Herberger/Martinek/Rüßmann/Weth

juris Praxiskommentar BGB
Familienrecht

Band 4

juris PraxisKommentar

BGB

Band 4

Familienrecht

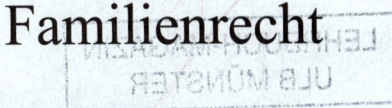

herausgegeben von

Dr. Wolfram Viefhues

Gesamtherausgeber:

Prof. Dr. Maximilian Herberger
Prof. Dr. Dr. Dr. h.c. mult. Michael Martinek M.C.J. (New York)
Prof. Dr. Dr. h.c. Helmut Rüßmann
Prof. Dr. Stephan Weth

7. Auflage

juris GmbH Saarbrücken 2015

Zitiervorschlag:
Wahlen in: jurisPK-BGB, 7. Aufl. 2014, § 1297 Rn. 1

Bibliografische Information der Deutschen Nationalbibliothek:
Die Deutsche Nationalbibliothek verzeichnet diese Publikation in der Deutschen Nationalbibliografie;
detaillierte bibliografische Daten sind im Internet über http://dnb.ddb.de abrufbar.

ISBN: 978-3-86330-080-7
ISBN: 978-3-86330-081-4 (E-Book)

© 2015 juris GmbH, Gutenbergstraße 23, 66117 Saarbrücken, www.juris.de

Umschlaggestaltung: HDW Werbeagentur GmbH Saarbrücken
Druckvorstufe: Satzweiss.com GmbH Saarbrücken
Druck: L.E.G.O. S.p.A., Lavis (Italien, TN)

Vorwort der Gesamtherausgeber zur 7. Auflage

In diesem Herbst 2014 können wir unser Online-Kommentarwerk mit seinen begleitenden Print- und E-Book-Versionen in der 7. Auflage präsentieren, und dies nach weniger als zwölf Jahren, die seit der Erstauflage von 2003 verstrichen sind. Und wieder dürfen wir Ihnen eine Reihe von Neuerungen und Verbesserungen verlautbaren. Zunächst versteht sich, dass das Gesetz zur Umsetzung der Verbraucherrechterichtlinie und zur Änderung des Gesetzes zur Regelung der Wohnungsvermittlung vom 20.09.2013 in unsere BGB-Kommentierung eingearbeitet worden ist und sämtliche hierdurch zum 13.06.2014 geänderten Vorschriften ausführlich erläutert worden sind. Die letzten wichtigen Änderungen, die wir noch eingearbeitet haben, beruhen auf dem Gesetz zur Bekämpfung von Zahlungsverzug im Geschäftsverkehr und zur Änderung des Erneuerbare-Energien-Gesetzes vom 22.07.2014; sie haben insbesondere zum neuen § 271a BGB geführt, den Sie denn auch schon in unserer Neuauflage kommentiert finden. Weit darüber hinaus finden Sie in der 7. Auflage die vielfältigen, zum Teil tiefgreifenden Veränderungen des BGB konzentriert und kompakt, praxisnah und aktuell dokumentiert und kommentiert. Für die Nutzer der Online-Version waren die Änderungen schon als Aktualisierungen der 6. Auflage verfügbar. Es lassen sich in diesen turbulenten Zeiten gesetzgeberischer Aktivitäten und Rechtsprechungsentwicklungen ja kaum noch innovationsresistente Teile unseres mehr als einhundert Jahre alten BGB ausmachen. Die Rechtsanwendung beginnt heute vielfach mit der Frage, wie überhaupt die aktuelle Rechtslage ist.

Vor allem aber ist unser juris PraxisKommentar BGB um zahlreiche „Nebengesetze" erweitert worden. Im Band 2.1 finden Sie nun auch eine Kommentierung des Preisklauselgesetzes (PrKG) und im Band 2.3 eine Erläuterung zum Produkthaftungsgesetz (ProdHaftG), die beide online schon in der 6. Auflage verfügbar waren. Der Band 2.2 enthält inzwischen auch das Allgemeine Gleichbehandlungsgesetz (AGG). Das UN-Kaufrecht oder Wiener Kaufrecht nach der United Nations Convention on Contracts of the International Sale of Goods, das bekanntlich als Teil der deutschen Zivilrechtsordnung für viele internationalen Warenkäufe gilt und längst nicht mehr so häufig wie noch vor einigen Jahren „abbedungen" wird, nimmt nunmehr einen stattlichen Teil im Band 6 unseres Kommentarwerks ein, der folgerichtig in „Internationales Privatrecht und UN-Kaufrecht" umbenannt worden ist. Ferner finden Sie jetzt auch das Unterlassungsklagengesetz (UKlaG) in Band 2.1 und das Wohn- und Betreuungsvertragsgesetz (WBVG) in Band 2.2 erläutert.

Der Kommentar erblickte das Licht der Welt im Jahr 2003 als reiner Online-Kommentar. Mit der zweiten Auflage gewann er als zusätzliche Gestalt die traditionelle Buchform. Seit der fünften Auflage ist er auch als E-Book erhältlich, um sich den Weg auf manches iPad (oder vergleichbares Lesegerät) zu bahnen und Ihnen auch außerhalb der eigenen Bibliothek stets griffbereit zur Verfügung zu stehen.

Das gedruckte Komplettwerk besteht nach wie vor aus acht Büchern. Das Schuldrecht ist seit der 1. Auflage in drei Bände aufgeteilt, und das – inzwischen schon weithin europäisierte – Internationale Privatrecht ist seit der 4. Auflage 2008/2009 in einem eigenen Band kommentiert, der nunmehr auch das UN-Kaufrecht umfasst. Als „Personalie" zum Band 6 darf bekannt gegeben werden, dass Herr Professor Dr. Markus Würdinger als Bandherausgeber an die Stelle von Herrn Dr. Dr. Ingo Ludwig getreten ist. Die acht Bücher enthalten inzwischen weit mehr als 20.000 Druckseiten, die man freilich nur in der Print-Version als solche „sieht", aber in der Online- und E-Book-Version nur „ahnt" und mit denen man – so oder so – tagesaktuell, mediengerecht und zukunftssicher die praktische Arbeit gestalten kann.

Alleinstellungsmerkmal der Online-Version ist nach wie vor die zeitnahe Ein- und Verarbeitung der neuesten Rechtsprechung und Literatur, die unser Kommentarwerk – nach einem Wort unseres „Rechtsinformatikers" unter den Herausgebern: Professor Dr. Maximilian Herberger – zu einem „atmenden Kommentar" macht. Denn in unserem juris PraxisKommentar BGB erfolgen die Aktualisierungen nicht etwa – wie bei der uns nachahmenden Konkurrenz – nur alle drei Monate, sondern täglich.

Für die Nutzer des Druckwerks finden sich die Entscheidungszitate, die in der elektronischen Welt mit den von juris vorgehaltenen Entscheidungstexten verlinkt sind, durch eine Fundstelle aus der ja noch keineswegs „versunkenen Welt" der Druckwerke ergänzt. Die ständigen Aktualisierungen unseres juris PraxisKommentars zum BGB sind natürlich nur den Nutzern der elektronischen Medien zugänglich, für die der Kommentar entwickelt worden ist. Die weiterhin zahlen- und frequenzmäßig anwachsenden Aktualisierungen sind über ein Feed abrufbar und können sogar vorgelesen werden (Podcast-Feed).

Der juris PraxisKommentar BGB hat sich als Gesamtkommentar zu allen fünf Büchern des BGB behauptet und sich als Online-Version in den Favoriten-Listen der Computer und als Print-Version in den Regalen der Arbeitszimmer unserer immer zahlreicheren Nutzer einen festen Platz erobert; die jüngere E-Book-Version wird nicht lange nachhinken. Er ist in der Fachwelt zu einem „Begriff" geworden – und damit erhöht sich die Verantwortung aller Herausgeber und Autoren vor allem für die Verlässlichkeit der Inhalte unserer Kommentierungen und für die Schnelligkeit der Einarbeitung von Rechtsprechung und Literatur.

Die acht Einzelbände unseres juris PraxisKommentars werden von Bandherausgebern aus Wissenschaft und Praxis betreut: Band 1, Allgemeiner Teil: Prof. Dr. Klaus Vieweg; Band 2.1, Schuldrecht Allgemeiner Teil: Rechtsanwalt Dr. Markus Junker; Band 2.2, Schuldrecht Besonderer Teil (§§ 433-630): Prof. Dr. Roland Michael Beckmann; Band 2.3, Schuldrecht Besonderer Teil (§§ 631-853): Prof. Dr. Dr.h.c.mult. Helmut Rüßmann; Band 3, Sachenrecht: Prof. Dr. Dr. Dr.h.c.mult. Michael Martinek; Band 4, Familienrecht: Richter am Amtsgericht Dr. Wolfram Viefhues; Band 5, Erbrecht: Prof. Dr. Wolfgang Hau; Band 6, Internationales Privatrecht: Prof. Dr. Markus Würdinger.

Wir freuen uns darüber, dass das Kommentarwerk mit steigender Resonanz weiterhin einen guten Weg geht, um unseren Nutzern als ein rundes und lebendiges Werk für die praktische Arbeit auch künftig eine immer wichtigere Hilfe zu bieten.

Saarbrücken, im September 2014

Maximilian Herberger
Helmut Rüßmann
Michael Martinek
Stephan Weth

Vorwort der Herausgeber zur 1. Auflage

Unser Online-Kommentar nimmt schon vom Namen her einen ausgeprägten Praxisbezug für sich in Anspruch. In der Tat wollen wir nicht nur eine mediale, sondern auch eine inhaltliche, substanzielle Innovation präsentieren, weil sich der jurisPK vom konventionellen Duktus zivilrechtlicher Kommentarliteratur abheben soll. Die Ausrichtung an den Erfordernissen der Rechtsanwendungs-, Rechtsberatungs- und Rechtsgestaltungspraxis tritt dadurch hervor, dass die Kommentatoren die juristische Alltagsrelevanz der kommentierten Vorschriften und Rechtsinstitute ständig im Auge behalten. So wird die prozessuale Bedeutung der Normen immer „mitbedacht"; Beweislastfragen oder prozessstrategische Hinweise fließen ständig in die Kommentierungen ein. Dagegen ist unser jurisPK weitgehend von einem Verzicht der Kommentatoren auf die Mitwirkung am rechtsdogmatischen Diskurs, auf die Rekapitulation von akademischen Streitständen und auf die Auseinandersetzung mit wissenschaftlichen Lehrmeinungen gekennzeichnet. Die Kommentatoren sind zur Konzentration auf die anerkannten und wichtigsten Gesichtspunkte des Mainstream aufgerufen. Die Benutzer des jurisPK sollen sich nicht über das „law in the books", sondern über das „law in action" verlässlich informieren und aus den Informationen Handlungsanleitungen und Ratschläge gewinnen können. Die bewusst anwaltliche Perspektive ist darum bemüht, dem praktisch tätigen Rechtsanwalt oder Unternehmensjuristen Hilfestellungen für den alltäglichen Umgang mit den Normen in der streitentscheidenden Zivilrechtspraxis zu geben. Einschränkend muss freilich angemerkt werden, dass dieser Anspruch noch nicht von Anfang an schlagartig eingelöst werden, sondern nur allmählich umgesetzt werden kann. Der besondere Praxisbezug unseres jurisPK wird sich aber von Jahr zu Jahr deutlicher ausformen. Für Anregungen und Beiträge aus der Praxis, die uns helfen, unserem Anspruch besser gerecht zu werden, sind wir dankbar.

Die juristische Welt hat sich an Kommentare in Papierform gewöhnt. Aus dieser Gewöhnung resultiert fast so etwas wie eine Zuneigung zu dieser Form der medialen Präsentation. Und doch ist diese Art der Erläuterung und Erschließung von Gesetzen, Rechtsprechung und Literatur aus einem zentralen Grund unangemessen: Gesetze, Rechtsprechung und Literatur wandeln sich in schneller Folge (und mit zunehmendem Akzelerationsrhythmus). Das Papier kann dem nicht in adäquater Weise folgen. Loseblattsammlungen und ähnliche Versuche der „Dynamisierung von Papier" sind letzten Endes zum Scheitern verurteilt, weil sie nicht in der Lage sind, dem Rhythmus des Wissenswandels zeitnah und benutzerfreundlich zu folgen. Angesichts dieser Tatsache gilt es, die Chance des Medienwechsels hin zur elektronischen Begleitung des schnellen Wandels zu ergreifen. Der juris Praxiskommentar tut dies in konsequenter Weise. Er vollzieht diesen unter heutigen Bedingungen unabweislichen Paradigmenwechsel, indem er von vornherein bereits seiner Architektur nach der Tatsache Rechnung trägt, dass juristisches Wissen einem täglichen Wandel unterworfen ist. Das bedeutet, dass der Kommentar sich lebendig der jeweils neuen Informationslage anpasst. Es geschieht dies durch einen Aktualisierungsdienst, der Tag für Tag in den Kommentar eingearbeitet wird. Wenn sich zum Thema einer Randnummer etwas Neues ergibt, erscheint in einer optisch hervorgehobenen Zusatz-Randnummer, was man Neues wissen muss, um nicht dem Risiko ausgesetzt zu sein, in der Praxis folgenreiche Fehler zu begehen. Von dieser jeweils neuen Lage erfährt man aber nicht nur bei Konsultation des Kommentars. Wer den Kommentar abonniert hat, wird zeitnah per elektronischer Post auf den jeweils aktuellen Informationsstand gebracht – dies natürlich unter Einbeziehung des gesamten bei juris vorhandenen Hintergrundwissens, das vom juris Praxiskommentar her in konsequenter Verlinkung erschlossen wird. Mit alledem überschreitet der Kommentar die Grenze der statischen papierfixierten Information hin zum dynamischen Informationssystem. Es werden aber – auch dies gilt es zu betonen – die guten Werte des alten Mediums „Kommentar" aufrechterhalten: Die erste Auflage bleibt (stets zitierbar) die erste Auflage, die zweite die zweite usw. Die Schichten „Kommentierung" und „Aktualisierung" sind äußerlich klar erkennbar getrennt. Auf diese Weise wird der (trotz allen Wandels) gleichfalls bewahrenswerten Tatsache Rechnung getragen, dass es Ruhepunkte im Wandel gibt. So verbindet der juris Praxiskommentar das Beste der „alten" und der „neuen" Welt juristischen Wissens in einer Symbiose eigener Art. Dass man beliebige Teile dieses Kommentars neuen Typs nach je eigener Wahl in ansprechendem Layout ausdrucken kann, um damit „vor Ort" über das (haptisch) vertraute Papier zu verfügen, rundet das Spektrum der Funktionalität des juris Praxiskommentars ab: Er ist ein Kommentar, wie man ihn gewohnt ist, und zugleich ein Kommentar, wie man ihn noch nicht kennt. Wenn man es auf einen knappen Nenner bringen will: Der erste Kommentar, der vorher kein Buch war – es wohl aber auch ist.

Saarbrücken, im Mai 2003

Inhaltsverzeichnis zu Band 4

Abkürzungsverzeichnis XV

Literaturverzeichnis XXIII

Bürgerliches Gesetzbuch

Buch 4 - Familienrecht (§§ 1297 - 1921)

Abschnitt 1 - Bürgerliche Ehe (§§ 1297 - 1588) 1

Titel 1 - Verlöbnis (§§ 1297 - 1302) 1

Titel 2 - Eingehung der Ehe (§§ 1303 - 1312) 20

Untertitel 1 - Ehefähigkeit (§§ 1303 - 1305) 20

Untertitel 2 - Eheverbote (§§ 1306 - 1308) 29

Untertitel 3 - Ehefähigkeitszeugnis (§ 1309) 40

Untertitel 4 - Eheschließung (§§ 1310 - 1312) 49

Titel 3 - Aufhebung der Ehe (§§ 1313 - 1318) 66

Titel 4 - Wiederverheiratung nach Todeserklärung (§§ 1319 - 1352) 105

Titel 5 - Wirkungen der Ehe im Allgemeinen (§§ 1353 - 1362) 110

Titel 6 - Eheliches Güterrecht (§§ 1363 - 1563) 311

Untertitel 1 - Gesetzliches Güterrecht (§§ 1363 - 1407) 311

Untertitel 2 - Vertragliches Güterrecht (§§ 1408 - 1518) 413

Kapitel 1 - Allgemeine Vorschriften (§§ 1408 - 1413) 413

Kapitel 2 - Gütertrennung (§ 1414) 450

Kapitel 3 - Gütergemeinschaft (§§ 1415 - 1518) 455

Unterkapitel 1 - Allgemeine Vorschriften (§§ 1415 - 1421) 455

Unterkapitel 2 - Verwaltung des Gesamtguts durch den Mann oder die Frau (§§ 1422 - 1449) 474

Unterkapitel 3 - Gemeinschaftliche Verwaltung des Gesamtguts durch die Ehegatten (§§ 1450 - 1470) 537

Unterkapitel 4 - Auseinandersetzung des Gesamtguts (§§ 1471 - 1482) 585

Unterkapitel 5 - Fortgesetzte Gütergemeinschaft (§§ 1483 - 1557) 619

Kapitel 4 - Wahl-Zugewinngemeinschaft (§§ 1519 - 1557) 694

Untertitel 3 - Güterrechtsregister (§§ 1558 - 1563) 708

Titel 7 - Scheidung der Ehe (§§ 1564 - 1587) 720

Untertitel 1 - Scheidungsgründe (§§ 1564 - 1568) 720

Untertitel 1a - Behandlung der Ehewohnung und der Haushaltsgegenstände anlässlich der Scheidung (§§ 1568a - 1568b) 756

Inhaltsverzeichnis

Untertitel 2 - Unterhalt des geschiedenen Ehegatten (§§ 1569 - 1586b) 792

Kapitel 1 - Grundsatz (§ 1569) 792

Kapitel 2 - Unterhaltsberechtigung (§§ 1570 - 1580) 839

Kapitel 3 - Leistungsfähigkeit und Rangfolge (§§ 1581 - 1584) 1117

Kapitel 4 - Gestaltung des Unterhaltsanspruchs (§§ 1585 - 1585c) 1141

Kapitel 5 - Ende des Unterhaltsanspruchs (§§ 1586 - 1586b) 1161

Untertitel 3 - Versorgungsausgleich (§ 1587) 1177

Titel 8 - Kirchliche Verpflichtungen (§ 1588) 1189

Abschnitt 2 - Verwandtschaft (§§ 1589 - 1772) 1190

Titel 1 - Allgemeine Vorschriften (§§ 1589 - 1590) 1190

Titel 2 - Abstammung (§§ 1591 - 1600d) 1195

Titel 3 - Unterhaltspflicht (§§ 1601 - 1615n) 1289

Untertitel 1 - Allgemeine Vorschriften (§§ 1601 - 1615) 1289

Untertitel 2 - Besondere Vorschriften für das Kind und seine nicht miteinander verheirateten Eltern (§§ 1615a - 1615n) 1770

Titel 4 - Rechtsverhältnis zwischen den Eltern und dem Kind im Allgemeinen (§§ 1616 - 1625) 1806

Titel 5 - Elterliche Sorge (§§ 1626 - 1711) 1873

Titel 6 - Beistandschaft (§§ 1712 - 1740g) 2182

Titel 7 - Annahme als Kind (§§ 1741 - 1772) 2206

Untertitel 1 - Annahme Minderjähriger (§§ 1741 - 1766) 2206

Untertitel 2 - Annahme Volljähriger (§§ 1767 - 1772) 2279

Abschnitt 3 - Vormundschaft, Rechtliche Betreuung, Pflegschaft (§§ 1773 - 1921) 2296

Titel 1 - Vormundschaft (§§ 1773 - 1895) 2296

Untertitel 1 - Begründung der Vormundschaft (§§ 1773 - 1792) 2296

Untertitel 2 - Führung der Vormundschaft (§§ 1793 - 1836e) 2353

Untertitel 3 - Fürsorge und Aufsicht des Familiengerichts (§§ 1837 - 1848) 2847

Untertitel 4 - Mitwirkung des Jugendamts (§§ 1849 - 1851) 2884

Untertitel 5 - Befreite Vormundschaft (§§ 1852 - 1881) 2887

Untertitel 6 - Beendigung der Vormundschaft (§§ 1882 - 1895) 2903

Titel 2 - Rechtliche Betreuung (§§ 1896 - 1908k) 2936

Titel 3 - Pflegschaft (§§ 1909 - 1921) 3142

Gesetz zum zivilrechtlichen Schutz vor Gewalttaten und Nachstellungen (Gewaltschutzgesetz - GewSchG) 3203

Inhaltsverzeichnis

Gesetz über den Versorgungsausgleich (Versorgungsausgleichsgesetz - VersAusglG) 3230

Teil 1 - Der Versorgungsausgleich 3230

Kapitel 1 - Allgemeiner Teil 3230

Kapitel 2 - Ausgleich 3270

Abschnitt 1 - Vereinbarungen über den Versorgungsausgleich 3270

Abschnitt 2 - Wertausgleich bei der Scheidung 3295

Unterabschnitt 1 - Grundsätze des Wertausgleichs bei der Scheidung 3295

Unterabschnitt 2 - Interne Teilung 3301

Unterabschnitt 3 - Externe Teilung 3328

Unterabschnitt 4 - Ausnahmen 3359

Abschnitt 3 - Ausgleichsansprüche nach der Scheidung 3388

Unterabschnitt 1 - Schuldrechtliche Ausgleichszahlungen 3388

Unterabschnitt 2 - Abfindung 3406

Unterabschnitt 3 - Teilhabe an der Hinterbliebenenversorgung 3419

Abschnitt 4 - Härtefälle 3430

Kapitel 3 - Ergänzende Vorschriften 3446

Kapitel 4 - Anpassung nach Rechtskraft 3466

Teil 2 - Wertermittlung 3502

Kapitel 1 - Allgemeine Wertermittlungsvorschriften 3502

Kapitel 2 - Sondervorschriften für bestimmte Versorgungsträger 3515

Kapitel 3 - Korrespondierender Kapitalwert als Hilfsgröße 3534

Teil 3 - Übergangsvorschriften 3538

**Gesetz über die Vergütung von Vormündern und Betreuern
(Vormünder- und Betreuervergütungsgesetz - VBVG)** 3572

Abschnitt 1 - Allgemeines 3574

Abschnitt 2 - Vergütung des Vormunds 3587

Abschnitt 3 - Sondervorschriften für Betreuer 3595

Abschnitt 4 - Schlussvorschriften 3628

**Gesetz über die Eingetragene Lebenspartnerschaft
(Lebenspartnerschaftsgesetz - LPartG)** 3631

Abschnitt 1 - Begründung der Lebenspartnerschaft 3631

Abschnitt 2 - Wirkungen der Lebenspartnerschaft 3637

Abschnitt 3 - Getrenntleben der Lebenspartner 3660

Abschnitt 4 - Aufhebung der Lebenspartnerschaft 3666

Abschnitt 5 - Übergangsvorschriften 3676

Abschnitt 6 - Länderöffnungsklausel 3678

Inhaltsverzeichnis jurisPK-BGB

Kostenrechtliche Hinweise in Familiensachen (FamRK) 3680

Teil 1 - Verfahrensrechtlicher Überblick 3680

Teil 2 - Streitwerte in Familiensachen 3690

Teil 3 - Beratungsvergütung/Gutachten/Mediation 3724

Teil 4 - Gebühren in Familiensachen - Allgemein 3730

Teil 5 - Geschäftsgebühr 3734

Teil 6 - Anrechnung der außergerichtlichen Gebühren 3738

Teil 7 - Verfahrensgebühr nach Teil 3 des RVG 3747

Teil 8 - Terminsgebühr nach Teil 3 des RVG 3751

Teil 9 - Einigungsgebühr 3759

Teil 10 - Scheidungsvereinbarung 3764

Teil 11 - Aussöhnungsgebühr 3770

Teil 12 - Einstweilige Anordnungen 3773

Teil 13 - Abtrennung von Folgesachen/Auflösung des Verbunds 3777

Teil 14 - Einbeziehung bereits anhängiger Folgesachen in den Verbund 3780

Teil 15 - Besondere familienrechtliche Verfahren 3782

Teil 16 - Beratungshilfe 3786

Teil 17 - Verfahrenskostenhilfe 3804

Stichwortverzeichnis 3831

Abkürzungsverzeichnis

a.A.	anderer Ansicht
a.a.O.	am angegebenen Ort
a.E.	am Ende
a.F.	alte Fassung
a.M.	anderer Meinung
Abb.	Abbildung
abl.	ablehnend
ABl.	Amtsblatt
Abs.	Absatz
abw.	abweichend
AdoptG	Adoptionsgesetz
AdVermG	Adoptionsvermittlungsgesetz
AdWirkG	Adoptionswirkungsgesetz
AG	Aktiengesellschaft, Amtsgericht
AGB	Allgemeine Geschäftsbedingungen
AHKG	Gesetz der Alliierten Hohen Kommission für Deutschland
allg.	allgemein
AllgZustVO-Kom	Allgemeine Zuständigkeitsverordnung für die Gemeinden und Landkreise zur Ausführung von Bundesrecht
Alt.	Alternative
amtl.	amtlich
Anh.	Anhang
Anl.	Anlage
Anm.	Anmerkung
AO	Abgabenordnung
arg.	argumentum
Art.	Artikel
AsylVerfG	Asylverfahrensgesetz
Aufl.	Auflage
ausf.	ausführlich
Az.	Aktenzeichen
BayObLG	Bayerisches Oberstes Landesgericht
Bd.	Band
Bde.	Bände
bearb.	bearbeitet
Bearb.	Bearbeitung, Bearbeiter
BEEG	Bundeselterngeld- und Elternzeitgesetz
Begr.	Begründung
Beih.	Beiheft
Beil.	Beilage
Bek.	Bekanntmachung
Bem.	Bemerkung
ber.	berichtigt
BerHG	Beratungshilfegesetz
BErzGG	Gesetz zum Erziehungsgeld und zur Elternzeit (Bundeserziehungsgeldgesetz)
bes.	besonders, besondere, besonderer
bespr.	besprochen
bestr.	bestritten
betr.	betreffend
BetrAG	Gesetz zur Verbesserung der betrieblichen Altersversorgung (Betriebsrentengesetz)
BFH	Bundesfinanzhof

XV

Abkürzungsverzeichnis

BFH/NV	Sammlungen der Entscheidungen des Bundesfinanzhofs
BGB	Bürgerliches Gesetzbuch
BGH	Bundesgerichtshof
BGHZ	Entscheidungen des Bundesgerichtshofs in Zivilsachen
Bl.	Blatt
BMAS	Bundesministerium für Arbeit und Soziales
BMBF	Bundesministerium für Bildung und Forschung
BMEL	Bundesministerium für Ernährung und Landwirtschaft
BMF	Bundesministerium der Finanzen
BMI	Bundesministerium des Innern
BMJV	Bundesministerium der Justiz und für Verbraucherschutz
BMWi	Bundesministerium für Wirtschaft und Energie
BNotO	Bundesnotarordnung
BR	Bundesrat
BR-Drs.	Bundesratsdrucksache
BReg	Bundesregierung
Bsp.	Beispiel
bspw.	beispielsweise
BStBl.	Bundessteuerblatt
BT	Bundestag
BtÄndG	Betreuungsrechtsänderungsgesetz
BT-Drs.	Bundestagsdrucksache
BtG	Betreuungsgesetz
Buchst.	Buchstabe
BVerfG	Bundesverfassungsgericht
BVerfGE	Entscheidungen des Bundesverfassungsgerichts
BVerwG	Bundesverwaltungsgericht
BVormVG	Gesetz über die Vergütung von Berufsvormündern
BWpVerwG	Bundeswertpapierverwaltungsgesetz
bzgl.	bezüglich
bzw.	beziehungsweise
c.i.c.	culpa in contrahendo
ca.	circa
CIEC	Internationale Kommission für das Zivilstandswesen (Commission Internationale de l'État Civil)
d.h.	das heißt
DAVorm	Der Amtsvormund
ders.	derselbe
dgl.	dergleichen, desgleichen
dies.	dieselbe
diff.	differenzierter
Diss.	Dissertation
DNotZ	Deutsche Notar-Zeitschrift, Verkündungsblatt der Bundesnotarkammer
DÖV	Die Öffentliche Verwaltung
DT	Düsseldorfer Tabelle
e.V.	eingetragener Verein
ebd.	ebenda
EG	Europäische Gemeinschaft
EGBGB	Einführungsgesetz zum Bürgerlichen Gesetzbuche
EGGVG	Einführungsgesetz zum Gerichtsverfassungsgesetz
EGV	Vertrag zur Gründung der Europäischen Gemeinschaft
EheG	Ehegesetz
ehel.	ehelich
EheschlRG	Eheschließungsrechtsgesetz
Einf.	Einführung
Einl.	Einleitung

Abkürzungsverzeichnis

einschl.	einschließlich
eLP	eingetragene Lebenspartnerschaft
Entsch.	Entscheidung
entspr.	entsprechend
erg.	ergänzend
EStDV	Einkommensteuer-Durchführungsverordnung
EStG	Einkommensteuergesetz
ESVGH	Entscheidungssammlung des Hessischen Verwaltungsgerichtshofs und Verwaltungsgerichtshofs Baden-Württemberg mit Entscheidungen der Staatsgerichtshöfe beider Länder
etc.	et cetera
EU	Europäische Union
EuGVÜ	Europäisches Gerichtsstands- und Vollstreckungsübereinkommen
evtl.	eventuell
evtl.	eventuell
f.	folgende
FamÄndG	Familienrechtsänderungsgesetz
FamFG	Gesetz über das Verfahren in Familiensachen und in den Angelegenheiten der freiwilligen Gerichtsbarkeit
FamFördG	Familienförderungsgesetz
FamFR	Zeitschrift für Familienrecht und Familienverfahrensrecht
FamG	Familiengericht
FamGKG	Gesetz über Gerichtskosten in Familiensachen
FamNamRG	Gesetz zur Neuordnung des Familiennamensrechts
FamR	Familienrecht
FamRÄndG	Familienrechtänderungsgesetz
FamRB	Der Familienrechts-Berater (Zeitschrift)
FamRBint	Der Familienrechts-Berater international (Zeitschrift)
FamRZ	Zeitschrift für das gesamte Familienrecht
FF	Forum Familienrecht (Zeitschrift)
ff.	fortfolgend
FG	Finanzgericht
FGG	Gesetz über die Angelegenheiten der freiwilligen Gerichtsbarkeit
FGG-RG	Gesetz zur Reform des Verfahrens in Familiensachen und in den Angelegenheiten der freiwilligen Gerichtsbarkeit
Fn.	Fußnote
FPR	Familie, Partnerschaft, Recht - Interdisziplinäres Fachjournal für die Anwaltspraxis
FS	Festschrift
FuR	Familie und Recht
gem.	gemäß
GenDG	Gendiagnostikgesetz
GewSchG	Gewaltschutzgesetz
GG	Grundgesetz für die Bundesrepublik Deutschland
ggf.	gegebenenfalls
ggü.	gegenüber
GleichberG	Gesetz über die Gleichberichtigung von Mann und Frau auf dem Gebiet des bürgerlichen Rechts
GoA	Geschäftsführung ohne Auftrag
grds.	grundsätzlich
GVBl	Das Bayerische Gesetz- und Verordnungsblatt
GVG	Gerichtsverfassungsgesetz
h.L.	herrschende Lehre
h.M.	herrschende Meinung
HausratsVO	Verordnung über die Behandlung der Ehewohnung und des Hausrats
HGB	Handelsgesetzbuch

Abkürzungsverzeichnis

Hrsg.	Herausgeber
hrsg.	herausgegeben
HS	Halbsatz
i.A.	im Allgemeinen
i.d.F.	in der Fassung
i.d.R.	in der Regel
i.E.	im Einzelnen
i.e.S.	im engeren Sinne
i.R.d.	im Rahmen des
i.S.d.	im Sinne des
i.S.v.	im Sinne von
i.V.m.	in Verbindung mit
InfAuslR	Informationsbrief Ausländerrecht (Zeitschrift)
insbes.	insbesondere
int.	international
IPRax	Praxis des Internationalen Privat- und Verfahrensrechts
JA	Juristische Arbeitsblätter
Jh.	Jahrhundert
JMBl NW	Justizministerialblatt für das Land Nordrhein-Westfalen
jur.	juristisch, juristische, juristischer
JurBüro	Das Juristische Büro - Zeitschrift für Kostenrecht und Zwangsvollstreckung
jurisPK-BGB	juris PraxisKommentar BGB
jurisPK-SGB	juris PraxisKommentar SGB
jurisPR	juris PraxisReport
JuS	Juristische Schulung - Zeitschrift für Studium und Referendariat
JVKostG	Justizverwaltungskostengesetz
JW	Juristische Wochenschrift
Kap.	Kapitel
KErzG	Gesetz über die religiöse Kindererziehung (Kindererziehungsgesetz)
KG	Kammergericht
KiG	Kindergeld
KindRG	Kindschaftsrechtsreformgesetz
KindRVerbG	Gesetz zur weiteren Verbesserung von Kindesrechten (Kinderrechtsverbesserungsgesetz)
KindUG	Kindesunterhaltsgesetz
KJHG	Kinder- und Jugendhilfegesetz
Komm.	Kommentar
KostO	Gesetz über die Kosten in Angelegenheiten der freiwilligen Gerichtsbarkeit (Kostenordnung)
krit.	kritisch
Lfg.	Lieferung
LG	Landgericht
lit.	litera (Buchstabe)
Lit.	Literatur
LMK	Kommentierte BGH-Rechtsprechung Lindenmaier-Möhring (Zeitschrift)
LPartG	Lebenspartnerschaftsgesetz
LPartGErgG	Lebenspartnerschaftsgesetzergänzungsgesetz
LPartÜG	Gesetz zur Überarbeitung des Lebenspartnerschaftsrechts
LS	Leitsatz
m. Anm.	mit Anmerkungen
M.M.	Mindermeinung
m.N.	mit Nachweisen
m.w.N.	mit weiteren Nachweisen
m.W.v.	mit Wirkung vom

MDR	Monatsschrift für Deutsches Recht
MHbeG	Gesetz zur Beschränkung der Haftung Minderjähriger (Minderjährigenhaftungsbeschränkungsgesetz)
MuSchG	Mutterschutzgesetz
n.F.	neue Fassung
nachf.	nachfolgend
Nachw.	Nachweis
NamÄndG	Gesetz über die Änderung von Familiennamen und Vornamen
NamensänderungsDV	Erste Verordnung zur Durchführung des Gesetzes über die Änderung von Familiennamen und Vornamen
NdsRpfl.	Niedersächsische Rechtspflege
NeG	Gesetz über die rechtliche Stellung der nichtehelichen Kinder
Nehel. LG	nichteheliche Lebensgemeinschaft
NEheLG	Gesetz über die rechtliche Stellung der nichtehelichen Kinder
Neubearb.	Neubearbeitung
NJW	Neue Juristische Wochenschrift (Zeitschrift)
NJWE-FER	NJW-Entscheidungsdienst Familien-und Erbrecht (Zeitschrift)
NJW-RR	Neue Juristische Wochenschrift - Rechtsprechungs-Report Zivilrecht
not.	notariell
NotBZ	Zeitschrift für die notarielle Beratungs- und Beurkundungspraxis
Nr.	Nummer
NVwZ-RR	Neue Zeitschrift für Verwaltungsrecht - Rechtsprechungs-Report
o.g	oben genannt
OLG	Oberlandesgericht
OVG	Oberverwaltungsgericht
PassG	Passgesetz
PersGes	Personengesellschaft
pfl.	pflichtig
PflegeVG	Pflege-Versicherungsgesetz
PID	Präimplantationsdiagnostik
PKH	Prozesskostenhilfe
PKHBegrenzG	Prozesskostenhilfebegrenzungsgesetz
PKHG	Prozesskostenhilfegesetz
PKHVVO	Prozesskostenhilfevordruckverordnung
PRV	Partnerschaftsregisterverordnung
PStG	Personenstandsgesetz
PStRG	Gesetz zur Reform des Personenstandsrechts
PSV	Pensionssicherungsverein
RBEG	Gesetz zur Ermittlung der Regelbedarfe
RegelbedVO	Regelbedarfs-Verordnung
RegelbetrVO	Regelbetrags-Verordnung
RegE-Zugewinn	Entwurf eines Gesetzes zur Änderung des Zugewinnausgleichs- und Vormundschaftsrechts vom 1.11.2007
RegUnterhVO	Regelunterhalts-Verordnung
RG	Reichsgericht
RGZ	Entscheidungen des Reichsgerichts in Zivilsachen
RL	Richtlinie
Rn.	Randnummer
RPflG	Rechtspflegergesetz
Rs.	Rechtssache
Rspr.	Rechtsprechung
RVO	Reichsversicherungsordnung
Rz.	Randzahl
S.	Satz
S.	Seite
s.	siehe

Abkürzungsverzeichnis

SFHÄndG	Schwangeren- und Familienhilfeänderungsgesetz
SGB I	Sozialgesetzbuch Erstes Buch - Allgemeiner Teil
SGB II	Sozialgesetzbuch Zweites Buch - Grundsicherung für Arbeitsuchende
SGB III	Sozialgesetzbuch Drittes Buch - Arbeitsförderung
SGB IV	Sozialgesetzbuch Viertes Buch - Gemeinsame Vorschriften für die Sozialversicherung
SGB IX	Sozialgesetzbuch Neuntes Buch - Rehabilitation und Teilhabe behinderter Menschen
SGB V	Sozialgesetzbuch Fünftes Buch - Gesetzliche Krankenversicherung
SGB VI	Sozialgesetzbuch Sechstes Buch - Gesetzliche Rentenversicherung -
SGB VII	Sozialgesetzbuch Siebtes Buch - Gesetzliche Unfallversicherung
SGB VIII	Sozialgesetzbuch Achtes Buch - Kinder- und Jugendhilfe
SGB X	Sozialgesetzbuch Zehntes Buch - Sozialverwaltungsverfahren und Sozialdatenschutz
SGB XI	Sozialgesetzbuch Elftes Buch - Soziale Pflegeversicherung
SGB XII	Sozialgesetzbuch Zwölftes Buch - Sozialhilfe
sog.	so genannt
SorgeRG	Sorgerechtsreformgesetz
SorgeRÜbkAG	Ausführungsgesetz zum Europäischen Übereinkommen über die Anerkennung und Vollstreckung von Entscheidungen über das Sorgerecht für Kinder und die Wiederherstellung des Sorgerechtsverhältnisses
st. Rspr.	ständige Rechtsprechung
StAG	Staatsangehörigkeitsgesetz
StAZ	Zeitschrift für Standesamtswesen, Familienrecht, Staatsangehörigkeit, Personenstandsrecht, etc.
StGB	Strafgesetzbuch
StPO	Strafprozessordnung
str.	streitig, strittig
StVG	Straßenverkehrsgesetz
StVZO	Straßenverkehrs-Zulassungs-Ordnung
teilw.	teilweise
TSG	Gesetz über die Änderung von Vornamen und die Feststellung der Geschlechtszugehörigkeit in besonderen Fällen (Transsexuellengesetz)
u.a.	unter anderem
u.Ä.	und Ähnliches
u.H.a.	unter Hinweis auf
u.U.	unter Umständen
UÄndG	Unterhaltsrechtsänderungsgesetz
umstr.	umstritten
unstr.	unstreitig
usw.	und so weiter
v.	von, vom
v.a.	vor allem
VA	Versorgungsausgleich
VA	Verwaltungsakt
VAG	Versicherungsaufsichtsgesetz
VAHRG	Gesetz zur Regelung von Härten im Versorgungsausgleich
Var.	Variante
VAÜG	Versorgungsausgleichsüberleitungsgesetz
VAWMG	Gesetz über weitere Maßnahmen auf dem Gebiet des Versorgungsausgleichs
VBL	Versorgungsanstalt des Bundes und der Länder
VBLS	Satzung der Versorgungsanstalt des Bundes und der Länder
VBVG	Vormünder- und Betreuervergütungsgesetz
VDR	Verband Deutscher Rentenversicherungsträger

VermG	Vermögensgesetz
VersAusglG	Versorgungsausgleichsgesetz
VersAusglKassG	Gesetz über die Versorgungsausgleichskasse
VerschG	Verschollenheitsgesetz
VersicherungsR	Versicherungsrente
VersKonto	Versicherungskonto
VersO	Versorgungsordnung
VersorgungsR	Versorgungsrente
VG	Verwaltungsgericht
vgl.	vergleiche
VO	Verordnung
VollstrZustÜbK	Übereinkommen über die gerichtliche Zuständigkeit und die Vollstreckung gerichtlicher Entscheidungen in Zivil- und Handelssachen
Vorbem.	Vorbemerkung
vorl.	vorläufig
VormG	Vormundschaftsgericht
VwGO	Verwaltungsgerichtsordnung
VwVfG	Verwaltungsverfahrensgesetz
z.B.	zum Beispiel
z.T.	zum Teil
ZAR	Zeitschrift für Ausländerrecht
Ziff.	Ziffer
zit.	zitiert
ZPO	Zivilprozessordnung
ZRP	Zeitschrift für Rechtspolitik
Zugewinnausgl.	Zugewinnausgleich
zust.	zuständig, zustimmend
zutr.	zutreffend
zw.	zweifelhaft
zzgl.	zuzüglich

Abkürzungsverzeichnis

VermG	Vermögensgesetz
VersAusglG	Versorgungsausgleichsgesetz
VersAusglKassG	Gesetz über die Versorgungsausgleichskasse
VerschG	Verschollenheitsgesetz
VersicherungsR	Versicherungsrecht
VersKonto	Versicherungskonto
VersO	Versorgungsordnung
VersorgungsR	Versorgungsrechte
VG	Verwaltungsgericht
vgl.	vergleiche
VO	Verordnung
VollstrZustÜbk	Übereinkommen über die gerichtliche Zuständigkeit und die Vollstreckung gerichtlicher Entscheidungen in Zivil- und Handelssachen
vorbem.	Vorbemerkung
vorh.	vorhanden
VormG	Vormundschaftsgericht
VwGO	Verwaltungsgerichtsordnung
VwVfG	Verwaltungsverfahrensgesetz
z.B.	zum Beispiel
z.T.	zum Teil
ZAR	Zeitschrift für Ausländerrecht
Ziff.	Ziffer
zfn.	ziehn
ZPO	Zivilprozessordnung
ZRP	Zeitschrift für Rechtspolitik
Zugewinnausgl.	Zugewinnausgleich
zust.	zuständig, zustimmend
zutreff.	zutreffend
zw.	zweifelhaft
zzgl.	zuzüglich

Literaturverzeichnis

Bahrenfuss, FamFG, 2. Aufl. 2013
Bamberger/Roth, Kommentar zum Bürgerlichen Gesetzbuch, 3. Aufl. 2012
   (zit.: Bearbeiter in: Bamberger/Roth, BGB)
Bamberger/Roth, BeckOK BGB, 2014 (zit.: Bearbeiter in: BeckOK BGB)
Bauer/Lütgens, Heidelberger Kommentar zum Betreuungs- und Unterbringungsrecht: HK-BUR, Loseblatt-Kommentar, 2014 (zit.: Bearbeiter in: HK-BUR)
Baumbach/Hefermehl/Casper, Wechselgesetz, Scheckgesetz, Recht der kartengestützten Zahlungen: WG, ScheckG, Kartengestützte Zahlungen, 23. Aufl. 2008
Baumbach/Hopt, Handelsgesetzbuch - HGB, 36. Aufl. 2014
Baumbach/Lauterbach/Albers/Hartmann, Zivilprozessordnung - mit Gerichtsverfassungsgesetz und anderen Nebengesetzen, 73. Aufl. 2015
Baur/Stürner, Sachenrecht, 18. Aufl. 2009
Berger, Die Vorschriften über die Verwaltung von Mündelvermögen im Vergleich mit entsprechenden Regelungen außerhalb des Vormundschaftsrechts, 1975
Bergmann/Dienelt, Ausländerrecht, 10. Aufl. 2013
Bergschneider, Verträge in Familiensachen, 5. Aufl. 2014
Beuthien/Fuchs, Festschrift für Dieter Medicus, 1999
Bezzenberger/Gruber/Rohlfing-Dijoux, Die deutsch-französischen Rechtsbeziehungen, Europa und die Welt: Les relations juridiques franco-allemandes, l'Europe et le monde: Liber amicorum Otmar Seul, 2014 (zit.: Bearbeiter in: Bezzenberger/Gruber/Rohlfing-Dijoux, Liber amicorum Otmar Seul)
BGB-RGRK - Mitglieder des Bundesgerichtshofs, Das Bürgerliche Gesetzbuch - mit besonderer Berücksichtigung der Rechtsprechung des Reichsgerichts und des Bundesgerichtshofs, 12. Aufl. 1975 ff. (zit.: Bearbeiter in: BGB-RGRK)
Bickel u.a., Recht und Rechtserkenntnis - Festschrift für Ernst Wolf, 1985
Bieg, Reformansätze im Betreuungsrecht: Pauschalierungen, Aufgabenverlagerungen und Verfahrensänderungen, 2004
Bienwald/Sonnenfeld/Hoffmann, Betreuungsrecht, 5. Aufl. 2011
Blümich, EStG, KStG, GewStG, Loseblatt-Kommentar, 125. Aufl. 2015
   (zit.: Bearbeiter in: Blümich, EStG)
Böhm, Das Vormundschaftsrecht des Bürgerlichen Gesetzbuchs, 2. Aufl. 1899
Böhmer/Finger, Das gesamte Familienrecht, Kommentar für die familienrechtliche Praxis, Bd. 1: Das innerstaatliche Recht der Bundesrepublik Deutschland; Band 2: Das internationale Recht, 2014
Bork/Jacoby/Schwab, FamFG, 2. Auflage 2013
Borth, Unterhaltsrechtsänderungsgesetz, 2008
Borth, Versorgungsausgleich, 7. Aufl. 2014
Brauchli, Das Kindeswohl als Maxime des Rechts, 1982
Brox/Walker, Allgemeiner Teil des BGB, 38. Aufl. 2014
Bumiller/Harders, FamFG - Freiwillige Gerichtsbarkeit, 11. Aufl. 2015 (in Vorbereitung für März 2015)
Bundesrechtsanwaltskammer/Bundesnotarkammer, Festschrift 50 Jahre Deutsches Anwaltsinstitut, 2003 (zit.: Bearbeiter in: Festschrift 50 Jahre Deutsches Anwaltsinstitut)
Büte/Poppen/Menne, Unterhaltsrecht, 3. Aufl. 2015 (in Vorbereitung für das 3. Quartal 2015)
Büttner/Kalthoener/Niepmann, Die Rechtsprechung zur Höhe des Unterhalts, 12. Aufl. 2013
Caemmerer/Nikisch/u.a., Vom Deutschen zum Europäischen Recht - Festschrift für Hans Dölle, 1963
Canaris, Bankvertragsrecht, 3. Aufl. 1988
Damrau/Zimmermann, Betreuungsrecht, 4. Aufl. 2010
Deinert/Lütgens, Die Vergütung des Betreuers, 6. Aufl. 2012
Demharter, Grundbuchordnung - GBO, 29. Aufl. 2014
Derlien, Die Vorschriften über die mundelsichere Anlegung von Vermögen, 1963
Dethloff/Beitzke/Lüderitz, Familienrecht, 30. Aufl. 2012
Diederichsen, 25 Jahre Karlsruher Forum, 1983

Literaturverzeichnis

Dodegge, Handbuch der Rechtspraxis - Familienrecht 2. Halbband: Das Betreuungsrecht sowie andere Rechtsgebiete, 8. Aufl. 2015
Dodegge/Roth, Systematischer Praxiskommentar Betreuungsrecht, 4. Aufl. 2014
Dölle, Darstellung des deutschen Familienrechts mit rechtsvergleichenden Hinweisen, Band 2, 1965
Ebert, Einstweiliger Rechtsschutz in Familiensachen, 2. Aufl. 2007
Ehmann, Die Gesamtschuld, 1972
Erman, Handkommentar zum Bürgerlichen Gesetzbuch, 14. Aufl. 2014 (zit.: Bearbeiter in: Erman)
Eschenbruch/Schürmann/Menne, Der Unterhaltsprozess, 6. Aufl. 2013
Fiala/Stenger, Geldanlagen für Mündel und Betreute, 3. Aufl. 2009
Fiala/Stenger, Genehmigungen bei Betreuung und Vormundschaft, 3. Aufl. 2014
Finke/Ebert, Familienrecht in der anwaltlichen Praxis, 6. Aufl. 2008
Finke, Unterhaltsrecht in der anwaltlichen Praxis, 3. Aufl. 2012
Flume, Allgemeiner Teil des Bürgerlichen Rechts, 2. Band - Das Rechtsgeschäft, 4. Aufl. 1992
Fuchs, Die rechtliche Stellung des Gegenvormundes, 1907
Geiser/Honsell/Vogt, Zivilgesetzbuch: ZGB, 5. Aufl. 2015 (in Vorbereitung)
Gerhardt/Heintschel-Heinegg/Klein, Handbuch des Fachanwalts Familienrecht, 10. Aufl. 2015 (in Vorbereitung für Mai 2015)
Gernhuber/Coester-Waltjen, Lehrbuch des Familienrechts, 6. Aufl. 2010
Gerold/Schmidt, Rechtsanwaltsvergütungsgesetz, 21. Aufl. 2013
v. Gierke, Deutsches Privatrecht I - Allgemeiner Teil, Personenrecht, 3. Aufl. 2010
Glockner/Hoenes/Weil, Der neue Versorgungsausgleich, 2009
Götsche/Rehbein/Breuers, Versorgungsausgleichsrecht, 2. Aufl. 2015 (in Vorbereitung für März 2015) (zit.: Bearbeiter in: HK-VersAusglR)
Götz, Unterhalt für volljährige Kinder, 2007
Groß, Beratungshilfe, Prozesskostenhilfe, Verfahrenskostenhilfe, 12. Aufl. 2014
Hansbauer/Mutke/Oelerich, Vormundschaft in Deutschland, 2004
Hansens/Braun/Schneider, Praxis des Vergütungsrechts, 2. Aufl. 2007
Hartmann, Kostengesetze: KostG, 45. Aufl. 2015 (in Vorbereitung für März 2015)
Hauß, Elternunterhalt - Grundlagen und Strategien, 5. Aufl. 2015 (in Vorbereitung für Januar 2015)
Hauß/Eulering, Versorgungsausgleich und Verfahren in der Praxis, 2009
Haußleiter/Schulz, Vermögensauseinandersetzung bei Trennung und Scheidung, 5. Aufl. 2011
Heiß/Born, Unterhaltsrecht, Loseblatt-Handbuch, 46. Aufl. 2014
Henrich, Internationales Familienrecht, 2. Aufl. 2000
Hepting, Deutsches und Internationales Familienrecht im Personenstandsrecht, 2010
Hesse, Deutsches Vormundschaftsrecht, 1900
Hohloch, Familienrecht, 2002
Hoppenz, Familiensachen, 9. Aufl. 2009 (zit.: Bearbeiter in: Hoppenz)
Hoppenz/Hülsmann, Der reformierte Unterhalt, 2008
Hopt/Hehl, Handels- und Gesellschaftsrecht, Band II: Gesellschaftsrecht, 5. Aufl. 2015 (in Vorbereitung für das 2. Halbjahr 2015)
Horndasch/Viefhues, FamFG - Kommentar zum Familienverfahrensrecht, 3. Aufl. 2014 (zit.: Bearbeiter in: Horndasch/Viefhues, FamFG)
Hueck/Canaris, Recht der Wertpapiere, 12. Aufl. 1986
Hueck/Windbichler, Gesellschaftsrecht, 23. Aufl. 2013
Jansen, FGG - Gesetz über die Angelegenheiten der freiwilligen Gerichtsbarkeit, 3. Aufl. 2006
Jans/Happe/Saurbier/Maas, Kinder- und Jugendhilferecht, Loseblatt-Kommentar, 3. Aufl. 2012
Jauernig, Bürgerliches Gesetzbuch, 15. Aufl. 2014 (zit.: Bearbeiter in: Jauernig, BGB)
Jayme, Die Familie im Recht der unerlaubten Handlungen, 1971
Jayme/Hausmann, Internationales Privat- und Verfahrensrecht, 17. Aufl. 2014
Johannsen/Henrich, Familienrecht, 6. Aufl. 2015 (zit.: Bearbeiter in: Johannsen/Henrich, FamR)
Jurgeleit, Betreuungsrecht, 3. Aufl. 2013 (zit.: Bearbeiter in: Jurgeleit, Hk-Bt)
Jurgeleit, Freiwillige Gerichtsbarkeit, 2010
Jürgens, Betreuungsrecht, 5. Aufl. 2014 (zit.: Bearbeiter in: Jürgens, Betreuungsrecht)
Jürgens/Lesting/Marschner/Winterstein, Betreuungsrecht kompakt, 7. Aufl. 2011
juris konkret - Strohal/Viefhues, Das neue Unterhaltsrecht, 2008 (zit.: Bearbeiter in: Strohal/Viefhues, Das neue Unterhaltsrecht)

Literaturverzeichnis

jurisPK-BGB - Herberger/Martinek/Rüßmann/Weth, juris PraxisKommentar BGB, 7. Aufl. 2014 (zit.: Bearbeiter in: jurisPK-BGB)
jurisPK-SGB II - Schlegel/Voelzke/Radüge, juris PraxisKommentar SGB II - Grundsicherung für Arbeitsuchende, 3. Aufl. 2012 (zit.: Bearbeiter in: jurisPK-SGB II)
Kahlert, § 1586b BGB in der Rechtspraxis, 1997
Kaiser/Schnitzler/Friederici/Schilling, Bürgerliches Gesetzbuch - BGB: Band 4: Familienrecht (§§ 1297-1921), 3. Aufl. 2014 (zit.: Bearbeiter in: AnwK-BGB)
Kalthoener/Büttner/Wrobel-Sachs, Prozess- und Verfahrenskostenhilfe, Beratungshilfe, 7. Aufl. 2014
Kampermann, Betreuungsrecht und Vorsorgevollmacht in der Bankpraxis, 2. Aufl. 2010
Kaser/Knütel, Römisches Privatrecht, 20. Aufl. 2014
Keidel, FamFG - Familienverfahren, Freiwillige Gerichtsbarkeit, 18. Aufl. 2014 (zit.: Bearbeiter in: Keidel, FamFG)
Kemper, Versorgungsausgleich in der Praxis, 2. Aufl. 2014
Kemper, Das neue Unterhaltsrecht, 2008
Kemper/Schreiber, Familienverfahrensrecht, 2. Aufl. 2011 (zit.: Bearbeiter in: Kemper/Schreiber, HK Familienverfahrensrecht)
Klatt, Schnittstellen zwischen Familienrecht und Sozialrecht, 2005
Klein, Das neue Unterhaltsrecht, 2008
Köbler, Juristisches Wörterbuch, 15. Aufl. 2012
Köbler/Nehlsen, Wirkungen europäischer Rechtskultur - Festschrift für Karl Kroeschell, 1997
Koch/Luthin, Handbuch des Unterhaltsrechts, 12. Aufl. 2012 (zit.: Bearbeiter in: Luthin/Koch, Handbuch des Unterhaltsrechts)
Kraut, Die Vormundschaft nach den Grundsätzen des Deutschen Rechts, Band 1, 1835
Kreft, Heidelberger Kommentar zur Insolvenzordnung, 7. Aufl. 2014 (zit.: Bearbeiter in: HK-InsO)
Lafontaine, Die rechtliche Stellung des selbständigen Individualerfinders im europäischen Patentrecht, 2002
Lang/Weidmüller, Genossenschaftsgesetz, 37. Aufl. 2011 (zit.: Bearbeiter in: Lang/Weidmüller, GenG)
Langenfeld/Günther, Grundstückszuwendungen zur lebzeitigen Vermögensnachfolge, 6. Aufl. 2010
Lappe, Kosten in Familiensachen, 5. Aufl. 1994
Larenz/Wolf/Neuner, Allgemeiner Teil des Bürgerlichen Rechts, 10. Aufl. 2012
Lion, Die Mitvormundschaft, 1905
Lipp, Freiheit und Fürsorge - Der Mensch als Rechtsperson, 2000
Mangoldt/Klein/Starck, Kommentar zum Grundgesetz, Band 1: Präambel, Art. 1-19, 6. Aufl. 2010
Martinek, Moderne Vertragstypen, Band I: Leasing und Factoring, 1991
Martinek/Bergmann, Fälle zum Handels-, Gesellschafts- und Wertpapierrecht, 4. Aufl. 2008
Maunz/Dürig, Grundgesetz, Loseblatt-Kommentar, 72. Lfg. 2014
Medicus, Allgemeiner Teil des BGB, 10. Aufl. 2010
Medicus/Petersen, Bürgerliches Recht, 24. Aufl. 2013
Medicus/Seiler, Festschrift für Max Kaser zum 70. Geburtstag, 1976
Meier/Deinert, Handbuch Betreuungsrecht, 2. Aufl. 2015 (in Vorbereitung für April 2015)
Meier/Neumann, Handbuch Vermögenssorge, 2. Aufl. 2011
Menne/Grundmann, Das neue Unterhaltsrecht, 2008
Motive - Motive zu dem Entwurfe eines Bürgerlichen Gesetzbuches für das Deutsche Reich, Band 4: Familienrecht, 1988
Motzer/Kugler/Grabow, Kinder aus Migrationsfamilien in der Rechtspraxis, 2. Aufl. 2012
Mugdan, Die gesammten Materialien zum Bürgerlichen Gesetzbuch für das Deutsche Reich, 5 Bde., Sachreg. u. Erg.-Bd., 1899/1979, Nachdruck 2005 (zit.: Mugdan)
MünchKomm-BGB - Münchener Kommentar zum Bürgerlichen Gesetzbuch: Band 7: Familienrecht I (§§ 1297-1588), VersAusglG, GewSchG, LPartG, 6. Aufl. 2013; Band 8: Familienrecht II (§§ 1589-1921), SGB VIII, 6. Aufl. 2012; Band 10: Internationales Privatrecht, Rom I-Verordnung, Rom II-Verordnung, Einführungsgesetz zum Bürgerlichen Gesetzbuch (Art. 1-24), 6. Aufl. 2015 (zit.: Bearbeiter in: MünchKomm-BGB)
MünchKomm-FamFG - Münchener Kommentar zum FamFG: §§ 1-491, IZVR, EuZVR, 2. Aufl. 2013 (zit.: Bearbeiter in: MünchKomm-FamFG)

Literaturverzeichnis

MünchKomm-ZPO - Münchener Kommentar zur Zivilprozessordnung: Band 1: §§ 1-510c, 4. Aufl. 2013; Band 2: §§ 511-945, 4. Aufl. 2012; Band 3: §§ 946-1086, EGZPO, GVG, EGGVG, UKlaG, Internationales Zivilprozessrecht, 4. Aufl. 2013; Band 4: FamFG, 2010
(zit.: Bearbeiter in: MünchKomm-ZPO)
Münder/Wiesner/Meysen, Kinder- und Jugendhilferecht, 2. Aufl. 2011
Musielak, Kommentar zur Zivilprozessordnung - mit Gerichtsverfassungsgesetz, 11. Aufl. 2014
(zit.: Bearbeiter in: Musielak, ZPO)
Musielak/Borth, Familiengerichtliches Verfahren, 5. Aufl. 2015 (in Vorbereitung für März 2015)
Oelkers, Sorge- und Umgangsrecht, 3. Aufl. 2010
Palandt, Bürgerliches Gesetzbuch, 74. Aufl. 2015 (zit.: Bearbeiter in: Palandt)
Pardey/Kieß, Betreuungs- und Unterbringungsrecht in der Praxis, 5. Aufl. 2014
Pelz, Die Vormundschaft in den Stadt- und Landreformationen des 16. und 17. Jahrhundert, 1966
Peschel-Gutzeit, Das neue Unterhaltsrecht (Unterhaltsrecht aktuell), 2008
Pieroth/Schlink/Kingreen/Poscher, Grundrechte - Staatsrecht II, 30. Aufl. 2014
Prütting/Gehrlein, ZPO Kommentar, 7. Aufl. 2015 (in Vorbereitung für April 2015)
Prütting/Helms, FamFG, 3. Aufl. 2013 (zit.: Bearbeiter in: Prütting/Helms, FamFG)
Prütting/Wegen/Weinreich, BGB-Kommentar, 10. Aufl. 2015 (in Vorbereitung für April 2015)
Rachel, Die Diskussion um den französischen Familienrat in Deutschland im 19. Jahrhundert, 1994
Rauscher, Familienrecht, 2. Aufl. 2008
Rauscher, Internationales Privatrecht, 4. Aufl. 2012
Rhein, Personenstandsgesetz: PStG, 2012
Richardi, Wertpapierrecht, 1987
Rolletschke, Die Steuerhinterziehung, 2004
Rössler/Langner/Simon/Kleiber, Schätzung und Ermittlung von Grundstückswerten, 8. Aufl. 2005
Rotax, Praxis des Familienrechts, 3. Aufl. 2007
Roth, Familien- und Erbrecht, 5. Aufl. 2010
Ruland, Versorgungsausgleich, 3. Aufl. 2011
Runde, Grundsätze des gemeinen deutschen Privatrechts, 8. Aufl. 1829
v. Sachsen Gessaphe, Der Betreuer als gesetzlicher Vertreter für eingeschränkt Selbstbestimmungsfähige, 1999
Saenger, Zivilprozessordnung - ZPO, 6. Aufl. 2015 (in Vorbereitung für Januar 2015)
(zit.: Bearbeiter in: Hk-ZPO)
Sandkühler, Bankrecht, 2. Aufl. 1993
Sandrock, Festschrift für Günther Beitzke, 1979
Schimansky/Bunte/Lwowski, Bankrechts-Handbuch, 4. Aufl. 2011
Schmidt, Einkommensteuergesetz: EStG, 33. Aufl. 2014 (zit.: Bearbeiter in: Schmidt, EStG)
Schmidt, Gesellschaftsrecht, 4. Aufl. 2002
Schmitt-Glaeser, Das elterliche Erziehungsrecht in staatlicher Reglementierung, 1980
Schmitz-Hangbers, Die Dauerpflegschaften nach dem Bürgerlichen Gesetzbuch - insbesondere der Dauerergänzungspfleger in Familiengesellschaft, 1977
Schneider/Herget, Streitwert-Kommentar, 13. Aufl. 2011
Schneider/Volpert/Fölsch, Familiengerichtskostengesetz, 2. Aufl. 2014
(zit.: Bearbeiter in: HK-FamGKG)
Schneider/Wolf, AnwaltKommentar RVG - Rechtsanwaltsvergütungsgesetz, 7. Aufl. 2014
(zit.: Bearbeiter in: AnwK- RVG)
Schnitzler, Münchener Anwaltshandbuch Familienrecht, 4. Aufl. 2014 (zit.: Bearbeiter in: Schnitzler)
Scholz/Kleffmann/Motzer, Praxishandbuch Familienrecht, 28. Aufl. 2014
(zit.: Bearbeiter in: Scholz/Stein, Praxishandbuch Familienrecht)
Schröder/Bergschneider, Familienvermögensrecht, 2. Aufl. 2007
Schroeder, Das Deutsche Vormundschaftsrecht, 1900
Schulte-Bunert/Weinreich, FamFG-Kommentar, 4. Aufl. 2014
Schulz/Hauß, Familienrecht, 2. Aufl. 2012
Schulze/Dörner/Ebert, BGB-Handkommentar, 8. Aufl. 2014 (zit.: Bearbeiter in: Hk-BGB)
Schwab, Familienrecht, 22. Aufl. 2014
Schwab, Handbuch des Scheidungsrechts, 7. Aufl. 2013 (zit.: Bearbeiter in: Schwab, Handbuch des Scheidungsrechts)

D. Prozessuale Hinweise

Nach den §§ 111 Nr. 10, 266 FamFG, die die in § 23a Abs. 1 Nr. 1 GVG festgelegte sachliche Zuständigkeit der Amtsgerichte für Familiensachen konkretisieren, sind für sämtliche Ansprüche die Familiengerichte sachlich zuständig.[20] Verlöbnissachen sind sonstige Familiensachen im Sinne von § 266 Abs. 1 Nr. 1 FamFG.[21] Örtlich zuständig ist gemäß § 267 Abs. 2 FamFG das Gericht des allgemeinen Gerichtsstandes des Beklagten gem. §§ 12 ff. ZPO, nicht das Gericht des Ortes, an dem die standesamtliche Trauung stattfinden sollte, also der Gerichtsstand des Erfüllungsortes gem. § 29 ZPO; denn weder die Eheschließung noch das Unterlassen des Rücktritts ist eine Verpflichtung aus dem Verlöbnis im Sinne von § 29 Abs. 1 ZPO.[22]

11

Aus dem Verlöbnis resultieren Zeugnis-, Auskunfts-, Eides- und Gutachtenverweigerungsrechte[23]: vgl. die §§ 383-385, 408 ZPO; § 29 Abs. 3 FamFG; §§ 52 Abs. 1 Nr. 1, 55, 61 Nr. 2, 63, 76 StPO.

12

---

[20] *Erbarth*, FPR 2011, 89-95.
[21] *Löhnig* in: Staudinger, §§ 1298 f. Rn. 57; vgl. zum Verfahren in sonstigen Familiensachen nach dem FamFG auch: *Heiter*, FamRB 2010, 121-125.
[22] *Erbarth*, FPR 2011, 89-95; *Löhnig* in: Staudinger, §§ 1298 f. Rn. 57.
[23] *Roth* in: MünchKomm-BGB, § 1297 Rn. 21.

§ 1298 BGB Ersatzpflicht bei Rücktritt

(Fassung vom 02.01.2002, gültig ab 01.01.2002)

(1) ¹Tritt ein Verlobter von dem Verlöbnis zurück, so hat er dem anderen Verlobten und dessen Eltern sowie dritten Personen, welche anstelle der Eltern gehandelt haben, den Schaden zu ersetzen, der daraus entstanden ist, dass sie in Erwartung der Ehe Aufwendungen gemacht haben oder Verbindlichkeiten eingegangen sind. ²Dem anderen Verlobten hat er auch den Schaden zu ersetzen, den dieser dadurch erleidet, dass er in Erwartung der Ehe sonstige sein Vermögen oder seine Erwerbsstellung berührende Maßnahmen getroffen hat.

(2) Der Schaden ist nur insoweit zu ersetzen, als die Aufwendungen, die Eingehung der Verbindlichkeiten und die sonstigen Maßnahmen den Umständen nach angemessen waren.

(3) Die Ersatzpflicht tritt nicht ein, wenn ein wichtiger Grund für den Rücktritt vorliegt.

Gliederung

A. Grundlagen 1	II. Angemessenheit der Aufwendungen (Absatz 2) 12
B. Anwendungsvoraussetzungen 4	III. Ausschluss der Ersatzpflicht (Absatz 3) 16
I. Ersatzansprüche (Absatz 1) 4	C. Prozessuale Hinweise/Verfahrenshinweise/
1. Erstattungsfähige Aufwendungen 4	Beweislast 18
2. Nichterstattungsfähige Aufwendungen 5	
3. Weitergehende Ansprüche 8	

A. Grundlagen

1 § 1298 BGB und § 1299 BGB regeln die Risikoverteilung bei einseitiger Beendigung des Verlöbnisses.[1] Für die Schadensersatzpflicht ist nach den §§ 1298, 1299 BGB entscheidend, ob der Rücktritt durch einen wichtigen Grund veranlasst ist.[2] Diese Normen bestimmen die Einstandspflicht nach Grund und Umfang.

2 Der Rücktritt erfolgt durch einseitige, empfangsbedürftige Willenserklärung, die auch konkludent abgegeben werden kann.[3] Ein Verlöbnis kann daher z.B. auch einseitig durch Auszug aus der Wohnung des Verlobten aufgelöst werden,[4] durch Abbruch des Verkehrs, durch ostentative Zuwendung an einen anderen Partner[5], Rückgabe des Verlobungsringes[6] oder auch durch Einstellung des Briefwechsels.[7] Der Fortbestand des Verlöbnisses beurteilt sich nur aus dem Verhalten der Verlobten zueinander, nicht aber aus gegenüber Dritten abgegebenen Erklärungen.[8] Die Rücktrittserklärung ist unwiderruflich; es bedarf daher einer Wiederverlobung, um einen erklärten Rücktritt zu beseitigen.[9] Der Rücktritt wirkt nur ex nunc und hat zur Folge, dass das Verlöbnis aufgehoben wird und auch der andere Partner nicht mehr an das Heiratsversprechen gebunden ist.[10] Eine Stellvertretung im Willen ist aufgrund der Höchstpersönlichkeit des Rechtsgeschäfts ausgeschlossen. Der in der Geschäftsfähigkeit beschränkte Verlobte bedarf zum Rücktritt nicht der Genehmigung seines gesetzlichen Vertreters, wohl aber zu einem rechtsgültigen Verzicht auf Schadensersatzansprüche, der bei Versöhnung vorliegen wird.[11]

---

[1] *Löhnig* in: Staudinger, §§ 1298 f. Rn. 1, 3.
[2] *Löhnig* in: Staudinger, §§ 1298 f. Rn. 13.
[3] *Fuge*, ZFE 2004, 270-272; *Brudermüller* in: Palandt, § 1298 Rn. 1; *Löhnig* in: Staudinger §§ 1298 f. Rn. 4.
[4] BayObLG München v. 25.06.1987 - BReg 1 Z 40/87 - Rpfleger 1987, 503.
[5] *Erbarth*, FPR 2011, 89-95; *Brudermüller* in: Palandt, § 1298 Rn. 1.
[6] *Hahn* in: Bamberger/Roth, § 1298 Rn. 3 unter Hinweis auf: BGH FamRZ 1961, 424.
[7] *Brudermüller* in: Palandt, § 1298 Rn. 1.
[8] *Brudermüller* in: Palandt, § 1298 Rn. 1; RG v. 13.07.1933 - IV 139/33 - RGZ 141, 358-361, 360 f.
[9] *Roth* in: MünchKomm-BGB, § 1298 Rn. 3.
[10] *Erbarth*, FPR 2011, 89-95; *Heckelmann* in: Erman, § 1298 Rn. 3.
[11] RG v. 08.01.1920 - IV 327/19 - RGZ 98, 13-15, 14 f.

Tritt einer der Verlobten grundlos vom Verlöbnis zurück, so begründet dies für ihn eine Schadensersatzpflicht wegen Nichterfüllung des Eheversprechens aus den Bestimmungen der §§ 1297 ff. BGB und nicht aus unerlaubter Handlung.[12] Die Vorschriften über unerlaubte Handlungen kommen nämlich nur dann zur Anwendung, wenn sich der Sachverhalt nicht mit dem speziell beim Verlöbnis geregelten Anspruch deckt, sondern sich über den Bruch der Verlöbnistreue hinaus eine unerlaubte Handlung des Verlöbnispartners ergibt.[13] Zu ersetzen ist das begrenzte negative Interesse, nicht das Erfüllungsinteresse.[14] Der Anspruch ist übertragbar und vererblich.[15] Heben die Verlobten das Verlöbnis dagegen einverständlich auf, so bestehen keine Schadensersatzansprüche.[16]

B. Anwendungsvoraussetzungen

I. Ersatzansprüche (Absatz 1)

1. Erstattungsfähige Aufwendungen

Aufwendungen in Erwartung der Ehe liegen nur dann vor, wenn sie ausschließlich im Hinblick auf die künftige Ehe erfolgen und erst durch sie ihren wirtschaftlichen Sinn erhalten.[17] Dazu zählen z.B. Umzugskosten nach Wohnungskündigung in Erwartung des Zusammenlebens nach der Heirat, Anmietung oder Erwerb einer Wohnung[18], Anschaffungen für den künftigen gemeinsamen Haushalt[19], Verbindlichkeiten aus der Vorbereitung der Hochzeitsfeier[20], der Kauf eines Brautkleides, Kosten für Einladungskarten zur Hochzeit[21] und Ähnliches.

2. Nichterstattungsfähige Aufwendungen

Anschaffungen, die vorrangig der Gestaltung des bereits seit Jahren bestehenden eheähnlichen Verhältnisses dienen, werden nicht erstattet.[22] Insofern kommt bei Rücktritt von einem Verlöbnis allenfalls ein Ausgleich nach gesellschaftsrechtlichen Regeln in Betracht.[23] Ein solcher Ausgleichsanspruch kommt jedoch nur dann nach den Vorschriften über die BGB-Gesellschaft in Betracht, wenn die Partner zwar weder ausdrücklich noch durch schlüssiges Verhalten einen Gesellschaftsvertrag geschlossen haben, jedoch durch gemeinsame Leistungen einen Vermögenswert von erheblicher wirtschaftlicher Bedeutung geschaffen haben, der nicht nur von ihnen während der Dauer der Partnerschaft gemeinsam genutzt worden ist, sondern darüber hinaus nach der Absicht beider Partner ihnen wirtschaftlich gemeinsam gehören sollte, und wenn dieser Vermögenswert am Ende der nichtehelichen Lebensgemeinschaft formaldinglich einem der beiden Partner allein zugeordnet ist.[24]

In folgenden Beispielsfällen werden Aufwendungen **nicht** erstattet:

- Ein Partner einer nichtehelichen Lebensgemeinschaft hat bei deren Auflösung grundsätzlich auch dann keinen Ausgleichsanspruch gegen den anderen, wenn er zur Finanzierung von Aufwendungen für die Gemeinschaft einen Kredit aufgenommen und diesen bei der Trennung noch nicht zurückgeführt hat.[25]

---

[12] RG v. 08.04.1940 - IV 393/39 - RGZ 163, 280-287, 286 f.; OLG Düsseldorf v. 21.03.1961 - 4 U 282/60 - FamRZ 1962, 429.
[13] OLG Düsseldorf v. 21.03.1961 - 4 U 282/60 - FamRZ 1962, 429.
[14] *Brudermüller* in: Palandt, § 1298 Rn. 2.
[15] *Brudermüller* in: Palandt, § 1298 Rn. 2.
[16] *Roth* in: MünchKomm-BGB, § 1298 Rn. 3; *Brudermüller* in: Palandt, § 1298 Rn. 2.
[17] LG Marburg v. 28.09.1981 - 6 O 128/81.
[18] *Erbarth*, FPR 2011, 89-95.
[19] *Erbarth*, FPR 2011, 89-95.
[20] *Erbarth*, FPR 2011, 89-95.
[21] AG Neumünster v. 08.04.1999 - 9 C 1267/98 - FamRZ 2000, 817-818.
[22] LG Marburg v. 28.09.1981 - 6 O 128/81; OLG Oldenburg v. 11.07.1995 - 5 U 45/95 - NJW-RR 1996, 577-578; OLG Braunschweig v. 30.04.1998 - 7 W 9/98 - MDR 1998, 1294-1295.
[23] LG Marburg v. 28.09.1981 - 6 O 128/81; vgl. auch BGH v. 23.02.1981 - II ZR 124/80 - juris Rn. 6 - LM Nr. 32 zu § 705 BGB; OLG Braunschweig v. 30.04.1998 - 7 W 9/98 - MDR 1998, 1294-1295; BGH v. 25.09.1997 - II ZR 269/96 - juris Rn. 9 - LM BGB § 705 Nr. 66 (7/1998).
[24] OLG Braunschweig v. 30.04.1998 - 7 W 9/98 - MDR 1998, 1294.
[25] OLG Oldenburg v. 26.02.1986 - 3 U 229/85 - NJW 1986, 1817-1818.

- Der Verlobte, der auf dem im Alleineigentum des anderen Verlobten stehenden Grundstück durch berufsfremde Tätigkeit ein Haus - als späteres Familienheim - errichtet, erbringt durch diese Arbeitsleistung keine Aufwendungen im Sinne von § 1298 BGB.[26] Bei der Auflösung des Verlöbnisses hat der Verlobte aber einen Anspruch auf Ausgleich seiner Arbeitsleistung auf der Grundlage einer als stillschweigend abgeschlossen anzunehmenden Gesellschaft zwischen den Verlobten, wobei der Gesellschaftsvertrag dahingehend auszulegen ist, dass der Verlobte bei Beendigung des Verlöbnisses von dem anderen Verlobten denjenigen anteiligen Mehrwert des Hauses ausbezahlen verlangen kann, der seinen Arbeitsleistungen entspricht.[27]
- Dem Vater, der auf dem Grundstück des Verlobten seiner Tochter als Bauhelfer Arbeitsleistungen erbracht hat, stehen nach Auflösung des Verlöbnisses keine Ansprüche zu, sofern keine besonderen Abreden getroffen worden sind.[28]
- Nach Auflösung des Verlöbnisses besteht unter dem Gesichtspunkt des § 1298 BGB kein Anspruch auf Ersatz des Nutzungswertes einer Wohnung im Hause der Brauteltern, die diese den Verlobten im Hinblick auf das Versprechen überlassen haben, man werde mit Sicherheit heiraten.[29]
- Ist eine Verlobte bei Auflösung des Verlöbnisses von dem Verlobten schwanger, kann sie von diesem nicht den Verdienstausfall über § 1298 BGB ersetzt verlangen, den sie dadurch erleidet, dass sie Mutterschaftsurlaub in Anspruch nimmt.[30] Der Schutzzweck des § 1298 BGB ist nur auf Ersatz des Schadens gerichtet, der daraus entstanden ist, dass ein Verlobter in Erwartung der Ehe (angemessene) Aufwendungen gemacht hat oder (angemessene) Verbindlichkeiten eingegangen ist.[31] Der Schutzzweck des § 1298 BGB umfasst daher lediglich die Aufgabe der Berufsfähigkeit in Erwartung der Ehe, nicht aber eine Aufgabe der Berufsfähigkeit infolge Schwangerschaft.[32]
- Ebenfalls nicht zu erstatten sind die Kosten eines Säuglingspflegekurses der nichtehelichen Mutter.[33]
- Verliert eine Verlobte infolge einer länger währenden Erkrankung während der Schwangerschaft durch Kündigung ihres Arbeitgebers ihre Stellung und muss nach der Geburt des Kindes eine weniger gut bezahlte Stelle annehmen, so ist der darauf beruhende Schaden kein Schaden, den die Verlobte dadurch erlitten hat, dass sie in Erwartung der Ehe eine ihr Vermögen oder ihre Erwerbsstellung berührende Maßnahme getroffen hat.[34]
- Leben ein Mann und eine Frau in einem eheähnlichen Verhältnis zusammen, so kann, wenn es zu einer Eheschließung nicht kommt und die Beziehungen abgebrochen werden, die Frau für ihre Haushaltsführung während der Zeit des Zusammenlebens in der Regel keine finanziellen Ansprüche gegen den Mann stellen: weder aus Dienstvertragsrecht noch aus Gesellschaftsrecht noch aus Bereicherungsrecht noch aus § 1298 BGB. Das Gleiche würde auch dann gelten, wenn ein Verlöbnis bestanden haben sollte.[35]

7   Ebenfalls **nicht** ersatzfähig sind Aufwendungen, die nur **anlässlich** des Verlöbnisses erfolgen, wie z.B.:
- Kosten einer Verlobungsfeier, da nur das Vertrauen auf die Erfüllung des Eheversprechens geschützt wird,[36]
- Gelegenheitsgeschenke,
- Bewirtungs- und Unterhaltskosten,[37]
- Anschaffungen zur Vorbereitung des Zusammenlebens in einer nichtehelichen Lebensgemeinschaft,[38] z.B.:

---

[26] AG Augsburg v. 31.03.1987 - C 620/86 - FamRZ 1987, 1141-1142; OLG Stuttgart v. 29.06.1977 - 13 U 41/77 - juris Rn. 39 - NJW 1977, 1779-1780; vgl. zu dieser Fallkonstellation auch die Ausführungen von Kogel, FamRB 2007, 273-275.
[27] AG Augsburg v. 31.03.1987 - C 620/86 - FamRZ 1987, 1141-1142.
[28] LG Gießen v. 06.04.1994 - 1 S 519/93 - NJW-RR 1994, 1410-1411.
[29] OLG Frankfurt v. 22.09.1994 - 24 W 41/94 - NJW-RR 1995, 899.
[30] OLG Hamm v. 05.07.1994 - 29 W 50/94 - FamRZ 1995, 296-297.
[31] OLG Hamm v. 05.07.1994 - 29 W 50/94 - FamRZ 1995, 296-297.
[32] OLG Hamm v. 05.07.1994 - 29 W 50/94 - FamRZ 1995, 296-297.
[33] AG Neumünster v. 08.04.1999 - 9 C 1267/98 - FamRZ 2000, 817-818.
[34] OLG Köln v. 13.06.1960 - 9 W 53/60 - AP Nr. 1 zu § 1298 BGB.
[35] OLG München v. 15.11.1979 - 8 W 2106/79 - FamRZ 1980, 239-240.
[36] *Erbarth*, FPR 2011, 89-95 m.w.N.; *Löhnig* in: Staudinger, §§ 1298 f. Rn. 53.
[37] OLG Frankfurt v. 02.07.1970 - 12 U 173/69 - NJW 1971, 470-471.
[38] OLG Oldenburg v. 11.07.1995 - 5 U 45/95 - NJW-RR 1996, 577-578.

- Überlassung eines Pkws für Fahrten zum Arbeitsplatz,[39]
- finanzielle Beträge eines Verlobten zu den Kosten des vorehelichen Zusammenlebens hinsichtlich Reisen, Miete, Lebensunterhalt[40] oder in Erwartung der Verlobung, da es insoweit an der Ursächlichkeit fehlt.
- Für die Haushaltsführung in eheähnlicher Gemeinschaft kann ebenfalls kein finanzieller Ausgleich beansprucht werden.[41]

Der Tod eines Verlobten begründet keinen Anspruch auf Ersatz des entgangenen Unterhalts.[42]

3. Weitergehende Ansprüche

Weitergehende Ansprüche z.B. wegen Gesundheitsschäden, bei Täuschung über die Ernstlichkeit des Eheversprechens (Heiratsschwindel) sind aus den §§ 823, 825, 826 BGB denkbar. Der Bruch der Verlöbnistreue stellt für sich allein genommen jedoch keine unerlaubte Handlung dar.[43]

Ansprüche aus einem Verlöbnis kommen nicht in Betracht, wenn die Parteien zwar ursprünglich die Absicht hatten, zu heiraten, den Termin für die Eheschließung dann aber nicht nur vorübergehend hinausschieben, um der „Verlobten" den Bezug einer Witwenrente zu erhalten.[44] Lässt sich innerhalb einer nichtehelichen Lebensgemeinschaft der eine Teil von dem anderen zur Finanzierung eines Autokaufs einen größeren Geldbetrag zuwenden, so hat er nach § 826 BGB Schadensersatz zu leisten, wenn er bereits bei Inempfangnahme der Zuwendung entschlossen ist, den anderen zu verlassen. Eine sittenwidrige Schädigung scheidet jedoch dann aus, wenn zwischen der Zuwendung und der Trennung ein nicht unerheblicher Zeitraum liegt, der die Möglichkeit einer späteren Entstehung der Trennungsabsicht offen lässt.[45]

Im Übrigen sind die §§ 1297-1299 BGB Spezialregelungen gegenüber den allgemeinen Leistungsstörungsnormen.[46] Allerdings besteht keine Spezialität, soweit es um den Vermögensausgleich für Zuwendungen geht, die die Ehegatten bereits in der Verlobungszeit einander gewährt haben.[47]

Zu dem den Zugewinn ergänzenden Ausgleichanspruch vgl. die Kommentierung zu § 1372 BGB. Der Anspruch ist auch gegen Dritte möglich.[48]

II. Angemessenheit der Aufwendungen (Absatz 2)

Nach § 1298 Abs. 2 BGB kann nur für angemessene Aufwendungen Schadensersatz verlangt werden. Die Angemessenheit bemisst sich nach den persönlichen und wirtschaftlichen Verhältnissen der Verlobten, der Dauer der Verlobung und der zeitlichen Nähe des Hochzeitstermins.[49] Aufwendungen sind Leistungen, die der Leistende aus seinem Vermögen erbracht hat.[50] Darunter fallen auch Dienste, die ein Verlobter dem anderen Verlobten leistet, soweit sie mit dem freien Beruf oder Gewerbe des Verlobten, der diese Dienste geleistet hat, zusammenhängen.[51] Dazu gehören beispielsweise Auslagen für ein Festessen, für Vermählungsanzeigen, Aussteuer, ständige Verpflegung; nicht aber die Kosten der gemeinsamen Haushaltsführung.[52]

Eine unangemessene Maßnahme liegt z.B. vor, wenn ein im Leben erfahrener Mann wenige Wochen, nachdem er sich mit einer Frau verlobt hat, die er kurz zuvor kennen gelernt hat, seine gut gehende Praxis als Steuerberater aufgibt, um die Vermögensangelegenheiten seiner Verlobten zu ordnen.[53] Zu be-

---

[39] OLG Oldenburg v. 11.07.1995 - 5 U 45/95 - NJW-RR 1996, 577-578.
[40] OLG Düsseldorf v. 23.06.1981 - 21 U 13/81 - FamRZ 1981, 770.
[41] OLG München v. 15.11.1979 - 8 W 2106/79 - FamRZ 1980, 239-240.
[42] OLG Frankfurt v. 29.06.1983 - 7 U 267/82 - VersR 1984, 449; KG Berlin v. 06.02.1967 - 12 W 174/67 - NJW 1967, 1089.
[43] OLG Düsseldorf v. 20.01.1981 - 21 U 130/80 - FamRZ 1981, 355-356.
[44] OLG Celle v. 18.11.1982 - 12 U 15/82 - NJW 1983, 1065-1066.
[45] OLG Celle v. 18.11.1982 - 12 U 15/82 - NJW 1983, 1065-1066.
[46] OLG Düsseldorf v. 20.01.1981 - 21 U 130/80 - FamRZ 1981, 355-356.
[47] BGH v. 02.10.1991 - XII ZR 145/90 - juris Rn. 8 - BGHZ 115, 261-267.
[48] RG v. 06.06.1904 - VI 456/03 - RGZ 58, 248-256, 254 f.
[49] Vgl. OLG Oldenburg (Oldenburg) v. 19.03.2009 - 11 W 1/09.
[50] *Heckelmann* in: Erman, § 1298 Rn. 12.
[51] BGH v. 05.07.1961 - IV ZR 9/61 - LM Nr. 2 zu § 1298 BGB.
[52] *Heckelmann* in: Erman, § 1298 Rn. 13.
[53] BGH v. 05.07.1961 - IV ZR 9/61 - LM Nr. 2 zu § 1298 BGB.

rücksichtigen ist jedoch – wie bereits erwähnt –, dass Dienste, die ein Verlobter dem anderen Verlobten leistet, aber dann Aufwendungen im Sinne des § 1298 BGB sein könnten, wenn sie mit dem freien Beruf oder Gewerbe des Verlobten, der diese Dienste geleistet hat, zusammenhängen.[54]

14 Gibt die „Verlobte" in der Dominikanischen Republik ihre beiden Arbeitsstellen auf, nachdem sie mehrfach mit der Unterstützung durch eine Übersetzerin mit dem „Verlobten" telefoniert hat, ohne diesem bisher je persönlich begegnet zu sein, so ist die Aufgabe der Erwerbstätigkeit, die die wirtschaftliche Existenz der „Verlobten" bildete und die sie nicht jederzeit wieder aufnehmen konnte, unangemessen.[55]

15 Unangemessen sind Aufwendungen eines Verlobten auch dann, wenn sie dazu bestimmt sind, ein Konkubinat mit dem anderen Verlobten zu ermöglichen.[56]

III. Ausschluss der Ersatzpflicht (Absatz 3)

16 Liegt ein wichtiger Grund des Zurücktretenden vor, so entfällt die Ersatzpflicht. Ein wichtiger Grund ist zu bejahen, wenn erhebliche Tatsachen vorliegen, die bei einer sachlichen, die Umstände des Einzelfalls berücksichtigenden Würdigung geeignet gewesen wären, den zurücktretenden Verlobten von der Eingehung des Verlöbnisses abzuhalten.[57] Der Grund kann dabei in Handlungen, Unterlassungen oder in äußeren Ereignissen, aber auch in der Person des zurücktretenden Verlobten selbst liegen. Auf ein Verschulden des anderen Teils kommt es nicht an.[58] Hat dieser jedoch den Grund verschuldet, bleibt er schadensersatzpflichtig. Haben beide Verlobten Rücktrittsgründe, so besteht kein Ersatzanspruch.[59] Ebenfalls kein Schadensersatzanspruch besteht im Anschluss an ein gescheitertes Verlöbnis, von dem keiner der beiden Verlobten zurückgetreten ist.[60]

17 Wichtige Gründe sind insbesondere alle Gründe, die zur Anfechtung wegen Irrtums oder arglistiger Täuschung berechtigen würden.[61] Dazu zählen beispielsweise[62]:
- Bruch der Verlöbnistreue,[63]
- Lieblosigkeit, die ernstliche Zweifel an einer späteren ehelichen Gesinnung aufkommen lässt,
- Verzögerung der Eheschließung ohne triftigen Grund,
- Weigerung, sich bei Krankheitsverdacht ärztlich untersuchen zu lassen,
- ernstere Zerwürfnisse zwischen Schwiegereltern und Verlobten,
- Beschimpfungen und Verdächtigungen des Partners[64],
- schwere körperliche und psychische Erkrankungen und Leiden, insbesondere nicht völlig ausheilbare (zu denken ist heute besonders an schwere Depressionen und Aidsinfektionen)[65]

Keinen wichtigen Grund stellt die nachträgliche einseitige Erkenntnis, nicht zueinander zu passen, dar.[66]

C. Prozessuale Hinweise/Verfahrenshinweise/Beweislast

18 Nach den §§ 111 Nr. 10, 266 FamFG, die die in § 23a Abs. 1 Nr. 1 GVG festgelegte sachliche Zuständigkeit der Amtsgerichte für Familiensachen konkretisieren, sind für sämtliche Ansprüche die Familiengerichte sachlich zuständig.[67] Verlöbnissachen sind sonstige Familiensachen im Sinne von § 266 Abs. 1 Nr. 1 FamFG.[68] Örtlich zuständig ist gemäß § 267 Abs. 2 FamFG das Gericht des allgemeinen

---

[54] BGH v. 05.07.1961 - IV ZR 9/61 - LM Nr. 2 zu § 1298 BGB.
[55] OLG Frankfurt v. 28.09.2007 - 19 W 65/07 - juris Rn. 4.
[56] BGH v. 29.01.1960 - IV ZR 155/59 - LM Nr. 1 zu § 1298 BGB.
[57] *Roth* in: MünchKomm-BGB, § 1298 Rn. 10; *Heckelmann* in: Erman, § 1298 Rn. 6.
[58] *Heckelmann* in: Erman, § 1298 Rn. 6.
[59] *Erbarth*, FPR 2011, 89-95.
[60] OLG Zweibrücken v. 18.06.1985 - 6 W 18/85 - NJW-RR 1986, 1392-1393.
[61] *Brudermüller* in: Palandt, § 1298 Rn. 8.
[62] Vgl. bzgl. der Beispiele *Brudermüller* in: Palandt, § 1298 Rn. 9; *Erbarth*, FPR 2011, 89-95; *Löhnig* in: Staudinger §§ 1298 f. Rn. 15 ff.
[63] OLG Koblenz v. 06.12.1994 - 15 UF 797/94 - NJW-RR 1995, 899-900.
[64] *Erbarth*, FPR 2011, 89-95.
[65] *Erbarth*, FPR 2011, 89-95.
[66] *Löhnig* in: Staudinger §§ 1298 f. Rn. 16 m.w.N.; *Erbarth*, FPR 2011, 89-95.
[67] *Erbarth*, FPR 2011, 89-95.
[68] *Löhnig* in: Staudinger, §§ 1298 f. Rn. 57; vgl. zum Verfahren in sonstigen Familiensachen nach dem FamFG auch: *Heiter*, FamRB 2010, 121-125.

Gerichtsstandes des Beklagten gem. §§ 12 ff. ZPO, nicht das Gericht des Ortes, an dem die standesamtliche Trauung stattfinden sollte, also der Gerichtsstand des Erfüllungsortes gem. § 29 ZPO; denn weder die Eheschließung noch das Unterlassen des Rücktritts ist eine Verpflichtung aus dem Verlöbnis im Sinne von § 29 Abs. 1 ZPO.[69]

Vor dem Familiengericht und dem Oberlandesgericht müssen sich die Ehegatten in Ehesachen und Folgesachen und die Beteiligten in selbständigen Familienstreitsachen gem. § 114 Abs. 1 FamFG durch einen Rechtsanwalt vertreten lassen.[70]

Gem. § 114 Abs. 2 FamFG müssen sich die Beteiligten vor dem Bundesgerichtshof durch einen bei dem Bundesgerichtshof zugelassenen Rechtsanwalt vertreten lassen.

Sonstige Familiensachen sind gem. § 266 Abs. 1 Nr. 1 FamFG Verfahren, die Ansprüche zwischen miteinander verlobten oder ehemals verlobten Personen im Zusammenhang mit der Beendigung des Verlöbnisses sowie in den Fällen der §§ 1298 und 1299 des Bürgerlichen Gesetzbuchs zwischen einer solchen und einer dritten Person betreffen, sofern nicht die Zuständigkeit der Arbeitsgerichte gegeben ist oder das Verfahren eines der in § 348 Abs. 1 Satz 2 Nr. 2 lit. a-k der Zivilprozessordnung genannten Sachgebiete, das Wohnungseigentumsrecht oder das Erbrecht betrifft und sofern es sich nicht bereits nach anderen Vorschriften um eine Familiensache handelt.[71] Streitigkeiten aus Mietverträgen (einschließlich gewerblicher Mietverträge), die die Eheleute untereinander geschlossen haben, können sonstige Familiensachen im Sinne des § 266 Abs. 1 Nr. 3 FamFG sein. Der BGH legt das Kriterium des Zusammenhangs mit Trennung oder Scheidung in § 266 Abs. 1 Nr. 3 FamFG weit aus und stellt für die Frage, auf welcher Tatsachengrundlage über die Zuständigkeit der Familiengerichte zu entscheiden ist, darauf ab, ob die zuständigkeitsbegründenden Tatsachen zugleich notwendige Tatbestandsmerkmale des geltend gemachten Anspruchs sind (doppelrelevante Tatsachen), allein auf den Vortrag des Anspruchstellers ab.[72] Soweit dies nicht der Fall ist, kann die Entscheidung über den Rechtsweg nur auf unstreitige oder bewiesene Tatsachen gestützt werden. Dies bedeutet, dass über zuständigkeitsbegründende Tatsachen im Fall des substantiierten Bestreitens Beweis erhoben werden muss; der Antragsteller trägt die Beweislast.[73] Die Frage des Bestehens eines Verlöbnisses im Sinne des § 266 Abs. 1 Nr. 3 FamFG ist doppelrelevant, wenn der Antragsteller einen Anspruch nach § 1298 BGB oder § 1301 BGB geltend macht, da dort das Verlöbnis Tatbestandmerkmal ist; sie ist hingegen nicht doppelrelevant, wenn ein Anspruch auf Freistellung von gesamtschuldnerisch eingegangenen Verbindlichkeiten geltend gemacht wird.[74]

Zulässig ist es verfahrensmäßig, den Anspruch aus § 1298 BGB hilfsweise auch auf § 1299 BGB zu stützen.[75]

Im Rahmen des § 1298 BGB hat der Kläger das Vorliegen eines rechtswirksamen Verlöbnisses, den Rücktritt des Beklagten, den entstandenen Schaden sowie die Angemessenheit zu beweisen. Der Zurücktretende trägt die Beweislast für das Vorliegen eines wichtigen Rücktrittsgrundes.

Wer letztwillig als Verlobter bedacht worden ist, trägt die Feststellungslast sowohl dafür, dass das Verlöbnis zum Zeitpunkt des Todes des Erblassers noch bestanden hat, als auch dafür, dass der Erblasser die letztwillige Verfügung auch für den Fall getroffen haben würde, dass das Verlöbnis vor dem Erbfall aufgelöst worden ist.[76]

---

[69] *Erbarth*, FPR 2011, 89-95; *Löhnig* in: Staudinger, §§ 1298 f. Rn. 57.
[70] Vgl. zum Anwaltszwang nach dem FamFG auch: *Götsche*, FamRB 2009, 162-163.
[71] Vgl. zum Verfahren in sonstigen Familiensachen nach dem FamFG auch: *Heiter*, FamRB 2010, 121-125.
[72] BGH v. 05.12.2012 - XII ZB 652/11 - FamRZ 2013, 281-283 mit Anmerkung *Heiter*, FamRZ 2013, 283-284.
[73] BGH v. 05.12.2012 - XII ZB 652/11 - FamRZ 2013, 281-283 mit Anmerkung *Heiter*, FamRZ 2013, 283-284.
[74] *Heiter*, FamRZ 2013, 283-284.
[75] *Heckelmann* in: Erman, § 1298 Rn. 21.
[76] BayObLG München v. 25.06.1987 - BReg 1 Z 40/87 - Rpfleger 1987, 503.

§ 1299 BGB Rücktritt aus Verschulden des anderen Teils
(Fassung vom 02.01.2002, gültig ab 01.01.2002)

Veranlasst ein Verlobter den Rücktritt des anderen durch ein Verschulden, das einen wichtigen Grund für den Rücktritt bildet, so ist er nach Maßgabe des § 1298 Abs. 1, 2 zum Schadensersatz verpflichtet.

Gliederung

A. Grundlagen 1	III. Wichtiger Grund 4
B. Anwendungsvoraussetzungen 2	IV. Beseitigung des Rücktritts 8
I. Rücktritt, Schäden 2	C. Prozessuale Hinweise/Verfahrenshinweise/
II. Verschulden 3	Beweislast 9

A. Grundlagen

1 § 1299 BGB ergänzt § 1298 BGB, der die Rechtsfolgen eines Rücktritts vom Verlöbnis (ohne wichtigen Grund) regelt. § 1299 BGB normiert einen Schadensersatzanspruch für den Fall, dass ein Verlobter, der ohne wichtigen Grund seinen Eheschließungswillen aufgibt, sich seiner Ersatzpflicht nach § 1298 BGB dadurch entzieht, dass er seinem Partner einen wichtigen Rücktrittsgrund liefert, sog. mittelbarer Verlöbnisbruch.[1] Derjenige, der aufgrund eines vom Partner verschuldeten Grundes zurücktritt, ist nicht nur selbst von der Schadensersatzpflicht gem. § 1298 Abs. 3 BGB befreit, sondern kann seinerseits Schadensersatz fordern.[2]

B. Anwendungsvoraussetzungen

I. Rücktritt, Schäden

2 Bezüglich des Rücktritts vgl. die Kommentierung zu § 1298 BGB Rn. 1; bezüglich der Ersatzansprüche vgl. die Kommentierung zu § 1298 BGB Rn. 4.

II. Verschulden

3 Ein Verlobter veranlasst schuldhaft einen wichtigen Grund für den Rücktritt des Partners, wenn er vorsätzlich oder fahrlässig gegen die aus dem Verlöbnis resultierenden Pflichten und damit gegen den Eheplan verstößt, mithin die für die Verwirklichung des konkreten Projekts Eheschließung erforderliche Sorgfalt außer Acht lässt.[3] Zu diesen Pflichten zählen die Verpflichtung zur Eheschließung, die zwar weder einklagbar noch unmittelbar oder mittelbar erzwingbar ist, die Pflicht zur Verlöbnistreue und Beistandsleistung sowie die Fürsorgepflicht. Der Verlobte muss bzgl. der Veranlassung des anderen zum Rücktritt nicht absichtlich handeln.[4] Das schuldhafte (vorwerfbare) Verhalten muss aber Rücktrittsursache sein. Ein nach dem erklärten Rücktritt gezeigtes Verhalten ist nicht mehr ursächlich.[5] Ein vor oder bei der Verlobung verschuldetes Verhalten ist jedoch ausreichend, beispielsweise unterlassene Aufklärung. Am Verschulden fehlt es in den Fällen, in denen beide Partner das Risiko eines Scheiterns bewusst eingehen, weil sie sich verlobten, ohne sich vorher zu kennen.[6]

III. Wichtiger Grund

4 Als wichtiger Grund sind nur Tatsachen anzusehen, die nach objektiver Würdigung der in den Kreisen der Verlobten herrschenden Anschauungen, einem Verlobten die Fortsetzung des Verlöbnisses und die künftige Ehe billigerweise unzumutbar machen.[7] Dabei kann es sich um Handlungen, Unterlassungen

---

[1] *Roth* in: MünchKomm-BGB, § 1299 Rn. 1.
[2] *Roth* in: MünchKomm-BGB, § 1299 Rn. 1.
[3] *Löhnig* in: Staudinger, §§ 1298 f. Rn. 38.
[4] *Roth* in: MünchKomm-BGB, § 1299 Rn. 3.
[5] *Löhnig* in: Staudinger, §§ 1298 f. Rn. 13.
[6] OLG Zweibrücken v. 18.06.1985 - 6 W 18/85 - FamRZ 1986, 354-355; *Roth* in: MünchKomm-BGB, § 1299 Rn. 3.
[7] *Heckelmann* in: Erman, § 1298 Rn. 6.

oder Eigenschaften der Verlobten selbst oder um äußere Ereignisse handeln.[8] Wichtige Gründe sind insbesondere alle Gründe, die zur Anfechtung wegen Irrtums oder arglistiger Täuschung berechtigen würden. Zum wichtigen Grund vgl. die Kommentierung zu § 1298 BGB Rn. 16.

Streitig sind die Rechtsfolgen, wenn beide Teile einen wichtigen Grund für einen Rücktritt des Partners verschuldet haben. Nach einer Ansicht steht in diesem Fall beiden Partnern ein Ersatzanspruch zu und zwar unabhängig davon, wer zuerst zurücktritt.[9] Die h.M. lehnt dagegen beiderseitige Ersatzansprüche ab.[10] Gegen die h.M. wird ins Feld geführt, es sei unbillig, wenn eine Seite sehr viel höhere Aufwendungen hatte als die andere. Dies beruhe auf der durch § 254 BGB überwundenen gemeinrechtlichen culpa-Kompensationslehre, wonach jegliches Mitverschulden des Gläubigers seinen Anspruch ganz ausschloss.[11]

In dem Fall, dass nur ein Verlobter einen wichtigen Grund verschuldet, ist auch nur er zum Schadensersatz verpflichtet. Dabei kommt es nicht darauf an, wer zuerst zurücktritt, denn die Haftungsfrage darf nicht vom Zufall des schnelleren Rücktritts abhängen.[12]

Bei der Aufrechnung kann es nicht darauf ankommen, ob der Ersatzanspruch einem Verlobten persönlich oder seinen Eltern bzw. den ihnen gleichgestellten Personen zusteht, denn das Gesetz stellt die Aufwendungen der Brauteltern den Aufwendungen der Braut gleich.[13]

IV. Beseitigung des Rücktritts

Der zum Schadensersatz verpflichtete Verlobte kann seiner Verpflichtung auch nicht dadurch entgehen, dass er dem anderen Verlobten die Eheschließung anbietet.[14] Das durch Rücktritt einmal beendete Verlöbnis kann auch weder einseitig durch Widerruf des Rücktritts, noch einverständlich durch entsprechende Abreden rückwirkend aufleben. Es bedarf daher einer Wiederverlobung, um einen erklärten Rücktritt zu beseitigen.[15] Die Wiederverlobung stellt eine neue Verlobung dar.[16] Interessengerecht erscheint es jedoch, im Falle einer neuen Verlobung von einem Erlass der bis dahin noch nicht erfüllten Schadensersatzansprüche auszugehen. Scheitert diese zweite Verlobung jedoch auch, so hat der Betroffene die Möglichkeit, die erlassenen Ansprüche nach § 1301 BGB als Schenkung zu kondizieren.[17]

C. Prozessuale Hinweise/Verfahrenshinweise/Beweislast

Nach den §§ 111 Nr. 10, 266 FamFG, die die in § 23a Abs. 1 Nr. 1 GVG festgelegte sachliche Zuständigkeit der Amtsgerichte für Familiensachen konkretisieren, sind für sämtliche Ansprüche die Familiengerichte sachlich zuständig.[18] Verlöbnissachen sind sonstige Familiensachen im Sinne von § 266 Abs. 1 Nr. 1 FamFG.[19] Örtlich zuständig ist gemäß § 267 Abs. 2 FamFG das Gericht des allgemeinen Gerichtsstandes des Beklagten gem. §§ 12 ff ZPO.[20]

Vor dem Familiengericht und dem Oberlandesgericht müssen sich die Ehegatten in Ehesachen und Folgesachen und die Beteiligten in selbständigen Familienstreitsachen gem. § 114 Abs. 1 FamFG durch einen Rechtsanwalt vertreten lassen.[21]

Gem. § 114 Abs. 2 FamFG müssen sich die Beteiligten vor dem Bundesgerichtshof durch einen bei dem Bundesgerichtshof zugelassenen Rechtsanwalt vertreten lassen.

---

[8] *Heckelmann* in: Erman, § 1298 Rn. 6.
[9] *Löhnig* in: Staudinger, §§ 1298 f. Rn. 8, 9; *Roth* in: MünchKomm-BGB, § 1299 Rn. 4.
[10] OLG Zweibrücken v. 18.06.1985 - 6 W 18/85 - NJW-RR 1986, 1392-1393; *Heckelmann* in: Erman, § 1298 Rn. 9; *Brudermüller* in: Palandt, § 1298 Rn. 8.
[11] *Löhnig* in: Staudinger, §§ 1298 f. Rn. 8, 9; *Roth* in: MünchKomm-BGB, § 1299 Rn. 4.
[12] *Erbarth*, FPR 2011, 89-95; *Roth* in: MünchKomm-BGB, § 1299 Rn. 4.
[13] *Roth* in: MünchKomm-BGB, § 1299 Rn. 4.
[14] *Heckelmann* in: Erman, § 1299 Rn. 1.
[15] *Roth* in: MünchKomm-BGB, § 1298 Rn. 3.
[16] *Löhnig* in: Staudinger, §§ 1298 f. Rn. 11.
[17] *Löhnig* in: Staudinger, §§ 1298 f. Rn. 11.
[18] *Erbarth*, FPR 2011, 89-95.
[19] *Löhnig* in: Staudinger, §§ 1298 f. Rn 57; vgl. zum Verfahren in sonstigen Familiensachen nach dem FamFG auch: *Heiter*, FamRB 2010, 121-125.
[20] *Erbarth*, FPR 2011, 89-95; *Löhnig* in: Staudinger, §§ 1298 f. Rn. 57.
[21] Vgl. zum Anwaltszwang nach dem FamFG auch: *Götsche*, FamRB 2009, 162-163.

12 Die Beweislast für das Vorliegen der Anspruchsvoraussetzungen trägt der Kläger nach den allgemeinen Beweislastregeln.[22] Der Kläger hat daher das Vorliegen eines rechtswirksamen Verlöbnisses, den vom Beklagten verschuldeten wichtigen Rücktrittsgrund, seinen dadurch veranlassten Rücktritt, den daraus entstandenen Schaden sowie die Angemessenheit zu beweisen.[23]

---

[22] *Brudermüller* in: Palandt, § 1299 Rn. 1.
[23] *Löhnig* in: Staudinger, §§ 1298 f. Rn. 36 f.; *Heckelmann* in: Erman, § 1299 Rn. 3.

§ 1300 BGB (weggefallen)

(Fassung vom 02.01.2002, gültig ab 01.01.2002, gültig bis 30.06.2002)
(weggefallen)

§ 1300 BGB in der Fassung vom 04.05.1998 ist durch Art. 1 Nr. 1 nach Maßgabe des Art. 17 des Gesetzes vom 04.05.1998 – BGBl I 1998, 833 – mit Wirkung vom 01.07.1998 weggefallen.   1

§ 1301 BGB Rückgabe der Geschenke

(Fassung vom 02.01.2002, gültig ab 01.01.2002)

[1]Unterbleibt die Eheschließung, so kann jeder Verlobte von dem anderen die Herausgabe desjenigen, was er ihm geschenkt oder zum Zeichen des Verlöbnisses gegeben hat, nach den Vorschriften über die Herausgabe einer ungerechtfertigten Bereicherung fordern. [2]Im Zweifel ist anzunehmen, dass die Rückforderung ausgeschlossen sein soll, wenn das Verlöbnis durch den Tod eines der Verlobten aufgelöst wird.

Gliederung

A. Grundlagen ... 1	III. Wegfall der Geschäftsgrundlage gem. § 313 BGB ... 13
B. Anwendungsvoraussetzungen ... 2	IV. Geschenke der Eltern ... 14
I. Schenkungen/Zuwendungen ... 2	V. Abdingbarkeit ... 15
II. Schenkungsbegriff ... 3	**D. Prozessuale Hinweise** ... 16
III. Auflösungsgrund ... 8	I. Beweislast ... 16
IV. Ausgleichsansprüche bei Beendigung einer nichtehelichen Lebensgemeinschaft ... 10	II. Zuständigkeit bei Ansprüchen aus Auflösung eines Verlöbnisses ... 17
C. Rechtsfolgen ... 11	III. Anwaltszwang ... 20
I. Umfang des Bereicherungsanspruchs ... 11	**E. Konkurrenzen** ... 22
II. Ausschluss des Bereicherungsanspruchs ... 12	

A. Grundlagen

1 § 1301 BGB stellt für den Fall des Scheiterns der Verlobung einen Bereicherungsanspruch eigener Art auf Rückgabe der Verlobungsgeschenke dar. Es handelt sich dabei um eine Rechtsfolgenverweisung auf die §§ 812 ff. BGB.[1]

B. Anwendungsvoraussetzungen

I. Schenkungen/Zuwendungen

2 Voraussetzung sind während eines wirksamen Verlöbnisses erfolgte Schenkungen oder sonstige Zuwendungen. Ist das Verlöbnis nichtig, so ergibt sich ein Rückgabeanspruch unmittelbar aus den §§ 812 ff. BGB. Der Anspruch kann allerdings dann auf § 1301 BGB gestützt werden, wenn der Schenker zum Zeitpunkt der Schenkung oder Zuwendung den Nichtigkeitsgrund nicht kannte[2] oder wenn er nach dem Wegfall des Nichtigkeitsgrundes und der anschließenden Bestätigung des Verlöbnisses leistete[3]. Eine bei gültigem Verlöbnis angetragene Schenkung genügt zur Rückforderung auch dann, wenn sie erst nach erklärtem Rücktritt angenommen wurde.[4]

II. Schenkungsbegriff

3 Unter einer Schenkung im Sinne von § 1301 BGB versteht man alle Zuwendungen, die mit der Auflösung des Verlöbnisses ihre Grundlage verlieren.[5] Darunter fallen neben unentgeltlichen Sachzuwendungen auch der Erlass einer Schadensersatzforderung aus unerlaubter Handlung[6] oder die Mithilfe beim Aufbau eines Familienheimes[7]. Dazu gehören auch die Verlobungsringe und Schmucksachen, die anlässlich der Verlobung geschenkt wurden.[8] Nach heutiger Ansicht können (Braut-)Briefe gem. § 1301 BGB (analog) zurückgefordert werden, da durch ihren Fortbesitz das Urheber- und Persönlich-

---

[1] *Heckelmann* in: Erman, § 1301 Rn. 1; *Löhnig* in: Staudinger, § 1301 Rn. 1.
[2] BGH v. 09.04.1969 - IV ZR 721/68 - FamRZ 1969, 474 ff.
[3] *Fenn*, FamRZ 1975, 92-93, 92.
[4] BGH v. 18.05.1966 - IV ZR 105/65 - BGHZ 45, 258-268.
[5] *Roth* in: MünchKomm-BGB, § 1301 Rn. 3.
[6] OLG Köln v. 14.07.1961 - 9 U 39/61 - NJW 1961, 1726.
[7] *Roth* in: MünchKomm-BGB, § 1301 Rn. 3; *Löhnig* in: Staudinger, § 1301 Rn. 11.
[8] *Löhnig* in: Staudinger, § 1301 Rn. 12; *Roth* in: MünchKomm-BGB, § 1301 Rn. 3; *Erbarth*, FPR 2011, 89-95.

Literaturverzeichnis

Stürmann, Das Recht der Mündelsicherheit, 4. Aufl. 1980.
Staudinger, Bürgerliches Gesetzbuch mit Einführungsgesetz und Nebengesetzen, Band 17/1: Familienrecht 1 (§§ 1297-1563), 15. Aufl. 2014, Band 20: Familienrecht 4 (§§ 1741-1921 BGB), 13. Aufl. 2014 (zit. Bearbeiter in Staudinger).
Sayka, Die Berechnung des Volljährigenunterhalts, 4. Aufl. 2011.
Spanl, Vermögensverwaltung durch Vormund und Betreuer, 2. Aufl. 2009.
Staub, Handelsgesetzbuch Großkommentar, 5. Aufl. 2008 ff.
Staudinger, Kommentar zum Bürgerlichen Gesetzbuch mit Einführungsgesetz und Nebengesetzen: Einleitung zu §§ 1297 ff., §§ 1297-1320, Neubearb. (Anhang zu §§ 1297 ff.), §§ 1353-1362, 13. Bearb. 2000, §§ 1363-1563 (Eheliches Güterrecht), Neubearb. 2000; §§ 1564-1568, HausratsVO (Scheidung der Ehe), Neubearb. 2004; §§ 1587-1588, VAHRG (Versorgungsausgleich), Neubearb. 2004; §§ 1589-1600e (Abstammung), Neubearb. 2004; §§ 1601-1615o (Unterhaltspflicht), Neubearb. 2000; §§ 1616-1625 (Elterliche Sorge 1a - Namensrecht), 13. Bearb. 2000, §§ 1626-1631 (Elterliche Sorge 1b - Elterliche Sorge), BKEG, 13. Bearb. 2007; §§ 1638-1683 (Elterliche Sorge 2 - Vermögenssorge, Kindesschutz, Sorgerechtsverweigerl.), Neubearb. 2004; §§ 1684-1717 (Elterliche Sorge 3 - Umgangsrecht), Neubearb. 2006; §§ 1741-1772 (Adoption), Neubearb. 2007; §§ 1773-1895, KJHG (Vormundschaftsrecht), Neubearb. 2004; §§ 1896-1921 (Rechtliche Betreuung und Pflegschaft), Neubearb. 2006 (zit. Bearbeiter in Staudinger).
Stern, Das Staatsrecht der Bundesrepublik Deutschland, Band I/VI: Die einzelnen Grundrechte, 2006.
Strohal, Unterhaltsrechtlich relevantes Einkommen bei Selbständigen, 4. Aufl. 2010.
Thomas/Putzo, Zivilprozessordnung - ZPO, 35. Aufl. 2014 (zit. Bearbeiter in: Thomas/Putzo, ZPO).
Tschöpe/Jüngen, Erbschaftsteuer- und Schenkungsteuergesetz, Loseblatt-Kommentar,
4. Aufl. 2014.

Viefhues, Fehlerquellen im familiengerichtlichen Mandat, 3. Aufl. 2015.
Viefhues/Mleczko, Das neue Unterhaltsrecht, 2. Aufl. 2008.
Volk, Der Zugewinnausgleich in der Unternehmer-Hausfrauen-Ehe, 1999.
Völker/Clausius, Das familienrechtliche Mandat - Sorge- und Umgangsrecht, 6. Aufl. 2014.
Weinreich/Klein, Fachanwaltskommentar Familienrecht, 5. Aufl. 2012.
Weitershaus-Klein, Die eingetragene Lebenspartnerschaft, 2003.
Wendl/Dose/Staudigl, Das Unterhaltsrecht in der familienrichterlichen Praxis, 9. Aufl. 2015
(in Vorbereitung für April 2015).
Weyer, Vermögensauseinandersetzung der Ehegatten außerhalb des Güterrechts, 6. Aufl. 2014.
Wiesner, SGB VIII - Kinder und Jugendhilfe, 5. Aufl. 2015 (in Vorbereitung für Februar 2015).
Zöller, Zivilprozessordnung - ZPO, 30. Aufl. 2014 (zit. Bearbeiter in: Zöller, ZPO).

Literaturverzeichnis

Sichtermann, Das Recht der Mündelsicherheit, 3. Aufl. 1980
Soergel, Bürgerliches Gesetzbuch mit Einführungsgesetz und Nebengesetzen: Band 17/1: Familienrecht 1 (§§ 1297-1563), 13. Aufl. 2014; Band 20: Familienrecht 4 (§§ 1741-1921 BGB), 13. Aufl. 2014 (zit.: Bearbeiter in: Soergel)
Soyka, Die Berechnung des Volljährigenunterhalts, 4. Aufl. 2011
Spanl, Vermögensverwaltung durch Vormund und Betreuer, 2. Aufl. 2009
Staub, Handelsgesetzbuch Großkommentar, 5. Aufl. 2008 ff.
Staudinger, Kommentar zum Bürgerlichen Gesetzbuch mit Einführungsgesetzen und Nebengesetzen: Einleitung zu §§ 1297 ff., §§ 1297-1320, NeLebGem (Anhang zu §§ 1297 ff.), §§ 1353-1362, 13. Bearb. 2000; §§ 1363-1563 (Eheliches Güterrecht), Neubearb. 2000; §§ 1564-1568, HausratsVO (Scheidung der Ehe), Neubearb. 2004; §§ 1587-1588, VAHRG (Versorgungsausgleich), Neubearb. 2004; §§ 1589-1600e (Abstammung), Neubearb. 2004; §§ 1601-1615o (Unterhaltspflicht), Neubearb. 2000; §§ 1616-1625 (Elterliche Sorge 1a - Namensrecht), 13. Bearb. 2000; §§ 1626-1633 (Elterliche Sorge 1b - Elterliche Sorge), RKEG, 13. Bearb. 2002; §§ 1638-1683 (Elterliche Sorge 2 - Vermögenssorge, Kindesschutz, Sorgerechtswechsel), Neubearb. 2004; §§ 1684-1717 (Elterliche Sorge 3 - Umgangsrecht), Neubearb. 2006; §§ 1741-1772 (Adoption), Neubearb. 2001; §§ 1773-1895, KJHG (Vormundschaftsrecht), Neubearb. 2004; §§ 1896-1921 (Rechtliche Betreuung und Pflegschaft), Neubearb. 2006 (zit.: Bearbeiter in: Staudinger)
Stern, Das Staatsrecht der Bundesrepublik Deutschland, Band IV/1: Die einzelnen Grundrechte, 2006
Strohal, Unterhaltsrechtlich relevantes Einkommen bei Selbständigen, 4. Aufl. 2010
Thomas/Putzo, Zivilprozessordnung - ZPO, 35. Aufl. 2014 (zit.: Bearbeiter in: Thomas/Putzo, ZPO)
Troll/Gebel/Jülicher, Erbschaftsteuer- und Schenkungssteuergesetz, Loseblatt-Kommentar, 48. Aufl. 2014
Viefhues, Fehlerquellen im familiengerichtlichen Mandat, 3. Aufl. 2011
Viefhues/Mleczko, Das neue Unterhaltsrecht, 2. Aufl. 2008
Voit, Der Zugewinnausgleich in der Unternehmer-Hausfrauen-Ehe, 1999
Völker/Clausius, Das familienrechtliche Mandat - Sorge- und Umgangsrecht, 6. Aufl. 2014
Weinreich/Klein, Fachanwaltskommentar Familienrecht, 5. Aufl. 2013
Wellenhofer-Klein, Die eingetragene Lebenspartnerschaft, 2003
Wendl/Dose/Staudigl, Das Unterhaltsrecht in der familienrichterlichen Praxis, 9. Aufl. 2015 (in Vorbereitung für April 2015)
Wever, Vermögensauseinandersetzung der Ehegatten außerhalb des Güterrechts, 6. Aufl. 2014
Wiesner, SGB VIII - Kinder- und Jugendhilfe, 5. Aufl. 2015 (in Vorbereitung für Februar 2015)
Zöller, Zivilprozessordnung - ZPO, 30. Aufl. 2014 (zit.: Bearbeiter in: Zöller, ZPO)

keitsrecht des Absenders tangiert wird.[9] Dies dürfte entsprechend auch für Fotografien gelten.[10] Bei E-Mails, SMS und anderen nicht verkörperten Kommunikationsakten dürfte sich der Herausgabeanspruch inhaltlich in einen Löschungsanspruch wandeln; ein solcher Anspruch kann sich nicht nur aus § 1301 BGB, sondern auch aus § 1004 Abs. 1 BGB in Verbindung mit dem allgemeinen Persönlichkeitsrecht ergeben.[11]

Die Abgrenzung von Verlobungsgeschenken von allgemeinen Beiträgen zur Bestreitung gemeinsamer Lebenshaltungskosten im Rahmen einer nichtehelichen Lebensgemeinschaft ist nicht immer einfach. Die Bezahlung der Zahnarztrechnung des einen Verlobten durch den anderen kann als Schenkung während des bestehenden Verlöbnisses zu werten sein, die nach § 1301 BGB zurückerstattet werden muss. Auch Schulausbildungskosten, die der Verlobte für die Tochter seiner Verlobten aufgewendet hat, können als Geschenke während des Verlöbnisses zu Gunsten der Verlobten angesehen werden. Ferner sind Sanierungs-/Hausbaukosten, die der Verlobte auf das Haus seiner Verlobten getätigt hat, je nachdem, ob die Aufwendungen noch vor oder erst während des Verlöbnisses erfolgten, entweder nach § 1301 BGB oder § 812 BGB zu ersetzen.[12] Gleiches gilt für die Frage des Ausgleichs unbenannter Zuwendungen, die im Hinblick auf die künftige Ehe und während der bestehenden Ehe mit Gütertrennung dem anderen Ehegatten geleistet wurden.[13]

4

Nicht zu den Geschenken oder Zuwendungen zählen demgegenüber Anstandsgeschenke[14] und kleine Aufmerksamkeiten wie z.B. Blumen, Kino- oder Theaterkarten. Auch scheiden Ansprüche aus den §§ 1298, 1301 BGB aus, wenn z.B. ein überlassener Pkw dafür dienen soll, dem anderen Partner die Fahrt zur Arbeitsstätte (um dort für den gemeinsamen Haushalt Geld zu verdienen) zu ermöglichen.[15] Grund hierfür ist, dass Anschaffungen unter Verlobten nicht „in Erwartung der Ehe" erfolgen, wenn sie das Zusammenleben in vorehelicher Lebensgemeinschaft lediglich vorbereiten.[16]

5

Bestellt ein Partner einer nichtehelichen Lebensgemeinschaft dem anderen ein lebenslanges dingliches Wohnungsrecht an einer von ihm erworbenen Eigentumswohnung verbunden mit der Befugnis, die Wohnung auch zu vermieten, stellt die Einräumung des Wohnungsrechts auch dann kein Verlobungsgeschenk dar, das im Falle des Scheiterns der Beziehung zurückgefordert werden kann, wenn sich die Parteien zeitnah zur Einräumung des Wohnungsrechts tatsächlich verlobt haben. Während bei einem Verlobungsgeschenk die Rechtfertigung für ein Behaltendürfen mit dem Scheitern der Heiratsabsichten wegfällt, diente hier nämlich die Zuwendung in erster Linie der Absicherung des anderen Partners für den Fall des Scheiterns der Beziehung.[17]

6

Haben die Partner einer nichtehelichen Lebensgemeinschaft ein Grundstück von einem Dritten je zur Hälfte erworben, so stellt die Zuwendung des Miteigentumsanteils an dem Grundstück eine Leistung des Dritten und nicht des Partners dar, der Zahlungen auf den von beiden Partnern aufgenommenen Kredit geleistet hat. Dieser kann daher weder nach den §§ 1301, 1298 BGB noch aus dem Gesichtspunkt der ungerechtfertigten Bereicherung wegen Zweckverfehlung Übertragung des Miteigentumsanteils an sich verlangen.[18] Bei Scheitern einer nichtehelichen Lebensgemeinschaft findet die Auseinandersetzung hinsichtlich eines gemeinsam erworbenen Grundstücks grundsätzlich nach Gesellschaftsrecht statt. Eine Anwachsung gemäß § 738 BGB kommt nur bei eindeutiger Übernahmevereinbarung in Betracht.[19]

7

---

[9] *Roth* in: MünchKomm-BGB, § 1301 Rn. 3; *Löhnig* in: Staudinger, § 1301 Rn. 13; *Brudermüller* in: Palandt, § 1301 Rn. 4.

[10] *Roth* in: MünchKomm-BGB, § 1301 Rn. 3.

[11] *Löhnig* in: Staudinger, § 1301 Rn. 13.

[12] BGH v. 13.04.2005 - XII ZR 296/00 - NJW-RR 2005, 1089-1092; Anmerkung *Geisler*, jurisPR-BGHZivilR 30/2005, Anm. 4; Ablehnung BGH v. 13.04.2005 - XII ZR 296/00 - NJW-RR 2005, 1089-1092, *von Sachsen Gessaphe*, LMK 2005, 154687.

[13] BGH v. 19.09.2012 - XII ZR 136/10 - NJW 2012, 3374; *Herr*, NJW 2012, 3486-3490.

[14] *Brudermüller* in: Palandt, § 1301 Rn. 4; *Roth* in: MünchKomm-BGB, § 1301 Rn. 3.

[15] OLG Oldenburg v. 11.07.1995 - 5 U 45/95 - NJW-RR 1996, 577-578.

[16] OLG Oldenburg v. 11.07.1995 - 5 U 45/95 - NJW-RR 1996, 577-578.

[17] OLG Hamm v. 05.05.1998 - 29 U 126/97 - juris Rn. 37 - OLGR Hamm 1998, 248-250.

[18] OLG Köln v. 10.03.1995 - 3 U 74/94 - juris Rn. 4 - NJW 1995, 2232-2233.

[19] OLG Köln v. 10.03.1995 - 3 U 74/94 - juris Rn. 9 - NJW 1995, 2232-2233.

III. Auflösungsgrund

8 Der Grund für die Auflösung des Verlöbnisses ist ebenso irrelevant wie ein eventuelles Verschulden.[20] Es kommt daher nicht darauf an, ob einer der Partner oder beide Partner sich eines Sittenverstoßes, wie dies z.B. bei einem Verlöbnis bei bestehender Ehe eines Partners der Fall ist, bewusst gewesen sind. Eine entsprechende Anwendung der §§ 1298, 1299 BGB kommt jedenfalls nicht zugunsten des Partners in Frage, in dessen Status die Nichtigkeit begründet ist.[21] Im Gegensatz zu den §§ 1298 ff. BGB ist bei § 1301 BGB sogar eine einverständliche Entlobung ausreichend.

9 Stirbt ein Verlobter, ist nach der widerlegbaren Auslegungsregel des § 1301 Satz 2 BGB zu vermuten, dass der Verstorbene nicht den Willen zur Rückforderung hatte.[22] Dem überlebenden Verlobten und den Erben des Verstorbenen verbleiben dann die Geschenke als Andenken, soweit es sich bei dem Geschenk z.B. nicht gerade um alten Familienschmuck handelt.[23] Entscheidend ist der Wille des Schenkers, nur im Hinblick auf die Eheschließung zu schenken oder als äußeres Zeichen der Verlobung ohne Rücksicht auf die spätere Erfüllung des Verlöbnisversprechens.[24]

IV. Ausgleichsansprüche bei Beendigung einer nichtehelichen Lebensgemeinschaft

10 Mit den Ausgleichsansprüchen bei Beendigung von nichtehelichen Lebensgemeinschaften oder anderen Formen des Zusammenlebens durch Trennung oder Tod nach der Rechtsprechungswende des Bundesgerichtshofs[25] beschäftigt sich *Grziwotz*.[26] *Grziwotz* führt in die Thematik ein, beschreibt Begriffsbestimmungen der nichtehelichen Lebensgemeinschaft und anderer Formen des Zusammenlebens („faktische Lebensgemeinschaften") und stellt die Grundsätze der früheren und der neuen Rechtsprechung zum Ausgleich bei Beendigung der Lebensgemeinschaft dar. Anschließend untersucht er die Ausgleichsansprüche nach gesellschaftsrechtlichen Grundsätzen (§§ 730 ff. BGB) unter der Voraussetzung des Vorliegens eines ausdrücklichen oder konkludenten Gesellschaftsvertrags und eines weitergehenden Zwecks, z.B. Aufbau und Mitarbeit im Unternehmen, Anschaffung von Renditeobjekten und gemeinsamer Hausbau. Auch auf die steuerlichen Folgen bei Durchführung eines Ausgleichs weist er hin.[27]

C. Rechtsfolgen

I. Umfang des Bereicherungsanspruchs

11 Da es sich bei § 1301 Satz 1 BGB um eine Rechtsfolgenverweisung auf die Rechtsfolgen der Bereicherungsvorschriften handelt, bestimmt sich der Umfang des Rückgabeanspruchs nach den §§ 818 Abs. 3, 819 Abs. 1, 821, 822 BGB. Der Beklagte hat nur seine noch vorhandene Bereicherung zurückzuerstatten. Wusste er bei Empfang der Zuwendung vom Scheitern des Verlöbnisses oder erfuhr er es später, so kann er sich nach § 819 Abs. 1 BGB nicht auf einen Wegfall der Bereicherung berufen, er haftet also verschärft.[28] Dies gilt vor allem für den grundlos zurücktretenden Verlobten vom Zeitpunkt des Rücktritts an, bei schuldhafter Veranlassung eines wichtigen Grundes von der Kenntnis vom Rücktritt des Partners an. Keine Anwendung finden dagegen die §§ 819 Abs. 2, 820 BGB.[29]

---

[20] *Roth* in: MünchKomm-BGB, § 1301 Rn. 4.
[21] OLG Karlsruhe v. 13.01.1988 - 6 U 202/86 - NJW 1988, 3023-3024.
[22] *Heckelmann* in: Erman, § 1301 Rn. 3; *Roth* in: MünchKomm-BGB, § 1301 Rn. 4; vgl. hierzu BGH v. 22.03.2013 - V ZR 28/12 - MittBayNot 2013, 471-473 mit Anmerkung *Grziwotz*, MittBayNot 2013, 473-474.
[23] *Heckelmann* in: Erman, § 1301 Rn. 3; *Roth* in: MünchKomm-BGB, § 1301 Rn. 4.
[24] *Heckelmann* in: Erman, § 1301 Rn. 3.
[25] BGH v. 09.07.2008 - XII ZR 179/05 - FamRZ 2008, 1822; BGH v. 18.02.2009 - XII ZR 163/07 - FamRZ 2009, 849.
[26] *Grziwotz*, FF 2009, 435-442; *Grziwotz*, FPR 2010, 369-372; *Grziwotz*, FamFR 2010, 145-147.
[27] *Grziwotz*, FF 2009, 435-442; *Grziwotz*, FPR 2010, 369-372; *Grziwotz*, FamFR 2010, 145-147; *Grziwotz*, MittBayNot 2013, 473-474.
[28] *Löhnig* in: Staudinger, § 1301 Rn. 14; *Roth* in: MünchKomm-BGB, § 1301 Rn. 5; *Heckelmann* in: Erman, § 1301 Rn. 8.
[29] *Heckelmann* in: Erman, § 1301 Rn. 8.

II. Ausschluss des Bereicherungsanspruchs

Nach umstrittener Auffassung ist daneben allerdings eine Anwendung der Ausschlussvorschriften der §§ 814 Alt. 2, 815 Alt. 2 BGB zulässig, so dass ein Verlobter, der die Eheschließung wider Treu und Glauben verhindert hat, von dem anderen Verlobten die diesem während des Verlöbnisses gemachten Geschenke nicht gem. § 1301 BGB zurückfordern kann.[30]

III. Wegfall der Geschäftsgrundlage gem. § 313 BGB

Haben Verlobte einander Zuwendungen gemacht, können deswegen nach dem Scheitern der Verlobung unter Umständen Ausgleichsansprüche wegen Wegfalls der Geschäftsgrundlage auch dann bestehen, wenn es gar nicht erst zur Eheschließung gekommen ist.[31] Ansprüche nach § 1298 BGB bestehen allerdings nicht, wenn die Aufwendungen des Verlobten den Umständen nach nicht mehr angemessen waren.[32]

IV. Geschenke der Eltern

Nach dem Wortlaut des § 1301 BGB kann – anders als bei den §§ 1298, 1299 BGB – nur jeder Verlobte selbst seine Geschenke zurückfordern. Für die Geschenke der Eltern und anderer ihnen in § 1298 BGB gleichgestellter Personen an den anderen Verlobten ist § 1301 BGB jedoch analog anzuwenden. Dies gilt insbesondere auch und gerade dann, wenn die Voraussetzungen der §§ 812 ff. BGB nicht vorliegen.[33]

V. Abdingbarkeit

Der Rückgabeanspruch aus § 1301 BGB ist übertragbar, vererblich und verzichtbar.[34] Er ist auch von vornherein abdingbar. Dies führt dazu, dass eine eventuelle Rückgabepflicht bereits zum Zeitpunkt der Schenkung ausgeschlossen werden kann.[35]

D. Prozessuale Hinweise

I. Beweislast

Der Rückforderungskläger hat die Zuwendung während eines wirksamen Verlöbnisses und dessen Auflösung zu beweisen, der Beklagte (Beschenkte) den eventuellen Wegfall seiner Bereicherung sowie die einen Kondiktionsausschluss nach § 815 Alt. 2 BGB begründenden Tatsachen.[36]

II. Zuständigkeit bei Ansprüchen aus Auflösung eines Verlöbnisses

Als selbstständige Bereicherungstatbestände fallen Ansprüche aus den §§ 1301, 812 ff. bzw. 531 Abs. 2, 812 ff. BGB nicht in den sachlichen Geltungsbereich des Art. 5 Nr. 1 EuGVÜ (VollstrZustÜbk).[37]

Wegen seiner besonderen Rechtsnatur kann das Verlöbnis als Vertragsverhältnis im weiteren Sinn anderen schuldrechtlichen Vereinbarungen nicht gleichgesetzt werden.[38] Die Unklagbarkeit der Einlösung des Eheversprechens sowie die Rechtsnatur der Ansprüche aus den §§ 1301, 531 Abs. 2 BGB als selbständige Bereicherungsansprüche schließen eine Anwendung des § 29 ZPO aus.[39]

---

[30] BGH v. 18.05.1966 - IV ZR 105/65 - BGHZ 45, 258-268.
[31] OLG Oldenburg (Oldenburg) v. 19.03.2009 - 11 W 1/09; *Erbarth*, FPR 2011, 89-95.
[32] OLG Oldenburg (Oldenburg) v. 19.03.2009 - 11 W 1/09.
[33] *Roth* in: MünchKomm-BGB, § 1301 Rn. 7; a.A. *Löhnig* in: Staudinger, § 1301 Rn. 9, wonach sich Dritte nur auf die §§ 812 ff. BGB berufen können (sofern die Eheschließung der Verlobten causa der Schenkung war) oder auf die §§ 527, 530 BGB (jedoch mit der Einschränkung aus §§ 534, 814 BGB).
[34] *Brudermüller* in: Palandt, § 1301 Rn. 1; *Roth* in: MünchKomm-BGB, § 1301 Rn. 8; *Löhnig* in: Staudinger, § 1301 Rn. 26.
[35] *Löhnig* in: Staudinger, § 1301 Rn. 20.
[36] *Roth* in: MünchKomm-BGB, § 1301 Rn. 9.
[37] BGH v. 28.02.1996 - XII ZR 181/93 - juris Rn. 11 - BGHZ 132, 105-119.
[38] BGH v. 28.02.1996 - XII ZR 181/93 - juris Rn. 13 - BGHZ 132, 105-119; vgl. auch BGH v. 10.03.1956 - IV ZR 315/55 - BGHZ 20, 195-198.
[39] BGH v. 28.02.1996 - XII ZR 181/93 - juris Rn. 13 - BGHZ 132, 105-119; abweichend RG v. 28.02.1889 - VI 336/88 - RGZ 23, 172-178, 173 f.

19 Sonstige Familiensachen sind gem. § 266 Abs. 1 Nr. 1 FamFG Verfahren, die Ansprüche zwischen miteinander verlobten oder ehemals verlobten Personen im Zusammenhang mit der Beendigung des Verlöbnisses sowie in den Fällen der §§ 1298 und 1299 des Bürgerlichen Gesetzbuchs zwischen einer solchen und einer dritten Person betreffen, sofern nicht die Zuständigkeit der Arbeitsgerichte gegeben ist oder das Verfahren eines der in § 348 Abs. 1 Satz 2 Nr. 2 lit. a-k der Zivilprozessordnung genannten Sachgebiete, das Wohnungseigentumsrecht oder das Erbrecht betrifft und sofern es sich nicht bereits nach anderen Vorschriften um eine Familiensache handelt.[40] Streitigkeiten aus Mietverträgen (einschließlich gewerblicher Mietverträge), die die Eheleute untereinander geschlossen haben, können sonstige Familiensachen im Sinne des § 266 Abs. 1 Nr. 3 FamFG sein. Der BGH legt das Kriterium des Zusammenhangs mit Trennung oder Scheidung in § 266 Abs. 1 Nr. 3 FamFG weit aus und stellt für die Frage, auf welcher Tatsachengrundlage über die Zuständigkeit der Familiengerichte zu entscheiden ist, darauf ab, ob die zuständigkeitsbegründenden Tatsachen zugleich notwendige Tatbestandsmerkmale des geltend gemachten Anspruchs sind (doppelrelevante Tatsachen), allein auf den Vortrag des Anspruchstellers ab.[41] Soweit dies nicht der Fall ist, kann die Entscheidung über den Rechtsweg nur auf unstreitige oder bewiesene Tatsachen gestützt werden. Dies bedeutet, dass über zuständigkeitsbegründende Tatsachen im Fall des substantiierten Bestreitens Beweis erhoben werden muss; der Antragsteller trägt die Beweislast.[42] Die Frage des Bestehens eines Verlöbnisses im Sinne des § 266 Abs. 1 Nr. 3 FamFG ist doppelrelevant, wenn der Antragsteller einen Anspruch nach § 1298 BGB oder § 1301 BGB geltend macht, da dort das Verlöbnis Tatbestandmerkmal ist; sie ist hingegen nicht doppelrelevant, wenn ein Anspruch auf Freistellung von gesamtschuldnerisch eingegangenen Verbindlichkeiten geltend gemacht wird.[43]

III. Anwaltszwang

20 Vor dem Familiengericht und dem Oberlandesgericht müssen sich die Ehegatten in Ehesachen und Folgesachen und die Beteiligten in selbständigen Familienstreitsachen gem. § 114 Abs. 1 FamFG durch einen Rechtsanwalt vertreten lassen.[44]

21 Gem. § 114 Abs. 2 FamFG müssen sich die Beteiligten vor dem Bundesgerichtshof durch einen bei dem Bundesgerichtshof zugelassenen Rechtsanwalt vertreten lassen.

E. Konkurrenzen

22 Die Rückforderung des Schenkers wegen groben Undanks des Beschenkten nach § 530 BGB ist neben der nach § 1301 BGB möglich, wird aber wegen der strengeren Voraussetzungen praktisch nur relevant, wenn der Anspruch aus § 1301 BGB nach § 1302 BGB verjährt ist. Die Ausschlussgründe der §§ 532 ff. BGB gelten nur für § 530 BGB, nicht aber auch für § 1301 BGB.[45] Das Deliktsrecht kann neben § 1301 BGB zur Anwendung kommen. Ein Anspruch aus Wegfall der Geschäftsgrundlage wird grundsätzlich von § 1301 BGB verdrängt, kann aber außerhalb des Anwendungsbereichs der Norm bestehen (z.B. bei Arbeitsleistungen des Verlobten oder der Eltern, die dem anderen Verlobten zugutegekommen sind).[46]

---

[40] Vgl. zum Verfahren in sonstigen Familiensachen nach dem FamFG auch: *Heiter*, FamRB 2010, 121-125.
[41] BGH v. 05.12.2012 - XII ZB 652/11 - FamRZ 2013, 281-283 mit Anmerkung *Heiter*, FamRZ 2013, 283-284.
[42] BGH v. 05.12.2012 - XII ZB 652/11 - FamRZ 2013, 281-283 mit Anmerkung *Heiter*, FamRZ 2013, 283-284.
[43] *Heiter*, FamRZ 2013, 283-284.
[44] Vgl. zum Anwaltszwang nach dem FamFG auch: *Götsche*, FamRB 2009, 162-163.
[45] *Roth* in: MünchKomm-BGB, § 1301 Rn. 10.
[46] *Roth* in: MünchKomm-BGB, § 1301 Rn. 10 unter Verweis auf BGH v. 02.10.1991 - XII ZR 145/90 - BGHZ 115, 261 ff.

§ 1302 BGB Verjährung

(Fassung vom 24.09.2009, gültig ab 01.01.2010)

Die Verjährungsfrist der in den §§ 1298 bis 1301 bestimmten Ansprüche beginnt mit der Auflösung des Verlöbnisses.

A. Geltungsbereich

Die bislang geltende Verjährungsfrist von zwei Jahren, die nur für die in den §§ 1298-1301 BGB erwähnten Ersatzansprüche galt, wurde durch Art. 1 Nr. 4 des Gesetzes zur Änderung des Erb- und Verjährungsrechts vom 24.09.2009, das am 01.01.2010 in Kraft getreten ist, geändert.[1] Die bisherige zweijährige Sonderverjährung wurde durch die Regelverjährung nach § 195 BGB ersetzt. Danach verjähren Ansprüche ohne Rücksicht auf Kenntnis bereits nach drei Jahren, um den Anspruchsschuldner nicht in unnötiger Unsicherheit über eine Anspruchsstellung zu lassen.[2]

Die Verjährung der mit den §§ 1298 ff. BGB konkurrierenden Ansprüche richtet sich nach den für diese Ansprüche geltenden Verjährungsvorschriften.[3]

B. Verjährungsbeginn

Abweichend von § 199 Abs. 1 BGB beginnt die Verjährung grundsätzlich mit dem Tag der Auflösung des Verlöbnisses, wird also nicht bis zum Jahresschluss hinausgeschoben.[4] Auf den Auflösungsgrund kommt es nicht an.[5] Im Falle der einseitigen Beendigung beginnt die Verjährungsfrist mit Wirksamwerden der Rücktrittserklärung (§ 1298 BGB), also dann, wenn der andere davon Kenntnis erlangt.[6] Für die Fristberechnung gelten die Vorschriften der §§ 187, 188 BGB, für die Ablaufhemmung und den Neubeginn der Verjährung gelten die allgemeinen Vorschriften der §§ 203 ff. BGB.[7] Ist das Verlöbnis durch eine anderweitige Heirat des einen Teils aufgelöst, ohne dass der andere Teil davon erfahren hat, kann die Verjährungseinrede gegen ihn nur dann durchgreifen, wenn er offensichtlich Anlass hatte, am Fortbestand des Verlöbnisses zu zweifeln, aber eine Klärung nicht herbeigeführt hat.[8]

---

[1] *Brudermüller* in: Palandt, § 1302 Rn. 1, vgl. zu den neuen Verjährungsregeln im Familienrecht ab 01.01.2010 ausführlich: *Büte*, FuR 2010, 64-65; *Otte*, ZGS 2010, 15-19; *Herzog/Lindner*, ZFE 2010, 169-172.
[2] *Brudermüller* in: Palandt, § 1302 Rn. 1 unter Verweis auf BT-Drs. 16/8954, S. 14.
[3] *Roth* in: MünchKomm-BGB, § 1302 Rn. 1; *Löhnig* in: Staudinger, § 1301 Rn. 2.
[4] *Löhnig* in: Staudinger, § 1301 Rn. 1; *Roth* in: MünchKomm-BGB, § 1302 Rn. 2.
[5] *Hockelmann* in: Erman, § 1302 Rn. 1.
[6] *Löhnig* in: Staudinger, § 1301 Rn. 1.
[7] *Löhnig* in: Staudinger, § 1301 Rn. 1.
[8] *Brudermüller* in: Palandt, § 1302 Rn. 1.

§ 1303

Titel 2 - Eingehung der Ehe

Untertitel 1 - Ehefähigkeit

§ 1303 BGB Ehemündigkeit

(Fassung vom 02.01.2002, gültig ab 01.01.2002)

(1) Eine Ehe soll nicht vor Eintritt der Volljährigkeit eingegangen werden.

(2) Das Familiengericht kann auf Antrag von dieser Vorschrift Befreiung erteilen, wenn der Antragsteller das 16. Lebensjahr vollendet hat und sein künftiger Ehegatte volljährig ist.

(3) Widerspricht der gesetzliche Vertreter des Antragstellers oder ein sonstiger Inhaber der Personensorge dem Antrag, so darf das Familiengericht die Befreiung nur erteilen, wenn der Widerspruch nicht auf triftigen Gründen beruht.

(4) Erteilt das Familiengericht die Befreiung nach Absatz 2, so bedarf der Antragsteller zur Eingehung der Ehe nicht mehr der Einwilligung des gesetzlichen Vertreters oder eines sonstigen Inhabers der Personensorge.

Gliederung

A. Grundlagen 1	1. Allgemeines 12
B. Anwendungsvoraussetzungen 2	2. Widerspruchsberechtigte 13
I. Ehemündigkeit und Geschäftsfähigkeit	3. Widerspruch 16
(Absatz 1) 2	4. Triftige Gründe 17
II. Befreiung (Absatz 2) 3	IV. Absatz 4 21
1. Allgemeines 3	C. Rechtsfolgen bei Verstoß gegen Absatz 1 22
2. Prüfungsmaßstab des Familiengerichts 4	D. Prozessuale Hinweise 23
3. Inhalt und Art der Entscheidung 9	I. Verfahren 23
4. Antragsberechtigung 11	II. Rechtsbehelfe 24
III. Widerspruch des gesetzlichen Vertreters oder des sonstigen Personensorgeberechtigten (Absatz 3) 12	III. Zeugnisverweigerungsrecht 25

A. Grundlagen

1 Nach § 1303 BGB ist die Ehemündigkeit an die Volljährigkeit geknüpft. Die Volljährigkeit tritt gem. § 2 BGB mit der Vollendung des 18. Lebensjahres ein. Hat ein Verlobter erst das 16. Lebensjahr vollendet, so kann das Familiengericht Befreiung vom Erfordernis der Volljährigkeit erteilen, wenn der andere Verlobte bereits volljährig ist. Durch die erteilte Befreiung bedarf dann der Minderjährige nicht mehr der Einwilligung seines gesetzlichen Vertreters oder Personensorgeberechtigten. Widerspricht der gesetzliche Vertreter oder Personensorgeberechtigte des Antragstellers dem Antrag, so darf das Familiengericht nach § 1303 Abs. 3 BGB die Befreiung nur dann erteilen, wenn der Widerspruch nicht auf triftigen Gründen beruht.

B. Anwendungsvoraussetzungen

I. Ehemündigkeit und Geschäftsfähigkeit (Absatz 1)

2 Die Ehemündigkeit ist von der Geschäftsfähigkeit unabhängig. Sie stellt aber eine neben der Geschäftsfähigkeit erforderliche Ehevoraussetzung dar.[1] Dies ergibt sich aus einer Zusammenschau von § 1303 BGB und § 1304 BGB, wonach eine Ehe nicht eingehen kann, wer geschäftsunfähig ist. Voraussetzung ist grundsätzlich die Volljährigkeit im Zeitpunkt der Eheschließung, § 13 Abs. 1 PStG.[2] Für die Berechnung des Lebensalters gilt § 187 Abs. 2 Satz 2 BGB. Die „Formalitäten" können aber schon vor Vollendung des 18. Lebensjahres erledigt werden. Dazu zählen insbesondere die mündliche oder

---

[1] *Staudinger/Steinrötter*, JuS 2012, 97-105; *Wellenhofer* in: MünchKomm-BGB, § 1303 Rn. 3.
[2] *Löhnig* in: Staudinger, § 1303 Rn. 11.

schriftliche Anmeldung der Eheschließung nach § 12 Abs. 1 PStG und die Prüfung der Voraussetzungen für die Eheschließung nach den §§ 12, 13 PStG.[3] Zu den Voraussetzungen der Anmeldung gehört die Vorlage der Abstammungsurkunden der Verlobten, der beglaubigten Abschriften des Familienbuches oder der Auszüge aus diesem.

II. Befreiung (Absatz 2)

1. Allgemeines

§ 1303 Abs. 2 BGB sieht die Möglichkeit einer Befreiung vom Erfordernis der Volljährigkeit nach § 1303 Abs. 1 BGB durch das Familiengericht vor. Das Familiengericht kann die Befreiung erteilen, wenn ein Verlobter erst das 16. Lebensjahr vollendet hat, der andere Verlobte aber bereits volljährig ist.[4] Hintergrund für den Ausschluss einer Ehe zwischen zwei Minderjährigen ist, dass vermieden werden soll, dass keiner der Ehegatten selbstständig Geschäfte zur Deckung des täglichen Lebensbedarfs tätigen kann (§ 107 BGB) und einem aus der Ehe hervorgehenden Kind wegen Minderjährigkeit beider Eltern ein Vormund gem. §§ 1773 Abs. 1, 1673 Abs. 2 BGB bestellt werden muss.[5] Das Familiengericht hat vor einer Entscheidung über die Befreiung vom Erfordernis der Volljährigkeit nach § 1303 Abs. 2 BGB nicht nur einen Bericht des Jugendamtes einzuholen, sondern auch die Antragstellerin, den Verlobten und die Eltern persönlich anzuhören (§§ 12, 50a Abs. 1 Satz 1, 50b Abs. 1 FGG/§§ 26, 160 Abs. 1, 159 Abs. 1 und 2 FamFG).[6] Bei der zu treffenden Entscheidung handelt es sich nicht um eine Ermessensentscheidung, sondern um eine gebundene, das Kindeswohl konkretisierende Entscheidung.[7] Die Befreiung des Familiengerichts führt im Ergebnis dazu, dass der Minderjährige nicht mehr der Einwilligung seines gesetzlichen Vertreters bzw. sonstigen Personensorgeberechtigten bedarf, § 1303 Abs. 4 BGB.

3

2. Prüfungsmaßstab des Familiengerichts

Das Familiengericht hat bei der Entscheidung über die Befreiung neben dem Vorliegen der gesetzlichen Voraussetzungen zum einen auch zu prüfen, ob die Befreiung nicht das Wohl des Antragstellers gefährdet, und zum anderen, ob der Antragsteller die für die Ehe erforderliche Reife besitzt und daher zwischen einer Augenblicksneigung und dem erforderlichen ernsthaften Willen zu einer andauernden Lebensgemeinschaft unterscheiden kann.[8] Die Befreiung wird nur erteilt, wenn das Wohl des Minderjährigen der beabsichtigten Eheschließung nicht erkennbar entgegensteht.[9] Das ergibt sich aus dem Schutzzweck des Art. 1 Abs. 1, 2 Abs. 1 GG und Art. 6 Abs. 1 und Abs. 2 Satz 2 GG. Auch darf kein Verstoß gegen den deutschen ordre public vorliegen.[10] Entspricht jedoch die beabsichtigte Ehe dem wohlverstandenen Interesse des Minderjährigen nicht, so ist die Befreiung durch das Familiengericht zu versagen.[11] Die Versagung der Befreiung kann dabei beispielsweise nicht allein darauf gestützt werden, dass beide zukünftigen Ehegatten Sozialhilfe beziehen, wenn die Vollendung des 18. Lebensjahres in Kürze bevorsteht.[12]

4

---

[3] *Wellenhofer* in: MünchKomm-BGB, § 1303 Rn. 4.

[4] Im Unterschied zu § 1 Abs. 3 Nr. 1 LPartG, wonach eine Lebenspartnerschaft nicht wirksam begründet werden kann mit einer Person, die minderjährig oder verheiratet ist oder bereits mit einer anderen Person eine Lebenspartnerschaft führt; vgl. im Einzelnen hierzu: *Gade/Thiele*, DÖV 2013, 142-151.

[5] *Wellenhofer* in: MünchKomm-BGB, § 1303 Rn. 1.

[6] OLG Saarbrücken v. 25.10.2002 - 6 UF 87/02 - OLGR Saarbrücken 2003, 31; OLG Karlsruhe v. 05.07.1999 - 2 UF 112/99 - juris Rn. 11 - FamRZ 2000, 819.

[7] OLG Hamm v. 28.12.2009 - 6 WF 439/09- FamRZ 2010, 1801.

[8] *Roth* in: Erman, § 1303 Rn. 5; OLG Hamm v. 06.06.1997 - 15 W 118/65 - FamRZ 1965, 562; OLG Jena v. 26.09.1996 - 6 W 294/96 - StAZ 1997, 70-72.

[9] BGH v. 25.09.1956 - IV ZB 96/56 - BGHZ 21, 340 353; OLG Saarbrücken v. 24.05.2007 - 6 UF 106/06 - juris Rn. 13 - OLGR Saarbrücken 2007, 700-701 = NJW-RR 2007, 1302-1303; AG Offenbach v. 30.10.2009 - 314 F 1132/09 - FamRZ 2010, 1561-1562; KG Berlin v. 21.11.2011 - 1 W 79/11; *Bock*, NJW 2012, 122-127; *Ebner/Müller*, NStZ 2010, 657-662.

[10] KG Berlin v. 21.11.2011 - 1 W 79/11 - juris Rn. 17; *Frank*, StAZ 2012, 129-133; *Rauscher/Pabst*, NJW 2012, 3490-3497, 3492.

[11] *Wellenhofer* in: MünchKomm-BGB, § 1303 Rn. 6.

[12] OLG Karlsruhe v. 05.07.1999 - 2 UF 112/99 - juris Rn. 11 - FamRZ 2000, 819.

5   Zu berücksichtigen ist aber nicht alleine das Alter des Antragstellers bei der Heirat, das der Anerkennung der Ehe entgegensteht, sondern das Hinzutreten des unzureichenden Schutzes ihrer Willensfreiheit durch die Formen der Eheschließung. Wenn der minderjährige künftige Ehegatte seine Zustimmung zur Heirat nur schriftlich erklären muss, was in der familiären Umgebung geschehen kann, ist er gegen Druck, den die Eltern zur Durchsetzung ihrer Heiratspläne ausüben, überhaupt nicht geschützt. Das verfassungsmäßige staatliche Wächteramt nach Art. 6 Abs. 2 Satz 2 GG ist nicht gewahrt. Die Anerkennung der Heirat eines Minderjährigen in der Form der Handschuhehe (also der Zwischenschaltung einer dritten Person zur Übermittlung oder Abgabe einer auf die Eheschließung bezogenen Einverständniserklärung) ist deshalb zumindest dann mit einem wesentlichen Grundsatz des deutschen Rechts unvereinbar, wenn der Ehepartner von den Eltern des Minderjährigen ausgewählt wurde.[13]

6   Der Prüfungsumfang des Familiengerichts erstreckt sich darauf, ob eine echte wechselseitige Bindung zwischen den Partnern besteht, sie die mit einer Ehe verbundenen Pflichten übernehmen können und wollen, die notwendigen wirtschaftlichen Grundlagen für die Ehe gegeben sind und eine geordnete Erziehung eines etwa erwarteten Kindes gewährleistet erscheint.[14] Der Wunsch zu heiraten, muss auf dem eigenen inneren Antrieb der Verlobten basieren und darf nicht nur auf äußeren Einflüssen (Drängen der Eltern) oder wirtschaftlichen Überlegungen beruhen.[15] Zwar kann nicht vorhergesagt werden, ob eine Ehe Bestand haben wird oder nicht, gleichwohl hat das Familiengericht eine Befreiung abzulehnen, wenn bestimmte besondere Gründe das Scheitern der Ehe befürchten lassen. Das Familiengericht muss jedoch weder von der Beständigkeit der Ehe überzeugt sein, noch müssen besonders günstige Vorbedingungen für die zu gründende Ehe bestehen.[16]

7   Einer 16-jährigen Antragstellerin, die die Vorprüfungen für den Hauptschulabschluss absolviert und danach beabsichtigt, eine Lehre als Verkäuferin aufzunehmen, und die bereits in eigener Wohnung mit ihrem Verlobten zusammenlebt, ist beispielsweise auf ihren Antrag die Befreiung vom Erfordernis der Ehemündigkeit zu erteilen, wenn das Gericht nach Anhörung der Antragstellerin, ihrer sorgeberechtigten Mutter, des Jugendamtes sowie des Verlobten davon überzeugt ist, dass eine echte wechselseitige Bindung zwischen den Partnern besteht und der Heiratswunsch der Antragstellerin ihrem eigenen inneren Antrieb entspringt und er nicht etwa nur äußeren Einflüssen des familiären Umfelds oder wirtschaftlichen Zwängen zu verdanken ist.[17]

8   Die praktische Bedeutung der Befreiung ist eher gering, da die Verlobten nach weniger als zwei Jahren ohnehin heiraten können. Den praktisch häufigsten Fall eines Befreiungsantrags stellt die Schwangerschaft der Braut dar. Aber auch in diesem Fall ist die Erteilung der Befreiung nicht von vornherein gerechtfertigt, da die Eheschließung nicht generell die beste Lösung für die werdende Mutter sein muss.[18]

3. Inhalt und Art der Entscheidung

9   Die Befreiung wird nicht allgemein erteilt, sondern nur für die Ehe mit einem bestimmten Partner.[19] Es bedarf daher einer neuen Befreiung, wenn der Minderjährige einen anderen Partner heiraten will als den im Antrag bezeichneten.

10 Bei der Befreiung handelt es sich um eine gebundene Entscheidung, d.h. die Befreiung ist zu erteilen, wenn die beabsichtigte Ehe dem Wohle des Antragstellers nicht widerspricht.[20]

4. Antragsberechtigung

11 Den Antrag kann der minderjährige Heiratswillige stellen, aber trotz des höchstpersönlichen Charakters der Eheschließung auch sein gesetzlicher Vertreter oder der sonstige Personensorgeberechtigte, da es dem Minderjährigen später freisteht, von der erteilten Befreiung Gebrauch zu machen.[21] Nach ande-

---

[13] AG Offenbach v. 30.10.2009 - 314 F 1132/09 - FamRZ 2010, 1561-1562; *Bock*, NJW 2012, 122-127; vgl. ausführlich zur Handschuhehe *Sturm*, IPRax 2013, 412-418.
[14] OLG Saarbrücken v. 24.05.2007 - 6 UF 106/06 - juris Rn. 13 - OLGR Saarbrücken 2007, 700-701 = NJW-RR 2007, 1302-1303; *Wellenhofer* in: MünchKomm-BGB, § 1303 Rn. 6; *Lack*, StAZ 2013, 275-283, 276 f.
[15] *Wellenhofer* in: MünchKomm-BGB, § 1303 Rn. 6.
[16] *Wellenhofer* in: MünchKomm-BGB, § 1303 Rn. 8.
[17] AG Torgau v. 08.03.2004 - 1 F 319/03.
[18] *Roth* in: Erman, § 1303 Rn. 6.
[19] LG Koblenz v. 27.02.1970 - 4 T 62/70 - FamRZ 1970, 200; *Wellenhofer* in: MünchKomm-BGB, § 1303 Rn. 11.
[20] OLG Hamm v. 28.12.2009 - 6 WF 439/09; *Wellenhofer* in: MünchKomm-BGB, § 1303 Rn. 12.
[21] OLG Hamm v. 13.07.1965 - 15 W 118/65 - FamRZ 1965, 562.

II. Rechtsbehelfe

Gegen die Entscheidung findet die Beschwerde statt, § 58 FamFG. Die Beschwerde steht demjenigen zu, der durch den Beschluss in seinen Rechten beeinträchtigt ist, § 59 Abs. 1 FamFG. Gegen die Befreiung hat der gesetzliche Vertreter oder ein sonstiger Inhaber der Personensorge ein Beschwerderecht gem. § 59 Abs. 1 FamFG. Wird die Befreiung abgelehnt, können der Minderjährige selbst bzw. sein gesetzlicher Vertreter mit seinem Einverständnis Beschwerde einlegen, § 60 FamFG.[43] Dem anderen Verlobten steht ein Beschwerderecht nicht zu.[44] Dem Jugendamt steht seit dem 01.09.2009 ein Beschwerderecht gem. § 162 Abs. 3 Satz 2 FamFG zu.[45]

24

III. Zeugnisverweigerungsrecht

Liegt eine nach dem Heimatstaat (form-)wirksame, nach deutschem Recht jedoch nicht wirksam geschlossene Ehe vor, so liegt eine sog. hinkende Ehe vor. Das Bundesverfassungsgericht hat 1982 entschieden, dass sich der Grundrechtsschutz des Art. 6 GG nicht allein auf die nach deutschem Recht geschlossenen Ehen erstreckt, sondern grundsätzlich auch hinkende Ehen erfasst.[46] Eine Verweigerung des Zeugnisverweigerungsrechts würde der gebotenen verfassungskonformen Auslegung des § 52 Abs. 1 Nr. 2 StPO zuwiderlaufen.[47]

25

Eine hinkende bzw. eine Nichtehe kann unter Umständen in ein wirksames Verlöbnis als Minus zur Ehe umgedeutet werden und so zu einem Zeugnisverweigerungsrecht nach § 52 Abs. 1 Nr. 1 StPO führen.[48]

26

---

[43] *Löhnig* in: Staudinger, § 1303 Rn. 45.
[44] *Löhnig* in: Staudinger, § 1303 Rn. 46.
[45] *Löhnig* in: Staudinger, § 1303 Rn. 46.
[46] BVerfG v. 30.11.1982 - 1 BvR 818/81 - BVerfGE 62, 323, 331; *Ebner/Müller*, NStZ 2010, 657-662.
[47] *Ebner/Müller*, NStZ 2010, 657-662.
[48] Vgl. hierzu im Einzelnen: *Ebner/Müller*, NStZ 2010, 657-662.

§ 1304 BGB Geschäftsunfähigkeit

(Fassung vom 02.01.2002, gültig ab 01.01.2002)
Wer geschäftsunfähig ist, kann eine Ehe nicht eingehen.

Gliederung

A. Anwendungsvoraussetzungen 1
I. Geschäftsunfähigkeit 1
II. Prüfungsumfang des Standesbeamten 5

B. Rechtsfolgen 6
C. Verfahrenshinweise 8

A. Anwendungsvoraussetzungen

I. Geschäftsunfähigkeit

1 Geschäftsunfähig ist, wer nicht das siebente Lebensjahr vollendet hat (§ 104 Nr. 1 BGB) oder wer sich in einem die freie Willensbestimmung ausschließenden Zustand krankhafter Störung der Geistestätigkeit befindet, sofern nicht der Zustand seiner Natur nach ein vorübergehender ist, § 104 Nr. 2 BGB (vgl. die Kommentierung zu § 104 BGB). Er liegt vor, wenn der Betroffene infolge der krankhaften Störung nicht in der Lage ist, die Bedeutung der von ihm abgegebenen Willenserklärung zu erfassen und seine Entscheidung von vernünftigen Erwägungen abhängig zu machen.[1]

2 Die Ehegeschäftsfähigkeit hängt nicht allein von der Intensität der Geistesstörung ab, sondern von der Frage, ob die Geistesstörung die Einsicht in die Bedeutung der Ehe und die Freiheit des Willensentschlusses zur Eingehung der Ehe beeinträchtigt. Danach ist für die Frage der Ehegeschäftsfähigkeit nicht entscheidend, ob der Betroffene die rechtlichen Konsequenzen einer Ehe erfassen kann, sondern es ist ausreichend, dass der Betroffene den Sinn einer Ehe und die Veränderung in seinem Leben durch eine Eheschließung erkennen und begreifen kann. Denn selbst eine erhebliche geistige Behinderung muss nicht die notwendige Einsichtsfähigkeit in das Wesen der Ehe und die freie Willensentscheidung zur Eheschließung ausschließen.[2]

3 Geschäftsunfähigen gleichzustellen sind Personen, die sich zur Zeit der Eheschließung in einem die freie Willensbildung ausschließenden Zustand der Bewusstlosigkeit oder der vorübergehenden Störung der Geistestätigkeit befinden (§ 1314 Abs. 2 Nr. 1 BGB).

4 Denkbar ist auch eine nur partielle Geschäftsunfähigkeit, die sich nur auf ein bestimmtes Gebiet erstreckt. In diesem Fall kann gleichwohl Geschäftsfähigkeit in Bezug auf die Eingehung der Ehe und damit Ehefähigkeit bestehen.[3] Dies ergibt eine gebotene Auslegung des § 104 Nr. 2 BGB im Lichte der von Art. 6 Abs. 1 GG geschützten Eheschließungsfreiheit.[4]

II. Prüfungsumfang des Standesbeamten

5 Der Standesbeamte hat die Frage der Geschäftsfähigkeit im Rahmen der Prüfung nach § 13 Abs. 1 Satz 1 PStG selbstständig zu beurteilen. Die Möglichkeit einer konstitutiven gerichtlichen Feststellung der Geschäftsunfähigkeit existiert nicht mehr.[5] Nach § 49 Abs. 2 PStG kann der Standesbeamte in Zweifelsfällen von sich aus die Entscheidung des Gerichts herbeiführen. Zweifel am Vorliegen der Ehefähigkeit lassen sich durch die Einholung eines Sachverständigengutachtens klären. Anzeichen für das Vorliegen einer Geschäftsunfähigkeit sind z.B. ein auffälliges Verhalten eines Nupturienten, die Bestellung eines Betreuers insbesondere mit Einwilligungsvorbehalt gem. § 1903 Abs. 1 BGB. Eine den Belangen eines Betreuten gerecht werdende Entscheidung über seine Ehegeschäftsfähigkeit kann nur nach seiner mündlichen Anhörung ergehen.[6] Kann die Geschäftsunfähigkeit des Heiratswilligen nicht nachgewiesen werden, so darf der Standesbeamte die Eheschließung nicht ablehnen.[7]

---

[1] BGH v. 11.04.2012 - XII ZR 99/10 - juris Rn. 10; *Brudermüller* in: Palandt, § 1304 Rn. 2.
[2] Brandenburgisches Oberlandesgericht v. 07.07.2010 - 13 UF 55/09 - juris Rn. 13, 20.
[3] BVerfG v. 18.12.2002 - 1 BvL 14/02 - juris Rn. 14 - NJW 2003, 1382-1383; *Coester-Waltjen*, FamRZ 2012, 1185-1187, 1186.
[4] BVerfG v. 18.12.2002 - 1 BvL 14/02 - juris Rn. 13 - NJW 2003, 1382-1383.
[5] *Wellenhofer* in: MünchKomm-BGB, § 1304 Rn. 7 unter Hinweis auf die Gründe in BT-Drs. 11/4528, S. 64 f.
[6] BayObLG München v. 14.11.2002 - 1Z BR 118/02 - FamRZ 2003, 373-374; *Coester-Waltjen*, FamRZ 2012, 1185-1187, 1186.
[7] *Wellenhofer* in: MünchKomm-BGB, § 1304 Rn. 7.

B. Rechtsfolgen

Wer geschäftsunfähig ist, kann eine Ehe nicht eingehen. Auch mit Zustimmung des gesetzlichen Vertreters kann ein Geschäftsunfähiger nicht heiraten.[8] Eine Befreiung kann ebenfalls nicht erteilt werden.[9] Es besteht insoweit ein aufschiebendes Ehehindernis bis zum Erreichen wenigstens der beschränkten Geschäftsfähigkeit.[10] Wird unter Verstoß gegen §§ 104 Nr. 2, 1304 BGB oder § 105 Abs. 1 BGB die Eheschließung vorgenommen, so ist die Erklärung des Heiratswilligen nach § 105 BGB zwar nichtig, jedoch sind die Auswirkungen auf die Ehe speziell geregelt. Der Verstoß gegen § 1304 BGB ist nach § 1314 BGB, § 2 EheG nur ein Aufhebungsgrund. Die Ehe ist also wirksam, aber aufhebbar.[11] Dies hat zur Folge, dass die Ehe gegebenenfalls über längere Zeit rechtlich wirksam bestehen kann.[12] Die Aufhebung kann nach § 1313 BGB nur durch ein rechtskräftiges Urteil auf Antrag erfolgen. Antragsberechtigt für das Verfahren der Eheaufhebung sind bei einem Verstoß gegen § 1304 BGB jeder Ehegatte sowie die zuständige Verwaltungsbehörde (§ 1316 Abs. 1 Nr. 1 BGB).[13] Ob die Verwaltungsbehörde den Antrag auf Eheaufhebung stellt, liegt in deren pflichtgemäßem Ermessen. Gemäß § 1316 Abs. 3 BGB soll die Behörde den Antrag stellen, wenn nicht die Aufhebung der Ehe für einen Ehegatten oder für die aus der Ehe hervorgegangenen Kinder eine so schwere Härte darstellen würde, dass die Aufrechterhaltung der Ehe ausnahmsweise geboten erscheint. Das Eingreifen der Härteklausel ist vom Gericht eigenständig von Amts wegen zu prüfen. Ist dies zu bejahen, hat das Gericht den Antrag der Verwaltungsbehörde als unzulässig zurückzuweisen.[14] Bei der Prüfung des Härtefalls ist das bestehende öffentliche Ordnungsinteresse gegen die privaten Interessen der Ehegatten und Kinder unter Beachtung der Grundrechtsgarantien des Art. 6 Abs. 1 GG abzuwägen. Eine Aufhebung der Ehe ist jedenfalls dann nicht geboten, wenn vom Standpunkt eines billig und gerecht denkenden Betrachters dem öffentlichen Interesse an der Aufhebung kein wesentliches Gewicht mehr beigemessen werden kann.[15]

Die aufhebbare Ehe kann jedoch auch geheilt werden. Eine rückwirkende Heilung ist möglich, wenn der Ehegatte nach Wegfall der Geschäftsunfähigkeit, der Bewusstlosigkeit oder der Störung der Geistestätigkeit die Ehe fortsetzen will, § 1315 Abs. 1 Nr. 2 und Nr. 3, Abs. 1 Satz 3 BGB.[16]

C. Verfahrenshinweise

Lehnt das Amtsgericht die Anweisung des Standesbeamten zur Mitwirkung bei einer Eheschließung wegen Geschäftsunfähigkeit eines Heiratswilligen ab, so kann dieser selbst ungeachtet seiner fehlenden Geschäftsfähigkeit wirksam Beschwerde und weitere Beschwerde beim Amtsgericht gem. § 49 Abs. 1 PStG einlegen. Er ist insoweit verfahrensfähig.[17]

---

[8] *Löhnig* in: Staudinger, § 1304 Rn. 6; *Wellenhofer* in: MünchKomm-BGB, § 1304 Rn. 1.
[9] *Roth* in: Erman, § 1304 Rn. 4; *Löhnig* in: Staudinger, § 1304 Rn. 6.
[10] *Löhnig* in: Staudinger, § 1304 Rn. 5.
[11] *Löhnig* in: Staudinger, § 1304 Rn. 5; *Brudermüller* in: Palandt, § 1304 Rn. 5; *Friederici*, AnwZert FamR 10/2011, Anm. 2; *Coester-Waltjen*, FamRZ 2012, 1185-1187, 1186.
[12] *Roth* in: Erman, § 1304 Rn. 4; *Löhnig* in: Staudinger, § 1304 Rn. 15.
[13] BGH v. 11.04.2012 - XII ZR 99/10 - juris Rn. 10 (Demenzerkrankung).
[14] BGH v. 11.04.2012 - XII ZR 99/10 - juris Rn. 10.
[15] BGH v. 11.04.2012 - XII ZR 99/10 - juris Rn. 10; *Wellenhofer*, JuS 2012, 750-751; *Schmitz*, FamFR 2012, 282.
[16] *Wellenhofer* in: MünchKomm-BGB, § 1304 Rn. 6.
[17] OLG Stuttgart v. 18.01.1991 - 8 W 606/90 - juris Rn. 3 - NJW-RR 1991, 832.

§ 1305　　　　　　　　　　　　　　　　　　　　　　　　　　jurisPK-BGB

§ 1305 BGB (weggefallen)

(Fassung vom 04.05.1998, gültig ab 01.07.1998, gültig bis 31.12.2001)

(weggefallen)

1　§ 1305 BGB in der Fassung vom 04.05.1998 ist durch Art. 1 Nr. 2 nach Maßgabe des Art. 17 des Gesetzes vom 04.05.1998 – BGBl I 1998, 833 – mit Wirkung vom 01.07.1998 weggefallen.

Untertitel 2 - Eheverbote
§ 1306 BGB Bestehende Ehe oder Lebenspartnerschaft
(Fassung vom 15.12.2004, gültig ab 01.01.2005)

Eine Ehe darf nicht geschlossen werden, wenn zwischen einer der Personen, die die Ehe miteinander eingehen wollen, und einer dritten Person eine Ehe oder eine Lebenspartnerschaft besteht.

Gliederung

A. Grundlagen 1	III. Wiederaufnahme des Verfahrens und Wiedereinsetzung in den vorigen Stand 13
I. Allgemeines 1	IV. Ausländische Eheurteile 14
II. Einzelfälle zur Doppelehe 3	
B. Anwendungsvoraussetzungen 9	C. Rechtsfolgen 15
I. Aufhebbare Ehe 9	D. Prozessuale Hinweise 20
II. Auflösung der Ehe 11	

A. Grundlagen

I. Allgemeines

Inhaltlich entspricht § 1306 BGB dem § 5 EheG. Da in Deutschland der Grundsatz der Einehe gilt, normiert § 1306 BGB ein Verbot der Doppelehe. Von diesem tragenden Grundsatz des deutschen Eherechts gibt es auch keine Ausnahmen. Das Verbot ist zweiseitig und richtet sich auch gegen den Teil, der nicht verheiratet ist. § 1306 BGB stellt klar, dass das Verbot eine bestehende Ehe mit einer dritten Person voraussetzt. Eine zweite Eheschließung desselben Ehepaares ist daher nicht verboten.[1] **1**

Strafrechtlichen Schutz erfährt der Grundsatz der Einehe durch § 172 StGB. **2**

II. Einzelfälle zur Doppelehe

Ein lediger Inländer darf mit einem verheirateten Ausländer auch dann die Ehe nicht eingehen, wenn dessen Heimatrecht das Eheverbot der Doppelehe nicht kennt.[2] Gleiches gilt für den Fall, dass ein Deutscher, der in Deutschland mit einer Deutschen verheiratet ist, im Ausland eine ausländische Staatsangehörige heiratet.[3] Lässt sich der deutsche Ehegatte in Deutschland dann rechtskräftig von seiner deutschen Ehefrau scheiden und heiratet er in Deutschland eine andere ausländische Staatsangehörige, so ist diese Ehe ebenfalls nichtig. Insoweit gilt der Grundsatz des „ärgeren" Rechts.[4] **3**

Im Falle der Eheschließung eines Ehemannes mit der Staatsangehörigkeit der Republik Guinea mit einer Deutschen, nachdem dieser (unstreitig) Jahre zuvor bereits eine Ehe eingegangen war, ist davon auszugehen, dass eine Doppelehe vorliegt, wenn die Vermutung der Richtigkeit des von dem Ehemann anlässlich seiner polizeilichen Vernehmung vorgelegten (ausländischen) Scheidungsurteils mangels Legalisierungsurkunde (§ 438 Abs. 2 ZPO) nicht besteht und darüber hinaus eine Vielzahl von Anhaltspunkten den Schluss zulässt, dass die Ehe nicht geschieden war.[5] **4**

Hatte ein Mann (hier: ehemals marokkanischer Staatsangehörigkeit) zu einem Zeitpunkt, als er bereits in Deutschland verheiratet war, in Marokko eine weitere Ehe (mit einer Marokkanerin) geschlossen und haben die Partner der bigamischen Ehe ihren gewöhnlichen Aufenthalt in Deutschland, ist (nach Scheidung der ersten Ehe) die bigamische Ehe aufzuheben. Zwar wäre nach marokkanischem Recht, das anwendbar ist, weil beide Parteien bei der Eheschließung in Marokko marokkanische Staatsangehörige waren, die Mehr-Ehe zulässig. Jedoch verstößt die Anwendung marokkanischen Rechts gegen **5**

---

[1] *Roth* in: Erman, § 1306 Rn. 1; *Löhnig* in Staudinger, § 1306 Rn. 11; KG Berlin v. 03.01.2012 - 1 VA 12/11 - juris Rn. 17 - FamFR 2012, 118.
[2] *Wellenhofer* in: MünchKomm-BGB, § 1306 Rn. 1; *Helms*, StAZ 2012, 2-8.
[3] OLG Frankfurt v. 11.09.2001 - 20 W 70/2000, 20 W 70/00 - OLGR Frankfurt 2001, 322-325.
[4] OLG Frankfurt v. 11.09.2001 - 20 W 70/2000, 20 W 70/00 - OLGR Frankfurt 2001, 322-325; OLG Oldenburg v. 13.01.2000 - 14 UF 135/99 - juris Rn. 33 - IPRax 2001, 143-144.
[5] AG Berlin-Tempelhof-Kreuzberg v. 29.10.2003 - 172 F 680/01 - FamRZ 2004, 1488-1489.

§ 1306

den deutschen ordre public.[6] Für dessen Anwendung kommt es entscheidend darauf an, dass die Eheschließung, obwohl im Ausland vorgenommen, von Anfang an einen engen Inlandsbezug hatte, denn die Ehe sollte im Inland gelebt werden und wird hier auch gelebt. Da Art. 6 Abs. 1 GG auch als institutionelle Garantie der Ein-Ehe begriffen werden muss, ist die hiesige Rechtsordnung unter Umständen wie den vorliegenden durch die Eheschließung im Ausland in einem Umfang berührt, dass es geboten erscheint, ihr hier die Anerkennung zu versagen.[7]

6 Ein deutscher Staatsangehöriger und eine pakistanische Staatsangehörige haben am 10.08.2007 vor dem Standesbeamten des Standesamts Offenbach am Main die Ehe geschlossen. Der deutsche Staatsangehörige hatte bei der Anmeldung dieser Eheschließung unrichtigerweise angegeben, dass er ledig sei und keine Vorehe eingegangen sei. Tatsächlich hatte er am 23.07.2006 in Pakistan eine andere pakistanisch-kanadische Staatsangehörige geheiratet. Auf die Beurteilung der Frage, ob die Ehe der Beklagten aufhebbar ist, ist gemäß Art. 14 Abs. 1 Nr. 2 EGBGB deutsches Recht anzuwenden. Nach deutschem Recht, nämlich nach § 1314 Abs. 1 BGB, ist eine Ehe aufhebbar, wenn die Eheschließung gegen das Verbot der Doppelehe gemäß § 1306 BGB verstoßen hat. Im vorliegenden Fall hätte die Zweitehe auch durch eine Scheidung der ersten Ehe nicht geheilt werden können. Selbst nach der Scheidung der Erstehe wäre eine unter Verstoß gegen das Verbot der Doppelehe geschlossene Zweitehe noch aufzuheben.[8]

7 Das nach niederländischem Recht bestehende Ehehindernis der registrierten Partnerschaft zwischen einem Niederländer und einer Deutschen steht deren Eheschließung in Deutschland entgegen. Der Antrag auf Befreiung vom Erfordernis der Beibringung eines Ehefähigkeitszeugnisses ist dann unbegründet, weil es den registrierten Partnern zuzumuten ist, zunächst ihre Partnerschaft in den Niederlanden in eine Ehe umzusetzen.[9] Eine in Deutschland geschlossene Ehe wird in den Niederlanden nicht anerkannt, wenn die Verlobten dort bereits eine registrierte Partnerschaft eingegangen sind. Insbesondere führt die Eheschließung nicht zur Beendigung der registrierten Partnerschaft. Der niederländische Partner kann deshalb vom Erfordernis der Beibringung eines Ehefähigkeitszeugnisses nicht befreit werden.[10]

8 Begründen zwei Personen desselben Geschlechts zunächst eine eingetragene Lebenspartnerschaft gemäß § 1 Abs. 1 LPartG und ändert der eine Teil sodann während des Bestehens der Lebenspartnerschaft sein Geschlecht und wollen dieselben Personen anschließend die Ehe eingehen, so ist der Standesbeamte nicht gemäß § 13 Abs. 1 Satz 1 PStG zur Feststellung eines Ehehindernisses berechtigt, §§ 49, 13 Abs. 1 Satz 1 PStG, § 1306 BGB, § 158 Abs. 1 Nr. 3 Dienstanweisung für die Standesbeamten und ihre Aufsichtsbehörden.[11] Nach § 1306 BGB darf eine Ehe nicht geschlossen werden, wenn zwischen einer der Personen, die die Ehe miteinander eingehen wollen, und einer dritten Person eine Ehe oder Lebenspartnerschaft besteht. Im vorgenannten Fall wird die eingetragene Lebenspartnerschaft vom Anwendungsbereich des § 1306 BGB nicht erfasst, da sie zwischen denselben Beteiligten und nicht mit einer dritten Person besteht.[12] Streitig bleibt jedoch die Frage, ob die eingetragene Lebenspartnerschaft mit der Eheschließung ipso iure aufgelöst ist.[13] Für den Fall einer Geschlechtsumwandlung dürfte die vorherige förmliche Aufhebung einer eingetragenen Lebenspartnerschaft vor einer Eheschließung nicht notwendig sein, da die bisherige Partnerschaft nicht beendet wird, sondern in umgewandelter Form fortgesetzt wird.[14]

---

[6] AG Hanau v. 07.06.2002 - 60 F 1451/01 E1 - FamRZ 2004, 949-950; vgl. auch *Scholz*, ZJS 2010, 325-339, Grundfälle zum IPR: Ordre public-Vorbehalt und islamisch geprägtes Recht.

[7] AG Hanau v. 07.06.2002 - 60 F 1451/01 E1 - FamRZ 2004, 949-950.

[8] AG Offenbach v. 03.03.2008 - 314 F 1991/07, 314 F 1991/07 E1.

[9] *Roth* in: Erman, § 1306 Rn. 1; KG Berlin v. 03.01.2012 - 1 VA 12/11 - juris Rn. 17 - FamFR 2012, 118; Anm. *Vlassopoulou*, FamFR 2012, 118; nachgehend: BGH v. 11.07.2012 - IV AR (VZ) 1/12 - FamRZ 2012, 1635-1636.

[10] KG Berlin v. 22.10.2013 - 1 VA 12/11 - juris Leitsatz - FamFR 2013, 576 im Anschluss an BGH v. 11.07.2012 - IV AR (VZ) 1/12 - FamRZ 2012, 1635-1636 und KG Berlin v. 03.01.2012 - 1 VA 12/11 - StAZ 2014, 15-16; Anm. *Vlassopoulou*, FamFR 2012, 497; *Wiggerich*, FamRZ 2012, 1636-1637; *Finger*, FamRBint 2013, 1-2.

[11] LG Berlin v. 21.01.2008 - 84 T 380/07 - juris Leitsatz.

[12] LG Berlin v. 21.01.2008 - 84 T 380/07 - juris Rn. 12.

[13] So *Schwab*, FamRZ 2001, 385.

[14] Fachausschuss Nr. 3701, verhandelt am 13. und 14.11.2003, StAZ 2004, 139; so auch *Kissner*, StAZ 2011, 376-377.

B. Anwendungsvoraussetzungen

I. Aufhebbare Ehe

Solange eine nach den §§ 1313, 1314 BGB aufhebbare Ehe nicht aufgehoben ist, kann eine neue Ehe nicht eingegangen werden. Anders ist die Rechtslage im Falle einer sog. Nichtehe. Eine solche liegt beispielsweise dann vor, wenn eine Ehe ohne die erforderliche Mitwirkung eines Standesbeamten geschlossen wurde. In diesem Fall kann eine Eheschließung erfolgen.[15]

Das Gesetz zur Überarbeitung des Lebenspartnerschaftsrechts löst eine Unstimmigkeit des bisherigen Lebenspartnerschaftsgesetzes: Während § 1 Abs. 2 Nr. 1 LPartG festlegt, dass eine Lebenspartnerschaft bei bestehender Ehe nicht wirksam begründet werden kann, fehlte eine gesetzliche Regelung für den umgekehrten Fall, dass eine Ehe bei bestehender Lebenspartnerschaft eingegangen werden soll. Ein Eheverbot bei bestehender Lebenspartnerschaft hatte der Gesetzgeber aus Angst vor einem Verstoß gegen die in Art. 6 Abs. 1 GG enthaltene Eheschließungsfreiheit in § 1306 BGB nicht vorgesehen.[16]

II. Auflösung der Ehe

Eine Ehe kann aus verschiedenen Gründen aufgelöst werden, so z.B. durch den Tod eines Ehegatten, durch Wiederverheiratung nach Todeserklärung eines Ehegatten gem. § 1319 Abs. 2 BGB (dies gilt auch dann, wenn der für tot Erklärte noch lebt und der andere Ehegatte gutgläubig war)[17], durch Aufhebung (§ 1313 BGB) oder Scheidung (§ 1564 BGB), und zwar auch dann, wenn das Aufhebungs- oder Scheidungsurteil erschlichen wurde.[18] Eine Ehe ist gem. § 1315 Abs. 2 BGB erst mit der Rechtskraft des Aufhebungs- oder Scheidungsurteils aufgelöst. Solange die Ehe nicht aufgelöst ist, begründet sie das Ehehindernis der Doppelehe.[19]

Für den Fall, dass eine ledige Deutsche die Eheschließung mit ihrem türkischen Verlobten, dessen vorangegangene deutsche Ehescheidung nach türkischem Recht noch nicht anerkannt wurde, in der Türkei beabsichtigt, bedarf es der Ausstellung eines Ehefähigkeitszeugnisses für die deutsche Verlobte. Die Prüfung der Ehefähigkeit des ausländischen Verlobten ist durch die ausländische Behörde zu prüfen. Das deutsche Standesamt hat bei der Erteilung des Ehefähigkeitszeugnisses nicht zu prüfen, ob bezüglich des ausländischen Verlobten nach dessen Heimatrecht ein Ehehindernis – bei Heirat im Ausland – besteht. Im Ergebnis ist der deutschen Verlobten das Ehefähigkeitszeugnis zu erteilen. Die türkische Eheschließungsbehörde wird die beabsichtigte Eheschließung allerdings erst vornehmen, wenn der deutsche Scheidungsbeschluss nach Art. 54, 58 türk. IPRG in der Türkei anerkannt wurde, da der türkische Verlobte aus Sicht der türkischen Heimatrechtsordnung ansonsten immer noch als verheiratet gilt.[20]

III. Wiederaufnahme des Verfahrens und Wiedereinsetzung in den vorigen Stand

Wird ein Urteil, das die frühere Ehe geschieden oder aufgehoben hat, im Wiederaufnahmeverfahren durch Zwischen- oder Endurteil aufgehoben (§§ 578 f. ZPO), was gem. § 586 Abs. 2 Satz 2, Abs. 3 ZPO allerdings in der Regel nur innerhalb von fünf Jahren seit Rechtskraft des Urteils möglich ist, so wird eine inzwischen geschlossene Ehe als Doppelehe aufhebbar gem. § 1314 Abs. 1 BGB.[21]

IV. Ausländische Eheurteile

Das nach Art. 13 Abs. 1 EGBGB berufene Recht bestimmt nicht nur die Voraussetzungen, unter denen eine Ehe fehlerhaft ist, es entscheidet auch über die Rechtsfolgen, die sich an die Fehlerhaftigkeit knüpfen.[22] Ist eine bigamische Ehe z.B. nach türkischem Recht für nichtig zu erklären, so muss auch der deutsche Urteilstenor diese Rechtswirkungen verdeutlichen.[23] Wird eine Ehe im Ausland für nichtig erklärt, aufgehoben oder geschieden, so wird die Entscheidung im Inland nur anerkannt, wenn die Landesjustizverwaltung oder der Präsident des Oberlandesgerichts festgestellt hat, dass die Voraussetzun-

---

[15] *Wellenhofer* in: MünchKomm-BGB, § 1306 Rn. 2.
[16] *Stüber*, FamRZ 2005, 574-578; *Pötter/Vogel*, DAngVers 2005, 156-165.
[17] *Roth* in: Erman, § 1306 Rn. 2.
[18] RG v. 10.03.1938 - IV 265/37 - JW 1938, 1262.
[19] *Wellenhofer* in: MünchKomm-BGB, § 1306 Rn. 2.
[20] *Wall*, StAZ 2013, 295-296.
[21] *Roth* in: Erman, § 1306 Rn. 3; *Löhnig* in: Staudinger, § 1306 Rn. 14.
[22] BGH v. 10.01.2001 - XII ZR 41/00 - juris Rn. 3 - NJWE-FER 2001, 116.
[23] BGH v. 10.01.2001 - XII ZR 41/00 - juris Rn. 3 - NJWE-FER 2001, 116.

gen für die Anerkennung des Urteils vorliegen, es sei denn, dass ein Gericht des Staates entschieden hat, dem beide Ehegatten zur Zeit der Entscheidung angehört haben (§ 107 Abs. 1 FamFG), und keiner der Ehegatten außerdem Deutscher war (Art. 5 Abs. 1 Satz 2 EGBGB) oder dass die Entscheidung in den Anwendungsbereich der EuEheVO fällt. In diesen Fällen hat der Standesbeamte zu prüfen, ob die Entscheidung nach § 328 ZPO bzw. Art. 22 EuEheVO im Inland anzuerkennen ist.[24]

C. Rechtsfolgen

15 Wird gegen das Doppeleheverbot verstoßen, so führt dies zur Aufhebbarkeit der Ehe nach § 1314 Abs. 1 BGB.[25] Eine Heilung der Aufhebbarkeit durch Auflösung der ersten Ehe (durch Tod des anderen Ehegatten, Scheidung oder Aufhebung) ist ausgeschlossen.[26] Die bigamische Ehe ist aber dann voll wirksam, wenn die erste Ehe später für nichtig erklärt wird[27], weil damit rückwirkend feststeht, dass der Ehegatte bei der zweiten Eheschließung nicht mit einem Dritten in gültiger Ehe lebte. Gleiches gilt, wenn die Landesjustizverwaltung oder der Präsident des Oberlandesgerichts nachträglich feststellt, dass die Voraussetzungen für die Anerkennung des die Scheidung der Erstehe aussprechenden ausländischen Urteils vorliegen, weil die Anerkennung auf den Zeitpunkt der Rechtskraft der ausländischen Ehescheidung zurückwirkt.[28]

16 Die Aufhebung der Ehe gemäß § 1314 Abs. 1 i.V.m. § 1306 BGB führt nicht zur Beseitigung der geschlossenen Ehe ex tunc, sondern lediglich zur Beendigung ex nunc. Denn nach § 1313 BGB ist die Ehe (erst) mit der Rechtskraft der Entscheidung aufgelöst. Bis dahin ist die formell geschlossene Ehe voll gültig.[29]

17 Wird ein Antrag auf Aufhebung einer bigamischen Ehe gestellt, so ist bezüglich der Antragsbefugnis zu beachten, dass der Umstand, dass der Antragsteller aufgrund einer zwischenzeitlichen Scheidung seiner ersten Ehe nicht mehr Ehegatte ist, für sich genommen die Antragsbefugnis des Antragstellers nicht grundsätzlich ausschließt. Schon unter der Geltung des Ehegesetzes war anerkannt, dass die Befugnis zur Klage auf Nichtigerklärung einer bigamischen Ehe zwar ausdrücklich nur dem „Ehegatten" der vorangehenden Ehe zustand, diesem aber nicht deshalb verloren ging, weil seine Ehe inzwischen aufgelöst war.[30] Der Gesetzgeber des Eheschließungsrechtsgesetzes hat diesen Gedanken verdeutlicht: Gehen zwei Personen miteinander die Ehe ein, obwohl zwischen einer dieser beiden Personen und einer dritten Person bereits eine Ehe besteht, so kann „die dritte Person" auf Aufhebung der späteren Ehe klagen, § 1316 Abs. 1 Nr. 1 Satz 1 BGB. Auf die Frage, ob die frühere Ehe noch besteht und die „dritte Person" folglich noch Ehegatte eines Partners der späteren Ehe ist, kommt es für die Antragsbefugnis also schon nach dem Gesetzeswortlaut nicht an.[31] Dem Antrag auf Aufhebung einer bigamischen Ehe gem. § 1314 Abs. 1 BGB i.V.m. § 1306 BGB kann auch nicht der Rechtsschutz aus Art. 6 GG entgegengehalten werden, da die zweite Ehe als eine solche minderen Rechts anzusehen ist.[32]

18 Es ist mit den Strukturprinzipien der Ehe vereinbar, dass das Verwaltungsgericht und auch die Ausländerbehörde die Frage, ob der Ausländer eine verfassungswidrige und gegen § 1306 BGB verstoßende Doppelehe geführt hat, prüfen, auch wenn hierüber keine familiengerichtliche Entscheidung im Aufhebungsverfahren (§ 1314 Abs. 1 i.V.m. § 1306 BGB) erfolgt ist. Der verfassungsrechtliche Schutz der Ehe gemäß Art. 6 Abs. 1 GG, an den § 27 Abs. 1 AufenthG, § 17 AuslG 1990 anknüpfen, erfordert es nicht, dass einem Gericht die ausschließliche Kompetenz zur Feststellung einer Doppelehe übertragen wird. Zwar mag eine solche Übertragung im Rahmen des Gestaltungsspielraums des Gesetzgebers verfassungsrechtlich nicht zu beanstanden sein. Der Gesetzgeber hat jedoch weder im Bürgerlichen Gesetzbuch noch im Ausländerrecht eine ausschließliche Prüfungskompetenz der Familiengerichte normiert.[33]

---

[24] *Wellenhofer* in: MünchKomm-BGB, § 1306 Rn. 3.
[25] *Friederici*, AnwZert FamR 10/2011, Anm 2; *Wellenhofer* in: MünchKomm-BGB, § 1306 Rn. 7.
[26] *Wellenhofer* in: MünchKomm-BGB, § 1306 Rn. 7.
[27] BGH v. 09.01.2002 - XII ZR 58/00 - juris Rn. 16 - BGHZ 149, 357-363; vgl. hierzu auch *Oehlmann/Stille*, FuR 2003, 494-499, 494.
[28] BGH v. 06.10.1982 - IVb ZR 729/80 - juris Rn. 14 - LM Nr. 4 zu FamRÄndG; *Wellenhofer* in: MünchKomm-BGB, § 1306 Rn. 7.
[29] BayVGH v. 25.06.2013 - 10 B 11.2217 - juris Rn. 45.
[30] BGH v. 09.01.2002 - XII ZR 58/00 - juris Rn. 14 - BGHZ 149, 357-363; BGH v. 18.06.1986 - IVb ZR 41/85 - juris Rn. 17 - NJW 1986, 3083-3084.
[31] BGH v. 09.01.2002 - XII ZR 58/00 - juris Rn. 14 - BGHZ 149, 357-363.
[32] OLG Oldenburg v. 13.01.2000 - 14 UF 135/99 - IPRax 2001, 143-144.
[33] Oberverwaltungsgericht für das Land Nordrhein-Westfalen v. 25.04.2007 - 19 A 3047/06.

Die Eingehung einer bigamischen Ehe ist gem. § 172 StGB unter Strafe gestellt. 19

D. Prozessuale Hinweise

In einem von der Verwaltungsbehörde wegen Doppelehe betriebenen Eheaufhebungsverfahren sind die Ehegatten notwendige Streitgenossen. Zuständig hierfür ist das Familiengericht am Sitz der Verwaltungsbehörde, wenn die Ehe kinderlos blieb und die Eheleute zu keiner Zeit einen gemeinsamen Aufenthalt im Inland hatten.[34] 20

Wer die Aufhebung einer Ehe betreibt, trägt die Beweislast für das Vorliegen des Aufhebungsgrundes, also der Doppelehe.[35] 21

---

[34] OLG Dresden v. 02.02.2004 - 21 ARf 1/04 - FamRZ 2004, 952.
[35] OLG Nürnberg v. 31.03.2011 - 10 UF 1743/10 - FamRZ 2011, 1508-1509.

§ 1307 BGB Verwandtschaft

(Fassung vom 02.01.2002, gültig ab 01.01.2002)

¹Eine Ehe darf nicht geschlossen werden zwischen Verwandten in gerader Linie sowie zwischen vollbürtigen und halbbürtigen Geschwistern. ²Dies gilt auch, wenn das Verwandtschaftsverhältnis durch Annahme als Kind erloschen ist.

Gliederung

A. Grundlagen 1	2. Seitenlinie 9
B. Anwendungsvoraussetzungen 3	II. Schwägerschaft 10
I. Verwandtschaft 3	C. Rechtsfolgen 11
1. Gerade Linie 4	

A. Grundlagen

1 § 1307 BGB ersetzt den früheren § 4 EheG. Danach ist eine Eheschließung zwischen Verwandten in gerader Linie und zwischen Geschwistern verboten (sog. Inzestverbot). Eine Befreiung ist ausgeschlossen. Das Inzestverbot ist für die gesellschaftliche Entwicklung von großer Bedeutung. Es dient der Sicherstellung der sozialen Rolle des einzelnen Familienmitglieds und der Vermeidung oder Verminderung einer Geschlechtskonkurrenz in der Kernfamilie. Dadurch wird jedes einzelne Familienmitglied gezwungen, außerfamiliäre Beziehungen einzugehen.[1]

2 Damit das Eheverbot der leiblichen Verwandtschaft ausgeschlossen werden kann, haben die Verlobten nach § 12 Abs. 2 PStG bei der Anmeldung der Eheschließung dem Standesbeamten ihre Abstammungsurkunden und beglaubigte Abschriften des Familienbuchs oder Auszüge aus diesem vorzulegen. Es handelt sich hierbei um eine zwingende Vorschrift des Personenstandsrechts, von der nur unter den engen Voraussetzungen des § 9 Abs. 2 PStG abgewichen werden kann. Gemäß § 13 Abs. 1 Satz 2 PStG hat der Standesbeamte die Vorlage weiterer Urkunden von den Verlobten zu fordern, sofern die in § 12 Abs. 2 PStG aufgeführten Urkunden zur Prüfung des Nichtvorliegens von Ehehindernissen (§§ 1306, 1307, 1308 BGB) nicht ausreichen. Die Anwendung der Vorschriften der §§ 9, 12, 13 PStG wird durch die hierzu erlassenen Verwaltungsrichtlinien konkretisiert, die der Standesbeamte bei seiner Entscheidung über die Anmeldung der Eheschließung zu beachten hat. In Fällen, in denen die Verlobten keine erstmalige Eheschließung beabsichtigen, sondern beide bereits einmal verheiratet waren, ist gemäß § 139 Abs. 2 Satz 1 Nr. 3 DA in jedem Fall auch eine Abstammungsurkunde vorzulegen, damit das Eheverbot der leiblichen Verwandtschaft ausgeschlossen werden kann. Das entsprechende Verlangen des Standesbeamten ist nicht unverhältnismäßig.[2]

B. Anwendungsvoraussetzungen

I. Verwandtschaft

3 Bei der Verwandtschaft ist zwischen derjenigen in gerader Linie einerseits und derjenigen in der Seitenlinie andererseits zu differenzieren.

1. Gerade Linie

4 In gerader Linie verwandt sind nach § 1589 Satz 1 BGB Personen, deren eine von der anderen abstammt, gleichgültig, ob Vater oder Mutter der Person miteinander verheiratet sind oder nicht. Auf den Grad der Verwandtschaft kommt es nicht an. Verboten ist also die Ehe zwischen Vater und Tochter, Großmutter und Enkel, Urgroßvater und Urenkelin.[3] Entscheidend ist die tatsächliche blutsmäßige Abstammung. Der genetische Erzeuger (Samenspende ist hierfür ausreichend) einer nach § 1592 Nr. 1 BGB als Kind des Ehemannes der Mutter geltenden Tochter kann sein Kind daher auch dann nicht heiraten, wenn die Vaterschaft des Ehemannes nicht angefochten und er nicht als Vater des Kindes fest-

---

[1] *Wellenhofer* in: MünchKomm-BGB, § 1307 Rn. 1.
[2] OLG Köln v. 13.12.2004 - 16 Wx 224/04 - StAZ 2005, 232.
[3] *Löhnig* in: Staudinger, § 1307 Rn. 8; *Wellenhofer* in: MünchKomm-BGB, § 1307 Rn. 2.

gestellt ist.[4] Ebenso darf die Eispenderin ihren genetischen Sohn nicht heiraten, obwohl sie nach §§ 1591, 1589 BGB rechtlich nicht mit ihm verwandt ist.[5] Der mit dem genetischen Vater rechtlich nicht verwandte Sohn darf dessen Tochter nicht heiraten; die mit der Eispenderin rechtlich nicht verwandte Tochter nicht deren Sohn.[6]

Das Eheverbot zwischen den leiblichen Eltern und ihrem Kind gem. § 1307 Satz 2 BGB kann auch nicht dadurch beseitigt werden, dass dieses von einem Dritten als Kind angenommen wird. Zwar bringt die Annahme eines Minderjährigen das Verwandtschaftsverhältnis des Kindes und seiner Abkömmlinge zu den bisherigen Verwandten zum Erlöschen gem. § 1755 BGB. Gleiches gilt bei der Annahme eines Volljährigen, wenn das Vormundschaftsgericht gem. § 1772 BGB beim Ausspruch der Annahme bestimmt hat, dass sich die Wirkungen der Annahme nach den Vorschriften über die eines Minderjährigen richten sollen. Dies berührt das Eheverbot der Verwandtschaft nicht, da die Adoption durch einen Dritten an der Anstößigkeit der Ehe zwischen Blutsverwandten gerader Linie oder zwischen Geschwistern nichts ändert.[7]

Im Gegensatz zu der Annahme eines Minderjährigen, bei der sich der Kreis der Verwandten, auf die sich das Eheverbot erstreckt, unmittelbar nach § 1307 BGB bestimmt, bezieht sich das Eheverbot bei der Volljährigenadoption nur auf die Abkömmlinge des Angenommenen, nicht aber auf die Verwandten des Annehmenden, § 1770 Abs. 1 BGB.[8] Deshalb kann die als Volljährige Angenommene ohne familiengerichtliche Befreiung den leiblichen Sohn ihres Adoptivvaters heiraten.[9]

Die rechtliche Verwandtschaft ist der biologischen Verwandtschaft gleichgestellt. Daher ist mit dem Kinde verwandt, wer nach den §§ 1591, 1592, 1593 BGB Mutter oder Vater eines Kindes ist, auch wenn in Wirklichkeit keine genetische Verwandtschaft besteht. Ein Gegenbeweis kann nicht geführt werden. Der Ehemann kann z.B. die bei einem Seitensprung empfangene Tochter seiner Frau nicht heiraten, solange nicht aufgrund einer Anfechtung gerichtlich festgestellt ist, dass er nicht der Vater des Kindes ist.[10] Die Vaterschaft eines vor dem 01.07.1998 geborenen Kindes richtet sich nach den bisherigen Vorschriften (Art. 224 § 1 Abs. 1 EGBGB). Verwandtschaft kann auch durch die Annahme als Kind begründet werden. Jedoch gilt insoweit wegen der unterschiedlichen Rechtsfolgen die Regelung des § 1308 BGB.[11]

Lassen sich im Verfahren nach § 49 PStG die Zweifel an der biologischen Verwandtschaft nicht ausräumen, bleibt das Eheverbot bestehen.[12]

2. Seitenlinie

Gem. § 1589 Satz 2 BGB sind Personen, die nicht in gerader Linie verwandt sind, aber von derselben dritten Person abstammen, in der Seitenlinie verwandt. Eine Ehe darf daher nicht in der Seitenlinie zwischen vollbürtigen und halbbürtigen Geschwistern geschlossen werden. Vollbürtig sind Geschwister, wenn sie beide dieselben Eltern haben, halbbürtig dagegen, wenn sie nur einen gemeinsamen Elternteil haben.[13] Der genetischen Abstammung steht auch hier die rechtliche Verwandtschaft gleich. So kann ein von einer Leihmutter ausgetragenes Kind ein anderes Kind der Leihmutter nicht heiraten. Da es keine Befreiungsmöglichkeit gibt, hilft in diesem Fall nur eine Feststellungsklage mit dem Ziel, feststellen zu lassen, dass die beiden genetisch nicht miteinander verwandten Geschwister heiraten dürfen.[14] Andere in der Seitenlinie Verwandte können einander heiraten. Daher sind Ehen unter Geschwisterkindern (Cousin und Cousine, 4. Grad) sowie Ehen mit den Geschwistern der Eltern oder Abkömmlingen der eigenen Geschwister (Onkel und Nichte, Tante und Neffe, 3. Grad) erlaubt.[15] Für Adoptivkinder und leibliche Kinder der Adoptiveltern gilt wiederum die Sonderregelung des § 1308 BGB.

---

[4] *Roth* in: Erman, § 1307 Rn. 2; *Wellenhofer* in: MünchKomm-BGB, § 1307 Rn. 3; *Brudermüller* in: Palandt, § 1307 Rn. 3.
[5] *Wellenhofer* in: MünchKomm-BGB, § 1307 Rn. 3; *Brudermüller* in: Palandt, § 1307 Rn. 3.
[6] *Brudermüller* in: Palandt, § 1307 Rn. 3.
[7] *Roth* in: Erman, § 1307 Rn. 4; *Wellenhofer* in: MünchKomm-BGB, § 1307 Rn. 4.
[8] AG Bad Hersfeld v. 03.11.2006 - 60 F 778/06 SO - juris Rn. 3 - StAZ 2007, 275; *Sachse*, StAZ 2007, 275-276.
[9] AG Bad Hersfeld v. 03.11.2006 - 60 F 778/06 SO - juris Rn. 2 - StAZ 2007, 275; *Sachse*, StAZ 2007, 275-276.
[10] *Wellenhofer* in: MünchKomm-BGB, § 1307 Rn. 5.
[11] *Wellenhofer* in: MünchKomm-BGB, § 1307 Rn. 5.
[12] *Löhnig* in: Staudinger, § 1307 Rn. 8.
[13] *Löhnig* in: Staudinger, § 1307 Rn. 9; *Wellenhofer* in: MünchKomm-BGB, § 1307 Rn. 7.
[14] *Roth* in: Erman, § 1307 Rn. 3.
[15] *Löhnig* in: Staudinger, § 1307 Rn. 9.

§ 1307

II. Schwägerschaft

10 Das Eheverbot der Schwägerschaft in gerader Linie (§ 4 EheG) ist entfallen. Verschwägert sind nach § 1590 Satz 1 BGB die Verwandten eines Ehegatten mit dem anderen Ehegatten. Die Linie und der Grad der Schwägerschaft bestimmen sich nach der Linie und dem Grade der sie vermittelnden Verwandtschaft, § 1590 Satz 2 BGB. Heiraten dürfen Stiefeltern und Stiefkinder, Schwiegereltern und Schwiegerkinder sowie Schwager und Schwägerin, Stiefmutter und Mann der Stieftochter.[16]

C. Rechtsfolgen

11 Wird bei der Eheschließung gegen § 1307 BGB verstoßen, so ist diese Ehe ohne Heilungsmöglichkeit mit Wirkung ex nunc gem. § 1314 Abs. 1 BGB aufhebbar.[17]

12 Ein Verstoß gegen das Inzestverbot ist außerdem gem. § 173 StGB mit Strafe bewehrt.

---

[16] *Wellenhofer* in: MünchKomm-BGB, § 1307 Rn. 8.
[17] *Löhnig* in: Staudinger, § 1307 Rn. 11; *Friederici*, AnwZert FamR 10/2011, Anm 2.

D. Prozessuale Hinweise/Verfahrenshinweise

Die Befreiung kann jeder Verlobte beantragen.[16] Da beide betroffen sind, bedürfen auch beide der Befreiung.[17] 10

Zuständig für die Erteilung der Befreiung ist das Familiengericht, §§ 111 Nr. 4, 186 Nr. 4 FamFG. Die örtliche Zuständigkeit des Familiengerichts ergibt sich aus § 187 Abs. 3, 4 FamFG. Es entscheidet der Richter gem. § 14 Abs. 1 Nr. 16 RPflG. Die Befreiung ist unanfechtbar, § 198 Abs. 3 FamFG. 11

---

[16] *Löhnig* in: Staudinger, § 1308 Rn. 12.
[17] *Wellenhofer* in: MünchKomm-BGB, § 1308 Rn. 7.

§ 1309

Untertitel 3 - Ehefähigkeitszeugnis

§ 1309 BGB Ehefähigkeitszeugnis für Ausländer

(Fassung vom 19.02.2007, gültig ab 01.01.2009)

(1) ¹Wer hinsichtlich der Voraussetzungen der Eheschließung vorbehaltlich des Artikels 13 Abs. 2 des Einführungsgesetzes zum Bürgerlichen Gesetzbuche ausländischem Recht unterliegt, soll eine Ehe nicht eingehen, bevor er ein Zeugnis der inneren Behörde seines Heimatstaats darüber beigebracht hat, dass der Eheschließung nach dem Recht dieses Staates kein Ehehindernis entgegensteht. ²Als Zeugnis der inneren Behörde gilt auch eine Bescheinigung, die von einer anderen Stelle nach Maßgabe eines mit dem Heimatstaat des Betroffenen geschlossenen Vertrags erteilt ist. ³Das Zeugnis verliert seine Kraft, wenn die Ehe nicht binnen sechs Monaten seit der Ausstellung geschlossen wird; ist in dem Zeugnis eine kürzere Geltungsdauer angegeben, ist diese maßgebend.

(2) ¹Von dem Erfordernis nach Absatz 1 Satz 1 kann der Präsident des Oberlandesgerichts, in dessen Bezirk das Standesamt, bei dem die Eheschließung angemeldet worden ist, seinen Sitz hat, Befreiung erteilen. ²Die Befreiung soll nur Staatenlosen mit gewöhnlichem Aufenthalt im Ausland und Angehörigen solcher Staaten erteilt werden, deren Behörden keine Ehefähigkeitszeugnisse im Sinne des Absatzes 1 ausstellen. ³In besonderen Fällen darf sie auch Angehörigen anderer Staaten erteilt werden. ⁴Die Befreiung gilt nur für die Dauer von sechs Monaten.

Gliederung

A. Grundlagen/Normzweck 1
B. Anwendungsvoraussetzungen 2
I. Ehefähigkeitszeugnis (Absatz 1) 2
1. Räumlicher Geltungsbereich 2
2. Sachlicher Geltungsbereich 4
3. Persönlicher Geltungsbereich 5
4. Anforderungen an das Ehefähigkeitszeugnis 15
5. Gültigkeit des Ehefähigkeitszeugnisses 18
6. Wirkungen 19
7. Ehefähigkeitszeugnis für Deutsche bei Eheschließung im Ausland 20
II. Befreiung (Absatz 2) 21
1. Allgemeines zur Befreiung 21
2. Befreiung bei Nichtausstellung von Zeugnissen (Absatz 2 Sätze 1 und 2) 23
3. Befreiung bei Ausstellung von Zeugnissen (Absatz 2 Satz 3) 26
4. Gültigkeit der Befreiung (Absatz 2 Satz 4) 31
5. Rechtsnatur der Befreiung 33
6. Wirkungen 34
C. Rechtsfolgen 36
D. Prozessuale Hinweise/Verfahrenshinweise 38

A. Grundlagen/Normzweck

1 § 1309 BGB entspricht der leicht geänderten Fassung des § 10 EheG. Durch das ausländische Ehefähigkeitszeugnis bzw. die Befreiung von diesem Erfordernis durch den OLG-Präsidenten soll dem Standesbeamten die Prüfung erleichtert werden, ob das nach deutschem Internationalen Eheschließungsrecht maßgebende Heimatrecht des Ausländers (Art. 13 Abs. 1 EGBGB) die Eheschließung erlaubt.[1] Das Erfordernis des Ehefähigkeitszeugnisses nach § 1309 BGB lässt das Recht ausländischer oder deutscher Verlobter, in Deutschland eine Ehe einzugehen, unberührt. Es handelt sich nicht um eine materielle Eheschließungsvoraussetzung und ist daher auch nicht mehr unter den Eheverboten aufgeführt.[2] Das Ehefähigkeitszeugnis stellt ein gesetzliches Beweismittel dar.[3] Die Vorlage eines Ehefähigkeitszeugnisses ist für den Standesbeamten nicht bindend. Er kann gleichwohl die Mitwirkung bei der Eheschließung ablehnen, wenn er der Überzeugung ist, dass die Eheschließung verboten ist.[4]

---

[1] *Wellenhofer* in: MünchKomm-BGB, § 1309 Rn. 1; *Löhnig* in: Staudinger, § 1309 Rn. 1; *Roth* in: Erman, § 1309 Rn. 3; BGH v. 11.07.2012 - IV AR (VZ) 1/12 - juris Rn. 10 - FamRZ 2012, 1635-1636.
[2] *Löhnig* in: Staudinger, § 1309 Rn. 8.
[3] OLG Hamm v. 14.06.1974 - 15 VA 5/74 - NJW 1974, 1626-1627; *Löhnig* in: Staudinger, § 1309 Rn. 8, 18.
[4] BGH v. 14.07.1966 - IV ZB 243/66 - BGHZ 46, 87-96.

eine hier erlassene oder anerkannte Entscheidung beseitigt oder der Ehegatte des Verlobten für tot erklärt ist, Art. 13 Abs. 2 HS. 2 EGBGB. Liegen die Voraussetzungen des Art. 13 Abs. 2 EGBGB vor, hat der OLG-Präsident die Befreiung auszusprechen, weil dann nach deutschem Eherecht kein Ehehindernis besteht.[50] Sind die Voraussetzungen nicht erfüllt, so hat er die Befreiung zu verweigern. Die Befreiung darf auch nicht dazu dienen, sich über ausländische Ehehindernisse hinwegzusetzen, gleichgültig, ob es sich um ein aufschiebendes oder trennendes Ehehindernis handelt.[51] Ein festgestelltes Ehehindernis darf auch nicht aus besonderen Gründen des Einzelfalles unbeachtet bleiben. So z.B. weil der Ausländer aus seinem Heimatstaat emigriert ist und keine Beziehung mehr zu ihm hat.[52]

3. Befreiung bei Ausstellung von Zeugnissen (Absatz 2 Satz 3)

Gem. § 1309 Abs. 2 Satz 3 BGB darf in besonderen Fällen die Befreiung auch Angehörigen von Staaten erteilt werden, deren innere Behörden Ehefähigkeitszeugnisse ausstellen. Ein besonderer Fall i.S.d. § 1309 Abs. 2 Satz 3 BGB setzt - unabhängig von den Besonderheiten der konkreten Sachlage - stets voraus, dass ein Ehehindernis nach dem Heimatrecht des ausländischen Verlobten entweder nicht besteht oder aber nach dem Recht der Bundesrepublik Deutschland ausnahmsweise nicht anzuerkennen ist.[53] 26

Ein besonderer Fall liegt beispielsweise vor, wenn dem Antragsteller die Einholung des Ehefähigkeitszeugnisses nicht zuzumuten ist, etwa wegen Krieges oder Naturkatastrophen im Heimatland, oder weil das Zeugnis aus politischen Gründen oder wegen Nichterfüllung der Wehrpflicht verweigert wird oder wenn die Gefahr besteht, dass die Asylbewerber, die wegen ihrer Religion im Heimatland verfolgt werden, bei einer eventuellen Rückkehr in die Türkei (bei Ablehnung des Asylantrages) mit erheblichen Schwierigkeiten wegen des Bekanntwerdens des Asylantrages in der Bundesrepublik zu rechnen hätten.[54] 27

Ein besonderer Fall kann ferner in Betracht kommen, wenn Rechtslage und Verwaltungspraxis hinsichtlich des Aufgebotsverfahrens im Herkunftsland des Heiratswilligen sich auf keinem zumutbaren Wege ermitteln lassen.[55] 28

Nicht ausreichend ist dagegen die bloße Eilbedürftigkeit der Eheschließung aus persönlichen Gründen.[56] Die Befreiungsmöglichkeit soll nicht dazu dienen, dem Antragsteller die zur Erlangung des Zeugnisses erforderlichen Formalitäten sowie Zeit und Kosten zu ersparen. Dementsprechend scheidet eine Befreiung aus, solange sich der Antragsteller um die Anerkennung des seine frühere Ehe auflösenden Urteils im Herkunftsland noch nicht einmal bemüht.[57] 29

Das nach niederländischem Recht bestehende Ehehindernis der registrierten Partnerschaft zwischen einem Niederländer und einer Deutschen steht deren Eheschließung in Deutschland entgegen. Der Antrag auf Befreiung vom Erfordernis der Beibringung eines Ehefähigkeitszeugnisses ist in diesem Fall unbegründet, weil es den registrierten Partnern zuzumuten ist, zunächst ihre Partnerschaft in den Niederlanden in eine Ehe umzusetzen.[58] Wenn die Verweigerung des Ehefähigkeitszeugnisses durch die zuständige niederländische Gemeinde allein auf dem Interesse beruht, den nach niederländischem Recht vorgesehenen Verfahrensgang für die Umsetzung einer registrierten Partnerschaft in eine Ehe zu wahren, hängt die Entscheidung, ob die Verlobten im Rahmen der Zumutbarkeit i.S. des Art. 13 Abs. 2 Nr. 2 EGBGB dennoch darauf zu verweisen sind, ihre registrierte Partnerschaft in den Niederlanden in eine Ehe umsetzen zu lassen, um – notfalls unter dann möglicher Befreiung von der Pflicht zur Vorlage 30

---

[50] *Wellenhofer* in: MünchKomm-BGB, § 1309 Rn. 14; KG Berlin v. 22.05.1998 - 25 VA 10/97 - juris Rn. 8 - KGR Berlin 1998, 375-378.
[51] BGH v. 12.02.1964 - IV AR (VZ) 39/63 - BGHZ 41, 136-151; a.A. Fachausschuss Nr. 3665, verhandelt am 07. und 08.11.2002, StAZ 2003, 306-307, 306 f.
[52] OLG Hamm v. 10.09.1963 - 15 VA 4/63 - FamRZ 1963, 566.
[53] OLG Hamm v. 14.06.1974 - 15 VA 5/74 - NJW 1974, 1626-1627.
[54] OLG Köln v. 17.01.1968 - 2 VerwZ 3/67 - FamRZ 1969, 335; OLG Hamm v. 14.06.1974 - 15 VA 5/74 - NJW 1974, 1626-1627; OLG Oldenburg v. 02.09.1988 - 4 VA 1/88 - NJW-RR 1989, 774-775; *Roth* in: Erman, § 1309 Rn. 14; *Wellenhofer* in: MünchKomm-BGB, § 1309 Rn. 16.
[55] OLG Zweibrücken v. 27.04.1976 - 1 VA 2/76 - StAZ 1977, 16-17.
[56] *Roth* in: Erman, § 1309 Rn. 14.
[57] OLG Köln v. 23.01.1989 - 7 VA 2/88 - NJW 1990, 644-645; BGH v. 12.05.1971 - IV AR (Vz) 38/70 - BGHZ 56, 180-192.
[58] KG Berlin v. 03.01.2012 - 1 VA 12/11 - juris Rn. 6 f.; Anm. *Vlassopulou*, FamFR 2012,118; nachgehend BGH v. 11.07.2012 - IV AR (VZ) 1/12 - juris Leitsatz - FamRZ 2012, 1635-1636.

eines Ehefähigkeitszeugnisses – in Deutschland nochmals zu heiraten, wegen der bei Anwendung des Art. 13 Abs. 2 EGBGB gebotenen Abwägung der grundgesetzlich geschützten Eheschließungsfreiheit (Art. 6 Abs. 1 GG) mit dem in Art. 13 Abs. 2 EGBGB zum Ausdruck gebrachten öffentlichen Interesse, nach Möglichkeit eine im Heimatstaat eines der Verlobten nicht anerkannte Ehe zu verhindern, auch davon ab, ob die in den Niederlanden eingetragene Partnerschaft auf anderem Wege, etwa der Anerkennung einer Eheschließung in Deutschland durch die niederländischen Behörden, beendet werden könnte.[59] Eine in Deutschland geschlossene Ehe wird in den Niederlanden nicht anerkannt, wenn die Verlobten dort bereits eine registrierte Partnerschaft eingegangen sind. Insbesondere führt die Eheschließung nicht zur Beendigung der registrierten Partnerschaft. Der niederländische Partner kann deshalb vom Erfordernis der Beibringung eines Ehefähigkeitszeugnisses nicht befreit werden.[60]

4. Gültigkeit der Befreiung (Absatz 2 Satz 4)

31 Die Befreiung gilt nur für die Dauer von sechs Monaten, § 1309 Abs. 2 Satz 4 BGB.

32 Die Praxis der Justizverwaltungen, bei einer Befreiung von dem Erfordernis eines Ehefähigkeitszeugnisses in entsprechender Anwendung des § 1309 Abs. 1 Satz 3, Abs. 2 Satz 4 BGB zu verlangen, dass eine vorzulegende ausländische Urkunde, die veränderbare Umstände bezeugt, in der Regel nicht älter als sechs Monate ist, ist nicht zu beanstanden.[61] Werden Urkunden vorgelegt, deren Ausstellung einige Wochen oder wenige Monate mehr als sechs Monate zurückliegt, sind diese anzuerkennen, wenn entweder erhebliche Schwierigkeiten im Heimatland bestehen, alle notwendigen Urkunden oder erforderliche Echtheitsbestätigungen innerhalb von sechs Monaten zu beschaffen, oder ein Ausnahmefall vorliegt, in dem es in hohem Maße wahrscheinlich ist, dass sich die in der Urkunde bezeugten Umstände nicht verändert haben.[62]

5. Rechtsnatur der Befreiung

33 Die Befreiung stellt keinen Gnadenakt des OLG-Präsidenten dar, sondern einen Justizverwaltungsakt.[63] Lehnt der OLG-Präsident den Antrag eines Ausländers ab, ihn von der Verpflichtung zur Beibringung eines Ehefähigkeitszeugnisses gem. § 1309 Abs. 2 BGB zu befreien, so ist hiergegen ein Antrag auf gerichtliche Entscheidung gemäß den §§ 23 ff. EGGVG zulässig.[64]

6. Wirkungen

34 Die Befreiung enthält zwar die Feststellung der Ehefähigkeit des Antragstellers. Da aber die Befreiung auf die materielle Rechtslage ohne Einfluss ist, kann der Standesbeamte weiterhin Bedenken gegen die Eheschließung geltend machen. Die Befreiung ist deswegen ebenso wenig bindend für den Standesbeamten wie das ausländische Ehefähigkeitszeugnis.[65] Zu beachten ist, dass durch die Erteilung der Befreiung ein bestehendes ausländisches Ehehindernis nicht aufgehoben wird.[66] Dies gilt auch für den Fall, dass der OLG-Präsident die Anwendung des ausländischen Rechts nach Art. 13 Abs. 2 EGBGB oder Art. 6 EGBGB verneint hat.[67] Der Standesbeamte hat seine Mitwirkung bei der Eheschließung zu verweigern, wenn er vom Vorliegen eines Ehehindernisses oder dem Verbot der Ehe überzeugt ist. Ist allerdings eine Entscheidung über die Befreiung durch das zuständige OLG nach den §§ 23 ff. EGGVG ergangen, so ist der Standesbeamte daran gebunden, da auch das Verfahren nach den §§ 48 ff. PStG bei diesem OLG enden würde.[68]

35 Ein Anspruch auf Unterlassung der Abschiebung bzw. Erteilung einer Duldung wegen der bevorstehenden Eheschließung mit einer deutschen Staatsangehörigen kommt nur dann in Betracht, wenn die

---

[59] BGH v. 11.07.2012 - IV AR (VZ) 1/12 - juris Leitsatz, Rn. 18 - FamRZ 2012, 1635-1636; Anm. *Vlassopulou*, FamFR 2012, 497; *Wiggerich*, FamRZ 2012, 1636-1637; *Finger*, FamRBint 2013, 1-2.
[60] KG Berlin v. 22.10.2013 - 1 VA 12/11 - StAZ 2014, 15-16; im Anschluss an KG Berlin v. 03.01.2012 - 1 VA 12/11 und BGH v. 11.07.2012 - IV AR (VZ) 1/12 - juris Leitsatz - FamRZ 2012, 1635-1636.
[61] OLG Frankfurt v. 29.08.2013 - 20 VA 15/12 - juris Rn. 24.
[62] OLG Frankfurt v. 29.08.2013 - 20 VA 15/12 - juris Rn. 28.
[63] BGH v. 12.02.1964 - IV AR (VZ) 39/63 - BGHZ 41, 136-151.
[64] BGH v. 12.02.1964 - IV AR (VZ) 39/63 - BGHZ 41, 136-151.
[65] *Wellenhofer* in: MünchKomm-BGB, § 1309 Rn. 22; BGH v. 14.07.1966 - IV ZB 243/66 - BGHZ 46, 87-96.
[66] *Wellenhofer* in: MünchKomm-BGB, § 1309 Rn. 22.
[67] *Wellenhofer* in: MünchKomm-BGB, § 1309 Rn. 22.
[68] *Wellenhofer* in: MünchKomm-BGB, § 1309 Rn. 22.

B. Anwendungsvoraussetzungen

I. Ehefähigkeitszeugnis (Absatz 1)

1. Räumlicher Geltungsbereich

Ein Ehefähigkeitszeugnis bzw. die Befreiung von der Beibringungspflicht ist bei jeder Eheschließung mit einem Ausländer und unter Ausländern vorzulegen, die vor einem deutschen Standesbeamten in Deutschland erfolgen soll. Dasselbe gilt, wenn die Eheschließung im Ausland vor einer deutschen ausländischen Vertretung erfolgen soll, §§ 2, 8 KonsularG.[5]

Für inländische Eheschließungen unter Ausländern, die nicht vor einem deutschen Standesbeamten geschlossen werden, ist Art. 13 Abs. 3 EGBGB zu beachten.[6] Danach kann eine Ehe im Inland nur in der hier vorgeschriebenen Form geschlossen werden. Eine Ehe zwischen Verlobten, von denen keiner Deutscher ist, kann jedoch vor einer von der Regierung des Staates, dem einer der Verlobten angehört, ordnungsgemäß ermächtigten Person in der nach dem Recht dieses Staates vorgeschriebenen Form geschlossen werden; eine beglaubigte Abschrift der Eintragung der so geschlossenen Ehe in das Standesregister, das von der dazu ordnungsgemäß ermächtigten Person geführt wird, erbringt vollen Beweis der Eheschließung.

2. Sachlicher Geltungsbereich

§ 1309 BGB findet nur Anwendung auf Eheschließungen nach deutschem Recht, nicht auf eine nach ausländischem Recht geschlossene Ehe, einschließlich der nach Art. 13 Abs. 3 EGBGB in Deutschland geschlossenen Ehe.[7]

3. Persönlicher Geltungsbereich

§ 1309 Abs. 1 BGB umschreibt den betroffenen Personenkreis. Wer hinsichtlich der Voraussetzungen der Eheschließung ausländischem Recht unterliegt, bedarf danach für die Eingehung der Ehe vor dem deutschen Standesbeamten eines Zeugnisses der inneren Behörde seines Heimatstaates, dass der Eheschließung nach dem Recht dieses Staates kein Ehehindernis entgegensteht.[8] Dies gilt auch dann, wenn dieses Recht auf das deutsche Recht zurückverweist, Art. 4 Abs. 1 Satz 2 EGBGB, weil diese vorrangige kollisionsrechtliche Frage allein nach dem ausländischen Recht zu beantworten ist.[9] Ein Ehefähigkeitszeugnis ist auch in den Fällen Voraussetzung, in denen aufgrund des deutschen ordre public das ausländische Recht nicht zur Anwendung gelangt. Dies ergibt sich aus dem Vorbehalt in § 1309 Abs. 1 BGB zugunsten des Art. 13 Abs. 2 EGBGB. Hier bedarf es nämlich zunächst der Feststellung des Inhalts des ausländischen Rechts.[10]

Wollen nicht deutsche Verlobte im Inland in der Form des Art. 13 Abs. 3 Satz 2 EGBGB heiraten, so bedarf es keines Ehefähigkeitszeugnisses. Art. 13 Abs. 3 Satz 2 HS. 1 EGBGB verlangt, dass die Ehe der nicht deutschen Verlobten vor einer von der Regierung des Staates, dem einer der Verlobten angehört, ordnungsgemäß ermächtigten Person in der nach dem Recht dieses Staates vorgeschriebenen Form geschlossen wird.

Aus dem Normzweck des § 1309 BGB ergibt sich, dass keines Ehefähigkeitszeugnisses bedarf, wer hinsichtlich der Eheschließung dem deutschen Recht unterliegt.[11]

Dazu gehören deutsche Staatsangehörige und Deutsche i.S.d. Art. 116 Abs. 1 GG.

Kein Ehefähigkeitszeugnis benötigen Ausländer, wenn sich ihre Ehefähigkeit ungeachtet ihrer Staatsangehörigkeit nach deutschem Recht richtet, weil sie ein deutsches Personalstatut haben. Dies gilt, sofern sie ihren Wohnsitz oder gewöhnlichen Aufenthalt, hilfsweise ihren Aufenthalt im Bundesgebiet haben, für verschleppte Personen und Flüchtlinge i.S.d. AHKG Nr. 23 vom 17.03.1950[12] gem. dessen

---

[5] Löhnig in: Staudinger, § 1309 Rn. 20.
[6] Löhnig in: Staudinger, § 1309 Rn. 21.
[7] Löhnig in: Staudinger, § 1309 Rn. 22.
[8] Wellenhofer in: MünchKomm-BGB, § 1309 Rn. 2.
[9] Roth in: Erman, § 1309 Rn. 3; Wellenhofer in: MünchKomm-BGB, § 1309 Rn. 2; Löhnig in: Staudinger, § 1309 Rn. 27.
[10] Wellenhofer in: MünchKomm-BGB, § 1309 Rn. 2.
[11] Löhnig in: Staudinger, § 1309 Rn. 23; Wellenhofer in: MünchKomm-BGB, § 1309 Rn. 3.
[12] Abl. AHK, S. 140.

Art. 1 und 4, für heimatlose Ausländer i.S.d. Gesetzes vom 25.04.1951[13], Flüchtlinge i.S.d. Genfer Abkommens vom 28.07.1951[14] gem. dessen Art. 12, Asylberechtigte (§ 2 Abs. 1 AsylVfG i.d.F. vom 27.07.1993)[15] sowie für Kontingentflüchtlinge i.S.d. Gesetzes vom 22.07.1993[16] gem. dessen § 1.[17]

10 Staatenlose und Personen, deren Staatsangehörigkeit nicht festgestellt werden kann, benötigen kein Ehefähigkeitszeugnis, wenn sie ihren gewöhnlichen Aufenthalt oder mangels eines solchen ihren Aufenthalt im Inland haben, Art. 5 Abs. 2 EGBGB, Art. 12 Abs. 1 Übereinkommen über die Rechtsstellung der Staatenlosen vom 28.09.1954[18].[19]

11 Besitzt ein werdender Ehegatte mehrere Staatsangehörigkeiten (Doppel- bzw. Mehrstaater), gilt Folgendes:

12 Besitzt ein Verlobter mehrere Staatsangehörigkeiten, nicht aber auch die deutsche, gilt für ihn gem. Art. 5 Abs. 1 Satz 1 EGBGB das Recht des Staates, mit dem er am engsten verbunden ist. Bei der Feststellung dieser effektiven Staatsangehörigkeit ist in erster Linie, aber nicht ausschließlich, auf den gewöhnlichen Aufenthaltsort und den Verlauf des Lebens abzustellen. Stellt der so ermittelte Heimatstaat kein Ehefähigkeitszeugnis aus, ist nach § 1309 Abs. 2 BGB zu verfahren und nicht auf eine Staatsangehörigkeit zurückzugreifen, unter deren Geltung ein Ehefähigkeitszeugnis ausgestellt wird.[20]

13 Ist der Verlobte auch Deutscher, so geht diese Rechtsstellung gem. Art. 5 Abs. 1 Satz 2 EGBGB vor, d.h. er braucht kein Ehefähigkeitszeugnis.[21]

14 Sind beide künftigen Ehegatten Ausländer, so hat jeder ein Ehefähigkeitszeugnis beizubringen; bei Vorliegen derselben Staatsangehörigkeit beider Verlobten ist ein gemeinsames Ehefähigkeitszeugnis ausreichend.[22]

4. Anforderungen an das Ehefähigkeitszeugnis

15 Gem. § 1309 Abs. 1 Satz 1 BGB muss das Ehefähigkeitszeugnis von der inneren Behörde des Heimatstaates ausgestellt sein. Bescheinigungen anderer Stellen, insbesondere diplomatischer oder konsularischer Vertretungen, sind auch dann nicht ausreichend, wenn nach dem Recht des Heimatstaates die andere Stelle für die Ausstellung ausschließlich zuständig ist.[23] Nach § 1309 Abs. 1 Satz 2 BGB gilt als Zeugnis der inneren Behörde auch eine Bescheinigung, die von einer anderen Stelle nach Maßgabe eines mit dem Heimatstaat des Betroffenen geschlossenen Vertrages erteilt ist.[24] Der Gesetzgeber hat mit dieser Regelung der von einigen Staaten gerügten Missachtung der Zuständigkeitsregelungen Rechnung getragen.[25] Diese Regelung ermöglicht es nunmehr, Ehefähigkeitszeugnisse in weiterem Umfang anzuerkennen und dennoch die erforderliche Seriosität zu wahren.[26] Ein Beispiel für einen solchen Staatsvertrag stellt das Übereinkommen der Commission Internationale de l'Etat Civil (CIEC) vom 05.09.1980 über die Ausstellung von Ehefähigkeitszeugnissen (Gesetz vom 05.06.1997)[27] dar. Das Übereinkommen gilt zwischen der Bundesrepublik Deutschland und folgenden Staaten: Luxemburg, den Niederlanden, Portugal, Italien, Österreich, Spanien, der Türkei, der Schweiz und Moldau.[28] Für die Ausstellung der Ehefähigkeitszeugnisse benennt jeder Staat zuständige Behörden, Art. 8. Ein von der danach zuständigen anderen Behörde (z.B. einer Auslandsvertretung) ausgestelltes Ehefähigkeitszeugnis steht nach § 1309 Abs. 1 Satz 2 BGB dem Zeugnis der inneren Behörde gleich. Das Ehefähig-

---

[13] BGBl II 1953, 269; vgl. BT-Drs. 13/4898, S. 16.
[14] BGBl II 1953, 559.
[15] BGBl I 1993, 1361.
[16] BGBl I 1993, 1057.
[17] Vgl. hierzu *Wellenhofer* in: MünchKomm-BGB, § 1309 Rn. 4.
[18] BGBl II 1976, 474; BGBl II 1977, 235.
[19] Vgl. insoweit *Wellenhofer* in: MünchKomm-BGB, § 1309 Rn. 5; *Brudermüller* in: Palandt, § 1309 Rn. 5.
[20] *Löhnig* in: Staudinger, § 1309 Rn. 26; *Wellenhofer* in: MünchKomm-BGB, § 1309 Rn. 6.
[21] *Löhnig* in: Staudinger, § 1309 Rn. 25.
[22] *Wellenhofer* in: MünchKomm-BGB, § 1309 Rn. 9; *Löhnig* in: Staudinger, § 1309 Rn. 24.
[23] *Roth* in: Erman, § 1309 Rn. 5; *Wellenhofer* in: MünchKomm-BGB, § 1309 Rn. 7; AG Kleve v. 11.04.2011 - 8 III 3/10 - juris Rn. 13 - StAZ 2011, 341-342; *Bornhofen*, StAZ 2012, 23-24; *Friederici*, jurisPR-FamR 16/2011, Anm 7.
[24] Vgl. hierzu Anmerkung von *Bornhofen*, StAZ 2012, 23-24 zu AG Kleve v. 11.04.2011 - 8 III 3/10 - juris - StAZ 2011, 341-342.
[25] *Roth* in: Erman, § 1309 Rn. 5; *Wellenhofer* in: MünchKomm-BGB, § 1309 Rn. 7.
[26] BT-Drs. 13/4898, S. 16.
[27] BGBl II 1997, 1086.
[28] BGBl II 1999, 486; BGBl II 2010, 642.

rer Auffassung ist der Antrag der gesetzlichen Vertreter des Minderjährigen als unzulässig abzuweisen, es sei denn, der Minderjährige stimmt ihm ausdrücklich zu. [22]

III. Widerspruch des gesetzlichen Vertreters oder des sonstigen Personensorgeberechtigten (Absatz 3)

1. Allgemeines

Widerspricht der gesetzliche Vertreter oder Personensorgeberechtigte des Antragstellers dem Antrag, so darf das Familiengericht nach § 1303 BGB die Befreiung nur dann erteilen, wenn der Widerspruch nicht auf triftigen Gründen beruht. Das in § 1303 BGB normierte Vorgehen dient der Prozessökonomie, denn so kann in einem einzigen Verfahren geklärt werden, ob der Minderjährige bereits vor Eintritt der Volljährigkeit die von ihm beabsichtigte Ehe eingehen kann, und ein weiteres gerichtliches Verfahren über die Ersetzung der verweigerten Einwilligung wird vermieden.[23]

2. Widerspruchsberechtigte

Das Widerspruchsrecht ist nicht Ausfluss des Elternrechts, sondern des Personensorgeberechtigten.[24] Dies bedeutet, dass es für denjenigen besteht, der zum Zeitpunkt der Eheschließung zur Vertretung und zur Personensorge berechtigt ist.

Steht die gesetzliche Vertretung den Eltern gemeinschaftlich zu, sind sie im Falle einer Meinungsverschiedenheit nicht wie bei anderen wichtigen Angelegenheiten befugt, gem. § 1628 BGB das Familiengericht anzurufen, damit dieses einem Elternteil die Entscheidungsbefugnis zuweise. Der Streit ist vielmehr allein im Rahmen des § 1303 Abs. 3 BGB auszuräumen, d.h. das Familiengericht hat zu prüfen, ob der Widerspruch des einen Elternteils auf triftigen Gründen beruht.[25]

Nach § 1303 Abs. 3 BGB ist zudem der sonstige Inhaber der Personensorge zum Widerspruch berechtigt, wenn dem gesetzlichen Vertreter die tatsächliche Personensorge nicht oder nicht allein zusteht. Dies ist beispielsweise dann der Fall, wenn einem Elternteil die gesetzliche Vertretung nach § 1666 BGB entzogen worden ist oder einem Pfleger oder einer Pflegeperson (§ 1630 Abs. 3 Satz 3 BGB) die tatsächliche Personensorge übertragen worden ist.[26]

3. Widerspruch

Der Widerspruch nach § 1303 Abs. 3 BGB stellt eine einseitige empfangsbedürftige Willenserklärung dar, die sich nur auf einen bestimmten Fall bezieht und formlos gültig ist. Das Recht ist höchstpersönlich und kann daher nicht durch einen Vertreter ausgeübt werden. Der Widerspruch ist nicht gegenüber dem Minderjährigen zu erklären, sondern gegenüber dem Familiengericht, da er sich nicht auf die Eheschließungserklärung, sondern auf das Befreiungsverfahren bezieht.[27] Die Einwilligung bzw. der Widerspruch ist bis zur Eheschließung widerruflich gem. § 183 BGB.

4. Triftige Gründe

§ 1303 Abs. 3 BGB verlangt, dass der Widerspruch auf triftigen Gründen beruht. Die Verweigerung der Zustimmung wird aber schon dann als nicht grundlos angesehen, wenn auch nur ein einziger triftiger Grund vorliegt.[28] Ob der unbestimmte Rechtsbegriff des triftigen Grundes erfüllt ist, hängt von den Gesamtumständen des Einzelfalles ab. Das Familiengericht hat bei seiner Entscheidung abzuwägen, ob sich die Entscheidung der Eltern oder eines Elternteils bei sachgemäßer Auffassung rechtfertigen lässt.[29] Ist Letzteres nicht der Fall, so hat das Gericht die Befreiung zu erteilen. Ein Ermessen steht dem Familiengericht dann insoweit nicht zu.

---

[22] *Löhnig* in: Staudinger, § 1303 Rn. 39; *Wellenhofer* in: MünchKomm-BGB, § 1303 Rn. 5.
[23] *Wellenhofer* in: MünchKomm-BGB, § 1303 Rn. 1.
[24] *Roth* in: Erman, § 1303 Rn. 9; BGH v. 25.09.1956 - IV ZB 96/56 - BGHZ 21, 340-353.
[25] *Wellenhofer* in: MünchKomm-BGB, § 1303 Rn. 13.
[26] *Wellenhofer* in: MünchKomm-BGB, § 1303 Rn. 12, 17.
[27] *Roth* in: Erman, § 1303 Rn. 9.
[28] BGH v. 25.09.1956 - IV ZB 96/56 - BGHZ 21, 340-353; *Roth* in: Erman § 1303 Rn. 13; *Wellenhofer* in: MünchKomm-BGB, § 1303 Rn. 16.
[29] BGH v. 25.09.1956 - IV ZB 96/56 - BGHZ 21, 340-353.

18 Als triftige Gründe kommen nur Umstände in Betracht, die in der Person eines Verlobten liegen oder die unmittelbar die beabsichtigte Ehe betreffen, nicht aber persönliche Interessen des Widersprechenden oder seiner Familie.[30]

19 In der Rechtsprechung wurde das Vorliegen eines triftigen Grundes z.B. bejaht bei:[31]
- mangelnder Existenzgrundlage der zu gründenden Familie,[32]
- Gefährdung der Ausbildung des Minderjährigen,[33]
- mehrfacher Straffälligkeit des Verlobten,[34]
- Fehlen der nötigen persönlichen und charakterlichen Reife eines Verlobten,[35]
- bedenklichem Altersunterschied der Partner,[36]
- bei völlig verschiedener Rechts- und Lebensstellung der Frau, wenn sie nach dem Heimatrecht des Mannes lebt[37].

20 Dagegen reicht für die Annahme eines triftigen Grundes nicht aus, wenn die Eltern die Zustimmung nur aus Eifersucht, Abneigung, Neid oder aus religiösen Gründen verweigern und damit begründen, dass die Eheschließung zu einem Religionswechsel oder zu einer Mischehe und einer Erziehung der Kinder im anderen Glauben führt.[38] Letztgenannter Grund ist bei der Abwägung des Für und Wider zwar zu berücksichtigen, jedoch nicht immer ausschlaggebend für die Erteilung oder Versagung der Einwilligung.[39]

IV. Absatz 4

21 Die Erteilung der Befreiung durch das Familiengericht führt dazu, dass der Minderjährige nicht mehr der Einwilligung seines gesetzlichen Vertreters bzw. sonstigen Personensorgeberechtigten bedarf, § 1303 Abs. 4 BGB.[40]

C. Rechtsfolgen bei Verstoß gegen Absatz 1

22 Eine entgegen § 1303 Abs. 1 BGB geschlossene Ehe unter Minderjährigen oder mit einem Minderjährigen ist trotz des Verstoßes nicht ungültig, da es sich bei § 1303 Abs. 1 BGB um eine Soll-Vorschrift handelt. Allerdings stellt der Verstoß gegen § 1303 BGB einen Aufhebungsgrund nach den §§ 1314 Abs. 1, 1315 Abs. 1 Nr. 1 BGB dar.[41] Stellt jedoch der Standesbeamte diesen Mangel vor der Trauung fest, so hat er die Trauung zu unterlassen, bis ihm die Befreiung nach § 1303 Abs. 2 BGB vorgelegt wird oder der Mangel durch Zeitablauf behoben ist. Verstöße gegen § 1303 BGB sind daher eher selten.[42]

D. Prozessuale Hinweise

I. Verfahren

23 Zuständig ist das Familiengericht, das im FamFG-Verfahren entscheidet (§§ 23a Abs. 1 Nr. 1, 23b Abs. 1 GVG, §§ 111 Nr. 2, 151 Nr. 1 FamFG). Es entscheidet der Richter gem. § 14 Abs. 1 Nr. 13 RPflG. Vor der Entscheidung sind der Minderjährige persönlich gem. § 159 Abs. 1 FamFG, das Jugendamt gem. § 162 Abs. 1 FamFG und die Eltern gem. § 160 FamFG zu hören. Die Aufklärungspflicht des Familiengerichts (§ 26 FamFG) gebietet, auch den anderen Verlobten persönlich anzuhören. Die Entscheidung wird mit Bekanntgabe wirksam, § 40 Abs. 1 FamFG.

---

[30] *Wellenhofer* in: MünchKomm-BGB, § 1303 Rn. 18; 19; *Lack*, StAZ 2013, 275-283, 277 f.
[31] Vgl. *Roth* in: Erman, § 1303 Rn. 13.
[32] OLG Tübingen v. 28.04.1949 - GR 26.49 - JR 1949, 386.
[33] *Wellenhofer* in: MünchKomm-BGB, § 1303 Rn. 18.
[34] KG Berlin v. 19.08.1968 - 1 W 2333/68 - FamRZ 1968, 600.
[35] BayObLG München v. 03.12.1981 - BReg 3 Z 70/81 - BayObLGZ 1982, 358-367.
[36] BayObLG München v. 03.12.1981 - BReg 3 Z 70/81 - BayObLGZ 1982, 358-367.
[37] OLG Neustadt v. 19.06.1963 - 3 W 73/63 - FamRZ 1963, 443.
[38] *Roth* in: Erman, § 1303 Rn. 13; BGH v. 25.09.1956 - IV ZB 96/56 - BGHZ 21, 340-353.
[39] BGH v. 25.09.1956 - IV ZB 96/56 - BGHZ 21, 340-353.
[40] *Wellenhofer* in: MünchKomm-BGB, § 1303 Rn. 18.
[41] KG Berlin v. 21.11.2011 - 1 W 79/11 - juris Rn. 14; *Friederici*, AnwZert FamR 10/2011, Anm 2; *Löhnig* in: Staudinger, § 1303 Rn. 13; *Coester-Waltjen*, FamRZ 2012,1185- 1187, 1186.
[42] *Löhnig* in: Staudinger, § 1303 Rn. 13.

Eheschließung im Bundesgebiet unmittelbar bevorsteht.[69] Davon ist auszugehen, wenn der Eheschließungstermin feststeht oder jedenfalls verbindlich bestimmbar ist.[70] Von einer unmittelbar bevorstehenden Eheschließung kann z.B. nicht ausgegangen werden, wenn sich in einem bereits beim Oberlandesgericht eingeleiteten Verfahren zur Erlangung der Befreiung von der Beibringung des Ehefähigkeitszeugnisses (§ 1309 BGB, § 12 Abs. 3 PStG) weiterer Prüfungsbedarf hinsichtlich der Rechtswirksamkeit der in Marokko erfolgten Scheidung des ausländischen Verlobten ergibt.[71] Setzt die Eheschließung die Befreiung von der Beibringung eines Ehefähigkeitszeugnisses voraus, wird eine unmittelbar bevorstehende Eheschließung grundsätzlich dann vermutet, wenn dem Standesbeamten alle aus seiner Sicht erforderlichen Unterlagen für eine Entscheidung über den Antrag vorliegen.[72] Dies ist regelmäßig der Fall, wenn der Standesbeamte die Antragsunterlagen an den für die Entscheidung zuständigen Präsidenten des Oberlandesgerichts weitergeleitet hat.[73] Stellt der Präsident des Oberlandesgerichts fest, dass es für die Entscheidung über den Befreiungsantrag noch an Unterlagen fehlt, die von den Verlobten beigebracht werden können, ist die Vermutung einer unmittelbar bevorstehenden Eheschließung bis zu dem Zeitpunkt widerlegt, in dem diese Unterlagen nachgereicht worden sind.[74] Dies gilt auch dann, wenn der Standesbeamte von einer Vollständigkeit der Unterlagen ausgegangen war und der Antrag dem Präsidenten des zuständigen Oberlandesgerichts bereits vorliegt.[75] Hängt der Termin der Eheschließung allerdings allein noch von der Befreiung von der Beibringung des Ehefähigkeitszeugnisses ab, darf dem ausländischen Verlobten, der sämtliche für die Entscheidung über den Befreiungsantrag notwendigen Nachweise vorgelegt hat, vorläufiger Schutz vor Abschiebung nicht deshalb versagt werden, weil das Befreiungsverfahren in der Zuständigkeit des Präsidenten des Oberlandesgerichts aufgrund beschränkter Kapazitäten (z.B. längerfristige Krankheit der zuständigen Sachbearbeiterin) nicht kurzfristig abgeschlossen werden kann.[76]

C. Rechtsfolgen

Werden die Anforderungen des § 1309 BGB nicht erfüllt, so steht dies der Gültigkeit der Ehe nicht entgegen. Andererseits ist zu beachten, dass weder das Ehefähigkeitszeugnis noch die Befreiung materiell-rechtliche Wirkungen haben. Trotz Vorlage des Ehefähigkeitszeugnisses oder der Befreiungsurkunde kann daher die Ehe wegen eines in dem ausländischen Recht begründeten Ehehindernisses fehlerhaft sein. Das Vorliegen eines Ehehindernisses ist dann am Verfahren nach § 49 Abs. 2 PStG zu prüfen.[77] 36

Eine ernsthaft beabsichtigte Eheschließung kann ein zeitweiliges Bleiberecht begründen, wenn die Eheschließung sicher erscheint und unmittelbar bevorsteht. Dies setzt voraus, dass mit einem positiven Abschluss des standesamtlichen Eheschließungsverfahrens zu rechnen ist und der Termin der Eheschließung alsbald bevorsteht.[78] Davon kann erst dann ausgegangen werden, wenn ein Ehefähigkeitszeugnis erteilt worden ist oder von der Beibringung eines Ehefähigkeitszeugnisses durch das zuständige Oberlandesgericht befreit wurde.[79] 37

---

[69] Sächsisches OVG v. 08.02.2005 - 3 BS 426/04 - ZAR 2005, 208; OVG Hamburg v. 04.04.2007 - 3 Bs 28/07 - juris Rn. 8 - NVwZ-RR 2007, 559-561 = StAZ 2007, 280-282; VG Münster v. 22.02.2008 - 8 L 140/08 - juris Rn. 13; OVG des Saarlandes v. 28.03.2011 - 2 B 18/11 - juris Rn. 9.

[70] Sächsisches OVG v. 08.02.2005 - 3 BS 426/04 - ZAR 2005, 208; OVG Hamburg v. 04.04.2007 - 3 Bs 28/07 - juris Rn. 8 - NVwZ-RR 2007, 559-561 = StAZ 2007, 280-282; OVG Berlin-Brandenburg v. 09.02.2007 - 3 S 5.07 - juris Rn. 3 - NVwZ-RR 2007, 634; OVG des Saarlandes v. 28.03.2011 - 2 B 18/11 - juris Rn. 9.

[71] OVG des Saarlandes v. 28.03.2011 - 2 B 18/11 - juris Rn. 9.

[72] OVG Hamburg v. 04.04.2007 - 3 Bs 28/07 - juris Rn. 8 - NVwZ-RR 2007, 559-561.

[73] Sächsisches OVG v. 08.02.2005 - 3 BS 426/04 - ZAR 2005, 208; OVG Hamburg v. 04.04.2007 - 3 Bs 28/07 - juris Rn. 9, 11 - NVwZ-RR 2007, 559-561 = StAZ 2007, 280-282.

[74] Sächsisches OVG v. 08.02.2005 - 3 BS 426/04 - ZAR 2005, 208; Sächsisches OVG v. 16.05.2006 - 3 BS 61/06 - juris Rn. 5 - AuAS 2006, 242 f.; OVG Hamburg v. 04.04.2007 - 3 Bs 28/07 - juris Rn. 8 - NVwZ-RR 2007, 559-561 = StAZ 2007, 280-282.

[75] Sächsisches OVG v. 08.02.2005 - 3 BS 426/04 - ZAR 2005, 208.

[76] OVG Hamburg v. 04.04.2007 - 3 Bs 28/07 - juris Rn. 8 - NVwZ-RR 2007, 559-561 = StAZ 2007, 280-282.

[77] *Roth* in: Erman, § 1309 Rn. 16.

[78] Oberverwaltungsgericht des Landes Sachsen-Anhalt v. 18.02.2009 - 2 M 12/09; Oberverwaltungsgericht Berlin-Brandenburg v. 25.03.2014 - OVG 2 S 18.14 - juris Rn. 4.

[79] Oberverwaltungsgericht des Landes Sachsen-Anhalt v. 18.02.2009 - 2 M 12/09.

D. Prozessuale Hinweise/Verfahrenshinweise

38 Die Befreiung von der Beibringung des Ehefähigkeitszeugnisses ist beim Standesbeamten zu beantragen. Diesem obliegt auch die Vorbereitung der Entscheidung. Er hat hierbei alle für die Eheschließung zu erbringenden Nachweise einzufordern. Er kann gem. §§ 9, 12 Abs. 3 PStG auch eine eidesstattliche Versicherung von Tatsachen verlangen, die für die Befreiung erheblich sind, wie z.B. darüber, dass der Antrag auf Erteilung eines Ehefähigkeitszeugnisses von der ausländischen Behörde ohne zureichenden Grund in angemessener Frist nicht beschieden worden ist. Der Antragsteller ist also nach §§ 9, 10, 12 Abs. 2 PStG verpflichtet, die Ehevoraussetzungen soweit möglich urkundlich zu belegen und geeignete Nachweise beizubringen. Seine Identität und seine Staatsangehörigkeit hat der Antragsteller grundsätzlich durch Vorlage eines gültigen Passes nachzuweisen.[80]

39 Über den Antrag entscheidet der Präsident des Oberlandesgerichts, in dessen Bezirk der Standesbeamte, bei dem die Eheschließung angemeldet worden ist, seinen Sitz hat. Maßgebend ist daher in der Regel letztlich der Wohnsitz oder der gewöhnliche Aufenthalt eines der Verlobten, § 12 Abs. 1 PStG. Es gilt der Untersuchungsgrundsatz. Regelmäßig ist die Legalisation ausländischer öffentlicher Urkunden zu verlangen. Häufig wird eine Einsichtnahme in die Ausländerakte geboten sein. Es dürfen insoweit allerdings keine unzumutbaren Anforderungen gestellt werden. Ausreichend ist daher ein für das praktische Leben brauchbarer Grad von Gewissheit und nicht nur von Wahrscheinlichkeit, der einem restlichen etwaigen Zweifel Schweigen gebietet, ohne ihn völlig ausschließen zu müssen.[81] Dies gilt auch hinsichtlich der Frage der behaupteten Staatsangehörigkeit des Ausländers. Die Befreiung ist demzufolge zu versagen, wenn nach Ausschöpfung aller zumutbaren in Betracht kommenden Erkenntnisquellen nicht ausgeräumte Zweifel an der Identität oder dem Personenstand des Ausländers verbleiben.[82] Weder der Standesbeamte noch der Präsident des Oberlandesgerichts (§ 1309 Abs. 2 BGB) sind für verpflichtet zu erachten, den Personenstand des Antragstellers durch entsprechende, z.B. auf diplomatischem Wege zu erlangende, Ersuchen an ausländische Behörden zu ermitteln. Vielmehr steht es ihnen frei, vom Antragsteller diejenigen Beweismittel zu verlangen, die sie als Grundlage der nötigen tatsächlichen Feststellungen für erforderlich halten, soweit dies den Antragsteller nicht unzumutbar belastet und das Recht auf Eheschließung im Hinblick auf Art. 6 GG nicht unzumutbar einschränkt.[83]

40 Ist die Aufhebbarkeit der Ehe nach § 1314 Abs. 2 BGB offenkundig und muss der Standesbeamte deshalb seine Mitwirkung an der Eheschließung verweigern, so ist der Antrag mangels eines rechtlich schutzwürdigen Interesses abzulehnen, § 1310 Abs. 1 Satz 2 HS. 2 BGB. Letzteres spielt in der Praxis insbesondere für den Aufhebungsgrund der Scheinehe nach § 1314 Abs. 2 Nr. 5 BGB eine bedeutsame Rolle.[84]

41 Gegen die Erteilung der Befreiung ist kein Rechtsmittel gegeben; gegen die Ablehnung oder bei Untätigbleiben besteht dagegen die Möglichkeit, einen Antrag auf gerichtliche Entscheidung gem. den §§ 23 ff. EGGVG zu stellen.[85]

42 Für die Befreiung von der Pflicht zur Beibringung des Ehefähigkeitszeugnisses werden gemäß § 1 Abs. 2 Nr. 1 JVKostG Gebühren erhoben. Die Höhe der Gebühr bestimmt sich gemäß § 4 Abs. 1 JVKostG nach der Anlage (zu § 4 Abs. 1 JVKostG) Kostenverzeichnis Nr. 1330.

---

[80] *Wellenhofer* in: MünchKomm-BGB, § 1309 Rn. 18.
[81] *Wellenhofer* in: MünchKomm-BGB, § 1309 Rn. 19; KG Berlin v. 22.05.1998 - 25 VA 10/97 - juris Rn. 10 - KGR Berlin 1998, 375-378.
[82] OLG Düsseldorf v. 28.01.1998 - 3 Va 12/97 - juris Rn. 11 - JMBl NW 1998, 254-255; KG Berlin v. 22.05.1998 - 25 VA 10/97 - juris Rn. 10 - KGR Berlin 1998, 375-378.
[83] Hanseatisches OLG Hamburg v. 22.10.2004 - 2 Va 8/04.
[84] *Wellenhofer* in: MünchKomm-BGB, § 1309 Rn. 20 m.w.N.; OLG Düsseldorf v. 02.02.1996 - 3 Va 13/95 - juris Rn. 10 - StAZ 1996, 138-139.
[85] *Wellenhofer* in: MünchKomm-BGB, § 1309 Rn. 21.

§ 1309

II. Befreiung (Absatz 2)

1. Allgemeines zur Befreiung

21 Gem. § 1309 Abs. 2 Satz 1 BGB kann der Präsident des Oberlandesgerichts, in dessen Bezirk der Standesbeamte, bei dem die Eheschließung angemeldet worden ist, seinen Sitz hat, von dem Erfordernis des § 1309 Abs. 1 BGB Befreiung erteilen. Im Verfahren betreffend die Befreiung von der Beibringung eines Ehefähigkeitszeugnisses ist der Präsident des Oberlandesgerichts verpflichtet, von Amts wegen die Richtigkeit der Angaben des Antragstellers zu seinen persönlichen Daten (Namen, Geburtsdatum, Geburtsort, Staatsangehörigkeit und Familienstand) zu überprüfen sowie konkreten Anhaltspunkten für die Absicht zur Eingehung einer Aufenthaltsehe (Scheinehe) nachzugehen.[41] Ferner ist der Präsident des Oberlandesgerichts auch datenschutzrechtlich befugt, zu diesem Zweck die Ausländerakten des Antragstellers beizuziehen und einzusehen.[42]

22 Ein Antrag auf Befreiung von der Beibringung eines Ehefähigkeitszeugnisses (§ 1309 Abs. 1 Satz 1 BGB) kann nicht allein deshalb als rechtsmissbräuchlich zurückgewiesen werden, weil die Verlobten sich nie persönlich begegnet sind.[43] Auch ein Kennenlernen durch die Benutzung digitaler Kommunikationsformen (via Skype/Chatrooms/Facebook) ohne eine persönliche Begegnung schließt die Ernsthaftigkeit des Willens zur Eheschließung nicht aus.

2. Befreiung bei Nichtausstellung von Zeugnissen (Absatz 2 Sätze 1 und 2)

23 Von der Beibringungspflicht befreit werden Angehörige solcher Staaten, deren Behörden kein Ehefähigkeitszeugnis nach § 1309 Abs. 1 BGB ausstellen, sowie Staatenlose mit gewöhnlichem Aufenthalt im Ausland. Bei diesen ist von Gesetzes wegen nicht zu prüfen, ob sie ein Zeugnis ihres Aufenthaltslandes beibringen können. Dem OLG-Präsidenten steht bei der Entscheidung über die Befreiung kein Ermessen zu.[44] Er hat unter allen rechtlichen Aspekten zu prüfen, ob der Betroffene die beabsichtigte Ehe eingehen kann oder ob das maßgebliche Recht die Eingehung der Ehe verbietet, gleichgültig ob die Nichtbeachtung des Ehehindernisses die Gültigkeit der Ehe beeinträchtigt oder nicht.[45]

24 Der OLG-Präsident hat das ausländische Recht nur in dem Umfange heranzuziehen, als ihm das deutsche Internationale Privatrecht die Anwendung des fremden Rechts vorschreibt, d.h. nur hinsichtlich der sachlichen Voraussetzungen, nicht aber hinsichtlich der Form der Eheschließung.[46] Dies ergibt sich aus Art. 13 Abs. 3 Satz 1 EGBGB. Zur Form der Eheschließung gehört beispielsweise das Erfordernis der Traubereitschaftserklärung des zuständigen Geistlichen, wenn das Heimatrecht eine standesamtliche Trauung nicht anerkennt, sondern eine kirchliche Trauung voraussetzt.[47] Die Befreiung ist nur dann zu erteilen, wenn die Nachprüfung des Heimatrechts der Verlobten ergibt, dass der geplanten Ehe materiell-rechtliche Hindernisse, wie z.B. mangelnde Ehefähigkeit, ein Eheverbot, nicht entgegenstehen oder vorhandene Ehehindernisse nach deutschem Recht nicht beachtet werden dürfen.[48]

25 Stellt der OLG-Präsident bei der Überprüfung fest, dass eine Voraussetzung fehlt, also die beabsichtigte Ehe nach dem Heimatrecht verboten ist, so hat er weiter zu prüfen, ob die Anwendung des ausländischen Rechts im konkreten Fall gem. Art. 13 Abs. 2 EGBGB oder gem. Art. 6 EGBGB (ordre public) ausgeschlossen ist.[49] Gem. Art. 13 Abs. 2 HS. 1 EGBGB ist beim Fehlen einer Ehevoraussetzung insoweit deutsches Recht anzuwenden, wenn ein Verlobter seinen gewöhnlichen Aufenthalt im Inland hat oder Deutscher ist, die Verlobten die zumutbaren Schritte zur Erfüllung der Ehevoraussetzung unternommen haben und es mit der Eheschließungsfreiheit unvereinbar ist, die Eheschließung zu versagen. Insbesondere steht die frühere Ehe eines Verlobten nicht entgegen, wenn ihr Bestand durch

---

[41] KG Berlin v. 24.06.2003 - 1 VA 14/02 - StAZ 2004, 9-11; vgl. hierzu auch *Schmitz-Justen*, StAZ 2007, 107-113.
[42] KG Berlin v. 24.06.2003 - 1 VA 14/02 - StAZ 2004, 9-11; vgl. auch *ohne Angabe*, StAZ 2007, 283-285.
[43] KG Berlin v. 17.09.2012 - 1 VA 7/12 - StAZ 2012, 370-372; Abgrenzung zu OLG Naumburg v. 31.07.2001 - 3 VA 1/01 - StAZ 2003, 112 f.; Abgrenzung zu OLG Naumburg v. 31.07.2001 - 3 VA 1/01 - StAZ 2003, 112 f.
[44] KG Berlin v. 22.05.1998 - 25 VA 10/97 - juris Rn. 8 - KGR Berlin 1998, 375-378; BGH v. 11.07.2012 - IV AR (VZ) 1/12 - juris Rn. 9; FamRZ 2012, 1635-1636.
[45] BGH v. 12.02.1964 - IV AR (VZ) 39/63 - BGHZ 41, 136-151; BGH v. 11.07.2012 - IV AR (VZ) 1/12 - juris Rn. 9; FamRZ 2012, 1635-1636; *Wellenhofer* in: MünchKomm-BGB, § 1309 Rn. 12.
[46] *Wellenhofer* in: MünchKomm-BGB, § 1309 Rn. 13.
[47] *Wellenhofer* in: MünchKomm-BGB, § 1309 Rn. 13.
[48] KG Berlin v. 22.05.1998 - 25 VA 10/97 - juris Rn. 8 - KGR Berlin 1998, 375-378; *Wellenhofer* in: MünchKomm-BGB, § 1309 Rn. 13.
[49] *Wellenhofer* in: MünchKomm-BGB, § 1309 Rn. 14.

keitszeugnis wird nach dem vom Übereinkommen vorgesehenen Muster nicht nur Angehörigen des Heimatstaates (Art. 1), sondern auch Flüchtlingen und Staatenlosen ausgestellt, deren Personalstatut sich nach dem Recht dieses Staates bestimmt (Art. 2).

Die wichtigsten Staaten, die ein Ehefähigkeitszeugnis ausstellen, sowie die dafür zuständigen Behörden sind in § 166 Abs. 4 DA aufgelistet.[29] Dazu gehören: Bulgarien, Dänemark, Finnland, Griechenland, Großbritannien, Irland, Italien, Japan, Kenia, Kuba, Liechtenstein, Luxemburg, Mosambik, Neuseeland, Niederlande, Norwegen, Österreich, Polen, Portugal, Schweden, Schweiz, Slowakei, Spanien, Tansania, Tschechische Republik, Türkei, Ungarn. Verträge mit Luxemburg, Österreich und der Schweiz enthalten Bestimmungen über eine erleichterte Beschaffung des Ehefähigkeitszeugnisses, vgl. §§ 169, 169a, 169b DA.[30]

Das Zeugnis muss sich inhaltlich auf die konkrete beabsichtigte Eheschließung und auf alle materiell-rechtlichen Voraussetzungen der Eheschließung beziehen.[31] Das Ehefähigkeitszeugnis muss sowohl die Ehefähigkeit also auch das Nichtvorliegen von Ehehindernissen bestätigen.[32] Beide Verlobten müssen ihrer Person nach benannt sein, also auch der Verlobte, der nicht dem Staat angehört, der das Ehefähigkeitszeugnis ausstellt. Durch das Zeugnis soll der Nachweis erbracht werden, dass der fremde Staatsangehörige nach den Vorschriften seines Heimatrechts mit einer bestimmten anderen Person die Ehe schließen kann.[33] Ein Zeugnis, das dem Betroffenen nur allgemein Ehefähigkeit i.S.v. Ledigkeit bescheinigt, genügt den Anforderungen nicht.[34]

5. Gültigkeit des Ehefähigkeitszeugnisses

Nach § 1309 Abs. 1 Satz 3 HS. 1 BGB verliert das Zeugnis seine Kraft, wenn die Ehe nicht binnen sechs Monaten seit der Ausstellung geschlossen wird. Ist in dem Zeugnis eine kürzere Geltungsdauer angegeben, ist diese maßgebend, § 1309 Abs. 1 Satz 3 HS. 2 BGB.

6. Wirkungen

Das Ehefähigkeitszeugnis stellt ein bloßes Beweismittel dar und ist für den Standesbeamten nicht bindend.[35] Dies gilt auch für Ehefähigkeitszeugnisse nach dem CIEC-Übereinkommen vom 05.09.1980 über die Ausstellung von Ehefähigkeitszeugnissen.[36] Die Prüfung des Standesbeamten erstreckt sich zunächst auf die Frage, ob der Ausstellungsstaat überhaupt Heimatstaat des Ausländers ist. Hierfür muss der Ausländer seine Staatsangehörigkeit belegen. Des Weiteren kann der Standesbeamte prüfen, ob ein Ehehindernis vorliegt. Hat er Kenntnis von Umständen, die die Richtigkeit des Zeugnisses in Zweifel ziehen, trifft ihn sogar eine Überprüfungspflicht.[37] Soweit der Standesbeamte davon überzeugt ist, dass der Eheschließung ein Ehehindernis entgegensteht, hat er die Mitwirkung bei der Eheschließung zu unterlassen.[38] In diesem Fall können die Verlobten gem. §§ 49 Abs. 1, 50 PStG einen Antrag auf gerichtliche Entscheidung stellen. § 49 Abs. 2 PStG eröffnet dem Standesbeamten in Zweifelsfällen die Möglichkeit, auch von sich aus die Entscheidung des Amtsgerichts darüber herbeizuführen, ob eine Amtshandlung vorzunehmen ist. Der daraufhin ergehende Beschluss bindet dann den Standesbeamten.[39]

7. Ehefähigkeitszeugnis für Deutsche bei Eheschließung im Ausland

Soweit deutsche Staatsangehörige zur Eheschließung im Ausland nach Maßgabe des ausländischen Rechts entsprechende Ehefähigkeitszeugnisse benötigen, regelt sich die Ausstellung durch den Standesbeamten nach § 39 PStG.[40] Das Ehefähigkeitszeugnis ist vom Tag der Ausstellung an sechs Monate gültig, § 39 Abs. 2 Satz 3 PStG.

---

[29] *Wellenhofer* in: MünchKomm-BGB, § 1309 Rn. 10.
[30] *Löhnig* in: Staudinger, § 1309 Rn. 16; *Wellenhofer* in: MünchKomm-BGB, § 1309 Rn. 8.
[31] *Löhnig* in: Staudinger, § 1309 Rn. 13.
[32] *Löhnig* in: Staudinger, § 1309 Rn. 13, 14.
[33] BGH v. 12.02.1964 - IV AR (VZ) 39/63 - BGHZ 41, 136-151.
[34] *Wellenhofer* in: MünchKomm-BGB, § 1309 Rn. 9.
[35] OLG Hamm v. 14.06.1974 - 15 VA 5/74 - NJW 1974, 1626-1627; *Löhnig* in: Staudinger, § 1309 Rn. 8, 18; *Brudermüller* in: Palandt, § 1309 Rn. 10.
[36] BGBl II 1997, 1086.
[37] *Wellenhofer* in: MünchKomm-BGB, § 1309 Rn. 11.
[38] BGH v. 14.07.1966 - IV ZB 243/66 - BGHZ 46, 87-96.
[39] *Wellenhofer* in: MünchKomm-BGB, § 1309 Rn. 11.
[40] *Roth* in: Erman, § 1309 Rn. 17; *Löhnig* in: Staudinger, § 1309 Rn. 64.

Bürgerliches Gesetzbuch (BGB)

vom 18. August 1896 (RGBl, 195) in der Fassung der Bekanntmachung vom 2. Januar 2002 (BGBl I 2002, 42, 2909; 2003, 738), zuletzt geändert durch Artikel 4 Absatz 5 des Gesetzes zur Bekämpfung von Zahlungsverzug im Geschäftsverkehr und zur Änderung des Erneuerbare-Energien-Gesetzes vom 22. Juli 2014 (BGBl I 2014, 1218)

Buch 4 - Familienrecht (§§ 1297 - 1921)

Abschnitt 1 - Bürgerliche Ehe

Titel 1 - Verlöbnis

§ 1297 BGB Unklagbarkeit, Nichtigkeit eines Strafversprechens

(Fassung vom 02.01.2002, gültig ab 01.01.2002)

(1) Aus einem Verlöbnis kann nicht auf Eingehung der Ehe geklagt werden.

(2) Das Versprechen einer Strafe für den Fall, dass die Eingehung der Ehe unterbleibt, ist nichtig.

Gliederung

A. Grundlagen	1	I. Kein Zwang zur Eheeingehung (Absatz 1)	5
I. Rechtsnatur	1	II. Nichtigkeit eines Strafversprechens (Absatz 2)	7
II. Voraussetzungen	2	C. Rechtsfolgen	8
B. Anwendungsvoraussetzungen	5	D. Prozessuale Hinweise	11

A. Grundlagen

I. Rechtsnatur

Uneinigkeit besteht hinsichtlich der Rechtsnatur des Verlöbnisses. Diesbezüglich stehen verschiedene Theorien zur Diskussion: zum einen die (herrschende) allgemeine Vertragstheorie, zum anderen die (inzwischen nicht mehr vertretene) Tatsächlichkeitstheorie, die Theorie vom familienrechtlichen Vertrag sowie die Meinung, das Verlöbnis sei letztlich als gesetzliches Rechtsverhältnis der Vertragsvorbereitung anzusehen.[1] Im Ergebnis lässt sich jedoch festhalten, dass das Verlöbnis eine Doppelnatur besitzt, denn es stellt auf der einen Seite einen Vertrag dar, durch den sich zwei Personen verschiedenen Geschlechts gegenseitig versprechen, künftig die Ehe miteinander einzugehen.[2] Diese Primärpflicht ist nach § 1297 BGB jedoch nicht erzwingbar. Für homosexuelle Personen gilt das Verhältnis gemäß § 1 LPartG.[3] Auf der anderen Seite begründet das Verlöbnis das personenrechtliche Dauerrechtsverhältnis des Brautstandes.[4]

1

II. Voraussetzungen

Voraussetzung für ein wirksames Verlöbnis ist grundsätzlich die Geschäftsfähigkeit beider Partner. Das Verlöbnis eines Geschäftsunfähigen ist gem. § 105 BGB nichtig. Ein nichtiges Verlöbnis begründet keine Ansprüche nach oder entsprechend den §§ 1298 ff. BGB. Für die Wirksamkeit einer Verlobung eines beschränkt Geschäftsfähigen ist gem. § 107 BGB die Einwilligung der Eltern als gesetzliche Vertreter erforderlich[5], anderenfalls ist die Verlobung schwebend unwirksam gem. § 108 BGB. Die Eltern eines Verlobten haben nicht das Recht, das einmal gegebene Eheversprechen anzufechten oder zu widerrufen, sondern sind darauf beschränkt, die nach dem Ehegesetz (§ 3 EheG) zu einer Eheschließung ihres Kindes notwendige Zustimmung zu versagen.[6]

2

---

[1] Vgl. zu den Theorien im Einzelnen: *Roth* in: MünchKomm-BGB, § 1297 Rn. 4; *Heckelmann* in: Erman, vor § 1297 Rn. 4-11.
[2] RG v. 21.09.1905 - IV 140/05 - RGZ 61, 267-273, 271 ff.
[3] *Löhnig* in: Staudinger, Vorbem zu §§ 1297 ff. Rn. 2.
[4] RG v. 19.09.1912 - IV 115/12 - RGZ 80, 88-92, 89 f.
[5] OLG Bremen v. 06.06.1977 - 1 U 37/77 (a) - juris Rn. 14 - MDR 1977, 1020-1021.
[6] LG Hamburg v. 02.11.1980 - 1 T 139/80 - FamRZ 1981, 309-310.

3 Das Verlöbnis ist keine zwingende Voraussetzung für die Eheschließung, vgl. ALR II § 1 § 81.
4 Das Verlöbnis wird beendet durch Eheschließung (vgl. § 1310 Abs. 1 BGB), Tod eines Verlobten (argumentum e § 1301 Satz 2 BGB), Eintritt der auflösenden Bedingung, nachträgliche Unmöglichkeit (z.B. bei Vorlage eines nicht behebbaren Ehehindernisses oder wenn ein Verlobter dauerhaft geschäftsunfähig wird), Aufhebungsvertrag (durch formlosen familienrechtlichen Vertrag, d.h. die sog. Entlobung) und Rücktritt (durch ostentative Zuwendung zu einem anderen Partner, durch Einstellen des Briefverkehrs[7] oder durch fluchtartige Abreise[8] etc.).[9] Wird der Hochzeitstermin auf Dauer (im entschiedenen Fall 27 Jahre) einverständlich aufgeschoben (z.B. um eine bestehende Witwenversorgung nicht zu verlieren), bedeutet dies die Beendigung des Verlöbnisses.[10] Ist über fünf Jahre nach dem Verlöbnis noch keine Eheschließung erfolgt, ist nach Ansicht des Amtsgerichts Göttingen davon auszugehen, dass ein Verlöbnis und damit ein Zeugnisverweigerungsrecht nicht (mehr) besteht.[11]

B. Anwendungsvoraussetzungen

I. Kein Zwang zur Eheeingehung (Absatz 1)

5 § 1297 Abs. 1 BGB verbietet eine Erfüllungsklage aus dem Verlöbnis und will damit die Freiheit der Eheschließung schützen.[12] Dies ergibt sich auch aus den §§ 888 Abs. 2, 894 Abs. 2 ZPO, wonach eine Fiktion der Abgabe einer Willenserklärung im Falle der Verurteilung zur Eingehung einer Ehe nicht eintritt. Nicht ausgeschlossen ist damit aber eine selbstständige Feststellungsklage im Sinne von § 256 ZPO. Es ist daher ohne Weiteres möglich, auf Feststellung zu klagen, dass (k)ein Verlöbnis besteht.[13] Häufiger ist in der Praxis allerdings eine Inzidentfeststellung, wenn das Bestehen eines Verlöbnisses z.B. Anspruchsvoraussetzung ist.[14] Soweit ausländische Rechte Urteile auf Eingehung einer Ehe zulassen, können diese in der Bundesrepublik Deutschland gemäß den §§ 722, 723, 328 Abs. 1 Nr. 4 ZPO wegen Verstoßes gegen den ordre public nach Art. 6 EGBGB weder anerkannt noch vollstreckt werden.[15]

6 Da aus einem Verlöbnis nicht auf Eingehung der Ehe geklagt werden kann, besteht auch keine Anwartschaft eines/einer Verlobten auf Unterhalt, wenn der andere Verlobte vor der Hochzeit stirbt.[16]

II. Nichtigkeit eines Strafversprechens (Absatz 2)

7 Auch eine bloß mittelbare Erzwingbarkeit durch ein Strafversprechen ist gem. § 1297 Abs. 2 BGB untersagt. Gleiches gilt für ein etwaiges Strafversprechen Dritter.[17]

C. Rechtsfolgen

8 Das Verlöbnis begründet eine Verpflichtung zur Eheschließung, die jedoch weder einklagbar noch unmittelbar oder mittelbar erzwingbar ist, vgl. §§ 888 Abs. 2, 894 Abs. 2 ZPO.[18]
9 Es besteht keine Pflicht zur Haus- und Geschlechtsgemeinschaft im Sinne von § 1353 BGB, und auch keine Pflicht zum Unterhalt. Wohl aber besteht eine Pflicht zur Verlöbnistreue und Beistandsleistung sowie zur Fürsorge.[19]
10 Güterrechtliche Wirkungen entfaltet das Verlöbnis nicht. § 1357 BGB ist hierauf nicht analog anwendbar.

---

[7] *Brudermüller* in: Palandt, § 1298 Rn. 1.
[8] *Löhnig* in: Staudinger, Vorbem zu §§ 1297 ff. Rn. 2.
[9] *Brudermüller* in: Palandt, Einf. v § 1297 Rn. 4; *Erbarth*, FPR 2011, 89-95; *Fritz/Gramkow*, SteuerStud 2005, 401-407.
[10] OLG Celle v. 10.02.1983 - 12 U 35/82 - NJW 1983, 1063; *Roth* in: MünchKomm-BGB, 5. Aufl. 2010, § 1297 Rn. 9; OLG Stuttgart v. 09.02.2011 - 3 W 73/10 - juris Rn. 13, 15.
[11] AG Göttingen v. 11.06.2010 - 74 IN 270/04 - ZInsO 2010, 1708.
[12] *Gergen*, FF 2011, 9-16; *Schulze*, JuS 2011, 193-199.
[13] *Roth* in: MünchKomm-BGB, § 1297 Rn. 16; *Heckelmann* in: Erman, § 1297 Rn. 1; vgl. hierzu auch: *Schreiber*, Jura 2009, 754-758.
[14] *Löhnig* in: Staudinger, § 1297 Rn. 2.
[15] *Heckelmann* in: Erman, § 1297 Rn. 1; *Löhnig* in: Staudinger, § 1297 Rn. 3.
[16] OLG Frankfurt v. 29.06.1983 - 7 U 267/82 - VersR 1984, 449
[17] *Roth* in: MünchKomm-BGB, § 1297 Rn. 16; *Brudermüller* in: Palandt, § 1297 Rn. 1.
[18] *Brudermüller* in: Palandt, Einf. v. § 1297 Rn. 3; § 1297 Rn. 1; *Roth* in: MünchKomm-BGB, § 1297 Rn. 16, 17.
[19] *Roth* in: MünchKomm-BGB, § 1297 Rn. 17; *Brudermüller* in: Palandt, Einf. v. § 1297 Rn. 3.

Untertitel 4 - Eheschließung

§ 1310 BGB Zuständigkeit des Standesbeamten, Heilung fehlerhafter Ehen

(Fassung vom 19.02.2007, gültig ab 01.01.2009)

(1) ¹Die Ehe wird nur dadurch geschlossen, dass die Eheschließenden vor dem Standesbeamten erklären, die Ehe miteinander eingehen zu wollen. ²Der Standesbeamte darf seine Mitwirkung an der Eheschließung nicht verweigern, wenn die Voraussetzungen der Eheschließung vorliegen; er muss seine Mitwirkung verweigern, wenn offenkundig ist, dass die Ehe nach § 1314 Abs. 2 aufhebbar wäre.

(2) Als Standesbeamter gilt auch, wer, ohne Standesbeamter zu sein, das Amt eines Standesbeamten öffentlich ausgeübt und die Ehe in das Eheregister eingetragen hat.

(3) Eine Ehe gilt auch dann als geschlossen, wenn die Ehegatten erklärt haben, die Ehe miteinander eingehen zu wollen, und

1. der Standesbeamte die Ehe in das Eheregister eingetragen hat,
2. der Standesbeamte im Zusammenhang mit der Beurkundung der Geburt eines gemeinsamen Kindes der Ehegatten einen Hinweis auf die Eheschließung in das Geburtenregister eingetragen hat oder
3. der Standesbeamte von den Ehegatten eine familienrechtliche Erklärung, die zu ihrer Wirksamkeit eine bestehende Ehe voraussetzt, entgegengenommen hat und den Ehegatten hierüber eine in Rechtsvorschriften vorgesehene Bescheinigung erteilt worden ist

und die Ehegatten seitdem zehn Jahre oder bis zum Tode eines der Ehegatten, mindestens jedoch fünf Jahre, als Ehegatten miteinander gelebt haben.

Gliederung

A. Grundlagen 1	III. Verweigerung der Mitwirkung (Absatz 1 Satz 2) 26
I. Grundsatz der obligatorischen Zivilehe 1	IV. Eheschließung Deutscher im Ausland 34
II. Rechtsnatur der Eheschließung 3	V. Schein-Standesbeamter (Absatz 2) 36
III. Vorliegen von Aufhebungsgründen 4	VI. Nichtehe 37
IV. Heilungsmöglichkeit 7	1. Allgemeines 37
B. Anwendungsvoraussetzungen 8	2. Beispiele 39
I. Mitwirkung des Standesbeamten (Absatz 1 Satz 1) – Rechtslage nach dem ab dem 01.01.2009 geltenden PStG 8	VII. Heilung (Absatz 3) 47
1. Bestellung der Standesbeamten 8	1. Bisherige Rechtslage 47
2. Örtliche Zuständigkeit 10	2. Jetzige Rechtslage 48
3. Anmeldung der Eheschließung 12	3. Sog. hinkende Ehe 54
4. Mitwirkungsbereitschaft des Standesbeamten .. 24	C. Rechtsfolgen 56
II. Erklärung des Eheschließungswillens (Absatz 1 Satz 1) 25	D. Prozessuale Hinweise 58

A. Grundlagen

I. Grundsatz der obligatorischen Zivilehe

§ 1310 BGB leitet die formellen Eheschließungsvorschriften ein. § 1310 Abs. 1 Satz 1 BGB normiert den Grundsatz der obligatorischen Zivilehe.[1] § 67 PStG a.F. ergänzte diesen Grundsatz und statuierte

1

---

[1] *Roth* in: Erman, § 1310 Rn. 1; *Löhnig* in: Staudinger, § 1310 Rn. 1.

den zeitlichen Vorrang der standesamtlichen Eheschließung vor der kirchlichen Trauung.[2] Wesentliches Element der Eheschließung ist die Erklärung der Eheschließenden vor dem Standesbeamten, die Ehe miteinander eingehen zu wollen, denn erst sie bewirkt die rechtliche Bindung.[3] Eine „Nottrauung" ohne die Beteiligung eines Standesbeamten ist dem Gesetz fremd.[4] Fehlt es an der erforderlichen Konserserklärung vor dem Standesbeamten, so liegt eine sog. Nichtehe vor; die Ehe wird mithin als nicht existent betrachtet.[5] Eine Heilung der Nichtehe ist ausgeschlossen. Werden dagegen andere Formvorschriften verletzt, so führt dies lediglich zur Aufhebbarkeit der Ehe nach § 1314 BGB. Die Erklärung der beiden Verlobten muss auf eine Eheschließung gerichtet sein. Ausreichend ist die Bestätigung einer nichtigen bzw. vermeintlich nichtigen Ehe durch die Beteiligten. Dies kann etwa dadurch geschehen, dass sie die Anlegung eines Familienbuches beim Standesamt beantragen.[6] Die abzugebenden Willenserklärungen müssen sich aber nicht auf die Begründung einer ehelichen Lebensgemeinschaft i.S.v. § 1353 BGB beziehen.[7]

2   Eine Ehe kann in Deutschland nur durch einen Standesbeamten wirksam geschlossen werden, § 1310 Abs. 1 Satz 1 BGB. Gemäß Art. 13 Abs. 1 EGBGB unterliegen die Voraussetzungen der Eheschließung für jeden Verlobten dem Recht des Staates, dem er angehört. Fehlt danach eine Voraussetzung, so ist insoweit deutsches Recht anzuwenden, wenn ein Verlobter seinen gewöhnlichen Aufenthalt im Inland hat oder Deutscher ist (Art. 13 Abs. 2 Nr. 1 EGBGB). Ergänzend bestimmt Art. 13 Abs. 3 Satz 1 EGBGB hierzu, dass eine Ehe im Inland nur in der hier (§ 1310 Abs. 1 Satz 1 BGB) vorgeschriebenen Form geschlossen werden kann. Die Ausnahmevorschrift des Art. 13 Abs. 3 Satz 1 EGBGB setzt voraus, dass von den Verlobten keiner deutscher Staatsangehöriger ist.[8]

II. Rechtsnatur der Eheschließung

3   Die Eheschließung erfolgt nicht durch staatlichen Hoheitsakt, sondern durch die von den Eheschließenden vor dem Standesbeamten einander gegebenen Erklärungen, die Ehe miteinander eingehen zu wollen. Dies ergibt sich aus dem Wortlaut von § 1310 Abs. 1 BGB und § 1312 Abs. 1 BGB. Die Rechtswirkungen der Ehe entspringen der vertraglichen Einigung der Eheschließenden. Der Standesbeamte ist nicht Erklärungsgegner.[9] Der Ausspruch des Standesbeamten sowie die Eintragung der Eheschließung in das Heiratsbuch nach § 1312 Abs. 2 BGB haben nur deklaratorische Bedeutung.[10] Die Tatsache, dass für eine wirksame Eheschließung die Mitwirkung eines Staatsorgans zwingend erforderlich ist, schließt es nicht aus, die Eheschließung als einen Vertrag familienrechtlicher Art zu betrachten.

III. Vorliegen von Aufhebungsgründen

4   Gem. § 1310 Abs. 1 Satz 2 HS. 2 BGB muss der Standesbeamte seine Mitwirkung verweigern, wenn offenkundig ist, dass die Ehe nach § 1314 Abs. 2 BGB aufhebbar wäre. Damit soll insbesondere die Eingehung von sog. Scheinehen (§ 1314 Abs. 2 Nr. 5 BGB) vermieden werden.[11]

5   Allein der Umstand, dass einem Verlobten die Abschiebung aus der Bundesrepublik droht, reicht zur Annahme, die Beteiligten einer Personenstandssache strebten eine Scheinehe an, nicht aus. Verbleibende Zweifel an der Ernsthaftigkeit der beabsichtigen Eheschließung gehen nicht zu Lasten der Eheschließungswilligen.[12]

---

[2] *Müller-Gindullis* in: MünchKomm-BGB, 4. Aufl. 2002, § 1310 Rn. 1; §§ 67, 67a PStG sind jedoch im Zuge der Gesetzesänderung weggefallen. Das PStG wurde als Artikel 1 des Gesetzes vom 19.02.2007, BGBl I 2007, 122 vom Bundestag mit Zustimmung des Bundesrates erlassen. Es trat gem. Art. 5 Abs. 2 Satz 1 dieses Gesetzes am 01.01.2009 in Kraft. Die §§ 67 Abs. 4, 73, 74 und 77 Abs. 1 traten am 24.02.2007 in Kraft. § 67 Abs. 4 trat am 31.12.2008 außer Kraft.
[3] BGH v. 05.04.1978 - IV ZR 71/77 - FamRZ 1983, 450-452.
[4] *Wellenhofer* in: MünchKomm-BGB, § 1310 Rn. 1.
[5] *Roth* in: Erman, § 1310 Rn. 1; *Wellenhofer* in: MünchKomm-BGB, § 1310 Rn. 1.
[6] BGH v. 05.04.1978 - IV ZR 71/77 - FamRZ 1983, 450-452; *Roth* in: Erman, § 1310 Rn. 1.
[7] *Roth* in: Erman, § 1310 Rn. 1.
[8] Vgl. hierzu VG Augsburg v. 20.03.2006 - Au 6 K 05.1325, Au 6 S 05.1326 - juris Rn. 22.
[9] *Wellenhofer* in: MünchKomm-BGB, § 1310 Rn. 3.
[10] *Wellenhofer* in: MünchKomm-BGB, § 1310 Rn. 3.
[11] AG Saarbrücken v. 18.01.2006 - 10 III E 105/05 - juris Rn. 10.
[12] OLG Naumburg v. 02.03.2005 - 10 Wx 3/05 - StAZ 2006, 14-15.

Wurde dennoch eine Scheinehe geschlossen, so ist diese weder nach den §§ 116, 117 BGB noch nach den Vorschriften des BGB nichtig, noch aufhebbar. Vielmehr kann sie nur durch Scheidung beendet werden, vgl. § 1313 BGB i.V.m. § 1314 Abs. 2 Nr. 5 BGB.[13]

IV. Heilungsmöglichkeit

Die statusrechtliche Heilung einer nicht vor einem Standesbeamten eingegangenen Nichtehe ist nur unter den in § 1310 Abs. 3 BGB genannten Voraussetzungen möglich.[14] Wird im Nachhinein durch die Amtshandlung des Standesbeamten der Rechtsschein einer gültigen Eheschließung erweckt, so wird der gute Glaube der Betroffenen nach Ablauf einer bestimmten Frist des Zusammenlebens geschützt.[15] Damit nimmt auch die Heilungsvorschrift den Grundsatz auf, dass in Deutschland eine gültige Ehe nur unter Mitwirkung des Standesbeamten zustande kommt.[16]

B. Anwendungsvoraussetzungen

I. Mitwirkung des Standesbeamten (Absatz 1 Satz 1) – Rechtslage nach dem ab dem 01.01.2009 geltenden PStG[17]

1. Bestellung der Standesbeamten

Die nach Landesrecht für das Personenstandswesen zuständigen Behörden (Standesämter) beurkunden gem. § 1 Abs. 2 PStG den Personenstand nach Maßgabe des Personenstandsgesetzes; sie wirken bei der Schließung von Ehen und der Begründung von Lebenspartnerschaften. Standesbeamte sind eigens bestellte Urkundspersonen, die im Standesamt insbesondere die Beurkundungen für Zwecke des Personenstandswesens vornehmen, § 2 Abs. 1 PStG. Zu Standesbeamten dürfen nur nach Ausbildung und Persönlichkeit geeignete Beamte und Angestellte bestellt werden, § 2 Abs. 3 PStG. Bei der Wahrnehmung ihrer Aufgaben als Urkundspersonen sind sie nicht an Weisungen gebunden (§ 2 Abs. 2 PStG). Maßgebend ist allein der Bestellungsakt. Ist jemand zum Standesbeamten bestellt, der nicht hätte bestellt werden dürfen oder sollen, z.B. weil ihm die erforderliche Eignung fehlt, so berührt das die Gültigkeit seiner Amtshandlungen nicht. Der Standesbeamte darf nur in dem Bezirk tätig werden, für den er bestellt ist. Außerhalb seines Bezirkes ist er nicht etwa nur unzuständig, sondern überhaupt kein Standesbeamter.[18]

Gem. § 74 Abs. 1 Nr. 1 PStG werden die Landesregierungen ermächtigt, durch Rechtsverordnung die Bestellung der Standesbeamten und die fachlichen Anforderungen an diese Personen zu regeln. Die Landesregierungen können durch Rechtsverordnung die Ermächtigungen nach § 74 Abs. 1 Nr. 1, 2, 4, 5 und 6 PStG auf oberste Landesbehörden übertragen.

2. Örtliche Zuständigkeit

Zuständig für die Eheschließung ist jedes deutsche Standesamt, § 11 PStG. Die Eheschließenden können das Standesamt, das die Trauung vornehmen soll, frei wählen,[19] sobald sie die Mitteilung des Anmeldestandesamtes, sie könnten heiraten, erhalten haben; sie ist für das Trauungsstandesamt bindend, § 13 Abs. 4 PStG. Es gibt jedoch keinen Anspruch darauf, dass ein bestimmtes anderes Standesamt die Trauung vollzieht.[20]

Von der Frage der örtlichen Zuständigkeit des Standesamtes ist die Zuständigkeit des Standesbeamten zu unterscheiden. Ist ein Standesbeamter außerhalb seines Bezirks tätig geworden, für den er bestellt ist, hat er nicht als Standesbeamter gehandelt. Die Eheschließung kann dann allenfalls nach § 1310 Abs. 2 BGB gültig sein.[21]

---

[13] BVerwG v. 23.05.1995 - 1 C 3/94 - BVerwGE 98, 298-313.
[14] *Roth* in: Erman, § 1310 Rn. 11; *Wellenhofer* in: MünchKomm-BGB, § 1310 Rn. 28.
[15] *Wellenhofer* in: MünchKomm-BGB, § 1310 Rn. 28.
[16] *Wellenhofer* in: MünchKomm-BGB, § 1310 Rn. 28.
[17] Das PStG wurde als Artikel 1 des Gesetzes vom 19.02.2007, BGBl I 2007, 122 vom Bundestag mit Zustimmung des Bundesrates erlassen. Es trat gem. Art. 5 Abs. 2 Satz 1 dieses Gesetzes am 01.01.2009 in Kraft. Die §§ 67 Abs. 4, 73, 74 und 77 Abs. 1 traten am 24.02.2007 in Kraft. § 67 Abs. 4 trat am 31.12.2008 außer Kraft.
[18] *Wellenhofer* in: MünchKomm-BGB, § 1310 Rn. 8.
[19] *Wellenhofer* in: MünchKomm-BGB, § 1310 Rn. 10.
[20] *Löhnig* in: Staudinger, § 1310 Rn. 31.
[21] *Wellenhofer* in: MünchKomm-BGB, § 1310 Rn. 10.

3. Anmeldung der Eheschließung

12 Nach § 12 Abs. 1 PStG haben die Eheschließenden die beabsichtigte Eheschließung mündlich oder schriftlich bei einem Standesamt, in dessen Zuständigkeitsbereich einer der Eheschließenden seinen Wohnsitz oder seinen gewöhnlichen Aufenthalt hat, anzumelden. Hat keiner der Eheschließenden einen Wohnsitz oder gewöhnlichen Aufenthalt im Inland, so ist das Standesamt, vor dem die Ehe geschlossen werden soll, für die Entgegennahme der Anmeldung zuständig, § 12 Abs. 1 Satz 2 PStG.[22]

13 Die Eheschließenden haben gem. § 12 Abs. 2 PStG bei der Anmeldung der Eheschließung durch öffentliche Urkunden nachzuweisen
- ihren Personenstand (Nr. 1),
- ihren Wohnsitz oder gewöhnlichen Aufenthalt (Nr. 2),
- ihre Staatsangehörigkeit (Nr. 3),
- wenn sie schon verheiratet waren oder eine Lebenspartnerschaft begründet hatten, die letzte Eheschließung oder Begründung der Lebenspartnerschaft sowie die Auflösung dieser Ehe oder Lebenspartnerschaft. Ist die letzte Ehe oder Lebenspartnerschaft nicht bei einem deutschen Standesamt geschlossen worden, so ist auch die Auflösung etwaiger weiterer Vorehen oder Lebenspartnerschaften nachzuweisen, wenn eine entsprechende Prüfung nicht bereits von einem deutschen Standesamt bei einer früheren Eheschließung oder Begründung einer Lebenspartnerschaft durchgeführt worden ist (Nr. 4).

14 Nach § 12 Abs. 3 PStG hat das Standesamt einen Antrag auf Befreiung von der Beibringung des Ehefähigkeitszeugnisses aufzunehmen und die Entscheidung vorzubereiten; hierfür haben die Eheschließenden auch die Nachweise zu erbringen, die für die Prüfung der Zulässigkeit der Ehe nach anzuwendendem ausländischen Recht erforderlich sind. § 9 PStG gilt entsprechend.

15 Das Standesamt, bei dem die Eheschließung angemeldet ist, hat zu prüfen, ob der Eheschließung ein Hindernis entgegensteht, § 13 Abs. 1 Satz 1 PStG. Reichen die nach § 12 Abs. 2 vorgelegten Urkunden nicht aus, so haben die Eheschließenden weitere Urkunden oder sonstige Nachweise vorzulegen, § 13 Abs. 1 Satz 1 PStG.

16 Bestehen konkrete Anhaltspunkte dafür, dass die zu schließende Ehe nach § 1314 Abs. 2 BGB aufhebbar wäre, so können die Eheschließenden in dem hierzu erforderlichen Umfang einzeln oder gemeinsam befragt werden; zum Beleg der Angaben kann ihnen die Beibringung geeigneter Nachweise aufgegeben werden, § 13 Abs. 2 Satz 1 PStG. Wenn diese Mittel nicht zur Aufklärung des Sachverhalts führen, so kann auch eine Versicherung an Eides statt über Tatsachen verlangt werden, die für das Vorliegen oder Nichtvorliegen von Aufhebungsgründen von Bedeutung sind, § 13 Abs. 1 Satz 2 PStG.

17 Soll die Ehe wegen lebensgefährlicher Erkrankung eines Eheschließenden ohne abschließende Prüfung nach § 13 Abs. 1 PStG geschlossen werden, so muss durch ärztliches Zeugnis oder auf andere Weise nachgewiesen werden, dass die Eheschließung nicht aufgeschoben werden kann, § 13 Abs. 3 Satz 1 PStG. In diesem Fall muss glaubhaft gemacht werden, dass kein Ehehindernis besteht, § 13 Abs. 3 Satz 2 PStG.

18 Wird bei der Prüfung der Ehevoraussetzungen ein Ehehindernis nicht festgestellt, so teilt das Standesamt den Eheschließenden mit, dass die Eheschließung vorgenommen werden kann; die Mitteilung ist für das Standesamt, das die Eheschließung vornimmt, verbindlich, § 13 Abs. 4 Satz 1 PStG. Die Eheschließenden sind verpflichtet, Änderungen in ihren die Ehevoraussetzungen betreffenden tatsächlichen Verhältnissen unverzüglich anzuzeigen; die Mitteilung nach § 13 Abs. 4 Satz 1 PStG wird entsprechend geändert oder aufgehoben, § 13 Abs. 4 Satz 2 PStG. Sind seit der Mitteilung an die Eheschließenden mehr als sechs Monate vergangen, ohne dass die Ehe geschlossen wurde, so bedarf die Eheschließung erneut der Anmeldung und der Prüfung der Voraussetzungen für die Eheschließung, § 13 Abs. 4 Satz 3 PStG.

19 Vor der Eheschließung sind die Eheschließenden zu befragen, ob sich seit der Anmeldung ihrer Eheschließung Änderungen in ihren die Ehevoraussetzungen betreffenden tatsächlichen Verhältnissen ergeben haben und ob sie einen Ehenamen bestimmen wollen, § 14 Abs. 1 PStG.[23]

20 Lehnt das Standesamt die Vornahme einer Amtshandlung ab, so kann es auf Antrag der Beteiligten oder der Aufsichtsbehörde durch das Gericht dazu angewiesen werden, § 49 Abs. 1 PStG.

---

[22] Zur Frage der Zuständigkeiten bei Inlandseheschließung unter der Beteiligung von Ausländern und der Eheschließung im Ausland mit Bedeutung für das Inland vgl. *Hohloch*, FPR 2011, 422-428.

[23] Vgl. allgemein zum Schutz des tatsächlich geführten Namens *Hepting*, StAZ 2013, 1-10.

Das Standesamt kann in Zweifelsfällen auch von sich aus die Entscheidung des Gerichts darüber herbeiführen, ob eine Amtshandlung vorzunehmen ist. Für das weitere Verfahren gilt dies als Ablehnung der Amtshandlung, § 49 Abs. 2 PStG. 21

Für die in den §§ 48 und 49 PStG vorgesehenen Entscheidungen sind ausschließlich die Amtsgerichte zuständig, die ihren Sitz am Ort eines Landgerichts haben. Ihr Bezirk umfasst den Bezirk des Landgerichts, § 50 Abs. 1 PStG. 22

Die örtliche Zuständigkeit wird durch den Sitz des Standesamts bestimmt, das die Sache dem Gericht zur Entscheidung vorgelegt hat oder das die Amtshandlung vornehmen oder dessen Personenstandsregister berichtigt werden soll, § 50 Abs. 2 PStG. 23

4. Mitwirkungsbereitschaft des Standesbeamten

Die Ehe ist nur dann wirksam geschlossen, wenn sie vor einem Standesbeamten geschlossen wird, der zur Mitwirkung bereit ist. Ist dies nicht der Fall, so liegt keine wirksame Eheschließung, sondern eine Nichtehe vor. Die rein körperliche Anwesenheit eines Standesbeamten genügt dem Erfordernis der Mitwirkungsbereitschaft nicht. Voraussetzung ist vielmehr, dass der Standesbeamte zur Entgegennahme der Erklärungen der Eheschließenden bereit und in der Lage ist. Hierfür ist allein auf das äußere Verhalten des Standesbeamten abzustellen, so dass eine gültige Ehe auch dann zustande kommt, wenn der Standesbeamte nicht erkennbar geschäftsunfähig war, einem Irrtum unterlag oder einen seinem äußeren Verhalten entgegenstehenden inneren Vorbehalt hatte.[24] Die Mitwirkungsbereitschaft fehlt beispielsweise, wenn der Standesbeamte mit Gewalt oder durch Drohung zur Mitwirkung gezwungen wird. Uneinigkeit herrscht für den Fall der Volltrunkenheit des Standesbeamten.[25] 24

II. Erklärung des Eheschließungswillens (Absatz 1 Satz 1)

Das wesentliche Element der Eheschließung ist die Erklärung der Eheschließenden vor dem Standesbeamten, die Ehe miteinander eingehen zu wollen, da erst sie die rechtliche Bindung bewirkt.[26] Verneint einer der beiden Verlobten die Frage, ob er die Ehe mit dem anderen eingehen wolle, so kommt eine Ehe nicht zustande. § 1311 BGB verlangt dabei, dass die Eheschließenden die Erklärung persönlich und bei gleichzeitiger Anwesenheit unbedingt und unbefristet abgeben. Weitere zwingende Vorschriften über die Erklärung des Eheschließungswillens existieren nicht.[27] Die Eheschließung ist selbst dann wirksam, wenn die Eheschließungserklärungen beider oder eines Verlobten nur zum Schein oder aus Scherz abgegeben worden sind, da die §§ 117, 118 BGB keine Anwendung finden.[28] 25

III. Verweigerung der Mitwirkung (Absatz 1 Satz 2)

§ 1310 Abs. 1 Satz 2 BGB macht deutlich, dass dem Standesbeamten kein Ermessen bzgl. seiner Mitwirkung zusteht.[29] 26

Liegen die Voraussetzungen der Eheschließung vor, so hat der Standesbeamte an der Eheschließung mitzuwirken, § 1310 Abs. 1 Satz 2 HS. 1 BGB. Der Standesbeamte ist nicht berechtigt, die Schließung einer ihm anstößig erscheinenden Ehe abzulehnen oder auch nur zu versuchen, die Verlobten von der Eingehung eine solchen Ehe abzubringen.[30] Auch die Tatsache, dass ein ausländischer Verlobter keinen gesicherten Aufenthaltsstatus hat oder dass ein großer Altersunterschied zwischen den Heiratswilligen besteht, rechtfertigt alleine noch keine Nachforschungen i.S.v. § 5 Abs. 4 PStG.[31] Nachforschungen dürfen gem. § 5 Abs. 4 PStG nur bei konkreten Anhaltspunkten dafür angestellt werden, dass die zu schließende Ehe nach § 1314 Abs. 2 BGB aufhebbar wäre.[32] Auf die Motivation der Eheschließung kommt es nicht an. Es ist daher irrelevant, ob ein Verlobter die eheliche Lebensgemeinschaft mit seinem Partner vor allem deshalb anstrebt, um seinen Aufenthalt in der Bundesrepublik Deutschland zu 27

---

[24] *Wellenhofer* in: MünchKomm-BGB, § 1310 Rn. 9; *Roth* in: Erman, § 1310 Rn. 3.
[25] Vgl. hierzu *Meier*, StAZ 1985, 272; nach Auffassung von *Wellenhofer* in: MünchKomm-BGB, § 1310 Rn. 9 kann auch ein betrunkener Beamter an der Eingehung der Ehe mitwirken.
[26] BGH v. 05.04.1978 - IV ZR 71/77 - FamRZ 1983, 450-452.
[27] *Wellenhofer* in: MünchKomm-BGB, § 1310 Rn. 6.
[28] *Wellenhofer* in: MünchKomm-BGB, § 1310 Rn. 7; *Löhnig* in: Staudinger, § 1310 Rn. 56.
[29] *Roth* in: Erman, § 1310 Rn. 5; *Wellenhofer* in: MünchKomm-BGB, § 1310 Rn. 15.
[30] *Wellenhofer* in: MünchKomm-BGB, § 1310 Rn. 15.
[31] *Roth* in: Erman, § 1310 Rn. 6; *Wellenhofer* in: MünchKomm-BGB, § 1310 Rn. 15.
[32] LG Itzehoe v. 02.09.2005 - 4 T 277/05 - StAZ 2006, 15-17 für den Fall, dass die Ehe nur zu dem Zweck geschlossen werden soll, einem der Beteiligten eine Aufenthaltserlaubnis zu verschaffen.

sichern, materiell versorgt zu sein, leichter einen Studienplatz, eine Wohnung oder eine Strafvergünstigung zu erhalten oder dessen Namen zu erwerben oder ein Kind nicht unehelich zu bekommen.[33] Um sich Klarheit zu verschaffen, hat der Standesbeamte neben den ihm nach § 5 Abs. 4 PStG zur Verfügung stehenden Mitteln auch die Möglichkeit, Auskünfte bei der Ausländerbehörde einzuholen.[34] Die eidesstattliche Versicherung nach § 5 Abs. 4 HS. 2 PStG ist immer nur ultima ratio.[35]

28 Ist dagegen offenkundig, dass die Ehe nach § 1314 Abs. 2 BGB aufhebbar wäre, so muss der Standesbeamte seine Mitwirkung verweigern, § 1310 Abs. 1 Satz 2 HS. 2 BGB. Die schriftliche Begründung dieser Entscheidung ist zwar nicht zwingend vorgeschrieben, bietet sich aber an, da die Verlobten gegen diese Entscheidung das Amtsgericht gem. § 49 Abs. 1 PStG anrufen können.[36] Eine Ehe kann gem. § 1314 Abs. 2 BGB aufgehoben werden, wenn

1. ein Ehegatte sich bei der Eheschließung im Zustand der Bewusstlosigkeit oder vorübergehender Störung der Geistestätigkeit befand;
2. ein Ehegatte bei der Eheschließung nicht gewusst hat, dass es sich um eine Eheschließung handelt;
3. ein Ehegatte zur Eingehung der Ehe durch arglistige Täuschung über solche Umstände bestimmt worden ist, die ihn bei Kenntnis der Sachlage und bei richtiger Würdigung des Wesens der Ehe von der Eingehung der Ehe abgehalten hätten; dies gilt nicht, wenn die Täuschung Vermögensverhältnisse betrifft oder von einem Dritten ohne Wissen des anderen Ehegatten verübt worden ist;
4. ein Ehegatte zur Eingehung der Ehe widerrechtlich durch Drohung bestimmt worden ist;[37]
5. beide Ehegatten sich bei der Eheschließung darüber einig waren, dass sie keine Verpflichtung gemäß § 1353 Abs. 1 BGB begründen wollen.

29 Vgl. bzgl. der Aufhebungsgründe im Einzelnen die Kommentierung zu § 1314 BGB.

30 Bei Vorliegen eines konkreten Verdachts hat der Standesbeamte den Sachverhalt von Amts wegen aufzuklären und die ihm hierfür zur Verfügung stehenden Mittel auszuschöpfen, § 13 Abs. 2 PStG. Die in § 13 Abs. 2 PStG genannten Mittel sind insoweit jedoch nicht abschließend. Der Standesbeamte kann daher auch im Wege der Amtshilfe von öffentlichen Stellen Auskünfte einholen und Akten anfordern. Gegen die Zulässigkeit von Ermittlungen und Feststellungen über die Absicht, eine sog. Scheinehe einzugehen, bestehen keine verfassungsrechtlichen Bedenken. Da das Gesetz eine Ehe als aufhebbar ansieht, wenn beide Ehegatten sich bei der Eheschließung einig waren, dass eine Verpflichtung gem. § 1353 Abs. 2 BGB nicht begründet werden sollte, und es dem Standesbeamten untersagt ist, an der Eingehung einer offenkundig aufhebbaren Ehe mitzuwirken, ist er bei berechtigtem Anlass auch zu der Prüfung befugt, ob diese Voraussetzungen vorliegen. Die Befragung durch den Standesbeamten nach § 13 Abs. 2 PStG darf freilich nur unter Wahrung der Verfassungsgebote geschehen, die Menschenwürde und die Intimsphäre des Betroffenen sowie Ehe und Familie zu achten und zu schützen (Art. 1 Abs. 1, 2 Abs. 1, 6 Abs. 1 GG).[38]

31 Die Frage, ob ein Wille zur Begründung einer ehelichen Lebensgemeinschaft vorliegt oder lediglich die Absicht besteht, eine Scheinehe zu schließen, liegt auf tatsächlichem Gebiet. Voraussetzung für die Annahme einer Scheinehe nach § 1314 Abs. 2 Nr. 5 BGB ist, dass die Ehegatten sich bei der Eheschließung darüber einig sind, keine Verpflichtung gemäß § 1353 Abs. 1 BGB begründen zu wollen.[39] Die Feststellung der hierzu erforderlichen Tatsachen und ihre Würdigung hat der Tatrichter selbständig vorzunehmen, er kann sich hierbei nicht auf die Überprüfung der vom Standesbeamten durchgeführten Ermittlungen und dessen Entschließung beschränken. Die Entscheidung des Landgerichts als letzter Tatsacheninstanz ist im Verfahren der weiteren Beschwerde nur eingeschränkt dahin überprüfbar, ob das Landgericht den maßgeblichen Sachverhalt ausreichend gemäß § 127 FamFG erforscht, bei der Erörterung des Beweisstoffes alle wesentlichen Umstände berücksichtigt und hierbei nicht gegen gesetzliche Beweisregeln, Denkgesetze oder feststehende Erfahrungssätze verstoßen hat.[40]

---

[33] *Wellenhofer* in: MünchKomm-BGB, § 1310 Rn. 15.
[34] *Roth* in: Erman, § 1310 Rn. 6.
[35] *Roth* in: Erman, § 1310 Rn. 6.
[36] *Gaaz*, StAZ 1998, 241-251, 244; *Wellenhofer* in: MünchKomm-BGB, § 1310 Rn. 24.
[37] Vgl. zur Zwangsheirat und § 237 StGB im Einzelnen *Kaiser*, FamRZ 2013, 77-90; *Kubik/Zimmermann*, JR 2013, 192-203; *Bülte/Becker*, ZIS 2012, 61-67.
[38] BVerwG v. 23.05.1995 - 1 C 3/94 - juris Rn. 31 - BVerwGE 98, 298-313.
[39] AG Saarbrücken v. 18.01.2006 - 10 III E 105/05 - juris Rn. 12.
[40] OLG Frankfurt v. 07.06.2004 - 20 W 39/04 - OLGR Frankfurt 2004, 380-382.

Offenkundigkeit ist nicht i.S.v. § 291 ZPO als allgemeinkundig oder amtskundig zu verstehen.[41] Es ist daher nicht zu verlangen, dass die die Aufhebbarkeit der Ehe begründenden Umstände, insbesondere ihr Charakter als Scheinehe bekannt sind, oder jedermann, insbesondere der Standesbeamte sich hierüber ohne besondere Sachkunde aus allgemein zugänglichen, zuverlässigen Quellen unschwer überzeugen kann.[42] Ein solches Normverständnis würde die Norm von vornherein leer laufen lassen und wäre auch mit § 13 Abs. 2 PStG nicht zu vereinbaren. § 13 Abs. 2 PStG fordert den Standesbeamten gerade auf, vorliegenden Verdachtsmomenten nachzugehen und der Wahrheit auf den Grund zu gehen.[43] Offenkundigkeit i.S.v. § 1310 Abs. 1 Satz 2 HS. 2 BGB ist daher als offensichtlich bzw. evident zu verstehen. Demnach hat der Standesbeamte seine Mitwirkung zu verweigern, wenn nach Erforschung des Sachverhalts (§ 13 Abs. 2 PStG) vernünftigerweise kein Zweifel daran bestehen kann, dass die Ehe nach § 1314 Abs. 2 BGB aufhebbar wäre, sich dieses Ergebnis also einem verständigen und erfahrenen Menschen geradezu aufdrängt.[44] Nach anderer Ansicht soll nicht auf den Grad der Gewissheit, sondern auf die Leichtigkeit abzustellen sein, mit der man sich Gewissheit verschaffen kann.[45] Dies führt allerdings zu keinem besseren Normverständnis. Selbstverständlich muss die Frage, ob die beabsichtigte Ehe nach § 1314 Abs. 2 BGB aufhebbar wäre, nach dem Abschluss der Ermittlungen leicht zu beantworten sein. Dies bedeutet aber nicht, dass die Ermittlungen für den Standesbeamten leicht gewesen sein müssen.[46] Das Vorliegen eines Aufhebungsgrundes ist insbesondere dann als offenkundig anzusehen, wenn die Verlobten eine Mitwirkung an der Aufklärung nach § 13 Abs. 2 PStG ablehnen.[47] Der Standesbeamte kann eine Entscheidung des Amtsgerichts bei Zweifeln über Tatfragen nicht herbeiführen, weil Zweifel die Offenkundigkeit gerade ausschließen.[48]

32

Konkrete Anhaltspunkte für eine Scheinehe sind insbesondere:[49]

33

- Fehlen einer für beide Verlobten verständlichen Sprache,
- eklatanter Altersunterschied,
- Alkohol- oder Drogenabhängigkeit des deutschen Teils,
- gewöhnlicher Aufenthalt der Verlobten in weit auseinanderliegenden Standesamtsbezirken, insbesondere wenn das Aufenthaltsrecht des ausländischen Verlobten räumlich beschränkt ist,
- Zusammenleben eines oder beider Verlobten mit einem anderen Partner,
- fehlende Kenntnis der Verlobten von persönlichen Daten und Lebensumständen des jeweils anderen Teils,
- fehlende persönliche Kontakte,
- widersprüchliche Angaben über die Umstände des persönlichen Kennenlernens,
- Zahlung eines Geldbetrages für die Eingehung der Ehe,
- frühere Scheinehen eines oder beider Verlobten,
- kürzlich vorausgegangene Anmeldung einer beabsichtigten Ehe mit einem anderen Partner[50].

Diese Indizien bzw. Verdachtsmomente dürfen natürlich nicht isoliert betrachtet werden. Vielmehr bedarf es einer Gesamtbetrachtung.[51] Der Standesbeamte kann die Indizien für das Vorliegen eines Aufhebungsgrundes insbesondere durch das bei der Anmeldung der beabsichtigten Eheschließung ge-

---

[41] *Wellenhofer* in: MünchKomm-BGB, § 1310 Rn. 21; AG Saarbrücken v. 18.01.2006 - 10 III E 105/05 - juris Rn. 11; OLG Düsseldorf v. 31.08.2007 - I-3 Wx 57/07, 3 Wx 57/07 - juris Rn. 10 - FamRZ 2008, 277-280.
[42] BVerfG v. 03.11.1959 - 1 BvR 13/59 - NJW 1960, 31.
[43] *Wellenhofer* in: MünchKomm-BGB, § 1310 Rn. 21.
[44] *Wellenhofer* in: MünchKomm-BGB, § 1310 Rn. 21; OLG Düsseldorf v. 31.08.2007 - I-3 Wx 57/07, 3 Wx 57/07 - juris Rn. 11 - FamRZ 2008, 277-280; zur Zwangsheirat im Einzelnen vgl. *Kaiser*, FamRZ 2013, 77-90; *Kubik/Zimmermann*, JR 2013, 192-203.
[45] *Hepting*, FamRZ 1998, 713-728, 721.
[46] *Wellenhofer* in: MünchKomm-BGB, § 1310 Rn. 22.
[47] LG Mainz v. 28.05.2002 - 8 T 293/01 - juris Rn. 11; *Wellenhofer* in: MünchKomm-BGB, § 1310 Rn. 22.
[48] OLG Düsseldorf v. 02.11.1998 - 3 Wx 390/98 - juris Rn. 5 - StAZ 1999, 10-11, mit ablehnender Anmerkung *Gaaz*, StAZ 1998, 241-251, 244; *Wellenhofer* in: MünchKomm-BGB, § 1310 Rn. 22.
[49] Vgl. Entschließung des Rates der EU über Maßnahmen zur Bekämpfung von Scheinehen vom 04.12.1997, ABl. v. 16.12.1997, Nr. C 382/01; *Wellenhofer* in: MünchKomm-BGB, § 1310 Rn. 23; AG Saarbrücken v. 18.01.2006 - 10 III E 105/05 - juris Rn. 14-25.
[50] VG des Saarlandes v. 16.09.2010 - 10 L 985/10 - juris Rn. 3: 3 Eheschließungsversuche mit 3 verschiedenen deutschen Staatsangehörigen innerhalb eines halben Jahres.
[51] LG Mainz v. 28.05.2002 - 8 T 293/01 - juris Rn. 12.

§ 1310

führte Gespräch gewinnen; daneben aber auch aus Mitteilungen Dritter oder Erkenntnissen des Standesbeamten bei Vorbereitung der Entscheidung über die Befreiung von der Beibringung des Ehefähigkeitszeugnisses, § 12 Abs. 3 PStG.[52]

IV. Eheschließung Deutscher im Ausland

34 Die Möglichkeit der konsularischen Eheschließung in vom Auswärtigen Amt im Benehmen mit dem Bundesministerium des Innern besonders bezeichneten Konsularbezirken ist seit der Änderung des § 8 KonsularG durch Art. 2 Abs. 7 Nr. 1 PStRG mit Wirkung vom 01.01.2009 entfallen.[53]

35 Mit der Erteilung einer Konsularbescheinigung, die ein deutscher Staatsangehöriger zur Eheschließung in Ägypten und bestimmten anderen Ländern benötigt, nimmt die Botschaft personenstandsrechtliche Aufgaben wahr. Dabei zu berücksichtigende Ehehindernisse sind hinsichtlich des Problembereichs sogenannter Scheinehen in § 1314 Abs. 2 Nr. 3 und 5 BGB abschließend normiert. Zu wessen Lasten verbleibende Zweifel hinsichtlich des Vorliegens bzw. Nichtvorliegens solcher Ehehindernisse gehen, bleibt in der Entscheidung des VG Berlin vom 12.11.2012 offen.[54]

V. Schein-Standesbeamter (Absatz 2)

36 Gem. § 1310 Abs. 2 BGB gilt als Standesbeamter auch, wer ohne Standesbeamter zu sein das Amt eines Standesbeamten öffentlich ausgeübt und die Ehe in das Eheregister (§§ 3, 15 PStG) eingetragen hat (sog. Schein-Standesbeamter). Öffentliche Ausübung bedeutet zunächst, dass der Scheinstandesbeamte nicht insgeheim, im Verborgenen tätig geworden sein darf; er muss sich vielmehr so wie ein wirklicher Standesbeamter verhalten haben. Das ist insbesondere anzunehmen, wenn er in den Räumen des Standesamts aufgetreten ist oder wenn ein Standesbeamter außerhalb seines Bezirks oder vor seiner rechtswirksamen Bestellung bzw. nach deren Widerruf tätig wird.[55] Des Weiteren muss der Scheinstandesbeamte die Ehe in das Eheregister eingetragen haben. Die Beurkundung in der Niederschrift (§ 14 Abs. 3 PStG) genügt nicht. Die Eintragung muss der Scheinstandesbeamte selbst vornehmen. Es genügt nicht, dass die Ehe vor dem Scheinstandesbeamten geschlossen und alsdann von dem richtigen Standesbeamten eingetragen wird.[56] Jedoch braucht die Eintragung nicht unmittelbar der Eheschließung nachzufolgen. Die Ehe wird erst mit der Eintragung gültig, die gewissermaßen heilende Kraft hat. Weitere Anforderungen stellt das Gesetz nicht. Insbesondere kommt es weder auf den guten Glauben der Verlobten noch auf den des Scheinstandesbeamten an.[57]

VI. Nichtehe

1. Allgemeines

37 Eine Nichtehe (matrimonium non existens) liegt nur vor bei einem Verstoß gegen § 1310 Abs. 1 Satz 1, Abs. 2 BGB.[58] Für diesen Fall sieht das Gesetz nämlich weder eine Aufhebbarkeit nach § 1314 BGB, noch eine Heilung vor. Eine solche Nichtehe entfaltet keine rechtlichen Wirkungen.[59] Die Partner sind daher weiterhin nicht miteinander verheiratet.

38 In folgenden Fallgestaltungen liegt eine Nichtehe vor:[60]
- Konsensabgabe erfolgte nicht vor einem bestellten und in seinem Bezirk tätigen oder einem dort zur Vertretung ermächtigten Standesbeamten,
- Konsensabgabe erfolgte vor einem Nichtstandesbeamten und es fehlte entweder die öffentliche Amtsausübung oder die Eintragung der Eheschließung ins Eheregister wurde unterlassen,
- Konsensabgabe vor einem zur Mitwirkung an der Eheschließung nicht bereiten (Schein-) Standesbeamten,

---

[52] *Wellenhofer* in: MünchKomm-BGB, § 1310 Rn. 23.
[53] *Wellenhofer* in: MünchKomm-BGB, § 1310 Rn. 4.
[54] VG Berlin v. 12.11.2010 - 34 K 2.10.
[55] *Roth* in: Erman, § 1310 Rn. 9; *Wellenhofer* in: MünchKomm-BGB, § 1310 Rn. 14.
[56] *Wellenhofer* in: MünchKomm-BGB, § 1310 Rn. 14.
[57] OLG Oldenburg v. 26.02.1962 - 3 Wx 2/62 - MDR 1962, 482; *Roth* in: Erman, § 1310 Rn. 9; *Wellenhofer* in: MünchKomm-BGB, § 1310 Rn. 14; a.A. *Wüstenberg* in: BGB-RGRK, 10. und 11. Aufl. 1968, EheG § 11 Rn. 17.
[58] *Löhnig* in: Staudinger, § 1310 Rn. 59.
[59] *Roth* in: Erman, § 1310 Rn. 10; *Löhnig* in: Staudinger, § 1310 Rn. 59, 60; *Wellenhofer* in: MünchKomm-BGB, § 1310 Rn. 27.
[60] Vgl. hierzu: *Löhnig* in: Staudinger, § 1310 Rn. 59.

- fehlende Erklärung eines Verlobten, die als Äußerung des positiven Eheschließungswillens anzusehen ist,
- „Eheschließung" mit einem Verstorbenen,
- „Eheschließung" mit einem gleichgeschlechtlichen Partner.[61]

2. Beispiele

Eine Eheschließung nach islamischen Recht in einer Moschee in Deutschland genügt den Formerfordernissen der §§ 1310, 1311 BGB nicht, denn nach Art. 13 Abs. 3 Satz 1 EGBGB kann eine Ehe im Inland nur in der hier vorgeschriebenen Form geschlossen werden, d.h. die Eheschließenden müssen persönlich und bei gleichzeitiger Anwesenheit vor dem Standesbeamten erklären, die Ehe miteinander eingehen zu wollen, §§ 1310, 1311 BGB.[62] Sind die Ehegatten ausländische Staatsangehörige, muss die zwischen ihnen geschlossene Ehe im Inland anerkannt sein.[63] Im vorgenannten Fall sind diese Voraussetzungen nicht erfüllt, so dass von einer sog. Nichtehe auszugehen ist.[64] 39

In Bezug auf die Frage, ob die in einer Moschee erfolgte und im ägyptischen Generalkonsulat in Frankfurt/Main beurkundete Eheschließung eines Ägypters und einer Tschechin wirksam ist, ist auf § 1310 Abs. 1 Satz 2 BGB hinzuweisen, wonach die Eheschließung im Heimatstaat eines der Verlobten auch vor einer von dessen Regierung ordnungsgemäß ermächtigten Person erfolgen kann. Dies sind die in einem beim Bundesverwaltungsamt in Köln geführten Register namentlich eingetragenen Personen und ferner diejenigen konsularischen und diplomatischen Vertreter, die nach dem Recht des Entsendestaates als Trauungsperson fungieren können. Da die Trauung nicht durch eine ordnungsgemäß ermächtigte Person vorgenommen worden ist, ist die Eheschließung unwirksam.[65] 40

Eine vor einem orthodoxen Priester in Deutschland geschlossene Ehe zwischen einem Armenier und einer Deutschen entfaltet keine aufenthaltsrechtliche Wirkung, da sie nicht vor dem Standesbeamten geschlossen wurde. Es liegt daher nach deutschem Recht eine Nichtehe vor, die keine Rechtswirkungen entfaltet.[66] 41

Eine Ahmadiyya-Ehe ist aus Sicht des deutschen Rechts wirksam, wenn sie formwirksam geschlossen wurde und bei beiden Ehegatten im Zeitpunkt der Eheschließung die materiellen Voraussetzungen für die Eheschließung vorlagen. Das Vorliegen der formellen Voraussetzungen ist dabei nach Art. 11 EGBGB, das Vorliegen der materiellen Voraussetzungen nach Art. 13 EGBGB zu beurteilen.[67] 42

Streitig ist die Frage, ob eine Nichtehe vorliegt bei einer Eheschließung, die unter Nichtbeachtung der richtigen Form aufgrund einer falschen Auskunft seitens der Behörde über die Staatsangehörigkeit erfolgte.[68] 43

Für Transsexuelle gilt das Transsexuellengesetz.[69] Nach den §§ 8, 10 TSG darf ein Transsexueller nach der Feststellung, dass er als dem anderen Geschlecht zugehörig anzusehen ist, die Ehe mit einem Partner seines früheren Geschlechts eingehen. 44

Bei der Ehe einer Frau mit einem als Mädchen geborenen Transsexuellen handelt es sich nicht um eine Nichtehe, sondern allenfalls um eine aufhebbare Ehe, sofern vor der Eheschließung gem. § 9 TSG die Zugehörigkeit des Transsexuellen zu dem männlichen Geschlecht vorab festgestellt worden ist. Der Heiratseintrag im Personenstandsbuch ist daher nicht unwirksam, weil er eine Nichtehe beträfe.[70] 45

Die Konsequenzen einer während einer eingetragenen Lebenspartnerschaft vollzogenen Geschlechtsumwandlung sind im deutschen Recht nicht ausdrücklich geregelt, weshalb auch nach der Geschlechtsumwandlung von dem Fortbestehen einer eingetragenen Lebenspartnerschaft auszugehen ist. Ein Anlass für eine Aufhebung ist jedenfalls nicht gegeben. Unter das Eheverbot der Doppelehe gem. § 1306 BGB fällt die eingetragene Lebenspartnerschaft nicht, weil die geplante Ehe nicht mit einer dritten Per- 46

---

[61] Vgl. aber hierzu die eingetragene Lebenspartnerschaft nach dem Lebenspartnerschaftsgesetz (LPartG).
[62] BFH v. 19.04.2007 - III R 85/03 - juris Rn. 20 - BFH/NV 2007, 1855-1857.
[63] BFH v. 19.04.2007 - III R 85/03 - juris Rn. 19 - BFH/NV 2007, 1855-1857.
[64] BFH v. 19.04.2007 - III R 85/03 - juris Rn. 22 - BFH/NV 2007, 1855-1857.
[65] Fachausschuss Nr. 3724, verhandelt am 12.11.2004, StAZ 2005, 111-112.
[66] VG Bayreuth v. 12.02.2014 - B 4 K 12.508 - juris Rn. 20.
[67] *Wall*, StAZ 2012, 120-123 m.w.N.
[68] *Frank*, StAZ 2011, 236-241 m.w.N.
[69] TranssexuellenG v. 10.09.1980, BGBl I 1980, 1654.
[70] OLG Rostock v. 29.07.2004 - 3 W 58/04 - OLGR Rostock 2004, 375-378.

son geschlossen werden soll. Aus Gründen der Rechtsklarheit wäre aber eine Löschung der eingetragenen Lebenspartnerschaft vor der Eheschließung angezeigt, da im Hinblick auf § 1310 Abs. 1 Satz 1 BGB ein „nahtloser und automatischer" Übergang zur Ehe nicht möglich ist.[71]

VII. Heilung (Absatz 3)

1. Bisherige Rechtslage

47 Die Nichtehe war bisher grundsätzlich unheilbar. Die damit verbundenen Härten mussten von beiden Partnern hingenommen werden. In Ausnahmefällen hat die Rechtsprechung deshalb die Berufung auf die Nichtehe für unzulässig erklärt, insbesondere in Fällen aus den Kriegs- und Nachkriegswirren. Diese wurden zum Teil erst spät entdeckt, wenn einer der Partner verstarb. Eine Notklerikalehe wurde anerkannt und dem Ehepartner verwehrt, sich auf diese Nichtehe zu berufen, wenn seine Ehe von einem Geistlichen in Gebieten geschlossen wurde, in denen es wegen der Besetzung deutscher Gebiete im Zweiten Weltkrieg entweder an Standesbeamten fehlte, oder diese an der Ausübung ihres Amtes gehindert wurden.[72] Für andere war dagegen der Ehekonsens entscheidender als die Einhaltung der Form. Auf die obligatorische Mitwirkung eines Standesbeamten konnte in diesen Fällen verzichtet werden, in denen die Partner meist jahrzehntelang als Ehegatten zusammengelebt haben, weil das Gebot der standesamtlichen Mitwirkung nicht Selbstzweck ist, sondern der Garantiefunktion des Art. 6 GG dienen soll.[73] Besonders bedeutsam ist das Problem der Berufung auf die Nichtehe beim Tod eines vermeintlichen Ehepartners, wenn dem überlebenden Putativehegatten die jahrelang miterarbeitete Alterssicherung unter Hinweis auf den Nichtbestand der Ehe vorenthalten wird. Um dem gerecht zu werden, hat das Bundesverfassungsgericht im Jahre 1983 unter Berufung auf Art. 6 GG und den Schutzzweck der sozialversicherungsrechtlichen Normen für den Fall einer sog. hinkenden Ehe entschieden, dass in verfassungskonformer Auslegung des § 1264 RVO Witwe i.S.d. RVO auch eine Frau ist, deren Ehe nur im Ausland gültig ist; außerdem ist erforderlich, dass die Parteien sich auch als Ehepartner betrachteten und nicht nur eine nichteheliche Lebensgemeinschaft wollten.[74]

2. Jetzige Rechtslage

48 § 1310 Abs. 3 BGB will zumindest für einen Teil der Fälle Abhilfe schaffen, indem er eine über das geltende Recht hinausgehende statusrechtliche Heilung fehlerhafter Ehen normiert.[75]

49 Eine Ehe gilt nach § 1310 Abs. 3 BGB auch dann als geschlossen, wenn die Ehegatten erklärt haben, die Ehe eingehen zu wollen und

- der Standesbeamte die Ehe in das Eheregister eingetragen hat (z.B. nach der Heirat vor einem deutschen Konsul im Ausland) oder
- der Standesbeamte im Zusammenhang mit der Beurkundung der Geburt eines gemeinsamen Kindes der Ehegatten einen Hinweis auf die Eheschließung in das Geburtenregister eingetragen hat oder
- der Standesbeamte von den Ehegatten eine familienrechtliche Erklärung, die zu ihrer Wirksamkeit eine bestehende Ehe voraussetzt, entgegengenommen hat und den Ehegatten hierüber eine in Rechtsvorschriften vorgesehene Bescheinigung erteilt worden ist (eine solche Erklärung kann z.B. eine nachträgliche Ehenamensbestimmung sein oder die Hinzufügung eines Begleitnamens nach § 1355 BGB, die der Standesbeamte den Ehegatten bescheinigt, ferner eine Erklärung über den Kindesnamen).[76]

50 Voraussetzung ist jedoch in allen drei Fällen, dass die Ehegatten seitdem zehn Jahre oder bis zum Tode eines der Ehegatten, mindestens jedoch fünf Jahre, als Ehegatten miteinander gelebt haben. Bei der Frage, ob das Paar „als Ehegatten miteinander gelebt haben", kommt es nicht auf eine Kenntnis oder Gutgläubigkeit in Bezug auf den Mangel der Eheschließung an. Entscheidend ist vielmehr der durch

---

[71] *Kissner*, StAZ 2011, 376-377.
[72] Vgl. hierzu *Strätz* in: Staudinger (2007), § 1310 Rn. 58 m.w.N.
[73] Vgl. hierzu *Strätz* in: Staudinger (2007), § 1310 Rn. 58 m.w.N.
[74] BVerfG v. 23.06.1983 - 1 BvR 166/83 - FamRZ 1983, 1211-1212; vgl. hierzu *Strätz* in: Staudinger (2007), § 1310 Rn. 59 m.w.N.
[75] *Roth* in: Erman, § 1310 Rn. 11; *Strätz* in: Staudinger (2007), § 1310 Rn. 60; *Wellenhofer* in: MünchKomm-BGB, § 1310 Rn. 28.
[76] *Roth* in: Erman, § 1310 Rn. 11; *Wellenhofer* in: MünchKomm-BGB, § 1310 Rn. 31.

das Zusammenleben i.S.v. § 1567 BGB zum Ausdruck kommende Wille zur ehelichen Gemeinschaft. Indizien hierfür sind beispielsweise ein gemeinsamer Haushalt oder eine sonstige gemeinsame Lebensführung.[77] Die gemeinsame Namensführung ist nicht ausreichend.

Haben Eheleute wenige Jahre nach der formnichtigen Eheschließung eine formgültige Ehe geschlossen, die nach wie vor wirksam ist, kommt eine Heilung der formnichtigen Eheschließung nicht in Betracht. Insofern bedarf es der Heranziehung außergewöhnlicher Heilungsvorschriften aus dem Grundgesetz nicht.[78] 51

Für die Berechnung der Fristen gelten die §§ 187 Abs. 1, 188 BGB. 52

Die Heilung erfolgt ex tunc, also rückwirkend, denn anderenfalls würden Sinn und Zweck der Vorschrift verfehlt.[79] 53

3. Sog. hinkende Ehe

Unabhängig von § 1310 Abs. 3 BGB ist im Falle einer gutgläubig geschlossenen und tatsächlich geführten Nichtehe stets zu prüfen, ob vom Nichtbestehen einer Ehe wirklich uneingeschränkt und in jeder Beziehung auszugehen oder nicht zwischen dem Personenstand als solchem und seinen einzelnen Rechtswirkungen zu unterscheiden ist.[80] Eine Modifikation kann insbes. angebracht sein, wenn es sich um eine „hinkende" Ehe handelt, die dem Heimatrecht eines Teils entspricht. Hier ist zu fragen, ob die maßgebliche deutsche Sachnorm dahin ausgelegt werden kann, dass eine hinkende Ehe ausreicht, um etwa Renten-, Unterhalts- oder Erbansprüche zu begründen. In diesem Sinne hat das BVerfG – allerdings ohne tragfähige Begründung – entschieden, dass Art. 6 Abs. 1 GG – richtig erscheine eine Heranziehung des Grundsatzes des Vertrauensschutzes (Art. 20 Abs. 3 GG) – eine Auslegung des § 1264 RVO (jetzt § 46 SGB I) dahin gebietet, dass Witwe im Sinne dieser Vorschrift auch die hinterbliebene Frau aus einer „hinkenden" Ehe ist.[81] 54

Vor diesem Hintergrund ist z.B. eine 1977 in der pakistanischen Botschaft in London vor einem Botschaftssekretär als „Nikah Registrar" erfolgte Eheschließung zwischen einer deutschen und einem pakistanischen Staatsangehörigen nach deutschem Recht nicht wirksam. Gleichwohl ist wegen der Wirksamkeit dieser hinkenden Ehe nach pakistanischem Recht bei der Beurkundung des Sterbefalles im Sterberegister der Familienstand mit „verheiratet" und einem klarstellenden Zusatz einzutragen.[82] 55

C. Rechtsfolgen

Liegen die Voraussetzungen des § 1310 Abs. 1 BGB nicht vor, so liegt keine gültige Ehe vor.[83] 56

Die Heilungsmöglichkeit in § 1310 Abs. 3 BGB umfasst nur die statusrechtliche Heilung, so dass sich die Frage stellt, ob die Gerichte in Zukunft weiterhin einzelne, eigentlich nur für die Ehe vorgesehene Rechtsfolgen auch an eine (schützenswerte) Nichtehe knüpfen können. Da Art. 6 Abs. 1 GG in der Auslegung des Bundesverfassungsgerichts weiter greift als die in § 1310 Abs. 3 BGB geregelten Fälle, wird man die BGB-Norm als verfassungskonform dahin gehend auslegen müssen, dass sie lediglich im Hinblick auf eine statusrechtliche Heilung abschließend ist, im Übrigen aber nicht.[84] 57

D. Prozessuale Hinweise

Lehnt der Standesbeamte die Mitwirkung bei der Eheschließung ab, so kann jeder Verlobte das Amtsgericht gem. § 49 Abs. 1 PStG anrufen.[85] 58

---

[77] *Roth* in: Erman, § 1310 Rn. 11; *Löhnig* in: Staudinger, § 1310 Rn. 82 ff.; *Wellenhofer* in: MünchKomm-BGB, § 1310 Rn. 32.
[78] OLG München v. 18.12.2012 - 4 UF 652/12 - juris - StAZ 2013, 143.
[79] *Roth* in: Erman, § 1310 Rn. 11; *Löhnig* in: Staudinger, § 1310 Rn. 85.
[80] *Wellenhofer* in: MünchKomm-BGB, § 1310 Rn. 34.
[81] BVerfG v. 30.11.1982 - 1 BvR 818/81 - BVerfGE 62, 323-333; *Wellenhofer* in: MünchKomm-BGB, § 1310 Rn. 34.
[82] OLG Frankfurt v. 13.01.2014 - 20 W 397/12 - juris Leitsatz.
[83] *Friederici*, AnwZert FamR 10/2011, Anm. 2: Die Eheschließung ist bei Verstoß gegen § 1310 BGB nichtig, wenn keine Heilung des Mangels nach § 1310 Abs. 3 BGB erfolgt ist.
[84] Vgl. hierzu: *Roth* in: Erman, § 1310 Rn. 13.
[85] *Wellenhofer* in: MünchKomm-BGB, § 1310 Rn. 24.

§ 1310

59 Gemäß § 49 Abs. 2 PStG kann der Standesbeamte in Zweifelsfällen, ob eine Ehe als Scheinehe geschlossen werden soll und deshalb nach § 1314 Abs. 2 BGB aufhebbar wäre, auch von sich aus die Entscheidung des Amtsgerichts darüber herbeiführen, ob eine Amtshandlung vorzunehmen ist. Für das weitere Verfahren gilt dies als Ablehnung der Amtshandlung. Wird nach Einleitung eines Verfahrens nach § 49 Abs. 2 PStG die Anmeldung zur Eheschließung von einem der beiden Antragsteller zurückgenommen, so führt dies zur Beendigung des Verfahrens durch Erledigung der Hauptsache. Die Rücknahme der Anmeldung zur Eheschließung kann als verfahrensrechtliche Erklärung nicht widerrufen werden. Eine diesbezügliche Äußerung kann nur als neuer Antrag auf Durchführung der Eheschließung ausgelegt werden, über den der Standesbeamte zu befinden hat.[86]

60 Bei der Klage eines der Beteiligten gegen den anderen auf Feststellung des Bestehens oder Nichtbestehens einer Ehe handelt es sich um eine Ehesache gem. § 121 ff. FamFG (§ 121 Nr. 3 FamFG). Die Nichtexistenz einer Putativehe kann nur im Wege einer negativen Feststellungsklage gem. § 256 ZPO, §§ 121 ff. FamFG (§ 121 Nr. 3 FamFG) vor dem Familiengericht geltend gemacht werden.[87]

---

[86] OLG Frankfurt v. 22.07.2005 - 20 W 522/04 - OLGF Frankfurt 2006, 199-200.
[87] *Wellenhofer* in: MünchKomm-BGB, § 1310 Rn. 27.

§ 1311 BGB Persönliche Erklärung

(Fassung vom 02.01.2002, gültig ab 01.01.2002)

¹Die Eheschließenden müssen die Erklärungen nach § 1310 Abs. 1 persönlich und bei gleichzeitiger Anwesenheit abgeben. ²Die Erklärungen können nicht unter einer Bedingung oder Zeitbestimmung abgegeben werden.

Gliederung

A. Grundlagen 1
B. Anwendungsvoraussetzungen 2
 I. Persönliche und gleichzeitige Anwesenheit
  (Satz 1) 2
II. Bedingung und Befristung (Satz 2) 6
C. Rechtsfolgen 7

A. Grundlagen

§ 1311 BGB entspricht inhaltlich § 13 EheG und normiert die zwingenden Formerfordernisse des Eheschließungsaktes vor einem zur Entgegennahme der Eheschließung bereiten Standesbeamten.[1] Sinn und Zweck des § 1311 BGB ist die Verhinderung von Eheschließungen, die nicht auf einer freien und ernstlichen Willensbildung der Verlobten beruhen. Ihr Konsens soll über jeden Zweifel erhaben, Bestand und Fortbestand der Ehe sollen gewiss sein.[2]

B. Anwendungsvoraussetzungen

I. Persönliche und gleichzeitige Anwesenheit (Satz 1)

§ 1311 Satz 1 BGB verlangt, dass die Eheschließenden die Erklärung, die Ehe miteinander eingehen zu wollen (§ 1310 Abs. 1 BGB), persönlich und bei gleichzeitiger Anwesenheit abgeben. Das Erfordernis der gleichzeitigen Anwesenheit bedeutet, dass der Standesbeamte nicht zu verschiedenen Zeiten zunächst die Erklärung des einen und später des anderen entgegennehmen darf und dass die Verlobten ihren Eheschließungswillen nicht vor verschiedenen Standesbeamten erklären können.[3] Die Eheschließenden müssen daher in Person und zur selben Zeit vor dem Standesbeamten erscheinen, um die Konsenserklärungen von Angesicht zu Angesicht auszutauschen.[4]

Eine Eheschließung nach islamischen Recht in einer Moschee in Deutschland genügt den Formerfordernissen der §§ 1310, 1311 BGB nicht, denn nach Art. 13 Abs. 3 Satz 1 EGBGB kann eine Ehe im Inland nur in der hier vorgeschriebenen Form geschlossen werden, d.h. die Eheschließenden müssen persönlich und bei gleichzeitiger Anwesenheit vor dem Standesbeamten erklären, die Ehe miteinander eingehen zu wollen.[5] Sind die Ehegatten ausländische Staatsangehörige, muss die zwischen ihnen geschlossene Ehe im Inland anerkannt sein.[6] Im vorgenannten Fall sind diese Voraussetzungen nicht erfüllt, so dass von einer sog. Nichtehe auszugehen ist.[7]

Bei der Eheschließung ist jegliche Art von Stellvertretung unzulässig.[8] Eine Eheschließung unter Abwesenden ist ebenso formungültig und daher nach § 1314 Abs. 1 BGB aufhebbar wie die Übermittlung der Konsenserklärungen durch einen Boten oder Vertreter (sog. Handschuhehe) oder durch fernmündliche oder fernschriftliche Übermittlung.[9]

Folgende Konstellationen vor dem Standesbeamten sind zu unterscheiden:

---

[1] *Roth* in: Erman, § 1311 Rn. 1, 2.
[2] *Wellenhofer* in: MünchKomm-BGB, § 1311 Rn. 1; BGH v. 19.12.1958 - IV ZR 87/58 - BGHZ 29, 137, 141; *Ulrici*, AnwZert ArbR 17/2013 Anm. 2.
[3] *Wellenhofer* in: MünchKomm-BGB, § 1311 Rn. 5.
[4] OLG Naumburg v. 09.04.2002 - 10 Wx 30/01 - StAZ 2003, 80-82; *Löhnig* in: Staudinger, § 1311 Rn. 7.
[5] BFH v. 19.04.2007 - III R 85/03 - juris Rn. 20 - BFH/NV 2007, 1855-1857; *Löhnig* in: Staudinger, § 1311 Rn. 23.
[6] BFH v. 19.04.2007 - III R 85/03 - juris Rn. 19 - BFH/NV 2007, 1855-1857.
[7] BFH v. 19.04.2007 - III R 85/03 - juris Rn. 22 - BFH/NV 2007, 1855-1857.
[8] *Löhnig* in: Staudinger, § 1311 Rn. 9; vgl. zu den rechtlichen Vorgaben zu Inhalt und Form von Vollmachten: *Müller-von Münchow*, NotBZ 2010, 31-41.
[9] *Wellenhofer* in: MünchKomm-BGB, § 1311 Rn. 2; *Löhnig* in: Staudinger, § 1311 Rn. 7.

- **Eheschließung unter falschem Namen**: Kennen A und B die Identität des jeweils anderen, gibt sich B gegenüber dem Standesbeamten aber als C aus, wobei A weiß, dass B nicht C ist, kommt gleichwohl die Ehe zwischen A und B zustande; denn bei einverständlichem Handeln eines Eheschließungswilligen unter falschem Namen wird die Ehe unter den Anwesenden geschlossen, da es auf das Verständnis des Erklärungsempfängers und nicht des Standesbeamten ankommt.[10]
- Im Falle einer **verdeckten Stellvertretung** sind wiederum zwei Konstellationen zu unterscheiden:
  - B gibt sich gegenüber dem Standesbeamten als C aus, wobei A weiß und damit einverstanden ist, dass B die Erklärung für den nicht anwesenden C abgibt. Dann kommt die Ehe zwischen A und C, obwohl nicht anwesend, zustande, wenn A die Eheschließung mit dem vertretenen C will.[11]
  - A weiß nicht und wäre auch nicht damit einverstanden, dass B die Erklärung für den nicht anwesenden C abgibt. Dies wäre beispielsweise beim Rollentausch von Zwillingen möglich.[12] Die Ehe kommt im Fall der auch dem Partner unbekannten verdeckten Stellvertretung zwischen A und dem anwesenden B, für den § 164 Abs. 2 BGB gilt, zustande. Die Ehe wäre aber für den Erklärungsempfänger nach § 1314 Abs. 2 Nr. 3 BGB aufhebbar.[13]

II. Bedingung und Befristung (Satz 2)

6 Nach § 1311 Satz 2 BGB können die Konsenserklärungen weder unter einer aufschiebenden oder auflösenden Bedingung noch unter Bestimmung eines Anfangs- oder Endtermins abgegeben werden. Dies ergibt sich auch aus § 1353 Abs. 1 Satz 1 BGB, wonach die Ehe auf Lebenszeit geschlossen wird.[14] Regelmäßig wird der Standesbeamte eine Eheschließung unter einer Bedingung oder Befristung nicht vornehmen. Falls doch, so ist die Ehe gem. § 1314 Abs. 1 BGB aufhebbar. Voraussetzung hierfür ist aber, dass die Bedingung oder Befristung in die vor dem Standesbeamten abgegebene Erklärung aufgenommen wurde.[15] Stillschweigende, unter den Verlobten ausbedungene Vorbehalte beeinflussen den Bestand der Ehe nicht. Eine solche Vereinbarung ist mit dem Wesen der Ehe aber unvereinbar und entfaltet daher keine Rechtswirkungen unter den Eheleuten.[16]

C. Rechtsfolgen

7 Wird gegen die Formerfordernisse des § 1311 BGB verstoßen, so führt dies zur Aufhebbarkeit der Ehe gem. § 1314 BGB.[17] Bis zur Rechtskraft des gerichtlichen Urteils wird die Ehe allerdings als gültig behandelt.[18]

---

[10] *Brudermüller* in: Palandt, § 1311 Rn. 5; *Roth* in: Erman, § 1311 Rn. 4; *Wellenhofer* in: MünchKomm-BGB, § 1311 Rn. 4; *Löhnig* in: Staudinger, § 1311 Rn. 10.
[11] *Brudermüller* in: Palandt, § 1311 Rn. 5; *Beitzke* in: Caemmerer/Nikisch/u.a., Vom Deutschen zum Europäischen Recht, 1963, Band II, S. 244 ff.; *Wellenhofer* in: MünchKomm-BGB, § 1311 Rn. 3.
[12] *Löhnig* in: Staudinger, § 1311 Rn. 11.
[13] *Brudermüller* in: Palandt, § 1311 Rn. 5; *Wellenhofer* in: MünchKomm-BGB, § 1311 Rn. 3; *Löhnig* in: Staudinger, § 1311 Rn. 11.
[14] *Löhnig* in: Staudinger, § 1311 Rn. 18.
[15] *Wellenhofer* in: MünchKomm-BGB, § 1311 Rn. 6.
[16] *Wellenhofer* in: MünchKomm-BGB, § 1311 Rn. 7.
[17] *Roth* in: Erman, § 1311 Rn. 2.
[18] *Roth* in: Erman, § 1311 Rn. 2; *Friederici*, AnwZert FamR 10/2011, Anm. 2.

§ 1312 BGB Trauung

(Fassung vom 19.02.2007, gültig ab 01.01.2009)

¹Der Standesbeamte soll bei der Eheschließung die Eheschließenden einzeln befragen, ob sie die Ehe miteinander eingehen wollen, und, nachdem die Eheschließenden diese Frage bejaht haben, aussprechen, dass sie nunmehr kraft Gesetzes rechtmäßig verbundene Eheleute sind. ²Die Eheschließung kann in Gegenwart von einem oder zwei Zeugen erfolgen, sofern die Eheschließenden dies wünschen.

Gliederung

A. Grundlagen 1	II. Eintragung in das Eheregister 7
B. Anwendungsvoraussetzungen 2	C. Rechtsfolgen 15
I. Eheschließung 2	

A. Grundlagen

§ 1312 BGB entspricht dem früheren § 14 EheG und regelt die vom Standesbeamten zu beachtenden, nicht zwingenden Formerfordernisse der Eheschließung.[1]   1

B. Anwendungsvoraussetzungen

I. Eheschließung

Die Eheschließung findet regelmäßig im Amtsraum des zuständigen Standesbeamten und zwar zu den Dienststunden statt. Möchten die Eheschließenden die Ehe außerhalb des Standesamtes an einem anderen Ort schließen, so kann der Standesbeamte auch an jedem anderen Ort seines Amtsbezirkes die Eheschließung in würdiger Form vornehmen. Nur bei Vorliegen besonderer Gründe, wie z.B. bei Krankheit oder Inhaftierung, haben die Eheschließenden einen Anspruch auf Trauung außerhalb des Standesamtes oder außerhalb der regulären Dienststunden.[2] Seit dem 01.01.2009 können die Eheschließenden das Standesamt, das die Trauung vornehmen soll, frei wählen, sobald sie die Mitteilung des Anmeldestandesamtes, sie könnten heiraten, erhalten haben; sie ist für das Trauungsstandesamt bindend (§ 13 Abs. 4 PStG). Es gibt jedoch keinen Anspruch darauf, dass ein bestimmtes anderes Standesamt die Trauung vollzieht.[3]   2

§ 14 Abs. 2 PStG verpflichtet den Standesbeamten, die Eheschließung in einer der Bedeutung der Ehe entsprechenden würdigen Form vorzunehmen.[4] Um die besondere emotionale und personale Bedeutung der kirchlichen Trauung nicht anzutasten, obwohl die staatliche Trauung kraft Gesetzes zeitlich den ersten Platz hatte, wurde unter Hinweis auf das Grundrecht der Religionsfreiheit in Art. 4 GG stets betont, dass bei der Ziviltrauung pseudo-religiöse Feierlichkeiten zu vermeiden seien.[5] Da immer mehr Eheschließende nur noch standesamtlich heiraten, hat sich offenbar die Meinung verbreitet, die Ausgestaltung der Ziviltrauung unterliege „der uneingeschränkten Disposition der Beteiligten".[6] Damit der Standesbeamte auch in Zukunft in der Lage ist, seine in der Mitwirkung bei der Eheschließung und der Beurkundung bestehende Amtshandlung „ordnungsgemäß" durchzuführen, sieht § 14 Abs. 2 PStG vor, dass die Eheschließung in einer der Bedeutung der Ehe entsprechenden würdigen Form erfolgen soll, dem dem Standesbeamten eine ordnungsgemäße Vornahme seiner Amtshandlung ermöglicht.[7]   3

Der Standesbeamte soll bei der Eheschließung die Eheschließenden einzeln befragen, ob sie die Ehe miteinander eingehen wollen, § 1312 Abs. 1 Satz 1 BGB. Ist einer der beiden Verlobten der deutschen Sprache nicht mächtig, so zieht der Standesbeamte einen Dolmetscher hinzu, wenn er selbst die fremde Sprache nicht beherrscht.[8] Gleiches gilt für den Fall, dass einer oder beide Eheschließenden taub oder   4

---

[1] *Roth* in: Erman, § 1312 Rn. 1.
[2] *Roth* in: Erman, § 1312 Rn. 4; *Wellenhofer* in: MünchKomm-BGB, § 1312 Rn. 4.
[3] *Löhnig* in: Staudinger, § 1312 Rn. 9.
[4] *Löhnig* in: Staudinger, § 1312 Rn. 11
[5] *Löhnig* in: Staudinger, § 1312 Rn. 11 m.w.N.
[6] *Löhnig* in: Staudinger, § 1312 Rn. 12.
[7] *Löhnig* in: Staudinger, § 1312 Rn. 12; *Wellenhofer* in: MünchKomm-BGB, § 1312 Rn. 4.
[8] *Wellenhofer* in: MünchKomm-BGB, § 1310 Rn. 6.

stumm oder sonst am Sprechen verhindert sind und auch sonst keine Möglichkeit besteht, sich schriftlich mit ihm/ihnen zu verständigen.[9] Nachdem die Eheschließenden die Frage bejaht haben, spricht der Standesbeamte aus, dass sie nunmehr kraft Gesetzes rechtmäßig verbundene Eheleute sind, § 1312 Abs. 1 Satz 1 BGB. Dieser Ausspruch des Standesbeamten hat lediglich deklaratorischen Charakter. Stirbt ein Ehegatte vor dem Ausspruch, ist die Ehe wirksam geschlossen.[10]

5 Bei der Eheschließung sollen die Eheschließenden gem. § 1355 Abs. 3 Satz 1 BGB eine Erklärung über den von ihnen geführten Ehenamen abgeben. Der Standesbeamte soll daher die Eheschließenden vor der Eheschließung befragen, ob sie einen Ehenamen bestimmen wollen, § 14 Abs. 1 PStG.

6 Gem. § 1312 Abs. 1 Satz 1 BGB kann die Eheschließung in Gegenwart von einem oder zwei Zeugen erfolgen, sofern die Eheschließenden dies wünschen. Bis zur Abschaffung[11] des § 14 Abs. 1 EheG sollten sog. Trauzeugen anwesend sein.[12] Wie bisher nach § 15 PStV 1977 sollen allerdings Minderjährige und gem. § 104 Nr. 2 BGB Geschäftsunfähige nicht als Zeugen mitwirken (§ 184 Abs. 3 Satz 2 DA). Der Standesbeamte kann daher einen Minderjährigen als Trauzeugen zurückweisen. Nach der gegenwärtigen Rechtslage besteht allerdings keine spezielle Regelung zum Alterserfordernis von Trauzeugen mehr. In begründeten Einzelfällen könnten daher auch minderjährige Trauzeugen mitwirken, wobei sie aber mindestens 14 Jahre alt sein sollten.[13] Da § 1312 BGB keine Form-, sondern eine Verfahrensvorschrift darstellt, die für den ordnungsgemäßen Ablauf der Trauung und für die Beweisbarkeit der Eheschließung sorgt, stellt die Verletzung dieser Norm nach § 1314 BGB auch keinen Grund für eine Aufhebung der Ehe dar.[14]

II. Eintragung in das Eheregister

7 Die Erklärungen der Eheschließenden, die Ehe miteinander eingehen zu wollen, sind von dem Standesbeamten im Anschluss an die Eheschließung in einer Niederschrift zu beurkunden (§ 14 Abs. 3 PStG). Die Niederschrift (§ 29 Abs. 3 PStV) muss alle im Eheregister zu beurkundenden Angaben enthalten; sie ist von den Ehegatten, den Zeugen und dem Standesbeamten zu unterschreiben.

8 Bis zur Beurkundung der Eheschließung im Eheregister können Eheurkunden auch aus der Niederschrift über die Eheschließung ausgestellt werden (§ 55 Abs. 1 Nr. 2 PStG).

9 Bis zum 31.12.2008 wurde die Abgabe der Eheschließungserklärungen durch die Eintragung ins Heiratsbuch beurkundet (§ 1312 BGB a.F.). An die Stelle des bisherigen Heiratsbuchs ist das Eheregister getreten. Um eine überflüssige Doppelregelung zu vermeiden, ist § 1312 Abs. 2 a.F. durch Art. 2 Abs. 16 Nr. 4 PStRG[15] aufgehoben worden.

10 Ab dem 01.01.2009 gehört die Eintragung in das Heiratsbuch nicht mehr zu den Formalitäten der Eheschließung. Sie erfolgt erst „im Anschluss an die Eheschließung" und ist ihre amtliche Beurkundung. An die Stelle der Beurkundung im Heiratsbuch treten zwei Beurkundungen:
- die in einer Niederschrift auf Papier, die die Eheleute und Zeugen sowie der Standesbeamte unterschreiben müssen (§ 14 Abs. 3 PStG), und
- die im elektronischen Eheregister (§ 15 PStG), die technikbedingt nicht unterschrieben, sondern mit der Angabe des Familiennamens des Standesbeamten abgeschlossen wird (§ 3 Abs. 2 Sätze 2 und 3 PStG).[16]

11 Die Ehegatten unterschreiben im Heiratsbuch bzw. der Niederschrift ggf. mit dem bereits nach § 1355 BGB bestimmten Ehenamen bzw. durch Voranstellung oder Anfügung veränderten Namen. Wessen Name nicht Ehename wurde, unterschreibt unter Beifügung seines Geburtsnamens („geborener bzw. geborene …").

12 Im Eheregister werden gem. § 15 PStG im Anschluss an die Eheschließung beurkundet:
1. Tag und Ort der Eheschließung,
2. die Vornamen und die Familiennamen der Ehegatten, Ort und Tag ihrer Geburt sowie auf Wunsch

---

[9] *Wellenhofer* in: MünchKomm-BGB, § 1310 Rn. 6.
[10] *Wellenhofer* in: MünchKomm-BGB, § 1312 Rn. 1.
[11] Zu den Gründen der Abschaffung der Sollbestimmung des § 14 Abs. 1 EheG vgl. BT-Drs. 13/4898, S. 30.
[12] *Roth* in: Erman, § 1312 Rn. 3.
[13] *Hochwald*, StAZ 2010, 377-378 unter Verweis auf die Meinung des Fachausschusses des Bundesverbands der Deutschen Standesbeamtinnen und Standesbeamten; *Löhnig* in: Staudinger, § 1312 Rn. 13.
[14] *Hochwald*, StAZ 2010, 377-378; *Löhnig* in: Staudinger, § 1312 Rn. 13.
[15] V. 19.02.2007 (BGBl I 2007, 122); *Wellenhofer* in: MünchKomm-BGB, § 1312 Rn. 5.
[16] *Löhnig* in: Staudinger, § 1312 Rn. 20.

eines Ehegatten seine rechtliche Zugehörigkeit zu einer Religionsgemeinschaft, die Körperschaft des öffentlichen Rechts ist,
3. die nach der Eheschließung geführten Familiennamen der Ehegatten.
Zum Eheeintrag wird gem. § 15 Abs. 2 PStG hingewiesen 13
1. auf die Beurkundung der Geburt der Ehegatten,
2. auf die Staatsangehörigkeit der Ehegatten, wenn sie nicht Deutsche sind und ihre ausländische Staatsangehörigkeit nachgewiesen ist,
3. auf die Bestimmung eines Ehenamens.
Im Übrigen darf ein abgeschlossener Registereintrag nur auf Anordnung des Gerichts berichtigt wer- 14
den (§ 48 Abs. 1 Satz 1 PStG). Den Antrag auf Anordnung der Berichtigung können alle Beteiligten, das Standesamt und die Aufsichtsbehörde stellen (§ 48 Abs. 2 Satz 1 PStG). Sie sind vor der Entscheidung zu hören (§ 48 Abs. 2 Satz 2 PStG).

C. Rechtsfolgen

Da es sich bei § 1312 BGB um eine reine Ordnungsvorschrift handelt, hat die Verletzung dieser Form- 15
erfordernisse keine Auswirkungen auf den Bestand der Ehe.[17]

---

[17] *Wellenhofer* in: MünchKomm-BGB, § 1312 Rn. 1, 6; *Hochwald*, StAZ 2010, 377-378.

§ 1313

Titel 3 - Aufhebung der Ehe
§ 1313 BGB Aufhebung durch richterliche Entscheidung

(Fassung vom 17.12.2008, gültig ab 01.09.2009)

[1]Eine Ehe kann nur durch richterliche Entscheidung auf Antrag aufgehoben werden. [2]Die Ehe ist mit der Rechtskraft der Entscheidung aufgelöst. [3]Die Voraussetzungen, unter denen die Aufhebung begehrt werden kann, ergeben sich aus den folgenden Vorschriften.

Gliederung

A. Grundlagen 1	D. Prozessuale Hinweise 17
B. Praktische Bedeutung 5	E. Anwendungsfelder 24
C. Anwendungsvoraussetzungen 6	I. Übergangsrecht 24
I. Aufhebungsgründe 6	II. Internationales Privatrecht 26
II. Aufhebung durch Beschluss 8	III. Exkurs: Lebenspartnerschaft 29
III. Wirkungen der aufhebbaren Ehe bis zu ihrer rechtskräftigen Aufhebung 11	

A. Grundlagen

1 Seit der Reform des Eherechts durch das Eheschließungsrechtsgesetz von 1998 (EheschlRG 1998) kennt das BGB neben der Auflösung der Ehe durch Scheidung nur noch die – gleichfalls ex nunc wirkende – Aufhebung der Ehe. Ehescheidung und Eheaufhebung unterscheiden sich vor allem durch die Gründe, welche zur Auflösung der Ehe führen. Die Ehescheidung erfolgt wegen des Scheiterns der Ehe nach der Eheschließung (§ 1319 Abs. 2 BGB), die Aufhebung hingegen im Regelfall wegen eines Mangels beim Zustandekommen der Ehe (Abschlussmangel[1]). Dagegen wird im Falle der Lebenspartnerschaft nicht zwischen beiden Instituten unterschieden. Vielmehr kann hier die Aufhebung sowohl wegen des Scheiterns der Lebenspartnerschaft nach ihrer Begründung als auch wegen eines Mangels bei der Begründung erfolgen (§ 15 LPartG).

2 Das frühere Institut der Ehenichtigkeit i.S. einer rückwirkend (= ex tunc) vernichtbaren Ehe ist ersatzlos entfallen. Dies wird von Teilen des Schrifttums kritisiert[2], erscheint aber nur konsequent, da der Grundsatz der rückwirkenden Vernichtbarkeit der Ehe bereits nach altem Recht durch so weitreichende Ausnahmen (Ehelichkeit der Kinder, vermögensrechtliche Folgen) durchbrochen wurde, dass de facto eine Auflösung der Ehe ex nunc eintrat.[3] Die neue Rechtslage entspricht somit dem allgemeinen Rechtsgrundsatz, dass in Vollzug gesetzte Dauerschuldverhältnisse selbst bei anfänglichen Mängeln nur mit Wirkung für die Zukunft zu beenden sind.

3 Nach wie vor von der aufhebbaren Ehe zu unterscheiden ist die Nichtehe. Hierbei wird bereits der Tatbestand des Eheschlusses nicht gesetzt, so etwa wenn die „Eheschließung" im Inland weder vor einem Standesbeamten (vgl. § 1310 BGB) erfolgt ist noch der Ausnahmetatbestand nach Art. 13 Abs. 3 Satz 2 EGBGB eingreift.[4] Andere – eher theoretische – Fälle der Nichtehe sind das Fehlen der Eheschließungserklärung eines oder beider Partner (fehlender Konsens) bzw. die Eheschließung zwischen gleichgeschlechtlichen Partnern. Die Nichtehe äußert keinerlei rechtliche Wirkungen, es handelt sich lediglich um den Schein einer Ehe; einer Vernichtung bedarf es hierbei nicht.

4 Durch das FGG-Reformgesetz (BR-Drs. 617/08), welches am 01.09.2009 in Kraft getreten ist, wurden die familienrechtlichen Verfahrensordnungen im neuen FamFG zusammengefasst. Gem. § 38 Abs. 1 FamFG ergehen Entscheidungen in familienrechtlichen Angelegenheiten seither nicht mehr durch Urteil, sondern durch Beschluss.

---

[1] *Gernhuber/Coester-Waltjen*, Lehrbuch des Familienrechts, 6. Aufl. 2010, S. 95.
[2] *Voppel* in: Staudinger, Vorbem. 17 zu den §§ 1313 ff.
[3] BT-Drs. 13/4898, S. 13 f., 17 f.; *Wellenhofer* in: MünchKomm-BGB, § 1313 Rn. 1; *Rauscher*, Familienrecht, 2001, Rn. 204.
[4] So bei Eheschließung vor einem Geistlichen BGH v. 13.03.2003 - IX ZR 181/99 - juris Rn. 9 - NJW-RR 2003, 850-857 oder nach Sinti-Art BVerfG v. 02.02.1993 - 2 BvR 1491/91 - juris Rn. 10 - NJW 1993, 3316-3317.

B. Praktische Bedeutung

In absoluten Zahlen ist die Bedeutung der Eheaufhebung vergleichsweise gering. So standen im Jahre 2009 einer Zahl von 185.817 Ehescheidungen gerade einmal 222 Fälle einer Eheaufhebung gegenüber.[5] Gleichwohl besteht weitgehende Übereinstimmung darüber, dass den Betroffenen neben der Ehescheidung ein Institut zur Verfügung gestellt werden muss, mit welchem diese Mängel bei der Eheschließung geltend machen können, und dessen Rechtsfolgen von jenen der Scheidung in wichtigen Punkten abweichen.[6]

C. Anwendungsvoraussetzungen

I. Aufhebungsgründe

Die Gründe für eine Aufhebung der Ehe sind in den §§ 1314, 1320 BGB abschließend aufgezählt („Numerus clausus" der Aufhebungsgründe). Eine Ehe darf somit nicht in Analogie zu einem der gesetzlich vorgesehenen Gründe aufgehoben werden.[7] Auch ein Rückgriff auf die allgemeinen Vorschriften des Bürgerlichen Rechts über Rechtsgeschäfte ist ausgeschlossen.[8]

Gleichzeitig mit der Abschaffung des Instituts der Ehenichtigkeit wurde durch das EheschlRG 1998 auch die Zahl der früheren Aufhebungs- bzw. Nichtigkeitsgründe verringert. Weggefallen sind namentlich der Erklärungsirrtum (§ 31 Abs. 1 Satz 1 Alt. 2 EheG), der Irrtum über die Identität des anderen Ehegatten (§ 31 Abs. 1 Satz 2 EheG) sowie der Irrtum über die persönlichen Eigenschaften des anderen Ehegatten (§ 32 EheG). Insbesondere letzteres ist zu begrüßen. Da sich der aufhebungsberechtigte Ehepartner in der Rechtspraxis nur dann auf einen solchen Irrtum berief, wenn er über den Verlauf der Ehe enttäuscht war, kam es unweigerlich zu Abgrenzungsschwierigkeiten zur Ehescheidung (Zerrüttungsprinzip). Zudem war umstritten, was als persönliche Eigenschaft des anderen Ehegatten anzusehen war.[9]

II. Aufhebung durch Beschluss

Die Aufhebung der Ehe erfolgt in allen Fällen der Aufhebbarkeit durch Beschluss. Konstitutive Voraussetzung für die Aufhebung ist somit wie im Falle der Ehescheidung (§ 1564 BGB) eine rechtskräftige Gestaltungsentscheidung. Die Aufhebbarkeit der Ehe kann nicht inzident in einem anderen Verfahren geltend gemacht werden, auch nicht als Einwand gegen eine Klage auf Feststellung des Bestehens der Ehe. Ist das Bestehen der Ehe in einem anderen Verfahren tatbestandlich relevant, so hat das befasste Gericht bis zur Stellung des Aufhebungsantrags von der Wirksamkeit der Ehe auszugehen; ist hingegen bereits ein Aufhebungsantrag beim Familiengericht anhängig, so hat das andere Gericht sein Verfahren von Amts wegen auszusetzen (§ 152 ZPO). Demgegenüber können mehrere Verfahren zwischen den Beteiligten auf Scheidung bzw. Aufhebung der Ehe verbunden werden (§ 126 FamFG).

Eine bereits durch Tod oder Scheidung aufgelöste Ehe kann nicht mehr aufgehoben werden (§ 1317 Abs. 3 BGB). So kann auch von öffentlicher Seite – anders als nach altem Recht (§ 24 Abs. 1 Satz 2 EheG) – nach dem Tod eines Ehegatten nicht mehr die Auflösung der Ehe, etwa mit dem Ziel der Entziehung von Versorgungsansprüchen, betrieben werden. Freilich bleibt der im Todeszeitpunkt bereits gestellte Aufhebungsantrag für das Erbrecht (vgl. Rn. 14) des überlebenden Ehegatten von Bedeutung. Ist die Ehe rechtskräftig geschieden, so kann eine nachträgliche Eheaufhebung auch nicht mit dem Ziel begehrt werden, hierdurch die verschuldensunabhängigen Scheidungsfolgen gegen die verschuldensabhängigen Aufhebungsfolgen (§ 1318 BGB) auszutauschen. Zulässig ist bei nachträglicher Aufdeckung eines Aufhebungsgrundes freilich ein Antrag, der darauf gerichtet ist, die vermögensrechtlichen Folgen der Scheidung durch Gestaltungsentscheidung für die Zukunft auszuschließen, soweit solche

---

[5] Statistisches Jahrbuch 2011 für die Bundesrepublik Deutschland, S. 61.
[6] *Voppel* in: Staudinger, Vorbem. 1 zu den §§ 1313 ff.
[7] Anders freilich RG v. 07.04.1938 - IV 208/37 - JW 1938, 1724 für die frühere Ehenichtigkeit: analoge Anwendung des damaligen Nichtigkeitsgrundes der Namensehe auf eine zur Erlangung der Staatsangehörigkeit eingegangene Ehe.
[8] *Wellenhofer* in: MünchKomm-BGB, § 1313 Rn. 4.
[9] *Müller-Gindullis* in: MünchKomm-BGB, 5. Aufl. 2010, § 1313 Rn. 4; *Klippel* in: Staudinger, 13. Aufl. 2000, Vorbem. 19 zu den §§ 1313 ff.

Folgen nach § 1318 BGB nicht eintreten würden (vgl. die Kommentierung zu § 1318 BGB Rn. 1 f.).[10] Die Folgen des Scheidungsbeschlusses werden hierdurch denen eines Aufhebungsbeschlusses angeglichen.

10 Die Ehe ist mit formeller Rechtskraft (vgl. § 45 FamFG) des Aufhebungsbeschlusses mit Wirkung für die Zukunft (ex nunc) aufgelöst. Als Gestaltungsentscheidung wirkt er für und gegen jedermann. Ein abweisender Beschluss wirkt dagegen nur inter partes, also nicht gegen andere Antragsberechtigte. Zudem ist die Rechtskraft hier auf den geltend gemachten Aufhebungsgrund beschränkt; der aufhebungsberechtigte Ehegatte kann somit anschließend aus einem anderen Grund erneut die Eheaufhebung beantragen, sofern die Antragsfrist (vgl. § 1317 BGB) noch nicht verstrichen ist.

III. Wirkungen der aufhebbaren Ehe bis zu ihrer rechtskräftigen Aufhebung

11 Die aufhebbare Ehe hat für die Zeit ihres Bestehens, also bis zur formellen Rechtskraft des Aufhebungsbeschlusses, alle Wirkungen einer gültigen Ehe. Erfasst sind neben der Verpflichtung zur ehelichen Lebensgemeinschaft[11] insbesondere auch deren namens-, güter-, unterhalts- oder erbrechtlichen Wirkungen.[12] Dies gilt selbst für den Fall der Doppelehe (Bigamie); letztere entfaltet jedoch auch vor ihrer Aufhebung keine ausländerrechtlichen Wirkungen, da sie nicht den Schutz des Art. 6 Abs. 1 GG genießt.[13]

12 Im Einzelfall kann das Herstellungsverlangen freilich rechtsmissbräuchlich i.S. von § 1353 Abs. 2 BGB sein.[14] Ausschlaggebend hierfür sind der Aufhebungsgrund sowie die mit diesem zusammenhängenden Umstände, insbesondere dessen Bezug zu der vom Herstellungsverlangen betroffenen Pflicht. So darf der aufhebungsberechtigte Ehegatte die Herstellung der ehelichen Lebensgemeinschaft verweigern, wenn er hierdurch sein Aufhebungsrecht verlieren würde (vgl. § 1315 Abs. 1, Abs. 2 Nr. 2 BGB). Auch der doppelt Verheiratete ist nicht zur ehelichen Lebensgemeinschaft mit dem zweiten Ehegatten verpflichtet, wenn er mit dem ersten Gatten zusammenlebt oder zusammenleben will. Die Pflichten aus der ersten Ehe haben hier Vorrang vor denjenigen aus der mit einem dauerhaften Mangel belasteten zweiten Ehe.[15] Dies gilt freilich dann nicht, wenn sich auch der andere Ehegatte der ersten Ehe wiederverheiratet oder in anderer Weise von der Ehe abgewandt hat.[16] Verbotenes Verhalten, wie etwa die Herstellung einer Ehe zwischen Verwandten (vgl. § 173 StGB), kann selbstverständlich nicht verlangt werden. Selbst wer einen Teil der aus der Pflicht zur ehelichen Lebensgemeinschaft (vgl. § 1353 BGB) fließenden Einzelpflichten verweigern darf, kann im Übrigen weiterhin verpflichtet sein.

13 Auch nach rechtskräftiger Aufhebung der Ehe bleiben deren Wirkungen für den Zeitraum ihres Bestehens erhalten. So steht dem Aufhebungsberechtigten kein Anspruch auf Schadensersatz aus unerlaubter Handlung (§ 826 BGB) zu; dieser kann insbesondere nicht verlangen, so gestellt zu werden, als habe die Ehe nicht bestanden oder wäre zu einem früheren Zeitpunkt aufgelöst worden, und aus diesem Grunde etwa Ersatz für geleisteten Unterhalt begehren.[17] Dies gilt selbst für den Fall der Eheschließung aufgrund von arglistiger Täuschung oder Drohung. Hiervon zu unterscheiden ist die Erstattung des geleisteten Kindesunterhalts nach erfolgreicher Anfechtung der Vaterschaft, da dieser Leistungsanspruch nicht auf der aufgehobenen Ehe, sondern auf dem nicht bestehenden Kindschaftsverhältnis beruht.[18]

14 Eine Ausnahme vom Grundsatz der Wirksamkeit der aufhebbaren Ehe bis zu deren rechtskräftiger Aufhebung sieht das Gesetz – in Analogie zur Ehescheidung – dann vor, wenn der aufhebungsberechtigte Ehegatte nach Stellung des Aufhebungsantrags, aber noch vor Aufhebung der Ehe stirbt. Wäre der Aufhebungsantrag begründet gewesen, so ist das gesetzliche Erbrecht des anderen Ehegatten sowie das Recht auf den Voraus ausgeschlossen (§ 1933 Satz 2 BGB); mangels gesetzlichen Erbrechts entfällt zudem der Pflichtteilsanspruch. Eine letztwillige Verfügung zugunsten des Ehegatten und ein Erbver-

---

[10] BGH v. 10.07.1996 - XII ZR 49/95 - juris Rn. 22 - BGHZ 133, 227-235.

[11] BGH v. 29.04.1959 - IV ZR 265/58 - BGHZ 30, 140-149.

[12] Vgl. auch RG v. 23.04.1941 - IV B 12/41 - RGZ 166, 341-344, 343: Möglichkeit der Feststellung des Bestehens einer nach früherem Recht nichtigen Ehe.

[13] OVG NRW v. 06.01.2009 - 18 B 1914/08 - StAZ 2009, 185.

[14] Gernhuber/Coester-Waltjen, Lehrbuch des Familienrechts, 6. Aufl. 2010, S. 149.

[15] OLG Tübingen v. 20.10.1949 - W 132/49 - NJW 1950, 389 mit Anmerkung Beitzke; Wellenhofer in: Münch-Komm-BGB, § 1313 Rn. 9.

[16] Hahn in: Bamberger/Roth, § 1313 Rn. 10 unter Hinweis auf den Sachverhalt BGH v. 29.04.1959 - IV ZR 265/58 - BGHZ 30, 140-149.

[17] BGH v. 07.06.1967 - IV ZR 335/65 - BGHZ 48, 82-88.

[18] BGH v. 08.04.1981 - IVb ZR 584/80 - BGHZ 80, 235-241.

trag, in dem der Ehegatte oder ein Dritter bedacht sind, sind im Zweifel unwirksam (§§ 2077 Abs. 1 Satz 3 und Abs. 3, 2268, 2279 BGB). Die Voraussetzungen eines solchen Ausschlusses des überlebenden Ehegatten von der Erbfolge sind im Erbscheinsverfahren oder im streitigen (Feststellungs-)Verfahren zwischen dem überlebenden Ehegatten und den Erben geltend zu machen.[19]

Entsprechendes gilt bei Abweisung des Aufhebungsantrags, soweit der Erblasser rechtzeitig Rechtsmittel hiergegen eingelegt hat. Auch hier ist der Ausschluss des Ehegattenerbrechts davon abhängig, ob die Ehe im Zeitpunkt des Todes aufhebungsreif gewesen wäre. Umstritten ist, was gilt, wenn der Erblasser zwar kein Rechtsmittel eingelegt hat, der erstinstanzliche Beschluss aber im Todeszeitpunkt noch nicht in Rechtskraft erwachsen war (vgl. hierzu die Kommentierung zu § 1933 BGB). 15

Noch weiter geht die Regelung des § 1318 Abs. 5 BGB: Hiernach genügt bei einigen, in der Vorschrift abschließend aufgezählten Aufhebungsgründen für den Ausschluss des Ehegattenerbrechts bereits, dass der überlebende Ehegatte die Aufhebbarkeit der Ehe bei Eheschließung kannte. Nicht erforderlich ist, dass der andere Ehegatte vor seinem Tod einen entsprechenden Aufhebungsantrag gestellt hat (vgl. die Kommentierung zu § 1318 BGB Rn. 21). 16

D. Prozessuale Hinweise

Das Aufhebungsbegehren wird – abweichend zum früheren Recht – nicht mehr im Wege der Klage, sondern wie bei der Scheidung (vgl. § 1564 Satz 1 BGB) im Wege des Antrags verfolgt. 17

Das Aufhebungsverfahren zählt zu den Ehesachen (§ 121 Nr. 2 FamFG); sachlich zuständig sind somit die Familiengerichte (§§ 23a Abs. 1 Nr. 1, 23b Abs. 1 GVG). Die allgemeinen Verfahrensvorschriften im Ersten und Vierten Buch der ZPO sind nur insoweit anwendbar, als weder die Sonderregelungen für die Eheaufhebung in den §§ 1313-1318 BGB noch die Vorschriften über Ehesachen der §§ 111 ff. FamFG eingreifen. Besonderheiten ergeben sich hieraus namentlich für: 18
- örtliche Zuständigkeit (§ 122 FamFG),
- internationale Zuständigkeit (§ 98 Abs. 1 FamFG),
- Verfahrensfähigkeit (§ 9 FamFG),
- Antragsberechtigung (§ 1316 BGB),
- Antragsfrist (§ 1317 BGB),
- Untersuchungsgrundsatz (§ 26 FamFG).

Das Verfahren wird durch Einreichung der Antragsschrift anhängig. Ein Verhandlungs- und Entscheidungsverbund mit Folgesachen findet – anders als bei der Scheidung – nicht statt (§ 137 FamFG). Wird auf Aufhebung der Ehe erkannt, ist über die Folgesachen somit gesondert zu entscheiden.[20] 19

Das Aufhebungsverfahren kann – auch im Wege der Widerklage oder nachträglicher Häufung – mit einem Verfahren auf Herstellung des ehelichen Lebens sowie auf Eheschließung verbunden werden (§ 126 FamFG). Wird gleichzeitig Aufhebung und Scheidung der Ehe beantragt, so hat das Aufhebungsbegehren Vorrang (§ 126 Abs. 3 FamFG), es sei denn, der Antragsteller macht die Aufhebung der Ehe nur hilfsweise geltend.[21] Der Ehegatte kann freilich bis zum Schluss der mündlichen Verhandlung die Rangfolge der verbundenen Verfahren ändern oder vom einen zum anderen Begehren übergehen.[22] Dies gilt auch in 2. Instanz.[23] Sind sowohl der Antrag auf Aufhebung wie der Antrag auf Ehescheidung begründet, so ist nur auf Aufhebung der Ehe zu erkennen (§ 126 Abs. 3 FamFG). Dies gilt insbesondere auch für den Fall, dass einer von beiden Anträgen im Wege der Widerklage geltend gemacht worden ist. Eine Abweisung des anderen Antrags erfolgt hier nicht. 20

Im Falle mehrerer möglicher Aufhebungsgründe muss der Antragsteller wählen, auf welchen Grund er seinen Antrag stützen will, da hierdurch der Streitgegenstand des Verfahrens festgelegt wird.[24] Weitere Aufhebungsgründe können jeweils hilfsweise geltend gemacht werden. Ein den Aufhebungsantrag ab- 21

---

[19] *Voppel* in: Staudinger, § 1313 Rn. 24.
[20] BGH v. 31.03.1982 - IVb ZB 743/81 - LM Nr. 24 zu § 78 ZPO; BGH v. 12.10.1988 - IVb ZB 73/86 - juris Rn. 12 - LM Nr. 57 zu § 1587 BGB; OLG Hamm v. 04.08.1980 - 7 UF 51/80 - FamRZ 1981, 61-62; OLG Zweibrücken v. 26.11.1981 - 6 UF 40/80 - juris Rn. 48 - FamRZ 1982, 373-375.
[21] BGH v. 10.07.1996 - XII ZR 49/95 - juris Rn. 11 - BGHZ 133, 227-235; OLG Brandenburg v. 16.10.2007 - 10 UF 141/07 - FamRB 2008, 167-168; OLG Brandenburg v. 13.11.2007 - 10 UF 161/07 (zum Eintritt des Scheidungsverbunds); *Wellenhofer* in: MünchKomm-BGB, § 1313 Rn. 8; gegen eine solche Festlegung durch den Antragsteller indes *Klippel* in: Staudinger, 13. Auflage 2000, Vorbem. 30 zu den §§ 1313 ff.
[22] BGH v. 12.10.1988 - IVb ZB 73/86 - LM Nr. 57 zu § 1587 BGB.
[23] OLG Köln v. 01.07.1999 - 14 UF 225/98 - NJW-RR 1999, 1595-1596.
[24] *Hahn* in: Bamberger/Roth, § 1313 Rn. 5.

weisender Beschluss stellt zugleich fest, dass der geltend gemachte Aufhebungsgrund nicht besteht. Ein erneuter Antrag wegen eines im ersten Verfahren nicht geltend gemachten Aufhebungsgrundes ist möglich.

22 Stirbt einer der Ehegatten, bevor ein Beschluss ergangen bzw. rechtskräftig geworden ist, so ist das Verfahren als in der Hauptsache erledigt anzusehen (§ 131 FamFG), ohne dass es einer Erledigungserklärung durch das Gericht bedarf.[25] Ein bereits ergangener Beschluss wird – mit Ausnahme der Kostenentscheidung – ohne weiteres wirkungslos.[26] Dies gilt auch in Verfahren über Aufhebungsanträge der zuständigen Verwaltungsbehörde sowie – in Bigamiefällen (vgl. Rn. 11) – des Ehegatten der früheren Ehe als betroffener dritter Person.

23 Für den Antrag kann Verfahrenskostenhilfe beantragt werden,[27] auch für den Fall einer Klage auf Aufhebung einer mit einem Ausländer zum Zwecke der Erlangung eines Aufenthaltstitels eingegangenen Scheinehe.[28]

E. Anwendungsfelder

I. Übergangsrecht

24 Ist vor dem 01.07.1998 die Nichtigkeits- oder Aufhebungsklage erhoben worden, so bleibt weiterhin das alte Recht anwendbar (Art. 226 Abs. 2 EGBGB).

25 Im Übrigen findet das neue Recht Anwendung (Art. 226 Abs. 3 EGBGB). Für vor dem Stichtag geschlossene Ehen enthält Art. 226 Abs. 1 EGBGB indes eine bedeutsame Sonderregelung, welche dem Vertrauensschutz der Ehegatten dient. Danach kann eine Altehe nur dann nach neuem Recht aufgehoben werden, wenn sie auch nach altem Recht hätte aufgehoben oder für nichtig erklärt werden können.[29] Das Gericht hat somit eine hypothetische Prüfung vorzunehmen, ob die Ehe im Zeitpunkt des Aufhebungsantrags auch nach altem Recht aufzulösen gewesen wäre; zu beachten ist insbesondere die Klagefrist nach dem früheren § 35 EheG. Als Folge dürfte dem durch das EheschlRG 1998 neu eingeführten Aufhebungsgrund der Scheinehe für Altehen kaum Bedeutung zukommen. Indes wird keine Übereinstimmung zwischen dem Aufhebungsgrund nach neuem Recht und dem Nichtigkeits- bzw. Aufhebungsgrund nach altem Recht gefordert, so dass insoweit auch auf unterschiedliche Tatbestände abgestellt werden kann.[30]

II. Internationales Privatrecht

26 Die Rechtsfolgen eines Mangels beim Zustandekommen der Ehe unterliegen nicht dem Scheidungsstatut (Artt. 5, 8, 10 Rom III-VO[31]), sondern sind nach Art. 13 Abs. 1 EGBGB anzuknüpfen. Anwendbar ist das jeweilige Heimatrecht der Eheschließenden. Hierbei handelt es sich um eine Gesamtverweisung (vgl. Art. 4 Abs. 1 Satz 1 EGBGB); eine eventuelle Rück- oder Weiterverweisung durch das von uns berufene Recht ist somit beachtlich. Sieht das Heimatrecht des minderjährigen Eheschließenden keinen hinreichenden Schutz vor, so widerspricht das Fehlen eines Aufhebungsgrundes dem deutschen ordre public (Art. 6 EGBGB) und es kann ein Aufhebungsgrund gem. §§ 1303, 1314 BGB gegeben sein.[32]

---

[25] *Voppel* in: Staudinger, § 1313 Rn. 51.
[26] BGH v. 12.11.1980 - IVb ZB 601/80 - juris Rn. 12 - LM Nr. 2 zu § 629 ZPO; OLG Frankfurt v. 18.04.1980 - 3 WF 315/79 - FamRZ 1981, 192-193.
[27] Hierzu OLG Köln v. 05.11.2010 - 4 WF 183/10 - FamRZ 2011, 658: Liegen verschiedene Sachverhaltsschilderungen vor, so ist die umfassende Beweiswürdigung nicht auf das Verfahrenskostenhilfeverfahren vorzuverlagern, sondern dem Antrag stattzugeben.
[28] BGH v. 30.03.2011 - XII ZB 212/09 - FamFR 2011, 258 (zum alten Recht): Der Antrag ist nicht rechtsmissbräuchlich; allerdings hat die Partei, die für die Eingehung der Ehe ein Entgelt erhalten hat, hiervon für die Kosten des Aufhebungsverfahrens Rücklagen zu bilden.
[29] Vgl. OLG Zweibrücken v. 21.11.2003 - 2 UF 51/03 - juris Rn. 25 - FamRZ 2004, 950-952.
[30] *Hepting*, FamRZ 1998, 713-728, 728.
[31] Verordnung (EU) Nr. 1259/2010 des Rates vom 20. Dezember 2010 zur Durchführung einer Verstärkten Zusammenarbeit im Bereich des auf die Ehescheidung und Trennung ohne Auflösung des Ehebandes anzuwendenden Rechts, ABl EU Nr L 343 S 10 vom 29.12.2010. Für vor dem 21.06.2012 eingeleitete Verfahren gilt weiterhin die vormalige Kollisionsnorm des Art. 17 I EGBGB; zum intertemporalen Anwendungsbereich *Thorn* in: Palandt, Art. 18 ROM III Rn. 1.
[32] AG Offenbach v. 30.10.2009 - 314 F 1132/09 - FamRZ 2010, 1561 Rn 18.

Das über Art. 13 Abs. 1 EGBGB berufene Recht entscheidet insbesondere darüber, ob der Mangel beim Zustandekommen der Ehe deren Nichtigkeit, Anfechtbarkeit, Aufhebbarkeit oder „Ungültigkeit" zur Folge hat oder ob gar eine Nichtehe vorliegt.[33] Indes ist ein nach ausländischem Recht bestehender Mangel dann nicht zu beachten, wenn dieser dem deutschen ordre public (Art. 6 EGBGB) zuwiderläuft.[34] Erfasst werden vom Statut des Art. 13 Abs. 1 EGBGB weiterhin die zur Geltendmachung des Mangels einzuhaltenden Fristen[35], die Möglichkeit einer Heilung von Mängeln[36] sowie die (Rest-)Wirkungen einer für nichtig erklärten bzw. aufgehobenen Ehe[37]. Tritt nach dem maßgeblichen ausländischen Recht die Unwirksamkeit der Ehe auch ohne entsprechenden Ausspruch eines Gerichts (Gestaltungsentscheidung) ein, so ist umstritten, ob hierin ein Verstoß gegen den deutschen ordre public begründet ist.[38] Indes fehlt es für die Inlandsaufhebung der Ehe – anders als bei Trauung (vgl. Art. 13 Abs. 3 EGBGB) und Scheidung (vgl. Art. 17 Abs. 2 EGBGB) an einem Monopol deutscher Gerichte. Zudem ist das Prinzip des Gestaltungsantrags kein unverzichtbarer Bestandteil unserer Rechtsordnung, der auch gegenüber abweichendem ausländischem Recht durchzusetzen wäre; vielmehr kommt diesem lediglich eine dem materiellen Recht dienende Funktion zu. 27

Besitzen die Eheschließenden unterschiedliche Staatsangehörigkeiten, so gilt der Grundsatz des ärgeren Rechts. Somit ist die Ehe auch dann mangelhaft, wenn sie vom Heimatrecht eines Ehegatten als wirksam angesehen wird.[39] Sehen beide Heimatrechte die Ehe als mangelhaft an, knüpfen hieran aber unterschiedliche Rechtsfolgen für den Bestand der Ehe, so tritt die ärgere (= schärfere) Rechtsfolge ein.[40] Folglich geht die Nichtehe der nichtigen Ehe vor, die nichtige Ehe wiederum der aufhebbaren Ehe sowie die aufhebbare Ehe der scheidbaren Ehe.[41] Entsprechen sich die Rechtsfolgen beider Rechtsordnungen, sind diese nicht im Detail zu vergleichen, sondern es ist das Recht anzuwenden, mit dem die Eheleute abgesehen von der Staatsangehörigkeit zum Zeitpunkt der Eheschließung am engsten verbunden waren.[42] 28

III. Exkurs: Lebenspartnerschaft

Bei Auflösung einer Lebenspartnerschaft wird der Begriff der Aufhebung zum einen als Äquivalent zur Scheidung verwendet (vgl. § 15 Abs. 2 Satz 1 LPartG). Zum anderen ist eine Aufhebung seit der Reform von 2005 aber auch wegen Mängeln beim Zustandekommen der Lebenspartnerschaft möglich. § 15 Abs. 2 Satz 2 LPartG nimmt insoweit auf die Aufhebungsgründe des § 1314 Abs. 2 Nr. 1 bis 4 BGB Bezug.[43] 29

---

[33] OLG Oldenburg v. 13.01.2000 - 14 UF 135/99 - IPRax 2001, 143-144; OLG Zweibrücken v. 21.11.2003 - 2 UF 51/03 - juris Rn. 24 - FamRZ 2004, 950-952.

[34] So etwa die Nichtehe wegen Religionsverschiedenheit nach jüdischem Recht; OLG München v. 25.02.1969 - 9 U 1685/67 - juris Rn. 27 - FamRZ 1970, 408.

[35] AG Lüdenscheid v. 23.12.1997 - 5 F 197/94 - NJW-RR 1998, 866-867.

[36] LG Hamburg v. 07.11.1973 - 5 R 289/71 - IPRspr. 1973 Nr. 37; LG Hamburg v. 11.07.1973 - 5 R 81/73 - FamRZ 1974, 96; AG Hannover v. 07.01.2002 - 616 F 7355/00, 616 F 7355/00 - juris Rn. 16 - FamRZ 2002, 1116-1118.

[37] So die h.M. BayObLG v. 19.07.1967 - 2 Z 42/67 - BayObLGZ 1967, 263; KG v. 05.08.1937 - 13 U 2440/37 - JW 1938, 855; AG Düsseldorf v. 04.07.1995 - 266 F 2282/92 - juris Rn. 29 - IPRax 1998, 41; *Coester* in: Münch-Komm-BGB, Art. 13 EGBGB Rn. 118; *Thorn* in: Palandt, Art. 13 EGBGB Rn. 13.

[38] Dafür etwa *Coester* in: MünchKomm-BGB, Art. 13 EGBGB Rn. 112; a.A. freilich BGH v. 04.10.1990 - XII ZB 200/87 - juris Rn. 36 - LM Nr. 1 zu PStandsG § 15a; OLG Köln v. 14.07.1971 - 16 Wx 18/71 - IPRspr. 1971 Nr. 63; OLG Hamburg v. 06.11.1987 - 2 W 44/85 - IPRspr 1987, Nr. 46; *Mankowski* in: Staudinger, Art. 13 EGBGB Rn. 451-454.

[39] OLG Zweibrücken v. 21.11.2003 - 2 UF 51/03 - juris Rn. 30 - FamRZ 2004, 950-952; LG Hamburg v. 30.10.1974 - 5 R 449/74 - IPRspr. 1974 Nr. 50.

[40] BGH v. 04.10.1990 - XII ZB 200/87 - juris Rn. 35 - LM Nr. 1 zu PStandsG § 15a; BayObLG München v. 13.05.1993 - 3Z BR 36/93 - juris Rn. 12 - NJW-RR 1993, 1351-1352; OLG Zweibrücken v. 17.06.2005 - 2 UF 230/04 - FamRZ 2006, 1201-1203; AG Warendorf v. 28.04.2006 - 9 F 649/05 - FamRZ 2006, 1377-1378; *Henrich*, Internationales Familienrecht, 2. Aufl. 2000, S. 39; *Mankowski* in: Staudinger, Art. 13 EGBGB Rn. 443.

[41] Zu letzterem OLG Jena v. 14.10.2013 - 9 W 366/13.

[42] OLG Stuttgart v. 30.08.2010 - 17 UF 195/10 - juris Rn. 18: sind keine sonstigen Anknüpfungspunkte ersichtlich, ist die lex fori anzuwenden.

[43] Vgl. *Grziwotz*, DNotZ 2005, 13-29, 19 f.

Kostenrechtliche Hinweise zu
§ 1313 BGB Aufhebung durch richterliche Entscheidung

(Fassung vom 17.12.2008, gültig ab 01.09.2009)

[1]Eine Ehe kann nur durch richterliche Entscheidung auf Antrag aufgehoben werden. [2]Die Ehe ist mit der Rechtskraft der Entscheidung aufgelöst. [3]Die Voraussetzungen, unter denen die Aufhebung begehrt werden kann, ergeben sich aus den folgenden Vorschriften.

Gliederung

A. Grundlagen 1	I. Beispiele/Muster 15
B. Besonderheiten 4	1. Beispiel: Gerichtliches Aufhebungsverfahren .. 15
I. Gegenstandswert 4	2. Beispiel: Aufhebungsverfahren mit Aussöhnung vor Antragstellung 16
II. Gebühren 7	II. Berechnungsprogramme 17
III. Mehrere Auftraggeber 10	1. Prozesskostenrechner 17
IV. Verfahrenskostenhilfe und Aufhebung einer Scheinehe 11	2. RVG-Rechner: 1. Instanz mit Anrechnung der Geschäftsgebühr 18
C. Arbeitshilfen 15	

A. Grundlagen

1 Da die Verfahren zur Aufhebung der Ehe ausgesprochen selten sind und ihr kostenrechtlicher Ablauf identisch ist mit dem der Scheidung, treten diesbezüglich keine Probleme auf. Das Verfahren zur Aufhebung der Ehe beinhaltet kostenrechtlich im Vergleich zum Scheidungsverfahren nur wenige Besonderheiten. Bei beiden Verfahren handelt es sich um Ehesachen im Sinne des § 121 FamFG.

2 Es finden dieselben Gebührenvorschriften Anwendung. In der Regel entsteht eine Verfahrensgebühr Nr. 3100 und eine Terminsgebühr Nr. 3104 VV RVG.

3 Die obigen Ausführungen gelten nach den §§ 111 Nr. 11, 269, 270 FamGKG in gleicher Weise für die Aufhebung einer Lebenspartnerschaft.

B. Besonderheiten

I. Gegenstandswert

4 Mit § 43 FamGKG gilt auch dieselbe Wertvorschrift wie für andere Ehesachen. Danach sind für die Berechnung des Wertes insbesondere der Umfang und die Bedeutung der Sache maßgebend. Ebenso sind die Vermögens- und Einkommensverhältnisse der Parteien zu berücksichtigen, wobei für das Merkmal Einkommensverhältnisse eine Spezifizierung in § 43 Abs. 2 FamGKG aufgeführt ist. In Ehesachen gilt hierfür das dreimonatige Nettoeinkommen der Ehegatten (vgl. ausführlich hierzu die Kostenrechtl. Hinw. in Familiensachen (Teil 2) Rn. 29).

5 Das Verfahren zur Aufhebung der Ehe stellt grundsätzlich eine eigene Angelegenheit mit einem eigenen Wert dar. Wird jedoch im laufenden Verfahren der **Antrag abgeändert von „Aufhebung der Ehe" in „Scheidung der Ehe"**, so betreffen beide Anträge denselben Gegenstand, nämlich die Ehe. Maßgeblich für die einmal entstandenen Gebühren ist der erreichte höchste Gegenstandswert.[1]

6 Ein Verbundverfahren mit anderen Familiensachen ist nicht möglich. Dies ist der Scheidung vorbehalten – §§ 126, 137 FamFG. Es kann also nicht zu einer Wertaddition mit verbundenen Verfahren kommen.

II. Gebühren

7 Eine außergerichtliche **Geschäftsgebühr** Nr. 2300 VV RVG wird nur ausnahmsweise entstehen können, da das Verfahren zur Aufhebung der Ehe nur gerichtlich durchgeführt werden kann. Daher ist ein entsprechender Auftrag zur außergerichtlichen Vertretung in der Regel nicht sinnvoll.

8 Die **Aussöhnungsgebühr** Nr. 1001 VV RVG entsteht ausdrücklich auch für das Verfahren zur Aufhebung der Ehe. Es gelten keine Besonderheiten im Vergleich zur Scheidung (vgl. ausführlich hierzu die Kostenrechtl. Hinw. in Familiensachen (Teil 11) Rn. 1).

---

[1] OLG München v. 29.06.1994 - 11 WF 797/94 - JurBüro 1995, 138-139.

Eine **Einigungsgebühr** kann hingegen nach Nr. 1000 Abs. 5 VV RVG ebenso wenig wie im Rahmen einer Scheidung entstehen. 9

III. Mehrere Auftraggeber

Wird ein **Eheaufhebungsverfahren** von der Verwaltungsbehörde wegen **Doppelehe** betrieben, so sind die Ehegatten notwendige Streitgenossen.[2] Tritt ein Rechtsanwalt als Vertreter der Ehegatten auf, so steht im demnach eine nach Nr. 1008 VV RVG erhöhte Verfahrensgebühr zu, da es sich für die Streitgenossen um denselben Streitgegenstand handelt. 10

IV. Verfahrenskostenhilfe und Aufhebung einer Scheinehe

Wer eine Scheinehe eingeht, muss im Rahmen des Zumutbaren Rücklagen für die Aufhebung der Ehe bilden. Verfahrenskostenhilfe für das Aufhebungsverfahren ist zu versagen. Die Partei hat dies bei ihrer Lebensgestaltung zu berücksichtigen.[3] 11

Diese Situation ist nicht mit derjenigen einer verfahrenskostenhilfebedürftigen Partei vergleichbar, die sich in der Situation sieht, in einem gerichtlichen Verfahren tätig zu werden. Dies ist in der Regel nicht vorhersehbar. Eine Eigenvorsorge kann nicht verlangt werden, da die meisten Menschen nicht mit dem Gericht in Kontakt kommen. 12

Für denjenigen, der eine Scheinehe eingeht, trifft dies nicht zu. Hier ist zu verlangen, dass er im Rahmen des wirtschaftlich Zumutbaren Vorsorge trifft und die Kosten anspart, die ihm anfallen, um den rechtsmissbräuchlich erworbenen Status der Ehe durch das vom Gesetzgeber geregelte Verfahren wieder aufheben zu lassen. 13

Trägt die Partei vor, das für die Eingehung der Scheinehe versprochene Entgelt nicht erhalten zu haben, ist dies dem Gericht auf Verlangen glaubhaft zu machen.[4] 14

C. Arbeitshilfen

I. Beispiele/Muster

1. Beispiel: Gerichtliches Aufhebungsverfahren

Es ist ein Eheaufhebungsverfahren mit Termin durchgeführt worden. Der Gegenstandswert ergibt sich aus dem dreifachen Monatsnettoeinkommen der Ehegatten mit insgesamt 4.000 €. 15

	Verfahrensgebühr, Nr. 3100 VV (1,3); Wert: 4.000 €	327,60 €
+	Terminsgebühr, Nr. 3104 VV (1,2); Wert: 4.000 €	302,40 €

2. Beispiel: Aufhebungsverfahren mit Aussöhnung vor Antragstellung

Der Rechtsanwalt ist mit der Durchführung eines Aufhebungsverfahrens beauftragt. Vor Einreichung des Verfahrensantrags endet die Angelegenheit jedoch mit einer erfolgreichen Aussöhnung, die durch den Rechtsanwalt in einer Besprechung maßgeblich mitgestaltet wurde. Der Gegenstandswert ergibt sich aus dem dreifachen Monatsnettoeinkommen der Ehegatten mit insgesamt 6.000 €. 16

	Verfahrensgebühr, Nr. 3101 VV (0,8); Wert: 6.000 €	283,20 €
+	Terminsgebühr, Nr. 3104 VV (1,2); Wert: 6.000 €	424,80 €
+	Aussöhnungsgebühr, Nr. 1001 VV (1,5) Wert: 6.000 €	531,00 €

II. Berechnungsprogramme

1. Prozesskostenrechner

Mit diesem Berechnungsprogramm können Sie kalkulieren, welche Prozesskosten auf Ihren Mandanten zukommen können (mit 2. Instanz, Vergleich, Beweisauslagen, gegnerischem Anwalt): Prozesskostenrechner. 17

2. RVG-Rechner: 1. Instanz mit Anrechnung der Geschäftsgebühr

Mit diesem Berechnungsprogramm können Sie die anwaltliche Vergütung für das außergerichtliche Verfahren (Nr. 2300 VV RVG) und das gerichtliche Verfahren (Nr. 3100, 3104, 1003 VV RVG) berechnen: RVG-Rechner (1. Instanz mit Anrechnung der Geschäftsgebühr). 18

---

[2] OLG Dresden v. 02.02.2004 - 21 ARf 1/04 - FamRZ 2004, 952.
[3] OLG Rostock v. 05.04.2007 - 11 WF 59/07 - FamRZ 2007, 1335.
[4] BGH v. 30.03.2011 - XII ZB 212/09 - NJW 2011, 1814 = FamRZ 2011, 872.

§ 1314 BGB Aufhebungsgründe

(Fassung vom 02.01.2002, gültig ab 01.01.2002)

(1) Eine Ehe kann aufgehoben werden, wenn sie entgegen den Vorschriften der §§ 1303, 1304, 1306, 1307, 1311 geschlossen worden ist.

(2) Eine Ehe kann ferner aufgehoben werden, wenn

1. ein Ehegatte sich bei der Eheschließung im Zustand der Bewusstlosigkeit oder vorübergehender Störung der Geistestätigkeit befand;
2. ein Ehegatte bei der Eheschließung nicht gewusst hat, dass es sich um eine Eheschließung handelt;
3. ein Ehegatte zur Eingehung der Ehe durch arglistige Täuschung über solche Umstände bestimmt worden ist, die ihn bei Kenntnis der Sachlage und bei richtiger Würdigung des Wesens der Ehe von der Eingehung der Ehe abgehalten hätten; dies gilt nicht, wenn die Täuschung Vermögensverhältnisse betrifft oder von einem Dritten ohne Wissen des anderen Ehegatten verübt worden ist;
4. ein Ehegatte zur Eingehung der Ehe widerrechtlich durch Drohung bestimmt worden ist;
5. beide Ehegatten sich bei der Eheschließung darüber einig waren, dass sie keine Verpflichtung gemäß § 1353 Abs. 1 begründen wollen.

Gliederung

A. Grundlagen 1	VII. Unkenntnis der Eheschließung (Absatz 2 Nr. 2) 13
I. Kurzcharakteristik 1	VIII. Arglistige Täuschung (Absatz 2 Nr. 3) 17
II. Regelungsprinzipien 2	1. Begriff 17
B. Aufhebungsgründe 5	2. Täuschungshandlung 18
I. Fehlende Ehemündigkeit (Absatz 1, § 1303 BGB) 5	3. Täuschungsgegenstand und Kausalität 20
II. Fehlende Geschäftsfähigkeit (Absatz 1, § 1304 BGB) 6	4. Arglist 24
III. Doppelehe; bestehende Lebenspartnerschaft (Absatz 1, § 1306 BGB) 7	5. Ausschluss 25
IV. Verwandtenehe (Absatz 1, § 1307 BGB) 10	IX. Drohung (Absatz 2 Nr. 4) 26
V. Verstoß gegen die Form der Eheschließung (Absatz 1, § 1311 BGB) 11	1. Begriff 26
VI. Vorübergehende Störung der Geistestätigkeit (Absatz 2 Nr. 1) 12	2. Widerrechtlichkeit 27
	X. Scheinehe (Absatz 2 Nr. 5) 30
	1. Grundlagen 30
	2. Anwendungsbereich 31
	3. Internationales Privatrecht 34
	C. Prozessuale Hinweise 36

A. Grundlagen

I. Kurzcharakteristik

1 Die Gründe, aus denen eine Ehe aufgehoben werden kann, sind – mit Ausnahme der den Fall eines fälschlich für tot erklärten Ehegatten betreffenden Regelung des § 1320 BGB – in § 1314 BGB abschließend geregelt.[1] Weitere Aufhebungsgründe können weder im Wege der Analogie noch unter Rückgriff auf die Regeln der allgemeinen Rechtsgeschäftslehre (§§ 116-144 BGB)[2] geschaffen werden.

II. Regelungsprinzipien

2 Die beiden Absätze des § 1314 BGB unterscheiden sich in regelungstechnischer Hinsicht. § 1314 Abs. 1 BGB zählt eine Reihe von Vorschriften des BGB über die Eingehung der Ehe namentlich auf

---

[1] VG Berlin v. 12.11.2010 - 34 K 2.10 - StAZ 2011, 311.
[2] *Voppel* in: Staudinger, § 1314 Rn. 3.

und sanktioniert deren Verletzung durch die Möglichkeit der Aufhebung einer solchermaßen fehlerhaft geschlossenen Ehe. Dabei werden überwiegend öffentliche Interessen geschützt. Der Katalog entspricht weitgehend den Ehenichtigkeitsgründen nach altem Recht (§§ 17-21 EheG). Allerdings werden die Aufhebungsgründe nun nicht mehr im Einzelnen umschrieben. Vielmehr sollen durch die Bezugnahme auf die Vorschriften über die Eingehung der Ehe Eheeingehungs- und Eheaufhebungsrecht miteinander verklammert und auf diesem Wege ein größeres Maß an Rechtsklarheit erreicht werden.³ Neu hinzugetreten ist der Aufhebungsgrund der Verletzung der Ehemündigkeit (§ 1303 BGB). Zu beachten ist weiterhin, dass nicht jeder Gesetzesverstoß bei Eingehung der Ehe deren Aufhebbarkeit begründet. So sind namentlich die Soll-Vorschrift des § 1308 BGB (Adoptivverwandtschaft) sowie die die Trauungsformalitäten betreffende Regelung des § 1312 BGB nicht im Katalog des § 1304 Abs. 1 BGB enthalten. Bei einer Verletzung der Vorschriften über die Mitwirkung des Standesbeamten sowie bei fehlendem Ehekonsens (§ 1310 Abs. 1 BGB) kommt eine Ehe gar nicht erst zustande („Nichtehe", vgl. die Kommentierung zu § 1313 BGB Rn. 3); eine Aufhebung kommt daher nicht in Betracht.

§ 1314 Abs. 2 BGB ermöglicht die Aufhebung von Ehen, welche zwar unter Beachtung der Vorschriften des BGB über die Eingehung der Ehe zustande gekommen sind, aber unter bestimmten Willensmängeln eines oder beider Ehegatten leiden (Nr. 1 bis 4). Entsprechende Regelungen fanden sich im alten Recht in den §§ 30,31, 33 und § 34 EheG. Neu aufgenommen wurde hingegen die Möglichkeit der Aufhebung von „Scheinehen", d.h. solcher Ehen, die unter rechtsmissbräuchlicher Inanspruchnahme des Rechtsinstituts der Ehe für ehefremde Zwecke geschlossen worden sind (Nr. 5).

Die Regelung des § 1314 BGB ist im Zusammenhang mit § 1315 BGB zu lesen, wonach die Aufhebung der Ehe trotz Vorliegens eines Aufhebungsgrundes ausnahmsweise ausgeschlossen sein kann. Dabei stellen die einzelnen Ausnahmetatbestände in Parallele (vgl. die Kommentierung zu § 1315 BGB Rn. 1) zu § 1314 BGB jeweils auf bestimmte Aufhebungsgründe ab.

B. Aufhebungsgründe

I. Fehlende Ehemündigkeit (Absatz 1, § 1303 BGB)

Obwohl § 1303 Abs. 1 BGB als Sollvorschrift ausgestaltet ist, stellt die fehlende Ehemündigkeit nach neuem Recht einen Aufhebungsgrund dar. Betroffen ist die Eheschließung von Minderjährigen, da Ehemündigkeit erst mit Volljährigkeit eintritt. Freilich besteht nach § 1303 Abs. 2 BGB die Möglichkeit einer Regelbefreiung durch das Familiengericht, wenn der betreffende Ehegatte das 16. Lebensjahr vollendet hat und der andere Ehegatte bereits volljährig ist (vgl. dazu die Kommentierung zu § 1303 BGB). Setzt sich das Familiengericht hierbei rechtsfehlerhaft über den Widerspruch des gesetzlichen Vertreters des Minderjährigen hinweg (vgl. § 1303 Abs. 3 BGB), so kann ein solcher Fehler nicht über § 1314 Abs. 1 BGB geltend gemacht werden.⁴ Dem Aufhebungsgrund dürfte keine große praktische Bedeutung zukommen. Jedenfalls der deutsche Standesbeamte wird das Alter des Eheschließenden richtig ermitteln. Allerdings kann der Aufhebungsgrund gegeben sein, wenn das Heimatrecht des minderjährigen Eheschließenden keinen hinreichenden Schutz vorsieht, und das Fehlen eines Aufhebungsgrundes daher dem deutschen ordre public (Art. 6 EGBGB) widerspricht.⁵ Darüber hinaus kann die Aufhebung nach § 1315 Abs. 1 Satz 1 Nr. 1 BGB ausgeschlossen sein (vgl. die Kommentierung zu § 1315 BGB Rn. 5).

II. Fehlende Geschäftsfähigkeit (Absatz 1, § 1304 BGB)

Aufhebungsgrund ist weiterhin die fehlende Geschäftsfähigkeit eines der Eheschließenden. § 1304 BGB knüpft hierfür an die Regelung des § 104 BGB an. Von Bedeutung ist allein § 104 Nr. 2 BGB. Danach ist geschäftsunfähig, wer sich in einem die freie Willensbestimmung ausschließenden Zustand krankhafter Störung der Geistestätigkeit befindet. Bloß vorübergehende Störungen gemäß § 105 Abs. 2 BGB werden nicht erfasst; insoweit greift der Aufhebungsgrund des § 1314 Abs. 2 Nr. 1 BGB. Teile der Rechtsprechung sprechen sich unter Hinweis auf die verfassungsrechtlich garantierte Eheschließungsfreiheit für eine partielle, d.h. auf den Bereich der Eheschließung bezogene Bestimmung der Geschäftsfähigkeit aus (vgl. dazu die Kommentierung zu § 1304 BGB). Danach ist in jedem Einzelfall zu prüfen, ob sich die Störung auch auf den Bereich der Ehe erstreckt oder ob der Betreffende die nötige Einsicht in das Wesen der Ehe und die Tragweite der Eheschließung besitzt und insoweit zu

---

³ BT-Drs. 13/4898, S. 18 f.
⁴ *Brudermüller* in: Palandt, § 1314 Rn. 2.
⁵ AG Offenbach v. 30.10.2009 - 314 F 1132/09 - FamRZ 2010, 1561 Rn 18.

einem freien Willensentschluss in der Lage ist (Ehegeschäftsfähigkeit).[6] Die Aufhebung einer von einem Geschäftsunfähigen geschlossenen Ehe kann nach § 1315 Abs. 1 Satz 1 Nr. 2 BGB ausgeschlossen sein (vgl. die Kommentierung zu § 1315 BGB Rn. 5).

III. Doppelehe; bestehende Lebenspartnerschaft (Absatz 1, § 1306 BGB)

7 Durch den Aufhebungsgrund der Doppelehe wird dem Grundsatz der Einehe Geltung verschafft.[7] Eine Zweitehe kann aufgehoben werden, wenn bei ihrer Eingehung eine andere Ehe noch bestand, selbst wenn diese ihrerseits aufhebbar – bzw. nach altem Recht nichtig – war. Dies gilt auch dann, wenn die frühere Ehe im Anschluss durch Tod, Scheidung oder Aufhebung aufgelöst wird. In solchen Fällen wird die Zweitehe nicht durch Fortsetzung der ehelichen Lebensgemeinschaft geheilt;[8] vielmehr ist eine Wiederholung der Eheschließung mit Wirkung ex nunc erforderlich. Bei ausländischem Scheidungsurteil ist dessen Anerkennung in Deutschland erforderlich.[9] Diese wirkt freilich auf den Zeitpunkt der Rechtskraft im Urteilsstaat zurück.[10] Demnach ist auch das Verfahren über die Aufhebung der Ehe nicht für die Dauer des Verfahrens der Scheidung der Erstehe auszusetzen.[11]

8 Zu einer Doppelehe kann es insbesondere dann kommen, wenn die die frühere Ehe auflösende Gerichtsentscheidung bei Eingehung der Zweitehe noch nicht rechtskräftig geworden ist, wenn nach rechtskräftiger Auflösung der Ehe Wiedereinsetzung in den vorigen Stand gewährt wird oder wenn die die Ehe auflösende Gerichtsentscheidung im Wege der Wiederaufnahme des Verfahrens aufgehoben wird.[12] Antragsberechtigt ist neben dem Ehegatten und der zuständigen Verwaltungsbehörde auch der Partner der ersten Ehe als betroffener Dritter (§ 1316 Abs. 1 Nr. 1 BGB). Allerdings kann die Aufhebung im Einzelfall nach § 1315 Abs. 2 Nr. 1 BGB ausgeschlossen sein (vgl. die Kommentierung zu § 1315 BGB Rn. 25).

9 Seit 01.01.2005 begründet auch eine mit einem Dritten eingegangene Lebenspartnerschaft nach § 1306 BGB ein Eheverbot, welches zur Aufhebbarkeit der später geschlossenen Ehe führt.

IV. Verwandtenehe (Absatz 1, § 1307 BGB)

10 Weiterer Aufhebungsgrund ist die Eheschließung zwischen Verwandten in gerader Linie sowie zwischen Voll- oder Halbgeschwistern (Verwandtenehe). Erheblich sind sowohl die natürliche als auch die rechtliche Verwandtschaft, also etwa die rechtliche Zuordnung eines Kindes zum Ehemann der Mutter (vgl. § 1592 Nr. 1 BGB). Ist die Abstammung erfolgreich angefochten worden, greift das Verbot freilich nicht länger ein und eine Aufhebung der Ehe scheidet aus.[13] Das nach altem Recht bestehende Verbot der Eheschließung zwischen Schwägern in gerader Linie, also zwischen Schwiegereltern und Schwiegerkindern, wurde durch das EheschlRG 1998 aufgehoben[14]. Im Unterschied zu anderen Aufhebungsgründen enthält § 1315 BGB für den Fall der Verwandtenehe keinerlei Ausschlusstatbestand.

V. Verstoß gegen die Form der Eheschließung (Absatz 1, § 1311 BGB)

11 Aufhebungsgrund ist auch der Verstoß gegen die Form der Eheschließung gemäß § 1311 BGB.[15] Hiernach müssen die Eheschließenden ihre Erklärungen persönlich und bei gleichzeitiger Anwesenheit abgeben (höchstpersönliches Rechtsgeschäft). Ausgeschlossen ist insbesondere die Eheschließung mittels Boten oder Stellvertreters (Handschuhehe). Zudem dürfen die Erklärungen nicht unter einer Bedingung oder Zeitbestimmung abgegeben werden. Hingegen greift die Vorschrift nicht ein, wenn wei-

---

[6] BayObLG München v. 24.04.1996 - 1Z BR 80/96 - juris Rn. 7 - MDR 1996, 822-823; OLG Brandenburg v. 07.07.2010 - 13 UF 55/09.
[7] Vgl. OLG Zweibrücken v. 21.11.2003 - 2 UF 51/03 - juris Rn. 28 - FamRZ 2004, 950-952; vgl. zur Doppel- und Mehrehe *Finger*, FuR 2008, 419.
[8] BGH v. 22.04.1964 - IV ZR 189/63 - LM Nr. 6 zu § 24 EheG; BGH v. 21.03.1962 - IV ZR 102/61 - BGHZ 37, 51-58.
[9] Zur Frage der Richtigkeit des ausländischen Scheidungsurteils AG Berlin-Tempelhof-Kreuzberg v. 29.10.2003 - 172 F 680/01 - juris Rn. 16 - FamRZ 2004, 1488-1489.
[10] BGH v. 28.06.1961 - IV ZR 297/60 - LM Nr. 1 zu § 606a ZPO.
[11] AG Offenbach v. 03.03.2008 - 314 F 1991/07 E1 - juris Rn 13.
[12] *Hohloch*, Familienrecht, 2002, Rn. 373; BGH v. 07.04.1976 - IV ZR 70/74 - juris Rn. 18 - StAZ 1977, 81-83.
[13] *Henrich* in: Johannsen/Henrich, EheR, § 1314 Rn. 28.
[14] Kritisch hierzu *Voppel* in: Staudinger, Vorbem. zu den §§ 1313 ff Rn. 18.
[15] Ein Verstoß gegen die Formvorschrift des § 1310 BGB führt demgegenüber zu einer Nichtehe (vgl. Rn. 2); ein Verstoß gegen die Formvorschrift des § 1312 BGB hat keine Auswirkung auf die Wirksamkeit der Ehe.

tere Absprachen der Eheschließenden nicht zur Kenntnis des Standesbeamten gelangen.[16] In der Praxis wird es kaum einmal zu einem Formverstoß i.S.v. § 1311 BGB kommen. Zudem kann die Aufhebung nach § 1315 Abs. 2 Nr. 2 BGB ausgeschlossen sein (vgl. die Kommentierung zu § 1315 BGB Rn. 21).

VI. Vorübergehende Störung der Geistestätigkeit (Absatz 2 Nr. 1)

Eine Ehe ist aufhebbar, wenn einer der Ehegatten bei der Eheschließung bewusstlos war oder sich in einem Zustand vorübergehender Störung der Geistestätigkeit befand. Damit nimmt die Vorschrift Bezug auf § 105 Abs. 2 BGB. Wie im Falle der dauernden Störung der Geistestätigkeit (§ 1304 BGB) ist darauf abzustellen, ob der freie Willensentschluss gerade im Hinblick auf die Eheschließung ausgeschlossen war.[17] Praktisch denkbare Fälle sind die Eheschließung im Zustand der Trunkenheit, unter Drogeneinfluss oder bei Bewusstseinseintrübung eines Sterbenden.[18] Bewusstlosigkeit liegt etwa bei Eheschließung unter Hypnose vor. Eine Aufhebung kann nach § 1315 Abs. 1 Satz 1 Nr. 3 BGB ausgeschlossen sein.

VII. Unkenntnis der Eheschließung (Absatz 2 Nr. 2)

Eine Ehe ist weiterhin dann aufhebbar, wenn einer der Ehegatten bei Eheschließung nicht gewusst hat, dass es sich um eine Eheschließung handelt. Bloße Zweifel sind nicht ausreichend;[19] hingegen ist gleichgültig, ob die Unkenntnis schuldhaft war.[20] Der durch die Vorschrift sanktionierte Geschäftsirrtum[21] stellt seit dem EheschlRG 1998 den einzigen für die Eheaufhebung relevanten Irrtum dar; der Erklärungsirrtum (§ 31 Abs. 1 Satz 1 Alt. 1 EheG) sowie der in der Rechtspraxis bedeutsame Aufhebungsgrund des Irrtums über die persönlichen Eigenschaften des Ehegatten (§ 31 Abs. 1 Satz 2 EheG) sind hingegen ersatzlos entfallen. So begründet nach neuem Recht nicht einmal der Irrtum über die Person des Ehepartners, etwa im Falle eineiiger Zwillinge, die Aufhebbarkeit der Ehe, sondern führt lediglich zur Möglichkeit der Scheidung.[22] Freilich dürfte hier meist ein Fall arglistiger Täuschung i.S.v. § 1314 Abs. 2 Nr. 3 BGB vorliegen.

Die praktische Bedeutung der Vorschrift ist gering. Als reine Inlandsfälle kommen nur Schulbeispiele in Betracht, so wenn einer der Betroffenen die Eheschließung für ein bloßes Schauspiel im Rahmen einer Theateraufführung oder von Filmaufnahmen ansieht. Mangelnde deutsche Sprachkenntnisse, auf denen der Geschäftsirrtum beruht, dürften meist mit einer ausländischen Staatsangehörigkeit des Eheschließenden zusammenfallen. Dann findet § 1314 Abs. 2 Nr. 2 BGB aber gar keine Anwendung, da Art. 13 Abs. 1 EGBGB für die materiellen Ehevoraussetzungen auf das jeweilige Heimatrecht der Verlobten verweist. Deutsches Recht kann hier nur über eine von uns zu beachtende Rückverweisung des ausländischen Kollisionsrechts (vgl. Art. 4 Abs. 1 EGBGB) zur Anwendung gelangen.

Relevanz besitzt die Norm hingegen für die Eheschließung zwischen Deutschen im Ausland. Hier ist insbesondere bei nach Ortsrecht (vgl. Art. 11 Abs. 1 EGBGB) wirksamer religiöser Eheschließung vorstellbar, dass sich die Beteiligten über deren rechtliche Verbindlichkeit im Irrtum befanden. Freilich muss die Fehlvorstellung dahin gehen, dass der Trauung nach Ortsrecht jeglicher Rechtscharakter fehlt, diese also allenfalls religiöse Funktion besitzt.[23] Nicht ausreichend ist ein Irrtum darüber, dass das Ortsrecht als solches unbeachtlich ist (= Irrtum über die Anwendbarkeit ausländischen Rechts) oder der ausländische Eheschließungsakt in Deutschland keine Wirkungen zeitigt.[24]

Die Aufhebung kann im Übrigen nach § 1315 Abs. 1 Satz 1 Nr. 4 BGB ausgeschlossen sein.

---

[16] BayObLG München v. 02.04.1982 - BReg 1 Z 1/82 - MDR 1982, 763.
[17] RG v. 19.01.1922 - VI 585/21 - RGZ 103, 399-401, 400; RG v. 07.07.1910 - IV 498/09 - RGZ 74, 110-114; BGH v. 02.10.1970 - V ZR 125/68 - juris Rn. 8 - FamRZ 1970, 641-643; *Voppel* in: Staudinger, § 1314 Rn. 11 f.
[18] *Böhmer*, StAZ 1990, 213-218, 217.
[19] RG v. 22.10.1930 - IX 152/30 - Warn 1931 Nr. 165.
[20] *Wellenhofer* in: MünchKomm-BGB, § 1314 Rn. 7.
[21] *Voppel* in: Staudinger, § 1314 Rn. 14.
[22] *Hohloch*, Familienrecht, 2002, Rn. 378.
[23] *Voppel* in: Staudinger, § 1314 Rn. 18 f.; *Mankowski* in: Staudinger, Art. 13 EGBGB Rn. 433; *Jayme*, StAZ 1982, 208-209, 209; *Wellenhofer* in: MünchKomm-BGB, § 1314 Rn. 8.
[24] So aber RG v. 17.11.1924 - 263/24 IV - JW 1925, 1639; *Brudermüller* in: Palandt, § 1314 Rn. 8.

§ 1314

VIII. Arglistige Täuschung (Absatz 2 Nr. 3)

1. Begriff

17 Den praktisch bedeutsamsten Aufhebungsgrund stellt die arglistige Täuschung eines Ehegatten dar. Diese besteht im Hervorrufen oder Unterhalten eines Irrtums über bestimmte für die eheliche Lebensgemeinschaft relevante Umstände mit dem Ziel, die Willensentschließung eines anderen zur Ehe zu erreichen.[25] Die Ehe basiert auf dem gegenseitigen Vertrauen beider Ehegatten. Wird dieses gleich zu Beginn dadurch zerstört, dass ein Ehegatte den anderen Teil durch arglistige Täuschung zur Eheschließung bewegt, so ist es sittlich nicht gerechtfertigt, den getäuschten Ehegatten an einer solchermaßen zustande gekommenen Ehe festzuhalten.[26] Der Tatbestand der arglistigen Täuschung ähnelt demjenigen des § 123 BGB,[27] obgleich sich einige eherechtliche Besonderheiten ergeben. So ist insbesondere nur die Täuschung über bestimmte eherelevante Umstände objektiv erheblich; die Täuschung über Vermögensverhältnisse ist dabei ausdrücklich ausgenommen.

2. Täuschungshandlung

18 Als Täuschungshandlung kommen sowohl aktives Tun als auch Unterlassen in Betracht. Nach h.M. setzt eine Täuschung durch Unterlassen wie im Falle des § 123 BGB eine entsprechende Offenbarungspflicht voraus.[28] Nach a.A. ist eine solche Voraussetzung nicht spezifisch für die Täuschung durch Unterlassen, da die nach § 1314 Abs. 2 Nr. 3 BGB für sämtliche Begehensarten geforderte objektive Kausalität gleichzeitig eine Offenbarungspflicht begründe.[29] Eine praktische Bedeutung kommt dem Meinungsstreit freilich nicht zu.

19 Während Getäuschter immer einer der Ehegatten sein muss, kommt als Täuschender neben dem anderen Ehegatten auch ein Dritter in Betracht. Verübt ein Dritter die Täuschung, so ist eine Aufhebung der Ehe allerdings nur dann möglich, wenn der andere Ehegatte die Täuschung und deren ursächliche Wirkung für die Willensentschließung seines Partners gekannt hat.[30] Grob fahrlässige Unkenntnis genügt nicht. Maßgeblich für das Vorliegen der Täuschungshandlung sowie das Bestehen des Irrtums ist der Zeitpunkt der Eheschließung.[31]

3. Täuschungsgegenstand und Kausalität

20 Tauglicher Gegenstand der Täuschung sind nicht nur persönliche Eigenschaften des Ehegatten, sondern jeder Umstand, der den anderen Ehegatten bei Kenntnis der Sachlage und richtiger (= verständiger) Würdigung des Wesens der Ehe von der Eheschließung – zumindest zu diesem Zeitpunkt[32] – abgehalten hätte. Erforderlich ist somit ein subjektiv wie objektiv ursächlicher Zusammenhang zwischen Täuschung und Eheschließung. Subjektiv setzt § 1314 Abs. 2 Nr. 3 BGB voraus, dass der getäuschte Ehegatte aus damaliger Sicht bei Kenntnis der wahren Sachlage von der Eheschließung abgesehen hätte.[33] Dabei genügt es, dass die Täuschung für den Entschluss zur Eingehung der Ehe mitbestimmend war. Dagegen fehlt es an der subjektiven Kausalität, wenn der betreffende Umstand dem getäuschten Ehegatten auch bei Kenntnis gleichgültig oder jedenfalls nicht so wichtig gewesen wäre, dass er von der Eheschließung Abstand genommen hätte.[34] Insoweit können sich auch eigene laxe Auffassungen

---

[25] So *Voppel* in: Staudinger, § 1314 Rn. 21.

[26] BGH v. 21.02.1952 - IV ZR 120/51 - juris Rn. 11 - BGHZ 5, 186-189.

[27] Für eine Gleichsetzung etwa RG v. 30.04.1925 - IV 562/24 - RGZ 111, 5-8, 7; *Wellenhofer* in: Münch-Komm-BGB, § 1314 Rn. 11; hiergegen *Voppel* in: Staudinger, § 1314 Rn. 21.

[28] BGH v. 14.05.1958 - IV ZR 11/58 - juris Rn. 31 - LM Nr. 2 zu § 33 EheG; OLG Brandenburg v. 10.05.2006 - 9 WF 127/06 - juris Rn. 15 - NJW 2006, 2861-2862; OLG Stuttgart v. 22.03.2005 - 18 UF 300/2005, 18 UF 300/04 - juris Rn. 7 - OLGR Stuttgart 2005, 541-542; OLG Zweibrücken v. 17.06.2005 - 2 UF 230/04 - juris Rn. 40 - FamRZ 2006, 1201-1203; *Wellenhofer* in: MünchKomm-BGB, § 1314 Rn. 17; *Henrich* in: Johannsen/Henrich, EheR, § 1314 Rn. 47; *Büte*, FPR 2007, 231-235, 235.

[29] So *Klippel* in: Staudinger, 13. Auflage 2000, § 1314 Rn. 24.

[30] Die Beweislast hierfür liegt nach h.M. entgegen dem Gesetzeswortlaut beim klagenden Ehegatten; *Voppel* in: Staudinger, § 1314 Rn. 39; OLG Zweibrücken v. 17.06.2005 - 2 UF 230/04 - juris Rn. 35 - FamRZ 2006, 1201-1203.

[31] RG v. 09.07.1932 - V 104/32 - Seuffert's Archiv 86 Nr. 184; OLG Zweibrücken v. 17.06.2005 - 2 UF 230/04 - juris Rn. 36 - FamRZ 2006, 1201-1203.

[32] RG v. 02.06.1920 - 23/20 V - JW 1920, 832.

[33] OLG München v. 01.04.2008 - 4 UF 374/07 - juris Rn. 18; mit Anmerkung *Elbracht*, jurisPR-FamR 25/2008 Anm 6.

[34] LG Rostock v. 14.06.2002 - 2 T 208/01 - juris Rn. 23 - FamRZ 2003, 598-599.

des Getäuschten auswirken,[35] etwa eine Neigung zum Ehebruch.[36] Objektiv kausal für die Willensentschließung ist eine Täuschung nur dann, wenn der Umstand auch „bei richtiger Würdigung des Wesens der Ehe" als ursächlich angesehen werden kann. Hierdurch soll verhindert werden, dass die Aufhebung der Ehe wegen jeglicher Art von Täuschung verlangt werden kann. Vielmehr soll jeder Ehegatte von vornherein mit gewissen Enttäuschungen, mit Schwächen und Lügen seines Partners rechnen müssen.[37] Auch besondere persönliche Empfindlichkeiten des Getäuschten haben außer Betracht zu bleiben.[38] Abzustellen ist vielmehr darauf, ob der betreffende Umstand nach Ansicht der Bevölkerungsschicht, der die Ehegatten angehören, mit dem Sinn der ehelichen Lebensgemeinschaft in Zusammenhang steht.

Als beachtliche Umstände kommen namentlich in Betracht: 21
- Täuschung über das Bestehen einer Schwangerschaft oder die Person des Erzeugers,[39]
- Verschweigen anderweitigen Geschlechtsverkehrs während der Empfängniszeit,[40]
- Verschweigen von Geschlechtsverkehr mit dem Vater des Verlobten,[41]
- Verschweigen der Beiwohnungsunfähigkeit[42] oder Unfruchtbarkeit,
- Verschweigen erblicher[43] oder sonst erheblicher Krankheiten wie unheilbarer und ansteckender Leiden, z.B. Aids,[44] HIV-Infektion, Geschlechtskrankheiten, Tuberkulose,[45] es sei denn, der Betroffene hält die Krankheit für ausgeheilt, da es dann zumindest an der erforderlichen Arglist fehlt,[46]
- Verschweigen starker gleichgeschlechtlicher Neigungen,[47]
- Verschweigen einer früheren Ehe mit fortwirkenden Pflichten,[48]
- Verschweigen einer Heiratszeremonie in Anwesenheit eines Mullahs mit einer anderen Frau, zu der der Ehegatte eine eheähnliche Beziehung gepflegt hat, aus der später ein Kind hervorgegangen ist,[49]
- Verschweigen der Existenz von ehelichen oder nichtehelichen Kindern,[50] insb. eines während der ersten Ehe außerehelich gezeugten Kindes,[51]
- Täuschung über Beruf oder berufliche Aktivitäten,[52]
- Verschweigen erheblicher Vorstrafen,[53]

---

[35] RG v. 12.04.1911 - 396/10 IV - JW 1911, 543.
[36] Vgl. OLG Celle v. 02.07.1959 - 7 W 48/59 - NdsRpfl 1959, 248.
[37] So *Wellenhofer* in: MünchKomm-BGB, § 1314 Rn. 14.
[38] OLG Hamburg v. 31.08.1982 - 2a UF 16/81 - FamRZ 1982, 1211-1212.
[39] RG v. 11.03.1940 - IV 36/40 - RGZ 163, 139-142, 140 f.; RG v. 02.06.1920 - 23/20 V - JW 1920, 832; OLG Hamm v. 03.03.1964 - 4 U 119/63 - FamRZ 1964, 438.
[40] BGH v. 04.02.1959 - IV ZR 231/58 - juris Rn. 15 - BGHZ 29, 265-275; OLG Karlsruhe v. 11.08.1999 - 2 UF 93/99 - NJW-RR 2000, 737-738; a.A. OLG Stuttgart v. 22.03.2005 - 18 UF 300/2004, 18 UF 300/04 - juris Rn. 8 ff. - OLGR Stuttgart 2005, 541-542.
[41] OLG Brandenburg v. 10.05.2006 - 9 WF 127/06 - juris Rn. 15 - NJW 2006, 2861-2862; AG Schweinfurt v. 18.01.1973 - C 317/72 - juris Rn. 14 - NJW 1973, 1506.
[42] BGH v. 14.05.1958 - IV ZR 11/58 - juris Rn. 31 - LM Nr. 2 zu § 33 EheG.
[43] OLG München v. 01.04.2008 - 4 UF 374/07.
[44] OLG Brandenburg v. 10.05.2006 - 9 WF 127/06 - juris Rn. 15 - NJW 2006, 2861-2862; *Henrich* in: Johannsen/Henrich, EheR, § 1314 Rn. 48.
[45] BGH v. 14.05.1958 - IV ZR 11/58 - juris Rn. 31 - LM Nr. 2 zu § 33 EheG; OLG Stuttgart v. 02.06.2004 - 16 WF 110/04 - juris Rn. 2 - NJW 2004, 2247-2248.
[46] RG v. 21.04.1931 - VII 538/30 - Warn 1931 Nr. 125.
[47] BGH v. 14.05.1958 - IV ZR 11/58 - juris Rn. 31 - LM Nr. 2 zu § 33 EheG; OLG Brandenburg v. 10.05.2006 - 9 WF 127/06 - juris Rn. 15 - NJW 2006, 2861-2862.
[48] OLG Celle v. 29.10.1964 - 7 U 91/64 - FamRZ 1965, 213; VG Berlin v. 12.11.2010 - 34 K 2.10 - StAZ 2011, 311 Rn 27.
[49] AG Warendorf v. 28.04.2006 - 9 F 649/05 - FamRZ 2006, 1377-1378.
[50] OLG Brandenburg v. 10.05.2006 - 9 WF 127/06 - juris Rn. 15 - NJW 2006, 2861-2862; OLG Nürnberg v. 25.10.1965 - 5 U 139/64 - FamRZ 1966, 104; *Wellenhofer* in: MünchKomm-BGB, § 1314 Rn. 17; VG Berlin v. 12.11.2010 - 34 K 2.10 - StAZ 2011, 311; a.A. noch RG v. 15.12.1943 - IV 236/43 - DR 1944, 416 - nur auf Befragen.
[51] OLG Karlsruhe v. 17.05.2010 - 18 UF 8/10.
[52] RG v. 19.06.1929 - 18 U 1436/28 - JW 1930, 74; AG Krefeld v. 14.01.1987 - (66) 62 F 60/86 - juris Rn. 18 - FamRZ 1987, 815-816 mit Anmerkung *Bosch*; AG Weinheim v. 17.02.1995 - 1 F 123/94 ES, 1 F 123/94 - juris Rn. 12 - FamRZ 1995, 1411.
[53] AG Kulmbach v. 04.02.2002 - 2 F 298/01 - juris Rn. 22 - NJW 2002, 2112.

§ 1314

- Ausübung der Prostitution für einen nicht als geringfügig anzusehenden Zeitraum.[54]
Die genannten Beispiele sind für die eheliche Gemeinschaft und das Familienleben von solch grundlegender Bedeutung, dass eine generelle Offenbarungspflicht besteht, d.h., der betroffene Verlobte ist verpflichtet, seinen Partner auch ohne entsprechende Nachfrage auf den jeweiligen Umstand hinzuweisen.[55]

22 In anderen Fällen stellt ein Verschweigen nur dann einen für die Aufhebung der Ehe erheblichen Umstand dar, wenn der andere Teil ausdrücklich Aufklärung über einen bestimmten Punkt verlangt[56] oder auf sonstige Weise zu erkennen gegeben hat, dass er auf einen bestimmten Punkt besonderen Wert legt:[57]
- vorehelicher Geschlechtsverkehr,[58]
- geringe körperliche Mängel wie z.B. Schwerhörigkeit,[59]
- ohne Folgen überstandener Nervenzusammenbruch,[60]
- ehemalige Stellung als katholischer Priester gegenüber einem Nichtkatholiken,[61]
- bestimmte Vorstellungen über die Eheführung bzw. intime Ehegestaltung.[62]

23 Schließlich bestehen Umstände, zu denen der betroffene Verlobte auch auf Nachfrage schweigen oder sogar wahrheitswidrige Angaben machen kann, ohne dass dies die Aufhebbarkeit der Ehe zur Folge hat. So darf eine Frau etwa verschweigen, von ihrem Vater vor längerer Zeit vergewaltigt worden zu sein.[63] Auch eigene getilgte Vorstrafen sowie Vorstrafen naher Familienangehöriger sind nicht offenbarungspflichtig.[64] Die Täuschung über Vermögensverhältnisse bleibt bereits nach dem Gesetzeswortlaut unbeachtet.[65]

4. Arglist

24 Arglist bedeutet (zumindest bedingten) Vorsatz.[66] Sie besteht in dem Bewusstsein, dass es gerade der Täuschung bedurfte, um den anderen zur Eheschließung zu bewegen oder zu verhindern, dass er von dieser wieder Abstand nimmt.[67] Eine darüber hinausgehende Schädigungsabsicht muss nicht vorliegen.[68] Auch ihrerseits nicht verwerfliche Beweggründe zur Täuschung wie etwa Angst und Scham,[69] Mangel an Mut oder Scheu vor Aufregung[70] schließen Arglist nicht aus. Deshalb ist auch die Hoffnung des Täuschenden unerheblich, dass die Ehe glücklich verlaufen werde.[71] Mitwirkendes Verschulden des Getäuschten schadet nicht.[72] Umstritten ist, ob der Täuschende schuldfähig sein muss. Nach h.M. ist dies nicht erforderlich, da das Gesetz die freie Willensbildung bei der Eheschließung unabhängig davon schützt, ob der andere Ehegatte diese schuldhaft beeinträchtigt hat. Ein Aufhebungsrecht des getäuschten Ehegatten besteht daher auch dann, wenn ein Geisteskranker die Täuschung verübt hat.[73]

---

[54] OLG Brandenburg v. 10.05.2006 - 9 WF 127/06 - juris Rn. 18 - NJW 2006, 2861-2862 mit Anmerkung *Stockmann*, jurisPR-FamR 19/2006, Anm. 3.
[55] BGH v. 14.05.1958 - IV ZR 11/58 - juris Rn. 31 - LM Nr. 2 zu § 33 EheG.
[56] BGH v. 14.05.1958 - IV ZR 11/58 - juris Rn. 31 - LM Nr. 2 zu § 33 EheG; keine allgemeine Offenbarungspflicht für fehlende Liebe: OLG Hamm v. 18.07.2003 - 10 WF 141/03 - FPR 2004, 26; VG Berlin v. 12.11.2010 - 34 K 2.10 - juris Rn. 28.
[57] RG v. 19.10.1925 - IV 268/25 - Warn 1926 Nr. 91; RG v. 15.12.1943 - IV 236/43 - DR 1944, 416.
[58] OLG Brandenburg v. 10.05.2006 - 9 WF 127/06 - juris Rn. 14 - NJW 2006, 2861-2862; OLG Jena v. 20.01.1939 - 1 U 192/38 - SächsArch 1939, 223; a.A. *Voppel* in: Staudinger, § 1314 Rn. 30; *Keller/Röder*, JA 2009, 286.
[59] OLG München v. 16.10.1939 - 7 U 666/39 - HRR 1940 Nr. 71.
[60] BGH v. 01.02.1967 - IV ZR 262/65 - FamRZ 1967, 372.
[61] BGH v. 13.12.1963 - 3 U 13/63 - FamRZ 1964, 258.
[62] OLG Köln v. 01.07.1999 - 14 UF 225/98 - juris Rn. 24 - NJW-RR 1999, 1595-1596; OLG Zweibrücken v. 17.06.2005 - 2 UF 230/04 - juris Rn. 40 - FamRZ 2006, 1201-1203.
[63] RG v. 03.04.1928 - II 488/27 - DRZ 1928 Nr. 206.
[64] *Voppel* in: Staudinger, § 1314 Rn. 28.
[65] *Voppel* in: Staudinger, § 1314 Rn. 29.
[66] BGH v. 14.05.1958 - IV ZR 11/58 - juris Rn. 32 - LM Nr. 2 zu § 33 EheG.
[67] RG v. 30.04.1925 - IV 562/24 - RGZ 111, 5-8, 7; BGH v. 14.05.1958 - IV ZR 11/58 - juris Rn. 32 - LM Nr. 2 zu § 33 EheG.
[68] RG v. 30.04.1925 - IV 562/24 - RGZ 111, 5-8, 7; RG v. 22.10.1930 - 127/30 IX - JW 1931, 1362.
[69] RG v. 14.05.1919 - 45/19 - Recht 1919 Nr. 1977.
[70] RG v. 22.10.1930 - 127/30 IX - JW 1931, 1362.
[71] BGH v. 14.05.1958 - IV ZR 11/58 - juris Rn. 32 - LM Nr. 2 zu § 33 EheG.
[72] *Wellenhofer* in: MünchKomm-BGB, § 1314 Rn. 19.
[73] OLG Hamm v. 03.03.1964 - 4 U 119/63 - FamRZ 1964, 438; *Wellenhofer* in: MünchKomm-BGB, § 1314 Rn. 19; *Voppel* in: Staudinger, § 1314 Rn. 37; a.A. *Henrich* in: Johannsen/Henrich, EheR, § 1314 Rn. 55.

5. Ausschluss

Die Aufhebung der Ehe kann nach § 1315 Abs. 1 Satz 1 Nr. 4 BGB ausgeschlossen sein. Zudem mag das Aufhebungsverlangen im Einzelfall eine unzulässige Rechtsausübung darstellen, etwa wenn die Täuschung nicht schwerwiegend und die Schuld des Täuschenden gering war und sich die Täuschung zudem nicht oder nur in geringem Maße auf die eheliche Lebensgemeinschaft auswirkt.[74] Freilich wird es in solchen Fällen häufig bereits an der erforderlichen objektiven Kausalität fehlen.

IX. Drohung (Absatz 2 Nr. 4)

1. Begriff

Die Ehe kann weiterhin aufgehoben werden, wenn einer der Ehegatten widerrechtlich durch Drohung zur Eheschließung bestimmt worden ist. Der Begriff der Drohung entspricht demjenigen in § 123 BGB (vgl. dazu die Kommentierung zu § 123 BGB). Erforderlich ist die Ankündigung eines künftigen Übels, auf dessen Eintritt oder Ausbleiben der Drohende Einfluss zu haben vorgibt.[75] Der bloße Hinweis auf bzw. die Ausnutzung eines bestehenden Übels reichen nicht aus, es sei denn, der Drohende ist zu dessen Beseitigung in der Lage und rechtlich bzw. sittlich verpflichtet. Als angedrohte Übel kommen im vorliegenden Zusammenhang insbesondere Gewalt, Strafanzeigen, Suizidankündigungen sowie Vermögensbenachteiligungen in Betracht. Die Drohung kann sich sowohl gegen den Verlobten selbst als auch gegen Dritte – etwa nahe Angehörige – richten. Die Drohung muss nicht ernst gemeint sein. Da § 1314 Abs. 2 Nr. 4 BGB die Freiheit der Willensentschließung schützt, ist ausschlaggebend, dass der Bedrohte die Drohung als solche aufgefasst hat und der Drohende damit rechnete.[76]

2. Widerrechtlichkeit

Die Drohung ist widerrechtlich, wenn entweder das angedrohte Mittel oder aber die Verknüpfung des Mittels mit dem Zweck der Eheschließung rechtswidrig ist. Rechtswidrigkeit allein aufgrund des verfolgten Zweckes kommt vorliegend nicht in Betracht, da eine Eheschließung stets rechtmäßig ist; etwas anderes scheint allein beim Verstoß gegen Eheverbote (§§ 1306, 1307 BGB) vorstellbar. Rechtswidrige Mittel sind namentlich Gewalt und andere strafbare Handlungen. Für die Rechtswidrigkeit der Mittel-Zweck-Relation ist es unerheblich, ob der Drohende einen Rechtsanspruch auf den mit der Drohung verfolgten Zweck – die Eheschließung – hat. Ausschlaggebend ist vielmehr, ob der Drohende ein anerkennenswertes, sittlich zu billigendes Interesse an der Eheschließung hat und die Drohung nach allgemeiner Auffassung ein angemessenes Mittel ist, um diesen Erfolg zu erreichen.[77] Angesichts der Bedeutung der Eheschließung für den weiteren Lebenslauf des Bedrohten ist hierbei ein enger Maßstab anzulegen. So begründet die Drohung mit einer Strafanzeige,[78] Vermögenseinbußen oder Selbstmord stets die Rechtswidrigkeit der Mittel-Zweck-Relation. Anders verhält es sich beim Hinweis auf die vermögensrechtlichen Folgen des Verlöbnisbruches nach § 1298 BGB.[79] Ein Bewusstsein für die Widerrechtlichkeit der Drohung auf Seiten des Drohenden ist nicht erforderlich.[80]

Die Drohung muss für die Eheschließung zu diesem Zeitpunkt kausal gewesen sein. Mitursächlichkeit genügt.

Die Aufhebung der Ehe kann nach § 1315 Abs. 1 Satz 1 Nr. 4 BGB ausgeschlossen sein.

---

[74] BGH v. 14.05.1958 - IV ZR 11/58 - juris Rn. 34 - LM Nr. 2 zu § 33 EheG; weitere Beispiele bei *Wellenhofer* in: MünchKomm-BGB, § 1314 Rn. 21.
[75] BGH v. 14.06.1951 - IV ZR 42/50 - BGHZ 2, 287-300.
[76] *Wellenhofer* in: MünchKomm-BGB, § 1314 Rn. 23; *Voppel* in: Staudinger, § 1314 Rn. 47; *Brudermüller* in: Palandt, § 1314 Rn. 13.
[77] BGH v. 14.06.1951 - IV ZR 42/50 - BGHZ 2, 287-300; BGH v. 23.09.1957 - VII ZR 403/56 - BGHZ 25, 217-225.
[78] Dies gilt auch für den Strafantrag der Eltern wegen Verführung (§ 182 Abs. 2 StGB), vgl. *Henrich* in: Johannsen/Henrich, EheR, § 1314 Rn. 72 f.; *Voppel* in: Staudinger, § 1314 Rn. 57; a.A. *Gernhuber/Coester-Waltjen*, Lehrbuch des Familienrechts, 6. Aufl. 2010, S. 115.
[79] *Voppel* in: Staudinger, § 1314 Rn. 58; *Wellenhofer* in: MünchKomm-BGB, § 1314 Rn. 25; *Henrich* in: Johannsen/Henrich, EheR, § 1314 Rn. 73.
[80] *Voppel* in: Staudinger, § 1314 Rn. 59.

§ 1314

X. Scheinehe (Absatz 2 Nr. 5)

1. Grundlagen

30 Der Aufhebungsgrund der Scheinehe wurde durch das EheschlRG 1998 neu in das Gesetz eingefügt. Während die übrigen Alternativen des § 1314 Abs. 2 BGB die Freiheit der Willensentschließung schützen, handelt es sich bei Absatz 2 Nr. 5 um ein vom Gesetz sanktioniertes Eheschließungsmotiv.[81] Das Phänomen als solches ist nicht neu; so gab es in früheren Zeiten das Eheverbot der Namensehe (§ 19 EheG a.F. 1946) bzw. das Eheverbot der Staatsangehörigkeitsehe (§ 23 EheG 1938). Gesetzgeberisches Motiv für § 1314 Abs. 2 Nr. 5 BGB waren die in den siebziger und achtziger Jahren des letzten Jahrhunderts stark zunehmenden Aufenthaltsehen, die nur die Einreise nach oder den Aufenthalt in Deutschland ermöglichen bzw. die Abschiebung verhindern sollen.[82] Parallel hierzu wurde dem Standesbeamten durch § 5 Abs. 4 PStG die Möglichkeit eröffnet, bei konkreten Anhaltspunkten für eine Scheinehe Nachforschungen anzustellen, um dann gegebenenfalls nach § 1310 Abs. 1 Satz 2 HS. 2 BGB die Mitwirkung bei der Eheschließung zu verweigern (vgl. dazu auch die Kommentierung zu § 1310 BGB).[83] Da die staatliche Rechtsordnung die Aufhebung einer Scheinehe trotz deren Missbilligung von der Durchführung eines Kosten verursachenden Verfahrens abhängig macht, ist die Beantragung von Prozesskostenhilfe grundsätzlich nicht mutwillig i.S.d. § 114 ZPO.[84] Dies gilt nur dann nicht, wenn bei Schließung der Ehe bereits die spätere Stellung des Antrags auf Aufhebung dieser Ehe beabsichtigt war.[85] Allerdings besteht die Verpflichtung, von einem etwaigen für die Eingehung der Ehe erhaltenen Entgelt Rücklagen für das absehbare spätere Verfahren zu bilden.[86]

2. Anwendungsbereich

31 Voraussetzung ist, dass die Ehegatten sich bei Eheschließung einig waren, keine Verpflichtung gemäß § 1353 Abs. 1 BGB begründen zu wollen.[87] Freilich besteht die dort verankerte Pflicht zur ehelichen Lebensgemeinschaft kraft Gesetzes; die abweichende Parteivereinbarung zielt somit streng genommen darauf, die Verpflichtung nicht zu erfüllen bzw. deren Erfüllung nicht zu verlangen.[88] Nicht ausreichend für die Begründung der Aufhebbarkeit der Ehe ist eine Abrede, welche lediglich Teilaspekte der ehelichen Lebensgemeinschaft betrifft. Im Gegenzug handelt es sich auch dann um eine Scheinehe, wenn die Bereitschaft zu deren Eingehung etwa durch die Zahlung von Unterhaltsleistungen honoriert werden soll.[89] Auf die Einigkeit der Ehegatten im Zeitpunkt der Eheschließung, keine eheliche Lebensgemeinschaft begründen zu wollen, kann sowohl aus Umständen vor der Eheschließung als auch aus ihrem anschließenden Verhalten geschlossen werden. Die Ernsthaftigkeit des Willens zur Eheschließung wird nicht bereits dadurch ausgeschlossen, dass sich die Verlobten nie persönlich begegnet sind, etwa weil sie sich über digitale Kommunikationsforen (Skype/chat-rooms/facebook) kennengelernt haben.[90] Auch eine räumliche Trennung der Ehegatten nach Eheschließung allein reicht nicht aus, wenn diese im Übrigen intensive persönliche Kontakte wie gemeinsam verbrachte Ferien haben bzw. erhebliche Beistandsleistungen erbringen.[91]

---

[81] *Hepting*, FamRZ 1998, 713-728, 727.
[82] Beschlussempfehlung und Bericht des Rechtsausschusses, BT-Drs. 13/9416, S. 27 f.
[83] OLG Naumburg v. 02.03.2005 - 10 Wx 3/05 - juris Rn. 8 - FGPrax 2005, 212-213; LG Neubrandenburg v. 18.04.2001 - 4 T 105/01 - InfAuslR 2001, 403-404; AG Flensburg v. 04.06.1999 - 94 III 6/99 - StAZ 2000, 49-50; Für die Verweigerung der Ausstellung einer Konsularbescheinigung wegen Vorliegen von Ehehindernissen VG Berlin v. 12.11.2010 - 34 K 2.10 - StAZ 2011, 311.
[84] BGH v. 30.03.2011 - XII ZB 212/09 - FamFR 2011, 258; OLG Saarbrücken v. 11.11.2008 - 9 WF 26/08 - FamRZ 2009, 626; OLG Hamm v. 07.10.2003 - 11 WF 103/03.
[85] OLG Koblenz v. 20.04.2009 - 11 WF 274/09; OLG Koblenz v. 22.08.2003 - 13 WF 647/03 - NJW-RR 2004, 157.
[86] BGH v. 30.03.2011 - XII ZB 212/09 - FamFR 2011, 258; OLG Zweibrücken v. 30.04.2007 - 2 WF 78/07.
[87] Der Entschluss nur eines Ehegatten genügt nicht, OLG Zweibrücken v. 17.06.2005 - 2 UF 230/04 - FamRZ 2006, 1201-1203.
[88] *Lohmann* in: Bamberger/Roth, § 1314 Rn. 13; vgl. auch BVerfG v. 12.05.1987 - 2 BvR 1226/83, 2 BvR 101/84, 2 BvR 313/84 - juris Rn. 87 - NJW 1988, 626-636.
[89] *Wellenhofer* in: MünchKomm-BGB, § 1314 Rn. 30.
[90] KG Berlin v. 17.09.2012 - 1 VA 7/12, in Abgrenzung zu OLG Naumburg v. 31.07.2001 - 3 VA 1/01.
[91] *Wellenhofer* in: MünchKomm-BGB, § 1314 Rn. 32.

Zweifel an der Ernsthaftigkeit der Lebensgemeinschaft gehen nicht zu Lasten der Ehegatten. Der ehefremde Zweck der Eheschließung muss ausschließlich und offenkundig sein.[92] Lässt sich die Scheinehe nicht sicher feststellen, so scheidet eine Aufhebung der Ehe aus.[93] Allerdings ist das Gericht bei Anhaltspunkten zu der erforderlichen umfangreichen Sachaufklärung verpflichtet.[94]

32

Umstritten ist, ob der Anwendungsbereich der Regelung im Wege der teleologischen Reduktion auf den Fall der Aufenthaltsehe zu begrenzen ist,[95] oder ob diese weitere Konstellationen erfasst, bei denen die Verlobten von Anfang an keine eheliche Lebensgemeinschaft angestrebt haben. Zwar kann sich die enge Auslegung der Vorschrift auf den Willen des historischen Gesetzgebers berufen; dieser ist im Wortlaut der Norm freilich nicht zum Ausdruck gekommen, so dass deren Anwendung auf weitere Fälle der Scheinehe möglich ist.[96] Die verfassungsrechtlich geschützte Eheschließungsfreiheit (Art. 6 Abs. 1 GG) gebietet indes enge Grenzen.[97] Daher ist zusätzlich – als ungeschriebenes Tatbestandsmerkmal – zu fordern, dass durch die Scheinehe ein nicht hinnehmbarer Missbrauch der Form der Eheschließung bezweckt ist.[98] Hieran fehlt es etwa bei der Ehe auf dem Sterbebett.[99] Erfasst werden neben der Aufenthaltsehe[100] auch die Namensehe sowie die Eheschließung aus rein steuerlichen Gründen[101]. Bei einer reinen Versorgungsehe dürfte hingegen kein Missbrauchstatbestand vorliegen.[102]

33

3. Internationales Privatrecht

Erlauben die Heimatrechte beider Ehegatten das Eingehen einer Scheinehe, so kommt wegen Verletzung des deutschen ordre public (vgl. Art. 6 EGBGB) gleichwohl deren Aufhebung aus § 1314 Abs. 2 Nr. 5 BGB in Betracht, etwa wenn durch die Ehe ein Aufenthaltsrecht für Deutschland begründet werden soll.[103] Für diesen Fall besitzt die zuständige Verwaltungsbehörde auch dann ein Antragsrecht (vgl. die Kommentierung zu § 1316 BGB Rn. 14), wenn nach dem Heimatrecht der Ehegatten nur diese befugt sind, den Aufhebungsantrag zu stellen.[104]

34

Die Aufhebung der Ehe kann nach § 1315 Abs. 1 Satz 1 Nr. 5 BGB ausgeschlossen sein.

35

C. Prozessuale Hinweise

Wer die Aufhebung der Ehe betreibt, trägt die Beweislast für das Vorliegen eines Aufhebungsgrundes.[105]

36

---

[92] LG Saarbrücken v. 15.03.1999 - 5 T 869/97 - InfAuslR 1999, 467-469.
[93] OLG Düsseldorf v. 31.08.2007 - I-3 Wx 57/07, 3 Wx 57/07 - FamRZ 2008, 277-280; OLG Köln v. 22.08.2005 - 16 Wx 123/05 - StAZ 2005, 322-324; LG Braunschweig v. 29.04.2005 - 8 T 12/05 (004), 8 T 12/05 - InfAuslR 2005, 337-338; LG Frankfurt (Main) v. 09.02.2005 - 2/9 T 628/04, 2-9 T 628/04; LG Itzehoe v. 02.09.2005 - 4 T 277/05 - StAZ 2006, 15-17; AG Freiburg v. 17.05.2002 - 14 UR III 42/01 - InfAuslR 2002, 436-438; AG Saarbrücken v. 18.01.2006 - 10 III E 105/05 - StAZ 2006, 235-236.
[94] LG Itzehoe v. 02.09.2005 - 4 T 277/05.
[95] So insbesondere *Hepting*, FamRZ 1998, 713-728, 722.
[96] *Hahn* in: Bamberger/Roth, § 1314 Rn. 13.
[97] *Klippel* in: Staudinger, 13. Aufl. 2000, § 1314 Rn. 74; *Henrich* in: Johannsen/Henrich, EheR, § 1314 Rn. 79.
[98] *Voppel* in: Staudinger, § 1314 Rn. 68; *Hahn* in: Bamberger/Roth, § 1314 Rn. 13; *Roth* in: Erman, § 1314 Rn. 12.
[99] *Wellenhofer* in: MünchKomm-BGB, § 1314 Rn. 33; *Henrich* in: Johannsen/Henrich, EheR, § 1314 Rn. 78; *Wolf*, FamRZ 1998, 1477-1488, 1483.
[100] AG Pankow-Weißensee v. 13.01.2009 - 12 F 5111/07 - FamRZ 2009, 1325; OLG Frankfurt v. 21.07.2005 - 20 W 98/05 - StAZ 2005, 321-322; OLG Celle v. 15.08.1997 - 3462 I 594/97 - FamRZ 1998, 1108-1109; LG Saarbrücken v. 15.03.1999 - 5 T 869/97 - InfAuslR 1999, 467-469; vgl. hierzu auch *Finger*, FuR 2007, 341-347.
[101] *Brudermüller* in: Palandt, § 1314 Rn. 14.
[102] *Brudermüller* in: Palandt, § 1314 Rn. 14.
[103] *Wellenhofer* in: MünchKomm-BGB, § 1314 Rn. 38; *Rauscher*, Internationales Privatrecht, 4. Aufl. 2012, S. 174 f.; vgl. auch *Mörsdorf-Schulte*, NJW 2007, 1331-1333.
[104] *Henrich*, Festschrift für Walter Rolland zum 70. Geburtstag, 1999, 167-173, 173.
[105] OLG Nürnberg v. 31.03.2011 - 10 UF 1743/10 - FamRZ 2011, 1508.

§ 1315 BGB Ausschluss der Aufhebung

(Fassung vom 19.02.2007, gültig ab 01.01.2009)

(1) ¹Eine Aufhebung der Ehe ist ausgeschlossen
1. bei Verstoß gegen § 1303, wenn die Voraussetzungen des § 1303 Abs. 2 bei der Eheschließung vorlagen und das Familiengericht, solange der Ehegatte nicht volljährig ist, die Eheschließung genehmigt oder wenn der Ehegatte, nachdem er volljährig geworden ist, zu erkennen gegeben hat, dass er die Ehe fortsetzen will (Bestätigung);
2. bei Verstoß gegen § 1304, wenn der Ehegatte nach Wegfall der Geschäftsunfähigkeit zu erkennen gegeben hat, dass er die Ehe fortsetzen will (Bestätigung);
3. im Falle des § 1314 Abs. 2 Nr. 1, wenn der Ehegatte nach Wegfall der Bewusstlosigkeit oder der Störung der Geistestätigkeit zu erkennen gegeben hat, dass er die Ehe fortsetzen will (Bestätigung);
4. in den Fällen des § 1314 Abs. 2 Nr. 2 bis 4, wenn der Ehegatte nach Entdeckung des Irrtums oder der Täuschung oder nach Aufhören der Zwangslage zu erkennen gegeben hat, dass er die Ehe fortsetzen will (Bestätigung);
5. in den Fällen des § 1314 Abs. 2 Nr. 5, wenn die Ehegatten nach der Eheschließung als Ehegatten miteinander gelebt haben.

²Die Bestätigung eines Geschäftsunfähigen ist unwirksam. ³Die Bestätigung eines Minderjährigen bedarf bei Verstoß gegen § 1304 und im Falle des § 1314 Abs. 2 Nr. 1 der Zustimmung des gesetzlichen Vertreters; verweigert der gesetzliche Vertreter die Zustimmung ohne triftige Gründe, so kann das Familiengericht die Zustimmung auf Antrag des Minderjährigen ersetzen.

(2) Eine Aufhebung der Ehe ist ferner ausgeschlossen
1. bei Verstoß gegen § 1306, wenn vor der Schließung der neuen Ehe die Scheidung oder Aufhebung der früheren Ehe oder die Aufhebung der Lebenspartnerschaft ausgesprochen ist und dieser Ausspruch nach der Schließung der neuen Ehe rechtskräftig wird;
2. bei Verstoß gegen § 1311, wenn die Ehegatten nach der Eheschließung fünf Jahre oder, falls einer von ihnen vorher verstorben ist, bis zu dessen Tode, jedoch mindestens drei Jahre als Ehegatten miteinander gelebt haben, es sei denn, dass bei Ablauf der fünf Jahre oder zur Zeit des Todes die Aufhebung beantragt ist.

Gliederung

A. Grundlagen 1	1. Nachträgliche Genehmigung bei Eheschließung
I. Kurzcharakteristik 1	vor Ehemündigkeit 16
II. Regelungsprinzipien 3	2. Eheliches Miteinanderleben bei Scheinehe 18
B. Anwendungsvoraussetzungen 5	3. Eheliches Miteinanderleben bei Verstoß
I. Ausschluss infolge Bestätigung 5	gegen die Form der Eheschließung 21
1. Einführung 5	4. Nachträgliche Rechtskraft des die frühere Ehe/
2. Wegfall des Ehemangels 8	Lebenspartnerschaft auflösenden
3. Bestätigung (Fortsetzungswille) 10	Beschlusses 24
4. Zustimmung des gesetzlichen Vertreters 13	III. Weitere Ausschlussgründe: Verzicht,
II. Ausschluss wegen nachträglichen Wegfalls	Rechtsmissbrauch 30
des Ehemangels 15	**C. Rechtsfolgen** 32

A. Grundlagen

I. Kurzcharakteristik

Die Vorschrift normiert die Fälle, in denen eine Aufhebung der Ehe nach § 1314 BGB ausgeschlossen ist. Dabei geht das Gesetz vom Grundsatz aus, dass eine von den Parteien gelebte Ehe nach Möglichkeit dann aufrechterhalten bleiben soll, wenn zwar bei deren Eingehung ein Mangel vorgelegen hat, dieser aber später weggefallen ist. Darüber hinaus kann eine Eheaufhebung auch wegen Verfristung (§ 1317 BGB) ausgeschlossen sein. Ob daneben weitere Ausschlussgründe wie etwa Verzicht bzw. Rechtsmissbrauch bestehen, ist im Einzelnen umstritten (vgl. Rn. 30).

Der in § 1315 BGB enthaltene Katalog von Heilungsmöglichkeiten korrespondiert mit den Aufhebungsgründen des § 1314 BGB. Lediglich bei Verstoß gegen das Verbot der Verwandtenehe (§§ 1314 Abs. 1, 1307 BGB) sieht § 1315 BGB keine Heilungsmöglichkeit vor.

II. Regelungsprinzipien

Gesetzestechnisch nehmen die Ausschlussgründe des § 1315 BGB jeweils auf einen Aufhebungstatbestand des § 1314 BGB Bezug. Dabei können zwei Fallgruppen unterschieden werden:

Dient die den Mangel begründende Vorschrift dem Schutz der freien Willensentschließung (§§ 1303, 1304, 1314 Abs. 2 Nr. 1-4 BGB), so scheidet eine Aufhebung der Ehe dann aus, wenn die betroffene Partei nach Wegfall des Mangels zu erkennen gibt, dass sie die Ehe fortsetzen will (Bestätigung). Darüber hinaus ist eine Aufhebung der Ehe insbesondere bei solchen Mängeln, die dem Schutz öffentlicher Interessen dienen, ausgeschlossen, wenn der anfänglich bestehende Mangel nachträglich weggefallen ist (§ 1315 Abs. 1 Nr. 5, Abs. 2 BGB; vgl. aber auch § 1315 Abs. 1 Nr. 1 Alt. 1 BGB). Bei nicht behebbaren Ehemängeln scheidet eine Heilung hingegen von vornherein aus.

B. Anwendungsvoraussetzungen

I. Ausschluss infolge Bestätigung

1. Einführung

In folgenden Fällen sieht das Gesetz einen Ausschluss der Eheaufhebung infolge Bestätigung durch den betroffenen Ehegatten vor:
- fehlende Ehemündigkeit eines Ehegatten bei Eheschließung (§§ 1315 Abs. 1 Nr. 1 Alt. 2, 1314 Abs. 1, 1303 BGB),
- fehlende Geschäftsfähigkeit eines Ehegatten bei Eheschließung (§§ 1315 Abs. 1 Nr. 2, 1314 Abs. 1, 1304 BGB),
- vorübergehende Störung der Geistestätigkeit (§§ 1315 Abs. 1 Nr. 3, 1314 Abs. 2 Nr. 1 BGB),
- Willensmängel bei der Eheschließung, namentlich Geschäftsirrtum, arglistige Täuschung oder Drohung (§§ 1315 Abs. 1 Nr. 4, 1314 Abs. 2 Nr. 2-4 BGB).

Da in den genannten Fällen das individuelle Interesse des betroffenen Ehegatten an seiner freien Willensentschließung geschützt wird, ist es unbedenklich, diesem nach Wegfall des subjektiven Aufhebungsgrundes die Möglichkeit der Bestätigung der (mangelhaften) Eheschließung einzuräumen.

Die Bestätigung ist kein Rechtsgeschäft, sondern Rechtshandlung in Form der geschäftsähnlichen Handlung. Im Unterschied zum Realakt enthält sie zwar eine Willensäußerung; die Rechtsfolge, das heißt der Ausschluss der Eheaufhebung, tritt aber kraft Gesetzes und nicht aufgrund des Parteiwillens ein. Die für Rechtsgeschäfte maßgeblichen Vorschriften gelten daher allenfalls analog; die §§ 116-124 BGB finden nach allgemeiner Ansicht keine Anwendung.[1]

2. Wegfall des Ehemangels

Voraussetzung für eine Bestätigung ist zunächst, dass der betreffende Ehemangel weggefallen ist:
- Der betroffene Ehegatte hat die Ehemündigkeit erlangt (Absatz 1 Nr. 1).
- Die Geschäftsunfähigkeit des betroffenen Ehegatten hat geendet (Absatz 1 Nr. 2).
- Der Zustand vorübergehender Störung der Geistestätigkeit ist beendet worden (Absatz 1 Nr. 3).
- Im Falle der Drohung wurde die Zwangslage des betroffenen Ehegatten beendigt (Absatz 1 Nr. 4 Alternative 3).

---

[1] *Voppel* in: Staudinger, § 1315 Rn. 11; *Wellenhofer* in: MünchKomm-BGB, § 1315 Rn. 8.

- In den Fällen des Geschäftsirrtums sowie der Täuschung wurde der Irrtum bzw. die Täuschung entdeckt (Absatz 1 Nr. 4 Alternativen 1 und 2).

9 Entdeckung bedeutet, dass dem Ehegatten die eine Aufhebung rechtfertigenden Tatsachen in ihrer Tragweite und in ihren Auswirkungen bekannt sind.[2] Gefordert wird mehr als ein bloßer Verdacht, aber weniger als volle Gewissheit.[3] Fahrlässige Unkenntnis (Kennenmüssen) ist der Kenntnis nicht gleichgestellt. Die Kenntnis muss alle wesentlichen Umstände des Aufhebungsgrundes umfassen, im Falle der Täuschung also auch die Täuschungsabsicht. Eine Kenntnis des Aufhebungsrechts als solchem ist hingegen nicht erforderlich.[4]

3. Bestätigung (Fortsetzungswille)

10 Die Bestätigung besteht in dem Willen des betroffenen Ehegatten, die Ehe trotz Kenntnis vom Aufhebungsgrund fortsetzen zu wollen (sog. Fortsetzungswille).[5] Ausreichend ist hierfür sein allgemeines Bewusstsein, dass aufgrund des Mangels bei Eingehung der Ehe berechtigte Zweifel an deren Gültigkeit bestehen[6] und er sich durch sein Verhalten u.U. der Möglichkeit begibt, diesen Mangel geltend zu machen.

11 Die Bestätigung kann sowohl durch ausdrückliche Erklärung (z.B. Rücknahme des Aufhebungsantrages) als auch durch schlüssiges Verhalten erfolgen.[7] Als typische Form konkludenten Handelns wird das weitere eheliche Zusammenleben, insbesondere die Fortsetzung des Geschlechtsverkehrs mit dem anderen Ehegatten, bewertet.[8] Nicht ausreichend sind aus der Situation bedingte Zeichen freundlicher Gesinnung wie etwa Mitleidsäußerungen, Besuche am Krankenbett oder kleine Aufmerksamkeiten.[9] Auch die bloß versuchsweise Fortsetzung der Beziehung reicht nicht, es sei denn, diese wird zeitlich so weit ausgedehnt, dass dadurch „ein für längere Zeit unerträglicher Schwebezustand entsteht".[10] Entsprechendes gilt für die Möglichkeit, die Bestätigung mit einer Bedingung oder einer Zeitbestimmung zu verbinden.[11] Abzustellen ist jeweils auf die Umstände des konkreten Einzelfalls.[12] Die einmal erfolgte Bestätigung ist unwiderruflich.[13] Auf den Fortsetzungswillen des anderen Ehegatten kommt es im Übrigen nicht an.

12 Die Bestätigung durch einen Geschäftsunfähigen ist unwirksam (§ 1315 Abs. 1 Satz 2 BGB). Zudem ist bei Geschäftsunfähigkeit wegen des höchstpersönlichen Charakters der geschäftsähnlichen Handlung eine Vertretung ausgeschlossen.[14] Folglich kann auch der (beschränkt geschäftsfähige) minderjährige Ehegatte die aufhebbare Ehe nur selbst bestätigen. Dies ist freilich dann ausgeschlossen, wenn der Aufhebungsgrund gerade in der Minderjährigkeit besteht (Ehemündigkeit gemäß § 1303 BGB). Hier kommt eine Bestätigung erst nach Eintritt der Volljährigkeit in Betracht (§ 1315 Abs. 1 Nr. 1 Alt. 2 BGB).

4. Zustimmung des gesetzlichen Vertreters

13 Bei den Aufhebungsgründen der Geschäftsunfähigkeit (§ 1314 BGB) sowie der vorübergehenden Störung der Geistestätigkeit (§ 1314 Abs. 2 Nr. 1 BGB) bedarf ein Minderjähriger für die Bestätigung der Zustimmung seines gesetzlichen Vertreters (§ 1315 Abs. 1 Satz 3 HS. 1 BGB). Die im Vergleich zu

---

[2] RG v. 01.06.1940 - IV 680/39 - RGZ 164, 106-111, 109; RG v. 28.11.1927 - 603/27 IV - JW 1928, 896; OLG Nürnberg v. 26.10.1966 - 4 U 53/65 - FamRZ 1967, 152.
[3] RG v. 05.11.1926 - 301/26 VI - JW 1927, 2124; RG v. 28.11.1927 - 603/27 IV - JW 1928, 896; *Wellenhofer* in: MünchKomm-BGB, § 1315 Rn. 4.
[4] BGH v. 01.02.1967 - IV ZR 262/65 - FamRZ 1967, 372.
[5] *Brudermüller* in: Palandt, § 1315 Rn. 3.
[6] RG v. 28.02.1938 - IV 251/37 - RGZ 157, 129-132, 131.
[7] BGH v. 05.04.1978 - IV ZR 71/77 - juris Rn. 17 - FamRZ 1983, 450-452: Antrag auf Anlegen eines Familienbuches.
[8] RG v. 27.05.1927 - 144/26 II - JW 1927, 2572; RG v. 04.11.1942 - IV 176/42 - DR 1943, 150; OLG Köln v. 29.08.2002 - 14 WF 140/02 - juris Rn. 5 - OLGR Köln 2002, 460; einschränkend RG v. 20.03.1940 - IV 513/39 - RGZ 163, 246-252, 250; RG v. 07.11.1940 - IV 134/40 - RGZ 165, 121-125, 123.
[9] RG v. 27.05.1927 - 144/26 II - JW 1927, 2572; RG v. 29.05.1940 - IV 662/39 - RGZ 164, 372-380, 379.
[10] RG v. 11.03.1940 - IV 36/40 - RGZ 163, 139-142, 142; OLG Stuttgart v. 02.06.2004 - 16 WF 110/04 - juris Rn. 3 - NJW 2004, 2247-2248.
[11] RG v. 17.05.1944 - IV 83/44 - DR 1944, 664.
[12] RG v. 07.11.1940 - IV 134/40 - RGZ 165, 121-125, 123.
[13] *Wellenhofer* in: MünchKomm-BGB, § 1315 Rn. 8.
[14] BT-Drs. 13/4898, S. 20.

den Aufhebungsgründen des Geschäftsirrtums, der arglistigen Täuschung sowie der Drohung verschärften Anforderungen an den Ausschlusstatbestand begründet der Gesetzgeber damit, dass es hier überhaupt an einer dem Minderjährigen zurechenbaren Eheschließungserklärung fehlt, die Ehe also erst durch die Bestätigung konstituiert werde; somit bedürfe diese „nicht anders als eine erneute Eheschließung" der Zustimmung des gesetzlichen Vertreters.[15]

Die Zustimmung ist formlos möglich. Sie kann insbesondere auch konkludent erfolgen. Eine bloße Duldung der Ehe reicht indes nicht aus. Wird die Zustimmung grundlos verweigert, so kann das Familiengericht diese auf Antrag des Minderjährigen ersetzen (§ 1315 Abs. 1 Satz 3 HS. 2 BGB). 14

II. Ausschluss wegen nachträglichen Wegfalls des Ehemangels

In anderen Fällen, insbesondere bei im öffentlichen Interesse bestehenden Aufhebungsgründen, tritt Heilung bereits dadurch ein, dass der Ehemangel nachträglich wegfällt. Einer besonderen Bestätigung der Ehe bedarf es daneben nicht. 15

1. Nachträgliche Genehmigung bei Eheschließung vor Ehemündigkeit

Die Aufhebung einer entgegen § 1303 BGB (Ehemündigkeit) eingegangenen Ehe ist ausgeschlossen, wenn diese nachträglich durch das Familiengericht genehmigt wurde (§ 1315 Abs. 1 Nr. 1 Alt. 1 BGB). Eine Genehmigung ist freilich nur dann möglich, wenn die Voraussetzungen des § 1303 Abs. 2 BGB vorgelegen haben, d.h., die Ehe von einem der Ehegatten zwar vor Eintritt der Volljährigkeit, aber nach Vollendung des 16. Lebensjahres geschlossen wurde und der andere Ehegatte zu diesem Zeitpunkt bereits volljährig war. Zudem kann eine Genehmigung nur solange erfolgen, wie der betroffene Ehegatte noch minderjährig ist. Nach Eintritt der Volljährigkeit ist eine Heilung des Ehemangels nur noch durch Bestätigung (vgl. Rn. 12) des ehedem eheunmündigen Ehegatten möglich. 16

Für die nachträgliche Genehmigung gelten die für die vorherige Befreiung nach § 1303 Abs. 2, 3 BGB maßgeblichen Bestimmungen entsprechend (vgl. hierzu die Kommentierung zu § 1303 BGB). Freilich kommt dem bisherigen Verlauf der Ehe im Rahmen des Abwägungsvorgangs wesentliche Bedeutung zu. Das Familiengericht wird nicht von Amts wegen, sondern nur auf Antrag tätig. Die Antragsberechtigung ergibt sich aus § 1316 Abs. 1, 2 BGB analog. 17

2. Eheliches Miteinanderleben bei Scheinehe

Im Falle der Scheinehe (§ 1314 Abs. 2 Nr. 5 BGB) führt das eheliche Miteinanderleben der Ehegatten nach Eheschließung zur Heilung des Ehemangels. Entgegen anders lautender Ansicht[16] handelt es sich hierbei nicht um einen Sonderfall der Bestätigung einer aufhebbaren Ehe durch beide Ehegatten. Vielmehr ist die Regelung systematisch den Tatbeständen des § 1315 Abs. 2 BGB zuzuordnen.[17] Ebenso wie dort handelt es sich um einen objektiven Aufhebungsgrund, der öffentliche Interessen schützen soll. Somit kommt es für die Heilung weder auf die Kenntnis der Ehegatten vom Aufhebungsgrund noch auf deren Fortsetzungswillen an.[18] Auch die fehlende Geschäftsfähigkeit eines oder beider Ehegatten ist insoweit ohne Bedeutung.[19] 18

Erforderlich ist allein die tatsächliche Aufnahme einer ehelichen Lebens- und Verantwortungsgemeinschaft, die nach dem äußeren Eindruck auf Dauer angelegt sein muss.[20] Als wesentliche Indizien kommen hierbei häusliche Gemeinschaft, Geschlechtsverkehr oder Unterhaltsleistungen in Betracht[21], ohne dass einer dieser Faktoren allein ausschlaggebend wäre. So kann eine Ehegemeinschaft etwa auch bei getrennter Haushaltsführung bestehen, wenn diese durch äußere Umstände (Wehrdienst, Gefängnisaufenthalt) oder die gemeinsame Lebensplanung (auswärtige Berufstätigkeit) begründet ist und die Ehegatten ihre Gemeinschaft auf andere Weise verwirklichen, was freilich nach außen hin dokumentiert werden muss. Die Frage, ob die Ehegatten einen gemeinsamen Ehenamen führen oder nicht, besitzt nach der Reform des Namensrechts (vgl. § 1355 Abs. 1 BGB) keine Bedeutung mehr. 19

---

[15] So BT-Drs. 13/4898, S. 20; krit. hierzu *Klippel* in: Staudinger, 13. Aufl. 2000, § 1315 Rn. 19.
[16] *Voppel* in: Staudinger, § 1315 Rn. 28; *Brudermüller* in: Palandt, § 1315 Rn. 14: „Fiktion einer wechselseitigen Bestätigung".
[17] *Henrich* in: Johannsen/Henrich, EheR, § 1315 Rn. 1, 18.
[18] *Wellenhofer* in: MünchKomm-BGB, § 1315 Rn. 12.
[19] A.A. *Brudermüller* in: Palandt, § 1315 Rn. 5; *Klippel* in: Staudinger, 13. Aufl. 2000, § 1315 Rn. 17; vgl. aber auch Rn. 42 zum parallel formulierten Ausschlussgrund nach § 1315 Abs. 2 Nr. 2 BGB.
[20] VGH Mannheim v. 02.09.2004 - 1 S 1883/03 - juris Rn. 22 - ESVGH 55, 121.
[21] *Henrich* in: Johannsen/Henrich, EheR, § 1315 Rn. 18.

20 Auf die tatsächliche Dauer des ehelichen Miteinanderlebens kommt es – anders als im Falle des § 1315 Abs. 2 Nr. 2 BGB – nicht an; somit ist eine Heilung des Ehemangels bereits nach kurzem Zusammenleben möglich.

3. Eheliches Miteinanderleben bei Verstoß gegen die Form der Eheschließung

21 Ebenso wie im Falle der Scheinehe kann das eheliche Miteinanderleben auch bei Verstößen gegen die Form der Eheschließung (§ 1311 BGB) zu einem Aufhebungsausschluss führen. Anders als dort ist die Heilung jedoch an eine bestimmte Frist gekoppelt. Diese beträgt im Regelfall fünf Jahre. Für den Fall, dass einer der Ehegatten zuvor verstirbt, verkürzt sich die Frist indes auf drei Jahre. Die Fristberechnung erfolgt nach den §§ 187 Abs. 1, 188 BGB. Sie beginnt mit der Aufnahme der ehelichen Gemeinschaft, frühestens aber ab Eheschließung.[22] Kurzfristige Unterbrechungen, etwa aufgrund Wehrdienst, auswärtiger Berufstätigkeit oder Krankheit sind rechtlich unbeachtlich, sofern die ehelichen Beziehungen fortdauern. Geben die Ehegatten die eheliche Gemeinschaft bewusst auf, so ist die Frist in der Zeit des Getrenntlebens bis zur Wiederaufnahme – etwa nach einer Versöhnung – gehemmt.[23]

22 Die Heilung tritt nicht ein, wenn bei Ablauf der Frist ein entsprechender, d.h. auf die §§ 1314 Abs. 1, 1311 BGB gestützter[24], Aufhebungsantrag anhängig ist. Entsprechendes gilt auch für den Fall des Todes eines der Ehegatten: Dieser führt zwar nach § 619 ZPO zur Erledigung des Aufhebungsverfahrens; die Berücksichtigung einer vorherigen Antragstellung im Hinblick auf das Scheitern der Heilung steht indes in Einklang mit den erbrechtlichen Regelungen der §§ 1933 Satz 2, 2077 Abs. 1 Satz 3 BGB.

23 Die Antragstellung bewirkt keinen Neubeginn der Frist i.S.v. § 212 BGB, sondern lediglich deren Hemmung gemäß § 204 BGB. Wird der Antrag zurückgenommen oder abgewiesen, so läuft die Frist weiter.

4. Nachträgliche Rechtskraft des die frühere Ehe/Lebenspartnerschaft auflösenden Beschlusses

24 Geht einer der Ehegatten im Anschluss an eine die Erstehe auflösende Entscheidung (Scheidungs-, Aufhebungsbeschluss) eine zweite Ehe ein, ohne dass die Entscheidung bereits rechtskräftig geworden wäre, so liegt eine nach den §§ 1314 Abs. 1, 1306 BGB aufhebbare Doppelehe vor. Hierzu kann es insbesondere bei Verbundverfahren mit mehreren Beteiligten kommen, wenn die Verbundentscheidung an einen der Beteiligten nicht ordnungsgemäß zugestellt wurde („hinkende Rechtskraft").[25] Die Ehegatten werden in solchen Fällen meist fälschlich von der Rechtskraft des Beschlusses ausgehen, zumal wenn dieser voreilig mit einem Rechtskraftvermerk versehen wurde.[26] Heiratet einer von ihnen erneut, so geht er unwissend eine bigamische Ehe ein. Die Regelung der §§ 516, 522 ZPO, wonach die Rechtsmittelfrist unabhängig von eventuellen Zustellungsfehlern zu laufen beginnt, verkürzt zwar den Zeitraum fehlender Rechtskraft auf höchstens fünf Monate, löst das Problem aber nicht vollständig.

25 Nach § 1315 Abs. 2 Nr. 1 BGB wird der Mangel der Doppelehe indes geheilt, wenn der die Erstehe auflösende Beschluss nach Schließung der späteren Ehe in Rechtskraft erwächst. Voraussetzung ist aber, dass der Scheidungs- bzw. Aufhebungsbeschluss vor der erneuten Eheschließung verkündet wurde. Andernfalls bleibt die Doppelehe selbst dann aufhebbar, wenn die Gatten der späteren Ehe die eheliche Gemeinschaft nach Auflösung der Erstehe fortsetzen;[27] eine Heilung durch Bestätigung scheidet aus.[28]

26 Entsprechendes gilt seit dem 01.01.2009 auch im Verhältnis zu einer Lebenspartnerschaft, deren Aufhebung bei Eheschließung zwar bereits verkündet, aber noch nicht rechtskräftig geworden ist.

---

[22] BGH v. 05.04.1978 - IV ZR 71/77 - juris Rn. 19 - FamRZ 1983, 450-452 mit Anmerkung *Bosch*.
[23] *Henrich* in: Johannsen/Henrich, EheR, § 1315 Rn. 23.
[24] H.M. vgl. etwa *Voppel* in: Staudinger, § 1315 Rn. 40; *Wellenhofer* in: MünchKomm-BGB, § 1315 Rn. 15; a.A. *Brudermüller* in: Palandt, § 1315 Rn. 16.
[25] *Heintzmann*, FamRZ 1980, 112-124, 123.
[26] Hierzu *Otto*, StAZ 1980, 226-228, 226 f.
[27] BGH v. 21.03.1962 - IV ZR 102/61 - BGHZ 37, 51-58; BGH v. 28.06.1961 - IV ZR 297/60 - LM Nr. 1 zu § 606a ZPO; BGH v. 22.04.1964 - IV ZR 189/63 - LM Nr. 6 zu § 24 EheG; BGH v. 18.06.1986 - IVb ZR 41/85 - juris Rn. 13 - NJW 1986, 3083-3084.
[28] *Wellenhofer* in: MünchKomm-BGB, § 1315 Rn. 17; kritisch hierzu *Klippel* in: Staudinger, 13. Aufl. 2000, § 1315 Rn. 30.

Als Folge des § 1315 Abs. 2 Nr. 1 BGB bestehen zwischen der Schließung der Zweitehe und der Rechtskraft des die Erstehe auflösenden Beschlusses zwei wirksame Ehen. Im Hinblick auf die sich daraus ergebenden Unterhaltsverpflichtungen gilt § 1582 BGB analog.[29] Im Hinblick auf Zugewinn- und Versorgungsausgleich ergeben sich wegen der §§ 1384, 1587 Abs. 2 BGB keine Konkurrenzen. 27

Eine Heilung tritt dann nicht ein, wenn die Erstehe durch den Tod eines Ehegatten aufgelöst wird, bevor der die Ehe auflösende Beschluss in Rechtskraft erwachsen konnte.[30] Einziger Ausweg ist hier die erneute Eheschließung, die freilich nur ex nunc wirkt. 28

Selbst wenn die Voraussetzungen für eine Heilung der bigamischen Zweitehe nicht vorliegen, kann der Antrag des anderen Ehegatten der Erstehe unter Umständen rechtsmissbräuchlich bzw. der Antrag der Verwaltungsbehörde ermessensfehlerhaft sein (vgl. die Kommentierung zu § 1316 BGB Rn. 6 und die Kommentierung zu § 1317 BGB Rn. 17 ff.). 29

III. Weitere Ausschlussgründe: Verzicht, Rechtsmissbrauch

Vor allem im älteren Schrifttum diskutiert wurde die Frage, ob über die im Gesetz geregelten Ausschlussgründe hinaus weitere Fälle existieren, in denen eine Aufhebung der mangelhaften Ehe ausscheidet. Angeführt wurden insbesondere der Verzicht seitens des aufhebungsberechtigten Ehegatten sowie die rechtsmissbräuchliche Ausübung des Aufhebungsrechts.[31] 30

Abgesehen von ernsthaften Zweifeln an der dogmatischen Begründung und Reichweite solcher Ausnahmen ist heute angesichts der Änderungen im Eherecht kaum mehr ein praktisches Bedürfnis für eine Ausweitung der Ausschlussgründe erkennbar.[32] Von Bedeutung ist allenfalls die Frage des Rechtsmissbrauchs im Falle der Aufhebbarkeit der Ehe wegen Täuschung (§ 1314 Abs. 2 Nr. 3 BGB). Ist die Täuschung nicht schwerwiegend, die Schuld der Täuschenden nur gering und hatte die Täuschung zudem keine oder nur geringe Auswirkungen auf die eheliche Lebensgemeinschaft, so mag sich die Eheaufhebung im Einzelfall als unzulässige Rechtsausübung erweisen, insbesondere wenn sie der Partner allein als Vorwand benutzt, um sich vom Ehegatten lösen und einem anderen Partner zuwenden zu können.[33] Freilich ist auch hier angesichts des heutigen Scheidungsrechts zu bedenken, dass ein Festhalten an der Ehe entgegen dem Willen eines Partners nur für einen begrenzten Zeitraum möglich ist. Daher erscheint es fragwürdig, den Willen des anderen Ehegatten, die Ehe fortzusetzen, in die Bewertung einfließen zu lassen.[34] 31

C. Rechtsfolgen

Solange eine Heilung des Ehemangels nach § 1315 BGB nicht eingetreten ist, bleibt die Ehe wirksam, aber aufhebbar. 32

Die Heilung wirkt rückwirkend (ex tunc) auf den Zeitpunkt der Eheschließung. Auch ein Aufhebungsantrag des nicht betroffenen Ehegatten oder der Verwaltungsbehörde ist danach unbegründet. Die Heilung beschränkt sich auf den jeweiligen Aufhebungsgrund; somit ist es möglich, dass zwar ein Ehemangel geheilt wurde, die Ehe aber wegen eines anderen Mangels aufhebbar bleibt. 33

Eine Heilung ist nicht mehr möglich, wenn die Ehe zwischenzeitlich aufgelöst wurde, etwa durch rechtskräftigen Scheidungsbeschluss (§ 1564 Satz 2 BGB), den Tod eines Ehegatten (§ 1482 BGB) oder Wiederverheiratung nach Todeserklärung gemäß § 1319 Abs. 2 BGB. 34

---

[29] *Klippel* in: Staudinger, 13. Aufl. 2000, § 1315 Rn. 34.
[30] OLG München v. 30.10.1978 - 4 UF 117/78 - juris Rn. 15 - FamRZ 1979, 48-49; OLG München v. 25.03.1980 - 4 UF 270/79 - FamRZ 1980, 565-566.
[31] Vgl. *Heintzmann* in: Soergel, 12. Aufl. 1987, vor § 28 EheG Rn. 3.
[32] *Klippel* in: Staudinger, 13. Aufl. 2000, § 1315 Rn. 7, 9.
[33] BGH v. 21.02.1952 - IV ZR 120/51 - juris Rn. 12 - BGHZ 5, 186-189; BGH v. 14.05.1958 - IV ZR 11/58 - juris Rn. 35 - LM Nr. 2 zu 33 EheG; *Wellenhofer* in: MünchKomm-BGB, § 1314 Rn. 21; *Voppel* in: Staudinger, § 1315 Rn. 51.
[34] So aber BGH v. 14.05.1958 - IV ZR 11/58 - juris Rn. 35 - LM Nr. 2 zu § 33 EheG.

§ 1316 BGB Antragsberechtigung

(Fassung vom 02.01.2002, gültig ab 01.01.2002)

(1) Antragsberechtigt

1. sind bei Verstoß gegen die §§ 1303, 1304, 1306, 1307, 1311 sowie in den Fällen des § 1314 Abs. 2 Nr. 1 und 5 jeder Ehegatte, die zuständige Verwaltungsbehörde und in den Fällen des § 1306 auch die dritte Person. ²Die zuständige Verwaltungsbehörde wird durch Rechtsverordnung der Landesregierungen bestimmt. ³Die Landesregierungen können die Ermächtigung nach Satz 2 durch Rechtsverordnung auf die zuständigen obersten Landesbehörden übertragen;
2. ist in den Fällen des § 1314 Abs. 2 Nr. 2 bis 4 der dort genannte Ehegatte.

(2) ¹Der Antrag kann für einen geschäftsunfähigen Ehegatten nur von seinem gesetzlichen Vertreter gestellt werden. ²In den übrigen Fällen kann ein minderjähriger Ehegatte den Antrag nur selbst stellen; er bedarf dazu nicht der Zustimmung seines gesetzlichen Vertreters.

(3) Bei Verstoß gegen die §§ 1304, 1306, 1307 sowie in den Fällen des § 1314 Abs. 2 Nr. 1 und 5 soll die zuständige Verwaltungsbehörde den Antrag stellen, wenn nicht die Aufhebung der Ehe für einen Ehegatten oder für die aus der Ehe hervorgegangenen Kinder eine so schwere Härte darstellen würde, dass die Aufrechterhaltung der Ehe ausnahmsweise geboten erscheint.

Gliederung

A. Grundlagen 1	II. Antragstellung bei nicht voll geschäftsfähigen Ehegatten 12
B. Anwendungsvoraussetzungen 4	III. Antrag der Verwaltungsbehörde 14
I. Antragsberechtigung 4	1. Zuständigkeit 15
1. Absatz 1 Nr. 1 5	2. Ermessen 16
2. Absatz 1 Nr. 2 7	C. Prozessuale Hinweise 24
3. Rechtsmissbrauch 8	

A. Grundlagen

1 § 1316 Abs. 1 BGB differenziert für die Frage der Antragsberechtigung nach dem geltend gemachten Aufhebungsgrund. Im Regelfall (§ 1316 Abs. 1 Nr. 1 BGB) kann jeder Ehegatte sowie – als Wahrer des öffentlichen Interesses – die nach Landesrecht zuständige Verwaltungsbehörde den Antrag auf Aufhebung der Ehe stellen, im Falle der Doppelehe (§ 1306 BGB) darüber hinaus auch der andere Ehegatte der Erstehe als betroffener Dritter. Seit der Reform von 2005 ist im Falle einer vorher bestehenden Lebenspartnerschaft auch der andere Lebenspartner als dritte Person im Sinne der Vorschrift antragsberechtigt. Ausnahmsweise, nämlich bei den in § 1316 Abs. 1 Nr. 2 BGB genannten Aufhebungsgründen, steht das Antragsrecht ausschließlich dem Ehegatten zu, in dessen Person der Willensmangel vorgelegen hat.

2 Während die Antragstellung bei Geschäftsunfähigkeit des Ehegatten durch dessen gesetzlichen Vertreter erfolgen muss, berührt eine Beschränkung der Geschäftsfähigkeit wegen Minderjährigkeit die Antragsberechtigung nicht; auch eine Zustimmung des gesetzlichen Vertreters ist hier wegen der höchstpersönlichen Natur des Rechtsgeschäfts nicht erforderlich (vgl. § 1316 Abs. 2 BGB).

3 Die Antragstellung durch die Verwaltungsbehörde ist Ermessensentscheidung. Allerdings ist sie nach § 1316 Abs. 3 BGB bei den dort genannten Aufhebungsgründen zur Antragstellung verpflichtet (Soll-Vorschrift), es sein denn, die Aufrechterhaltung der Ehe ist aus besonderen Gründen ausnahmsweise geboten.

B. Anwendungsvoraussetzungen

I. Antragsberechtigung

4 Die Antragsberechtigung ist vom geltend gemachten Aufhebungsgrund abhängig.

1. Absatz 1 Nr. 1

Im Regelfall kann jeder Ehegatte – unabhängig davon, ob er den Aufhebungsgrund bei Eheschließung kannte oder nicht – sowie die zuständige Verwaltungsbehörde den Antrag auf Aufhebung der Ehe stellen. Dies gilt insbesondere für diejenigen Aufhebungsgründe, welche nach altem Recht die Nichtigkeit der Ehe zur Folge hatten, zu denen aber weitere Gründe hinzugetreten sind:
- fehlende Geschäftsfähigkeit (§ 1304 BGB),
- Doppelehe bzw. bestehende Lebenspartnerschaft (§ 1306 BGB),
- Verwandtenehe (§ 1307 BGB),
- Verstoß gegen die Form der Eheschließung (§ 1311 BGB),
- vorübergehende Störung der Geistestätigkeit (§ 1314 Abs. 2 Nr. 1 BGB),
- fehlende Ehemündigkeit (§ 1303 BGB),
- Scheinehe (§ 1414 Abs. 2 Nr. 5 BGB).

Im Falle der Doppelehe (§ 1306 BGB) ist daneben auch der andere Ehegatte der Erstehe als betroffener Dritter antragsberechtigt.[1] Dies gilt unabhängig davon, ob die Erstehe zwischenzeitlich, also nach Schließung der Zweitehe, aufgelöst worden ist. Für diesen Fall kann der Aufhebungsantrag indes rechtsmissbräuchlich sein, wenn er nicht durch eigene Belange des früheren Ehegatten gerechtfertigt ist; die Berufung auf das öffentliche Interesse genügt nicht.[2] Entsprechendes gilt für den Fall einer bereits bestehenden Lebenspartnerschaft.

2. Absatz 1 Nr. 2

Ist die Ehe wegen des behebbaren Willensmangels eines der Ehegatten aufhebbar, so ist ausschließlich derjenige Ehegatte antragsberechtigt, in dessen Person der Willensmangel vorgelegen hat. Es handelt sich hierbei um die Fälle, die auch schon nach früherem Recht (lediglich) die Aufhebbarkeit der Ehe begründeten:
- Unkenntnis der Eheschließung (§ 1314 Abs. 2 Nr. 2 BGB),
- arglistige Täuschung (§ 1314 Abs. 2 Nr. 3 BGB),
- Drohung (§ 1314 Abs. 2 Nr. 4 BGB).

3. Rechtsmissbrauch

Unter außergewöhnlichen Umständen kann der Antrag auf Aufhebung der Ehe eine unzulässige Rechtsausübung (Rechtsmissbrauch) darstellen. Dies ist nach ständiger Rechtsprechung namentlich dann der Fall, wenn die Stellung des Aufhebungsantrags in solchem Maße sittlich zu verurteilen ist, dass sich die Aufrechterhaltung der Ehe demgegenüber als das kleinere Übel ausnimmt.[3] Es soll niemandem gestattet sein, einen Rechtserfolg herbeizuführen, der zwar an sich von der Rechtsordnung gebilligt wird, sich aber im Gesamtgefüge der Handlungen dessen, der ihn herbeiführen will, und in der Gesamtheit der damit bezweckten Auswirkungen als Triumph einer sittlich verwerflichen Gesinnung darstellt.[4]

Die Beispielsfälle stammen zumeist aus dem Bereich der Doppelehe. So wurde es von der Rechtsprechung als rechtsmissbräuchlich angesehen, wenn der Antragsteller nach Auflösung der Erstehe die Aufhebung der Zweitehe allein aus dem Grund anstrebt, um trotz Fehlen eines Scheidungsgrundes von einer ihm lästig gewordenen ehelichen Bindung freizukommen und anschließend eine dritte Ehe einzugehen.[5] Entsprechendes soll u.U. selbst dann gelten, wenn der Antragsteller zu seinem inzwischen von ihm geschiedenen früheren Ehegatten zurückkehren will.[6] Um einen eindeutigen Fall von Rechtsmissbrauch handelt es sich, wenn ein Ehegatte seinen Antrag auf Anerkennung des ausländischen

---

[1] BGH v. 09.01.2002 - XII ZR 58/00 - juris Rn. 14 - BGHZ 149, 357-363.
[2] BGH v. 09.01.2002 - XII ZR 58/00 - juris Rn. 17 - BGHZ 149, 357-363.
[3] BGH v. 21.03.1962 - IV ZR 102/61 - BGHZ 37, 51-58; BGH v. 22.04.1964 - IV ZR 189/63 - LM Nr. 6 zu § 24 EheG; BGH v. 26.02.1975 - IV ZR 33/74 - juris Rn. 15 - NJW 1975, 872-874; BGH v. 18.06.1986 - IVb ZR 41/85 - juris Rn. 21 - NJW 1986, 3083-3084; *Wellenhofer* in: MünchKomm-BGB, § 1316 Rn. 6; kritisch hierzu *Klippel* in: Staudinger, 13. Aufl. 2000, § 1316 Rn. 15-17, der dem subjektiven Ansatz der h.M. eine an Art. 6 Abs. 1 GG ausgerichtete objektive Betrachtungsweise entgegenstellt.
[4] BGH v. 29.04.1959 - IV ZR 265/58 - BGHZ 30, 140-149.
[5] BGH v. 29.04.1959 - IV ZR 265/58 - BGHZ 30, 140-149 mit Anmerkung *Müller-Freienfels* und *Böhmer*, NJW 1959, 2185-2189; OLG Bamberg v. 14.07.1958 - 1 U 7/58 - FamRZ 1958, 370 (Vorinstanz).
[6] BGH v. 22.04.1964 - IV ZR 189/63 - LM Nr. 6 zu § 24 EheG.

Scheidungsurteils über die frühere Ehe, welche nach § 1315 Abs. 2 Nr. 1 BGB zur Heilung (vgl. die Kommentierung zu § 1315 BGB Rn. 25) des Ehemangels führen würde, nur deshalb zurücknimmt, um die Aufhebung der Zweitehe zu erreichen.[7]

10 Solange die frühere Ehe noch besteht, scheidet ein rechtsmissbräuchliches Verhalten in aller Regel aus.[8] Zudem kann der Antragsteller regelmäßig nicht auf die – eventuell mögliche – Scheidung der Zweitehe anstelle seines Aufhebungsantrags verwiesen werden, zumal beide Institute in ihren vermögensrechtlichen Folgen voneinander abweichen (vgl. die Kommentierung zu § 1318 BGB Rn. 1) können.[9]

11 Zweifelhaft sind jene Fälle, in denen der Aufhebungsantrag durch den in Doppelehe lebenden Ehegatten gestellt wird. Meist wird der Antragsteller hier das Ziel verfolgen, die Schwierigkeiten einer Ehescheidung zu umgehen. Dies stellt nach den Kriterien des BGH ein rechtsmissbräuchliches Verhalten dar. Entgegen der Konzeption des Gesetzgebers, der auch im Falle der Doppelehe ausdrücklich beiden Ehegatten ein Aufhebungsrecht einräumt, würde die Ausnahme des Rechtsmissbrauchs damit zum Regelfall. Ein Antragsrecht bestünde nur mehr dann, wenn auch dem anderen Ehegatten der bigamistische Charakter der Eheschließung bekannt war.[10] Als Alternative wird daher vorgeschlagen, eine unzulässige Rechtsausübung erst dann in Betracht zu ziehen, wenn die „Störung der […] Eheordnung" infolge des Mangels an Intensität verloren hat und die Aufhebung der Ehe deshalb nicht mehr notwendig erscheint.[11] Der Ansatz respektiert – anders als die Rechtsprechung – den Willen des Gesetzgebers und ermöglicht gleichzeitig eine interessengerechte Lösung der anerkannten Missbrauchsfälle.

II. Antragstellung bei nicht voll geschäftsfähigen Ehegatten

12 Für den geschäftsunfähigen Ehegatten kann der Antrag auf Aufhebung der Ehe nur von seinem gesetzlichen Vertreter gestellt werden (§ 1316 Abs. 2 Satz 1 BGB); dieser bedarf dazu der Genehmigung des Vormundschaftsgerichts (§ 607 Abs. 2 Satz 2 HS. 2 ZPO). Ausschlaggebend für das Fehlen der Geschäftsfähigkeit ist der Zeitpunkt der Antragstellung, nicht der Zeitpunkt der Eheschließung.[12]

13 Im Übrigen kann ein nach § 106 BGB in seiner Geschäftsfähigkeit beschränkter minderjähriger Ehegatte den Antrag auf Aufhebung der Ehe nur selbst stellen; er bedarf hierzu nicht der Zustimmung seines gesetzlichen Vertreters (§ 1316 Abs. 2 Satz 2 BGB). Gemäß § 607 Abs. 1 ZPO besitzt der Minderjährige auch die für die Antragstellung erforderliche partielle Prozessfähigkeit. Weggefallen ist zudem das frühere eigenständige Antragsrecht des gesetzlichen Vertreters. Die Regelung ist Ausdruck des höchstpersönlichen Charakters des Rechtsgeschäfts Eheschließung.[13]

III. Antrag der Verwaltungsbehörde

14 In den meisten Fällen kann die Aufhebung der Ehe auch von der zuständigen Verwaltungsbehörde beantragt werden. Diese ist mit der Reform des Eherechts durch das Eheschließungsrechtsgesetz von 1998 an die Stelle der „zuständigen Staatsanwaltschaft" nach § 24 Abs. 1 EheG getreten. Ziele waren eine optische „Entkriminalisierung" des Eheschließungsrechts und die Entlastung der Staatsanwaltschaft von sachfremden Aufgaben.[14]

1. Zuständigkeit

15 Die zuständige Verwaltungsbehörde wird durch Rechtsverordnung der Landesregierungen bestimmt, welche die Ermächtigung durch Rechtsverordnung auf die zuständigen obersten Landesbehörden übertragen können (§ 1316 Abs. 1 Nr. 1 Satz 2, 3 BGB). Derzeit bestehen folgende Zuständigkeitsregelungen:
- Baden-Württemberg: Regierungspräsidium Tübingen (VO v. 16.01.2001, GVBl, 2),
- Bayern: Regierung von Mittelfranken (VO v. 03.06.2008, GVBl, 326),

---

[7] BGH v. 28.06.1961 - IV ZR 297/60 - LM Nr. 1 zu § 606a ZPO.
[8] BGH v. 26.02.1975 - IV ZR 33/74 - juris Rn. 13 - NJW 1975, 872-874.
[9] OLG Düsseldorf v. 27.01.1992 - 2 UF 80/91 - NJW-RR 1993, 135-136.
[10] BGH v. 22.04.1964 - IV ZR 189/63 - LM Nr. 6 zu § 24 EheG.
[11] *Gernhuber/Coester-Waltjen*, Lehrbuch des Familienrechts, 4. Aufl. 1994, S. 120; *Voppel* in: Staudinger, § 1315 Rn. 53.
[12] *Brudermüller* in: Palandt, § 1316 Rn. 6.
[13] BR-Drs. 79/96, S. 54.
[14] So BR-Drs. 79/96, S. 53; kritisch *Bosch*, NJW 1998, 2004-2012, 2007.

- Berlin: Bezirksverwaltungen (§§ 3 Abs. 2 Satz 1, 4 Abs. 1 Satz 2 AZG i.d.F. v. 05.07.1998, GVBl, 177),
- Brandenburg: Ministerium des Innern (§ 18 Bbg. AGBGB v. 28.07.2000, GVBl, 114),
- Bremen: Standesämter (VO v. 07.08.2001, GVBl, 261),
- Hamburg: Bezirksämter (AmtlAnz 1970, 1073, zuletzt geändert durch Art. 73 AnO v. 20.09.2011),
- Hessen: Regierungspräsidien (VO v. 22.12.1999, GVBl 2000, 26, i.V.m. VO v. 13.12.2004, GVBl, 414),
- Mecklenburg-Vorpommern: Landkreise und kreisfreie Städte (G v. 10.12.1999, GVBl, 632),
- Niedersachsen: Landkreise, kreisfreie und große selbstständige Städte (AllgZustVO-Kom v. 14.12.2004, Nds. GVBl, 589),
- Nordrhein-Westfalen: Bezirksregierungen Köln und Arnsberg (VO v. 26.05.1998, GVBl, 391),
- Rheinland-Pfalz: Aufsichts- und Dienstleistungsdirektion (VO v. 03.07.1998 § 1, GVBl, 188, i.d.F. v. 12.10.1999, GVBl, 353),
- Saarland: Landesverwaltungsamt (AGJusG v. 05.02.1997, ABl, 258, zuletzt geändert durch G v. 19.01.2011, ABl, 64),
- Sachsen: Landesdirektion (VO v. 16.07.2008, GVBl, 488),
- Sachsen-Anhalt: Landkreise und kreisfreie Städte (VO v. 07.05.1994, GVBl, 568, i.d.F. v. 09.12.1998, GVBl, 476),
- Schleswig-Holstein: Landräte und Bürgermeister kreisfreier Städte (VO v. 26.05.1998, GVBl, 199),
- Thüringen: Landesverwaltungsamt (VO v. 01.01.1999, GVBl, 52).

2. Ermessen

Ob die Verwaltungsbehörde einen Aufhebungsantrag stellt, steht grundsätzlich in ihrem pflichtgemäßen Ermessen, wobei insbesondere Art. 6 GG zu beachten ist.[15] Freilich ist der Anwendungsbereich dieses Grundsatzes wegen der weitgreifenden Ausnahmeregelung in § 1316 Abs. 3 BGB auf die Aufhebungsgründe fehlender Ehemündigkeit (§ 1303 BGB) sowie des Verstoßes gegen die Form der Eheschließung (§ 1311 BGB) beschränkt. Bei Willensmängeln nach § 1314 Abs. 2 Nr. 2 bis 4 BGB ist die Verwaltungsbehörde ohnehin nicht antragsberechtigt. 16

In allen übrigen Fällen ist die Verwaltungsbehörde im Regelfall zur Stellung des Aufhebungsantrags verpflichtet (Soll-Vorschrift[16]), es sei denn, die Aufhebung der Ehe würde für einen der Ehegatten oder die aus der Ehe hervorgegangenen Kinder eine so schwere Härte darstellen, dass die Aufrechterhaltung der Ehe ausnahmsweise geboten erscheint (sog. Härteklausel). Der Ordnungsanspruch des Eheschließungsrechts tritt hier gegenüber dem Bestandsinteresse der Beteiligten zurück.[17] Ein Härtefall setzt demnach voraus, „daß bei verständiger Güterabwägung das Aufrechterhaltungsinteresse von Ehegatten oder Kindern den staatlichen Ordnungsanspruch zweifelsfrei überwiegt".[18] Die Voraussetzungen der Härteklausel sind vom Familiengericht im Aufhebungsverfahren zu prüfen.[19] Beantragt die Verwaltungsbehörde trotz Vorliegen eines Härtefalls die Aufhebung der Ehe (Ermessensmissbrauch), so ist der Antrag als unzulässig abzuweisen. 17

Neben der Härteklausel sind weitere atypische Fallgestaltungen denkbar, welche ein Abweichen von der Soll-Bestimmung des § 1316 Abs. 3 BGB rechtfertigen. Entgegen anders lautender Ansicht[20] ist die Härteklausel keine abschließende gesetzliche Bestimmung des Ausnahmefalles, sondern lediglich Regelbeispiel.[21] 18

---

[15] BGH v. 18.06.1986 - IVb ZR 41/85 - juris Rn. 14 - NJW 1986, 3083-3084; *Wolf*, FamRZ 1998, 1477-1488, 1486.
[16] Hierzu BVerwG v. 17.08.1978 - V C 33.77 - juris Rn. 8 - BVerwGE 56, 220-227; BVerwG v. 17.03.1992 - 1 C 31/89 - juris Rn. 13 - BVerwGE 90, 88-96.
[17] BR-Drs. 79/96, S. 54; kritisch *Bosch*, NJW 1998, 2004-2012, 2007.
[18] BR-Drs. 79/96, S. 55. Vgl. auch BGH v. 11.04.2012 - XII ZR 99/10 - juris Rn. 15 - MDR 2012, 647: „Bei der Prüfung des Härtefalls ist das bestehende öffentliche Ordnungsinteresse gegen die privaten Interessen der Ehegatten und Kinder unter Beachtung der Grundrechtsgarantien des Art. 6 Abs. 1 GG abzuwägen."
[19] BGH v. 11.04.2012 - XII ZR 99/10 - juris Rn. 12; hierzu *Coester-Waltjen*, FamRZ 2012, 1185-1187; *Wellenhofer*, JuS 2012, 750-751. *Wellenhofer* in: MünchKomm-BGB, § 1316 Rn. 11; *Brudermüller* in: Palandt, § 1316 Rn. 8; a.A. *Albers* in: Baumbach/Lauterbach, ZPO, 61. Aufl. 2003, § 631 Rn. 12.
[20] *Henrich* in: Johannsen/Henrich, EheR, § 1316 Rn. 9.
[21] *Wellenhofer* in: MünchKomm-BGB, § 1316 Rn. 10; *Brudermüller* in: Palandt, § 1316 Rn. 9.

§ 1316

19 Die praktischen Anwendungsfälle stammen wiederum weit überwiegend aus dem Bereich der Doppelehe. Hier kann die Härteklausel insbesondere dann greifen, wenn die Erstehe in der Zwischenzeit aufgelöst worden ist,[22] wobei dieser Umstand allein freilich nicht ausreicht[23]. Bekunden die Ehegatten der Zweitehe, ihre Beziehung in jedem Fall aufrechterhalten zu wollen, also bei Aufhebung der Ehe auf Antrag der Verwaltungsbehörde sofort wieder zu heiraten, so handelt die Verwaltungsbehörde nicht pflichtwidrig, wenn sie von der Antragstellung absieht.[24] Entsprechendes gilt, wenn eine Heilung des Mangels nach § 1315 Abs. 2 Nr. 1 BGB nur wegen des Todes des Partners der Erstehe nicht mehr möglich ist,[25] erst nach langjähriger Zweitehe zutage tritt, dass der tot geglaubte, aber nicht für tot erklärte Ehegatte der Erstehe noch am Leben ist,[26] bei einer deutsch-ausländischen Ehe das Heimatrecht des ausländischen Ehegatten die Aufhebung nicht anerkennen würde,[27] die Nichtanerkennung der ausländischen Ehescheidung in Deutschland den Ehegatten bei Schließung der Zweitehe nicht bekannt war[28] oder die Behörde die bigamische Ehe in der Vergangenheit bewusst hingenommen und von der Antragstellung abgesehen hat.[29]

20 Das bloße Getrenntleben der Ehegatten der Erstehe bzw. die bestehende Schwangerschaft des zweiten Partners reichen für die Anwendung der Härteklausel in keinem Fall aus.[30] Dies gilt selbst in Verbindung mit langjähriger Untätigkeit der Behörde. So stellt es nach Auffassung des BGH keinen Ermessensfehlgebrauch seitens der Behörde dar, wenn diese erst 27 Jahre nach Schließung der Zweitehe, aus der im Übrigen ein Kind hervorgegangen war, und 25 Jahre nach Kenntniserlangung von der Doppelehe deren Aufhebung beantragt; erforderlich seien weitere Umstände, die das vorangehende Verhalten der Behörde als bewusstes Dulden oder gewollte Abstandnahme von der Ausübung des Antragsrechts erscheinen ließen.[31] Ein öffentliches Interesse an der Stellung des Aufhebungsantrags trotz zwischenzeitlicher Auflösung der Erstehe wurde zudem bejaht, wenn dieser die Klärung der vermögens- und versorgungsrechtlichen Folgen der Zweitehe zum Ziel hat.[32]

21 Bei dem für die Verwaltungsbehörde praktisch bedeutsamsten Aufhebungsgrund, der Scheinehe (§ 1314 Abs. 2 Nr. 5 BGB), kommt der Härteklausel keine Bedeutung zu. Freilich ist zu bedenken, dass weitere atypische Fallgestaltungen denkbar sind, in denen die Verwaltungsbehörde von einer Antragstellung absehen mag, so etwa wenn der ausländische Ehegatte aufgrund der fehlenden ehelichen Lebensgemeinschaft keine Aufenthaltserlaubnis besitzt, sich nicht im Inland aufhält und auch nicht zu besorgen ist, dass er in Zukunft unter Berufung auf die Ehe eine Aufenthaltsgenehmigung beanspruchen wird.[33]

22 Weiterhin kann eine Antragstellung unterbleiben, wenn der Mangel – insbesondere die Scheinehe – im Aufhebungsverfahren voraussichtlich nicht nachgewiesen werden kann oder eine Heilung des Mangels zu erwarten steht.

23 Lehnt es die Verwaltungsbehörde ab, einen Aufhebungsantrag zu stellen, oder bleibt sie untätig, so ist eine Erzwingung der Antragstellung durch Dritte – etwa im Verwaltungsrechtsweg – ausgeschlossen, da diese nicht in ihren Rechten verletzt sind.[34]

---

[22] Vgl. etwa BGH v. 26.02.1975 - IV ZR 33/74 - juris Rn. 13 - NJW 1975, 872-874; BGH v. 27.10.1993 - XII ZR 140/92 - LM EheG § 20 Nr. 6 (5/1994), wo eine Anwendung der Härteklausel wegen Fortbestands der Erstehe abgelehnt wird.

[23] Vgl. BGH v. 18.06.1986 - IVb ZR 41/85 - juris Rn. 13 - NJW 1986, 3083-3084.

[24] OLG Nürnberg v. 30.06.1997 - 7 UF 1117/97 - juris Rn. 52 - NJW-RR 1998, 2-5.

[25] KG Berlin v. 06.11.1985 - 18 UF 6840/84 - juris Rn. 22 - FamRZ 1986, 355-357.

[26] *Henrich* in: Johannsen/Henrich, EheR, § 1316 Rn. 9.

[27] OLG Nürnberg v. 30.06.1997 - 7 UF 1117/97 - NJW-RR 1998, 2-5.

[28] OLG Frankfurt v. 11.01.2007 - 5 UF 200/06 - OLGR Frankfurt 2007, 708.

[29] OLG Karlsruhe v. 12.07.1985 - 16 UF 203/85 - IPRax 1986, 166.

[30] OLG Frankfurt v. 29.07.2005 - 4 WF 70/05 - StAZ 2006, 142.

[31] BGH v. 26.02.1975 - IV ZR 33/74 - juris Rn. 15 - NJW 1975, 872-874.

[32] BGH v. 26.02.1975 - IV ZR 33/74 - juris Rn. 17 - NJW 1975, 872-874; BGH v. 18.06.1986 - IVb ZR 41/85 - juris Rn. 15 - NJW 1986, 3083-3084; OLG München v. 25.03.1980 - 4 UF 270/79 - FamRZ 1980, 565-566; OLG Nürnberg v. 30.06.1997 - 7 UF 1117/97 - juris Rn. 53 - NJW-RR 1998, 2-5; a.A. OLG Hamm v. 28.04.1986 - 6 UF 533/85 mit ablehnender Anmerkung *Bosch*.

[33] So *Wellenhofer* in: MünchKomm-BGB, § 1316 Rn. 12.

[34] KG Berlin v. 07.02.1986 - 1 VA 2/84 - juris Rn. 6 - NJW 1987, 197; OLG Düsseldorf v. 19.07.1995 - 3 VA 6/93 - FamRZ 1996, 109-110.

C. Prozessuale Hinweise

Stellt die Verwaltungsbehörde oder – im Falle des § 1306 BGB – ein Dritter den Aufhebungsantrag, so ist dieser gemäß § 631 Abs. 3 ZPO gegen beide Ehegatten zu richten. Die Ehegatten sind als Antragsgegner notwendige Streitgenossen nach § 62 ZPO. Deshalb kann keiner von beiden der antragstellenden Verwaltungsbehörde als Streithelfer beitreten.[35]

24

Bei Antragstellung durch einen der Ehegatten bzw. einen Dritten ist die zuständige Verwaltungsbehörde hiervon zu unterrichten (§ 631 Abs. 4 Satz 1 ZPO). Diese kann das Verfahren in der Folge auch selbständig betreiben, also selbständig Anträge stellen und Rechtsmittel einlegen. Bei Antragsrücknahme durch den Antragsteller bzw. Tod der dritten Person, kann die bereits mitwirkende Verwaltungsbehörde das Verfahren fortführen; ansonsten muss sie einen neuen Aufhebungsantrag stellen.

25

---

[35] OLG München v. 24.11.1956 - BerReg. 4 UH 67/56 - NJW 1957, 954.

§ 1317 BGB Antragsfrist

(Fassung vom 23.06.2011, gültig ab 01.07.2011)

(1) ¹Der Antrag kann in den Fällen des § 1314 Abs. 2 Nr. 2 und 3 nur binnen eines Jahres, im Falle des § 1314 Abs. 2 Nr. 4 nur binnen drei Jahren gestellt werden. ²Die Frist beginnt mit der Entdeckung des Irrtums oder der Täuschung oder mit dem Aufhören der Zwangslage; für den gesetzlichen Vertreter eines geschäftsunfähigen Ehegatten beginnt die Frist jedoch nicht vor dem Zeitpunkt, in welchem ihm die den Fristbeginn begründenden Umstände bekannt werden, für einen minderjährigen Ehegatten nicht vor dem Eintritt der Volljährigkeit. ³Auf den Lauf der Frist sind die §§ 206, 210 Abs. 1 Satz 1 entsprechend anzuwenden.

(2) Hat der gesetzliche Vertreter eines geschäftsunfähigen Ehegatten den Antrag nicht rechtzeitig gestellt, so kann der Ehegatte selbst innerhalb von sechs Monaten nach dem Wegfall der Geschäftsunfähigkeit den Antrag stellen.

(3) Ist die Ehe bereits aufgelöst, so kann der Antrag nicht mehr gestellt werden.

Gliederung

A. Grundlagen 1	II. Fristbeginn 11
B. Anwendungsvoraussetzungen 4	III. Lauf der Frist 16
I. Antragsfrist 4	IV. Bereits aufgelöste Ehe 20
1. Dauer 4	**C. Prozessuale Hinweise** 22
2. Fristwahrung 7	

A. Grundlagen

1 Die Regelung der Antragsfrist in § 1317 Abs. 1 und 2 BGB betrifft ausschließlich die auf Willensmängeln eines Ehegatten beruhenden Aufhebungsgründe des § 1314 Abs. 2 Nr. 2-4 BGB. Für das Aufhebungsbegehren bei Wiederverheiratung nach Todeserklärung enthält § 1320 BGB eine Sonderregelung. In den übrigen Fällen ist die Stellung des Aufhebungsantrags an keine Frist gebunden.

2 Ziel der Regelung des § 1317 BGB ist es, im Interesse der beteiligten Ehegatten und ihrer Familie, aber auch im öffentlichen Interesse, möglichst schnell Klarheit über den Fortbestand der wegen eines Willensmangels aufhebbaren Ehe zu schaffen.[1]

3 Nach § 1317 Abs. 3 BGB kann ein Aufhebungsantrag nicht mehr gestellt werden, wenn die Ehe bereits aufgelöst ist. Dies gilt im Unterschied zur Antragsfrist für sämtliche Aufhebungsgründe.

B. Anwendungsvoraussetzungen

I. Antragsfrist

1. Dauer

4 Die Frist beträgt gemäß § 1317 Abs. 1 Satz 1 BGB in der Regel ein Jahr, im Falle der Bestimmung zur Eheschließung durch Drohung (Zwangsheirat) hingegen drei Jahre[2]. Es handelt sich um eine materiellrechtliche Ausschlussfrist, welche von Amts wegen zu prüfen ist.[3] Ihre Versäumung zieht den Verlust des Rechts, die Aufhebung der Ehe begehren zu können, nach sich; in der Folge ist der Aufhebungsantrag als unbegründet abzuweisen.[4]

---

[1] *Henrich* in: Johannsen/Henrich, EheR, § 1317 Rn. 2.

[2] Die Regelung wurde im Rahmen des Gesetzes zur Bekämpfung der Zwangsheirat und zum besseren Schutz der Opfer von Zwangsheirat sowie zur Änderung weiterer aufenthalts- und asylrechtlicher Vorschriften v. 23.06.2011, BGBl I 2011, 1266 (Nr. 33), eingeführt; hierzu *Kaiser*, FamRZ 2013, 77-90; *Sering*, NJW 2001, 2161-2165.

[3] OLG Hamburg v. 17.02.1915 - OLGRspr. 32, 1.

[4] BGH v. 29.06.1957 - IV ZR 88/57 - BGHZ 25, 66-79.

Die Frist ist unabdingbar. Weder kann der Antragsgegner auf diese verzichten noch kann zwischen den Parteien ihre Verlängerung oder Abkürzung vereinbart werden.[5] 5
Die Fristberechnung erfolgt nach den §§ 187 Abs. 1, 188 Abs. 2, 193 BGB. 6

2. Fristwahrung

Die Frist wird gewahrt durch die Zustellung der Antragsschrift an den Antragsgegner (§§ 631 Abs. 2 Satz 2, 622 Abs. 2 Satz 2, 253 Abs. 1 ZPO). Indes tritt die Wirkung schon mit Einreichung der Antragsschrift bei Gericht ein, soweit die Zustellung des Antrags demnächst erfolgt (§ 270 Abs. 3 ZPO): Hat der Antragsteller alles Erforderliche getan, um die angestrebte Eheaufhebung zu erreichen, so soll die Verfolgung und Durchsetzung materieller Rechte nicht durch Verfahrensvorschriften erschwert werden.[6] Dies setzt freilich voraus, dass der Antragsteller alles ihm Zumutbare für die alsbaldige Antragszustellung getan hat. Ist die eingetretene Verzögerung vom Antragsteller oder seinem Prozessbevollmächtigten verschuldet, so tritt die Wirkung des § 270 Abs. 3 ZPO nicht ein.[7] 7

Wird der Antrag bei einem unzuständigen Gericht gestellt, so ist er gleichwohl fristwahrend, wenn der Rechtsstreit in der Folge gemäß § 281 ZPO an das zuständige Gericht verwiesen wird.[8] Dies gilt nicht, wenn der Antrag zurückgenommen oder als unzulässig abgewiesen wird.[9] 8

Die Fristwahrung erfasst auch Aufhebungsgründe, auf die sich der Antragsteller erst im Laufe des weiteren Verfahrens beruft, ohne diese schon in der ursprünglichen Antragsschrift geltend gemacht zu haben. Auch ein Scheidungsantrag wahrt nach h.A. die Frist für den Aufhebungsantrag.[10] Die Fristwahrung wirkt nicht zugunsten des Antragsgegners oder anderer Antragsberechtigter. Die für die Antragstellung durch den Vertreter eines Geschäftsunfähigen nach § 607 Abs. 2 ZPO erforderliche Genehmigung des Vormundschaftsgerichts muss innerhalb der Frist wirksam geworden sein.[11] 9

Eine absolute Ausschlussfrist besteht für den Aufhebungsantrag nicht. 10

II. Fristbeginn

§ 1317 Abs. 1 Satz 2 BGB differenziert für den Fristbeginn nach den einzelnen Aufhebungsgründen. 11

Bei Unkenntnis der Eheschließung (§ 1314 Abs. 2 Nr. 2 BGB) und arglistiger Täuschung (§ 1314 Abs. 2 Nr. 3 BGB) beginnt die Frist mit Entdeckung des Irrtums bzw. der Täuschung. „Entdeckung" bedeutet die Erlangung positiver Kenntnis.[12] Ein bloßer Verdacht[13] oder eine Vermutung[14] reichen ebenso wenig wie grob fahrlässige Unkenntnis (Kennenmüssen)[15]. Erforderlich ist die Kenntnis der das Aufhebungsrecht begründenden Tatsachen, ihrer Tragweite und ihres Vorhandenseins zum Zeitpunkt der Eheschließung; das sich hieraus ergebende Aufhebungsrecht selbst muss nicht bekannt sein.[16] 12

Beispiele: Im Fall der arglistigen Täuschung ist auch Kenntnis der Täuschungsabsicht erforderlich.[17] Bei einer Täuschung über persönliche Eigenschaften bedarf es der Kenntnis von den maßgeblichen Eigenschaften des anderen Ehegatten.[18] Im Falle der Täuschung über eine Krankheit müssen dem Ehegatten neben der Krankheit selbst etwa auch deren Ausmaß, Verlauf, Unheilbarkeit und Auswirkungen bekannt geworden sein.[19] Erfährt der Aufhebungsberechtigte nach erster Kenntniserlangung später be- 13

---

[5] RG v. 01.06.1940 - IV 680/39 - RGZ 164, 106-111, 109; *Moebius/Schubert*, ZRP 2006, 33-37, 36.
[6] BGH v. 29.06.1957 - IV ZR 88/57 - BGHZ 25, 66-79.
[7] BGH v. 16.12.1959 - IV ZR 103/59 - BGHZ 31, 342-351.
[8] BGH v. 17.09.1998 - V ZB 14/98 - juris Rn. 10 - BGHZ 139, 305-308; BGH v. 21.09.1961 - III ZR 120/60 - BGHZ 35, 374.
[9] Vgl. BGH v. 05.05.1966 - II ZR 174/64 - juris Rn. 16 - BGHZ 45, 237-246.
[10] RG v. 06.03.1922 - IV 531/21 - RGZ 104, 155-159, 157; RG v. 09.03.1939 - IV 230/38 - RGZ 160, 19-23, 23; OLG Oldenburg v. 16.11.1954 - 4 U 29/54 - MDR 1955, 166; *Wellenhofer* in: MünchKomm-BGB, § 1317 Rn. 3; *Henrich* in: Johannsen/Henrich, EheR, § 1317 Rn. 6; a.A. *Klippel* in: Staudinger, 13. Aufl. 2000, § 1317 Rn. 7 (unterschiedliche Streitgegenstände).
[11] *Henrich* in: Johannsen/Henrich, EheR, § 1317 Rn. 8.
[12] *Henrich* in: Johannsen/Henrich, EheR, § 1317 Rn. 9.
[13] RG v. 28.11.1927 - 603/27 IV - JW 1928, 896.
[14] OLG Hamm v. 12.06.1956 - 8 W 83/56 - FamRZ 1956, 383.
[15] RG v. 28.11.1938 - IV 88/38 - JW 1939, 635.
[16] BGH v. 01.02.1967 - IV ZR 262/65 - FamRZ 1967, 372.
[17] RG v. 12.01.1907 - I 254/06 - RGZ 65, 86-91, 89.
[18] OLG Zweibrücken v. 26.11.1981 - 6 UF 40/80 - juris Rn. 47 - FamRZ 1982, 373-375.
[19] BGH v. 01.02.1967 - IV ZR 262/65 - FamRZ 1967, 372; OLG Nürnberg v. 26.10.1966 - 4 U 53/65 - FamRZ 1967, 152; weitere Nachweise bei *Voppel* in: Staudinger, § 1317 Rn. 32.

sondere Umstände, die eine erheblich schwerere Wertung rechtfertigen, so beginnt die Jahresfrist neu zu laufen.[20]

14 Im Falle der Drohung (§ 1314 Abs. 2 Nr. 4 BGB) beginnt die Frist in dem Zeitpunkt, in dem die Zwangslage endet.[21] Erforderlich ist, dass dem Aufhebungsberechtigten die Beendigung der Zwangslage bewusst wird. Wird während der Ehe das Mittel der Drohung ausgetauscht, so beginnt die Frist erst mit Beendigung der neuen Zwangslage zu laufen. Dagegen hemmt eine während der Ehe erstmals eingesetzte Drohung lediglich den Fristablauf nach Maßgabe des § 1317 Abs. 1 Satz 3 BGB.

15 Für den gesetzlichen Vertreter des geschäftsunfähigen Ehegatten beginnt die Frist nicht vor dem Zeitpunkt, in dem er selbst Kenntnis der maßgeblichen Umstände erlangt, bei minderjährigen Ehegatten nicht vor Eintritt der Volljährigkeit (§ 1317 Abs. 1 Satz 2 HS. 2 BGB).

III. Lauf der Frist

16 Auf den Lauf der Frist sind die §§ 206, 210 Abs. 1 Satz 1 BGB entsprechend anzuwenden (§ 1317 Abs. 1 Satz 3 BGB).

17 Nach § 206 BGB ist der Fristablauf gehemmt, solange der Antragsberechtigte innerhalb der letzten sechs Monate der Frist infolge höherer Gewalt an der Antragstellung gehindert war. Erfasst werden Ereignisse, die vom Antragsberechtigten unter den gegebenen Umständen auch bei Anwendung äußerster Sorgfalt nicht abzuwenden waren,[22] wie etwa eine plötzliche Erkrankung, Mittellosigkeit – wobei das Prozesskostenhilfeverfahren innerhalb der Frist einzuleiten ist[23] – oder Fehlen eines gesetzlichen Vertreters auf Seiten des prozessunfähigen Antragsgegners.[24]

18 Höhere Gewalt liegt nicht vor, wenn die Frist durch Verschulden des Antragstellers oder seines Prozessbevollmächtigten versäumt wird.[25] Auch ein Rechtsirrtum, wie etwa die Unkenntnis vom Bestehen der Frist, bleibt unbeachtet.[26]

19 Für den Fall der Geschäftsunfähigkeit des antragsberechtigten Ehegatten sind folgende Besonderheiten zu beachten: Ist dieser ohne gesetzlichen Vertreter, so endet die Antragsfrist nicht vor Ablauf von sechs Monaten nach dem Zeitpunkt, in dem der Betroffene unbeschränkt geschäftsfähig wird oder der Mangel der Vertretung endet (§ 210 Abs. 1 BGB). Hat der gesetzliche Vertreter eines geschäftsunfähigen Ehegatten den Antrag nicht rechtzeitig gestellt, so kann der Ehegatte dies innerhalb von sechs Monaten nach Wegfall der Geschäftsunfähigkeit selbst nachholen (§ 1317 Abs. 2 BGB). Umstritten ist, ob die Regelung entsprechende Anwendung findet, wenn die Aufhebungsfrist bei Wegfall der Geschäftsunfähigkeit noch nicht vollkommen verstrichen ist, mit der Folge dass dem betroffenen Ehegatte in jedem Fall die Sechs-Monats-Frist nach § 1317 Abs. 2 BGB zur Verfügung stünde.[27] Da keine Gründe erkennbar sind, aus denen der ehemals Geschäftsunfähige in beiden Fallkonstellationen unterschiedlich zu behandeln wäre, sollte diesem nach Wegfall der Geschäftsunfähigkeit stets eine Mindestfrist von sechs Monaten eingeräumt werden.

IV. Bereits aufgelöste Ehe

20 Aufhebbar ist nur die noch bestehende Ehe. Wurde diese bereits durch Scheidung oder Tod eines Ehegatten aufgelöst, so kann der Aufhebungsantrag nicht mehr gestellt werden (§ 1317 Abs. 3 BGB).[28] Ein gleichwohl gestellter Antrag ist als unzulässig abzuweisen.[29] Die gesetzliche Regelung entspricht der Natur der Eheaufhebung (Wirkung ex nunc, vgl. die Kommentierung zu § 1313 BGB Rn. 1) und beendet den früheren Meinungsstreit.

---

[20] RG v. 31.03.1930 - IV 570/29 - RGZ 128, 74-76, 76; RG v. 01.06.1940 - IV 680/39 - RGZ 164, 106-111, 109; RG v. 28.11.1938 - IV 88/38 - JW 1939, 635; KG v. 03.06.1952 - 4 W 1157/52 - NJW 1952, 980.

[21] AG Burgwedel v. 29.10.2003 - 41 F 165/03 - FPR 2004, 222.

[22] BGH v. 24.09.1981 - IX ZR 93/80 - juris Rn. 7 - BGHZ 81, 353-358.

[23] BGH v. 19.01.1978 - II ZR 124/76 - BGHZ 70, 235-240.

[24] OLG Zweibrücken v. 26.11.1981 - 6 UF 40/80 - juris Rn. 47 - FamRZ 1982, 373-375.

[25] BGH v. 04.05.1955 - VI ZR 37/54 - BGHZ 17, 199-209; BGH v. 16.12.1959 - IV ZR 103/59 - BGHZ 31, 342-351; BGH v. 24.09.1981 - IX ZR 93/80 - BGHZ 81, 353-358.

[26] BGH v. 22.01.1957 - VIII ZR 72/56 - BGHZ 23, 131-138; *Wellenhofer* in: MünchKomm-BGB, § 1317 Rn. 7.

[27] So *Voppel* in: Staudinger, § 1317 Rn. 27; *Wellenhofer* in: MünchKomm-BGB, § 1317 Rn. 8; a.A. unter Berufung auf den Gesetzeswortlaut *Henrich* in: Johannsen/Henrich, EheR, § 1317 Rn. 17; *Brudermüller* in: Palandt, § 1317 Rn. 8.

[28] OLG Stuttgart v. 30.08.2010 - 17 UF 195/10.

[29] BT-Drs. 13/9416, S. 31.

Freilich hat der geschiedene Ehegatte nach Auffassung des BGH die Möglichkeit, sich im Rahmen einer Feststellungsklage nachträglich auf § 1318 BGB zu berufen und damit die für ihn günstigeren vermögensrechtlichen Folgen der Eheaufhebung zu erzielen.[30] 21

C. Prozessuale Hinweise
Bei der Antragsfrist handelt es sich um eine von Amts wegen zu beachtende Ausschlussfrist. Der Antragsteller hat somit lediglich die für den Fristbeginn nach § 1317 Abs. 1 Satz 2 BGB erforderlichen Tatsachen mitzuteilen. Im Übrigen trägt der Antragsgegner die Beweislast für die Fristversäumnis, etwa wenn er behauptet, dem Antragsteller seien die maßgeblichen Umstände bereits vor dem von diesem angegebenen Zeitpunkt bekannt gewesen.[31] Für eine Hemmung der Frist ist der Antragsteller beweispflichtig.[32] 22

---

[30] BGH v. 10.07.1996 - XII ZR 49/95 - BGHZ 133, 227-235; *Bosch*, NJW 1998, 2004-2012, 2011; *Henrich* in: Johannsen/Henrich, EheR, § 1317 Rn. 18; *Wellenhofer* in: MünchKomm-BGB, § 1317 Rn. 11; *Voppel* in: Staudinger, § 1317 Rn. 43; *Brudermüller* in: Palandt, § 1317 Rn. 10.
[31] RG v. 09.03.1939 - IV 230/38 - RGZ 160, 19-23, 22.
[32] RG v. 22.10.1934 - VI 250/34 - RGZ 145, 229-233, 230.

§ 1318 BGB Folgen der Aufhebung

(Fassung vom 06.07.2009, gültig ab 01.09.2009)

(1) Die Folgen der Aufhebung einer Ehe bestimmen sich nur in den nachfolgend genannten Fällen nach den Vorschriften über die Scheidung.

(2) ¹Die §§ 1569 bis 1586b finden entsprechende Anwendung

1. zugunsten eines Ehegatten, der bei Verstoß gegen die §§ 1303, 1304, 1306, 1307 oder § 1311 oder in den Fällen des § 1314 Abs. 2 Nr. 1 oder 2 die Aufhebbarkeit der Ehe bei der Eheschließung nicht gekannt hat oder der in den Fällen des § 1314 Abs. 2 Nr. 3 oder 4 von dem anderen Ehegatten oder mit dessen Wissen getäuscht oder bedroht worden ist;

2. zugunsten beider Ehegatten bei Verstoß gegen die §§ 1306, 1307 oder § 1311, wenn beide Ehegatten die Aufhebbarkeit kannten; dies gilt nicht bei Verstoß gegen § 1306, soweit der Anspruch eines Ehegatten auf Unterhalt einen entsprechenden Anspruch der dritten Person beeinträchtigen würde.

²Die Vorschriften über den Unterhalt wegen der Pflege oder Erziehung eines gemeinschaftlichen Kindes finden auch insoweit entsprechende Anwendung, als eine Versagung des Unterhalts im Hinblick auf die Belange des Kindes grob unbillig wäre.

(3) Die §§ 1363 bis 1390 und 1587 finden entsprechende Anwendung, soweit dies nicht im Hinblick auf die Umstände bei der Eheschließung oder bei Verstoß gegen § 1306 im Hinblick auf die Belange der dritten Person grob unbillig wäre.

(4) Die §§ 1568a und 1568b finden entsprechende Anwendung; dabei sind die Umstände bei der Eheschließung und bei Verstoß gegen § 1306 die Belange der dritten Person besonders zu berücksichtigen.

(5) § 1931 findet zugunsten eines Ehegatten, der bei Verstoß gegen die §§ 1304, 1306, 1307 oder § 1311 oder im Falle des § 1314 Abs. 2 Nr. 1 die Aufhebbarkeit der Ehe bei der Eheschließung gekannt hat, keine Anwendung.

Gliederung

A. Grundlagen 1	II. Eheliches Güterrecht und Versorgungsausgleich 14
I. Kurzcharakteristik 1	III. Ehewohnung und Hausrat 19
II. Regelungsprinzipien 3	IV. Ausschluss des gesetzlichen Ehegattenerbrechts 20
B. Anwendungsvoraussetzungen 5	
C. Rechtsfolgen 6	
I. Nachehelicher Unterhalt 6	

A. Grundlagen

I. Kurzcharakteristik

1 Die Vorschrift regelt die Rechtsfolgen der Eheaufhebung. Dabei hat im Vergleich zum alten Recht ein Methodenwechsel stattgefunden. Während die vormaligen §§ 26-37 EheG im Falle der Nichtigerklärung bzw. Aufhebung der Ehe grundsätzlich auf das Scheidungsfolgenrecht verwiesen, dem gutgläubigen Ehegatten aber die Möglichkeit gaben, dieses im Einzelfall auszuschließen, legt § 1318 BGB nunmehr enumerativ fest, wann und mit welchen Modifikationen die Scheidungsfolgen eintreten.

2 Derartige Anordnungen treffen die Absätze 2 bis 4 namentlich für nacheheliche Unterhaltsansprüche, Zugewinn- und Versorgungsausgleich sowie die Verteilung von Ehewohnung und Hausrat. Für andere Bereiche, wie etwa das Namensrecht, besteht keine besondere Regelung; das Scheidungsfolgenrecht findet hier somit keine Anwendung.[1] Demzufolge führt der Ehegatte, der anlässlich der Eheschließung den Familiennamen des Ehepartners als Ehenamen angenommen hat, ab Rechtskraft der Aufhebung der Ehe wieder den Familiennamen, den er vor der Eheschließung geführt hat.[2] Allerdings hat der Ehe-

gatte, der seinen Namen geändert hat, auch nach der Eheaufhebung das Recht, den Ehenamen fortzuführen, und der andere Ehegatte demzufolge keinen Anspruch auf Untersagung der Namensfortführung.[3] Absatz 5 nimmt insoweit eine Sonderstellung ein, als hierin nicht die Folgen der Eheaufhebung geregelt werden, sondern unter bestimmten Voraussetzungen das gesetzliche Erbrecht des überlebenden Ehegatten bei vorheriger Aufhebbarkeit der Ehe ausgeschlossen wird.

II. Regelungsprinzipien

Der Wortlaut des § 1318 Abs. 1 BGB, dass das Scheidungsfolgenrecht „nur in den nachfolgend genannten Fällen" Anwendung findet, vermittelt insoweit einen unzutreffenden Eindruck, als im folgenden für neun der zehn Aufhebungsgründe die wesentlichen Scheidungsfolgen für anwendbar erklärt werden. Ausgenommen ist allein der Aufhebungsgrund der Scheinehe (§ 1314 Abs. 2 Nr. 5 BGB); hier kommt nur ein Ausschnitt der Scheidungsfolgen in Betracht.

§ 1318 Abs. 2-4 BGB nennen ausdrücklich die Normengruppen des Scheidungsrechts, welche im Falle der Eheaufhebung „entsprechende Anwendung" finden. Dabei werden jeweils Modifikationen im Hinblick auf die Anspruchsberechtigung sowie den Anspruchsumfang vorgenommen.[4]

B. Anwendungsvoraussetzungen

Rechtsgrund für die Anwendung des Scheidungsfolgenrechts ist die bereits erfolgte Aufhebung der betreffenden Ehe. Dies setzt die Rechtskraft (vgl. die Kommentierung zu § 1313 BGB Rn. 8) des Aufhebungsbeschlusses voraus (§ 1313 Satz 2 BGB).

C. Rechtsfolgen

I. Nachehelicher Unterhalt

§ 1318 Abs. 2 BGB knüpft an den scheidungsrechtlichen Unterhaltsanspruch (§§ 1569-1586b BGB) an, unterwirft diesen aber zusätzlichen Voraussetzungen. Demzufolge kommen Unterhaltsansprüche nach Aufhebung der Ehe in Betracht bei Gutgläubigkeit eines oder beider Ehegatten (Satz 1 Nr. 1), bei Bösgläubigkeit beider Ehegatten (Satz 1 Nr. 2) sowie bei Pflege und Erziehung eines gemeinschaftlichen Kindes (Satz 2).

Nachehelichen Unterhalt kann zunächst der gutgläubige Ehegatte verlangen, d.h. der Ehegatte, der im Zeitpunkt der Eheschließung die Aufhebbarkeit der Ehe nicht gekannt hat oder durch arglistige Täuschung oder Drohung zur Eingehung der Ehe bestimmt wurde (§ 1318 Abs. 2 Satz 1 Nr. 1 BGB). Ob der andere Ehegatte seinerseits gut- oder bösgläubig war, ist hierbei ohne Bedeutung. In der Aufzählung der einschlägigen Aufhebungsgründe fehlt allein der Aufhebungsgrund der Scheinehe (§ 1314 Abs. 2 Nr. 5 BGB); hier scheidet also ein nachehelicher Unterhaltsanspruch von vornherein aus.[5]

Der Ehegatte ist nicht gutgläubig, wenn er den Aufhebungstatbestand kannte, der zur Auflösung der Ehe führte. Umstritten ist, ob hierzu auch das Wissen erforderlich ist, dass die ihm bekannten Tatsachen einen Aufhebungsgrund darstellen.[6] Die h.M. hält ein solches Erfordernis besonderer Rechtskenntnisse für überzogen, zumal der Nachweis nur schwer zu führen sei.[7] „Kennen" erfordert positive Kenntnis, selbst grob fahrlässige Unkenntnis reicht nicht aus.[8] Die Annahme, der andere Ehegatte

---

[1] *Hahn* in: Bamberger/Roth, § 1318, Rn. 23; a.A. *Brudermüller* in: Palandt, § 13d18 Rn. 16, der das Namensrecht insgesamt als Annex zum Eheschließungsrecht ansieht und deshalb § 1355 Abs. 5 BGB analog anwenden will.

[2] OLG Celle v. 06.02.2013 - 17 W 13/12; ebenso *Müller-Gindullis* in: MünchKomm-BGB, 5. Aufl. 2010, § 1318 Rn 15; *Voppel* in Staudinger, § 1318, Rn. 48-52; a. A. *Brudermüller* in: Palandt, § 13d18 Rn. 16; *Coester-Waltjen*, Familienrecht, 6. Aufl. 2010, § 14 Rn. 26; *Roth* in: Erman, § 1318, Rn. 11; *Wellenhofer* in: MünchKomm-BGB, § 1318 Rn. 15.

[3] BGH NJW RR 2005, 1521; Anm. *Wellenhofer*, LMK 2005, 159865.

[4] Die im Hinblick auf die Verfassungsmäßigkeit der Anwendung scheidungsrechtlicher Bestimmungen auf die Doppelehe (Prinzip der Einehe) erfolgte Richtervorlage durch das AG Kempten (25.02.2011 - 2 F 812/10) wurde vom BVerfG wegen Unzulässigkeit verworfen, BCerfG v. 25.09.2012 - 1 BvL 6/11.

[5] *Wellenhofer* in: MünchKomm-BGB, § 1318 Rn. 8.

[6] So *Wellenhofer* in: MünchKomm-BGB, § 1318 Rn. 4. zumindest laienhafte Kenntnis der Rechtsfolgen.

[7] *Henrich* in: Johannsen/Henrich, EheR, § 1318 Rn. 3; *Strätz* in: Staudinger, 13. Aufl. 2000, § 1318 Rn. 14; *Brudermüller* in: Palandt, § 1318 Rn. 2.

[8] RG v. 08.02.1912 - IV 238/11 - RGZ 78, 369-371, 371; RG v. 15.02.1917 - 405/16 IV - JW 1917, 465; OLG Koblenz v. 10.03.1980 - 13 UF 777/79 - juris Rn. 29 - FamRZ 1980, 589-591.

werde die Aufhebbarkeit der Ehe nicht geltend machen, ist unbeachtlich.[9] Bestehen mehrere Aufhebungsgründe nebeneinander, so ist auf denjenigen Grund abzustellen, aus welchem die Aufhebung der Ehe erfolgt ist;[10] hierzu ist der Aufhebungsbeschluss heranzuziehen. Nach a.A. genügt es für die Bösgläubigkeit des Ehegatten, wenn dieser einen der Aufhebungsgründe gekannt hat, selbst wenn die Aufhebung letztlich aus einem anderen Grund erfolgt ist.[11] Maßgeblicher Zeitpunkt ist der Moment der Eheschließung; später erworbene Kenntnis ist unschädlich.

9 Im Falle fehlender Ehemündigkeit (§ 1303 BGB) schadet die Kenntnis, dass der betreffende Ehegatte im Zeitpunkt der Eheschließung noch minderjährig war und das Familiengericht keine Befreiung erteilt hatte.[12] Bemerkenswert erscheint, dass auch der volljährige Ehegatte, soweit dieser bei Eheschließung gutgläubig war, einen Unterhaltsanspruch geltend machen kann. Dies scheint dem Minderjährigenschutz zuwiderzulaufen.[13] Hieran anknüpfend, ist eine teleologische Einschränkung der Norm in Betracht zu ziehen, welche freilich keinerlei Stütze im Wortlaut findet.[14]

10 Bei fehlender Geschäftsfähigkeit (§ 1304 BGB) kann dem geschäftsunfähigen Ehegatten nicht zur Last gelegt werden, seine Geschäftsunfähigkeit bei Eheschließung gekannt zu haben. Wer nicht in der Lage ist, die Bedeutung seiner Willenserklärung richtig einzuschätzen, dem kann auch eine eventuelle Kenntnis der Geschäftsunfähigkeit nicht zugerechnet werden.[15] Wiederum erscheint zweifelhaft, ob der nach dem Gesetzeswortlaut mögliche Unterhaltsanspruch gegen den Geschäftsunfähigen mit dem gesetzgeberischen Ziel des Schutzes Geschäftsunfähiger in Einklang steht.[16] Entsprechendes gilt für den Aufhebungsgrund vorübergehender Störung der Geistestätigkeit (§ 1314 Abs. 2 Nr. 1 BGB).

11 Für eine Reihe von Aufhebungsgründen sieht § 1318 Abs. 2 Satz 1 Nr. 2 BGB einen Unterhaltsanspruch auch dann vor, wenn beide Ehegatten bei Eheschließung bösgläubig im Hinblick auf den Aufhebungsgrund waren. Dies betrifft namentlich:

- Doppelehe bzw. bestehende Lebenspartnerschaft (§ 1306 BGB),
- Verwandtenehe (§ 1307 BGB),
- Verstoß gegen die Form der Eheschließung (§ 1311 BGB).

12 Hier werden also beide Ehegatten insofern an ihrem Verhalten festgehalten, als nach der Eheaufhebung der bedürftige Partner vom anderen nachehelichen Unterhalt verlangen kann. Dies gilt nach § 1318 Abs. 2 Nr. 2 HS. 2 BGB im Falle der Doppelehe freilich nur, soweit hierdurch ein etwaiger Unterhaltsanspruch des ersten Ehegatten nicht beeinträchtigt wird.[17] Der Anspruch des Ehegatten der Erstehe genießt hier Vorrang gegenüber dem Anspruch der Ehegatten der Zweitehe; ist der unterhaltsberechtigte Ehegatte hingegen gutgläubig (§ 1318 Abs. 2 Nr. 1 BGB), so sind die Unterhaltsansprüche beider Ehegatten gleichrangig. Die Regelung greift auch im Verhältnis zum Lebenspartner einer bestehenden Lebenspartnerschaft ein.

13 Liegen die Voraussetzungen eines nachehelichen Unterhaltsanspruchs nach § 1318 Abs. 2 Satz 1 BGB nicht vor, so kommt lediglich ein Unterhaltsanspruch wegen Kindesbetreuung in Betracht (§ 1318 Abs. 2 Satz 2 BGB). Voraussetzung ist, dass die Versagung des Unterhalts im Hinblick auf die Belange eines dem betreffenden Ehegatten zur Pflege oder Erziehung anvertrauten gemeinschaftlichen Kindes grob unbillig wäre. Im Vordergrund steht dabei das Kindeswohl. Konkret ist zu fragen, ob der Ehegatte wegen der erforderlichen Betreuung des Kindes nicht in der Lage ist, selbst für seinen Lebensunterhalt aufzukommen; dabei sind das Alter des Kindes, seine körperliche und geistige Entwicklung sowie das Bestehen anderweitiger Betreuungsmöglichkeiten in die Abwägung mit einzubeziehen.[18]

---

[9] RG v. 13.10.1924 - IV 203/24 - RGZ 109, 64-66, 65.
[10] RG v. 08.02.1912 - IV 238/11 - RGZ 78, 369-371, 370; *Wellenhofer* in: MünchKomm-BGB, § 1318 Rn. 3.
[11] *Henrich* in: Johannsen/Henrich, EheR, § 1318 Rn. 4; *Brudermüller* in: Palandt, § 1318 Rn. 2.
[12] Zu beachten ist freilich die Möglichkeit einer Heilung nach § 1315 Abs. 1 Satz 1 Nr. 1 BGB.
[13] Vgl. auch BT-Drs. 13/4898, S 21.
[14] So auch *Henrich* in: Johannsen/Henrich, EheR, § 1318 Rn. 6; *Hahn* in: Bamberger/Roth, § 1318 Rn. 6; *Brudermüller* in: Palandt, § 1318 Rn. 3.
[15] So *Henrich* in: Johannsen/Henrich, EheR, § 1318 Rn. 7; *Voppel* in: Staudinger, § 1318 Rn. 22; *Wellenhofer* in: MünchKomm-BGB, § 1318 Rn. 4.
[16] *Henrich* in: Johannsen/Henrich, EheR, § 1318 Rn. 7; *Tschernitschek*, FamRZ 1999, 829-830, 830.
[17] *Henrich* in: Johannsen/Henrich, EheR, § 1318 Rn. 8.
[18] *Wellenhofer* in: MünchKomm-BGB, § 1318 Rn. 7.

II. Eheliches Güterrecht und Versorgungsausgleich

Nach Aufhebung der Ehe findet im Grundsatz stets ein Zugewinn- und Versorgungsausgleich statt (§ 1318 Abs. 3 BGB). Beide sind – anders als der nacheheliche Unterhaltsanspruch – somit nicht auf Ausnahmefälle beschränkt. Dies ist sachlich gerechtfertigt, da Zugewinn- und Versorgungsausgleich retrospektive, d.h. auf die Dauer der Ehe bezogene Folgen der Eheauflösung sind. Die für den Ausgleich maßgebliche Ehedauer dürfte angesichts der Heilungsmöglichkeiten des § 1315 BGB sowie der Antragsfristen nach § 1317 BGB meist relativ kurz bemessen sein.

Zur entsprechenden Anwendung gelangen die §§ 1363-1390 BGB für den güterrechtlichen und über § 1587 BGB die Vorschriften des Versorgungsausgleichsgesetzes für den versorgungsrechtlichen Ausgleich, wobei die Verweisung auf die §§ 1363-1371 BGB überwiegend als Redaktionsversehen des Gesetzgebers eingestuft wird, da diese Normen keine „Folgen der Aufhebung einer Ehe" behandeln.[19]

Ein Vermögensausgleich findet nach § 1318 Abs. 3 BGB dann nicht statt, wenn dies im Hinblick auf die Umstände bei der Eheschließung oder im Fall der Doppelehe im Hinblick auf die Belange des ersten Ehegatten des Bigamisten grob unbillig wäre. Die Vorschrift konkretisiert damit das Leistungsverweigerungsrecht des § 1381 BGB (güterrechtlicher Ausgleich) bzw. die Versagungsgründe nach der Generalklausel des § 27 VersAusglG i.V.m. § 1587 BGB (Versorgungsausgleich).[20] Sie erlaubt neben dem völligen auch einen teilweisen Ausschluss des Ausgleichs („soweit").

Grobe Unbilligkeit liegt vor, wenn der vorgesehene Ausgleich dem Gerechtigkeitsgefühl in unerträglichem Maße widerspräche. Im Hinblick auf die Umstände der Eheschließung dürfte dies namentlich bei der Scheinehe (§ 1314 Abs. 2 Nr. 5 BGB) der Fall sein.[21] Zu denken ist aber auch an die Fälle der arglistigen Täuschung oder Drohung (§ 1314 Abs. 2 Nr. 3, 4 BGB). Bei der Doppelehe geht das Gesetz im Konfliktfall nunmehr von einem Vorrang des Ehegatten der Erstehe aus.[22] Der zweite Ehegatte hat also zurückzustehen, soweit die Durchführung des Zugewinn- oder Versorgungsausgleichs zu seinen Gunsten für den ersten Ehegatten eine grobe Unbilligkeit darstellte. Entscheidend sind die Umstände des Einzelfalls, insbesondere die Einkommens- und Vermögensverhältnisse, die Bös- bzw. Gutgläubigkeit des Ehegatten der Zweitehe sowie die Dauer der ehelichen Lebensgemeinschaft innerhalb der Erstehe.[23] Überholt ist die frühere Rechtsprechung, nach der in solchen Fällen der Zugewinn bzw. die erworbenen Versorgungsanwartschaften auf drei statt auf zwei Personen verteilt wurden.[24] Der Bigamist selbst hat im Übrigen keinen Anspruch darauf, dass ihm die Hälfte seines Zugewinns bzw. der erworbenen Versorgungsanwartschaften ungeschmälert erhalten bleibt.[25]

Zur Berechnung des Ausgleichs sind die Vorschriften des Scheidungsfolgenrechts sinngemäß anzuwenden. So ist etwa im Rahmen des § 3 Abs. 1 VersAusglG i.V.m. § 1587 BGB für das Ende der Ehezeit die Stellung des Aufhebungsantrags maßgeblich.[26]

III. Ehewohnung und Hausrat

Im Falle der Eheaufhebung gelten die §§ 1568a, 1568b entsprechend (§ 1318 Abs. 4 BGB). Im Rahmen einer Billigkeitsentscheidung hat der Richter indes die Umstände bei der Eheschließung sowie im Fall der Doppelehe die Belange des Ehegatten der Erstehe bzw. die Belange des Lebenspartners einer bestehenden Lebenspartnerschaft besonders zu berücksichtigen.

---

[19] *Henrich* in: Johannsen/Henrich, EheR, § 1318 Rn. 15; *Brudermüller* in: Palandt, § 1318 Rn. 11; a. A. wohl *Wellenhofer* in: MünchKomm-BGB, § 1318 Rn. 10: Aus der Verweisung ergibt sich, dass der gesetzliche Güterstand der Zugewinngemeinschaft nicht rückwirkend durch das Aufhebungsurteil entfällt.

[20] *Henrich* in: Johannsen/Henrich, EheR, § 1318 Rn. 15; *Brudermüller* in: Palandt, § 1318 Rn. 11.

[21] *Wellenhofer* in: MünchKomm-BGB, § 1318 Rn. 12.

[22] *Strätz* in: Staudinger, 13. Aufl. 2000, § 1318 Rn. 33.

[23] *Wellenhofer* in: MünchKomm-BGB, § 1318 Rn. 12; OLG Karlsruhe v. 28.04.2004 - 16 UF 213/03 - juris Rn. 26 - NJW-RR 2004, 1514-1515.

[24] BGH v. 26.03.1980 - IV ZR 193/78 - juris Rn. 17 - LM Nr. 6 zu § 1372 BGB; BGH v. 09.12.1981 - IVb ZB 569/80 - LM Nr. 23 zu § 621e ZPO; OLG Koblenz v. 10.03.1980 - 13 UF 777/79 - juris Rn. 29 - FamRZ 1980, 589-591.

[25] *Henrich* in: Johannsen/Henrich, EheR, § 1318 Rn. 16.

[26] Vgl. BGH v. 12.10.1988 - IVb ZB 73/86 - LM Nr. 57 zu § 1587 BGB.

IV. Ausschluss des gesetzlichen Ehegattenerbrechts

20 Auch der Ehegatte einer aufhebbaren Ehe hat vom Zeitpunkt der Eheschließung an im Grundsatz ein gesetzliches Erbrecht. Dieses entfällt an sich erst mit Rechtskraft des Aufhebungsbeschlusses (§ 1313 Satz 2 BGB). Indes lässt § 1933 Satz 2 BGB einen Ausschluss des gesetzlichen Ehegattenerbrechts schon dann eintreten, wenn der Erblasser das Aufhebungsverfahren im Todeszeitpunkt bereits eingeleitet hatte und sein Antrag erfolgreich gewesen wäre. Für diesen Fall erhält der überlebende Ehegatte einen Unterhaltsanspruch nach Maßgabe der §§ 1569-1586b BGB.

21 Die im Rahmen des Eheschließungsrechtsgesetzes von 1998 neu aufgenommene Regelung des § 1318 Abs. 5 BGB ordnet nunmehr einen noch weitergehenden Ausschluss des Ehegattenerbrechts an. Danach hat der überlebende Ehegatte kein gesetzliches Erbrecht, wenn er die Aufhebbarkeit der Ehe aus einem der fünf in der Vorschrift aufgezählten Aufhebungsgründe bei Eheschließung kannte.

22 Bei den genannten Gründen handelt es sich um jene, die nach altem Recht zur Nichtigkeit der Ehe führten:
- fehlende Geschäftsfähigkeit (§ 1304 BGB),
- Doppelehe bzw. bestehende Lebenspartnerschaft (§ 1306 BGB),
- Verwandtenehe (§ 1307 BGB),
- Verstoß gegen die Form der Eheschließung (§ 1311 BGB),
- vorübergehende Störung der Geistestätigkeit (§ 1314 Abs. 2 Nr. 1 BGB).

Als Begründung für die Auswahl mag gelten, dass es sich hierbei um objektive Verstöße gegen die staatliche Eheordnung handelt, welche nicht honoriert werden sollen.[27]

23 Freilich gibt die Regelung aus mehreren Gründen Anlass zu Kritik: Zunächst erscheint die Auswahl der relevanten Aufhebungsgründe insoweit willkürlich, als die Interessen des Erblassers hierbei unberücksichtigt bleiben. Gleiches gilt für die weitere Entwicklung der Ehe sowie die eventuelle Heilung des Aufhebungsgrundes. Schließlich spielt auch das Verhalten des Erblassers selbst, insbesondere seine eigene Kenntnis vom Aufhebungsgrund, keine Rolle.[28]

---

[27] Vgl. *Müller-Gindullis* in: MünchKomm-BGB, 5. Aufl. 2010, § 1318 Rn. 14.
[28] Hierzu *Voppel* in: Staudinger, § 1318 Rn. 44.

Titel 4 - Wiederverheiratung nach Todeserklärung

§ 1319 BGB Aufhebung der bisherigen Ehe

(Fassung vom 02.01.2002, gültig ab 01.01.2002)

(1) Geht ein Ehegatte, nachdem der andere Ehegatte für tot erklärt worden ist, eine neue Ehe ein, so kann, wenn der für tot erklärte Ehegatte noch lebt, die neue Ehe nur dann wegen Verstoßes gegen § 1306 aufgehoben werden, wenn beide Ehegatten bei der Eheschließung wussten, dass der für tot erklärte Ehegatte im Zeitpunkt der Todeserklärung noch lebte.

(2) [1]Mit der Schließung der neuen Ehe wird die frühere Ehe aufgelöst, es sei denn, dass beide Ehegatten der neuen Ehe bei der Eheschließung wussten, dass der für tot erklärte Ehegatte im Zeitpunkt der Todeserklärung noch lebte. [2]Sie bleibt auch dann aufgelöst, wenn die Todeserklärung aufgehoben wird.

Gliederung

A. Grundlagen	1	I. Aufhebbarkeit der Zweitehe	4
B. Anwendungsvoraussetzungen	2	II. Auflösung der früheren Ehe	6
C. Folgen	4		

A. Grundlagen

Die §§ 1319, 1320 BGB regeln den praktisch äußerst seltenen Fall, dass ein Ehegatte, nachdem der andere Ehegatte fälschlicherweise für tot erklärt worden ist, erneut heiratet. Obgleich es sich bei der zweiten Eheschließung eigentlich um eine Doppelehe i.S.d. § 1306 BGB handelt, ist diese lediglich dann aufhebbar, wenn beide Ehegatten der Zweitehe bei Eheschließung wussten, dass die Todeserklärung falsch war (§ 1319 Abs. 1 BGB). Ansonsten wird die Erstehe mit Schließung der Zweitehe automatisch aufgelöst (§ 1319 Abs. 2 BGB). Indes besteht für den zum zweiten Mal verheirateten Ehegatten unter bestimmten Voraussetzungen die Möglichkeit, die Aufhebung der neuen Ehe zu beantragen (§ 1320 BGB), um anschließend erneut seinen früheren Ehegatten heiraten zu können.

B. Anwendungsvoraussetzungen

Eine Ehe wird außer durch gerichtliche Entscheidung allein durch den Tod eines Ehegatten aufgelöst. Demgegenüber begründet eine Todeserklärung nach § 9 Abs. 1 VerschG lediglich die widerlegbare Vermutung, dass der Verschollene zu dem in der Todeserklärung festgestellten Zeitpunkt verstorben ist.[1] Erweist sich diese Vermutung später als falsch, so sind die Rechtsverhältnisse entsprechend der wahren Sachlage zu beurteilen. Somit besteht auch die Ehe des fälschlich für tot erklärten Ehegatten fort.[2]

Ist der andere Ehegatte im Anschluss an die Todeserklärung eine neue Ehe eingegangen und lebte der Gatte aus der früheren Ehe zu diesem Zeitpunkt noch, so handelt es sich folglich um eine Doppelehe, die an sich nach den §§ 1306, 1314 Abs. 1 BGB aufhebbar wäre. Davon abweichend ordnet die Sonderregelung des § 1319 BGB aus Gründen des Vertrauensschutzes grundsätzlich die Wirksamkeit der späteren Ehe bei gleichzeitiger Auflösung der früheren Ehe an (Absatz 2).[3] Eine Aufhebung der Zweitehe kommt nur dann in Betracht, wenn ein schutzwürdiges Vertrauen in die Wirksamkeit der Zweitehe nicht bestand (Absatz 1).

---

[1] Der dahingehende Beschluss wird mit Rechtskraft wirksam, vgl. § 29 Abs. 1 VerschG.

[2] Wie hier *Wellenhofer* in: MünchKomm-BGB, § 1320 Rn 1; *Hepting*, Deutsches und Internationales Familienrecht im Personenstandsrecht, 2010, Rn. II-19; a.A.: Berkl, StAZ 2013, 46-59, 51.

[3] BT-Drs. 13/4898, S. 21; BGH v. 27.10.1993 - XII ZR 140/92 - juris Rn. 7 - LM EheG § 20 Nr. 6 (5/1994) mit Anmerkung *Bosch*.

C. Folgen

I. Aufhebbarkeit der Zweitehe

4 § 1319 Abs. 1 BGB lässt eine Aufhebung der späteren Ehe nur dann zu, wenn beide Ehegatten bei Eheschließung wussten, dass der für tot erklärte Ehegatte im Zeitpunkt der Todeserklärung noch lebte, diese also falsch war.[4] Kenntnis lediglich eines Ehegatten reicht ebenso wenig wie fahrlässige Unkenntnis oder spätere Kenntniserlangung. Andererseits ändert die irrtümliche Annahme, der fälschlich für tot erklärte Ehegatte sei zwischenzeitlich verstorben, nichts an der Bösgläubigkeit.

5 Stirbt der fälschlich für tot erklärte Ehegatte nach Todeserklärung, aber noch vor der erneuten Eheschließung des anderen Ehegatten, so wird die frühere Ehe durch den Tod aufgelöst, eine Doppelehe liegt nicht vor. Stirbt er hingegen erst nach der zweiten Eheschließung, so bleibt die Aufhebbarkeit der Zweitehe hiervon unberührt.[5] Im Übrigen richtet sich die Aufhebung der Zweitehe nach den allgemeinen Vorschriften (§§ 1313-1318 BGB). Dies betrifft insbesondere den Kreis der Antragsberechtigten (vgl. die Kommentierung zu § 1316 BGB Rn. 4), die Antragsfrist (vgl. die Kommentierung zu § 1317 BGB Rn. 1) sowie die Aufhebungsfolgen (vgl. die Kommentierung zu § 1318 BGB Rn. 1).

II. Auflösung der früheren Ehe

6 Waren beide Ehegatten bei Schließung der späteren Ehe gutgläubig im Hinblick auf die Richtigkeit der Todeserklärung, so wird die frühere Ehe von Rechts wegen aufgelöst – und zwar auch mit Wirkung für den fälschlich für tot erklärten Ehegatten. Die Ehe bleibt selbst dann aufgelöst, wenn die Todeserklärung später aufgehoben wird.[6] Sie lebt auch nicht wieder auf, wenn die neue Ehe später wieder aufgelöst wird.[7] Vielmehr ist eine erneute Eheschließung der früheren Ehegatten erforderlich. Freilich räumt § 1320 BGB dem zurückgebliebenen Ehegatten zu diesem Zwecke ein Aufhebungsrecht ein, soweit er bei der Eingehung der späteren Ehe gutgläubig (vgl. die Kommentierung zu § 1320 BGB) war.

7 Die frühere Ehe wird nur bei erneuter Eheschließung durch den Ehegatten des für tot Erklärten aufgelöst, nicht bei erneuter Eheschließung des für tot Erklärten selbst;[8] dieser kann sich nicht darauf berufen, auf die Richtigkeit der eigenen Todeserklärung vertraut zu haben.

8 Die Rechtsfolgen, welche bei Auflösung einer Ehe nach § 1319 Abs. 2 BGB eintreten, sind im Gesetz nur unvollkommen geregelt. Nach h.M. sind insoweit die Vorschriften über die Folgen der Ehescheidung entsprechend anzuwenden, da diese gleichfalls die Auflösung der Ehe zu Lebzeiten der Ehegatten, wenngleich aus anderen Gründen betreffen.[9] So kann gegebenenfalls nachehelicher Unterhalt analog den §§ 1569-1586b BGB begehrt sowie ein Zugewinn- bzw. Versorgungsausgleich verlangt werden. Mit der Wiederverheiratung entfällt auch das Ehegattenerbrecht im Verhältnis der früheren Ehegatten zueinander. Zur Frage des elterlichen Sorgerechts für Kinder aus der früheren Ehe vgl. § 1681 Abs. 2 BGB.

---

[4] RG v. 24.03.1924 - IV 456/25 - Warn 1923/24 Nr. 126.
[5] A.A. *Strätz* in: Staudinger, 13. Aufl. 2000, § 1319 Rn. 6.
[6] Vgl. die §§ 30-33 VerschG.
[7] OLG Düsseldorf v. 07.10.1965 - 18 U 2/65 - FamRZ 1965, 612.
[8] BGH v. 27.10.1993 - XII ZR 140/92 - LM EheG § 20 Nr. 6 (5/1994); BGH v. 17.01.2001 - XII ZR 266/98 - juris Rn. 11 - LM EheG § 5 Nr. 5 (11/2001).
[9] *Henrich* in: Johannsen/Henrich, EheR, § 1319 Rn. 4; *Brudermüller* in: Palandt, § 1319 Rn. 4; *Wellenhofer* in: MünchKomm-BGB, § 1319 Rn. 7; a.A. scheinbar *Strätz* in: Staudinger, 13. Aufl. 2000, § 1319 Rn. 17.

§ 1320 BGB Aufhebung der neuen Ehe

(Fassung vom 02.01.2002, gültig ab 01.01.2002)

(1) ¹Lebt der für tot erklärte Ehegatte noch, so kann unbeschadet des § 1319 sein früherer Ehegatte die Aufhebung der neuen Ehe begehren, es sei denn, dass er bei der Eheschließung wusste, dass der für tot erklärte Ehegatte zum Zeitpunkt der Todeserklärung noch gelebt hat. ²Die Aufhebung kann nur binnen eines Jahres begehrt werden. ³Die Frist beginnt mit dem Zeitpunkt, in dem der Ehegatte aus der früheren Ehe Kenntnis davon erlangt hat, dass der für tot erklärte Ehegatte noch lebt. ⁴§ 1317 Abs. 1 Satz 3, Abs. 2 gilt entsprechend.

(2) Für die Folgen der Aufhebung gilt § 1318 entsprechend.

Gliederung

A. Grundlagen 1	C. Rechtsfolgen 7
B. Anwendungsvoraussetzungen 3	D. Prozessuale Hinweise 8

A. Grundlagen

Geht der Ehegatte einer fälschlich für tot erklärten Person eine neue Ehe ein, so wird die frühere Ehe gemäß § 1319 Abs. 2 BGB mit Schließung der neuen Ehe von Gesetzes wegen aufgelöst, es sei denn, beide Gatten der späteren Ehe wussten bei Eheschließung, dass die Todeserklärung unrichtig war. 1

§ 1320 BGB ändert hieran nichts. Die Regelung gibt dem früheren Ehegatten des für tot Erklärten bei Gutgläubigkeit lediglich die Möglichkeit, die spätere Ehe aufheben zu lassen, um zu seinem ersten Ehegatten zurückkehren und diesen u.U. erneut heiraten zu können.¹ Es handelt sich somit um einen eigenständigen Aufhebungsgrund, der auf dem Irrtum über die Auflösung der früheren Ehe durch den Tod des Ehegatten fußt. 2

B. Anwendungsvoraussetzungen

Voraussetzung für die Aufhebbarkeit der späteren Ehe ist zum einen, dass der fälschlich für tot Erklärte noch lebt, also nicht etwa in der Zwischenzeit verstorben ist. Stirbt dieser nach Stellung des Aufhebungsantrags, so kann das Aufhebungsverfahren nach h.A. gleichwohl abgeschlossen werden.² 3

Zum anderen muss der betroffene Ehegatte bei Schließung der späteren Ehe gutgläubig gewesen sein, d.h., er durfte nicht wissen, dass sein früherer Ehegatte im Zeitpunkt der Todeserklärung noch lebte. 4

Antragsberechtigt ist allein der frühere Ehegatte des fälschlich für tot Erklärten, nicht aber der für tot Erklärte selbst oder der Ehegatte der späteren Ehe. Eine Heilung des Mangels, etwa in Form der Bestätigung, ist nicht vorgesehen und scheidet deshalb aus. Auch ein Verzicht auf das Aufhebungsrecht kommt nicht in Betracht.³ 5

Die Aufhebung kann nur binnen Jahresfrist begehrt werden (§ 1320 Abs. 1 Satz 2 BGB). Die Frist beginnt mit dem Zeitpunkt zu laufen, zu dem der Ehegatte aus der früheren Ehe Kenntnis davon erlangt, dass der fälschlich für tot Erklärte noch lebt (§ 1320 Abs. 1 Satz 3 BGB). Nicht ausreichend ist die Kenntnis davon, dass der Verschollene den Zeitpunkt der Todeserklärung überlebt hat.⁴ Für die Berechnung der Frist gilt § 1317 Abs. 1 Satz 3, Abs. 2 BGB entsprechend (§ 1320 Abs. 1 Satz 4 BGB). 6

---

[1] Die Möglichkeit einer erneuten Eheschließung mit dem ursprünglichen Ehegatten stellt freilich keine Voraussetzung für die Aufhebung der späteren Ehe dar; vgl. *Voppel* in: Staudinger, § 1320 Rn. 1. *Wellenhofer* in: MünchKomm-BGB, § 1320 Rn. 3 sieht indes die Möglichkeit einer unzulässigen Rechtsausübung, wenn die Aufhebung beantragt wird, ohne dass die Rückkehr zum ehemaligen Ehegatten beabsichtigt ist.

[2] *Voppel* in: Staudinger, § 1320 Rn. 8; *Brudermüller* in: Palandt, § 1320 Rn. 2; a.A. *Wellenhofer* in: MünchKomm-BGB, § 1320 Rn. 3.

[3] *Henrich* in: Johannsen/Henrich, EheR, § 1320 Rn. 6; OLG Oldenburg v. 10.04.1958 - 3 U 43/57 - FamRZ 1958, 321.

[4] *Wellenhofer* in: MünchKomm-BGB, § 1320 Rn. 4.

C. Rechtsfolgen

7 Die Folgen der Aufhebung ergeben sich aus § 1318 BGB (§ 1320 Abs. 2 BGB). Unter den dort genannten Voraussetzungen treten somit die Scheidungsfolgen ein. Insbesondere hat der zweite Ehegatte dann keinen Anspruch auf nachehelichen Unterhalt, wenn er bei Eheschließung bösgläubig war, d.h., wenn er wusste, dass der für tot Erklärte zu diesem Zeitpunkt noch am Leben war (§ 1318 Abs. 2 Satz 1 Nr. 1 BGB analog).[5]

D. Prozessuale Hinweise

8 Der Antragsteller hat zu beweisen, dass sein früherer Ehegatte noch am Leben ist, der neue Ehegatte als Antragsgegner trägt hingegen die Beweislast für die Bösgläubigkeit des Antragstellers bei Eheschließung bzw. für die Verfristung des Antrags.

---

[5] *Henrich* in: Johannsen/Henrich, EheR, § 1320 Rn. 8; *Wellenhofer* in: MünchKomm-BGB, § 1320 Rn. 1.

§§ 1321 bis 1352 BGB (weggefallen)

(Fassung vom 01.01.1964, gültig ab 01.01.1980, gültig bis 30.06.1998)
(weggefallen)

§§ 1321 bis 1352 BGB in der Fassung vom 01.01.1964 sind durch § 84 des Gesetzes vom 06.07.1938 – BGBl I 1998, 833 – mit Wirkung vom 30.06.1998 weggefallen. 1

§ 1353

Titel 5 - Wirkungen der Ehe im Allgemeinen
§ 1353 BGB Eheliche Lebensgemeinschaft

(Fassung vom 02.01.2002, gültig ab 01.01.2002)

(1) ¹Die Ehe wird auf Lebenszeit geschlossen. ²Die Ehegatten sind einander zur ehelichen Lebensgemeinschaft verpflichtet; sie tragen füreinander Verantwortung.

(2) Ein Ehegatte ist nicht verpflichtet, dem Verlangen des anderen Ehegatten nach Herstellung der Gemeinschaft Folge zu leisten, wenn sich das Verlangen als Missbrauch seines Rechtes darstellt oder wenn die Ehe gescheitert ist.

Gliederung

A. Grundlagen 1	d. Anspruch auf Übertragung des Schadensfreiheitsrabattes 44
B. Anwendungsvoraussetzungen 5	e. Sonstige Einzelfälle 45
I. Wirkungen der Eheschließung 5	4. Verständigungsbereitschaft 48
II. Lebenszeitprinzip 6	5. Gegenseitige Respektierung von Privatsphäre und Persönlichkeit 49
III. Verpflichtung zur ehelichen Lebensgemeinschaft 7	6. Zusammenleben in häuslicher Gemeinschaft 52
1. Liebe, Achtung und Rücksichtnahme 10	a. Aussperrung des Ehegatten 54
2. Beistandsverpflichtung im persönlichen Bereich 12	b. Ausgesperrter Ehegatte begehrt die Zuweisung der Ehewohnung 55
3. Finanzielle und steuerliche Beistandspflichten 14	c. Ausgesperrter Ehegatte beantragt Einräumung des Mitbesitzes 56
a. Zustimmung zur gemeinsamen steuerlichen Veranlagung 16	7. Pflichten im strafrechtlichen Bereich 64
b. Anspruch auf Zustimmung zum begrenzten Realsplitting 29	8. Auskunftspflichten 65
c. Anspruch, den Zutritt von Bietinteressenten zum Haus zu gestatten 43	C. Rechtsfolgen 68

A. Grundlagen

1 **Wesen der Ehe**: Das geltende Recht setzt den Begriff der Ehe voraus, definiert ihn aber nicht. Der Jahrhunderte alte Meinungsstreit, ob die Ehe als Vertrag zwischen zwei Personen anzusehen ist oder überindividuell als Institution, ist ungelöst.[1]

2 Letztlich ist die Ehe eine soziale Verhaltensform[2], die durch einen formbedürftigen, der Abschlussfreiheit unterliegenden Vertrag (Heirat, §§ 1310 Abs. 1 und Abs. 3, 1311 BGB) zustande kommt, sich darin aber nicht erschöpft. Verfassungsrechtlich ist die Ehe ein durch Art. 6 Abs. 1 GG garantiertes Rechtsinstitut.[3] Der verfassungsrechtliche Schutz verbietet es dem Gesetzgeber, die eheliche Lebensform gegenüber anderen schlechter zu stellen.[4] Aufgrund der Verpflichtung zur religiösen und weltanschaulichen Neutralität ist es dem Gesetzgeber verwehrt, den Ehegatten Sinn und Gestaltung ihrer gemeinsamen Lebensführung vorzuschreiben. Hingegen ist es kirchlichen und weltanschaulichen Gemeinschaften gestattet, ihre Mitglieder auf bestimmte Formen des Eheverständnisses zu verpflichten (§ 1588 BGB).

3 Zu den Kernelementen der Ehe gehört das Konsensprinzip. Eine Ehe kann nur über eine freie Entschließung beider Ehegatten begründet werden. Eine zwangsweise Eheschließung ist ebenso ausgeschlossen wie eine zwangsweise Verhinderung (§ 1297 BGB, § 120 Abs. 3 FamFG). Die Rechtsord-

---

[1] Vgl. im Einzelnen *Roth* in: MünchKomm-BGB, § 1353 Rn. 1 f.

[2] *Gernhuber/Coester-Waltjen*, Familienrecht, 6. Aufl. 2010, § 4 Rn. 9.

[3] BVerfG v. 04.05.1971 - 1 BvR 636/68 - BVerfGE 31, 58, 83; BVerfG v. 14.11.1973 - 1 BvR 719/69 - BVerfGE 36, 146, 161; *Pauly*, NJW 1997, 1955-1957; *Gernhuber/Coester-Waltjen*, Familienrecht, 6. Aufl. 2010, § 5 Rn. 2 ff.

[4] BVerfG v. 17.01.1957 - 1 BvL 4/54 - NJW 1957, 417; BVerfG v. 10.07.1984 - 1 BvL 44/80 - NJW 1985, 374-375; BVerfG v. 30.06.1987 - 1 BvR 1187/86 - NJW 1987, 2733; BVerfG v. 10.11.1998 - 2 BvR 1057/91, 2 BvR 1226/91, 2 BvR 980/91 - NJW 1999, 557-561.

nung bekennt sich zur historisch tradierten Monogamie (§ 1306 BGB)[5] und zur grundsätzlichen Unauflöslichkeit der Ehe. Die Ehe kann nicht unter einer Befristung oder Bedingung eingegangen werden. Die eheliche Lebensgemeinschaft umfasst die gesamte Persönlichkeit der Ehegatten und ist von Partnerschaft und Gleichberechtigung geprägt (Art. 3 Abs. 2 GG).[6]

B. Anwendungsvoraussetzungen

I. Wirkungen der Eheschließung

Durch die Ehe werden die Ehegatten grundsätzlich auf Lebenszeit zur ehelichen Lebensgemeinschaft verpflichtet (§ 1353 Abs. 1 Satz 1 BGB).

II. Lebenszeitprinzip

Wesentliches Element der Ehe ist ihre grundsätzlich lebenslange Dauer (§ 1353 Abs. 1 Satz 1 BGB). Da diesem Grundsatz kein Absolutheitscharakter zukommt, stehen die Vorschriften über die Scheidung dazu nicht in Widerspruch.[7] Das Lebenszeitprinzip verbietet jedoch Ehen auf Probe, Ehen unter zeitlicher Befristung oder Bedingung (§ 1311 Satz 2 BGB), Vereinbarungen von Rücktritts- oder Widerrufsvorbehalten.[8] Es steht Vereinbarungen entgegen, mit denen über die gesetzlich vorgesehenen Fälle und Voraussetzungen hinaus eine Auflösung oder Scheidung der Ehe ermöglicht werden soll.[9]

III. Verpflichtung zur ehelichen Lebensgemeinschaft

§ 1353 Abs. 1 Satz 2 BGB begründet eine Rechtspflicht zur ehelichen Lebensgemeinschaft und zu gegenseitiger Verantwortung.[10] Aus gutem Grund hat der Gesetzgeber auf eine enumerative Aufzählung von gegenseitigen Rechten und Pflichten verzichtet und sich auf die Form der ausfüllungsbedürftigen Generalklausel beschränkt. Eine vorgegebene Reglementierung wäre mit dem Gestaltungsfreiraum, den Art. 6 Abs. 1 GG den Ehegatten einräumt, nicht in Einklang zu bringen.[11] § 1353 Abs. 1 BGB normiert eine sittliche Pflicht, die rechtlich bindend ist und rechtsgeschäftlich weder ausgeschlossen noch beschränkt werden kann.[12] Über die Generalklausel fließen positive sozialethische Maßstäbe in die Auslegung eherechtlicher Vorschriften ein. Die Generalklausel des § 1353 Abs. 1 BGB hat dabei sowohl pflichtbegründende wie rechtsbegrenzende Wirkung.[13]

Die wesentliche Bedeutung der Vorschrift liegt in ihrer Funktion als Auslegungsmaßstab eherechtlicher und sonstiger, die eheliche Lebensgemeinschaft in personenrechtlicher wie vermögensrechtlicher Form tangierender Vorschriften. Der Verzicht des Gesetzgebers auf die Vorgabe eines Eheleitbildes und die weitgehende Sanktionslosigkeit bei Verletzung der Pflichten aus § 1353 Abs. 1 BGB gebieten eine zurückhaltende Auslegung der Vorschrift.[14]

Die sich aus der ehelichen Lebensgemeinschaft ergebenden Rechte und Pflichten konkretisieren sich in folgenden Grundelementen:

1. Liebe, Achtung und Rücksichtnahme

Das RG bezeichnete die gegenseitige Liebe und Achtung als eine das Zusammenleben der Ehegatten bestimmende Grundpflicht.[15] Dazu gehört die Bereitschaft, auf die Belange des anderen verständnisvoll einzugehen.[16] Erkrankungen eines Ehegatten verpflichten den anderen ggf. zu erhöhter Verständnisbereitschaft.[17] Die Rechtsprechung hat aus § 1353 Abs. 1 BGB auch eine Pflicht zur Entschuldigung

---

[5] *Brudermüller* in: Palandt, Einf. v. § 1353 Rn. 1.
[6] BVerfG v. 05.02.2002 - 1 BvR 105/95 - FamRZ 2002, 527, 528.
[7] BVerfG v. 28.02.1980 - 1 BvL 136/78, 1 BvR 890/77, 1 BvR 1300/78, 1 BvR 1440/78, 1 BvR 32/79 - NJW 1980, 689-691.
[8] *Roth* in: MünchKomm-BGB, § 1353 Rn. 16.
[9] *Roth* in: MünchKomm-BGB, § 1353 Rn. 16.
[10] BGH v. 04.11.1987 - IVb ZR 83/86 - NJW 1988, 2032-2034; *Brudermüller* in: Palandt, § 1353 Rn. 2.
[11] *Kirchhoff* in: Praxis des neuen Familienrechts, 1978, S. 171.
[12] BGH v. 18.12.1957 - IV ZR 226/57 - BGHZ 26, 196-200.
[13] *Roth* in: MünchKomm-BGB, § 1353 Rn. 18.
[14] *Roth* in: MünchKomm-BGB, § 1353 Rn. 21.
[15] RG v. 29.04.1915 - IV 567/14 - RGZ 87, 56-64.
[16] RG v. 08.04.1929 - VIII 38/29 - RGZ 124, 54-59; BGH v. 20.01.1971 - IV ZR 184/69 - LM Nr. 106 zu § 48 Abs. 2 EheG.
[17] BGH v. 30.06.1965 - IV ZR 190/64 - BGHZ 44, 107-116.

bei unberechtigten Vorhaltungen abgeleitet.[18] Im geschlechtlichen Bereich ist das Gebot der ehelichen Treue als unverzichtbares Element der Einehe als Rechtspflicht anerkannt. Daher können sich die Ehegatten auch nicht gegenseitig von der Treuepflicht entbinden.[19]

11 Ob eine Pflicht zum Geschlechtsverkehr besteht[20], mag dahinstehen, da ein solcher Anspruch jedenfalls nicht einklagbar wäre[21]. Auch die Zeugung von Kindern ist keine Rechtspflicht der Ehegatten. Absprachen zur Familienplanung, z.B. den Gebrauch oder Nichtgebrauch von Verhütungsmitteln, Durchführung heterologer Insemination oder In-Vitro-Fertilisation tangieren den Intimbereich des Ehegatten und sind damit der gerichtlichen Überprüfung entzogen.[22] Vertrags- und Deliktsrecht ist unter den Ehegatten darauf nicht anwendbar.[23]

2. Beistandsverpflichtung im persönlichen Bereich

12 Schon das RG hat die Ehegatten zu Beistand, Unterstützung und zur Abwehr von Gefahren füreinander verpflichtet.[24] Die Beistandspflicht umfasst die persönlichen und finanziellen Beziehungen der Eheleute. § 1353 Abs. 1 Satz 2 BGB beinhaltet in der Auslegung des BVerfG, dass die Ehegatten sich wechselseitig Beistand in Zeiten der Bedrängnis und insbesondere in Zeiten besonderer körperlicher und seelischer Belastungen leisten.[25] Im persönlichen Bereich folgt daraus der Beistand bei Krankheit oder Schwangerschaft[26], Hilfe bei Alkohol- und Drogenabhängigkeit[27], ggf. auch die Verpflichtung zur Unterbringung bzw. zur Stellung eines Betreuungsantrags für einen geistig erkrankten Ehegatten[28]. Eine Verpflichtung zur Pflege eines schwerstbehinderten Ehegatten hat der BGH verneint.[29]

13 Die Beistandspflicht erstreckt sich auch auf voreheliche Kinder des Ehegatten.[30] Kein Anspruch besteht auf die Aufnahme von Verwandten des Ehegatten in die Ehewohnung, auch nicht hinsichtlich der Eltern des Ehegatten.[31]

3. Finanzielle und steuerliche Beistandspflichten

14 Im finanziellen Bereich fordert die Rechtsprechung eine Mitwirkung an der Minimierung finanzieller Lasten des anderen Ehegatten, soweit dadurch nicht eigene Interessen unangemessen tangiert werden.[32] Daraus leitet sich u.a. die Verpflichtung des kindergeldberechtigten Ehegatten ab, dem anderen Ehegatten die Weiterleitung des Kindergeldes auf dem entsprechenden Formular der Kindergeldkasse zu bestätigen, wenn das Kindergeld vom berechtigten Ehegatten in einer Weise verwendet worden ist, die einer Auszahlung an ihn gleichkommt.[33] Hat es ein Ehegatte während der Ehe übernommen, das vom anderen Ehegatten genutzte Fahrzeug auf seinen Namen in der KFZ-Haftpflichtversicherung zu versichern, kann der andere Ehegatte nach der Trennung verlangen, dass ihm der Schadensfreiheitsrabatt übertragen wird, wenn er das Fahrzeug ausschließlich allein genutzt hat, er also den Rabatt durch die tatsächliche Nutzung selbst erzielt hat.[34] Die Nutzungszeit und die Verbesserung des Schadensfrei-

---

[18] BGH v. 22.06.1966 - IV ZR 115/65 - LM Nr. 75 zu § 48 Abs. 2 EheG.
[19] OLG Stuttgart v. 14.01.1999 - 16 UF 135/98 - OLGR Stuttgart 1999, 188-191; *Gernhuber/Coester-Waltjen*, Familienrecht, 6. Aufl. 2010, § 18 Rn. 47; einschränkend *Roth* in: MünchKomm-BGB, § 1353 Rn. 40.
[20] So noch BGH v. 02.11.1966 - IV ZR 239/65 (KG) - NJW 1967, 1078; a.A. *Roth* in: MünchKomm-BGB, § 1353 Rn. 41.
[21] *Roth* in: MünchKomm-BGB, § 1353 Rn. 41 m.w.N.; *Sanders*, FF 2005, 12, 13.
[22] *Sanders*, FF 2005, 12,13.
[23] BGH v. 21.02.2001 - XII ZR 34/99 - BGHZ 146, 391-401; *Brudermüller* in: Palandt, § 1353 Rn. 7.
[24] RG v. 16.04.1937 - 4 D 222/37 - RGSt 71, 187.
[25] BVerfG v. 17.05.2011 - 2 BvR 1367/10 - FamRZ 2011, 1133.
[26] *Brudermüller* in: Palandt, § 1353 Rn. 9.
[27] BGH v. 14.12.1966 - IV ZR 245/65 - FamRZ 1967, 324.
[28] *Roth* in: MünchKomm-BGB, § 1353 Rn. 31.
[29] BGH v. 22.02.1995 - XII ZR 80/94 - LM BGB § 1353 Nr. 34 (7/1995).
[30] *Roth* in: MünchKomm-BGB, § 1353 Rn. 28.
[31] *Roth* in: MünchKomm-BGB, § 1353 Rn. 28.
[32] BGH v. 12.06.2002 - XII ZR 288/00 - NJW 2002, 2319-2322; BGH v. 08.02.1984 - IVb ZR 42/82 - LM Nr. 96 zu § 549 ZPO; BGH v. 23.03.1983 - IVb ZR 369/81 - LM Nr. 13 zu § 1569 BGB; BGH v. 13.10.1976 - IV ZR 104/74 - LM Nr. 8 zu § 1381 BGB; *Butz-Seidl*, FuR 1996, 108-115, 108; *Liebelt*, NJW 1994, 609-616, 609; vgl. auch *Tiedtke*, FPR 2003, 400-408.
[33] OLG Oldenburg v. 19.09.2006 - 12 UF 49/06 - FamRZ 2007, 147 m. Anm. *Schwarz*, FamRB 2007, 15.
[34] LG Freiburg v. 15.08.2006 - 5 O 64/06 - FamRZ 2007, 146; AG Reutlingen v. 05.09.2003 - 1 C 976/03 - NJW-RR 2004, 601; AG Euskirchen v. 19.12.1997 - 17 C 526/97 - FamRZ 1999, 380.

heitsrabattes während der Zeit nach Rechtshängigkeit des Scheidungsantrags sollen dabei im Hinblick auf den Grundgedanken des Zugewinnausgleichs aber außer Betracht bleiben.[35]

Für die Praxis besonders wichtig sind die Mitwirkungspflichten der Ehegatten im steuerlichen Bereich. 15

a. Zustimmung zur gemeinsamen steuerlichen Veranlagung

Der Ehegatte ist zur Zustimmung zur gemeinsamen steuerlichen Veranlagung (Zusammenveranlagung) verpflichtet und zwar auch nach erfolgter Trennung, wenn in dem betreffenden Veranlagungszeitraum die eheliche Lebensgemeinschaft (zeitweise) noch bestand.[36] Dabei ist zwischen der familienrechtlichen und der steuerrechtlichen Ebene zu differenzieren. Der Anspruch auf Zustimmung besteht immer dann, wenn diese steuerrechtlich zulässig ist, sich dadurch die Steuerschuld des Ehegatten, der die Zusammenveranlagung wünscht, verringert und der auf Zustimmung in Anspruch genommene Ehegatte keiner zusätzlichen steuerlichen Belastung ausgesetzt wird.[37] Ein Ehegatte ist auch dann verpflichtet, einer Zusammenveranlagung zur Einkommensteuer zuzustimmen, wenn es zweifelhaft ist, ob sie steuerlich zulässig ist. Denn dies ist im steuerlichen Verfahren vor den Finanzbehörden zu klären, nicht im Zivilprozess auf Erteilung der Zustimmung. Ausgeschlossen ist der Anspruch auf Zustimmung nur dann, wenn eine Zusammenveranlagung zweifelsfrei nicht in Betracht kommt.[38] 16

Die Zustimmung kann verweigert werden, wenn der Ehegatte bei Zusammenveranlagung eine höhere Steuerschuld zu tragen hat als bei getrennter Veranlagung. Das kann aber zu verneinen sein, wenn er die Möglichkeit hat, gem. den §§ 268, 269 AO zu beantragen, dass die Vollstreckung der Steuerschuld auf den Betrag begrenzt wird, der sich bei getrennter Veranlagung ergeben würde (§ 270 AO).[39] Gleiches gilt, wenn der andere Ehegatte sich bereit erklärt, eine Steuermehrbelastung im Vergleich zur Steuerschuld bei getrennter Veranlagung im Innenverhältnis auszugleichen.[40] Allerdings besteht dann kein Ausgleichsanspruch, wenn die Ehegatten insoweit ausdrücklich oder konkludent etwas anderes bestimmt haben i.S. des § 426 Abs. 1 Satz 1 BGB. Eine solche anderweitige Bestimmung kann sich auch aus der bisherigen Gestaltung der tatsächlichen Verhältnisse ableiten lassen. So hat der BGH für den Fall, dass die Ehegatten die Steuerklassen III/V gewählt hatten, entschieden, dass der Ehegatte mit Steuerklasse V vom anderen Ehegatten nicht den Mehrbetrag erstattet verlangen kann, der sich als Differenzbetrag aus der Besteuerung nach Steuerklasse V im Vergleich zur günstigeren getrennten Veranlagung errechnet.[41] Aus der Tatsache, dass die Eheleute bis zur Trennung die gemeinsame Veranlagung durchgeführt hatten und bis dato nicht beabsichtigt hatten, eine getrennte Veranlagung zu wählen, leitet der BGH aus langjähriger Übung eine konkludente Vereinbarung dahingehend ab, dass ein Ausgleich des Steuernachteils des Ehegatten mit der Steuerklasse V nicht geschuldet sei.[42] Ein solcher Ausgleichsanspruch bedürfe der besonderen Vereinbarung der Eheleute.[43] Grundsätzlich kann der Ehegatte auch nicht wegen des Scheiterns der Ehe den Mehrbetrag erstattet verlangen, den er als Steuer auf Basis der Steuerklasse V bezahlt hat im Vergleich zur Steuerlast bei getrennter Veranlagung. Allerdings ist nach der BGH-Rechtsprechung ab Trennung von einer grundlegenden Änderung der Verhältnisse auszugehen. Es gilt ab Trennung der Grundsatz, dass im Verhältnis der Ehegatten untereinander jeder von ihnen nur für die Steuer aufzukommen hat, die auf sein Einkommen entfällt. Die Zustimmung zur Zusammenveranlagung kann daher von der Zusage abhängig gemacht werden, so gestellt zu werden als 17

---

[35] LG Freiburg v. 15.08.2006 - 5 O 64/06 - FamRZ 2007, 146.
[36] BGH v. 12.06.2002 - XII ZR 288/00 - NJW 2002, 2319.
[37] BGH v. 18.05.2011 - XII ZR 67/09 - NJW 2011, 2725; BGH v. 18.11.2009 - XII ZR 173/06 - FamRZ 2010, 269; BGH v. 23.05.2007 - XII ZR 250/04 - NJW 2007, 2554; BGH v. 03.11.2004 - XII ZR 128/02 - FamRZ 2005, 182; OLG Brandenburg v. 01.02.2007 - 9 U 11/06 - ZVI 2008, 30. *Kuckenburg/Perleberg-Kölbel* in: Gerhardt/Heintschel-Heinegg/Klein, Handbuch des Fachanwalts Familienrecht, 9. Aufl. 2013, Kap. 13 Rn. 279 ff. m.w.N.; einschränkend OLG Frankfurt v. 17.03.2004 - 19 U 212/00 - FamRZ 2004, 877-878.
[38] BGH v. 03.11.2004 - XII ZR 128/02 - NJW-RR 2005, 225-227 mit Anmerkung *Arens*, FF 2005, 60-63; OLG München v. 05.09.2013 - 4 WF 1317/13 - FamFR 2013, 524; LG Krefeld v. 14.09.2007 - 1 S 13/07.
[39] BGH v. 18.05.2011 - XII ZR 67/09 - NJW 2011, 2725.
[40] BGH v. 18.05.2011 - XII ZR 67/09 - NJW 2011, 2725; BGH v. 25.06.2003 - XII ZR 161/01 - NJW 2003, 2982 f.
[41] BGH v. 18.11.2009 - XII ZR 173/06 - FamRZ 2010, 269; BGH v. 23.05.2007 - XII ZR 250/04 - NJW 2007, 2554 m. Anm. *Arens*, FF 2007, 255 u. *Engels*, FamRZ 2007, 1231; BGH v. 31.05.2006 - XII ZR 111/03 - FamRZ 2006, 1178; BGH v. 20.03.2002 - XII ZR 176/00 - FamR 2002, 739.
[42] Ebenso OLG Bremen v. 28.03.2011 - 5 WF 20/11 - FamRZ 2011, 1794; OLG Bremen v. 03.12.2004 - 4 UF 67/04 - FamRZ 2005, 800.
[43] BGH v. 12.06.2002 - XII ZR 288/00 - NJW 2002, 2319.

wäre für die Zeit nach der Trennung eine getrennte steuerliche Veranlagung durchgeführt worden.[44] Das setzt allerdings voraus, dass dieser steuerliche Nachteil für die Zeit ab Trennung nicht schon dadurch ausgeglichen ist, dass auf Basis der Steuerklassen III/V Trennungsunterhalt für den Zeitraum ab Trennung bis zum Ende des Steuerjahres gezahlt worden ist oder Unterhalt auf dieser Basis geltend gemacht wird.[45] Unklar bleibt, wie ein etwaiger Steuernachteil für einen Teilzeitraum des Steuerjahres (von Trennung bis zum Ende des Steuerjahres) ermittelt werden soll.[46]

18 Ein Ehegatte ist nicht berechtigt, die Zustimmung zur Zusammenveranlagung zu verweigern, weil er Verlustvorträge, die während der Zeit des Zusammenlebens entstanden sind, für die eigene getrennte Veranlagung verwenden will, wenn die Ehegatten mit Rücksicht auf eine geringere Steuerbelastung durch die Verluste die dadurch zur Verfügung stehenden Mittel während des Zusammenlebens gemeinsam verwendet haben oder sie einer Vermögensbildung zugutegekommen sind, an der beide Eheleute teilhaben.[47]

19 Eine Verpflichtung, der Zusammenveranlagung zuzustimmen, kann sich nicht nur aus § 1353 BGB ergeben, sondern auch aus entsprechenden – auch stillschweigenden – Absprachen der Eheleute über ihre vermögensrechtlichen Beziehungen, z.B. durch Begründung einer Ehegatteninnengesellschaft.[48] Ein auf § 705 BGB gestützter Anspruch auf Zustimmung hängt – anders als bei § 1353 BGB – auch nicht davon ab, dass der andere Ehegatte sich verpflichtet, daraus resultierende steuerliche Nachteile zu erstatten. Diese Frage stellt sich dann erst bei Beendigung der Innengesellschaft.[49]

20 Ein Anspruch auf Erstattung von Steuerberaterkosten besteht nur dann, wenn die Zustimmung zur gemeinsamen Veranlagung ohne die Aufwendung dieser Kosten nicht zugemutet werden kann. Die Voraussetzungen sind jedenfalls dann nicht gegeben, wenn die eigenen steuerlichen Verhältnisse schon geklärt sind, z.B. durch vorangegangene, zunächst getrennte Veranlagung des Ehegatten.[50] Trotz etwaiger Zweifel an der Zahlungsfähigkeit des anderen Ehegatten besteht beim Fall der Zusammenveranlagung kein Anspruch auf Sicherheitsleistung in Höhe der zu erwartenden Steuernachzahlung. Anders als im Fall des Realsplittings kann nämlich jeder Ehegatte gem. den §§ 268, 269 AO einen Antrag auf Aufteilung der gesamtschuldnerischen Steuernachzahlung (§ 44 AO) stellen mit der Folge, dass der Ehegatte für die Nachzahlung nur in dem Verhältnis haftet, das sich bei getrennter Veranlagung ergeben würde.[51] Allerdings ist die Aufrechnungsbefugnis des Finanzamts zu beachten.

21 Umstritten ist, welche Aufteilungsregeln unter den Ehegatten gelten sollen, wenn nach gemeinsamer Veranlagung eine Steuerrückzahlung erfolgt. Vorrangig sind Absprachen der Eheleute und aus langjähriger Übung gewachsene konkludente Vereinbarungen maßgebend, z.B. die langjährige Übung, dass einer der Ehegatten die Steuernachzahlungen jeweils geleistet und die Rückzahlungen vereinnahmt hat.[52]

22 Fehlen solche Abreden, ist nach wohl herrschender Meinung für jeden Ehegatten fiktiv die Steuerschuld bei getrennter Veranlagung unter Zugrundelegung der Steuerklasse I zu ermitteln. Die Relation der sich daraus ergebenden Steuerbeträge zueinander ist auch maßgebend für die Aufteilung der Steuererstattung.[53]

23 Einfacher zu handhaben in der Praxis ist eine Aufteilung im Verhältnis der steuerpflichtigen Einkünfte der Ehegatten. Das lässt allerdings unberücksichtigt, dass durch unterschiedliche Steuerklassen (III/V) im Verhältnis zum Einkommen stark differierende Steuerbelastungen bestanden haben.

24 Es kommt auch eine Aufteilung im Verhältnis der bezahlten Steuerbeträge in Betracht.[54]

---

[44] BGH v. 23.05.2007 - XII ZR 250/04 - NJW 2007, 2554; BGH v. 31.05.2006 - XII ZR 111/03 - FamRZ 2006, 1178.

[45] BGH v. 23.05.2007 - XII ZR 250/04 - NJW 2007, 2554; OLG Bremen v. 30.03.2011 - 5 UF 6/11 - NJW 2011, 2145.

[46] *Arens*, FF 2006, 255, 256.

[47] BGH v. 18.11.2009 - XII ZR 173/06 - FamRZ 2010, 269.

[48] BGH v. 25.06.2003 - XII ZR 161/01 - NJW 2003, 2982 f.

[49] BGH v. 25.06.2003 - XII ZR 161/01 - NJW 2003, 2982 f.

[50] BGH v. 12.06.2002 - XII ZR 288/00 - NJW 2002, 2319, 2322.

[51] BGH v. 12.06.2002 - XII ZR 288/00 - NJW 2002, 2319, 2322.

[52] BGH v. 20.03.2002 - XII ZR 176/00 - LM BGB § 426 Nr. 107 (9/2002); BGH v. 12.6.2002 - XII ZR 288/00 - NJW 2002, 2319, 2320 f.; *Brudermüller* in: Palandt, § 1353 Rn. 12c.

[53] OLG Köln v. 27.04.1994 - 26 UF 183/93 - NJW-RR 1995, 1027-1028; *Sonnenschein*, NJW 1980, 257-263, 257; *Grüneberg* in: Palandt, § 426 Rn. 13.

[54] AG Castrop-Rauxel v. 15.08.2000 - 4 C 309/00 - FamRZ 2001, 1371.

Gerichtlich durchsetzbar ist der Anspruch auf Zustimmung durch einen Antrag auf Abgabe der zustimmenden Willenserklärung, die dann durch den rechtskräftigen Beschluss gem. § 894 Abs. 1 ZPO i.V.m. §§ 266 Abs. 1 Nr. 2, 112 Nr. 3, 113 Abs. 1, 120 Abs. 1 FamFG ersetzt wird. Der Beschluss kann sodann dem Finanzamt vorgelegt werden. 25

Obwohl ein enger Sachbezug zum Familienrecht besteht, ist für den Zustimmungsantrag nach allgemeiner Ansicht das Familiengericht und nicht das Finanzgericht zuständig.[55] Das Verfahren ist eine sonstige Familiensache gem. § 266 Abs. 1 Nr. 2 FamFG[56] und unterliegt den Verfahrensvorschriften der Familienstreitsachen gem. §§ 112 Nr. 3, 113 ff. FamFG. 26

Verweigert ein Ehegatte unberechtigt die Zustimmung, kann er sich schadensersatzpflichtig machen.[57] 27

Die dargestellten Grundsätze gelten auch, wenn die Ehegatten in intakter Ehe zusammenleben, aber das Insolvenzverfahren über das Vermögen von einem von ihnen eröffnet wurde. Der Anspruch auf Zustimmung zur Zusammenveranlagung richtet sich dann gegen den Insolvenzverwalter.[58] Ein Anspruch des zustimmenden Ehegatten bzw. Insolvenzverwalters aus der Inanspruchnahme eines Verlustvorteils durch den anderen Ehegatten besteht in diesem Fall nicht.[59] Es besteht auch kein Anspruch auf Auszahlung des durch die Zusammenveranlagung erzielten Steuervorteils.[60] 28

b. Anspruch auf Zustimmung zum begrenzten Realsplitting

Der unterhaltspflichtige Ehegatte hat außerdem grundsätzlich einen Anspruch auf Zustimmung des anderen Ehegatten zum begrenzten Realsplitting gem. § 10 Abs. 1 Satz 1 EStG.[61] 29

Das beinhaltet keinen Anspruch auf Unterzeichnung der Anlage U, weil dies gegenüber dem Finanzamt die weitergehende Wirkung entfaltet, damit die Richtigkeit der darin aufgeführten Beträge zu bestätigen.[62] 30

Nicht selten besteht zwischen getrennt lebenden Ehegatten Uneinigkeit bezüglich der Höhe des gezahlten Ehegattenunterhalts. Das berechtigt den Unterhaltsempfänger nicht zur Verweigerung der Zustimmung zum Realsplitting. Es kommt für die Zustimmungspflicht auch nicht darauf an, ob der Unterhaltsempfänger von der Steuerentlastung des Pflichtigen finanzielle Vorteile hat.[63] 31

Ist die Höhe der Unterhaltszahlungen streitig, empfiehlt es sich für die Praxis, eine individuelle Zustimmungserklärung abzugeben, in der auch zum Ausdruck gebracht wird, dass damit keine Bestätigung der in der Anlage U ggf. aufgeführten Beträge verbunden ist.[64] Eine solche individuelle Erklärung ist zulässig, da die Zustimmungserklärung keiner besonderen Form bedarf. Sie kann schriftlich oder zur Niederschrift des Finanzamts erklärt werden.[65] Wenn das Finanzamt einen bestimmten Nachweis der Zustimmungserklärung verlangt (persönliche Erklärung anstelle eines Anwaltsschreibens), ist es dem unterhaltsberechtigten Ehegatten zuzumuten, an der Erbringung dieses Nachweises mitzuwirken.[66] 32

Die Zustimmung darf nicht davon abhängig gemacht werden, an der Steuerersparnis des Pflichtigen unmittelbar beteiligt zu werden.[67] Ggf. profitiert der Ehegatte von der Steuerersparnis des Pflichtigen über einen höheren Unterhaltsbetrag. Der zustimmende Ehegatte braucht aber andererseits keine finanziellen Nachteile durch seine Zustimmung zum Realsplitting in Kauf zu nehmen. Er kann seine Zustimmung daher davon abhängig machen, dass der andere Ehegatte sich verpflichtet, ihm alle aus der Zustimmung sich ergebenden finanziellen Nachteile auszugleichen. Dazu gehören insbesondere die steuerlichen Mehrbelastungen. Der an sich steuerfreie Ehegattenunterhalt wird zur steuerpflichtigen Ein- 33

---

[55] OLG Rostock v. 10.09.2003 - 10 WF 142/03 - FamRZ 2004, 956 f.
[56] *Borth* in: Musielak/Borth, FamFG, § 266 Rn. 10.
[57] OLG Hamm v. 03.05.2000 - 33 U 23/99 - FamRZ 2001, 98.
[58] BGH v. 18.05.2011 - XII ZR 67/09 - NJW 2011, 2725.
[59] BGH v. 18.05.2011 - XII ZR 67/09 - NJW 2011, 2725.
[60] BGH v. 18.11.2010 - IX ZR 240/07 - FamRZ 2011, 210
[61] BGH v. 23.03.1983 - IVb ZR 369/81 - LM Nr. 13 zu § 1569 BGB.
[62] BGH v. 29.04.1998 - XII ZR 266/96 - LM BGB § 242 (D) Nr. 145 (1/1999); BGH v. 26.09.1984 - IVb ZR 30/83 - LM Nr. 17 zu § 1569 BGB; BGH v. 23.03.1983 - IVb ZR 369/81 - LM Nr. 13 zu § 1569 BGB; *Brudermüller* in: Palandt, § 1353 Rn. 12a.
[63] *Krause*, FamRZ 2003, 899-901; *Brudermüller* in: Palandt, § 1353 Rn. 12a.
[64] Vgl. *Kuckenburg/Perleberg-Kölbel* in: Gerhardt/Heintschel-Heinegg/Klein, Handbuch des Fachanwalts Familienrecht, 9. Aufl. 2013, Kap. 13, Rn. 319, 329.
[65] BGH v. 29.04.1998 - XII ZR 266/96 - LM BGB § 242 (D) Nr. 145 (1/1999); *Arens*, FF 2011, 126.
[66] OLG Oldenburg v. 28.10.2010 - 14 UF 141/10 - FF 2011, 123 mit Anm. *Arens*, FF 2011, 126.
[67] BGH v. 26.09.1984 - IVb ZR 30/83 - LM Nr. 17 zu § 1569 BGB.

kunftsart, wenn der Pflichtige die Zahlungen als Sonderausgaben steuerlich in Abzug bringt (§ 22 Nr. 1 a EStG). Ob zu den zu ersetzenden Nachteilen nur die durch Steuerbescheid festgesetzten Steuern oder auch die zu leistenden Steuervorauszahlungen gehören ist streitig. Da der Unterhaltsberechtigte von allen ihn treffenden finanziellen Nachteilen freizustellen ist, gehören auch die Steuervorauszahlungen zum Erstattungsumfang.[68] Die Gegenmeinung beruft sich darauf, dass nach einer älteren Entscheidung des BGH der steuerliche Nachteil erst mit der Festsetzung der Steuerschuld, also mit dem Erlass des Steuerbescheides entstehe.[69] Eine abschließende Entscheidung in dieser Frage hat der BGH aber noch nicht getroffen. Die Behauptung, der zu ersetzende steuerliche Nachteil sei durch Aufschläge bei der Unterhaltsberechnung bereits ausgeglichen, ist eine rechtsvernichtende Einwendung (Erfüllungseinwand, § 362 BGB), die vom Ausgleichspflichtigen zu beweisen ist und die Schlüssigkeit des Antrags auf Nachteilsausgleich unberührt lässt.[70]

34 Andere, durchaus schwerwiegende Nachteile, können ebenfalls auftreten, z.B. Steuerberatungskosten zur Ermittlung des Nachteilsbetrages, das Herausfallen aus der Familienversicherung in der Krankenversicherung wegen Überschreibens der zulässigen Grenze eigener Einkünfte, Wegfall des Erziehungsgeldes (§ 5 BErzGG) oder das Überschreiten der Freigrenzen für die Beitragsfreiheit im Kindergarten o.Ä.[71]

35 Eine Beschränkung der Freistellungserklärung des Pflichtigen auf lediglich steuerliche Nachteile braucht der andere Ehegatte also nicht hinzunehmen.[72] Eine Aufrechnung gegen den Ausgleichsanspruch ist nicht zulässig.[73]

36 Ungeklärt ist, ob und inwieweit eine Hinweispflicht des zustimmenden Ehegatten auf das Vorliegen solcher steuerlicher oder nicht steuerlicher Nachteile, die dem Pflichtigen meist nicht erkennbar sein werden, besteht und inwieweit Änderungen der Verhältnisse vom zustimmenden Ehegatten ungefragt zu offenbaren sind (z.B. Arbeitsaufnahme des zustimmenden Ehegatten und damit geänderte steuerliche Verhältnisse). Für die Praxis empfiehlt es sich, über solche Fragen vertragliche Regelungen zu treffen (bzgl. der allgemeinen Pflicht zur unaufgeforderten Information vgl. die Kommentierung zu § 1605 BGB Rn. 112).

37 Der ausgleichspflichtige Ehegatte kann vom anderen die Vorlage des Steuerbescheides verlangen, um zu prüfen, ob eine künftige Ausübung des Realsplittings finanziell sinnvoll erscheint, wenn der andere Ehegatte einkommensabhängige Belastungen geltend macht.[74]

38 Der Ehegatte kann seine Zustimmung von einer Sicherheitsleistung des anderen Ehegatten abhängig machen, wenn zu besorgen ist, dass der Pflichtige seine Ausgleichspflicht nicht rechtzeitig erfüllen wird.[75]

39 Aus § 1353 Abs. 1 BGB ergibt sich auch die Obliegenheit eines Ehegatten, im Rahmen des Zumutbaren Steuervorteile auszuschöpfen und Freibeträge in die Lohnsteuerkarte eintragen zu lassen.[76] Für den Freibetrag aus dem begrenzten Realsplitting gilt dies jedoch nur in Höhe des unstreitigen Unterhaltsbetrages.[77]

---

[68] So auch OLG Oldenburg v. 01.06.2010 - 13 UF 36/10 - FamRZ 2010, 1693; mit Einschränkungen auch OLG Frankfurt v. 20.07.2006 - 1 UF 180/05 - NJW-RR 2007, 219; OLG Hamburg v. 27.02.2004 - 12 UF 166/03 - FamRZ 2005, 519; bejahend auch OLG Bamberg v. 26.02.1987 - 2 UF 360/86 - FamRZ 1987, 1047, 1049.

[69] BGH v. 23.03.1983 - IVb ZR 369/81 - FamRZ 1983, 576; ebenso OLG Karlsruhe v. 20.12.1990 - 2 UF 9/90 - FamRZ 1992, 67 f.

[70] OLG München v. 23.01.2013 - 3 U 947/12 - FamFR 2013, 131.

[71] Vgl. dazu *Kuckenburg/Perleberg-Kölbel* in: Gerhardt/Heintschel-Heinegg/Klein, Handbuch des Fachanwalts Familienrecht, 9. Aufl. 2013, Kap. 13, Rn. 333 ff.

[72] A.A. OLG Brandenburg v. 04.12.2012 - 3 WF 128/12 wenn sonstige Nachteile nicht substantiiert dargelegt werden.

[73] BGH v. 11.05.2005 - XII ZR 108/02 - FamRZ 2005, 1162; BGH v. 29.01.1997 - XII ZR 221/95 - FamRZ 1997, 544.

[74] *Brudermüller* in: Palandt, § 1353 Rn. 12a.

[75] BGH v. 23.03.1983 - IVb ZR 369/81 - LM Nr. 13 zu § 1569 BGB; OLG Köln, EzFamR Aktuell 1989, 201; *Niepmann/Schwamb*, Die Rechtsprechung zur Höhe des Unterhalts, 12. Aufl. 2013, Rn. 886; *Kuckenburg/Perleberg-Kölbel* in: Gerhardt/Heintschel-Heinegg/Klein, Handbuch des Fachanwalts Familienrecht, 9. Aufl. 2013, Kap. 13, Rn. 318.

[76] OLG Koblenz v. 19.09.2001 - 9 UF 59/01 - NJW-RR 2002, 364-366; *Brudermüller* in: Palandt, § 1353 Rn. 12b.

[77] BGH v. 25.11.1998 - XII ZR 33/97 - LM BGB § 1569 Nr. 42 (6/1999); a.A. OLG Naumburg v. 11.12.2001 - 14 UF 71/01 - FamRZ 2002, 959-960.

Der gerichtliche Antrag auf Zustimmung zum begrenzten Realsplitting ist eine sonstige Familiensache gem. den §§ 266 Abs. 1 Nr. 2, 111 Nr. 10 FamFG. Zuständig ist das Familiengericht; §§ 23a Abs. 1 Nr. 1, 23b Abs. 1 GVG,[78] im Übrigen vgl. Rn. 26. **40**

Praxistipp: **41**
Antrag bei gerichtlicher Geltendmachung auf Zustimmung zum begrenzten Realsplitting:
„Die Antragsgegnerin wird verpflichtet, gegenüber dem Finanzamt ... zur Steuer-Nr. ... des Antragstellers für das Steuerjahr ... dem Sonderausgabenabzug des vom Antragsteller bezahlten Ehegattenunterhalts gem. § 10 Abs. 1 Nr. 1 EStG zuzustimmen".

Praxistipp: **42**
Formulierung einer Freistellungserklärung:
„Herr ... (Unterhaltspflichtiger) verpflichtet sich, gegenüber Frau ... (Unterhaltsempfängerin), dieser alle finanziellen Nachteile zu erstatten, die ihr aus der Zustimmung zum begrenzten Realsplitting entstehen. Dazu gehören insbesondere die steuerliche Mehrbelastungen aus Steuerbescheiden oder zu leistenden Steuervorauszahlungen, die infolge der Besteuerung des Unterhalts entstehen, aber auch diejenigen finanziellen Nachteile, die durch den Verlust oder die Reduzierung sozialer Vergünstigungen verursacht werden (z.B. Wegfall der Mitversicherung in der Krankenkasse, Wegfall der Beitragsfreiheit für den Kindergarten wegen Überschreitung der Einkommensgrenze).
Die Aufrechnung oder die Ausübung eines Zurückbehaltungsrechts gegen den Erstattungsanspruch ist ausgeschlossen.
Frau ... (Unterhaltsempfängerin) verpflichtet sich, alle wesentlichen Änderungen ihrer finanziellen und sozialrechtlichen Verhältnisse Herrn ... unaufgefordert mitzuteilen und auf Verlangen zu belegen."

c. Anspruch, den Zutritt von Bietinteressenten zum Haus zu gestatten

Es kann sich aus § 1353 Abs. 1 BGB auch ein Anspruch ableiten, im Rahmen einer Zwangsversteigerung den Zutritt von Bietinteressenten zum Haus zu gestatten.[79] **43**

d. Anspruch auf Übertragung des Schadensfreiheitsrabattes

Die Rechtsprechung leitet aus § 1353 Abs. 1 BGB im Falle der Trennung einen Anspruch eines Ehegatten auf Übertragung des Schadensfreiheitsrabattes ab, wenn er nur formal im Vermögen eines Ehegatten als Versicherungsnehmer entstanden ist.[80] Das ist der Fall, wenn er durch die Nutzung des Fahrzeuges durch den anderen Ehegatten erworben wurde. Zum Teil verlangt die Rechtsprechung, dass dem Ehegatten das Fahrzeug während der Ehe zugeordnet war.[81] Weit überwiegend bejaht die Rechtsprechung einen Übertragungsanspruch nur, wenn der betreffende Ehegatte das Fahrzeug ausschließlich genutzt hat.[82] Eine Nutzungsquote von 90% soll nicht genügen.[83] In der Praxis wird eine ausschließliche Nutzung durch einen Ehegatten bei Bestreiten des anderen kaum zu beweisen sein. Daher erscheint es angemessen, ein deutliches Überwiegen der Nutzung bzw. die Zuordnung des Fahrzeugs zu einem Ehegatten ausreichen zu lassen. Nach OLG Hamm soll es nicht darauf ankommen, ob ein Ehegatte nach der Trennung den Pkw ausschließlich genutzt hat, weil nach dem Scheitern der Ehe ein Anspruch auf Übertragung des Rabattes nicht mehr hergeleitet werden könne.[84] Das erscheint jedenfalls in den Fällen unangemessen, in denen sich der Schadensfreiheitsrabatt auch durch die Nutzung während der Trennungszeit erhöht hat. Eine Übertragung kann nicht verlangt werden, wenn sich der Rabatt während der Nutzungszeit bis zur Zustellung des Scheidungsantrages nicht erhöht hat, sondern im Ergebnis gleich geblieben ist.[85] Ein Anspruch gegen den anderen Ehegatten, dass dieser auf seinen Namen eine Versicherung für den nutzenden Ehegatten aufrechterhält, besteht nicht.[86] **44**

---

[78] BayObLG v. 02.04.1985 - Allg Reg 16/85 - FamRZ 1985, 947; OLG Hamm v. 14.05.1986 - 10 UF 717/85 - FamRZ 1987, 489.
[79] AG Aachen v. 03.04.1998 - 15 C 121/98 - FamRZ 1999, 848-849; *Brudermüller* in: Palandt, § 1353 Rn. 11.
[80] OLG Hamm v. 13.04.2011 - 8 WF 105/11 - FamRZ 2011, 378; AG Olpe v. 07.01.2010 - 22 F 6/10 - FamRZ 2010, 919; LG Freiburg v. 15.08.2006 - 5 O 64/06 - FamRZ 2007, 146; LG Flensburg v. 07.06.2006 - 1 T 30/06 - FamRZ 2007, 146; LG Freiburg v. 03.05.1991 - 5 O 373/90 - FamRZ 1991, 1447.
[81] LG Flensburg v. 07.06.2006 - 1 T 30/06 - FamRZ 2007, 146.
[82] OLG Hamm v. 13.04.2011 - 8 WF 105/11 - FamRZ 2011, 378; AG Olpe v. 07.01.2010 - 22 F 6/10 - FamRZ 2010, 919; LG Freiburg v. 15.08.2006 - 5 O 64/06 - FamRZ 2007, 146.
[83] OLG Hamm v. 13.04.2011 - 8 WF 105/11 - FamRZ 2011, 378.
[84] OLG Hamm v. 13.04.2011 - 8 WF 105/11 - FamRZ 2011, 378.
[85] LG Freiburg v. 15.08.2006 - 5 O 64/06 - FamRZ 2007, 146.
[86] AG Olpe v. 07.01.2010 - 22 F 6/10 - FamRZ 2010, 919.

e. Sonstige Einzelfälle

45 Ein Ehegatte kann nach der Trennung verpflichtet sein, an der Entlassung aus dem gemeinsamen Mietverhältnis mitzuwirken, wenn dies angemessen und für den betroffenen Ehegatten zumutbar ist.[87] Zum Teil wird ein solcher Anspruch verneint,[88] zum Teil ab endgültiger Trennung[89] und zum Teil ab Rechtskraft der Scheidung für gegeben erachtet.[90] Für die Zeit nach Rechtskraft der Scheidung hat der Ehegatte, der die Wohnung verlassen hat, einen Anspruch gegen den verbliebenen Ehegatten auf Mitwirkung an der gemeinsamen Mitteilung gem. § 1568a Abs. 3 Nr. 1 BGB an den Vermieter, durch die der Mieterwechsel eintritt.[91]

46 Aus § 1353 Abs. 1 Satz 2 BGB leitet sich keine Verpflichtung ab, einen Miteigentumsanteil an einer Immobilie gegen Haftungsfreistellung an seinen Ehegatten zu übertragen, selbst wenn die Gefahr eines Teilungsversteigerungsverfahrens besteht. Die Aufhebung der Gemeinschaft an einer Immobilie erfolgt gem. § 753 Abs. 1 BGB durch Zwangsversteigerung und Erlösteilung.[92] Allenfalls kann aus der Pflicht zur gegenseitigen Rücksichtnahme gem. § 1353 BGB ein Anspruch abgeleitet werden, die Teilungsversteigerung zurückzustellen, solange die Ehe besteht.[93]

47 Aus der Verpflichtung zur ehelichen Lebensgemeinschaft folgt ein wechselseitiger Anspruch der Ehegatten, sich über die für die Höhe des Familienunterhalts wesentlichen Verhältnisse Auskunft zu erteilen. Der Inhalt der Auskunft entspricht dem Maßstab des § 1605 Abs. 1 Satz 1 BGB. Belege müssen allerdings nicht vorgelegt werden.[94]

4. Verständigungsbereitschaft

48 Die Ehegatten sind einander verpflichtet, in Fragen des gemeinsamen Zusammenlebens einvernehmliche Lösungen am Maßstab des Familieninteresses zu suchen. Persönliche Wünsche sind nachrangig. Gegen den Widerspruch eines Ehegatten darf grundsätzlich nicht gehandelt werden. Eigenständig kann ein Ehegatte jedoch in dem ihm zugewiesenen Funktionsbereich handeln (vgl. die §§ 1356 Abs. 1 Satz 2, 1357 BGB).

5. Gegenseitige Respektierung von Privatsphäre und Persönlichkeit

49 Die Verpflichtung zur ehelichen Lebensgemeinschaft verlangt auch die gegenseitige Respektierung der Privatsphäre und der Persönlichkeit der Ehegatten. Dazu gehört das Unterlassen von Gewaltanwendung gegenüber dem Ehegatten.[95] Dazu zählen die Wahrung des Briefgeheimnisses und das Verbot heimlicher Telefonmitschnitte oder heimlicher Tonbandaufnahmen.[96] Die Beschattung durch Privatdetektive ist unzulässig.[97] Ehewidrige und ehrverletzende Äußerungen gegenüber Dritten sind zu unterlassen, gleichgültig, ob sie der Wahrheit entsprechen oder nicht.[98] Zur Respektierung der Persönlichkeit des anderen Ehegatten gehört auch, dessen Kontakt mit anderen Personen nicht zu unterbinden.

50 Zur Respektierung der Persönlichkeit gehört die gegenseitige Toleranz gegenüber der religiösen, weltanschaulichen und politischen Überzeugung des Ehegatten. § 1353 Abs. 1 BGB ist insoweit im Licht des Art. 4 Abs. 1 GG auszulegen. Das hat zur Folge, dass ein Wechsel der Konfession nicht durch Vertrag der Eheleute ausgeschlossen werden kann.[99] Ein Wechsel der Religionszugehörigkeit gegen den Willen des anderen Ehegatten ist kein Verstoß gegen die Pflicht zur ehelichen Lebensgemeinschaft.[100]

---

[87] OLG Hamburg v. 10.09.2010 - 12 WF 51/10 - FamRZ 2010, 481.
[88] OLG München v. 29.04.2004 - 6 U 5683/03 - FamRZ 2004, 1875; vgl. auch *Brudermüller* in: Palandt, § 1353 Rn. 6 m.w.N.
[89] OLG Köln v. 11.04.2006 - 4 UF 169/05 - FamRZ 2007, 46.
[90] OLG Freiburg v. 18.05.2001 - 8 U 177/00 - NJW-RR 2001, 1012.
[91] *Brudermüller* in: Palandt, § 1568a Rn. 12.
[92] OLG Hamm v. 02.03.2011 - 8 UF 131/10 - FF 2011, 422.
[93] *Brudermüller*, FamRZ 1996, 1516.
[94] BGH v. 02.06.2010 - XII ZR 124/08 - FF 2011, 70.
[95] *Schwab*, FamRZ 1999, 1317-1324, 1317.
[96] BGH v. 19.06.1970 - IV ZR 45/69 - LM Nr. 6 zu § 373 ZPO.
[97] *Roth* in: MünchKomm-BGB, § 1353 Rn. 29.
[98] *Roth* in: MünchKomm-BGB, § 1353 Rn. 29.
[99] *Roth* in: MünchKomm-BGB, § 1353 Rn. 30.
[100] BVerfG, NJW 1964, 1174; BGH v. 06.04.1960 - IV ZR 276/59 - BGHZ 33, 145-163; BGH v. 24.10.1962 - IV ZR 81/62 - BGHZ 38, 317-332.

Aus dem Schutz der Privatsphäre kann sich bei getrennt lebenden Ehegatten ein Anspruch auf Erteilung einer Vollmacht ableiten, damit der in der privaten Krankenversicherung mitversicherte Ehegatte bzw. der im Rahmen der Beihilfe mitberechtigte Ehegatte seine eigenen Krankheitskosten eigenständig direkt mit der Krankenkasse abrechnen kann.[101] 51

6. Zusammenleben in häuslicher Gemeinschaft

Zu den Grundelementen der ehelichen Lebensgemeinschaft gehörte schon nach der Rechtsprechung des RG das Zusammenleben in häuslicher Gemeinschaft.[102] Es bleibt jedoch den Ehegatten unbenommen, ihre häuslichen Verhältnisse abweichend zu gestalten, z.B. müssen Paare, die sich erst im Alter kennen gelernt haben, ihre jeweils eigene Wohnung nicht aufgeben.[103] Jeder Ehegatte hat Anspruch auf die Mitbenutzung der Ehewohnung und des Hausrates unabhängig von den Eigentumsverhältnissen.[104] Streitig ist, ob ein Ehegatte vom anderen die Mitwirkung an der Kündigung des gemeinsamen Mietvertrages für die Ehewohnung verlangen kann (vgl. Rn. 45). 52

Wird ein Ehegatte aus der Ehewohnung gegen seinen Willen ausgesperrt, sind verschiedene Fallkonstellationen zu unterscheiden: 53

a. Aussperrung des Ehegatten

Die Ehegatten leben nicht getrennt, der ausgesperrte Ehegatte will sich nicht trennen: Die Aussperrung des Ehegatten stellt eine verbotene Eigenmacht (§ 858 BGB) dar. Es besteht ein Anspruch aus § 861 BGB auf Wiedereinräumung des Mitbesitzes im Wege des Besitzschutzes. § 1361b BGB greift mangels Vorliegens der Normvoraussetzungen nicht ein (kein Getrenntleben bzw. Trennungsabsicht). Zuständig ist das Familiengericht (§§ 23a Abs. 1 Nr. 1, 23b Abs. 1 GVG). Es handelt sich um eine sonstige Familiensache i.S.d. §§ 266 Abs. 1 Nr. 2, 111 Nr. 10 FamFG.[105] Meist wird eine einstweilige Anordnung (§§ 49 ff. FamFG) zu beantragen sein. 54

b. Ausgesperrter Ehegatte begehrt die Zuweisung der Ehewohnung

Die Eheleute leben getrennt oder ein Ehegatte hat Trennungsabsicht; der ausgesperrte Ehegatte begehrt die Zuweisung der Ehewohnung zur alleinigen vorläufigen Benutzung: Einschlägig ist das Verfahren nach § 1361b BGB, ggf. mit einstweiliger Anordnung über § 49 FamFG. Es handelt sich um eine Familiensache gem. §§ 200 Abs. 1 Nr. 1, 111 Nr. 5 FamFG. Zuständig ist das Familiengericht gem. §§ 23a Abs. 1 Nr. 1, 23b Abs. 1 GVG. 55

c. Ausgesperrter Ehegatte beantragt Einräumung des Mitbesitzes

Die Eheleute leben getrennt oder ein Ehegatte hat Trennungsabsicht; der ausgesperrte Ehegatte beantragt nur die Einräumung des Mitbesitzes: Das Verhältnis der Vorschriften aus § 861 BGB und § 1361b BGB zueinander ist sehr streitig.[106] 56

Nach einer Ansicht ist § 861 BGB einschlägig. Die Voraussetzungen des § 1361b BGB liegen nicht vor, wenn nur Einräumung des Mitbesitzes verlangt werde.[107] 57

Nach anderer Ansicht sind § 1361b BGB (analog für die Einräumung des Mitbesitzes) und § 861 BGB nebeneinander anwendbar. Der ausgesperrte Ehegatte kann sich damit auf die zunächst einfacher und schneller durchzusetzenden Besitzschutzansprüche beschränken oder wahlweise eine vorläufige Nutzungsregelung über § 1361b BGB beantragen.[108] Gegen diese Meinung wird argumentiert, dass damit eine Besserstellung des Ehegatten eintritt, gegen den verbotene Eigenmacht verübt wurde, weil er wieder Mitbesitz erlangen kann, ohne dass es dabei auf die Gründe und Einwendungen ankommt, die im Rahmen des § 1361b BGB zu prüfen sind. Für diese Ansicht spricht jedoch, dass sie eine effektive Abwehr verbotener Eigenmacht ermöglicht. In beiden Fällen handelt es sich um eine Familiensache gem. § 111 FamFG. Verfahren auf Wiedereinräumung des Mitbesitzes auf der Grundlage des § 861 BGB 58

---

[101] OLG Hamm v. 09.02.2007 - 5 WF 9/07 - FamRZ 2007, 323 m. Anm. *Götsche*, FamRB 2007, 324; AG Karlsruhe v. 09.08.1996 - 1 F 81/96 - FamRZ 1997, 941.
[102] RG v. 22.01.1903 - IV 288/02 - RGZ 53, 337-350.
[103] OLG Brandenburg v. 16.10.2007 - 10 UF 141/07 - FamRB 2008, 167-168.
[104] BGH v. 07.04.1978 - V ZR 154/75 - BGHZ 71, 216-226; BGH v. 26.02.1954 - V ZR 135/52 - BGHZ 12, 380-400.
[105] *Borth* in: Musielak/Borth, FamFG, § 266 Rn. 7; vgl. auch die Anm. zu § 1361b.
[106] Vgl. hierzu *Götz* in: Johannsen/Henrich, FamR, § 1361b Rn. 43 ff.
[107] *Weber-Monecke* in: MünchKomm-BGB, § 1361b Rn. 2.
[108] OLG Düsseldorf v. 14.07.1982 - 6 UF 47/82 - FamRZ 1983, 164-166; *Hambitzer*, FamRZ 1989, 236-238.

sind sonstige Familiensachen gem. §§ 266 Abs. 1 Nr. 3, 111 Nr. 10 FamFG (ZPO-Familiensache).[109] Bei analoger Anwendung des § 1361b BGB liegt eine Familiensache gem. §§ 200 Abs. 1 Nr. 1, 111 Nr. 5 FamFG (FG-Familiensache) vor.[110] Zuständig ist jeweils das Familiengericht gem. §§ 23a Abs. 1 Nr. 1, 23b Abs. 1 GVG.

59 Nach herrschender Ansicht ist § 1361b BGB lex specialis und verdrängt den Besitzschutzanspruch aus § 861 BGB, wobei im Rahmen der Prüfung des § 1361b BGB der Regelungsgehalt des possessorischen Besitzschutzes miteinzubeziehen ist.[111] Dagegen spricht, dass dem Ehegatten, der Opfer der verbotenen Eigenmacht des anderen geworden ist, kein effektives Abwehrrecht über die Besitzschutzansprüche mehr zur Verfügung steht.

60 § 1361b BGB ermöglicht bis zur Rechtskraft der Scheidung vorläufige Benutzungsregelungen.

61 Aus der Verpflichtung zur häuslichen Gemeinschaft leitet sich ein absolutes Recht ab, das gemäß Art. 6 GG, §§ 1004 Abs. 1, 823 Abs. 1 und Abs. 2 BGB i.V.m. § 1353 BGB Unterlassungs- und Beseitigungsansprüche begründet, soweit der räumlich-gegenständliche Bereich der Ehe angegriffen wird.[112] Der Anspruch richtet sich gegen den Ehegatten darauf, den ehestörenden Dritten aus der Ehewohnung zu entfernen und ihm zu verbieten, den Störer in der Ehewohnung zu empfangen und ihm dort Wohnung zu gewähren. Der Anspruch erlischt, wenn der anspruchsberechtigte Ehegatte die Ehewohnung endgültig aufgegeben hat.[113]

62 Gegen den ehestörenden Dritten besteht ein Anspruch auf Verlassen der Wohnung und auf Unterlassung des Betretens der Ehewohnung.[114] Zur Ehewohnung gehören auch gemeinsame Geschäftsräume, wenn die Ehegatten dort beide arbeiten und das Unternehmen aufgebaut haben.[115] Auch diese Beseitigungs- und Unterlassungsansprüche sind prozessual Familiensachen. Eine Ehewohnungssache (§ 200 Abs. 1 Nr. 1 FamFG) liegt zwar nicht vor. Es handelt sich aber um eine sonstige Familiensache gem. §§ 266 Abs. 1 Nr. 3, 111 Nr. 10 FamFG.[116] Auch eine einstweilige Anordnung (§ 49 FamFG) ist möglich. Die Vollstreckung der Beseitigungsordnung erfolgt gem. §§ 112 Nr. 3, 113 Abs. 1 FamFG nach § 888 ZPO, die der Räumung über § 885 ZPO. Die Unterlassungsanordnung wird über § 890 ZPO vollstreckt, so dass im Antragsverfahren bereits die Androhung gem. § 890 Abs. 2 ZPO sinnvoll ist.

63 Nach einer vermittelnden Ansicht stehen Besitzschutzansprüche neben solchen aus § 1361b BGB. Im Rahmen der Entscheidung über einen Besitzschutzantrag oder einen Eilantrag sollen jedoch auch die Kriterien aus § 1361b BGB zu berücksichtigen sein. Umgekehrt sollen bei Anträgen gem. § 1361b BGB auch die Grundsätze des possessorischen Besitzschutzes einfließen.[117] Zur gerichtlichen Zuständigkeit gelten die Ausführungen in Rn. 58 entsprechend.

7. Pflichten im strafrechtlichen Bereich

64 Die Rechtsprechung geht von einer Garantenstellung des Ehegatten aus, die beinhaltet, strafbare Handlungen des anderen Ehegatten im Rahmen des Möglichen zu unterbinden.[118] Andererseits werden Strafanzeigen gegen den anderen Ehegatten in der Regel als ehewidrig angesehen. Davon ausgenommen sind Strafanzeigen wegen Tötungsdelikten und gemeingefährlichen Straftaten.[119]

---

[109] *Borth* in: Musielak/Borth, FamFG, § 200 Rn. 5.

[110] OLG Karlsruhe v. 25.04.2000 - 2 UF 195/99 - FamRZ 2001, 760; *Brudermüller* in: Palandt, § 1361b Rn. 18.

[111] OLG Oldenburg (Oldenburg) v. 16.11.1993 - 12 UF 81/93 - NJW-RR 1994, 581-582; OLG Zweibrücken v. 27.04.1987 - 2 UF 6/87 - FamRZ 1987, 1146-1147; OLG Hamm v. 19.01.1996 - 5 WF 1/96 - FamRZ 1996, 1411; OLG Hamm v. 15.07.1988 - 5 WF 340/88 - FamRZ 1988, 1303-1305; OLG Köln v. 24.10.1986 - 4 WF 193/86 - FamRZ 1987, 77-78.

[112] BGH v. 26.06.1952 - IV ZR 228/51 - BGHZ 6, 360-369; BGH v. 16.12.1960 - II ZR 162/59 - BGHZ 34, 80-88; *Smid*, NJW 1990, 1344-1346; *Smid*, NJW 1983, 2486-2487, 2486.

[113] LG Bonn v. 05.06.2000 - 6 S 17/00 - FF 2003, 30.

[114] BGH v. 26.06.1952 - IV ZR 228/51 - BGHZ 6, 360-369; OLG Schleswig v. 02.11.1988 - 13 U 3/88, 13 U 4/88 - NJW-RR 1989, 262; OLG München v. 03.11.1972 - 8 U 3534/72 - FamRZ 1973, 93.

[115] BGH v. 16.12.1960 - II ZR 162/59 - BGHZ 34, 80, 86 f; *Sanders*, FF 2005, 12, 14.

[116] *Borth* in: Musielak/Borth, FamFG, § 266 Rn. 10.

[117] OLG Karlsruhe v. 25.04.2000 - 2 UF 195/99 - NJW-RR 939-940; OLG Hamm v. 11.07.1990 - 6 UF 300/90 - NJW-RR 1991, 708; *Brudermüller*, FuR 1996, 229-232, 229; *Götz* in: Johannsen/Henrich, FamR, § 1361b Rn. 45 m.w.N.

[118] BGH v. 22.01.1953 - 5 StR 417/52 - LM Nr. 5 zu § 47 StGB.

[119] BGH v. 19.06.1964 - IV ZR 287/63 - LM Nr. 65 zu § 48 Abs. 2 EheG; *Roth* in: MünchKomm-BGB, § 1353 Rn. 33.

8. Auskunftspflichten

§ 1353 BGB erzeugt auch gegenseitige Auskunftspflichten der Ehegatten. Der Auskunftsanspruch richtet sich auf Mitteilung des wesentlichen Bestandes des Vermögens[120], der Information über wesentliche Vermögenstransaktionen[121] und die laufenden Einkünfte[122]. Aus der Vorschrift folgt auch eine Verpflichtung, in groben Zügen über die Verwendung des Haushaltsgeldes auf Verlangen Rechenschaft zu erteilen.[123]

Der Auskunftsanspruch aus § 1353 BGB wird durch weitergehende spezielle Auskunftsansprüche (im Unterhaltsrecht vgl. § 1361 Abs. 4 BGB i.V.m. § 1605 BGB für die Zeit nach der Trennung; im Güterrecht vgl. § 1379 BGB) verdrängt und wirkt nicht über die Rechtskraft der Scheidung hinaus (vgl. die Kommentierung zu § 1605 BGB und die Kommentierung zu § 1379 BGB).

Ein Auskunftsanspruch des Ehemanns als Scheinvater gegen die Ehefrau auf Nennung des (möglichen) Erzeugers besteht unter der Voraussetzung, dass der Scheinvater die Auskunft zwingend benötigt, um Regressansprüche gegen den leiblichen Vater des Kindes durchsetzen zu können[124] Der Anspruch setzt voraus, dass der Ehemann nicht mehr rechtlicher Vater des Kindes ist, er die Vaterschaft also erfolgreich angefochten hat[125] und die Durchsetzung eines Regressanspruchs noch rechtlich möglich ist[126]

C. Rechtsfolgen

Verstöße gegen die Pflichten aus § 1353 BGB und ihre Folgen: Die sich aus der ehelichen Lebensgemeinschaft ergebenden Pflichten stehen nicht in einem Gegenseitigkeitsverhältnis im Sinne der §§ 320 ff. BGB. Der gerichtliche Antrag auf Wiederherstellung der ehelichen Lebensgemeinschaft ist als sonstige Familiensache gem. § 266 Abs. 1 Nr. 2 FamFG zulässig, kommt praktisch aber nicht vor. Er hatte spätestens mit der Einführung des Zerrüttungsprinzips bei der Scheidung seine Bedeutung verloren. Voraussetzung ist das Fehlen einer häuslichen Gemeinschaft. Der genaue Inhalt des gerichtlichen Antrags ist nicht fest umrissen.[127] Wegen der fehlenden Vollstreckbarkeit ist das letztlich aber ohne Bedeutung (§ 120 Abs. 3 FamFG). Nicht unter den Herstellungsantrag fallen Ansprüche im vermögensrechtlichen Bereich. Hierzu zählen z.B. Ansprüche auf Zustimmung zur gemeinsamen steuerlichen Veranlagung, Zustimmung zum begrenzten Realsplitting, Schadensersatz bei Verstößen gegen diese Zustimmungspflichten, Auskunftsansprüche über das vorhandene Vermögen oder die Verwendung von Einkünften. Diese leiten sich zwar auch aus § 1353 Abs. 1 BGB ab, können aber einzeln gerichtlich geltend gemacht werden.[128] § 120 Abs. 3 FamFG ist für solche Ansprüche nicht anzuwenden.[129] Ferner können Ansprüche, die auf den Schutz des räumlich- gegenständlichen Bereichs der Ehe gegen den Ehegatten und den Ehestörer gerichtet sind, gerichtlich geltend gemacht und vollstreckt werden. Es handelt sich dabei um eine sonstige Familiensache im Sinne des § 266 FamFG.[130]

Der Verstoß gegen die Pflichten zur ehelichen Gemeinschaft führt nicht zu Schadensersatzansprüchen, soweit die Pflichten zum höchstpersönlichen Bereich der Ehe gehören. So begründet das heimliche Absetzen von Verhütungsmitteln im Falle der Schwangerschaft keine Schadensersatzansprüche.[131] Ein Unterschieben eines in der Ehe geborenen, aber nicht vom Ehemann abstammenden Kindes führt nicht zu einer Schadensersatzpflicht der Ehefrau wegen der vom Ehemann aufgebrachten Unterhaltskosten des Kindes.[132]

---

[120] BGH v. 25.06.1976 - IV ZR 125/75 - JuS 1978, 854-855; BGH v. 25.06.1976 - IV ZR 125/75 - FamRZ 1976, 516.
[121] BGH v. 25.06.1976 - IV ZR 125/75 - JuS 1978, 854-855; BGH v. 25.06.1976 - IV ZR 125/75 - FamRZ 1976, 516.
[122] BGH v. 05.07.2000 - XII ZR 26/98 - LM BGB § 666 Nr. 22 (2/2001).
[123] BGH v. 05.07.2000 - XII ZR 26/98 - LM BGB § 666 Nr. 22 (2/2001).
[124] BGH v. 20.02.2013 - XII ZB 412/11 - FamRZ 2013, 939 mit Anm. *Helms*, FamRZ 2013, 943.
[125] OLG Jena v. 02.11.2010 - 1 WF 353/10 - FamRZ 2011, 649.
[126] OLG Saarbrücken v. 09.09.2010 - 6 UF 59/10 - FamRZ 2011, 648.
[127] *Borth* in: Musielak/Borth, FamFG, § 266 Rn. 8.
[128] *Borth* in: Musielak/Borth, FamFG, § 266 Rn. 10.
[129] *Helms* in: Prütting/Helms, FamFG § 120 Rn. 14.
[130] *Borth* in: Musielak/Borth, FamFG, § 266 Rn. 10.
[131] BGH v. 19.12.1989 - IVb ZR 56/88 - LM Nr. 11 zu § 823 (Af) BGB; BGH v. 17.04.1986 - IX ZR 200/85 - BGHZ 97, 372-382.
[132] BGH v. 20.02.2013 - XII ZB 412/11 - FamRZ 2013, 939 mit Anm. *Helms*, FamRZ 2013, 943 *Bömelburg*, FF 2013, 244; *Löhnig/Priesner*, NJW 2013, 2080.

§ 1353   jurisPK-BGB / Grandel

70 Dagegen können Schadensersatzansprüche bei Verstößen gegen Einzelpflichten im finanziellen Bereich entstehen. Anerkannt sind Schadensersatzansprüche bei unberechtigter Verweigerung der Zustimmung zur gemeinsamen Veranlagung und zum begrenzten Realsplitting.[133]

71 Schließlich kommen mittelbare Sanktionen in Betracht. Einzelne Vorschriften ermöglichen bei Verstößen gegen Pflichten aus der ehelichen Lebensgemeinschaft die Beschränkung oder den Verlust von Ansprüchen der Ehegatten, vgl. die §§ 1381 Abs. 2, 1579 Nr. 2-7 BGB; § 27 VersAusglG.

---

[133] BGH v. 16.06.1993 - XII ZR 49/92 - NJW-RR 1993, 1283-1285; BGH v. 13.04.1988 - IVb ZR 46/87 - LM Nr. 31 zu § 1569 BGB; BGH v. 04.11.1987 - IVb ZR 83/86 - NJW 1988, 2032-2034; BGH v. 13.01.1988 - IVb ZR 110/86 - NJW 1988, 1208-1210.

Steuerrechtliche Hinweise zu
§ 1353 BGB Eheliche Lebensgemeinschaft

(Fassung vom 02.01.2002, gültig ab 01.01.2002)

(1) ¹Die Ehe wird auf Lebenszeit geschlossen. ²Die Ehegatten sind einander zur ehelichen Lebensgemeinschaft verpflichtet; sie tragen füreinander Verantwortung.

(2) Ein Ehegatte ist nicht verpflichtet, dem Verlangen des anderen Ehegatten nach Herstellung der Gemeinschaft Folge zu leisten, wenn sich das Verlangen als Missbrauch seines Rechtes darstellt oder wenn die Ehe gescheitert ist.

Gliederung

A. Verlustabzug bei Ehegatten 1
I. Grundlagen 1
II. Persönliche Berücksichtigung zum Verlustabzug 2
III. Verlustrücktrag (§ 10d Abs. 1 EStG) 5
IV. Verlustvortrag (§ 10d Abs. 2 FStG) 6
V. Wechsel der Veranlagungsart durch Eheleute.... 7

A. Verlustabzug bei Ehegatten

I. Grundlagen

Gem. § 2 Abs. 7 EStG handelt es sich bei der Einkommensteuer um eine **Jahressteuer**. Die Einkommensteuerschuld entsteht mit Ablauf des jeweiligen Kalenderjahres, dem sog. Veranlagungszeitraum (§ 25 Abs. 1 EStG), und bemisst sich nach dem individuellen Erwerbserfolg innerhalb dieses Jahres. Dieser in § 2 Abs. 7 EStG verankerte Grundsatz der Abschnittsbesteuerung wird u.a. durch § 10d EStG durchbrochen. Nach dem gem. § 2 Abs. 3 EStG vorrangigen horizontalen Verlustausgleich, bei dem die positiven und negativen Einkünfte derselben Einkunftsart ausgeglichen werden können, sowie dem vertikalen Verlustausgleich, bei dem positive und negative Einkünfte verschiedener Einkunftsarten ausgeglichen werden, können im Entstehungsjahr verbleibende negative Einkünfte gem. § 10d EStG mit positiven Einkünften anderer Veranlagungszeiträume durch **Verlustrücktrag** oder **Verlustvortrag** verrechnet werden. Die Vorschrift hat in den Jahren 1999 und 2003 zum Teil einschneidende Änderungen erfahren.

1

II. Persönliche Berücksichtigung zum Verlustabzug

Berechtigt, einen solchen Verlustrücktrag oder -vortrag geltend zu machen, sind grds. nur **unbeschränkt Steuerpflichtige**; bei beschränkt Steuerpflichtigen ist die Einschränkung des § 50 Abs. 1 Satz 2 EStG und § 50 Abs. 2 Satz 2 EStG zu beachten. Ferner steht der Verlustabzug nur demjenigen Steuerpflichtigen zu, der den Verlust erlitten hat (Prinzip der **Personenidentität**)¹, d.h. eine Übertragung des Verlustabzugs durch Rechtsgeschäft unter Lebenden ist nicht möglich.

2

Bei **Ehegatten**, die nach § 26a EStG getrennt veranlagt werden, erfolgt eine getrennte Ermittlung und Verrechnung der Verluste. Werden die Ehegatten hingegen zusammen veranlagt (§ 26b EStG), können negative Einkünfte des einen Ehegatten mit positiven Einkünften des anderen Ehegatten ausgeglichen werden. In den Verlustabzug des § 10d EStG können also auch Verluste einbezogen werden, die der andere Ehegatte erzielt hat. Zusätzlich erhöhen sich die in § 10d EStG enthaltenen Höchst- bzw. Sockelbeträge. Diese Höchstbeträge gelten allerdings für die zusammen veranlagten Ehegatten gemeinsam, der Verlust eines Ehegatten, der seinen Höchstbetrag übersteigt, kann daher nicht bei dem anderen Ehegatten, dessen negativen Einkünfte niedriger sind, berücksichtigt werden.

3

Die Veranlagungsart von Ehegatten erfolgt unabhängig vom familienrechtlichen Güterstand. Gem. § 26 Abs. 1 Satz 1 EStG erfordert eine **Zusammenveranlagung** vielmehr nur, dass die in gültiger Ehe lebenden Ehegatten unbeschränkt einkommensteuerpflichtig i.S.v. § 1 Abs. 1 oder Abs. 2 EStG, § 1a EStG sind und sie nicht dauernd getrennt leben, d.h. zwischen den Ehepartnern muss eine eheliche Lebensgemeinschaft, zumindest aber eine von dem Willen beider Ehegatten getragene Wirtschaftsgemeinschaft bestehen.² Hinsichtlich des negativen Tatbestandsmerkmals „keine dauernde Trennung"

4

---

1 BFH v. 27.10.1994 - I R 60/94 - juris Rn. 8 - BB 1995, 809-810.
2 *Seeger* in: Schmidt, EStG, § 26 Rn. 10.

Steuerrechtl. Hinw. zu § 1353 jurisPK-BGB / B. Hamdan/M. Hamdan

darf nach der höchstrichterlichen finanzgerichtlichen Rechtsprechung auf § 1567 BGB zurückgegriffen werden, da an eine Trennung i.S.v. § 1567 BGB sogar strengere Anforderungen gestellt werden als an § 26 EStG.[3] Die genannten Voraussetzungen müssen im Übrigen zumindest zu irgendeinem Zeitpunkt des Veranlagungszeitraums, nicht jedoch während des gesamten Kalenderjahres, gleichzeitig gegeben sein (§ 26 Abs. 1 Satz 1 EStG). In formeller Hinsicht muss die Zusammenveranlagung von den Ehegatten übereinstimmend gewählt werden. Dies kann schriftlich oder zu Protokoll beim zuständigen Finanzamt geschehen (§ 26 Abs. 2 Sätze 2 und 3 EStG), erfolgt aber regelmäßig in der Steuererklärung, die gem. § 25 Abs. 3 Satz 2 EStG gemeinsam abzugeben ist. Geben die Ehegatten überhaupt keine Erklärung hinsichtlich der von ihnen gewünschten Veranlagungsart ab, unterstellt § 26 Abs. 3 EStG, dass die Ehegatten die Zusammenveranlagung wählen.

III. Verlustrücktrag (§ 10d Abs. 1 EStG)

5 Der rücktragsfähige Verlust ist auf 1.000.000 € bzw. im Falle der **Zusammenveranlagung** auf 2.000.000 € je Verlustentstehungsjahr begrenzt. Dem Steuerpflichtigen ist es jedoch gem. § 10d Abs. 1 Sätze 4 und 5 EStG möglich, von der Durchführung des Verlustrücktrags (teilweise) abzusehen. Ist für den dem Verlustentstehungsjahr vorgehenden Veranlagungszeitraum noch kein Einkommensteuerbescheid ergangen, kann der Verlustabzug bei der noch vorzunehmenden Veranlagung durchgeführt werden. Ist bereits ein Bescheid ergangen, so ermöglicht § 10d Abs. 1 Sätze 2 und 3 EStG eine punktuelle Änderung sogar eines schon bestandskräftigen Bescheids in Höhe des zu gewährenden Verlustabzugs.

IV. Verlustvortrag (§ 10d Abs. 2 EStG)

6 Verbleibende Verluste, die nicht im Entstehungsjahr ausgeglichen oder in den vorangegangenen Veranlagungszeiträumen zurückgetragen worden sind, muss das Finanzamt in den folgenden Veranlagungszeiträumen abziehen. Verluste, die **ab dem Veranlagungszeitraum 2004** entstanden sind, können einkunftsartübergreifend und zeitlich unbeschränkt bis zu einem Sockelbetrag von 1 Mio. € übertragen werden, darüber hinaus aber nur noch beschränkt bis zu 60% des diesen Betrag übersteigenden Gesamtbetrages der Einkünfte. Bei **zusammen veranlagten Ehegatten** erhöht sich dieser Sockelbetrag gem. § 10d Abs. 2 Satz 2 EStG auf 2 Mio. €.

V. Wechsel der Veranlagungsart durch Eheleute

7 Eheleute können das Wahlrecht der Veranlagungsart grds. bis zur Unanfechtbarkeit eines Berichtigungs- oder Änderungsbescheids ausüben und die einmal getroffene Wahl innerhalb dieser Frist frei widerrufen.[4] Hieraus ergibt sich ein bedeutsames **Gestaltungspotential**. So kann sich im Einzelfall eine getrennte Veranlagung mit Blick auf den Verlustrücktrag als günstiger erweisen.

8 Das Recht zur Wahl der getrennten Veranlagung nach § 25 Abs. 3 Satz 3 EStG besteht allerdings nicht mehr, wenn wegen eingetretener Festsetzungsverjährung eine Steuerfestsetzung ausscheidet; eine erst nach Ablauf der regelmäßigen Festsetzungsfrist abgegebene Erklärung der Wahl der getrennten Veranlagung kann weder eine (rückwirkende) Anlaufhemmung noch eine Ablaufhemmung mehr bewirken.[5]

9 Liegen allerdings **widerstreitende Anträge** der Eheleute vor, ist der Antrag des einen Ehegatten auf getrennte Veranlagung unwirksam, wenn der nachträglich sein Wahlrecht anderweitig ausübende Ehegatte selbst keine eigenen – positiven oder negativen – Einkünfte hat, oder wenn sie so gering sind, dass sie weder zur Einkommensteuerveranlagung führen können noch einem Steuerabzug unterlegen haben. Der Antrag auf getrennte Veranlagung geht dann, da er steuerlich und wirtschaftlich sinnlos ist, ins Leere.[6] Ein einseitiger Antrag auf getrennte Veranlagung ist nur dann unwirksam, wenn der antragstellende Ehegatte zwar Einkünfte erzielt hat, diese jedoch so gering sind, dass sie nicht zur Einkommensteuerveranlagung führen können. Hierzu reicht es aus, wenn andere Einkünfte als aus nichtselbständiger Tätigkeit erzielt werden, die zur Einkommensteuerveranlagung durch einen Einkommensteuerbescheid führen, selbst wenn dieser auch auf null € lauten müsste (sog. Nullbescheid).[7]

---

[3] BFH v. 13.12.1985 - VI R 190/82 - juris Rn. 7 - BB 1986, 789-789.
[4] BFH v. 19.05.1999 - XI R 97/94 - juris Rn. 15 - BB 1999, 2010-2011.
[5] BFH v. 08.03.2010 - VIII B 15/09 - juris Rn. 5, 7.
[6] BFH v. 03.03.2005 - III R 22/02 - BStBl II 2005, 690.
[7] FG Köln v. 26.02.2010 - 15 K 3427/06 - juris Rn. 27.

Bei einem **Wechsel der Veranlagungsart** gilt § 62d EStDV. Sind die Eheleute von der Zusammenveranlagung zur getrennten Veranlagung übergegangen, kann der Verlustabzug des § 10d EStG von einem der Ehegatten auch für solche Verluste geltend gemacht werden, die er während der Zusammenveranlagung oder der besonderen Veranlagung für den Zeitraum der Eheschließung (§ 26c EStG) erlitten hat (§ 62d Abs. 1 EStDV). Ebenso sind nach Durchführung eines Verlustrücktrags in einen Veranlagungszeitraum, in dem die Ehegatten zusammen veranlagt werden, verbleibende Verluste für den Verlustvortrag in künftige Veranlagungszeiträume, in denen die Ehegatten nicht mehr zusammen veranlagt werden, gem. § 62 Abs. 2 Satz 2 EStDV aufzuteilen. Werden umgekehrt die Eheleute nun zusammen veranlagt, so ist ein Verlustabzug auch für diejenigen Veranlagungszeiträume möglich, in denen eine getrennte Veranlagung oder eine besondere Veranlagung gem. § 26c EStG vorgelegen hat (§ 62d Abs. 2 Satz 1 EStDV).

Im Übrigen besteht ein **Anspruch auf Zustimmung zur gemeinsamen Veranlagung** gem. § 1353 Abs. 1 Satz 2 BGB dann, wenn sich hierdurch die Steuerschuld des die Zustimmung verlangenden Ehegatten verringert und sich die steuerliche Belastung des auf Zustimmung in Anspruch genommenen Ehegatten nicht verschlechtert.[8]

---

[8] Brandenburgisches OLG v. 01.02.2007 - 9 U 11/06 - juris Rn. 15 - ZVI 2008, 30-32.

§ 1354 BGB (weggefallen)

(Fassung vom 01.01.1964, gültig ab 01.01.1980, gültig bis 31.12.2001)
(weggefallen)

1 § 1354 BGB in der Fassung vom 01.01.1964 ist durch Art. 1 Nr. 5 des Gesetzes vom 18.06.1957 – BGBl I 1957, 609 – mit Wirkung vom 01.07.1958 weggefallen.

§ 1355 BGB Ehename

(Fassung vom 07.05.2013, gültig ab 01.11.2013)

(1) ¹Die Ehegatten sollen einen gemeinsamen Familiennamen (Ehenamen) bestimmen. ²Die Ehegatten führen den von ihnen bestimmten Ehenamen. ³Bestimmen die Ehegatten keinen Ehenamen, so führen sie ihren zur Zeit der Eheschließung geführten Namen auch nach der Eheschließung.

(2) Zum Ehenamen können die Ehegatten durch Erklärung gegenüber dem Standesamt den Geburtsnamen oder den zur Zeit der Erklärung über die Bestimmung des Ehenamens geführten Namen der Frau oder des Mannes bestimmen.

(3) ¹Die Erklärung über die Bestimmung des Ehenamens soll bei der Eheschließung erfolgen. ²Wird die Erklärung später abgegeben, so muss sie öffentlich beglaubigt werden.

(4) ¹Ein Ehegatte, dessen Name nicht Ehename wird, kann durch Erklärung gegenüber dem Standesamt dem Ehenamen seinen Geburtsnamen oder den zur Zeit der Erklärung über die Bestimmung des Ehenamens geführten Namen voranstellen oder anfügen. ²Dies gilt nicht, wenn der Ehename aus mehreren Namen besteht. ³Besteht der Name eines Ehegatten aus mehreren Namen, so kann nur einer dieser Namen hinzugefügt werden. ⁴Die Erklärung kann gegenüber dem Standesamt widerrufen werden; in diesem Falle ist eine erneute Erklärung nach Satz 1 nicht zulässig. ⁵Die Erklärung, wenn sie nicht bei der Eheschließung gegenüber einem deutschen Standesamt abgegeben wird, und der Widerruf müssen öffentlich beglaubigt werden.

(5) ¹Der verwitwete oder geschiedene Ehegatte behält den Ehenamen. ²Er kann durch Erklärung gegenüber dem Standesamt seinen Geburtsnamen oder den Namen wieder annehmen, den er bis zur Bestimmung des Ehenamens geführt hat, oder dem Ehenamen seinen Geburtsnamen oder den zur Zeit der Bestimmung des Ehenamens geführten Namen voranstellen oder anfügen. ³Absatz 4 gilt entsprechend.

(6) Geburtsname ist der Name, der in die Geburtsurkunde eines Ehegatten zum Zeitpunkt der Erklärung gegenüber dem Standesamt einzutragen ist.

Gliederung

A. Grundlagen 1	II. Name des geschiedenen oder verwitweten Ehegatten 18
B. Anwendungsvoraussetzungen 4	III. Sonstige Möglichkeiten der Namensänderung 21
I. Ehename 4	IV. Internationales Privatrecht 22
1. Zeitpunkt und Form der Bestimmung 4	
2. Wahlmöglichkeit 6	V. Ehevertragliche Vereinbarungen zum Ehenamen 24
3. Begriff des Geburtsnamens 10	
4. Möglichkeit eines Begleitnamens 11	

A. Grundlagen

Seit dem 1. Gesetz zur Reform des Ehe- und Familienrechts vom 14.06.1976[1] war es gemäß § 1355 BGB möglich, dass die Ehegatten zwischen dem Geburtsnamen des Mannes und dem der Frau als Ehenamen wählen konnten. Bei Nichteinigung blieb es beim Vorrang des Geburtsnamens des Mannes. Einen anderen als den Geburtsnamen konnten die Eheleute nicht als Ehenamen angeben. Zur Begründung verwies der Gesetzgeber auf den Schutz vor missbräuchlichen Namensübertragungen.

Das BVerfG erklärte mit Beschluss vom 05.03.1991 § 1355 Abs. 2 Satz 2 BGB a F, der bei Nichteinigung der Eheleute den Geburtsnamen des Mannes als Ehenamen vorschrieb, für verfassungswidrig.[2]

---

[1] BGBl I 1976, 1421.
[2] BVerfG v. 05.03.1991 - 1 BvL 83/86, 1 BvL 24/88 - NJW 1991, 1602-1604.

3   Im Gesetz zur Neuordnung des Familiennamensrechts vom 16.12.1993[3] wurde den Eheleuten freigestellt, ob sie einen gemeinsamen Familiennamen führen wollen oder nicht. Bestimmen sie einen solchen nicht, führt jeder Ehegatte seinen zur Zeit der Eheschließung geführten Namen weiter (§ 1355 Abs. 1 Satz 3 BGB).

B. Anwendungsvoraussetzungen

I. Ehename

1. Zeitpunkt und Form der Bestimmung

4   Der Ehename soll bei der Eheschließung bestimmt werden (§ 1355 Abs. 2 Satz 1 BGB). Eine Nachholung ist grundsätzlich möglich (§ 1355 Abs. 3 Satz 2 BGB). Die Erklärung über den Ehenamen ist eine rechtsgeschäftliche Erklärung.[4] Sie erfolgt gegenüber dem Standesamt. Zuvor geäußerte Erklärungen sind frei widerruflich.[5] Die Bestimmung bei der Eheschließung bedarf keiner besonderen Form. Alle anderen Erklärungen zum Ehenamen bedürfen der notariellen Beglaubigung. Eine Ehenamenswahl unter Bedingungen oder Befristungen ist unwirksam. Die Möglichkeit, den Ehenamen nachträglich noch zu bestimmen, ist zeitlich unbegrenzt. Die Nachholung erlaubt keine nachträgliche Änderung des schon bestimmten Ehenamens. Auch ein Widerruf oder eine Anfechtung sind nach h.M. grundsätzlich nicht möglich.[6] Nach anderer Ansicht soll eine Anfechtung bei irrtümlicher oder erzwungener Wahl des Ehenamens möglich sein.[7] Auch in Fällen eines offensichtlichen Irrtums und bei groben Verfahrensfehlern (unvollständiger und fehlerhafter Aufklärung über das anzuwendende Recht, Eintragung einer unzulässigen Namensführung) wird eine Anfechtung für zulässig erachtet.[8] In Betracht kommt auch eine nachträgliche Änderung des Ehenamens unter den Voraussetzungen des § 3 Abs. 1 NÄG. Auf Wunsch erteilt der Standesbeamte eine Bescheinigung über die Namensänderung (§ 9a PStV).

5   Die Bestimmung des Ehenamens ist auch noch möglich, wenn die Ehegatten bereits nach ausländischem Recht einen Ehenamen bestimmt hatten, später aber infolge eines Statutenwechsels deutsches Recht für die Namensführung maßgeblich wird. In diesem Fall liegt eine zulässige Neubestimmung auch dann vor, wenn die Eheleute den Ehenamen bestimmen, den sie schon nach dem ausländischen Recht geführt haben.[9]

2. Wahlmöglichkeit

6   Die im Gesetz festgelegte Beschränkung auf den Geburtsnamen eines der beiden Ehegatten ist vom BVerfG für verfassungswidrig angesehen worden.[10] Es verstößt danach gegen das Persönlichkeitsrecht aus Art. 2 Abs. 1 Satz 1 GG, dass der durch frühere Eheschließung erworbene und geführte Name eines Ehegatten nicht zum Ehenamen der neuen Ehe bestimmt werden kann.[11] Das Gericht begründet dies damit, dass auch der durch Ehenamenswahl erworbene Familienname den vollen Schutz des Art. 2 Abs. 1 GG i.V.m. Art. 1 Abs. 1 GG erfahre. Dieser Schutz sei nicht auf die Ehezeit begrenzt. Auch wenn sich dieser Ehename vom anderen Ehegatten ableite, werde er zum eigenen Namen des übernehmenden Ehegatten und wird Teil des Persönlichkeitsrechts des neuen Trägers. § 1355 Abs. 2 BGB stelle einen unverhältnismäßigen Eingriff in das Persönlichkeitsrecht dar, in dem er die Wahl des durch frühere Eheschließung erworbenen Ehenamens für die neue Ehe ausschließe. Dem gegenüber gebe es

---

[3] BGBl I 1993, 2054.
[4] *Brudermüller* in: Palandt, § 1355 Rn. 5; *Schwab* in: Beuthien/Fuchs u.a., FS f. Dieter Medicus, 1999, S. 587.
[5] *Wellenhofer* in: NK-BGB, Bd. 4, § 1355 Rn. 8.
[6] BayObLG v. 20.11.1997 - 1Z BR 40/97 - NJW-RR 1998, 1015; BayObLG v. 19.06.1992 - 3Z BR 28/92 - NJW 1993, 337-338; OLG München v. 23.12.2008 - 31 Wx 105/08 - StAZ 2009, 78; OLG Celle v. 21.09.1981 - 18 Wx 3/81 - FamRZ 1982, 267.
[7] *Wellenhofer* in: NK-BGB, Bd. 4, § 1355 Rn. 9.
[8] LG Stuttgart v. 22.07.2002 - 10 T 143/02 - StAZ 2002, 341; AG Gießen v. 26.03.2009 - 22 III 4/09 - StAZ 2009, 208; *Thorn* in: Palandt, Art. 10 EGBGB Rn. 14; offen gelassen LG München v. 27.04.2005 - 16 T 21919/04 - StAZ 2006, 168.
[9] OLG München v. 08.02.2011 - 31 Wx 232/10 - FamRZ 2011, 1507.
[10] BVerfG v. 18.02.2004 - 1 BvR 193/97 - NJW 2004, 1155-1158.
[11] BVerfG v. 18.02.2004 - 1 BvR 193/97 - NJW 2004, 1155-1158.

kein Recht auf Namensexklusivität, auf das sich der frühere Ehegatte zum Schutz seines Namens berufen könne. Auch Missbrauchsgefahren sieht das Gericht nicht als relevant an.[12] Die Entscheidung ist zum Teil scharf kritisiert worden.[13]

Das BVerfG hatte dem Gesetzgeber aufgegeben, bis 31.03.2005 eine Neuregelung vorzunehmen. Bis dahin konnten Ehegatten, die einen Ehenamen aus geschiedener Ehe für die neue Ehe wählen wollten, die Ehe unter Beibehaltung ihrer bisherigen Namen führen und nach In-Kraft-Treten der gesetzlichen Neuregelung entscheiden, welchen Ehenamen sie in Zukunft führen möchten.[14] Der Gesetzgeber musste außerdem eine Überleitungsregelung für solche Ehegatten treffen, die bereits vor Verkündung der Entscheidung des BVerfG geheiratet hatten und denen verwehrt war, einen durch Eheschließung geführten Namen zu wählen.[15] Der Gesetzgeber hat mit dem Gesetz zur Änderung des Ehe- und Lebenspartnerschaftsnamensrechts vom 06.02.2005, in Kraft getreten zum 12.02.2005, auf die Entscheidung des Bundesverfassungsgerichts reagiert. Nunmehr erlaubt der neu gefasste § 1355 Abs. 2 BGB wahlweise den Geburtsnamen oder den Ehenamen eines der Ehegatten zum neuen Ehenamen zu bestimmen. In Ergänzung dazu gibt der ebenfalls neu gefasste § 1355 Abs. 4 Satz 1 BGB dem Ehegatten, dessen Name nicht Ehename wird, die Wahl, seinen Geburts- oder Ehenamen dem neuen Ehenamen voranzustellen oder anzufügen. Nach Beendigung der Ehe durch Tod oder Scheidung kann der Ehegatte jetzt nicht nur seinen Geburtsnamen, sondern auch seinen früheren Ehenamen dem jetzigen voranstellen oder anfügen. Dies hat die Änderung des § 1355 Abs. 5 Satz 2BGB ermöglicht.

Eine Kombination aus den Geburtsnamen oder Ehenamen beider Eheleute ist als gemeinsamer Ehename nicht zulässig.[16] Davon zu unterscheiden ist die zulässige Wahlmöglichkeit, einen Geburtsnamen, der seinerseits als Doppelname (z.B. Müller-Krüger) besteht, zum Ehenamen zu machen (Umkehrschluss aus § 1355 Abs. 2 Satz 2 BGB). Es wird jedoch als unzulässig angesehen, in diesem Fall nur einen Teil des Doppelnamens zum Ehenamen zu machen.[17]

Auch zusammengesetzte Namen (z.B. Krüger von der Pfalz) und Adelsnamen können als Geburtsnamen zum neuen Ehenamen gemacht werden.[18]

3. Begriff des Geburtsnamens

Der Geburtsnamen (§ 1355 Abs. 6 BGB) ist nicht zwangsläufig identisch mit dem Namen, den der Ehegatte bei seiner Geburt bekommen hat. Änderungen können sich in Folge einer Namensänderung der Eltern gem. § 1617c BGB und ggf. erfolgter Anschließung durch das Kind nach dem 5. Lebensjahr (§ 1617c Abs. 1 Satz 1 BGB) ergeben, ebenso durch Einbenennung im Fall des § 1618 BGB, durch Adoption (§ 1757 BGB) oder durch Änderungen im Rahmen des NÄG. Geburtsname ist derjenige Name, der zum Zeitpunkt der Bestimmung des Ehenamens in die Geburtsurkunde des Ehegatten einzutragen ist (§ 1355 Abs. 6 BGB). In Abwägung mit dem öffentlichen Interesse an der Richtigkeit der Eintragung im Personenstandsverzeichnis kann auch ein nur tatsächlich geführter Name vom Persönlichkeitsrecht umfasst sein, wenn er über einen längeren Zeitraum die Persönlichkeit des Namensträgers tatsächlich mitbestimmt hat und ein entsprechender Vertrauenstatbestand vorliegt.[19]

4. Möglichkeit eines Begleitnamens

Dem Ehegatten, dessen Geburtsname nicht zum Ehenamen gewählt wurde, eröffnet § 1355 Abs. 4 Satz 1 BGB die Möglichkeit, seinen Geburtsnamen oder den Namen, den er zur Zeit der Bestimmung des Ehenamens geführt hat, als Begleitnamen dem Ehenamen voranzustellen oder anzufügen. Ehename und Begleitname müssen mit einem Bindestrich zusammengesetzt sein.[20]

Für den Geburtsnamen gilt dies auch dann, wenn er z.B. bei früherer Eheschließung zunächst aufgegeben worden war.[21]

---

[12] BVerfG v. 18.02.2004 - 1 BvR 193/97 - NJW 2004, 1155-1158.
[13] *von Hein*, FamRZ 2004, 519-521; *Seeger*, MittBayNot 2004, 267 f.
[14] BVerfG v. 18.02.2004 - 1 BvR 193/97 - NJW 2004, 1155-1158.
[15] BVerfG v. 18.02.2004 - 1 BvR 193/97 - NJW 2004, 1155-1158.
[16] BVerfG v. 05.05.2009 - 1 BvR 1155/03 - FamRZ 2009, 939; BVerfG v. 30.01.2002 - 1 BvL 23/96 - FamRZ 2002, 306; *Brudermüller* in: Palandt, § 1355 Rn. 4; *Wellenhofer* in: NK-BGB, Bd. 4, § 1355 Rn. 7.
[17] *Brudermüller* in: Palandt, § 1355 Rn. 4.
[18] *Schwarzer* in: Gerhardt/Heintschel-Heinegg/Klein, Handbuch des Fachanwalts Familienrecht, 9. Aufl. 2013, Kap. 3 Rn. 5.
[19] *Wellenhofer* in: NK-BGB, Bd. 4, § 1355 Rn. 5.
[20] KG Berlin v. 24.01.2013 - 1 W 734/11 - FamRZ 2013, 379.
[21] *Brudermüller* in: Palandt, § 1355 Rn. 8; *Wellenhofer* in: NK-BGB, Bd. 4, § 1355 Rn. 10.

13 Um mehrgliedrige Namensketten zu vermeiden ist Voraussetzung, dass der Ehename nur aus einem Namen besteht (§ 1355 Abs. 4 Satz 2 BGB). Wenn der Ehename bereits aus mehreren Namen besteht, ist maßgebliches Abgrenzungskriterium, ob ein aus mehreren Worten gebildeter Name nach der Verkehrsanschauung als Namensmehrheit anzusehen ist (dann keine Hinzufügung nach § 1355 Abs. 4 BGB mehr möglich) oder stattdessen als einziger einheitlicher Name aufzufassen ist.[22] Eine weitere Beschränkung liegt darin, dass bei einem Doppelnamen des Ehegatten nur ein Name des Doppelnamens beigefügt werden kann (§ 1355 Abs. 4 Satz 3 BGB). Diese Beschränkung ist verfassungsgemäß, da sie das legitime Ziel verfolgt, die Bildung von Doppel- und Mehrfachnamen zurückzudrängen, um dem Namen seine Identifikationskraft zu erhalten und ihn in der Generationenfolge zu sichern.[23] Es ist ferner unzulässig, einen Begleitnamen zu verwenden, der mit dem Ehenamen identisch ist (Schmidt-Schmidt).[24]

14 Die Erklärung zum Begleitnamen muss seit dem PStÄndG v. 07.05.2013, in Kraft seit 01.11.2013 nur noch dann öffentlich beglaubigt werden, wenn sie nicht bereits bei der Eheschließung gegenüber dem deutschen Standesamt abgegeben wurde (§ 1355 Abs. 4 Satz 5 BGB).

15 Eine zeitliche Befristung für die Erklärung sieht das Gesetz nicht vor. Daher soll sie sogar nach Eheende möglich sein.[25]

16 Ein einmaliger Widerruf der Beifügung des Begleitnamens ist möglich (§ 1355 Abs. 4 Satz 4 BGB). Nicht möglich ist es, Korrekturen vorzunehmen oder mehrfach Begleitnamen auszuwählen.[26] Der Widerruf muss öffentlich beglaubigt sein (§ 1355 Abs. 4 Satz 5 BGB).

17 Ändert sich infolge einer Adoption später der Geburtsname eines Ehegatten, der dem Ehenamen beigefügt ist, tritt der neue Geburtsname zwingend an die Stelle des bisherigen Geburtsnamens. Der angenommene Ehegatte hat jedoch das Recht, die Beifügung eines Geburtsnamens gem. § 1355 Abs. 4 BGB zu widerrufen.[27] Der frühere Geburtsname kann nach der Adoption nicht als Begleitname beibehalten werden.[28]

II. Name des geschiedenen oder verwitweten Ehegatten

18 Gibt der geschiedene oder verwitwete Ehegatte keine anders lautende Erklärung ab, behält er den Ehenamen bei. Er hat aber die Wahl, statt des bisherigen Ehenamens seinen Geburtsnamen (vgl. Rn. 10) oder seinen vor der Eheschließung zuletzt geführten Namen wieder anzunehmen oder den Ehenamen als Begleitnamen voranzustellen oder anzufügen (§ 1355 Abs. 5 Satz 2 BGB). Eine zeitliche Befristung für eine solche Erklärung sieht das Gesetz nicht vor. Die Erklärung ist gegenüber dem Standesbeamten in öffentlich beglaubigter Form abzugeben. Auch hier gibt es die Möglichkeit des Widerrufs, aber keine nachträgliche Korrektur (§ 1355 Abs. 5 Satz 3 BGB; vgl. Rn. 16). Die Möglichkeit zum Widerruf bezieht sich aber nicht auf die Wahl des Geburtsnamens, sondern nur auf die Hinzufügung eines Begleitnamens.[29] Eine wiederholte Namenswahl ist nicht möglich.

19 Der Fall der Aufhebung der Ehe ist in § 1355 Abs. 5 BGB nicht erwähnt. Zu denken ist an eine entsprechende Anwendung.[30] Nach anderer Ansicht ist Folge der Eheaufhebung, dass der Ehegatte, der den Familiennamen des anderen Ehegatten angenommen hatte, ab Rechtskraft der Aufhebung der Ehe wieder seinen Familiennamen zu führen hat, den er vor der Eheschließung geführt hatte. Das Eheregister ist dann von Amts wegen zu berichtigen.[31]

---

[22] OLG Thüringen v. 22.02.2006 - 9 W 708/05 - StAZ 2007, 121.
[23] BVerfG v. 05.05.2009 - 1 BvR 1155/03 - FamRZ 2009, 939.
[24] *Brudermüller* in: Palandt, § 1355 Rn. 7.
[25] *Wellenhofer* in: NK-BGB, Bd. 4, § 1355 Rn. 13; AG Flensburg v. 09.08.1977 - 62 III 28/76 - StAZ 1978, 221; einschränkend *Coester*, FuR 1994, 1, 3.
[26] BayObLG München v. 20.11.1997 - 1Z BR 40/97 - NJW-RR 1998, 1015-1017; *Brudermüller* in: Palandt, § 1355 Rn. 12; *Wellenhofer* in: NK-BGB, Bd. 4, § 1355 Rn. 13.
[27] BGH v. 17.08.2011 - XII ZB 656/10 - NJW 2011, 3094; OLG Celle v. 15.11.2010 - 17 W 40/10 - FamRZ 2011, 909.
[28] So aber OLG Düsseldorf v. 11.10.2010 - 3 Wx 203/10 - FamRZ 2011, 907.
[29] OLG Frankfurt v. 28.08.2009 - 20 W 87/09 - NJW-RR 2010, 73; *Wellenhofer* in: NK-BGB, Bd. 4, § 1355 Rn. 14; *v. Sachsen Gessaphe* in: MünchKomm-BGB, § 1355 Rn. 39.
[30] *Brudermüller* in: Palandt, § 1318 Rn. 16; *Roth* in: Erman, § 1318 BGB Rn. 11.
[31] OLG Celle v. 06.02.2013 - 17 W 13/12 - FamRZ 2013, 955.

Es ist streitig, ob es ein Recht eines Ehegatten, dessen Geburtsname der Ehename geworden war, geben kann, vom anderen zu verlangen, dass er die Fortführung dieses Ehenamens nach der Scheidung unterlässt. Eine Ansicht verneint dies mit der Begründung, dass der Name (auch Ehename) Teil der Persönlichkeit des Namensträgers ist.[32] Nach anderer Ansicht ist ein Untersagungsanspruch in krassen Einzelfällen denkbar, wenn der Ehename in unredlicher Absicht erworben worden war, z.B. zu dem Zweck, unter dem Deckmantel des neuen Ehenamens Straftaten begehen zu können.[33] Der BGH hat diese Frage offen gelassen, aber deutlich gemacht, dass ein solcher Unterlassungsanspruch allenfalls dann denkbar ist, wenn das unredliche Verhalten des Ehegatten den Namenserwerb oder die Namensführung als solche betrifft und in so hohem Maße zu missbilligen ist, dass die Fortführung dieses Namens gegen den Willen des früheren Ehegatten auch unter Berücksichtigung des allgemeinen Persönlichkeitsrechts an dem aus der Ehe erworbenen Namen nach Treu und Glauben nicht länger gestattet werden kann.[34]

III. Sonstige Möglichkeiten der Namensänderung

Über die Vorschriften im BGB hinaus erlaubt § 3 NamÄndG[35], den Familiennamen zu ändern, wenn ein wichtiger Grund vorliegt. Zuständig ist die nach Landesrecht bezeichnete Behörde im Rahmen eines Verwaltungsverfahrens. Die Entscheidung erfolgt durch Verwaltungsakt. Die Änderung des Familiennamens erstreckt sich grundsätzlich auch auf die minderjährigen Kinder (§ 4 NamÄndG), nicht aber auf den Ehegatten. Von der Namensänderung ist die Einbenennung gem. § 1618 BGB zu unterscheiden.[36]

IV. Internationales Privatrecht

Das Namensrecht knüpft gem. Art. 10 Abs. 1 EGBGB grundsätzlich an das Personalstatut an, also an das Heimatrecht des Betroffenen. Eine durch die Eheschließung erst erworbene Staatsangehörigkeit bleibt dabei für die namensrechtlichen Folgen der Eheschließung unberücksichtigt.[37] Dies kann dazu führen, dass der Name der Ehegatten unterschiedlich ist, wenn z.B. das gemeinsame ausländische Heimatrecht der Eheleute einen gemeinsamen Ehenamen nicht kennt.[38] Bei gemischtnationalen Ehen, bei denen ein Ehegatte Deutscher ist, setzt die Wahl eines Ehenamens gem. § 1355 Abs. 2 BGB voraus, dass beide Ehegatten nach dem für sie anwendbaren Recht eine Wahlmöglichkeit haben.[39] Wenn das Heimatrecht des ausländischen Ehegatten kein Wahlrecht kennt (z.B. Türkei), ist die Wahl eines gemeinsamen Ehenamens grundsätzlich nach § 1355 Abs. 2 BGB nicht möglich. Nach OLG Stuttgart soll es hingegen für eine gültige Wahl eines Ehenamens gem. § 1355 Abs. 2 BGB ausreichend sein, wenn die gemeinsame Erklärung der Ehegatten inhaltlich im Ergebnis mit dem Namensrecht des ausländischen Ehegatten übereinstimmt.[40]

Wenn das Personalstatut des ausländischen Ehegatten die Wahl eines gewünschten gemeinsamen Ehenamens nicht zulässt, haben die Eheleute noch die Möglichkeit, bei oder nach Eheschließung gegenüber dem Standesbeamten im Wege der gemeinsamen Rechtswahl gem. Art. 10 Abs. 2 EGBGB einen Ehenamen nach dem Recht des Staates zu bestimmen, dem einer von ihnen angehört oder nach deutschem Recht, wenn einer von ihnen seinen gewöhnlichen Aufenthalt im Inland hat.[41] Die Rechtswahl ist auch dann möglich, wenn die Eheleute dasselbe Heimatrecht haben. Sie kann dann sinnvoll sein, um eine Rück- oder Weiterverweisung zu vermeiden oder das Namensstatut auch für den Fall eines späteren Statutenwechsels festzulegen (vgl. die Kommentierung zu Art. 10 EGBGB Rn. 17). Für die Wirksamkeit der Rechtswahl ist es nicht von Bedeutung, ob die Ehe im Inland oder im Ausland geschlossen wird.[42] Die Rechtswahl kann bei oder nach der Eheschließung erfolgen (Art. 10 Abs. 2 Satz 1 EGBGB). Nach der Eheschließung muss die Erklärung zur gemeinsamen Rechtswahl öffentlich be-

---

[32] OLG Celle v. 31.01.1991 - 13 U 142/90 - FamRZ 1992, 817.
[33] OLG Braunschweig v. 16.11.1978 - 2 W 48/78 - FamRZ 1979, 913; *Hohloch* in: Soergel, § 1355 Rn. 43.
[34] BGH v. 25.05.2005 - XII ZR 204/02 - FamRZ 2005, 1658.
[35] Vgl. dazu *Voppel* in: Staudinger, § 1355 Rn. 111 ff.
[36] Vgl. dazu VG Ansbach v. 15.09.1999 - AN 15 K 98.01841 - NJW 2000, 452-454.
[37] BGH v. 25.09.1978 - IV ZB 10/78 - BGHZ 72, 163-169.
[38] *Thorn* in: Palandt, Art. 10 EGBGB Rn. 12.
[39] *Thorn* in: Palandt, Art. 10 EGBGB Rn. 13.
[40] OLG Stuttgart v. 31.05.2006 - 8 W 185/06 - FamRZ 2007, 149 m. Anm. *Henrich*, IPrax 2007, 52.
[41] Vgl. *Coester*, FuR 1994, 1-8; *Henrich*, IPrax 1994, 174-178.
[42] *Thorn* in: Palandt, Art. 10 EGBGB Rn. 14.

glaubigt werden (Art. 10 Abs. 2 Satz 2 EGBGB). Sie muss nicht gegenüber einem deutschen Standesamt erfolgen, sondern kann auch gegenüber einem ausländischen Amt abgegeben werden, wenn dieses einem deutschen Standesamt funktionell vergleichbar ist.[43] Die Rechtswahl kann grundsätzlich nur einmal im Verlauf der Ehe vorgenommen werden und ist grundsätzlich nicht widerrufbar.[44] Die Rechtswahl ist eine rein kollisionsrechtliche Wahlmöglichkeit. Wird ein Recht gewählt, das auch eine materiellrechtliche Wahlmöglichkeit eröffnet (z.B. § 1355 BGB), führt die Rechtswahl auch zur namensrechtlichen Wahlfreiheit innerhalb der gewählten Rechtsordnung (vgl. die Kommentierung zu Art. 10 EGBGB Rn. 24). Ehegatten, die nach dem für sie zuvor maßgebenden ausländischen Namensrecht schon einen Ehenamen bestimmt hatten, können ihren Ehenamen für die Zukunft nach § 1355 Abs. 1, 2 BGB neu bestimmen, wenn für sie später deutsches Recht anwendbar wird.[45] Das gilt auch dann, wenn die Eheleute bei ihrer Eheschließung bereits eine wirksame Rechtswahl in ein ausländisches Recht getroffen hatten und durch einen Statutenwechsel infolge Einbürgerung nunmehr erstmals nach Art. 10 Abs. 1 EGBGB deutsches Recht zur Anwendung kommt.[46]

V. Ehevertragliche Vereinbarungen zum Ehenamen

24 Vor allem vor dem Hintergrund der Entscheidung des BVerfG (vgl. Rn. 6) werden Vereinbarungen der Ehegatten zum Ehenamen künftig stärkere Bedeutung haben, insbesondere bei Adelsnamen und Namen prominenter Personen. Zu unterscheiden sind ehevertragliche Vereinbarungen, in denen vor Eheschließung die Verpflichtung zur Führung eines bestimmten Ehenamens eingegangen wird. Die h.M. sieht sie als unverbindlich an, weil das Gesetz bis zur Eheschließung den Widerruf entsprechender Erklärungen vorsieht und die Wahl des Ehenamens als Teil des höchstpersönlichen Ehebereichs einer rechtsgeschäftlichen Vereinbarung nicht zugänglich sei.[47] Nach a.A. ist eine solche Verpflichtung zwar wirksam, sie kann aber nicht gerichtlich eingefordert und nicht vollstreckt werden.[48] Vereinbarungen über das Ablegen des Ehenamens nach Scheidung der Ehe werden grundsätzlich sowohl in Eheverträgen wie auch in Scheidungsfolgenvereinbarungen für zulässig gehalten.[49] Auch der BGH hat sich dieser Ansicht angeschlossen. Eine vergleichsweise lange Ehedauer und das Interesse des Ehegatten an einer fortdauernden Namenseinheit mit den aus der Ehe hervorgegangenen Kindern lassen eine ehevertragliche Vereinbarung, die den Ehegatten, dessen Name nicht zum Ehenamen wurde, verpflichtet, bei Auflösung der Ehe seinen Geburtsnamen oder den vor der Ehe geführten Namen wieder anzunehmen, nicht generell als sittenwidrig erscheinen.[50] Die Verpflichtung ist auch gerichtlich durchsetzbar.[51] Auch die Absicherung durch ein Vertragsstrafeversprechen ist denkbar.[52] Zuständig ist das Familiengericht (§§ 23a Nr. 1, 23b GVG). Es handelt sich um eine sonstige Familiensache gem. §§ 111, 266 Nr. 3 FamFG.

25 Als sittenwidrig und damit nichtig dürfte i.d.R. allerdings eine Vereinbarung anzusehen sein, die die Zahlung eines Entgelts als Gegenleistung ansieht oder in der der Verzicht auf den Namen durch Zugeständnisse bei Unterhalt oder Zugewinn erkauft wird.[53] Eine vertragliche Verpflichtung, den Ehenamen nach einer Scheidung abzulegen, kann im Einzelfall auch als Verstoß gegen die Familienordnung sit-

---

[43] *Thorn* in: Palandt, Art. 10 EGBGB Rn. 14; OLG Düsseldorf v. 29.12.2009 - 3 Wx 73/09 - StAZ 2010, 110.

[44] *Birk* in:MünchKomm-BGB Art. 10 EGBGB Rn. 78.

[45] BGH v. 21.03.2001 - XII ZB 225/99 - NJW-FER 2001, 307; OLG München v. 08.02.2011 - 31 Wx 232/10 - FamRZ 2011, 1507; OLG Frankfurt v. 22.06.2006 - 20 W 183/06 - StAZ 2006, 263; Kommentierung zu Art. 10 EGBGB Rn. 24.

[46] OLG Frankfurt v. 27.12.2012 - 20 W 179/12 - FamRZ 2013, 1802.

[47] *Wellenhofer* in: NK-BGB, Bd. 4, § 1355 Rn. 15; *Voppel* in: Staudinger, § 1355 Rn. 51.

[48] *v. Sachsen Gessaphe* in: MünchKomm-BGB, § 1355 Rn. 22; *Diederichsen*, NJW 1976, 1169.

[49] LG Bonn v. 13.11.2007 - 9 O 260/07 - FamRZ 2008, 1183; LG München I v. 23.12.1999 - 16 T 14752/99 - StAZ 2000, 173-175; *v. Sachsen Gessaphe* in: MünchKomm-BGB, § 1355 Rn. 40; *v. Oertzen Engelmeier*, FamRZ 2008, 1133; *Bergschneider*, Verträge in Familiensachen, 4. Aufl. 2010, Rn. 216.

[50] BGH v. 06.02.2008 - XII ZR 185/05 - FamRZ 2008, 859; vgl. auch LG Bonn v. 13.11.2007 - 9 O 260/07 - MittBayNot 2008, 134.

[51] BGH v. 06.02.2008 - XII ZR 185/05 - FamRZ 2008, 859.

[52] *v. Oertzen/Engelmeier*, FamRZ 2008, 1133.

[53] BGH v. 06.02.2008 - XII ZR 185/05 - FamRZ 2008, 859; *Everts*, FamRZ 2005, 249 f, 253; *Gernhuber/Coester-Waltjen*, Familienrecht, 6. Aufl. 2010, § 16 Rn. 27.

tenwidrig sein. Zu denken ist an Fälle, in denen gemeinschaftliche Kinder vorhanden sind und einem Ehegatten die namensmäßige Verbundenheit zu seinen Kindern zerstört würde, insbesondere wenn diese bei ihm leben.[54]

Verstößt ein Ehegatte nach der Scheidung gegen seine ehevertragliche Verpflichtung, den Ehenamen abzulegen und bestimmt ihn zum Ehenamen der zweiten Ehe, führt dies nach Ansicht des AG Hamburg jedenfalls dann zur Bejahung der Sittenwidrigkeit der Ehenamenswahl der zweiten Ehe, wenn bereits ein gerichtliches Verfahren über die ehevertragliche Verpflichtung anhängig ist und vollendete Tatsachen geschaffen werden sollen, obwohl die Wahl des Ehenamens der zweiten Ehe zunächst zurückgestellt werden kann (§ 1355 Abs. 3 Satz 2 BGB).[55]

26

---

[54] *v. Oertzen/Engelmeier*, FamRZ 2008, 1133, 1135 f. m.w.N.; *Everts*, FamRZ 2005, 249, 251.
[55] AG Hamburg v. 14.04.2009 - 60 III 225/08 - NJW 2010, 1890.

§ 1356 BGB Haushaltsführung, Erwerbstätigkeit
(Fassung vom 02.01.2002, gültig ab 01.01.2002)

(1) ¹Die Ehegatten regeln die Haushaltsführung im gegenseitigen Einvernehmen. ²Ist die Haushaltsführung einem der Ehegatten überlassen, so leitet dieser den Haushalt in eigener Verantwortung.

(2) ¹Beide Ehegatten sind berechtigt, erwerbstätig zu sein. ²Bei der Wahl und Ausübung einer Erwerbstätigkeit haben sie auf die Belange des anderen Ehegatten und der Familie die gebotene Rücksicht zu nehmen.

Gliederung

A. Grundlagen 1	2. Mitarbeit im Geschäft des anderen Ehegatten 12
B. Anwendungsvoraussetzungen 3	a. Arbeits- oder Dienstvertrag 18
I. Haushaltsführung 3	b. Ehegatteninnengesellschaft 19
II. Erwerbstätigkeit 11	c. Bereicherungsansprüche 25
1. Recht auf eigene Erwerbstätigkeit 11	d. Wegfall der Geschäftsgrundlage 27

A. Grundlagen

1 § 1356 BGB ist Ausdruck der Autonomie der Ehegatten in der Gestaltung ihrer ehelichen Lebensverhältnisse. Er kennzeichnet die Abkehr vom früheren Leitbild der Hausfrauenehe ohne ein anderweitiges Leitbild gesetzlich vorzugeben. Alle Ehetypen sind nach Art. 6 Satz 2 GG geschützt. Das gilt für die Hausfrauenehe bzw. Hausmannehe in gleicher Weise wie für die Doppelverdienerehe, Zuverdienerehe oder sonstige Gestaltungsarten.

2 Dabei sind Haushaltsführung und Erwerbstätigkeit gleichwertig. Dieser Grundgedanke konkretisiert sich in den Regelungen zum Trennungs- und Nachehelichenunterhalt, im Versorgungsausgleich und im Kindesunterhalt über § 1606 Abs. 2 BGB. § 1356 BGB ist unabhängig vom gewählten Güterstand.

B. Anwendungsvoraussetzungen

I. Haushaltsführung

3 § 1356 Abs. 1 Satz 1 BGB meint nicht das Einvernehmen in einzelnen Fragen der Haushaltsführung, sondern die Einigung über die grundsätzliche Rollenverteilung zwischen Eheleuten. Das ergibt sich aus § 1356 Abs. 1 Satz 2 BGB.

4 Es ist streitig, ob das Einvernehmen der Ehegatten rechtsgeschäftliche Erklärungen beinhaltet.[1] Jedenfalls sind Vereinbarungen im Ehevertrag möglich, wenngleich praktisch sehr selten.[2] Vereinbarungen der Eheleute können auch nicht als auf unbestimmte Zeit unabänderlich eingegangene Verpflichtungen ausgelegt werden. Ändern sich die Verhältnisse, muss das Einvernehmen neu hergestellt werden, da § 1356 Abs. 1 Satz 1 BGB ein fortlaufendes Einvernehmen meint.[3] Schadensersatz bei Verstoß kann nach herrschender Meinung nicht verlangt werden[4]; Vertragsstrafen sind unzulässig[5].

5 Eine Mindermeinung hält einen Anspruch auf Ersatz des Vertrauensschadens für möglich, wenn sich ein Ehegatte einseitig von einer zulässigen Ehegattenvereinbarung lossagt und dadurch zurechenbar geschaffenes Vertrauen verletzt.[6] Das gilt aber nicht, wenn sich die objektiven Verhältnisse zwischen den Parteien so geändert haben, dass kein schutzwürdiges Vertrauen in die Einhaltung des bisherigen Einvernehmens mehr besteht.[7] Aus diesem Grund kommt Schadenersatzansprüchen im Zusammenhang mit Vereinbarungen über die Aufgabenverteilung unter den Eheleuten keine praktische Bedeutung zu.

---

[1] So *Haas*, FamRZ 2002, 205-218, 208; *Kurr*, FamRZ 1978, 2-4; *Diederichsen*, FamRZ 1977, 217, 219.
[2] *Bergschneider*, Verträge in Familiensachen, 4. Aufl. 2010, Rn. 194; *Haas*, FamRZ 2002, 205-218, 208.
[3] *Bergschneider*, Verträge in Familiensachen, 4. Aufl. 2010, Rn. 194.
[4] BGH v. 30.01.1957 - IV ZR 279/56 - BGHZ 23, 215-222.
[5] RG v. 03.11.1938 - IV 145/38 - RGZ 158, 294-302; *Bergschneider*, Verträge in Familiensachen, 4. Aufl. 2010, Rn. 194.
[6] *Roth* in: MünchKomm-BGB, § 1353 Rn. 11, 14.
[7] *Roth* in: MünchKomm-BGB, § 1356 Rn. 8.

Können sich die Eheleute nicht über die Haushaltsführung einigen, haben sie sie beide zu übernehmen.[8] **6**
Der Ehegatte, der die Aufgabe der Haushaltsführung übernommen hat, leitet sie in eigener Verantwortung (§ 1356 Abs. 1 Satz 2 BGB). Dieses Modell passt allenfalls für die reine Hausfrauenehe und mit Einschränkungen für die Zuverdienerehe. Der haushaltsführende Ehegatte unterliegt keinen Weisungen des anderen Ehegatten[9], wohl aber der allgemeinen Obliegenheit zur gegenseitigen Rücksichtnahme.

Der erwerbstätige Ehegatte darf die Ausübung der Haushaltsführung nicht dadurch erschweren oder **7**
unmöglich machen, dass er das erforderliche Haushaltsgeld verweigert. Über die Höhe des Haushaltsgeldes entscheiden die Ehegatten gemeinsam.[10] Bei Verhinderung des haushaltsführenden Ehegatten muss der andere im Rahmen der gegenseitigen Beistandspflicht einspringen,[11] darf aber ohne Absprache keine grundlegenden Änderungen vornehmen.

Aus der allgemeinen Beistandspflicht folgt eine Verpflichtung des nicht haushaltsführenden Ehegatten **8**
zur Mithilfe.[12] Der Umfang der Mithilfe ist von den einzelnen Umständen abhängig, insbesondere davon, wie viele Kinder zu betreuen sind und ob der haushaltsführende Ehegatte noch zusätzlich in Teilzeit oder gar ganztags berufstätig ist. Im letzteren Fall wird von einer Obliegenheit zur Teilung der Hausarbeit auszugehen sein.[13]

Die Haushaltsführung berechtigt auch zum Abschluss von Rechtsgeschäften, die zur Verwendung des **9**
Wirtschaftsgeldes erforderlich sind und von der ehelichen Vertretungsmacht (§ 1357 BGB) umfasst sind.

Zu Schadensersatzansprüchen bei Verletzung oder Tötung des haushaltsführenden Ehegatten vgl. **10**
§ 844 BGB.

II. Erwerbstätigkeit

1. Recht auf eigene Erwerbstätigkeit

Indem § 1356 Abs. 2 Satz 1 BGB normiert, dass jeder Ehegatte das Recht zur Erwerbstätigkeit hat, ist **11**
den Ehegatten die Pflicht auferlegt, ihre beruflichen Interessen partnerschaftlich zu koordinieren. Das Recht zur Erwerbstätigkeit ist begrenzt durch die Obliegenheit zu gegenseitiger Rücksichtnahme und zur Beachtung der Familienverträglichkeit.[14] Unter den Begriff der Familie nach § 1356 Abs. 2 Satz 2 BGB fallen nicht nur die ehelichen Kinder (vgl. auch § 1618a BGB), sondern auch Angehörige, die in den Haushalt aufgenommen sind und die außerhalb des Haushalts lebenden Angehörigen, die aus sittlichen Gründen ein Anrecht auf Betreuung und Unterstützung haben.[15] Aus dem Recht kann eine Pflicht zur Erwerbstätigkeit werden, wenn Unterhaltspflichten dies erfordern (§ 1603 Abs. 3 Satz 1 BGB).

2. Mitarbeit im Geschäft des anderen Ehegatten

Eine ausdrückliche Verpflichtung eines Ehegatten, im Beruf oder Geschäft des anderen mitzuarbeiten, **12**
sieht das Gesetz nicht mehr vor. Eine Verpflichtung hierzu kann sich jedoch aus der allgemeinen Beistandspflicht der Eheleute (§ 1353 BGB) ergeben, wobei damit noch nicht die Frage beantwortet ist, ob die Mitarbeit unentgeltlich oder nur gegen Vergütung geleistet werden muss.

Eine Mitarbeitspflicht kann außerdem aus der gegenseitigen Verpflichtung zur Sicherung des Famili- **13**
enunterhalts (§ 1360 BGB) und aus § 1356 Abs. 2 Satz 2 BGB folgen.

Eine Pflicht zur Mitarbeit ist nur unter strengen Voraussetzungen zu bejahen und bildet den seltenen **14**
Ausnahmefall, z.B. bei Krankheit und Notzeiten[16], kurzfristig nicht behebbarem Personalmangel[17], Gründungszeit eines eigenen Geschäfts, der Praxis oder des Büros[18] oder bei finanziellen Schwierig-

---

[8] BGH v. 02.04.1974 - VI ZR 130/73, VI ZR 155/73 - FamRZ 1974, 367.
[9] *Voppel* in: Staudinger, § 1356 Rn. 15; *Roth* in: MünchKomm-BGB, § 1356 Rn. 9.
[10] *Roth* in: MünchKomm-BGB, § 1356 Rn. 9.
[11] *Roth* in: MünchKomm-BGB, § 1356 Rn. 11.
[12] BGH v. 10.11.1959 - VI ZR 201/58 - LM Nr. 10 zu § 845 BGB; OLG Stuttgart v. 18.05.1961 - 2 U 43/61 - NJW 1961, 2113; *Voppel* in: Staudinger, § 1356 Rn. 18.
[13] BGH v. 10.11.1959 - VI ZR 201/58 - LM Nr. 10 zu § 845 BGB; *Roth* in: MünchKomm-BGB, § 1356 Rn. 11.
[14] *Roth* in: MünchKomm-BGB, § 1356 Rn. 14; *Brudermüller* in: Palandt, § 1356 Rn. 5.
[15] *Roth* in: MünchKomm-BGB, § 1356 Rn. 14.
[16] *Voppel* in: Staudinger, § 1356 Rn. 35.
[17] BGH v. 14.12.1966 - IV ZR 267/65 - BGHZ 46, 385-391.
[18] BGH v. 10.07.1959 - VI ZR 162/58 - FamRZ 1959, 454.

§ 1356

keiten[19]. Dem Ehegatten ist es nicht zuzumuten, eine eigene gesicherte und einträgliche Arbeitstätigkeit aufzugeben[20] oder eine seinen Fähigkeiten nicht entsprechende Mitarbeit auszuüben.[21]

15 Eine Mitarbeitspflicht kann nur im Wege der Herstellungsklage durchgesetzt werden. Ein Verstoß begründet keine Schadensersatzansprüche.[22]

16 Für die gegenseitige Haftung der Ehegatten gilt § 1359 BGB.

17 Inwieweit eine Ehegattenmitarbeit zu vergüten ist, ist gesetzlich nicht geregelt. Es sind folgende Fallgruppen zu unterscheiden:

a. Arbeits- oder Dienstvertrag

18 Eine Vergütungspflicht besteht in Höhe der vereinbarten Vergütung, wenn die Ehegatten einen entsprechenden Arbeits- oder Dienstvertrag abgeschlossen haben. Das ist auch zwischen Ehegatten ohne weiteres zulässig und kein Verstoß gegen die Gleichberechtigung der Ehegatten.[23] In Betracht kommt auch der Abschluss eines Gesellschaftsvertrages z.B. bei gemeinsamer Führung eines Geschäftes. Auch die stillschweigende Vereinbarung solcher Verträge ist möglich.[24] Will man sich dabei nicht Unterstellungen und Willensfiktionen bedienen, muss verlangt werden, dass hinreichende Anhaltspunkte dafür vorliegen, dass ein Erklärungsbewusstsein und ein Rechtsbindungswille für eine vertragliche Vereinbarung vorliegen.[25]

b. Ehegatteninnengesellschaft

19 Die Eheleute können durch ausdrückliche Vereinbarung eine GbR gründen. Gesellschaftszweck kann der gemeinsame Aufbau eines Geschäfts aber auch der Erwerb oder die Forterhaltung des gemeinsamen Familienheims sein.[26] Solche ausdrücklichen Vereinbarungen sind selten. Die Rechtsprechung erkennt auch die stillschweigende Begründung einer BGB-Gesellschaft in Form der Ehegatteninnengesellschaft an.[27] Sie ist unabhängig vom Güterstand möglich;[28] bei Gütergemeinschaft ist die Bildung von Gesellschaftsanteilen nur als Vorbehaltsgut (§ 1418 BGB) sinnvoll. Der Anspruch auf Auseinandersetzung bei Annahme einer Ehegatteninnengesellschaft und der Anspruch auf Zugewinnausgleich im gesetzlichen Güterstand stehen nebeneinander.[29]

20 Eine stillschweigende Vereinbarung über eine Ehegatteninnengesellschaft setzt voraus, dass die Ehegatten einen Zweck verfolgen, der über den typischen Rahmen der ehelichen Lebensgemeinschaft hinausgeht[30], verbunden mit der Vorstellung, dass die damit geschaffenen Werte den Ehegatten gemeinsam zustehen sollen[31]. Den Ehegatten muss dabei nicht bewusst sein, dass sie gesellschaftsrechtliche Beziehungen begründen.[32] Die Annahme einer Ehegatteninnengesellschaft darf zu ausdrücklich getroffenen Vereinbarungen nicht in Widerspruch stehen.[33] Der Beitrag zur Gesellschaft kann in Geldleistungen, Sachleistungen und persönlicher gleichberechtigter Mitarbeit bestehen.[34]

---

[19] *Roth* in: MünchKomm-BGB, § 1356 Rn. 21.
[20] BGH v. 18.05.1967 - II ZR 223/65 - FamRZ 1967, 611.
[21] *Roth* in: MünchKomm-BGB, § 1356 Rn. 21.
[22] BGH v. 30.01.1957 - IV ZR 279/56 - BGHZ 23, 215-222.
[23] BVerfG v. 24.01.1962 - 1 BvR 232/60 - FamRZ 1962, 107; BVerfG v. 17.01.1957 - 1 BvL 4/54 - NJW 1957, 417.
[24] *Roth* in: MünchKomm-BGB, § 1356 Rn. 25.
[25] *Roth* in: MünchKomm-BGB, § 1356 Rn. 25.
[26] BGH v. 20.05.1981 - V ZB 25/79 - LM Nr. 21 zu § 1353 BGB.
[27] BGH v. 30.06.1999 - XII ZR 230/96 - BGHZ 142, 137-157; BGH v. 26.04.1995 - XII ZR 132/93 - NJW 1995, 3383-3385.
[28] BGH v. 28.09.2005 - XII ZR 189/02 - NJW 2006, 1268; OLG Karlsruhe v. 25.05.2007 - 13 U 183/05 - FamRZ 2008, 1080.
[29] BGH v. 28.09.2005 - XII ZR 189/02 - FamRZ 2006, 607; KG v. 08.05.2012 - 17 UF 310/11 - FamRZ 2013, 787.
[30] BGH v. 19.09.2012 - XII ZR 136/10 - FamRZ 2012, 1789; BGH v. 28.09.2005 - XII ZR 189/02 - FamRZ 2006, 607; BGH v. 30.06.1999 - XII ZR 230/96 - BGHZ 142, 137-157; OLG Köln v. 08.02.2010 - 4 U 29/09; OLG Hamm v. 20.11.2009 - 33 U 13/09 - FamRZ 2010, 1737.
[31] BGH v. 25.06.2003 - XII ZR 161/01 - BGHZ 155, 249-257.
[32] BGH v. 28.10.1959 - IV ZR 91/59 - BGHZ 31, 197-206; OLG Hamm v. 20.11.2009 - 33 U 13/09 - FamRZ 2010, 1737.
[33] BGH v. 28.09.2005 - XII ZR 189/02 - NJW 2006, 1268; OLG Karlsruhe v. 25.05.2007 - 13 U 183/05 - FamRZ 2008, 1080.
[34] BGH v. 28.09.2005 - XII ZR 189/02 - NJW 2006, 1268; BGH v. 25.06.2003 - XII ZR 161/01 - BGHZ 155, 249-257.

Wird Miteigentum der Eheleute gebildet, bleibt kein Raum für gesellschaftsrechtliche Ausgleichsansprüche.[35]

21

Die stillschweigende Begründung einer Ehegatteninnengesellschaft wurde von der Rechtsprechung in folgenden Fällen bejaht:

22

- Beide Ehegatten lassen zahlreiche Eigentums- und Mietwohnungen errichten, deren Alleineigentümer einer der Ehegatten wird. Der andere Ehegatte hat an den Planungen der Bauvorhaben erheblich mitgewirkt und die Mithaftung für die finanzierenden Kredite übernommen.[36]
- Gemeinsamer Betrieb eines Geschäftes.[37]
- Gleichrangige Mitarbeit eines Ehegatten über längere Zeit im Betrieb des anderen bei entsprechender Beteiligung an Gewinn und Verlust.[38]
- Fortsetzung der während der Ehe praktizierten Wirtschaftsgemeinschaft während des Getrenntlebens bis zur Scheidung aufgrund einer Trennungsvereinbarung, die bis ins Einzelne gehende Regelungen hinsichtlich der Aufteilung des Gewinns aus der beidseitigen selbstständigen Tätigkeit unter Berücksichtigung der anfallenden Unkosten, der Beratung eines Ehegatten durch den anderen gegen Honorar und der gemeinsamen Ausnutzung der steuerlichen Möglichkeiten enthält, mit dem Ziel, ein optimales Ergebnis zu erzielen, an dem beide Eheleute gleichberechtigt teilhaben sollen.[39]

Eine stillschweigend begründete Ehegatteninnengesellschaft wurde in folgenden Fällen verneint:

23

- Gemeinsame Finanzierung des Familienwohnheims, das im Alleineigentum eines Ehegatten steht, weil damit kein über die eheliche Lebensgemeinschaft hinausgehender Zweck verfolgt wurde.[40]
- Gemeinsames Betreiben eines zum Gesamtgut gehörenden Geschäftes im Güterstand der Gütergemeinschaft.[41]
- Im gesetzlichen Güterstand lebend, ist die Ehefrau Alleineigentümerin eines Wohn- und Bürogebäudes; Erwerb wurde mit gesamtschuldnerischem Darlehen beider Ehegatten finanziert. Der Ehemann hat Teile des Gebäudes zum Betrieb eines Geschäfts angemietet; das Hausdarlehen hat die Ehefrau aus Mieteinnahmen bezahlt.[42]

Unterschiedlich wurde die Frage des Vorliegens einer Ehegatteninnengesellschaft für folgende Fallgestaltungen beantwortet: Die Ehefrau erwirbt bei Gütertrennung ein Hausgrundstück zu Alleineigentum; es sollte dadurch dem Zugriff von Gläubigern des selbständig tätigen Ehemannes entzogen werden. Die Immobilie sollte Ehewohnung und Vermögensanlage für das Alter sein; der Ehemann war darin Mieter mit seinem Geschäft; durch Anbau wurden weitere Mieteinheiten geschaffen; für die Darlehen haften beide Ehegatten.

24

- Das OLG Schleswig bejahte eine Ehegatteninnengesellschaft bzgl. der Immobilie, weil das Grundstück auch der gemeinsamen Altersabsicherung dienen sollte. Dass das Grundstück bewusst der Haftung gegenüber Gläubigern des Mannes entzogen werden sollte und damit gerade keine Vermögensberechtigung des Mannes begründet werden sollte, stehe nicht entgegen.[43]
- Das OLG Frankfurt hat bei ähnlicher Fallgestaltung eine Innengesellschaft verneint.[44]

c. Bereicherungsansprüche

Ein Bereicherungsanspruch aus § 812 Abs. 1 Satz 2 Alt. 2 BGB wegen Nichteintritts des mit der unentgeltlich erbrachten Arbeitsleistung bezweckten Erfolges besteht nicht. Die Mitarbeit des Ehegatten erfolgt nicht unter der Zweckbestimmung, damit den Fortbestand der Ehe zu erreichen.[45]

25

---

[35] BGH v. 11.04.1990 - XII ZR 69/88 - FamRZ 1990, 975-979.
[36] BGH v. 09.10.1974 - IV ZR 164/73 - NJW 1974, 2278-2279; OLG Saarbrücken v. 13.03.2007 - 4 U 72/06 - OLGR Saarbrücken 2007, 493.
[37] BGH v. 28.09.2005 - XII ZR 189/02 - NJW 2006, 1268; OLG Köln v. 19.03.2010 - 4 U 29/09 - FamRZ 2010, 1738; OLG Karlsruhe v. 19.12.1972 - 4 U 65/70 - FamRZ 1973, 649.
[38] BGH v. 28.10.1959 - IV ZR 91/59 - BGHZ 31, 197-206.
[39] OLG Karlsruhe v. 25.05.2007 - 13 U 183/05 - FamRZ 2008, 1080.
[40] BGH v. 19.09.2012 - XII ZR 136/10 - FamRZ 2012, 1789; BGH v. 29.05.1974 - IV ZR 210/72 - LM Nr. 16 zu § 1353 BGB.
[41] BGH v. 07.12.1993 - VI ZR 152/92 - LM BGB § 842 Nr. 46 (6/1994).
[42] OLG Stuttgart v. 13.11.2003 - 13 U 70/03 - FamRZ 2004, 1577 m. Anm. *Wever*, FamRZ 2004, 1578.
[43] OLG Schleswig v. 17.02.2004 - 8 U 3/03 - FamRZ 2004, 1375 m. Anm. *Wever*, FamRZ 2004, 1377.
[44] OLG Frankfurt v. 17.03.2004 - 19 U 212/00 - FamRZ 2004, 877 m. Anm. *Wever*, FamRZ 2004, 879.
[45] BGH v. 22.04.1982 - IX ZR 35/81 - WM 1982, 697-698.

26 Ein Bereicherungsanspruch wegen Zweckfortfalls (§ 812 Abs. 1 Satz 2 Alt. 1 BGB) besteht nicht, da zwar der Rechtsgrund „Ehe" spätestens mit der Rechtskraft der Scheidung wegfällt, aber nicht rückwirkend, so dass bereits geleistete Mitarbeit keinen Bereicherungsanspruch begründen kann.[46]

d. Wegfall der Geschäftsgrundlage

27 Bei Scheitern der Ehe kann sich aus den Grundsätzen zum Wegfall der Geschäftsgrundlage eines familienrechtlichen Vertrages eigener Art ein Ausgleichsanspruch für investierte Arbeitszeit ergeben. Voraussetzung ist, dass die erbrachte Mitarbeit über den Bereich der Gefälligkeitsleistung hinausgeht und die Mitarbeit das übersteigt, was im Rahmen der gegenseitigen Beistandspflicht (§ 1353 BGB) oder als Unterhaltspflicht geschuldet ist. Außerdem müssen zum Zeitpunkt des Scheiterns der Ehe noch aus der Mitarbeit resultierende Vermögensvorteile beim anderen Ehegatten vorhanden sein, weil sich der Anspruch nicht auf nachträgliche Bezahlung der Mitarbeit richtet, sondern auf Beteiligung am gemeinsam Erwirtschafteten.[47] Bejaht hat der BGH einen solchen Ausgleichsanspruch im Falle eines Bauarbeiters, der mehrere hundert Arbeitsstunden in den Umbau des Hauses des Ehegatten investiert hatte in der Vorstellung, dort bei Fortdauer der Ehe dauerhaft wohnen zu können[48]; ebenso im Falle einer Ehefrau, die neben Kindererziehung und Haushaltsführung in untergeordneter, aber zeitlich erheblicher Weise noch im Betrieb des Mannes mitgearbeitet hatte, in der Erwartung, an den erwirtschafteten Gewinnen über die eheliche Lebensgemeinschaft teilzuhaben.[49]

28 Die Höhe des Ausgleichsanspruchs hängt von der Höhe der durch die Mitarbeit des Ehegatten erlangten und noch vorhandenen Vermögensmehrung beim anderen Ehegatten ab, sowie von Ehedauer, Art und Umfang der erbrachten Leistungen und den Einkommens- und Vermögensverhältnissen der Parteien.[50] An die Darlegungslast für länger zurückliegende Arbeitsleistungen dürfen keine zu hohen Anforderungen gestellt werden.[51]

29 Ist der sich aus Stundenzahl und Stundenlohn errechnende Betrag, an dem sich der Wert des Hausgrundstücks oder des Betriebes durch die Mitarbeit des Ehegatten erhöht hat, niedriger, bildet er die Obergrenze.[52]

30 Im gesetzlichen Güterstand haben die Ansprüche auf Zugewinnausgleich Vorrang vor Ansprüchen wegen Wegfalls der Geschäftsgrundlage.[53] Nur dann, wenn auch bei Durchführung des Zugewinnausgleichs das Ergebnis schlechterdings unangemessen und untragbar wäre,[54] kommt ein zusätzlicher Ausgleichsanspruch in Betracht. Diese Hürde ist jedenfalls dann nicht erreicht, wenn der mitarbeitende Ehegatte über den Zugewinnausgleich wenigstens die Hälfte des Wertes seiner Mitarbeit wieder zurückerhält.[55]

31 Ein Recht auf Mitarbeit eines Ehegatten im Geschäft des anderen lässt sich aus § 1356 Abs. 2 BGB nicht ableiten.[56] Ein solcher Anspruch ist in Ausnahmefällen aus § 1353 BGB vorstellbar. Ein arbeitsloser Ehegatte kann vor allem bei wirtschaftlich beengten Verhältnissen beanspruchen, bei gleicher Qualifikation statt eines anderen Bewerbers im Betrieb des Ehegatten angestellt zu werden.[57]

---

[46] BGH v. 08.07.1982 - IX ZR 99/80 - BGHZ 84, 361-370; BGH v. 05.10.1967 - VII ZR 143/65 - LM Nr. 78 zu § 812 BGB; *Wellenhofer* in: NK-BGB, Bd. 4, § 1356 Rn. 17.
[47] BGH v. 13.07.1994 - XII ZR 1/93 - BGHZ 127, 48-57; *Haußleiter/Schulz*, Vermögensauseinandersetzung bei Trennung und Scheidung, 5. Aufl. 2011, Kap. 5 Rn. 102.
[48] BGH v. 08.07.1982 - IX ZR 99/80 - BGHZ 84, 361-370.
[49] BGH v. 13.07.1994 - XII ZR 1/93 - BGHZ 127, 48-57.
[50] BGH v. 08.07.1982 - IX ZR 99/80 - BGHZ 84, 361-370.
[51] BGH v. 27.03.2002 - XII ZR 143/00 - FamRZ 2002 949; *Roth* in: MünchKomm-BGB, § 1356 Rn. 27.
[52] BGH v. 13.07.1994 - XII ZR 1/93 - BGHZ 127, 48-57.
[53] BGH v. 23.04.1997 - XII ZR 20/95 - LM BGB § 242 (D) Nr. 142 (11/1997); BGH v. 10.07.1991 - XII ZR 114/89 - BGHZ 115, 132-141; BGH v. 04.04.1990 - IV ZR 42/89 - LM Nr. 132 zu BGB § 242 (Bb).
[54] BGH v. 21.10.1992 - XII ZR 182/90 - BGHZ 119, 392-402.
[55] So für Zuwendungen: BGH v. 12.04.1995 - XII ZR 58/94 - BGHZ 129, 259-267; BGH v. 10.07.1991 - XII ZR 114/89 - BGHZ 115, 132-141.
[56] *Roth* in: MünchKomm-BGB, § 1356 Rn. 22 m.w.N.; a.A. *Gernhuber*, FamRZ 1958, 243, 249.
[57] BAG v. 07.06.1973 - 5 AZR 577/72 - FamRZ 1973, 626-630.

Steuerrechtliche Hinweise zu
§ 1356 BGB Haushaltsführung, Erwerbstätigkeit

(Fassung vom 02.01.2002, gültig ab 01.01.2002)

(1) ¹Die Ehegatten regeln die Haushaltsführung im gegenseitigen Einvernehmen. ²Ist die Haushaltsführung einem der Ehegatten überlassen, so leitet dieser den Haushalt in eigener Verantwortung.

(2) ¹Beide Ehegatten sind berechtigt, erwerbstätig zu sein. ²Bei der Wahl und Ausübung einer Erwerbstätigkeit haben sie auf die Belange des anderen Ehegatten und der Familie die gebotene Rücksicht zu nehmen.

Gliederung

A. Grundlagen 1	II. Strafbare Teilnahme an einer Steuerhinterziehung des anderen Ehegatten 11
B. Steuerstrafrechtliche Risiken im Falle einer Zusammenveranlagung 5	C. Außerstrafrechtliche Rechtsfolgen 13
I. Keine Strafbarkeit durch bloßes Mitunterzeichnen der gemeinsamen Steuererklärung 7	D. Verfahrenshinweise 15

A. Grundlagen

Unabhängig von ihrem Güterstand[1] können Ehegatten für den Bereich des Einkommensteuerrechts zwischen verschiedenen Arten der Veranlagung wählen: Unter den Voraussetzungen des § 26 EStG[2] können sie für eine getrennte Veranlagung (§ 26a EStG) oder für die Zusammenveranlagung (§ 26b EStG) optieren. Wird über die Veranlagungsart überhaupt keine Erklärung abgegeben, so unterstellt § 26 Abs. 3 EStG, dass die Ehegatten die Zusammenveranlagung wählen; hierbei handelt es sich nicht um widerlegliche Vermutung, sondern um eine zwingende Rechtsfolge.[3] Gleiches gilt, wenn die Erklärungen der Ehegatten widersprüchlich sind oder nur ein Ehegatte die Erklärung abgibt und entweder die Zusammenveranlagung oder die besondere Veranlagung wählt.

1

Im Falle der **Zusammenveranlagung** haben die Ehegatten nach § 25 Abs. 3 Satz 2 EStG eine gemeinsame Einkommensteuererklärung abzugeben, die von beiden eigenhändig zu unterschreiben ist (§ 25 Abs. 3 Satz 5 EStG). In dieser **gemeinsamen Einkommensteuererklärung** werden die Einkünfte der Ehegatten zunächst getrennt ermittelt (Prinzip der Individualbesteuerung) und dann zusammengerechnet (§ 26b EStG). Erst im Anschluss hieran sind die Sonderausgaben und außergewöhnlichen Belastungen (§ 2 Abs. 4 EStG) sowie die sonstigen vom Einkommen abzuziehenden Beträge (§ 2 Abs. 5 EStG) für die Ehegatten einheitlich zu ermitteln und abzuziehen.

2

Die Vorteile einer Zusammenveranlagung liegen in der Anwendung des Splitting-Verfahrens bei der Berechnung der Einkommensteuer (§ 32a Abs. 5 EStG). Allerdings birgt die Zusammenveranlagung auch Risiken. Dies betrifft zum einen das **Steuerstrafrecht**. Wird eine Mittäterschaft beider Ehegatten oder Beihilfe durch einen der beiden Ehegatten bejaht, so hat dies nicht nur strafrechtliche Konsequenzen, sondern ist auch für die Haftung gem. § 71 AO 1977 und für die Länge der Festsetzungsverjährung, die bei der Einkommensteuer vier Jahre beträgt (§ 169 Abs. Satz 1 Nr. 2 AO 1977), sich aber im Falle einer Steuerhinterziehung auf zehn Jahre verlängert (§ 169 Abs. Satz 2 AO 1977), von Bedeutung.

3

Zu beachten ist, dass **seit dem Veranlagungszeitraum 2013** zum einen § 26c EStG aufgehoben ist. Zum anderen ist die **Wahl der Veranlagungsart** seit diesem Veranlagungszeitraum mit dem Eintritt der Unanfechtbarkeit des Steuerbescheides grds. **bindend** (§ 26 Abs. 2 EStG n.F.) Die Voraussetzungen, unter denen nach Eintritt der Bestandskraft nunmehr eine Änderung erfolgen kann, sind in § 26 Abs. 2 Satz 4 EStG genau aufgelistet.

4

---

[1] *Quernheim/Hamdan*, ZFE 2006, 7-10.
[2] Vgl. hierzu: *Quernheim/Hamdan*, ZFE 2006, 7-10.
[3] BFH v. 27.09.1990 - I R 181/87 - juris Rn. 30 - BStBl II 1991, 84.

B. Steuerstrafrechtliche Risiken im Falle einer Zusammenveranlagung

5   Nach § 370 AO 1977 begeht unter anderem eine **Steuerhinterziehung**, wer den Finanzbehörden oder anderen Behörden über steuerlich erhebliche Tatsachen unrichtige oder unvollständige Angaben macht oder die Finanzbehörden pflichtwidrig über steuerlich erhebliche Tatsachen in Unkenntnis lässt und dadurch Steuern verkürzt oder für sich oder einen anderen nicht gerechtfertigte Steuervorteile erlangt. Tathandlung kann sowohl ein aktives Tun (§ 370 Abs. 1 Nr. 1 AO 1977) oder ein pflichtwidriges Unterlassen (§ 370 Abs. 1 Nr. 2 AO 1977) sein. Unrichtige oder unvollständige Angaben können insbesondere in Steuererklärungen erfolgen. Erklärungs- und Anzeigepflichten, die die Pflichtwidrigkeit des In-Unkenntnis-Lassens begründen, sind sowohl in den Einzelsteuergesetzen als auch in der Abgabenordnung (z.B. § 153 AO 1977) zu finden.

6   Lange Zeit war umstritten, ob derjenige Ehegatte, der eine gemeinsame Steuererklärung unterzeichnet, eine Steuerhinterziehung i.S.v. § 370 Abs. 1 Nr. 1 AO 1977 begeht, wenn sein mit ihm zusammen veranlagter Ehegatte hinsichtlich seiner eigenen Einkünfte unrichtige Angaben macht. Hierbei müssen folgende Sachverhaltskonstellationen unterschieden werden:

I. Keine Strafbarkeit durch bloßes Mitunterzeichnen der gemeinsamen Steuererklärung

7   Ausgeschlossen ist eine Strafbarkeit unzweifelhaft, wenn der die Einkommensteuererklärung mitunterschreibende Ehegatte nichts von den unvollständigen oder unrichtigen Angaben bei den Einkünften seines Ehegatten weiß. Hier fehlt es an dem für § 370 AO 1977 notwendigen Vorsatz des lediglich die gemeinsame Einkommensteuererklärung mitunterzeichnenden Ehegatten.

8   In rechtlicher Hinsicht problematischer sind indes die Fälle, in denen der Ehegatte zwar seine eigenen Einkünfte vollständig und richtig angibt, aber **Kenntnis von den unvollständigen oder unrichtigen Angaben seines Ehegatten** hat. Veröffentlichte strafrechtliche Judikatur hierzu besteht kaum.[4] Die steuerstrafrechtliche Literatur bejaht in einer solchen Konstellation zum Teil eine Beihilfe i.s.v. § 27 StGB, zum Teil sogar eine Mittäterschaft des mitunterzeichnenden Ehegatten, da sowohl ein gemeinsamer Tatplan als auch eine gemeinsame Tatbegehung vorliege.[5] Dies hat der BFH[6] jedoch im Jahre 2002 zu Recht sowohl für § 370 Abs. 1 Nr. 1 AO 1977 als auch für § 370 Abs. 1 Nr. 2 AO 1977 verneint.

9   Aus der Tatsache, dass beide Ehegatten den Vordruck für die Einkommensteuererklärung eigenhändig unterschrieben und damit versichert haben, die Angaben nach bestem Wissen und Gewissen gemacht zu haben (§ 150 Abs. 2 AO 1977), lässt sich nicht schließen, dass alle Angaben auch von beiden Ehegatten mitgetragen werden. Entscheidend ist nämlich, dass selbst bei Zusammenveranlagung der Ehegatten das **Prinzip der Individualbesteuerung** weiter Geltung hat.[7] Die Ehegatten bleiben getrennte Steuersubjekte; der Einkommensteuerbescheid enthält lediglich zwei äußerlich zusammengefasste, inhaltsgleiche Steuerfestsetzungen. Daher beschränkt sich der Erklärungsgehalt der Unterschrift auch nur auf diejenigen Tatsachen, die den jeweiligen Ehegatten betreffen. Nur dieses Ergebnis entspricht auch der Wertung des § 52 StPO. Wäre das bloße Mitunterzeichnen nämlich strafrechtlich relevant, so könnte der steuerehrliche Ehegatte einer Strafbarkeit nur entgehen, indem er den Antrag auf Zusammenveranlagung nicht stellt. In diesem Fall würden die Finanzbehörden entweder dennoch eine Zusammenveranlagung gem. § 26 Abs. 3 EStG vornehmen oder – sofern sie stutzig geworden sind – Ermittlungen einleiten. Faktisch würde damit der steuerehrliche Ehegatte gezwungen, seinen Ehepartner zu belasten, um seiner eigenen Strafbarkeit zu entgehen.

10 Auch eine Rechtspflicht i.S.v. § 370 Abs. 1 Nr. 2 AO 1977 besteht nicht, da dem anderen Ehegatten ein **Auskunftsverweigerungsrecht** gem. § 101 AO 1977 und § 103 AO 1977 zusteht.[8]

---

[4] Genannt werden kann hier allenfalls eine Entscheidung des Reichsgerichts aus dem Jahre 1932: RGSt 66, 91 ff.
[5] *Rolletschke*, DStZ 2000, 677, 679; *Rolletschke*, Die Steuerhinterziehung, Rn. 32 ff.; a.A. *Tiedke*, FPR 2003, 400, 403.
[6] BFH v. 16.04.2002 - IX R 40/00 - DStR 2002, 1176-1178.
[7] BFH v. 16.04.2002 - IX R 40/00 - juris Rn. 13 - DStR 2002, 1176-1178.
[8] *Singer*, StuB 2002, 905, 907.

II. Strafbare Teilnahme an einer Steuerhinterziehung des anderen Ehegatten

Eine strafbare **Beihilfe** zur Steuerhinterziehung des Ehepartners kommt jedoch dann in Betracht, wenn sich das Tathandeln des einen Ehegatten nicht lediglich auf das Unterzeichnen der gemeinsamen Steuererklärung beschränkt, sondern eine Hilfeleistung i.S. des § 27 StGB darstellt, die Herbeiführung des Taterfolges des Haupttäters also objektiv fördert. Dies ist etwa der Fall, wenn der im Betrieb seines Ehepartners mitarbeitende Ehegatte bewusst die Buchhaltung manipuliert und bestimmte Rechnungen und Zahlungsvorgänge dem Steuerberater nicht vorlegt,[9] mithin bei den Vorbereitungshandlungen mitgewirkt hat oder den Haupttäter in seinem Tatentschluss bestärkt, ihm Bedenken ausgeredet oder sein Sicherheitsgefühl erhöht hat.[10]

11

Ferner kann eine **Überwachungspflicht** des anderen Ehegatten bei gemeinsamen Einkünften (Mitunternehmerschaft) bestehen. Kommt es zum Vorwurf der **leichtfertigen Steuerverkürzung** gem. § 378 AO 1977 gegen den mitunterzeichnenden und als Mitunternehmer tätigen Ehegatten, weil dieser die Überwachung seines Ehegatten unterlassen habe, so können unter Umständen die Grenzen des Möglichen und Zumutbaren überschritten sein. Nach dem BayObLG München besteht nämlich zwischen Eheleuten anders als bei „schlichten" Mitunternehmern, die nur durch geschäftliches Interesse verbunden sind, ein besonderes Vertrauensverhältnis, das bei entsprechender Qualifikation des einen Ehegatten für die ihm übertragene Aufgabe eine Kontrolle seiner Tätigkeit durch den anderen Ehegatten entbehrlich machen kann.[11]

12

C. Außerstrafrechtliche Rechtsfolgen

Über die strafrechtlichen Risiken hinaus kommt eine **Haftung** des an der Steuerhinterziehung teilnehmenden Ehegatten für die verkürzten Steuern gem. § 71 AO 1977 in Betracht.

13

Auch für die Länge der **Festsetzungsverjährung** kann die strafrechtliche Beurteilung Konsequenzen haben. Grundsätzlich beträgt die Festsetzungsfrist gemäß § 169 Abs. 2 Satz 1 Nr. 2 AO 1977 vier Jahre. Im Fall einer Steuerhinterziehung verlängert sich die Festsetzungsfrist gemäß § 169 Abs. 2 Satz 2 AO 1977 auf zehn Jahre. In den Fällen, in denen nur ein Ehegatte – ohne Beihilfe seines anderen Ehegatten – steuerstrafrechtlich in Erscheinung getreten ist, ist umstritten, welche Frist für den strafrechtlich nicht auffälligen Ehegatten gilt.[12] Die in der finanzgerichtlichen Rechtsprechung vertretene Auffassung, nach der sich die Festsetzungsfrist auch für den rechtmäßig handelnden Ehegatten verlängert und ihm nur die Exkulpationsmöglichkeit des § 169 Abs. 2 Satz 3 AO 1977 bleibt,[13] ist jedoch abzulehnen. Vielmehr muss es für ihn bei der kürzeren Frist bleiben.

14

D. Verfahrenshinweise

Vor dem Hintergrund der Entscheidung des BFH sind **Durchsuchungsanordnungen** bei einem unverdächtigen Ehegatten nur noch unter den strengen Voraussetzungen des § 103 StPO zulässig; auf § 102 StPO dürfen sie hingegen nicht gestützt werden.[14]

15

---

[9] BFH v. 07.03.2006 - X R 8/05 - juris Rn. 20 - BB 2006, 1375-1378.
[10] *Singer*, StuB 2002, 905, 907.
[11] BayObLG München v. 11.05.1993 - 3 ObOWi 16/93 - juris Rn. 25 - wistra 1993, 236-238.
[12] Zum Meinungsstand vgl. *Gonella/Mikic*, DStR 1999, 528, 528.
[13] FG Düsseldorf v. 26.06.2000 - 13 V 556/00 A (E) - juris Rn. 24 - EFG 2000, 1168-1169.
[14] *Singer*, StuB 2002, 905, 907.

§ 1357 BGB Geschäfte zur Deckung des Lebensbedarfs

(Fassung vom 17.12.2008, gültig ab 01.09.2009)

(1) ¹Jeder Ehegatte ist berechtigt, Geschäfte zur angemessenen Deckung des Lebensbedarfs der Familie mit Wirkung auch für den anderen Ehegatten zu besorgen. ²Durch solche Geschäfte werden beide Ehegatten berechtigt und verpflichtet, es sei denn, dass sich aus den Umständen etwas anderes ergibt.

(2) ¹Ein Ehegatte kann die Berechtigung des anderen Ehegatten, Geschäfte mit Wirkung für ihn zu besorgen, beschränken oder ausschließen; besteht für die Beschränkung oder Ausschließung kein ausreichender Grund, so hat das Familiengericht sie auf Antrag aufzuheben. ²Dritten gegenüber wirkt die Beschränkung oder Ausschließung nur nach Maßgabe des § 1412.

(3) Absatz 1 gilt nicht, wenn die Ehegatten getrennt leben.

Gliederung

A. Grundlagen 1	IV. Geschäfte zur angemessenen Deckung des Lebensbedarfs 11
B. Anwendungsvoraussetzungen 4	V. Beschränkung und Ausschluss gem. Absatz 2 20
I. Bestehen der Ehe oder Lebenspartnerschaft 5	
II. Kein Getrenntleben 7	C. Rechtsfolgen 24
III. Keine Geschäftsunfähigkeit des vertragsschließenden Ehegatten 10	D. Prozessuale Hinweise/Verfahrenshinweise..... 33

A. Grundlagen

1   § 1357 BGB ist durch das 1. EheRG seit 01.07.1977 neu gefasst worden. Er gilt unabhängig vom Güterstand. Insbesondere der Ehegatte, der im Rahmen der abgesprochenen Rollenverteilung den Haushalt alleine oder im Wesentlichen alleine führt (§ 1356 Abs. 1 Satz 1 BGB) und keine eigenen Einkünfte hat, soll rechtlich und wirtschaftlich in der Lage sein, für sich und zugleich den anderen Ehegatten die notwendigen Rechtsgeschäfte vorzunehmen, ohne jeweils eine Vollmacht des anderen Ehegatten einholen zu müssen. Insoweit ist § 1357 BGB Folgenorm aus § 1356 Abs. 1 Satz 1 BGB.[1] Zum Teil wird kritisch hinterfragt, ob die Schlüsselgewalt angesichts der geänderten gesellschaftlichen Verhältnisse mit der Abkehr von der Hausfrauenehe noch gerechtfertigt ist.[2] Die Mitverpflichtung des jeweils anderen Ehegatten führt zu einer verstärkten Absicherung des Gläubigers, der bei Geschäften zur Deckung des Lebensbedarfs nicht prüfen muss, ob der mit ihm verhandelnde Ehegatte finanziell leistungsfähig ist. Er darf darauf vertrauen, dass jedenfalls auch der andere Ehegatte in der Mithaftung steht. Dies erhöht umgekehrt die wirtschaftliche Handlungsfreiheit des haushaltsführenden Ehegatten.

2   § 1357 BGB stellt eine Ausnahme zum sonst innerhalb der ehelichen Lebensgemeinschaft geltenden Konsensprinzip (§ 1356 BGB) dar. Der Ausnahmecharakter der Regelung wirkt sich auf die Auslegung der Vorschrift aus.[3] Die Schlüsselgewalt ist zwingendes Recht und steht nach herrschender Meinung nicht zur Disposition durch ehevertragliche Vereinbarungen. Dem steht entgegen, dass § 1357 Abs. 2 BGB die Beschränkung und den Ausschluss ermöglicht. Das müsste dann auch durch wechselseitige Erklärungen im Ehevertrag möglich sein.[4] Die herrschende Meinung sieht darin allerdings eine unzulässige Verfügung über Kernelemente des ehelichen Zusammenlebens.

3   Die Vorschrift ist auf im Inland vorgenommene Rechtsgeschäfte auch dann anwendbar, wenn die Eheleute einem anderen als dem deutschen Ehewirkungs- oder Güterrechtsstatut unterliegen, soweit sie für gutgläubige Dritte günstiger ist als das fremde Recht (Art. 16 Abs. 2 EGBGB).

---

[1] *Roth* in: MünchKomm-BGB, § 1357 Rn. 2.
[2] *Brudermüller*, NJW 2004, 2265 ff.
[3] *Roth* in: MünchKomm-BGB, § 1357 Rn. 2.
[4] So auch *Bergschneider*, Verträge in Familiensachen, 4. Aufl. 2010, Rn. 204.

B. Anwendungsvoraussetzungen

§ 1357 BGB ist auf Rechtsgeschäfte beider Eheleute anwendbar, unabhängig davon, welcher Ehegatte die Rolle der Haushaltsführung übernommen hat, wenn folgende Voraussetzungen erfüllt sind: 4

I. Bestehen der Ehe oder Lebenspartnerschaft

§ 1357 BGB setzt eine bestehende Ehe voraus. Er ist nicht analog anwendbar auf Verlobte oder die nichteheliche Lebensgemeinschaft.[5] Hier greifen ggf. die Grundsätze zur Duldungs- und Anscheinsvollmacht. 5

Dagegen ist § 1357 BGB gem. § 8 Abs. 2 LPartG für die Lebenspartnerschaft entsprechend anwendbar. 6

II. Kein Getrenntleben

Die Schlüsselgewalt ruht, wenn die Ehegatten dauerhaft getrennt leben (§ 1357 Abs. 3 BGB). Das ist dann der Fall, wenn sie keine häusliche Gemeinschaft mehr bilden, also entweder innerhalb der Ehewohnung getrennt leben oder getrennte Haushalte führen in dem Bewusstsein, die eheliche Lebensgemeinschaft nicht mehr aufrechterhalten zu wollen. Eine nur vorübergehende Trennung beendet die Schlüsselgewalt nicht.[6] Bei Dauerschuldverhältnissen (z.B. Stromlieferungsvertrag für die Ehewohnung) ist der Zeitpunkt des Abschlusses des Vertrages maßgeblich. Die Mitverpflichtung daraus endet nicht mit der Trennung oder dem Auszug aus der Ehewohnung (vgl. Rn. 23 m.w.N.). 7

Für die Annahme einer bestehenden häuslichen Gemeinschaft ist es nicht erforderlich, dass die Eheleute einen eigenständigen Hausstand führen. Es ist ausreichend, wenn sie z.B. bei einem Elternteil oder im Hotel wohnen.[7] Eine längere Abwesenheit wegen Strafhaft oder beruflichem Auslandsaufenthalt eines Ehegatten schadet ebenfalls nicht, solange die Eheleute die Lebensgemeinschaft subjektiv aufrechterhalten wollen.[8] 8

Nehmen länger getrennt lebende Ehegatten die eheliche Lebensgemeinschaft wieder auf, lebt auch die Schlüsselgewalt automatisch wieder auf.[9] 9

III. Keine Geschäftsunfähigkeit des vertragsschließenden Ehegatten

Der vertragsschließende Ehegatte darf nicht geschäftsunfähig sein. Rechtsgeschäfte eines beschränkt geschäftsfähigen Ehegatten verpflichten den volljährigen anderen Ehegatten in analoger Anwendung des § 165 BGB.[10] Der handelnde beschränkt Geschäftsfähige selbst haftet nur bei Genehmigung des Rechtsgeschäftes durch seinen gesetzlichen Vertreter (§§ 106, 107 BGB). Handelt der volljährige Ehegatte, haftet der beschränkt geschäftsfähige Ehegatte auch ohne Zustimmung seines gesetzlichen Vertreters. Denn die Haftung ist gesetzliche Folge, ohne dass ein rechtsgeschäftliches Handeln des beschränkt geschäftsfähigen Ehegatten vorliegt.[11] 10

IV. Geschäfte zur angemessenen Deckung des Lebensbedarfs

„Geschäfte" im Sinne des § 1357 BGB sind nur schuldrechtliche Rechtsgeschäfte, nicht dingliche.[12] 11

Durch das 1. EheRG wurde der frühere, zu sehr auf die Hausfrauenrolle zugeschnittene Begriff des „häuslichen Wirkungskreises" ersetzt durch die „Geschäfte zur angemessenen Deckung des Lebensbedarfs der Familie". Damit sollte aber der Umfang der Vertretungsmacht nicht erweitert werden.[13] 12

Die Vertretungsmacht beschränkt sich nicht auf den im Rahmen des Familienunterhalts als Haushaltsgeld zur Verfügung gestellten Betrag, da dem Ehegatten auch außergewöhnliche Geschäfte möglich sein müssen, die keinen Aufschub dulden, z.B. unaufschiebbare Krankenbehandlungen.[14] 13

---

[5] *Roth* in: MünchKomm-BGB, § 1357 Rn. 14; *Brudermüller* in: Palandt, § 1357 Rn. 6.
[6] *Brudermüller* in: Palandt, § 1357 Rn. 9.
[7] *Roth* in: MünchKomm-BGB, § 1357 Rn. 13.
[8] BGH v. 20.12.1951 - IV ZR 24/51 - BGHZ 4, 279-282; OLG Hamm v. 11.10.1974 - 20 U 108/74 - FamRZ 1975, 346.
[9] *Brudermüller* in: Palandt, § 1357 Rn. 9.
[10] *Wacke*, FamRZ 1980, 13-17, 14 f.
[11] *Roth* in: MünchKomm-BGB, § 1357 Rn. 15.
[12] BGH v. 13.03.1991 - XII ZR 53/90 - BGHZ 114, 74-81.
[13] *Roth* in: MünchKomm-BGB, § 1357 Rn. 17.
[14] *Roth* in: MünchKomm-BGB, § 1357 Rn. 17.

§ 1357

14 Die Geschäfte müssen den durchschnittlichen Verbrauchsgewohnheiten wirtschaftlich gleichgestellter Familien entsprechen, konkretisiert durch den individuellen nach außen erkennbaren Konsumstil der betreffenden Familie.[15] Dazu gehören alle Geschäfte, die nach den Verhältnissen der Ehegatten üblich sind, um die Versorgung der Ehegatten und Kinder sicherzustellen.[16] Es kommt nicht darauf an, dass das Rechtsgeschäft zwingend notwendig ist.[17]

15 Das Geschäft muss angemessen sein. Das bedeutet, dass das Geschäft zum Rahmen der Geschäfte gehören muss, die ein Ehegatte üblicherweise ohne Rücksprache mit dem anderen Ehegatten vorzunehmen pflegt. Unangemessen sind also Geschäfte größeren Umfangs, die normalerweise zwischen den Ehegatten abgesprochen werden.[18]

16 Gestatten Geschäfte keinen Aufschub, sind sie auch dann angemessen, wenn sie ansonsten den Rahmen der alleinigen Entscheidungskompetenz überschreiten würden, z.B. dringende unaufschiebbare Maßnahmen.

17 Auch das Kriterium der Angemessenheit beurteilt sich aus der Sicht eines objektiven Betrachters. Abzustellen ist dabei auf den Lebenszuschnitt der Familie, wie er nach außen in Erscheinung tritt.[19] Anders wäre die Gläubigerschutzfunktion des § 1357 BGB nicht gewährleistet. Maßgeblich ist der Zeitpunkt des Vertragsschlusses. Das gilt grundsätzlich auch für Dauerschuldverhältnisse.

18 Einzelfälle:
- Vertretungsmacht aus § 1357 BGB **bejaht**:
  - Einkauf von Lebensmitteln.[20]
  - Einkauf von Kleidung für die Eheleute und die unterhaltsberechtigten Kinder, ggf. auch für das volljährige, aber noch im Haushalt lebende Kind.[21]
  - Beschaffung von Heizöl[22] und Energielieferungsverträge für die Ehewohnung.[23]
  - Anschaffung einzelner Hausratsgegenstände.
  - Reparaturaufträge für Hausratsgegenstände und in der Wohnung.[24]
  - Reparaturaufträge für das Familienauto.
  - Auftrag zur TÜV-Durchsicht und Vorführung des Pkw beim TÜV.[25]
  - Kauf einzelner Einrichtungsgegenstände.[26]
  - Schulmaterial, Schulbücher und Spielzeuge für die Kinder.[27]
  - Erklärung zur Kostenübernahme für die Ski-Klassenfahrt des gemeinsamen minderjährigen Kindes.[28]
  - Anmeldung der gemeinsamen Tochter zu einem Schullandheimaufenthalt.[29]
  - Vergabe eines Gutachtenauftrags bei einem Wasserschaden.[30]
  - Beauftragung eines Rechtsanwalts zur Abwehr einer Klage auf Zahlung rückständiger Miete und Räumung der Ehewohnung.[31]

---

[15] BGH v. 11.03.2004 - III ZR 213/03 - NJW 2004, 1593; BGH v. 13.02.1985 - IVb ZR 72/83 - BGHZ 94, 1-11; OLG Bremen v. 27.11.2009 - 2 U 37/09 - MDR 2010, 577; *Brudermüller* in: Palandt, § 1357 Rn. 12; *Wellenhofer* in: NK-BGB, Bd. 4, § 1357 Rn. 14.

[16] *Roth* in: MünchKomm-BGB, § 1357 Rn. 19.

[17] *Roth* in: MünchKomm-BGB, § 1357 Rn. 20.

[18] BGH v. 13.02.1985 - IVb ZR 72/83 - BGHZ 94, 1-11; OLG Köln v. 14.11.1990 - 2 U 86/90 - NJW-RR 1991, 1092; *Gaul*, NJW 1987, 2852, 2855.

[19] BGH v. 28.04.2005 - III ZR 351/04 - FamRZ 2005, 1071, 1073; BGH v. 11.03.2004 - III ZR 213/03 - NJW 2004, 1593 f.

[20] OLG Braunschweig, OLGE 26, 212.

[21] *Roth* in: MünchKomm-BGB, § 1357 Rn. 23.

[22] *Brudermüller* in: Palandt, § 1357 Rn. 13.

[23] BGH v. 24.04.2013 - XII ZR 159/12 - FamRZ 2013, 1199; LG Karlsruhe v. 17.05.2013 - 9 S 364/12 - NJW-RR 2013, 1326; LG Oldenburg v. 05.10.2005 - 5 S 590/04 - FamRZ 2006, 703; LSG Schleswig-Holstein v. 13.01.2012 - L 3 AS 233/11.

[24] OLG Düsseldorf v. 05.12.2000 - 21 U 68/00 - NJW-RR 2001, 1084-1085.

[25] AG Usingen v. 27.03.2006 - 2 C 636/05 - NZV 2007, 46.

[26] OLG Hamburg, OLGE 40, 65.

[27] LG Stuttgart v. 21.03.1966 - 4 S 220/65 - MDR 1967, 45.

[28] OLG Schleswig v. 25.01.2006 - 9 A 107/05.

[29] VG Stuttgart v. 07.07.2010 - 12 K 416/10 - NVwZ-RR 2010, 977.

[30] LG Frankfurt v. 26.05.1993 - 2/16 S 20/93 - NJW-RR 1993, 1286.

[31] OLG Düsseldorf v. 07.06.2010 - I-24 U 194/09 - FamRZ 2011, 35; KG v. 28.11.2005 - 8 U 100/05 - ZMR 2006, 207.

- Beauftragung eines Steuerberaters mit der Erstellung der Einkommensteuererklärung der Ehegatten bei Zusammenveranlagung.[32]
- Behandlungsauftrag an Tierarzt.[33]
- Abschluss eines Festnetz-Telefonvertrages.[34] Für die daraus resultierenden laufenden monatlichen Kosten hat der BGH jedoch entschieden, dass Kosten, die die finanziellen Verhältnisse der Ehegatten sprengen und den üblichen Rahmen exorbitant übersteigen, nicht mehr von § 1357 BGB gedeckt sind, auch wenn das Vertragsverhältnis zur Zeit des Vertragsabschlusses auf eine familiäre Nutzung hingewiesen hat. Für den Regelfall geht der BGH davon aus, dass der Haftungsumfang nur bis zum Doppelten des Betrages reicht, der sich als Durchschnitt der unbeanstandeten Zahlungen in dem zurückliegenden Jahr ergibt.[35]
- Kauf von üblichen Geschenken für Verwandte und Bekannte.[36]
- Einstellen einer Putzfrau zur stundenweisen Aushilfe, ggf. auch einer Haushaltshilfe.[37]
- Buchung einer den wirtschaftlichen Verhältnissen der Familie entsprechenden Urlaubsreise.[38]
- Ratenkäufe, Teilzahlungskäufe und Haustürgeschäfte fallen unter § 1357 BGB, wenn der Gegenstand des Geschäfts zur angemessenen Bedarfsdeckung der Familie gehört; die Widerspruchsrechte stehen dann auch dem mitverpflichteten Ehegatten zu.
- Maklernachweisvertrag, wenn die Eheleute in der neuen Wohnung gemeinsam leben wollen und sie durch gemeinsame Besichtigung oder andere Handlungen haben erkennen lassen, dass der Maklervertrag als Geschäft zur gemeinsamen Deckung des Lebensbedarfs aufzufassen ist.[39]

• Vertretungsrecht aus § 1357 BGB wurde **verneint**:
- Verkauf von Haushaltsgegenständen; dem steht § 1369 BGB entgegen.
- Alle zur beruflichen Tätigkeit eines Ehegatten gehörenden Geschäfte, auch bei Mitarbeit des anderen Ehegatten.[40]
- Abschluss eines Mietvertrages über die Ehewohnung[41]; Kündigung eines Mietvertrages[42] oder von Mietaufhebungsverträgen[43].
- Abschluss gewerblicher Mietverträge und gemischter Gewerbe- und Wohnraummietverträge, wenn der Schwerpunkt auf der gewerblichen Miete liegt.[44]
- Zustimmung zur Mieterhöhung.[45]
- Bauvertrag über einen Wohnbau.[46]
- Vertrag über die Neuanlage der Elektroinstallation als Teil eines Neubaus.[47]
- I.d.R. Anschaffung eines Kraftfahrzeuges, gleichgültig ob für berufliche oder familiäre Zwecke.[48]
- Geschäfte, die zum Zwecke der bevorstehenden Trennung abgeschlossen werden, z.B. Umzugsvertrag eines Ehegatten.[49]

---

[32] OLG Düsseldorf v. 26.11.2004 - I-23 U 101/04 - NJW-RR 2005; 648; a.A. AG Leutkirch v. 02.04.2008 - 2 C 21/08 - DStR 2009, 876.
[33] AG Kerpen v. 05.10.1988 - 3 C 364/88 - NJW-RR 1989, 329.
[34] BGH v. 11.03.2004 - III ZR 213/03 - NJW 2004, 1593-1595 m. Anm. *Struck*, FF 2004, 257; LG Stuttgart v. 09.01.1998 - 25 O 622/96 - FamRZ 2001, 1610-1611.
[35] BGH v. 11.03.2004 - III ZR 213/03 - NJW 2004, 1593, 1594 f.; vgl. auch *Brudermüller*, NJW 2004, 2265.
[36] *Roth* in: MünchKomm-BGB, § 1357 Rn. 23.
[37] LAG Hamm v. 29.10.2009 - 8 Sa 852/09.
[38] Strittig, wie hier LG Dortmund v. 23.09.2008 - 3 O 172/08 - NJW-RR 2009, 1286; *Dörr*, NJW 1989, 810, 814; a.A. *Roth* in: MünchKomm-BGB, § 1357 Rn. 24; vgl. auch *Wellenhofer* in: NK-BGB, Bd. 4, § 1357 Rn. 15 m.w.N.; LG Hamburg v. 16.11.2001 - 317 S 126/01 - NJW 2002, 1055.
[39] LG Darmstadt v. 25.08.2005 - 25 S 81/05 - NJW-RR 2005, 1583.
[40] *Roth* in: MünchKomm-BGB, § 1357 Rn. 24.
[41] OLG Brandenburg v. 01.08.2006 - 9 W 8/06 - FamRZ 2007; 558.
[42] *Roth* in: MünchKomm-BGB, § 1357 Rn. 24.
[43] LG Köln v. 10.01.1990 - 10 S 174/89 - WuM 1990, 142.
[44] OLG Düsseldorf v. 28.09.2006 - I-10 U 61/06, 10 U 61/06 - ZMR 2007, 269.
[45] *Brudermüller* in: Palandt, § 1357 Rn. 13; a.A. AG Münster v. 26.06.1996 - 48 C 262/96 - MDR 1996, 900-901.
[46] BGH v. 29.09.1988 - VII ZR 186/87 - LM Nr. 5 zu § 1357 BGB.
[47] OLG Brandenburg v. 09.10.2007 - 11 U 72/07.
[48] *Wellenhofer* in: NK-BGB, Bd. 4, § 1357 Rn. 16; a.A. *Brudermüller* in: Palandt, § 1357 Rn. 11 wenn Pkw für familiäre Zwecke erworben wird; diff. *Roth* in: MünchKomm-BGB, § 1357 Rn. 23, 24; s.a. LG Freiburg (Breisgau) v. 19.01.1988 - 9 S 164/87 - FamRZ 1988, 1052-1053.
[49] LG Aachen v. 06.06.1980 - 3 S 109/80 - FamRZ 1980, 996.

- Kauf eines Haustieres.
- Aufnahme eines Bankdarlehens oder Wechselgeschäfte.[50]
- Geschäfte zur Kapitalanlage und Vermögensbildung.[51]
- Buchung einer nach den Lebensverhältnissen der Eheleute unangemessen teuren Familienpauschalreise.[52]
- Abschluss eines Premiere Pay-TV-Vertrages.[53]
- Aufnahme eines Bankkredits zur Finanzierung des Kaufs der gesamten Wohnungseinrichtung.[54]
- Abschluss eines Vertrages über Nachhilfeunterricht bei monatlichen Kosten von ca. 350 €.[55]
- Abschluss eines Maklervertrages, der dem Erwerb eines Hausgrundstücks dient.[56]
• Sonderfall der ärztlichen Behandlung:
- Grundsätzlich fallen Verträge, über die ambulante und stationäre Behandlung des Ehegatten und der Kinder unter die Schlüsselgewalt.[57]
- Wenn ein Ehegatte bei Vertragsschluss erklärt, dass er nur sich alleine verpflichten wolle, haftet der andere Ehegatte nicht über § 1357 BGB mit.[58] Das gilt auch, wenn sich der Ausschluss der Mithaftung aus den Umständen ergibt, z.B. wenn eine kostendeckende Krankenversicherung besteht.[59] Ein Ausschluss der Mithaftung ist auch anzunehmen, wenn beide Eheleute erwerbstätig sind.[60] Erklärt der vertragsschließende Ehegatte, er sei in der Krankenversicherung des anderen mitversichert, haftet er selbst nicht mit.[61] Allein der Vertragsschluss im Namen des anderen Ehegatten beseitigt die Mithaftung auch dann nicht, wenn die Behandlung alleine den anderen Ehegatten betrifft und nicht insgesamt von der Krankenkasse gedeckte Leistungen umfasst.[62]

19 Im Einzelfall ist zu überprüfen, ob das Kriterium der Angemessenheit erfüllt ist:
• Angemessen sind übliche medizinische Behandlungen, die notwendig und unaufschiebbar sind.[63]
• Unangemessen ist eine Behandlung, wenn sie die wirtschaftliche Leistungsfähigkeit der Familie überschreitet und zwar auch dann, wenn die Behandlung eigentlich medizinisch notwendig und unaufschiebbar ist.[64]
• Unangemessen ist die Inanspruchnahme solcher privatmedizinischer Leistungen oder Zusatzleistungen, bei denen anzunehmen ist, dass sie Eheleute üblicherweise nicht ohne vorherige Absprache in Anspruch nehmen, z.B. bei teuren und nicht zwingend erforderlichen privatärztlichen Wahlleistungen[65] oder dem Einzelzimmerzuschlag.[66]

---

[50] *Roth* in: MünchKomm-BGB, § 1357 Rn. 28; *Brudermüller* in: Palandt, § 1357 Rn. 13.
[51] *Voppel* in: Staudinger, § 1357 Rn. 65.
[52] LG Hamburg v. 16.11.2001 - 317 S 126/01 - NJW 2002, 1055.
[53] OLG Brandenburg v. 01.08.2006 - 9 W 8/06 - FamRZ 2007, 558.
[54] OLG Brandenburg v. 01.08.2006 - 9 W 8/06 - FamRZ 2007, 558.
[55] AG Kerpen v. 08.11.2005 - 22 C 480/04 - NJW-RR 2006, 702.
[56] OLG Thüringen v. 06.04.2011 - 2 U 862/10 - MDR 2011, 970; OLG Oldenburg v. 16.06.2010 - 5 U 138/09 - FamRZ 2011, 37.
[57] BGH v. 28.04.2005 - III ZR 351/04 - FamRZ 2005, 1071, 1073; BGH v. 13.02.1985 - IVb ZR 72/83 - BGHZ 94, 1-11; BGH v. 03.02.1967 - VI ZR 114/65 - BGHZ 47, 75-84; LG Oldenburg v. 10.10.2008 - 8 S 207/08 - FamRZ 2009, 1221.
[58] BGH v. 27.11.1991 - XII ZR 226/90 - BGHZ 116, 184-190.
[59] OLG Köln v. 09.03.1992 - 27 U 110/91 - MDR 1993, 55.
[60] Bejahend *Büdenbender*, FamRZ 1976, 662, 671; *Brudermüller* in: Palandt, § 1357 Rn. 16; *Wellenhofer* in: NK-BGB, Bd. 4, § 1357 Rn. 21.
[61] OLG Köln v. 19.05.1993 - 27 U 1/93 - MDR 1993, 1057-1058.
[62] BGH v. 13.02.1985 - IVb ZR 72/83 - BGHZ 94, 1-11.
[63] BGH v. 27.11.1991 - XII ZR 226/90 - BGHZ 116, 184-190; OLG Schleswig v. 19.03.1993 - 4 U 60/92 - NJW 1993, 2996-2997.
[64] OLG Saarbrücken v. 12.04.2000 - 1 U 771/99 - 191, 1 U 771/99 - NJW 2001, 1798-1799; OLG Köln v. 07.10.1998 - 5 U 174/97 - NJW-RR 1999, 733-734; *Weber*, NJW 1999, 3160-3172.
[65] BGH v. 13.02.1985 - IVb ZR 72/83 - BGHZ 94, 1-11; OLG Bremen v. 27.11.2009 - 2 U 37/09 - MDR 2010, 577.
[66] LG Dortmund v. 20.09.1984 - 17 S 165/84 - NJW 1985, 922; LG Bonn v. 22.09.1982 - 5 S 148/82 - NJW 1983, 344-345.

V. Beschränkung und Ausschluss gem. Absatz 2

Die Erklärung ist formlos und kann dem Ehegatten oder dem Dritten (analog den §§ 168 Satz 3, 167 Abs. 1 BGB) gegenüber abgegeben werden oder durch Eintragung in das Güterrechtsregister mit Wirkung gegenüber der Allgemeinheit (§ 1357 Abs. 2 Satz 2 BGB). Die Beschränkung der Schlüsselgewalt ist zunächst wirksam, unabhängig davon, ob ausreichende Gründe hierfür vorgelegen haben.

Entzug und Beschränkung sind Dritten gegenüber nur wirksam, wenn diese davon Kenntnis haben oder die Erklärung im Güterrechtsregister eingetragen ist (§§ 1357 Abs. 2 Satz 2, 1412 BGB). Die Eintragung, die in der Praxis sehr selten vorkommt, kann von einem Ehegatten allein beantragt werden (§ 1561 Abs. 2 Satz 4 BGB). Das Registergericht prüft die Rechtmäßigkeit der Maßnahme nicht nach.

Der andere Ehegatte kann Antrag auf Aufhebung der Beschränkung oder Entziehung zum Familiengericht stellen. Für einen Herstellungsantrag fehlt daher das Rechtsschutzbedürfnis. Die aufhebende Entscheidung hat nur Wirkung ex nunc ab Rechtskraft, so dass für zwischenzeitlich vorgenommene Geschäfte keine Mitverpflichtung des anderen Ehegatten entsteht (§ 40 Abs. 3 FamFG).[67] Daher erfolgt auch keine Aufhebung mehr nach rechtskräftiger Scheidung. Das Verfahren ist eine sonstige Familiensache gem. § 266 Abs. 2 FamFG und damit keine Familienstreitsache (§ 112 Nr. 3 FamFG). Es gilt der Amtsermittlungsgrundsatz (§ 26 FamFG). Die Zuständigkeit richtet sich nach den §§ 267, 268 FamFG.

Der Antrag ist begründet, wenn kein ausreichender Grund für die Entziehung der Schlüsselgewalt bestanden hat. Maßgebend ist der Zeitpunkt der gerichtlichen Entscheidung. Ausreichende Gründe für eine Entziehung sind beispielsweise Unfähigkeit, mit Geld umzugehen, Verschwendungssucht, eigene Bereicherungsversuche des Ehegatten.[68] Auf Verschulden kommt es nicht an. Für das Verfahren gilt der Untersuchungsgrundsatz; Nichtaufklärbarkeit geht zu Lasten des Ehegatten, der die Beschränkung der Schlüsselgewalt ausgesprochen hat.

C. Rechtsfolgen

Über die Schlüsselgewalt werden beide Ehegatten schuldrechtlich berechtigt und verpflichtet (zum Fall der beschränkten Geschäftsfähigkeit vgl. Rn. 10). Beide Ehegatten haften als Gesamtschuldner (§ 421 BGB). Das gilt auch für Ansprüche aus culpa in contrahendo und pVV im Zusammenhang mit dem Vertragsschluss.[69] Bei Dauerschuldverhältnissen (z.B. Stromlieferungsvertrag für die Ehewohnung) ist der Zeitpunkt des Abschlusses des Vertrages maßgeblich. Die Mitverpflichtung daraus endet nicht mit der Trennung oder dem Auszug aus der Ehewohnung.[70] Die zum Teil in der Rechtsprechung vertretene Ansicht, dass die Mitverpflichtung aus dem Dauerschuldverhältnis endet, wenn die Trennung dem Vertragspartner angezeigt wird,[71] lässt sich nach der Entscheidung des BGH wohl nicht aufrechterhalten.

§ 1357 BGB hat nach herrschender Meinung und Rechtsprechung keine dingliche Wirkung, so dass nicht automatisch Miteigentum an erworbenen Gegenständen entsteht.[72] Es entsteht aber, wenn der erwerbende Ehegatte Miteigentum erwerben will.[73] Auch die Regeln über den Erwerb „für den, den es angeht", können Anwendung finden.[74] Hausratsgegenstände erwerben die Ehegatten im Zweifel zum Miteigentum.[75] Der vorrangige § 1370 BGB zur Ersatzbeschaffung von Haushaltsgegenständen ist zu beachten. Im Ehevertrag können Regelungen zum Eigentumserwerb bei Schlüsselgewalt-Geschäften getroffen werden.[76]

---

[67] So die herrschende Meinung vgl. *Brudermüller* in: Palandt, § 1357 Rn. 27; *Roth* in: MünchKomm-BGB, § 1357 Rn. 47; a.A. für den Fall, dass von vorneherein keine ausreichenden Gründe vorgelegen haben *Voppel* in: Staudinger, § 1357 Rn. 116.

[68] *Roth* in: MünchKomm-BGB, § 1357 Rn. 47.

[69] *Brudermüller* in: Palandt, § 1357 Rn. 22.

[70] BGH v. 24.04.2013 - XII ZR 159/12 - FamRZ 2013, 1199.

[71] So LG Karlsruhe v. 17.05.2013 - 9 S 364/12 - NJW-RR 2013, 1326; LG Oldenburg v. 05.10.2005 - 5 S 590/04 - FamRZ 2006, 70.

[72] BGH v. 13.03.1991 - XII ZR 53/90 - BGHZ 114, 74-81; a.A. *Schwab*, Familienrecht, 19. Aufl. 2011, Rn. 186.

[73] *Brudermüller* in: Palandt, § 1357 Rn. 20.

[74] *Roth* in: MünchKomm-BGB, § 1357 Rn. 42; *Brudermüller* in: Palandt, § 1357 Rn. 20.

[75] OLG Köln v. 12.07.1995 - 11 U 36/95 - NJW-RR 1996, 904-905; OLG Koblenz v. 13.09.1991 - 5 W 400/91 - NJW-RR 1992, 706-707; OLG München, NJW 1972, 542.

[76] *Bergschneider*, Verträge in Familiensachen, 4. Aufl. 2010, Rn. 206 ff.

26 Ist das Vertragsverhältnis nichtig, bestehen gegen beide Ehegatten Bereicherungsansprüche hinsichtlich des jeweils Erlangten.[77]

27 Ob beide Ehegatten Gesamtgläubiger (§ 428 BGB) oder Mitgläubiger (§ 432 BGB) der sich aus der gemeinsamen Verpflichtung ergebenden Ansprüche sind, ist streitig.[78] § 428 BGB ist nach h.M. wegen der engen Beziehung unter Eheleuten der Vorzug zu geben.

28 Der Vertragspartner des Ehegatten kann nach dieser Ansicht mit befreiender Wirkung an jeden Ehegatten leisten.

29 Jeder Ehegatte kann den Anspruch gegen den Vertragspartner in eigenem Namen auf Leistung an sich einklagen.[79] Die Vertreter der Ansicht, dass § 432 BGB Anwendung findet, bejahen einen Klageanspruch des Ehegatten auf Leistung an beide Ehegatten.[80]

30 Streitig ist auch, ob Gestaltungsrechte (Kündigung, Rücktritt, Anfechtung) von den Ehegatten nur gemeinschaftlich oder von jedem Ehegatten alleine ausgeübt werden können. Nach der hier vertretenen Ansicht umfasst § 1357 BGB nicht nur die Begründung des Vertragsverhältnisses, sondern auch deren Umgestaltung durch das Ausüben von Gestaltungsrechten mit Wirkung für den anderen Ehegatten.[81]

31 Nach anderer Ansicht müssen Gestaltungsrechte von den Ehegatten gemeinschaftlich ausgeübt werden.[82] Es bestehe nur ein Leistungsverweigerungsrecht des nicht vertragsschließenden Ehegatten analog § 770 Abs. 1 BGB, solange das Geschäft noch in der Schwebe ist, weil dem kontrahierenden Ehegatten ein Gestaltungsrecht zusteht.[83]

32 Im Innenverhältnis der Ehegatten ist derjenige zur Ausübung alleine berechtigt, dem die Führung des Haushalts übertragen wurde. Haben die Ehegatten die Haushaltsführung unter sich aufgeteilt, gebührt die Ausübung der Schlüsselgewalt jedem Ehegatten innerhalb des ihm übertragenen Bereichs. Zur Wahrnehmung der Haushaltsführung und der damit verbundenen Einkäufe muss ein ausreichendes Wirtschaftsgeld zur Verfügung gestellt werden.

D. Prozessuale Hinweise/Verfahrenshinweise

33 Der Gläubiger trägt die Beweislast für die Voraussetzungen des § 1357 Abs. 1 Satz 1 BGB, wenn er den anderen Ehegatten in Anspruch nehmen will. Dieser muss seinerseits die Einschränkungen aus § 1357 Abs. 1 Satz 2 HS. 2, Abs. 2, 3 BGB darlegen und beweisen.

34 § 1357 BGB beinhaltet auch ein Klagerecht im eigenen und im Namen des Ehegatten. Klagen beide, sind sie notwendige Streitgenossen.[84] Im Passivprozess bilden sie keine notwendige Streitgenossenschaft und es erfolgt nach h.M. keine Rechtskrafterstreckung auf den anderen Ehegatten.[85]

---

[77] *Schlosser*, FamRZ 1961, 287, 294 f.
[78] Für § 428 BGB *Roth* in: MünchKomm-BGB, § 1357 Rn. 41; für § 432 BGB *Büdenbender*, FamRZ 1976, 662.
[79] *Roth* in: MünchKomm-BGB, § 1357 Rn. 41.
[80] *Brudermüller* in: Palandt, § 1357 Rn. 21; a.A. *Löhnig*, FamRZ 2001, 135-138.
[81] *Roth* in: MünchKomm-BGB, § 1357 Rn. 41; vgl. zum Meinungsstand *Berger*, FamRZ 2005, 1129 ff.; für Kündigung AG Neuruppin v. 17.12.2008 - 42 C 192/07 - FamRZ 2009, 1221.
[82] *Roth*, FamRZ 1979, 361-370, 366 ff.
[83] *Berger*, FamRZ 2005, 1129 ff.
[84] *Wellenhofer* in: NK-BGB, Bd. 4, § 1357 Rn. 30; *Berger*, FamRZ 2005, 1129, 1133.
[85] *Wellenhofer* in: NK-BGB, Bd. 4, § 1357 Rn. 30; *Baur* in: FS Beitzke, S. 111, 113; abweichend *Berger*, FamRZ 2005, 1129, 1133.

jurisPK-BGB § 1358

§ 1358 BGB (weggefallen)

(Fassung vom 01.01.1964, gültig ab 01.01.1980, gültig bis 31.12.2001)

(weggefallen)

§ 1358 BGB in der Fassung vom 01.01.1964 ist durch Art. 1 Nr. 7 des Gesetzes vom 18.06.1957 – BGBl I 1957, 609 – mit Wirkung vom 01.07.1958 weggefallen. 1

§ 1359 BGB Umfang der Sorgfaltspflicht

(Fassung vom 02.01.2002, gültig ab 01.01.2002)

Die Ehegatten haben bei der Erfüllung der sich aus dem ehelichen Verhältnis ergebenden Verpflichtungen einander nur für diejenige Sorgfalt einzustehen, welche sie in eigenen Angelegenheiten anzuwenden pflegen.

Gliederung

A. Grundlagen 1	2. Literatur, Auffassung des Autors 18
I. Kurzcharakteristik 1	D. Rechtsfolgen 20
II. Regelungsprinzipien 4	I. Sorgfaltsmaßstab 20
B. Praktische Bedeutung 7	II. Abdingbarkeit 23
C. Anwendungsvoraussetzungen 9	III. Haftung außerhalb des Anwendungsbereichs
I. Persönlicher Anwendungsbereich 9	von § 1359 BGB 25
II. Zeitlicher Anwendungsbereich 10	IV. Fälle mit Beteiligung außenstehender
III. Sachlicher Anwendungsbereich 13	Dritter 26
IV. Sonderfall: Straßenverkehrsunfälle 17	E. Prozessuale Hinweise 30
1. Rechtsprechung 17	F. Internationales Privatrecht 32

A. Grundlagen

I. Kurzcharakteristik

1 § 1359 BGB ist keine Anspruchsgrundlage, sondern regelt als Hilfsnorm lediglich den Haftungsmaßstab; er modifiziert somit § 276 Abs. 1 BGB.

2 Normzweck ist es, die Haftung der Ehegatten im Innenverhältnis zu mildern. Haftungsmaßstab ist danach nicht die allgemeinübliche, sondern die eigenübliche Sorgfalt: diligentia quam in suis (rebus adhibere solet).

3 Parallelvorschriften finden sich in den §§ 346 Abs. 3 Satz 1 Nr. 3, 347 Abs. 1 Satz 2, 690, 708, 1664 Abs. 1, 2131 BGB.

II. Regelungsprinzipien

4 Die Haftungsmilderung gemäß § 1359 BGB ist Ausfluss des § 1353 Abs. 1 Satz 2 BGB, wonach die Ehegatten zu gegenseitiger Rücksichtnahme verpflichtet sind.

5 Der Ehegatte hat sich seinen Partner mit all dessen Eigenschaften, mit dessen persönlichen Qualitäten und Vorzügen, aber auch mit dessen persönlichen Mängeln und Fehlern gewählt.[1] Deshalb kann er diesem die eigenübliche Sorgfalt nicht zum Vorwurf machen, wenn er die Angelegenheiten des Partners besorgt. „Wer sich einen minder befähigten oder weniger zuverlässigen Partner aussucht, hat sich dies selbst zuzuschreiben."

6 Zudem erhöht das Zusammenleben in der ehelichen Gemeinschaft zwangsläufig das Risiko, dass Rechtsgüter des Partners verletzt werden. Der Haftungsmaßstab des § 276 BGB würde die Anforderungen an die Ehegatten überdehnen und damit im Ergebnis die eheliche Gemeinschaft unangemessen belasten. Das Haftungsprivileg des § 1359 BGB ist somit Korrelat der Pflichten aus § 1353 Abs. 1 Satz 2 BGB[2], insbesondere der Pflicht zur ehelichen Lebensgemeinschaft.

B. Praktische Bedeutung

7 Da das Vermögen beider Ehegatten in keinem Güterstand zu einer Einheit zusammengefasst wird, sind Vermögensverschiebungen zwischen diesen möglich. Schadensersatzansprüche zwischen Ehegatten sind somit vermögensrechtlich relevant. Freilich wird in der Rechtspraxis nur selten Ersatz geleistet; meist erlöschen die entsprechenden Forderungen durch Erlass (§ 397 BGB).

8 Praktische Bedeutung gewinnen Schadensersatzansprüche zwischen Ehegatten bei intakter Lebensgemeinschaft vor allem in Fällen mit Außenwirkung, d.h. bei Beteiligung außenstehender Dritter am Schadensausgleich.

---

[1] BGH v. 25.05.1971 - VI ZR 248/69 - juris Rn. 15 - LM Nr. 1a zu § 708 BGB; *Mayer-Maly*, FS f. Max Kaser 1976, S. 229-264, 241, 245.

[2] *Voppel* in: Staudinger, § 1359 Rn. 7.

- Der schädigende Ehegatte ist haftpflichtversichert und nimmt die Versicherung für den Schaden seines Partners in Anspruch.
- Der Anspruch des geschädigten Ehegatten geht kraft cessio legis auf einen Dritten über, der Ersatz leisten musste.
- Der Schaden des Ehegatten wurde von seinem Partner und einem Dritten gemeinsam verursacht. Der in Anspruch genommene Dritte will nun seinerseits Rückgriff beim anderen Ehegatten nehmen.

In der Gerichtspraxis dominieren Schadensersatzansprüche aus Straßenverkehrsunfällen.

C. Anwendungsvoraussetzungen

I. Persönlicher Anwendungsbereich

§ 1359 BGB gilt in seinem direkten Anwendungsbereich nur für Ehegatten. Für (gleichgeschlechtliche) Lebenspartner trifft § 4 LPartG indes eine entsprechende Regelung. Darüber hinaus spricht sich die wohl h.M. im Falle nichtehelicher Lebensgemeinschaften für eine Gesamtanalogie zu den §§ 708, § 1359, 1664 BGB aus;[3] nach anderer Ansicht liegt hier ein stillschweigender Haftungsausschluss durch die Partner nahe[4].

II. Zeitlicher Anwendungsbereich

Die Haftungsmilderung nach § 1359 BGB greift für den Zeitraum einer bestehenden Ehe. Entsprechendes gilt für die Dauer einer nach § 1313 BGB aufhebbaren Ehe. Maßgeblich ist der Zeitpunkt der Entstehung des Anspruchs, nicht der Zeitpunkt der Geltendmachung. Dies entspricht auch der Regelung des § 207 Abs. 1 Satz 1 BGB, wonach die Verjährung von Ansprüchen zwischen Ehegatten solange gehemmt ist, wie die Ehe besteht.

In Rechtsprechung und Schrifttum umstritten ist die Frage, ob die Haftungsmilderung auch zugunsten getrennt lebender Ehegatten eingreift. Nach h.M. bleibt die Vorschrift bis zur rechtskräftigen Scheidung der Ehe anwendbar[5], erfasst also etwa auch die Beschädigung von dem getrennt lebenden Ehegatten nach § 1361a Abs. 1 Satz 2 BGB zum alleinigen Gebrauch überlassenen Haushaltsgegenständen. Die Gegenansicht sieht demgegenüber die Aufrechterhaltung der ehelichen Lebensgemeinschaft als Anwendungsvoraussetzung des § 1359 BGB.[6] Dies steht in Einklang mit dem Zweck der Norm. Wie beschrieben (vgl. Rn. 6) stellt die Haftungsmilderung das notwendige Korrelat zur Pflicht zur ehelichen Lebensgemeinschaft nach § 1353 Abs. 1 Satz 2 BGB dar. Wird diese von den Ehegatten nicht mehr gelebt, so entfällt auch der tragende Grund für das Haftungsprivileg des § 1359 BGB, selbst wenn gewisse Rücksichtnahmepflichten fortbestehen.

Bei einer nach § 1313 BGB **aufhebbaren Ehe** stellt die oben zitierte h.M. auf den Zeitpunkt der Rechtskraft des Aufhebungsbeschlusses ab. Freilich sieht sie sich gezwungen, hiervon im Falle geschäftsunfähiger, arglistig getäuschter oder gar bedrohter Ehegatten eine Ausnahme zu machen: Die (Schadens-)Folgen einer unglücklichen Lebensentscheidung seien nur dann zu tragen, wenn diese freiwillig und ohne Willensmangel getroffen wurde. Nach der Mindermeinung ist auch für solche Fälle darauf abzustellen, ob die eheliche Lebensgemeinschaft fortbesteht oder nicht.

III. Sachlicher Anwendungsbereich

Grundsätzlich greift die Haftungsmilderung im Bereich ehelicher Pflichten einschließlich des Ehegüterrechts:
- eheliche Mitarbeitspflichten,[7]
- allgemeine Beistandspflichten aus § 1353 Abs. 1 Satz 2 BGB,
- Geschäfte zur Deckung des allgemeinen Lebensbedarfs (§ 1357 BGB),
- eheliche Haushaltsführung (§ 1356 BGB),

---

[3] *Roth* in: MünchKomm-BGB, § 1359 Rn. 8; OLG Celle v. 30.01.1992 - 14 U 195/90 - juris Rn. 2 - FamRZ 1992, 941-942; OLG Oldenburg v. 26.03.1986 - 3 U 299/85 - FamRZ 1986, 675-676 m.w.N.

[4] OLG Karlsruhe v. 18.12.1991 - 1 U 114/91 - FamRZ 1992, 940-941.

[5] OLG Stuttgart v. 17.09.1982 - 2 U 28/82 - juris Rn. 30 - FamRZ 1983, 68-69: Ehegatte, der Ehewohnung bis zur Ehescheidung allein bewohnt; *Heckelmann* in: Erman, Handkommentar BGB, 10. Aufl, 2000, § 1359 Rn. 2; *Roth* in: MünchKomm-BGB, § 1359 Rn. 8; *Lipp* in: Soergel, § 1359 Rn. 4.

[6] *Voppel* in: Staudinger, § 1359 Rn. 14; AG Gummersbach v. 24.02.1995 - 3 F 348/94 - juris Rn. 17 - FamRZ 1996, 675.

[7] Zum alten Recht RG v. 26.08.1935 - VI 91/35 - RGZ 148, 303-310, 308.

- eheliche Unterhaltspflichten (§§ 1360-1361 BGB),
- Übernahme der Vermögensverwaltung für den anderen Ehegatten nach § 1413 BGB (bestr.),[8]
- Verwaltung des ehelichen Gesamtgutes durch einen Ehegatten (§ 1435 BGB),
- Mitwirkungspflicht bei der gemeinschaftlichen Verwaltung des ehelichen Gesamtgutes (§ 1451 BGB).

14 Sie gilt weiterhin, wenn in der Verletzung der eherechtlichen Pflicht zugleich die Verletzung einer allgemeinen Sorgfaltspflicht begründet liegt, der Schadensersatzanspruch aus der Sonderverbindung Ehe folglich mit einem deliktischen Anspruch konkurriert.[9] Die Haftungsmilderung ist hier auf den konkurrierenden Anspruch zu übertragen.

15 Keine Anwendung findet § 1359 BGB auf Rechtsgeschäfte, die die Ehegatten – etwa aus steuerlichen Gründen – wie Dritte abschließen, z.B. Arbeits- oder Gesellschaftsverträge. Der Normzweck der Haftungsbeschränkung ist in diesen Fällen nicht berührt. Freilich führen im Gesellschaftsrecht § 708 BGB, im Arbeitsrecht die Grundsätze der Arbeitnehmerhaftung[10] zu entsprechenden Ergebnissen. Gegenüber der Annahme eines Auftragsverhältnisses i.S.v. § 662 BGB zwischen den Ehegatten ist Zurückhaltung geboten, da meist eine reine Gefälligkeit vorliegen dürfte, für die § 1359 BGB greift.[11]

16 Schließlich soll die Haftungsmilderung auch dann greifen, wenn der Ehegatte zur Erfüllung seiner Pflichten einen Dritten einschaltet und dieser den Partner bei der Erfüllung schädigt.[12]

IV. Sonderfall: Straßenverkehrsunfälle

1. Rechtsprechung

17 Keine Anwendung findet § 1359 BGB nach höchstrichterlicher Rechtsprechung bei Unfällen im Straßenverkehr und Sportunfällen mit motorbetriebenen Fahrzeugen.[13] Hier haftet der Ehegatte folglich nach den allgemeinen Grundsätzen.[14] Der BGH begründet diese Bereichsausnahme damit, dass bei Einführung des § 1359 BGB nicht daran gedacht worden sei, „daß die Haftungsmilderung auch gelten solle auf einem Gebiet, dessen Entwicklung es unerläßlich gemacht hat, unabhängig von persönlichen Eigenarten und Gewohnheiten eindeutige und strenge Haftungsmaßstäbe aufzustellen."[15] Behauptet wird damit eine nachträgliche Gesetzeslücke, die richterliche Rechtsfortbildung im Wege einer teleologischen Reduktion der Norm erforderlich gemacht habe. Ursprünglich verfolgte die Rechtsprechung hiermit zwei Ziele: Zum einen sollen Ansprüche des geschädigten Ehegatten gegen die Haftpflichtversicherung seines Partners nicht verloren gehen.[16] Zum anderen sollte einem Dritten, der neben dem Ehegatten als Gesamtschuldner haftet und in Anspruch genommen wird, die Möglichkeit des Regresses gegen den Ehegatten bzw. dessen Haftpflichtversicherer erhalten bleiben;[17] Letzteres wurde mittlerweile aufgegeben[18].

---

[8] Hierzu *Roth* in: MünchKomm-BGB, § 1359 Rn. 11.
[9] *Brudermüller* in: Palandt, § 1359 Rn. 2; BGH v. 20.12.1966 - VI ZR 53/65 - juris Rn. 10 - BGHZ 46, 313-319; vgl. hierzu auch OLG Nürnberg v. 27.02.2008 - 4 U 863/07 - OLGR Nürnberg 2008, 403-406.
[10] BAG v. 27.09.1994 - GS 1/89 (A) - NJW 1995, 210-213.
[11] *Roth* in: MünchKomm-BGB, § 1359 Rn. 14.
[12] RG v. 04.07.1932 - VI 137/32 - RGZ 138, 1-6, 5 f; RG v. 26.08.1935 - VI 91/35 - RGZ 148, 303-310, 308; *Diederichsen*, 25 Jahre Karlsruher Forum 1983, 141-145, 143.
[13] So etwa beim Wasserskilaufen, BGH v. 24.03.2009 - VI ZR 79/08 - NJW 2009, 1875 (Aufhebung der die Anwendbarkeit des § 1359 BGB bejahenden Entscheidung OLG Nürnberg v. 27.02.2008 - 4 U 863/07 - OLGR Nürnberg 2008, 403-406) mit Anmerkung *Figgener*, NZV 2009, 382.
[14] BGH v. 11.03.1970 - IV ZR 772/68 - juris Rn. 19 - BGHZ 53, 352-357; BGH v. 18.06.1973 - III ZR 207/71 - BGHZ 61, 101-112; BGH v. 10.07.1974 - IV ZR 212/72 - BGHZ 63, 51-60; zustimmend etwa *Jayme*, FamRZ 1970, 388-391; *Jayme*, Die Familie im Recht der unerlaubten Handlungen, 1971, S. 218; *Boehmer*, JR 1967, 56-58, 57; *Boehmer*, JR 1969, 54-55, 55; vgl. aber OLG Hamburg v. 08.07.1958 - 7 U 265/57 - VersR 1958, 809; OLG Bremen v. 11.06.1963 - 3 W 43/63 - VersR 1964, 644; *Gernhuber/Coester-Waltjen*, Lehrbuch des Familienrechts, 6. Aufl. 2010, 201; *Dethloff*, Familienrecht, 29. Aufl. 2009, S. 80; *Medicus/Petersen*, Bürgerliches Recht, 24. Aufl. 2013, Rn. 930.
[15] BGH v. 11.03.1970 - IV ZR 772/68 - juris Rn. 23 - BGHZ 53, 352-357.
[16] BGH v. 10.07.1974 - IV ZR 212/72 - juris Rn. 13 - BGHZ 63, 51-60.
[17] BGH v. 27.06.1961 - VI ZR 205/60 - juris Rn. 14 - BGHZ 35, 317-328; OLG Frankfurt v. 15.07.1971 - 15 U 192/70 - NJW 1971, 1993.
[18] BGH v. 01.03.1988 - VI ZR 190/87 - juris Rn. 25 - BGHZ 103, 338-349.

2. Literatur, Auffassung des Autors

Im Schrifttum wurde die Rechtsprechung des BGH von Beginn an heftig kritisiert. Insbesondere die Begründung für die teleologische Reduktion des Anwendungsbereichs von § 1359 BGB wurde angegriffen. In der Tat gehört die gemeinsame Autofahrt der Ehegatten zur Arbeit oder in den Urlaub zum ehelichen Pflichtenkreis, da sie Ausdruck des ehelichen Zusammenlebens bzw. der allgemeinen Beistandspflicht ist. Auch besteht keineswegs eine zwingende Haftung für jegliche Art der Sorgfaltspflichtverletzung im Straßenverkehr, wie etwa die Möglichkeit eines wirksamen rechtsgeschäftlichen Haftungsausschlusses zugunsten des kraftfahrenden Ehegatten zeigt.[19]

Ausschlaggebend scheint vielmehr die faktische Schadensverlagerung auf den Versicherungsträger, die bei der Schaffung des BGB nicht vorhersehbar war und die eine Haftungsmilderung zugunsten des Ehegatten für den Bereich der Verkehrsunfälle erübrigt.

D. Rechtsfolgen

I. Sorgfaltsmaßstab

Als Folge des § 1359 BGB wird die Haftung der Ehegatten im Innenverhältnis gemildert. Maßstab ist die eigenübliche Sorgfalt des schädigenden Partners, nicht die allgemeinübliche Sorgfalt. Die Haftung wegen grober Fahrlässigkeit bleibt hiervon freilich unberührt (§ 277 BGB), vgl. weitere Einzelheiten hierzu in der Kommentierung zu § 277 BGB. Wendet der Schuldner in eigenen Angelegenheiten eine höhere Sorgfalt als die allgemeinübliche an, so ist ausnahmsweise auf die allgemeinübliche Sorgfalt abzustellen; dies folgt aus dem Wortlaut der Norm („nur") sowie aus deren Zweck einer Haftungsprivilegierung.

Eigenübliche Sorgfalt ist die Sorgfalt, die der Ehegatte in vergleichbaren Angelegenheiten tatsächlich übt.[20] Eine normative Bestimmung der eigenüblichen Sorgfalt, wie sie von Teilen des Schrifttums vertreten wird[21], steht nicht in Einklang mit dem Zweck der Norm. Der Ehegatte ist so ausgewählt worden, wie er ist, nicht wie er nach allgemeinen Maßstäben sein sollte.[22] Versäumt es der Ehegatte bei Feuergefahr etwa aus Feigheit, die durchaus rettbaren Sachen seines Partners zu bergen und lässt diese ebenso wie seine eigenen Sachen verbrennen, so tritt keine Haftung ein.[23] Die Furchtsamkeit des Schädigers und die hierauf beruhende eigenübliche Sorgfalt waren dem geschädigten Ehegatten bekannt. Die Forderung, dieser müsse gegenüber seinem Partner gegebenenfalls ein höheres Maß an Sorgfalt aufbringen als gegenüber sich selbst, mag ein schönes Ideal sein, erweist sich im täglichen Eheleben aber als überspannte Vorstellung. Darüber hinaus fehlt es an einem Schutzbedürfnis des geschädigten Ehegatten, da die Haftung wegen grober Fahrlässigkeit unberührt bleibt[24], eine allzu weitgehende Minderung der Sorgfaltsanforderungen somit ausgeschlossen ist. Aus den gleichen Gründen abzulehnen ist der Vorschlag, das hypothetische Verhalten des geschädigten Ehegatten im Rahmen des § 1359 BGB mitzuberücksichtigen.[25] Eine solche Mitteilung des Maßstabs eigenüblicher Sorgfalt nivelliert die Unterschiede im Verhalten beider Ehegatten, welche bei Eheschließung bekannt waren.

Die dem konkreten Ehegatten zumutbare Sorgfalt i.S. eines normativen Maßstabs kann allenfalls dort Bedeutung erlangen, wo es an vergleichbaren eigenen Angelegenheiten fehlt.[26]

---

[19] OLG Düsseldorf v. 13.01.1959 - 4 U 218/58 - VersR 1959, 568; OLG Karlsruhe v. 04.10.1962 - 4 U 145/61 - juris Rn. 18 - VersR 1963, 685; zu weitgehend wohl OLG Frankfurt v. 24.06.1986 - 8 U 174/85 - juris Rn. 37 - NJW-RR 1986, 1350-1353: Fiktion einer stillschweigenden Vereinbarung zwischen Ehegatten, dass Haftung bei leichter Fahrlässigkeit nur insoweit besteht, als diese von der Versicherung gedeckt ist.

[20] BGH v. 11.03.1970 - IV ZR 772/68 - juris Rn. 17 - BGHZ 53, 352-357.

[21] So etwa *Wacke* in: MünchKomm-BGB, 5. Aufl. 2010, § 1359 Rn. 4; *Hoffmann*, NJW 1967, 1207-1210, 1209; *Finger*, Familienrecht, 1979, S. 123-125.

[22] Gegen Objektivierung etwa *Diederichsen*, 25 Jahre Karlsruher Forum 1983, 141-145, 141; *Larenz*, FS f. Harry Westermann 1974, S. 299-307, 304 zu § 708 BGB.

[23] A.A. *Wacke* in: MünchKomm-BGB, 5. Aufl. 2010, § 1359 Rn. 4: Vernachlässigte Eigenliebe mindert nicht die Pflicht zur Partnerliebe.

[24] Vgl. § 277 BGB; BGH v. 13.01.1988 - IVb ZR 110/86 - NJW 1988, 1208.

[25] *Roth* in: MünchKomm-BGB, § 1359 Rn. 5.

[26] OLG Hamm v. 21.02.2001 - 13 U 208/00 - ZfSch 2001, 406-408; *Wacke* in: MünchKomm-BGB, 5. Aufl. 2010, § 1359 Rn. 4 a.E.

II. Abdingbarkeit

23 Eine Vereinbarung der Ehegatten über eine Verschärfung bzw. eine über § 1359 BGB hinausgehende Milderung des Haftungsmaßstabs ist jedenfalls im konkreten Einzelfall zulässig, da § 1359 BGB kein zwingendes Recht ist. Gegenüber der Zulässigkeit genereller Haftungsvereinbarungen[27] bestehen hingegen berechtigte Bedenken[28]. So steht einer generellen Haftungsverschärfung die nicht parteidisponible Verpflichtung zur ehelichen Lebensgemeinschaft nach § 1353 Abs. 1 Satz 2 BGB entgegen, auf der die Regelung des § 1359 BGB beruht. Gleiches sollte m.E. auch für eine generelle Haftungsmilderung, etwa den allgemeinen Ausschluss der Haftung für grobe Fahrlässigkeit gelten.

24 Daneben ist stets ein Haftungsverzicht möglich.[29] Dieser gilt aber lediglich im Verhältnis der Ehegatten zueinander, nicht im Ausgleichsverhältnis zu Dritten.

III. Haftung außerhalb des Anwendungsbereichs von § 1359 BGB

25 Außerhalb des Geltungsbereichs von § 1359 BGB, also insbesondere im Falle von Straßenverkehrsunfällen, verstößt die Geltendmachung von Schadensersatzansprüchen gegen den Ehegatten nicht per se gegen das Rücksichtnahmegebot des § 1353 BGB.[30] Etwas anderes gilt, wenn sich der schädigende Ehegatte um einen anderweitigen, ehegerechten Schadensausgleich bemüht, etwa durch partnerschaftliches Mittragen des Schadens.[31] Auch Ansprüche auf Schmerzensgeld können – trotz ihrer Genugtuungsfunktion – gegen den Ehegatten geltend gemacht werden;[32] allerdings mag die Sonderverbindung zwischen Schädiger und Geschädigtem Einfluss auf die Höhe des Schmerzensgeldes haben[33]. Um der besonderen Situation, insbesondere der sich aus der Lebensgemeinschaft ergebenden gegenseitigen Rücksichtnahmen, Rechnung zu tragen, ist die Verjährung von Ansprüchen zwischen Ehegatten gemäß § 207 Abs. 1 Satz 1 BGB solange gehemmt, wie die Ehe besteht.

IV. Fälle mit Beteiligung außenstehender Dritter

26 Bei Entschädigung durch einen zum Schadensausgleich verpflichteten Dritten (Versicherungsträger) ist ein **gesetzlicher Forderungsübergang** (cessio legis) zumeist ausgeschlossen, wenn die Ehegatten in häuslicher Gemeinschaft leben. Die dahingehende ausdrückliche Regelung des § 67 Abs. 2 VVG bzw. § 116 Abs. 6 SGB X wurden von der Rechtsprechung auf die Legalzession nach § 6 EntgFG sowie nach § 87a BBG übertragen.[34]

27 Ein möglicher Schadensersatzanspruch gegen den eigenen Ehegatten ist zudem keine anderweitige Ersatzmöglichkeit i.S.d. § 839 Abs. 1 Satz 2 BGB.[35] Dieser führt somit nicht zum Ausschluss eines **Amtshaftungsanspruches** des geschädigten Ehegatten. Freilich ist das Verweisungsprivileg aus § 839 Abs. 1 Satz 2 BGB nach der Rechtsprechung des BGH bei Teilnahme des Amtsträgers am allgemeinen Straßenverkehr ohnehin nicht anwendbar[36]; auch hier gilt der Grundsatz der haftungsrechtlichen Gleichbehandlung aller Verkehrsteilnehmer.

28 Nach wie vor umstritten ist die Möglichkeit des in Anspruch genommenen Zweitschädigers, den mitschädigenden Ehegatten in **Regress** zu nehmen. Außerhalb des Anwendungsbereichs von § 1359 BGB, also insbesondere im Verkehrsunfallrecht, ist ein solcher Regress unproblematisch. Zwischen den Schädigern findet ein Ausgleich nach den Grundsätzen des § 426 BGB statt.

29 Innerhalb des Anwendungsbereichs von § 1359 BGB erscheint es interessengerecht, den Schadensersatzanspruch des geschädigten Ehegatten gegen den Zweitschädiger von vornherein um den Verursachungsbeitrag des schädigenden Ehegatten zu kürzen und damit den Nachteil der ehelichen Verbun-

---

[27] *Brudermüller* in: Palandt, § 1359 Rn. 3.
[28] Vgl. auch *Roth* in: MünchKomm-BGB, § 1359 Rn. 13.
[29] *Roth* in: MünchKomm-BGB, § 1359 Rn. 15.
[30] BGH v. 13.01.1988 - IVb ZR 110/86 - NJW 1988, 1208-1210.
[31] BGH v. 13.01.1988 - IVb ZR 110/86 - NJW 1988, 1208-1210.
[32] BGH v. 18.06.1973 - III ZR 207/71 - juris Rn. 18 - BGHZ 61, 101-112.
[33] OLG Schleswig v. 09.01.1991 - 9 U 40/89 - juris Rn. 28 - VRS 81, 414-417 (1991).
[34] BGH v. 11.02.1964 - VI ZR 271/62 - BGHZ 41, 79-84; BGH v. 08.01.1965 - VI ZR 234/63 - juris Rn. 13 - BGHZ 43, 72-80; BGH v. 14.07.1970 - VI ZR 179/68 - juris Rn. 5 - BGHZ 54, 256-264; BGH v. 19.12.1967 - VI ZR 62/66 - DB 1968, 349; BGH v. 21.09.1976 - VI ZR 210/75 - LM Nr. 91 zu § 1542 RVO; zum Regress des Versicherungsträgers *Diederichsen*, 25 Jahre Karlsruher Forum 1983, 141-145, 144.
[35] OLG Celle v. 10.05.1978 - 9 U 4/78 - NJW 1978, 2036-2037; a.A. noch BGH v. 11.03.1970 - IV ZR 772/68 - juris Rn. 25 - BGHZ 53, 352-357.
[36] BGH v. 27.01.1977 - III ZR 173/74 - BGHZ 68, 217-225.

denheit – wie von § 1359 BGB angestrebt – auf den geschädigten Ehegatten zu verlagern (Lehre vom gestörten Gesamtschuldnerausgleich).[37] Der BGH beschränkt das Haftungsprivileg des § 1359 BGB demgegenüber ohne überzeugende Begründung auf das Verhältnis der Ehegatten zueinander und lässt den Zweitschädiger den vollen Schaden tragen, ohne dass dieser (teilweisen) Ausgleich vom mitschädigenden Ehegatten verlangen könnte.

E. Prozessuale Hinweise

Im Verfahren hat der geschädigte Ehegatte zunächst das Verschulden seines Partners im Rahmen von § 276 Abs. 2 BGB nachzuweisen. 30

Sodann trägt der Schädiger die Beweislast dafür, dass die von ihm beachtete Sorgfalt derjenigen Sorgfalt entsprach, die er in eigenen Angelegenheiten anzuwenden pflegt.[38] Um bloße Schutzbehauptungen auszuschließen, sind hieran strenge Anforderungen zu stellen. Eine einzelne Selbstschädigung stellt allenfalls ein Indiz für die eigenübliche Sorgfalt dar[39], beweist aber noch nicht, dass der Schädiger in eigenen Angelegenheiten stets so nachlässig ist.[40] 31

F. Internationales Privatrecht

Haftungsprivilegien von Ehegatten sind nach h.M. nicht dem Deliktsstatut (Art. 40-42 EGBGB), sondern dem allgemeinen Ehewirkungsstatut nach Art. 14 EGBGB zu entnehmen. Maßgeblich ist danach in erster Linie das gemeinsame Heimatrecht beider Ehegatten, hilfsweise das Recht des gemeinsamen gewöhnlichen Aufenthalts (Gesamtverweisung). 32

Die danach vorzunehmende Sonderanknüpfung ist dann unproblematisch, wenn man deliktische Ansprüche zwischen Ehegatten mit einer im Vordringen befindlichen Ansicht insgesamt nach Art. 41 Abs. 1 und Abs. 2 Nr. 1 EGBGB akzessorisch zum Ehewirkungsstatut anknüpft, da in der Folge Anspruch und Haftungsprivileg derselben Rechtsordnung unterliegen.[41] 33

---

[37] LG Saarbrücken v. 06.12.2007 - 11 S 106/07 (Beschädigung eines außerhalb des öffentlichen Verkehrsraumes abgestellten Pkws durch Ehegatten des Eigentümers und Dritten); *Schmieder*, JZ 2009, 189; *Medicus*, JZ 1967, 398-402, 401; *Wacke*, AcP 1970, 42-75, 67 ff.; *Ehmann*, Die Gesamtschuld, 1972, S. 249 f.

[38] Vgl. BGH v. 26.06.1989 - II ZR 128/88 - NJW 1990, 573-575.

[39] OLG Düsseldorf v. 22.08.1986 - 3 UF 237/85 - juris Rn. 30 - FamRZ 1986, 1240-1242.

[40] A.A. *Lange* in: Soergel, 12. Aufl. 1988, § 1359 Rn. 11.

[41] *von Hoffmann* in: Staudinger, Art. 41 EGBGB, Rn. 20.

§ 1360 BGB Verpflichtung zum Familienunterhalt

(Fassung vom 02.01.2002, gültig ab 01.01.2002)

¹Die Ehegatten sind einander verpflichtet, durch ihre Arbeit und mit ihrem Vermögen die Familie angemessen zu unterhalten. ²Ist einem Ehegatten die Haushaltsführung überlassen, so erfüllt er seine Verpflichtung, durch Arbeit zum Unterhalt der Familie beizutragen, in der Regel durch die Führung des Haushalts.

Gliederung

A. Grundlagen 1
 I. Kurzcharakteristik 1
 II. Gesetzgebungsmaterialien 2
 III. Regelungsprinzipien 6
B. Anwendungsvoraussetzungen 7
 I. Anspruchsberechtigung 7
 II. Anspruchsausgestaltung 8

A. Grundlagen

I. Kurzcharakteristik

1 § 1360 BGB regelt die Verpflichtung zum Familienunterhalt.

II. Gesetzgebungsmaterialien

2 In der Fassung, die von 1900 bis zum 31.03.1953 gegolten hatte, war nur der Ehemann unterhaltspflichtig. Eine Unterhaltpflicht der Frau entstand nur, wenn der Ehemann sich nicht selbst unterhalten konnte. Dem lag das Ehebild zugrunde, dass der Mann der Ernährer der Familie war.

3 Das Gleichberechtigungsgesetz vom 18.06.1957[1] normierte eine Verpflichtung beider Ehegatten, zum Familienunterhalt beizutragen. Ausdrücklich oblag dem Mann die Verpflichtung, durch Erwerbstätigkeit die Barmittel beizusteuern, während der Ehefrau die Haushaltsführung oblag.

4 Das erste EheRG vom 14.06.1976[2] bedeutete die Abkehr vom gesetzgeberischen Leitbild der Hausfrauenehe. Die Rollenverteilung innerhalb der Ehe ist Sache des Einvernehmens der Ehegatten. Erwerbsobliegenheit und Haushaltsführung sind geschlechtsneutral geregelt und dem Konsens der Ehegatten anheimgestellt.[3]

5 Klageverfahren auf Zahlung des Familienunterhalts sind in der Praxis sehr selten. Meist sind Streitigkeiten über den Familienunterhalt Folge der Zerrüttung der ehelichen Beziehung und führen zur Trennung der Ehegatten.

III. Regelungsprinzipien

6 § 1360 BGB gilt für alle Güterstände. Familienunterhalt und Trennungsunterhalt sind zwei selbständige Unterhaltsarten.

B. Anwendungsvoraussetzungen

I. Anspruchsberechtigung

7 Der Anspruch auf Familienunterhalt ist ein Anspruch des Ehegatten gegen den anderen.[4] Aus § 1360 BGB folgen keine eigenen Ansprüche der Kinder. Für sie gelten die §§ 1601 ff. BGB, die zum Tragen kommen, wenn der geschuldete Familienunterhalt nicht geleistet wird.[5]

II. Anspruchsausgestaltung

8 Der Anspruch auf Familienunterhalt ist ein gegenseitiger Anspruch der Ehegatten. Er richtet sich nicht auf Zahlung einer frei verfügbaren Geldrente, sondern darauf, dass jeder Ehegatte seinen Beitrag zum Familienunterhalt leistet, der sich aus der sich aus der nach dem individuellen Ehebild übernommenen

---

[1] BGBl I 1957, 609.
[2] BGBl I 1976, 1421.
[3] Vgl. zur Rechtsentwicklung im Einzelnen: *Voppel* in: Staudinger, § 1360 Rn. 1 ff.
[4] BGH v. 05.10.2006 - XII ZR 197/02 - FamRZ 2006, 1827.
[5] BGH v. 20.11.1996 - XII ZR 70/95 - LM BGB § 1361 Nr. 67 (4/1997).

Funktion ableitet.⁶ Dies korrespondiert mit § 1356 Abs. 1 Satz 2 BGB. Dem haushaltsführenden Ehegatten müssen die zur Aufgabenerfüllung erforderlichen Geldmittel zur Verfügung stehen.

Mit dem Familienunterhalt ist der gesamte Lebensbedarf der Ehegatten und der in ihrem Haushalt lebenden gemeinschaftlichen Kinder gemeint. Er umfasst keine Unterhaltspflicht für ein im Haushalt lebendes Stiefkind. Allenfalls kann die Aufnahme eines Stiefkindes in den Haushalt als Vereinbarung dahin gehend ausgelegt werden, dass der Familienunterhalt auch ihm zugutekommen soll.⁷ **9**

Die Verpflichtung zum Familienunterhalt ist nicht davon abhängig, dass gemeinsame Kinder vorhanden sind.⁸ **10**

§ 1360 BGB setzt voraus, dass die Ehe rechtswirksam besteht und die Ehegatten nicht getrennt leben. Nach endgültiger Trennung der Eheleute kann der haushaltsführende Ehegatte den Anspruch auf Zahlung von Wirtschaftsgeld für die Familie auch nicht mehr für Zeiträume geltend machen, die vor der Trennung liegen.⁹ Einen familienrechtlichen Ausgleichsanspruch kann er nur dann geltend machen, wenn er sich wegen der Zuvielzahlung vor der Trennung die Rückforderung ausdrücklich vornehalten hatte oder die Rückforderungsabsicht für den anderen Ehegatten eindeutig erkennbar war.¹⁰ **11**

Ebenso wie im Trennungs- und nachehelichen Unterhalt bemisst sich auch der Familienunterhalt nach den ehelichen Lebensverhältnissen (§§ 1360a, 1610 BGB).¹¹ **12**

Bei Leistungsunfähigkeit ist an eine Ersatzhaftung der Verwandten (§§ 1608, 1601 ff. BGB) zu denken. **13**

Einzubringen sind Arbeitsleistungen und Vermögen,¹² wobei die Ehegatten frei sind, auf welche Weise der Bedarf der Familie sichergestellt wird. Sind hohe Vermögenseinkünfte vorhanden, besteht keine Verpflichtung, den Unterhalt durch Erwerbseinkommen zu finanzieren.¹³ Aus § 1360 BGB ergibt sich grundsätzlich ebenso wenig wie aus § 1356 Abs. 2 BGB ein Anspruch auf Mitarbeit im Geschäft des anderen Ehegatten. **14**

Von den verschiedenen Gestaltungsformen des ehelichen Zusammenlebens spricht § 1360 Satz 2 BGB nur die reine Hausfrauen- bzw. Hausmannehe an. Der haushaltsführende Ehegatte erfüllt damit seine Unterhaltspflicht. Der andere Ehegatte hat die Aufgabe, die notwendigen Geldmittel durch Erwerbstätigkeit beizubringen. **15**

Führen die Ehegatten eine Doppelverdienerehe, verteilt sich sie Haushaltsführung und Betreuung der gemeinschaftlichen Kinder auf beide Ehegatten, allerdings nicht notwendig hälftig, sondern in Relation zur jeweiligen beruflichen Belastung. Den notwendigen Geldbedarf müssen beide Ehegatten im Verhältnis ihrer Einkünfte beisteuern.¹⁴ Dabei spielt auch eine Rolle, wie die Lasten der Haushaltsführung verteilt sind.¹⁵ **16**

In der Dazuverdienerehe, in der der haushaltsführende Ehegatte daneben noch eine Teilzeittätigkeit ausübt, kommt ebenfalls nur ein anteiliger Barunterhaltsbeitrag in Betracht.¹⁶ **17**

Abweichende Vereinbarungen der Parteien über die Ausgestaltung des Familienunterhalts, die sich auch aus den Umständen ergeben können¹⁷, sind zulässig. Ein Verzicht ist während des Bestehens der Ehe unwirksam (§§ 1360a, 1614 BGB). Der Anspruch auf Familienunterhalt ist unpfändbar.¹⁸ **18**

Streitig wird die Frage behandelt, ob der Verpflichtete im Verhältnis zu seinem Ehegatten einwenden kann, er könne seinen Beitrag zum Familienunterhalt nicht oder nicht in voller Höhe leisten, weil andernfalls sein Eigenbedarf gefährdet sei. Nach der Rechtsprechung des BGH und des BVerfG ist diese Einwendung mangelnder Leistungsfähigkeit beim Familienunterhalt nicht möglich.¹⁹ Das widerspreche dem ehegemeinschaftlichen Prinzip, dass kein Ehegatte einen bestimmten Teil seines Einkommens **19**

---

⁶ BGH v. 05.10.2006 - XII ZR 197/02 - FamRZ 2006, 1827.
⁷ *Voppel* in: Staudinger, § 1360a Rn. 42.
⁸ OLG Celle v. 10.03.2000 - 18 UF 279/99 - FamRZ 2000, 1430-1431.
⁹ OLG Karlsruhe v. 12.12.2012 - 18 UF 140/11 - FamRZ 2014, 132.
¹⁰ OLG Karlsruhe v. 12.12.2012 - 18 UF 140/11 - FamRZ 2014, 132.
¹¹ *Graba* in: Johannsen/Henrich, FamR, § 1610 Rn. 3.
¹² Vgl. hierzu OLG Nürnberg v. 20.08.2007 - 10 UF 662/07 - FamRZ 2008, 788.
¹³ *Brudermüller* in: Palandt, § 1360 Rn. 7.
¹⁴ BGH v. 25.04.1967 - VI ZR 195/65 - LM Nr. 4a zu § 1360 BGB.
¹⁵ BGH v. 14.12.1956 - VI ZR 269/55 - NJW 1957, 537.
¹⁶ OLG Celle v. 23.05.1978 - 18 UF 1/78 - FamRZ 1978, 589-590.
¹⁷ BGH v. 19.12.1984 - IVb ZR 57/83 - LM Nr. 25 zu § 1356 BGB.
¹⁸ LG Göttingen v. 02.11.2010 - 5 T 121/09 - ZinsO 2011, 885; *Zöller*, Forderungspfändung, Rn. 1010.
¹⁹ BVerfG v. 10.01.1984 - 1 BvL 5/83 - FamRZ 1984, 346; BGH v. 12.04.2006 - XII ZR 31/04 - NJW 2006, 2404.

§ 1360

für eigene Zwecke zurückbehalten könne. Einschränkungen erfährt dieser Grundsatz, soweit der familienunterhaltsberechtigte Ehegatte seinerseits einem Dritten (z.B. Kindesunterhalt für Kind aus früherer Ehe) unterhaltspflichtig ist. Andernfalls würde der zum Familienunterhalt Verpflichtete mittelbar über seine Verpflichtung zum Familienunterhalt auch den Unterhalt des Dritten sichern.[20] Nach anderer Ansicht ist auch beim Familienunterhalt dem Pflichtigen sein Existenzminimum zu belassen.[21] In Fällen, in denen der Familienunterhalt ausnahmsweise als Geldrente zu bezahlen ist (z.B. wenn der unterhaltsberechtigte Ehegatte im Pflegeheim ist), soll nach einer dritten Ansicht dem Pflichtigen der eheangemessene Selbstbehalt am Maßstab der Unterhaltsleitlinien verbleiben.[22]

20   Konkurriert ein Unterhaltsanspruch der ersten Ehefrau auf nachehelichen Unterhalt mit dem Anspruch der zweiten mit dem Pflichtigen zusammenlebenden Ehefrau und liegt ein Mangelfall vor, erfolgt die Unterhaltsbemessung der zweiten Frau nicht am Maßstab des § 1360 BGB, sondern hypothetisch nach einem Unterhaltsanspruch im Falle einer Scheidung.[23] Das hat insbesondere Auswirkungen auf den Umfang der angenommenen Erwerbsobliegenheiten und ein ggf. fiktiv anzusetzendes Einkommen der zweiten Ehefrau. Das ist aber nur relevant als Berechnungsgröße im Rahmen der Drittelmethode für den nachehelichen Unterhalt im Rahmen der Mangelfallverteilung gem. § 1581 BGB und ändert nichts daran, dass im Verhältnis zwischen den zusammenlebenden Ehegatten der Anspruch auf Familienunterhalt maßgebend ist.

21   Praktische Bedeutung hat der Anspruch auf Familienunterhalt bei der Ermittlung des Familienbedarfs und des Familienselbstbehalts gegenüber konkurrierenden Ansprüchen auf Elternunterhalt (vgl. dazu die Kommentierung zu § 1603 BGB Rn. 276 ff.).

---

[20] BGH v. 12.04.2006 - XII ZR 31/04 - NJW 2006, 2404; offen gelassen OLG Köln v. 21.04.2010 - 27 WF 21/10 - FamRZ 2010, 2076.
[21] *Voppel* in: Staudinger, BGB, § 1360 Rn. 15.
[22] *Scholz* in: Wendl/Dose, § 3 Rn. 9, 44; OLG Düsseldorf v. 21.08.2001 - 1 UF 63/01 - NJW 2002, 1353.
[23] BGH v. 18.11.2009 - XII ZR 65/09 - FamRZ 2010, 111.

§ 1360a BGB Umfang der Unterhaltspflicht

(Fassung vom 02.01.2002, gültig ab 01.01.2002)

(1) Der angemessene Unterhalt der Familie umfasst alles, was nach den Verhältnissen der Ehegatten erforderlich ist, um die Kosten des Haushalts zu bestreiten und die persönlichen Bedürfnisse der Ehegatten und den Lebensbedarf der gemeinsamen unterhaltsberechtigten Kinder zu befriedigen.

(2) ¹Der Unterhalt ist in der Weise zu leisten, die durch die eheliche Lebensgemeinschaft geboten ist. ²Die Ehegatten sind einander verpflichtet, die zum gemeinsamen Unterhalt der Familie erforderlichen Mittel für einen angemessenen Zeitraum im Voraus zur Verfügung zu stellen.

(3) Die für die Unterhaltspflicht der Verwandten geltenden Vorschriften der §§ 1613 bis 1615 sind entsprechend anzuwenden.

(4) ¹Ist ein Ehegatte nicht in der Lage, die Kosten eines Rechtsstreits zu tragen, der eine persönliche Angelegenheit betrifft, so ist der andere Ehegatte verpflichtet, ihm diese Kosten vorzuschießen, soweit dies der Billigkeit entspricht. ²Das Gleiche gilt für die Kosten der Verteidigung in einem Strafverfahren, das gegen einen Ehegatten gerichtet ist.

Gliederung

A. Grundlagen 1	IV. Verfahrenskostenvorschuss 24
I. Kurzcharakteristik 1	1. Anspruchsberechtigter 28
II. Regelungsprinzipien 2	2. Gerichtliche Verfahren 35
B. Anwendungsvoraussetzungen 6	3. Persönliche Angelegenheit 36
I. Umfang des Unterhaltsanspruchs 6	4. Bedürftigkeit des Berechtigten 42
1. Haushaltskosten 7	5. Billigkeit des Verfahrenskostenvorschusses 49
2. Persönliche Bedürfnisse 8	a. Leistungsfähigkeit des Pflichtigen 50
3. Taschengeldanspruch 10	b. Erfolgsaussichten 55
II. Pfändung von Ansprüchen 17	6. Höhe des Verfahrenskostenvorschusses 56
III. Verhältnis des Familienunterhalts zu anderen Unterhaltsansprüchen 21	7. Rückforderung des Verfahrenskostenvorschusses und Kostenfestsetzung 57

A. Grundlagen

I. Kurzcharakteristik

§ 1360a BGB wurde durch das 1. EheRG¹ vom 14.06.1976 neu gefasst. § 1360a Abs. 2 Satz 2 BGB verpflichtet beide Ehegatten die zum gemeinsamen Unterhalt der Familie erforderlichen Mittel für einen angemessenen Zeitraum im Voraus zur Verfügung zu stellen. Das passt nur für die Doppelverdienerehe, obwohl der Gesetzgeber gerade kein Eheleitbild vorgeben wollte. Für die Einverdiener- oder Zuverdienerehe ist die Vorschrift dahin gehend auszulegen, dass der erwerbstätige Ehegatte allein oder überwiegend die notwendigen Barmittel zum Familienunterhalt beisteuern muss. Der haushaltsführende Ehegatte leistet seinen Unterhaltsbeitrag durch Haushaltsführung und Kinderbetreuung. Insoweit unterscheidet sich der Familienunterhalt vom Trennungs- und nachehelichen Unterhalt, die einseitig nur auf eine laufende Geldrente gerichtet sind.

II. Regelungsprinzipien

Der Umfang der Unterhaltspflicht geht über den aus § 1578 BGB hinaus. Denn er erfasst nicht nur den Unterhaltsbedarf des Ehegatten, sondern den der gesamten Familie. Dazu gehören die Ehegatten, die gemeinsam im Haushalt lebenden minderjährigen und volljährigen Kinder sowie adoptierte Kinder (§§ 1754, 1767 Abs. 2 BGB). Verwandte eines Ehegatten oder im Haushalt lebende Stiefkinder gehö-

---

¹ BGBl I 1976, 1421.

ren grundsätzlich nicht dazu.[2] Es kann aber eine vertragliche Übernahme von erweiterten Unterhaltspflichten erfolgen. Die Unterhaltsvereinbarung kann auch stillschweigend zustande kommen und aus den Umständen abzuleiten sein.[3] Im Zweifel übernimmt der haushaltsführende Ehegatte auch die Pflicht zur Versorgung der nicht gemeinschaftlichen Kinder des anderen Ehegatten.[4] Die bloße Aufnahme eines Stiefkindes in die eheliche Wohnung lässt nicht auf die Übernahme einer solchen Unterhaltsverpflichtung schließen[5], ebenso wenig die Einbenennung (§ 1618 BGB)[6]. Im Zweifel wird auch nicht anzunehmen sein, dass ein sonst unterhaltspflichtiger Dritter oder die öffentliche Hand entlastet werden sollen.[7]

3   Nimmt das Stiefelternteil hingegen Steuerermäßigungen oder öffentliche Leistungen für das Kind in Anspruch, wird man im Zweifel eine damit gewollte Unterhaltsverpflichtung bejahen müssen.[8]

4   Eine solche Unterhaltsvereinbarung ist ein unechter Vertrag zwischen den Ehegatten zugunsten des Verwandten bzw. Stiefkindes. Die Ehegatten können die Vereinbarung wieder aufheben. Der Zustimmung des Dritten bedarf es dazu nicht.[9] Eine einseitige Änderung der Vereinbarung ist zulässig, wenn wichtige Gründe vorliegen, z.B. bei Verschlechterung der wirtschaftlichen Lage und der Gefährdung des Familienunterhalts.[10] Die Unterhaltsvereinbarung erlischt mit Ausscheiden des Verwandten/Stiefkindes aus der häuslichen Gemeinschaft und mit der Trennung der Eheleute, nicht erst mit deren Scheidung.[11]

5   Der eigene Unterhaltsanspruch der Kinder aus den §§ 1601 ff. BGB steht neben dem Anspruch des Ehegatten auf Familienunterhalt.

B. Anwendungsvoraussetzungen

I. Umfang des Unterhaltsanspruchs

6   Das Maß des Familienunterhalts orientiert sich an den ehelichen Lebensverhältnissen, also an den Einkommen der beiden Eheleute. § 1578 BGB kann als Orientierungshilfe herangezogen werden.[12] Das kommt besonders zum Tragen, wenn Ansprüche auf Familienunterhalt und Elternunterhalt zusammentreffen. In diesem Fall ist bei der Bemessung des Familienunterhalts kein Erwerbstätigenbonus in Abzug zu bringen.[13] Nach Abzug seines eigenen Taschengeldanspruchs besteht im Zweifel die Verpflichtung eines jeden Ehegatten, sich im Verhältnis der beiden Einkünfte zueinander am Familienunterhalt zu beteiligen.[14] Abweichungen können sich ergeben, wenn ein Ehegatte trotz alleiniger Haushaltsführung hinzuverdient. Im Einzelnen:

1. Haushaltskosten

7   Dazu gehören die Kosten für:
  • Miete und Nebenkosten,[15]
  • Lebensmittel,
  • Heizung, Strom, Wasser,
  • Wohnungseinrichtung,[16]
  • Haushaltsgegenstände,
  • Bekleidung,

---

[2] BGH v. 06.12.1983 - VI ZR 2/82 - LM Nr. 68 zu § 844 Abs. 2 BGB; OLG Karlsruhe v. 08.08.1991 - 16 UF 114/89 - NJW-RR 1992, 838-839; *Muscheler*, FamRZ 2004, 913.
[3] *Conradi*, FamRZ 1980, 103-107, 105 f.
[4] *Voppel* in: Staudinger, § 1360a Rn. 42.
[5] OLG Nürnberg, FamRZ 1965, 217; a.A. wohl BVerwG v. 25.02.1960 - III C 33.58 - MDR 1960, 525.
[6] *Weber-Monecke* in: MünchKomm-BGB, § 1360a Rn. 12.
[7] *Boehmer*, FamRZ 1955, 268.
[8] So auch *Voppel* in: Staudinger, § 1360a Rn. 42; *Weber-Monecke* in: MünchKomm-BGB, § 1360a Rn. 12.
[9] *Voppel* in: Staudinger, § 1360a Rn. 46.
[10] *Weber-Monecke* in: MünchKomm-BGB, § 1360a Rn. 13.
[11] OLG Nürnberg v. 25.02.1965 - 7 W 12/65 - FamRZ 1965, 217.
[12] BGH v. 12.12.2012 - XII ZR 43/11 - FamRZ 2013, 363; BGH v. 05.10.2006 - XII ZR 197/02 - FamRZ 2006, 1827; BGH v. 29.10.2003 - XII ZR 115/01 - FamRZ 2004, 24.
[13] BGH v. 12.12.2012 - XII ZR 43/11 - FamRZ 2013, 363.
[14] OLG Celle v. 12.05.1998 - 18 UF 236/97 - OLGR Celle 1998, 227-229.
[15] AG Hamburg-Wandsbek v. 03.04.2007 - 730 F 335/06 - FamRZ 2008, 62.
[16] OLG Hamm v. 29.06.1966 - 4 Ss 1441/65 - FamRZ 1967, 174.

- Krankenbehandlung[17] und Kosten für Pflegedienst,[18]
- Kosten des Aufenthalts in einem Pflegeheim,[19]
- Altersvorsorge,[20]
- Freizeitaktivitäten,
- Literatur,
- ggf. Anschaffung und Unterhalt eines Pkws,[21]
- Urlaub, Kur,[22]
- ggf. Luxusgüter bei sehr guten Einkommensverhältnissen.[23]

Nicht dazu gehören die Kosten im Zusammenhang mit dem Erwerb einer Immobilie[24], auch nicht bei höherem Einkommen.

2. Persönliche Bedürfnisse

Dazu zählen insbesondere die Kosten für:
- ärztliche Behandlung,[25]
- angemessene Krankenversicherung,[26]
- persönliche sportliche, kulturelle oder politische Betätigung,[27]
- Hobbys,
- übliche Urlaubsreisen,[28]
- Taschengeld zur freien Verfügung,[29]
- Kosten der Kindererziehung,
- Kosten der Berufsausbildung der Kinder,[30]
- Kosten der Berufsausbildung für eine bei Eheschließung schon begonnene oder fest geplante oder für eine nach Absprache der Eheleute während der Ehe begonnene Ausbildung oder Umschulung; nicht für eine nicht abgesprochene Ausbildung, die nach den gegebenen Verhältnissen keiner vernünftigen Lebensplanung entspricht,[31]
- Spielsachen der Kinder,
- Taschengeld für die Kinder.

Nicht vom Familienunterhalt umfasst sind:
- Tilgung von Schulden des Ehegatten oder der Kinder,[32]
- Bezahlung von Geldstrafen für den Ehegatten,[33]
- Kosten für Grabpflege von Verwandten des Ehegatten.[34]

3. Taschengeldanspruch

Der haushaltsführende oder nur geringfügig hinzuverdienende Ehegatte hat einen Anspruch auf Taschengeld zur Deckung persönlicher Bedürfnisse. Er richtet sich auf Auszahlung eines angemessenen Teils des Erwerbseinkommens zur freien Verfügung.[35]

---

[17] OLG Hamm v. 08.05.1987 - 5 UF 540/86 - FamRZ 1987, 1142-1143.
[18] AG Hamburg-Wandsbek v. 03.04.2007 - 730 F 335/06 - FamRZ 2008, 62.
[19] BSG v. 16.03.2006 - B 4 RA 15/05 R - FamRZ 2006, 1031.
[20] BGH v. 29.04.1960 - VI ZR 51/59 - FamRZ 1960, 225.
[21] BGH v. 24.02.1983 - IX ZR 42/82 - LM Nr. 6 zu § 1380 BGB.
[22] OLG Düsseldorf v. 19.10.1966 - 12 W 91/66 - FamRZ 1967, 43.
[23] KG, OLGE 21, 243.
[24] BGH v. 23.09.1966 - VI ZR 9/65 - LM Nr. 4 zu § 1360a BGB.
[25] BGH v. 11.11.1981 - IVb ZR 608/80 - LM Nr. 4 zu § 1613 BGB; LG Bonn v. 28.01.1970 - 7 O 3312/69 - FamRZ 1970, 321.
[26] OLG Hamm v. 08.05.1987 - 5 UF 540/86 - FamRZ 1987, 1142-1143.
[27] *Weber-Monecke* in: MünchKomm-BGB, § 1360a Rn. 5.
[28] OLG Düsseldorf v. 19.10.1966 - 12 W 91/66 - FamRZ 1967, 43.
[29] BGH v. 12.12.2012 - XII ZR 43/11 - FamRZ 2013, 363; BGH v. 15.10.2003 - XII ZR 122/00 - FamRZ 2004, 366.
[30] *Brudermüller* in: Palandt § 1360a Rn. 2.
[31] So auch *Weber-Monecke* in: MünchKomm-BGB, § 1360a Rn. 8.
[32] BGH v. 15.11.1989 - IVb ZR 95/88 - NJW-RR 1990, 194-195; *Weber-Monecke* in: MünchKomm-BGB, § 1360a Rn. 7.
[33] LG Essen v. 06.07.1970 - 32 Qs 108/70 - FamRZ 1970, 494.
[34] *Weber-Monecke* in: MünchKomm-BGB, § 1360a Rn. 7.
[35] BGH v. 12.12.2012 - XII ZR 43/11 - FamRZ 2013, 363; BGH v. 15.10.2003 - XII ZR 122/00 - FamRZ 2004, 366; *Haumer*, FamRZ 1996, 193-197.

11 Übersteigt das eigene Einkommen seinen Taschengeldanspruch, besteht kein ergänzender Anspruch gegen den anderen Ehegatten mehr.[36] Hat der Ehegatte eigene Einkünfte, kann er davon den Taschengeldbetrag gleich einbehalten.[37] Das hat zur Konsequenz, dass insoweit kein Zahlungsanspruch gegen den anderen Ehegatten besteht. Bleibt das Eigeneinkommen des Berechtigten unter der Pfändungsfreigrenze, besteht kein für Dritte pfändbarer Taschengeldanspruch.[38] Ein Anspruch scheidet aus, wenn das zur Verfügung stehende Einkommen gerade zur Deckung des notwendigen Lebensbedarfs der Familie ausreicht[39] oder das Taschengeld missbräuchlich (Alkoholkrankheit) verwendet wird[40].

12 Die Höhe des Taschengeldes bemisst sich nach den wirtschaftlichen Verhältnissen in der Ehe. Der Anspruch besteht auch dann, wenn der pflichtige Ehegatte gegen seine Erwerbsobliegenheit verstößt.[41]

13 Als Faustformel können als Taschengeld 5-7% des Nettoeinkommens der Ehegatten angesetzt werden.[42]

14 Zur Berechnung steht dem Ehegatten aus § 1353 BGB ein Auskunftsanspruch zu, der sich zumindest auf Auskunft in groben Zügen über die Einkommensverhältnisse richtet.[43]

15 Der Taschengeldempfänger braucht über die Verwendung keine Rechenschaft ablegen. Er kann es frei verwenden. Es ist aber ggf. zum Unterhalt von Kindern aus früherer Ehe einzusetzen.[44]

16 Ansprüche auf Taschengeldrückstände können auch nach Trennung der Parteien weiterverfolgt werden, wenn die Voraussetzungen des § 1613 Abs. 1 BGB erfüllt sind.[45]

II. Pfändung von Ansprüchen

17 Gesetzliche Unterhaltsansprüche sind grundsätzlich unpfändbar (§ 400 BGB i.V.m. § 850b Abs. 1 Nr. 2 ZPO). Ob der gesetzliche Unterhalt durch Urteil, Vertrag, gerichtlichen oder außergerichtlichen Vergleich oder in einer Urkunde festgelegt ist, ist ohne Bedeutung.[46] Werden dagegen höhere als die gesetzlichen Unterhaltsbeiträge vereinbart, ist der überschießende Teil ohne Beschränkung pfändbar.[47]

18 Vom Pfändungsschutz werden auch Unterhaltsrückstände und einmalige Zahlungen für Sonderbedarf (Arztkosten, einmalige Fortbildungskosten) und Verfahrenskostenvorschüsse erfasst.[48]

19 Ausgenommen von der Unpfändbarkeit ist nach ständiger Rechtsprechung der Taschengeldanspruch des Ehegatten aus § 1360a BGB.[49] In der Bejahung der Pfändbarkeit liegt auch kein Verstoß gegen Art. 6 GG.[50]

20 Folgende Voraussetzungen müssen für die Pfändung des Taschengeldanspruchs erfüllt sein:

---

[36] BGH v. 21.01.1998 - XII ZR 140/96 - LM BGB § 1360 Nr. 15 (7/1998); AG Stuttgart v. 22.06.2009 - 2 M 5279/08 - JurBüro 2009, 610.
[37] BGH v. 21.01.1998 - XII ZR 140/96 - LM BGB § 1360 Nr. 15 (7/1998); *Meiendresch/Sauer*, FamRZ 1994, 1441-1444.
[38] *Brudermüller* in: Palandt § 1360a Rn. 4.
[39] BGH v. 19.03.2004 - IXa ZB 57/03 - NJW 2004, 2450-2452; OLG Hamm v. 11.11.1985 - 4 UF 391/85 - FamRZ 1986, 357-358; OLG Zweibrücken v. 07.02.1980 - 6 UF 78/79 - FamRZ 1980, 445-446; AG Leverkusen v. 15.06.1998 - 31 F 21/98 - FamRZ 1999, 507.
[40] OLG Hamburg, FamRZ 1988, 182.
[41] OLG München v. 05.02.1981 - 26 UF 774/80 - FamRZ 1981, 449-450.
[42] BGH v. 19.03.2004 - IXa ZB 57/03 - NJW 2004, 2450-2452; BGH v. 21.01.1998 - XII ZR 140/96 - LM BGB § 1360 Nr. 15 (7/1998); OLG Braunschweig v. 16.07.2013 - 2 UF 161/09 - FamRZ 2014, 481; OLG Köln v. 23.02.2000 - 27 UF 197/99 - DAVorm 2000, 1129-1130; OLG Celle v. 12.05.1998 - 18 UF 236/97 - OLGR Celle 1998, 227-229; OLG Nürnberg v. 28.01.1998 - 11 W 4066/97 - FuR 1998, 183-185.
[43] *Brudermüller* in: Palandt, § 1360a Rn. 4.
[44] BVerfG v. 14.11.1984 - 1 BvR 14/82, 1 BvR 1642/82 - NJW 1985, 1211-1212; BGH v. 11.02.1987 - IVb ZR 81/85 - NJW 1987, 1549-1551; BGH v. 19.03.1986 - IVb ZR 18/85 - LM Nr. 31 zu § 1603 BGB.
[45] OLG Hamm v. 03.02.1988 - 5 UF 400/87 - MDR 1988, 581.
[46] *Becker* in: Musielak, ZPO, § 850b Rn. 3.
[47] BGH v. 11.11.1959 - IV ZR 88/59 - BGHZ 31, 210-219; *Becker* in: Musielak, ZPO, § 850b Rn. 3.
[48] BGH v. 15.05.1985 - IVb ZR 33/84 - BGHZ 94, 316-324; *Becker* in: Musielak, ZPO, § 850b Rn. 3.
[49] BGH v. 19.03.2004 - IXa ZB 57/03 - NJW 2004, 2450-2452; OLG Nürnberg v. 28.01.1998 - 11 W 4066/97 - FuR 1998, 183-185; OLG Stuttgart v. 04.03.1997 - 8 W 458/96 - Justiz 1997, 374-375; LG Frankfurt v. 28.06.1995 - 2/9 T 237/95, 2-09 T 237/95 - JurBüro 1995, 606-607; OLG München v. 14.03.1988 - 3 W 877/88 - NJW-RR 1988, 894-895; a.A. *Braun*, NJW 2000, 97-103; *Haumer*, FamRZ 1996, 193-197.
[50] BVerfG v. 13.06.1986 - 1 BvR 460/86 - FamRZ 1986, 773.

- Die Pfändungsfreigrenzen müssen beachtet werden. Dabei werden der sonst geschuldete Unterhalt, etwaige Eigeneinkünfte des Schuldners und der Taschengeldanspruch zusammengerechnet. Der Unterhaltsanspruch wird dabei in der Regel mit 3/7 des unterhaltsrelevanten Nettoeinkommens des Ehegatten angesetzt, das heißt nach Abzug berufsbedingter Aufwendungen, unterhaltsrelevanter Verbindlichkeiten und des Kindesunterhalts.[51] Wegen der Höhe der Pfändungsfreigrenzen wird die Taschengeldpfändung i.d.R nur eine Rolle spielen, wenn Unterhaltsansprüche vollstreckt werden.
- Der Taschengeldanspruch wird in der Regel mit 5-7% des anrechenbaren Einkommens beziffert. Nach überwiegender Meinung muss dem Schuldner ein Mindestbetrag verbleiben, der gem. § 850b Abs. 2 ZPO i.V.m. § 850c Abs. 2 ZPO mit 3/10 angesetzt werden kann, so dass 7/10 des Taschengeldes verpfändbar sind.[52]
- Die Vollstreckung in das sonstige bewegliche Vermögen des Schuldners darf nicht zu einer vollständigen Befriedigung des Schuldners geführt haben bzw. wird voraussichtlich nicht dazu führen (§ 850b Abs. 2 ZPO). Nachgewiesen wird dies i.d.R. durch die Fruchtlosigkeitsbescheinigung des Gerichtsvollziehers (§ 63 Nr. 1 GVGA), die nicht viel älter als sechs Monate sein soll. Geeignet sind auch Protokolle über erfolglose oder nur teilweise erfolgreiche Vollstreckungshandlungen (§ 762 ZPO). Der BGH hat dahingestellt gelassen, ob diese Voraussetzungen schon dann erfüllt sind, wenn der Schuldner die eidesstattliche Offenbarungsversicherung geleistet hat.[53] Teilweise wird die Bezugnahme auf gerichtsbekannte Tatsachen wie Eintragungen im Schuldnerverzeichnis oder unerledigte Haftbefehle, die nicht älter als sechs Monate sind, für ausreichend angesehen.[54] Eine eidesstattliche Versicherung des Gläubigers wird hingegen nicht genügen,[55] ebenso wenig die Erklärung des Gerichtsvollziehers, der Vollstreckungsauftrag könne in absehbarer Zeit nicht ausgeführt werden.[56]
- Die Pfändung muss der Billigkeit entsprechen. Dazu ist eine Gesamtabwägung aller Umstände des Einzelfalls notwendig. Dabei spielt die Höhe des dem Schuldner nach Pfändung verbleibenden Betrages, die Art der beizutreibenden Forderung (z.B. privilegierte Ansprüche aus den §§ 850d, 850f Abs. 2 ZPO) oder das Vorliegen einer Notlage des Gläubigers eine Rolle.
  - Die Pfändung eines lediglich geringen Taschengeldes ist in der Regel unbillig.[57] Unbillig ist die Pfändung auch, wenn der Schuldner das Taschengeld zum Unterhalt eines Kindes aus früherer Ehe oder eines nichtehelichen Kindes einsetzt[58], denn solche Kinder sind vom Familienunterhalt in der Regel nicht umfasst.
  - Allein aus dem Überschreiten der Pfändungsfreigrenzen kann nicht auf die Billigkeit der Pfändung geschlossen werden. Die Pfändung ist zulässig bei hohem Taschengeldanspruch und Notlage des Gläubigers.[59]
  - Dass die Forderung über die Pfändung nur auf sehr lange Sicht getilgt werden kann, steht der Billigkeit nicht entgegen.[60]

Die Darlegungs- und Beweislast für diese Voraussetzungen trägt der Gläubiger. Er wird im Regelfall nicht über die zur Berechnung des Taschengeldes notwendigen Informationen verfügen. Der BGH hat deshalb entschieden, dass der Schuldner im eidesstattlichen Vermögensverzeichnis auch das Nettoeinkommen des Ehegatten angeben muss, wenn die Pfändung eines Taschengeldanspruchs in Betracht kommt.[61]

---

[51] OLG Hamm v. 06.09.2001 - 28 W 75/01 - OLGR Hamm 2002, 20-23.
[52] OLG Stuttgart v. 04.03.1997 - 8 W 458/96 - Justiz 1997, 374-375; OLG Köln v. 11.05.1994 - 2 W 36/94 - JMBl NW 1994, 221-223; *Becker* in: Musielak, ZPO, § 850b Rn. 4.
[53] BGH v. 19.03.2004 - IXa ZB 57/03 - NJW 2004, 2450-2452.
[54] LG Mühlhausen v. 23.11.2009 - 2 T 227/09 - RPfleger 2010, 224.
[55] *Seiler* in: Thomas/Putzo, ZPO, § 807 Rn. 7.
[56] LG Neubrandenburg v. 07.08.1993 - 3 T 41/93 - MDR 1994, 305.
[57] OLG Nürnberg v. 28.01.1998 - 11 W 4066/97 - FuR 1998, 183-185; OLG München v. 14.03.1988 - 3 W 877/88 - NJW-RR 1988, 894-895; *Becker* in: Musielak, ZPO, § 850b Rn. 4.
[58] OLG Köln v. 07.03.1994 - 2 W 31/94 - FamRZ 1994, 1272-1274.
[59] OLG München v. 14.03.1988 - 3 W 877/88 - NJW-RR 1988, 894-895.
[60] OLG Stuttgart v. 04.03.1997 - 8 W 458/96 - Justiz 1997, 374-375; OLG Köln v. 11.05.1994 - 2 W 36/94 - JMBl NW 1994, 221-223.
[61] BGH v. 19.03.2004 - IXa ZB 57/03 - NJW 2004, 2450-2452.

III. Verhältnis des Familienunterhalts zu anderen Unterhaltsansprüchen

21 Obwohl der Familienunterhalt kein Anspruch auf laufende Geldrente ist, ist er im Fall der Konkurrenz mit anderen Unterhaltsansprüchen auf die einzelnen Familienmitglieder aufzuteilen und in Geldbeträgen zu veranschlagen.[62] Sonst wäre eine Berechnung der konkurrierenden Ansprüche kaum möglich. Dabei gilt grundsätzlich der Halbteilungsgrundsatz für den Anspruch des Ehegatten entsprechend § 1578 Abs. 1 BGB.[63]

22 Konkurriert ein Unterhaltsanspruch der ersten Ehefrau auf nachehelichen Unterhalt mit dem Anspruch der zweiten mit dem Pflichtigen zusammenlebenden Ehefrau, erfolgt nach BGH die Unterhaltsbemessung der zweiten Frau nicht am Maßstab des § 1360 BGB, sondern hypothetisch nach einem Unterhaltsanspruch im Falle einer Scheidung.[64] Das hat insbesondere Auswirkungen auf den Umfang der angenommenen Erwerbsobliegenheiten und ein ggf. fiktiv anzusetzendes Einkommen der zweiten Ehefrau. Das Recht der zusammenlebenden Ehegatten, gem. § 1356 BGB frei zu regeln, ob und in welchem Umfang ein Ehegatte neben der Kinderbetreuung und Haushaltsführung erwerbstätig ist oder nicht, ob Fremdbetreuung der Kinder in Anspruch genommen wird oder nicht, wird im Fall der Konkurrenz mit anderweitigen Ansprüchen auf nachehelichen Unterhalt oder Ansprüchen gem. § 1615l BGB wegen der Notwendigkeit der Gleichbehandlung aller Elternteile, die Kinder betreuen, überlagert. Das ist aber nur relevant als Berechnungsgröße im Falle der Konkurrenz zu einem Anspruch auf nachehelichen Unterhalt und ändert nichts daran, dass im Verhältnis zwischen den zusammenlebenden Ehegatten der Anspruch auf Familienunterhalt maßgebend ist. Das kann die Eheleute allerdings dazu zwingen, aus wirtschaftlichen Gründen ihre Rollenwahl abändern zu müssen.

23 Besondere Bedeutung hat der Anspruch auf Familienunterhalt im Verhältnis zum Elternunterhalt. Wenn das Einkommen des verheirateten Kindes unter dem für die Inanspruchnahme auf Elternunterhalt maßgeblichen Selbstbehalt liegt, kann es dennoch auf Elternunterhalt in Anspruch genommen werden, wenn sein Selbstbehalt ganz oder teilweise durch einen Anspruch auf Familienunterhalt gedeckt ist. Dazu wird vom Familieneinkommen der Eheleute der Familienselbstbehalt in Abzug gebracht und das verbleibende Einkommen um die Haushaltsersparnis durch das gemeinsame Zusammenleben gekürzt (i.d.R. Kürzung um 10%)[65]. Die Hälfte der verbleibenden Einkünfte der Eheleute wird dem Familienselbstbehalt hinzugerechnet. Der Anteil, zu dem das unterhaltspflichtige Kind zur Deckung dieses Familienbedarfs beizutragen hat, entspricht dem Prozentsatz seiner eigenen Einkünfte im Verhältnis zu den Einkünften des Ehegatten. Sein für Elternunterhalt einzusetzendes Einkommen errechnet sich sodann aus seinen Einkünften abzüglich des zu ermittelnden Betrages, den er für den vorrangigen Familienbedarf aufwenden muss.[66] Die Berechnung ist unabhängig davon, ob der für den Elternunterhalt in Anspruch genommene Ehegatte höhere oder geringere Einkünfte hat als der andere Ehegatte.[67] Zu Einzelheiten und Berechnungsbeispielen vgl. die Kommentierung zu § 1603 BGB Rn. 1015 ff.

IV. Verfahrenskostenvorschuss

24 Der Verfahrenskostenvorschuss ist eine besondere Ausgestaltung des Unterhaltsanspruchs.[68] Der Anspruch besteht für Prozesse gegen den Ehegatten und gegen Dritte.[69]

25 § 1360a Abs. 4 BGB ist die materiellrechtliche Anspruchsgrundlage für den Verfahrenskostenvorschuss nicht getrennt lebender Ehegatten. Der Anspruch ist abschließend dort geregelt und kann nicht über § 1353 BGB oder Überlegungen zum Sonderbedarf erweitert werden.[70] Die Vorschrift ist direkt anwendbar auf nicht getrennt lebende Ehegatten und über verweisende Vorschriften auf getrennt lebende Eheleute (§ 1361 Abs. 4 Satz 4 BGB).

---

[62] BGH v. 14.01.2004 - XII ZR 149/01 - FamRZ 2004, 792 m. Anm. *Borth*, FamRZ 2004, 794.
[63] BGH v. 12.12.2012 - XII ZR 43/11 - FamRZ 2013, 363.
[64] BGH v. 18.11.2009 - XII ZR 65/09 - FamRZ 2010, 111.
[65] BGH v. 23.07.2014 - XII ZB 489/13.
[66] BGH v. 05.02.2014 - XII ZB 25/13 - FamRZ 2014, 538; BGH v. 28.07.2010 - XII ZR 140/07 - FamRZ 2010, 1535.
[67] BGH v. 23.07.2014 - XII ZB 489/13.
[68] BGH v. 14.02.1990 - XII ZR 39/89 - BGHZ 110, 247-253; OLG Bamberg v. 05.02.1986 - 2 WF 305/85 - FamRZ 1986, 484-485; OLG München v. 22.06.1976 - 25 W 1534/76 - FamRZ 1976, 696; vgl. auch *Büte*, FF 2004, 272 ff. u. FF 2005, 306 ff.
[69] *Weber-Monecke* in: MünchKomm-BGB, § 1360a Rn. 20.
[70] OLG Oldenburg (Oldenburg) v. 01.10.1981 - 5 UF 29/81 - FamRZ 1982, 384-386.

Der Kostenvorschuss kann nach Abschluss des gerichtlichen Verfahrens oder der betreffenden Instanz nur dann rückwirkend verlangt werden, wenn der Pflichtige in Verzug geraten ist.[71]

26

Sreitig ist, ob der Verpflichtete einen Anspruch auf Verfahrenskostenhilfe dadurch abwenden kann, dass er den Betrag dem Anspruchsteller als zinsloses Darlehen zur Verfügung stellt. zum Teil wird dies in der Rechtsprechung bejaht mit der Begründung, dass dem Berechtigten wegen des Grundsatzes der größtmöglichen Schonung der Beteiligten zuzumuten sei, ein solches Darlehen anzunehmen. Zudem könnten auch bei Gewährung eines Verfahrenskostenvorschusses Rückzahlungsverpflichtungen entstehen. Auch im Rahmen der Prüfung, ob Verfahrenskostenhilfe zugesprochen werden könne, sei zu prüfen, ob eine Darlehensaufnahme zuzumuten sei. Ende das Verfahren mit einem Kostenerstattungsanspruch des Berechtigten, könne er gegen die Forderung auf Darlehensrückzahlung aufrechnen. Im Übrigen beinhalte jedes Prozessverfahren ein Risiko, die Prozesskosten letztlich ganz oder zum Teil selbst tragen zu müssen.[72] Nach anderer Ansicht steht ein solches Darlehensangebot dem Verfahrenskostenvorschuss nicht entgegen, weil es eine Umgehung der gesetzlichen Regelung darstelle. Dem ist zuzustimmen. Ein Verfahrenskostenvorschuss muss nur zurückgezahlt werden, wenn und inwieweit dies der Billigkeit entspricht (vgl. Rn. 58 ff.), z.B. weil sich die wirtschaftlichen Verhältnisse des Berechtigten wesentlich verbessert haben. Daher ist eine Rückzahlungsverpflichtung nicht der Regelfall. Ein Darlehen müsste hingegen ohne Bindung an den Maßstab der Billigkeit stets nach Abschluss des Rechtsstreits zurückbezahlt werden, soweit nicht mit Kostenerstattungsansprüchen aufgerechnet werden kann.[73] Es ist auch mit dem vom BGH wiederholt bestätigten unterhaltsrechtlichen Charakter des Anspruchs nicht vereinbar, ihn in die Nähe eines Darlehensanspruchs zu rücken.[74] Möglich ist, den Verfahrenskostenanspruch als Vorabzahlung auf einen etwaigen späteren Anspruch auf Zugewinnausgleich zu bezahlen.[75] Denn es ist anerkannt, dass in diesem Fall auch ein Anspruch auf Rückzahlung des Prozess-/Verfahrenskostenvorschusses bestünde.[76]

27

1. Anspruchsberechtigter

Ein Verfahrenskostenvorschuss kann von Ehegatten geltend gemacht werden. Die Ehe muss rechtswirksam geschlossen sein. Nach Trennung ergibt sich der Anspruch aus § 1361 Abs. 4 Satz 4 BGB i.V.m. § 1360a Abs. 4 BGB. Nach Scheidung der Ehe kommt ein Verfahrenskostenvorschuss nicht mehr in Betracht.[77] Eine entsprechende Verweisung ist in § 1578 BGB nicht enthalten. Ein Nachehelichenunterhalt stellt lediglich eine Nachwirkung der Ehe dar und unterscheidet sich dadurch vom Familien- und Trennungsunterhalt.[78] Daran ändert sich auch nichts, wenn der Vorschusspflichtige vor der Rechtskraft mit der Bezahlung des Vorschusses in Verzug gesetzt worden war.[79]

28

Für eine Folgesache im Scheidungsverbund kann ein Verfahrenskostenvorschuss als Teil des Trennungsunterhalts verlangt werden[80], auch soweit sie nach Abtrennung als selbständiges Verfahren weiter verfolgt wird[81].

29

Ein Verfahrenskostenvorschuss kann auch für einen Abstammungsprozess zugesprochen werden.[82]

30

§ 1360a Abs. 4 BGB findet keine Anwendung auf den Verfahrenskostenvorschussanspruch von Kindern. Insoweit sind die §§ 1610, 1615a BGB maßgeblich. Die früher streitige Frage, ob außer minderjährigen und privilegierten volljährigen Kindern auch sonstige volljährige Kinder einen Anspruch auf

31

---

[71] OLG Karlsruhe v. 24.11.1998 - 2 UF 279/97 EA - OLGR Karlsruhe 1999, 250-251; OLG Brandenburg v. 18.05.2010 - 9 WF 147/10 - FamRZ 2011, 54.

[72] AG Marburg v. 08.05.2012 - 74 F 17/12 - FamRZ 2013, 308; AG Kassel v. 22.02.2010 - 542 F 3168/09 - FuR 2010, 710; *Herr*, FuR 2010, 658.

[73] OLG Frankfurt v. 15.10.2013 - 2 UFH 8/13 - NJW-Spezial 2014, 196.

[74] *Kreutz*, NZFam 2014, 196.

[75] *Kreutz*, NZFam 2014, 196.

[76] *Brudermüller* in: Palandt, § 1360a BGB Rn. 20.

[77] BGH v. 25.11.2009 - XII ZB 46/09 - FamRZ 2010, 189; BGH v. 15.11.1989 - IVb ZR 95/88 - NJW-RR 1990, 194-195; BGH v. 09.11.1983 - IVb ZR 14/83 (Hamm) - NJW 1984, 291; OLG München v. 18.07.1997 - 12 WF 972/97 - EzFamR aktuell 1997, 363-364.

[78] BGH v. 09.11.1983 - IVb ZR 14/83 - BGHZ 89, 33-40.

[79] OLG Schleswig v. 27.08.2007 - 12 UF 80/07 - FamRZ 2008, 614.

[80] *Brudermüller* in: Palandt, § 1360a Rn. 10.

[81] BGH v. 09.11.1983 - IVb ZR 14/83 - BGHZ 89, 33-40; OLG Zweibrücken v. 10.08.1999 - 5 WF 73/99 - EzFamR aktuell 2000, 11-12; OLG Nürnberg v. 21.12.1989 - 10 WF 3858/89 - FamRZ 1990, 421-422.

[82] OLG Köln v. 10.09.1998 - 14 WF 127/98 - FamRZ 1999, 792; *Brudermüller* in: Palandt, § 1360a Rn. 10.

Verfahrenskostenvorschuss in persönlichen Angelegenheiten gegen ihre Eltern haben können, hat der BGH in entsprechender Anwendung des § 1360a IV BGB (nicht des § 1610 Abs. 2 BGB) für den Fall bejaht, dass das volljährige Kind wegen der Fortdauer seiner Ausbildung noch keine eigene Lebensstellung erlangt hat.[83] Verheiratete und erwerbstätige Volljährige haben keinen Anspruch auf Kostenvorschuss. Der Vorschussanspruch kann sich auch gegen Großeltern richten.[84]

32 Für zusammen- oder getrennt lebende eingetragene Lebenspartner gelten die §§ 5, 12 Abs. 2 Satz 2 LPartG.

33 Eine analoge Anwendung auf die nichteheliche Lebensgemeinschaft ist nicht möglich. Es fehlt insoweit an einer Gesetzeslücke.[85] Streitig ist, ob ein Kostenvorschussanspruch des nicht verheirateten Elternteils zur Geltendmachung von Unterhaltsansprüchen gem. § 1615l BGB besteht.[86]

34 Es besteht kein Vorschussanspruch von Eltern gegenüber ihren minderjährigen Kindern.[87]

2. Gerichtliche Verfahren

35 Darunter fallen alle Verfahrensarten, auch Verfahren der freiwilligen Gerichtsbarkeit, vor dem Verwaltungs-[88] oder Sozialgericht[89]. Auch Schiedsgerichtsverfahren gehören dazu.[90] § 1360a Abs. 4 Satz 2 BGB erwähnt ausdrücklich die Kosten der Verteidigung in einem Strafverfahren. Das muss ebenso für die Kosten einer Privat- oder Nebenklage gelten.[91] Der Verfahrenskostenvorschuss umfasst auch Eilverfahren der einstweiligen Verfügung, einstweiligen Anordnung sowie Arrestverfahren und auch ebenso Klagen in der Zwangsvollstreckung[92] und das Insolvenzverfahren[93]. Auch die Kosten der einstweiligen Anordnung auf Verfahrenskostenvorschuss fallen darunter.[94] Die Kosten der außergerichtlichen Rechtsverfolgung können nicht verlangt werden.[95]

3. Persönliche Angelegenheit

36 Der Rechtsstreit muss eine persönliche Angelegenheit betreffen. Die Eingrenzung dieses Begriffs bereitet besondere Schwierigkeiten. Allgemein anerkannt ist, dass Ansprüche im Zusammenhang mit dem Persönlichkeitsrecht des Ehegatten und den in § 823 Abs. 1 BGB genannten Schutzgütern Leben, Körper, Gesundheit und Freiheit des Ehegatten zu den persönlichen Angelegenheiten zählen.[96] Unproblematisch sind auch gerichtliche Verfahren im Zusammenhang mit der Ehe, z.B. sonstige Familiensachen i.S.d. § 266 Abs. 1 Nr. 2, 3 FamFG, Scheidungsverfahren. Zu den persönlichen Angelegenheiten zählen auch Klageverfahren im Zusammenhang mit Ehrverletzungen.

37 Auch Kindschaftsverfahren können persönliche Angelegenheiten sein, z.B. der Antrag auf Vaterschaftsanfechtung.[97] Für den Antrag des Kindes auf Feststellung der Vaterschaft besteht gegen den Antragsgegner hingegen kein Vorschussanspruch.

38 Soweit es sich um vermögensrechtliche Ansprüche handelt, wird überwiegend verlangt, dass sie einen engen Bezug zur ehelichen Lebensgemeinschaft aufweisen, wobei nur mittelbare finanzielle Auswirkungen nicht genügen.[98] Der BGH hebt darauf ab, dass der vermögensrechtliche Anspruch eine genü-

---

[83] BGH v. 23.03.2005 - XII ZB 13/05 - FamRZ 2005, 883; vgl. dazu *Büte*, FF 2005, 306 ff.; OLG München v. 06.09.2006 - 1 W 2126/06 - FamRZ 2007, 911.

[84] OLG Koblenz v. 09.09.1996 - 15 W 503/96 - FamRZ 1997, 681.

[85] *Voppel* in: Staudinger, § 1360a Rn. 65; *Knops*, NJW 1993, 1237-1243, 1240; a.A. OLG Koblenz v. 03.06.1991 - 13 WF 487/91 - NJW-RR 1992, 1348.

[86] Bejahend OLG München v. 15.10.2001 - 4 UF 122/01 - FamRZ 2002, 1219; *Rossmann*, FuR 2012, 168, verneinend *Büttner*, FamRZ 2000, 781; *Wever/Hoffmann* in: Schnitzler, Münchener Anwaltshandbuch Familienrecht § 10 Rn. 127 m.w.N.

[87] OLG München v. 23.10.1992 - 26 WF 605/91 - FamRZ 1993, 821; *Büte*, FF 2005, 272, 273 m.w.N.

[88] OVG Lüneburg v. 31.10.1972 - VI OVG A 96/72 - FamRZ 1973, 145.

[89] BSG v. 22.12.1959 - 3 RJ 184/59 - NJW 1960, 502.

[90] *Voppel* in: Staudinger, § 1360a Rn. 66.

[91] BGH v. 13.01.1993 - 5 StR 669/92 - NStZ 1993, 351; *Brudermüller* in: Palandt, § 1360a Rn. 13.

[92] OLG Frankfurt v. 26.01.1983 - 17 W 60/82 - FamRZ 1983, 588-589.

[93] BGH v. 24.07.2003 - IX ZB 539/02 - BGHZ 156, 92-96.

[94] OLG Frankfurt v. 17.04.1979 - 1 UF 299/77 EA I - FamRZ 1979, 732-733.

[95] A.A. *Kleinwegener*, FamRZ 1992, 755-758.

[96] *Weber-Monecke* in: MünchKomm-BGB, § 1360a Rn. 27.

[97] OLG Düsseldorf v. 26.06.1952 - 5 W 102/52 - MDR 1952, 558.

[98] BGH v. 30.01.1964 - VII ZR 5/63 - BGHZ 41, 104-113; *Brudermüller* in: Palandt, § 1360a Rn. 14.

gend enge Verbindung zur Person des betroffenen Ehegatten hat.[99] Ansprüche, die nur dem allgemeinen wirtschaftlichen Interesse des Ehegatten dienen, genügen nicht.

Die Rechtsprechung neigt insgesamt eher zu einer großzügigen Auslegung. Je enger die Verbindung zu persönlichen Bedürfnissen des Ehegatten ist, desto eher ist eine persönliche Angelegenheit zu bejahen. Der Rechtsstreit muss dafür nicht lebenswichtig sein.[100] 39

In folgenden Fällen liegt eine persönliche Angelegenheit vor: 40

- Prozessverfahren im Zusammenhang mit den immateriellen Rechtsgütern der körperlichen Integrität, Gesundheit, Freiheit, Ehre, also z.B. Klagen auf Schmerzensgeld, Haushaltsführungsschaden;[101] Unterlassungsklagen wegen ehrverletzender Äußerungen, Verletzungen des Rechts am eigenen Bild.[102]
- Schmerzensgeldprozesse.[103]
- Schadenersatz wegen ärztlicher Kunstfehler.[104]
- Unterlassungsklagen wegen ehrverletzender Äußerungen.[105]
- Verfahren auf Feststellung der Vaterschaft.
- Ehelichkeitsanfechtung.[106]
- Räumungs- und Unterlassungsansprüche bei Eingriffen in den räumlich-gegenständlich geschützten Bereich der Ehe.[107]
- Klageverfahren im Zusammenhang mit der Aufenthaltserlaubnis und aufenthaltsbeendenden Entscheidungen der Ausländerbehörde.[108]
- Gerichtsverfahren wegen Feststellung der Wirksamkeit eines Ehevertrages.[109]
- Unterhaltsverfahren.[110]
- Prozessverfahren des minderjährigen unverheirateten Kindes vor dem Verwaltungsgericht auf Zahlung von Unterhaltsvorschuss.[111]
- Sozialgerichtliche Prozessverfahren wegen Berufs- bzw. Erwerbsunfähigkeitsrente oder Altersrente.[112]
- Sozialgerichtliche Prozessverfahren eines Ehegatten auf Leistungen der Grundsicherung im Alter und bei Erwerbsminderung.[113]
- Sozialgerichtliche Prozessverfahren auf Zuerkennung eines höheren Grades der Behinderung.[114]
- Zustimmungsersetzungsverfahren nach § 103 Abs. 2 BetrVG.[115]
- Für vermögensrechtliche Ansprüche eines Ehegatten gegen den geschiedenen Ehegatten im Zusammenhang mit der geschiedenen Ehe (z.B. auf Zugewinnausgleich) kann ein Verfahrenskostenvorschuss vom jetzigen Ehegatten verlangt werden (sehr streitig).[116]

---

[99] BGH v. 25.11.2009 - XII ZB 46/09 - FamRZ 2010, 189.
[100] OLG Nürnberg v. 15.04.1986 - 6 W 887/86 - FamRZ 1986, 697-698; *Brudermüller* in: Palandt, § 1360a Rn. 14; *Weber-Monecke* in: MünchKomm-BGB, § 1360a Rn. 26.
[101] OLG Frankfurt v. 15.02.2010 - 4 W 85/09.
[102] *Koch*, NJW 1974, 87-89.
[103] *Koch*, NJW 1974, 87-89.
[104] OLG Frankfurt v. 19.10.1966 - 12 W 91/66 - FamRZ 1967, 43.
[105] BGH v. 30.01.1964 - VII ZR 5/63 - BGHZ 41, 104-113.
[106] OLG Düsseldorf v. 26.06.1952 - 5 W 102/52 - MDR 1952, 558.
[107] OLG Frankfurt v. 09.03.1982 - 3 UF 233/81 - FamRZ 1982, 606-607.
[108] *Voppel* in: Staudinger, § 1360a Rn. 72.
[109] OLG Köln v. 29.03.1962 - 10 U 21/62 - MDR 1963, 51.
[110] OLG Braunschweig v. 28.08.1958 - 2 U 106/58 - NJW 1958, 1728; *Weber-Monecke* in: MünchKomm-BGB, § 1360a Rn. 27.
[111] OVG Sachsen v. 16.03.2011 - 5 D 181/10 - NJW 2011, 2457.
[112] BGH v. 25.11.2009 - XII ZB 46/09 - NJW 2010, 372; BSG v. 22.12.1959 - 3 RJ 184/59 - NJW 1960, 502.
[113] LSG Rheinland-Pfalz v. 09.06.2011 - L 1 SO 19/11 - FamRZ 2011, 1969.
[114] LSG Berlin-Brandenburg v. 06.10.2010 - L 11 SB 288/09 B.
[115] BAG v. 29.10.2007 - 3 AZB 25/07 - NJW 2008, 1400.
[116] BGH v. 25.11.2009 - XII ZB 46/09 - FamRZ 2010, 189; OLG Hamm v. 16.06.1988 - 9 WF 209/88 - FamRZ 1989, 277-278; OLG Frankfurt v. 26.01.1983 - 17 W 60/82 - FamRZ 1983, 588-589; OLG Düsseldorf v. 25.11.1974 - 23 U 107/74 - FamRZ 1975, 102-103; *Brudermüller* in Palandt, § 1360a Rn. 10; *Scholz* in: Wendl/Dose, Das Unterhaltsrecht in der familienrichterlichen Praxis, 9. Aufl. 2013, § 6 Rn. 33; a.A. OLG Nürnberg v. 15.04.1986 - 6 W 887/86 - FamRZ 1986, 697; OLG Düsseldorf v. 01.12.1983 - 10 U 102/83 - MDR 1984, 321.

§ 1360a

- Prozessverfahren im Zusammenhang mit dem Arbeitsverhältnis des Ehegatten, soweit Arbeitgeber ein Dritter ist und es um den Bestand des Arbeitsverhältnisses geht (zur Abgrenzung vgl. Rn. 41).[117]
- Prozessverfahren des volljährigen Kindes auf Zulassung zu einem Studienplatz.[118]

41 In folgenden Fällen liegt keine persönliche Angelegenheit vor:
- Prozessverfahren im Zusammenhang mit dem Arbeitsverhältnis des Ehegatten, wenn Arbeitgeber ein Dritter ist, soweit es um die Zahlung von Lohn geht (streitig).[119]
- Klageverfahren auf Auseinandersetzung und Abrechnung aus Gesellschaftsvertrag.[120]
- Erbrechtliche Streitigkeiten.[121]
- Streitigkeiten aus Pflichtteilsrecht.[122]
- Rechtsstreit um die Rückforderung von Sozialhilfe.[123]

4. Bedürftigkeit des Berechtigten

42 Der Verfahrenskostenvorschuss setzt voraus, dass der beanspruchte Ehegatte bedürftig ist, das heißt, nicht in der Lage ist, die Kosten des Rechtsstreits selbst zu tragen ohne seinen angemessenen Unterhalt nicht nur unerheblich zu gefährden.[124] Dies beurteilt sich nicht am Maßstab des § 114 ZPO für die Verfahrenskostenhilfe, sondern am Maßstab der Billigkeit.[125]

43 Bei nicht unerheblichem Eigeneinkommen scheidet ein Verfahrenskostenvorschuss in der Regel aus.[126] Auch eigenes Vermögen muss vorrangig eingesetzt werden, wenn es eine angemessene Rücklage für Notfälle übersteigt[127] und eine Verwertung des Vermögensstammes leicht möglich und wirtschaftlich zumutbar ist.[128]

44 Welche Anforderungen an die Bedürftigkeit zu stellen sind, kann nicht ohne Vergleich mit den Einkommens- und Vermögensverhältnissen des Pflichtigen beurteilt werden. Je niedriger Einkommen und Vermögen des Pflichtigen sind und je geringer sich die Unterschiede zum Eigeneinkommen und eigenen Vermögen des Berechtigten darstellen, desto höhere Anforderungen werden an die Verwertung des eigenen Einkommens und Vermögensstammes des Berechtigten zu stellen sein.[129] Gegebenenfalls muss der Berechtigte sein Einkommen je nach Billigkeit soweit heranziehen, dass ihm nicht mehr der angemessene, sondern nur noch der notwendige Unterhalt verbleibt.[130]

45 Die Veräußerung und Belastung der eigenen Immobilie wird in aller Regel als unzumutbar anzusehen sein.

46 Bei durchschnittlichen Einkünften ergibt sich i.d.R. kein zusätzlicher Verfahrenskostenvorschuss mehr, wenn im Rahmen des Halbteilungsgrundsatzes bereits Trennungsunterhalt bezahlt wird, kein nicht prägendes Einkommen des Pflichtigen und kein liquides Vermögen vorhanden sind, da die Einkünfte der Ehegatten dann bereits aufgeteilt sind.[131] Denkbar ist in diesem Fall aber ein Verfahrenskos-

---

[117] BAG v. 05.04.2006 - 3 AZB 61/04 -FamRZ 2006, 1117; *Weber-Monecke* in: MünchKomm-BGB, § 1360a Rn. 27.

[118] OVG Berlin-Brandenburg v. 13.09.2011 - OVG 5 M 44.10 - NJW 2011, 3385; OVG Saarland v. 20.12.2010 - 2 D 333/10.

[119] LAG Nürnberg v. 13.03.2014 - 7 Ta 181/13; LAG Hamm v. 07.12.2009 - 14 Ta 489/09 - FamRZ 2010, 828; *Weber-Monecke* in: MünchKomm-BGB, § 1360a Rn. 27; a.A. LAG Rheinland-Pfalz v. 11.01.2012 - 6 Ta 263/11.

[120] BGH v. 30.01.1964 - VII ZR 5/63 - BGHZ 41, 104-113.

[121] OLG Düsseldorf v. 01.08.1960 - 7 U 69/60 - NJW 1960, 2189.

[122] OLG v. 26.04.1989 - 2 W 60/89 - NJW-RR 1989, 967-968.

[123] VG Sigmaringen v. 04.02.2004 - 2 K 236/02 - FamRZ 2004, 1653.

[124] *Weber-Monecke* in: MünchKomm-BGB, § 1360a Rn. 23.

[125] *Weber-Monecke* in: MünchKomm-BGB, § 1360a Rn. 23; *Brudermüller* in: Palandt, § 1360a Rn. 11.

[126] OLG Hamm v. 30.01.1990 - 9 UF 355/89 - NJW-RR 1990, 1286-1287.

[127] OLG Frankfurt v. 31.01.1986 - 5 WF 38/86 - FamRZ 1986, 485.

[128] OLG Köln v. 19.08.1994 - 25 WF 151/94 - MDR 1995, 751; *Weber-Monecke* in: MünchKomm-BGB, § 1360a Rn. 23.

[129] OLG Köln v. 06.03.2002 - 27 UF 182/01 - NJW-RR 2002, 1585; *Weber-Monecke* in: MünchKomm-BGB, § 1360a Rn. 23; *Brudermüller* in: Palandt, § 1360a Rn. 11.

[130] *Weber-Monecke* in: MünchKomm-BGB, § 1360a Rn. 23.

[131] OLG Karlsruhe v. 24.11.2010 - 16 WF 186/10 - FamRZ 2011, 1235; OLG München v. 13.09.2005 - 16 WF 1542/05 - FamRZ 2006, 791; AG München v. 10.02.2010 - 533 F 565/10 - FamR Kompakt 2010, 66; AG Weilburg v. 27.09.2002 - 24 F 1018/02 - NJW-RR 2003, 506-507; ausnahmsweise zugesprochen wurde der Anspruch von OLG Zweibrücken v. 13.10.1998 - 5 UF 47/98 - NJW-RR 1999, 796.

tenvorschuss bei hohem Vermögen des pflichtigen Ehegatten, wenn die damit verbundene wirtschaftliche Absicherung durch den Verfahrenskostenvorschuss nicht nennenswert beeinträchtigt wird.[132]

Die Bewilligung der Verfahrenskostenhilfe ist subsidiär zum Anspruch auf Verfahrenskostenvorschuss, soweit dieser nach Lage der Dinge zeitnah durchgesetzt werden kann.[133] Das ist nicht der Fall, wenn der Anspruch verwirkt ist und anzunehmen ist, dass der Verpflichtete den Verwirkungseinwand erheben wird.[134] Nach einer sehr weitgehenden Ansicht soll das auch nicht der Fall sein, wenn der Anspruchsteller der Beklagte eines Prozessverfahrens ist und der Pflichtige den Anspruch auf Verfahrenskostenhilfe in Abrede stellt und eine gerichtliche Geltendmachung (ggf. durch einstweilige Anordnung) notwendig wäre.[135]   47

Ist Verfahrenskostenhilfe schon bewilligt, kommt ein Verfahrenskostenvorschuss nur in Betracht, wenn die Bewilligung nachträglich gem. §§ 124 Nr. 3 ZPO, 76 Abs. 1 FamFG aufgehoben werden sollte.[136]   48

5. Billigkeit des Verfahrenskostenvorschusses

Ein Verfahrenskostenvorschuss entspricht nur dann der Billigkeit, wenn der Pflichtige leistungsfähig ist und das beabsichtigte Prozessverfahren eine hinreichende Erfolgsaussicht hat.[137]   49

a. Leistungsfähigkeit des Pflichtigen

Auch die Prüfung der Leistungsfähigkeit des Pflichtigen erfolgt am Maßstab der Billigkeit. Leistungsfähigkeit liegt nur vor, wenn der Verfahrenskostenvorschuss den eigenen Unterhalt des Pflichtigen nicht gefährdet.[138] Als Faustformel kann zugrunde gelegt werden, dass dem Pflichtigen mindestens der Betrag verbleiben muss, der als Selbstbehalt im Unterhaltsrecht angesetzt wird. Gegenüber einem Vorschussanspruch des Ehegatten und volljähriger Kinder ist somit der angemessene Selbstbehalt maßgebend. Bei einem Verfahrenskostenvorschuss für minderjährige Kinder hat der BGH entgegen einer verbreiteten Ansicht auf den notwendigen Selbstbehalt abgestellt.[139] Unter Berücksichtigung der geänderten Rechtsprechung des BGH zum Selbstbehalt gegenüber dem Anspruch auf Trennungs- und nachehelichen Unterhalt[140] und der Leitlinien der einzelnen Oberlandesgerichte lassen sich als Faustformel für den Verfahrenskostenvorschuss folgende Selbstbehaltsbeträge als absolut **unterste** Grenze für die Inanspruchnahme zugrunde legen: 50

Regelbeträge für den Selbstbehalt des Pflichtigen gegenüber einem Anspruch auf Verfahrenskostenvorschuss		
		Selbstbehalt in €*
gegenüber minderj. Kindern und privilegierten Volljährigen	erwerbstätiger Pflichtiger	1.000
	nicht erwerbstätiger Pflichtiger	800
gegenüber sonstigen volljährigen Kindern	erwerbstätiger Pflichtiger	1.200
	nicht erwerbstätiger Pflichtiger	1.200
gegenüber Ehefrau bei Trennungs- und nachehelichem Unterhalt	erwerbstätiger Pflichtige	1.100
	nicht erwerbstätiger Pflichtiger	1.100
* Vgl. zur Höhe des darin enthaltenen Mietanteils die Leitlinien der einzelnen Oberlandesgerichte		

---

[132] OLG Frankfurt v. 15.10.2013 - 2 UFH 8/13 - NJW-Spezial 2014, 155; OLG Karlsruhe v. 24.11.2010 - 16 WF 186/10 - FamRZ 2011, 1235.

[133] OLG Koblenz v. 12.12.1985 - 11 WF 1424/85 - FamRZ 1986, 284; KG Berlin v. 03.07.1985 - 18 WF 3100/85 - FamRZ 1985, 1066-1067.

[134] OLG Brandenburg v. 10.09.2013 - 3 WF 97/13 - FamRZ 2014, 784.

[135] OLG Nürnberg v. 31.01.2013 - 7 WF 163/13 - FamRZ 2013, 1325.

[136] Vgl. zur Problematik *Voppel* in: Staudinger, § 1360a Rn. 84 ff.

[137] *Weber-Monecke* in: MünchKomm-BGB, § 1360a Rn. 29.

[138] BGH v. 14.02.1990 - XII ZR 39/89 - BGHZ 110, 247-253; OLG Zweibrücken v. 16.09.1996 - 5 WF 93/96 - FamRZ 1997, 757-758; OLG Koblenz v. 12.12.1985 - 11 WF 1424/85 - FamRZ 1986, 284.

[139] BGH v. 04.08.2004 - XII ZA 6/04 - FamRZ 2004, 1633 f. mit Anm. *Viefhues*, FamRZ 2004, 1635 ff.; a.A. OLG Köln v. 10.09.1998 - 14 WF 127/98 - NJWE-FER 1999, 8; *Büte*, FF 2004, 272, 274; *Kaiser* in: NK-BGB, Bd. 4, § 1360a Rn. 49.

[140] BGH v. 15.03.2006 - XII ZR 30/04 - FamRZ 2006, 765.

Als zusätzliche Begrenzung ist zu beachten, dass eine Leistungsfähigkeit auch zu verneinen ist, wenn der Pflichtige Anspruch auf ratenlose Prozess-/Verfahrenskostenhilfe hat. Denn er kann nicht verpflichtet sein, einem anderen die Kosten des Prozesses zu finanzieren, wenn er selbst für die Kosten eines Prozesses nicht aufkommen müsste, weil ihm ratenlose Prozess-/Verfahrenskostenhilfe zu bewilligen wäre.[141] Das gilt auch, wenn dem Pflichtigen Prozess-/Verfahrenskostenhilfe gegen Raten bewilligt wurde, weil er dann im selben Verfahren höhere Raten zu bezahlen hätte als gesetzlich in § 115 Abs. 2 ZPO vorgesehen ist.[142]

51 Bei der Beurteilung der Leistungsfähigkeit gehen anderweitige Unterhaltspflichten vor[143], während sonstige Verbindlichkeiten nachrangig[144] oder nur nach allgemeinen unterhaltsrechtlichen Grundsätzen zu beachten sind[145]. Sozialrentenansprüche sind bei der Leistungsfähigkeit mit zu berücksichtigen, soweit sie pfändbar sind.[146]

52 Bei nicht ausreichenden Einkünften kann der Pflichtige auch gehalten sein, seinen Vermögensstamm zu verwerten. Das gilt insbesondere dann, wenn es sich um bereite Mittel handelt und deren Verwertung das Vermögen des Pflichtigen nicht erheblich beeinträchtigt[147] und die Heranziehung des Vermögens den Pflichtigen nicht von fortlaufenden Einkünften abschneidet, die er zur Erfüllung anderer Unterhaltsansprüche oder zur Bestreitung seines eigenen Unterhalts benötigt.[148] Nach einer weitergehenden Ansicht sollen die Anforderungen an den Vermögenseinsatz strenger sein. Lediglich eine Rücklage für Not- und Krankheitsfälle brauche nicht verwertet zu werden.[149]

53 Wenn der Pflichtige für den Verfahrenskostenvorschuss nicht in vollem Umfang leistungsfähig ist, kann auch ein Teilbetrag[150] zugesprochen werden oder Ratenzahlung[151] des Vorschusses angeordnet werden.

54 Dazu korrespondierend kann der Berechtigte für den Restbetrag Prozess-/Verfahrenskostenhilfe erhalten oder Prozess-/Verfahrenskostenhilfe gegen Ratenzahlung, deren Höhe den Raten aus dem Verfahrenskostenvorschuss entspricht.[152]

b. Erfolgsaussichten

55 Es besteht Einigkeit darüber, dass ein Verfahrenskostenvorschuss nicht verlangt werden kann, wenn das beabsichtigte gerichtliche Verfahren offensichtlich aussichtslos und damit mutwillig erscheint.[153] Es ist dem Verpflichteten nicht zuzumuten, einen von vornherein aussichtslosen Prozess – noch dazu unter Umständen gegen sich selbst – zu finanzieren. Die streitige Frage, ob der Anspruch auch schon bei fehlender hinreichender Erfolgsaussicht zu versagen ist, hat der BGH bejaht.[154] Damit ist für den

---

[141] BGH v. 04.08.2004 - XII ZA 6/04 - FamRZ 2004, 1633 f.; OLG Nürnberg v. 22.09.1995 - 7 WF 2878/95 - MDR 1996, 287.

[142] OLG Celle v. 29.07.2009 - 10 WF 222/09 - FamRZ 2010, 53; AG Ludwigslust v. 08.10.2010 - 5 F 243/10 - FamFR 2011, 275 mit Anm. *Conradis*, FamFR 2011, 275.

[143] OLG Karlsruhe v. 16.07.1987 - 2 WF 73/87 - FamRZ 1987, 1062-1063; OLG Hamm v. 26.06.1986 - 2 WF 247/86 - FamRZ 1986, 1013-1014.

[144] *Voppel* in: Staudinger, § 1360a Rn. 76; *Brudermüller* in: Palandt, § 1360a Rn. 12.

[145] *Weber-Monecke* in: MünchKomm-BGB, § 1360a Rn. 24.

[146] OLG Düsseldorf v. 13.06.1979 - 5 WF 65/79 - FamRZ 1979, 806-807.

[147] OLG Karlsruhe v. 24.11.2010 - 16 WF 186/10 - FamRZ 2011, 1235; OLG Köln v. 19.08.1994 - 25 WF 151/94 - MDR 1995, 751; OLG Köln v. 29.08.1984 - 4 WF 244/84 - FamRZ 1984, 1256-1257.

[148] AG Garmisch-Partenkirchen v. 15.07.2007 - 1 F 216/06.

[149] *Scholz* in: Wendl/Dose, § 6 Rn. 29, offen gelassen in OLG Koblenz v. 14.03.2014 - 13 WF 237/14.

[150] OLG Bremen v. 05.06.1984 - 3 WF 56/84 - FamRZ 1984, 919-920.

[151] BGH v. 04.08.2004 - XII ZA 6/04 - FamRZ 2004, 1633; OLG Celle v. 04.11.2013 - 17 WF 203/13 - FamRZ 2014, 783; OLG Koblenz v. 22.07.2013 - 13 WF 650/13; OLG Saarbrücken v. 20.08.2009 - 6 WF 84/09 - FamRZ 2010, 749; OLG Stuttgart v. 31.07.2006 - 18 WF 82/06 - OLGR Stuttgart 2007, 1037.

[152] BGH v. 04.08.2004 - XII ZA 6/04 - FamRZ 2004, 1633; OLG Celle v. 04.11.2013 - 17 WF 203/13 - FamRZ 2014, 783; OLG Brandenburg v. 10.09.2013 - 3 WF 97/13; OLG Saarbrücken v. 20.08.2009 - 6 WF 84/09 - FamRZ 2010, 749; OLG Celle v. 05.05.2006 - 17 WF 60/06 - NJW-RR 2006, 1304; AG Rosenheim v. 19.06.2006 - 3 F 684/06 - FamRZ 2006, 1611; *Weber-Monecke* in: MünchKomm-BGB, § 1360a Rn. 22; *Brudermüller* in: Palandt, § 1360a Rn. 12.

[153] *Weber-Monecke* in: MünchKomm-BGB, § 1360a Rn. 29.

[154] BGH v. 07.02.2001 - XII ZB 2/01 - NJW 2001, 1646-1647; vgl. auch OLG Hamm, NJW 1994, 529; *Brudermüller* in: Palandt, § 1360a Rn. 15.

Verfahrenskostenvorschuss derselbe Maßstab anzulegen wie für die Prozess-/Verfahrenskostenhilfe (§ 114 ZPO).

6. Höhe des Verfahrenskostenvorschusses

Der Anspruch umfasst die zur Rechtsverfolgung notwendigen Verfahrenskosten, auch Kosten für einstweilige Anordnungen oder einstweilige Verfügungen. Die Kosten setzen sich zusammen aus den Gerichtskosten einschließlich der Kosten der Beweisaufnahme und der Anwaltskosten. Auch vom Gericht angeforderte Gerichtskostenvorschüsse können verlangt werden, ebenso Kosten für das Prozess-/Verfahrenskostenhilfeverfahren.[155] Verkehrsanwaltskosten können geltend gemacht werden, wenn die Zuziehung wegen des Umfangs oder der Schwierigkeit der Sache sachdienlich und angemessen erscheint. Der Vorschuss kann nur für die Kosten einer Instanz im Voraus verlangt werden.[156]

56

7. Rückforderung des Verfahrenskostenvorschusses und Kostenfestsetzung

Die Rechtsprechung bejaht einen Rückforderungsanspruch als familienrechtlichen Anspruch eigener Art, für den die §§ 814, 818 Abs. 3 BGB nicht anwendbar sind.[157] Alleiniger Maßstab ist, dass die Rückforderung der Billigkeit entspricht. Das kommt in Betracht, wenn sich die wirtschaftlichen Verhältnisse des Berechtigten (z.B. wegen eines realisierten Anspruchs auf Zugewinnausgleich) wesentlich verbessert haben oder die Voraussetzungen für einen Verfahrenskostenvorschuss von vornherein nicht vorgelegen haben.[158] Ein Rückforderungsanspruch ist auch zu bejahen, wenn der Ehegatte seinen Rechtsstreit gegen den Dritten gewonnen und Kostenerstattungsansprüche realisiert hat.[159] Inwieweit ein Verfahrenskostenvorschuss im Kostenfestsetzungsverfahren zu berücksichtigen ist, ist streitig. Eine solche Berücksichtigung kommt nur in Betracht, wenn zwischen den Parteien kein Streit darüber besteht, dass und in welcher Höhe ein Verfahrenskostenvorschuss bezahlt worden war.[160] Wenn der Vorschussgeber die gesamten Prozesskosten zu tragen hat, ist der Vorschussbetrag in voller Höhe auf den Kostenerstattungsanspruch des Empfängers anzurechnen. Sonst müsste der Pflichtige doppelt bezahlen.

57

Enthält die Kostengrundentscheidung eine Kostenquotelung, scheidet eine Anrechnung jedenfalls dann aus, wenn die vom Vorschussempfänger zu tragenden Kosten höher sind als der erlangte Verfahrenskostenvorschuss. Inwieweit ein materiell-rechtlicher Rückzahlungsanspruch besteht, kann nämlich nicht im Kostenfestsetzungsverfahren geklärt werden.[161]

58

Sind die vom Vorschussempfänger zu tragenden Kosten bei einer Quotelung in der Kostengrundentscheidung niedriger als der erhaltene Kostenvorschuss, kann er nach der auch vom BGH vertretenen Ansicht nur in der Höhe angerechnet werden, in der Verfahrenskostenvorschuss und Kostenerstattungsanspruch zusammen die Gesamtkosten des Empfängers übersteigen.[162] Nach anderer Ansicht ist der Verfahrenskostenvorschuss bis zur Höhe des sich beim Kostenausgleich ergebenden Betrages anzurechnen.[163] Eine dritte Ansicht will den Vorschuss entsprechend der Quotelung in der Kostengrundentscheidung anrechnen.[164]

59

---

[155] *Voppel* in: Staudinger, § 1360a Rn. 81.
[156] *Voppel* in: Staudinger, § 1360a Rn. 83.
[157] BGH v. 14.02.1990 - XII ZR 39/89 - BGHZ 110, 247-253.
[158] BGH v. 14.02.1990 - XII ZR 39/89 - BGHZ 110, 247-253; KG v. 20.06.2008 - 17 UF 24/08 - FamRZ 2008, 2201; *Kreutz*, NZFam 2014, 196; *Graba*, FamRZ 1990, 1045-1056, 1047.
[159] *Voppel* in: Staudinger, § 1360a Rn. 89.
[160] OLG Köln v. 04.10.2005 - 26 WF 125/05 - FamRZ 2006, 218; *Lackmann* in: Musielak, ZPO, § 104 Rn. 10 m. w. N.
[161] *Lackmann* in: Musielak, ZPO, § 104 Rn. 10.
[162] BGH v. 09.12.2009 - XII ZB 79/06 - FamRZ 2010, 452; OLG Nürnberg v. 08.04.2002 - 10 WF 737/02 - FuR 2002, 287-288; KG Berlin v. 28.06.2001 - 19 WF 9216/00 - NJW-RR 2002, 140-141; *Denkelberg*, FuR 2003, 68-73.
[163] OLG Düsseldorf v. 24.02.2005 - II-10 WF 32/04 - RPfleger 2005, 483; *Lackmann* in: Musielak ZPO, § 104 Rn. 10.
[164] OLG Celle v. 21.11.1983 - 21 WF 147/83 - FamRZ 1985, 731.

§ 1360b BGB Zuvielleistung

(Fassung vom 02.01.2002, gültig ab 01.01.2002)

Leistet ein Ehegatte zum Unterhalt der Familie einen höheren Beitrag als ihm obliegt, so ist im Zweifel anzunehmen, dass er nicht beabsichtigt, von dem anderen Ehegatten Ersatz zu verlangen.

Gliederung

A. Grundlagen 1	I. Eingreifen der Auslegungsregel 6
B. Anwendungsvoraussetzungen 3	II. Widerlegbarkeit der Auslegungsregel 7
C. Rechtsfolgen 6	

A. Grundlagen

1 Die Vorschrift entspricht dem für das Eltern-Kind-Verhältnis geltenden § 685 Abs. 2 BGB. § 1620 BGB enthält eine ähnliche Regelung über Aufwendungen des volljährigen Kindes zum Haushalt.

2 Dem liegt der Gedanke zugrunde, dass Ehegatten üblicherweise keinen Ersatz für einander erbrachte Leistungen zu verlangen pflegen. Diese Auslegungsregel schreibt § 1360b BGB fest. Im Hintergrund steht der Zweck, Streitigkeiten in der Ehe um Ersatzansprüche zu vermeiden und so den Ehefrieden zu stärken. Die Vorschrift beschränkt nach anderen Vorschriften bestehende Anspruchsgrundlagen. Sie schafft selbst keinen Ersatzanspruch.[1] Für Anträge auf Rückforderung zu viel geleisteten Unterhalts ist das Familiengericht zuständig.[2]

B. Anwendungsvoraussetzungen

3 Die Vorschrift gilt für die Dauer der Ehe einschließlich der Dauer des Getrenntlebens (§ 1361 Abs. 4 Satz 4 BGB), aber nicht mehr nach Scheidung.

4 Sie ist anwendbar auf alle freiwilligen Mehrleistungen, die ein Ehegatte über den geschuldeten Familienunterhalt hinaus erbringt. Das können tatsächliche Leistungen sein wie z.B. nicht geschuldete vermehrte Mitarbeit im Betrieb des Ehegatten oder überobligatorische Pflegeleistungen, für die keine Vergütung vereinbart war.[3] In Betracht kommen auch den Familienunterhalt übersteigende finanzielle Leistungen für die Zwecke der Familie, z.B. die Anschaffungskosten eines Pkws.[4] Es macht keinen Unterschied, ob es sich um einmalige oder laufende Mehrleistungen handelt.[5] Gemeint sind damit aber nicht Leistungen, die nicht den Zwecken der Familie dienen, sondern zur Mehrung des Vermögens eines Ehegatten oder nur Verwandten eines Ehegatten zugutekommen.[6] Die Vorschrift erstreckt sich auch nicht auf den Ersatzanspruch für die Bezahlung von Geschäftsschulden oder vorehelichen Schulden des Ehegatten[7] oder auf Unterhaltsleistungen für Stiefkinder.[8]

5 Die Mehrleistung muss freiwillig sein, was auch der Fall ist, wenn ein Ehegatte das Abheben von seinem oder dem gemeinsamen Konto der Eheleute wissentlich duldet, nicht aber, wenn das Abheben heimlich oder nach Trennung geschieht.[9]

C. Rechtsfolgen

I. Eingreifen der Auslegungsregel

6 Greift die Auslegungsregel ein, scheiden Ersatzansprüche aus den §§ 677 ff., 812 BGB und dem familienrechtlichen Ausgleichsanspruch aus.[10] Auch ein Schenkungswiderruf ist dann nicht möglich.[11]

---

[1] BGH v. 09.05.1984 - IVb ZR 7/83 - LM Nr. 30 zu § 818 Abs. 3 BGB; *Brudermüller* in: Palandt § 1360b Rn. 1; *Lange* in: Soergel, § 1360b Rn. 4.
[2] BGH v. 03.05.1978 - IV ARZ 26/78 - BGHZ 71, 264-276.
[3] BGH v. 22.02.1995 - XII ZR 80/94 - LM BGB § 1353 Nr. 34 (7/1995); *Kroll-Ludwigs* in: Erman, § 1360b Rn. 2.
[4] BGH v. 24.02.1983 - IX ZR 42/82 - LM Nr. 6 zu § 1380 BGB.
[5] *Lange* in: Soergel, § 1360b Rn. 3.
[6] *Kroll-Ludwigs* in: Erman, § 1360b Rn. 3.
[7] *Lange* in: Soergel, § 1360b Rn. 3.
[8] *Weber-Monecke* in: MünchKomm-BGB, § 1360b Rn. 5.
[9] *Weber-Monecke* in: MünchKomm-BGB, § 1360b Rn. 5.
[10] BGH v. 26.06.1968 - IV ZR 601/68 - BGHZ 50, 266-271; *Lange* in: Soergel, § 1360b Rn. 3.
[11] *Brudermüller* in: Palandt, § 1360b Rn. 2.

Kann ein Ehegatte einen geleisteten Verfahrenskostenvorschuss zurückfordern, weil er verlangt worden war, ohne dass die Voraussetzungen hierfür vorgelegen haben, steht § 1360b BGB dieser Rückforderung nicht entgegen.[12] Das Gleiche gilt, wenn unfreiwillig aufgrund einer ergangenen einstweiligen Anordnung bezahlt wurde.[13] Eine Berufung auf § 1360b BGB ist auch nicht möglich, wenn der mehrleistende Ehegatte in der Geschäftsfähigkeit beschränkt ist und sein gesetzlicher Vertreter der Mehrleistung nicht zustimmt.[14] Die Vorschrift hindert auch nicht daran, die Leistung als Zuwendung im Sinne des § 1380 BGB beim Zugewinn anzurechnen.[15]

II. Widerlegbarkeit der Auslegungsregel

Die Auslegungsregel des § 1360b BGB ist widerlegbar. Maßgebend ist der Zeitpunkt der Mehrleistung.[16] Dass eine Mehrleistung ungewöhnlich hoch war, kann gegen einen Verzichtswillen sprechen[17]; ebenso das Ausstellen einer Quittung oder eines Schuldscheins[18]. Die Vermutung ist auch dann widerlegt, wenn eine Vergütung für die Mehrleistung vereinbart war oder tatsächlich bezahlt wird.[19]

7

Zwar gilt die Vermutung auch bei getrennt lebenden Eheleuten, es wird aber bei der Beurteilung der Umstände zu berücksichtigen sein, dass die eheliche Lebensgemeinschaft, aus der sich die Auslegungsvermutung gerade rechtfertigt, nicht mehr besteht.[20]

8

---

[12] BGH v. 14.02.1990 - XII ZR 39/89 - NJW 1990, 1476.
[13] *Weber-Monecke* in: MünchKomm-BGB, § 1360b Rn. 5.
[14] *Kroll-Ludwigs* in: Erman, § 1360b Rn. 3.
[15] BGH v. 24.02.1983 - IX ZR 42/82 - LM Nr. 6 zu § 1380 BGB; *Voppel* in: Staudinger, § 1360b Rn. 18.
[16] BGH v. 26.06.1968 - IV ZR 601/68 - BGHZ 50, 266-271; BGH v. 27.09.1978 - IV ZR 45/77 - FamRZ 1979, 115-118; *Lange* in: Soergel, § 1360b Rn. 4.
[17] *Kroll-Ludwigs* in: Erman, § 1360b Rn. 1.
[18] *Kroll-Ludwigs* in: Erman, § 1360b Rn. 1; *Lange* in: Soergel, § 1360b Rn. 4.
[19] *Kroll-Ludwigs* in: Erman, § 1360b Rn. 2.
[20] *Voppel* in: Staudinger, § 1360b Rn. 23.

§ 1361 BGB Unterhalt bei Getrenntleben

(Fassung vom 21.12.2007, gültig ab 01.01.2008)

(1) ¹Leben die Ehegatten getrennt, so kann ein Ehegatte von dem anderen den nach den Lebensverhältnissen und den Erwerbs- und Vermögensverhältnissen der Ehegatten angemessenen Unterhalt verlangen; für Aufwendungen infolge eines Körper- oder Gesundheitsschadens gilt § 1610a. ²Ist zwischen den getrennt lebenden Ehegatten ein Scheidungsverfahren rechtshängig, so gehören zum Unterhalt vom Eintritt der Rechtshängigkeit an auch die Kosten einer angemessenen Versicherung für den Fall des Alters sowie der verminderten Erwerbsfähigkeit.

(2) Der nicht erwerbstätige Ehegatte kann nur dann darauf verwiesen werden, seinen Unterhalt durch eine Erwerbstätigkeit selbst zu verdienen, wenn dies von ihm nach seinen persönlichen Verhältnissen, insbesondere wegen einer früheren Erwerbstätigkeit unter Berücksichtigung der Dauer der Ehe, und nach den wirtschaftlichen Verhältnissen beider Ehegatten erwartet werden kann.

(3) Die Vorschrift des § 1579 Nr. 2 bis 8 über die Beschränkung oder Versagung des Unterhalts wegen grober Unbilligkeit ist entsprechend anzuwenden.

(4) ¹Der laufende Unterhalt ist durch Zahlung einer Geldrente zu gewähren. ²Die Rente ist monatlich im Voraus zu zahlen. ³Der Verpflichtete schuldet den vollen Monatsbetrag auch dann, wenn der Berechtigte im Laufe des Monats stirbt. ⁴§ 1360a Abs. 3, 4 und die §§ 1360b, 1605 sind entsprechend anzuwenden.

Gliederung

A. Grundlagen 1	f. Bedürftigkeit durch ein nicht vom Ehemann stammendes Kind 248
I. Kurzcharakteristik 1	g. Ausschluss von Bagatellansprüchen 252
II. Verhältnis zum Familienunterhalt 2	6. Leistungsfähigkeit des Unterhaltpflichtigen ... 255
III. Verhältnis zum Unterhalt nach Scheidung 3	a. Einkommensfeststellung bei Gehaltsempfängern 261
IV. Gesetzliche Neuregelung im Unterhaltsrechtsänderungsgesetz zum 01.01.2008 5	b. Einkommensfeststellung bei Selbständigen 262
B. Praktische Bedeutung 6	c. Besondere Einkünfte des Unterhaltspflichtigen 268
C. Anwendungsvoraussetzungen 9	d. Überobligatorische Einkünfte des Unterhaltspflichtigen 269
I. Normstruktur 9	e. Zulagen zum Einkommen 271
II. Grundlage des Unterhaltsanspruchs (Absatz 1) 10	f. Fiktive (hypothetische) Einkünfte 277
1. Bestand der Ehe 11	g. Firmenwagen/Dienstwagen 287
2. Getrenntleben 12	h. Einsatz des Vermögens 291
3. Beginn und Beendigung des Anspruchs 13	i. Belastung durch Kindesunterhalt 301
4. Bedarf der Berechtigten 20	j. Belastung durch Kosten des Umgangsrechts und der Kinderbetreuung 302
a. Bemessung des Bedarfes 25	k. Belastung durch weitere Unterhaltsverpflichtungen 303
b. Krankenvorsorgeunterhalt 119	l. Schulden des Unterhaltspflichtigen 304
c. Altersvorsorgeunterhalt 129	m. Zusätzliche Altersversorgung 314
d. Sonderbedarf/Mehrbedarf 139	n. Fahrtkosten 328
e. Überobligatorische Einkünfte beim Bedarf 152	o. Verbraucherinsolvenz 336
f. Surrogateinkommen 170	p. Einmalige Zahlungen (Verbot der Doppelanrechnung/Doppelverwertung) 337
g. Bedarf in Auslandsfällen 173	q. Mindestselbstbehalt 388
5. Bedürftigkeit der Berechtigten 179	r. Individueller Selbstbehalt 397
a. Abzug von Kindesunterhalt 190	s. Selbstbehalt in Auslandsfällen 400
b. Berücksichtigung von Sozialleistungen bei der Berechtigten 198	t. Herabsetzung des Selbstbehaltes 401
c. Einsatz von Vermögen der Berechtigten 221	
d. Sach- und Naturalleistungen des Unterhaltspflichtigen 241	
e. Leistungen Dritter 244	

u. Sonderfall: Der ehegattenunterhaltspflichtige Elternteil betreut ein Kind 405
7. Auswirkungen der Trennung auf die steuerliche Belastung 418
a. Steuerklassenwechsel 419
b. Praktische Bedeutung der Streitfrage 432
c. Steuerliche Abzugsfähigkeit von Unterhaltszahlungen 438
8. Wohnvorteil während der Trennung 454
a. Das eigene Haus als gemeinsame Lebensplanung 464
b. Höhe des anzurechnenden Nutzungsvorteils .. 488
c. Verrechnungsmodalitäten 492
d. Abzug von Kosten und Aufwendungen für das Haus 497
e. Speziell: Tilgungsleistungen für Hausdarlehen 507
f. Berechnungsbeispiele 513
g. Auswirkungen des Verkaufs des Hauses 522
III. Erwerbsobliegenheit der Berechtigten (Absatz 2) 532
1. Grundsatz der wirtschaftlichen Eigenverantwortung 532
2. Länge des Übergangszeitraums 537
3. Beginn des Anpassungszeitraumes 545
4. Persönliche Verhältnisse des Unterhaltsberechtigten 548
5. Erwerbs- und Vermögensverhältnisse 554
6. Fortsetzung einer bereits ausgeübten Erwerbstätigkeit 555
7. Aufstockung einer Teilzeittätigkeit 559
8. Sonstige Umstände 562
9. Kindesbetreuung 565
a. Gemeinschaftliches Kind 566
b. Nicht gemeinschaftliches Kind 570
10. Darlegungs- und Beweislast 575
11. Rechtsfolge der Verletzung einer Erwerbsobliegenheit/Anrechnung hypothetischer Einkünfte 579
IV. Herabsetzung des Unterhaltsanspruchs (Absatz 3) 581

1. Einzelne Anwendungsfälle 590
a. § 1579 Nr. 1 BGB 590
b. § 1579 Nr. 2 BGB 591
c. § 1579 Nr. 3 BGB 608
d. § 1579 Nr. 4 BGB 612
e. § 1579 Nr. 5 BGB 615
f. § 1579 Nr. 7 BGB 626
g. § 1579 Nr. 8 BGB 645
2. Verfahrensrechtliche Gesichtspunkte 649
a. Darlegungs- und Beweislast 649
b. Veränderungen 655
c. Gerichtliches Abänderungsverfahren bei § 1579 BGB 659
3. Wiederaufleben des Anspruchs 661
V. Keine Befristung des Trennungsunterhaltes 662
VI. Zahlungsmodalitäten (Absatz 4) 663
VII. Verfahrenskostenvorschuss (Absatz 4 Satz 3) 669
VIII. Verhältnis von Verfahrenskostenvorschuss und Verfahrenskostenhilfe 672
IX. Auskunftsanspruch (Absatz 4 Satz 4) 687
X. Gerichtliche Durchsetzung von Vorsorgeunterhalt 688
D. Unterhaltsvereinbarungen 689
I. Kein Verzicht auf Trennungsunterhalt 690
II. Inhaltskontrolle von Vereinbarungen 705
III. Formvorgaben für Vereinbarungen 708
E. Verhältnis zu § 1615l BGB 712
F. Verfahrensrechtliche Aspekte 717
I. Nichtidentität zwischen Trennungsunterhalt und Nachscheidungsunterhalt 717
II. Auswirkungen einer Versöhnung der Eheleute 724
III. Aufrechnungsverbot 730
IV. Zahlungsverfahren 731
V. Abänderungsverfahren 733
VI. Darlegungs- und Beweislast 737
VII. Verfahrenswert eines Zahlungsantrages 738
G. Arbeitshilfen/Mustertexte 744

A. Grundlagen

I. Kurzcharakteristik

Die Vorschrift regelt den Unterhalt unter Eheleuten während der Zeit des Getrenntlebens. Für den Zeitraum vorher gilt § 1360a BGB (Familienunterhalt). Ab Rechtskraft der Scheidung gelten die §§ 1569 ff. BGB. Der Unterhaltsanspruch aus § 1361 BGB endet zu diesem Zeitpunkt (vgl. Rn. 3). 1

II. Verhältnis zum Familienunterhalt

Der Anspruch auf **Familienunterhalt** aus § 1360a BGB ist als wechselseitiger Anspruch ausgestaltet, der durch die Auflösung des Familienverbands infolge der Trennung sein Ende findet. Der einseitige Anspruch auf Trennungsunterhalt ist damit rechtlich nicht identisch.[1] 2

III. Verhältnis zum Unterhalt nach Scheidung

Beim Ehegattenunterhalt wird materiell-rechtlich und auch prozessual streng zwischen dem **Trennungsunterhalt** und dem **Geschiedenenunterhalt** unterschieden. Trennungsunterhalt kann nur bean- 3

---

[1] OLG Düsseldorf v. 24.01.1992 - 6 UF 140/91 - NJW 1992, 2166-2167; OLG Hamm v. 03.02.1988 - 5 UF 400/87 - MDR 1988, 581.

spruicht werden ab dem Zeitpunkt der Trennung der Parteien bis zur Rechtskraft des gerichtlichen Scheidungsausspruchs. Scheidungsunterhalt (Geschiedenenunterhalt) ist dagegen ab Rechtskraft der Scheidung zu zahlen. Beide Ansprüche sind mithin nicht identisch, da ihnen unterschiedliche Anspruchsgrundlagen zugrunde liegen (vgl. dazu auch die Kommentierung zu § 1569 BGB).[2]

4 Zu den **verfahrensrechtlichen Auswirkungen** vgl. Rn. 717 f.

IV. Gesetzliche Neuregelung im Unterhaltsrechtsänderungsgesetz zum 01.01.2008

5 Für die Auslegung des § 1361 BGB haben jedoch auch diejenigen Vorschriften des neuen Unterhaltsrechts Bedeutung gewonnen, die eine **Stärkung der Eigenverantwortung der Ehegatten** betonen. Die in den §§ 1569 ff. BGB geregelten Grundsätze sind daher – zumindest nach Ablauf des Trennungsjahres – auch beim Trennungsunterhalt schon zu beachten. So kann insbesondere die in den §§ 1570, 1574 BGB geregelte Verschärfung der Erwerbsobliegenheiten schon im Trennungszeitraum von Bedeutung sein (vgl. Rn. 545).[3] Vgl. auch die Kommentierung zu § 1570 BGB Rn. 32 f., die Kommentierung zu § 1574 BGB Rn. 14 sowie Rn. 532.

B. Praktische Bedeutung

6 Die Vorschrift des § 1361 BGB hat **erhebliche praktische Bedeutung**, da der Streit über Unterhalt regelmäßig bereits bei der Trennung der Eheleute und nicht erst bei der Scheidung einsetzt.

7 Trennungsunterhalt kann ggf. durch Arrest und Gläubigeranfechtung[4] gesichert werden; vgl. die Kommentierung zu § 1610 BGB Rn. 570 ff.

8 **Muster Antrag auf Trennungsunterhalt** vgl. Rn. 744.

C. Anwendungsvoraussetzungen

I. Normstruktur

9 **Absatz 1** definiert den Umfang des Unterhaltsanspruchs, **Absatz 2** konkretisiert die Erwerbsobliegenheiten des Unterhaltsberechtigten. **Absatz 3** verweist auf die Möglichkeiten der Einschränkung des Anspruchs. **Absatz 4** regelt die Zahlungsmodalitäten.

II. Grundlage des Unterhaltsanspruchs (Absatz 1)

10 Tatbestandvoraussetzungen sind:
- Bestand einer **Ehe**,
- **Getrenntleben** der Eheleute,
- **Bedarf** des Unterhaltsberechtigten,
- **Bedürftigkeit** des Unterhaltsberechtigten,
- **Leistungsfähigkeit** des Unterhaltspflichtigen,
- **kein Verlust** des Anspruchs z.B. durch Ausschlusstatbestände.

1. Bestand der Ehe

11 Der Anspruch setzt eine wirksam geschlossene **Ehe** voraus. Für Lebenspartnerschaften enthält § 12 LPartG eine angenäherte Regelung.

2. Getrenntleben

12 Für die Frage des Getrenntlebens gelten die zur Trennung im Sinne des Scheidungsrechts nach § 1567 BGB entwickelten Grundsätze (Einzelheiten vgl. die Kommentierung zu § 1567 BGB). Zu den Auswirkungen einer **Versöhnung** und einer Rücknahme des Scheidungsantrages vgl. Rn. 724.

---

[2] BGH v. 24.09.1980 - IVb ZR 545/80 - BGHZ 78, 130-137.
[3] *Kemper*, Das neue Unterhaltsrecht, 2008, Rn. 380; *Viefhues/Mleczko*, Das neue Unterhaltsrecht, 2008, Rn. 98; *Borth*, FamRZ 2006, 813, 815.
[4] Ausführlich *Cirullies*, FamRZ 2012, 1017.

3. Beginn und Beendigung des Anspruchs

Der Anspruch auf Trennungsunterhalt **beginnt** mit der vollständigen Trennung der Ehegatten. Eine **Ausnahme** gilt für den **Altersvorsorgeunterhalt** gem. § 1361 Abs. 1 Satz 2 BGB, der erst ab Rechtshängigkeit des Scheidungsverfahrens entsteht, denn über den Versorgungsausgleich hat auch der getrennt lebende Ehegatte bis zum Ende der Ehezeit gem. § 1587 Abs. 2 BGB an den Anwartschaften des anderen Ehegatten Anteil. 13

Der Anspruch **endet** mit dem Tag der Rechtskraft des Scheidungsausspruchs, nicht mit dem Ablauf des Monats.[5] 14

Der ursprüngliche Anspruch auf Trennungsunterhalt wird durch den Anspruch auf Familienunterhalt abgelöst, wenn die Beteiligten nach einer Trennung zwischenzeitlich **wieder zusammenleben**. 15

Die unterschiedliche rechtliche Qualität dieser Ansprüche lässt den titulierten **Anspruch auf Trennungsunterhalt erlöschen**. Bei erfolgreicher **Versöhnung** (Wiederherstellung der ehelichen Lebensgemeinschaft) erlöschen der Trennungsunterhaltsanspruch und auch der diesen Anspruch regelnde Titel. Der früher titulierte Anspruch lebt auch durch eine erneute Trennung nicht wieder auf.[6] Vielmehr muss er neu bemessen und tituliert werden. Dies gilt jedenfalls dann, wenn die Beteiligten für einen Zeitraum von wenigstens 6 Monaten zusammengelebt haben. Für die Annahme einer lediglich vorübergehenden Versöhnung ist dann kein Raum.[7] 16

Die **Rücknahme der Scheidungsanträge** nach eingeleiteter Versöhnung führt auch zu neuem Lauf der Trennungsfristen.[8] 17

Wird eine **Trennungsvereinbarung** formuliert, so sollte die **Möglichkeit eines Versöhnungsversuches** – und dessen Scheitern – bedacht werden.[9] Es könnte etwa die folgende **Formulierung** mit aufgenommen werden: „Sofern die Beteiligten eine Versöhnung unternehmen und die Trennung unterbrechen, soll der titulierte Betrag auch für einen nach diesem vorübergehenden Zusammenleben neu entstehenden Trennungsunterhaltsanspruch gelten".[10] 18

Ein (erfolglos gebliebener) **Versöhnungsversuch** ist dagegen unschädlich. Ein solcher Versöhnungsversuch gem. § 1567 Abs. 2 BGB ist bis zu einer Obergrenze von 3 Monaten denkbar. Nach Ablauf von 3 Monaten beginnt die Trennungszeit erneut.[11] 19

4. Bedarf der Berechtigten

Ein Anspruch besteht nach den allgemeinen Regeln des Unterhaltsrechts in Höhe des **Bedarfs** und nur dann, wenn der Berechtigte **bedürftig** und der Verpflichtete **leistungsfähig** ist (vgl. Rn. 364). Zu unterscheiden ist auch zwischen Bedarf und Bedürftigkeit (vgl. dazu Rn. 173). 20

Der **Bedarf** ist derjenige Betrag, den der Berechtigte zur angemessenen finanziellen Deckung seines Lebens beanspruchen kann. Dieser unterhaltsrechtliche Bedarf umfasst den **gesamten Lebensbedarf** des Ehegatten. Zum Unterhalt gehören alle Aufwendungen für den notwendigen und angemessenen Lebensbedarf (Wohnung, Nahrung und Kleidung, Aufwendungen für Teilnahme am kulturellen oder politischen Leben). 21

Die **Darlegungs- und Beweislast** sowohl hinsichtlich der bedarfsbemessenden als auch bedarfsdeckenden Tatsachen trägt der Unterhaltsgläubiger.[12] 22

Zur Begründung ihres Bedarfs nach den ehelichen Lebensverhältnissen muss die Unterhaltsberechtigte einerseits die Einkommens- und Vermögensverhältnisse des Unterhaltspflichtigen darlegen und ggf. beweisen, aber auch das eigene Einkommen jeweils nebst Einkünften aus Vermögen.[13] 23

Behinderungsbedingter Mehraufwand muss dargelegt und ggf. bewiesen werden, da die Deckungsvermutung für schadensbedingte Mehraufwendungen nach § 1610a BGB i.V.m. § 1361 Abs. 1 Satz 1 BGB nicht gilt. Die vorgetragenen Einschränkungen müssen konkret zu finanziellen Auswirkungen führen.[14] 24

---

[5] BGH v. 13.01.1988 - IVb ZR 7/87 - BGHZ 103, 62-71.
[6] OLG Düsseldorf v. 24.01.1992 - 6 UF 140/91 - NJW 1992, 2166-2167; OLG Hamm v. 10.03.1998 - 10 WF 280/97 - FamRZ 1999, 30-31.
[7] OLG Hamm v. 24.01.2011 - II-2 WF 277/10.
[8] OLG Bremen v. 02.05.2012 - 4 WF 40/12 - FuR 2012, 612 = FamFR 2012, 332 = FamRZ 2013, 301.
[9] Vgl. OLG Hamm v. 24.01.2011 - 2 WF 277/10 - NJW-RR 2011, 1015-1016; *Milzer*, FamRZ 2011, 202.
[10] Nach *Milzer*, FamFR 2011, 202.
[11] OLG Saarbrücken v. 14.09.2009 - 6 WF 98/09.
[12] OLG Brandenburg v. 24.05.2007 - 9 UF 148/06.
[13] OLG Schleswig v. 21.12.2012 - 10 UF 81/12 - FamRZ 2013, 1132-1134.
[14] OLG Stuttgart v. 20.06.2013 - 16 UF 285/12 - FamRZ 2013, 1988.

§ 1361

a. Bemessung des Bedarfes

25 Beim Ehegattenunterhalt ist der Bedarf **nach den konkreten individuellen Lebensverhältnissen der Eheleute** festzulegen.

aa. Eheliche Lebensverhältnisse

26 Die Lebensverhältnisse und Lebensstellung bemessen sich primär nach den **wirtschaftlichen Lebensverhältnissen** und damit den Einkommens- und Vermögensverhältnissen. Abzustellen ist mithin auf die Summe der nachhaltig prägenden finanziellen Mittel, die den Eheleuten zur Verfügung gestanden haben. Prägend für die Lebensverhältnisse ist mithin das Einkommen, das nachhaltig erreicht worden ist.[15]

27 Weitere Faktoren können sein die Existenz unterhaltsberechtigter Kinder, die Vereinbarung der Eheleute über Berufstätigkeit und Haushaltsführung, das Vorhandensein von Schuldverpflichtungen oder die Bereitschaft zu regelmäßigen vermögensbildenden Rücklagen.

28 Jedoch muss – gemessen am verfügbaren Einkommen – sowohl eine zu dürftige Lebensführung als auch ein übermäßiger Aufwand außer Betracht bleiben. An einer sparsamen Lebensführung muss sich die Ehefrau jedenfalls nach der Scheidung nicht mehr festhalten lassen.[16]

29 Die Bedarfsermittlung erfordert regelmäßig eine **konkrete Feststellung der Einkommens- und Vermögensverhältnisse**, die den ehelichen Lebensstandard bestimmt haben.[17]

30 **a) Bedeutung von Vermögenserträgen:** Auch **Vermögenserträge** wie z.B. **Zinseinkünfte** prägen die ehelichen Lebensverhältnisse,[18] und zwar auch dann, wenn sie aus einem vor der Trennung durch Erbfall erworbenen Vermögen eines der Ehegatten stammen, denn auch bei Fortführung der Ehe hätten die Ehegatten auch von den Erträgen gelebt.[19]

31 Zu beachten sei aber – gerade bei ererbtem Vermögen – auch die bestehende **Berechtigung, Teile des Vermögens selbst zu verbrauchen.**[20] Es bestehe unterhaltsrechtlich keine Obliegenheit, das Vermögen nicht zu verbrauchen und für die eigenen Erben zu erhalten, damit die unterhaltsrechtlich anzurechnenden Zinserträge für den getrennt lebenden Ehegatten gleich hoch bleiben. Dabei sei auch zu berücksichtigen, dass es sich bei dem Vermögen nicht um gemeinsam erwirtschaftetes Vermögen handelt und die Erbschaft erst in den letzten zwei Jahren des ehelichen Zusammenlebens angefallen ist.[21]

32 Im Hinblick auf die fiktiven Zinseinkünfte sind auch fiktive **Steuern** sowie fiktive **Kranken- und Pflegeversicherungskosten** für eine freiwillige gesetzliche Krankenversicherung ohne Krankengeldanspruch zu berücksichtigen. Dagegen scheidet eine fiktive Berücksichtigung von **zusätzlichen Altersvorsorgebeiträgen** aus.[22]

33 Ist das **Vermögen thesaurierend angelegt** worden, so dass aus dem Vermögen zu Gunsten einer Vermögensbildung keine Zinsen gezogen werden, so kann nicht von den tatsächlich erzielten Kapitaleinkünften ausgegangen werden. Unterhaltsrechtlich besteht jedoch die Obliegenheit, das Vermögen ertragreich anzulegen. Es ist dem Unterhaltspflichtigen daher verwehrt, die Berücksichtigung von Vermögenserträgen durch bestimmte Anlageformen zu umgehen. Aus diesem Grund seien **fiktive Erträge** in der Höhe zu berücksichtigen, wie sie im Falle einer Vermögensanlage mit Ausschüttung zur Verfügung stünden.[23]

34 **b) Schulden beim Bedarf:** Schuldverbindlichkeiten, die während der Zeit des Zusammenlebens aufgenommen worden sind, **prägen die ehelichen Lebensverhältnisse** und sind daher grundsätzlich schon beim Bedarf unterhaltsrechtlich zu berücksichtigen.

---

[15] BGH v. 18.03.1992 - XII ZR 23/91 - LM BGB § 1578 Nr. 60 (1/1993); BGH v. 14.11.1984 - IVb ZR 38/83 - LM Nr. 13 zu § 1573 BGB.

[16] OLG Brandenburg v. 28.11.2013 - 9 UF 96/13 - NZFam 2014, 140.

[17] Anschaulich zu den Voraussetzungen der Bestimmung eines Ehegatten-Unterhaltsbedarfes auf der Grundlage einer konkreten Bedarfsbemessung und zur Ablehnung einer Sättigungsgrenze OLG Karlsruhe v. 30.10.2009 - 5 UF 5/08 - FamRZ 2010, 655.

[18] OLG Saarbrücken v. 08.06.2005 - 9 UF 95/04 - OLGR Saarbrücken 2005, 826-828.

[19] Vgl. OLG Hamm v. 25.04.2012 - 8 UF 221/10 - FamFR 2012, 345.

[20] Vgl. OLG Hamm v. 25.04.2012 - 8 UF 221/10 - FamFR 2012, 345 m.w.N.

[21] Vgl. OLG Hamm v. 25.04.2012 - 8 UF 221/10 - FamFR 2012, 345 m.w.N.

[22] Vgl. OLG Hamm v. 25.04.2012 - 8 UF 221/10 - FamFR 2012, 345 m.w.N.

[23] Vgl. OLG Hamm v. 25.04.2012 - 8 UF 221/10 - FamFR 2012, 345 m.w.N.

Dabei kommt es nicht auf die in der Praxis häufig strittige Frage an, welcher Ehegatte den Darlehensvertrag abgeschlossen hat und für welche Dinge und in wessen Interesse das Geld ausgegeben worden ist. Entscheidend ist allein, dass den Eheleuten **monatlich Geld in Höhe der Darlehensraten nicht zur Verfügung stand**. Die ehelichen Lebensverhältnisse wurden durch diese bestehende Ratenbelastung beeinflusst. Es ist nicht einmal Kenntnis des anderen Ehegatten von derartigen Belastungen erforderlich.[24] Zum Zeitpunkt der Schuldenaufnahme vgl. Rn. 304.

Beispiel: Während der Ehe lebten die Eheleute vom alleinigen Einkommen des Ehemannes in Höhe von 4.000 €. Es bestanden aber Schuldverbindlichkeiten in Höhe von monatlich 1.000 €. Damit standen nur 3.000 € mtl. für den allgemeinen Verbrauch zur Verfügung; der Bedarf eines jeden Ehegatten beträgt nach dem Halbteilungsgrundsatz 1.500 €.

Werden Schuldenbelastungen unterhaltsrechtlich anerkannt, so sollte bei länger laufenden Unterhaltsverpflichtungen in der Praxis immer beachtet werden, dass diese Belastungen zu einem gewissen vorhersehbaren Zeitpunkt auslaufen, sich dann also absehbar Bedarf und Leistungsfähigkeit ändern und eine Neuberechnung des Unterhaltes sachgerecht ist.

bb. Zeitliche Aspekte der ehelichen Lebensverhältnisse

Unter Lebensverhältnissen ist also zunächst der von den Eheleuten **vor der Trennung erreichte Lebensstandard** zu verstehen (vgl. § 1360a Abs. 1 BGB). Diesem Standard gebührt grundsätzlich Bestandsschutz.

An den die ehelichen Lebensverhältnisse der Parteien bestimmenden **fortbestehenden wirtschaftlichen Faktoren** müssen sich grundsätzlich beide Eheleute auch im weiteren Verlauf der Trennungszeit festhalten lassen, denn bei Weiterführung der Ehe hätte der andere Ehegatte wirtschaftliche Änderungen ebenfalls mittragen müssen.

Dazu gehören nicht nur die **positiven Faktoren** wie das zur Verfügung stehende Einkommen, sondern auch die vorhandenen **Verbindlichkeiten** und andere **Belastungen**, wie z.B. neue Unterhaltsansprüche anderer Personen.

Die Bestandsgarantie verhindert aber auch die einseitige Loslösung von negativen Faktoren. Was die Ehegatten an Arbeitseinsatz und getragenen Belastungen lange Zeit für zumutbar gehalten haben, kann kein Ehegatte ohne weiteres nach der Trennung einseitig und zum eigenen Vorteil als unzumutbar deklarieren. Denn eine Besserstellung gegenüber der Zeit des Bestehens der ehelichen Lebensgemeinschaft soll nicht erfolgen.

Daher sind maßgeblich für die Bedarfsbemessung und die Berechnung des Trennungsunterhalts sind die **gegenwärtigen wirtschaftlichen Verhältnisse der Ehegatten in dem Zeitraum, für den Trennungsunterhalt verlangt wird**. Während die Bemessung eines Unterhaltsanspruchs für die Zukunft auf einer Prognose beruht, ist für die in der Vergangenheit liegenden Unterhaltszeiträume stets von den in dieser Zeit tatsächlich erzielten Einkünften und Ausgaben auszugehen.[25]

Auch eine nach der Trennung eintretende **Einkommensverminderung** hat daher i.d.R. bereits Auswirkungen auf die Bedarfsbemessung. Die ehelichen Lebensverhältnisse im Sinne von § 1578 Abs. 1 Satz 1 BGB – und damit auch der **Maßstab des Trennungsunterhaltes aus § 1361 BGB** – werden grundsätzlich jedenfalls **durch die Umstände bestimmt** werden, **die bis zur Rechtskraft der Ehescheidung eintreten**.[26]

Der Trennungsunterhalt darf also nicht nach dem vor der Trennung bezahlten Haushaltsgeld oder den vor der Trennung bestehenden wirtschaftlichen Verhältnissen bemessen werden. Maßgeblich sind die aktuellen Einkommensverhältnisse, an deren Entwicklung die Eheleute bis zur Scheidung gemeinschaftlich teilhaben.[27]

Dagegen soll bei einer nur kurzen Zeit des Zusammenlebens der als Haushaltsgeld zur Verfügung gestellte Betrag als Schätzungsgrundlage (§ 287 ZPO) für den allgemeinen Lebensbedarf der Eheleute dienen.[28]

---

[24] Vgl. BGH v. 07.12.2011 - XII ZR 151/09 - juris Rn. 20 - FamRZ 2012, 281.

[25] OLG Stuttgart v. 20.06.2013 - 16 UF 285/12 - FamRZ 2013, 1988; vgl. BGH v. 04.07.2007 - XII ZR 141/05 - FamRZ 2007, 1532 ff. für die Einkünfte; BGH v. 06.02.2008 - XII ZR 14/06 - FamRZ 2008, 968 ff.

[26] BGH v. 07.12.2011 - XII ZR 151/09 - juris Rn. 41 - FamRZ 2012, 281 = FamRZ 2012, 253 mit Anm. *Borth* = NJW 2012, 384; dazu *Hoppenz*, NJW 2012, 49; *Graba*, FamFR 2012, 49.

[27] Vgl. OLG Hamm v. 25.04.2012 - 8 UF 221/10 - FamFR 2012, 345 m.w.N.; OLG Hamm v. 10.12.2013 - 2 UF 216/12 - NJW-Spezial 2014, 100.

[28] OLG München v. 21.06.2004 - 17 UF 1571/03 - NJW 2004, 2533-2534.

46 Voraussetzung ist allerdings, dass die jeweiligen Einkünfte die wirtschaftlichen Verhältnisse der Ehegatten **nachhaltig und dauerhaft prägen und ihnen während des Zusammenlebens tatsächlich zur Verfügung gestanden haben**.[29]

cc. Auswirkungen von Veränderungen

47 **a) Hinzutreten weiterer Unterhaltsberechtigter**: Daher ist auch das **Hinzutreten weiterer Unterhaltsberechtigter bis zur rechtskräftigen Ehescheidung** bereits bei der Bedarfsbemessung zu berücksichtigen. Denn die Unterhaltspflicht gegenüber solchen, vor Rechtskraft der Ehescheidung geborenen weiteren Unterhaltsberechtigten beeinflusst in gleicher Weise die ehelichen Lebensverhältnisse, weil sie auch schon während der später geschiedenen Ehe bestand.[30]

48 Das gilt sowohl für **gemeinsame Kinder** als auch für **Kinder des Unterhaltspflichtigen aus einer neuen Beziehung**, die bereits vor Rechtskraft der Ehescheidung geboren sind.[31]

49 Dies gilt selbst dann, wenn die Kinder inzwischen **volljährig** und nach § 1609 Nr. 4 BGB gegenüber dem geschiedenen Ehegatten nachrangig sind. Ihr Nachrang wirkt sich dann erst bei Vorliegen eines absoluten Mangelfalles im Rahmen der Leistungsfähigkeit aus. Die Auswirkungen auf den Unterhaltsanspruch des geschiedenen Ehegatten nach den ehelichen Lebensverhältnissen entfallen erst dann, wenn das Kind selbst nicht mehr unterhaltsberechtigt ist.[32]

50 Nichts anderes gilt für den Anspruch auf **Betreuungsunterhalt nach § 1615l BGB**, den die **Mutter** eines vor Rechtskraft der Ehescheidung geborenen nichtehelichen Kindes schon während der Ehezeit von dem unterhaltspflichtigen getrennt lebenden Ehegatten verlangen kann. **Auch diese Unterhaltspflicht beeinflusst bereits die ehelichen Lebensverhältnisse der Ehegatten**.[33] Es ist in solchen Fällen gerechtfertigt und sogar geboten, bei der Unterhaltsbemessung den Unterhaltsanspruch nach § 1615l BGB in der geschuldeten Höhe vom Einkommen des Unterhaltspflichtigen vorab abzuziehen.[34]

51 **b) Neue Schulden während der Trennungszeit**: Problematisch ist, wie Belastungen zu bewerten sind, die erst nach der Trennung, aber noch vor Rechtskraft der Scheidung begründet werden.

52 Der BGH stellt ab auf die Rechtskraft der Scheidung als Stichtag.[35] Die ehelichen Lebensverhältnisse im Sinne von § 1578 Abs. 1 Satz 1 BGB werden danach grundsätzlich durch die Umstände bestimmt, die bis zur Rechtskraft der Ehescheidung eingetreten sind. Damit sind Schulden, die bis zu diesem Zeitpunkt aufgenommen worden sind, grundsätzlich auch für den **Bedarf** nach den ehelichen Lebensverhältnissen beachtlich. Verbindlichkeiten des Unterhaltspflichtigen, dieser erst nach der Scheidung aufgenommen hat, können dagegen den Bedarf des geschiedenen Ehegatten nicht reduzieren, da diesen später aufgenommenen Schulden der Bezug von der Ehe fehlt.

53 Solche Belastungen sind demnach beim Bedarf zu berücksichtigen, wenn sie bereits während der Ehe die vorhandenen Einkünfte gekürzt haben. Das bedeutet aber, dass auch nach der Trennung einseitig aufgenommene Konsumkredite beim Bedarf zu berücksichtigen sind.

54 **c) Vermindertes Einkommen**: Abzustellen ist auf das tatsächlich erzielte Einkommen. Eine Einkommensfiktion auf der Basis eines früheren höheren Einkommens ist nur dann angebracht, wenn dem Unterhaltspflichtigen **vorzuwerfen** ist, dass er den früheren Zustand nicht aufrechterhalten hat. Das wäre etwa der Fall, wenn er unter Verstoß gegen seine Erwerbsobliegenheit seine Arbeitsstelle aufgegeben hat.[36]

---

[29] VerfGH München v. 14.09.2012 - Vf. 29-VI-12 - FamRZ 2013, 1131-1132.

[30] Vgl. BVerfG v. 25.01.2011 - 1 BvR 918/10 - FamRZ 2011, 437 Rn. 69.

[31] BGH v. 07.12.2011 - XII ZR 151/09 - FamRZ 2012, 281 = FamRZ 2012, 253 mit Anm. *Borth* = NJW 2012, 384; dazu *Hoppenz*, NJW 2012, 49; *Graba*, FamFR 2012, 49.

[32] BGH v. 07.12.2011 - XII ZR 151/09 - FamRZ 2012, 281 = FamRZ 2012, 253 mit Anm. *Borth* = NJW 2012, 384; dazu *Hoppenz*, NJW 2012, 49; *Graba*, FamFR 2012, 49; BGH v. 20.07.1990 - XII ZR 73/89 - FamRZ 1990, 1085, 1087 f.

[33] BGH v. 07.12.2011 - XII ZR 151/09 - FamRZ 2012, 281 = FamRZ 2012, 253 mit Anm. *Borth* = NJW 2012, 384; dazu *Hoppenz*, NJW 2012, 49; *Graba*, FamFR 2012, 49; BGH v. 20.07.1990 - XII ZR 73/89 - FamRZ 1990, 1085, 1087 f.; a.A. *Götz/Brudermüller*, NJW 2011, 2609, 2610; *Maurer*, FamRZ 2011, 849, 856.

[34] Vgl. BGH v. 20.10.1993 - XII ZR 89/92 - FamRZ 1994, 87, 88 f. und BGH v. 25.02.1987 - IV-b ZR 36/86 - FamRZ 1987, 456, 458 f.

[35] BGH v. 07.12.2011 - XII ZR 151/09 - FamRZ 2012, 281 m. Anm. *Borth* = FamRZ 2012, 253 = NJW 2012, 384; dazu *Hoppenz*, NJW 2012, 49; *Graba*, FamFR 2012, 49.

[36] Vgl. BGH v. 17.12.2008 - XII ZR 9/07 - FamRZ 2009, 411, 414 und BGH v. 06.02.2008 - XII ZR 14/06 - FamRZ 2008, 968, 972.

Eine **nicht vorwerfbare**[37] **Arbeitslosigkeit** beeinflusst damit bereits den Bedarf.[38] 55
Das gilt auch für einen **nicht vorwerfbaren Einkommensrückgang**[39] z.B. aufgrund von Kurzarbeit, 56
innerbetrieblicher Umsetzung oder Wegfall von Überstunden. Auch hier muss es der Unterhaltsberechtigte hinnehmen, dass der Bemessungsmaßstab für seinen Unterhaltsanspruch abgesunken ist.
Entsprechendes gilt für den Einkommensrückgang aufgrund des **Beginns der Regelaltersrente**,[40] 57
nicht aber bei Altersteilzeit und Vorruhestand[41] (vgl. dazu Rn. 162).
Für die Einbeziehung einer – nach Scheidung einsetzenden – **Rente aus einer privaten Berufsunfä-** 58
higkeitsversicherung in die Bedarfsermittlung reicht es aus, dass die Versicherung bereits während
der Ehe bestanden hat.[42]
Auch ein – erst nach der Trennung – bezogenes **Krankenhaustagegeld** ist bedarfsbestimmend (ehe- 59
prägend), und zwar auch dann, wenn die Berechtigte für die Zeiträume des Krankentagegeldbezugs außerdem eine Erwerbsminderungsrente bezog.[43] Maßgeblich ist, dass es sich um eine **Versicherungsleistung** handelt, die unter **Konsumverzicht** durch entsprechende **Beitragsleistungen** während der bestehenden Lebensgemeinschaft erkauft worden ist. Wie die Beitragsleistungen sei demnach regelmäßig auch die Versicherungsleistung als deren Äquivalent bei der Bedarfsbemessung zu berücksichtigen.[44]
d) **Einkommensverbesserungen:** Aber auch positive Veränderungen wie z.B. normale Gehaltssteige- 60
rungen erhöhen bereits den Bedarf.
Veränderungen im Ausgabenbereich sind bei der Bemessung des Unterhaltsbedarfes zu berücksich- 61
tigen wie z.B. etwa der umzugsbedingte **Wegfall von Fahrtkosten**[45], das absehbare **Auslaufen von**
Tilgungsraten auf Schuldverbindlichkeiten oder der **Wegfall von vorrangigen Unterhaltsansprüchen der Kinder**.[46]
Dagegen kann der **Vorteil des Zusammenlebens** mit einem nichtehelichen Partner sich nur im Rah- 62
men der Konkurrenz der Unterhaltsansprüche im Rahmen der Leistungsfähigkeit auswirken, nicht hingegen auf die gebotene Bedarfsbemessung im Wege der Halbteilung der ehelichen Lebensverhältnisse.[47] Zu Einzelheiten zu dem aus dem rein faktischen Zusammenleben abgeleiteten **Synergieeffekt**
vgl. die Kommentierung zu § 1603 BGB Rn. 57 und die Kommentierung zu § 1603 BGB Rn. 1048 ff.

dd. Quotenunterhalt/Halbteilungsgrundsatz

Der Umfang des Unterhaltsanspruchs bestimmt sich grundsätzlich nach den gleichen Grundsätzen wie 63
beim Nachscheidungsunterhalt. In der Praxis wird der Anspruch auf diesen **Elementarunterhalt** auf
der Grundlage des **Halbteilungsgrundsatzes** aus der Einkommensdifferenz der Ehegatten errechnet.[48]
Dieser **Quotenunterhalt** ist rechnerisch der hälftige Anteil aus der Einkommensdifferenz der Parteien
(Differenz des bedarfsprägenden Einkommens der Ehegatten nach Abzug eines **Erwerbstätigenbonus**[49] beim jeweiligen Erwerbseinkommen).

---

[37] Dazu vgl. BVerfG v. 25.01.2011 - 1 BvR 918/10 - FamRZ 2011, 437 Rn. 70 und *Maurer*, FamRZ 2011, 849, 854.
[38] BGH v. 07.12.2011 - XII ZR 151/09 - juris Rn. 24 - FamRZ 2012, 281 = FamRZ 2012, 253 mit Anm. *Borth* = NJW 2012, 384; dazu *Hoppenz*, NJW 2012, 49; *Graba*, FamFR 2012, 49.
[39] BGH v. 29.01.2003 - XII ZR 92/01 - FamRZ 2003, 590, 591 f. = BGHZ 153, 358.
[40] BGH v. 07.12.2011 - XII ZR 151/09 - juris Rn. 24; ebenso BGH v. 26.10.2011 - XII ZR 162/09 - FamRZ 2012, 93 mit Anm. *Viefhues*; BGH v. 08.06.2005 - XII ZR 294/02 - FamRZ 2005, 1479, 1480; zu den Auswirkungen eines erhöhten Medikamentenbedarfes der Unterhaltsberechtigten, die eine Erwerbsunfähigkeitsrente beziehen, vgl. BGH v. 19.06.2013 - XII ZB 309/11 - juris Rn. 28 - FamRZ 2013, 1291.
[41] Vgl. *Viefhues*, FF 2006, 103.
[42] OLG Hamm v. 08.08.2011 - 4 UF 82/11; OLG Hamm v. 08.08.2011 - II-4 UF 82/11, 4 UF 82/11 - NJW 2011, 3661 = FamRZ 2011, 1958.
[43] Vgl. BGH v. 31.10.2012 - XII ZR 30/10 - NJW 2013, 461, dazu *Born*, FamRZ 2013, 194, 195.
[44] Vgl. BGH v. 31.10.2012 - XII ZR 30/10 - NJW 2013, 461.
[45] BGH v. 07.12.2011 - XII ZR 151/09 - juris Rn. 24 - FamRZ 2012, 281 = FamRZ 2012, 253 mit Anm. *Borth* = NJW 2012, 384; dazu *Hoppenz*, NJW 2012, 49; *Graba*, FamFR 2012, 49; BGH v. 31.03.1982 - IV b ZR 652/80 - FamRZ 1982, 575, 576.
[46] BGH v. 20.07.1990 - XII ZR 74/89 - FamRZ 1990, 1090.
[47] BGH v. 07.12.2011 - XII ZR 151/09 - juris Rn. 24 - FamRZ 2012, 281 = FamRZ 2012, 253 mit Anm. *Borth* = NJW 2012, 384; dazu *Hoppenz*, NJW 2012, 49; *Graba*, FamFR 2012, 49.
[48] Ständige Rechtsprechung: bestätigt durch BGH v. 07.12.2011 - XII ZR 151/09 - juris Rn. 41 - FamRZ 2012, 281 m. Anm. *Borth* = FamRZ 2012, 253 = NJW 2012, 384; dazu *Hoppenz*, NJW 2012, 49; *Graba*, FamFR 2012, 49.
[49] *Gerhardt*, FamRZ 2013, 834 stellt die Berechtigung eines Erwerbstätigenbonus generell in Frage und bezeichnet diesen Bonus als Relikt aus dem Ehegesetz.

§ 1361

64 Haben sich innerhalb des Trennungszeitraums keine relevanten Veränderungen der finanziellen Rahmenbedingungen ergeben, kann auf die aktuellen Verhältnisse abgestellt werden und der Unterhaltsanspruch nach der Quote der aktuellen Einkünfte bemessen werden.

65 Nach dem **Halbteilungsgrundsatz**, der auch beim Trennungsunterhalt gilt, führen Unterschiede im Einkommen der getrennt lebenden Ehegatten **nicht zu einer unterschiedlichen Beurteilung ihrer ehelichen Lebensverhältnisse**.[50] Vielmehr kommen die von beiden erwerbstätigen Ehegatten erzielten Einkünfte ihnen gleichmäßig zugute, soweit nicht jedem für erhöhte berufsbedingte Aufwendungen ein Anteil seines Einkommens vorab allein zugerechnet wird. Entsprechend ist den geschiedenen Ehegatten bei der Unterhaltsbemessung nach den ehelichen Lebensverhältnissen das **Einkommen**, das den Lebensstandard ihrer Ehe geprägt hat, **grundsätzlich hälftig zuzuordnen**, unabhängig davon, ob es nur von einem oder von beiden Ehegatten erzielt wird.[51]

66 Ausnahmen vom Halbteilungsgrundsatz gelten bei der Bedarfsbemessung nur dann, wenn entweder ein **Mindestbedarf** geschuldet ist[52] (vgl. dazu Rn. 77) oder wenn wegen besonders hoher Einkünfte bei nur eingeschränkter Verwendung für den Lebensunterhalt eine **konkrete Bedarfsbemessung** erforderlich ist[53] (vgl. Rn. 82). In allen anderen Fällen werde durch die **pauschale Bedarfsbemessung im Wege der Quotenmethode** hinsichtlich aller im Rahmen des § 1578 Abs. 1 Satz 1 BGB zu berücksichtigenden Umstände der Halbteilungsgrundsatz gewahrt.[54]

67 Wegen der Berechnungsweisen (Differenzmethode, Anrechnungsmethode) wird auf die Kommentierung zu § 1573 BGB Rn. 17 ff. verwiesen. Auch hier ist der notwendige Selbstbehalt des Unterhaltspflichtigen zu beachten; die Grundsätze der Mangelfallberechnung kommen zur Anwendung (vgl. dazu die Kommentierung zu § 1581 BGB Rn. 3 und die Kommentierung zu § 1581 BGB Rn. 70).

ee. Obergrenzen und Untergrenzen

68 Auch eine **besonders sparsame oder verschwenderische Lebensführung** kann die ehelichen Lebensverhältnisse geprägt haben. Bei überdurchschnittlichen wirtschaftlichen Verhältnisse ist neben einem **überdurchschnittlichen Konsum** auch eine nicht unerhebliche **Vermögensbildung** üblich.[55]

69 **Teile eines gehobenen Einkommens** können daher bei der Bestimmung der ehelichen Lebensverhältnisse **außer Betracht gelassen werden**, wenn sie zur Vermögensbildung verwendet worden sind.[56] Allerdings ist sowohl bei der Bemessung des Trennungsunterhalts als auch bei der Bemessung des nachehelichen Unterhalts ein **objektiver Maßstab** anzulegen.

70 Hier ist eine **einzelfallbezogene Abwägung** vorzunehmen.[57] Einerseits kann sich der Unterhaltspflichtige nicht uneingeschränkt darauf berufen, auch in Zukunft entsprechende Rücklagen zur Vermögensbildung weglegen zu dürfen und so den Unterhaltsanspruch der Berechtigten reduzieren. Auf der anderen Seite ist nicht zwingend, dass alle Vermögenseinkünfte, die in der Vergangenheit gerade nicht für den allgemeinen Lebensbedarf eingesetzt worden sind, in voller Höhe als eheprägend bewertet werden. Die Korrektur der unangemessenen Vermögensbildung darf nicht dazu führen, dass der Boden der ehelichen Lebensverhältnisse verlassen wird.[58]

---

[50] BGH v. 07.12.2011 - XII ZR 151/09 - juris Rn. 28 - FamRZ 2012, 281 = FamRZ 2012, 253 mit Anm. *Borth* = NJW 2012, 384; dazu *Hoppenz*, NJW 2012, 49; *Graba*, FamFR 2012, 49.

[51] BVerfG v. 25.01.2011 - 1 BvR 918/10 - juris Rn. 46 - FamRZ 2011, 437; BVerfG v. 05.02.2002 - 1 BvR 105/95, 1 BvR 559/95, 1 BvR 457/96 - BVerfGE 105, 1, 12 = FamRZ 2002, 527 und BVerfG v. 27.01.1983 - 1 BvR 1008/79, 1 BvR 1091/81, 1 BvR 322/80 - BVerfGE 63, 88, 109 = FamRZ 1983, 342; kritisch *Pauling*, NJW 2012, 194, 196; *Maurer*, FamRZ 2011, 849, 858.

[52] BGH v. 16.12.2009 - XII ZR 50/08 - FamRZ 2010, 357 Rn. 25 ff. und BGH v. 17.02.2010 - XII ZR 140/08 - FamRZ 2010, 629 Rn. 32 f.

[53] Vgl. BGH v. 10.11.2010 - XII ZR 197/08 - FamRZ 2011, 192 Rn. 21 ff. und BGH v. 11.08.2010 - XII ZR 102/09 - FamRZ 2010, 1637 Rn. 26 ff.

[54] BGH v. 07.12.2011 - XII ZR 151/09 - juris Rn. 41 - FamRZ 2012, 281 m. Anm. *Borth* = FamRZ 2012, 253 = NJW 2012, 384; dazu *Hoppenz*, NJW 2012, 49; *Graba*, FamFR 2012, 49.

[55] OLG Köln v. 12.01.2010 - 4 UF 93/09 - FamRZ 2010, 1445.

[56] BGH v. 30.11.2011 - XII ZR 34/09 - FamRZ 2012, 947; BGH v. 11.08.2010 - XII ZR 102/09 - juris Rn. 27 - FamRZ 2010, 1637; BGH v. 09.06.2004 - XII ZR 277/02 - FamRZ 2005, 97, 98; BGH v. 05.02.2003 - XII ZR 29/00 - BGHZ 153, 372, 380 f. = FamRZ 2003, 848, 851.

[57] BGH v. 04.07.2007 - XII ZR 141/05 - FamRZ 2007, 1532 m. Anm. *Maurer*; BGH v. 20.11.1996 - XII ZR 70/95 - FamRZ 1997, 281, 284; OLG Brandenburg v. 10.05.2012 - 10 UF 227/10 - FamFR 2012, 320.

[58] BGH v. 04.07.2007 - XII ZR 141/05 - FamRZ 2007, 1532 m. Anm. *Maurer*; BGH v. 20.11.1996 - XII ZR 70/95 - FamRZ 1997, 281, 284.

Insbesondere bei überdurchschnittlichen wirtschaftlichen Verhältnissen ist neben einem **überdurchschnittlichen Konsum** auch eine nicht unerhebliche **Vermögensbildung** üblich.[59] **Teile eines gehobenen Einkommens** können daher bei der Bestimmung der ehelichen Lebensverhältnisse **außer Betracht gelassen werden**, wenn sie zur Vermögensbildung verwendet worden sind[60] (zur konkreten Bedarfsbemessung vgl. Rn. 82 ff.). 71

Dabei kann keine pauschale Vermögensbildungsrate anhand statistischer Erhebungen angesetzt werden. Vielmehr muss der Bezug zu den konkreten ehelichen Lebensverhältnissen erhalten bleiben, wobei auch insoweit bei der Ermittlung der ehelichen Lebensverhältnisse ein objektiver Maßstab anzulegen ist.[61] 72

Allerdings ist sowohl bei der Bemessung des Trennungsunterhalts als auch bei der Bemessung des nachehelichen Unterhalts ein **objektiver Maßstab** anzulegen. Entscheidend ist derjenige Lebensstandard, der nach dem vorhandenen Einkommen vom Standpunkt eines vernünftigen Betrachters aus als angemessen erscheint. Dabei hat, gemessen am verfügbaren Einkommen, sowohl eine zu dürftige Lebensführung als auch ein übermäßiger Aufwand außer Betracht zu bleiben. Nur in diesem Rahmen kann das tatsächliche Konsumverhalten der Ehegatten während des Zusammenlebens berücksichtigt werden.[62] 73

Umgekehrt hat auch ein im Verhältnis zu Einkommen **übermäßiger Aufwand** außer Ansatz zu bleiben.[63] 74

Haben die Eheleute während der ehelichen Lebensgemeinschaft einen Anteil von ca. 25% ihres gesamten Einkommens für die Vermögensbildung eingesetzt, so ist bei Bestimmung des Unterhalts nach den ehelichen Lebensverhältnissen i.S.d. § 1578 Abs. 1 BGB dieser Anteil nicht zu berücksichtigen, sofern die verbleibenden Einkünfte zu einer angemessenen Bedarfsdeckung ausreichen, was bei Gesamteinkünften von monatlich mehr als 7.300 € gewährleistet ist.[64] 75

Das OLG Brandenburg lehnt die Anrechnung eines Sparbetrags von monatlich 530 € beim Unterhaltspflichtigen ab, auch wenn die Eheleute während des Zusammenlebens aufgrund einer besonders sparsamen Haushaltsführung erhebliches Vermögen angespart haben.[65] 76

a) Mindestbedarf als untere Grenze des Bedarfes: Der BGH hat unter ausdrücklicher Aufgabe seiner früheren Rechtsprechung[66] einen **Mindestbedarf des Unterhaltsberechtigten** anerkannt. Der Bedarf müsse immer mindestens das **Existenzminimum** erreichen,[67] das unterhaltsrechtlich mit dem **notwendigen Selbstbehalt eines Nichterwerbstätigen** (zurzeit 800 €) pauschaliert werden darf.[68] Dies gilt für den gesamten Ehegattenunterhalt.[69] 77

Einen **höheren Mindestbedarf** der Unterhaltsberechtigten etwa in Höhe des angemessenen Bedarfs von zurzeit 1.000 € monatlich **lehnt der BGH ausdrücklich ab.**[70] 78

Dagegen kommt eine **Herabsetzung bis auf den notwendigen Lebensbedarf nach sozialrechtlichen Grundsätzen** in Betracht, wenn der Unterhaltsberechtigte in einer **neuen Lebensgemeinschaft** wohnt, dadurch Kosten für die Wohnung oder die allgemeine Lebensführung erspart und sich deswegen auch sozialhilferechtlich auf einen – im Rahmen seiner Bedarfsgemeinschaft – **geringeren Bedarf** verweisen lassen muss.[71] 79

---

[59] OLG Köln v. 12.01.2010 - 4 UF 93/09 - FamRZ 2010, 1445.
[60] BGH v. 30.11.2011 - XII ZR 34/09 - FamRZ 2012, 947; BGH v. 11.08.2010 - XII ZR 102/09 - juris Rn. 27 - FamRZ 2010, 1637; BGH v. 09.06.2004 - XII ZR 277/02 - FamRZ 2005, 97, 98; BGH v. 05.02.2003 - XII ZR 29/00 - BGHZ 153, 372, 380 f. = FamRZ 2003, 848, 851.
[61] OLG Brandenburg v. 10.05.2012 - 10 UF 227/10 - FamFR 2012, 320.
[62] BGH v. 04.07.2007 - XII ZR 141/05 - FamRZ 2007, 1532 m. Anm. *Maurer*.
[63] OLG Brandenburg v. 10.05.2012 - 10 UF 227/10 - FamFR 2012, 320.
[64] OLG Stuttgart v. 20.06.2013 - 16 UF 285/12 - FamRZ 2013, 1988.
[65] OLG Brandenburg v. 28.11.2013 - 9 UF 96/13 - NZFam 2014, 140.
[66] BGH v. 15.03.2006 - XII ZR 30/04 - NJW 2006, 1654 = FamRZ 2006, 683 mit Anm. *Büttner*, FamRZ 2006, 765; BGH v. 11.01.1995 - XII ZR 122/93 - FamRZ 1995, 667 mit Anm. *Luthin*, FamRZ 1995, 472.
[67] BGH v. 14.10.2009 - XII ZR 146/08 - FamRZ 2009, 1990 mit Anm. *Viefhues*; BGH v. 16.12.2009 - XII ZR 50/08 - FamRZ 2010, 357 mit Anm. *Maier* = NJW 2010, 937 mit Anm. *Hoppenz*, FuR 2010, 217.
[68] Im Anschluss an BVerfG v. 27.06.2008 - 1 BvR 311/08 - FamRZ 2008, 1738, 1743; ebenso BGH v. 17.02.2010 - XII ZR 140/08.
[69] So auch BGH v. 17.02.2010 - XII ZR 140/08.
[70] *Wendl/Klinkhammer*, Unterhaltsrecht in der familienrichterlichen Praxis, § 2 Rn. 260 ff., 267.
[71] BGH v. 18.04.2012 - XII ZR 73/10 - NJW 2012, 2190, vgl. BGH v. 09.01.2008 - XII ZR 170/05 - juris Rn. 34 - FamRZ 2008 zur Herabsetzung des notwendigen Selbstbehalts des Unterhaltspflichtigen.

§ 1361

80 Soweit ein Mindestbedarf zur Anwendung kommt, **erleichtert** dies die **Darlegung der Unterhaltsberechtigten**. Nur wenn sie einen höheren Bedarf geltend machen will, muss die Unterhaltsberechtigte besondere Ausführungen machen, um dies darzulegen und ggf. zu beweisen.

81 **b) Keine Sättigungsgrenze als Obergrenze des Bedarfes:** Es gibt jedoch keine Obergrenze des Bedarfes als absolute **Sättigungsgrenze**,[72] selbst wenn das Einkommen die **Einkommenshöchstbeträge der Unterhaltstabellen** übersteigt.[73] Die Darlegung eines konkreten höheren Bedarfs bleibt dem Berechtigten unbenommen.[74]

ff. Konkrete Bedarfsfestsetzung

82 Bei **überdurchschnittlichen Einkommensverhältnissen** ist der **Unterhaltsbedarf konkret** zu ermitteln.[75] Im Gegensatz zu der vom Halbteilungsgrundsatz ausgehenden Bedarfsbemessung nach Quoten, bei der ein **Erwerbsanreiz** auf beiden Seiten abgezogen wird, ist dies bei der konkreten Unterhaltsbemessung nicht gerechtfertigt.[76]

83 **a) Einkommensrahmen für eine konkrete Bedarfsfestsetzung:** Jedoch kommt beim Ehegattenunterhalt eine nicht an einer Quote orientierte konkrete Bedarfserfassung nur **bei weit überdurchschnittlich guten wirtschaftlichen Verhältnissen** in Betracht.[77]

84 Noch nicht eindeutig geklärt ist, wann genau solche weit überdurchschnittlichen Einkommensverhältnisse vorliegen, so dass anstelle der Unterhaltsfestsetzung nach der Einkommensquote eine konkrete Bedarfsbemessung vorzunehmen ist.

85 Die überwiegende Ansicht in der Rechtsprechung orientiert sich an den Einkommensgruppen der Düsseldorfer Tabelle und geht davon aus, dass eine konkrete Bedarfsbemessung nötig wird, wenn die **höchste Einkommensgruppe der Unterhaltstabelle überschritten** ist.[78] Das wäre dann der Fall, wenn der Gesamtbedarf der Ehefrau mehr als 2.550 € beträgt. Wird diese Grenze nicht überschritten, kann keine konkrete Darlegung des Bedarfes gefordert werden.[79]

86 Das OLG Koblenz sieht dagegen in seinen Leitlinien Ziff. 15.3 die konkrete Bedarfsberechnung bei sehr guten Einkommensverhältnissen in der Regel erst vor, wenn mindestens **das Doppelte des Höchstbetrages nach der Düsseldorfer** Tabelle als frei verfügbares Einkommen vorhanden ist. Dies entspricht einem gemeinsamen unterhaltsprägenden Einkommen von 10.200 €.

87 Gelingt der Unterhaltsberechtigten nicht die Darlegung eines höheren konkreten Bedarfes, ist dann auf der Grundlage der höchsten Einkommensstufe der Düsseldorfer Tabelle (zurzeit 5.100 €) ein Quotenunterhalt zu berechnen.[80] Damit ist aber auch dieser Unterhaltsbedarf als Höchstgrenze des vom Einkommen des besserverdienenden Ehegatten abgeleiteten Quotenunterhalts anzusehen. Bei einem höheren geltend gemachten Unterhalt muss der Bedarf konkret vorgetragen werden.[81]

88 Wenn der Unterhaltsberechtigte seinen Elementarunterhaltsbedarf auf einen Betrag beschränkt, für den noch keine konkrete Bedarfsbemessung erforderlich ist, unter Berücksichtigung des Altersvorsorgebedarfs aber einen Gesamtbedarf geltend macht, der über jenem Betrag liegt, braucht er den Gesamtbedarf gleichwohl nicht konkret darzulegen. Der **Altersvorsorgeunterhalt** ist vielmehr ausgehend von dem ermittelten Elementarunterhalt zu berechnen[82] (vgl. Rn. 241).

---

[72] BGH v. 15.11.1989 - IVb ZR 95/88 - NJW-RR 1990, 194-195; BGH v. 08.12.1982 - IVb ZR 331/81 - LM Nr. 11 zu § 1569 BGB; BGH v. 04.11.1981 - IVb ZR 624/80 - LM Nr. 2 zu § 1578 BGB.
[73] BGH v. 30.11.2011 - XII ZR 34/09 - FamRZ 2012, 947.
[74] BGH v. 30.11.2011 - XII ZR 34/09 - FamRZ 2012, 947.
[75] BGH v. 18.01.2012 - XII ZR 178/09 - FamRZ 2012, 517; BGH v. 30.11.2011 - XII ZR 34/09; FamRZ 2012, 947; BGH v. 10.11.2010 - XII ZR 197/08 - FamRZ 2011, 192; BGH v. 11.08.2010 - XII ZR 102/09 - juris Rn. 27 - FamRZ 2010, 1637; BGH v. 09.06.2004 - XII ZR 277/02 - FamRZ 2005, 97, 98; BGH v. 05.02.2003 - XII ZR 29/00 - BGHZ 153, 372, 380 f. = FamRZ 2003, 848, 851; ausführlich *Born*, FamRZ 2013, 1613; *Vomberg*, FF 2012, 436; *Born*, FamRZ 2013, 1613.
[76] BGH v. 10.11.2010 - XII ZR 197/08 - juris Rn. 24 - FamRZ 2011, 192.
[77] OLG Saarbrücken v. 04.03.2010 - 6 UF 95/09 - FamFR 2010, 250.
[78] OLG Brandenburg v. 28.11.2013 - 9 UF 96/13 - NZFam 2014, 140; OLG Zweibrücken v. 18.04.2013 - 6 UF 156/12; OLG Zweibrücken v. 19.10.2011 - 2 UF 77/11 - FamRZ 2012, 643; OLG Köln v. 24.01.2012 - 4 UF 137/11 - FamRZ 2013; *Schürmann*, FamRZ 2013, 1082, 1095; vgl. auch OLG Brandenburg v. 10.05.2012 - 10 UF 227/10 - FamFR 2012, 320; *Finke*, FamFR 2013, 295; BGH v. 11.08.2010 - XII ZR 102/09 - juris Rn. 28 - FamRZ 2010, 1637.
[79] Vgl. OLG Zweibrücken v. 18.04.2013 - 6 UF 156/12.
[80] OLG Köln v. 24.01.2012 - II-4 UF 137/11 - FamRZ 2012, 1731 ff.; *Többen*, NZFam 2014, 30.
[81] OLG Brandenburg v. 10.05.2012 - 10 UF 227/10 - FamFR 2012, 320.
[82] BGH v. 30.11.2011 - XII ZR 34/09 - FamRZ 2012, 947.

b) Bedeutung der Vermögensbildung: Bei überdurchschnittlichen wirtschaftlichen Verhältnisse ist neben einem **überdurchschnittlichen Konsum** auch eine nicht unerhebliche **Vermögensbildung** üblich.[83] **Teile eines gehobenen Einkommens** können daher bei der Bestimmung der ehelichen Lebensverhältnisse **außer Betracht gelassen werden**, wenn sie zur Vermögensbildung verwendet worden sind.[84]

Vom Einkommen des unterhaltsverpflichteten Ehegatten sind die Aufwendungen abzuziehen, die die Parteien während ihres Zusammenlebens **tatsächlich** nicht für den laufenden Lebensunterhalt, sondern **für Vermögensbildung eingesetzt** haben. Dabei kann keine pauschale Vermögensbildungsrate anhand statistischer Erhebungen angesetzt werden. Vielmehr muss der Bezug zu den konkreten ehelichen Lebensverhältnissen erhalten bleiben.[85]

Bei einem Einkommen innerhalb der Grenzen der Düsseldorfer Tabelle ist für jeden Ehegatten noch keine Bereitschaft zur Vermögensbildung über die übliche und unterhaltsprägende Vorsorge hinaus zu erwarten. Innerhalb dieses Einkommensrahmens obliege es dann dem Unterhaltspflichtigen, besondere Anhaltspunkte dafür darzulegen, dass tatsächlich Vermögen gebildet wurde.[86]

Dass die **Aussonderung einer solchen Vermögensbildungsrate** im Ergebnis dazu führt, dass weiteres Vermögen allein in der Hand des unterhaltsverpflichteten Ehegatten entsteht, während der unterhaltsberechtigte Ehegatte nur seine laufenden Lebensaufwendungen zu bestreiten vermag, ist unbeachtlich. Denn der Unterhalt dient nicht der Ermöglichung von Vermögensbildung, sondern bezweckt allein die Deckung des laufenden Lebensunterhalts. Eine Aufteilung der Vermögensbildungsrate auf beide Parteien ist daher nicht geboten.[87]

Jedoch kann auch bei einem für Unterhaltszwecke zur Verfügung stehenden Gesamteinkommen beider Eheleute bis zum Doppelten des Höchstbetrages der Düsseldorfer Tabelle (noch) zwingend **ohne besondere Anhaltspunkte** auf die Verwendung von Teilen des Einkommens auf eine Vermögensbildung geschlossen werden.[88]

Zudem ist bei der Ermittlung der ehelichen Lebensverhältnisse ein **objektiver Maßstab** anzulegen. Daher hat gemessen am verfügbaren Einkommen sowohl eine zu dürftige Lebensführung als auch ein übermäßiger Aufwand außer Ansatz zu bleiben.[89]

Daher muss sich der Unterhaltsberechtigte keine das verfügbare Einkommen **unangemessen einschränkende Vermögensbildung** entgegenhalten lassen, weil mit dem Wegfall der Ehegemeinschaft auch die Grundlage für eine solche Einschränkung entfallen ist. Denn der Unterhaltspflichtige darf nicht zu Lasten des Berechtigten Vermögen bilden.[90] Ebenso kann bei Bedarfssteigerung infolge Trennung die Heranziehung bisher zur Vermögensbildung eingesetzter Einkommensteile erforderlich werden.[91]

Konkrete Sachverhaltsfeststellungen sind geboten; die Unterhaltsberechtigte trägt die **Darlegungs- und Beweislast**.

Ist der Einkommensrahmen der Düsseldorfer Tabelle nicht überschritten, muss der Unterhaltsverpflichtete im Rahmen seiner sekundären Darlegungslast substantiiert darlegen, in welcher Weise Vermögen gebildet wurde. Erst wenn das Vorbringen des Unterhaltsverpflichteten diesen Anforderungen genügt, müsse die behauptete Vermögensbildung vom Unterhaltsberechtigten widerlegt und dies bewiesen werden.[92]

---

[83] OLG Köln v. 12.01.2010 - 4 UF 93/09 - FamRZ 2010, 1445; OLG Brandenburg v. 10.05.2012 - 10 UF 227/10 - FamFR 2012, 320.

[84] BGH v. 30.11.2011 - XII ZR 34/09 - FamRZ 2012, 947; BGH v. 11.08.2010 - XII ZR 102/09 - juris Rn. 27 - FamRZ 2010, 1637; BGH v. 09.06.2004 - XII ZR 277/02 - FamRZ 2005, 97, 98; BGH v. 05.02.2003 - XII ZR 29/00 - BGHZ 153, 372, 380 f. = FamRZ 2003, 848, 851; OLG Stuttgart v. 20.06.2013 - 16 UF 285/12 - FamRZ 2013, 1988; vgl. OLG Zweibrücken v. 18.04.2013 - 6 UF 156/12 - FamRZ 2014, 216.

[85] OLG Brandenburg v. 28.11.2013 - 9 UF 96/13 - NZFam 2014, 140; OLG Brandenburg v. 10.05.2012 - 10 UF 227/10 - FamFR 2012, 320.

[86] Vgl. OLG Zweibrücken v. 18.04.2013 - 6 UF 156/12 - FamRZ 2014, 216.

[87] OLG Brandenburg v. 10.05.2012 - 10 UF 227/10 - FamFR 2012, 320.

[88] Vgl. OLG Zweibrücken v. 18.04.2013 - 6 UF 156/12 - FamRZ 2014, 216.

[89] OLG Brandenburg v. 28.11.2013 - 9 UF 96/13 - NZFam 2014, 140; OLG Brandenburg v. 10.05.2012 - 10 UF 227/10 - FamFR 2012, 320.

[90] OLG Köln v. 21.06.2011 - 4 UF 13/11 m.w.N. - FamFR 2011, 329.

[91] OLG Köln v. 21.06.2011 - 4 UF 13/11 - FamFR 2011, 329.

[92] Vgl. OLG Zweibrücken v. 18.04.2013 - 6 UF 156/12 - FamRZ 2014, 216 mit Anm. *Finke*, FamFR 2013, 295.

§ 1361

98 **c) Elemente des konkreten Bedarfs:** Im Einzelfall kann das Gericht den eheangemessenen Unterhaltsbedarf konkret durch die Feststellung der Kosten ermitteln, die für die Aufrechterhaltung des erreichten Lebensstandards erforderlich sind.[93]

99 Im Gegensatz zu der vom Halbteilungsgrundsatz ausgehenden Bedarfsbemessung nach Quoten, bei der ein **Erwerbsanreiz** auf beiden Seiten abgezogen wird, ist dies bei der konkreten Unterhaltsbemessung nicht gerechtfertigt.[94] Ziel der ausschließlichen Anwendung der konkreten Bedarfsbestimmung ist, Aufwendungen unberücksichtigt zu lassen, die nicht dem Lebensbedarf gedient haben.[95]

100 **Auch soweit eine konkrete Bedarfsbemessung verlangt wird, wenn der Bedarf über denjenigen hinausgeht, der sich auf der Grundlage des Einkommenshöchstbetrages der Unterhaltstabellen ergibt, geht es um die Feststellung allein des Elementarunterhaltsbedarfs.** Denn der Höchstbetrag des Quotenunterhalts (errechnet mit 3/7 der letzten Einkommensstufe der Düsseldorfer Tabelle) beinhaltet ebenfalls nur den Elementarunterhalt. Das folgt bereits daraus, dass auf die bereinigten Nettoeinkünfte abgestellt wird, die einen Vorsorgeanteil nicht mehr enthalten, sondern der Bestreitung des laufenden Lebensbedarfs dienen. Daran ändert sich nichts dadurch, dass der Unterhaltsberechtigte seinen Bedarf auf diesen Betrag beschränkt. **Zusätzlich zu dem Elementarunterhalt kann aber Altersvorsorgeunterhalt verlangt werden, ohne dass der betreffende Bedarf konkret darzulegen wäre.** Die Annahme des Berufungsgerichts, die Klägerin habe ihren Gesamtbedarf (Elementarunterhalt und Altersvorsorgeunterhalt) aufgrund einer unzulässigen Kombination der Berechnungsmethoden geltend gemacht, ist deshalb nicht gerechtfertigt.[96]

101 Der **konkrete Unterhaltsbedarf** der Berechtigten kann nicht dadurch beeinflusst werden, dass sie ihre Lebensverhältnisse infolge unzureichender Unterhaltsleistungen des Antragstellers vorübergehend einschränken muss.[97]

102 In der Praxis sind folgende Kosten in die Berechnung einzubeziehen[98] (Antragsmuster vgl. die Kommentierung zu § 1578 BGB Rn. 124):
- Essen und Trinken,
- Anschaffungskosten für Hausrat,
- Restaurant, auswärtiges,
- Essen,
- Kosten für Einladungen,
- Aufwand für Festlichkeiten,
- Teilnahme am kulturellen Leben (Konzerte, Theater, Oper, kulturelle Veranstaltungen),
- Geschenke/Spenden,
- Zeitungen,
- Telefon, Fax, PC, Internet,
- Fernsehen und Radio,
- Porto,
- Lebensversicherung,
- Krankenversicherung, (Krankenkassenbeiträge, Beträge für die private Zusatzversicherung)
- krankheitsbedingter Mehrbedarf (z.B. Diät, besondere Zusatzverpflegung),
- Kfz-Kosten (Anschaffung, Unterhaltung, Versicherung),
- Hausrat-, Haftpflicht-, Unfall-, Rechtsschutz-, Tierhalterhaftpflichtversicherung,
- Kfz-Steuer,
- Kfz-Reparaturen und Inspektionen,
- Garage,
- Rücklage für Kfz-Neuanschaffung,

---

[93] BGH v. 11.08.2010 - XII ZR 102/09 - FamRZ 2010, 1637 = NJW 2010, 3372; BGH v. 30.11.2011 - XII ZR 34/09; BGH v. 09.06.2004 - XII ZR 277/02 - FamRZ 2005, 97, 98; BGH v. 05.02.2003 - XII ZR 29/00 - BGHZ 153, 372, 380 f. = FamRZ 2003, 848, 851; ausführlich *Born*, FamRZ 2013, 1613; *Vomberg*, FF 2012, 436.
[94] BGH v. 10.11.2010 - XII ZR 197/08 - juris Rn. 24 - FamRZ 2011, 192.
[95] Vgl. BGH v. 11.08.2010 - XII ZR 102/09 - FamRZ 2010, 1637 ff = NJW 2010, 3372.
[96] BGH v. 30.11.2011 - XII ZR 34/09 - FamRZ 2012, 947.
[97] BGH v. 11.08.2010 - XII ZR 102/09 - juris Rn. 29.
[98] BGH v. 31.10.2001 - XII ZR 292/99 - FamRZ 2002, 88, 91; OLG Hamm v. 17.10.2013 - 4 UF 161/11 - NZFam 2014, 30; OLG Frankfurt v. 12.07.2013 - 4 UF 265/12 - NZFam 2014, 31; OLG Karlsruhe v. 30.10.2009 - 5 UF 5/08 - FamRZ 2010, 655; OLG Hamm v. 10.02.2006 - 5 UF 104/05 - FamRZ 2006, 1603; *Born*, FamRZ 2013, 1613; *Born*, FamFR 2012, 145, 147; *Norpoth*, ZFE 2003, 179, *Vomberg*, FF 2012, 436.

- Kleidung (Anschaffung/Reinigung),
- Friseur,
- Kosmetik,
- Kino,
- Theater/Oper,
- Museum,
- Freizeitaktivitäten, Sport, Mitgliedschaft im Golfclub, Greenfee, Golf-Trainingsstunden, sonstige Hobbys,
- Sport, Fitnessstudio,
- Haushaltshilfe, Gärtner, Kindermädchen,
- Aufwendungen für Urlaub (Reisekosten ins Ferienhaus, Fernreisen, Kreuzfahrten),
- Aufwendungen für Haustiere, Pferde usw.,
- Hauskosten/Wohnkosten und Wohnnebenkosten (Heizen, Strom, Versicherung),
- Miete und Nebenkosten,
- Instandhaltungsrücklagen/Reparaturaufwendungen.

Der BGH hat sich in einem Verfahren zum nachehelichen Unterhalt mit einer **konkreten Bedarfsermittlung** befasst[99] und in diesem Zusammenhang **Kosmetikaufwendungen** in Höhe von monatlich 105 € und die **Kosten des Zigarettenkonsums** der unterhaltsberechtigten Ehefrau akzeptiert. 103

Empfohlen wird, zur Ermittlung des Bedarfes diese Kosten, soweit sie während der Ehe angefallen sind, detailliert zu erfassen, und zwar sowohl die **jeweiligen auf die gesamte Familie entfallenden Kosten** als auch die **Anteile für die Unterhaltsberechtigte**. *Born* stellt dabei anschaulich heraus, dass der Anteil der Ehefrau nicht zwingend mit der Hälfte des Gesamtaufwandes für einzelne Positionen anzusetzen ist, sondern sich vielmehr in der Praxis teilweise erhebliche Unterschiede zwischen Männern und Frauen feststellen lassen (z.B. bei Kleidung, Schuhen, Aufwendungen für Friseur und Kosmetik).[100] 104

Die **Kosten künftiger kosmetischer Operationen** (1.800 € pro Jahr) sind als Sonderbedarf zu sehen und daher für jeden Einzelfall geltend zu machen.[101] 105

d) Krankenversicherungskosten beim konkreten Bedarf: Bei den privaten **Krankenversicherungskosten** hat der BGH differenziert. Die Kosten würden, soweit sie die **gesetzliche Krankenversicherung** ersetzen, nicht anfallen, wenn die Erwerbspflichtige eine sozialversicherungspflichtige (Teilzeit-)Erwerbsstelle finden kann oder konnte. Die Kosten der **privaten Zusatzversicherung** fallen hingegen auch im Fall der sozialversicherungspflichtigen Tätigkeit an und sind daher Bestandteil des Bedarfs nach den ehelichen Lebensverhältnissen.[102] 106

Das OLG Hamm hat eine **Krankenzusatzversicherung** anerkannt. Krankenversicherungsbeiträge sind dem Grunde nach durch die Leistungseinschränkungen bei der gesetzlichen Krankenversicherung im Zuge der Gesundheitsreform abzugsfähig, da davon auszugehen ist, dass auch Zusatzversicherungen, z.B. für Krankenhausaufenthalt, Zahnersatz, berücksichtigungsfähig sind, soweit sie zu einer ausreichenden Krankheitsvorsorge erforderlich sind und in einem angemessenen Verhältnis zum Einkommen stehen.[103] 107

e) Altersvorsorgeunterhalt beim konkreten Bedarf: Die sonst übliche **zweistufige Berechnung des Vorsorgeunterhalts**[104] (vgl. die Kommentierung zu § 1578 BGB Rn. 129) **entfällt** bei der konkreten Bedarfsbemessung, da in diesen Fällen der Unterhaltspflichtige aufgrund seiner sehr guten wirtschaftlichen Verhältnisse sowohl diesen konkret bemessenen Elementarunterhalt der Unterhaltsberechtigten und auch ohne Verletzung des Halbteilungsgrundsatzes zusätzlich einen Altersvorsorgeunterhalt leisten kann. 108

Wenn der Unterhaltsberechtigte seinen Elementarunterhaltsbedarf auf einen Betrag beschränkt, für den noch keine konkrete Bedarfsbemessung erforderlich ist, unter Berücksichtigung des **Altersvorsorgebedarfs** einen Gesamtbedarf geltend macht, der über jenem Betrag liegt, braucht er den Gesamtbedarf gleichwohl nicht konkret darzulegen. Der Altersvorsorgeunterhalt ist vielmehr ausgehend von dem ermittelten Elementarunterhalt zu berechnen.[105] 109

---

[99] BGH v. 18.01.2012 - XII ZR 178/09 - FamRZ 2012, 517.
[100] Ausführlich *Born*, FamFR 2012, 145, 147; *Vomberg*, FF 2012, 436-444.
[101] BGH v. 18.01.2012 - XII ZR 178/09 - FamRZ 2012, 517; BGH v. 15.02.2006 - XII ZR 4/04 - FamRZ 2006, 612.
[102] Vgl. BGH v. 31.10.2001 - XII ZR 292/99 - FamRZ 2002, 88, 91.
[103] OLG Hamm v. 10.12.2013 - 2 UF 216/12 - NJW-Spezial 2014, 100.
[104] Zu den Rechtsfolgen der zweckwidrigen Verwendung von Vorsorgeunterhalt *Finke*, FamFR 2013, 1.
[105] BGH v. 30.11.2011 - XII ZR 34/09 - FamRZ 2012, 947.

110 Die Abhängigkeit des Vorsorgeunterhaltsanspruchs vom Elementarunterhaltsanspruch besteht jedoch auch in diesem Fall, da der Vorsorgeunterhalt nach der Höhe des Elementarunterhalts berechnet wird. Daher sind die **Verfahren auf Elementar- und Vorsorgeunterhalt** auch im Fall der konkreten Bedarfsberechnung **zwingend zu verbinden**, wenn sie beide parallel anhängig sind, da sie denselben Streitgegenstand betreffen, auch wenn über die Ansprüche mangels zweistufiger Berechnung **per Teilbeschluss entschieden** werden kann.[106]

111 Auch soweit beim **Trennungsunterhalt eine konkrete Bedarfsbemessung** verlangt wird, wenn der Bedarf über denjenigen hinausgeht, der sich auf der Grundlage des Einkommenshöchstbetrages der Unterhaltstabellen ergibt, geht es um die Feststellung allein des Elementarunterhaltsbedarfs. Denn der **Höchstbetrag des Quotenunterhalts** (errechnet mit 3/7 der letzten Einkommensstufe der Düsseldorfer Tabelle) **beinhaltet nur den Elementarunterhalt**. Das folgt bereits daraus, dass auf diese bereinigten Nettoeinkünfte abgestellt wird, die einen Vorsorgeanteil nicht mehr enthalten, sondern der Bestreitung des laufenden Lebensbedarfs dienen. An der Eigenschaft als Elementarunterhalt ändert sich nichts dadurch, dass der Unterhaltsberechtigte seinen – nach einer Quotenberechnung höheren – Bedarf auf diesen Betrag beschränkt.[107]

112 Zusätzlich zu dem Elementarunterhalt kann aber **Altersvorsorgeunterhalt** verlangt werden, ohne dass der betreffende Bedarf konkret darzulegen wäre.[108]

113 Eine **isolierte Zusatzklage auf Altersvorsorgeunterhalt** ist unzulässig, wenn konkret ermittelter Elementarunterhalt bereits geltend gemacht und tituliert worden ist, ohne erkennbar eine Nachforderung des Altersvorsorgeunterhalts vorzubehalten.[109]

gg. Darlegungs- und Beweislast

114 Im Rahmen der konkreten Bedarfsbemessung genügt es, dass der darlegungspflichtige Berechtigte die in den einzelnen Lebensbereichen anfallenden Kosten überschlägig darstellt, so dass sie nach § 287 ZPO, der über § 113 Abs. 2 FamFG Anwendung findet, geschätzt werden können.[110]

115 Der Unterhaltsgläubiger trägt bei besonders guten Einkünften die **Darlegungs- und Beweislast** dafür, dass nach den ehelichen Lebensverhältnissen ein über den vom Unterhaltsschuldner eingeräumten Betrag (konkret: 6.500 € netto) hinausgehender Einkommensteil zur Finanzierung des allgemeinen Lebensbedarfes zur Verfügung stand.[111] Erst wenn das Vorbringen des Unterhaltsverpflichteten diesen Anforderungen genügt, muss die behauptete Vermögensbildung vom Unterhaltsberechtigten widerlegt und dies bewiesen werden.[112]

116 Gelingt der Unterhaltsberechtigten nicht die Darlegung eines höheren konkreten Bedarfes, ist auf der Grundlage der höchsten Einkommensstufe der Düsseldorfer Tabelle (zurzeit 5.100 €) ein Quotenunterhalt zu berechnen.[113]

hh. Verfahrensrechtliche Behandlung

117 Eine **konkrete Bedarfsberechnung**, wie sie in der Regel bei gehobenen Einkommensverhältnissen vorgenommen wird, bedeutet keine Fixierung eines einmal titulierten Unterhaltsbetrags. Im Zuge der Inflation und der allgemeinen Preissteigerungen kann zur Deckung eines gleichbleibenden Bedarfs im Laufe der Zeit ein **höherer Geldbetrag** erforderlich werden, was einen Abänderungsgrund zu Gunsten des Unterhaltsgläubigers darstellt.[114]

118 Der Unterhaltsschuldner, der eine Abänderung durchsetzen will, ist für die Veränderung der Verhältnisse, auf die er sein **Abänderungsbegehren** stützt, darlegungs- und beweisbelastet. Behauptet er, das seit dem früheren Vergleichsschluss gestiegene Einkommen der Unterhaltsberechtigten gewährleiste heute in größeren Umfang als früher eine Deckung ihres Bedarfs, so muss er konkret vortragen, wie

---

[106] KG Berlin v. 19.07.2013 - 13 UF 56/13 - FuR 2014, 50-51.
[107] BGH v. 30.11.2011 - XII ZR 35/09 - FamRZ 2012, 945.
[108] BGH v. 30.11.2011 - XII ZR 35/09 - FamRZ 2012, 945; BGH v. 11.08.2010 - XII ZR 102/09 - juris Rn. 37 - FamRZ 2010, 1637.
[109] KG Berlin v. 19.07.2013 - 13 UF 56/13 - FuR 2014, 50-51.
[110] OLG Hamm v. 17.10.2013 - 4 UF 161/11 - NZFam 2014, 30; vgl. OLG Hamm v. 13.02.1998 - 5 UF 187/97 - FamRZ 1999, 723.
[111] OLG Zweibrücken v. 19.10.2011 - 2 UF 77/11 - FamRZ 2012, 643.
[112] OLG Zweibrücken v. 19.10.2011 - 2 UF 77/11 - FamRZ 2012, 643.
[113] *Többen*, NZFam 2014, 30.
[114] OLG Köln v. 11.10.2012 - 12 UF 130/11 - FamFR 2012, 536.

sich ihr Bedarf bei Vergleichsschluss darstellte, in welchem Umfang dieser damals durch das ihr angerechnete eigene Einkommen gedeckt wurde und wie sich heute – unter Berücksichtigung der Preissteigerungen – das Verhältnis zwischen Bedarf und eigenem Einkommen der Berechtigten darstellt.[115]

b. Krankenvorsorgeunterhalt

Der Trennungsunterhalt umfasst auch die Kosten einer angemessenen **Krankenversicherung**[116] und die Kosten der **Pflegeversicherung**.[117] Ist die Unterhaltsberechtigte allerdings fiktiv so zu stellen, dass sie einer sozialversicherungspflichtigen Beschäftigung nachgeht, entfällt folglich auch ihr Anspruch auf Krankenvorsorgeunterhalt.[118]

119

Ebenso wie beim Altersvorsorgeunterhalt (vgl. Rn. 129) handelt es sich beim **Krankheitsvorsorgeunterhalt** um einen Anspruch, der einen **einheitlichen Unterhaltsanspruch** mit dem Elementarunterhalt bildet. Daher reicht es für die Inanspruchnahme des Unterhaltspflichtigen aus, wenn ein einheitlich beziffertter Unterhaltsanspruch geltend gemacht worden ist; dann ist auch hinsichtlich des Vorsorgeunterhaltes Verzug eingetreten. Es bedarf keines gesonderten Hinweises, es werde damit auch Krankenvorsorge- bzw. Altersvorsorgeunterhalt in bestimmter Höhe verlangt. Ob der Unterhaltsberechtigte letztlich auch Vorsorgeunterhalt beanspruchen kann, wird maßgeblich durch die Leistungsfähigkeit des Unterhaltspflichtigen bestimmt, die dieser selbst beurteilen kann.[119]

120

Für die Praxis ist von Bedeutung, ob eine bezifferte Forderung auch betragsmäßig in Elementar- und Vorsorgeunterhalt aufgespalten werden muss[120] oder ob es ausreicht, wenn in der Begründung lediglich deutlich gemacht wird, dass auch Vorsorgeunterhalt verlangt wird.[121]

121

Das Problem lässt sich in der Praxis dadurch entschärfen, dass der Unterhaltspflichtige über eine Auskunftsforderung gem. § 1613 BGB in Verzug gesetzt wird (zu den Wirksamkeitsvoraussetzungen vgl. die Kommentierung zu § 1613 BGB Rn. 92). Aufgrund dieses Auskunftsverlangens gerät der Pflichtige in Höhe des Betrages in Verzug, der später gerichtlich zugesprochen wird, ohne dass es einer konkreten Bezifferung bedarf (vgl. die Kommentierung zu § 1613 BGB Rn. 130).

122

Besteht allerdings gesetzliche Krankenversicherung, ist der getrennt lebende Ehegatte in der **gesetzlichen Krankenversicherung** des Ehepartners bis zur Rechtskraft der Scheidung **mitversichert**. Dies gilt aber nicht mehr, wenn seine Eigeneinkünfte die Grenze der sozialversicherungsfreien geringfügigen Beschäftigung übersteigen. Wird für die Unterhaltszahlungen das steuerliche Realsplitting in Anspruch genommen, ist der gezahlte Unterhalt dabei als anzurechnendes Einkommen mitzuberücksichtigen.

123

Mit der **Rechtskraft** der Scheidung endet die Mitversicherung des Unterhaltsberechtigten in der gesetzlichen Krankenversicherung des pflichtigen Ehegatten. Der nicht selbständig versicherte Ehegatte kann innerhalb von 3 Monaten als freiwilliges Mitglied der gesetzlichen Krankenversicherung – gegen Beitragsentrichtung – beitreten.

124

Zu beachten ist, dass diese **Möglichkeit des Beitritts** allerdings in manchen Fällen **nicht mehr** besteht. So ist es für eine geschiedene Ehefrau, die über ihren Ehepartner während der Ehe über Beihilfe und eine private Krankenversicherung für den Fall der Krankheit abgesichert war, vielfach nicht mehr möglich, in gesetzlichen Krankenversicherung versichert zu werden. Dies ist der Fall, wenn sie älter als 55 Jahre alt ist und in den letzten fünf Jahren nicht gesetzlich versichert war (§ 6 Abs. 3a SGB V). Ein Beitritt in die freiwillige Versicherung gemäß § 9 Abs. 1 Nr. 1 SGB V scheidet aus, wenn sie nicht Mitglied der gesetzlichen KV war (vgl. § 186 SGB V).

125

---

[115] OLG Köln v. 11.10.2012 - 12 UF 130/11 - FamFR 2012, 536.
[116] Zur Krankenversicherung nach Trennung und Scheidung ausführlich *Doering-Striening*, NZFam 2014, 145 ff.; vgl. auch *Mleczko*, ZFE 2006, 128-133; zur Berechnung des Krankheitsvorsorgeunterhaltes bei freiwilliger Mitgliedschaft in der gesetzlichen Krankenversicherung vgl. *Gutdeutsch*, FamRB 2013, 126.
[117] OLG Saarbrücken v. 17.12.1997 - 9 UF 16/97 - OLGR Saarbrücken 1998, 222-223.
[118] OLG Hamm v. 31.08.2012 - 3 UF 265/11 - FamFR 2012, 487.
[119] BGH v. 04.07.2007 - XII ZR 141/05 - FamRZ 2007, 1532 m. Anm. *Maurer*; BGH v. 22.11.2006 - XII ZR 24/04 - FamRZ 2007, 193 m. Anm. *Borth*; vgl. auch *Borth*, FPR 2008, 86-88.
[120] *Oldenburger*, jurisPR-FamR 19/2007, Anm. 1.
[121] *Maurer*, FamRZ 2007, 1538, 1540.

§ 1361

126 Der unterhaltsberechtigte Ehegatte ist dann gehalten, sich **privat** gegen Krankheit und für den Pflegefall **zu versichern** und den erforderlichen Aufwand als **Mehrbedarf** geltend zu machen (zur verfahrensrechtlichen Durchsetzung vgl. die Kommentierung zu § 1613 BGB Rn. 262 ff.). Da die Krankenvorsorge zum Lebensbedarf gehört, hat der Antragsteller die erforderlichen Beiträge im Rahmen des Vorsorgeunterhalts zu zahlen.

127 Der Höhe nach ist der Krankenvorsorgeunterhalt auf eine **angemessene Vorsorge** ausgerichtet. Was angemessen ist, orientiert sich zum einen daran, welche Absicherung während der Ehe bestanden hat, andererseits aber auch an der Zumutbarkeit für den Ehepartner. Der unterhaltsberechtigte Ehepartner ist daher verpflichtet, auf einen nach objektiven Kriterien und im Hinblick auf die finanziellen Verhältnisse der Eheleute zu aufwendigen Versicherungsschutz zu verzichten.[122] Daher kann es zumutbar sein, eine private Krankenversicherung zu einem günstigeren Tarif abzuschließen.[123]

128 Ein etwaiger Selbstbehalt ist im Rahmen des Krankenvorsorgeunterhalts gegebenenfalls zu berücksichtigen.[124]

c. Altersvorsorgeunterhalt

129 Den sog. Altersvorsorgeunterhalt, d.h. die **Kosten einer angemessenen Versicherung für den Fall des Alters sowie der Berufs- und Erwerbsunfähigkeit**, umfasst der Trennungsunterhalt erst **ab Rechtshängigkeit des Scheidungsantrags**. Denn bis zum Ende der Ehezeit gem. § 3 VersAusglG nimmt auch der getrennt lebende Ehegatte durch den Versorgungsausgleich an den Anwartschaften des anderen Ehegatten teil.[125] Zu den Einzelheiten vgl. die Kommentierung zu § 3 VersAusglG.

130 Mit dem Altersvorsorgeunterhalt ist der – wegen Kindesbetreuung nur eingeschränkt berufstätige – Elternteil so zu stellen, als betreibe er ohne die Erwerbseinschränkung eine gesetzliche Altersvorsorge bei Vollzeittätigkeit.[126]

131 Es besteht jedoch kein Anspruch des Verpflichteten darauf, dass der Altersvorsorgeunterhalt in eine zu benennende Rentenversicherung oder in eine anerkannte Lebensversicherung einzuzahlen ist.[127] Zwar kann es treuwidrig sein, wenn der Unterhaltsberechtigte die Fortzahlung des Altersvorsorgeunterhalts an sich verlangt, obwohl er den Betrag in der Vergangenheit zweckwidrig verwendet hat. Eine zweckwidrige Verwendung liegt jedoch nicht vor, wenn die Beträge angespart werden, denn die Unterhaltsberechtigte ist nicht zwingend gehalten, eine Lebensversicherung oder eine gesetzliche Rentenversicherung zu bedienen. Es obliegt der freien Disposition des Unterhaltsschuldners, auf welche Weise er für sein Alter vorsorgt.[128] Aber auch jede andere Art von langfristiger, der Alterssicherung dienender Geldanlage ist anzuerkennen. Das gilt für den Erwerb von Immobilien, Wertpapieren oder Fondsbeteiligungen ebenso wie für Lebensversicherungen. Jedoch werden fiktive Abzüge nicht anerkannt, lediglich **tatsächlich erbrachte Aufwendungen** sind abzuziehen.

132 Bei einer zweckwidrigen Verwendung des Vorsorgeunterhalts kann § 1579 Nr. 4 BGB – mutwillig herbeigeführte Bedürftigkeit – eingreifen. Auch kann eine mögliche fiktive Versorgung angerechnet werden, die sich auf Bedarf und Bedürftigkeit auswirkt.[129]

133 Jedenfalls wenn die entsprechenden Zahlungen aufgrund einer ehevertraglichen Regelung zur freien Verfügung bzw. als Entschädigung zu leisten waren, fehlt es an einer Obliegenheit der Antragsgegnerin, diese Zahlungen für eine angemessene Altersversorgung einzusetzen.[130]

134 Altersvorsorgeunterhalt kann rückwirkend für die Vergangenheit nicht erst von dem Zeitpunkt an verlangt werden, in dem er ausdrücklich beziffert geltend gemacht worden ist. Es reicht aus, dass vom Unterhaltspflichtigen Auskunft mit dem Ziel der Geltendmachung eines Unterhaltsanspruchs (vgl. § 1613 BGB) begehrt worden ist.[131]

---

[122] OLG Hamm v. 18.06.2009 - 2 UF 6/09 - OLGR 2009, 834.
[123] KG v. 02.10.2012 - 13 UF 174/11 - NJW-Spezial 2013, 228.
[124] KG v. 02.10.2012 - 13 UF 174/11 - NJW-Spezial 2013, 228.
[125] Zur Berechnung des Vorsorgeunterhalts bei großzügigen Lebensverhältnissen vgl. OLG München v. 21.06.2004 - 17 UF 1571/03 - NJW 2004, 2533-2534.
[126] OLG Düsseldorf v. 17.12.2013 - II-1 UF 180/13, 1 UF 180/13, vgl. *Finke*, FamFR 2013, 1.
[127] OLG Frankfurt v. 21.07.2010 - 2 UF 63/10; vgl. *Finke*, FamFR 2013, 1.
[128] BGH v. 30.08.2006 - XII ZR 98/04 - NJW 2006, 3344 = FamRZ 2006, 1511 m. Anm. *Klinkhammer*; vgl. auch BGH v. 25.10.2006 - XII ZR 141/04 - NJW 2007, 144 = FamRZ 2007, 117.
[129] *Finke*, FamFR 2013, 1.
[130] Vgl. BGH v. 26.06.2013 - XII ZR 133/11 - FamRZ 2013, 1366.
[131] BGH v. 22.11.2006 - XII ZR 24/04; BGH v. 04.07.2007 - XII ZR 141/05.

Die **Beitragsbemessungsgrenze** der gesetzlichen Rentenversicherung stellt keine Grenze für die Be- 135
messung des Altersvorsorgeunterhalts dar.[132] Vielmehr ist auch bei großzügigen Lebensverhältnissen
der Altersvorsorgeunterhalt aufgrund des Elementarunterhalts zu berechnen. Ein schutzwürdiges Un-
terhaltsbedürfnis des berechtigten Ehegatten ist erst dann zu verneinen, wenn für ihn eine Altersversorgung zu erwarten ist, die diejenige des Unterhaltspflichtigen erreicht.[133] Zur Berechnung des Altersvorsorgeunterhalts vgl. die Kommentierung zu § 1578 BGB Rn. 68 und die Kommentierung zu § 1578
BGB Rn. 129.[134]

Seit dem **01.01.2014** beträgt die Beitragsbemessungsgrenze in der allgemeinen Rentenversicherung in 136
den alten Bundesländern 5.950 € und in den neuen Bundesländern 5.000 €.

Der Vorsorgeunterhalt ist nicht an der Höhe einer später zu erwartenden, den Lebensbedarf des Berech- 137
tigten sodann in angemessener Weise deckenden Versorgungsleistung auszurichten und zu bemessen,
zumal es in der Regel mit erheblichen Schwierigkeiten verbunden sein dürfte, den angemessenen Lebensbedarf für den Zeitpunkt des Versicherungsfalls zu beurteilen. Vielmehr ist der Elementarunterhalt
zu dem Entgelt aus einer Erwerbstätigkeit und dem Vorsorgeunterhalt zu den Versicherungsbeiträgen
in Beziehung zu setzen, die im Hinblick auf ein derartiges Erwerbseinkommen zu erreichen wären, und
damit den Berechtigten hinsichtlich der Altersvorsorge so zu behandeln, wie wenn er aus einer versicherungspflichtigen Erwerbstätigkeit Einkünfte in Höhe des ihm an sich zustehenden Elementarunterhalts hätte. Hierzu kann die **Bremer Tabelle** (vgl. die Kommentierung zu § 1578 BGB Rn. 129) angewandt werden.[135]

Eine **isolierte Zusatzklage auf Altersvorsorgeunterhalt** ist unzulässig, wenn konkret ermittelter Ele- 138
mentarunterhalt bereits geltend gemacht und tituliert worden ist, ohne erkennbar eine Nachforderung
des Altersvorsorgeunterhalts vorzubehalten.[136]

d. Sonderbedarf/Mehrbedarf

Sonderbedarf betrifft einmaligen zusätzlichen Bedarf. Handelt es sich nicht um einen einmaligen Auf- 139
wand, sondern um eine laufende Bedarfssteigerung wie z.B. durch eine länger dauernde Erkrankung,
so liegt **Mehrbedarf** vor.[137]

Diese Unterscheidung hat vor allem wegen der Möglichkeit, **Sonderbedarf** gem. § 1613 Abs. 2 Nr. 1 140
BGB auch **ohne Verzug** rückwirkend geltend zu machen, praktische Bedeutung. Dagegen ist eine solche rückwirkende Durchsetzung beim **Mehrbedarf** nur bei Verzug möglich (vgl. die Kommentierung
zu § 1613 BGB Rn. 262).

Davon zu trennen ist die Bewertungsfrage, **ob die aufgewandten Kosten dem Unterhaltspflichtigen** 141
in der konkreten Höhe entgegengehalten werden können. Diese Frage ist sowohl beim Mehrbedarf
als auch beim Sonderbedarf zu beachten. Die Prüfung der Angemessenheit erfolgt also unabhängig von
der rechtlichen Einordnung als Mehrbedarf oder Sonderbedarf und hängt letztlich von den wirtschaftlichen Verhältnissen der Beteiligten ab.

Sonderbedarf liegt nach der Legaldefinition des § 1613 Abs. 2 Nr. 1 BGB bei einem **unregelmäßigen** 142
und außergewöhnlich hohen Bedarf vor. Es muss sich also um einen Bedarf handeln, der überraschend und der Höhe nach nicht abschätzbar ist, sodass er bei der Bemessung der laufenden Unterhaltsrente nicht berücksichtigt werden konnte und in den regelmäßig zur Deckung des laufenden Unterhaltsbedarfes enthaltenen Beträgen nicht enthalten ist. Er ist folglich dadurch gekennzeichnet, dass er **un-**
vorhersehbar eintritt und im Verhältnis zum regelmäßigen laufenden Unterhalt **unverhältnismäßig**
hoch ist und folglich nicht von den laufenden Zahlungen angespart werden kann.[138]

Sonderbedarf liegt folglich nicht vor, wenn die **zusätzlichen Kosten mit Wahrscheinlichkeit vo-** 143
rauszusehen waren und deswegen bei der Bemessung der laufenden Unterhaltsrente – ggf. als Mehrbedarf – berücksichtigt werden konnten.[139]

---

[132] BGH v. 11.08.2010 - XII ZR 102/09 - juris Rn. 36; BGH v. 25.10.2006 - XII ZR 141/04 - FamRZ 2007, 117; OLG München v. 21.06.2004 - 17 UF 1571/03 - NJW 2004, 2533-2534.
[133] BGH v. 08.06.1988 - IVb ZR 68/87 - NJW-RR 1988, 1282-1285.
[134] Vgl. auch *Büttner*, FF 2005, 97-98.
[135] BGH v. 11.08.2010 - XII ZR 102/09 - juris Rn. 36 - FamRZ 2010, 1637.
[136] KG Berlin v. 19.07.2013 - 13 UF 56/13 - FuR 2014, 50.
[137] BGH v. 11.04.2001 - XII ZR 152/99 - EzFamR BGB § 1610 Nr. 32; OLG Düsseldorf v. 11.09.2000 - 2 UF 67/00 - FamRZ 2001, 444.
[138] BGH v. 15.02.2006 - XII ZR 4/04 - FamRZ 2006, 612 mit krit. Anm. *Luthin*.
[139] BGH v. 15.02.2006 - XII ZR 4/04 - FamRZ 2006, 612 mit krit. Anm. *Luthin*, FamRZ 2006, 614.

144 Sind die Kosten nicht unverhältnismäßig hoch, scheidet ein zusätzlich geschuldeter Sonderbedarf schon deswegen aus. Übersteigt der zusätzliche Bedarf hingegen diese Grenze, ist der Unterhaltsgläubiger zunächst gehalten, diesen durch **Bildung von Rücklagen aus seinem laufenden Unterhalt** zu decken. Selbst wenn die laufenden Unterhaltsleistungen eine solche Rücklage ausnahmsweise nicht ermöglichen, etwa weil sie nur den notwendigen Lebensbedarf abdecken, kann dieses den Charakter des zusätzlich aufgetretenen Bedarfs als langfristig absehbarer Unterhaltsbedarf nicht ändern. Auch in solchen Fällen kann der Unterhaltsberechtigte den mit Wahrscheinlichkeit voraussehbaren zusätzlichen Bedarf also nicht als Sonderbedarf, sondern nur als Mehrbedarf verlangen.

145 Damit können die Kosten einer vorhersehbaren **Arztbehandlung** ebenso wenig als Sonderbedarf angesehen werden wie die Kosten einer länger andauernden **Therapie**.

146 Einzelheiten sind häufig sehr umstritten. Dabei betrifft die weitaus überwiegende Zahl der gerichtlichen Entscheidungen zu Sonderbedarf und Mehrbedarf den Kindesunterhalt wie z.B. Kinderbetreuungskosten (Kindergarten, Kinderhort), Kosten für Familienfeiern wie Kommunion und Konfirmation, besondere schulische Aufwendungen wie Nachhilfestunden, Klassenfahrten, und Auslandsstudium (vgl. dazu die Kommentierung zu § 1613 BGB Rn. 275).[140]

147 Beim Ehegattenunterhalt kommen die folgenden **Bedarfspositionen** in Betracht. Dabei wurde eine Haftung des Ehepartners nach den Grundsätzen des Sonderbedarfs **verneint** für
- die Kosten einer **Namensänderung**[141],
- die Kosten eines dauerhaften **Heimaufenthalts**[142],
- die Kosten einer **Urlaubsreise**[143],
- die Teilnahme an **sportlichen Betätigungen** (Tanzsport, Reitsport, Jiu-Jitsu)[144].

148 Sonderbedarf ist **bislang bejaht** worden für:
- **ärztliche Behandlungskosten** größeren Umfangs[145],
- die Kosten für eine 11 Monate dauernde **Betreuung** der Ehefrau[146],
- Aufwendungen für Bettersatzbeschaffung wegen **Staubmilbenallergie**[147],
- die wegen einer **Allergie** entstehenden besonderen Kosten[148],
- notwendige **Umzugskosten** und **Renovierungsaufwand**, aber nur in der erforderlichen Höhe[149],
- die Erstausstattung eines Säuglings. Soweit nicht überdurchschnittliche Verhältnisse vorliegen, kann als erforderlicher Aufwand für die Säuglingserstausstattung im Wege der Schätzung von einem Pauschalbetrag von 1000 € ausgegangen werden.[150]

149 Bei den **Kosten künftiger kosmetischer Operationen** (1.800 € pro Jahr) hat der BGH klargestellt, dass diese als Sonderbedarf zu sehen und daher für jeden Einzelfall geltend zu machen sind.[151]

150 Ob der Bedürftige den **Stamm seines Vermögens** für den Sonderbedarf angreifen musste, ist eine Billigkeitsentscheidung. Hierbei kann darauf abgestellt werden, ob der Unterhaltspflichtige ein erheblich höheres Vermögen besitzt als der Unterhaltsberechtigte und außerdem einkommensstark ist.[152]

151 Ist der zahlungspflichtige Ehegatte nur eingeschränkt leistungsfähig, muss er den **Sonderbedarf in Raten** zahlen.[153]

e. Überobligatorische Einkünfte beim Bedarf

152 Vielfach wird in der Praxis von einem oder beiden Ehegatten eine **überobligatorische** – also in diesem Umfang nicht geschuldete – **Tätigkeit** ausgeübt (die jederzeit reduziert oder ganz aufgegeben werden darf).[154]

---

[140] Vgl. *Viefhues*, ZFE 2003, 41-44.
[141] OLG Hamburg v. 10.09.1991 - 2 WF 60/91 - FamRZ 1992, 212-213.
[142] OLG Hamm v. 22.03.1995 - 5 UF 220/95 - FamRZ 1996, 1218.
[143] OLG Frankfurt v. 29.06.1989 - 4 WF 186/88 - NJW-RR 1989, 1353.
[144] OLG Braunschweig v. 01.03.1995 - 1 WF 76/94 - OLGR Braunschweig 1995, 120-122.
[145] BGH v. 27.11.1991 - XII ZR 226/90 - BGHZ 116, 184-190.
[146] OLG Koblenz v. 06.11.2001 - 11 UF 276/01 - FPR 2002, 310.
[147] OLG Karlsruhe v. 08.08.1991 - 16 UF 114/89 - NJW-RR 1992, 838-839.
[148] AG Weilburg v. 20.09.2000 - 24 F 428/00 (UK), 24 F 428/00 - NJWE-FER 2001, 15-16.
[149] OLG München v. 16.01.1996 - 11 UF 1457/95 - OLGR München 1997, 46-47.
[150] OLG Koblenz v. 12.05.2009 - 11 UF 24/09.
[151] BGH v. 18.01.2012 - XII ZR 178/09 - FamRZ 2012, 517; BGH v. 15.02.2006 - XII ZR 4/04 - FamRZ 2006, 612.
[152] OLG Koblenz v. 06.11.2001 - 11 UF 276/01 - FPR 2002, 310.
[153] OLG Düsseldorf v. 19.08.2003 - II-8 WF 186/03, 8 WF 186/03 - ZFE 2003, 348.
[154] BGH v. 01.03.2006 - XII ZR 157/03 - FamRZ 2006, 846 m. Anm. *Born*.

Eine vollschichtige Erwerbstätigkeit ist nicht automatisch deswegen überobligatorisch, weil eine **Schwerbehinderung** mit einem Grad der **Behinderung von 60%** mit dem Merkzeichen „G" gegeben ist.[155] 153

Die Überobligationsmäßigkeit (Unzumutbarkeit) einer Erwerbstätigkeit führt jedoch nicht zwingend dazu, dass das daraus erzielte Einkommen für die Unterhaltsbemessung außer Ansatz bleibt. 154

Diese Frage kann sich sowohl beim Einkommen des Berechtigten als auch des Verpflichteten stellen, da das zusammengerechnete Einkommen beider Eheleute Maßstab für die Bedarfsfeststellung ist.[156] 155

Bei der Ermittlung des angemessenen Unterhaltsbedarfs ist nur der **unterhaltsrelevante Anteil eines überobligatorisch erzielten Einkommens als eheprägend** zu berücksichtigen.[157] Der nicht unterhaltsrelevante Teil bleibt bei der Unterhaltsermittlung vollständig unberücksichtigt.[158] 156

Für die **Unterhaltsberechtigte** gilt die Vorschrift des § 1577 Abs. 2 Satz 2 BGB. 157

Zwar fehlt es auf Seiten des **Unterhaltspflichtigen** an einer dieser Norm entsprechenden gesetzlichen Regelung, ob und inwiefern ein aus **überobligatorischer (unzumutbarer) Erwerbstätigkeit erzieltes Einkommen** für den Unterhalt einzusetzen ist. Die Erwerbsobliegenheit des **Unterhaltspflichtigen** kann nicht weiter reichen als die Eigenverantwortung des Unterhaltsberechtigten, so dass sich die nach § 1577 BGB für den Unterhaltsberechtigten und nach § 242 BGB für den Unterhaltspflichtigen anzuwendenden Maßstäbe betreffend die zeitlichen Grenzen der Erwerbsobliegenheit entsprechen. Denn eine § 1603 Abs. 2 BGB vergleichbare gesteigerte Unterhaltspflicht besteht beim Ehegattenunterhalt nicht.[159] 158

Eine solche **Einkommenskorrektur nach Billigkeitskriterien** ist bereits bei der Bemessung des **Unterhaltsbedarfs** vorzunehmen, wenn dieser als **Quote** des beiderseitigen Einkommens der Ehegatten ermittelt wird.[160] 159

Die **Anrechnung** hängt damit von den besonderen **Umständen des Einzelfalles** ab. Als Einzelfallumstände können dabei vor allem das **Alter** und die mit der fortgesetzten Erwerbstätigkeit zunehmende **körperliche und geistige Belastung** berücksichtigt werden, aber auch die **ursprüngliche Planung** der Eheleute und die **beiderseitigen wirtschaftlichen Verhältnisse**. 160

a) **Überobligatorisch wegen der Betreuung eines Kindes:** Ist die Bewertung als überobligatorisch auf die **Betreuung eines Kindes** zurückzuführen, so ist dabei insbesondere maßgebend, wie etwa die Kinderbetreuung mit den konkreten Arbeitszeiten unter Berücksichtigung erforderlicher Fahrzeiten zu vereinbaren ist und ob und gegebenenfalls zu welchen Zeiten die Kinder infolge eines Kindergarten- oder Schulbesuchs der Betreuung nicht bedürfen.[161] 161

b) **Überobligatorisch wegen Überschreitung der Regelaltersgrenze:** Eine Erwerbstätigkeit, die **über die Regelaltersgrenze hinaus** ausgeübt wird, ist überobligatorisch.[162] Beim Ehegattenunterhalt gilt der Maßstab der gesetzlichen **Regelaltersgrenze** nicht nur für den Unterhaltsberechtigten, sondern auch für den Unterhaltspflichtigen. 162

Dabei macht es für diese Bewertung keinen Unterschied, ob der Unterhaltspflichtige in einem **abhängigen Arbeits- oder Dienstverhältnis** steht oder ob er **gewerblich** oder **freiberuflich** tätig ist.[163] Denn das Ausmaß der unterhaltsrechtlichen Obliegenheiten kann nicht davon abhängen, in welcher konkreten Form die Berufstätigkeit im Einzelfall ausgeübt wird. 163

---

[155] OLG Köln v. 10.01.2013 - 4 UF 164/12 - FuR 2013, 345.
[156] BVerfG v. 25.01.2011 - 1 BvR 918/10 - juris Rn. 46 - FamRZ 2011, 437; BVerfG v. 05.02.2002 - 1 BvR 105/95, 1 BvR 559/95, 1 BvR 457/96 - BVerfGE 105, 1, 12 = FamRZ 2002, 527 und BVerfGE 63, 88, 109 = FamRZ 1983, 342.
[157] BGH v. 13.04.2005 - XII ZR 273/02 - NJW 2005, 2145 = FamRZ 2005, 1154; BGH v. 01.03.2006 - XII ZR 157/03 - FamRZ 2006, 846 m. Anm. *Born*.
[158] BGH v. 13.04.2005 - XII ZR 273/02 - NJW 2005, 2145 = FamRZ 2005, 1154.
[159] BGH v. 12.01.2011 - XII ZR 83/08 - NJW 2011, 670 mit Anm. *Born* = FamRZ 2011, 454 m. Anm. *Finke*.
[160] BGH v. 12.01.2011 - XII ZR 83/08; BGH v. 29.11.2000 - XII ZR 212/98 - FamRZ 2001, 350, 352; BGH v. 19.05.1982 - IVb ZR 702/80 - FamRZ 1982, 779, 780.
[161] BGH v. 15.12.2004 - XII ZR 121/03 - NJW 2005, 818 = FamRZ 2005, 442 m. Anm. *Schilling*; BGH v. 13.04.2005 - XII ZR 48/02 - FamRZ 2005, 967, 970; BGH v. 01.03.2006 - XII ZR 157/03 - FamRZ 2006, 846 m. Anm. *Born*.
[162] BGH v. 12.01.2011 - XII ZR 83/08 - NJW 2011, 670 m. Anm. *Born* = FamRZ 2011, 454 m. Anm. *Finke*.
[163] BGH v. 12.01.2011 - XII ZR 83/08 - NJW 2011, 670 m. Anm. *Born* = FamRZ 2011, 454 m. Anm. *Finke*.

§ 1361

164 Für die Abgrenzung der zumutbaren von der unzumutbaren (überobligatorischen) Erwerbstätigkeit kommt es auch nicht darauf an, ob die Erwerbstätigkeit im Rentenalter sich – wie häufiger bei Selbständigen – als **berufstypisch** darstellt oder von den Ehegatten während des Zusammenlebens **geplant** war.[164]

165 Ob eine nach Überschreiten der Altersgrenze fortgesetzte Erwerbstätigkeit berufstypisch ist und der Lebensplanung der Ehegatten während des Zusammenlebens entspricht,[165] hat erst Bedeutung für die gesondert zu beantwortende Frage, **in welchem konkreten Umfang** das aus überobligatorischer Erwerbstätigkeit erzielte Einkommen **anzurechnen** ist.

166 Wird der Unterhalt etwa durch eine **unzureichende Altersvorsorge** des Unterhaltspflichtigen deutlich mehr geschmälert, als es bei dessen Eintritt in den Ruhestand üblicherweise der Fall wäre, kann dies für eine erweiterte Heranziehung des Erwerbseinkommens sprechen.[166] Jedoch darf dieser Aspekt aber nicht ohne weiteres zu einer Besserstellung des Unterhaltsberechtigten gegenüber der Lage bei einer zureichenden Altersvorsorge führen, auch wenn nicht selten bei Selbständigen eine unzureichende Altersvorsorge der Grund für die im Alter fortgesetzte Erwerbstätigkeit ist.

167 Ist jedoch durch den **Versorgungsausgleich** dem Unterhaltsberechtigten bereits ein beträchtlicher Teil der Versorgungsanwartschaften des Unterhaltspflichtigen übertragen worden, kann dies – ebenso wie die Aufteilung sonstigen für die Altersvorsorge gedachten Vermögens im Wege des Zugewinnausgleichs – für eine nur eingeschränkte Anrechnung sprechen, wenn etwa die Fortsetzung der Erwerbstätigkeit vorwiegend dem Zweck dient, die beim Unterhaltspflichtigen entstandene Versorgungslücke durch besondere Erwerbsanstrengungen wieder aufzufüllen. Im Einzelfall kann – etwa bei fortgeschrittenem Alter des Unterhaltspflichtigen – eine Anrechnung auch gänzlich ausscheiden.[167]

168 Der BGH hat allerdings beanstandet, bei der **Bedarfsermittlung** der getrennt lebenden Ehefrau die vom Unterhaltspflichtigen bezogenen **Einkünfte** aus einer **nach seiner Pensionierung ausgeübten Nebentätigkeit** vollständig unberücksichtigt zu lassen.[168]

169 Für die Bewertung können unterschiedliche Gründe für die Ausübung einer Tätigkeit Bedeutung haben:[169]
- für eine unterhaltsrechtliche Berücksichtigung können sprechen: schlechte wirtschaftliche Verhältnisse, Schmälerung des Unterhaltes durch unzureichende Altersvorsorge des Schuldners, die ursprüngliche Planung der Eheleute;
- gegen eine unterhaltsrechtliche Berücksichtigung können sprechen: die Übertragung hoher Versorgungsanrechte oder Vermögenswerte auf den unterhaltsberechtigten Ehegatten, das fortgeschrittene Alter des unterhaltspflichtigen Ehegatten, die zunehmende körperliche und geistige Belastung durch die Arbeit.

f. Surrogateinkommen

170 Nach der Rechtsprechung des BGH zum sog. **Surrogateinkommen**[170] ist auch bei der Bemessung der ehelichen Lebensverhältnisse der Gleichwertigkeit von Erwerbstätigkeit und Haushaltsführung in der Ehe Rechnung zu tragen. Folglich muss das später von der Hausfrau erzielte oder erzielbare Einkommen bereits in die Ermittlung des Bedarfes mitberücksichtigt werden.[171]

171 Der Wert einer für den neuen Partner erbrachten **Versorgungsleistung** ist als Surrogat an die Stelle einer Haushaltsführung getreten und deswegen im Wege der Differenzmethode in die Unterhaltsberechnung beim Trennungsunterhalt einzubeziehen.[172]

---

[164] BGH v. 12.01.2011 - XII ZR 83/08 - NJW 2011, 670 m. Anm. *Born* = FamRZ 2011, 454 m. Anm. *Finke*.
[165] BGH v. 31.10.2012 - XII ZR 30/10 - NJW 2013, 461.
[166] BGH v. 12.01.2011 - XII ZR 83/08 - NJW 2011, 670 m. Anm. *Born* = FamRZ 2011, 454 m. Anm. *Finke*; BGH v. 23.11.2005 - XII ZR 51/03 - FamRZ 2006, 387.
[167] BGH v. 05.02.2003 - XII ZR 29/00 - BGHZ 153, 372, 381 = FamRZ 2003, 848, 851.
[168] Vgl. BGH v. 31.10.2012 - XII ZR 30/10 - NJW 2013, 461.
[169] *Born*, FamRZ 2013, 194.
[170] Grundlegend: BGH v. 13.06.2001 - XII ZR 343/99 - BGHZ 148, 105-122; *Scholz*, FamRZ 2001, 1061-1065; *Luthin*, FamRZ 2002, 1065; *Gerhardt*, FamRZ 2002, 272; *Gerhardt*, FamRZ 2003, 272-276; *Soyka*, FuR 2003, 1-6; *Born*, FamRZ 2002, 1603-1612, 1607 ff.; *Büttner*, FamRZ 2003, 641-645, 641, 642 ff.; *Borth*, FamRZ 2001, 1653-1660, 1656; *Schwolow*, FuR 2003, 118-120.
[171] BGH v. 07.12.2011 - XII ZR 151/09 - juris Rn. 24 - FamRZ 2012, 281 = FamRZ 2012, 253 mit Anm. *Borth* = NJW 2012, 384; dazu *Hoppenz*, NJW 2012, 49; *Graba*, FamFR 2012, 49.
[172] BGH v. 05.05.2004 - XII ZR 10/03 - NJW 2004, 2303-2305 = FamRZ 2004, 1175 m. Anm. *Born*.

Einen **pauschalen trennungsbedingten Mehrbedarf** lehnt der BGH ab,[173] da sich ein Mehrbedarf nicht pauschalieren lässt, sondern konkret dargelegt werden muss.

g. Bedarf in Auslandsfällen

aa. Wohnsitz der Berechtigten im Ausland

Unger befasst sich mit einzelnen Fragen zum **Unterhaltsrecht bei einem im Ausland lebenden Unterhaltsschuldner bzw. Unterhaltsgläubiger**[174] (vgl. dazu die Kommentierung zu § 1603 BGB Rn. 281 und die Kommentierung zu § 1602 BGB Rn. 243). Besonderheiten gelten beim Bedarf einer getrennt lebenden Ehefrau nach ihrer Rückkehr in die Türkei.[175]

Hinsichtlich der **steuerlichen Berücksichtigung von Unterhaltszahlungen ins Ausland** vgl. *Kemper*, FPR 2013, 23-27.

Während unter bestimmten Umständen bei inländischen Unterhaltsleistungen eine steuerliche Berücksichtigung erfolgen kann, ist bei Zahlungen ins Ausland § 33a EStG von besonderer Bedeutung. *Kemper* gibt neben Beispielen und Ausführungen zu den Länderlisten Hinweise auf die divergierende Handhabung der Materie durch das Familienrecht und das Steuerrecht.[176]

bb. Bedarf einer nach Deutschland übergesiedelten Berechtigten

Bei der **Bemessung des Bedarfs einer nach Deutschland übergesiedelten Ehefrau**, die ohne ihre Eheschließung nicht nach Deutschland hätte übersiedeln können, muss im Rahmen des § 1578b Abs. 1 Satz 1 BGB ein Vergleich zwischen seiner jetzigen Lebenslage und seiner hypothetischen Lebenssituation ohne Eheschließung angestellt werden. Dabei ist für die Ermittlung eines hypothetischen Erwerbseinkommens auf die Erwerbs- und Verdienstmöglichkeiten des ausländischen Ehegatten abzustellen, die sich ihm bei einem Verbleib in seinem Heimatland geboten hätten.[177]

Der Maßstab des angemessenen Lebensbedarfs bemisst sich dabei regelmäßig nach dem Einkommen, das der unterhaltsberechtigte Ehegatte ohne die Ehe und Kindererziehung aus eigenen Einkünften zur Verfügung hätte, wobei eine Schätzung entsprechend § 287 ZPO bei ausreichenden Grundlagen zulässig ist.[178]

Für die Ermittlung eines hypothetischen Erwerbseinkommens **auf die Erwerbs- und Verdienstmöglichkeiten des ausländischen Ehegatten abgestellt werden, die sich ihm bei einem Verbleib in seinem Heimatland geboten hätten.**[179]

5. Bedürftigkeit der Berechtigten

Bedürftig ist eine Person, wenn und soweit sie nicht in der Lage ist, ihren Bedarf selbst zu befriedigen (vgl. § 1577 Abs. 1 BGB). Hier spielen einmal die aktuellen tatsächlichen **Einkünfte der Berechtigten** eine Rolle, aber auch fiktive Einkünfte aufgrund der Verletzung einer bestehenden Erwerbsobliegenheit.

Die Verletzung einer bestehenden Erwerbsobliegenheit kann ebenso wie eine **vorwerfbare Einkommensverschlechterung** nach der Trennung zur Anrechnung fiktiver Einkünfte führen.[180]

Das OLG Dresden sieht es als **leichtfertig** im Sinne des § 1579 Nr. 4 BGB an, wenn die Berechtigte ihre Arbeitskraft und ihr Vermögen auf sinnlose Art aufs Spiel setzt und einbüßt. Die Verwirkung eines Unterhaltsanspruchs setzt zwar kein vorsätzliches Verhalten voraus, einfache Fahrlässigkeit reicht jedoch ebenfalls nicht aus; erforderlich ist ein leichtfertiges, vom üblichen sozialen Standard abweichendes Verhalten, bei dem sich die zugrunde liegenden Vorstellungen und Antriebe auch auf die Bedürftigkeit als Folge dieses Verhaltens erstrecken müssen (sog. **unterhaltsbezogene Leichtfertigkeit**).[181]

Obermann kritisiert zu Recht, dass vor der Erörterung einer Begrenzung des Unterhalts aus Billigkeitsgesichtspunkten die **Höhe des Unterhaltsanspruchs** zu bestimmen ist, die maßgeblich vom Bedarf des Unterhaltsgläubigers (§ 1578 BGB) abhängt. Bei Annahme einer unterhaltsbezogenen Leichtfer-

---

[173] Zuletzt BGH v. 18.01.2012 - XII ZR 178/09 - FamRZ 2012, 517.
[174] E. Unger/M. Unger, FPR 2013, 19-23.
[175] Vgl. OLG Nürnberg v. 19.03.2008 - 7 UF 1406/07 - FamRZ 2008, 1755.
[176] Kemper, FPR 2013, 23-27.
[177] BGH v. 16.01.2013 - XII ZR 39/10 - NJW 2013, 866.
[178] Vgl. zuletzt BGH v. 11.07.2012 - XII ZR 72/10 - juris Rn. 43 - FamRZ 2012, 1483 m.w.N.
[179] BGH v. 16.01.2013 - XII ZR 39/10 - NJW 2013, 866.
[180] Vgl. BGH v. 07.12.2011 - XII ZR 151/09 - BGHZ 192, 45 = NJW 2012, 384.
[181] OLG Dresden v. 07.03.2013 - 20 WF 192/13 - NZFam 2014, 376.

tigkeit ist daher bereits die Höhe des Unterhaltsanspruchs unter Berücksichtigung des fiktiven Einkommens festzusetzen. Die Frage einer teilweisen Verwirkung auf Grund desselben Umstands stellt sich dann nicht mehr.[182]

183 Für die unterhaltsrechtliche Berücksichtigung von **Einkünften** und **Ausgaben** des Berechtigten gelten die gleichen allgemeinen Grundsätze wie beim Verpflichteten (Einzelheiten vgl. die Kommentierung zu § 1577 BGB Rn. 16 ff. und die Kommentierung zu § 1581 BGB Rn. 14 ff.). Zur Frage der steuerlichen Auswirkung des Getrenntlebens vgl. Rn. 418. Zur Erwerbsobliegenheit gem. § 1361 Abs. 2 BGB vgl. Rn. 532.

184 Auch eine anlässlich der Beendigung des früheren Arbeitsverhältnisses an die Berechtigte gezahlte **Abfindung** kann relevant sein. Die Anrechnung wird aber unter dem Gesichtspunkt des Lohnersatzes abgelehnt, wenn die Berechtigte zwischenzeitlich vollschichtig erwerbstätig war und keine Einkommenseinbuße ersichtlich ist. Soweit ein späterer Einkommensrückgang ausschließlich auf der Kindesbetreuung beruht, stellt er sich als Nachteil dar, der nicht dem Ausgleichszweck einer Abfindung unterfällt.[183]

185 Dabei ist auch eine Unfallrente unterhaltsrechtlich voll anzurechnen, da sie keine Sozialleistung ist, die der Staat im Rahmen der Daseinsvorsorge zum Ausgleich von schädigungsbedingten Aufwendungen infolge eines Körper- oder Gesundheitsschadens gewährt.

186 Bei einer Bedarfsermittlung nach den konkreten Verhältnissen darf jedoch eigenes Erwerbseinkommen des Unterhaltsberechtigten zur Ermittlung der Bedürftigkeit nicht um einen **Erwerbsbonus** gekürzt werden, sondern ist in vollem Umfang auf den Bedarf anzurechnen.[184]

187 Ein Trennungsunterhaltsanspruch entfällt nicht deshalb, weil sich der Unterhaltsbedürftige in dauerhafter stationärer Behandlung befindet. Der Unterhaltsanspruch bemisst sich in diesen Fällen auch nicht nach dem konkreten Bedarf, sondern nach den ehelichen Lebensverhältnissen. Der so errechnete Unterhaltsanspruch kann um die während der stationären Behandlung ersparten Kosten pauschal um 2/3 gekürzt werden.[185]

188 Ein Unterhaltsgläubiger hat im Rahmen seiner prozessualen Wahrheitspflicht **erhaltene Zuwendungen Dritter** auch dann **zu offenbaren**, wenn er diese für unterhaltsrechtlich unbeachtlich hält.[186]

189 Ob Einkünfte aus einem **Scheinarbeitsverhältnis** anzurechnen sind, ist unklar.[187]

a. Abzug von Kindesunterhalt

190 Vom Einkommen abzuziehen sind die **Unterhaltslasten** für Kinder.[188] Zu den **Kosten des Umgangsrechts** als evtl. besondere Abzugsposition vgl. die Kommentierung zu § 1610 BGB Rn. 133. Zu den **Kosten der Kindesbetreuung** vgl. die Kommentierung zu § 1610 BGB Rn. 218.

aa. Gezahlter Kindesunterhalt

191 **a) Vorrangiger Kindesunterhalt**: Gezahlter Kindesunterhalt ist auch auf Seiten des Berechtigten mit dem Zahlbetrag in Abzug zu bringen.[189] Dies gilt sowohl für **minderjährige** und **privilegierte volljährige Kinder** als auch für **nicht privilegierte volljährige Kinder**.[190] Zwar besteht hinsichtlich der Unterhaltsansprüche nicht privilegierter volljähriger Kinder ein Nachrang gegenüber dem Anspruch auf Ehegattenunterhalt. Jedoch beschränkt sich die Vorschrift des § 1609 BGB auf die Regelung der Rangfolgen mehrerer Unterhaltsberechtigter und betrifft damit die Leistungsfähigkeit. Auf die Höhe des Unterhaltsbedarfs hat diese Vorschrift hingegen keine Auswirkung.[191]

---

[182] *Obermann*, NZFam 2014, 376.
[183] OLG Düsseldorf v. 17.12.2013 - II-1 UF 180/13.
[184] Vgl. BGH v. 08.08.2012 - XII ZR 97/10; BGH v. 10.11.2010 - XII ZR 197/08 - juris Rn 26 ff. - FamRZ 2011, 192.
[185] Vgl. AG Wuppertal v. 08.10.2012 - 64 F 366/11 - FamFR 2013, 276; vgl. auch OLG Hamm v. 20.12.1996 - 10 UF 109/96 - FamRZ 1997, 1537.
[186] OLG Oldenburg v. 10.06.2010 - 14 UF 3/10 - FamRZ 2011, 1965 = FF 2012, 79.
[187] Vgl. BGH v. 10.11.2010 - XII ZR 197/08 - FamRZ 2011, 192 ausführlich zum Scheinarbeitsverhältnis im Zusammenhang mit Unterhalt *Perleberg-Kölbel*, FuR 2012, 614.
[188] BGH v. 16.04.1997 - XII ZR 233/95 - FamRZ 1997, 806.
[189] BGH v. 14.04.2010 - XII ZR 89/08; BGH v. 17.03.2010 - XII ZR 204/08; BGH v. 27.05.2009 - XII ZR 78/08 - FamRZ 2009, 1300; BGH v. 24.06.2009 - XII ZR 161/08 - juris Rn. 22 ff. - FamRZ 2009, 1477; BGH v. 05.03.2008 - XII ZR 22/06 - FamRZ 2008, 963; BVerfG v. 14.07.2011 - 1 BvR 932/10 - NJW 2011, 3215.
[190] OLG Jena v. 29.08.2011 - 1 UF 324/11 - FamRZ 2012, 641.
[191] BGH v. 06.02.2008 - XII ZR 14/06 - juris Rn. 48 - FamRZ 2008, 968 ff.

b) Nachrangiger Kindesunterhalt: Auch **nachrangige Unterhaltsansprüche volljähriger Kinder** bei der Bemessung des **Unterhaltsbedarfs des Ehegatten** sind zu berücksichtigen,[192] da es sich **um eine eheprägende Verbindlichkeit** handelt. 192

Jedoch **unterbleibt der Vorwegabzug des Kindesunterhalts** auf Seiten des Unterhaltspflichtigen, wenn sich andernfalls ein **Missverhältnis** zum wechselseitigen Lebensbedarf der Beteiligten ergibt. Ein solches Missverhältnis ist nach Ansicht des OLG Jena bei Aufeinandertreffen von Ehegatten- und Volljährigenunterhalt dann zu bejahen, wenn dem unterhaltsberechtigten Ehegatten durch Unterhalt und Eigeneinkommen der angemessene Bedarf nicht verbleibt.[193] 193

Soyka[194] will den Vorwegabzug einer nachrangigen Unterhaltspflicht nur dulden, wenn der **Mindestbedarf des unterhaltsberechtigten Ehegatten sichergestellt ist.**[195] 194

Soyka gibt dazu folgendes Beispiel:[196] 195
Bereinigtes monatliches Nettoeinkommen des Ehemannes 2.000 €.
Unterhalt ist zu berechnen für die geschiedene erwerbsunfähige Ehefrau und den gemeinsamen Sohn, der studiert.
Berechnung:

Einkommen	2.000 €
− Studentenunterhalt (670 € - 184 € Kindergeld)	486 €
=	1.514 €
davon 3/7	rund 649 €

Der Mindestbedarf gegenüber volljährigen Kindern von 1.200 € des geschiedenen Ehegatten ist bei dieser Berechnung nicht sichergestellt. Deswegen habe der Vorwegabzug des Kindesunterhalts zu unterbleiben.
Neuberechnung des Ehegattenunterhalts: 3/7 von 2.000 € = rund 857 €

bb. Titulierter Kindesunterhalt

Ist der Unterhalt zwar **tituliert**, aber **nicht gezahlt** worden, so ist der festgesetzte Unterhalt für die Vergangenheit dennoch abzuziehen.[197] 196

Dagegen sollen bei einer aktuell vorzunehmenden Mangelfallberechnung für die Zukunft auch die Unterhaltsansprüche anderer Berechtigter durch eine Neuberechnung festzulegen und nicht auf bereits bestehende Titel abzustellen sein.[198] 197

b. Berücksichtigung von Sozialleistungen bei der Berechtigten

Als Eigeneinkünfte des Unterhaltsberechtigten anrechenbare Sozialleistungen vgl. die Kommentierung zu § 1577 BGB Rn. 16 ff. 198

aa. Arbeitslosengeld

Arbeitslosengeld II nach dem SGB II ist auf Seiten des Unterhaltspflichtigen Einkommen. Beim Unterhaltsberechtigten ist das Arbeitslosengeld II subsidiär (§ 33 SGB II). Subsidiäre Leistungen zur Sicherung des Lebensunterhalts nach den §§ 19 ff. SGB II sind kein Einkommen.[199] 199

Jedoch kann seine Unterhaltsforderung bei Nichtberücksichtigung solcher Leistungen in Ausnahmefällen treuwidrig sein,[200] wenn dies wegen eines gesetzlichen Ausschlusses des Anspruchsübergangs auf den Leistungsträger (§ 33 Abs. 2 SGB II) zu einer doppelten Befriedigung des Berechtigten führen 200

---

[192] Vgl. BGH v. 31.10.2012 - XII ZR 30/10 - NJW 2013, 461.
[193] OLG Jena v. 29.08.2011 - 1 UF 324/11 - FamRZ 2012, 641.
[194] *Soyka*, FuR 2013, 162, 163.
[195] Vgl. BGH v. 22.01.2003 - XII ZR 2/00 - FamRZ 2003, 363.
[196] *Soyka*, FuR 2013, 162, 163.
[197] OLG Koblenz v. 03.12.2004 - 7 WF 1076/04 - NJW 2005, 686; *Kleffmann*, FuR 2006, 97, 103.
[198] OLG Brandenburg v. 29.11.2006 - 10 WF 255/06 - ZFE 2008, 193.
[199] Leitlinien des OLG Brandenburg (Stand 01.01.2013), des OLG Celle und des OLG Bremen (Stand 01.01.2013), des OLG Dresden (Stand 01.01.2013), des OLG Düsseldorf (Stand 01.01.2010), des OLG Hamm (Stand 01.01.2013), des OLG Naumburg (Stand 01.01.2013), des OLG Rostock (Stand 01.01.2013).
[200] BGH v. 17.03.1999 - XII ZR 139/97 - FamRZ 1999, 843; BGH v. 27.09.2000 - XII ZR 174/98 - FamRZ 2001, 619.

§ 1361

würde,[201] bzw. wenn er infolge des Ausschlusses des Anspruchsübergangs (vgl. § 33 Abs. 2 SGB II) insbesondere für die Vergangenheit (aber allenfalls bis zur Rechtshängigkeit) durch das Arbeitslosengeld II oder das Sozialgeld und den Unterhalt mehr als seinen Bedarf erhalten würde.[202]

201 Nicht subsidiäre Leistungen nach dem SGB II sind Einkommen (insbesondere Entschädigung für Mehraufwendungen, „Ein-Euro-Job" nach § 16 SGB II, Freibeträge nach § 11b Abs. 3 SGB II).

202 Das gem. §§ 16 Abs. 2 Nr. 5, 29 SGB II als Zuschuss zum Arbeitslosengeld II bezogene **Einstiegsgeld** hat nach seinem gesetzgeberischen Zweck Lohnersatzfunktion und ist in die Unterhaltsberechnung einzustellen.[203] Denn es dient nicht der Sicherung des Lebensunterhalts, sondern der Eingliederung in den Arbeitsmarkt und soll einen Anreiz für die Fortführung einer aufgenommenen Erwerbstätigkeit darstellen. Insoweit ist auch der Abzug des Erwerbstätigenbonus von einem Siebtel regelmäßig gerechtfertigt.[204]

bb. Befristeter Zuschlag nach § 24 SGB II bei dem Berechtigten

203 Umstritten ist die Behandlung des **befristeten Zuschlags** nach § 24 SGB II (vgl. die Sozialrechtl. Hinw. zu § 1578 BGB).

204 Nach Ansicht des OLG München[205] ist dieser **Zuschlag** als **prägendes Einkommen** der Berechtigten in die Unterhaltsberechnung einzustellen. Gemäß § 19 SGB II bestehe das ALG II aus zwei Komponenten, nämlich nach Nr. 1: Leistungen zur Sicherung des Lebensunterhaltes einschließlich der Wohnkosten[206] und nach Nr. 2: dem Zuschlag nach § 24 SGB II. Das Gesetz unterscheide damit zwischen den Leistungen zur Sicherung des Lebensunterhalts nach den §§ 20-22 SGB II und dem sog. Übergangsgeld nach § 24 SGB II. Diese Aufteilung sei im Rahmen der Überleitungsmöglichkeit nach § 33 SGB II zu beachten. Dem Zuschlag nach § 24 SGB II komme wie dem früheren Arbeitslosengeld Lohnersatzfunktion zu. Die Leistungen der Grundsicherung dienen im Gegensatz hierzu nur wie die Sozialhilfe der Grundsicherung und sind daher subsidiäre Sozialleistungen. Nur diese subsidiären Leistungen können auf den Leistungsträger nach § 33 SGB II übergeleitet werden, d.h. nur die Ansprüche nach den §§ 20, 21, 22, 28 SGB II. Dagegen könne der befristete Zuschlag nach § 24 SGB II nicht übergeleitet werden und sei somit auch **auf Seiten des Unterhaltsberechtigten als verfügbares Einkommen** für seinen Unterhalt einzusetzen.

205 Die Leitlinien der Oberlandesgerichte (jeweils in Punkt 2.2 der einheitlichen Struktur) folgen teilweise dieser Ansicht. Das KG und die OLG Hamburg, Köln, Oldenburg behandeln den Zuschlag gem. § 24 SGB II als Einkommen des Berechtigten.

206 Die **Gegenansicht** (OLG Brandenburg, OLG Celle, OLG Bremen, OLG Dresden, OLG Düsseldorf, OLG Hamm, OLG Frankfurt, OLG Schleswig) sieht den Zuschlag nicht als Einkommen des Berechtigten an.[207]

207 Beim Berechtigten wird es nur als Einkommen angesehen, soweit es um Unterhalt für die Vergangenheit geht und der Unterhaltsanspruch nicht nach § 33 SGB II auf den Leistungsträger übergegangen ist (OLG Rostock) oder die Nichtberücksichtigung der Leistungen in Ausnahmefällen treuwidrig ist[208] (OLG Bremen, OLG Celle).

cc. Grundsicherungsleistungen

208 Bei der **Grundsicherung** ist zu **differenzieren** zwischen
- der Grundsicherung für **Arbeitsuchende** (§§ 19 ff. SGB II, vgl. die Sozialrechtl. Hinw. zu § 1578 BGB Rn. 191) und
- der Grundsicherung für **Alter und Erwerbsminderung** nach den §§ 41 ff. SGB XII, vgl. die Sozialrechtl. Hinw. zu § 1578 BGB Rn. 349 f.

---

[201] Leitlinien des OLG Dresden (Stand 01.01.2013), des OLG Hamm (Stand 01.01.2013), des OLG Naumburg (Stand 01.01.2013), des OLG Rostock (Stand 01.01.2013).
[202] Leitlinien des OLG Düsseldorf (Stand 01.01.2010).
[203] OLG Jena v. 18.11.2005 - 1 WF 436/05 - FamRZ 2006, 1205; *Klinkhammer*, FamRZ 2006, 1171, 1172.
[204] OLG Celle v. 15.03.2006 - 15 UF 54/05 - NJW 2006, 1356.
[205] OLG München v. 28.11.2005 - 16 UF 1262/05 - FamRZ 2006, 1125-1126; zustimmend *Klinkhammer*, FamRZ 2006, 1171, 1172.
[206] Die den Unterhaltspflichtigen nicht entlasten sollen; OLG Celle v. 15.03.2006 - 15 UF 54/05 - NJW 2006, 1356.
[207] *Schürmann*, FPR 2005, 448.
[208] Vgl. BGH v. 17.03.1999 - XII ZR 139/97 - FamRZ 1999, 843; BGH v. 27.09.2000 - XII ZR 174/98 - FamRZ 2001, 619; BGH v. 19.11.2008 - XII ZR 129/06 - FamRZ 2009, 307

Übersicht **Regelbedarfsstufen im Jahr 2014** (Veränderung gegenüber 2013) 209

Regelbedarfsstufe 1 (alleinlebend)	391 €	+ 9 €
Regelbedarfsstufe 2 (Paare/Bedarfsgemeinschaften)	353 €	+ 8 €
Regelbedarfsstufe 3 (Erwachsene im Haushalt anderer)	313 €	+ 7 €
Regelbedarfsstufe 4 (Jugendliche von 14 bis unter 18 Jahren)	296 €	+ 7 €
Regelbedarfsstufe 5 (Kinder von 6 bis unter 14 Jahren)	261 €	+ 6 €
Regelbedarfsstufe 6 (Kinder von 0 bis 6 Jahre)	229 €	+ 5 €

Grundlage für die Berechnung ist ein so genannter Misch-Index, der sich an der Lohn- und Preisentwicklung im Vergleich zum Vorjahr orientiert. 210

Im Zusammenhang mit – möglichen – Leistungen und Ansprüchen auf Grundsicherung in Unterhaltsverfahren bestehen **haftungsrechtlich beachtliche Pflichten des Anwaltes**.[209] 211

Voraussetzung der **Grundsicherung für Arbeitsuchende** ist die Erwerbsfähigkeit (§§ 19 ff. SGB II). Auch wer als Erwerbsfähiger bislang nicht Arbeitslosengeld oder Arbeitslosenhilfe bezog, sondern nur Sozialhilfe, fällt jetzt unter die Grundsicherung für Arbeitsuchende.[210] 212

Wer 65 Jahre und älter ist oder dauerhaft voll erwerbsgemindert, erhält dagegen die **Grundsicherung nach den §§ 41 ff. SGB XII** (vgl. die Sozialrechtl. Hinw. zu § 1578 BGB Rn. 349). 213

Die **Grundsicherung für Arbeitsuchende** nach dem SGB II ist ungeachtet ihrer teils missverständlichen Bezeichnung als **Arbeitslosengeld II**[211] mit der Arbeitslosenhilfe nicht mehr zu vergleichen. Sie stellt keine Lohnersatzleistung dar, sondern eine unterhaltsrechtlich **subsidiäre Sozialleistung**.[212] 214

dd. Krankengeld

Krankengeld, Krankentagegeld und Krankenhaustagegeld[213] sind Lohnersatzleistungen und damit unterhaltsrechtlich anzurechnen. Da diese Einkünfte nicht auf Erwerbstätigkeit beruhen, sind weder pauschale berufsbedingte Kosten noch ein Erwerbstätigenbonus abzuziehen.[214] 215

ee. Betreuungsgeld

Nach § 11 Satz 1 BEEG werden Unterhaltsverpflichtungen durch die Zahlung des Betreuungsgeldes nur insoweit berührt, als es 300 € monatlich übersteigt. Bei Mehrlingsgeburten kommen 300 € je weiterem Kind hinzu, § 11 Satz 3 BEEG. 216

Da das Betreuungsgeld mit 150 € je Kind unterhalb der vorgenannten Grenzen tendiert, ist es aus unterhaltsrechtlicher Sicht im Grundsatz stets unbeachtlich. Diese eingeschränkte Zurechnung des Betreuungsgeldes gilt für den Unterhaltsberechtigten wie -verpflichteten gleichermaßen und betrifft alle Stufen der Ermittlung eines Unterhaltsanspruchs, d.h. sowohl die Frage der Bedarfsbemessung als auch der Bedürftigkeit bzw. Leistungsfähigkeit.[215] 217

Ausnahmsweise ist nach § 11 Satz 4 BEEG das Betreuungsgeld als unterhaltsrechtliches Einkommen zuzurechnen, wenn der das Betreuungsgeld Beziehende Unterhalt verlangt und seinen Unterhalt gem. §§ 1361 Abs. 3, 1579, 1611 Abs. 1 BGB verwirkt hat.[216] 218

Darüber hinaus ist nach § 11 Satz 4 BEEG ausnahmsweise das Betreuungsgeld als unterhaltsrechtliches Einkommen zuzurechnen, wenn der das Betreuungsgeld Beziehende auf Zahlung von Kindesunterhalt in Anspruch genommen wird und er dabei einer gesteigerten Obliegenheit gem. § 1603 Abs. 2 BGB ausgesetzt ist.[217] 219

---

[209] Vgl. OLG Düsseldorf v. 31.01.2012 - I-24 U 39/11 - FamFR 2012, 192.
[210] Zur Grundsicherung für Arbeitsuchende vgl. *Sartorius*, ZFE 2005, 4, 5; *Klinkhammer*, FamRZ 2004, 1909, 1914; *Schürmann*, FPR 2005, 448, 454.
[211] Ausführlich *Klinkhammer*, FamRZ 2006, 1171.
[212] OLG München v. 28.11.2005 - 16 UF 1262/05 - FamRZ 2006, 1125-1126; OLG Celle v. 15.03.2006 - 15 UF 54/05 - NJW 2006, 1356; *Knittel*, JAmt 2004, 397, 398.
[213] BGH v. 27.05.2009 - XII ZR 111/08 - FamRZ 2009, 1207.
[214] BGH v. 19.11.2008 - XII ZR 129/06 - FamRZ 2009, 307.
[215] *Götsche*, FamRB 2013, 335, 337.
[216] *Götsche*, FamRB 2013, 335, 337 unter Hinweis auf OLG Hamm v. 11.12.2006 - 15 W 94/06 - FamRZ 2007, 939.
[217] *Götsche*, FamRB 2013, 335, 337.

§ 1361

ff. Pflegegeld

220 Beim **Pflegegeld** ist zu differenzieren (ausführlich zu den Leistungen der Pflegeversicherung vgl. die Sozialrechtl. Hinw. zu § 1578 BGB Rn. 146 ff.):

- Bezieht der **Unterhaltsberechtigte selbst** Sozialleistungen wie Pflegegeld, Blindengeld, so wird nach den §§ 1610a, 1361 Abs. 1 Satz 1, 1578a BGB vermutet, dass diese Leistungen die Kosten erhöhter Aufwendungen decken. So zählt Pflegegeld gemäß § 37 SGB XI zum Einkommen der Unterhaltsberechtigten.[218] Dieses Geld wird gezahlt, damit der Pflegebedürftige die erforderliche Grundpflege und hauswirtschaftliche Versorgung durch eine Pflegeperson in geeigneter Weise selbst sicherstellt. Diese **gesetzliche Vermutung** kann nur durch den Nachweis **entkräftet** werden, dass mit den Sozialleistungen entweder der allgemeine Konsum oder eine Vermögensbildung finanziert wird.[219] Diese Beweislastumkehr kann auch widerlegt werden durch den Nachweis, dass der Empfänger der Sozialleistung keinen oder keinen so hohen Mehrbedarf hat. Dann ist der entsprechende Betrag als Einkommen anzusetzen.[220]

- **Pflegt der unterhaltsberechtigte Ehegatte eine andere Person** und bezieht er dafür Pflegegeld, dann ist es nur unter den Voraussetzungen des § 13 Abs. 6 SGB XI als Einkommen anzusetzen. Das ist dann der Fall, wenn der Anspruch nach den §§ 1579, 1611 BGB verwirkt ist, wenn es um die Leistungsfähigkeit gegenüber einem minderjährigen Kind nach § 1603 Abs. 2 BGB geht oder wenn beim Ehegattenunterhalt eine Erwerbsobliegenheit besteht.[221]

- Wird vom **Unterhaltsberechtigten** ein Kind gepflegt oder betreut, dann steht das Pflege- und Erziehungsgeld nach den §§ 23 Abs. 3, 39 SGB VIII[222] an sich dem Kind zu. Das nach § 37 Abs. 1 SGB XI gewährte Pflegegeld bleibt, wenn es an eine Pflegeperson weitergeleitet wird, bei der Ermittlung von Unterhaltsansprüchen der Pflegeperson grundsätzlich unberücksichtigt (§ 13 Abs. 6 Satz 1 SGB XI). Mit dieser Regelung soll erreicht werden, dass das Pflegegeld nicht nur dem Pflegebedürftigen selbst, sondern auch der Pflegeperson, die die häusliche Pflege unentgeltlich übernommen hat, möglichst ungeschmälert erhalten bleibt. Der BGH[223] hat mit Blick auf die zum 01.08.1999 in Kraft getretene Neufassung des § 13 Abs. 6 SGB XI seine frühere Auffassung nicht mehr aufrechterhalten, nach der das Pflegegeld nicht vollständig für eine angemessene Versorgung des Kindes verbraucht wird und damit der überschießende Teil als Einkommen der Pflegeperson anzusetzen ist.[224] Soweit keiner der in § 13 Abs. 6 Satz 2 SGB XI geregelten Ausnahmefälle vorliegt, verbietet sich mithin eine unterhaltsrechtliche Berücksichtigung des Pflegegeldes.

- Der Teil des Pflegegeldes, der für den **Bar- und Betreuungsbedarf des Kindes** geleistet wird, ist wirtschaftlich betrachtet dem Kind zuzurechnen und stellt deshalb kein Einkommen des Pflegegeldbeziehers dar.

- Der Pflegegeldanteil, der für die **Übernahme der Betreuung** gezahlt wird, ist dagegen wie ein Entgelt des Pflegegeldbeziehers zu behandeln und stellt deshalb unterhaltsrechtliches Einkommen dar. Nur der auf den Erziehungsbeitrag entfallende Teil des Pflegegeldes für im Haushalt lebende Kinder ist als Einkommen des das Pflegegeld Beziehenden anzurechnen.[225] Die **Höhe** des auf die Übernahme der Betreuung entfallenden **Anteils** kann möglicherweise dem Pflegegeldbewilligungsbescheid entnommen werden. Anderenfalls ist eine Schätzung zulässig, die in etwa 1/3 Übernahme der Betreuung und 2/3 Bar- und Betreuungsbedarf lautet. Auf den Einkommensteil sind weder der Erwerbstätigenbonus noch pauschalisierte berufsbedingte Aufwendungen anzurechnen.[226]

---

[218] OLG Koblenz v. 07.04.2005 - 7 UF 999/04 - FamRZ 2005, 1482.
[219] OLG Hamm v. 14.12.1998 - 8 UF 274/98 - FamRZ 2000, 114.
[220] BGH v. 06.10.1993 - XII ZR 112/92 - FamRZ 1994, 21; *Künkel*, FamRZ 1991, 1131.
[221] *Büttner*, FamRZ 2000, 596.
[222] Zum Erziehungsgeld gem. § 9 BErzGG vgl. *Krause*, FamRZ 2002, 1452.
[223] BGH v. 01.03.2006 - XII ZR 157/03 - FamRZ 2006, 846 m. Anm. *Born*.
[224] BGH v. 24.04.1996 - XII ZR 7/96 - FamRZ 1996, 933; BGH v. 18.04.1984 - IVb ZR 80/82 - FamRZ 1984, 769, 771; *Büttner*, FamRZ 1995, 193, 198.
[225] OLG Köln, v. 15.10.2009 - 4 WF 160/09 - FamRZ 2010, 904; OLG Bremen v. 08.02.2013 - 4 WF 22/13 - FamRZ 2013, 1755.
[226] OLG Brandenburg v. 12.06.2009 - 9 WF 170/09.

- Für die Unterhaltspraxis ist zu beachten, dass die Pflegeperson vielfach – zumindest eine teilweise – **Erwerbsobliegenheit** neben der Pflegetätigkeit trifft. Daher sind entsprechende Bemühungen, eine solche Arbeitsstelle zu finden, vorzutragen. Der Pflegende sollte zudem den Umfang der Pflegeleistungen substantiiert darlegen, um dem Gericht Feststellungen zu ermöglichen, wie viel Zeit für die Ausübung einer solchen Erwerbstätigkeit zur Verfügung steht.
- Übernimmt der unterhaltsberechtigte Ehegatte unter Reduzierung einer Erwerbstätigkeit die **Pflege** seiner gemäß § 37 Abs. 1 Satz 3 Nr. 2 SGB XI Pflegegeld beziehenden Mutter, so ist dieses Pflegegeld in voller Höhe als Einkommen des unterhaltsberechtigten Ehegatten anzusehen, wenn es vollständig an diesen weitergegeben wird.[227]

c. Einsatz von Vermögen der Berechtigten

Zu unterscheiden ist zwischen dem **Stamm** des Vermögens (dem eigentlichen Kapital) und den **Erträgen** daraus. Hier gelten die gleichen Regeln wie beim Unterhaltspflichtigen (vgl. Rn. 388). 221

aa. Tatsächlich erzielte Vermögenserträge

Der unterhaltsberechtigte Ehegatte muss **die Erträge aus seinem eigenen Vermögen** zur Bedarfsdeckung einsetzen. Die Erträge sind, auch wenn sie jährlich nachträglich gezahlt werden, als **laufende monatliche Einkünfte** anzusehen und entsprechend umzurechnen.[228] Abzuziehen sind Steuern und Werbungskosten.[229] 222

Auf die **Herkunft des Vermögens** kommt es dabei nicht an.[230] Solche Erträge können z.B. sein: 223
- **Zinsen** aus Spargutthaben und Festgeldanlagen usw.
- **Dividenden** aus Aktien und Fonds,
- Pachtzinsen und **Mieteinkünfte** (speziell zum Wohnvorteil vgl. Rn. 454),
- Erträge aus **Firmenbeteiligungen**,
- aus einer **Leibrente**[231],
- aus einem **Zugewinnausgleichsvermögen**[232],
- aus einer bei Trennung aufgeteilten **Lebensversicherung**[233],
- aus einer gesellschaftsrechtlichen **Abfindung**.[234]

Dies gilt auch dann, wenn es sich um eine **Schenkung**[235] oder die sonstige Zuwendung eines Dritten handelt.[236] Ob dies bei Zinseinkünften aus der Anlage eines **Schmerzensgeldes** ebenfalls gilt, ist umstritten.[237] 224

Ob sich die Ehefrau bei einem nach dem Maßstab des Nachteilsausgleichs bemessenen Unterhaltsanspruch die aus dem Geldvermögen erzielten oder erzielbaren Zinseinkünfte anrechnen lassen muss, beurteilt sich in erster Linie danach, ob das Anwachsen dieses Vermögens als ein aus der Ehe herrührender Vorteil anzusehen ist.[238] 225

bb. Optimaler Einsatz des Vermögens

Ein unterhaltsberechtigter Ehegatte ist grundsätzlich verpflichtet, vorhandenes Vermögen so anzulegen, dass dies möglichst sichere und hohe Erträge abwirft. Damit verbietet sich auch der unangemessene Verbrauch von Kapital.[239] 226

---

[227] OLG Nürnberg v. 11.01.2012 - 7 UF 747/11.
[228] BGH v. 08.06.1988 - IVb ZR 68/87 - FamRZ 1988, 1145.
[229] BGH v. 19.02.1986 - IVb ZR 13/85 - FamRZ 1986, 441, 442; OLG München v. 02.03.1994 - 12 UF 1495/93 - FamRZ 1994, 1459.
[230] BGH v. 19.02.1986 - IVb ZR 16/85 - FamRZ 1986, 439; BGH v. 16.01.1985 - IVb ZR 59/83 - FamRZ 1985, 357, 359.
[231] BGH v. 24.11.1993 - XII ZR 136/92 - FamRZ 1994, 228.
[232] BGH v. 01.07.1987 - IVb ZR 70/86 - FamRZ 1987, 910, 912; OLG Bamberg v. 05.03.1992 - 2 UF 93/91 - FamRZ 1992, 1305.
[233] OLG Köln v. 05.06.1997 - 14 UF 319/96 - FamRZ 1998, 743.
[234] BGH v. 09.07.2001 - II ZR 205/99 - NJW 2001, 3777; vgl. auch OLG Karlsruhe v. 01.02.2000 - 16 UF 78/98 - OLGR Karlsruhe 2002, 108.
[235] OLG Köln v. 26.09.2002 - 14 UF 133/01 - FamRZ 2003, 601 = NJW 2003, 438.
[236] OLG München v. 19.02.1996 - 26 UF 1156/95 - FamRZ 1996, 1433.
[237] Bejahend OLG Karlsruhe v. 01.02.2000 - 16 UF 78/98 - FamRZ 2002, 750; BGH v. 13.07.1988 - IVb ZR 39/87 - FamRZ 1988, 1031 m. Anm. *Voelskow*, FamRZ 1989, 481.
[238] BGH v. 31.10.2012 - XII ZR 129/10 - FamRZ 2013, 195.
[239] OLG Köln v. 14.07.2005 - 4 WF 103/05 - FamRZ 2006, 809.

227 Erweist sich die bisherige Anlage als unwirtschaftlich, kann eine Umschichtung verlangt werden. Die nur eingeschränkte Obliegenheit eines getrennt lebenden Ehegatten zur Verwertung seines Vermögensstamms hat auch Auswirkungen auf dessen Obliegenheit zur Vermögensumschichtung.[240]

228 Die Obliegenheit, das Vermögen umzuschichten und ertragreicher anzulegen, kann in der Trennungszeit dann in Betracht kommen, wenn **überhaupt keine Erträge erzielt werden** oder die Erträge deutlich unter denjenigen liegen, die bei risikoloser Anlage üblicherweise erzielt werden können.[241]

229 Beim **Wechsel der Anlageformen** bzw. bei der **Auswahlentscheidung** ist jedoch Zurückhaltung geboten. Die tatsächliche Anlage des Vermögens muss sich als eindeutig unwirtschaftlich darstellen.[242] Dem Vermögensinhaber muss eine gewisse Entscheidungsfreiheit belassen werden, wobei insbesondere die Sicherheit der Vermögensanlage besondere Bedeutung hat. Eine Verpflichtung zu einer mit hohen Risiken verbundenen Anlage besteht nicht.[243]

cc. Hypothetische Vermögenserträge

230 Wird die Obliegenheit zur möglichst guten Anlage des Kapitals verletzt, kommt die unterhaltsrechtliche Anrechnung hypothetischer Vermögenserträge in Betracht. Auch aus **Gold**, dass die Unterhaltsberechtigten Rahmen der Vermögensauseinandersetzung erhaltenen hat, können fiktive Zinseinkünfte angerechnet werde.[244]

231 Die **Höhe des fiktiven Zinssatzes** richtet sich nach der Marktsituation zum Anlagezeitpunkt[245] und – im Normalfall – nach einem durchschnittlichen Anlagezeitraum. Die **erzielbaren Einkünfte sind** entsprechend zu schätzen (§ 287 ZPO).

232 Auf der anderen Seite darf das Vermögen nicht so umgeschichtet werden, dass erhebliche **Einkommensverluste** ausgelöst werden. Diese Vermögensdisposition kann als mutwillige Herbeiführung der Leistungsunfähigkeit angesehen werden.[246]

dd. Verwertung des Vermögensstammes

233 Der BGH hat klargestellt, dass an die Verwertung des Vermögensstamms vor Scheidung **höhere Anforderungen** zu stellen sind als beim nachehelichen Unterhalt.[247] Eine Verwertung ist nur in **Ausnahmefällen** geboten, deren Voraussetzungen im Einzelnen darzulegen sind.

234 Bei der **Zumutbarkeitsprüfung** sind die Belange des Unterhaltsberechtigten und -verpflichteten unter Berücksichtigung der Umstände des Einzelfalles angemessen gegeneinander abzuwägen.[248] Während der Trennungszeit ist immer zu berücksichtigen, dass die Trennung **noch keine endgültige Auflösung der Ehe** bedeutet und immer noch eine Versöhnung der Ehegatten möglich sein kann.

235 Bei der Prüfung, ob die Unterhaltsberechtigte mit Blick auf § 1577 Abs. 3 BGB für ihren Unterhalt vorrangig den **Stamm ihres Geldvermögens** verwerten muss,[249] stellt der BGH im Rahmen der gebotenen Billigkeitsabwägung auch auf die **wirtschaftlichen Verhältnissen des Unterhaltspflichtigen** – insbesondere seine ihm weitgehend verbliebene Altersversorgung – ab. Außerdem wurde der Umstand berücksichtigt, dass der weit überwiegende Teil dieses Vermögens aus dem Verkauf des gemeinsamen Hauses stammt und auch der Ehemann einen entsprechenden Erlösanteil zur freien Verfügung erhalten haben dürfte.[250]

---

[240] OLG Karlsruhe v. 14.11.2012 - 2 UF 78/12 - FamRZ 2013, 1811 (LS).
[241] BGH v. 18.12.1991 - XII ZR 2/91 - FamRZ 1992, 423 = NJW 1992, 1044; OLG München v. 08.03.1999 - 12 UF 1739/98 - FamRZ 2000, 26; OLG Stuttgart v. 07.04.1992 - 17 UF 261/91 - FamRZ 1993, 559.
[242] BGH v. 22.10.1997 - XII ZR 12/96 - FamRZ 1998, 87; BGH v. 01.12.2004 - XII ZR 75/02 - FamRZ 2005, 1159.
[243] BGH v. 22.10.1997 - XII ZR 12/96 - FamRZ 1998, 87; OLG Düsseldorf v. 09.02.1996 - 6 UF 38/95 - FamRZ 1996, 1418.
[244] OLG Karlsruhe v. 14.11.2012 - 2 UF 78/12 - FamRZ 2013, 1811 (LS).
[245] OLG Düsseldorf v. 08.11.1995 - 5 UF 102/95 - FamRZ 1996, 734; OLG Braunschweig v. 17.10.1995 - 2 UF 86/95 - OLGR Braunschweig 1996, 117.
[246] BGH v. 11.04.1990 - XII ZR 42/89 - FamRZ 1990, 989, 991.
[247] BGH v. 18.01.2012 - XII ZR 177/09 - FamRZ 2012, 514; BGH v. 19.11.2008 - XII ZR 129/06 - juris Rn. 17 - FamRZ 2009, 307; BGH v. 09.06.2004 - XII ZR 277/02 - NJW 2005, 433-436 = FamRZ 2005, 97; OLG Karlsruhe v. 14.11.2012 - 2 UF 78/12 - FamRZ 2013, 1811 (LS); OLG Koblenz v. 07.04.2005 - 7 UF 999/04 - FamRZ 2005, 1482-1483.
[248] BGH v. 19.02.1986 - IVb ZR 16/85 - FamRZ 1986, 439; BGH v. 22.10.1997 - XII ZR 12/96 - FamRZ 1998, 87.
[249] OLG Karlsruhe v. 14.11.2012 - 2 UF 78/12 - FamRZ 2013, 1811 (LS): keine Obliegenheit der Unterhaltsberechtigten zur Verwertung einer Anlage in Gold.
[250] BGH v. 31.10.2012 - XII ZR 129/10 - FamRZ 2013, 195; vgl. BGH v. 27.06.1984 - IVb ZR 20/83 - FamRZ 1985, 354, 357 und BGH v. 08.04.1987 - IVb ZR 39/86 - FamRZ 1987, 912, 913.

Besteht eine unterhaltsrechtliche Obliegenheit zur (besseren) Nutzung des Vermögens, so sind ggf. fiktive Einkünfte als bedarfsdeckend anzurechnen. Die **Höhe des fiktiven Zinssatzes** richtet sich nach der Marktsituation zum Anlagezeitpunkt[251] und – im Normalfall – nach einem durchschnittlichen Anlagezeitraum. Die erzielbaren Einkünfte sind entsprechend zu schätzen (§ 287 ZPO). 236

Auf der anderen Seite darf das Vermögen nicht so umgeschichtet werden, dass erhebliche **Einkommensverluste** ausgelöst werden. Diese Vermögensdisposition kann als mutwillige Herbeiführung der Leistungsunfähigkeit angesehen werden.[252] 237

Ein Teil des Kapitals darf immer als **Notgroschen**[253] kurzfristig verfügbar bleiben. Auch für **notwendige Anschaffungen** darf das Kapital ebenso eingesetzt werden wie für die zulässige **Tilgung von Schulden**.[254] 238

Eine strengere Behandlung lässt sich ab dem Zeitpunkt der **Rechtshängigkeit des Scheidungsverfahrens** vertreten, da dann das endgültige Scheitern der Ehe eindeutig feststeht.[255] Den berechtigten Ehegatten trifft daher auch die Obliegenheit, den **Erlös aus dem Verkauf** eines in der Ehezeit als **Familienwohnung** genutzten gemeinsamen Anwesens zinsgünstig anzulegen.[256] 239

Das OLG Hamm setzt ab dem Zeitpunkt der **Rechtshängigkeit des Scheidungsverfahrens** den auf dem Markt erzielbaren Wert an. Anders als bei Zurechnung nur des angemessenen **Wohnvorteils** für eine den tatsächlichen Wohnbedürfnissen entsprechende Wohnung in der ersten Trennungsphase stehe ab diesem Zeitpunkt das endgültige Scheitern der Ehe eindeutig fest.[257] 240

d. Sach- und Naturalleistungen des Unterhaltspflichtigen

Zusätzliche **direkte Zahlungen des Unterhaltspflichtigen für Strom, Internet- und Fernsehnutzung** sowie **Telefon** sind jedenfalls dann auf den Unterhalt von Ehefrau und Kindern anteilig anzurechnen, wenn diese Zahlungen einvernehmlich erfolgen. Sie vermindern dann bereits deren Bedürftigkeit. Das OLG Hamm hat 40% der Kosten auf den Bedarf der beiden Kinder und 60% auf den Bedarf des Ehegatten angerechnet.[258] 241

Auf der anderen Seite muss sich aber die Berechtigte nicht mit Sachleistungen begnügen, sondern hat einen Anspruch auf Barunterhalt. Sie muss sich also keine Naturalleistungen aufdrängen lassen. 242

Zum **Wohnvorteil** bei der Überlassung einer Wohnung oder eines Hauses vgl. Rn. 454. 243

e. Leistungen Dritter

Freiwillige Zuwendungen eines Dritten sind nur dann unterhaltsrechtlich relevant, wenn sie nach dem Willen des Zuwendenden nicht nur dem Unterhaltsberechtigten zugutekommen, sondern auch zur Entlastung des Unterhaltspflichtigen dienen sollen.[259] Die **Darlegungslast** liegt beim Unterhaltspflichtigen. Wenn keine ausdrückliche Willensbestimmung des Zuwendenden vorliegt, kann sie sich in der Regel aus den persönlichen Beziehungen der Beteiligten zueinander erschließen.[260] Eine solche freiwillige Zuwendung eines Dritten kann auch in der Gewährung eines zinslosen Darlehens liegen, für dessen Rückerstattung eine Zeit nicht bestimmt ist.[261] 244

Die Anrechnung eines Wohnvorteils kommt nicht in Betracht, wenn die Person in der Wohnung eines Dritten lebt – so z.B. im Haus der Mutter, nicht in einer eigenen Immobilie. Es handelte sich um eine **freiwillige Zuwendung eines Dritten**, die nicht dazu führt, dass dem Unterhaltsberechtigten ein Wohnvorteil zuzurechnen ist. Freiwillige Zuwendungen Dritter sind nur dann nur als Einkommen zu werten, wenn dies dem Willen des Dritten entspricht.[262] 245

---

[251] OLG Düsseldorf v. 08.11.1995 - 5 UF 102/95 - FamRZ 1996, 734; OLG Braunschweig v. 17.10.1995 - 2 UF 86/95 - OLGR Braunschweig 1996, 117.
[252] BGH v. 11.04.1990 - XII ZR 42/89 - FamRZ 1990, 989, 991.
[253] OLG Düsseldorf v. 08.11.1995 - 5 UF 102/95 - FamRZ 1996, 734; OLG Braunschweig v. 17.10.1995 - 2 UF 86/95 - OLGR Braunschweig 1996, 117.
[254] BGH v. 22.10.1997 - XII ZR 12/96 - FamRZ 1998, 87.
[255] OLG Hamm v. 18.05.2011 - 8 UF 262/10, II-8 UF 262/10.
[256] BGH v. 22.10.1997 - XII ZR 12/96 - FamRZ 1998, 87.
[257] OLG Hamm v. 18.05.2011 - 8 UF 262/10, II-8 UF 262/10.
[258] OLG Hamm v 11.08.2005 - 4 WF 165/05.
[259] OLG Brandenburg v. 28.11.2013 - 9 UF 96/13.
[260] BGH v. 19.05.1999 - XII ZR 210/97 - FamRZ 2000, 153 und BGH v. 22.02.1995 - XII ZR 80/94 - FamRZ 1995, 537; BGH v. 14.12.1994 - XII ZR 180/93 - FamRZ 1995, 344.
[261] BGH v. 13.04.2005 - XII ZR 48/02 - FamRZ 2005, 967.
[262] OLG Brandenburg v. 28.11.2013 - 9 UF 96/13 - NZFam 2014, 140.

246 Jedoch kann das **Zusammenleben mit einem leistungsfähigen Partner** unter dem Gesichtspunkt ersparter Wohn- und Haushaltskosten die Bedürftigkeit des unterhaltsberechtigten Ehegatten mindern.[263]

247 Auch das **Zusammenleben mit einem erwerbstätigen volljährigen Kind** kann berücksichtigt werden, da die Synergieeffekte des gemeinschaftlichen Wirtschaftens in gleicher Weise eintreten wie bei einer Wohngemeinschaft mit einem Lebenspartner.[264]

f. Bedürftigkeit durch ein nicht vom Ehemann stammendes Kind

248 Ergibt sich die Bedürftigkeit der Ehefrau während der Trennungszeit erst daraus, dass sie **ein nicht vom Ehemann stammendes Kind betreut**, so ist umstritten, ob dem Ehemann die sich daraus ergebende Einschränkung ihrer Erwerbsmöglichkeiten entgegengehalten werden kann.

249 Teilweise wird der Anspruch auf Betreuungsunterhalt der Ehefrau, die hierdurch an einer Fortsetzung ihrer Erwerbstätigkeit gehindert ist, mit der Begründung **verneint**, auch beim Anspruch auf nachehelichen Betreuungsunterhalt nach § 1570 BGB sei die Betreuung eines gemeinsamen Kindes erforderlich.[265]

250 Nach der **Gegenansicht** ist kein Grund ersichtlich, die Geburt eines Kindes nur deshalb nicht zu den ehelichen Lebensverhältnissen zu rechnen, weil es um das außereheliche Kind des Unterhaltsberechtigten geht.[266] Denn auch die Geburt eines außerehelichen Kindes auf Seiten des Unterhaltspflichtigen präge die ehelichen Lebensverhältnisse.[267]

251 Zur Frage einer möglichen **Verwirkung** des Unterhaltsanspruchs gem. §§ 1361 Abs. 3, 1579 BGB vgl. Rn. 581. Zur Konkurrenz mit den Anspruch gegen den Vater des Kindes aus § 1615l BGB vgl. die Kommentierung zu § 1615l BGB Rn. 219.

g. Ausschluss von Bagatellansprüchen

252 Umstritten ist, ob es beim Trennungsunterhalt einen **Ausschluss von Ansprüchen auf „Bagatellunterhalt"** gibt.

253 Eine solche Bagatellgrenze wird bei rund 50 €[268] bzw. bei 10% des bereinigten Nettoeinkommens[269] beim Aufstockungsunterhalt gem. § 1573 BGB gezogen, ebenso beim Altersunterhalt gem. § 1571 BGB.[270]

254 Eine solche Bagatellgrenze wird teilweise auch bei § 1361 BGB bejaht mit der Begründung, der Anspruch auf Trennungsunterhalt diene **nicht** dazu, lediglich **geringfügige Einkommensunterschiede** im Bereich von bis zu 50 € auszugleichen.[271] Die Gegenansicht verweist darauf, dass die Regelung des § 1573 Abs. 2 BGB nicht für den Trennungsunterhaltsanspruch gemäß § 1361 BGB gilt.[272]

6. Leistungsfähigkeit des Unterhaltspflichtigen

255 Zudem muss der Unterhaltspflichtige **leistungsfähig** sein, also aktuell über ausreichende Finanzmittel verfügen, um bei Wahrung seines eigenen Bedarfes den geforderten Unterhalt zahlen zu können.

256 Die Vorschrift des § 1581 BGB ist beim Trennungsunterhalt entsprechend anzuwenden, da sich auch der Anspruch auf Trennungsunterhalt wie jeder Unterhaltsanspruch **an der Leistungsfähigkeit des Unterhaltsverpflichteten auszurichten hat**.[273]

---

[263] BGH v. 17.10.2012 - XII ZR 17/11 - NJW 2013, 1305 = FamRZ 2013, 868 mit Anm. *Hauß*; BGH v. 09.01.2008 - XII ZR 170/05 - NJW 2008, 1373 mit Anm. *Born* = FamRZ 2008, 594 mit Anm. *Borth* und krit. Anm. *Weychardt*, FamRZ 2008, 778; Graba, FPR 2008, 176-177.

[264] OLG Hamm v. 09.06.2011 - II-6 UF 47/11 - NJW 2011, 3310; a.A. OLG Köln v. 10.01.2013 - 4 UF 164/12 - FuR 2013, 345-346.

[265] OLG Hamm v. 08.07.1999 - 2 UF 21/99 - FamRZ 2000, 637; vgl. *Büttner*, FamRZ 2000, 781, 785; *Finger*, FuR 2005, 493, 499.

[266] OLG Jena v. 18.11.2005 - 1 WF 436/05 - FamRZ 2006, 1205-1207; ebenso OLG Bremen v. 19.02.2004 - 4 WF 10/04 - FamRZ 2005, 213; KG v. 08.06.2000 - 19 UF 6449/99 - FamRZ 2001, 29.

[267] BGH v. 07.12.2011 - XII ZR 151/09 - FamRZ 2012, 281; Oberlandesgericht Brandenburg v. 22.03.2011 - 10 UF 85/09 - FamFR 2011, 224.

[268] OLG Düsseldorf v. 12.12.1995 - 4 WF 146/95 - FamRZ 1996, 947; OLG München v. 03.06.1996 - 12 WF 802/96 - FamRZ 1997, 425.

[269] OLG München v. 06.11.2003 - 16 WF 1599/03 - FamRZ 2004, 1208.

[270] OLG Karlsruhe v. 07.02.2008 - 2 WF 5/08.

[271] OLG Brandenburg v. 25.03.2004 - 9 UF 139/03 - FamRZ 2005, 210; OLG Brandenburg v. 14.06.2007 - 9 UF 162/06; OLG Hamm v. 09.06.2011 - 6 UF 47/11 - NJW 2011, 3310.

[272] OLG Köln v. 14.11.2006 - 4 UF 79/06 - FamRZ 2007, 1463, 1464.

[273] BVerfG v. 25.06.2002 - 1 BvR 2144/01 - NJW 2002, 2701-2702.

Die fehlende Leistungsfähigkeit eines Unterhaltsverpflichteten ist auch beim Trennungsunterhalt gesetzlich als Einwendung ausgestaltet mit der Folge, dass der **Unterhaltspflichtige** die **Darlegungs- und Beweisführungslast** für eine von ihm behauptete beschränkte oder fehlende Leistungsfähigkeit hat.[274] 257

Für die unterhaltsrechtliche Berücksichtigung von **Einkünften** und **Ausgaben** des Verpflichteten gelten die allgemeinen **Grundsätze** (Einzelheiten vgl. die Kommentierung zu § 1577 BGB Rn. 16 ff. und die Kommentierung zu § 1581 BGB Rn. 14 ff.). Zur Frage der steuerlichen Auswirkung des Getrenntlebens vgl. Rn. 418. 258

Bei der Berechnung von Unterhaltsrückständen ist dagegen der Grundsatz der **Gleichzeitigkeit von Unterhaltspflicht und Leistungsfähigkeit (Konvergenz)** zu beachten.[275] Die unterhaltsrechtlich relevante Leistungsfähigkeit muss in dem Zeitraum bestanden haben, für den Unterhalt gezahlt werden soll. Wenn der Unterhaltspflichtige erst in einem späteren Zeitraum verstärkt leistungsfähig wird, führt dies nicht dazu, dass für einen früheren Zeitraum, in dem keine Leistungsfähigkeit bestanden hat, jetzt rückwirkend Leistungsfähigkeit eintritt.[276] 259

Geht es beim Unterhaltsrückstand um abgeschlossene Zeiträume in der Vergangenheit, ist auf das jeweilige Jahr abzustellen[277] und ggf. der Nettobetrag des unterhaltsrechtlich relevanten Einkommens für Unterhaltsverpflichtungen aus früheren Jahren unter Heranziehung der jeweils geltenden **Steuern** und **Beitragssätze** zu ermitteln. Auch sind jeweils in diesen Jahren gültige **Selbstbehaltssätze** anzusetzen.[278] 260

a. Einkommensfeststellung bei Gehaltsempfängern

Bei **Gehaltsempfängern** wird – soweit es um das auf einer Prognose beruhende zukünftige Einkommen geht – dabei auf den **Durchschnitt der letzten 12 Monate** abgestellt. 261

b. Einkommensfeststellung bei Selbständigen

Bei Selbständigen wird auf das – möglichst zeitnah festzustellende – **Durchschnittseinkommen der letzten 3 Jahre**,[279] teilweise sogar der letzten 5 Jahre abgestellt. 262

Dabei ist auf die um Steuern und Krankenversicherungsbeiträge bereinigten Nettoeinkünfte abzustellen. Diese sind entsprechend den jeweiligen Gewinn- und Verlustrechnungen sowie den Einkommensteuerbescheiden zu ermitteln.[280] 263

Dabei ist jeweils eine **fiktive Steuerlast** aus den so festgestellten unterhaltsrechtlich relevanten zu versteuernden Einkünften ermittelt und den jeweiligen Jahren nach dem **Für-Prinzip zuzuordnen** sind, da nur auf diese Weise eine hinreichend verlässliche Einkommensermittlung möglich erscheint.[281] 264

Dagegen bringt das OLG Brandenburg von den Gewinnen die **Steuervorauszahlungen** des Selbständigen nach dem „**In-Prinzip**" in Abzug, also die in dem jeweiligen Geschäftsjahr geleisteten Vorauszahlungen.[282] 265

Ob **Privatentnahmen** bei Selbständigen neben den ermittelten Gewinnanteilen zu berücksichtigen sind, ist umstritten. Das OLG Brandenburg lehnt das ab, denn mit dem Gewinn, der durch die Entnahmen nicht beeinflusst wird, werden regelmäßig die dem Unterhaltspflichtigen zugeflossenen Einnahmen bestimmt.[283] Entnahmen hingegen stellen Einnahmen aus der Verwertung des Vermögens dar, zu der der Antragsgegner unterhaltsrechtlich nicht verpflichtet sei. 266

---

[274] BGH v. 07.12.2011 - XII ZR 151/09 - juris Rn. 39 - FamRZ 2012, 281 = FamRZ 2012, 253 m. Anm. *Borth* = NJW 2012, 384; dazu *Hoppenz*, NJW 2012, 49; *Graba*, FamFR 2012, 49.

[275] BVerfG v. 07.06.2005 - 1 BvR 1508/96 - FamRZ 2005, 1051.

[276] Vgl. auch OLG Hamm v. 20.12.2012 - II-4 UF 143/12, 4 UF 143/12 - FamFR 2013, 79; zu unzulässigen Umgehungsversuchen der Sozialhilfeträger vgl. BGH v. 20.03.2013 - XII ZB 81/11 - NJW 2013, 1676.

[277] OLG Schleswig v. 21.12.2012 - 10 UF 81/12; vgl. BGH v. 04.07.2007 - XII ZR 141/05 - juris Rn. 23 - FamRZ 2007, 1532 ff.

[278] BGH v. 07.08.2013 - XII ZB 269/12 - FamRZ 2013, 1554 mit Anm. *Hauß* = NJW 2013, 3024.

[279] OLG Brandenburg v. 07.05.2013 - 10 UF 1/13 - FamRZ 2014, 219; OLG Saarbrücken v. 07.03.2013 - 6 UF 63/12.

[280] OLG Saarbrücken v. 07.03.2013 - 6 UF 63/12.

[281] OLG Saarbrücken v. 07.03.2013 - 6 UF 63/12.

[282] Vgl. OLG Brandenburg v. 07.05.2013 - 10 UF 1/13 - FamRZ 2014, 219.

[283] Vgl. OLG Brandenburg v. 07.05.2013 - 10 UF 1/13 - FamRZ 2014, 219; OLG Brandenburg v. 29.04.2008 - 10 UF 124/07 - OLGR Brandenburg 2008, 989; OLG Frankfurt v. 13.07.2004 - 2 UF 207/04 - FamRZ 2005, 803; a.A. z.B. OLG Düsseldorf v. 29.06.2004 - II-1 UF 24/04, 1 UF 24/04 - FamRZ 2005, 211.

267 Auch beim selbständig tätigen Unterhaltspflichtigen gilt das Konvergenzprinzip der **Gleichzeitigkeit von Leistungsfähigkeit und Bedürftigkeit** (Konvergenz; vgl. Rn. 259). Folglich ist beim Unterhaltsrückstand, bei dem es um abgeschlossene Zeiträume in der Vergangenheit geht, auf das jeweilige Jahr abzustellen.[284]

c. Besondere Einkünfte des Unterhaltspflichtigen

268 Ist der eheliche Lebensunterhalt unter anderem auch durch **Sachentnahmen** – wie z.B. Produkte aus dem eigenen landwirtschaftlichen Betrieb – bestritten worden, so sind diese Vorteile bei der Errechnung des Trennungsunterhalts gegebenenfalls durch Schätzung gem. § 287 ZPO in die Einkommensberechnung einzustellen. Im absoluten Mangelfall kann auch auf Mindestbedarfsbeträge zurückgegriffen werden.[285]

d. Überobligatorische Einkünfte des Unterhaltspflichtigen

269 Auch auf Seiten des Unterhaltspflichtigen stellt sich in der Praxis vielfach die Frage, ob ein aktuell tatsächlich erzieltes Einkommen bei der Bemessung seiner unterhaltsrechtlichen Leistungsfähigkeit ganz bzw. teilweise anrechnungsfrei bleiben muss. Bei der Prüfung der Frage, ob eine Tätigkeit überobligatorisch ist, kommt es nicht darauf an, dass diese Tätigkeit erst nach der Trennung aufgenommen wurde. Bei der Leistungsfähigkeit geht es nicht um die Frage, ob es sich um eheprägende Einkünfte handelt.[286]

270 Hier kann auf die Ausführungen zur Behandlung überobligatorischer Einkünfte bei der Bedarfsfeststellung verwiesen werden, vgl. Rn. 152.

e. Zulagen zum Einkommen

271 Grundsätzlich sind zur Feststellung des Einkommens des Unterhaltspflichtigen **alle ihm zufließenden Einkünfte** heranzuziehen. Als Arbeitseinkommen sind alle Leistungen anzusehen, die dem Unterhaltspflichtigen im Hinblick auf das Arbeits- oder Dienstverhältnis gewährt werden, gleichgültig aus welchem Anlass sie im Einzelnen gezahlt werden. Deshalb gehören Sonderzuwendungen ebenso wie Zulagen und sonstige Nebeneinnahmen regelmäßig zum unterhaltsrelevanten Einkommen.[287]

272 Bestimmte Einkünfte können jedoch nur in reduziertem Umfang anzurechnen sein. Auch die Bestimmung einer **Leistung zum Ausgleich besonderer Anstrengungen** oder ähnlichen Verwendungszwecken führt nicht dazu, dass sie von vornherein außer Ansatz zu lassen wären. Vielmehr kommt es insoweit **auf den tatsächlichen Mehraufwand an**, den der Empfänger einer derartigen Zulage hat.[288]

273 **Zuschläge für Nacht- oder Feiertagsarbeit** werden nur dann ohne Abzug angerechnet, wenn sie berufstypisch sind und lediglich in geringem Umfang anfallen. Übersteigen sie jedoch das übliche Maß, muss dem Unterhaltspflichtigen ein anrechnungsfreier Anteil verbleiben, der dazu dient, ihm einen Ausgleich für die aufwendigere Freizeit- und Erholungsgestaltung zu ermöglichen und auch Anreiz sein soll, die überdurchschnittliche Belastung weiterhin durchzustehen.

274 Auf den **Einsatz von Soldaten in einem Krisen- oder Kriegsgebiet** hat die Rechtsprechung diese Grundsätze nur eingeschränkt übertragen und die **Auslandsverwendungszulage** teilweise nur zur Hälfte berücksichtigt,[289] teilweise nur mit 1/3 angerechnet.[290]

275 Der BGH hat eine volle Anrechnung abgelehnt; nach tatrichterlicher Abwägung darf ein Teilbetrag – etwa 1/3 bis 1/2 des Zuschlags – als Einkommen **berücksichtigt** werden.[291]

---

[284] Vgl. OLG Schleswig v. 21.12.2012 - 10 UF 81/12 - FuR 2013, 290-292; unter Hinweis auf BGH v. 04.07.2007 - XII ZR 141/05 - juris Rn. 23 - FamRZ 2007, 1532 ff., anders OLG Brandenburg v. 07.05.2013 - 10 UF 1/13 - FamRZ 2014, 219.

[285] BGH v. 09.06.2004 - XII ZR 277/02 - NJW 2005, 433-436.

[286] Vgl. BGH v. 26.06.2013 - XII ZR 133/11 - FamRZ 2013, 1366.

[287] BGH v. 18.04.2012 - XII ZR 73/10 - NJW 2012, 2190.

[288] BGH v. 18.04.2012 - XII ZR 73/10 - NJW 2012, 2190; BGH v. 16.01.1980 - IV ZR 115/78 - FamRZ 1980, 342, 343 f. zum Auslandszuschlag nach § 55 BBesG und BGH v. 06.10.1993 - XII ZR 112/92 - FamRZ 1994, 21, 22 zur Fliegeraufwandsentschädigung für Kampfflieger.

[289] OLG Schleswig v. 29.06.2004 - 8 UF 213/03 - NJW-RR 2005, 3-4.

[290] OLG Hamm v. 18.12.2009 - 5 UF 118/09 - FuR 2010, 227-228.

[291] BGH v. 18.04.2012 - XII ZR 73/10 - NJW 2012, 2190.

Wenn der Unterhaltspflichtige zu einem Einsatz in dem Krisengebiet **nicht verpflichtet sei,** dann sei 276
die Tätigkeit unter den erschwerten und mit erheblichen Gefahren verbundenen Umständen als **überobligationsmäßig** anzusehen. Erforderlich sei danach – vergleichbar mit § 1577 Abs. 2 Satz 2 BGB –
eine **umfassende Würdigung der Umstände des Einzelfalls,** die der Überobligationsmäßigkeit der
Tätigkeit angemessen Rechnung trägt.[292]

f. Fiktive (hypothetische) Einkünfte

Grundsätzlich ist nur das tatsächliche Einkommen unterhaltserheblich. Fiktive Einkünfte kommen 277
beim **Unterlassen erzielbarer Einkünfte** in Betracht, also in der Praxis dann, wenn der Unterhaltspflichtige seine Erwerbsobliegenheit verletzt (vgl. dazu Rn. 532 und die Kommentierung zu § 1577
BGB Rn. 16, Stichwort „fiktive Einkünfte").

aa. Aufgabe der Erwerbstätigkeit nach der Trennung

Gibt der Unterhaltspflichtige seine vollschichtige **Erwerbstätigkeit nach der Trennung der Parteien** 278
freiwillig auf, ist er grundsätzlich so zu behandeln, als ob er das zuvor erzielte Einkommen weiter erhält. Gegen die fortdauernde Zurechnung dieses Einkommens kann er sich nur mit dem Einwand zur
Wehr setzen, dass er die frühere Arbeitsstelle auch aus anderen Gründen verloren hätte oder das im
Rahmen dieser Tätigkeit zuvor erzielte Einkommen auch sonst nicht mehr erzielen würde.[293]

Eine derartige Einwendung greift nur dann durch, wenn die Behauptung, der Verpflichtete sei krank- 279
heitsbedingt arbeitsmäßig nicht voll belastbar und erkennbare Gewinnrückgänge seien hierauf zurückzuführen, von ihm schlüssig dargelegt und bewiesen wird.[294]

Die Eingehung eines **befristeten Arbeitsverhältnisses** in einer berufsfremden Tätigkeit mit einem 280
Einzelunternehmer im Hinblick auf die Möglichkeit eines kurzfristig höheren Entgelts ist unterhaltsrechtlich nicht zu verantworten.[295]

bb. Reduzierung der Erwerbstätigkeit nach der Trennung

Auch ein verringertes Einkommen, das auf einer Verletzung der Erwerbsobliegenheit des Unterhalts- 281
pflichtigen beruht, bleibt unberücksichtigt, so dass stattdessen fiktive Einkünfte in Höhe des vor der
Minderung bezogenen Einkommens anzusetzen sind. Daher steht es einem Unterhaltspflichtigen nicht
frei, sein für Unterhaltszwecke zur Verfügung stehendes Einkommen durch Inanspruchnahme der gesetzlich vorgesehenen **Altersteilzeit** oder des **Vorruhestandes** beliebig zu reduzieren.[296]

Diese – arbeitsmarktpolitisch motivierten – Möglichkeiten können aber unterhaltsrechtlich **nur in** 282
Ausnahmefällen akzeptiert werden,[297] wobei eine umfassende **Interessenabwägung** der Belange des
Berechtigten und des Verpflichteten vorzunehmen ist.[298]

Ausnahmen kommen in Betracht, wenn der vorzeitige Bezug der Altersversorgung aus gesundheitli- 283
chen Gründen des Verpflichteten gerechtfertigt oder aus **betrieblichen Gründen** geboten war, etwa
wenn der Betrieb das Personal reduzieren muss und der Arbeitnehmer nur durch Annahme der Altersteilzeit eine Kündigung vermeiden kann.[299]

Eine solche Einkommensreduzierung ist auch gerechtfertigt, wenn dieser Schritt einer **gemeinsamen** 284
Lebensplanung der Ehegatten entsprach.[300] In diesem Fall ist dem Unterhaltspflichtigen nicht zuzumuten, entgegen dem gemeinsamen Plan bis zur Altersgrenze voll zu arbeiten.[301]

---

[292] Vgl. BGH v. 12.01.2011 - XII ZR 83/08 - BGHZ 188, 50 = FamRZ 2011, 454 Rn. 17, 23, 24; vgl. auch OLG Frankfurt v. 07.12.2012 - 2 UF 223/09 - NJW 2013, 1686.
[293] BGH v. 30.03.2011 - XII ZR 3/09 - FamRZ 2011, 791; BGH v. 20.02.2008 - XII ZR 101/05 - juris Rn. 19 ff. - FamRZ 2008, 872.
[294] OLG Köln v. 10.03.2009 - 4 UF 134/08 - OLGR Köln 2009, 590.
[295] OLG Dresden v. 07.03.2013 - 20 WF 192/13 - NZFam 2014, 376.
[296] Vgl. *Viefhues,* FF 2006, 103.
[297] BGH v. 03.02.1999 - XII ZR 146/97 - NJW 1999, 1547.
[298] OLG Koblenz v. 09.06.1999 - 9 UF 1380/98 - FamRZ 2000, 610.
[299] OLG Hamm v. 12.04.2000 - 12 UF 149/99 - NJW-RR 2001, 433, einschränkend OLG Saarbrücken v. 18.10.2006 - 2 UF 7/06 - NJW 2007, 520.
[300] OLG Bamberg v. 19.08.2009 - 7 UF 238/08 - FamRZ 2010, 381; OLG Saarbrücken v. 18.10.2006 - 2 UF 7/06 - NJW 2007, 520; *Viefhues,* FF 2006, 103.
[301] AG Mühlhausen v. 22.08.2012 - 3 F 28/11 - FamFR 2012, 467.

§ 1361

285 Zu beachten ist, dass sich in der Praxis das verringerte Einkommen infolge der Altersteilzeit bzw. des Vorruhestandes nicht zwingend für die Unterhaltsberechtigte nachteilig auswirken müsse. Zwar falle das Arbeitseinkommen geringer aus, jedoch seien auf der anderen Seite weder ein Erwerbstätigenbonus noch berufsbedingte Aufwendungen vom jetzt noch erzielten Einkommen abzuziehen.[302]

286 Durch eine bestehende **Gütergemeinschaft** wird der Trennungsunterhalt inhaltlich beeinflusst. Dies führt in verschiedenen Punkten zu abweichenden Berechnungen gegenüber der üblichen Unterhaltsberechnung etwa durch Wegfall des Erwerbstätigenbonus und die Nichtberücksichtigung fiktiver Einkünfte.[303]

g. Firmenwagen/Dienstwagen

287 Kann ein Dienstwagen oder Firmenwagen auch privat genutzt werden, liegt ein unterhaltsrechtlich relevanter Nutzungsvorteil vor, der ggf. nach § 287 ZPO geschätzt werden kann,[304] soweit eigene Aufwendungen für die Unterhaltung eines Pkws erspart werden.

288 Darf der **Firmenwagen** nach den vertraglichen Regelungen **nur geschäftlich genutzt werden** und ist privat ein eigenes Auto vorhanden, scheidet eine Erhöhung des Einkommens wegen des Firmenwagens aus.[305]

289 Für die Bewertung wird darauf abgestellt, welche privaten Kosten durch das Firmenfahrzeug erspart werden[306], unter Berücksichtigung der den privaten Lebensverhältnissen entsprechenden „angemessenen" Fahrzeugklasse.[307] Andere Entscheidungen stellen auf die Autokostentabelle des ADAC[308] oder auf steuerlich in Ansatz gebrachte Beträge für die Bewertung des geldwerten Vorteils ab.[309] Zu berücksichtigen ist, dass durch die Erhöhung des Bruttoeinkommens um monatliche Zusätze bereits eine steuerlich Mehrbelastung eintritt.[310]

290 Ist die Nutzung des **Firmenwagens** bereits **Gehaltsbestandteil** und das Bruttoeinkommen entsprechend angehoben, hat sich das Nettoeinkommen in entsprechender Höhe reduziert. Für die Unterhaltsberechnung ist von dem insoweit reduzierten Betrag auszugehen.[311]

h. Einsatz des Vermögens

291 Bei der Leistungsfähigkeit gelten hinsichtlich der **Vermögenserträge** die gleichen Grundsätze wie beim Unterhaltsberechtigten (vgl. dazu Rn. 221; auch zur Frage der Obliegenheit zur Umschichtung von Vermögensanlagen und zu hypothetischen Vermögenseinträgen Rn. 230).

292 Die Frage der **Verwertung von Vermögen im Unterhaltsrechtsverhältnis** ist differenziert zu betrachten. Grundsätzlich sind beide Beteiligten eines Unterhaltsrechtsverhältnisses – also sowohl Berechtigter als auch Verpflichteter – in gleicher Weise gehalten, ihr vorhandenes Vermögen so ertragreich wie möglich anzulegen.[312]

293 Allerdings ist sowohl bei der Bemessung des Trennungsunterhalts als auch bei der Bemessung des nachehelichen Unterhalts ein **objektiver Maßstab** anzulegen. Entscheidend ist derjenige Lebensstandard, der nach dem vorhandenen Einkommen vom Standpunkt eines vernünftigen Betrachters aus als angemessen erscheint. Dabei hat, gemessen am verfügbaren Einkommen, sowohl eine zu dürftige Lebensführung als auch ein übermäßiger Aufwand außer Betracht zu bleiben. Nur in diesem Rahmen kann das tatsächliche Konsumverhalten der Ehegatten während des Zusammenlebens berücksichtigt werden.[313]

---

[302] *Soyka*, FuR 2013, 44.
[303] OLG Oldenburg v. 13.07.2009 - 13 UF 41/09 - FuR 2009, 597-599.
[304] OLG Brandenburg v. 07.05.2013 - 10 UF 1/13 - FamRZ 2014, 219; OLG Karlsruhe v. 14.11.2012 - 2 UF 78/12.
[305] OLG Karlsruhe v. 14.11.2012 - 2 UF 78/12 - FamRZ 2013, 1811 (LS).
[306] OLG Hamm v. 10.12.2013 - 2 UF 216/12 - NJW-Spezial 2014, 100; dazu *Schramm*, NJW-Spezial 2014, 100.
[307] OLG Brandenburg v. 07.05.2013 - 10 UF 1/13 - FamRZ 2014, 219.
[308] OLG Zweibrücken v. 18.04.2013 - 6 UF 156/12 - FamRZ 2014, 216.
[309] OLG Hamm v. 10.12.2013 - 2 UF 216/12 - NJW-Spezial 2014, 100; *Schramm*, NJW-Spezial 2014, 100.
[310] OLG Karlsruhe v. 14.11.2012 - 2 UF 78/12 - FamRZ 2013, 1811 (LS).
[311] OLG Karlsruhe v. 14.11.2012 - 2 UF 78/12 - FamRZ 2013, 1811 (LS) unter Hinweis auf OLG München v. 19.02.1999 - 12 UF 1545/98 - FamRZ 1999, 1350 m.w.N.
[312] OLG Brandenburg v. 25.09.2012 - 10 UF 392/11 - FamFR 2012, 515.
[313] BGH v. 04.07.2007 - XII ZR 141/05 - FamRZ 2007, 1532 m. Anm. *Maurer*.

Liegt eine solche **unangemessen sparsame Lebensführung** vor, bedeutet dies nicht zwingend, dass 294
alle Vermögenseinkünfte, die in der Vergangenheit gerade nicht für den allgemeinen Lebensbedarf eingesetzt worden sind, in voller Höhe eheprägend sind. Denn auch unter Berücksichtigung des gebotenen objektiven Maßstabs ist ein Unterhaltsschuldner – insbesondere bei erheblichen Vermögensbeträgen – nicht gehalten, sämtliche Vermögenseinkünfte zukünftig dem Verbrauch zuzuführen. Der für eine Korrektur der unangemessenen Vermögensbildung heranzuziehende Maßstab darf nämlich nicht dazu führen, dass der Boden der ehelichen Lebensverhältnisse verlassen und Einkünfte des Unterhaltspflichtigen als prägend zugrunde gelegt werden, die auch nach einem objektiven Maßstab nicht für die Kosten der allgemeinen Lebensführung verwendet werden.[314] Dies ist nach den gesamten Umständen des Einzelfalles zu entscheiden.

Eine Pflicht zur **Verwertung des Vermögensstamms** kann sich aus § 1361 Abs. 1 und Abs. 2 BGB 295
ergeben. Diese Verpflichtung geht allerdings beim Trennungsunterhalt weniger weit als beim Scheidungsunterhalt, bei dem jeder der beiden Scheidungspartner im Grundsatz wirtschaftlich auf eigenen Füßen stehen soll (§ 1569 BGB), während beim Trennungsunterhalt die wirtschaftliche Grundlage der ehelichen Gemeinschaft zunächst noch nicht beeinträchtigt und offen gehalten werden soll, dass die Ehegatten nach Möglichkeit wieder zu ihrer ehelichen Gemeinschaft zurückfinden. Außerdem haben die Eheleute während der Trennungszeit noch eine stärkere Verantwortung füreinander als nach der Scheidung, was ebenfalls gegen eine Verwertung des Vermögens des Berechtigten sprechen kann.[315]

Der BGH hat klargestellt, dass an die Verwertung des Vermögensstamms vor Scheidung **höhere An-** 296
forderungen zu stellen sind als beim nachehelichen Unterhalt[316] und nur in **Ausnahmefällen** geboten ist, deren Voraussetzungen im Einzelnen darzulegen.

Bei der **Zumutbarkeitsprüfung** sind die Belange des Unterhaltsberechtigten und -verpflichteten unter 297
Berücksichtigung der Umstände des Einzelfalles angemessen gegeneinander abzuwägen.[317] Während der Trennungszeit ist immer zu berücksichtigen, dass die Trennung **noch keine endgültige Auflösung der Ehe** bedeutet und immer noch eine Versöhnung der Ehegatten möglich sein kann.

Beim Verbrauch **vorhandenen Vermögens** können fiktive Zinseinkünfte nur dann berücksichtigt wer- 298
den, wenn die Verwertung unwirtschaftlich war und dadurch das Einkommen mutwillig geschmälert und das Vermögen verschwendet worden ist.[318]

In einer Entscheidung zum Elternunterhalt hat der BGH klargestellt, dass der Unterhaltspflichtige auch 299
gehalten ist, sein **Vermögen einzusetzen** und auf den Vermögensstamm zurückzugreifen, um Unterhaltsansprüche befriedigen zu können.[319] Besondere Billigkeitskriterien, wie sie in § 1581 Satz 2 BGB für den Ehegattenunterhalt geregelt sind, sind für den Verwandtenunterhalt in § 1603 Abs. 1 BGB nicht vorgesehen. Nicht unterhaltspflichtig ist daher lediglich, wer bei Berücksichtigung seiner sonstigen Verpflichtungen außerstande ist, ohne Gefährdung seines eigenen angemessenen Unterhalts den Unterhalt zu gewähren. Hierzu außerstande ist jedoch nicht, wer über verwertbares Vermögen verfügt.

Jedoch sind auch die **sonstigen Verpflichtungen des Unterhaltsschuldners** zu berücksichtigen, der 300
auch seinen eigenen angemessenen Unterhalt nicht zu gefährden braucht. Eine Verwertung des Vermögensstammes scheidet daher aus, wenn sie den Unterhaltsschuldner von fortlaufenden Einkünften abschneiden würde, die er zur Erfüllung weiterer Unterhaltsansprüche oder anderer berücksichtigungswürdiger Verbindlichkeiten oder zur Bestreitung seines eigenen Unterhalts benötigt.[320]

i. Belastung durch Kindesunterhalt

Bei der Berechnung des Ehegattenunterhaltes wird der **Zahlbetrag** in Abzug gebracht.[321] 301

---

[314] BGH v. 04.07.2007 - XII ZR 141/05 - FamRZ 2007, 1532 m. Anm. *Maurer*; BGH v. 20.11.1996 - XII ZR 70/95 - FamRZ 1997, 281, 284.
[315] Vgl. OLG Hamm v. 25.04.2012 - 8 UF 221/10 - FamFR 2012, 345.
[316] BGH v. 18.01.2012 - XII ZR 177/09 - FamRZ 2012, 514; BGH v. 19.11.2008 - XII ZR 129/06 - juris Rn. 17 - FamRZ 2009, 307; OLG Karlsruhe v. 14.11.2012 - 2 UF 78/12 - FamRZ 2013, 1811 (LS).
[317] BGH v. 19.02.1986 - IVb ZR 16/85 - FamRZ 1986, 439; BGH v. 22.10.1997 - XII ZR 12/96 - FamRZ 1998, 87.
[318] OLG Brandenburg v. 25.09.2012 - 10 UF 392/11 - FamFR 2012, 515; *Hoffmann*, FamRB 2012, 515.
[319] BGH v. 21.11.2012 - XII ZR 150/10 - NJW 2013, 301 = FamRZ 2013, 203 mit Anm. *Hauß*.
[320] BGH v. 21.11.2012 - XII ZR 150/10 - NJW 2013, 301 = FamRZ 2013, 203 mit Anm. *Hauß*.
[321] BVerfG v. 14.07.2011 - 1 BvR 932/10; BGH v. 14.04.2010 - XII ZR 89/08; BGH v. 17.03.2010 - XII ZR 204/08; BGH v. 27.05.2009 - XII ZR 78/08 - FamRZ 2009, 1300; BGH v. 24.06.2009 - XII ZR 161/08 - juris Rn. 22 ff. - FamRZ 2009, 1477; BGH v. 05.03.2008 - XII ZR 22/06 - FamRZ 2008, 963.

§ 1361

j. Belastung durch Kosten des Umgangsrechts und der Kinderbetreuung

302 Zu den **Kosten des Umgangsrechts** als evtl. besondere Abzugsposition vgl. die Kommentierung zu § 1610 BGB Rn. 133. Zu den **Kosten der Kindesbetreuung** vgl. die Kommentierung zu § 1610 BGB Rn. 218.

k. Belastung durch weitere Unterhaltsverpflichtungen

303 Die Leistungsfähigkeit des Unterhaltspflichtigen gegenüber einem Ehegatten wird somit auch durch sonstige vor- oder gleichrangige Unterhaltspflichten beeinflusst. Das gilt auch bei hinzugekommenen Unterhaltspflichten für die Mutter eines nichtehelich geborenen Kindes nach § 1615l BGB.[322] Den Unterhaltspflichtigen trifft auch die Darlegungs- und Beweislast für seine „**sonstigen Verpflichtungen**", insbesondere für den **Unterhaltsbedarf weiterer Unterhaltsberechtigter**.

l. Schulden des Unterhaltspflichtigen

304 Schuldverbindlichkeiten, die während der Zeit des Zusammenlebens aufgenommen worden sind, **prägen die ehelichen Lebensverhältnisse** und sind daher grundsätzlich schon beim Bedarf unterhaltsrechtlich zu berücksichtigen (vgl. Rn. 34).

305 Sind Schulden unterhaltsrechtlich anzuerkennen, gilt auch hier das **Verbot der Doppelberücksichtigung**[323] (vgl. Rn. 380).

306 Denn auch hier besteht – wie bei den Einmalzahlungen (vgl. Rn. 337) – das Risiko, dass Schuldenbelastungen sowohl bei der Unterhaltsberechnung als auch beim Zugewinn oder beim anderweitigen internen Ausgleich der Ehegatten berücksichtigt werden. Auch hier muss also eine **Doppelanrechnung vermieden werden**![324]

307 Dabei ist hinsichtlich der Schuldenbelastungen **zu differenzieren** zwischen
- den laufend aufzubringenden **Zinsen**,
- den (ggf. regelmäßigen) **Tilgungsleistungen**, die zur Verminderung des Darlehensbetrages führen und
- dem (restlichen) **Darlehensbetrag** als „negativem Kapitalbetrag".

308 Die Abzahlung von Verbindlichkeiten beinhaltet stets Zins und Tilgung. Bei der Bereinigung des Nettoeinkommens für eine **Unterhaltsberechnung** wird bei der Bedarfsermittlung regelmäßig beides abgezogen, wenn die Schuld die ehelichen Lebensverhältnisse geprägt hat. Dagegen betreffen beim **Zugewinn** die Passiva immer nur die Tilgung, die Zinsen spielen keine Rolle. Daher kann es beim Verbot der Doppelverwertung von Schulden im Verhältnis zum Unterhalt immer nur darum gehen, eine doppelte Berücksichtigung der Tilgungsleistungen zu verhindern.[325]

309 Für die Unterhaltsberechnung sind die fortlaufenden Zahlungen und dabei auch das Verhältnis zum **Gesamtschuldnerausgleich** zu beachten.[326] Werden Schuldenbelastungen bereits bei der Unterhaltsberechnung berücksichtigt, so kommt ein nochmaliger Ausgleich im Rahmen eines Gesamtschuldnerausgleiches nicht in Betracht. Denn in der Unterhaltsfestsetzung liegt eine anderweitige Regelung i.S.d. § 426 BGB, die einem gesamtschuldnerischen Ausgleich entgegensteht. Wird ein Ausgleich zwischen den Ehegatten über den Gesamtschuldnerausgleich durchgeführt,[327] können umgekehrt diese Zahlungen in der **Unterhaltsberechnung** keine Anrechnung mehr finden.[328] Dies kann auch dann gelten,

---

[322] BGH v. 07.12.2011 - XII ZR 151/09 - FamRZ 2012, 281; OLG Brandenburg v. 22.03.2011 - 10 UF 85/09 - FamFR 2011, 224.
[323] Ausführlich *Viefhues*, ZFE 2009, 84.
[324] *Kleffmann*, FuR 2006, 97, 104; *Wever*, FamRZ 2006, 365, 369; vgl. auch *Schulin*, FamRZ 2005, 1521; *Schmitz*, FamRZ 2005, 1520; *Büte*, FuR 2005, 396; *Koch*, FamRZ 2005, 845, 848.
[325] *Gerhardt-Schulz*, FamRZ 2005, 317, 319; OLG Saarbrücken v. 25.01.2006 - 9 UF 47/05 - NJW 2006, 1438.
[326] Dazu OLG Oldenburg v. 13.04.2012 - 11 UF 20/12; OLG Jena v. 08.12.2011 - 1 UF 396/11 - NJW 2012, 1235-1237; OLG Koblenz v. 14.11.2011 - 12 U 712/10 - FamFR 2012, 19.
[327] Dazu OLG Frankfurt v. 04.08.2004 - 1 U 284/03 - FamRZ 2005, 908, 909; OLG Karlsruhe v. 04.11.2004 - 2 UF 46/04 - FamRZ 2005, 909, 910.
[328] OLG München v. 05.07.2005 - 16 UF 775/05 - FamRZ 2006, 208; OLG Karlsruhe v. 04.11.2004 - 2 UF 46/04 - FamRZ 2005, 909; OLG Hamm v. 24.09.1996 - 29 W 104/96 - FamRZ 1997, 363; OLG Karlsruhe v. 23.04.1991 - 18a U 259/90 - FamRZ 1991, 1195; LG Oldenburg v. 30.04.2002 - 1 O 353/02 - FamRZ 2003, 1191; OLG Köln v. 10.12.1990 - 2 W 58/90 - FamRZ 1991, 1192; weitere Einzelheiten und Berechnungsbeispiele bei *Kogel*, FamRZ 2004, 1614-1619, 1618.

wenn ein ansonsten bestehender Unterhaltsanspruch deswegen nicht gelten gemacht wird.[329] Um festzustellen, ob ein Unterhaltsanspruch sonst bestand, ist ggf. eine Alternativberechnung mit und ohne Schulden durchzuführen.[330]

Ein auf Beteiligung am Abtrag gemeinsamer Schulden gerichtetes Verfahren (**Gesamtschuldnerausgleich**) kann ausgesetzt werden, wenn die Abtragung der Schulden in einem **gleichzeitig geführten Trennungsunterhaltsverfahren** eine Rolle spielt.[331] 310

Eine Überschneidung mit dem Gesamtschuldnerausgleich besteht allerdings nur, wenn die Schulden beim Ehegattenunterhalt berücksichtigt worden sind. Ist bei der Bemessung des Kindesunterhalts eine vom Unterhaltsschuldner getragene Gesamtschuld berücksichtigt worden, so kann darin regelmäßig keine anderweitige Bestimmung gesehen werden, die Ausgleichsansprüche zwischen den Ehegatten nach § 426 Abs. 1 Satz 1 BGB ausschließt.[332] 311

Werden hier **Tilgungsleistungen** im **Ehegattenunterhalt** – mit einer entsprechenden Prognose einer zukünftigen regelmäßigen Zahlung – bereits angerechnet, dann muss dies auch in anderen Rechtsbeziehungen Berücksichtigung finden. Denn wenn z.B. die Ehefrau weniger Unterhalt erhält, weil der Ehemann weiterhin einen Kredit abträgt, so kann der Darlehensbetrag als Passivposten beim Ehemann nicht ohne weiteres in voller Höhe im Zugewinn berücksichtigt werden. Denn dann würden der Ehefrau diese Nachteile doppelt entgegengehalten. Werden umgekehrt Schulden beim **Zugewinnausgleich** als Passivposten des Endvermögens berücksichtigt, so kann bei der Unterhaltsberechnung der Tilgungsanteil für diese Schulden nicht mehr geltend gemacht werden.[333] 312

Zur Frage der Doppelanrechnung beim **Wohnvorteil** vgl. Rn. 454. 313

m. Zusätzliche Altersversorgung

Generell ist eine Vermögensbildung sowohl des Unterhaltsberechtigten wie des Unterhaltspflichtigen[334] bis zur Höhe von 4% des eigenen Bruttoeinkommens unter dem Gesichtspunkt einer **zusätzlichen Altersvorsorge** – beim Ehegattenunterhalt in Höhe von 5% – zu berücksichtigen.[335] Wird dieser Wert nicht erreicht, sind nur die tatsächlich getätigten Aufwendungen abzugsfähig.[336] 314

Noch nicht vollständig geklärt ist, ob lediglich das Bruttoeinkommen aus der gesamten **Erwerbstätigkeit** oder auch aus **anderen Einkünften**, z.B. aus Vermietung oder anderem Kapitaleinsatz, zugrunde gelegt werden kann und damit ein höherer Abzug möglich wird.[337] 315

Das OLG Köln hat Beiträge, die bereits in eine **Pensionskasse** (betriebliche Altersversorgung) gezahlt werden, auf diese Obergrenze angerechnet. Die Tatsache, dass der Versicherte diese Beiträge als Arbeitnehmer zwangsweise entrichten muss, ändert daran nichts.[338] 316

Diese Rücklage muss **tatsächlich auch getätigt** werden in eine langfristig konzipierte Anlage. 317

Das OLG Hamm hat die Zahlungen in einen Ratensparvertrag nicht anerkannt, da dieser nur auf eine Laufzeit von 7 Jahren angelegt sei. Da sich der Unterhaltspflichtige nach Ablauf der Spardauer noch nicht im Ruhestand befinden wird, sei nicht sichergestellt, dass die Ersparnisse seiner Altersvorsorge zugutekommen. Nicht auszuschließen sei, dass er das Sparguthaben nach Fristablauf für Konsumzwecke verbraucht. Dafür müsse die Berechtigte keine Kürzung ihres Unterhaltsanspruchs hinnehmen.[339] 318

---

[329] BGH v. 11.05.2005 - XII ZR 289/02 - FuR 2005, 379.
[330] OLG München v. 05.07.2005 - 16 UF 775/05 - FamRZ 2006, 208.
[331] OLG Bremen v. 31.01.2014 - 4 WF 180/13 - NZFam 2014, 417 mit Anm. *Ruetten*.
[332] BGH v. 26.09.2007 - XII ZR 90/05 - FamRZ 2007, 1975; BGH v. 09.01.2008 - XII ZR 184/05.
[333] OLG München v. 22.06.2004 - 16 UF 887/04 - FPR 2004, 505; Saarländisches OLG v. 25.01.2006 - 9 UF 47/05 - NJW 2006, 1438; kritisch *Schulin*, FamRZ 2005, 1521; *Schmitz*, FamRZ 2005, 1520; vgl. zum Problem auch *Kogel*, FamRZ 2004, 1614, 1618; *Büte*, FuR 2005, 396; *Brudermüller*, NJW 2005, 3187, 3188.
[334] BGH v. 11.01.2012 - XII ZR 22/10 - FamRZ 2012, 956; BGH v. 11.05.2005 - XII ZR 211/02 - BGHZ 163, 84, 97 ff. = FamRZ 2005, 1817, 1821; BGH v. 28.02.2007 - XII ZR 37/05 - BGHZ 171, 206 = FamRZ 2007, 793 Rn. 27; BGH v. 05.03.2008 - XII ZR 22/06 - FamRZ 2008, 963 Rn. 22 ff.
[335] BGH v. 27.05.2009 - XII ZR 111/08 - NJW 2009, 2450 = FamRZ 2009, 1207 m. Anm. *Hoppenz*, FamRZ 2009, 1308; BGH v. 28.03.2007 - XII ZR 21/05 - FamRZ 2007, 879; BGH v. 11.05.2005 - XII ZR 211/02 - FamRZ 2005, 1817, 1822; BGH v. 11.05.2005 - XII ZR 211/02 - FamRZ 2005, 1817, 1822; OLG Brandenburg v. 22.03.2011 - 10 UF 85/09 - FamFR 2011, 224; einschränkend BGH v. 12.12.2012 - XII ZR 43/11 - BGHZ 196, 21 35 = FamRZ 2013, 363.
[336] OLG Köln v. 21.06.2011 - 4 UF 13/11 - FamRZ 2012, 235 (LS) = FamFR 2012, 239; zur Behandlung beim Minderjährigenunterhalt vgl. BGH v. 30.01.2013 - XII ZR 158/10 - FamRZ 2013, 616.
[337] Vgl. OLG Hamm v. 17.10.2013 - 4 UF 161/11 - NZFam 2014, 30 m.w.N.
[338] OLG Köln v. 06.08.2010 - 25 UF 55/10.
[339] OLG Hamm v. 11.07.2011 - II-8 UF 175/10.

319 Auch wenn durch die Entschuldung von Immobilien weiteres Vermögen mit dem Ziel der Erlangung von Einkünften aus Vermietung und Verpachtung gebildet wird, ist dies grundsätzlich als besondere Form der zusätzlichen Altersversorgung berücksichtigungsfähig.[340]

320 Fiktive Berechnungen auf der sog. „24%-Basis" sind nicht gerechtfertigt.[341] Hat ein Unterhaltspflichtiger die entsprechenden Verträge ruhend gestellt, sind **Altersvorsorgeaufwendungen** nicht einkommensmindernd zu berücksichtigen.[342]

321 Übersteigt das Einkommen des Unterhaltspflichtigen die **Beitragsbemessungsgrenze** zur gesetzlichen Rentenversicherung gemäß §§ 159, 160 SGB VI, so ist hinsichtlich der diese Grenze übersteigenden Einkünfte ein Betrag von 20% für eine ergänzende Altersvorsorge anzuerkennen.[343]

322 Hat der Unterhaltspflichtige bereits das allgemeine Rentenalter erreicht, können von ihm weiter aufgewandte Versorgungsrücklagen in der Regel nicht zu Lasten der Unterhaltsberechtigten abgesetzt werden.[344] Dem entspricht, dass auch für den Unterhaltsberechtigten mit dem Erreichen des 65. Lebensjahres der Altersvorsorgeunterhaltsbedarf regelmäßig entfällt.[345]

323 Die monatliche **Beitragsbemessungsgrenze** in der Gesetzlichen Rentenversicherung und in der Arbeitslosenversicherung beträgt seit dem **01.01.2014** in der allgemeinen Rentenversicherung in den alten Bundesländern 5.950 € und in den neuen Bundesländern 5.000 €.

324 Der Beitragssatz in der gesetzlichen Rentenversicherung beträgt **2014 unverändert 18,9%**.

325 Allerdings ist stets eine **Angemessenheitsprüfung** vorzunehmen,[346] ob der Unterhaltspflichtige tatsächlich diese zusätzliche Altersvorsorge benötigt, um nach dem Ausscheiden aus dem Erwerbsleben über ausreichende Einkünfte zu verfügen. Ist er anderweitig – z.B. durch Betriebsrente, deren Beiträge ohnehin vom Gehalt abgezogen werden – ausreichend abgesichert, sind zusätzliche Aufwendungen zu Lasten der Unterhaltsberechtigten nicht anzuerkennen.[347]

326 Das OLG Hamm erlaubt einem über das 65. Lebensjahr hinaus selbständig tätigen Unterhaltspflichtigen, dessen Einkommen unterhaltsrechtlich berücksichtigt wird, auch noch für diese Zeit Altersvorsorgerücklagen zu bilden. Soweit der Unterhaltspflichtige aber seine Erwerbstätigkeit zurückfährt, bestehe dann eine Verpflichtung, das angesparte Vorsorgekapital zweckgerichtet anzugreifen, um den Einkommensrückgang auszugleichen.[348]

327 Wurden diese Beiträge für eine solche Altersvorsorge **bereits während der intakten Ehe gezahlt**, haben sie schon die ehelichen Lebensverhältnisse geprägt und bestimmt damit bereits **den Bedarf der Berechtigten**.

n. Fahrtkosten

328 Soweit Fahrtkosten nicht bereits durch einen pauschalen Abzug von berufsbedingten Aufwendungen erfasst werden, werden überwiegend die notwendigen **Kosten der berufsbedingten Nutzung eines Pkws** entsprechend § 5 Abs. 2 Satz 1 Nr. 2 JVEG mit 0,30 € je Kilometer festgesetzt.[349] Bei Fahrtstrecken von mehr als 30 Entfernungskilometern kann die Kilometerpauschale auf 0,20 € reduziert werden.[350]

329 Mit dieser **Pauschale** sind sowohl die reinen **Betriebskosten** (Öl, Reifen, Wartung, Reparaturkosten, Steuern, Versicherung) abgegolten als auch die **Anschaffungskosten**, die Finanzierungskosten bei einem aufgenommenen Kredit und auch eventuell Leasingraten. Neben der Pauschale können daher weder Kreditkosten für die Anschaffung des Fahrzeugs noch Leasingraten berücksichtigt werden.[351]

---

[340] BGH v. 11.05.2005 - XII ZR 211/02 - BGHZ 163, 84, 97 ff. = FamRZ 2005, 1817, 1821; BGH v. 28.02.2007 - XII ZR 37/05 - juris Rn. 27 - BGHZ 171, 206 = FamRZ 2007, 793.
[341] OLG Köln v. 21.06.2011 - 4 UF 13/11 - FamRZ 2012, 235 (LS) = FamFR 2012, 239.
[342] Vgl. OLG Düsseldorf v. 28.02.2012 - II-1 UF 306/11, 1 UF 306/11 - FamFR 2013, 83.
[343] OLG Frankfurt v. 12.08.2010 - 6 UF 243/09 - FamRZ 2011, 304.
[344] BGH v. 11.01.2012 - XII ZR 22/10 - FamRZ 2012, 956; BGH v. 28.07.2010 - XII ZR 140/07 - juris Rn. 26 - BGHZ 186, 350 = FamRZ 2010, 1535.
[345] BGH v. 20.10.1999 - XII ZR 297/97 - FamRZ 2000, 351, 354; *Büttner*, FamRZ 2004, 1918, 1923.
[346] BGH v. 16.07.2008 - XII ZR 109/05 - FamRZ 2008, 1739, 1745; vgl. auch BGH v. 12.12.2012 - XII ZR 43/11 - BGHZ 196, 21-35 = FamRZ 2013, 363.
[347] OLG Köln v. 06.08.2010 - 25 UF 55/10.
[348] OLG Hamm v. 17.10.2013 - 4 UF 161/11 - NZFam 2014, 30.
[349] OLG Celle v. 14.02.2013 - 10 WF 46/13 - FamFR 2013, 201.
[350] Vgl. die jeweiligen Unterhaltsleitlinien Nr. 10.2.2.
[351] Vgl. *Heiß*, FamFR 2013, 201.

Bei einer **kurzen Fahrtstrecke** kann es daher günstiger sein, nicht die Kilometerpauschale anzusetzen, sondern die Kreditraten, die bereits die ehelichen Verhältnisse bestimmt haben anzusetzen zuzüglich der reinen Betriebskosten. Dagegen ist bei **hoher Fahrleistung** der Ansatz der Kilometerpauschale günstiger.[352] 330

Werden die **Darlehenskosten** für die Anschaffung eines Pkws als **eheprägende Verbindlichkeit** berücksichtigt, weil sie im Verhältnis zu den errechneten Fahrtkosten zu hoch sind, können als **Kilometerpauschale nur noch die zu schätzenden reinen Betriebskosten** (z.B. 50% der Pauschale) oder die pauschalen 5% als berufsbedingte Aufwendungen angesetzt werden.[353] 331

Allgemein wird die Obliegenheit bejaht, die Fahrtkosten möglichst gering zu halten und ggf. **Fahrgemeinschaften**[354] oder günstige **öffentliche Verkehrsmittel** zu nutzen, soweit dies im Hinblick auf die Verkehrsverbindungen und den zeitlichen Aufwand zumutbar ist. 332

Werden Fahrtkosten anerkannt, sind **Einkommensteuererstattungen,** die sich durch die steuerliche Geltendmachung der Fahrtkosten ergeben können, gegenzurechnen.[355] Soweit allerdings tatsächliche Fahrtkosten unterhaltsrechtlich nicht anerkannt werden, können die sich daraus ergebenden Steuervorteile ebenfalls nicht in die Unterhaltsberechnung einbezogen werden. 333

Problematisch sind die Fälle, in denen aufgrund eines **Wohnsitzwechsels** des Unterhaltspflichtigen **höhere Fahrtkosten zur Arbeitsstelle** anfallen und – bei deren Anerkennung – das unterhaltsrechtlich relevante Einkommen sinkt. Das OLG Köln hat ein unterhaltsrechtlich vorwerfbares Verhalten des Unterhaltspflichtigen aufgrund des Umzugs in eine neue Wohnung, die deutlich entfernter von der Arbeitsstätte liegt und damit zur entsprechenden Erhöhung von berufsbedingten Aufwendungen führt, verneint. Mit der Trennung sei es jedem der Ehepartner unbenommen, sich einem neuen Lebenspartner zuzuwenden und mit diesem einen neuen Hausstand zu gründen, auch wenn dieser bezogen auf die Arbeitsstätte an einem entfernter gelegenen Ort gewählt wird.[356] 334

Anders ist die Situation jedoch dann, wenn es nicht nur um Ehegattenunterhalt, sondern auch um den **Unterhalt minderjähriger Kinder** geht.[357] 335

o. Verbraucherinsolvenz

Den Unterhaltsschuldner trifft beim Trennungsunterhalt keine Obliegenheit zur Einleitung der Verbraucherinsolvenz, da diese Obliegenheit auf Fälle einer gesteigerten Unterhaltspflicht beim Minderjährigenunterhalt[358] beschränkt ist. Zur unterhaltsrechtlichen Bedeutung der **Verbraucherinsolvenz** beim Kindesunterhalt vgl. die Kommentierung zu § 1603 BGB Rn. 849 ff. 336

p. Einmalige Zahlungen (Verbot der Doppelanrechnung/Doppelverwertung)

a) Unterhaltsrechtliche Bedeutung: Zur Feststellung der **unterhaltsrechtlich**en Leistungsfähigkeit sind alle tatsächlich erzielten Einkünfte heranzuziehen. **Einmalzahlungen** wie z.B. **Abfindungen,** Tantiemen und Prämien können auf einen bestimmten Zeitraum verteilt auf das Einkommen umgelegt und damit bereits bei der Unterhaltsberechnung angerechnet werden (vgl. die Kommentierung zu § 1577 BGB Rn. 16 und die Kommentierung zu § 1603 BGB Rn. 514 f.). 337

Eine **arbeitsrechtliche Abfindung**[359] kann als unterhaltsrechtlich erhebliches Einkommen anzusehen sein, wenn sie eine **Lohnersatzfunktion** für fortgefallenes Arbeitseinkommen darstellt.[360] Sie dient 338

---

[352] Vgl. *Heiß*, FamFR 2013, 201; *Born*, FamRZ 2006, 849.
[353] Vgl. *Heiß*, FamFR 2013, 201; *Born*, FamRZ 2006, 849.
[354] Dazu OLG Celle v. 14.02.2013 - 10 WF 46/13 - FamFR 2013, 201; *Heiß*, FamFR 2013, 201.
[355] OLG Celle v. 14.02.2013 - 10 WF 46/13 - FamFR 2013, 201.
[356] OLG Köln v. 10.01.2013 - 4 UF 164/12 - FuR 2013, 345-346.
[357] OLG Köln v. 10.01.2013 - 4 UF 164/12 - FuR 2013, 345; OLG Köln v. 15.08.2006 - 4 UF 19/06 - FamRZ 2006, 1760; OLG Saarbrücken v. 17.11.2011 - 6 UF 110/11 - FamRZ 2012, 797.
[358] BGH v. 23.02.2005 - XII ZR 114/03 - FamRZ 2005, 608, 609; BGH v. 12.12.2007 - XII ZR 23/06 - NJW 2008, 851 m. Anm. *Melchers* = NJW 2008, 806 = FamRZ 2008, 497 m. Anm. *Hauß*; vgl. auch BGH v. 31.10.2007 XII ZR 112/05 - FamRZ 2008, 137.
[359] Ausführlich *Maurer*, FamRZ 2012, 1685.
[360] Zur Anrechnung einer Abfindung aus Anlass einer außerordentlicher Kündigung des Arbeitsverhältnisses aus krankheitsbedingten Gründen vgl. OLG Karlsruhe v. 05.09.2011 - 16 UF 132/09 - FamRZ 2012, 134.

§ 1361

dazu, soweit möglich, die bisherigen wirtschaftlichen Verhältnisse aufrechtzuerhalten, d.h. den Unterhaltsbedarf in der bisherigen Höhe weiter zu decken.[361] Dies gilt auch auf Seiten der Berechtigten.[362]

339 Eine Abfindung von 7.000 € auf 20 Monate verteilt hat das OLG Saarbrücken.[363] Das OLG Düsseldorf hat 52.000 € Abfindung auf drei Jahre gestreckt.[364] Einen längeren Zeitraum bejahen das OLG Oldenburg[365] (Verteilung auf 5 bis 6 Jahre), das OLG Hamm[366] (34.305 € auf 5 Jahre) sowie das OLG München[367] (Umlage von 50.000 € auf 73 Monate).

340 Sollte sich ein **nachhaltig niedrigeres Einkommen** ergeben, bleibt es dem Unterhaltspflichtigen unbenommen, nach Verbrauch der Abfindung ein Abänderungsverfahren einzuleiten.[368]

341 Wurde die Abfindung zu einem Zeitpunkt gezahlt, zu dem der Arbeitnehmer in den **vorgezogenen Ruhestand** getreten ist, dann wird die Abfindung auf diesen Zeitraum bis zum Beginn der Altersrente gleichmäßig verteilt.[369] Das OLG Hamm hat die Abfindung auf die Zeit bis zum voraussichtlichen Rentenbeginn gestreckt,[370] eine Abfindung von 97.500 € bis zum Erreichen des 65. Lebensjahres umgelegt sowie auf einen Zeitraum von 4 Jahren verteilt.[371]

342 Auch die Obergerichte orientieren sich vielfach am **Zeitpunkt des regulären Rentenbeginns** und legen eine zur Kompensation des verfrühten Renteneintritts erhaltene Abfindung bei der Unterhaltsbemessung auf die Dauer des zu erwartenden Rentenbezugs um.[372]

343 Die Abfindung wird damit zur **Deckung des Bedarfes** sowohl des **Berechtigten** als auch des **Verpflichteten** eingesetzt.[373] Allerdings kann ein Teil auch zur Deckung von **Schulden** und anderen notwendigen Ausgaben verbraucht werden.[374]

344 Zu beachten ist zudem, dass sowohl von Arbeitslosengeld als auch von einer als Ersatz für fortgefallenes Arbeitseinkommen vom Arbeitgeber gezahlten und auf einen längeren Zeitraum umzulegenden Abfindung **kein Erwerbstätigenbonus** in Abzug zu bringen ist.[375] Die Nichtberücksichtigung eines Erwerbstätigenbonus darf aber nicht dazu führen, dass jetzt das bereinigte Nettoeinkommen höher ist als es während des Arbeitsverhältnisses gewesen ist. Vielmehr muss die Anrechnung der Abfindung mit jeweils verringertem Anteil so erfolgen, dass „unter dem Strich" maximal das gleiche Einkommen wie vorher zur Verfügung steht.

345 Die Abfindung darf jedoch **nicht** zur Begleichung von **Unterhaltsrückständen** eingesetzt werden. Ein Unterhaltsschuldner ist verpflichtet, den jeweils im Unterhaltszeitraum geschuldeten Unterhalt aus seinem verfügbaren Einkommen zu zahlen.[376]

346 Zu beachten ist, dass lediglich die **Nettobeträge** unterhaltsrechtlich angerechnet werden können.[377] Steuern und Sozialleistungen sind abzuziehen.[378]

---

[361] BGH v. 18.04.2012 - XII ZR 65/10 - FamRZ 2012, 1040 = NJW 2012, 1868; BGH v. 18.04.2012 - XII ZR 66/10 - FamRZ 2012, 1048 = NJW 2012, 1873; vgl. auch BGH v. 07.12.2011 - XII ZR 151/09 - FamRZ 2012, 281 mit Anm. *Borth*, FamRZ 2012, 253 = NJW 2012, 384; OLG Koblenz v. 14.12.2011 - 7 UF 955/11 - FamRZ 2012, 1575.

[362] OLG Düsseldorf v. 17.12.2013 - II-1 UF 180/13.

[363] OLG Saarbrücken v. 15.10.2003 - 9 UF 1/03 - FuR 2004, 260.

[364] OLG Düsseldorf v. 18.05.1990 - 6 UF 231/89 - NJW 1990, 2695.

[365] OLG Oldenburg v. 24.10.1995 - 12 UF 131/95 - FamRZ 1996, 672.

[366] OLG Hamm v. 26.07.1995 - 12 UF 525/93 - FamRZ 1996, 219.

[367] OLG München v. 16.10.1997 - 12 WF 1147/97 - FamRZ 1998, 559; OLG München v. 16.10.1997 - 12 WF 1147/97 - FamRZ 1998, 559.

[368] OLG Karlsruhe v. 18.03.2010 - 5 WF 17/10 - FamRZ 2010, 1345 (LS).

[369] BGH v. 28.03.2007 - XII ZR 163/04 - FamRZ 2007, 983.

[370] OLG Hamm v. 01.09.1998 - 2 UF 60/98 - FamRZ 1999, 929.

[371] OLG Hamm v. 25.02.1998 - 12 UF 182/97 - FamRZ 1999, 233.

[372] OLG Hamm v. 20.05.2008 - 1 UF 208/07 - NJW-RR 2009, 508; OLG Frankfurt v. 02.03.2000 - 1 UF 144/95 - FuR 2001, 371; OLG Frankfurt v. 24.06.1999 - 6 UF 134/98 - FamRZ 2000, 611; OLG Karlsruhe v. 12.10.2000 - 2 UF 214/99 - FamRZ 2001, 1615.

[373] Zur Verrechnung der Abfindung auf den nachfolgenden Zeitraum sind eine Reihe von Entscheidungen ergangen; vgl. die Zusammenstellung bei *Kleffmann*, FuR 2010, 533, 540.

[374] *Schürmann* in: AnwKomm., § 1577 Vorbem. 67 m.w.N.

[375] BGH v. 28.03.2007 - XII ZR 163/04 - NJW 2007, 2249 mit Anm. *Born* = FamRZ 2007, 983 mit Anm. *Schürmann*.

[376] OLG Saarbrücken v. 07.10.2009 - 9 WF 113/09 - ZFE 2010, 235.

[377] OLG Karlsruhe v. 05.09.2011 - 16 UF 132/09 - FamRZ 2012, 134.

[378] *Klein* in: Weinreich/Klein, FAKomm FamR, 2008, § 1578 Rn. 159; *Schürmann* in: AnwK-BGB, § 1577 Vorbem. 66.

347 Ggf. sind auch die negativen Folgen bei Sozialleistungen, wie z.B. eine Sperre beim Arbeitslosengeld, zu berücksichtigen. Zudem kann ein Teil auch zur Deckung von Schulden und anderer notwendiger Ausgaben verbraucht werden.[379]

348 Das OLG Hamm wendet diese Grundsätze auch für **sonstige einmalige Sonderzahlungen** des Arbeitgebers an, wenn ihnen **Lohnersatzfunktion** zukommt.[380]

349 Das gilt zum einen, wenn der Unterhaltpflichtige nur noch Lohnersatzleistungen, etwa **Arbeitslosengeld**, bezieht, die erheblich hinter dem bisherigen Einkommen zurückbleiben.

350 So berücksichtigt das OLG Karlsruhe bei der Schätzung des **für den Unterhalt benötigten Betrages** die Dauer der bisherigen Arbeitslosigkeit und die Höhe des jetzt erzielten Einkommens sowie die Tatsache, dass er ein befristetes und damit unsicheres Arbeitsverhältnis hat. Auch wird auf den Wegfall der zusätzlichen betrieblichen Altersversorgung abgestellt.[381]

351 Auch kann mit Hilfe der Abfindung ein fortgefallenes Arbeitseinkommen bis zum Eintritt in das **Rentenalter** aufrechterhalten werden.[382]

352 Eine Verrechnung erfolgt auch dann, wenn der Unterhaltspflichtige ein **neues Arbeitsverhältnis mit einem geringeren Einkommen** aufnimmt.[383] Das OLG Brandenburg verrechnet die **Abfindung** mit dem nach der **sog. Fünftel-Methode zu ermittelnden Nettobetrag**. Danach wird die Bruttoabfindung nur mit einem Fünftel in das zu versteuernde Einkommen eingerechnet und die Steuer, die auf den Abfindungsteil entfällt, in einem zweiten Schritt verfünffacht.[384]

353 Eine Abfindung von 7.000 € auf 20 Monate verteilt hat das OLG Saarbrücken.[385] Das OLG Düsseldorf hat 52.000 € Abfindung auf 3 Jahre gestreckt.[386] Einen längeren Zeitraum bejahen das OLG Oldenburg[387] (Verteilung auf 5 bis 6 Jahre), das OLG Hamm[388] (34.305 € auf 5 Jahre) sowie das OLG München[389] (Umlage von 50.000 € auf 73 Monate).

354 Sollte sich ein **nachhaltig niedrigeres Einkommen** ergeben, bleibt es dem Unterhaltspflichtigen unbenommen, nach Verbrauch der Abfindung ein Abänderungsverfahren einzuleiten.[390]

355 Wurde die Abfindung zu einem Zeitpunkt gezahlt, zu dem der Arbeitnehmer in den **vorgezogenen Ruhestand** getreten ist, dann wird die Abfindung auf diesen Zeitraum bis zum Beginn der Altersrente gleichmäßig verteilt.[391] Das OLG Hamm hat die Abfindung auf die Zeit bis zum voraussichtlichen Rentenbeginn gestreckt,[392] eine Abfindung von 97.500 € bis zum Erreichen des 65. Lebensjahres umgelegt sowie auf einen Zeitraum von 4 Jahren verteilt.[393]

356 Auch die Obergerichte orientieren sich vielfach am **Zeitpunkt des regulären Rentenbeginns** und legen eine zur Kompensation des verfrühten Renteneintritts erhaltene Abfindung bei der Unterhaltsbemessung auf die Dauer des zu erwartenden Rentenbezugs um.[394]

357 Die Abfindung wird damit zur **Deckung des Bedarfes** sowohl des **Berechtigten** als auch des **Verpflichteten** eingesetzt.[395] Allerdings kann ein Teil auch zur Deckung von **Schulden** und anderen notwendigen Ausgaben verbraucht werden.[396]

---

[379] *Schürmann* in: AnwK-BGB, § 1577 Vorbem. 67 m.w.N.
[380] OLG Hamm v. 02.03.2012 - 13 UF 169/11 - FamFR 2012, 204.
[381] OLG Karlsruhe v. 24.10.2013 - 2 UF 213/12 - NZFam 2014, 3.
[382] BGH v. 18.04.2012 - XII ZR 65/10 - FamRZ 2012, 1040; BGH v. 28.03.2007 - XII ZR 163/04 - FamRZ 2007, 983; OLG Hamm v. 02.03.2012 - 13 UF 169/11 - FamFR 2012, 204.
[383] BGH v. 18.04.2012 - XII ZR 65/10; BGH v. 14.01.1987 - IVb ZR 89/85 - FamRZ 1987, 359, 360.
[384] OLG Brandenburg v. 16.09.2013 - 15 UF 96/13 - FF 2014, 27-30.
[385] OLG Saarbrücken v. 15.10.2003 - 9 UF 1/03 - FuR 2004, 260.
[386] OLG Düsseldorf v. 18.05.1990 - 6 UF 231/89 - NJW 1990, 2695.
[387] OLG Oldenburg v. 24.10.1995 - 12 UF 131/95 - FamRZ 1996, 672.
[388] OLG Hamm v. 26.07.1995 - 12 UF 525/93 - FamRZ 1996, 219.
[389] OLG München v. 16.10.1997 - 12 WF 1147/97 - FamRZ 1998, 559; OLG München v. 16.10.1997 - 12 WF 1147/97 - FamRZ 1998, 559.
[390] OLG Karlsruhe v. 18.03.2010 - 5 WF 17/10 - FamRZ 2010, 1345 (LS).
[391] BGH v. 28.03.2007 - XII ZR 163/04 - FamRZ 2007, 983.
[392] OLG Hamm v. 01.09.1998 - 2 UF 60/98 - FamRZ 1999, 929.
[393] OLG Hamm v. 25.02.1998 - 12 UF 182/97 - FamRZ 1999, 233.
[394] OLG Hamm v. 20.05.2008 - 1 UF 208/07 - NJW-RR 2009, 508; OLG Frankfurt v. 02.03.2000 - 1 UF 144/95 - FuR 2001, 371; OLG Frankfurt v. 24.06.1999 - 6 UF 134/98 - FamRZ 2000, 611; OLG Karlsruhe v. 12.10.2000 - 2 UF 214/99 - FamRZ 2001, 1615.
[395] Zur Verrechnung der Abfindung auf den nachfolgenden Zeitraum sind eine Reihe von Entscheidungen ergangen; vgl. die Zusammenstellung bei *Kleffmann*, FuR 2010, 533, 540.
[396] *Schürmann* in: AnwKomm., § 1577 Vorbem. 67 m.w.N.

§ 1361

358 Die Abfindung darf jedoch **nicht** zur Begleichung von **Unterhaltsrückständen** eingesetzt werden. Ein Unterhaltsschuldner ist verpflichtet, den jeweils im Unterhaltszeitraum geschuldeten Unterhalt aus seinem verfügbaren Einkommen zu zahlen.[397]

359 Ist die Abfindung in einem zukünftigen Zeitpunkt bereits **verbraucht** worden, ohne dass die prognostizierte Verbesserung der Einkommensverhältnisse eingetreten ist, kann der Unterhaltspflichtige einen **Abänderungsantrag nach § 238 FamFG stellen**.[398]

360 **Jedoch dient die Abfindung nicht dazu, das bisherige Einkommen zu erhöhen.** Eine Umlegung des erhaltenen Abfindungsbetrages auf die Folgemonate zur Erhöhung des Einkommens kommt daher nicht in Betracht, denn aus der Abfindung kann bei ansonsten gleich gebliebenem Einkommen **keine Erhöhung des Bedarfs** hergeleitet werden.[399]

361 Eine Abfindung bleibt daher bei der Bemessung des Unterhaltsbedarfes außer Ansatz, wenn der Unterhaltspflichtige im Anschluss an das beendete Arbeitsverhältnis sogleich eine **neue Arbeitsstelle mit einem vergleichbaren Einkommen** erlangt.[400]

362 Aus der Anrechenbarkeit folgt aber nicht zwingend, dass die Abfindung unabhängig von ihrer Höhe notwendig **zur kompletten Aufstockung** zu verwenden ist und stets das frühere Einkommens- und Unterhaltsniveau erreicht werden muss. Vielmehr könne je nach den Umständen des Falles, insbesondere bei dauerhafter Arbeitslosigkeit oder aber bei nicht bestehenden Aussichten auf eine künftige Steigerung des Einkommens, **auch eine nur teilweise Aufstockung angemessen sein, um die Abfindung auf einen längeren Zeitraum zu verteilen**.[401]

363 Wenn auf Grund des Alters des Unterhaltsschuldners zu erwarten gewesen wäre, dass dieser bis zum Renteneintritt keine oder nur eine geringer dotierte Tätigkeit hätte finden können, sind die Zahlungen auf einen längeren feststehenden zu überbrückenden Zeitraum umzurechnen.[402]

364 Wird die Abfindung in die Unterhaltsberechnung eingestellt, so ist zu beachten, dass sowohl von Arbeitslosengeld als auch von einer als Ersatz für fortgefallenes Arbeitseinkommen vom Arbeitgeber gezahlten und auf einen längeren Zeitraum umzulegenden Abfindung **ein Erwerbstätigenbonus nicht in Abzug zu bringen ist**.[403]

365 Die Nichtberücksichtigung eines Erwerbstätigenbonus darf aber nicht dazu führen, dass jetzt das bereinigte Nettoeinkommen höher ist als während des Arbeitsverhältnisses. Vielmehr muss die Anrechnung der Abfindung so erfolgen, dass „unter dem Strich" maximal das gleiche Einkommen wie vorher zur Verfügung steht.

366 *Groß* entwickelt folgendes **Prüfungsschema:**[404]

a) Die Abfindung muss zum Stichtag vorhanden sein – zumindest als eine für das Endvermögen erforderliche Verfestigung des Anspruchs.

b) Die Abfindung muss zumindest auch eine Lohnersatzfunktion haben.

c) Folglich ist sie vorrangig unterhaltsrechtlich zu verwenden.

d) Schon bei der Bedarfsermittlung ist zu prüfen, ob die Abfindung über einen längeren Zeitraum gestreckt werden muss. Es muss nicht das frühere Einkommens- und Unterhaltsniveau erreicht werden. Die Aufstockung kann nach den Umständen des Einzelfalls über einen längeren Zeitraum erstreckt werden, insbesondere bei der Gefahr dauerhafter Arbeitslosigkeit und/oder fehlender Aussicht künftiger Steigerung des Einkommens.

---

[397] OLG Saarbrücken v. 07.10.2009 - 9 WF 113/09 - ZFE 2010, 235.
[398] BGH v. 18.04.2012 - XII ZR 65/10 - juris Rn. 44 - FamRZ 2012, 1040.
[399] BGH v. 18.04.2012 - XII ZR 65/10 - FamRZ 2012, 1040; OLG Koblenz v. 14.12.2011 - 7 UF 955/11 - FamRZ 2012, 1575.
[400] BGH v. 18.04.2012 - XII ZR 65/10 - FamRZ 2012, 1040; BGH v. 02.06.2010 - XII ZR 138/08 - juris Rn. 28 f. - FamRZ 2010, 1311; vgl. auch OLG Düsseldorf v. 17.12.2013 - II-1 UF 180/13.
[401] BGH v. 18.04.2012 - XII ZR 65/10 - FamRZ 2012, 1040; OLG Hamm v. 02.03.2012 - 13 UF 169/11 - FamFR 2012, 204.
[402] OLG Hamm v. 02.03.2012 - 13 UF 169/11 - FamFR 2012, 204; OLG Karlsruhe v. 24.10.2013 - 2 UF 213/12 - NZFam 2014, 3: Absicherung für 5 Jahre.
[403] BGH v. 28.03.2007 - XII ZR 163/04 - NJW 2007, 2249 m. Anm. *Born* = FamRZ 2007, 983 m. Anm. *Schürmann*.
[404] *Groß*, NZFam 2014, 32 in Anlehnung an BGH v. 18.04.2012 - XII ZR 65/10 - NJW 2012, 1868 und BGH v. 18.04.2012 - XII ZR 66/10 - NJW 2012, 1873 und OLG Karlsruhe v. 24.10.2013 - 2 UF 213/12.

b) Doppelverwertungsverbot: Bei jeder Art von **Einmalzahlungen** – so auch bei der Abfindung – ist das **Verbot der Doppelverwertung**[405] **(Verbot der Doppelanrechnung)** zu beachten. Wenn Einmalzahlungen bereits auf das Einkommen umgelegt und bei der Festsetzung des Unterhalts berücksichtigt worden sind, kann der gleiche Betrag nicht noch einmal als Kapitalbetrag im Zugewinnausgleich berücksichtigt werden.[406] Das **Doppelverwertungsverbot** soll eine doppelte Teilhabe verhindern. 367

Zu einer solchen Konkurrenz zwischen Zugewinnausgleich und Unterhalt kann es aber nur dann kommen, wenn zum **Unterhalt** auch der **Vermögensstamm** herangezogen wird.[407] Eine zweifache Teilhabe ist deswegen ausgeschlossen, wenn der **Unterhalt** lediglich aus **Vermögenseinkünften** bemessen wird, während sich der **Zugewinnausgleich** auf den **Vermögensstamm** beschränkt. 368

Eine unzulässige doppelte Teilhabe an ein und demselben Vermögenswert liegt hingegen vor, wenn der Vermögensstamm unterhaltsrechtlich berücksichtigt wird. 369

Dabei ist einmal ein zum Stichtag noch vorliegender **Abfindungsbetrag** von Bedeutung. Jedoch ist auch eine nach dem Stichtag ausgezahlte Abfindung zu berücksichtigen, soweit zum Stichtag zumindest eine **Anwartschaft** oder ein entsprechender, nicht mehr von einer Gegenleistung abhängiger **Anspruch** vorhanden ist.[408] 370

Hier sind viele **Fragen** umstritten; dabei spielen auch **taktische Gesichtspunkte** – auch im Hinblick auf eine mögliche Anwaltshaftung – eine Rolle. 371

So sollte die Abfindung beim **Unterhalt** angesetzt werden, wenn sie sich im Zugewinnausgleich nicht auswirken würde – so z.B. bei bestehender Gütertrennung. Das Gleiche gilt auch, wenn die Abfindung erst nach dem Stichtag anfällt oder wenn bei dem Ehegatten, der die Abfindung bezieht, kein Zugewinn vorliegt. Dies kann der Fall sein, wenn er ein darüber hinausgehendes Anfangsvermögen hat oder aber erhebliches negatives Endvermögen, sodass die zusätzliche Abfindung für den Zugewinnausgleich nicht relevant wird. 372

Dagegen bietet sich die Verrechnung im **Zugewinnausgleich** an, wenn die Abfindung unterhaltsrechtlich nicht relevant wird, also z.B., wenn der Berechtigte seinen Bedarf selbst mit seinem verfügbaren Einkommen sicherstellen kann. Auch bei einem Wegfall des Ehegattenunterhaltsanspruchs nach § 1579 BGB ist dies der Fall. 373

Zu bedenken sind auch die unterschiedlichen **Auswirkungen** und die jeweiligen **Risiken**: 374

Die Anrechnung im Zugewinn erfolgt zu 50%, während beim Unterhalt die Quote (z.B. 4/7 und 3/7) ausschlaggebend sein kann. Zahlungen auf Unterhaltsforderungen können innerhalb der steuerlichen Höchstgrenzen steuerlich abgesetzt werden; eine Abzugsfähigkeit für Zugewinnausgleichszahlungen besteht dagegen nicht. 375

Beim **Unterhalt** handelt es sich um eine monatlich zu erbringende **Dauerleistung**, sodass die Höhe der insgesamt zu tragenden Belastung nur geschätzt werden kann. Dagegen ist der **Zugewinnausgleich** ein sofort geschuldeter **Fixbetrag**. Zudem birgt die – auf einen längeren Zeitraum angelegte – Anrechnung im Unterhalt für den Anspruchsberechtigten längerfristige Risiken, wenn der Unterhaltsanspruch später wegfällt (z.B. wegen Aufnahme einer Erwerbstätigkeit, erhöhtem Eigeneinkommen, Begründung einer neuen Partnerschaft oder erneuter Heirat des Berechtigten). Denn auch eine titulierte Unterhaltsforderung kann bei veränderten Umständen gem. § 238 FamFG angepasst werden. Dagegen wird im Zugewinn der Ausgleichsbetrag unabhängig von späteren Entwicklungen geschuldet. 376

In Verfahren, in denen Verfahrenskostenhilfe bewilligt worden ist, kann die Zahlung eines Kapitalbetrags im Zugewinnausgleich dazu führen, dass das Gericht die Kosten des Verfahrens aus dem Vermögen nachzahlen lässt. Nachzahlungen von Unterhalt können dagegen nach § 120a Abs. 3 ZPO zur Auferlegung von Raten führen. 377

---

[405] Ausführlich *Viefhues*, FuR 2013, 674; *Viefhues*, ZFE 2009, 84 (Schulden) und *Viefhues*, ZFE 2009, 84 (Aktiva); zum Doppelverwertungsverbot beim ehelichen Vermögensrecht vgl. *Götsche*, FuR 2014, 202.

[406] BGH v. 09.02.2011 - XII ZR 40/09 - FamRZ 2011, 622 = NJW 2011, 999; BGH v. 21.04.2004 - XII ZR 185/01 - FamRZ 2004, 1352 f. m. Anm. *Bergschneider*; BGH v. 11.12.2002 - XII ZR 27/00 - FamRZ 2003, 432; BGH v. 21.04.2004 - XII ZR 185/01 - FamRZ 2004, 1352; OLG München v. 15.12.2004 - 16 UF 1410/00 - FamRZ 2005, 714.

[407] BGH v. 09.02.2011 - XII ZR 40/09 - FamRZ 2011, 622 = NJW 2011, 999; BGH v. 06.02.2008 - XII ZR 45/06 - juris Rn. 17 - FamRZ 2008, 761; *Hoppenz*, FamRZ 2006, 1242, 1243 und FamRZ 2008, 765, 766; *Münch*, NJW 2008, 1201 f.

[408] OLG Karlsruhe v. 24.10.2013 - 2 UF 213/12 - NZFam 2014, 3 unter Hinweis auf *Braeuer*, Der Zugewinnausgleich, 2011, Rn. 175.

378 Grundsätzlich besteht ein **Wahlrecht**, ob die Abfindung beim Unterhalt oder Zugewinnausgleich einzusetzen ist;[409] nicht geklärt aber ist, welcher Ehegatte das Wahlrecht ausüben darf.

379 Ist bereits eine **rechtskräftige gerichtliche Entscheidung** ergangen, in der die Abfindung berücksichtigt worden ist, so ist diese **für ein nachfolgendes Verfahren bindend**.

380 In der anwaltlichen Beratungspraxis ist dabei zu beachten, dass **die Gefahr der Doppelberücksichtigung** nicht nur bei Aktiva (Kapitalbeträgen), sondern auch bei **Passiva** (Schulden, Darlehensverbindlichkeiten) besteht. Hier sind mögliche Überschneidungen nicht nur zum Zugewinn, sondern auch zum Gesamtschuldnerausgleich[410] und zu Nutzungsentgelten (Wohnvorteil) gegeben.[411] In beiden Fällen muss der Anwalt durch entsprechenden **Sachvortrag** verhindern, dass eine bestimmte Position zum Nachteil seines Mandanten doppelt berücksichtigt wird.

381 Sind die Einmalzahlungen dagegen lediglich auf den **Kindesunterhalt** verrechnet worden, steht dies einer Anrechnung des entsprechenden Kapitalbetrages im Zugewinnausgleich nicht entgegen. Denn zwischen dem Kindesunterhalt und dem allein unter den Ehegatten durchzuführenden Zugewinnausgleich kann keine Wechselwirkung auftreten. Andernfalls würde eine Mitfinanzierung des Kindesunterhaltes über den Zugewinn oder umgekehrt bewirkt.

382 Das OLG Karlsruhe verrechnet allerdings eine **Abfindung wegen Arbeitsplatzverlust** auf das Einkommen des geschiedenen Ehemannes im Hinblick auf seine Verpflichtung zur Zahlung von Kindesunterhalt und nimmt diesen Teil der Abfindung aus dem Zugewinnausgleich heraus.[412]

383 **c) Überlegungen in der anwaltlichen Beratung:** Der Trennungsunterhalt wird im **zeitlichen Ablauf** regelmäßig in nahem zeitlichen Zusammenhang mit der **Trennung** festzusetzen sein und damit lange vor dem **Zugewinn** gerichtlich geregelt werden, denn für die Feststellung des Endvermögens ist die Zustellung des Scheidungsantrages erforderlich.

384 Eine **Vereinbarung über den Zugewinnausgleich** kann aber bereits – unter Beachtung der Formvorschrift des § 1378 Abs. 3 Satz 2 BGB – zu einem früheren Zeitpunkt – z.B. im Rahmen einer Scheidungsfolgenregelung – getroffen werden. Damit wird praktisch auch der Bewertungsstichtag einvernehmlich vorverlegt. Gem. § 1585c BGB sind jetzt auch **Regelungen des Nachscheidungsunterhaltes**, die **vor Rechtskraft der Scheidung** getroffen werden, formbedürftig.[413]

385 Das **Problem der Doppelanrechnung ist** unter diesem Blickwinkel in der **anwaltlichen Beratung** in folgenden Fallgestaltungen zu betrachten:

386 Treffen die Ehegatten eine Vereinbarung über Unterhalt oder Zugewinn durch **Scheidungsfolgenvergleich** oder **Ehevertrag**, so sollte darin in einschlägigen Fällen die Frage der Anrechnung eindeutig geregelt werden. Diese **einvernehmliche Festlegung bindet die Parteien** und auch das Gericht, wenn es über den anderen Punkt zu einem Rechtsstreit kommt.

387 Dabei ist zu beachten, dass die jeweilige Anrechnung **unterschiedliche Auswirkungen** hat und auch **unterschiedliche Risiken** beinhaltet (vgl. dazu Rn. 374 f.).

q. Mindestselbstbehalt

388 Eine Unterhaltspflicht besteht nicht, soweit der Unterhaltschuldner infolge einer Unterhaltsleistung selbst sozialhilfebedürftig würde. Ihm muss jedenfalls der Betrag verbleiben, der **seinen eigenen Lebensbedarf nach sozialhilferechtlichen Grundsätzen sicherstellt (Mindestselbstbehalt)**. Die finanzielle Leistungsfähigkeit endet folglich dort, wo der Unterhaltspflichtige nicht mehr in der Lage ist, seine eigene Existenz zu sichern.[414]

389 Übersteigt der Bedarf des Unterhaltsberechtigten den Betrag, der dem Unterhaltspflichtigen für den eigenen Unterhalt verbleibt, liegt zwischen ihnen ein **relativer Mangelfall** vor mit der Folge, dass zugleich die Kürzung des Unterhalts des Berechtigten und des individuellen Selbstbehalts des Unterhaltspflichtigen erfolgen müsse.[415] Erst wenn für den Unterhaltspflichtigen die Untergrenze seines ei-

---

[409] BGH v. 21.04.2004 - XII ZR 185/01 - FamRZ 2004, 1352.
[410] BGH v. 26.09.2007 - XII ZR 90/05 - FamRZ 2007, 1975.
[411] Vgl. *Viefhues*, Fehlerquellen im familienrechtlichen Mandat, 2011, Rn. 486 ff.
[412] OLG Karlsruhe v. 24.10.2013 - 2 UF 213/12 - NZFam 2014, 3.
[413] Ausführlich *Steiniger/Viefhues*, FPR 2009, 114, 115.
[414] BVerfG v. 20.08.2001 - 1 BvR 1509/97 - FamRZ 2001, 1685 f.; BGH v. 15.03.2006 - XII ZR 30/04 - NJW 2006, 1654 = FamRZ 2006, 683 m. Anm. *Büttner*, FamRZ 2006, 765; *Klinkhammer*, FamRZ 2004, 1909, 1910 ff. und *Schürmann*, FamRZ 2005, 148 f.
[415] BGH v. 07.12.2011 - XII ZR 151/09 - FamRZ 2012, 281 m. Anm. *Borth* = FamRZ 2012, 253 = NJW 2012, 384; dazu *Hoppenz*, NJW 2012, 49; *Graba*, FamFR 2012, 49.

genen angemessenen Selbstbehalts erreicht ist[416] und somit ein **absoluter Mangelfall** vorliegt, wirkt sich dies allein auf den Unterhalt der Berechtigten aus. Dann sind die Ansprüche der Unterhaltsberechtigten entsprechend der in § 1609 BGB geregelten Rangfolge und bei Gleichrang anteilig zu kürzen. Die Düsseldorfer Tabelle (vgl. Anlage 3 zu § 1610) sieht folgende Werte – seit dem 01.01.2013 – vor: **390**

Selbstbehalt des Unterhaltspflichtigen	
Gegenüber Unterhaltsprüchen des minderjährigen und des privilegierten volljährigen Kindes	
Selbstbehalt des nicht erwerbstätigen Unterhaltspflichtigen	800 €
Selbstbehalt des erwerbstätigen Unterhaltspflichtigen	1.000 €
Gegenüber Unterhaltsprüchen des (getrennt lebenden oder geschiedenen) Ehegatten	1.100 €
Eigenbedarf des Unterhaltsberechtigten	
Eigenbedarf (Existenzminimum) des (getrennt lebenden oder geschiedenen) unterhaltsberechtigten Ehegatten	
falls erwerbstätig	1.000 €
falls nicht erwerbstätig	700 €
Eigenbedarf des Ehegatten des Unterhaltspflichtigen	
Getrennt lebender oder geschiedener Ehegatte	
gegenüber einem nachrangigen geschiedenen Ehegatten	1.100 €
gegenüber nicht privilegierten volljährigen Kindern	1.200 €
Im gleichen Haushalt lebender Ehegatte	
gegenüber einem nachrangigen geschiedenen Ehegatten	880 €
gegenüber nicht privilegierten volljährigen Kindern	960 €
Elternunterhalt	
angemessener Selbstbehalt des Unterhaltspflichtigen (incl. 450 € Warmmiete)	1.600 € (zzgl. 50% des darüber hinausgehenden Einkommens, bei Vorteilen des Zusammenlebens in der Regel 45% des darüber hinausgehenden Einkommens)
angemessener Bedarf seines Ehegatten (einschließlich 350 € Warmmiete) mindestens	1.280 €
Unterhaltsanspruch des nichtehelichen Elternteils (§ 1615l BGB)	
Bedarf des Unterhaltsberechtigten mindestens	800 €
Selbstbehalt des Pflichtigen i.d.R. (einschließlich 400 € Warmmiete)	1.100 €

Der BGH hat mehrfach herausgestellt, dass der **Selbstbehalt** gegenüber einem Anspruch auf **Trennungsunterhalt** oder nachehelichen Ehegattenunterhalt[417] (Ehegattenselbstbehalt) nicht generell mit dem Betrag bemessen werden kann, der als notwendiger Selbstbehalt gegenüber Unterhaltsansprüchen minderjähriger oder ihnen nach § 1603 Abs. 2 Satz 2 BGB gleichgestellter Kinder im Rahmen des Verwandtenunterhalts gilt.[418] Er ist vielmehr in der Regel mit einem **Betrag** zu bemessen, **der zwischen dem angemessenen Selbstbehalt** (§ 1603 Abs. 1 BGB) **und dem notwendigen Selbstbehalt** (§ 1603 Abs. 2 BGB) **liegt**. **391**

In Einzelfällen wird ein abweichender Selbstbehalt bejaht.[419] **392**

---

[416] BGH v. 15.03.2006 - XII ZR 30/04 - juris Rn. 16 ff. - FamRZ 2006, 683.
[417] Kritisch zur Gleichstellung des Nachscheidungsunterhaltes mit dem stärker ausgestalteten Trennungsunterhalt *Büttner*, FamRZ 2006, 765; vgl. auch *Büttner*, FPR 2008, 83-86.
[418] BGH v. 15.03.2006 - XII ZR 30/04 - NJW 2006, 1654 = FamRZ 2006, 683 m. Anm. *Büttner* – FamRZ 2006, 765; BGH v. 19.11.2008 - XII ZR 129/06 - FamRZ 2009, 307 m. Anm. *Günther*.
[419] OLG Köln v. 15.08.2006 - 4 UF 19/06 - FamRZ 2006, 1760; OLG Koblenz v. 07.04.2005 - 7 UF 999/04 - FamRZ 2005, 1482; vgl. auch AG Remscheid v. 24.11.2006 - 24 F 222/06 - ZFE 2007, 157 = FamRZ 2007, 1329; OLG Saarbrücken v. 28.11.2006 - 6 WF 88/06 - FamRZ 2007, 1329.

393 Für die Praxis bedeutsam ist die Tatsache, dass im Normalverdienerbereich vielfach das Einkommen kaum ausreicht, den Mindesttabellenunterhalt für die Kinder zu bestreiten. Dies lässt sich mit Hilfe einiger Werte aus den Schürmann-Tabellen (vgl. die Kommentierung zu § 1603 BGB Rn. 412) veranschaulichen.

394 Nehmen wir drei Unterhaltspflichtige mit einem, zwei oder drei Kindern unter 6 Jahren. Dann beläuft sich der Kindesunterhalt (Zahlbetrag nach Abzug des anteiligen Kindergeldes)

bei 1 Kind auf	225 €
bei 2 Kindern auf	450 €
bei 3 Kindern auf	672 €

Zur Deckung allein der Kindesunterhaltsansprüche benötigt der Unterhaltspflichtige bei einem Selbstbehalt von 1.000 € ein bereinigtes Nettoeinkommen

bei 1 Kind von	1.225 €
bei 2 Kindern von	1.450 €
bei 3 Kindern von	1.672 €

Muss der Unterhaltspflichtige zudem noch den Mindestbedarf des anderen kinderbetreuenden Elternteils von derzeit 800 € aufbringen, erhöht sich das benötigte bereinigte Nettoeinkommen

bei 1 Kind auf	2.025 €
bei 2 Kindern auf	2.250 €
bei 3 Kindern auf	2.472 €

Um dieses Nettoeinkommen zu erzielen, ist ab 01.01.2014 bei Steuerklasse I ein Gesamtbruttoeinkommen erforderlich

bei 1 Kind von rund	3.324 €
bei 2 Kindern von rund	3.810 €
bei 3 Kindern von rund	4.290 €

395 In den allermeisten Fällen der Praxis ergibt sich daher allein schon aufgrund nicht ausreichender Leistungsfähigkeit des Unterhaltspflichtigen letztlich ein deutlich unter dem Mindestbedarf liegender Unterhaltsanspruch des anderen Elternteils. Muss der Bedarf des Ehegatten aber immer zumindest mit dem Mindestbedarf angesetzt werden, so kann sich ein geringerer Unterhaltsanspruch nur noch aufgrund verminderter Leistungsfähigkeit des Unterhaltspflichtigen ergeben – hierfür trägt dann aber der **Unterhaltspflichtige** weitgehend die **Darlegungslast**.[420]

396 Erteilt der Unterhaltspflichtige nur zögerlich oder unzureichend **Auskunft** über seine Einkünfte, ist es ratsam, erst einmal auf der Basis des Mindestbedarfes zu rechnen und ggf. mit diesem Argumentationsansatz sofort ein Zahlungsverfahren einzuleiten. Besteht die begründete Erwartung, dass der Anspruch aufgrund eines tatsächlich höheren Einkommens des Pflichtigen doch noch höher ausfallen wird, sollte deutlich gemacht werden, dass vorerst lediglich ein Teilbetrag geltend gemacht wird.

r. Individueller Selbstbehalt

397 Möglich ist auch der Ansatz eines **individuellen eheangemessenen Selbstbehalts des Unterhaltspflichtigen**, der über dem generellen Mindestselbstbehalt nach der Tabelle liegt und bei dem **stärker auf die individuellen, durch die konkrete Ehe individuell geprägten ehelichen Lebensverhältnisse** abgestellt wird.

398 Wenn der Bedarf des Unterhaltsberechtigten den Betrag übersteigt, der dem Unterhaltspflichtigen für den eigenen Unterhalt verbleibt, liege somit zwischen ihnen ein relativer Mangelfall vor, der zugleich zur Kürzung des Unterhalts des Berechtigten und des individuellen Selbstbehalts des Unterhaltspflichtigen führe. Der **individuelle Selbstbehalt des Unterhaltspflichtigen** sei daher die **„Kehrseite" des Unterhaltsbedarfs des Berechtigten**. Der angemessene Unterhalt des Pflichtigen im Sinne von § 1581 BGB, bei dessen Gefährdung die Billigkeitsabwägung einzusetzen hat, könne daher mit dem Unterhaltsbedarf des Berechtigten nach den ehelichen Lebensverhältnissen gemäß § 1578 Abs. 1 Satz 1 BGB gleichgesetzt werden.[421]

---

[420] BGH v. 07.12.2011 - XII ZR 151/09 - juris Rn. 41 - FamRZ 2012, 281 = FamRZ 2012, 253 mit Anm. *Borth* = NJW 2012, 384; dazu *Hoppenz*, NJW 2012, 49; *Graba*, FamFR 2012, 49.

[421] BGH v. 07.12.2011 - XII ZR 151/09 - FamRZ 2012, 281 m. Anm. *Borth* = FamRZ 2012, 253 = NJW 2012, 384; dazu *Hoppenz*, NJW 2012, 49; *Graba*, FamFR 2012, 49.

Trotz der systematischen Stellung des § 1581 Satz 1 BGB im nachehelichen Unterhalt gelten diese Grundsätze auch zur Beurteilung der Leistungsfähigkeit zu § 1361 Abs. 1 BGB.[422]   399

s. Selbstbehalt in Auslandsfällen

Der Selbstbehalt eines in der Türkei lebenden Unterhaltspflichtigen ist mangels zuverlässiger Erkenntnisquellen mit einer Ersparnis von rund 1/3 gegenüber einem in Deutschland lebenden Unterhaltspflichtigen an die Lebensverhältnisse im Ausland anzupassen.[423]   400

t. Herabsetzung des Selbstbehaltes

Bei Zusammenleben mit einem neuen Partner kann der Selbstbehalt des Unterhaltspflichtigen herabgesetzt werden um die durch eine gemeinsame Haushaltsführung eintretende Ersparnis,[424] höchstens jedoch bis auf sein Existenzminimum nach sozialhilferechtlichen Grundsätzen[425] (vgl. die Kommentierung zu § 1603 BGB Rn. 266).   401

Erforderlich ist allerdings, dass der **neue Partner** ausreichend **leistungsfähig** ist.[426]   402

Der Unterhaltspflichtige kann im Einzelfall **darlegen und ggf. beweisen**, dass **keine konkrete Ersparnis** eintritt.[427]   403

Eine Herabsetzung des Selbstbehaltes des Pflichtigen ist auch wegen des Zusammenlebens mit einem leistungsfähigen Kind möglich.[428]   404

u. Sonderfall: Der ehegattenunterhaltspflichtige Elternteil betreut ein Kind

Erbringt der für den Ehegattenunterhalt haftende Elternteil – neben seiner vollschichtigen Erwerbstätigkeit – sowohl den **Betreuungsunterhalt** als auch den – an sich vom anderen Elternteil geschuldeten – **Barunterhalt**, dann ist umstritten, wie dies bei der Berechnung seines Einkommens für den Ehegattenunterhalt zu berücksichtigen ist, falls er vom anderen Ehegatten auf Unterhaltszahlungen in Anspruch genommen wird.   405

Wird für das von diesem erwerbstätigen Ehegatten betreute Kind vom anderen Ehegatten kein Kindesunterhalt gezahlt, so besteht zumindest weitgehend Einigkeit, zu Gunsten des erwerbstätigen Ehegatten den **Tabellenbetrag des Kindesunterhaltes** in Abzug zu bringen, der ja dazu dient, den realen Umfang des finanziellen Aufwandes für die Versorgung des Kindes abzudecken. Der für den **Barunterhalt** einzusetzende Betrag wird in diesem Fall nach dem Einkommen des betreuenden Elternteils errechnet.   406

Für die Berücksichtigung der **zusätzlichen Betreuungsleistungen** werden unterschiedliche Lösungsansätze vertreten:[429]   407

Zugelassen wird ein **Abzug des konkreten nachgewiesenen zusätzlichen** Betreuungsaufwandes, den der Erwerbstätige z.B. durch Kinderhort, Kinderfrau, Kosten eines Internats hat.[430]   408

Das OLG Koblenz zieht bei einem Elternteil, der ein **Au-pair-Mädchen** zur Betreuung der Kinder einsetzt, neben dessen Taschengeld auch die nach der SachbezugsVO zu berechnenden Aufwendungen für dessen Kost und Logis ab.[431] Auch die Kosten für die **Unfallversicherung** von Kindern sind abzugsfähig.   409

---

[422] BVerfG v. 25.06.2002 - 1 BvR 2144/01 - FamRZ 2002, 1397; vgl. BGH v. 15.03.2006 - XII ZR 30/04 - FamRZ 2006, 683; *Borth*, FamRZ 2012, 252, 255.

[423] OLG Hamm v. 24.05.2005 - 2 UF 509/04 - FamRZ 2006, 124-125.

[424] BGH v. 17.10.2012 - XII ZR 17/11 - NJW 2013, 1305 = FamRZ 2013, 868 mit Anm. *Hauß*.

[425] BGH v. 09.01.2008 - XII ZR 170/05 - NJW 2008, 1373 mit Anm. *Born* = FamRZ 2008, 594 mit Anm. *Borth* und krit. Anm. *Weychardt*, FamRZ 2008, 778; *Graba*, FPR 2008, 176-177.

[426] OLG Hamm v. 17.12.2009 - II-3 UF 72/09 - FamRZ 2010, 985; OLG Hamm v. 14.08.2009 - 13 UF 83/09 - FamRZ 2010, 383, 384; OLG Dresden v. 29.09.2008 - 24 UF 450/07 - FamRZ 2009, 1497; *Maurer*, FamRZ 2008, 978; OLG Hamm v. 26.10.2005 - 11 UF 83/05 - FamRZ 2006, 809.

[427] BGH v. 09.01.2008 - XII ZR 170/05 - FamRZ 2008, 594; BGH v. 17.03.2010 - XII ZR 204/08 - FamRZ 2010, 802 mit Anm. *Viefhues* = NJW 2010, 1665.

[428] OLG Hamm v. 09.06.2011 - II-6 UF 47/11 - NJW 2011, 3310; OLG Köln v. 10.01.2013 - 4 UF 164/12 - FuR 2013, 345-346.

[429] Zum Problem *Kunigk*, FamRZ 2002, 923; *Stocker*, ZFE 2003, 38; *Duderstadt*, FamRZ 2003, 70; *Born*, FamRZ 1997, 129.

[430] BGH v. 15.06.1983 - IVb ZR 394/81; BGH v. 19.05.1982 - IVb ZR 702/80; BGH v. 07.11.1990 - XII ZR 123/89 - FamRZ 1991, 182; OLG Hamm v. 18.01.1995 - 10 UF 248/94 - FamRZ 1995, 1418; OLG Köln v. 05.04.1995 - 26 UF 201/94 - FamRZ 1995, 1582; OLG Celle v. 18.12.2003 - 17 UF 108/03 - FamRZ 2004, 1380.

[431] OLG Koblenz v. 31.05.2007 - 7 UF 181/07 - FamRZ 2008, 434.

410 Sachgerecht wäre es auch, für die Betreuung pauschal den doppelten Tabellensatz des Kindesunterhaltes abzuziehen.

411 Die Kosten des **Kindergartens** sind als Mehrbedarf des Kindes anzusehen (vgl. ausführlich die Kommentierung zu § 1610 BGB Rn. 218 und die Kommentierung zu § 1613 BGB Rn. 161).

412 Wenn der Unterhaltspflichtige im Einvernehmen mit dem anderen Elternteil den Kindergartenbeitrag in vollem Umfang gezahlt hat, kann er bei der Berechnung des Ehegattenunterhaltes die gesamte Belastung als eheprägend einkommensmindernd geltend machen.[432]

413 Vertreten wird die Berücksichtigung eines **Betreuungsbonus**.[433] Dabei wird teilweise der Bonus zusätzlich zu den konkret angefallenen Kosten angerechnet.[434] Das OLG Hamm lässt bei konkreter Darlegung der Erschwernisse hinsichtlich der Vereinbarkeit von Arbeit und Kindererziehung bei halbschichtiger Tätigkeit einen Betrag von 100 € aus dem Nettoeinkommen anrechnungsfrei.[435]

414 Wird eine Erwerbstätigkeit neben der Betreuung eines über 3 Jahre alten Kindes tatsächlich ausgeübt, kommt der Abzug eines Betreuungsbonus oder die Teilanrechnung der Einkünfte nach § 1577 Abs. 2 BGB im Regelfall nicht in Betracht. Das gilt auch dann, wenn die Tätigkeit bereits im Trennungsjahr aufgenommen wurde.[436]

415 Der BGH lehnt im Regelfall einen allgemeinen Betreuungsbonus ab und lässt ihn nur dann zu, wenn sich die Betreuung zwar ohne konkreten Kostenaufwand, jedoch nur unter besonderen Erschwernissen bewerkstelligen lässt.[437] Ein solcher Betreuungsbonus für den unterhaltsverpflichteten Ehegatten könne in diesem Fall nur dann gewährt werden, wenn sich die Betreuung des Kindes bei gleichzeitiger Erwerbstätigkeit des betreuenden Elternteils nur unter besonderen Erschwernissen bewerkstelligen lässt.[438]

416 Sachgerecht und der grundsätzlichen Gleichwertigkeit von Bar- und Betreuungsunterhalt entspricht dagegen die – zudem sehr praktikable – Lösung, bei der Berechnung seines Einkommens für den Ehegattenunterhalt den nach seinem Einkommen bemessenen **doppelten Tabellenbetrag** abzuziehen.[439]

417 Erbringt der auf Ehegattenunterhalt in Anspruch genommene Elternteil sowohl den Betreuungsunterhalt als auch den – an sich vom anderen Elternteil geschuldeten – Barunterhalt, dann ist bei der Berechnung seines Einkommens für den Ehegattenunterhalt der nach seinem Einkommen bemessene **doppelte Tabellenbetrag** abzuziehen.[440]

7. Auswirkungen der Trennung auf die steuerliche Belastung

418 Besondere praktische Bedeutung für die Unterhaltsberechnung kommt den steuerrechtlichen Konsequenzen der Trennung zu.[441]

a. Steuerklassenwechsel

419 Trennen sich Eheleute, so endet zum 31.12. des laufenden Jahres die Möglichkeit der gemeinsamen Veranlagung. Zum 01.01. des Folgejahres erfolgt eine neue Zuordnung der Steuerklassen. Während für die Zeit des Zusammenlebens die Steuerklassenkombination III und V zulässig war, hat jetzt die Ein-

---

[432] OLG Brandenburg v. 18.01.2011 - 10 UF 47/10 - FamFR 2011, 154.
[433] BGH v. 29.06.1983 - IVb ZR 379/81; BGH v. 23.04.1986 - IVb ZR 30/85 - FamRZ 1986, 790, 791; BGH v. 13.04.1988 - IVb ZR 49/87 - FamRZ 1988, 1039, 10; BGH v. 29.11.2000 - XII ZR 212/98 - FamRZ 2001, 350, 352; BGH v. 23.04.1986 - IVb ZR 30/85 - FamRZ 1986, 790; OLG Hamm v. 11.05.1998 - 6 WF 481/97 - FamRZ 1998, 1586; OLG Zweibrücken v. 14.07.1998 - 5 UF 91/97 - FamRZ 1999, 852 m.w.N.; OLG Köln v. 06.08.2001 - 14 WF 107/01 - FamRZ 2002, 463; *Büttner/Niepmann*, NJW 2001, 2215, 2224; *Borth* in: Schwab, Handbuch des Scheidungsrechts, 5. Aufl. 2004, Teil V Rn. 147.
[434] OLG Celle v. 18.12.2003 - 17 UF 108/03 - FamRZ 2004, 1380; OLG Köln v. 06.08.2001 - 14 WF 107/01 - FamRZ 2002, 463.
[435] OLG Hamm v. 10.11.2006 - 7 WF 166/06 - FamRZ 2007, 1468.
[436] OLG Düsseldorf v. 22.12.2009 - II-8 WF 155/09; KG Berlin v. 26.02.2010 - 13 UF 97/09 - FamRZ 2010, 1447 beim Wechselmodell.
[437] BGH v. 21.04.2010 - XII ZR 134/08 - FamRZ 2010, 1050 m. Anm. *Viefhues* für den Anspruch aus § 1570 BGB und BGH v. 15.12.2004 - XII ZR 121/03 - FamRZ 2005, 442, 444 für § 1615l BGB; BGH v. 07.11.1990 - XII ZR 123/89 - FamRZ 1991, 182.
[438] OLG Naumburg v. 12.08.2010 - 8 UF 102/10.
[439] OLG Hamm v. 26.09.1997 - 13 UF 102/97 - FamRZ 1998, 1588 mit zust. Anm. *Born*.
[440] *Stocker*, ZFE 2003, 38; OLG Hamm v. 26.09.1997 - 13 UF 102/97 - FamRZ 1998, 1588 mit zust. Anm. *Born*.
[441] Eine Zusammenstellung der Fragen, die im Zusammenhang mit der steuerlichen Zusammenveranlagung in der Praxis auftreten, bietet *Perleberg-Kölbel*, FuR 2010, 254.

ordnung in Steuerklasse I zu erfolgen. Hat der unterhaltspflichtige Ehegatte ein Kind in seinem Haushalt, lässt sein Einkommen aber nach Steuerklasse 1 versteuern, so ist eine fiktive Versteuerung nach der korrekten Steuerklasse 2 vorzunehmen.[442]

Das hat zur Folge, dass der Unterhaltspflichtige bei einem **Wechsel der Steuerklasse** aufgrund der **steuerlichen Mehrbelastung** nur noch ein deutlich **geringeres Nettoeinkommen** erzielt. 420

Im Verfahren zum Trennungsunterhalt ist zu beachten, dass die vorliegenden Gehaltsbescheinigungen des letzten Jahres des Zusammenlebens regelmäßig nicht die korrekte Steuerbelastung wiedergeben. 421

Umstritten ist, ob bei der Unterhaltsberechnung eine **fiktive Berechnung des Nettoeinkommens auf der Basis der korrekten Steuerklasseneinordnung** zu erfolgen hat. Dies betrifft die Fälle, in denen sich die Eheleute im Vorjahr getrennt haben, der Unterhaltspflichtige aber seine Steuerklasse noch nicht geändert hat und aktuell noch Steuern nach Klasse III bezahlt. 422

Grundsätzlich ist von den **tatsächlich erzielten Einkünften** auszugehen und deswegen ist auch die Steuerlast in ihrer jeweils realen Höhe maßgebend, und zwar unabhängig davon, ob sie im konkreten Fall seit der Trennung gestiegen oder gesunken ist und ob das auf einem gesetzlich vorgeschriebenen Wechsel der Steuerklasse oder auf einer Änderung des Steuertarifs beruht.[443] 423

Für die **in der Vergangenheit liegenden Unterhaltszeiträume** ist stets von den in dieser Zeit tatsächlich erzielten Einkünften und Ausgaben auszugehen.[444] Steuern sind daher nach dem **In-Prinzip** jedenfalls für die Vergangenheit so anzusetzen, wie sie tatsächlich angefallen sind.[445] 424

Für den **zukünftig zu zahlenden Unterhalt** ist allerdings eine Prognose zu treffen über das voraussichtlich zu erzielende Einkommen. 425

Zwar hat der BGH[446] sich grundsätzlich für das sog. **In-Prinzip** entschieden und eine fiktive Steuerberechnung wegen der damit verbundenen Berechnungsrisiken abgelehnt. 426

Jedoch sind **Ausnahmen vom In-Prinzip** denkbar, das kein starres Dogma ist.[447] Ausnahmsweise können Berichtigungen der tatsächlichen, durch Steuerbescheid oder Lohnabrechnung nachgewiesenen Nettoeinkünfte in besonders gelagerten Fällen zugelassen werden, wenn etwa nicht prägende Einkünfte geflossen sind[448] oder steuerliche Vergünstigungen vorliegen, die dem Unterhaltsberechtigten nicht zugutekommen dürfen,[449] Steuervorteile obliegenheitswidrig nicht realisiert[450] oder wegen Verletzung der Erwerbsobliegenheit fiktive Einkünfte oder Mehreinkünfte zu berücksichtigen sind[451] oder steuermindernde Aufwendungen als unterhaltsrechtlich irrelevant dem Einkommen zugerechnet werden.[452] 427

Da bei der Bedarfsermittlung aufgrund der beiderseitigen Einkommensverhältnisse unter den gegebenen Umständen des Einzelfalls eine geeignete Methode zur möglichst realitätsgerechten Ermittlung des Nettoeinkommens zu finden ist,[453] kann es im Einzelfall zulässig und geboten sein, die abzuziehende Einkommensteuer nicht nach dem sog. In-Prinzip, sondern nach dem **Für-Prinzip** zu ermitteln.[454] 428

Wurde allerdings für die **Steuernachzahlungen Vermögen** eingesetzt, das durch Konsumverzicht während der Ehe angespart war, mindern diese Steuerzahlungen nicht das verfügbare Einkommen.[455] 429

---

[442] OLG Karlsruhe v. 14.11.2012 - 2 UF 78/12 - FamRZ 2013, 1811.
[443] OLG Hamm v. 10.12.2013 - 2 UF 216/12.
[444] OLG Stuttgart v. 20.06.2013 - 16 UF 285/12 - FamRZ 2013, 1988; vgl. BGH v. 04.07.2007 - XII ZR 141/05 - FamRZ 2007, 1532 ff. für die Einkünfte; BGH v. 06.02.2008 - XII ZR 14/06 - FamRZ 2008, 968 ff.
[445] OLG Hamm v. 10.12.2013 - 2 UF 216/12; OLG Stuttgart v. 20.06.2013 - 16 UF 285/12 - FamRZ 2013, 1988; OLG Hamm v. 10.12.2013 - 2 UF 216/12; OLG Stuttgart v. 20.06.2013 - 16 UF 285/12 - FamRZ 2013, 1988.
[446] BGH v. 26.09.1990 - XII ZR 45/89 - NJW-RR 1991, 132-134; BGH v. 28.11.1990 - XII ZR 1/90 - NJW 1991, 1290-1292; BGH v. 31.01.1990 - XII ZR 21/89 - NJW-RR 1990, 578-580.
[447] Vgl. BGH v. 23.05.2007 - XII ZR 245/04 - FamRZ 2007, 1232.
[448] Vgl. BGH v. 14.02.1990 - XII ZR 51/89 - FamRZ 1990, 981.
[449] Vgl. BGH v. 11.05.2005 - XII ZR 211/02 - FamRZ 2005, 1817.
[450] Vgl. BGH v. 29.04.1998 - XII ZR 266/96 - FamRZ 1998, 953.
[451] Vgl. BGH v. 29.04.1998 - XII ZR 266/96 - FamRZ 1998, 953.
[452] Vgl. BGH v. 18.03.1992 - XII ZR 23/91 - FamRZ 1992, 1045.
[453] BGH v. 21.09.2011 - XII ZR 121/09 - FamRZ 2011, 1851.
[454] BGH v. 21.09.2011 - XII ZR 121/09, im Anschluss an BGH v. 02.06.2004 - XII ZR 217/01 - FamRZ 2004, 1177; OLG Saarbrücken v. 07.03.2013 - 6 UF 63/12.
[455] OLG Stuttgart v. 20.06.2013 - 16 UF 285/12 - FamRZ 2013, 1988.

§ 1361

430 Kommt es dann zu einer Steuererstattung, die unterhaltsrechtlich ausgeglichen wird, ist auch hier das Doppelverwertungsverbot zu beachten. Der Kapitalbetrag der Steuererstattung darf daher, falls er am Stichtag des Zugewinnausgleichs noch vorhanden ist, nicht in den Zugewinnausgleich einbezogen werden.[456] Auch scheidet dann eine direkte Aufteilung des Erstattungsbetrages zwischen den Ehegatten aus.

431 Entsprechendes gilt auch im umgekehrten Fall, wenn eine Steuernachzahlung aufzubringen ist. Erfolgt dieser Ausgleich über die Unterhaltsberechnung, kann der Negativbetrag nicht in den Zugewinnausgleich eingestellt werden.[457]

b. Praktische Bedeutung der Streitfrage

432 Wird bei der Berechnung des Unterhaltes im ersten Jahr nach der Trennung weiterhin das Einkommen mit der – geringeren – Belastung nach Steuerklasse III angesetzt, zahlt der Pflichtige höheren Unterhalt. Im Jahr darauf sinkt sein monatliches Einkommen wegen der dann erfolgenden Steuerklassenänderung. Zudem wird er mit Steuernachzahlungen rückwirkend für das vorangegangene Jahr belastet. Dadurch verringert sich sein unterhaltsrechtlich relevantes Durchschnittseinkommen weiter.

433 Dann kann ein – nur für die Zukunft wirksames – **Abänderungsverfahren** gem. **§§ 238, 239 FamFG** eingeleitet werden, das mit zusätzlichen Kosten verbunden ist. Daher ist ein Ausgleich der – letztlich zu hohen – Unterhaltszahlungen des Vorjahres nicht möglich.

434 In der familienrechtlichen Praxis wird aber vielfach aus Gründen der Prozesswirtschaftlichkeit anders vorgegangen, die tatsächlich geschuldeten Lohnsteuern vorausschauend errechnet und der Unterhalt auf dieser Basis festgesetzt.[458]

435 Die Streitfrage stellt sich nicht, wenn der Unterhaltspflichtige bereits die **Änderung der Steuerklasse veranlasst** hat. In der anwaltlichen Beratung sollte daher der Mandant auf diese Fakten hingewiesen werden.

436 Ist die **gemeinsame Einkommensteuerveranlagung**[459] noch möglich, so kann die Zustimmung eines Ehegatten zu dieser gemeinsamen Einkommensteuerveranlagung jedenfalls dann nicht von einem **Nachteilsausgleich** abhängig gemacht werden, soweit die steuerrechtlichen Verhältnisse durch die ehelichen Lebensverhältnisse **familienrechtlich überlagert** wurden. Das ist nicht nur der Fall, solange die Ehepartner zusammenleben und gemeinsam wirtschaften und unmittelbar von einer günstigen Steuerklasse profitieren, sondern gilt auch dann, wenn die günstigere Steuerklasse des Unterhaltspflichtigen im Rahmen eines Trennungsunterhaltsverfahrens bei der Berechnung seines Einkommens zu Grunde gelegt wird und so zu einem höheren Unterhaltsanspruch des zustimmungspflichtigen Ehegatten führt.[460]

437 Bei **abredewidriger Steuerveranlagung** durch den unterhaltsberechtigten Ehegatten kann überzahlter Unterhalt u.U. zurückgefordert werden.[461]

c. Steuerliche Abzugsfähigkeit von Unterhaltszahlungen

438 Unterhaltsleistungen an seinen Ehegatten kann der Unterhaltspflichtige im Rahmen bestimmter Höchstgrenzen steuerlich absetzen, und zwar alternativ
- als außergewöhnliche Belastung nach § 33a Abs. 1 EStG (vgl. die Steuerrechtl. Hinw. zu §§ 1569 ff. BGB ff.) oder
- im Wege des begrenzten steuerlichen Realsplittings nach § 10 Abs. 1 Nr. 1 EStG (vgl. die Steuerrechtl. Hinw. zu §§ 1569 ff. BGB ff.).

439 Der gesetzlich geschuldete Unterhalt an einen Ehegatten kann als **außergewöhnliche Belastung** gem. § 33a Abs. 1 EStG vom Einkommen abgesetzt werden; hierzu zählt auch der auf gesetzlicher Grundlage beruhende, vertraglich ausgestaltete Ehegattenunterhaltsanspruch. Die Person, die den Unterhalt bezieht, muss diesem Abzug nicht zustimmen, denn der Unterhalt wird beim Empfänger nicht als Ein-

---

[456] *Kuckenburg/Perleberg-Kölbel*, FPR 2012, 306 m.w.N.; vgl. auch OLG Dresden v. 25.06.2010 - 24 UF 800/09 - FamRZ 2011, 113; *Pasche*, FPR 2012, 312, 314.
[457] *Kuckenburg/Perleberg-Kölbel*, FPR 2012, 306
[458] Vgl. OLG Saarbrücken v. 03.06.2004 - 9 WF 53/04 - OLGR Saarbrücken 2004, 473-474; *Brudermüller* in: Johannsen/Henrich, EheR, § 323 ZPO Rn. 105 m.w.N.
[459] Zur Frage, ob und in welchem Umfang der andere Ehegatte für die Angaben in der gemeinsamen Steuererklärung – auch strafrechtlich – haftet, vgl. *Schnüttgen*, FPR 2012, 333.
[460] OLG Bremen v. 30.03.2011 - 5 UF 6/11.
[461] Vgl. OLG Hamm v. 27.11.2012 - II-1 WF 261/12 - FamRB 2013, 314.

kommen versteuert. Der gezahlte Unterhalt ist bis zu einem Jahreshöchstbetrag von derzeit 8.004 € absetzbar, wenn der unterhaltsberechtigte Ehegatte keine 624 € jährlich übersteigenden Einkünfte und nur geringes Vermögen hat, wobei Barvermögen bis 15.000 € bzw. ein kleines selbstgenutztes Einfamilienhaus unschädlich sein sollen. Einkommen der Berechtigten, das den Freibetrag überschreitet, mindert den abzuziehenden Unterhaltsbetrag. Zu beachten ist, dass eine monatsanteilige Berücksichtigung von Unterhaltszahlungen und eigenen Einkünften zu erfolgen hat (§ 33a Abs. 4 EStG).

Unterhaltszahlungen an die Schwiegereltern sind während der Ehe, ungeachtet des dauernd Getrenntlebens der Ehegatten, als außergewöhnliche Belastungen nach § 33a Abs. 1 Satz 1 EStG abziehbar.[462]   **440**

Im Trennungsjahr selbst kann § 33a EStG nicht angewandt werden.[463]   **441**

Die zweite Möglichkeit bietet das **begrenzte steuerliche Realsplitting** nach § 10 Abs. 1 Nr. 1 EStG. Hiernach kann der Unterhaltspflichtige Unterhaltsleistungen an den Ehegatten bis maximal 13.805 € jährlich (entsprechend 1.150,42 € monatlich; Wert ab 2004) abziehen, wenn der Zahlungsempfänger der Versteuerung dieser Unterhaltsleistungen zustimmt. Da der Unterhaltsberechtigte normalerweise einer geringeren Steuerprogression unterliegt, führt dies insgesamt zu einer geringeren Steuerbelastung.   **442**

Seit dem 01.01.2010 können neben den Unterhaltsleistungen bis zu 13.805 € auch **Beiträge zur Kranken- und Pflegeversicherung**, die der **Grundversorgung des geschiedenen oder getrennt lebenden Ehegatten** dienen und **vom Unterhaltsverpflichteten übernommen** werden, **zusätzlich** zu dem Höchstbetrag von 13.805 € **als Sonderausgaben abgesetzt** werden. Voraussetzung ist, dass der unterhaltsberechtigte Ehegatte diese Zahlungen versteuert. Im Gegenzug werden beim Unterhaltsberechtigten die Beiträge als Sonderausgaben steuerlich anerkannt. Es ist gleichgültig, wer Versicherungsnehmer ist. Praktische Bedeutung erhält die Regelung in Fällen, in denen der jährliche Unterhalt die Höchstgrenze von 13.805 € überschreitet.   **443**

Der **Anspruch auf Zustimmung zur Durchführung des begrenzten Realsplittings** ergibt sich nach Treu und Glauben aus dem Unterhaltsrechtsverhältnis. Danach haben die Ehegatten einerseits ihre wirtschaftliche Leistungsfähigkeit zu erhalten und müssen zumutbare Maßnahmen wie die Wahrnehmung steuerlicher Vorteile ergreifen; andererseits sind sie zugleich verpflichtet, daran mitzuwirken, dem anderen den Mehrverdienst zu ermöglichen, der Grundlage dann auch eines höheren Unterhaltsanspruchs ist.[464]   **444**

Der Unterhaltsberechtigte erteilt seine **Zustimmung** üblicherweise durch Unterzeichnung der **Anlage „U"** zur Einkommensteuererklärung. Es besteht aber kein Anspruch auf dieses Formular.[465] Die Zustimmung kann auch direkt dem Finanzamt gegenüber erklärt werden.   **445**

Der unterhaltsberechtigte Ehegatte ist **zur Zustimmung verpflichtet**, wenn ihm die Nachteile, die er durch die Versteuerung des Unterhaltes erleidet, ersetzt werden.[466] Dies beschränkt sich nicht nur auf steuerliche Nachteile, sondern auf alle Nachteile, die aufgrund dieser Konstellation erwachsen, umfasst also nicht nur die höhere Steuerschuld, sondern auch vom Finanzamt verlangte Steuervorauszahlungen, Kosten für einen Steuerberater oder sonstige Nachteile aus dem Realsplitting, etwa beim Bezug öffentlich-rechtlicher Leistungen.[467] Die Kosten für eine Kranken- und Pflegeversicherung sind jedoch in der Regel nicht die Folge des Überschreitens einer steuerlichen Einkommensgrenze und damit nicht zu erstatten.[468]   **446**

Eine **verbindliche schriftliche Erklärung** über die Erstattung der Nachteile kann bereits **in der Antragsschrift** abgegeben werden.[469]   **447**

Die Verpflichtung zur Zustimmung ist unabhängig von der Frage, ob der Antragsteller bislang alle Nachteile aus dem vorhergehenden Realsplitting ausgeglichen hat. Besteht die Befürchtung, dass die steuerlichen Nachteile nicht zuverlässig und zeitnah ersetzt werden, kann allenfalls **Sicherheitsleistung** verlangt werden; dies führt zu einer Zug-um-Zug-Verpflichtung.[470]   **448**

---

[462] BFH v. 27.07.2011 - VI R 13/10 - juris Rn. 11, 12 - BFHE 234, 307 = BStBl II 2011, 965 = FamRZ 2011, 1793.
[463] BFH v. 31.05.1989 - III R 166/86 - NJW 1989, 2840.
[464] KG Berlin v. 22.10.2013 - 18 UF 119/13 - NJW-Spezial 2014, 5.
[465] BGH v. 29.04.1998 - XII ZR 266/96 - LM BGB § 242 (D) Nr. 145 (1/1999).
[466] OLG Hamm v. 19.06.1997 - 33 W 24/97 - FamRZ 1998, 241-242; OLG Hamm v. 03.05.2000 - 33 U 23/99 - FamRZ 2001, 98-99; ausführlich *Heinke*, ZFE 2002, 110-116.
[467] KG Berlin v. 22.10.2013 - 18 UF 119/13 - NJW-Spezial 2014, 5.
[468] OLG Nürnberg v. 08.01.2004 - 11 WF 3859/03 - OLGR Nürnberg 2004, 173-174.
[469] KG Berlin v. 22.10.2013 - 18 UF 119/13 - NJW-Spezial 2014, 5.
[470] KG Berlin v. 22.10.2013 - 18 UF 119/13 - NJW-Spezial 2014, 5.

449 Eine **Verweigerung der Zustimmung** käme allenfalls dann in Betracht, wenn der Antragsteller als Unterhaltsverpflichteter bereits deutlich gemacht hätte, eine Ausgleichsforderung auf keinen Fall zu erfüllen, etwa weil er eine unberechtigte oder zumindest umstrittene Aufrechnung mit anderen Forderungen für die künftigen Nachteile aus dem Realsplitting angekündigt hat.[471]

450 Die **Verjährungsfrist** von Ansprüchen auf Ausgleich steuerrechtlicher Nachteile des Unterhaltsberechtigten aufgrund der Durchführung des begrenzten Realsplittings beginnt mit der Festsetzung der Steuern.[472]

451 Der Anspruch des Unterhaltspflichtigen auf Zustimmung besteht nur Zug um Zug gegen die Verpflichtung zur **Freistellung** von den entstehenden steuerlichen Nachteilen und den erwachsenden Kürzungen öffentlicher Leistungen.

452 Ob der **Realsplittingvorteil** bei der Unterhaltsberechnung **fiktiv** berücksichtigt werden kann, ist umstritten.

453 Es gilt der Grundsatz, dass Steuervorteile, die in zumutbarer Weise erzielt werden können, auch wahrzunehmen sind, um der unterhaltsrechtlichen Obliegenheit nachzukommen, das Einkommen nicht durch unnötig hohe gesetzliche Abzüge zu schmälern.[473] Eine Obliegenheit zur Geltendmachung des Realsplittings besteht aber nur dann, wenn der Unterhaltsanspruch anerkannt ist, dieser rechtskräftig feststeht oder soweit der Unterhalt freiwillig erfüllt wird.[474] Es ist jedenfalls nicht Aufgabe des Gerichts, ohne weitere Darlegungen die Vorteile des **begrenzten Realsplittings nach § 10 Abs. 1 Nr. 1 EStG** und den Nachteilsausgleich auszurechnen.[475]

8. Wohnvorteil während der Trennung

454 In der Praxis sind die Fälle häufig, in denen die Eheleute während der Zeit des Zusammenlebens ein **gemeinsames Haus** oder eine **gemeinsame Eigentumswohnung** erworben haben und nach der Trennung Streit über die unterhaltsrechtliche Anrechnung von Belastungen und Nutzungsvorteilen (**Wohnwert, Wohnvorteil**) entsteht.

455 Das mietfreie Wohnen ist nach ständiger Rechtsprechung ein **Gebrauchsvorteil** und damit als **unterhaltsrechtlich relevantes Einkommen** bei dem Ehegatten anzurechnen, der die Wohnung nutzt.[476] Auf der anderen Seite sind aber auch mit dem Haus verbundene regelmäßige **Belastungen** bei dem Ehegatten, der diese Belastungen trägt, als **Abzugsposition beim Einkommen** beachtlich.

456 Für die Höhe des Wohnvorteils kommt es auf den tatsächlichen, nicht auf den rechtlichen Umfang der Nutzung an. Die **Berechtigung eines Ehegatten zur Mitnutzung der Wohnung** ändert daher nichts an der Höhe des anzurechnenden Wohnvorteils.[477]

457 Jedoch scheidet ein Abzug aus, wenn ein **Teil der Wohnung als Arbeitszimmer genutzt** wird. Die tatsächliche Nutzung des Grundbesitzes ist für die Ermittlung des objektiven Wohnwertes nicht entscheidend, eine Vermengung mit fiktiven berufsbedingten Aufwendungen für ein Arbeitszimmer im Falle der Anmietung einer Wohnung und damit eventuell bestehenden steuerlichen Vorteilen hat im Rahmen der Bemessung des Wohnwertes zu unterbleiben.[478]

458 Die Anrechnung eines Wohnvorteils kommt aber nicht in Betracht, wenn die Person in der Wohnung eines Dritten lebt – so z.B. im Haus der Mutter, nicht in einer eigenen Immobilie. Es handelte sich um **eine freiwillige Zuwendung eines Dritten**, die nicht dazu führt, dass dem Unterhaltsberechtigten ein Wohnvorteil zuzurechnen ist. Freiwillige Zuwendungen Dritter sind nur dann nur als Einkommen zu werten, wenn dies dem Willen des Dritten entspricht.[479]

459 In der Praxis ist dabei besonders zu beachten, dass auch hier **keine Doppelanrechnung** erfolgen darf (**Verbot der Doppelverwertung**, vgl. Rn. 337 f. und Rn. 367 f.). Haben die Parteien also bereits einen **gesamtschuldnerischen Ausgleich** der mit dem Eigentum verbundenen Belastungen und/oder eine

---

[471] KG Berlin v. 22.10.2013 - 18 UF 119/13 - NJW-Spezial 2014, 5.
[472] OLG Saarbrücken v. 11.03.2009 - 6 WF 19/09 - FamRZ 2009, 1905.
[473] BGH v. 25.11.1998 - XII ZR 33/97 - FamRZ 1999, 372, 375; *Reinken* in: Rotax, Praxis des Familienrechts, Teil 5 Rn. 16.
[474] BGH v. 28.02.2007 - XII ZR 37/05 - NJW 2007, 1961 m. Anm. *Graba* = FamRZ 2007, 793 m. Anm. *Büttner*.
[475] OLG Stuttgart v. 20.06.2013 - 16 UF 285/12 - FamRZ 2013, 1988.
[476] BGH v. 19.02.1986 - IVb ZR 16/85 - NJW-RR 1986, 683-685.
[477] OLG Stuttgart v. 20.06.2013 - 16 UF 285/12 - FamRZ 2013, 1988.
[478] OLG Karlsruhe v. 14.11.2012 - 2 UF 78/12 - FamRZ 2013, 1811 (LS).
[479] OLG Brandenburg v. 28.11.2013 - 9 UF 96/13 - NZFam 2014, 140.

Regelung über ein **Nutzungsentgelt** gem. § 1361b Abs. 3 Satz 2 BGB getroffen[480] oder einen Ausgleich über § 745 Abs. 2 BGB vereinbart, scheidet ein (zusätzlicher) Ansatz im Rahmen des Unterhaltsrechts aus.

Demnach setzt ein **Anspruch auf Nutzungsvergütung** voraus, dass der Nutzungswert nicht schon bei der Bemessung des Unterhalts in Ansatz gebracht wurde, wobei auch ein fiktiver Unterhaltsanspruch in die Betrachtung einzubeziehen ist.[481]   460

Bei der für die Nutzungsvergütung anzustellenden **Billigkeitsabwägung** ist zu prüfen, ob dem in der Ehewohnung verbliebenen Ehegatten gegen den ausgezogenen Ehegatten im Falle der Zahlung einer Nutzungsentschädigung **ein Anspruch auf Ehegattenunterhalt** zustünde, von dessen Geltendmachung er bislang abgesehen hat. In Höhe eines entsprechenden **(fiktiven) Anspruchs auf Trennungsunterhalt** wird die Zahlung einer Nutzungsentschädigung regelmäßig nicht der Billigkeit entsprechen.[482]   461

Umgekehrt ist ein gesamtschuldnerischer Ausgleich ausgeschlossen, wenn diese Positionen bereits im Rahmen der Unterhaltsregelung Berücksichtigung gefunden haben. Diese Unterhaltsfestsetzung stellt dann eine anderweitige Regelung i.S.d. § 426 Abs. 1 Satz 1 BGB dar[483] (vgl. Rn. 337 und Rn. 367).   462

Voraussetzung für ein Verbot der Verwertung des Wohnvorteils im Unterhaltsverfahren ist aber, dass eine Entscheidung oder eine Einigung der Parteien über die Zahlung einer Nutzungsentschädigung vorliegt. Die bloße Geltendmachung von Nutzungsentschädigungsansprüchen durch den anderen Ehegatten genügt insoweit nicht. Sie stellt sich vielmehr als deren Wahrnehmung berechtigter Interessen dar. Denn soweit ein Unterhaltsanspruch entfällt oder ihr versagt wird, stünde diesem Begehren auf Nutzungsentschädigung, das von der ausdrücklichen Geltendmachung abhängig ist, gerade keine anderweitige Regelung im Sinne einer Doppelverwertung entgegen.[484]   463

a. Das eigene Haus als gemeinsame Lebensplanung

aa. Grundüberlegungen

Der Bau eines Hauses oder der Kauf einer selbstgenutzten Eigentumswohnung durch die Eheleute während der Zeit ihres Zusammenlebens diente dazu, angemessenen Wohnraum für die gesamte Familie zu schaffen und auf längere Sicht zu gewährleisten und war zudem eine langfristig angelegte Maßnahme der Vermögensbildung auf der Basis gemeinsamer Lebensplanung. Die Trennung der Eheleute – und der damit verbundene Auszug eines Ehegatten – kann diese gemeinsame Lebensplanung nicht mit sofortiger Wirkung auflösen. Folglich sind beide Ehegatten an die finanziellen Auswirkungen dieser Investition erst einmal gebunden und können sich nicht einseitig mit sofortiger Wirkung davon lösen.   464

Damit handelt derjenige Ehepartner, der nach der Trennung in der Wohnung verbleibt und ggf. noch die Kosten der Wohnung trägt, auch im Interesse der gesamten Familie, um im Falle einer Versöhnung eine Rückkehr der übrigen Familie in die Ehewohnung überhaupt noch möglich zu machen.[485] Er handelt also quasi noch fremdnützig im Interesse der Gesamtfamilie; der **volle Nutzungswert der Wohnung** stellt sich lediglich als „totes Kapital"[486] und eine „aufgedrängte Bereicherung" dar.   465

Während dieses Zeitraumes bis zum endgültigen Scheitern der Ehe kann ihm unterhaltsrechtlich daher nur die **Wohnfläche und die Wohnungsqualität angerechnet werden, die seinen persönlichen Verhältnissen angemessen** ist. Der Gebrauchswert der – für den die Wohnung weiter nutzenden Ehegatten   466

---

[480] BGH v. 18.12.2013 - XII ZB 268/13 - FamRZ 2014, 460; OLG Brandenburg v. 10.05.2012 - 10 UF 227/10 - FamFR 2012, 320; vgl. OLG Karlsruhe v. 05.06.2008 - 4 U 72/06 - FamRZ 2009, 775; OLG Köln v. 26.02.2004 - 4 UF 19/04 - FamRB 2004, 175; *Reinecke*, ZFE 2004, 361-371.

[481] OLG Saarbrücken v. 24.02.2014 - 6 WF 31/14 m.w.N. - NZFam 2014, 381.

[482] OLG Frankfurt v. 09.05.2012 - 4 UF 14/12 - FamRZ 2012, 478; OLG Saarbrücken v. 24.02.2014 - 6 WF 31/14 m.w.N. - NZFam 2014, 381.

[483] Zur Problematik derartiger Wechselbeziehungen vgl. *Viefhues*, Fehlerquellen im familiengerichtlichen Verfahren, 3. Aufl. 2011, Rn. 1768 f. und 1830 f.

[484] OLG Brandenburg v. 10.05.2012 - 10 UF 227/10 - FamFR 2012, 320; vgl. OLG Karlsruhe v. 05.06.2008 - 4 U 72/06 - FamRZ 2009, 775.

[485] BGH v. 28.03.2007 - XII ZR 21/05 unter Hinweis auf BGH v. 19.03.2003 - XII ZR 123/00 BGHZ 154, 247, 252 f. = FamRZ 2003, 1179, 1180; BGH v. 20.10.1999 - XII ZR 297/97 FamRZ 2000, 351, 353; BGH v. 22.04.1998 - XII ZR 161/96 - FamRZ 1998, 899, 901 und BGH v. 12.07.1989 - IVb ZR 66/88 - FamRZ 1989, 1160, 1162 f.

[486] BGH v. 22.04.1998 - XII ZR 161/96 - FamRZ 1998, 899, 950.

§ 1361

an sich zu großen – Wohnung ist deswegen danach zu bestimmen, welchen Mietzins er auf dem **örtlichen Wohnungsmarkt für eine dem ehelichen Lebensstandard entsprechende angemessene kleinere Wohnung zahlen müsste**.[487] unter Berücksichtigung der Verhältnisse des Einzelfalles gem. § 287 ZPO zu schätzen, so dass hier ausreichender anwaltlicher Sachvortrag erforderlich ist[488] (vgl. Rn. 737 f.).

467 Dem tatsächlichen Zustand der Ehewohnung kommt daher in dieser Phase keine wesentliche Bedeutung zu.[489]

468 Etwas anderes gilt erst dann, wenn **das Scheitern der Ehe bereits festgestellt werden kann**. Dann handelt der in der Wohnung verbliebene Ehegatte nicht mehr im Interesse der Gesamtfamilie, sondern nur noch in seinem eigenen Interesse. Dem in der Wohnung verbliebenen Ehegatten ist grundsätzlich auch bereits vor der Scheidung der Ehe eine **Verwertung der Wohnung zuzumuten**.

469 Daher ist ihm der **volle Wohnwert** des mietfrei genutzten früheren Familienheims ab diesem Zeitpunkt anzuzurechnen. Daneben trifft ihn auch die Obliegenheit, ggf. an einem Verkauf des Hauses mitzuwirken.[490]

bb. Besondere Einzelfälle

470 Leben die Ehepartner **in der gemeinsamen Wohnung getrennt** (§ 1567 Abs. 1 Satz 2 BGB), bildet die Mietzahlung z.B. durch den Unterhaltsverpflichteten bei Ermittlung seines bereinigten Nettoeinkommens **keinen Abzugsposten**.[491] Die Mietzahlung ist **anteilig** entsprechend der Wohnungsaufteilung mit dem ermittelten Unterhalt **zu verrechnen**. Der Berechtigte erhält vom Unterhalt nur den **um den anteiligen Mietanteil gekürzten Betrag** ausbezahlt. Der Verpflichtete zahlt die gesamte Miete unmittelbar an den Vermieter.

471 **Beispiel:**[492]
Eheleute leben getrennt in der gemeinsamen Mietwohnung; Miete 500 €; bereinigtes Einkommen des Ehemannes 2.400 €. Ehefrau nicht erwerbstätig und auch nicht erwerbsverpflichtet.
Bei **richtiger Berechnung** ergeben sich dann folgende Zahlungspflichten:
Unterhaltspflicht M: 273 € Kindesunterhalt (gem. Einkommensgruppe 4 Düsseldorfer Tabelle) sowie 912 € Trennungsunterhalt, insgesamt 1.191 €. Davon sind 3/5 Mietkosten abzuziehen (je 2 Teile Erwachsene, 1 Teil Kind), also 300 €. M zahlt die Miete direkt und muss noch **612 € Trennungsunterhalt** zuzüglich 273 € Kindesunterhalt zahlen, insgesamt also **885 €**.
Wird dagegen **fälschlich** ein Abzug der Miete vom Einkommen vorgenommen und anschließend vom Restbetrag der Unterhalt berechnet; ergibt sich ein Gesamtbetrag von 970 € (2.400 € / 500 € Miete = 1.900 €; abzüglich 273 € Zahlbetrag für das Kind, verbleiben 1.627 €; davon 3/7 Anteil Trennungsunterhalt von 697 €, **insgesamt also 970 €**).

472 Steht das gemeinsame Familienheim der getrennt lebenden Ehegatten nach dem Auszug des einen Ehegatten bis zum Einzug des anderen Ehegatten jedoch vorübergehend leer, fließt der Wohnwert während der Dauer des **Leerstandes** bei keinem der beiden Gatten in die Bedarfsbemessung ein.[493]

473 Diese allgemeinen Grundsätze gelten auch, wenn im Eigentum des Unterhaltsschuldners **zwei Wohnungen** vorhanden sind. Denn auch in diesem Fall zieht der Unterhaltsschuldner entsprechende Nutzungen. Für die Nutzungen kommt es auf den konkreten (auch zeitlichen) Umfang des persönlichen Gebrauchs nicht entscheidend an. Die Zurechnung von Nutzungen scheitert also nicht schon daran, dass dem Unterhaltsschuldner als alleinigem Nutzer des Familienheims auch noch eine andere Wohnung zur Verfügung steht, selbst wenn er sich dort überwiegend aufhält. Allerdings kommt eine Kürzung unter Angemessenheitsgesichtspunkten in Betracht.[494]

---

[487] BGH v. 05.03.2008 - XII ZR 22/06 in Abgrenzung zu BGH v. 28.03.2007 - XII ZR 21/05 - FamRZ 2007, 879; BGH v. 28.03.2007 - XII ZR 21/05 unter Hinweis auf BGH v. 19.03.2003 - XII ZR 123/00 - BGHZ 154, 247, 252 f. = FamRZ 2003, 1179, 1180; BGH v. 20.10.1999 - XII ZR 297/97 - FamRZ 2000, 351, 353; BGH v. 22.04.1998 - XII ZR 161/96 - FamRZ 1998, 899, 901 und BGH v. 12.07.1989 - IVb ZR 66/88 - FamRZ 1989, 1160, 1162 f.

[488] Das AG Kehlheim v. 04.07.2012 - 1 F 24/12 - FamRZ 2013, 628 bemisst die Nutzungsentschädigung des in der Wohnung verbliebenen Ehegatten mit der Hälfte des objektiven Wohnwertes.

[489] OLG Zweibrücken v. 16.06.2006 - 2 UF 219/05 - FamRZ 2007, 470.

[490] BGH v. 05.04.2000 - XII ZR 96/98 - FamRZ 2000, 950.

[491] *Horndasch*, FuR 2013, 320.

[492] *Horndasch*, FuR 2013, 320.

[493] OLG Koblenz v. 15.11.2004 - 13 UF 305/04 - FF 2005, 193-196.

[494] BGH v. 27.05.2009 - XII ZR 78/08 - FamRZ 2009, 1300 m. Anm. *Schürmann* = NJW 2009, 2523 m. Anm. *Born*.

Das OLG Hamm wendet diese Überlegungen zum Wohnvorteil auch an, wenn der Unterhaltspflichtige weiterhin die **Miete** für die Wohnung, in der der andere Ehegatte mit den Kindern lebt, zahlt. Das Gericht zieht die Mietkosten vom bedarfsprägenden Einkommen ab und rechnet dem in der Wohnung verbliebenen Ehegatten einen entsprechenden Wohnvorteil an.[495]   474

Das KG Berlin[496] meldet hiergegen Bedenken an. Denn im Gegensatz zur Verwertung eines Eigenheims mit ihren Konsequenzen für die Vermögensauseinandersetzung der Eheleute sei die Aufgabe einer gemieteten Wohnung wesentlich weniger einschneidend für die rechtlichen Beziehungen der Eheleute und stelle für die Versöhnung der Eheleute ein geringeres Hindernis dar, da die Ersatzbeschaffung einer vergleichbaren Mietwohnung einfacher ist als die eines Eigenheims.   475

Wenn ein Ehegatte nach der Trennung in dem Hausanwesen des anderen Ehegatten, dem das Hauswesen als Alleineigentümerin gehört, wohnen bleibt, findet § 1361b Abs. 3 Satz 2 BGB wenn nicht unmittelbar, so jedenfalls entsprechende Anwendung und steht dem überlassenden Ehegatten, der die verbrauchsabhängigen und umlagefähigen Nebenkosten weiterzahlt, **ein Anspruch auf Erstattung der Nebenkosten zu.**[497]   476

Dies gelte selbst dann, wenn diesem Ehegatten bei der Unterhaltsberechnung bereits ein Wohnwert angerechnet worden ist. Denn bei der Unterhaltsberechnung sind nur die fixen Kosten von Bedeutung, nicht aber die verbrauchsabhängigen Kosten. Der Anspruch auf Erstattung dieser Kosten kann aber – ebenso wie der Anspruch auf Zahlung einer Nutzungsvergütung – erst für die Zeit ab ausdrücklicher Aufforderung zur Erstattung dieser Kosten gerichtlich geltend gemacht werden. Der Anspruchsberechtigte darf also nicht erst die nächste Nebenkostenabrechnung für das abgelaufene Jahr abwarten, sondern muss dem anderen Ehegatten unverzüglich eine Aufforderung zur Erstattung der zukünftigen Kosten übermitteln.   477

cc. Zeitpunkt des endgültigen Scheiterns der Ehe

Praktisch entscheidend ist mithin, zu welchem Zeitpunkt das endgültige Scheitern der Ehe anzunehmen ist.   478

Das Scheitern der Ehe ist jedenfalls bei der – rechtskräftigen – **Scheidung** festzustellen. In aller Regel kann dies aber bereits mit Zustellung des Scheidungsantrags bejaht werden.[498] Damit korrespondiert die vermögensrechtliche Zäsur, die durch die Zustellung des Scheidungsantrages ausgelöst wird. Denn durch die Zustellung des Scheidungsantrages wird der Stichtag für den Zugewinnausgleich festgelegt (§ 1384 BGB) und nachträgliche Vermögenstransaktionen können nicht mehr ausgeglichen werden. Nicht ausreichend ist im Regelfall der Ablauf des ersten Trennungsjahres.[499]   479

  480

In Einzelfällen ist jedoch auch zu einem früheren Zeitpunkt Klarheit vorhanden, so dass die Zurechnung des vollen Wohnvorteils gerechtfertigt ist.[500] So gilt dies jedenfalls dann, wenn der in der Wohnung verbliebene Ehegatte einen **neuen Lebensgefährten aufnimmt**[501] und hierdurch das durch den Auszug des anderen Ehegatten entstandene „tote" Kapital wieder einer Nutzung zuführt. Dann ist auch in der Trennungszeit der Vorteil mietfreien Wohnens mit dem vollen objektiven Mietwert zu bemessen.[502]   481

Auch wenn die Eheleute seit sechs Monaten endgültig voneinander getrennt leben, sich beide neuen Partnern zugewandt haben und der Scheidungsantrag zugestellt worden ist, kann bei der Nutzung der Wohnung nicht mehr von einer „aufgedrängten Bereicherung" gesprochen werden.[503]   482

Ein solches Scheitern der Ehe ist auch dann festzustellen, wenn eine **Wiederherstellung der ehelichen Lebensgemeinschaft nicht zu erwarten ist**, so z.B. bei Rechtshängigkeit des Scheidungsantrages oder bei abschließender Regelung der vermögensrechtlichen Fragen der Ehe[504], wie z.B. durch eine **Scheidungsfolgenregelung**.   483

---

[495] OLG Hamm v. 11.08.2005 - 4 WF 165/05.
[496] KG Berlin v. 26.02.2010 - 13 UF 97/09 - FamRZ 2010, 1447.
[497] OLG Saarbrücken v. 07.07.2010 - 9 U 536/09 - FamRZ 2010, 1981-1983.
[498] BGH v. 05.03.2008 - XII ZR 22/06 in Abgrenzung zu BGH v. 28.03.2007 - XII ZR 21/05 - FamRZ 2007, 879; OLG Brandenburg v. 10.05.2012 - 10 UF 227/10 - FamFR 2012, 320.
[499] Vgl. BGH v. 31.10.2012 - XII ZR 30/10 - NJW 2013, 461.
[500] OLG Köln v. 15.07.2008 - 4 UF 253/07 - OLGR Köln 2008, 800.
[501] OLG Zweibrücken v. 16.06.2006 - 2 UF 219/05 - FamRZ 2007, 470.
[502] OLG Koblenz v. 18.12.2002 - 9 UF 785/01 - NJW 2003, 1816-1819, OLG Schleswig v. 14.08.2002 - 12 UF 13/01 - FamRZ 2003, 603-606.
[503] OLG Köln v. 26.02.2010 - 13 UF 97/09 - FamRZ 2010, 1447.
[504] BGH v. 18.01.2012 - XII ZR 177/09 - FamRZ 2012, 514; BGH v. 05.03.2008 - XII ZR 22/06 in Abgrenzung zu BGH v. 28.03.2007 - XII ZR 21/05 - FamRZ 2007, 879; *Born*, FamRZ 2013, 194, kritisch *Soyka*, FuR 2013, 162.

§ 1361

484 Nach § 1577 Abs. 3 BGB analog besteht im Regelfall weder auf Seiten des Pflichtigen noch des Berechtigten eine **Obliegenheit zum Einsatz des Vermögensstammes**, da alle Vermögenswerte in der Regel dazu dienen, ergänzend zu sonstigem Einkommen den eigenen Unterhaltsbedarf auf Lebenszeit zu sichern. Dies hat zur Folge, dass eine Obliegenheit zur Verwertung des Vermögensstammes im Einzelfall von der voraussichtlichen Dauer der Unterhaltsbedürftigkeit und von der dauerhaften Ertragsmöglichkeit des zur Verfügung stehenden Vermögens abhängt.[505]

dd. Auswirkungen dieses Grundsatzes

485 Dieser Grundsatz hat Auswirkungen in mehrfacher Hinsicht:

486 Zum einen kann deshalb nicht verlangt werden, dass die Ehewohnung unmittelbar nach der Trennung der Eheleute sofort **veräußert** wird.[506] Erst wenn das Scheitern der Ehe feststeht, kann eine Obliegenheit zum Verkauf der Wohnung bzw. des Hauses bejaht werden.

487 In **unterhaltsrechtlicher Hinsicht** stellt das Scheitern der Ehe im vorgenannten Sinne aber auch eine entscheidende Zäsur dar, und zwar sowohl hinsichtlich der Höhe des anzurechnenden Nutzungsvorteils als auch für die Anrechnung von Kosten und Aufwendungen.

b. Höhe des anzurechnenden Nutzungsvorteils

488 **Vor dem Scheitern der Ehe** kann **nicht** der **volle Nutzwert** zugrunde gelegt werden, der sich aufgrund der tatsächlichen Wohnungsgröße und der Qualität der Wohnung (Ausstattung, Lage usw.) ergibt. Der Nutzer der Wohnung lebt in Räumlichkeiten, die auf die Gesamtfamilie zugeschnitten waren, also für ihn schlichtweg zu groß und dementsprechend auch zu teuer sind. Er nutzt diese zu große Wohnung aber nicht aus Eigeninteresse, sondern weil der Auszug bzw. der Verkauf der Wohnung noch nicht erforderlich bzw. zumutbar ist. Unterhaltsrechtlich angerechnet werden kann ihm daher nur die Wohnfläche und die Wohnungsqualität, die seinen persönlichen Verhältnissen angemessen ist.

489 Dieser Gebrauchswert ist deswegen regelmäßig danach zu bestimmen und ggf. gem. § 287 ZPO zu schätzen, welchen Mietzins er auf dem **örtlichen Wohnungsmarkt für eine dem ehelichen Lebensstandard entsprechende angemessene kleinere Wohnung zahlen müsste**.[507] Dem tatsächlichen Zustand der Ehewohnung kommt dabei keine wesentliche Bedeutung zu.[508]

490 Da es sich beim Wohnvorteil nicht um Einkünfte aus Erwerbstätigkeit handelt, ist **kein Erwerbstätigenbonus** abzuziehen.

491 Ist jedoch eine **Wiederherstellung der ehelichen Lebensgemeinschaft nicht mehr zu erwarten**, ist der **volle Mietwert** anzusetzen.

c. Verrechnungsmodalitäten

492 Auch wenn der in der Wohnung verbliebene Ehegatte in dieser Wohnung zusammen mit einem oder mehreren gemeinsamen Kindern lebt, wird in der Praxis der **Wohnvorteil** regelmäßig nur über den **Ehegattenunterhalt** berücksichtigt.

493 Der BGH hat diese Vorgehensweise beanstandet und betont, **das mietfreie Wohnen komme** auch **dem gemeinsamen Kind zugute**. Der mit dem Kind zusammenlebende Unterhaltspflichtige leiste insoweit Naturalunterhalt, der ihn von der Unterhaltspflicht gegenüber dem Sohn teilweise befreit.[509] Dieser Umstand sei im Rahmen der Festlegung des angemessenen Wohnwerts zu berücksichtigen.[510]

494 Das OLG Hamm will beim Verwandtenunterhalt den **Wohnwert nach Köpfen zu verteilen**, wenn mehrere Familienangehörige das Eigenheim bewohnen.[511]

---

[505] OLG Hamm v. 18.05.2011 - 8 UF 262/10, II-8 UF 262/10.

[506] Vgl. auch BGH v. 01.12.2004 - XII ZR 75/02 - FamRZ 2005, 1159.

[507] BGH v. 05.03.2008 - XII ZR 22/06 in Abgrenzung zu BGH v. 28.03.2007 - XII ZR 21/05 - FamRZ 2007, 879; BGH v. 28.03.2007 - XII ZR 21/05 unter Hinweis auf BGH v. 19.03.2003 - XII ZR 123/00 - BGHZ 154, 247, 252 f. = FamRZ 2003, 1179, 1180; BGH v. 20.10.1999 - XII ZR 297/97 - FamRZ 2000, 351, 353; BGH v. 22.04.1998 - XII ZR 161/96 - FamRZ 1998, 899, 901 und BGH v. 12.07.1989 - IVb ZR 66/88 - FamRZ 1989, 1160, 1162 f.; OLG Karlsruhe v. 28.03.2008 - 2 UF 76/07 - FamRZ 2009, 48.

[508] OLG Zweibrücken v. 16.06.2006 - 2 UF 219/05.

[509] Vgl. BGH v. 17.12.2008 - XII ZR 63/07 - juris Rn. 16 - FamRZ 2009, 404.

[510] Vgl. BGH v. 31.10.2012 - XII ZR 30/10 - NJW 2013, 461.

[511] OLG Hamm v. 21.11.2012 - II-8 UF 14/12; vgl. auch *Melchers*, FamRB 2009, 348 und *Melchers*, FuR 2009, 541; OLG Düsseldorf v. 05.08.1993 - 6 UF 148/92 - FamRZ 1994, 1049; 1052; BGH v. 12.07.1989 - IVb ZR 66/88 - FamRZ 1989, 1160, 1161.

Born verweist darauf, dass in der Überlassung eines Teils der **Wohnung** an ein mit der Mutter zusammenlebendes Kind die Leistung von **Naturalunterhalt** steckt, der insoweit von der Barunterhaltspicht befreit.[512] Der BGH spreche sich für eine Erhöhung des aufseiten des Schuldners anzusetzenden Wohnwertes aus vor dem Hintergrund, dass im entschiedenen Fall der nicht um den Wohnbedarf gekürzte Unterhaltsanspruch des Kindes einkommensmindernd aufseiten des mit dem Kind zusammenlebenden Schuldners abgezogen wurde. Danach müsste bei der Frage der angemessenen Wohnungsgröße das Kinderzimmer mit berücksichtigt und der Wohnwert entsprechend erhöht werden. Er äußert jedoch Bedenken gegen diesen Ansatz, weil dadurch **Ehegatten- und Kindesunterhalt vermischt** werde. Gerade weil im Tabellenbetrag für das Kind ein Anteil für Wohnen enthalten ist, sollte ein das Kind betreffender Wohnwert auch nur dort (und nicht beim Elternteil) berücksichtigt werden. 495

Thormeyer schlägt vor, in den Fällen, in denen neben dem Unterhaltspflichtigen auch Kinder in der Wohnung leben, einen bereits um den Wohnbedarf der Kinder gekürzten Unterhaltsanspruch vom Einkommen des Pflichtigen abzuziehen. Der **Wohnbedarf eines Kindes** solle mit **20% des Tabellenbetrages aus der Düsseldorfer Tabelle** veranschlagt werden.[513] 496

d. Abzug von Kosten und Aufwendungen für das Haus

Der Wohnvorteil ist nur insoweit den Einkünften hinzuzurechnen, als er die allgemeinen Grundstückskosten nicht übersteigt. Daher ist zu klären, ob und ggf. in welchem Umfang Belastungen abgezogen werden können. 497

Solange der Zeitpunkt des Scheiterns der Ehe noch nicht eingetreten ist, können die Aufwendungen teilweise abgezogen werden. 498

Abgezogen und damit unterhaltsrechtlich berücksichtigt werden können: 499
- Zinsen,[514]
- allgemeine Grundstückskosten und -lasten[515] wie Grundsteuern, Hausversicherungen,
- umlagefähige Nebenkosten,
- notwendige Instandhaltungskosten und die Beseitigung unaufschiebbarer Mängel,
- Hausverwalterkosten.

Nicht abgezogen werden können: 500
- verbrauchsabhängige Kosten wie Heizung, Strom, Wasser, Müllabfuhr usw.,[516]
- nicht umlagefähige Nebenkosten,
- Ausgaben für wertsteigernde Ausbauten und Modernisierungen,
- Kosten einer allgemeinen Renovierung, z.B. nach dem Auszug des Partners.

Während früher[517] generell verbrauchsunabhängige Kosten als abziehbar angesehen wurden, nimmt der BGH jetzt eine Differenzierung vor.[518] 501

Vom Eigentümer zu tragende **verbrauchsunabhängige Kosten** können grundsätzlich nur dann von seinem Wohnvorteil **abgezogen** werden, wenn es sich um **nicht umlagefähige Kosten** im Sinne von § 556 Abs. 1 BGB, §§ 1, 2 BetrKV handelt. Ob mit dem Eigentum verbundene Kosten allein von einem Eigentümer und nicht von einem Mieter getragen werden, lässt sich stattdessen verlässlicher danach beurteilen, ob die **Kosten auf einen Mieter umgelegt werden können**.[519] Da also der Mieter diese Lasten regelmäßig zusätzlich zur Nettomiete trägt, ist es nicht gerechtfertigt, den Wohnungsinhaber im Unterhaltsrechtsstreit von diesen Belastungen freizustellen.[520] 502

Umlagefähig sind demnach 503
- die **Grundsteuer** (§ 2 Abs. 1 Nr. 1 BetrKV) und
- die Kosten der **Sach- und Haftpflichtversicherung** (§ 2 Abs. 1 Nr. 13 BetrKV).

Nicht umlagefähig (und damit **unterhaltsrechtlich abziehbar**) sind 504
- Kosten der **Verwaltung** und
- **Instandhaltungskosten** (§ 1 Abs. 2 BetrKV).

---
[512] *Born*, FamRZ 2013, 194.
[513] *Thormeyer*, FamRB 2013, 39.
[514] BGH v. 22.10.1997 - XII ZR 12/96 - FamRZ 1998, 88.
[515] BGH v. 28.03.2007 - XII ZR 21/05 - FamRZ 2007, 879.
[516] OLG Düsseldorf v. 03.09.2007 - II-7 UF 87/07 - FamRZ 2008, 895.
[517] Ständige Rechtsprechung seit BGH v. 20.10.1999 - XII ZR 297/97 - FamRZ 2000, 351.
[518] BGH v. 27.05.2009 - XII ZR 78/08 - FamRZ 2009, 1300 m. Anm. *Schürmann* = NJW 2009, 2523 m. Anm. *Born*.
[519] Vgl. § 556 Abs. 1 Satz 3 BGB und die Betriebskostenverordnung (BetrKV) v. 25.11.2003.
[520] OLG Düsseldorf v. 03.09.2007 - II-7 UF 87/07, 7 UF 87/07 - FamRZ 2008, 895, 896.

§ 1361

505 Die Feststellung, ob bestimmte umlagefähige Kosten üblicherweise auf den Mieter umgelegt werden, hängt von den **örtlichen Gepflogenheiten** ab. Dabei kann aber von dem Regelfall ausgegangen werden, dass die Vermieter die gesetzlichen Möglichkeiten ausschöpfen und die nach den §§ 1, 2 BetrKV umlagefähigen Kosten in der Praxis auf die Mieter umgelegt werden. Zu prüfen ist dann nur noch, ob die fraglichen Kosten etwa schon in die ortsübliche Grundmiete eingerechnet sind.[521] Das ist allerdings bei der sog. Netto-Kaltmiete (oder Nettomiete), die regelmäßig den örtlichen Mietspiegeln nach den §§ 558c, 558 Abs. 2 BGB zugrunde liegt, nicht der Fall. Denn diese versteht sich im Gegensatz zur (Teil-)Inklusivmiete als Miete ohne alle Betriebskosten nach § 556 Abs. 1 BGB.[522]

506 Allerdings können sich die Kosten im **Einzelfall** als teilweise überflüssig erweisen, wenn und soweit ihnen kein adäquater Wohnwert gegenübersteht. Insbesondere wenn der Ehegatte die Kosten dann auch im Interesse des anderen Ehegatten weiter aufbringt, kann ein teilweiser Abzug gerechtfertigt sein.[523]

e. Speziell: Tilgungsleistungen für Hausdarlehen

507 Grundsätzlich sind vom Wohnwert die mit dem Eigentumserwerb verbundenen Kosten abzusetzen. Dazu gehören auch die **Tilgungsleistungen**.[524] Dass diese der Vermögensbildung dienen, steht dem nicht entgegen, solange der andere Ehegatte von der Vermögensbildung profitiert. Letzteres ist nicht nur gegeben, wenn der andere Ehegatte **Miteigentümer** des Grundstücks ist,[525] sondern auch bei bestehendem Alleineigentum, solange sich die Vermögensbildung noch im **Zugewinn** niederschlägt, weil der Scheidungsantrag noch nicht zugestellt ist.[526]

508 Bei **Tilgungsleistungen** ist daher eine umfassende Interessenabwägung – unter Berücksichtigung der oben dargestellten Grundüberlegungen – vorzunehmen.[527] Ein Abzug scheidet auch aus bei bestehender **Gütertrennung**.[528]

509 Besonderheiten sind auch zu beachten, wenn der Unterhaltspflichtige nicht Eigentümer ist, sondern ihm lediglich ein **Nießbrauchsrecht** zusteht.[529]

510 Zu bedenken ist allerdings, dass generell eine Vermögensbildung durch Zahlung von Tilgungsraten bis zur Höhe von 4% des eigenen Bruttoeinkommens unter dem Gesichtspunkt einer **zusätzlichen Altersvorsorge** auch im Rahmen des nachehelichen Ehegattenunterhalts zu berücksichtigen sein kann.[530]

511 Auch wenn der im Hause verbliebene **Unterhaltsberechtigte** die Lasten des Hauses bzw. die Darlehensbelastungen trägt, ändert sich im Grundsatz nichts. Ihm ist grundsätzlich ebenfalls der Wohnvorteil anzurechnen; die Belastungen sind abzuziehen. Dabei ist allerdings zwischen Bedarf und Unterhaltsanspruch zu unterscheiden.[531]

512 Gegenüber **Unterhaltsansprüchen von Eltern und Enkelkindern** können auch Tilgungsleistungen in Abzug gebracht werden.[532]

---

[521] Vgl. Finke, FPR 2008, 94, 95.
[522] Vgl. BGH v. 10.10.2007 - VIII ZR 331/06 - NJW 2008, 848.
[523] BGH v. 27.05.2009 - XII ZR 78/08 - FamRZ 2009, 1300 m. Anm. *Schürmann* = NJW 2009, 2523 m. Anm. *Born*.
[524] Zur Abzugsfähigkeit von Tilgungsleistungen für den Erwerb eines betrieblichen Wirtschaftsgutes vgl. AG Flensburg v. 05.07.2013 - 92 F 101/12 - FamRZ 2014, 217.
[525] OLG Brandenburg v. 10.05.2012 - 10 UF 227/10 - FamFR 2012, 320.
[526] BGH v. 31.10.2012 - XII ZR 30/10 - NJW 2013, 461; BGH v. 05.03.2008 - XII ZR 22/06 in Fortführung von BGH 28.03.2007 - XII ZR 21/05 - FamRZ 2007, 879 und BGH v. 01.12.2004 - XII ZR 75/02 - FamRZ 2005, 1159; BGH v. 01.10.1986 - IVb ZR 68/85 - FamRZ 1987, 36-40.
[527] BGH v. 10.07.1991 - XII ZR 166/90 - FamRZ 1991, 1163.
[528] BGH v. 10.08.2010 - XII ZR 7/09 - juris Rn. 10.
[529] BGH v. 10.08.2010 - XII ZR 7/09 - juris Rn. 10.
[530] BGH v. 27.05.2009 - XII ZR 111/08 - NJW 2009, 2450 = FamRZ 2009, 1207 m. Anm. *Hoppenz*, 1308; BGH v. 28.03.2007 - XII ZR 21/05 - FamRZ 2007, 879; BGH v. 11.05.2005 - XII ZR 211/02 - FamRZ 2005, 1817, 1822; BGH v. 11.05.2005 - XII ZR 211/02 - FamRZ 2005, 1817, 1822; OLG Brandenburg v. 22.03.2011 - 10 UF 85/09 - FamFR 2011, 224.
[531] BGH v. 28.03.2007 - XII ZR 21/05 - FamRZ 2007, 879; BGH v. 27.05.2009 - XII ZR 111/08 - NJW 2009, 2450 = FPR 2009, 418 m. Anm. *Schmitz* = FamRZ 2009, 1207 = FamRZ 2009, 1308 m. Anm. *Hoppenz*.
[532] BGH v. 19.03.2003 - XII ZR 123/00 - FamRZ 2003, 1179, 1180 ff.; BGH v. 11.05.2005 - XII ZR 211/02 - NJW 2005, 3277 = ZFE 2005, 449; *Margraf* in: Luthin/Koch, Unterhaltsrecht, 2010, § 1 Rn. 1218.

f. Berechnungsbeispiele
aa. Fallbeispiel 1 (Ehefrau verbleibt in der Wohnung)

Der unterhaltspflichtige Ehemann verlässt das Haus, die unterhaltsberechtigte Ehefrau benutzt das Haus alleine. Der Ehemann trägt aber weiterhin die Belastungen des Hauses mit Ausnahme der verbrauchsabhängigen Kosten.

Für diese Fallgestaltung berechnet man den Ehegattenunterhalt wie folgt:

	Erwerbseinkommen Ehemann	6/7 von	2.000 €	1.714,29 €
	abzgl. der vom Mann getragenen Aufwendungen			
−	Zins und Tilgung			400 €
−	verbrauchsunabhängige Kosten			100 €
−	verbrauchsabhängige Kosten			0 €
−	Instandhaltung			100 €
=	bereinigtes Einkommen des Mannes			1.114,29 €
+	Erwerbseinkommen Ehefrau	6/7 von	600 €	514,29 €
+	angemessener Wohnwert orientiert am Bedarf der Frau			400 €
=	Gesamtbedarf			2.028,57 €
	Bedarf der Frau (davon 1/2)			1.014,29 €
−	Erwerbseinkommen der Ehefrau	6/7 von	600 €	514,29 €
−	gedeckter Wohnbedarf der Frau (voll)			400 €
=	ungedeckter Bedarf = verbleibender Barunterhaltsanspruch der Frau			100 €

Die **verbrauchsabhängigen Kosten** muss die Ehefrau aus ihren eigenen Finanzmitteln decken, da diese nach dem Auszug des Mannes voll zu ihrem eigenen Bedarf gehören.[533] Auch bei Nutzung einer Mietwohnung hätte sie diese Kosten selbst zu tragen. Beim **Nutzungswert** der Wohnung kann nur der Betrag angerechnet werden, der dem angemessenen Wohnbedarf der Ehefrau entspricht.

bb. Fallbeispiel 2 (Ehemann verbleibt in der Wohnung)

Der unterhaltspflichtige Ehemann bleibt in der Wohnung, die unterhaltsberechtigte Ehefrau zieht aus. Der Ehemann trägt weiterhin die Belastungen des Hauses einschließlich der verbrauchsabhängigen Kosten.

Für diese Fallgestaltung berechnet man den Ehegattenunterhalt wie folgt:

	Erwerbseinkommen Ehemann	6/7 von	2.000 €	1.714,29 €
	abzgl. der vom Mann getragenen Aufwendungen			
−	Zins und Tilgung			400 €
−	verbrauchsunabhängige Kosten			100 €
−	verbrauchsabhängige Kosten			0 €
−	Instandhaltung			100 €
=	bereinigtes Einkommen des Mannes			1.114,29 €
+	Erwerbseinkommen Ehefrau	6/7 von	600 €	514,29 €
+	angemessener Wohnwert orientiert am Bedarf des Mannes			500 €
=	Gesamtbedarf			2.128,57 €
	Bedarf der Frau (davon 1/2)			1.064,29 €
−	Erwerbseinkommen der Ehefrau	6/7 von	600 €	514,29 €
−	gedeckter Wohnbedarf der Ehefrau			0 €
=	ungedeckter Bedarf = verbleibender Barunterhaltsanspruch der Frau			550 €

Im Gegensatz zur vorhergehenden Fallsituation bei der Nutzung der Wohnung durch die unterhaltsberechtigte Ehefrau ist bei der Nutzung durch den Unterhaltspflichtigen auf folgende Punkte hinzuweisen:

- Die **verbrauchsabhängigen Kosten** trägt zwar der Ehemann, kann sie aber unterhaltsrechtlich der Ehefrau nicht entgegenhalten, da sie allein seinen eigenen Lebensbedarf betreffen.

---

[533] OLG Düsseldorf v. 03.09.2007 - II-7 UF 87/07 - FamRZ 2008, 895.

§ 1361

- Der angemessene Wohnbedarf des Unterhaltspflichtigen ist nicht automatisch identisch mit dem Wohnbedarf der Unterhaltsberechtigten und daher hier zur Veranschaulichung ausdrücklich abweichend auf 500 € festgesetzt worden.

cc. Sonderfall: Kreditbelastungen übersteigen den Nutzungswert

519 Jedoch ist im Rahmen der **Bedürftigkeit** eine andere Grenze für die Berücksichtigung von Kreditraten zu beachten. Denn bei der Bedürftigkeit ist maßgeblich, in welchem Umfang ein Unterhaltsbedarf nach den ehelichen Lebensverhältnissen durch eigene Einkünfte oder Gebrauchsvorteile gedeckt ist. Jedoch kann dieser Unterhaltsbedarf durch Kreditraten, die die Summe aus eigenen Einkünften und sonstigen Gebrauchsvorteilen übersteigen, nicht weiter erhöht werden. Deswegen können **Kreditraten** im Rahmen der Bedürftigkeit immer nur die **Summe aus eigenen Einkünften und Gebrauchsvorteilen** kompensieren, also auch nur bis zu deren Höhe berücksichtigt werden.[534] Dagegen scheidet eine Begrenzung lediglich auf die Höhe des Wohnwertes aus.

520 **Berechnung des Bedarfs**:

	Erwerbseinkommen Ehemann		2.042 €
+	Erwerbseinkommen Ehefrau		592 €
+	Wohnvorteil (Nutzung der Ehewohnung durch die Ehefrau)		500 €
–	Hauskredite (Zins und Tilgung)		1.118 €
=	Gesamteinkünfte		2.016 €
	Unterhaltsbedarf (50%)		1.008 €

Berechnung des Unterhalts:

	Bedarf der Ehefrau	1.008 €
–	eigenes Einkommen	592 €
–	Wohnvorteil	500 €
+	Lasten der Wohnung (1.118 €), jedoch begrenzt auf die Summe aus Einkommen (592 €) und Wohnvorteil (500 €), also maximal 1.092 €	1.092 €
=	verbleibender Unterhaltsanspruch	1.008 €

dd. Berechnung nach dem Scheitern der Ehe[535]

521

	Erwerbseinkommen M	6/7 von	2.000 €	1.714,29 €
	voller angemessener Wohnwert des gesamten Hauses			750 €
	abzgl. der von M getragenen Aufwendungen			
–	Zinsen		300 €	300 €
–	Tilgung		100 €	0 €
–	verbrauchsunabhängige Kosten			0 €
	nicht umlagefähig auf Mieter		100 €	100 €
	umlagefähig auf Mieter		0 €	0 €
–	verbrauchsabhängige Kosten			0 €
	Instandhaltung		100 €	100 €
=	bereinigtes Einkommen des M			1.964,29 €
+	Erwerbseinkommen F	6/7 von	600 €	514,29 €
=	Gesamtbedarf beider Eheleute			2.478,57 €
	Bedarf der F (Halbteilungsgrundsatz)			1.239,29 €
–	eigenes Erwerbseinkommen F	6/7 von	600 €	514,29 €
–	gedeckter Wohnbedarf der F (voll)			0 €
=	ungedeckter Bedarf = verbleibender Unterhaltsanspruch der F			725 €

Ergebnisübersicht

		Mann	Frau
	eigenes Einkommen	2.000 €	600 €
	Unterhalt	– 725 €	725 €
	anzurechnende Hauskosten	– 500 €	0 €
	insgesamt verbleiben zur Verfügung	775 €	1.325 €

---

[534] BGH v. 28.03.2007 - XII ZR 21/05 - FamRZ 2007, 879.
[535] Vgl. Rn. 281 ff.

+ anzurechnender Wohnvorteil	750 €	0 €
= insgesamt zur Verfügung	1.525 €	1.325 €
Differenz		200 €

g. Auswirkungen des Verkaufs des Hauses

Nach dem **Verkauf des Objektes**[536] sind **keine Aufwendungen** mehr zu tragen. **522**

Der Wohnvorteil an der Familienwohnung setzt sich nach einem **Verkauf des Grundstücks** an den Zinsen aus dem Verkaufserlös fort.[537] Die **Zinsen** aus dem verbleibenden Erlös aus dem Verkauf des Hauses sind als Surrogat des bisherigen Wohnwertes anzusehen. Sie erhöhen den Bedarf der beiden Eheleute und werden bei jedem Ehegatten mit dem ihm zuzurechnenden hälftigen Anteil auch bedarfsdeckend angerechnet. **523**

Wird der Erlös für den **Erwerb eines neuen Grundstücks** eingesetzt, setzt sich der frühere Wohnvorteil an dem neuen Wohnvorteil fort. Kommt ein neuer Wohnvorteil nicht in Betracht, weil die Zinsbelastung der zusätzlich aufgenommenen Kredite den objektiven Wohnwert übersteigt, ist zu prüfen, ob eine Obliegenheit zur Vermögensumschichtung besteht.[538] **524**

Nach **Erwerb** des gemeinsamen Hauses **durch den Unterhaltspflichtigen** ist der Wohnvorteil unter Berücksichtigung des vollen Wohnwertes gemindert um die Hauslasten und den Zinsaufwand des Finanzierungskredites zu bemessen.[539] Die Berücksichtigung eines Wohnvorteils bei der Bemessung des nachehelichen Unterhalts kann nicht mit der Begründung außer Betracht bleiben, die Ehegatten seien so zu behandeln, als hätten sie das Haus an einen Dritten veräußert und den Erlös geteilt.[540] **525**

Die **Zinsen** für den Erwerb des Miteigentumsanteils sind abzuziehen, dagegen nicht die Tilgungen, da sie der Vermögensbildung dienen.[541] Ist der den Miteigentumsanteil erwerbende Ehegatte zur Finanzierung der Eigentumsübertragung genötigt, ein Darlehen aufzunehmen, ist der damit verbundene Zinsaufwand dem Wohnwert gegenüber zu stellen, was dazu führen kann, dass kein positiver Wohnwert mehr verbleibt. **526**

Bei dem **veräußernden Ehegatten** verbleibt jedoch als Surrogat der Zinsgewinn, so dass Letzterer sich besser stehen würde, wäre das Haus an einen Dritten veräußert worden. Damit ist die Rechtsprechung[542] hinfällig, die bemüht war, eine solche unterhaltsrechtliche Schieflage auszugleichen. Dem kann man nur dadurch vorbeugen, dass die Eheleute im Rahmen des notariellen Übertragungsvertrages vereinbaren, dass weder Zinseinkünfte aus dem zu zahlenden Abfindungsbetrag noch ein verbleibender Wohnvorteil bei dem erwerbenden Ehegatten unterhaltsrechtlich zu berücksichtigen sind.[543] **527**

Zur Veranschaulichung folgendes **Berechnungsbeispiel**: **528**

Das Haus ist veräußert worden. Nach Abzug der Belastungen verbleiben jedem Ehegatten 40.000 €, die mit 5% jährlich verzinst angelegt jeweils einen mtl. Zinserlös von 166,67 € erzielen.

	Erwerbseinkommen M	6/7 von	2.000 €	1.714,29 €
+	Erwerbseinkommen F	6/7 von	600 €	514,29 €
+	Zinserlös als Surrogat des Wohnwertes insgesamt			333,33 €
=	Gesamteinkommen			**2.561,90 €**
	Bedarf der F (Halbteilungsgrundsatz)			1.280,95 €
–	Erwerbseinkommen F	6/7 von	600 €	514,29 €
–	Zinserlös F	(1/2 für jeden Ehegatten)		166,67 €
=	ungedeckter Bedarf = verbleibender Unterhaltsanspruch der F			**600 €**

Ergebnis	Mann	Frau
eigenes Einkommen	2.000 €	600 €
Unterhalt	-600 €	600 €

---

[536] Dazu *Finke*, FPR 2008, 94, 99 m.w.N.; *Gerhardt*, FamRZ 2003, 414.
[537] BGH v. 01.10.2008 - XII ZR 62/07 - NJW 2009, 145 m. Anm. *Born* = FamRZ 2009, 23 m. Anm. *Norpoth*.
[538] BGH v. 01.10.2008 - XII ZR 62/07 - NJW 2009, 145 m. Anm. *Born* = FamRZ 2009, 23 m. Anm. *Norpoth*.
[539] BGH v. 11.05.2005 - XII ZR 211/02 - NJW 2005, 3277 = FamRZ 2005, 1817 = FamRZ 2005, 1899 m. Anm. *Büttner*; vgl. auch BGH v. 01.12.2004 - XII ZR 75/02 - FamRZ 2005, 1159.
[540] BGH v. 01.12.2004 - XII ZR 75/02 - FamRZ 2005, 1159, 1161; a.A. *Gerhardt*, FamRZ 2003, 414, 415.
[541] *Büttner*, FamRZ 2005, 1899.
[542] OLG Karlsruhe v. 27.10.2003 - 2 UF 107/03 - FuR 2004, 457; OLG Koblenz v. 19.03.2002 - 11 UF 671/00 - FamRZ 2002, 1407.
[543] *Büttner*, FamRZ 2005, 1899.

§ 1361 jurisPK-BGB / Viefhues

	Zinserlös	-166,67 €	166,67 €
	Barbetrag	1.233,34 €	1.033,34 €
+	gedeckter Wohnbedarf	0 €	0 €
=	insgesamt	**1.233,34 €**	**1.033,34 €**
	Differenz		200 €

529 Wird die Ehewohnung veräußert, so entfallen zwar die Vorteile der mietfreien Nutzung der Ehewohnung; an deren Stelle treten aber die **Vorteile, die die Ehegatten in Form von Zinseinkünften aus dem Erlös ihrer Miteigentumsanteile ziehen**. Setzt der aus der Ehewohnung gewichene Ehegatte den Verkaufserlös aus seinem früheren Miteigentumsanteil an der Ehewohnung **für den Erwerb einer neuen Wohnung ein, tritt der Wohnvorteil der neuen Wohnung** an die Stelle eines Zinses aus dem Erlös.[544]

530 Zwar entfallen die Vorteile der mietfreien Nutzung der Ehewohnung, wenn diese im Zusammenhang mit der Scheidung veräußert wird. An ihre Stelle treten aber die Vorteile, die in Form von Zinseinkünften aus dem Erlös der Miteigentumsanteile gezogen werden oder werden könnten. **Das gilt im Grundsatz auch dann, wenn die Ehewohnung nicht an Dritte veräußert wird, sondern ein Ehegatte seinen Miteigentumsanteil auf den anderen überträgt.** Auch in einem solchen Fall tritt für den veräußernden Ehegatten der Zins aus dem Erlös als Surrogat an die Stelle der früheren Nutzungsvorteile seines Miteigentumsanteils.

531 Für den übernehmenden Ehegatten verbleibt es hingegen grundsätzlich bei einem Wohnvorteil, und zwar nunmehr in **Höhe des Wertes der gesamten Wohnung**, gemindert um die unterhaltsrechtlich zu berücksichtigenden Belastungen, einschließlich der Belastungen durch den Erwerb des Miteigentumsanteils des anderen Ehegatten.[545]

III. Erwerbsobliegenheit der Berechtigten (Absatz 2)

1. Grundsatz der wirtschaftlichen Eigenverantwortung

532 Zwar tritt erst mit der **Scheidung** die volle **wirtschaftliche Eigenverantwortung** gem. § 1569 BGB ein, bei der nur in den gesetzlich genau geregelten Fällen der §§ 1570 ff. BGB ein (nachehelicher) Unterhaltsanspruch bestehen bleibt. Jedoch führt bereits die Trennung zu einer gesteigerten Eigenverantwortung der Ehegatten, ihren Bedarf selber zu decken, die von der Rechtsprechung nach Inkrafttreten des neuen Unterhaltsrechts mehr und mehr ausgeweitet worden ist.

533 Zwar will die beim Trennungsunterhalt gem. § 1361 Abs. 2 BGB gegenüber der Regelung in § 1574 BGB zum nachehelichen Ehegattenunterhalt **deutlich schwächere Erwerbsobliegenheit** die bestehenden Verhältnisse für eine Übergangszeit schützen. Die sich während der Trennungszeit langsam abschwächenden Folgen der ehelichen Lebensgemeinschaft sind aber mit zunehmender **Dauer der Trennung zu berücksichtigen**.

534 In Fällen, in denen schon im Rahmen des nachehelichen Betreuungsunterhalts keine Erwerbsobliegenheit besteht, gelte dies bei der Inanspruchnahme auf Trennungsunterhalt erst recht.[546]

535 Der Umfang der regelmäßig erforderlichen Erwerbstätigkeit und eventuelle Abweichungen davon bestimmen sich vielmehr nach den **individuellen Verhältnissen des jeweils betroffenen Ehegatten**. Nicht von Bedeutung ist nach der Rechtsprechung des BGH die Tatsache, **in welchem Umfang der andere Ehegatte erwerbstätig ist**. Allein aus dem Umstand, dass der Unterhaltspflichtige nur eine Tätigkeit ausübt, welche die für eine vollschichtige Tätigkeit übliche Stundenzahl nicht erreicht, kann noch keine Reduzierung der Erwerbsobliegenheit auf Seiten des Unterhaltsberechtigten hergeleitet werden.[547]

536 **Ausbildungsunterhalt** wird im Regelfall **während der Trennungszeit nicht geschuldet**.[548]

---

[544] BGH v. 09.04.2014 - XII ZB 721/12 - FamRZ 2014, 1098.
[545] BGH v. 09.04.2014 - XII ZB 721/12 - FamRZ 2014, 1098; BGH v. 05.03.2008 - XII ZR 22/06 - juris Rn. 13 m.w.N. - FamRZ 2008, 963.
[546] BGH v. 18.04.2012 - XII ZR 73/10 - NJW 2012, 2190.
[547] Vgl. BGH v. 11.07.2012 - XII ZR 72/10 FamRZ 2012, 1483; BGH v. 16.02.2011 - XII ZR 108/09 - juris Rn. 12 - FamRZ 2011, 628.
[548] OLG Bremen v. 28.02.2012 - 5 UF 6/12 - FuR 2012, 560.

2. Länge des Übergangszeitraums

Während einen im Zeitpunkt der Trennung längere Zeit nicht erwerbstätig gewesenen Ehegatten im ersten Trennungsjahr in der Regel keine Erwerbsobliegenheit trifft, **nähern sich die Voraussetzungen der Erwerbsobliegenheit mit zunehmender Verfestigung der Trennung**,[549] insbesondere **wenn die Scheidung nur noch eine Frage der Zeit ist**, immer mehr den Maßstäben des nachehelichen Unterhalts an. Zudem gewinnen die Erwerbsobliegenheit schon mit **Abschluss einer Trennungsvereinbarung und die dadurch verfestigte Trennung** zunehmend an Bedeutung.[550] Vielfach wird das Trennungsjahr nur noch als Übergangs- und Orientierungsphase angesehen und eine vollschichtige Erwerbsobliegenheit nach Ablauf des Trennungsjahres bejaht.[551] 537

Beim zuzubilligenden Übergangszeitraum ist demnach der zeitliche Abstand zu einer früheren Berufstätigkeit[552] ebenso zu berücksichtigen wie die Möglichkeit, eine ausgeübte Teilzeitarbeit auszuweiten.[553] 538

Da aber bereits im Rahmen des Trennungsunterhaltes die **Verschärfungen der Erwerbsobliegenheit durch das neue Unterhaltsrecht** beachtet werden müssen, kann ein Großteil der früheren Rechtsprechung aus der Zeit vor dem 01.01.2008 zu dieser Frage nicht mehr zugrunde gelegt werden. Dies gilt auch hinsichtlich der Bedeutung der Dauer der Trennung. 539

Überwiegend wird die Anwendung der neuen Grundsätze des nachehelichen Scheidungsrechts und vor allem die **Verschärfung der Erwerbsobliegenheiten** bereits auf den Trennungsunterhalt dann bejaht, wenn das Trennungsjahr abgelaufen ist und – zumindest wegen des gestellten Scheidungsantrages – das Scheitern der Ehe feststeht.[554] 540

Sachgerecht ist es hier, im Grundsatz die gleichen Maßstäbe anzulegen, die bei einem Verlust des Arbeitsplatzes für den Unterhaltspflichtigen gelten. Dabei hängt die **Länge der Übergangsfrist** (Orientierungs- und Bewerbungsfrist) von den Umständen des Einzelfalles ab; die Gerichte haben Fristen von 6 Monaten[555] bzw. 5 ½ Monaten[556] oder gar 2 Monaten[557] als ausreichend angesehen. Andere Gerichte gewähren eine Übergangsfrist von einem Jahr[558] oder von fast 2 Jahren.[559] 541

Diese Übergangsfrist ist auch dann zu beachten, wenn dem Pflichtigen eine **Verletzung seiner Obliegenheiten**, sich um eine entsprechende Erwerbstätigkeit zu bemühen, entgegengehalten werden kann.[560] 542

Bei langjähriger Trennung kann der Trennungsunterhalt sogar unter dem Gesichtspunkt des § 1579 Nr. 7 BGB verwirkt sein.[561] 543

Schärfere Anforderungen können bei einer sehr kurzen Ehe gelten. 544

---

[549] BGH v. 18.04.2012 -XII ZR 73/10 - NJW 2012, 2190.

[550] BGH v. 05.03.2008 - XII ZR 22/06 - FamRZ 2008, 963 m. Anm. *Büttner* = FF 2008, 248 m. Anm. *Graba* = NJW 2008, 1946 m. Anm. *Griesche;* OLG Zweibrücken v. 01.02.2008 - 2 UF 170/07 - OLGR Zweibrücken 2008, 886-889.

[551] Vgl. OLG Köln v. 18.10.2011 - 4 UF 170/11 - FuR 2012, 497 = FamRZ 2012, 80.

[552] OLG Koblenz v. 15.11.1993 - 13 UF 274/93 - FamRZ 1994, 1253-1254.

[553] OLG München v. 28.10.1992 - 12 UF 1034/92 - OLGR München 1992, 216-218.

[554] BGH v. 05.03.2008 - XII ZR 22/06 - FamRZ 2008, 963 m. Anm. *Büttner* = FF 2008, 248 m. Anm. *Graba* = NJW 2008, 1946 m. Anm. *Griesche*; *Büte*, FuR 2008, 309; *Borth*, FamRZ 2006, 813, 815; *Borth*, Unterhaltsrechtsänderungsgesetz 2008, Rn. 74 m.w.N.; *Viefhues/Mleczko*, Das neue Unterhaltsrecht 2008, Rn. 246; *Brudermüller* in: Palandt, Nachtrag zum neuen Unterhaltsrecht, 2008, § 1361 Rn. 2; *Peschel-Gutzeit*, Das neue Unterhaltsrecht 2008, Rn. 74; OLG Brandenburg v. 22.04.2008 - 10 UF 226/07 - FamRZ 2008, 1952 = NJW-Spezial 2008, 357 = FPR 2008, 388 m. Anm. *Ehinger*; *Borth*, FPR 2008, 341, 345.

[555] OLG Jena v. 29.08.2011 - 1 UF 324/11 - FamRZ 2012, 641; OLG Saarbrücken v. 02.03.2011 - 9 UF 89/10; OLG Brandenburg v. 13.11.2007 - 10 UF 88/07 - ZFE 2008, 191; OLG Hamm v. 12.04.2002 - 11 WF 1/02 - FamRZ 2003, 177.

[556] OLG Düsseldorf v. 27.06.1990 - 5 UF 8/90 - FamRZ 1991, 193.

[557] OLG Bremen v. 28.02.2012 - 5 UF 6/12 – FuR 2012, 560.

[558] OLG Hamm v. 13.02.2012 - II-6 UF 1/6/11 - FF 2012, 208 = FamFR 2012, 153; OLG Köln v. 18.10.2011 - 4 UF 170/11, FuR 2012, 497; OLG Hamm v. 20.12.2012 - 4 UF 143/12 - FamFR 2013, 79.

[559] BGH v. 18.01.2012 - XII ZR 177/09 - FamRZ 2012, 514: Übergangsfrist von Oktober 2005 bis Juli 2007.

[560] *Eschenbruch/Mittendorf*, Unterhaltsprozess, Rn. 6337; OLG Brandenburg v. 13.11.2007 - 10 UF 88/07.

[561] OLG Frankfurt v. 12.09.2003 - 2 WF 283/03 - FPR 2004, 25-26.

3. Beginn des Anpassungszeitraumes

545 Die Übergangsfrist **beginnt** grundsätzlich mit der **Kenntniserlangung** von den geänderten Rahmenbedingungen,[562] also beim Trennungsunterhalt mit der Trennung.

546 Ist eine Unterhaltsberechtigte nicht durch besondere Umstände – wie z.B. die Betreuung gemeinsamer Kinder – an der Erwerbstätigkeit gehindert, **ist von ihr bereits etwa sechs Monate vor dem Einsatzzeitpunkt zu erwarten, mit ihren Bemühungen um eine Beschäftigung zu beginnen.**[563]

547 Erbringt der Unterhaltpflichtige **freiwillige Zahlungen**, so ist er gut beraten, dem Berechtigten gegenüber deutlich zu machen, dass er diese Zahlungen nur für eine Übergangszeit erbringen wolle. Andernfalls wird sich die Berechtigte später darauf berufen, dass für sie der Anpassungszeitraum erst später begonnen habe.

4. Persönliche Verhältnisse des Unterhaltsberechtigten

548 Zu den persönlichen Verhältnissen des Unterhaltsberechtigten gehören z.B. dessen **berufliche Vorbildung**, **Lebensalter**, **Gesundheitszustand**, **Zeitpunkt der letzten Berufstätigkeit** und **Zeitdauer der Berufspause**.

549 In erster Linie ist dabei auf den **Zeitraum der Berufsunterbrechung** abzustellen, aber auch auf das **Alter**, in dem der erwerbspflichtige Ehegatte wieder ins Berufsleben einsteigen soll.

550 Zu berücksichtigen ist auch die **Dauer der Ehe**.[564] Bei einer lange dauernden Ehe ohne Erwerbstätigkeit des unterhaltsberechtigten Ehegatten gelten strengere Grundsätze für die Aufnahme einer Erwerbstätigkeit als bei einer relativ kurzen Ehedauer. Aus der Dauer der Ehe lässt sich ein **gewisser Vertrauenstatbestand** ableiten.[565]

551 Letztlich gelten hier ähnliche Überlegungen wie im Rahmen des § 1578b BGB (vgl. dazu die Kommentierung zu § 1578b BGB). Relevant sind konkret eingetretene **ehebedingte Nachteile**, die darin bestehen, dass sich die zukünftige Erwerbsmöglichkeit der Unterhaltsberechtigten durch die Ehe verschlechtert hat. Hierfür kann die Zeit der **ehebedingten Berufspause** Maßstab sein. Die **Dauer der Ehe** ist in diesem Zusammenhang nicht entscheidend, ist aber letztlich Grundlage für einen möglichen Vertrauenstatbestand, auf den sich der Berechtigte berufen will. Das **Alter** der Berechtigten spielt letztlich eine Rolle für die Frage, wie schnell sie ihren beruflichen Rückstand aufholen kann und wie ihre Chancen auf dem Arbeitsmarkt einzuschätzen sind.

552 Auch im Falle des Trennungsunterhaltes ist dann, wenn die Unterhaltsberechtigte keine Vollzeitarbeitsstelle finden kann, zu prüfen, ob dennoch **mehr als eine geringfügige Tätigkeit** (sog. Mini-Job, § 8 SGB IV) möglich ist.[566]

553 Die **Verdienstgrenze** für „Minijobs" (geringfügige Beschäftigung) ist zum 01.01.2013 von 400 auf 450 € gestiegen. Die Obergrenze für die Gleitzone, „Midijobs" genannt, hat sich von 800 auf 850 € erhöht. Außerdem wurden Minijob-Verhältnisse grundsätzlich rentenversicherungspflichtig. Damit erhalten Minijobber Anspruch auf Erwerbsminderungsrenten und Reha-Leistungen.

5. Erwerbs- und Vermögensverhältnisse

554 Auch die **wirtschaftlichen Verhältnisse** beider Ehegatten finden Berücksichtigung. Bei besonders engen wirtschaftlichen Verhältnissen ist die Verpflichtung zur Aufnahme einer Erwerbstätigkeit eher zu bejahen als bei günstigerer wirtschaftlicher Lage.[567] Auch eine hohe Schuldenbelastung der Familie kann zu einer verstärkten Erwerbsobliegenheit führen.[568]

6. Fortsetzung einer bereits ausgeübten Erwerbstätigkeit

555 Wenn nicht gewichtige Umstände entgegenstehen, obliegt es einem Trennungsunterhalt begehrenden Ehegatten grundsätzlich, die von ihm zum Trennungszeitpunkt ausgeübte zumutbare und angemessene Erwerbstätigkeit fortzusetzen.

---

[562] OLG Hamm v. 12.04.2002 - 11 WF 1/02 - FamRZ 2003, 177.
[563] OLG Saarbrücken v. 02.03.2011 - 9 UF 89/10.
[564] KG Berlin v. 07.03.1991 - 16 UF 6786/90 - NJW-RR 1991, 964-965.
[565] OLG Naumburg v. 11.12.2001 - 14 UF 71/01 - FamRZ 2002, 959-960; vgl. aber BGH v. 05.03.2008 - XII ZR 22/06 - FamRZ 2008, 963.
[566] BGH v. 18.01.2012 - XII ZR 178/09 - FamRZ 2012, 517.
[567] OLG Hamm v. 04.02.1997 - 1 UF 289/96 - FamRZ 1997, 1073; BGH v. 15.11.1989 - IVb ZR 3/89 - BGHZ 109, 211-214.
[568] BGH v. 07.10.1981 - IVb ZR 598/80 - LM Nr. 16 zu § 1361 BGB.

Wird die Erwerbstätigkeit zugunsten der Teilnahme an Sprach- und Berufsqualifizierungskursen aufgegeben, ist ein fiktives Einkommen zuzurechnen, weil die Erwerbsobliegenheit nicht erfüllt wird.[569]

Hat der Ehegatte bereits **während der Zeit des Zusammenlebens – auch trotz der Kindesbetreuung – eine berufliche Tätigkeit ausgeübt**,[570] ist zu beachten, dass dies vielfach nur dadurch realisiert werden konnte, dass der andere Elternteil zeitweise die Betreuung der Kinder übernommen hatte. Dieser Gestaltung ist durch die Trennung der Eheleute meist die Basis entzogen.

Gibt die bisher berufstätige Ehefrau ihre Erwerbstätigkeit wegen der Geburt eines von einem anderen Mann stammenden Kindes auf, so besteht eine Konkurrenz der Haftung des Ehemannes mit der Unterhaltspflicht des Vaters (vgl. dazu die Kommentierung zu § 1615l BGB Rn. 234 f. m.w.N).

7. Aufstockung einer Teilzeittätigkeit

Wird eine Teilzeittätigkeit ausgeübt, besteht ein Risiko, diese sichere Stellung zugunsten einer neuen, noch unsicheren Ganztagstätigkeit aufzugeben. Von einem teilschichtig beschäftigten Ehegatten kann aber selbst dann, wenn er zur Aufgabe seines Teilzeitarbeitsplatzes nicht verpflichtet ist, grundsätzlich verlangt werden, dass er zur Sicherung seines Unterhalts eine weitere Teilzeittätigkeit aufnimmt.[571] Auch die Übernahme von zwei Teilzeitbeschäftigungen kann grundsätzlich eine „angemessene" Erwerbstätigkeit im Sinne der §§ 1573 Abs. 1, 1574 BGB sein.[572]

Jedenfalls liegt kein Verstoß gegen die Erwerbsobliegenheit der Unterhaltsberechtigten vor, wenn diese ihre vollschichtige Arbeitsstelle dann verliert.[573]

Betont wird aber, dass jedoch nach dem Verlust des Arbeitsplatzes ggf. eine Fortbildungsobliegenheit besteht, der die Unterhaltsberechtigte zeitnah nach der Kündigung nachkommen muss. Sie ist auch gehalten, entsprechende Kurse in Vollzeit statt in Teilzeit zu absolvieren, um die Zeitdauer der Qualifizierung insgesamt zu verkürzen. Geschieht dies nicht, kann ihr ggf. zu einem früheren Zeitpunkt fiktiv ein höheres erzielbares Einkommen angerechnet werden.[574]

8. Sonstige Umstände

Auch das Verhalten des Unterhaltspflichtigen während der Trennungszeit kann Auswirkungen auf die weitere Unterhaltspflicht haben. So können **widerspruchslose Zahlungen** während einer langen Trennungszeit unterhaltsrechtlich einen **Vertrauenstatbestand** schaffen, der den Zeitpunkt für eine Erwerbsobliegenheit des Unterhaltsberechtigten hinausschiebt.[575]

Denn während dieses Zeitraumes besteht u.U. keine Verpflichtung zur Aufnahme einer Erwerbstätigkeit. In der anwaltlichen Praxis ist es daher dringend geboten, angemessene Maßnahmen zu ergreifen, damit der Unterhaltsberechtigte aus der freiwilligen Zahlung von Unterhalt nicht einen Vertrauenstatbestand ableiten kann, aufgrund dessen er auch weiterhin fortlaufenden Unterhalt verlangen will.

Sagt ein Ehegatte im Zuge der Eheschließung zu, dem aus einem anderen Land und Kulturkreis stammenden anderen Ehegatten im Falle der ehebedingten Übersiedlung nach Deutschland das Erlernen der Sprache und eine (nicht näher bezeichnete) Ausbildung zu ermöglichen, so ist er daran auch im Falle der Trennung jedenfalls insoweit festzuhalten, als er dem anderen Ehegatten, der nach dem Erwerb der Sprachkenntnisse ein Hochschulstudium anstrebt, Unterhalt für den Fall der Aufnahme einer – regelmäßig kürzeren und zu einer eigenen Vergütung führenden – Berufsausbildung schuldet.[576]

9. Kindesbetreuung

Auch die **Kinderbetreuung** ist von Bedeutung; zu beachten sind hier aber auch die strengeren Maßstäbe des § 1570 BGB nach dem neuen Unterhaltsrecht.

---

[569] OLG Bremen v. 28.02.2012 - 5 UF 6/12 - FamFR 2012, 226.
[570] BGH v. 22.04.1998 - XII ZR 161/96 - FamRZ 1998, 899.
[571] BGH v. 11.07.2012 - XII ZR 72/10 - FamRZ 2012, 1483 mit Anm. *Borth*.
[572] BGH v. 25.10.2006 - XII ZR 190/03 - FamRZ 2007, 200, 202; OLG Düsseldorf v. 15.12.2005 - II-7 UF 107/05 - ZFE 2006, 394.
[573] OLG Karlsruhe v. 14.11.2012 - 2 UF 78/12 - FamRZ 2013, 1811 (LS).
[574] OLG Karlsruhe v. 14.11.2012 - 2 UF 78/12 - FamRZ 2013, 1811 (LS).
[575] BGH v. 29.03.2006 - XII ZB 2/02; OLG Köln v. 10.12.1998 - 14 WF 191/98 - FamRZ 1999, 853; OLG Hamm v. 01.06.1995 - 4 UF 2/95 - FamRZ 1995, 1580; OLG Saarbrücken v. 08.06.2005 - 9 UF 95/04 - OLGR Saarbrücken 2005, 826-828; vgl. für den nachehelichen Unterhalt BGH v. 31.01.1990 - XII ZR 36/89 - FamRZ 1990, 496, 498.
[576] OLG Düsseldorf v. 11.06.2008 - II-8 UF 1/08 - FamRZ 2008, 1856.

§ 1361

a. Gemeinschaftliches Kind

566 Betreut der Unterhaltsberechtigte im Trennungszeitpunkt ein oder mehrere Kinder, entfällt eine Erwerbsobliegenheit jedenfalls dann, wenn nach den für den nachehelichen Unterhalt geltenden – strengeren – Grundsätzen eine Erwerbsobliegenheit entfällt (vgl. dazu die Kommentierung zu § 1570 BGB Rn. 32 ff.). Die Rechtsprechung geht verstärkt dazu über, **bereits nach Ablauf des ersten Trennungsjahres eine vollschichtige Erwerbsobliegenheit auch bei Kinderbetreuung** anzunehmen.[577]

567 Nur besondere **Betreuungsleistungen**, die über das normale Maß hinausgehen, können als kindbezogene Gründe für eine Verlängerung des Betreuungsunterhalts sprechen,[578] wenn sie sich **ganz konkret** auf die Möglichkeiten des betreuenden Elternteils **auswirken**, einer **Erwerbstätigkeit** nachzugehen. Eine **Pauschalierung** dieses Aufwandes im Sinne eines **Betreuungsbonus** ist nicht möglich. Konkrete Sachverhaltsfeststellungen sind erforderlich.[579]

568 Zudem müsse **die Notwendigkeit der persönlichen Betreuung gerade durch die Mutter** dargelegt werden.[580] Es reicht nicht, wenn es bequemer für die Kinder ist, von der Mutter gefahren zu werden.[581]

569 Auch wenn der Ehemann unstreitig nicht Vater des Kindes ist, das die unterhaltsberechtigte getrenntlebende Ehefrau betreut, gilt das Kind als ehelich, da die Eheleute zum Zeitpunkt der Geburt des Kindes noch miteinander verheiratet waren. Der Ehemann ist daher nach § 1592 Nr. 1 BGB rechtlicher Vater des Kindes, solange nicht aufgrund einer Anfechtung rechtskräftig festgestellt ist, dass dies nicht der Fall ist (§ 1599 Abs. 1 BGB). **Im Zusammenhang mit dem Ehegattenunterhalt ist die fortbestehende Vaterschaft zwingend dort zu berücksichtigen, wo der Unterhalt des Ehegatten an die gemeinsame Elternschaft anknüpft oder diese ansonsten für die Bemessung des Unterhalts bedeutsam ist.**[582]

b. Nicht gemeinschaftliches Kind

570 Zu beachten ist, dass beim Trennungsunterhalt – anders als beim Scheidungsunterhalt gem. § 1570 BGB – auch die Betreuung eines **nicht gemeinschaftlichen Kindes** relevant ist.[583]

571 Entsteht jedoch der Trennungsunterhaltsanspruch erst dadurch, dass die Ehefrau die bisher ausgeübte Erwerbstätigkeit wegen der **Geburt eines Kindes** aufgibt, das **nicht vom Ehemann stammt**, stellt sich die Frage der Konkurrenz der Haftung des Ehemannes mit der Unterhaltspflicht des Vaters (vgl. die Kommentierung zu § 1615l BGB Rn. 234 f. m.w.N.).

572 Betreut die getrennt lebende Ehefrau ein außereheliches Kind, ist der Ehemann nach Ansicht des OLG Köln nur insoweit zur Zahlung von Trennungsunterhalt verpflichtet, als er dies ohne Berücksichtigung der Kindesbetreuung wäre; er **haftet anteilig neben dem Vater des Kindes**[584] (vgl. die Kommentierung zu § 1615l BGB Rn. 234). Allerdings nimmt das OLG Köln eine Mithaftung des Ehemannes nur soweit an, wie dieser auch ohne Geburt des neuen Kindes in Anspruch genommen werden könnte. Somit wird der Ehefrau bei der Berechnung des Trennungsunterhalts das Erwerbseinkommen, das sie vor Schwangerschaft und Geburt bezogen hatte, fiktiv zugerechnet.[585] Ohne diese Einschränkung würde

---

[577] OLG Hamm v. 20.12.2012 - 4 UF 143/12 - FamFR 2013, 79.
[578] BGH v. 18.04.2012 - XII ZR 65/10 - NJW 2012, 1868 = FamRZ 2012, 1040; BGH v. 01.06.2011 - XII ZR 45/09 - FamRZ 2011, 1209 mit Anm. *Viefhues*.
[579] BGH v. 15.06.2011 - XII ZR 94/09 - NJW 2011, 2646 mit Anm. *Mleczko* = FamRZ 2011, 1375; BGH v. 21.04.2010 - XII ZR 134/08 - FamRZ 2010, 1050 mit Anm. *Viefhues*.
[580] Vgl. OLG München v. 11.08.2011 - 26 UF 277/11 - FamRZ 2012, 558; OLG Karlsruhe v. 03.05.2011 - 16 UF 76/11 - FamRZ 2011, 1601.
[581] BGH v. 17.03.2010 - XII ZR 204/08 - FamRZ 2010, 802 mit Anm. *Viefhues* = NJW 2010, 1665; OLG Hamm v. 20.12.2012 - 4 UF 143/12; OLG München v. 11.08.2011 - 26 UF 277/11 - FamRZ 2012, 558; zur ADHS-Erkrankung des Kindes vgl. OLG Hamm v. 20.12.2012 - 4 UF 143/12 - FamFR 2013, 79; zum Problemkind vgl. ausführlich *Viefhues*, FF 2011, 153; zu vorschulischen Betreuungsansprüchen (Anspruch auf Besuch einer Tageseinrichtung, § 14 Abs. 1 SGB VIII) und ihrer Durchsetzbarkeit vgl. *Salaw-Hanslmaier/Böh*, FamRB 2013, 121.
[582] BGH v. 15.02.2012 - XII ZR 137/09 - FamRZ 2012, 779 Rn. 32; BGH v. 18.04.2012 - XII ZR 73/10 - NJW 2012, 2190.
[583] BGH v. 20.05.1981 - IVb ZR 556/80 - LM Nr. 13 zu § 1361 BGB; BGH v. 07.03.1979 - IV ZR 36/78 - LM Nr. 1 zu § 1579 BGB; OLG Schleswig v. 11.09.1995 - 13 WF 76/95 - FamRZ 1996, 489.
[584] OLG Köln v. 13.10.2005 - 12 UF 67/05 - OLG Report Köln 2006, 243.
[585] Vgl. OLG Koblenz v. 23.12.2004 - 7 UF 562/04 - FamRZ 2005, 804; OLG Hamm v. 08.07.1999 - 2 UF 21/99 - FamRZ 2000, 637; a.A. OLG Jena v. 18.11.2005 - 1 WF 436/05 - FamRZ 2006, 1205-1207.

dem Ehemann in vollem Umfang das Risiko mangelnder Leistungsfähigkeit des Kindesvaters auferlegt, obwohl dieses in die Sphäre der Mutter fällt.

Der Anspruch auf anteilige Mithaftung gegen den Kindesvater kann vor rechtskräftiger Vaterschaftsfeststellung nicht geltend gemacht werden (§§ 1592 Nr. 2 und 3, 1594, 1600d BGB). Allerdings schützt den Ehemann, der für dessen Unterhaltsanteil mitaufkommt, der gesetzliche Anspruchsübergang gem. §§ 1615l Abs. 3 Satz 1, 1607 Abs. 3 BGB, der nach der Vaterschaftsfeststellung rückwirkend geltend gemacht werden kann. 573

Die Geburt des von einem anderen Mann abstammenden Kindes in der Trennungszeit prägt die ehelichen Lebensverhältnisse (vgl. Rn. 248) und stellt in der Regel keinen Verwirkungstatbestand dar (vgl. Rn. 645). 574

10. Darlegungs- und Beweislast

Die Unterhaltsberechtigte, die trotz ihrer Erwerbslosigkeit Unterhalt beansprucht, trägt die **Darlegungs- und Beweislast für ihre Bedürftigkeit**. Hier sind in der Praxis **substantiierte Ausführungen** über die – erfolglosen – ausreichenden Bemühungen erforderlich, um die Anrechnung fiktiver Einkünfte zu vermeiden.[586] Dabei ist auf das **Gesamtbild der Bewerbungen** abzustellen. Das Gericht kann auch Schlussfolgerungen aus dem persönlichen Eindruck dieser Person und ihrem Auftreten im Gerichtstermin ziehen.[587] 575

Das Anforderungsprofil der Arbeitsstelle muss sich mit den Leistungsmerkmalen der Bewerberin decken,[588] andernfalls ist die Bewerbung von vornherein ohne jegliche Aussicht auf Erfolg. 576

Abschreckende Formulierungen wie ein Hinweis auf die siebzehnjährige Berufspause führen dazu, dass die Bewerbung bereits in der ersten „Vorsortierphase" einer Bewerberauswahl herausfällt.[589] 577

Die rein pauschale Behauptung einer alters- und gesundheitsbedingten Unvermittelbarkeit auf dem allgemeinen Arbeitsmarkt genügt nicht diesen Substantiierungspflichten.[590] Der damit verbundene Antrag auf Einholung eines Sachverständigengutachtens läuft folglich auf einen reinen Ausforschungsbeweis hinaus, weshalb **ein Gutachten zur realen Beschäftigungschance nicht einzuholen ist**.[591] Die tägliche Praxis zeigt zudem, dass bei ernsthafter Suche auch solche Menschen eine Arbeitsstelle bekommen können, für die man geneigt war, ganz allgemein von ihrer Unvermittelbarkeit auszugehen.[592] 578

11. Rechtsfolge der Verletzung einer Erwerbsobliegenheit/Anrechnung hypothetischer Einkünfte

Die Verletzung einer bestehenden **Erwerbsobliegenheit** zieht unterhaltsrechtlich die Anrechnung **hypothetischer Einkünfte** nach sich. 579

Für die **Bemessung des erzielbaren (fiktiven) Einkommens** kann auf die im **Internet** zugänglichen Quellen zurückgegriffen werden (vgl. die Kommentierung zu § 1603 BGB Rn. 399 und die Kommentierung zu § 1603 BGB Rn. 419), so z.B. auf http://www.gehaltsvergleich.com/ (abgerufen am 11.09.2014).[593] 580

IV. Herabsetzung des Unterhaltsanspruchs (Absatz 3)

Eine **Reduzierung** oder ein **Ausschluss** des Unterhaltes ist beim Trennungsunterhalt nur eingeschränkt entsprechend **§ 1579 Nr. 2 ff. BGB** möglich (vgl. hierzu die Kommentierung zu § 1579 BGB Rn. 19). 581

Zwar wird bei § 1579 BGB vielfach vereinfachend von der **Verwirkung** des Unterhaltsanspruchs gesprochen. Die Sanktionen nach § 1579 BGB müssen aber **nicht endgültig** sein. Nach den Umständen des Einzelfalles können die Unterhaltsansprüche — ganz oder teilweise — **wiederaufleben**, so insbesondere bei § 1579 Nr. 2 BGB – **neue Partnerschaft**.[594] 582

---

[586] OLG Brandenburg v. 22.03.2011 - 10 UF 85/09 - FamFR 2011, 224.
[587] OLG Karlsruhe v. 14.11.2012 - 2 UF 78/12 - FamRZ 2013, 1811 (LS).
[588] vgl. OLG Karlsruhe v. 14.11.2012 - 2 UF 78/12 - FamRZ 2013, 1811 (LS).
[589] OLG Karlsruhe v. 14.11.2012 - 2 UF 78/12 - FamRZ 2013, 1811 (LS); OLG Hamm v. 02.03.2012 - II-13 UF 169/11, 13 UF 169/11 - FamRZ 2012, 1734.
[590] Vgl. OLG Brandenburg v. 22.03.2011 - 10 UF 85/09 - FamFR 2011, 224.
[591] BGH v. 04.07.2007 - XII ZR 141/05 - juris Rn. 36 - FamRZ 2007, 1532.
[592] OLG Brandenburg v. 22.03.2011 - 10 UF 85/09 - FamFR 2011, 224 unter Hinweis auf *Maurer*, Anmerkung zu BGH v. 04.07.2007 - XII ZR 141/05 - FamRZ 2007, 1532, 1538, 1540.
[593] OLG Hamm v. 19.12.2013 - 2 UF 150/13.
[594] BGH v. 13.07.2011 - XII ZR 84/09 - FamRZ 2011, 1498 m.w.N., m. Anm. *Maurer* = NJW 2011, 3089 m. Anm. *Schnitzler* = FF 2011, 410 m. Anm. *Hohloch*.

583 Die maßgeblichen Tatbestände für den Wegfall oder die Beschränkung des Anspruchs sind beim Trennungsunterhalt **zurückhaltender anzuwenden** als beim nachehelichen Unterhalt. Beim Trennungsunterhalt ist vor allem die Dauer der Ehe zu berücksichtigen, während beim nachehelichen Unterhalt die Bedeutung der Verwirkungsgründe stärkeres Gewicht hat.[595]

584 Normzweck des § 1579 BGB ist es unter anderem, die **Widersprüchlichkeit eines** Verhaltens des Unterhaltsberechtigten zu sanktionieren, nämlich auf der einen Seite sich auf die eheliche bzw. nacheheliche Solidarität im Hinblick auf die Geltendmachung von Unterhalt zu berufen und andererseits durch das eigene Verhalten die eheliche und nacheheliche Solidarität massiv zu verletzen.[596]

585 Bei den im Rahmen des § 1579 BGB zu bestimmenden Rechtsfolgen ist eine **umfassende Billigkeitsabwägung** durchzuführen. Dabei spielt auch eine Rolle, dass der Ehegatte, der Ehegattenunterhalt verlangt, über ausreichende eigene Einkünfte verfügt, um seinen Mindestbedarf selbst zu decken.[597]

586 Die **Interessen der gemeinsamen Kinder** sind dann nicht berührt, wenn sie im Haushalt des unterhaltspflichtigen Ehegatten gelebt haben. Bei der Billigkeitsabwägung ist auch zu berücksichtigen, dass der Ehegatte, der Ehegattenunterhalt verlangt, keinerlei Kindesunterhalt gezahlt hat.[598]

587 Lebt die Kindesmutter bereits mit ihrem neuen Partner in einer Haushaltsgemeinschaft, so kommt auch die Anrechnung einer Vergütung für haushälterische Versorgungsleistungen in Betracht. Auch solche Einkünfte sind bei der Prüfung in die Abwägung einzubeziehen, ob die Wahrung der Belange der Kinder einer Unterhaltsversagung oder -herabsetzung entgegensteht.[599] In diesem Fall sei auch zu beachten, dass **Erziehungsgeld** als Einkommen anzurechnen sei (§ 11 Satz 4 BEEG).[600]

588 Die **Darlegungs- und Beweislast** für das Vorliegen der Tatbestandsvoraussetzungen obliegt dem Unterhaltspflichtigen. Dagegen gibt es andere Herabsetzungsgründe wie beim Geschiedenenunterhalt in § 1573 BGB und § 1578 BGB beim Trennungsunterhalt nicht.[601]

589 Auch der Trennungsunterhalt kann **nach allgemeinen Grundsätzen verwirken** (vgl. die Kommentierung zu § 1613 BGB Rn. 283). Das hat vor allem Bedeutung für aufgelaufene Rückstände, die über einen längeren Zeitraum nicht geltend gemacht worden sind.

1. Einzelne Anwendungsfälle

a. § 1579 Nr. 1 BGB

590 Die **Kürze der Ehezeit** gem. § 1579 Nr. 1 BGB ist kein Ausschlussgrund für den Trennungsunterhalt, da auf diese Vorschrift nicht verwiesen wird. Bei langjähriger Trennung kann der Trennungsunterhalt jedoch gem. § 1579 Nr. 2 BGB verwirkt sein.[602]

b. § 1579 Nr. 2 BGB

591 Der Unterhaltsausschluss wegen **Aufnahme einer neuen Partnerschaft** ist auch schon beim Trennungsunterhalt möglich.[603]

592 Eine „**verfestigte Lebensgemeinschaft**" liegt dann vor, wenn **objektive, nach außen tretende Umstände** wie etwa ein über einen **längeren Zeitraum** hinweg geführter gemeinsamer Haushalt, das **Erscheinungsbild in der Öffentlichkeit**, größere gemeinsame Investitionen wie der Erwerb eines gemeinsamen Familienheims oder die Dauer der Verbindung den Schluss auf eine solche Lebensgemeinschaft nahelegen. Entscheidend ist darauf abzustellen, dass der unterhaltsberechtigte Ehegatte sich damit **endgültig aus der ehelichen Solidarität herauslöst** und zu erkennen gibt, dass er diese nicht mehr benötigt.[604]

---

[595] BGH v. 04.07.2007 - XII ZR 141/05 - FamRZ 2007, 1532 m. Anm. *Maurer*.
[596] Vgl. BGH v. 30.03.2011 - XII ZR 3/09 - FamRZ 2011, 791 ff.; OLG Schleswig v. 21.12.2012 - 10 UF 81/12 - FamRZ 2013, 1132.
[597] OLG Schleswig v. 21.12.2012 - 10 UF 81/12 - FamRZ 2013, 1132.
[598] OLG Schleswig v. 21.12.2012 - 10 UF 81/12 - FamRZ 2013, 1132.
[599] BGH v. 18.04.2012 - XII ZR 73/10 - NJW 2012, 2190.
[600] *Borth*, FamRZ 2014, 801, 804.
[601] Zu den Ermittlungsmöglichkeiten mit Hilfe eines Detektives vgl. BGH v. 15.05.2013 - XII ZB 107/08 - FamRZ 2013, 1387 mit Anm. *Schlünder*.
[602] OLG Frankfurt v. 12.09.2003 - 2 WF 283/03 - FPR 2004, 25-26.
[603] BGH v. 20.03.2002 - XII ZR 159/00 - BGHZ 150, 209-221 = FamRZ 2002, 951-952 m. Anm. *Bergschneider*.
[604] BGH v. 13.07.2011 - XII ZR 84/09 - FamRZ 2011, 1498 m. Anm. *Maurer* = NJW 2011, 3089 m. Anm. *Schnitzler* = FF 2011, 410 m. Anm. *Hohloch*; BGH v. 30.03.2011 - XII ZR 3/09 - FamRZ 2011, 791 m. Anm. *Norpoth* = FuR 2011, 392 = NJW 2011, 1582 m. Anm. *Maurer*; BGH v. 05.10.2011 - XII ZR 117/09 - FamRZ 2011, 1854.

Die herrschende Rechtsprechung geht bislang davon aus, dass regelmäßig **nicht vor Ablauf von zwei** 593
Jahren davon ausgegangen werden könne, dass sich eine Lebensgemeinschaft in diesem Sinn „verfestigt" hat.[605] Leben die Partner nicht zusammen, kann diese Zeitspanne sogar länger bemessen werden.[606] Vorher lasse sich nicht verlässlich beurteilen, ob die Partner nur „probeweise" zusammenleben oder ob sie auf Dauer in einer gefestigten Gemeinschaft leben. Je fester die Verbindung nach außen in Erscheinung tritt, umso kürzer wird die erforderliche Zeitspanne anzunehmen sein. [607]

Einzelne Gerichte weichen hiervon generell ab.[608] 594

Das OLG Oldenburg führt aus, dass bei Vorliegen besonderer Umstände auch schon nach Ablauf des 595
ersten Trennungsjahres eine „verfestigte Lebensgemeinschaft" im Sinne von § 1579 Nr. 2 BGB angenommen wird. Dies sei dann der Fall, wenn die Unterhaltsberechtigte ihren Lebensgefährten **seit Jahren regelmäßig** bei gemeinsamen Kegelurlauben **getroffen** hat, sich diese **Beziehung durch telefonische Kontakte kontinuierlich vertieft** hat und beide Partner sich bereits derart vertraut geworden waren, dass sie Antragstellerin **direkt nach der Trennung zu ihrem Lebensfährten gezogen** ist, wo sie bis heute mit diesem gemeinsam lebt und ihm den Haushalt führt.[609]

Solche besonderen Umstände sind auch gegeben, wenn **aus der neuen Beziehung ein Kind hervor-** 596
gegangen ist.[610]

Dabei setzt die Annahme einer derartigen Lebensgemeinschaft **nicht** einmal zwingend voraus, dass die 597
Partner **räumlich zusammenleben** und einen **gemeinsamen Haushalt** führen, auch wenn eine solche Form des Zusammenlebens in der Regel ein typisches Anzeichen hierfür sein wird.[611] Je fester allerdings die Verbindung nach außen in Erscheinung tritt, umso kürzer wird die erforderliche Zeitspanne anzunehmen sein.

Bei einer Beziehung, die nicht überwiegend durch ein Zusammenwohnen und auch nicht durch ein ge- 598
meinsames Wirtschaften geprägt ist, ist eine verfestigte Beziehung etwa dann erreicht, wenn die Partner seit fünf Jahren in der **Öffentlichkeit**, bei **gemeinsamen Urlauben** und der **Freizeitgestaltung** als Paar auftreten und Feiertage und Familienfeste zusammen mit Familienangehörigen verbringen.[612]

Die Anzeichen einer engen Beziehung müssen in der Öffentlichkeit als solche erkannt werden können 599
und das Maß einer ungebundenen Wochenend- und Freizeitbeziehung übersteigen.[613]

Ist die **Beziehung auf Distanz angelegt**, wird man die Lebensumstände im Einzelnen in Form **einer** 600
Checkliste aufklären müssen:[614]

- Wie wird das Alltagsleben gemeistert (gemeinsames Einkaufen, Mithilfe bei der Renovierung der Wohnung des Partners, Begleitung zu den Gerichtsterminen)?
- Wie wird die Freizeit miteinander verbracht (gemeinsamer Besuch bei den Eltern des anderen Partners, gemeinsame Urlaube auch mit anderen Familienmitgliedern des Partners, die gemeinsame Teilnahme an Familienfeiern auch mit den Kindern des Partners)?
- Wie werden Feiertage durchgeführt (Weihnachten, Ostern usw.)?
- Sind die Partner bei Feierlichkeiten innerhalb der Familie eingebunden (Goldene Hochzeit von Großeltern, runde Geburtstage von Eltern oder Geschwistern, Abiturfeiern oder Abschlussfeiern von Kindern des Partners)?
- Solidarität in Krankheitsfällen durch den neuen Partner?
- Testament oder Erbvertrag zugunsten des/der neuen Lebenspartners/Lebenspartnerin?

---

[605] Vgl. OLG Hamm v. 26.03.2012 - 8 UF 109/10 - FamFR 2012, 347.
[606] OLG Karlsruhe v. 14.11.2012 - 2 UF 78/12 - FamRZ 2013, 1811 (LS); OLG Saarbrücken v. 07.03.2013 - 6 UF 63/12.
[607] OLG Saarbrücken v. 07.03.2013 - 6 UF 63/12.
[608] AG Witten v. 23.05.2012 - 23 F 23/12 - FamFR 2012, 323; AG Ludwigslust v. 03.11.2010 - 5 F 253/10 - FamRZ 2011, 1066 = FamFR 2011, 275; AG Essen v. 11.03.2009 - 106 F 296/08 - NJW 2009, 2460 = FamRZ 2009, 1917; vgl. auch *Schnitzler*, FF 2011, 290, 291.
[609] OLG Oldenburg v. 19.01.2012 - 13 UF 155/11.
[610] BGH v. 18.04.2012 - XII ZR 73/10 - NJW 2012, 2190; OLG Frankfurt v. 07.12.2012 - 2 UF 223/09 - NJW 2013, 1686.
[611] BGH v. 17.01.2007 - XII ZR 104/03 - FamRZ 2007, 1303, 1305 zu § 1579 Nr. 7 BGB i.d.F. bis 31.12.2007.
[612] Vgl. OLG Karlsruhe v. 21.02.2011 - 2 UF 21/10, FuR 2011, 341; OLG Karlsruhe v. 30.09.2008 - 2 UF 21/08 - FamRZ 2009, 351.
[613] OLG Karlsruhe v. 14.11.2012 - 2 UF 78/12 - FamRZ 2013, 1811 (LS).
[614] Ausführlich *Schnitzler*, FF 2011, 290, 292; OLG Karlsruhe v. 14.11.2012 - 2 UF 78/12 - FamRZ 2013, 1811 (LS).

§ 1361

Gemeinsames Einkaufen, gemeinsamer Besuch bei den Eltern des anderen Partners, Mithilfe bei der Renovierung der Wohnung des Partners, gemeinsame Urlaube auch mit anderen Familienmitgliedern des Partners, die gemeinsame Teilnahme an Familienfeiern auch mit den Kindern des Partners, Begleitung zu den Gerichtsterminen ergeben starke Anzeichen einer engen Beziehung, die in der Öffentlichkeit als solche erkannt werden kann und übersteigen das Maß einer ungebundenen Wochenend- und Freizeitbeziehung.[615]

601 Die **finanzielle Leistungsfähigkeit des neuen Partners** ist für den Tatbestand des § 1579 Nr. 2 BGB **nicht erforderlich**.[616] Teilweise werden aber **wirtschaftliche Verflechtungen** zwischen den Partnern verlangt.[617]

602 Sagt ein Ehegatte sich von der Ehe los, um **gleichgeschlechtliche Kontakte** aufzunehmen, ist dies nicht anders zu beurteilen, als wenn die neue Beziehung zu einem Partner des anderen Geschlechts aufgenommen wird.[618]

603 Die **einseitige Abkehr von der ehelichen Lebensgemeinschaft** führt zum Entfallen des Anspruchs auf Trennungsunterhalt auch dann, wenn die Hinwendung zu einem neuen Partner sogleich gegenüber dem anderen Ehegatten offenbart wird.[619]

604 Von einer verfestigten Lebensgemeinschaft ist beim **gemeinsamen Erwerb eines Hauses** auszugehen, wenn neben den finanziellen Verflechtungen auch die tatsächliche Ausgestaltung der gemeinsamen Nutzung keinen Zweifel an einer auf Dauer angelegten Gemeinschaft aufkommen lässt.[620]

605 Im Einzelfall kann es angemessen sein, der Unterhaltsberechtigten den Unterhaltsanspruch trotz Erfüllung der Tatbestandsvoraussetzungen des § 1579 BGB noch während einer **Übergangszeit** zu belassen. Angesichts der Gestaltung und der Dauer der Ehe kann ihr u.U. die Möglichkeit gegeben werden müssen, sich nach der Trennung auf die neue Lebenssituation einzustellen. Dies gilt insbesondere dann, wenn die Unterhaltsberechtigte die Kinder betreut hat und nicht berufstätig war. Dann ist es als ehebedingter Nachteil zu werten, dass sie zunächst erst einmal den Wiedereinstieg in das Berufsleben schaffen muss. Unter diesen Umständen erscheint es nicht angängig, ihren Lebensstandard, den sie während der Ehe auch auf Grund ihrer eigenen Leistungen für die Familie mitgewährleistet hat, unmittelbar nach der Trennung zu reduzieren.[621] Im konkreten Fall hat das OLG zunächst den vollen Unterhalt gewährt und nach einer Zeitdauer von etwa 1 1/2 Jahren ihren Unterhaltsanspruch **gestaffelt reduziert**.

606 Sind die Voraussetzungen des § 1579 Nr. 2 BGB nicht erfüllt, so kann das Zusammenleben mit einem – finanziell leistungsfähigen – Partner unter dem Gesichtspunkt **ersparter Wohn- und Haushaltskosten** die Bedürftigkeit des unterhaltsberechtigten Ehegatten mindern.[622] Ein leistungsfähiger Partner im vorstehenden Sinne kann nicht nur ein Lebenspartner sein, vielmehr kommen hier auch volljährige Kinder in Betracht, weil die **Synergieeffekte** des gemeinschaftlichen Wirtschaftens bei einer häuslichen Gemeinschaft eines Elternteils mit einem volljährigen Kind in gleicher Weise eintreten wie bei einer Wohngemeinschaft mit einem Lebenspartner.

607 Auch bei Anmeldung auf Websites zur Vermittlung kostenloser Sexualkontakte während des Zusammenlebens kann der Trennungsunterhalt versagt werden.[623]

c. § 1579 Nr. 3 BGB

608 Beim Härtegrund der **mutwilligen Herbeiführung der Bedürftigkeit nach § 1579 Nr. 3 BGB** reicht die **Herbeiführung der Trennung** alleine nicht aus.[624]

---

[615] OLG Karlsruhe v. 14.11.2012 - 2 UF 78/12 - FamRZ 2013, 1811 (LS).
[616] BGH v. 13.07.2011 - XII ZR 84/09 - FamRZ 2011, 1498 m. Anm. *Maurer* = NJW 2011, 3089 m. Anm. *Schnitzler* = FF 2011, 410 m. Anm. *Hohloch*; OLG Karlsruhe v. 15.05.2008 - 2 UF 219/06 - NJW 2008, 3645.
[617] OLG Brandenburg v. 22.03.2012 - 9 UF 46/11.
[618] OLG Brandenburg v. 24.03.2009 - 10 UF 166/03 - juris Rn. 58 - FF 2010, 33 m. Anm. *Schnitzler*.
[619] KG Berlin v. 02.02.2006 - 19 UF 93/05 - FamRZ 2006, 1542-1543.
[620] OLG Saarbrücken v. 18.02.2009 - 9 WF 19/09.
[621] OLG Karlsruhe v. 18.02.2008 - 5 UF 156/07 - FamRZ 2008, 2279-2281.
[622] OLG Hamm v. 09.06.2011 - II-6 UF 47/11 - NJW 2011, 3310; *Reinken*, FPR 2013, 128, 132.
[623] OLG Oldenburg v. 17.11.2009 - 3 WF 209/09 - FamRZ 2010, 904.
[624] BGH v. 11.12.1985 - IVb ZR 82/84 - FamRZ 1986, 434.

In Fällen **wiederholter, schwerwiegender Beleidigungen und Verleumdungen** kommt die Anwendung von § 1579 Nr. 3 BGB insbesondere dann in Betracht, wenn derartige Ehrverletzungen mit nachteiligen Auswirkungen auf die persönliche und berufliche Entfaltung sowie die Stellung des Unterhaltsverpflichteten in der Öffentlichkeit verbunden sind. Unter solchen Umständen sind insbesondere Dauer und Intensität ihrer Begehung von Bedeutung. 609

Langjährig **wiederholt erhobene Missbrauchsvorwürfe**, die ein jeder für sich objektiv geeignet sind, den Unterhaltspflichtigen in der Öffentlichkeit nachhaltig verächtlich zu machen und sein Leben gravierend zu beeinträchtigen bis hin zur Zerstörung seiner familiären, sozialen und wirtschaftlichen Existenz, können die vollständige Verwirkung des Unterhaltsanspruchs nach § 1579 Nr. 3 BGB nach sich ziehen.[625] 610

Denn sexuelle Gewalt gegen die eigenen minderjährigen Kinder ist ein Tatbestand, der nicht nur strafrechtlich sanktioniert wird, sondern auch durch eine ganz besondere gesellschaftliche Ächtung gekennzeichnet ist. Werden solche Vorwürfe bekannt, kann bereits dies zu einer familiären, sozialen und beruflichen Isolation des beschuldigten Elternteils führen. Schon aus diesem Grunde darf der Verdacht nicht leichtfertig und ohne gravierende Anhaltspunkte erhoben werden.[626] 611

d. § 1579 Nr. 4 BGB

Geht ein Unterhaltsberechtigter, der sich bereits in einem Vorverfahren auf Erwerbsunfähigkeit aufgrund psychischer Probleme berufen hat, **eine belastende und mit Gewalt verbundene Beziehung** ein und führt diese über Monate fort, so handelt er im Hinblick auf seine psychische Gesundheit und einer davon abhängigen Erwerbsfähigkeit unvernünftig und leichtfertig. Ein Verhalten, das in Bezug auf die Erwerbsfähigkeit zumindest als leichtfertig anzusehen ist, reicht zur Feststellung der Mutwilligkeit i.S.d. § 1579 Nr. 4 BGB aus.[627] 612

Die **mutwillige Herbeiführung der Bedürftigkeit gem. § 1579 Nr. 4 BGB** kann sich auch im Zusammenhang mit der Behandlungsbedürftigkeit eines psychischen Leidens stellen. Stellt allerdings erst der gerichtliche Sachverständige die Notwendigkeit einer mehrwöchigen stationären Behandlung fest, kann der Berechtigten daraus **nicht sofort ein unterhaltsrechtlich relevanter Vorwurf** entgegengehalten werden. Denn regelmäßig sind hier lange Wartezeiten in Kauf zu nehmen, auf die der Patient keinerlei Einfluss hat. Daher kann die vom Sachverständigen gegebene Empfehlung nicht unmittelbar und zeitnah umgesetzt werden, vielmehr sind die in Kauf zu nehmenden **Wartezeiten** kaum kalkulierbar.[628] 613

Zudem sind **chronifizierte depressive Störung** typischerweise mit Antriebsarmut, Initiativlosigkeit, Gefühlen der eigenen Unzulänglichkeit und mangelndem Selbstvertrauen verbunden mit der Folge, dass bei einen an Depressionen erkrankten Patienten nicht dieselben Anforderungen an seine **Therapiebemühungen** gestellt werden können wie an einen beispielsweise nur an einer körperlichen Krankheit leidenden Patienten.[629] 614

e. § 1579 Nr. 5 BGB

Leben Ehepartner nach ihrer Trennung weiterhin gemeinsam in der Ehewohnung und hebt ein Ehegatte während dieser Zeit vom gemeinsamen **Konto** zur Deckung seines Lebensbedarfs Beträge ab, die zur Überziehung des Girokontos führen, stellt dies keine **schwerwiegende Verletzung der Vermögensinteressen** des anderen Ehepartners dar, die eine Verwirkung des Anspruchs auf Trennungsunterhalt begründen könnte. Etwaige im Innenverhältnis der Partner unberechtigt vorgenommene Abhebungen sind lediglich im Rahmen eines Gesamtschuldnerausgleichs zu berücksichtigen.[630] 615

Die Voraussetzungen des § 1579 Nr. 5 BGB können gegeben sein, wenn der Unterhaltsberechtigte den Verpflichteten **nicht ungefragt über einen erheblichen Anstieg des eigenen Einkommens** seit dem Abschluss eines Vergleichs **informiert**.[631] Subjektiv ist **zumindest leichtfertiges Verhalten** erforderlich. 616

---

[625] OLG Hamm v. 03.12.2013 - 2 UF 105/13 - NZFam 2014, 223.
[626] OLG Schleswig v. 21.12.2012 - 10 UF 81/12 - NJW-RR 2013, 517, 518; OLG Frankfurt v. 08.06.2005 - 6 UF 301/04 - FuR 2005, 460.
[627] OLG Köln v. 06.02.2012 - II-4 WF 214/11 - FamFR 2012, 205.
[628] OLG Hamm v. 23.12.2013 - 8 UF 117/13 - FamRZ 2014, 1027.
[629] OLG Hamm v. 23.12.2013 - 8 UF 117/13 - FamRZ 2014, 1027.
[630] OLG Köln v. 10.03.2009 - 4 UF 122/08 - FuR 2009, 476.
[631] BGH v. 14.04.2008 - XII ZR 107/06 - FamRZ 2008, 1325.

617 Verschweigt der unterhaltsberechtigte Ehegatte **eigene Einkünfte**, obwohl der Unterhaltsverpflichtete gezielt nach solchen Einkünften gefragt hat, und verhandelt er so zur Sache, so ist § 1579 Nr. 5 BGB zu bejahen, auch wenn die verschwiegenen Einkünfte verhältnismäßig gering waren und nur über einen begrenzten Zeitraum erzielt wurden. Dieses Verhalten ist mehr als bloßes Verschweigen, sondern als Nichtangabe trotz ausdrücklicher Nachfrage und somit als schwerwiegender Angriff auf die Vermögensinteressen des Verpflichteten zu werten.[632]

618 Das **Verschweigen** von Tatsachen müsse von einem **unzutreffenden Sachvortrag** im gerichtlichen Verfahren unterschieden werden.[633] Konkret geprüft werden muss zudem immer, ob der unrichtige Sachvortrag und speziell die Nichtoffenbarung einer unterhaltsrechtlich relevanten Veränderung ein **schweres Vergehen** im Sinne des § 1579 Nr. 3 BGB darstelle. Hier müsse es sich um eine Straftat von erheblichem Gewicht handeln; auch müsse ein – zur Erfüllung des strafrechtlichen Tatbestandes erforderliches – **schuldhaftes Verhalten** vorliegen.[634]

619 Auch die **negative Darstellung der Ehe** gegenüber einem Gutachter und eine damit möglicherweise verbundene Verleumdung des unterhaltspflichtigen Ehegatten führt nicht zwingend zur Verwirkung des Unterhaltsanspruchs.[635]

620 In der zunächst **verweigerten Zustimmung zu einer steuerlichen Zusammenveranlagung** liegt keine Verletzung schwerwiegender Vermögensinteressen i.S. von § 1579 Nr. 5 BGB, wenn die Pflicht zur Zustimmung zur steuerlichen Zusammenveranlagung zwischen den Parteien streitig war und eine Verpflichtung der unterhaltsberechtigten Ehefrau wegen Verstoßes gegen die Friedenspflicht infolge körperlicher Übergriffe des Ehemanns verneint worden ist.[636]

621 Das OLG Hamm differenziert in einem **Stufenverfahren** hinsichtlich der Informationspflichten. In dem Zeitpunkt, in dem die Unterhaltsberechtigte noch nicht von der **Auskunftsstufe** zu einem bezifferten Zahlungsantrag übergegangen war, sei sie **auch noch nicht verpflichtet** gewesen, ihre **eigenen Einkommensverhältnisse** für die Berechnung eines konkret geltend gemachten Unterhaltsanspruches **umfassend darzulegen**.[637]

622 Mache eine Partei dagegen einen **bezifferten Unterhaltsanspruch** in einem gerichtlichen Verfahren geltend, habe sie alle der Begründung des Anspruchs dienenden tatsächlichen Umstände wahrheitsgemäß anzugeben und darf nichts verschweigen, was ihre Unterhaltsbedürftigkeit infrage stellen könnte.

623 **Eine Pflicht zur ungefragten Information über unterhaltsrelevante Tatsachen** bestehe zwar bei **Vergleichen** im Hinblick auf die sich aus einer Vereinbarung ergebende Treuepflicht, die die Rücksichtnahme auf die Belange des Pflichtigen erhöht. Sei jedoch Grundlage des Unterhaltsanspruches ein **Urteil**, bestehe eine derartige Pflicht nur in Ausnahmefällen, nämlich bei einem Verschweigen wesentlicher Umstände, mit deren Eintritt nicht zu rechnen war.[638]

624 Ein vergleichbares Fehlverhalten des Unterhaltspflichtigen – konkret das **Verschweigen einer Steuererstattung** – kann den Tatbestand der Verletzungshandlung der Unterhaltsberechtigten nicht beseitigen. Dieses Fehlverhalten des Unterhaltspflichtigen ist erst bei der Bemessung der Rechtsfolge des § 1579 BGB zu berücksichtigen.

625 Die Weigerung der Unterhaltsberechtigten, ihren Miteigentumsanteil an einer Immobilie an den Pflichtigen gegen Haftungsfreistellung zu übertragen, stellt keinen Verwirkungsgrund gem. § 1579 Nr. 5 BGB dar, auch wenn die Gefahr besteht, dass ein Teilungsversteigerungsverfahren durchgeführt werden muss.[639]

---

[632] OLG Düsseldorf v. 07.07.2010 - II-8 UF 14/10 - FamRZ 2011, 225 (Leitsatz) = FamFR 2010, 391.
[633] OLG Brandenburg v. 10.05.2012 - 10 UF 227/10 - FamFR 2012, 320.
[634] Instruktiv OLG Hamm v. 20.04.2011 - 8 UF 103/10 - FuR 2012, 266-267.
[635] KG Berlin v. 30.08.2011 - 13 UF 111/11 - FamRZ 2012, 788.
[636] OLG Brandenburg v. 10.05.2012 - 10 UF 227/10 - FamFR 2012, 320.
[637] OLG Hamm v. 20.04.2011 - 8 UF 103/10 - FuR 2012, 266-267.
[638] OLG Hamm v. 20.04.2011 - 8 UF 103/10 - FuR 2012, 266-267.
[639] OLG Hamm v. 02.03.2011 - II-8 UF 131/10 - FamRB 2011, 271.

f. § 1579 Nr. 7 BGB

aa. Ehebruch

Ein **Ehebruch** als solcher führt noch **nicht ohne weiteres zum Ausschluss oder zur Herabsetzung des Unterhalts nach § 1579 BGB**. Zwar handelt es sich bei einem Verstoß gegen die Pflicht zur ehelichen Treue grundsätzlich um ein Fehlverhalten im Sinne von § 1579 Nr. 7 BGB. Das Gesetz fordert jedoch darüber hinaus, dass das **Fehlverhalten eindeutig beim Berechtigten** liegt.[640]

Selbst bei einem feststehenden einseitigen Fehlverhalten führt der Ehebruch allein aber noch nicht zur Versagung oder Herabsetzung des Unterhalts. Erforderlich ist eine so schwerwiegende **Abkehr von ehelichen Bindungen**, dass nach dem Grundsatz der Gegenseitigkeit, der dem ehelichen Unterhaltsrecht zugrunde liegt, die Inanspruchnahme des anderen Ehegatten grob unbillig erschiene.[641]

Daher wird ein Härtegrund **(erst) bei Aufnahme eines nachhaltigen, auf längere Dauer angelegten intimen Verhältnisses angenommen**, wenn darin die Ursache für das Scheitern der Ehe lag.[642] Erforderlich ist, dass das **Fehlverhalten eindeutig beim Berechtigten** liegt.

Die Berechtigte muss ihrerseits konkrete **Gegenvorwürfe** vorbringen, die von ihrem **Gewicht** her gesehen geeignet sind, ihrem Fehlverhalten den Charakter der **Einseitigkeit** zu nehmen. Dazu genügt der erhebliche und ausreichend konkretisierte Vorwurf der Berechtigten, der Verpflichtete habe seit Jahren sexuelle Kontakte zwischen ihnen verweigert, zumal wenn die Parteien unstreitig seit mehreren Jahren nicht mehr sexuell miteinander verkehrt haben, ohne dass hierfür objektive Gründe – etwa ein altersbedingter Verzicht – ersichtlich sind.[643]

Der Einwand aus § 1579 Nr. 7 BGB ist gegeben, wenn die Ehefrau eine intime und von vornherein auf Dauer angelegte Beziehung mit einem langjährigen gemeinsamen Freund eingeht, dem beide Eheleute zuvor wegen finanzieller Notlage bei sich Unterkunft gewährt haben, und sie dabei die berufliche Abwesenheit des als Fernfahrer tätigen Ehemanns ausnutzt. Sie hat zudem in einem besonders schwerwiegenden Maße das eheliche Vertrauen und die Grundsätze der ehelichen Lebensgemeinschaft verletzt, indem sie die neue Beziehung zunächst so lange wie möglich geheim gehalten und nach dem Entdecken durch den Ehemann offen fortgesetzt hat.[644]

Fühlt sich ein Ehegatte durch die eheliche Beziehung stark belastet und sieht für sich nur noch eine Lösung in der Trennung, rechtfertigt das für sich genommen nicht den Schluss auf eine bereits zuvor endgültig zerrüttete Ehe.[645]

bb. Unterschieben eines Kindes

Jedoch kann sich ein Härtegrund **auch aus anderen Umständen** ergeben, die einen **über den Ehebruch hinausgehenden Vorwurf** begründen. Dies ist dann der Fall, wenn ein während der Ehe geborenes Kind möglicherweise bei dem Ehebruch gezeugt wurde und die Ehefrau ihren Ehemann in dem Glauben gelassen hat, dass allein er als Vater des Kindes in Frage kommt.[646] Denn auf diese Weise hat sie in einer elementaren persönlichen Frage in dessen Lebensgestaltung eingegriffen und diese insbesondere bei anschließender Fortsetzung der Ehe seiner autonomen Entscheidung entzogen. Ein solches Verhalten stellt einen gravierenden Eingriff in die persönliche Lebensgestaltung des Ehemannes dar, dessen Verhältnis und Einstellung zu dem Kind und regelmäßig auch zu der Ehe wesentlich von dem

---

[640] BGH v. 15.02.2012 - XII ZR 137/09 - NJW 2012 1443 = FamRZ 2012, 779 mit Anm. *Löhning*; dazu *Wever*, FamRZ 2012, 1601.
[641] BGH v. 15.02.2012 - XII ZR 137/09 - NJW 2012 1443 = FamRZ 2012, 779 mit Anm. *Löhning*; BGH v. 16.04.2008 - XII ZR 7/05 - juris Rn. 22 m.w.N. - BGHZ 176, 150 = FamRZ 2008, 1414; BGH v. 12.01.1983 - IVb ZR 348/81 - FamRZ 1983, 670.
[642] BGH v. 15.02.2012 - XII ZR 137/09 - NJW 2012 1443 = FamRZ 2012, 779 mit Anm. *Löhning*; BGH v. 16.04.2008 - XII ZR 7/05 - juris Rn. 22 m.w.N. - BGHZ 176, 150 = FamRZ 2008, 1414.
[643] OLG Hamm v. 26.03.2012 - 8 UF 109/10 - FamFR 2012, 347.
[644] OLG Hamm v. 19.07.2011 - 13 UF 3/11 - FamRZ 2012, 642 = NJW 2011, 3379-3380.
[645] OLG Brandenburg v. 24.03.2009 - 10 UF 166/03 - juris Rn. 48.
[646] BGH v. 15.02.2012 - XII ZR 137/09 - juris Rn. 23 - NJW 2012, 1443 - 1446 = FamRZ 2012, 779- 782.

§ 1361

Bestehen seiner – leiblichen – Vaterschaft abhängen. Im **Verschweigen der möglichen Vaterschaft eines anderen Mannes** liegt demnach ein offensichtlich schwerwiegendes Fehlverhalten.[647]

633 In diesen Fällen liegt das Fehlverhalten regelmäßig allein bei der Ehefrau, weil sie im Gegensatz zum Ehemann über die notwendige Kenntnis verfügt.[648]

634 Auf Seiten der Ehefrau muss **mindestens ein bedingter Vorsatz** bestehen.[649]

635 Der Annahme eines Härtegrundes nach § 1579 Nr. 7 BGB steht nicht entgegen, wenn der auf Unterhalt in Anspruch genommene **Ehemann noch rechtlicher Vater des Kindes** ist, und zwar auch dann, wenn er sich **in Kenntnis aller Umstände dafür entschieden, seine Vaterschaft aufrechtzuerhalten**[650]. Denn eine Anfechtung der Vaterschaft ist nicht Voraussetzung für die Erhebung des Einwands nach § 1579 Nr. 7 BGB, weil dessen Voraussetzungen nicht an die rechtliche Abstammung des Kindes, sondern an die Verfehlung des Unterhaltsberechtigten gegenüber dem Unterhaltspflichtigen anknüpfen.

636 Die fortbestehende Vaterschaft ist im Zusammenhang mit dem Ehegattenunterhalt **nur dort zwingend zu berücksichtigen, wo der Unterhalt des – geschiedenen – Ehegatten an die gemeinsame Elternschaft anknüpft oder diese ansonsten für die Bemessung des Unterhalts bedeutsam ist**.[651] Der Ehemann kann sich auf seine fehlende biologische Vaterschaft dann nicht berufen, wenn der Unterhaltsberechtigte das Kind betreut, weil es sich rechtlich um ein gemeinschaftliches Kind im Sinne von § 1570 Abs. 1 BGB handelt.

637 Betrifft die Täuschung über die (mögliche) anderweitige Abstammung hingegen von der Vaterschaft und der gemeinsamen Elternschaft unabhängige Gesichtspunkte, die eine aktuelle oder frühere Betreuung des gemeinschaftlichen Kindes durch die Unterhaltsberechtigte nicht in Frage stellen, kann der Unterhaltspflichtige sich auf diesen Härtegrund nach § 1579 Nr. 7 BGB berufen, denn hier geht es lediglich um den **Umfang der fortwirkenden nachehelichen Solidarität**.[652]

cc. Strafanzeigen

638 Eine – sich als **Kurzschlusshandlung** darstellende – einmalige **Körperverletzungshandlung** reicht noch nicht für die Herabsetzung des Unterhaltsanspruchs wegen grober Unbilligkeit aus. Die Herabsetzung des Unterhaltsanspruchs auf 50% ist aber möglich, wenn zu dieser Verletzungshandlung eine unrichtige Strafanzeige mit einer vorsätzlich falschen Verdächtigung hinzutritt.[653]

dd. Unberechtigte Strafanzeigen

639 Ein schweres vorsätzliches Vergehen mit der Folge der Verwirkung des Anspruchs liegt auch nicht darin, dass ein Partner während einer sehr emotional gestalteten Trennungsphase **Beschimpfungen** und **falsche Strafanzeigen** tätigt, wenn beide Partner gleichermaßen nicht rücksichtsvoll miteinander umgegangen sind.

640 **Unberechtigte Strafanzeigen** des Unterhaltsberechtigten gegen den Unterhaltsverpflichteten können unter Abwägung der Umstände des Einzelfalls zu einer Verwirkung von Trennungsunterhaltsansprüchen führen. Bei der Billigkeitsabwägung sind **Art und Umfang** der erhobenen strafrechtlichen Vorwürfe, die **Begleitumstände** und die **Motivation** des Anzeigeerstatters zu berücksichtigen.[654]

---

[647] BGH v. 15.02.2012 - XII ZR 137/09 - juris Rn. 23 m.w.N. - NJW 2012, 1443 - 1446 = FamRZ 2012, 779- 782; BGH v. 05.12.1984 - IVb ZR 55/83 - FamRZ 1985, 267, 268 m.w.N.; OLG Brandenburg v. 08.03.2000 - 9 WF 38/00 - NJW-RR 2000, 1098; zu § 1587c BGB vgl. OLG Hamm v. 14.12.2007 - 10 UF 177/07 - NJW-RR 2008, 1031; OLG Köln v. 11.04.1997 - 4 UF 218/96 - FamRZ 1998, 749; das Verschweigen der möglichen Nichtvaterschaft des Ehemannes zum Kind durch die Ehefrau kann auch die Anfechtung einer schenkweisen Zuwendung wegen arglistiger Täuschung begründen, vgl. BGH v. 27.06.2012 - XII ZR 47/09 oder zu einem vollständigen oder teilweisen Ausschluss des Versorgungsausgleichs führen; BGH v. 21.03.2012 - XII ZB 147/10 - NJW 2012, 1446 = FamRZ 2012, 845, dazu Wever, FamRZ 2012, 1601; OLG Köln v. 15.02.2013 - 4 UF 226/12 - FamFR 2013, 278.

[648] BGH v. 15.02.2012 - XII ZR 137/09 - juris Rn. 23 - NJW 2012, 1443 - 1446 = FamRZ 2012, 779- 782.

[649] BGH v. 15.02.2012 - XII ZR 137/09 - juris Rn. 23 - NJW 2012, 1443 - 1446 = FamRZ 2012, 779- 782.

[650] BGH v. 15.02.2012 - XII ZR 137/09 - juris Rn. 30 - NJW 2012, 1443 - 1446 = FamRZ 2012, 779- 782.

[651] BGH v. 15.02.2012 - XII ZR 137/09 - juris Rn. 32 - NJW 2012, 1443 - 1446 = FamRZ 2012, 779- 782.

[652] BGH v. 15.02.2012 - XII ZR 137/09 - juris Rn. 33 - NJW 2012, 1443 - 1446 = FamRZ 2012, 779- 782.

[653] OLG Schleswig v. 18.12.2006 - 15 UF 104/05.

[654] OLG Schleswig v. 21.12.2012 - 10 UF 81/12 - FamRZ 2013, 1132; OLG Köln v. 10.03.2009 - 4 UF 122/08 - FuR 2009, 476.

Vorwürfe des Unterhaltsberechtigten gegenüber dem Unterhaltsverpflichteten, er habe die gemeinsamen Kinder **sexuell missbraucht**, wiegen dabei besonders schwer.[655] Der Unterhaltsberechtigte kann sich bei Strafanzeigen gegen den Unterhaltsverpflichteten wegen **sexuellen Missbrauchs** der gemeinsamen Kinder nicht auf Wahrnehmung berechtigter Interessen berufen, wenn diese Anzeigen **leichtfertig** und ohne gravierende Anhaltspunkte erfolgen. Dies kann insbesondere dann der Fall sein, wenn die schon älteren gemeinsamen Kinder selbst einen solchen Missbrauch durchgehend in Abrede stellen und auch ansonsten keine durchgreifenden Anhaltspunkte für ein strafbares Verhalten des Unterhaltsverpflichteten bestehen. 641

Denn sexuelle Gewalt gegen die eigenen minderjährigen Kinder ist ein Tatbestand, der nicht nur strafrechtlich sanktioniert wird, sondern auch durch eine **ganz besondere gesellschaftliche Ächtung** gekennzeichnet ist. Werden solche Vorwürfe bekannt, kann bereits dies zu einer familiären, sozialen und beruflichen Isolation des beschuldigten Elternteils führen.[656] Schon aus diesem Grunde darf der Verdacht nicht leichtfertig und ohne gravierende Anhaltspunkte erhoben werden.[657] 642

Geht es dem Elternteil, der diese Vorwürfe erhebt, neben der Wahrheitsfindung auch um eine **Verbesserung seiner Rechtsposition in einem familiengerichtlichen Verfahren**, kann darin ein schwerwiegendes und unterhaltsrechtlich folgenbegründendes Fehlverhalten i.S.d. § 1579 Nr. 7 BGB zu sehen sein.[658] 643

Ein Indiz gegen die Wahrnehmung von berechtigten Interessen des Unterhaltsberechtigten ist, wenn die Vorwürfe **anlässlich eines zwischen den Kindeseltern laufenden Sorgerechtsverfahrens** erhoben werden und auch die übrigen objektiven Umstände es vermuten lassen, dass es dem Unterhaltsberechtigten zum Teil um die Verbesserung der eigenen Rechtsposition im laufenden Sorgerechtsverfahren ging. Auf die Wahrnehmung berechtigter Interessen kann sich der bedürftige Ehegatte spätestens dann nicht mehr berufen, wenn die Missbrauchsfrage durch Einholung eines Gutachtens geklärt ist, sich keine Verdachtsmomente ergeben haben und an dem Vorwurf nicht aus gewichtigen Gründen festgehalten wird.[659] 644

g. § 1579 Nr. 8 BGB

Die **Geburt eines nicht vom Ehemann stammenden Kindes** während der Trennungszeit soll nicht die Voraussetzungen der §§ 1361 Abs. 3, 1579 BGB für den Ausschluss bzw. die Reduzierung des Trennungsunterhaltsanspruches erfüllen.[660] Zur Frage, ob die Geburt des nicht vom Ehemann stammenden Kindes mit der Folge des Unterhaltsanspruches des Kindes nach den §§ 1602 ff. BGB und der Mutter nach § 1615l BGB noch die ehelichen Lebensverhältnisse prägt, vgl. Rn. 248. 645

Auch wenn die Unterhaltsberechtigte im Verfahren über den Trennungsunterhalt zunächst **verschwiegen** hatte, dass sie über **eigenes (geringfügiges) Einkommen** teilweise verfügt hat, so führt dies nach Ansicht des OLG Köln[661] jedenfalls dann nicht zur Verwirkung des nachehelichen Unterhaltsanspruchs, wenn dieses Einkommen auch unter dem Gesichtspunkt der überobligationsmäßigen Arbeit nicht bedarfsdeckend war und den Unterhalt des Beklagten, den er freiwillig zahlte, der Höhe nach nicht beeinflusst hat. 646

Ob der Unterhaltsanspruch gemäß § 1579 Nr. 5 und 8 BGB verwirkt ist, wenn die unterhaltsberechtigte Ehefrau den Ehemann **bei den Finanzbehörden „anschwärzt"** und in einer Fernsehsendung ihren getrennt lebenden Ehemann ausdrücklich **beschuldigt**, das für den Zugewinnausgleichsanspruch maßgebliche Vermögen dadurch zu vermindern, dass von den Geschäftskonten Kosten für private Ausgaben, wie beispielsweise mehrere Pkws, drei Motorräder, Wochenendreisen und amerikanische Kraftfahrzeuge einschließlich Anhänger gedeckt worden sind, ist zweifelhaft.[662] 647

---

[655] OLG Hamm v. 03.12.2013 - 2 UF 105/13 - NZFam 2014, 223; OLG Schleswig v. 21.12.2012 - 10 UF 81/12 - FamRZ 2013, 1132; OLG Celle v. 14.02.2008 - 17 UF 128/07 - FamRZ 2008, 1627; OLG Frankfurt v. 08.06.2005 - 6 UF 301/04 - FuR 2005, 460.

[656] OLG Celle v. 14.02.2008 - 17 UF 128/07 - juris Rn. 50 - FamRZ 2008, 1627 ff.

[657] OLG Frankfurt v. 08.06.2005 - 6 UF 301/04 - FuR 2005, 460, 461; OLG Schleswig v. 21.12.2012 - 10 UF 81/12 - FamRZ 2013, 1132.

[658] OLG Schleswig v. 21.12.2012 - 10 UF 81/12 - FamRZ 2013, 1132; OLG Celle v. 14.02.2008 - 17 UF 128/07 - FamRZ 2008, 1627 ff.

[659] OLG Hamm v. 03.12.2013 - 2 UF 105/13 - NZFam 2014, 223.

[660] OLG Jena v. 18.11.2005 - 1 WF 436/05 - FamRZ 2006, 1205-1207; ebenso OLG Bremen v. 19.02.2004 - 4 WF 10/04 - FamRZ 2005, 213, anders *Finger*, FuR 2005, 493, 499.

[661] OLG Köln v. 27.05.2008 - 4 UF 159/07 - FamRZ 2008, 2119.

[662] Vgl. KG Berlin v. 07.01.2011 - 18 UF 234/07.

§ 1361

648 Vor einer **Selbstanzeige eines Ehegatten beim Finanzamt** hat dieser im Regelfall den anderen Ehegatten vorab zu informieren, um ihm die Möglichkeit zu eröffnen, sich der Selbstanzeige anzuschließen.[663]

2. Verfahrensrechtliche Gesichtspunkte

a. Darlegungs- und Beweislast

649 Zwar trägt der **Unterhaltspflichtige** die **Darlegungs- und Beweislast** für Tatsachen, die für eine Begrenzung des Unterhalts sprechen.

650 Erleichtert wird ihm die Beweisführung aber dadurch, dass der **Unterhaltsberechtigte** seinerseits Umstände vorbringen und gegebenenfalls beweisen muss, die für seine Bedürftigkeit ursächlich sind, so zum Beispiel, dass er trotz ausreichender Bemühungen keine angemessene Erwerbstätigkeit zu finden vermag. Hat der Unterhaltsschuldner Tatsachen vorgetragen, die für eine Begrenzung des Unterhalts von Bedeutung sind, ist es Sache des Unterhaltsgläubigers, Umstände vorzubringen, die im Rahmen der zu treffenden Billigkeitsentscheidung gegen eine zeitliche Begrenzung des Unterhalts bzw. für eine längere „Schonfrist" sprechen.[664]

651 Die Unterhaltsberechtigte muss auch den substantiierten Vortrag des Unterhaltspflichtigen widerlegen, sie beziehe von einem neuen Partner **Versorgungsleistungen**.[665]

652 Geht es um **Gegenvorwürfe**, mit denen die Berechtigte die Einseitigkeit des Fehlverhaltens widerlegen will, so muss der Verpflichtete, der für ein offensichtlich schwerwiegendes, eindeutig beim Berechtigten liegendes Fehlverhalten und damit auch für das mangelnde Intaktsein der Ehe die Darlegungs- und Beweislast trägt, nur solche **konkreten Gegenvorwürfe ausräumen**, die von ihrem Gewicht her gesehen geeignet sind, dem Fehlverhalten des Berechtigten den Charakter eines einseitigen Fehlverhaltens zu nehmen.[666]

653 Erfolgt der Nachweis einer Liebesbeziehung der Unterhalt begehrenden Ehefrau mit einem neuen Partner aufgrund einer rechtswidrigen Auswertung dessen Handys (Liebesbekundungen mittels SMS) durch die Ehefrau des neuen Partners, bewirkt die rechtswidrige Beschaffung des Nachweises eines schwerwiegenden Fehlverhaltens i.S.d. § 1579 Nr. 7 BGB nicht generell ein Verwertungsverbot.[667]

654 **Detektivkosten** können abzugsfähig sein.[668]

b. Veränderungen

655 Auch wenn im Verfahren über den **Trennungsunterhalt** der Einwand der Verwirkung vom Gericht nicht bestätigt wird, kann dieser dennoch erneut im Verfahren über den **nachehelichen Unterhalt** erhoben werden. Denn die Bedeutung der Verwirkungsgründe hat durch den Grundsatz der nachehelichen Eigenverantwortung aus § 1569 BGB für den nachehelichen Unterhalt stärkeres Gewicht, als es für den Trennungsunterhalt der Fall ist.[669]

656 Der Unterhaltspflichtige muss auch das **Fortbestehen einer verfestigten Lebensgemeinschaft** beweisen, wenn im Erstprozess streitig ist, ob der Unterhaltsberechtigte ab einem bestimmten Zeitpunkt das Zusammenleben mit dem neuen Partner beendet hat.[670]

657 Wurde in einem vorangegangenen Abänderungsverfahren **eine verfestigte Lebensgemeinschaft** des Unterhaltsberechtigten rechtskräftig verneint, steht dies einer späteren Beschränkung oder Versagung des Unterhalts wegen grober Unbilligkeit nach § 1579 Nr. 2 BGB nicht entgegen, die auf neue Umstände gestützt ist. Als solche kommen insbesondere Indiztatsachen für das Erscheinungsbild der Lebensgemeinschaft in der Öffentlichkeit und ein längerer Zeitablauf in Betracht.[671]

---

[663] OLG Schleswig v. 21.12.2012 - 10 UF 81/12 - FamRZ 2013, 1132.
[664] OLG Naumburg v. 06.09.2001 - 8 UF 68/01 - FF 2002, 67 m. Anm. *Büttner*.
[665] Vgl. OLG Hamm v. 26.03.2012 - 8 UF 109/10 - FamFR 2012, 347.
[666] Vgl. OLG Hamm v. 26.03.2012 - 8 UF 109/10 - FamFR 2012, 347.
[667] AG Oranienburg v. 05.06.2013 - 36 F 115/12 - FamRZ 2014, 313.
[668] BGH v. 15.05.2013 - XII ZB 107/08 - NJW 2013, 2668 = FamRZ 2013, 1387 mit Anm. *Schlünder*; dazu auch *Viefhues*, jM 2014, 18; zur evtl. Strafbarkeit von Überwachungsmaßnahmen vgl. BGH v. 04.06.2013 - 1 StR 32/13 - NJW 2013, 2530; zur heimlichen Videoüberwachung vgl. OLG Köln v. 05.07.2005 - 24 U 12/05 - NJW 2005, 2997.
[669] BGH v. 04.07.2007 - XII ZR 141/05 - FamRZ 2007, 1532.
[670] OLG Karlsruhe v. 21.02.2011 - 2 UF 21/10 - FuR 2011, 341-345.
[671] BGH v. 05.10.2011 - XII ZR 117/09 - FamRZ 2011, 1855 m. Anm. *Maurer* = NJW 2011, 3712.

Allein aus der Tatsache, dass Trennungsunterhalt erst nach Abschluss des Scheidungsverfahrens geltend gemacht wird, kann nicht auf die **Verwirkung** des Anspruchs geschlossen werden.[672] Auch führt die Nichtdurchsetzung von Trennungsunterhalt nicht zur Verwirkung des nachehelichen Unterhaltes.[673]

658

c. Gerichtliches Abänderungsverfahren bei § 1579 BGB

Im Hinblick auf die Präklusionswirkung (§ 238 FamFG) muss immer genau geprüft werden, welche Tatsachenlage seinerzeit Basis der gerichtlichen Entscheidung war, um feststellen zu können, ob diesbezüglich eine nachträgliche Veränderung eingetreten ist.

659

Anknüpfungspunkte sind die für die damalige Unterhaltsfestsetzung **maßgeblichen Umstände** und deren **wesentliche Veränderung**. Haben sie sich gegenüber dem Vorverfahren verändert, kann sich der Unterhaltspflichtige für die Zulässigkeit seines Abänderungsbegehrens hierauf berufen. Haben sie sich nicht geändert, ist ein Abänderungsantrag unabhängig davon unzulässig, ob ihre vormalige rechtliche Bewertung geteilt wird. Denn das Abänderungsverfahren eröffnet keine Totalrevision des Titels, dessen Abänderung erstrebt wird, weshalb die Erfolgsaussicht eines Abänderungsantrags nur im Rahmen der vormaligen rechtlichen Beurteilung beurteilt werden darf.[674]

660

3. Wiederaufleben des Anspruchs

Fallen die Voraussetzungen weg, die zur Beschränkung des Unterhaltes geführt haben – wie z.B. durch die **Beendigung** der vom getrennt lebenden Ehegatten eingegangenen **verfestigten Lebensgemeinschaft** –, dann ist umfassend zu prüfen, ob eine erneute Unterhaltsverpflichtung die Zumutbarkeitsgrenze überschreitet.[675] Im Fall des **nachehelichen Unterhalts** hat der BGH klargestellt, dass ein nach § 1579 Nr. 2 BGB versagter Unterhaltsanspruch regelmäßig **nur** im Interesse gemeinsamer Kinder als **Betreuungsunterhalt** wiederauflebt, während dies für andere Unterhaltstatbestände nur ausnahmsweise gilt.[676]

661

V. Keine Befristung des Trennungsunterhaltes

Eine Anwendung der Befristungsregelungen des nachehelichen Unterhaltes auf den Trennungsunterhalt ist nicht möglich, da eine solche Anwendung gesetzlich nicht vorgesehen ist.[677]

662

VI. Zahlungsmodalitäten (Absatz 4)

Der Trennungsunterhalt ist – soweit nichts Abweichendes vereinbart ist – als laufende Geldrente **monatlich im Voraus** zu zahlen. Verzug tritt ein mit Beginn des Monats der Auskunfts- bzw. Zahlungsaufforderung (§ 1361 Abs. 4 Satz 3 BGB i.V.m. den §§ 1360a Abs. 1, 1613 BGB).[678] Im Monat der Trennung wird der Unterhalt aber erst Tag genau ab dem Tag der Trennung geschuldet.[679]

663

Der Unterhaltspflichtige kann sich nicht darauf berufen, dass er sein Gehalt erst im Laufe des Monats, am Ende des Monats oder gar im Folgemonat bekommt. Ggf. muss er den Unterhalt vorfinanzieren.

664

Fordert der Unterhaltsberechtigte im Klageantrag Unterhalt „zahlbar zum 5. des Monats" oder zum „3. Werktag des Monats", so beinhaltet dies sein Einverständnis mit einer späteren Zahlung.[680]

665

Unterhaltsrückstände können durch Zeitablauf verwirken[681] (vgl. die Kommentierung zu § 1569 BGB Rn. 41 und die Kommentierung zu § 1613 BGB Rn. 283).

666

---

[672] OLG Karlsruhe v. 10.03.2009 - 2 WF 173/08 - FamRZ 2009, 1841.
[673] OLG Saarbrücken v. 21.10.2009 - 9 UF 26/09.
[674] *Maurer*, FamRZ 2011, 1858.
[675] BGH v. 13.07.2011 - XII ZR 84/09 - FamRZ 2011, 1498 m. Anm. *Maurer* = NJW 2011, 3089 m. Anm. *Schnitzler* = FF 2011, 410 m. Anm. *Hohloch*; BGH v. 25.09.1985 - IVb ZR 48/84 - NJW 1986, 722; BGH v. 29.01.1997 - XII ZR 257/95 - NJW 1997, 1439; OLG Celle v. 14.02.2008 - 17 UF 128/07 - FamRZ 2008, 1627.
[676] BGH v. 13.07.2011 - XII ZR 84/09 - FamRZ 2011, 1498 m. Anm. *Maurer* = NJW 2011, 3089 m. Anm. *Schnitzler* = FF 2011, 410 m. Anm. *Hohloch*.
[677] OLG Düsseldorf v. 15.07.2010 - 9 UF 51/10, II-9 UF 51/10 - FamFR 2010, 390; OLG Bremen v. 01.12.2008 - 4 WF 142/08 - OLGR Bremen 2009, 48-49; OLG Düsseldorf v. 17.01.2008 - II-3 WF 294/07 - FamRZ 2008, 1539; ebenso *Büttner/Niepmann*, NJW 2008, 2391, 2399.
[678] Einzelheiten zu Problemfällen vgl. *Viefhues*, ZFE 2004, 145-148.
[679] *Klein* in: Weinreich-Klein, FAKomm FamR 2008, § 1361 Rn. 99.
[680] *Poppen* in: Bäumel/Büte/Poppen, Unterhaltsrecht, 2006, § 1361 Rn. 104.
[681] OLG Celle v. 29.11.2006 - 15 UF 147/06 m. Anm. *Harms*, jurisPR-FamR 19/2007, Anm. 5.

§ 1361

667 **Vorausleistungen** sind nur für drei Monate wirksam (§ 1361 Abs. 3 BGB i.V.m. den §§ 1360a Abs. 3, 1614 Abs. 2 und 760 Abs. 3 BGB).

668 Mit der **Rechtskraft der Scheidung** endet der Unterhaltsanspruch aus § 1361 BGB (vgl. Rn. 3 und Rn. 717 f.). Zu den Auswirkungen einer **Versöhnung** vgl. Rn. 724.

VII. Verfahrenskostenvorschuss (Absatz 4 Satz 3)

669 § 1361 Abs. 4 Satz 3 BGB verweist auf die Vorschrift des § 1360 Abs. 4 BGB; folglich besteht auch bei getrennt lebenden Ehegatten ein Anspruch auf **Verfahrenskostenvorschuss**[682] (früher: **Prozesskostenvorschuss**, Einzelheiten vgl. die Kommentierung zu § 1360a BGB Rn. 23 ff.).

670 Die Verpflichtung, dem Ehegatten einen Verfahrenskostenvorschuss im Sinne des § 1360a Abs. 4 BGB zu gewähren, entfällt nicht durch das Angebot des Verpflichteten, ein Darlehen in gleicher Höhe zur Verfügung zu stellen.[683]

671 Mit der Scheidung endet der Anspruch des Ehegatten auf Verfahrenskostenvorschuss. Ist allerdings der Verfahrenskostenvorschusspflichtige vor Rechtskraft der Scheidung in Verzug gesetzt worden, so lässt der Eintritt der Rechtskraft der Scheidung den Vorschussanspruch nicht entfallen.[684] Allerdings ist fraglich, ob der Anspruch noch im Wege der einstweiligen Anordnung im familiengerichtlichen Verfahren durchgesetzt werden kann oder als gesonderter Verzugsschadensersatzanspruch geltend gemacht werden muss.[685]

VIII. Verhältnis von Verfahrenskostenvorschuss und Verfahrenskostenhilfe

672 Der Anspruch auf Verfahrenskostenvorschuss geht der Verfahrenskostenhilfe vor, so dass **Verfahrenskostenhilfe** gem. §§ 76, 77 FamFG nur bewilligt werden kann, wenn kein solcher Anspruch besteht. Dies hat die Partei, die Verfahrenskostenhilfe beantragt, darzulegen.[686]

673 Ein Verfahrenskostenvorschussanspruch gegen den anderen Ehegatten besteht nicht, wenn dieser seinerseits **Verfahrenskostenhilfe ohne Ratenzahlung** erhalten würde.

674 Ein Verfahrenskostenvorschussanspruch besteht aber dann, wenn der Vorschusspflichtige seinerseits **Verfahrenskostenhilfe gegen Raten** beanspruchen könnte.[687]

675 Besteht nur ein solcher ratenweise Vorschussanspruch, ist dem Vorschussberechtigten Verfahrenskostenhilfe mit entsprechender Ratenzahlungsanordnung zu bewilligen.[688] Dabei kann der Realisierbarkeit des Vorschussanspruchs durch einen adäquaten Einsatzzeitpunkt für die Ratenzahlungsverpflichtung Rechnung getragen werden.

676 Dann kann dem vorschussberechtigten Beteiligten Verfahrenskostenhilfe auch nur gegen entsprechende Ratenzahlung bewilligt werden.[689] Bei der Entscheidung über den Verfahrenskostenvorschuss ist dabei zu berücksichtigen, dass der Vorschusspflichtige seinerseits Verfahrenskostenhilfe gegen Ratenzahlungen beanspruchen kann, indem die **Raten der Höhe nach geteilt werden** und die Gesamthaftung somit begrenzt ist.[690] Sind ihm z.B. nach seinen finanziellen Verhältnissen **Raten in Höhe von 150 € monatlich** zuzumuten, so werden ihm selbst im Rahmen seiner eigenen Verfahrenskostenhilfe 75 € auferlegt, während er monatlich 75 € an den verfahrensvorschussberechtigten Ehegatten zahlen muss.

---

[682] Ausführlich *Rossmann*, FuR 2012, 168.
[683] OLG Frankfurt v. 15.10.2013 - 2 UFH 8/13 - MDR 2014, 230; vgl. auch *Kreutz*, NZFam 2014, 196.
[684] OLG Frankfurt v. 18.11.2004 - 19 W 33/04 - ZFE 2005, 96; OLG Frankfurt v. 19.01.1993 - 3 UF 196/92 - FamRZ 1993, 1465.
[685] So OLG Schleswig v. 27.08.2007 - 12 UF 80/07 - ZFE 2008, 36.
[686] *Götsche* in: Horndasch/Viefhues, FamFG, 2014, Anhang zu § 76 FamFG Rn. 141 f m.w.N.
[687] BGH v. 04.08.2004 - XII ZA 6/04 - FamRZ 2004, 1633 m. Anm. *Viefhues*; ebenso OLG Koblenz v. 22.07.2013 - 13 WF 650/13 - FamRZ 2014, 846; OLG Dresden v. 31.01.2013 - 20 WF 36/13 - FamRZ 2013, 1597; OLG Brandenburg v. 27.05.2004 - 9 WF 103/04; OLG Saarbrücken v. 20.08.2009 - 6 WF 84/09 - ZFE 2010, 114; einschränkend OLG München v. 13.09.2005 - 16 WF 1542/05 - FamRZ 2006, 791; OLG Celle v. 29.07.2009 - 10 WF 222/09 - FamRZ 2010, 53.
[688] OLG Celle v. 04.11.2013 - 17 WF 203/13 - FamRZ 2014, 783.
[689] OLG Brandenburg v. 10.09.2013 - 3 WF 97/13 - FamFR 2013, 570.
[690] OLG Koblenz v. 15.08.1990 - 5 W 382/90 - DAVorm 1991, 117-118; OLG Nürnberg v. 22.09.1995 - 7 WF 2878/95 - MDR 1996, 287; OLG Zweibrücken v. 16.09.1996 - 5 WF 93/96 - FamRZ 1997, 757-758; OLG Köln v. 10.09.1998 - 14 WF 127/98 - NJWE-FER 1999, 8; *Hartmann* in: Baumbach/Lauterbach, ZPO, § 114 Rn. 60; *Reichold* in: Thomas/Putzo, ZPO, § 115 Rn. 19.

Mit den Raten auf seinen Anspruch auf Verfahrenskostenvorschuss erlangt der unterhaltsberechtigte Ehegatte Vermögen im Sinne von § 115 ZPO, das er für die Verfahrenskosten einsetzen muss. 677

Ein realisierbarer Anspruch auf Verfahrenskostenvorschuss besteht nicht nur, wenn der Verpflichtete freiwillig leistet; zumutbar ist auch die Inanspruchnahme des Gerichts zur Durchsetzung dieser Verpflichtung.[691] 678

Jedoch muss die Durchsetzung des Anspruchs auf Verfahrenskostenvorschuss dem Beteiligten aber zumutbar und darf nicht mit Rechtseinbußen verbunden sein. Keinem Hilfsbedürftigen ist zuzumuten, vor Beginn eines Rechtsstreits einen weiteren, unsicheren Prozess um den Verfahrenskostenvorschuss zu führen.[692] 679

Kommt in Betracht, dass der Beteiligte einen Anspruch auf Verfahrenskostenvorschuss hat, muss er **darlegen**, dass der Vorschusspflichtige den Vorschuss nicht aufbringen kann oder es ihm unzumutbar ist, den Vorschuss geltend zu machen. Allerdings genügt es nicht, glaubhaft zu machen, der Pflichtige habe eine freiwillige Vorschusszahlung verweigert. Maßgebend ist vielmehr, **ob der Vorschussanspruch alsbald tituliert und in der Zwangsvollstreckung durchgesetzt werden kann**.[693] 680

Allerdings wird Verfahrenskostenvorschuss nur geschuldet, wenn der **Selbstbehalt** des Pflichtigen gewährleistet bleibt. Dabei wird für die Vorschusspflicht unter Ehegatten auf den angemessenen Selbstbehalt nach den §§ 1581 Satz 1, 1603 BGB und gegenüber minderjährigen Kindern auf den notwendigen Selbstbehalt abgestellt (vgl. Rn. 388). 681

Der Berechtigte muss in derartigen Fällen also in einer **Doppelstrategie** vorgehen: 682
- zum einen für das jeweilige Hauptsacheverfahren Verfahrenskostenhilfe beantragen und
- vom Pflichtigen die Zahlung des Verfahrenskostenvorschuss verlangen.

Bewilligt wird die **Verfahrenskostenhilfe** mit der Maßgabe, dass die vom Vorschusspflichtigen gezahlten Vorauszahlungen an die Staatskasse abzuführen sind.[694] 683

Wird der Vorschuss vom Pflichtigen nicht freiwillig geleistet, kann der Anspruch durch einen Antrag auf Erlass einer **einstweiligen Anordnung** geltend gemacht werden, die auch ohne entsprechendes Hauptsacheverfahren zulässig ist (§§ 49 ff., 246 FamFG). Die Zulässigkeit eines **Leistungsantrages im Hauptsacheverfahren** wird durch die Möglichkeit der einstweiligen Anordnung nicht **ausgeschlossen**. 684

Da auch der Anspruch auf Zahlung eines Verfahrenskostenvorschusses verwirken kann, ist der Verfahrenskostenvorschuss nicht alsbald realisierbar, wenn der andere Ehegatte den **Verwirkungseinwand im Unterhaltsverfahren erhoben hat u**nd anzunehmen ist, dass er diesen Einwand auch dem Vorschussanspruch entgegensetzen würde.[695] 685

Als **persönliche Angelegenheiten** der Parteien zählen nicht nur die Kosten des Scheidungsverfahrens, sondern alle Rechtsstreitigkeiten während des Getrenntlebens.[696] Es besteht auch ein Anspruch auf Kostenvorschuss für ein **Insolvenzverfahren** gegen den finanziell leistungsfähigen Ehepartner.[697] Für einen Anspruch auf Zugewinnausgleich besteht sogar ein Verfahrenskostenvorschussanspruch gegen den neuen Ehegatten.[698] Einzelheiten vgl. die Kommentierung zu § 1360a BGB Rn. 23. 686

IX. Auskunftsanspruch (Absatz 4 Satz 4)

Nach § 1361 Abs. 4 Satz 4 BGB i.V.m. § 1605 BGB besteht ein Auskunftsanspruch. Im Übrigen gelten die gleichen Voraussetzungen wie für den nachehelichen Auskunftsanspruch nach § 1580 BGB. 687

X. Gerichtliche Durchsetzung von Vorsorgeunterhalt

Eine **isolierte Zusatzklage auf Altersvorsorgeunterhalt** ist unzulässig, wenn konkret ermittelter Elementarunterhalt bereits geltend gemacht und tituliert worden ist, ohne erkennbar eine Nachforderung des Altersvorsorgeunterhalts vorzubehalten.[699] 688

---

[691] *Bißmaier*, FamRZ 2002, 863 m.w.N.
[692] OLG Brandenburg v. 10.09.2013 - 3 WF 97/13; BAG v. 05.04.2006 - 3 AZB 61/04 - FamRZ 2006, 1117, 1119.
[693] OLG Brandenburg v. 10.09.2013 - 3 WF 97/13; OLG Zweibrücken v. 17.09.2002 - 4 U 1/02 - FamRZ 2003, 1116.
[694] *Ebert*, Einstweiliger Rechtsschutz in Familiensachen, 2007, § 2 Rn. 579 m.w.N.; *Viefhues*, FamRZ 2004, 1635, 1636; *Büte*, FuR 2006, 9, 11; *Büte*, FF 2004, 272, 275.
[695] OLG Brandenburg v. 10.09.2013 - 3 WF 97/13.
[696] *Beutler* in: Bamberger/Roth, § 1361 Rn. 110; *Bißmaier*, FamRZ 2002, 863 866, 864.
[697] BGH v. 24.07.2003 - IX ZB 539/02 - BGHZ 156, 92-96.
[698] BGH v. 25.11.2009 - XII ZB 46/09 - NJW 2010, 372 = FamRZ 2010, 189.
[699] KG v. 19.07.2013 - 13 UF 56/13 - FuR 2014, 50-51.

D. Unterhaltsvereinbarungen

689 In der Praxis haben Unterhaltsvereinbarungen eine erhebliche Bedeutung.[700] Dabei sind aber einige rechtliche Eckpunkte zu beachten.

I. Kein Verzicht auf Trennungsunterhalt

690 Durch Unterhaltsvereinbarung kann lediglich auf zukünftigen Ehegattenunterhalt ab Scheidung **verzichtet** werden, **nicht** aber auf zukünftigen **Trennungsunterhalt** (§§ 1360a Abs. 3, 1361 Abs. 4 BGB i.V.m. § 1614 BGB).[701]

691 Ein sogenanntes **pactum de non petendo**, d.h. die Verpflichtung oder das Versprechen des unterhaltsberechtigten Ehegatten, Unterhalt nicht geltend zu machen, berührt zwar den Bestand des Unterhaltsanspruches nicht, doch begründet dieses eine Einrede gegen den Unterhaltsanspruch, die wirtschaftlich zu dem gleichen Ergebnis führt wie ein Unterhaltsverzicht.[702]

692 Nach §§ 1361 Abs. 4 Satz 4, 1360a Abs. 3 i.V.m. § 1614 BGB ist jedoch **ein Verzicht auf künftigen Trennungsunterhalt unwirksam** und daher nach § 134 BGB nichtig. Die Vorschrift hat sowohl individuelle als auch öffentliche Interessen im Blick und will verhindern, dass sich der Unterhaltsberechtigte während der Trennungszeit durch Dispositionen über den Bestand des Unterhaltsanspruches seiner Lebensgrundlage begibt und dadurch gegebenenfalls öffentlicher Hilfe anheimzufallen droht. In einem pactum de non petendo liegt daher ein **unzulässiges und daher unwirksames Umgehungsgeschäft**.[703]

693 Auch ergänzende „Feststellungen" der Ehegatten zum Nichtbestehen eines ungedeckten Unterhaltsbedarfs oder zum Vorliegen eines Verwirkungsgrundes können einem pactum de non petendo nicht zur Wirksamkeit verhelfen. Denn der Schutzzweck von § 1614 BGB verbietet es generell, der unterhaltsberechtigten Person unter Hinweis auf den Parteiwillen den Unterhaltsanspruch ganz zu versagen.[704] Damit wäre es nicht in Einklang zu bringen, wenn die Ehegatten durch eine Parteivereinbarung, der im Übrigen das Risiko einer unrichtigen Tatsachenermittlung oder falschen Einschätzung der Rechtslage anhaftet, eine den Trennungsunterhaltsanspruch ausschließende Situation darstellen und diese anschließend durch ein pactum de non petendo unangreifbar machen könnten.[705]

694 Liegt in einem Regelungspunkt einer **Gesamtvereinbarung** ein unwirksames pactum de non petendo, ist im Hinblick auf den dann vorliegenden Verstoß gegen ein gesetzliches Verbot (§ 134 BGB) weiter zu prüfen, ob die **Teilnichtigkeit** gemäß § 139 BGB die weiteren Bestimmungen in der Vereinbarung erfasst.

695 Dabei kommt es zunächst darauf an, ob und inwieweit ein enger Zusammenhang zwischen den einzelnen Vereinbarungen besteht und nach dem Willen der Parteien bestehen soll. Ob es sich bei gemeinsam beurkundeten Trennungs- und Scheidungsfolgenvereinbarungen aufgrund eines Einheitlichkeitswillens der Vertragsparteien um ein **einheitliches Rechtsgeschäft** handelt, ist durch Ermittlung und Auslegung des Parteiwillens festzustellen.[706]

696 Dabei besteht bei **gemeinsamer Aufnahme mehrerer Vereinbarungen in eine Urkunde** eine tatsächliche Vermutung für einen Einheitlichkeitswillen.[707] Ist von einem einheitlichen Rechtsgeschäft auszugehen, muss nach den für die ergänzende Vertragsauslegung geltenden Grundsätzen weiter ermittelt werden, ob die beteiligten Eheleute die gleichen Vereinbarungen zu den Scheidungsfolgen auch getroffen hätten, wenn ihnen bewusst gewesen wäre, dass ein Verzicht auf Trennungsunterhalt oder eine ihm gleichstehende Beschränkung der Rechte auf Geltendmachung von Trennungsunterhalt für die Zukunft nicht wirksam vereinbart werden kann.[708]

---

[700] Zu Unterhaltsvereinbarungen vgl. *Büte*, FuR 2014, 318 mit zahlreichen Textmustern.
[701] OLG Zweibrücken v. 21.08.2008 - 6 UF 19/08 - FamRZ 2009, 142; *Viefhues*, Fehlerquellen im familiengerichtlichen Verfahren, 2008, Rn. 1446 ff.
[702] BGH v. 29.01.2014 - XII ZB 303/13 m.w.N.
[703] BGH v. 29.01.2014 - XII ZB 303/13 m.w.N.
[704] *Deisenhofer*, FamRZ 2000, 1368, 1369.
[705] BGH v. 29.01.2014 - XII ZB 303/13 m.w.N.; *Huhn*, RNotZ 2007, 177, 187; vgl. auch *Huhn*, RNotZ 2007, 177, 187.
[706] BGH v. 29.01.2014 - XII ZB 303/13 m.w.N.
[707] BGH v. 29.01.2014 - XII ZB 303/13; vgl. BGH v. 04.12.2003 - III ZR 30/02 - BGHZ 157, 168, 173 f. = NVwZ 2005, 484, 485; BGH v. 22.05.1970 - V ZR 130/67 - BGHZ 54, 71, 72 = NJW 1970, 1414, 1415.
[708] BGH v. 29.01.2014 - XII ZB 303/13; vgl. OLG Brandenburg v. 28.07.2002 - 9 WF 25/02 - FamRZ 2003, 764, 765; *Huhn*, RNotZ 2007, 177, 184.

Dagegen könnte es unter Umständen sprechen, wenn der unwirksame Ausschluss von Trennungsunterhalt durch Leistungen ausgeglichen werden sollte, die dem berechtigten Ehegatten im Rahmen der Auseinandersetzung über die Scheidungsfolgen zugesagt worden sind.[709] **697**

Vereinbarungen zur Höhe des künftigen Trennungsunterhaltes sind zulässig. Die Grenze zwischen unzulässigem Verzicht und zulässiger Vereinbarung zur Höhe (**Modifizierung** des Anspruchs) wird bei einer Toleranzgrenze von 20-33% des Bedarfes gezogen.[710] Ein gewisser **Regelungsspielraum** ist durchaus gegeben. Diese Bandbreite erlaubt daher eine **Beschränkung auf 80% des Anspruchs**. **698**

Sinnvoll erscheint gerade für die Trennungszeit eine **Verknüpfung mit Sachleistungen**, zum Beispiel in Form von Pkw-Überlassung, Übernahme von Kraftfahrzeugsteuer und Inspektionskosten, aber auch eine Regelung zum mietfreien Wohnen der Ehefrau im bisherigen Familienheim oder der Übernahme der privaten Krankenversicherungskosten.[711] **699**

Bei einer **Scheidungsfolgenvereinbarung**, in der dem Verwirkungseinwand Rechnung getragen werden soll, empfiehlt sich eine konkrete Darlegung im Vertrag, aus welchen Gründen ein Trennungsunterhalt nicht (oder nur in bestimmter Höhe) in Betracht kommt. Denn weil sich eine Verwirkungshandlung je nach Höhe des ursprünglichen Unterhaltsanspruchs sehr verschieden auswirken kann im Hinblick auf die Bandbreite der Sanktionsmöglichkeiten nach § 1579 BGB („zu versagen, herabzusetzen oder zeitlich zu begrenzen"), ermöglicht nur eine konkrete Darlegung im Vertrag eine spätere Überprüfung dahin, ob der nach dem Gesetz angemessene Unterhalt (noch) gewahrt ist.[712] **700**

Die vertragliche Regelung stellt keinen Verstoß gegen § 1614 BGB dar, wenn sie die gesetzliche Unterhaltspflicht konkretisiert,[713] indem sie den Unterhaltsanspruch zutreffend festlegt.[714] **701**

Sinnvoll ist in jedem Fall gerade in diesem Bereich die Verwendung einer **salvatorischen Klausel**. Denn im Ausgangspunkt ist es zunächst durchaus gefährlich, dass nach neuerer Rechtsprechung bei gemeinsamer Aufnahme mehrerer Vereinbarungen in einer Urkunde eine tatsächliche Vermutung für einen Einheitlichkeitswillen besteht.[715] Aus der danach anzunehmenden „Verzahnung" der verschiedenen Regelungen folgt aber das Risiko einer „Infektion" der übrigen Vertragsteile durch einen zu beanstandenden Bereich.[716] **702**

Verzicht **für die Vergangenheit** ist dagegen möglich. Vorauszahlungen für die Zukunft sind nur bis zu 3 Monaten zulässig (§§ 1614 Abs. 2, 760 Abs. 3 BGB). **703**

Verzichtet der Gläubiger vorerst auf die **Vollstreckung** seiner Trennungsunterhaltsansprüche, weil er in der Lage ist, durch eigene Erwerbstätigkeit seinen Bedarf weitgehend zu decken, muss er seinen Unterhaltsanspruch bei inzwischen eingetretener Unterhaltsbedürftigkeit nicht erneut gerichtlich geltend machen. Der Unterhaltsberechtigte verliert nicht durch den Vollstreckungsverzicht nicht seinen Titel.[717] **704**

II. Inhaltskontrolle von Vereinbarungen

Die vom BGH[718] entwickelten Grundsätze zur Inhaltskontrolle von Eheverträgen (vgl. dazu die Kommentierung zu § 1408 BGB Rn. 40 ff.) betrifft neben Eheverträgen auch formfreie **Unterhaltsverträge** und gerichtlich protokollierte **Vergleiche** im Scheidungsverfahren (**Scheidungsfolgenregelungen**).[719] Da bei einer Scheidungsfolgenvereinbarung Vereinbarung und Scheitern der Ehe zusammenfallen, verbleibt allerdings dort kein Raum für die Ausübungskontrolle.[720] Auch ein **nach der Scheidung** ver- **705**

---

[709] BGH v. 29.01.2014 - XII ZB 303/13 m.w.N.
[710] OLG Hamm v. 01.12.1999 - 12 UF 38/99 - FamRZ 2001, 1023 = FuR 2002, 280; OLG Brandenburg v. 29.09.2002 - 9 WF 153/02 - FamRZ 2003, 1965-1966.
[711] *Born*, NJW 2014, 1484, 1487 m.w.N.
[712] *Born*, NJW 2014, 1484, 1487 m.w.N.
[713] OLG Brandenburg v. 24.03.2003 - 10 WF 29/02 - FamRZ 2004, 558.
[714] *Born*, NJW 2014, 1484, 1487 m.w.N.; OLG Karlsruhe v. 02.08.2006 - 16 WF 80/06 - NJW-RR 2006, 1586.
[715] BGH v. 04.12.2003 - III ZR 30/02 - BGHZ 157, 168, 173; BGH v. 22.05.1970 - V ZR 130/67 - NJW 1970, 1414; BGH v. 25.05.2005 - XII ZR 296/01 - NJW 2005, 2386.
[716] *Born*, NJW 2014, 1484, 1487 m.w.N.
[717] OLG Zweibrücken v. 21.08.2008 - 6 UF 19/08 - NJW-RR 2009, 4.
[718] BGH v. 11.02.2004 - XII ZR 265/02 - BGHZ 158, 81-110.
[719] OLG Celle v. 25.02.2004 - 15 UF 178/03 - FamRZ 2004, 1202 m. Anm. *Bergschneider*; OLG Celle v. 08.09.2004 - 15 WF 214/04 - FamRZ 2004, 1669 m. Anm. *Bergschneider*; *Borth*, FamRZ 2004, 608; *Münch*, ZFE 2004, 2005, 432 und ZFE 2006, 15; kritisch zur Anwendung der Regeln des BGH auf diese Verträge *Wachter*, ZNotP 2004, 264.
[720] OLG Jena v. 09.05.2007 - 1 WF 9/07.

§ 1361

einbarter Unterhaltsverzicht unterliegt der Inhaltskontrolle.[721] Wer sich auf die Sittenwidrigkeit der Regelung beruft, trägt die **Darlegungs- und Beweislast** für die Umstände, aus denen er diese herleitet.[722]

706 Zur Ermittlung der anwaltlichen Gebühren für eine Scheidungsfolgenvereinbarung (bzw. einen Mehrvergleich) vgl. das Berechnungsprogramm: RVG-Rechner – Scheidungsfolgenvereinbarung/Einigung auch über nichtanhängige Gegenstände.

707 Bei **Vereinbarungen**, die **während der Trennungszeit** geschlossen werden, sollte immer klargestellt werden, ob sie auch für den Zeitraum nach der Scheidung gelten sollen. Eine kurze Zeit nach der Trennung geschlossene Unterhaltsvereinbarung gilt im Zweifel nur für den Trennungsunterhalt, nicht auch für den Nachscheidungsunterhalt.[723]

III. Formvorgaben für Vereinbarungen

708 Seit dem 01.01.2008 ist in **§ 1585c BGB** festgelegt, dass vor Rechtskraft der Scheidung eine Unterhaltsregelung **für den nachehelichen Unterhalt** der notariellen Beurkundung bedarf. § 127a BGB findet auch auf eine Vereinbarung Anwendung, die in einem Verfahren in Ehesachen vor dem Familiengericht protokolliert wird.[724]

709 Umstritten war, ob ein im Trennungsunterhaltsverfahren geschlossener Vergleich den formalen Anforderungen des § 1585c BGB genügt.

710 Der BGH hat jetzt klargestellt, dass die Form des § 127a BGB bei einer vor Rechtskraft der Ehescheidung geschlossenen Vereinbarung zum nachehelichen Unterhalt auch dann die notarielle Beurkundung ersetzt, wenn die Vereinbarung in einem anderen Verfahren als der Ehesache protokolliert wird. **Eine Vereinbarung kann daher insbesondere im Verfahren über den Trennungsunterhalt formwirksam abgeschlossen werden.**[725]

711 Der Formzwang gilt **nicht**
- für solche **nacheheliche Unterhaltsvereinbarungen**, die erst nach Rechtskraft des Scheidungsurteils geschlossen werden,
- für den **Trennungsunterhalt** und
- den Unterhalt des nichtehelichen Elternteils nach § 1615l BGB.

Eine entsprechende Formvorschrift für den **Kindesunterhalt** fehlt ebenfalls.

E. Verhältnis zu § 1615l BGB

712 Vgl. dazu die Kommentierung zu § 1615l BGB Rn. 234 f. m.w.N.

713 Wird noch während der bestehenden Ehe ein Kind des Unterhaltspflichtigen von einer anderen Frau geboren, so kommt es zur **Konkurrenz des Trennungsunterhaltsanspruches aus § 1361 BGB mit dem Anspruch auf Unterhalt** dieser Frau **aus § 1615l BGB**. Zu dieser Sachlage hatte der BGH in seiner Entscheidung vom 07.12.2011[726] nicht Stellung zu nehmen.

714 Eine Haftung des biologischen Vaters aus § 1615l BGB neben dem Ehemann ist ausgeschlossen, solange die rechtliche Vaterschaft des Ehemannes für das Kind besteht.[727]

715 Nach Ansicht von *Borth*[728] können die vom BGH herangezogenen **Grundsätze zur Dreiteilung** nur bedingt verwendet werden.[729] Denn der Bedarf der Mutter bestimmt sich gemäß § 1615l Abs. 3 Satz 1

---

[721] OLG München v. 23.03.2004 - 16 UF 1790/03 - FamRZ 2005, 215.
[722] BGH v. 08.12.1982 - IVb ZR 333/81 - FamRZ 1983, 137, 140; OLG Zweibrücken v. 12.12.1995 - 5 UF 49/95 - FamRZ 1996, 869, 870.
[723] OLG Brandenburg v. 17.07.2008 - 10 WF 139/08 - FamRZ 2009, 800.
[724] Zu den sich daraus ergebenden Haftungsrisiken für den Anwalt vgl. *Steiniger*, FamFR 2011, 592 und *Steiniger/Viefhues*, FPR 2009, 114.
[725] BGH v. 26.02.2014 - XII ZB 365/12; OLG Oldenburg v. 31.05.2012 - 14 UF 22/12 - FamRZ 2013, 385.
[726] BGH v. 07.12.2011 - XII ZR 151/09 - juris Rn. 41- FamRZ 2012, 281 m. Anm. *Borth* = FamRZ 2012, 253 = NJW 2012, 384; dazu *Hoppenz*, NJW 2012, 49; *Graba*, FamFR 2012, 49; *Kleffmann*, FuR 2012, 162; *Soyka*, FuR 2012, 180; *Gerhardt*, FamRZ 2012, 589; *Borth*, FamRZ 2012, 252; *Strohal*, jurisPR-FamR 4/2012, Anm. 1; *Born*, FF 2012, 119-124; *Riegner*, FamRZ 2012, 54-56; *Clausius*, AnwZert FamR 2/2012, Anm. 1.
[727] BGH v. 18.04.2012 - XII ZR 73/10 - NJW 2012, 2190; *Schilling* in: NK-BGB, 2. Aufl., § 1615l Rn. 5.
[728] BGH v. 07.12.2011 - XII ZR 151/09 - juris Rn. 41 - FamRZ 2012, 281 m. Anm. *Borth* = FamRZ 2012, 253 = NJW 2012, 384; dazu *Hoppenz*, NJW 2012, 49; *Graba*, FamFR 2012, 49; *Kleffmann*, FuR 2012, 162; *Soyka*, FuR 2012, 180; *Gerhardt*, FamRZ 2012, 589; *Borth*, FamRZ 2012, 252; *Strohal*, jurisPR-FamR 4/2012, Anm. 1; *Born*, FF 2012, 119-124; *Riegner*, FamRZ 2012, 54-56; *Clausius*, AnwZert FamR 2/2012, Anm. 1.
[729] *Borth*, FamRZ 2012, 253.

BGB i.V.m. § 1610 Abs. 1 BGB nach ihrer individuellen Lebensstellung, die sich auch bei Zusammenleben mit dem Unterhaltspflichtigen nicht von dessen Einkommen ableitet.[730]

Bei Konkurrenz des Unterhaltsanspruchs aus § 1615l BGB mit einem Anspruch der geschiedenen Ehefrau aus den §§ 1569 ff. BGB ist zu beachten, dass die **steuerliche Entlastung nach § 33a EStG** (außergewöhnliche Belastung bis jährlich 8.400 €), die auch bei einem **Unterhaltsanspruch aus § 1615l BGB** geltend gemacht werden kann, diesem Unterhaltsverhältnis zuzuordnen ist und nicht der geschiedenen Ehefrau zusteht.[731]   716

F. Verfahrensrechtliche Aspekte

I. Nichtidentität zwischen Trennungsunterhalt und Nachscheidungsunterhalt

Beim Ehegattenunterhalt wird materiell-rechtlich und auch prozessual streng zwischen dem **Trennungsunterhalt** und dem **Geschiedenenunterhalt** unterschieden. Trennungsunterhalt kann nur beansprucht werden ab dem Zeitpunkt der Trennung der Parteien bis zur Rechtskraft des gerichtlichen Scheidungsausspruchs. Scheidungsunterhalt (Geschiedenenunterhalt) ist dagegen ab Rechtskraft der Scheidung zu zahlen. Beide Ansprüche sind mithin nicht identisch, da ihnen unterschiedliche Anspruchsgrundlagen zugrunde liegen (vgl. dazu auch die Kommentierung zu § 1569 BGB Rn. 93).[732]   717

In der Praxis sind die **verfahrensrechtlichen Auswirkungen** zu beachten.   718

Ein im Hauptsacheverfahren über Trennungsunterhalt erlangter **Unterhaltstitel endet** mit dem Tag der **Rechtskraft** der Scheidung automatisch.[733] Wird dennoch hinsichtlich laufenden Unterhaltes weiter vollstreckt, ist **Vollstreckungsgegenantrag** nach § 767 ZPO i.V.m. § 113 FamFG zulässig und begründet (vgl. die Kommentierung zu § 1569 BGB Rn. 93).   719

Für den Zeitraum ab Rechtskraft der Scheidung wird folglich ein neuer **Titel** benötigt.   720

Eine Mahnung hinsichtlich des **Geschiedenenunterhalts** ist erst nach Eintritt der Rechtskraft der Scheidung möglich, denn erst von diesem Zeitpunkt an wird dieser Anspruch fällig. Eine vor Fälligkeit ausgesprochene Mahnung bleibt folglich wirkungslos. Wegen der unterschiedlichen Anspruchsgrundlagen wirkt auch die für den Trennungsunterhalt erklärte **Mahnung** nicht automatisch auf den nachehelichen Unterhalt fort (vgl. dazu auch die Kommentierung zu § 1569 BGB Rn. 120).[734] In Ausnahmefällen kann die Berufung hierauf **treuwidrig** sein.   721

Eine Ausnahme gilt nur dann, wenn aus der vorherigen Korrespondenz eindeutig erkennbar ist, dass die Ablehnung jeglicher Zahlung durch den Verpflichteten endgültig ist. Dazu reichen Einwände gegen die Berechtigung des Anspruchs nicht aus.[735]   722

Ungeachtet der Zeitschranke des § 1605 Abs. 2 BGB besteht ein **Auskunftsanspruch** zur Geltendmachung des nachehelichen Unterhaltes auch dann, wenn zum Trennungsunterhalt Auskunft erteilt wurde[736] (vgl. die Kommentierung zu § 1605 BGB Rn. 121).   723

II. Auswirkungen einer Versöhnung der Eheleute

Der ursprüngliche Anspruch auf Trennungsunterhalt wird durch den Anspruch auf Familienunterhalt abgelöst, wenn die Beteiligten nach einer Trennung zwischenzeitlich **wieder zusammenleben**.   724

Die unterschiedliche rechtliche Qualität dieser Ansprüche lässt den titulierten **Anspruch auf Trennungsunterhalt**[737] bei **erfolgreicher Versöhnung** (Wiederherstellung der ehelichen Lebensgemeinschaft) **erlöschen**.   725

Eine erfolgreiche Versöhnung wird durch die **Rücknahme des Scheidungsantrags dokumentiert**; dies führt auch zu neuem Lauf der Trennungsfristen.[738]   726

---

[730] BGH v. 16.12.2009 - XII ZR 50/08 - FamRZ 2010, 357, 359.

[731] *Borth*, FamRZ 2012, 252, 254.

[732] BGH v. 24.09.1980 - IVb ZR 545/80 - BGHZ 78, 130-137.

[733] BGH v. 13.01.1988 - IVb ZR 7/87 - BGHZ 103, 62-71.

[734] BGH v. 13.01.1988 - IVb ZR 7/87 - BGHZ 103, 62-71; BGH v. 29.04.1992 - XII ZR 105/91 - LM BGB § 1585b Nr. 4 (1/1993); OLG Hamm v. 12.04.2000 - 12 UF 149/99 - NJW-RR 2001, 433-434; ausführlich zu Problemen bei Verzug im Unterhaltsrecht *Viefhues*, ZFE 2004, 145-148.

[735] OLG Brandenburg v. 30.06.2009 - 10 UF 175/08 - ZFE 2010, 190-191.

[736] OLG Köln v. 28.06.2002 - 25 WF 159/02 - FPR 2003, 129.

[737] OLG Hamm v. 10.03.1998 - 10 WF 280/97- FamRZ 1999, 30; *Bömelburg* in: Wendl/Dose, Unterhaltsrecht, 8. Aufl., § 4 Rn. 83.

[738] OLG Bremen v. 02.05.2012 - 4 WF 40/12 - FuR 2012, 612 = FamFR 2012, 332 = FamRZ 2013, 301.

§ 1361

727 Der früher titulierte Anspruch lebt auch durch eine **erneute Trennung** nicht wieder auf.[739] Vielmehr muss er neu bemessen und tituliert werden. Dies gilt jedenfalls dann, wenn die Beteiligten für einen Zeitraum von wenigstens 6 Monaten zusammengelebt haben. Für die Annahme einer lediglich vorübergehenden Versöhnung ist dann kein Raum.[740]

728 Wird eine **Trennungsvereinbarung** formuliert, so sollte die **Möglichkeit eines Scheiterns des Versöhnungsversuches** bedacht werden[741] und etwa durch folgende **Formulierung** Vorsorge getroffen werden: „Sofern die Beteiligten eine Versöhnung unternehmen und die Trennung unterbrechen, soll der titulierte Betrag auch für einen nach diesem vorübergehenden Zusammenleben neu entstehenden Trennungsunterhaltsanspruch gelten."[742]

729 Ein (erfolglos gebliebener) **Versöhnungsversuch** ist dagegen unschädlich. Ein solcher Versöhnungsversuch gem. § 1567 Abs. 2 BGB ist bis zu einer Obergrenze von 3 Monaten denkbar. Nach Ablauf von 3 Monaten beginnt die Trennungszeit erneut.[743]

III. Aufrechnungsverbot

730 Das **Aufrechnungsverbot** des § 394 BGB i.V.m. § 850b Abs. 1 Nr. 2 ZPO gilt auch zugunsten von Trägern öffentlicher Sozialleistungen, soweit diese Leistungen der Sozialhilfe oder Leistungen zur Sicherung des Lebensunterhalts im Rahmen der Grundsicherung für Arbeitsuchende erbracht haben und der Unterhaltsanspruch des Hilfempfängers nach § 33 SGB II auf sie übergegangen ist.[744]

IV. Zahlungsverfahren

731 Im Zahlungsverfahren muss ein beziffterter Antrag gestellt werden. Rückständiger Unterhalt muss hinsichtlich der Zeiträume genau aufgeschlüsselt werden (vgl. das Muster zu § 1361).

732 Der Zahlungsantrag kann im Hauptsacheverfahren gerichtlich geltend gemacht werden, aber auch im Verfahren der einstweiligen Anordnung nach § 246 FamFG.

V. Abänderungsverfahren

733 **Gerichtliche Titel** (Urteile aus der Zeit vor Einführung des FamFG, Beschlüsse aus Hauptsacheverfahren) können im Wege des **Abänderungsverfahrens nach § 239 FamFG** geändert werden, wenn seit der damaligen Entscheidung Rechtsänderungen oder wesentliche Änderungen von Tatsachen eingetreten sind, die maßgeblich für die damalige Unterhaltsfestsetzung waren. Die Änderung ist nur für die Zukunft ab Zustellung des Abänderungsantrages zulässig, es sei denn, die Voraussetzungen des § 238 Abs. 3 Sätze 2, 3 FamFG liegen vor. Eine Abänderung muss unter Berücksichtigung der Umstände erfolgen, die Grundlage der vorangegangenen Entscheidung waren („entsprechende" Abänderung).

734 Für **außergerichtliche Titel** (notariell beurkundete Unterhaltsvereinbarungen oder einseitige Unterhaltsverpflichtungen, Eheverträge, Scheidungsfolgenregelungen, Jugendamtsurkunden, auch gerichtlich protokollierte Vergleiche) gilt **§ 239 FamFG**. Eine Abänderung ist möglich bei einer Änderung der dem Titel zugrunde liegenden Geschäftsgrundlage (§ 313 BGB), soweit nicht die Abänderbarkeit ausgeschlossen worden ist.[745]

735 **Altersvorsorgeunterhalt** kann dann erstmals in einem **Abänderungsverfahren** geltend gemacht werden, wenn die Unterhaltsberechtigte eine wesentliche Änderung der einer früheren Entscheidung zugrunde liegenden tatsächlichen oder rechtlichen Verhältnisse vorträgt. Die Geltendmachung des Vorsorgeunterhalts allein begründet keine derart veränderten Umstände. Nur dann, wenn die Voraussetzungen für einen zulässigen Abänderungsantrag gegeben sind, kann auch Altersvorsorgeunterhalt (erstmals) geltend gemacht werden.[746]

---

[739] OLG Düsseldorf v. 24.01.1992 - 6 UF 140/91 - NJW 1992, 2166-2167; OLG Hamm v. 10.03.1998 - 10 WF 280/97 - FamRZ 1999, 30-31.

[740] OLG Hamm v. 24.01.2011 - II-2 WF 277/10.

[741] vgl. OLG Hamm v. 24.01.2011 - 2 WF 277/10 - NJW-RR 2011, 1015-1016; *Milzer*, FamFR 2011, 202.

[742] Nach *Milzer*, FamFR 2011, 202.

[743] OLG Saarbrücken v. 14.09.2009 - 6 WF 98/09.

[744] BGH v. 08.05.2013 - XII ZB 192/11 - FamRZ 2013, 1202 = NJW 2013, 2592 mit Anm. *Schürmann*, FamRZ 2013, 1205.

[745] Dazu BGH v. 26.05.2010 - XII ZR 143/08 - NJW 2010, 2349 m. Anm. *Born*.

[746] KG Berlin v. 19.07.2013 - 13 UF 56/13 - FuR 2014, 50-51 unter Hinweis auf BGH v. 03.04.1985 - IVb ZR 19/84 - juris Rn. 8 - FamRZ 1985, 690.

Eine **einstweilige Anordnung** kann nicht gem. § 238 FamFG abgeändert werden.[747]   736

VI. Darlegungs- und Beweislast

Die Unterhaltsberechtigte trägt die Darlegungs- und Beweislast für den **Bedarf nach den ehelichen Lebensverhältnissen**. Dabei muss sie zur Begründung ihres Bedarfes nach den ehelichen Lebensverhältnissen nicht nur die Einkommens- und Vermögensverhältnisse des Unterhaltspflichtigen darlegen und ggf. beweisen, sondern ebenso auch ihr eigenes Einkommen, und zwar jeweils einschließlich der Einkünfte aus dem Vermögen.[748]   737

VII. Verfahrenswert eines Zahlungsantrages

Der **Wert des Trennungsunterhaltsantrags** richtet sich nach den allgemeinen Regeln (§ 51 FamGKG i.V.m. den §§ 34, 38 FamGKG) und ist mit dem **12-fachen Betrag** des nach Einreichung des Antrags geforderten **laufenden Unterhaltes** anzusetzen. Gem. § 51 Abs. 2 FamGKG werden die bei Einreichung des Antrags fälligen Beträge – also die geltend gemachten **Unterhaltsrückstände** – dem Wert hinzugerechnet.   738

Die nach weniger als zwölf Monaten nach Antragstellung eingetretene Rechtskraft der Scheidung führt grundsätzlich nicht zu einer Begrenzung des Verfahrenswertes des Trennungsunterhaltsantrags.[749] Denn der Wert bemisst sich nach dem Interesse der antragstellenden Partei **zur Zeit der Einleitung des Verfahrens**, so dass spätere Änderungen keine Auswirkungen auf den Wert haben.   739

Bei einer **einstweiligen Anordnung** ist der Wert gem. § 41 FamGKG zu ermäßigen (i.d.R. auf den **hälftigen Wert**),[750] jedoch ist auch eine Herabsetzung unter den hälftigen Hauptsachewert möglich.[751]   740

Auch wenn ein Anordnungsverfahren im Einzelfall auf Zahlung des vollen Unterhalts gerichtet ist, ändert allein dieser Umstand wegen der fehlenden Gleichwertigkeit mit einem Hauptsacheverfahren an der geringeren Bedeutung i.S.d. § 41 FamGKG nichts.[752]   741

Vertreten wird, der Verfahrenswert für eine einstweilige Anordnung könne im Ausnahmefall den **Hauptsachewert** erreichen, wenn im einstweiligen Anordnungsverfahren mit einem Vergleich der Streit der Beteiligten umfassend geregelt und beigelegt wird.[753]   742

Dieser Ansicht kann jedoch nicht gefolgt werden. Denn für die Bemessung des Gegenstandswertes sind **die Verhältnisse zu Beginn des Verfahrens maßgeblich**. Ob das einstweilige Anordnungsverfahren das Hauptsacheverfahren vorwegnimmt oder ersetzt, kann zu diesem Zeitpunkt in der Regel nicht prognostiziert werden.[754]   743

---

[747] *Rossmann* in: Horndasch/Viefhues, FamFG, 2010, § 238 Rn. 17; *Fest* in: Haußleiter, FamFG, 2011, § 238 Rn. 6; *Viefhues* in: HK-FamFG, 2011, § 238 Rn. 24; OLG Jena v. 29.07.2011 - 1 WF 157/11 - FF 2011, 462 m. Anm. *Viefhues*.
[748] OLG Schleswig v. 21.12.2012 - 10 UF 81/12 - FamRZ 2013, 1132.
[749] OLG Schleswig v. 27.02.2012 - 15 WF 78/12 - FamRZ 2013, 240.
[750] OLG Köln v. 19.11.2010 - II-4 WF 228/10, 4 WF 228/10 - FamRZ 2011, 758; OLG München v. 04.05.2011 - 33 WF 765/11; OLG Stuttgart v. 17.11.2010 - 11 WF 133/10 - FamRZ 2011, 757.
[751] OLG Saarbrücken v. 20.01.2010 - 9 WF 3/10 - FPR 2010, 364.
[752] OLG Celle v. 05.12.2011 - 10 WF 342/11 - NJW 2012, 789 = FamRZ 2012, 737; OLG Stuttgart v. 17.11.2010 - 11 WF 133/10 - FamRZ 2011, 757; entgegen OLG Düsseldorf v. 23.02.2010 - II-3 WF 15/10 - NJW 2010, 1385.
[753] OLG Düsseldorf v. 11.06.2010 - II-7 WF 51/10 - FuR 2010, 526; OLG Bamberg v. 13.05.2011 - 2 WF 102/11 - FamRB 2011, 343 bei einem Verfahrenskostenvorschuss; vgl. auch OLG Düsseldorf v. 23.02.2010 - 3 WF 15/10 - FPR 2010, 363; OLG Brandenburg v. 18.03.2010 - 9 WF 58/10 - FPR 2010, 363.
[754] OLG Bamberg v. 07.11.2011 - 2 WF 300/11 - FamRZ 2012, 739; ebenso OLG Saarbrücken v. 29.11.2011 - 9 WF 127/11.

Muster zu § 1361 jurisPK-BGB / Viefhues

G. Arbeitshilfen/Mustertexte

744 Als Beispiel für einen Antrag auf Zahlung von Trennungsunterhalt vgl. das Muster zu § 1361.

An das
Familiengericht
...

Antrag auf Zahlung von Trennungsunterhalt

der ...
– Antragstellerin –

Verfahrensbevollmächtigte(r): Rechtsanwältin/Rechtsanwalt ...

gegen

den ...
– Antragsgegner–

Verfahrensbevollmächtigte(r): Rechtsanwältin/Rechtsanwalt ...

in Vollmacht der Antragstellerin beantrage ich:

der Antragstellerin Verfahrenskostenhilfe unter meiner Beiordnung für den nachfolgenden Antrag zu bewilligen.

Nach Bewilligung der Verfahrenskostenhilfe werde ich beantragen,

I. dem Antragsgegner aufzugeben, an die Antragstellerin einen monatlichen Trennungsunterhalt von _____ €, beginnend ab _____ zu zahlen.

Der rückständige Unterhalt ist sofort fällig, der laufende Unterhalt monatlich im Voraus bis zum 5. des Monats.

II. Die sofortige Wirksamkeit der Verpflichtung zur Zahlung von Unterhalt wird angeordnet.

III. Falls das Gericht das schriftliche Vorverfahren anordnet, wird bereits jetzt beantragt, ohne mündliche Verhandlung durch Versäumnisbeschluss zu entscheiden.

Begründung:

I. Die Beteiligten sind seit dem _____ getrennt lebende Eheleute.

Sie haben am _____ geheiratet. Aus der Ehe sind die folgenden, von der Antragstellerin betreuten Kinder hervorgegangen [*Namen und Geburtsdaten einfügen*]

Ein Scheidungsverfahren ist
 – noch nicht anhängig.
 – beim erkennenden Gericht unter dem Aktenzeichen _____ anhängig.

Der Antragsgegner ist durch Schreiben vom _____ aufgefordert worden, Trennungsunterhalt zu zahlen. Eine Zahlung erfolgte bislang nicht, so dass ein gerichtliches Zahlungsverfahren erforderlich geworden ist.

Der Antragstellerin steht der geltend gemachte Trennungsunterhaltsanspruch gem. § 1361 BGB zu. Sie war während der Ehe

- nicht erwerbstätig.

- nur in geringerem Umfang erwerbstätig und ist derzeit nicht verpflichtet, ihre Erwerbstätigkeit auszudehnen. Sie erzielt aus ihrer Tätigkeit ein bereinigtes Nettoeinkommen von _____ € monatlich.

[erforderlich sind weitere konkrete Ausführungen zum Sachverhalt, insbesondere zum Umfang der Erwerbstätigkeit und zum Einkommen der Antragstellerin)

V. Der Antragsgegner ist in der Lage, den geforderten Unterhalt zu zahlen, denn er verfügt über ein durchschnittliches monatliches Nettoeinkommen von _____ €.

Beweis: anliegende Ablichtung der Gehaltsbescheinigungen für die letzten zwölf Monate im Falle des Bestreitens Vorlage der Originale

Dieses Einkommen ist zunächst um die berufsbedingten Aufwendungen des Antragsgegners i.H.v. ... € zu bereinigen.

Weiter sind Schuldverpflichtungen in Höhe von _____ € mtl. zu berücksichtigen, die der Antragsgegner regelmäßig bedient.

Beweis: anliegende Ablichtung der Darlehensunterlagen im Falle des Bestreitens Vorlage der Originale

Der Antragsgegner zahlt folgenden Kindesunterhalt:

für das eheliche Kind _____ einen monatlichen Unterhalt i.H.v. _____ €,

für das eheliche Kind _____ einen monatlichen Unterhalt i.H.v. _____ €,

Die Antragstellerin bezieht das Kindergeld.

Es verbleibt dem Antragsgegner danach ein bereinigtes anrechenbares Nettoeinkommen von _____ € im Monat. Hiervon stehen der Antragstellerin _____ € zu.

Der Antragsgegner ist mit Schreiben vom _____ unter Fristsetzung zum _____ zur Zahlung aufgefordert worden.

Beweis: Aufforderungsschreibens vom _____ in Kopie nebst Postrückschein

Er ist der Zahlungsaufforderung nicht nachgekommen. Daher befindet er sich mit der Zahlung des geforderten Unterhaltsbetrags in Verzug, so dass auch der Zahlungsantrag hinsichtlich der Rückstände begründet ist.

Die Anordnung der sofortigen Wirksamkeit der Entscheidung ergibt sich aus § 116 Abs. 3 FamFG.

Muster zu § 1361

Der **Verfahrenskostenhilfeantrag** hat die nach § 76 FamFG i.V.m. § 114 ZPO erforderliche Erfolgsaussicht und ist nicht mutwillig. Der vollständig ausgefüllte Vordruck zu den persönlichen und wirtschaftlichen Verhältnissen ist mit den erforderlichen Belegen beigefügt.

Falls kein VKH-Antrag gestellt wird:

Der vorläufige Verfahrenswert wird mit _____ € angegeben. Auf der Grundlage dieses vorläufigen Verfahrenswerts wird ein Gerichtskostenvorschuss von _____ € eingezahlt.

Für den Fall der Anordnung des schriftlichen Vorverfahrens nach §§ 112, 113 FamFG i.V.m. § 276 ZPO wird **beantragt,** bei nicht rechtzeitiger Anzeige der Verteidigungsabsicht die Ansprüche durch Versäumnisbeschluss gem. §§ 112, 113 FamFG i.V.m. § 331 Abs. 3 ZPO zuzuerkennen.

Rechtsanwältin/Rechtsanwalt

Kostenrechtliche Hinweise zu
§ 1361 BGB Unterhalt bei Getrenntleben

(Fassung vom 21.12.2007, gültig ab 01.01.2008)

(1) ¹Leben die Ehegatten getrennt, so kann ein Ehegatte von dem anderen den nach den Lebensverhältnissen und den Erwerbs- und Vermögensverhältnissen der Ehegatten angemessenen Unterhalt verlangen; für Aufwendungen infolge eines Körper- oder Gesundheitsschadens gilt § 1610a. ²Ist zwischen den getrennt lebenden Ehegatten ein Scheidungsverfahren rechtshängig, so gehören zum Unterhalt vom Eintritt der Rechtshängigkeit an auch die Kosten einer angemessenen Versicherung für den Fall des Alters sowie der verminderte Erwerbsfähigkeit.

(2) Der nicht erwerbstätige Ehegatte kann nur dann darauf verwiesen werden, seinen Unterhalt durch eine Erwerbstätigkeit selbst zu verdienen, wenn dies von ihm nach seinen persönlichen Verhältnissen, insbesondere wegen einer früheren Erwerbstätigkeit unter Berücksichtigung der Dauer der Ehe, und nach den wirtschaftlichen Verhältnissen beider Ehegatten erwartet werden kann.

(3) Die Vorschrift des § 1579 Nr. 2 bis 8 über die Beschränkung oder Versagung des Unterhalts wegen grober Unbilligkeit ist entsprechend anzuwenden.

(4) ¹Der laufende Unterhalt ist durch Zahlung einer Geldrente zu gewähren. ²Die Rente ist monatlich im Voraus zu zahlen. ³Der Verpflichtete schuldet den vollen Monatsbetrag auch dann, wenn der Berechtigte im Laufe des Monats stirbt. ⁴§ 1360a Abs. 3, 4 und die §§ 1360b, 1605 sind entsprechend anzuwenden.

Gliederung

A. Grundlagen 1
B. Besonderheiten 7
I. Gegenstandswert 7
1. Altes Recht bis 01.09.2009 7
2. Neues Recht ab 01.09.2009 8
a. Vertraglicher Unterhalt 9
b. Berechnungsbeginn 10
c. Berechnungsbeginn bei Verfahrenskostenhilfe 12
d. Rückstände 15
e. Rückstände bei außergerichtlicher Geltendmachung 17
f. Antragserweiterung 20
g. Trennungsunterhalt für weniger als ein Jahr 22
h. Einstweilige Anordnung 26
i. Auskunftsanspruch, Stufenantrag 32
j. Wert für Beschwerde gegen Auskunftsanspruch 33
II. Gebühren 34
1. Geschäftsgebühr Nr. 2300 VV RVG 35
2. Beratungshilfegebühren Nr. 2501 und Nr. 2503 VV RVG 37
3. Erledigung von Hauptsache und einstweiliger Anordnung in einem Termin 40
C. Arbeitshilfen 42
I. Beispiele/Muster 42
1. Beispiel: Außergerichtliche Geltendmachung und Einigung bzgl. Trennungsunterhalt 42
2. Beispiel: Unterschiedliche monatliche Unterhaltsbeträge werden gerichtlich verlangt 43
3. Beispiel: Trennungsunterhalt bei rechtskräftiger Scheidung 44
4. Beispiel: Antragserweiterung bei Trennungsunterhalt 46
5. Beispiel: Gleichzeitige Erledigung von Trennungsunterhalt Hauptsache und einstweilige Anordnung 47
II. Berechnungsprogramme 50
1. Prozesskostenrechner 50
2. RVG-Rechner: 1. Instanz mit Anrechnung der Geschäftsgebühr 51

A. Grundlagen

In nahezu jeder Scheidungsangelegenheit ist der Trennungsunterhalt Gegenstand der vorgerichtlichen Besprechungen. Entsprechend häufig kommt es auch zu derartigen Verfahren. Regelmäßig wird der Rechtsanwalt zunächst versuchen bzgl. des Trennungsunterhalts eine außergerichtliche Einigung herbeizuführen. Die hierfür entstehende Geschäftsgebühr ist auf die Gebühr für ein später ggf. folgendes Gerichtsverfahren wegen des Trennungsunterhalts anzurechnen.

Kostenrechtl. Hinw. zu § 1361

2 Bei den Unterhaltsansprüchen des Ehegatten ist streng zu unterscheiden zwischen den hier besprochenen Getrenntlebensunterhaltsansprüchen („**Trennungsunterhalt**") und dem nachehelichen Unterhalt („**Ehegattenunterhalt**").

3 Der Getrenntlebensunterhalt kann nicht Gegenstand des Verbundes sein, da er lediglich eine Regelung des Unterhalts bis zur Scheidung zum Ziel hat. Er ist damit immer eine isolierte Angelegenheit oder auch Gegenstand einer einstweiligen Anordnung nach den §§ 49, 246 FamFG. Es handelt sich um eine sogenannte Familienstreitsache gem. §§ 112, 231 Abs. 1 FamFG. Demnach gelten teilweise die Vorschriften der ZPO.

4 Tritt das Verfahren „Getrenntlebensunterhalt" parallel zu dem Verfahren „nachehelicher Unterhalt" auf, so handelt es sich hierbei um unterschiedliche Gegenstände. Der nacheheliche Unterhalt wird in der Regel Gegenstand des Verbunds sein. Der Getrenntlebensunterhalt kann nicht Gegenstand des Verbunds sein und bildet damit neben dem Verbund stets eine eigene Angelegenheit.

5 Werden Ehegattenunterhalt und Trennungsunterhalt ausnahmsweise in demselben isolierten Verfahren gemeinsam geltend gemacht, so bleiben es verschiedene Gegenstände, die zu addieren sind – § 33 FamGKG.

6 Für die Lebenspartnerschaften gelten diese Ausführungen entsprechend gem. §§ 111 Nr. 11, 269 Nr. 8 und 9 FamFG.

B. Besonderheiten

I. Gegenstandswert

1. Altes Recht bis 01.09.2009

7 Der Streitwert richtet sich nach § 42 Abs. 1 GKG. Maßgebend ist demnach der für die ersten zwölf Monate nach Klageeinreichung geforderte Betrag, höchstens jedoch der Gesamtbetrag der geforderten Leistung.

2. Neues Recht ab 01.09.2009

8 Maßgebend ist nunmehr § 51 FamGKG. Prinzipielle Veränderungen haben sich bei der Wertberechnung nicht ergeben. Weiterhin ist der Jahresbetrag der wiederkehrenden Leistungen maßgebend. Eine unterschiedliche Bewertung von Getrenntlebens- und Unterhalt nach der Scheidung sieht das Gesetz bzgl. des Wertes nicht vor.

a. Vertraglicher Unterhalt

9 Nach altem Recht galt die Wertberechnung gem. § 42 GKG nur für gesetzlichen Unterhalt. § 51 FamGKG dahingegen gilt für Unterhaltssachen, die Familienstreitsachen sind. Familienstreitsachen sind über die §§ 112 Nr. 3, 266 Abs. 1 Nr. 2 FamFG auch Verfahren, die „aus der Ehe herrührende Ansprüche betreffen". Der vertragliche Unterhalt ist ein solcher Anspruch. Für eine unterschiedliche Behandlung von gesetzlichem und vertraglichem Unterhalt hat der Gesetzgeber keinen Anlass mehr gesehen.[1]

b. Berechnungsbeginn

aa. Wiederkehrende Leistungen

10 Als Berechnungsbeginn für den Jahresbetrag legt das Gesetz den auf den Klageantrag folgenden Monat fest. Es ist damit konkret die Summe der Beträge des kommenden Monats und der darauffolgenden elf Monate maßgebend.
Beispiel wiederkehrende Leistungen:
Am 15.01. geht ein Unterhaltsantrag ein bzgl. Trennungsunterhalt ab dem 01.01. in Höhe von 300 € und ab dem 01.04. in Höhe von 500 €.
Lösung:
Der erste „Zählmonat" ist der Februar. Daraus ergibt sich folgender Wert:

---

[1] BT-Drs. 16/308, S. 697.

	2 x 300 € (Februar-März)	600 €
+	10 x 500 € (April-Januar)	5.000 €
+	1 x 300 € (Rückstand: Januar – bei Klageeinreichung fälliger Betrag)	300 €
=	Gesamtwert	5.900 €

bb. Fälliger Unterhalt/künftige Unterhaltsleistung

Der Unterhalt kann nicht nur als wiederkehrende Leistung, sondern auch als **fällige Leistung** und als **zukünftige Leistung** verlangt werden. In diesen beiden Fällen richtet sich der Wert nicht nach § 51 FamGKG, sondern nach den allgemeinen Vorschriften. Bei einer bezifferten Geldforderung nach den §§ 35, 33 FamGKG und bei einer unbezifferten Forderung aus § 42 FamGKG.

Beispiel für fällige, bezifferte Unterhaltsleistung:
Die Ehegattin verlangt Unterhalt in Höhe von 300 € monatlich für die letzten 10 Monate => Wert nach §§ 35, 33 FamGKG: 10 x 300 = 3.000 €.

Beispiel für eine künftige, nicht fällige Unterhaltsleistung:
Das Kind soll im Juli an einer Jugendgruppenfahrt teilnehmen. Der Vater weigert sich bereits im Januar, sich zu beteiligen. Das Kind erhebt Klage auf Zahlung des anteiligen Unterhaltssonderbedarfs mit 250 € => Wert nach §§ 35, 33 FamGKG: 250 €.

c. Berechnungsbeginn bei Verfahrenskostenhilfe

Ausnahmsweise wird der Zeitpunkt für den Berechnungsbeginn vorverlegt nach § 51 Abs. 2 Satz 2 FamGKG, wenn zunächst ein entsprechender Verfahrenskostenhilfeantrag gestellt wurde und alsbald nach Mitteilung über die Verfahrenskostenhilfeentscheidung (oder über eine alsbald eingelegte Beschwerde) ein Unterhaltsverfahrensantrag selbst gestellt wird.

„Alsbald" verlangt einen engen zeitlichen Zusammenhang zwischen Mitteilung und Antragseingang. Maßstab ist hier eine schuldhafte Verzögerung im Sinne des § 167 ZPO.

Wird der Antrag nicht alsbald gestellt, kommt eine Vorverlegung nicht in Betracht. Wird der Verfahrenskostenhilfeantrag nur bzgl. eines Teils des späteren Hauptsacheverfahrens gestellt, so gelten für die Teile unterschiedliche Zeitpunkte für den Berechnungsbeginn.

d. Rückstände

Anders als beim Ehegattenunterhalt, wo bis zur Rechtskraft der Scheidung keine Rückstände denkbar sind, sind beim Trennungsunterhalt die bei Antragstellung fälligen Beträge dem Gegenstandswert hinzuzurechnen – § 51 Abs. 2 FamGKG. Auch hier kann der Zeitpunkt im Falle eines **Verfahrenskostenhilfeantrags** vorverlegt werden.

Der entscheidende Fälligkeitszeitpunkt ist nach § 1361 Abs. 4 BGB regelmäßig der Monatserste und zwar **monatlich im Voraus**. Damit ist in nahezu jedem Getrenntlebensunterhaltsverfahren der Monat der Antragstellung bereits fällig und dem Wert hinzuzuaddieren.[2]

e. Rückstände bei außergerichtlicher Geltendmachung

Im gerichtlichen Verfahren ist der Zeitpunkt für die Ermittlung der fälligen Beträge zur Festlegung der **rückständigen Unterhaltszahlungen** klar. Dieser Zeitpunkt ist nach § 51 Abs. 2 FamGKG der Zeitpunkt der Klageeinreichung. Diesen Zeitpunkt gibt es im außergerichtlichen Verfahren nicht. Vielfach wird daher in analoger Anwendung des § 51 FamGKG angenommen, dass der Zeitpunkt der Auftragserteilung (oder des Anschreibens an den Gegner) dem Zeitpunkt der Klageeinreichung gleichzusetzen ist. Diese Vorgehensweise ist nicht zutreffend. Die Regelung in § 51 Abs. 2 FamGKG ist eine Spezialregelung für das gerichtliche Verfahren. Für das außergerichtliche Verfahren soll damit keine Besonderheit gelten.

Richtig ist vielmehr, dass die Fälligkeit der Unterhaltsbeträge nicht beschränkt wird. In einer laufenden Angelegenheit tritt monatlich eine weitere Forderung hinzu, wie dies beispielsweise auch bei Mietsachen der Fall ist. Das heißt, dass für die Wertberechnung die zum Zeitpunkt der Beendigung der außergerichtlichen Angelegenheit fälligen Beträge als Rückstände zu behandeln sind. Der Wert bestimmt sich daher nach den §§ 33, 35 FamGKG (vgl. das Beispiel in Rn. 42)[3]

---

[2] *Schneider* in: Schneider/Wolf/Volpert, HK-FamGKG, 2. Aufl. 2014, § 51 Rn. 30.
[3] OLG Nürnberg v. 08.01.2002 - 3 U 3129/01 - AGS 2002, 232; *Schneider*, ZFE 2005, 156, 161; *Schneider* in: Schneider/Wolf/Volpert, HK-FamGKG, 2. Aufl. 2014, § 51 Rn. 99.

19 Handelt es sich lediglich um eine **Beratung zum Trennungsunterhalt**, so ist der entsprechende Zeitpunkt derjenige der Durchführung der Beratung.

f. Antragserweiterung

20 Streitig ist, wie im Falle einer Klageerweiterung bei Trennungsunterhalt die Rückstände zu berechnen sind. Richtig ist es, auch die Erhöhungsbeträge, die zwischen dem Eingang der „Basisklage" und der Klageerweiterung fällig geworden sind, als streitwerterhöhende Rückstände zu berücksichtigen (vgl. das Beispiel in Rn. 46).[4]

21 Die Gegenansicht stellt allein auf den Zeitpunkt des ersten Antragseingangs ab und berücksichtigt ab hier keinerlei Rückstände mehr.

g. Trennungsunterhalt für weniger als ein Jahr

22 Die Einschränkung, dass **höchstens der geforderte Gesamtbetrag** gelten soll, ist gerade beim Trennungsunterhalt problematisch, da der Anspruch längstens bis zum Zeitpunkt der Rechtskraft der Scheidung besteht und damit häufig vor Ablauf eines Jahres enden wird. Häufig wird die Verfahrensdauer bis zur Rechtskraft geschätzt und der Wert ggf. entsprechend reduziert. Allerdings muss das Verfahrensende bei Klageeinreichung bereits endgültig abzusehen sein.[5]

23 Anders und auch zutreffend wird dies von *Schneider* beurteilt. Danach ist bei Einreichung des Antrags – und dies ist nach § 34 FamGKG der maßgebliche Zeitpunkt – ungewiss, wann und ob die Rechtskraft der Scheidung eintreten wird. Der Wert ist damit nicht zu reduzieren.[6]

24 Dies gilt grundsätzlich auch dann, wenn die Ehescheidung anschließend vor Ablauf des Jahres rechtskräftig wird.[7]

25 Diese Frage ist jedoch anders zu beurteilen, wenn eine Einigung über den Trennungsunterhalt am Tag des Eintritts der Rechtskraft der Scheidung getroffen wird und der Trennungsunterhalt bisher nicht anhängig war. Der Wert für die laufenden Unterhaltsbeträge ist damit 0 €. Maßgebend für die Wertberechnung können dann nur noch die Rückstände gem. §§ 33, 35 FamGKG sein (vgl. das Beispiel in Rn. 44).

h. Einstweilige Anordnung

26 **Unterhaltszahlung**: Die Wertbestimmung in § 51 FamGKG gilt über § 41 FamGKG auch für die einstweiligen Anordnungen nach § 246 FamGKG mit der Einschränkung, dass in der Regel lediglich der halbe Wert zu berücksichtigen ist. Es ist danach der Wert nach § 51 FamGKG zu ermitteln und zu halbieren.

27 Der Streitwert kann aber bis zur Höhe des für die Hauptsache bestimmten Wertes angehoben werden, wenn die einstweilige Anordnung die Hauptsache vorwegnimmt oder ersetzt. Zielen die durch einstweilige Anordnung zu regelnden Unterhaltssachen auf Leistung des vollen Unterhalts, d.h. nehmen sie damit die Hauptsache vorweg, fehlt eine Rechtfertigung, wegen „geringerer Bedeutung gegenüber der Hauptsache" den Verfahrenswert herabzusetzen.[8]

28 **Verfahrenskostenvorschuss**: Für die einstweilige Anordnung auf Zahlung eines Verfahrenskostenvorschusses in Unterhaltssachen nach § 246 Abs. 1 Alt. 2 FamGKG bestimmt sich der Wert nicht nach § 51 FamGKG. Hier ist vielmehr über die §§ 41, 35 FamGKG der bezifferte Verfahrensantrag maßgeblich. Dieser setzt sich aus den zu erwartenden Anwalts- und den Gerichtskosten zusammen. Von diesem ist nach § 41 FamGKG regelmäßig die Hälfte anzusetzen.

29 Eine Halbierung nach § 41 FamGKG kommt nicht in Betracht, weil die vom Antragsteller erstrebte Zahlung des Verfahrenskostenvorschusses im Falle des Erfolgs des von ihm betriebenen Verfahrens ein Hauptsacheverfahren obsolet macht.[9] Zu einer häufig angebrachten Erhöhung des Wertes vgl. Rn. 30.

---

[4] OLG Köln v. 22.07.2003 - 4 WF 59/03 - FamRZ 2004, 1226; *Schneider* in: Schneider/Wolf/Volpert, HK-FamGKG, 2. Aufl. 2014, § 51 Rn. 72 ff.; a.A. OLG Nürnberg, v. 18.04.2007 - 10 WF 390/07 - FamRB 2008, 106.

[5] OLG Köln v. 26.06.1992 - 26 WF 88/92 - JurBüro 1993, 164-165; OLG Bamberg v. 02.03.1988 - 2 WF 60/88 - JurBüro 1988, 1077-1078.

[6] *Schneider* in Schneider/Wolf/Volpert, HK-FamGKG, 2. Aufl. 2014, § 51 Rn. 167.

[7] OLG Schleswig v. 27.02.2012 - 15 WF 78/12; OLG Frankfurt v. 09.11.2006 - 6 WF 175/06 - FamRZ 2007, 749.

[8] OLG Düsseldorf v. 23.02.2010 - II-3 WF 15/10 - NJW 2010, 1385; RVGreport 2010, 158; a.A. OLG Stuttgart v. 17.11.2010 - 11 WF 133/10; OLG Köln v. 19.11.2010 - 4 WF 228/10.

[9] OLG Bamberg v. 13.05.2011 - 2 WF 102/11 - RVGreport 2011, 271.

Erhöhung des Wertes: Durch eine einstweilige Anordnung nach § 246 FamFG wird entweder eine Unterhaltszahlung selbst geregelt oder die Zahlung eines **Verfahrenskostenvorschusses**. Ergebnis ist in beiden Fällen ein Leistungsanspruch. Damit trifft gerade in Unterhaltssachen regelmäßig die Sonderregelung zu, dass die einstweilige Anordnung bereits die Regelung der Hauptsache vorwegnimmt und diese sogar überflüssig macht. Damit ist die Bedeutung des Verfahrens der einstweiligen Anordnung mit der der Hauptsache vergleichbar. Eine Wertreduzierung auf die Hälfte ist damit nicht gerechtfertigt. Hier ist es sogar vertretbar, den Wert der Hauptsache anzunehmen.[10]

Gegen die Annahme des vollen Wertes für die einstweilige Anordnung bzgl. der Unterhaltszahlung spricht allerdings, dass dieser im Vergleich zum rechtskräftigen Unterhaltsbeschluss einfacher zu ändern ist. Daher kann hier ein angemessener Abschlag vom vollen Wert angenommen werden.[11]

i. Auskunftsanspruch, Stufenantrag

Der Wert des Auskunftsverfahrens ist nach § 42 FamGKG mit einem Bruchteil des Wertes der Hauptsache zu bewerten. Die Höhe des Bruchteils richtet sich nach der Frage, wie sehr der Antragsteller auf die Auskunft angewiesen ist. Er schwankt zwischen 1/10 und ¼ des Wertes der Hauptsache.[12] In der Regel folgt dem Auskunftsverfahren das Höheverfahren. Dieses ist wie üblich zu bewerten. Für die Bewertung des Zahlungsanspruchs sind die Vorstellungen des Antragstellers bei Einleitung des Verfahrens maßgebend. Da es sich bei beiden Verfahren um eine Angelegenheit handelt, ist der höhere der beiden Werte maßgebend (§ 38 FamGKG).

j. Wert für Beschwerde gegen Auskunftsanspruch

Legt der Gegner des Auskunftsanspruchs Beschwerde ein, so ist für die Bemessung des Wertes des Beschwerdegegenstandes, den das Gericht bei einem Rechtsmittel gegen die Verpflichtung zur Erteilung einer Auskunft nach freiem Ermessen festzusetzen hat, das Interesse des Rechtsmittelführers maßgebend, die Auskunft nicht erteilen zu müssen. Dabei ist auf den Aufwand und die Kosten abzustellen, die die Erteilung der geschuldeten Auskunft erfordert.[13] Besondere Beachtung verdient hier der Beschwerdewert von 600 €, der häufig nicht erreicht werden wird.

II. Gebühren

Für die Gebühren des Unterhaltsverfahrens (Verfahrens- und Terminsgebühr) ergeben sich keine Besonderheiten.

1. Geschäftsgebühr Nr. 2300 VV RVG

Die Ermittlung des Unterhalts ist grundsätzlich eine umfangreiche und schwierige Aufgabe, da hier zwei verschiedene Einkommensblöcke ermittelt und beurteilt werden müssen, so dass jedenfalls sehr häufig ein Überschreiten der Regelgebühr gerechtfertigt ist.[14]

Für die Frage, ob die Angelegenheit als umfangreich oder schwierig zu bewerten und damit ein Überschreiten der Regelgebühr von 1,3 angemessen ist, ist auf den Durchschnittsanwalt abzustellen. Anderenfalls würde der spezialisierte Rechtsanwalt für den Aufwand, den diese Spezialisierung gekostet hat, mit niedrigeren Einnahmen bestraft.

2. Beratungshilfegebühren Nr. 2501 und Nr. 2503 VV RVG

Regelmäßig ist ein Streitpunkt, was im Rahmen einer familienrechtlichen Beratung eine Angelegenheit darstellt. Dies ist besonders für die Vergütung durch die Beratungshilfe entscheidend, da hier für jede Angelegenheit nur eine Vergütung gezahlt wird.

Jedenfalls liegen dann verschiedene Angelegenheiten vor, wenn die unterschiedlichen Gegenstände nicht Gegenstand desselben gerichtlichen Verfahrens sein können. Dies ist der Fall im Verhältnis der **Scheidungsberatung** zu einer **Getrenntlebensberatung**. Der Trennungsunterhalt kann nicht mit der Scheidung verbunden werden. Es handelt sich damit immer um zwei verschiedene Angelegenheiten, die auch gesondert abzurechnen sind.

---

[10] OLG Düsseldorf v. 23.02.2010 - II-3 WF 15/10 - RVGreport 2010, 158.
[11] *Schneider* in Schneider/Wolf/Volpert, HK-FamGKG, 2. Aufl. 2014, § 41 Rn. 19 FamGKG.
[12] OLG Köln v. 23.03.2012 - II-4 WF 10/12, 4 WF 10/12 - MDR 2012, 919; *Thiel* in: Schneider/Wolf/Volpert, HK-FamGKG, 2. Aufl. 2014, § 42 Rn. 114.
[13] OLG Dresden v. 24.10.2011 - 8 UF 242/11.
[14] *Schneider* in: Hansens/Braun/Schneider, Praxis des Vergütungsrechts, 2. Aufl. 2006, Teil 10 Rn. 186.

Kostenrechtl. Hinw. zu § 1361

39 Die verschiedenen Trennungsfolgen stellen im Bereich der Beratungshilfe verschiedene Angelegenheiten dar. Eine analoge Anwendung von § 16 Abs. 4 RVG auch auf die Trennungsfolgeverfahren scheidet aus.[15]

3. Erledigung von Hauptsache und einstweiliger Anordnung in einem Termin

40 Wird im Verfahren der einstweiligen Anordnung auch ausdrücklich die Hauptsache mit erledigt, so entstehen in beiden Verfahren zusätzlich die Termins- und Einigungsgebühren.[16] Beide Angelegenheiten werden unabhängig voneinander abgerechnet. Da es sich um unterschiedliche Gegenstände handelt, findet auch keine Anrechnung statt. Bezüglich des Vorliegens eines eigenen Termins im vergütungsrechtlichen Sinn dürfen keine hohen formalen Anforderungen gestellt werden. Es genügt ein konkludenter Terminsbeginn.[17] Dieser Ansicht ist zuzustimmen, da sie dem Ziel des Gesetzgebers zur möglichst frühzeitigen Erledigung von Verfahren dient.

41 Allerdings ist hier zu differenzieren. Die obige Ansicht trifft zu, wenn letztendlich von zwei Terminen auszugehen ist, in denen verhandelt wurde, also sowohl in der Hauptsache als auch im einstweiligen Anordnungsverfahren. Wurde aber im Hauptsachetermin auch die einstweilige Anordnung mit erledigt, so ist eine andere Berechnungsweise vorzuziehen (vgl. das Beispiel in Rn. 47).[18]

C. Arbeitshilfen

I. Beispiele/Muster

1. Beispiel: Außergerichtliche Geltendmachung und Einigung bzgl. Trennungsunterhalt

42 Der Ehegatte zahlt keinen Trennungsunterhalt. Es erfolgt am 15.05. Auftragserteilung wegen monatlich 500 € Trennungsunterhalt ab dem 01.05. Am 15.08. führen die Verhandlungen mit dem Gegner zu einer Einigung. Der Gegenstandswert beträgt:
Vorbemerkung: Der Wert für die Rückstände bestimmt sich nach den fälligen Beträgen zum Zeitpunkt der Einigung.
12 x 500 € laufend + 4 x 500 € Rückstände = 8.000 €

2. Beispiel: Unterschiedliche monatliche Unterhaltsbeträge werden gerichtlich verlangt

43 Der Antrag geht am 15.06. bei Gericht ein. Verlangt wird:
- Unterhaltsforderung bis zum 31.12. des Jahres 500 €,
- bis zum 30.06. des Folgejahres 600 €,
- ab dem 01.07. des Folgejahres Erhöhung auf 700 €.

Die letzte Erhöhung auf 700 € ist für den Streitwert unerheblich, da sie nicht mehr in den ersten zwölf Monaten nach Antragseinreichung erfolgen soll. Der Streitwert beträgt somit:
6 x 500 € + 6 x 600 € = 6.600 € (ggf. zusätzlich 500 € aus Rückstand für den Juni).

3. Beispiel: Trennungsunterhalt bei rechtskräftiger Scheidung

44 Im Scheidungstermin am 15.05. einigt man sich im Rahmen einer Scheidungsfolgenvereinbarung auch über den nicht anhängigen rückständigen Trennungsunterhalt seit dem 01.01. Anschließend wird wegen der Scheidung beiderseitiger Rechtsmittelverzicht erklärt.

45 Der Wert für die Rückstände beträgt 5 Monatsbeträge mit jeweils 500 €. Für die laufenden Beträge muss der Wert 0,00 € angenommen werden, da in den kommenden zwölf Monaten nach Antragseinreichung (da hier keine Antragseinreichung gegeben ist, gilt der Protokollierungsantrag bzgl. der Einigung als maßgeblicher Zeitpunkt) kein Trennungsunterhalt mehr anfallen wird. Der Wert bestimmt sich daher nach den §§ 33, 35 FamFG. Demnach gilt für den Trennungsunterhalt die bezifferte Forderung mit 2.500 €. Die Werte der weiteren Gegenstände der Vereinbarung sind zu addieren.

---

[15] OLG Naumburg v. 28.03.2013 - 2 W 25/13 - FamRZ 2014, 238; OLG Hamm v. 11.03.2011 - I-25 W 499/10 - FamRZ 2011, 1685; OLG Frankfurt v. 12.08.2009 - 20 W 197/09 - FamRZ 2010, 230.
[16] OLG Stuttgart v. 09.08.2007 - 8 WF 107/07 - RVGreport 2007, 387; BayLSG v. 07.01.2011 - L 15 B 939/08 SF KO - RVGreport 2011, 223.
[17] BGH v. 12.10.2010 - VIII ZB 16/10 - NJW 2011, 388 = RVGreport 2011, 63.
[18] OLG Karlsruhe v. 22.03.2011 - 5 WF 264/10 - FamRZ 2011, 1813.

4. Beispiel: Antragserweiterung bei Trennungsunterhalt

Am 15.05. geht der Antrag ein bzgl. Trennungsunterhalt in Höhe von monatlich 500 € seit dem 01.01. Die Klage wird am 15.09. um 100 € auf einen monatlichen Betrag von 600 € erweitert. **46**

	Laufende Beträge § 51 Abs. 1 FamGKG (12 x 600 €)	7.200 €
+	Rückstände § 51 Abs. 2 FamGKG bei Klageeingang (5 x 500 €)	2.500 €
+	Rückstände § 51 Abs. 2 FamGKG bei Eingang der Klageerweiterung (9 x 100 €)	900 €
=	Gesamtstreitwert	10.600 €

5. Beispiel: Gleichzeitige Erledigung von Trennungsunterhalt Hauptsache und einstweilige Anordnung

Berechnung nach OLG Karlsruhe:[19] **47**

Der Ehemann schuldet monatlich 200 € Trennungsunterhalt aufgrund eines Vergleichs. Dieser wird auch gezahlt.
Verfahren 1: Die Ehefrau verlangt nunmehr in einem neuen Verfahren monatlich 1.200 € Trennungsunterhalt.
Verfahren 2: Gleichzeitig verlangt sie zusätzlich zu den bisherigen Zahlungen mittels einer einstweiligen Anordnung monatlichen Unterhalt in Höhe von 900 €.
Verfahren 3: Der Ehemann beantragt den Vergleich dahingehend abzuändern, dass der bisherige Trennungsunterhalt in Höhe von 200 € nicht mehr zu zahlen ist. Der Antrag wird isoliert gestellt. Zu einer Verbindung der Verfahren 1 und 3 kommt es nicht mehr.
Im Verfahren 1 findet ein Termin statt. Die Parteien einigen sich nach Verhandlung über alle Gegenstände auf eine Zahlung von monatlich 250 €. Damit sind auch die Verfahren 2 und Verfahren 3 erledigt.
(Hinweis: Zur Vereinfachung wird davon ausgegangen, dass keine Rückstände vorliegen und dass in den Verfahren 2 und 3 bisher kein Termin stattgefunden hat.)

Wertberechnung: **48**
In dem Verfahren 1 werden die Gegenstände aus den Verfahren 2 und 3 miterledigt durch Vergleich. Sie sind daher bei der Wertberechnung mit zu berücksichtigen.

	Wert Verfahren 1 (der bereits titulierte Betrag von 200 € darf nicht berücksichtigt werden): Laufende Beträge § 51 Abs. 1 FamGKG (12 x 1.000 €)	12.000 €
+	Wert Verfahren 2: Laufende Beträge §§ 51 Abs. 1, 41 FamGKG (12 x 900 / 2 €)	5.400 €
+	Wert Verfahren 3: Laufende Beträge § 51 Abs. 1 FamGKG (12 x 200 €)	4.400 €
=	Gesamtstreitwert	21.800 €

Gebührenberechnung: **49**
Verfahren 1: Hauptsache

	Verfahrensgebühr, Nr. 3100 VV (1,3); Wert: 12.000 €	785,20 €
+	Verfahrensgebühr, Nr. 3101, 3100 VV (0,8); Wert: 9.800 € Die Gebühr VV 3101 in Höhe von 446,40 € wurde gemäß § 15 Absatz 3 RVG um 267,00 € auf 179,40 € gekürzt	179,40 €
+	Terminsgebühr, Nr. 3104 VV (1,2), Wert: 21.800 €	890,40 €
+	Einigungsgebühr, Nr. 1003, 1000 VV (1,0), Wert: 21.800 €	742 €

Nach Nr. 3101 (1) VV RVG ist der sich nach § 15 Abs. 3 RVG ergebende Gesamtbetrag der Verfahrensgebühren, soweit er die Gebühr 3100 übersteigt (hier: 179,40 €), auf eine Verfahrensgebühr anzurechnen, die wegen desselben Gegenstands in einer anderen Angelegenheit entsteht. Damit sind die 179,40 € auf die Verfahrensgebühren der Verfahren 2 und 3 anzurechnen. Die Anrechnung erfolgt hier im Verhältnis der Werte 5.400 zu 4.400 Andere Verhältnisse sind vertretbar.
Verfahren 2: 179,40 / 9.800 x 5.400 = 98,85 €
Verfahren 3: 179,40 / 9.800 x 4.400 = 80,55 €
Verfahren 2: einstweilige Anordnung

---

[19] OLG Karlsruhe v. 22.03.2011 - 5 WF 264/10 - FamRZ 2011, 1813.

Kostenrechtl. Hinw. zu § 1361

jurisPK-BGB / T. Schmidt

Verfahrensgebühr, Nr. 3100 VV (1,3); Wert: 5.400 €   361,35 €
Nach Anrechnung von 98,85 € gem. Nr. 3100 (1) VV RVG (vgl. o.)
statt 460,20 € noch 361,35 €

Verfahren 3: Antrag des Ehemannes

Verfahrensgebühr, Nr. 3100 VV (1,3); Wert: 4.400 €   313,35 €
Nach Anrechnung von 80,55 € gem. Nr. 3100 (1) VV RVG (vgl. o.)
statt 393,90 € noch 313,35 €

II. Berechnungsprogramme

1. Prozesskostenrechner

50   Mit diesem Berechnungsprogramm können Sie kalkulieren, welche Prozesskosten auf Ihren Mandanten zukommen können (mit 2. Instanz, Vergleich, Beweisauslagen, gegnerischem Anwalt): Prozesskostenrechner.

2. RVG-Rechner: 1. Instanz mit Anrechnung der Geschäftsgebühr

51   Mit diesem Berechnungsprogramm können Sie die anwaltliche Vergütung für das außergerichtliche Verfahren (Nr. 2300 VV RVG) und das gerichtliche Verfahren (Nr. 3100, 3104, 1003 VV RVG) berechnen: RVG-Rechner (1. Instanz mit Anrechnung der Geschäftsgebühr).

§ 1361a BGB Verteilung der Haushaltsgegenstände bei Getrenntleben

(Fassung vom 06.07.2009, gültig ab 01.09.2009)

(1) ¹Leben die Ehegatten getrennt, so kann jeder von ihnen die ihm gehörenden Haushaltsgegenstände von dem anderen Ehegatten herausverlangen. ²Er ist jedoch verpflichtet, sie dem anderen Ehegatten zum Gebrauch zu überlassen, soweit dieser sie zur Führung eines abgesonderten Haushalts benötigt und die Überlassung nach den Umständen des Falles der Billigkeit entspricht.

(2) Haushaltsgegenstände, die den Ehegatten gemeinsam gehören, werden zwischen ihnen nach den Grundsätzen der Billigkeit verteilt.

(3) ¹Können sich die Ehegatten nicht einigen, so entscheidet das zuständige Gericht. ²Dieses kann eine angemessene Vergütung für die Benutzung der Haushaltsgegenstände festsetzen.

(4) Die Eigentumsverhältnisse bleiben unberührt, sofern die Ehegatten nichts anderes vereinbaren.

Gliederung

A. Grundlagen 1	6. Computer 47
I. Verfahren 3	7. Eingebaute Einrichtungsgegenstände 48
II. Geltungsbereich 4	8. Sonstiges 51
1. Persönlicher und zeitlicher Geltungsbereich 4	IV. Herausgabeanspruch 59
2. Vorrang von Ansprüchen aus Eigentum und Besitz 9	1. Herausgabeanspruch (Absatz 1 Satz 1) 60
3. Anspruchsgrundlagen 10	2. Anspruch auf Gebrauchsüberlassung (Absatz 1 Satz 2) 65
B. Anwendungsvoraussetzungen 11	3. Billigkeit 75
I. Rechtsschutzbedürfnis für eine gerichtliche Regelung 11	4. Verteilung gemeinsamer Haushaltsgegenstände (Absatz 2) 80
II. Getrenntleben 16	5. Gerichtliche Entscheidung – Überlassungsvergütung (Absatz 3) 84
III. Haushaltsgegenstände 18	C. Prozessuale Hinweise/Verfahrenshinweise 89
1. Allgemeine Definition 18	D. Eigentumsübergang – Pfändung 106
2. Einzelfälle 27	E. Verbotene Eigenmacht 109
3. Antike Möbel und Kunstgegenstände 29	F. Auskunftspflicht 114
4. Fahrzeuge 31	
5. Tiere 43	

A. Grundlagen

In § 1361a BGB wird die vorläufige Aufteilung über den Besitz und die Nutzungsrechte der Haushaltsgegenstände geregelt. Gemäß Art. 2 des Gesetzes zur Änderung des Zugewinnausgleichs- und Vormundschaftsrechts sind die Vorschriften der HausratsV zum 01.09.2009 aufgehoben worden.

Herrscht im Falle der Trennung von Ehegatten Uneinigkeit über den Verbleib der im gemeinsamen Haushalt befindlichen Gegenstände, so kann gemäß § 1361a BGB eine vorläufige Regelung über den Besitz und die Nutzungsrechte getroffen werden, die dann bis zur endgültigen Rechtskraft der Scheidung und der nach § 1568b BGB vorzunehmenden endgültigen Regelung ihre Wirkung entfaltet. Eine endgültige Verteilung des Hausrats erfolgt zu diesem Zeitpunkt also nicht, sodass auch keine Veränderung der Eigentumslage herbeigeführt wird.

I. Verfahren

Für sämtliche Ansprüche, die sich aus § 1361a BGB ergeben, richtet sich das Verfahren nach den §§ 200 ff. FamFG (Ehewohnungs- und Haushaltssachen), speziell § 206 FamFG. Der Begriff „Hausrat" wird lediglich gegen den Begriff „Haushaltsgegenstand" ausgewechselt, ohne dass die bisher zugrunde gelegten Inhalte geändert werden. Daher kann auch weiterhin auf die erfolgte Rechtsprechung

§ 1361a

und Literatur verwiesen werden. Jedoch ist zu beachten, dass einzelne Vorschriften der HausratsV (§§ 9, 10 HausratsV) sich in der Neufassung nicht wiederfinden (vgl. die Kommentierung zu § 1568b BGB Rn. 4 ff.).

II. Geltungsbereich

1. Persönlicher und zeitlicher Geltungsbereich

4 § 1361a BGB kommt im Falle der Trennung von Ehegatten zur Anwendung.

5 Die Vorschrift ist auf **nichteheliche Lebensgemeinschaften**[1] nicht anwendbar, auch nicht analog. Eine entsprechende Regelung bei eingetragenen **Lebenspartnerschaften** enthält § 13 LPartG. Das Lebenspartnerschaftsgesetz regelt für die Zeit der Trennung und nach Auflösung der Gemeinschaft die Rechte in besonderen Vorschriften der §§ 13-14 LPartG, die inhaltlich den BGB-Vorschriften angenähert sind.

6 § 1361a BGB regelt die vorläufige Nutzung von „Haushaltsgegenständen" für die Zeitspanne des Getrenntlebens bis zur Ehescheidung. Es findet lediglich eine Überlassung der betroffenen Gegenstände zum Gebrauch statt und keine vermögensrechtliche Auseinandersetzung. Für die Zeit nach der Scheidung erfolgt eine endgültige Verteilung nach § 1568b BGB. Die hier getroffene vorübergehende Regelung soll die Folgen des Getrenntlebens der Eheleute mildern und gewährleisten, dass eine getrennte Haushaltsführung überhaupt möglich ist. Sinn und Zweck der Vorschrift ist jedoch nicht, den früheren Lebensstandard der jetzt getrennt lebenden Ehegatten aufrechtzuerhalten.[2]

7 Die Regelung nach § 1361a BGB berührt grundsätzlich nur die Rechte der Ehegatten zueinander und greift nicht in Rechtspositionen Dritter ein.

8 Da es sich lediglich um vorläufige Entscheidungen handelt, verlieren diese ihre Wirksamkeit, wenn die Ehe entweder rechtskräftig geschieden ist oder in Form einer ehelichen Lebensgemeinschaft von den Ehegatten wieder aufgenommen wird.[3]

2. Vorrang von Ansprüchen aus Eigentum und Besitz

9 Diese besondere Regelung des § 1361a BGB ist lex specialis gegenüber dem allgemeinen Herausgabeanspruch nach § 985 BGB[4], insoweit ist gem. § 266 FamFG die Zuständigkeit des Familiengerichts gegeben.

3. Anspruchsgrundlagen

10 § 1361a BGB ist in 3 Ansprüche gegliedert:
- den Anspruch auf Herausgabe der im Alleineigentum stehenden Haushaltsgegenstände (Absatz 1 Satz 1),
- den Anspruch auf Überlassung von Haushaltsgegenständen, die im Alleineigentum des anderen stehen (Absatz 1 Satz 2),
- den Anspruch auf vorläufige Verteilung von im gemeinsamen Eigentum stehenden Haushaltsgegenständen nach Billigkeit (Absatz 2).

B. Anwendungsvoraussetzungen

I. Rechtsschutzbedürfnis für eine gerichtliche Regelung

11 Die Eheleute sollen sich ohne gerichtliche Einmischung in Form einer Benutzungsregelung einigen.[5]

12 Es bedarf jedoch einer gerichtlichen Entscheidung, wenn die getrennten Ehegatten keine Einigung über die vorläufige Aufteilung der Haushaltsgegenstände erzielen können (§ 1361a Abs. 3 BGB). Das Verfahren wird durch den Antrag eines Ehegatten eingeleitet (§ 203 Abs. 1 FamFG). Der Antrag muss die Auflistung der Gegenstände enthalten, deren Zuteilung begehrt wird (§ 203 Abs. 2 Satz 1 FamFG).

13 Das Gericht wird angehalten, vordringlich auf eine gütliche Einigung hinzuwirken (§ 36 Abs. 1 Satz 2 FamFG).

---

[1] OLG Hamm v. 11.04.2005 - 4 WF 86/05 - FamRZ 2005, 2085.
[2] OLG Köln v. 20.09.1979 - 14 UF 36/79 - FamRZ 1980, 249, 250; *Johannsen/Henrich/Götz*, Familienrecht, 5. Aufl. 2010, § 200 FamFG Rn. 7 m.w.N.
[3] OLG Brandenburg v. 17.02.2000 - 9 UF 39/99 - FamRZ 2000, 1102.
[4] BGH v. 13.10.1976 - IV ZR 89/75 - BGHZ 67, 217, 219; BGH FamRZ 1976, 691.
[5] OLG Köln v. 20.03.2001 - 22 U 157/00 - FamRZ 2002, 322, 323.

Obwohl die fehlende Einigung der Ehegatten in § 203 FamFG – entgegen § 1 HausratsV – nicht manifestiert ist, stellt das Rechtsschutzbedürfnis eine grundlegende Voraussetzung für jedes gerichtliche Verfahren dar. So ist das Familiengericht auch zur Aufklärung verpflichtet, wenn lediglich von einem Ehegatten das Vorliegen der Einigung behauptet wird.[6] 14

Das Gericht kann nicht den Nachweis verlangen, dass zuvor ernsthafte Einigungsverhandlungen stattfanden.[7] 15

II. Getrenntleben

Die Ehepartner müssen getrennt leben. Der Begriff des Getrenntlebens entspricht dem des § 1361 BGB sowie der Legaldefinition des § 1567 BGB. Gründe, die zur Trennung geführt haben, sind hier unerheblich; allerdings können sie im Rahmen der Billigkeitsprüfung nach Absatz 1 Satz 1, Absatz 2 Bedeutung entfalten. 16

Die bloße Absicht zur Trennung genügt hier nicht. 17

III. Haushaltsgegenstände

1. Allgemeine Definition

Der Begriff des Haushaltsgegenstandes ist inhaltlich gleichzusetzen mit dem Begriff „Gegenstände des ehelichen Haushalts" nach den §§ 1369, 1932 BGB ebenso wie mit dem Begriff „Hausrat" nach den §§ 8 ff. der zum 01.09.2009 außer Kraft getretenen Hausratsverordnung. 18

Der Begriff an sich ist weit auszulegen. Er umfasst alle beweglichen Gegenstände im Sinne von § 90 BGB, die dem gemeinsamen Leben der Ehepartner und der im Familienverbund lebenden Kinder nach deren Vermögens- und Lebensverhältnissen üblicherweise für Wohnung, Hauswirtschaft und das Zusammenleben der Familie inklusive der Freizeitgestaltung zur Verfügung stehen. 19

Dabei kommt es ausschließlich auf ihre Eignung als Haushaltsgegenstand und ihre tatsächliche Verwendung zur Gestaltung des familiären Lebens an.[8] Die Einordnung als Haushaltsgegenstand ist somit unabhängig vom Zeitpunkt der Anschaffung, dem zugrunde liegenden Motiv[9], dem Wert des Gegenstandes[10] und vom Eigentum. Einzelne der aufgeführten Punkte stellen jedoch relevante Kriterien bei der Frage der Zuteilung dar. 20

Die Frage, ob sich einzelne Gegenstände überhaupt noch in der Wohnung befinden, spielt für die Einordnung als Haushaltsgegenstand keine Rolle.[11] 21

Der Begriff umfasst also entsprechend den Einkommens- und Vermögensverhältnissen der Ehegatten zum Beispiel: Möbel, sonstige Einrichtungsgegenstände, Küchen- und Haushaltsgeräte, auch Herde, Kühlschränke etc., Teppiche, Lampen, Bilder, Wandschmuck, Vorhänge, Geschirr, Tisch- und Bettwäsche, Unterhaltungselektronik einschließlich der jeweiligen Tonträger, Gartenmöbel und Werkzeuge. Sorgsam zu beurteilen sind z.B. Luxusgegenstände, Schmuck, Kunstgemälde, wertvolle Teppiche und Bilder, Hobbygegenstände, Sammlungen sowie Musikinstrumente. 22

Nicht als Haushaltsgegenstand angesehen werden dagegen solche Gegenstände, die ausschließlich zur Kapitalanlage[12] bestimmt sind und dem persönlichen Gebrauch dienen. 23

Ferner gehören **persönliche Sachen** eines Ehegatten nicht zu den Haushaltsgegenständen, also Gegenstände, die nur zu seinem alleinigen Gebrauch bestimmt sind: persönliche Kleidungsstücke, Schmuckstücke, die nicht der Wertanlage dienen, Hobbygegenstände, Sammlungen, persönliche Andenken, ebenso wie Ausweise, Versicherungsunterlagen und persönliche Familienurkunden. 24

Ebenso entfallen Gegenstände, die nach der Trennung oder für die Zeit des Getrenntlebens angeschafft wurden, da gerade diese nicht mehr der gemeinsamen Lebensführung dienen.[13] 25

---

[6] OLG Zweibrücken v. 19.08.1992 - 5 UF 191/91 - FamRZ 1993, 82, 83.
[7] *Weber-Moneke* in: MünchKomm-BGB, 6. Aufl. 2013, § 1361a Rn. 16.
[8] *Vomberg*, FPR 2000, 6.
[9] OLG Düsseldorf v. 15.05.1986 - 9 UF 207/85 - FamRZ 1986, 1132.
[10] BGH v. 14.03.1984 - IVb ARZ 59/83 FamRZ 1984, 575.
[11] OLG Naumburg v. 03.11.2008 - 8 UF 119/08 - NJW RR 2009, 726.
[12] BGH v. 01.12.1983 - IX ZR 41/83 - FamRZ 1984, 144; OLG Bamberg v. 01.07.1996 - 2 WF 48/96 - FamRZ 1997, 378; OLG Brandenburg v. 25.07.2002 - 9 WF 118/02 - FamRZ 2003, 532.
[13] OLG Naumburg v. 09.03.2009 - 8 WF 19/09 - NJW Spezial 2009, 598.

26 Gegenstände, die zum persönlichen Bedarf eines Kindes bestimmt sind (wie Kleidung, Schulsachen, Zeugnisse, Spielsachen[14], Medikamente, Ausweisdokumente, Krankenversicherungskarte, Schmuck), gehören nicht zu den Haushaltsgegenständen[15].

2. Einzelfälle

27 Sämtliche Einrichtungsgegenstände und Dekorationen gehören zu den Haushaltsgegenständen[16]. Konkret sind das
- sämtliches Mobiliar innerhalb der Wohnung sowie in Garten, auf Balkon und Terrasse,
- Ausstattungsgegenstände wie Teppiche, Vorhänge, Lampen, Bilder sowie die Bett- und Tischwäsche,
- elektrische Geräte in der Küche einschließlich Spülmaschine, Kühlschrank, Herd, Waschmaschine und Trockner sowie Haushaltsgeräte wie Staubsauger, Kärcher und Geschirr,
- Unterhaltungselektronik wie Rundfunkgerät, Fernseher, sämtliche Abspielgeräte wie z.B. Videogerät, DVD- und BlueRay-Spieler, Receiver, Lautsprecher, Tonträger, Filme (Video, DVD, BlueRay),
- soweit sie nicht der beruflichen Nutzung eines Ehegatten dienen, auch Bücher und Computer.

28 **Nahrungs- bzw. Genussmittelvorräte** (z.B. Wein) sowie Heizmaterial unterfallen auch dem Begriff der Haushaltsgegenstände[17], sofern sie zum Verbrauch und Verzehr bestimmt sind. Aus praktischen Erwägungen wird eine Verteilung zum Verzehr bzw. Verbrauch von der h.M. zugelassen.[18] Handelt es sich hingegen um eine Weinsammlung, die ähnlich jeder anderen Sammlung der Kapitalanlage dient oder als Hobby eines Ehegatten, gilt dies allerdings nicht.[19]

3. Antike Möbel und Kunstgegenstände

29 Teure **antike Möbel** oder **Kunstgegenstände** (z.B. wertvolle Bilder, altes, edles Porzellan, wertvolle Teppiche) können je nach Familienzuschnitt sehr wohl als Haushaltsgegenstand verstanden werden, dies jedoch nur, wenn sie tatsächlich zu dem Zweck der Benutzung angeschafft und in der Wohnung diesbezüglich auch genutzt wurden. Wenn derartige Gegenstände jedoch von der Benutzung ausgenommen wurden, weil der vorrangige Zweck die Vermögensanlage war bzw. ist, wird eine Zuordnung als Haushaltsgegenstand zu unterbleiben haben.[20]

30 Werden Kunstgemälde beispielsweise in der Wohnung aufgehängt bzw. andere Kunstgegenstände sichtbar aufgestellt und nicht zur Vermögensanlage sicher im Safe verwahrt, so gelten sie als Haushaltsgegenstände. Somit kommt es nicht auf das Motiv zum Zeitpunkt der Anschaffung an, sondern vielmehr auf die Funktion und tatsächliche Verwendung dieses Luxusartikels während des ehelichen Lebens. Befinden sich diese besonderen Gegenstände sichtbar und frei zugänglich in den gemeinsamen Räumen der Wohnung, qualifiziert sie dieser Umgang oftmals bereits als Haushaltsgegenstand.

4. Fahrzeuge

31 Ein Pkw wird nach allgemeiner Anschauung nicht als Haushaltsgegenstand zu definieren sein.

32 Dennoch ist hier zwischen verschiedenen Fallkonstellationen zu differenzieren:

33 Besitzt jeder Ehegatte einen eigenen Pkw, mit dem er auch nur selbst fährt, so gehören beide Fahrzeuge nicht zu den Haushaltsgegenständen.[21]

34 Ein Pkw gehört in der Regel auch nicht zu den Haushaltsgegenständen, wenn er von einem Ehegatten für berufliche Zwecke oder persönliche Aktivitäten genutzt wurde.[22]

---

[14] LG Traunstein v. 04.09.2007 - 5 S 2332/07 - FamRZ 2008, 894 m.w.N.
[15] *Haußleiter/Schulz*, Vermögensauseinandersetzung bei Trennung und Scheidung, 5. Aufl. 2011, Kap. 4 Rn. 141, 142.
[16] *Neumann*, NZFam 2014, 481.
[17] *Johannsen/Henrich/Brüdermüller*, Eherecht, § 1361a Rn. 18.
[18] *Götz* in: Johannsen/Henrich, Familienrecht, 10. Aufl., § 1361a Rn. 15; *Wacke* in: MünchKomm-BGB, § 1361a Rn. 5; a.A. *Gamillscheg* in: Erman, § 1369 Rn. 3.
[19] *Hoppenz/Müller*, Familiensachen, § 1361a Rn. 28; *Quambusch*, FamRZ 1989, 691.
[20] OLG Brandenburg v. 25.07.2002 - 9 WF 118/02 - OLGR Brandenburg 2002, 487-488.
[21] BGH v. 24.10.1990 - XII ZR 101/89 - FamRZ 1991, 43, 49.
[22] OLG Düsseldorf v. 23.10.2006 - II-2 UF 97/06, 2 UF 97/06 - FamRZ 2007, 1325.

Wird der Pkw hingegen – ohne Rücksicht auf seinen Wert[23] – ausschließlich für familienbezogene Fahrten genutzt, also für die Einkaufsfahrt, Ausflüge, Urlaubsfahrten, das Hinbringen und Abholen der Kinder zum Hort, Kindergarten oder Schule und später auch zur Disko[24], so wird er als Haushaltsgegenstand anzusehen sein. 35

Wird der Pkw aber sowohl für familienbezogene Zwecke als auch für die Fahrt zur Arbeit genutzt, entscheidet der Schwerpunkt der Nutzung.[25] Dabei ist die Nutzungsquantität nicht der entscheidende Gesichtspunkt, es kommt vielmehr darauf an, ob der Besitzer bereit ist, der familiären Nutzung den Vorrang einzuräumen.[26] 36

Betreut ein Ehegatte minderjährige Kinder und nutzt dieser den einzigen Pkw für die Fahrten zum Kindergarten, zur Schule und Freizeitaktivitäten der Kinder, so entspricht es der Billigkeit, den Wagen diesem betreuenden Elternteil zuzusprechen.[27] 37

Für die Abgrenzung ist nicht entscheidend, welcher Ehepartner Eigentümer oder Halter des Fahrzeugs ist oder wer im Kfz-Brief eingetragen wurde.[28] Auch unbeachtet bleibt, ob der PKW geleast ist.[29] Auch der Umstand, dass nur ein Ehegatte eine Fahrerlaubnis besitzt, steht der Zuordnung zu den Haushaltsgegenständen nicht entgegen.[30] 38

Im Falle des Verkaufs eines der Ehefrau zur Nutzung für die Fahrten zur Arbeit zugewiesenen und auf sie zugelassenen Pkws bleibt der Pkw Haushaltsgegenstand. Nach dem Gesetz ist ein Ehegatte nicht befugt, gemeinsame Haushaltsgegenstände gegen den Willen des anderen zu verkaufen. Derartige Rechtsgeschäfte sind unwirksam. Der von dem Ehezwist nichts ahnende Käufer kann sich nicht auf seinen guten Glauben berufen. Er muss das Fahrzeug vielmehr gegen Rückzahlung des Kaufpreises herausgeben.[31] 39

Auf Wohnwagen, Wohnmobile und Schiffe gelten diese für Pkws entwickelten Grundsätze ebenfalls. 40

Ein **Wohnwagen** oder **Wohnmobil** wird regelmäßig als Haushaltsgegenstand anzusehen sein, wenn er mehr als ein Personenkraftwagen von der gesamten Familie genutzt bzw. benutzt wird.[32] 41

Auch eine **Motorjacht** kann – ungeachtet ihres Wertes – Haushaltsgegenstand sein, wenn sie ausschließlich der Freizeit- und Urlaubsgestaltung der Familie gewidmet ist und nicht nur den persönlichen Interessen eines der Eheleute dient.[33] Ebenso gilt dies für eine Segelyacht[34], ein Sportflugzeug, Fahrräder sowie andere Sportgeräte. 42

5. Tiere

Nach der wohl überwiegenden Rechtsprechung gehören auch **Tiere** zum Hausrat.[35] Das Umgangsrecht mit einem Pudel, der bei der Ex-Frau verblieben ist, wurde einem Mann mit der Begründung zugesprochen, zwar seien Hunde wie Sachen zu behandeln, aber sie seien andererseits auch Mitgeschöpfe.[36] 43

Auch wenn Tiere keine Sachen sind, werden die Regelungen zur vorläufigen oder endgültigen Verteilung der Haushaltsgegenstände zumindest analog angewendet.[37] § 1361a BGB findet hingegen keine Anwendung, wenn nur die Nutzung eines Hundes für wenige Stunden in der Woche begehrt wird.[38] Bei 44

---

[23] OLG Naumburg v. 04.09.2003 - 8 UF 211/02 - NJ 2004, 81-82.
[24] KG Berlin v. 17.01.2003 - 13 UF 439/02 - FamRZ 2003, 1927.
[25] OLG Karlsruhe v. 05.02.2004 - 16 UF 245/03. OLG Saarbrücken v. 19.08.2009 - 9 W 257/09 - OLGR Saarbrücken 2009, 953; *Claudius*, jurisPR-FamR 23/2009, Anm. 4.
[26] OLG Hamm v. 20.09.2001 - 5 U 225/99 - juris Rn. 10.
[27] KG Berlin v. 17.01.2003 - 13 UF 439/02 - FamRZ 2003, 1927.
[28] BGH v. 24.10.1990 - XII ZR 101/89 - FamRZ 1991, 43, 490; OLG Köln v. 20.03.2001 - 22 U 157/00 - FamRZ 2002, 322, 323.
[29] OLG Stuttgart v. 04.01.1995 - 18 UF 416/94 - FamRZ 95, 1275.
[30] OLG Hamburg v. 12.02.1990 - 2 UF 79/89 - FamRZ 1990, 1118; OLG Köln v. 10.12.1991 - 4 UF 250/91 - FamRZ 1992, 696, 697.
[31] OLG Düsseldorf v. 23.10.2006 - II-2 UF 97/06 - OLGR Düsseldorf 2007, 146.
[32] OLG Hamm v. 18.12.1998 - 12 WF 109/98 - MDR 1999, 615; OLG Hamm v. 18.12.1998 - 12 WF 109/98 - MDR 1999, 615.
[33] OLG Dresden v. 25.03.2003 - 10 ARf 2/03 - MDR 2003, 995.
[34] LG Ravensburg v. 31.03.1995 - 3 O 2221/94 - FamRZ 95, 1585.
[35] OLG Schleswig v. 21.04.1998 - 12 WF 46/98 - NJW 1998, 3127.
[36] AG Mergentheim v. 19.12.1996 - 1 F 143/95.
[37] Vgl. OLG Celle v. 09.03.2009 - 15 WF 44/09 - NJW_RR 2009, 1306; OLG Bamberg v. 10.06.2003 - 7 UF 103/03 - FamRZ 2004, 559 zum Hund; OLG Celle v. 09.03.2009 - 15 WF 44/09 - FamRZ 2009, 1911 bzgl. Papageien.
[38] OLG Hamm v. 19.11.2010 - II-10 WF 240/10.

den Billigkeitserwägungen im Sinne des § 1361a Abs. 2 BGB dürfte es sich weniger um solche handeln, die das Wohl des Hundes betreffen, als vielmehr um solche, die eine sinnvolle Teilhabe der getrenntlebenden Eheleute an den zur Disposition stehenden „Haushaltsgegenständen" und damit auch Tieren ermöglichen.[39]

45 Einen Anspruch auf ein Umgangsrecht mit dem beim früheren Partner verbliebenen Hund besteht nach aktuellerer Rechtsprechung nicht[40], auch nicht wenn das Tier in der damaligen Beziehung als Kinderersatz angeschafft wurde. Diese Vorschriften beinhalten kein Umgangsrecht, sondern allenfalls eine Eigentumszuweisung.

46 Haustiere sind ferner als Haushaltsgegenstände anzusehen, wenn sie als „lebender Vorrat" oder Nutzvieh gehalten werden[41] oder der Freizeitgestaltung der gesamten Familie dienen, wie z.B. Reitpferde[42]. Tiere, die zur Gewinnerzielung gehalten werden (wie z.B. Rennpferde, Zuchtstute), sind ebenso wenig Haushaltsgegenstände wie Blindenhunde und speziell ausgebildete Spürhunde.

6. Computer

47 Der Berufsausübung dienende Gegenstände gehören nicht zum Hausrat. Darunter fallen z.B. Arbeitskleidung, Werkzeuge, Fachbücher ebenso wie das Mobiliar eines beruflich genutzten Arbeitszimmers und möglicherweise auch der Computer. Bei diesen Gegenständen wird gemäß § 1362 Abs. 1 Satz 1 BGB das Alleineigentum des entsprechenden Ehepartners vermutet. Entscheidend bei der Beurteilung ist auf die Zweckbestimmung und tatsächliche Nutzung abzustellen. Wird der **Computer** von der Familie gemeinsam genutzt, so ist er als Haushaltsgegenstand anzusehen.[43] Wenn dieser Computer für die schulischen Belange eines Kindes benötigt wird, ist er dem Ehegatten zuzusprechen, bei dem das Kind lebt, selbst wenn der andere Ehegatte den Computer für die Erstellung von Bewerbungen ebenfalls benötigt. Die Belange des Kindes sind in besonderem Maße zu berücksichtigen.[44]

7. Eingebaute Einrichtungsgegenstände

48 Bei **eingebauten Einrichtungsgegenständen** handelt es sich um Gegenstände, die in die Wohnung „eingebaut" sind. Hier ist wie folgt zu unterscheiden:

49 Handelt es sich um Normteile, die ohne größeren Aufwand in zeitlicher und finanzieller Hinsicht ausgebaut und an anderer Stelle genutzt werden können, sind sie trotz ihres Einbaus nicht zu wesentlichen Bestandteilen des Gebäudes (§ 94 Abs. 2 BGB) geworden und somit Haushaltsgegenstand.

50 Ist der Gegenstand hingegen durch seinen Einbau wesentlicher Bestandteil des Gebäudes geworden, gibt dieser Einbau dem Gebäude ein spezielles Gepräge oder bildet er aufgrund seiner besonderen Anpassung eine Einheit[45], kann er nicht als Haushaltsgegenstand angesehen werden. Dies gilt z.B. bei einer aus serienmäßig hergestellten Bauteilen zusammengesetzten Schrankwand[46], nicht hingegen bei einer Maßanfertigung. Zu beachten ist hier aber, dass die Beurteilung dieser Frage regional einzelfallbezogen sehr unterschiedlich vorgenommen wird.[47]

---

[39] OLG Stuttgart v. 07.04.2014 - 18 UF 62/14.
[40] OLG Bamberg v. 10.06.2003 - 7 UF 103/03 - MDR 2004, 37; OLG Schleswig v. 21.04.1998 - 12 WF 46/98 - NJW 1998, 3127.
[41] OLG Naumburg v. 29.10.1999 - 3 UF 95/99 - FamRZ 2001, 481.
[42] OLG Schleswig v. 21.04.1998 - 12 WF 46/98 - NJW 1998, 3127; OLG Zweibrücken v. 05.02.1998 - 2 UF 230/97 - FamRZ 1998, 1432; OLG Naumburg v. 29.10.1999 - 3 UF 95/99 - FamRZ 2001, 481.
[43] OLG Hamburg v. 12.02.1990 - 2 UF 79/89 G - FamRZ 1990, 1118; AG Amberg v. 23.01.2008 - 1 F 729/07 - NJW-RR 2009, 2.
[44] AG Augsburg v. 23.01.2008 - 1 F 729/07.
[45] OLG Celle v. 31.03.1989 - 4 U 34/88 - NJW-RR 1989, 913; BGH v. 12.12.1989 - VI ZR 311/88 - NJW-RR 1990, 914; OLG Nürnberg v. 02.04.2002 - 3 U 4158/01 - FamRZ 2003, 156.
[46] OLG Schleswig v. 10.03.1988 - 14 W 7/88 - NJW-RR 1988, 1459, 1460.
[47] OLG Hamm v. 15.05.1997 - 4 UF 491/96 - FamRZ 1998, 1028; OLG Hamm v. 24.11.1988 - 27 U 68/88 - NJW-RR 1989, 333; OLG Köln v. 06.05.1991 - 12 U 130/88 - NJW-RR 1991, 1077; vgl. BGH v. 20.11.2008 - IX ZR 180/07 - NJW 2009, 1078 betr. vom Mieter angeschaffte und eingebaute Einbauküche.

8. Sonstiges

Bei **Hochzeitsgeschenken** wird angenommen, dass sie demjenigen Ehegatten gehören, dessen Familie oder dessen Freunde den Gegenstand geschenkt hat/haben. Grundsätzlich kommt es auf die Umstände der Schenkung an. Haben die Schenkenden bei der Übergabe des Geschenks ausdrücklich erklärt, wem sie etwas schenken, so ist die Eigentumsfrage klar. Lässt sich dies aber nicht mehr aufklären, so gehören die Geschenke im Zweifel beiden Ehegatten. 51

Dies gilt auch, wenn ein Ehegatte dem anderen einen Hausratsgegenstand schenkt. Denn dies wird als Aufmerksamkeit gewertet, verbunden mit der Zielsetzung der gemeinsamen Nutzung.[48] Gleiches wird auch bei selbst angefertigten Haushaltsgegenständen angenommen.[49] 52

Haushaltsgegenstände, die ein Ehepartner mit in die Ehe bringt, werden während der Ehe gemeinsam genutzt. Diese gemeinsame Nutzung führt nicht automatisch auch zu gemeinsamem Eigentum.[50] Eine über die Einräumung der Mitnutzung hinausgehende – stillschweigende – Übertragung von Miteigentum auf den anderen Ehegatten kann ohne besondere konkrete Anhaltspunkte nicht unterstellt werden.[51] 53

Gegenstände, die nicht in der Ehezeit angeschafft oder in der Zeit davor nicht im Hinblick auf die Ehe angeschafft wurden, sind keine Haushaltsgegenstände.[52] An diesen **Gegenständen**, die somit von einem Ehepartner vor der Ehe angeschafft und sodann **mit in die Ehe gebracht** wurden, steht dem entsprechenden Ehepartner ein Absonderungsrecht zu. Er kann sie – ohne Entschädigung – für sich behalten. Dies gilt ebenso für im Weiteren angeschaffte Ersatzgegenstände. Auch an den sog. Surrogaten besteht das alleinige Nutzungs- und Eigentumsrecht des einbringenden Ehegatten fort. 54

Haushaltsgegenstände, die von den Verlobten und späteren Ehepartnern bereits vor der Ehe angeschafft wurden, unterfallen nur dann den Haushaltsgegenständen, wenn sie – nachweisbar – zielgerichtet für den späteren gemeinsamen Hausstand erworben wurden.[53] 55

Grundsätzlich wird vermutet, dass **während der Ehe angeschaffte Gegenstände** im gemeinsamen Eigentum beider Eheleute stehen. Es kommt dabei nicht darauf an, wer den Gegenstand letztlich gekauft und bezahlt hat. Hat z.B. der alleinverdienende Ehemann eine Waschmaschine gekauft und bezahlt und der Familie zur Verfügung gestellt, so handelt es sich um gemeinsames Eigentum beider Eheleute. Behauptet ein Ehegatte, ein Gegenstand gehöre ihm alleine, so muss er dieses entsprechend beweisen. Schwierig ist das oftmals bei Gegenständen, die dem gemeinsamen Haushalt gedient haben. Alleineigentum wird nur dann zu bejahen sein, wenn der Ehegatte diesen Gegenstand gezielt nur für sich alleine gekauft hat (z.B. Stereoanlage). Die Mitnutzung durch den anderen ist dann unschädlich. Handelt es sich hingegen um Gegenstände, die für einen angemessenen Lebensbedarf der Familie angeschafft wurden (z.B. Esstisch, elektrische Geräte in der Küche), sind diese gemeinsames Eigentum der Eheleute. 56

Gemeinsame Haushaltsgegenstände sind nach billigem Ermessen nach den Umständen des Einzelfalles gerecht und zweckmäßig zu verteilen. Eine umfassende Abwägung aller Kriterien ist daher zwingend erforderlich. Falls Kinder vorhanden sind, entspricht es in der Regel der Billigkeit, dass Gegenstände wie Herd, Kühlschrank, Waschmaschine bei dem Ehegatten verbleiben, bei dem die Kinder leben. 57

Musikinstrumente sind nicht als Haushaltsgegenstände anzusehen, wenn sie zur Berufsausbildung genutzt werden oder einem Berufsmusiker dienen. Ein Musikinstrument ist ebenfalls kein Haushaltsgegenstand, wenn es lediglich von einem als Hobbymusiker genutzt wird.[54] Bespielen überwiegend verschiedene Mitglieder der Familie das Instrument, wird es als Haushaltsgegenstand gewertet. 58

IV. Herausgabeanspruch

Die verschiedenen Ansprüche des § 1361a BGB orientieren sich an dem zugrundeliegenden Eigentum. 59

---

[48] *Hoppenz/Müller*, Familiensachen, § 1361a Rn. 36; AG München v. 03.12.2010 - 566 F 881/08.
[49] *Staudinger/Weinreich*, HausratsVO, § 8 Rn. 10.
[50] *Müller*, FÜR 2001, 103, 105.
[51] *Schnitzler*, Münchener Anwaltshandbuch, § 17 Rn. 31.
[52] OLG Brandenburg v. 25.07.2002 - 9 WF 118/02 - FamRZ 2003, 532.
[53] OLG Brandenburg v. 25.07.2002 - 9 WF 118/02 - FamRZ 2003, 532.
[54] AG Weilburg v. 26.05.1999 - 22 F 645/98 - FamRZ 2000, 1017 m.w.N.

§ 1361a

1. Herausgabeanspruch (Absatz 1 Satz 1)

60 Nach der Trennung kann jeder Ehegatte von dem anderen grundsätzlich verlangen, dass die ihm gehörenden Haushaltsgegenstände herausgegeben werden.[55]

61 Das Recht zum Mitbesitz (§ 1353 BGB) kann diesem Anspruch nicht entgegengehalten werden.[56] Diese Norm ist lex specialis gegenüber § 985 BGB[57] und beschränkt sich auf Haushaltsgegenstände. Demnach sind Klagen auf Herausgabe von Haushaltsgegenständen nach § 985 BGB ab dem Zeitpunkt der Trennung der Eheleute unzulässig.[58]

62 Die Haushaltsgegenstände, die herausverlangt werden, müssen nicht Gegenstände i.S.v. §§ 90, 985 BGB sein. Erfasst sind auch surrogierte Geldansprüche unter getrennt lebenden Partnern gegen Sachversicherer[59] oder gegen sonstige Dritte wegen Zerstörung oder Veräußerung eines dem Anspruchsteller gehörenden Haushaltsgegenstandes.[60]

63 Der Herausgabeanspruch ist jedoch durch die in § 1361a Abs. 1 Satz 2 BGB enthaltene Billigkeitsregelung eingeschränkt.

64 Denn die Herausgabe kann nicht verlangt werden, wenn der andere diesen Haushaltsgegenstand zur Führung seines eigenen Haushalts benötigt und die Überlassung der Billigkeit entspricht. Sie regelt eine besondere familienrechtliche Konstellation zwischen den Ehepartnern. Aufgrund dessen finden die allgemeinen Vorschriften des Eigentümer-Besitzer-Verhältnisses hier keine Anwendung.[61]

2. Anspruch auf Gebrauchsüberlassung (Absatz 1 Satz 2)

65 Wer zur Führung eines abgesonderten Haushalts seinem Ehepartner gehörende Sachen benötigt, kann von diesem die Überlassung verlangen, wenn es der Billigkeit entspricht. Die Voraussetzungen entsprechen denen des § 1568a BGB, jedoch geht der Anspruch hier lediglich auf Gebrauchsüberlassung.

66 Durch die Gebrauchsüberlassung wird dem anderen dann ausnahmsweise ein eigenes Besitzrecht eingeräumt. Die Eigentumsverhältnisse werden durch diese Entscheidung jedoch nicht berührt.

67 Voraussetzung für diesen Anspruch ist, dass die Ehegatten voneinander abgesonderte Haushalte führen. Das ist der Fall, wenn sie getrennt voneinander weiter in der ehelichen Wohnung leben, gegebenenfalls auch mit Dritten in einer eigenen Wohnung leben oder im Haushalt von Verwandten leben. Im letzten Fall kann die Herausgabe mit dem Argument verlangt werden, einen eigenständigen Haushalt erst gründen zu wollen.[62]

68 Hinsichtlich der Beurteilung, ob ein Gegenstand benötigt wird, ist auf die ehelichen Lebensverhältnisse, die Erwerbs- und Vermögensverhältnisse und auf die Bedürftigkeit minderjähriger Kinder abzustellen.[63] Hierbei kommt es nicht auf die Dringlichkeit an, sondern vielmehr darauf, ob er diese Gegenstände zur Führung eines alleinigen, den neuen Lebensverhältnissen angemessenen Haushalts angewiesen ist.[64]

69 Das „Benötigen" muss verneint werden, wenn der Nichteigentümer wirtschaftlich so gut gestellt ist, dass er sich den geforderten Haushaltsgegenstand selber verschaffen könnte. Fordern hingegen beide Ehepartner den Haushaltsgegenstand, so ist der Gegenstand nach Billigkeitserwägungen vorrangig dem Eigentümer zuzuordnen.[65]

---

[55] *Brudermüller*, FamRZ 2003, 1705-1713.
[56] *Brudermüller* in: Palandt, § 1361a BGB Rn. 12.
[57] BGH v. 15.05.1991 - XII ARZ 12/91 - FamRZ 1991, 928; OLG Karlsruhe v. 17.05.2006 - 16 UF 220/05 - FamRZ 2007, 59; OLG Nürnberg v. 05.08.2005 - 7 UF 382/05 - FamRZ 2006, 486. Zum Rechtsschutzbedürfnis auf Hausratszuteilung bei Alleineigentum des anderen vgl. *Völker*, jurisPR-FamR 13/2005, Anm. 6.
[58] BGH v. 13.10.1976 - IV ZR 89/75 - BGHZ 67, 217, 220.
[59] H.M. *Brudermüller* in: Palandt, § 1361a BGB Rn. 8; *Weber-Monecke* in: MünchKomm-BGB, § 1361a BGB Rn. 8.
[60] BGH v. 26.09.1979 - IV ARZ 23/79 - FamRZ 1980, 45, 46; BGH v. 09.07.1980 - IVb ARZ 527/80 - FamRZ 1980, 988; BGH v. 02.03.1983 - IVb ARZ 1/83 - FamRZ 1983, 794.
[61] BGH v. 14.03.1984 - IVb ARZ 59/83 - FamRZ 1984, 575; OLG Zweibrücken v. 30.01.1991 - 2 UF 87/90 - FamRZ 1991, 848.
[62] *Klein* in: FA-FamR, Kp. 8 Rn. 141.
[63] OLG Köln v. 10.09.1979 - 14 UF 36/79 - FamRZ 1980, 249; OLG Köln v. 17.04.1986 - 4 UF 64/86 - FamRZ 1986, 703; BayObLG v. 13.01.1972 - BReg 2 Z 90/70 - FamRZ 1972, 139.
[64] KG v. 17.01.2003 - 13 UF 439/02 - FamRZ 2003, 1927.
[65] *Weinreich/Klein*, FamR, 5. Aufl. 2013, S. 404.

Folgende Kriterien werden zur Beurteilung herangezogen: Nutzungsgrad des Haushaltsgegenstandes, Möglichkeit der Ersatzbeschaffung des Haushaltsgegenstandes basierend auf den wirtschaftlichen Gegebenheiten und auch Dauer des Zusammenlebens.[66] 70

Die Sachen müssen in dem Zustand, in dem sie sich zu diesem Moment befinden, übergeben werden. Der Überlassungspflichtige darf keine schlechteren, abgenutzten oder ausrangierten Stücke oder Sachen Dritter statt der bisher gemeinsam genutzten aushändigen. Andererseits muss er die vorhandenen auch nicht ausbessern oder andere anschaffen.[67] 71

Die Voraussetzungen für die Überlassung hat derjenige zu beweisen, der die Überlassung beansprucht. 72

Die Gebrauchsüberlassungspflicht begründet nicht nur eine Einrede gegenüber dem Herausgabeverlangen nach Absatz 1 Satz 1, sondern auch einen davon unabhängigen Anspruch auf Überlassung des Gebrauchs. Satz 2 ist daher als selbständiger Anspruch zu sehen, nicht als bloße Ausnahme von Satz 1.[68] 73

Bis zur Trennung der Ehegatten kam dem Nichteigentümer ein aus § 1353 BGB folgendes Besitzrecht zu; nunmehr wandelt es sich in ein eigenständiges Recht zum Besitz des gebrauchsberechtigten Ehegatten. 74

3. Billigkeit

Der Überlassungsanspruch besteht hingegen nur, wenn die Überlassung des Haushaltsgegenstandes der Billigkeit entspricht. Es ist davon abhängig, ob dem Eigentümer die Überlassung zugemutet werden kann. Zu prüfen ist dabei, ob er die Sache entbehren und sich eine neue anschaffen kann, während sie für den anderen erforderlich ist. 75

Hier ist eine Einzelfallentscheidung zu treffen. Ist zu erwarten, dass der Nichteigentümer mit den ausgehändigten Gegenständen nicht ordnungsgemäß und ordentlich umgeht, so ist die Überlassung als unbillig zu bewerten.[69] Es kann auch nicht erwartet werden, dass eine neue, dem vorherigen Lebensstandard entsprechende Wohnung bestückt wird, insbesondere dann nicht, wenn der Bedarf auf dem Zusammenleben mit einem neuen Partner basiert.[70] Vordringlich berücksichtigt werden hier jedoch die Bedürfnisse minderjähriger Kinder.[71] Das Eingehen einer neuen Partnerschaft führt nicht ohne weiteres zur Unbilligkeit der begehrten Gebrauchsüberlassung. Die Gebrauchsüberlassung darf nur zur Deckung des eigenen Bedarfs verlangt werden; ein Bedarf, der erst durch das Zusammenleben mit einem Dritten entsteht, rechtfertigt eine Gebrauchsüberlassung hingegen nicht.[72] 76

Für den Fall, dass Ansprüche gegen Dritte auf Ersatz des Gegenstandes bestehen, sind diese zwingend abzutreten.[73] 77

Die Gebrauchsüberlassungspflicht ist eine Holschuld. Der Eigentümer muss nicht für den Transport des Haushaltsgegenstandes aufkommen. Er behält auch während der Überlassung den mittelbaren Besitz. 78

Für die Dauer der Nutzung ist der gebrauchsberechtigte Ehegatte zur Pflege und zum Erhalt des Haushaltsgegenstandes verpflichtet. Auf die Haftungserleichterung des § 1359 BGB kann er sich nicht mehr berufen.[74] 79

4. Verteilung gemeinsamer Haushaltsgegenstände (Absatz 2)

Beiden Ehegatten gemeinsam gehörende Sachen kann keiner vom anderen herausverlangen. 80

Bei während der Ehe angeschafften Haushaltsgegenständen wird gemeinsames Eigentum vermutet, sofern nicht das Alleineigentum eines Ehegatten feststeht.[75] Unabhängig vom Güterstand steht jedem Ehegatten der Nachweis offen, Alleineigentümer eines Haushaltsgegenstandes zu sein. Dafür reicht al- 81

---

[66] OLG Köln v. 17.04.1986 - 4 UF 64/86.
[67] OLG Frankfurt v. 13.10.2003 - 2 WF 319/03 - FamRZ 2004, 1105.
[68] *Weber-Moneke* in: MünchKomm-BGB, 6. Aufl. 2013, § 1361a BGB Rn. 10.
[69] *Klein* in: FA-FamR, Kap. 8 Rn. 144.
[70] *Weinreich/Klein*, FamR, 5. Aufl. 2013, S. 404.
[71] BayObLG v. 13.01.1972 - BReg 2 Z 90/70.
[72] *Klein*, FuR 1997, 199, 200.
[73] BGH v. 02.03.1983 - IVb ARZ 1/83 - FamRZ 1983, 794.
[74] *Weinreich/Klein*, FamR, 5. Aufl. 2013, S. 404.
[75] OLG Brandenburg v. 17.02.2000 - 9 UF 39/99 - FamRZ 2000, 1102; OLG Hamburg v. 09.08.1979 - 15a UF 6/79 H - FamRZ 1980, 250.

lerdings der Beweis nicht aus, die Sache im eigenen Namen gekauft und/oder mit eigenen Mitteln bezahlt zu haben; vielmehr hat der Ehegatte zusätzlich zu beweisen, den konkreten Gegenstand für sich selbst erworben zu haben.[76]

82 Diese Gegenstände werden daher während der Dauer des Getrenntlebens nach Billigkeit zur vorläufigen Nutzung verteilt.[77] Es gelten mithin die gleichen Kriterien wie für die Gebrauchsüberlassung nach Absatz 1 Satz 2. Maßgebliche Kriterien für die Verteilung sind die wirtschaftlichen Verhältnisse der Eheleute, Bedürftigkeit und Leistungsfähigkeit sowie das Interesse der von einem Ehegatten betreuten Kinder.

83 Sodann erfolgt eine vorläufige Zuweisung; die Eigentumsvermutung des § 1568b Abs. 2 BGB gilt analog. Die Eigentumsverhältnisse selber bleiben unberührt.

5. Gerichtliche Entscheidung – Überlassungsvergütung (Absatz 3)

84 § 1361a Abs. 3 BGB regelt die gerichtliche Entscheidung und die Überlassungsvergütung.

85 Im Falle der Überlassung von Haushaltsgegenständen kann das Gericht anordnen, dass eine angemessene Nutzungsvergütung zu entrichten ist. Dabei ist lediglich die Nutzung als solche auszugleichen. Nach Billigkeit, orientiert an Einkommens- und Vermögensverhältnissen, Mietwert und Verkehrswert des Haushaltsgegenstandes, wird vom FamG eine angemessene Nutzungsvergütung festgesetzt.

86 Dieser Vergütungsanspruch ist pfändbar.

87 Wird die Überlassung eines Fahrzeugs angeordnet, kann mit der Nutzungsvergütung auch angeordnet werden, dass die mit der Nutzung des Gegenstandes anfallenden Kosten wie Versicherung und Steuern zu entrichten sind.[78] Bei hohem Zeitwert kann sogar der Abschluss einer Vollkaskoversicherung angeordnet werden.[79]

88 Dieser Vergütungsanspruch kann in einem nach § 209 Abs. 3 Satz 1 FamFG vollstreckbaren Titel festgesetzt werden.

C. Prozessuale Hinweise/Verfahrenshinweise

89 In erster Linie obliegt den Ehegatten die Verteilung der Haushaltsgegenstände. Erst wenn ihnen das nicht gelingt, entscheidet das Familiengericht auf Antrag eines Ehegatten. D.h. eine Einleitung des Verfahrens von Amts wegen erfolgt nicht.

90 Der Antragsteller muss einen präzisen Antrag stellen. Diesem soll eine Auflistung sämtlicher Haushaltsgegenstände beigefügt werden bei gleichzeitiger Benennung der Gegenstände, deren Zuteilung begehrt wird (§ 203 Abs. 2 FamFG). Hierdurch wird die Mitwirkungspflicht der Ehepartner fixiert. Diese Bestandsklärung soll der Prozessökonomie dienen und der Verringerung der erforderlichen Nachermittlung durch das Gericht. Eine Antragsfrist sieht das Gesetz nicht vor. Unterlässt der Antragsteller die Präzisierung, kann der Antrag nicht als unzulässig zurückgewiesen werden. Das Gericht muss die Beteiligten vielmehr nach § 28 FamFG auf die bestehenden Mängel hinweisen und zugleich darauf hinwirken, dass alle erheblichen Tatsachen erklärt, ungenügende tatsächliche Angaben ergänzt, Formfehler beseitigt und sachdienliche Anträge gestellt werden. Hierdurch soll die Klärung des genauen Bestands an Haushaltsgegenständen in die vorgerichtliche Phase verlagert werden und der Umfang der Nachermittlungen des Gerichts verringert und somit insgesamt die Verfahrensdauer verkürzt werden.

91 Einen Nachweis darüber, dass zuvor ernsthafte Einigungsverhandlungen stattgefunden haben, kann das Gericht nicht verlangen.[80]

92 Das Gericht hat die zur Entscheidung erforderlichen Tatsachen von Amts wegen zu ermitteln und die notwendigen Beweis in geeigneter Form zu erheben (§§ 26, 29 FamFG). Verfahren nach § 1361a BGB sind als isolierte Verfahren zu führen, da insoweit keine Entscheidung für den Fall der Scheidung zu treffen ist.

---

[76] *Weber-Moneke* in: MünchKomm-BGB, 6. Aufl. 2013, § 1361a BGB Rn. 15.

[77] Oberlandesgericht des Landes Sachsen-Anhalt v. 12.09.2006 - 8 WF 115/06.

[78] OLG München v. 02.07.1997 - 12 UF 958/97 - FamRZ 1998, 1230; *Johannsen/Henrich/Götz*, Familienrecht, 5. Aufl. 2010, § 1361a BGB Rn. 12; *Haußleiter/Schulz*, Vermögensauseinandersetzung bei Trennung und Scheidung, 5. Aufl. 2011, Kap. 4 Rn. 148.

[79] OLG Koblenz v. 18.03.1991 - 11 UF 204/91 - FamRZ 1991, 1302; OLG München v. 02.07.1997 - 12 UF 958/97 - FamRZ 1998, 1230.

[80] *Weber-Moneke* in: MünchKomm-BGB, 6. Aufl. 2013, § 1361a BGB Rn. 16.

Das Gericht ist verpflichtet festzustellen, was an Haushaltsgegenständen vorhanden ist und damit der Aufteilung unterliegt. Der mit dem Verfahren befasste Richter ist deshalb gehalten, von Amts wegen, notfalls durch Einnahme des Augenscheins, festzustellen, was an verteilungsfähigen Haushaltsgegenständen noch vorhanden ist bzw. am Stichtag vorhanden war und in wessen Eigentum diese zur Verteilung verfügbaren Haushaltsgegenstände stehen. Hierzu kann er gemäß § 206 FamFG den Eheleuten innerhalb einer bestimmten Frist entsprechende Auflagen erteilen, die der Klärung der Sachlage dienen. 93

Unterbreiten die Parteien hingegen keinen Vorschlag oder können sie sich nicht einigen, entscheidet das Familiengericht mit dem Ziel einer hälftigen Aufteilung der vorhandenen Sachen. Im Zweifel erfolgt eine Aufteilung Stück für Stück, wobei den Ehegatten möglichst Haushaltsgegenstände von ungefähr gleichem Wert überlassen werden sollen. Eine Aufteilung aller Haushaltsgegenstände ist nicht geboten (§ 1361a Abs. 3 BGB), da eine Beschränkung des Antrags auf einzelne Gegenstände möglich ist. 94

Die Verteilung der Haushaltsgegenstände für die Zeit des Getrenntlebens ist stets als isoliertes Verfahren zu führen, da insoweit keine Einigung für den Fall der Scheidung zu treffen ist. 95

Wird gleichzeitig oder später ein Ehescheidungsverfahren anhängig, bleibt das Verfahren nach § 1361a BGB isoliert und wird unabhängig vom Scheidungsverfahren selbstständig weitergeführt.[81] 96

Für die Dauer des Getrenntlebens gilt die Entscheidung des § 1361a BGB. Wird die Ehe wirksam geschieden oder nehmen die Eheleute ihre eheliche Lebensgemeinschaft wieder auf, so verliert die Entscheidung hingegen ihre Wirksamkeit.[82] 97

Beschlüsse werden mit ihrem Wirksamwerden vollstreckbar (§ 86 Abs. 2 FamFG). Endentscheidungen in Haushaltssachen werden mit Rechtskraft wirksam (§ 209 Abs. 2 FamFG). Rechtskräftige Entscheidungen mit Dauerwirkung (also auch über Haushaltsgegenstände) in Antragsverfahren können auf Antrag aufgehoben oder geändert werden, wenn sich die zugrunde liegende Sach- oder Rechtslage nachträglich wesentlich verändert hat.[83] 98

Gem. § 49 Abs. 1 FamFG kann das Gericht durch eine einstweilige Anordnung vorläufige Maßnahmen treffen, soweit dies nach den für das Rechtsverhältnis maßgebenden Vorschriften gerechtfertigt ist und ein dringendes Bedürfnis für ein sofortiges Tätigwerden besteht. Zuständigkeiten und Verfahren richten sich nach den §§ 50 ff. FamFG. Eine im Wege der einstweiligen Anordnung erfolgte Regelung ist gemäß § 57 FamFG unanfechtbar. 99

Gegen die in Haushaltssachen nach § 1361a BGB ergangene Entscheidung in der Hauptsache ist gem. § 58 Abs. 1 FamFG die **Beschwerde** statthaft, sofern der erforderliche Beschwerdewert von 600 € überschritten ist (§ 61 Abs. 1 FamFG). 100

Die Kostenentscheidung hängt nicht von einem Obsiegen und Unterliegen ab, sondern richtet sich nach den allgemeinen Grundsätzen in den §§ 80 ff. FamFG. Der Geschäftswert ergibt sich aus § 48 Abs. 2 FamGKG. Dabei sollen Aspekte wie wer Veranlasser der Anschaffung des Gegenstandes war oder auf wessen Kosten der Unterhalt des Gegenstandes erfolgte, in die Entscheidung einbezogen werden. Es sind Festwerte als Verfahrenswerte vorgesehen, die häufig unter den bisher maßgeblichen Werten liegen.[84] § 48 Abs. 2 FamGKG sieht für die Verteilung der Haushaltsgegenstände für die Zeit der Trennung einen Wert von 2.000 € / 3.000 € vor. Eine Erhöhung oder Reduzierung ist gemäß § 48 Abs. 3 FamGKG möglich, wenn diese Werte nach den besonderen Umständen des Einzelfalles unbillig erscheinen. Dies kann der Fall sein, wenn besonders wertvolle Haushaltsgegenstände oder aber letztlich wertlose, nur für den Betroffenen wichtige Gegenstände zur Verteilung anstehen. 101

Der Regelwert für eine Haushaltssache gemäß § 48 Abs. 1 und 2 FamGKG kann gemäß § 48 Abs. 3 FamGKG erhöht werden, wenn dies unter Billigkeitsgesichtspunkten geboten ist, namentlich etwa wegen eines besonderen Verfahrensumfangs[85], aufgrund konkret aufgeworfener tatsächlich oder rechtlich besonders schwieriger Fragestellungen, wegen der besonderen Bedeutung für die Beteiligten oder bei besonders guten wirtschaftlichen Verhältnissen. Allein die Höhe einer begehrten Ausgleichszahlung 102

---

[81] OLG Köln v. 22.02.1994 - LwZR 4/93 - FamRZ 1994, 623; OLG München v. 22.09.1995 - 12 UF 1196/95 - FamRZ 1996, 302.
[82] OLG Brandenburg v. 17.02.2000 - 9 UF 39/99 - FamRZ 2000, 1102.
[83] *Weber-Moneke* in: MünchKomm-BGB, 6. Aufl. 2013, § 1361a BGB Rn. 17.
[84] *Schneider*, NJW Spezial 2009, 555.
[85] *Krause*, FamRB 2014, 220.

§ 1361a

rechtfertigt dagegen eine Werterhöhung nicht. Der im Vergleich zum Regelfall erhöhte Umfang eines Verfahrens rechtfertigt jedoch keine Verzehnfachung des für den Verfahrenswert gesetzlich vorgesehenen Festwertes.[86]

103 Nach § 41 FamGKG ist für das vom Hauptsacheverfahren unabhängige Verfahren des einstweiligen Rechtsschutzes der halbe Wert anzusetzen.

104 Für die Vollstreckung durch den Gerichtsvollzieher muss gewährleistet sein, dass der Beschluss eine eindeutige Individualisierung des bezeichneten Haushaltsgegenstandes enthält.[87]

105 Art. 17a EGBGB ordnet für im Inland befindliche Haushaltsgegenstände die Anwendung deutscher Vorschriften an. Die Ansprüche der Aufteilung der Haushaltsgegenstände in Fällen mit Auslandsberührung sind wegen des engen Sachzusammenhangs mit dem Unterhalt Art. 18 EGBGB zuzuordnen.

D. Eigentumsübergang – Pfändung

106 Das Gericht kann nur den Gebrauch provisorisch regeln; Eigentum kann (abweichend von §§ 8 Abs. 3 Satz 1, 9 Abs. 2 der 2009 außer Kraft getretenen HausratV) nicht rechtsgestaltend übertragen werden.

107 Weder das Gericht noch die Eheleute können ohne Zustimmung eines Dritten in dessen Rechte eingreifen. Ein Beschluss oder Vergleich, wie der Dritte zu befriedigen ist, wirkt unter den Ehegatten nur intern. Das gilt vor allem für Sachen, die unter Eigentumsvorbehalt gekauft wurden.

108 Bei dem Anspruch auf Gebrauchsüberlassung handelt es sich um einen höchstpersönlichen Anspruch; dieser ist unpfändbar. Der Überlassungsberechtigte kann sich gegen die Pfändung in den zu überlassenden Gegenstand mit der Erinnerung nach den §§ 766, 811 Nr. 1 ZPO zur Wehr setzen.[88]

E. Verbotene Eigenmacht

109 Entfernt ein Ehegatte eigenmächtig einen Haushaltsgegenstand, ist das Verhältnis des Anspruchs auf Wiedereinräumung des Mitbesitzes gemäß § 861 BGB zu einem Hausratsteilungsverfahren umstritten.

110 Nach einer Meinung stehen die Ansprüche zueinander aufgrund der unterschiedlichen Zwecke in freier Konkurrenz.[89]

111 Nach einer weiteren Ansicht werden die Besitzansprüche generell verdrängt, da es sich bei § 1361a BGB um eine Spezialvorschrift handelt[90], die gezielt auf die Situation im Zusammenhang mit der Trennung ausgerichtet ist. Diverse Prozesse mit möglicherweise widersprüchlichen Entscheidungen würden somit im Sinne der Prozessökonomie vermieden.

112 Die dritte Meinung vermittelt dahingehend, dass § 1361a BGB in entsprechender Anwendung auch bei Geltendmachung possessorischer Ansprüche heranzuziehen sei, wobei der Regelungsgehalt Letzterer im Rahmen der Billigkeitsprüfung einzubeziehen[91] ist.

113 Werden persönliche Haushaltsgegenstände herausverlangt, ist § 985 BGB die Anspruchsgrundlage. Da es sich hierbei um eine sonstige Familiensache nach § 266 FamFG handelt, ist auch hier das Familiengericht zuständig.

---

[86] OLG Celle v. 11.02.2014 - 10 UF 311/13.
[87] OLG Naumburg v. 23.06.2006 - 3 UF 22/06 - FamRZ 2007, 565.
[88] OLG Bamberg JR 1953, 424 (zu § 1361a BGB a.F.), *Weber-Monecke* in: MünchKomm-BGB, § 1361a BGB Rn. 22.
[89] OLG Bamberg v. 14.09.1992 - SA 11/92 - FamRZ 1993, 335, 336; OLG Düsseldorf v. 11.11.1986 - 9 UF 211/86 - FamRZ 1987, 484; OLG Koblenz v. 26.04.2007 - 9 UF 82/07 - FamRZ 2008, 63; *Hambitzer*, FamRZ 1989, 236, 237 f.
[90] BGH v. 13.10.1982 - IVb ZB 154/82 - FamRZ 1982, 1200; BGH v. 15.05.1991 - XII ARZ 12/91 - FamRZ 1991, 928; OLG Zweibrücken v. 27.04.1987 - 2 UF 6/87 - FamRZ 1987, 1146; OLG Hamm v. 15.07.1988 - 5 WF 340/88 - FamRZ 1988, 1303; OLG Köln v. 27.06.2000 - 14 UF 47/00 - FamRZ 2001, 174; OLG Karlsruhe v. 17.05.2006 - 16 UF 220/05 - FamRZ 2007, 59.
[91] OLG Koblenz v. 26.04.2007 - 9 UF 82/07 - NJW 2007, 2337 f.; OLG Karlsruhe v. 17.05.2006 - 16 UF 220/05 - FamRZ 2007, 174; OLG Frankfurt v. 04.06.2002 - 2 UF 80/02 - FamRZ 2003, 47; BGH v. 24.01.2006 - VII ZB 93/05 - FamRZ 2006, 483; *Johannsen/Henrich/Brudermüller*, Rn. 61 ff.; *Klein* in: FAKomm-FamR, Rn. 61 ff.

F. Auskunftspflicht

Wenn der Anspruchsteller unverschuldet in Unkenntnis ist über Art und Umfang der Haushaltsgegenstände, er sich die Kenntnis nicht in zumutbarer Weise anderweitig beschaffen kann und der Verpflichtete diese Auskunft unschwer geben kann (§§ 1353, 242 BGB), muss über die vorhandenen Haushaltsgegenstände Auskunft erteilt werden.[92] Hingegen besteht auf die Anfertigung eines vollständigen Verzeichnisses über den Bestand kein Anspruch.[93]

114

---

[92] OLG Düsseldorf v. 14.07.1986 - 4 UF 43/86 - FamRZ 1987, 81; OLG Frankfurt v. 01.02.1988 - 1 UF 324/87 - FamRZ 1988, 645; OLG Bamberg v. 22.05.1991 - 2 UF 105/91 - FamRZ 1992, 332; a.A. *Brudermüller* in: Palandt, Rn. 18.
[93] OLG Zweibrücken v. 21.11.1994 - 5 UF 35/93 - FamRZ 1995, 1211, 1212.

Kostenrechtl. Hinw. zu § 1361a   jurisPK-BGB / T. Schmidt

Kostenrechtliche Hinweise zu § 1361a BGB Verteilung der Haushaltsgegenstände bei Getrenntleben

(Fassung vom 06.07.2009, gültig ab 01.09.2009)

(1) ¹Leben die Ehegatten getrennt, so kann jeder von ihnen die ihm gehörenden Haushaltsgegenstände von dem anderen Ehegatten herausverlangen. ²Er ist jedoch verpflichtet, sie dem anderen Ehegatten zum Gebrauch zu überlassen, soweit dieser sie zur Führung eines abgesonderten Haushalts benötigt und die Überlassung nach den Umständen des Falles der Billigkeit entspricht.

(2) Haushaltsgegenstände, die den Ehegatten gemeinsam gehören, werden zwischen ihnen nach den Grundsätzen der Billigkeit verteilt.

(3) ¹Können sich die Ehegatten nicht einigen, so entscheidet das zuständige Gericht. ²Dieses kann eine angemessene Vergütung für die Benutzung der Haushaltsgegenstände festsetzen.

(4) Die Eigentumsverhältnisse bleiben unberührt, sofern die Ehegatten nichts anderes vereinbaren.

Gliederung

A. Grundlagen 1
B. Besonderheiten 7
  I. Gegenstandswert 7
    1. Altes Recht bis 01.09.2009 7
    2. Neues Recht ab 01.09.2009 8
  II. Gebühren 15
    1. Angelegenheit 15
    2. Keine Anrechnung auf Folgegebühren 18
    3. Geschäftsgebühr 20
    4. Terminsgebühr 21
C. Arbeitshilfen 23
  I. Beispiel/Muster: Außergerichtliche Regelung des Getrenntlebenshaushaltes mit Haustier 23
  II. Berechnungsprogramme 24
    1. Prozesskostenrechner 24
    2. RVG-Rechner: 1. Instanz mit Anrechnung der Geschäftsgebühr 25

A. Grundlagen

1   In jedem Scheidungsverfahren bedarf es einer entsprechenden Regelung des Haushalts. Häufig einigen sich die Parteien vorab selbst einverständlich hierüber. In vielen Fällen ist jedoch anwaltliche Hilfe notwendig. Idealerweise finden die Parteien im Rahmen einer Getrenntlebensvereinbarung eine einverständliche Lösung. Hier sind dann die Werte für z.B. Ehewohnung, Haushalt, Getrenntlebensunterhalt, elterliche Sorge usw. zu addieren und mit einer Geschäftsgebühr und einer Einigungsgebühr abzurechnen.

2   Wegen des Aufwandes für die Erstellung einer Auflistung der Haushaltsgegenstände und des nunmehr recht geringen Wertes sind die Verfahren bzgl. des Haushalts bei Gericht und Anwaltschaft relativ unbeliebt. Der Anwalt sollte bemüht sein, seinen Aufwand über die Höhe der Rahmengebühr Nr. 2300 VV RVG vergütet zu erhalten.

3   Bei dem Verfahren nach § 1361a BGB handelt es sich um ein vorläufiges Verfahren. Es wird lediglich eine Benutzungsregelung für die Dauer der Trennung getroffen. Im Wesentlichen gelten hier auch die Regelungen, die für das Haushaltsverfahren selbst Anwendung finden.

4   Sowohl bei dem vorläufigen Haushaltsverfahren nach § 1361a BGB als auch bei dem endgültigen Haushaltsverfahren nach § 1568b BGB (bis 01.09.2009: §§ 1, 2 HaushaltsVO) handelt es sich gem. § 111 Nr. 5 FamFG um Familiensachen nach dem FamFG. Auch für diese Verfahren gelten mit In-Kraft-Treten des RVG die Gebührenvorschriften für das „normale" bürgerliche Verfahren. Es entstehen also die vollen Gebühren nach Nr. 3100 ff. VV RVG.

5   Ausführliche Informationen zu den allgemeinen Regelungen für diese Gebühren finden sich im Kapitel: Kostenrechtl. Hinw. in Familiensachen (Teil 4) Rn. 3.

6   Für die Lebenspartnerschaften gelten diese Ausführungen entsprechend gem. §§ 111 Nr. 11, 269 FamFG.

B. Besonderheiten

I. Gegenstandswert

1. Altes Recht bis 01.09.2009

Maßgebend ist das Nutzungsinteresse der Parteien. Dieses ist nach § 100 Abs. 3 Satz 2 KostO i.V.m. § 3 ZPO zu schätzen. Im gerichtlichen Verfahren hat der Richter den Wert festzusetzen, § 100 Abs. 3 Satz 2 KostO. Da es sich lediglich um eine **vorläufige Regelung** handelt, wird der Wert regelmäßig zwischen ¼ und ½ des Wertes des Haushalts angenommen. Entscheidend ist für die Höhe des Wertes die voraussichtliche Dauer der vorläufigen Regelung.[1]

2. Neues Recht ab 01.09.2009

Der Wert für die Regelung von Haushaltssachen während des Getrenntlebens der Ehegatten ergibt sich aus § 48 Abs. 2 FamGKG und beträgt 2.000 €. Es handelt sich um einen Festwert. Aufwändige Ermittlungen zum Wert der Gegenstände erübrigen sich demnach. Nur in Ausnahmefällen ist ein Abweichen von diesem Wert möglich, § 48 Abs. 3 FamGKG.

Auch wenn eine **bezifferte Nutzungsentschädigung** für die Überlassung des Haushalts für die Zeit der Trennung verlangt wird, ändert dies nichts am Wert. § 48 FamGKG verdrängt den § 35 FamGKG insoweit.[2] Ist der Zeitraum nach der Scheidung betroffen, so handelt es sich nicht mehr um eine Haushaltssache, sondern um eine sonstige Familiensache nach § 266 FamFG. Es gilt der Wert nach § 35 FamGKG.

Billigkeitsregelung: Unter besonderen Umständen kann von dem Festwert abgewichen werden, § 48 Abs. 3 FamGKG. Die Entstehung unangemessen hoher oder niedriger Kosten soll verhindert werden.[3]
In Frage kommt ein solches Abweichen bei
- besonders umfangreichen Verfahren,
- Verfahren mit tatsächlich oder rechtlich besonders schwierigen Fragestellungen,
- Verfahren, wo die Überlassung besonders wertvoller Gegenstände geregelt wird,
- einer besonders hohen Bedeutung der Sache für die Beteiligten
- besonders guten wirtschaftlichen Verhältnissen.

Eine Wertreduzierung wird jedoch nur selten zum Tragen kommen, da gerichtliche Hilfe regelmäßig nur dann in Anspruch genommen wird, wenn eine selbständige Einigung nicht möglich ist.[4] Eine Wertreduzierung ist möglich bei Verfahren, welche nur einzelne Gegenstände betreffen, die nur für die Beteiligten von Wert sind – z.B. bei der Herausgabe von zwei Katzen (materieller Wert: 88 €) in einem Haushaltsverfahren nach § 1568b BGB (Wert: 1.000 € statt 3.000 €).[5]
Unter Beachtung der genannten Gesichtspunkte ist ein Verfahren, dessen Akte 660 Seiten umfasst und bei dem zwei Anhörungstermine durchgeführt wurden, besonders umfangreich und rechtfertigt eine Verdoppelung des Wertes auf 4.000 €.[6]

§ 48 Abs. 3 FamGKG sieht die **Änderung des Wertes durch das Gericht** vor. Diese Vorschrift ist gem. § 23 Abs. 1 RVG für die Wertermittlung nach dem RVG entsprechend anzuwenden. Sie gilt demzufolge auch entsprechend für das außergerichtliche Verfahren. Fraglich ist, wer in einem **außergerichtlichen Verfahren** den Wert im Falle der Unbilligkeit anpassen kann. Da das Gericht nicht beteiligt ist, kann es nur dem Rechtsanwalt obliegen, die Unbilligkeit angemessen zu berücksichtigen. Alternative hierzu wäre, dass der unbillige Wert unverändert bleibt. Dies widerspricht der Intention des Gesetzes.

Hinweis: Im Rahmen einer außergerichtlichen Vertretung könnte der Rechtsanwalt hier eine angemessene Vergütung auch über die **Erhöhung des Gebührensatzes** der Geschäftsgebühr erreichen, da das Merkmal der „Bedeutung" eine Erhöhung rechtfertigt.

Über § 5 Abs. 3 FamGKG gilt diese Wertvorschrift auch für entsprechende Verfahren in **Lebenspartnerschaftssachen**.

---

[1] OLG Düsseldorf v. 21.12.1990 - 3 WF 232/90; a.A. OLG Oldenburg v. 25.08.2003 - 3 WF 123/03: Hiernach ist der gesamte Wert des Haushalts maßgebend.
[2] *Schneider* in: HK-FamGKG, 2. Aufl. 2014, § 35 Rn. 70.
[3] BT-Drs. 16/6308, S. 307.
[4] *Türck-Brocker* in: HK-FamGKG, 2. Aufl. 2014, § 48 Rn. 21.
[5] OLG Köln v. 14.03.2011 - 4 WF 40/11.
[6] OLG Celle v. 11.02.2014 - 10 UF 311/13.

Kostenrechtl. Hinw. zu § 1361a

14 Für eine **einstweilige Anordnung** beträgt der Wert wie bei allen einstweiligen Anordnungen die Hälfte des Wertes der Hauptsache, hier also 1.000 €, §§ 41, 48 Abs. 2 FamGKG.[7]

II. Gebühren

1. Angelegenheit

15 Bzgl. der Nutzungsregelung/Zuweisung von Haushaltsgegenständen kann es verschiedene Angelegenheiten geben, die klar voneinander abzugrenzen und auch getrennt abzurechnen sind. Für die Regelung der Nutzung der Haushaltsgegenstände während des Getrenntlebens sind folgende verschiedene Angelegenheiten mit demselben Gegenstand denkbar:
- Beratung – § 34 RVG (ggf. Anrechnung),
- Außergerichtliche Vertretung – Nr. 2300 VV RVG (ggf. Anrechnung),
- Einstweilige Anordnung – Nr. 3100 VV RVG (keine Anrechnung),
- Hauptsacheverfahren – Nr. 3100 VV RVG (keine Anrechnung),
- Beschwerdeverfahren – Nr. 3200 VV RVG (keine Anrechnung),
- Einstweilige Anordnung in der Beschwerdeinstanz – VB 3.2 (2), Nr. 3100 VV RVG (keine Anrechnung).

16 Das Verfahren zur Regelung von Haushaltssachen während des Getrenntlebens stellt im Verhältnis zu dem Verfahren auf Regelung nach der Scheidung eine gesonderte Angelegenheit dar. Es handelt sich um verschiedene Gegenstände. Verfahren nach § 1361a BGB können nicht Gegenstand des Verbundes sein, da hier keine Entscheidung für den Fall der Scheidung zu treffen ist, § 137 Abs. 2 FamFG.

17 Es kann mehrere Verfahren zur Regelung von Haushaltssachen während des Getrenntlebens geben (wegen unterschiedlicher Gegenstände). Allerdings sind diese, wenn sie parallel geltend gemacht werden, zu einer Angelegenheit zusammenzufassen.

2. Keine Anrechnung auf Folgegebühren

18 Die ggf. für die Regelung der Nutzung des Haushalts während der Trennungszeit entstehende Geschäftsgebühr ist nicht auf die Verfahrensgebühr für ein Verfahren zur Haushaltsteilung nach § 1568b BGB anzurechnen. Die Streitgegenstände sind nicht dieselben. Zum einen geht es um eine Nutzungsregelung für die Dauer der Trennung bis zur Scheidung, und in dem anderen Verfahren geht es um eine endgültige Regelung für den Zeitraum nach der Scheidung. Dies lässt sich auch daran festmachen, dass es sich bei einer gerichtlichen Geltendmachung beider Ansprüche um unterschiedliche Angelegenheiten handeln würde.

19 Etwas anderes gilt natürlich dann, wenn die außergerichtliche Tätigkeit des Anwalts bzgl. § 1361a BGB erfolglos bleibt und anschließend diesbezüglich ein gerichtliches Verfahren anhängig gemacht wird. In diesem Fall sind die entsprechenden Gebühren anzurechnen, da es sich um denselben Gegenstand handelt.

3. Geschäftsgebühr

20 Haushaltsverfahren stellen häufig sehr zeitaufwändige Verfahren dar, da der Haushalt ermittelt und bewertet werden muss. Hierdurch erhöht sich der Umfang der Tätigkeit. Entsprechend häufig wird dies eine Erhöhung der Geschäftsgebühr Nr. 2300 VV RVG rechtfertigen. Dies sollte insbesondere im Hinblick auf den oft recht geringen Wert des Haushalts beachtet werden. Zur Bemessung des Umfangs vgl. die Kostenrechtl. Hinw. in Familiensachen (Teil 5) Rn. 4.

4. Terminsgebühr

21 Da in dem FamFG-Verfahren Getrenntlebenshaushalt kein Versäumnisurteil möglich ist, ist auch das Entstehen einer reduzierten Terminsgebühr nach Nr. 3105 VV RVG nicht möglich. Es entsteht damit grundsätzlich die volle 1,2 Terminsgebühr Nr. 3104 VV RVG.

22 Eine Terminsgebühr im schriftlichen Verfahren (Nr. 3104 Abs. 1 Nr. 1 VV RVG) kann im Haushaltsverfahren entstehen, da nach § 207 FamFG grundsätzlich ein Erörterungstermin vorgeschrieben ist. Der Erörterungstermin der freiwilligen Gerichtsbarkeit steht einem Verhandlungstermin in Familienstreitsachen gleich. Seit der Einführung des RVG wird nicht mehr zwischen Verhandlung und Erörterung differenziert. Jedenfalls wird hier durch das Einverständnis der Parteien ein vorgeschriebener ge-

---

[7] OLG Saarbrücken v. 16.03.2012 - 6 WF 13/12.

richtlicher Termin erspart. Damit ist die Intention der Vorschrift erfüllt. Es wird ein obligatorischer Termin erspart mit dem Ergebnis der Beschleunigung der Verfahren und Entlastung der Gerichte. Diese Ansicht ist sehr umstritten.[8]

C. Arbeitshilfen

I. Beispiel/Muster: Außergerichtliche Regelung des Getrenntlebenshaushaltes mit Haustier

Die Ehegatten haben sich getrennt und bereits selbständig über den Haushalt geeinigt. Eine Scheidung ist zunächst nicht beabsichtigt. Es besteht Streit über die Zuteilung des gemeinsamen Hundes. Der Hund hat eine besondere Bedeutung für die Beteiligten. Der Anwalt hat daher einen erheblichen Aufwand, bis ein entsprechender Vergleich geschlossen wird. Der besondere Aufwand rechtfertigt eine Erhöhung der Geschäftsgebühr.

	Geschäftsgebühr, Nr. 2300 VV (2,0); Wert: 2.000 €*	300,00 €
+	Einigungsgebühr, Nr. 1000 VV (1,5); Wert: 2.000 €	225,00 €

* Anmerkung: da hier nur ein einzelner Gegenstand des Haushalts betroffen ist, wäre auch eine Reduzierung des Wertes denkbar gewesen.

II. Berechnungsprogramme

1. Prozesskostenrechner

Mit diesem Berechnungsprogramm können Sie kalkulieren, welche Prozesskosten auf Ihren Mandanten zukommen können (mit 2. Instanz, Vergleich, Beweisauslagen, gegnerischem Anwalt): Prozesskostenrechner.

2. RVG-Rechner: 1. Instanz mit Anrechnung der Geschäftsgebühr

Mit diesem Berechnungsprogramm können Sie die anwaltliche Vergütung für das außergerichtliche Verfahren (Nr. 2300 VV RVG) und das gerichtliche Verfahren (Nr. 3100, 3104, 1003 VV RVG) berechnen: RVG-Rechner (1. Instanz mit Anrechnung der Geschäftsgebühr).

---

[8] OLG Stuttgart v. 14.09.2010 - 8 WF 133/10; *Wahlen/Onderka/Schneider* in: AnwK-RVG, 7. Aufl. 2014, VV 3104 Rn. 21; a.A. OLG Schleswig v. 12.02.2014 - 15 WF 410/13; OLG Bremen v. 03.09.2012 - 5 WF 112/12; OLG München v. 24.01.2012 - 11 WF 126/12.

§ 1361b BGB Ehewohnung bei Getrenntleben

(Fassung vom 02.01.2002, gültig ab 01.01.2002)

(1) ¹Leben die Ehegatten voneinander getrennt oder will einer von ihnen getrennt leben, so kann ein Ehegatte verlangen, dass ihm der andere die Ehewohnung oder einen Teil zur alleinigen Benutzung überlässt, soweit dies auch unter Berücksichtigung der Belange des anderen Ehegatten notwendig ist, um eine unbillige Härte zu vermeiden. ²Eine unbillige Härte kann auch dann gegeben sein, wenn das Wohl von im Haushalt lebenden Kindern beeinträchtigt ist. ³Steht einem Ehegatten allein oder gemeinsam mit einem Dritten das Eigentum, das Erbbaurecht oder der Nießbrauch an dem Grundstück zu, auf dem sich die Ehewohnung befindet, so ist dies besonders zu berücksichtigen; Entsprechendes gilt für das Wohnungseigentum, das Dauerwohnrecht und das dingliche Wohnrecht.

(2) ¹Hat der Ehegatte, gegen den sich der Antrag richtet, den anderen Ehegatten widerrechtlich und vorsätzlich am Körper, der Gesundheit oder der Freiheit verletzt oder mit einer solchen Verletzung oder der Verletzung des Lebens widerrechtlich gedroht, ist in der Regel die gesamte Wohnung zur alleinigen Benutzung zu überlassen. ²Der Anspruch auf Wohnungsüberlassung ist nur dann ausgeschlossen, wenn keine weiteren Verletzungen und widerrechtlichen Drohungen zu besorgen sind, es sei denn, dass dem verletzten Ehegatten das weitere Zusammenleben mit dem anderen wegen der Schwere der Tat nicht zuzumuten ist.

(3) ¹Wurde einem Ehegatten die Ehewohnung ganz oder zum Teil überlassen, so hat der andere alles zu unterlassen, was geeignet ist, die Ausübung dieses Nutzungsrechts zu erschweren oder zu vereiteln. ²Er kann von dem nutzungsberechtigten Ehegatten eine Vergütung für die Nutzung verlangen, soweit dies der Billigkeit entspricht.

(4) Ist nach der Trennung der Ehegatten im Sinne des § 1567 Abs. 1 ein Ehegatte aus der Ehewohnung ausgezogen und hat er binnen sechs Monaten nach seinem Auszug eine ernstliche Rückkehrabsicht dem anderen Ehegatten gegenüber nicht bekundet, so wird unwiderleglich vermutet, dass er dem in der Ehewohnung verbliebenen Ehegatten das alleinige Nutzungsrecht überlassen hat.

Gliederung

A. Grundlagen 1	2. Darlegungs- und Beweislastregeln nach Absatz 2 39
I. Konkurrenzen 2	3. Befristung und Räumungsfrist 41
II. Eigenmächtige Wohnungsnahme 10	V. Unterlassungspflicht/Wohlverhaltensgebot (Absatz 3 Satz 1) 43
B. Tatbestandsvoraussetzungen 16	
I. Normstruktur 16	VI. Nutzungsentgelt (Absatz 3 Satz 2) 47
II. Eheleute, Trennung, Ehewohnung 17	VII. Freiwillige Überlassung/Überlassungsvermutung 63
III. Nutzungsüberlassung, unbillige Härte 24	
1. Unbillige Härte 27	VIII. Schematische Übersicht 65
2. Wohl der im Haushalt lebenden Kindern 30	**C. Verfahrensrecht** 66
3. Dingliche Rechte und Mitberechtigte 33	**D. Internationale Zuständigkeit/IPR** 89
IV. Billigkeitsabwägung, Nutzungsregelung 34	
1. Aufteilung der Ehewohnung/Alleinzuweisung 36	

A. Grundlagen

1 § 1361b BGB regelt die **Nutzung der Ehewohnung** durch die Ehegatten für die **Zeit der Trennung**. Beide Ehegatten können die Alleinnutzung der Ehewohnung oder Aufteilung der Ehewohnung beantragen, um so ein Getrenntleben zu gewährleisten.

I. Konkurrenzen

Die Zuweisung oder Aufteilung einer Ehewohnung kann auf folgender Grundlage geschehen:
- gem. § 1361b BGB für die Zeit der Trennung,
- gem. § 1568a BGB für die Zeit nach der Scheidung,
- gem. § 2 GewSchG, unabhängig vom Zeitpunkt der Trennung oder Scheidung.

Die Regelung der Wohnungszuweisung **nach Scheidung** richtet sich materiell nach den Vorschriften des § 1568a BGB. Für den Bereich der Ehewohnungszuweisung nach Scheidung ist dabei gem. § 1568a Abs. 3 und 5 BGB (im Gegensatz zur Vorschrift des § 1361b BGB) auch die Begründung oder Abänderung eines Mietvertrags möglich.[1] Wird während eines Verfahrens nach § 1361b BGB die Scheidung rechtskräftig, hat das FamG auf die geänderte Rechtslage hinzuweisen, da nach der Scheidung eine Regelung der Nutzung nicht mehr nach § 1361b BGB zulässig ist.[2]

Neben den §§ 1361b BGB und 1568a BGB kann die Zuweisung der Wohnung (während der Trennung/nach Scheidung) auch nach dem GewSchG erfolgen. § 1361b BGB und die Regelungen des GewSchG sind nebeneinander anwendbar,[3] wenn die jeweiligen Tatbestandsvoraussetzungen gegeben sind.

Es ergibt sich folgende Übersicht für die Wohnungszuweisung:

Vorläufige Regelung (Trennung)		Endgültige Regelung (bei/nach Scheidung)	
formell	materiell	formell	materiell
§§ 200 ff. FamFG	§ 1361b BGB	§§ 200 ff. FamFG	§ 1568a BGB
§§ 210 ff. FamFG	§ 2 GewSchG	§§ 210 ff. FamFG	§ 2 GewSchG

Neben § 1361b BGB kommt daher § 2 GewSchG für eine Wohnungszuweisung in Betracht, wobei unterschiedliche Tatbestandsvoraussetzungen gelten:
- § 1361b BGB ist nur unter Eheleuten anwendbar, während § 2 GewSchG eine Wohnungszuweisung für alle Haushaltsgemeinschaften möglich macht, also z.B. auch für die nichteheliche Lebensgemeinschaft.
- Im Gegensatz zu § 2 GewSchG ist zudem die Trennung der Eheleute bzw. der Trennungswille eines Ehegatten Voraussetzung.
- Nach § 1361b BGB erfolgt die Zuweisung nur für die Trennungszeit, nach § 2 GewSchG ist eine Befristung vorgesehen bei gemeinsamer dinglicher Berechtigung oder gemeinsamem Mietvertrag. Besteht eine dingliche (Allein-)Berechtigung des weichenden Ehegatten, ist die Zuweisung gem. § 2 Abs. 2 Satz 2 GewSchG auf sechs Monate zu befristen, während gem. § 1361b BGB eine Zuweisung für die gesamte Trennungszeit beschlossen werden kann.
- Schließlich kann nach § 1361b BGB eine Zuweisung nicht nur bei Vorliegen häuslicher Gewalt, sondern auch bei einer sonstigen unbilligen Härte erfolgen, insbesondere der Beeinträchtigung des Wohls der im Haushalt lebenden Kinder.

Unabhängig von den in der Antragsschrift zitierten Vorschriften kann das Familiengericht nach dem Meistbegünstigungsprinzip die durch den Sachverhalt gedeckten Normen anwenden. Wenn die getrennt lebende Ehefrau den Antrag auf Wohnungszuweisung wegen einer angeblichen Gewalttätigkeit des Ehemannes aber ausdrücklich auf das GewSchG stützt, ist der Antrag als ein solcher nach § 2 GewSchG auszulegen, eine Prüfung der Voraussetzungen des § 1361b BGB ist dann nicht zwingend.[4] Allerdings hat das Familiengericht zuvor nach § 28 Abs. 1, 2 FamFG entsprechenden Hinweis zu erteilen.[5]

In der anwaltlichen Praxis ist der Antrag ausdrücklich auf eine bestimmte Norm zu stützen, wenn wegen der unterschiedlichen Rechtsfolgen dem Begehr entweder mit Antrag nach § 1361b BGB oder § 2 GewSchG besser entsprochen werden kann (**Beispiel**: Die trennungswillige Ehefrau begehrt mit den gemeinsamen Kindern Zuweisung des im Alleineigentum des Ehemannes stehenden Hauses, möglich nach § 2 Abs. 2 Satz 2 GewSchG befristet für die Dauer von 6 Monaten, nach § 1361b BGB jedoch für die gesamte Trennungszeit).

---

[1] Eingehend zur neuen Regelung: *Götz/Brudermüller*, FamRZ 2009, 1261, 1262.
[2] OLG Naumburg v. 26.07.2002 - 8 UF 144/02.
[3] BT-Drs. 14/5429, S. 21; *Schumacher*, FamRZ 2002, 645, 653; a.A. *Klein*, Handbuch des Fachanwalts für FamR, Kap. 8, Rn. 228 f. mit ergänzender Anwendbarkeit der Regelungen des § 2 GewSchG.
[4] OLG Bamberg v. 16.02.2011 - 7 UF 37/11 - FamRZ 2011, 1419.
[5] OLG Bamberg v. 16.02.2011 - 7 UF 37/11 - FamRZ 2011, 1419.

§ 1361b

9   Der Anspruch aus § 1361b BGB ist für die Nutzungsrechte der Ehegatten bei Trennung die **spezialgesetzliche Regelung**. Er verdrängt daher in der Trennungszeit die **Nutzungsansprüche aus Gemeinschaft nach § 745 Abs. 2 BGB** bei Miteigentum an der Ehewohnung[6] und die vindikatorischen Ansprüche aus § 985 BGB bei Alleineigentum eines Ehegatten an der Ehewohnung.[7] Die Nutzungsansprüche aus Gemeinschaft nach § 745 BGB kommen erst wieder nach Rechtskraft der Scheidung in Betracht, wenn eine Einigung der früheren Eheleute über die Nutzung der gemeinsamen Immobilie vorliegt.[8] Die Immobilie hat dann den Charakter als Ehewohnung verloren.

II. Eigenmächtige Wohnungsnahme

10 Im Fall der „**eigenmächtigen Wohnungszuweisung**", also im Fall des Aussperrens des anderen Ehegatten ist das Konkurrenzverhältnis zu den Besitzschutzansprüchen umstritten.

11 Nach herrschender Meinung kann ein Ehegatte, der vom anderen Ehegatten aus der Ehewohnung während der Trennungszeit ausgesperrt wurde, die Wiedereinräumung des Besitzes an der Ehewohnung zum Zwecke des Getrenntlebens innerhalb der Wohnung nach § 1361b BGB (analog) verlangen, wobei der Regelungsgehalt des possessorischen Besitzschutzes bei der Entscheidung mit einzubeziehen ist.[9]

12 Nach anderer Meinung ist im Fall der eigenmächtigen Ehewohnungsnahme § 1361b BGB nicht lex specialis zu den Besitzschutzrechten aus § 861 BGB.[10] Sperrt also ein Ehegatte als Alleineigentümer den anderen Ehegatten aus der Ehewohnung aus, kann dieser nach dieser Ansicht Wiedereinräumung seines Mitbesitzes aus possessorischem Recht verlangen.[11] Gegenanträge auf Zuweisung nach § 1361b BGB wären aber auch nach dieser Meinung im Rahmen der Entscheidung zu berücksichtigen.[12]

13 Die Regelung nach § 1361b BGB berührt grundsätzlich nur die Rechte der Ehegatten zueinander und greift nicht in Rechtspositionen Dritter ein, wie z.B. des Vermieters oder Eigentümers.[13] Ist ein Ehegatte vom Vermieter aus dem Mietvertrag entlassen worden, nicht jedoch vom anderen Ehegatten, bestimmen sich die Rechtsfolgen zwischen den Ehegatten nicht nach § 1361b BGB, sondern nach Treu und Glauben.[14] Die Ehegatten können im Verfahren nach § 1361b BGB angesichts des vorläufigen Charakters nicht ohne Zustimmung des Vermieters erreichen, dass das Mietverhältnis endgültig nur zwischen einem Ehegatten und dem Vermieter fortgeführt wird. Dies ist nur im Wege einer endgültigen Regelung gem. § 1568a BGB nach Scheidung möglich.[15] Allerdings kann ein Ehegatte gegenüber dem anderen während der Trennungszeit verpflichtet sein, an der Entlassung aus dem gemeinsamen Mietverhältnis mitzuwirken, wenn diese Änderung angemessen und für den betroffenen Ehegatten zumutbar ist.[16]

14 Die Vorschrift ist nicht anwendbar auf die **nichteheliche Lebensgemeinschaft**. Für **Lebenspartner** regelt das LPartG für die Zeit der Trennung und nach Auflösung der Gemeinschaft die Rechte über die Ehewohnung in den Vorschriften der §§ 13-14 LPartG, die inhaltlich den BGB-Vorschriften entsprechen.

15 Die Wohnungszuweisung bei Trennung gem. § 1361b BGB ist Familiensache i.S.d. § 111 FamFG. Es gelten für das **Verfahren** daher die Vorschriften des FamFG, insbesondere die **§§ 200-209 FamFG**.

---

[6] OLG Hamm v. 01.07.2010 - II-3 UF 222/09 - FamRZ 2011, 481.
[7] BGH v. 15.02.2006 - XII ZR 202/03 - NJW-RR 2006, 1081 = FamRZ 2006, 930.
[8] BGH v. 04.08.2010 - XII ZR 14/09 - FamRZ 2010, 573; OLG Stuttgart v. 25.07.2011 - 7 W 41/11 - FamRZ 2012, 33.
[9] *Brudermüller* in: Palandt, BGB, 73. Aufl., § 1361b Rn. 18 m.w.N.; OLG Karlsruhe v. 25.04.2000 - 2 UF 195/99 - NJW-RR 939-940 = FamRZ 2001, 760; AG Neustadt a. Rbge. v. 16.11.2004 - 34 F 116/04 WH, 34 F 116/04 - FamRZ 2005, 1253: für den Anspruch aus § 1011 BGB auf Einräumung des Mitbesitzes bei Miteigentum.
[10] *Weber-Monecke* in: MünchKomm-BGB, 6. Aufl. 2013, § 1361b Rn. 2.
[11] Mit dieser Ansicht sind die Verfahren auf Wiedereinräumung des Besitzes daher nicht nach den §§ 200 ff. FamFG, sondern als Familienstreitsache im Sinne der §§ 266, 112 Nr. 3 FamFG zu führen, also weitestgehend nach den Regelungen der ZPO.
[12] So für den Hausrat: *Weber-Monecke* in: MünchKomm-BGB, 6. Aufl. 2013, § 1361a Rn. 24.
[13] Anders jedoch für die Zeit nach rechtskräftiger Scheidung: § 1568a BGB.
[14] BGH v. 03.03.2004 - VIII ZR 124/03.
[15] OLG Hamm v. 18.01.2000 - 7 WF 31/00 - FamRZ 2000, 1102.
[16] Oberlandesgericht Hamburg v. 10.09.2010 - 12 WF 51/10 - FamRZ 2011, 481.

B. Tatbestandsvoraussetzungen
I. Normstruktur

Der Tatbestand der Wohnungszuweisung ist in § 1361b Abs. 1 BGB geregelt. Absatz 2 enthält Beweisregeln für bestimmte Anwendungsfälle, insbesondere bei Vorliegen häuslicher Gewalt. Absatz 3 gibt dem Gericht die Möglichkeit, notwendige flankierende Maßnahmen und eine Nutzungsvergütung anzuordnen. Im Falle der freiwilligen Aufgabe der Mitbenutzung über einen längeren Zeitraum statuiert Absatz 4 eine unwiderlegliche Vermutung und schließt die Rückkehr gegen den Willen des in der Wohnung Verbliebenen aus.[17]

16

II. Eheleute, Trennung, Ehewohnung

§ 1361b Abs. 1 Satz 1 BGB begründet nur Ansprüche für **Eheleute** und gem. §§ 13-14 LPartG für Lebenspartner, nicht aber für Partner einer nichtehelichen Lebensgemeinschaft.

17

Voraussetzung ist weiter ein Getrenntleben oder der Wille zum **Getrenntleben** im Sinne des § 1567 Abs. 1 BGB, wobei der Trennungswunsch wenigstens eines Ehegatten ausreicht, § 1361b Abs. 1 Satz 1 BGB. Die Zuweisung der Ehewohnung im Rahmen einer reinen Beziehungsklärung der Eheleute – bei der einvernehmlich ein Ehegatte nur vorübergehend auszieht – kommt daher mangels Getrenntleben nicht in Betracht.

18

Bei einer **Versöhnung** und einem erneutem Zusammenleben der Eheleute in der Wohnung ist das Verfahren nach § 1361b BGB erledigt. Bei erneuter Trennung ist daher eine neue Nutzungsregelung herbeizuführen.[18]

19

Zur **Ehewohnung** gehören:
- alle Räume, die von den Ehegatten zu Wohnzwecken genutzt oder bestimmt waren,[19]
- daher auch Zweit- und Ferienwohnungen, die der familiären Nutzung bestimmt sind,[20]
- Nebenräume wie Keller, Garage, Sport- und Fitnessräume, sofern diese von den Eheleuten vor der Trennung gemeinsam genutzt wurden,[21]
- eine Gartenlaube im Schrebergarten.[22]

20

Umstritten ist, ob ein Gartenhaus zur Ehewohnung gehört.[23]

Nicht zur **Ehewohnung** gehören:
- gewerblich und beruflich genutzte Räume, auch wenn sie nicht von der Ehewohnung abgetrennt sind oder sie sich eindeutig wirtschaftlichen Zwecken eines Ehegatten zuordnen lassen.[24]

21

Ein Nutzungsüberlassungsanspruch nach § 1361b Abs.1 BGB kann nur bestehen, solange die Räumlichkeiten noch als Ehewohnung zu qualifizieren sind. Die Räumlichkeiten behalten dabei weiter den **Charakter als Ehewohnung**, soweit noch **keine endgültige Aufgabe** der Wohnung durch den weichenden Ehegatten vorliegt, also ein Ehegatte nur vorläufig auszieht, um den erheblichen Spannungen aus dem Wege zu gehen.[25] Eine Ehewohnung i.S.d. Vorschrift ist tatbestandlich nur dann gegeben, wenn nach dem Auszug des weichenden Ehegatten der andere Ehegatte noch darin wohnen will.[26]

22

Mangels Qualifikation als Ehewohnung kann daher derjenige eine Nutzungsüberlassung nicht mehr verlangen, der aus dem Mietvertrag entlassen wurde[27] oder wenn der ausgezogene Ehegatte als Alleinmieter das Mietverhältnis für die Wohnung gekündigt hat.[28] Eine Zuweisung kommt auch dann nicht

23

---

[17] *Brudermüller*, FamRZ 2003, 1705-1713.
[18] OLG Brandenburg v. 17.02.2000 - 9 UF 39/99 - FamRZ 2000, 1102, 1103.
[19] BGH v. 21.03.1990 - XII ARZ 11/90 - FamRZ 1990, 987 (Wohnlaube); OLG München v. 10.06.1986 - 4 UF 18/86 - FamRZ 1986, 1020.
[20] OLG Frankfurt v. 06.11.1981 - 2 UF 228/81 - FamRZ 1982, 398; a.A. OLG München v. 28.12.1993 - 2 UF 1299/93 - FamRZ 1994, 1331.
[21] Thüringer Oberlandesgericht v. 21.01.2004 - 1 UF 505/03 - FamRZ 2004, 877.
[22] Teilweise wird aber ein öffentl. Nutzungsrecht verlangt: OLG Naumburg v. 07.09.2004 - 3 WF 137/04 - FamRZ 2005, 1269.
[23] OLG Hamm v. 30.10.2008 - II-2 UF 147/08, 2 UF 147/08 - NJW-RR 2009, 440 = FamRZ 2009, 1225; *Weber*, NJW 2010, 3071.
[24] OLG Koblenz v. 19.02.1997 - 11 UF 856/96 - OLGR 1997, 129.
[25] OLG Jena v. 21.01.2004 - 1 UF 505/03 - NJW-RR 2004, 435-436.
[26] OLG Karlsruhe v. 14.10.2003 - 16 UF 154/03.
[27] BGH v. 03.03.2004 - VIII ZR 124/03.
[28] OLG Köln v. 10.03.2005 - 14 UF 11/05 - FamRZ 2005, 1993.

§ 1361b

in Betracht, wenn die Ehewohnung durch beide Ehegatten schon aufgegeben wurde.[29] Gleiches gilt, wenn die Eheleute bereits eine eindeutige und endgültige Regelung über ihr gemeinsames Haus als (bisherige) Ehewohnung getroffen haben.[30]

III. Nutzungsüberlassung, unbillige Härte

24 Nach § 1361b Abs. 1 BGB besteht ein Anspruch auf Nutzungsüberlassung der Ehewohnung nur, soweit dies geboten ist

- zur Vermeidung einer **unbilligen Härte unter Berücksichtigung der Belange des anderen Ehegatten**, § 1361b Abs. 1 Satz 1 BGB, oder
- zur Vermeidung einer **unbilligen Härte in Form der Beeinträchtigung des Kindeswohls** der im Haushalt lebenden Kinder, § 1361b Abs. 1 Satz 2 BGB.

25 Bei der vorzunehmenden Abwägung sind dabei **dingliche Rechte** eines Ehegatten an der Ehewohnung besonders zu berücksichtigen.

26 Der Begriff der „unbilligen Härte" wurde mit Inkrafttreten des Gewaltschutzgesetzes als Anspruchsvoraussetzung eingeführt (davor: „schwere Härte").

1. Unbillige Härte

27 Der Begriff der unbilligen Härte ist durch § 1361b BGB nicht definiert und daher im Einzelfall, unter Berücksichtigung der besonderen Situation der Eheleute und des Verhaltens der Eheleute, auszufüllen.[31] Dabei ist der Anwendungsbereich der Vorschrift nicht auf Sachverhalte unmittelbarer Gefahr für Leib und Leben des betroffenen Ehegatten beschränkt. Es genügen vielmehr außergewöhnliche Umstände, die auch unter Berücksichtigung des anderen Ehegatten dessen Verbleiben in der Ehewohnung für den betroffenen Ehegatten zur unerträglichen Belastung machen. Dazu zählt insbesondere grob rücksichtsloses Verhalten des anderen Ehegatten.[32]

28 Eine unbillige Härte liegt daher nicht vor bei bloßen Unannehmlichkeiten oder Unbequemlichkeiten, wie sie sich bei jeder Trennung ergeben.[33] Ebenso wenig begründen mangelnde Hygiene, verbal-aggressives Verhalten oder Schweigen eine unbillige Härte.[34] Auch fehlende oder unzureichende Unterhaltsleistungen rechtfertigen noch nicht die Annahme einer unbilligen Härte.[35] Erforderlich ist eine Gesamtabwägung der durch Art. 6 GG geschützten Interessen der Ehe und den Individualinteressen an einer räumlichen Trennung. Eine unbillige Härte ist erst dann anzunehmen, wenn auf Dauer angelegte und in ihrer Anhäufung erhebliche ehezerstörende Vorkommnisse vorliegen, die über die zum regelmäßigen Erscheinungsbild einer zerrütteten Ehe gehörenden Belästigungen hinausgehen, so dass einem Ehegatten die Fortsetzung der häuslichen Gemeinschaft objektiv nicht mehr zumutbar ist.[36] Deshalb stellt die Aufnahme eines neuen Lebenspartners in die Wohnung eine unbillige Härte dar, wenn dadurch eine seelische Integritätsverletzung des anderen Ehegatten verursacht wird.[37] Eine unbillige Härte wird auch bei körperlichen Misshandlungen, Alkohol- oder Drogenmissbrauch des anderen Ehegatten anzunehmen sein. **Häusliche Gewalt** ist ein Indiz für eine unbillige Härte im Sinne von § 1361b BGB, wobei jede Gewaltform, unter anderem auch grob unbeherrschtes und unberechenbares Verhalten, wie etwa Sachbeschädigungen, in Betracht kommt.[38]

29 Lässt ein ausgezogener Ehegatte bis zum Antrag auf Erlass der begehrten einstweiligen Anordnung ein halbes Jahr verstreichen, ist allein dieser Umstand ein gravierendes Indiz dafür, dass der bis zur Antragstellung bestehende Zustand zunächst selbst nicht als „Härte" empfunden wurde.[39]

---

[29] OLG Jena v. 21.01.2004 - 1 UF 505/03 - NJW-RR 2004, 435-436.
[30] OLG Köln v. 17.03.2010 - 27 UF 28/10 - FamRZ 2011, 372-373.
[31] OLG Köln v. 08.04.2005 - 4 UF 68/05 - juris.
[32] OLG Naumburg v. 27.07.2005 - 3 UF 108/05 - juris.
[33] OLG Köln v. 17.03.2010 - 27 UF 28/10 - FamRZ 2011, 372-373: Verringerung der Wohnungsgröße von 180qm auf 106 qm; AG Berlin-Tempelhof-Kreuzberg v. 05.09.2002 - 142 F 3248/02 - FPR 2003, 26-28.
[34] OLG Brandenburg v. 21.08.2006 - 15 WF 183/06.
[35] OLG Hamm v. 20.08.2003 - 11 UF 84/03 - FamRZ 2004, 888.
[36] OLG Köln v. 08.04.2005 - 4 UF 68/05.
[37] OLG Hamm v. 24.03.1993 - 8 UF 77/93 - FamRZ 1993, 1442.
[38] OLG Köln v. 08.04.2005 - 4 UF 68/05.
[39] OLG Köln v. 27.08.2010 - II-4 WF 160/10 - FamRZ 2011, 118.

2. Wohl der im Haushalt lebenden Kindern

Die Vorschrift des § 1361b Abs. 1 Satz 2 BGB konkretisiert den Begriff der unbilligen Härte im Hinblick auf Kindeswohlbelange. Eine unbillige Härte ist daher dann anzunehmen, wenn das **Wohl der im Haushalt lebenden Kinder** beeinträchtigt ist. Geschützt sind alle im Haushalt lebenden Kinder, auch Stiefkinder.[40] Die Duldungsschwelle für **Fehlverhalten** wird zwischen Erwachsenen recht hoch angesetzt, unter dem Gesichtspunkt des Kindeswohls hingegen wesentlich niedriger. Schon das ständige Sichhinwegsetzen über die für die Trennungszeit vereinbarten Nutzungsregeln wird im Einzelfall als ausreichend angesehen.[41] Aus diesem Grund muss eine Gewaltanwendung durch einen Ehegatten auch nicht nachgewiesen sein. Es genügt das Bestehen von gravierenden Auseinandersetzungen der Eheleute untereinander, um eine Zuweisung an den kinderbetreuenden Elternteil vorzunehmen.[42] Andererseits kann eine Umgangsstreitigkeit für sich noch keine tatbestandliche Beeinträchtigung des Kindeswohls begründen.[43] Das Kindeswohl ist aber bereits dann beeinträchtigt, wenn zwischen dem im Haushalt lebenden Elternteil und dem Kind eine Kommunikation nicht mehr stattfindet und der andere Elternteil die Hauptbezugsperson des Kindes ist.[44]

Kindesbelange haben im Rahmen der Billigkeitsabwägung grundsätzlich **Priorität**, so dass bei dauerhaften unerbittlichen Streitigkeiten seit der Trennung eine unbillige Härte nach § 1361b Abs. 1 Satz 2 BGB gegeben ist.[45]

Wird die Zuweisung an den ein Kind betreuenden Elternteil nicht nach § 1361b BGB, sondern nach GewSchG beantragt, kommt – anders als im Falle der Zuweisung nach dieser Vorschrift – bei Alleineigentum des anderen Ehegatten nur eine zeitlich befristete Zuweisung in Betracht.[46]

3. Dingliche Rechte und Mitberechtigte

Der Wohnungszuweisung oder Aufteilung steht nicht entgegen, dass der weichende oder in der Nutzung der Wohnung zu beschränkende Ehegatte Alleineigentümer ist oder anders an der Ehewohnung dinglich berechtigt ist. Jedoch darf gem. § 1361b Abs. 1 Satz 3 BGB eine Zuweisung an den nicht dinglich berechtigten Ehegatten nur ausnahmsweise erfolgen, insbesondere wenn keine vorrangigen Kindesinteressen zu berücksichtigen sind und kein offensichtlich alleiniges Fehlverhalten des allein dinglich Berechtigten erkennbar ist. Steht ihm das dingliche Recht nicht alleine zu, soll auch dies bei der Entscheidung besonders Berücksichtigung finden, da in eine Rechtsgemeinschaft eingegriffen wird, die von den Differenzen der Ehegatten nicht unmittelbar betroffen ist. Will der Eigentümer oder dinglich berechtigte Ehegatte die Zuweisung an sich erlangen, um die Wohnung nicht selber zu nutzen, sondern z.B. anderweitig zu **vermieten**, kommt keine Zuweisung in Betracht.[47] Ebenso kommt eine Zuweisung nicht in Betracht, wenn der beantragende Alleineigentümer die Zuweisung begehrt mit dem ausschließlichen Zweck, die Wohnung zu **veräußern**.[48] Für den Fall der Zuweisung an den nicht dinglich Berechtigten wird die Zuweisung daher nach dem Verhältnismäßigkeitsgrundsatz regelmäßig zu befristen sein, erst recht wenn ein Ende der Trennung nicht absehbar ist. Vor einer Veräußerung der Wohnung durch den weichenden Ehegatten wird der andere Ehegatte häufig durch § 1365 BGB geschützt sein.

IV. Billigkeitsabwägung, Nutzungsregelung

Grundsätzlich kann eine unbillige Härte durch konsequente **Aufteilung** einer Wohnung abgewendet werden, wenn diese in Größe und Zuschnitt eine Aufteilung überhaupt zulässt. Die zu treffende Regelung hat im Rahmen einer **Gesamtabwägung** die verfassungsrechtlichen Grundsätze der Erforderlichkeit und der **Verhältnismäßigkeit** zu beachten.

Zu beachtende Gesichtspunkte sind dabei:
- Alter und Gesundheitszustand der Ehegatten,[49] sowie

---

[40] KG v. 08.11.1990 - 16 WF 5430/90 - FamRZ 1991, 467.
[41] AG Berlin-Tempelhof-Kreuzberg v. 05.09.2002 - 142 F 3248/02 - FPR 2003, 26-28.
[42] OLG Celle v. 10.11.2005 - 10 UF 268/05 - NZM 2006, 199.
[43] OLG Köln v. 27.08.2010 - II-4 WF 160/10 - FamRZ 2011, 118.
[44] OLG Köln v. 19.04.2012 - 4 UF 52/12; OLG Hamm v. 25.09.2013 - II-2 UF 58/13.
[45] Brandenburgisches OLG v. 08.07.2010 - 9 WF 40/10 - FamRZ 2010, 1983 = FamRZ 2011, 118.
[46] OLG Stuttgart v. 27.11.2003 - 18 WF 190/03.
[47] OLG Frankfurt v. 26.08.2003 - 3 UF 112/03 - NJW-RR 2003, 1660-1661; vgl. hierzu aber auch Rn. 4 a.E.
[48] OLG Saarbrücken v. 08.06.2004 - 9 UF 47/04.
[49] Vgl. OLG Thüringen v. 30.05.1996 - UF 60/96 - FamRZ 1997, 559; KG v. 08.11.1990 - 16 WF 5430/90 - FamRZ 1991, 467.

- ihre Einkommens- und Vermögensverhältnisse und die dadurch bedingte Möglichkeit, eine Ersatzwohnung zu beschaffen,[50]
- voreheliche Nutzung der Wohnung durch einen Ehegatten mit Modernisierungsmaßnahmen.[51]

1. Aufteilung der Ehewohnung/Alleinzuweisung

36 Vorrangig ist eine **Aufteilung der Ehewohnung** vorzunehmen, sofern dies aufgrund der baulichen Gegebenheiten möglich und zweckmäßig ist und die Ehegatten ein Restmaß an gegenseitiger Rücksichtnahme aufzubringen in der Lage sind.[52] Die Aufteilungsregelung ist ggf. um sachgerechte Auflagen und Verbote zu ergänzen. Erst wenn anzunehmen ist, dass aufgrund bestehender Spannungen eine gemeinsame Benutzung trotz Aufteilung unmöglich erscheint (z.B. gemeinsame Wohnungsbereiche wie Küche und Bad), hat eine Alleinzuweisung zu erfolgen. In der Praxis stellt allerdings die alleinige Nutzungsüberlassung der Ehewohnung die Regel dar.

37 Sind **Kinder** von den Spannungen zwischen den Eheleuten betroffen, ist die Ehewohnung **regelmäßig dem betreuenden Elternteil**[53] **alleine zuzuweisen**, da die Kindesinteressen an einer entspannten Familiensituation den Verbleibensinteressen des weichenden Ehegatten vorgehen[54], auch wenn ansonsten ungleiche wirtschaftliche Verhältnisse zwischen den Ehegatten bestehen.[55] Der finanziell gut gestellte Ehepartner, der sich nicht um die Kinder kümmern muss, ist eher in der Lage, sich Ersatzwohnraum zu beschaffen und die Nachteile eines Wohnungswechsels in Kauf zu nehmen.[56]

38 Besonders zu berücksichtigen ist im Rahmen der Abwägung gem. § 1361b Abs. 1 Satz 3 BGB die dingliche Berechtigung oder Mitberechtigung eines Ehegatten mit einem Dritten an der Ehewohnung. Dies gilt insbesondere dann, wenn die Zuweisung an den anderen Ehegatten dazu führen würde, dass der weichende Ehegatte oder ein Dritter an der wirtschaftlichen Nutzung oder Verwertung gehindert wäre. Die Eingriffsschwelle ist also für die Zuweisung an einen dinglich Berechtigten herabgesetzt, sofern das Kindeswohl nicht beeinträchtigt wird. Die Ehewohnung kann daher dem Alleineigentümer zugewiesen werden, selbst wenn der andere Ehegatte die Wohnung zuvor längere Zeit alleine bewohnt hat.[57]

2. Darlegungs- und Beweislastregeln nach Absatz 2

39 Die Ehewohnung ist einem Ehegatten **grundsätzlich allein zuzuweisen**, wenn der andere Ehegatte nach § 1361b Abs. 2 BGB den anderen widerrechtlich und vorsätzlich am Körper, der Gesundheit oder der Freiheit verletzt hat oder mit einer solchen Verletzung oder der Verletzung des Lebens widerrechtlich gedroht hat, also ein Fall **häuslicher Gewalt** vorliegt. Insoweit deckt sich der Regelungsinhalt der Norm mit dem des § 2 GewSchG.

40 Eine Zuweisung nach dieser **Beweislastregel** entfällt nur dann, wenn mit einer Wiederholung der Gewalthandlung nicht gerechnet werden kann. Der Antragsgegner hat daher die tatsächliche Vermutung der Wiederholungsgefahr gem. § 1361b Abs. 2 Satz 2 BGB zu widerlegen. Aber auch in dem Fall, dass der Täter eine fehlende Wiederholungsgefahr beweisen kann, ist eine Alleinzuweisung nach § 1361b Abs. 2 Satz 2 BGB dann vorzunehmen, wenn aufgrund der Schwere der Tat das Zusammenleben nicht mehr zugemutet werden kann. Dies wird in Fällen eines Tötungsversuches, schwerer Körperverletzung oder Vergewaltigung regelmäßig der Fall sein. Der Nachweis der „Schwere der Tat" obliegt hier dem geschädigten Ehegatten.

3. Befristung und Räumungsfrist

41 Der Verhältnismäßigkeitsgrundsatz kann im Fall der dinglichen Berechtigung auch eine zeitliche **Befristung** der Zuweisung bedingen. Ein Indiz hierfür ist die Regelung in § 2 GewSchG. Nach dieser Vorschrift ist bei Rechtsgemeinschaft mit dem anderen Ehegatten die Überlassung zu befristen. Steht dem anderen Ehegatten das Recht nur gemeinschaftlich mit anderen zu, darf die alleinige Zuweisung die Dauer von sechs Monaten nicht überschreiten (§ 2 Abs. 2 Satz 2 GewSchG).

---

[50] KG v. 28.08.1987 - 17 UF 1644/87 - FamRZ 1988, 182.
[51] KG v. 28.08.1987 - 17 UF 1644/87 - FamRZ 1988, 182.
[52] OLG Frankfurt v. 20.10.1986 - 3 UF 316/86 - FamRZ 1987, 159.
[53] OLG Celle v. 10.11.2005 - 10 UF 268/05.
[54] OLG Nürnberg v. 03.06.2005 - 10 UF 4331/04 - FuR 2005, 573.
[55] OLG Brandenburg v. 27.07.2010 - 10 WF 99/10.
[56] OLG Hamm v. 26.08.2013 - 14 UF 92/13.
[57] OLG Köln v. 14.12.1993 - 25 UF 204/93 - NJW-RR 1994, 1160 - FamRZ 1994, 632.

Da die Zuweisung der gesamten Wohnung an einen Ehegatten dazu führt, dass der andere Ehegatte aus seiner bisherigen Wohnung zwangsweise ausziehen muss, ist dies nur unter Beachtung der Grundsätze der Verhältnismäßigkeit zulässig. Selbst wenn eine Alleinzuweisung in Betracht kommt, wird regelmäßig eine angemessene **Räumungsfrist** zu bewilligen sein.[58] Die Räumungsfrist ist dabei unter Berücksichtigung der Belastung des weichenden Ehegatten durch die Räumung und dessen Bemühungen um Ersatzwohnraum zu bemessen.[59] 42

V. Unterlassungspflicht/Wohlverhaltensgebot (Absatz 3 Satz 1)

Nach § 1361b Abs. 3 BGB hat derjenige, der dem Anderen die Nutzung zu überlassen hat, alle Handlungen zu unterlassen, die die Ausübung des Nutzungsrechts erschweren oder vereiteln könnten.[60] In Betracht kommen daher **gerichtliche Auflagen** wie Näherungs- oder Kontaktverbote, sowie Einzelgebote.[61] 43

Ob auch ein Veräußerungsverbot mit den Wirkungen eines **relativen Verfügungsverbotes** im Sinne der §§ 135, 136 BGB ergehen kann, ist streitig.[62] 44

Kündigt der alleinige Mieter bei Zuweisung der Wohnung an den anderen Ehegatten die Wohnung, was immer dann zu erwarten ist, wenn der Berechtigte gleichzeitig auch Unterhalt begehren muss und zu einer Übernahme der Miete nicht wirtschaftlich in der Lage ist, sollte auch in Betracht gezogen werden, im Vorfeld einer Räumungsklage dem Sozialamt Kenntnis zu geben. Da im Regelfall das Einkommen des Ehegatten, der gleichzeitig Mieter ist, nicht ausreicht, um die Miete für die Ehewohnung, seine eigene Unterkunft und auch noch den Unterhalt zu zahlen, kann durch Einbeziehung des Sozialamtes die Kündigung durch den Mieterehegatten oft verhindert werden. 45

Wird das Mietverhältnis durch den Vermieter wegen Zahlungsverzugs gekündigt und die Räumungsklage eingereicht ist das Sozialamt zu informieren (§ 34 SGB XII) und kann durch eine Übernahmeerklärung den Räumungsprozess mit einer Übernahmeerklärung beenden (§ 543 Abs. 2 Satz 2 BGB). 46

VI. Nutzungsentgelt (Absatz 3 Satz 2)

Der Ehegatte, der dem anderen die Wohnung überlassen muss, kann nach § 1361b Abs. 3 Satz 2 BGB eine **Nutzungsentschädigung** verlangen, soweit dies der Billigkeit entspricht. Es erfolgt keine Zuerkennung von Amts wegen, es ist daher ein Antrag erforderlich. Insoweit unterscheidet sich diese Regelung von der für die Hausratsteilung nach § 1361a Abs. 3 Satz 2 BGB. Die Höhe der Vergütung wird sich an der ortsüblichen Vergleichsmiete einer entsprechenden Wohnung orientieren.[63] Ob eine Nutzungsvergütung zu entrichten ist, hängt nicht davon ab, auf welchem Recht die gemeinsame Nutzungsbefugnis beruht.[64] 47

Streitig ist, ob bei Miteigentum der Ehegatten an der Ehewohnung § 1361b Abs. 2 BGB bei **freiwilligem Auszug** eines Ehegatten Anspruchskonkurrenz zwischen § 1361b Abs. 3 Satz 2 BGB und § 745 Abs. 2 BGB besteht.[65] Die herrschende Meinung sieht diesen Streit mit der Neufassung des § 1361b Abs. 3 Satz 2 BGB als überholt an. Sie qualifiziert daher § 1361b BGB **gegenüber § 745 BGB** als **lex-specialis** Regelung für die Ansprüche auf Nutzung und Nutzungsentgelt.[66] Zur Begründung wird insbesondere auf den Wortlaut der Vorschrift verwiesen, der die Nutzungsvergütung nach der Neufassung nicht mehr von einer Verpflichtung zur Räumung abhängig macht. 48

---

[58] Zur Räumungsvollstreckung bei Suizidgefahr: vgl. BVerfG v. 27.06.2005 - 1 BvR 224/05 - FamRZ 2005, 1972.
[59] OLG München v. 13.06.1997 - 12 WF 805/97 - FamRZ 1998, 1170.
[60] Die geänderte Regelung entspricht § 2 Abs. 4 GewSchG.
[61] Z.B.: Herausgabe von Schlüsseln und Unterlagen betreffend die Wohnung, Abholung persönlicher Gegenstände binnen einer zu setzenden Frist.
[62] Dagegen: *Brudermüller*, FamRZ 2003, 1705, 1709, *Brudermüller* in: Palandt, § 1361b Rn. 17.
[63] *Brudermüller*, FamRZ 2003, 1705-1713; *Brudermüller*, FuR 2003, 433-442.
[64] BGH v. 18.12.2013 - XII ZB 268/13, unentgeltliches Wohnrecht.
[65] Vgl. für § 1361 BGB a.F.: BGH v. 08.05.1996 - XII ZR 254/94 - FamRZ 1996, 931 und BGH v. 15.02.2006 - XII ZR 202/03 - FamRZ 2006, 930.
[66] OLG Bremen v. 03.03.2014 - 4 UF 181/13; OLG Frankfurt v. 01.11.2010 - 5 UF 300/10 - FamRZ 2011, 373; OLG Hamm v. 30.09.2010 - 3 UF 154/10 - FamRZ 2011, 892, OLG Hamm v. 27.02.2008 - I-33 U 29/07; OLG Naumburg v. 07.07.2009 - 3 WF 157/09 - FamRZ 2010, 391.

49 Die Gegenansicht sieht wenigstens eine Anspruchskonkurrenz zwischen der familienrechtlichen und der gemeinschaftsrechtlichen Regelung aus § 745 Abs. 2 BGB. Zur Begründung wird darauf verwiesen, dass nach freiwilliger Überlassung auch über die Rechtskraft der Scheidung hinaus ein einheitlicher Anspruch aus § 745 BGB im einheitlichen Verfahrenswege nach § 266 FamFG als sonstige Familiensache geltend gemacht werden könne.[67]

50 Da der Wortlaut des § 1361 Abs. 3 BGB nicht zwischen der gerichtlich angeordneten und der freiwilligen Überlassung der Ehewohnung differenziert, ist die herrschende Meinung vorzugswürdig.[68]

51 Wird die im Miteigentum stehende Ehewohnung einem Ehegatten hingegen einvernehmlich **dauerhaft überlassen,** stellt sich die Streitfrage nicht: In diesem Fall verliert die Wohnung den Charakter als Ehewohnung, da der weichende Ehegatte die dauerhafte Aufgabe seines Rückkehrwillens manifestiert. In diesem Fall ist durch die Miteigentümer eine Nutzungsregelung (konkludent) beschlossen, so dass in diesem Fall ohnehin nur auf die Gemeinschaftsregeln nach den §§ 743 ff. BGB zurückgegriffen werden kann.

52 Für den Fall einer **gerichtlich angeordneten** Zuweisung der Ehewohnung ergibt sich unstreitig die Anwendbarkeit des § 1361b Abs. 3 Satz 2 BGB als spezialgesetzliche Regelung.[69]

53 Der Anspruch auf Nutzungsvergütung wird häufig von der unterhaltsrechtlichen Problematik überlagert und verdrängt[70]. Ein Anspruch auf Nutzungsentschädigung nach § 1361b Abs. 3 Satz 2 BGB ist bei unterhaltsrechtlicher Regelung ausgeschlossen[71], wobei die Berücksichtigung in außergerichtlichem Schriftwechsel über den Unterhalt schon ausreicht.[72]

54 Besteht keine vorrangige Unterhaltsregelung, ist die Nutzungsvergütung bei der Unterhaltsbemessung zu berücksichtigen.

- Im Fall des weichenden Unterhaltsberechtigten mindert eine festgesetzte Nutzungsentschädigung als Einkommen dessen Bedarf[73], im Fall des weichenden Unterhaltspflichtigen erhöht sich durch die Nutzungsvergütung dessen unterhaltsrelevantes Einkommen im Rahmen der Leistungsfähigkeit.
- Bewohnt der unterhaltsberechtigte Ehegatte die Ehewohnung weiter, so ist ihm der Wohnvorteil einkommenserhöhend zuzurechnen – nach den einschlägigen Regelungen entweder in Höhe des subjektiven oder objektiven Wohnvorteils. Ein darüber hinausgehender Anspruch auf Nutzungsentgelt ist neben einer solchen unterhaltsrechtlichen Berücksichtigung im Regelfall nicht gegeben.[74]

55 Ein Anspruch auf Nutzungsentschädigung kann aufgrund treuwidrigen Verhaltens aus Billigkeitsgründen ausgeschlossen sein, etwa wenn einerseits Nutzungsvergütung verlangt wird und andererseits dem in der Ehewohnung bleibenden Ehegatten die Nutzung des im Miteigentum stehenden Ferienhauses vereitelt wird.[75]

56 Da die **Nutzungsvergütung** nicht von Amts wegen zugesprochen wird, kann diese auch isoliert gerichtlich geltend gemacht werden, da eine Nutzungsvergütung nach § 1361b BGB auch ohne vorherige Zuweisung der Wohnung nach Billigkeit verlangt werden kann. Ein Verfahren auf Wohnungszuweisung ist daher nicht Voraussetzung.[76]

57 Der **Anspruch** auf Nutzungsentschädigung **entsteht** erst mit dem **Zahlungsverlangen** im Sinne des § 1361b Abs. 3 Satz 3 BGB und nicht schon mit dem Beginn der Alleinnutzung. Dieses Zahlungsverlangen ist damit Tatbestandsvoraussetzung für den Anspruch.

---

[67] OLG Frankfurt v. 07.05.2013 - 6 UF 373/11.
[68] So im Ergebnis auch: BGH v. 15.02.2006 - XII ZR 202/03.
[69] Wever, FF 2005, 23.
[70] Vgl. Weber-Monecke in: MünchKomm-BGB, 6. Aufl. 2013, § 1361b Rn. 18.
[71] BGH v. 11.12.1985 - IVb ZR 83/84 - NJW 1986, 1339 = FamRZ 1984, 436 für das Nutzungsentgelt aus Gemeinschaft.
[72] OLG Naumburg v. 23.04.2009 - 8 U 17/08 - NJW-RR 2009, 1447.
[73] Klein, Handbuch des Fachanwalts für FamR, Kap. 8, Rn. 296, 298; OLG Köln v. 26.02.2004 - 4 UF 19/04.
[74] OLG Köln B. v. 26.02.2004 - 4 UF 19/04 - FamRZ 2005, 639.
[75] OLG Frankfurt v. 01.11.2010 - 5 UF 300/10 - FamRZ 2011.
[76] BGH v. 15.02.2006 - XII ZR 202/03 - FamRZ 2006, 930 (Entscheidung in einem Anwaltshaftungsfall); OLG Brandenburg v. 07.06.2006 - 9 AR 3/06 - FamRZ 2006, 1392; dagegen: KG v. 18.12.2006 - 25 W 42/06 - FamRZ 2007, 908.

Dem nutzenden Ehegatten kann aus Billigkeitsgesichtspunkten eine Überlegensfrist zustehen, in der er sich klar werden kann, ob er künftig für die Wohnungsnutzung die verlangte Vergütung zahlen oder sich um eine Ersatzwohnung kümmern will.[77] Hat der nutzende Ehegatte jedoch deutlich zu erkennen gegeben, dass er für sich nicht die Anmietung einer Ersatzwohnung in Betracht zieht, ist ihm keine Überlegungsfrist nach der Zahlungsaufforderung einzuräumen.[78] 58

Die **Höhe der Nutzungsvergütung** orientiert sich nach **Billigkeits**gesichtspunkten zum einen an der Höhe der Hauslasten, dem objektiven Nutzungswert, den Eigentumsanteilen und der Frage, ob der bleibende oder der weichende Ehegatte die Lasten trägt. Dabei ist hinsichtlich der Nebenkosten wie beim Unterhalt danach zu differenzieren, ob die verbrauchsunabhängigen Kosten nach den §§ 556 Abs.1 BGB i.V.m. §§ 1, 2 BetrKV auf den Mieter umgelegt werden könnten.[79] Ein Anspruch auf Zahlung von Nutzungsvergütung kann ausgeschlossen sein, wenn der bleibende Ehegatte alleine die Finanzierungskosten oder die Mietkosten[80] der Wohnung trägt. Wird einem Ehegatten die Alleinnutzung durch den weichenden Ehepartner aufgedrängt, ist dies im Rahmen der Billigkeitsentscheidung zu berücksichtigen und das Nutzungsentgelt zu vermindern.[81] Auch der Umstand, dass für den Fall einer zu zahlenden Nutzungsentschädigung ein Trennungsunterhaltsanspruch entstünde, der bisher nicht geltend gemacht wurde, kann den Anspruch im Rahmen der Billigkeitsentscheidung beschränken.[82] Im Rahmen der Billigkeitsentscheidung ist auch die Leistungsfähigkeit des nutzenden Ehegatten zu berücksichtigen.[83] 59

In der Regel wird im ersten Jahr der Trennung der angemessene und nach Ablauf des Trennungsjahres der objektive Mietwert – auch hier bemessen unter Beachtung von Billigkeitsgesichtspunkten – anzusetzen sein.[84] 60

Wird die **Ehewohnung** zwischen den Ehegatten **aufgeteilt**, kann der Ehegatte, der Alleineigentümer der Wohnung ist, gleichwohl eine Nutzungsentschädigung verlangen. Jedoch kann dann angesichts des geringen Eingriffs in das Eigentumsrecht aus Billigkeitserwägungen keine Vergütung geboten sein. Dies gilt auch dann, wenn der andere Ehegatte in seinem (größeren) Teil der Ehewohnung das gemeinsame Kind betreut.[85] 61

Das Verfahren auf Nutzungsentschädigung nach § 1361b Abs. 3 Satz 2 BGB ist gem. § 111 Nr.5 FamFG Familiensache, keine Familienstreitsache. 62

VII. Freiwillige Überlassung/Überlassungsvermutung

Ist ein Ehegatte freiwillig zum Zwecke der Trennung ausgezogen, wird nach Ablauf von sechs Monaten unwiderlegbar vermutet, dass er nicht mehr zurückkehren will. Dem Verbleibenden steht für die Wohnung dann das alleinige Nutzungsrecht zu (§ 1361b Abs. 4 BGB). Ein Auszug nach § 1361b Abs. 4 BGB liegt erst dann vor, wenn der weichende Ehegatte einen anderen Lebensmittelpunkt begründet hat.[86] Diese Frist gilt nach dem Wortlaut nicht für den Fall der gerichtlichen Zuweisung und auch dann nicht, wenn vor Fristablauf der **ernsthafte Rückkehrwille** dokumentiert wurde. Die **mündliche Mitteilung ist** für § 1361b BGB **ausreichend**, im Gegensatz zu § 2 Abs.3 Nr. 2 GewSchG.[87] 63

Auch nach Ablauf der Sechs-Monats-Frist soll eine Zuweisung in Betracht kommen, wenn die Härtegründe unter Berücksichtigung des Wohls der gemeinsamen minderjährigen Kinder erstmals nach Fristablauf eintreten.[88] Um einen Wertungswiderspruch zum Gewaltschutzgesetz zu vermeiden („das 64

---

[77] OLG München v. 17.04.2007 - 2 UF 1607/06 - NJW 2008, 381: 4 Monate.
[78] OLG Hamm v. 01.07.2010 - 3 UF 222/09 - FamRZ 2011, 481.
[79] BGH v. 27.05.2009 - XII ZR 78/08 - FamRZ 2009, 1300.
[80] OLG Naumburg v. 14.11.2002 - 8 WF 211/02 - FamRZ 2003, 141, Freistellungsklage von Mietzinsansprüchen entspricht einer Nutzungsvergütungspflicht.
[81] BGH v. 18.12.2013 - XII ZB 268/13; für vollständigen Ausschluss eines Entgelts: OLG Hamm v. 06.03.1996 - 33 U 59/95 - FamRZ 1996, 1476.
[82] OLG Frankfurt v. 09.05.2012 - 4 UF 14/12.
[83] OLG Saarbrücken v. 24.02.2014 - 6 WF 31/14.
[84] OLG Hamm v. 30.09.2010 - 3 UF 154/10 - FamRZ 2011, 892.
[85] OLG Brandenburg v. 14.02.2008 - 10 UF 97/07 - NJW-RR 2008, 957 = FamRZ 2008, 1931.
[86] OLG Koblenz v. 13.02.2006 - 7 WF 102/06 - FamRZ 2006, 1207.
[87] *Brudermüller* in: Palandt, BGB, 70. Aufl. 2011, § 1361b Rn. 25.
[88] OLG Nürnberg v. 03.06.2005 - 10 UF 4331/04 - FuR 2005, 573.

§ 1361b   jurisPK-BGB / Faber

Opfer bleibt, der Täter geht") wird auch gefordert, die Sechsmonatsfrist nur bei einem freiwilligen Verlassen der Ehewohnung anzuwenden, also z.B. nicht, wenn ein Ehegatte die Wohnung flieht.[89]

VIII. Schematische Übersicht

65

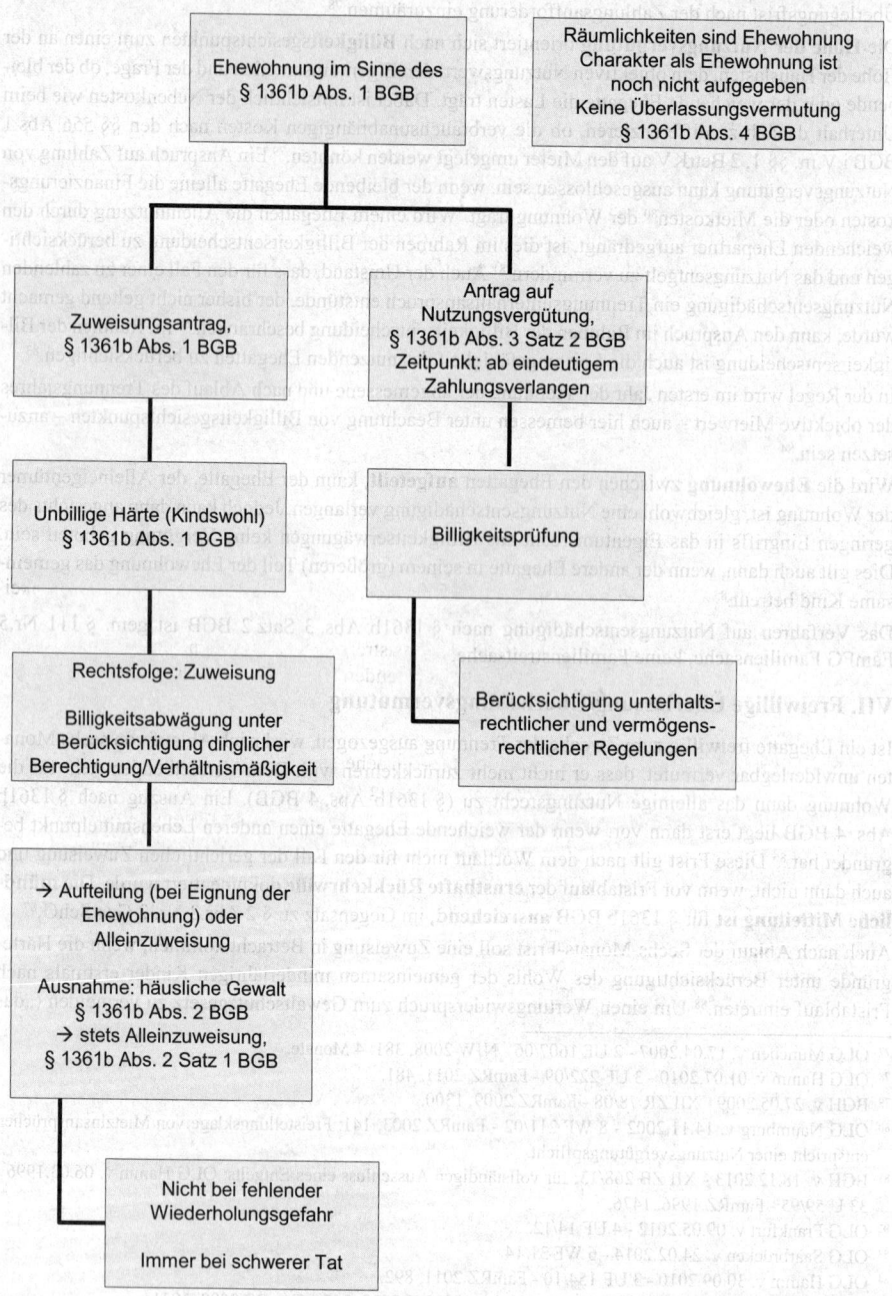

---

[89] Vgl. auch zur weiteren Kritik an der Frist: *Weber-Monecke* in: MünchKomm-BGB, 6. Aufl. 2013, § 1361b Rn. 26, 27.

C. Verfahrensrecht

Für alle ab dem 01.09.2009 eingeleiteten[90] Verfahren auf Wohnungszuweisung (Ehewohnungssachen) gelten einheitlich die Vorschriften des FamFG. 66

Die Verfahren über die Wohnungszuweisung im Rahmen der Trennung und nach Scheidung richten sich dabei nach den §§ 200-209 FamFG. Die Vorschriften über die Wohnungszuweisung im Rahmen des Gewaltschutzgesetzes werden verfahrensrechtlich in den §§ 210-216a FamFG geregelt. 67

Dabei sind die Vorschriften der §§ 200 ff. FamFG den Vorschriften der HausratsVO weitestgehend nachgebildet worden. Sie gelten zudem auch für die Aufteilung des Hausrats nach § 1361a BGB (Trennung) und § 1568a BGB (Scheidung). 68

Die **Zuständigkeit** ist in den §§ 201, 202 FamFG geregelt. Wie bisher ist gem. § 202 BGB FamFG das Verfahren bei dem Gericht der Ehesache zu beantragen oder an dieses abzugeben. Ein vorher anhängiger Antrag nach § 1361a BGB ist mit Aufnahme in den Verbund als Antrag auf endgültige Wohnungszuweisung zu behandeln. Für den Fall, dass eine Ehesache nicht anhängig ist, ist für die Wohnungszuweisungssachen nach § 201 Nr. 2 FamFG das Familiengericht der belegenen Wohnung zuständig. Es herrscht Anwaltszwang, § 114 Abs. 1 FamFG (Ausnahme: eA, § 114 Abs. 4 Nr. 1 FamFG). 69

Der Antrag auf Wohnungszuweisung soll nach § 203 Abs. 3 FamFG die Angabe enthalten, ob Kinder im Haushalt des Ehegatten leben. Dementsprechend ist gemäß § 205 FamFG das **Jugendamt anzuhören**, wenn Kinder im Haushalt eines Ehegatten leben. Die Entscheidung ist dem Jugendamt mitzuteilen, welches eine eigenständige Beschwerdebefugnis hat, § 205 Abs. 2 FamFG. Das Jugendamt hat weiter das Recht nach § 204 FamFG auf Antrag beteiligt zu werden, sofern Kinder im Haushalt der Ehegatten leben. 70

Beteiligte des Verfahrens sind die Eheleute. Die weiteren Beteiligungspflichten des § 204 FamFG (Vermieter, Grundstückseigentümern usw.) gelten nicht für § 1361b BGB, weil für die Zeit der Trennung nicht in bestehende Mietverhältnisse eingegriffen werden oder ein Mietverhältnis begründet werden kann.[91] Daher sind die nach § 204 FamFG genannten weiteren Personen nur im Rahmen eines Antrags nach § 1568a BGB zu beteiligen, da gem. § 1568a Abs. 3 und 5 BGB entsprechende Möglichkeiten bestehen. 71

In Familiensachen ist stets eine gütliche Einigung anzustreben. Daher sind in Ehewohnungssachen nach § 207 FamFG die Ehegatten in einem anzuberaumenden Termin persönlich zu laden und zu hören. 72

Das Verfahren ist bei Tod eines Ehegatten erledigt, § 208 FamFG. 73

In allen Familiensachen wird gem. § 38 FamFG eine Entscheidung durch Beschluss getroffen. Daher werden die Entscheidungen über die Wohnungszuweisung erst mit Rechtskraft wirksam und können nicht mehr gem. §§ 704 ff. ZPO für vorläufig vollstreckbar erklärt werden. Das Gericht soll im Rahmen einer Ermessensentscheidung nach § 209 Abs. 2 FamFG die sofortige Wirksamkeit der Entscheidung anordnen. Ansonsten wird der Beschluss gem. § 40 FamFG grundsätzlich mit der Bekanntgabe wirksam. 74

Der Beschluss ist nach § 39 FamFG mit einer Rechtsbehelfsbelehrung (RBB) zu versehen, die zu bezeichnen hat: 75
- das statthafte Rechtsmittel,
- das Gericht, bei dem Rechtsmittel einzulegen ist, sowie den Sitz dieses Gerichts,
- die einzuhaltende Form und die einzuhaltende Frist,
- wobei der Wortlaut der RBB sich aus Akte ergeben muss.

Die **Beschwerde** ist bei dem Prozessgericht durch Einreichung einer Beschwerdeschrift einzulegen, § 64 Abs. 1 FamFG. Die Beschwerdefrist beträgt einen Monat, § 63 FamFG (eA: zwei Wochen, § 63 Abs. 2 Nr. 1 FamFG). Die Beschwerde ist zu begründen, das Gericht kann hierfür eine Frist setzen, § 65 Abs. 1, 2 FamFG. In der Beschwerde können neue Tatsachen und Beweise vorgetragen werden, § 65 Abs. 3 FamFG. 76

Da eine Abhilfemöglichkeit des Prozessgerichts bei Beschwerden gegen Endentscheidungen nicht besteht, ist die Beschwerde dem Beschwerdegericht vorzulegen, § 68 Abs. 1 FamFG. Das Beschwerdegericht prüft dann gem. § 68 Abs. 2 FamFG auch die Statthaftigkeit, Form- und Fristgerechtheit der Beschwerde. 77

---

[90] Nicht notwendigerweise rechtshängige oder anhängige Verfahren.
[91] *Götz/Brudermüller*, FamRZ 2009, 1261, 1267.

§ 1361b

78 Gegen die Entscheidung des Beschwerdegerichts ist, soweit zugelassen, die Rechtsbeschwerde gegeben, die auch gegen erstinstanzliche Entscheidungen als Sprungrechtsbeschwerde eingelegt werden kann, §§ 70-75 FamFG.

79 Der Antrag auf Zuweisung der ehelichen Wohnung gemäß § 1361a BGB kann auch im Wege einer isolierten **einstweiligen Anordnung** (eA) nach den §§ 49 ff. FamFG geltend gemacht werden. Die gleichzeitige Einleitung eines Hauptsacheverfahrens ist mit Geltung des FamFG nicht mehr notwendig. Für das eA-Verfahren gilt der Anwaltszwang nach § 114 Abs. 4 Nr. 1 FamFG nicht.

80 Das für eine einstweilige Anordnung nötige **Regelungsbedürfnis** fehlt, wenn der zurzeit auswärts lebende Ehegatte die eheliche Wohnung dem darin wohnenden Ehegatten nicht streitig macht.[92]

81 Gemäß § 52 Abs. 2 FamFG hat das Gericht in Ehewohnungssachen mit Erlass der eA eine Frist von längstens drei Monaten zur Einleitung des Hauptsacheverfahrens zu bestimmen, ansonsten ist die eA aufzuheben. Rechtzeitige Antragstellung im Rahmen der Beantragung von Verfahrenskostenhilfe ist zur Fristwahrung ausreichend. Hat das Gericht eine Entscheidung in einer Familiensache ohne mündliche Verhandlung getroffen, so muss es auf Antrag nach § 54 Abs. 2 FamFG auf Grund mündlicher Verhandlung erneut entscheiden. Daraus ergibt sich die Verpflichtung des Gerichts, nach Eingang eines solchen Antrags zeitnah einen Termin anzuberaumen. Das Gericht kann die Vollziehung der einstweiligen Anordnung während des laufenden Abänderungsverfahrens aussetzen, § 55 Abs. 1 FamFG Ein Antrag ist nicht erforderlich, wird aber ein solcher gestellt, ist über diesen vorab zu entscheiden, § 55 Abs. 2 FamFG. Dies gilt unabhängig davon, dass schon das Verfahren selbst regelmäßig beschleunigt zu betreiben ist. Der Beschluss über die Aussetzung ist unanfechtbar, § 55 Abs. 1 Satz 2 FamFG.

82 Das **Außerkrafttreten der eA** regelt § 56 FamFG. Dies gilt auch für eine eA des Beschwerdegerichts. Nach § 56 Abs. 1 Satz 1 FamFG kann das Gericht eine Befristung auszusprechen. Mit Fristablauf dieser gerichtlichen Frist tritt die eA außer Kraft, ohne dass es einer weiteren Entscheidung bedarf.

83 Solange ein Eheverfahren nach § 121 FamFG nicht anhängig ist, bestimmt sich die Regelung der Nutzung der Wohnung nach den §§ 200 ff. FamFG und § 1361b BGB. Wird im Verlauf des Verfahrens die Ehe geschieden, tritt ein Rechtswechsel ein und der Antragsteller muss seinen Vortrag auf die Rechtslage nach dem dann zugrunde zu legenden § 1568a BGB umstellen.[93] Der Antrag auf Regelung der Nutzung der Wohnung bedarf im Gegensatz zum reinen ZPO-Verfahren (§ 253 ZPO) keines konkretisierten Antrages.[94] Ausreichend ist, die „Nutzung der Ehewohnung" zu beantragen. Jedoch ist nach § 203 Abs. 3 FamFG anzugeben, wenn Kinder In der Ehewohnung leben, damit eine Beteiligung des Jugendamts gewährleistet ist.

84 Die **Darlegungs- und Beweislast** obliegt dem antragstellenden Ehegatten[95], dem anderen Ehegatten, sofern er sich auf für ihn günstige Tatsachen im Rahmen der Gesamtabwägung beruft (etwa die dingliche Berechtigung oder die fehlende Wiederholungsgefahr einer Körperverletzung).

85 Der **Verfahrenswert** beträgt gem. § 48 Abs. 1 FamGKG 3.000 €.[96] Auch Nutzungsentschädigungsansprüche nach § 1361b Abs. 3 BGB unterfallen der Regelung des § 200 Abs. 1 Nr. 1 FamFG, so dass auch für sie der pauschale Wertansatz des § 48 Abs. 1 FamGKG gilt.[97] Allerdings kann gemäß § 48 Abs. 3 FamGKG der Wert zu erhöhen sein, wenn die Wohnungszuweisung eine besonders teure Wohnung betrifft.[98]

86 Für die eA ist nach § 41 FamGKG in der Regel der **hälftige Wert** anzusetzen, also 1.500 €. Wird im eA-Verfahren durch Vergleich die endgültige Wohnungszuweisung geregelt, führt dies nicht zu einer Heraufsetzung dieses Wertes.[99]

87 Die **Vollstreckung** des Beschlusses über die Regelung der Nutzung der Ehewohnung erfolgt nach § 88 i.V.m. §§ 95[100], 96 Abs. 2 FamFG. Danach kann aus dem Beschluss mehrfach die Einweisung in den Besitz vollstreckt werden, ohne dass es einer erneuten Zustellung des Beschlusses an den Verpflichteten bedarf.

---

[92] OLG Köln v. 18.12.1984 - 4 UF 336/84 - FamRZ 1985, 498.
[93] Noch für die alte Rechtslage und die HausrVO: OLG Naumburg v. 26.07.2002 - 8 UF 144/02 - EzFamR aktuell 2003, 136-137.
[94] *Gießler*, FPR 2000, 77-84.
[95] OLG Köln v. 27.08.2010 - II-4 WF 160/10 - FamRZ 2011, 118.
[96] Für die Zuweisung nach Scheidung gem. § 1568a BGB: 4.000 €.
[97] OLG Koblenz v. 18.06.2013 - 13 WF 515/13; auch nach zwischenzeitlicher Scheidung: OLG Hamm v. 08.01.2013 - 6 UF 96/12; OLG Bamberg v. 10.02.2011 - 2 UF 289/10 - FamRZ 2011, 1424.
[98] OLG Köln v. 28.11.2013 - 4 WF 151/13.
[99] Thüringer Oberlandesgericht v. 10.08.2011 - 1 WF 401/11.
[100] Verweis auf die Vollstreckungsvorschriften der ZPO.

Die **Kostenentscheidung** richtet sich
- in isolierten Verfahren nach den §§ 80 ff. FamFG,
- in Verbundverfahren nach § 150 FamFG.

Eine Auferlegung der Verfahrenskosten aufgrund groben Verschuldens nach § 81 Abs. 2 Nr. 1 FamFG kommt dabei nur in Betracht, wenn eine Rechtsgutverletzung im Sinne des § 1361b Abs. 2 Satz 1 BGB stattgefunden hat. Erfolgt die Zuweisung hingegen lediglich unter Berücksichtigung des Wohls der im Haushalt lebenden Kinder nach § 1361 lit. b Abs. 1 Satz 2 BGB, so ist in der Regel von einem groben Verschulden nicht auszugehen.[101]

D. Internationale Zuständigkeit/IPR

Die internationale Zuständigkeit für die im Inland belegenen Ehewohnungen ergibt sich gem. § 105 FamFG abgeleitet aus der örtlichen Zuständigkeit der deutschen Familiengerichte nach § 201 FamFG. Insbesondere trifft die VO (EG) Nr. 2201/2003 des Rates vom 27.11.2003 keine anderweitige internationale Zuständigkeitsregelung für die Ehewohnungs- und Haushaltssachen[102].

Nach Art. 17a EGBGB unterliegt die Nutzungsbefugnis der im **Inland belegenen Ehewohnung**, sowie die damit einhergehenden Schutzanordnungen[103] ausschließlich dem deutschen Sachrecht. Für den seltenen Fall einer im Ausland belegenen Ehewohnung ist das Rechtsstatut aus Artt. 14, 17 EGBGB zu ermitteln.

---

[101] OLG Frankfurt v. 26.02.2013 - 4 WF 279/12.
[102] Vgl. *Rausch*, FuR 2004, 154-159.
[103] *Thorn* in: Palandt, 73. Aufl. 2014, Art. 17a EGBGB Rn. 2.

Kostenrechtliche Hinweise zu § 1361b BGB Ehewohnung bei Getrenntleben

(Fassung vom 02.01.2002, gültig ab 01.01.2002)

(1) ¹Leben die Ehegatten voneinander getrennt oder will einer von ihnen getrennt leben, so kann ein Ehegatte verlangen, dass ihm der andere die Ehewohnung oder einen Teil zur alleinigen Benutzung überlässt, soweit dies auch unter Berücksichtigung der Belange des anderen Ehegatten notwendig ist, um eine unbillige Härte zu vermeiden. ²Eine unbillige Härte kann auch dann gegeben sein, wenn das Wohl von im Haushalt lebenden Kindern beeinträchtigt ist. ³Steht einem Ehegatten allein oder gemeinsam mit einem Dritten das Eigentum, das Erbbaurecht oder der Nießbrauch an dem Grundstück zu, auf dem sich die Ehewohnung befindet, so ist dies besonders zu berücksichtigen; Entsprechendes gilt für das Wohnungseigentum, das Dauerwohnrecht und das dingliche Wohnrecht.

(2) ¹Hat der Ehegatte, gegen den sich der Antrag richtet, den anderen Ehegatten widerrechtlich und vorsätzlich am Körper, der Gesundheit oder der Freiheit verletzt oder mit einer solchen Verletzung oder der Verletzung des Lebens widerrechtlich gedroht, ist in der Regel die gesamte Wohnung zur alleinigen Benutzung zu überlassen. ²Der Anspruch auf Wohnungsüberlassung ist nur dann ausgeschlossen, wenn keine weiteren Verletzungen und widerrechtlichen Drohungen zu besorgen sind, es sei denn, dass dem verletzten Ehegatten das weitere Zusammenleben mit dem anderen wegen der Schwere der Tat nicht zuzumuten ist.

(3) ¹Wurde einem Ehegatten die Ehewohnung ganz oder zum Teil überlassen, so hat der andere alles zu unterlassen, was geeignet ist, die Ausübung dieses Nutzungsrechts zu erschweren oder zu vereiteln. ²Er kann von dem nutzungsberechtigten Ehegatten eine Vergütung für die Nutzung verlangen, soweit dies der Billigkeit entspricht.

(4) Ist nach der Trennung der Ehegatten im Sinne des § 1567 Abs. 1 ein Ehegatte aus der Ehewohnung ausgezogen und hat er binnen sechs Monaten nach seinem Auszug eine ernstliche Rückkehrabsicht dem anderen Ehegatten gegenüber nicht bekundet, so wird unwiderleglich vermutet, dass er dem in der Ehewohnung verbliebenen Ehegatten das alleinige Nutzungsrecht überlassen hat.

Gliederung

A. Grundlagen ... 1	C. Arbeitshilfen ... 25
B. Besonderheiten ... 6	I. Beispiel/Muster: Regelung für die Trennungszeit nach § 1361b BGB und später endgültige Zuweisung der Ehewohnung ... 25
I. Gegenstandswert ... 6	
1. Altes Recht bis 01.09.2009 ... 6	
2. Neues Recht ab 01.09.2009 ... 7	
a. Wert allgemein ... 7	II. Beispiel/Muster: Getrenntlebensvereinbarung ... 28
b. Unbilliger Wert ... 15	
II. Gebühren ... 19	III. Berechnungsprogramme ... 31
1. Angelegenheit ... 19	1. Prozesskostenrechner ... 31
2. Entlassung aus dem Mietvertrag ... 22	2. RVG-Rechner: 1. Instanz mit Anrechnung der Geschäftsgebühr ... 32
3. Terminsgebühr ... 23	

A. Grundlagen

1 Der Gesetzgeber geht davon aus, dass die Parteien sich grundsätzlich selbst über die Nutzung der Ehewohnung einigen. Nur in Fällen unbilliger Härte soll es zu einem gerichtlichen Verfahren kommen können. Häufig wird die Nutzung der Ehewohnung mit anwaltlicher Unterstützung außergerichtlich geregelt. Dies findet idealerweise in einer Getrenntlebensvereinbarung statt, die sämtliche Probleme während der Trennungszeit regelt.

Zu unterscheiden sind die beiden Ehewohnungszuweisungsverfahren nach § 1361b BGB und nach § 1568a BGB. Im ersten Verfahren wird nur eine vorläufige Regelung für die Dauer der Trennung gefunden. Das Verfahren nach § 1568a BGB ist nur für den Fall der Scheidung oder nach einer Scheidung anwendbar. Damit kann das Verfahren nach § 1361b BGB nicht Gegenstand des Verbunds sein. Es kann nur isoliert geltend gemacht werden.

Bei beiden Verfahren handelt es sich um Verfahren nach dem FamFG – § 111 Nr. 5 FamFG. Es entstehen die vollen Gebühren nach Nr. 3100 ff. VV RVG.

Ausführliche Informationen zu den allgemeinen Regelungen für diese Gebühren finden sich im Kapitel: Kostenrechtl. Hinw. in Familiensachen (Teil 4).

Für die Lebenspartnerschaften gelten diese Ausführungen entsprechend gem. §§ 111 Nr. 11, 269 Abs. 1 Nr. 5 FamFG.

B. Besonderheiten

I. Gegenstandswert

1. Altes Recht bis 01.09.2009

Betrifft der Streit die Wohnung, so bestimmt sich der Gegenstandswert nach dem eindeutigen Wortlaut des § 100 Abs. 3 Satz 1 KostO nach dem **einjährigen Mietwert**. Eine Unterscheidung zwischen dauernder Regelung und Nutzungsregelung findet seit der Aufhebung des § 21 HausratsVO nicht mehr statt. Als Gegenstandswert bei der Ehewohnungszuweisung gilt damit für die Dauer des Getrenntlebens der einjährige und nicht der halbjährige Mietwert.[1]

2. Neues Recht ab 01.09.2009

a. Wert allgemein

Nach § 48 Abs. 1 Alt. 1 FamGKG ist der Wert für die Zuweisung der Ehewohnung während des Getrenntlebens pauschal auf 3.000 € festgesetzt. Ist dieser Wert nach den besonderen Umständen des Falles unbillig, so kann er herauf- oder herabgesetzt werden – § 48 Abs. 3 FamGKG. Im Vergleich zur endgültigen Regelung nach § 1568a BGB (Wert: 4.000 €) wurde der Wert reduziert, da es sich hier lediglich um eine befristete Nutzungsregelung und nicht um die endgültige Zuweisung der Ehewohnung handelt.

Nach § 5 Nr. 3 FamGKG gilt diese Vorschrift auch für **Lebenspartnerschaften**.

Werden Anträge zu **Ehewohnungs- und Haushaltssachen gemeinsam** gestellt, so sind die Werte zu addieren, da es sich lediglich um eine Angelegenheit handelt.[2]

Wird eine **einstweilige Anordnung** zur Regelung der Ehewohnung während des Getrenntlebens verlangt, so beträgt der Wert gem. §§ 41, 48 Abs. 1 Alt. 1 FamGKG die Hälfte des Wertes der Hauptsache, also grundsätzlich 1.500 €. In Ausnahmefällen kann hiervon abgewichen werden. Eine Erhöhung des Wertes kann angebracht sein, wenn die einstweilige Anordnung wegen der kurzen Zeitdauer bis zur Scheidung einer endgültigen Regelung für die Trennungszeit gleichkommt.[3]

Wird neben der Zuweisung der Ehewohnung eine **Nutzungsentschädigung** nach § 1361b Abs. 3 BGB vereinbart, so erhöht diese den Wert nicht.[4] Wird in eine vergleichsweise Regelung auch eine **Ausgleichszahlung** für den ausziehenden Ehegatten aufgenommen, so erhöht dies ebenfalls den Wert nicht.

Wird dahingegen nur ein **Nutzungsentschädigungsanspruch** nach § 1361b Abs. 3 BGB verlangt, so unterfällt dies der Regelung des § 200 Abs. 1 Nr. 1 FamFG, so dass hierfür der pauschale Wertansatz des § 48 Abs. 1 FamGKG gilt und der Verfahrenswert regelmäßig 3.000 € beträgt.[5]

---

[1] OLG Köln v. 02.10.2007 - 4 WF 174/07 - OLGR Köln 2008, 161; OLG Düsseldorf v. 17.02.2005 - 9 WF 199/04 - FamRZ 2005, 1583; OLG Frankfurt v. 28.01.2004 - 5 WF 230/03 - FamRZ 2005, 230; OLG München v. 15.11.2004 - 12 WF 1709/04 - FamRZ 2005, 1002.

[2] *Türck-Brocker* in: Schneider/Volpert/Fölsch, FamGKG, 2. Aufl. 2014, § 48 Rn. 30.

[3] *Keske* in: Schulte-Bunert/Weinreich, FamFG-Kommentar, 3. Aufl. 2012, § 48 Rn. 3 FamGKG.

[4] OLG Köln v. 30.03.2006 - 4 WF 10/06 - FamRZ 2007, 234.

[5] OLG Koblenz v. 18.06.2013 - 13 WF 515/13 - FuR 2013, 666; OLG Bamberg v. 10.02.2011 - 2 UF 289/10 - FamRZ 2011, 1424.

13 Etwas anderes gilt für die Geltendmachung eines **Nutzungsentgeltes nach § 745 Abs. 2 BGB** durch den ausziehenden Ehegatten. Hierbei handelt es sich nicht um ein Verfahren nach § 1361b BGB, sondern um eine sonstige Familienstreitsache. Es gilt § 42 Abs. 1 FamGKG. Als Anhaltspunkt für die Wertberechnung kommt der Jahreswert in Frage (analoge Anwendung von § 41 GKG).[6]

14 **Feststellungsinteresse**: Beinhaltet eine Getrenntlebensvereinbarung lediglich die Feststellung „**Ehewohnung und Hausrat sind verteilt**", so ist der Wert lediglich mit dem Feststellungsinteresse zu bewerten. Dies variiert je nach Bedeutung dieser Klarstellung. Bestand bisher keine Einigkeit über diesen Zustand, so kann von dem vollen Wert ausgegangen werden. Wird jedoch nur die bereits außergerichtlich getroffene Vereinbarung in einem gerichtlichen Vergleich wiederholt, so ist ein deutlicher Abschlag gerechtfertigt, da ein besonderes Interesse (z.B. die Schaffung eines Vollstreckungstitels) nicht erkennbar ist.[7]

b. Unbilliger Wert

15 Grund für eine Erhöhung des Wertes wegen Unbilligkeit kann beispielsweise die Zuweisung einer besonders teuren Wohnung[8] sein (50% Erhöhung auf 4.500 € bei Grundstück 976 qm und Wohnfläche 250 qm). Ebenso kann eine Reduzierung in Frage kommen, wenn lediglich eine Regelung für einzelne Räume der Ehewohnung getroffen wird.[9]

16 **Keine Scheidung beabsichtigt**: Auch kann eine Erhöhung des Wertes angebracht sein, wenn die Ehegatten gar nicht beabsichtigen, die Scheidung durchzuführen. In diesem Fall stellt die Regelung für die Getrenntlebenszeit eine endgültige Regelung dar. Hier erscheint die Erhöhung des Wertes auf den einer endgültigen Regelung nach § 1568a BGB mit 4.000 € angemessen.

17 § 48 Abs. 3 FamGKG sieht die **Änderung des Wertes durch das Gericht** vor. Diese Vorschrift ist gem. § 23 Abs. 1 RVG für die Wertermittlung nach dem RVG entsprechend anzuwenden. Sie gilt danach auch entsprechend für außergerichtliche Verfahren. Hierbei stellt sich die Frage, wer in einem **außergerichtlichen Verfahren** den Wert im Falle der Unbilligkeit anpassen kann. Da das Gericht nicht beteiligt ist, kann es nur dem Rechtsanwalt obliegen, die Unbilligkeit angemessen zu berücksichtigen. Alternative hierzu wäre, dass der unbillige Wert unverändert bleibt. Dies widerspricht der Intention des Gesetzes.

18 **Hinweis**: Im Rahmen einer außergerichtlichen Vertretung könnte der Rechtsanwalt hier eine angemessene Vergütung auch über die **Erhöhung des Gebührensatzes** der Geschäftsgebühr erreichen, da das Merkmal der „Bedeutung" eine Erhöhung rechtfertigt.

II. Gebühren

1. Angelegenheit

19 Bzgl. der Nutzungsregelung/Zuweisung der Ehewohnung kann es verschiedene Angelegenheiten geben, die klar voneinander abzugrenzen und auch getrennt abzurechnen sind. Für die Regelung der Nutzung der Ehewohnung während des Getrenntlebens sind folgende verschiedene Angelegenheiten mit demselben Gegenstand denkbar:
- Beratung – § 34 RVG (ggf. Anrechnung),
- Außergerichtliche Vertretung – Nr. 2300 VV RVG (ggf. Anrechnung),
- Einstweilige Anordnung – Nr. 3100 VV RVG (keine Anrechnung),
- Hauptsacheverfahren – Nr. 3100 VV RVG (ggf. Anrechnung),
- Beschwerdeverfahren – Nr. 3200 VV RVG (keine Anrechnung),
- Einstweilige Anordnung in der Beschwerdeinstanz – VB 3.2 (2), Nr. 3100 VV RVG (keine Anrechnung).

20 Die Verfahren bzgl. der Zuweisung der Ehewohnung vor und nach der Scheidung nach § 1568a BGB bilden nicht nur verschiedene Angelegenheiten, sondern haben auch einen anderen Verfahrensgegenstand. Die unterschiedlichen Verfahren betreffen verschiedene Zeiträume. Damit bilden sie nicht nur gesondert abzurechnende Angelegenheiten, sondern zudem ist auch mangels Gleichheit des Gegenstands jede Form von Anrechnung ausgeschlossen.

---

[6] OLG Köln v. 12.01.2000 - 18 W 80/99 - FamRZ 2001, 239 m.w.N.
[7] OLG Hamm v. 29.11.1979 - 3 WF 271/79.
[8] OLG Köln v. 28.11.2013 - II-4 WF 151/13, 4 WF 151/13.
[9] *Keske* in: Schulte-Bunert/Weinreich, FamFG-Kommentar, 3. Aufl. 2012, § 48 Rn. 2 FamGKG.

Etwas anderes gilt natürlich dann, wenn die außergerichtliche Tätigkeit des Anwalts bzgl. § 1361b BGB erfolglos bleibt und anschließend ein gerichtliches Verfahren bzgl. des Anspruchs aus § 1361b BGB anhängig gemacht wird. In diesem Fall sind die entsprechenden Gebühren aufeinander anzurechnen. 21

2. Entlassung aus dem Mietvertrag

Verhandlungen mit dem Vermieter über Entlassung aus dem Mietvertrag und Fortsetzung mit dem verbleibenden Ehegatten bilden eine gesonderte Angelegenheit und sind nicht Gegenstand des Verbunds oder einer anderen Familiensache. 22

3. Terminsgebühr

Da in dem FamFG-Verfahren Nutzungsregelung der Ehewohnung während des Getrenntlebens kein Versäumnisurteil möglich ist, ist auch das Entstehen einer reduzierten Terminsgebühr nach Nr. 3105 VV RVG nicht möglich. Es entsteht damit grundsätzlich die volle 1,2 Terminsgebühr Nr. 3104 VV RVG. 23

Umstritten ist die Frage ob eine Terminsgebühr entsteht, wenn mit Einverständnis der Beteiligten eine **schriftliche Entscheidung oder ein schriftlicher Vergleich** ergeht. Nach § 207 FamFG soll das Gericht die Angelegenheit in einem Termin erörtern. Diese Verpflichtung löst nach *Schneider* in einem solchen Falle eine Terminsgebühr nach Nr. 3104 Abs. 1 Nr. 1 VV RVG aus.[10] Die Gegenmeinung lehnt das Entstehen einer Terminsgebühr ab, weil es sich bei § 207 FamFG lediglich um eine Sollvorschrift handelt und das Gericht auf die Durchführung des Termins verzichten kann. Zudem verlangt Nr. 3104 einen Verhandlungstermin, während § 207 FamFG nur einen Erörterungstermin fordert.[11] Es ist allerdings nicht einsichtig, warum in Familienstreitsachen ein Anreiz geschaffen werden soll, den obligatorischen Verhandlungstermin durch ein schriftliches Verfahren entbehrlich zu machen, in den vergleichbaren Verfahren der freiwilligen Gerichtsbarkeit jedoch ein Anreiz für den obligatorischen Erörterungstermin (das FamFG kennt keine Verhandlung, sondern nur die Erörterung, daher die abweichende Begrifflichkeit) nicht gegeben sein soll. Dies entspricht nicht der Intention des Gesetzgebers, die Gerichte weitestgehend zu entlasten. 24

C. Arbeitshilfen

I. Beispiel/Muster: Regelung für die Trennungszeit nach § 1361b BGB und später endgültige Zuweisung der Ehewohnung

Im Rahmen der außergerichtlichen Vertretung gelingt eine Einigung in einem Verfahren nach § 1361b BGB. Für die Dauer der Trennung wird die Ehewohnung der Ehefrau zugewiesen. 25
Im Scheidungsverfahren kommt es durch Urteil zu einer endgültigen Regelung bzgl. der Ehewohnung für die Zeit nach der Scheidung.
Vorbemerkung: Eine Anrechnung der Geschäftsgebühr Nr. 2300 VV RVG ist ausgeschlossen, da der Gegenstand der beiden Verfahren nicht derselbe ist.

1. Abrechnung außergerichtliche Vertretung im Verfahren nach § 1361b BGB: 26

Geschäftsgebühr, Nr. 2300 VV (1,3); Wert: 3.000 €	261,30 €
+ Einigungsgebühr, Nr. 1000 VV (1,5); Wert: 3.000 €	301,50 €

2. Abrechnung gerichtliches Verfahren nach § 1568a BGB: 27

Verfahrensgebühr, Nr. 3100 VV (1,3); Wert: 4.000 €	327,60 €
+ Terminsgebühr, Nr. 3104 VV (1,2); Wert: 4.000 €	302,40 €

---

[10] AnwK-RVG, 7. Aufl., VV 3104 Rn. 21 ff., so bzgl. der vergleichbaren elterlichen Sorge: OLG Stuttgart v. 14.09.2010 - 8 WF 133/10; OLG Schleswig v. 30.03.2007 - 15 WF 41/07.

[11] *Volpert* in: Horndrasch/Viefhues, FamFG, Teil 3 Rn. 620; *Müller-Rabe* in: Gerold/Schmidt, RVG, VV 3104 Rn. 29 ff. m.w.N.

Kostenrechtl. Hinw. zu § 1361b

jurisPK-BGB / T. Schmidt

II. Beispiel/Muster: Getrenntlebensvereinbarung

28 Die Ehegatten einigen sich außergerichtlich in einer Trennungsvereinbarung für die Dauer des Getrenntlebens über die Nutzung der Ehewohnung und der Haushaltssachen sowie einer Unterhaltszahlung von 300 € monatlich an die Ehefrau. Umfang und Schwierigkeit der Angelegenheit waren überdurchschnittlich (=> Ansatz einer 2,0 Geschäftsgebühr).

29 **Vorbemerkung**: Die Werte der einzelnen Gegenstände sind zu addieren. Der Wert setzt sich zusammen aus 2.000 € Trennungsregelung Hausrat, 3.000 € Trennungsregelung Ehewohnung, 12 x 300 € Trennungsunterhalt.

30 **Abrechnung**:

Geschäftsgebühr, Nr. 2300 VV (2,0); Wert: 8.600 €		1.014,00 €
+ Einigungsgebühr, Nr. 1000 VV (1,5); Wert: 8.600 €		760,50 €

III. Berechnungsprogramme

1. Prozesskostenrechner

31 Mit diesem Berechnungsprogramm können Sie kalkulieren, welche Prozesskosten auf Ihren Mandanten zukommen können (mit 2. Instanz, Vergleich, Beweisauslagen, gegnerischem Anwalt): Prozesskostenrechner.

2. RVG-Rechner: 1. Instanz mit Anrechnung der Geschäftsgebühr

32 Mit diesem Berechnungsprogramm können Sie die anwaltliche Vergütung für das außergerichtliche Verfahren (Nr. 2300 VV RVG) und das gerichtliche Verfahren (Nr. 3100, 3104, 1003 VV RVG) berechnen: RVG-Rechner (1. Instanz mit Anrechnung der Geschäftsgebühr).

§ 1362 BGB Eigentumsvermutung

(Fassung vom 02.01.2002, gültig ab 01.01.2002)

(1) ¹Zugunsten der Gläubiger des Mannes und der Gläubiger der Frau wird vermutet, dass die im Besitz eines Ehegatten oder beider Ehegatten befindlichen beweglichen Sachen dem Schuldner gehören. ²Diese Vermutung gilt nicht, wenn die Ehegatten getrennt leben und sich die Sachen im Besitz des Ehegatten befinden, der nicht Schuldner ist. ³Inhaberpapiere und Orderpapiere, die mit Blankoindossament versehen sind, stehen den beweglichen Sachen gleich.

(2) Für die ausschließlich zum persönlichen Gebrauch eines Ehegatten bestimmten Sachen wird im Verhältnis der Ehegatten zueinander und zu den Gläubigern vermutet, dass sie dem Ehegatten gehören, für dessen Gebrauch sie bestimmt sind.

Gliederung

A. Grundlagen 1	IV. Kein ausschließlicher persönlicher Gebrauch einer Sache durch einen Ehegatten (Absatz 2) 13
B. Anwendungsvoraussetzungen 9	
I. Bewegliche Sachen 9	
II. Besitz 10	V. Widerlegung der Vermutung 15
III. Kein Getrenntleben (Absatz 1 Satz 2) 12	C. Rechtsfolgen 19

A. Grundlagen

Die Vorschrift dient dem Gläubigerschutz. Sie gilt in jedem Güterstand; bei Gütergemeinschaft ist sie aber nur anwendbar, wenn der Gegenstand zweifelsfrei nicht zum Gesamtgut (§ 1416 BGB) gehört. § 8 Abs. 1 LPartG enthält eine entsprechende Regelung für die Lebenspartnerschaft. **1**

Zum Zeitpunkt der Vermutungswirkung muss eine gültige Ehe bestehen. Die Regelungen zur Eigentumsvermutung sind unabdingbar. Abweichende Vereinbarungen sind nichtig. Dem stehen Eigentumsübertragungen von Gegenständen auf den anderen Ehegatten aber nicht entgegen. Sie beseitigen nämlich nicht die widerlegbare Vermutungswirkung.[1] **2**

Die lange streitige Frage, ob eine analoge Anwendung auf nichteheliche Lebensgemeinschaften möglich ist, wurde aber vom BGH[2] zu Recht verneint. Wann eine nichteheliche Lebensgemeinschaft in diesem Sinne vorliegt, wäre in der Praxis angesichts der Vielfältigkeit der Lebensformen nicht abgrenzbar. Aus demselben Grund ist auch eine analoge Anwendung auf andere Familienmitglieder nicht zu befürworten.[3] **3**

Zum Teil wird vertreten, die Vorschrift sei wegen der Benachteiligung der verheirateten Schuldner gegenüber einem unverheirateten verfassungswidrig.[4] **4**

Ihre Schutzwirkung zugunsten eines Gläubigers des Ehegatten entfaltet die Vorschrift im Zusammenspiel mit § 739 ZPO. § 1362 BGB verdrängt § 1006 BGB im Verhältnis der Ehegatten zu Dritten. Allerdings gilt § 1006 Abs. 2 BGB, soweit es um den früheren Besitz vor der Ehe geht.[5] Im Verhältnis der Ehegatten zueinander ist § 1006 BGB anwendbar.[6] **5**

§ 1357 BGB steht der Eigentumsvermutung aus § 1362 BGB nicht entgegen, da aus Schlüsselgewaltgeschäften nicht automatisch Miteigentum erworben wird.[7] **6**

Die Vermutungswirkung aus § 1362 Abs. 1 BGB gilt nur gegenüber dem Gläubiger, diejenige aus § 1362 Abs. 2 BGB auch gegenüber dem Ehegatten. **7**

---

[1] *Weber-Monecke* in: MünchKomm-BGB, § 1362 Rn. 17; *Voppel* in: Staudinger, § 1362 Rn. 9.
[2] BGH v. 14.12.2006 - IX ZR 92/05 - NJW 2007, 992; a.A. *Heßler* in: MünchKomm-ZPO, § 739 Rn. 19
[3] *Voppel* in: Staudinger, § 1362 Rn. 13; *Heßler* in: MünchKomm-ZPO, § 739 Rn. 20.
[4] So *Brox*, FamRZ 1981, 1125-1128, 1127; *Gerhardt*, ZZP 95, 467-494 (1982), 491 f.; vgl. auch *Wolf*, FuR 1990, 216-217; a.A. die herrschende Meinung vgl. LG Frankfurt v. 09.03.1984 - 2/9 T 259/84 - NJW 1986, 729; *Brudermüller* in: Palandt, § 1362 Rn. 1; *Voppel* in: Staudinger, § 1362 Rn. 4 f.
[5] BGH v. 09.01.1992 - IX ZR 277/90 - LM BGB § 1006 Nr. 18 (8/1992).
[6] OLG Oldenburg v. 20.11.1990 - 5 U 110/90 - NJW-RR 1991, 963-964; *Voppel* in: Staudinger, § 1362 Rn. 6.
[7] BGH v. 13.03.1991 - XII ZR 53/90 - BGHZ 114, 74-81.

8   Die Vorschrift ist auf im Inland befindliche bewegliche Sachen auch dann anwendbar, wenn die Eheleute einem anderen als dem deutschen Ehewirkungs- oder Güterrechtsstatut unterliegen, soweit sie für gutgläubige Dritte günstiger ist als das fremde Recht (Art. 16 Abs. 2 EGBGB).

B. Anwendungsvoraussetzungen

I. Bewegliche Sachen

9   Die Eigentumsvermutung gilt nur für bewegliche Sachen, Inhaberpapiere und mit Blankoindossament versehene Orderpapiere (vgl. Art. 13 Abs. 2 WG; Art. 16 Abs. 2 ScheckG). Zu den beweglichen Sachen gehört auch Bargeld.[8] Auf Forderungen und Rechte findet § 1362 BGB keine Anwendung, ebenso wenig hinsichtlich des Kfz-Briefs.[9] Für Grundstücke, grundstücksgleiche Rechte und wesentliche Bestandteile des Grundstücks ist § 891 BGB anzuwenden.

II. Besitz

10 Erforderlich ist der gegenwärtige Besitz eines oder beider Ehegatten an der Sache. Daher genügt die Berufung des Gläubigers darauf, der Ehegatte habe die Sache früher einmal in Besitz gehabt im Sinne des § 1006 Abs. 2 BGB grundsätzlich nicht.[10] Der BGH hatte allerdings entschieden, dass der frühere Besitz des Ehegatten genügen kann, wenn Sachen später in den Besitz eines Dritten gelangt sind und der Herausgabeanspruch des Ehegatten gegen diesen Dritten gepfändet wird.[11]

11 Ob Eigen- oder Fremdbesitz des/der Ehegatten vorliegt, ist unerheblich.[12] Der Gerichtsvollzieher wäre in der Regel auch nicht in der Lage, aufzuklären, ob die Ehegatten Eigen- oder Fremdbesitzer sind.

III. Kein Getrenntleben (Absatz 1 Satz 2)

12 Die Eigentumsvermutung für einen Ehegatten greift nicht für die Sachen, die sich im Alleinbesitz des anderen Ehegatten befinden, wenn die Eheleute getrennt leben. Nach allgemeiner Meinung ist der Begriff des Getrenntlebens nicht identisch mit demjenigen der Trennung in § 1361 BGB. Die subjektive Komponente der Trennung, nämlich der Wille, die eheliche Lebensgemeinschaft nicht fortzusetzen, ist für § 1362 BGB nicht maßgebend. Es kommt nur darauf an, ob die Ehegatten objektiv eine häusliche Gemeinschaft bilden.[13] Deswegen wird die Eigentumsvermutung auch nicht durch ein behauptetes Getrenntleben innerhalb derselben Wohnung beseitigt.[14] Der Hintergrund ist auch hier das Zusammenspiel mit § 739 ZPO. Der Gerichtsvollzieher kann in der Regel nur objektive, äußerlich feststellbare Verhältnisse nachprüfen, nicht subjektive Willenslagen.

IV. Kein ausschließlicher persönlicher Gebrauch einer Sache durch einen Ehegatten (Absatz 2)

13 Die Eigentumsvermutung gilt nicht bei Sachen zum ausschließlich persönlichen Gebrauch eines Ehegatten. Welche Sachen dazu zählen und wem sie zuzuordnen sind, richtet sich nach der konkreten Zweckbestimmung der jeweiligen Sache[15], das heißt danach, ob der Gegenstand typischerweise vom Mann oder der Frau benutzt wird. Wie die Sache tatsächlich in Gebrauch ist und wer sie in Besitz hat, hat nur indizielle Wirkung.[16] Es ist auch unerheblich, wenn der Gegenstand zeitweilig nicht oder vom anderen Ehegatten teilweise mitbenutzt wird.[17] § 1362 Abs. 2 BGB knüpft nicht an den Besitz der Sache an, wie es Absatz 1 tut, sondern an die Gebrauchszuordnung. So darf z.B. der Damenschmuck der Ehefrau, der im Safe des Mannes aufbewahrt wird, nicht vom Gläubiger des Mannes gepfändet wer-

---

[8] BGH - NJW 1955, 20; *Weber-Monecke* in: MünchKomm-BGB, § 1362 Rn. 15.
[9] *Kroll-Ludwigs* in: Erman, § 1362 Rn. 5.
[10] *Weber-Monecke* in: MünchKomm-BGB, § 1362 Rn. 16.
[11] BGH v. 14.01.1993 - IX ZR 238/91 - LM BGB § 857 Nr. 3 (6/1993); ebenso *Weber-Monecke* in: MünchKomm-BGB, § 1362 Rn. 16.
[12] *Voppel* in: Staudinger, § 1362 Rn. 22; *Weber-Monecke* in: MünchKomm-BGB, § 1362 Rn. 16.
[13] *Voppel* in: Staudinger, § 1362 Rn. 25; *Weber-Monecke* in: MünchKomm-BGB, § 1362 Rn. 13; *Kroll-Ludwigs* in: Erman, § 1362 Rn. 7; a.A. *Gernhuber/Coester-Waltjen*, Familienrecht, 6. Aufl. 2010, § 22 Rn. 18.
[14] *Weber-Monecke* in: MünchKomm-BGB, § 1362 Rn. 13.
[15] *Voppel* in: Staudinger, § 1362 Rn. 60; *Weber-Monecke* in: MünchKomm-BGB, § 1362 Rn. 27.
[16] *Weber-Monecke* in: MünchKomm-BGB, § 1362 Rn. 28.
[17] *Weber-Monecke* in: MünchKomm-BGB, § 1362 Rn. 28.

den.[18] § 1362 Abs. 2 BGB gilt auch, wenn die Eheleute getrennt leben[19]. Er gilt über die Scheidung hinaus, solange die Ehegatten die Vermögensauseinandersetzung nicht durchgeführt haben[20]; anschließend gilt § 1006 BGB.

Fallgruppen:

- Bei Damenschmuck spricht die übliche Zweckbestimmung für einen ausschließlichen Gebrauch der Frau[21]; Entsprechendes gilt für Männerschmuck. Die Annahme kann aber entkräftet werden, z.B. wenn der Schmuck als Kapitalanlage angeschafft wurde oder wenn die Schmuckstücke Familienerbstücke eines Ehegatten darstellen, selbst wenn sie vom anderen Ehegatten bisweilen getragen werden.[22]
- Für Bargeld findet die Vermutung des § 1362 Abs. 2 BGB keine Anwendung[23], auch nicht, wenn es sich um persönliche Ersparnisse eines Ehegatten handelt[24].
- Für den gemeinsamen Haushalt angeschaffte Gegenstände (Möbel, Haushaltsgeräte) dienen nicht dem ausschließlichen persönlichen Gebrauch eines Ehegatten.[25]
- Musikinstrumente, Sportgeräte und sonstige der Ausübung eines Hobbys dienende Gegenstände, die nur von einem Ehegatten und keinem sonstigen Familienmitglied benutzt werden, sind dessen persönlichem Gebrauch zuzuordnen.[26]
- Gegenstände, die offenkundig dem Erwerbsgeschäft eines Ehegatten zuzuordnen sind, fallen ebenfalls unter § 1362 Abs. 2 BGB.[27]

V. Widerlegung der Vermutung

Die oben genannten Voraussetzungen muss der Gläubiger darlegen und notfalls beweisen. Sie lösen die Rechtsvermutung zur Eigentumslage aus. Der vom Gläubiger in Anspruch genommene Ehegatte kann die Vermutung widerlegen. Das erfordert den vollen Beweis des Gegenteils.[28] Die Vermutung ist widerlegt, wenn er nachweisen kann, dass die Ehegatten getrennt leben oder die Sachen dem persönlichen Gebrauch des anderen Ehegatten dienen.[29]

Die Vermutung kann auch widerlegt werden, wenn dem Ehegatten, gegen den vollstreckt wird, der Nachweis gelingt, dass die Sache materiellrechtlich im Miteigentum beider Eheleute steht oder im Alleineigentum des nicht schuldenden Ehegatten.[30] Es ist dazu auch ausreichend, wenn nachgewiesen werden kann, dass der Gegenstand früher vom anderen Ehegatten als Alleineigentum angeschafft worden war oder dass er ihn als Alleineigentum in die Ehe eingebracht hat. Es wird nicht verlangt, dass auch noch der Fortbestand des Eigentums vom anderen Ehegatten bewiesen werden muss.[31] Für die Zeit vor der Eheschließung hilft § 1006 BGB.[32]

Steht das Eigentum des anderen Ehegatten, der nicht Vollstreckungsschuldner ist, fest, ist der Eigentumserwerb aber nach den Vorschriften des AnfG oder der InsO anfechtbar, gilt § 1362 BGB auch zugunsten des Anfechtungsgläubigers bzw. Insovenzverwalters.[33]

---

[18] *Weber-Monecke* in: MünchKomm-BGB, § 1362 Rn. 29; *Kroll-Ludwigs* in: Erman, § 1362 Rn. 13.
[19] *Weber-Monecke* in: MünchKomm-BGB, § 1362 Rn. 25.
[20] *Kroll-Ludwigs* in: Erman, § 1362 Rn. 15.
[21] BGH v. 07.05.1951 - IV ZR 69/50 - BGHZ 2, 82-87.
[22] BGH v. 05.10.1970 - III ZR 101/67 - FamRZ 1971, 24; BGH v. 21.10.1958 - VIII ZR 208/57 - LM Nr. 12 zu Allg. Geschäftsbedingungen der Banken; *Voppel* in: Staudinger, § 1362 Rn. 62.
[23] OLG Hamm v. 18.03.1980 - 2 UF (Sbd) 7/80 - FamRZ 1980, 708; *Voppel* in: Staudinger, § 1362 Rn. 63.
[24] *Kroll-Ludwigs* in: Erman, § 1362 Rn. 13.
[25] *Voppel* in: Staudinger, § 1362 Rn. 61.
[26] *Kroll-Ludwigs* in: Erman, § 1362 Rn. 13.
[27] LG Bamberg v. 04.04.1962 - 3 UH 3/62 - FamRZ 1962, 391.
[28] *Weber-Monecke* in: MünchKomm-BGB, § 1362 Rn. 23.
[29] *Voppel* in: Staudinger, § 1362 Rn. 44.
[30] *Brudermüller* in: Palandt, § 1362 Rn. 7; *Voppel* in: Staudinger, § 1362 Rn. 45.
[31] BGH v. 09.01.1992 - IX ZR 277/90 - LM BGB § 1006 Nr. 18 (8/1992).
[32] *Voppel* in: Staudinger, § 1362 Rn. 46.
[33] OLG Celle v. 07.03.2013 - 13 U 112/12 - FamRZ 2013, 1760; *Brudermüller* in: Palandt, § 1362 BGB Rn. 1; LG Oldenburg v. 24.02.2009 - 6 T 1172/08 - DGVZ 2010, 14.

§ 1362

18 Ein öffentlich beglaubigtes Vermögensverzeichnis gem. § 1377 Abs. 1 BGB kann zur Widerlegung der Vermutung ausreichend sein. Ein privatschriftliches Verzeichnis hat genauso wie ein privatschriftlicher Übereignungsvertrag keinen ausreichenden Beweiswert, weil er nur zwischen den Ehegatten Wirkungen entfaltet.[34]

C. Rechtsfolgen

19 Die Eigentumsvermutung aus § 1362 Abs. 1 BGB gilt – anders als im Fall des § 1362 Abs. 2 BGB – nur zugunsten des Gläubigers, nicht im Verhältnis der Ehegatten untereinander oder deren Rechtsnachfolgern.

20 Ihre Bedeutung entfaltet die Vorschrift vor allem in der Zwangsvollstreckung und im Insolvenzverfahren. Die Rechtswirkungen sind aber darauf nicht beschränkt. Die Vorschrift gilt aber nicht im Strafrecht.

21 Vollstrecken Gläubiger des Mannes und der Frau, treffen sich widersprechende Eigentumsvermutungen aufeinander. Maßgebend ist dann, welchem Gläubiger es gelingt, die zugunsten des anderen Ehegatten wirkende Vermutung zu widerlegen. Gelingt dies beiden Gläubigern nicht, gilt für die Pfändung das Prioritätsprinzip (§ 804 Abs. 3 ZPO).

22 Der Gerichtsvollzieher darf eine Sache nicht pfänden, wenn die Eigentumsvermutung offensichtlich widerlegt ist. Der Schuldner kann sich über die Vollstreckungserinnerung § 766 ZPO gegen die Pfändungsmaßnahme wehren, wenn schon bei der Pfändung evident erkennbar war, dass die gesetzliche Eigentumsvermutung nicht zutreffend ist. In den übrigen Fällen ist nach herrschender Meinung nur die Drittwiderspruchsklage durch den wahren Eigentümer der Sache möglich. Nach anderer Ansicht besteht ein Wahlrecht zwischen der Vollstreckungserinnerung nach § 766 ZPO und der Drittwiderspruchsklage gem. § 771 ZPO, wenn die Ehegatten in der Lage sind, die Eigentumsvermutung bereits dem Gerichtsvollzieher gegenüber zu widerlegen.[35] Dagegen spricht, dass es nicht Aufgabe des Gerichtsvollziehers ist, Rechtsfragen zur Eigentümerstellung zu klären.

---

[34] *Voppel* in: Staudinger, § 1362 Rn. 48.

[35] Zum Meinungsstreit vgl. *Voppel* in: Staudinger, § 1362 Rn. 53 m.w.N (nur § 771 ZPO).; *Weber-Monecke* in: MünchKomm-BGB, § 1362 Rn. 32 (nur § 771 ZPO); a.A. *Gernhuber/Coester-Waltjen*, Familienrecht, 6. Aufl. 2010, § 22 Rn. 23.

Titel 6 - Eheliches Güterrecht
Untertitel 1 - Gesetzliches Güterrecht

§ 1363 BGB Zugewinngemeinschaft
(Fassung vom 02.01.2002, gültig ab 01.01.2002)

(1) Die Ehegatten leben im Güterstand der Zugewinngemeinschaft, wenn sie nicht durch Ehevertrag etwas anderes vereinbaren.

(2) ¹Das Vermögen des Mannes und das Vermögen der Frau werden nicht gemeinschaftliches Vermögen der Ehegatten; dies gilt auch für Vermögen, das ein Ehegatte nach der Eheschließung erwirbt. ²Der Zugewinn, den die Ehegatten in der Ehe erzielen, wird jedoch ausgeglichen, wenn die Zugewinngemeinschaft endet.

Gliederung

A. Grundlagen 1	I. Allgemeines 9
I. Normzweck 1	II. Rechtsfolgen 13
II. Vermögenstrennung 3	III. Verfahrensrechtliche Hinweise 15
B. Die Ehegatteninnengesellschaft 9	

A. Grundlagen

I. Normzweck

Der durch das GleichberG (aus dem Jahre 1957) geschaffene gesetzliche Güterstand der Zugewinngemeinschaft hat im Wesentlichen zwei Funktionen: Zum einen ist er Auffangtatbestand für den – häufigen – Fall, dass die Ehegatten keine ehevertragliche Regelung getroffen haben. Darüber hinaus soll er das gerechte Ehemodell darstellen, indem er einerseits die Selbständigkeit der Ehegatten in vermögensrechtlicher Hinsicht respektiert, auf der anderen Seite aber bei einem arbeitsteiligen Rollenverständnis einen gerechten Ausgleich zugunsten des nicht verdienenden Ehegatten herbeiführt. Letztlich ist der gesetzliche Güterstand insoweit auf die so genannte Hausfrauenehe zugeschnitten. Seine innere Berechtigung für die Doppelverdienerehe wird daher häufig in Frage gestellt[1] und seine fehlende Konsequenz kritisiert. Unklar ist, ob die Beteiligung der Ehegatten am Zugewinn des jeweils anderen auf dem Grundsatz der ehelichen Solidarität beruht,[2] auf der Fiktion des gemeinschaftlichen Erwerbs, zu dem auch der haushaltsführende Gatte mittelbar beigetragen habe[3] oder auf dem Wesen der Ehe als Konsumgemeinschaft.[4]

1

Absatz 1 bestimmt den Güterstand der Zugewinngemeinschaft als gesetzlichen Regelfall. Modifikationen der Zugewinngemeinschaft durch Ehevertrag sind gem. den §§ 1408-1413 BGB möglich (zu den Grenzen der Vertragsfreiheit vgl. die Kommentierung zu § 1408 BGB ff.). Die Regeln über den gesetzlichen Güterstand greifen nur ein, soweit die Ehegatten nichts anderes vereinbart haben; insoweit geht die Vertragsfreiheit vor. Die Beweislast für eine vom gesetzlichen Güterstand abweichende Vereinbarung trägt der Ehegatte, der sich auf sie beruft.

2

II. Vermögenstrennung

Absatz 2 normiert den Grundsatz der Vermögenstrennung, so dass der gesetzliche Güterstand der Zugewinngemeinschaft keine sachenrechtliche Vergemeinschaftung der Vermögen der Ehegatten bewirkt. Die Vermögen bleiben gem. **Absatz 2 Satz 1** vielmehr getrennt zugeordnet, soweit nicht durch Rechtsgeschäft oder Erwerb von Todes wegen vergemeinschaftete Gegenstände oder einseitige Verwaltungsbefugnisse geschaffen bzw. erworben werden. Das gilt sowohl für das Vermögen, das von den Ehegatten in die Ehe eingebracht wird, als auch für Vermögen, das nachträglich hinzuerworben wird.

3

---

[1] *Rauscher*, Familienrecht, 2. Aufl. 2008, Rn. 354, 355; *Langenfeld*, FamRZ 1994, 201-207, 201, 202.
[2] BGH v. 11.07.1979 - IV ZR 159/77 - LM Nr. 3 zu § 1384 BGB; BVerfG v. 06.06.1989 - 1 BvR 803/86, 1 BvR 1065/86 - NJW 1989, 3211-3212.
[3] *Diederichsen*, FamRZ 1992, 1-12, 8.
[4] *Battes*, FuR 1990, 311-324, 314.

§ 1363

Selbstverständlich können Ehegatten rechtsgeschäftlich gemeinsam Vermögen zu Miteigentum (als Bruchteils- oder Gesamthandseigentum) erwerben, sei es, dass sie eine Immobilie oder Hausrat anschaffen oder ein Geschäft gemeinsam führen. Insoweit kommt es allein auf den geäußerten Willen der Beteiligten an.

4 Allerdings hat der BGH die Bildung von **Miteigentum** für Gegenstände, die während der Ehe von einem Ehegatten erworben werden, erleichtert: So soll bei der Anschaffung von Haushaltsgegenständen vermutet werden, dass der handelnde Ehegatte als Vertreter auch für seinen Gatten mit erwerben will. Da es dem Geschäftspartner nicht darauf ankomme, wer dinglich Berechtigter wird, könne in diesen Fällen von Miteigentum der Ehegatten ausgegangen werden.[5] Demgegenüber geht ein Teil der Literatur auch in diesen Situationen von den allgemeinen sachenrechtlichen Grundsätzen aus, wonach der Verkäufer regelmäßig an den Handelnden übereignen will.[6] Schließlich wird die Ansicht vertreten, dass der Ehegatte erwirbt, der die Gegenleistung erbringt.[7] Richtigerweise wird man hinsichtlich der Übereignung auf die Umstände des Einzelfalls abstellen müssen.[8] Bei gemeinschaftlichem Eigentum muss der Gläubiger, der in solches vollstrecken will, einen Titel gegen beide Ehegatten haben.

5 Der vermögensrechtliche Ausgleich, der bei Beendigung der Ehe durch Tod oder Scheidung geschaffen wird, ist gem. Absatz 2 Satz 2 der Zugewinnausgleich. Außer in den Fällen des erbrechtlichen (pauschalen) Zugewinnausgleichs gem. § 1371 BGB ist ein etwaiger Zugewinn zu errechnen und aufgrund eines schuldrechtlichen Anspruchs auszugleichen.

6 Einen Einfluss auf die **Besitzverhältnisse** hat der gesetzliche Güterstand nicht. An Wohnung und Haushaltsgegenständen besteht in der Regel Mitbesitz; bei Alleinbesitz eines Ehegatten hat der andere einen Anspruch auf Einräumung von Mitbesitz aus der Pflicht zur ehelichen Lebensgemeinschaft (§ 1353 BGB). Die eheliche Lebensgemeinschaft wird dabei als Besitzmittlungsverhältnis angesehen. Gibt ein Gatte eine im Mitbesitz befindliche Sache ohne den Willen des anderen weg, so stellt dies eine verbotene Eigenmacht dar; die Sache kommt dem anderen abhanden. An den persönlichen Gegenständen hat jeder Gatte Alleinbesitz.

7 Sind die Ehegatten Inhaber eines Oder-Kontos, so sind sie Gesamtgläubiger im Sinne des § 428 BGB. Soweit einer von dem Konto mehr verbraucht als ihm im Innenverhältnis zusteht, hat der andere Ehegatte gegen ihn einen Anspruch auf Ausgleich aus § 430 BGB. Die Aufteilung im Innenverhältnis hängt vom Einzelfall ab, wobei die Funktionsteilung (Beispiel Haushaltsführungsehe) ein wesentlicher Aspekt sein kann. Lautet ein Sparkonto, auf dem Ansparungen für gemeinsame Ausgaben vorgenommen werden, auf den Namen eines Ehegatten, so ist von einer – stillschweigend vereinbarten – Bruchteilsgemeinschaft an dem Konto auszugehen.[9] Dogmatisch wird diese Gemeinschaft durch eine konkludente Abtretung der entsprechenden Ansprüche erreicht.

8 Zum Gesamtschuldnerausgleich vgl. die Kommentierung zu § 1372 BGB.

B. Die Ehegatteninnengesellschaft

I. Allgemeines

9 Soweit beide Ehegatten die Verwirklichung eines gemeinsamen Zwecks, der über den typischen Rahmen der ehelichen Lebensgemeinschaft hinausgeht, anstreben, können nach Scheitern der Ehe Ansprüche aus Gesellschaftsrecht gem. den §§ 730 ff. BGB analog bestehen.[10] Ein möglicher Zugewinnausgleich bleibt unberührt, bzw. der Verzicht auf Durchführung des Zugewinnausgleichs schließt Auseinandersetzungsansprüche aus der Ehegatteninnengesellschaft nicht aus, weil es im Gegensatz zu unbenannten Zuwendungen auf Zumutbarkeitserwägungen nicht ankommen soll.[11]

10 Voraussetzung dafür ist zunächst ein tauglicher Gesellschaftszweck. Ein solcher **Zweck** kann im Aufbau eines Unternehmens oder in dem gemeinsamen Betrieb einer Arztpraxis oder eines Einzelhandelsgeschäftes bestehen. Nicht ausreichend ist als Zweck die Errichtung eines Familienheimes,[12] da die

---

[5] BGH v. 13.03.1991 - XII ZR 53/90 - BGHZ 114, 74-81.
[6] *Gernhuber/Coester-Waltjen*, Lehrbuch des Familienrechts, 6. Aufl. 2010, § 19 IV 9 (Rn. 57).
[7] *Hanisch*, FamRZ 1977, 832, 833.
[8] *Roth*, MünchKomm-BGB, § 1357 Rn. 42 m.w.N.
[9] BGH v. 19.04.2000 - XII ZR 62/98 - LM BGB § 430 Nr. 5 (10/2000); BGH v. 11.09.2002 - XII ZR 9/01 - NJW 2002, 3702-3703.
[10] BGH v. 25.03.1954 - IV ZR 140/53 - LM Nr. 5 zu § 705 BGB; grundlegend BGH v. 30.06.1999 - XII ZR 230/96 - BGHZ 142, 137-157.
[11] BGH v. 28.09.2005 - XII ZR 189/02 - FamRZ 2006, 607-610; KG v. 08.05.2012 - 17 UF 310/11.
[12] BGH v. 29.05.1974 - IV ZR 210/72 - LM Nr. 16 zu § 1353 BGB.

eheliche Lebensgemeinschaft selbst nicht tauglicher Gegenstand eines Gesellschaftsvertrages sein kann.[13] Während somit die Errichtung des selbst zu nutzenden Eigenheimes insoweit irrelevant ist, kann der Bau eines Mietshauses ausreichen, wenn die Ehegatten die Vermietung gemeinsam betreiben wollen. Der BGH hat sogar die Vermögensbildung als solche als tauglichen Zweck einer Ehegattengesellschaft angesehen, wenn sie und nicht die Finanzierung der Lebensgemeinschaft im Vordergrund der Aktivitäten steht.[14] Damit ist der Anwendungsbereich dieses Rechtsinstituts nicht unerheblich erweitert worden.

Der **Abschluss** des Gesellschafts**vertrages** ist formlos möglich und erfolgt meist konkludent durch die gemeinsame Umsetzung des verfolgten Zwecks mittels der jeweils erbrachten Leistungen. Da den Beteiligten der Abschluss eines solchen Rechtsgeschäftes häufig nicht bewusst ist und auch nicht sein muss, hat der Vertragsschluss einen gewissen fiktiven Charakter. Ein Auftreten der Gesellschaft nach außen ist genauso wenig erforderlich wie die Bildung eines gemeinschaftlichen Vermögens. Insoweit ist die Ehegatteninnengesellschaft ein Konstrukt der Rechtsprechung. **11**

Die erbrachten **Leistungen** können unterschiedlichster Natur sein: Häufig handelt es sich um Kapitaleinsatz, um die Mitarbeit im Betrieb des anderen Ehegatten oder um die Übernahme einer Haftung. Allein die Tatsache, dass ein Ehegatte derartige Leistungen zu einem Geschäft des anderen beisteuert, genügt jedoch für die Annahme einer Gesellschaft nicht. Da der von der Gesellschaft angestrebte Zweck von beiden Ehegatten gemeinsam verfolgt werden muss, wird vorausgesetzt, dass die Leistung des jeweiligen Ehegatten über den reinen Kapitaleinsatz hinausgeht.[15] Als ausreichend wurde angesehen, dass ein Ehegatte die Verhandlungen mit Geschäftspartnern führte und das Geschäft durch eine einmalige Zahlung unterstützte.[16] Bei der Mitarbeit ist darauf abzustellen, ob die Arbeitsleistungen über bloße Gefälligkeiten und die Unterhaltsschuld hinausgehen[17] und ob der mitarbeitende Ehegatte lediglich ganz untergeordnete Tätigkeiten auf Anweisung des anderen Ehegatten ausübt, oder ob er an der Führung des Betriebes oder Unternehmens einen wesentlichen Anteil hat, wobei die Ehegatten auch auf unterschiedlichen Ebenen tätig sein können (Sprechstundenhilfe/Zahnarzt).[18] Die Mitarbeit muss somit eine gewisse Dauer und Regelmäßigkeit aufweisen, bestimmte Entscheidungen sollten allein oder zumindest zusammen mit dem anderen Ehegatten getroffen werden.[19] **12**

II. Rechtsfolgen

Rechtsfolge ist bei Beendigung der Gesellschaft, die i.d.R. bereits mit der Trennung des Paares eintritt,[20] ein Ausgleichsanspruch für den Ehegatten, der an dem Gesellschaftsvermögen nicht beteiligt ist, gegebenenfalls auch neben einem Zugewinnausgleichsanspruch[21]. Bestehen die Leistungen in Mitarbeit, richtet sich der Anspruch nach Art und Umfang der geleisteten Arbeit unter Berücksichtigung des erzielten Wertzuwachses bei dem Geschäftsinhaber. Hat der ausscheidende Ehegatte Kapital beigesteuert, kommt eine Rückerstattung nach aktuellem Wert in Betracht. Im Ergebnis werden von der Rechtsprechung die §§ 730 ff. BGB nur analog angewandt, so dass die Höhe eines Anspruchs sich stärker nach bereicherungsrechtlichen Kriterien richtet als nach der Gewinnbeteiligung, die das Gesellschaftsrecht vorschreibt. **13**

Zur Abgrenzung der Innengesellschaft von einer ehebedingten Zuwendung vgl. BGH v. 30.06.1999.[22] **14**

III. Verfahrensrechtliche Hinweise

Da der Anspruch unabhängig vom Zugewinnausgleich ist, war er nach bisherigem Recht vor dem allgemeinen Prozessgericht geltend zu machen. Darin lag ein Problem, weil der Anspruch theoretisch im Rahmen der Zugewinnberechnungen zu berücksichtigen ist, obwohl seine Höhe häufig noch gar nicht feststeht. **15**

---

[13] BGH v. 05.10.1988 - IVb ZR 52/87 - NJW-RR 1989, 66-68.
[14] BGH v. 30.06.1999 - XII ZR 230/96 - BGHZ 142, 137-157.
[15] BGH v. 05.10.1988 - IVb ZR 52/87 - NJW-RR 1989, 66-68: Bausparen allein genügt nicht.
[16] BGH v. 09.10.1974 - IV ZR 164/73 - NJW 1974, 2278-2279.
[17] BGH v. 13.07.1994 - XII ZR 1/93 - BGHZ 127, 48-57.
[18] KG v. 08.05.2012 - 17 UF 310/11.
[19] Vgl. BGH v. 08.04.1987 - IVb ZR 43/86 - WM 1987, 843-844.
[20] BGH v. 11.04.1990 - XII ZR 44/89 - NJW-RR 1990, 1090-1092: hier: Scheidungsantrag.
[21] BGH v. 28.09.2005 - XII ZR 189/02 - FamRZ 2006, 607-610.
[22] BGH v. 30.06.1999 - XII ZR 230/96 - BGHZ 142, 137-157.

§ 1363 jurisPK-BGB / Roth

16 Diese früher bestehende Problematik, die sich vor allem aus der bisherigen Unzuständigkeit des Familiengerichts ergab, ist mit der Einführung des FamFG zum 01.09.2009 entschärft worden. Denn nunmehr ist nach den §§ 23a Abs. 1 Satz 1 Nr. 1, 23b Abs. 1 GVG, §§ 111 Nr. 10, 266 Abs. 1 Nr. 3 FamFG in diesen Fällen ebenfalls das Familiengericht zuständig.[23]

---

[23] *Heiter* in: Prütting/Helms, FamFG, 2. Aufl. 2011, § 266, Rn. 54.

Kostenrechtliche Hinweise zu
§ 1363 BGB Zugewinngemeinschaft

(Fassung vom 02.01.2002, gültig ab 01.01.2002)

(1) Die Ehegatten leben im Güterstand der Zugewinngemeinschaft, wenn sie nicht durch Ehevertrag etwas anderes vereinbaren.

(2) ¹Das Vermögen des Mannes und das Vermögen der Frau werden nicht gemeinschaftliches Vermögen der Ehegatten; dies gilt auch für Vermögen, das ein Ehegatte nach der Eheschließung erwirbt. ²Der Zugewinn, den die Ehegatten in der Ehe erzielen, wird jedoch ausgeglichen, wenn die Zugewinngemeinschaft endet.

Gliederung

A. Grundlagen	1
B. Besonderheiten	7
I. Verfahrenskostenhilfe	7
II. Gegenstandswert	10
1. Zugewinnausgleichsforderung allgemein	10
2. Vorzeitiger Zugewinnausgleich	11
3. Zugewinnausgleichsverfahren und -widerverfahren	13
4. Auskunftsverfahren	14
5. Stufenverfahren auf Zugewinnausgleich	18
6. Wert für außergerichtliche Ermittlung des Ausgleichsanspruchs	23
7. Scheidungsfolgenvergleich – Wert für unstreitige Positionen	25
8. Beschwerdewert bei Verurteilung zur Auskunftserteilung	26
9. Negatives Feststellungsverfahren wegen weiterer Zugewinnausgleichsansprüche	29
III. Gebühren – Gegenstandswert der einzelnen Gebühren	30
C. Arbeitshilfen	31
I. Beispiele/Muster	31
1. Beispiel: Unterschiedliche Gegenstandswerte für die Gebühren in einem Stufenverfahren	31
2. Beispiel: Stufenverfahren mit Versäumnisurteil	32
II. Berechnungsprogramme	34
1. Prozesskostenrechner	34
2. RVG-Rechner: 1. Instanz mit Anrechnung der Geschäftsgebühr	35

A. Grundlagen

Der Güterstand der Zugewinngemeinschaft ist die gesetzliche Regel und damit Gegenstand in der Masse aller Scheidungsverfahren. Das Zugewinnausgleichsverfahren ist zudem eine der wesentlichen Folgesachen des Scheidungsverfahrens und von besonderer Bedeutung für die Beteiligten, da es hier häufig um erhebliche Summen und damit die wirtschaftliche Existenz der Ehegatten geht. **1**

Das Verfahren auf Auseinandersetzung der Zugewinngemeinschaft ist eine Familiensache nach § 111 Nr. 9 FamFG. Es ist zudem **Familienstreitsache** nach den §§ 112 Nr. 2, 261 Abs. 1 FamFG. Damit gelten für diese Verfahren die allgemeinen Vorschriften der ZPO und die Vorschriften der ZPO über das erstinstanzliche Verfahren vor den Landgerichten – § 113 ZPO. Kostenrechtlich interessant ist hierbei besonders, dass deshalb diesbezüglich auch ein **Versäumnis**- und ein **Mahnverfahren** durchgeführt werden kann – § 113 Abs. 1, 2 FamFG. **2**

Das Zugewinnausgleichsverfahren kann sowohl isoliert als auch im Verbund betrieben werden. Kostenrechtlich spielt es keine Rolle, ob das Verfahren isoliert oder im Verbund geltend gemacht wird. Es gelten in beiden Fällen dieselben Wert- und Gebührenvorschriften mit der Ausnahme, dass im Verbund die Werte der unterschiedlichen Gegenstände zu addieren sind, §§ 16 Nr. 4, 22 Abs. 1 RVG. **3**

Es entstehen dieselben Gebühren nach Nr. 3100 ff. VV RVG wie in jedem anderen bürgerlichen Verfahren auch. Insbesondere ist bzgl. des Zugewinns, im Gegensatz zu den Nicht-Familienstreitsachen, auch eine Versäumnisentscheidung und damit eine Terminsgebühr Nr. 3105 VV RVG möglich. Insoweit gelten hier wegen der Gebühren keine Besonderheiten. **4**

Regelmäßig wird der Rechtsanwalt zum Zugewinn bereits außergerichtlich tätig gewesen sein, sei es in Form einer Beratung oder auch einer Vertretung. Die Gebühren sind auf das Hauptsacheverfahren anzurechnen. **5**

Für die Lebenspartnerschaften gelten diese Ausführungen entsprechend gem. §§ 111 Nr. 11, 269 Nr. 10 FamFG. **6**

B. Besonderheiten

I. Verfahrenskostenhilfe

7 Das Zugewinnausgleichsverfahren gehört zu den privilegierten Verfahrensgegenständen nach § 48 Abs. 3 RVG. Hiernach erstreckt sich die Bewilligung der Verfahrenskostenhilfe für eine Ehesache automatisch auch auf den Abschluss einer Einigung nach Nr. 1000 VV RVG bzgl. des Zugewinns. Es bedarf insoweit keines besonderen Antrags.

8 Zu beachten ist, dass durch die Verfahrenskostenhilfeerstreckung weder der Gegenstand selbst, noch ein entsprechendes Verfahrenskostenhilfeverfahren anhängig werden. Im Falle einer Einigung bleibt es demnach bei der vollen 1,5-fachen Einigungsgebühr nach Nr. 1000 VV RVG. Es kommt nicht zu einer Reduzierung wegen Nr. 1003 VV RVG. Zudem entsteht eine 0,8 Verfahrensdifferenzgebühr Nr. 3101.

9 Ein isoliertes Stufenverfahren auf Zugewinnausgleich ist bzgl. der Verfahrenskostenhilfe nicht deshalb als mutwillig (§ 76 FamFG) zu betrachten, weil ein Zugewinnausgleich kostengünstiger im Rahmen des Scheidungsverbundverfahrens hätte begehrt werden können. Nur ein krasser Ausnahmefall könnte eine abweichende Beurteilung rechtfertigen.[1]

II. Gegenstandswert

1. Zugewinnausgleichsforderung allgemein

10 Wert des Zugewinnausgleichs ist grundsätzlich der bezifferte Verfahrensantrag, § 35 FamGKG.

2. Vorzeitiger Zugewinnausgleich

11 Für den Wert eines Verfahren lediglich auf vorzeitigen Zugewinnausgleich nach §§ 1385, 1386 BGB ist nicht der volle Wert des Leistungsanspruchs maßgebend, sondern nur ein Bruchteil, da es sich nur um ein Gestaltungsverfahren handelt. Als Wert wird in der Regel ¼ angenommen.[2] Dieser schematische Ansatz wird teilweise abgelehnt und eine Orientierung am Interesse des Antragstellers verlangt.[3] Dies kann ein möglicher Zinsgewinn sein oder auch ein drohender Vermögensverlust.

12 Wird **neben** dem vorzeitigen Ausgleich auch **Zahlung des Ausgleichs** oder **Auskunft** verlangt, so handelt es sich um gesonderte Gegenstände, deren Werte zu addieren sind. Das OLG Nürnberg[4] hat hier bei anhängiger Scheidung für den Anspruch auf vorzeitigen Zugewinnausgleich und den Auskunftsanspruch jeweils 1/5 des Wertes der Zugewinnausgleichsforderung angenommen.

3. Zugewinnausgleichsverfahren und -widerverfahren

13 Zugewinnausgleichsverfahren und das entsprechende Widerverfahren haben nicht denselben Gegenstand. Die Werte sind zu addieren.[5] Argument für die Addition der Werte ist die Tatsache, dass sich die Ansprüche zwar gegenseitig ausschließen, aber es dennoch an einer wirtschaftlichen Identität der Gegenstände fehlt.

4. Auskunftsverfahren

14 Das Stufenverfahren ist in drei mögliche Stufen zu differenzieren:
- Auskunftsstufe,
- Abgabe der eidesstattlichen Versicheruchung,
- Leistungsantrag.

Soweit diese Bestandteile geltend gemacht werden, bilden sie kostenrechtlich eine Angelegenheit.

---

[1] OLG Naumburg v. 14.10.2004 - 8 WF 191/04 - ZFE 2005, 134; OLG Hamm v. 12.06.2006 - 6 WF 207/05 und OLG Hamm v. 30.01.2006 - 6 WF 440/05.
[2] BGH v. 29.11.1972 - IV ZR 107/72 - NJW 1973, 369.
[3] *Schneider* in: HK-FamGKG, 2. Aufl. 2014, § 52 Rn. 61.
[4] OLG Nürnberg v. 24.11.1997 - 7 WF 3549/97 - FamRZ 1998, 685 = JurBüro 1998, 262-263.
[5] OLG München v. 16.01.1996 - 26 WF 1270/95 - FamRZ 1997, 41; OLG Celle v. 25.10.2010 - 10 WF 313/10 - FamRZ 2011, 134 - RVGreport 2011, 237; *Lappe*, Kosten in Familiensachen, 5. Aufl. 1994, Rn. 36; a.A. OLG Düsseldorf v. 14.06.1993 - 5 WF 91/93 - OLGR Düsseldorf 1994, 27; OLG Frankfurt v. 28.09.2001 - 6 UF 122/00.

Das isolierte Auskunftsverfahren nach § 1379 BGB ist kein Stufenverfahren. Für ein isoliertes Auskunftsverfahren beträgt der Wert 1/10 bis 1/4 des bezifferten Leistungsanspruchs. Maßgebend ist, in welchem Umfang der Antragsteller von der Auskunftserteilung abhängig ist, um seinen Anspruch zu begründen.[6] Das OLG Hamm nimmt einen Wert von pauschal 20% an.[7]

Auch wenn sich später durch die erteilte Auskunft ein niedrigerer Wert ergeben sollte, bleibt der höhere Wert als Grundlage für die Wertberechnung maßgebend.

Die **eidesstattliche Versicherung** bildet im Rahmen des Auskunftsverfahrens nach § 1379 BGB keinen gesonderten Gegenstand und ist damit nicht besonders zu bewerten. Dies wird zunehmend anders gesehen. Werden hiernach lediglich der Auskunftsanspruch und der Anspruch auf Abgabe der eidesstattlichen Versicherung zugleich geltend gemacht, so ist § 38 FamGKG nicht anwendbar. Es liegen vielmehr zwei selbständige Ansprüche vor, die jeweils gesondert zu bewerten sind. Als Wert für die eidesstattliche Versicherung kann ½ bis 1/3 des Auskunftsanspruchs angenommen werden.[8]

5. Stufenverfahren auf Zugewinnausgleich

Mit Beantragung des Stufenverfahrens wird nicht nur der Auskunfts-, sondern auch bereits der Leistungsanspruch anhängig. Der Gegenstandswert richtet sich gem. § 38 FamGKG nach dem höchsten der geltend gemachten Ansprüche.[9] Zu beachten ist, dass die Verfahrensgebühr bereits von Beginn an sowohl nach dem Wert der Auskunfts- als auch der Leistungsstufe entstanden ist, da beide Gegenstände anhängig sind. Für die Terminsgebühr ist jedoch zu differenzieren. Kommt es nur in der Auskunftsstufe zum Termin und erledigt sich dann die Angelegenheit, so ist die Terminsgebühr nach dem Wert der Auskunftsstufe zu berechnen.

Ist der **Zahlungsanspruch unbeziffert**, so sind für die Ermittlung des Gegenstandswerts die Erwartungen des Antragstellers bei Einreichung des Antrags und nicht die am Ende der Instanz gewonnenen Erkenntnisse maßgebend.[10]

Dies gilt auch dann, wenn es nach der Auskunftserteilung zu **keiner Bezifferung des Leistungsanspruchs** kommt.[11] Wird bei einem Stufenverfahren die **Auskunftsstufe nicht weiter betrieben**, richtet sich der Gegenstandswert nach dem Zahlungsanspruch, der nach § 42 FamGKG zu schätzen ist.[12] Bei „steckengebliebenen" Stufenanträgen richtet sich der Gegenstandswert mindestens nach der Höhe der außergerichtlich geltend gemachten Forderung.[13]

Hat das Gericht den Wert vorläufig festgesetzt, so kann es den Wert bei besserer Erkenntnis jederzeit ändern – § 55 Abs. 3 FamGKG.[14]

Machen beide Antragsteller jeweils eigene Stufenverfahrensanträge geltend bzgl. des Zugewinnausgleichsanspruchs, so ist jeder Antrag zunächst gesondert nach § 38 FamGKG zu bewerten. Diese beiden Werte sind sodann zu addieren nach § 39 Abs. 1 FamGKG, da ein Ausnahmefall des § 39 Abs. 1 Satz 3 FamGKG nicht vorliegt.[15]

6. Wert für außergerichtliche Ermittlung des Ausgleichsanspruchs

Die Ermittlung des Ausgleichsanspruchs kann nicht Gegenstand eines gerichtlichen Verfahrens sein. Im gerichtlichen Verfahren können nur Auskunftsansprüche und bezifferte Ausgleichsansprüche geltend gemacht werden. Damit scheiden die Vorschriften für das gerichtliche Verfahren für die Wertermittlung aus. Auch die Auffangvorschriften des GNotKG greifen hier nicht. Damit ist der Wert über § 23 Abs. 3 RVG nach Ermessen zu bestimmen.

---

[6] *Schneider* in: HK-FamGKG, 2. Aufl. 2014, § 38 Rn. 18, § 42 Rn. 114.
[7] OLG Hamm v. 27.11.2013 - II-14 UF 96/13, 14 UF 96/13 - NJW-Spezial 2014, 6.
[8] OLG Bamberg v. 11.05.1995 - 7 WF 47/95 - FamRZ 1997, 40; *Schneider* in: HK-FamGKG, 2. Aufl. 2014, § 38 Rn. 6.
[9] OLG Hamm, v. 14.03.2013 - II-6 WF 329/12, 6 WF 329/12 - FuR 2014, 185.
[10] OLG Köln v. 03.11.2004 - 19 W 54/04 - OLGR Köln 2005, 69-70.
[11] OLG Nürnberg v. 29.07.2003 - 9 WF 2251/03 - FamRZ 2004, 962.
[12] OLG Hamm v. 14.03.2013 - II-6 WF 329/12, 6 WF 329/12 - FuR 2014, 185; OLG Koblenz v. 16.06.2005 - 13 WF 435/05 - FuR 2005, 462-463; *Schneider* in: HK-FamGKG, 1. Aufl. 2009, § 38 Rn. 18.
[13] OLG Stuttgart v. 17.11.2011 - 18 WF 227/11 - FamRZ 2012, 393
[14] *Schneider* in: HK-FamGKG, 2. Aufl. 2014, § 38 Rn. 21.
[15] OLG Hamm v. 14.03.2013 - II-6 WF 329/12, 6 WF 329/12 - FuR 2014, 185; *Schneider* in: HK-FamGKG, 2. Aufl. 20149, § 39 Rn. 9, 52 Rn. 66.

24 *Schneider* ermittelt den Wert in derartigen Fällen unter Berücksichtigung sämtlicher Vermögensgegenstände, auch der Passiva, mit denen sich der Rechtsanwalt im Rahmen der Prüfung befassen muss.[16] Von dem so ermittelten Gesamtwert ist ein angemessener Abschlag vorzunehmen, da es lediglich um die Ermittlung des Anspruchs geht und nicht um dessen Durchsetzung. Falsch ist es jedenfalls, hier den Wert der Zugewinnausgleichsforderung anzunehmen. Falls sich nämlich kein Ausgleichsanspruch ergibt, betrüge der Wert auch bei umfangreichsten Prüfungen nur 0,00 €.

7. Scheidungsfolgenvergleich – Wert für unstreitige Positionen

25 Erklärungen zum unstreitigen Zugewinnausgleich im Rahmen eines Scheidungsfolgenvergleiches führen zu einer Erhöhung des Gegenstandswertes, auch wenn über diese Positionen kein Streit mehr bestand. Der Wert ist auf 500 € (= erste Gebührenstufe der RVG-Tabelle) zu schätzen. Für einen höheren Betrag sind konkrete Anhaltspunkte für einen Verzicht bzw. ein Haftungsrisiko vorzutragen.[17] Nach anderer Ansicht (dort bzgl. Unterhalt) ist der volle Wert zu berücksichtigen, da nach dem eindeutigen Wortlaut des § 35 FamGKG kein Raum für Abschläge bleibt.[18]

8. Beschwerdewert bei Verurteilung zur Auskunftserteilung

26 Das Gericht hat den Wert des Beschwerdegegenstandes im Falle der **Einlegung eines Rechtsmittels des Auskunftspflichtigen** gegen die Verurteilung zur Erteilung einer Auskunft nach § 42 FamGKG zu schätzen. Maßgebend ist der Aufwand für Zeit und Kosten für die sorgfältige Erteilung der Auskunft. Besondere Umstände wie z.B. der Wunsch nach Geheimhaltung der zu offenbarenden Verhältnisse kann wertsteigernd berücksichtigt werden. Die Kosten eines Steuerberaters sind nicht zu berücksichtigen.[19]

27 Dies gilt ebenso bei der Verurteilung zur Abgabe der eidesstattlichen Versicherung im Rahmen des § 1379 BGB.[20]

28 Legt der Auskunftsberechtigte Rechtsmittel gegen die Abweisung ein, so bemisst sich der Wert nach seinem Interesse an der Auskunft. Im Zweifel ist dieses Interesse identisch mit dem Wert der ersten Instanz.[21]

9. Negatives Feststellungsverfahren wegen weiterer Zugewinnausgleichsansprüche

29 Bei einem negativen Feststellungsverfahren dahingehend, dass ein weiterer über den Teil-Zugewinnausgleichsanspruch erhobener Anspruch des Gegners nicht besteht, ist der Gegenstandswert so hoch zu bewerten wie der Anspruch, dessen Bestehen der Gegner ursprünglich behauptet. Hierbei sind irreale Anspruchsbehauptungen auf sinnvolle Werte zurückzuführen.[22]

III. Gebühren – Gegenstandswert der einzelnen Gebühren

30 Bei einem Stufenverfahren richtet sich der Gegenstandswert der Gebühren nach dem Wert derjenigen Verfahrensstufe, in der diese Gebühr anfällt (vgl. das Beispiel in Rn. 31).

C. Arbeitshilfen

I. Beispiele/Muster

1. Beispiel: Unterschiedliche Gegenstandswerte für die Gebühren in einem Stufenverfahren

31 Das Zugewinnausgleichsverfahren ist als Stufenverfahren anhängig. Über den Auskunftsanspruch wird im Termin verhandelt. Es ergeht ein entsprechender Beschluss. Nach Erteilung der Auskunft wird der Zugewinnausgleichsanspruch auf 60.000,00 € beziffert. Dieser Anspruch wird freiwillig bezahlt. Die Hauptsache wird übereinstimmend für erledigt erklärt. Das Gericht setzt den Wert für die Auskunftsstufe auf 20.000 € und für die Leistungsstufe auf 60.000 € fest.

---

[16] *Schneider*, ZFE 2005, 156, 161.
[17] OLG Schleswig v. 15.08.2011 - 12 WF 79/11 - SchlHA 2011, 456.
[18] *Schneider* in: HK-FamGKG, 2. Aufl. 2014, § 35 Rn. 73.
[19] BGH v. 27.02.2013 - IV ZR 42/11 - FamRZ 2013, 783 = AGS 2013, 178; BGH v. 24.07.2002 - XII ZB 31/02 - FamRZ 2003, 597-598.
[20] BGH v. 27.02.2013 - IV ZR 42/11 - FamRZ 2013, 783 = AGS 2013, 178.
[21] *Schneider* in: HK-FamGKG, 2. Aufl. 2014, § 38 Rn. 44.
[22] OLG Düsseldorf v. 14.11.2002 - II-4 WF 121/02 - MDR 2003, 236; *Schneider* in: HK-FamGKG, 2. Aufl. 2014, § 52 Rn. 52.

Anmerkung zur Lösung: Ein Termin hat lediglich zur Auskunftsstufe stattgefunden. Damit ist für die Terminsgebühr nur dieser Wert maßgebend.

    Verfahrensgebühr, Nr. 3100 VV (1,3); Wert: 60.000 €   1.622,40 €
+ Terminsgebühr, Nr. 3104 VV (1,2); Wert: 20.000 €   890,40 €

2. Beispiel: Stufenverfahren mit Versäumnisurteil

Ausgangsfall wie oben (mit Termin in der Auskunftsstufe). Allerdings wird die Hauptsache nicht für erledigt erklärt, sonders es ergeht auf Antrag des Antragstellervertreters, der im Termin anwesend ist, ein Versäumnisurteil.   32

Anmerkung zur Lösung: Es sind zwei Terminsgebühren entstanden. Soweit sie über denselben Gegenstand entstanden sind, gehen Sie ineinander auf nach § 15 Abs. 2 RVG.   33

    Verfahrensgebühr, Nr. 3100 VV (1,3); Wert: 60.000 €   1.622,40€
+ Terminsgebühr, Nr. 3104 VV (1,2); Wert: 20.000 €   890,40 €
+ Terminsgebühr, Nr. 3105, 3104 VV (0,5) Wert: 60.000 € über 561,50 €
    Davon geht nach § 15 Abs. 2 RVG eine 0,5-fache Gebühr über   253,00 €
    20.000 € mit 371,00 € in der Terminsgebühr Nr. 3104 VV auf (0,5 aus
    60.000 mit 624,00 – 0,5 aus 20.000 mit 371,00 = 253,00).

Schneider sieht hier einen Anwendungsfall von § 15 Abs. 3 RVG.[23] Da jedoch derselbe Gegenstand betroffen ist, ist § 15 Abs. 2 RVG zu berücksichtigen.

II. Berechnungsprogramme

1. Prozesskostenrechner

Mit diesem Berechnungsprogramm können Sie kalkulieren, welche Verfahrenskosten auf Ihren Mandanten zukommen können (mit 2. Instanz, Vergleich, Beweisauslagen, gegnerischem Anwalt): Prozesskostenrechner.   34

2. RVG-Rechner: 1. Instanz mit Anrechnung der Geschäftsgebühr

Mit diesem Berechnungsprogramm können Sie die anwaltliche Vergütung für das außergerichtliche Verfahren (Nr. 2300 VV RVG) und das gerichtliche Verfahren (Nr. 3100, 3104, 1003 VV RVG) berechnen: RVG-Rechner (1. Instanz mit Anrechnung der Geschäftsgebühr).   35

---

[23] *Schneider* in: Hansens/Braun/Schneider, Praxis des Vergütungsrechts, 2. Aufl. 2006, Teil 10 Rn. 303.

§ 1364 BGB Vermögensverwaltung

(Fassung vom 02.01.2002, gültig ab 01.01.2002)

Jeder Ehegatte verwaltet sein Vermögen selbständig; er ist jedoch in der Verwaltung seines Vermögens nach Maßgabe der folgenden Vorschriften beschränkt.

A. Allgemeines

1 Das Selbstverwaltungsrecht jedes Ehegatten ist eine Konsequenz aus der Vermögenstrennung des § 1363 Abs. 2 BGB.

B. Anwendungsvoraussetzungen

2 Der Begriff „**Verwaltung**" ist in einem weiten Sinn zu verstehen. Er umfasst die Ziehung der Nutzungen und darüber hinaus die Vornahme von Verpflichtungs- und Verfügungsgeschäften aller Art. Das Vermögen umfasst die Aktiva und Passiva, folglich ist auch die Schuldenverwaltung enthalten.

3 Die **Eigenständigkeit** der Vermögensverwaltung bedeutet, dass Rechtsgeschäfte mit Dritten oder dem Ehegatten grundsätzlich alleine und im eigenen Namen geschlossen werden können. Die allgemeinen Beschränkungen, denen ein Ehegatte unterliegt, weil er als Minderjähriger unter elterlicher Sorge oder als Erwachsener unter Betreuung steht, sind durch § 1364 BGB nicht aufgehoben. Der minderjährige Ehegatte wird nicht durch den anderen Ehegatten, sondern durch den gesetzlichen Vertreter, der dann das Vermögen des beschränkt Geschäftsfähigen verwaltet, vertreten.

4 Eine Verpflichtung zu persönlicher Verwaltung besteht nicht. Zulässig ist die Übertragung aller oder einzelner Befugnisse (formlos) auf den Ehepartner oder auf einen Dritten. Überlässt ein Ehegatte dem anderen die **Vermögensverwaltung**, so stellt sich die Frage, nach welchen Regeln sich das Innenverhältnis bestimmt. Das OLG Köln war von einem konkludent abgeschlossenen Auftragsverhältnis ausgegangen mit der Konsequenz, dass eine Rechenschaftspflicht gem. §§ 662, 666 BGB bestand.[1] Der BGH ist demgegenüber der Ansicht, dass ein solcher Auftrag zwar denkbar sei, ein entsprechender konkludenter Wille aber nicht ohne weiteres unterstellt werden dürfe.[2] Dem wirtschaftenden Ehegatten dürften nicht im Nachhinein Pflichten auferlegt werden, die dem Vertrauensverhältnis von Ehegatten widersprächen. Auch die Erteilung einer Vollmacht genüge als Indiz für die Annahme eines Auftragsverhältnisses mit Rechtsbindungswillen nicht. Stattdessen werde die Übernahme häufig eine Gefälligkeit darstellen, bei der die Ausgaben nicht so genau abgerechnet würden wie in einem Vertragsverhältnis.

5 Der Ehegatte muss sein Vermögen nicht ordnungsgemäß oder gar so verwalten, dass ein möglichst großer Zugewinn erzielt wird. Auch Schenkungen sind grundsätzlich ohne Begrenzung zulässig. Aus der Verpflichtung der Ehegatten zur gegenseitigen Rücksichtnahme (§ 1353 Abs. 1 Satz 2 BGB) können sich allerdings gewisse Bindungen ergeben, die auch eine Einschränkung der Vermögensverwaltung bedeuten, so z.B. für den Ehegatten, der seiner Unterhaltspflicht durch den Einsatz seines Vermögens nachkommt. Die Grenze bildet die illoyale Vermögensminderung, die aber nicht die Unwirksamkeit eines Geschäfts zur Folge hat, sondern im Zugewinnausgleich Berücksichtigung findet (vgl. die Kommentierung zu § 1375 BGB).

6 Die Verwaltungsmöglichkeiten sind grundsätzlich unbeschränkt. Ausnahmen sind in den §§ 1365-1369 BGB geregelt.

---

[1] OLG Köln v. 19.12.1997 - 19 U 143/97 - NJW-RR 1998, 1460-1461.
[2] BGH v. 05.07.2000 - XII ZR 26/98 - LM BGB § 666 Nr. 22 (2/2001) – eine interessante Entscheidung, insbesondere im Hinblick auf die Beweislastverteilung.

§ 1365 BGB Verfügung über Vermögen im Ganzen

(Fassung vom 17.12.2008, gültig ab 01.09.2009)

(1) ¹Ein Ehegatte kann sich nur mit Einwilligung des anderen Ehegatten verpflichten, über sein Vermögen im Ganzen zu verfügen. ²Hat er sich ohne Zustimmung des anderen Ehegatten verpflichtet, so kann er die Verpflichtung nur erfüllen, wenn der andere Ehegatte einwilligt.

(2) Entspricht das Rechtsgeschäft den Grundsätzen einer ordnungsmäßigen Verwaltung, so kann das Familiengericht auf Antrag des Ehegatten die Zustimmung des anderen Ehegatten ersetzen, wenn dieser sie ohne ausreichenden Grund verweigert oder durch Krankheit oder Abwesenheit an der Abgabe einer Erklärung verhindert und mit dem Aufschub Gefahr verbunden ist.

Gliederung

A. Grundlagen 1	2. Verfügungsgeschäft 18
I. Normzweck 1	IV. Vermögen als Ganzes 24
II. Allgemeines 2	V. Kenntnis des Erwerbers 39
B. Anwendungsvoraussetzungen 8	VI. Einwilligung 44
I. Prüfungsschema 8	VII. Ersetzung der Einwilligung (Absatz 2) 50
II. Bestehende Ehe im gesetzlichen Güterstand 9	C. Rechtsfolgen 58
III. Verpflichtungs- bzw. Verfügungsgeschäft 13	D. Verfahrensrechtliche Hinweise 66
1. Verpflichtungsgeschäft 14	

A. Grundlagen

I. Normzweck

Sinn und Zweck der Vorschrift ist die Erhaltung der wirtschaftlichen Existenzgrundlage der Familie, insbesondere zur Sicherung des Familienunterhalts und zum Schutz des Zugewinnausgleichs.[1]   **1**

II. Allgemeines

Die Vorschrift macht eine Ausnahme von dem Prinzip der grundsätzlich freien, eigenen Vermögensverwaltung jedes Ehegatten in der Zugewinngemeinschaft.   **2**

§ 1365 BGB ist nach allgemeiner Ansicht ein **absolutes Veräußerungsverbot**.[2] § 135 Abs. 2 BGB findet daher keine Anwendung, so dass ein gutgläubiger Erwerb eines Dritten vom Ehegatten nicht in Betracht kommt. Insoweit genießt der Schutz der Familie den Vorrang gegenüber dem Verkehrsschutz. Bei einer Weiterveräußerung durch den Dritten tritt der Familienschutz hinter dem Verkehrsschutz zurück, und ein gutgläubiger Erwerb ist möglich.   **3**

Wegen der Qualifizierung als absolutes Veräußerungsverbot ist auch die Eintragung des Verfügungsverbots im Grundbuch nicht nötig und auch nicht zulässig.   **4**

Die Verfügungsbeschränkung kann durch **Ehevertrag** (§§ 1408-1413 BGB; beachte insb. die Form, § 1410 BGB) abbedungen werden.[3] Der Ausschluss des Zustimmungserfordernisses kann in das Güterrechtsregister eingetragen werden.[4]   **5**

Das Zustimmungserfordernis kann nicht dadurch umgangen werden, dass der Ehegatte einen Vertreter zum Geschäftsabschluss ermächtigt. In diesem Fall bleibt das Rechtsgeschäft, nicht jedoch die Bevollmächtigung, zustimmungsbedürftig. Amtstreuhänder (Insolvenz-, Nachlass- und Zwangsverwalter) und wohl auch Testamentsvollstrecker[5] bedürfen hingegen nicht der Zustimmung zum Abschluss von Rechtsgeschäften i.S.d. Vorschrift.   **6**

---

[1] BGH v. 25.06.1980 - IVb ZR 516/80 - BGHZ 77, 293-300; BGH v. 21.03.1996 - III ZR 106/95 - BGHZ 132, 218-228.
[2] BGH v. 13.11.1963 - V ZR 56/62 - BGHZ 40, 218-225.
[3] *Koch* in: MünchKomm-BGB, § 1365 Rn. 99.
[4] LG Bonn v. 30.08.2001 - 4 T 518/01 - RNotZ 2001, 588-589.
[5] Vgl. *Koch* in: MünchKomm-BGB, § 1365 Rn. 51 f.

7 Der Notar hat die Parteien – gerade bei einem Grundstücksverkauf – auf das Verfügungsverbot hinzuweisen,[6] muss allerdings keine näheren Nachforschungen über die Vermögensverhältnisse vornehmen, soweit keine besonderen Anhaltspunkte vorliegen.[7] Gleiches gilt für den Grundbuchbeamten.[8] Das Grundbuchamt darf den Antrag auf Eintragung (z.B. einer Auflassung) auch nur bei konkreten Anhaltspunkten beanstanden.[9] Bestehen solche Anhaltspunkte, hat es eine Zwischenverfügung zu erlassen oder gem. § 18 GBO den Antrag zurückzuweisen.[10]

B. Anwendungsvoraussetzungen

I. Prüfungsschema

8 (1) Bestehende Ehe,
(2) Zugewinngemeinschaft,
(3) Verpflichtung zur Verfügung bzw. Verfügung,
(4) über das Vermögen im Ganzen,
(5) bei Einzelgegenständen: Kenntnis des Erwerbers,
(6) Einwilligung des anderen Ehegatten.

II. Bestehende Ehe im gesetzlichen Güterstand

9 Die Ehe muss als Zugewinngemeinschaft (gesetzlicher Güterstand, § 1363 BGB) Bestand haben. Ist das Verpflichtungsgeschäft wirksam vor der Ehe oder dem Eintritt in die Zugewinngemeinschaft abgeschlossen worden, so bleibt nach absolut h.M. sogar das nachfolgende Verfügungsgeschäft von der Zustimmung unabhängig.[11] Letzteres wird aus der Formulierung des § 1365 Abs. 1 Satz 2 BGB hergeleitet, der ein unwirksames Verpflichtungsgeschäft für das Erfordernis einer Zustimmung zur Verfügung voraussetzt.

10 Wegen der erhöhten Gefahr für den Zugewinnausgleich ab dem Zeitpunkt der Trennung findet § 1365 BGB auch bei getrennt lebenden (§ 1567 BGB) Ehegatten Anwendung.

11 Die Zustimmungsbedürftigkeit dauert über die Scheidung hinaus an, wenn ein Rechtsgeschäft vor der rechtskräftigen Scheidung vorgenommen wurde, das zustimmungsbedürftig war, und der Wegfall der Zustimmungsbedürftigkeit zu einer Gefährdung des Zugewinnausgleichsanspruchs des anderen Ehegatten führen könnte.[12] Lässt sich die Gefährdung des Zugewinnausgleichs sicher ausschließen (z.B. wegen Verjährung), so tritt nach rechtskräftiger Scheidung **Konvaleszenz** ein.[13] Für alle nach dem rechtskräftigen Scheidungsurteil (bzw. Auflösungsurteil) getätigten Rechtsgeschäfte gilt § 1365 BGB nicht;[14] eine Ausnahme soll jedoch dann gegeben sein, wenn das Gesamtvermögensgeschäft zu einem Zeitpunkt getätigt wird, in dem zwar die Ehe rechtskräftig geschieden, der Zugewinnausgleichsanspruch als abgetrennte Folgesache aber noch rechtshängig ist,[15] da der Zweck der Vorschrift auch darin bestehe, die bereits feststehende Ausgleichsforderung in ihrer Durchsetzbarkeit zu sichern.[16]

12 Zur möglichen Konvaleszenz im Fall des Todes vgl. die Kommentierung zu § 1366 BGB.

---

[6] OLG Schleswig-Holstein v. 26.02.2004 - 11 U 92/02 - SchlHA 2005, 375-376.
[7] BGH v. 22.04.1975 - VI ZR 90/74 - BGHZ 64, 246-252; OLG Zweibrücken v. 26.08.2003 - 3 W 171/03 - FG-Prax 2003, 249 = FamRZ 2004, 818.
[8] OLG Frankfurt v. 28.05.1997 - 20 W 165/97 - OLGR Frankfurt 1997, 234-235; OLG Zweibrücken v. 13.07.1988 - 3 W 72/88 - MittBayNot 1989, 93; BayObLG München v. 09.02.2000 - 2Z BR 139/99 - MittRhNotK 2000, 72-74.
[9] BayObLG München v. 02.01.2000 - 2Z BR 190/99 - MittRhNotK 2000, 71-72.
[10] OLG Schleswig-Holstein v. 25.01.2005 - ZW 204/04; OLG Frankfurt v. 09.09.2010 - 20 W 302/10 und OLG Frankfurt v. 03.01.2012 - 20 W 297/11 - OLG Report Mitte 14/2012 Anm. 9.
[11] Dazu auch *Koch* in: MünchKomm-BGB, § 1365 Rn. 34.
[12] BGH v. 08.03.1978 - IV ZB 32/76 - LM Nr. 7 zu § 1365 BGB; BGH v. 23.06.1983 - IX ZR 47/82 - NJW 1984, 609-610; OLG Celle v. 25.06.2003 - 15 UF 30/03 - NJW-RR 2003, 1661-1662.
[13] OLG Celle v. 20.10.2000 - 15 UF 81/00 - NJW-RR 2001, 866-867.
[14] OLG Hamm v. 02.12.1986 - 1 WF 548/86 - FamRZ 1987, 591-592.
[15] OLG Köln v. 22.05.2000 - 26 WF 69/00 - EzFamR aktuell 2000, 301-303; OLG Hamm v. 14.10.1983 - 15 W 325/83 - MDR 1984, 232-233; a.A. wohl LG Konstanz v. 04.05.1983 - 1 T 89/83 - BWNotZ 1983, 169-170.
[16] OLG Celle v. 25.06.2003 - 15 UF 30/03 - FamRZ 2004, 625 m. abl. Anm. *Janke*.

III. Verpflichtungs- bzw. Verfügungsgeschäft

§ 1365 BGB gilt für Verpflichtungs- sowie Verfügungsgeschäfte über das Gesamtvermögen. Für einseitige Rechtsgeschäfte gilt § 1367 BGB (vgl. die Kommentierung zu § 1367 BGB). 13

1. Verpflichtungsgeschäft

Absatz 1 Satz 1 betrifft zunächst das Kausalgeschäft, mit dem sich ein Ehegatte verpflichtet, über sein Vermögen im Ganzen zu verfügen. 14

Das Verpflichtungsgeschäft muss unmittelbar zu einer Verfügung über das Vermögen verpflichten. Nicht ausreichend ist das Eingehen einer nicht mit Sicherheit eintretenden Zahlungsverbindlichkeit, so etwa einer Bürgschaft[17] oder einer Garantiezusage,[18] da diese keine unmittelbare Verpflichtung zur Verfügung beinhalten. Das gilt wohl auch für den Abschluss eines Vorkaufsvertrags.[19] Obwohl auch solche Geschäfte existenzgefährdend sein können, ist die Norm nicht anwendbar. 15

Die Unwirksamkeit des Verpflichtungsgeschäfts soll eine Gefährdung des Familienunterhalts bzw. des Zugewinnausgleichs durch Zwangsverfügungen oder Schadensersatzforderungen (etwa wegen Unmöglichkeit gem. § 311a Abs. 2 BGB) erst gar nicht entstehen lassen. 16

Nach der Rspr. können sogar mehrere Rechtsgeschäfte bzw. Teilrechtsgeschäfte, die dann das gesamte Vermögen betreffen, für die Zustimmungsbedürftigkeit ausreichen,[20] selbst in dem Fall, dass es sich um unterschiedliche Geschäftspartner handelt. Allerdings müssen/muss die/der Vertragspartner von den jeweils anderen Geschäften Kenntnis haben[21] und die Rechtsgeschäfte in einem zeitlichen und sachlichen Zusammenhang stehen, mithin einen wirtschaftlich einheitlichen Vorgang bilden.[22] Andernfalls bleiben diese Geschäfte zustimmungsfrei. 17

2. Verfügungsgeschäft

Absatz 1 Satz 2 betrifft die Erfüllung des Verpflichtungsgeschäfts, also die Verfügungsgeschäfte über das Gesamtvermögen. Allerdings unterliegt auch diejenige Verfügung, der ein Verpflichtungsgeschäft nicht zugrunde liegt, dem Zustimmungsbedürfnis, obwohl dies nicht direkt aus dem Wortlaut hervorgeht.[23] 18

Eine Verfügung ist jedes Rechtsgeschäft, das ein bestehendes Recht überträgt, belastet, aufhebt oder inhaltlich verändert. 19

Keiner Zustimmung bedürfen Geschäfte, die auf den Tod bezogen sind und danach erst vollzogen werden, so etwa letztwillige Verfügungen[24] und Schenkungen von Todes wegen (§ 2301 BGB; nicht bei betagten Schenkungen i.S.d. § 516 BGB).[25] Zustimmungsfrei ist auch die Ausschlagung einer erbrechtlichen Zuwendung. Zustimmungsbedürftig ist jedoch die Veräußerung/Übertragung der Erbschaft bzw. des Erbanteils; das Gleiche gilt für den Erbauseinandersetzungsvertrag, soweit der Erbteil das ganze Vermögen i.S.d. § 1365 BGB des Erben betrifft.[26] 20

Dem Zustimmungserfordernis **nicht** unterworfen sind **gesetzliche Erwerbstatbestände** (z.B. Verbindung, § 946 BGB; Verarbeitung, § 950 BGB), da nur rechtsgeschäftliches Handeln zustimmungsbedürftig ist. Zustimmungsfrei sind daher auch rein **prozessuale Handlungen**, wie beispielsweise die Prozessführung sowie der Klageverzicht und das gerichtliche Anerkenntnis. Dagegen kann der Prozessvergleich zustimmungsbedürftig sein. 21

Nach h.M. bedürfen des Weiteren keiner Zustimmung: Unterwerfungserklärungen für die sofortige Zwangsvollstreckung,[27] bloße Zahlungs- oder Gebrauchsüberlassungsverpflichtungen aus Miet- oder Pachtverträgen[28] sowie Zwangsvollstreckungsanträge von Gläubigern.[29] Zustimmungsbedürftig ist da- 22

---

[17] BGH v. 27.01.1983 - IX ZR 95/81 - WM 1983, 267-268.
[18] OLG Frankfurt v. 11.07.1968 - 5 U 47/68 - MDR 1968, 923.
[19] *Koch* in: MünchKomm-BGB, § 1365 Rn. 54 m.w.N., die erst den Folgevertrag als zustimmungsbedürftig ansieht.
[20] OLG Hamm v. 21.03.1960 - 15 W 144/59 - NJW 1960, 1466.
[21] Vgl. *Koch* in: MünchKomm-BGB, § 1365 Rn. 25.
[22] OLG Brandenburg v. 22.01.1996 - 10 W 77/95 - FamRZ 1996, 1015-1016.
[23] *Koch* in: MünchKomm-BGB, § 1365 Rn. 38 m.w.N.
[24] BGH v. 13.11.1963 - V ZR 56/62 - BGHZ 40, 218-225.
[25] Vgl. *Koch* in: MünchKomm-BGB, § 1365 Rn. 40.
[26] BGH v. 28.04.1961 - V ZB 17/60 - BGHZ 35, 135-146.
[27] BGH v. 29.05.2008 - V ZB 6/08.
[28] *Koch* in: MünchKomm-BGB, § 1365 Rn. 42 m.w.N.
[29] OLG Düsseldorf v. 15.10.1990 - 3 W 386/90 - NJW 1991, 851, da nur gegen Verfügungen des Ehegatten geschützt werden kann.

gegen der Antrag auf Teilungsversteigerung durch einen Ehegatten zum Zweck der Aufhebung der Miteigentumsgemeinschaft, wenn der Anteil des einen Gatten im Wesentlichen sein Vermögen ausmacht.[30] Anders sieht es aus, wenn ein Gläubiger einen Miteigentumsanteil pfändet.[31]

23 Der BGH hat die Auffassung, dass § 1365 BGB nur rechtsgeschäftliche Verfügungen unter Ehegatten betrifft, bestätigt. Alle Maßnahmen der Zwangsvollstreckung bedürfen keiner Zustimmung des anderen Ehegatten.[32]

IV. Vermögen als Ganzes

24 Prinzipiell entspricht der Begriff des Vermögens im Ganzen dem des gegenwärtigen Vermögens i.S.d. § 311b Abs. 3 BGB. Das führt dazu, dass das Verpflichtungsgeschäft i.S.d. § 1365 Abs. 1 BGB in der Regel der notariellen Beurkundung bedarf. § 311b Abs. 3 BGB geht bei dem Begriff des gegenwärtigen Vermögens von den gesamten Aktiva in „Bausch und Bogen" aus,[33] wobei wenige Gegenstände mit geringem wirtschaftlichem Wert ausgenommen sein können. Typischerweise kennzeichnet einen solchen Vertrag, dass ein einzelner Preis für die Vermögensgesamtheit vereinbart wird und nicht mehrere Einzelpreise.

25 Nach h.M. gilt im Rahmen des § 1365 BGB die **Einzeltheorie**. Danach liegt ein Rechtsgeschäft über das Vermögen als Ganzes schon dann vor, wenn nur ein Einzelgegenstand veräußert wird, der aber das Vermögen ganz oder zumindest nahezu vollständig ausmacht.[34] Das ist nicht selten bei Grundstücksgeschäften, wie dem Verkauf eines Grundstücks oder einer Eigentumswohnung,[35] der Fall.

26 Die Vertreter der älteren Gesamttheorie orientieren sich vor allem an dem Wortlaut des § 1365 BGB. Danach ist das Vermögen im Ganzen nur bei Rechtsgeschäften über das gesamte, gegenwärtige Vermögen betroffen (en bloc).[36] Die Auslegung nach der Gesamttheorie würde die Verfügungsbeschränkung weitestgehend leer laufen lassen und dem Zweck des Schutzes von Familienunterhalt und Zugewinnausgleich nicht gerecht werden.

27 Wann der **Einzelgegenstand** (nahezu) das Gesamtvermögen darstellt, ist nach **wirtschaftlichen** (unabhängig von ideellen Werten[37]) **Gesichtspunkten** zu beurteilen. Hierzu gibt es eine vielfältige Rechtsprechung.[38]

28 Die Anwendung des § 1365 BGB ist jedenfalls ausgeschlossen, wenn ein Restvermögen von 30% verbleibt.[39] Im Übrigen ist im Einzelfall zu differenzieren: Bei einem großen Vermögen (über 250.000 €) können 10% Restvermögen genügen, um eine Verfügung über das ganze Vermögen auszuschließen,[40] bei kleineren Vermögen 15% Restvermögen.[41] Diese Prozentsätze dienen lediglich der Orientierung und können im Einzelfall anders gewertet werden. Das OLG Hamm hat die Übertragung eines ¾ Miteigentumsanteil am Hausgrundstück, das im Alleineigentum des übertragenden Ehegatten stand, genügen lassen, weil der verbleibende Rest praktisch wertlos sei.[42] Das OLG Köln hat verbleibende 11,3% in bar als nicht erheblich angesehen, da sich Bargeld schnell verflüchtigt.[43]

29 Allerdings wird durch die Einzeltheorie derart in die Sicherheit des Rechtsverkehrs eingegriffen, dass von der h.M. ein Korrektiv – sog. subjektive Theorie (vgl. Rn. 40) – entwickelt wurde.

30 Unbeachtlich ist, ob pfändbare oder unpfändbare Vermögensgegenstände übertragen werden sollen.[44]

---

[30] BGH v. 14.06.2007 - V ZB 102/06 - FamRZ 2007, 1634; OLG Köln v. 26.05.2004 - 16 Wx 80/04 - NJW-RR 2005, 4; für eine analoge Anwendung der Vorschrift: *Koch*, FamRZ 2005, 845, 846, weil es sich bei § 180 ZVG um einen reinen Verfahrensantrag handele; gegen die Zustimmungsbedürftigkeit: OLG Stuttgart v. 18.07.2007 - 15 UF 169/07 - FamRZ 2007, 1830.

[31] OLG Karlsruhe v. 04.09.2003 - 16 WF 109/03 - FamRZ 2004, 629.

[32] BGH v. 06.04.2006 - IX ZR 238/02 - FamRZ 2006, 856.

[33] BGH v. 19.06.1957 - IV ZR 214/56 - BGHZ 25, 1-11, damals noch zu dem inhaltsgleichen § 311 BGB a.F.

[34] BGH v. 21.03.1996 - III ZR 106/95 - BGHZ 132, 218-228 m.w.N.

[35] OLG Nürnberg v. 28.05.1962 - 3 W 87/62 - FamRZ 1962, 473.

[36] *Benthin*, FamRZ 1982, 338-347, 338.

[37] BGH v. 25.06.1980 - IVb ZR 516/80 - BGHZ 77, 293-300.

[38] Eine recht umfassende Übersicht findet sich bei *Koch* in: MünchKomm-BGB, § 1365 Rn. 22.

[39] BGH v. 25.06.1980 - IVb ZR 516/80 - BGHZ 77, 293-300.

[40] BGH v. 13.03.1991 - XII ZR 79/90 - LM BGB § 1365 Nr. 15 (2/1992).

[41] BGH v. 25.06.1980 - IVb ZR 516/80 - BGHZ 77, 293-300.

[42] OLG Hamm v. 27.01.2004 - 15 W 9/03 - FamRZ 2004, 1648.

[43] OLG Köln v. 08.02.2012 - 5 U 181/11.

[44] KG Berlin v. 03.11.1975 - 15 U 2366/75 - NJW 1976, 717-718; *Koch* in: MünchKomm-BGB, § 1365 Rn. 19 m.w.N.; a.A. OLG Frankfurt v. 16.09.1960 - 1 W 29/60 - NJW 1960, 2190.

Die Berechnung des Vermögenswertes im konkreten Fall gestaltet sich nicht ganz einfach. Regelmäßig geht es um die Höhe des Aktivvermögens, so dass selbst bei einem überschuldeten Ehegatten § 1365 BGB Anwendung finden kann.[45] Zu den Aktiva zählen beispielsweise auch bereits erworbene Anwartschaftsrechte.[46]

31

Abzugsfähig sind die dinglichen Belastungen[47] und Verbindlichkeiten, wie etwa öffentliche Lasten eines Grundstücks.[48] Hingegen können persönliche Verbindlichkeiten nicht abgezogen werden,[49] da nicht das Nettovermögen entscheidend ist.[50] Zu berücksichtigen ist ein diesbezüglicher Rückübertragungsanspruch einer Teilfläche, selbst wenn diese noch nicht vermessen, aber genau bezeichnet ist.[51]

32

Bei der Berechnung grundsätzlich unberücksichtigt bleibt die vom Vertragspartner versprochene oder bereits erbrachte Gegenleistung.[52] Auch Anlagegeschäfte und Vermögensumschichtungen können daher von der Einwilligung abhängen.[53] Künftiges Arbeitseinkommen[54] oder künftige Renten- und Pensionsansprüche[55] sind bei der Frage, wie hoch das Vermögen als Ganzes zu veranschlagen ist, nicht in die Berechnung einzubeziehen (strittig), weil nur das gegenwärtige Vermögen geschützt sein soll. Gleiches gilt wohl für bereits bestehende (gesicherte) Pensions- und Rentenansprüche (strittig), da sie ebenfalls periodisch/künftig anfallen.[56]

33

Den Grundsatz, dass die Gegenleistung des Vertragspartners bei der Berechnung, ob eine Verfügung über das Vermögen im Ganzen vorliegt, unberücksichtigt bleibt, wird von der neueren Rechtsprechung relativiert: Überträgt der Ehegatte einem Dritten ein Hausgrundstück, erhält jedoch im Gegenzug ein lebenslängliches, dinglich gesichertes Wohnrecht, ist dies bei der Wertberechnung zu berücksichtigen.[57] Dies lässt sich mit der Überlegung rechtfertigen, dass der Wert des Vermögens, über das verfügt wurde, geringer ist, weil ein Wohnrecht beim Ehegatten verbleibt und nicht als Gegenleistung geschuldet wird.

34

Auch die Belastung (beispielsweise eines Grundstücks mit einem Grundpfandrecht) kann eine Verfügung über das gesamte Vermögen darstellen, wenn die Belastung den Wert des Einzelgegenstandes ausschöpft und das Grundstück im Wesentlichen das gesamte Vermögen ausmacht.[58] Dabei können neben dem Nominalbetrag der Grundschuld auch die Grundschuldzinsen einzubeziehen sein.[59]

35

Zustimmungsbedürftig kann nach der Einzeltheorie sein: der Antrag auf Teilungsversteigerung,[60] die Belastung mit einem Wohnrecht,[61] die Löschungsbewilligung für ein dem Ehegatten zustehendes Grundpfandrecht[62] und die Übertragung eines Anwartschaftsrechts.[63]

36

---

[45] BGH v. 02.02.2000 - XII ZR 25/98 - BGHZ 143, 356-362.
[46] BGH v. 21.03.1996 - III ZR 106/95 - BGHZ 132, 218-228.
[47] BGH v. 25.06.1993 - V ZR 7/92 - BGHZ 123, 93-96, für Grundpfandrechte; LG Bochum v. 11.12.1990 - 7 T 614/90 - FamRZ 1991, 942-943.
[48] BGH v. 25.06.1993 - V ZR 7/92 - BGHZ 123, 93-96.
[49] BGH v. 25.06.1980 - IVb ZR 516/80 - BGHZ 77, 293-300.
[50] *Koch* in: MünchKomm-BGB, § 1365 Rn. 7 m.w.N.
[51] OLG München v. 14.01.2004 - 16 UF 1348/03 - FamRZ 2005, 272.
[52] BGH v. 26.02.1965 - V ZR 227/62 - BGHZ 43, 174-178; OLG Hamm v. 31.05.1996 - 29 U 55/96 - MittBayNot 1997, 107-108.
[53] BGH v. 28.04.1961 - V ZB 17/60 - BGHZ 35, 135-146.
[54] BGH v. 01.07.1987 - IVb ZR 97/85 - BGHZ 101, 225-229.
[55] BGH v. 12.07.1989 - IVb ZR 79/88 - LM Nr. 13 zu § 1365 BGB; BGH v. 21.03.1996 - III ZR 106/95 - BGHZ 132, 218-228.
[56] BGH v. 12.07.1989 - IVb ZR 79/88 - LM Nr. 13 zu § 1365 BGB; OLG Celle v. 29.01.1987 - 12 UF 122/86 - FamRZ 1987, 942-945; a.A. KG Berlin v. 03.11.1975 - 15 U 2366/75 - NJW 1976, 717-718.
[57] BGH v. 16.01.2013 - XII ZR 141/10 - FamRZ 2013, 607; OLG Koblenz v. 23.08.2007 - 5 U 284/07.
[58] BGH v. 12.07.1989 - IVb ZR 79/88 - LM Nr. 13 zu § 1365 BGB; BGH v. 07.10.2011 - V ZR 78/11 - NJW 2011, 3783; AG Nordenham v. 03.07.2002 - 4 F 143/02 GÜ, 4 F 143/02 - FamRZ 2003, 680-682; a.A. *Gernhuber/Coester-Waltjen*, 6. Aufl. 2010, § 35 II 8 (Rn. 42), die Belastungen aus Sicherungsgründen für zustimmungsfrei hält, da sie das Vermögen nicht unmittelbar vermindern, was der juristischen Definition der Verfügung widerspricht und der wirtschaftlichen Betrachtungsweise der Einzeltheorie nicht gerecht wird.
[59] BGH v. 07.10.2011 - V ZR 78/11 - FamRZ 2012, 116-118.
[60] OLG Frankfurt v. 16.09.1998 - 14 W 76/98 - NJW-RR 1999, 731-732; OLG Karlsruhe v. 15.07.2003 - 11 Wx 3/03, obwohl der Antrag als solcher keine Verfügung ist, wird er dieser in Analogie gleichgestellt.
[61] BGH v. 12.07.1989 - IVb ZR 79/88 - LM Nr. 13 zu § 1365 BGB; BGH v. 25.06.1993 - V ZR 7/92 - BGHZ 123, 93-96, da ein Dauerwohnrecht den Grundstückswert erheblich senkt.
[62] OLG Bremen v. 19.10.1959 - 1 W 49/59 - NJW 1960, 825; a.A. *Thiele* in: Staudinger, § 1365 Rn. 54, der nur das zugrunde liegende Geschäft (z.B. Verzicht) für zustimmungsbedürftig hält.
[63] BGH v. 21.03.1996 - III ZR 106/95 - BGHZ 132, 218-228.

37 Keiner Zustimmung bedarf: die Bestellung einer Eigentümergrundschuld (wohl aber unter Umständen deren Übertragung),[64] die Bewilligung einer Vormerkung,[65] die Bestellung eines Sicherungsgrundpfandrechts (für Kredit bei Grundstückserwerb)[66] oder die Bestellung eines Vorkaufsrechts.[67] Ob die Einräumung eines Nießbrauchs zustimmungspflichtig ist, wird von der Rechtsprechung eher abgelehnt.[68]

38 Im **Gesellschaftsrecht** kann (im Einzelfall strittig) zustimmungsbedürftig sein: der Eintritt in eine Gesellschaft,[69] die Übertragung von Gesellschaftsanteilen,[70] u.U. sogar die Änderungen des Gesellschaftsvertrags, soweit damit Auswirkungen auf das Vermögen verbunden sind, wie ggf. beim Verzicht auf Abfindungsansprüche; ebenso die Beendigung der Gesellschaft bzw. der Gesellschafterstellung durch den Ehegatten.[71] In der Regel ist auch hier die Gegenleistung nicht zu berücksichtigen.[72]

V. Kenntnis des Erwerbers

39 Grundsätzlich kommt es nicht darauf an, ob der Vertragspartner von der Ehe seines Vertragspartners oder konkreter vom Eingreifen der Verfügungsbeschränkung wusste. Dies gebietet der Familienschutz.

40 Bei Einzelgegenständen verlangt die **subjektive Theorie** (h.M.) als ungeschriebenes Tatbestandsmerkmal positive Kenntnis des Erwerbers davon, dass es sich um das (überwiegend) ganze Vermögen handelt oder zumindest Kenntnis der Verhältnisse, aus denen sich dies ergibt.[73] Dies verlangt der Verkehrsschutz.

41 Hingegen lässt die **objektive Theorie** genügen, dass das Rechtsgeschäft rein objektiv praktisch das gesamte Vermögen erfasst.[74] Damit würde allerdings der Rechtsverkehr zu stark benachteiligt, da bei einem einzelnen Gegenstand der Vertragspartner nicht vermutet, dass es sich um (nahezu) das Vermögen im Ganzen handelt.

42 Streitig ist innerhalb der h.M. der **Zeitpunkt**, in dem die Kenntnis des Erwerbers vorliegen muss. Nach teilweise vertretener Ansicht muss die Gutgläubigkeit noch bei Vollendung des Rechtserwerbs vorliegen,[75] da der Schutzzweck des § 1365 BGB primär das Verfügungsgeschäft betreffe, das letztlich erst zur Vermögensminderung führe. Durchgesetzt hat sich die Auffassung, wonach positive Kenntnis nur bis zum Abschluss des Verpflichtungsgeschäfts schädlich ist.[76]

43 Das bedeutet, dass nach absolut h.M. ein Verpflichtungsgeschäft, das wegen Gutgläubigkeit im Zeitpunkt der Verpflichtung wirksam ist, das Zustimmungserfordernis für die Verfügung entfallen lässt, womit die Erfüllung der Verpflichtung nicht mehr vom anderen Ehegatten abhängt.[77] Es tritt in diesem Fall also nicht etwa rechtliche Unmöglichkeit ein,[78] falls der andere Ehegatte seine Zustimmung zum Verfügungsgeschäft noch verweigern möchte und aus diesem Grund den Vertragspartner nach dem Verpflichtungsgeschäft über die Umstände in Kenntnis setzt.

---

[64] OLG Hamm v. 18.03.1960 - 15 W 153/59 - FamRZ 1960, 276; OLG Hamm v. 09.07.1982 - 20 W 30/82 - ZIP 1982, 1128-1129.

[65] BayObLG München v. 28.01.1976 - BReg 2 Z 68/75 - NJW 1976, 574-575, da keine Vermögensminderung und akzessorisch zum Anspruch aus dem Verpflichtungsgeschäft.

[66] BGH v. 21.03.1996 - III ZR 106/95 - BGHZ 132, 218-228.

[67] BGH v. 02.12.1981 - IVb ZR 553/80 - LM Nr. 2 zu § 1366 BGB.

[68] BGH v. 23.09.1965 - II ZR 60/63 - BB 1966, 12; a.A. OLG Schleswig v. 22.01.1985 - 2 W 86/84 - JurBüro 1985, 1695-1697.

[69] Vgl. *Budzikiewicz* in: Erman, § 1365 Rn. 23; wohl jedenfalls dann, wenn das gesamte Vermögen auf die Gesellschaft zu übertragen ist, *Koch* in: MünchKomm-BGB, § 1365 Rn. 69.

[70] BGH v. 21.03.1996 - III ZR 106/95 - BGHZ 132, 218-228 für Übertragung eines Anwartschaftsrechts an Gesellschaftsanteil.

[71] OLG Hamburg v. 09.01.1970 - 5 U 127/69 - FamRZ 1970, 407; a.A. *Koch* in: MünchKomm-BGB, § 1365 Rn. 73.

[72] *Koch* in: MünchKomm-BGB, § 1365 Rn. 69 f.

[73] BGH v. 25.06.1993 - V ZR 7/92 - BGHZ 123, 93-96; OLG Thüringen v. 04.02.2010 - 4 W 36/10 - FamRZ 2010, 1733; OLG Hamm v. 27.01.2004 - 15 W 9/03 - FamRZ 2004, 1648.

[74] *Finger*, JZ 1975, 461-469.

[75] OLG Saarbrücken v. 15.03.1984 - 5 W 39/84 - FamRZ 1984, 587-588.

[76] BGH v. 12.01.1989 - V ZB 1/88 - BGHZ 106, 253-259; BayObLG München v. 10.12.1987 - BReg 2 Z 125/87 - BayObLGZ 1987, 431-439.

[77] BGH v. 12.01.1989 - V ZB 1/88 - BGHZ 106, 253-259 m.w.N.

[78] Diese Rechtsfolge wäre auch unbefriedigend, vgl. *Tiedtke*, FamRZ 1988, 1007-1010, 1007.

VI. Einwilligung

44 Die Einwilligung ist eine einseitige, empfangsbedürftige Willenserklärung, die darauf gerichtet ist, das Rechtsgeschäft wirksam werden zu lassen. Sie besteht in der vorherigen Zustimmung (vgl. die §§ 182, 183 BGB) und ist grundsätzlich formlos möglich (§ 182 Abs. 2 BGB). Bei Grundstücksgeschäften wird allerdings nach § 29 Abs. 1 GBO regelmäßig ein Nachweis in der dort verlangten Form erforderlich.

45 Eine wirksame Einwilligung durch den Ehegatten setzt voraus, dass das Rechtsgeschäft bereits inhaltlich hinreichend bestimmt ist und der Ehegatte daher dessen wesentlichen Inhalt, soweit dies für die Wirksamkeit der Willenserklärung erheblich ist, kennt.[79]

46 Die Einwilligung kann sowohl gegenüber dem Ehegatten als auch gegenüber dem Geschäftsgegner erklärt werden, § 182 Abs. 1 BGB, mit Ausnahme von § 1366 Abs. 3 BGB (vgl. die Kommentierung zu § 1366 BGB Rn. 5). Durch die Einwilligung wird das Rechtsgeschäft ex tunc wirksam.

47 Ein Widerruf kann gem. § 183 BGB grundsätzlich bis zur Vornahme des Rechtsgeschäfts erfolgen. Eine bedingte Einwilligung ist denkbar. Ob die Parteien das Rechtsgeschäft unter dieser Bedingung vornehmen wollen, haben sie selbst zu entscheiden.

48 Die Einwilligung zum Verpflichtungsgeschäft beinhaltet regelmäßig die Einwilligung in den späteren Vollzug (das Verfügungsgeschäft). Die h.M. geht davon aus, dass in diesem Fall eine Zustimmung zum Verfügungsgeschäft nicht mehr nötig ist.[80] Das Verfügungsgeschäft ist damit generell von dem Zustimmungsbedürfnis in den Fällen befreit, in denen das Verpflichtungsgeschäft bereits wirksam wurde.

49 Fehlt die erforderliche Einwilligung des anderen Ehegatten, hängt die Wirksamkeit des Geschäfts von seiner Genehmigung (nachträgliche Zustimmung, vgl. die §§ 182, 184 BGB) bzw. von deren Ersetzung ab (vgl. die Kommentierung zu § 1366 BGB). Der Vertrag ist zunächst „schwebend unwirksam" und nach Verweigerung der Genehmigung endgültig unwirksam (vgl. § 1366 Abs. 4 BGB).

VII. Ersetzung der Einwilligung (Absatz 2)

50 Das Familiengericht kann die Zustimmung des zustimmungsberechtigten Ehegatten unter den Voraussetzungen des **Absatzes 2** ersetzen. Dies gilt sowohl für die Einwilligung als auch für die Genehmigung.

51 Hierfür ist als formelle Voraussetzung ein Antrag des Ehegatten, der das Rechtsgeschäft vornehmen möchte, an das Familiengericht erforderlich. Antragsberechtigt ist alleine dieser Ehegatte und nicht der Geschäftspartner, der allenfalls aus (konkludenter) Vereinbarung einen Anspruch gegen den Ehegatten auf Hinwirkung zur Zustimmung haben kann.

52 Das Antragsrecht ist vererblich; der Erbe tritt sogar bei laufendem Verfahren in die Stellung des Antragstellers ein und könnte den Antrag zurücknehmen.

53 Materielle Voraussetzungen für die Ersetzung sind:
- Zunächst muss das Rechtsgeschäft der ordnungsmäßigen Verwaltung des Vermögens entsprechen.
- Daneben muss der zustimmungsberechtigte Ehegatte ohne hinreichenden Grund die Zustimmung verweigern oder
- in Folge Abwesenheit bzw. Krankheit an der Erklärung verhindert sein, wobei es zusätzlich der Dringlichkeit der Zustimmung (Gefahr bei Aufschub) bedarf.

54 Die ordnungsgemäße Verwaltung des Vermögens liegt dann vor, wenn das Rechtsgeschäft zur Erhaltung oder Verbesserung der Vermögenslage beiträgt und somit Familienunterhalt sowie Zugewinnausgleichsanspruch gesichert bleiben. Das Rechtsgeschäft muss allerdings nicht zu diesem Zwecke zwingend erforderlich sein, also keine notwendige Verwaltung darstellen. Beispielsweise kann auch die Übertragung eines arbeitsaufwändigen Hofes aus Gründen des Alters oder der Gesundheit der Eheleute zur ordnungsgemäßen Verwaltung zählen.

55 Die Verweigerung der Zustimmung kann grundsätzlich nur aus **wirtschaftlichen Gründen** erfolgen, die im Schutzbereich des § 1365 BGB liegen. Die Verweigerung muss also durch die Sicherung des Familienunterhalts oder des Zugewinnausgleichs motiviert sein.[81] Dabei ist eine Gesamtbetrachtung anzustellen, die mögliche Alternativgeschäfte miteinbezieht.[82] Hier sind vermögensrechtliche Interes-

---

[79] Umkehrschluss aus BGH v. 02.12.1981 - IVb ZR 553/80 - LM Nr. 2 zu § 1366 BGB.
[80] BGH v. 12.01.1989 V ZB 1/88 - BGHZ 106, 253-259.
[81] BGH v. 08.03.1978 - IV ZB 32/76 - LM Nr. 7 zu § 1365 BGB.
[82] BayObLG München v. 23.05.1985 - BReg 1 Z 21/85 - FamRZ 1985, 1040-1042, wonach die Zustimmung zur Teilversteigerung nicht ersetzt werden kann, wenn über den freien Verkauf eine höhere Gegenleistung zu erwarten ist.

sen des übergangenen Ehegatten zu berücksichtigen. Ein ausreichender Grund für die Verweigerung der Zustimmung zur Teilungsversteigerung ist beispielsweise das noch offene Zugewinnausgleichsverfahren.[83] Die Befürchtung, der verfügende Ehegatte werde verschwenderisch mit der Gegenleistung umgehen, kann hinreichender Grund sein. Vereinzelt wurden sogar ideelle Gründe als ausreichend erachtet.[84]

56 Eine krankheits- oder abwesenheitsbedingte Ersetzung der Zustimmung setzt voraus, dass mit dem Aufschub des Geschäfts **Gefahr im Verzug** verbunden ist. Ein weiteres Abwarten darf demnach nicht möglich sein, ohne dass sich ein Schaden mit hoher Wahrscheinlichkeit realisieren wird. Auch hier ist nach einem möglichen ausreichenden Weigerungsgrund zu fragen; notfalls muss das Gericht dies von Amts wegen (§ 26 FamFG) prüfen.

57 Die Zustimmung des Gerichts kann mit einer Auflage/Bedingung versehen werden, die den hinreichenden Weigerungsgrund beseitigt.[85]

C. Rechtsfolgen

58 Absatz 1 Satz 1 unterstellt zunächst das Verpflichtungsgeschäft eines Ehegatten zur Verfügung über sein Vermögen im Ganzen dem Einwilligungserfordernis durch den anderen Ehegatten. Wurde in das Verpflichtungsgeschäft eingewilligt, ist nach h.M. das Verfügungsgeschäft zustimmungsfrei (vgl. Rn. 48).

59 Hat sich ein Ehegatte ohne Zustimmung des anderen verpflichtet, so kann er diese Verpflichtung nur erfüllen, wenn der andere in das Verfügungsgeschäft einwilligt (§ 1365 Abs. 1 Satz 2 BGB). In diesem Fall gilt das Verpflichtungsgeschäft als genehmigt, weil andernfalls kondiziert (§ 812 BGB) werden könnte. Erfüllt der Ehegatte, obwohl die erforderliche Einwilligung (bzw. Genehmigung) in das Verfügungsgeschäft fehlt, so ist dieses Rechtsgeschäft (absolut) unwirksam.

60 Fehlt zunächst nur die Einwilligung zum genehmigungsbedürftigen Rechtsgeschäft, so ist es „schwebend unwirksam" und wird erst bei Verweigerung der Genehmigung endgültig nichtig (vgl. § 1366 BGB; beachte für einseitige Rechtsgeschäfte § 1367 BGB).

61 Ist das Verpflichtungsgeschäft nichtig, wurden aber bereits Vermögensgegenstände übertragen, so kann nach § 985 BGB die Herausgabe des Eigentums und/oder die Rückabwicklung mittels Leistungskondiktion (§ 812 Abs. 1 Satz 1 Alt. 1 BGB) verlangt werden. Bei Grundbucheintragung kann Berichtigung gem. § 894 BGB beansprucht werden.

62 Der sich verpflichtende bzw. verfügende Ehegatte wird allerdings regelmäßig für etwaige (Vertrauens-)Schäden[86] des Dritten haften, etwa aus den §§ 280 Abs. 1, 241 Abs. 2, 311 Abs. 2 BGB oder § 311a Abs. 2 BGB. Unter Umständen entsteht eine Haftung auch aus Deliktsrecht, §§ 823, 826 BGB (z.B. wenn der Ehegatte über seinen Familienstand oder das Vorliegen einer Einwilligung täuscht, §§ 823 Abs. 2, 826 BGB).

63 Eine Art vereinbarter Vertragsstrafe zwischen dem Dritten und dem vertragschließenden Ehegatten für den Fall, dass der andere Ehegatte nicht zustimmt, ist allerdings mit dem Grundgedanken des § 1365 BGB nicht vereinbar.[87]

64 Nach h.M. hat der Vertragspartner kein Zurückbehaltungsrecht aus § 273 BGB;[88] nach teilweise vertretener Auffassung aber aus § 1000 BGB.[89]

65 Bei Unwirksamkeit der Verfügung ist auch der andere Ehegatte gem. § 1368 BGB berechtigt, die sich aus der Unwirksamkeit der Verfügung ergebenden Rechte geltend zu machen (vgl. die Kommentierung zu § 1368 BGB).

---

[83] OLG Köln v. 05.04.2000 - 16 Wx 51/00 - OLGR Köln 2000, 422-423.
[84] BayObLG v. 02.04.1968 - 1a Z 6/68 - FamRZ 1968, 315; a.A. *Koch* in: MünchKomm-BGB, § 1365 Rn. 96.
[85] BayObLG München v. 08.01.1975 - BReg 3 Z 102/74 - NJW 1975, 833-836.
[86] Teilweise wird gefordert, die Haftung auf den Vertrauensschaden zu begrenzen, vgl. *Thiele* in: Staudinger, § 1365 Rn. 98.
[87] *Koch* in: MünchKomm-BGB, § 1366 Rn. 39 m.w.N.
[88] *Roth*, Familien- und Erbrecht, 5. Aufl. 2010, S. 25.
[89] *Berger/Hansel* in: Jauernig, Vorbem. zu den §§ 1365 ff. Rn. 16; a.A. *Budzikiewicz* in: Erman, § 1368 Rn. 8 m.w.N.; *Gernhuber/Coester-Waltjen*, 6. Aufl. 2010, § 35 V 1 (Rn. 82).

D. Verfahrensrechtliche Hinweise

Die Beweislast hinsichtlich der positiven Kenntnis des Dritten über die finanziellen Umstände i.S.d. subjektiven Theorie trifft denjenigen, der sich auf das Erfordernis der Zustimmung beruft,[90] was oftmals der nicht kontrahierende Ehegatte sein wird. 66

Für die Ersetzung der Zustimmung ist das Familiengericht zuständig, da es sich insoweit nach §§ 111 Nr. 9, 261 Abs. 2 FamFG um eine Familiensache handelt. Nach § 40 Abs. 3 FamFG wird die gerichtliche Entscheidung grundsätzlich erst mit ihrer Rechtskraft wirksam. Die sofortige Wirksamkeit kann allerdings angeordnet werden (z.B. bei Gefahr im Verzug). Gegen die Entscheidung des Gerichts ist das Rechtsmittel der (einfachen) Beschwerde gem. § 58 Abs. 1 FamFG gegeben. 67

Wurde einem Antrag des Ehegatten auf Teilungsversteigerung vom anderen Ehegatten nicht zugestimmt, so handelt es sich um eine materielle Rechtsverletzung, bei der nach h.M. nur die Drittwiderspruchsklage (§ 771 ZPO), nicht aber die Erinnerung (§ 766 ZPO) wegen Verfahrensfehler möglich ist.[91] Die Erinnerung ist allerdings dann statthaft, wenn alle Voraussetzungen des § 1365 BGB unstreitig vorliegen.[92] 68

Nach den §§ 261 Abs. 1, 111 Nr. 9 FamFG i.V.m. §§ 23a Abs. 1 Satz 1 Nr. 1, 23b Abs. 1 GVG ist das Familiengericht für eine Drittwiderspruchsklage zuständig.[93] 69

---

[90] BGH v. 26.02.1965 - V ZR 227/62 - BGHZ 43, 174-178.
[91] Vgl. OLG Sachsen-Anhalt v. 16.10.2003 - 8 WF 137/03; OLG München v. 04.08.1999 - 3 W 2133/99 - FamRZ 2000, 365; OLG Köln v. 07.01.2000 - 25 UF 194/99 - InVo 2000, 145-146; a.A. OLG Stuttgart v. 18.07.2007 - 15 UF 169/07 - FamRZ 2007, 1830; AG Hannover v. 21.10.2002 - 731 K 53/02 - FamRZ 2003, 938 für die Erinnerung.
[92] OLG Frankfurt v. 16.09.1998 - 14 W 76/98 - NJW-RR 1999, 731-732.
[93] OLG Hamburg v. 09.03.2000 - 2 WF 23/00 - FamRZ 2000, 1290-1291, für den Fall einer Widerspruchsklage gegen Teilungsversteigerung.

§ 1366 BGB Genehmigung von Verträgen

(Fassung vom 17.12.2008, gültig ab 01.09.2009)

(1) Ein Vertrag, den ein Ehegatte ohne die erforderliche Einwilligung des anderen Ehegatten schließt, ist wirksam, wenn dieser ihn genehmigt.

(2) ¹Bis zur Genehmigung kann der Dritte den Vertrag widerrufen. ²Hat er gewusst, dass der Mann oder die Frau verheiratet ist, so kann er nur widerrufen, wenn der Mann oder die Frau wahrheitswidrig behauptet hat, der andere Ehegatte habe eingewilligt; er kann auch in diesem Falle nicht widerrufen, wenn ihm beim Abschluss des Vertrags bekannt war, dass der andere Ehegatte nicht eingewilligt hatte.

(3) ¹Fordert der Dritte den Ehegatten auf, die erforderliche Genehmigung des anderen Ehegatten zu beschaffen, so kann dieser sich nur dem Dritten gegenüber über die Genehmigung erklären; hat er sich bereits vor der Aufforderung seinem Ehegatten gegenüber erklärt, so wird die Erklärung unwirksam. ²Die Genehmigung kann nur innerhalb von zwei Wochen seit dem Empfang der Aufforderung erklärt werden; wird sie nicht erklärt, so gilt sie als verweigert. ³Ersetzt das Familiengericht die Genehmigung, so ist sein Beschluss nur wirksam, wenn der Ehegatte ihn dem Dritten innerhalb der zweiwöchigen Frist mitteilt; andernfalls gilt die Genehmigung als verweigert.

(4) Wird die Genehmigung verweigert, so ist der Vertrag unwirksam.

Gliederung

A. Normzweck 1
B. Die Genehmigungserklärung 3
C. Anwendungsvoraussetzungen 9
I. Heilung 9
II. Widerrufsrecht (Absatz 2) 12
D. Rechtsfolgen 16
I. Bei erfolgter Genehmigung 17
II. Bei endgültiger Verweigerung (Absatz 4) 18

A. Normzweck

1 § 1366 BGB regelt die Folgen bei fehlender Einwilligung (vorherige Zustimmung, vgl. die §§ 182, 183 BGB) des zustimmungsberechtigten Ehegatten zu dem schuldrechtlichen oder dinglichen Vertrag (für einseitige Rechtsgeschäfte, vgl. § 1367 BGB). Die Vorschrift hat insbesondere die Notwendigkeit und die Modalitäten der (nachträglichen) Genehmigung zum Inhalt.

2 Nach **Absatz 1** ist der Vertrag „schwebend unwirksam" und kann durch Genehmigung (nachträgliche Zustimmung, vgl. die §§ 182, 184 BGB) Wirksamkeit erlangen. Wird die Genehmigung verweigert, so ist der Vertrag endgültig unwirksam (§ 1366 Abs. 4 BGB).

B. Die Genehmigungserklärung

3 Die Genehmigung bzw. deren Verweigerung sind unwiderruflich,[1] da sie der endgültigen Klärung des Schwebezustandes dienen sollen. Denkbar ist allenfalls die Anfechtung dieser Willenserklärungen.

4 Die Genehmigung ist grundsätzlich formlos möglich (§ 182 Abs. 2 BGB); allerdings wird bei Grundstücksgeschäften nach § 29 Abs. 1 GBO regelmäßig ein Nachweis in öffentlicher oder öffentlich beglaubigter Form erforderlich.

5 Die Erklärung bzw. Verweigerung der Genehmigung kann grundsätzlich sowohl dem anderen Ehegatten als auch dem Dritten gegenüber erklärt werden (§ 182 Abs. 1 BGB). Eine Ausnahme enthält **Absatz 3 Satz 1**, wonach nur noch dem Dritten gegenüber eine Erklärung erfolgen kann, wenn dieser den vertragsschließenden Ehegatten zur Beschaffung der Genehmigung auffordert.[2] Eine zuvor zwischen den Ehegatten abgegebene Genehmigung bzw. deren Verweigerung würde in diesem Fall unwirksam werden. Dies gilt allerdings nicht für eine Einwilligung, die von der Aufforderung unberührt bleibt.

---

[1] BGH v. 30.03.1994 - XII ZR 30/92 - BGHZ 125, 355-366.
[2] Vgl. auch OLG Hamm v. 28.10.1999 - 22 U 125/98.

Absatz 3 Satz 2 fingiert das zweiwöchige Schweigen nach dem Zugang der Aufforderung des Dritten zur Genehmigungsbeschaffung als Verweigerung der nachträglichen Zustimmung. 6

Die Aufforderung ist geschäftsähnliche Handlung, so dass die Regeln über Willenserklärungen (analog) gelten. 7

Bei Ersetzung der Genehmigung durch das Gericht (§ 1365 Abs. 2 BGB) muss der Ehegatte, der das Geschäft getätigt hat, den gerichtlichen Beschluss dem Dritten innerhalb von zwei Wochen mitteilen, andernfalls gilt auch hier die Genehmigung als endgültig verweigert. 8

C. Anwendungsvoraussetzungen

I. Heilung

Sofern der Schwebezustand noch nicht (durch Verweigerung, vgl. Rn. 18) beendet ist, tritt bei **Tod des übergangenen Gatten** nach h.M. **Konvaleszenz** (nachträgliche Heilung) ein, so dass das Zustimmungserfordernis hinfällig wird und zwar unabhängig davon, ob der Zugewinn erbrechtlich i.S.d. § 1371 Abs. 1 BGB oder güterrechtlich nach § 1371 Abs. 2 BGB ausgeglichen wird,[3] weil der Schutzzweck der §§ 1365, 1369 BGB nicht mehr besteht. Nach a.A. soll bei der güterrechtlichen Lösung keine Heilung eintreten, weil der Schutz der Verfügungsbeschränkung in diesem Fall auch den Erben zugutekommen soll,[4] was allerdings mit dem Normzweck des Familienschutzes kaum begründet werden kann. 9

Konvaleszenz während des Schwebezustands tritt auch dann ein, wenn die Eheleute ihren Güterstand bei bestehender Ehe in Gütertrennung unter Ausschluss des Zugewinnausgleichs ändern. Die Scheidung während des Schwebezustands alleine reicht indes nicht zur Konvaleszenz aus, da der Zugewinnausgleichsanspruch noch gefährdet sein kann.[5] Ist allerdings die Gefährdung einer Ausgleichsforderung infolge Verjährung ausgeschlossen, so wird Konvaleszenz angenommen.[6] 10

Nach dem **Tod** des **verfügenden Ehegatten** treten seine Erben in dessen Stellung ein, und das Genehmigungserfordernis bleibt bestehen; eine Heilung erfolgt nicht.[7] 11

II. Widerrufsrecht (Absatz 2)

Der vertragsschließende Ehegatte ist während der Schwebezeit gegenüber dem Dritten gebunden und kann sich nicht einseitig vom Vertrag lösen. Der Vertragspartner hingegen kann den Vertrag gem. **Absatz 2 Satz 1** grundsätzlich bis zur Genehmigung widerrufen. Eine Ausnahme besteht dann, wenn er wusste, dass der Vertragspartner verheiratet ist (Absatz 2 Satz 2). Diese Ausnahme vom Widerrufsrecht gilt jedoch gem. Absatz 2 Satz 2 Halbsatz 1 wiederum nicht, wenn er über das Vorliegen einer Einwilligung durch den Ehegatten getäuscht wurde und er bei Vertragsschluss nicht positive Kenntnis von dieser Täuschung hatte (Absatz 2 Satz 2 Halbsatz 2). 12

Der Widerruf kann nur wirksam gegenüber dem vertragsschließenden Ehegatten erklärt werden. 13

Ein Widerruf ist nicht möglich, wenn vom anderen Ehegatten bereits eingewilligt wurde, selbst wenn der Dritte dies nicht wusste (vgl. § 182 Abs. 1 BGB a.E.). Der Widerruf ist auch ausgeschlossen, wenn der Dritte auf sein Widerrufsrecht verzichtet hat. 14

Ob in der Aufforderung zur Einholung der Genehmigung i.S.d. Absatzes 3 ein Verzicht auf das Widerrufsrecht liegt, ist im Einzelfall zu beurteilen. Unter Umständen kann der Widerruf eine unzulässige Rechtsausübung i.S.d. § 242 BGB darstellen; im Regelfall ist nach h.M. bis zur Genehmigung ein Widerruf zulässig.[8] 15

---

[3] BGH v. 02.12.1981 - IVb ZR 553/80 - LM Nr. 2 zu § 1366 BGB.
[4] *Thiele* in: Staudinger, § 1365 Rn. 107.
[5] BGH v. 23.06.1983 - IX ZR 47/82 - NJW 1984, 609-610, wonach die abstrakte Gefahr schon ausreicht; OLG Saarbrücken v. 21.02.1986 - 6 W 1/86 - FamRZ 1987, 1248-1249; a.A. BayObLG München v. 05.04.1972 - BReg 2 Z 5/72 - MDR 1972, 609-610.
[6] OLG Celle v. 20.10.2000 - 15 UF 81/00 - FamRZ 2001, 1613.
[7] BGH v. 25.06.1980 - IVb ZR 516/80 - BGHZ 77, 293-300; OLG Karlsruhe v. 06.02.1978 - 4 W 119/77 - JuS 1978, 634-635, selbst wenn der überlebende Ehegatte Alleinerbe wird; a.A. OLG Celle v. 13.07.1993 - 4 U 84/92 - NJW-RR 1994, 646-647, für den Fall, dass der zustimmungsberechtigte Ehegatte Alleinerbe des anderen Ehegatten wird.
[8] *Koch* in: MünchKomm-BGB, § 1366 Rn. 8 m.w.N.; *Budzikiewicz* in: Erman, § 1366 Rn. 5.

D. Rechtsfolgen

16 Während des Schwebezustands besteht keine Pflicht zur Leistung. Mangels fälligen Anspruchs kann daher durch Nichtleistung kein Verzug entstehen.

I. Bei erfolgter Genehmigung

17 Die Genehmigung wirkt auf den Zeitpunkt der Vornahme des Rechtsgeschäfts zurück (ex tunc), § 184 Abs. 1 BGB. Das Geschäft ist daher als von Anfang an wirksam zu behandeln.

II. Bei endgültiger Verweigerung (Absatz 4)

18 Nach **Absatz 4** wird der schwebend unwirksame Vertrag endgültig unwirksam, wenn die Genehmigung verweigert wird bzw. aufgrund des Absatzes 3 Satz 2 als verweigert gilt. Denkbar ist nun allenfalls eine Neuvornahme des Geschäfts oder u.U. eine Umdeutung i.S.d. § 140 BGB.[9]

19 Ein Widerruf der Verweigerung ist nicht möglich.[10] Die Möglichkeit, die Zustimmung gerichtlich ersetzen zu lassen (§ 1365 Abs. 2 BGB), ändert daran nichts, da sie keinen Schwebezustand schaffen will.

20 Die Verweigerung ist eine einseitige, empfangsbedürftige Willenserklärung. Eine wirksame Verweigerung durch den Ehegatten setzt voraus, dass ein Rechtsgeschäft bereits abgeschlossen wurde und der Ehegatte den wesentlichen Inhalt des Rechtsgeschäfts, soweit dies für die Wirksamkeit der Willenserklärung erheblich ist, kennt.[11] Dies gilt nicht bei der Verweigerung in Folge Fristablaufs i.S.d. Absatzes 3 Sätze 2, 3.

---

[9] BGH v. 30.03.1994 - XII ZR 30/92 - BGHZ 125, 355-366.
[10] BGH v. 30.03.1994 - XII ZR 30/92 - BGHZ 125, 355-366.
[11] BGH v. 02.12.1981 - IVb ZR 553/80 - LM Nr. 2 zu § 1366 BGB; kritisch dazu *Koch* in: MünchKomm-BGB, § 1366 Rn. 20.

§ 1367 BGB Einseitige Rechtsgeschäfte

(Fassung vom 02.01.2002, gültig ab 01.01.2002)

Ein einseitiges Rechtsgeschäft, das ohne die erforderliche Einwilligung vorgenommen wird, ist unwirksam.

A. Normzweck

Da es bei einseitigen Rechtsgeschäften an einem zu schützenden Dritten fehlt, ist bei ihnen ein Schwebezustand nicht interessengerecht. Daher regelt die Vorschrift die Frage der Einwilligung abweichend von § 1366 BGB. Es ist stets die vorherige Zustimmung (Einwilligung) erforderlich. Eine Genehmigung (nachträgliche Zustimmung, § 184 BGB) geht ins Leere; eventuell ist aber eine Umdeutung in eine Neuvornahme möglich. 1

B. Anwendungsvoraussetzung

Die Vorschrift gilt ausschließlich für **einseitige Rechtsgeschäfte**. Letztere sind in der Praxis im Rahmen der §§ 1365, 1369 BGB von geringer Bedeutung. Beispielhaft sei die Kündigung eines Gesellschaftsvertrages genannt oder ein Stiftungsgeschäft. Eine Schenkung ist dagegen nicht einseitig. 2

§ 1366 BGB wird für entsprechend anwendbar gehalten, wenn der Adressat der Erklärung mit dem Schwebezustand einverstanden ist.[1] 3

Die Vorschrift gilt nicht für letztwillige Verfügungen, sondern für ausschließlich einseitige Rechtsgeschäfte unter Lebenden. 4

C. Rechtsfolgen

Werden einseitige Rechtsgeschäfte über das Vermögen im Ganzen (bzw. Haushaltsgegenstände) ohne die erforderliche Einwilligung (vorherige Zustimmung, § 183 BGB) vorgenommen, sind sie unweigerlich nichtig. 5

Bei vorliegender Einwilligung ist gem. § 182 Abs. 3 BGB i.V.m. § 111 Sätze 2, 3 BGB das Rechtsgeschäft trotz erfolgter Einwilligung unwirksam, wenn die Einwilligung nicht in schriftlicher Form vorgelegt wird und der Vertragspartner aus diesem Grund das Rechtsgeschäft unverzüglich (vgl. § 121 Abs. 1 Satz 1 BGB) zurückweist. Etwas anderes gilt, wenn er von der Einwilligung wusste. 6

---

[1] *Koch* in: MünchKomm-BGB, § 1367 Rn. 2 m.w.N.

§ 1368 BGB Geltendmachung der Unwirksamkeit

(Fassung vom 02.01.2002, gültig ab 01.01.2002)

Verfügt ein Ehegatte ohne die erforderliche Zustimmung des anderen Ehegatten über sein Vermögen, so ist auch der andere Ehegatte berechtigt, die sich aus der Unwirksamkeit der Verfügung ergebenden Rechte gegen den Dritten gerichtlich geltend zu machen.

Gliederung

A. Grundlagen 1	B. Anwendungsbereich 6
I. Normzweck 1	C. Verfahrensrechtliche Hinweise 17
II. Allgemeines 2	

A. Grundlagen

I. Normzweck

1   Die Norm vervollständigt den Interessenschutz für den nicht verfügenden Ehegatten, da die Nichtigkeit als Rechtsfolge ihm dann wenig nützt, wenn der handelnde Ehegatte sich weigert, die Konsequenzen aus der Unwirksamkeit des Geschäfts zu ziehen. Daher wird neben dem verfügenden Gatten sein Ehepartner zur Geltendmachung der entstehenden (fremden) Ansprüche im eigenen Namen ermächtigt. Es handelt sich um eine **Verfahrensstandschaft** (sog. Revokationsrecht).[1]

II. Allgemeines

2   Die Vorschrift gilt sowohl für § 1365 BGB als auch für § 1369 BGB (vgl. § 1369 Abs. 3 BGB).

3   Es handelt sich um ein unübertragbares und nicht vererbbares Recht.

4   Grundsätzlich könnten beide Ehegatten parallel einen Antrag stellen.

5   § 1368 BGB kann durch Ehevertrag (Form, § 1410 BGB) abbedungen werden. Die Norm gilt selbstverständlich auch dann nicht, wenn die §§ 1365, 1369 BGB wirksam ausgeschlossen wurden.

B. Anwendungsbereich

6   Ansprüche, die aufgrund der nichtigen Verfügung des handelnden Ehegatten entstehen können, sind z.B. der Vindikationsanspruch aus § 985 BGB, Ansprüche aus den §§ 987-993 BGB, der Grundbuchberichtigungsanspruch gem. § 894 BGB[2] sowie Ansprüche aus ungerechtfertigter Bereicherung gem. § 812 BGB (vgl. schon die Kommentierung zu § 1365 BGB). Daneben kann der übergangene Ehegatte gegebenenfalls eigene Ansprüche gegen den Dritten – z.B. aus (Mit-)Eigentum oder Besitz – geltend machen.

7   Von der Verfahrensstandschaft nicht erfasst sind Ansprüche, die sich aus der Unwirksamkeit des Verpflichtungsgeschäfts ergeben.[3] Allerdings kommt hinsichtlich des Verpflichtungsgeschäfts ein Antrag auf Feststellung der Nichtigkeit desselben durch den zustimmungsberechtigten Ehegatten in Betracht, wofür die Voraussetzungen des § 256 ZPO gegeben sein müssen.[4]

8   § 1368 BGB ist nicht auf eigene Ansprüche des übergangenen Ehegatten anzuwenden, die ihm gegen den anderen Ehegatten zustehen (z.B. Ansprüche aus Besitz).

9   Eine bestimmte **Frist** für die Geltendmachung der wegen Unwirksamkeit bestehenden Ansprüche gibt es nicht. Die Geltendmachung ist auch nach der Scheidung noch möglich.[5]

10 Wurde allerdings das Rechtsgeschäft vollzogen und längere Zeit kein Anspruch geltend gemacht, so kann hierin eine konkludente Genehmigung liegen. Ob dies anzunehmen ist, muss im Einzelfall entschieden werden und sollte auf Rechtsgeschäfte über Haushaltsgegenstände (§ 1369 BGB) beschränkt bleiben.

---

[1] OLG Brandenburg v. 22.01.1996 - 10 W 77/95 - FamRZ 1996, 1015-1016.
[2] Vgl. OLG Celle v. 25.06.2003 - 15 UF 30/03 - FamRZ 2004, 625.
[3] BGH v. 16.05.1990 - XII ZR 37/89 - LM Nr. 14 zu § 1365 BGB.
[4] BGH v. 16.05.1990 - XII ZR 37/89 - LM Nr. 14 zu § 1365 BGB m.w.N.
[5] BGH v. 23.06.1983 - IX ZR 47/82 - NJW 1984, 609-610.

Nach h.M. kann der revozierende Ehegatte Herausgabe an sich selbst verlangen.[6] Nach a.A. muss er die Herausgabe an den Ehegatten verlangen, der eigentlich Anspruchsinhaber ist. Allerdings kann nach weit überwiegender Ansicht innerhalb der Mindermeinung auch Herausgabe (in Analogie zu § 986 Abs. 1 Satz 2 BGB) an sich selbst verlangt werden, wenn der verfügende Ehegatte nicht zum Empfang bereit ist.[7]

Stellt der verfügende Ehegatte den Antrag, hat er Herausgabe an sich zu verlangen (bzw. an beide Eheleute, wenn es sich um Miteigentum handelt).

Nach h.M. hat der Vertragspartner kein Zurückbehaltungsrecht (gegen den nicht verfügenden Ehegatten) aus § 273 BGB,[8] nach teilweise vertretener Ansicht aber aus § 1000 BGB[9] (vgl. schon die Kommentierung zu § 1365 BGB). Nach der Auffassung des BGH ist dem Dritten allerdings die Aufrechnung (§ 389 BGB) möglich.[10]

Macht der verfügende Ehegatte die Ansprüche geltend, so soll grundsätzlich nicht die Einrede des venire contra factum proprium (§ 242 BGB) geltend gemacht werden können, außer es liegen besondere Umstände vor. Denn aus dem Wortlaut „auch der andere Ehegatte" lässt sich schließen, dass der vertragsschließende Ehegatte die Rechte auch selbst geltend machen kann.

Richten sich die Ansprüche gegen eine andere Person als den Dritten, so ist dieser Person gegenüber die Verfahrensstandschaft nur dann gegeben, wenn sie Gesamtrechtsnachfolger des Dritten ist. Ansonsten bleibt das Recht, gegen diese vom Dritten personenverschiedene Person vorzugehen, dem verfügenden Ehegatten vorbehalten.

Statt des Antrags aus § 1368 BGB könnte der übergangene Ehegatte im Falle einer Verfügung gem. § 1365 BGB ggf. auch vorzeitigen Zugewinnausgleich gem. § 1385 Nr. 2 BGB bzw. Aufhebung der Zugewinngemeinschaft gemäß § 1386 BGB verlangen (beachte auch § 1390 BGB).

C. Verfahrensrechtliche Hinweise

Nach den §§ 111 Nr. 9, 261 Abs. 1 FamFG handelt es sich um Familiensachen (Familienstreitsachen, vgl. § 112 Nr. 2 FamFG), für die nach den §§ 23a Abs. 1 Satz 1 Nr. 1, 23 Abs. 1 GVG das Familiengericht zuständig ist.[11] Um unterschiedliche Zuständigkeiten für die Ansprüche der Ehegatten zu vermeiden, ist das Familiengericht auch für die Ansprüche des vertragsschließenden Ehegatten zuständig.[12]

Die Ansprüche aus § 1368 BGB können auch mittels einstweiliger Anordnung (§ 119 Abs. 1 i.V.m. § 49 FamFG; z.B. die Eintragung eines Veräußerungsverbots im Grundbuch[13]) verfolgt werden. Ein Arrest (vgl. § 119 Abs. 2 FamFG) ist ebenfalls möglich.

Umstritten ist, ob sich die **Rechtskraft eines Beschlusses** gegen einen der Ehegatten auch auf den anderen erstreckt. Die Rechtskraft eines Beschlusses gegen den verfügenden Ehegatten hat jedenfalls dann keine Wirkung gegenüber dem übergangenen Ehegatten, wenn dieser (außerhalb der Verfahrensstandschaft) eigene Rechte geltend macht (z.B. aus Miteigentum). Nach h.M. soll die Rechtskraft eines Beschlusses aber auch im Übrigen keine Wirkung gegenüber dem anderen entfalten. Andernfalls könnte ein Ehegatte z.B. durch mangelhafte Verfahrensführung oder Anerkenntnis wieder vereiteln, dass die Verfügung rückgängig gemacht werden kann.[14]

Der übergangene Ehegatte kann sich gegen **Zwangsvollstreckungen** der Gläubiger des Dritten wehren, indem er etwa die Drittwiderspruchsklage (§ 771 ZPO)[15] erhebt oder die Aussonderung (§§ 47, 48 InsO) bei Insolvenz beantragt.

Betreibt der Dritte die Zwangsvollstreckung gegen den Ehegatten, steht dem übergangenen Ehegatten eine Drittwiderspruchsklage gem. § 771 ZPO (analog) zu.[16]

---

[6] *Brudermüller* in: Palanth, § 1368 Rn. 4.
[7] *Koch* in: MünchKomm-BGB, § 1368 Rn. 14.
[8] OLG Köln v. 21.12.1967 - 12 U 25/67 - MDR 1968, 586; *Budzikiewicz* in: Erman, § 1368 Rn. 8.
[9] *Soergel/Lange* § 1368 Rn. 14; a.A. *Thiele* in: Staudinger, § 1368 Rn. 51.
[10] BGH v. 02.02.2000 - XII ZR 25/98 - BGHZ 143, 356-362, was angesichts des Schutzzwecks im Einzelfall kritisch zu würdigen ist.
[11] BGH v. 24.06.1981 - IVb ARZ 523/81 - LM Nr. 1 zu § 1368 BGB; OLG Hamm v. 10.08.2000 - 22 W 38/00 - NJW-RR 2001, 869; OLG Hamburg v. 09.03.2000 - 2 WF 23/00 - FamRZ 2000, 1290.
[12] So auch *Koch* in: MünchKomm-BGB, § 1368 Rn. 21.
[13] BayObLG München v. 10.12.1987 - BReg 2 Z 125/87 - BayObLGZ 1987, 431-439.
[14] Zum Ganzen auch *Budzikiewicz* in: Erman, § 1368 Rn. 16 m.w.N.
[15] OLG Köln v. 07.01.2000 - 25 UF 194/99 - InVo 2000, 145-146.
[16] OLG Brandenburg v. 22.01.1996 - 10 W 77/95 - FamRZ 1996, 1015-1016.

§ 1369 BGB Verfügungen über Haushaltsgegenstände

(Fassung vom 17.12.2008, gültig ab 01.09.2009)

(1) Ein Ehegatte kann über ihm gehörende Gegenstände des ehelichen Haushalts nur verfügen und sich zu einer solchen Verfügung auch nur verpflichten, wenn der andere Ehegatte einwilligt.

(2) Das Familiengericht kann auf Antrag des Ehegatten die Zustimmung des anderen Ehegatten ersetzen, wenn dieser sie ohne ausreichenden Grund verweigert oder durch Krankheit oder Abwesenheit verhindert ist, eine Erklärung abzugeben.

(3) Die Vorschriften der §§ 1366 bis 1368 gelten entsprechend.

Gliederung

A. Grundlagen 1	IV. Eigentum des Veräußernden 18
I. Normzweck 1	V. Verpflichtungs- bzw. Verfügungsgeschäft 22
II. Allgemeines 2	VI. Einwilligung 24
B. Anwendungsvoraussetzungen 7	VII. Ersetzung der Zustimmung (Absatz 2) 26
I. Prüfungsschema 7	C. Rechtsfolgen 33
II. Bestehende Ehe im gesetzlichen Güterstand 8	D. Verfahrensrechtliche Hinweise 35
III. Haushaltsgegenstand 12	

A. Grundlagen

I. Normzweck

1 Ähnlich wie § 1365 BGB dient § 1369 BGB vorrangig der Erhaltung der (wirtschaftlichen) Lebensgrundlage der Familie, aber auch – praktisch wenig relevant – dem Schutz des Zugewinnausgleichs. Teilweise wird zu Recht vertreten, dass daneben der Verteilungsanspruch nach § 1568b BGB (Haushaltsgegenstände) geschützt sei.[1]

II. Allgemeines

2 Es handelt sich um ein **absolutes Veräußerungsverbot**, das die Anwendung des § 135 Abs. 2 BGB ausschließt.[2] Ein gutgläubiger Erwerb des Dritten ist daher nicht möglich.[3] Veräußert der Dritte die Sache weiter, kommt der Gutglaubenserwerb in Betracht; allerdings wird oftmals die Sache dem zustimmungsberechtigten Ehegatten bereits bei der Veräußerung durch seinen Gatten abhanden gekommen sein, so dass § 935 BGB dem Gutglaubenserwerb entgegensteht.

3 § 1369 BGB ist in Form des Ehevertrags (§ 1410 BGB) abdingbar.

4 Eine Durchbrechung des § 1369 BGB durch § 1357 BGB („Schlüsselgewalt") ist nicht zuzulassen,[4] zumal bereits fraglich ist, ob Verkäufe überhaupt zu den Geschäften der angemessenen Deckung des Lebensbedarfs zu zählen sind.

5 Teilweise wird vertreten, § 1356 Abs. 1 Satz 2 BGB sei lex specialis zu § 1369 BGB,[5] so dass der haushaltsführende Ehegatte bei einigen Geschäften nicht der Zustimmung des anderen bedarf. Dem ist nicht zu folgen, da der Normzweck auch im Falle selbständiger Haushaltsführung eingreift und sich § 1356 Abs. 1 BGB ohnehin vornehmlich auf Anschaffungen und weniger auf den Verkauf von Haushaltsgegenständen bezieht.

6 Zum Geschäftsabschluss durch einen Vertreter vgl. § 1365 BGB.

---

[1] Vgl. BayObLG München v. 08.07.1980 - BReg 1 Z 67/80 - MDR 1980, 1020.
[2] BGH v. 13.11.1963 - V ZR 56/62 - BGHZ 40, 218-225; vgl. auch KG v. 17.01.2003 - 13 UF 439/02 - FamRZ 2003, 1927.
[3] *Koch* in: MünchKomm-BGB, § 1369 Rn. 28 plädiert allerdings für den Vorrang des § 366 Abs. 1 HGB analog bei Veräußerungen im Rahmen eines Handelsgewerbes.
[4] BayObLG München v. 03.03.1980 - BReg 1 Z 4/80 - BayObLGZ 1980, 81-87.
[5] *Brudermüller* in: Palandt, § 1369 Rn. 7.

B. Anwendungsvoraussetzungen

I. Prüfungsschema

(1) bestehende Ehe,
(2) Zugewinngemeinschaft,
(3) Haushaltsgegenstand,
(4) Eigentum des Veräußernden,
(5) Verfügung oder Verpflichtung zu einer Verfügung,
(6) Einwilligung des anderen Ehegatten.

II. Bestehende Ehe im gesetzlichen Güterstand

Die Ehe muss als Zugewinngemeinschaft bestehen. Für Rechtsgeschäfte vor Eheschließung ist die Vorschrift nicht anwendbar (vgl. die Kommentierung zu § 1365 BGB).

Nach absolut h.M. gilt § 1369 BGB (analog) auch bei Getrenntlebenden, weil gerade in Zeiten einer Ehekrise die Schutzfunktion – jedenfalls die Sicherung des Verteilungsanspruchs nach § 1568b BGB und des Zugewinnausgleichs – wichtig ist.[6] Dies gilt allerdings nur für Haushaltsgegenstände, die beiden bereits dienten, also nicht für Neuanschaffungen, die erst nach der Trennung erfolgten.

Mit der rechtskräftigen Scheidung wird der Schwebezustand nach richtiger Ansicht nicht beendet,[7] da eine Verteilung nach § 1568b BGB noch interessengerecht ist.

Nach der rechtskräftigen Scheidung erfolgte Rechtsgeschäfte fallen hingegen nicht mehr unter § 1369 BGB.

III. Haushaltsgegenstand

Haushaltsgegenstände sind bewegliche Sachen, die nach den Lebensverhältnissen der Eheleute zu deren gemeinsamer Wohn- und Hauswirtschaft zählen und für das gemeinsame Zusammenleben bestimmt sind.

Dazu zählt i.d.R. die ständig genutzte Wohnungseinrichtung, wie Küchen- und Wohnzimmermöbel,[8] ein Radio oder Fernsehgerät, das Besteck (auch, wenn nur für besondere Anlässe gedacht), ferner Heizöl[9] usw. Selbst Segelyachten,[10] Wohnmobile[11] und Pkws[12] können Haushaltsgegenstand sein (was im Einzelfall kritisch zu würdigen ist). Gegebenenfalls gehören auch Haustiere dazu, die zur gemeinsamen Lebensgestaltung der Ehegatten beitragen.[13]

Nicht erfasst sind die zum persönlichen Gebrauch, zur Berufsausübung oder als Vermögensanlage bestimmten Sachen. Dem rein persönlichen Gebrauch zuzuordnen sind oftmals die Kleidung, Sportgeräte oder Schmuck. Rein beruflicher Natur ist meist die Büroausstattung und der Firmenwagen (soweit er nicht überwiegend auch privaten Zwecken dient[14]). Bloße Vermögensanlagen können Kunstgegenstände oder das unbenutzte Tafelsilber sein. Nicht zu den Haushaltsgegenständen gehört die (Miet-)Wohnung selbst.[15]

---

[6] OLG Koblenz v. 18.03.1991 - 11 UF 204/91 - NJW 1991, 3224; BayObLG München v. 03.03.1980 - BReg 1 Z 4/80 - BayObLGZ 1980, 81-87; OLG Frankfurt v. 13.10.2003 - 2 WF 319/03 - FamRZ 2004, 1105; a.A. *Koch* in: MünchKomm-BGB, § 1369 Rn. 22.

[7] BayObLG München v. 03.03.1980 - BReg 1 Z 4/80 - BayObLGZ 1980, 81-87 für eine teilweise auch analoge Anwendung.

[8] OLG Hamm v. 15.05.1997 - 4 UF 491/96 - FamRZ 1998, 1028 bezüglich einer Einbauküche.

[9] *Quambusch*, FamRZ 1989, 691-693, 691.

[10] LG Ravensburg v. 31.03.1995 - 3 O 2221/94 - FamRZ 1995, 1585, wo auch auf das sonstige, beträchtliche Vermögen der Eheleute abgestellt wurde, obwohl der Wert prinzipiell nicht entscheidend ist.

[11] OLG Koblenz v. 16.11.1993 - 3 U 449/93 - NJW-RR 1994, 516-517 für Wohnwagen auf festem Dauerplatz zur Freizeitnutzung.

[12] OLG Düsseldorf v. 31.01.1992 - 3 UF 134/91 - NJW-RR 1993, 453; KG v. 17.01.2003 - 13 UF 439/02 - FamRZ 2003, 1927.

[13] *Thiele* in Staudinger, § 1369 Rn. 16.

[14] OLG Düsseldorf v. 31.01.1992 - 3 UF 134/91 - NJW-RR 1993, 453.

[15] LG Stuttgart v. 12.11.1976 - 6 S 259/76 - FamRZ 1977, 200-201; LG Hamburg v. 05.07.2001 - 333 S 5/01 - FamRZ 2002, 818-819, wobei die Kündigung einer Mietwohnung ohne Rücksicht auf die Belange des anderen Ehegatten rechtsmissbräuchlich sein kann.

15 Die Qualifizierung als Haushaltsgegenstand ist sehr vom Einzelfall abhängig. Maßgebend ist die (subjektive) Zweckbestimmung durch die Eheleute für Hauswirtschaft und familiäres Zusammenleben. Diese wird meist aus der Art des Gegenstandes und dem Zuschnitt des Familienlebens folgen; allerdings können auch objektiv als Haushaltsgegenstände geltende Dinge beispielsweise der reinen Vermögensanlage dienen.

16 Möglich ist auch eine Umwidmung eines Gegenstandes zum Haushaltsgegenstand und umgekehrt. Entscheidender Zeitpunkt für die Bewertung ist der Abschluss des Rechtsgeschäfts.

17 Unter dem Begriff des Gegenstands versteht man zwar nicht nur Sachen, sondern ebenso Rechte, aber im Zusammenhang mit § 1369 BGB sind regelmäßig nur (bewegliche) Sachen praktisch relevant. Im Übrigen werden nach h.M. nichtkörperliche Gegenstände, selbst Lieferansprüche auf Haushaltsgegenstände, Ansprüche aus Miet- oder Pachtverträgen und Ersatzansprüche wegen Beschädigung oder Zerstörung von Haushaltsgegenständen, nicht von § 1369 BGB erfasst.[16] Dafür spricht, dass § 1369 BGB eng auszulegen ist und vornehmlich Gebrauchsgegenstände meint: Außerdem bestärkt die semantische Bedeutung des Begriffs „gehören" die Auffassung, dass nur körperliche Sachen von der Vorschrift erfasst werden.

IV. Eigentum des Veräußernden

18 Der Haushaltsgegenstand muss im Alleineigentum des verfügenden Ehegatten stehen (die Behandlung von Miteigentum ist insoweit umstritten,[17] was sich aber nach hier vertretener Ansicht nicht weiter auswirkt, vgl. Rn. 20).

19 Gleich zu behandeln sind die Anwartschaftsrechte z.B. des Eigentumsvorbehaltskäufers und des Sicherungsgebers bei Sicherungsübereignung, sofern Bezug zu einem Haushaltsgegenstand besteht.

20 Streitig ist, ob § 1369 BGB analog auf Gegenstände anzuwenden ist, die nicht im (Mit-)Eigentum des verfügenden Ehegatten stehen. Nach Rspr. und h.M. gilt § 1369 BGB analog.[18] Anders wäre auch dem Schutzzweck des § 1369 BGB kaum gerecht zu werden. Wenn die Veräußerung eines Gatten über eigene Gegenstände ohne Zustimmung des anderen unwirksam ist, so muss dies erst recht für die Veräußerung von Gegenständen des übergangenen Gatten gelten. Nach anderer Ansicht ist die analoge Anwendung abzulehnen. Begründet wird diese Meinung mit dem Wortlaut des § 1369 BGB sowie der Gefährdung der Verkehrssicherheit, zumal § 935 BGB ausreichend Schutz gewähre, da regelmäßig der Mitbesitz des übergangenen Ehegatten abhandenkommt.[19] Allerdings kann eine Gesetzeslücke trotz § 935 BGB angenommen werden, da bereits das Verpflichtungsgeschäft unwirksam sein soll, um etwaige Ersatzansprüche aus nicht erfülltem Vertrag zu Lasten der Ehegatten zu vermeiden. Fraglich ist, ob letzteres noch vom Schutzzweck des § 1369 BGB erfasst ist, zumal in der Praxis ohnehin oftmals auf die eine oder andere Weise ein Ersatzanspruch entsteht (entweder aus den §§ 280, 311 Abs. 2 BGB bei analoger Anwendung des § 1369 BGB oder aus § 280 BGB bzw. § 311a Abs. 2 BGB, wenn man von einer analogen Anwendung absehen möchte).

21 Gegenstände, die im Eigentum Dritter stehen, werden hingegen nicht von § 1369 BGB (analog) geschützt.[20]

V. Verpflichtungs- bzw. Verfügungsgeschäft

22 § 1369 Abs. 1 BGB erfasst, wie § 1365 BGB, das Verpflichtungs- und das Verfügungsgeschäft.

23 Zustimmungsfrei sind prozessuale Erklärungen und die bloße Gebrauchsüberlassung (vgl. die Kommentierung zu § 1365 BGB).

VI. Einwilligung

24 Nach h.M. gilt trotz des unterschiedlichen Wortlauts die gleiche Folge wie bei § 1365 BGB, so dass auch hier mit der Zustimmung zum Verpflichtungsgeschäft die Zustimmung zur Verfügung überflüssig wird (vgl. die Kommentierung zu § 1365 BGB). Ob in der Zustimmung zur Verfügung die Genehmi-

---

[16] Koch in: MünchKomm-BGB, § 1369 Rn. 10 m.w.N.
[17] Vgl. Koch in: MünchKomm-BGB, § 1369 Rn. 12.
[18] OLG Köln v. 21.12.1967 - 12 U 25/67 - MDR 1968, 586; LG Berlin v. 25.03.1982 - 20 O 507/81 - FamRZ 1982, 803-805; Gernhuber/Coester-Waltjen, § 35 III 1, Rn. 53.
[19] So etwa Berger/Mansel in: Jauernig, § 1369 Rn. 5; Thiele in: Staudinger, § 1369 Rn. 34-37.
[20] OLG Saarbrücken v. 29.04.1964 - 1 U 63/63 - FamRZ 1964, 633.

gung der Verpflichtung enthalten ist, muss im jeweiligen Einzelfall beurteilt werden. Ausgeschlossen ist dies, wenn der verfügende Ehegatte den anderen über den Inhalt des Kausalgeschäfts fehlerhaft informiert.

Die Verfügung ist zustimmungsfrei, wenn das Verpflichtungsgeschäft zwar ohne Zustimmung, aber trotzdem wirksam (z.B. vor Eheschließung) geschlossen wurde.[21]

VII. Ersetzung der Zustimmung (Absatz 2)

Nach **Absatz 2** kann das Familiengericht, ähnlich wie bei § 1365 Abs. 2 BGB (vgl. die Kommentierung zu § 1365 BGB), die Zustimmung (Einwilligung und Genehmigung) ersetzen, wenn ein ausreichender Grund für die Verweigerung fehlt oder der andere Ehegatte krankheits- oder abwesenheitsbedingt an der Erklärung verhindert ist.

Anders als in § 1365 BGB muss es sich nicht um eine Maßnahme ordnungsgemäßer Verwaltung (Begriff, vgl. die Kommentierung zu § 1365 BGB), handeln. Widerspricht das Geschäft ordnungsgemäßer Verwaltung, wird die Verweigerung regelmäßig ausreichend begründet sein.

Die Verweigerung ist ferner begründet, wenn durch das Rechtsgeschäft die Interessen der Familie oder der Anspruch auf Verteilung der Haushaltsgegenstände gefährdet werden würde.[22]

Die Ersetzung der Zustimmung für Veräußerungen von Haushaltsgegenständen erfolgt meist nur in Zwangslagen oder bei Entbehrlichkeit des Gegenstandes für das gemeinsame Zusammenleben. Bei der Abwägung hat das Gericht immer die Gegenleistung zu berücksichtigen.

Ein hinreichender Verweigerungsgrund kann vorliegen, wenn zu befürchten ist, dass der Erlös verschwenderisch eingesetzt wird, was dem Familieninteresse zuwiderläuft.[23]

Im Gegensatz zu § 1365 BGB muss bei krankheits- bzw. abwesenheitsbedingter Zustimmungsersetzung keine Gefahr mit dem Aufschub verbunden sein. Wenn durch die Verzögerung der Zustimmung Nachteile drohen, wird dies allerdings vom Gericht zu berücksichtigen sein.

Der entscheidende Beurteilungszeitpunkt ist die letzte mündliche Verhandlung.[24]

C. Rechtsfolgen

Hinsichtlich der Rechtsfolgen verweist **Absatz 3** auf die §§ 1366-1368 BGB (vgl. die Kommentierung zu § 1366 BGB, die Kommentierung zu § 1367 BGB und die Kommentierung zu § 1368 BGB). Hier gilt also das dort Gesagte, zumal sich § 1365 BGB und § 1369 BGB nicht in ihrer Struktur oder Handhabung unterscheiden; lediglich in ihrem Bezugspunkt (Vermögen im Ganzen gegenüber Haushaltgegenstand) und bei der gerichtlichen Ersetzung der Zustimmung (jeweils Absatz 2) gibt es Unterschiede.

Für die Ersatzansprüche und Zurückbehaltungsrechte gilt das Gleiche wie bei § 1365 BGB, ebenso für die rechtlichen Möglichkeiten, die Zwangsvollstreckung zu verhindern (vgl. die Kommentierung zu § 1368 BGB Rn. 20).

D. Verfahrensrechtliche Hinweise

Zum alleinigen Antragsrecht des geschäftsabschließenden Ehegatten auf Ersetzung der Zustimmung und der Vererblichkeit des Antragsrechts vgl. die Kommentierung zu § 1365 BGB.

Der Anspruch auf Rückübertragung des Haushaltsgegenstandes (§§ 1369 Abs. 3, 1368 BGB) richtet sich als Familienstreitsache nicht nach den Verfahrensregeln der freiwilligen Gerichtsbarkeit. Um den Anspruch zu verwirklichen, muss der Ehegatte die Identität des Erwerbers kennen. Deshalb steht ihm gegen seinen Gatten ein entsprechender Auskunftsanspruch zu.[25]

---

[21] Vgl. *Koch* in: MünchKomm-BGB, § 1369 Rn. 5 m.w.N.
[22] BayObLG München v. 08.07.1980 - BReg 1 Z 67/80 - MDR 1980, 1020.
[23] Vgl. *Dörr*, NJW 1989, 810-817, 815 m.w.N.
[24] BayObLG München v. 08.07.1980 - BReg 1 Z 67/80 - MDR 1980, 1020.
[25] OLG Frankfurt v. 13.10.2003 - 2 WF 319/03 - FamRZ 2004, 1105.

§ 1370 BGB (weggefallen)

(Fassung vom 02.01.2002, gültig ab 01.01.2002, gültig bis 31.08.2009)

(weggefallen)

1 § 1370 BGB in der Fassung vom 06.07.2009 ist durch Art. 1 Nr. 4 des Gesetzes vom 06.07.2009 – BGBl I 2009, 1696 – mit Wirkung vom 01.09.2009 weggefallen.

§ 1371 BGB Zugewinnausgleich im Todesfall

(Fassung vom 02.01.2002, gültig ab 01.01.2002)

(1) Wird der Güterstand durch den Tod eines Ehegatten beendet, so wird der Ausgleich des Zugewinns dadurch verwirklicht, dass sich der gesetzliche Erbteil des überlebenden Ehegatten um ein Viertel der Erbschaft erhöht; hierbei ist unerheblich, ob die Ehegatten im einzelnen Falle einen Zugewinn erzielt haben.

(2) Wird der überlebende Ehegatte nicht Erbe und steht ihm auch kein Vermächtnis zu, so kann er Ausgleich des Zugewinns nach den Vorschriften der §§ 1373 bis 1383, 1390 verlangen; der Pflichtteil des überlebenden Ehegatten oder eines anderen Pflichtteilsberechtigten bestimmt sich in diesem Falle nach dem nicht erhöhten gesetzlichen Erbteil des Ehegatten.

(3) Schlägt der überlebende Ehegatte die Erbschaft aus, so kann er neben dem Ausgleich des Zugewinns den Pflichtteil auch dann verlangen, wenn dieser ihm nach den erbrechtlichen Bestimmungen nicht zustünde; dies gilt nicht, wenn er durch Vertrag mit seinem Ehegatten auf sein gesetzliches Erbrecht oder sein Pflichtteilsrecht verzichtet hat.

(4) Sind erbberechtigte Abkömmlinge des verstorbenen Ehegatten, welche nicht aus der durch den Tod dieses Ehegatten aufgelösten Ehe stammen, vorhanden, so ist der überlebende Ehegatte verpflichtet, diesen Abkömmlingen, wenn und soweit sie dessen bedürfen, die Mittel zu einer angemessenen Ausbildung aus dem nach Absatz 1 zusätzlich gewährten Viertel zu gewähren.

Gliederung

A. Grundlagen 1	2. Verfahrensrechtliche Hinweise 13
I. Normzweck 1	II. Güterrechtliche Lösung (Absätze 2 und 3) 14
II. Kurzcharakteristik 3	III. Ausbildungsanspruch (Absatz 4) 22
B. Anwendungsvoraussetzungen und Rechtsfolgen 6	1. Anspruchsvoraussetzungen 22
I. Sog. erbrechtliche Lösung (Absatz 1) 6	2. Praktische Hinweise 28
1. Praktische Hinweise 12	3. Verfahrensrechtliche Hinweise 30

A. Grundlagen

I. Normzweck

Der Norm liegt die Überzeugung zu Grunde, dass nach dem Tod eines Ehegatten besondere Schwierigkeiten bei der Ermittlung des tatsächlich erzielten Zugewinns bestehen, da der überlebende Ehegatte häufig nicht über die notwendigen Daten verfügt. Ferner folgt der Gesetzgeber dem Wunsch, Auseinandersetzungen zwischen dem überlebenden Ehegatten und den Miterben, welche regelmäßig gemeinsame Kinder sein werden, zu vermeiden. **1**

Im Gegensatz dazu seien bei der Beendigung der Zugewinngemeinschaft im Falle der Scheidung Streitigkeiten ohnehin selten zu umgehen.[1] Hier verkennt der Gesetzgeber jedoch, dass in der Praxis der überlebende Ehegatte regelmäßig darauf angewiesen ist, den jeweiligen Zugewinn zu ermitteln, da es ihm nur mit dieser Kenntnis möglich ist, sich zwischen der erbrechtlichen und der güterrechtlichen Lösung zu entscheiden (zur Vergleichsberechnung und dem Optionsrecht vgl. Rn. 12). **2**

II. Kurzcharakteristik

Die Vorschrift regelt die Folgen der Beendigung des gesetzlichen Güterstandes durch Tod eines Ehegatten (zur Beendigung aus anderem Grund vgl. die Kommentierung zu § 1372 BGB). Absatz 1 gewährt dem überlebenden Ehegatten eine pauschalierte Erhöhung des ihm aufgrund gesetzlicher Erb- **3**

---

[1] Vgl. BT-Drs. 3409, S. 14 ff.

folge (§ 1931 BGB) zustehenden Erbteils (sog. erbrechtliche Lösung) in Höhe eines Viertels. Ob der Verstorbene tatsächlich einen Zugewinn erwirtschaftet hat und ob dieser den Zugewinn des Überlebenden übersteigt, ist nach Absatz 1 Halbsatz 2 unerheblich. § 1371 Abs. 1 BGB hat eine güterrechtliche Funktion, die mit Mitteln des Erbrechts verwirklicht wird.

4 § 1371 Abs. 2 und 3 BGB regeln die Beendigung des Zugewinnausgleichs für die Fälle, in denen der überlebende Ehegatte nicht Erbe des überlebenden Ehegatten wird (sog. güterrechtliche Lösung). Diese Vorschriften enthalten sowohl güterrechtliche, als auch erbrechtliche, das Pflichtteilsrecht betreffende Regelungen.

5 § 1371 Abs. 4 BGB gewährt Abkömmlingen des verstorbenen Ehegatten gegen den überlebenden Ehegatten einen Anspruch auf Mittel zur Ausbildung als Ausgleich für die Benachteiligung aufgrund der erbrechtlichen Lösung (§ 1371 Abs. 1 BGB).

B. Anwendungsvoraussetzungen und Rechtsfolgen

I. Sog. erbrechtliche Lösung (Absatz 1)

6 Die pauschalierte Erhöhung des Erbteils um ein Viertel setzt voraus, dass zum Zeitpunkt des Erbfalls zwischen den Ehegatten das Recht der **Zugewinngemeinschaft** galt. Bei allen anderen Güterständen bleibt es bei dem gesetzlichen Erbteil aus § 1931 BGB.

7 Die bestehende Zugewinngemeinschaft muss **durch Tod** eines Ehegatten **geendet haben**. Sie darf also nicht schon vorher durch rechtskräftige Scheidung oder Aufhebung der Ehe beendet worden sein. Auch ein rechtskräftiger Beschluss auf vorzeitigen Zugewinnausgleich (§ 1388 BGB) beendet den Güterstand der Zugewinngemeinschaft. Unschädlich ist die Rechtshängigkeit eines Antrages auf vorzeitigen Zugewinnausgleich bzw. vorzeitige Aufhebung der Zugewinngemeinschaft gemäß den §§ 1385, 1386 BGB oder ein Antrag auf Scheidung; da der Güterstand mit dem Tod des Ehegatten beendet ist, hat sich der Rechtsstreit in der Hauptsache erledigt. Haben die Ehegatten während eines Verfahrens, das auf Auflösung der Ehe gerichtet ist, für den Fall der Auflösung in notarieller oder in der Form eines gerichtlichen Vergleichs eine Vereinbarung über den Ausgleich des Zugewinns (§ 1378 Abs. 3 Satz 2 BGB) getroffen, wird diese hinfällig, wenn die Ehe vor Rechtskraft der Entscheidung über die Auflösung durch Tod eines Ehegatten beendet wird. Es gilt § 1371 BGB.[2]

8 Weiter setzt die erbrechtliche Lösung voraus, dass der überlebende Ehegatte **gesetzlicher Erbe** des Erstverstorbenen geworden ist. Diese Voraussetzung ist nicht erfüllt, wenn ihm als testamentarischer Erbe ein höherer oder niedrigerer Erbteil zugewendet worden ist. Der überlebende Ehegatte bleibt jedoch gesetzlicher Erbe im Sinne der Vorschrift bei Einsetzung als „gesetzlicher Erbe" im Testament (§§ 2066, 2067 BGB) oder bei Einsetzung auf den „gesetzlichen Erbteil". Auch bei einer Anordnung von Vor- und Nacherbschaft bleibt der Überlebende gesetzlicher Erbe im Sinne der erbrechtlichen Lösung.[3] Der überlebende Ehegatte ist nicht (gesetzlicher) Erbe des Erblassers, wenn die Voraussetzungen der Scheidung zum Zeitpunkt des Erbfalles vorgelegen haben und der Erblasser einen Scheidungsantrag gestellt oder der Scheidung zugestimmt hat (§ 1933 Satz 1 BGB). Dabei muss die Zustimmung zur Scheidung nicht als solche bezeichnet werden, es ist ausreichend wenn sich eine solche Zustimmung aus den Umständen ergibt.[4] Das Gleiche gilt, wenn die Voraussetzung einer Eheaufhebung vorliegt und der Erblasser den Antrag gestellt hat (§ 1933 Satz 2 BGB). Schließlich ist das gesetzliche Erbrecht ausgeschlossen, wenn die Ehe aufhebbar war und der überlebende Ehegatte die Aufhebbarkeit wegen Verstoßes gegen die §§ 1304, 1306, 1307, 1311 oder 1314 Abs. 2 Nr. 1 BGB bei der Eheschließung gekannt hat (§ 1318 Abs. 5 BGB). Der Überlebende muss die Erbschaft annehmen, darf sie also nicht ausschlagen. Es ist daher nicht ausreichend, wenn der Überlebende lediglich zum gesetzlichen Erben berufen ist.

9 Fraglich ist, ob § 1371 Abs. 1 BGB einschlägig ist, wenn sich das Erbrecht nach einer ausländischen Rechtsordnung richtet, für das Güterrecht aber deutsches Recht maßgeblich ist.[5] Nach h.M. ist § 1371 Abs. 1 BGB güterrechtlich einzuordnen. Gleichwohl hat das OLG Stuttgart die Vorschrift nicht angewandt,[6] weil der Verstorbene nach österreichischem Recht beerbt wurde und dieses die Erbquote be-

---

[2] *Thiele* in: Staudinger, § 1371 Rn. 6.
[3] BGH v. 31.05.1965 - III ZR 233/62 - BGHZ 44, 152-157.
[4] OLG Köln v. 22.01.2003 - 2 U 129/02 - NJW-RR 2003, 655-656.
[5] *Kroiß*, FPR 2006, 136-138.
[6] OLG Stuttgart v. 08.03.2005 - 8 W 96/04 - NJW-RR 2005, 740.

stimmen müsse.⁷ Die Gegenmeinung sieht ein ausländisches Erbrecht als gesetzliches Erbrecht i.S.d. § 1371 Abs. 1 BGB an und gewährt güterrechtlich die Quote aus dieser Norm;⁸ erbrechtlich werde nur das vererbt, was das Güterrecht übrig lässt. Das ist der konsequente Weg.⁹ Sollte es zu einem sehr unbilligen Ergebnis kommen, kann dem durch eine Kürzung über § 1378 BGB abgeholfen werden.

Bei der erbrechtlichen Lösung findet **kein Zugewinnausgleich** im Sinne der §§ 1372-1390 BGB statt. Der dem überlebenden Ehegatten zustehende Erbteil aus § 1931 BGB wird pauschal um ¼ erhöht. Folglich erhält er neben Abkömmlingen des erstverstorbenen Ehegatten die Hälfte des Nachlasses (¼ aus § 1931 Abs. 1 Satz 1 HS. 1 BGB zzgl. ¼ aus § 1371 Abs. 1 BGB), neben Verwandten der 2. Ordnung (vgl. § 1925 BGB) und Großeltern mindestens ¾. Wenn neben den Großeltern an sich Abkömmlinge vorverstorbener Großelternteile zur Erbschaft berufen sind, erhöht sich gemäß § 1931 Abs. 1 Satz 2 BGB der Anteil des Ehegatten um die auf das Restviertel entfallenden Anteile der Abkömmlinge.

10

Die pauschale Erhöhung ist eine echte Erbteilerhöhung. Annahme und Ausschlagung der Erbschaft können weder auf den erhöhten Erbteil nach § 1371 Abs. 1 BGB noch auf den Erbteil aus § 1931 BGB beschränkt werden. Gem. § 2033 Abs. 1 BGB kann der Ehegatte jedoch über das zusätzliche Viertel als Bruchteil verfügen. Der Voraus aus § 1931 BGB bleibt bei der Berechnung der Erbquote genauso unberührt wie Vermächtnisse, die aus dem gesamten Nachlass erfüllt werden. Anders verhält es sich mit dem Ausbildungsanspruch aus § 1371 Abs. 4 BGB, der lediglich die Erbteilerhöhung aus § 1371 Abs. 1 BGB beschwert.

11

1. Praktische Hinweise

Der überlebende Ehegatte hat bei Vorliegen der Voraussetzungen der erbrechtlichen Lösung die Möglichkeit, statt der erbrechtlichen die güterrechtliche Lösung zu wählen.¹⁰ Ihm steht ein **Optionsrecht** zu. Hierzu muss dieser innerhalb der 6-Wochen-Frist des § 1944 BGB die Erbschaft ausschlagen. Das zusätzliche Viertel, welches die erbrechtliche Lösung dem Überlebenden gewährt, ist gemäß § 5 Abs. 1 Satz 1 ErbStG bis zu dem Betrag **steuerfrei**, der ihm bei einer güterrechtlichen Abwicklung nach § 1371 Abs. 2 BGB zustünde; die steuerliche Berechnung hat die zivilrechtlichen Maßstäbe zu anzuwenden, also auch den Kaufkraftschwund zu berücksichtigen.¹¹ Es muss also in jedem Einzelfall überprüft werden, ob der Wert der pauschalierten Erbquote den hypothetischen Zugewinnausgleichsanspruch übersteigt. Der überschießende Betrag ist steuerpflichtig. Auch im Steuerrecht bedarf es also einer Vergleichsrechnung; das vereitelt in gewisser Hinsicht den Willen des Gesetzgebers, bei Tod eines Ehegatten den Zugewinnausgleich zu vereinfachen.

12

2. Verfahrensrechtliche Hinweise

Die Erteilung eines **Erbscheins**, der das Erbrecht des überlebenden Ehegatten nach den §§ 1931, 1371 Abs. 2 BGB ausweist, setzt voraus, dass das Bestehen der Zugewinngemeinschaft zum Zeitpunkt der Erbfalles feststeht. Der gesetzliche Erbe muss grundsätzlich eine Reihe von gesetzlich vorgeschriebenen Angaben in seinem Erbscheinsantrag machen, die sein Erbrecht begründen (vgl. § 2354 BGB). Eigentlich müssen diese Angaben grundsätzlich gemäß § 2354 BGB durch öffentliche Urkunde nachgewiesen werden, doch da der überlebende Ehegatte das Bestehen der Zugewinngemeinschaft auf diesem Weg nicht nachweisen kann – es handelt sich um eine negative Tatsache – lässt das Gesetz den Nachweis in Form einer Versicherung an Eides statt vor Gericht oder vor einem Notar ausreichen (§ 2356 Abs. 2 BGB).

13

II. Güterrechtliche Lösung (Absätze 2 und 3)

Die güterrechtliche Lösung greift ein, wenn der überlebende Ehegatte **weder Erbe noch Vermächtnisnehmer** geworden ist. Eine Ausnahme wird bei der Zuwendung eines nur geringwertigen Vermächtnisses gemacht¹² oder bei einer Erbeinsetzung, die geringer ist als der gesetzliche Erbteil. In Be-

14

---

⁷ *Ludwig*, DNotZ 2005, 586 ff. meint auch, dass § 1371 Abs. 1 BGB letztlich nur ein Anhängsel des § 1931 Abs. 1 BGB sei; gleichwohl will er die Vorschrift analog anwenden und dem überlebenden Gatten einen schuldrechtlichen Anspruch in Höhe von ¼ der Erbschaft geben.

⁸ *Dörner*, ZEV 2005, 444.

⁹ Allerdings will das OLG Köln nicht die Erbquote aus § 1371 BGB gewähren, sondern eventuell einen pauschalierten schuldrechtlichen Anspruch – OLG Köln v. 05.08.2011 - I-2 Wx 115/11.

¹⁰ *Klinger/Mohr*, NJW-Spezial 2006, 205.

¹¹ FG Düsseldorf v. 13.07.2005 - 4 K 2838/03 Erb - EFG 2005, 1548-1549.

¹² AG Tecklenburg v. 08.07.1996 - 1 F 110/95 - FamRZ 1997, 1013-1014; a.A: *Schwab*, JuS 1965, 432-437.

§ 1371

tracht kommen neben der Enterbung das Vorliegen der Voraussetzung des § 1933 BGB (vgl. bereits Rn. 8), Erbverzicht und Pflichtteilsverzicht mit Entziehungstestament, ferner die Erb- und Vermächtnisunwürdigkeit (§§ 2339-2345 BGB). Unerheblich ist, ob die Ehe nur von sehr kurzer Dauer war. Das Gericht hat auch in solchen Fällen die erbrechtliche Lösung anzuwenden.[13]

15 Absatz 3 ist gesetzlich geregelter Unterfall des Absatzes 2 und setzt die Ausschlagung der Erbschaft durch den überlebenden Ehegatten voraus, der dann nicht Erbe wird. Grundsätzlich erhält ein Pflichtteilsberechtigter bei Ausschlagung der Erbschaft keinen Pflichtteil (Ausnahme: § 2306 Abs. 1 BGB). Abweichend hiervon regelt Absatz 3, dass der Ausschlagende neben dem tatsächlich erzielten Zugewinn auch den kleinen Pflichtteil erhalten soll.

16 Bei der güterrechtlichen Lösung kann der überlebende Ehegatte den Pflichtteil und zusätzlich den Ausgleich des tatsächlich erzielten Zugewinns aus den §§ 1373-1390 BGB (vgl. die Kommentierung zu § 1373 BGB bis Kommentierung zu § 1390 BGB) verlangen. Stichtag für das Endvermögen ist der Todestag. Für den Fall, dass bereits ein Scheidungsverfahren anhängig war und der Scheidungsantrag begründet ist, wird der Stichtag auf den Zeitpunkt der Rechtshängigkeit des Scheidungsantrages gemäß § 1384 BGB analog fingiert.[14] Der fehlende Verweis auf § 1384 BGB ist ein gesetzestechnischer Fehler.[15]

17 Die Verjährung der Ausgleichsforderung bemisst sich nach der regelmäßigen Verjährungsfrist des § 195 BGB (drei Jahre). Der Fristbeginn richtet sich nach § 199 Abs. 1 BGB. Unabhängig von der Kenntnis (bzw. der grob fahrlässigen Unkenntnis) von den anspruchsbegründenden Umständen und der Person des Schuldners beträgt die Verjährungshöchstfrist gemäß § 199 Abs. 3a BGB dreißig Jahre. Die damit gegenüber anderen Beendigungsgründen erweiterte Höchstfrist im Falle der Beendigung des Güterstandes durch den Tod erscheint aufgrund der besonderen Umstände bei einem Erbfall sachgerecht.[16]

18 Neben dem Anspruch auf den tatsächlich erzielten Zugewinn kann der überlebende Ehegatte den gesetzlichen **Pflichtteil** nach den §§ 2303-2338 BGB verlangen, da er, wie die güterrechtliche Lösung voraussetzt, nicht Erbe geworden ist. Der Pflichtteil beträgt die Hälfte des (nicht erhöhten) gesetzlichen Erbteils aus § 1931 BGB (sog. „kleiner" Pflichtteil).[17] Der pauschalierte zusätzliche Erbteil aus § 1371 Abs. 1 BGB in Höhe von einem Viertel ist nicht Grundlage des Pflichtteilsanspruchs. Wenn der überlebende Ehegatte die Erbschaft ausschlägt, gilt gemäß § 1371 Abs. 3 BGB ebenfalls die güterrechtliche Lösung.

19 **Praktische Hinweise:** Die güterrechtliche Lösung des Absatzes 2 kann u.U. für den zum Erben berufenen Ehegatten günstiger sein. Diesem steht ein **Optionsrecht** zu. Er kann gemäß § 1371 Abs. 3 BGB innerhalb der 6-Wochenfrist (§ 1944 BGB) ausschlagen und von den Erben neben dem kleinen Pflichtteil den tatsächlich erzielten Zugewinn als Geldanspruch gegen den Nachlass verlangen. Immer dann, wenn der überwiegende Teil des Nachlasses aus Zugewinn besteht, kann es sich für den überlebenden Ehegatten lohnen, die Erbschaft auszuschlagen und die güterrechtliche Lösung zu wählen. Um eine vernünftige Entscheidung treffen zu können, welche Variante günstiger ist, muss eine Vergleichsrechnung vorgenommen werden. Bei der Berechnung des Pflichtteils ist zu berücksichtigen, dass vom Wert des gesamten Nachlasses zuerst der Zugewinnausgleichsanspruch abgezogen werden muss, bevor der Wert der Pflichtteilsquote ermittelt werden kann. Ferner ist zu bedenken, dass der Überlebende bei Ausschlagung nicht Mitglied der Erbengemeinschaft ist, sondern lediglich einen Geldanspruch gegen die Erbengemeinschaft hat. Andererseits kann er sich auf diesem Weg den Bindungen der Verfügung von Todes wegen entziehen, genauso wie auch der (persönlichen) Haftung für Nachlassverbindlichkeiten. Zu erwägen ist eine Ausschlagung auch dann, wenn der zugewendete Erbteil zwar höher ist als der nach § 1371 Abs. 1 BGB erhöhte gesetzliche Erbteil, jedoch mit Nacherbschaft, Vermächtnissen oder Auflagen beschwert ist; der überlebende Ehegatte kann sich von diesen nur lösen, wenn er ausschlägt (§ 2306 Abs. 1 BGB). Dann erhält er den kleinen Pflichtteil und den tatsächlichen Zugewinnausgleichsanspruch.

20 Der Zugewinn unterliegt anders als der Pflichtteilsanspruch nicht der Erbschaftssteuer (§ 5 Abs. 2 ErbStG).

---

[13] OLG Bamberg v. 14.04.1999 - 3 U 47/98 - OLGR Bamberg 1999, 265-266.
[14] BGH v. 06.02.2002 - XII ZR 213/00 - NJW-RR 2002, 865-867.
[15] BGH v. 15.10.2003 - XII ZR 23/01 - NJW 2004, 1321.
[16] BT-Drs. 16/8954, S. 15.
[17] BGH v. 17.03.1982 - IVa ZR 27/81 - LM Nr. 14 zu § 2311 BGB; OLG Koblenz v. 10.01.2001 - 1 U 1557/98 - OLGR Koblenz 2001, 383-386.

Der Anspruch auf Zugewinnausgleich und der Pflichtteil sind gegen die Erben geltend zu machen, da es sich bei beiden Ansprüchen um eine Nachlassverbindlichkeit handelt. Hierbei geht der Anspruch auf Zugewinn anderen Nachlassverbindlichkeiten, wie Pflichtteilsansprüchen, Vermächtnissen und Auflagen im Rang vor; dies ergibt sich aus § 1991 Abs. 4 BGB, § 327 InsO. 21

III. Ausbildungsanspruch (Absatz 4)

1. Anspruchsvoraussetzungen

Der Ausbildungsanspruch soll die Ungerechtigkeit mildern, die dadurch entstehen kann, dass der ausgleichsberechtigte Ehegatte stirbt, Kinder hinterlässt, die keine Abkömmlinge des überlebenden Ehegatten sind, und der Überlebende das Viertel aus § 1371 Abs. 1 BGB erhält: Die Kinder des Verstorbenen würden an dessen Arbeitsleistung in der Ehe nicht teilhaben, zumal sie beim Tode des zweiten Ehegatten nicht gesetzliche Erben sind. 22

Anspruchsberechtigt sind Abkömmlinge, mithin gesetzliche Erben des verstorbenen Ehegatten, welche jedoch nicht mit dem überlebenden Ehegatten verwandt sind, also dessen Stiefkinder, seien sie nun nicht ehelich geboren oder aus einer früheren Ehe des Verstorbenen. Trotz des Wortlautes werden Abkömmlinge, die im Wege gewillkürter Erbfolge zu Erben berufen sind, regelmäßig nicht zum Kreis der Berechtigten zu zählen sein, da die Auslegung des Erblasserwillens in den meisten Fällen zu dem Ergebnis gelangen wird, dass die Verfügung abschließend sein soll, für den Ausbildungsanspruch mithin kein Raum ist. Der Ausbildungsanspruch ist ferner ausgeschlossen, wenn der Abkömmling wegen Erbunwürdigkeit, Erbverzicht, Ausschlagung oder Enterbung nicht erbberechtigt ist, also nicht Erbe des Erstverstorbenen geworden ist. 23

Verpflichtet ist derjenige Ehegatte, der aufgrund der erbrechtlichen Lösung des § 1371 Abs. 1 BGB neben dem gesetzlichen Erbteil aus § 1931 BGB den zusätzlichen pauschalierten Erbteil in Höhe von einem Viertel als Zugewinnausgleich erhält. Dabei gilt hinsichtlich der Einsetzung als „gesetzlicher Erbe" (§ 2066 BGB) das unter Rn. 8 Gesagte. Wenn der Erstverstorbene dem überlebenden Ehegatten testamentarisch oder erbvertraglich mehr oder weniger als die gesetzliche Quote oder ein Vermächtnis zuwendet, entfällt mit dem Viertel aus Absatz 1 auch ein Anspruch aus Absatz 4. 24

Da es sich bei § 1371 Abs. 4 BGB um einen Unterhaltsanspruch handelt, muss der Abkömmling **bedürftig** sein. Eine Bedürftigkeit ist nicht gegeben, wenn der Abkömmling seinen Unterhalt aus eigenen Einkünften bestreiten kann. Hierbei hat dieser nach allgemeiner Meinung auch seinen Vermögensstamm einzusetzen. Dem Stiefabkömmling soll jedoch in den Fällen der Vermögensstamm verbleiben, in denen die Verwertung desselben unwirtschaftlich wäre oder dieser für die Zeit zwischen Ausbildungsende und Beginn der Berufstätigkeit benötigt wird. Auch die Möglichkeit einer eigenen Erwerbstätigkeit kann die Bedürftigkeit entfallen lassen. Häufig wird eine solche das Ausbildungsziel jedoch gefährden. In solchen Fällen ist dem Kind die eigene Erwerbstätigkeit nicht zumutbar. Nach h.M. soll der Anspruch auch nicht entfallen, wenn die Kosten der Ausbildung mit Hilfe leistungsfähiger, unterhaltsverpflichteter Verwandter bestritten werden kann.[18] 25

Da der Ausbildungsanspruch lediglich aus dem zusätzlichen Erbteil aus § 1371 Abs. 1 BGB erfüllt wird und dieser von vornherein unter dem Vorbehalt des Ausbildungsanspruches gewährt wird, kann weder die Gewährung des eigenen Unterhalts, noch können Unterhaltsansprüche Dritter gegen den Überlebenden die **Leistungsfähigkeit** einschränken oder gar entfallen lassen. § 1603 BGB ist mithin nicht anwendbar. 26

Der Anspruch ist nur auf Geld gerichtet. Dies ergibt sich daraus, dass der Ehegatte, anders als bei eigenen Kindern nicht berechtigt ist, auf den Lebenswandel der Stiefkinder Einfluss zu nehmen; der Verpflichtete kann weder Naturalunterhalt leisten noch die (Wieder-)Aufnahme in den eigenen Haushalt verfügen. Dieser Geldanspruch ist in Analogie zu § 1612 Abs. 1 Satz 1 und Abs. 3 BGB monatlich und im Voraus zu gewähren. Die Parteien können sich vertraglich auf eine andere Form der Unterhaltsgewährung einigen. Eine angemessene Ausbildung umfasst den Besuch von Schulen oder Universitäten, eine Berufsausbildung oder auch eine Fortbildung. 27

---

[18] *Buzikiewicz* in: Erman, § 1371 Rn. 25; *Koch* in: MünchKomm-BGB, § 1371, Rn. 69; a.A. *Thiele* in: Staudinger, § 1371 Rn. 108.

2. Praktische Hinweise

28 Der überlebende Ehegatte kann sich im Wege der Ausschlagung der Inanspruchnahme aus § 1371 Abs. 4 BGB entziehen. Dann erhält er den kleinen Pflichtteil und den tatsächlich erzielten Zugewinn (güterrechtliche Lösung; vgl. Rn. 14). Sind mehrere Stiefkinder vorhanden und ist ein Ausbildungsende nicht absehbar, kann die güterrechtliche Lösung günstiger sein (zu anderen Konstellationen, bei denen der Wechsel von der erbrechtlichen zur güterrechtlichen Lösung von Vorteil sein kann, vgl. Rn. 18).

29 Der Anspruch aus § 1371 Abs. 4 BGB ist abdingbar. So kann der Erblasser den Ausbildungsanspruch in einer letztwilligen Verfügung reduzieren oder ganz ausschließen. Ein Abbedingen in einem Ehevertrag ist hingegen nicht möglich, da der Ausbildungsanspruch nicht das güterrechtliche Verhältnis der Ehegatten (§ 1408 BGB) betrifft. Ein Verzicht ist vor dem Erbfall nicht möglich.

3. Verfahrensrechtliche Hinweise

30 Die **sachliche Zuständigkeit** des Familiengerichts nach den §§ 111 Nr. 9, 261 Abs. 1 FamFG i.V.m. § 23a Abs. 1 Satz 1 Nr. 1 GVG ist nicht gegeben, da sich der Ausbildungsanspruch zwar aus dem ehelichen Güterrecht ergibt; er hat jedoch überwiegend unterhalts- und erbrechtlichen Charakter, indem er die erbrechtliche Benachteiligung auszugleichen versucht. Die **örtliche Zuständigkeit** ergibt sich aus § 28 ZPO i.V.m. den §§ 27, 35 ZPO.

31 Bei der **Zwangsvollstreckung** wegen des Anspruches aus Absatz 4 ist zu beachten, dass dieser nicht nach § 850d ZPO privilegiert ist, weil es sich bei dem Stiefkind nicht um einen Verwandten handelt. Ob der Ausbildungsanspruch unpfändbar (§ 850a Nr. 6 ZPO) oder nur bedingt pfändbar (§ 850b Abs. 1 Nr. 2 ZPO) ist, ist umstritten.[19]

---

[19] *Koch* in: MünchKomm-BGB, § 1371, Rn. 83 m.w.N.

Steuerrechtliche Hinweise zu § 1371 BGB Zugewinnausgleich im Todesfall

(Fassung vom 02.01.2002, gültig ab 01.01.2002)

(1) Wird der Güterstand durch den Tod eines Ehegatten beendet, so wird der Ausgleich des Zugewinns dadurch verwirklicht, dass sich der gesetzliche Erbteil des überlebenden Ehegatten um ein Viertel der Erbschaft erhöht; hierbei ist unerheblich, ob die Ehegatten im einzelnen Falle einen Zugewinn erzielt haben.

(2) Wird der überlebende Ehegatte nicht Erbe und steht ihm auch kein Vermächtnis zu, so kann er Ausgleich des Zugewinns nach den Vorschriften der §§ 1373 bis 1383, 1390 verlangen; der Pflichtteil des überlebenden Ehegatten oder eines anderen Pflichtteilsberechtigten bestimmt sich in diesem Falle nach dem nicht erhöhten gesetzlichen Erbteil des Ehegatten.

(3) Schlägt der überlebende Ehegatte die Erbschaft aus, so kann er neben dem Ausgleich des Zugewinns den Pflichtteil auch dann verlangen, wenn dieser ihm nach den erbrechtlichen Bestimmungen nicht zustünde; dies gilt nicht, wenn er durch Vertrag mit seinem Ehegatten auf sein gesetzliches Erbrecht oder sein Pflichtteilsrecht verzichtet hat.

(4) Sind erbberechtigte Abkömmlinge des verstorbenen Ehegatten, welche nicht aus der durch den Tod dieses Ehegatten aufgelösten Ehe stammen, vorhanden, so ist der überlebende Ehegatte verpflichtet, diesen Abkömmlingen, wenn und soweit sie dessen bedürfen, die Mittel zu einer angemessenen Ausbildung aus dem nach Absatz 1 zusätzlich gewährten Viertel zu gewähren.

Gliederung

A. Beendigung des gesetzlichen Güterstandes 1
  I. Behandlung von Steuererstattungsansprüchen und Steuerschulden 2
  II. Vorauszahlungen 3
  III. Abzug latenter Steuern bei der Bewertung eines Unternehmens 6
B. Steuerliche Behandlung des Zugewinnausgleichs 13
  I. Schuldzinsen für die Begleichung der Schuld aus dem Zugewinnausgleich 13
  II. Übertragung von Wirtschaftsgütern des Privatvermögens 14
  III. Spekulationsgeschäfte 19
  IV. Anteile an einer Kapitalgesellschaft bei wesentlicher Beteiligung 22
  V. Übertragung von Wirtschaftsgütern des Betriebsvermögens 24
  VI. Begründung einer Gesellschaft mit dem anderen Ehegatten 27
  VII. Vermögensausgleich nach den Regeln der Auseinandersetzung der Ehegatteninnengesellschaft 32
    1. Ausgangssituation 32
    2. Anspruch auf Auseinandersetzung bei Scheitern der Ehe 35
    3. Steuerliche Beurteilung 39

A. Beendigung des gesetzlichen Güterstandes

Die Zugewinngemeinschaft ist der am häufigsten vorkommende eheliche Güterstand. Nach Beendigung der Zugewinngemeinschaft unter Lebenden hat der Ehegatte, der einen höheren Zugewinn erzielt hat, dem anderen die Hälfte der Differenz zu dessen Zugewinn in Geld zu zahlen, § 1378 Abs. 1 BGB. Bei dem Zugewinnausgleich handelt es sich nicht um eine notwendige private Aufwendung, weshalb auch eine Berücksichtigung als außergewöhnliche Belastung gem. § 33 EStG ausscheidet. Dies gilt auch für die Verzugszinsen. Der Zugewinnausgleich stellt keinen Steuertatbestand dar.

I. Behandlung von Steuererstattungsansprüchen und Steuerschulden

Entstandene **Steuererstattungsansprüche** müssen zum Stichtag des Zugewinnausgleichs (§ 1384 BGB) – nach etwaig interner Aufteilung unter den Ehegatten – in deren aktivem Endvermögen berücksichtigt werden. Auch **Steuerschulden** können beim Zugewinnausgleich berücksichtigt werden durch

Steuerrechtl. Hinw. zu § 1371

Abzug vom vorhandenen Aktivvermögen, wenn sie bis zum Stichtag entstanden sind. Es ist nicht erforderlich, dass die Steuerschulden bereits fällig sind. Zu berücksichtigen ist nämlich, dass gerade zwischen der Entstehung und Fälligkeit der Steuern oft ein nicht unerheblicher Zeitraum liegt. Die Einkommensteuer entsteht gem. § 36 Abs. 1 EStG mit Ablauf des jeweiligen Veranlagungszeitraums, d.h. zum Ende eines Kalenderjahres. Fällig wird die Einkommensteuer jedoch erst einen Monat nach Zugang des Einkommensteuerbescheides. Die Steuerschuld kann jedoch bereits als befristete Verbindlichkeit vom Ende des jeweiligen Veranlagungszeitraums abgezogen werden.

II. Vorauszahlungen

3   Gemäß § 37 Abs. 1 Satz 2 EStG entsteht die Pflicht zur **Einkommensteuervorauszahlung** mit Beginn des Kalenderjahres, für das die Vorauszahlung zu entrichten ist bzw. mit Begründung der Steuerpflicht erst im Laufe eines Quartals, dann ab diesem Quartal. Erst ab Begründung der Steuerpflicht für die Vorauszahlungen ist ein Abzug im Endvermögen vorzunehmen. Erkennbar unzureichende Vorauszahlungen sollten bei dem Finanzamt für das laufende Jahr erhöht werden, denn ohne Zustimmung des Steuerpflichtigen ist eine solche nachträgliche Erhöhung für das laufende Jahr nicht zulässig. Die Vorauszahlungen können bei Entstehen vor der Rechtshängigkeit des Scheidungsantrags als Stichtag gem. § 1384 BGB in Abzug gebracht werden. Erfolgt die Zahlung der Vorauszahlungen, sollte klargestellt sein, dass der Steuerpflichtige nur auf die eigene Steuerschuld leistet, damit ein Erstattungsanspruch nicht über § 27 Abs. 2 AO zur Hälfte dem anderen Ehegatten zugute kommt.

4   Denn gem. § 37 Abs. 2 AO ist derjenige erstattungsberechtigt, auf dessen Rechnung die Zahlung bewirkt worden ist. Ausschlaggebend ist, wessen Steuerschuld im Zeitpunkt der Zahlung aus Sicht des Finanzamts erfüllt werden sollte. Fehlt es gegenüber der Finanzbehörde an einer ausdrücklichen Erklärung, auf wessen Steuerschuld die Zahlungen geleistet werden, kann das Finanzamt, solange die Ehe noch nicht geschieden ist und es keine Kenntnis vom Getrenntleben der Ehegatten hat, nach ständiger Rechtsprechung davon ausgehen, dass derjenige Ehegatte, der die Zahlung auf die gemeinsame Steuerschuld vornimmt, mit dieser Zahlung auch die Steuerschuld des anderen begleichen will.[1] Dies wird u.a. mit der bestehenden Lebens- und Wirtschaftsgemeinschaft zwischen Eheleuten begründet.[2] Das gleiche gilt auch für Ehegatten die nicht im gesetzlichen Güterstand der Zugewinngemeinschaft leben.[3]

5   Anders als bei anderen Gesamtschuldverhältnissen ist es unerheblich, welcher Ehegatte mit wessen Mitteln an das Finanzamt gezahlt hat. Denn im Rahmen einer Lebens- und Wirtschaftsgemeinschaft hängt es vom Zufall ab, wer die Zahlung vornimmt und aus wessen Vermögen die Zahlung erfolgt, so dass hieraus keine Rückschlüsse auf den Tilgungswillen gezogen werden könnten.[4] Daher haben bei einer fehlenden Tilgungsbestimmung gem. § 37 Abs. 2 AO beide Ehegatten einen Erstattungsanspruch gegen das Finanzamt. Der Erstattungsanspruch wird daher zwischen ihnen nach Köpfen aufgeteilt bzw. halbiert.[5] Dies kann nur dadurch verhindert werden, dass gegenüber dem Finanzamt im Zeitpunkt der Zahlung auf die Steuerschuld ausdrücklich erklärt wird, dass diese nur auf die eigene Steuerlast erfolgt und nicht auf die des Ehegatten.

III. Abzug latenter Steuern bei der Bewertung eines Unternehmens

6   Befindet sich in dem Endvermögen eines Ehegatten ein Unternehmen, so muss dieses zum Zwecke der Ermittlung des Zugewinnausgleichsanspruchs zunächst bewertet werden.

7   Da im BGB mit Ausnahme des § 1376 Abs. 4 BGB (für land- und forstwirtschaftliche Betriebe) sich keinerlei Bewertungsvorschriften finden lassen, stellt sich zunächst die Frage nach der anzuwendenden Bewertungsmethode.

8   Nach ständiger Rechtsprechung des BGH[6] ist für die Berechnung des Zugewinnausgleichs der sog. wirkliche **Wert** zu ermitteln. Grundsätzlich ist der Wert maßgeblich, der bei einer Veräußerung oder einer sonstigen Verwertung erzielt werden könnte, wobei von einer Fortführung des Unternehmens auszugehen ist.

---

[1] St. Rspr. BFH v. 25.07.1989 - VII R 118/87 - NJW 1990, 2491; BFH v. 04.04.1995 - VII R 82/94 - NJW 1996, 742; BFH v. 15.11.2005 - VII R 16/05 - NJW 2006, 942.
[2] BFH v. 18.02.1997 - VII R 117/95 - NV 1997, 482.
[3] BFH v. 18.02.1997 - VII R 117/95 - NV 1997, 482.
[4] BFH v. 25.07.1989 - VII R 118/87 - NJW 1990, 2491; BFH v. 04.04.1995 - VII R 82/94 - NJW 1996, 742; BFH v. 15.11.2005 - VII R 16/05 - NJW 2006, 942.
[5] BFH v. 15.11.2005 - VII R 16/05 - NJW 2006, 942
[6] BGH v. 25.11.1998 - XII ZR 84/97 - FamRZ 1999, 361.

Nach welcher Methode die Bewertung im Einzelnen zu erfolgen hat, regelt das Gesetz nicht. Die jeweils anzuwendende Bewertungsmethode sachverhaltsspezifisch auszuwählen und anzuwenden ist Sache des – sachverständig beratenen – Tatrichters.[7]   9

Die Rechtsprechung tendiert jedoch immer deutlicher zur Anwendung der Ertragswertmethode bzw. der modifizierten Ertragswertmethode.[8]   10

Bei der Ermittlung des Ertragswerts wird derjenige Wert ermittelt, den ein Verkäufer bei einer Unternehmensveräußerung erzielen würde, daher ist nach der Rechtsprechung die latente Ertragsteuerlast in Abzug zu bringen.[9] Der Abzug der latenten Steuern ist eine Folge der Bewertungsmethode und hat unabhängig davon zu erfolgen, ob eine Veräußerung auch tatsächlich beabsichtigt ist.[10] Durch den Abzug wird der Unternehmenswert unmittelbar gemindert.   11

Für die Ermittlung der Steuerlast auf den fiktiven Veräußerungsgewinn bei einem Gewerbebetrieb ist die Begünstigung gemäß § 16 Abs. 4 EStG und bei einem Selbständigen die Begünstigung gemäß §§ 18 Abs. 3, 16 Abs. 4 i.V.m. § 34 EStG zu berücksichtigen.   12

B. Steuerliche Behandlung des Zugewinnausgleichs

I. Schuldzinsen für die Begleichung der Schuld aus dem Zugewinnausgleich

Der Steuerpflichtige zahlt auf eine Verbindlichkeit aus dem Zugewinnausgleich, d.h. auf eine private Verbindlichkeit, ein Abzug als Werbungskosten kommt daher nicht in Betracht. Die alte Rechtsprechung, wonach **Schuldzinsen** für ein zum Zwecke des Zugewinnausgleichs aufgenommenes Darlehen als Werbungskosten nach § 9 Abs. 1 Satz 3 Nr. 1 EStG bei Einkünften aus Vermietung und Verpachtung abzugsfähig waren, hat der BFH inzwischen aufgegeben[11]. Entscheidend ist nach Ansicht des BFH, wofür das Darlehen verwendet wurde. In der Regel erfolgt die Zahlung zur Begleichung der Schuld aus dem Zugewinnausgleich und damit für eine private Verbindlichkeit. Ein Abzug von Schuldzinsen ist daher nicht mehr möglich.   13

II. Übertragung von Wirtschaftsgütern des Privatvermögen

Die Ausgleichsforderung nach § 1378 Abs. 1 BGB ist grundsätzlich eine Geldforderung. Die Ehegatten haben dabei grundsätzlich keinen Anspruch auf dingliche Beteiligung an den Vermögensgegenständen des jeweils anderen Ehegatten, da die Zugewinngemeinschaft die Trennung des Vermögens beider Ehegatten vorsieht. Abweichend von diesem Grundsatz können die Ehegatten im Falle der Scheidung durch einvernehmliche Vereinbarung den Zugewinnausgleich statt durch Geldzahlung auch durch Übertragung von Vermögensgegenständen des einen Ehegatten auf den anderen Ehegatten vornehmen, die Übertragung des Vermögensgegenstands erfolgt dann in der Regel an Erfüllungs statt gem. § 364 Abs. 1 BGB. Steuerlich ist dabei zu beachten, dass die Übertragung von Vermögenswerten zum Zwecke der Erfüllung des Ausgleichsanspruchs aus § 1378 Abs. 1 BGB ein entgeltliches Rechtsgeschäft bzw. ertragsteuerlich eine Veräußerung darstellt.[12] Wird die Ausgleichsforderung somit nicht in Geld, sondern durch Übertragung von Sachwerten erfüllt, so liegt in der Übertragung der Sachwerte ein entgeltliches Veräußerungs- und Anschaffungsgeschäft vor. Weitere Konsequenz hiervon ist, dass die hierbei möglicherweise entstehenden Veräußerungsgewinne steuerpflichtig sind.   14

Dies kann zu einer Anwendung des § 22 Nr. 2 EStG i.V.m. § 23 EStG (Spekulationsgeschäfte) oder des § 17 EStG (Veräußerung von Anteilen an Kapitalgesellschaften **bei wese**ntlicher Beteiligung) auf der Einnahmenseite führen, d.h. eine Versteuerung der entgeltlichen Vorgänge zur Folge haben. Auf der Ausgabenseite bedeutet dies die Entstehung einer neuen AfA Bemessungsgrundlage bei Vermietung und Verpachtung.   15

Sollten die Ehegatten zur Begleichung der **Zugewinnausgleichsforderung** entgeltliche Vorgänge in Form der Übertragung von Grundstücken, Grundstücksanteilen sowie Miteigentumsanteilen vereinbaren, hat der Rechtsanwalt auf folgende Punkte zu achten und die Mandanten hinzuweisen.   16

---

[7] BGH v. 09.02.2011 - XII ZR 40/09.
[8] BGH v. 02.02.2011   XII ZR 185/08 - NJW 2011, 2572.
[9] BGH v. 08.09.2004 - XII ZR 194/01 - NZG 2005, 264.
[10] BGH v. 08.09.2004 - XII ZR 194/01 - NJW-RR 2005, 153 ff.
[11] BFH v. 24.01.1989 - IX R 111/84 - BStBl II, 706.
[12] BFH v. 31.07.2002 - X R 48/99 - BStBl II 2003, 282 = DStR 2003, 457.

17 Der Ehegatte, welcher die Immobilie übernimmt, hat **Anschaffungskosten und kann die Kosten, die auf das Gebäude anfallen, in der Folge abschreiben.**[13] Aus diesem Grund sollte bei der Gestaltung des notariellen Kaufvertrags darauf geachtet werden, dass eine Aufteilung zwischen den Gebäudekosten und dem Grund und Boden erfolgt. Die Angaben im Kaufvertrag für die Bewertung des Aufteilungsmaßstabs sind bindend, es sei denn die Angaben im Kaufvertrag sind offensichtlich falsch.[14] Übernimmt der übernehmende Ehegatte im Zusammenhang mit der Immobilienübertragung Verbindlichkeiten, so stellen diese eine Kaufpreiszahlung dar.[15] Zu den **Anschaffungsnebenkosten** gehören die Gebühren für die Notar- und Grundbucheintragungen. Grunderwerbsteuer fällt in diesen Fällen gemäß § 3 Nr. 4 und 5 GrEStG nicht an. Der übernehmende Ehegatte kann nur die lineare AfA gemäß § 7 Abs. 4 Nr. 2 EStG geltend machen, da die Übertragung entgeltlich erfolgt. Die Nutzung der degressiven AfA gemäß § 7 Abs. 5 Satz 2 EStG kann nur erfolgen, wenn die Immobilie unentgeltlich und nicht unter Anrechnung auf den Zugewinn übertragen wird. Der übertragende Ehegatte kann bis zum Zeitpunkt der Übertragung der Immobilie die AfA zeitanteilig geltend machen.

18 Besteht ein Miteigentum der Ehegatten an dem übertragenen Objekt, so liegen hinsichtlich des erworbenen Miteigentums **nachträgliche Anschaffungskosten** vor. Die anzusetzende AfA richtet sich nach der bisherigen **Abschreibung**, d.h. danach ob der übernehmende Miteigentümer die Abschreibung bislang linear oder degressiv vorgenommen hat. Zu berücksichtigen ist aber bei der degressiven Abschreibung, dass der erwerbende Ehegatte die degressive Abschreibung nur in Anspruch nehmen kann, wenn er den Anteil am Miteigentum im Jahr der Fertigstellung des Gebäudes erworben hat. Der veräußernde Ehegatte darf dann die degressive Abschreibung gemäß § 7 Abs. 5 Satz 2 EStG nicht geltend machen.

III. Spekulationsgeschäfte

19 Zu berücksichtigen ist bei der Übertragung von Wirtschaftsgütern aus dem Privatvermögen, dass gemäß § 23 Abs. 1 Nr. 1 EStG ein Veräußerungsgewinn anfallen kann und zu versteuern ist, wenn zwischen der Anschaffung und der Veräußerung ein Zeitraum von nicht mehr als zehn Jahren liegt. Der Veräußerungsgewinn ermittelt sich aus der Differenz zwischen dem Verkaufspreis einerseits und den Anschaffungs- bzw. Herstellungskosten sowie Werbungskosten andererseits. Für die Abfindung der Zugewinnausgleichsforderung wird der Wert zugrunde gelegt, den die Parteien bei der Verrechnung zugrunde gelegt haben und der sich aus dem notariellen Kaufvertrag ergibt. Zu berücksichtigen ist dabei, dass der Wert nicht erheblich unter dem allgemein anzusetzenden Verkehrswert der Immobilie liegt. Steuerfrei bleiben die Gewinne in Höhe von 600 € (ab dem 01.01.2009), wenn der Gesamtgewinn im Kalenderjahr diesen Betrag nicht übersteigt. Eine Verteilung der Versteuerung des privaten Veräußerungsgewinns wird durch die **Vereinbarung einer Ratenzahlung** erreicht.

20 Gemäß § 23 Abs. 1 Nr. 1 Satz 3 EStG liegt kein **Spekulationsgeschäft** vor, wenn das Objekt im Zeitraum zwischen Anschaffung und Veräußerung oder im Jahr der Veräußerung und in den beiden vorangegangenen Jahren ausschließlich zu **eigenen Wohnzwecken** genutzt wurde. Daher sollte auch im Falle einer Trennung zur Vermeidung der Annahme eines Spekulationsgeschäftes nach § 23 EStG an eine **unentgeltliche Übertragung** sowie die Nutzung zu eigenen Wohnzwecken gedacht werden. Bei einer unentgeltlichen Übertragung auf den übernehmenden Ehegatten entfällt eine Steuerpflicht. Dazu ist erforderlich, dass die Übertragung der Immobilie vor Entstehen des Zugewinnausgleichsanspruchs erfolgt, d.h. vor Beendigung des gesetzlichen Güterstandes.

21 Nach § 23 Abs. 1 Nr. 2 EStG a.F. sind Gewinne und Verluste aus privaten Wertpapiergeschäften steuerpflichtig, wenn zwischen Anschaffung und Veräußerung nicht mehr als ein Jahr liegt. Für nach dem 31.12.2008 angeschaffte Wertpapiere (bes. Ausnahme sog. DAX-Zertifikate u.a.) gilt § 20 Abs. 2 EStG: Die Veräußerung (oder dem gleichstehende Sachverhalte wie z.B. die verdeckte Einlage) führt unabhängig von der Behaltensdauer zu steuerpflichtigen Einnahmen aus Kapitalvermögen. § 23 EStG wurde demzufolge – im Wesentlichen – redaktionell angepasst.

---

[13] BFH v. 25.06.2003 - X R 72/98 - BStBl II 2003, 282, 282.
[14] BFH v. 11.12.2001 - VIII R 58/98 - BStBl II 2001, 183, 184.
[15] BMF v. 13.01.1993 - BStBl I 1993, 464, 464.

IV. Anteile an einer Kapitalgesellschaft bei wesentlicher Beteiligung

Die **Anteile an einer Kapitalgesellschaft**, welche im Privatvermögen gehalten werden, führen bei einer Übertragung an den anderen Ehegatten zu Einkünften aus Gewerbebetrieb gemäß § 17 EStG, wenn der übertragende Ehegatte innerhalb der letzten fünf Jahre am Kapital der Gesellschaft zu 1 v.H. unmittelbar oder mittelbar beteiligt war. Die Übertragung im Rahmen der Scheidung ist im Rahmen der **Vermögensauseinandersetzung** als entgeltlich anzusehen.

Dem übertragenden Ehegatten wird daran gelegen sein, dass der **Veräußerungspreis** so niedrig wie vertretbar angesetzt wird, damit der steuerpflichtige Veräußerungsgewinn niedrig ausfällt. Vorsicht ist geboten, da hier die Gefahr einer einvernehmlichen Manipulation besteht. Es muss deshalb immer bedacht werden, dass durch den Ansatz zu niedriger Anschaffungskosten beim ausgleichsberechtigten Ehegatten eine **latente Steuer** entsteht, die sich bei einer späteren Veräußerung nachteilig auswirkt (§§ 17, 23 EStG).

V. Übertragung von Wirtschaftsgütern des Betriebsvermögens

Bei der Übertragung von Gegenständen aus dem **Betriebsvermögen**, um der Erfüllungsverpflichtung aus dem Zugewinnausgleich nachzukommen, handelt es sich ebenfalls um entgeltliche Vorgänge (vgl. Rn. 12). Nach § 23 Abs. 1 Satz 2 EStG stellt die **Überführung in das Privatvermögen** eine Anschaffung dar und bleibt für einen Zeitraum von zehn Jahren steuerverhaftet. Der bei der Entnahme angesetzte Wert gemäß § 15 EStG, saldiert mit dem Wert aus dem sich später ergebenden Veräußerungserlös, ergibt den zu versteuernden Gewinn. In dieser Konstellation ist zu beachten, dass § 23 EStG nicht greift, wenn ein Ehegatte ein Gebäude, das er aus seinem Betriebsvermögen entnommen hat, auf den anderen Ehegatten überträgt, da es sich in diesem Fall um einen **entgeltlichen Vorgang** handelt.[16]

Gerade in dieser Konstellation, wo der Ehegatte zur Erfüllung der Zugewinnausgleichsforderung gezwungen ist, Wirtschaftsgüter aus seinem Betriebsvermögen zu veräußern, stellt sich zudem die Problematik der **Aufdeckung stiller Reserven**. Dann sollte immer geprüft werden, ob die stillen Reserven mit Verlustvorträgen gemäß § 10d EStG neutralisiert werden können. Ansonsten besteht die Möglichkeit, für den Veräußerungsgewinn eine **Rücklage** gemäß § 6b Abs. 3 EStG zu bilden. Die realisierten stillen Reserven werden dann zunächst nicht besteuert. Zu berücksichtigen ist in diesem Zusammenhang besonders die steuerliche Gestaltung. Stellt es sich als Entnahme dar, scheidet eine Anwendung des § 6b EStG aus. Wenn allerdings an den Ehegatten ohne vorangegangene Entnahme veräußert wird, ist die **Vergünstigung des** § 6b EStG zu gewähren. Die steuerliche Gestaltung muss deshalb dergestalt erfolgen, dass der ausgleichsverpflichtete Ehegatte an den ausgleichberechtigten Ehegatten zu einem angemessenen Kaufpreis veräußert und im Kaufvertrag vereinbart wird, dass der Kaufpreis durch Aufrechnung mit dem Zugewinnausgleichsanspruch erfüllt wird. Die Vereinbarung darf jedoch nicht in der Form erfolgen, dass die Übereignung zum Zwecke der Erfüllung des Zugewinnausgleichsanspruchs erfolgen soll. Eine Anwendbarkeit des § 6b EStG scheidet für diesen Fall aus.

Durch ein sog. **Übertragungsmodell** besteht eine weitere Möglichkeit, die Aufdeckung stiller Reserven zu vermeiden. Die stillen Reserven werden zwar versteuert, aber auf den Gewinn ist ein günstiger Steuersatz anzuwenden (§§ 16, 34 EStG).

VI. Begründung einer Gesellschaft mit dem anderen Ehegatten

Um die **Liquidität** eines Unternehmens zu schonen oder dem anderen Ehegatten eine eigene Einkunftsquelle zu verschaffen, um so die Minderung oder sogar den kompletten Wegfall von Unterhaltsansprüchen zu erreichen, kann die Begründung einer Personengesellschaft mit dem anderen Ehegatten oder aber die Aufnahme in eine bereits vorhandene Gesellschaft ein gutes Mittel sein. Hierdurch kann unter Umständen die ansonsten nach § 1371 BGB geschuldete Zahlung ersetzt werden. Voraussetzung hierfür ist jedoch, dass die Ehegatten auch nach der Scheidung einen gepflegten Umgang miteinander führen können. Anderenfalls ist von einer solchen steuerlichen Gestaltung abzuraten. Die möglichen Komplikationen und Konflikte sind ansonsten kaum absehbar.

Zu berücksichtigen ist auch, dass die **Begründung einer Personengesellschaft** mit dem anderen Ehegatten oder aber die **Übertragung eines Gesellschaftsanteils** steuerliche Konsequenzen hat. Es handelt sich um entgeltliche Vorgänge, so dass diese ertragsteuerliche Folgen mit sich bringen. Falls im Rahmen einer Scheidung der eine Ehegatte seinen **Mitunternehmeranteil** an den anderen Ehegatten veräußert, muss der entstehende Gewinn nach § 16 EStG versteuert werden. Neben der Möglichkeit

---

[16] BFH v. 25.06.2003 - X R 72/98 - BFHE 202, 514 = BStBl II 2003, 282, 282.

einer Ausschöpfung eines Freibetrags nach § 16 Abs. 4 EStG kommt die Anwendung eines günstigen Steuersatzes nach § 34 EStG in Betracht. Dies gilt jedoch nur für den Fall, dass alle wesentlichen Betriebsgrundlagen, insbesondere die des Sonderbetriebsvermögens, in einem Vorgang auf den anderen Ehegatten übertragen werden.

29 Bei Führung des Unternehmens als **Einzelunternehmen** ist die Begründung einer Personengesellschaft durch Aufnahme des anderen Ehegatten als Gesellschafter als Einbringung des vorhandenen Betriebs nach § 24 UmwStG zu behandeln. Gemäß § 24 UmwStG besteht ein Wahlrecht, die Buchwerte fortzuführen oder die stillen Reserven ganz oder teilweise aufzudecken. Bei Ansatz der Teilwerte wird der Freibetrag nach § 16 Abs. 4 EStG und der ermäßigte Steuersatz nach § 34 EStG gewährt.

30 Wird das Unternehmen als **Personengesellschaft** geführt, bestehen zwei Möglichkeiten. Dem anderen Ehegatten wird ein Mitunternehmeranteil übertragen, so dass der Aufgabegewinn gemäß §§ 15, 16, 34 EStG zu versteuern ist, oder die vorhandene Gesellschaft kann in eine mit dem aufzunehmenden Ehegatten neu zu gründende Gesellschaft eingebracht werden. In diesem Fall stellt sich jedoch dann die Umwandlungsteuerproblematik des § 24 UmwStG.

31 Ist das Unternehmen als **Kapitalgesellschaft** geführt worden, hat die Übertragung in diesem Fall die Erziehlung von Einkünften aus Gewerbebetrieb gemäß § 17 Abs. 1 Satz 1 EStG zur Folge, wenn der übertragende Ehegatte innerhalb der vorangegangenen fünf Jahre am Kapital der Gesellschaft zu mindestens 1% beteiligt war. Der Veräußerungspreis ergibt sich aus dem durch die Anteilsübertragung getilgten Teil der Zugewinnausgleichsverpflichtung. Die weitere Problematik wird unter Rn. 18 behandelt.

VII. Vermögensausgleich nach den Regeln der Auseinandersetzung der Ehegatteninnengesellschaft

1. Ausgangssituation

32 Eine einkommensteuerrechtliche Berücksichtigung kann nur dann stattfinden, wenn die Ehegatten zivilrechtlich ein Personengesellschaftsverhältnis vereinbart haben und dieses tatsächlich durchgeführt wird. Eine gesellschaftsrechtliche Auseinandersetzung kommt jedoch auch dann in Betracht, wenn die Ehegatten nicht nach außen hin als Gesellschaft in Erscheinung treten, aber zivilrechtlich die Voraussetzungen für die Bejahung einer sog. **Ehegatteninnengesellschaft** gegeben ist.

33 Dazu müssen die Ehegatten durch ihre beiderseitigen Leistungen einen über den typischen **Rahmen der ehelichen Lebensgemeinschaft** hinausgehenden Zweck verfolgen, indem sie durch Einsatz von Vermögenswerten und Arbeitsleistungen gemeinsam ein Vermögen aufbauen oder berufliche oder gewerbliche Tätigkeiten gemeinsam ausüben.[17] Diese Tätigkeit darf nicht nur von untergeordneter Bedeutung sein, sondern muss vielmehr eine gleich geordnete Zusammenarbeit beinhalten.

34 Davon abzugrenzen sind die sog. **ehebezogenen Zuwendungen**, welche zur Rückgewähr der Ansprüche wegen des Wegfalls der Geschäftsgrundlage führen können. Eine ehebezogene Zuwendung ist anzunehmen, wenn ein Ehegatte dem anderen einen Vermögenswert um der Ehe willen und als Beitrag zur Verwirklichung und Ausgestaltung, Erhaltung oder Sicherung der ehelichen Lebensgemeinschaft zukommen lässt. Um eine Ehegatteninnengesellschaft also anzunehmen, ist vielmehr darauf abzustellen, dass ein Ehegatte für die Gesellschaft einen nennenswerten und für den erstrebten Erfolg bedeutsamen Beitrag geleistet hat. Ein weiteres Indiz für die Annahme einer Ehegatteninnengesellschaft liegt in dem Zeitraum der gemeinsamen Arbeit und dem gemeinsam erwirtschafteten Vermögen.

2. Anspruch auf Auseinandersetzung bei Scheitern der Ehe

35 Im Falle einer wirksamen Vereinbarung einer Ehegatteninnengesellschaft steht dem ausgleichsberechtigten Ehegatten ein **Anspruch auf eine Geldzahlung** in Höhe des Wertes seiner Beteiligung an dem gemeinsam erworbenen Vermögen zu.

36 Die Höhe des Anspruchs ist abhängig vom Umfang des gemeinsam erwirtschafteten Vermögens und der Bewertung des gemeinsam erwirtschafteten Vermögens. Eine Differenzierung ist dahin gehend vorzunehmen, ob die Ehegatten die Gesellschaft von Anfang an gemeinsam aufgebaut haben oder aber der mitarbeitende Ehegatte in ein bereits bestehendes Unternehmen einsteigt.

37 Über den Wert des Gesellschaftsvermögens kann der ausgleichsberechtigte Ehegatte am Stichtag vom Inhaber **Auskunft und Rechnungslegung** verlangen. Sobald der Wert und der Bestand des Vermögens feststehen, ist die anteilmäßige Beteiligung der Eheleute zu klären.

---

[17] BGH v. 26.04.1995 - XII ZR 132/93 - FamRZ 1995, 1062, 1063.

Dabei ist ergänzend die Regelung des § 722 Abs. 1 BGB zu berücksichtigen, wonach jeder Gesellschafter grundsätzlich ohne Rücksicht auf Art und Größe seines Betrages einen gleich hohen Anteil hat.[18] Nimmt ein Gesellschafter mehr als die Hälfte für sich in Anspruch, ist dies nach den allgemeinen Grundsätzen des Beweisrechts darzulegen und zu beweisen. Ein Indiz dabei ist die Leistung unterschiedlich hoher Beiträge durch die Gesellschafter. 38

3. Steuerliche Beurteilung

Zunächst muss die **Ehegatteninnengesellschaft** alle Merkmale einer Gesellschaft aufweisen.[19] 39

Dies erfordert den Abschluss eines wirksamen Gesellschaftsvertrages, die Rechtsstellung eines Gesellschafters und die tatsächliche Durchführung. Dabei ist nicht von steuerlicher Bedeutung, dass die Gesellschaft nach außen hin nicht in Erscheinung tritt. 40

Für die Finanzverwaltung ist dabei von großer Wichtigkeit, dass die Innengesellschaft den Pflichten einer **ordnungsgemäßen buchhalterischen Behandlung** nachkommt. 41

Wird ein Ausgleichsanspruch nur bei Beendigung der Ehe gewährt, sind diese Ausgleichsansprüche ohne steuerliche Bedeutung, da sie während der Ehe keine Wirkung haben. Es fehlt dann an der „Einkunftsquelle" des Innengesellschafters. 42

Ob und in welchem Umfang der andere Ehegatte bei Beendigung der Innengesellschaft an den steuerlichen Vorteilen, die dem Partner aus der gemeinsamen Veranlagung erwachsen, beteiligt wird, richtet sich danach, welcher Partei welche wirtschaftlichen Vorteile aus dem von beiden Parteien praktizierten steuerlichen Modell bereits zugeflossen sind, sowie danach, in welchem Verhältnis den Parteien dieser Vorteil unter Berücksichtigung ihres **wirtschaftlichen Einsatzes** für die Innengesellschaft nach treuem Glauben gebührt. 43

Die Rechtsprechung räumt der Ehegatteninnengesellschaft den Vorrang vor der Rechtsfigur der **unbenannten Zuwendung** ein.[20] Für das Vorliegen einer Ehegatteninnengesellschaft können etwa Abreden über die **Ergebnisverwendung**, insbesondere über die Wiederanlage erzielter Erlöse unter Einbeziehung des dinglich nicht berechtigten Ehegatten, die Erfolgs- und Verlustbeteiligung des anderen Ehegatten, eine Entnahme des Nichteigentümer-Ehegatten Indizien sein.[21] Der Güterstand soll hingegen kein Indiz darstellen. Maßgeblich ist vielmehr das planvolle zielstrebige Zusammenwirken, um erhebliche Vermögenswerte anzuschaffen. 44

---

[18] BGH v. 09.10.1974 - IV ZR 164/73 - FamRZ 1975, 35, 38.
[19] BGH v. 08.04.1987 - IVb ZR 43/86 - NJW-RR 1988, 260.
[20] BGH v. 26.04.1995 - XII ZR 132/93 - FamRZ 1999, 1508, 1508 ff.
[21] BGH v. 28.05.1962 - VI ZR 228/61 - FamRZ 1962, 357, 357; OLG Celle v. 12.03.1999 - 184 14/95 - NZG 1999, 650, 650.

§ 1372 BGB Zugewinnausgleich in anderen Fällen

(Fassung vom 02.01.2002, gültig ab 01.01.2002)

Wird der Güterstand auf andere Weise als durch den Tod eines Ehegatten beendet, so wird der Zugewinn nach den Vorschriften der §§ 1373 bis 1390 ausgeglichen.

Gliederung

A. Grundlagen 1
B. Anwendungsvoraussetzungen 2
C. Anwendungsfelder 4
   I. Gesamtschuldnerische Haftung der Eheleute 4
   II. Ehebedingte (unbenannte) Zuwendungen 6

A. Grundlagen

1 Die Vorschrift grenzt den erbrechtlichen Zugewinnausgleich vom güterrechtlichen ab. Wird die Ehe nicht durch den Tod eines Ehegatten beendet, bestimmt sich der Zugewinnausgleich nach den §§ 1373-1390 BGB.

B. Anwendungsvoraussetzungen

2 Auf andere Weise als durch den Tod eines Ehegatten wird der Güterstand durch richterlichen Akt der **rechtskräftigen Scheidung** und der **Eheaufhebung** beendet. Ohne Auswirkung auf das Bestehen der Ehe wird der Güterstand beendet durch **rechtskräftigen Beschluss auf vorzeitige Aufhebung der Zugewinngemeinschaft** (§ 1388 BGB) oder durch **Vereinbarung der Eheleute**, etwa die ehevertragliche Aufhebung oder den Ausschluss des Zugewinn- oder Versorgungsausgleiches (§ 1414 Satz 2 BGB). Bei gleichzeitigem Tod der Ehegatten findet kein Zugewinnausgleich statt.

3 Die **Abgrenzung zum Versorgungsausgleich** nimmt § 1587 Abs. 3 BGB i.V.m. § 1587a Abs. 2 BGB vor. Nicht dem Zugewinnausgleich unterliegen Haushaltsgegenstände, die in gemeinschaftlichem Eigentum der Ehegatten stehen und nach § 1568b BGB zugeteilt werden.

C. Anwendungsfelder

I. Gesamtschuldnerische Haftung der Eheleute

4 Häufig ergeben sich in der Praxis Probleme aus einer gesamtschuldnerischen Verpflichtung der Ehegatten. Gemeinsame Verpflichtungen können auf § 1357 BGB beruhen oder auf der üblichen Praxis der Kreditinstitute, bei Darlehen an einen Ehegatten auch den anderen mit zu verpflichten. Die daraus resultierenden Verbindlichkeiten sind **grundsätzlich von beiden als Gesamtschuldner** zu begleichen. Unabhängig vom Zugewinnausgleich kommt dann ein Gesamtschuldnerausgleich des einen Ehegatten gegen den anderen in Betracht. Der Zugewinnausgleich verdrängt diesen nicht.[1] Im **Innenverhältnis** kann eine vom Grundsatz hälftiger Haftung abweichende Quote beziehungsweise die Alleinhaftung eines Ehegatten bestimmt sein (§ 426 Abs. 1 Satz 1 BGB); maßgeblich ist die konkrete Gestaltung des ehelichen Verhältnisses, aus dem auf eine entsprechende konkludente Vereinbarung geschlossen werden kann. Dies ist insbesondere dann anzunehmen, wenn nur ein Ehegatte berufstätig ist und auch im Übrigen die finanziellen Lasten der ehelichen Lebensgemeinschaft alleine trägt.[2] Der Ausgleichsanspruch aus § 426 BGB ist im Rahmen des Zugewinnausgleichs als Aktivum zu berücksichtigen; wie jeder Anspruch allerdings nur dann, wenn er gegenüber dem Ehegatten realisierbar ist. Die hierzu erforderliche (künftige) finanzielle Leistungsfähigkeit des den Ausgleich schuldenden Ehegatten kann sich auch aus dessen Zugewinnausgleichsforderung ergeben.[3]

---

[1] BGH v. 17.05.1983 - IX ZR 14/82 - BGHZ 87, 265-274; BGH v. 05.10.1988 - IVb ZR 52/87 - NJW-RR 1989, 66-68; zur Berechnung BGH v. 30.11.1994 - XII ZR 59/93 - LM BGB § 426 Nr. 98 (4/1995).

[2] BGH v. 17.05.1983 - IX ZR 14/82 - BGHZ 87, 265-274; BGH v. 20.03.2002 - XII ZR 176/00 - LM BGB § 426 Nr. 107 (9/2002); BGH v. 11.05.2005 - XII ZR 289/02 - NJW 2005, 2307-2309; BGH v. 09.01.2008 - XII ZR 184/05 - NJW 2008, 849-851.

[3] BGH v. 06.10.2010 - XII ZR 10/09 - FamRZ 2011, 25-28, 25.

Nach der Trennung der Ehegatten ist allerdings **grundsätzlich von einer hälftigen Teilung der Schulden** auszugehen,[4] so z.B. bei der Aufnahme eines Darlehens für die Anschaffung von Haushaltsgegenständen. **Sonst** kann die Haftung danach bestimmt werden, in wessen Eigentum die Gegenstände stehen, bei Miteigentum **nach dem jeweiligen Miteigentumsanteil**. Darüber hinaus ist bei der Auslegung zu berücksichtigen, in wessen Interesse die Verbindlichkeit eingegangen wurde; so wäre bei einem Darlehen für eine Eigentumswohnung, die einer der beiden Ehegatten bewohnt, der Nutzungswert der Wohnung heranzuziehen.[5] Stellt ein Ehegatte die Verbindlichkeit in voller Höhe in sein Endvermögen ein, so wird dadurch die Quotelung bestimmt.[6] Für Ausgaben, die ein Ehegatte bestritten hat, um die Kosten der allgemeinen Lebensführung zu bestreiten, findet im Zweifel kein Gesamtschuldnerausgleich statt; dies ergibt sich schon aus § 1360b BGB.[7]

II. Ehebedingte (unbenannte) Zuwendungen

Ein großes Problem werfen in der Praxis Zuwendungen des einen an den anderen Ehegatten auf, die später nach Scheitern der Beziehung (Trennung oder Scheidung) zurückgefordert werden. Dabei kann es sich um größere Geldbeträge handeln, um die Übertragung eines Grundstücks, die Mitarbeit im Geschäft des anderen (die über die Unterhaltspflicht hinausgeht) oder um Arbeitsleistungen zum Bau eines Eigenheimes. Zwar bedeutet die Arbeitsleistung keine Übertragung von Vermögenssubstanz, doch stellt sie eine wirtschaftliche Leistung dar, die grundsätzlich auch für eine Rückabwicklung in Betracht kommt.[8] Die ganz **h.M.** sieht solche **Zuwendungen nicht als Schenkungen** an, weil ihnen ein Rechtsgrund eigener Art zugrunde liege. Grund der Zuwendung sei die Ausgestaltung, Sicherung oder Erhaltung der ehelichen Lebensgemeinschaft; der Zuwendende wolle die gemeinsame Lebensführung mit dem Partner fördern und gehe davon aus, dass die Ehe Bestand haben werde. Dies bilde die Geschäftsgrundlage des Rechtsgeschäfts, die spätestens mit der Scheidung der Ehe jedoch entfallen sei. Das Versprechen einer Geldzahlung in einer vor beabsichtigter Scheidung getroffenen Scheidungsfolgenvereinbarung nach vorheriger Aufhebung des gesetzlichen Güterstands ist allerdings nicht als ehebedingte Zuwendung zu qualifizieren, weil die versprochene Schenkung vor dem Hintergrund einer Scheidung und damit nicht um der Ehe willen erfolgt.[9]

Die Rückforderung der Zuwendung im Weg der **Leistungskondiktion ist nicht möglich**, weil die ehebedingte Zuwendung einen Rechtsgrund darstellt. Die **Zweckverfehlungskondiktion scheidet** nach früherer Rechtsprechung **aus**, weil der unmittelbare Zweck (Bau des Hauses, Unterstützung des Geschäftes des anderen) jeweils erreicht wurde,[10] soll aber nach neueren Entscheidungen zumindest denkbar sein[11], weil der Zweck auch weitergehend verstanden werden kann (gemeinsames Wohnen in der angeschafften Immobilie). Allerdings kommt theoretisch überdies eine Rückforderung nach den in § 313 BGB kodifizierten Grundsätzen der **Störung der Geschäftsgrundlage** in Betracht. Jedoch verlangt die Rechtsprechung insofern, dass die Aufrechterhaltung der Zuwendung für den Zuwendenden unzumutbar sein müsse. Im gesetzlichen Güterstand fehle es daran regelmäßig, weil der Zugewinnausgleich zumeist zu einem gerechten Ergebnis führe; daneben sei kein Platz für einen Wegfall der Geschäftsgrundlage aus Billigkeitserwägungen.[12] Lediglich in ganz seltenen Ausnahmefällen, in denen die Beschränkung auf den Zugewinnausgleich für die betroffene Person unzumutbar ist, kann eine Rückabwicklung aus diesem Gesichtspunkt erfolgen.[13] Raum für § 313 BGB kann dagegen ggf. sein, wenn die Ehe durch den unvorhergesehenen Tod des Zuwendungsempfängers beendet wurde und der Überlebende nicht Erbe oder Vermächtnisnehmer wird.[14] Bei vereinbarter Gütertrennung kommt das Rechtsinstitut ohne Einschränkung zur Anwendung.

---

[4] BGH v. 30.11.1994 - XII ZR 59/93 - LM BGB § 426 Nr. 98 (4/1995).
[5] BGH v. 13.01.1993 - XII ZR 212/90 - LM BGB § 426 Nr. 95 (7/1993).
[6] OLG Hamm v. 24.09.1996 - 29 W 104/96 - NJW-RR 1997, 262-263.
[7] OLG Oldenburg v. 28.06.2005 - 12 UF 22/05 - FamRZ 2006, 267-268.
[8] BGH v. 13.07.1994 - XII ZR 1/93 - BGHZ 127, 48-57.
[9] OLG Schleswig v. 04.10.2006 - 15 UF 50/06 - FamRB 2007, 97.
[10] A.A. Büte, FuR 2005, 544-548.
[11] BGH v. 06.07.2011 - XII ZR 190/08 - NJW 2011, 2880.
[12] BGH v. 30.06.1999 - XII ZR 230/96 - BGHZ 142, 137-157; BGH v. 28.11.2001 - XII ZR 173/99 - FPR 2002, 408-409.
[13] BGH v. 22.04.1982 - IX ZR 35/81 - WM 1982, 697-698; BGH v. 12.04.1995 - XII ZR 58/94 - BGHZ 129, 259-267.
[14] BGH v. 14.04.1976 - IV ZR 237/74 - LM Nr. 4 zu § 1371 BGB.

§ 1372

8 In den Fällen, in denen eine Rückforderung über § 313 BGB im gesetzlichen Güterstand als zulässig erachtet wird, ist diese Verpflichtung im Zugewinnausgleich als Aktiv- bzw. Passivposten im Endvermögen der Ehegatten zu berücksichtigen. Die Geschäftsgrundlage, der Fortbestand der Ehe, entfällt mit der endgültigen Trennung der Ehegatten, so dass ein Rückabwicklungsanspruch vor dem für die Berechnung des Endvermögens maßgebenden Stichtag (§ 1384 BGB) entsteht.[15]

9 Die dargestellten Grundsätze galten früher auch für unentgeltliche Zuwendungen seitens der **Schwiegereltern** an den Schwiegersohn oder die Schwiegertochter.[16] An dieser Rechtsprechung hält der **BGH** nach seiner **Grundsatzentscheidung v. 04.02.2010** nicht mehr fest.[17] Schwiegerelterliche Leistungen seien als **Schenkungen** zu qualifizieren. Die Übertragung an das Schwiegerkind erfolge in dem Bewusstsein, künftig an dem Gegenstand nicht mehr selbst zu partizipieren. Geschäftsgrundlage solcher Schenkungen sei regelmäßig der Fortbestand der Ehe zwischen Schwiegerkind und eigenem Kind und dass letzteres in den fortdauernden Genuss der Schenkung komme. Mit dem Scheitern der Ehe entfalle die Geschäftsgrundlage, so dass eine jedenfalls teilweise **Rückabwicklung in Betracht komme, auch wenn die Ehegatten in Zugewinngemeinschaft gelebt haben**. Ob und in welcher Höhe ein Rückforderungsanspruch infolge des Scheiterns der Ehe entsteht, ist durch Billigkeitsabwägung nach den Regeln über die Störung der Geschäftsgrundlage zu ermitteln, in deren Rahmen lediglich dem Umstand, dass die Eheleute im gesetzlichen Güterstand der Zugewinngemeinschaft leben, keine Bedeutung mehr zukommt.[18] Der Rückforderungsanspruch der Schwiegereltern kann sich daneben auch aus § 812 Abs. 1 Satz 2 Alt. 2 BGB ergeben. Ein solcher Anspruch wird vom BGH im Falle einer schwiegerelterlichen Schenkung nunmehr grundsätzlich für möglich gehalten,[19] unterliegt aber den hohen tatbestandlichen Voraussetzungen der Zweckverfehlungskondiktion (Zweckvereinbarung).

10 Schenkungsgegenstand und Rückforderungsanspruch sind sowohl im End- als auch im Anfangsvermögen des Schwiegerkindes zu berücksichtigen (vgl. die Kommentierung zu § 1374 BGB), so dass die Schenkung im Zugewinnausgleichsverfahren und damit im Verhältnis der Ehegatten untereinander regelmäßig vollständig unberücksichtigt bleibt.[20] Entsteht der Rückforderungsanspruch nicht oder nur teilweise, verbleibt die Schenkung insoweit auch nach erfolgtem Zugewinnausgleich wirtschaftlich beim Schwiegerkind. Während der Ausschluss eines Rückforderungsanspruchs nach ehemaliger BGH-Rechtsprechung bei im gesetzlichen Güterstand lebenden Ehegatten aufgrund der dann vorzunehmenden Berücksichtigung im Zugewinnausgleich regelmäßig zu einem hälftigem Verbleib beim Beschenkten führte, hängt das wirtschaftliche Ergebnis nunmehr ausschließlich von der Höhe des Rückforderungsanspruchs ab.

11 Die **Zuwendungen** von Eltern **an ihr eigenes Kind** werden als Schenkungen eingeordnet und verbleiben dem Kind in voller Höhe auch im gesetzlichen Güterstand, da sie einen privilegierten Erwerb darstellen. Derartige Zuwendungen werden im Verhältnis zum leiblichen Kind in der Regel aufgrund persönlicher Beziehung gemacht werden und nicht vorrangig zwecks Förderung der Ehe. Das OLG Nürnberg hat die Überlassung eines Grundstückes durch die Eltern allerdings auch im Verhältnis zum eigenen Sohn als ehebedingte Zuwendung eingeordnet.[21]

---

[15] BGH v. 28.02.2007 - XII ZR 156/04 - FamRZ 2007, 877.
[16] BGH v. 08.11.2002 - V ZR 398/01 - NJW 2003, 510.
[17] BGH v. 04.02.2010 - XII ZR 189/06 - BGHZ 184, 190-209; BGH v. 21.07.2010 - XII ZR 180/09 - FamRZ 2010, 1626-1629.
[18] BGH v. 04.02.2010 - XII ZR 189/06 - BGHZ 184, 190-209, 204.
[19] BGH v. 04.02.2010 - XII ZR 189/06 - BGHZ 184, 190-209, 204 f.; BGH v. 21.07.2010 - XII ZR 180/09 - FamRZ 2010, 1626-1629, 1628 f.
[20] BGH v. 04.02.2010 - XII ZR 189/06 - BGHZ 184, 190-209, 203.
[21] OLG Nürnberg v. 02.06.2005 - 11 UF 14/05 - FamRZ 2006, 38-40 m. Anm. *Schröder*, FamRZ 2006, 40.

§ 1373 BGB Zugewinn

(Fassung vom 02.01.2002, gültig ab 01.01.2002)

Zugewinn ist der Betrag, um den das Endvermögen eines Ehegatten das Anfangsvermögen übersteigt.

Die Vorschrift ist **Legaldefinition** und verdeutlicht, dass der Zugewinn lediglich ein Betrag, d.h. eine Rechengröße ist, die sich aus dem Vergleich des zu Beginn des Güterstandes vorhandenen Vermögens mit demjenigen bei Beendigung des Güterstandes ergibt. Er ist jedoch keine rechtlich selbständige Vermögensmasse. Da es sich um eine reine Differenzrechnung handelt, spielt es keine Rolle, worauf der Zugewinn beruht, mit welchen Mitteln er erzielt wurde oder ob der andere Ehegatte mittelbar dazu beigetragen hat. Ein Zugewinn liegt nur dann vor, wenn das Endvermögen das Anfangsvermögen übersteigt, so dass ein während der Ehe erlittener Verlust (**„negativer Zugewinn"**) bei der Ausgleichsberechnung **nicht zu berücksichtigen** ist (Kommentierung zu § 1378 BGB). 1

Der Regelungsgehalt der Norm ist eher gering, denn die Berechnung des konkreten Zugewinnes eines Ehegatten ist nur unter Hinzuziehung der Begriffsbestimmungen und Bewertungsregeln der §§ 1374-1376 BGB möglich. 2

§ 1374 BGB Anfangsvermögen

(Fassung vom 06.07.2009, gültig ab 01.09.2009)

(1) Anfangsvermögen ist das Vermögen, das einem Ehegatten nach Abzug der Verbindlichkeiten beim Eintritt des Güterstands gehört.

(2) Vermögen, das ein Ehegatte nach Eintritt des Güterstands von Todes wegen oder mit Rücksicht auf ein künftiges Erbrecht, durch Schenkung oder als Ausstattung erwirbt, wird nach Abzug der Verbindlichkeiten dem Anfangsvermögen hinzugerechnet, soweit es nicht den Umständen nach zu den Einkünften zu rechnen ist.

(3) Verbindlichkeiten sind über die Höhe des Vermögens hinaus abzuziehen.

Gliederung

A. Grundlagen 1	1. Grundlagen 14
B. Anwendungsvoraussetzungen 3	2. Erwerb von Todes wegen 15
I. Absatz 1 3	3. Schenkungen 20
1. Vermögen 4	4. Ausstattung 27
2. Aktiva 5	5. Entsprechende Anwendung 28
3. Passiva 10	C. Rechtsfolge 29
II. Absatz 2 14	

A. Grundlagen

1 Absatz 1 der Vorschrift bestimmt den Zeitpunkt für die erste Einstellgröße der Zugewinnberechnung, das **Anfangsvermögen**, und legt ihn auf den Eintritt des Güterstandes fest.

2 Regelmäßig ist der Eintritt des Güterstandes der Zeitpunkt der Eheschließung, es kann jedoch in der Form des Ehevertrages davon abgewichen und sogar ein Stichtag vor der Eheschließung bestimmt werden. An einen Zeitpunkt vor der Eheschließung ist insbesondere dann zu denken, wenn ihr bereits eine längere Zeit des Zusammenlebens und gemeinsamen Wirtschaftens in einer nichtehelichen Lebensgemeinschaft vorausgegangen ist. Wird zunächst Gütertrennung vereinbart und diese später aufgehoben, so ist dieser Stichtag maßgeblich.

B. Anwendungsvoraussetzungen

I. Absatz 1

3 Das Anfangsvermögen ist keine eigenständige Vermögensmasse, sondern lediglich eine **Rechengröße**.

1. Vermögen

4 Der Vermögensbegriff des Güterrechtes ist gesetzlich nicht definiert. Anfangsvermögen im Sinne des § 1374 Abs. 1 BGB ist das beim Eintritt in den Güterstand vorhandene **Nettovermögen**, d.h. von den Aktiva sind die Verbindlichkeiten abzuziehen. Nachdem § 1374 Abs. 1 HS 2 BGB zum 01.09.2009 gestrichen wurde,[1] sind Verbindlichkeiten über die Höhe des Aktivvermögens hinaus abzuziehen. Dass somit ein negatives Anfangsvermögen zu berücksichtigen sein kann, stellt der neu eingefügte Absatz 3 ausdrücklich klar. Dem Ausgleich unterliegt damit nunmehr auch der Zugewinn, der durch die Tilgung vorehelicher Schulden entstanden ist.

2. Aktiva

5 Zum **aktiven Vermögen** zählen alle dem Ehegatten am Stichtag zustehenden rechtlich geschützten Positionen mit wirtschaftlichem Wert,[2] insbesondere also auch **Anwartschaften**, sofern sie bereits über die Position einer bloßen Erwerbsaussicht hinausgewachsen sind; das gilt etwa für eine **Abfindung**, die vor der Eheschließung zugesagt, danach aber erst festgesetzt wurde.[3] Das Anwartschaftsrecht des

---

[1] BGBl I 2009, Nr. 39, 1696.
[2] BGH v. 31.10.2001 - XII ZR 292/99 - LM BGB § 1374 Nr. 22 (3/2002).
[3] BGH v. 15.11.2000 - XII ZR 197/98 - BGHZ 146, 64-74.

Nacherben gehört zum Anfangsvermögen, wenn der Nacherbfall während der Ehe eingetreten ist. Besteht die Nacherbschaft am Endstichtag noch, wird sie nicht berücksichtigt. Forderungen sind auch dann zu berücksichtigen, wenn sie noch nicht fällig sind und/oder sich gegen den Ehegatten richten.[4] Auf die Vererblichkeit kommt es ebenfalls nicht an.[5]

Restitutionsansprüche fallen unter das Anfangsvermögen nur dann, wenn sie objektiv bewertbar sind und bei Eintritt in den Güterstand bereits bestanden haben, d.h. frühestens mit dem Inkrafttreten des Vermögensgesetzes am 20.09.1990[6] (dazu auch Rn. 16).

Wird ein Grundstück unter Vorbehalt des **Nießbrauches** (oder eines Altenteils) übertragen,[7] erfolgt der Vermögenserwerb langsam, indem das Grundstück wertvoller wird, weil der Wert des Nießbrauches sinkt. Wird im Zusammenhang mit einer Zuwendung, die unter § 1374 Abs. 2 BGB fällt, ein Wohnrecht übernommen, so ist dieses fortan bei der Ermittlung des Anfangs- und, wenn das Wohnrecht fortbesteht, auch des Endvermögens mit seinem jeweils aktuellen Wert wertmindernd zu berücksichtigen. Um den gleitenden Erwerbsvorgang zu erfassen und vom Ausgleich ausnehmen zu können, ist der fortlaufende Wertzuwachs der Zuwendung aufgrund des abnehmenden Werts des Wohnrechts auch für den dazwischen liegenden Zeitraum bzw. für die Zeit zwischen dem Erwerb des Grundstücks und dem Erlöschen des Wohnrechts zu bewerten und dem Anfangsvermögen zuzurechnen.[8]

Nicht zum Anfangsvermögen zählen Ansprüche auf künftig fällig werdende wiederkehrende Einzelleistungen, da sie keinen gegenwärtigen Vermögenswert darstellen, sondern künftiges Einkommen hervorbringen und sichern sollen, z.B. Arbeitsentgelt, Besoldung, Unterhalt,[9] und Anwartschaften aus gesetzlicher Renten- oder Unfallversicherung.[10] Andererseits sind aber zum Stichtag bestehende Rückstände oder angesparte Einkünfte zum Vermögen zu zählen.[11] Zur Bewertung von Unternehmen vgl. die Kommentierung zu § 1376 BGB.

In gemeinschaftlichem Eigentum der Ehegatten stehende Haushaltsgegenstände, die nach § 1568b BGB verteilt werden, unterfallen nicht dem Zugewinnausgleich. .Zur Berücksichtigung von Verbindlichkeiten im Zugewinnausgleich, die bei dem Erwerb von Haushaltsgegenständen entstanden sind vgl. die Kommentierung zu § 1372 BGB Rn. 5.[12] Im Falle der güterrechtlichen Auseinandersetzung von Ehegatten, die bereits vor der Wiedervereinigung in der ehemaligen DDR miteinander verheiratet waren, aber nach dem Beitritt geschieden werden, ist Vortrag auch zu § 39 FGB/DDR und/oder § 40 FGB/DDR erforderlich. Die Gegenstände dieser beiden selbständigen, mit dem Zugewinnausgleichsanspruch aus § 1378 BGB nicht identischen Ansprüche zählen mit der Überleitung des alten in den neuen Güterstand zum Anfangsvermögen.[13]

3. Passiva

Auch bei den Verbindlichkeiten kommt es für die Berücksichtigungsfähigkeit nicht auf die Fälligkeit an, es genügt, dass sie am Stichtag bereits entstanden sind. Korrespondierend zur Behandlung der Aktiva sind auch hier laufende Verbindlichkeiten aus Dauerschuldverhältnissen ausgenommen. Etwas anderes gilt jedoch für Ratenkredite.

---

[4] BGH v. 15.11.2000 - XII ZR 197/98 - BGHZ 146, 64-74; BGH v. 31.10.2001 - XII ZR 292/99 - LM BGB § 1374 Nr. 22 (3/2002).
[5] BGH v. 01.10.1986 - IVb ZR 69/85 - LM Nr. 9 zu § 1376 BGB; BGH v. 15.11.2000 - XII ZR 197/98 - BGHZ 146, 64-74; BGH v. 31.10.2001 - XII ZR 292/99 - LM BGB § 1374 Nr. 22 (3/2002).
[6] BGH v. 28.01.2004 - XII ZR 221/01; bestätigt durch BGH v. 20.06.2007 - XII ZR 32/05 - FamRZ 2004, 781-784.
[7] *Kogel*, FamRZ 2006, 451-453 und BGHReport 2006, 29-31.
[8] BGH v. 07.09.2005 - XII ZR 209/02 - BGHZ 164, 69 für ein Leibrentenversprechen; BGH v. 22.11.2006 - XII ZR 8/05 FamRZ 2007, 978 für ein Wohnrecht; zu der Berücksichtigung von Wertsteigerungen im Zugewinnausgleich *Battes*, FamRZ 2007, 313-321. Das OLG Brandenburg hat auf die – einfachere – Berechnung der früheren BGH-Rechtsprechung zurückgegriffen, v. 10.05.2007 - 9 UF 123/06.
[9] BGH v. 14.01.1981 - IVb ZR 525/80 - LM Nr. 5 zu § 1374 BGB.
[10] BGH v. 29.10.1981 - IX ZR 86/80 - BGHZ 82, 149-151.
[11] BGH v. 14.01.1981 - IVb ZR 525/80 - LM Nr. 5 zu § 1374 BGB.
[12] BGH v. 23.04.1986 - IVb ZR 2/85 - NJW-RR 1986, 1325-1326.
[13] OLG Naumburg v. 23.04.2003 - 3 WF 54/03 - OLG-NL 2004, 110; ebenso BGH v. 05.06.2002 - XII ZR 194/00 - MDR 2002, 1068-1069; dazu auch *Lang*, FF 2006, 29-33.

11 Abzuziehen sind auch bedingte oder betagte Ansprüche.[14] Steuerschulden können erst dann berücksichtigt werden, wenn der Tatbestand der Leistungspflicht voll verwirklicht ist, regelmäßig bei Einkommensteuerschulden also mit Ablauf des Veranlagungszeitraumes (§ 38 AO; § 36 Abs. 1 EStG Kalenderjahr, bzw. unterjährig § 37 EStG bei Steuervorauszahlungspflicht).

12 Ist das Anfangsvermögen eines Ehegatten überschuldet, wird der negative Wert in die Berechnung eingestellt. Konsequenz dieser seit dem 01.09.2009 geltenden Rechtslage ist, dass Schuldenabbau während der Ehe Zugewinn darstellt. Somit ist der Ehegatte, der bei identischem Zuerwerb schuldenfrei den Güterstand begründet hatte, dem anfangs Verschuldeten nicht mehr zum Ausgleich verpflichtet. Dieses Ergebnis erscheint vor dem Hintergrund, dass die Befreiung von einer Verbindlichkeit anerkanntermaßen einen vermögenswerten Vorteil darstellt, sachgerecht.

13 Beruft sich ein Ehegatte auf das negative Anfangsvermögen des anderen, so muss er allerdings die Vermutung des § 1377 Abs. 3 BGB widerlegen.[15]

II. Absatz 2

1. Grundlagen

14 Absatz 2 enthält eine einseitig privilegierende Fiktion. Er zählt einige Erwerbsvorgänge auf, die mit dem Grundgedanken der Zugewinngemeinschaft nichts zu tun haben und aus diesem Grund dem Ausgleich entzogen sein sollen, auch wenn sie dem Begünstigten erst nach dem Eintritt in den Güterstand zugeflossen sind. Ihnen ist gemeinsam, dass sie typischerweise nicht auf einer gemeinsamen gewinnbringenden Verwertung oder eines gemeinsamen Lebensplanes, sondern auf einseitigen, persönlichen Beziehungen eines Ehegatten beruhen. Die Darlegungs- und Beweislast eines zugewinnschmälernden privilegierten Erwerbs trifft denjenigen, der sich darauf beruft.[16] Weil Verbindlichkeiten über die Höhe des Vermögens hinaus abzuziehen sind (Absatz 3), ist über Absatz 2 nicht nur ein positiver, sondern auch ein insgesamt negativer **„Hinzuerwerb"** – etwa die Annahme einer überschuldeten Erbschaft – berücksichtigungsfähig.[17] In solchen Fällen ist der Negativsaldo vom nach Absatz 1 ermittelten Anfangsvermögen in Abzug zu bringen.

2. Erwerb von Todes wegen

15 Unter diesen Privilegierungstatbestand fallen gesetzliche und gewillkürte Erbfolge, Vermächtnisse, Auflagen und Pflichtteilsansprüche (einschließlich Pflichtteilsergänzungsansprüche). Teilweise wird auch die Lebensversicherungssumme, die einem Ehegatten als Begünstigtem zufällt, mit Rücksicht auf die §§ 330, 331 BGB hierunter subsumiert.[18] Das ist nicht unproblematisch, weil der Zuwendung unterschiedliche Abreden zugrunde liegen können.

16 Hat ein Ehegatte während der Ehe einen Anspruch auf **Rückübertragung** eines Grundstücks nach dem **Vermögensgesetz** erworben, weil das Grundstück vor der Eheschließung enteignet worden ist, so fällt dieser Anspruch nicht in das Anfangsvermögen.[19] Von Todes wegen erworben und damit privilegiert soll nach Ansicht des OLG Düsseldorf ein ererbtes Grundstück sein, das vor dem Tod des Erblassers entschädigungslos enteignet wurde, wenn es nach In-Kraft-Treten des Vermögensgesetzes dem erbberechtigten Ehegatten unmittelbar rückübertragen wurde.[20] Es soll für die Anwendung des § 1374 Abs. 2 BGB genügen, dass die eingeräumte Rechtsposition gemäß § 3 VermG auf der Erbenstellung beruht und somit originäre Voraussetzung für den Erwerbsvorgang war. Der BGH hat in diesem Fall die Privilegierung gem. § 1374 Abs. 2 BGB versagt, wenn die Enteignung vor dem Erbfall erfolgt ist. Der Ehegatte habe keine Rechtsposition, nicht einmal ein Anwartschaftsrecht geerbt. Der sich (später) aus dem Vermögensgesetz ergebende Rückübertragungsanspruch entsteht nach Ansicht des BGH un-

---

[14] BGH v. 23.10.1985 - IVb ZR 62/84 - LM Nr. 12 zu § 1375 BGB; BGH v. 24.10.1990 - XII ZR 101/89 - LM Nr. 13 zu BGB § 1375.

[15] *Brudermüller*, FamRZ 2009, 1186; *Jaeger* in: Johannsen/Henrich, FamR, § 1374 Rn. 18.

[16] BGH v. 20.07.2005 - XII ZR 301/02 - FamRZ 2005, 1660-1662.

[17] *Jaeger* in: Johannsen/Henrich, FamR, § 1374 Rn. 38; *Budzikiewicz* in: Erman, § 1374 Rn. 5.

[18] OLG Hamm v. 30.11.1993 - 3 UF 105/93 - FamRZ 1994, 1255-1256.

[19] BGH v. 28.01.2004 - XII ZR 221/01 - FamRZ 2004, 781-785.

[20] OLG Düsseldorf v. 06.01.2005 - II-4 UF 156/04 - FamRZ 2005, 1835-1837; Abgrenzung zu BGH v. 28.01.2004 - XII ZR 221/01 - FamRZ 2004, 781-785.

mittelbar und originär in der Person des Ausgleichspflichtigen. Er ist also nicht zunächst rückwirkend in der Person der verstorbenen Erblasser begründet worden und erst dann auf den Ausgleichspflichtigen übergegangen.[21]

Die mit Rücksicht auf ein künftiges Erbrecht erfolgte unentgeltliche Zuwendung eines Miteigentumsanteils an einem Grundstück der Eltern ist als privilegierter Erwerb hingegen dem Anfangsvermögen des Zuwendungsempfängers hinzuzurechnen.[22]

17

Die Privilegierung setzt voraus, dass dem Erwerb keine bzw. keine gleichwertige Gegenleistung gegenübersteht und er eine Verfügung von Todes wegen ersetzen soll.[23] Darunter fallen zum Beispiel die vorweggenommene Erbfolge, Abfindungen, eventuell auch Unternehmensübertragungen oder die Übereignung eines Hausgrundstückes unter Vorbehalt eines lebenslänglichen Nießbrauches (vgl. Rn. 7) oder Leibgedinges.[24]

18

Zuwendungen unter Ehegatten, fallen trotz des insoweit offenen Wortlautes des § 1374 Abs. 2 BGB auch dann nicht unter den Privilegierungstatbestand, wenn sie im Hinblick auf ein künftiges Erbrecht erfolgen.[25] Andernfalls wäre die Zuwendung regelmäßig nach § 313 BGB oder § 812 Abs. 1 Satz 2 Alt. 2 BGB rückabzuwickeln. Ihr Zweck lässt sich nicht mehr erreichen, wenn die Ehe geschieden wird und ein gesetzliches und regelmäßig auch ein gewillkürtes Erbrecht (§ 2077 BGB) nicht mehr besteht (vgl. auch Rn. 20).[26]

19

3. Schenkungen

Der Schenkungsbegriff des § 1374 Abs. 2 BGB ist identisch mit dem des § 516 Abs. 1 BGB. Unentgeltliche Zuwendungen der Ehegatten untereinander fallen nicht darunter, die Norm ist insoweit zu ungenau gefasst.[27] In diesen Fällen ist an § 1380 BGB zu denken, der die Behandlung von Zuwendungen unter Ehegatten regelt. Sog. ehebedingte Zuwendungen (vgl. die Kommentierung zu § 1372 BGB Rn. 6) sind keiner Privilegierung zugänglich, denn der ihnen innewohnende Zweck, die Verwirklichung der Lebensgemeinschaft, darf gerade bei Scheitern der Ehe nicht zu einer Begünstigung des Empfängers führen. Dass sowohl ehebedingte Zuwendungen als auch Schenkungen unter Ehegatten nicht unter § 1374 Abs. 2 BGB zu fassen sind, hat der BGH in einer aktuellen Entscheidung bekräftigt.[28]

20

Schenkungen von Gegenständen, die zum alsbaldigen Verbrauch gedacht sind (Schenkungen für Konsumzwecke), sind den Einkünften zuzurechnen;[29] sie werden nicht dem Anfangsvermögen zugerechnet. Entscheidendes Kriterium ist, ob der Gegenstand nach dem Willen des Zuwendenden und den Lebensverhältnissen des Beschenkten zur Bedarfsdeckung erfolgt oder zur Vermögensbildung.[30] Darlegungs- und beweispflichtig für den Zuwendungszweck ist der Ehegatte, dem die Zuwendungen zugeflossen sind.[31]

21

Handelt es sich um eine gemischte Schenkung, bei der ein Teil der Zuwendung entgeltlich und ein weiterer unentgeltlich erfolgt, steht dies genau wie bei § 516 Abs. 1 BGB der Einordnung als Schenkung im Rahmen von § 1374 BGB nicht entgegen. Entscheidend ist, ob der Mehrwert der Leistung unentgeltlich zugewendet werden soll.

22

Eine solche gemischte Schenkung liegt jedoch – vor allem bei verwandtschaftlichen oder freundschaftlichen Verhältnissen – nicht vor, wenn die aus objektiver Sicht wesentlich geringere Gegenleistung subjektiv noch als gleichwertig anzusehen ist, so genanntes Prinzip der subjektiven Äquivalenz.[32] Denn

23

---

[21] BGH v. 20.06.2007 - XII ZR 32/05 - NJW-RR 2007, 1371 = FamRZ 2007, 1307.
[22] OLG Brandenburg v. 06.05.2008 - 10 UF 197/07 - NJW 2008, 2592-2594.
[23] BGH v. 27.06.1990 - XII ZR 95/89 - LM Nr. 15 zu § 1374 BGB; OLG Düsseldorf v. 17.04.1972 - 6 U 213/70 - MDR 1972, 782.
[24] BGH v. 14.03.1990 - XII ZR 62/89 - BGHZ 111, 8-13; BGH v. 01.02.1995 - IV ZR 36/94 - LM BGB § 516 Nr. 25 (7/1995); BGH v. 07.09.2005 - XII ZR 209/02 - BGHZ 164, 69.
[25] BGH v. 22.09.2010 - XII ZR 69/09 - BGHZ 187, 82.
[26] BGH v. 22.09.2010 - XII ZR 69/09 - BGHZ 187, 85.
[27] BGH v. 20.05.1987 - IVb ZR 62/86 - BGHZ 101, 65-72, str.; a.A. *Koch* in: MünchKomm-BGB, § 1374 Rn. 22 m.w.N.
[28] BGH v. 22.09.2010 - XII ZR 69/09 - BGHZ 187, 84.
[29] OLG Karlsruhe v. 08.03.2001 - 5 WF 14/01 - NJW-RR 2001, 1156-1157.
[30] BGH v. 06.11.2013 - XII ZB 434/12.
[31] OLG Koblenz v. 10.08.2006 - 7 UF 850/05 - FamRZ 2006, 1839-1840.
[32] OLG Brandenburg v. 27.02.2008 - 9 UF 219/07 - NJW 2008, 2720-2722.

bei solchen engen persönlichen Verhältnissen besteht für die subjektive Bewertung von Leistung und Gegenleistung ein weiter Spielraum. Im Verhältnis zu Dritten (nicht gegenüber Vertragspartnern selbst) gilt bei einem objektiv über ein geringes Maß hinausgehenden Missverhältnis eine tatsächliche Vermutung für das Vorliegen einer gemischten Schenkung.[33]

24 Verpflichtet sich der Zuwendungsempfänger zur Zahlung einer Leibrente, ist dies bei der Ermittlung des Anfangsvermögens wertmindernd zu berücksichtigen. Gleiches gilt für das Endvermögen, sofern die Leibrentenpflicht noch fortbesteht. Unerheblich ist dabei, ob das Leibrentenversprechen dinglich gesichert ist.[34] Ein Wohnrecht der Eltern an einem zugewendeten Grundstück ist nach dem Wohnwert (errechnet aus der Lebenserwartung und dem Jahresmietwert) in Abzug zu bringen.

25 Wenden Eltern während intakter Ehe den Ehegatten etwas unentgeltlich zu, so wurde nach der bisherigen Rechtsprechung des BGH im Verhältnis zum **Schwiegerkind** eine ehebedingte Zuwendung angenommen,[35] die im Zugewinnausgleich zu berücksichtigen ist.

26 Seit seinem **Urteil vom 04.02.2010** wertet der BGH auch die Zuwendung an ein Schwiegerkind als privilegierte Schenkung (vgl. die Kommentierung zu § 1372 BGB Rn. 9).[36] Um die mit der Privilegierung einhergehende Schlechterstellung des eigenen Kindes in der Zugewinnberechnung auszugleichen, hat der BGH den (später entstehenden) Rückforderungsanspruch bereits bei der Berechnung des Anfangsvermögens als Passivum berücksichtigt, auch wenn im Zeitpunkt der Zuwendung noch nicht feststeht, ob bzw. in welcher Höhe ein Rückforderungsanspruch entsteht und künftige Verbindlichkeiten in die Zugewinnberechnung grundsätzlich nicht einbezogen werden (vgl. Rn. 10). Der BGH rechtfertigt den Abzug damit, dass der Zuwendung schon die Belastung innewohne, sie im Falle des Scheiterns der Ehe ausgleichen zu müssen.[37]

4. Ausstattung

27 Der Begriff der Ausstattung ist aus dem Kindschaftsrecht (§ 1624 BGB) entnommen und umfasst alles, was einem Kind von Mutter oder Vater zur Erlangung einer eigenständigen Lebensstellung, zum Zwecke der Begründung oder zur Erhaltung der Wirtschaft oder der Lebensstellung zugewendet wird. Diese Zwecke müssen nicht tragendes Motiv sein, es genügt, dass mit der Ausstattung lediglich die Gleichstellung mit den übrigen Geschwistern beabsichtigt wird. Unentgeltliche Arbeitsleistungen und Gebrauchsüberlassungen seitens der Eltern fallen nicht unter den Begriff der Ausstattung.[38]

5. Entsprechende Anwendung

28 Nach der h.M. soll eine Ausdehnung der Privilegierungstatbestände auf weitere eheneutrale Erwerbsvorgänge ausgeschlossen sein, so dass sich Vermögenszuwächse selbst dann zugewinnsteigernd auswirken, wenn ihnen keinerlei Ehebezug innewohnt.[39] Dies hat der BGH für einen Lottogewinn noch einmal bestätigt.[40] Dies hat zur Folge, dass ein Ehegatte seinem Endvermögen beispielsweise Schmerzensgeld zuzurechnen hat und er dadurch schlimmstenfalls nicht nur einen eigenen Ausgleichsanspruch verliert, sondern dem anderen Ehegatten einen Teil des Schmerzensgeldes als Zugewinnausgleich überlassen muss. Von einigen Stimmen aus der Literatur wird gefordert, eine analoge Ausdehnung des § 1374 Abs. 2 BGB auf Fälle des evident eheneutralen Erwerbes vorzunehmen.[41] Insbesondere für Schmerzensgeld und Abfindungen (ausgenommen Arbeitsplatzabfindungen und Lottogewinne), d.h. Erwerbsvorgänge, denen nicht nur ein konkreter Ehebezug fehlt, sondern gleichzeitig eine Einbuße beim betroffenen Ehegatten innewohnt, liegt durchaus eine die Anwendung der Norm rechtfertigende vergleichbare Interessenlage vor. Durch das Gesetz zur Änderung des Zugewinnausgleichs-

---

[33] BHG v. 06.11.2013 - XII ZB 434/12.
[34] BGH v. 07.09.2005 - XII ZR 209/02 - NJW 2005, 3710.
[35] OLG Koblenz v. 18.12.2002 - 9 UF 530/01 - NJW 2003, 1675-1676; vgl. zur Problematik auch OLG München v. 01.08.2002 - 16 UF 1748/00 - FamRZ 2003, 312-313; *Büte*, FuR 2005, 544-548; *Schulz*, FamRB 2006, 48-51 und 84-87.
[36] BGH v. 04.02.2010 - XII ZR 189/06 - BGHZ 184, 190-209; BGH v. 21.07.2010 - XII ZR 180/09 - FamRZ 2010, 1626-1629.
[37] BGH v. 04.02.2010 - XII ZR 189/06 - BGHZ 184, 190-209, 203.
[38] BGH v. 01.07.1987 - IVb ZR 70/86 - BGHZ 101, 229-235.
[39] BGH v. 27.05.1981 - IVb ZR 577/80 - BGHZ 80, 384-389; *Tiedtke*, JZ 1984, 1078-1086, 1080 m.w.N.
[40] BGH v. 16.10.2013 - XII ZB 277/12 - NJW 2013, 3645.
[41] *Schröder*, FamRZ 1997, 1-8; *Schwab*, FamRZ 1984, 429-436, 435; *Herr*, NJW 2008, 262-266; vgl. auch Deutscher Familiengerichtstag, FamRZ 1996, 337-340, 340.

und Vormundschaftsrechts bleibt das Problem des sog. „eheneutralen Erwerbs" allerdings legislativ ungelöst, so dass angesichts der seit Jahrzehnten andauernden Diskussion von einer bewussten Regelungslücke ausgegangen werden muss.

C. Rechtsfolge

Fällt ein Erwerbsvorgang unter einen Privilegierungstatbestand, so wird der Wert des Erlangten im Rahmen der Zugewinnausgleichsberechnung dem Anfangsvermögen hinzugerechnet und damit dem Ausgleich entzogen.

29

§ 1375 BGB Endvermögen

(Fassung vom 06.07.2009, gültig ab 01.09.2009)

(1) ¹Endvermögen ist das Vermögen, das einem Ehegatten nach Abzug der Verbindlichkeiten bei der Beendigung des Güterstands gehört. ²Verbindlichkeiten sind über die Höhe des Vermögens hinaus abzuziehen.

(2) ¹Dem Endvermögen eines Ehegatten wird der Betrag hinzugerechnet, um den dieses Vermögen dadurch vermindert ist, dass ein Ehegatte nach Eintritt des Güterstands

1. unentgeltliche Zuwendungen gemacht hat, durch die er nicht einer sittlichen Pflicht oder einer auf den Anstand zu nehmenden Rücksicht entsprochen hat,
2. Vermögen verschwendet hat oder
3. Handlungen in der Absicht vorgenommen hat, den anderen Ehegatten zu benachteiligen.

²Ist das Endvermögen eines Ehegatten geringer als das Vermögen, das er in der Auskunft zum Trennungszeitpunkt angegeben hat, so hat dieser Ehegatte darzulegen und zu beweisen, dass die Vermögensminderung nicht auf Handlungen im Sinne des Satzes 1 Nummer 1 bis 3 zurückzuführen ist.

(3) Der Betrag der Vermögensminderung wird dem Endvermögen nicht hinzugerechnet, wenn sie mindestens zehn Jahre vor Beendigung des Güterstands eingetreten ist oder wenn der andere Ehegatte mit der unentgeltlichen Zuwendung oder der Verschwendung einverstanden gewesen ist.

Gliederung

A. Grundlagen 1	1. Illoyale Vermögensminderungen 13
B. Anwendungsvoraussetzungen 3	2. Beweislast 22
I. Absatz 1 3	III. Absatz 3 26
II. Absatz 2 13	

A. Grundlagen

1 Nach dieser Vorschrift bestimmt sich die Rechengröße des Endvermögens, die zur Ermittlung des Zugewinnes der des Anfangsvermögens gegenüberzustellen ist.

2 In Absatz 2 ist eine Hinzurechnungsfiktion hinsichtlich derjenigen Beträge verankert, um die ein Ehegatte sein Vermögen für bestimmte ehefremde Zwecke (§ 1375 Abs. 2 Satz 1 Nr. 1-3 BGB) bis zu zehn Jahre vor Beendigung des Güterstandes (vgl. Absatz 3) vermindert hat.

B. Anwendungsvoraussetzungen

I. Absatz 1

3 Absatz 1 der Vorschrift nennt zunächst die **Beendigung des Güterstandes** als maßgeblichen Ermittlungszeitpunkt. Abweichend davon ist allerdings nicht der Zeitpunkt der Rechtskraft des Scheidungs- oder Eheaufhebungsbeschlusses bzw. der Entscheidung auf vorzeitigen Zugewinnausgleich entscheidend, sondern der **Eintritt der Rechtshängigkeit des entsprechenden Verfahrensantrages** (vgl. die §§ 1384, 1387, 1318 Abs. 1 und Abs. 3 BGB).

4 Die **tatsächliche Beendigung** des Güterstandes spielt davon abgesehen nur in den Fällen der vertraglichen Aufhebung, im Falle des § 1371 Abs. 2 BGB und bei der Eheauflösung durch Wiederheirat eine Rolle, § 1319 Abs. 2 BGB.

5 Der Zeitpunkt der Beendigung des Güterstandes **kann vertraglich modifiziert werden**.[1]

6 Für die Wertermittlung ist allein dieser Zeitpunkt maßgeblich; eventuelle Vermögensschwankungen bleiben unberücksichtigt.

---

[1] BGH v. 26.03.1997 - XII ZR 250/95 - LM BGB § 1363 Nr. 3 (8/1997).

Zum Vermögensbegriff (vgl. die Kommentierung zu § 1374 BGB): Die Berechnung erfolgt durch die **Summierung aller Aktiva unter Abzug aller Verbindlichkeiten**.[2] Nach dem neu gefassten Absatz 1 Satz 2 sind Verbindlichkeiten nunmehr generell über die Höhe des Vermögens hinaus abzuziehen. Weil ein negativer Zugewinn nicht denkbar ist (vgl. die Kommentierung zu § 1378 BGB Rn. 3), ist eine negative Endvermögensgröße letztlich allerdings nur dann relevant, wenn während der Ehe Schulden abgebaut wurden, bei Beginn des Güterstandes mithin ein noch höheres Negativsaldo vorlag.

7

Nicht zu berücksichtigen sind alle mit dem **Versorgungsausgleich** zusammenhängenden Rechte. Grundsätzlich erfolgt die Abgrenzung danach, ob die Auszahlung in Form wiederkehrender Leistungen (= Versorgung) oder als Einmalzahlung (= Zugewinnausgleich)[3] erfolgt. Eine auf Kapitalbasis abgesetzte **Lebensversicherung** geht nicht in den Versorgungsausgleich ein, sondern gehört zum Endvermögen i.S.d. § 1375 BGB. Zu differenzieren ist bei einer Renten-Lebensversicherung mit Kapitalwahlrecht: Wird vor Rechtshängigkeit des Scheidungsverfahrens die Rentenlösung gewählt, handelt es sich um eine Versorgung. Das Anrecht wird aber güterrechtlich ausgeglichen, wenn das Wahlrecht zugunsten der Kapitalauszahlung erst nach Rechtshängigkeit des Scheidungsantrages ausgeübt wird.[4] Eine vom Arbeitgeber für den Arbeitnehmer (= Ehegatte) abgeschlossene Kapitallebensversicherung ist trotz Widerruflichkeit als Anwartschaft zu berücksichtigen, wenn sie bis zum Zeitpunkt der letzten mündlichen Verhandlung unverfallbar ist.[5] Eine Abfindung fällt dann nicht in das Endvermögen, wenn sie als Ersatz für einen Lohnausfall in der Zukunft gedacht ist. Normalerweise ist eine Abfindung nach unterhaltsrechtlichen Regeln zu beurteilen, wenn der Arbeitnehmer unterhaltspflichtig ist und ein geringeres Einkommen erzielt.[6] Dann darf die Abfindung nicht mehr in den Zugewinnausgleich eingestellt werden, um eine **unbillige Doppelberücksichtigung** zu vermeiden[7] Auch im Falle einer Gesellschaftsbeteiligung hält es der BGH für unbillig, einen Ehegatten unterhaltsrechtlich und zugleich güterrechtlich an dem Ausgleich künftiger Gewinnanteile einer Gesellschaft partizipieren zu lassen.[8]

8

Dingliche Nutzungsrechte sind bereits bei der Ermittlung des Grundstückswertes zu berücksichtigen und nicht erst im Nachhinein als vermögensmindernde Verbindlichkeiten eines Ehegatten.[9]

9

Abzugsfähig sind **Verbindlichkeiten**, die ein Ehegatte gegenüber dem anderen hat, beispielsweise auch rückständiger Unterhalt,[10] so dass der potentiell Ausgleichsberechtigte seinen Unterhaltsanspruch unter Umständen über seine Zugewinnausgleichsforderung finanzieren muss. Umgekehrt ist der Betrag, der zur Begleichung einer erst drei Tage nach dem Stichtag fällig werdenden (Unterhalts-)Forderung bereitgestellt ist, im Endvermögen zu berücksichtigen, denn ein Abzug würde dem Stichtagsprinzip widersprechen.[11] Wertmindernd wirkt sich ein zum Stichtag noch bestehendes **Leibrentenversprechen** aus, das mit einer Zuwendung verknüpft ist, wobei es auf eine dingliche Sicherung nicht ankommt.[12] Ob das **Verbot der Doppelberücksichtigung auch Verbindlichkeiten** betrifft, ist strittig. Einerseits wurde der Abzug von Tilgungsleistungen einer Verbindlichkeit, die bereits im Zugewinnausgleich eingerechnet wurde, nicht noch einmal einkommensmindernd bei der Unterhaltsberechnung berücksichtigt.[13] Andererseits hat das OLG Koblenz Schulden, die bereits zu einer Reduzierung des Unterhaltsanspruchs des potentiell Ausgleichsberechtigten geführt haben, vom Endvermögen als Verbindlichkeit abgezogen.[14] Ein Verbot der Doppelbewertung sei nicht anzuerkennen, zumal es durchaus sein könne, dass sich die für den Unterhalt maßgeblichen Verhältnisse nach der Scheidung ändern. In seiner Begründung verweist das Gericht überdies auf ein obiter dictum einer BGH-Entscheidung zu der

10

---

2   OLG Köln v. 01.07.1998 - 27 UF 12/98 - NJW-RR 1999, 229-230.
3   BGH v. 17.07.2002 - XII ZR 218/00 - EzFamR aktuell 2002, 260-263.
4   BGH v. 05.02.2003 - XII ZB 53/98 - BGHZ 153, 393-401.
5   OLG Köln v. 04.02.2000 - 25 UF 82/99 - NJW 2000, 3651-3653.
6   BGH v. 18.04.2012 - XII ZR 65/10, 66/10; OLG Karlsruhe v. 24.10.2013 - 2 UF 213/12.
7   BGH v. 21.04.2004 - XII ZR 185/01 - NJW 2004, 2675-2676.
8   BGH v. 11.12.2002 - XII ZR 27/00 - FamRZ 2003, 432-433; BGH v. 21.04.2004 - XII ZR 185/01 - FamRZ 2004, 1352-1353; OLG Oldenburg v. 08.02.2006 - 4 UF 92/05 - FamRZ 2006, 1031-1033.
9   BGH v. 15.10.2003 - XII ZR 23/01 - FamRZ 2004, 527-529.
10 OLG Karlsruhe v. 17.10.1985 - 2 UF 129/84 - FamRZ 1986, 167-168; OLG Celle v. 13.12.1990 - 12 UF 139/90 - FamRZ 1991, 944-945; BGH v. 27.08.2003 - XII ZR 300/01 - BGHZ 156, 105-112.
11 BGH v. 27.08.2003 - XII ZR 300/01 - BGHZ 156, 105-112.
12 BGH v. 07.09.2005 - XII ZR 209/02 - NJW 2005, 3710-3715; ausführlich *Kogel*, FamRZ 2006, 451-453.
13 OLG Saarbrücken v. 25.01.2006 - 9 UF 47/05 - NJW 2006, 1438-1441.
14 OLG Koblenz v. 30.05.2007 - 9 UF 45/07 - NJW 2007, 2646-2647.

umgekehrten und ungleich häufiger diskutierten Frage, ob Schulden, die bereits im Zugewinnausgleich berücksichtigt sind, zusätzlich noch die Leistungsfähigkeit des Ausgleichspflichtigen im Rahmen des Unterhaltsrechts mindern dürfen.[15]

11 Dass Unterhaltsrückstände im Rahmen der Endvermögensermittlung beim Schuldner als Passiv- und beim Gläubiger als Aktivposten zu berücksichtigen sind, hat der BGH entsprechend der herrschenden Auffassung in der Literatur[16] bestätigt.[17]

12 Ansprüche auf Rückzahlung einer unbenannten Zuwendung oder aus Gesamtschuldregress sind zu berücksichtigen (vgl. die Kommentierung zu § 1372 BGB Rn. 4). Gesamtschuldnerische Verbindlichkeiten sind in der Regel entsprechend dem internen Ausgleichsverhältnis nach § 426 BGB anzusetzen.[18]

II. Absatz 2
1. Illoyale Vermögensminderungen

13 Die Zugewinnberechnung soll durch illoyale und sonstige ehefremde Vermögensminderungen nicht beeinflusst werden. Daher bestimmt § 1375 Abs. 2 Satz 1 BGB für die dort aufgezählten Fälle, dass dem Endvermögen diejenigen Beträge wieder hinzuzurechnen sind, um die ein Ehegatte sein Vermögen nach Eintritt des Güterstandes vermindert hat. Die Vorschrift enthält im Hinblick auf die Dispositionsfreiheit der Ehegatten eine **erschöpfende Aufzählung**.[19]

14 Dem Endvermögen eines Ehegatten sind zunächst alle unentgeltlichen Zuwendungen hinzuzurechnen, **durch die er nicht lediglich einer sittlichen Pflicht oder einer auf den Anstand zu nehmenden Rücksicht entsprochen hat**, § 1375 Abs. 2 **Nr. 1** BGB. Hierunter fallen grundsätzlich auch Zuwendungen an eine Stiftung und deren Errichtung.[20] Die Gemeinnützigkeit der begünstigten Institution vermag daran nichts zu ändern, weil ansonsten der Manipulationsschutz zu sehr eingeschränkt würde.

15 Die Begriffe der Pflicht- und Anstandsschenkungen entsprechen unter anderem denen der §§ 534, 814, 1641 BGB. Die **Unentgeltlichkeit** ist gegeben, wenn es an einer vereinbarten **Gegenleistung ganz fehlt** oder diese **keinen realistischen Gegenwert** darstellt. Die Tatsache, dass die Zuwendung im Hinblick auf ein künftiges Erbrecht erfolgt, lässt die Unentgeltlichkeit nicht entfallen.

16 Umfasst sind erhebliche Schenkungen an Dritte (nicht der Ehegatten untereinander, vgl. Absatz 3 und § 1380 BGB), unverhältnismäßige Ausstattungen an Abkömmlinge oder sonstige Verwandte, Stiftungen und Spenden. Der **Maßstab** der Unverhältnismäßigkeit richtet sich nach dem **konkreten Lebenszuschnitt der Ehegatten**, also auch den Gepflogenheiten der Gesellschaftsschicht, der sie angehören.[21]

17 Die Vertragspartner der Zuwendung müssen sich über die gesamte oder teilweise Unentgeltlichkeit **einig sein**.[22] Ist ein Ehegatte Mitglied einer Personengesellschaft, die nach seinem Tod laut Abfindungsklausel im Gesellschaftsvertrag von den anderen Mitgliedern fortgeführt wird, so ist darin eine unentgeltliche Zuwendung zu sehen.

18 Dem Vermögen eines Ehegatten sind auch die Beträge hinzuzurechnen, die dieser **verschwendet** hat (§ 1375 Abs. 2 **Nr. 2** BGB). Verschwendung von Vermögen wird definiert als Verbrauch, der angesichts der Lebensverhältnisse der Ehegatten als unvernünftig und wirtschaftlich unvertretbar erscheint, wobei auch hier ein enger Maßstab anzulegen ist. Es ist nicht alleine entscheidend, ob die Ausgaben in Relation zu den Einkommens- und Vermögensverhältnissen stehen.[23] Vielmehr sind zur Beurteilung, ob die Ausgaben unnütz oder ziellos waren, auch psychische Ursachen und Motivationen (Wut, Enttäuschung) heranzuziehen.[24]

---

[15] BGH v. 27.08.2003 - XII ZR 300/01 - BGHZ 156, 105, 111. Zu diesem Problembereich: *Jacobs*, FuR 2007, 450-455; *Hermes*, FamRZ 2007, 184-187; *Schulz*, FamRZ 2006, 1237-1242; *Schmitz*, FPR 2007, 198-202.

[16] *Jaeger* in: Johannsen/Henrich, FamR, § 1375 Rn. 19; *Koch* in: MünchKomm-BGB, § 1375 Rn.6; a.A. *Jakobs*, FuR 2007, 450, 454.

[17] BGH v. 06.10.2010 - XII ZR 10/09 - FamRZ 2011, 25-28, 28.

[18] Vgl. OLG Karlsruhe v. 04.11.2004 - 2 UF 46/04 - FamRZ 2005, 909-910.

[19] OLG Karlsruhe v. 17.10.1985 - 2 UF 129/84 - FamRZ 1986, 167-168.

[20] *Werner* in: FS für Schwab, 2005, S. 581-594.

[21] OLG München v. 31.01.1985 - 26 UF 1403/84 - FamRZ 1985, 814-815; zum Begriff der Pflicht- und Anstandsschenkung allgemein RG v. 11.02.1910 - VII 232/09 - RGZ 73, 46-50.

[22] *Koch* in: MünchKomm-BGB, § 1375 Rn. 27.

[23] OLG Rostock v. 19.01.1999 - 8 WF 295/98 - FF 1999, 189.

[24] *Jaeger* in: Johannsen/Henrich, FamR, § 1375 Rn. 27; dagegen OLG Rostock v. 19.01.1999 - 8 WF 295/98 - FF 1999, 189.

Der Hinzurechnung unterliegen schließlich auch die Beträge, die dem Vermögen durch **Handlungen** **in Benachteiligungsabsicht** entzogen wurden, § 1375 Abs. 2 **Nr. 3** BGB. Handlungen im Sinne dieser Vorschrift sind sowohl **Rechtsgeschäfte**, wie etwa ein Kreditvertrag, als auch **reine Tathandlungen** wie die Zerstörung von Sachen.[25]

Das subjektive Element der Benachteiligungsabsicht muss dabei zwar nicht das einzige, doch das leitende Motiv gewesen sein.[26] Abgelehnt wurde sie bei Zerstörung im Zusammenhang mit einem Selbstmordversuch[27].

Ist einer der genannten Tatbestände erfüllt, ist dem Vermögen eines Ehegatten der betreffende Betrag **hinzuzurechnen**, d.h. der Zugewinn so zu berechnen, als habe die Verfügung nicht stattgefunden.[28] Ist das Vermögen, dem die Beträge hinzuzurechnen sind, negativ, müssen die illoyal verausgabten Beträge mit diesem negativen Wert verrechnet werden.

2. Beweislast

Da grundsätzlich jeder Anspruchsteller die ihm günstigen Tatsachen zu beweisen hat, **erstreckt sich die Beweislast** nicht nur auf sein eigenes Endvermögen, sondern als weitere Anspruchsvoraussetzung für einen eventuellen Zugewinnausgleichsanspruch **auf das Endvermögen des Anspruchsgegners**. Dies versetzt den potentiell Ausgleichsberechtigten in die mitunter missliche Lage, über verdeckte Vermögenstransaktionen des Ehegatten Beweis führen zu müssen.

Dem nicht beweisbelasteten Ausgleichsschuldner soll es nach der Ansicht des OLG Frankfurt aber obliegen, sich über den Verbleib eines Betrages, der in zeitlicher Nähe zum Stichtag vorhanden war, in der Bilanz zum Endvermögen jedoch nicht mehr enthalten ist, nachvollziehbar und plausibel zu erklären.[29] Dies soll eine Auswirkung der prozessualen Obliegenheit zu substantiiertem Bestreiten sein. Sofern dies nicht in ausreichender Weise geschehe, könne zu Gunsten des beweisbelasteten Ausgleichsgläubigers seine Behauptung als zugestanden angesehen werden, dass der Betrag im Endvermögen noch vorhanden oder, dem gleichbedeutend, verschenkt oder verschwendet worden ist.[30]

Nach dem BGH[31] sollen an die Darlegung des Benachteiligungsmotives nach **Nr. 3 keine hohen Anforderungen** zu stellen sein.[32] Dies ist mit Rücksicht auf die Interessen des potentiell benachteiligten Ehegatten zu befürworten.

Für Vermögensveränderungen **nach dem Trennungszeitpunkt** steht dem beeinträchtigten Ehegatten nunmehr die im Rahmen des Gesetzgebungsverfahrens zum Gesetz zur Änderung des Zugewinnausgleichs- und Vormundschaftsrechts eingeführte **Beweislastregel (Absatz 2 Satz 2)** zur Seite.[33] Diese bestimmt, dass der ausgleichspflichtige Ehegatte, soweit sein Endvermögen geringer ist als das Vermögen, das er in der Auskunft zum Trennungszeitpunkt nach § 1379 BGB angegeben hat, die Vermögensminderung nachvollziehbar darlegen muss. Legt der Ehegatte nicht dar, dass der Vermögensverlust nicht auf Handlungen im Sinne des Satzes 1 Nr. 1-3 zurückzuführen ist oder kann er den Beweis nicht erfolgreich führen, so sind die Differenzbeträge dem Endvermögen hinzuzurechnen und erhöhen dadurch den Zugewinn. Die Beweislastregel knüpft auch dann an die (zu niedrigen) Angaben des Auskunftspflichtigen an, wenn die Auskunft unwahr oder unvollständig ist. Ein Bedürfnis für einen weitergehenden Schutz des Auskunftsgläubigers besteht in Anbetracht der allgemeinen Darlegungs- und Beweislastregelungen nicht.[34]

III. Absatz 3

Eine Hinzurechnung ist für diejenigen Beträge ausgeschlossen, die ein Ehegatte mindestens **zehn Jahre vor dem maßgeblichen Endstichtag** vorgenommen hat, oder wenn der andere Ehegatte mit der Zuwendung oder Verschwendung einverstanden gewesen ist. Anders als nach § 2325 Abs. 3 BGB,

---

[25] OLG Rostock v. 19.01.1999 - 8 WF 295/98 - FF 1999, 189.
[26] BGH v. 19.04.2000 - XII ZR 62/98 - LM BGB § 430 Nr. 5 (10/2000); KG Berlin v. 12.08.1987 - 18 UF 6287/86 - FamRZ 1988, 171-174.
[27] OLG Frankfurt v. 04.09.1984 - 1 UF 18/84 - FamRZ 1984, 1097-1098.
[28] BGH v. 09.04.1986 - IVb ZR 14/85 - LM NR 144 zu § 256 ZPO.
[29] OLG Frankfurt v. 08.06.2005 - 2 UF 119/05 - NJW-RR 2006, 7.
[30] OLG Frankfurt v. 08.06.2005 - 2 UF 119/05 - NJW-RR 2006, 7.
[31] BGH v. 23.04.1986 - IVb ZR 2/85 - NJW-RR 1986, 1325 1326.
[32] OLG Köln v. 14.01.1987 - 26 UF 60/85 - FamRZ 1988, 174-175.
[33] BT-Drs. 16/13027, S. 3.
[34] BT-Drs. 16/13027, S. 7.

dem § 1375 Abs. 3 BGB nachempfunden ist,[35] wird für den Fristlauf auf die Eingehung einer Verbindlichkeit abgestellt, weil die Vermögensminderung bereits zu diesem Zeitpunkt eingetreten ist.[36] Auf das Verfügungsgeschäft beziehungsweise das wirtschaftliche Ausscheiden des Gegenstandes aus dem Vermögen kommt es nicht an.

---

[35] RegE I und II zum GleichberG, BT-Drs. I/3802, S. 57.
[36] *Brudermüller* in: Palandt, § 1375 Rn. 29; *Thiele* in: Staudinger, § 1375 Rn. 40.

§ 1376 BGB Wertermittlung des Anfangs- und Endvermögens

(Fassung vom 02.01.2002, gültig ab 01.01.2002)

(1) Der Berechnung des Anfangsvermögens wird der Wert zugrunde gelegt, den das beim Eintritt des Güterstands vorhandene Vermögen in diesem Zeitpunkt, das dem Anfangsvermögen hinzuzurechnende Vermögen im Zeitpunkt des Erwerbs hatte.

(2) Der Berechnung des Endvermögens wird der Wert zugrunde gelegt, den das bei Beendigung des Güterstands vorhandene Vermögen in diesem Zeitpunkt, eine dem Endvermögen hinzuzurechnende Vermögensminderung in dem Zeitpunkt hatte, in dem sie eingetreten ist.

(3) Die vorstehenden Vorschriften gelten entsprechend für die Bewertung von Verbindlichkeiten.

(4) Ein land- oder forstwirtschaftlicher Betrieb, der bei der Berechnung des Anfangsvermögens und des Endvermögens zu berücksichtigen ist, ist mit dem Ertragswert anzusetzen, wenn der Eigentümer nach § 1378 Abs. 1 in Anspruch genommen wird und eine Weiterführung oder Wiederaufnahme des Betriebs durch den Eigentümer oder einen Abkömmling erwartet werden kann; die Vorschrift des § 2049 Abs. 2 ist anzuwenden.

Gliederung

A. Zweck 1	II. Bewertungsbeispiele 13
B. Anwendungsvoraussetzungen 4	III. Wertsteigerungen und Indizierungen 20
I. Bewertungsgrundsätze 4	IV. Land- und forstwirtschaftliche Betriebe 24

A. Zweck

Die Vorschrift legt die **Bewertungszeitpunkte** der Rechengrößen des Anfangs- und Endvermögens fest.   1

Grundsätzlich gilt, dass das Anfangsvermögen mit dem Wert zu Beginn des Güterstandes, das Endvermögen mit dem Wert bei Beendigung des Güterstandes zu berechnen ist. In der Praxis haben jedoch hinsichtlich des Endvermögens die vorgezogenen **Stichtage** der §§ 1384, 1387 BGB größere Bedeutung.   2

Eine Bewertung hat auch dann zu erfolgen, wenn derselbe Gegenstand im Anfangs- und Endvermögen vorhanden ist, um die Wertsteigerungen oder -verluste zu erfassen.   3

B. Anwendungsvoraussetzungen

I. Bewertungsgrundsätze

Zugrunde zu legen ist der tatsächliche, volle Wert, kein Einheits- oder Liebhaberwert, und ein Liquidationswert nur dann, wenn die Gegenstände tatsächlich auch liquidiert werden sollen.[1] Daraus folgt, dass auch **Kapitallebensversicherungen** grundsätzlich mit dem Stichtagszeitwert, den die Anwartschaft bei Fortführung der Versicherung darstellt, einzustellen sind und nur dann mit dem Rückkaufswert, wenn eine Fortführung der Versicherung nicht zu erwarten ist.[2]   4

Einzig zur **Bewertung** von land- und forstwirtschaftlichen Betrieben bestimmt Absatz 4 den Ertragswert zur maßgeblichen Größe. Der Ertragswert ist auch dann maßgeblich, wenn das landwirtschaftliche Vermögen teilweise im Wege der Verpachtung wirtschaftlich genutzt wird, solange die Bewirtschaftung noch im Wesentlichen vom Eigentümer vorgenommen wird.[3]   5

Ansonsten ist **grundsätzlich der objektive Wert** zugrunde zu legen, der in der Regel dem Marktwert entspricht, der bei einer Veräußerung erzielt würde. Gegenstände, die zur Nutzung bestimmt sind, wie   6

---

[1] BGH v. 23.10.1985 - IVb ZR 62/84 - LM Nr. 12 zu § 1375 BGB.
[2] BGH v. 12.07.1995 - XII ZR 109/94 - BGHZ 130, 298-304; ebenso Brandenburgisches OLG v. 10.05.2007 - 9 UF 123/06.
[3] OLG Schleswig v. 19.06.2003 - 13 WF 66/03 - FamRB 2004, 37.

§ 1376

Grundstücke, Unternehmen oder auch Haushaltsgegenstände, gebieten eventuell eine andere Bewertung.

7 Die Wahl der **Bewertungsmethode** obliegt dem Tatrichter in eigener Verantwortung. Soweit sich ein Verfahrensbeteiligter auf ein Privatgutachten stützt, ist dies zwar zu würdigen, das Gericht muss jedoch nicht zu jedem Punkt Stellung nehmen.[4] Bei **Leasingverträgen** heben sich in der Zugewinnausgleichsberechnung die Leasingraten und die vermögenswerten Gebrauchsvorteile gegeneinander auf, lediglich die Nutzungsmöglichkeit, die der Leasingnehmer durch eine etwaige Anzahlung bereits erkauft hat, ist in Höhe der zum Stichtag noch nicht aufgebrauchten Nutzung einzustellen.[5]

8 Bei **Haushaltsgegenständen** wird in der Regel auf die Kosten einer Ersatzbeschaffung abgestellt, wobei der Neupreis anzusetzen ist abzüglich einer Summe für die Abnutzung. Bei **Pkws** wird allgemein der Wiederbeschaffungswert angesetzt. Geld ist grundsätzlich mit dem Nennwert zu berücksichtigen. Bei noch nicht fälligen Leistungen ist an eine Abzinsung zu denken. Bei Renditeobjekten wird mitunter das Ertragswertverfahren bevorzugt, bei dem auf den künftigen Ertrag abzustellen ist.[6]

9 Für **Grundstücke** gibt die Wertermittlungs-VO Hinweise zur Bewertung. Wird das Grundstück selbst genutzt, ist der Verkaufswert i.d.R. nicht angemessen: Der BGH hat die Bildung eines Mittelwerts aus Ertrags- und Sachwert nicht aufgehoben.[7] Als wertmindernde Belastung sind **Wiederkaufsrechte** der Gemeinden bei der Ermittlung des Verkehrswertes unabhängig davon zu berücksichtigen, ob diese befristet sind oder nicht bzw. ob eine Veräußerung des Grundstückes überhaupt im Raume steht.[8]

10 Steht einem Ehegatten ein **Wohnrecht** am Grundstück des anderen zu, so ist dieses Wohnrecht nicht als Verbindlichkeit des Eigentümers zu bewerten; vielmehr ist die Belastung als Minderung des Grundstückswertes anzusehen, was vor allem dann zu unterschiedlichen Ergebnissen führt, wenn einem Ehegatten nur ein Teil des Grundstücks gehört.[9]

11 Hat ein Ehegatte dem anderen ein unwiderrufliches Bezugsrecht einer **Kapitallebensversicherung** im Fall des vorzeitigen Todes zugewandt (während er selbst im Erlebensfall die Versicherungssumme erhält), so sind diese bedingten Anrechte beim Zugewinnausgleich zu berücksichtigen, auch wenn beide nicht sogleich liquide verfügbar sind;[10] in dieser Konstellation, so der BGH, sei der Rückkaufswert nicht angemessen; vielmehr habe eine Schätzung der Werte zu erfolgen, wobei die Überlebenswahrscheinlichkeit ein wesentlicher Faktor sei.

12 Eine analoge Anwendung von § 2313 BGB auf aufschiebend bedingte Rechte, wie sie in der Literatur zum Teil vertreten wird, hat der BGH abgelehnt, da die erbrechtliche Vorschrift das Stichtagsprinzip durchbrechen würde, was dem Zweck des güterrechtlichen Ausgleichs zuwiderliefe.[11]

II. Bewertungsbeispiele

13 Zur **Unternehmensbewertung**[12] gibt es bislang keine einheitliche Bewertungsmethode. Es wird überwiegend der Substanzwert mit dem Ertragswert (kapitalisierte geschätzte künftige Erträge) einschließlich des sog. **Goodwill**[13] als wirklicher Wert zugrunde gelegt[14] und je nach Schwerpunkt des Unternehmens gewichtet. Der Goodwill ergibt sich aus den geschäftlichen Verbindungen, dem Ruf, der Marktstellung und der Kreditwürdigkeit des Unternehmens. Eine Abfindungsklausel, bei der ein Goodwill nicht eingerechnet ist, soll für die Bewertung dann nicht maßgeblich sein, wenn die Beteiligung des Ehegatten an dem Unternehmen nicht gekündigt ist (zu **Abfindungsklauseln** in Gesellschaftsverträ-

---

[4] BGH v. 25.11.1998 - XII ZR 84/97 - LM BGB § 1376 Nr. 16 (4/1999).
[5] OLG Karlsruhe v. 19.12.2003 - 2 UF 95/03 - FamRZ 2004, 1028-1029.
[6] OLG Frankfurt v. 10.03.1980 - 1 UF 246/79 - FamRZ 1980, 576-577.
[7] BGH v. 23.10.1985 - IVb ZR 62/84 - LM Nr. 12 zu § 1375 BGB.
[8] OLG Brandenburg v. 29.09.2003 - 9 UF 225/02 - FamRZ 2004, 1029-1032 m. Anm. *Schröder*.
[9] BGH v. 15.10.2003 - XII ZR 23/01 - FamRZ 2004, 527-529; BGH v. 08.09.2004 - XII ZR 194/01 - FamRZ 2005, 99-101.
[10] BGH v. 20.05.1992 - XII ZR 255/90 - BGHZ 118, 242-252.
[11] BGH v. 20.05.1992 - XII ZR 255/90 - BGHZ 118, 242-252.
[12] *Voit*, Der Zugewinnausgleich in der Unternehmer-Hausfrauen-Ehe, 1999; *Haußleiter/Schulz*, Vermögensauseinandersetzung bei Trennung und Scheidung, 4. Aufl. 2004, Kap. 1, Rn. 89 m.w.N.; *Kuckenburg*, FuR 2005, 401-402; *Hall*, jurisPR-BGHZivilR 49/2004, Anm. 4; OLG Dresden v. 17.01.2008 - 21 UF 447/07 für den Fall einer Unterbeteiligung.
[13] Zu den Einzelheiten der Bewertungsmethoden vgl. *Piltz/Wissmann*, NJW 1985, 2673-2684, 2674.
[14] OLG Koblenz v. 13.07.2001 - 11 UF 248/00 - OLGR Koblenz 2002, 152-154; BGH v. 08.09.2004 - XII ZR 194/01 - FamRZ 2005, 99-101.

gen[15]). Eine **Versicherungsagentur** soll wie eine Handelsvertretung grundsätzlich nur mit dem Substanzwert anzusetzen sein.[16] Das Ertragswertverfahren unterstellt eine unbegrenzte Dauer des Unternehmens, was trotz eines befristeten Mietverhältnisses, so der BGH, angemessen sei.[17]

Bei **freiberuflichen Praxen** entspricht der Gesamtwert in der Regel dem Substanzwert plus den Goodwill abzüglich eines individuell berechneten Unternehmerlohns und (unabhängig von einer Veräußerungsabsicht) den latenten Steuern.[18] Zuschläge können erfolgen bei guter Lage, Expansionsmöglichkeiten, Abschläge bei starker Konkurrenz, geringer Dauer des Geschäftsbetriebes, schlechter Organisation.[19] Ähnliches gilt für die Bewertung von **Kanzleien**[20] und **Arztpraxen**.[21] Zur Vermeidung einer zweifachen Teilhabe am Vermögenswert – im Zugewinnausgleich und im Unterhaltsrecht – ist vom Ausgangswert des Goodwills der nach den individuellen Verhältnissen gerechtfertigte Unternehmerlohn abzuziehen.[22] Für dessen Bemessung sind insbesondere die berufliche Erfahrung, die unternehmerische Verantwortung sowie die Kosten einer angemessenen sozialen Absicherung maßgeblich.[23] Für **Steuerberater** wird in den Hinweisen der Bundessteuerberaterkammer für die Ermittlung des Praxiswerts anlässlich eines Zugewinnausgleichsverfahrens inzwischen ebenfalls das – nach dem BGH für die Bewertung freiberuflicher Praxen generell vorzugswürdige – modifizierte Ertragswertverfahren empfohlen.[24] Zuvor wurde der Wert der Praxis (des Praxisanteiles) häufig nach dem sog. Umsatzverfahren ermittelt und das gewonnene Ergebnis anhand des modifizierten Ertragswertverfahrens überprüft.[25] Unterschiedlich beurteilt wurde die Frage, ob sich eine Ertragsschwäche wertmindernd auswirkt[26] oder nicht.[27] So wurde im Rahmen der Bewertung einer Steuerberaterpraxis bei der Addition von Substanz- und Umsatzwert letzterer nur zur Hälfte angesetzt.[28] Für ein **Architekturbüro** hat das OLG München keinen Goodwill in Ansatz gebracht, da der ideelle Wert hier regelmäßig ausschließlich von der Person des Inhabers abhänge.[29] Zu **Handwerksbetrieben** gelten die aufgeführten Grundsätze weitgehend entsprechend.[30]

Nach dem BGH ist die Methode zur Bestimmung des Wertes eines Vermögensgegenstandes sachverhaltsspezifisch auszuwählen.[31] In Einzelfällen, in denen die künftigen Erträge quasi untrennbar mit der Person des Firmeninhabers und seiner individuellen Arbeitskraft verbunden sind, stößt die Ertragswertmethode an Grenzen, weil die künftige Einkommenserwartung für das am Stichtag bereits vorhandene Vermögen nicht maßgeblich sein kann. Andererseits existiere – so der BGH – kein allgemeiner Erfahrungssatz, nach welchem sich die Ertragsprognose einer Einzelfirma nicht von der Person ihres Inhabers trennen lasse.

---

[15] BGH v. 25.11.1998 - XII ZR 84/97 - LM BGB § 1376 Nr. 16 (4/1999); *Reimann*, FamRZ 1989, 1248-1256, 1248; *Reimann*, DNotZ 1992, 472-489.
[16] BGH v. 04.12.2013 - XII ZB 534/12; AG Biedenkopf v. 10.02.2005 - 30 F 118/03 GÜ - FamRZ 2005, 1909-1912 m.w.N.
[17] BGH v. 06.11.2013 - XII ZB 434/12.
[18] BGH v. 02.02.2011 - XII ZR 185/08 - BGHZ 188, 249-270; BGH v. 09.02.2011 - XII ZR 40/09 - BGHZ 188, 282-301.
[19] BGH v. 13.10.1976 - IV ZR 104/74 - LM Nr. 8 zu § 1381 BGB; OLG Frankfurt v. 18.11.1986 - 4 UF 296/85 - FamRZ 1987, 485-486; AG Duisburg-Hamborn v. 22.04.2003 - 19 F 341/99 - FamRZ 2003, 1186-1189.
[20] *Jaeger* in: Johannsen/Henrich, FamR, 1376, Rn. 23; *Koch* in: MünchKomm-BGB, § 1376 Rn. 22.
[21] *Jaeger* in: Johannsen/Henrich, FamR, 1376, Rn. 23; *Koch* in: MünchKomm-BGB, § 1376 Rn. 22; zur Bewertung einer Zahnarztpraxis vgl. BGH v. 09.02.2011 - XII ZR 40/09 - BGHZ 188, 282-301.
[22] BGH v. 06.02.2008 - XII ZR 45/06 - BGHZ 175, 216-217; BGH v. 02.02.2011 - XII ZR 185/08 - BGHZ 188, 249-270.
[23] BGH v. 02.02.2011 - XII ZR 185/08 - BGHZ 188, 249-270, 260-263.
[24] BGH v. 02.02.2011 - XII ZR 185/08 - BGHZ 188, 249-270, 256-258; OLG Köln v. 28.02.2012 - 4 UF 186/11 für einen Versicherungsmakler.
[25] BGH v. 25.11.1998 - XII ZR 84/97 - FamRZ 1999, 361-364; *Englert*, BB 1997, 142-145; *Römermann/Schröder*, NJW 2003, 2709-2712.
[26] AG Duisburg-Hamborn v. 22.04.2003 - 19 F 341/99 - FamRZ 2003, 1186-1189 mit Anm. *Schröder*.
[27] OLG Düsseldorf v. 14.10.2003 - II - 1 UF 115/03 - FamRZ 2004, 1106-1108 mit Anm. *Schröder*.
[28] AG Duisburg-Hamborn v. 22.04.2003 - 19 F 341/99 - FamRZ 1186-1189 mit Anm. *Schröder*.
[29] OLG München v. 13.03.1984 - 4 UF 195/83 - FamRZ 1984, 1096-1097.
[30] BGH v. 23.11.1977 - IV ZR 131/76 - BGHZ 70, 224-227.
[31] BGH v. 08.09.2004 - XII ZR 194/01 - FamRZ 2005, 99-101.

§ 1376

16 Eine Bewertung von Vermögensteilen eines Unternehmens zum Verkehrswert ist dann zulässig und geboten, wenn es sich dabei nicht um betriebsnotwendiges Vermögen handelt.[32] In diesen Fällen ist der Liquidationswert dem sonstigen Unternehmenswert (unabhängig von der Ermittlungsmetode) hinzuzurechnen. Bei der Bestimmung des Verkehrswertes sind die latente Ertragssteuerlast sowie sonstige den Erlös mindernde Kosten zu berücksichtigen.[33]

17 Kautionsforderungen sind unsichere Rechte und nur mit dem Betrag einzustellen, der der Wahrscheinlichkeit ihrer Realisierung entspricht.[34] Zur Berechnung des Wertes eines Wohnrechtes OLG Hamm v. 19.02.2003[35] und zu Nießbrauchsrechten BGH v. 27.01.1988[36].

18 **Abfindungen**, die zum Stichtag bereits fest vereinbart waren, galten bisher unabhängig davon, für welche Zeiträume sie veranschlagt wurden, als ausgleichspflichtiges Vermögen.[37] Unter Umständen führte dies zu einer unbilligen **Doppelberücksichtigung** der Abfindung im Zugewinnausgleich und bei der Unterhaltsberechnung. Im Falle einer Gesellschaftsbeteiligung führt der BGH nunmehr aus, es sei unbillig, einen Ehegatten unterhaltsrechtlich und zugleich güterrechtlich an dem Ausgleich künftiger Gewinnanteile einer Gesellschaft partizipieren zu lassen.[38] In Abweichung des ansonsten vorherrschenden starren Stichtagsprinzips löst der BGH das Problem einer möglichen Doppelberücksichtigung dahin gehend, dass in der protokollierten unterhaltsrechtlichen Vereinbarung, die die Abfindung mitberücksichtigt, gleichzeitig ein stillschweigender Verzicht für den Zugewinnausgleich liegen soll. Das Ergebnis als solches ist zu begrüßen, weil in der Tat eine unbillige Doppelberücksichtigung unterbleiben sollte. Vor dem Hintergrund, dass an sich der Verzicht auf Durchführung des Zugewinnausgleichs beurkundungspflichtig (§ 1378 Abs. 3 Satz 2 BGB) ist, Unterhaltsregelungen aber formlos möglich sind, erscheint der gewählte Weg problematisch. Selbst wenn die Form durch die Protokollierung in der mündlichen Verhandlung gewahrt wird, ist die Annahme eines Verzichts dennoch fragwürdig, wenn in der Unterhaltsvereinbarung keinerlei Andeutung hinsichtlich der güterrechtlichen Konsequenzen enthalten ist. Daher ist ein Verzicht nur dann anzuerkennen, wenn er in der Urkunde irgendeinen Anklang gefunden hat, der den Schluss zulässt, dass die Beteiligten sich der Auswirkungen auch ins Güterrecht hinein bewusst waren. Diese Auffassung scheint der BGH nun zu teilen. In einer späteren Entscheidung[39] hat er die Sache an das Berufungsgericht zurückverwiesen, weil in der Unterhaltsvereinbarung gerade keinerlei Feststellungen hinsichtlich der Vorstellungen der Parteien getroffen worden waren, die den Schluss auf einen Verzicht des Zugewinnausgleichs zugelassen hätten. Die anwaltliche Beratung erfordert in diesen Fällen besondere Sorgfalt. Insbesondere ist bei Unterhaltsvereinbarungen, die eine Abfindung einbeziehen und diese damit dem Güterrecht entziehen, stets die Möglichkeit eines nachträglichen Wegfalls der Unterhaltspflicht zu bedenken.

19 Zum Verbot der Doppelbewertung bei **Verbindlichkeiten** vgl. die Kommentierung zu § 1375 BGB Rn. 10.

III. Wertsteigerungen und Indizierungen

20 Der Zeitpunkt, zu welchem das Anfangsvermögen zu ermitteln ist, kann lange vor demjenigen Zeitpunkt liegen, zu welchem das Endvermögen festzustellen ist, so dass es den beiden Rechengrößen aufgrund der veränderten tatsächlichen Gegebenheiten an einer gemeinsamen Vergleichsbasis fehlt. Insbesondere in den Fällen, in denen Gegenstände des Anfangsvermögens auch noch im Endvermögen vorhanden sind, stellt sich die Frage, wie mit zwischenzeitlichen **Wertänderungen** zu verfahren ist, etwa wenn Ackerland nach Eheschließung zum Bauland wird, Wertpapiere im Kurswert steigen oder sinken. Diese an sich eheneutralen Vorgänge wirken sich direkt auf die Rechengrößen und damit im Ergebnis auch auf die Ausgleichsforderung aus. Sie sind als echte Wertsteigerungen ausgleichspflichtig.

---

[32] BGH v. 08.09.2004 - XII ZR 194/01 - FamRZ 2005, 99-101, 101.

[33] BGH v. 08.09.2004 - XII ZR 194/01 - FamRZ 2005, 99-101, 101; vgl. auch OLG Düsseldorf v. 20.09.2007- 7 UF 98/07 - FamRZ 2008, 516-517.

[34] OLG Karlsruhe v. 20.06.2002 - 2 UF 126/98 - OLGR Karlsruhe 2003, 67-68.

[35] OLG Hamm v. 19.02.2003 - 1 WF 217/02 - FamRZ 2004, 198-199.

[36] BGH v. 27.01.1988 - IVb ZR 13/87 - FamRZ 1988, 593-596; allgemein dazu *Rössler/Langner/Simon/Kleiber*, Schätzung und Ermittlung von Grundstückswerten, 8. Aufl. 2005.

[37] BGH v. 15.11.2000 - XII ZR 197/98 - BGHZ 146, 64-74.

[38] BGH v. 11.12.2002 - XII ZR 27/00 - NJW 2003, 1396-1397.

[39] BGH v. 21.04.2004 - XII ZR 185/01 - NJW 2004, 2675-2676.

21 Davon unabhängig ist die Behandlung der so genannten **unechten Zugewinne**, die auf den Änderungen der Kaufkraft des Geldes beruhen. Der BGH hat sich in seiner Entscheidung vom 14.11.1973[40] für die pauschale Indizierung des Anfangsvermögens entschieden. Unter Einbeziehung der **Lebenshaltungskostenindexzahlen** des Statistischen Bundesamtes werden seither die scheinbaren Zugewinne ausgesondert bzw. das Anfangsvermögen entsprechend bereinigt. Der **Kaufkraftschwund** wird berücksichtigt, indem der ursprüngliche Wert des Anfangsvermögens mit der Preisindexzahl bei Güterstandsende multipliziert und das Produkt durch die Preisindexzahl bei Güterstandsbeginn dividiert wird. Der Quotient ergibt das bereinigte Anfangsvermögen.

22 Der Preisindexzahl liegt die Preisentwicklung im Konsumgüterbereich eines 4-Personen-Haushaltes mittleren Einkommens zugrunde. Bislang werden die Jahreszahlen zugrunde gelegt, wobei die ebenfalls veröffentlichten monatlichen Indexzahlen zu zielgenaueren Ergebnissen führen.[41] Vereinzelt wird vorgeschlagen, für die Bewertung von Grundstücken den Baukostenindex heranzuziehen.[42] Problematisch hieran ist, dass dieser ebenso wie sonstige spezielle Indizes nicht den Kaufkraftschwund als solchen abbildet.

23 Bei der **Indizierung von privilegiertem Erwerb** nach § 1374 Abs. 2 BGB ist folgende modifizierte Umrechnungsformel heranzuziehen:[43] Der zunächst ermittelte Wert des privilegierten Erwerbes ist mit der Preisindexzahl bei Güterstandsende zu multiplizieren und durch die Preisindexzahl im Zeitpunkt des Erwerbes zu dividieren. Der Quotient ergibt den bereinigten Wert des Erwerbes.

IV. Land- und forstwirtschaftliche Betriebe

24 Nach Absatz 4 gilt für einen land- oder forstwirtschaftlichen Betrieb, den der Ehegatte oder ein Abkömmling weiterführt, der **Ertragswert**. Nach der Legaldefinition des § 2049 Abs. 2 BGB ist der Ertragswert der Reinertrag, den das Landgut nach seiner bisherigen wirtschaftlichen Bestimmung bei ordnungsgemäßer Bewirtschaftung nachhaltig gewähren kann. Der Reinertrag definiert sich dabei als Rohertrag abzüglich des betrieblichen Aufwandes.[44]

25 War der gem. § 1376 Abs. 4 BGB ermittelte Ertragswert zum Zeitpunkt des Güterstandsbeginns höher als zum Stichtag für die Endvermögensermittlung, ist dies im Zugewinnausgleichsverfahren dadurch zu berücksichtigen, dass der Verlust beim Ertragswert von dem Wert der übrigen während der Ehezeit erworbenen hoffreien Vermögenswerte abzuziehen ist.[45]

---

[40] OLG Hamm v. 19.02.2003 - 1 WF 217/02 - FamRZ 2004, 198-199; BGH v. 14.11.1973 - IV ZR 147/72 - BGHZ 61, 385-394.
[41] *Gutdeutsch*, FamRZ 2003, 1061-1064, 1062.
[42] *Kogel*, FamRZ 2003, 278-279.
[43] BGH v. 20.05.1987 - IVb ZR 62/86 - BGHZ 101, 65-72.
[44] AG Biedenkopf v. 10.02.2005 - 30 F 118/03 GÜ - FamRZ 2005, 1909-1912 m. Anm. *Schröder*.
[45] OLG Schleswig v. 16.04.2003 - 12 UF 65/99 - OLGR Schleswig 2004, 30-31.

§ 1377 BGB Verzeichnis des Anfangsvermögens

(Fassung vom 02.01.2002, gültig ab 01.01.2002)

(1) Haben die Ehegatten den Bestand und den Wert des einem Ehegatten gehörenden Anfangsvermögens und der diesem Vermögen hinzuzurechnenden Gegenstände gemeinsam in einem Verzeichnis festgestellt, so wird im Verhältnis der Ehegatten zueinander vermutet, dass das Verzeichnis richtig ist.

(2) [1]Jeder Ehegatte kann verlangen, dass der andere Ehegatte bei der Aufnahme des Verzeichnisses mitwirkt. [2]Auf die Aufnahme des Verzeichnisses sind die für den Nießbrauch geltenden Vorschriften des § 1035 anzuwenden. [3]Jeder Ehegatte kann den Wert der Vermögensgegenstände und der Verbindlichkeiten auf seine Kosten durch Sachverständige feststellen lassen.

(3) Soweit kein Verzeichnis aufgenommen ist, wird vermutet, dass das Endvermögen eines Ehegatten seinen Zugewinn darstellt.

Gliederung

A. Grundlagen 1	I. Vermutung des Absatzes 1 7
B. Anwendungsvoraussetzungen 3	II. Vermutung des Absatzes 3 8
I. Inhalt des Verzeichnisses 3	D. Beweislast bei negativem Anfangs-
II. Mitwirkungspflicht des Absatzes 2 6	vermögen 10
C. Rechtsfolgen..7	

A. Grundlagen

1 Da zwischen Beginn und Beendigung des gesetzlichen Güterstandes eine sehr lange Zeit liegen kann und die wenigsten Ehegatten über den Anfangsbestand ihres Vermögens eine Inventarliste führen, sieht die Vorschrift die Möglichkeit vor, ein gemeinsames **Verzeichnis** zu erstellen, dessen **Richtigkeit und Vollständigkeit widerlegbar vermutet** wird. § 1377 Abs. 2 BGB statuiert eine Mitwirkungspflicht der Ehegatten untereinander zur Errichtung dieses Verzeichnisses. Für den Fall des Fehlens eines Anfangsvermögensverzeichnisses spricht Absatz 3 eine negative Vermutung dahingehend aus, dass das Endvermögen eines Ehegatten seinen Zugewinn darstellt.

2 Auch wenn § 1377 Abs. 3 BGB an sich nur den Unterlassensfall regeln soll, kommt ihm eine immense praktische Bedeutung zu, weil die meisten Paare von der Erstellung eines Verzeichnisses absehen.

B. Anwendungsvoraussetzungen

I. Inhalt des Verzeichnisses

3 Das Verzeichnis muss den **Bestand und den Wert des Anfangsvermögens** (ggf. einschließlich des privilegierten Erwerbes) umfassen, wobei zur Wertermittlung die Hinzuziehung eines Sachverständigen möglich ist (§ 1377 Abs. 2 Satz 3 BGB), allerdings auf eigene Kosten. Es genügt, dass die Gegenstände unter den Ehegatten hinreichend individualisiert aufgenommen werden, zumal das Verzeichnis ohnehin nur in diesem Rahmen seine Vermutungen entfalten kann. Sachgesamtheiten können als Inbegriffe zusammengefasst werden.

4 Über § 1377 Abs. 2 Satz 2 BGB finden die Vorschriften aus dem Recht des Nießbrauches Anwendung (§ 1035 BGB), d.h. das Verzeichnis ist von **beiden Ehegatten zu unterschreiben und mit dem Datum der Aufnahme zu versehen**, wobei nach h.M. das Fehlen des Datums die Richtigkeitsvermutung nicht hindert.[1]

5 Sollte nach Aufnahme des Verzeichnisses ein Hinzuerwerb nach § 1374 Abs. 2 BGB anfallen, kann das Verzeichnis mit entsprechender Unterschrift ergänzt werden.

---

[1] *Budzikiewicz* in: Erman, § 1377 Rn. 3 m.w.N.

II. Mitwirkungspflicht des Absatzes 2

Die Ehegatten sind einander bei der Aufnahme des Verzeichnisses zur Mitwirkung verpflichtet. Neben der aktiven Miterstellung kann der Beitrag des anderen Ehegatten auch in der reinen Unterzeichnung liegen. Die Wertermittlung selbst ist Sache des Antragstellers. Der klagbare Anspruch ist nur begründet, wenn der Ehegatte, der die Mitwirkung begehrt, seinerseits alle Unterlagen vorlegt, die dem anderen die Beurteilung der Vollständigkeit und Richtigkeit des Verzeichnisses ermöglichen. Hinsichtlich der Frage, ob der **Mitwirkungsanspruch** nach § 120 Abs. 1 FamFG i.V.m. § 888 ZPO[2] oder nach § 120 Abs. 1 FamFG i.V.m. § 894 ZPO **zu vollstrecken** ist, ist richtigerweise danach zu differenzieren, ob allein die Unterschrift erzwungen werden (dann § 894 ZPO) oder ob die Mitwirkung an der Inventarisierung selbst erfolgen soll (dann § 888 ZPO).[3]

C. Rechtsfolgen

I. Vermutung des Absatzes 1

Die **Richtigkeit** des Verzeichnisses wird vermutet im Verhältnis zum anderen Gatten (§ 292 ZPO), gegenüber Dritten ist das Verzeichnis ein normales Beweismittel. Das formgerecht (§ 1035 BGB) erstellte Verzeichnis erzeugt die Vermutung der **Vollständigkeit** seines Inhalts **einschließlich der Wertangaben**.[4] Eine Widerlegung ist durch Beweismittel aller Art möglich. Die Vermutung greift nicht, wenn das Verzeichnis eine Art Vergleich darstellt.[5]

II. Vermutung des Absatzes 3

§ 1377 Abs. 3 BGB hat einerseits den Zweck, für klare Verhältnisse zu sorgen, soll andererseits auch die Ehegatten zur Erstellung eines Verzeichnisses motivieren, weil nur ein nachweislich hohes Anfangsvermögen zugewinnschmälernde Wirkung hat. Die Norm enthält die praktisch bedeutsame Vermutung, dass bei **Fehlen eines Verzeichnisses** das **Endvermögen** eines Ehegatten gleichsam seinen **Zugewinn** darstellt. Die Zugewinnausgleichsberechnung als solche beschränkt sich dann auf einen Vergleich der beiden Endvermögenswerte. Weil nunmehr auch ein negatives Endvermögen berücksichtigungsfähig ist, nach wie vor aber **kein negativer Zugewinn** denkbar ist (vgl. Kommentierung zu § 1378 BGB Rn. 3),[6] muss § 1377 Abs. 3 BGB so ausgelegt werden, dass die Vermutung der Höhe des Anfangsvermögens nur bis zur Grenze „Null" greifen kann.[7]

Die Vermutung des Absatzes 3 muss weichen, wenn und soweit sie widerlegt wurde, d.h. die Ehegatten den Nachweis des Anfangsvermögens nach Bestand und Wert zu führen in der Lage sind.[8] Im Übrigen bleibt die Vermutung aber bestehen, d.h. sie gilt auch hinsichtlich etwaigen privilegierten Erwerbs nach § 1374 Abs. 2 BGB.[9] Die Berufung auf die Vermutung ist dann nicht zulässig, wenn ein Ehegatte unstreitig über Anfangsvermögen verfügt hat.[10]

D. Beweislast bei negativem Anfangsvermögen

Die Berücksichtigung negativen Anfangsvermögens führt dazu, dass die Vermutungswirkung des Absatzes 3 in diesen Fällen dem kein Verzeichnis erstellenden Ehegatten zum Vorteil gereicht. Beruft sich ein Ehegatte auf das negative Anfangsvermögen des anderen, so muss er die Vermutung des § 1377 Abs. 3 BGB widerlegen.[11] Weiß ein Ehegatte von dem negativen Anfangsvermögen seines Ehepartners, so ist er daher besonders angehalten, auf eine Verzeichniserstellung hinzuwirken.

---

[2] So *Thiele* in: Staudinger, § 1377 Rn. 4.
[3] *Jaeger* in: Johannsen/Henrich, FamR, § 1377 Rn. 6; *Koch* in: MünchKomm-BGB, § 1377 Rn. 17; *Budzikiewicz* in: Erman, § 1377 Rn. 5.
[4] BGH v. 06.02.1991 - XII ZR 57/90 - BGHZ 113, 325-335.
[5] Zur Beweislast, wenn das Verfahren mit den Erben eines Ehegatten geführt wird, BGH v. 06.02.2002 - XII ZR 213/00 - NJW-RR 2002, 865-867.
[6] BGH v. 06.10.2010 - XII ZR 10/09 - FamRZ 2011, 25-28, 27 f.; *Koch* in: MünchKomm-BGB, § 1373 Rn. 4; a.A. *Braeuer*, FamRZ 2010, 1614-1616.
[7] *Budzikiewicz* in: Erman, § 1373 Rn. 2.
[8] BGH v. 06.02.1991 - XII ZR 57/90 - BGHZ 113, 325-335.
[9] BGH v. 20.07.2005 - XII ZR 301/02 - FamRZ 2005, 1660-1662.
[10] OLG Naumburg v. 23.12.1996 - 3 WF 126/96 - JMBl ST 1997, 380.
[11] *Brudermüller*, NJW 2010, 401-407, 404; *Jaeger* in: Johannsen/Henrich, FamR, § 1374 Rn. 18.

§ 1378 BGB Ausgleichsforderung

(Fassung vom 24.09.2009, gültig ab 01.01.2010)

(1) Übersteigt der Zugewinn des einen Ehegatten den Zugewinn des anderen, so steht die Hälfte des Überschusses dem anderen Ehegatten als Ausgleichsforderung zu.

(2) ¹Die Höhe der Ausgleichsforderung wird durch den Wert des Vermögens begrenzt, das nach Abzug der Verbindlichkeiten bei Beendigung des Güterstands vorhanden ist. ²Die sich nach Satz 1 ergebende Begrenzung der Ausgleichsforderung erhöht sich in den Fällen des § 1375 Absatz 2 Satz 1 um den dem Endvermögen hinzuzurechnenden Betrag.

(3) ¹Die Ausgleichsforderung entsteht mit der Beendigung des Güterstands und ist von diesem Zeitpunkt an vererblich und übertragbar. ²Eine Vereinbarung, die die Ehegatten während eines Verfahrens, das auf die Auflösung der Ehe gerichtet ist, für den Fall der Auflösung der Ehe über den Ausgleich des Zugewinns treffen, bedarf der notariellen Beurkundung; § 127a findet auch auf eine Vereinbarung Anwendung, die in einem Verfahren in Ehesachen vor dem Prozessgericht protokolliert wird. ³Im Übrigen kann sich kein Ehegatte vor der Beendigung des Güterstands verpflichten, über die Ausgleichsforderung zu verfügen.

(4) (weggefallen)

Gliederung

A. Grundlagen 1	III. Begrenzung nach Absatz 2 5
B. Anwendungsvoraussetzungen 3	IV. Verjährung 9
I. Anspruch gem. Absatz 1 3	V. Vereinbarung über die Ausgleichsforderung ... 15
II. Entstehungszeitpunkt nach Absatz 3 4	C. Verfahrensrechtliche Hinweise 16

A. Grundlagen

1 Diese Vorschrift regelt **Begriff, Begrenzung, Entstehung und Verjährung** der Zugewinnausgleichsforderung. Zur Höhe trifft § 1378 Abs. 1 BGB lediglich eine grundsätzliche Aussage, da Korrekturen über die §§ 1378 Abs. 2, 1380, 1381 BGB möglich bleiben.

2 Zum Ausgleichsanspruch im Todesfalle vgl. die Kommentierung zu § 1371 BGB.

B. Anwendungsvoraussetzungen

I. Anspruch gem. Absatz 1

3 Auszugleichen ist eine **Geldsumme** in Höhe der **Hälfte des Überschusses**, der sich aus dem Vergleich der Zugewinngrößen der beiden Ehegatten ergibt. Schuldner der Ausgleichsforderung ist der Ehegatte mit dem höheren Zugewinn. Zunächst ist also für jeden Ehegatten getrennt der Zugewinn mit allen Hinzurechnungen zu ermitteln. Den Streitgegenstand bildet allerdings nur der Zugewinnausgleichsanspruch des einen Ehegatten. **Ein Ausgleich von Schulden findet nicht statt**. Der BGH hat unter Hinweis auf den Wortlaut des § 1373 BGB und den Willen des Reformgesetzgebers[1] die (ganz herrschende) Auffassung[2] bestätigt, dass ein während der Ehe erlittener Verlust auch nach Inkrafttreten des Gesetzes zur Änderung des Zugewinnausgleichs- und Vormundschaftsrechts nicht als sog. „negativer Zugewinn" zu berücksichtigen ist.[3]

II. Entstehungszeitpunkt nach Absatz 3

4 **Vor Beendigung** des Güterstandes ist die Zugewinnausgleichsforderung dem **Rechtsverkehr grundsätzlich entzogen**, sie entsteht vielmehr erst mit tatsächlicher Beendigung des Güterstandes, d.h. mit

---

[1] BT-Drs. 16/10798, S. 11.
[2] *Koch* in: MünchKomm-BGB, § 1373 Rn. 4; *Brudermüller* in: Palandt, § 1373 Rn. 4; *Budzikiewicz* in: Erman, § 1373 Rn. 2; a.A. *Braeuer*, FamRZ 2010, 1614-1616.
[3] BGH v. 06.10.2010 - XII ZR 10/09 - FamRZ 2011, 25-28, 27 f.

Rechtskraft des Scheidungsbeschlusses oder Beschlusses auf (vorzeitige) Aufhebung der Zugewinngemeinschaft, Tod eines Ehegatten oder dem Abschluss eines güterstandsbeendenden Ehevertrages, und wird zu diesem Zeitpunkt auch **fällig**.[4] Erst ab diesem Zeitpunkt ist sie vererblich. Die §§ 1384, 1387 BGB gelten insofern nicht, weil sie den **Berechnungszeitpunkt** vorverlagern, der **mit dem Entstehungszeitpunkt gerade nicht identisch** ist.[5] Immerhin kann der Anspruch bereits im Scheidungsverbund geltend gemacht werden. Stundung durch richterlichen Akt ist möglich (§ 1382 BGB). Auch wenn der Anspruch noch nicht tituliert ist, kann er aufgerechnet werden gegen den Anspruch des Ehepartners auf Auskehrung des Erlöses aus der Versteigerung eines gemeinschaftlichen Eigenheimes.[6] Gepfändet werden kann er erst ab dem Zeitpunkt des Absatzes 3.[7] Die Schutzfunktion des Absatzes 3 Satz 3 soll nach Ansicht des BGH einer Schuldübernahme durch Dritte nach § 414 BGB entgegenstehen.[8]

III. Begrenzung nach Absatz 2

Die rechnerische Ausgleichssumme kann, z.B. infolge der Berücksichtigung negativen Anfangsvermögens, das zum Beendigungszeitpunkt vorhandene Nettovermögen übersteigen. Der Zugewinnausgleich soll hingegen grundsätzlich **nur vorhandenes Vermögen** betreffen, so dass die **Forderungshöhe insoweit zu begrenzen** ist (Absatz 2).

Die Höhe der Ausgleichsforderung wird auf den Wert des Vermögens des Ausgleichspflichtigen begrenzt, das nach Abzug der Verbindlichkeiten bei **Beendigung des Güterstandes** bzw. **zum nach § 1384 BGB oder § 1387 BGB maßgeblichen Stichtag** vorhanden ist. Nach den neu gefassten §§ 1384 und 1387 BGB ist Stichtag für die Berechnung der Höhe der Ausgleichsforderung im Falle der Scheidung, des vorzeitigen Zugewinnausgleichs oder der vorzeitigen Aufhebung der Zugewinngemeinschaft nunmehr ebenso wie für die Berechnung des Zugewinns der Zeitpunkt der **Rechtshängigkeit des jeweiligen Antrages**. Ein Vermögensverlust nach Rechtshängigkeit kann somit nicht mehr zu einer Minderung der Ausgleichsverpflichtung führen. Dies wird in der Literatur im Hinblick auf die Gefahr unverschuldeter Vermögenseinbußen teilweise scharf kritisiert,[9] liegt aber im Wesen einer jeden Stichtagsregelung, die dem Ausgleichsschuldner bei späteren Vermögenszuwächsen andererseits auch zugutekommen kann (vgl. auch die Kommentierung zu § 1384 BGB).

Sinn und Zweck der Begrenzung auf das vorhandene Vermögen war nach früherem Recht vorrangig der **Schutz der übrigen Gläubiger** des Ehegatten, denen durch den Ausgleich nicht ihre Haftungsmasse entzogen und damit die Durchsetzung ihrer Forderungen erschwert werden sollte. Spätestens seit der Güterrechtsreform ist aber auch der **Ausgleichsschuldner** von der Regelung unmittelbar geschützt. Er soll nicht gezwungen werden, eine wegen eines zu berücksichtigenden negativen Anfangsvermögens erhöhte Forderung aus künftigem Einkommen abzudecken.[10]

Nach dem neu eingefügten Satz 2 erhöht sich die nach Satz 1 begrenzte Ausgleichsforderung in den Fällen des § 1375 Abs. 2 Satz 1 BGB allerdings um den dem Endvermögen hinzuzurechnenden Betrag. Der Ausgleichsschuldner haftet dann über sein Bestandsvermögen hinaus. Nach der Intention des Reformgesetzgebers soll der „illoyale" Ehegatte so behandelt werden, als habe er sein Vermögen nicht vermindert.[11] Der Grundsatz der hälftigen Teilung des Zugewinns wird davon nicht berührt, da Absatz 1 die Ausgleichsforderung auf die Hälfte des Zugewinnüberschusses beschränkt und Absatz 2 Satz 1 als Begrenzungsnorm die hälftige Partizipation am Zugewinn gerade verhindert. Der Gläubigerschutz tritt in den Fällen des Absatzes 2 Satz 2 hinter das höher gewichtete Interesse des von den Vermögensminderungen betroffenen Ehegatten zurück.

IV. Verjährung

Die Verjährung der Forderung richtet sich nach den allgemeinen Regeln der §§ 195 ff. BGB.

---

[4] BGH v. 21.11.2001 - XII ZR 162/99 - LM ZPO § 554 Nr. 50 (4/2002).
[5] BGH v. 08.03.1995 - XII ZR 54/94 - LM BGB § 1378 Nr. 17 (9/1995).
[6] BGH v. 17.11.1999 - XII ZR 281/97 - LM BGB § 273 Nr. 55 (4/2000); BGH v. 21.11.2001 - XII ZR 162/99 - LM ZPO § 554 Nr. 50 (4/2002).
[7] LG Leipzig v. 05.07.2004 - 16 T 2268/04 - jurisPR extra 2005, 34.
[8] BGH v. 21.04.2004 - XII ZR 170/01 - FamRZ 2004, 1353-1354.
[9] Schwab, FamRZ 2009, 1445-1450, Koch in: MünchKomm BGB, § 1378 Rn. 10, § 1384 Rn 3 (die § 1384 BGB ggf. teleologisch reduzieren will).
[10] Koch in: MünchKomm-BGB, § 1378 Rn. 6; BT-Drs. 16/13027, S. 7.
[11] BT-Drs. 16/13027, S. 7.

10 Absatz 4, der eine spezielle Verjährungsfrist (drei Jahre ab Kenntnis von der Beendigung des Güterstandes, längstens dreißig Jahre) enthielt, wurde durch das am 01.01.2010 in Kraft getretene Gesetz zur Änderung des Erb- und Verjährungsrechts ersatzlos gestrichen. Die nunmehr maßgebliche Regelverjährung führt zu keinen großen inhaltlichen Veränderungen. Zu beachten ist, dass nunmehr auch grob fahrlässige Unkenntnis (§ 199 Abs. 1 Nr. 2 BGB) den Lauf der Verjährungsfrist auslöst. Die Höchstfrist verringert sich von 30 auf 10 Jahre (§ 199 Abs. 4 BGB).

11 Die Kenntnis des Prozessbevollmächtigten wird gemäß § 166 BGB zugerechnet, wenn dieser mit der Durchsetzung des Zugewinnausgleichsanspruchs beauftragt war.[12]

12 **Verjährungshemmend** wirken Anträge, die unmissverständlich erkennen lassen, dass der Antragsteller seinen Zugewinnausgleichsanspruch durchsetzen will.[13] Ein bloßer Auskunftsantrag unterbricht die Verjährung nicht, wenn der Antragsteller einen anschließenden Leistungsantrag nur in Aussicht stellt; ein Stufenantrag hemmt die Verjährung sehr wohl, wenn der Zahlungsantrag gestellt ist,[14] auch wenn der Antrag auf den falschen Stichtag bezogen ist.[15] Eine zum Neubeginn der Verjährung führende Anerkennung kann in der bloßen Auskunftserteilung nicht gesehen werden.[16] Wird ausdrücklich nur ein Teilantrag gestellt, so erstreckt sich die Hemmung der Verjährung nicht auf den Restanspruch.[17]

13 Bloße Vergleichsverhandlungen können bereits den Ablauf der Verjährung hemmen.[18]

14 Ist die Zugewinnausgleichsforderung verjährt, ergibt sich daraus kein Anspruch auf Ausgleich ehebedingter Zuwendungen.[19]

V. Vereinbarung über die Ausgleichsforderung

15 § 1378 Abs. 3 Sätze 2, 3 BGB beinhalten **Beschränkungen der Vertragsfreiheit**. Bis zur Beendigung des Güterstandes ist die noch nicht entstandene Forderung dem Rechtsverkehr (mit Dritten) grundsätzlich entzogen. Neben dem Zweck, Drittinteressen aus der Eheauflösung fernzuhalten, sollen damit auch die Ehegatten vor sich selbst geschützt werden.[20] Insbesondere soll der schwächere Partner vor unreflektierten Zugeständnissen zu einem Zeitpunkt, zu welchem der Umfang der möglichen Ausgleichsforderung noch gar nicht feststeht, bewahrt werden. Als **Ausnahme** von diesem Grundsatz sind Vereinbarungen über den Zugewinnausgleich vor Beendigung des Güterstandes dann wirksam, wenn sie für den Fall der Auflösung der Ehe in einer notariellen Urkunde oder einem Verfahren in Ehesachen vor dem Prozessgericht (§ 127a BGB) protokolliert werden, § 1378 Abs. 3 Satz 2 BGB. Dies ist laut BGH sogar bereits vor der Anhängigkeit eines Scheidungsverfahrens möglich;[21] Teile der Literatur fordern während dieser Zeit die Form des Ehevertrages. In der Praxis erfolgt eine solche Regelung wohl meist im Zusammenhang mit Fragen des Unterhalts und des Versorgungsausgleichs, so dass die Form des Ehevertrages ohnehin eingehalten werden muss.

C. Verfahrensrechtliche Hinweise

16 Nachdem der Ausgleichsanspruch als Ergebnis einer Gesamtsaldierung nur in eine Richtung möglich ist, kann hierüber auch nur durch einheitlichen Beschluss entschieden werden. Teilbeschlüsse nur über den Antrag oder Widerantrag scheiden aufgrund der Gefahr widersprechender Entscheidungen aus.

17 Der **Streitwert** des geltend gemachten Zugewinnausgleichsanspruchs bestimmt sich nach der Geldsumme, die verlangt wird. Besteht aber Unklarheit, welcher der Ehegatten ausgleichspflichtig ist, und werden entsprechend gegenläufige Anträge gestellt, so sind im Rahmen der Streitwertbestimmung diese Anträge zusammenzurechnen. Dies ergibt sich daraus, dass das Rechtsschutzinteresse der Ver-

---

[12] OLG Naumburg v. 23.12.1996 - 3 WF 126/96 - JMBl ST 1997, 380; OLG Celle v. 22.01.2002 - 10 UF 122/01 - FamRZ 2002, 1030-1032.
[13] BGH v. 19.01.1994 - XII ZR 190/92 - NJW-RR 1994, 514-516.
[14] Vgl. OLG Celle v. 03.03.1995 - 15 UF 222/94 - NJW-RR 1995, 1411; OLG Naumburg v. 12.05.2005 - 8 UF 258/04; FamRZ 2006, 267.
[15] Vgl. KG Berlin v. 17.04.2000 - 16 UF 8082/99 - FamRZ 2001, 105-106.
[16] OLG Karlsruhe v. 26.05.2000 - 2 WF 43/00 - OLGR Karlsruhe 2001, 198-199; OLG Celle v. 22.01.2002 - 10 UF 122/01 - FamRZ 2002, 1030-1032; BGH v. 27.01.1999 - XII ZR 113/97 - LM BGB § 202 Nr. 30 (8/99).
[17] BGH v. 09.01.2008 - XII ZR 33/06 - FamRZ 2008, 675-677.
[18] OLG Naumburg v. 22.02.2005 - 8 WF 34/05.
[19] OLG Düsseldorf v. 12.08.2002 - 9 U 263/01 - FamRZ 2003, 872-873; *Bergschneider*, FamRZ 2003, 873-874.
[20] BGH v. 16.12.1982 - IX ZR 90/81 - BGHZ 86, 143-152.
[21] BGH v. 16.12.1982 - IX ZR 90/81 - BGHZ 86, 143-152.

fahrensbeteiligten einerseits darin liegt, selbst den geltend gemachten Zugewinnausgleich zu erstreiten, gleichzeitig aber jedoch auch die eigene Inanspruchnahme auf Zugewinnausgleich durch den Verfahrensgegner abzuwehren.[22]

---

[22] OLG Stuttgart v. 31.03.2006 - 18 WF 71/06 - FamRZ 2006, 1055; aktuell zu Streitwerten bei Güterrechtsstreitigkeiten *Krause*, FamRB 2007, 83-85.

§ 1379 BGB Auskunftspflicht

(Fassung vom 06.07.2009, gültig ab 01.09.2009)

(1) ¹Ist der Güterstand beendet oder hat ein Ehegatte die Scheidung, die Aufhebung der Ehe, den vorzeitigen Ausgleich des Zugewinns bei vorzeitiger Aufhebung der Zugewinngemeinschaft oder die vorzeitige Aufhebung der Zugewinngemeinschaft beantragt, kann jeder Ehegatte von dem anderen Ehegatten

1. Auskunft über das Vermögen zum Zeitpunkt der Trennung verlangen;
2. Auskunft über das Vermögen verlangen, soweit es für die Berechnung des Anfangs- und Endvermögens maßgeblich ist.

²Auf Anforderung sind Belege vorzulegen. ³Jeder Ehegatte kann verlangen, dass er bei der Aufnahme des ihm nach § 260 vorzulegenden Verzeichnisses zugezogen und dass der Wert der Vermögensgegenstände und der Verbindlichkeiten ermittelt wird. ⁴Er kann auch verlangen, dass das Verzeichnis auf seine Kosten durch die zuständige Behörde oder durch einen zuständigen Beamten oder Notar aufgenommen wird.

(2) ¹Leben die Ehegatten getrennt, kann jeder Ehegatte von dem anderen Ehegatten Auskunft über das Vermögen zum Zeitpunkt der Trennung verlangen. ²Absatz 1 Satz 2 bis 4 gilt entsprechend.

Gliederung

A. Zweck..1	II. Ergänzende Ansprüche nach Absatz 1 Sätze 2, 3 und 4...............................12
B. Anwendungsvoraussetzungen 2	III. Auskunftspflicht nach Absatz 2 16
I. Auskunftspflicht nach Absatz 1 Satz 1 Nr. 1 und Nr. 2 2	C. Verfahrensrechtliche Hinweise 17

A. Zweck

1 Jeder Ehegatte, der einen Ausgleichsanspruch geltend machen will, muss in der Lage sein, sich über Existenz und Höhe des Zugewinns des anderen ein Bild zu machen, und benötigt zu diesem Zweck einen Einblick in die Vermögenssphäre des anderen Ehegatten. Der Auskunftsanspruch des § 1379 BGB steht sowohl für das **Anfangs-** als auch für das **Endvermögen** bereit. Die Erweiterung auch auf das Anfangsvermögen dient dem Ehegatten, der bei dem anderen ein negatives Anfangsvermögen vermutet und daher die Vermutung des § 1377 Abs. 3 BGB widerlegen will. Die Vorschrift war ursprünglich dem § 2314 BGB nachgebildet, der den Auskunftsanspruch des Pflichtteilsberechtigten regelt. Durch die mit Inkrafttreten der Reform des Zugewinnausgleichsrechts zum 01.09.2009 eingeführte Belegpflicht ist die Norm den unterhaltsrechtlichen Regelungen angenähert worden. Neben der Ausweitung des Anspruchs auf das Anfangsvermögen ist nunmehr auch der Vermögensstand zum Zeitpunkt der Trennung mögliches Anspruchsziel. Es handelt sich um eine **wechselseitige Auskunftspflicht**, d.h. auch der potentiell Ausgleichsberechtigte hat Angaben zu seinem Anfangs- bzw. Endvermögen zu machen.

B. Anwendungsvoraussetzungen

I. Auskunftspflicht nach Absatz 1 Satz 1 Nr. 1 und Nr. 2

2 Voraussetzung für Absatz 1 Satz 1 Nr. 1 und 2 ist, dass ein **Ausgleichsanspruch** in Betracht kommt. Im Übrigen ist der Anspruch unabhängig vom Ergebnis des Zugewinnausgleichs. Ob etwa ggf. die Einrede des § 1381 BGB eingreift, ist grundsätzlich unerheblich.[1] Dies kann regelmäßig erst nach der Auskunftserteilung beurteilt werden. Allenfalls dann, wenn unter keinem Aspekt ein Zugewinnausgleichsanspruch bestehen kann, ist ein Auskunftsbegehren rechtsmissbräuchlich.[2] Der Auskunftsanspruch aus Absatz 1 entsteht mit **Güterstandsbeendigung** bzw. mit **Rechtshängigkeit** des (auch) auf

---

[1] OLG Koblenz v. 06.07.2004 - 11 UF 742/03 - FamRZ 2005, 902.
[2] BGH v. 26.03.1980 - IV ZR 193/78 - FamRZ 1980, 768; OLG Hamburg v. 29.04.2011 - 12 UF 32/10 - juris (unzweifelhaftes Bestehen der Einrede aus § 1381 BGB).

Beendigung des Güterstandes gerichteten Verfahrens (Scheidung bzw. Aufhebung der Ehe, vorzeitige Aufhebung der Zugewinngemeinschaft).

Um Vermögensverschiebungen zwischen der Trennung der Ehegatten und der Rechtshängigkeit des Scheidungsantrages zu vermeiden,[3] kann jeder Ehegatte von dem anderen Ehegatten nach Absatz 1 Satz 1 Nr. 1 **Auskunft über das Vermögen zum Zeitpunkt der Trennung** verlangen. Dieser Zeitpunkt kann mitunter schwer zu beweisen sein. Weil der Auskunftsanspruch über das Trennungsvermögen nach Absatz 2 (vgl. Rn. 16) bereits mit der Trennung entsteht, kommt § 1379 Abs. 1 Satz 1 Nr. 1 BGB keine eigenständige Bedeutung zu.

Die Auskunftspflicht nach Nr. 2 **umfasst zum einen den Stand des Endvermögens zum Berechnungsstichtag**, d.h. im Falle der Scheidung dem Datum der Rechtshängigkeit (§ 1384 BGB).

Die Neuregelung des § 1374 BGB, demzufolge das Anfangsvermögen nun auch negativ sein kann, erforderte zum anderen die Erweiterung der Auskunftspflicht auf **den Stand des Anfangsvermögens zum Beginn des Güterstandes**. Denn ein negativer Wert des Anfangsvermögens lässt sich im Rahmen der Beweisführung nicht mehr auf die Vermutung des § 1377 Abs. 3 BGB stützen, sondern ist zu beweisen. Der Auskunftsanspruch dient insbesondere den Interessen des ausgleichspflichtigen Ehegatten, sofern er – um der Abwendung der Ausgleichsforderung willen – ein negatives Anfangsvermögen des vermeintlichen Anspruchsberechtigten vermutet.[4] Daneben kann auch der Ausgleichsberechtigte ein Interesse an der Auskunft über das Anfangsvermögen haben, da sich seine Zugewinnausgleichsforderung im Falle negativen Anfangsvermögens des Ausgleichsverpflichteten erhöht, soweit die Forderung das bei Beendigung des Güterstandes bzw. Rechtshängigkeit des Scheidungsantrags vorhandene Vermögen nicht übersteigt (§ 1378 Abs. 2 Satz 1 BGB).

Der Auskunftsanspruch über das Anfangsvermögen kann dem potentiell Ausgleichsberechtigten darüber hinaus dazu dienen, seine Zugewinnforderung im Vorfeld der Antragstellung besser abschätzen zu können und damit eine kostenmäßig ungünstige teilweise Zurückweisung seines Antrages infolge Zuvielforderung zu vermeiden.[5]

Aufzuführen sind die einzelnen Vermögensgegenstände nach Art, Anzahl und wertbildenden Faktoren.[6] Konkrete Wertangaben sind dagegen nicht notwendig. Erfasst wird z.B. bei einer Lebensversicherung die Angabe über den Rückkaufswert und die Überschussanteile.[7]

Da der Normtext des § 1375 BGB zwischen Endvermögen und den ihm hinzuzurechnenden Beträgen differenziert, erstreckte sich die Auskunftspflicht unter Geltung des § 1379 BGB a.F. nach h.M.[8] nicht auf „illoyale" Vermögensdispositionen gemäß § 1375 Abs. 2 BGB.[9] § 1379 BGB n.F. umfasst hingegen alle für die Berechnung des Anfangs- oder Endvermögens maßgeblichen Informationen und somit auch die Auskunft über Vermögensminderungen **im Sinne des § 1375 Abs. 2 Satz 1 BGB** bzw. (ggf. negative) **Vermögensbestandteile**, die dem Anfangsvermögen **nach § 1374 Abs. 2 BGB** hinzuzurechnen sind.[10]

Allerdings hat der Gläubiger „zumindest konkrete Anhaltspunkte dafür vorzutragen, dass eine solche Hinzurechnung in Betracht kommt".[11]

Ein Rechtsbedürfnis für den Auskunftsantrag bestehe auch dann, wenn der Antragsteller damit in erster Linie die Umkehr der Beweislast nach § 1375 Abs. 2 Satz 2 BGB erreichen will.[12]

Ob der geschuldeten Auskunft ein **Zurückbehaltungsrecht** nach § 273 BGB entgegengehalten werden darf, bis auch der andere Ehegatte Auskunft erteilt, ist umstritten, wird in der Rechtsprechung aber überwiegend verneint, weil der Auskunftsanspruch einen reinen Hilfsanspruch darstelle.[13]

---

[3] Vgl. BT-Drs. 16/13027, S. 7.
[4] Vgl. BT-Drs. 16/10798, S. 18.
[5] Vgl. auch *Weinreich*, FuR 2009, 497-509, 504-505.
[6] OLG Naumburg v. 26.10.2000 - 8 UF 260/99 - OLGR Naumburg 2001, 345-348.
[7] OLG Köln v. 18.01.2001 - 27 WF 2/02 - OLGR Köln 2002, 272-273.
[8] BGH v. 29.10.1981 - IX ZR 92/80 - BGHZ 82, 132-138; BGH v. 26.03.1997 - XII ZR 250/95 - LM BGB § 1363 Nr. 3 (8/1997); BGH v. 19.04.2000 - XII ZR 62/98 - LM BGB § 430 Nr. 5 (10/2000).
[9] BGH v. 29.10.1981 - IX ZR 92/80 - BGHZ 82, 132-138; BGH v. 26.03.1997 - XII ZR 250/95 - LM BGB § 1363 Nr. 3 (8/1997); BGH v. 19.04.2000 - XII ZR 62/98 - LM BGB § 430 Nr. 5 (10/2000).
[10] BGH v. 15.08.2012 - XII ZR 80/11; *Brudermüller* in: Palandt, § 1379 Rn. 2; *Koch* in: MünchKomm-BGB, § 1379 Rn. 1 u. 16; vgl. auch BT-Drs. 16/10798, S. 18; a.A. *Jaeger* in: Johannsen/Henrich, FamR, § 1379 Rn. 3.
[11] BGH v. 15.08.2012 - XII ZR 80/11.
[12] BGH v. 17.10.2012 - XII ZR 101/10.
[13] OLG Jena v. 10.10.1996 - WF 189/96 - NJW-RR 1997, 578; OLG Düsseldorf v. 25.09.2006 - 2 UF 78/06 - FamRZ 2007, 831; *Jaeger* in: Johannsen/Henrich, FamR, § 1379 Rn. 15 m.w.N.; dagegen OLG Stuttgart v. 02.10.1981 - 15 UF 157/81 - FamRZ 1982, 282-283.

II. Ergänzende Ansprüche nach Absatz 1 Sätze 2, 3 und 4

12 Auskunft ist in Form eines Verzeichnisses im Sinne des § 260 BGB (vgl. die Kommentierung zu § 260 BGB) nicht nur hinsichtlich des **Bestandes** zu erteilen, sondern auch in Bezug auf die **wertbildenden Faktoren** der einzelnen Gegenstände. Darüber hinaus kann der Auskunft begehrende Ehegatte verlangen, bei der Inventarisierung **zugezogen zu werden (Absatz 1 Satz 3 Halbsatz 1)**. Die Hinzuziehung kann ggf. auch noch nach erfolgter Auskunftserteilung verlangt werden.[14] Diese erfolgt i.d.R. durch **Übergabe eines geordneten Verzeichnisses**. Eine konkrete Form oder eine Unterschrift des Auskunftsverpflichteten ist zwar nicht vorgeschrieben,[15] die Erklärung muss allerdings schriftlich verkörpert sein, wenn auch nicht in der Form des § 126 BGB. Sie kann auch durch einen Rechtsanwalt übermittelt werden.[16] Nur wenn Anlass zu Zweifeln besteht, ob die Erklärung auch wirklich vom Auskunftspflichtigen herrührt, kann eine persönliche Unterschrift verlangt werden.[17] Die **Kosten der Erstellung** trägt der **Schuldner** selbst. In dem Verzeichnis ist das Vermögen insgesamt zu erfassen, nicht bloße Teile. Bei einem mangelhaften, aber nicht völlig unbrauchbaren Verzeichnis soll keine Neuerstellung verlangt werden können.[18] Nachträgliche Ergänzungen können in das vorhandene Verzeichnis integriert werden.[19]

13 Nach **Absatz 1 Satz 2** wird die Auskunftspflicht des Anspruchsgegners in Anlehnung an die §§ 1605 Abs. 1 Satz 2, 1580 BGB um die Pflicht zur **Vorlage von Belegen** erweitert. Damit soll die Rechtsverfolgung erleichtert und eine Kontrolle der Auskunftsangaben ermöglicht werden. Der Auskunftspflichtige hat also etwa Konto- oder Depotauszüge vorzulegen.

14 **Satz 3 Halbsatz 2** enthält einen **Wertermittlungsanspruch**, der eigens geltend zu machen ist. Der Anspruch richtet sich auf Ermittlung des Wertes durch den Auskunftsschuldner, der hierzu ggf. – auf seine Kosten – selbst Auskünfte einzuholen bzw. Hilfskräfte einzusetzen hat.[20] Ein **Anspruch auf Wertfeststellung durch Sachverständige** besteht grundsätzlich nicht, wird von der Rechtsprechung und allgemeinen Meinung aber dann anerkannt, soweit eine zuverlässige Bewertung andernfalls nicht möglich ist.[21] Der Anspruch ist allerdings nur auf Duldung der Wertermittlung durch den Sachverständigen gerichtet, dessen Kosten der Auskunftsgläubiger als Auftraggeber zu tragen hat.[22] Ggf. können die Gutachterkosten gemäß § 91 ZPO berücksichtigt werden.[23]

15 Nach **Satz 4** besteht überdies ein Anspruch, dass das Verzeichnis **auf Kosten des Auskunftsbegehrenden** durch die **zuständige Behörde** (die durch Landesgesetz bestimmt wird, § 486 Abs. 2 FamFG), einen **zuständigen Beamten oder Notar** aufgenommen wird.

III. Auskunftspflicht nach Absatz 2

16 Der neue Anspruch auf Auskunft über das Vermögen zum Zeitpunkt der Trennung kann bereits **ab der Trennung** geltend gemacht werden. Er dient der Vermeidung von Vermögensverschiebungen zwischen Trennung und Rechtshängigkeit des Scheidungsantrages. Die ergänzenden Ansprüche nach Absatz 1 Sätze 2-4 gelten entsprechend. Verringert sich das Vermögen zwischen Trennung und Zustellung des Scheidungsantrages, so hat der Auskunftsschuldner zu beweisen, dass der Vermögensschwund nicht auf Handlungen i.S.d. § 1375 Abs. 2 Satz 1 Nr. 1-3 BGB beruht (**§ 1375 Abs. 2 Satz 2 BGB**).

---

[14] Vgl. OLG Hamm v. 21.03.2011 - 8 WF 14/11 - FamRZ 2011, 1732-1733 m.w.N.
[15] OLG Karlsruhe v. 23.01.2003 - 18 WF 197/02 - FamRZ 2004, 106; OLG Zweibrücken v. 18.08.2000 - 2 UF 43/00 - FamRZ 2001, 763-764; a.A. OLG Hamm v. 01.03.2000 - 6 UF 51/99 - FamRZ 2001, 763.
[16] BGH v. 28.11.2007 - XII ZB 225/05 - FamRZ 2008, 600-602.
[17] KG Berlin v. 12.07.1996 - 18 UF 2577/96 - FamRZ 1997, 503.
[18] OLG Köln v. 06.01.1997 - 26 WF 157/96 - OLGR Köln 1997, 164-165.
[19] OLG Zweibrücken v. 18.08.2000 - 2 UF 43/00 - FamRZ 2001, 763-764.
[20] BGH v. 05.03.1975 - IV ZR 72/74 - BGHZ 64, 63-67, 66; BGH v. 06.05.1982 - IX ZR 36/81 - BGHZ 84, 31-36, 32 f.; BGH v. 28.01.2009 - XII ZB 121/08 - FamRZ 2009, 595-596, 596.
[21] BGH v. 06.05.1982 - IX ZR 36/81 - BGHZ 84, 31-36, 33 ff.; BGH v. 28.01.2009 - XII ZB 121/08 - FamRZ 2009, 595-596, 596; *Thiele* in: Staudinger, § 1379 Rn. 24.
[22] BGH v. 06.05.1982 - IX ZR 36/81 - BGHZ 84, 31-36, 34 ff.; *Koch* in: MünchKomm-BGB, § 1379 Rn. 23-24.
[23] OLG Frankfurt v. 04.08.1999 - 3 WF 192/99 - FamRZ 2000, 1513; OLG Karlsruhe v. 22.09.2009 - 20 UF 105/09 - FamRZ 2009, 1909-1910, 1910.

C. Verfahrensrechtliche Hinweise

Durch die Neuregelung des Absatzes 1 Satz 1 bestehen die Auskunftsansprüche auch bei Anträgen auf vorzeitigen Zugewinnausgleich oder vorzeitige Aufhebung der Zugewinngemeinschaft. Die Ansprüche in Absatz 1 Satz 1 können mit dem Eintritt des jeweiligen Stichtages geltend gemacht werden. Auskunft nach Absatz 2 kann unabhängig hiervon ab dem Trennungszeitpunkt verlangt werden. 17

Der Auskunftsanspruch kann im Rahmen eines **Stufenantrages** geltend gemacht werden und wird nach § 888 ZPO, bei Wertermittlung durch einen Dritten nach § 887 ZPO, **vollstreckt**. Im Rahmen einer Stufenklage können weitere Auskunftsansprüche geltend gemacht werden, auch wenn ein zunächst beantragter Auskunftsanspruch bereits rechtskräftig zuerkannt wurde.[24] 18

Im Gegensatz zum reinen Auskunftsverfahren **hemmt** der Stufenantrag die Verjährung der Ausgleichsforderung.[25] Eine genaue Bezifferung des Leistungsantrages ist zunächst nicht notwendig.[26] 19

Ein Tenor, der den Ausgleichsschuldner verpflichtet, seine „Auskunft in geeigneter Weise zu belegen", ist nicht vollstreckungsfähig.[27] 20

Besteht Grund zur Annahme, dass das Verzeichnis nicht mit der nötigen Sorgfalt erstellt wurde, findet § 260 Abs. 2 BGB Anwendung: Hiernach kann der Auskunftsberechtigte eine **eidesstattliche Versicherung** mit dem Inhalt verlangen, dass der Schuldner nach bestem Wissen den Vermögensbestand so vollständig angegeben hat, wie es ihm möglich war. Die Vollstreckung dieses Anspruches erfolgt nach § 889 ZPO. 21

Der **Streitwert** ist vom Gericht nach freiem Ermessen zu bestimmen. Für die Bemessung kommt es entscheidend auf das Interesse des Anspruchsgegners an, die Auskunft nicht erteilen zu müssen, wobei neben einem etwaigen Geheimhaltungsinteresse vor allem der Aufwand an Zeit und Kosten, den die Erteilung der geschuldeten Auskunft erfordert, maßgeblich ist.[28] Die Kosten für die Hinzuziehung sachverständiger Dritter sind nur zu berücksichtigen, wenn die Auskunft anderenfalls nicht in sachgerechter Weise erteilt werden kann.[29] 22

---

[24] OLG Saarbrücken v. 17.02.2014 - 6 WF 1/14.
[25] OLG Naumburg v. 12.05.2005 - 8 UF 258/04 - OLGR Naumburg 2005, 950-951; BGH v. 27.01.1999 - XII ZR 113/97 - NJW 1999, 1101-1102.
[26] OLG Celle v. 07.05.1999 - 15 UF 235/98 - OLGR Celle 1999, 286-287; OLG Naumburg v. 12.05.2005 - 8 UF 258/04 - FamRZ 2006, 267.
[27] OLG Zweibrücken v. 24.07.2002 - 6 WF 25/02 - ZFE 2002, 327.
[28] BGH v. 25.04.2007 - XII ZB 10/07 - FamRZ 2007 - 1090-1091.
[29] BGH v. 04.06.2003 - XII ZB 22/02 - BGHZ 155, 127-132; BGH v. 24.07.2002 - XII ZB 31/02 - FuR 2003, 47-48.

§ 1380 BGB Anrechnung von Vorausempfängen
(Fassung vom 02.01.2002, gültig ab 01.01.2002)

(1) ¹Auf die Ausgleichsforderung eines Ehegatten wird angerechnet, was ihm von dem anderen Ehegatten durch Rechtsgeschäft unter Lebenden mit der Bestimmung zugewendet ist, dass es auf die Ausgleichsforderung angerechnet werden soll. ²Im Zweifel ist anzunehmen, dass Zuwendungen angerechnet werden sollen, wenn ihr Wert den Wert von Gelegenheitsgeschenken übersteigt, die nach den Lebensverhältnissen der Ehegatten üblich sind.

(2) ¹Der Wert der Zuwendung wird bei der Berechnung der Ausgleichsforderung dem Zugewinn des Ehegatten hinzugerechnet, der die Zuwendung gemacht hat. ²Der Wert bestimmt sich nach dem Zeitpunkt der Zuwendung.

Gliederung

A. Normzweck 1	V. Berechnungsmethoden nach Absatz 2 11
B. Anwendungsvoraussetzungen 2	C. Arbeitshilfen – Rechenbeispiele 13
I. Bestehen einer Ausgleichsforderung 2	I. Wenn die Zuwendung noch im Endvermögen des Empfängers ist 13
II. Begriff der Zuwendung 5	II. Vorausempfang nicht mehr im Endvermögen des Empfängers vorhanden 14
III. Praktische Bedeutung 8	
IV. Anrechnungsbestimmung 10	

A. Normzweck

1 Die Norm will Zuwendungen unter den Ehegatten, die während des bestehenden Güterstandes getätigt wurden, grundsätzlich angerechnet wissen. Der Empfänger einer solchen **Zuwendung** soll insgesamt nicht mehr erhalten, als er durch den Zugewinnausgleich ohne die vorherige Zuwendung bekommen hätte. Bestimmte Vorausempfänge müssen daher als „vorweggenommener Zugewinnausgleich" anerkannt werden. Die Vorschrift ist dem § 2315 BGB nachgebildet, der allerdings keine Zweifelsregelung im Sinne des § 1380 Abs. 1 Satz 2 BGB kennt.

B. Anwendungsvoraussetzungen

I. Bestehen einer Ausgleichsforderung

2 Die Vorschrift setzt voraus, dass der Zuwendungsempfänger Gläubiger einer Ausgleichsforderung ist.

3 Übersteigt die Zuwendung den Ausgleichsanspruch, ist umstritten, ob der Zuwendende den überschüssigen Teil nach den allgemeinen Regeln des Zugewinnausgleichs zurückverlangen kann (sog. **überhöhte Zuwendung**). Nach der herrschenden Meinung hat eine erneute Zugewinnausgleichsberechnung zu erfolgen mit der möglichen Konsequenz, dass nun der Zuwendungsempfänger zum Ausgleich verpflichtet ist.[1]

4 Unerheblich ist, ob sich der Gegenstand der Zuwendung noch im Vermögen des Empfängers befindet, der somit das Risiko einer Verschlechterung trägt.

II. Begriff der Zuwendung

5 Der Begriff der Zuwendung umfasst zunächst **Schenkungen** i.S.d. § 516 BGB. Das Merkmal der Unentgeltlichkeit weist gegenüber der sonstigen Verwendung keine Besonderheiten auf. Auch die sog. **ehebedingten Zuwendungen** fallen nach ganz h.M. unter die Vorschrift.[2] Wird vereinbart, dass der eine Ehegatte dem anderen eine Sache übereignet, während er alle anderen Vermögensgegenstände behalten dürfen soll, handelt es sich im Zweifel nicht um ein entgeltliches Geschäft; daher ist § 1380 BGB einschlägig.[3]

---

[1] BGH v. 26.11.1981 - IX ZR 91/80 - BGHZ 82, 227-237; BGH v. 10.07.1991 - XII ZR 114/89 - BGHZ 115, 132-141; *Koch* in: MünchKomm-BGB, § 1380 Rn. 2; a.A. *Thiele* in: Staudinger, § 1380 Rn. 3.

[2] BGH v. 10.07.1991 - XII ZR 114/89 - BGHZ 115, 132-141.

[3] BGH v. 20.12.2000 - XII ZR 237/98 - LM BGB § 1380 Nr. 7 (5/2001).

Maßstab für den Wert, der über die Berücksichtigungsfähigkeit entscheidet, ist gemäß § 1380 Abs. 1 Satz 2 BGB der **Begriff des Gelegenheitsgeschenkes**. Nicht angerechnet werden allgemein übliche Geschenke zu den Fest- und Feiertagen sowie zu bedeutenden Anlässen wie etwa einer Genesung oder eines Examens. Unüblich wertvoll sind Zuwendungen, die den konkreten Lebensverhältnissen der Ehegatten nicht entsprechen, wobei die Praxis in vergleichbaren Einkommens- und Gesellschaftsverhältnissen zur Beurteilung herangezogen werden kann. Geschenke, die sich in dem geschilderten Rahmen halten, sind nicht anzurechnen, auch wenn sie nicht zu einem bestimmten Anlass erfolgen.

Der Zeitpunkt der Zuwendung muss während des gesetzlichen Güterstandes liegen; insoweit sind die §§ 1384, 1387 BGB zu beachten.

III. Praktische Bedeutung

Die Zuwendung besteht häufig in der (Mit-)Eigentumsübertragung eines Grundstückes oder von Lebensversicherungen. Letzterenfalls ist zu differenzieren, ob der Ehegatte auf seine Rechnung das Leben des anderen, oder sein eigenes Leben mit dem anderen Ehegatten als Bezugsberechtigten versichert. In der ersten Alternative sind die Prämien anrechenbare Zuwendungen, im Übrigen handelt es sich um einen Vertrag zugunsten Dritter, und die Prämien fallen nicht unter § 1380 BGB (allenfalls die widerrufliche Anwartschaft).

Die Bestimmung des § 1380 Abs. 1 Satz 1 BGB ist (anders als § 1380 Abs. 1 Satz 2 BGB) der Disposition der Ehegatten entzogen.

IV. Anrechnungsbestimmung

Die **Anrechnungsbestimmung** (§ 1380 BGB) muss vor oder bei der Zuwendung getroffen werden. Sie ist formlos, **ausdrücklich oder schlüssig** möglich; alleine der **Zuwendungszeitpunkt** ist entscheidend. Eine Anrechnungsbestimmung ist zu unterstellen, wenn die Zuwendung nach dem Scheitern der Ehe zur Vermögensauseinandersetzung erfolgt.[4] **Später** können nur noch beide Ehegatten gemeinsam eine Anrechnung vereinbaren und zwar in der **Form des** § 1378 Abs. 3 BGB.[5] Die Beweislast trifft entsprechend den allgemeinen Regeln denjenigen, der sich auf die Anrechnungsbestimmung beruft, es sei denn, es liegt ein Fall des Absatzes 1 Satz 2 vor. Der Gegenbeweis bleibt in jedem Fall möglich.

V. Berechnungsmethoden nach Absatz 2

Nach Absatz 2 wird die Zuwendung hypothetisch **dem Zugewinn des Zuwendenden** mit dem Wert zum Zeitpunkt der Zuwendung **hinzugerechnet** und dann (als Leistung an Erfüllungs statt) von der **Ausgleichsforderung abgezogen**. Zum identischen Ergebnis kommt man, wenn das Zugewandte dem Anfangsvermögen des Empfängers und seinem Endvermögen zugerechnet wird. Dies setzt allerdings voraus, dass man § 1374 Abs. 2 BGB im Verhältnis von Ehegatten untereinander für anwendbar hält (vgl. dazu die Kommentierung zu § 1372 BGB Rn. 6). Diese Methode scheidet ohnehin immer dann aus, wenn § 1374 Abs. 2 BGB weder nach seinem Sinn, noch seinem Wortlaut anwendbar ist, also insbes. bei den sog. unbenannten Zuwendungen. Es empfiehlt sich daher, die Zuwendung mit ihrem auf den Zurechnungszeitpunkt bezogenen Wert aus dem Endvermögen des Empfängers herauszurechnen.[6]

Zwischenzeitliche **Wertsteigerungen** der Zuwendung mehren nach allgemeinen Grundsätzen das Endvermögen des Zuwendungsempfängers. Umstritten ist,[7] ob der Kaufkraftschwund mittels einer Indexierung zu berücksichtigen ist[8] oder nicht.[9]

---

[4] BGH v. 20.12.2000 - XII ZR 237/98 - LM BGB § 1380 Nr. 7 (5/2001).
[5] BGH v. 16.12.1982 - IX ZR 90/81 - BGHZ 86, 143-152.
[6] BGH v. 20.12.2000 - XII ZR 237/98 - LM BGB § 1380 Nr. 7 (5/2001); OLG Karlsruhe v. 28.03.2002 - 2 UF 50/01 - NJW-RR 2003, 361-363.
[7] *Kogel*, FamRB 2005, 368-370.
[8] OLG Frankfurt v. 16.11.2005 - 6 UF 71/05 - NJW 2006, 520-522; *Haußleiter/Schulz*, Vermögensauseinandersetzung, 5. Aufl. 2011, Rn. 522; *Brudermüller* in: Palandt, § 1380 Rn. 19.
[9] *Lange* in: Soergel, 12. Aufl., § 1380 Rn. 13.

C. Arbeitshilfen – Rechenbeispiele

I. Wenn die Zuwendung noch im Endvermögen des Empfängers ist

13 Ehegatte 1 macht während des Güterstandes eine Zuwendung i.H.v. **10.000 €** an Ehegatte 2.

Zugewinn Ehegatte 1:

	Endvermögen (ohne Zuwendung)	50.000 €
–	Anfangsvermögen des Ehegatten 1	20.000 €
=	Zugewinn	30.000 €
+	Zuwendung	10.000 €
=	Zugewinn unter Einbeziehung v. § 1380 Abs. 2 Satz 1 BGB	**40.000 €**

Zugewinn Ehegatte 2:

	Endvermögen (inkl. der Zuwendung)	25.000 €
–	Anfangsvermögen des Ehegatten 2	0 €
=	Zugewinn	25.000 €
–	Zuwendungsersatz	10.000 €
=	Zugewinn nach Abzug des Zuwendungsersatzes	**15.000 €**

Zugewinnsaldo der Ehegatten:

	Ehegatte 1	40.000 €
–	Ehegatte 2	15.000 €
=	Zugewinnsaldo	**25.000 €**
	Ausgleichsforderung des Ehegatten 2 vor Anrechnung (25.000 € / 2)	12.500 €
	Ausgleichsforderung nach der Anrechnung (12.500 € - 10.000 €)	2.500 €

II. Vorausempfang nicht mehr im Endvermögen des Empfängers vorhanden

14 Würde man die Zuwendung auch bei deren ersatzlosem Untergang dennoch in voller Höhe berücksichtigen, müsste Ehegatte 1 entgegen der gebotenen Risikoverteilung in gleicher Höhe Ausgleich leisten, als wenn der Gegenstand in seiner Sphäre bereits untergegangen wäre: Denn das Endvermögen von Ehegatte 2 würde nicht 25.000 € betragen, sondern wegen Untergangs des Zuwendungsgegenstandes nur 15.000 €. Zieht man davon gem. § 1380 BGB die 10.000 € (Zuwendung) ab, verbleibt ein Zugewinn von nur 5.000 €. Die Differenz zu Ehegatte 1 betrüge 35.000 €, der Ausgleichsanspruch (17.500 € - 10.000 €) = 7.500 €.

15 Das **Risiko eines Untergangs** oder Verschlechterung des Zuwendungsgegenstandes (bzw. seines Surrogates) **trifft jedoch den Empfänger**.[10] Sachgerechte Ergebnisse können daher nur dann erzielt werden, wenn bei ersatzlosem Untergang der Zuwendungsgegenstand bei der Ausgleichsberechnung überhaupt nicht und in den Fällen der Verschlechterung nur mit dem verbleibenden Wert vom Endvermögen abgezogen wird.

16 In unserem Beispiel würde das Endvermögen des Ehegatten 2 15.000 € betragen (ohne den zugewendeten Gegenstand, aber auch ohne Abzug der Zuwendung gem. § 1380 BGB). Die Ausgleichforderung vor der Anrechnung betrüge 12.500 € und nach der Anrechnung 2.500 €.

---

[10] BGH v. 20.05.1987 - IVb ZR 62/86 - BGHZ 101, 65-72.

§ 1381 BGB Leistungsverweigerung wegen grober Unbilligkeit

(Fassung vom 02.01.2002, gültig ab 01.01.2002)

(1) Der Schuldner kann die Erfüllung der Ausgleichsforderung verweigern, soweit der Ausgleich des Zugewinns nach den Umständen des Falles grob unbillig wäre.

(2) Grobe Unbilligkeit kann insbesondere dann vorliegen, wenn der Ehegatte, der den geringeren Zugewinn erzielt hat, längere Zeit hindurch die wirtschaftlichen Verpflichtungen, die sich aus dem ehelichen Verhältnis ergeben, schuldhaft nicht erfüllt hat.

Gliederung

A. Normzweck 1	II. Gesetzliches Regelbeispiel 10
B. Voraussetzung 5	C. Rechtsfolgen 12
I. Einzelfälle 6	

A. Normzweck

Die Vorschrift dient der Einzelfallgerechtigkeit, um die Härten zu mildern, die durch die gesetzliche Regelung mit ihrer rein pauschal-mathematischen Berechnung auftreten. Allerdings soll die Vorschrift nicht jegliche Ungerechtigkeit beseitigen, die im System angelegt ist. Denn das Gesetz ist auf einen starren schematischen Ausgleich angelegt und nimmt gewisse Beeinträchtigungen der Einzelfallgerechtigkeit bewusst in Kauf. § 1381 BGB ist eine Spezialnorm gegenüber § 242 BGB und insoweit nur zur Korrektur von Ergebnissen gedacht, die dem Gerechtigkeitsempfinden in unerträglicher Weise widersprechen.[1] **1**

Entgegen einigen Stimmen aus der Literatur eignet sich die Norm grundsätzlich nicht dazu, den Ausgleichsschuldner vor einer nunmehr möglichen Überschuldung infolge unverschuldeter Vermögensverluste zwischen Rechtshängigkeit des Scheidungsverfahrens bzw. des Verfahrens auf vorzeitige Aufhebung der Zugewinngemeinschaft und der für die Entstehung der Ausgleichsforderung maßgeblichen Beendigung des Güterstandes zu schützen (vgl. die Kommentierung zu § 1384 BGB Rn. 2).[2] **2**

Systematisch geht das Recht zur Stundung aus § 1382 BGB vor. Daraus ist abzuleiten, dass es nicht Sinn und Zweck des § 1381 BGB ist, Erfüllungsschwierigkeiten aus der Welt zu schaffen.[3] **3**

Die Vorschrift ist zwingend, also durch Ehevertrag nicht abänderbar. Ein Verzicht ist ab Entstehen der Forderung möglich. **4**

B. Voraussetzung

Die Korrektur der gesetzlichen Berechnung erfolgt aufgrund einer wertenden Betrachtung. Das Gesetz verwendet den unbestimmten Rechtsbegriff der **groben Unbilligkeit**. Allein die Tatsache, dass ein bestimmtes Ergebnis ungerecht erscheint, genügt demnach nicht. Die grobe Unbilligkeit kann sich aus einem Fehlverhalten eines Ehegatten ergeben, wobei auch die Verletzung persönlicher Pflichten eine Rolle spielen kann. Einzubeziehen in die bewertende Betrachtung ist auch die Versorgungslage der beiden Ehegatten, ihr Einkommen und Vermögen. **5**

I. Einzelfälle

So wurde die Vorschrift angewandt zugunsten einer erwerbsunfähigen Ehefrau, deren Zugewinn allein in der Wertsteigerung einer ererbten Haushälfte bestand, die von ihr und ihrem Kind bewohnt wird; denn die Zugewinnausgleichsregelungen sollen unter anderem auch der Zukunftssicherung dienen.[4] In die gleiche Richtung geht eine Entscheidung des OLG Stuttgart, in deren Konstellation der Zugewinn des einen Ehegatten fast ausschließlich auf einer Schmerzensgeldzahlung beruhte; das Gericht ging davon aus, dass diese Zahlung auch der Versorgung des Ehegatten dienen sollte, so dass eine Beteiligung des anderen an diesem Zugewinn zu einem grob unbilligen Ergebnis führen würde.[5] **6**

---

[1] BGH v. 06.02.2002 - XII ZR 213/00 - NJW-RR 2002, 865-867.
[2] *Budzikiewicz* in: Erman, § 1381 Rn. 12; § 1378 Rn. 5 m.w.N. zum Streitstand.
[3] BGH v. 03.06.1970 - IV ZR 64/69 - LM Nr. 4 zu § 1381 BGB.
[4] OLG Schleswig v. 30.05.1997 - 10 UF 56/96 - NJW-RR 1998, 1225-1226.
[5] OLG Stuttgart v. 29.03.2001 - 11 UF 331/00 - OLGR Stuttgart 2001, 220-221.

7 Des Weiteren wurde in einem Fall, in dem ein Ehegatte über 4 Jahre lang zu viel Unterhalt an den anderen gezahlt hatte, der Ausgleichsanspruch des anderen herabgesetzt[6] und auch zugunsten eines Ehegatten, der seinen Zugewinn überwiegend während einer 24 Jahre dauernden Trennungszeit erzielt hatte,[7] wurde die Vorschrift angewandt. Allein die Tatsache, dass ein Lottogewinn mehrere Jahre nach der Trennung gemacht wurde, rechtfertigt noch keine Anwendung.[8]

8 Die Einrede wegen Unbilligkeit des Zugewinnausgleichs kann der Ausgleichsschuldner nach einer Entscheidung des OLG Köln auch dann erheben, wenn der ausgleichsberechtigte Ehegatte bei der Teilungsversteigerung eines gemeinsamen Grundstückes Alleineigentum durch Zuschlag auf einen weit unter dem Verkehrswert liegenden Wert erhalten hat und hierdurch der Zugewinn des Ausgleichspflichtigen bereits abgeschöpft wird.[9]

9 Schließlich wird kontrovers beurteilt, ob die Verletzung persönlicher Pflichten, etwa ein Ehebruch, genügt, um den Zugewinnausgleich auszuschließen oder herabzusetzen. Der BGH hat dies bejaht, aber eine gewisse Schwere und Dauer unter Würdigung des gesamten Verlaufs und der Dauer der Ehe gefordert.[10] Darüber hinausgehend ist zu verlangen, dass die Verfehlung wirtschaftliche Auswirkungen für den anderen Ehegatten hatte. Nicht zulässig ist es, den Zugewinnausgleich quasi als eine Art Ersatzscheidungsstrafe zu verwenden.

II. Gesetzliches Regelbeispiel

10 Das Gesetz konkretisiert in Absatz 2 einen Fall der Unbilligkeit, wenn ein Ehegatte seine wirtschaftlichen ehelichen Verpflichtungen längere Zeit nicht erfüllt hat. Dazu gehören die Unterhaltspflichten genauso wie die Pflicht der Haushaltsführung, soweit sie einvernehmlich von einem Ehegatten übernommen wurde. Auch die aus § 1353 BGB abgeleitete Rücksichtnahme auf die wirtschaftlichen Belange des anderen ist hier zu nennen. Ob die Verfehlung längere Zeit gedauert hat, ist im Verhältnis zur Ehedauer und zur Schwere der Pflichtverletzung zu sehen. Macht sich ein Ehegatte eines vorwerfbaren schweren Fehlverhaltens schuldig, reicht eine kürzere Dauer aus, als wenn es sich um lediglich kleinere Nachlässigkeiten handelt.

11 Strittig ist, ob auch eine unzureichende bzw. leichtfertige Verwaltung des eigenen Vermögens bereits eine Pflichtverletzung im Sinne der Vorschrift darstellt.[11]

C. Rechtsfolgen

12 Als Rechtsfolge gewährt die Vorschrift eine Einrede gegen die Zahlung. Dagegen steht dem betroffenen Ehegatten grundsätzlich kein Verweigerungsrecht hinsichtlich des Auskunftsanspruchs zu, weil regelmäßig erst nach erfolgter Auskunft das Eingreifen von § 1381 BGB beurteilt werden kann (vgl. die Kommentierung zu § 1379 BGB Rn. 2). Die Einrede ist nicht höchstpersönlich, sondern vererbbar. Gegebenenfalls kann ein negativer Feststellungsantrag gestellt werden.

---

[6] OLG Brandenburg v. 10.02.2003 - 9 WF 191/02 - NJW-RR 2003, 1083-1084.
[7] BGH v. 06.02.2002 - XII ZR 213/00 - NJW-RR 2002, 865-867.
[8] BGH v. 16.10.2013 - XII ZB 277/12 - NJW 2013, 3645.
[9] OLG Köln v. 16.12.2008 - 4 UF 75/08 - FamRZ 2009, 1070-1071; ablehnend *Funk*, jurisPR-FamR 18/2009, Anm. 1 und *Lüdinghausen*, FF 2009, 215-216.
[10] BGH v. 22.04.1966 - IV ZR 58/65 - BGHZ 46, 343-354.
[11] Dafür: *Koch* in: MünchKomm-BGB, § 1381 Rn. 17; dagegen: *Jaeger* in: Johannsen/Henrich, FamR, § 1381 Rn. 9 m.w.N.

§ 1382 BGB Stundung

(Fassung vom 02.01.2002, gültig ab 01.01.2002)

(1) ¹Das Familiengericht stundet auf Antrag eine Ausgleichsforderung, soweit sie vom Schuldner nicht bestritten wird, wenn die sofortige Zahlung auch unter Berücksichtigung der Interessen des Gläubigers zur Unzeit erfolgen würde. ²Die sofortige Zahlung würde auch dann zur Unzeit erfolgen, wenn sie die Wohnverhältnisse oder sonstigen Lebensverhältnisse gemeinschaftlicher Kinder nachhaltig verschlechtern würde.

(2) Eine gestundete Forderung hat der Schuldner zu verzinsen.

(3) Das Familiengericht kann auf Antrag anordnen, dass der Schuldner für eine gestundete Forderung Sicherheit zu leisten hat.

(4) Über Höhe und Fälligkeit der Zinsen und über Art und Umfang der Sicherheitsleistung entscheidet das Familiengericht nach billigem Ermessen.

(5) Soweit über die Ausgleichsforderung ein Rechtsstreit anhängig wird, kann der Schuldner einen Antrag auf Stundung nur in diesem Verfahren stellen.

(6) Das Familiengericht kann eine rechtskräftige Entscheidung auf Antrag aufheben oder ändern, wenn sich die Verhältnisse nach der Entscheidung wesentlich geändert haben.

Gliederung

A. Normzweck 1	III. Zahlung zur Unzeit 4
B. Anwendungsvoraussetzungen 2	C. Rechtsfolgen 6
I. Antrag des Schuldners 2	D. Verfahrensrechtliche Hinweise 8
II. Nichtbestreitung der Forderung 3	

A. Normzweck

Die Vorschrift soll Härten zu Lasten des Schuldners mildern, indem sie die Fälligkeit der Ausgleichsforderung aufschiebt. Sie ist eine Konkretisierung des Grundsatzes von Treu und Glauben und gegenüber § 1381 BGB vorrangig.

1

B. Anwendungsvoraussetzungen

I. Antrag des Schuldners

Voraussetzung ist zunächst ein Antrag des Schuldners. Dieser ist eine Verfahrenshandlung und muss einen Sachantrag nicht enthalten. Eine Frist für die Antragstellung besteht nicht. Eine Nachholung des Stundungsantrages nach Rechtskraft der Entscheidung ist allerdings nicht zulässig; eine Änderung gemäß Absatz 6 kann jedoch immer erfolgen.

2

II. Nichtbestreitung der Forderung

Die zu stundende Forderung darf des Weiteren nicht bestritten sein. Es darf weder ein Rechtsstreit anhängig noch ein rechtskräftiges Urteil ergangen sein.[1]

3

III. Zahlung zur Unzeit

Schließlich verlangt das Gesetz, dass die sofortige Zahlung für den Schuldner zur Unzeit erfolgen würde. Insoweit hat eine beiderseitige Interessenabwägung stattzufinden, die vor allem wirtschaftliche Belange berücksichtigt. Die Einbeziehung persönlicher Belange ist nicht ausgeschlossen. Interessen Dritter spielen dagegen keine Rolle. Die in die Abwägung einzustellenden Faktoren auf Seiten des Schuldners müssen vorübergehender Natur sein, da sonst eine Stundung keinen Sinn macht. Speziell

4

---
[1] OLG Naumburg v. 29.04.2002 - 14 WF 57/02 - FamRZ 2003, 375-376.

erwähnt Absatz 1 Satz 2 als Anwendungsfall, dass die Wohnverhältnisse oder sonstigen Lebensverhältnisse gemeinschaftlicher Kinder durch die sofortige Zahlung nachhaltig verschlechtert werden. Dies ist insbesondere bei einer Veräußerung des Familienheimes zu befürchten.

5 Im Übrigen sind hier relevant vor allem Sachverhalte, in denen für die Zugewinnausgleichsberechnung Sachwerte einbezogen werden, die dem Schuldner momentan nicht flüssig zur Verfügung stehen. Gerade bei der fehlenden Liquidität eines Versicherungsanrechts ist die Stundung als probates Mittel angesehen worden.[2] Auch wenn ein Eigenheim in der Zugewinnrechnung nicht mit dem aktuellen Wert angesetzt wird, weil derzeit gerade eine besonders untypisch ungünstige Marktlage herrscht, kann eine Stundung in Frage kommen.[3] Unter Umständen ist bei der Bewertung einer Anwartschaft aus einer Kapitallebensversicherung die Frage zu stellen, ob die Fortführung der Versicherung nicht gerade durch eine Stundung ermöglicht werden kann.[4]

C. Rechtsfolgen

6 Rechtsfolge ist die Stundung, die zu einem Hinausschieben der Fälligkeit der Ausgleichsforderung bei Bestehenbleiben der Erfüllbarkeit führt; sie tritt ipso iure mit der Entscheidung des Gerichts ein. Zuständig ist der Rechtspfleger. Die Forderung ist grundsätzlich zu verzinsen (Absatz 2), wobei die Höhe des Zinses im Ermessen des Gerichts steht (Absatz 4) und sich an der banküblichen Verzinsung orientieren wird. Auf der anderen Seite kann der Gläubiger Sicherheitsleistung verlangen (Absatz 3). Auch hier entscheidet das Gericht auf Antrag nach billigem Ermessen.

7 Gemäß Absatz 6 kann das Gericht seine Entscheidung abändern, wenn die Verhältnisse sich gewandelt haben. Voraussetzung ist ein entsprechender Antrag. Die Änderung kann sowohl die Situation des Gläubigers als auch die des Schuldners oder der Kinder betreffen. Unter Umständen kann auch eine Wiederheirat eine solche Veränderung darstellen. Ändert das Gericht seine Entscheidung und vollstreckt der Gläubiger gleichwohl aus der ursprünglichen Verfügung, ist die Vollstreckung nach § 775 Nr. 2, 4 ZPO einzustellen.

D. Verfahrensrechtliche Hinweise

8 Das Verfahren richtet sich, da es sich um eine Güterrechtssache nach § 261 Abs. 2 FamFG handelt, nach den Grundsätzen der Freiwilligen Gerichtsbarkeit. Die für Familienstreitsachen geltenden Vorschriften sind nicht anzuwenden. Dabei bleibt es auch, wenn das Verfahren auf Stundung mit demjenigen auf Zugewinnausgleich verbunden wird; für die beiden Begehren gelten dann unterschiedliche Verfahrensgrundsätze.

9 Ist die Forderung selbst nicht bestritten, entscheidet über die Stundung der Rechtspfleger. Andernfalls kann der Antrag auf Stundung nur in dem betreffenden Rechtsstreit gestellt werden; hier entscheidet dann der Richter.

10 Im Verfahren über die Stundung kann auch ein Vergleich über die Forderung geschlossen werden, wodurch der Gläubiger einen vollstreckbaren Titel erhält (§ 36 Abs. 1 FamFG). Die Zahlungspflicht kann in den Titel aufgenommen werden.

11 Nach § 264 Abs. 1 Satz 1 FamFG wird die Entscheidung abweichend von § 40 Abs. 1 FamFG erst mit Rechtskraft wirksam.

12 Der Ausschluss einer Abänderung der Entscheidung nach § 264 Abs. 1 Satz 2 FamFG bezieht sich ungeachtet des insoweit missverständlichen weil umfassenden Wortlautes nur auf die Abänderung nach § 48 Abs. 1 FamFG, nicht aber auf die materiell-rechtliche Abänderungsmöglichkeit des Absatzes 6; das ergibt sich aus der Entstehungsgeschichte.[5]

13 Rechtsmittel gegen die Stundung ist die Beschwerde zum OLG (§ 58 Abs. 1 FamFG, § 119 Abs. 1 Nr. 1a GVG).

14 Der Streitwert richtet sich nicht nach dem Wert der Forderung, sondern nach dem Interesse des Antragstellers, die Kosten der Finanzierung der Forderung zu ersparen.[6]

---

[2] BGH v. 15.01.1992 - XII ZR 247/90 - BGHZ 117, 70-82.
[3] BGH v. 01.04.1992 - XII ZR 146/91 - NJW-RR 1992, 899-900.
[4] BGH v. 12.07.1995 - XII ZR 109/94 - BGHZ 130, 298-304.
[5] BT-Drs. 16/6308, 262; *Heiter* in: Prütting/Helms, FamFG, § 264 Rn. 24.
[6] OLG Köln v. 11.06.2003 - 27 UF 44/02 - AGS 2003, 362-363.

Kostenrechtliche Hinweise zu § 1382 BGB Stundung

(Fassung vom 02.01.2002, gültig ab 01.01.2002)

(1) ¹Das Familiengericht stundet auf Antrag eine Ausgleichsforderung, soweit sie vom Schuldner nicht bestritten wird, wenn die sofortige Zahlung auch unter Berücksichtigung der Interessen des Gläubigers zur Unzeit erfolgen würde. ²Die sofortige Zahlung würde auch dann zur Unzeit erfolgen, wenn sie die Wohnverhältnisse oder sonstigen Lebensverhältnisse gemeinschaftlicher Kinder nachhaltig verschlechtern würde.

(2) Eine gestundete Forderung hat der Schuldner zu verzinsen.

(3) Das Familiengericht kann auf Antrag anordnen, dass der Schuldner für eine gestundete Forderung Sicherheit zu leisten hat.

(4) Über Höhe und Fälligkeit der Zinsen und über Art und Umfang der Sicherheitsleistung entscheidet das Familiengericht nach billigem Ermessen.

(5) Soweit über die Ausgleichsforderung ein Rechtsstreit anhängig wird, kann der Schuldner einen Antrag auf Stundung nur in diesem Verfahren stellen.

(6) Das Familiengericht kann eine rechtskräftige Entscheidung auf Antrag aufheben oder ändern, wenn sich die Verhältnisse nach der Entscheidung wesentlich geändert haben.

Gliederung

A. Grundlagen 1
B. Besonderheiten 5
  I. Angelegenheit 5
  II. Gegenstandswert 8
  III. Gebühren 16
C. Arbeitshilfen 17
  I. Beispiele/Muster 17
    1. Beispiel: Stundungsinteresse bei Zugewinnausgleichsverfahren 17
    2. Beispiel: Zugewinnausgleichsverfahren mit Stundungs- und mit Anrechnungsverfahren 20
  II. Berechnungsprogramme 22
    1. Prozesskostenrechner 22
    2. RVG-Rechner: 1. Instanz mit Anrechnung der Geschäftsgebühr 23

A. Grundlagen

Ist es dem Ausgleichspflichtigen nicht möglich, den Ausgleichsanspruch im Ganzen zu zahlen, so kommt regelmäßig ein entsprechendes Verfahren nach § 1382 BGB in Betracht. Wichtig ist es dabei, zu beachten, dass es sich bei dem Zugewinnausgleichsverfahren und dem Stundungsverfahren um unterschiedliche Gegenstände handelt, deren Werte zu addieren sind, wenn es zu einer Entscheidung über den Stundungsantrag kommt – § 52 FamGKG. 1

Das Verfahren zur Stundung einer Zugewinnausgleichsforderung ist nach den §§ 111 Nr. 9, 261 Abs. 2 FamFG eine Familiensache. Im Gegensatz zum Zugewinnausgleichsverfahren selbst, handelt es sich jedoch **nicht um eine Familienstreitsache**, da in § 113 FamFG nur auf § 261 Abs. 1 Bezug genommen wird. 2

Bei anhängiger Scheidungssache ist das Stundungsverfahren grundsätzlich Gegenstand des Verbunds, § 137 Abs. 2 Nr. 4 FamFG, wenn eine Entscheidung für den Fall der Scheidung zu treffen ist. Voraussetzung ist die Stellung eines entsprechenden Antrags. Denkbar ist jedoch auch eine isolierte Geltendmachung. 3

Für die Lebenspartnerschaften gelten diese Ausführungen entsprechend gem. §§ 111 Nr. 11, 269 FamFG. 4

B. Besonderheiten

I. Angelegenheit

Das Hauptsacheverfahren **Zugewinnausgleichsforderung** und das entsprechende **Stundungsverfahren** stellen **unterschiedliche Gegenstände derselben Angelegenheit** dar. 5

Kostenrechtl. Hinw. zu § 1382

6 **Stundungsforderung im isolierten Ausgleichsverfahren**: Grundsätzlich ist eine Verfahrensverbindung mit einer isolierten Familienstreitsache nicht möglich, da für diese Verbindung § 113 Abs. 1 FamFG, § 140 ZPO maßgebend ist. An einer besonderen Verbindungsgrundlage, wie für den Scheidungsverbund mit § 137 FamFG, fehlt es im FamFG. Hier gilt allerdings die Besonderheit des § 1382 Abs. 5 BGB. Danach kann ein Stundungsanspruch bei anhängigem Verfahren über die Ausgleichsforderung nur in diesem Verfahren geltend gemacht werden. Demzufolge bilden auch das isolierte Ausgleichsverfahren und das Stundungsverfahren ein Verfahren und damit eine Angelegenheit mit unterschiedlichen Gegenständen – § 52 Satz 1 FamGKG. Die Werte der Gegenstände sind zu addieren, § 52 Satz 2 GKG.

7 Dies gilt ebenso, wenn der **Zugewinn Gegenstand des Scheidungsverbunds** ist. In diesem Fall ist auch das Stundungsverfahren Gegenstand des Scheidungsverbunds und die Werte aller Verbundverfahren – auch die für Zugewinn und für Stundung – sind zu addieren.

II. Gegenstandswert

8 Der Wert für das **isolierte Stundungsverfahren** ergibt sich aus den § 42 FamGKG. Hiernach ist der Wert nach Ermessen zu schätzen. Fehlt es an konkreten Anhaltspunkten, was hier regelmäßig nicht der Fall ist, beträgt der Wert regelmäßig 5.000 €. Er ist nach § 52 FamGKG mit dem Wert des Zugewinnausgleichsverfahrens zusammenzurechnen, wenn über den Stundungsanspruch entschieden wird.

9 **Entscheidung notwendig – Gerichtskosten**: Die im Gesetzestext formulierte Einschränkung einer notwendigen Entscheidung nach § 52 FamGKG kann jedoch nur für die Gerichtskosten gelten.

10 **Entscheidung notwendig – Rechtsanwaltsvergütung**: Für den Anwalt sind diese Gegenstände immer zu addieren, auch wenn keine Entscheidung über den Gegenstand der Stundung ergeht. Der Rechtsanwalt wurde bereits vorher durch den Mandanten beauftragt. Er hat sich mit diesem Anspruch auseinandergesetzt und diesen beantragt. Bzgl. des Mandanten entstehen die Gebühren daher von Beginn an nach dem zusammengerechneten Wert. Allerdings ist eine Festsetzung der diesbezüglichen Gebührenanteile gegen den Gegner mangels Entscheidung hierüber nicht möglich. Für den Rechtsanwalt erfolgt die Wertaddition bereits aus § 22 RVG.[1]

11 **Verfahrenskostenhilfe**: Ist dem Mandanten Verfahrenskostenhilfe sowohl für den Zugewinn als auch für das Stundungsverfahren bewilligt, so sind die Anwaltsgebühren auch dann nach dem zusammengerechneten Wert entstanden, wenn über den Gegenstand der Stundung keine Entscheidung ergeht. Die Einschränkung des § 52 FamGKG kann nicht für die Rechtsanwälte gelten. Für den Rechtsanwalt erfolgt die Wertaddition bereits aus § 22 RVG.[2]

12 Wird der Stundungsantrag in einem **anhängigen isolierten Zugewinnausgleichsverfahren** oder **im Rahmen des Scheidungsverbunds** gestellt, § 1382 Abs. 5 BGB, so ändert sich hierdurch für die Ermittlung des Wertes grundsätzlich nichts.

13 Sowohl im isolierten als auch im Verbundverfahren sind konkrete Anhaltspunkte für eine Schätzung nach § 42 FamGKG vorhanden. Der Wert richtet sich nach dem Stundungsinteresse (z.B. ersparte Zinsaufwendungen) oder ist pauschal mit 1/5 bis 1/6 zu bewerten.[3] Maßgebend ist das Interesse des Antragstellers, die Kosten der Finanzierung der Forderung zu ersparen (vgl. das Beispiel in Rn. 17).[4]

14 Bei der Ermittlung der ersparten Aufwendungen können ggf. weitere ersparte Finanzierungskosten wie Bankgebühren, Notar- u. Grundbucheintragungskosten berücksichtigt werden.

15 Wird ein Antrag auf Zahlung des Zugewinnausgleichs mit einem Antrag auf Zuweisung bestimmter Gegenstände (§ 1383 Abs. 3 BGB) verbunden und wird ein Antrag auf Stundung gestellt, so sind die Werte aller drei Gegenstände zu addieren.

III. Gebühren

16 Es entstehen sowohl im Verbund als auch im isolierten Verfahren Gebühren nach dem Teil 3 des Vergütungsverzeichnisses zum RVG. Es entstehen damit in der Regel die Nr. 3100 (Verfahrensgebühr) und Nr. 3104 (Terminsgebühr) VV RVG.

---

[1] *Schneider* in: HK-FamGKG, 2. Aufl. 2014, § 52 Rn. 79.
[2] *Schneider* in: HK-FamGKG, 2. Aufl. 2014, § 52 Rn. 79.
[3] *Enders*, JurBüro 1999, 337, 395.
[4] OLG Köln v. 11.06.2003 - 27 UF 44/02 - AGS 2003, 362-363.

C. Arbeitshilfen

I. Beispiele/Muster

1. Beispiel: Stundungsinteresse bei Zugewinnausgleichsverfahren

Das isolierte Zugewinnausgleichsverfahren ist anhängig. Die Ehefrau begehrt eine Zahlung von 100.000 €. Die Ausgleichsforderung wird auf 100.000 € festgesetzt. Der Ehemann ist nicht in der Lage diesen Betrag kurzfristig zu zahlen. Die Forderung wird daher in Form einer Ratenzahlung von jährlich 25.000 € gestundet. Die erste Rate ist in einem Jahr fällig. Der Ehegatte hätte ohne diese Stundung einen Kredit aufnehmen müssen mit einem Zinssatz von 10%.

17

Der Gegenstandswert ergibt sich aus der Kapitalisierung der ersparten Zinsaufwendungen während der Dauer der Stundung.

18

	100.000 € mit 10% für 1 Jahr – Zinsaufwendungen hierfür	10.000 €
+	75.000 € mit 10% für 1 Jahr – Zinsaufwendungen hierfür	7.500 €
+	50.000 € mit 10% für 1 Jahr – Zinsaufwendungen hierfür	5.000 €
+	25.000 € mit 10% für 1 Jahr – Zinsaufwendungen hierfür	2.500 €
=	Summe	25.000 €

Der Gegenstandswert für das Stundungsverfahren beträgt damit 25.000 €. Ggf. könnten weitere Kosten wie Bankgebühren, Notar- u. Grundbucheintragungskosten berücksichtigt werden. Die Gegenstandswerte der beiden unterschiedlichen Gegenstände sind nach § 52 FamGKG und nach § 22 RVG zu addieren.

Gebühren für das Ausgleichs- und das Stundungsverfahren:

19

	Verfahrensgebühr, Nr. 3100 VV (1,3); Wert: 125.000 €	2.064,40 €
+	Terminsgebühr, Nr. 3104 VV (1,2); Wert: 125.000 €	1.905,60 €

2. Beispiel: Zugewinnausgleichsverfahren mit Stundungs- und mit Anrechnungsverfahren

Es ist ein isoliertes Zugewinnausgleichsverfahren anhängig. Der Wert wird festgesetzt auf 250.000 €. Der Ehemann betreibt ein kleines Unternehmen und ist nicht in der Lage, diesen Betrag kurzfristig zu zahlen. Die Forderung wird daher in Form einer Ratenzahlung von jährlich 50.000 € gestundet. Das Gericht bewertet das Stundungsinteresse pauschal mit 1/5 des Ausgleichswertes, also 50.000 €. Die Ehefrau ist für ihre Berufstätigkeit auf die technische Ausstattung des heimischen Büros angewiesen. Sie beantragt, ihr diese Geräte unter Anrechnung auf die Zugewinnausgleichsforderung zu überlassen. Der Wert wird auf 10.000 € festgesetzt. Das Gericht entscheidet durch Beschluss.

20

Vergütung für das Ausgleichs- und das Stundungs- und Anrechnungsverfahren:

21

	Verfahrensgebühr, Nr. 3100 VV (1,3); Wert: 310.000 €	3.240,900 €
+	Terminsgebühr, Nr. 3104 VV (1,2); Wert: 310.000 €	2.991,60 €

II. Berechnungsprogramme

1. Prozesskostenrechner

Mit diesem Berechnungsprogramm können Sie kalkulieren, welche Verfahrenskosten auf Ihren Mandanten zukommen können (mit 2. Instanz, Vergleich, Beweisauslagen, gegnerischem Anwalt): Prozesskostenrechner.

22

2. RVG-Rechner: 1. Instanz mit Anrechnung der Geschäftsgebühr

Mit diesem Berechnungsprogramm können Sie die anwaltliche Vergütung für das außergerichtliche Verfahren (Nr. 2300 VV RVG) und das gerichtliche Verfahren (Nr. 3100, 3104, 1003 VV RVG) berechnen: RVG-Rechner (1. Instanz mit Anrechnung der Geschäftsgebühr).

23

§ 1383 BGB Übertragung von Vermögensgegenständen

(Fassung vom 02.01.2002, gültig ab 01.01.2002)

(1) Das Familiengericht kann auf Antrag des Gläubigers anordnen, dass der Schuldner bestimmte Gegenstände seines Vermögens dem Gläubiger unter Anrechnung auf die Ausgleichsforderung zu übertragen hat, wenn dies erforderlich ist, um eine grobe Unbilligkeit für den Gläubiger zu vermeiden, und wenn dies dem Schuldner zugemutet werden kann; in der Entscheidung ist der Betrag festzusetzen, der auf die Ausgleichsforderung angerechnet wird.

(2) Der Gläubiger muss die Gegenstände, deren Übertragung er begehrt, in dem Antrag bezeichnen.

(3) § 1382 Abs. 5 gilt entsprechend.

Gliederung

A. Normzweck 1	III. Unbilligkeit für den Gläubiger/Zumutbarkeit für den Schuldner 6
B. Praktische Bedeutung 2	D. Rechtsfolgen 7
C. Anwendungsvoraussetzungen 3	E. Verfahrensrechtliche Hinweise 8
I. Antrag des Gläubigers 3	F. Abdingbarkeit 13
II. Übertragbare Gegenstände 4	

A. Normzweck

1 Normalerweise wird der Zugewinnausgleich durchgeführt, indem der eine Ehegatte gegen den anderen einen auf Geld gerichteten Anspruch erwirbt (§ 1378 Abs. 1 BGB). Dies kann im Einzelfall unbefriedigend sein, weil der Ausgleichsberechtigte ein starkes Interesse an im Eigentum des anderen Ehegatten stehenden Sachwerten haben kann. Unter engen Voraussetzungen kann er daher nach § 1383 BGB statt eines Ausgleichs in Geld eine Übertragung von Vermögensgegenständen verlangen.

B. Praktische Bedeutung

2 Die enge Fassung der Vorschrift soll streitvermeidend wirken. Sie führt zu einer sehr geringen praktischen Bedeutung der Vorschrift,[1] was noch dadurch verstärkt wird, dass die §§ 1568a, 1568b BGB für Ehewohnung und Haushaltsgegenstände Sonderregelungen bereithalten.

C. Anwendungsvoraussetzungen

I. Antrag des Gläubigers

3 Voraussetzung ist zunächst ein Antrag des Gläubigers beim Familiengericht. Dieser hat die zu übertragenden Gegenstände genau zu bezeichnen. Der Antrag kann noch während des Verfahrens geändert werden. Die Vorschrift begünstigt bewusst einseitig den Gläubiger, obwohl der Schuldner ebenfalls wegen fehlender Liquidität an einer Hergabe von Sachmitteln interessiert sein kann; dieses Interesse wird jedoch vom Gesetz nicht geschützt.

II. Übertragbare Gegenstände

4 Gegenstand im Sinne der Norm sind alle Sachen und Rechte, die übertragbar sind, somit auch Gesellschaftsbeteiligungen. Für letztere ist allerdings eine Ausnahme zu machen, wenn ihre Übertragung an Dritte nach der Satzung der Gesellschaft untersagt ist.[2] Der Gegenstand muss des Weiteren dem Schuldner gehören. Die Begründung eines neuen Rechts kann über die Vorschrift nicht verlangt werden. Hinsichtlich des Zeitpunktes der Zugehörigkeit zum Vermögen ist die Entscheidung des Gerichtes maßgeblich. Allerdings sind die Gegenstände bereits im Antrag konkret zu bezeichnen.

---

[1] *Budzikiewicz* in: Erman, § 1383 Rn. 1.
[2] *Jaeger* in: Johannsen/Henrich, FamR, § 1383 Rn. 3.

Nach wohl überwiegender Auffassung ist eine Übertragung von Haushaltsgegenständen nach **§ 1568b BGB** vorrangig, in dessen Anwendungsbereich ein Antrag nach § 1383 BGB mithin ausgeschlossen.[3] Im Alleineigentum des anderen Ehegatten stehende Haushaltsgegenstände können nur Gegenstand eines Antrags nach § 1383 BGB sein, weil § 1568b BGB eine Zuweisung insofern nicht ermöglicht. Hinsichtlich der Ehewohnung soll zwischen dem Verfahren gemäß **§ 1568a BGB** und dem Antrag nach § 1383 BGB freie Konkurrenz bestehen.[4]

III. Unbilligkeit für den Gläubiger/Zumutbarkeit für den Schuldner

Die Übertragung soll eine grobe Unbilligkeit für den Gläubiger vermeiden und für den Schuldner zumutbar sein. An die dafür erforderliche Interessenabwägung ist ein strenger Maßstab anzulegen. Ein entscheidendes Kriterium ist die Frage, ob der Gegenstand zur Aufrechterhaltung der familiären Lebensweise, z.B. mit Kindern, notwendig ist. Dabei ist auch eine mögliche (oder eher schwierige) Ersatzbeschaffung zu berücksichtigen. Zu denken ist etwa an eine Eigentumswohnung. Ob auch eine enge ideelle Beziehung zur Sache (Haustier) eine Rolle spielt, wird unterschiedlich gesehen.[5] Die Zumutbarkeitsfrage ist immer konkret auf einen Gegenstand bezogen und nicht allgemein zu beantworten. Ebenfalls in die Abwägung einzubeziehen sind Bereitschaft und Fähigkeit des Schuldners zur Zahlung des Ausgleichsbetrages in Geld. Fehlt es an einer dieser beiden Voraussetzungen, wird eine Übertragung von Sachmitteln eher in Betracht kommen.

D. Rechtsfolgen

Die Vorschrift verleiht dem Gläubiger eine Art Ersetzungsbefugnis. Liegen die Voraussetzungen der Norm vor, besteht kein Ermessen: Die Sache ist dann an den Gläubiger zu übertragen. Allerdings hat der Beschluss keine dingliche Wirkung, sondern spricht nur die Verpflichtung zur Übertragung aus. Die Vollstreckung erfolgt dann gemäß den §§ 883, 886 ZPO bzw. gemäß § 894 ZPO.

E. Verfahrensrechtliche Hinweise

Das Verfahren richtet sich nach den Grundsätzen der Freiwilligen Gerichtsbarkeit. Es entscheidet der Rechtspfleger.

Das Gericht setzt gleichzeitig den Gegenwert für den zu übertragenden Gegenstand fest, wobei es den Verkehrswert zum Zeitpunkt der gerichtlichen Entscheidung zugrunde zu legen hat. In dieser Höhe muss die Ausgleichsforderung allerdings unstreitig sein. Eine Übertragung von Gegenständen, deren Wert die Ausgleichforderung übersteigt, ist nicht zulässig.

Mit Rechtskraft der Entscheidung ist die Ausgleichsforderung in Höhe des festgelegten Gegenwertes erloschen. Daher kann bei Untergang des Gegenstandes kein Wiederaufleben der Forderung in Betracht kommen. Vielmehr ist § 275 BGB anwendbar. Bei Sachmängeln gilt analog § 365 BGB Kaufrecht.[6]

Mittels einer einstweiligen Anordnung (§ 49 FamFG) kann etwa ein Verfügungsverbot hinsichtlich der zu übertragenden Sache ausgesprochen werden.

Soll ein Hausgrundstück übertragen werden, ist eine Eintragung im Grundbuch im Wege eines Rechtshängigkeitsvermerkes nicht möglich; denn es besteht nur ein schuldrechtlicher Anspruch, während das Haus selbst nicht streitbefangen ist.[7] Der Anspruch aus § 1383 BGB rechtfertigt nicht die einstweilige Einstellung des Versteigerungsverfahrens gem. § 765a ZPO.[8]

F. Abdingbarkeit

Die Vorschrift ist nicht abdingbar.

---

[3] *Brudermüller* in: Palandt, § 1383 Rn. 2 m.w.N.; *Budzikiewicz* in: Erman, § 1383 Rn. 3 m.w.N.; a.A. *Koch* in: MünchKomm-BGB, § 1383 Rn. 34 f. m.w.N.

[4] *Budzikiewicz* in: Erman, § 1383 Rn. 3; *Koch* in: MünchKomm-BGB, § 1383 Rn. 34.

[5] Dafür: OLG Hamm v. 23.05.1978 - 15 W 30/77 - OLGZ 1978, 399-403, wenn den Umständen ein erhebliches Gewicht zukommt.

[6] *Jaeger* in: Johannsen/Henrich, FamR, § 1383 Rn. 11.

[7] OLG Schleswig v. 14.06.1995 - 12 UF 2/95 - FamRZ 1996, 175-176.

[8] LG Frankfurt v. 28.09.2007 - 19 T 270/07 - FamRZ 2008, 293-295.

Kostenrechtliche Hinweise zu
§ 1383 BGB Übertragung von Vermögensgegenständen

(Fassung vom 02.01.2002, gültig ab 01.01.2002)

(1) Das Familiengericht kann auf Antrag des Gläubigers anordnen, dass der Schuldner bestimmte Gegenstände seines Vermögens dem Gläubiger unter Anrechnung auf die Ausgleichsforderung zu übertragen hat, wenn dies erforderlich ist, um eine grobe Unbilligkeit für den Gläubiger zu vermeiden, und wenn dies dem Schuldner zugemutet werden kann; in der Entscheidung ist der Betrag festzusetzen, der auf die Ausgleichsforderung angerechnet wird.

(2) Der Gläubiger muss die Gegenstände, deren Übertragung er begehrt, in dem Antrag bezeichnen.

(3) § 1382 Abs. 5 gilt entsprechend.

Gliederung

A. Grundlagen 1	I. Übertragung von Vermögensgegenständen durch Vergleich 17
B. Besonderheiten 6	II. Prozesskostenrechner 18
I. Angelegenheit 6	III. RVG-Rechner: 1. Instanz mit Anrechnung der Geschäftsgebühr 19
II. Gegenstandswert 9	
III. Gebühren 16	
C. Arbeitshilfen 17	

A. Grundlagen

1 Der Gläubiger der Zugewinnausgleichsforderung kann die Übertragung bestimmter Gegenstände unter Anrechnung auf die Zugewinnausgleichsforderung beantragen.

2 Das Verfahren zur Übertragung eines Gegenstands unter Anrechnung auf die Zugewinnausgleichsforderung ist nach den §§ 111 Nr. 9, 261 Abs. 2 FamFG eine Familiensache. Im Gegensatz zum Zugewinnausgleichsverfahren selbst handelt es sich jedoch nicht um eine Familienstreitsache, da in § 113 FamFG nur auf § 261 Abs. 1 Bezug genommen wird.

3 Diese Anträge können gestellt werden:
- in einem selbständigen Verfahren,
- in dem Zugewinnausgleichsverfahren oder
- im Scheidungsverbund zusammen mit dem Ausgleichsverfahren.

4 Bei **anhängiger Ehesache** ist das Übertragungsverfahren – sofern ein entsprechender Antrag gestellt wird – (§§ 1383 Abs. 3, 1382 Abs. 5 BGB) grundsätzlich Gegenstand des Verbunds. Denkbar ist jedoch auch eine isolierte Geltendmachung.

5 Für die Lebenspartnerschaften gelten diese Ausführungen entsprechend gem. §§ 111 Nr. 11, 269 FamFG.

B. Besonderheiten

I. Angelegenheit

6 Das Hauptsacheverfahren **Zugewinnausgleichsforderung** und das entsprechende **Übertragungsverfahren** sind **unterschiedliche Gegenstände**.

7 **Übertragung von Vermögensgegenständen im anhängigen isolierten Ausgleichsverfahren:** Grundsätzlich ist eine Verfahrensverbindung mit einer Familienstreitsache nicht möglich. Hier gilt allerdings die Besonderheit der §§ 1383 Abs. 3, 1382 Abs. 5 BGB. Danach kann ein Anspruch auf Übertragung von Vermögensgegenständen bei anhängigem Rechtsstreit über die Ausgleichsforderung nur in diesem Verfahren geltend gemacht werden. Das isolierte Ausgleichsverfahren und das Übertragungsverfahren bilden eine Angelegenheit mit unterschiedlichen Gegenständen. Die Werte der Gegenstände sind zu addieren, § 52 FamGKG und § 22 RVG.

Dies gilt ebenso, wenn der **Zugewinn Gegenstand des Scheidungsverbunds** ist. In diesem Fall ist auch das Übertragungsverfahren Gegenstand des Scheidungsverbunds und die Werte aller Verbundverfahren – auch die für Zugewinn und für Übertragung – sind zu addieren.

II. Gegenstandswert

Wichtig ist es dabei, zu beachten, dass es sich bei dem Zugewinnausgleichsverfahren und dem Übertragungsverfahren um unterschiedliche Gegenstände handelt, deren Werte ggf. zu addieren sind. Nach § 52 FamGKG erfolgt diese Addition für die **Gerichtskosten**, sobald eine Entscheidung im Übertragungsverfahren ergeht.

Für die **Anwaltsvergütung** erfolgt die Zusammenrechnung bereits nach § 22 RVG, sobald der Rechtsanwalt den entsprechenden Auftrag erhalten hat und tätig geworden ist, da der Rechtsanwalt ansonsten für seine Tätigkeit keinerlei Vergütung erhalten würde.[1]

Der Wert für ein **isoliertes Verfahren zur Übertragung von Vermögensgegenständen** ergibt sich aus § 42 FamGKG. Hiernach ist der Wert zu schätzen. Fehlt es an konkreten Anhaltspunkten, beträgt der Wert regelmäßig 3.000 €.

Wird der Übertragungsantrag in einem **anhängigen isolierten Ausgleichsverfahren** oder **im Rahmen des Scheidungsverbunds** gestellt, §§ 1383 Abs. 3, 1382 Abs. 5 BGB, so ergibt sich der Wert aus §§ 42, 52 FamGKG, § 22 RVG unter Zusammenrechnung der Gegenstände.

Der Gegenstandswert ergibt sich aus dem vollen Wert des zu übertragenden Gegenstands. Die Werte mehrerer Gegenstände sind zu addieren. Es ist nicht von einem Bruchteil des Wertes auszugehen.[2] Belastungen sind nicht abzuziehen.[3]

Nach anderer Ansicht ist allein maßgebend das Interesse des Antragstellers an der Übertragung des Gegenstands. Dies muss entsprechend geschätzt werden.[4]

Wird ein Antrag auf Zahlung des Zugewinnausgleichs mit einem Antrag auf Zuweisung bestimmter Gegenstände verbunden und wird ein Antrag auf Stundung (§ 1382 BGB) gestellt, so sind die Werte aller drei Gegenstände zu addieren.

III. Gebühren

Die Gebühren richten sich nach dem Teil 3 des Vergütungsverzeichnisses zum RVG. Es entstehen damit in der Regel die Nr. 3100 (Verfahrensgebühr) und Nr. 3104 (Terminsgebühr) VV RVG.

C. Arbeitshilfen

I. Übertragung von Vermögensgegenständen durch Vergleich

Die Ehefrau macht ein Zugewinnausgleichsverfahren anhängig. Die Ehefrau begehrt eine Zahlung von 100.000 €. Sie beantragt, ihr den Pkw im Wert von 25.000 € zu übertragen, da sie diesen dringend für die Fahrten zur Arbeit benötigt. In einem Vergleich einigt man sich auf die Zahlung von 70.000 € und die Übertragung des Pkws. Die Kosten werden gegeneinander aufgehoben.

Hinweis: Bzgl. der Übertragung des Gegenstands ist keine Entscheidung ergangen. Damit ist dieser bei dem Wert der Verfahrensgebühr für die Gerichtskosten nicht zu berücksichtigen.

Das Interesse der Ehefrau an der Übertragung wird nach dem Kosten des Gegenstands mit 25.000 € angenommen.

Vergütung für das Ausgleichs- und das Übertragungsverfahren:

Verfahrensgebühr, Nr. 3100 VV (1,3); Wert: 125.000 €		2.064,40 €
+ Terminsgebühr, Nr. 3104 VV (1,2); Wert: 125.000 €		1.905,60 €
+ Einigungsgebühr, Nr. 1003 VV (1,0) Wert: 125.000 €		1.588,00 €

II. Prozesskostenrechner

Mit diesem Berechnungsprogramm können Sie kalkulieren, welche Verfahrenskosten auf Ihren Mandanten zukommen können (mit 2. Instanz, Vergleich, Beweisauslagen, gegnerischem Anwalt): Prozesskostenrechner.

---

[1] *Schneider* in: HK-FamGKG, 2. Aufl. 2014, § 52 Rn. 79.
[2] OLG Frankfurt v. 11.07.1989 - 4 UF 43/89 - JurBüro 1989, 1735-1736.
[3] *Schneider*, ZFE 2006, 24, 27.
[4] *Schneider* in: HK-FamGKG, 2. Aufl. 2014, § 52 Rn. 57.

III. RVG-Rechner: 1. Instanz mit Anrechnung der Geschäftsgebühr

19 Mit diesem Berechnungsprogramm können Sie die anwaltliche Vergütung für das außergerichtliche Verfahren (Nr. 2300 VV RVG) und das gerichtliche Verfahren (Nr. 3100, 3104, 1003 VV RVG) berechnen: RVG-Rechner (1. Instanz mit Anrechnung der Geschäftsgebühr).

§ 1384 BGB Berechnungszeitpunkt des Zugewinns und Höhe der Ausgleichsforderung bei Scheidung

(Fassung vom 06.07.2009, gültig ab 01.09.2009)

Wird die Ehe geschieden, so tritt für die Berechnung des Zugewinns und für die Höhe der Ausgleichsforderung an die Stelle der Beendigung des Güterstandes der Zeitpunkt der Rechtshängigkeit des Scheidungsantrags.

Gliederung

A. Normzweck	1	D. Verfahrensrechtliche Hinweise	7
B. Anwendungsvoraussetzungen	3	E. Abdingbarkeit	8
C. Rechtsfolgen	5		

A. Normzweck

Die **Vorverlegung des Stichtages für die Berechnung des Zugewinnausgleichs** soll der Gefahr von Manipulationen und der böswilligen Verringerung des Zugewinns entgegenwirken, die deswegen besonders groß ist, weil mit der Anhängigkeit der Ehescheidung die Krise der Ehe manifest geworden ist und ein Zugewinnausgleich unmittelbar „droht". Der Zeitpunkt hat insbesondere für die Bewertung des Endvermögens Bedeutung. 1

Der Schutz des ausgleichsberechtigten Ehegatten vor Manipulationen nach Rechtshängigkeit des Scheidungsantrags hat mit der Vorverlegung des Stichtages auch für die Berechnung der **Höhe der Ausgleichsforderung nach § 1378 Abs. 2 Satz 1 BGB** (Kappungsgrenze) eine Erweiterung erfahren. Das bei Beendigung des Güterstandes vorhandene Vermögen ist für die Ausgleichspflicht damit nicht mehr maßgeblich. Der Ausgleichsschuldner hat das gesamte zum Zeitpunkt der Rechtshängigkeit existierende Vermögen einzusetzen; mit Rechtshängigkeit des Scheidungsantrags trägt damit allein er das Risiko hinsichtlich der weiteren Entwicklung seines Vermögens. Insbesondere im Hinblick auf etwaige unverschuldete Vermögensverluste – etwa infolge wirtschaftlicher Rezession – wird diese Konsequenz der Güterrechtsreform von weiten Teilen des Schrifttums kritisiert.[1] Die Vorziehung der Kappungsgrenze kann für den Ausgleichsschuldner allerdings auch günstig sein, wenn sich sein Vermögen nach Rechtshängigkeit positiv entwickelt. Letztlich geht mit einer Stichtagsregelung stets eine gewisse Gefahr für die Beteiligten einher, die sich künftig auf den nunmehr vollumfänglich vorgezogenen Berechnungsstichtag einstellen müssen. Der BGH will die neue Stichtagsregelung ausnahmslos anwenden und lehnt eine einschränkende Auslegung für die Fälle, in denen es nach dem Stichtag zu einem unverschuldeten Vermögensverlust des Zugewinnausgleichsschuldners gekommen ist, ab. Eine Korrektur, wie sie vereinzelt gefordert wird, sei allenfalls über § 1381 BGB möglich.[2] 2

B. Anwendungsvoraussetzungen

Voraussetzung ist, dass die Ehescheidung rechtskräftig ist, womit sie den gesetzlichen Güterstand beendet. Dem gleichgestellt ist die rechtskräftige Aufhebung der Ehe (§ 1318 Abs. 1, 3 BGB). Analog gilt die Vorschrift nach dem BGH bei Beendigung des Güterstandes durch den Tod eines Ehegatten (§ 1371 Abs. 2 BGB), wenn ein begründeter Scheidungsantrag gestellt worden war.[3] Denn für die Zeit zwischen Scheidungsantrag und Tod habe die begründete Furcht planmäßiger Verminderung des Endvermögens bestanden, die auch nicht etwa rückwirkend durch den Tod entfalle. Zu prüfen ist allerdings immer die Vorfrage, ob die Ehe ohne den Tod des Ehegatten tatsächlich geschieden worden wäre. 3

§ 1384 BGB wird nicht nur analog angewandt, wenn das gesetzliche Erbrecht des überlebenden Ehegatten gem. § 1933 BGB nicht besteht, sondern auch, wenn es durch Testament ausgeschlossen wurde und der Überlebende deshalb den Zugewinnausgleich verlangt.[4] 4

---

[1] *Schwab*, FamRZ 2009, 1445-1450; *Koch* in: MünchKomm-BGB, § 1384 Rn. 3; vgl. hierzu auch *Budzikiewicz* in: Erman, § 1378 Rn. 5 m.w.N.

[2] BGH v. 04.07.2012 - XII ZR 80/10 - NJW 2012, 2657.

[3] BGH v. 14.01.1987 - IVb ZR 46/85 - BGHZ 99, 304-313; BGH v. 15.10.2003 - XII ZR 23/01 - FamRZ 2004, 527-529.

[4] BGH v. 15.10.2003 - XII ZR 23/01 - FamRZ 2004, 527-529.

C. Rechtsfolgen

5 Der Stichtag wird von der Vorschrift auf den Zeitpunkt der Rechtshängigkeit, d.h. die Zustellung (§ 124 FamFG, § 253 ZPO) des Scheidungsantrags bzw. des Antrags auf Eheaufhebung, festgelegt. Die Einreichung der Antragsschrift genügt somit nicht. Bei mehreren Verfahren ist dasjenige maßgebend, das zur Beendigung der Ehe geführt hat.[5] Auch bei längerem Ruhen des Verfahrens und einer späteren Wiederaufnahme bleibt grundsätzlich der früher eingereichte Antrag maßgeblich.[6] Fraglich ist, ob nicht eine Ausnahme zu machen ist, wenn sich die Ehegatten nach einem Scheidungsantrag wieder versöhnt haben und Jahre später, weil das erste Scheidungsverfahren in Vergessenheit geraten war, ein neues Scheidungsverfahren eingeleitet wird.[7] Soweit der benachteiligte Ehegatte den ursprünglichen Scheidungsantrag nicht wirksam zurücknehmen kann, weil bereits mündlich verhandelt wurde und der andere der Rücknahme nicht zustimmt, soll ausnahmsweise gemäß § 242 BGB aus Gründen der Billigkeit als Stichtag der Scheidungsantrag des zweiten Scheidungsverfahrens gelten.[8]

6 Das OLG Köln hat seine Auffassung bekräftigt, dass das Datum der Rechtshängigkeit des ersten Scheidungsantrags für die Berechnung des Zugewinnausgleichsanspruchs maßgeblich bleibt, wenn zwischen den Ehegatten bereits ein Scheidungsverbundverfahren anhängig war und sich ein Verfahrensbeteiligter bei der Rücknahme des Scheidungsantrags vorbehalten hatte, die Folgesache Zugewinnausgleich als selbständige Familiensache fortzuführen.[9]

D. Verfahrensrechtliche Hinweise

7 Die Feststellung des Stichtages kann nicht Gegenstand eines Feststellungsantrags sein.[10]

E. Abdingbarkeit

8 Die Vorschrift ist dispositiv und kann durch Ehevertrag abbedungen werden. Nach Ende des Güterstandes kann auch formlos eine andere Vereinbarung getroffen werden.

---

[5] BGH v. 11.07.1979 - IV ZR 159/77 - LM Nr. 3 zu § 1384 BGB.
[6] BGH v. 07.12.2005 - XII ZB 34/01 - FamRZ 2006, 260-261; BGH v. 15.10.1981 - IX ZR 85/80 - FamRZ 1983, 350-351; OLG Hamm v. 04.03.1992 - 5 UF 378/91 - NJW-RR 1992, 965-966.
[7] Vgl. dazu OLG Köln v. 29.10.2001 - 21 UF 17/01 - FamRZ 2003, 539-540 auf der einen und das OLG Bremen v. 29.10.1997 - 4 WF 75/97 - OLGR Bremen 1998, 56-57 auf der anderen Seite.
[8] OLG Bremen v. 29.10.1997 - 4 WF 75/97 - OLGR Bremen 1998, 56-57; *Jaeger* in: Johannsen/Henrich, FamR, § 1384 Rn. 5; *Höser*, FamRZ 2003, 541-542, 541.
[9] OLG Köln v. 27.05.2008 - 21 UF 43/08 - FamRZ 2008, 2043-2044.
[10] OLG Köln v. 29.10.2001 - 21 UF 17/01 - FamRZ 2003, 539-540.

§ 1385 BGB Vorzeitiger Zugewinnausgleich des ausgleichsberechtigten Ehegatten bei vorzeitiger Aufhebung der Zugewinngemeinschaft

(Fassung vom 06.07.2009, gültig ab 01.09.2009)

Der ausgleichsberechtigte Ehegatte kann vorzeitigen Ausgleich des Zugewinns bei vorzeitiger Aufhebung der Zugewinngemeinschaft verlangen, wenn

1. die Ehegatten seit mindestens drei Jahren getrennt leben,
2. Handlungen der in § 1365 oder § 1375 Absatz 2 bezeichneten Art zu befürchten sind und dadurch eine erhebliche Gefährdung der Erfüllung der Ausgleichsforderung zu besorgen ist,
3. der andere Ehegatte längere Zeit hindurch die wirtschaftlichen Verpflichtungen, die sich aus dem ehelichen Verhältnis ergeben, schuldhaft nicht erfüllt hat und anzunehmen ist, dass er sie auch in Zukunft nicht erfüllen wird, oder
4. der andere Ehegatte sich ohne ausreichenden Grund beharrlich weigert oder sich ohne ausreichenden Grund bis zur Erhebung der Klage auf Auskunft beharrlich geweigert hat, ihn über den Bestand seines Vermögens zu unterrichten.

Gliederung

A. Normzweck 1
B. Anwendungsvoraussetzungen 4
I. Getrenntleben (Nr. 1) 4
II. Gefährdungshandlungen (Nr. 2) 6
1. Verfügungen über das Vermögen als Ganzes 6
2. Vermögensminderungen im Sinne des § 1375 Abs. 2 Satz 1 BGB 8
III. Nichterfüllung wirtschaftlicher Verpflichtungen (Nr. 3) 10
1. Pflichtverletzung 10
2. Verschulden 11
3. Zukunftsprognose 12
IV. Weigerung der Unterrichtung (Nr. 4) 13
V. Abschließender Charakter 18
C. Tod eines Ehegatten 19
D. Rechtsfolge 20
E. Verfahrensrechtliche Hinweise 21

A. Normzweck

Die Vorschrift ermöglicht **dem ausgleichsberechtigten Ehegatten** bei Vorliegen einer der in Nr. 1-4 genannten Voraussetzungen einen Antrag auf **vorzeitigen Zugewinnausgleich** (unter vorzeitiger Aufhebung der Zugewinngemeinschaft). Der Zweck der Zulassung dieses Antrages besteht darin, dass der wirtschaftlich schwächere Ehegatte den Ausgleichsbetrag häufig bereits vor Rechtskraft der Scheidung benötigt. Zudem ist es unter gewissen Umständen nicht sachgerecht bzw. unzumutbar, die durch den Güterstand geschaffene vermögensmäßige Bindung der Ehegatten weiter aufrechtzuerhalten. Der Schutzzweck des § 1365 BGB wird durch die Norm nicht unterlaufen.[1]   1

Mit Inkrafttreten der Reform des Zugewinnausgleichsrechts zum 01.09.2009 ermöglicht § 1385 BGB nicht nur einen **Gestaltungsantrag** auf Aufhebung der Zugewinngemeinschaft, sondern auch einen **Leistungsantrag** auf Zahlung des Ausgleichsbetrages. Der Gesetzgeber wollte mit der Ermöglichung der zügigeren Befriedigung des Ausgleichsgläubigers auf die Bedürfnisse der Praxis reagieren.[2] Mit Rechtskraft des Antrags wird die Zugewinngemeinschaft aufgehoben und es tritt Gütertrennung ein (§ 1388 BGB).   2

Die Norm steht im Zusammenhang mit dem ebenfalls neu gestalteten § 1386 BGB, der **beiden Ehegatten** das Recht einräumt, sich bei Vorliegen der gleichen Voraussetzungen isoliert aus der Zugewinngemeinschaft zu lösen.   3

---

[1] OLG München v. 15.02.2012 - 12 UF 1523/11.
[2] BT-Drs. 16/10798, S. 19.

B. Anwendungsvoraussetzungen

I. Getrenntleben (Nr. 1)

4 Die Norm geht davon aus, dass die Berechtigung einer weiteren Beteiligung am Zugewinn, die im gemeinsamen Wirtschaften der Ehegatten gesehen wird, nach Ablauf einer bestimmten Zeitspanne seit der Aufhebung der ehelichen Lebensgemeinschaft fehlt. Auf der anderen Seite will der Gesetzgeber durch die Gewährung eines Antrags auf vorzeitigen Zugewinnausgleich nicht zur Destabilisierung der Ehe beitragen und frühzeitig eine (weitere) Ursache für die Zerrüttung schaffen. Daher hat er sich für den relativ langen Zeitraum von drei Jahren entschieden und an die Frist des § 1566 Abs. 2 BGB angeknüpft, nach der bereits eine Vermutung für die Zerrüttung der Ehe spricht. Der Gesetzgeber geht davon aus, dass die Grundlage der Zugewinngemeinschaft in diesen Fällen nicht mehr besteht. Eine weitere Abwägung ist nicht notwendig.

5 Das im Falle der Nr. 1 vorausgesetzte **Getrenntleben** bestimmt sich nach § 1567 BGB. Die dreijährige Dauer muss nicht schon bei Antragstellung erfüllt sein; es genügt, dass sie im Zeitpunkt der letzten mündlichen Verhandlung gegeben ist.

II. Gefährdungshandlungen (Nr. 2)

1. Verfügungen über das Vermögen als Ganzes

6 Nr. 2 setzt voraus, dass ein Ehegatte über sein **Vermögen als Ganzes** ohne Zustimmung des anderen verfügt oder sich zu einer solchen Verfügung verpflichtet. Während früher entsprechende Handlungen vorgefallen sein mussten, **genügt es nunmehr, dass ein solches Verhalten zu befürchten ist**. Dafür müssen konkrete Anhaltspunkte bestehen. Bei erfolgter oder konkret drohender Verfügung über das Vermögen als Ganzes ist eine **erhebliche Gefährdung der Erfüllung der Ausgleichsforderung** dann gegeben, wenn die Rückforderungs- bzw. Ersatzansprüche gegen den Dritten wirtschaftlich wertlos sind oder dieser seinerseits Ersatzansprüche gegen den Ehegatten hat.[3] Es bedarf einer Abwägung der rechtlichen und faktischen Auswirkungen des (zu befürchtenden) Gesamtvermögensgeschäfts.[4]

7 Wurde die fehlende Zustimmung des Ehegatten durch das Familiengericht gemäß § 1365 Abs. 2 BGB ersetzt, greift Nr. 2 nicht ein.

2. Vermögensminderungen im Sinne des § 1375 Abs. 2 Satz 1 BGB

8 Das Gleiche gilt, wenn ein Ehegatte **Vermögensminderungen** im Sinne des § 1375 Abs. 2 S. 1 BGB vornimmt bzw. vorzunehmen droht und dadurch eine erhebliche Gefährdung der künftigen Ausgleichsforderung bewirkt. Auch hier genügt es, dass ein solches Verhalten **zu befürchten** ist. Erklärt etwa der ausgleichspflichtige Ehegatte, er werde sein Vermögen „abräumen", kann darin ein Grund für einen vorzeitigen Zugewinnausgleich gesehen werden.[5] Erfasst werden übermäßige Schenkungen, Verschwendung oder Handlungen in der Absicht, den Ehegatten zu benachteiligen. Eine **erhebliche Gefährdung der Erfüllung der Ausgleichsforderung** liegt vor, wenn zu befürchten ist, dass der ausgleichspflichtige Ehegatte wegen der (drohenden) Vermögensminderungen nicht mehr in der Lage sein wird, die Ausgleichsforderung vollständig zu erfüllen.[6] Steht zu erwarten, dass beim Schuldner ungeachtet der Vermögensminderung ausreichend Vermögen zur Zahlung der gemäß § 1375 Abs. 2 Satz 1 BGB erhöhten Ausgleichsforderung vorhanden ist, scheidet § 1385 Nr. 2 BGB aus. Eine einzelne getätigte bzw. drohende Vermögensminderung kann für eine Gefährdung ausreichen. Dass die Maßnahme über einen längeren Zeitraum erfolgt, ist nicht erforderlich. Handelt es sich um kleinere Verfügungen, die allein noch keine erhebliche Gefährdung darstellen, ist allerdings das Bestehen einer Wiederholungsgefahr zu fordern. Entscheidender Zeitpunkt für die Bewertung der Gefährdung ist die letzte mündliche Verhandlung.[7]

9 Der Tatbestand ist nicht erfüllt, wenn die 10-Jahres-Frist des § 1375 Abs. 3 BGB abgelaufen ist.[8]

---

[3] *Thiele* in: Staudinger, § 1386 Rn. 18.
[4] Vgl. *Koch* in: MünchKomm-BGB, §§ 1385, 1386 Rn. 19.
[5] Anders zur alten Rechtslage OLG Hamm v. 10.03.1999 - 6 UF 190/98 - MDR 1999, 1329-1330.
[6] BT-Drs. 16/10798, S. 19.
[7] OLG Frankfurt v. 26.03.1984 - 5 UF 172/83 - FamRZ 1984, 895-897.
[8] *Koch* in: MünchKomm-BGB, §§ 1385, 1386 Rn. 17.

III. Nichterfüllung wirtschaftlicher Verpflichtungen (Nr. 3)

1. Pflichtverletzung

Voraussetzung ist gemäß Absatz 1 die schuldhafte **Nichterfüllung wirtschaftlicher Eheverpflichtungen**, da ein solches Verhalten häufig die Hilfsbedürftigkeit des anderen Ehegatten entstehen lässt. In erster Linie geht es um die Vernachlässigung von Unterhaltspflichten. Die Nichterfüllung muss über eine einmalige Nichtzahlung hinausgehen, also länger andauern. Andererseits ist es nicht erforderlich, dass die Nichterfüllung durchgängig ist; es kann unter Umständen genügen, dass der Unterhaltspflichtige nur sporadisch zahlt, teilweise oder schlecht erfüllt. Die Nichterfüllung völlig vernachlässigbarer Beträge ist nicht ausreichend.

2. Verschulden

Ferner ist ein **Verschulden** vorausgesetzt. Ist Grund der Nichterfüllung eine Krankheit oder eine sonstige unverschuldete Unfähigkeit, scheidet ein Vorgehen gemäß Absatz 1 Nr. 3 aus.

3. Zukunftsprognose

Hinzukommen muss schließlich noch die **Prognose**, dass weiterhin ein entsprechendes Verhalten zu erwarten ist. Dies wird häufig aus der (schuldhaften) Nichterfüllung in der Vergangenheit geschlossen werden können.

IV. Weigerung der Unterrichtung (Nr. 4)

Auch die grundlose Weigerung der Unterrichtung über die eigenen Vermögensverhältnisse ist ein Grund für einen Antrag auf vorzeitigen Zugewinnausgleich. Unabhängig von den erweiterten Auskunftsansprüchen nach § 1379 BGB n.F. ist eine **Unterrichtungspflicht** der Ehegatten untereinander zu bejahen, die aus **§ 1353 BGB** hergeleitet wird.[9] Unterrichtung ist weniger als Auskunft und beinhaltet Angaben über Art und Wert der wesentlichen Vermögensbestandteile. Der andere Ehegatte muss sich ein grobes Bild von der Vermögenslage machen können. Belege brauchen nicht vorgelegt zu werden,[10] auch besteht kein Anspruch auf Einsicht in Geschäftsbücher.[11]

Die **grundlose beharrliche Weigerung** setzt eine (wiederholte) **Aufforderung** des anderen Teils voraus. Eine geeignete Aufforderung und damit eine grundlose Weigerung des Unterrichtungspflichtigen liegen nicht vor, wenn Erteilung von Auskunft über die Vermögensverhältnisse zu einem bestimmten Stichtag sowie Erstellung eines Vermögensverzeichnisses, also mehr als bloße Unterrichtung, verlangt wird.[12] Eine Auslegung bzw. Umdeutung eines Auskunftsbegehrens in eine bloße Aufforderung zur Unterrichtung ist nicht möglich, soweit aus den Umständen, z.B. durch Verlangen eines detaillierten Vermögensverzeichnisses, eindeutig ein hierüber hinausgehendes Begehren erkennbar ist.[13] Ein Grund für eine Weigerung kann zudem in dem berechtigten Verdacht der unbefugten Weitergabe von Fakten bestehen, insbesondere bei einer drohenden Geschäftsschädigung. Allein die Tatsache, dass das Bekanntwerden der mitgeteilten Vermögenswerte nachteilige Folgen haben kann, genügt zur Weigerung jedoch nicht.

Ist eine Unterrichtung erfolgt, so muss sie auf eine **erneute Anfrage** nur dann wiederholt werden, wenn in der Zwischenzeit wesentliche Änderungen eingetreten sind.

Eine nachträgliche Unterrichtung macht den einmal begründeten Antrag nicht gegenstandslos.[14] Dies gilt auch für die Nachholung der Unterrichtung im Rahmen eines Auskunftsverfahrens nach § 1379 Abs. 1 BGB. Das stellt der geänderte Wortlaut der Nr. 4 klar.

Fraglich ist, ob § 1385 Nr. 4 BGB auch dann Anwendung finden kann, wenn nicht die Unterrichtung, sondern die nach § 1379 BGB geschuldete Auskunft verweigert wird. Infolge der Güterrechtsreform ist in der Literatur umstritten, ob § 1385 Nr. 4 BGB nicht zumindest im Hinblick auf den neuen – erst

---

[9] BGH v. 25.06.1976 - IV ZR 125/75 - FamRZ 1978, 677-67; AG Villingen-Schwenningen v. 23.01.2004 - 3 F 380/03 - FamRZ 2004, 1788-1789.
[10] OLG Celle v. 29.11.1982 - 12 WF 333/82 - FamRZ 1983, 171-172.
[11] OLG Hamm v. 10.03.1999 - 6 UF 190/98 - MDR 1999, 1329-1330.
[12] OLG Frankfurt v. 01.07.2009 - 2 UF 16/09 - FamRZ 2010, 563-565.
[13] OLG Frankfurt v. 01.07.2009 - 2 UF 16/09 - FamRZ 2010, 563-565.
[14] AG Villingen-Schwenningen v. 23.01.2004 - 3 F 380/03 - FamRZ 2004, 1788-1789.

§ 1385

im Rahmen der Überarbeitung durch den Rechtsausschuss eingefügten – Auskunftsanspruch über das Trennungsvermögen (ggf. analog) anwendbar ist.[15]

V. Abschließender Charakter

18 Die genannten Tatbestände sind abschließend.[16]

C. Tod eines Ehegatten

19 Da die Beteiligten des Verfahrens nur die Ehegatten sind und nicht ihre Rechtsnachfolger, erledigt sich das Verfahren bei **Tod eines Ehegatten**. Die Passiv-Legitimation bleibt bei einer Insolvenz daher bestehen. Denn es geht um die Beendigung des gesetzlichen Güterstandes, über die nur der Ehegatte selbst und nicht sein Vertreter entscheiden kann. Lediglich für die Erfüllung der Ausgleichsforderung ist der Insolvenzverwalter zuständig.

D. Rechtsfolge

20 Der Beschluss hebt die Zugewinngemeinschaft auf und hat insofern rechtsgestaltenden Charakter. Soweit der Leistungsantrag begründet ist, wird im Tenor darüber hinaus der Ausgleichsbetrag zugesprochen.

E. Verfahrensrechtliche Hinweise

21 Weil es sich nach § 111 Nr. 9 FamFG um eine Familiensache handelt, ist das Familiengericht zuständig (§§ 23a Abs. 1 Nr. 1, 23b Abs. 1 GVG). Das Verfahren ist aber **keine Folgesache**, weil der Ausgleich nicht für den Fall der Scheidung begehrt wird.[17]

22 Die (früher relevante) Frage nach der Verbindung des Aufhebungsantrags mit einem Leistungsantrag stellt sich nicht mehr, da das Verfahren nach § 1385 BGB n.F. bereits selbst einen Leistungsantrag beinhaltet.

23 Aufgrund der Neugestaltung von **§ 1379 Abs. 1 BGB** besteht nunmehr zudem mit Rechtshängigkeit eines Antrags nach § 1385 BGB oder § 1386 BGB ein **Auskunftsanspruch**, der die im Rahmen des § 1385 BGB erforderliche Bezifferung des Anspruchs erleichtern soll.[18] Kann der Antragsteller den Leistungsantrag noch nicht beziffern, ist u.U. ein Stufenantrag zweckmäßig.

24 Eine zwischenzeitlich eingetretene Rechtshängigkeit des Scheidungsantrags lässt das Rechtsschutzinteresse für den Antrag auf vorzeitigen Zugewinnausgleich nicht entfallen.[19]

25 Der **Streitwert** betrug nach der Rechtsprechung zur alten Rechtslage (nur Gestaltungsurteil auf Aufhebung der Zugewinngemeinschaft) i.d.R. ein Viertel des zu erwartenden Zugewinnausgleichs.[20] Durch die Erweiterung des § 1385 BGB um einen Leistungsanspruch dürfte zudem nunmehr der seitens des Ausgleichsberechtigten geltend gemachte Betrag in voller Höhe anzusetzen sein.[21]

26 Umstritten war früher, ob der Anspruch auf vorzeitigen Zugewinnausgleich durch einen **Arrest** nach § 916 ZPO gesichert werden kann. Durch die Aufhebung des § 1389 BGB hat der Gesetzgeber klargestellt, dass die direkte Sicherung des Anspruchs durch Arrest möglich sein soll.[22]

27 Nach Rücknahme des Scheidungsantrags kann die Folgesache Zugewinnausgleich fortgesetzt werden. Gemäß § 141 Satz 2 FamFG ist hierfür die ausdrückliche Erklärung eines Beteiligten vor Wirksamwerden der Rücknahme erforderlich, die Folgesache fortführen zu wollen. Der Antrag muss dann auf vorzeitigen Ausgleich umgestellt werden.[23]

---

[15] Dafür: *Jaeger* in: Johannsen/Henrich, FamR, § 1385 Rn. 5; *Brudermüller* in: Palandt, §§ 1385, 1386 Rn. 8; *Haußleiter/Schulz*, Vermögensauseinandersetzung, 5. Aufl. 2011, Rn. 594; dagegen: *Götz*, FamRZ 2009, 1907-1909, 1909; *Koch*, FamRZ 2010, 1205-1210, 1207.

[16] Vgl. auch OLG Karlsruhe v. 20.01.1998 - 16 WF 133/97 - FamRZ 1999, 663.

[17] KG Berlin v. 21.03.2000 - 13 UF 9188/99 - FamRZ 2001, 166.

[18] Vgl. BT-Drs. 16/10798, S. 18.

[19] OLG Karlsruhe v. 25.04.2003 - 16 WF 6/03 - FamRZ 2004, 466.

[20] BGH v. 29.11.1972 - IV ZR 107/72 - LM Nr. 46 zu § 3 ZPO; 1/5: OLG Nürnberg v. 24.11.1997 - 7 WF 3549/97 - EzFamR aktuell 1998, 136-137.

[21] A.A. offenbar *Koch* in: MünchKomm-BGB, §§ 1385, 1386 Rn. 32.

[22] BT-Drs. 16/10798, S. 19, 21.

[23] OLG Köln v. 29.10.2001 - 21 UF 17/01- FamRZ 2003, 539; KG v. 04.11.2003 - 18 WF 233/03 - FamRZ 2004, 1044.

§ 1386 BGB Vorzeitige Aufhebung der Zugewinngemeinschaft

(Fassung vom 06.07.2009, gültig ab 01.09.2009)

Jeder Ehegatte kann unter entsprechender Anwendung des § 1385 die vorzeitige Aufhebung der Zugewinngemeinschaft verlangen.

A. Normzweck

§ 1386 BGB bietet die Möglichkeit, einseitig eine Beendigung des gesetzlichen Güterstandes herbeizuführen. Die Loslösung von der Zugewinngemeinschaft hat dann Bedeutung, wenn das Vertrauen in die wirtschaftliche Redlichkeit des anderen Ehepartners erschüttert ist, eine Scheidung aber noch nicht möglich ist bzw. die sonstigen Ehewirkungen aufrechterhalten werden sollen.

Die Vorschrift verweist auf die Voraussetzungen eines Antrags auf vorzeitigen Zugewinnausgleich nach § 1385 BGB. Unter entsprechender Anwendung dieser Norm kann sich **jeder Ehegatte** durch einen **Gestaltungsantrag** aus der Zugewinngemeinschaft lösen. Anders als der Leistungsantrag nach § 1385 BGB kann der Antrag nach 1386 BGB daher auch vom Ausgleichspflichtigen gestellt werden, dem hierdurch ebenfalls die Möglichkeit eingeräumt wird, die Zugewinngemeinschaft vorzeitig zu beenden. Der isolierte Gestaltungsantrag nach § 1386 BGB kann aber auch für den (potentiellen) Ausgleichsberechtigten interessengerecht sein; so z.B. wenn er die Zugewinngemeinschaft ohne ein – infolge des Streits um die Zugewinnforderung – kompliziertes und langwieriges Verfahren nach § 1385 BGB zügig beenden will.[1]

B. Anwendungsvoraussetzung

Die Voraussetzungen für § 1386 BGB entsprechen denen des § 1385 BGB (vgl. hierzu die Kommentierung zu § 1385 BGB Rn. 5 ff.).

Im Fall des § 1385 Nr.1 BGB benötigt der Ausgleichsverpflichtete kein besonderes Rechtsschutzinteresse; die Folge, dass § 1365 BGB nach Aufhebung nicht mehr anwendbar ist, steht dem Antrag nicht entgegen.[2] Zu beachten ist, dass der Ausgleichsverpflichtete sich ebenso wie sein ausgleichsberechtigter Ehegatte auf den Aufhebungsgrund der §§ 1386, 1385 Nr. 2 BGB stützen kann.[3] Eine „erhebliche Gefährdung der Erfüllung der Ausgleichsforderung" ist dann zwar nicht zu besorgen. Weil die Voraussetzungen des § 1385 nur „entsprechend" anzuwenden sind und der Reformgesetzgeber dem Ausgleichsschuldner ausdrücklich „in allen Fällen des § 1385 BGB" ein Vorgehen nach § 1386 BGB ermöglichen wollte,[4] ist ein Antrag aus insofern ebenfalls zuzulassen. Auch der Ausgleichsberechtigte soll vor einer „Verfälschung" des Zugewinnausgleichs durch Handlungen des Ehegatten nach § 1365 oder § 1375 Abs. 2 BGB geschützt werden. In entsprechender Anwendung der Gefährdungsvoraussetzung ist zu verlangen, dass eine erhebliche Auswirkung auf die Berechnung der Ausgleichsforderung droht.

---

[1] Vgl. auch BT-Drs. 16/10798, S. 20.
[2] OLG Köln v. 31.01.2014 -12 WF 10/14.
[3] *Jaeger* in: Johannsen/Henrich, FamR, § 1386 Rn. 2; Koch in: MünchKomm-BGB, §§ 1385, 1386 Rn. 18.
[4] BT-Drs. 16/10798, S. 20.

§ 1387 BGB Berechnungszeitpunkt des Zugewinns und Höhe der Ausgleichsforderung bei vorzeitigem Ausgleich oder vorzeitiger Aufhebung

(Fassung vom 06.07.2009, gültig ab 01.09.2009)

In den Fällen der §§ 1385 und 1386 tritt für die Berechnung des Zugewinns und für die Höhe der Ausgleichsforderung an die Stelle der Beendigung des Güterstands der Zeitpunkt, in dem die entsprechenden Klagen erhoben sind.

A. Normzweck

1 Die Vorschrift soll der **Gefahr von Manipulationen** entgegenwirken.

B. Anwendungsbereich

2 Sie regelt den maßgeblichen **Berechnungszeitpunkt** für den Fall, dass ein Antrag[1] nach § 1385 BGB oder § 1386 BGB gestellt wurde. An die Stelle der Beendigung des Güterstands tritt der Zeitpunkt der Rechtshängigkeit des Antrags. Ebenso wie § 1384 BGB bezieht sich § 1387 BGB n.F. nunmehr auch auf die Berechnung der **Höhe der Ausgleichsforderung nach § 1378 Abs. 2 Satz 1 BGB** (Kappungsgrenze). Der Zeitpunkt der Beendigung der Zugewinngemeinschaft (§ 1388 BGB) hat damit in den Fällen der §§ 1385, 1386 BGB nur noch für die Fälligkeit der Ausgleichsforderung Bedeutung (vgl. die Kommentierung zu § 1384 BGB Rn. 2).

3 Der vorgezogene Berechnungszeitpunkt gilt auch dann, wenn ein Widerantrag erhoben wurde und nur dieser Erfolg hat. Stirbt ein Ehegatte oder erfolgt die rechtskräftige Scheidung, so tritt Erledigung der Hauptsache ein.[2] Wird der Zugewinnausgleich mit den Erben eines verstorbenen Ehegatten durchgeführt, ist § 1387 BGB entsprechend anzuwenden, soweit das ursprünglich erhobene Verfahren Erfolg gehabt hätte.[3] Eine analoge Anwendung ist auch dann geboten, wenn die Ehegatten den gesetzlichen Güterstand durch Verfahrensvergleich beenden.[4]

C. Verhältnis zum Scheidungsverfahren

4 Wird ein Antrag auf vorzeitige Aufhebung der Zugewinngemeinschaft **während eines laufenden Scheidungsverfahrens** erhoben, gilt der Berechnungszeitpunkt des § 1384 BGB,[5] wenn der Scheidungsantrag begründet ist; anderenfalls ist auf § 1387 BGB abzustellen, um Stichtagsmanipulationen entgegenzuwirken.

5 Wurde in einer **Verbundsache** der Scheidungsantrag zurückgenommen, weil die Parteien sich wieder versöhnt haben, ist es aber einem Ehegatten vorbehalten, die Folgesache Zugewinn als selbständige Familiensache fortzuführen und wird später ein neuer Scheidungsantrag gestellt, wird grundsätzlich auf den Stichtag der Rechtshängigkeit des (ursprünglichen) Scheidungsverfahrens abgestellt.[6]

---

[1] Der Gesetzestext („Klagen") berücksichtigt noch nicht die Änderungen durch die FamFG-Reform.
[2] OLG Düsseldorf v. 08.07.2002 - 2 UF 27/02 - FamRZ 2003, 388-389.
[3] Vgl. *Koch* in: MünchKomm-BGB, § 1387 Rn. 5.
[4] *Jaeger* in: Johannsen/Henrich, FamR, § 1387 Rn. 2.
[5] OLG Hamm v. 02.04.1982 - 5 WF 147/82 - FamRZ 1982, 609-610.
[6] OLG Köln v. 29.10.2001 - 21 UF 17/01 - FamRZ 2003, 539-540; KG v. 21.09.2004 - 18 UF 89/04 - FamRZ 2005, 805-806.

§ 1388 BGB Eintritt der Gütertrennung

(Fassung vom 06.07.2009, gültig ab 01.09.2009)

Mit der Rechtskraft der Entscheidung, die die Zugewinngemeinschaft vorzeitig aufhebt, tritt Gütertrennung ein.

Gliederung

A. Normzweck	1	C. Rechtsfolgen	5
B. Gütertrennung	3	D. Abdingbarkeit	6

A. Normzweck

Die Vorschrift soll **Rechtsklarheit** schaffen und weiteren Streit um evtl. Zugewinntatbestände vermeiden.[1] Kritiker der Vorschrift beklagen die Gefahr des Missbrauchs, indem der potentielle Schuldner einer Zugewinnausgleichsforderung seinen Ehegatten zur Antragstellung auf vorzeitigen Zugewinn provoziert, um eine Zugewinnbeteiligung für die Zukunft auszuschließen.[2]

Der Anwendungsbereich des § 1388 BGB umfasst die Entscheidungen nach den §§ 1385 und 1386 BGB, welche die Zugewinngemeinschaft vorzeitig auflösen.

B. Gütertrennung

Da § 1387 BGB auf den Zeitpunkt der Rechtshängigkeit abstellt, ist ein später erzielter Zugewinn nicht mehr relevant. Insoweit ist es konsequent, dass der Gesetzgeber **ab Rechtskraft** der Entscheidung, die die Zugewinngemeinschaft vorzeitig aufhebt, **Gütertrennung** eintreten lässt. Diese ist unmittelbare Folge des Beschlusses, dem somit Gestaltungswirkung zukommt.

Keine Gütertrennung tritt dagegen bei Beendigung des Verfahrens durch Vergleich ein, soweit in diesem selbst nichts Anderweitiges geregelt ist.[3] Ausgeschlossen ist der Eintritt der Gütertrennung als Folge einer einstweiligen Anordnung.

C. Rechtsfolgen

Die Rechtsfolge der Gütertrennung bezieht sich nicht nur auf den Ausschluss des Zugewinnausgleichs, sondern lässt alle Wirkungen des gesetzlichen Güterstandes enden. Dies gilt auch gegenüber Dritten; das Vertrauen auf das Eingreifen der Verfügungsbeschränkungen wird nicht geschützt. Das Ende des gesetzlichen Güterstandes hat auch dann Wirkungen, wenn ein Ehegatte nach diesem Zeitpunkt stirbt: Dem überlebenden Ehegatten steht dann kein Erbrecht gemäß § 1371 BGB zu.

D. Abdingbarkeit

Nach h.M. ist die Vorschrift zwingend.[4] Einzelne Autoren sehen dagegen keinen einer Abbedingung entgegenstehenden Grund,[5] gerade weil sie als rechtspolitisch verfehlt kritisiert wird.

---

[1] KG Berlin v. 12.04.1994 - 19 UF 6512/93 - NJW-RR 1995, 965-966.
[2] *Thiele* in: Staudinger, § 1388 Rn. 2.
[3] *Koch* in: MünchKomm-BGB, § 1388 Rn. 5.
[4] *Budzikiewicz* in: Erman, § 1388 Rn. 2; *Koch* in: MünchKomm-BGB, § 1388 Rn. 8.
[5] *Thiele* in: Staudinger, § 1388 Rn. 12.

§ 1389

§ 1389 BGB (weggefallen)
(Fassung vom 02.01.2002, gültig ab 01.01.2002, gültig bis 31.08.2009)
(weggefallen)

1 § 1389 BGB in der Fassung vom 06.07.2009 ist durch Art. 1 Nr. 10 des Gesetzes vom 06.07.2009 – BGBl I 2009, 1696 – mit Wirkung vom 01.09.2009 weggefallen.

§ 1390 BGB Ansprüche des Ausgleichsberechtigten gegen Dritte

(Fassung vom 24.09.2009, gültig ab 01.01.2010)

(1) ¹Der ausgleichsberechtigte Ehegatte kann von einem Dritten Ersatz des Wertes einer unentgeltlichen Zuwendung des ausgleichspflichtigen Ehegatten an den Dritten verlangen, wenn

1. der ausgleichspflichtige Ehegatte die unentgeltliche Zuwendung an den Dritten in der Absicht gemacht hat, den ausgleichsberechtigten Ehegatten zu benachteiligen und
2. die Höhe der Ausgleichsforderung den Wert des nach Abzug der Verbindlichkeiten bei Beendigung des Güterstands vorhandenen Vermögens des ausgleichspflichtigen Ehegatten übersteigt.

²Der Ersatz des Wertes des Erlangten erfolgt nach den Vorschriften über die Herausgabe einer ungerechtfertigten Bereicherung. ³Der Dritte kann die Zahlung durch Herausgabe des Erlangten abwenden. ⁴Der ausgleichspflichtige Ehegatte und der Dritte haften als Gesamtschuldner.

(2) Das Gleiche gilt für andere Rechtshandlungen, wenn die Absicht, den Ehegatten zu benachteiligen, dem Dritten bekannt war.

(3) ¹Die Verjährungsfrist des Anspruchs beginnt mit der Beendigung des Güterstands. ²Endet der Güterstand durch den Tod eines Ehegatten, so wird die Verjährung nicht dadurch gehemmt, dass der Anspruch erst geltend gemacht werden kann, wenn der Ehegatte die Erbschaft oder ein Vermächtnis ausgeschlagen hat.

(4) (weggefallen)

Gliederung

A. Normzweck 1	IV. Ausgleichsanspruch übersteigt Vermögen 6
B. Anwendungsvoraussetzungen 3	C. Rechtsfolgen 7
I. Unentgeltliche Zuwendung 3	D. Verjährung 11
II. Benachteiligungsabsicht 4	E. Sicherheitsleistung 12
III. Andere Rechtshandlungen 5	

A. Normzweck

Die Vorschrift knüpfte ursprünglich an die Situation an, dass der Anspruch auf Zugewinnausgleich des einen Ehegatten wegen einer **illoyalen Vermögensminderung** des anderen nicht oder nur vermindert zur Entstehung gelangt. Die vor der Güterrechtsreform infolge der Kappungsgrenze des § 1378 Abs. 2 BGB a.F. bestehende Gefahr die Ausgleichsforderung verkürzender Vermögensminderungen in der Zeit zwischen dem relevanten Berechnungsstichtag und dem endgültigen Ende des Güterstandes wurde allerdings beseitigt, weil die Stichtage der §§ 1384, 1387 BGB nunmehr auch für die Berechnung der Höhe der Ausgleichsforderung maßgeblich sind. Illoyale Vermögensminderungen vor dem Berechnungszeitpunkt der §§ 1384, 1387 BGB beeinträchtigen infolge des neuen § 1378 Abs. 2 Satz 2 BGB ebenfalls nicht mehr die Ausgleichsforderung gegen den Ehegatten. Seit 01.09.2009 sind damit Ausgleichsansprüche möglich, die das tatsächliche Vermögen des Ausgleichsschuldners übersteigen.

Der neu gestaltete § 1390 BGB hält ungeachtet dessen an Ansprüchen gegen den durch illoyale Vermögensverschiebungen begünstigten Dritten fest, wenn die Ausgleichsforderung das beim Ausgleichsschuldner zum Zeitpunkt der Güterstandsbeendigung vorhandene Vermögen übersteigt. Denn in diesen Fällen hängt die **Realisierung der Forderung** von der in der Zukunft liegenden und somit ungewissen Vermögensentwicklung beim Ausgleich schuldenden Ehegatten ab.[1]

---

[1] Vgl. auch BT-Drs. 16/10798, S. 21.

B. Anwendungsvoraussetzungen

I. Unentgeltliche Zuwendung

3   Voraussetzung ist, dass der eine Ehegatte dem Dritten etwas **unentgeltlich zugewendet** hat. Darunter fallen in erster Linie (ggf. gemischte) Schenkungen. Darüber hinaus werden Spenden und Maßnahmen im Wege der vorweggenommenen Erbfolge erfasst.

II. Benachteiligungsabsicht

4   Ferner muss die entsprechende Zuwendung in **Benachteiligungsabsicht** vorgenommen worden sein. Dieses Merkmal ist erfüllt, wenn leitendes Motiv des Verfügenden die Benachteiligung seines Ehepartners gewesen ist.[2] Dass überdies eine Begünstigung des Bedachten angestrebt wird, hindert die Annahme von Benachteiligungsabsicht nicht. So genannte Pflicht- und Anstandsschenkungen bleiben außer Betracht.

III. Andere Rechtshandlungen

5   Wenn dem Dritten die Benachteiligungsabsicht bekannt war, kommen gemäß **Absatz 2** auch **andere Rechtshandlungen** in Betracht. Hierunter fällt etwa die Gewährung eines Krediets an Personen, die finanzschwach sind, so dass eine Rückzahlung von vornherein gefährdet erscheint. In der Praxis hilft gegenüber solchen Personen allerdings auch der Anspruch aus § 1390 BGB wenig. Der Dritte muss Kenntnis von der Benachteiligungsabsicht haben, fahrlässige Unkenntnis genügt nicht.

IV. Ausgleichsanspruch übersteigt Vermögen

6   Schließlich muss die Ausgleichsforderung gegen den illoyal handelnden Ehegatten den Wert seines **bei Beendigung des Güterstandes bestehenden Vermögens** nach Abzug der Verbindlichkeiten übersteigen. Die §§ 1384, 1387 BGB sind nicht anwendbar. Entscheidend ist das **tatsächliche Vermögen** bei Eintritt der Rechtskraft des Scheidungsbeschlusses (bzw. des Beschlusses auf Aufhebung), nicht das Endvermögen nach § 1375 BGB.

C. Rechtsfolgen

7   Rechtsfolge ist ein **Bereicherungsanspruch** des benachteiligten Ehegatten gegen den Dritten. Der Anspruch ist nicht mehr auf Herausgabe (§ 1390 BGB a.F.), sondern unmittelbar auf **Zahlung** gerichtet. Der Verweis auf das Bereicherungsrecht stellt eine Rechtsfolgenverweisung dar mit der Konsequenz, dass sich der Dritte auf eine mögliche Entreicherung gemäß § 818 Abs. 3 BGB berufen kann. Verschärft haftet er erst ab Kenntnis. Letztere ist im Falle des Absatzes 2 automatisch gegeben.

8   Durch Herausgabe des Erlangten kann der Dritte die Wertersatzverpflichtung abwenden, **Absatz 1 Satz 3**. Die **Ersetzungsbefugnis** ist dem Dritten auf Antrag in der Entscheidung vorzubehalten.

9   Fraglich ist, ob sich die Höhe der Forderung nur nach dem Betrag der Zuwendung bemisst, um den die Ausgleichsforderung das bei Beendigung des Güterstandes vorhandene tatsächliche Vermögen des Ausgleichsverpflichteten übersteigt. Eine solche Auslegung entspricht dem gesetzgeberischen Zweck der Regelung, durch den Anspruch gegen den Dritten die aufgrund des zu geringen tatsächlichen Endvermögens erhöhte Gefahr der Nicht-Realisierbarkeit der Ausgleichsforderung zu kompensieren. Der Wortlaut des neu gestalteten Absatzes 1 („wenn" anstatt „soweit") legt hingegen nahe, den Anspruch – soweit er dem Grunde nach gegeben ist – nicht der Höhe nach zu begrenzen. Die Änderung des Wortlauts ist aber wohl nicht in dem Bewusstsein einer inhaltlichen Änderung geschehen, so dass es bei der bisherigen Auslegung bleiben sollte.[3]

10   Nach **Absatz 1 Satz 4** haften der Dritte und der ausgleichspflichtige Ehegatte als **Gesamtschuldner**.

D. Verjährung

11   Die **Verjährung** beträgt **drei Jahre**, wobei sich die 3-Jahresfrist nach der Neufassung des Absatzes 3 durch das Gesetz zur Änderung des Erb- und Verjährungsrechts nicht mehr aus der Norm selbst, sondern aus der allgemeinen Regelung des § 195 BGB (Regelverjährung) ergibt. Sie beginnt nach

---

[2] BGH v. 19.04.2000 - XII ZR 62/98 - LM BGB § 430 Nr. 5 (10/2000).

[3] So *Koch* in: MünchKomm-BGB, § 1390 Rn. 12; *Gernhuber/Coester-Waltjen*, § 36 VII 4; *Budzikiewicz* in: Erman, § 1390 Rn. 8; a.A. *Jaeger* in: Johannsen/Henrich, § 1390 Rn. 4.

Absatz 3, der insoweit eine Ausnahme zur allgemeinen Regelung des § 199 Abs. 1 BGB darstellt, – **kenntnisunabhängig** – mit dem **Ende des Güterstandes**; dies kann auch der Tod des anderen Ehegatten sein.

E. Sicherheitsleistung

Der bisherige Anspruch auf Sicherheitsleistung (vormals Absatz 4) konnte nach der Umwandlung des § 1390 BGB in einen Zahlungsanspruch entfallen.[4] Die Sicherung richtet sich insoweit nach den **allgemeinen Vorschriften des einstweiligen Rechtsschutzes**. 12

---

[4] BT-Drs. 16/10798, S. 21.

§§ 1391 bis 1407 BGB (weggefallen)

(Fassung vom 01.01.1964, gültig ab 01.01.1980, gültig bis 31.12.2001)

(weggefallen)

1 §§ 1391 bis 1407 BGB in der Fassung vom 01.01.1964 ist durch Art. 1 Nr. 9 des Gesetzes vom 18.06.1957 – BGBl I 1957, 609 – mit Wirkung vom 01.07.1958 weggefallen.

Untertitel 2 - Vertragliches Güterrecht
Kapitel 1 - Allgemeine Vorschriften
§ 1408 BGB Ehevertrag, Vertragsfreiheit

(Fassung vom 03.04.2009, gültig ab 01.09.2009)

(1) Die Ehegatten können ihre güterrechtlichen Verhältnisse durch Vertrag (Ehevertrag) regeln, insbesondere auch nach der Eingehung der Ehe den Güterstand aufheben oder ändern.

(2) Schließen die Ehegatten in einem Ehevertrag Vereinbarungen über den Versorgungsausgleich, so sind insoweit die §§ 6 und 8 des Versorgungsausgleichsgesetzes anzuwenden.

Gliederung

A. Grundlagen 1	2. Vereinbarungen über den Versorgungs-
I. Güterrechtliche Verhältnisse 1	ausgleich 30
II. Versorgungsausgleich 3	3. Sonstige Regelungen 34
1. Allgemeines 4	II. Inhaltskontrolle 36
2. Formen 7	1. Wirksamkeitskontrolle (§ 138 Abs. 1 BGB) 49
B. Anwendungsvoraussetzungen 9	a. Prüfungsmaßstab 50
I. Ehegatten 9	b. Wirksamkeit konkreter Vereinbarungen 69
II. Ehevertrag 12	c. Folgen einer sittenwidrigen Vereinbarung 91
1. Regelung der güterrechtlichen Verhältnisse 13	2. Ausübungskontrolle (§§ 242, 313 Abs. 1
2. Wirksamkeitsvoraussetzungen 18	BGB) 94
3. Anwendbarkeit allgemeiner Vorschriften 27	a. Prüfungsmaßstab 95
C. Rechtsfolgen 29	b. Korrektur einer unzumutbaren Benach-
I. Zulässigkeit von Vereinbarungen 29	teiligung 107
1. Vereinbarungen über die güterrechtlichen	D. Prozessuale Hinweise/Verfahrens-
Verhältnisse 29	hinweise 113

A. Grundlagen

I. Güterrechtliche Verhältnisse

Ehegatten leben gemäß § 1363 Abs. 1 BGB grundsätzlich im Güterstand der Zugewinngemeinschaft. In den §§ 1363 Abs. 2, 1364-1390 BGB finden sich detaillierte Regelungen über die Ausgestaltung dieses Güterstands. 1

§ 1408 Abs. 1 BGB gewährt den Ehegatten das Recht, ihre güterrechtlichen Verhältnisse hiervon abweichend zu regeln. Dies kann durch Modifizierung des Güterstands der Zugewinngemeinschaft oder durch Wahl eines anderen Güterstands erfolgen. In Verbindung mit § 1410 BGB ergibt sich, dass eine Regelung der güterrechtlichen Verhältnisse der notariellen Beurkundung bedarf. 2

II. Versorgungsausgleich

§ 1408 Abs. 2 BGB sieht für die Ehegatten zudem die Möglichkeit vor, in einem Ehevertrag Vereinbarungen über den Versorgungsausgleich zu treffen, der in Ermangelung abweichender Vereinbarungen gemäß § 1587 BGB nach Maßgabe des VersAusglG durchzuführen ist. Treffen die Ehegatten in einem Ehevertrag Vereinbarungen über den Versorgungsausgleich, so sind insoweit die §§ 6, 8 VersAusglG anzuwenden. 3

1. Allgemeines

Rechtsgrundlage des Versorgungsausgleichs ist § 1587 BGB i.V.m. dem VersAusglG. Gemäß § 1 Abs. 1 VersAusglG sind die in der Ehezeit erworbenen Anteile von Anrechten (Ehezeitanteile) jeweils zur Hälfte zwischen den geschiedenen Ehegatten zu teilen. Anrechte i.S.d. VersAusglG sind im In- oder Ausland bestehende Anwartschaften auf Versorgungen und Ansprüche auf laufende Versorgungen, insbesondere aus der gesetzlichen Rentenversicherung, aus anderen Regelsicherungssystemen wie 4 der Beamtenversorgung oder der berufsständischen Versorgung, aus der betrieblichen Altersversorgung oder aus der privaten Alters- und Invaliditätsvorsorge (§ 2 Abs. 1 VersAusglG). Ein Anrecht ist unter den in § 2 Abs. 2 VersAusglG angeführten Voraussetzungen auszugleichen. Bei einer Ehezeit von bis zu drei Jahren findet ein Versorgungsausgleich nur statt, wenn ein Ehegatte dies beantragt (§ 3 Abs. 3 VersAusglG).

5 Dem Versorgungsausgleich liegt der Gedanke zugrunde, dass die während der Ehe erworbenen Versorgungsanrechte das Ergebnis einer partnerschaftlichen und gleichwertigen Lebensleistung darstellen.

6 **Ziel** des Versorgungsausgleichs ist es, dem Ehegatten, der im Laufe der Ehe keine oder nur eine geringe eigene Altersversorgung aufbauen konnte, für den Fall der Scheidung der Ehe – ggf. auch für den Fall von deren Aufhebung (vgl. § 1318 Abs. 3 BGB) – eine eigenständige Alterssicherung unabhängig von einem etwaigen nachehelichen Unterhalt zu verschaffen.

2. Formen

7 Gemäß § 10 VersAusglG ist der Versorgungsausgleich primär im Wege einer sog. **„internen Teilung"** der Anrechte bei den jeweiligen Versorgungsträgern vorzunehmen. Subsidiär – bei entsprechender Vereinbarung zwischen der ausgleichsberechtigten Person und dem Versorgungsträger der ausgleichspflichtigen Person oder in bestimmten Fällen bei Verlangen des Versorgungsträgers – ist im Rahmen einer sog. „externen Teilung" ein Anrecht in Höhe des Ausgleichswerts bei einem anderen Versorgungsträger zu begründen (§ 14 VersAusglG). Durch eine Vereinbarung der Ehegatten können Anrechte nur übertragen oder begründet werden, wenn die maßgeblichen Regelungen dies zulassen und die betroffenen Versorgungsträger zustimmen (§ 8 Abs. 2 VersAusglG).

8 Gemäß § 20 Abs. 1 VersAusglG kann die ausgleichsberechtigte Person von der ausgleichspflichtigen Person den Ausgleichswert als Rente (sog. **„schuldrechtliche Ausgleichsrente"**) verlangen, falls die ausgleichspflichtige Person eine laufende Versorgung aus einem noch nicht ausgeglichenen Anrecht bezieht. Der Anspruch ist gemäß § 20 Abs. 2 VersAusglG fällig, sobald die ausgleichsberechtigte Person eine eigene laufende Versorgung i.S.d. § 2 VersAusglG bezieht, die Regelaltersgrenze der gesetzlichen Rentenversicherung erreicht hat oder die gesundheitlichen Voraussetzungen für eine laufende Versorgung wegen Invalidität erfüllt.

B. Anwendungsvoraussetzungen

I. Ehegatten

9 Ein Ehevertrag kann von Ehegatten abgeschlossen werden.

10 Zulässig ist auch ein Ehevertrag zwischen noch nicht miteinander Verheirateten. Der Vertrag entfaltet dann Rechtswirkungen erst mit der Eheschließung. Auch vor der Eheschließung getroffene Vereinbarungen über die zukünftigen güterrechtlichen Verhältnisse bzw. den Versorgungsausgleich unterliegen dabei der Form des § 1410 BGB.[1]

11 Weder ein Getrenntleben der Ehegatten noch eine konkrete Scheidungsabsicht stehen der Wirksamkeit ehevertraglicher Regelungen entgegen.[2] Eheverträge können allerdings nur bis zum Ende der Ehe, d.h. etwa bis zu einer rechtskräftigen Scheidung geschlossen werden.[3]

II. Ehevertrag

12 Ein Ehevertrag ist gemäß der Legaldefinition in Absatz 1 ein Vertrag über die güterrechtlichen Verhältnisse der Ehegatten. Absatz 2 stellt dabei klar, dass es den Ehegatten darüber hinaus möglich ist, in einem Ehevertrag auch Vereinbarungen über den Versorgungsausgleich zu treffen.

1. Regelung der güterrechtlichen Verhältnisse

13 Eine Regelung der güterrechtlichen Verhältnisse stellt es etwa dar, wenn die Ehegatten anstelle des Güterstandes der Zugewinngemeinschaft einen der gesetzlich vorgesehenen **Wahlgüterstände** Gütertrennung oder Gütergemeinschaft – mit oder ohne Modifikationen – vereinbaren. Ebenso stellt es eine Regelung der güterrechtlichen Verhältnisse dar, wenn die Ehegatten bloße **Abweichungen von den gesetzlichen Regelungen** der Zugewinngemeinschaft – etwa die Befreiung von den Verfügungsbe-

---

[1] Vgl. OLG Schleswig-Holstein v. 25.02.2004 - 12 UF 23/02 - juris Rn. 19 - FamRZ 2004, 808-810.
[2] Vgl. BGH v. 02.02.1983 - IVb ZB 702/81 - juris Rn. 13 - LM Nr. 24 zu § 1587 BGB.
[3] OLG Köln v. 20.05.1999 - 14 WF 66/99 - juris Rn. 10 - NJW-RR 1999, 1161.

schränkungen der §§ 1365, 1369 BGB – vereinbaren.[4] Eine Regelung der güterrechtlichen Verhältnisse liegt ferner bei der Wiederherstellung des gesetzlichen Güterstands der Zugewinngemeinschaft nach dessen vorheriger Aufhebung vor.[5]

Auch **Vereinbarungen über den Zugewinnausgleich** stellen eine Regelung der güterrechtlichen Verhältnisse dar. Hierzu gehören exemplarisch: der teilweise oder vollständige Ausschluss des Zugewinnausgleichs;[6] Vereinbarungen einer anderen Quote des Zugewinnausgleichs;[7] Vereinbarungen, die den Zugewinnausgleich von einer bestimmten Dauer der Ehe abhängig machen; Absprachen über die Bestimmung des Wertes des Anfangs- und/oder Endvermögens; Herausnahme von Vermögensgegenständen aus dem Zugewinnausgleich;[8] Vereinbarungen über die Art der Teilung[9]. Ein Güterstandsbezug kann auch bei Herausnahme von nur einem Gegenstand aus der Zugewinnausgleichsverpflichtung vorliegen.[10]   **14**

Für die **Abgrenzung** von güterrechtlichen Regelungen gegenüber sonstigen vermögensrechtlichen Vereinbarungen der Ehegatten kommt es darauf an, ob die Regelung das Güterrecht gerade als solches verändert oder ob die Ehegatten die Regelung auch treffen könnten, ohne als Ehegatten und damit güterrechtlich verbunden zu sein.   **15**

Zu den Regelungen, die nicht das Güterrecht als solches betreffen, gehören etwa: Schenkungen, falls diese nicht den Güterstand umgestalten;[11] die Gewährung eines Darlehens;[12] die Gründung einer Gesellschaft; Arbeitsverträge; die Einräumung eines Nießbrauchs.   **16**

Zur Regelung der güterrechtlichen Verhältnisse gehören ebenso solche Vereinbarungen nicht, die die **personenrechtlichen Beziehungen** der Ehegatten untereinander (§§ 1353-1362 BGB) betreffen. Keine Vereinbarungen über güterrechtliche Verhältnisse sind daher etwa Verträge über eheliche Unterhaltspflichten, z.B. über die Höhe der Beitragspflicht (§§ 1360, 1360a BGB). Allerdings können solche Vereinbarungen im Rahmen eines Ehevertrages mitgeregelt werden. Entsprechendes gilt im Hinblick auf Vereinbarungen über schon aufgrund des Güterstandes **entstandene Rechte**, d.h. etwa eine bereits entstandene bzw. durch den Ehevertrag entstehende Ausgleichsforderung. Häufig Gegenstand in Eheverträgen sind Regelungen über den nachehelichen Unterhalt. Auch können etwa Vereinbarungen über die Verpflichtung zur Ablegung des Ehenamens im Fall der Scheidung in den Ehevertrag mit aufgenommen werden.[13]   **17**

2. Wirksamkeitsvoraussetzungen

Die Wirksamkeit eines Ehevertrags setzt voraus, dass die vertragsschließenden Parteien verheiratet sind. Schließen Unverheiratete einen Ehevertrag, wird dieser – unbeschadet der Möglichkeit einer anderweitigen Vereinbarung für Nebenabreden – nicht wirksam, wenn die Ehe später nicht eingegangen wird.   **18**

Der Ehevertrag bedarf der **Form** des § 1410 BGB. Er muss bei gleichzeitiger Anwesenheit beider Teile zur Niederschrift eines Notars geschlossen werden.   **19**

Wird ein Ehevertrag **im Ausland abgeschlossen**, genügt für dessen Formgültigkeit gemäß Art. 11 Abs. 1 EGBGB, dass dieser die Formerfordernisse des Rechts des Staates erfüllt, in dem der Vertragsschluss erfolgt (sog. Ortsform).[14]   **20**

---

[4] Vgl. BGH v. 28.02.1964 - IV ZB 586/63 - BGHZ 41, 370-378.
[5] Vgl. BGH v. 01.04.1998 - XII ZR 278/96 - juris Rn. 17 - BGHZ 138, 239-247; vgl. BFH v. 12.05.1993 - II R 37/89 - juris Rn. 9 - NJW 1994, 343-344.
[6] BGH v. 26.03.1997 - XII ZR 250/95 - juris Rn. 19 - NJW 1997, 2239-2242.
[7] BGH v. 26.03.1997 - XII ZR 250/95 - juris Rn. 19 - NJW 1997, 2239-2242.
[8] BGH v. 26.03.1997 - XII ZR 250/95 - juris Rn. 19 - NJW 1997, 2239-2242.
[9] BGH v. 26.03.1997 - XII ZR 250/95 - juris Rn. 19 - NJW 1997, 2239-2242.
[10] Vgl. BGH v. 28.06.1978 - IV ARZ 47/78 - juris Rn. 9 - LM Nr. 7 zu § 23b GVG.
[11] BGH v. 28.06.1978 - IV ARZ 47/78 - juris Rn. 9 - LM Nr. 7 zu § 23b GVG; vgl. RG v. 17.03.1924 - IV 377/23 - RGZ 108, 122-125.
[12] Vgl. RG v. 29.01.1912 - VI 98/11 - RGZ 78, 207-210.
[13] BGH v. 06.02.2008 - XII ZR 185/05 - juris Rn. 16 - NJW 2008, 1528-1531.
[14] Vgl. BGH v. 13.07.2011 - XII ZR 48/09 - juris Rn. 18 - NJW-RR 2011, 1225-1227.

21 Eine **Stellvertretung** beim Abschluss des Ehevertrags ist zulässig. Auch der Abschluss durch den von einem Ehegatten bevollmächtigten anderen Ehegatten ist materiell-rechtlich möglich.[15] Allerdings wird ein Notar aus standesrechtlichen Gründen vor dem Hintergrund der durch die Beurkundung gewährleisteten Belehrung beider Ehegatten einen Vertrag nur in besonderen Ausnahmefällen in dieser Form beurkunden.

22 Zum Vertragsschluss durch einen in der **Geschäftsfähigkeit Beschränkten** vgl. § 1411 Abs. 1 BGB, zum Vertragsschluss für einen **Geschäftsunfähigen** vgl. § 1411 Abs. 2 BGB.

23 Der Ehevertrag kann nach den allgemeinen Vorschriften des BGB **nichtig** sein. Die Nichtigkeit kann sich insbesondere gemäß § 138 BGB aufgrund eines Verstoßes gegen die guten Sitten (vgl. hierzu Rn. 49 ff.) ergeben. Die Ehegatten können zudem – etwa gemäß § 123 BGB im Falle einer arglistigen Täuschung[16] oder einer widerrechtlichen Drohung – zur Anfechtung des Ehevertrags berechtigt sein.

24 Wird eine güterrechtliche Vereinbarung von Eheleuten mit **unterschiedlichen Staatsangehörigkeiten** geschlossen, entscheidet das im Zeitpunkt des Vertragsschlusses geltende Güterrechtsstatut nach Art. 15 Abs. 1 EGBGB über Zulässigkeit, materiellrechtliche Wirksamkeit und möglichen Inhalt des Ehevertrags.[17] Ob der Ehevertrag formwirksam zustande gekommen ist, bestimmt sich dagegen nach der Anknüpfungsregelung in Art. 11 EGBGB.[18]

25 Die mögliche **Sprachunkundigkeit** eines der Beteiligten schließt die Wirksamkeit des Ehevertrags nicht aus.[19] Der Notar soll dies in der Niederschrift feststellen (§ 16 Abs. 1 BeurkG). § 16 Abs. 1 BeurkG ist allerdings eine bloße Sollvorschrift.[20] Ein Verstoß führt nicht zur Unwirksamkeit des notariellen Vertrags. Ein zur Unwirksamkeit führender Verstoß des Notars gegen § 16 BeurkG liegt allerdings vor, wenn er in der Niederschrift die positive Feststellung trifft, dass ein Beteiligter der deutschen Sprache nicht hinreichend kundig ist, und es gleichwohl unterlässt, die dann erforderlichen Maßnahmen nach § 16 Abs. 2 Satz 1, Abs. 3 Satz 1 BeurkG zu treffen.[21]

26 Es bedarf zur Wirksamkeit des Ehevertrags keiner Eintragung in das **Güterrechtsregister**. Andererseits wird ein unwirksamer Ehevertrag durch eine Eintragung ins Güterrechtsregister auch nicht geheilt. Die Eintragung in das Güterrechtsregister entfaltet allerdings gemäß § 1412 BGB Wirkung im Verhältnis zu Dritten.

3. Anwendbarkeit allgemeiner Vorschriften

27 Das Zustandekommen eines Ehevertrags richtet sich nach den §§ 145 ff. BGB.[22] Die Ehegatten können im Ehevertrag auch **Bedingungen** und **Befristungen** vereinbaren. So können sie etwa eine Vereinbarung dahin treffen, dass der Eintritt der Zugewinnausgleichsregelung von einer bestimmten Dauer der Ehe abhängig gemacht wird. Auch der Ausschluss des Versorgungsausgleichs kann an eine aufschiebende oder auflösende Bedingung geknüpft werden. Ebenso kann diesbezüglich ein **Rücktrittsvorbehalt** vereinbart werden.

28 Als Vertrag kann der Ehevertrag nicht einseitig durch einen Ehegatten aufgehoben werden. Dies gilt auch im Falle des Getrenntlebens. Die Ehegatten können allerdings – wobei wiederum die Form des § 1410 BGB zu wahren ist – einvernehmlich eine **Aufhebung** oder eine **Änderung** des Ehevertrages vereinbaren.

C. Rechtsfolgen

I. Zulässigkeit von Vereinbarungen

1. Vereinbarungen über die güterrechtlichen Verhältnisse

29 Die Ehegatten können ihre güterrechtlichen Verhältnisse durch den Ehevertrag regeln (**Absatz 1**). Insbesondere können sie auch nach der Eingehung der Ehe den Güterstand aufheben oder ändern. Vgl. hierzu die vorstehenden Ausführungen zu den Regelungsmöglichkeiten (Rn. 13 ff.).

---

[15] Vgl. RG v. 26.04.1912 - II 515/11 - RGZ 79, 282-285.
[16] Vgl. BGH v. 22.11.1995 - XII ZR 227/94 - juris Rn. 15 - NJW-RR 1996, 1281-1283.
[17] BGH v. 13.07.2011 - XII ZR 48/09 - juris Rn. 9 - NJW-RR 2011, 1225-1227.
[18] BGH v. 13.07.2011 - XII ZR 48/09 - juris Rn. 9 - NJW-RR 2011, 1225-1227.
[19] Vgl. OLG Hamm v. 10.03.1997 - 6 UF 120/96 - FamRZ 1998, 372-373.
[20] OLG Hamm v. 10.03.1997 - 6 UF 120/96 - FamRZ 1998, 372-373.
[21] OLG Hamm v. 10.03.1997 - 6 UF 120/96 - FamRZ 1998, 372-373.
[22] BGH v. 13.07.2011 - XII ZR 48/09 - juris Rn. 10 - NJW-RR 2011, 1225-1227.

2. Vereinbarungen über den Versorgungsausgleich

Die Ehegatten können gemäß **Absatz 2** im Ehevertrag zudem Vereinbarungen über den Versorgungsausgleich treffen (vgl. auch § 7 Abs. 3 VersAusglG). 30

Inhaltlich zulässig sind gemäß § 6 Abs. 1 Satz 2 VersAusglG insbesondere die gänzliche oder teilweise Einbeziehung des Versorgungsausgleichs in die Regelung der ehelichen Vermögensverhältnisse sowie dessen vollständiger oder teilweiser Ausschluss. So können die Ehegatten etwa die Reduzierung der Beteiligungsquote des berechtigten Ehegatten vereinbaren.[23] Ebenfalls zulässig ist die Vereinbarung, dass die in einem bestimmten Zeitraum erworbenen Anwartschaften des Verpflichteten unberücksichtigt bleiben.[24] Die Ehegatten können sich zudem im Ehevertrag Ausgleichsansprüche nach der Scheidung gemäß den §§ 20-24 VersAusglG vorbehalten. 31

Eine Übertragung oder Begründung von Anrechten durch eine Vereinbarung ist nur dann möglich, wenn die maßgeblichen Regelungen dies zulassen und die betroffenen Versorgungsträger zustimmen (§ 8 Abs. 2 VersAusglG). Eine externe Teilung aufgrund Vereinbarung setzt dabei grundsätzlich das Einverständnis des Versorgungsträgers des ausgleichspflichtigen Ehegatten nach § 14 Abs. 2 VersAusglG sowie das Einverständnis des Zielversorgungsträgers (vgl. § 222 Abs. 2 FamFG) voraus. 32

Im Rahmen der Vereinbarung über einen Ausschluss des Versorgungsausgleichs können die Ehegatten zugunsten des durch den Ausschluss benachteiligten Ehegatten Ausgleichszahlungen vereinbaren. Der Rechtsprechung des Bundesfinanzhofs zufolge sind solche Leistungen als sofort abziehbare Werbungskosten i.S.d. § 9 Abs. 1 Satz 1 EStG zu beurteilen.[25] 33

3. Sonstige Regelungen

§ 1408 BGB regelt nur die Zulässigkeit güterrechtlicher Vereinbarungen und ermöglicht die zusätzliche Aufnahme von Vereinbarungen über den Versorgungsausgleich in einen Ehevertrag. Den Vertragspartnern ist es jedoch unbenommen, im Rahmen eines Ehevertrages auch Gegenstände mit zu regeln, die von § 1408 BGB nicht erfasst werden (vgl. hierzu vorstehend Rn. 15 ff.). 34

Insbesondere zum **nachehelichen Unterhalt** finden sich häufig Vereinbarungen in Eheverträgen. So können die Ehegatten den Unterhalt etwa ganz oder teilweise ausschließen. Der Ausschluss kann dabei auch an bestimmte Bedingungen – etwa eine kurze Ehedauer[26] – geknüpft werden. Zudem kommt eine Fixierung der Unterhaltshöhe als Gegenstand einer Vereinbarung in Betracht.[27] So kann etwa vereinbart werden, dass sich die Höhe des Unterhalts abweichend von den gesetzlichen Regelungen nicht nach den ehelichen Lebensverhältnissen, sondern danach bestimmt, was der Unterhaltsberechtigte aus seinem erlernten oder ausgeübten Beruf hätte erzielen können.[28] 35

II. Inhaltskontrolle

Eheverträge unterliegen einer gerichtlichen Kontrolle zur Vermeidung von sittenwidrigen oder gegen Treu und Glauben verstoßenden Ergebnissen.[29] 36

Mit **Senatsbeschluss vom 06.02.2001** hat das **Bundesverfassungsgericht**[30] seine Rechtsprechung, wonach die durch Art. 2 Abs. 1 GG gewährleistete Privatautonomie voraussetzt, dass eine Selbstbestimmung der Vertragsparteien auch tatsächlich gegeben ist, ausdrücklich auch im Hinblick auf Eheverträge für anwendbar erklärt. Aus Art. 6 Abs. 1 GG folge zwar ein Recht der Ehegatten, ihre jeweilige Gemeinschaft nach innen in ehelicher und familiärer Verantwortlichkeit und Rücksicht frei zu gestalten. Verfassungsrechtlich geschützt sei allerdings nur eine Ehe, in der Mann und Frau in gleichbe- 37

---

[23] Vgl. BGH v. 28.05.1986 - IVb ZB 63/82 - juris Rn. 44 - LM Nr. 3 zu § 1408 BGB.

[24] So schon vor Inkrafttreten des VersAusglG: BGH v. 18.07.2001 - XII ZB 106/96 - juris Rn. 14 - NJW 2001, 3333-3335.

[25] BFH v. 24.03.2011 - VI R 59/10 - juris Rn. 17 - DStR 2011, 1123-1124; BFH v. 08.03.2006 - IX R 78/01 - juris Rn. 13 - BFHE 212, 514.

[26] Vgl. BGH v. 09.07.2008 - XII ZR 6/07 - juris Rn. 14 - NJW 2008, 3426-3429.

[27] Vgl. BGH v. 25.05.2005 - XII ZR 296/01 - juris Rn. 37 - NJW 2005, 2386-2390.

[28] Vgl. BGH v. 09.07.2008 - XII ZR 6/07 - juris Rn. 15 - NJW 2008, 3426-3429.

[29] Vgl. hierzu: *Bergschneider*, FamRZ 2004, 1757-1765; *Borth*, FamRZ 2004, 609-612; *Brambring*, FGPrax 2004, 175-178; *Bredthauer*, NJW 2004, 3072-3076; *Dauner-Lieb*, FF 2004, 65-69; *dies.*, JZ 2004, 1027-1029; *Koch*, NotDZ 2004, 147-149; *Mayer*, FPR 2004, 363-371; *Münch*, ZNotP 2004, 122-131; *ders.*, FamRZ 2005, 570-574; *Rauscher*, DNotZ 2004, 524-547; *Rakete-Dombek*, NJW 2004, 1273-1277; *Volmer*, ZNotP 2005, 242-251.

[30] BVerfG v. 06.02.2001 - 1 BvR 12/92 - juris Rn. 34 - NJW 2001, 957-961; vgl. auch BVerfG v. 29.03.2001 - 1 BvR 1766/92 - juris Rn. 6 - NJW 2001, 2248.

§ 1408

rechtigter Partnerschaft zueinander stehen. Der Staat habe infolgedessen der Freiheit der Ehegatten, ihre ehelichen Beziehungen und wechselseitigen Rechte und Pflichten mit Hilfe von Verträgen zu gestalten, dort Grenzen zu setzen, wo der Vertrag nicht Ausdruck gleichberechtigter Lebenspartnerschaft sei, sondern eine auf ungleichen Verhandlungspositionen basierende einseitige Dominanz eines Ehepartners widerspiegele.

38 Es sei Aufgabe der Gerichte, den Inhalt des Vertrags in **Fällen gestörter Vertragsparität** einer Kontrolle über die zivilrechtlichen Generalklauseln zu unterziehen und gegebenenfalls zur Wahrung beeinträchtigter Grundrechtspositionen eines Ehevertragspartners zu korrigieren.[31] Die Eheschließungsfreiheit stehe einer solchen Inhaltskontrolle nicht entgegen, denn sie rechtfertige nicht die Freiheit zu unbegrenzter Ehevertragsgestaltung und insbesondere nicht eine einseitige ehevertragliche Lastenverteilung.[32] Dementsprechend sei ein Teil des Eherechts herkömmlich zwingendes Recht.[33]

39 Dabei ist vom Bundesverfassungsgericht[34] ausdrücklich klargestellt worden, dass das Eheversprechen als solches die Belastung des durch den Ehevertrag Benachteiligten nicht aufwiegen kann. Zwar sind die Vertragspartner in ihrer Entscheidung frei, ob sie überhaupt eine Ehe eingehen wollen. Entschließen sie sich jedoch für deren Eingehung, bringe diese beiden Rechte wie auch Pflichten, welche gleichermaßen auf Mann und Frau verteilt werden. Die Leistungen, welche die Ehegatten füreinander erbringen, seien dabei als gleichrangig anzusehen.

40 Der **Bundesgerichtshof**[35] hat mit **Urteil vom 11.02.2004** umfassend zu den Schranken der Vertragsfreiheit bei Eheverträgen Stellung genommen. Es ließe sich nicht allgemein und für alle denkbaren Fälle abschließend beantworten, unter welchen Voraussetzungen ehevertragliche Vereinbarungen wegen Verstoßes gegen die guten Sitten unwirksam sind (§ 138 Abs. 1 BGB) und in welchen Fällen die Berufung auf die Regelungen des Ehevertrags wegen Rechtsmissbrauchs (vgl. § 242 BGB) unzulässig ist. Erforderlich sei eine Gesamtschau der getroffenen Vereinbarungen, der Gründe und Umstände ihres Zustandekommens sowie der beabsichtigten und verwirklichten Gestaltung des ehelichen Lebens.

41 Dem **gesetzlichen Scheidungsfolgensystem** liegt der Gedanke zugrunde, dass **ehebedingte Nachteile**, die ein Ehegatte um der Ehe oder der Kindererziehung willen in seinem eigenen beruflichen Fortkommen und dem Aufbau einer entsprechenden Altersversorgung oder eines entsprechenden Vermögens auf sich genommen hat, nach der Scheidung **ausgeglichen** werden sollen; Erwerbstätigkeit und Familienarbeit werden dabei – sofern die Parteien nichts anderes vereinbart haben – grundsätzlich als gleichwertig behandelt.[36] Ob eine ehevertragliche Regelung der Scheidungsfolgen mit diesem Grundgedanken vereinbar ist, ist in jedem Einzelfall nach den Grundlagen der Vereinbarung und den Vorstellungen der Ehegatten bei ihrem Abschluss sowie der verwirklichten Gestaltung des ehelichen Lebens konkret zu prüfen.[37]

42 Der Bundesgerichtshof[38] hat diesbezüglich klargestellt, dass das geltende Recht **keinen unverzichtbaren Mindestgehalt** an Scheidungsfolgen zugunsten des berechtigten Ehegatten kennt. Die gesetzlichen Regelungen legen als gesetzliches Leitbild eine Ehe zugrunde, in der nur ein Ehegatte ein Erwerbseinkommen erzielt, während der andere unter Aufgabe eigener Erwerbstätigkeit die Familienarbeit übernimmt. Indessen können sich wegen der weitgehenden Autonomie der Ehegatten, ihr Verhältnis einvernehmlich zu gestalten, hiervon Abweichungen ergeben. Die Ehegatten können etwa die Ehe – in Abweichung vom gesetzlichen Leitbild – so ausgestalten, dass sich von vornherein für keinen von ihnen berufliche Nachteile ergeben. Korrespondierend zur Autonomie der Ehegatten bei der Ausgestaltung ihrer Lebensverhältnisse unterliegen auch die Scheidungsfolgen grundsätzlich der vertraglichen Disposition der Ehegatten.[39] Die auf die Scheidungsfolgen bezogene Vertragsfreiheit entspringt dem

---

[31] BVerfG v. 06.02.2001 - 1 BvR 12/92 - juris Rn. 34 - NJW 2001, 957-961.
[32] BVerfG v. 06.02.2001 - 1 BvR 12/92 - juris Rn. 35 - NJW 2001, 957-961.
[33] BVerfG v. 06.02.2001 - 1 BvR 12/92 - juris Rn. 35 - NJW 2001, 957-961.
[34] BVerfG v. 06.02.2001 - 1 BvR 12/92 - juris Rn. 44 - NJW 2001, 957-961.
[35] BGH v. 11.02.2004 - XII ZR 265/02 - juris Rn. 34 - BGHZ 158, 81-110.
[36] BGH v. 25.05.2005 - XII ZR 296/01 - juris Rn. 31 - NJW 2005, 2386-2390.
[37] BGH v. 25.05.2005 - XII ZR 296/01 - juris Rn. 31 - NJW 2005, 2386-2390.
[38] BGH v. 29.01.2014 - XII ZB 303/13 - juris Rn. 39 - NJW 2014, 1101-1107; BGH v. 31.10.2012 - XII ZR 129/10 - juris Rn. 24 - NJW 2013, 380-385; BGH v. 17.10.2007 - XII ZR 96/05 - juris Rn. 17 - FamRZ 2008, 386-390; BGH v. 28.03.2007 - XII ZR 130/04 - juris Rn. 14 - NJW 2007, 2851-2854; BGH v. 25.05.2005 - XII ZR 296/01 - juris Rn. 25 - NJW 2005, 2386-2390.
[39] BGH v. 02.02.2011 - XII ZR 11/09 - juris Rn. 14 - NJW 2011, 2969-2972; BGH v. 28.03.2007 - XII ZR 130/04 - juris Rn. 14 - NJW 2007, 2851-2854; BGH v. 22.11.2006 - XII ZR 119/04 - juris Rn. 14 - NJW 2007, 907-909; BGH v. 25.10.2006 - XII ZR 144/04 - juris Rn. 20 - NJW 2007, 904-906.

legitimen Bedürfnis, Abweichungen von den gesetzlich geregelten Scheidungsfolgen zu vereinbaren, die zu dem individuellen Ehebild der Ehegatten besser passen. So können etwa Lebensrisiken eines Partners, wie sie z.B. in einer bereits vor der Ehe zu Tage getretenen Krankheit oder in einer Ausbildung angelegt sind, die offenkundig keine Erwerbsgrundlage verspricht, von vornherein aus der gemeinsamen Verantwortung der Ehegatten füreinander herausgenommen werden.[40]

Die grundsätzliche Disponibilität der Scheidungsfolgen darf indes nicht dazu führen, dass der Schutzzweck der gesetzlichen Regelungen durch vertragliche Vereinbarungen beliebig unterlaufen werden kann. Das wäre der Fall, wenn dadurch eine **evident einseitige** und **durch die individuelle Gestaltung der ehelichen Lebensverhältnisse nicht gerechtfertigte Lastenverteilung** entstünde, die hinzunehmen für den belasteten Ehegatten – bei angemessener Berücksichtigung der Belange des anderen Ehegatten – bei verständiger Würdigung des Wesens der Ehe **unzumutbar** erscheint.[41] 43

Die einseitige Benachteiligung eines Ehegatten ergibt sich aus dem Verzicht auf Positionen, die dem Betreffenden als Ehegatten kraft Gesetzes während der Ehe oder bei Scheidung zustünden. Es sind daher bei der Prüfung der Benachteiligung durch den Ehevertrag die Rechte und Pflichten der Ehegatten während der Ehe und im Scheidungsfall mit und ohne den Ehevertrag, nicht hingegen der Zustand bei Eingehung der Ehe (mit Ehevertrag) mit dem Zustand ohne Eingehung der Ehe zu vergleichen. Abweichendes folgt auch nicht aus der Eheschließungsfreiheit der Partner.[42] 44

Verzichten die Ehegatten **gegenseitig** auf Vermögenspositionen, kann dies eine einseitige Lastenverteilung entfallen lassen.[43] Allerdings kann sich auch ein gegenseitiger Verzicht wegen der individuellen Verhältnisse, d.h. der derzeitigen Situation und der Lebensplanung der Ehegatten, als einseitig benachteiligend darstellen. Dies kann insbesondere der Fall sein, wenn einer der Ehegatten seine Berufstätigkeit während der Ehe aufgeben und dafür die Haushaltsführung und Kinderbetreuung übernehmen wird.[44] 45

Die Belastungen des einen Ehegatten werden dabei umso schwerer wiegen und die Belange des anderen Ehegatten umso genauerer Prüfung bedürfen, je unmittelbarer die Vereinbarung der Ehegatten über die Abbedingung gesetzlicher Regelungen in den **Kernbereich des Scheidungsfolgenrechts** eingreift.[45] 46

Unwirksam kann darüber hinaus eine Vereinbarung in einem Ehevertrag sein, die den zu einer Leistung **verpflichteten Vertragspartner unangemessen übermäßig beansprucht**.[46] Auch auf dessen Seite kann eine erhebliche Unterlegenheitsposition vorliegen, die zu einer offensichtlich einseitigen Aufbürdung vertraglicher Lasten führt. Dies kann etwa dann der Fall sein, wenn ein Ehegatte durch eine ehe- 47

---

[40] BGH v. 22.11.2006 - XII ZR 119/04 - juris Rn. 16 - NJW 2007, 907-909; BGH v. 25.10.2006 - XII ZR 144/04 - juris Rn. 20 - NJW 2007, 904-906.

[41] BGH v. 29.01.2014 - XII ZB 303/13 - juris Rn. 16 - NJW 2014, 1101-1107; BGH v. 02.02.2011 - XII ZR 11/09 - juris Rn. 14 - NJW 2011, 2969-2972; BGH v. 18.03.2009 - XII ZB 94/06 - juris Rn. 12 - FamRZ 2009, 1041-1044; BGH v. 09.07.2008 - XII ZR 6/07 - juris Rn. 9 - NJW 2008, 3426-3429; BGH v. 28.11.2007 - XII ZR 132/05 - juris Rn. 16 - NJW 2008, 1080-1084; BGH v. 17.10.2007 - XII ZR 96/05 - juris Rn. 17 - FamRZ 2008, 386-390; BGH v. 28.03.2007 - XII ZR 130/04 - juris Rn. 14 - NJW 2007, 2851-2854; BGH v. 28.02.2007 - XII ZR 165/04 - juris Rn. 17 - NJW 2007, 2848-2851; BGH v. 22.11.2006 - XII ZR 119/04 - juris Rn. 13 - NJW 2007, 907-909; BGH v. 25.05.2005 - XII ZR 296/01 - juris Rn. 25 - NJW 2005, 2386-2390; BGH v. 12.01.2005 - XII ZR 238/03 - juris Rn. 14 - NJW 2005, 1370-1373.

[42] Vgl. BVerfG v. 06.02.2001 - 1 BvR 12/92 - juris Rn. 35 - NJW 2001, 957-961; anders die vor dem Beschluss des Bundesverfassungsgerichts vom 06.02.2001 ergangene Rechtsprechung des Bundesgerichtshofs: vgl. BGH v. 18.09.1996 - XII ZB 206/94 - juris Rn. 17 - NJW 1997, 126-128; vgl. BGH v. 09.07.1992 - XII ZR 57/91 - juris Rn. 17 - NJW 1992, 3164-3166.

[43] Vgl. BGH v. 25.10.2006 - XII ZR 144/04 - juris Rn. 15 - NJW 2007, 904-906.

[44] BVerfG v. 06.02.2001 - 1 BvR 12/92 - juris Rn. 43 - NJW 2001, 957-961; vgl. auch OLG Bremen v. 13.09.2006 - 5 WF 27/06 - juris Rn. 10 - MDR 2007, 529.

[45] BGH v. 29.01.2014 - XII ZB 303/13 - juris Rn. 16 - NJW 2014, 1101-1107; BGH v. 18.03.2009 - XII ZB 94/06 - juris Rn. 12 - FamRZ 2009, 1041-1044; BGH v. 09.07.2008 - XII ZR 6/07 - juris Rn. 9 - NJW 2008, 3426-3429; BGH v. 28.11.2007 - XII ZR 132/05 - juris Rn. 16 - NJW 2008, 1080-1084; BGH v. 17.10.2007 - XII ZR 96/05 - juris Rn. 17 - FamRZ 2008, 386-390; BGH v. 28.03.2007 - XII ZR 130/04 - juris Rn. 14 - NJW 2007, 2851-2854; BGH v. 22.11.2006 - XII ZR 119/04 - juris Rn. 13 - NJW 2007, 907-909; BGH v. 12.01.2005 - XII ZR 238/03 - juris Rn. 14 - NJW 2005, 1370-1373.

[46] Vgl. BGH v. 05.11.2008 - XII ZR 157/06 - juris Rn. 19 - NJW 2009, 842-846; OLG Celle v. 08.09.2004 - 15 WF 214/04 - juris Rn. 4 - FamRZ 2004, 1969-1970.

vertragliche Vereinbarung für den Fall der Scheidung ohne Rücksicht auf seine eigene Leistungsfähigkeit zur Zahlung eines festen Unterhalts verpflichtet wird, der die ihm selbst zur Verfügung bleibenden und unter dem Existenzminimum liegenden Einkünfte übersteigt.[47]

48 Dass Eheverträge gemäß § 1410 BGB der Beurkundungspflicht und somit der **Belehrungspflicht des Notars** (vgl. § 17 Abs. 1 BeurkG) unterliegen, macht die gerichtliche Kontrolle nicht obsolet.[48] Allerdings kann eine erfolgte Belehrung etwa das Merkmal der Ausnutzung der Unerfahrenheit eines Vertragspartners entfallen lassen.[49]

1. Wirksamkeitskontrolle (§ 138 Abs. 1 BGB)

49 Eheverträge sind zunächst im Rahmen einer Wirksamkeitskontrolle daraufhin zu prüfen, ob sie schon im Zeitpunkt ihres Zustandekommens offenkundig zu einer derart einseitigen Lastenverteilung für den Scheidungsfall führen, dass ihnen – und zwar losgelöst von der künftigen Entwicklung der Ehegatten und ihrer Lebensverhältnisse – wegen Verstoßes gegen die guten Sitten die Anerkennung der Rechtsordnung zu versagen ist.[50]

a. Prüfungsmaßstab

50 Allein das Vorliegen einer einseitigen Benachteiligung eines Ehegatten rechtfertigt für sich allein die Annahme einer Sittenwidrigkeit noch nicht.[51] Vielmehr bedarf es zusätzlicher Umstände, die eine einseitige Benachteiligung als sittenwidrig darstellen. So setzt das Vorliegen einer Sittenwidrigkeit neben dem Vorliegen objektiver Umstände auch ein subjektives Element in Form einer verwerflichen Gesinnung des begünstigten Ehegatten voraus.[52] Auf diese kann ohne das Vorliegen entsprechender weiterer Umstände nicht alleine aus dem objektiven Zusammenspiel einseitig belastender Regelungen geschlossen werden.[53] Einem unausgewogenen Vertragsinhalt kann allerdings insoweit eine Indizwirkung zukommen.[54]

51 Eine einseitige Benachteiligung kann zunächst in den Fällen sittenwidrig sein, in denen die Benachteiligung des einen Ehegatten eine **Schädigung Dritter** zur Folge hat. Dies gilt insbesondere dann, wenn die Ehegatten durch die Vereinbarung zumindest grob fahrlässig eine Unterstützungsbedürftigkeit des benachteiligten Ehegatten zu Lasten des **Sozialleistungsträgers** herbeiführen, auch wenn sie dessen Schädigung nicht beabsichtigen.[55] Dabei genügt es allerdings nicht, dass der Ehevertrag bewirkt, dass ein Ehegatte im Scheidungsfall auf staatliche Sozialleistungen angewiesen ist, während er dies ohne die ehevertraglichen Vereinbarungen nicht wäre.[56] Vielmehr ist für das Verdikt der Sittenwidrigkeit er-

---

[47] BGH v. 05.11.2008 - XII ZR 157/06 - juris Rn. 23 - NJW 2009, 842-846; vgl. OLG Celle v. 08.09.2004 - 15 WF 214/04 - juris Rn. 6 - FamRZ 2004, 1969-1970.
[48] Vgl. BGH v. 11.02.2004 - XII ZR 265/02 - juris Rn. 44 - BGHZ 158, 81-110.
[49] Vgl. OLG Saarbrücken v. 05.10.2007 - 9 UF 67/07 - juris Rn. 34 - OLGR Saarbrücken 2008, 147-150; vgl. OLG München v. 24.04.2007 - 4 UF 330/06 - juris Rn. 24 - n.v.
[50] BGH v. 29.01.2014 - XII ZB 303/13 - juris Rn. 17 - NJW 2014, 1101-1107; BGH v. 27.02.2013 - XII ZB 90/11 - juris Rn. 16 - NJW 2013, 1359-1362; BGH v. 18.03.2009 - XII ZB 94/06 - juris Rn. 13 - FamRZ 2009, 1041-1044; BGH v. 09.07.2008 - XII ZR 6/07 - juris Rn. 9 - NJW 2008, 3426-3429; BGH v. 28.11.2007 - XII ZR 132/05 - juris Rn. 17 - NJW 2008, 1080-1084; BGH v. 17.10.2007 - XII ZR 96/05 - juris Rn. 18 - FamRZ 2008, 386-390; BGH v. 28.02.2007 - XII ZR 165/04 - juris Rn. 17 - NJW 2007, 2848-2851; BGH v. 22.11.2006 - XII ZR 119/04 - juris Rn. 14 - NJW 2007, 907-909; BGH v. 25.10.2006 - XII ZR 144/04 - juris Rn. 14 - NJW 2007, 904-906; BGH v. 25.05.2005 - XII ZR 296/01 - juris Rn. 42 - NJW 2005, 2386-2390; BGH v. 06.10.2004 - XII ZB 57/03 - juris Rn. 12 - NJW 2005, 139-141.
[51] BGH v. 02.10.1996 - XII ZB 1/94 - juris Rn. 14 - NJW 1997, 192-193; vgl. OLG Koblenz v. 05.02.1996 - 13 UF 625/95 - juris Rn. 6 - NJW-RR 1996, 901-902.
[52] BGH v. 29.01.2014 - XII ZB 303/13 - juris Rn. 39 - NJW 2014, 1101-1107; BGH v. 31.10.2012 - XII ZR 129/10 - juris Rn. 24 - NJW 2013, 380-385.
[53] BGH v. 29.01.2014 - XII ZB 303/13 - juris Rn. 39 - NJW 2014, 1101-1107; BGH v. 31.10.2012 - XII ZR 129/10 - juris Rn. 24 - NJW 2013, 380-385.
[54] BGH v. 29.01.2014 - XII ZB 303/13 - juris Rn. 39 - NJW 2014, 1101-1107; BGH v. 31.10.2012 - XII ZR 129/10 - juris Rn. 24 - NJW 2013, 380-385.
[55] BGH v. 05.11.2008 - XII ZR 157/06 - juris Rn. 36 - NJW 2009, 842-846; BGH v. 25.10.2006 - XII ZR 144/04 - juris Rn. 19 - NJW 2007, 904-906; vgl. auch: BGH v. 08.12.1982 - IVb ZR 331/81 - juris Rn. 14 - NJW 1983, 1851-1853; OLG Naumburg v. 20.08.2001 - 8 WF 169/01 - juris Rn. 12 - OLGR Naumburg 2002, 65-66.
[56] BGH v. 25.10.2006 - XII ZR 144/04 - juris Rn. 20 - NJW 2007, 904-906.

forderlich, dass die Ehegatten auf der Ehe beruhende Familienlasten objektiv zum Nachteil des Trägers der Sozialleistungen geregelt haben.[57] Dies ist namentlich der Fall, wenn sich aus der Gestaltung der ehelichen Lebensverhältnisse im Scheidungsfall Nachteile für einen Ehegatten ergeben, die an sich durch die gesetzlichen Scheidungsfolgen ausgeglichen würden, deren Ausgleich die Ehegatten aber vertraglich ausgeschlossen haben.[58] Die mangels Vorhersehbarkeit der künftigen Erwerbslage bestehende allgemeine Gefahr einer späteren Sozialhilfebedürftigkeit genügt dabei indes nicht für die Annahme einer Sittenwidrigkeit.[59] Auch eine bei Vertragsschluss bereits bestehende Sozialhilfebedürftigkeit ist in diesem Zusammenhang grundsätzlich irrelevant, sofern dieser Nachteil nicht durch die ehelichen Lebensverhältnisse bedingt ist.[60] Abweichendes kann indes dann gelten, wenn die Belastung des Sozialhilfeträgers erst wegen der Eheschließung eintritt; diesbezüglich ist etwa an Fälle zu denken, in denen mittellose ausländische Staatsangehörige durch die Eheschließung mit deutschen Staatsangehörigen ausländerrechtliche Vorteile erstreben, die zu einer dauerhaften oder doch langfristigen Inanspruchnahme des Sozialhilfeträgers führen würden, wenn der von den Ehegatten vereinbarte Unterhaltsverzicht wirksam wäre.[61]

Sind Dritte nicht betroffen, kann die Benachteiligung etwa dann sittenwidrig sein, wenn der benachteiligte Ehegatte durch die Übernahme von Leistungspflichten nach Art einer **Vertragsstrafe** von der Scheidung abgehalten werden soll.[62]

52

Im Übrigen kommt eine Unwirksamkeit wegen Sittenwidrigkeit dem Bundesgerichtshof[63] zufolge regelmäßig nur dann in Betracht, wenn

53

- durch den Vertrag **Regelungen aus dem Kernbereich des gesetzlichen Scheidungsfolgenrechts** ganz oder jedenfalls zu erheblichen Teilen **abbedungen** werden,
- dieser **Nachteil** für den anderen Ehegatten **nicht durch anderweitige Vorteile** gemildert und
- dieser **Nachteil nicht durch die besonderen Verhältnisse der Ehegatten**, den von ihnen angestrebten oder gelebten Ehetyp **oder durch sonstige gewichtige Belange** des begünstigten Ehegatten **gerechtfertigt** wird.

Bei der hiernach vorzunehmenden Prüfung bedarf es einer **Gesamtwürdigung**.[64] So kann insbesondere die Erheblichkeit der Benachteiligung eines Ehegatten im Falle eines Verzichts auf Unterhalt, Zugewinnausgleich und Versorgungsausgleich nicht allein deshalb verneint werden, weil jeder Verzicht für sich allein nicht schwer wiegt.[65] Vielmehr kann bei einer Summierung mehrerer für eine Partei nachteiliger Bestimmungen, die für sich gesehen jeweils nicht zu beanstanden wären, dem Regelwerk insgesamt im Hinblick auf sein gesamtes Gepräge die Anerkennung zu versagen sein.[66]

54

Bei der Gesamtwürdigung ist auf die individuellen Einkommens- und Vermögensverhältnisse der Ehegatten, den geplanten oder bereits verwirklichten Zuschnitt der Ehe sowie auf die Auswirkungen des

55

---

[57] BGH v. 25.10.2006 - XII ZR 144/04 - juris Rn. 22 - NJW 2007, 904-906.
[58] BGH v. 25.10.2006 - XII ZR 144/04 - juris Rn. 22 - NJW 2007, 904-906.
[59] Vgl. BGH v. 18.09.1996 - XII ZB 206/94 - juris Rn. 15 - NJW 1997, 126-128.
[60] Vgl. BGH v. 25.10.2006 - XII ZR 144/04 - juris Rn. 22 - NJW 2007, 904-906.
[61] Dies ausdrücklich offen lassend BGH v. 25.10.2006 - XII ZR 144/04 - juris Rn. 23 - NJW 2007, 904-906.
[62] BGH v. 19.12.1989 - IVb ZR 91/88 - juris Rn. 14 - LM Nr. 127 zu § 134 BGB.
[63] BGH v. 29.01.2014 - XII ZB 303/13 - juris Rn. 17 - NJW 2014, 1101-1107; BGH v. 18.03.2009 - XII ZB 94/06 - juris Rn. 14 - FamRZ 2009, 1041-1044; BGH v. 17.10.2007 - XII ZR 96/05 - juris Rn. 19 - FamRZ 2008, 386-390; BGH v. 25.05.2005 - XII ZR 296/01 - juris Rn. 27 - NJW 2005, 2386-2390; BGH v. 11.02.2004 - XII ZR 265/02 - juris Rn. 45 - BGHZ 158, 81-110.
[64] BGH v. 29.01.2014 - XII ZB 303/13 - juris Rn. 17 - NJW 2014, 1101-1107; BGH v. 27.02.2013 - XII ZB 90/11 - juris Rn. 16 - NJW 2013, 1359-1362; BGH v. 18.03.2009 - XII ZB 94/06 - juris Rn. 13 - FamRZ 2009, 1041-1044; BGH v. 09.07.2008 - XII ZR 6/07 - juris Rn. 10 - NJW 2008, 3426-3429; BGH v. 28.11.2007 - XII ZR 132/05 - juris Rn. 17 - NJW 2008, 1080-1084; BGH v. 17.10.2007 - XII ZR 96/05 - juris Rn. 18 - FamRZ 2008, 386-390; BGH v. 22.11.2006 - XII ZR 119/04 - juris Rn. 14 - NJW 2007, 907-909; BGH v. 25.05.2005 - XII ZR 296/01 - juris Rn. 42 - NJW 2005, 2386-2390; BGH v. 06.10.2004 - XII ZB 57/03 - juris Rn. 12 - NJW 2005, 139-141; BGH v. 11.02.2004 - XII ZR 265/02 - juris Rn. 45 - BGHZ 158, 81-110; BGH v. 28.11.1990 - XII ZR 16/90 - juris Rn. 10 - NJW 1991, 913-915.
[65] Vgl. BVerfG v. 06.02.2001 - 1 BvR 12/92 - juris Rn. 43 - NJW 2001, 957-961.
[66] BGH v. 29.01.2014 - XII ZB 303/13 - juris Rn. 38 - NJW 2014, 1101-1107; BGH v. 21.11.2012 - XII ZR 48/11 - juris Rn. 26 - NJW 2013, 457-461; BGH v. 31.10.2012 - XII ZR 129/10 - juris Rn. 20 - NJW 2013, 380-385; vgl. BGH v. 09.07.2008 - XII ZR 6/07 - juris Rn. 20 - NJW 2008, 3426-3429; OLG Zweibrücken v. 19.07.2005 - 5 UF 20/05 - juris Rn. 62 - OLGR Zweibrücken 2006, 24-28.

Ehevertrags auf die Ehegatten und auf die Kinder abzustellen.[67] Es ist vor allem zu berücksichtigen, ob beide Ehegatten erwerbstätig sind und ob die Ehegatten von vornherein jeweils eine eigene Altersversorgung aufbauen wollen.[68] Zu berücksichtigen ist auch die erst zukünftig beabsichtigte Aufnahme einer beruflichen Tätigkeit oder deren Änderung.[69]

56 Insbesondere sind die **Vorteile** zu berücksichtigen, die zur **Kompensation** eines ehevertraglichen Verzichts vom begünstigten Ehegatten gewährt werden. Der Ausschluss des gesetzlichen Unterhaltsrechts kann etwa – je nach den Umständen des Einzelfalls – durch die Vereinbarung von Unterhaltszahlungen in fest bestimmter Höhe kompensiert werden.[70] Auch im Hinblick auf den Versorgungsausgleich sind vielfältige kompensatorische Vereinbarungen möglich.[71] Eine Kompensation kann dabei etwa auch durch die Übereignung von Gegenständen – etwa Immobilien – erfolgen.[72] Dabei erfordert eine ausreichende Abmilderung durch eine Kompensationsleistung nicht notwendigerweise, dass die Kompensation einen gleichwertigen Ausgleich darstellt.[73] Kompensationsleistungen sind lediglich dann als unzureichend anzusehen, wenn sie nicht annähernd geeignet sind, die aufgrund des geplanten Zuschnitts der Ehe sicher vorhersehbaren oder die bereits entstandenen ehebedingten Nachteile des verzichtenden Ehegatten zu kompensieren.[74] Die Eingehung der Ehe kann als solche nicht als korrespondierender Vorteil in die Abwägung mit einbezogen werden.[75]

57 **Subjektiv** sind die von den Ehegatten mit der Abrede verfolgten Zwecke sowie die sonstigen **Beweggründe** zu berücksichtigen, die den begünstigten Ehegatten zu seinem Verlangen nach der ehevertraglichen Gestaltung veranlasst und den benachteiligten Ehegatten bewogen haben, diesem Verlangen zu entsprechen.[76]

58 In diesem Zusammenhang ist insbesondere auch zu berücksichtigen, ob eine Partei sich in einer **erheblich ungleichen Verhandlungsposition** befunden und damit eine Disparität bei Vertragsabschluss bestanden hat.[77] Eine derartige erheblich ungleiche Verhandlungsposition kann sich durch eine **Zwangslage, Unerfahrenheit, Willensschwäche oder Hilflosigkeit** des benachteiligten Ehegatten ergeben.[78]

59 Eine Zwangslage kann durch eine **soziale oder wirtschaftliche Abhängigkeit** des einen Vertragspartners vom anderen begründet sein.[79] Dadurch, dass ein Vertragspartner die Eingehung der Ehe vom Ab-

---

[67] BGH v. 29.01.2014 - XII ZB 303/13 - juris Rn. 17 - NJW 2014, 1101-1107; BGH v. 27.02.2013 - XII ZB 90/11 - juris Rn. 16 - NJW 2013, 1359-1362; BGH v. 18.03.2009 - XII ZB 94/06 - juris Rn. 13 - FamRZ 2009, 1041-1044; BGH v. 09.07.2008 - XII ZR 6/07 - juris Rn. 10 - NJW 2008, 3426-3429; BGH v. 28.11.2007 - XII ZR 132/05 - juris Rn. 17 - NJW 2008, 1080-1084; BGH v. 17.10.2007 - XII ZR 96/05 - juris Rn. 18 - FamRZ 2008, 386-390; BGH v. 22.11.2006 - XII ZR 119/04 - juris Rn. 14 - NJW 2007, 907-909; BGH v. 25.05.2005 - XII ZR 296/01 - juris Rn. 42 - NJW 2005, 2386-2390; BGH v. 06.10.2004 - XII ZB 57/03 - juris Rn. 12 - NJW 2005, 139-141; BGH v. 11.02.2004 - XII ZR 265/02 - juris Rn. 45 - BGHZ 158, 81-110.

[68] Vgl. OLG Frankfurt v. 07.04.1997 - 1 UF 274/96 - FamRZ 1997, 1540-1542.

[69] Vgl. OLG Brandenburg v. 11.08.2010 - 13 UF 39/09 - juris Rn. 15 - NotBZ 2011, 127-130; vgl. OLG Frankfurt v. 07.04.1997 - 1 UF 274/96 - FamRZ 1997, 1540-1542; vgl. OLG Hamburg v. 14.03.1991 - 15 UF 157/89 - FamRZ 1991, 1317-1319.

[70] Vgl. BGH v. 28.02.2007 - XII ZR 165/04 - juris Rn. 18 - NJW 2007, 2848-2851; vgl. auch OLG Düsseldorf v. 17.05.2004 - 2 UF 79/03 - juris Rn. 17 - FamRZ 2005, 216-220.

[71] Vgl. OLG Hamm v. 20.04.1998 - 5 UF 151/98 - juris Rn. 6 - NJWE-FER 1998, 196.

[72] Vgl. BGH v. 29.01.2014 - XII ZB 303/13 - juris Rn. 31 - NJW 2014, 1101-1107.

[73] Vgl. BGH v. 29.01.2014 - XII ZB 303/13 - juris Rn. 30 - NJW 2014, 1101-1107.

[74] Vgl. BGH v. 29.01.2014 - XII ZB 303/13 - juris Rn. 30 - NJW 2014, 1101-1107.

[75] BVerfG v. 06.02.2001 - 1 BvR 12/92 - juris Rn. 44 - NJW 2001, 957-961.

[76] BGH v. 27.02.2013 - XII ZB 90/11 - juris Rn. 16 - NJW 2013, 1359-1362; BGH v. 18.03.2009 - XII ZB 94/06 - juris Rn. 13 - FamRZ 2009, 1041-1044; BGH v. 09.07.2008 - XII ZR 6/07 - juris Rn. 10 - NJW 2008, 3426-3429; BGH v. 28.11.2007 - XII ZR 132/05 - juris Rn. 17 - NJW 2008, 1080-1084; BGH v. 17.10.2007 - XII ZR 96/05 - juris Rn. 18 - FamRZ 2008, 386-390; BGH v. 22.11.2006 - XII ZR 119/04 - juris Rn. 14 - NJW 2007, 907-909; BGH v. 25.05.2005 - XII ZR 296/01 - juris Rn. 42 - NJW 2005, 2386-2390; BGH v. 06.10.2004 - XII ZB 57/03 - juris Rn. 12 - NJW 2005, 139-141; BGH v. 11.02.2004 - XII ZR 265/02 - juris Rn. 45 - BGHZ 158, 81-110; BGH v. 28.11.1990 - XII ZR 16/90 - juris Rn. 10 - NJW 1991, 913-915.

[77] BGH v. 05.11.2008 - XII ZR 157/06 - juris Rn. 29 - NJW 2009, 842-846; vgl. BGH v. 17.05.2006 - XII ZB 250/03 - juris Rn. 14 - NJW 2006, 2331-2333; BGH v. 25.05.2005 - XII ZR 296/01 - juris Rn. 32 - NJW 2005, 2386-2390.

[78] Vgl. OLG Hamm v. 13.10.2005 - 2 WF 333/05 - FamRZ 2006, 268-269.

[79] Vgl. BGH v. 28.11.2007 - XII ZR 132/05 - juris Rn. 19 - NJW 2008, 1080-1084; vgl. BGH v. 17.05.2006 - XII ZB 250/03 - juris Rn. 14 - NJW 2006, 2331-2333; BGH v. 12.01.2005 - XII ZR 238/03 - juris Rn. 16 - NJW 2005, 1370-1373.

schluss eines Ehevertrags abhängig macht, wird indes für sich allein im Regelfall keine eine vertragliche Disparität bewirkende Zwangslage begründet.[80] Etwas anderes kann indes dann gelten, wenn die geplante Hochzeit bereits unmittelbar bevorsteht.[81] Eine Zwangslage entsteht auch nicht allein dadurch, dass ein Ehegatte – bei Fehlen einer sonstigen sozialen oder wirtschaftlichen Abhängigkeit des anderen Ehegatten[82] – die Fortsetzung einer bestehenden Ehe vom Abschluss eines Ehevertrags abhängig macht.[83] Dies gilt jedenfalls dann, wenn sich die Ehe bereits in einer Krise befindet und sich der aus der Ehe lösen wollende Ehegatte nur aufgrund des Ehevertrags auf einen Versuch zur Fortsetzung der Ehe einlässt.[84] Je nach den konkreten Umständen kann die Drohung mit einer Scheidung indes durchaus auch eine Zwangslage für den anderen Ehegatten hervorrufen, welche insbesondere dann von Relevanz sein kann, wenn der andere Ehegatte in dem Ehevertrag auch auf Ansprüche an dem in der bisherigen Ehezeit bereits erwirtschafteten Versorgungsvermögen verzichten soll.[85]

Darüber hinaus kann eine unterlegene Verhandlungsposition eines Ehegatten insoweit auch dann vorliegen, wenn der mit dem Verlangen auf Abschluss eines Ehevertrags konfrontierte Ehegatte erkennbar in einem besonderen Maße auf die Eingehung oder Fortführung der Ehe angewiesen ist, weil er ohne den ökonomischen Rückhalt der Ehe einer ungesicherten wirtschaftlichen Zukunft entgegensehen würde.[86] Dies ist dann der Fall, wenn zu befürchten ist, dass der benachteiligte Ehegatte nur schwerlich eigene Erwerbsmöglichkeiten finden wird, die ihm im Trennungsfall ein vom anderen Ehegatten wirtschaftlich unabhängiges Auskommen vermitteln können.[87] Diese Befürchtung kann etwa aus einer aufgrund der körperlichen Konstitution des benachteiligten Ehegatten bestehenden begrenzten Belastbarkeit resultieren.[88] **60**

Eine Zwangslage wird zudem durch eine **Schwangerschaft** der Frau bei Abschluss des Ehevertrags indiziert.[89] So kann die Schwangerschaft für die Frau zu einer Drucksituation führen, mit dem Vater des Kindes eine Ehe einzugehen, auch wenn dieser die Eheschließung von für die Frau nachteiligen Bedingungen abhängig macht.[90] Ausdrücklich klargestellt hat der Bundesgerichtshof[91] allerdings, dass eine Schwangerschaft für sich allein eine Sittenwidrigkeit des Ehevertrags nicht zu begründen vermag. Trotz der Schwangerschaft kann es auch an einer Zwangslage auf Seiten der Frau fehlen. Dies kann etwa dann der Fall sein, wenn für die Frau nicht gerade die Geburt des Kindes Veranlassung zur Eheschließung gewesen ist.[92] **61**

---

[80] BGH v. 29.01.2014 - XII ZB 303/13 - juris Rn. 41 - NJW 2014, 1101-1107.
[81] Vgl. OLG Brandenburg v. 11.08.2010 - 13 UF 39/09 - juris Rn. 15 - NotBZ 2011, 127-130.
[82] Vgl. OLG Hamm v. 06.06.2005 - 4 UF 187/04 - FamRZ 2005, 1567-1569.
[83] BGH v. 29.01.2014 - XII ZB 303/13 - juris Rn. 41 - NJW 2014, 1101-1107.
[84] Vgl. BGH v. 02.10.1996 - XII ZB 1/94 - juris Rn. 15 - NJW 1997, 192-193.
[85] Vgl. BGH v. 02.10.1996 - XII ZB 1/94 - juris Rn. 19 - NJW 1997, 192-193 (offen lassend).
[86] BGH v. 29.01.2014 - XII ZB 303/13 - juris Rn. 41 - NJW 2014, 1101-1107.
[87] Vgl. BGH v. 28.11.2007 - XII ZR 132/05 - juris Rn. 19 - NSW BGB § 1408; vgl. BGH v. 28.03.2007 - XII ZR 119/04 - juris Rn. 3 - NJW-RR 2007, 1370-1371; vgl. BGH v. 22.11.2006 - XII ZR 119/04 - juris Rn. 18 - NJW 2007, 907-909.
[88] Vgl. BGH v. 28.03.2007 - XII ZR 119/04 - juris Rn. 3 - NJW-RR 2007, 1370-1371; vgl. BGH v. 22.11.2006 - XII ZR 119/04 - juris Rn. 18 - NJW 2007, 907-909.
[89] BGH v. 18.03.2009 - XII ZB 94/06 - juris Rn. 14 - FamRZ 2009, 1041-1044; BGH v. 09.07.2008 - XII ZR 6/07 - juris Rn. 23 - NJW 2008, 3426-3429; BGH v. 17.10.2007 - XII ZR 96/05 - juris Rn. 19 - FamRZ 2008, 386-390; BGH v. 28.03.2007 - XII ZR 130/04 - juris Rn. 15 - NJW 2007, 2851-2854; BGH v. 25.05.2005 - XII ZR 296/01 - juris Rn. 32 - NJW 2005, 2386-2390; vgl. BVerfG v. 06.02.2001 - 1 BvR 12/92 - juris Rn. 37 - NJW 2001, 957-961; anders die vor dem Beschluss des Bundesverfassungsgerichts vom 06.02.2001 ergangene Rechtsprechung des Bundesgerichtshofs: BGH v. 02.10.1996 - XII ZB 1/94 - juris Rn. 16 - NJW 1997, 192-193; BGH v. 18.09.1996 - XII ZB 206/94 - juris Rn. 17 - NJW 1997, 126-128.
[90] Vgl. OLG Zweibrücken v. 27.04.2006 - 2 UF 1/05 - juris Rn. 16 - FamRZ 2006, 1683-1685; vgl. OLG Hamm v. 24.03.2006 - 7 UF 288/05 - juris Rn. 25 - NJW 2006, 3719-3723.
[91] BGH v. 18.03.2009 - XII ZB 94/06 - juris Rn. 14 - FamRZ 2009, 1041-1044; BGH v. 09.07.2008 - XII ZR 6/07 - juris Rn. 23 - NJW 2008, 3426-3429; BGH v. 17.10.2007 - XII ZR 96/05 - juris Rn. 19 - FamRZ 2008, 386-390; BGH v. 28.03.2007 - XII ZR 130/04 - juris Rn. 15 - NJW 2007, 2851-2854; BGH v. 28.02.2007 - XII ZR 165/04 - juris Rn. 18 - NJW 2007, 2848-2851; BGH v. 25.05.2005 - XII ZR 296/01 - juris Rn. 32 - NJW 2005, 2386-2390.
[92] Vgl. OLG Zweibrücken v. 27.04.2006 - 2 UF 1/05 - juris Rn. 18 - FamRZ 2006, 1683-1685.

62 Zudem kann sich eine solche Befürchtung auch aus einer **Sprachunkundigkeit** des benachteiligten Ehegatten ergeben.[93] Die Sprachunkundigkeit kann darüber hinaus auch dann von Relevanz sein, wenn der benachteiligte Ehegatte aufgrund dieser den Inhalt des Vertrages bei dessen Abschluss nicht hinreichend verstanden hat. In diesem Zusammenhang ist indes zu berücksichtigen, dass ein Ehevertrag gemäß § 1410 BGB der Beurkundungspflicht unterliegt. Der beurkundende Notar hat im Rahmen der Beurkundung Sorge dafür zu tragen, dass dem Sprachunkundigen der Inhalt der Vereinbarung durch einen Dolmetscher in eine ihm verständliche Sprache übersetzt wird (vgl. § 16 BeurkG).

63 Bei einem **ausländischen Vertragspartner** kann sich die schwächere Verhandlungsposition weiter daraus ergeben, dass er seinen Lebensplan, dauerhaft im Inland ansässig und erwerbstätig zu werden, nur unter der dem anderen Vertragspartner bekannten Voraussetzung der Eheschließung verwirklichen kann, die herbeizuführen in dessen Belieben steht.[94]

64 Eine ungleiche Verhandlungsposition kann auch aus einer **psychischen Beeinträchtigung** – etwa aufgrund Alkoholmissbrauchs – resultieren, sofern diese Beeinträchtigung nicht sogar eine Geschäftsunfähigkeit des betreffenden Vertragspartners zur Folge hat.[95]

65 Schließlich kann sich eine ungleiche Verhandlungsposition zwischen den Ehegatten etwa daraus ergeben, dass der eine Ehegatte juristisch versiert, der andere diesbezüglich hingegen unerfahren ist.[96] Gegen eine ungleiche Verhandlungsposition kann es hingegen insbesondere sprechen, wenn beide Parteien anwaltlich beraten sind.[97]

66 Darüber hinaus kann die Unerfahrenheit eines Ehegatten auch durch eine notarielle Belehrung kompensiert werden.[98] Überhaupt kommt der – nach § 1410 BGB erforderlichen – Mitwirkung des Notars beim Abschluss des Ehevertrags eine bedeutende Rolle zu. So obliegt es dem Notar, Sorge dafür zu tragen, dass der eine Ehegatte von dem anderen mit dem Vertrag nicht überrumpelt wird. Das Verhalten der Beteiligten im Rahmen der Beurkundung und bei etwaigen Vorbesprechungen kann ein wichtiges Indiz dafür begründen, ob einer der Ehegatten sich in einer Zwangslage oder ungleichen Verhandlungsposition befindet.[99]

67 Im Rahmen der Abwägung ist auch zu berücksichtigen, wenn der ehevertraglichen Vereinbarung **berechtigte Interessen** eines Ehegatten zugrunde liegen. Ein solches berechtigtes Interesse kann insbesondere in der **Erhaltung der wirtschaftlichen Substanz der Erwerbsgrundlage** eines Ehegatten liegen, die ansonsten im Falle eines Scheiterns der Ehe – etwa aufgrund von zugewinnausgleichsbedingten Ausgleichszahlungen – gefährdet wäre.[100] Ein zu berücksichtigendes berechtigtes Interesse kann auch daraus resultieren, dass ein Ehepartner bereits einmal verheiratet war und er aus diesem Grund bereits Leistungen – insbesondere Unterhaltszahlungen – an Dritte erbringen muss.[101]

68 Maßgeblicher Zeitpunkt für die Prüfung der Sittenwidrigkeit ist der des Abschlusses des Vertrages.[102] Spätere Veränderungen können allerdings die Berufung auf den Vertrag als unzulässige Rechtsausübung qualifizieren (vgl. hierzu Rn. 94 ff.).

---

[93] Vgl. BGH v. 28.03.2007 - XII ZR 119/04 - juris Rn. 3 - NJW-RR 2007, 1370-1371; vgl. BGH v. 22.11.2006 - XII ZR 119/04 - juris Rn. 18 - NJW 2007, 907-909.

[94] BGH v. 28.03.2007 - XII ZR 119/04 - juris Rn. 6 - NJW-RR 2007, 1370-1371; vgl. BGH v. 22.11.2006 - XII ZR 119/04 - juris Rn. 18 - NJW 2007, 907-909; vgl. BGH v. 17.05.2006 - XII ZB 250/03 - juris Rn. 14 - NJW 2006, 2331-2333; vgl. OLG München v. 12.12.2006 - 2 UF 1148/06 - juris Rn. 12 - FamRZ 2007, 1244-1246.

[95] Vgl. OLG Koblenz v. 25.10.2005 - 11 UF 424/04 - juris Rn. 7 - FamRZ 2006, 428-430.

[96] Vgl. BGH v. 09.07.2008 - XII ZR 6/07 - juris Rn. 23 - NJW 2008, 3426-3429.

[97] Vgl. BGH v. 29.01.2014 - XII ZB 303/13 - juris Rn. 44 - NJW 2014, 1101-1107.

[98] Vgl. OLG Saarbrücken v. 05.10.2007 - 9 UF 67/07 - juris Rn. 34 - OLGR Saarbrücken 2008, 147-150; vgl. auch OLG Bremen v. 13.09.2006 - 5 WF 27/06 - juris Rn. 10 - MDR 2007, 529 für einen Fall unterlassener notarieller Belehrung.

[99] Vgl. OLG Brandenburg v. 11.08.2010 - 13 UF 39/09 - juris Rn. 15 - NotBZ 2011, 127-130.

[100] Vgl. OLG Hamm v. 08.06.2011 - 5 UF 51/10 - juris Rn. 46 - FamRZ 2012, 232-234; vgl. OLG Brandenburg v. 11.08.2010 - 13 UF 39/09 - juris Rn. 15 - NotBZ 2011, 127-130.

[101] Vgl. OLG Köln v. 25.10.2010 - 4 UF 158/10 - juris Rn. 9 - FamRZ 2011, 1063-1065.

[102] BGH v. 11.02.2004 - XII ZR 265/02 - juris Rn. 45 - BGHZ 158, 81-110; BGH v. 28.11.1990 - XII ZR 16/90 - juris Rn. 11 - LM Nr. 28 zu § 138 (Cd) BGB.

b. Wirksamkeit konkreter Vereinbarungen
aa. Vereinbarungen zum Unterhalt wegen Betreuung eines Kindes

Zum **Kernbereich des gesetzlichen Scheidungsfolgenrechts** gehört in erster Linie der Unterhalt wegen Betreuung (Pflege oder Erziehung) eines gemeinschaftlichen Kindes gemäß § 1570 BGB.[103] Der Betreuungsunterhalt wird dem betreuenden Elternteil nicht nur um seiner selbst, sondern auch um der gemeinschaftlichen Kinder willen geschuldet, deren Betreuung dem Elternteil durch den Unterhalt ermöglicht werden soll.[104] Damit stellt sich der Betreuungsunterhalt als der typische Fall des Ausgleichs ehebedingter Nachteile dar.[105]

Der besondere Rang des Betreuungsunterhalts kommt dabei nicht nur dem Teil des Betreuungsunterhalts zu, der als Elementarunterhalt geschuldet wird; er gilt vielmehr **auch für den Vorsorgeunterhalt**, d.h. die Bestandteile des Betreuungsunterhalts, die den betreuenden Elternteil gegen die Risiken von Krankheit oder Alter sichern sollen.[106]

Der Bundesgerichtshof[107] hat allerdings klargestellt, dass trotz der Bedeutung dieses Unterhaltstatbestandes **vertragliche Dispositionen** über ihn **nicht schlechthin ausgeschlossen** sind. Vereinbarungen sind etwa dann denkbar, wenn die Art des Berufes es erlaubt, Kinderbetreuung und Erwerbstätigkeit miteinander zu verbinden, ohne dass das Kind Erziehungseinbußen erleidet.[108] Auch ist die Möglichkeit zu berücksichtigen, ab einem bestimmten Kindesalter Dritte zur Betreuung heranzuziehen, um einen möglichst frühen Wiedereintritt des betreuenden Ehegatten in das Berufsleben zu ermöglichen.[109]

Auch ist es dem Bundesgerichtshof[110] zufolge grundsätzlich zulässig, im Hinblick auf die Betreuungsbedürftigkeit der Kinder **Altersgrenzen** zu vereinbaren. Dabei ist zu berücksichtigen, dass § 1570 Abs. 1 Satz 1 BGB einen auf drei Jahre befristeten Unterhaltsanspruch vorsieht. Gemäß § 1570 Abs. 1 Satz 2, Abs. 2 BGB kann sich der Unterhaltsanspruch aus Billigkeitsgründen über diesen Zeitraum hinaus verlängern. Dieser Regelung ist die gesetzgeberische Wertung zu entnehmen, dass den das Kind betreuenden Ehegatten ab dem Zeitpunkt von drei Jahren nach der Geburt eine Erwerbsobliegenheit trifft, wenn nicht bestimmte Umstände – insbesondere Belange des Kindes – dem entgegenstehen. Diese gesetzgeberische Wertung ist bei der Zulässigkeit von Vereinbarungen über den Betreuungsunterhalt im Ehevertrag zu beachten.

Auch beim Betreuungsunterhalt kommt eine Fixierung der **Unterhaltshöhe** als Gegenstand einer Vereinbarung in Betracht.[111] Eine Begrenzung der Unterhaltshöhe kann allerdings sittenwidrig sein, wenn die vertraglich vorgesehene Unterhaltshöhe nicht annähernd geeignet ist, die ehebedingten Nachteile des das Kind später betreuenden Ehegatten auszugleichen.[112] Dass der vereinbarte Unterhaltsbetrag den von der Rechtsprechung als Existenzminimum angesehenen Betrag übersteigt, schließt als solches eine Sittenwidrigkeit der Regelung noch nicht zwingend aus.[113]

Eine Sittenwidrigkeit des Ausschlusses des Betreuungsunterhalts kommt nicht in Betracht, wenn die Ehegatten zum Zeitpunkt des Vertragsschlusses **einvernehmlich keine Kinder** wollten.[114] Entsprechendes gilt, wenn die Ehegatten die Begründung einer Familie mit Kindern zum Zeitpunkt des Vertragsschlusses überhaupt noch nicht in Erwägung gezogen hatten.[115] Sofern es zu einem späteren Zeit-

---

[103] BGH v. 29.01.2014 - XII ZB 303/13 - juris Rn. 16 - NJW 2014, 1101-1107; BGH v. 28.11.2007 - XII ZR 132/05 - juris Rn. 21 - NJW 2008, 1080-1084; BGH v. 28.03.2007 - XII ZR 130/04 - juris Rn. 14 - NJW 2007, 2851-2854; BGH v. 05.07.2006 - XII ZR 25/04 - juris Rn. 26 - NJW 2006, 1359-1362; BGH v. 25.05.2005 - XII ZR 221/02 - juris Rn. 17 - NJW 2005, 2391-2393; BGH v. 11.02.2004 - XII ZR 265/02 - juris Rn. 40 - BGHZ 158, 81-110.
[104] BGH v. 25.05.2005 - XII ZR 221/02 - juris Rn. 19 - NJW 2005, 2391-2393.
[105] BGH v. 25.05.2005 - XII ZR 221/02 - juris Rn. 19 - NJW 2005, 2391-2393.
[106] BGH v. 25.05.2005 - XII ZR 221/02 - juris Rn. 17 - NJW 2005, 2391-2393.
[107] BGH v. 05.07.2006 - XII ZR 25/04 - juris Rn. 26 - NJW 2006, 1359-1362; BGH v. 11.02.2004 - XII ZR 265/02 - juris Rn. 40 - BGHZ 158, 81-110.
[108] BGH v. 11.02.2004 - XII ZR 265/02 - juris Rn. 40 - BGHZ 158, 81-110.
[109] BGH v. 11.02.2004 - XII ZR 265/02 - juris Rn. 40 - BGHZ 158, 81-110.
[110] Vgl. BGH v. 28.03.2007 - XII ZR 130/04 - juris Rn. 19 - NJW 2007, 2851-2854; vgl. BGH v. 25.05.2005 - XII ZR 296/01 - juris Rn. 36 - NJW 2005, 2386-2390.
[111] Vgl. BGH v. 25.05.2005 - XII ZR 296/01 - juris Rn. 37 - NJW 2005, 2386-2390.
[112] Vgl. BGH v. 05.07.2006 - XII ZR 25/04 - juris Rn. 29 - NJW 2006, 1359-1362; vgl. BGH v. 25.05.2005 - XII ZR 296/01 - juris Rn. 37 - NJW 2005, 2386-2390.
[113] Vgl. BGH v. 25.05.2005 - XII ZR 296/01 - juris Rn. 37 - NJW 2005, 2386-2390.
[114] Vgl. BGH v. 25.05.2005 - XII ZR 221/02 - juris Rn. 11 - NJW 2005, 2391-2393.
[115] Vgl. BGH v. 28.11.2007 - XII ZR 132/05 - juris Rn. 21 - NJW 2008, 1080-1084.

punkt gleichwohl zu einer Geburt gemeinschaftlicher Kinder kommen sollte, finden die Grundsätze über die Ausübungskontrolle (vgl. Rn. 94 ff.) Anwendung. Schließlich kann eine Sittenwidrigkeit selbst bei bestehendem Kinderwunsch bei Abschluss des Ehevertrags ausgeschlossen sein, wenn die Ehegatten bei Vertragsschluss von einer gleichgewichtigen Kinderbetreuung oder davon ausgingen, dass – etwa wegen einer besonders günstigen Kinderbetreuungssituation – im Falle der Geburt von gemeinsamen Kindern kein Ehegatte seine Erwerbstätigkeit in nennenswerter Weise würde einschränken müssen.[116]

bb. Vereinbarungen zum Unterhalt wegen Alters

75 Innerhalb der Unterhaltstatbestände kommt zudem dem Unterhalt wegen Alters besondere Bedeutung zu.[117] Er gehört ebenfalls zum Kernbereich des gesetzlichen Scheidungsfolgenrechts.[118]

76 Auch zu diesem Unterhaltstatbestand hat der Bundesgerichtshof[119] klargestellt, dass er Vereinbarungen der Ehepartner zugänglich ist. So kann die Sittenwidrigkeit einer Regelung zum Unterhalt wegen Alters grundsätzlich dann nicht angenommen werden, wenn im Zeitpunkt des Vertragsschlusses für die Parteien noch gar nicht absehbar ist, ob, wann und unter welchen wirtschaftlichen Gegebenheiten der verzichtende Ehegatte wegen Alters unterhaltsbedürftig werden könnte.[120] Darüber hinaus können entsprechende Regelungen auch zulässig sein, wenn die Ehe erst im Alter geschlossen wird.[121]

77 Neben dem Alter der Vertragsparteien kommt es im Rahmen der Prüfung der Wirksamkeit von Vereinbarungen zum Unterhalt wegen Alters auf die Möglichkeiten der Vertragsparteien an, für ihre eigene Altersversorgung vorzusorgen – insbesondere durch eigene berufliche Tätigkeit –, sowie auf etwaige Vereinbarungen der Vertragsparteien über einen gegenseitigen Ausbau der Altersversorgung nach Scheidung der Ehe.[122]

78 Ein Ausschluss des Unterhalts wegen Alters ist dem Bundesgerichtshof[123] zufolge im Regelfall auch dann nicht sittenwidrig, wenn im Zeitpunkt des Vertragsschlusses für die Parteien überhaupt noch nicht absehbar war, wann und unter welchen wirtschaftlichen Gegebenheiten einer der Ehepartner unterhaltsbedürftig werden könnte.

cc. Vereinbarungen zum Unterhalt wegen Krankheit

79 Ebenfalls eine besondere Bedeutung kommt dem Unterhalt wegen Krankheit (§ 1572 BGB) zu.[124] Auch er gehört zum Kernbereich des gesetzlichen Scheidungsfolgenrechts.[125] Gleichwohl sind auch diesbezüglich Vereinbarungen der Ehegatten möglich.

---

[116] BGH v. 31.10.2012 - XII ZR 129/10 - juris Rn. 19 - NJW 2013, 380-385.
[117] BGH v. 29.01.2014 - XII ZB 303/13 - juris Rn. 35 - NJW 2014, 1101-1107; BGH v. 28.11.2007 - XII ZR 132/05 - juris Rn. 22 - NJW 2008, 1080-1084; BGH v. 25.05.2005 - XII ZR 296/01 - juris Rn. 26 - NJW 2005, 2386-2390; BGH v. 12.01.2005 - XII ZR 238/03 - juris Rn. 19 - NJW 2005, 1370-1373; BGH v. 11.02.2004 - XII ZR 265/02 - juris Rn. 41 - BGHZ 158, 81-110.
[118] BGH v. 31.10.2012 - XII ZR 129/10 - juris Rn. 20 - NJW 2013, 380-385; BGH v. 18.03.2009 - XII ZB 94/06 - juris Rn. 19 - FamRZ 2009, 1041-1044; BGH v. 09.07.2008 - XII ZR 6/07 - juris Rn. 17 - NJW 2008, 3426-3429.
[119] BGH v. 29.01.2014 - XII ZB 303/13 - juris Rn. 35 - NJW 2014, 1101-1107; BGH v. 09.07.2008 - XII ZR 6/07 - juris Rn. 17 - NJW 2008, 3426-3429; vgl. BGH v. 12.01.2005 - XII ZR 238/03 - juris Rn. 20 - NJW 2005, 1370-1373; BGH v. 06.10.2004 - XII ZB 57/03 - juris Rn. 18 - NJW 2005, 139-141; BGH v. 11.02.2004 - XII ZR 265/02 - juris Rn. 41 - BGHZ 158, 81-110.
[120] BGH v. 29.01.2014 - XII ZB 303/13 - juris Rn. 35 - NJW 2014, 1101-1107; BGH v. 31.10.2012 - XII ZR 129/10 - juris Rn. 19 - NJW 2013, 380-385.
[121] BGH v. 09.07.2008 - XII ZR 6/07 - juris Rn. 17 - NJW 2008, 3426-3429; vgl. BGH v. 12.01.2005 - XII ZR 238/03 - juris Rn. 20 - NJW 2005, 1370-1373; BGH v. 06.10.2004 - XII ZB 57/03 - juris Rn. 18 - NJW 2005, 139-141; BGH v. 11.02.2004 - XII ZR 265/02 - juris Rn. 41 - BGHZ 158, 81-110.
[122] Vgl. BGH v. 25.05.2005 - XII ZR 221/02 - juris Rn. 11 - NJW 2005, 2391-2393; vgl. BGH v. 25.05.2005 - XII ZR 296/01 - juris Rn. 40 - NJW 2005, 2386-2390; vgl. BGH v. 12.01.2005 - XII ZR 238/03 - juris Rn. 20 - NJW 2005, 1370-1373.
[123] Vgl. BGH v. 28.11.2007 - XII ZR 132/05 - juris Rn. 22 - NJW 2008, 1080-1084; vgl. BGH v. 25.05.2005 - XII ZR 296/01 - juris Rn. 39 - NJW 2005, 2386-2390; vgl. BGH v. 12.01.2005 - XII ZR 238/03 - juris Rn. 19 - NJW 2005, 1370-1373.
[124] BGH v. 29.01.2014 - XII ZB 303/13 - juris Rn. 35 - NJW 2014, 1101-1107; BGH v. 28.11.2007 - XII ZR 132/05 - juris Rn. 22 - NJW 2008, 1080-1084; BGH v. 25.05.2005 - XII ZR 296/01 - juris Rn. 26 - NJW 2005, 2386-2390; BGH v. 12.01.2005 - XII ZR 238/03 - juris Rn. 19 - NJW 2005, 1370-1373; BGH v. 11.02.2004 - XII ZR 265/02 - juris Rn. 41 - BGHZ 158, 81-110.
[125] BGH v. 31.10.2012 - XII ZR 129/10 - juris Rn. 20 - NJW 2013, 380-385.

So können die Ehegatten etwa bestimmte Lebensrisiken eines Partners aus der wechselseitigen Verantwortung füreinander ausnehmen, indem sie Regelungen zum Unterhalt wegen Krankheit im Hinblick auf Krankheiten treffen, die zum Zeitpunkt des Eingehens der Ehe bereits eingetreten waren.[126]

80

Ebenso wie beim Unterhalt wegen Alters ist ein Ausschluss des Unterhalts wegen Krankheit dem Bundesgerichtshof[127] zufolge im Regelfall auch dann nicht sittenwidrig, wenn im Zeitpunkt des Vertragsschlusses für die Parteien überhaupt noch nicht absehbar war, wann und unter welchen wirtschaftlichen Gegebenheiten einer der Ehepartner unterhaltsbedürftig werden könnte. So ist der Ausschluss etwa dann nicht sittenwidrig, wenn beide Vertragspartner im Zeitpunkt der Eheschließung berufstätig – und damit auch gegen die Risiken einer Krankheit abgesichert – waren und jeder von ihnen auch erwerbstätig bleiben wollte.[128]

81

dd. Vereinbarungen zu sonstigen Unterhaltstatbeständen

Der **Unterhalt wegen Erwerbslosigkeit** (§ 1573 BGB) ist vom Bundesgerichtshof[129] als nachrangig eingeordnet worden, da das Gesetz das Arbeitsplatzrisiko ohnehin auf den Berechtigten verlagert, sobald dieser einen nachhaltig gesicherten Arbeitsplatz gefunden hat (vgl. auch § 1573 Abs. 4 BGB). Im Hinblick auf die Wirksamkeit von Vereinbarungen über diesen Unterhaltstatbestand sei zudem zu berücksichtigen, dass durch ihn nur solche beruflichen Nachteile ausgeglichen werden sollen, die von den Ehepartnern um der Ehe willen in Kauf genommen worden sind.[130]

82

Dem Unterhalt wegen Erwerbslosigkeit folgen dem Bundesgerichtshof[131] zufolge der **Krankenvorsorge-** und der **Altersvorsorgeunterhalt** (§ 1578 Abs. 2 Alt. 1, Abs. 3 BGB). Diese Unterhaltstatbestände haben allerdings – je nach Fallgestaltung – als Bestandteile des Lebensbedarfs gleichen Rang mit dem jeweiligen Unterhaltsanspruch (z.B. aus § 1570 BGB), wenn damit ehebedingte Nachteile ausgeglichen werden sollen.[132]

83

Eine noch größere Disponibilität besteht im Hinblick auf die Ansprüche auf **Aufstockungs-** und **Ausbildungsunterhalt** (§§ 1573 Abs. 2, 1575 BGB).[133] Ein Verzicht auf Aufstockungsunterhalt rechtfertigt wie ein Verzicht auf **Billigkeitsunterhalt** (§ 1576 BGB) schon nach der Bedeutung dieser Unterhaltstatbestände im System des Scheidungsfolgenrechts das Verdikt der Sittenwidrigkeit regelmäßig nicht.[134] Nicht verzichtbar ist hingegen gemäß §§ 1361 Abs. 4 Satz 4, 1360a Abs. 3 i.V.m. § 1614 Abs. 1 BGB der Anspruch auf zukünftigen Trennungsunterhalt.[135]

84

---

[126] BGH v. 05.11.2008 - XII ZR 157/06 - juris Rn. 22 - NJW 2009, 842-846; vgl. BGH v. 28.03.2007 - XII ZR 130/04 - juris Rn. 20 - NJW 2007, 2851-2854; BGH v. 25.10.2006 - XII ZR 144/04 - juris Rn. 20 - NJW 2007, 904-906; BGH v. 11.02.2004 - XII ZR 265/02 - juris Rn. 41 - BGHZ 158, 81-110.

[127] BGH v. 29.01.2014 - XII ZB 303/13 - juris Rn. 35 - NJW 2014, 1101-1107; BGH v. 31.10.2012 - XII ZR 129/10 - juris Rn. 19 - NJW 2013, 380-385; vgl. BGH v. 28.11.2007 - XII ZR 132/05 - juris Rn. 22 - NJW 2008, 1080-1084; vgl. BGH v. 25.05.2005 - XII ZR 296/01 - juris Rn. 39 - NJW 2005, 2386-2390; vgl. BGH v. 12.01.2005 - XII ZR 238/03 - juris Rn. 19 - NJW 2005, 1370-1373.

[128] Vgl. BGH v. 28.03.2007 - XII ZR 130/04 - juris Rn. 20 - NJW 2007, 2851-2854; vgl. BGH v. 25.05.2005 - XII ZR 221/02 - juris Rn. 11 - NJW 2005, 2391-2393.

[129] BGH v. 29.01.2014 - XII ZB 303/13 - juris Rn. 36 - NJW 2014, 1101-1107; BGH v. 28.11.2007 - XII ZR 132/05 - juris Rn. 23 - NJW 2008, 1080-1084; BGH v. 25.05.2005 - XII ZR 296/01 - juris Rn. 26 - NJW 2005, 2386-2390; BGH v. 12.01.2005 - XII ZR 238/03 - juris Rn. 22 - NJW 2005, 1370-1373; BGH v. 11.02.2004 - XII ZR 265/02 - juris Rn. 41 - BGHZ 158, 81-110.

[130] BGH v. 28.11.2007 - XII ZR 132/05 - juris Rn. 23 - NJW 2008, 1080-1084; vgl. BGH v. 12.01.2005 - XII ZR 238/03 - juris Rn. 22 - NJW 2005, 1370-1373.

[131] BGH v. 25.05.2005 - XII ZR 296/01 - juris Rn. 25 - NJW 2005, 2386-2390; BGH v. 11.02.2004 - XII ZR 265/02 - juris Rn. 41 - BGHZ 158, 81-110.

[132] BGH v. 25.05.2005 - XII ZR 296/01 - juris Rn. 26 - NJW 2005, 2386-2390.

[133] BGH v. 25.05.2005 - XII ZR 296/01 - juris Rn. 26 - NJW 2005, 2386-2390; BGH v. 11.02.2004 - XII ZR 265/02 - juris Rn. 41 - BGHZ 158, 81-110.

[134] Vgl. BGH v. 28.11.2007 - XII ZR 132/05 - juris Rn. 24 - NJW 2008, 1080-1084; vgl. BGH v. 25.05.2005 - XII ZR 296/01 - juris Rn. 42 - NJW 2005, 2386-2390; BGH v. 12.01.2005 - XII ZR 238/03 - juris Rn. 23 - NJW 2005, 1370-1373.

[135] Vgl. hierzu und zum sog. pactum de non petendo, d.h. der Verpflichtung bzw. dem Versprechen des unterhaltsberechtigten Ehegatten, Trennungsunterhalt nicht geltend zu machen: BGH v. 29.01.2014 - XII ZB 303/13 - juris Rn. 48 - NJW 2014, 1101-1107.

ee. Vereinbarungen zum Versorgungsausgleich

85 Auch Vereinbarungen zum Versorgungsausgleich unterliegen einer Inhaltskontrolle (so ausdrücklich § 8 Abs. 1 VersAusglG). Der Versorgungsausgleich gehört ebenfalls zum Kernbereich des gesetzlichen Scheidungsfolgenrechts, ist als **vorweggenommener Altersunterhalt** zu werten und steht wie dieser einer vertraglichen Disposition nur begrenzt offen.[136] Vereinbarungen über ihn, d.h. der gänzliche oder teilweise Ausschluss, müssen nach denselben Kriterien geprüft werden wie ein vollständiger oder teilweiser Verzicht auf den Altersunterhalt.[137] So bemisst sich die Zulässigkeit einer Vereinbarung insbesondere nach dem Alter der Vertragspartner bei Eingehung der Ehe, der zu erwartenden Möglichkeit der Vertragspartner zum jeweils eigenständigen Aufbau einer Altersversorgung und den von den Vertragspartnern im Ehevertrag übernommenen Verpflichtungen, für die Altersversorgung des jeweils anderen Ehegatten für den Fall einer Scheidung der Ehe zu sorgen.[138] Zu berücksichtigen ist es vor allem auch, wenn beide Ehegatten zum Zeitpunkt der Vereinbarung bereits hinreichende eigene Versorgungsanwartschaften aufbauen konnten. Insoweit kann auch die bereits erfolgte Abtretung von Versorgungsansprüchen im Rahmen früherer Scheidungen im Rahmen der Abwägung von Relevanz sein.[139]

86 Als Teilhabe an dem in der Ehe erworbenen Versorgungsvermögen ist der Versorgungsausgleich dem Bundesgerichtshof[140] zufolge andererseits aber auch dem Zugewinnausgleich verwandt, was – jedenfalls bei deutlich gehobenen Versorgungsverhältnissen – eine weitergehende Dispositionsbefugnis rechtfertigen könne. So kann etwa auch in einer Ehekrise oder im Zusammenhang mit einer bereits beabsichtigten Scheidung ein vollständiger Ausschluss des Versorgungsausgleichs zulässig sein, wenn beide Ehegatten während der Ehezeit vollschichtig und von der Ehe unbeeinflusst berufstätig waren und jeder seine eigene Altersversorgung aufgebaut oder aufgestockt hat.[141]

87 Ergibt die umfassende Würdigung der konkreten Umstände, dass die durch den vereinbarten Ausschluss des Versorgungsausgleichs bewirkte Versorgungssituation sich bereits im Zeitpunkt der Vereinbarung als eine gravierende Verletzung des dem Versorgungsausgleich zugrunde liegenden Gedankens ehelicher Solidarität darstellt, so hat diese Vereinbarung nach § 138 Abs. 1 BGB keinen Bestand.[142] Dies kann namentlich etwa dann der Fall sein, wenn ein Ehegatte sich einvernehmlich der Betreuung der gemeinsamen Kinder widmen und deshalb auf eine versorgungsbegründende Erwerbstätigkeit in der Ehe verzichten soll.[143]

---

[136] BGH v. 29.01.2014 - XII ZB 303/13 - juris Rn. 19 - NJW 2014, 1101-1107; BGH v. 09.07.2008 - XII ZR 6/07 - juris Rn. 17 - NJW 2008, 3426-3429; BGH v. 28.11.2007 - XII ZR 132/05 - juris Rn. 26 - NJW 2008, 1080-1084; BGH v. 25.05.2005 - XII ZR 296/01 - juris Rn. 25 - NJW 2005, 2386-2390; BGH v. 12.01.2005 - XII ZR 238/03 - juris Rn. 25 - NJW 2005, 1370-1373; BGH v. 06.10.2004 - XII ZB 57/03 - juris Rn. 18 - NJW 2005, 139-141; BGH v. 11.02.2004 - XII ZR 265/02 - juris Rn. 42 - BGHZ 158, 81-110.

[137] BGH v. 18.03.2009 - XII ZB 94/06 - juris Rn. 19 - FamRZ 2009, 1041-1044; BGH v. 09.07.2008 - XII ZR 6/07 - juris Rn. 17 - NJW 2008, 3426-3429; BGH v. 28.11.2007 - XII ZR 132/05 - juris Rn. 26 - NJW 2008, 1080-1084; BGH v. 25.05.2005 - XII ZR 296/01 - juris Rn. 25 - NJW 2005, 2386-2390; BGH v. 12.01.2005 - XII ZR 238/03 - juris Rn. 25 - NJW 2005, 1370-1373; BGH v. 06.10.2004 - XII ZB 57/03 - juris Rn. 18 - NJW 2005, 139-141; BGH v. 11.02.2004 - XII ZR 265/02 - juris Rn. 42 - BGHZ 158, 81-110.

[138] Vgl. BGH v. 12.01.2005 - XII ZR 238/03 - juris Rn. 25 - NJW 2005, 1370-1373; vgl. auch OLG Saarbrücken v. 05.10.2007 - 9 UF 67/07 - juris Rn. 31 - OLGR Saarbrücken 2008, 147-150.

[139] Vgl. OLG Saarbrücken v. 05.10.2007 - 9 UF 67/07 - juris Rn. 31 - OLGR Saarbrücken 2008, 147-150.

[140] BGH v. 11.02.2004 - XII ZR 265/02 - juris Rn. 42 - BGHZ 158, 81-110.

[141] BGH v. 29.01.2014 - XII ZB 303/13 - juris Rn. 20 - NJW 2014, 1101-1107; BGH v. 18.03.2009 - XII ZB 94/06 - juris Rn. 19 - FamRZ 2009, 1041-1044; BGH v. 09.07.2008 - XII ZR 6/07 - juris Rn. 17 - NJW 2008, 3426-3429; BGH v. 06.10.2004 - XII ZB 110/99 - juris Rn. 9 - NJW 2005, 137-139; vgl. OLG Düsseldorf v. 22.09.2005 - II-1 UF 22/05 - juris Rn. 17 - RNotZ 2006, 239-241; vgl. OLG Koblenz v. 23.04.2004 - 13 UF 83/04 - NJW-RR 2004, 1445-1446.

[142] BGH v. 18.03.2009 - XII ZB 94/06 - juris Rn. 19 - FamRZ 2009, 1041-1044; BGH v. 09.07.2008 - XII ZR 6/07 - juris Rn. 17 - NJW 2008, 3426-3429; BGH v. 06.10.2004 - XII ZB 110/99 - juris Rn. 9 - NJW 2005, 137-139.

[143] BGH v. 29.01.2014 - XII ZB 303/13 - juris Rn. 20 - NJW 2014, 1101-1107; BGH v. 18.03.2009 - XII ZB 94/06 - juris Rn. 19 - FamRZ 2009, 1041-1044; BGH v. 09.07.2008 - XII ZR 6/07 - juris Rn. 17 - NJW 2008, 3426-3429; BGH v. 06.10.2004 - XII ZB 110/99 - juris Rn. 9 - NJW 2005, 137-139; vgl. OLG Düsseldorf v. 22.09.2005 - II-1 UF 22/05 - juris Rn. 17 - RNotZ 2006, 239-241; vgl. OLG Koblenz v. 23.04.2004 - 13 UF 83/04 - NJW-RR 2004, 1445-1446.

Von einer Sittenwidrigkeit ist hingegen nicht auszugehen, wenn im Zeitpunkt des Vertragsschlusses noch nicht vorhersehbar war, dass ein Ehegatte im Falle einer Scheidung der Ehe nach Maßgabe der gesetzlichen Regelungen zu einem Ausgleich von Versorgungsanrechten verpflichtet sein würde.[144]

88

ff. Vereinbarungen zum Güterstand/Zugewinnausgleich

Der – nicht vom Kernbereich des Scheidungsfolgenrechts umfasste[145] – Zugewinnausgleich erweist sich ehevertraglicher Disposition am weitesten zugänglich.[146] Die eheliche Lebensgemeinschaft war und ist – auch als gleichberechtigte Partnerschaft von Mann und Frau – nicht notwendig auch eine Vermögensgemeinschaft.[147] Der Ausschluss des Güterstands der Zugewinngemeinschaft ist eine vom Gesetz ausdrücklich eröffnete Gestaltungsmöglichkeit.[148] Die güterrechtliche Vertragsfreiheit stellt sich insoweit als ein Korrektiv zur gesetzlichen Typisierung dar.[149] Der Ausschluss des gesetzlichen Güterstands kann daher einen Verstoß gegen die guten Sitten grundsätzlich nicht begründen.[150] Gleiches gilt im Hinblick auf Modifikationen der Zugewinnausgleichsregelung, etwa durch die Herausnahme von Vermögensgegenständen aus dem Endvermögen.[151] Offen gelassen hat der Bundesgerichtshof[152] indes, ob Anlass zu einer verstärkten Inhaltskontrolle besteht, wenn die güterrechtliche Vereinbarung zu einem Verzicht auf bereits begründete Rechtspositionen führt, also insbesondere dann, wenn der haushaltsführende Ehegatte nach langjähriger Ehe auf den Zugewinn auch für die Vergangenheit verzichtet.

89

Obgleich Vereinbarungen zum Güterstand/Zugewinnausgleich hiernach im Regelfall trotz Benachteiligung eines Ehegatten für sich genommen nicht sittenwidrig sein können, ist eine diesbezüglich für einen Ehegatten nachteilige Vereinbarung bei der Prüfung der Vereinbarkeit eines ganzen Vertragswerks der Ehegatten mit den guten Sitten im Rahmen einer Gesamtbetrachtung zu berücksichtigen.[153] In diesem Zusammenhang ist es dann auch relevant, welche Umstände den Anlass für die Vereinbarungen zum Güterstand gebildet haben. So kann etwa ein berechtigtes Interesse eines unternehmerisch tätigen Ehegatten anzuerkennen sein, zur Vermeidung späterer Liquiditätsschwierigkeiten für den Betrieb Betriebsvermögen aus güterrechtlichen Auseinandersetzungen herauszuhalten.[154]

90

c. Folgen einer sittenwidrigen Vereinbarung

Im Hinblick auf die Rechtsfolgen nichtiger einzelner Vereinbarungen ist vom Bundesgerichtshof[155] ausgeführt worden, dass diese in der Regel gemäß § 139 BGB die **Nichtigkeit des gesamten Ehevertrages** zur Folge hätten.

91

Allerdings kann sich Abweichendes aus den Umständen des konkreten Einzelfalls ergeben.[156] So kann sich etwa im Falle der Vereinbarung einer Gütertrennung und des Ausschlusses nachehelichen Unterhalts bei Sittenwidrigkeit des Unterhaltsausschlusses ergeben, dass die Vertragspartner die Vereinbarung der Gütertrennung auch in Kenntnis der Sittenwidrigkeit des Unterhaltsausschlusses auf jeden Fall hätten vornehmen wollen.[157]

92

---

[144] Vgl. BGH v. 11.02.2004 - XII ZR 265/02 - juris Rn. 56 - BGHZ 158, 81-110.
[145] BGH v. 09.07.2008 - XII ZR 6/07 - juris Rn. 19 - NJW 2008, 3426-3429.
[146] BGH v. 29.01.2014 - XII ZB 303/13 - juris Rn. 32 - NJW 2014, 1101-1107; BGH v. 21.11.2012 - XII ZR 48/11 - juris Rn. 17 - NJW 2013, 457-461; BGH v. 09.07.2008 - XII ZR 6/07 - juris Rn. 19 - NJW 2008, 3426-3429; BGH v. 17.10.2007 - XII ZR 96/05 - juris Rn. 21 - FamRZ 2008, 386-390; BGH v. 28.03.2007 - XII ZR 130/04 - juris Rn. 17 - NJW 2007, 2851-2854; BGH v. 11.02.2004 - XII ZR 265/02 - juris Rn. 43 - BGHZ 158, 81-110.
[147] BGH v. 11.02.2004 - XII ZR 265/02 - juris Rn. 43 - BGHZ 158, 81-110.
[148] Vgl. hierzu etwa BGH v. 21.11.2012 - XII ZR 48/11 - juris Rn. 25 - NJW 2013, 457-461.
[149] BGH v. 21.11.2012 - XII ZR 48/11 - juris Rn. 17 - NJW 2013, 457-461.
[150] BGH v. 21.11.2012 - XII ZR 48/11 - juris Rn. 17 - NJW 2013, 457-461; BGH v. 09.07.2008 - XII ZR 6/07 - juris Rn. 19 - NJW 2008, 3426-3429; BGH v. 17.10.2007 - XII ZR 96/05 - juris Rn. 21 - FamRZ 2008, 386-390; BGH v. 28.03.2007 - XII ZR 130/04 - juris Rn. 17 - NJW 2007, 2851-2854; BGH v. 11.02.2004 - XII ZR 265/02 - juris Rn. 57 - BGHZ 158, 81-110.
[151] BGH v. 26.03.1997 - XII ZR 250/95 - juris Rn. 19 - NJW 1997, 2239-2242.
[152] BGH v. 29.01.2014 - XII ZB 303/13 - juris Rn. 32 - NJW 2014, 1101-1107.
[153] BGH v. 21.11.2012 - XII ZR 48/11 - juris Rn. 26 - NJW 2013, 457-461.
[154] Vgl. BGH v. 17.10.2007 - XII ZR 96/05 - juris Rn. 22 - FamRZ 2008, 386-390; vgl. OLG Hamm v. 24.03.2006 - 7 UF 288/05 - juris Rn. 28 NJW 2006, 3719-3723.
[155] BGH v. 25.05.2005 - XII ZR 296/01 - juris Rn. 30 - NJW 2005, 2386-2390.
[156] BGH v. 25.05.2005 - XII ZR 296/01 - juris Rn. 30 - NJW 2005, 2386-2390.
[157] Vgl. OLG Frankfurt v. 20.07.2005 - 5 UF 75/04 - juris Rn. 13 - NJW-RR 2005, 1597-1599.

93 Dass die Nichtigkeit einer einzelnen Vereinbarung nicht die Nichtigkeit des gesamten Vertrages zur Folge haben soll, kann sich insbesondere auch aus der Vereinbarung einer sog. **salvatorischen Klausel** im Ehevertrag ergeben.[158] Ergibt sich die Sittenwidrigkeit der getroffenen Abreden allerdings aus der Gesamtwürdigung eines Vertrages, dessen Inhalt für eine Partei einseitig nachteilig ist und dessen Einzelregelungen durch keine berechtigten Belange der anderen Partei gerechtfertigt werden, so erfasst die Nichtigkeitsfolge notwendig den gesamten Vertrag.[159]

2. Ausübungskontrolle (§§ 242, 313 Abs. 1 BGB)

94 Soweit ein Ehevertrag nicht wegen Sittenwidrigkeit nichtig ist, kann sich die Berufung eines Ehegatten auf den Vertrag nach den Grundsätzen von Treu und Glauben (vgl. § 242 BGB) als rechtsmissbräuchlich darstellen.[160] Auch die Grundsätze über den Wegfall der Geschäftsgrundlage (vgl. § 313 Abs. 1 BGB) können auf Eheverträge Anwendung finden.[161] Im Bereich von Vereinbarungen über den Versorgungsausgleich gehen die §§ 227 Abs. 2, 225, 226 FamFG in ihrem Anwendungsbereich als speziellere Regelung der Anpassung nach Maßgabe der §§ 313 Abs. 1, 242 BGB vor.

a. Prüfungsmaßstab

95 Im Rahmen der Ausübungskontrolle sind nicht die Verhältnisse im Zeitpunkt des Vertragsschlusses maßgebend. Ob die Berufung auf den Vertrag rechtsmissbräuchlich ist, bestimmt sich dem Bundesgerichtshof[162] zufolge vielmehr danach, ob der Vertrag im **Zeitpunkt des Scheiterns der Ehe** eine **evident einseitige Lastenverteilung** darstellt, die hinzunehmen für den belasteten Ehegatten auch bei angemessener Berücksichtigung der **Belange des anderen Ehegatten** und seines **Vertrauens in die Geltung der getroffenen Abrede** sowie bei verständiger Würdigung des Wesens der Ehe unzumutbar ist.

96 Dies kann insbesondere dann der Fall sein, wenn die tatsächlichen ehelichen Lebensverhältnisse von der Lebensplanung abweichen, auf deren Grundlage die Ehegatten den Ehevertrag geschlossen hatten.[163]

97 Hauptanwendungsfall ist die **nachträgliche Geburt eines gemeinschaftlichen Kindes** und die damit einhergehende Beschränkung oder der **Wegfall der Erwerbstätigkeit** des Verzichtenden.[164] So kann

---

[158] Vgl. BGH v. 21.11.2012 - XII ZR 48/11 - juris Rn. 31 - NJW 2013, 457-461; vgl. BGH v. 24.09.2009 - IX ZR 87/08 - juris Rn. 23 - FamRZ 2009, 2075-2077; BGH v. 25.05.2005 - XII ZR 296/01 - juris Rn. 30 - NJW 2005, 2386-2390.

[159] BGH v. 21.11.2012 - XII ZR 48/11 - juris Rn. 31 - NJW 2013, 457-461; BGH v. 09.07.2008 - XII ZR 6/07 - juris Rn. 24 - NJW 2008, 3426-3429; BGH v. 17.05.2006 - XII ZB 250/03 - juris Rn. 15 - NJW 2006, 2331-2333.

[160] BGH v. 27.02.2013 - XII ZB 90/11 - juris Rn. 19 - NJW 2013, 1359-1362; vgl. BGH v. 31.10.2012 - XII ZR 129/10 - juris Rn. 35 - NJW 2013, 380-385; vgl. BGH v. 02.02.2011 - XII ZR 11/09 - juris Rn. 16 - NJW 2011, 2969-2972; BGH v. 28.11.2007 - XII ZR 132/05 - juris Rn. 33 - NJW 2008, 1080-1084; BGH v. 17.10.2007 - XII ZR 96/05 - juris Rn. 32 - FamRZ 2008, 386-390; BGH v. 28.02.2007 - XII ZR 165/04 - juris Rn. 20 - NJW 2007, 2848-2851; BGH v. 25.10.2006 - XII ZR 144/04 - juris Rn. 16 - NJW 2007, 904-906; BGH v. 25.05.2005 - XII ZR 296/01 - juris Rn. 26 - NJW 2005, 2386-2390; BGH v. 11.02.2004 - XII ZR 265/02 - juris Rn. 46 - BGHZ 158, 81-110.

[161] BGH v. 27.02.2013 - XII ZB 90/11 - juris Rn. 19 - NJW 2013, 1359-1362; BGH v. 31.10.2012 - XII ZR 129/10 - juris Rn. 35 - NJW 2013, 380-385; BGH v. 02.02.2011 - XII ZR 11/09 - juris Rn. 16 - NJW 2011, 2969-2972; BGH v. 17.10.2007 - XII ZR 96/05 - juris Rn. 36 - FamRZ 2008, 386-390; BGH v. 25.05.2005 - XII ZR 296/01 - juris Rn. 49 - NJW 2005, 2386-2390; vgl. BGH v. 18.09.1996 - XII ZB 206/94 - juris Rn. 21 - NJW 1997, 126-128; vgl. OLG München v. 02.05.1994 - 2 UF 1322/93 - FamRZ 1995, 95-96.

[162] Vgl. BGH v. 02.02.2011 - XII ZR 11/09 - juris Rn. 16 - NJW 2011, 2969-2972; BGH v. 18.03.2009 - XII ZB 94/06 - juris Rn. 15 - FamRZ 2009, 1041-1044; BGH v. 09.07.2008 - XII ZR 6/07 - juris Rn. 11 - NJW 2008, 3426-3429; BGH v. 28.11.2007 - XII ZR 132/05 - juris Rn. 33 - NJW 2008, 1080-1084; BGH v. 17.10.2007 - XII ZR 96/05 - juris Rn. 32 - FamRZ 2008, 386-390; BGH v. 28.02.2007 - XII ZR 165/04 - juris Rn. 20 - NJW 2007, 2848-2851; BGH v. 25.10.2006 - XII ZR 144/04 - juris Rn. 16 - NJW 2007, 904-906; BGH v. 25.05.2005 - XII ZR 221/02 - juris Rn. 14 - NJW 2005, 2391-2393; BGH v. 06.10.2004 - XII ZB 57/03 - juris Rn. 15 - NJW 2005, 139-141; BGH v. 11.02.2004 - XII ZR 265/02 - juris Rn. 46 - BGHZ 158, 81-110.

[163] BGH v. 02.02.2011 - XII ZR 11/09 - juris Rn. 16 - NJW 2011, 2969-2972; BGH v. 28.11.2007 - XII ZR 132/05 - juris Rn. 33 - NJW 2008, 1080-1084; BGH v. 28.02.2007 - XII ZR 165/04 - juris Rn. 20 - NJW 2007, 2848-2851; BGH v. 25.10.2006 - XII ZR 144/04 - juris Rn. 16 - NJW 2007, 904-906; BGH v. 25.05.2005 - XII ZR 221/02 - juris Rn. 14 - NJW 2005, 2391-2393; BGH v. 06.10.2004 - XII ZB 57/03 - juris Rn. 15 - NJW 2005, 139-141; BGH v. 11.02.2004 - XII ZR 265/02 - juris Rn. 46 - BGHZ 158, 81-110.

[164] Vgl. BGH v. 31.10.2012 - XII ZR 129/10 - juris Rn. 36 - NJW 2013, 380-385; vgl. BGH v. 25.05.2005 - XII ZR 221/02 - juris Rn. 15 - NJW 2005, 2391-2393; vgl. BGH v. 06.10.2004 - XII ZB 57/03 - juris Rn. 16 - NJW 2005, 139-141; BGH v. 28.11.1990 - XII ZR 16/90 - juris Rn. 12 - NJW 1991, 913-915.

sich etwa ein genereller Verzicht auf nachehelichen Unterhalt als für den benachteiligten Ehegatten zum Zeitpunkt des Scheiterns der Ehe als unzumutbar darstellen, wenn dieser Ehegatte aufgrund einer weiterhin notwendigen Betreuung gemeinschaftlicher Kinder auch nach Scheidung der Ehe zunächst keiner eigenen Erwerbstätigkeit wird nachgehen können.

Auch wenn die Ehegatten die Geburt von Kindern bereits in ihre Planungen einbezogen hatten, kann eine grundlegende Abweichung der tatsächlichen von den geplanten ehelichen Lebensverhältnissen vorliegen, wenn die Ehegatten bei Vertragsschluss über die Aufteilung von Erwerbstätigkeit einerseits und Haushaltsführung sowie Kinderbetreuung andererseits Vorstellungen hatten, die sie später nicht in der vorgestellten Weise umgesetzt haben.[165] Dies kann der Fall sein, wenn die Ehegatten zunächst davon ausgingen, die Ehefrau werde neben der Haushaltsführung und Kinderbetreuung in nicht unerheblichem Umfang erwerbstätig sein, diese Erwartung sich aber später nicht verwirklicht hat.[166] 98

Eine Anpassung der vertraglichen Vereinbarung aufgrund einer Abweichung der tatsächlichen von den geplanten ehelichen Lebensverhältnissen setzt allerdings voraus, dass die Ehegatten sich bei Abschluss des Vertrages überhaupt konkrete Vorstellungen über die Ausgestaltung der ehelichen Lebensverhältnisse gemacht haben.[167] Darüber hinaus sind vom Willen der Ehegatten abhängige Abweichungen der tatsächlichen Lebensverhältnisse von den geplanten im Regelfall nur dann beachtlich, wenn diesen Abweichungen eine zumindest konkludente Verständigung der Ehegatten zugrunde liegt.[168] 99

Ebenso können **unvorhergesehene Schicksalsschläge** eine Anpassung bedingen.[169] So kann etwa eine Anwendung der Grundsätze über den Wegfall der Geschäftsgrundlage selbst im Falle eines vorherigen Konsenses über die Geburt eines Kindes angezeigt sein, wenn das später geborene Kind aufgrund einer Behinderung einer besonderen Pflege bedarf.[170] 100

Ein wirksam vereinbarter – völliger oder teilweiser – **Ausschluss des Versorgungsausgleichs** wird einer Ausübungskontrolle gemäß § 242 BGB regelmäßig dann nicht standhalten, wenn er dazu führt, dass ein Ehegatte aufgrund einer grundlegenden Veränderung der gemeinsamen Lebensumstände über keine hinreichende Altersversorgung verfügen wird und dieses Ergebnis mit dem Gebot ehelicher Solidarität schlechthin unvereinbar erscheint.[171] Dies kann namentlich insbesondere dann der Fall sein, wenn ein Ehegatte sich einvernehmlich der Betreuung der gemeinschaftlichen Kinder gewidmet und deshalb auf eine versorgungsbegründende Erwerbstätigkeit in der Ehe verzichtet hat.[172] 101

Allerdings lässt **nicht jede Abweichung** der späteren tatsächlichen Lebensverhältnisse von der ursprünglich zugrunde gelegten Lebensplanung es als unzumutbar erscheinen, am ehevertraglichen Ausschluss von Scheidungsfolgen festzuhalten. Die Frage, ob eine einseitige Lastenverteilung nach Treu und Glauben hinnehmbar ist, kann vielmehr nur unter Berücksichtigung der Rangordnung der Scheidungsfolgen beantwortet werden. Je ranghöher die vertraglich ausgeschlossene und nunmehr dennoch geltend gemachte Scheidungsfolge ist, umso schwerwiegender müssen die Gründe sein, die – unter Berücksichtigung des inzwischen einvernehmlich verwirklichten tatsächlichen Ehezuschnitts – für ihren Ausschluss sprechen.[173] So kann sich insbesondere die Berufung auf Vereinbarungen zum Güterstand allenfalls in eng umgrenzten Ausnahmefällen als rechtsmissbräuchlich erweisen.[174] Auch dann, wenn die in einem Ehevertrag vereinbarte Herausnahme eines Vermögensgegenstands aus dem Zugewinnausgleich dazu geführt hat, dass sich die Ausgleichsrichtung dahin umkehrt, dass der von dieser Ver- 102

---

[165] Vgl. BGH v. 28.02.2007 - XII ZR 165/04 - juris Rn. 23 - NJW 2007, 2848-2851.
[166] Vgl. BGH v. 28.02.2007 - XII ZR 165/04 - juris Rn. 23 - NJW 2007, 2848-2851.
[167] Vgl. BGH v. 17.10.2007 - XII ZR 96/05 - juris Rn. 35 - FamRZ 2008, 386-390; vgl. BGH v. 28.02.2007 - XII ZR 165/04 - juris Rn. 24 - NJW 2007, 2848-2851.
[168] Vgl. BGH v. 28.11.2007 - XII ZR 132/05 - juris Rn. 34 - NJW 2008, 1080-1084.
[169] Vgl. BGH v. 18.09.1996 - XII ZB 206/94 - juris Rn. 21 - NJW 1997, 126-128.
[170] Vgl. BGH v. 18.09.1996 - XII ZB 206/94 - juris Rn. 21 - NJW 1997, 126-128.
[171] BGH v. 27.02.2013 - XII ZB 90/11 - juris Rn. 20 - NJW 2013, 1359-1362; BGH v. 06.10.2004 - XII ZB 57/03 - juris Rn. 18 - NJW 2005, 139-141; BGH v. 06.10.2004 - XII ZB 110/99 - juris Rn. 11 - NJW 2005, 137-139.
[172] Vgl. BGH v. 27.02.2013 - XII ZB 90/11 - juris Rn. 20 - NJW 2013, 1359-1362; BGH v. 06.10.2004 - XII ZB 57/03 - juris Rn. 18 - NJW 2005, 139-141.
[173] BGH v. 25.05.2005 - XII ZR 221/02 - juris Rn. 16 - NJW 2005, 2391-2393; BGH v. 06.10.2004 - XII ZB 57/03 - juris Rn. 17 - NJW 2005, 139-141; BGH v. 11.02.2004 - XII ZR 265/02 - juris Rn. 46 - BGHZ 158, 81-110.
[174] BGH v. 21.11.2012 - XII ZR 48/11 - juris Rn. 35 - NJW 2013, 457-461; BGH v. 17.10.2007 - XII ZR 96/05 - juris Rn. 33 - FamRZ 2008, 386-390.

einbarung begünstigte Ehegatte nur wegen dieser Vereinbarung selbst ausgleichsberechtigt wird, macht dies nicht notwendigerweise eine vertragliche Anpassung im Rahmen der Ausübungskontrolle erforderlich.[175]

103 Eine Anpassung der vertraglichen Vereinbarungen ist dem Bundesgerichtshof[176] zufolge auch nicht schon dann angezeigt, wenn ein Ehepartner zum Zeitpunkt des Scheiterns der Ehe ein **erheblich höheres Einkommen** als der andere erzielt. Eheverträge, die gesetzliche Scheidungsfolgen abbedingen, werden üblicherweise gerade im Hinblick auf solche bestehenden oder sich künftig ergebenden Unterschiede in den wirtschaftlichen Verhältnissen geschlossen. Ein Wegfall der Geschäftsgrundlage komme in diesen Fällen allenfalls dann in Betracht, wenn die Parteien bei Abschluss des Vertrages ausnahmsweise eine bestimmte Relation ihrer Einkommens- und Vermögensverhältnisse als auch künftig gewiss angesehen und ihre Vereinbarung darauf abgestellt hätten.

104 Eine Anpassung setzt zudem regelmäßig voraus, dass die **einseitige Lastenverteilung ehebedingt** ist.[177] Ehebedingte Nachteile liegen vor, wenn ein Ehegatte um der gemeinsamen Lebensplanung willen für sein berufliches Fortkommen Risiken auf sich genommen hat und diese Risiken sich aufgrund der Abweichung der bei Vertragsschluss vorgestellten Lebenssituation von der späteren tatsächlichen Lebenslage im Scheidungsfall als Nachteil konkretisieren.[178] So kann ein ehebedingter Nachteil etwa darauf beruhen, dass ein ausländischer Ehegatte erst im Hinblick auf die Eheschließung in Deutschland ansässig geworden ist.[179] Eine bereits längere Zeit vor der Eheschließung vollzogene berufliche Änderung begründet hingegen grundsätzlich selbst dann keinen ehebedingten Nachteil, wenn diese durch das voreheliche Zusammenleben veranlasst war.[180] Dies gilt auch, wenn die Veränderung aufgrund bereits vor der Ehe geborener gemeinschaftlicher Kinder erfolgte.[181] Ein ehebedingter Nachteil kann sich hier allerdings aus der Fortsetzung der Kinderbetreuung ergeben, soweit ein Ehegatte mit Rücksicht auf die Ehe und die übernommene oder fortgeführte Rollenverteilung auf eine Erwerbstätigkeit verzichtet.[182] Auch bei einem entgegen den Erwartungen erfolgten Abbruch der beruflichen Laufbahn eines Ehegatten während bestehender Ehe kann eine Anpassung der Vereinbarungen ausgeschlossen sein, wenn der Abbruch nicht durch die ehelichen Lebensverhältnisse veranlasst war.[183]

105 Im Rahmen der Ausübungskontrolle ist zu berücksichtigen, wenn der durch die im Ehevertrag getroffenen Vereinbarungen benachteiligte Ehegatte durch die Ehe Vorteile erlangt hat, welche er ohne die Ehe nicht erlangt hätte. Dies gilt insbesondere dann, wenn der Ehegatte aufgrund der Ehe Vermögensgegenstände erhalten hat, mittels welcher er selbst Einkünfte erzielen kann.[184] Hier kann es interessengerecht sein, den betroffenen Ehegatten im Rahmen der etwaigen Vertragsanpassung vorrangig auf diese Einkunftsmöglichkeit zu verweisen.[185] Außer Betracht zu bleiben haben indes in diesem Zusammenhang Vermögensgegenstände, welche der betroffene Ehegatte – etwa durch Erbschaft seitens der Eltern – unabhängig von der Ehe erlangt hat.[186]

---

[175] Vgl. BGH v. 17.07.2013 - XII ZB 143/12 - juris Rn. 33 - NJW 2013, 2753-2755.
[176] BGH v. 17.10.2007 - XII ZR 96/05 - juris Rn. 36 - FamRZ 2008, 386-390; BGH v. 25.05.2005 - XII ZR 296/01 - juris Rn. 49 - NJW 2005, 2386-2390; vgl. auch BGH v. 28.02.2007 - XII ZR 165/04 - juris Rn. 22 - NJW 2007, 2848-2851.
[177] Vgl. BGH v. 27.02.2013 - XII ZB 90/11 - juris Rn. 22 - NJW 2013, 1359-1362; vgl. BGH v. 25.10.2006 - XII ZR 144/04 - juris Rn. 17 - NJW 2007, 904-906.
[178] BGH v. 28.02.2007 - XII ZR 165/04 - juris Rn. 28 - NJW 2007, 2848-2851.
[179] BGH v. 22.11.2006 - XII ZR 119/04 - juris Rn. 17 - NJW 2007, 907-907.
[180] BGH v. 27.02.2013 - XII ZB 90/11 - juris Rn. 29 - NJW 2013, 1359-1362; BGH v. 20.02.2013 - XII ZR 148/10 - juris Rn. 18 - NJW 2013, 1444-1446; BGH v. 07.03.2012 - XII ZR 25/10 - juris Rn. 19 - EBE/BGH 2012, 122-124; vgl. BGH v. 02.02.2011 - XII ZR 11/09 - juris Rn. 20 - NJW 2011, 2969-2972; vgl. BGH v. 06.10.2010 - XII ZR 202/08 - juris Rn. 25 - NJW 2011, 147-150; vgl. BGH v. 26.05.2010 - XII ZR 143/08 - juris Rn. 39 - BGHZ 186, 1-13.
[181] BGH v. 20.02.2013 - XII ZR 148/10 - juris Rn. 17 - NJW 2013, 1444-1446; BGH v. 07.03.2012 - XII ZR 25/10 - juris Rn. 19 - EBE/BGH 2012, 122-124.
[182] BGH v. 20.02.2013 - XII ZR 148/10 - juris Rn. 18 - NJW 2013, 1444-1446; BGH v. 07.03.2012 - XII ZR 25/10 - juris Rn. 21 - EBE/BGH 2012, 122-124.
[183] Vgl. OLG Celle v. 22.10.2007 - 19 UF 188/06 - juris Rn. 12 - OLGR Celle 2008, 14-15.
[184] Vgl. BGH v. 31.10.2012 - XII ZR 129/10 - juris Rn. 56 - NJW 2013, 380-385.
[185] Vgl. BGH v. 31.10.2012 - XII ZR 129/10 - juris Rn. 56 - NJW 2013, 380-385.
[186] Vgl. BGH v. 31.10.2012 - XII ZR 129/10 - juris Rn. 57 - NJW 2013, 380-385.

Es kann im Rahmen der Ausübungskontrolle auch eine Rolle spielen, wenn es der ausgleichsberechtigte 106
Ehegatte, der sich auf eine unzumutbare Lastenverteilung als Folge ehevertraglicher Vereinbarungen
beruft, in der Ehezeit vorwerfbar unterlassen hat, sich zu bemühen, seine ehebedingten Nachteile – zumindest teilweise – selbst zu kompensieren.[187] Dies gilt insbesondere im Hinblick auf den Aufbau einer
eigenen Altersversorgung.[188] Das Unterlassen kann dem betreffenden Ehegatten indes nur dann vorgehalten werden, wenn sich dieses als illoyales Verhalten gegenüber dem anderen Ehegatten darstellt, weil
es nicht auf einer gemeinsamen Lebensplanung beruht oder von dem ausgleichspflichtigen Ehegatten
während bestehender Lebensgemeinschaft nicht zumindest mit Nachsicht behandelt worden ist.[189]

b. Korrektur einer unzumutbaren Benachteiligung

Hält die Berufung eines Ehegatten auf den vertraglichen Ausschluss einer Scheidungsfolge der richter- 107
lichen Rechtsausübungskontrolle nicht stand, führt dies im Rahmen der Ausübungskontrolle **nicht** zur
Unwirksamkeit der ehevertraglichen Regelung bzw. dazu, dass die gesetzliche Regelung in Vollzug
gesetzt wird.[190] Es ist vielmehr vom Gericht diejenige Rechtsfolge anzuordnen, die den berechtigten
Belangen beider Parteien in der nunmehr eingetretenen Situation in ausgewogener Weise am besten
Rechnung trägt.[191] Die anzuordnende Rechtsfolge wird sich dabei umso stärker an der vom Gesetz vorgesehenen Rechtsfolge zu orientieren haben, je zentraler diese Rechtsfolge im Kernbereich des gesetzlichen Scheidungsfolgenrechts angesiedelt ist.[192]

Dabei kommt eine richterliche Vertragsanpassung nur insoweit in Betracht, als die tatsächlichen ehe- 108
lichen Lebensverhältnisse überhaupt von den bei Abschluss des Vertrages geplanten abgewichen
sind.[193] Soweit hingegen die dem Ehevertrag zugrunde liegenden Vorstellungen der Ehegatten mit der
späteren Gestaltung des ehelichen Lebens in Einklang stehen oder sich nur unwesentlich anders entwickelt haben, ist für eine Vertragsanpassung von vornherein kein Raum.

Ein durch einen Ehevertrag benachteiligter Ehegatte darf durch die Ausübungskontrolle nicht besser 109
gestellt werden als er ohne die vertraglichen Vereinbarungen stünde.[194] Begrenzt wäre daher etwa ein
Anspruch auf Anpassung der Vereinbarungen zum Unterhalt jedenfalls durch den nach Maßgabe der
gesetzlichen Regelungen zu bemessenden Unterhalt.[195] Obere Grenze der Durchführung eines Versorgungsausgleichs zugunsten eines Ehegatten im Wege der richterlichen Anpassung ist dasjenige, was
der betreffende Ehegatte bei Durchführung des Ausgleichs nach den gesetzlichen Vorschriften unter
Beachtung des Halbteilungsgrundsatzes erhalten hätte.[196]

Im Rahmen der Vertragsanpassung ist es zudem regelmäßig angemessen und sachgerecht, jeweils **nur** 110
die ehebedingten Nachteile eines Ehegatten **auszugleichen**.[197] Ein durch einen wirksamen Ehevertrag
benachteiligter Ehegatte darf im Rahmen der Ausübungskontrolle nicht besser gestellt werden, als er
ohne die Übernahme ehebedingter Risiken – also insbesondere bei kontinuierlicher Fortsetzung seines
vorehelichen Berufswegs – stünde.[198] Eine Handhabung, welche den ausgleichsberechtigten Ehegatten

---

[187] Vgl. BGH v. 27.02.2013 - XII ZB 90/11 - juris Rn. 32 - NJW 2013, 1359-1362.
[188] BGH v. 27.02.2013 - XII ZB 90/11 - juris Rn. 32 - NJW 2013, 1359-1362.
[189] BGH v. 27.02.2013 - XII ZB 90/11 - juris Rn. 32 - NJW 2013, 1359-1362.
[190] BGH v. 27.02.2013 - XII ZB 90/11 - juris Rn. 21 - NJW 2013, 1359-1362; BGH v. 02.02.2011 - XII ZR 11/09 - juris Rn. 16 - NJW 2011, 2969-2972.
[191] BGH v. 27.02.2013 - XII ZB 90/11 - juris Rn. 21 - NJW 2013, 1359-1362; BGH v. 02.02.2011 - XII ZR 11/09 - juris Rn. 16 - NJW 2011, 2969-2972; BGH v. 25.05.2005 - XII ZR 296/01 - juris Rn. 25 - NJW 2005, 2386-2390; BGH v. 11.02.2004 - XII ZR 265/02 - juris Rn. 48 - BGHZ 158, 81-110.
[192] BGH v. 11.02.2004 - XII ZR 265/02 - juris Rn. 48 - BGHZ 158, 81-110.
[193] Vgl. BGH v. 28.02.2007 - XII ZR 165/04 - juris Rn. 25 - NJW 2007, 2848-2851.
[194] BGH v. 02.02.2011 - XII ZR 11/09 - juris Rn. 28 - NJW 2011, 2969-2972.
[195] Vgl. BGH v. 02.02.2011 - XII ZR 11/09 - juris Rn. 28 - NJW 2011, 2969-2972; vgl. BGH v. 11.02.2004 - XII ZR 265/02 - juris Rn. 60 - BGHZ 158, 81-110.
[196] Vgl. BGH v. 27.02.2013 - XII ZB 90/11 - juris Rn. 22 - NJW 2013, 1359-1362.
[197] BGH v. 27.02.2013 - XII ZB 90/11 - juris Rn. 22 - NJW 2013, 1359-1362; vgl. BGH v. 28.11.2007 - XII ZR 132/05 - juris Rn. 36 - NJW 2008, 1080-1084; BGH v. 28.02.2007 - XII ZR 165/04 - juris Rn. 28 - NJW 2007, 2848-2851; vgl. BGH v. 25.05.2005 - XII ZR 221/02 - juris Rn. 23 - NJW 2005, 2391-2393; vgl. BGH v. 06.10.2004 - XII ZB 57/03 - juris Rn. 19 - NJW 2005, 139-141; vgl. BGH v. 11.02.2004 - XII ZR 265/02 - juris Rn. 60 - BGHZ 158, 81-110; vgl. OLG Koblenz v. 17.02.2005 - 7 UF 889/04 - juris Rn. 10 - FamRZ 2006, 420-421.
[198] Vgl. BGH v. 27.02.2013 - XII ZB 90/11 - juris Rn. 22 - NJW 2013, 1359-1362; BGH v. 28.02.2007 - XII ZR 165/04 - juris Rn. 28 - NJW 2007, 2848-2851.

wirtschaftlich so stellt, wie er bei Weiterführung seines vorehelichen Berufswegs gestanden hätte, liegt im Rahmen der Vertragsanpassung an den mutmaßlichen Parteiwillen im Falle geänderter Umstände.[199] Insoweit kann es erforderlich sein, zur Berechnung des ehebedingten Nachteils der Höhe nach eine hypothetische Erwerbsbiographie für den benachteiligten Ehegatten aufzustellen.[200]

111 Aus der Begrenzung auf den Ausgleich ehebedingter Nachteile kann sich ergeben, dass die Berufung auf einen Unterhaltsverzicht nur zeitlich begrenzt ausgeschlossen ist, z.B. für die Zeit, in der wegen der Betreuung eines gemeinschaftlichen Kindes eine Erwerbstätigkeit des Verzichtenden nicht möglich ist.[201]

112 Auch im Falle einer unzumutbaren Benachteiligung durch den Ausschluss des Versorgungsausgleichs sind nur die ehebedingten Versorgungsnachteile des benachteiligten Ehegatten beim Aufbau seiner eigenständigen Altersversorgung auszugleichen.[202]

D. Prozessuale Hinweise/Verfahrenshinweise

113 Die **Darlegungs- und Beweislast** für das **wirksame Zustandekommen eines Ehevertrages** trägt derjenige, der sich auf den Ehevertrag beruft.[203]

114 Die Voraussetzungen der **Sittenwidrigkeit** einer Vereinbarung hat dagegen derjenige zu beweisen, der sich auf die Nichtigkeit der Vereinbarung beruft. Entsprechendes gilt für die Behauptung des Bestehens einer Zwangslage bei Abschluss des Ehevertrags.[204] Ein Vortrag zu den subjektiven Voraussetzungen der Sittenwidrigkeit ist dabei auch dann grundsätzlich nicht verzichtbar, wenn die objektiven Gegebenheiten einen Rückschluss auf die subjektive Einstellung zulassen würden.[205] Bei Vorliegen einer objektiven Sittenwidrigkeit kann eine verwerfliche Gesinnung vielmehr nur dann vermutet werden, wenn einem der Vertragspartner aufgrund außerhalb des konkreten Vertragsinhalts vorliegender Umstände eine überlegene Verhandlungsposition zukommt.[206]

115 Dem Bundesgerichtshof[207] zufolge kann – je nach den konkreten Umständen – eine Klage auf Feststellung der Sittenwidrigkeit von Vereinbarungen in einem Ehevertrag zulässig sein. Für Fälle, in denen ein Scheidungsantrag noch nicht gestellt und zudem offen ist, ob es zu einer Scheidung kommt, ist allerdings in der Rechtsprechung[208] die Feststellungsklage im Hinblick auf erst nach einer Scheidung relevante Vereinbarungen – etwa solche zum nachehelichen Unterhalt – mangels eines Feststellungsinteresses für unzulässig erachtet worden.

116 Für die – gemäß § 1410 BGB notwendige – notarielle Beurkundung fällt gemäß §§ 36 Abs. 2, 141 KostO eine doppelte Gebühr an. Der Gegenstandswert für die Vereinbarung eines anderen Güterstands bestimmt sich gemäß § 39 Abs. 3 KostO nach dem zusammengerechneten Wert der Vermögen der Ehegatten zum Zeitpunkt der Beurkundung. Werden neben Vereinbarungen zum Güterstand auch Vereinbarungen zum Versorgungsausgleich und/oder zum Unterhalt getroffen, liegt Gegenstandsverschiedenheit mit der Folge vor, dass Letztere zusätzlich zu bewerten sind und den Gegenstandswert somit erhöhen.

117 Sofern sich die Ehegatten – was in Anbetracht der neutralen notariellen Beratung nicht erforderlich ist, aber etwa im Vorfeld einer Scheidung zweckmäßig sein kann – bei Abschluss eines Ehevertrags jeweils von einem Rechtsanwalt beraten lassen, fallen hierfür zusätzliche Gebühren an. Die anwaltlichen Gebühren für eine Scheidungsfolgenvereinbarung können mit dem RVG-Rechner: Scheidungsfolgenvereinbarung ermittelt werden.

---

[199] Vgl. BGH v. 25.05.2005 - XII ZR 221/02 - juris Rn. 23 - NJW 2005, 2391-2393; vgl. BGH v. 06.10.2004 - XII ZB 57/03 - juris Rn. 19 - NJW 2005, 139-141.
[200] Vgl. BGH v. 20.02.2013 - XII ZR 148/10 - juris Rn. 22 - NJW 2013, 1444-1446; vgl. BGH v. 06.10.2004 - XII ZB 57/03 - juris Rn. 19 - NJW 2005, 139-141.
[201] BGH v. 28.11.1990 - XII ZR 16/90 - juris Rn. 12 - NJW 1991, 913-915.
[202] Vgl. BGH v. 25.05.2005 - XII ZR 221/02 - juris Rn. 24 - NJW 2005, 2391-2393; BGH v. 06.10.2004 - XII ZB 57/03 - juris Rn. 19 - NJW 2005, 139-141.
[203] Vgl. BGH v. 25.01.1989 - IVb ZR 44/88 - juris Rn. 23 - LM Nr. 5 zu § 108 BGB.
[204] BGH v. 17.10.2007 - XII ZR 96/05 - juris Rn. 26 - FamRZ 2008, 386-390.
[205] BGH v. 05.11.2008 - XII ZR 157/06 - juris Rn. 31 - NJW 2009, 842-846.
[206] BGH v. 05.11.2008 - XII ZR 157/06 - juris Rn. 33 - NJW 2009, 842-846.
[207] Vgl. BGH v. 12.01.2005 - XII ZR 238/03 - juris Rn. 12 - NJW 2005, 1370-1373.
[208] Vgl. OLG Frankfurt v. 10.12.2004 - 2 WF 404/04 - juris Rn. 6 - FamRZ 2005, 457.

Kostenrechtliche Hinweise zu
§ 1408 BGB Ehevertrag, Vertragsfreiheit

(Fassung vom 03.04.2009, gültig ab 01.09.2009)

(1) Die Ehegatten können ihre güterrechtlichen Verhältnisse durch Vertrag (Ehevertrag) regeln, insbesondere auch nach der Eingehung der Ehe den Güterstand aufheben oder ändern.

(2) Schließen die Ehegatten in einem Ehevertrag Vereinbarungen über den Versorgungsausgleich, so sind insoweit die §§ 6 und 8 des Versorgungsausgleichsgesetzes anzuwenden.

Gliederung

A. Grundlagen 1
B. Besonderheiten 5
I. Feststellungsklage auf Sittenwidrigkeit 5
II. Gegenstandswert 6
1. Allgemein 6
2. Beiderseitiger Verzicht auf Zugewinnausgleich 11
3. Ehegatte als Vorerbe 12
C. Arbeitshilfen 13
I. Beispiel: Ehevertrag mit Einigung 13
II. Berechnungsprogramme 15
1. Prozesskostenrechner 15
2. RVG-Rechner: 1. Instanz mit Anrechnung der Geschäftsgebühr 16

A. Grundlagen

Bei dem Abschluss des Ehevertrags handelt es sich nicht um eine Familiensache nach § 111 FamFG, da ein entsprechender Auftrag nicht Gegenstand eines gerichtlichen Verfahrens sein kann – was natürlich nicht ausschließt, dass man sich später über den Vertrag selbst streitet. [1]

Die Vergütung kann daher nur für Tätigkeiten im Rahmen eines außergerichtlichen Verfahrens anfallen. Damit entsteht hier die Geschäftsgebühr Nr. 2300 VV RVG und regelmäßig auch die Einigungsgebühr Nr. 1000 VV RVG. [2]

Neben der anwaltlichen Vergütung entstehen für den Mandanten die Gebühren und Auslagen des Notars für die nach § 1410 BGB notwendige Beurkundung des Vertrags, §§ 36 Abs. 2, 39 Abs. 3 KostO. [3]

Für die Lebenspartnerschaften gelten diese Ausführungen entsprechend gem. §§ 111 Nr. 11, 269 FamFG. [4]

B. Besonderheiten

I. Feststellungsklage auf Sittenwidrigkeit

Zulässig ist eine Klage auf Feststellung der Sittenwidrigkeit des Ehevertrags.[1] Es handelt sich hierbei verfahrensrechtlich um eine Zivilsache. Demnach richtet sich der Wert über § 23 Abs. 1 RVG, § 48 Abs. 1 GKG nach den Vorschriften des GKG und nicht nach dem FamGKG, so dass die Werte für die einzelnen betroffenen Gegenstände gesondert zu ermitteln und zu addieren sind. Sofern das GKG und auch die ZPO keine Vorschriften für die Wertberechnung bieten, ist über § 23 RVG der § 100 GNotKG heranzuziehen. [5]

II. Gegenstandswert

1. Allgemein

Die Vorschriften des GKG können gem. § 23 Abs. 1 RVG keine Anwendung finden, da die außergerichtliche Tätigkeit – hier der Vertragsabschluss – nicht Gegenstand eines gerichtlichen Verfahrens sein könnte. Der Wert regelt sich daher über die Auffangvorschriften nach § 23 Abs. 3 RVG. [6]

Durch den in § 23 Abs. 3 Satz 1 RVG enthaltenen konkreten Bezug auf § 100 GNotKG gilt ohne Einschränkungen, insbesondere ohne die Obergrenze, der Wert des Nettovermögens beider Ehegatten.[2] Berechnung des Vermögens der Ehegatten [7]

---

[1] BGH v. 12.01.2005 - XII ZR 238/03.
[2] *Kindermann*, RVGreport 2004, 20.

8 Maßgebend für die Berechnung des Gegenstandswerts ist nach § 23 Abs. 3 RVG, § 100 GNotKG das **gegenwärtige** Vermögen beider Ehegatten.

9 Bei Ermittlung des Vermögens sind die Schulden abzuziehen. Allerdings ist die Anrechenbarkeit der Schulden begrenzt auf die Hälfte des gegenwärtigen Vermögens, § 100 Abs. 2 GNotKG. Werden in dem Ehevertrag künftige Vermögenswerte geregelt, so sind hierfür 30% des jeweiligen Wertes zu berücksichtigen, § 100 Abs. 3 GNotKG. Diese Regelungen sind neu eingeführt worden zum 01.08.2013 durch das 2. KostRModG.

10 Ist nur das Vermögen eines Ehegatten oder sind nur bestimmte Gegenstände durch den Vertrag betroffen, so bemisst sich der Wert des Vermögens nur nach dem betroffenen Teil/Gegenstand.

2. Beiderseitiger Verzicht auf Zugewinnausgleich

11 Verzichten die Ehegatten wechselseitig auf Zugewinnausgleichsansprüche, so bestimmt sich der Gegenstandswert nach den zusammengerechneten Vermögenswerten beider Ehegatten.[3]

3. Ehegatte als Vorerbe

12 Ist ein Ehegatte als Vorerbe Inhaber von Vermögen, so stellen seine erbrechtlichen Beschränkungen keine abziehbaren Verbindlichkeiten dar.[4]

C. Arbeitshilfen

I. Beispiel: Ehevertrag mit Einigung

13 Der Rechtsanwalt berät den Mandanten umfangreich bezüglich eines Ehevertrags. Es kommt zu einer Besprechung mit dem gegnerischen Anwalt. Der hierbei ausgehandelte Vertrag, in dem beide Parteien auf den Zugewinnausgleich verzichten, wird durch einen Notar beurkundet. Das gemeinsame Vermögen der beiden Ehegatten beträgt 140.000 €. Es sind Schulden in Höhe von 80.000 € vorhanden.

14 Vorbemerkung: Schulden dürfen nur bis zur Hälfte des Vermögens abgezogen werden. Hier also nur in Höhe von 70.000 €. Der erhöhte Aufwand durch eine umfangreiche Beratung und durch die Besprechung mit dem gegnerischen Rechtsanwalt rechtfertigt eine Erhöhung der Geschäftsgebühr – hier auf fiktiv 2,0.

Geschäftsgebühr, Nr. 2300 VV (2,0); Wert: 70.000 €	2.666,00 €
+ Einigungsgebühr, Nr. 1000 VV (1,5); Wert: 70.000 €	1.955,50 €

II. Berechnungsprogramme

1. Prozesskostenrechner

15 Mit diesem Berechnungsprogramm können Sie kalkulieren, welche Verfahrenskosten auf Ihren Mandanten zukommen können (mit 2. Instanz, Vergleich, Beweisauslagen, gegnerischem Anwalt): Prozesskostenrechner.

2. RVG-Rechner: 1. Instanz mit Anrechnung der Geschäftsgebühr

16 Mit diesem Berechnungsprogramm können Sie die anwaltliche Vergütung für das außergerichtliche Verfahren (Nr. 2300 VV RVG) und das gerichtliche Verfahren (Nr. 3100, 3104, 1003 VV RVG) berechnen: RVG-Rechner (1. Instanz mit Anrechnung der Geschäftsgebühr).

---

[3] BayObLG v. 23.07.1987 - BReg 3 Z 64/87 - JurBüro 1988, 215.
[4] BayObLG v. 10.01.1985 - BReg 3 Z 152/83 - JurBüro 1985, 754.

§ 1409 BGB Beschränkung der Vertragsfreiheit

(Fassung vom 02.01.2002, gültig ab 01.01.2002)

Der Güterstand kann nicht durch Verweisung auf nicht mehr geltendes oder ausländisches Recht bestimmt werden.

Gliederung

A. Grundlagen 1	III. Verweisung auf nicht mehr geltendes oder ausländisches Recht 5
B. Anwendungsvoraussetzungen 2	C. Rechtsfolgen 9
I. Anwendung deutschen Güterrechts ... 2	
II. Bestimmung des Güterstandes 3	

A. Grundlagen

Die Vorschrift untersagt den Ehegatten die Bestimmung des Güterstands durch Verweisung auf nicht mehr gültiges oder ausländisches Güterrecht. Dem liegt die Erwägung zugrunde, dass eine solche Verweisung die Entstehung von Rechtsunsicherheiten sowohl für die Ehegatten selbst als auch für ihre Vertragspartner befürchten ließe.   **1**

B. Anwendungsvoraussetzungen

I. Anwendung deutschen Güterrechts

Die Vorschrift findet nur Anwendung, sofern deutsches Güterrecht zur Anwendung gelangt. Eine Rechtswahl nach Art. 14, 15 EGBGB wird durch die Vorschrift hingegen nicht ausgeschlossen.[1]   **2**

II. Bestimmung des Güterstandes

Die (zukünftigen) Ehegatten müssen gemäß § 1408 Abs. 1 BGB eine **ehevertragliche Vereinbarung** über den Güterstand treffen.   **3**

Die Vorschrift findet gemäß § 7 Satz 2 LPartG auch bei **Lebenspartnerschaftsverträgen** gleichgeschlechtlicher Lebenspartner Anwendung.   **4**

III. Verweisung auf nicht mehr geltendes oder ausländisches Recht

Die Vorschrift entfaltet Wirkung, wenn die Ehegatten zur Bestimmung des Güterstandes auf nicht mehr geltendes oder ausländisches Recht verweisen.   **5**

Zum nicht mehr geltenden Recht gehört ein Güterrecht, das die derzeitige Rechtsordnung nicht mehr vorsieht. Hierzu gehört auch das Güterrecht der ehemaligen Deutschen Demokratischen Republik.[2] Dort galt gemäß § 13 des dortigen Familiengesetzbuchs der gesetzliche Güterstand der Eigentums- und Vermögensgemeinschaft.   **6**

Die Vorschrift findet hingegen keine Anwendung, sofern die Ehegatten lediglich bestimmte **Einzelregelungen** früher geltenden Rechts in den Ehevertrag aufnehmen.[3]   **7**

Ausländisches Recht ist das Recht einer fremden Rechtsordnung.   **8**

C. Rechtsfolgen

Die Verweisung auf das nicht mehr geltende oder ausländische Recht ist unzulässig.   **9**

Eine entsprechende Verweisung ist nach § 134 BGB nichtig. Es gilt dann der gesetzliche Güterstand der Zugewinngemeinschaft (§ 1363 Abs. 1 BGB).   **10**

---

[1] *Kanzleiter* in: MünchKomm-BGB, § 1409 Rn. 4.
[2] *Brudermüller* in: Palandt, § 1409 Rn. 1.
[3] *Brudermüller* in: Palandt, § 1409 Rn. 1.

§ 1410 BGB Form

(Fassung vom 02.01.2002, gültig ab 01.01.2002)

Der Ehevertrag muss bei gleichzeitiger Anwesenheit beider Teile zur Niederschrift eines Notars geschlossen werden.

Gliederung

A. Grundlagen 1
B. Anwendungsvoraussetzungen 2
C. Rechtsfolgen 13
D. Prozessuale Hinweise/Verfahrenshinweise 20

A. Grundlagen

1 Es handelt sich um eine zwingende **Formvorschrift** im Hinblick auf den Abschluss eines Ehevertrags. Der Formzwang begründet sich daraus, dass der Abschluss eines Ehevertrags für die Vertragspartner weitreichende vermögensrechtliche und persönliche Folgen haben kann. Er dient der Sicherstellung der Belehrung und sachkundigen Beratung, dem Hinweis auf die besondere Bedeutung des Rechtsgeschäfts, dem Übereilungsschutz, der Sicherung des Beweises hinsichtlich des Inhalts der getroffenen Vereinbarung sowie der Gewährleistung der weitestmöglichen Gültigkeit des geschlossenen Vertrags durch Einschaltung des rechtskundigen Notars.[1]

B. Anwendungsvoraussetzungen

2 Die Vorschrift findet im Falle des **Abschlusses eines Ehevertrages** Anwendung.

3 **Ehevertrag** ist ein Vertrag, in dem Ehegatten ihre güterrechtlichen Verhältnisse regeln (§ 1408 Abs. 1 BGB).

4 Für **Lebenspartnerschaftsverträge** gleichgeschlechtlicher Lebenspartner (vgl. § 7 Satz 1 LPartG) gilt die Vorschrift gemäß § 7 Satz 2 LPartG entsprechend.

5 Die Vorschrift findet auch im Falle der **Aufhebung eines Ehevertrags** Anwendung.[2]

6 Die Vorschrift findet entsprechende Anwendung im Falle eines auf den Abschluss eines Ehevertrags gerichteten **Vorvertrags**.[3]

7 Ebenso gilt das Formgebot im Falle einer gegenüber einem Dritten – etwa im Rahmen eines Gesellschaftsvertrags – übernommenen Verpflichtung zum Abschluss eines Ehevertrags.[4]

8 Auf die Erteilung einer **Vollmacht**[5] zum Abschluss eines Ehevertrages findet die Vorschrift dem Bundesgerichtshof zufolge jedenfalls dann keine Anwendung, wenn diese **widerruflich** ist. Dabei ist es im Hinblick auf die Formbedürftigkeit unbeachtlich, wenn dem Vertreter kein eigener Entscheidungsspielraum gelassen worden ist.[6]

9 Ebenfalls keine Anwendung findet die Vorschrift im Falle einer nachträglichen **Genehmigung** des von einem vollmachtlosen Vertreter abgeschlossenen Ehevertrags.[7] Dies gilt auch im Falle der Genehmigung des Ehevertrages durch einen zwischenzeitlich volljährig gewordenen Ehegatten, der den Ehevertrag zuvor als Minderjähriger ohne die Zustimmung des gesetzlichen Vertreters geschlossen hatte.[8]

10 Ausdrücklich offen gelassen hat der Bundesgerichtshof[9], ob die von der Rechtsprechung entwickelten Grundsätze zur Formbedürftigkeit einer Vollmacht für Grundstücksgeschäfte auch für Eheverträge anwendbar sind. Für den Fall einer **unwiderruflichen Vollmacht** ist dies zu bejahen, weshalb für eine solche das in der Vorschrift enthaltene Formgebot Anwendung findet.[10]

---

[1] *Kanzleiter* in: MünchKomm-BGB, § 1410 Rn. 1, 2.
[2] Vgl. BGH v. 01.04.1998 - XII ZR 278/96 - juris Rn. 17 - BGHZ 138, 239-247; OLG Frankfurt v. 19.09.2000 - 1 UF 138/00 - juris Rn. 10 - NJWE-FER 2001, 228.
[3] *Kanzleiter* in: MünchKomm-BGB, § 1410 Rn. 3.
[4] *Kanzleiter* in: MünchKomm-BGB, § 1410 Rn. 3.
[5] BGH v. 01.04.1998 - XII ZR 278/96 - juris Rn. 23 - BGHZ 138, 239-247.
[6] BGH v. 01.04.1998 - XII ZR 278/96 - juris Rn. 27 - BGHZ 138, 239-247.
[7] BGH v. 01.04.1998 - XII ZR 278/96 - juris Rn. 31 - BGHZ 138, 239-247.
[8] BGH v. 25.01.1989 - IVb ZR 44/88 - juris Rn. 10 - LM Nr. 5 zu § 108 BGB.
[9] BGH v. 01.04.1998 - XII ZR 278/96 - juris Rn. 28 - BGHZ 138, 239-247.
[10] *Brudermüller* in: Palandt, § 1410 Rn. 2; *Kanzleiter* in: MünchKomm-BGB, § 1410 Rn. 3.

Keine Anwendung findet die Vorschrift, wenn die Ehegatten nach Beendigung des gesetzlichen Güterstands eine **Vereinbarung über die Zugewinnausgleichsforderung** treffen; diese bedarf keiner Form.

Wird ein Ehevertrag **im Ausland abgeschlossen**, genügt für dessen Formgültigkeit gemäß Art. 11 Abs. 1 EGBGB, dass dieser die Formerfordernisse des Rechts des Staates erfüllt, in dem der Vertragsschluss erfolgt (sog. Ortsform).[11]

C. Rechtsfolgen

Der Ehevertrag muss bei **gleichzeitiger Anwesenheit** beider Teile zur Niederschrift eines **Notars** geschlossen werden.

Das Formgebot erfasst den gesamten Inhalt des Ehevertrags. Es gilt auch für **Nebenabreden**, die für sich gesehen nicht formbedürftig wären, sofern diese mit dem Ehevertrag zu einer rechtlichen Einheit verflochten sind.[12] Die fehlende Beurkundung einer Nebenabrede stellt allerdings ein Indiz für die Selbstständigkeit dieser Abrede dar. Dieses Indiz wiegt umso schwerer, je geringeres Gewicht dem nicht beurkundeten Teil zukommt.

Das Erfordernis der notariellen Niederschrift kann gemäß § 127a BGB durch einen **gerichtlichen Vergleich** ersetzt werden.

Die vorgeschriebene gleichzeitige Anwesenheit beider Teile schließt eine **Stufenbeurkundung** nach § 128 BGB aus.[13]

Es handelt sich beim Abschluss eines Ehevertrages nicht um ein höchstpersönliches Rechtsgeschäft, weshalb eine **Stellvertretung** zulässig ist.[14] Stellvertreter kann dabei auch der andere Ehegatte sein.

Die **Nichtbeachtung** des Formgebots führt zur **Nichtigkeit** des Ehevertrags (§ 125 Satz 1 BGB). Eine Heilung sieht das Gesetz nicht vor. Die Formnichtigkeit von nicht beurkundeten Nebenabreden kann gemäß § 139 BGB die Nichtigkeit des gesamten Ehevertrags zur Folge haben.[15]

Eine Eintragung ins **Güterrechtsregister** ist zur Wirksamkeit des Ehevertrags nicht erforderlich. Zur Wirkung der Nichteintragung gegenüber Dritten vgl. § 1412 BGB.

D. Prozessuale Hinweise/Verfahrenshinweise

Das **Verfahren der Beurkundung** richtet sich nach den §§ 8-16 BeurkG. Bei Sprachunkundigen bedarf es gemäß § 16 Abs. 2 Satz 1 BeurkG einer Übersetzung der Urkunde.

---

[11] Vgl. BGH v. 13.07.2011 - XII ZR 48/09 - juris Rn. 18 - NJW-RR 2011, 1225-1227.
[12] Vgl. BGH v. 29.05.2002 - XII ZR 263/00 - juris Rn. 11 - NJW-RR 2002, 1513-1515; vgl. OLG Bremen v. 11.03.2010 - 5 UF 76/09 - juris - FamRZ 2011, 304 (auch zur späteren Änderung der Nebenabreden); a.A. wohl *Kanzleiter* in: MünchKomm-BGB, § 1410 Rn. 3.
[13] BGH v. 01.04.1998 - XII ZR 278/96 - juris Rn. 20 - BGHZ 138, 239-247.
[14] BGH v. 01.04.1998 - XII ZR 278/96 - juris Rn. 20 - BGHZ 138, 239-247.
[15] Vgl. OLG Bremen v. 11.03.2010 - 5 UF 76/09 - juris - FamRZ 2011, 304.

§ 1411 BGB Eheverträge beschränkt Geschäftsfähiger und Geschäftsunfähiger

(Fassung vom 17.12.2008, gültig ab 01.09.2009)

(1) ¹Wer in der Geschäftsfähigkeit beschränkt ist, kann einen Ehevertrag nur mit Zustimmung seines gesetzlichen Vertreters schließen. ²Dies gilt auch für einen Betreuten, soweit für diese Angelegenheit ein Einwilligungsvorbehalt angeordnet ist. ³Ist der gesetzliche Vertreter ein Vormund, so ist außer der Zustimmung des gesetzlichen Vertreters die Genehmigung des Familiengerichts erforderlich, wenn der Ausgleich des Zugewinns ausgeschlossen oder eingeschränkt oder wenn Gütergemeinschaft vereinbart oder aufgehoben wird; ist der gesetzliche Vertreter ein Betreuer, ist die Genehmigung des Betreuungsgerichts erforderlich. ⁴Der gesetzliche Vertreter kann für einen in der Geschäftsfähigkeit beschränkten Ehegatten oder einen geschäftsfähigen Betreuten keinen Ehevertrag schließen.

(2) ¹Für einen geschäftsunfähigen Ehegatten schließt der gesetzliche Vertreter den Vertrag; Gütergemeinschaft kann er nicht vereinbaren oder aufheben. ²Ist der gesetzliche Vertreter ein Vormund, so kann er den Vertrag nur mit Genehmigung des Familiengerichts schließen; ist der gesetzliche Vertreter ein Betreuer, ist die Genehmigung des Betreuungsgerichts erforderlich.

Gliederung

A. Grundlagen 1	C. Rechtsfolgen 9
B. Anwendungsvoraussetzungen 3	D. Prozessuale Hinweise/Verfahrenshinweise 16
I. Abschluss eines Ehevertrags 3	
II. Beschränkt geschäftsfähiger Ehegatte/Einwilligungsvorbehalt bei Betreutem/geschäftsunfähiger Ehegatte 6	

A. Grundlagen

1 Absatz 1 stellt klar, dass ein in der Geschäftsfähigkeit Beschränkter bzw. ein Betreuter im Falle eines diesbezüglichen Einwilligungsvorbehalts einen Ehevertrag stets nur mit Zustimmung seines gesetzlichen Vertreters abschließen kann. In bestimmten Fällen ist zudem eine Genehmigung des Familien- bzw. Betreuungsgerichts erforderlich. Andererseits kann der gesetzliche Vertreter für einen in der Geschäftsfähigkeit beschränkten Ehegatten oder einen geschäftsfähigen Betreuten selbst keinen Ehevertrag abschließen. Ein Ehevertrag soll nach dem Willen des Gesetzgebers in diesen Fällen vielmehr nur auf Eigeninitiative der betroffenen Personen geschlossen werden können.

2 Absatz 2 trifft Regelungen über die Vertretungsmacht gesetzlicher Vertreter von geschäftsunfähigen Ehegatten beim Abschluss eines Ehevertrags.

B. Anwendungsvoraussetzungen

I. Abschluss eines Ehevertrags

3 § 1411 BGB entfaltet im Falle des Abschlusses eines Ehevertrages Wirkung. **Ehevertrag** ist ein Vertrag, in dem Ehegatten ihre güterrechtlichen Verhältnisse regeln (§ 1408 Abs. 1 BGB). Für bloße Vereinbarungen über den Versorgungsausgleich, die auch außerhalb eines Ehevertrags getroffen werden können (vgl. § 7 VersAusglG), gilt die Vorschrift nach h.M.[1] nicht.

4 Die Vorschrift gilt auch im Falle der **Aufhebung eines Ehevertrags**.

5 Die Vorschrift findet gemäß § 7 Satz 2 LPartG zudem bei **Lebenspartnerschaftsverträgen** gleichgeschlechtlicher Lebenspartner Anwendung.

---

[1] *Brudermüller* in: Palandt, § 1411 Rn. 4; *Kanzleiter* in: MünchKomm-BGB, § 1411 Rn. 3 mit Darstellung des Streitstands.

II. Beschränkt geschäftsfähiger Ehegatte/Einwilligungsvorbehalt bei Betreutem/geschäftsunfähiger Ehegatte

§ 1411 BGB findet Anwendung, sofern einer der vertragsschließenden Ehegatten in der **Geschäftsfähigkeit beschränkt** ist. Beschränkt geschäftsfähig sind gemäß § 106 BGB Minderjährige, die das siebente Lebensjahr vollendet haben. 6

Die Vorschrift gilt nach Absatz 1 Satz 2 auch für einen **Betreuten** (vgl. § 1896 BGB), soweit für diese Angelegenheit gemäß § 1903 Abs. 1 Satz 1 BGB ein **Einwilligungsvorbehalt** angeordnet ist. 7

Absatz 2 der Vorschrift findet Anwendung, sofern einer der Ehegatten geschäftsunfähig ist. **Geschäftsunfähig** ist gemäß § 104 BGB, wer das siebente Lebensjahr noch nicht vollendet hat oder sich in einem die freie Willensbestimmung ausschließenden Zustand krankhafter Störung der Geistestätigkeit befindet, sofern nicht der Zustand seiner Natur nach ein vorübergehender ist. 8

C. Rechtsfolgen

Der in der Geschäftsfähigkeit Beschränkte bzw. der geschäftsfähige Betreute kann einen Ehevertrag nur mit Zustimmung des gesetzlichen Vertreters schließen (**Absatz 1 Satz 1, Satz 2**). 9

Wer **gesetzlicher Vertreter** ist, bestimmt sich nach den allgemeinen Vorschriften. Wegen des vermögensrechtlichen Charakters des Ehevertrags ist die Vertretungsbefugnis in Vermögensangelegenheiten maßgebend.[2] 10

Für die **Zustimmung** gelten die §§ 108, 109, 182-184 BGB. Die Zustimmung bedarf keiner bestimmten Form. Nach Volljährigkeit kann sie – ebenfalls formfrei – von dem zur Zeit des Vertragsschlusses Minderjährigen selbst erklärt werden.[3] Diese Möglichkeit besteht allerdings nicht mehr, sofern der gesetzliche Vertreter die Genehmigung gegenüber dem Vertragspartner verweigert hatte.[4] 11

Ist der gesetzliche Vertreter ein **Vormund**, so ist zusätzlich die **Genehmigung des Familiengerichts** erforderlich, wenn der Ausgleich des Zugewinns ausgeschlossen oder eingeschränkt oder wenn Gütergemeinschaft vereinbart oder aufgehoben wird (**Absatz 1 Satz 3 Halbsatz 1**). Ist der gesetzliche Vertreter ein **Betreuer**, ist in diesen Fällen die **Genehmigung des Betreuungsgerichts** erforderlich (**Absatz 1 Satz 3 Halbsatz 2**). Es gelten die §§ 1828-1830, 1908i Abs. 1 BGB. Die Genehmigungsbedürftigkeit besteht nicht, wenn die Gütergemeinschaft – etwa durch die Vereinbarung von Vorbehaltsgut – bloß modifiziert werden soll, sofern dies nicht praktisch zu einer Aufhebung der Gütergemeinschaft führt.[5] Die Eltern als gesetzliche Vertreter bedürfen einer gerichtlichen Genehmigung nach Absatz 1 Satz 3 nicht. 12

Der **gesetzliche Vertreter** kann für einen in der Geschäftsfähigkeit beschränkten Ehegatten oder einen geschäftsfähigen Betreuten keinen Ehevertrag schließen (**Absatz 1 Satz 4**). Der Abschluss eines Ehevertrags ist nur durch den beschränkt Geschäftsfähigen (bzw. geschäftsfähigen Betreuten) **persönlich** oder durch einen **gewillkürten Stellvertreter** möglich. Im Falle des Abschlusses eines Ehevertrags durch den gesetzlichen Vertreter entgegen Absatz 1 Satz 4 kann der vertretene Ehegatte den Vertragsschluss allerdings genehmigen (vgl. § 177 Abs. 1 BGB). 13

Für einen **geschäftsunfähigen Ehegatten** schließt der gesetzliche Vertreter den Vertrag (**Absatz 2 Satz 1 Halbsatz 1**). Der gesetzliche Vertreter kann im Ehevertrag etwa den gesetzlichen Güterstand der Zugewinngemeinschaft aufheben oder den Zugewinnausgleich modifizieren. Hingegen kann er **Gütergemeinschaft** weder vereinbaren noch aufheben (**Absatz 2 Satz 1 Halbsatz 2**). Die bloße Modifizierung einer bestehenden Gütergemeinschaft durch den gesetzlichen Vertreter ist jedoch nicht ausgeschlossen.[6] 14

Ist der gesetzliche Vertreter ein **Vormund**, so bedarf er für den Abschluss des Ehevertrags der **Genehmigung des Familiengerichts** (**Absatz 2 Satz 2 Halbsatz 1**). Ist der gesetzliche Vertreter ein **Betreuer**, ist die **Genehmigung des Betreuungsgerichts** erforderlich (**Absatz 2 Satz 2 Halbsatz 2**). Es gelten die §§ 1828-1830, 1908i Abs. 1 BGB. Die Eltern eines Geschäftsunfähigen bedürfen als gesetzliche Vertreter keiner Genehmigung. 15

---

[2] *Kanzleiter* in: MünchKomm-BGB, § 1411 Rn. 2.
[3] Vgl. BGH v. 25.01.1989 – IVb ZR 44/88 – juris Rn. 10 - LM Nr. 5 zu § 108 BGB.
[4] Vgl. BGH v. 25.01.1989 - IVb ZR 44/88 - juris Rn. 11 - LM Nr. 5 zu § 108 BGB.
[5] *Kanzleiter* in: MünchKomm-BGB, § 1411 Rn. 3.
[6] *Kanzleiter* in: MünchKomm-BGB, § 1411 Rn. 4.

D. Prozessuale Hinweise/Verfahrenshinweise

16 Die **Beweislast** für das Fehlen oder die Beschränkung der Geschäftsfähigkeit des Ehegatten trägt in einem etwaigen Rechtsstreit derjenige, der sich auf die Unwirksamkeit des Ehevertrags beruft. Dies gilt auch für die Anordnung eines Einwilligungsvorbehalts.

17 Hinsichtlich der Zustimmung des gesetzlichen Vertreters bzw. der Genehmigung durch den zwischenzeitlich volljährig gewordenen Ehegatten selbst trägt die Beweislast, wer sich auf die Wirksamkeit des Ehevertrags beruft (etwa der auf Ausgleich des Zugewinns in Anspruch genommene Ehegatte).[7]

18 Die Beweislast für den Umstand, dass eine nachträgliche Genehmigung nicht mehr erfolgen konnte, weil die schwebende Unwirksamkeit des Vertrages zuvor durch eine dem Vertragsgegner erklärte Verweigerung der Genehmigung beendet worden sei, trägt demgegenüber derjenige, der sich auf die Unwirksamkeit des Ehevertrags beruft.[8]

---

[7] Vgl. BGH v. 25.01.1989 - IVb ZR 44/88 - juris Rn. 23 - LM Nr. 5 zu § 108 BGB.
[8] BGH v. 25.01.1989 - IVb ZR 44/88 - juris Rn. 23 - LM Nr. 5 zu § 108 BGB.

§ 1412 BGB Wirkung gegenüber Dritten

(Fassung vom 02.01.2002, gültig ab 01.01.2002)

(1) Haben die Ehegatten den gesetzlichen Güterstand ausgeschlossen oder geändert, so können sie hieraus einem Dritten gegenüber Einwendungen gegen ein Rechtsgeschäft, das zwischen einem von ihnen und dem Dritten vorgenommen worden ist, nur herleiten, wenn der Ehevertrag im Güterrechtsregister des zuständigen Amtsgerichts eingetragen oder dem Dritten bekannt war, als das Rechtsgeschäft vorgenommen wurde; Einwendungen gegen ein rechtskräftiges Urteil, das zwischen einem der Ehegatten und dem Dritten ergangen ist, sind nur zulässig, wenn der Ehevertrag eingetragen oder dem Dritten bekannt war, als der Rechtsstreit anhängig wurde.

(2) Das Gleiche gilt, wenn die Ehegatten eine im Güterrechtsregister eingetragene Regelung der güterrechtlichen Verhältnisse durch Ehevertrag aufheben oder ändern.

Gliederung

A. Grundlagen 1	III. Keine Kenntnis des Dritten vom Ehevertrag 17
I. Kurzcharakteristik 1	IV. Rechtsgeschäft eines Ehegatten mit einem
II. Güterrechtsregister 4	Dritten/rechtskräftiges Urteil zwischen einem
B. Anwendungsvoraussetzungen 10	Ehegatten und einem Dritten 20
I. Änderung des gesetzlichen Güterstands/einer	V. Kein unentgeltlicher Erwerb des Dritten 24
im Güterrechtsregister eingetragenen Regelung	C. Rechtsfolgen 25
der güterrechtlichen Verhältnisse 10	D. Prozessuale Hinweise/Verfahrenshinweise 30
II. Keine Eintragung des Ehevertrags im Güter-	
rechtsregister 13	

A. Grundlagen

I. Kurzcharakteristik

Absatz 1 regelt die **Rechtswirkungen einer unterlassenen Eintragung** des **Ausschlusses bzw. der Änderung des gesetzlichen Güterstands** in das Güterrechtsregister. Ein Dritter soll sich im Falle einer unterlassenen Eintragung grundsätzlich darauf verlassen können, dass sein Vertragspartner oder Prozessgegner im normalen gesetzlichen Güterstand mit der typischen gesetzlichen Ausgestaltung lebt. Insbesondere soll sich der Dritte darauf verlassen können, dass weder hinsichtlich der Verfügungsbefugnis noch hinsichtlich der Schuldenhaftung der Ehegatten hiervon abweichende Regelungen vereinbart worden sind.   **1**

Absatz 2 schützt das Vertrauen Dritter auf das Fortbestehen zutreffend ins Güterrechtsregister **eingetragener güterrechtlicher Verhältnisse**. Das Vertrauen darauf, dass eine eingetragene Regelung tatsächlich wirksam von den Ehegatten vereinbart worden ist, wird demgegenüber nicht geschützt (vgl. hierzu auch Rn. 7).   **2**

Aufgrund ausdrücklicher Gesetzesverweisung ist die **Vorschrift entsprechend anzuwenden** im Falle der Aufhebung der Gütergemeinschaft durch richterliche Entscheidung (§§ 1449 Abs. 2, 1470 Abs. 2 BGB), wenn Vermögensgegenstände zum Vorbehaltsgut gehören (§ 1418 Abs. 4 BGB), wenn ein Einspruch gegen den Betrieb eines selbstständigen Erwerbsgeschäfts eingelegt oder eine erteilte Einwilligung widerrufen wurde (§§ 1431 Abs. 3, 1456 Abs. 3 BGB) sowie bei Beschränkung oder Ausschluss der Befugnis, Geschäfte nach § 1357 Abs. 1 BGB mit Wirkung für den anderen Ehegatten vornehmen zu können (§ 1357 Abs. 2 Satz 2 BGB).   **3**

II. Güterrechtsregister

Beim Güterrechtsregister handelt es sich um ein bei den Amtsgerichten (§ 1558 BGB) geführtes Register, in welches güterrechtliche Verhältnisse von Ehegatten eingetragen werden können.   **4**

Aus der Publikationsfunktion des Güterrechtsregisters folgt, dass es für alle güterrechtlichen Vereinbarungen offen ist, die eine Außenwirkung entfalten, d.h. die Rechtsstellung der Ehegatten zu Dritten   **5**

§ 1412

zu beeinflussen vermögen.¹ Nicht eintragungsfähig sind solche güterrechtlichen Vereinbarungen, die sich auf das Innenverhältnis der Ehegatten beschränken und somit für den rechtsgeschäftlichen Verkehr ohne Bedeutung sind.²

6 Das Güterrechtsregister soll dem **Verkehrsschutz** dienen. Es soll derjenige geschützt werden, der auf das Schweigen des Güterrechtsregisters vertraut.

7 Das Güterrechtsregister schützt den Dritten indes jeweils nur insoweit, als dieser nicht eingetragene Tatsachen nicht gegen sich gelten lassen muss (sog. **negative Publizität**). Darauf, dass Eintragungen richtig erfolgt sind, kann der Dritte demgegenüber nicht vertrauen. Es besteht insofern kein umfassender öffentlicher Glaube im Sinne einer positiven Publizität.

8 Eine **Pflicht zur Eintragung** einer Änderung der güterrechtlichen Verhältnisse in das Güterrechtsregister **besteht nicht**. Insbesondere stellt die Eintragung keine Voraussetzung für die Wirksamkeit der Änderung des Güterstands dar.³ Die Eintragung hat vielmehr alleine zur Folge, dass die Ehegatten Einwendungen aus dem Ausschluss bzw. der Änderung des Güterstands auch gegenüber Dritten geltend machen können.

9 Der mit dem Güterrechtsregister beabsichtigte standardisierte Schutz des Rechtsverkehrs versagt, weil das Güterrechtsregister in der Praxis kaum eingesehen wird.⁴

B. Anwendungsvoraussetzungen

I. Änderung des gesetzlichen Güterstands/einer im Güterrechtsregister eingetragenen Regelung der güterrechtlichen Verhältnisse

10 Absatz 1 ist anwendbar auf den ehevertraglichen Ausschluss des gesetzlichen Güterstands sowie auf ehevertragliche Änderungen des gesetzlichen Güterstands.

11 Keine Anwendung findet Absatz 1 trotz Änderung des Güterrechts im Falle des Eintritts des Güterstands der Gütertrennung gemäß § 1388 BGB durch eine rechtskräftige richterliche Entscheidung, durch die auf vorzeitigen Ausgleich des Zugewinns erkannt ist.⁵

12 Absatz 2 gilt im Hinblick auf die Aufhebung bzw. Änderung ehevertraglicher Regelungen der güterrechtlichen Verhältnisse, die zutreffend ins Güterrechtsregister eingetragen wurden. Unanwendbar ist die Vorschrift hingegen im Hinblick auf ehevertragliche Regelungen, bei denen die Eintragung – etwa aufgrund einer Nichtigkeit der Regelung – unrichtig war.

II. Keine Eintragung des Ehevertrags im Güterrechtsregister

13 Die Vorschrift entfaltet Wirkung, wenn der – den gesetzlichen Güterstand ausschließende bzw. ändernde oder die eingetragenen güterrechtlichen Verhältnisse aufhebende bzw. ändernde – Ehevertrag nicht im Güterrechtsregister eingetragen ist.

14 Im Hinblick auf Einwendungen gegen ein Rechtsgeschäft ist darauf abzustellen, ob die Eintragung zum **Zeitpunkt der Vornahme des Rechtsgeschäfts** bereits erfolgt war. Dies gilt auch dann, wenn es zur Wirksamkeit des Rechtsgeschäfts nachfolgend noch einer Genehmigung bedurfte.⁶

15 Im Hinblick auf Einwendungen gegen eine rechtskräftige richterliche Entscheidung ist für die Eintragung der **Zeitpunkt der Rechtshängigkeit des Rechtsstreits** maßgebend. Entgegen dem Wortlaut kommt es nicht auf die Anhängigkeit an.⁷

16 Maßgeblich ist allein die Eintragung im Güterrechtsregister des zuständigen Registergerichts. Auf die Bekanntmachung kommt es nicht an. Angaben in den Registerakten genügen nur bei zulässiger Bezugnahme. Bei Zuständigkeit mehrerer Registergerichte (vgl. § 1558 Abs. 1 BGB) ist auf die Eintragung bei allen Registergerichten abzustellen.

III. Keine Kenntnis des Dritten vom Ehevertrag

17 Der Dritte darf von dem ändernden Ehevertrag keine Kenntnis haben.

---

¹ BGH v. 14.04.1976 - IV ZB 43/75 - BGHZ 66, 203-208.
² BGH v. 14.04.1976 - IV ZB 43/75 - BGHZ 66, 203-208.
³ *Brudermüller* in: Palandt, § 1412 Rn. 1.
⁴ Vgl. *Kanzleiter* in: MünchKomm-BGB, § 1412 Rn. 1.
⁵ *Brudermüller* in: Palandt, § 1412 Rn. 5.
⁶ *Kanzleiter* in: MünchKomm-BGB, § 1412 Rn. 6.
⁷ *Brudermüller* in: Palandt, § 1412 Rn. 8.

Maßgebend ist nach herrschender Auffassung[8] die Kenntnis der **wesentlichen Tatsachen**, aus denen sich der Schluss auf die Änderung der güterrechtlichen Verhältnisse ergibt, nicht deren zutreffende rechtliche Beurteilung. 18

Maßgeblicher Zeitpunkt ist im Hinblick auf Einwendungen gegen ein Rechtsgeschäft auch hier derjenige des Vertragsschlusses, nicht derjenige einer etwaigen nachfolgenden Genehmigung.[9] Bei einem Urteil ist wiederum auf den Zeitpunkt abzustellen, zu dem der Rechtsstreit rechtshängig wurde. 19

IV. Rechtsgeschäft eines Ehegatten mit einem Dritten/rechtskräftiges Urteil zwischen einem Ehegatten und einem Dritten

Der von der Vorschrift intendierte Schutz bezieht sich nur auf Rechtsgeschäfte und rechtskräftige Urteile. 20

Er gilt nicht bei einem Erwerb kraft Gesetzes[10] und unerlaubten Handlungen[11]. Ebenso wenig gilt er im Hinblick auf gesetzliche Unterhaltspflichten[12] sowie Maßnahmen im Rahmen der Zwangsvollstreckung[13] (str.). In diesen Fällen ist jeweils allein die tatsächliche güterrechtliche Lage maßgebend. 21

Im Hinblick auf Rechtsgeschäfte gilt der Schutz nur, sofern diese zwischen dem oder den Ehegatten und Dritten abgeschlossen werden. Für Rechtsgeschäfte zwischen den Ehegatten oder zwischen Dritten untereinander gilt der Schutz nicht.[14] Auch hier gilt allein die tatsächliche güterrechtliche Lage. 22

Im Hinblick auf rechtskräftige Urteile gilt der Schutz ebenfalls nur, wenn diese zwischen einem Ehegatten und einem Dritten ergangen sind. 23

V. Kein unentgeltlicher Erwerb des Dritten

Der durch die Vorschrift intendierte Schutz des Dritten tritt zurück, wenn der Dritte eine Leistung unentgeltlich erlangt. Im Falle einer Inanspruchnahme gemäß § 816 Abs. 1 Satz 2 BGB kann sich der Dritte nicht auf die Nichteintragung und seine Unkenntnis berufen; § 816 Abs. 1 Satz 2 BGB soll gerade dazu dienen, die sich aus einem gutgläubigen Erwerb ergebenden Härten zu Lasten eines unentgeltlich Erwerbenden auszugleichen.[15] 24

C. Rechtsfolgen

Die Ehegatten können gegenüber dem Dritten gegen das Rechtsgeschäft bzw. das rechtskräftige Urteil keine Einwendungen aus der Änderung des Güterstands herleiten. 25

Insbesondere ist die Geltendmachung der güterrechtlich bedingten fehlenden Verwaltungs- oder Verfügungsmacht des handelnden Ehegatten ausgeschlossen. Die Rechtslage beurteilt sich im Verhältnis zu dem Dritten vielmehr nach den Regeln des gesetzlichen Güterstands bzw. der im Güterrechtsregister eingetragenen güterrechtlichen Verhältnisse. 26

Die anderweitigen Vorschriften über den Rechtserwerb kraft guten Glaubens (etwa die §§ 892, 932-935 BGB) bleiben von § 1412 Abs. 1 BGB unberührt.[16] 27

Die Vorschrift schützt den Dritten nur insofern, als er bestimmte Einwendungen, die der Wirksamkeit des Rechtsgeschäfts entgegenstehen würden, nicht gegen sich gelten lassen muss. Dem Dritten ist es hingegen verwehrt, sich auf die Vorschrift zu berufen, um die Unwirksamkeit eines sonst wirksamen Geschäfts geltend zu machen.[17] Anderenfalls würde der Verkehrsschutz in sein Gegenteil verkehrt. 28

Ist das Rechtsgeschäft nach der objektiven Rechtslage unwirksam, kann der Dritte auf den von der Vorschrift gewährten Schutz verzichten (str.).[18] Maßgebend ist dann die tatsächliche Sachlage. 29

---

[8] *Brudermüller* in: Palandt, § 1412 Rn. 9; *Kanzleiter* in: MünchKomm-BGB, § 1412 Rn. 8.
[9] RG v. 28.09.1933 - IV 178/33 - RGZ 142, 59-63; *Brudermüller* in: Palandt, § 1412 Rn. 9.
[10] *Brudermüller* in: Palandt, § 1412 Rn. 6.
[11] *Kanzleiter* in: MünchKomm-BGB, § 1412 Rn. 4.
[12] *Kanzleiter* in: MünchKomm-BGB, § 1412 Rn. 4.
[13] *Kanzleiter* in: MünchKomm-BGB, § 1412 Rn. 4.
[14] *Brudermüller* in: Palandt, § 1412 Rn. 6.
[15] BGH v. 29.05.1984 - IX ZR 86/82 - juris Rn. 19 - BGHZ 91, 288-293.
[16] *Kanzleiter* in: MünchKomm-BGB, § 1412 Rn. 10.
[17] *Brudermüller* in: Palandt, § 1412 Rn. 10.
[18] *Kanzleiter* in: MünchKomm-BGB, § 1412 Rn. 9.

D. Prozessuale Hinweise/Verfahrenshinweise

30 Die Vorschrift betrifft nur die materiell-rechtlichen Wirkungen einer Eintragung in das Güterrechtsregister. Das formelle **Eintragungsverfahren** selbst ist in den §§ 1558-1563 BGB geregelt.

31 Der Ehegatte, der sich in einem etwaigen Rechtsstreit auf die Zulässigkeit der Einwendung beruft, hat die Darlegungs- und **Beweislast** für die Eintragung des Ehevertrags im Güterrechtsregister bzw. die Kenntnis des Dritten.

§ 1413 BGB Widerruf der Überlassung der Vermögensverwaltung

(Fassung vom 02.01.2002, gültig ab 01.01.2002)

Überlässt ein Ehegatte sein Vermögen der Verwaltung des anderen Ehegatten, so kann das Recht, die Überlassung jederzeit zu widerrufen, nur durch Ehevertrag ausgeschlossen oder eingeschränkt werden; ein Widerruf aus wichtigem Grund bleibt gleichwohl zulässig.

Gliederung

A. Grundlagen 1	II. Ausschluss/Einschränkung des Rechts, die Überlassung jederzeit zu widerrufen 18
I. Kurzcharakteristik 1	C. Rechtsfolgen 21
II. Vermögensverwaltung 2	D. Prozessuale Hinweise/Verfahrenshinweise 24
B. Anwendungsvoraussetzungen 13	
I. Überlassung des Vermögens zur Verwaltung durch einen Ehegatten an den anderen 13	

A. Grundlagen

I. Kurzcharakteristik

Die Vorschrift stellt für den Ausschluss des Widerrufsrechts bezüglich der Überlassung des Vermögens an den anderen Ehegatten zur Verwaltung ein Formerfordernis auf. — 1

II. Vermögensverwaltung

Die Ehegatten sind darin frei, sich gegenseitig die Verwaltung des Vermögens zu überlassen. — 2

Die **Rechte und Pflichten** der Ehegatten im Falle einer Überlassung des Vermögens zur Verwaltung bestimmen sich nach den getroffenen Vereinbarungen. Ergänzend gilt Auftragsrecht.[1] Im Falle einer Vergütungsabrede gilt Dienstvertragsrecht und über § 675 BGB Auftragsrecht. Der Vermögensverwalter hat Weisungen des anderen Ehegatten zu befolgen (vgl. § 665 BGB) und ist zur Auskunft und Rechenschaft (§ 666 BGB) sowie zur Herausgabe von Einkünften (§ 667 BGB) verpflichtet. Ist die Vermögensverwaltung durch einen Ehegatten indes nur Teil der Regelung der Aufgabenbereiche in der ehelichen Lebensgemeinschaft in der Weise, dass der Ehegatte die Wirtschaftsführung allein übernimmt, finden die Vorschriften über den Auftrag keine Anwendung.[2] — 3

Im Falle eines Verstoßes gegen die Grundsätze ordnungsmäßiger Verwaltung haftet der verwaltende Ehegatte auf Schadensersatz.[3] Er haftet allerdings gegenüber dem anderen Ehegatten nach wohl herrschender Auffassung[4] nur eingeschränkt im Sinne des § 1359 BGB. — 4

Dritten gegenüber wird der Überlassende nur im Rahmen einer dem Verwalter erteilten Vollmacht (§§ 164 Abs. 1 Satz 1, 167 BGB) verpflichtet. Der Verwalter haftet bei Fehlen einer Vollmacht ggf. gemäß § 179 BGB. Für Pflichtverletzungen des Verwalters haftet der andere Ehegatte bei vertraglichen Beziehungen nach § 278 BGB, außerhalb solcher nach § 831 BGB.[5] — 5

Die **Besitzverhältnisse** richten sich nach den tatsächlichen Verhältnissen unter Berücksichtigung der Besonderheiten, die in der Ehe gelten.[6] Der Verwalter muss aufgrund seiner Eigenschaft nicht notwendig der alleinige unmittelbare Besitzer sein. — 6

Die **Überlassung der Vermögensverwaltung** erfolgt durch einen Vertrag zwischen den Ehegatten. Dieser Vertrag bedarf keiner bestimmten Form. § 1410 BGB findet keine Anwendung, da die Überlas- — 7

---

[1] Vgl. BGH v. 28.10.1959 - IV ZR 91/59 - BGHZ 31, 197-206.
[2] Vgl. BGH v. 29.01.1986 - IVb ZR 11/85 - juris Rn. 22 - NJW 1986, 1870-1872.
[3] BGH v. 05.07.2000 - XII ZR 26/98 - juris Rn. 14 - LM BGB § 666 Nr 22 (2/2001); BGH v. 24.06.1987 - IVb ZR 49/86 - juris Rn. 14 - NJW-RR 1987, 1347-1348; BGH v. 29.01.1986 - IVb ZR 11/85 - juris Rn. 18 - NJW 1986, 1870-1872.
[4] Vgl. RG v. 28.06.1915 - IV 57/15 - RGZ 87, 100-109; *Brudermüller* in: Palandt, § 1413 Rn. 5; differenzierend *Kanzleiter* in: MünchKomm-BGB, § 1413 Rn. 9.
[5] Vgl. RG v. 07.01.1918 - VI 387/17 - RGZ 91, 363-365.
[6] *Kanzleiter* in: MünchKomm-BGB, § 1413 Rn. 10.

sung der Vermögensverwaltung keine güterrechtlichen Verhältnisse betrifft. Der Überlassungsvertrag kann auch durch schlüssiges Verhalten zustande kommen.[7]

8 Erforderlich ist aber stets ein **Rechtsbindungswille** beider Ehegatten.[8] Im Hinblick auf die bei einer Vermögensverwaltung entstehenden Pflichten des Verwalters und die ggf. weitreichenden Haftungsfolgen dürfen an dessen Feststellung keine geringen Anforderungen gestellt werden.[9]

9 Die Erteilung einer **Vollmacht** genügt hierfür nicht.[10] Dies gilt auch im Falle eines jahrelangen Desinteresses des Ehegatten, der dem anderen Ehegatten eine Bankvollmacht erteilt hat, an den Bewegungen auf den auf seinen Namen lautenden Bankkonten.[11] Selbst die Erteilung einer Generalvollmacht begründet keinen für eine Vermögensverwaltung erforderlichen Rechtsbindungswillen, da die Vollmacht nur Dritten gegenüber eine Vertretungsbefugnis verschafft.[12] Ebenso wenig genügt für die Annahme des Auftrags eines Ehegatten zur Vermögensverwaltung, dass der andere Ehegatte im Rahmen der ehelichen Lebensgemeinschaft gefälligkeitshalber dessen finanzielle Angelegenheiten miterledigt hat.[13]

10 Für das Vorliegen einer Vermögensverwaltung spricht es hingegen, wenn der Vermögensinhaber während der Verwaltungsdauer zu selbstständigen Vermögensverfügungen nicht imstande wäre.[14]

11 Die Überlassung des Vermögens zur Verwaltung endet mit dem **Tod eines Ehegatten** (für den Fall der Insolvenz gilt § 115 InsO).

12 Der Verwalter kann den Vermögensüberlassungsvertrag nach den vertraglichen oder gesetzlichen Bestimmungen **kündigen**. Der überlassende Ehegatte kann die Vermögensüberlassung grundsätzlich jederzeit **widerrufen**. Dies gilt auch dann, wenn kein Auftrags-, sondern ein anderes Rechtsverhältnis vorliegt.[15]

B. Anwendungsvoraussetzungen

I. Überlassung des Vermögens zur Verwaltung durch einen Ehegatten an den anderen

13 Der eine Ehegatte muss sein Vermögen der Verwaltung des anderen Ehegatten überlassen haben.
14 Gegenstand des Vertrags muss zumindest ein **nicht nur unwesentlicher Teil** des Vermögens des anderen sein (str.).[16]
15 Die Vorschrift gilt nur für Vereinbarungen im Verhältnis zwischen beiden Ehegatten. Für **Vereinbarungen mit Dritten** gilt die Vorschrift nicht.
16 Der zwischen den Ehegatten bestehende **Güterstand** ist irrelevant.
17 Eine Vermögensverwaltung kann auch im Rahmen eines weitergehenden Schuldverhältnisses (etwa eines Gesellschaftsverhältnisses) vereinbart werden. Auch dann findet die Vorschrift nach herrschender Auffassung[17] Anwendung, da ihr Schutzzweck auch hier einschlägig ist.

II. Ausschluss/Einschränkung des Rechts, die Überlassung jederzeit zu widerrufen

18 Die Vorschrift findet Anwendung im Falle des Ausschlusses oder einer Einschränkung des Rechts, die Überlassung der Vermögensverwaltung jederzeit zu widerrufen.

---

[7] BGH v. 05.07.2000 - XII ZR 26/98 - juris Rn. 14 - LM BGB § 666 Nr. 22 (2/2001); BGH v. 29.01.1986 - IVb ZR 11/85 - juris Rn. 18 - NJW 1986, 1870-1872; vgl. BGH v. 28.10.1959 - IV ZR 91/59 - BGHZ 31, 197-206.
[8] BGH v. 05.07.2000 - XII ZR 26/98 - juris Rn. 14 - LM BGB § 666 Nr. 22 (2/2001); BGH v. 24.06.1987 - IVb ZR 49/86 - juris Rn. 14 - NJW-RR 1987, 1347-1348; BGH v. 29.01.1986 - IVb ZR 11/85 - juris Rn. 18 - NJW 1986, 1870-1872.
[9] BGH v. 05.07.2000 - XII ZR 26/98 - juris Rn. 14 - LM BGB § 666 Nr. 22 (2/2001); BGH v. 24.06.1987 - IVb ZR 49/86 - juris Rn. 14 - NJW-RR 1987, 1347-1348; BGH v. 29.01.1986 - IVb ZR 11/85 - juris Rn. 18 - NJW 1986, 1870-1872.
[10] Vgl. BGH v. 05.07.2000 - XII ZR 26/98 - juris Rn. 14 - LM BGB § 666 Nr. 22 (2/2001); vgl. BGH v. 24.06.1987 - IVb ZR 49/86 - juris Rn. 15 - NJW-RR 1987, 1347-1348.
[11] Vgl. BGH v. 24.06.1987 - IVb ZR 49/86 - juris Rn. 15 - NJW-RR 1987, 1347-1348.
[12] BGH v. 29.01.1986 - IVb ZR 11/85 - juris Rn. 18 - NJW 1986, 1870-1872.
[13] Vgl. BGH v. 05.07.2000 - XII ZR 26/98 - juris Rn. 14 - LM BGB § 666 Nr 22 (2/2001); BGH v. 29.01.1986 - IVb ZR 11/85 - juris Rn. 18 - NJW 1986, 1870-1872.
[14] BGH v. 29.01.1986 - IVb ZR 11/85 - juris Rn. 18 - NJW 1986, 1870-1872.
[15] *Kanzleiter* in: MünchKomm-BGB, § 1413 Rn. 14.
[16] *Kanzleiter* in: MünchKomm-BGB, § 1413 Rn. 4.
[17] *Brudermüller* in: Palandt, § 1413 Rn. 3; *Kanzleiter* in: MünchKomm-BGB, § 1413 Rn. 6.

Der Widerruf der Vermögensüberlassung ist ohne eine solche Vereinbarung grundsätzlich jederzeit formfrei zulässig.[18]

Der Ausschluss sowie die Beschränkung des Widerrufsrechts können mangels Wirkung im Außenverhältnis nicht ins Güterrechtsregister eingetragen werden.

C. Rechtsfolgen

Der Ausschluss bzw. die Einschränkung des Rechts, die Überlassung jederzeit zu widerrufen, ist nur wirksam, wenn er **durch Ehevertrag** erfolgt (**Halbsatz 1**). Es ist daher die Form des § 1410 BGB zu wahren.

Im Falle eines Verstoßes gegen das Formgebot bleiben die übrigen Regelungen des Verwaltungsvertrags grundsätzlich wirksam.

Ein **Widerruf aus wichtigem Grunde** bleibt auch bei Ausschluss bzw. Einschränkung des Widerrufsrechts durch Ehevertrag zulässig (**Halbsatz 2**). Einen solchen wichtigen Grund können etwa Verstöße gegen die Pflicht zur ordnungsgemäßen Verwaltung[19], die Verweigerung der Auskunft durch den verwaltenden Ehegatten[20] sowie ein Antrag auf Scheidung der Ehe[21] darstellen.

D. Prozessuale Hinweise/Verfahrenshinweise

Wer sich auf die Übernahme der Vermögensverwaltung beruft, trägt für den Abschluss eines Verwaltungsvertrags die Darlegungs- und **Beweislast**.

Für das Vorliegen eines wichtigen Grundes im Sinne des Halbsatzes 2 trägt derjenige die Beweislast, der sich auf diesen Grund beruft.

---

[18] OLG Saarbrücken v. 25.01.2002 - 5 W 362/01 - 113, 5 W 362/01 - juris Rn. 18 - NZG 2002, 325-328.
[19] *Kanzleiter* in: MünchKomm-BGB, § 1413 Rn. 15.
[20] *Brudermüller* in: Palandt, § 1413 Rn. 7.
[21] *Kanzleiter* in: MünchKomm-BGB, § 1413 Rn. 15.

Kapitel 2 - Gütertrennung

§ 1414 BGB Eintritt der Gütertrennung

(Fassung vom 03.04.2009, gültig ab 01.09.2009)

¹Schließen die Ehegatten den gesetzlichen Güterstand aus oder heben sie ihn auf, so tritt Gütertrennung ein, falls sich nicht aus dem Ehevertrag etwas anderes ergibt. ²Das Gleiche gilt, wenn der Ausgleich des Zugewinns ausgeschlossen oder die Gütergemeinschaft aufgehoben wird.

Gliederung

A. Grundlagen 1	2. Ausschluss des Zugewinnausgleichs (Satz 2 Alternative 1) 20
I. Kurzcharakteristik 1	
II. Güterstand der Gütertrennung 2	3. Aufhebung der Gütergemeinschaft (Satz 2 Alternative 2) 22
B. Praktische Bedeutung 16	
C. Anwendungsvoraussetzungen 19	II. Keine Regelung im Ehevertrag, die Gütertrennung ausschließt 23
I. Güterrechtliche Regelung gemäß Satz 1 oder Satz 2 Alternativen 1-2 19	D. Rechtsfolgen 25
1. Ausschluss/Aufhebung des gesetzlichen Güterstands (Satz 1) 19	E. Prozessuale Hinweise/Verfahrenshinweise 27

A. Grundlagen

I. Kurzcharakteristik

1 Die Vorschrift bestimmt, dass für die Ehegatten der Güterstand der Gütertrennung gilt, sofern die Ehegatten den gesetzlichen Güterstand ausgeschlossen oder aufgehoben haben, ohne zu bestimmen, welcher Güterstand dafür in Zukunft gelten soll. Das Gleiche gilt, wenn der Ausgleich des Zugewinns ausgeschlossen oder die Gütergemeinschaft aufgehoben wird. Der Ausschluss des Versorgungsausgleichs führt entgegen dem bis zum 01.09.2009 geltenden § 1414 Satz 2 BGB a.F. nicht mehr automatisch zum Eintritt der Gütertrennung.

II. Güterstand der Gütertrennung

2 Im Güterstand der Gütertrennung gibt es lediglich **zwei Vermögensmassen**: das Vermögen des Ehemannes sowie das Vermögen der Ehefrau. Jeder Ehegatte verwaltet sein Vermögen allein und für eigene Rechnung. Allerdings können sich die Ehegatten gegenseitig das Vermögen zur Verwaltung überlassen (vgl. § 1413 BGB).

3 Die §§ 1353-1362 BGB bleiben von der Vereinbarung des Güterstands der Gütertrennung unberührt. Die für den Güterstand der Zugewinngemeinschaft geltenden Verfügungsbeschränkungen der §§ 1365 Abs. 1, 1369 BGB finden hingegen keine Anwendung.

4 Jeder Ehegatte kann grundsätzlich nur sich selbst verpflichten, so dass auch jeder nur für seine eigenen **Verbindlichkeiten** haftet. Etwas anderes ergibt sich nur bei Vorliegen entsprechender Vollmachten sowie in Bezug auf Rechtsgeschäfte zur angemessenen Deckung des Lebensbedarfs (§ 1357 Abs. 1 BGB).

5 Die Ehegatten haben volle Freiheit, Verträge – etwa Arbeits- und Gesellschaftsverträge – miteinander abzuschließen.

6 Die **Besitzverhältnisse** bestimmen sich nach den allgemeinen Vorschriften. Jeder Ehegatte hat daher regelmäßig Alleinbesitz an seinen eigenen Sachen. An der Ehewohnung und dem gemeinsamen Hausrat haben die Ehegatten allerdings regelmäßig Mitbesitz.

7 Zur **Zwangsvollstreckung** gegen einen Ehegatten bedarf es nur eines Titels gegen diesen selbst. Zu Gunsten der Gläubiger gelten auch hier § 1362 BGB und § 739 ZPO.

8 Der Güterstand der Gütertrennung **endet** durch Tod bzw. Todeserklärung eines Ehegatten sowie durch rechtskräftige richterliche Entscheidung über die Scheidung bzw. Aufhebung der Ehe. Darüber hinaus können die Ehegatten den Güterstand durch eine entsprechende ehevertragliche Vereinbarung aufheben.

9 Die Vorschriften zur Gütertrennung enthalten **keine Regelungen über einen Vermögensausgleich** nach Beendigung des Güterstands. Hierin besteht ein wesentlicher Unterschied des Güterstands der Gütertrennung zum Güterstand der Zugewinngemeinschaft.

Der Ausgleich der Vermögensmehrung kann nach gesellschaftsrechtlichen Grundsätzen erfolgen, wenn zwischen den Ehegatten – was auch durch schlüssiges Verhalten möglich ist[1] – eine sog. **Ehegatteninnengesellschaft** gegründet wurde.[2] Dabei kommt es insbesondere darauf an, ob die Ehegatten einen Zweck vereinbart haben, der über die Verwirklichung der ehelichen Lebensgemeinschaft hinausgeht.[3] Dies ist etwa der Fall, wenn die Ehegatten durch Einsatz von Vermögenswerten und Arbeitsleistungen gemeinsam ein Unternehmen aufgebaut oder eine berufliche oder gewerbliche Tätigkeit gemeinsam ausgeübt haben.[4]

Vermögensrechtliche Beziehungen zwischen Ehegatten sind allerdings dann nicht nach gesellschaftsrechtlichen Grundsätzen zu behandeln, wenn der Einsatz von Vermögenswerten und Arbeitsleistungen nur dem Bestreben gilt, die eheliche Lebensgemeinschaft zu verwirklichen und die Voraussetzungen dafür zu schaffen (vgl. § 1353 Abs. 1 Satz 2 BGB), oder wenn es sich um eine Mitarbeit des einen Ehegatten im Geschäft oder Beruf des anderen Ehegatten handelt, die nach den Verhältnissen, in denen die Ehegatten leben, üblich ist (vgl. § 1356 Abs. 2 BGB). Sofern die Ehegatten durch beiderseitige Leistungen ein Familienhaus erwerben oder ausbauen, dient dies im Regelfall lediglich der Verwirklichung der ehelichen Lebensgemeinschaft.[5] Den Ehegatten bleibt es allerdings unbenommen, sich ausdrücklich zum Zwecke des Erwerbs und Haltens eines nur für die Familie bestimmten Hauses zu einer Gesellschaft zusammenzuschließen.[6]

Kommt die Anwendung gesellschaftsrechtlicher Vorschriften zum Vermögensausgleich nicht in Betracht, gilt Folgendes:

Beruht die Vermögensmehrung bei einem Ehegatten auf einer Schenkung des anderen Ehegatten oder auf einer Zuwendung im Rahmen eines besonderen Rechtsverhältnisses (etwa eines Darlehens-, Auftrags- oder Arbeitsverhältnisses) handelt es sich um eine sog. **benannte Zuwendung**. Bei einer solchen richtet sich der Ausgleich der Vermögensmehrung in Ermangelung vertraglicher Vereinbarungen nach den entsprechenden gesetzlichen Bestimmungen des zugrunde liegenden Vertragstypus.

Davon zu unterscheiden sind Zuwendungen des einen Ehegatten an den anderen Ehegatten, die ausschließlich der Verwirklichung der ehelichen Lebensgemeinschaft dienen sollen (sog. **unbenannte oder ehebezogene Zuwendungen**).[7] In derartigen Fällen hat nach der Rechtsprechung[8] ein Ausgleich der Vermögensmehrung gemäß den Grundsätzen über den Wegfall der Geschäftsgrundlage (vgl. § 313 BGB) zu erfolgen. Der Rechtsprechung[9] zufolge liegt solchen vermögensmäßigen Zuwendungen ein Schuldgrund eigener Art zugrunde. Im Scheitern der Ehe kann dann der Wegfall der Geschäftsgrundlage für die Zuwendung gesehen werden.[10] Der Ausgleich der Vermögensmehrung ist dabei allerdings an bestimmte Voraussetzungen geknüpft: Zum einen muss es durch die Zuwendung zu einer messbaren und noch vorhandenen Vermögensmehrung beim anderen Ehegatten gekommen sein.[11] Zum anderen darf die Beibehaltung dieser Vermögensverhältnisse dem benachteiligten Ehegatten nicht zuzumuten sein.[12] Bei der Prüfung der Zumutbarkeit sind die Umstände des konkreten Einzelfalls zu würdigen und

---

[1] Vgl. BGH v. 28.09.2005 - XII ZR 189/02 - juris Rn. 13 - BGHZ 165, 1-11; vgl. BGH v. 30.06.1999 - XII ZR 230/96 - juris Rn. 30 - BGHZ 142, 137-157; vgl. BGH v. 05.10.1988 - IVb ZR 52/87 - juris Rn. 12 - NJW-RR 1989, 66-68; BGH v. 29.01.1986 - IVb ZR 11/85 - juris Rn. 14 - NJW 1986, 1870-1872; vgl. BGH v. 09.10.1974 - IV ZR 164/73 - juris Rn. 22 - NJW 1974, 2278-2279.

[2] Vgl. BGH v. 28.10.1959 - IV ZR 91/59 - BGHZ 31, 197-206.

[3] BGH v. 28.09.2005 - XII ZR 189/02 - juris Rn. 13 - BGHZ 165, 1-11; BGH v. 30.06.1999 - XII ZR 230/96 - juris Rn. 30 - BGHZ 142, 137-157; BGH v. 05.10.1988 - IVb ZR 52/87 - juris Rn. 12 - NJW-RR 1989, 66-68.

[4] Vgl. BGH v. 29.01.1986 - IVb ZR 11/85 - juris Rn. 14 - NJW 1986, 1870-1872; vgl. BGH v. 09.10.1974 - IV ZR 164/73 - juris Rn. 22 - NJW 1974, 2278-2279.

[5] BGH v. 05.10.1988 - IVb ZR 52/87 - juris Rn. 12 - NJW-RR 1989, 66-68.

[6] BGH v. 20.05.1981 - V ZB 25/79 - juris Rn. 13 - LM Nr. 21 zu § 1353 BGB.

[7] Vgl. BGH v. 27.01.1988 - IVb ZR 82/86 - juris Rn. 30 - NJW-RR 1988, 962-965.

[8] BGH v. 30.06.1999 - XII ZR 230/96 - juris Rn. 23 - BGHZ 142, 137-157; vgl. BGH v. 27.01.1988 - IVb ZR 82/86 - juris Rn. 29 - NJW-RR 1988, 962-965.

[9] Vgl. BGH v. 01.10.1986 - IVb ZR 77/85 - juris Rn. 23 - NJW-RR 1987, 69-71.

[10] Vgl. BGH v. 30.06.1999 - XII ZR 230/96 - juris Rn. 23 - BGHZ 142, 137-157; BGH v. 01.10.1986 - IVb ZR 77/85 - juris Rn. 23 - NJW-RR 1987, 69-71; BGH v. 08.07.1982 - IX ZR 99/80 - juris Rn. 21 - BGHZ 84, 361-370; vgl. BGH v. 26.11.1981 - IX ZR 91/80 - juris Rn. 16 - BGHZ 82, 227-237.

[11] Vgl. BGH v. 08.07.1982 - IX ZR 99/80 - juris Rn. 21 - BGHZ 84, 361-370.

[12] BGH v. 30.06.1999 - XII ZR 230/96 - juris Rn. 23 - BGHZ 142, 137-157; BGH v. 23.04.1997 - XII ZR 20/95 - juris Rn. 7 - LM BGB § 242 (D) Nr. 142 (11/1997); vgl. BGH v. 08.07.1982 - IX ZR 99/80 - juris Rn. 21 - BGHZ 84, 361-370.

abzuwägen, insbesondere die Dauer der Ehe, der Zweck der Zuwendung, die Versorgungssituation sowie das Alter der Ehegatten, Art und Umfang der erbrachten Leistungen, Höhe der verursachten Vermögensmehrung, die daraus für den Leistenden gezogenen Vorteile sowie die Einkommens- und Vermögensverhältnisse überhaupt.[13]

15 Anders als bei der Zugewinngemeinschaft (§ 1371 Abs. 1 BGB) erfolgt bei Gütertrennung im Falle des **Todes eines Ehegatten** keine Erhöhung des gesetzlichen Erbteils des überlebenden Ehegatten. Jedoch erbt der überlebende Ehegatte neben einem oder zwei Kindern je zu gleichen Teilen (§ 1931 Abs. 4 BGB). Der Anspruch auf den erbrechtlichen Voraus (§ 1932 BGB) besteht auch im Falle der Gütertrennung.

B. Praktische Bedeutung

16 Die Vorteile der Gütertrennung sind die rechtliche Klarheit und Einfachheit, die eine komplizierte Vermögensauseinandersetzung bei Scheidung vermeidet, insbesondere auch Bewertungsstreitigkeiten (etwa bei Betriebsvermögen). Da zudem ein einseitiger Vermögenszuwachs nicht auszugleichen ist, werden auch Liquiditätsbelastungen verhindert.

17 Zielgruppe für die Vereinbarung der Gütertrennung ist daher (traditionell) der mittelständische Unternehmer, ja überhaupt der gehobene Mittelstand und die Oberschicht mit überdurchschnittlichem Vermögen und Einkommen.

18 Die Vorteile der Gütertrennung erhalten und deren Nachteile vermeiden können jedoch auch Eheverträge, die lediglich den Güterstand der Zugewinngemeinschaft modifizieren. In der Praxis nimmt denn auch die Vereinbarung von Modifikationen der Zugewinngemeinschaft zu Lasten der Vereinbarung des Güterstands der Gütertrennung zu. Insbesondere erbschaftsteuerliche Gründe (vgl. § 5 Abs. 1, Abs. 2 ErbStG) sprechen häufig für die Wahl einer modifizierten Zugewinngemeinschaft, die den Zugewinnausgleich nur im Fall der Scheidung der Ehe ausschließt, ihn aber in den Fällen des Todes eines Ehegatten und der einvernehmlichen Änderung des Güterstands bestehen lässt.

C. Anwendungsvoraussetzungen

I. Güterrechtliche Regelung gemäß Satz 1 oder Satz 2 Alternativen 1-2

1. Ausschluss/Aufhebung des gesetzlichen Güterstands (Satz 1)

19 Die Vorschrift findet Anwendung, wenn der gesetzliche Güterstand der Zugewinngemeinschaft ehevertraglich entweder vor der Eheschließung ausgeschlossen worden ist oder nach der Eheschließung aufgehoben wird.

2. Ausschluss des Zugewinnausgleichs (Satz 2 Alternative 1)

20 Die Vorschrift findet auch für den Fall des Ausschlusses des Zugewinnausgleichs im Ehevertrag Anwendung. Mit dem Ausschluss des Zugewinnausgleichs entfallen das Kernstück des gesetzlichen Güterstands und sein tragender Unterschied zur Gütertrennung.

21 Der Ausschluss muss für beide Ehegatten gelten und vollständig sein.[14] Der Ausschluss des Zugewinnausgleichs allein für den Fall des Todes eines Ehegatten (vgl. § 1371 BGB) oder für den Fall der Scheidung (vgl. § 1372 BGB) genügt nicht. Bloße Modifikationen des Zugewinnausgleichs berühren, unabhängig von ihrem Gewicht, den Güterstand nicht.

3. Aufhebung der Gütergemeinschaft (Satz 2 Alternative 2)

22 Die Vorschrift gilt schließlich für den Fall der Aufhebung des Güterstands der Gütergemeinschaft. In diesem Fall tritt nicht von Gesetzes wegen wieder der gesetzliche Güterstand der Zugewinngemeinschaft ein.

---

[13] BGH v. 30.06.1999 - XII ZR 230/96 - juris Rn. 23 - BGHZ 142, 137-157; vgl. BGH v. 08.07.1982 - IX ZR 99/80 - juris Rn. 21 - BGHZ 84, 361-370.
[14] *Kanzleiter* in: MünchKomm-BGB, § 1414 Rn. 5.

II. Keine Regelung im Ehevertrag, die Gütertrennung ausschließt

Die Vorschrift findet keine Anwendung, wenn sich aus dem Ehevertrag ergibt, dass der Güterstand der Gütertrennung nicht gelten soll. Dies ist insbesondere bei der ausdrücklichen Vereinbarung des Güterstands der Gütergemeinschaft der Fall. Die Ehegatten können auch trotz Ausschlusses des Zugewinnausgleichs die Weitergeltung des gesetzlichen Güterstands mit den Beschränkungen der §§ 1365, 1369 BGB vereinbaren.[15] 23

Dass der Güterstand der Gütertrennung nicht gelten soll, kann sich aber auch im Wege einer Auslegung des Ehevertrags ergeben. 24

D. Rechtsfolgen

Für die Ehegatten gilt der Güterstand der Gütertrennung. 25

Die Ehegatten können allerdings den einmal eingetretenen Güterstand der Gütertrennung wieder aufheben; dies ist sogar (jedenfalls zivilrechtlich) rückwirkend möglich.[16] 26

E. Prozessuale Hinweise/Verfahrenshinweise

Die abweichende Regelung im Ehevertrag hat darzulegen und zu **beweisen**, wer sich darauf beruft. 27

Dass der Güterstand der Gütertrennung nicht gelten soll, kann sich auch erst im Wege einer Auslegung des Ehevertrags ergeben. 28

---

[15] *Brudermüller* in: Palandt, § 1414 Rn. 1.
[16] Vgl. BGH v. 01.04.1998 - XII ZR 278/96 - juris Rn. 17 - BGHZ 138, 239-247.

Steuerrechtliche Hinweise zu
§ 1414 BGB Eintritt der Gütertrennung

(Fassung vom 03.04.2009, gültig ab 01.09.2009)

¹Schließen die Ehegatten den gesetzlichen Güterstand aus oder heben sie ihn auf, so tritt Gütertrennung ein, falls sich nicht aus dem Ehevertrag etwas anderes ergibt. ²Das Gleiche gilt, wenn der Ausgleich des Zugewinns ausgeschlossen oder die Gütergemeinschaft aufgehoben wird.

A. Voraussetzungen

1 Gem. § 1414 BGB tritt die **Gütertrennung** ein, wenn die Ehegatten den gesetzlichen Güterstand, d.h. die Zugewinngemeinschaft, durch notariellen Ehevertrag ausschließen oder aufheben. Durch die Vereinbarung der Gütertrennung stehen sich die Ehegatten vermögensrechtlich wie Unverheiratete gegenüber. Dies bedeutet, dass jeder Ehegatte sein Vermögen allein verwaltet. Der Ehegatte ist deshalb, anders als bei der Zugewinngemeinschaft, keiner Verfügungsbeschränkung unterworfen.

B. Steuerliche Beurteilung

2 Die Gütertrennung führt im Falle der Scheidung zu einer rechtlichen Klarheit und Einfachheit, da sie im Gegensatz zu den anderen Güterständen keine **Vermögensauseinandersetzung** auslöst. Steuerliche Folgen ergeben sich aus der Beendigung nicht.

3 **Ausgleichsansprüche** können sich nur daraus ergeben, dass die Zuwendungen des einen Ehegatten an den anderen nicht als Schenkung, sondern als ehebedingte Zuwendung anzusehen sind, welche dann nach den Grundsätzen des Wegfalls der Geschäftsgrundlage zurückzufordern ist. Einkommensteuerrechtliche Folgen ergeben sich daraus nicht.

Kapitel 3 - Gütergemeinschaft
Unterkapitel 1 - Allgemeine Vorschriften
§ 1415 BGB Vereinbarung durch Ehevertrag
(Fassung vom 02.01.2002, gültig ab 01.01.2002)
Vereinbaren die Ehegatten durch Ehevertrag Gütergemeinschaft, so gelten die nachstehenden Vorschriften.

Gliederung

A. Grundlagen	1	B. Praktische Bedeutung	13
I. Kurzcharakteristik	1	C. Anwendungsvoraussetzungen	14
II. Güterstand der Gütergemeinschaft	2	D. Rechtsfolgen	18

A. Grundlagen

I. Kurzcharakteristik

Die Vorschrift verweist für den Fall der Vereinbarung des Güterstands der Gütergemeinschaft auf die §§ 1416-1518 BGB.   **1**

II. Güterstand der Gütergemeinschaft

Der Güterstand der Gütergemeinschaft entsteht heutzutage nur noch durch ehevertragliche Vereinbarung.   **2**

Kennzeichnend für die Gütergemeinschaft ist das gesamthänderisch gebundene, gemeinschaftliche Vermögen beider Ehegatten, das sog. **Gesamtgut** (§ 1416 BGB). Dieses wird durch einen (vgl. die §§ 1421, 1422-1449 BGB) oder beide Ehegatten (vgl. die §§ 1450-1470 BGB) verwaltet. Daneben können beide Ehegatten jeweils mit dem sog. Sondergut (§ 1417 BGB) und dem sog. Vorbehaltsgut (§ 1418 BGB) Vermögensmassen innehaben, die sie selbstständig verwalten.   **3**

Das Gesamtgut **haftet** mit bestimmten Ausnahmen für sämtliche Verbindlichkeiten beider Ehegatten (vgl. die §§ 1437-1440, § 1459-1462 BGB). Daneben haften im Falle der Alleinverwaltung der verwaltende Ehegatte (§ 1437 Abs. 2 Satz 1 BGB) bzw. im Falle der gemeinschaftlichen Verwaltung beide Ehegatten (§ 1459 Abs. 2 Satz 1 BGB) persönlich. Der Ausgleich zwischen den Ehegatten im Innenverhältnis bestimmt sich nach den §§ 1441-1444 BGB (Alleinverwaltung) bzw. den §§ 1463-1466 BGB (gemeinschaftliche Verwaltung).   **4**

Aus der Gütergemeinschaft folgt keine allgemeine Vertretereigenschaft des einen für den anderen Ehegatten.[1]   **5**

Wird über das Vermögen eines in Gütergemeinschaft lebenden und das Gesamtgut verwaltenden Ehegatten ein **Insolvenzverfahren** eröffnet, gehört das Gesamtgut zur Insolvenzmasse; eine Auseinandersetzung mit dem anderen Ehegatten findet nicht statt (§ 37 Abs. 1 Satz 1, Satz 2 InsO). Im Falle der Eröffnung eines Insolvenzverfahrens über das Vermögen des Ehegatten, der das Gesamtgut nicht verwaltet, wird dieses vom Insolvenzverfahren nicht berührt (§ 37 Abs. 1 Satz 3 InsO). Gleiches gilt im Falle gemeinschaftlicher Verwaltung des Gesamtguts (§ 37 Abs. 2 InsO). Bei gemeinschaftlicher Verwaltung ist allerdings ein besonderes Insolvenzverfahren über das Gesamtgut möglich (§ 333 InsO). Hierzu ist jeder Gläubiger, der aus dem Gesamtgut die Erfüllung einer Verbindlichkeit verlangen kann, sowie jeder Ehegatte antragsberechtigt. Eröffnungsgrund ist die Zahlungsunfähigkeit, bei gemeinsamer Antragstellung der Ehegatten auch die nur drohende.   **6**

Die Gütergemeinschaft kann nicht Gesellschafterin einer Personengesellschaft sein.[2] Sie kann daher etwa nicht als Kommanditistin in das Handelsregister eingetragen werden.   **7**

Eine zwischen Ehegatten bestehende Gütergemeinschaft stellt der Rechtsprechung des Bundesfinanzhofs[3] zufolge ein den in § 15 Abs. 1 Satz 1 Nr. 2 EStG genannten Gesellschaftsverhältnissen vergleich-   **8**

---

[1] Vgl. RG v. 01.02.1917 - VI 366/16 - RGZ 89, 360-367
[2] BayObLG v. 22.01.2003 - 3Z BR 238/02 - juris Rn. 7 - DB 2003, 715-716.
[3] BFH v. 26.10.2011 - IV B 66/10 - juris Rn. 6 - ZSteu 2012, R39-R40 m.w.N.; BFH v. 22.09.2010 - IV B 120/09 - juris Rn. 5 - StuB 2011, 152.

bares Gemeinschaftsverhältnis und mithin eine taugliche **Grundlage für die Begründung einer Mitunternehmerschaft** dar. Gehört mithin zum Gesamtgut Betriebsvermögen, können die Ehegatten als Mitunternehmer mit den sich daraus ergebenden steuerlichen und sozialversicherungsrechtlichen Nachteilen anzusehen sein.[4] Bei Landwirtsehegatten, die den Güterstand der Gütergemeinschaft vereinbart haben, geht der Bundesfinanzhof[5] im Regelfall vom Vorliegen einer Mitunternehmerschaft aus.

9 Die Gütergemeinschaft **endet** im Falle des **Todes eines Ehegatten** (vgl. § 1482 BGB). Sofern dies im Ehevertrag vereinbart worden ist, wird die Gütergemeinschaft im Todesfall allerdings als sog. fortgesetzte Gütergemeinschaft fortgeführt (§ 1483 BGB). **Ehescheidung** (§ 1564 BGB), **Eheaufhebung** (§ 1313 BGB) und **Eheauflösung** (§ 1319 Abs. 2 BGB) führen ebenfalls zu einer Beendigung der Gütergemeinschaft.

10 Auch eine rechtskräftige richterliche Entscheidung, mit der einer **Aufhebungsklage** (§§ 1447, 1448, 1469 BGB) stattgegeben wird, beendet die Gütergemeinschaft (§§ 1449 Abs. 1, 1470 Abs. 1 BGB). Darüber hinaus kann die Gütergemeinschaft durch **ehevertragliche Vereinbarung** – bloße Aufhebung der Gütergemeinschaft oder ausdrückliche Bestimmung eines anderen Güterstands – beendet werden.

11 Aus anderen Gründen tritt eine Beendigung der Gütergemeinschaft nicht ein. Insbesondere kann sich eine Beendigung nicht unter dem Gesichtspunkt des Wegfalls der Geschäftsgrundlage (vgl. § 313 BGB) ergeben. Auch die Eröffnung eines Insolvenzverfahrens (vgl. Rn. 6) führt nicht zu einer Beendigung der Gütergemeinschaft.

12 Nach Beendigung der Gütergemeinschaft **setzen** sich die Ehegatten über das Gesamtgut **auseinander** (§ 1471 Abs. 1 BGB). Die Gemeinschaft zur gesamten Hand bleibt bis zur Beendigung der Auseinandersetzung bestehen; die Verwaltung des Gesamtguts erfolgt indes – unabhängig von der vorherigen Verwaltungsregelung – gemeinschaftlich (§§ 1471 Abs. 2, 1472 BGB). Aus dem Gesamtgut sind die bestehenden Gesamtgutsverbindlichkeiten zu berichtigen. Ein etwaiger Überschuss wird zwischen den Ehegatten geteilt (§§ 1475, 1476 BGB).

B. Praktische Bedeutung

13 In der Praxis wird von der Möglichkeit zur Vereinbarung der Gütergemeinschaft nur noch sehr zurückhaltend Gebrauch gemacht.[6] Die Gütergemeinschaft stellt sich für den juristischen Laien oft sehr kompliziert dar. Dies gilt insbesondere im Hinblick auf die verschiedenen Vermögensmassen und die rechtliche Ausgestaltung der Verwaltungsregelung. Bei Beendigung der Gütergemeinschaft ist eine umfassende Auseinandersetzung des Gesamtguts erforderlich, die nicht nur zu Streitigkeiten, sondern auch zu einer unwirtschaftlichen Zerschlagung von Vermögenswerten führen kann.

C. Anwendungsvoraussetzungen

14 Die Vorschrift findet Anwendung, sofern die Ehegatten durch Ehevertrag (vgl. § 1408 Abs. 1 BGB) den Güterstand der Gütergemeinschaft vereinbart haben. Die Vereinbarung muss gemäß § 1410 BGB bei gleichzeitiger Anwesenheit beider Teile zur Niederschrift eines Notars geschlossen worden sein.

15 Auch **beschränkt Geschäftsfähige** und **Betreute** können mit Zustimmung ihres gesetzlichen Vertreters den Güterstand der Gütergemeinschaft vereinbaren (vgl. aber § 1411 Abs. 1 Satz 3 BGB zum Erfordernis der Genehmigung des Familien- bzw. Betreuungsgerichts, sofern der gesetzliche Vertreter Vormund oder Betreuer ist).

16 Bei **Geschäftsunfähigen** ist die Vereinbarung der Gütergemeinschaft dagegen weder durch den Geschäftsunfähigen selbst noch durch den gesetzlichen Vertreter möglich (§ 1411 Abs. 2 Satz 1 BGB).

17 Um Wirkung gegenüber gutgläubigen Dritten zu entfalten, ist eine Eintragung der Gütergemeinschaft in das **Güterrechtsregister** erforderlich (§ 1412 Abs. 1 BGB).

D. Rechtsfolgen

18 Es gilt der Güterstand der Gütertrennung. Die §§ 1416-1518 BGB finden Anwendung.

---

[4] BFH v. 01.10.1992 - IV R 130/90 - juris Rn. 15 - BB 1993, 1196-1197.
[5] BFH v. 26.10.2011 - IV B 66/10 - juris Rn. 6 - ZSteu 2012, R39-R40 m.w.N.; BFH v. 22.09.2010 - IV B 120/09 - juris Rn. 5 - StuB 2011, 152.
[6] Vgl. *Kanzleiter* in: MünchKomm-BGB, vor § 1415 Rn. 21.

Steuerrechtliche Hinweise zu
§ 1415 BGB Vereinbarung durch Ehevertrag

(Fassung vom 02.01.2002, gültig ab 01.01.2002)

Vereinbaren die Ehegatten durch Ehevertrag Gütergemeinschaft, so gelten die nachstehenden Vorschriften.

Gliederung

A. Voraussetzungen 1
B. Steuerliche Beurteilung 7
I. Steuerliche Behandlung von Wertzuwächsen 7
II. Steuerliche Behandlung von Einkünften 14
III. Steuerliche Folgen der Auseinandersetzung
   der Gütergemeinschaft 18

A. Voraussetzungen

Die **Gütergemeinschaft** entsteht nur, wenn sie vor oder während der Ehe ehevertraglich begründet wird gem. § 1415 BGB. 1

Das gesamte bisherige Vermögen der Ehegatten und das Vermögen, welches in der Folgezeit hinzuerworben wird, werden durch Vereinbarung der Gütergemeinschaft ohne besonderen Übertragungsakt gemeinschaftlich. Insoweit besteht eine **Gesamthandgemeinschaft**. 2

Zu diesem Vermögen zählt nicht das **Sondergut des jeweiligen Ehegatten**. Zum Sondergut eines jeden Ehegatten zählen Gegenstände, die nicht durch Rechtsgeschäft übertragen werden können (z.B. unpfändbare Lohn- und Gehaltsansprüche). Jeder Ehegatte verwaltet sein Sondergut selbständig, aber für Rechnung des Gesamtguts, d.h. die Erträge aus dem Sondergut fließen daher in das Gesamtgut. 3

Daneben können die Ehegatten auch Vorbehaltsgut haben. Zum Vorbehaltsgut gehören die Gegenstände, welche durch den Ehevertrag dazu erklärt wurden oder die ein Ehegatte von Todes wegen oder durch unentgeltliche Zuwendung erlangt hat, sofern der Erblasser durch letztwillige Verfügung oder der Zuwendende bei der Zuwendung bestimmt haben, dass dieses als Vorbehaltsgut begründet werden soll. 4

Den heutigen Ehevorstellungen entspricht die Gütergemeinschaft kaum mehr. Eine **modifizierte Zugewinngemeinschaft** bietet hinreichenden Spielraum, die meisten Vorteile der Gütergemeinschaft herbeizuführen, ohne die Nachteile in Kauf nehmen zu müssen. 5

Besonders zu berücksichtigen ist bei der Gütergemeinschaft die sehr weit reichende (Mit-)Haftung insbesondere für gesetzliche Verbindlichkeiten. Auch sollte von einer Gütergemeinschaft Abstand genommen werden, wenn der eine Ehegatte hoch verschuldet ist, da diese Verbindlichkeiten nach den §§ 1437 Abs. 1, 1459 Abs. 1 BGB **Gesamtgutverbindlichkeiten** werden. 6

B. Steuerliche Beurteilung

I. Steuerliche Behandlung von Wertzuwächsen

Bei der Gütergemeinschaft bestimmt § 1416 Abs. 1 BGB, dass das Vermögen des Mannes und das Vermögen der Frau gemeinschaftliches Vermögen beider Ehegatten werden. 7

Da die Begründung der Gütergemeinschaft dazu führt, dass das Vermögen der Ehegatten zu gemeinschaftlichem Vermögen wird, führt dies auf Seiten des weniger vermögenden Ehegatten zu einem Vermögenszuwachs. 8

Einkommensteuerrechtlich ist dieser Vermögenszuwachs unbeachtlich, da er unter keine Einkunftsart des § 2 Abs. 1 EStG fällt. 9

Gemäß § 7 Abs. 1 Nr. 4 ErbStG führt der Vermögenszuwachs beim weniger vermögenden Ehegatten aber zu einer schenkungsteuerpflichtigen Bereicherung. 10

Eine Bereicherung liegt aber nur in Bezug auf das eheliche Gesamtgut vor, denn das Sonder- und Vorbehaltsgut verbleibt im Alleineigentum jedes Ehegatten. 11

Außerdem ist zu beachten, dass bei einer nachträglichen bzw. nach der Eheschließung erst vereinbarten Gütergemeinschaft gleichzeitig die zuvor bestehende Zugewinngemeinschaft beendet wird. Dies kann zur Folge haben, dass aufgrund der Beendigung der Zugewinngemeinschaft für einen Ehegatten ein Anspruch auf Ausgleich des Zugewinns entsteht. Hierdurch kann der Wertezuwachs beim weniger vermögenden Ehegatten in Höhe des angefallenen Zugewinns reduziert werden. 12

13 Übersteigt der bei weniger vermögenden Ehegatten eintretende Wertzuwachs den schenkungsteuerlichen Freibetrag gem. § 16 Abs. 1 Nr. 1 ErbStG in Höhe von 500.000 €, kann der Anfall von Schenkungsteuer durch eine Erweiterung des Vorbehaltsguts des vermögenderen Ehegatten verhindert werden.

II. Steuerliche Behandlung von Einkünften

14 Den Ehegatten sind die Einkünfte, welche durch den Einsatz von Wirtschaftsgütern erzielt werden, je zur Hälfte zuzurechnen. Insoweit ist eine **gesonderte Feststellung** gem. § 180 Abs. 1 Nr. 2a AO durchzuführen.[1]

15 Ist die **Einkünfteerzielung** vorwiegend auf Arbeitsleistung zurückzuführen, so erzielt derjenige die Einkünfte, welcher die Tätigkeit ausübt. Die Einkünfte aus selbständiger oder nichtselbständiger Tätigkeit sind stets dem tätigen Ehegatten zuzurechnen, weil sie auf persönlicher Arbeitsleistung beruhen. Einkünfte aus Kapitalvermögen oder aus Vermietung und Verpachtung werden dagegen gemeinschaftlich erzielt. Bei der Land- und Forstwirtschaft werden die Einkünfte durch Einsatz von Vermögen und durch Arbeitskraft erzielt. Sollten beide Ehegatten an der Erzielung eines Gewinns beteiligt sein, so ist der Gewinn anhand der Arbeitsleistung aufzuteilen. Deshalb kann die Gütergemeinschaft bei Vorhandensein eines land- und forstwirtschaftlichen Betriebes eine interessante steuerliche Gestaltungsvariante sein. Im Falle einer Auseinandersetzung wird bei der Gütergemeinschaft der Wertersatz in Höhe des Verkehrswerts (§§ 1477, 1478 BGB) angesetzt, wohingegen bei der Zugewinngemeinschaft nur der wesentlich niedrigere und seit Jahren sinkende Ertragswert (§ 1376 Abs. 4 BGB) maßgeblich ist. Bei Zugewinngemeinschaften nimmt also der einheiratende Ehegatte trotz gerade in landwirtschaftlichen Betrieben erheblicher Mitarbeit an realen Wertsteigerungen nicht oder kaum teil. Aber auch für den Ehegatten, der den Betrieb eingebracht hat, kann die Gütergemeinschaft Vorteile bringen. Denn im Falle des Scheiterns der Ehe kann er den Betrieb nach § 1477 Abs. 2 Satz 2 BGB übernehmen und so erhalten, während die Zugewinngemeinschaft eine solche Regelung nicht kennt.

16 Die Einkünfte aus **Gewerbebetrieb** werden durch Einsatz von Vermögen und der Unternehmertätigkeit erzielt. Zu unterscheiden sind deshalb die einzelnen Unternehmensformen, damit eine Zurechnung erfolgen kann. Die Einkünfte sind den Ehegatten zuzurechnen, wenn der Betrieb zum Gesamtgut gehört.[2] Wenn jedoch ein Ehegatte einen **Mitunternehmeranteil** hält und es sich nicht um ein Einzelunternehmen handelt, so muss unterschieden werden. Wenn der Gesellschaftsanteil nicht übertragbar ist, dann sind die Einkünfte nur bei dem Gesellschafter-Ehegatten anzusetzen. Ist der Gesellschafteranteil übertragbar, dann wird auch der andere Ehegatte, aufgrund der Gütergemeinschaft, Mitunternehmer. Das Betriebsvermögen umfasst bei der **Mitunternehmerschaft** nur die dem Gewerbebetrieb gewidmetem Wirtschaftsgüter des Gesamtguts und evtl. Sonderbetriebsvermögen.[3] Hieraus folgt unweigerlich, dass alle Vergütungen einschließlich des Arbeitgeberanteils zur Sozialversicherung, die ein Ehegatte für seine Tätigkeit in dem zum Gesamtgut gehörenden Gewerbebetrieb erhält, keine den Gewinn mindernden Betriebsausgaben sind. Sie sind vielmehr den Einkünften aus Gewerbebetrieb zuzurechnen. Regelmäßig ist daher in den Fällen, in denen der andere Ehegatte steuerrechtlich Mitunternehmer eines vom anderen Ehegatten betriebenen, zum Gesamtgut gehörigen Gewerbebetriebes ist, der Güterstand der Gütergemeinschaft in einkommensrechtlicher Sicht nicht empfehlenswert.

17 Ausnahmsweise sind die Einkünfte nur dann bei dem einen Ehegatten zu erfassen, wenn seine Arbeitskraft im Betrieb entscheidend in den Vordergrund getreten ist und im Betrieb kein nennenswertes ins **Gesamtgut fallendes Kapital** eingesetzt wird.[4]

III. Steuerliche Folgen der Auseinandersetzung der Gütergemeinschaft

18 Nach der Beendigung der Gütergemeinschaft müssen sich die Ehegatten nur bzgl. des Gesamtguts auseinandersetzen. Die Auseinandersetzung über das Gesamtgut richtet sich steuerlich nach den allgemeinen, d.h. für Gesamthandeigenschaften geltenden Regeln. Daher werden z.B. die Auflösung der Gütergemeinschaft und die Fortführung eines Betriebs durch einen Ehegatten (bei Vorliegen einer Mitunternehmerschaft des anderen Ehegatten) steuerlich wie das Ausscheiden eines Gesellschafters aus einer zweigliedrigen Personengesellschaft behandelt. Zu berücksichtigen ist dabei, dass Anschaffungs- und Veräußerungsvorgänge im Betriebsvermögen zu Veräußerungsgewinnen führen können.

---

[1] BFH v. 13.12.1985 - III R 214/81 - BFH/NV 1986, 505, 506.
[2] BFH v. 09.04.1987 - IV R 308/84 - BFH/NV 1987, 622.
[3] *Schmidt/Schmidt*, EStG, § 15 EStG, Rn. 377.
[4] BFH v. 20.03.1980 - IV R 53/76 - BStBl II 1980, 634.

Die Zahlung eines Wertausgleichs führt dazu, dass in dieser Höhe Anschaffungskosten vorliegen. Einen Veräußerungserlös erzielt derjenige, welcher die Abfindung erhält. Erhält der ausscheidende Ehegatte eine Geldabfindung, entsteht in seiner Person in der Höhe, in der die Abfindung den Buchwert seines Kapitalkontos übersteigt, ein nach den §§ 14, 16 Abs. 4, 18 Abs. 3, 34 EStG begünstigter Gewinn. 19

Übersteigt die Abfindung den Buchwert des Kapitalkontos des ausscheidenden Ehegatten nicht, erfolgt ein Übergang des Mitunternehmeranteils des Ausgeschiedenen unter Buchwertfortführung nach § 6 Abs. 3 EStG auf den im Betrieb verbleibenden Ehegatten. Die Abfindung ist dann wie eine private Zuwendung zu behandeln, die weder beim Ausscheidenden einen Gewinn noch beim Verbleibenden Anschaffungskosten auslöst. 20

Die Mitunternehmerschaft eines Ehegatten kann auch dadurch beendet werden, dass Wirtschaftsgüter aus dem Betriebsvermögen aus dem Gesamtgut des Ausscheidenden in sein Vorbehaltsgut überführt werden. Wichtig hierbei ist aber, dass die übertragenen Wirtschaftsgüter nach ihrer Übertragung nicht mehr im Rahmen des Betriebs genutzt werden, andernfalls ist der Ehegatte, der die Wirtschaftsgüter übertragen bekommen hat, nicht als Mitunternehmer aus dem Betrieb ausgeschieden. In diesem Fall gehen die übertragenen Wirtschaftsgüter in das Sonderbetriebsvermögen dieses Ehegatten über. 21

Die Realisierung des Gewinns kann durch **Realteilung ohne Wertausgleich** verhindert werden. 22

Eine Zahlung der **Abfindung für das Betriebsvermögen** führt zu laufenden Einkünften und nicht nach den §§ 16, 34 EStG zu begünstigten Einkünften.[5] 23

Kosten für die Aufhebung und Auseinandersetzung einer früher vereinbarten Gütergemeinschaft sind unabhängig davon, ob sie auf Antrag der Eheleute im Scheidungsverbund durch das Familiengericht oder außergerichtlich vor oder nach der Scheidung getroffen worden sind, für die Eheleute nicht unabwendbar und unvermeidbar und damit nicht als außergewöhnliche Belastung i.S.d. § 33 EStG berücksichtigungsfähig.[6] 24

Ein wichtiger Aspekt gegen die Gütergemeinschaft ist die sehr weitreichende (Mit-)Haftung insbesondere für **gesetzliche Verbindlichkeiten wie Unfälle** ohne ausreichenden Versicherungsschutz (Trunkenheitsfahrt) oder Pflegeheimkosten von Unterhaltsberechtigten, ja sogar für den Unterhalt der Geliebten, die ein Kind des Ehemanns gebärt (§§ 1615l Abs. 3, 1604 BGB). Ebenso sollte bei einer hohen Verschuldung des Ehegatten von der Vereinbarung der Gütergemeinschaft Abstand genommen werden, weil diese Verbindlichkeiten nach den §§ 1437 Abs. 1, 1459 Abs. 1 BGB **Gesamtgutsverbindlichkeiten** werden. 25

In sozialversicherungsrechtlicher Hinsicht kann die Gütergemeinschaft nachteilig sein. Für die nicht berufstätige Ehefrau kann z.B. der Anspruch auf beitragsfreie Familienversicherung in der gesetzlichen Krankenkasse entfallen, wenn sie aufgrund der Gütergemeinschaft ihr zuzurechnende Einkünfte aus Vermietung und Verpachtung oder aus Altenteilsrechten hat und dadurch die Einkommensgrenze überschritten wird. Inwieweit an einem zum Gesamtgut gehörenden Gewerbebetrieb auch der andere Ehegatte als Mitunternehmer beteiligt ist und ihm daher die anteiligen Einkünfte in diesem Zusammenhang zuzurechnen sind, bestimmt sich nach den gleichen Kriterien wie im Einkommensteuerrecht (vgl. Rn. 16). Bei der Gewährung einer Erwerbsunfähigkeitsrente spielt es eine Rolle, ob der Versicherte allein deswegen noch eine selbständige Tätigkeit ausübt, weil der andere Ehegatte ein zum Gesamtgut gehörendes Geschäft betreibt. Falls Betriebsvermögen zum Gesamtgut gehört, können sich erhebliche einkommensteuerrechtliche und sozialversicherungsrechtliche Nachteile ergeben; oft werden auch gerade die steuerlich interessanten Ehegattenarbeitsverträge nicht anerkannt (vgl. Rn. 16). 26

---

[5] BFH v. 17.02.1994 - VIII R 12/93 - BFH/NV 1995, 98.
[6] BFH v. 30.06.3005 - III R 36/03 - BStBl II 2006, 491.

§ 1416 BGB Gesamtgut

(Fassung vom 02.01.2002, gültig ab 01.01.2002)

(1) ¹Das Vermögen des Mannes und das Vermögen der Frau werden durch die Gütergemeinschaft gemeinschaftliches Vermögen beider Ehegatten (Gesamtgut). ²Zu dem Gesamtgut gehört auch das Vermögen, das der Mann oder die Frau während der Gütergemeinschaft erwirbt.

(2) Die einzelnen Gegenstände werden gemeinschaftlich; sie brauchen nicht durch Rechtsgeschäft übertragen zu werden.

(3) ¹Wird ein Recht gemeinschaftlich, das im Grundbuch eingetragen ist oder in das Grundbuch eingetragen werden kann, so kann jeder Ehegatte von dem anderen verlangen, dass er zur Berichtigung des Grundbuchs mitwirke. ²Entsprechendes gilt, wenn ein Recht gemeinschaftlich wird, das im Schiffsregister oder im Schiffsbauregister eingetragen ist.

Gliederung

A. Grundlagen 1
B. Anwendungsvoraussetzungen 2
   I. Gütergemeinschaft 2
   II. Von den Ehegatten in die Ehe eingebrachtes/
      während der Gütergemeinschaft erworbenes
      Vermögen 3
   III. Kein Sonder- oder Vorbehaltsgut 6
C. Rechtsfolgen 10
D. Prozessuale Hinweise/Verfahrenshinweise 27

A. Grundlagen

1 Die Vorschrift bestimmt, dass die vor Beginn der Gütergemeinschaft eigenständigen Vermögen der Ehegatten sowie das während der Gütergemeinschaft erworbene Vermögen grundsätzlich gemeinschaftliches Vermögen (sog. Gesamtgut) beider Ehegatten werden.

B. Anwendungsvoraussetzungen

I. Gütergemeinschaft

2 Die Anwendung der Vorschrift setzt die ehevertragliche Vereinbarung des Güterstands der Gütergemeinschaft voraus. Wird bereits vor Schließung der Ehe der Güterstand der Gütergemeinschaft vereinbart, findet die Vorschrift erst mit der Eheschließung Anwendung.

II. Von den Ehegatten in die Ehe eingebrachtes/während der Gütergemeinschaft erworbenes Vermögen

3 Die Vorschrift gilt im Hinblick auf das Vermögen des Ehemannes und das Vermögen der Ehefrau, welches diese in die Ehe eingebracht haben (**Absatz 1 Satz 1**), sowie das Vermögen, das der Mann oder die Frau während der Gütergemeinschaft erwirbt (**Absatz 1 Satz 2**).

4 Zu dem Vermögen, das der Mann oder die Frau während der Gütergemeinschaft erwirbt, gehört grundsätzlich auch das, was einer der Ehegatten aufgrund gesetzlicher Erbfolge oder durch Verfügung von Todes wegen erwirbt (vgl. aber § 1418 Abs. 2 Nr. 2 BGB).

5 Im Hinblick auf den **guten Glauben** im Falle eines Erwerbs vom Nichtberechtigten (§§ 892, 932 BGB) kommt es allein auf die Person des erwerbenden Ehegatten an.[1] Eine Bösgläubigkeit des anderen Ehegatten schadet nicht.

III. Kein Sonder- oder Vorbehaltsgut

6 Die Vorschrift gilt nicht im Hinblick auf solche Vermögensbestandteile, die nach § 1417 BGB dem Sondergut oder nach § 1418 BGB dem Vorbehaltsgut eines Ehegatten unterfallen.

7 Zum Sondergut gehören die Gegenstände, die nicht durch Rechtsgeschäft übertragen werden können (§ 1417 Abs. 2 BGB).

---

[1] *Kanzleiter* in: MünchKomm-BGB, § 1416 Rn. 23.

Zum Vorbehaltsgut gehört, was die Ehegatten durch Ehevertrag zum Vorbehaltsgut erklären (§ 1418 Abs. 2 Nr. 1 BGB). Auch eine entsprechende Bestimmung eines Erblassers oder Schenkenden kann die Vorbehaltsguteigenschaft eines Gegenstands begründen (§ 1418 Abs. 2 Nr. 2 BGB). Schließlich kann Vorbehaltsgut in den Fällen des § 1418 Abs. 2 Nr. 3 BGB, d.h. etwa im Wege der Surrogation entstehen. 8

In das Vorbehaltsgut eines Ehegatten fallen auch die Nutzungen aus dem Vorbehaltsgut (vgl. § 1418 Abs. 3 Satz 2 BGB). Die Nutzungen aus dem Sondergut eines Ehegatten fallen demgegenüber – sofern sie übertragbar sind – nicht in das Sondergut (vgl. § 1417 Abs. 3 Satz 2 BGB). 9

C. Rechtsfolgen

Das eingebrachte bzw. erworbene Vermögen, das nicht dem Sonder- oder Vorbehaltsgut eines Ehegatten unterfällt, wird gemeinschaftliches Vermögen beider Ehegatten (sog. **Gesamtgut**). 10

Die **einzelnen Gegenstände** werden **gemeinschaftlich** (**Absatz 2, Halbsatz 1**). Der Eintritt der Gesamtguteigenschaft vollzieht sich dabei **kraft Gesetzes**. Einer Übertragung durch Rechtsgeschäft bedarf es nicht (**Absatz 2, Halbsatz 2**). 11

Gegenstände, die einem der Ehegatten vor Beginn der Gütergemeinschaft gehörten, werden mit Beginn der Gütergemeinschaft gemeinschaftlich. Wird die Gütergemeinschaft erst während der Ehe vereinbart, ist diesbezüglich auf den Zeitpunkt des Abschlusses des Ehevertrags abzustellen. Gegenstände, die einer der Ehegatten während der Gütergemeinschaft erwirbt, werden zum Zeitpunkt des Erwerbs gemeinschaftlich. 12

Der Erwerb kraft Gesetzes hat zur Folge, dass es auf den Willen des Erwerbenden, für die Gemeinschaft zu handeln, nicht ankommt. Der Erwerbende muss noch nicht einmal Kenntnis vom Bestehen der Gütergemeinschaft haben.[2] 13

Handelt der Ehegatte beim Erwerb des Gegenstands im eigenen Namen, so erwirbt der Ehegatte zwar zunächst (für eine juristische Sekunde) selbst Eigentum an dem Gegenstand, doch wird der Gegenstand dann unmittelbar gemeinschaftliches Eigentum.[3] 14

Die Entbehrlichkeit einer rechtsgeschäftlichen Übertragung gilt nicht im Falle der **Umwandlung von Vorbehaltsgut** eines Ehegatten in Gesamtgut.[4] Soll daher etwa ein Grundstück aus dem Vorbehaltsgut eines Ehegatten ins Gesamtgut übertragen werden, bedarf es einer Auflassung. 15

Zum Gesamtgut gehören in Ermangelung einer abweichenden Vereinbarung exemplarisch: Nutzungen des Gesamtguts[5]; der Arbeitsverdienst eines Ehegatten; die Ausgleichsforderung nach Beendigung der zuvor bestehenden Zugewinngemeinschaft[6]. Auch Lebensversicherungsverträge und die Rechte aus diesen können zum Gesamtgut gehören.[7] 16

Zum Gesamtgut gehören in Ermangelung abweichender Regelungen auch **Grundstücke**, die ein Ehegatte in die Gütergemeinschaft einbringt oder während dieser erwirbt. Wird ein Grundstück an einen Ehegatten aufgelassen, setzt der Eigentumserwerb der Gemeinschaft an sich einen Grundbucheintrag des zunächst erwerbenden Ehegatten voraus. Da indes bereits mit dieser Eintragung das Grundbuch unrichtig würde, kann unmittelbar die Eintragung beider Eheleute als Eigentümer in Gütergemeinschaft beantragt und vollzogen werden.[8] Für den Erwerb eines Grundstückshälfteanteils durch einen Ehegatten gilt nichts anderes.[9] Eine sofort „berichtigende" Eintragung kann auch erfolgen, wenn an beide Ehegatten jeweils eine Grundstückshälfte aufgelassen worden ist.[10] Wird daher Ehegatten, die in Gütergemeinschaft leben, ein Grundstück „in Miteigentum zu gleichen Teilen" aufgelassen, so können sie auf Antrag als Eigentümer in Gütergemeinschaft in das Grundbuch eingetragen werden, ohne dass es einer erneuten Auflassung bedarf.[11] 17

---

[2] RG v. 24.05.1917 - VI 77/17 - RGZ 90, 288-290.
[3] Vgl. RG v. 18.09.1937 - V B 7/37 - RGZ 155, 344-348; vgl. RG v. 24.01.1914 - V 1/14 - RGZ 84, 326-328; offen lassend BGH v. 10.12.1981 - V ZB 12/81 - juris Rn. 8 - BGHZ 82, 346-353.
[4] A.A. *Kanzleiter* in: MünchKomm-BGB, § 1416 Rn. 18.
[5] Vgl. OLG Bamberg v. 07.01.1987 - 2 WF 358/86 - juris Rn. 10 - FamRZ 1987, 703-705.
[6] Vgl. BGH v. 18.10.1989 - IVb ZR 82/88 - juris Rn. 14 - BGHZ 109, 89-97.
[7] Vgl. BGH v. 29.05.1984 - IX ZR 86/82 - juris Rn. 16 - BGHZ 91, 288-293.
[8] BGH v. 10.12.1981 - V ZB 12/81 - juris Rn. 11 - BGHZ 82, 346-353.
[9] BGH v. 10.12.1981 - V ZB 12/81 - juris Rn. 12 - BGHZ 82, 346-353.
[10] BGH v. 10.12.1981 - V ZB 12/81 - juris Rn. 12 - BGHZ 82, 346-353.
[11] BGH v. 10.12.1981 - V ZB 12/81 - juris Rn. 14 - BGHZ 82, 346-353.

18 Zum Gesamtgut kann auch ein **Handelsgeschäft** gehören.[12] Das Handelsgeschäft wird in diesem Fall für Rechnung des Gesamtguts betrieben.[13] Wird – was zulässig ist[14] – das Handelsgeschäft durch gemeinschaftlich verwaltende Ehegatten unter gemeinschaftlicher Firma geführt, sind beide Ehegatten als Inhaber in das Handelsregister einzutragen.[15] Wird das Gesamtgut – und damit auch das Handelsgeschäft – hingegen nur von einem Ehegatten verwaltet, ist auch nur der verwaltende Ehegatte als Inhaber in das Handelsregister einzutragen.[16] Die Firma ist als die eines Einzelkaufmanns zu bilden (vgl. § 18 HGB), falls nicht eine Firmenfortführung gemäß § 22 HGB zulässig ist.[17] Betreibt der nicht verwaltende Ehegatte gemäß § 1431 Abs. 1 Satz 1 BGB selbstständig ein Erwerbsgeschäft, ist dieser Ehegatte als Inhaber des Handelsgeschäfts in das Handelsregister einzutragen.

19 Ebenfalls zum Gesamtgut gehören die **Anteile an einer Kapitalgesellschaft** (etwa einer GmbH).[18] Umstritten ist, ob die Anteile auch dann ins Gesamtgut fallen, wenn sie gesellschaftsvertraglich nicht ohne Zustimmung der Mitgesellschafter übertragen werden können.[19]

20 Zum Gesamtgut gehören darüber hinaus **Schadensersatzansprüche** eines Ehegatten aus deliktischen Handlungen (etwa Körperverletzungen).[20] Dies gilt auch im Hinblick auf den etwaigen Ersatz eines Verdienstausfalls und in Bezug auf Schmerzensgeldansprüche.[21] Der Schadensersatzanspruch ist dabei auf volle Kompensation des Schadens des Ehegatten gerichtet.[22]

21 An dem Gesamtgut entsteht eine **Gemeinschaft zur gesamten Hand**. Es entsteht nicht etwa eine neue Rechtspersönlichkeit. Vielmehr sind beide Ehegatten Eigentümer.

22 Die gesamthänderische Bindung äußert sich insbesondere darin, dass die Ehegatten über ihre Anteile am Gesamtgut unter Lebenden **nicht verfügen** können (§ 1419 Abs. 1 HS. 1 BGB). Solange die Gütergemeinschaft besteht, kann kein Ehegatte die Teilung des Gesamtguts verlangen (§ 1419 Abs. 1 HS. 2 BGB). Gemäß § 860 Abs. 1 Satz 1 ZPO ist darüber hinaus während des Bestehens des Güterstands die Pfändung der Anteile der Ehegatten am Gesamtgut und an den einzelnen dazu gehörenden Gegenständen ausgeschlossen. Nach Beendigung der Gemeinschaft ist der Anteil an dem Gesamtgut hingegen pfändbar (§ 860 Abs. 2 ZPO).

23 Neben der Gütergemeinschaft ist eine weitere Gemeinschaft zur gesamten Hand – etwa in Form einer offenen Handelsgesellschaft – nur durch Begründung von Vorbehaltsgut im Sinne des § 1418 BGB möglich.[23]

24 Wird ein Recht gemeinschaftlich, das im **Grundbuch** eingetragen ist oder in das Grundbuch eingetragen werden kann, so kann jeder Ehegatte von dem anderen verlangen, dass er an der Berichtigung des Grundbuchs mitwirkt (**Absatz 3 Satz 1**). Entsprechendes gilt, wenn ein Recht gemeinschaftlich wird, das im Schiffs- oder Schiffsbauregister eingetragen ist (**Absatz 3 Satz 2**).

25 Die Eintragung ist unrichtig, wenn als Rechteinhaber nur einer der Ehegatten eingetragen ist. Soweit ein in das Grundbuch eintragbares Recht zum Gesamtgut gehört, ist dieses Gemeinschaftsverhältnis im Grundbuch kenntlich zu machen (§ 47 GBO). Gleiches gilt für die Eintragung in das Schiffs- oder Schiffsbauregister (§§ 51, 74 SchRegO).

26 Ist ein zum Gesamtgut gehörendes Recht als Miteigentum zu Bruchteilen eingetragen worden, so ist die Eintragung ebenfalls unrichtig.[24] Abweichendes gilt im Falle einer Gütergemeinschaft nur, wenn die Ehegatten das Grundstück zu Miteigentum erwerben und die Bruchteile Vorbehaltsgut werden.[25]

---

[12] BayObLG München v. 16.01.1978 - BReg 1 Z 6/78 - juris Rn. 9 - BB 1978, 423.
[13] BayObLG München v. 16.01.1978 - BReg 1 Z 6/78 - juris Rn. 9 - BB 1978, 423.
[14] BayObLG München v. 16.01.1978 - BReg 1 Z 6/78 - juris Rn. 11 - BB 1978, 423.
[15] BayObLG München v. 16.01.1978 - BReg 1 Z 6/78 - juris Rn. 11 - BB 1978, 423.
[16] BayObLG München v. 16.01.1978 - BReg 1 Z 6/78 - juris Rn. 12 - BB 1978, 423.
[17] BayObLG München v. 16.01.1978 - BReg 1 Z 6/78 - juris Rn. 12 - BB 1978, 423.
[18] Vgl. BFH v. 26.11.1992 - IV R 15/91 - juris Rn. 18 - NJW-RR 1994, 542-544.
[19] Zur in diesem Zusammenhang relevanten allgemeinen Frage, ob § 1417 Abs. 1 BGB auch im Hinblick auf solche Gegenstände Anwendung findet, bei denen die an sich bestehende Übertragbarkeit lediglich rechtsgeschäftlich ausgeschlossen worden ist, vgl. die Kommentierung zu § 1417 BGB Rn. 5.
[20] BGH v. 07.12.1993 - VI ZR 152/92 - juris Rn. 11 - LM BGB § 842 Nr. 46 (6/1994).
[21] BGH v. 07.12.1993 - VI ZR 152/92 - juris Rn. 11 - LM BGB § 842 Nr. 46 (6/1994).
[22] BGH v. 07.12.1993 - VI ZR 152/92 - juris Rn. 33 - LM BGB § 842 Nr. 46 (6/1994).
[23] Vgl. BGH v. 10.07.1975 - II ZR 154/72 - BGHZ 65, 79-86.
[24] Vgl. RG v. 18.09.1937 - V B 7/37 - RGZ 155, 344-348.
[25] Vgl. BayObLG München v. 19.11.1981 - 2 Z 75/81 - MDR 1982, 319-320.

D. Prozessuale Hinweise/Verfahrenshinweise

Für die Zugehörigkeit zum Gesamtgut besteht im Streitfall eine Vermutung; die Zugehörigkeit zu einer anderen Vermögensmasse ist somit vom Behauptenden zu beweisen.[26]

27

Eine vorläufige Sicherung des Anspruchs nach Absatz 3 ist durch Eintragung eines **Widerspruchs** möglich.[27]

28

---

[26] *Brudermüller* in: Palandt, § 1416 Rn. 2.
[27] RG v. 02.06.1924 - V 509/23 - RGZ 108, 281-286.

§ 1417 BGB Sondergut

(Fassung vom 02.01.2002, gültig ab 01.01.2002)

(1) Vom Gesamtgut ist das Sondergut ausgeschlossen.

(2) Sondergut sind die Gegenstände, die nicht durch Rechtsgeschäft übertragen werden können.

(3) [1]Jeder Ehegatte verwaltet sein Sondergut selbständig. [2]Er verwaltet es für Rechnung des Gesamtguts.

Gliederung

A. Grundlagen 1
B. Anwendungsvoraussetzungen 2
I. Gütergemeinschaft 2
II. Sondergut 3
C. Rechtsfolgen 11
D. Prozessuale Hinweise/Verfahrenshinweise.... 15

A. Grundlagen

1   § 1417 BGB regelt mit dem sog. Sondergut eine der verschiedenen Vermögensmassen im Rahmen einer Gütergemeinschaft.

B. Anwendungsvoraussetzungen

I. Gütergemeinschaft

2   Die Anwendung der Vorschrift setzt die ehevertragliche Vereinbarung des Güterstands der Gütergemeinschaft voraus. Wird bereits vor Schließung der Ehe der Güterstand der Gütergemeinschaft vereinbart, findet die Vorschrift erst mit der Eheschließung Anwendung.

II. Sondergut

3   Die Vorschrift gilt im Hinblick auf das Sondergut. Sondergut sind die Gegenstände, die nicht durch Rechtsgeschäft übertragen werden können (**Absatz 2**).

4   Hierzu gehören unstreitig die Gegenstände, die aufgrund ihrer **höchstpersönlichen Natur** oder besonderen **gesetzlichen Ausgestaltung** durch Rechtsgeschäft nicht übertragbar sind.

5   Umstritten ist, ob die Vorschrift auch im Hinblick auf solche Gegenstände Anwendung findet, bei denen die an sich bestehende Übertragbarkeit lediglich **rechtsgeschäftlich ausgeschlossen** worden ist.[1]

6   Nicht von der Vorschrift erfasst werden nach herrschender Auffassung[2] die Gegenstände, die nur deshalb nicht übertragbar sind, weil sie zu einem **Vermögensinbegriff** gehören.

7   Die Vorschrift findet zudem keine Anwendung, wenn ein nicht übertragbares **Recht** von vornherein durch Rechtsgeschäft mit einem Dritten **für die Ehegatten in Gütergemeinschaft gemeinsam bestellt** wird. Eine solche Bestellung ist wirksam. Das Übertragbarkeitsproblem stellt sich in diesem Fall nicht. Es ist daher etwa die Einräumung eines Nießbrauchs (trotz § 1059 Satz 1 BGB) oder einer beschränkt persönlichen Dienstbarkeit (trotz § 1092 Abs. 1 Satz 1 BGB) zugunsten der Ehegatten als Berechtigte in Gütergemeinschaft möglich.

8   Der Umfang des Sonderguts ist in Absatz 2 gesetzlich erschöpfend festgelegt. Durch Ehevertrag kann Sondergut nicht begründet werden. Sondergut kann auch nicht durch eine Bestimmung desjenigen begründet werden, der den Ehegatten den Vermögensgegenstand zuwendet.

9   Zum Sondergut gehören **exemplarisch** (vgl. aber vorstehend zur Möglichkeit der ausdrücklichen Bestellung zugunsten der Gütergemeinschaft): der Nießbrauch (§ 1059 Satz 1 BGB); die beschränkte persönliche Dienstbarkeit (§ 1092 Abs. 1 Satz 1 BGB); die Beteiligung an einer Personengesellschaft, soweit diese nicht nach dem Gesellschaftsvertrag ausnahmsweise übertragbar ist[3]; unpfändbare – und somit nach § 400 BGB nicht übertragbare – Ansprüche im Sinne der §§ 850-852 ZPO (Gehalts-, Renten-

---

[1] Dafür etwa *Kanzleiter* in: MünchKomm-BGB, § 1417 Rn. 3; dagegen etwa *Brudermüller* in: Palandt, § 1417 Rn. 3.
[2] *Brudermüller* in: Palandt, § 1417 Rn. 3; *Kanzleiter* in: MünchKomm-BGB, § 1417 Rn. 2.
[3] Vgl. BGH v. 20.10.1971 - VIII ZR 212/69 - BGHZ 57, 123-129.

und Unterhaltsansprüche usw.), auch das Rentenstammrecht selbst[4] – nicht aber die geleistete Gehalts- oder Rentenzahlung,[5] Forderungen, die gemäß § 399 BGB nicht übertragen werden können; das Urheberrecht (§ 29 Abs. 1 UrhG), nicht aber die Nutzungsrechte (vgl. § 29 Abs. 2 UrhG).

Gegenstände des Sonderguts können von den Ehegatten nicht durch Ehevertrag in Gesamtgut – wohl aber in Vorbehaltsgut – umgewandelt werden.   10

C. Rechtsfolgen

Das Sondergut ist vom Gesamtgut ausgeschlossen (**Absatz 1**).   11

Jeder Ehegatte **verwaltet** sein Sondergut **selbstständig** (**Absatz 3 Satz 1**). Der Ehegatte führt somit auch Rechtsstreitigkeiten selbst. Es ist allerdings zulässig, die Verwaltung des Sonderguts dem anderen Ehegatten zu überlassen (vgl. § 1413 BGB).   12

Die Ehegatten verwalten ihr Sondergut **für Rechnung des Gesamtguts** (**Absatz 3 Satz 2**).   13

Die **Nutzungen** fallen daher grundsätzlich dem Gesamtgut zu. Eine Ausnahme gilt indes gemäß Absatz 2: Soweit die Nutzungen nicht durch Rechtsgeschäft übertragen werden können, fallen sie ins Sondergut.   14

D. Prozessuale Hinweise/Verfahrenshinweise

Zur **Zwangsvollstreckung** in das Sondergut bedarf es – soweit diese überhaupt zulässig ist (vgl. §§ 851, 857 Abs. 1 und Abs. 3 ZPO) – eines Titels gegen den Eigentümer des Sonderguts.   15

---

[4] BGH v. 16.05.1990 - XII ZR 40/89 - juris Rn. 20 - BGHZ 111, 248 262; BSG v. 27.02.1980 - 1 RJ 44/79 - juris Rn. 14 - SozR 2200 § 1266 Nr. 14.

[5] BGH v. 16.05.1990 - XII ZR 40/89 - juris Rn. 20 - BGHZ 111, 248-262; BSG v. 27.02.1980 - 1 RJ 44/79 - juris Rn. 14 - SozR 2200 § 1266 Nr. 14.

§ 1418 BGB Vorbehaltsgut
(Fassung vom 02.01.2002, gültig ab 01.01.2002)

(1) Vom Gesamtgut ist das Vorbehaltsgut ausgeschlossen.

(2) Vorbehaltsgut sind die Gegenstände,

1. die durch Ehevertrag zum Vorbehaltsgut eines Ehegatten erklärt sind,
2. die ein Ehegatte von Todes wegen erwirbt oder die ihm von einem Dritten unentgeltlich zugewendet werden, wenn der Erblasser durch letztwillige Verfügung, der Dritte bei der Zuwendung bestimmt hat, dass der Erwerb Vorbehaltsgut sein soll,
3. die ein Ehegatte auf Grund eines zu seinem Vorbehaltsgut gehörenden Rechts oder als Ersatz für die Zerstörung, Beschädigung oder Entziehung eines zum Vorbehaltsgut gehörenden Gegenstands oder durch ein Rechtsgeschäft erwirbt, das sich auf das Vorbehaltsgut bezieht.

(3) ¹Jeder Ehegatte verwaltet das Vorbehaltsgut selbständig. ²Er verwaltet es für eigene Rechnung.

(4) Gehören Vermögensgegenstände zum Vorbehaltsgut, so ist dies Dritten gegenüber nur nach Maßgabe des § 1412 wirksam.

Gliederung

- A. Grundlagen 1
- B. Anwendungsvoraussetzungen 2
- I. Gütergemeinschaft 2
- II. Vorbehaltsgut 3
- 1. Gegenstände, die dem Katalog des Absatzes 2 unterfallen 4
- a. Erklärung eines Gegenstands zum Vorbehaltsgut im Ehevertrag (Absatz 2 Nr. 1) 5
- b. Zuwendung eines Dritten unter Bestimmung der Vorbehaltsguteigenschaft (Absatz 2 Nr. 2) 8
- c. Erwerb eines Gegenstands aufgrund eines zum Vorbehaltsgut eines Ehegatten gehörenden Rechts (Absatz 2 Nr. 3 Alternative 1) 13
- d. Erwerb eines Gegenstands als Ersatz für die Zerstörung, Beschädigung oder Entziehung eines zum Vorbehaltsgut gehörenden Gegenstands (Absatz 2 Nr. 3 Alternative 2) 15
- e. Erwerb eines Gegenstands durch ein Rechtsgeschäft, das sich auf das Vorbehaltsgut bezieht (Absatz 2 Nr. 3 Alternative 3) 16
- 2. Gegenstände, die nicht dem Katalog des Absatzes 2 unterfallen 19
- C. Rechtsfolgen 22
- D. Prozessuale Hinweise/Verfahrenshinweise..... 28

A. Grundlagen

1 § 1418 BGB regelt mit dem sog. Vorbehaltsgut eine der verschiedenen Vermögensmassen einer Gütergemeinschaft.

B. Anwendungsvoraussetzungen

I. Gütergemeinschaft

2 Die Anwendung der Vorschrift setzt voraus, dass die Ehegatten im Güterstand der Gütergemeinschaft leben.

II. Vorbehaltsgut

3 Die Vorschrift gilt im Hinblick auf das Vorbehaltsgut.

1. Gegenstände, die dem Katalog des Absatzes 2 unterfallen

4 Was zum Vorbehaltsgut zählt, wird durch Absatz 2 bestimmt.

a. Erklärung eines Gegenstands zum Vorbehaltsgut im Ehevertrag (Absatz 2 Nr. 1)

5 Zum Vorbehaltsgut zählen zunächst solche Gegenstände, die die Ehegatten durch Ehevertrag zum Vorbehaltsgut erklären.

Eine solche Erklärung ist möglich für einzelne Gegenstände oder für Inbegriffe.[1]

Auch **zukünftiges Vermögen** kann zum Vorbehaltsgut erklärt werden.[2] Erforderlich, aber auch ausreichend ist, dass die Bestimmung der Ehegatten eine zweifelsfreie Zuordnung des Gegenstands zum Vorbehaltsgut ermöglicht. Dem genügt auch eine Vereinbarung, die die Vorbehaltsguteigenschaft von Gegenständen vom Erwerbsgrund abhängig macht. Zulässig ist daher etwa die ehevertragliche Vereinbarung, dass Schenkungen durch Dritte oder unter den Ehegatten dem Vorbehaltsgut des jeweils Beschenkten zufließen sollen.

b. Zuwendung eines Dritten unter Bestimmung der Vorbehaltsgutseigenschaft (Absatz 2 Nr. 2)

Vorbehaltsgut sind auch die Gegenstände, die ein Ehegatte von Todes wegen erwirbt oder die ihm von einem Dritten unentgeltlich zugewendet werden, sofern der Erblasser durch letztwillige Verfügung oder der Dritte bei der Zuwendung bestimmt hat, dass der Erwerb Vorbehaltsgut sein soll.

Es genügt, wenn klar erkennbar ist, dass der Gegenstand nicht Gesamtgut werden soll.

Im Falle eines **Erwerbs von Todes wegen** bedarf die Bestimmung des Erblassers der **Form der letztwilligen Verfügung**.

Bei einer **unentgeltlichen Zuwendung** unter Lebenden bedarf die Bestimmung des Zuwendenden keiner bestimmten Form. Sie ist auch **konkludent** möglich. Die Bestimmung muss aber vor oder spätestens bei Vornahme der Zuwendung getroffen werden.[3]

Ein **entgegenstehender Wille der Ehegatten** ist unbeachtlich. Die Ehegatten können jedoch ehevertraglich vereinbaren, dass Gegenstände auch im Falle einer Bestimmung des Erblassers oder Zuwendenden nach Absatz 2 Nr. 2 ins Gesamtgut fallen. Durch einen solchen Ausschluss wird eine dahin gehende Bestimmung eines Dritten unwirksam gemacht. Dies kann allerdings ggf. zum Wegfall der Zuwendung führen, wenn die Bestimmung des Dritten – was durch Auslegung zu ermitteln ist – als Bedingung für die Zuwendung anzusehen ist.[4]

c. Erwerb eines Gegenstands aufgrund eines zum Vorbehaltsgut eines Ehegatten gehörenden Rechts (Absatz 2 Nr. 3 Alternative 1)

Ebenso entsteht Vorbehaltsgut wenn ein Gegenstand aufgrund eines zum Vorbehaltsgut eines Ehegatten gehörenden Rechts erworben wird.

Der Erwerb aufgrund eines zum Vorbehaltsgut gehörenden Rechts kann **auf Gesetz oder Rechtsgeschäft** beruhen. Zu den hiervon erfassten Gegenständen können etwa Früchte, Miet- bzw. Pachteinnahmen sowie Einnahmen aus der Erfüllung von Forderungen gehören.

d. Erwerb eines Gegenstands als Ersatz für die Zerstörung, Beschädigung oder Entziehung eines zum Vorbehaltsgut gehörenden Gegenstands (Absatz 2 Nr. 3 Alternative 2)

Zu den Gegenständen, die als Ersatz für die Zerstörung, Beschädigung oder Entziehung eines zum Vorbehaltsgut gehörenden Gegenstands erworben werden können, gehören insbesondere Schadensersatzansprüche.

e. Erwerb eines Gegenstands durch ein Rechtsgeschäft, das sich auf das Vorbehaltsgut bezieht (Absatz 2 Nr. 3 Alternative 3)

Die dritte Alternative des Absatzes 2 Nr. 3 setzt ein Rechtsgeschäft voraus, welches sich auf das Vorbehaltsgut bezieht.

Hierzu genügt ein **wirtschaftlicher Zusammenhang**. Erforderlich ist indes, dass der Zusammenhang **sowohl in objektiver als auch in subjektiver Hinsicht** besteht. Das Rechtsgeschäft muss daher gegenständlich auf das Vorbehaltsgut bezogen sein; der Ehegatte muss zudem mit dem subjektiven Willen zum Handeln für das Vorbehaltsgut agieren.[5]

Rechtsgeschäfte, die sich objektiv auf das Vorbehaltsgut beziehen, sind etwa der Kauf von Gegenständen aus Mitteln des Vorbehaltsguts sowie der Verkauf von Gegenständen des Vorbehaltsguts.[6]

---

[1] *Kanzleiter* in: MünchKomm-BGB, § 1418 Rn. 4.
[2] *Kanzleiter* in: MünchKomm-BGB, § 1418 Rn. 4.
[3] *Kanzleiter* in: MünchKomm-BGB, § 1418 Rn 6
[4] *Kanzleiter* in: MünchKomm-BGB, § 1418 Rn. 6.
[5] Vgl. RG v. 23.01.1918 - V 301/17 - RGZ 92, 139-143.
[6] *Kanzleiter* in: MünchKomm-BGB, § 1418 Rn. 11.

2. Gegenstände, die nicht dem Katalog des Absatzes 2 unterfallen

19 Die Begründung von Vorbehaltsgut ist nur gemäß Absatz 2 möglich. Die Aufzählung ist erschöpfend. Eine ausdehnende Auslegung ist ausgeschlossen.[7]

20 Nicht in das Vorbehaltsgut fallen daher bei Fehlen einer entsprechenden ehevertraglichen Vereinbarung (vgl. § 1408 Abs. 2 Nr. 1 BGB) etwa **persönliche Gebrauchsgegenstände** eines Ehegatten; § 1362 BGB findet diesbezüglich keine Anwendung. Auch der **Arbeitsverdienst** eines Ehegatten fällt grundsätzlich in das Gesamtgut.

21 Ebenfalls Gesamtgut werden Einkünfte aus einem **Erwerbsgeschäft** eines Ehegatten (vgl. die §§ 1431, 1456 BGB), soweit der Ehevertrag nichts anderes bestimmt.

C. Rechtsfolgen

22 Das Vorbehaltsgut ist vom Gesamtgut ausgeschlossen (**Absatz 1**). Jeder Ehegatte bleibt Alleineigentümer seines Vorbehaltsguts.

23 Jeder Ehegatte **verwaltet** sein Vorbehaltsgut **selbstständig** (**Absatz 3 Satz 1**). Der Ehegatte führt somit auch Rechtsstreitigkeiten selbst. Es ist allerdings zulässig, die Verwaltung des Vorbehaltsguts dem anderen Ehegatten zu überlassen (vgl. § 1413 BGB).

24 Die **Verfügung** über das Vorbehaltsgut unterliegt keinen güterrechtlichen Beschränkungen.

25 Die Ehegatten verwalten ihr Vorbehaltsgut **für eigene Rechnung** (Absatz 3 Satz 2).

26 Die **Nutzungen** fallen daher dem jeweiligen Ehegatten zu. Sie sind nur hilfsweise nach den Einkünften des Gesamtguts zum Familienunterhalt zu verwenden (§ 1420 BGB).

27 Gegenüber einem Dritten kann die Vorbehaltsguteigenschaft eines Gegenstands nur nach Maßgabe des § 1412 BGB, d.h. bei Eintragung ins Güterrechtsregister oder positiver Kenntnis des Dritten geltend gemacht werden.

D. Prozessuale Hinweise/Verfahrenshinweise

28 Zur **Zwangsvollstreckung** in das Vorbehaltsgut ist ein Titel gegen den Eigentümer des Vorbehaltsguts erforderlich und ausreichend.

---

[7] RG v. 28.06.1915 - IV 57/15 - RGZ 87, 100-109.

§ 1419 BGB Gesamthandsgemeinschaft

(Fassung vom 02.01.2002, gültig ab 01.01.2002)

(1) Ein Ehegatte kann nicht über seinen Anteil am Gesamtgut und an den einzelnen Gegenständen verfügen, die zum Gesamtgut gehören; er ist nicht berechtigt, Teilung zu verlangen.

(2) Gegen eine Forderung, die zum Gesamtgut gehört, kann der Schuldner nur mit einer Forderung aufrechnen, deren Berichtigung er aus dem Gesamtgut verlangen kann.

A. Grundlagen

Die Vorschrift regelt mit der gesamthänderischen Bindung des Gesamtguts die wichtigste Rechtsfolge, die sich aus der Bildung des gemeinschaftlichen Vermögens (§ 1416 Abs. 1 BGB) ergibt. 1

B. Anwendungsvoraussetzungen

Die Anwendung der Vorschrift setzt voraus, dass die Ehegatten im Güterstand der Gütergemeinschaft leben. 2

Gemäß § 1471 Abs. 2 BGB findet die Vorschrift für das Gesamtgut allerdings auch noch nach der Beendigung der Gütergemeinschaft bis zur Auseinandersetzung des Gesamtguts Anwendung. 3

C. Rechtsfolgen

Die Ehegatten können weder über ihren **Anteil am Gesamtgut** noch über ihren **Anteil an den einzelnen Gegenständen** verfügen (**Absatz 1 Halbsatz 1**). Entsprechendes gilt im Hinblick auf eine Verfügung über den **Anspruch auf Auseinandersetzung**.[1] 4

Die Vorschrift findet hingegen keine Anwendung bezüglich einer Verfügung über den **Anspruch auf das Auseinandersetzungsguthaben** nach beendeter Gütergemeinschaft.[2] Deshalb ist etwa die vor der Auseinandersetzung eingegangene Verpflichtung eines Ehegatten wirksam, bestimmte ihm zufallende Gegenstände Dritten zu überlassen. 5

Das Verbot gilt nur im Hinblick auf Verfügungen unter Lebenden. **Verfügungen von Todes wegen** werden von dem Verfügungsverbot nicht erfasst.[3] Haben die Ehegatten allerdings gemäß § 1483 Abs. 1 Satz 1 BGB eine Fortsetzung der Gütergemeinschaft vereinbart, gehört der Anteil des verstorbenen Ehegatten nicht zum Nachlass (§ 1483 Abs. 1 Satz 3 BGB). 6

Es handelt sich bei dem **Verfügungsverbot** nicht nur um ein relatives, sondern um ein **absolutes**. Eine hiergegen verstoßende Verfügung ist gemäß § 134 BGB **nichtig**. Selbst die Zustimmung des anderen Ehegatten führt zu keiner Wirksamkeit der Verfügung. 7

Die Ehegatten sind nicht berechtigt, die Teilung des Gesamtguts zu verlangen (**Absatz 1 Halbsatz 2**). 8

Möglich ist aber gemäß den §§ 1447, 1448, 1469 BGB bei Vorliegen der Voraussetzungen die Erhebung einer **Klage auf Aufhebung** der Gütergemeinschaft. 9

Gegen die zum Gesamtgut gehörende **Forderung** kann der Schuldner gemäß **Absatz 2** nur mit einer Forderung **aufrechnen**, deren Berichtigung er aus dem Gesamtgut verlangen kann (sog. **Gesamtgutsverbindlichkeit**). Zu den Gesamtgutsverbindlichkeiten vgl. die §§ 1437-1440, 1459-1462 BGB. 10

Absatz 2 trifft eine Regelung nur im Hinblick auf einseitige Aufrechnungen im Sinne der §§ 387-396 BGB. Keine Anwendung findet die Vorschrift für den Fall eines **Aufrechnungsvertrags**, d.h. einer Aufrechnung im Einverständnis mit den Ehegatten.[4] 11

---

[1] BGH v. 10.05.1966 - V ZR 174/63 - juris Rn. 24 - LM Nr. 1 zu § 1497 BGB; *Kanzleiter* in: MünchKomm-BGB, § 1419 Rn. 2.

[2] BGH v. 10.05.1966 - V ZR 174/63 - juris Rn. 24 - LM Nr. 1 zu § 1497 BGB; *Kanzleiter* in: MünchKomm-BGB, § 1419 Rn. 3.

[3] BGH v. 29.05.1964 - V ZR 47/62 - LM Nr. 1 zu § 1992 BGB.

[4] *Brudermüller* in: Palandt, § 1419 Rn. 3.

§ 1420 BGB Verwendung zum Unterhalt

(Fassung vom 02.01.2002, gültig ab 01.01.2002)

Die Einkünfte, die in das Gesamtgut fallen, sind vor den Einkünften, die in das Vorbehaltsgut fallen, der Stamm des Gesamtguts ist vor dem Stamm des Vorbehaltsguts oder des Sonderguts für den Unterhalt der Familie zu verwenden.

Gliederung

A. Grundlagen 1	II. Bedarf an Mitteln für den Familienunterhalt 3
B. Anwendungsvoraussetzungen 2	C. Rechtsfolgen 5
I. Gütergemeinschaft 2	D. Prozessuale Hinweise/Verfahrenshinweise 11

A. Grundlagen

1   Die Vorschrift regelt, in welcher Reihenfolge die verschiedenen Vermögensmassen (Gesamt-, Vorbehalts-, Sondergut) und Einkünfte aus diesen für den Unterhalt der Familie zu verwenden sind.

B. Anwendungsvoraussetzungen

I. Gütergemeinschaft

2   Die Anwendung der Vorschrift setzt voraus, dass die Ehegatten im Güterstand der Gütergemeinschaft leben.

II. Bedarf an Mitteln für den Familienunterhalt

3   Die Vorschrift entfaltet Wirkung, sofern Mittel für den Familienunterhalt benötigt werden. Mit der Formulierung „Unterhalt der Familie" nimmt die Vorschrift ersichtlich auf den Unterhalt nach § 1360 BGB Bezug.

4   Die Vorschrift gilt indes in gleicher Weise im Hinblick auf den **Trennungsunterhalt** nach § 1361 BGB.[1] Der Anspruch auf Trennungsunterhalt besteht unabhängig von dem zwischen den Eheleuten geltenden Güterstand.[2]

C. Rechtsfolgen

5   Die Einkünfte, die in das Gesamtgut fallen, sind vor den Einkünften, die in das Vorbehaltsgut fallen, für den Unterhalt der Familie zu verwenden. Der Stamm des Gesamtguts ist vor dem Stamm des Vorbehaltsguts oder des Sonderguts für den Unterhalt der Familie zu verwenden.

6   Die Reihenfolge ist unabhängig davon, wer das Gesamtgut verwaltet.

7   Zu den **Einkünften, die in das Gesamtgut fallen**, zählen etwa die Erträgnisse des Gesamtguts und die des Sonderguts der Ehegatten (§§ 1416 Abs. 1, 1417 Abs. 3 Satz 2 BGB). Ebenso fallen die Einkünfte beider Ehegatten – etwa die Arbeitseinkommen – in Ermangelung einer abweichenden Vereinbarung in das Gesamtgut.[3]

8   Die **Einkünfte, die in das jeweilige Vorbehaltsgut fallen**, sind untereinander im Verhältnis der Grundsätze des § 1360 BGB zum Familienunterhalt heranzuziehen.

9   Der **Stamm** des **Vorbehaltsguts** und der des **Sonderguts** sind untereinander gleichrangig zum Familienunterhalt zu verwenden.

10   Die Verteilungsvorschrift hat Anspruchscharakter.

D. Prozessuale Hinweise/Verfahrenshinweise

11   Die Einhaltung der Verteilung ist einklagbar.

12   Soweit für den **Trennungsunterhalt** das Gesamtgut zu verwenden ist, kann der unterhaltsberechtigte Ehegatte von dem anderen Ehegatten keine Zahlung einer Geldrente (vgl. § 1361 Abs. 4 Satz 1 BGB) verlangen; der unterhaltsberechtigte Ehegatte ist vielmehr auf die güterrechtlichen Rechtsbehelfe – Er-

---

[1]   BGH v. 16.05.1990 - XII ZR 40/89 - juris Rn. 18 - BGHZ 111, 248-262.
[2]   Vgl. BGH v. 16.05.1990 - XII ZR 40/89 - juris Rn. 16 - BGHZ 111, 248-262.
[3]   Vgl. OLG München v. 19.07.1995 - 12 UF 863/95 - juris Rn. 16 - OLGR München 1995, 248-249.

setzung der Zustimmung (§§ 1430, 1452 BGB) bzw. Klage auf Mitwirkung (vgl. die §§ 1435, 1451 BGB) – beschränkt.[4] Der unterhaltsberechtigte Ehegatte kann allerdings auf Zahlung klagen, wenn für den Unterhalt ausnahmsweise das Sonder- oder Vorbehaltsgut des anderen Ehegatten heranzuziehen ist.[5]

Auch **Notunterhalt** unter Ehegatten kann nicht im Wege einer einstweiligen Verfügung mit einem Antrag auf Zahlung, sondern nur durch Erzwingung ordnungsmäßiger Verwaltung geltend gemacht werden.[6]

13

---

[4] Vgl. BGH v. 16.05.1990 - XII ZR 40/89 - juris Rn. 24 - BGHZ 111, 248 262; *Kanzleiter* in: MünchKomm-BGB, § 1420 Rn. 4.
[5] Vgl. BGH v. 16.05.1990 - XII ZR 40/89 - juris Rn. 24 - BGHZ 111, 248-262.
[6] Vgl. OLG München v. 19.10.1995 - 12 WF 1025/95 - juris Rn. 5 - NJW-RR 1996, 903.

§ 1421 BGB Verwaltung des Gesamtguts

(Fassung vom 02.01.2002, gültig ab 01.01.2002)

¹Die Ehegatten sollen in dem Ehevertrag, durch den sie die Gütergemeinschaft vereinbaren, bestimmen, ob das Gesamtgut von dem Mann oder der Frau oder von ihnen gemeinschaftlich verwaltet wird. ²Enthält der Ehevertrag keine Bestimmung hierüber, so verwalten die Ehegatten das Gesamtgut gemeinschaftlich.

Gliederung

A. Grundlagen 1	II. Fehlen einer Bestimmung bezüglich Verwaltung des Gesamtguts 4
B. Anwendungsvoraussetzungen 3	C. Rechtsfolgen 11
I. Gütergemeinschaft 3	

A. Grundlagen

1 Die Vorschrift weist darauf hin, dass die Ehegatten im Falle der Vereinbarung des Güterstands der Gütergemeinschaft ausdrücklich regeln sollten, wer das Gesamtgut verwaltet. In Ermangelung einer abweichenden Vereinbarung im Ehevertrag wird das Gesamtgut gemeinschaftlich verwaltet.

2 Im Falle einer Verwaltung des Gesamtguts durch einen Ehegatten finden die §§ 1422-1449 BGB, im Falle einer gemeinschaftlichen Verwaltung die §§ 1450-1470 BGB Anwendung. Im Hinblick auf die Auseinandersetzung des Gesamtguts nach Beendigung der Gütergemeinschaft (§§ 1471-1481 BGB) sowie den etwaigen Eintritt einer sog. fortgesetzten Gütergemeinschaft (§§ 1483-1518 BGB) finden in beiden Fällen im Wesentlichen dieselben Regelungen Anwendung.

B. Anwendungsvoraussetzungen

I. Gütergemeinschaft

3 Die Anwendung der Vorschrift setzt voraus, dass die Ehegatten im Güterstand der Gütergemeinschaft leben.

II. Fehlen einer Bestimmung bezüglich Verwaltung des Gesamtguts

4 Die Anwendung der Verwaltungsregelung gemäß Satz 2 setzt zudem voraus, dass die Ehegatten keine **ehevertragliche** Bestimmung darüber getroffen haben, wer von ihnen das Gesamtgut verwaltet.

5 Gemäß **Satz 1** sollen die Ehegatten zwar eine solche Bestimmung treffen, doch sind sie hierzu nicht verpflichtet.

6 Eine **Bestimmung außerhalb eines Ehevertrages** ist keine Bestimmung im Sinne des Satzes 1.

7 **Unzulässig** ist nach überwiegender Auffassung[1] aus Gründen des Verkehrsschutzes die Vereinbarung eines **selbstständigen Verwaltungsrechts** jedes Ehegatten. Ebenfalls unzulässig ist die Vereinbarung einer **periodisch abwechselnden Alleinverwaltung** der Ehegatten.[2] Zulässig ist hingegen die – auch stillschweigend mögliche – Bevollmächtigung unter den Ehegatten.

8 Zu berücksichtigen ist, dass sich bei Fehlen einer ausdrücklichen Bestimmung die von den Ehegatten begehrte Verwaltungsregelung ggf. durch **Auslegung** des Ehevertrags ermitteln lässt. Ist eine solche Auslegung möglich, gilt die im Wege der Auslegung ermittelte Verwaltungsform.[3] Satz 2 findet auch in diesem Fall keine Anwendung.

9 Eine spätere **Änderung der Verwaltungsbefugnis** ist nur durch Ehevertrag möglich.[4]

10 Ist im **Güterrechtsregister** Gütergemeinschaft ohne eine Verwaltungsregelung eingetragen, kann ein Dritter unabhängig von der tatsächlichen Vereinbarung von gemeinschaftlicher Verwaltungsbefugnis der Ehegatten ausgehen.[5]

---

[1] BayObLG München v. 26.01.1968 - BReg 2 Z 99/67; *Brudermüller* in: Palandt, § 1421 Rn. 1; *Kanzleiter* in: MünchKomm-BGB, § 1421 Rn. 2.

[2] *Brudermüller* in: Palandt, § 1421 Rn. 1; a.A. *Kanzleiter* in: MünchKomm-BGB, § 1421 Rn. 2.

[3] Vgl. BayObLG München v. 26.07.1989 - BReg 1 a Z 37/89 - juris Rn. 14 - NJW-RR 1990, 5-6.

[4] *Kanzleiter* in: MünchKomm-BGB, § 1421 Rn. 5.

[5] *Kanzleiter* in: MünchKomm-BGB, § 1421 Rn. 4.

C. Rechtsfolgen

Die Ehegatten verwalten das Gesamtgut **gemeinschaftlich (Satz 2)**. Die §§ 1450-1470 BGB finden Anwendung.

11

Unterkapitel 2 - Verwaltung des Gesamtguts durch den Mann oder die Frau
§ 1422 BGB Inhalt des Verwaltungsrechts

(Fassung vom 02.01.2002, gültig ab 01.01.2002)

¹Der Ehegatte, der das Gesamtgut verwaltet, ist insbesondere berechtigt, die zum Gesamtgut gehörenden Sachen in Besitz zu nehmen und über das Gesamtgut zu verfügen; er führt Rechtsstreitigkeiten, die sich auf das Gesamtgut beziehen, im eigenen Namen. ²Der andere Ehegatte wird durch die Verwaltungshandlungen nicht persönlich verpflichtet.

Gliederung

A. Grundlagen 1	B. Anwendungsvoraussetzungen 11
I. Kurzcharakteristik 1	I. Gütergemeinschaft 11
II. Rechtliche Stellung des verwaltenden Ehegatten 2	II. Ein Ehegatte verwaltet das Gesamtgut 12
III. Rechtliche Stellung des nicht verwaltenden Ehegatten 5	C. Rechtsfolgen 13
	D. Prozessuale Hinweise/Verfahrenshinweise.... 22

A. Grundlagen

I. Kurzcharakteristik

1   Die §§ 1422-1449 BGB regeln im Einzelnen die Verwaltungsbefugnisse der Ehegatten für den Fall, dass die Ehegatten die Verwaltung des Gesamtguts durch einen Ehegatten vereinbart haben. Satz 1 bestimmt die wesentlichen Verwaltungsbefugnisse des verwaltenden Ehegatten, Satz 2 die Folgen für den anderen Ehegatten.

II. Rechtliche Stellung des verwaltenden Ehegatten

2   Der verwaltende Ehegatte übt die **Verwaltungsbefugnis** nicht als Organ oder gesetzlicher Vertreter des Gesamtguts, sondern aus **eigenem Recht im eigenen Namen** mit Wirkung für und gegen das Gesamtgut aus. Der verwaltende Ehegatte kann das Gesamtgut verpflichten und ist auch zur Vornahme einseitiger Rechtsgeschäfte im Hinblick auf das Gesamtgut befugt.

3   Die Verwaltungsbefugnis wird **begrenzt** durch die in den §§ 1423-1425 BGB enthaltenen Einwilligungserfordernisse des nicht verwaltenden Ehegatten sowie die allgemeinen Verfügungsbeschränkungen der Gesamthand gemäß § 1419 Abs. 1 BGB.

4   Mit der Stellung als Verwalter gehen nicht nur Rechte, sondern auch **Pflichten** einher. So trifft den verwaltenden Ehegatten insbesondere gemäß § 1435 Satz 1 BGB die Pflicht zu einer **ordnungsgemäßen Verwaltung**. Der verwaltende Ehegatte ist insoweit verpflichtet, alles Zweckdienliche zur Erhaltung des Gesamtgutes zu tun. Im Falle einer schuldhaften Minderung des Gesamtguts trifft ihn eine Ersatzpflicht. Diesbezüglich findet allerdings die Haftungsbeschränkung des § 1359 BGB Anwendung. Gemäß § 1435 Satz 2 BGB ist der verwaltende Ehegatte dem anderen Ehegatten gegenüber zur Unterrichtung und Auskunft verpflichtet.

III. Rechtliche Stellung des nicht verwaltenden Ehegatten

5   Der nicht verwaltende Ehegatte ist **von der Verwaltung** des Gesamtguts **grundsätzlich ausgeschlossen**. Verfügungen des verwaltenden Ehegatten kann er nicht widersprechen. Bei bestimmten Rechtsgeschäften (vgl. die §§ 1423-1425 BGB) ist allerdings seine Zustimmung erforderlich. Diese kann jedoch in bestimmten Fällen gemäß § 1426 BGB vom Familiengericht ersetzt werden. Eine selbstständige Stellung kommt dem nicht verwaltenden Ehegatten nur in den Fällen der §§ 1428-1433 BGB zu.

6   Dem verwaltenden Ehegatten ist es möglich, dem anderen Ehegatten **in einzelnen Fällen** die Verwaltungsbefugnis zu übertragen.[1]

7   Liegt einer der Fälle der §§ 1428-1433 BGB nicht vor und hat der verwaltende Ehegatte dem nicht verwaltenden Ehegatten auch keine einschlägige Ermächtigung erteilt, sind **Verfügungen** des nicht ver-

---

[1] BayObLG München v. 14.01.1993 - 2Z BR 102/92 - juris Rn. 19 - NJW-RR 1993, 472-473; RG v. 13.02.1905 - VI 228/04 - RGZ 60, 146-154.

waltenden Ehegatten über Gegenstände des Gesamtguts solche eines **Nichtberechtigten** im Sinne des § 185 BGB.[2]

Im Hinblick auf den **Schutz gutgläubiger Dritter** ist zu differenzieren: Der gute Glaube des Dritten daran, dass der Verfügende Verwalter des Gesamtguts und somit verfügungsberechtigt ist, wird nach Maßgabe des § 1412 BGB geschützt. Im Falle eines guten Glaubens des Dritten an das Alleineigentum des nicht verwaltenden Ehegatten gelten demgegenüber die allgemeinen Bestimmungen der §§ 892, 932-935 BGB. 8

Der nicht verwaltende Ehegatte kann indes ohne Beschränkungen – und zwar auch hinsichtlich des Gesamtguts – **Verpflichtungsgeschäfte** eingehen. Die Geschäftsfähigkeit des nicht verwaltenden Ehegatten wird durch den Güterstand nicht berührt. Durch ein solches Verpflichtungsgeschäft wird allerdings grundsätzlich nur der nicht verwaltende Ehegatte persönlich verpflichtet. Eine Haftung des Gesamtguts erfolgt nur, wenn der verwaltende Ehegatte dem Verpflichtungsgeschäft zustimmt oder ein Ausnahmefall vorliegt, in dem das Rechtsgeschäft auch ohne Zustimmung des verwaltenden Ehegatten für das Gesamtgut wirksam ist (§ 1438 Abs. 1 BGB). 9

Nimmt der nicht verwaltende Ehegatte eine Leistung an, die zum Gesamtgut geschuldet, aber versehentlich an ihn bewirkt wird, wird dadurch die Gesamtgutsforderung nicht getilgt. Da das Erworbene aber gemäß § 1416 Abs. 1 Satz 2 BGB in das Gesamtgut fällt, hat der Leistende einen Bereicherungsanspruch gegenüber dem Gesamtgut.[3] 10

B. Anwendungsvoraussetzungen

I. Gütergemeinschaft

Die Anwendung der Vorschrift setzt voraus, dass die Ehegatten im Güterstand der Gütergemeinschaft leben. 11

II. Ein Ehegatte verwaltet das Gesamtgut

Die Ehegatten müssen die Verwaltung des Gesamtguts im Ehevertrag einem Ehegatten alleine zugewiesen haben (vgl. § 1421 Satz 1 BGB). 12

C. Rechtsfolgen

Der verwaltende Ehegatte ist insbesondere berechtigt, die zum Gesamtgut gehörenden Sachen in Besitz zu nehmen und über das Gesamtgut zu verfügen. Er führt Rechtsstreitigkeiten, die sich auf das Gesamtgut beziehen, im eigenen Namen. 13

Durch den Eintritt der Gütergemeinschaft erlangt der verwaltende Ehegatte nicht kraft Gesetzes Besitz an den zum Gesamtgut gehörenden Gegenständen.[4] Durch **Satz 1 Halbsatz 1, Alternative 1** wird er allerdings berechtigt, die zum Gesamtgut gehörenden Gegenstände in Besitz zu nehmen. Das **Recht zur Inbesitznahme** besteht sowohl gegenüber Dritten als auch gegenüber dem nicht verwaltenden Ehegatten. Den nicht verwaltenden Ehegatten treffen diesbezüglich gemäß der §§ 260, 261 BGB bestimmte Auskunfts- und Offenbarungspflichten. 14

Nach der Inbesitznahme der zum Gesamtgut gehörenden Gegenstände durch den verwaltenden Ehegatten hat der nicht verwaltende Ehegatte an diesen Sachen mittelbaren Besitz.[5] 15

Der verwaltende Ehegatte kann bezüglich der zum Gesamtgut gehörenden Sachen die **Besitzschutzansprüche** der §§ 859, 861, 862 BGB geltend machen. Er kann sich dabei auch gegenüber einer verbotenen Eigenmacht des nicht verwaltenden Ehegatten erwehren. 16

Das **Besitzrecht** des verwaltenden Ehegatten ist nach den allgemeinen Grundsätzen **eingeschränkt** im Hinblick auf die zum ausschließlichen persönlichen Gebrauch des nicht verwaltenden Ehegatten bestimmten Sachen, die gemeinschaftliche Ehewohnung sowie den Hausrat (für den Fall des Getrenntlebens vgl. § 1361a BGB). Darüber hinaus ist das Besitzrecht des verwaltenden Ehegatten eingeschränkt im Hinblick auf das Betriebsvermögen im Falle des Betriebs eines selbständigen Erwerbsgeschäfts durch den nicht verwaltenden Ehegatten. 17

---

[2] Vgl. BGH v. 24.02.1967 - V ZR 75/65 - BGHZ 47, 266-272.
[3] Vgl. BGH v. 04.05.1957 - IV ZR 133/56 - LM Nr. 1 zu § 1437 BGB.
[4] Vgl. RG v. 03.11.1914 - III 267/14 - RGZ 85, 416-424.
[5] Vgl. RG v. 10.06.1922 - V 371/21 - RGZ 105, 19-24.

§ 1422

18 Der verwaltende Ehegatte ist gemäß **Satz 1 Halbsatz 1 Alternative 2** insbesondere zu **Verfügungen** über Gegenstände des Gesamtguts berechtigt. Er bedarf hierfür keiner Zustimmung des anderen Ehegatten, sofern es sich nicht um Geschäfte im Sinne der §§ 1423-1425 BGB handelt.

19 Gemäß **Satz 1 Halbsatz 2** führt der verwaltende Ehegatte **Rechtsstreitigkeiten**, die sich auf das Gesamtgut beziehen, im eigenen Namen. Er hat im Prozess eine gesetzliche **Prozessstandschaft**. Soweit Prozesshandlungen des verwaltenden Ehegatten eine Verfügung enthalten – so etwa im Falle des Abschlusses eines Vergleichs – und einer der Fälle der §§ 1423-1425 BGB eingreift, bedarf der verwaltende Ehegatte der Zustimmung des anderen Ehegatten.

20 Der **nicht verwaltende Ehegatte** wird durch die Verwaltungshandlungen des verwaltenden Ehegatten **nicht persönlich verpflichtet (Satz 2)**. Der verwaltende Ehegatte wird durch die Übertragung der Verwaltungsbefugnis im Hinblick auf das Gesamtgut nicht der Vertreter des nicht verwaltenden Ehegatten.

21 Eine **persönliche Verpflichtung** des nicht verwaltenden Ehegatten kann nur im Falle des § 1357 Abs. 1 BGB (Geschäfte zur Deckung des Lebensbedarfs) oder dann entstehen, wenn der verwaltende Ehegatte im Namen des nicht verwaltenden Ehegatten handelt und der nicht verwaltende Ehegatte ihn zuvor bevollmächtigt hat oder die Handlung nachträglich genehmigt.

D. Prozessuale Hinweise/Verfahrenshinweise

22 Führt der verwaltende Ehegatte einen Rechtsstreit, der sich auf das Gesamtgut bezieht, kann der **nicht verwaltende Ehegatte** in diesem Prozess als **Zeuge** benannt werden.[6]

23 Ein **Urteil** in einem Rechtsstreit wirkt hinsichtlich des Gesamtguts für und gegen den nicht verwaltenden Ehegatten. Zur **Zwangsvollstreckung** in das Gesamtgut ist ein Urteil gegen den verwaltenden Ehegatten erforderlich und ausreichend (§ 740 Abs. 1 ZPO).

---

[6] Vgl. RG v. 19.12.1907 - VI 374/07 - RGZ 67, 262-266.

§ 1423 BGB Verfügung über das Gesamtgut im Ganzen

(Fassung vom 02.01.2002, gültig ab 01.01.2002)

¹Der Ehegatte, der das Gesamtgut verwaltet, kann sich nur mit Einwilligung des anderen Ehegatten verpflichten, über das Gesamtgut im Ganzen zu verfügen. ²Hat er sich ohne Zustimmung des anderen Ehegatten verpflichtet, so kann er die Verpflichtung nur erfüllen, wenn der andere Ehegatte einwilligt.

Gliederung

A. Grundlagen 1	III. Eingehung einer Verpflichtung durch den verwaltenden Ehegatten, über das Gesamtgut im Ganzen zu verfügen 5
B. Anwendungsvoraussetzungen 3	
I. Gütergemeinschaft 3	IV. Keine Einwilligung des anderen Ehegatten 11
II. Ein Ehegatte verwaltet das Gesamtgut allein 4	C. Rechtsfolgen 15

A. Grundlagen

Als Ausnahmen vom Grundsatz des alleinigen und umfassenden Verwaltungsrechts des das Gesamtgut verwaltenden Ehegatten machen die §§ 1423-1425 BGB die Wirksamkeit bestimmter, vermögensrechtlich besonders bedeutsamer Geschäfte von der Einwilligung des nicht verwaltenden Ehegatten abhängig. § 1423 BGB betrifft dabei die Verfügung über das Gesamtgut im Ganzen. **1**

Ein ehevertraglicher **Ausschluss** der sich aus der Vorschrift ergebenden Beschränkung ist nach vorzugswürdiger Auffassung[1] zulässig. Bei Vorliegen besonderer Umstände kann der Ausschluss indes sittenwidrig und somit gemäß § 138 BGB unwirksam sein. **2**

B. Anwendungsvoraussetzungen

I. Gütergemeinschaft

Die Anwendung der Vorschrift setzt voraus, dass die Ehegatten im Güterstand der Gütergemeinschaft leben. **3**

II. Ein Ehegatte verwaltet das Gesamtgut allein

Die Ehegatten müssen die Verwaltung des Gesamtguts im Ehevertrag einem Ehegatten alleine zugewiesen haben (vgl. § 1421 Satz 1 BGB). **4**

III. Eingehung einer Verpflichtung durch den verwaltenden Ehegatten, über das Gesamtgut im Ganzen zu verfügen

Die Vorschrift gilt im Hinblick auf Verpflichtungen des verwaltenden Ehegatten zur Verfügung über das Gesamtgut im Ganzen. **5**

Es werden von der Vorschrift nur Rechtsgeschäfte über das Gesamtgut erfasst. Über sein **Sonder- und Vorbehaltsgut** kann jeder Ehegatte frei verfügen und entsprechende Verpflichtungen hierzu eingehen (§§ 1417 Abs. 3 Satz 1, 1418 Abs. 3 Satz 1 BGB). **6**

Von der Vorschrift umfasst werden nur Rechtsgeschäfte unter Lebenden. Auf **Verfügungen von Todes wegen** findet die Vorschrift keine Anwendung. **7**

Von der Vorschrift erfasst werden indes nicht allein Rechtsgeschäfte, durch die eine Verpflichtung zur Verfügung über das Gesamtgut als Gesamtheit begründet wird. Vielmehr werden auch solche Rechtsgeschäfte erfasst, die nur **einzelne Gegenstände** des Gesamtguts betreffen, wenn diese nahezu oder im Wesentlichen das ganze Gesamtgut ausmachen. Erforderlich ist allerdings, dass der Vertragspartner Kenntnis davon hat, dass es sich um nahezu das gesamte Gesamtgut handelt.[2] Es gilt insoweit dieselbe Rechtslage wie bei § 1365 BGB. **8**

Nicht von der Vorschrift umfasst wird die **Prozessführung** über derartige Verpflichtungsgeschäfte. Eine solche Prozessführung kann der verwaltende Ehegatte ohne Einwilligung des nicht verwaltenden Ehegatten übernehmen. **9**

---

[1] *Kanzleiter* in: MünchKomm-BGB, § 1423 Rn. 6 mit Darstellung des Streitstands.
[2] A.A. *Kanzleiter* in: MünchKomm-BGB, § 1423 Rn. 2.

10 Ebenfalls nicht von der Vorschrift umfasst werden Rechtsgeschäfte, die lediglich zur Folge haben, dass das **Gesamtgut wirtschaftlich aufgezehrt** wird.³ Etwas anderes gilt nur dann, wenn durch das Rechtsgeschäft das Zustimmungserfordernis umgangen werden sollte.

IV. Keine Einwilligung des anderen Ehegatten

11 Die Vorschrift entfaltet nur Wirkung, wenn der andere, d.h. der nicht verwaltende Ehegatte keine **Einwilligung** zum Verpflichtungsgeschäft erklärt hat. Einwilligung ist die vorherige Zustimmung (§ 183 Satz 1 BGB).

12 Hat der andere Ehegatte eingewilligt, ist die **Verpflichtung wirksam**. Durch die Erklärung der Einwilligung verpflichtet sich der nicht verwaltende Ehegatte indes nicht persönlich.

13 Die Einwilligung bedarf keiner Form und kann **auch konkludent** erteilt werden.

14 Gemäß § 1426 BGB kann die Einwilligung auf Antrag des verwaltenden Ehegatten **vom Familiengericht ersetzt** werden.

C. Rechtsfolgen

15 Das Rechtsgeschäft ist **schwebend unwirksam** (vgl. § 1427 Abs. 1 BGB). Das Gesamtgut wird durch das Rechtsgeschäft nicht verpflichtet.

16 Auch der verwaltende Ehegatte wird – sofern keine unerlaubte Handlung seinerseits vorliegt – durch das Rechtsgeschäft nicht persönlich verpflichtet.

17 Gemäß den §§ 1427, 1366 Abs. 1 BGB wird das Verpflichtungsgeschäft bei einer **Genehmigung** des nicht verwaltenden Ehegatten wirksam.

18 Hat sich der verwaltende Ehegatte ohne Zustimmung des anderen Ehegatten verpflichtet, so kann er die Verpflichtung nur **erfüllen**, wenn der andere Ehegatte **einwilligt (Satz 2)**. Einwilligung ist die vorherige Zustimmung (§ 183 Satz 1 BGB). Hat der andere Ehegatte eingewilligt, ist die **Verfügung wirksam**.

19 Die Einwilligung bedarf keiner Form und kann **auch konkludent** erteilt werden. Im Grundbuchverkehr ist indes der Nachweis in der Form des § 29 Abs. 1 Satz 1 GBO zu erbringen.

20 Gemäß § 1426 BGB kann die Einwilligung auf Antrag des verwaltenden Ehegatten **vom Vormundschaftsgericht ersetzt** werden.

21 In Ermangelung einer Einwilligung ist die Verfügung **schwebend unwirksam** (vgl. § 1427 Abs. 1 BGB). Der nicht verwaltende Ehegatte kann die Rechte, über die der verwaltende Ehegatte verfügt hat, ohne Mitwirkung des verwaltenden Ehegatten geltend machen (§ 1428 BGB).

22 Gemäß § 1435 Satz 2 BGB kann der verwaltende Ehegatte zum **Schadensersatz** verpflichtet sein. § 1447 Nr. 1 BGB kann den nicht verwaltenden Ehegatten zur Erhebung einer **Aufhebungsklage** berechtigen.

23 Gemäß den §§ 1427, 1366 Abs. 1 BGB wird die Verfügung bei einer **Genehmigung** des nicht verwaltenden Ehegatten wirksam.

---

³ Vgl. RG v. 16.04.1903 - VI 411/02 - RGZ 54, 282-286.

§ 1424 BGB Verfügung über Grundstücke, Schiffe oder Schiffsbauwerke

(Fassung vom 02.01.2002, gültig ab 01.01.2002)

¹Der Ehegatte, der das Gesamtgut verwaltet, kann nur mit Einwilligung des anderen Ehegatten über ein zum Gesamtgut gehörendes Grundstück verfügen; er kann sich zu einer solchen Verfügung auch nur mit Einwilligung seines Ehegatten verpflichten. ²Dasselbe gilt, wenn ein eingetragenes Schiff oder Schiffsbauwerk zum Gesamtgut gehört.

Gliederung

A. Grundlagen 1	IV. Verfügung/Verpflichtung zur Verfügung über das Grundstück/Schiff(sbauwerk) durch den verwaltenden Ehegatten 10
B. Anwendungsvoraussetzungen 3	
I. Gütergemeinschaft 3	
II. Ein Ehegatte verwaltet das Gesamtgut allein 4	V. Keine Einwilligung des anderen Ehegatten...... 20
III. Zum Gesamtgut gehört ein Grundstück/Schiff(sbauwerk) 5	C. Rechtsfolgen 24

A. Grundlagen

Die Vorschrift enthält eine weitere Ausnahme vom Grundsatz der umfassenden alleinigen Verwaltungsbefugnis des verwaltenden Ehegatten. Sie begründet ein Einwilligungserfordernis für Verfügungen über zum Gesamtgut gehörende Grundstücke (bzw. Schiffe oder Schiffsbauwerke) sowie für entsprechende Verpflichtungsgeschäfte.   1

Die Vorschrift kann nach herrschender Auffassung[1] durch Ehevertrag **abbedungen** oder eingeschränkt werden. Die Grenze bildet insoweit § 138 BGB.   2

B. Anwendungsvoraussetzungen

I. Gütergemeinschaft

Die Anwendung der Vorschrift setzt voraus, dass die Ehegatten im Güterstand der Gütergemeinschaft leben.   3

II. Ein Ehegatte verwaltet das Gesamtgut allein

Die Ehegatten müssen die Verwaltung des Gesamtguts im Ehevertrag einem Ehegatten alleine zugewiesen haben (vgl. § 1421 Satz 1 BGB).   4

III. Zum Gesamtgut gehört ein Grundstück/Schiff(sbauwerk)

Die Vorschrift gilt im Hinblick auf Grundstücke, eingetragene Schiffe und Schiffsbauwerke.   5

Die Vorschrift ist zudem auf **Wohnungs- und Teileigentum** anwendbar, da dieses stets Miteigentum am Grundstück beinhaltet (vgl. § 1 WEG).   6

Für **Erbbaurechte** findet die Vorschrift gemäß § 11 ErbbauRG, für landesrechtlich gleichstehende Rechte (etwa Fischereirechte) gemäß Art. 196 EGBGB Anwendung.   7

Nicht erfasst von der Vorschrift werden **Rechte an Grundstücken** (etwa Hypotheken), **Grundstückszubehör** im Sinne des § 97 BGB sowie subjektiv dingliche Rechte.   8

Nicht erfasst von der Vorschrift werden zudem Verfügungen über bloße **Ansprüche auf Eigentumsverschaffung** an Grundbesitz.[2] Die Vorschrift greift daher etwa nicht ein im Falle des **Weiterverkaufs** eines Grundstücks vor Auflassung und Eintragung.[3] Etwas anderes gilt allerdings für den Fall, dass bereits ein Anwartschaftsrecht des Gesamtguts an dem Grundstück entstanden ist und über dieses Recht verfügt bzw. eine entsprechende Verpflichtung eingegangen wird.   9

---

[1] *Kanzleiter* in: MünchKomm-BGB, § 1424 Rn. 10 m.w.N.
[2] BGH v. 23.06.1971 - V ZR 33/69 - juris Rn. 29 - MDR 1971, 1384-1386.
[3] Vgl. RG v. 01.07.1925 - V 110/25 - RGZ 111, 185-192.

IV. Verfügung/Verpflichtung zur Verfügung über das Grundstück/Schiff(sbauwerk) durch den verwaltenden Ehegatten

10 Der nicht verwaltende Ehegatte muss über das Grundstück (bzw. das Erbbaurecht, das Schiff usw.) verfügt oder sich zu einer Verfügung hierüber verpflichtet haben.

11 **Verfügungen** sind Rechtsgeschäfte, die unmittelbar auf ein bestehendes Recht einwirken durch dessen Belastung, Inhaltsänderung, Übertragung oder Aufhebung.[4] Von der Vorschrift erfasst sind daher insbesondere die **Veräußerung** oder **Belastung** des Gegenstands, d.h. des Grundstücks, Erbbaurechts, usw.[5]

12 Ebenfalls von der Vorschrift erfasst wird die Inhaltsänderung eines Rechts an einem Grundstück (etwa einer Hypothek), wenn mit dieser eine Vermehrung der Belastung des Grundstücks einhergeht (etwa Erhöhung der Hypothekenzinsen).

13 Nach überwiegender Auffassung[6] umfasst die Vorschrift auch die **Bewilligung einer Eigentumsvormerkung**.

14 Die Vorschrift findet im Hinblick auf die Verfügung auch dann Anwendung, wenn der nicht verwaltende Ehegatte dem der Verfügung zugrunde liegenden Verpflichtungsgeschäft zugestimmt hatte.[7]

15 Keine Anwendung findet die Vorschrift auf den **Erwerb eines Grundstücks**. Ebenso wenig findet die Vorschrift aufgrund einer teleologischen Reduktion auf Grundstückbelastungen Anwendung, die im Zusammenhang mit dem Erwerb des Grundstücks erfolgen, da sich der Erwerb in diesem Fall bei wirtschaftlicher Betrachtung von vornherein als Erwerb eines belasteten Grundstücks verstehen lässt.[8]

16 Ebenfalls keine Anwendung findet die Vorschrift im Falle der bloßen **Grundbuchberichtigung** sowie der **Teilung eines Grundstücks**, wenn die Teile im Gesamtgut verbleiben.

17 Die Vorschrift findet nur im Hinblick auf Rechtsgeschäfte unter Lebenden Anwendung. Auf **Verfügungen von Todes** wegen findet die Vorschrift keine Anwendung.

18 Die **Verpflichtung zu einer Verfügung** – etwa die Verpflichtung zu einer Grundstücksübertragung[9] – wird von der Vorschrift (**Satz 1 Halbsatz 2**) ebenfalls erfasst. Dies begründet sich daraus, dass für das Verpflichtungsgeschäft des verwaltenden Ehegatten gemäß § 1437 Abs. 1 BGB das Gesamtgut haftet, was letztlich zu einer Belastung auch des nicht verwaltenden Ehegatten führen würde.

19 Nicht von der Vorschrift umfasst wird die **Prozessführung** durch den verwaltenden Ehegatten über derartige Rechtsgeschäfte. Diese bedarf keiner Zustimmung des nicht verwaltenden Ehegatten.

V. Keine Einwilligung des anderen Ehegatten

20 Die Vorschrift entfaltet nur Wirkung, wenn der andere, d.h. der nicht verwaltende Ehegatte keine **Einwilligung** zum Rechtsgeschäft erklärt hat. Einwilligung ist die vorherige Zustimmung (§ 183 Satz 1 BGB).

21 Hat der andere Ehegatte eingewilligt, ist die **Verfügung bzw. Verpflichtung wirksam**. Durch die Erklärung der Einwilligung zu einer Verpflichtung verpflichtet sich der nicht verwaltende Ehegatte nicht persönlich.

22 Die Einwilligung bedarf keiner Form und kann **auch konkludent** erteilt werden.[10] Im Grundbuchverkehr ist indes der Nachweis in der Form des § 29 Abs. 1 Satz 1 GBO zu erbringen.

23 Gemäß § 1426 BGB kann die Einwilligung auf Antrag des verwaltenden Ehegatten **vom Familiengericht ersetzt** werden.

C. Rechtsfolgen

24 Das Rechtsgeschäft, d.h. die Verfügung bzw. die Verpflichtung zur Verfügung, ist regelmäßig **schwebend unwirksam** (vgl. § 1427 Abs. 1 BGB).

25 Der nicht verwaltende Ehegatte kann die Rechte, über die der verwaltende Ehegatte verfügt hat, ohne Mitwirkung des verwaltenden Ehegatten geltend machen (§ 1428 BGB).

---

[4] BGH v. 15.03.1951 - IV ZR 9/50 - BGHZ 1, 294-307.
[5] Vgl. BGH v. 06.10.1967 - IV ZR 39/66 - BGHZ 48, 369-373.
[6] Brudermüller in: Palandt, § 1424 Rn. 2; Kanzleiter in: MünchKomm-BGB, § 1424 Rn. 5.
[7] Kanzleiter in: MünchKomm-BGB, § 1424 Rn. 2.
[8] Vgl. BGH v. 06.06.1957 - IV ZB 53/57 - BGHZ 24, 372-378.
[9] Vgl. BGH v. 24.02.1967 - V ZR 75/65 - BGHZ 47, 266-272.
[10] Vgl. RG v. 02.06.1924 - V 509/23 - RGZ 108, 281-286.

Gemäß § 1435 Satz 2 BGB kann der verwaltende Ehegatte zum **Schadensersatz** verpflichtet sein. § 1447 Nr. 1 BGB kann den nicht verwaltenden Ehegatten zur Erhebung einer **Aufhebungsklage** berechtigen. 26

Das schwebend unwirksame Rechtsgeschäft wird gemäß §§ 1427, 1366 Abs. 1 BGB im Falle einer **Genehmigung** des nicht verwaltenden Ehegatten wirksam. 27

§ 1425 BGB Schenkungen

(Fassung vom 02.01.2002, gültig ab 01.01.2002)

(1) ¹Der Ehegatte, der das Gesamtgut verwaltet, kann nur mit Einwilligung des anderen Ehegatten Gegenstände aus dem Gesamtgut verschenken; hat er ohne Zustimmung des anderen Ehegatten versprochen, Gegenstände aus dem Gesamtgut zu verschenken, so kann er dieses Versprechen nur erfüllen, wenn der andere Ehegatte einwilligt. ²Das Gleiche gilt von einem Schenkungsversprechen, das sich nicht auf das Gesamtgut bezieht.

(2) Ausgenommen sind Schenkungen, durch die einer sittlichen Pflicht oder einer auf den Anstand zu nehmenden Rücksicht entsprochen wird.

Gliederung

A. Grundlagen 1	2. Sonstiges Schenkungsversprechen (Absatz 1 Satz 2) 9
B. Anwendungsvoraussetzungen 3	IV. Mit Schenkung wird nicht einer sittlichen Pflicht oder einer auf den Anstand zu nehmenden Rücksicht entsprochen 11
I. Gütergemeinschaft 3	
II. Ein Ehegatte verwaltet das Gesamtgut allein 4	
III. Von der Vorschrift erfasste Rechtsgeschäfte 5	V. Keine Einwilligung des anderen Ehegatten 12
1. Schenkung von Gegenstand aus dem Gesamtgut (Absatz 1 Satz 1) 6	C. Rechtsfolgen 17

A. Grundlagen

1 Die Vorschrift stellt als weitere Ausnahme vom Grundsatz der umfassenden alleinigen Verwaltungsbefugnis des verwaltenden Ehegatten Schenkungen und Schenkungsversprechen unter den Vorbehalt der Einwilligung des nicht verwaltenden Ehegatten.

2 Die Vorschrift kann durch Ehevertrag **abbedungen** oder eingeschränkt werden (str.).[1] Die Grenze bildet insoweit § 138 BGB.

B. Anwendungsvoraussetzungen

I. Gütergemeinschaft

3 Die Anwendung der Vorschrift setzt voraus, dass die Ehegatten im Güterstand der Gütergemeinschaft leben.

II. Ein Ehegatte verwaltet das Gesamtgut allein

4 Die Ehegatten müssen die Verwaltung des Gesamtguts im Ehevertrag einem Ehegatten alleine zugewiesen haben (vgl. § 1421 Satz 1 BGB).

III. Von der Vorschrift erfasste Rechtsgeschäfte

5 Die Vorschrift findet im Hinblick auf Schenkungen des verwaltenden Ehegatten von Gegenständen aus dem Gesamtgut sowie auf Schenkungsversprechen, die sich nicht auf das Gesamtgut beziehen, Anwendung.

1. Schenkung von Gegenstand aus dem Gesamtgut (Absatz 1 Satz 1)

6 Unter Schenkungen im Sinne von Absatz 1 Satz 1 sind solche im Sinne des § 516 BGB zu verstehen. Erfasst werden sowohl **Verpflichtungs-** als auch **Erfüllungsgeschäfte** in Bezug auf Schenkungen aus dem Gesamtgut.

7 Ob eine Schenkung vorliegt, bestimmt sich nach den **Umständen des Einzelfalls**. Eine Schenkung kann etwa in einer Bürgschaftsübernahme liegen.[2]

8 Was einem Kind von seinen Eltern mit Rücksicht auf seine Verheiratung oder auf die Erlangung einer selbständigen Lebensstellung als **Ausstattung** zugewendet wird, gilt nur insoweit als Schenkung, als es das den Umständen entsprechende Maß übersteigt (§ 1624 Abs. 1 BGB).

---

[1] *Kanzleiter* in: MünchKomm-BGB, § 1425 Rn. 7 m.w.N., auch für die a.A.
[2] Vgl. RG v. 16.04.1903 - VI 411/02 - RGZ 54, 282-286.

2. Sonstiges Schenkungsversprechen (Absatz 1 Satz 2)

Gemäß Absatz 1 Satz 2 ist die Vorschrift auch in Bezug auf Schenkungsversprechen anwendbar, die sich nicht auf das Gesamtgut beziehen. Dem liegt zugrunde, dass nach § 1437 Abs. 1 BGB das Gesamtgut für ein solches Versprechen haften würde, wodurch letztlich auch der nicht verwaltende Ehegatte belastet wäre. 9

Nicht anwendbar ist die Vorschrift indes nach ihrem Normzweck auf Schenkungsversprechen, die das Gesamtgut überhaupt nicht berühren können. Der Verwalter kann daher ohne Einwilligung des anderen Ehegatten Schenkungsversprechen abgeben, bei denen das Versprechen alleine aus dem Vorbehaltsgut des Verwalters zu erfüllen, eine Haftung des Gesamtguts hingegen ausgeschlossen ist. 10

IV. Mit Schenkung wird nicht einer sittlichen Pflicht oder einer auf den Anstand zu nehmenden Rücksicht entsprochen

Die Vorschrift findet keine Anwendung, sofern mit der Schenkung einer sittlichen Pflicht oder einer auf den Anstand zu nehmenden Rücksicht entsprochen wird (**Absatz 2**). Zu diesen Begriffen vgl. die Kommentierung zu § 534 BGB. 11

V. Keine Einwilligung des anderen Ehegatten

Die Vorschrift entfaltet nur Wirkung, wenn der andere, d.h. der nicht verwaltende Ehegatte keine **Einwilligung** zum Rechtsgeschäft erklärt hat. Einwilligung ist die vorherige Zustimmung (§ 183 Satz 1 BGB). 12

Hat der andere Ehegatte eingewilligt, ist das **Rechtsgeschäft wirksam**. Durch die Erklärung der Einwilligung zu einer Verpflichtung verpflichtet sich der nicht verwaltende Ehegatte nicht persönlich. 13

Die Einwilligung bedarf keiner Form und kann **auch konkludent** erteilt werden.[3] Im Grundbuchverkehr ist indes der Nachweis in der Form des § 29 Abs. 1 Satz 1 GBO zu erbringen. 14

Die Eltern als gesetzliche Vertreter eines Ehegatten sowie ein Vormund können einer Schenkung aufgrund der §§ 1641 Satz 1, 1804 Satz 1 BGB nicht zustimmen.[4] Für den Betreuer eines Ehegatten vgl. § 1908i Abs. 2 Satz 1 BGB. 15

Anders als bei den §§ 1423, 1424 BGB ist eine **Ersetzung** der Einwilligung **durch das Familiengericht** nach § 1426 BGB hier **nicht möglich**. 16

C. Rechtsfolgen

Das Rechtsgeschäft ist **schwebend unwirksam** (vgl. § 1427 Abs. 1 BGB). 17

Auch der **gutgläubige Beschenkte** ist gemäß § 816 Abs. 1 Satz 2 BGB zur Herausgabe verpflichtet. 18

Der nicht verwaltende Ehegatte kann die Rechte, über die der verwaltende Ehegatte verfügt hat, ohne Mitwirkung des verwaltenden Ehegatten geltend machen (§ 1428 BGB). 19

Gemäß § 1435 Satz 2 BGB kann der verwaltende Ehegatte zum **Schadensersatz** verpflichtet sein. § 1447 Nr. 1 BGB kann den nicht verwaltenden Ehegatten zur Erhebung einer **Aufhebungsklage** berechtigen. 20

Das schwebend unwirksame Rechtsgeschäft wird gemäß §§ 1427, 1366 Abs. 1 BGB im Falle einer **Genehmigung** des nicht verwaltenden Ehegatten wirksam. 21

---

[3] Vgl. RG v. 02.06.1924 - V 509/23 - RGZ 108, 281-286.
[4] Vgl. RG v. 02.11.1917 - II 168/17 - RGZ 91, 40-41.

§ 1426 BGB Ersetzung der Zustimmung des anderen Ehegatten

(Fassung vom 17.12.2008, gültig ab 01.09.2009)

Ist ein Rechtsgeschäft, das nach den §§ 1423, 1424 nur mit Einwilligung des anderen Ehegatten vorgenommen werden kann, zur ordnungsmäßigen Verwaltung des Gesamtguts erforderlich, so kann das Familiengericht auf Antrag die Zustimmung des anderen Ehegatten ersetzen, wenn dieser sie ohne ausreichenden Grund verweigert oder durch Krankheit oder Abwesenheit an der Abgabe einer Erklärung verhindert und mit dem Aufschub Gefahr verbunden ist.

Gliederung

A. Grundlagen 1
B. Anwendungsvoraussetzungen 3
   I. Gütergemeinschaft 3
   II. Ein Ehegatte verwaltet das Gesamtgut allein 4
   III. Rechtsgeschäft, das nach den §§ 1423, 1424 BGB nur mit Einwilligung des anderen Ehegatten vorgenommen werden kann 5
   IV. Rechtsgeschäft ist zur ordnungsgemäßen Verwaltung des Gesamtguts erforderlich 8
   V. Anderer Ehegatte verweigert Zustimmung ohne ausreichenden Grund/ist durch Krankheit oder Abwesenheit an der Abgabe einer Erklärung verhindert 9
   VI. Mit dem Aufschub des Rechtsgeschäfts ist Gefahr verbunden 14
   VII. Antrag 15
C. Rechtsfolgen 16
D. Prozessuale Hinweise/Verfahrenshinweise 18

A. Grundlagen

1 Die Vorschrift ermöglicht es, die nach den §§ 1423, 1424 BGB erforderliche Einwilligung des nicht verwaltenden Ehegatten durch das Familiengericht ersetzen zu lassen, sofern das Rechtsgeschäft zur ordnungsmäßigen Verwaltung des Gesamtguts erforderlich ist.

2 Die Vorschrift kann von den Ehegatten **nicht abbedungen** werden.[1]

B. Anwendungsvoraussetzungen

I. Gütergemeinschaft

3 Die Anwendung der Vorschrift setzt voraus, dass die Ehegatten im Güterstand der Gütergemeinschaft leben.

II. Ein Ehegatte verwaltet das Gesamtgut allein

4 Die Ehegatten müssen die Verwaltung des Gesamtguts im Ehevertrag einem Ehegatten alleine zugewiesen haben (vgl. § 1421 Satz 1 BGB).

III. Rechtsgeschäft, das nach den §§ 1423, 1424 BGB nur mit Einwilligung des anderen Ehegatten vorgenommen werden kann

5 Die Vorschrift findet Anwendung im Hinblick auf Rechtsgeschäfte des verwaltenden Ehegatten, die gemäß §§ 1423, 1424 BGB nur mit Einwilligung des nicht verwaltenden Ehegatten vorgenommen werden können. Für Rechtsgeschäfte im Sinne des § 1425 BGB gilt die Vorschrift nicht.

6 Gegenstand der Zustimmungsersetzung kann jedes das Gesamtgut berührende **Rechtsgeschäft** sein, auch die Verfügung über eine zum Gesamtgut gehörende Forderung.[2]

7 Ersetzungsfähig ist nur die Zustimmung zu einem **konkreten Rechtsgeschäft**. Dieses muss bereits in seinen wesentlichen Einzelheiten bekannt sein.

IV. Rechtsgeschäft ist zur ordnungsgemäßen Verwaltung des Gesamtguts erforderlich

8 Das Rechtsgeschäft muss zur ordnungsmäßigen Verwaltung des Gesamtguts erforderlich sein. Ob dies der Fall ist, bestimmt sich nach den Umständen des Einzelfalls. Dabei sind die **wirtschaftlichen Inte-**

---

[1] A.A. *Kanzleiter* in: MünchKomm-BGB, § 1426 Rn. 13.
[2] BayObLG München v. 28.06.2000 - 3Z BR 43/00 - juris Rn. 12 - FGPrax 2000, 200-201 (zu § 1452 BGB);
BayObLG München v. 13.06.1996 - 3Z BR 91/96 - juris Rn. 16 - MDR 1997, 65-66 (zu § 1452 BGB).

ressen der Familie und die **persönlichen Interessen der Familienangehörigen** zu berücksichtigen.[3] Es ist ein objektiver Maßstab anzulegen.[4] Bestehen mehrere Handlungsalternativen, so ist nur die weniger einschneidende Maßnahme gerechtfertigt. Eine bloße Zweckmäßigkeit des Rechtsgeschäfts ist für die Anwendbarkeit der Vorschrift nicht genügend.[5]

V. Anderer Ehegatte verweigert Zustimmung ohne ausreichenden Grund/ist durch Krankheit oder Abwesenheit an der Abgabe einer Erklärung verhindert

Die Anwendung der Vorschrift setzt voraus, dass der andere, d.h. der nicht verwaltende Ehegatte die Zustimmung ohne ausreichenden Grund verweigert oder durch Krankheit oder Abwesenheit an der Abgabe einer Erklärung verhindert ist. | 9

Ob die Verweigerung ohne ausreichenden Grund erfolgte, ist unter Würdigung aller Umstände zu entscheiden. In der Regel wird allerdings die Weigerung, die Zustimmung zu einem erforderlichen Rechtsgeschäft zu erteilen, nicht ausreichend begründet sein. | 10

Ein **ausreichender Grund** für die Verweigerung der Zustimmung liegt insbesondere dann vor, wenn das Rechtsgeschäft den **Grundsätzen einer ordnungsgemäßen Verwaltung widerspricht**. Es können aber auch andere Umstände einen ausreichenden Grund zur Verweigerung der Einwilligung darstellen. **Sowohl wirtschaftliche als auch ideelle Gesichtspunkte** können diesbezüglich berücksichtigungsfähig sein.[6] | 11

Als ausreichende Gründe sind in der Rechtsprechung etwa anerkannt worden: Gefährdung des Familienfriedens[7]; Verdacht der rechtswidrigen Verwendung des Gesamtguts[8]; mangelnde Sicherstellung der Versorgung des verweigernden Ehegatten[9]; Befürchtung, dass der Ehegatte durch seine Zustimmung bei einer künftigen Auseinandersetzung des Gesamtguts beeinträchtigt werden kann.[10] | 12

Vom Begriff der **Krankheit** sind sowohl physische als auch psychische Beeinträchtigungen der Gesundheit erfasst. | 13

VI. Mit dem Aufschub des Rechtsgeschäfts ist Gefahr verbunden

Die Anwendung der Vorschrift setzt voraus, dass mit dem Aufschub des Rechtsgeschäfts Gefahr verbunden ist. Dies ist etwa dann der Fall, wenn der **Eintritt eines Schadens, einer Verjährung oder der Ablauf einer Frist droht**. | 14

VII. Antrag

Das Familiengericht kann nur auf Antrag tätig werden. Der Antrag kann **nur vom verwaltenden Ehegatten** gestellt werden. Dem am Rechtsgeschäft beteiligten Dritten steht kein eigenes Antragsrecht zu. Der verwaltende Ehegatte kann allerdings dem Dritten gegenüber aufgrund des Rechtsgeschäfts zur Herbeiführung der Ersetzung verpflichtet sein. Ein entsprechendes Urteil wäre nach § 888 ZPO zu vollstrecken. | 15

C. Rechtsfolgen

Das Familiengericht kann die **Zustimmung** des anderen Ehegatten **ersetzen**. Abweichend vom Wortlaut („kann") handelt es sich nicht um eine Ermessensentscheidung. | 16

Die ersetzte Zustimmung hat dieselbe **Wirkung** wie eine durch den nicht verwaltenden Ehegatten gegebene Zustimmung. Der verwaltende Ehegatte kann das Rechtsgeschäft wirksam vornehmen. Ein bereits abgeschlossenes Rechtsgeschäft wird rückwirkend wirksam. Der nicht verwaltende Ehegatte wird durch das Rechtsgeschäft nicht persönlich verpflichtet. | 17

---

[3] *Kanzleiter* in: MünchKomm-BGB, § 1426 Rn. 4.
[4] *Kanzleiter* in: MünchKomm-BGB, § 1426 Rn. 4.
[5] BayObLG München v. 28.06.2000 - 3Z BR 43/00 - juris Rn. 14 - FGPrax 2000, 200-201; BayObLG München v. 13.06.1996 - 3Z BR 91/96 - juris Rn. 21 - MDR 1997, 65-66.
[6] BayObLG München v. 26.07.1989 - BReg 1 a Z 37/89 - juris Rn. 17 - NJW-RR 1990, 5-6.
[7] Vgl. BayObLG München v. 26.07.1989 - BReg 1 a Z 37/89 - juris Rn. 17 - NJW-RR 1990, 5-6.
[8] BayObLG München v. 13.06.1996 - 3Z BR 91/96 - juris Rn. 28 - MDR 1997, 65-66.
[9] BayObLG München v. 28.06.2000 - 3Z BR 43/00 - juris Rn. 21 - FGPrax 2000, 200-201.
[10] BayObLG München v. 28.06.2000 - 3Z BR 43/00 - juris Rn. 21 - FGPrax 2000, 200-201.

D. Prozessuale Hinweise/Verfahrenshinweise

18 Über den Antrag entscheidet mangels Zuweisung an den Rechtspfleger der **Familienrichter**.

19 Das **Verfahren** richtet sich nach den Vorschriften des FamFG. Nach § 26 FamFG gilt der Grundsatz der **Amtsermittlung**.

§ 1427 BGB Rechtsfolgen fehlender Einwilligung

(Fassung vom 02.01.2002, gültig ab 01.01.2002)

(1) Nimmt der Ehegatte, der das Gesamtgut verwaltet, ein Rechtsgeschäft ohne die erforderliche Einwilligung des anderen Ehegatten vor, so gelten die Vorschriften des § 1366 Abs. 1, 3, 4 und des § 1367 entsprechend.

(2) ¹Einen Vertrag kann der Dritte bis zur Genehmigung widerrufen. ²Hat er gewusst, dass der Ehegatte in Gütergemeinschaft lebt, so kann er nur widerrufen, wenn dieser wahrheitswidrig behauptet hat, der andere Ehegatte habe eingewilligt; er kann auch in diesem Falle nicht widerrufen, wenn ihm beim Abschluss des Vertrags bekannt war, dass der andere Ehegatte nicht eingewilligt hatte.

Gliederung

A. Grundlagen 1	IV. Keine Einwilligung des anderen Ehegatten 6
B. Anwendungsvoraussetzungen 3	V. Keine Ersetzung der Zustimmung durch das
I. Gütergemeinschaft 3	Familiengericht 7
II. Ein Ehegatte verwaltet das Gesamtgut allein 4	C. Rechtsfolgen 8
III. Ehegatte, der das Gesamtgut verwaltet, nimmt ein Rechtsgeschäft vor, das einer Einwilligung des anderen Ehegatten bedarf 5	

A. Grundlagen

Die Vorschrift regelt die Rechtsfolgen eines ohne die nach den §§ 1423-1425 BGB erforderliche Einwilligung des nicht verwaltenden Ehegatten vorgenommenen Rechtsgeschäfts.   **1**

Die Vorschrift kann von den Ehegatten **nicht abbedungen** werden.   **2**

B. Anwendungsvoraussetzungen

I. Gütergemeinschaft

Die Anwendung der Vorschrift setzt voraus, dass die Ehegatten im Güterstand der Gütergemeinschaft leben.   **3**

II. Ein Ehegatte verwaltet das Gesamtgut allein

Die Ehegatten müssen die Verwaltung des Gesamtguts im Ehevertrag einem Ehegatten alleine zugewiesen haben (vgl. § 1421 Satz 1 BGB).   **4**

III. Ehegatte, der das Gesamtgut verwaltet, nimmt ein Rechtsgeschäft vor, das einer Einwilligung des anderen Ehegatten bedarf

Der verwaltende Ehegatte muss ein Rechtsgeschäft im Sinne der §§ 1423-1425 BGB vorgenommen haben.   **5**

IV. Keine Einwilligung des anderen Ehegatten

Die Anwendung der Vorschrift setzt voraus, dass der andere, d.h. der nicht verwaltende Ehegatte in den Abschluss des Rechtsgeschäfts durch den verwaltenden Ehegatten nicht eingewilligt hat.   **6**

V. Keine Ersetzung der Zustimmung durch das Familiengericht

Die erforderliche Zustimmung zu dem Rechtsgeschäft darf nicht nach § 1426 BGB durch das Familiengericht ersetzt worden sein.   **7**

C. Rechtsfolgen

Die Vorschriften des § 1366 Abs. 1, Abs. 3, Abs. 4 BGB und des § 1367 BGB gelten entsprechend (Absatz 1).   **8**

Einseitige Rechtsgeschäfte sind nach § 1367 BGB (endgültig) unwirksam.   **9**

§ 1427

10 **Verträge** sind zunächst **schwebend unwirksam** (vgl. § 1366 BGB). Eine Beendigung der Gütergemeinschaft während des Schwebezustands beseitigt diesen nicht.

11 **Genehmigt** der nicht verwaltende Ehegatte den Vertrag, wird dieser **rückwirkend wirksam** (§ 1366 Abs. 1 BGB).

12 Während des Schwebezustands kann der **Dritte den verwaltenden Ehegatten zur Beschaffung einer Genehmigung** des nicht verwaltenden Ehegatten **auffordern** (§ 1366 Abs. 3 Satz 1 BGB). Erteilt dieser die Genehmigung nicht innerhalb von zwei Wochen seit Empfang der Aufforderung, gilt sie als verweigert (§ 1366 Abs. 3 Satz 2 BGB). Auch die Ersetzung der Zustimmung durch das Vormundschaftsgericht (vgl. § 1426 BGB) im Falle der §§ 1423, 1424 BGB muss dem Dritten nach einer solchen Aufforderung vom verwaltenden Ehegatten innerhalb von zwei Wochen mitgeteilt werden.

13 Wird die **Genehmigung verweigert**, ist der Vertrag **endgültig unwirksam** (§ 1366 Abs. 4 BGB). Es entsteht dann weder eine Verbindlichkeit für das Gesamtgut noch eine für den verwaltenden Ehegatten persönlich. Empfangene Leistungen sind zurückzugewähren, aus dem Gesamtgut gemäß § 1434 BGB.

14 Bei Unwirksamkeit des Rechtsgeschäfts kann der verwaltende Ehegatte den Gegenstand zurückfordern, ohne dass ihm ein **Zurückbehaltungsrecht** entgegengesetzt werden könnte.[1]

15 Bis zur Genehmigung kann der **Dritte** den **Vertrag widerrufen (Absatz 2 Satz 1)**. Absatz 2 der Vorschrift tritt an die Stelle des § 1366 Abs. 2 BGB, auf den Absatz 1 nicht verweist. Der Widerruf ist nur gegenüber dem Vertragsgegner, d.h. dem verwaltenden Ehegatten, möglich.

16 Anders als bei § 1366 Abs. 2 BGB ist das Widerrufsrecht nicht schon bei Kenntnis von der bestehenden Ehe, sondern nur bei positivem Wissen vom Vorhandensein der Gütergemeinschaft beschränkt. Im Falle einer solchen Kenntnis kann der Dritte nur widerrufen, wenn der verwaltende Ehegatte wahrheitswidrig behauptet hat, der andere Ehegatte habe eingewilligt (**Absatz 2 Satz 2 Halbsatz 1**). Der Dritte kann allerdings auch in diesem Falle nicht widerrufen, wenn ihm beim Abschluss des Vertrages bekannt war, dass der andere Ehegatte nicht eingewilligt hatte (**Absatz 2 Satz 2 Halbsatz 2**).

---

[1] A.A. *Kanzleiter* in: MünchKomm-BGB, § 1427 Rn. 5.

§ 1428 BGB Verfügungen ohne Zustimmung

(Fassung vom 02.01.2002, gültig ab 01.01.2002)

Verfügt der Ehegatte, der das Gesamtgut verwaltet, ohne die erforderliche Zustimmung des anderen Ehegatten über ein zum Gesamtgut gehörendes Recht, so kann dieser das Recht gegen Dritte gerichtlich geltend machen; der Ehegatte, der das Gesamtgut verwaltet, braucht hierzu nicht mitzuwirken.

Gliederung

A. Grundlagen 1	V. Anderer Ehegatte hat die erforderliche Zustimmung nicht erteilt 8
B. Anwendungsvoraussetzungen 3	VI. Keine Ersetzung der Zustimmung durch das Familiengericht 9
I. Gütergemeinschaft 3	
II. Ein Ehegatte verwaltet das Gesamtgut allein 4	
III. Verwaltender Ehegatte verfügt über ein zum Gesamtgut gehörendes Recht 5	C. Rechtsfolgen 10
IV. Verfügung über das zum Gesamtgut gehörende Recht bedarf der Zustimmung des nicht verwaltenden Ehegatten 7	D. Prozessuale Hinweise/Verfahrenshinweise 14

A. Grundlagen

Die Vorschrift gewährt dem nicht verwaltenden Ehegatten das Recht, Ansprüche des Gesamtguts aus nach den §§ 1423-1425 BGB unwirksamen Verfügungen ohne Mitwirkung des verwaltenden Ehegatten selbstständig geltend zu machen (sog. **Revokationsrecht**). **1**

Die Vorschrift kann von den Ehegatten **nicht abbedungen** werden.[1] **2**

B. Anwendungsvoraussetzungen

I. Gütergemeinschaft

Die Anwendung der Vorschrift setzt voraus, dass die Ehegatten im Güterstand der Gütergemeinschaft leben. **3**

II. Ein Ehegatte verwaltet das Gesamtgut allein

Die Ehegatten müssen die Verwaltung des Gesamtguts im Ehevertrag einem Ehegatten alleine zugewiesen haben (vgl. § 1421 Satz 1 BGB). **4**

III. Verwaltender Ehegatte verfügt über ein zum Gesamtgut gehörendes Recht

Die Anwendung der Vorschrift setzt eine Verfügung des verwaltenden Ehegatten über ein zum Gesamtgut gehörendes Recht voraus. **5**

Die Vorschrift kann auch dann Anwendung finden, wenn der Dritte im Rahmen der Verfügung **gutgläubig** das Eigentum **erwirbt**. Das Revokationsrecht bezieht sich dann auf den etwaigen Anspruch wegen ungerechtfertigter Bereicherung. **6**

IV. Verfügung über das zum Gesamtgut gehörende Recht bedarf der Zustimmung des nicht verwaltenden Ehegatten

Die Verfügung über das zum Gesamtgut gehörende Recht muss einer Zustimmung des nicht verwaltenden Ehegatten bedürfen. Einer Zustimmung bedürfen Verfügungen nach den §§ 1423-1425 BGB. **7**

V. Anderer Ehegatte hat die erforderliche Zustimmung nicht erteilt

Der andere, d.h. der nicht verwaltende Ehegatte, darf zu der Vornahme des Rechtsgeschäfts seine Zustimmung nicht erklärt haben. **8**

---

[1] *Brudermüller* in: Palandt, § 1428 Rn. 1; a.A. *Kanzleiter* in: MünchKomm-BGB, § 1428 Rn. 7.

§ 1428

VI. Keine Ersetzung der Zustimmung durch das Familiengericht

9   Die erforderliche Zustimmung zu dem Rechtsgeschäft darf nicht nach § 1426 BGB durch das Familiengericht ersetzt worden sein.

C. Rechtsfolgen

10 Der nicht verwaltende Ehegatte kann das Recht gegen Dritte gerichtlich geltend machen. Der das Gesamtgut verwaltende Ehegatte braucht hierzu nicht mitzuwirken.

11 Der nicht verwaltende Ehegatte ist neben **allen Formen der gerichtlichen Geltendmachung** auch zu **vorbereitenden außergerichtlichen Maßnahmen** berechtigt.

12 Nach dem Zweck des Revokationsrechts (Sicherung des Schutzes der §§ 1423-1425 BGB) besteht **kein Zurückbehaltungsrecht** des Dritten wegen der an das Gesamtgut bewirkten Gegenleistung.[2]

13 Das Gesamtgut haftet für die **Kosten des Rechtsstreits** nach § 1438 Abs. 2 BGB.

D. Prozessuale Hinweise/Verfahrenshinweise

14 Es handelt sich um einen Fall der gesetzlichen **Prozessstandschaft**. Der nicht verwaltende Ehegatte kann im eigenen Namen klagen.

15 Der **Klageantrag** kann auf Herausgabe an den verwaltenden Ehegatten oder auf Herausgabe an den nicht verwaltenden Ehegatten lauten (str.).[3]

---

[2] *Brudermüller* in: Palandt, § 1428 Rn. 1; a.A. *Kanzleiter* in: MünchKomm-BGB, § 1428 Rn. 5.
[3] *Brudermüller* in: Palandt, § 1428 Rn. 1.

§ 1429 BGB Notverwaltungsrecht

(Fassung vom 02.01.2002, gültig ab 01.01.2002)

¹Ist der Ehegatte, der das Gesamtgut verwaltet, durch Krankheit oder durch Abwesenheit verhindert, ein Rechtsgeschäft vorzunehmen, das sich auf das Gesamtgut bezieht, so kann der andere Ehegatte das Rechtsgeschäft vornehmen, wenn mit dem Aufschub Gefahr verbunden ist; er kann hierbei im eigenen Namen oder im Namen des verwaltenden Ehegatten handeln. ²Das Gleiche gilt für die Führung eines Rechtsstreits, der sich auf das Gesamtgut bezieht.

Gliederung

A. Grundlagen 1	IV. Mit dem Aufschub des Rechtsgeschäfts ist Gefahr verbunden 10
B. Anwendungsvoraussetzungen 3	C. Rechtsfolgen 13
I. Gütergemeinschaft 3	D. Prozessuale Hinweise/Verfahrenshinweise 18
II. Ein Ehegatte verwaltet das Gesamtgut allein 4	
III. Verhinderung des verwaltenden Ehegatten durch Krankheit/Abwesenheit an einer Maßnahme 5	

A. Grundlagen

Satz 1 begründet ein **Notverwaltungsrecht** des nicht verwaltenden Ehegatten für einzelne Rechtsgeschäfte, die sich auf das Gesamtgut beziehen. Nicht begründet wird hingegen eine allgemeine Vertretungsbefugnis des nicht verwaltenden Ehegatten.[1] Satz 2 begründet ein Notverwaltungsrecht zur Führung eines Rechtsstreits, der sich auf das Gesamtgut bezieht. **1**

Die Vorschrift kann von den Ehegatten **nicht abbedungen** werden.[2] **2**

B. Anwendungsvoraussetzungen

I. Gütergemeinschaft

Die Anwendung der Vorschrift setzt voraus, dass die Ehegatten im Güterstand der Gütergemeinschaft leben. **3**

II. Ein Ehegatte verwaltet das Gesamtgut allein

Die Ehegatten müssen die Verwaltung des Gesamtguts im Ehevertrag einem Ehegatten alleine zugewiesen haben (vgl. § 1421 Satz 1 BGB). **4**

III. Verhinderung des verwaltenden Ehegatten durch Krankheit/Abwesenheit an einer Maßnahme

Die Anwendung der Vorschrift setzt voraus, dass der das Gesamtgut verwaltende Ehegatte durch Krankheit oder durch Abwesenheit verhindert ist, ein **Rechtsgeschäft vorzunehmen**, das sich auf das Gesamtgut bezieht oder einen sich auf das Gesamtgut beziehenden **Rechtsstreit zu führen**. **5**

Unter den Begriff der **Krankheit** fallen sowohl physische als auch psychische Beeinträchtigungen der Gesundheit. **6**

Die Vorschrift findet keine Anwendung bei bloßem **Nichtwollen** des verwaltenden Ehegatten.[3] In einem solchen Fall findet ggf. § 1430 BGB Anwendung. **7**

Vom Begriff des **Rechtsgeschäfts** im Sinne der Vorschrift sind auch solche im Sinne der §§ 1423-1425 BGB umfasst.[4] **8**

Über den Wortlaut der Vorschrift hinaus ist die Vorschrift zudem auf **tatsächliche Handlungen**, die sich auf das Gesamtgut beziehen, anwendbar. **9**

---

[1] Vgl. RG v. 01.02.1917 - VI 366/16 - RGZ 89, 360-367.
[2] A.A. *Kanzleiter* in: MünchKomm-BGB, § 1429 Rn. 8.
[3] Vgl. RG v. 01.11.1921 - VII 107/21 - RGZ 103, 126-129.
[4] *Brudermüller* in: Palandt, § 1429 Rn. 1.

§ 1429

IV. Mit dem Aufschub des Rechtsgeschäfts ist Gefahr verbunden

10 Die Anwendung der Vorschrift setzt darüber hinaus voraus, dass mit dem Aufschub des Rechtsgeschäfts bzw. des Rechtsstreits eine objektive Gefahr verbunden ist.

11 Dies ist bei einem Rechtsgeschäft etwa dann der Fall, wenn der **Eintritt eines Schadens, einer Verjährung oder der Ablauf einer Frist droht**. Die Gefahr muss **zum Zeitpunkt der Vornahme des Rechtsgeschäfts** bestehen.

12 Im Hinblick auf den Aufschub eines Rechtsstreits besteht eine objektive Gefahr insbesondere dann, wenn der **Ablauf einer Ausschlussfrist droht**.

C. Rechtsfolgen

13 Der **nicht verwaltende Ehegatte kann das Rechtsgeschäft vornehmen** bzw. **den Rechtsstreit führen**.

14 Der nicht verwaltende Ehegatte kann bei der Vornahme des Rechtsgeschäfts **im eigenen Namen** oder gemäß § 164 Abs. 1 Satz 1 BGB **im Namen des verwaltenden Ehegatten** handeln. Handelt er im Namen des verwaltenden Ehegatten, werden dieser persönlich und über die §§ 1438 Abs. 1, 1437 Abs. 1 BGB das Gesamtgut verpflichtet. Handelt er im eigenen Namen, wird er zusätzlich auch selbst persönlich verpflichtet. Das Erworbene fällt in jedem Fall in das Gesamtgut (§ 1416 Abs. 1 Satz 2 BGB).

15 Auch im Falle der Führung eines Rechtsstreits kann der nicht verwaltende Ehegatte im eigenen Namen oder im Namen des verwaltenden Ehegatten handeln.

16 Für die **Kosten des Rechtsstreits** haftet gemäß § 1438 Abs. 2 BGB das Gesamtgut.

17 Eine Verpflichtung zur Vornahme von Rechtsgeschäften oder zur Führung eines Rechtsstreits wird durch die Vorschrift nicht begründet.[5]

D. Prozessuale Hinweise/Verfahrenshinweise

18 Die vom nicht verwaltenden Ehegatten aufgenommenen oder fortgeführten Prozesse wirken für und gegen das Gesamtgut, wobei eine Erstreckung der Rechtskraft eintritt (str.).[6]

---

[5] *Brudermüller* in: Palandt, § 1429 Rn. 1.
[6] *Kanzleiter* in: MünchKomm-BGB, § 1429 Rn. 7.

§ 1430 BGB Ersetzung der Zustimmung des Verwalters

(Fassung vom 17.12.2008, gültig ab 01.09.2009)

Verweigert der Ehegatte, der das Gesamtgut verwaltet, ohne ausreichenden Grund die Zustimmung zu einem Rechtsgeschäft, das der andere Ehegatte zur ordnungsmäßigen Besorgung seiner persönlichen Angelegenheiten vornehmen muss, aber ohne diese Zustimmung nicht mit Wirkung für das Gesamtgut vornehmen kann, so kann das Familiengericht die Zustimmung auf Antrag ersetzen.

Gliederung

A. Grundlagen 1	V. Verwaltender Ehegatte verweigert Zustimmung zum Rechtsgeschäft 14
B. Anwendungsvoraussetzungen 3	VI. Zustimmungsverweigerung ohne ausreichenden Grund 15
I. Gütergemeinschaft 3	VII. Antrag 16
II. Ein Ehegatte verwaltet das Gesamtgut allein 4	C. Rechtsfolgen 19
III. Nicht verwaltender Ehegatte muss ein Rechtsgeschäft zur ordnungsmäßigen Besorgung seiner persönlichen Angelegenheiten vornehmen... 5	D. Prozessuale Hinweise/Verfahrenshinweise.... 22
IV. Rechtsgeschäft kann nicht ohne Zustimmung des verwaltenden Ehegatten mit Wirkung für das Gesamtgut vorgenommen werden 10	

A. Grundlagen

Es handelt sich um eine Schutzvorschrift zugunsten des nicht verwaltungsberechtigten Ehegatten. Sie gibt ihm die Möglichkeit, zur Sicherstellung notwendiger persönlicher Belange das Gesamtgut in Anspruch zu nehmen, indem die Zustimmung des verwaltenden Ehegatten ersetzt wird. 1

Die Vorschrift kann von den Ehegatten **nicht abbedungen** werden. 2

B. Anwendungsvoraussetzungen

I. Gütergemeinschaft

Die Anwendung der Vorschrift setzt voraus, dass die Ehegatten im Güterstand der Gütergemeinschaft leben. 3

II. Ein Ehegatte verwaltet das Gesamtgut allein

Die Ehegatten müssen die Verwaltung des Gesamtguts im Ehevertrag einem Ehegatten alleine zugewiesen haben (vgl. § 1421 Satz 1 BGB). 4

III. Nicht verwaltender Ehegatte muss ein Rechtsgeschäft zur ordnungsmäßigen Besorgung seiner persönlichen Angelegenheiten vornehmen

Die Vorschrift findet Anwendung, sofern der nicht verwaltende Ehegatte ein Rechtsgeschäft zur ordnungsmäßigen Besorgung seiner persönlichen Angelegenheiten vornehmen muss. 5

Erforderlich ist, dass es sich um ein Rechtsgeschäft zur Besorgung der **persönlichen Angelegenheiten** handelt. Persönliche Angelegenheiten eines Ehegatten sind solche, die nicht bloß auf das Vermögen, sondern auf seine Person bezogen sind, seine personenrechtliche Stellung oder seine persönliche Lebensführung beeinflussen.[1] Dass die Angelegenheit in der Person des nicht verwaltenden Ehegatten oder in der ehelichen Lebensgemeinschaft wurzelt, ist nicht ausreichend. 6

Zu den persönlichen Angelegenheiten gehören in erster Linie die Gesundheit, die Ehre und die Freiheit. So können exemplarisch folgende Rechtsgeschäfte die Besorgung einer persönlichen Angelegenheit darstellen: Rechtsgeschäfte zur Verhinderung oder Abwehr drohender Verletzungen von Körper oder Gesundheit; Abschluss von Arzt-, Kur- und Krankenhausverträgen; Erwerb von Medikamenten und Heilmitteln. 7

---

[1] *Kanzleiter* in: MünchKomm-BGB, § 1430 Rn. 2.

8 Nicht zu den persönlichen Angelegenheiten des nicht verwaltenden Ehegatten gehört etwa die Auseinandersetzung einer Gesellschaft mit einem Dritten.[2]

9 Das Rechtsgeschäft darf nicht bloß zweckmäßig oder vorteilhaft, es muss vielmehr **notwendig** sein. Die Vorschrift findet daher keine Anwendung, sofern gleichwertige oder annähernd ähnlich wirksame Maßnahmen ohne eine Belastung des Gesamtguts möglich sind.

IV. Rechtsgeschäft kann nicht ohne Zustimmung des verwaltenden Ehegatten mit Wirkung für das Gesamtgut vorgenommen werden

10 Der Ehegatte muss zur Vornahme des Rechtsgeschäfts auf die Zustimmung des Verwalters angewiesen sein, damit es dem Gesamtgut gegenüber wirksam werden kann. Eine solche Zustimmung ist **regelmäßig bei jedem Rechtsgeschäft** des nicht verwaltenden Ehegatten erforderlich (vgl. § 1438 Abs. 1 BGB).

11 So bedarf der nicht verwaltende Ehegatte etwa der Zustimmung zur Verwertung von Gesamtgut, um Mittel für die persönlichen Angelegenheiten zu beschaffen, sowie zur Aufnahme von Darlehen, wenn die liquiden Mittel nicht genügen.

12 **Entbehrlich** ist eine Zustimmung des verwaltenden Ehegatten allerdings in den Fällen des § 1357 BGB (Geschäfte zur Deckung des Lebensbedarfs), des § 1416 BGB (Erwerb eines Gegenstandes durch den nicht verwaltenden Ehegatten, vgl. hierzu auch § 1434 BGB), des § 1429 BGB (Notverwaltungsrecht), des § 1431 BGB (selbstständiges Erwerbsgeschäft) sowie des § 1432 BGB (Annahme einer Erbschaft, Ablehnung einer Schenkung usw.).

13 Im Hinblick auf **Rechtsstreitigkeiten** findet die Vorschrift keine Anwendung. Einen Rechtsstreit über eine persönliche Angelegenheit kann der nicht verwaltende Ehegatte stets ohne Zustimmung des anderen Ehegatten führen. Das Gesamtgut haftet für die Kosten des Rechtsstreits gemäß § 1438 Abs. 2 BGB.

V. Verwaltender Ehegatte verweigert Zustimmung zum Rechtsgeschäft

14 Der verwaltende Ehegatte muss die Zustimmung zu dem Rechtsgeschäft verweigert haben.

VI. Zustimmungsverweigerung ohne ausreichenden Grund

15 Die Verweigerung der Zustimmung muss ohne ausreichenden Grund erfolgt sein. Dies ist nach objektiven Kriterien des Einzelfalls zu beurteilen. Der ausreichende Grund zur Verweigerung kann wirtschaftlicher oder ideeller Art sein (vgl. hierzu die Kommentierung zu § 1426 BGB Rn. 11 f.).

VII. Antrag

16 Das Familiengericht wird nur auf Antrag des nicht verwaltenden Ehegatten tätig.

17 Der nicht verwaltende Ehegatte ist zur Stellung eines solchen Antrags nicht verpflichtet. Darüber, ob die persönliche Angelegenheit besorgt werden soll, entscheidet er alleine.

18 Der Antrag kann **nach oder bereits vor der Vornahme des Rechtsgeschäfts** gestellt werden.

C. Rechtsfolgen

19 Das Familiengericht kann die **Zustimmung** des anderen Ehegatten **ersetzen**. Abweichend vom Wortlaut („kann") handelt es sich nicht um eine Ermessensentscheidung.

20 Die ersetzte Zustimmung hat dieselbe **Wirkung** wie eine durch den verwaltenden Ehegatten erteilte Zustimmung. Das vom nicht verwaltenden Ehegatten abzuschließende oder bereits abgeschlossene Rechtsgeschäft wirkt für und gegen das Gesamtgut.

21 Anders als im Falle des § 1429 BGB kann der nicht verwaltende Ehegatte bei Vornahme des Rechtsgeschäfts nur im eigenen Namen, nicht hingegen im Namen des verwaltenden Ehegatten handeln.

D. Prozessuale Hinweise/Verfahrenshinweise

22 Über den Antrag entscheidet mangels Zuweisung an den Rechtspfleger der **Familienrichter**.

23 Das **Verfahren** richtet sich nach den Vorschriften des FamFG. Nach § 26 FamFG gilt der Grundsatz der **Amtsermittlung**.

---

[2] Vgl. BGH v. 30.01.1964 - VII ZR 5/63 - juris Rn. 44 - BGHZ 41, 104-113.

§ 1431 BGB Selbständiges Erwerbsgeschäft

(Fassung vom 02.01.2002, gültig ab 01.01.2002)

(1) ¹Hat der Ehegatte, der das Gesamtgut verwaltet, darin eingewilligt, dass der andere Ehegatte selbständig ein Erwerbsgeschäft betreibt, so ist seine Zustimmung zu solchen Rechtsgeschäften und Rechtsstreitigkeiten nicht erforderlich, die der Geschäftsbetrieb mit sich bringt. ²Einseitige Rechtsgeschäfte, die sich auf das Erwerbsgeschäft beziehen, sind dem Ehegatten gegenüber vorzunehmen, der das Erwerbsgeschäft betreibt.

(2) Weiß der Ehegatte, der das Gesamtgut verwaltet, dass der andere Ehegatte ein Erwerbsgeschäft betreibt, und hat er hiergegen keinen Einspruch eingelegt, so steht dies einer Einwilligung gleich.

(3) Dritten gegenüber ist ein Einspruch und der Widerruf der Einwilligung nur nach Maßgabe des § 1412 wirksam.

Gliederung

A. Grundlagen 1	III. Der verwaltende Ehegatte hat darin eingewilligt, dass der andere Ehegatte selbständig ein Erwerbsgeschäft betreibt 4
B. Anwendungsvoraussetzungen 2	C. Rechtsfolgen 17
I. Gütergemeinschaft 2	
II. Ein Ehegatte verwaltet das Gesamtgut allein 3	D. Prozessuale Hinweise/Verfahrenshinweise 24

A. Grundlagen

Die Vorschrift verleiht dem nicht verwaltenden Ehegatten eine partielle Verwaltungsbefugnis, sofern der verwaltende Ehegatte in den selbstständigen Betrieb eines Erwerbsgeschäfts durch den nicht verwaltenden Ehegatten eingewilligt hat. Sie dient damit dazu, dem nicht verwaltenden Ehegatten die für die Teilnahme am Wirtschaftsleben erforderliche Bewegungsfreiheit zu verschaffen.[1]

1

B. Anwendungsvoraussetzungen

I. Gütergemeinschaft

Die Anwendung der Vorschrift setzt voraus, dass die Ehegatten im Güterstand der Gütergemeinschaft leben.

2

II. Ein Ehegatte verwaltet das Gesamtgut allein

Die Ehegatten müssen die Verwaltung des Gesamtguts im Ehevertrag einem Ehegatten alleine zugewiesen haben (vgl. § 1421 Satz 1 BGB).

3

III. Der verwaltende Ehegatte hat darin eingewilligt, dass der andere Ehegatte selbständig ein Erwerbsgeschäft betreibt

Der verwaltende Ehegatte muss darin eingewilligt haben, dass der nicht verwaltende Ehegatte selbständig ein Erwerbsgeschäft betreibt.

4

Dem Begriff des **Erwerbsgeschäfts** unterfällt jede planmäßige wirtschaftliche Betätigung, die auf Fortsetzung angelegt und auf die Erzielung von Einkünften gerichtet ist.[2] Es muss sich bei dem Erwerbsgeschäft nicht um ein Gewerbe handeln. Auch wissenschaftliche und künstlerische Tätigkeiten können Gegenstand eines Erwerbsgeschäfts sein. Ebenso werden freiberufliche Tätigkeiten – etwa die Tätigkeit als Arzt[3], Rechtsanwalt oder Steuerberater – nach dem Zweck der Vorschrift vom Begriff des Erwerbsgeschäfts erfasst. Ein Erwerbsgeschäft kann schließlich auch bei Tätigkeiten in der Landwirtschaft vorliegen.[4]

5

---

[1] BGH v. 04.02.1982 - IX ZR 96/80 - juris Rn. 17 - BGHZ 83, 76-82 (zu § 1456 BGB).
[2] BGH v. 04.02.1982 - IX ZR 96/80 - juris Rn. 17 - BGHZ 83, 76-82.
[3] BGH v. 04.02.1982 - IX ZR 96/80 - juris Rn. 17 - BGHZ 83, 76-82 (zu § 1456 BGB).
[4] BayObLG München v. 27.07.1995 - 2Z BR 64/95 - juris Rn. 11 - NJW-RR 1996, 80-82.

6 Der **Betrieb** des Erwerbsgeschäfts durch den nicht verwaltenden Ehegatten ist **selbstständig**, wenn dieser Ehegatte eine eigenverantwortliche Unternehmerstellung einnimmt. Eine solche Stellung setzt voraus, dass der nicht verwaltende Ehegatte im Hinblick auf die Führung des Geschäfts keinen Weisungen des verwaltenden Ehegatten unterworfen ist, der verwaltende Ehegatte also im Hinblick auf das Erwerbsgeschäft auf sein Verwaltungsrecht verzichtet hat. Unerheblich ist grundsätzlich, ob der nicht verwaltende Ehegatte selbst arbeitet oder sich hierzu eines Bevollmächtigten bedient.[5]

7 Auch ein **persönlich haftender Gesellschafter** einer Personengesellschaft betreibt selbstständig ein Erwerbsgeschäft.[6] Nicht genügend ist allerdings die Stellung als Kommanditist, stiller Gesellschafter oder GmbH-Gesellschafter.[7]

8 Für die Anwendung der Vorschrift ist es erforderlich, dass der **verwaltende Ehegatte** in den selbständigen Betrieb des Erwerbsgeschäfts durch den anderen Ehegatten **eingewilligt** hat. Zur Aufnahme des Erwerbsgeschäfts durch den nicht verwaltenden Ehegatten bedarf es einer Einwilligung des verwaltenden Ehegatten nicht. Ohne die Einwilligung des verwaltenden Ehegatten wäre es dem nicht verwaltenden Ehegatten indes nicht möglich, Rechtsgeschäfte ohne Mitwirkung des anderen Ehegatten mit Wirkung für das Gesamtgut vorzunehmen. Die vom nicht verwaltenden Ehegatten vorgenommenen einzelnen Rechtsgeschäfte würden daher nur dann für und gegen das Gesamtgut wirken, wenn der verwaltende Ehegatte jeweils im Einzelfall zustimmt.

9 Aufgrund der damit verbundenen Unsicherheit ist die Einwilligung **inhaltlich nicht beschränkbar** (str.).[8]

10 Die Einwilligung kann **vor, bei oder nach Beginn des Betriebs** erteilt worden sein. Eigentlich müsste es daher – entsprechend der Terminologie gemäß § 183 BGB – „Zustimmung" heißen.

11 Die Einwilligung bedarf keiner Form. Sie kann **auch stillschweigend** erfolgen.

12 Legt der verwaltende Ehegatte trotz Kenntnis vom Betrieb des Erwerbsgeschäfts durch den anderen Ehegatten gegen den Betrieb keinen **Einspruch** ein, steht dies gemäß **Absatz 2** einer Einwilligung gleich. Ein etwaiger Einspruch ist **formlos** möglich. Er ist gegenüber dem nicht verwaltenden Ehegatten zu erklären.

13 Durch einen solchen Einspruch wird dem nicht verwaltenden Ehegatten der Betrieb des Erwerbsgeschäfts **nicht untersagt**. Im Falle eines Einspruchs ist der nicht verwaltende Ehegatte indes nicht befugt, Rechtsgeschäfte mit Wirkung gegenüber dem Gesamtgut vorzunehmen. Die vom nicht verwaltenden Ehegatten vorgenommenen einzelnen Rechtsgeschäfte würden daher nur dann für und gegen das Gesamtgut wirken, wenn der verwaltende Ehegatte jeweils im Einzelfall zustimmt.

14 Ein Einspruch ist nur in den **Grenzen des Rechtsmissbrauchs** zulässig.

15 Der **Widerruf** der Einwilligung ist ebenfalls formlos möglich. Er darf jedoch nicht rechtsmissbräuchlich sein.

16 Ein **Schutz Dritter** im Falle eines Einspruchs oder des Widerrufs einer Einwilligung erfolgt gemäß **Absatz 3**, wonach ein Einspruch bzw. ein Widerruf der Einwilligung nur nach Maßgabe des § 1412 BGB wirksam ist. Der Einspruch bzw. der Widerruf entfaltet daher gegenüber dem Dritten erst ab dem Zeitpunkt Wirkung, zu dem er dem **Dritten bekannt** oder im **Güterrechtsregister eingetragen** wird.

C. Rechtsfolgen

17 Zu Rechtsgeschäften und Rechtsstreitigkeiten, die der Geschäftsbetrieb mit sich bringt, ist eine Zustimmung des verwaltenden Ehegatten nicht erforderlich (**Absatz 1 Satz 1**).

18 Ob ein Erwerbsgeschäft ein bestimmtes Rechtsgeschäft „mit sich bringt", lässt sich nicht nach dessen Einordnung in allgemeine rechtliche oder wirtschaftliche Vertragstypen beurteilen; maßgebend ist vielmehr die getroffene Vereinbarung in ihrer konkreten Gestalt.[9] Diese kennt der Geschäftspartner des Ehegatten. Er kann aus diesem Grund beurteilen, ob sie dem Geschäftsbetrieb oder dem Privatbereich zuzuordnen ist. In Zweifelsfällen bedarf es der Ermittlung aller Umstände, die dem einzelnen Rechtsgeschäft sein Gepräge geben.[10] Unbeachtlich sind allerdings lediglich subjektive Vorstellungen, die in den getroffenen Absprachen keinen Niederschlag gefunden haben.[11]

---

[5] Vgl. *Brudermüller* in: Palandt, § 1431 Rn. 2.
[6] Vgl. RG v. 17.01.1930 - III 134/29 - RGZ 127, 110-116; vgl. RG v. 28.06.1915 - IV 57/15 - RGZ 87, 100-109.
[7] *Kanzleiter* in: MünchKomm-BGB, § 1431 Rn. 4.
[8] *Brudermüller* in: Palandt, § 1431 Rn. 3.
[9] BGH v. 04.02.1982 - IX ZR 96/80 - juris Rn. 21 - BGHZ 83, 76-82.
[10] BGH v. 04.02.1982 - IX ZR 96/80 - juris Rn. 21 - BGHZ 83, 76-82.
[11] BGH v. 04.02.1982 - IX ZR 96/80 - juris Rn. 21 - BGHZ 83, 76-82.

Im Rahmen des Geschäftsbetriebs können sowohl gewöhnliche als **auch außergewöhnliche Geschäfte** liegen. So werden etwa die Übernahme eines Handelsgeschäfts sowie die Veräußerung eines Grundstücks von der Vorschrift erfasst.[12] 19

Für Verbindlichkeiten aus den Rechtsgeschäften im Hinblick auf das Erwerbsgeschäft haften neben dem das Erwerbsgeschäft betreibenden Ehegatten, der selbst persönlich haftet, auch das Gesamtgut (§§ 1438 Abs. 1, 1440 Satz 2 BGB) sowie der verwaltende Ehegatte persönlich (§ 1437 Abs. 2 BGB). 20

Nicht von der Vorschrift erfasst werden Rechtsgeschäfte, durch die der **Geschäftsbetrieb eingestellt** oder die **Beteiligung des nicht verwaltenden Ehegatten am Geschäftsbetrieb beendet** werden. Hierbei handelt es sich nicht mehr um Rechtsgeschäfte, die der Geschäftsbetrieb mit sich bringt. Zu derartigen Rechtsgeschäften gehört die Veräußerung des Erwerbsgeschäfts im Ganzen. Ebenso gehören zu derartigen Rechtsgeschäften die Auflösung der Gesellschaft sowie die Abtretung des ganzen Gesellschaftsanteils des Ehegatten.[13] 21

Der nicht verwaltende Ehegatte ist für alle **Rechtsstreitigkeiten** im Rahmen des Geschäftsbetriebs aktiv und passiv legitimiert. 22

Einseitige Rechtsgeschäfte, die sich auf das Erwerbsgeschäft beziehen, sind dem Ehegatten gegenüber vorzunehmen, der das Erwerbsgeschäft betreibt (**Absatz 1 Satz 2**). 23

D. Prozessuale Hinweise/Verfahrenshinweise

Zur **Zwangsvollstreckung in das Gesamtgut** genügt ein gegen den das Erwerbsgeschäft betreibenden Ehegatten gerichteter Titel, sofern bei Rechtshängigkeit keine Maßnahme i.S.d. § 1431 Abs. 3 BGB im Güterrechtsregister eingetragen war (§ 741 ZPO). Der verwaltende Ehegatte kann hiergegen Einwendungen nur im Wege der Drittwiderspruchsklage gemäß den §§ 774, 771 ZPO geltend machen. 24

Eine **Eintragung ins Güterrechtsregister** kann auf einseitigen **Antrag des verwaltenden Ehegatten** erfolgen (§ 1561 Nr. 3 BGB). 25

---

[12] *Kanzleiter* in: MünchKomm-BGB, § 1431 Rn. 9.
[13] Vgl. RG v. 17.01.1930 - III 134/29 - RGZ 127, 110-116.

§ 1432 BGB Annahme einer Erbschaft; Ablehnung von Vertragsantrag oder Schenkung

(Fassung vom 02.01.2002, gültig ab 01.01.2002)

(1) ¹Ist dem Ehegatten, der das Gesamtgut nicht verwaltet, eine Erbschaft oder ein Vermächtnis angefallen, so ist nur er berechtigt, die Erbschaft oder das Vermächtnis anzunehmen oder auszuschlagen; die Zustimmung des anderen Ehegatten ist nicht erforderlich. ²Das Gleiche gilt von dem Verzicht auf den Pflichtteil oder auf den Ausgleich eines Zugewinns sowie von der Ablehnung eines Vertragsantrags oder einer Schenkung.

(2) Der Ehegatte, der das Gesamtgut nicht verwaltet, kann ein Inventar über eine ihm angefallene Erbschaft ohne Zustimmung des anderen Ehegatten errichten.

Gliederung

A. Grundlagen 1	2. Nicht verwaltender Ehegatte kann Pflichtteil/
B. Anwendungsvoraussetzungen 3	Ausgleich eines Zugewinns verlangen
I. Gütergemeinschaft 3	(Absatz 1 Satz 2 Halbsatz 1) 8
II. Ein Ehegatte verwaltet das Gesamtgut allein 4	3. Dem nicht verwaltenden Ehegatten ist ein
III. Rechtsgeschäft des nicht verwaltenden Ehegatten persönlicher Art 5	Vertragsantrag unterbreitet worden/soll etwas geschenkt werden (Absatz 1 Satz 2
1. Nicht verwaltendem Ehegatten ist eine Erbschaft/ein Vermächtnis angefallen (Absatz 1 Satz 1 Halbsatz 1) 6	Halbsatz 2) 10
	C. Rechtsfolgen 11

A. Grundlagen

1 Die Vorschrift stellt verschiedene Rechtsgeschäfte des nicht verwaltenden Ehegatten, welche persönlicher Art sind, vom Erfordernis der Zustimmung des verwaltenden Ehegatten frei. Eine Gefährdung für das Gesamtgut steht dabei nicht zu befürchten, da durch die Geschäfte das vorhandene Gesamtgut nicht verringert, sondern allenfalls ein Zuwachs ausgeschlossen wird.

2 Die Vorschrift kann von den Ehegatten **nicht abbedungen** werden (str.).

B. Anwendungsvoraussetzungen

I. Gütergemeinschaft

3 Die Anwendung der Vorschrift setzt voraus, dass die Ehegatten im Güterstand der Gütergemeinschaft leben.

II. Ein Ehegatte verwaltet das Gesamtgut allein

4 Die Ehegatten müssen die Verwaltung des Gesamtguts im Ehevertrag einem Ehegatten alleine zugewiesen haben (vgl. § 1421 Satz 1 BGB).

III. Rechtsgeschäft des nicht verwaltenden Ehegatten persönlicher Art

5 Absatz 1 der Vorschrift gilt im Hinblick auf folgende Rechtsgeschäfte des nicht verwaltenden Ehegatten, welche persönlicher Art sind:

1. Nicht verwaltendem Ehegatten ist eine Erbschaft/ein Vermächtnis angefallen (Absatz 1 Satz 1 Halbsatz 1)

6 Absatz 1 findet nach dessen Satz 1 Halbsatz 1 Anwendung, sofern dem nicht verwaltenden Ehegatten eine Erbschaft oder ein Vermächtnis angefallen ist (vgl. die §§ 1942, 2176 BGB).

7 Absatz 1 findet keine Anwendung im Hinblick auf die Erklärung eines **Erbverzichts** gemäß § 2346 Abs. 1 BGB. Einer Zustimmung des verwaltenden Ehegatten bedarf es hier bereits nach den allgemeinen Grundsätzen nicht, da dieser zukünftige Erwerb noch nicht zum Gesamtgut gehört.

2. Nicht verwaltender Ehegatte kann Pflichtteil/Ausgleich eines Zugewinns verlangen (Absatz 1 Satz 2 Halbsatz 1)

Absatz 1 findet nach dessen Satz 2 Halbsatz 1 auch dann Anwendung, wenn der nicht verwaltende Ehegatte einen Pflichtteil (vgl. § 2317 BGB) oder den Ausgleich eines Zugewinns (vgl. die §§ 1378 Abs. 3, 1371 Abs. 2 und Abs. 3 BGB) verlangen kann. 8

Die Vorschrift findet keine Anwendung im Hinblick auf die Erklärung eines **Verzichts auf das Pflichtteilsrecht** gemäß § 2346 Abs. 2 BGB. Einer Zustimmung des verwaltenden Ehegatten bedarf es hier bereits nach den allgemeinen Grundsätzen nicht, da dieser zukünftige Erwerb noch nicht zum Gesamtgut gehört. 9

3. Dem nicht verwaltenden Ehegatten ist ein Vertragsantrag unterbreitet worden/soll etwas geschenkt werden (Absatz 1 Satz 2 Halbsatz 2)

Absatz 1 findet nach dessen Satz 2 Halbsatz 2 schließlich Anwendung, wenn dem nicht verwaltenden Ehegatten ein Vertragsantrag unterbreitet worden ist oder etwas geschenkt werden soll. 10

C. Rechtsfolgen

Ist dem nicht verwaltenden Ehegatten eine **Erbschaft** oder ein **Vermächtnis** angefallen, so ist nach Absatz 1 Satz 1 Halbsatz 1 nur er berechtigt, die Erbschaft oder das Vermächtnis **anzunehmen** oder **auszuschlagen** (vgl. die §§ 1943-1953, 2180 BGB). Über die Annahme oder Ausschlagung einer Erbschaft oder eines Vermächtnisses kann der nicht verwaltende Ehegatte alleine entscheiden. Die Zustimmung des anderen Ehegatten ist nicht erforderlich (Absatz 1 Satz 1 Halbsatz 2). Dies gilt auch dann, wenn der Erblasser keine Bestimmung gemäß § 1418 Abs. 2 Nr. 2 BGB getroffen hat. Der verwaltende Ehegatte ist zur Annahme oder Ausschlagung der dem nicht verwaltenden Ehegatten angefallenen Erbschaft nicht befugt. 11

Gleiches gilt gemäß der Gleichstellung in § 1957 Abs. 1 BGB auch für die **Anfechtung** von Annahme und Ausschlagung der Erbschaft. 12

Die Erbschaft bzw. das Vermächtnis fallen im Falle der Annahme gemäß § 1416 Abs. 1 Satz 2 BGB ins Gesamtgut, sofern der Erblasser keine Bestimmung gemäß § 1418 Abs. 2 Nr. 2 BGB in der letztwilligen Verfügung getroffen hat. Fällt eine Erbschaft hiernach in das Gesamtgut, haftet das Gesamtgut gemäß § 1437 Abs. 1 BGB für die Verbindlichkeiten des Nachlasses (vgl. § 1439 BGB). Darüber hinaus haftet in diesem Fall auch der verwaltende Ehegatte persönlich für die Nachlassverbindlichkeiten (§ 1437 Abs. 2 BGB). Dieser kann aber selbstständig die erforderlichen Maßnahmen zur Beschränkung der Erbenhaftung treffen. 13

Der nicht verwaltende Ehegatte kann ein **Inventar** über die Erbschaft ohne Zustimmung des verwaltenden Ehegatten errichten (**Absatz 2**). Das Inventar wirkt dann auch für den verwaltenden Ehegatten (§ 2008 Abs. 1 Satz 3 BGB). Die Inventarfrist ist auch gegenüber dem verwaltenden Ehegatten zu bestimmen (§ 2008 Abs. 1 Satz 1 BGB). 14

Kann der nicht verwaltende Ehegatte einen **Pflichtteil** oder den **Ausgleich eines Zugewinns** verlangen, so ist nur er berechtigt, auf den Pflichtteil oder den Zugewinnausgleich zu **verzichten** (Absatz 1 Satz 2 Halbsatz 1). Die Zustimmung des anderen Ehegatten ist nicht erforderlich (Absatz 1 Satz 1 Halbsatz 2). Der verwaltende Ehegatte ist zum Verzicht auf den Pflichtteil bzw. den Zugewinnausgleich, den der nicht verwaltende Ehegatte verlangen kann, nicht befugt. 15

Ist dem nicht verwaltenden Ehegatten ein **Vertragsantrag** unterbreitet worden oder soll ihm etwas **geschenkt** werden, so ist nur er berechtigt, den Vertragsantrag oder die Schenkung **abzulehnen** (Absatz 1 Satz 2 Halbsatz 2). 16

Der nicht verwaltende Ehegatte kann einen Vertragsantrag auch alleine **annehmen**. Verpflichtet wird aus der Annahme eines Vertragsantrags jedoch nur der nicht verwaltende Ehegatte persönlich, sofern nicht das Rechtsgeschäft ausnahmsweise auch ohne Zustimmung des verwaltenden Ehegatten für das Gesamtgut wirksam ist (vgl. § 1438 Abs. 1 BGB). Das aus einem solchen Rechtsgeschäft Erworbene fällt gemäß § 1416 Abs. 1 Satz 2 BGB in das Gesamtgut. Das Gesamtgut haftet ggf. gemäß § 1434 BGB wegen Bereicherung. Der nicht verwaltende Ehegatte kann auch eine Schenkung alleine annehmen. Das Erworbene fällt im Falle einer Schenkung aber nur dann ins Gesamtgut, wenn der Zuwendende keine Bestimmung nach § 1418 Abs. 2 Nr. 2 BGB getroffen hat. 17

Der **verwaltende Ehegatte** darf die in der Vorschrift bezeichneten Rechtsgeschäfte nur im Falle einer ausdrücklichen Vollmacht des nicht verwaltenden Ehegatten vornehmen. 18

§ 1433 BGB Fortsetzung eines Rechtsstreits

(Fassung vom 02.01.2002, gültig ab 01.01.2002)

Der Ehegatte, der das Gesamtgut nicht verwaltet, kann ohne Zustimmung des anderen Ehegatten einen Rechtsstreit fortsetzen, der beim Eintritt der Gütergemeinschaft anhängig war.

Gliederung

A. Grundlagen 1	III. Beim Eintritt der Gütergemeinschaft war ein Rechtsstreit anhängig/Fälle entsprechender Anwendbarkeit der Vorschrift 4
B. Anwendungsvoraussetzungen 2	
I. Gütergemeinschaft 2	
II. Ein Ehegatte verwaltet das Gesamtgut allein 3	C. Rechtsfolgen 7
	D. Prozessuale Hinweise/Verfahrenshinweise 11

A. Grundlagen

1   Die Vorschrift berechtigt den nicht verwaltenden Ehegatten, in eigenem Namen einen bei Eintritt der Gütergemeinschaft anhängigen, das Gesamtgut betreffenden Rechtsstreit fortzusetzen.

B. Anwendungsvoraussetzungen

I. Gütergemeinschaft

2   Die Anwendung der Vorschrift setzt voraus, dass die Ehegatten im Güterstand der Gütergemeinschaft leben.

II. Ein Ehegatte verwaltet das Gesamtgut allein

3   Die Ehegatten müssen die Verwaltung des Gesamtguts im Ehevertrag einem Ehegatten alleine zugewiesen haben (vgl. § 1421 Satz 1 BGB).

III. Beim Eintritt der Gütergemeinschaft war ein Rechtsstreit anhängig/Fälle entsprechender Anwendbarkeit der Vorschrift

4   Die Vorschrift findet unmittelbare Anwendung, sofern bei Eintritt der Gütergemeinschaft in der Person des nicht verwaltenden Ehegatten ein Rechtsstreit anhängig war. Von der Vorschrift umfasst sind **alle Arten gerichtlicher Verfahren**, auch schiedsgerichtliche.

5   Die Vorschrift ist **entsprechend anwendbar** bei der Führung eines Rechtsstreits im Rahmen der **Notverwaltung** nach § 1429 BGB, wenn während des Prozesses die Verhinderung des verwaltenden Ehegatten entfällt.

6   Ebenfalls entsprechend anwendbar ist die Vorschrift bei Fortführung eines Rechtsstreits für das vom nicht verwaltenden Ehegatten mit Zustimmung des verwaltenden Ehegatten betriebene **selbstständige Erwerbsgeschäft** (vgl. § 1431 BGB), wenn der verwaltende Ehegatte die Einwilligung während eines laufenden Rechtsstreits widerruft.

C. Rechtsfolgen

7   Der **nicht verwaltende Ehegatte** kann den **Rechtsstreit ohne Zustimmung** des verwaltenden Ehegatten sowohl passiv als auch aktiv **fortsetzen**.

8   Der Rechtsstreit wird **im eigenen Namen** des nicht verwaltenden Ehegatten fortgesetzt. Der Klageantrag kann, muss aber nicht auf Leistung an den verwaltenden Ehegatten umgestellt werden (str.).

9   Der nicht verwaltende Ehegatte ist im Rahmen des Rechtsstreits zu sämtlichen Prozesshandlungen berechtigt. Die Vorschrift berechtigt ihn jedoch nicht zu **materiell-rechtlichen Verfügungen**. Der Abschluss eines Vergleichs oder die Erklärung eines Anerkenntnisses bedürfen ebenso der Zustimmung des verwaltenden Ehegatten wie die Erklärung eines Verzichts oder einer Aufrechnung mit einer zum Gesamtgut gehörenden Forderung.

10   Für die **Kosten des Rechtsstreits** haftet das Gesamtgut (§ 1438 BGB).

D. Prozessuale Hinweise/Verfahrenshinweise

Das in dem fortgesetzten Verfahren ergehende **Urteil** wirkt für und gegen das Gesamtgut sowie den verwaltenden Ehegatten persönlich. Dieser kann dem Rechtsstreit als Nebenintervenient beitreten. 11

Die Erteilung einer **vollstreckbaren Ausfertigung** eines Urteils für oder gegen den verwaltenden Ehegatten bestimmt sich nach § 742 ZPO. 12

§ 1434 BGB Ungerechtfertigte Bereicherung des Gesamtguts

(Fassung vom 02.01.2002, gültig ab 01.01.2002)

Wird durch ein Rechtsgeschäft, das ein Ehegatte ohne die erforderliche Zustimmung des anderen Ehegatten vornimmt, das Gesamtgut bereichert, so ist die Bereicherung nach den Vorschriften über die ungerechtfertigte Bereicherung aus dem Gesamtgut herauszugeben.

Gliederung

A. Grundlagen 1	IV. Bereicherung des Gesamtguts durch das Rechtsgeschäft 9
B. Anwendungsvoraussetzungen 3	C. Rechtsfolgen 11
I. Gütergemeinschaft 3	D. Prozessuale Hinweise/Verfahrenshinweise.... 15
II. Ein Ehegatte verwaltet das Gesamtgut allein 4	
III. Ehegatte nimmt ein Rechtsgeschäft ohne die erforderliche Zustimmung des anderen Ehegatten vor..5	

A. Grundlagen

1   Die Vorschrift regelt den Ausgleich im Falle einer ungerechtfertigten Bereicherung des Gesamtguts. Ihr liegt zugrunde, dass alles, was ein Ehegatte während der Ehe durch Leistung von Dritten erwirbt, gemäß § 1416 Abs. 1 Satz 2 BGB Gesamtgut wird, während ein ohne eine erforderliche Zustimmung des anderen Ehegatten vorgenommenes Rechtsgeschäft als solches dem Gesamtgut gegenüber unwirksam ist.

2   Die Vorschrift kann von den Ehegatten **nicht abbedungen** werden.

B. Anwendungsvoraussetzungen

I. Gütergemeinschaft

3   Die Anwendung der Vorschrift setzt voraus, dass die Ehegatten im Güterstand der Gütergemeinschaft leben.

II. Ein Ehegatte verwaltet das Gesamtgut allein

4   Die Ehegatten müssen die Verwaltung des Gesamtguts im Ehevertrag einem Ehegatten alleine zugewiesen haben (vgl. § 1421 Satz 1 BGB).

III. Ehegatte nimmt ein Rechtsgeschäft ohne die erforderliche Zustimmung des anderen Ehegatten vor

5   Die Anwendung der Vorschrift setzt voraus, dass ein Ehegatte ein Rechtsgeschäft ohne die erforderliche Zustimmung des anderen Ehegatten vorgenommen hat.

6   Die Vorschrift findet zum einen bei Rechtsgeschäften **des verwaltenden Ehegatten** im Sinne der §§ 1423-1425 BGB Anwendung, sofern der nicht verwaltende Ehegatte keine Zustimmung erklärt hat und diese auch nicht nach § 1426 BGB vom Familiengericht ersetzt worden ist.

7   Die Vorschrift gilt zum anderen für Rechtsgeschäfte des **nicht verwaltenden Ehegatten**, die dieser ohne eine erforderliche Zustimmung des verwaltenden Ehegatten und ohne eine Ersetzung der Zustimmung gemäß § 1430 BGB vornimmt. Grundsätzlich bedarf der nicht verwaltende Ehegatte für jedes Rechtsgeschäft, das für das Gesamtgut wirken soll, der Zustimmung des verwaltenden Ehegatten. Entbehrlich ist eine Zustimmung allerdings in den Fällen der §§ 1429, 1431, 1432 BGB. Der nicht verwaltende Ehegatte haftet aus Rechtsgeschäften, die er ohne die erforderliche Zustimmung des verwaltenden Ehegatten abgeschlossen hat, persönlich auf Erfüllung oder Schadensersatz. Derartige Rechtsgeschäfte sind wirksam; lediglich unterbleibt gemäß § 1438 Abs. 1 BGB eine Haftung des Gesamtguts (und somit auch eine Haftung des verwaltenden Ehegatten gemäß § 1437 Abs. 2 BGB).

8   Eine etwaige Haftung des nicht verwaltenden Ehegatten auf Erfüllung oder Schadensersatz sowie eine etwaige Haftung des verwaltenden Ehegatten auf Schadensersatz schließen die Anwendbarkeit der Vorschrift nicht aus.

IV. Bereicherung des Gesamtguts durch das Rechtsgeschäft

Das Gesamtgut muss durch das Rechtsgeschäft bereichert sein. Gemäß § 1416 Abs. 1 Satz 2 BGB fließt grundsätzlich alles, was ein Ehegatte während des Bestehens der Gütergemeinschaft erwirbt, dem Gesamtgut zu.   9

Wird das Gesamtgut nicht durch das Rechtsgeschäft, sondern **in sonstiger Weise** bereichert, findet die Vorschrift keine Anwendung; die §§ 812-822 BGB können aber ggf. unmittelbar eingreifen.[1]   10

C. Rechtsfolgen

Die **Bereicherung** ist nach den Vorschriften über die ungerechtfertigte Bereicherung (§§ 812-822 BGB) **herauszugeben**.   11

Inhalt und Umfang der Herausgabepflicht bestimmen sich nach den §§ 818, 819 BGB. Auch Nutzungen und Surrogate sind herauszugeben (§ 818 Abs. 1 BGB).   12

Im Hinblick auf die **Kenntnis des Mangels des rechtlichen Grundes** (vgl. § 819 Abs. 1 BGB) kommt es allein auf die Kenntnis des verwaltenden Ehegatten an.   13

Für den Bereicherungsanspruch haftet neben dem Gesamtgut gemäß § 1437 Abs. 2 BGB der verwaltende Ehegatte persönlich. Der nicht verwaltende Ehegatte haftet für den Bereicherungsanspruch selbst dann nicht, wenn er das Rechtsgeschäft abgeschlossen hat.[2]   14

D. Prozessuale Hinweise/Verfahrenshinweise

Für die **Vollstreckung** in das Gesamtgut gilt § 740 Abs. 1 ZPO.   15

---

[1] *Brudermüller* in: Palandt, § 1434 Rn. 1.
[2] Vgl. BGH v. 04.05.1957 - IV ZR 133/56 - LM Nr. 1 zu § 1437 BGB.

§ 1435 BGB Pflichten des Verwalters

(Fassung vom 02.01.2002, gültig ab 01.01.2002)

¹Der Ehegatte hat das Gesamtgut ordnungsmäßig zu verwalten. ²Er hat den anderen Ehegatten über die Verwaltung zu unterrichten und ihm auf Verlangen über den Stand der Verwaltung Auskunft zu erteilen. ³Mindert sich das Gesamtgut, so muss er zu dem Gesamtgut Ersatz leisten, wenn er den Verlust verschuldet oder durch ein Rechtsgeschäft herbeigeführt hat, das er ohne die erforderliche Zustimmung des anderen Ehegatten vorgenommen hat.

Gliederung

A. Grundlagen 1
B. Anwendungsvoraussetzungen 4
I. Gütergemeinschaft 4
II. Ein Ehegatte verwaltet das Gesamtgut allein 5
C. Rechtsfolgen 7
D. Prozessuale Hinweise/Verfahrenshinweise 26

A. Grundlagen

1   Der verwaltende Ehegatte ist dem anderen Ehegatten gegenüber zu einer ordnungsmäßigen Verwaltung des Gesamtguts verpflichtet.

2   Gemäß Satz 2 hat er den anderen Ehegatten regelmäßig über die Verwaltung zu unterrichten und ihm auf Verlangen über den Stand der Verwaltung Auskunft zu erteilen. Satz 2 ist **abdingbar**, soweit die Auskunftspflicht jedenfalls bei Verdacht des Missbrauchs bestehen bleibt (str.).

3   Satz 3 der Vorschrift verpflichtet den verwaltenden Ehegatten zum Ersatz des Schadens, sofern er eine Minderung des Gesamtguts verschuldet oder durch ein Rechtsgeschäft herbeigeführt hat, das er ohne die erforderliche Zustimmung des anderen Ehegatten vorgenommen hat. Satz 3 kann von den Ehegatten **abgeändert** werden. Die Haftung für Vorsatz kann allerdings nicht ausgeschlossen werden (vgl. § 276 Abs. 3 BGB).

B. Anwendungsvoraussetzungen

I. Gütergemeinschaft

4   Die Anwendung der Vorschrift setzt voraus, dass die Ehegatten im Güterstand der Gütergemeinschaft leben.

II. Ein Ehegatte verwaltet das Gesamtgut allein

5   Die Ehegatten müssen die Verwaltung des Gesamtguts im Ehevertrag einem Ehegatten alleine zugewiesen haben (vgl. § 1421 Satz 1 BGB).

6   Die Vorschrift gilt in unmittelbarer Anwendung im Hinblick auf die Verwaltung des Gesamtguts durch den Ehegatten, dem die Verwaltung eheverträglich zugewiesen worden ist. Die Vorschrift ist entsprechend anzuwenden, sofern der andere Ehegatte Verwaltungsbefugnisse gemäß den §§ 1428-1433 BGB wahrnimmt.

C. Rechtsfolgen

7   Der verwaltende (bzw. in den Fällen der §§ 1428-1433 BGB der andere) Ehegatte hat das Gesamtgut ordnungsmäßig zu verwalten (**Satz 1**).

8   **Ordnungsmäßig** ist eine **Verwaltung**, die unter Beachtung der Grundsätze vernünftiger Wirtschaftsführung auf Erhaltung, Sicherung und Vermehrung des Gesamtgutes im Interesse der Ehegatten und etwaiger Kinder abzielt.[1] Da es sich bei der Ehe nicht um eine Erwerbsgemeinschaft handelt, kommt der Sicherung der Gesamtgutsgegenstände eine Priorität zu.[2] Was konkret als ordnungsgemäße Verwaltung angesehen wird, bestimmt sich jeweils nach den Umständen des Einzelfalls unter besonderer

---

[1] BayObLG v. 21.04.2004 - 3Z BR 001/04 - juris Rn. 11 - FamRZ 2005, 109-110; vgl. RG v. 27.05.1929 - VIII 168/29 - RGZ 124, 325-330.

[2] Vgl. RG v. 08.04.1911 - V 408/10 - RGZ 76, 133-138.

Berücksichtigung der wirtschaftlichen Verhältnisse der Familie. Dabei ist ein objektiver Maßstab anzulegen; auf die subjektive Auffassung der Ehegatten kommt es nicht an.[3]

Den verwaltenden Ehegatten trifft indes keine Verpflichtung zu einer optimalen Verwaltung. Im Hinblick auf die Notwendigkeit und Zweckmäßigkeit der von ihm getroffenen Verwaltungsmaßnahmen kommt ihm vielmehr ein gewisser **Beurteilungsspielraum** zu. 9

Zur ordnungsmäßigen Verwaltung gehört, dass der verwaltende Ehegatte die Grenzen seiner rechtlichen Befugnisse und die **Mitwirkungsrechte des anderen Ehegatten** bei Rechtsgeschäften im Sinne der §§ 1423-1425 BGB **beachtet**.[4] Anderseits kann es für eine ordnungsmäßige Verwaltung auch erforderlich sein, bei derartigen Rechtsgeschäften auf die Zustimmung des anderen Ehegatten bzw. die Ersetzung der Zustimmung gemäß § 1426 BGB hinzuwirken. 10

Im Einzelnen können vielfältige **Rechtsgeschäfte** bzw. **tatsächliche Handlungen** für eine ordnungsmäßige Verwaltung erforderlich sein. Insbesondere kann eine ordnungsmäßige Verwaltung den Erhalt der zum Gesamtgut gehörenden Gegenstände in ordnungsgemäßem Zustand sowie die rechtzeitige Geltendmachung von Forderungen zum Gesamtgut bedingen. Erforderlich sein kann aber etwa auch die Ausübung vorhandener Stimmrechte im Interesse des Gesamtguts. 11

Darüber hinaus kann sich der **Abschluss von** bestimmten **Versicherungen** als für eine ordnungsmäßige Verwaltung erforderlich erweisen. So sollten die Gesamtgutsgegenstände jedenfalls im üblichen Umfang – etwa gegen Brand, Diebstahl und Hagel – versichert werden.[5] 12

Ebenfalls zu einer ordnungsmäßigen Verwaltung gehört, aus dem Gesamtgut Barmittel zur Deckung des Unterhaltsbedarfs der Ehegatten zur Verfügung zu stellen (vgl. § 1420 BGB).[6] 13

Die Zuziehung von **Hilfspersonen** steht im pflichtgemäßen Ermessen des verwaltenden Ehegatten. Soweit der verwaltende Ehegatte seine Befugnisse durch Vollmachten und Ermächtigungen an Dritte weitergibt, ist dies zwar zulässig, entbindet ihn aber nicht von seiner Verantwortung. 14

Im Falle des Missbrauchs der Verwaltungsbefugnis kann der nicht verwaltende Ehegatte gemäß § 1447 Nr. 1 BGB zur Klage auf Aufhebung der Gütergemeinschaft berechtigt sein. 15

Der verwaltende Ehegatte hat den anderen Ehegatten über die Verwaltung zu unterrichten und ihm auf Verlangen über den Stand der Verwaltung Auskunft zu erteilen (**Satz 2**). 16

Die **Pflicht zur Unterrichtung** verlangt vom verwaltenden Ehegatten, den anderen Ehegatten ohne Aufforderung in angemessenen Zeitabständen über die Verwaltung zu unterrichten.[7] 17

Die **Auskunftspflicht** besteht demgegenüber nur auf Verlangen des nicht verwaltenden Ehegatten. Sie bezieht sich nicht auf das Vermögen, sondern auf den Stand der Verwaltung als einem dynamischen Prozess. Art und Umfang der Auskunftspflicht bestimmen sich nach dem Einzelfall, insbesondere nach dem Auskunftsverlangen. 18

Im Falle der Wahrnehmung von Verwaltungsbefugnissen durch den nicht verwaltenden Ehegatten gemäß den §§ 1428-1433 BGB treffen diesen entsprechende Verpflichtungen. 19

Im Falle einer **Minderung des Gesamtguts** muss der verwaltende Ehegatte (bzw. der andere Ehegatte in den Fällen der §§ 1428-1433 BGB) zu dem Gesamtgut **Ersatz** leisten, wenn er den Verlust verschuldet oder – insoweit verschuldensunabhängig[8] – durch ein Rechtsgeschäft herbeigeführt hat, das er ohne die erforderliche Zustimmung des anderen Ehegatten vorgenommen hat (**Satz 3**). 20

Im Hinblick auf das Vorliegen einer Minderung ist **auf den jeweiligen Einzelfall abzustellen**. Durch andere vorteilhafte Geschäfte im Laufe der Verwaltung können etwaige Verluste im Einzelfall daher nicht ausgeglichen werden.[9] Nach wohl h.M.[10] erfolgt auch kein Ausgleich durch Ersatzansprüche gegen Dritte. 21

Für das **Verschulden** gilt der mildere Haftungsmaßstab des § 1359 BGB.[11] Es ist daher auf die Sorgfalt des Ehegatten in seinen eigenen Angelegenheiten abzustellen. Bei der Prüfung des Verschuldens ist darüber hinaus zu berücksichtigen, dass jede Verwaltung gewisse Risiken in sich birgt.[12] 22

---

[3] BayObLG v. 21.04.2004 - 3Z BR 001/04 - juris Rn. 11 - FamRZ 2005, 109-110.
[4] Vgl. BGH v. 06.10.1967 - IV ZR 39/66 - BGHZ 48, 369-373.
[5] Vgl. RG v. 08.04.1911 - V 408/10 - RGZ 76, 133-138.
[6] OLG Oldenburg v. 13.07.2009 - 13 UF 41/09 - juris Rn. 18 - FamRZ 2010, 213-215.
[7] OLG Stuttgart v. 03.07.1979 - 17 UF 114/79 G - FamRZ 1979, 809-810.
[8] *Brudermüller* in: Palandt, § 1435 Rn. 4.
[9] *Brudermüller* in: Palandt, § 1435 Rn. 4.
[10] *Brudermüller* in: Palandt, § 1435 Rn. 4; a.A. *Kanzleiter* in: MünchKomm-BGB, § 1435 Rn. 12 (erst bei Realisierung der Ersatzleistung).
[11] *Brudermüller* in: Palandt, § 1435 Rn. 4.
[12] *Brudermüller* in: Palandt, § 1435 Rn. 4.

23 Auch das **Unterlassen** einer Maßnahme kann eine Schadensersatzpflicht begründen, wenn eine Rechtspflicht zum Handeln begründet ist.

24 Einer **Zustimmung** bedürfen **Rechtsgeschäfte** des verwaltenden Ehegatten in den Fällen der §§ 1423-1425 BGB.

25 Die **Fälligkeit** des Ersatzanspruchs tritt erst mit Beendigung der Gütergemeinschaft ein (§ 1446 Abs. 1 HS. 1 BGB).

D. Prozessuale Hinweise/Verfahrenshinweise

26 Die Pflicht zur Unterrichtung ist im Wege eines Herstellungsantrags erzwingbar (str.).[13]

27 Die Pflicht zur Auskunftserteilung ist hingegen nach allgemeinen Grundsätzen im Wege der Leistungsklage erzwingbar. Der Anspruch ist vollstreckbar (bei eidesstattlichen Versicherungen gilt § 889 ZPO).

---

[13] OLG Stuttgart v. 03.07.1979 - 17 UF 114/79 G - FamRZ 1979, 809-810; *Brudermüller* in: Palandt, § 1435 Rn. 3; a.A. *Kanzleiter* in: MünchKomm-BGB, § 1435 Rn. 6.

§ 1436 BGB Verwalter unter Vormundschaft oder Betreuung

(Fassung vom 02.01.2002, gültig ab 01.01.2002)

¹Steht der Ehegatte, der das Gesamtgut verwaltet, unter Vormundschaft oder fällt die Verwaltung des Gesamtguts in den Aufgabenkreis seines Betreuers, so hat ihn der Vormund oder Betreuer in den Rechten und Pflichten zu vertreten, die sich aus der Verwaltung des Gesamtguts ergeben. ²Dies gilt auch dann, wenn der andere Ehegatte zum Vormund oder Betreuer bestellt ist.

Gliederung

A. Grundlagen 1	III. Verwaltender Ehegatte steht unter Vormundschaft/Verwaltung des Gesamtguts fällt in den Aufgabenkreis des Betreuers 4
B. Anwendungsvoraussetzungen 2	
I. Gütergemeinschaft 2	
II. Ein Ehegatte verwaltet das Gesamtgut allein 3	C. Rechtsfolgen 10

A. Grundlagen

Die Vorschrift bestimmt, dass ein das Gesamtgut verwaltender Ehegatte, der unter Vormundschaft steht, in seinen Rechten und Pflichten bezüglich der Verwaltung des Gesamtguts vom Vormund vertreten wird. Fällt die Verwaltung des Gesamtguts in den Aufgabenkreis eines Betreuers, wird der Ehegatte im Hinblick auf die Verwaltung des Gesamtguts vom Betreuer vertreten. **1**

B. Anwendungsvoraussetzungen

I. Gütergemeinschaft

Die Anwendung der Vorschrift setzt voraus, dass die Ehegatten im Güterstand der Gütergemeinschaft leben. **2**

II. Ein Ehegatte verwaltet das Gesamtgut allein

Die Ehegatten müssen die Verwaltung des Gesamtguts im Ehevertrag einem Ehegatten alleine zugewiesen haben (vgl. § 1421 Satz 1 BGB). **3**

III. Verwaltender Ehegatte steht unter Vormundschaft/Verwaltung des Gesamtguts fällt in den Aufgabenkreis des Betreuers

Die Anwendung der Vorschrift setzt voraus, dass der verwaltende Ehegatte unter Vormundschaft steht oder die Verwaltung des Gesamtguts in den Aufgabenkreis seines Betreuers fällt. **4**

Die **Vormundschaft** ist geregelt in den §§ 1773-1895 BGB. Sie ist nur bei Minderjährigen möglich. **5**

Für die **Betreuung** gelten die §§ 1896-1908 BGB. Die Vorschrift findet indes im Falle der Betreuung nur dann Anwendung, wenn die Verwaltung des Gesamtguts in den **Aufgabenkreis des Betreuers** fällt. **6**

Die für die Vormundschaft geltenden Vorschriften (somit auch § 1436 BGB) gelten gemäß § 1915 Abs. 1 BGB auch für die in den §§ 1909-1921 BGB geregelte **Pflegschaft**. **7**

Die Vorschrift findet auch dann Anwendung, wenn der **nicht verwaltende Ehegatte** zum **Vormund oder Betreuer** des verwaltenden Ehegatten bestellt ist (**Satz 2**). **8**

Durch die Bestellung eines Vormunds, Betreuers oder Pflegers für den verwaltenden Ehegatten wird die Gütergemeinschaft nicht automatisch beendet. Es kann allerdings gemäß § 1447 Nr. 1, Nr. 4 BGB die **Möglichkeit einer Aufhebungsklage** für den nicht verwaltenden Ehegatten bestehen. **9**

C. Rechtsfolgen

Der Vormund bzw. Betreuer (oder Pfleger) hat den verwaltenden Ehegatten in den Rechten und Pflichten zu vertreten, die sich aus der Verwaltung des Gesamtguts ergeben (**Satz 1**). **10**

Die **Vertretung** in den Rechten umfasst insbesondere die Befugnis, durch Rechtsgeschäfte das Gesamtgut (vgl. § 1437 Abs. 1 BGB) und den verwaltenden Ehegatten persönlich (vgl. § 1437 Abs. 2 BGB) zu verpflichten. **11**

12 Das Recht zur Vertretung wird allerdings beschränkt durch das Erfordernis einer **familien- bzw. betreuungsgerichtlichen Genehmigung** in den Fällen der §§ 1821, 1822 BGB (vgl. § 1908i Abs. 1 Satz 1 BGB für den Betreuer sowie § 1915 Abs. 1 BGB für den Pfleger).

13 **Vormund, Betreuer bzw. Pfleger haften** für den aus einer Pflichtverletzung entstandenen Schaden gegenüber dem Mündel bzw. Betreuten im Falle eines Verschuldens gemäß § 1833 BGB (vgl. die §§ 1915 Abs. 1, 1908i Abs. 1 Satz 1 BGB). Die Haftungserleichterung gemäß § 1359 BGB findet dabei keine Anwendung.

14 Ist der **andere Ehegatte Vormund oder Betreuer** (vgl. Satz 2), so handelt er im Namen des verwaltenden Ehegatten. Eine gemäß den §§ 1423-1425 BGB erforderliche Zustimmung kann er sich selbst erteilen; § 181 BGB steht dem nicht entgegen (teleologische Reduktion).[1] Das Gesamtgut und der verwaltende Ehegatte haften so, als wenn der verwaltende Ehegatte das Rechtsgeschäft vorgenommen hätte. Daneben haftet der zum Vormund oder Betreuer bestellte Ehegatte als Handelnder grundsätzlich persönlich; eine solche Haftung kann jedoch durch Vereinbarung mit dem jeweiligen Geschäftspartner ausgeschlossen werden. Seine Haftung gegenüber dem verwaltenden Ehegatten bestimmt sich nach § 1833 BGB (vgl. die §§ 1908i Abs. 1 Satz 1, 1915 Abs. 1 BGB). Die Haftungsbeschränkung des § 1359 BGB gilt auch für ihn nicht, da er nun nicht in seiner Eigenschaft als Ehegatte, sondern kraft Amtsstellung tätig wird.

---

[1] *Kanzleiter* in: MünchKomm-BGB, § 1436 Rn. 6.

§ 1437 BGB Gesamtgutsverbindlichkeiten; persönliche Haftung

(Fassung vom 02.01.2002, gültig ab 01.01.2002)

(1) Aus dem Gesamtgut können die Gläubiger des Ehegatten, der das Gesamtgut verwaltet, und, soweit sich aus den §§ 1438 bis 1440 nichts anderes ergibt, auch die Gläubiger des anderen Ehegatten Befriedigung verlangen (Gesamtgutsverbindlichkeiten).

(2) ¹Der Ehegatte, der das Gesamtgut verwaltet, haftet für die Verbindlichkeiten des anderen Ehegatten, die Gesamtgutsverbindlichkeiten sind, auch persönlich als Gesamtschuldner. ²Die Haftung erlischt mit der Beendigung der Gütergemeinschaft, wenn die Verbindlichkeiten im Verhältnis der Ehegatten zueinander dem anderen Ehegatten zur Last fallen.

Gliederung

A. Grundlagen	1	I. Gütergemeinschaft	9
I. Kurzcharakteristik	1	II. Ein Ehegatte verwaltet das Gesamtgut allein	10
II. Gesamtgutsverbindlichkeiten	5	III. Ein Ehegatte hat Verbindlichkeiten	11
III. Persönliche Haftung der Ehegatten	7	**C. Rechtsfolgen**	16
B. Anwendungsvoraussetzungen	9	D. Prozessuale Hinweise/Verfahrenshinweise	24

A. Grundlagen

I. Kurzcharakteristik

In den §§ 1437-1440 BGB ist die Haftung für Verbindlichkeiten im Rahmen einer Gütergemeinschaft mit Einzelverwaltung im Außenverhältnis zu den Gläubigern geregelt (zum Innenverhältnis zwischen den Ehegatten vgl. die §§ 1441-1444 BGB). **1**

Absatz 1 bestimmt, dass für sämtliche Verbindlichkeiten eines Ehegatten grundsätzlich das Gesamtgut haftet (sog. Gesamtgutsverbindlichkeiten). Für Verbindlichkeiten des nicht verwaltenden Ehegatten finden sich allerdings Ausnahmen in den §§ 1438-1440 BGB. **2**

Es handelt sich bei der Vorschrift um eine **zwingende Gläubigerschutzvorschrift**. Die Ehegatten können daher untereinander keine haftungsbeschränkenden Vereinbarungen treffen. Es kann allerdings mit dem jeweiligen Gläubiger eine beliebige Haftungsregelung vereinbart werden. Dabei kann auch eine Haftung des Gesamtguts ausgeschlossen werden. **3**

Absatz 2 begründet eine persönliche und gesamtschuldnerische Haftung des das Gesamtgut verwaltenden Ehegatten für Verbindlichkeiten des anderen Ehegatten, die Gesamtgutsverbindlichkeiten im Sinne des § 1437 Abs. 1 BGB sind. **4**

II. Gesamtgutsverbindlichkeiten

Beim Gesamtgut handelt es sich nicht um eine eigene Rechtspersönlichkeit, sondern um gesamthänderisch gebundenes Vermögen der Ehegatten. Verbindlichkeiten können nur die Ehegatten, nicht jedoch das Gesamtgut haben. Das Gesamtgut kann allerdings Haftungsobjekt für Verbindlichkeiten der Ehegatten gegenüber Dritten sein. Verbindlichkeiten eines Ehegatten, für die das Gesamtgut haftet, werden gemäß den §§ 1437 Abs. 1, 1459 Abs. 1 BGB als Gesamtgutsverbindlichkeiten bezeichnet. **5**

Für Verbindlichkeiten, die in der Person beider Ehegatten begründet werden, gelten die allgemeinen Vorschriften. Für rechtsgeschäftlich begründete Verbindlichkeiten haften daher gemäß § 427 BGB die Ehegatten mit ihren Sondervermögen und das Gesamtgut gesamtschuldnerisch. **6**

III. Persönliche Haftung der Ehegatten

Der **verwaltende Ehegatte** haftet für alle in seiner Person entstandenen Verbindlichkeiten nach allgemeinen Grundsätzen persönlich, d.h. mit seinem Vorbehalts- und (soweit pfändbar) Sondergut. Darüber hinaus haftet er nach § 1437 Abs. 2 Satz 1 BGB für Verbindlichkeiten des nicht verwaltenden Ehegatten, die Gesamtgutsverbindlichkeiten sind. **7**

Der **nicht verwaltende Ehegatte** haftet für die in seiner Person entstandenen Verbindlichkeiten persönlich, soweit sie nicht Gesamtgutsverbindlichkeiten sind. Für Gesamtgutsverbindlichkeiten haftet er persönlich, wenn diese in seiner Person entstanden sind, also etwa bei Auftreten als Bevollmächtigter **8**

§ 1437

oder im Falle der Notverwaltung gemäß § 1429 BGB bei Handeln im eigenen Namen. Für persönliche Verbindlichkeiten des verwaltenden Ehegatten haftet er nicht. Dies gilt selbst dann, wenn diese im Innenverhältnis der Ehegatten dem Gesamtgut zur Last fallen.[1] Eine Ausnahme bildet § 1480 BGB nach der Teilung des Gesamtguts.

B. Anwendungsvoraussetzungen

I. Gütergemeinschaft

9   Die Anwendung der Vorschrift setzt voraus, dass die Ehegatten im Güterstand der Gütergemeinschaft leben.

II. Ein Ehegatte verwaltet das Gesamtgut allein

10 Die Ehegatten müssen die Verwaltung des Gesamtguts im Ehevertrag einem Ehegatten alleine zugewiesen haben (vgl. § 1421 Satz 1 BGB).

III. Ein Ehegatte hat Verbindlichkeiten

11 Satz 1 gilt im Hinblick auf sämtliche **Verbindlichkeiten des verwaltenden Ehegatten**. Erforderlich ist allerdings, dass diese tatsächlich wirksam begründet worden sind. In den Fällen der §§ 1423-1425 BGB bedarf es daher der Zustimmung des nicht verwaltenden Ehegatten bzw. der Ersetzung der Zustimmung nach § 1426 BGB.

12 Satz 1 gilt auch bei **Verbindlichkeiten des nicht verwaltenden Ehegatten**, wobei allerdings die Ausnahmetatbestände in den §§ 1438-1440 BGB zu berücksichtigen sind.

13 Der **Rechtsgrund** der Verbindlichkeit des Ehegatten ist **unerheblich**. Die Vorschrift findet daher etwa auch in Bezug auf Verbindlichkeiten aus unerlaubter Handlung sowie auf Unterhaltspflichten Anwendung.

14 Ebenso findet die Vorschrift unabhängig vom **Leistungsgegenstand** Anwendung. Anwendbar ist die Vorschrift daher etwa auch im Falle einer Verpflichtung zur Herausgabe.

15 Satz 2 gilt nur im Hinblick auf Verbindlichkeiten des nicht verwaltenden Ehegatten.

C. Rechtsfolgen

16 Das Gesamtgut haftet für sämtliche **Verbindlichkeiten des verwaltenden Ehegatten**.

17 Das Gesamtgut haftet auch für **Verbindlichkeiten des nicht verwaltenden Ehegatten**. Die Haftung besteht im Hinblick auf alle vor Eintragung der Gütergemeinschaft entstandenen Verbindlichkeiten. Für die nach der Eintragung entstandenen Verbindlichkeiten finden sich Beschränkungen der Haftung in den §§ 1438-1440 BGB. Insbesondere entfällt eine Haftung bei Fehlen einer Zustimmung des verwaltenden Ehegatten, wenn das Rechtsgeschäft nicht ausnahmsweise (nach den §§ 1429, 1431, 1432, 1434, 1357 BGB) ohne eine solche Zustimmung für das Gesamtgut wirksam ist (§ 1438 Abs. 1 BGB).

18 Nach dem **Tod eines Ehegatten** werden Gesamtgutsverbindlichkeiten nicht mehr begründet.[2]

19 Der **verwaltende Ehegatte haftet** für die Verbindlichkeiten des nicht verwaltenden Ehegatten, die Gesamtgutsverbindlichkeiten sind, auch **persönlich als Gesamtschuldner (Absatz 1 Satz 1)**.

20 Neben dem verwaltenden Ehegatten haften das Gesamtgut (§ 1437 Abs. 1 BGB) sowie der nicht verwaltende Ehegatte persönlich.

21 Die **Haftung erlischt** mit der Beendigung der Gütergemeinschaft, wenn die Verbindlichkeiten im Verhältnis der Ehegatten zueinander dem anderen Ehegatten zur Last fallen (**Absatz 1 Satz 2**).

22 Der **Grund der Beendigung** der Gütergemeinschaft ist **gleichgültig**. So endet die Haftung etwa auch im Falle des Todes. Zulässig ist auch die Vereinbarung der Beendigung der Gütergemeinschaft zu dem Zweck, sich hierdurch der Haftung im Hinblick auf eine bestimmte Verpflichtung des anderen Ehegatten zu entziehen. Ein Schutz Dritter gemäß § 1412 BGB erfolgt diesbezüglich nicht.

23 Ob die Verbindlichkeiten im Verhältnis der Ehegatten zueinander dem anderen Ehegatten zur Last fallen, bestimmt sich nach den §§ 1441-1444 BGB.

---

[1] Vgl. RG v. 01.02.1917 - VI 366/16 - RGZ 89, 360-367.
[2] BayObLG München v. 24.05.1989 - BReg 3 Z 25/89 - BayObLGZ 1989, 169-175.

D. Prozessuale Hinweise/Verfahrenshinweise

Da die **Haftung des Gesamtguts** die Regel ist, trägt die **Beweislast** für das Gegenteil derjenige, der dies behauptet. 24

Zur **Zwangsvollstreckung** in das Gesamtgut ist grundsätzlich ein Titel gegen den verwaltenden Ehegatten erforderlich und ausreichend (§ 740 Abs. 1 ZPO). Eines Titels gegen den verwaltenden Ehegatten bedarf es auch dann, wenn der nicht verwaltende Ehegatte im Rahmen eines Notverwaltungsrechts (§ 1429 BGB) verklagt wurde oder wenn die Prozesskostenhaftung gemäß § 1438 Abs. 2 BGB aufgrund eines Rechtsstreits des nicht verwaltenden Ehegatten geltend gemacht werden soll.[3] 25

Ein Titel gegen den nicht verwaltenden Ehegatten genügt nur im Fall des selbständigen Betriebs eines Erwerbsgeschäfts nach § 1431 BGB (§ 741 ZPO). 26

Eine Klauselumschreibung ist gemäß § 742 ZPO im Falle des Eintritts der Gütergemeinschaft nach Rechtshängigkeit des Rechtsstreits möglich. 27

Nach Beendigung der Gütergemeinschaft sind bis zu deren Auseinandersetzung gemäß § 743 ZPO Titel gegen beide Ehegatten erforderlich. 28

Die Eröffnung eines **Insolvenzverfahrens** über das Vermögen eines Ehegatten beendet die Gütergemeinschaft nicht. Ggf. ist aber eine Aufhebungsklage gemäß den §§ 1447 Nr. 3, 1448 BGB möglich. 29

Im Insolvenzverfahren über das Vermögen des **verwaltenden Ehegatten** gehört das Gesamtgut zur Insolvenzmasse; eine Auseinandersetzung zwischen den Ehegatten findet nicht statt (§ 37 Abs. 1 Sätze 1, 2 InsO). Die §§ 1423 ff. BGB gelten für den Insolvenzverwalter nicht.[4] 30

Im Insolvenzverfahren über das Vermögen des **nicht verwaltenden Ehegatten** wird das Gesamtgut nicht berührt (§ 37 Abs. 1 Satz 3 InsO). Der Anteil des nicht verwaltenden Ehegatten gehört nicht zur Insolvenzmasse (§ 36 Abs. 1 Satz 1 InsO, § 860 Abs. 1 Satz 1 ZPO). Dem verwaltenden Ehegatten steht hinsichtlich der Gesamtgutsgegenstände ein Recht zur Aussonderung (§§ 47, 48 InsO) zu. 31

Die **Beweislast** für die **Haftungsbeendigung** nach Satz 2 trägt der verwaltende Ehegatte. 32

Gegen einen vollstreckbaren Titel ist die Haftungsbeendigung nach § 767 ZPO geltend zu machen. 33

---

[3] *Kanzleiter* in: MünchKomm-BGB, § 1437 Rn. 12.
[4] *Kanzleiter* in: MünchKomm-BGB, § 1437 Rn. 16.

§ 1438 BGB Haftung des Gesamtguts

(Fassung vom 02.01.2002, gültig ab 01.01.2002)

(1) Das Gesamtgut haftet für eine Verbindlichkeit aus einem Rechtsgeschäft, das während der Gütergemeinschaft vorgenommen wird, nur dann, wenn der Ehegatte, der das Gesamtgut verwaltet, das Rechtsgeschäft vornimmt oder wenn er ihm zustimmt oder wenn das Rechtsgeschäft ohne seine Zustimmung für das Gesamtgut wirksam ist.

(2) Für die Kosten eines Rechtsstreits haftet das Gesamtgut auch dann, wenn das Urteil dem Gesamtgut gegenüber nicht wirksam ist.

Gliederung

A. Kommentierung zu Absatz 1 1
  I. Grundlagen 1
  II. Anwendungsvoraussetzungen 2
    1. Gütergemeinschaft 2
    2. Ein Ehegatte verwaltet das Gesamtgut allein 3
    3. Verbindlichkeit aus einem Rechtsgeschäft des nicht verwaltenden Ehegatten 4
    4. Rechtsgeschäft während der Gütergemeinschaft vorgenommen 6
    5. Keine Zustimmung des verwaltenden Ehegatten 7
    6. Rechtsgeschäft nicht ohne Zustimmung des verwaltenden Ehegatten wirksam 8
  III. Rechtsfolgen 9
  IV. Prozessuale Hinweise/Verfahrenshinweise 10
B. Kommentierung zu Absatz 2 11
  I. Grundlagen 11
  II. Anwendungsvoraussetzungen 12
    1. Gütergemeinschaft 12
    2. Ein Ehegatte verwaltet das Gesamtgut allein 13
    3. Kosten eines Rechtsstreits 14
  III. Rechtsfolgen 15

A. Kommentierung zu Absatz 1

I. Grundlagen

1 In den §§ 1438-1440 BGB finden sich Ausnahmen zu der Regelung in § 1437 Abs. 1 BGB, dass für sämtliche Verbindlichkeiten der Ehegatten das Gesamtgut haftet. Absatz 1 enthält als erste Ausnahme eine Einschränkung der Haftung des Gesamtguts für Verbindlichkeiten aus Rechtsgeschäften des nicht verwaltenden Ehegatten.

II. Anwendungsvoraussetzungen

1. Gütergemeinschaft

2 Die Anwendung der Vorschrift setzt voraus, dass die Ehegatten im Güterstand der Gütergemeinschaft leben.

2. Ein Ehegatte verwaltet das Gesamtgut allein

3 Die Ehegatten müssen die Verwaltung des Gesamtguts im Ehevertrag einem Ehegatten alleine zugewiesen haben (vgl. § 1421 Satz 1 BGB).

3. Verbindlichkeit aus einem Rechtsgeschäft des nicht verwaltenden Ehegatten

4 Absatz 1 findet nur im Hinblick auf Verbindlichkeiten aus Rechtsgeschäften des nicht verwaltenden Ehegatten Anwendung. Für Verbindlichkeiten des verwaltenden Ehegatten haftet das Gesamtgut gemäß § 1437 Abs. 1 BGB ohne Einschränkung.

5 Für die Anwendung von Absatz 1 ist es unerheblich, ob sich das Rechtsgeschäft des nicht verwaltenden Ehegatten auf das Gesamtgut oder auf sein Vorbehalts- oder Sondergut bezieht.

4. Rechtsgeschäft während der Gütergemeinschaft vorgenommen

6 Absatz 1 findet nur in Bezug auf Rechtsgeschäfte Anwendung, die während der Gütergemeinschaft vorgenommen werden. Für Verbindlichkeiten aus vor dem Eintritt der Gütergemeinschaft abgeschlossenen Rechtsgeschäften des nicht verwaltenden Ehegatten haftet das Gesamtgut uneingeschränkt.

5. Keine Zustimmung des verwaltenden Ehegatten

Absatz 1 beschränkt die Haftung des Gesamtguts nicht, wenn der verwaltende Ehegatte dem Rechtsgeschäft zugestimmt, d.h. seine Einwilligung erklärt oder das Geschäft genehmigt hat (§§ 183, 184 BGB), oder die Zustimmung gemäß § 1430 BGB durch das Familiengericht ersetzt worden ist.

6. Rechtsgeschäft nicht ohne Zustimmung des verwaltenden Ehegatten wirksam

Die Haftungsbeschränkung gilt auch dann nicht, wenn das Rechtsgeschäft des nicht verwaltenden Ehegatten auch ohne Zustimmung des verwaltenden Ehegatten für das Gesamtgut wirksam ist. Eine solche Wirksamkeit ohne Zustimmung kann sich aus § 1357 BGB (Geschäfte zur Deckung des Lebensbedarfs), § 1429 BGB (Notverwaltungsrecht), § 1431 BGB (selbständiges Erwerbsgeschäft) sowie aus § 1432 BGB (Annahme einer Erbschaft, Ablehnung einer Schenkung usw.) ergeben. Im Falle des Erwerbs eines Gegenstands zum Gesamtgut (§ 1416 Abs. 1 Satz 2 BGB) kommt eine Bereicherungshaftung des Gesamtguts gemäß § 1434 BGB in Betracht.

III. Rechtsfolgen

Das **Gesamtgut haftet nicht** für die Verbindlichkeit aus dem Rechtsgeschäft.

IV. Prozessuale Hinweise/Verfahrenshinweise

Die **Beweislast** für die Erteilung oder Ersetzung der Zustimmung bzw. für die Wirksamkeit des Rechtsgeschäfts für das Gesamtgut auch ohne Zustimmung trägt der Gläubiger, der das Gesamtgut in Anspruch nehmen möchte.

B. Kommentierung zu Absatz 2

I. Grundlagen

Absatz 2 bestimmt, dass das Gesamtgut für die Kosten eines Rechtsstreits stets haftet.

II. Anwendungsvoraussetzungen

1. Gütergemeinschaft

Die Anwendung der Vorschrift setzt voraus, dass die Ehegatten im Güterstand der Gütergemeinschaft leben.

2. Ein Ehegatte verwaltet das Gesamtgut allein

Die Ehegatten müssen die Verwaltung des Gesamtguts im Ehevertrag einem Ehegatten alleine zugewiesen haben (vgl. § 1421 Satz 1 BGB).

3. Kosten eines Rechtsstreits

Absatz 2 gilt im Hinblick auf Kosten, die durch einen Rechtsstreit entstanden sind. Dabei werden **nicht nur Kosten aus Zivilverfahren**, sondern auch solche aus Straf- und Verwaltungsverfahren sowie solche aus Verfahren der freiwilligen Gerichtsbarkeit nach dem FamFG erfasst. Erfasst werden auch Kosten aus den entsprechenden Vorverfahren.

III. Rechtsfolgen

Das Gesamtgut haftet für die Kosten des Rechtsstreits auch dann, wenn das Urteil dem Gesamtgut gegenüber nicht wirksam ist. Dies ist der Fall bei Prozessen im Hinblick auf das Vorbehalts- oder Sondergut des nicht verwaltenden Ehegatten sowie bei Prozessen über Rechtsgeschäfte des nicht verwaltenden Ehegatten, denen der verwaltende Ehegatte nicht zugestimmt hat.

Da es sich bei der Vorschrift um eine Ausnahmevorschrift zum Schutze Dritter handelt, beschränkt sich die Haftung auf die Gerichtskosten und die dem Gegner zu erstattenden Kosten (str.).[1]

---

[1] *Kanzleiter* in: MünchKomm-BGB, § 1438 Rn. 6.

§ 1439 BGB Keine Haftung bei Erwerb einer Erbschaft

(Fassung vom 02.01.2002, gültig ab 01.01.2002)

Das Gesamtgut haftet nicht für Verbindlichkeiten, die durch den Erwerb einer Erbschaft entstehen, wenn der Ehegatte, der Erbe ist, das Gesamtgut nicht verwaltet und die Erbschaft während der Gütergemeinschaft als Vorbehaltsgut oder als Sondergut erwirbt; das Gleiche gilt beim Erwerb eines Vermächtnisses.

Gliederung

A. Grundlagen 1
B. Anwendungsvoraussetzungen 2
  I. Gütergemeinschaft 2
  II. Ein Ehegatte verwaltet das Gesamtgut allein 3
  III. Nicht verwaltender Ehegatte erwirbt eine Erbschaft/ein Vermächtnis 4
  IV. Erwerb der Erbschaft/des Vermächtnisses während der Gütergemeinschaft 7
  V. Erwerb der Erbschaft/des Vermächtnisses erfolgt als Vorbehalts- oder Sondergut 8
  VI. Durch den Erwerb der Erbschaft/des Vermächtnisses entstehen Verbindlichkeiten 12
C. Rechtsfolgen 13

A. Grundlagen

1 Die Vorschrift beinhaltet die zweite Ausnahme vom Grundsatz der Haftung des Gesamtguts für die Verbindlichkeiten beider Ehegatten. Sie schließt eine Haftung des Gesamtguts für Verbindlichkeiten aus, die durch den Erwerb von Erbschaften oder Vermächtnissen entstehen, die dem nicht verwaltenden Ehegatten während der Gütergemeinschaft als Vorbehalts- oder Sondergut zufallen.

B. Anwendungsvoraussetzungen

I. Gütergemeinschaft

2 Die Anwendung der Vorschrift setzt voraus, dass die Ehegatten im Güterstand der Gütergemeinschaft leben.

II. Ein Ehegatte verwaltet das Gesamtgut allein

3 Die Ehegatten müssen die Verwaltung des Gesamtguts im Ehevertrag einem Ehegatten alleine zugewiesen haben (vgl. § 1421 Satz 1 BGB).

III. Nicht verwaltender Ehegatte erwirbt eine Erbschaft/ein Vermächtnis

4 Die Anwendung der Vorschrift setzt voraus, dass der nicht verwaltende Ehegatte eine Erbschaft oder ein Vermächtnis erwirbt.

5 Die Vorschrift gilt nicht im Hinblick auf den **Pflichtteilsanspruch**. Bei diesem handelt es sich stets um einen Nettogeldanspruch ohne eine damit verbundene besondere Haftung.

6 Die Vorschrift findet keine Anwendung auf den **Erwerb** einer Erbschaft bzw. eines Vermächtnisses **durch den verwaltenden Ehegatten**. In diesem Fall haftet das Gesamtgut unabhängig davon, ob der Erwerb in das Gesamtgut oder in das Vorbehalts- oder Sondergut des verwaltenden Ehegatten fällt.

IV. Erwerb der Erbschaft/des Vermächtnisses während der Gütergemeinschaft

7 Der Erwerb der Erbschaft bzw. des Vermächtnisses muss während der Gütergemeinschaft erfolgen. Die Vorschrift gilt nicht für den Erwerb einer Erbschaft bzw. eines Vermächtnisses, der bereits vor dem Eintritt der Gütergemeinschaft erfolgte.

V. Erwerb der Erbschaft/des Vermächtnisses erfolgt als Vorbehalts- oder Sondergut

8 Die Vorschrift gilt nur, sofern der nicht verwaltende Ehegatte die Erbschaft oder das Vermächtnis als Vorbehalts- oder Sondergut erwirbt.

9 **Vorbehaltsgut** wird die Erbschaft bzw. das Vermächtnis, wenn die Ehegatten eine entsprechende Vereinbarung im Ehevertrag getroffen haben (§ 1418 Abs. 2 Nr. 1 BGB) oder der Erblasser durch letztwillige Verfügung bestimmt hat, dass die Erbschaft bzw. das Vermächtnis Vorbehaltsgut werden soll (§ 1418 Abs. 2 Nr. 2 BGB).

Sondergut wird die Erbschaft bzw. das Vermächtnis, soweit die Gegenstände nicht durch Rechtsgeschäft übertragen werden können (§ 1417 Abs. 2 BGB). 10

Die Vorschrift findet keine Anwendung, wenn der Erwerb in das **Gesamtgut** fällt. In diesem Fall haftet das Gesamtgut für die hierdurch entstehenden Verbindlichkeiten. 11

VI. Durch den Erwerb der Erbschaft/des Vermächtnisses entstehen Verbindlichkeiten

Die Vorschrift gilt im Hinblick auf Verbindlichkeiten, die durch den Erwerb der Erbschaft bzw. des Vermächtnisses entstehen. Solche Verbindlichkeiten können sich aus § 1967 BGB (Erblasserschulden und sonstige Nachlassverbindlichkeiten), § 1968 BGB (Beerdigungskosten), § 1969 BGB (Dreißigster), § 2130 BGB (Herausgabepflicht des Vorerben), aus einem Vermächtnis (§§ 2147-2191 BGB) oder einer Auflage (§§ 2192-2196 BGB) sowie aus dem Pflichtteilsrecht ergeben. Auch die sich etwa aus den §§ 1586b, 1615l BGB ergebenden Unterhaltspflichten sind hierunter zu fassen, ebenso öffentliche Abgaben (insbesondere die Erbschaftsteuer). 12

C. Rechtsfolgen

Das **Gesamtgut haftet nicht** für die durch den Erwerb der Erbschaft oder des Vermächtnisses entstehenden Verbindlichkeiten. 13

§ 1440 BGB Haftung für Vorbehalts- oder Sondergut

(Fassung vom 02.01.2002, gültig ab 01.01.2002)

¹Das Gesamtgut haftet nicht für eine Verbindlichkeit, die während der Gütergemeinschaft infolge eines zum Vorbehaltsgut oder Sondergut gehörenden Rechts oder des Besitzes einer dazu gehörenden Sache in der Person des Ehegatten entsteht, der das Gesamtgut nicht verwaltet. ²Das Gesamtgut haftet jedoch, wenn das Recht oder die Sache zu einem Erwerbsgeschäft gehört, das der Ehegatte mit Einwilligung des anderen Ehegatten selbständig betreibt, oder wenn die Verbindlichkeit zu den Lasten des Sonderguts gehört, die aus den Einkünften beglichen zu werden pflegen.

Gliederung

A. Grundlagen 1	V. Verbindlichkeit während der Gütergemeinschaft entstanden 8
B. Anwendungsvoraussetzungen 2	VI. Das Recht/die Sache gehört nicht zu einem Erwerbsgeschäft, das der Ehegatte mit Einwilligung des anderen Ehegatten selbständig betreibt 9
I. Gütergemeinschaft 2	
II. Ein Ehegatte verwaltet das Gesamtgut allein 3	
III. Verbindlichkeit in der Person des nicht verwaltenden Ehegatten 4	
IV. Verbindlichkeit infolge eines zum Vorbehalts- oder Sondergut gehörenden Rechts/des Besitzes einer dazu gehörenden Sache 6	VII. Verbindlichkeit gehört nicht zu den Lasten des Sonderguts, die aus den Einkünften beglichen zu werden pflegen 10
	C. Rechtsfolgen 12

A. Grundlagen

1 Die Vorschrift enthält die dritte Ausnahme vom Grundsatz der Haftung des Gesamtguts für Verbindlichkeiten beider Ehegatten. Sie schließt die Haftung des Gesamtguts für Verbindlichkeiten des nicht verwaltenden Ehegatten, die während der Gütergemeinschaft infolge eines zu seinem Vorbehalts- oder Sondergut gehörenden Rechts oder des Besitzes einer dazu gehörenden Sache entstehen, grundsätzlich aus. Eine Ausnahme gilt nur für den Fall, dass das Recht oder die Sache zu einem vom nicht verwaltenden Ehegatten mit Zustimmung des verwaltenden Ehegatten selbständig betriebenen Erwerbsgeschäft gehört.

B. Anwendungsvoraussetzungen

I. Gütergemeinschaft

2 Die Anwendung der Vorschrift setzt voraus, dass die Ehegatten im Güterstand der Gütergemeinschaft leben.

II. Ein Ehegatte verwaltet das Gesamtgut allein

3 Die Ehegatten müssen die Verwaltung des Gesamtguts im Ehevertrag einem Ehegatten alleine zugewiesen haben (vgl. § 1421 Satz 1 BGB).

III. Verbindlichkeit in der Person des nicht verwaltenden Ehegatten

4 Die Vorschrift gilt im Hinblick auf Verbindlichkeiten, die in der Person des nicht verwaltenden Ehegatten entstehen.

5 Die **Rechtsnatur** der Verbindlichkeit ist **unerheblich**. So werden etwa Steuern, Verbindlichkeiten wegen ungerechtfertigter Bereicherung sowie Verbindlichkeiten aus Gefährdungshaftung von der Vorschrift erfasst.

IV. Verbindlichkeit infolge eines zum Vorbehalts- oder Sondergut gehörenden Rechts/des Besitzes einer dazu gehörenden Sache

6 Die Verbindlichkeit muss infolge eines zum Vorbehalts- oder Sondergut gehörenden Rechts oder des Besitzes einer dazu gehörenden Sache entstanden sein. Voraussetzung der Anwendung der Vorschrift ist somit ein **enger Zusammenhang der Verbindlichkeit mit dem Vorbehalts- oder Sondergut**.

Zu diesen Verbindlichkeiten können etwa Grundsteuern, Reallasten und Erschließungskosten gehören. Ebenso kommen diesbezüglich Verbindlichkeiten aus Gefährdungshaftung – etwa aus § 833 BGB (Haftung des Tierhalters) oder aus § 836 BGB (Haftung für Gebäudeeinsturz) – in Betracht, wenn der die Haftung verursachende Gegenstand zum Vorbehalts- oder Sondergut gehört. Auch Verbindlichkeiten aus ungerechtfertigter Bereicherung können umfasst sein, wenn der enge Zusammenhang mit dem Vorbehalts- oder Sondergut gegeben ist. 7

V. Verbindlichkeit während der Gütergemeinschaft entstanden

Die Verbindlichkeit muss während der Gütergemeinschaft entstanden sein. Für Verbindlichkeiten, die bereits vor Eintritt der Gütergemeinschaft entstanden waren, haftet das Gesamtgut nach § 1437 Abs. 1 BGB. 8

VI. Das Recht/die Sache gehört nicht zu einem Erwerbsgeschäft, das der Ehegatte mit Einwilligung des anderen Ehegatten selbständig betreibt

Die Vorschrift findet keine Anwendung, wenn das Recht oder die Sache zu einem Erwerbsgeschäft gehört, das der nicht verwaltende Ehegatte mit Zustimmung des verwaltenden Ehegatten selbständig betreibt (vgl. § 1431 BGB). 9

VII. Verbindlichkeit gehört nicht zu den Lasten des Sonderguts, die aus den Einkünften beglichen zu werden pflegen

Die Vorschrift findet auch dann keine Anwendung, wenn die Verbindlichkeit zu den Lasten des Sonderguts gehört, die aus dessen Einkünften beglichen zu werden pflegen. 10

Hiervon umfasst sind etwa die Kosten für die Instandhaltung und Instandsetzung des Sonderguts, für die Gewinnung von Nutzungen aus dem Sondergut, die laufenden privaten und öffentlichen Lasten im Hinblick auf das Sondergut sowie die Kosten für Versicherungen (vgl. § 1417 Abs. 3 Satz 2 BGB). 11

C. Rechtsfolgen

Das **Gesamtgut haftet nicht** für die Verbindlichkeit. 12

Damit entfällt auch eine Haftung des verwaltenden Ehegatten gemäß § 1437 Abs. 2 Satz 1 BGB. 13

§ 1441 BGB Haftung im Innenverhältnis

(Fassung vom 02.01.2002, gültig ab 01.01.2002)

Im Verhältnis der Ehegatten zueinander fallen folgende Gesamtgutsverbindlichkeiten dem Ehegatten zur Last, in dessen Person sie entstehen:

1. die Verbindlichkeiten aus einer unerlaubten Handlung, die er nach Eintritt der Gütergemeinschaft begeht, oder aus einem Strafverfahren, das wegen einer solchen Handlung gegen ihn gerichtet wird;
2. die Verbindlichkeiten aus einem sich auf sein Vorbehaltsgut oder sein Sondergut beziehenden Rechtsverhältnis, auch wenn sie vor Eintritt der Gütergemeinschaft oder vor der Zeit entstanden sind, zu der das Gut Vorbehaltsgut oder Sondergut geworden ist;
3. die Kosten eines Rechtsstreits über eine der in den Nummern 1 und 2 bezeichneten Verbindlichkeiten.

Gliederung

A. Grundlagen 1	2. Verbindlichkeit eines Ehegatten aus einem sich auf sein Vorbehalts- oder Sondergut beziehenden Rechtsverhältnis (Nr. 2) 12
B. Anwendungsvoraussetzungen 3	
I. Gütergemeinschaft 3	
II. Ein Ehegatte verwaltet das Gesamtgut allein 4	3. Kosten eines Rechtsstreits über eine der in Nr. 1/Nr. 2 bezeichneten Verbindlichkeiten (Nr. 3) 17
III. Verbindlichkeit aus Katalog der Nrn. 1-3 5	
1. Verbindlichkeit eines Ehegatten aus unerlaubter Handlung nach Eintritt der Gütergemeinschaft/ aus Strafverfahren wegen einer solchen Handlung (Nr. 1) 6	IV. Es handelt sich bei der Verbindlichkeit nach Nrn. 1-3 um eine Gesamtgutsverbindlichkeit 22
	C. Rechtsfolgen 23

A. Grundlagen

1 Die §§ 1441-1444 BGB regeln die Haftung für Gesamtgutsverbindlichkeiten im Verhältnis der Ehegatten zueinander. Die Vorschrift bestimmt, dass bestimmte Gesamtgutsverbindlichkeiten, die nach ihrem Entstehungsgrund stark personenbezogen sind, im Innenverhältnis dem Ehegatten zur Last fallen, in dessen Person sie entstehen.

2 Die Vorschrift kann von den Ehegatten **abbedungen** werden.

B. Anwendungsvoraussetzungen

I. Gütergemeinschaft

3 Die Anwendung der Vorschrift setzt voraus, dass die Ehegatten im Güterstand der Gütergemeinschaft leben.

II. Ein Ehegatte verwaltet das Gesamtgut allein

4 Die Ehegatten müssen die Verwaltung des Gesamtguts im Ehevertrag einem Ehegatten alleine zugewiesen haben (vgl. § 1421 Satz 1 BGB).

III. Verbindlichkeit aus Katalog der Nrn. 1-3

5 Die Vorschrift gilt im Hinblick auf die im Katalog der Nrn. 1-3 genannten Gesamtgutsverbindlichkeiten.

1. Verbindlichkeit eines Ehegatten aus unerlaubter Handlung nach Eintritt der Gütergemeinschaft/aus Strafverfahren wegen einer solchen Handlung (Nr. 1)

6 Die Vorschrift findet Anwendung im Hinblick auf (Gesamtguts-)Verbindlichkeiten eines Ehegatten aus einer unerlaubten Handlung, die er nach Eintritt der Gütergemeinschaft begangen hat, oder aus einem Strafverfahren, das wegen einer solchen Handlung gegen ihn gerichtet wird.

Zu den Verbindlichkeiten aus **unerlaubter Handlung** zählen insbesondere Verpflichtungen zum Schadensersatz. 7

Nicht von der Vorschrift umfasst werden Verbindlichkeiten aufgrund einer reinen **Gefährdungshaftung**. 8

Unter den Begriff des **Strafverfahrens** sind nach dem Zweck der Vorschrift auch Verfahren wegen Ordnungswidrigkeiten sowie Privatklageverfahren[1] zu fassen. 9

Zu den von der Vorschrift erfassten Verbindlichkeiten aus einem Strafverfahren gehören insbesondere Strafen und Geldbußen sowie Verfahrens- und Verteidigerkosten. 10

Die Vorschrift gilt nur für nach Eintritt der Gütergemeinschaft begangene unerlaubte Handlungen. Bei unerlaubten Handlungen vor Eintritt der Gütergemeinschaft wird das Gesamtgut endgültig belastet. 11

2. Verbindlichkeit eines Ehegatten aus einem sich auf sein Vorbehalts- oder Sondergut beziehenden Rechtsverhältnis (Nr. 2)

Die Vorschrift findet darüber hinaus Anwendung im Hinblick auf (Gesamtguts-)Verbindlichkeiten eines Ehegatten aus einem sich auf sein Vorbehalts- oder Sondergut beziehenden Rechtsverhältnis. 12

Es kann sich bei den Verbindlichkeiten um solche aus Rechtsgeschäften des verwaltenden Ehegatten oder solche des nicht verwaltenden Ehegatten handeln, denen der verwaltende Ehegatte zugestimmt hat oder die (aufgrund der §§ 1357, 1429, 1431, 1432 BGB) auch ohne Zustimmung des verwaltenden Ehegatten für das Gesamtgut wirksam sind (vgl. § 1438 Abs. 1 BGB). Es kann sich auch um dingliche Belastungen des Sondervermögens oder um Unterhaltspflichten handeln, wenn diese durch das Vorbehalts- oder Sondergut begründet oder erweitert werden. 13

Die Vorschrift gilt nur in Bezug auf Gesamtgutsverbindlichkeiten. Nicht von der Vorschrift erfasst werden daher Verbindlichkeiten des nicht verwaltenden Ehegatten, für die das Gesamtgut nach den §§ 1439, 1440 Satz 1 BGB nicht haftet. 14

Darüber hinaus ist die Ausnahmeregelung des § 1442 BGB zu beachten. 15

Die Vorschrift findet auch dann Anwendung, wenn die Verbindlichkeiten vor Eintritt der Gütergemeinschaft oder vor der Zeit entstanden sind, zu der das Gut Vorbehalts- oder Sondergut geworden ist. 16

3. Kosten eines Rechtsstreits über eine der in Nr. 1/Nr. 2 bezeichneten Verbindlichkeiten (Nr. 3)

Die Vorschrift gilt schließlich auch im Hinblick auf Kosten eines Rechtsstreits über Verbindlichkeiten gemäß Nr. 1 oder Nr. 2. 17

Vom Begriff des Rechtsstreits werden **auch schiedsgerichtliche** Verfahren erfasst. 18

Zu den **Kosten** des Rechtsstreits gehören die Gerichtskosten sowie die gegnerischen und eigenen Anwaltskosten. 19

Für Kosten eines Rechtsstreits, der nicht die in Nr. 1 und Nr. 2 aufgeführten Verbindlichkeiten betrifft, gilt § 1443 BGB. 20

Zu berücksichtigen ist die Ausnahmeregelung in § 1442 BGB. 21

IV. Es handelt sich bei der Verbindlichkeit nach Nrn. 1-3 um eine Gesamtgutsverbindlichkeit

Es muss sich bei der Verbindlichkeit um eine Gesamtgutsverbindlichkeit handeln. Diese Voraussetzung ist nicht erfüllt, wenn im Hinblick auf die Verbindlichkeit einer der in den §§ 1442-1444 BGB enthaltenen Ausnahmetatbestände eingreift. 22

C. Rechtsfolgen

Im Verhältnis der Ehegatten zueinander fällt die Verbindlichkeit dem Ehegatten zur Last, in dessen Person sie entstanden ist. Es handelt sich bei der Verbindlichkeit gleichwohl um eine Gesamtgutsverbindlichkeit. 23

---

[1] *Brudermüller* in: Palandt, § 1441 Rn. 2.

§ 1442 BGB Verbindlichkeiten des Sonderguts und eines Erwerbsgeschäfts

(Fassung vom 02.01.2002, gültig ab 01.01.2002)

[1]Die Vorschrift des § 1441 Nr. 2, 3 gilt nicht, wenn die Verbindlichkeiten zu den Lasten des Sonderguts gehören, die aus den Einkünften beglichen zu werden pflegen. [2]Die Vorschrift gilt auch dann nicht, wenn die Verbindlichkeiten durch den Betrieb eines für Rechnung des Gesamtguts geführten Erwerbsgeschäfts oder infolge eines zu einem solchen Erwerbsgeschäft gehörenden Rechts oder des Besitzes einer dazu gehörenden Sache entstehen.

Gliederung

A. Grundlagen 1	1. Verbindlichkeit gehört zu den Lasten des Sonderguts, die aus den Einkünften beglichen zu werden pflegen (Satz 1) 5
B. Anwendungsvoraussetzungen 2	
I. Gütergemeinschaft 2	
II. Ein Ehegatte verwaltet das Gesamtgut allein 3	2. Verbindlichkeit entsteht durch den Betrieb eines für Rechnung des Gesamtguts geführten Erwerbsgeschäfts/infolge eines zu einem solchen Erwerbsgeschäft gehörenden Rechts oder des Besitzes einer dazu gehörenden Sache (Satz 2) ... 7
III. Verbindlichkeit im Sinne des § 1441 Nr. 2 oder Nr. 3 BGB 4	
IV. Eingreifen eines Tatbestands gemäß Satz 1 bzw. Satz 2 5	
	C. Rechtsfolgen 10

A. Grundlagen

1 Die Vorschrift begründet eine Ausnahme zu § 1441 Nr. 2 und Nr. 3 BGB für Verbindlichkeiten, die zu den Lasten des Sonderguts gehören, die aus den Einkünften beglichen zu werden pflegen sowie für Verbindlichkeiten im Rahmen eines für Rechnung des Gesamtguts geführten Erwerbsgeschäfts.

B. Anwendungsvoraussetzungen

I. Gütergemeinschaft

2 Die Anwendung der Vorschrift setzt voraus, dass die Ehegatten im Güterstand der Gütergemeinschaft leben.

II. Ein Ehegatte verwaltet das Gesamtgut allein

3 Die Ehegatten müssen die Verwaltung des Gesamtguts im Ehevertrag einem Ehegatten alleine zugewiesen haben (vgl. § 1421 Satz 1 BGB).

III. Verbindlichkeit im Sinne des § 1441 Nr. 2 oder Nr. 3 BGB

4 Die Vorschrift findet Anwendung im Hinblick auf Verbindlichkeiten eines Ehegatten im Sinne des § 1441 Nr. 2 und Nr. 3 BGB.

IV. Eingreifen eines Tatbestands gemäß Satz 1 bzw. Satz 2

1. Verbindlichkeit gehört zu den Lasten des Sonderguts, die aus den Einkünften beglichen zu werden pflegen (Satz 1)

5 Die Vorschrift findet Anwendung, wenn eine Verbindlichkeit zu den Lasten des Sonderguts gehört, die aus den Einkünften beglichen zu werden pflegen (vgl. § 1417 Abs. 3 Satz 2 BGB).

6 Die Vorschrift beruht auf der Erwägung, dass die Belastung des Gesamtguts gerechtfertigt ist, weil dieses hier gemäß § 1417 Abs. 3 Satz 2 BGB auch die Vorteile erhält. Vor diesem Hintergrund findet die Vorschrift keine Anwendung, wenn die Ehegatten ehevertraglich bestimmt haben, dass der Ehegatte das Sondergut für eigene Rechnung verwaltet.[1]

---

[1] *Kanzleiter* in: MünchKomm-BGB, § 1442 Rn. 2.

2. Verbindlichkeit entsteht durch den Betrieb eines für Rechnung des Gesamtguts geführten Erwerbsgeschäfts/infolge eines zu einem solchen Erwerbsgeschäft gehörenden Rechts oder des Besitzes einer dazu gehörenden Sache (Satz 2)

Die Vorschrift findet zudem Anwendung, sofern die Verbindlichkeit durch den Betrieb eines für Rechnung des Gesamtguts geführten Erwerbsgeschäfts oder infolge eines zu einem solchen Erwerbsgeschäft gehörenden Rechts oder des Besitzes einer dazu gehörenden Sache entsteht. 7

Zum Begriff des **Erwerbsgeschäfts** vgl. die Kommentierung zu § 1431 BGB Rn. 5. 8

Für Rechnung des Gesamtguts wird das Erwerbsgeschäft geführt, wenn es selbst zum Gesamtgut oder wenn es zum Sondergut (vgl. § 1417 Abs. 3 Satz 2 BGB) gehört. Gehört das Erwerbsgeschäft hingegen zum Vorbehaltsgut eines Ehegatten, wird es gemäß § 1418 Abs. 3 Satz 2 BGB für dessen Rechnung geführt. Abweichendes kann sich allerdings aus einer ehevertraglichen Vereinbarung der Ehegatten ergeben. 9

C. Rechtsfolgen

§ 1441 Nr. 2 und Nr. 3 BGB gilt nicht. Die Gesamtgutsverbindlichkeit fällt im Innenverhältnis nicht nur einem Ehegatten, sondern dem Gesamtgut – und damit den Ehegatten intern zu gleichen Teilen – zur Last. 10

§ 1443 BGB Prozesskosten

(Fassung vom 02.01.2002, gültig ab 01.01.2002)

(1) Im Verhältnis der Ehegatten zueinander fallen die Kosten eines Rechtsstreits, den die Ehegatten miteinander führen, dem Ehegatten zur Last, der sie nach allgemeinen Vorschriften zu tragen hat.

(2) ¹Führt der Ehegatte, der das Gesamtgut nicht verwaltet, einen Rechtsstreit mit einem Dritten, so fallen die Kosten des Rechtsstreits im Verhältnis der Ehegatten zueinander diesem Ehegatten zur Last. ²Die Kosten fallen jedoch dem Gesamtgut zur Last, wenn das Urteil dem Gesamtgut gegenüber wirksam ist oder wenn der Rechtsstreit eine persönliche Angelegenheit oder eine Gesamtgutsverbindlichkeit des Ehegatten betrifft und die Aufwendung der Kosten den Umständen nach geboten ist; § 1441 Nr. 3 und § 1442 bleiben unberührt.

Gliederung

A. Kommentierung zu Absatz 1 1	1. Gütergemeinschaft 7
I. Grundlagen 1	2. Ein Ehegatte verwaltet das Gesamtgut allein 8
II. Anwendungsvoraussetzungen 2	3. Nicht verwaltender Ehegatte führt einen Rechtsstreit mit einem Dritten 9
1. Gütergemeinschaft 2	4. Urteil nicht gegenüber dem Gesamtgut wirksam 12
2. Ein Ehegatte verwaltet das Gesamtgut allein 3	
3. Rechtsstreit, den die Ehegatten miteinander führen 4	5. Rechtsstreit betrifft weder eine persönliche Angelegenheit noch eine Gesamtgutsverbindlichkeit des Ehegatten/Aufwendung der Kosten ist den Umständen nach nicht geboten 14
III. Rechtsfolgen 5	
B. Kommentierung zu Absatz 2 6	
I. Grundlagen 6	
II. Anwendungsvoraussetzungen 7	III. Rechtsfolgen 16

A. Kommentierung zu Absatz 1

I. Grundlagen

1 Absatz 1 begründet eine weitere Ausnahme von dem Grundsatz, dass alle Gesamtgutsverbindlichkeiten dem Gesamtgut zur Last fallen, für Kosten von Rechtsstreitigkeiten zwischen den Ehegatten.

II. Anwendungsvoraussetzungen

1. Gütergemeinschaft

2 Die Anwendung der Vorschrift setzt voraus, dass die Ehegatten im Güterstand der Gütergemeinschaft leben.

2. Ein Ehegatte verwaltet das Gesamtgut allein

3 Die Ehegatten müssen die Verwaltung des Gesamtguts im Ehevertrag einem Ehegatten alleine zugewiesen haben (vgl. § 1421 Satz 1 BGB).

3. Rechtsstreit, den die Ehegatten miteinander führen

4 Absatz 1 gilt im Hinblick auf Rechtsstreitigkeiten, die die Ehegatten miteinander führen. Von der Vorschrift umfasst werden auch Streitverfahren im Rahmen der freiwilligen Gerichtsbarkeit.[1]

III. Rechtsfolgen

5 Die Kosten des Rechtsstreits fallen dem Ehegatten zur Last, der sie nach den **allgemeinen Vorschriften** zu tragen hat. Die Tragung der Kostenlast bestimmt sich somit nach der gerichtlichen Entscheidung (§ 308 Abs. 2 ZPO) bzw. den prozessualen Vorschriften (§§ 91-101 ZPO) oder einer von den Ehegatten (etwa in einem Vergleich) getroffenen Vereinbarung.

---

[1] *Kanzleiter* in: MünchKomm-BGB, § 1443 Rn. 2.

B. Kommentierung zu Absatz 2

I. Grundlagen

Absatz 2 begründet eine weitere Ausnahme von dem Grundsatz, dass alle Gesamtgutsverbindlichkeiten dem Gesamtgut zur Last fallen, für Kosten von Rechtsstreitigkeiten des nicht verwaltenden Ehegatten mit einem Dritten. Die §§ 1441 Nr. 3, 1442 BGB sind vorrangig. 6

II. Anwendungsvoraussetzungen

1. Gütergemeinschaft

Die Anwendung der Vorschrift setzt voraus, dass die Ehegatten im Güterstand der Gütergemeinschaft leben. 7

2. Ein Ehegatte verwaltet das Gesamtgut allein

Die Ehegatten müssen die Verwaltung des Gesamtguts im Ehevertrag einem Ehegatten alleine zugewiesen haben (vgl. § 1421 Satz 1 BGB). 8

3. Nicht verwaltender Ehegatte führt einen Rechtsstreit mit einem Dritten

Absatz 2 gilt im Hinblick auf Rechtsstreitigkeiten des nicht verwaltenden Ehegatten mit einem Dritten. 9

In Bezug auf Rechtsstreitigkeiten des **verwaltenden Ehegatten** findet Absatz 2 keine Anwendung. Die Kosten eines Rechtsstreits des verwaltenden Ehegatten mit Dritten fallen im Innenverhältnis dem Gesamtgut zur Last, sofern nicht § 1441 Nr. 3 BGB eingreift. 10

Für Rechtsstreitigkeiten der **Ehegatten untereinander** gilt § 1443 Abs. 1 BGB. 11

4. Urteil nicht gegenüber dem Gesamtgut wirksam

Absatz 2 Satz 2 Alternative 1 enthält eine Ausnahmeregelung. Danach findet die in Absatz 2 Satz 1 enthaltene Kostenlastverteilung keine Anwendung, wenn das Urteil dem Gesamtgut gegenüber wirksam ist. Die Kosten fallen dann dem Gesamtgut zur Last. 12

Das Urteil ist gegenüber dem Gesamtgut wirksam, wenn der verwaltende Ehegatte der Prozessführung zugestimmt hat oder ein Fall der §§ 1428, 1429, 1431, 1433 BGB vorliegt. 13

5. Rechtsstreit betrifft weder eine persönliche Angelegenheit noch eine Gesamtgutsverbindlichkeit des Ehegatten/Aufwendung der Kosten ist den Umständen nach nicht geboten

Absatz 2 Satz 2 Alternative 2 enthält eine weitere Ausnahmeregelung. Danach findet die in Absatz 2 Satz 1 enthaltene Kostenlastverteilung ebenfalls keine Anwendung, wenn der Rechtsstreit eine persönliche Angelegenheit oder Gesamtgutsverbindlichkeit des Ehegatten betrifft und (in beiden Fällen) die Aufwendung der Kosten den Umständen nach geboten ist. Die Kosten fallen dann vielmehr wiederum dem Gesamtgut zur Last. 14

Im Hinblick auf die Frage, ob die **Aufwendung der Kosten den Umständen nach geboten** ist, kann auf die Kriterien des § 114 ZPO zurückgegriffen werden. 15

III. Rechtsfolgen

Die Kosten des Rechtsstreits fallen im Verhältnis der Ehegatten zueinander dem nicht verwaltenden Ehegatten zur Last (**Absatz 2 Satz 1**). 16

§ 1444 BGB Kosten der Ausstattung eines Kindes

(Fassung vom 02.01.2002, gültig ab 01.01.2002)

(1) Verspricht oder gewährt der Ehegatte, der das Gesamtgut verwaltet, einem gemeinschaftlichen Kind aus dem Gesamtgut eine Ausstattung, so fällt ihm im Verhältnis der Ehegatten zueinander die Ausstattung zur Last, soweit sie das Maß übersteigt, das dem Gesamtgut entspricht.

(2) Verspricht oder gewährt der Ehegatte, der das Gesamtgut verwaltet, einem nicht gemeinschaftlichen Kind eine Ausstattung aus dem Gesamtgut, so fällt sie im Verhältnis der Ehegatten zueinander dem Vater oder der Mutter zur Last; für den Ehegatten, der das Gesamtgut nicht verwaltet, gilt dies jedoch nur insoweit, als er zustimmt oder die Ausstattung nicht das Maß übersteigt, das dem Gesamtgut entspricht.

Gliederung

A. Kommentierung zu Absatz 1 1	III. Rechtsfolgen 11
I. Grundlagen 1	B. Kommentierung zu Absatz 2 13
II. Anwendungsvoraussetzungen 3	I. Grundlagen 13
1. Gütergemeinschaft 3	II. Anwendungsvoraussetzungen 15
2. Ein Ehegatte verwaltet das Gesamtgut allein 4	1. Gütergemeinschaft 15
3. Verwaltender Ehegatte verspricht oder gewährt einem Kind eine Ausstattung aus dem Gesamtgut 5	2. Ein Ehegatte verwaltet das Gesamtgut allein 16
4. Das Kind ist gemeinschaftlich 9	3. Verwaltender Ehegatte verspricht oder gewährt einem Kind eine Ausstattung aus dem Gesamtgut 17
5. Ausstattung übersteigt das dem Gesamtgut entsprechende Maß 10	4. Das Kind ist nicht gemeinschaftlich 18
	III. Rechtsfolgen 19

A. Kommentierung zu Absatz 1

I. Grundlagen

1 Absatz 1 enthält eine Ausnahme vom Grundsatz, dass Gesamtgutsverbindlichkeiten auch Gesamtgutslasten sind, für den Fall des Versprechens oder der Gewährung einer Ausstattung durch den verwaltenden Ehegatten an ein gemeinschaftliches Kind.

2 Absatz 1 kann von den Ehegatten **abbedungen** werden.

II. Anwendungsvoraussetzungen

1. Gütergemeinschaft

3 Die Anwendung der Vorschrift setzt voraus, dass die Ehegatten im Güterstand der Gütergemeinschaft leben.

2. Ein Ehegatte verwaltet das Gesamtgut allein

4 Die Ehegatten müssen die Verwaltung des Gesamtguts im Ehevertrag einem Ehegatten alleine zugewiesen haben (vgl. § 1421 Satz 1 BGB).

3. Verwaltender Ehegatte verspricht oder gewährt einem Kind eine Ausstattung aus dem Gesamtgut

5 Die Anwendung der Vorschrift setzt voraus, dass der verwaltende Ehegatte einem Kind eine Ausstattung aus dem Gesamtgut verspricht oder gewährt.

6 Eine Ausstattung ist gemäß § 1624 Abs. 1 BGB das, was einem Kind mit Rücksicht auf seine Verheiratung oder auf die Erlangung einer selbstständigen Lebensstellung zur Begründung oder zur Erhaltung der Wirtschaft oder der Lebensstellung von dem Vater oder der Mutter zugewendet wird.

7 Der verwaltende Ehegatte bedarf zur Gewährung einer Ausstattung grundsätzlich keiner Einwilligung des anderen Ehegatten. Eine solche ist allerdings gemäß § 1425 BGB erforderlich, soweit die Ausstattung das den Umständen (insbesondere den Vermögensverhältnissen des Vaters oder der Mutter) ent-

sprechende Maß übersteigt, da dann gemäß § 1624 Abs. 1 BGB hinsichtlich des übersteigenden Betrags eine Schenkung vorliegt.

Die Vorschrift ist **entsprechend anwendbar**, wenn der **nicht verwaltende Ehegatte** aus dem Gesamtgut eine Ausstattung gewährt, die diesem gegenüber aufgrund Zustimmung des verwaltenden Ehegatten oder nach den §§ 1429, 1430 BGB wirksam ist. 8

4. Das Kind ist gemeinschaftlich

Die Anwendung des Absatz 1 setzt voraus, dass es sich bei dem Kind um ein gemeinschaftliches Kind der beiden Ehegatten handelt. Für Ausstattungen an nicht gemeinschaftliche Kinder gilt Absatz 2. 9

5. Ausstattung übersteigt das dem Gesamtgut entsprechende Maß

Absatz 1 findet nur Anwendung, wenn die versprochene oder gewährte Ausstattung das dem Gesamtgut entsprechende Maß übersteigt. Ausstattungen, die das dem Gesamtgut entsprechende Maß nicht übersteigen, sind Gesamtgutslasten, da solche Zuwendungen beide Ehegatten gleichermaßen angehen. 10

III. Rechtsfolgen

Dem verwaltenden Ehegatten fällt im Verhältnis der Ehegatten zueinander die Ausstattung zur Last, soweit sie das Maß übersteigt, das dem Gesamtgut entspricht. 11

Aus dem Wortlaut der Vorschrift („soweit") ergibt sich, dass dem verwaltenden Ehegatten die Ausstattung bei Übersteigen des dem Gesamtgut entsprechenden Maßes nicht gänzlich, sondern nur in Höhe des das Maß übersteigenden Betrages zur Last fällt. 12

B. Kommentierung zu Absatz 2

I. Grundlagen

Absatz 2 enthält ebenfalls eine Ausnahme vom Grundsatz, dass Gesamtgutverbindlichkeiten auch Gesamtgutslasten sind, für den Fall des Versprechens oder der Gewährung einer Ausstattung durch den verwaltenden Ehegatten an ein nicht gemeinschaftliches Kind. 13

Auch Absatz 2 kann von den Ehegatten **abbedungen** werden. 14

II. Anwendungsvoraussetzungen

1. Gütergemeinschaft

Die Anwendung der Vorschrift setzt voraus, dass die Ehegatten im Güterstand der Gütergemeinschaft leben. 15

2. Ein Ehegatte verwaltet das Gesamtgut allein

Die Ehegatten müssen die Verwaltung des Gesamtguts im Ehevertrag einem Ehegatten alleine zugewiesen haben (vgl. § 1421 Satz 1 BGB). 16

3. Verwaltender Ehegatte verspricht oder gewährt einem Kind eine Ausstattung aus dem Gesamtgut

Die Anwendung der Vorschrift setzt voraus, dass der verwaltende Ehegatte einem Kind eine Ausstattung aus dem Gesamtgut verspricht oder gewährt. Zum Begriff der Ausstattung vgl. § 1624 Abs. 1 BGB. 17

4. Das Kind ist nicht gemeinschaftlich

Absatz 2 ist nicht anwendbar, wenn es sich bei dem Kind um ein gemeinschaftliches Kind der beiden Ehegatten handelt. Für Ausstattungen an gemeinschaftliche Kinder gilt Absatz 1. 18

III. Rechtsfolgen

Die Ausstattung fällt im Innenverhältnis dem Vater bzw. der Mutter des Kindes zur Last. 19

Handelt es sich um ein Kind des nicht verwaltenden Ehegatten, so fällt diesem die Ausstattung indes nur insoweit zur Last, als er der Ausstattung zustimmt oder die Ausstattung nicht das Maß übersteigt, das dem Gesamtgut entspricht. Vergleichsmaßstab für die Angemessenheit der Zuwendung ist hier nur die Hälfte des Gesamtguts, da der leibliche Elternteil an diesem nur zur Hälfte beteiligt ist. 20

§ 1445 BGB Ausgleichung zwischen Vorbehalts-, Sonder- und Gesamtgut

(Fassung vom 02.01.2002, gültig ab 01.01.2002)

(1) Verwendet der Ehegatte, der das Gesamtgut verwaltet, Gesamtgut in sein Vorbehaltsgut oder in sein Sondergut, so hat er den Wert des Verwendeten zum Gesamtgut zu ersetzen.

(2) Verwendet er Vorbehaltsgut oder Sondergut in das Gesamtgut, so kann er Ersatz aus dem Gesamtgut verlangen.

Gliederung

A. Kommentierung zu Absatz 1 1	B. Kommentierung zu Absatz 2 15
I. Grundlagen 1	I. Grundlagen 15
II. Anwendungsvoraussetzungen 3	II. Anwendungsvoraussetzungen 17
1. Gütergemeinschaft 3	1. Gütergemeinschaft 17
2. Ein Ehegatte verwaltet das Gesamtgut allein 4	2. Ein Ehegatte verwaltet das Gesamtgut allein 18
3. Verwaltender Ehegatte verwendet Gesamtgut in sein Vorbehalts- oder Sondergut 5	3. Verwaltender Ehegatte verwendet Vorbehalts- oder Sondergut in das Gesamtgut 19
III. Rechtsfolgen 9	III. Rechtsfolgen 24

A. Kommentierung zu Absatz 1

I. Grundlagen

1 Absatz 1 begründet eine Ersatzpflicht des verwaltenden Ehegatten, wenn dieser Gesamtgut in sein Vorbehalts- oder Sondergut verwendet.

2 Absatz 1 kann von den Ehegatten **abbedungen** werden.

II. Anwendungsvoraussetzungen

1. Gütergemeinschaft

3 Die Anwendung der Vorschrift setzt voraus, dass die Ehegatten im Güterstand der Gütergemeinschaft leben.

2. Ein Ehegatte verwaltet das Gesamtgut allein

4 Die Ehegatten müssen die Verwaltung des Gesamtguts im Ehevertrag einem Ehegatten alleine zugewiesen haben (vgl. § 1421 Satz 1 BGB).

3. Verwaltender Ehegatte verwendet Gesamtgut in sein Vorbehalts- oder Sondergut

5 Absatz 1 findet Anwendung, wenn der verwaltende Ehegatte Gesamtgut in sein Vorbehalts- oder Sondergut verwendet.

6 Es gilt nicht der Begriff der **Verwendung** gemäß den §§ 994-1003 BGB. Der verwaltende Ehegatte „verwendet" das Gesamtgut vielmehr bereits immer dann in sein Vorbehalts- oder Sondergut, wenn er Aufwendungen aus Mitteln des Gesamtguts tätigt, die seinem Vorbehalts- oder Sondergut zugutekommen.

7 Absatz 1 findet keine Anwendung, wenn der verwaltende Ehegatte Gesamtgut in das Vorbehalts- oder Sondergut des nicht verwaltenden Ehegatten verwendet.

8 Absatz 1 findet allerdings entsprechende Anwendung, wenn der **nicht verwaltende Ehegatte im Rahmen der Notverwaltung** gemäß § 1429 BGB Gesamtgut in sein Vorbehalts- oder Sondergut verwendet.[1]

---

[1] *Kanzleiter* in: MünchKomm-BGB, § 1445 Rn. 4.

III. Rechtsfolgen

Der verwaltende (bzw. der im Rahmen der Notverwaltung tätige) Ehegatte hat den **Wert des Verwendeten zum Gesamtgut zu ersetzen**. 9

Die Verpflichtung zum Wertersatz gilt auch im Falle einer **Einwilligung des nicht verwaltenden Ehegatten** in die Verwendung.[2] 10

Die Verpflichtung besteht zudem **verschuldensunabhängig**. 11

Der **Einwand der Entreicherung** ist ausgeschlossen. 12

Zu ersetzen ist der **Wert zur Zeit der Verwendung**. 13

Die **Fälligkeit** bestimmt sich nach § 1446 Abs. 1, HS. 1 BGB. Der verwaltende Ehegatte hat den Wertersatz somit erst nach der Beendigung der Gütergemeinschaft zu leisten. 14

B. Kommentierung zu Absatz 2

I. Grundlagen

Absatz 2 begründet einen Ersatzanspruch des verwaltenden Ehegatten, wenn dieser sein Vorbehalts- oder Sondergut in das Gesamtgut verwendet. 15

Absatz 2 kann von den Ehegatten **abbedungen** werden. 16

II. Anwendungsvoraussetzungen

1. Gütergemeinschaft

Die Anwendung der Vorschrift setzt voraus, dass die Ehegatten im Güterstand der Gütergemeinschaft leben. 17

2. Ein Ehegatte verwaltet das Gesamtgut allein

Die Ehegatten müssen die Verwaltung des Gesamtguts im Ehevertrag einem Ehegatten alleine zugewiesen haben (vgl. § 1421 Satz 1 BGB). 18

3. Verwaltender Ehegatte verwendet Vorbehalts- oder Sondergut in das Gesamtgut

Absatz 2 findet Anwendung, wenn der verwaltende Ehegatte Vorbehalts- oder Sondergut in das Gesamtgut verwendet. 19

Es gilt nicht der Begriff der **Verwendung** gemäß den §§ 994-1003 BGB. Der verwaltende Ehegatte „verwendet" sein Vorbehalts- oder Sondergut vielmehr bereits immer dann in das Gesamtgut, wenn er Aufwendungen aus Mitteln des Vorbehalts- oder Sonderguts tätigt, die dem Gesamtgut zugutekommen. 20

Absatz 2 findet keine Anwendung, wenn der verwaltende Ehegatte Vorbehalts- oder Sondergut des nicht verwaltenden Ehegatten in das Gesamtgut verwendet. 21

Absatz 2 findet allerdings entsprechende Anwendung, wenn der **nicht verwaltende Ehegatte im Rahmen der Notverwaltung** gemäß § 1429 BGB Vorbehalts- oder Sondergut in das Gesamtgut verwendet.[3] 22

Im Übrigen bestimmen sich bei einer Verwendung von Vorbehalts- oder Sondergut des nicht verwaltenden Ehegatten in das Gesamtgut die Rechtsfolgen nach den Vorschriften über die ungerechtfertigte Bereicherung oder den Auftrag bzw. die Geschäftsführung ohne Auftrag. 23

III. Rechtsfolgen

Der verwaltende (bzw. der als Notverwalter tätige) Ehegatte kann Ersatz des Verwendeten aus dem Gesamtgut verlangen. 24

Er kann den Wert zur Zeit der Verwendung ersetzt verlangen. 25

Da es sich bei der Vorschrift um eine spezialgesetzliche Regelung der Geschäftsführung ohne Auftrag handelt, findet § 685 Abs. 1 BGB entsprechende Anwendung.[4] 26

Die **Fälligkeit** bestimmt sich nach § 1446 Abs. 1 HS. 2 BGB. Der verwaltende Ehegatte kann den Wertersatz somit erst nach der Beendigung der Gütergemeinschaft fordern. 27

---

[2] Vgl. BGH v. 20.10.1971 - VIII ZR 212/69 - BGHZ 57, 123-129.
[3] *Kanzleiter* in: MünchKomm-BGB, § 1445 Rn. 4.
[4] *Kanzleiter* in: MünchKomm-BGB, § 1445 Rn. 3.

§ 1446 BGB Fälligkeit des Ausgleichsanspruchs

(Fassung vom 02.01.2002, gültig ab 01.01.2002)

(1) Was der Ehegatte, der das Gesamtgut verwaltet, zum Gesamtgut schuldet, braucht er erst nach der Beendigung der Gütergemeinschaft zu leisten; was er aus dem Gesamtgut zu fordern hat, kann er erst nach der Beendigung der Gütergemeinschaft fordern.

(2) Was der Ehegatte, der das Gesamtgut nicht verwaltet, zum Gesamtgut oder was er zum Vorbehaltsgut oder Sondergut des anderen Ehegatten schuldet, braucht er erst nach der Beendigung der Gütergemeinschaft zu leisten; er hat die Schuld jedoch schon vorher zu berichtigen, soweit sein Vorbehaltsgut und sein Sondergut hierzu ausreichen.

Gliederung

A. Kommentierung zu Absatz 1 1	B. Kommentierung zu Absatz 2 10
I. Grundlagen 1	I. Grundlagen 10
II. Anwendungsvoraussetzungen 3	II. Anwendungsvoraussetzungen 12
1. Gütergemeinschaft 3	1. Gütergemeinschaft 12
2. Ein Ehegatte verwaltet das Gesamtgut allein 4	2. Ein Ehegatte verwaltet das Gesamtgut allein 13
3. Verwaltender Ehegatte schuldet etwas zum Gesamtgut/hat etwas aus dem Gesamtgut zu fordern 5	3. Nicht verwaltender Ehegatte schuldet etwas zum Gesamtgut/zum Vorbehalts- oder Sondergut des verwaltenden Ehegatten 14
III. Rechtsfolgen 8	III. Rechtsfolgen 18
IV. Prozessuale Hinweise/Verfahrenshinweise 9	IV. Prozessuale Hinweise/Verfahrenshinweise ... 19

A. Kommentierung zu Absatz 1

I. Grundlagen

1 Absatz 1 bestimmt für die Schulden und Forderungen des verwaltenden Ehegatten gegenüber dem Gesamtgut die Fälligkeit auf den Zeitpunkt der Beendigung der Gütergemeinschaft.

2 Absatz 1 kann von den Ehegatten **abgeändert** werden.

II. Anwendungsvoraussetzungen

1. Gütergemeinschaft

3 Die Anwendung der Vorschrift setzt voraus, dass die Ehegatten im Güterstand der Gütergemeinschaft leben.

2. Ein Ehegatte verwaltet das Gesamtgut allein

4 Die Ehegatten müssen die Verwaltung des Gesamtguts im Ehevertrag einem Ehegatten alleine zugewiesen haben (vgl. § 1421 Satz 1 BGB).

3. Verwaltender Ehegatte schuldet etwas zum Gesamtgut/hat etwas aus dem Gesamtgut zu fordern

5 Absatz 1 findet Anwendung, wenn der verwaltende Ehegatte etwas zum Gesamtgut schuldet oder etwas aus dem Gesamtgut zu fordern hat.

6 Absatz 1 gilt zunächst im Hinblick auf die güterrechtlichen Ersatzpflichten und Ersatzansprüche gemäß den §§ 1435 Satz 3, 1445 BGB. Darüber hinaus ist Absatz 1 für alle übrigen schuldrechtlichen Verbindlichkeiten und Ansprüche, d.h. etwa auch für solche aus Darlehen und Delikt anzuwenden.[1]

7 Nicht erfasst werden **dingliche** und **possessorische** Ansprüche und Verbindlichkeiten.

---

[1] *Kanzleiter* in: MünchKomm-BGB, § 1446 Rn. 2.

III. Rechtsfolgen

Der verwaltende Ehegatte braucht das, was er zum Gesamtgut schuldet, erst nach Beendigung der Gütergemeinschaft zu leisten. Das, was er aus dem Gesamtgut zu fordern hat, kann er erst nach Beendigung der Gütergemeinschaft fordern. 8

IV. Prozessuale Hinweise/Verfahrenshinweise

Durch Absatz 1 nicht berührt werden die Möglichkeiten einer Feststellungsklage, einer Klage auf zukünftige Leistung sowie eines Antrags auf Arrest oder einstweilige Verfügung. 9

B. Kommentierung zu Absatz 2
I. Grundlagen

Absatz 2 bestimmt für die Schulden des nicht verwaltenden Ehegatten gegenüber dem Gesamtgut sowie dem Vorbehalts- und Sondergut des verwaltenden Ehegatten die Fälligkeit. 10

Absatz 2 kann von den Ehegatten **abgeändert** werden. 11

II. Anwendungsvoraussetzungen
1. Gütergemeinschaft

Die Anwendung der Vorschrift setzt voraus, dass die Ehegatten im Güterstand der Gütergemeinschaft leben. 12

2. Ein Ehegatte verwaltet das Gesamtgut allein

Die Ehegatten müssen die Verwaltung des Gesamtguts im Ehevertrag einem Ehegatten alleine zugewiesen haben (vgl. § 1421 Satz 1 BGB). 13

3. Nicht verwaltender Ehegatte schuldet etwas zum Gesamtgut/zum Vorbehalts- oder Sondergut des verwaltenden Ehegatten

Absatz 2 findet Anwendung, wenn der nicht verwaltende Ehegatte etwas zum Gesamtgut oder zum Vorbehalts- oder Sondergut des verwaltenden Ehegatten schuldet. 14

Ersatzpflichten gegenüber dem Gesamtgut können sich gemäß den §§ 1435 Satz 3, 1445 Abs. 1 BGB analog ergeben. Absatz 2 findet darüber hinaus aber auch für alle übrigen schuldrechtlichen Verbindlichkeiten gegenüber dem Gesamtgut Anwendung, d.h. etwa auch für solche aus Darlehen und Delikt.[2] 15

Nicht erfasst werden **dingliche** und **possessorische** Verbindlichkeiten. 16

Keine Regelung enthält Absatz 2 zudem im Hinblick auf **Forderungen des nicht verwaltenden Ehegatten** gegenüber dem Gesamtgut oder dem Vorbehalts- oder Sondergut des verwaltenden Ehegatten. Diese werden nach den allgemeinen Vorschriften fällig, d.h. gemäß § 271 Abs. 1 BGB im Zweifel sofort. 17

III. Rechtsfolgen

Der nicht verwaltende Ehegatte braucht das, was er zum Gesamtgut oder was er zum Vorbehalts- oder Sondergut des verwaltenden Ehegatten schuldet, erst nach Beendigung der Gütergemeinschaft zu leisten. Er hat die Schuld jedoch schon vorher zu berichtigen, soweit sein Vorbehalts- und Sondergut hierzu ausreichen. 18

IV. Prozessuale Hinweise/Verfahrenshinweise

Der verwaltende Ehegatte hat zu beweisen, dass und ggf. inwieweit das Vorbehalts- und Sondergut des nicht verwaltenden Ehegatten zur Berichtigung der Verbindlichkeiten ausreichen.[3] Diesen Beweis hat er nicht erst bei der Zwangsvollstreckung, sondern bereits im Prozess zu erbringen.[4] 19

Durch Absatz 2 nicht berührt werden die Möglichkeiten einer Feststellungsklage, einer Klage auf zukünftige Leistung sowie eines Antrags auf Arrest oder einstweilige Verfügung. 20

---

[2] *Kanzleiter* in: MünchKomm-BGB, § 1446 Rn. 2, 3.
[3] *Brudermüller* in: Palandt, § 1446 Rn. 2.
[4] *Brudermüller* in: Palandt, § 1446 Rn. 2.

§ 1447 BGB Aufhebungsklage des nicht verwaltenden Ehegatten

(Fassung vom 02.01.2002, gültig ab 01.01.2002)

Der Ehegatte, der das Gesamtgut nicht verwaltet, kann auf Aufhebung der Gütergemeinschaft klagen,

1. wenn seine Rechte für die Zukunft dadurch erheblich gefährdet werden können, dass der andere Ehegatte zur Verwaltung des Gesamtguts unfähig ist oder sein Recht, das Gesamtgut zu verwalten, missbraucht,

2. wenn der andere Ehegatte seine Verpflichtung, zum Familienunterhalt beizutragen, verletzt hat und für die Zukunft eine erhebliche Gefährdung des Unterhalts zu besorgen ist,

3. wenn das Gesamtgut durch Verbindlichkeiten, die in der Person des anderen Ehegatten entstanden sind, in solchem Maß überschuldet ist, dass ein späterer Erwerb des Ehegatten, der das Gesamtgut nicht verwaltet, erheblich gefährdet wird,

4. wenn die Verwaltung des Gesamtguts in den Aufgabenkreis des Betreuers des anderen Ehegatten fällt.

Gliederung

A. Grundlagen 1	3. Überschuldung des Gesamtguts durch Verbindlichkeiten des verwaltenden Ehegatten (Nr. 3) 15
B. Anwendungsvoraussetzungen 3	
I. Gütergemeinschaft 3	
II. Ein Ehegatte verwaltet das Gesamtgut allein 4	4. Verwaltung des Gesamtguts fällt in den Aufgabenkreis des Betreuers des verwaltenden Ehegatten (Nr. 4) 21
III. Aufhebungsgrund gemäß dem Katalog der Nr. 1-4 5	
1. Unfähigkeit/Missbrauch des verwaltenden Ehegatten (Nr. 1) 7	C. Rechtsfolgen 26
	D. Prozessuale Hinweise/Verfahrenshinweise 28
2. Verletzung der Unterhaltspflicht durch den verwaltenden Ehegatten (Nr. 2) 11	

A. Grundlagen

1 Die Vorschrift eröffnet dem nicht verwaltenden Ehegatten zu seinem Schutz in bestimmten Fällen der Gefährdung seiner Rechte die Möglichkeit, auf Aufhebung der Gütergemeinschaft zu klagen.

2 Die Vorschrift kann von den Ehegatten **nicht abbedungen oder eingeschränkt** werden.[1]

B. Anwendungsvoraussetzungen

I. Gütergemeinschaft

3 Die Anwendung der Vorschrift setzt voraus, dass die Ehegatten im Güterstand der Gütergemeinschaft leben.

II. Ein Ehegatte verwaltet das Gesamtgut allein

4 Die Ehegatten müssen die Verwaltung des Gesamtguts im Ehevertrag einem Ehegatten alleine zugewiesen haben (vgl. § 1421 Satz 1 BGB).

III. Aufhebungsgrund gemäß dem Katalog der Nr. 1-4

5 Die Vorschrift findet Anwendung, sofern die Voraussetzungen eines Aufhebungsgrundes gemäß dem Katalog der Nr. 1-4 erfüllt sind.

6 Die in der Vorschrift normierten **Aufhebungsgründe** sind für eine Aufhebungsklage durch den nicht verwaltenden Ehegatten **abschließend**.[2]

---

[1] BGH v. 19.12.1958 - IV ZR 136/58 - BGHZ 29, 129-137.
[2] BGH v. 19.12.1958 - IV ZR 136/58 - BGHZ 29, 129-137.

1. Unfähigkeit/Missbrauch des verwaltenden Ehegatten (Nr. 1)

Die Vorschrift ist anzuwenden, wenn die Rechte des nicht verwaltenden Ehegatten für die Zukunft dadurch erheblich gefährdet werden können, dass der verwaltende Ehegatte zur Verwaltung des Gesamtguts unfähig ist oder dieser sein Verwaltungsrecht missbraucht. 7

Eine **Unfähigkeit zur Verwaltung** besteht, wenn der verwaltende Ehegatte seinen Pflichten als Verwalter des Gesamtguts (vgl. § 1435 BGB) aus objektiv bestehenden Gründen nicht nachkommen kann. Hierzu zählt etwa die dauernde Abwesenheit des verwaltenden Ehegatten ohne eine entsprechende Vollmachtserteilung. Eine Verwaltungsunfähigkeit liegt ferner vor, wenn der verwaltende Ehegatte aufgrund körperlicher oder geistiger Beeinträchtigungen zu einer ordnungsmäßigen Verwaltung nicht in der Lage ist. Auf ein Verschulden des verwaltenden Ehegatten kommt es nicht an. Durch die Möglichkeit einer Notverwaltung des nicht verwaltenden Ehegatten gemäß § 1429 BGB wird die Anwendbarkeit der Vorschrift nicht ausgeschlossen. 8

Ein **Missbrauch der Verwaltungsbefugnis** liegt vor, wenn der verwaltende Ehegatte die gesetzlichen Schranken seines Verwaltungsrechts missachtet, indem er Rechtsgeschäfte gemäß den §§ 1423-1425 BGB ohne die Zustimmung des anderen Ehegatten vornimmt[3], wenn er in der Absicht der Benachteiligung des anderen Ehegatten handelt oder wenn er nicht nur geringfügig gegen die allgemeinen Grundsätze einer ordnungsmäßigen Verwaltung (vgl. § 1435 BGB) verstößt. 9

Neben der Unfähigkeit bzw. dem Missbrauch des verwaltenden Ehegatten ist erforderlich, dass die **Rechte des nicht verwaltenden Ehegatten** hierdurch für die Zukunft **erheblich gefährdet** werden. Unter dem Begriff der Rechte des Ehegatten sind bereits rechtlich geschützte Interessen – so etwa das Interesse an der Vermeidung einer Minderung des Auseinandersetzungsanspruchs – zu verstehen.[4] Es genügt, dass die Würdigung aller Umstände eine Gefährdung nicht unwahrscheinlich erscheinen lässt; nicht erforderlich ist, dass eine Gefährdung ernstlich zu befürchten ist.[5] Entscheidend ist die Sachlage zur Zeit der letzten mündlichen Verhandlung. Zu berücksichtigen ist diesbezüglich das gesamte Verhalten des verwaltenden Ehegatten.[6] 10

2. Verletzung der Unterhaltspflicht durch den verwaltenden Ehegatten (Nr. 2)

Die Nr. 2 der Vorschrift betrifft den Fall, dass der verwaltende Ehegatte seine Pflicht, zum **Familienunterhalt** (d.h. zum Unterhalt für den Ehegatten und gemeinschaftliche Kinder) beizutragen (vgl. § 1360 BGB), verletzt. 11

Im Falle einer Verletzung der Unterhaltspflicht gegenüber **sonstigen Unterhaltsberechtigten** (etwa unterhaltsberechtigten Eltern oder einseitigen Kindern) findet die Vorschrift keine Anwendung. Es kann dann aber ggf. ein Aufhebungsgrund nach Nr. 1 der Vorschrift gegeben sein. 12

Die zu erfüllende Unterhaltspflicht ergibt sich aus den allgemeinen Bestimmungen. Eine **Verletzung** der Unterhaltspflicht setzt ein Verschulden nicht voraus.[7] 13

Neben der Verletzung der Unterhaltspflicht durch den verwaltenden Ehegatten ist erforderlich, dass für die Zukunft eine **Gefährdung des Unterhalts** zu besorgen ist. Es muss daher die Besorgnis bestehen, dass die Gefährdung der Unterhaltspflicht in nicht nur geringfügigem Maß in Zukunft nahe liegt. Entscheidend ist auch hier die Sachlage zur Zeit der letzten mündlichen Verhandlung. Zu berücksichtigen ist diesbezüglich das gesamte Verhalten des verwaltenden Ehegatten. 14

3. Überschuldung des Gesamtguts durch Verbindlichkeiten des verwaltenden Ehegatten (Nr. 3)

Die Nr. 3 der Vorschrift greift bei einer erheblichen Überschuldung des Gesamtguts durch in der Person des verwaltenden Ehegatten entstandene Verbindlichkeiten. 15

Auch die das Vorbehalts- und Sondergut betreffenden Verbindlichkeiten des verwaltenden Ehegatten sind diesbezüglich zu berücksichtigen, da es sich auch bei diesen Verbindlichkeiten um Gesamtgutsverbindlichkeiten handelt. 16

Eine nur **drohende Überschuldung** genügt nicht. Ebenso wenig genügt eine **Überschuldung des Vorbehaltsguts** des verwaltenden Ehegatten. 17

---

[3] Vgl. BGH v. 06.10.1967 - IV ZR 39/66 - BGHZ 48, 369-373.
[4] *Kanzleiter* in: MünchKomm-BGB, § 1447 Rn. 8.
[5] Vgl. BGH v. 06.10.1967 - IV ZR 39/66 - BGHZ 48, 369-373.
[6] BGH v. 06.10.1967 - IV ZR 39/66 - BGHZ 48, 369-373; vgl. BGH v. 21.03.1951 - IV ZR 96/50 - BGHZ 1, 313-318.
[7] *Kanzleiter* in: MünchKomm-BGB, § 1447 Rn. 11.

§ 1447

18 Gleichgültig für die Frage der Überschuldung ist, ob die Gesamtgutsverbindlichkeiten im Verhältnis der Ehegatten zueinander dem verwaltenden Ehegatten allein zur Last fallen oder nicht.[8]

19 Ein **Verschulden** des verwaltenden Ehegatten ist nicht erforderlich.

20 Ein **späterer Erwerb des nicht verwaltenden Ehegatten** muss hierdurch **erheblich gefährdet** sein. Nicht erforderlich ist, dass ein Erwerb des nicht verwaltenden Ehegatten bereits in Aussicht steht. Es genügt auch hier eine abstrakte Gefährdung, die regelmäßig im Falle der Überschuldung vorliegen wird.[9]

4. Verwaltung des Gesamtguts fällt in den Aufgabenkreis des Betreuers des verwaltenden Ehegatten (Nr. 4)

21 Nr. 4 der Vorschrift betrifft den Fall, dass die Verwaltung des Gesamtguts in den Aufgabenkreis des Betreuers des verwaltenden Ehegatten fällt.

22 Es muss daher zunächst für den verwaltenden Ehegatten ein **Betreuer** bestellt worden sein (vgl. § 1896 Abs. 1 Satz 1 BGB).

23 Die Verwaltung des Gesamtguts muss in den **Aufgabenkreis** des Betreuers fallen (vgl. § 1896 Abs. 2 BGB). Ob dies der Fall ist, ergibt sich aus dem Anordnungsbeschluss des Betreuungsgerichts (vgl. § 286 Abs. 1 Nr. 1 FamFG) und der Bestellungsurkunde (vgl. § 290 Nr. 3 FamFG).

24 Eine **vorläufige Betreuung** nach § 300 FamFG genügt nicht, da Zweck dieses Aufhebungsgrunds ist, den anderen Ehegatten auf Dauer vor einer ihm nicht zumutbaren Fremdverwaltung zu schützen.

25 Einer besonderen Gefährdung wie in den Fällen der Nrn. 1-3 bedarf es im Rahmen der Nr. 4 nicht.

C. Rechtsfolgen

26 Der nicht verwaltende Ehegatte kann **auf Aufhebung der Gütergemeinschaft klagen**.

27 Mit der **Rechtskraft des Urteils** ist die Gütergemeinschaft aufgehoben; für die Zukunft gilt Gütertrennung (§ 1449 Abs. 1 BGB).

D. Prozessuale Hinweise/Verfahrenshinweise

28 Zuständig für die Aufhebungsklage ist das **Familiengericht** (§§ 23a Abs. 1 Satz 1 Nr. 1, 23b Abs. 1 GVG, §§ 111 Nr. 9, 261 Abs. 1 FamFG). **Beklagter** ist der verwaltende Ehegatte. Eine **Klagefrist** besteht nicht.

29 Die Voraussetzungen der Nr. 1-4 müssen noch zum Zeitpunkt der letzten mündlichen Verhandlung vorliegen. Der verwaltende Ehegatte kann daher bis zur letzten mündlichen Verhandlung die Klagevoraussetzungen beseitigen.

30 Bietet der verwaltende Ehegatte unter **sofortigem Anerkenntnis** den Abschluss eines aufhebenden Ehevertrags an, findet § 93 ZPO Anwendung.

31 Bei **Auflösung der Ehe** während des Rechtsstreits **erledigt** sich die Hauptsache.

32 Eine **einstweilige Verfügung** mit dem Ziel der Aufhebung der Gütergemeinschaft ist unzulässig, da dies die Hauptsacheentscheidung vorwegnimmt (vgl. § 1449 Abs. 1 BGB). Der nicht verwaltende Ehegatte kann aber dem verwaltenden Ehegatten zur Sicherung seiner Rechte einstweilen bestimmte Befugnisse entziehen oder bestimmte Maßnahmen aufgeben lassen.

---

[8] *Brudermüller* in: Palandt, § 1447 Rn. 5.
[9] *Kanzleiter* in: MünchKomm-BGB, § 1447 Rn. 15.

§ 1448 BGB Aufhebungsklage des Verwalters

(Fassung vom 02.01.2002, gültig ab 01.01.2002)

Der Ehegatte, der das Gesamtgut verwaltet, kann auf Aufhebung der Gütergemeinschaft klagen, wenn das Gesamtgut infolge von Verbindlichkeiten des anderen Ehegatten, die diesem im Verhältnis der Ehegatten zueinander zur Last fallen, in solchem Maße überschuldet ist, dass ein späterer Erwerb erheblich gefährdet wird.

Gliederung

A. Grundlagen 1	V. Gesamtgutsverbindlichkeiten fallen im Verhältnis der Ehegatten zueinander dem nicht verwaltenden Ehegatten zur Last 7
B. Anwendungsvoraussetzungen 2	
I. Gütergemeinschaft 2	
II. Ein Ehegatte verwaltet das Gesamtgut allein 3	VI. Gesamtgut ist infolge der Verbindlichkeiten überschuldet 8
III. Nicht verwaltender Ehegatte hat Verbindlichkeiten 4	VII. Infolge der Verschuldung des Gesamtguts ist ein späterer Erwerb erheblich gefährdet 9
IV. Es handelt sich bei den Verbindlichkeiten um Gesamtgutsverbindlichkeiten 6	C. Rechtsfolgen 10
	D. Prozessuale Hinweise/Verfahrenshinweise 13

A. Grundlagen

Die Vorschrift gewährt dem verwaltenden Ehegatten ein Recht zur Aufhebungsklage, wenn das Gesamtgut infolge von Verbindlichkeiten des nicht verwaltenden Ehegatten, die diesem alleine zur Last fallen, in einem solchen Maß überschuldet ist, dass ein späterer Erwerb erheblich gefährdet ist. Die Vorschrift stellt insofern das Gegenstück zu § 1447 Nr. 3 BGB dar. **1**

B. Anwendungsvoraussetzungen

I. Gütergemeinschaft

Die Anwendung der Vorschrift setzt voraus, dass die Ehegatten im Güterstand der Gütergemeinschaft leben. **2**

II. Ein Ehegatte verwaltet das Gesamtgut allein

Die Ehegatten müssen die Verwaltung des Gesamtguts im Ehevertrag einem Ehegatten alleine zugewiesen haben (vgl. § 1421 Satz 1 BGB). **3**

III. Nicht verwaltender Ehegatte hat Verbindlichkeiten

Der nicht verwaltende Ehegatte muss Verbindlichkeiten haben. **4**
Ein Verschulden des nicht verwaltenden Ehegatten ist nicht erforderlich. **5**

IV. Es handelt sich bei den Verbindlichkeiten um Gesamtgutsverbindlichkeiten

Da die Vorschrift nur eingreift, wenn das Gesamtgut durch die Verbindlichkeiten überschuldet ist, gilt sie nicht im Hinblick auf solche Verbindlichkeiten des nicht verwaltenden Ehegatten, für die dieser nur mit seinem Vorbehalts- und Sondergut haftet, d.h. für Verbindlichkeiten gemäß den §§ 1438-1440 BGB. **6**

V. Gesamtgutsverbindlichkeiten fallen im Verhältnis der Ehegatten zueinander dem nicht verwaltenden Ehegatten zur Last

Die Vorschrift gilt nur im Hinblick auf solche Verbindlichkeiten, die im Verhältnis der Ehegatten untereinander gemäß den §§ 1441-1444 BGB dem nicht verwaltenden Ehegatten zur Last fallen. **7**

VI. Gesamtgut ist infolge der Verbindlichkeiten überschuldet

Das Gesamtgut muss infolge der Verbindlichkeiten überschuldet sein. Eine nur **drohende Überschuldung** genügt nicht. Ebenso wenig genügt eine **Überschuldung des Vorbehaltsguts** des nicht verwaltenden Ehegatten. **8**

VII. Infolge der Verschuldung des Gesamtguts ist ein späterer Erwerb erheblich gefährdet

9   Infolge der Verschuldung des Gesamtguts muss ein **späterer Erwerb erheblich gefährdet** sein. Es kommt insofern alleine auf den Erwerb des verwaltenden Ehegatten an. Eine erhebliche Gefährdung liegt vor, wenn ein späterer Erwerb zur Deckung der Verbindlichkeiten herangezogen werden müsste.[1] Nicht erforderlich ist, dass ein konkreter Erwerb bereits in Aussicht steht. Vielmehr genügt auch hier eine abstrakte Gefährdung.

C. Rechtsfolgen

10 Der verwaltende Ehegatte kann **auf Aufhebung der Gütergemeinschaft klagen**.

11 Mit der Rechtskraft des Urteils ist die Gütergemeinschaft aufgehoben; für die Zukunft gilt Gütertrennung (§ 1449 Abs. 1 BGB).

12 Die Aufhebung der Gütergemeinschaft hat zudem zur Folge, dass der verwaltende Ehegatte von der persönlichen gesamtschuldnerischen Haftung für die Gesamtgutsverbindlichkeiten befreit wird, die im Innenverhältnis dem anderen Ehegatten zur Last fallen (§ 1437 Abs. 2 Satz 2 BGB).

D. Prozessuale Hinweise/Verfahrenshinweise

13 Zum Verfahren vgl. die Kommentierung zu § 1447 BGB Rn. 28 ff. **Beklagter** ist hier jedoch der nicht verwaltende Ehegatte.

---

[1] *Brudermüller* in: Palandt, § 1448 Rn. 1.

§ 1449 BGB Wirkung der richterlichen Aufhebungsentscheidung

(Fassung vom 30.07.2009, gültig ab 01.09.2009)

(1) Mit der Rechtskraft der richterlichen Entscheidung ist die Gütergemeinschaft aufgehoben; für die Zukunft gilt Gütertrennung.

(2) Dritten gegenüber ist die Aufhebung der Gütergemeinschaft nur nach Maßgabe des § 1412 wirksam.

Gliederung

A. Grundlagen 1	IV. Der Klage ist stattgegeben worden................... 5
B. Anwendungsvoraussetzungen 2	V. Die richterliche Entscheidung ist rechtskräftig.... 6
I. Gütergemeinschaft 2	C. Rechtsfolgen 8
II. Ein Ehegatte verwaltet das Gesamtgut allein 3	D. Prozessuale Hinweise/Verfahrenshinweise 15
III. Ein Ehegatte hat auf Aufhebung der Gütergemeinschaft geklagt... 4	

A. Grundlagen

Absatz 1 regelt die Rechtsfolgen einer rechtskräftigen richterlichen Entscheidung im Rahmen einer Aufhebungsklage. Absatz 2 dient dem Schutz Dritter für den Fall, dass die Gütergemeinschaft gemäß Absatz 1 durch rechtskräftige richterliche Entscheidung aufgehoben wird.   1

B. Anwendungsvoraussetzungen

I. Gütergemeinschaft

Die Anwendung der Vorschrift setzt voraus, dass die Ehegatten im Güterstand der Gütergemeinschaft leben.   2

II. Ein Ehegatte verwaltet das Gesamtgut allein

Die Ehegatten müssen die Verwaltung des Gesamtguts im Ehevertrag einem Ehegatten alleine zugewiesen haben (vgl. § 1421 Satz 1 BGB).   3

III. Ein Ehegatte hat auf Aufhebung der Gütergemeinschaft geklagt

Die Anwendung der Vorschrift setzt voraus, dass ein Ehegatte auf Aufhebung der Gütergemeinschaft geklagt hat. Der nicht verwaltende Ehegatte ist in den Fällen des § 1447 BGB, der verwaltende Ehegatte im Falle des § 1448 BGB zu einer Klage auf Aufhebung der Gütergemeinschaft berechtigt.   4

IV. Der Klage ist stattgegeben worden

Der Klage auf Aufhebung der Gütergemeinschaft muss stattgegeben worden sein. Die Begründetheit der Aufhebungsklage bestimmt sich – je nach Kläger – nach § 1447 BGB oder § 1448 BGB.   5

V. Die richterliche Entscheidung ist rechtskräftig

Die richterliche Entscheidung muss rechtskräftig sein.   6

Es handelt sich bei der stattgebenden richterlichen Entscheidung nach einer Aufhebungsklage um eine Gestaltungsentscheidung, die erst mit Rechtskraft wirkt. Eine solche Entscheidung kann nicht für vorläufig vollstreckbar erklärt werden.   7

C. Rechtsfolgen

Die **Gütergemeinschaft** ist mit Wirkung zum Zeitpunkt der Rechtskraft der richterlichen Entscheidung **aufgehoben (Absatz 1 Halbsatz 1)**.   8

Nach Maßgabe der §§ 1471-1481 BGB haben sich die Ehegatten über das Gesamtgut **auseinanderzusetzen**. Derjenige Ehegatte, der die richterliche Entscheidung erwirkt hat, kann dabei gemäß § 1479 BGB verlangen, dass die Auseinandersetzung so erfolgt, wie wenn der Anspruch auf Auseinanderset-   9

§ 1449

zung in dem Zeitpunkt rechtshängig geworden wäre, in dem die Klage auf Aufhebung der Gütergemeinschaft erhoben ist.

10 Mit der Beendigung der Gütergemeinschaft erlischt nach § 1437 Abs. 2 Satz 2 BGB auch die persönliche Haftung des verwaltenden Ehegatten für Gesamtgutsverbindlichkeiten, die im Innenverhältnis dem nicht verwaltenden Ehegatten zur Last fallen.

11 Für die Zukunft gilt **Gütertrennung (Absatz 1 Halbsatz 2)**. Nicht etwa gilt fortan der gesetzliche Güterstand der Zugewinngemeinschaft. Die Ehegatten können allerdings durch Ehevertrag den Güterstand der Zugewinngemeinschaft vereinbaren.

12 **Dritten gegenüber** ist die Aufhebung der Gütergemeinschaft nur nach Maßgabe des § 1412 BGB wirksam (**Absatz 2**).

13 Die Aufhebung kann einem Dritten daher erst dann entgegengehalten werden, wenn sie ins Güterrechtsregister eingetragen wird oder der Dritte Kenntnis von der Aufhebung erlangt. Eine Eintragung ins Güterrechtsregister ist allerdings nur dann erforderlich, wenn zuvor der Güterstand der Gütergemeinschaft ins Güterrechtsregister eingetragen wurde; ohne eine solche Voreintragung kann sich der Dritte auf die Nichteintragung bei Beendigung der Gütergemeinschaft nicht berufen.[1]

14 Für das Freiwerden des verwaltenden Ehegatten von der Haftung für Verbindlichkeiten, die dem anderen Ehegatten zur Last fallen (vgl. § 1437 Abs. 2 Satz 2 BGB), gilt die Vorschrift nicht, da diese Wirkung von Gesetzes wegen eintritt.

D. Prozessuale Hinweise/Verfahrenshinweise

15 Jeder Ehegatte kann ohne Mitwirkung des anderen die Eintragung in das Güterrechtsregister verlangen (§ 1561 Abs. 2 Nr. 1 BGB).

---

[1] *Kanzleiter* in: MünchKomm-BGB, § 1449 Rn. 6.

Unterkapitel 3 - Gemeinschaftliche Verwaltung des Gesamtguts durch die Ehegatten
§ 1450 BGB Gemeinschaftliche Verwaltung durch die Ehegatten

(Fassung vom 02.01.2002, gültig ab 01.01.2002)

(1) ¹Wird das Gesamtgut von den Ehegatten gemeinschaftlich verwaltet, so sind die Ehegatten insbesondere nur gemeinschaftlich berechtigt, über das Gesamtgut zu verfügen und Rechtsstreitigkeiten zu führen, die sich auf das Gesamtgut beziehen. ²Der Besitz an den zum Gesamtgut gehörenden Sachen gebührt den Ehegatten gemeinschaftlich.

(2) Ist eine Willenserklärung den Ehegatten gegenüber abzugeben, so genügt die Abgabe gegenüber einem Ehegatten.

Gliederung

A. Grundlagen 1	I. Gütergemeinschaft.. 13
I. Kurzcharakteristik 1	II. Gesamtgut wird von den Ehegatten gemein-
II. Gemeinschaftliche Verwaltung 2	schaftlich verwaltet.. 14
B. Anwendungsvoraussetzungen 13	C. Rechtsfolgen.. 15

A. Grundlagen
I. Kurzcharakteristik

Die §§ 1450-1470 BGB regeln die Verwaltungsbefugnisse der Ehegatten für den Fall, dass die Ehegatten das Gesamtgut gemeinschaftlich verwalten. § 1450 Abs. 1 BGB bestimmt dabei als grundlegende Regelung, dass die Ehegatten in diesem Fall insbesondere nur gemeinschaftlich berechtigt sind, über das Gesamtgut zu verfügen sowie Rechtsstreitigkeiten zu führen, die sich auf das Gesamtgut beziehen, und dass der Besitz an den zum Gesamtgut gehörenden Sachen den Ehegatten gemeinschaftlich gebührt. § 1450 Abs. 2 BGB bestimmt, dass im Falle gemeinschaftlicher Verwaltung Dritte Willenserklärungen nur gegenüber einem der Ehegatten abgeben müssen.

1

II. Gemeinschaftliche Verwaltung

Gemeinschaftliche Verwaltung findet gemäß § 1421 Satz 2 BGB bereits immer dann statt, wenn die Ehegatten **keine abweichende Vereinbarung** im Ehevertrag getroffen haben.

2

Die gemeinschaftliche Verwaltung umfasst nicht nur die in § 1450 Abs. 1 BGB aufgeführten Maßnahmen. Vielmehr unterliegen der gemeinschaftlichen Verwaltung **Rechtsgeschäfte aller Art** und auch **tatsächliche Handlungen**. Die gemeinschaftliche Verwaltung bezieht sich auch nicht nur auf Verfügungs-, sondern ebenso auf Verpflichtungsgeschäfte sowie auf einseitige Willenserklärungen. Dritte werden nach Maßgabe des § 1412 BGB geschützt.

3

Für **Verbindlichkeiten der Ehegatten** haften das Gesamtgut (§ 1459 Abs. 1 BGB) sowie beide Ehegatten persönlich (§ 1459 Abs. 2 Satz 1 BGB).

4

Gemeinschaftliche Verwaltung bedeutet nicht, dass die Ehegatten stets gleichzeitig handeln müssten. Damit eine Maßnahme für und gegen das Gesamtgut wirksam ist, reicht es vielmehr aus, dass ein Ehegatte die Maßnahme durchführt und der andere Ehegatte hierzu seine **Zustimmung** erklärt. Die Zustimmung kann auch stillschweigend erfolgen. Dass die Zustimmung nicht verweigert wird, genügt allerdings nicht.¹

5

Jeder Ehegatte ist dem anderen gegenüber **verpflichtet**, zu **Maßregeln mitzuwirken**, die zur ordnungsmäßigen Verwaltung des Gesamtguts erforderlich sind (§ 1451 BGB). Ggf. kann die Zustimmung des anderen Ehegatten durch das Vormundschaftsgericht ersetzt werden (§ 1452 Abs. 1 BGB). Die beharrliche und ohne ausreichenden Grund erfolgende Verweigerung eines Ehegatten zur Mitwirkung an Rechtsgeschäften, die eine ordnungsmäßige Verwaltung mit sich bringt, berechtigt den anderen Ehegatten zur Aufhebungsklage (§ 1469 Nr. 2 BGB).

6

Auch bei gemeinschaftlicher Verwaltung kann jeder Ehegatte zunächst allein **Verpflichtungsgeschäfte** eingehen. Sie sind jedoch ohne Zustimmung des anderen Ehegatten grundsätzlich nicht für und

7

---

¹ Vgl. BGH v. 05.07.1989 - IVa ZR 146/88 - juris Rn. 22 - NJW-RR 1989, 1225-1226.

gegen das Gesamtgut wirksam. Bei Fehlen einer Zustimmung ist das Verpflichtungsgeschäft indes nicht insgesamt unwirksam. Es scheidet lediglich eine Haftung des Gesamtguts (vgl. § 1460 Abs. 1 BGB) – und damit auch des anderen Ehegatten (vgl. § 1459 Abs. 2 Satz 1 BGB) – aus. Der handelnde Ehegatte haftet für solche Rechtsgeschäfte mit seinem Sonder- und Vorbehaltsgut (str.).[2]

8   In bestimmten Fällen ist es den Ehegatten möglich, auch ohne Mitwirkung des anderen Ehegatten mit Wirkung gegenüber dem Gesamtgut zu handeln. Diese **Einzelverwaltungsbefugnis** besteht in den Fällen des § 1450 Abs. 2 BGB (Entgegennahme von Willenserklärungen), des § 1454 BGB (Notverwaltung), des § 1455 BGB, des § 1458 BGB (Ehegatte unter elterlicher Sorge oder Vormundschaft) sowie des § 1357 BGB (Geschäfte zur angemessenen Deckung des Lebensbedarfs).

9   Für das Gesamtgut handelt ein Ehegatte auch beim **Erwerb eines Gegenstands**, der nicht seinem Sonder- oder Vorbehaltsgut (§§ 1417, 1418 BGB) zuzuordnen ist, da das Erworbene gemäß § 1416 Abs. 1 Satz 2, Abs. 2 BGB kraft Gesetzes in das Gesamtgut fällt.

10 **Willensmängel** sind bei gemeinschaftlich vorgenommenen Rechtsgeschäften bereits dann beachtlich, wenn sie nur bei einem der Ehegatten vorliegen. Der Ehegatte, bei dem der Willensmangel vorliegt, ist dann zur Anfechtung berechtigt, selbst wenn hierdurch das gesamte Rechtsgeschäft gemäß § 142 Abs. 1 BGB als nichtig anzusehen ist. Hat ein Ehegatte zu einem Rechtsgeschäft des anderen Ehegatten nur seine Zustimmung erklärt, kann er bei Vorliegen eines Willensmangels allerdings nur seine Zustimmungserklärung anfechten.

11 Kommt es nach dem Gesetz auf das **Kennen** oder **Kennenmüssen** an, genügt es, wenn dieses bei einem der Ehegatten vorliegt.

12 Die Ehegatten sind auch bei gemeinschaftlicher Verwaltung berechtigt, sich gegenseitig zu **bevollmächtigen**. Eine über Teilbereiche oder die gesamte Verwaltung für längere Zeit erklärte unwiderrufliche Bevollmächtigung bedarf dabei allerdings der Form des Ehevertrags (§ 1410 BGB), da sie eine ehevertragsähnliche Änderung der Verwaltungsordnung bewirkt (str.).[3]

B. Anwendungsvoraussetzungen

I. Gütergemeinschaft

13 Die Anwendung der Vorschrift setzt voraus, dass die Ehegatten im Güterstand der Gütergemeinschaft leben.

II. Gesamtgut wird von den Ehegatten gemeinschaftlich verwaltet

14 Das Gesamtgut muss von den Ehegatten gemeinschaftlich verwaltet werden. Dies ist stets dann der Fall, wenn die Ehegatten – was ggf. im Wege der Auslegung zu ermitteln ist – keine abweichende ehevertragliche Vereinbarung getroffen haben (§ 1421 Satz 2 BGB).

C. Rechtsfolgen

15 Die Ehegatten sind nur gemeinschaftlich berechtigt, über das **Gesamtgut zu verfügen** (**Absatz 1 Satz 1 Halbsatz 1**). Im Grundbuchverfahren gilt eine entsprechende Vermutung, dass nur beide Ehegatten verfügungsbefugt sind. Will ein Ehegatte allein verfügen, hat er deshalb sein Verfügungsrecht in grundbuchtauglicher Form nachzuweisen.[4] Bei Fehlen der erforderlichen Einwilligung findet § 1453 Abs. 1 BGB Anwendung.

16 Die Ehegatten sind auch nur gemeinschaftlich berechtigt, **Rechtsstreitigkeiten zu führen**, die sich auf das Gesamtgut beziehen (**Absatz 1 Satz 1 Halbsatz 2**). Eine Klage ist auf Leistung an beide Ehegatten zu richten. Die Ehegatten sind insoweit notwendige Streitgenossen im Sinne des § 20 ZPO. Mit Zustimmung des anderen kann aber auch jeder Ehegatte im eigenen Namen klagen. Auch die Geltendmachung eines in das Gesamtgut fallenden Schadensersatzanspruchs durch einen Ehegatten allein erfordert eine entsprechende Ermächtigung.[5] Eine einseitige Prozessführung ist in den Fällen der §§ 1452

---

[2] *Kanzleiter* in: MünchKomm-BGB, § 1450 Rn. 12.
[3] BayObLG München v. 26.07.1989 - BReg 1 a Z 37/89 - juris Rn. 14 - NJW-RR 1990, 5-6; *Kanzleiter* in: MünchKomm-BGB, § 1450 Rn. 10.
[4] OLG München v. 04.02.2011 - 34 Wx 157/10 - juris Rn. 5 - FamRZ 2011, 1058-1059; *Kanzleiter* in: MünchKomm-BGB, § 1450 Rn. 10.
[5] Vgl. BGH v. 07.12.1993 - VI ZR 152/92 - juris Rn. 12 - LM BGB § 842 Nr. 46 (6/1994).

Abs. 1, 1454 Satz 2, 1455 Nr. 6-10, 1456 BGB sowie bei Besitzschutzklagen (dazu nachfolgend) zulässig.

Bei **Passivprozessen** wegen Gesamtgutsverbindlichkeiten kann der Kläger wählen, ob er nur einen Ehegatten allein in Anspruch nimmt oder ob er beide Ehegatten verklagt. In das Gesamtgut kann nur vollstreckt werden, wenn beide Ehegatten zur Leistung verurteilt sind (§ 740 Abs. 2 ZPO, Ausnahme § 741 ZPO). Ein Leistungstitel gegen den einen und ein Duldungstitel gegen den anderen Ehegatten genügen nicht. 17

Der **Besitz** an den zum Gesamtgut gehörenden Gegenständen gebührt den Ehegatten gemeinschaftlich (**Absatz 1 Satz 2**). Jeder Ehegatte hat Anspruch auf Einräumung von Mitbesitz (vgl. § 866 BGB) an den zum Gesamtgut gehörenden Gegenständen, die nicht allein zum persönlichen Gebrauch des anderen Ehegatten bestimmt sind. Da es sich beim Besitz indes um eine tatsächliche Sachherrschaft handelt, können die Ehegatten Besitzschutzrechte (§§ 859, 861, 862 BGB) jeweils ohne Mitwirkung des anderen Ehegatten geltend machen. 18

Es genügt zur Wirksamkeit einer **Willenserklärung** gegenüber beiden Ehegatten die Abgabe der Willenserklärung gegenüber einem der Ehegatten (**Absatz 2**). Dies gilt für Erklärungen **aller Art**, etwa die Annahme eines Vertragsantrags, die Erklärung einer Anfechtung oder Aufrechnung sowie den Ausspruch einer Kündigung. 19

Absatz 2 gilt hingegen nicht in Bezug auf Zustellungen. Absatz 2 gilt auch nicht für Erklärungen, die sich auf das Vorbehalts- oder Sondergut eines Ehegatten beziehen. Hier bedarf es zur Wirksamkeit der Willenserklärung der Abgabe gegenüber demjenigen Ehegatten, dem das Vorbehalts- bzw. Sondergut gehört. 20

§ 1451 BGB Mitwirkungspflicht beider Ehegatten

(Fassung vom 02.01.2002, gültig ab 01.01.2002)

Jeder Ehegatte ist dem anderen gegenüber verpflichtet, zu Maßregeln mitzuwirken, die zur ordnungsmäßigen Verwaltung des Gesamtguts erforderlich sind.

Gliederung

A. Grundlagen 1	III. Maßregel ist zur ordnungsmäßigen Verwaltung des Gesamtguts erforderlich 4
B. Anwendungsvoraussetzungen 2	C. Rechtsfolgen 11
I. Gütergemeinschaft 2	D. Prozessuale Hinweise/Verfahrenshinweise 21
II. Gesamtgut wird von den Ehegatten gemeinschaftlich verwaltet 3	

A. Grundlagen

1 Die Vorschrift begründet als Korrelat zum gemeinschaftlichen Verwaltungsrecht beider Ehegatten nach § 1450 BGB eine Pflicht der Ehegatten zur Mitwirkung zu bestimmten Maßregeln, um das Gesamtgut handlungsfähig zu erhalten und Schaden von ihm abzuwehren.

B. Anwendungsvoraussetzungen

I. Gütergemeinschaft

2 Die Anwendung der Vorschrift setzt voraus, dass die Ehegatten im Güterstand der Gütergemeinschaft leben.

II. Gesamtgut wird von den Ehegatten gemeinschaftlich verwaltet

3 Das Gesamtgut muss von den Ehegatten gemeinschaftlich verwaltet werden. Dies ist stets dann der Fall, wenn die Ehegatten – was ggf. im Wege der Auslegung zu ermitteln ist – keine abweichende ehevertragliche Vereinbarung getroffen haben (§ 1421 Satz 2 BGB).

III. Maßregel ist zur ordnungsmäßigen Verwaltung des Gesamtguts erforderlich

4 Die Anwendung der Vorschrift setzt voraus, dass eine Maßregel zur ordnungsmäßigen Verwaltung des Gesamtguts erforderlich ist.

5 Der Begriff der **Maßregel** ist weit zu verstehen. Die Pflicht zur Mitwirkung betrifft die gesamte Gesamtgutsverwaltung, also auch tatsächliche Handlungen[1] und die Führung von Rechtsstreitigkeiten.

6 Die Maßregel muss zur ordnungsmäßigen Verwaltung des Gesamtguts erforderlich sein.

7 Zum Begriff der ordnungsmäßigen Verwaltung vgl. die Ausführungen in der Kommentierung zu § 1435 BGB Rn. 8 ff.

8 Welche Maßregel zur ordnungsmäßigen Verwaltung **erforderlich** ist, bestimmt sich nach den jeweiligen Besonderheiten des Einzelfalls.[2] Eine bloße Zweckmäßigkeit der Maßregel ist nicht genügend.

9 Verwaltet etwa ein Ehegatte die Bankkonten alleine, genügt es für die Erfüllung der Pflicht zur Gewährung des Familienunterhalts, entsprechende Geldmittel zur Verfügung zu stellen.[3] Die Erteilung einer Bankvollmacht an den anderen Ehegatten ist nicht erforderlich.[4] Zur ordnungsgemäßen Verwaltung des Gesamtguts kann es auch erforderlich sein, das Guthaben eines gemeinschaftlichen Sparkontos zur Rückzahlung eines Kredits zu verwenden, wenn dadurch das Gesamtgut weniger belastet wird.[5]

10 Bei der Prüfung, ob die **Führung eines Rechtsstreits** zur ordnungsmäßigen Verwaltung des Gesamtguts erforderlich ist, sind auch wirtschaftliche Gesichtspunkte (Prozesskostenrisiko) zu berücksichtigen.[6]

---

[1] Vgl. BGH v. 10.07.1985 - IVb ZR 37/84 - juris Rn. 25 - FamRZ 1986, 40-43.
[2] BGH v. 16.05.1990 - XII ZR 40/89 - juris Rn. 28 - BGHZ 111, 248-262.
[3] BGH v. 16.05.1990 - XII ZR 40/89 - juris Rn. 28 - BGHZ 111, 248-262.
[4] Vgl. BGH v. 16.05.1990 - XII ZR 40/89 - BGHZ 111, 248-262 (zu § 1452 Abs. 1 BGB).
[5] Vgl. BayObLG München v. 28.06.2000 - 3Z BR 43/00 - juris Rn. 18 - FGPrax 2000, 200-201.
[6] BayObLG München v. 26.07.1989 - BReg 1 a Z 37/89 - juris Rn. 16 - NJW-RR 1990, 5-6 (zu § 1452 Abs. 1 BGB).

C. Rechtsfolgen

Jeder Ehegatte ist dem anderen gegenüber **zur Mitwirkung** zu der Maßregel **verpflichtet**. 11

Die Mitwirkungspflicht der Ehegatten besteht nur gegenüber dem anderen Ehegatten, nicht im Verhältnis zu Dritten.[7] 12

Grundsätzlich begründet die Vorschrift eine Pflicht zur **persönlichen Mitwirkung**. In bestimmten Fällen kann aber auch die Übertragung von Befugnissen durch Vollmachten oder Ermächtigungen genügen oder sogar erforderlich sein. 13

Ein Ehegatte ist nicht zu einer Mitwirkung verpflichtet, wenn der andere Ehegatte gemäß den §§ 1450 Abs. 2, 1454, 1455, 1456 BGB die Maßregel alleine vornehmen kann. 14

Die Verpflichtung zur Mitwirkung kann auch wegen **Unzumutbarkeit** entfallen; dies gilt insbesondere im Hinblick auf die Mitwirkung durch tatsächliche Handlungen bei dauerndem Getrenntleben der Ehegatten.[8] 15

Aus der Pflicht zur Mitwirkung kann sich im Einzelfall eine **Pflicht zur Alleinverwaltung** ergeben, wenn ein Ehegatte wegen Abwesenheit oder Krankheit an der Mitwirkung verhindert ist, die §§ 1454, 1455 Nr. 10 BGB aber das alleinige Handeln des anderen Ehegatten ermöglichen. 16

Anders als bei § 1435 Satz 2 BGB ist eine ausdrückliche **Unterrichtungs-** und **Auskunftspflicht** der Ehegatten nicht normiert, weil die Ehegatten grundsätzlich immer gemeinsam handeln und daher im Regelfall ausreichend informiert sind. Jedoch kann sich im Einzelfall eine solche Pflicht aus § 1353 BGB ergeben. Dies gilt insbesondere dann, wenn ein Ehegatte – etwa wegen einer entsprechenden Vollmacht oder aufgrund der gesetzlichen Ausnahmebestimmungen – allein handeln kann. 17

Die beharrliche und ohne ausreichenden Grund erfolgende **Verweigerung** eines Ehegatten zur Mitwirkung an Rechtsgeschäften, die eine ordnungsmäßige Verwaltung mit sich bringt, berechtigt den anderen Ehegatten zur Aufhebungsklage (§ 1469 Nr. 2 BGB). 18

Verweigert ein Ehegatte schuldhaft die Mitwirkung, ist er im Falle einer hierdurch eingetretenen Minderung des Gesamtgutes in entsprechender Anwendung des § 1435 Satz 3 BGB zur Ersatzleistung zum Gesamtgut verpflichtet.[9] Der Verschuldensmaßstab bestimmt sich dabei nach § 1359 BGB, die Fälligkeit nach § 1468 BGB. Eine darüber hinausgehende Pflicht zum Schadensersatz des die Mitwirkung verweigernden Ehegatten sieht das Gesetz hingegen nicht vor.[10] 19

Soweit **aufgrund anderer Bestimmungen Mitwirkungspflichten** bestehen (etwa nach § 1353 BGB), werden diese von der Vorschrift nicht berührt. 20

D. Prozessuale Hinweise/Verfahrenshinweise

Handelt es sich bei der erforderlichen Maßregel um die Vornahme eines Rechtsgeschäfts oder die Führung eines Rechtsstreits, kann im Falle der Verweigerung der Mitwirkung des einen Ehegatten der andere Ehegatte gemäß § 1452 Abs. 1 BGB beim **Familiengericht** die **Ersetzung der Zustimmung** beantragen. 21

Ist die Ersetzung durch das Vormundschaftsgericht nicht möglich – so insbesondere bei tatsächlichen Mitwirkungshandlungen – kann der andere Ehegatte die **Mitwirkungshandlung einklagen**.[11] 22

Da sich der Anspruch aus dem ehelichen Güterrecht herleitet, handelt es sich nach §§ 111 Nr. 9, 261 Abs. 1 FamFG um eine Familiensache. Zuständig ist das **Familiengericht** (§§ 23a Abs. 1 Satz 1 Nr. 1, 23b Abs. 1 GVG). 23

Umstritten ist, ob ein titulierter Anspruch auf Mitwirkung **vollstreckt** werden kann. Eine solche Vollstreckbarkeit hat der Bundesgerichtshof[12] im Falle einer Klage auf Erfüllung der Unterhaltspflicht angenommen, da es sich hierbei um einen rein vermögensrechtlichen Anspruch handelt. Allgemein wird man von einer Vollstreckbarkeit auszugehen haben, wenn das vermögensrechtliche Moment des geltend gemachten Anspruchs überwiegt. In den anderen Fällen handelt es sich hingegen um eine Klage auf Herstellung der ehelichen Lebensgemeinschaft, welche gemäß § 120 Abs. 3 FamFG nicht vollstreckt werden kann. 24

---

[7] Vgl. BGH v. 17.09.1958 - V ZR 63/58 - LM Nr. 13 zu § 164 BGB.
[8] BGH v. 10.07.1985 - IVb ZR 37/84 - juris Rn. 25 - FamRZ 1986, 40-43.
[9] BGH v. 16.05.1990 - XII ZR 40/89 - juris Rn. 24 - BGHZ 111, 248-262.
[10] BGH v. 16.05.1990 - XII ZR 40/89 - juris Rn. 24 - BGHZ 111, 248-262.
[11] Vgl. BGH v. 16.05.1990 - XII ZR 40/89 - juris Rn. 23 - BGHZ 111, 248-262.
[12] BGH v. 16.05.1990 - XII ZR 40/89 - juris Rn. 23 - BGHZ 111, 248-262.

§ 1452 BGB Ersetzung der Zustimmung

(Fassung vom 17.12.2008, gültig ab 01.09.2009)

(1) Ist zur ordnungsmäßigen Verwaltung des Gesamtguts die Vornahme eines Rechtsgeschäfts oder die Führung eines Rechtsstreits erforderlich, so kann das Familiengericht auf Antrag eines Ehegatten die Zustimmung des anderen Ehegatten ersetzen, wenn dieser sie ohne ausreichenden Grund verweigert.

(2) Die Vorschrift des Absatzes 1 gilt auch, wenn zur ordnungsmäßigen Besorgung der persönlichen Angelegenheiten eines Ehegatten ein Rechtsgeschäft erforderlich ist, das der Ehegatte mit Wirkung für das Gesamtgut nicht ohne Zustimmung des anderen Ehegatten vornehmen kann.

Gliederung

A. Kommentierung zu Absatz 1 1	I. Grundlagen 22
I. Grundlagen 1	II. Anwendungsvoraussetzungen 24
II. Anwendungsvoraussetzungen 3	1. Gütergemeinschaft 24
1. Gütergemeinschaft 3	2. Gesamtgut wird von den Ehegatten gemeinschaftlich verwaltet 25
2. Gesamtgut wird von den Ehegatten gemeinschaftlich verwaltet 4	3. Zur ordnungsmäßigen Besorgung der persönlichen Angelegenheiten eines Ehegatten ist ein Rechtsgeschäft erforderlich 26
3. Zur ordnungsmäßigen Verwaltung des Gesamtguts ist die Vornahme eines Rechtsgeschäfts/die Führung eines Rechtsstreits erforderlich 5	4. Der Ehegatte kann das Rechtsgeschäft mit Wirkung für das Gesamtgut nicht ohne Zustimmung des anderen Ehegatten vornehmen 31
4. Ein Ehegatte verweigert die Zustimmung zur Vornahme des Rechtsgeschäfts/Führung des Rechtsstreits ohne ausreichenden Grund 11	5. Der andere Ehegatte verweigert die Zustimmung zur Vornahme des Rechtsgeschäfts ohne ausreichenden Grund 32
5. Zur Vornahme des Rechtsgeschäfts/Führung des Rechtsstreits ist die Zustimmung des anderen Ehegatten erforderlich 16	6. Antrag auf Ersetzung der Zustimmung ans Vormundschaftsgericht 33
6. Antrag auf Ersetzung der Zustimmung ans Vormundschaftsgericht 17	III. Rechtsfolgen 34
III. Rechtsfolgen 18	C. Prozessuale Hinweise/Verfahrenshinweise 37
B. Kommentierung zu Absatz 2 22	

A. Kommentierung zu Absatz 1

I. Grundlagen

1 Bei gemeinschaftlicher Verwaltung des Gesamtguts müssen grundsätzlich beide Ehegatten in sämtlichen Angelegenheiten einvernehmlich handeln. Dies birgt Risiken, wenn ein Ehegatte seine Mitwirkung grundlos verweigert. Absatz 1 eröffnet hier dem anderen Ehegatten zur Sicherung der ordnungsmäßigen Verwaltung des Gesamtguts die Möglichkeit, die Zustimmung des verweigernden Ehegatten durch das Vormundschaftsgericht ersetzen zu lassen.

2 Absatz 1 kann von den Ehegatten **nicht abbedungen** werden.

II. Anwendungsvoraussetzungen

1. Gütergemeinschaft

3 Die Anwendung der Vorschrift setzt voraus, dass die Ehegatten im Güterstand der Gütergemeinschaft leben.

2. Gesamtgut wird von den Ehegatten gemeinschaftlich verwaltet

4 Das Gesamtgut muss von den Ehegatten gemeinschaftlich verwaltet werden. Dies ist stets dann der Fall, wenn die Ehegatten – was ggf. im Wege der Auslegung zu ermitteln ist – keine abweichende ehevertragliche Vereinbarung getroffen haben (§ 1421 Satz 2 BGB).

3. Zur ordnungsmäßigen Verwaltung des Gesamtguts ist die Vornahme eines Rechtsgeschäfts/die Führung eines Rechtsstreits erforderlich

Die Anwendung der Vorschrift setzt voraus, dass zur ordnungsmäßigen Verwaltung des Gesamtguts die Vornahme eines Rechtsgeschäfts oder die Führung eines Rechtsstreits erforderlich ist.

Zum Begriff der ordnungsmäßigen Verwaltung vgl. die Kommentierung zu § 1435 BGB Rn. 8 ff. Zur Erforderlichkeit einer Maßregel zur ordnungsmäßigen Verwaltung vgl. die Kommentierung zu § 1426 BGB Rn. 8.

Gegenstand der Zustimmungsersetzung kann jedes das Gesamtgut berührende **Rechtsgeschäft** sein, auch die Verfügung über eine zum Gesamtgut gehörende Forderung.[1]

Ein **Rechtsstreit** kann nur dann als im Rahmen einer ordnungsmäßigen Verwaltung erforderlich angesehen werden, wenn ein solcher im Hinblick auf das Prozessrisiko nicht wirtschaftlich unvernünftig ist.[2]

Das in Aussicht stehende Rechtsgeschäft bzw. der in Aussicht stehende Rechtsstreit muss **hinreichend konkretisiert** sein. Das Rechtsgeschäft bzw. der Rechtsstreit muss bereits in seinen wesentlichen Einzelheiten bekannt sein.

Die Vorschrift findet keine Anwendung im Hinblick auf **Maßnahmen tatsächlicher Art**. Diesbezüglich kann sich ggf. aus § 1455 Nr. 10 BGB eine alleinige Handlungsbefugnis eines Ehegatten ergeben.

4. Ein Ehegatte verweigert die Zustimmung zur Vornahme des Rechtsgeschäfts/Führung des Rechtsstreits ohne ausreichenden Grund

Ein Ehegatte muss ohne ausreichenden Grund die Zustimmung zur Vornahme des Rechtsgeschäfts bzw. zur Führung des Rechtsstreits verweigern.

Ob die Verweigerung **ohne ausreichenden Grund** erfolgt, ist sowohl nach wirtschaftlichen Gesichtspunkten als auch nach den ideellen Beweggründen für die Verweigerung zu beurteilen.[3]

Als Weigerungsgründe in **wirtschaftlicher** Hinsicht kommen insbesondere die mangelnde Sicherstellung der Versorgung des verweigernden Ehegatten sowie die Befürchtung dieses Ehegatten in Betracht, er könne durch seine Zustimmung bei einer künftigen Auseinandersetzung des Gesamtgutes beeinträchtigt werden.[4]

Zu den berücksichtigungsfähigen **ideellen** Beweggründen kann etwa gehören, dass der Verweigernde hierdurch eine Gefährdung des Familienfriedens oder eine Beeinträchtigung des Verhältnisses zu einem Abkömmling vermeiden möchte.[5]

Für die Anwendung der Vorschrift genügt bereits die grundlose Verweigerung. Eine Gefahr braucht mit dem Aufschub nicht verbunden zu sein.

5. Zur Vornahme des Rechtsgeschäfts/Führung des Rechtsstreits ist die Zustimmung des anderen Ehegatten erforderlich

Absatz 1 entfaltet nur Wirkung, wenn die Vornahme des Rechtsgeschäfts bzw. die Führung des Rechtsstreits durch einen Ehegatten der Zustimmung des anderen Ehegatten bedarf. Ist ein Ehegatte – etwa nach den §§ 1454, 1455 BGB – zum Handeln ohne Mitwirkung des anderen Ehegatten berechtigt, bedarf es auch keiner Ersetzung der Zustimmung.

6. Antrag auf Ersetzung der Zustimmung ans Vormundschaftsgericht

Der Ehegatte des die Zustimmung verweigernden Ehegatten muss die Ersetzung der Zustimmung durch das Vormundschaftsgericht beantragt haben. Nur er ist zu einem solchen Antrag berechtigt, nicht hingegen der die Mitwirkung verweigernde Ehegatte oder der Dritte, d.h. der Geschäftspartner oder Prozessgegner.

III. Rechtsfolgen

Das Familiengericht kann die **Zustimmung ersetzen**.

---

[1] BayObLG München v. 28.06.2000 - 3Z BR 43/00 - juris Rn. 12 - FGPrax 2000, 200-201; BayObLG München v. 13.06.1996 3Z BR 91/96 - juris Rn. 16 - MDR 1997, 65-66
[2] BayObLG München v. 26.07.1989 - BReg 1 a Z 37/89 - juris Rn. 16 - NJW-RR 1990, 5-6.
[3] BayObLG München v. 26.07.1989 - BReg 1 a Z 37/89 - juris Rn. 17 - NJW-RR 1990, 5-6.
[4] BayObLG München v. 28.06.2000 - 3Z BR 43/00 - juris Rn. 21 - FGPrax 2000, 200-201.
[5] Vgl. BayObLG München v. 26.07.1989 - BReg 1 a Z 37/89 - juris Rn. 17 - NJW-RR 1990, 5-6.

§ 1452

19 Die Ersetzung der Zustimmung zu einem **Rechtsgeschäft** hat zur Folge, dass für dieses sowohl das Gesamtgut (§§ 1459 Abs. 1, 1460 Abs. 1 BGB) als auch beide Ehegatten persönlich (§ 1459 Abs. 2 Satz 1 BGB) – d.h. auch der verweigernde Ehegatte – haften.

20 Im Falle einer **Zurückweisung des Antrags** auf Ersetzung der Zustimmung durch das Familiengericht haftet aus dem abgeschlossenen Rechtsgeschäft allein der handelnde Ehegatte persönlich, d.h. mit seinem Vorbehalts- und Sondergut.

21 Ersetzt das Familiengericht die Zustimmung zur Führung eines **Rechtsstreits**, ist der die Ersetzung beantragende Ehegatte zur alleinigen Prozessführung befugt. Er kann in diesem Rahmen grundsätzlich sämtliche prozessualen Maßnahmen ergreifen. Enthält eine Prozesshandlung allerdings auch ein materiell-rechtliches Rechtsgeschäft (so etwa im Falle des Abschlusses eines Vergleichs), bedarf es für die Wirksamkeit des Rechtsgeschäfts wiederum der Zustimmung des anderen Ehegatten oder einer gesonderten Zustimmungsersetzung.

B. Kommentierung zu Absatz 2

I. Grundlagen

22 Absatz 2 eröffnet den Ehegatten die Möglichkeit, durch das Vormundschaftsgericht die Zustimmung des jeweils anderen Ehegatten zu Rechtsgeschäften ersetzen zu lassen, welche zur ordnungsmäßigen Besorgung der persönlichen Angelegenheiten des Ehegatten erforderlich sind, wenn der andere Ehegatten die Zustimmung ohne ausreichenden Grund verweigert.

23 Absatz 2 kann von den Ehegatten **nicht abbedungen** werden.

II. Anwendungsvoraussetzungen

1. Gütergemeinschaft

24 Die Anwendung der Vorschrift setzt voraus, dass die Ehegatten im Güterstand der Gütergemeinschaft leben.

2. Gesamtgut wird von den Ehegatten gemeinschaftlich verwaltet

25 Das Gesamtgut muss von den Ehegatten gemeinschaftlich verwaltet werden. Dies ist stets dann der Fall, wenn die Ehegatten – was ggf. im Wege der Auslegung zu ermitteln ist – keine abweichende ehevertragliche Vereinbarung getroffen haben (§ 1421 Satz 2 BGB).

3. Zur ordnungsmäßigen Besorgung der persönlichen Angelegenheiten eines Ehegatten ist ein Rechtsgeschäft erforderlich

26 Zur ordnungsmäßigen Besorgung der persönlichen Angelegenheiten eines Ehegatten muss ein Rechtsgeschäft erforderlich sein.

27 Zum Begriff der persönlichen Angelegenheiten vgl. die Kommentierung zu § 1430 BGB Rn. 6 ff.

28 Das in Aussicht stehende Rechtsgeschäft muss **hinreichend konkretisiert** sein. Es muss bereits in seinen wesentlichen Einzelheiten bekannt sein.

29 Auf die Führung eines **Rechtsstreits** erstreckt sich der Absatz 2 – anders als Absatz 1 – nicht. Vielmehr kann jeder Ehegatte stets ohne Zustimmung des anderen Ehegatten Rechtsstreitigkeiten über persönliche Angelegenheiten führen.

30 Zu **Rechtsgeschäften**, die **im Zusammenhang mit dem Rechtsstreit** abzuschließen sind, bedarf der Ehegatte aber der Zustimmung des anderen Ehegatten. Auf derartige Rechtsgeschäfte ist die Vorschrift anwendbar. Zu solchen Rechtsgeschäften gehört bereits die Beauftragung eines Rechtsanwalts.

4. Der Ehegatte kann das Rechtsgeschäft mit Wirkung für das Gesamtgut nicht ohne Zustimmung des anderen Ehegatten vornehmen

31 Die Anwendung des Absatzes 2 setzt voraus, dass der Ehegatte, um dessen persönliche Angelegenheiten es geht, das Rechtsgeschäft nicht ohne Zustimmung des anderen Ehegatten mit Wirkung für das Gesamtgut vornehmen kann. Eine Ersetzung der Zustimmung wäre in einem solchen Fall überflüssig.

5. Der andere Ehegatte verweigert die Zustimmung zur Vornahme des Rechtsgeschäfts ohne ausreichenden Grund

32 Der andere Ehegatte muss die Zustimmung zur Vornahme des Rechtsgeschäfts ohne ausreichenden Grund verweigern (vgl. hierzu die Kommentierung zu § 1426 BGB Rn. 11 f.).

6. Antrag auf Ersetzung der Zustimmung ans Vormundschaftsgericht

Der Ehegatte des die Zustimmung verweigernden Ehegatten muss die Ersetzung der Zustimmung durch das Vormundschaftsgericht beantragt haben. Nur er ist zu einem solchen Antrag berechtigt, nicht hingegen der die Mitwirkung verweigernde Ehegatte oder der Dritte, d.h. der Partner des Rechtsgeschäfts. 33

III. Rechtsfolgen

Das Vormundschaftsgericht kann die **Zustimmung ersetzen**. 34

Die Ersetzung der Zustimmung zu dem Rechtsgeschäft hat zur **Folge**, dass für dieses sowohl das Gesamtgut (§§ 1459 Abs. 1, 1460 Abs. 1 BGB) als auch beide Ehegatten persönlich (§ 1459 Abs. 2 Satz 1 BGB) – d.h. auch der verweigernde Ehegatte – haften. 35

Im Falle einer **Zurückweisung des Antrags** auf Ersetzung der Zustimmung durch das Vormundschaftsgericht haftet aus dem abgeschlossenen Rechtsgeschäft allein der handelnde Ehegatte persönlich, d.h. mit seinem Vorbehalts- und Sondergut. 36

C. Prozessuale Hinweise/Verfahrenshinweise

Gemäß § 25 Nr. 3 lit. a RPflG entscheidet über den Antrag jeweils der **Rechtspfleger**. 37

Das **Verfahren** richtet sich nach den Vorschriften des FamFG. Nach § 26 FamFG gilt der Grundsatz der **Amtsermittlung**. 38

§ 1453 BGB Verfügung ohne Einwilligung

(Fassung vom 02.01.2002, gültig ab 01.01.2002)

(1) Verfügt ein Ehegatte ohne die erforderliche Einwilligung des anderen Ehegatten über das Gesamtgut, so gelten die Vorschriften des § 1366 Abs. 1, 3, 4 und des § 1367 entsprechend.

(2) ¹Einen Vertrag kann der Dritte bis zur Genehmigung widerrufen. ²Hat er gewusst, dass der Ehegatte in Gütergemeinschaft lebt, so kann er nur widerrufen, wenn dieser wahrheitswidrig behauptet hat, der andere Ehegatte habe eingewilligt; er kann auch in diesem Falle nicht widerrufen, wenn ihm beim Abschluss des Vertrags bekannt war, dass der andere Ehegatte nicht eingewilligt hatte.

Gliederung

A. Grundlagen 1	III. Ein Ehegatte verfügt über das Gesamtgut 5
B. Anwendungsvoraussetzungen 3	IV. Verfügung erfolgt ohne die erforderliche Einwilligung des anderen Ehegatten 9
I. Gütergemeinschaft 3	C. Rechtsfolgen 11
II. Gesamtgut wird von den Ehegatten gemeinschaftlich verwaltet 4	D. Prozessuale Hinweise/Verfahrenshinweise 21

A. Grundlagen

1 Die Vorschrift regelt die Rechtsfolgen für den Fall, dass ein Ehegatte eine Verfügung ohne die erforderliche Genehmigung des anderen Ehegatten vorgenommen hat. Gesetzestechnisch wird dabei im Wesentlichen auf die §§ 1366, 1367 BGB verwiesen; an die Stelle des § 1366 Abs. 2 BGB tritt allerdings § 1453 Abs. 2 BGB.

2 Die Vorschrift kann von den Ehegatten **nicht abbedungen** werden.

B. Anwendungsvoraussetzungen

I. Gütergemeinschaft

3 Die Anwendung der Vorschrift setzt voraus, dass die Ehegatten im Güterstand der Gütergemeinschaft leben.

II. Gesamtgut wird von den Ehegatten gemeinschaftlich verwaltet

4 Das Gesamtgut muss von den Ehegatten gemeinschaftlich verwaltet werden. Dies ist stets dann der Fall, wenn die Ehegatten – was ggf. im Wege der Auslegung zu ermitteln ist – keine abweichende ehevertragliche Vereinbarung getroffen haben (§ 1421 Satz 2 BGB).

III. Ein Ehegatte verfügt über das Gesamtgut

5 Die Anwendung der Vorschrift setzt voraus, dass ein Ehegatte über das Gesamtgut verfügt.

6 **Verfügungen** sind Rechtsgeschäfte, die unmittelbar auf ein bestehendes Recht einwirken durch dessen Belastung, Inhaltsänderung, Übertragung oder Aufhebung.[1]

7 Von der Vorschrift erfasst werden sowohl Verfügungen über das Gesamtgut insgesamt als auch solche über einzelne Gesamtgutsgegenstände.

8 Die Vorschrift bezieht sich nur auf Verfügungen, nicht hingegen auf schuldrechtliche **Verpflichtungsgeschäfte**.

IV. Verfügung erfolgt ohne die erforderliche Einwilligung des anderen Ehegatten

9 Die Verfügung muss ohne die erforderliche Einwilligung des anderen Ehegatten erfolgt sein.

10 Im Regelfall bedarf bei einer gemeinschaftlichen Verwaltung jede Verfügung über das Gesamtgut der Zustimmung des anderen Ehegatten. Ausnahmen gelten allerdings in den Fällen des § 1454 BGB (Notverwaltung), des § 1455 BGB sowie des § 1458 BGB (Ehegatte unter elterlicher Sorge oder Vormundschaft).

---

[1] BGH v. 15.03.1951 - IV ZR 9/50 - BGHZ 1, 294-307.

C. Rechtsfolgen

Die Vorschriften des § 1366 Abs. 1, Abs. 3, Abs. 4 BGB und des § 1367 BGB gelten entsprechend. An die Stelle des § 1366 Abs. 2 BGB tritt § 1453 Abs. 2 BGB. **11**

Einseitige Rechtsgeschäfte sind nach § 1367 BGB (endgültig) **unwirksam**. **12**

Verträge sind gemäß § 1366 BGB **zunächst schwebend unwirksam**. Eine Beendigung der Gütergemeinschaft während des Schwebezustands beseitigt diesen nicht. **13**

Genehmigt der andere Ehegatte den Vertrag, wird dieser rückwirkend wirksam (§ 1366 Abs. 1 BGB). **14**

Während des Schwebezustands kann der Dritte den Ehegatten, der die Verfügung vorgenommen hat, zur Beschaffung einer Genehmigung des anderen Ehegatten auffordern (§ 1366 Abs. 3 Satz 1 BGB). Erteilt dieser die Genehmigung nicht innerhalb von zwei Wochen seit Empfang der Aufforderung, gilt sie als verweigert (§ 1366 Abs. 3 Satz 2 BGB). Auch die Ersetzung der Zustimmung durch das Familiengericht (vgl. § 1452 BGB) muss dem Dritten nach einer solchen Aufforderung innerhalb von zwei Wochen mitgeteilt werden. **15**

Einen **Vertrag** kann ein **Dritter** nach **Absatz 2** Satz 1 bis zur Erteilung einer Genehmigung **widerrufen** (vgl. die §§ 1453 Abs. 1, 1366 BGB). **16**

Das Widerrufsrecht greift nach Absatz 2 Satz 2 nicht, wenn der Dritte wusste, dass der Ehegatte in Gütergemeinschaft lebt. Es bedarf insoweit einer **positiven Kenntnis im Hinblick auf die Gütergemeinschaft**. Eine Kenntnis von der bestehenden Ehe genügt nicht. **17**

Hat der Dritte Kenntnis von der Gütergemeinschaft, findet Absatz 2 Satz 1 allerdings trotzdem Anwendung, wenn der handelnde Ehegatte **wahrheitswidrig behauptet** hat, der andere Ehegatte habe **eingewilligt**. Auch in diesem Falle greift das Widerrufsrecht jedoch nicht, wenn dem **Dritten** beim Abschluss des Vertrags **bekannt** war, dass der andere Ehegatte **nicht eingewilligt** hatte. **18**

Der Widerruf kann wegen § 1450 Abs. 2 BGB gegenüber jedem einzelnen der beiden Ehegatten erklärt werden. **19**

Wird die **Genehmigung verweigert**, ist der Vertrag **endgültig unwirksam** (§ 1366 Abs. 4 BGB). Es entsteht dann weder eine Verbindlichkeit für das Gesamtgut, noch für den handelnden Ehegatten persönlich. Empfangene Leistungen sind zurückzugewähren, aus dem Gesamtgut gemäß § 1457 BGB. **20**

D. Prozessuale Hinweise/Verfahrenshinweise

Das dem § 1428 BGB entsprechende **Revokationsrecht** enthält § 1455 Nr. 8 BGB. **21**

§ 1454 BGB Notverwaltungsrecht

(Fassung vom 02.01.2002, gültig ab 01.01.2002)

¹Ist ein Ehegatte durch Krankheit oder Abwesenheit verhindert, bei einem Rechtsgeschäft mitzuwirken, das sich auf das Gesamtgut bezieht, so kann der andere Ehegatte das Rechtsgeschäft vornehmen, wenn mit dem Aufschub Gefahr verbunden ist; er kann hierbei im eigenen Namen oder im Namen beider Ehegatten handeln. ²Das Gleiche gilt für die Führung eines Rechtsstreits, der sich auf das Gesamtgut bezieht.

Gliederung

A. Grundlagen 1
B. Anwendungsvoraussetzungen 3
  I. Gütergemeinschaft 3
  II. Gesamtgut wird von den Ehegatten gemeinschaftlich verwaltet 4
  III. Ein Ehegatte ist durch Krankheit/Abwesenheit verhindert, an einem sich auf das Gesamtgut beziehenden Rechtsgeschäft/Rechtsstreit mitzuwirken 5
  IV. Mit dem Aufschub des Rechtsgeschäfts/Rechtsstreits ist Gefahr verbunden 9
C. Rechtsfolgen 10

A. Grundlagen

1 Satz 1 begründet ein **Notverwaltungsrecht** der Ehegatten für einzelne Rechtsgeschäfte, die sich auf das Gesamtgut beziehen, wenn einer der Ehegatten infolge Krankheit oder Abwesenheit verhindert ist, bei der gemeinschaftlichen Verwaltung mitzuwirken. Die Vorschrift begründet hingegen keine allgemeine Einzelvertretungsbefugnis der Ehegatten. Gemäß Satz 2 gilt das Notverwaltungsrecht auch im Hinblick auf die Führung eines Rechtsstreits.

2 Die Vorschrift begründet zunächst nur ein Recht des nicht verhinderten Ehegatten zur alleinigen Vornahme des Rechtsgeschäfts bzw. Führung des Rechtsstreits. Aufgrund des § 1451 BGB kann sich indes auch eine **Verpflichtung** dieses Ehegatten ergeben, das Rechtsgeschäft alleine vorzunehmen bzw. den Rechtsstreit alleine zu führen. Unterlässt er in diesem Falle schuldhaft die Vornahme des Rechtsgeschäfts bzw. die Führung des Rechtsstreits, haftet er analog § 1435 Satz 3 BGB. Es gilt diesbezüglich allerdings der Verschuldensmaßstab des § 1359 BGB.

B. Anwendungsvoraussetzungen

I. Gütergemeinschaft

3 Die Anwendung der Vorschrift setzt voraus, dass die Ehegatten im Güterstand der Gütergemeinschaft leben.

II. Gesamtgut wird von den Ehegatten gemeinschaftlich verwaltet

4 Das Gesamtgut muss von den Ehegatten gemeinschaftlich verwaltet werden. Dies ist stets dann der Fall, wenn die Ehegatten – was ggf. im Wege der Auslegung zu ermitteln ist – keine abweichende ehevertragliche Vereinbarung getroffen haben (§ 1421 Satz 2 BGB).

III. Ein Ehegatte ist durch Krankheit/Abwesenheit verhindert, an einem sich auf das Gesamtgut beziehenden Rechtsgeschäft/Rechtsstreit mitzuwirken

5 Die Anwendung der Vorschrift setzt voraus, dass einer der beiden Ehegatten durch Krankheit oder Abwesenheit **verhindert** ist, bei einem sich auf das Gesamtgut beziehenden Rechtsgeschäft oder Rechtsstreit mitzuwirken.

6 Satz 1 gilt für **Rechtsgeschäfte aller Art**. Satz 1 gilt hingegen **nicht** für **tatsächliche Maßnahmen**. Aufgrund der Regelung in § 1455 Nr. 10 BGB bedarf es diesbezüglich keiner analogen Anwendung der Norm.

7 Satz 2 findet für alle Formen von **Rechtsstreitigkeiten**, d.h. sowohl für **Aktiv-** als auch für **Passivprozesse** Anwendung.

8 Die Vorschrift findet keine Anwendung bei bloßer **Verweigerung** der Mitwirkung eines Ehegatten. In diesem Fall gilt § 1452 Abs. 1 BGB.

IV. Mit dem Aufschub des Rechtsgeschäfts/Rechtsstreits ist Gefahr verbunden

Mit dem Aufschub des Rechtsgeschäfts bzw. des Rechtsstreits muss eine (objektive) Gefahr verbunden sein. Hierzu gehören etwa der drohende Eintritt eines Schadens oder einer Verjährung oder der drohende Ablauf einer Ausschlussfrist. Die Gefahr muss zum Zeitpunkt der Vornahme des Rechtsgeschäfts bestehen.

C. Rechtsfolgen

Der nicht verhinderte Ehegatte kann das **Rechtsgeschäft alleine vornehmen** (Satz 1) bzw. den **Rechtsstreit alleine führen** (Satz 2).

Der nicht verhinderte Ehegatte kann bei der Vornahme eines Rechtsgeschäfts **im Namen beider Ehegatten** oder **allein im eigenen Namen** handeln. Gegenüber dem Gesamtgut wirkt das Rechtsgeschäft in beiden Fällen so, wie wenn beide Ehegatten gemeinschaftlich gehandelt hätten. Es haftet gemäß den §§ 1459 Abs. 1, 1460 Abs. 1 BGB. Daneben haften beide Ehegatten persönlich mit ihrem Sondervermögen (§ 1459 Abs. 2 Satz 1 BGB).

Die Führung eines Rechtsstreits durch den nicht verhinderten Ehegatten wirkt gegenüber dem Gesamtgut. Für die **Kosten des Rechtsstreits** haftet das Gesamtgut.

§ 1455 BGB Verwaltungshandlungen ohne Mitwirkung des anderen Ehegatten

(Fassung vom 02.01.2002, gültig ab 01.01.2002)

Jeder Ehegatte kann ohne Mitwirkung des anderen Ehegatten

1. eine ihm angefallene Erbschaft oder ein ihm angefallenes Vermächtnis annehmen oder ausschlagen,
2. auf seinen Pflichtteil oder auf den Ausgleich eines Zugewinns verzichten,
3. ein Inventar über eine ihm oder dem anderen Ehegatten angefallene Erbschaft errichten, es sei denn, dass die dem anderen Ehegatten angefallene Erbschaft zu dessen Vorbehaltsgut oder Sondergut gehört,
4. einen ihm gemachten Vertragsantrag oder eine ihm gemachte Schenkung ablehnen,
5. ein sich auf das Gesamtgut beziehendes Rechtsgeschäft gegenüber dem anderen Ehegatten vornehmen,
6. ein zum Gesamtgut gehörendes Recht gegen den anderen Ehegatten gerichtlich geltend machen,
7. einen Rechtsstreit fortsetzen, der beim Eintritt der Gütergemeinschaft anhängig war,
8. ein zum Gesamtgut gehörendes Recht gegen einen Dritten gerichtlich geltend machen, wenn der andere Ehegatte ohne die erforderliche Zustimmung über das Recht verfügt hat,
9. ein Widerspruchsrecht gegenüber einer Zwangsvollstreckung in das Gesamtgut gerichtlich geltend machen,
10. die zur Erhaltung des Gesamtguts notwendigen Maßnahmen treffen, wenn mit dem Aufschub Gefahr verbunden ist.

Gliederung

A. Grundlagen 1	5. Vornahme eines sich auf das Gesamtgut beziehenden Rechtsgeschäfts gegenüber dem anderen Ehegatten (Nr. 5) 10
B. Anwendungsvoraussetzungen 2	
I. Gütergemeinschaft 2	
II. Gesamtgut wird von den Ehegatten gemeinschaftlich verwaltet 3	6. Gerichtliche Geltendmachung eines zum Gesamtgut gehörenden Rechts gegen den anderen Ehegatten (Nr. 6) 11
III. Handlung unterfällt dem Katalog der Nr. 1-10 4	7. Fortsetzung eines Rechtsstreits, der beim Eintritt der Gütergemeinschaft anhängig war (Nr. 7) 13
1. Annahme/Ausschlagung einer ihm angefallenen Erbschaft/eines ihm angefallenen Vermächtnisses (Nr. 1) 5	8. Gerichtliche Geltendmachung eines zum Gesamtgut gehörenden Rechts gegen einen Dritten, wenn der andere Ehegatte ohne die erforderliche Zustimmung über das Recht verfügt hat (Nr. 8) 17
2. Verzicht auf seinen Pflichtteil/auf den Ausgleich eines Zugewinns (Nr. 2) 6	
3. Errichtung eines Inventars über eine ihm/dem anderen Ehegatten angefallene Erbschaft, sofern die dem anderen Ehegatten angefallene Erbschaft nicht zu dessen Vorbehaltsgut oder Sondergut gehört (Nr. 3) 7	9. Gerichtliche Geltendmachung eines Widerspruchsrechts gegenüber einer Zwangsvollstreckung in das Gesamtgut (Nr. 9) 19
	10. Treffen einer zur Erhaltung des Gesamtguts notwendigen Maßnahme, wenn mit dem Aufschub Gefahr verbunden ist (Nr. 10) 22
4. Ablehnung eines ihm gemachten Vertragsantrags/einer ihm gemachten Schenkung (Nr. 4) 9	C. Rechtsfolgen 28
	D. Prozessuale Hinweise/Verfahrenshinweise 31

A. Grundlagen

Die Vorschrift enthält eine weitere Ausnahme vom Grundsatz, dass im Falle einer gemeinschaftlichen Verwaltung des Gesamtguts ein gemeinschaftliches Handeln der Ehegatten erforderlich ist. Die im Katalog der Nr. 1-10 der Vorschrift aufgeführten Handlungen wirken auch bei alleiniger Vornahme durch einen Ehegatten für und gegen das Gesamtgut.

B. Anwendungsvoraussetzungen

I. Gütergemeinschaft

Die Anwendung der Vorschrift setzt voraus, dass die Ehegatten im Güterstand der Gütergemeinschaft leben.

II. Gesamtgut wird von den Ehegatten gemeinschaftlich verwaltet

Das Gesamtgut muss von den Ehegatten gemeinschaftlich verwaltet werden. Dies ist stets dann der Fall, wenn die Ehegatten – was ggf. im Wege der Auslegung zu ermitteln ist – keine abweichende ehevertragliche Vereinbarung getroffen haben (§ 1421 Satz 2 BGB).

III. Handlung unterfällt dem Katalog der Nr. 1-10

Die Vorschrift gilt im Hinblick auf Handlungen eines Ehegatten, die dem Katalog der Nr. 1-10 unterfallen.

1. Annahme/Ausschlagung einer ihm angefallenen Erbschaft/eines ihm angefallenen Vermächtnisses (Nr. 1)

Gemäß Nr. 1 der Vorschrift findet diese in Bezug auf die Annahme bzw. Ausschlagung einer Erbschaft oder eines Vermächtnisses[1] Anwendung. Nr. 1 der Vorschrift entspricht dem für den Fall der Alleinverwaltung eines Ehegatten geltenden § 1432 Abs. 1 Satz 1 BGB. Vgl. hierzu die Kommentierung zu § 1432 BGB Rn. 6 f.

2. Verzicht auf seinen Pflichtteil/auf den Ausgleich eines Zugewinns (Nr. 2)

Gemäß Nr. 2 der Vorschrift findet diese in Bezug auf den Verzicht auf einen Pflichtteil oder den Ausgleich eines Zugewinns Anwendung. Nr. 2 der Vorschrift entspricht dem für den Fall der Alleinverwaltung eines Ehegatten geltenden § 1432 Abs. 1 Satz 2 HS. 1 BGB. Vgl. hierzu die Kommentierung zu § 1432 BGB Rn. 8 f.

3. Errichtung eines Inventars über eine ihm/dem anderen Ehegatten angefallene Erbschaft, sofern die dem anderen Ehegatten angefallene Erbschaft nicht zu dessen Vorbehaltsgut oder Sondergut gehört (Nr. 3)

Gemäß Nr. 3 der Vorschrift findet diese in Bezug auf die Errichtung eines Inventars (§§ 1993-2013 BGB) durch einen Ehegatten über eine ihm angefallene Erbschaft oder eine dem anderen Ehegatten angefallene Erbschaft, die zum Gesamtgut gehört, Anwendung.

Das von dem einen Ehegatten errichtete Inventar wirkt auch für den anderen (§ 2008 Abs. 1 Satz 3 BGB). Die Inventarfrist muss auch gegenüber dem anderen Ehegatten erfolgen (§ 2008 Abs. 1 Satz 1 BGB).

4. Ablehnung eines ihm gemachten Vertragsantrags/einer ihm gemachten Schenkung (Nr. 4)

Gemäß Nr. 4 der Vorschrift findet diese in Bezug auf die Ablehnung eines Vertragsantrags oder einer Schenkung Anwendung. Nr. 4 der Vorschrift entspricht dem für den Fall der Alleinverwaltung eines Ehegatten geltenden § 1432 Abs. 1 Satz 2 HS. 2 BGB.

---

[1] Vgl. hierzu BGH v. 08.10.1997 - IV ZR 328/96 - ZEV 1998, 24 sowie OLG Stuttgart v. 31.10.1996 - 19 U 80/96 - ZEV 1998, 24-26.

5. Vornahme eines sich auf das Gesamtgut beziehenden Rechtsgeschäfts gegenüber dem anderen Ehegatten (Nr. 5)

10 Gemäß Nr. 5 der Vorschrift findet diese bei der Vornahme eines sich auf das Gesamtgut beziehenden Rechtsgeschäfts gegenüber dem anderen Ehegatten Anwendung. Der Regelung liegt der Gedanke zugrunde, dass hier im Falle der Mitwirkung beider Ehegatten ein Interessenkonflikt des anderen Ehegatten entstehen kann. Es kann sich um **Rechtsgeschäfte jeder Art** – auch einseitige – handeln.

6. Gerichtliche Geltendmachung eines zum Gesamtgut gehörenden Rechts gegen den anderen Ehegatten (Nr. 6)

11 Gemäß Nr. 6 der Vorschrift findet diese im Hinblick auf die gerichtliche Geltendmachung eines zum Gesamtgut gehörenden Rechts gegen den anderen Ehegatten Anwendung. Der Regelung liegt der Gedanke zugrunde, dass hier im Falle der Mitwirkung beider Ehegatten ein Interessenkonflikt des anderen Ehegatten entstehen kann.[2]

12 Der Ehegatte handelt insoweit im eigenen Namen. Es muss allerdings zum Ausdruck kommen, dass ein zum Gesamtgut gehörendes Recht geltend gemacht wird. Dementsprechend muss der Antrag auf Leistung an das Gesamtgut lauten.

7. Fortsetzung eines Rechtsstreits, der beim Eintritt der Gütergemeinschaft anhängig war (Nr. 7)

13 Gemäß Nr. 7 der Vorschrift findet diese im Falle der Fortsetzung eines Rechtsstreits, der beim Eintritt der Gütergemeinschaft anhängig war, Anwendung. Nr. 7 der Vorschrift entspricht dem für den Fall der Alleinverwaltung geltenden § 1433 BGB.

14 Von der Vorschrift umfasst sind **alle Arten gerichtlicher Verfahren**, auch schiedsgerichtliche.

15 Die Vorschrift ist **entsprechend anwendbar** bei der Führung eines Rechtsstreits im Rahmen der **Notverwaltung** nach § 1454 Satz 2 BGB, wenn während des Prozesses die Verhinderung des anderen Ehegatten entfällt.

16 Ebenfalls entsprechend anwendbar ist die Vorschrift bei Fortführung eines Rechtsstreits für das von einem Ehegatten mit Zustimmung des anderen Ehegatten betriebene **selbstständige Erwerbsgeschäft** (vgl. § 1456 BGB), wenn der andere Ehegatte die Einwilligung während eines laufenden Rechtsstreits widerruft.

8. Gerichtliche Geltendmachung eines zum Gesamtgut gehörenden Rechts gegen einen Dritten, wenn der andere Ehegatte ohne die erforderliche Zustimmung über das Recht verfügt hat (Nr. 8)

17 Nr. 8 der Vorschrift entspricht dem für den Fall der Alleinverwaltung geltenden § 1428 BGB.

18 Anders als im Falle des § 1428 BGB (Verfügung des allein verwaltenden Ehegatten) kann hier **nur der nicht verfügende Ehegatte** die Unwirksamkeit der Verfügung allein geltend machen, nicht hingegen derjenige, der selbst verfügt hat. Es handelt sich um eine gesetzliche Prozessstandschaft. Das hierbei ergehende Urteil wirkt für und gegen beide Ehegatten.

9. Gerichtliche Geltendmachung eines Widerspruchsrechts gegenüber einer Zwangsvollstreckung in das Gesamtgut (Nr. 9)

19 Nr. 9 der Vorschrift betrifft die gerichtliche Geltendmachung eines Widerspruchsrechts gegenüber einer Zwangsvollstreckung in das Gesamtgut.

20 Hiervon erfasst werden **Rechtsbehelfe gegen Zwangsvollstreckungsmaßnahmen jeder Art**.[3] Darüber hinaus sind hiervon auch die dem Gesamtgut im Insolvenzverfahren zustehenden **Aussonderungs- und Absonderungsrechte** (§§ 47-51 InsO) erfasst.

21 Die Vorschrift ist auf die Geltendmachung eines nach Beendigung der Zwangsvollstreckung an die Stelle des Rechts zu einer Widerspruchsklage tretenden **Bereicherungsanspruchs entsprechend anwendbar**.[4]

---

[2] OLG Saarbrücken v. 25.01.2002 - 5 W 362/01 - 113, 5 W 362/01 - juris Rn. 19 - NZG 2002, 325-328.
[3] OLG München v. 04.11.2010 - 34 Wx 121/10 - juris Rn. 4 - NJW-RR 2011, 668-669.
[4] Vgl. BGH v. 04.02.1982 - IX ZR 96/80 - juris Rn. 13 - BGHZ 83, 76-82.

10. Treffen einer zur Erhaltung des Gesamtguts notwendigen Maßnahme, wenn mit dem Aufschub Gefahr verbunden ist (Nr. 10)

Gemäß Nr. 10 der Vorschrift findet diese im Hinblick auf Maßnahmen eines Ehegatten, die zur Erhaltung des Gesamtguts notwendig sind, Anwendung. 22

Der Anwendungsbereich der Nr. 10 geht insoweit über den des § 1454 BGB hinaus, als neben Rechtsgeschäften und Prozesshandlungen[5] insbesondere **auch tatsächliche Maßnahmen**, die Schaden vom Gesamtgut abwenden können, erfasst werden. 23

Die Maßnahme muss zur Erhaltung des Gesamtguts **notwendig** sein. Eine bloße Zweckmäßigkeit genügt nicht. 24

Die Notwendigkeit der Maßnahme muss sich auf die **Erhaltung des Gesamtguts** beziehen. Nicht ausreichend ist, dass die Maßnahme der Vermehrung des Gesamtguts dienen würde.[6] 25

Die Vorschrift greift allerdings nur dann ein, wenn **mit dem Aufschub Gefahr verbunden** ist. Ermangelt es einer solchen Gefahr, kann der Ehegatte ggf. im Hinblick auf die Vornahme eines Rechtsgeschäftes oder die Führung eines Rechtsstreits gemäß § 1452 BGB eine Zustimmungsersetzung beim Vormundschaftsgericht beantragen. 26

Inwieweit die Tatbestandsvoraussetzungen gegeben sind, ist nach objektiven Kriterien zum Zeitpunkt der Entscheidung zu beurteilen. Es darf dabei nach dem Zweck der Vorschrift kein zu strenger Maßstab angelegt werden. 27

C. Rechtsfolgen

Jeder **Ehegatte** kann **ohne Mitwirkung des anderen** Ehegatten die in Nr. 1-10 der Vorschrift aufgeführten Handlungen vornehmen. Dies gilt unabhängig davon, ob der andere Ehegatte an der Mitwirkung verhindert ist oder ob er der in Frage kommenden Handlung widerspricht.[7] 28

Die Handlungen wirken trotz der alleinigen Vornahme durch einen Ehegatten **für und gegen das Gesamtgut**. 29

Für Verbindlichkeiten aus entsprechenden Verpflichtungsgeschäften haften das Gesamtgut (§§ 1459 Abs. 1, 1460 Abs. 1 BGB) und damit auch beide Ehegatten persönlich (§ 1459 Abs. 2 Satz 1 BGB). Die Haftung trifft den nicht handelnden Ehegatten auch im Falle eines ausdrücklich erklärten **Widerspruchs**. 30

D. Prozessuale Hinweise/Verfahrenshinweise

Die **Beweislast** für das Vorliegen der Voraussetzungen der Nrn. 1-10 trägt der handelnde Ehegatte bzw. derjenige, der sich auf die Wirksamkeit der von diesem Ehegatten vorgenommenen Handlung beruft. 31

---

[5] OLG München v. 04.02.2011 - 34 Wx 157/10 - juris Rn. 5 - FamRZ 2011, 1058-1059.
[6] Vgl. OLG München v. 04.02.2011 - 34 Wx 157/10 - juris Rn. 5 - FamRZ 2011, 1058-1059.
[7] OLG München v. 04.02.2011 - 34 Wx 157/10 - juris Rn. 5 - FamRZ 2011, 1058-1059 (zu § 1455 Nr. 10 BGB).

§ 1456 BGB Selbständiges Erwerbsgeschäft

(Fassung vom 02.01.2002, gültig ab 01.01.2002)

(1) ¹Hat ein Ehegatte darin eingewilligt, dass der andere Ehegatte selbständig ein Erwerbsgeschäft betreibt, so ist seine Zustimmung zu solchen Rechtsgeschäften und Rechtsstreitigkeiten nicht erforderlich, die der Geschäftsbetrieb mit sich bringt. ²Einseitige Rechtsgeschäfte, die sich auf das Erwerbsgeschäft beziehen, sind dem Ehegatten gegenüber vorzunehmen, der das Erwerbsgeschäft betreibt.

(2) Weiß ein Ehegatte, dass der andere ein Erwerbsgeschäft betreibt, und hat er hiergegen keinen Einspruch eingelegt, so steht dies einer Einwilligung gleich.

(3) Dritten gegenüber ist ein Einspruch und der Widerruf der Einwilligung nur nach Maßgabe des § 1412 wirksam.

Gliederung

A. Grundlagen 1	III. Ein Ehegatte hat darin eingewilligt, dass der andere Ehegatte selbstständig ein Erwerbsgeschäft betreibt 5
B. Anwendungsvoraussetzungen 3	C. Rechtsfolgen 14
I. Gütergemeinschaft 3	D. Prozessuale Hinweise/Verfahrenshinweise 21
II. Gesamtgut wird von den Ehegatten gemeinschaftlich verwaltet 4	

A. Grundlagen

1 Die Vorschrift befreit den Ehegatten, der selbstständig ein Erwerbsgeschäft betreibt, bei Rechtsgeschäften und Rechtsstreitigkeiten, die der Geschäftsbetrieb mit sich bringt, von dem Erfordernis der Zustimmung des anderen Ehegatten, wenn dieser in den Betrieb des Erwerbsgeschäfts eingewilligt oder trotz Kenntnis vom Betrieb des Erwerbsgeschäfts keinen Einspruch dagegen eingelegt hat. Die Vorschrift dient damit dazu, dem das Erwerbsgeschäft betreibenden Ehegatten die Teilnahme am Wirtschaftsleben zu ermöglichen und ihm die erforderliche Bewegungsfreiheit zu verschaffen.

2 Die Vorschrift kann im Interesse des Verkehrsschutzes von den Ehegatten **nicht abbedungen** werden.

B. Anwendungsvoraussetzungen

I. Gütergemeinschaft

3 Die Anwendung der Vorschrift setzt voraus, dass die Ehegatten im Güterstand der Gütergemeinschaft leben.

II. Gesamtgut wird von den Ehegatten gemeinschaftlich verwaltet

4 Das Gesamtgut muss von den Ehegatten gemeinschaftlich verwaltet werden. Dies ist stets dann der Fall, wenn die Ehegatten – was ggf. im Wege der Auslegung zu ermitteln ist – keine abweichende ehevertragliche Vereinbarung getroffen haben (§ 1421 Satz 2 BGB).

III. Ein Ehegatte hat darin eingewilligt, dass der andere Ehegatte selbstständig ein Erwerbsgeschäft betreibt

5 Die Vorschrift findet Anwendung, wenn ein Ehegatte darin eingewilligt hat, dass der andere Ehegatte selbstständig ein Erwerbsgeschäft betreibt.

6 Zum selbstständigen Betrieb eines Erwerbsgeschäfts vgl. die Kommentierung zu § 1431 BGB Rn. 5 ff.

7 Die **Einwilligung** kann vor, bei oder nach Beginn des Betriebs des Erwerbsgeschäfts erteilt worden sein. Eigentlich müsste es daher – entsprechend den §§ 183, 184 BGB – „Zustimmung" heißen.

8 Aufgrund der damit verbundenen Unsicherheit ist die Einwilligung **inhaltlich nicht beschränkbar**.[1]

9 Die Einwilligung kann **formlos** – etwa auch stillschweigend – erfolgen.

10 Der Einwilligung steht es gemäß **Absatz 2** gleich, wenn der andere Ehegatte **trotz Kenntnis** vom Betrieb des Erwerbsgeschäfts dagegen **keinen Einspruch** eingelegt hat. Ein etwaiger Einspruch ist **form-**

---

[1] *Kanzleiter* in: MünchKomm-BGB, § 1456 Rn. 2 i.V.m. § 1431 Rn. 6.

los möglich. Er ist gegenüber dem das Erwerbsgeschäft betreibenden Ehegatten zu erklären. Ein Einspruch ist nur in den **Grenzen des Rechtsmissbrauchs** zulässig.

Durch einen solchen Einspruch des anderen Ehegatten wird dem das Erwerbsgeschäft betreibenden Ehegatten der Betrieb des Erwerbsgeschäfts **nicht untersagt**. Im Falle eines Einspruchs ist dieser Ehegatte indes nicht befugt, Rechtsgeschäfte mit Wirkung gegenüber dem Gesamtgut vorzunehmen. Die vorgenommenen einzelnen Rechtsgeschäfte würden daher nur dann für und gegen das Gesamtgut wirken, wenn der andere Ehegatte jeweils im Einzelfall zustimmt. 11

Der **Widerruf der Einwilligung** ist ebenfalls formlos möglich. Er darf jedoch nicht rechtsmissbräuchlich sein. 12

Dritten gegenüber ist der Einspruch bzw. der Widerruf der Einwilligung nur nach Maßgabe des § 1412 BGB wirksam (**Absatz 3**). Der Einspruch bzw. der Widerruf entfaltet daher gegenüber dem Dritten erst ab dem Zeitpunkt Wirkung, zu dem er dem **Dritten bekannt** oder im **Güterrechtsregister eingetragen** wird. 13

C. Rechtsfolgen

Für Rechtsgeschäfte und Rechtsstreitigkeiten, die der Geschäftsbetrieb mit sich bringt, ist eine Zustimmung des Ehegatten, der in den Betrieb des Erwerbsgeschäfts eingewilligt hat, nicht erforderlich (**Absatz 1 Satz 1**). 14

Ob ein Erwerbsgeschäft ein bestimmtes Rechtsgeschäft „mit sich bringt", lässt sich nicht nach dessen Einordnung in allgemeine rechtliche oder wirtschaftliche Vertragstypen beurteilen; maßgebend ist vielmehr die getroffene Vereinbarung in ihrer konkreten Gestalt.[2] Diese kennt der Geschäftspartner des Ehegatten. Er kann aus diesem Grund beurteilen, ob sie dem Geschäftsbetrieb oder dem Privatbereich zuzuordnen ist. In Zweifelsfällen bedarf es der Ermittlung aller Umstände, die dem einzelnen Rechtsgeschäft sein Gepräge geben.[3] Unbeachtlich sind allerdings lediglich subjektive Vorstellungen, die in den getroffenen Absprachen keinen Niederschlag gefunden haben.[4] 15

Im Rahmen des Geschäftsbetriebs können sowohl gewöhnliche als auch **außergewöhnliche Geschäfte** liegen. So werden etwa die Übernahme eines Handelsgeschäfts sowie die Veräußerung eines Grundstücks von der Vorschrift erfasst.[5] 16

Für Verbindlichkeiten aus den Rechtsgeschäften im Hinblick auf das Erwerbsgeschäft haften neben dem das Erwerbsgeschäft betreibenden Ehegatten, der selbst persönlich haftet, auch das Gesamtgut (§§ 1459 Abs. 1, 1460 Abs. 1 BGB) sowie der andere Ehegatte persönlich (§ 1459 Abs. 2 Satz 1 BGB). 17

Nicht von der Vorschrift erfasst werden Rechtsgeschäfte, durch die der **Geschäftsbetrieb eingestellt** oder die **Beteiligung des nicht verwaltenden Ehegatten am Geschäftsbetrieb beendet** werden. Hierbei handelt es sich nicht mehr um Rechtsgeschäfte, die der Geschäftsbetrieb mit sich bringt. Zu derartigen Rechtsgeschäften gehören die Veräußerung des Erwerbsgeschäfts im Ganzen, die Auflösung der Gesellschaft sowie die Abtretung des ganzen Gesellschaftsanteils des Ehegatten.[6] 18

Der das Erwerbsgeschäft betreibende Ehegatte ist für alle **Rechtsstreitigkeiten** im Rahmen des Geschäftsbetriebs aktiv und passiv legitimiert. 19

Einseitige Rechtsgeschäfte, die sich auf das Erwerbsgeschäft beziehen, sind dem Ehegatten gegenüber vorzunehmen, der das Erwerbsgeschäft betreibt (**Absatz 1 Satz 2**). 20

D. Prozessuale Hinweise/Verfahrenshinweise

Zur **Zwangsvollstreckung in das Gesamtgut** genügt ein gegen den das Erwerbsgeschäft betreibenden Ehegatten gerichteter Titel, sofern bei Rechtshängigkeit keine Maßnahme nach § 1456 Abs. 3 BGB im Güterrechtsregister eingetragen war (§ 741 ZPO). 21

Die **Eintragung ins Güterrechtsregister** kann auf einseitigen **Antrag des anderen Ehegatten** erfolgen (§ 1561 Nr. 3 BGB). 22

---

[2] BGH v. 04.02.1982 - IX ZR 96/80 - juris Rn. 21 - BGHZ 83, 76-82.
[3] BGH v. 04.02.1982 - IX ZR 96/80 - juris Rn. 21 - BGHZ 83, 76-82.
[4] BGH v. 04.02.1982 - IX ZR 96/80 - juris Rn. 21 - BGHZ 83, 76-82.
[5] *Kanzleiter* in: MünchKomm-BGB, § 1456 Rn. 2 i.V.m. § 1431 Rn. 9.
[6] Vgl. RG v. 17.01.1930 - III 134/29 - RGZ 127, 110-116.

§ 1457 BGB Ungerechtfertigte Bereicherung des Gesamtguts

(Fassung vom 02.01.2002, gültig ab 01.01.2002)

Wird durch ein Rechtsgeschäft, das ein Ehegatte ohne die erforderliche Zustimmung des anderen Ehegatten vornimmt, das Gesamtgut bereichert, so ist die Bereicherung nach den Vorschriften über die ungerechtfertigte Bereicherung aus dem Gesamtgut herauszugeben.

Gliederung

A. Grundlagen 1	IV. Bereicherung des Gesamtguts durch das Rechtsgeschäft 11
B. Anwendungsvoraussetzungen 3	C. Rechtsfolgen 14
I. Gütergemeinschaft 3	D. Prozessuale Hinweise/Verfahrenshinweise 18
II. Gesamtgut wird von den Ehegatten gemeinschaftlich verwaltet 4	
III. Ehegatte nimmt ein Rechtsgeschäft ohne die erforderliche Zustimmung des anderen Ehegatten vor 6	

A. Grundlagen

1   Die Vorschrift regelt den Ausgleich im Falle einer ungerechtfertigten Bereicherung des Gesamtguts. Ihr liegt der Gedanke zugrunde, dass alles, was ein Ehegatte während der Ehe durch Leistung von Dritten erwirbt, gemäß § 1416 BGB Gesamtgut wird, während ein ohne eine erforderliche Zustimmung vorgenommenes Rechtsgeschäft als solches dem Gesamtgut gegenüber unwirksam ist.

2   Die Vorschrift kann von den Ehegatten **nicht abbedungen** werden.

B. Anwendungsvoraussetzungen

I. Gütergemeinschaft

3   Die Anwendung der Vorschrift setzt voraus, dass die Ehegatten im Güterstand der Gütergemeinschaft leben.

II. Gesamtgut wird von den Ehegatten gemeinschaftlich verwaltet

4   Das Gesamtgut muss von den Ehegatten gemeinschaftlich verwaltet werden. Dies ist stets dann der Fall, wenn die Ehegatten – was ggf. im Wege der Auslegung zu ermitteln ist – keine abweichende ehevertragliche Vereinbarung getroffen haben (§ 1421 Satz 2 BGB).

5   Im Falle der Alleinverwaltung eines Ehegatten findet die Parallelvorschrift des § 1434 BGB Anwendung.

III. Ehegatte nimmt ein Rechtsgeschäft ohne die erforderliche Zustimmung des anderen Ehegatten vor

6   Die Anwendung der Vorschrift setzt voraus, dass ein Ehegatte ein Rechtsgeschäft ohne die erforderliche Zustimmung des anderen Ehegatten vorgenommen hat.

7   Grundsätzlich müssen im Falle der Vereinbarung einer gemeinschaftlichen Verwaltung des Gesamtguts sämtliche Rechtsgeschäfte von beiden Ehegatten gemeinschaftlich vorgenommen werden, damit sie gegenüber dem Gesamtgut wirken. Handelt ein Ehegatte bei der Vornahme eines Rechtsgeschäfts allein, bedarf er hierzu der Zustimmung des anderen Ehegatten.

8   Einer Zustimmung des anderen Ehegatten bedarf es allerdings nicht, sofern einer der Fälle der §§ 1454-1456 BGB gegeben ist.

9   Gemäß § 1452 BGB kann eine erforderliche Zustimmung vom Familiengericht ersetzt werden.

10 Nimmt ein Ehegatte ein Rechtsgeschäft ohne die erforderliche Zustimmung des anderen Ehegatten vor, ist dieses gleichwohl wirksam. Für ein solches Rechtsgeschäft entfällt indes eine Haftung des Gesamtguts sowie des anderen Ehegatten. Es haftet allein der handelnde Ehegatte persönlich, d.h. mit seinem Vorbehalts- und Sondergut, auf Erfüllung oder ggf. auf Schadensersatz.

IV. Bereicherung des Gesamtguts durch das Rechtsgeschäft

Das Gesamtgut muss durch das Rechtsgeschäft bereichert sein. 11

Gemäß § 1416 Abs. 1 Satz 2 BGB fließt grundsätzlich alles, was ein Ehegatte während des Bestehens der Gütergemeinschaft erwirbt, dem Gesamtgut zu. 12

Wird das Gesamtgut nicht durch das Rechtsgeschäft, sondern **in sonstiger Weise** bereichert, findet die Vorschrift keine Anwendung. Die §§ 812-822 BGB können aber ggf. unmittelbar eingreifen. 13

C. Rechtsfolgen

Die **Bereicherung** ist nach den Vorschriften über die ungerechtfertigte Bereicherung (§§ 812-822 BGB) **herauszugeben**. 14

Inhalt und Umfang der Herausgabepflicht bestimmen sich nach den §§ 818, 819 BGB. Auch Nutzungen und Surrogate sind herauszugeben (§ 818 Abs. 1 BGB). 15

Neben dem Gesamtgut haften für den Bereicherungsanspruch beide Ehegatten persönlich mit ihrem Sondervermögen (§ 1459 Abs. 2 Satz 1 BGB). 16

Das Gesamtgut haftet auch im Innenverhältnis. Dies ergibt sich aus einem Umkehrschluss zu § 1463 BGB. 17

D. Prozessuale Hinweise/Verfahrenshinweise

Für die **Vollstreckung** in das Gesamtgut gilt § 740 Abs. 2 ZPO. 18

§ 1458 BGB Vormundschaft über einen Ehegatten

(Fassung vom 02.01.2002, gültig ab 01.01.2002)

Solange ein Ehegatte unter elterlicher Sorge oder unter Vormundschaft steht, verwaltet der andere Ehegatte das Gesamtgut allein; die Vorschriften der §§ 1422 bis 1449 sind anzuwenden.

Gliederung

A. Grundlagen 1	III. Ein Ehegatte steht unter elterlicher Sorge/Vormundschaft 4
B. Anwendungsvoraussetzungen 2	IV. Keine abweichende Regelung im Ehevertrag 11
I. Gütergemeinschaft 2	C. Rechtsfolgen 12
II. Gesamtgut wird von den Ehegatten gemeinschaftlich verwaltet 3	D. Prozessuale Hinweise/Verfahrenshinweise 17

A. Grundlagen

1   Die Vorschrift bestimmt, dass das Verwaltungsrecht von einem Ehegatten alleine ausgeübt wird, wenn der andere Ehegatte unter elterlicher Sorge oder Vormundschaft steht.

B. Anwendungsvoraussetzungen

I. Gütergemeinschaft

2   Die Anwendung der Vorschrift setzt voraus, dass die Ehegatten im Güterstand der Gütergemeinschaft leben.

II. Gesamtgut wird von den Ehegatten gemeinschaftlich verwaltet

3   Das Gesamtgut muss von den Ehegatten gemeinschaftlich verwaltet werden. Dies ist stets dann der Fall, wenn die Ehegatten – was ggf. im Wege der Auslegung zu ermitteln ist – keine abweichende ehevertragliche Vereinbarung getroffen haben (§ 1421 Satz 2 BGB).

III. Ein Ehegatte steht unter elterlicher Sorge/Vormundschaft

4   Die Anwendung der Vorschrift setzt voraus, dass einer der Ehegatten unter elterlicher Sorge oder Vormundschaft steht.

5   Zur **elterlichen Sorge** vgl. die §§ 1626, 1626a BGB.

6   Die **Vormundschaft** ist geregelt in den §§ 1773-1895 BGB. Sie ist nur bei Minderjährigen möglich.

7   Die für die Vormundschaft geltenden Vorschriften (somit auch § 1458 BGB) gelten gemäß § 1915 Abs. 1 BGB auch für die in den §§ 1909-1921 BGB geregelte **Pflegschaft**.

8   Durch die Bestellung eines Vormunds oder Pflegers für einen der Ehegatten wird die Gütergemeinschaft nicht automatisch beendet.

9   Die Vorschrift findet nur dann Anwendung, wenn **nur einer der Ehegatten** unter elterlicher Sorge oder Vormundschaft steht. Haben beide Ehegatten gesetzliche Vertreter, erfolgt eine gemeinschaftliche Verwaltung des Gesamtguts durch diese.

10 Die Anordnung einer **Betreuung** ist – anders als bei § 1436 BGB – ohne Einfluss auf die gemeinschaftliche Verwaltung.[1] Es besteht aber die Möglichkeit einer Aufhebungsklage gemäß § 1469 Nr. 5 BGB.

IV. Keine abweichende Regelung im Ehevertrag

11 Die Vorschrift findet keine Anwendung, wenn die Ehegatten – was ihnen möglich ist – im Ehevertrag vereinbart haben, dass die Verwaltung des Gesamtguts gemeinschaftlich durch den gesetzlichen Vertreter des unter elterlicher Sorge oder Vormundschaft stehenden Ehegatten und den anderen Ehegatten erfolgt.

---

[1] BayObLG v. 13.10.2004 - 3Z BR 138/04 - juris Rn. 16 - Rpfleger 2005, 140.

C. Rechtsfolgen

Der nicht unter elterlicher Sorge oder Vormundschaft stehende Ehegatte verwaltet das Gesamtgut allein (Halbsatz 1). Nicht etwa verwaltet der andere Ehegatte das Gesamtgut gemeinschaftlich mit dem gesetzlichen Vertreter des unter elterlicher Sorge oder Vormundschaft stehenden Ehegatten. 12

Die §§ 1422-1449 BGB sind anzuwenden (Halbsatz 2). 13

Hinsichtlich der **Haftung** gelten somit anstelle der §§ 1459-1466 BGB die §§ 1437-1444 BGB. Der unter elterlicher Sorge oder Vormundschaft stehende Ehegatte haftet daher für Gesamtgutsverbindlichkeiten, die in der Person des anderen Ehegatten entstanden sind, nicht persönlich (§ 1437 Abs. 2 BGB). Auch mit Eintritt der Volljährigkeit haftet er nicht persönlich für die vorher entstandenen Verbindlichkeiten. 14

Die in den §§ 1423-1425 BGB geregelten **Zustimmungspflichten** finden Anwendung. Die Zustimmung muss der gesetzliche Vertreter des unter elterlicher Sorge oder Vormundschaft stehenden Ehegatten erteilen. Ist dies der andere Ehegatte, kann er die Zustimmung selbst erteilen. § 181 BGB steht dem nicht entgegen (teleologische Reduktion). 15

Das sich aus der Vorschrift ergebende alleinige Verwaltungsrecht des einen Ehegatten ist nicht in das **Güterrechtsregister** einzutragen, da sich diese Rechtsfolge aus dem Gesetz ergibt. 16

D. Prozessuale Hinweise/Verfahrenshinweise

Zur **Zwangsvollstreckung** in das Gesamtgut genügt ein Titel gegen den nicht unter elterlicher Sorge oder Vormundschaft stehenden Ehegatten. Dies gilt jedoch nur, wenn sowohl bei Erwirkung des Titels als auch bei der Vollstreckung die Voraussetzungen der Vorschrift erfüllt sind. 17

§ 1459 BGB Gesamtgutsverbindlichkeiten; persönliche Haftung

(Fassung vom 02.01.2002, gültig ab 01.01.2002)

(1) Die Gläubiger des Mannes und die Gläubiger der Frau können, soweit sich aus den §§ 1460 bis 1462 nichts anderes ergibt, aus dem Gesamtgut Befriedigung verlangen (Gesamtgutsverbindlichkeiten).

(2) ¹Für die Gesamtgutsverbindlichkeiten haften die Ehegatten auch persönlich als Gesamtschuldner. ²Fallen die Verbindlichkeiten im Verhältnis der Ehegatten zueinander einem der Ehegatten zur Last, so erlischt die Verbindlichkeit des anderen Ehegatten mit der Beendigung der Gütergemeinschaft.

Gliederung

A. Grundlagen 1	II. Gesamtgut wird von den Ehegatten gemeinschaftlich verwaltet 9
I. Kurzcharakteristik 1	III. Verbindlichkeit eines Ehegatten 10
II. Gesamtgutsverbindlichkeiten 5	IV. Kein Ausnahmetatbestand gemäß den §§ 1460-1462 BGB 13
III. Persönliche Haftung der Ehegatten 7	C. Rechtsfolgen 15
B. Anwendungsvoraussetzungen 8	D. Prozessuale Hinweise/Verfahrenshinweise 18
I. Gütergemeinschaft 8	

A. Grundlagen

I. Kurzcharakteristik

1   Die §§ 1459-1462 BGB regeln die Haftung für Verbindlichkeiten bei gemeinschaftlicher Verwaltung des Gesamtguts im Verhältnis zu Dritten. Sie entsprechen den §§ 1437-1440 BGB bei der Einzelverwaltung.

2   Gemäß Absatz 1 sind grundsätzlich sämtliche Verbindlichkeiten der Ehegatten Gesamtgutsverbindlichkeiten, für die die Gläubiger der Ehegatten Befriedigung aus dem Gesamtgut verlangen können. Absatz 2 bestimmt, dass für Gesamtgutsverbindlichkeiten beide Ehegatten auch persönlich als Gesamtschuldner haften.

3   Es handelt sich um eine Vorschrift zum Schutz der Gläubiger. Die Vorschrift kann daher von den Ehegatten **nicht abbedungen** werden.

4   Es ist den Ehegatten aber möglich, durch Einzelvereinbarungen mit den jeweiligen Gläubigern besondere Haftungsregelungen zu treffen.

II. Gesamtgutsverbindlichkeiten

5   Beim Gesamtgut handelt es sich nicht um eine eigene Rechtspersönlichkeit, sondern um gesamthänderisch gebundenes Vermögen der Ehegatten. Verbindlichkeiten können nur die Ehegatten, nicht jedoch das Gesamtgut haben. Das Gesamtgut kann allerdings Haftungsobjekt für Verbindlichkeiten der Ehegatten gegenüber Dritten sein. Verbindlichkeiten eines Ehegatten, für die das Gesamtgut haftet, werden gemäß Absatz 1 (wie auch in § 1437 Abs. 1 BGB) als Gesamtgutsverbindlichkeiten bezeichnet.

6   Das Gesamtgut haftet im Falle gemeinschaftlicher Verwaltung des Gesamtguts für alle Verbindlichkeiten, welche die Ehegatten gemeinsam eingegangen sind, sowie für die Verbindlichkeiten der einzelnen Ehegatten aus der Zeit vor Beginn der Gütergemeinschaft. Darüber hinaus haftet das Gesamtgut für die Verbindlichkeiten der einzelnen Ehegatten aus der Zeit nach Eintritt der Gütergemeinschaft, sofern kein Ausnahmetatbestand gemäß den §§ 1460-1462 BGB eingreift.

III. Persönliche Haftung der Ehegatten

7   Die Ehegatten haften mit ihrem jeweiligen Vorbehalts- und Sondergut für alle Gesamtgutsverbindlichkeiten (Absatz 2). Darüber hinaus haften sie für alle von dem betreffenden Ehegatten allein und ohne Wirkung gegenüber dem Gesamtgut eingegangenen Verbindlichkeiten.

B. Anwendungsvoraussetzungen

I. Gütergemeinschaft

Die Anwendung der Vorschrift setzt voraus, dass die Ehegatten im Güterstand der Gütergemeinschaft leben.   8

II. Gesamtgut wird von den Ehegatten gemeinschaftlich verwaltet

Das Gesamtgut muss von den Ehegatten gemeinschaftlich verwaltet werden. Dies ist stets dann der Fall, wenn die Ehegatten – was ggf. im Wege der Auslegung zu ermitteln ist – keine abweichende ehevertragliche Vereinbarung getroffen haben (§ 1421 Satz 2 BGB).   9

III. Verbindlichkeit eines Ehegatten

Die Anwendung der Vorschrift setzt voraus, dass einer der beiden Ehegatten eine Verbindlichkeit hat.   10

Die **Art** der Verbindlichkeit ist unerheblich. Sie kann sich auf Geld, auf Sachen oder auf sonstige Leistungen beziehen.   11

Auch die **Rechtsgrundlage** der Verbindlichkeit ist irrelevant. Die Verbindlichkeit kann sich daher sowohl aus Vertrag als auch aus dem Gesetz – so etwa im Falle einer unerlaubten Handlung – ergeben.   12

IV. Kein Ausnahmetatbestand gemäß den §§ 1460-1462 BGB

Es darf kein Ausnahmetatbestand gemäß den §§ 1460-1462 BGB eingreifen.   13

Insbesondere wird die Haftung des Gesamtguts durch § 1460 BGB beschränkt. Hiernach haftet das Gesamtgut bei einem Rechtsgeschäft, das ein Ehegatte alleine vorgenommen hat, nur dann, wenn der andere Ehegatte dem Rechtsgeschäft zugestimmt hat oder wenn eine Zustimmung nach den §§ 1454-1456 BGB ausnahmsweise entbehrlich war.   14

C. Rechtsfolgen

Die Gläubiger des Mannes bzw. die Gläubiger der Frau können aus dem Gesamtgut Befriedigung verlangen (Absatz 1).   15

Beide Ehegatten haften für die Gesamtgutsverbindlichkeit auch persönlich, d.h. mit ihrem Vorbehalts- und Sondergut, als Gesamtschuldner (Absatz 2 Satz 1). Die Haftung trifft dabei nicht nur den Ehegatten, in dessen Person die Verbindlichkeit entstanden ist, sondern auch den anderen Ehegatten.   16

Für solche Verbindlichkeiten, die im Verhältnis der Ehegatten zueinander einem der Ehegatten zur Last fallen, endet die persönliche Haftung des anderen Ehegatten mit Beendigung der Gütergemeinschaft (Absatz 2 Satz 2). Dies gilt auch für die Beendigung der Gütergemeinschaft im Fall des Todes. Wem im Verhältnis der Ehegatten zueinander die Verbindlichkeit zur Last fällt, bestimmt sich nach den §§ 1463-1465 BGB.   17

D. Prozessuale Hinweise/Verfahrenshinweise

Da die Haftung des Gesamtguts die Regel ist, trägt die **Beweislast** dafür, dass keine Gesamtgutsverbindlichkeit vorliegt, grundsätzlich derjenige, der sich auf die Nichthaftung des Gesamtguts beruft.   18

Da § 1460 Abs. 1 BGB indes eine Durchbrechung des Grundsatzes der Haftung des Gesamtguts bei rechtsgeschäftlichen Verpflichtungen begründet, gilt für solche Verpflichtungsgeschäfte, dass derjenige die Zustimmung des anderen Ehegatten beweisen muss, der sich auf eine solche Zustimmung beruft.   19

Für eine **Zwangsvollstreckung** in das Gesamtgut bedarf es regelmäßig eines Leistungstitels gegen beide Ehegatten (§ 740 Abs. 2 ZPO). Dabei genügt es, wenn gegen beide Ehegatten jeweils ein Vollstreckungstitel besteht; die Ansprüche gegen beide Ehegatten müssen hingegen nicht in einer einzigen Urkunde tituliert sein.[1] Der Schuldgrund der Verpflichtungen der Ehegatten muss indes derselbe sein.[2]   20

Ein Leistungstitel nur gegen einen Ehegatten und ein bloßer Duldungstitel gegen den anderen genügt hingegen grundsätzlich nicht. Die Zwangsvollstreckung in das Gesamtgut aus einem Titel nur gegen einen Ehegatten ist lediglich im Fall des § 741 ZPO (Betrieb eines selbstständigen Erwerbsgeschäfts,   21

---

[1] OLG Zweibrücken v. 04.03.2009 - 3 W 38/09 - juris Rn. 5 - FamRZ 2009, 1910-1911.
[2] OLG Zweibrücken v. 04.03.2009 - 3 W 38/09 - juris Rn. 7 - FamRZ 2009, 1910-1911.

§ 1459

vgl. § 1456 BGB) möglich. Nicht genügend ist ein Titel gegen nur einen Ehegatten auch dann, wenn dieser Ehegatte aufgrund seines Notverwaltungsrechts nach § 1454 BGB verklagt wurde oder wegen der Kostenhaftung nach § 1460 Abs. 2 BGB vollstreckt werden soll.

22 Nach Beendigung der Gütergemeinschaft gilt bis zur Auseinandersetzung § 743 ZPO.

23 Über das Gesamtgut kann ein selbständiges **Insolvenzverfahren** eröffnet werden (§ 333 InsO).

24 Ein **persönlicher Schuldtitel** gegen den einen wirkt nicht nach § 325 ZPO gegen den anderen Ehegatten.[3]

---

[3] Vgl. OLG Frankfurt v. 06.12.1982 - 5 UF 220/81 - FamRZ 1983, 172-174.

§ 1460 BGB Haftung des Gesamtguts

(Fassung vom 02.01.2002, gültig ab 01.01.2002)

(1) Das Gesamtgut haftet für eine Verbindlichkeit aus einem Rechtsgeschäft, das ein Ehegatte während der Gütergemeinschaft vornimmt, nur dann, wenn der andere Ehegatte dem Rechtsgeschäft zustimmt oder wenn das Rechtsgeschäft ohne seine Zustimmung für das Gesamtgut wirksam ist.

(2) Für die Kosten eines Rechtsstreits haftet das Gesamtgut auch dann, wenn das Urteil dem Gesamtgut gegenüber nicht wirksam ist.

Gliederung

A. Kommentierung zu Absatz 1 1	6. Rechtsgeschäft nicht ohne Zustimmung für das Gesamtgut wirksam 11
I. Grundlagen 1	III. Rechtsfolgen 12
II. Anwendungsvoraussetzungen 2	IV. Prozessuale Hinweise/Verfahrenshinweise 14
1. Gütergemeinschaft 2	B. Kommentierung zu Absatz 2 15
2. Gesamtgut wird von den Ehegatten gemeinschaftlich verwaltet 3	I. Grundlagen 15
	II. Anwendungsvoraussetzungen 16
3. Verbindlichkeit aus einem Rechtsgeschäft eines Ehegatten 4	1. Gütergemeinschaft 16
4. Rechtsgeschäft während der Gütergemeinschaft vorgenommen 7	2. Gesamtgut wird von den Ehegatten gemeinschaftlich verwaltet 17
	3. Kosten aus Rechtsstreit 18
5. Keine Zustimmung des anderen Ehegatten 9	III. Rechtsfolgen 19

A. Kommentierung zu Absatz 1

I. Grundlagen

Absatz 1, der dem für die Alleinverwaltung geltenden § 1438 Abs. 1 BGB entspricht, enthält die wichtigste Ausnahme zu dem Grundsatz, dass das Gesamtgut und beide Ehegatten persönlich für alle Verbindlichkeiten der Ehegatten haften (vgl. § 1459 BGB). Durch Absatz 1 sollen die Ehegatten gegen eigenmächtige Verwaltungshandlungen des jeweils anderen Ehegatten geschützt werden. Sofern jedoch nach Maßgabe von Absatz 1 eine Haftung des Gesamtguts besteht, gilt dies auch für Verbindlichkeiten eines Ehegatten, über dessen Vermögen das Insolvenzverfahren eröffnet worden ist.[1]   1

II. Anwendungsvoraussetzungen

1. Gütergemeinschaft

Die Anwendung der Vorschrift setzt voraus, dass die Ehegatten im Güterstand der Gütergemeinschaft leben.   2

2. Gesamtgut wird von den Ehegatten gemeinschaftlich verwaltet

Das Gesamtgut muss von den Ehegatten gemeinschaftlich verwaltet werden. Dies ist stets dann der Fall, wenn die Ehegatten – was ggf. im Wege der Auslegung zu ermitteln ist – keine abweichende ehevertragliche Vereinbarung getroffen haben (§ 1421 Satz 2 BGB).   3

3. Verbindlichkeit aus einem Rechtsgeschäft eines Ehegatten

Die Anwendung des Absatz 1 setzt das Bestehen einer Verbindlichkeit aus einem Rechtsgeschäft eines Ehegatten voraus.   4

Absatz 1 gilt nur in Bezug auf Verbindlichkeiten aus **Rechtsgeschäften**. Für Verbindlichkeiten, die alleine auf gesetzlichen Regelungen beruhen – etwa Verbindlichkeiten wegen einer unerlaubten Handlung oder Unterhaltsverpflichtungen –, gilt sie nicht. Absatz 1 gilt auch nicht im Hinblick auf die Bereicherungshaftung nach § 1457 BGB. In diesen Fällen erfolgt stets eine Haftung des Gesamtguts.   5

Absatz 1 findet nur dann Anwendung, wenn ein **Ehegatte** bei der Vornahme des Rechtsgeschäfts **alleine gehandelt** hat.   6

---

[1] Vgl. BGH v. 12.05.2011 - IX ZA 13/11 - juris Rn. 3 - GuT 2013,137.

§ 1460

4. Rechtsgeschäft während der Gütergemeinschaft vorgenommen

7 Das Rechtsgeschäft muss nach Eintritt der Gütergemeinschaft vorgenommen worden sein.

8 Für Rechtsgeschäfte aus der Zeit vor Eintritt der Gütergemeinschaft haftet das Gesamtgut gemäß § 1459 Abs. 1 BGB.

5. Keine Zustimmung des anderen Ehegatten

9 Die Ausnahme zu § 1459 Abs. 1 BGB gilt nicht, wenn der andere Ehegatte dem Rechtsgeschäft zugestimmt, d.h. vorher seine Einwilligung erklärt oder das Rechtsgeschäft nachträglich genehmigt hat.

10 Entsprechendes gilt bei einer **Ersetzung der Zustimmung** durch das Familiengericht gemäß § 1452 BGB.

6. Rechtsgeschäft nicht ohne Zustimmung für das Gesamtgut wirksam

11 Absatz 1 findet ebenfalls dann keine Anwendung, wenn das Rechtsgeschäft auch ohne Zustimmung des anderen Ehegatten für das Gesamtgut wirksam ist. Eine solche Wirksamkeit kann sich gemäß den §§ 1454-1456 BGB oder gemäß § 1357 BGB ergeben.

III. Rechtsfolgen

12 Das **Gesamtgut haftet nicht** für die Verbindlichkeit.

13 Damit entfällt auch die auf die Haftung des Gesamtguts aufbauende persönliche Haftung der beiden Ehegatten gemäß § 1459 Abs. 2 Satz 1 BGB.

IV. Prozessuale Hinweise/Verfahrenshinweise

14 Da die Haftung des Gesamtguts gemäß § 1459 Abs. 1 BGB die Regel ist, trägt die **Beweislast** dafür, dass keine Gesamtgutsverbindlichkeit vorliegt, grundsätzlich derjenige, der sich auf die Nichthaftung des Gesamtguts beruft. Da Absatz 1 indes eine Durchbrechung des Grundsatzes der Haftung des Gesamtguts bei rechtsgeschäftlichen Verpflichtungen begründet, gilt für solche Verpflichtungsgeschäfte, dass derjenige die Zustimmung des anderen Ehegatten beweisen muss, der sich auf eine solche Zustimmung beruft.

B. Kommentierung zu Absatz 2

I. Grundlagen

15 Absatz 2 bestimmt, dass das Gesamtgut für die Kosten eines Rechtsstreits stets haftet.

II. Anwendungsvoraussetzungen

1. Gütergemeinschaft

16 Die Anwendung der Vorschrift setzt voraus, dass die Ehegatten im Güterstand der Gütergemeinschaft leben.

2. Gesamtgut wird von den Ehegatten gemeinschaftlich verwaltet

17 Das Gesamtgut muss von den Ehegatten gemeinschaftlich verwaltet werden. Dies ist stets dann der Fall, wenn die Ehegatten – was ggf. im Wege der Auslegung zu ermitteln ist – keine abweichende ehevertragliche Vereinbarung getroffen haben (§ 1421 Satz 2 BGB).

3. Kosten aus Rechtsstreit

18 Absatz 2 gilt im Hinblick auf Kosten, die durch einen Rechtsstreit entstanden sind. Dabei werden **nicht nur Kosten aus Zivilverfahren**, sondern auch solche aus Straf- und Verwaltungsverfahren sowie solche aus Verfahren der freiwilligen Gerichtsbarkeit nach dem FamFG erfasst. Erfasst werden auch Kosten aus den entsprechenden Vorverfahren.

III. Rechtsfolgen

19 Das **Gesamtgut haftet** für die Kosten des Rechtsstreits. Dies gilt auch dann, wenn das Urteil dem Gesamtgut gegenüber nicht wirksam ist.

20 Die Haftung der Ehegatten im Innenverhältnis bestimmt sich nach den §§ 1463 Nr. 3, 1465 BGB.

§ 1461 BGB Keine Haftung bei Erwerb einer Erbschaft

(Fassung vom 02.01.2002, gültig ab 01.01.2002)

Das Gesamtgut haftet nicht für Verbindlichkeiten eines Ehegatten, die durch den Erwerb einer Erbschaft oder eines Vermächtnisses entstehen, wenn der Ehegatte die Erbschaft oder das Vermächtnis während der Gütergemeinschaft als Vorbehaltsgut oder als Sondergut erwirbt.

Gliederung

A. Grundlagen 1	IV. Erwerb der Erbschaft/des Vermächtnisses während der Gütergemeinschaft 6
B. Anwendungsvoraussetzungen 2	V. Erwerb der Erbschaft/des Vermächtnisses als Vorbehalts- oder Sondergut 8
I. Gütergemeinschaft 2	
II. Gesamtgut wird von den Ehegatten gemeinschaftlich verwaltet 3	VI. Durch den Erwerb der Erbschaft/des Vermächtnisses entstehen Verbindlichkeiten 12
III. Ein Ehegatte erwirbt eine Erbschaft/ein Vermächtnis 5	C. Rechtsfolgen 13

A. Grundlagen

Die Vorschrift enthält eine weitere Ausnahme zu § 1459 Abs. 1 BGB. Sie schließt eine Haftung des Gesamtguts für die Verbindlichkeiten eines Ehegatten aus, die durch den Erwerb einer Erbschaft oder eines Vermächtnisses entstehen, wenn der Ehegatte die Erbschaft bzw. das Vermächtnis als Vorbehalts- oder Sondergut erwirbt. **1**

B. Anwendungsvoraussetzungen

I. Gütergemeinschaft

Die Anwendung der Vorschrift setzt voraus, dass die Ehegatten im Güterstand der Gütergemeinschaft leben. **2**

II. Gesamtgut wird von den Ehegatten gemeinschaftlich verwaltet

Das Gesamtgut muss von den Ehegatten gemeinschaftlich verwaltet werden. Dies ist stets dann der Fall, wenn die Ehegatten – was ggf. im Wege der Auslegung zu ermitteln ist – keine abweichende ehevertragliche Vereinbarung getroffen haben (§ 1421 Satz 2 BGB). **3**

Im Falle einer Alleinverwaltung des Gesamtguts durch einen Ehegatten findet § 1439 BGB Anwendung. **4**

III. Ein Ehegatte erwirbt eine Erbschaft/ein Vermächtnis

Die Anwendung der Vorschrift setzt voraus, dass ein Ehegatte eine Erbschaft oder ein Vermächtnis erwirbt. **5**

IV. Erwerb der Erbschaft/des Vermächtnisses während der Gütergemeinschaft

Der Erwerb muss während der Gütergemeinschaft erfolgen. **6**

Erwirbt ein Ehegatte eine Erbschaft oder ein Vermächtnis vor Beginn der Gütergemeinschaft, so haften für die hierdurch entstandenen Verbindlichkeiten das Gesamtgut gemäß § 1459 Abs. 1 BGB und beide Ehegatten persönlich nach § 1459 Abs. 2 Satz 1 BGB. **7**

V. Erwerb der Erbschaft/des Vermächtnisses als Vorbehalts- oder Sondergut

Die Vorschrift gilt nur, sofern der Ehegatte die Erbschaft oder das Vermächtnis als Vorbehalts- oder Sondergut erwirbt. **8**

Vorbehaltsgut wird die Erbschaft bzw. das Vermächtnis, wenn die Ehegatten eine entsprechende Regelung im Ehevertrag getroffen haben (§ 1418 Abs. 2 Nr. 1 BGB) oder der Erblasser durch letztwillige Verfügung bestimmt hat, dass die Erbschaft bzw. das Vermächtnis Vorbehaltsgut werden soll (§ 1418 Abs. 2 Nr. 2 BGB). **9**

Sondergut wird die Erbschaft bzw. das Vermächtnis, soweit die Gegenstände nicht durch Rechtsgeschäft übertragen werden können (§ 1417 Abs. 2 BGB). **10**

§ 1461　　　　　　　　　　　　　　　　　　　　　　　　jurisPK-BGB / Hausch

11　Die Vorschrift findet keine Anwendung, wenn der Erwerb in das **Gesamtgut** fällt. In diesem Fall haftet das Gesamtgut für die hierdurch entstehenden Verbindlichkeiten.

VI. Durch den Erwerb der Erbschaft/des Vermächtnisses entstehen Verbindlichkeiten

12　Die Vorschrift gilt im Hinblick auf Verbindlichkeiten, die durch den Erwerb der Erbschaft bzw. des Vermächtnisses entstehen. Solche Verbindlichkeiten können sich aus § 1967 BGB (Erblasserschulden und sonstige Nachlassverbindlichkeiten), § 1968 BGB (Beerdigungskosten), § 1969 BGB (Dreißigster), § 2130 BGB (Herausgabepflicht des Vorerben), aus einem Vermächtnis (§§ 2147-2191 BGB) oder einer Auflage (§§ 2192-2196 BGB) sowie aus dem Pflichtteilsrecht ergeben. Auch die sich etwa aus § 1586b Abs. 1 Satz 1 BGB ergebenden Unterhaltspflichten sind hierunter zu fassen, ebenso öffentliche Abgaben (insbesondere die Erbschaftsteuer).

C. Rechtsfolgen

13　Das **Gesamtgut haftet nicht** für die durch den Erwerb der Erbschaft bzw. des Vermächtnisses entstehenden Verbindlichkeiten.

566

§ 1462 BGB Haftung für Vorbehalts- oder Sondergut

(Fassung vom 02.01.2002, gültig ab 01.01.2002)

¹**Das Gesamtgut haftet nicht für eine Verbindlichkeit eines Ehegatten, die während der Gütergemeinschaft infolge eines zum Vorbehaltsgut oder zum Sondergut gehörenden Rechts oder des Besitzes einer dazu gehörenden Sache entsteht.** ²**Das Gesamtgut haftet jedoch, wenn das Recht oder die Sache zu einem Erwerbsgeschäft gehört, das ein Ehegatte mit Einwilligung des anderen Ehegatten selbständig betreibt, oder wenn die Verbindlichkeit zu den Lasten des Sonderguts gehört, die aus den Einkünften beglichen zu werden pflegen.**

Gliederung

A. Grundlagen 1	IV. Verbindlichkeit während der Gütergemeinschaft entstanden 8
B. Anwendungsvoraussetzungen 2	V. Das Recht/die Sache gehört nicht zu einem Erwerbsgeschäft, das ein Ehegatte mit Einwilligung des anderen Ehegatten selbstständig betreibt 9
I. Gütergemeinschaft 2	
II. Gesamtgut wird von den Ehegatten gemeinschaftlich verwaltet 3	
III. Verbindlichkeit eines Ehegatten infolge eines zum Vorbehalts- oder Sondergut gehörenden Rechts/des Besitzes einer dazu gehörenden Sache 5	VI. Verbindlichkeit gehört nicht zu den Lasten des Sonderguts, die aus den Einkünften beglichen zu werden pflegen 10
	C. Rechtsfolgen 12

A. Grundlagen

Die Vorschrift bildet eine weitere Ausnahme zu § 1459 Abs. 1 BGB. Sie beschränkt die Haftung des Gesamtguts für Verbindlichkeiten eines Ehegatten, die während der Gütergemeinschaft infolge eines zu seinem Vorbehalts- oder Sondergut gehörenden Rechts oder des Besitzes einer dazu gehörenden Sache entstehen.   1

B. Anwendungsvoraussetzungen

I. Gütergemeinschaft

Die Anwendung der Vorschrift setzt voraus, dass die Ehegatten im Güterstand der Gütergemeinschaft leben.   2

II. Gesamtgut wird von den Ehegatten gemeinschaftlich verwaltet

Das Gesamtgut muss von den Ehegatten gemeinschaftlich verwaltet werden. Dies ist stets dann der Fall, wenn die Ehegatten – was ggf. im Wege der Auslegung zu ermitteln ist – keine abweichende ehevertragliche Vereinbarung getroffen haben (§ 1421 Satz 2 BGB).   3

Im Falle einer Alleinverwaltung des Gesamtguts durch einen Ehegatten und des Erwerbs durch den nicht verwaltenden Ehegatten findet § 1440 BGB Anwendung.   4

III. Verbindlichkeit eines Ehegatten infolge eines zum Vorbehalts- oder Sondergut gehörenden Rechts/des Besitzes einer dazu gehörenden Sache

Einer der Ehegatten muss eine Verbindlichkeit haben, die infolge eines zum Vorbehalts- oder Sondergut gehörenden Rechts oder des Besitzes einer dazu gehörenden Sache entstanden ist.   5

Die **Rechtsnatur** der Verbindlichkeit ist **unerheblich**. So werden etwa Steuern, Verbindlichkeiten wegen ungerechtfertigter Bereicherung sowie Verbindlichkeiten aus Gefährdungshaftung von der Vorschrift erfasst.   6

Voraussetzung der Anwendung der Vorschrift ist ein **enger Zusammenhang der Verbindlichkeit mit dem Vorbehalts- oder Sondergut**. Zu diesen Verbindlichkeiten können etwa Grundsteuern, Reallasten und Erschließungskosten gehören. Ebenso kommen diesbezüglich Verbindlichkeiten aus Gefährdungshaftung – etwa aus § 833 BGB (Haftung des Tierhalters) oder aus § 836 BGB (Haftung für Ge-   7 bäudeeinsturz) – in Betracht, wenn der die Haftung verursachende Gegenstand zum Vorbehalts- oder Sondergut gehört. Auch Verbindlichkeiten aus ungerechtfertigter Bereicherung können umfasst sein, wenn der enge Zusammenhang mit dem Vorbehalts- oder Sondergut gegeben ist.

IV. Verbindlichkeit während der Gütergemeinschaft entstanden

8 Die Verbindlichkeit muss während der Gütergemeinschaft entstanden sein. Für Verbindlichkeiten, die bereits vor Eintritt der Gütergemeinschaft entstanden waren, haftet das Gesamtgut nach § 1459 Abs. 1 BGB.

V. Das Recht/die Sache gehört nicht zu einem Erwerbsgeschäft, das ein Ehegatte mit Einwilligung des anderen Ehegatten selbstständig betreibt

9 Satz 1 der Vorschrift findet gemäß **Satz 2 Halbsatz 1** keine Anwendung, wenn das Recht oder die Sache zu einem Erwerbsgeschäft gehört, das der Ehegatte mit Zustimmung des Verwalters selbstständig betreibt (vgl. § 1431 BGB). Vgl. hierzu die Kommentierung zu § 1431 BGB Rn. 5 f.

VI. Verbindlichkeit gehört nicht zu den Lasten des Sonderguts, die aus den Einkünften beglichen zu werden pflegen

10 Satz 1 der Vorschrift findet gemäß **Satz 2 Halbsatz 2** auch dann keine Anwendung, wenn die Verbindlichkeit zu den Lasten des Sonderguts gehört, die aus dessen Einkünften beglichen zu werden pflegen.

11 Hiervon umfasst sind etwa die Kosten für die Instandhaltung und Instandsetzung des Sonderguts, für die Gewinnung von Nutzungen aus dem Sondergut, die laufenden privaten und öffentlichen Lasten im Hinblick auf das Sondergut sowie die Kosten für Versicherungen (vgl. § 1417 Abs. 3 Satz 2 BGB).

C. Rechtsfolgen

12 Das Gesamtgut haftet nicht für die Verbindlichkeiten (**Satz 1**). Damit entfällt auch eine Haftung des anderen Ehegatten gemäß § 1459 Abs. 2 Satz 1 BGB.

§ 1463 BGB Haftung im Innenverhältnis

(Fassung vom 02.01.2002, gültig ab 01.01.2002)

Im Verhältnis der Ehegatten zueinander fallen folgende Gesamtgutsverbindlichkeiten dem Ehegatten zur Last, in dessen Person sie entstehen:

1. die Verbindlichkeiten aus einer unerlaubten Handlung, die er nach Eintritt der Gütergemeinschaft begeht, oder aus einem Strafverfahren, das wegen einer solchen Handlung gegen ihn gerichtet wird,
2. die Verbindlichkeiten aus einem sich auf sein Vorbehaltsgut oder sein Sondergut beziehenden Rechtsverhältnis, auch wenn sie vor Eintritt der Gütergemeinschaft oder vor der Zeit entstanden sind, zu der das Gut Vorbehaltsgut oder Sondergut geworden ist,
3. die Kosten eines Rechtsstreits über eine der in den Nummern 1 und 2 bezeichneten Verbindlichkeiten.

Gliederung

A. Grundlagen 1	2. Verbindlichkeit eines Ehegatten aus einem sich auf sein Vorbehalts- oder Sondergut beziehenden Rechtsverhältnis (Nr. 2) 11
B. Anwendungsvoraussetzungen 2	
I. Gütergemeinschaft 2	
II. Gesamtgut wird von den Ehegatten gemeinschaftlich verwaltet 3	3. Kosten eines Rechtsstreits über eine der in Nr. 1/Nr. 2 bezeichneten Verbindlichkeiten (Nr. 3) 14
III. Gesamtgutsverbindlichkeit gemäß dem Katalog der Nr. 1-3 4	IV. Es handelt sich bei der Verbindlichkeit nach Nr. 1-3 um eine Gesamtgutsverbindlichkeit 18
1. Verbindlichkeit eines Ehegatten aus unerlaubter Handlung nach Eintritt der Gütergemeinschaft/ aus Strafverfahren wegen einer solchen Handlung (Nr. 1) 5	C. Rechtsfolgen 19

A. Grundlagen

Die §§ 1463-1467 BGB regeln die Haftung für Gesamtgutsverbindlichkeiten im Innenverhältnis der Ehegatten zueinander. Die Vorschrift bestimmt, dass die bezeichneten Gesamtgutsverbindlichkeiten, die nach ihrem Entstehungsgrund stark personenbezogen sind, im Innenverhältnis dem Ehegatten zur Last fallen, in dessen Person sie entstehen.

B. Anwendungsvoraussetzungen

I. Gütergemeinschaft

Die Anwendung der Vorschrift setzt voraus, dass die Ehegatten im Güterstand der Gütergemeinschaft leben.

II. Gesamtgut wird von den Ehegatten gemeinschaftlich verwaltet

Das Gesamtgut muss von den Ehegatten gemeinschaftlich verwaltet werden. Dies ist stets dann der Fall, wenn die Ehegatten – was ggf. im Wege der Auslegung zu ermitteln ist – keine abweichende ehevertragliche Vereinbarung getroffen haben (§ 1421 Satz 2 BGB).

III. Gesamtgutsverbindlichkeit gemäß dem Katalog der Nr. 1-3

Die Vorschrift gilt im Hinblick auf die im Katalog der Nr. 1-3 aufgeführten Gesamtgutsverbindlichkeiten.

1. Verbindlichkeit eines Ehegatten aus unerlaubter Handlung nach Eintritt der Gütergemeinschaft/aus Strafverfahren wegen einer solchen Handlung (Nr. 1)

Die Vorschrift findet Anwendung im Hinblick auf Verbindlichkeiten eines Ehegatten aus einer unerlaubten Handlung, die er nach Eintritt der Gütergemeinschaft begangen hat, oder aus einem Strafverfahren, das wegen einer solchen Handlung gegen ihn gerichtet wird.

6 Zu den Verbindlichkeiten aus **unerlaubter Handlung** gehören insbesondere Verpflichtungen zum Schadensersatz.

7 Nicht von der Vorschrift erfasst werden Verbindlichkeiten aus reiner **Gefährdungshaftung**.

8 Unter den Begriff des Strafverfahrens sind nach dem Zweck der Vorschrift auch Verfahren wegen Ordnungswidrigkeiten sowie Privatklageverfahren zu fassen.

9 Zu den Verbindlichkeiten aus einem Strafverfahren gehören insbesondere Strafen und Geldbußen sowie Verfahrens- und Verteidigerkosten.

10 Die Vorschrift gilt nur für nach Eintritt der Gütergemeinschaft begangene unerlaubte Handlungen. Bei unerlaubten Handlungen vor Eintritt der Gütergemeinschaft wird das Gesamtgut endgültig belastet.

2. Verbindlichkeit eines Ehegatten aus einem sich auf sein Vorbehalts- oder Sondergut beziehenden Rechtsverhältnis (Nr. 2)

11 Die Vorschrift findet darüber hinaus Anwendung im Hinblick auf Verbindlichkeiten eines Ehegatten aus einem sich auf sein Vorbehalts- oder Sondergut beziehenden Rechtsverhältnis.

12 Die Vorschrift findet dabei auch dann Anwendung, wenn die Verbindlichkeit vor Eintritt der Gütergemeinschaft (insoweit anders als bei Nr. 1) oder vor der Zeit entstanden ist, zu der das Gut Vorbehalts- oder Sondergut geworden ist.

13 Die Ausnahme in § 1464 BGB ist zu berücksichtigen.

3. Kosten eines Rechtsstreits über eine der in Nr. 1/Nr. 2 bezeichneten Verbindlichkeiten (Nr. 3)

14 Schließlich gilt die Vorschrift auch im Hinblick auf die Kosten eines Rechtsstreits über Verbindlichkeiten gemäß Nr. 1 oder Nr. 2.

15 Die Bestimmung ist **weit auszulegen**. Alle das Vorbehalts- und Sondergut betreffenden Rechtsstreitigkeiten (auch schiedsgerichtliche) werden von ihr erfasst. Für sonstige Kosten eines Rechtsstreits gilt § 1465 BGB.

16 Vom Begriff der Kosten sind die Gerichtskosten sowie die Kosten des gegnerischen und des eigenen Rechtsanwalts erfasst.

17 Die Ausnahme in § 1464 BGB ist zu berücksichtigen.

IV. Es handelt sich bei der Verbindlichkeit nach Nr. 1-3 um eine Gesamtgutsverbindlichkeit

18 Es muss sich bei der Verbindlichkeit um eine Gesamtgutsverbindlichkeit handeln. Diese Voraussetzung ist nicht erfüllt, wenn im Hinblick auf die Verbindlichkeit einer der in den §§ 1460-1462 BGB enthaltenen Ausnahmetatbestände eingreift.

C. Rechtsfolgen

19 Im Verhältnis der Ehegatten zueinander fällt die Verbindlichkeit dem Ehegatten zur Last, in dessen Person sie entstanden ist. Es handelt sich bei der Verbindlichkeit gleichwohl um eine Gesamtgutsverbindlichkeit.

§ 1464 BGB Verbindlichkeiten des Sonderguts und eines Erwerbsgeschäfts

(Fassung vom 02.01.2002, gültig ab 01.01.2002)

¹Die Vorschriften des § 1463 Nr. 2, 3 gelten nicht, wenn die Verbindlichkeiten zu den Lasten des Sonderguts gehören, die aus den Einkünften beglichen zu werden pflegen. ²Die Vorschriften gelten auch dann nicht, wenn die Verbindlichkeiten durch den Betrieb eines für Rechnung des Gesamtguts geführten Erwerbsgeschäfts oder infolge eines zu einem solchen Erwerbsgeschäft gehörenden Rechts oder des Besitzes einer dazu gehörenden Sache entstehen.

Gliederung

A. Grundlagen 1	1. Verbindlichkeit gehört zu den Lasten des Sonderguts, die aus den Einkünften beglichen zu werden pflegen (Satz 1) 5
B. Anwendungsvoraussetzungen 2	
I. Gütergemeinschaft 2	
II. Gesamtgut wird von den Ehegatten gemeinschaftlich verwaltet 3	2. Verbindlichkeit entsteht durch den Betrieb eines für Rechnung des Gesamtguts geführten Erwerbsgeschäfts/infolge eines zu einem solchen Erwerbsgeschäft gehörenden Rechts oder des Besitzes einer dazu gehörenden Sache (Satz 2) 7
III. Verbindlichkeit im Sinne des § 1463 Nr. 2 oder Nr. 3 BGB 4	
IV. Eingreifen eines Tatbestands gemäß Satz 1 bzw. Satz 2 5	V. Rechtsfolgen 10

A. Grundlagen

Die Vorschrift begründet eine Ausnahme zu § 1463 Nr. 2, Nr. 3 BGB für Verbindlichkeiten, die zu den Lasten des Sonderguts gehören, die aus den Einkünften beglichen zu werden pflegen, sowie für Verbindlichkeiten im Rahmen eines für Rechnung des Gesamtguts geführten Erwerbsgeschäfts. **1**

B. Anwendungsvoraussetzungen

I. Gütergemeinschaft

Die Anwendung der Vorschrift setzt voraus, dass die Ehegatten im Güterstand der Gütergemeinschaft leben. **2**

II. Gesamtgut wird von den Ehegatten gemeinschaftlich verwaltet

Das Gesamtgut muss von den Ehegatten gemeinschaftlich verwaltet werden. Dies ist stets dann der Fall, wenn die Ehegatten – was ggf. im Wege der Auslegung zu ermitteln ist – keine abweichende ehevertragliche Vereinbarung getroffen haben (§ 1421 Satz 2 BGB). **3**

III. Verbindlichkeit im Sinne des § 1463 Nr. 2 oder Nr. 3 BGB

Die Vorschrift gilt im Hinblick auf Verbindlichkeiten eines Ehegatten im Sinne des § 1463 Nr. 2, Nr. 3 BGB. **4**

IV. Eingreifen eines Tatbestands gemäß Satz 1 bzw. Satz 2

1. Verbindlichkeit gehört zu den Lasten des Sonderguts, die aus den Einkünften beglichen zu werden pflegen (Satz 1)

Die Vorschrift findet Anwendung, wenn eine Verbindlichkeit zu den Lasten des Sonderguts gehört, die aus den Einkünften beglichen zu werden pflegen (vgl. § 1417 Abs. 3 Satz 2 BGB). **5**

Die Vorschrift beruht auf der Erwägung, dass die Belastung des Gesamtguts gerechtfertigt ist, weil dieses hier gemäß § 1417 Abs. 3 Satz 2 BGB auch die Vorteile erhält. Vor diesem Hintergrund findet die Vorschrift keine Anwendung, wenn die Ehegatten ehevertraglich bestimmt haben, dass der Ehegatte das Sondergut für eigene Rechnung verwaltet. **6**

§ 1464

2. Verbindlichkeit entsteht durch den Betrieb eines für Rechnung des Gesamtguts geführten Erwerbsgeschäfts/infolge eines zu einem solchen Erwerbsgeschäft gehörenden Rechts oder des Besitzes einer dazu gehörenden Sache (Satz 2)

7 Die Vorschrift findet zudem Anwendung, sofern die Verbindlichkeit durch den Betrieb eines für Rechnung des Gesamtguts geführten Erwerbsgeschäfts oder infolge eines zu einem solchen Erwerbsgeschäft gehörenden Rechts oder des Besitzes einer dazu gehörenden Sache entsteht.

8 Zum Begriff des **Erwerbsgeschäfts** vgl. die Kommentierung zu § 1431 BGB Rn. 5.

9 **Für Rechnung des Gesamtguts** wird das Erwerbsgeschäft geführt, wenn es selbst zum Gesamtgut oder wenn es zum Sondergut (vgl. § 1417 Abs. 3 Satz 2 BGB) gehört. Gehört das Erwerbsgeschäft hingegen zum Vorbehaltsgut eines Ehegatten, wird es gemäß § 1418 Abs. 3 Satz 2 BGB für dessen Rechnung geführt. Abweichendes kann sich allerdings aus einer ehevertraglichen Vereinbarung der Ehegatten ergeben.

V. Rechtsfolgen

10 § 1463 Nr. 2, Nr. 3 BGB gilt nicht. Die Gesamtgutsverbindlichkeit fällt im Innenverhältnis nicht nur einem Ehegatten, sondern dem Gesamtgut – und damit den Ehegatten intern zu gleichen Teilen – zur Last.

§ 1465 BGB Prozesskosten

(Fassung vom 02.01.2002, gültig ab 01.01.2002)

(1) Im Verhältnis der Ehegatten zueinander fallen die Kosten eines Rechtsstreits, den die Ehegatten miteinander führen, dem Ehegatten zur Last, der sie nach allgemeinen Vorschriften zu tragen hat.

(2) ¹Führt ein Ehegatte einen Rechtsstreit mit einem Dritten, so fallen die Kosten des Rechtsstreits im Verhältnis der Ehegatten zueinander dem Ehegatten zur Last, der den Rechtsstreit führt. ²Die Kosten fallen jedoch dem Gesamtgut zur Last, wenn das Urteil dem Gesamtgut gegenüber wirksam ist oder wenn der Rechtsstreit eine persönliche Angelegenheit oder eine Gesamtgutsverbindlichkeit des Ehegatten betrifft und die Aufwendung der Kosten den Umständen nach geboten ist; § 1463 Nr. 3 und § 1464 bleiben unberührt.

Gliederung

A. Kommentierung zu Absatz 1 1	2. Gesamtgut wird von den Ehegatten gemeinschaftlich verwaltet 9
I. Grundlagen 1	
II. Anwendungsvoraussetzungen 2	3. Ein Ehegatte führt einen Rechtsstreit mit einem Dritten 10
1. Gütergemeinschaft 2	
2. Gesamtgut wird von den Ehegatten gemeinschaftlich verwaltet 3	4. Urteil nicht gegenüber dem Gesamtgut wirksam 11
3. Rechtsstreit, den die Ehegatten miteinander führen 4	5. Rechtsstreit betrifft weder eine persönliche Angelegenheit noch eine Gesamtgutsverbindlichkeit des Ehegatten oder die Aufwendung der Kosten ist den Umständen nach nicht geboten 13
III. Rechtsfolgen 6	
B. Kommentierung zu Absatz 2 7	
I. Grundlagen 7	
II. Anwendungsvoraussetzungen 8	
1. Gütergemeinschaft 8	III. Rechtsfolgen 16

A. Kommentierung zu Absatz 1

I. Grundlagen

Es handelt sich um eine weitere Ausnahme von dem Grundsatz, dass alle Gesamtgutsverbindlichkeiten im Verhältnis der Ehegatten zueinander dem Gesamtgut zur Last fallen, im Hinblick auf die Kosten von Rechtsstreitigkeiten. 1

II. Anwendungsvoraussetzungen

1. Gütergemeinschaft

Die Anwendung der Vorschrift setzt voraus, dass die Ehegatten im Güterstand der Gütergemeinschaft leben. 2

2. Gesamtgut wird von den Ehegatten gemeinschaftlich verwaltet

Das Gesamtgut muss von den Ehegatten gemeinschaftlich verwaltet werden. Dies ist stets dann der Fall, wenn die Ehegatten – was ggf. im Wege der Auslegung zu ermitteln ist – keine abweichende ehevertragliche Vereinbarung getroffen haben (§ 1421 Satz 2 BGB). 3

3. Rechtsstreit, den die Ehegatten miteinander führen

Absatz 1 gilt im Hinblick auf Rechtsstreitigkeiten, die die Ehegatten miteinander führen. 4

Für Rechtsstreitigkeiten der Ehegatten mit Dritten gilt Absatz 2. 5

III. Rechtsfolgen

Die Kosten des Rechtsstreits fallen dem Ehegatten zur Last, der sie nach den **allgemeinen Vorschriften** zu tragen hat. Die Kostentragungslast ergibt sich somit aus der gerichtlichen Entscheidung (§ 308 6

§ 1465

Abs. 2 ZPO) bzw. den prozessualen Vorschriften (§§ 91-101 ZPO) oder aus einer von den Ehegatten – etwa in einem Vergleich – getroffenen Vereinbarung.

B. Kommentierung zu Absatz 2

I. Grundlagen

7   Es handelt sich um eine weitere Ausnahme von dem Grundsatz, dass alle Gesamtgutsverbindlichkeiten im Verhältnis der Ehegatten zueinander dem Gesamtgut zur Last fallen, für Rechtsstreitigkeiten eines Ehegatten mit einem Dritten. Die §§ 1463 Nr. 3, 1464 BGB sind vorrangig.

II. Anwendungsvoraussetzungen

1. Gütergemeinschaft

8   Die Anwendung der Vorschrift setzt voraus, dass die Ehegatten im Güterstand der Gütergemeinschaft leben.

2. Gesamtgut wird von den Ehegatten gemeinschaftlich verwaltet

9   Das Gesamtgut muss von den Ehegatten gemeinschaftlich verwaltet werden. Dies ist stets dann der Fall, wenn die Ehegatten – was ggf. im Wege der Auslegung zu ermitteln ist – keine abweichende ehevertragliche Vereinbarung getroffen haben (§ 1421 Satz 2 BGB).

3. Ein Ehegatte führt einen Rechtsstreit mit einem Dritten

10 Die Vorschrift gilt im Hinblick auf Rechtsstreitigkeiten eines Ehegatten mit einem Dritten. Für Rechtsstreitigkeiten der Ehegatten untereinander gilt Absatz 1.

4. Urteil nicht gegenüber dem Gesamtgut wirksam

11 **Absatz 2 Satz 2 Alternative 1** enthält eine Ausnahmeregelung. Danach findet die in Absatz 2 Satz 1 enthaltene Kostenlastverteilung keine Anwendung, wenn das Urteil dem Gesamtgut gegenüber wirksam ist. Die Kosten fallen dann dem Gesamtgut zur Last.

12 Das Urteil ist gegenüber dem Gesamtgut wirksam, wenn der andere Ehegatte der Prozessführung zugestimmt hat oder eine solche Zustimmung gemäß den §§ 1454-1456 BGB entbehrlich war.

5. Rechtsstreit betrifft weder eine persönliche Angelegenheit noch eine Gesamtgutsverbindlichkeit des Ehegatten oder die Aufwendung der Kosten ist den Umständen nach nicht geboten

13 **Absatz 2 Satz 2 Alternative 2** enthält eine weitere Ausnahmeregelung. Danach findet die in Absatz 2 Satz 1 enthaltene Kostenlastverteilung ebenfalls keine Anwendung, wenn der Rechtsstreit eine persönliche Angelegenheit oder eine Gesamtgutsverbindlichkeit des Ehegatten betrifft und (in beiden Fällen) die Aufwendung der Kosten den Umständen nach geboten ist. Die Kosten fallen dann vielmehr wiederum dem Gesamtgut zur Last.

14 Die erste Alternative beruht auf der Erwägung, dass die Ehegatten ohne internes Kostenrisiko Prozesse in persönlichen Angelegenheiten führen können sollen, die nicht aussichtslos oder mutwillig sind. Die zweite Alternative beruht darauf, dass der Ehegatte hier Interessen des Gesamtguts wahrnimmt.

15 Im Hinblick auf die Frage, ob die Aufwendung der Kosten den Umständen nach geboten ist, kann auf die Kriterien des § 114 ZPO zurückgegriffen werden.

III. Rechtsfolgen

16 Die Kosten des Rechtsstreits fallen im Verhältnis der Ehegatten zueinander dem Ehegatten zur Last, der den Rechtsstreit führt (**Absatz 2 Satz 1**).

§ 1466 BGB Kosten der Ausstattung eines nicht gemeinschaftlichen Kindes

(Fassung vom 02.01.2002, gültig ab 01.01.2002)

Im Verhältnis der Ehegatten zueinander fallen die Kosten der Ausstattung eines nicht gemeinschaftlichen Kindes dem Vater oder der Mutter des Kindes zur Last.

Gliederung

A. Grundlagen 1	III. Nicht gemeinschaftliches Kind erhält eine Ausstattung 4
B. Anwendungsvoraussetzungen 2	C. Rechtsfolgen 8
I. Gütergemeinschaft 2	
II. Gesamtgut wird von den Ehegatten gemeinschaftlich verwaltet 3	

A. Grundlagen

Die Vorschrift enthält eine weitere Ausnahme vom Grundsatz, dass alle Gesamtgutsverbindlichkeiten im Verhältnis der Ehegatten zueinander dem Gesamtgut zur Last fallen, für den Fall der Ausstattung eines nicht gemeinschaftlichen Kindes. **1**

B. Anwendungsvoraussetzungen

I. Gütergemeinschaft

Die Anwendung der Vorschrift setzt voraus, dass die Ehegatten im Güterstand der Gütergemeinschaft leben. **2**

II. Gesamtgut wird von den Ehegatten gemeinschaftlich verwaltet

Das Gesamtgut muss von den Ehegatten gemeinschaftlich verwaltet werden. Dies ist stets dann der Fall, wenn die Ehegatten – was ggf. im Wege der Auslegung zu ermitteln ist – keine abweichende ehevertragliche Vereinbarung getroffen haben (§ 1421 Satz 2 BGB). **3**

III. Nicht gemeinschaftliches Kind erhält eine Ausstattung

Die Vorschrift findet Anwendung, wenn ein nicht gemeinschaftliches Kind eine Ausstattung erhält. **4**

Zum Begriff der **Ausstattung** vgl. § 1624 Abs. 1 BGB. **5**

Auf den Umfang der Ausstattung kommt es für die Anwendbarkeit der Vorschrift nicht an. Insbesondere ist nicht erforderlich, dass die Ausstattung dass dem Gesamtgut entsprechende Maß übersteigt. **6**

Die Vorschrift findet keine Anwendung im Falle der Ausstattung eines **gemeinschaftlichen Kindes**. Hier bleibt es vielmehr bei dem Grundsatz, dass Gesamtgutsverbindlichkeiten auch Gesamtgutslasten sind. **7**

C. Rechtsfolgen

Die Ausstattung fällt im Innenverhältnis dem Vater bzw. der Mutter des Kindes zur Last. **8**

§ 1467 BGB Ausgleichung zwischen Vorbehalts-, Sonder- und Gesamtgut

(Fassung vom 02.01.2002, gültig ab 01.01.2002)

(1) Verwendet ein Ehegatte Gesamtgut in sein Vorbehaltsgut oder in sein Sondergut, so hat er den Wert des Verwendeten zum Gesamtgut zu ersetzen.

(2) Verwendet ein Ehegatte Vorbehaltsgut oder Sondergut in das Gesamtgut, so kann er Ersatz aus dem Gesamtgut verlangen.

Gliederung

A. Kommentierung zu Absatz 1 1	B. Kommentierung zu Absatz 2 14
I. Grundlagen 1	I. Grundlagen 14
II. Anwendungsvoraussetzungen 3	II. Anwendungsvoraussetzungen 16
1. Gütergemeinschaft 3	1. Gütergemeinschaft 16
2. Gesamtgut wird von den Ehegatten gemeinschaftlich verwaltet 4	2. Gesamtgut wird von den Ehegatten gemeinschaftlich verwaltet 17
3. Ein Ehegatte verwendet Gesamtgut in sein Vorbehalts- oder Sondergut 5	3. Ein Ehegatte verwendet Vorbehalts- oder Sondergut in das Gesamtgut 18
III. Rechtsfolgen 8	III. Rechtsfolgen 21

A. Kommentierung zu Absatz 1

I. Grundlagen

1 Absatz 1 begründet eine Ersatzpflicht für einen Ehegatten, der Gesamtgut in sein Vorbehalts- oder Sondergut verwendet.

2 Absatz 1 kann von den Ehegatten **abbedungen** werden.

II. Anwendungsvoraussetzungen

1. Gütergemeinschaft

3 Die Anwendung der Vorschrift setzt voraus, dass die Ehegatten im Güterstand der Gütergemeinschaft leben.

2. Gesamtgut wird von den Ehegatten gemeinschaftlich verwaltet

4 Das Gesamtgut muss von den Ehegatten gemeinschaftlich verwaltet werden. Dies ist stets dann der Fall, wenn die Ehegatten – was ggf. im Wege der Auslegung zu ermitteln ist – keine abweichende ehevertragliche Vereinbarung getroffen haben (§ 1421 Satz 2 BGB).

3. Ein Ehegatte verwendet Gesamtgut in sein Vorbehalts- oder Sondergut

5 Absatz 1 findet Anwendung, wenn ein Ehegatte Gesamtgut in sein Vorbehalts- oder Sondergut verwendet.

6 Es gilt nicht der Begriff der **Verwendung** gemäß den §§ 994-1003 BGB. Der Ehegatte „verwendet" das Gesamtgut vielmehr bereits immer dann in sein Vorbehalts- oder Sondergut, wenn er Aufwendungen aus Mitteln des Gesamtguts tätigt, die seinem Vorbehalts- oder Sondergut zugutekommen.

7 Die Vorschrift findet keine Anwendung, wenn der Ehegatte Gesamtgut in das Vorbehalts- oder Sondergut des anderen Ehegatten verwendet.

III. Rechtsfolgen

8 Der Ehegatte hat den **Wert des Verwendeten zum Gesamtgut zu ersetzen**.

9 Die Verpflichtung gilt unabhängig von der **Einwilligung des anderen Ehegatten** in die Verwendung.

10 Die Verpflichtung besteht zudem **verschuldensunabhängig**.

11 Auch der **Einwand der Entreicherung** ist ausgeschlossen.

12 Zu ersetzen ist der Wert zur Zeit der Verwendung.

Die **Fälligkeit** bestimmt sich nach § 1468 BGB. Der Ehegatte hat den Wertersatz hiernach erst nach der Beendigung der Gütergemeinschaft zu leisten, sofern sein Vorbehalts- und Sondergut zur Berichtigung der Schuld nicht ausreichen.

B. Kommentierung zu Absatz 2

I. Grundlagen

Absatz 2 begründet einen Ersatzanspruch eines Ehegatten, wenn dieser sein Vorbehalts- oder Sondergut in das Gesamtgut verwendet.

Absatz 2 kann von den Ehegatten **abbedungen** werden.

II. Anwendungsvoraussetzungen

1. Gütergemeinschaft

Die Anwendung der Vorschrift setzt voraus, dass die Ehegatten im Güterstand der Gütergemeinschaft leben.

2. Gesamtgut wird von den Ehegatten gemeinschaftlich verwaltet

Das Gesamtgut muss von den Ehegatten gemeinschaftlich verwaltet werden. Dies ist stets dann der Fall, wenn die Ehegatten – was ggf. im Wege der Auslegung zu ermitteln ist – keine abweichende ehevertragliche Vereinbarung getroffen haben (§ 1421 Satz 2 BGB).

3. Ein Ehegatte verwendet Vorbehalts- oder Sondergut in das Gesamtgut

Absatz 2 findet Anwendung, wenn ein Ehegatte sein Vorbehalts- oder Sondergut in das Gesamtgut verwendet.

Es gilt nicht der Begriff der **Verwendung** gemäß den §§ 994-1003 BGB. Der Ehegatte „verwendet" sein Vorbehalts- oder Sondergut vielmehr bereits immer dann in das Gesamtgut, wenn er Aufwendungen aus Mitteln des Vorbehalts- oder Sonderguts tätigt, die dem Gesamtgut zugutekommen.

Die Vorschrift findet keine Anwendung, wenn der Ehegatte Vorbehalts- oder Sondergut des anderen Ehegatten in das Gesamtgut verwendet. In diesem Fall bestimmen sich die Rechtsfolgen nach den Vorschriften über die ungerechtfertigte Bereicherung oder den Auftrag bzw. die Geschäftsführung ohne Auftrag.

III. Rechtsfolgen

Der Ehegatte kann Ersatz des Verwendeten aus dem Gesamtgut verlangen.

Er kann den Wert zur Zeit der Verwendung ersetzt verlangen.

Da es sich bei der Vorschrift um eine spezialgesetzliche Regelung der Geschäftsführung ohne Auftrag handelt, findet § 685 Abs. 1 BGB entsprechende Anwendung.

Die **Fälligkeit** bestimmt sich nach § 1468 BGB. Der Ehegatte kann den Wertersatz somit erst nach der Beendigung der Gütergemeinschaft fordern.

§ 1468 BGB Fälligkeit des Ausgleichsanspruchs

(Fassung vom 02.01.2002, gültig ab 01.01.2002)

Was ein Ehegatte zum Gesamtgut oder was er zum Vorbehaltsgut oder Sondergut des anderen Ehegatten schuldet, braucht er erst nach Beendigung der Gütergemeinschaft zu leisten; soweit jedoch das Vorbehaltsgut und das Sondergut des Schuldners ausreichen, hat er die Schuld schon vorher zu berichtigen.

Gliederung

A. Grundlagen 1
B. Anwendungsvoraussetzungen 2
   I. Gütergemeinschaft 2
   II. Gesamtgut wird von den Ehegatten gemeinschaftlich verwaltet 3
   III. Ein Ehegatte schuldet etwas zum Gesamtgut/zum Vorbehalts- oder Sondergut des anderen Ehegatten 4
C. Rechtsfolgen 7
D. Prozessuale Hinweise/Verfahrenshinweise 9

A. Grundlagen

1 Die Vorschrift bestimmt für die Schulden der Ehegatten zum Gesamtgut sowie zum Vorbehalts- und Sondergut des anderen Ehegatten die Fälligkeit. Sie kann von den Ehegatten abbedungen werden.

B. Anwendungsvoraussetzungen

I. Gütergemeinschaft

2 Die Anwendung der Vorschrift setzt voraus, dass die Ehegatten im Güterstand der Gütergemeinschaft leben.

II. Gesamtgut wird von den Ehegatten gemeinschaftlich verwaltet

3 Das Gesamtgut muss von den Ehegatten gemeinschaftlich verwaltet werden. Dies ist stets dann der Fall, wenn die Ehegatten – was ggf. im Wege der Auslegung zu ermitteln ist – keine abweichende ehevertragliche Vereinbarung getroffen haben (§ 1421 Satz 2 BGB).

III. Ein Ehegatte schuldet etwas zum Gesamtgut/zum Vorbehalts- oder Sondergut des anderen Ehegatten

4 Die Vorschrift findet Anwendung, wenn ein Ehegatte etwas zum Gesamtgut oder zum Vorbehalts- oder Sondergut des anderen Ehegatten schuldet.

5 Die Vorschrift gilt für **sämtliche schuldrechtlichen Verbindlichkeiten**, d.h. etwa auch für solche aus Darlehen und unerlaubter Handlung.

6 Für **Forderungen** gegenüber dem Gesamtgut findet die Vorschrift keine Anwendung. Es gelten diesbezüglich die allgemeinen Grundsätze, d.h. die Forderungen sind gemäß § 271 BGB im Zweifel sofort fällig.

C. Rechtsfolgen

7 Der Ehegatte braucht das, was er zum Gesamtgut oder was er zum Vorbehalts- oder Sondergut des anderen Ehegatten schuldet, erst nach Beendigung der Gütergemeinschaft zu leisten (Halbsatz 1).

8 Er hat die Schuld jedoch schon vorher zu berichtigen, soweit sein Vorbehalts- und Sondergut hierzu ausreichen (Halbsatz 2).

D. Prozessuale Hinweise/Verfahrenshinweise

9 Begehrt der andere Ehegatte eine Leistung des verwendenden Ehegatten an das Gesamtgut vor Beendigung der Gütergemeinschaft, hat er zu **beweisen**, dass und ggf. inwieweit das Vorbehalts- und Sondergut zur Berichtigung der Verbindlichkeiten ausreichen. Diesen Beweis hat er nicht erst bei der Zwangsvollstreckung, sondern bereits im Prozess zu erbringen.

10 Durch die Vorschrift nicht berührt werden die Möglichkeiten einer Feststellungsklage, einer Klage auf zukünftige Leistung sowie eines Antrags auf Arrest oder einstweilige Verfügung.

§ 1469 BGB Aufhebungsklage

(Fassung vom 02.01.2002, gültig ab 01.01.2002)

Jeder Ehegatte kann auf Aufhebung der Gütergemeinschaft klagen,

1. wenn seine Rechte für die Zukunft dadurch erheblich gefährdet werden können, dass der andere Ehegatte ohne seine Mitwirkung Verwaltungshandlungen vornimmt, die nur gemeinschaftlich vorgenommen werden dürfen,
2. wenn der andere Ehegatte sich ohne ausreichenden Grund beharrlich weigert, zur ordnungsmäßigen Verwaltung des Gesamtguts mitzuwirken,
3. wenn der andere Ehegatte seine Verpflichtung, zum Familienunterhalt beizutragen, verletzt hat und für die Zukunft eine erhebliche Gefährdung des Unterhalts zu besorgen ist,
4. wenn das Gesamtgut durch Verbindlichkeiten, die in der Person des anderen Ehegatten entstanden sind und diesem im Verhältnis der Ehegatten zueinander zur Last fallen, in solchem Maße überschuldet ist, dass sein späterer Erwerb erheblich gefährdet wird,
5. wenn die Wahrnehmung eines Rechts des anderen Ehegatten, das sich aus der Gütergemeinschaft ergibt, vom Aufgabenkreis eines Betreuers erfasst wird.

Gliederung

A. Grundlagen 1	3. Verletzung der Unterhaltspflicht durch einen Ehegatten (Nr. 3) 16
B. Anwendungsvoraussetzungen 3	4. Überschuldung des Gesamtguts durch Verbindlichkeiten eines Ehegatten (Nr. 4) 22
I. Gütergemeinschaft 3	5. Wahrnehmung eines Rechts eines Ehegatten, das sich auf das Gesamtgut bezieht, wird vom Aufgabenkreis eines Betreuers erfasst (Nr. 5) 30
II. Gesamtgut wird von den Ehegatten gemeinschaftlich verwaltet 4	
III. Fall aus dem Katalog der Nrn. 1-5 5	
1. Ein Ehegatte nimmt Verwaltungshandlungen, die nur gemeinschaftlich vorgenommen werden dürfen, ohne Mitwirkung des anderen Ehegatten vor (Nr. 1) 7	C. Rechtsfolgen 33
2. Ein Ehegatte weigert sich ohne ausreichenden Grund beharrlich, zur ordnungsmäßigen Verwaltung des Gesamtguts mitzuwirken (Nr. 2) 12	D. Prozessuale Hinweise/Verfahrenshinweise 35

A. Grundlagen

Die Gütergemeinschaft kann von keinem der Ehegatten einseitig gekündigt werden. Auch wird die Gütergemeinschaft weder durch die Eröffnung eines Insolvenzverfahrens über das Gesamtgut gemäß § 333 InsO noch durch die Eröffnung eines Insolvenzverfahrens über das Vermögen eines der Ehegatten (vgl. § 37 Abs. 2 InsO) beendet. Eine solche Beendigung kann sich auch nicht unter dem Gesichtspunkt eines Wegfalls der Geschäftsgrundlage ergeben. Die Vorschrift ermöglicht es den Ehegatten aus diesem Grund, in bestimmten Fällen der Gefährdung ihrer Rechte auf Aufhebung der Gütergemeinschaft zu klagen. 1

Die Vorschrift ist **zwingend**. Sie kann von den Ehegatten weder abbedungen noch eingeschränkt werden.[1] 2

B. Anwendungsvoraussetzungen

I. Gütergemeinschaft

Die Anwendung der Vorschrift setzt voraus, dass die Ehegatten im Güterstand der Gütergemeinschaft leben. 3

---

[1] BGH v. 19.12.1958 - IV ZR 136/58 - BGHZ 29, 129-137.

§ 1469

II. Gesamtgut wird von den Ehegatten gemeinschaftlich verwaltet

4   Das Gesamtgut muss von den Ehegatten gemeinschaftlich verwaltet werden. Dies ist stets dann der Fall, wenn die Ehegatten – was ggf. im Wege der Auslegung zu ermitteln ist – keine abweichende ehevertragliche Vereinbarung getroffen haben (§ 1421 Satz 2 BGB).

III. Fall aus dem Katalog der Nrn. 1-5

5   Die Vorschrift findet in den im Katalog der Nr. 1-5 aufgeführten Fällen Anwendung.

6   Die in der Vorschrift aufgeführten Aufhebungsgründe sind **abschließend**.[2]

1. Ein Ehegatte nimmt Verwaltungshandlungen, die nur gemeinschaftlich vorgenommen werden dürfen, ohne Mitwirkung des anderen Ehegatten vor (Nr. 1)

7   Die Vorschrift ist anzuwenden, wenn die Rechte eines Ehegatten für die Zukunft dadurch erheblich gefährdet werden können, dass der andere Ehegatte ohne seine Mitwirkung Verwaltungshandlungen vornimmt, die nur gemeinschaftlich vorgenommen werden dürfen.

8   Voraussetzung ist daher zunächst die Vornahme von Verwaltungshandlungen durch einen Ehegatten alleine, die – wie grundsätzlich der Fall – nur durch beide Ehegatten gemeinschaftlich vorgenommen werden dürfen.

9   Keine Anwendung findet die Vorschrift, wenn der handelnde Ehegatte gemäß den §§ 1454-1456 BGB zu einem alleinigen Handeln berechtigt war.

10 Neben der Vornahme der eigenmächtigen Verwaltungshandlungen ohne Mitwirkung des anderen Ehegatten setzt die Anwendbarkeit der Vorschrift voraus, dass die **Rechte** des nicht handelnden Ehegatten durch diese Handlungen für die Zukunft erheblich **gefährdet** werden. Es muss daher die Besorgnis bestehen, dass der gefährdende Zustand andauert oder gefährdende Handlungen weiterhin in Aussicht stehen.

11 Entscheidend ist die Sachlage zum Zeitpunkt der letzten mündlichen Verhandlung. Zu berücksichtigen sind diesbezüglich das gesamte Verhalten des handelnden Ehegatten und die Umstände des Einzelfalls.[3]

2. Ein Ehegatte weigert sich ohne ausreichenden Grund beharrlich, zur ordnungsmäßigen Verwaltung des Gesamtguts mitzuwirken (Nr. 2)

12 Die Vorschrift findet auch dann Anwendung, wenn ein Ehegatte sich ohne ausreichenden Grund beharrlich weigert, zur ordnungsmäßigen Verwaltung des Gesamtguts mitzuwirken.

13 Die Verweigerung kann ausdrücklich oder stillschweigend erfolgen.

14 Erforderlich ist allerdings eine beharrliche Verweigerung der Mitwirkung. Eine solche setzt ein wiederholtes oder länger dauerndes Sichversagen gegenüber dem Verlangen auf Zusammenarbeit bei Geschäften von einem gewissen Gewicht voraus. Eine bloße Gleichgültigkeit des Ehegatten genügt nicht. Es kommt darauf an, ob die Verweigerung ein solches Ausmaß angenommen hat, dass dem anderen Ehegatten die Fortsetzung der Gütergemeinschaft unzumutbar geworden ist.[4]

15 Ob die Verweigerung **ohne ausreichenden Grund** erfolgt, ist sowohl nach wirtschaftlichen Gesichtspunkten als auch nach den ideellen Beweggründen für die Verweigerung zu beurteilen.[5] Zu den berücksichtigungsfähigen ideellen Beweggründen kann etwa gehören, dass der Verweigernde hierdurch eine Gefährdung des Familienfriedens oder eine Beeinträchtigung des Verhältnisses zu einem Abkömmling vermeiden möchte.[6]

3. Verletzung der Unterhaltspflicht durch einen Ehegatten (Nr. 3)

16 Nr. 3 der Vorschrift betrifft den Fall, dass ein Ehegatte seine Pflicht, zum **Familienunterhalt** beizutragen, verletzt hat. Familienunterhalt ist der Unterhalt gegenüber dem Ehegatten und den gemeinschaftlichen Kindern (vgl. § 1360 BGB).

---

[2] BGH v. 19.12.1958 - IV ZR 136/58 - BGHZ 29, 129-137.
[3] Vgl. BGH v. 21.03.1951 - IV ZR 96/50 - BGHZ 1, 313-318.
[4] Kanzleiter in: MünchKomm-BGB, § 1469 Rn. 6.
[5] BayObLG München v. 26.07.1989 - BReg 1 a Z 37/89 - juris Rn. 17 - NJW-RR 1990, 5-6.
[6] Vgl. BayObLG München v. 26.07.1989 - BReg 1 a Z 37/89 - juris Rn. 17 - NJW-RR 1990, 5-6.

Die Vorschrift findet hingegen keine Anwendung bei der Verletzung **sonstiger Unterhaltspflichten**, d.h. etwa der Unterhaltspflicht gegenüber einseitigen Abkömmlingen oder unterhaltsberechtigten Eltern. 17

Die zu erfüllende Unterhaltspflicht ergibt sich aus den allgemeinen Bestimmungen (§§ 1360-1361 BGB). 18

Ein **Verschulden** ist für die Anwendung der Vorschrift nicht erforderlich. 19

Neben der Verletzung der Unterhaltspflicht durch Ehegatten ist erforderlich, dass für die Zukunft eine erhebliche **Gefährdung des Unterhalts** zu besorgen ist. Es muss daher die Besorgnis bestehen, dass der gefährdende Zustand andauert oder weitere Verletzungen der Unterhaltspflicht in Aussicht stehen. 20

Entscheidend ist die Sachlage zum Zeitpunkt der letzten mündlichen Verhandlung. Zu berücksichtigen ist diesbezüglich das gesamte Verhalten des die Unterhaltspflicht verletzenden Ehegatten. 21

4. Überschuldung des Gesamtguts durch Verbindlichkeiten eines Ehegatten (Nr. 4)

Gemäß Nr. 4 der Vorschrift findet diese Anwendung, wenn das Gesamtgut durch in der Person eines Ehegatten entstandene Verbindlichkeiten, die diesem im Verhältnis der Ehegatten zueinander zur Last fallen, in solchem Maße überschuldet ist, dass ein späterer Erwerb erheblich gefährdet ist. 22

Da das Gesamtgut durch die Verbindlichkeiten überschuldet sein muss, muss es sich bei den Verbindlichkeiten um **Gesamtgutsverbindlichkeiten** im Sinne des § 1459 Abs. 1 BGB handeln. 23

Wem die Verbindlichkeiten im Innenverhältnis der Ehegatten zur Last fallen, bestimmt sich gemäß den §§ 1463-1466 BGB. 24

Das Gesamtgut ist überschuldet, wenn die Verbindlichkeiten den Wert des Gesamtguts übersteigen (vgl. § 19 Abs. 2 InsO). 25

Die Überschuldung muss bereits eingetreten sein; eine nur **drohende Überschuldung** des Gesamtguts genügt nicht. 26

Ebenso wenig ist eine **Überschuldung des Vorbehalts- und Sonderguts** des anderen Ehegatten ausreichend. 27

Dass die Überschuldung auf einem **Verschulden** des Ehegatten beruht, ist hingegen nicht erforderlich. 28

Ein **späterer Erwerb** muss **erheblich gefährdet** sein. Nicht erforderlich ist, dass ein Erwerb bereits in Aussicht steht. Es genügt eine abstrakte Gefährdung. Insoweit sind keine zu großen Anforderungen zu stellen. Im Regelfall liegt die Gefährdung bei Überschuldung des Gesamtguts vor. 29

5. Wahrnehmung eines Rechts eines Ehegatten, das sich auf das Gesamtgut bezieht, wird vom Aufgabenkreis eines Betreuers erfasst (Nr. 5)

Die Vorschrift findet schließlich Anwendung, wenn die Wahrnehmung eines Rechts des anderen Ehegatten, das sich aus der Gütergemeinschaft ergibt, vom Aufgabenkreis eines Betreuers erfasst wird. 30

Ob die Wahrnehmung des Rechts des anderen Ehegatten, das sich aus der Gütergemeinschaft ergibt, in dessen **Aufgabenkreis** fällt (vgl. § 1896 Abs. 2 Satz 1 BGB), ergibt sich aus dem Anordnungsbeschluss des Betreuungsgerichts (vgl. § 286 Abs. 1 Nr. 1 FamFG) und der Bestellungsurkunde (vgl. § 290 Nr. 3 FamFG). Liegt nur eine teilweise Überschneidung vor, kommt es darauf an, dass ein erheblicher Eingriff in das Verwaltungsrecht vorliegt. 31

Eine **vorläufige Betreuung** nach § 300 FamFG genügt nicht, da Zweck dieses Aufhebungsgrunds ist, den anderen Ehegatten auf Dauer vor einer ihm nicht zumutbaren Fremdverwaltung zu schützen. 32

C. Rechtsfolgen

Der andere Ehegatte kann **auf Aufhebung der Gütergemeinschaft klagen**. 33

Mit der Rechtskraft des Urteils ist die Gütergemeinschaft aufgehoben; für die Zukunft gilt Gütertrennung (§ 1470 Abs. 1 BGB). 34

D. Prozessuale Hinweise/Verfahrenshinweise

Familiengericht (§§ 23a Abs. 1 Satz 1 Nr. 1, 23b Abs. 1 GVG, §§ 111 Nr. 9, 261 Abs. 1 FamFG). **Beklagter** ist der andere Ehegatte. Eine **Klagefrist** besteht nicht. 35

Hinsichtlich des Vorliegens der Aufhebungsgründe ist auf den **Zeitpunkt der letzten mündlichen Verhandlung** abzustellen. Der die Aufhebung nicht begehrende Ehegatte kann die Klagevoraussetzungen daher bis zur letzten mündlichen Verhandlung beseitigen. 36

Bietet der andere Ehegatte dem klagenden Ehegatten unter **sofortigem Anerkenntnis** der Klage den Abschluss eines aufhebenden Ehevertrags an, findet § 93 ZPO Anwendung. 37

§ 1469

38 Wird die Gütergemeinschaft während des Rechtsstreits aus anderen Gründen beendet, **erledigt** sich der Rechtsstreit.

39 Eine **einstweilige Verfügung** mit dem Ziel der Aufhebung der Gütergemeinschaft ist unzulässig, da dies die Hauptsacheentscheidung vorwegnimmt (vgl. § 1470 BGB). Der eine Ehegatte kann aber dem anderen Ehegatten zur Sicherung seiner Rechte einstweilen bestimmte Befugnisse entziehen oder bestimmte Maßnahmen aufgeben lassen.

§ 1470 BGB Wirkung der richterlichen Aufhebungsentscheidung

(Fassung vom 17.12.2008, gültig ab 01.09.2009)

(1) Mit der Rechtskraft der richterlichen Entscheidung ist die Gütergemeinschaft aufgehoben; für die Zukunft gilt Gütertrennung.

(2) Dritten gegenüber ist die Aufhebung der Gütergemeinschaft nur nach Maßgabe des § 1412 wirksam.

Gliederung

A. Grundlagen 1	IV. Der Klage ist stattgegeben worden 5
B. Anwendungsvoraussetzungen 2	V. Die richterliche Entscheidung ist rechtskräftig 6
I. Gütergemeinschaft 2	C. Rechtsfolgen 8
II. Gesamtgut wird von den Ehegatten gemeinschaftlich verwaltet 3	D. Prozessuale Hinweise/Verfahrenshinweise 15
III. Ein Ehegatte hat auf Aufhebung der Gütergemeinschaft geklagt 4	

A. Grundlagen

Absatz 1 regelt die Rechtsfolgen einer rechtskräftigen richterlichen Entscheidung im Rahmen einer Aufhebungsklage. Absatz 2 dient dem Schutz Dritter für den Fall, dass die Gütergemeinschaft gemäß Absatz 1 durch rechtskräftige richterliche Entscheidung aufgehoben wird.   **1**

B. Anwendungsvoraussetzungen

I. Gütergemeinschaft

Die Anwendung der Vorschrift setzt voraus, dass die Ehegatten im Güterstand der Gütergemeinschaft leben.   **2**

II. Gesamtgut wird von den Ehegatten gemeinschaftlich verwaltet

Das Gesamtgut muss von den Ehegatten gemeinschaftlich verwaltet werden. Dies ist stets dann der Fall, wenn die Ehegatten – was ggf. im Wege der Auslegung zu ermitteln ist – keine abweichende ehevertragliche Vereinbarung getroffen haben (§ 1421 Satz 2 BGB).   **3**

III. Ein Ehegatte hat auf Aufhebung der Gütergemeinschaft geklagt

Ein Ehegatte muss auf Aufhebung der Gütergemeinschaft geklagt haben.   **4**

IV. Der Klage ist stattgegeben worden

Der Aufhebungsklage muss stattgegeben worden sein. Die Begründetheit der Aufhebungsklage bestimmt sich nach § 1469 BGB.   **5**

V. Die richterliche Entscheidung ist rechtskräftig

Die richterliche Entscheidung muss rechtskräftig sein.   **6**

Es handelt sich bei der stattgebenden richterlichen Entscheidung nach einer Aufhebungsklage um eine Gestaltungsentscheidung, die erst mit Rechtskraft wirkt. Eine solche Entscheidung kann nicht für vorläufig vollstreckbar erklärt werden.   **7**

C. Rechtsfolgen

Die **Gütergemeinschaft** ist **aufgehoben (Absatz 1 Halbsatz 1)**.   **8**

Nach Maßgabe der §§ 1471-1481 BGB haben sich die Ehegatten über das Gesamtgut **auseinanderzusetzen**. Derjenige Ehegatte, der die richterliche Entscheidung erwirkt hat, kann dabei gemäß § 1479 BGB verlangen, dass die Auseinandersetzung so erfolgt, wie wenn der Anspruch auf Auseinandersetzung in dem Zeitpunkt rechtshängig geworden wäre, in dem die Klage auf Aufhebung der Gütergemeinschaft erhoben ist.   **9**

§ 1470

10 Mit der Beendigung der Gütergemeinschaft erlischt nach § 1459 Abs. 2 Satz 2 BGB auch die persönliche Haftung der Ehegatten für Gesamtgutsverbindlichkeiten, die im Innenverhältnis der Ehegatten zueinander dem anderen Ehegatten zur Last fallen.

11 Für die Zukunft gilt **Gütertrennung (Absatz 1 Halbsatz 2)**. Es gilt nicht etwa fortan der gesetzliche Güterstand der Zugewinngemeinschaft. Den Ehegatten bleibt es jedoch unbenommen, durch Ehevertrag den Güterstand der Zugewinngemeinschaft zu vereinbaren.

12 **Dritten gegenüber** ist die Aufhebung der Gütergemeinschaft nur nach Maßgabe des § 1412 BGB wirksam (**Absatz 2**).

13 Die Aufhebung kann einem Dritten daher erst dann entgegengehalten werden, wenn sie ins **Güterrechtsregister** eingetragen wird oder der **Dritte Kenntnis** von der Aufhebung erlangt. Eine Eintragung ins Güterrechtsregister ist allerdings nur dann erforderlich, wenn zuvor der Güterstand der Gütergemeinschaft ins Güterrechtsregister eingetragen wurde; ohne eine solche Voreintragung kann sich der Dritte auf die Nichteintragung bei Beendigung der Gütergemeinschaft nicht berufen.[1]

14 Für das Freiwerden der Ehegatten von der Haftung für Verbindlichkeiten, die dem anderen Ehegatten zur Last fallen (vgl. § 1459 Abs. 2 Satz 2 BGB), gilt die Vorschrift nicht, da diese Wirkung von Gesetzes wegen eintritt.

D. Prozessuale Hinweise/Verfahrenshinweise

15 Jeder Ehegatte kann ohne Mitwirkung des anderen die Eintragung in das Güterrechtsregister verlangen (§ 1561 Abs. 2 Nr. 1 BGB).

---

[1] *Kanzleiter* in: MünchKomm-BGB, § 1470 Rn. 2 i.V.m. § 1449 Rn. 6.

Unterkapitel 4 - Auseinandersetzung des Gesamtguts

§ 1471 BGB Beginn der Auseinandersetzung

(Fassung vom 02.01.2002, gültig ab 01.01.2002)

(1) Nach der Beendigung der Gütergemeinschaft setzen sich die Ehegatten über das Gesamtgut auseinander.

(2) Bis zur Auseinandersetzung gelten für das Gesamtgut die Vorschriften des § 1419.

Gliederung

A. Grundlagen 1	I. Ehegatten lebten in Gütergemeinschaft................ 4
I. Kurzcharakteristik 1	II. Beendigung der Gütergemeinschaft/keine
II. Verhältnis zu anderen gesetzlichen Vorschriften	fortgesetzte Gütergemeinschaft 5
über die Verteilung von Ehewohnung und	C. Rechtsfolgen 7
Haushaltsgegenständen.................................. 3	D. Prozessuale Hinweise/Verfahrenshinweise.... 21
B. Anwendungsvoraussetzungen 4	

A. Grundlagen

I. Kurzcharakteristik

Die Vorschrift bestimmt, dass sich die Ehegatten nach Beendigung der Gütergemeinschaft über das Gesamtgut auseinandersetzen. Die §§ 1471 Abs. 2, 1472, 1473 BGB enthalten Regelungen für den Zeitraum bis zur Durchführung der Auseinandersetzung. Die Durchführung als solche ist in den §§ 1474-1481 BGB geregelt. 1

Der Anspruch der Ehegatten auf Auseinandersetzung kann von den Ehegatten beschränkt oder sogar ausgeschlossen werden (str.).[1] 2

II. Verhältnis zu anderen gesetzlichen Vorschriften über die Verteilung von Ehewohnung und Haushaltsgegenständen

Die Bestimmungen in den §§ 1568a, 1568b BGB sowie in den §§ 200 ff. FamFG über die Ehewohnung und die ehelichen Haushaltsgegenstände gehen in ihrem Anwendungsbereich den §§ 1471-1481 BGB vor.[2] 3

B. Anwendungsvoraussetzungen

I. Ehegatten lebten in Gütergemeinschaft

Die Anwendung der Vorschrift setzt voraus, dass die Ehegatten im Güterstand der Gütergemeinschaft gelebt hatten. Unerheblich ist, ob das Gesamtgut während der Gütergemeinschaft nur durch einen Ehegatten allein oder durch beide Ehegatten gemeinschaftlich verwaltet wurde. 4

II. Beendigung der Gütergemeinschaft/keine fortgesetzte Gütergemeinschaft

Die Gütergemeinschaft muss beendet sein. Aus welchem Grund die Gütergemeinschaft beendet worden ist, ist grundsätzlich irrelevant. 5

Die Vorschrift findet keine Anwendung, wenn einer der Ehegatten verstirbt und die Ehegatten für diesen Fall gemäß § 1483 Abs. 1 BGB die Fortsetzung der Gütergemeinschaft vereinbart haben. 6

C. Rechtsfolgen

Die Ehegatten setzen sich über das Gesamtgut auseinander (**Absatz 1**). Die Auseinandersetzung erfolgt dabei in der Praxis in folgenden Schritten:[3] 7

---

[1] RG v. 08.01.1917 - IVb 341/16 - RGZ 89, 292-294; *Brudermüller* in: Palandt, § 1471 Rn. 1; *Kanzleiter* in: MünchKomm-BGB, § 1471 Rn. 13.
[2] *Kanzleiter* in: MünchKomm-BGB, vor § 1471 Rn. 2.
[3] Vgl. OLG Koblenz v. 05.07.2005 - 11 UF 663/04 - juris Rn. 28 - FamRZ 2006, 40-43 m.w.N.

§ 1471

- Aufstellung eines Vermögensverzeichnisses (vorläufige Auseinandersetzungsbilanz);
- Berichtigung der (echten) Gesamtgutsverbindlichkeiten (§ 1475 BGB);
- Ausübung der Übernahmerechte (§ 1477 Abs. 2 BGB);
- Werterstattung des Eingebrachten (§ 1478 BGB);
- Herbeiführung der Teilungsreife § 1477 Abs. 1 i.V.m. den §§ 752 ff. BGB);
- Feststellung der Teilungsmasse (endgültige Auseinandersetzungsbilanz, Teilungsplan) und Auskehr des verbleibenden Überschusses (Auseinandersetzungsguthaben, § 1476 BGB).

8   Die Teilungsreife als notwendiger Zwischenschritt vor der abschließenden Aufteilung verlangt im Grundsatz, dass sich die Teilungsmasse nur noch – bei den Aktiva – aus Geld, in Natur teilbaren Gegenständen und aus Gegenständen eines Übernahmerechts sowie – bei den Passiva – aus den Werterstattungsansprüchen der Eheleute (§ 1478 BGB, sog. Unechte Gesamtgutsverbindlichkeiten) zusammensetzt.[4]

9   Die Vorschrift gibt insoweit jedem Ehegatten nach Beendigung der Gütergemeinschaft einen **Anspruch**, von dem anderen Ehegatten die **Auseinandersetzung** des Gesamtguts zu verlangen.[5]

10 Die Geltendmachung des Anspruchs auf Auseinandersetzung verstößt grundsätzlich nicht deshalb gegen die guten Sitten, weil der Erwerb des Gesamtguts überwiegend oder gar ausschließlich auf der Tätigkeit des anderen Ehegatten beruht. Auch wird eine der Auseinandersetzung dienende Teilungsversteigerung nur in Ausnahmefällen einen Verstoß gegen Treu und Glauben (§ 242 BGB) begründen.[6] Jedoch kommt ggf. eine Anpassung des sich nach den gesetzlichen Bestimmungen ergebenden Auseinandersetzungsergebnisses nach Treu und Glauben in Betracht.[7]

11 Die Ehegatten können eine **einvernehmliche Vereinbarung** über die Auseinandersetzung treffen (vgl. § 1474 BGB). Auf Antrag wird die Auseinandersetzung durch das Amtsgericht **vermittelt** (§§ 373 Abs. 1, 363 Abs. 1 FamFG). Landesrechtlich kann diese Aufgabe Notaren zugewiesen sein (§ 487 Abs. 1 Nr. 3 FamFG). Schließlich haben die Ehegatten die Möglichkeit, die Auseinandersetzung **klageweise** durchzusetzen, wenn der andere Ehegatte seine Mitwirkung an der Auseinandersetzung verweigert (vgl. hierzu nachfolgend unter Rn. 21 ff.).

12 Ist ein **Ehegatte verstorben** und hatten die Ehegatten keine Fortsetzung der Gütergemeinschaft vereinbart (vgl. § 1483 Abs. 1 BGB), fällt der Gesamtgutsanteil des verstorbenen Ehegatten im Ganzen in den Nachlass.[8] Die Auseinandersetzung findet zwischen dem überlebenden Ehegatten und den Erben des verstorbenen Ehegatten statt (§§ 2039, 2040 BGB). Im Falle einer Mehrheit von Erben entstehen zwei unterschiedliche Gemeinschaften zur gesamten Hand: eine am Gesamtgut und eine am Nachlass. Für jede der Gemeinschaften gelten die jeweiligen besonderen gesetzlichen Bestimmungen. Aufgrund der im Rahmen einer fortgesetzten Gütergemeinschaft fortbestehenden gesamthänderischen Bindung (§§ 1471 Abs. 2, 1419 BGB) können die Erben weder über den Gesamtgutsanteil insgesamt noch über die Anteile an den einzelnen Gesamtgutsgegenständen verfügen. Dies gilt auch im Rahmen einer Erbauseinandersetzung. Zunächst ist daher das Gesamtgut auseinander zu setzen; erst anschließend ist eine Auseinandersetzung des Nachlasses möglich.

13 Die Beendigung der Gütergemeinschaft kann angesichts der sich hieran knüpfenden weit reichenden Folgen auf Antrag eines Ehegatten in das **Güterrechtsregister** eingetragen werden.[9] Ebenso ist eine Eintragung der Beendigung ins **Grundbuch** möglich.[10]

14 Bis zur Auseinandersetzung findet § 1419 BGB für das Gesamtgut Anwendung (**Absatz 2**).

15 Das Gesamtgut bleibt daher bis zur Auseinandersetzung eine **gesamthänderisch gebundene** Vermögensmasse.

16 Es entsteht eine sog. **Liquidationsgemeinschaft**.[11] Diese Liquidationsgemeinschaft ist bis auf den unterschiedlichen Zweck mit der Gütergemeinschaft identisch. Die Ehegatten verwalten das Gesamtgut nunmehr jedoch unabhängig von der vorher geltenden Verwaltungsregelung gemeinschaftlich (§ 1472 Abs. 1 BGB).

---

[4] OLG Koblenz v. 05.07.2005 - 11 UF 663/04 - juris Rn. 29 - FamRZ 2006, 40-43 m.w.N.
[5] OLG Oldenburg v. 14.12.2010 - 11 UF 1/10 - juris Rn. 10 - FamRZ 2011, 1059-1060.
[6] Vgl. BGH v. 13.04.1988 - IVb ZR 48/87 - juris Rn. 66 - LM Nr. 1 zu BGB § 1474.
[7] Vgl. BGH v. 01.10.1986 - IVb ZR 77/85 - juris Rn. 24 - NJW-RR 1987, 69-71.
[8] Vgl. RG v. 10.03.1932 - VIII 458/31 - RGZ 136, 19-26.
[9] *Kanzleiter* in: MünchKomm-BGB, § 1471 Rn. 10.
[10] A.A. *Kanzleiter* in: MünchKomm-BGB, § 1471 Rn. 10.
[11] Vgl. OLG Frankfurt v. 19.04.2013 - 6 UF 124/12 - juris Rn. 17 - n.v.

Der Erwerb der Ehegatten fließt nun indes nicht mehr zum Gesamtgut, sofern keine Surrogation gemäß § 1473 BGB erfolgt. 17

Die in der Person eines Ehegatten entstehenden Verbindlichkeiten werden keine Gesamtgutsverbindlichkeiten mehr. 18

Anders als zuvor ist nunmehr die Zwangsvollstreckung in die Anteile der Ehegatten am Gesamtgut (im Ganzen, nicht an den einzelnen Gegenständen) möglich (§ 860 Abs. 2 ZPO). Der gesamte Gesamtgutsanteil unterliegt dem Insolvenzverfahren; § 37 Abs. 2 InsO gilt nicht mehr. 19

Der Rechtszustand gilt bis zur vollständigen Auseinandersetzung mit Teilung des Überschusses (§ 1477 Abs. 1 BGB) und Übernahme der verschiedenen zum Gesamtgut gehörenden Gegenstände und Vermögensrechte (§ 1477 Abs. 2 BGB). 20

D. Prozessuale Hinweise/Verfahrenshinweise

Im Wege der Klage können die Ehegatten ihren Anspruch auf Auseinandersetzung vor dem **Familiengericht** durchsetzen (§§ 23a Abs. 1 Satz 1 Nr. 1, 23b Abs. 1 GVG, §§ 111 Nr. 9, 261 Abs. 1 FamFG). 21

Der **Klageantrag** lautet auf Zustimmung zu dem vom Kläger vorgelegten Auseinandersetzungsplan.[12] 22

Die **Begründetheit** der Klage setzt voraus, dass das Gesamtgut teilungsreif ist (vgl. hierzu vorstehend unter Rn. 8) und der vorgelegte Auseinandersetzungsplan den gesetzlichen Teilungsregeln entspricht (ggf. in Verbindung mit bereits getroffenen Parteivereinbarungen über Einzelpunkte).[13] 23

Erforderlich ist daher, dass die Berichtigung von Gesamtgutsverbindlichkeiten nach § 1475 BGB geregelt ist. Da bei Grundstücken eine Teilung in Natur nach § 752 BGB im Regelfall nicht in Betracht kommt, ist zudem – mangels abweichender Vereinbarungen – grundsätzlich die Zwangsversteigerung zur Vorbereitung der Auseinandersetzung notwendig. Darüber hinaus sind Übernahmerechte gemäß § 1477 Abs. 2 BGB zu beachten. 24

Das Gericht ist bei seiner **Entscheidung** an die gestellten Anträge gebunden. Es kann nur dem Klageantrag stattgeben oder die Klage abweisen; eine eigene Gestaltungsfreiheit unter Zweckmäßigkeitsgesichtspunkten hat das Gericht nicht.[14] Allerdings kann das Gericht dem Kläger auch weniger als beantragt zusprechen, sofern es sich bei dem Zugesprochenen nicht um ein „aliud" im Verhältnis zum Beantragten handelt.[15] 25

Mit der Rechtskraft des zusprechenden Urteils kommt ein Auseinandersetzungsvertrag zustande (vgl. § 894 ZPO).[16] Dieser hat nur schuldrechtliche Wirkungen; er muss daher noch dinglich erfüllt werden. 26

---

[12] BGH v. 13.04.1988 - IVb ZR 48/87 - juris Rn. 38 - LM Nr. 1 zu BGB § 1474.
[13] BGH v. 13.04.1988 - IVb ZR 48/87 - juris Rn. 39 - LM Nr. 1 zu BGB § 1474.
[14] BGH v. 13.04.1988 - IVb ZR 48/87 - juris Rn. 39 - LM Nr. 1 zu BGB § 1474.
[15] BGH v. 13.04.1988 - IVb ZR 48/87 - juris Rn. 39 - LM Nr. 1 zu BGB § 1474.
[16] BGH v. 13.04.1988 - IVb ZR 48/87 - juris Rn. 38 - LM Nr. 1 zu BGB § 1474.

Steuerrechtliche Hinweise zu
§ 1471 BGB Beginn der Auseinandersetzung

(Fassung vom 02.01.2002, gültig ab 01.01.2002)

(1) Nach der Beendigung der Gütergemeinschaft setzen sich die Ehegatten über das Gesamtgut auseinander.

(2) Bis zur Auseinandersetzung gelten für das Gesamtgut die Vorschriften des § 1419.

1 Die Auseinandersetzung der Gütergemeinschaft erfolgt nach § 1471 BGB bei Beendigung der Gütergemeinschaft. Insoweit sind die steuerlichen Beurteilungen zu § 1415 BGB zu beachten (vgl. die Steuerrechtl. Hinw. zu § 1415 BGB).

§ 1472 BGB Gemeinschaftliche Verwaltung des Gesamtguts

(Fassung vom 02.01.2002, gültig ab 01.01.2002)

(1) Bis zur Auseinandersetzung verwalten die Ehegatten das Gesamtgut gemeinschaftlich.

(2) ¹Jeder Ehegatte darf das Gesamtgut in derselben Weise wie vor der Beendigung der Gütergemeinschaft verwalten, bis er von der Beendigung Kenntnis erlangt oder sie kennen muss. ²Ein Dritter kann sich hierauf nicht berufen, wenn er bei der Vornahme eines Rechtsgeschäfts weiß oder wissen muss, dass die Gütergemeinschaft beendet ist.

(3) Jeder Ehegatte ist dem anderen gegenüber verpflichtet, zu Maßregeln mitzuwirken, die zur ordnungsmäßigen Verwaltung des Gesamtguts erforderlich sind; die zur Erhaltung notwendigen Maßregeln kann jeder Ehegatte allein treffen.

(4) ¹Endet die Gütergemeinschaft durch den Tod eines Ehegatten, so hat der überlebende Ehegatte die Geschäfte, die zur ordnungsmäßigen Verwaltung erforderlich sind und nicht ohne Gefahr aufgeschoben werden können, so lange zu führen, bis der Erbe anderweit Fürsorge treffen kann. ²Diese Verpflichtung besteht nicht, wenn der verstorbene Ehegatte das Gesamtgut allein verwaltet hat.

Gliederung

A. Grundlagen 1	III. Auseinandersetzung ist noch nicht erfolgt 5
B. Anwendungsvoraussetzungen 2	C. Rechtsfolgen 6
I. Ehegatten lebten in Gütergemeinschaft........ 2	D. Prozessuale Hinweise/Verfahrenshinweise.... 27
II. Beendigung der Gütergemeinschaft 3	

A. Grundlagen

Absatz 1 bestimmt, dass die Ehegatten das Gesamtgut nach Beendigung der Gütergemeinschaft bis zu dessen Auseinandersetzung gemeinschaftlich verwalten. Absatz 2 schützt den das Gesamtgut bislang allein verwaltenden Ehegatten, solange dieser von der Beendigung der Gütergemeinschaft keine Kenntnis hat und eine solche Kenntnis auch nicht haben musste. Dritte können sich hierauf nur bei eigener Gutgläubigkeit berufen. Absatz 3 begründet eine Pflicht der Ehegatten zur Mitwirkung an Maßregeln, die zur ordnungsmäßigen Verwaltung des Gesamtguts erforderlich sind, sowie ein Notverwaltungsrecht der Ehegatten zur Durchführung von zur Erhaltung des Gesamtguts notwendigen Maßregeln. Absatz 4 begründet beim Tod eines Ehegatten im Interesse der Erben des Verstorbenen eine Verpflichtung des überlebenden Ehegatten zur Notverwaltung. 1

B. Anwendungsvoraussetzungen

I. Ehegatten lebten in Gütergemeinschaft

Die Anwendung der Vorschrift setzt voraus, dass die Ehegatten in Gütergemeinschaft gelebt hatten. Unerheblich ist, ob das Gesamtgut während der Gütergemeinschaft nur durch einen Ehegatten allein oder durch beide Ehegatten gemeinschaftlich verwaltet wurde. 2

II. Beendigung der Gütergemeinschaft

Die Gütergemeinschaft muss beendet sein. Aus welchem Grund die Gütergemeinschaft beendet worden ist, ist grundsätzlich irrelevant. 3

Die Anordnung der gemeinschaftlichen Verwaltung in Absatz 1 findet allerdings keine Anwendung, wenn die Gütergemeinschaft durch den Tod eines Ehegatten beendet worden ist. In diesem Fall verwaltet der überlebende Ehegatte das Gesamtgut bis zur Auseinandersetzung gemeinschaftlich mit den Erben des Verstorbenen.¹ 4

---
¹ Vgl. RG v. 10.03.1932 - VIII 458/31 - RGZ 136, 19-26.

§ 1472

III. Auseinandersetzung ist noch nicht erfolgt

5 Es darf noch keine Auseinandersetzung des Gesamtguts erfolgt sein.

C. Rechtsfolgen

6 Bis zur Auseinandersetzung **verwalten** die Ehegatten das Gesamtgut **gemeinschaftlich** (**Absatz 1**).

7 Ausnahmen zur gemeinschaftlichen Verwaltung finden sich in § 1472 Abs. 3 HS. 2 BGB und § 1472 Abs. 4 BGB. Die §§ 1445-1456 BGB gelten nicht.

8 Verfügungen über das Gesamtgut müssen von den Ehegatten grundsätzlich gemeinsam vorgenommen werden.

9 Einseitige Rechtsgeschäfte, die das Gesamtgut betreffen, sind beiden Ehegatten gegenüber vorzunehmen.

10 Leistungen, die das Gesamtgut betreffen, haben an beide Ehegatten gemeinsam zu erfolgen; jeder Ehegatte kann entsprechend § 2039 BGB nur Leistung an beide fordern oder aber Hinterlegung.[2]

11 Entsprechend § 748 BGB tragen die Ehegatten die **Kosten** und Lasten der Verwaltung im Verhältnis zueinander je zur Hälfte.

12 Auch der Ehegatte, der bisher nicht mitverwaltet hatte, kann verlangen, dass ihm **Mitbesitz** an den Gesamtgutsgegenständen eingeräumt und Auskunft und Rechenschaft erteilt wird. Dies gilt nicht, wenn zwischen den Ehegatten Feindseligkeit herrscht.[3]

13 Aufgrund des gemeinschaftlichen Verwaltungsrechts sind im Übrigen **Rechtsstreitigkeiten** ebenfalls grundsätzlich von beiden Ehegatten gemeinschaftlich zu führen.

14 Jeder Ehegatte darf das Gesamtgut gemäß **Absatz 2 Satz 1** in derselben Weise wie vor der Beendigung der Gütergemeinschaft verwalten, bis er von der Beendigung Kenntnis erlangt oder sie kennen muss (zum Begriff des Kennenmüssens vgl. § 122 Abs. 2 BGB). Der bislang das Gesamtgut allein verwaltende Ehegatte bleibt also berechtigt, die Verwaltung allein fortzuführen.

15 Ein Dritter kann sich hierauf nicht berufen, wenn er bei der Vornahme eines Rechtsgeschäfts weiß oder wissen muss, dass die Gütergemeinschaft beendet ist (**Absatz 2 Satz 2**).

16 Der gute Glaube des Dritten muss sich auf den Wegfall einer einmal begründet gewesenen Verwaltungsbefugnis beziehen; die irrtümliche Annahme, der Ehegatte handle kraft eines eigenen Verfügungsrechts, genügt nicht.[4]

17 Jeder Ehegatte ist dem anderen gegenüber verpflichtet, an Maßregeln **mitzuwirken**, die zur **ordnungsmäßigen Verwaltung** des Gesamtguts erforderlich sind (**Absatz 3 Halbsatz 1**).

18 Zum Begriff der ordnungsmäßigen Verwaltung vgl. die Kommentierung zu § 1435 BGB Rn. 8 ff.

19 Zur Erforderlichkeit vgl. die Kommentierung zu § 1426 BGB Rn. 8. Dass eine Maßregel zweckmäßig ist, genügt nicht.

20 Im Falle eines **Verstoßes** gegen die Mitwirkungspflicht haftet der die Mitwirkung verweigernde Ehegatte gegenüber dem anderen Ehegatten. Es gilt diesbezüglich der Verschuldensmaßstab des § 1359 BGB.

21 Ein **Dritter** kann sich auf die Mitwirkungspflicht nicht berufen.

22 Eine **Ersetzung der Mitwirkungshandlung** durch das Familiengericht (vgl. § 1452 BGB) ist nicht vorgesehen.[5] Es bleibt nur die Möglichkeit der Erhebung einer Klage auf Mitwirkung.

23 Ist eine Maßregel für die **Erhaltung des Gesamtguts notwendig**, kann diese von jedem Ehegatten alleine getroffen werden (**Absatz 3 Halbsatz 2**).

24 Endet die Gütergemeinschaft durch den **Tod eines Ehegatten**, so hat der überlebende Ehegatte die Geschäfte, die zur ordnungsmäßigen Verwaltung erforderlich sind und nicht ohne Gefahr aufgeschoben werden können, so lange zu führen, bis der Erbe anderweit Fürsorge treffen kann (**Absatz 4 Satz 1**).

25 Dem Tod eines Ehegatten steht eine Todeserklärung gemäß § 9 Abs. 1 VerschG gleich.

26 Die Verpflichtung gemäß Absatz 4 Satz 1 besteht nicht, wenn der verstorbene Ehegatte das Gesamtgut allein verwaltet hat (**Absatz 4 Satz 2**). Sie besteht somit nur bei vorheriger Alleinverwaltung des überlebenden Ehegatten oder vorheriger gemeinschaftlicher Verwaltung beider Ehegatten.

---

[2] Vgl. RG v. 21.07.1938 - V 19/38 - RGZ 158, 40-50.
[3] Vgl. OLG Hamm v. 18.05.1979 - 5 UF 827/78 - FamRZ 1979, 810-811.
[4] RG v. 10.03.1932 - VIII 458/31 - RGZ 136, 19-26.
[5] Vgl. auch OLG Frankfurt v. 09.03.2006 - 6 UF 210/05 - juris Rn. 12 - FamRZ 2006, 1678-1679.

D. Prozessuale Hinweise/Verfahrenshinweise

Zur Zwangsvollstreckung in das Gesamtgut ist nach Beendigung der Gütergemeinschaft und vor der Auseinandersetzung ein Leistungstitel gegen beide Ehegatten oder zumindest ein Leistungstitel gegen den einen und ein Duldungstitel gegen den anderen erforderlich (§ 743 ZPO). Die Titel können in verschiedenen Verfahren erwirkt werden.[6] 27

Zur Möglichkeit der Umschreibung eines Titels im Falle der vorherigen Alleinverwaltung eines Ehegatten vgl. § 744 ZPO. 28

---

[6] RG v. 01.02.1917 - VI 366/16 - RGZ 89, 360-367.

§ 1473 BGB Unmittelbare Ersetzung

(Fassung vom 02.01.2002, gültig ab 01.01.2002)

(1) Was auf Grund eines zum Gesamtgut gehörenden Rechtes oder als Ersatz für die Zerstörung, Beschädigung oder Entziehung eines zum Gesamtgut gehörenden Gegenstands oder durch ein Rechtsgeschäft erworben wird, das sich auf das Gesamtgut bezieht, wird Gesamtgut.

(2) Gehört eine Forderung, die durch Rechtsgeschäft erworben ist, zum Gesamtgut, so braucht der Schuldner dies erst dann gegen sich gelten zu lassen, wenn er erfährt, dass die Forderung zum Gesamtgut gehört; die Vorschriften der §§ 406 bis 408 sind entsprechend anzuwenden.

Gliederung

A. Grundlagen 1	1. Erwerb aufgrund eines zum Gesamtgut gehörenden Rechts 7
B. Anwendungsvoraussetzungen 2	
I. Ehegatten lebten in Gütergemeinschaft 2	2. Erwerb als Ersatz für die Zerstörung, Beschädigung oder Entziehung eines zum Gesamtgut gehörenden Gegenstands 8
II. Beendigung der Gütergemeinschaft/keine fortgesetzte Gütergemeinschaft 3	
III. Auseinandersetzung ist noch nicht erfolgt 5	3. Erwerb durch ein Rechtsgeschäft, das sich auf das Gesamtgut bezieht 10
IV. Erwerb unterfällt einer der in der Vorschrift genannten Erwerbsarten 6	C. Rechtsfolgen 11

A. Grundlagen

1 Absatz 1 begründet für bestimmte Fälle eine Ausnahme zum Grundsatz, dass das Gesamtgut nach der Beendigung der Gütergemeinschaft nicht mehr vermehrt werden soll. Absatz 2 dient dem Schutz des Schuldners einer Gesamtgutsforderung. Dieser muss die Zugehörigkeit der Forderung zum Gesamtgut erst dann gegen sich gelten lassen, wenn er von der Gesamtgutszugehörigkeit der Forderung Kenntnis hat.

B. Anwendungsvoraussetzungen

I. Ehegatten lebten in Gütergemeinschaft

2 Die Anwendung der Vorschrift setzt voraus, dass die Ehegatten im Güterstand der Gütergemeinschaft gelebt hatten. Unerheblich ist, ob das Gesamtgut während der Gütergemeinschaft nur durch einen Ehegatten allein oder durch beide Ehegatten gemeinschaftlich verwaltet wurde.

II. Beendigung der Gütergemeinschaft/keine fortgesetzte Gütergemeinschaft

3 Die Gütergemeinschaft muss beendet sein. Aus welchem Grund die Gütergemeinschaft beendet worden ist, ist grundsätzlich irrelevant.

4 Die Vorschrift findet keine Anwendung, wenn einer der Ehegatten verstirbt und die Ehegatten für diesen Fall gemäß § 1483 Abs. 1 BGB die Fortsetzung der Gütergemeinschaft vereinbart haben.

III. Auseinandersetzung ist noch nicht erfolgt

5 Es darf noch keine Auseinandersetzung des Gesamtguts erfolgt sein.

IV. Erwerb unterfällt einer der in der Vorschrift genannten Erwerbsarten

6 Die Vorschrift ist anzuwenden, wenn etwas aufgrund eines zum Gesamtgut gehörenden Rechts oder als Ersatz für die Zerstörung, Beschädigung oder Entziehung eines zum Gesamtgut gehörenden Gegenstands oder durch ein Rechtsgeschäft erworben wird, das sich auf das Gesamtgut bezieht.

1. Erwerb aufgrund eines zum Gesamtgut gehörenden Rechts

7 Die Vorschrift findet zunächst bei einem Erwerb aufgrund eines zum Gesamtgut gehörenden Rechts Anwendung. Es ist hierbei gleichgültig, ob der Erwerb kraft Gesetzes oder durch ein Rechtsgeschäft (so etwa bei Mietzinsen[1]) erfolgt.

2. Erwerb als Ersatz für die Zerstörung, Beschädigung oder Entziehung eines zum Gesamtgut gehörenden Gegenstands

Die Vorschrift findet zudem im Falle des Erwerbs als Ersatz für die Zerstörung, Beschädigung oder Entziehung eines zum Gesamtgut gehörenden Gegenstands Anwendung. 8

Hierzu zählen etwa Ansprüche auf Versicherungsleistungen sowie Ansprüche auf Schadensersatz oder wegen ungerechtfertigter Bereicherung. 9

3. Erwerb durch ein Rechtsgeschäft, das sich auf das Gesamtgut bezieht

Die Vorschrift findet schließlich Anwendung im Falle des Erwerbs durch ein Rechtsgeschäft, das sich auf das Gesamtgut bezieht. Hierzu genügt ein **wirtschaftlicher Zusammenhang**. Erforderlich ist indes, dass der Zusammenhang **sowohl in objektiver als auch in subjektiver Hinsicht** besteht. Das Rechtsgeschäft muss daher gegenständlich auf das Gesamtgut bezogen sein; der Ehegatte muss zudem mit dem subjektiven Willen zum Handeln für das Gesamtgut agieren.[2] 10

C. Rechtsfolgen

Absatz 1 ordnet an, dass das **Erworbene kraft Gesetzes Gesamtgut** wird. Eines besonderen Übertragungsaktes bedarf es hierfür nicht. 11

Gehört eine **Forderung**, die durch Rechtsgeschäft erworben ist, zum Gesamtgut, muss der Schuldner dies erst dann gegen sich gelten lassen, wenn er erfährt, dass die Forderung zum Gesamtgut gehört (**Absatz 2 Halbsatz 1**). Kennenmüssen steht der Kenntnis nicht gleich.[3] 12

Die §§ 406-408 BGB sind zum Schutz des Schuldners entsprechend anzuwenden (**Absatz 2 Halbsatz 2**). 13

---

[1] Vgl. BGH v. 22.02.1984 - IVb ZR 61/82 - juris Rn. 22 - NJW 1984, 2353-2355.
[2] Vgl. RG v. 23.01.1918 - V 301/17 - RGZ 92, 139-143.
[3] Vgl. RG v. 24.02.1932 - V 342/31 - RGZ 135, 247-253.

§ 1474 BGB Durchführung der Auseinandersetzung

(Fassung vom 02.01.2002, gültig ab 01.01.2002)

Die Ehegatten setzen sich, soweit sie nichts anderes vereinbaren, nach den §§ 1475 bis 1481 auseinander.

Gliederung

A. Grundlagen 1
B. Anwendungsvoraussetzungen 3
   I. Ehegatten lebten in Gütergemeinschaft 3
   II. Beendigung der Gütergemeinschaft/keine fortgesetzte Gütergemeinschaft 4
   III. Keine anderweitige Vereinbarung der Ehegatten über die Durchführung der Auseinandersetzung 7
C. Rechtsfolgen 13
D. Prozessuale Hinweise/Verfahrenshinweise 14

A. Grundlagen

1 Die Vorschrift bestimmt, dass die Auseinandersetzung des Gesamtguts nach den §§ 1475-1481 BGB zu erfolgen hat.

2 Die Ehegatten können allerdings **abweichende Vereinbarungen** treffen.

B. Anwendungsvoraussetzungen

I. Ehegatten lebten in Gütergemeinschaft

3 Die Anwendung der Vorschrift setzt voraus, dass die Ehegatten im Güterstand der Gütergemeinschaft gelebt hatten. Unerheblich ist, ob das Gesamtgut während der Gütergemeinschaft nur durch einen Ehegatten allein oder durch beide Ehegatten gemeinschaftlich verwaltet wurde.

II. Beendigung der Gütergemeinschaft/keine fortgesetzte Gütergemeinschaft

4 Die Gütergemeinschaft muss beendet sein. Aus welchem Grund die Gütergemeinschaft beendet worden ist, ist grundsätzlich irrelevant.

5 Verstirbt ein Ehegatte, findet die Auseinandersetzung zwischen dem überlebenden Ehegatten und den Erben des verstorbenen Ehegatten statt.

6 Die Vorschrift findet keine Anwendung, wenn einer der Ehegatten verstirbt und die Ehegatten für diesen Fall gemäß § 1483 Abs. 1 BGB die Fortsetzung der Gütergemeinschaft vereinbart haben.

III. Keine anderweitige Vereinbarung der Ehegatten über die Durchführung der Auseinandersetzung

7 Die Vorschrift findet nur Anwendung, wenn die Ehegatten keine anderweitige Vereinbarung über die Durchführung der Auseinandersetzung getroffen haben.

8 Die Vereinbarung der Ehegatten bedarf im Regelfall **keiner bestimmten Form**. Insbesondere findet das Formgebot des § 1410 BGB keine Anwendung, da es sich um einen rein schuldrechtlichen Vertrag handelt.[1]

9 Eine Formbedürftigkeit ergibt sich jedoch dann, wenn die Vereinbarung Rechtsgeschäfte enthält, für die ihrerseits besondere Formgebote (etwa gemäß § 311b Abs. 1 BGB oder § 15 Abs. 3 GmbHG) bestehen.

10 Die schuldrechtliche Auseinandersetzungsvereinbarung ist durch Vornahme der dinglichen Übertragungsakte zwischen der Gesamthand und dem erwerbenden Gesamthänder zu erfüllen. Die Verfügung muss den gesamten Gegenstand erfassen, nicht nur den Gesamtgutsanteil des nicht erwerbenden Ehegatten. Bei Grundstücken bedarf es der entsprechenden Auflassung und Eintragung in das Grundbuch (§§ 873, 925 BGB). Dies gilt auch dann, wenn Gesamthandseigentum in entsprechendes Bruchteilseigentum beider Ehegatten umgewandelt wird.[2] Soweit hingegen das Erfüllungsgeschäft keiner besonderen Form bedarf, kann vermutet werden, dass auch die dingliche Einigung (§§ 398, 929 Satz 1 BGB) im Rahmen der Auseinandersetzungsvereinbarung mit abgegeben ist.[3]

---

[1] RG v. 08.01.1917 - IVb 341/16 - RGZ 89, 292-294 (zu § 1434 BGB a.F.).
[2] Vgl. RG v. 21.04.1904 - IV 35/04 - RGZ 57, 432-435.
[3] Vgl. BGH v. 07.05.1951 - IV ZR 69/50 - BGHZ 2, 82-87.

Erst mit Erfüllung der Auseinandersetzungsvereinbarung ist die Auseinandersetzung vollzogen.

Im Falle der Beendigung der Gütergemeinschaft durch den Tod des einen Ehegatten können dessen Erben ihre Erbanteile gemäß § 2033 Abs. 1 BGB auf den überlebenden Ehegatten übertragen. Geschieht dies durch alle Erben, so führt auch dies zu einer vollständigen Auseinandersetzung des Gesamtguts, weil der Überlebende damit Alleineigentümer wurde.[4] Es bedarf dann keiner Einzelübertragung mehr. Eine Umschreibung im Grundbuch ist reine Berichtigung.

C. Rechtsfolgen

Die Ehegatten setzen sich nach den §§ 1475-1481 BGB auseinander.

D. Prozessuale Hinweise/Verfahrenshinweise

Ansprüche aus einer Auseinandersetzungsvereinbarung sind als dem ehelichen Güterrecht zuzurechnende Ansprüche vor dem **Familiengericht** durchzusetzen (§§ 23a Abs. 1 Satz 1 Nr. 1, 23b Abs. 1 GVG, §§ 111 Nr. 9, 261 Abs. 1 FamFG).[5]

Zum Verfahren im Falle der klageweisen Geltendmachung der Auseinandersetzung vgl. die Kommentierung zu § 1471 BGB Rn. 21 ff.

---

[4] Vgl. RG v. 21.02.1916 - IV 361/15 - RGZ 88, 116-118.
[5] Vgl. BGH v. 09.07.1980 - IVb ARZ 536/80 - juris Rn. 7 - LM Nr. 25 zu § 23b GVG.

§ 1475 BGB Berichtigung der Gesamtgutsverbindlichkeiten

(Fassung vom 02.01.2002, gültig ab 01.01.2002)

(1) ¹Die Ehegatten haben zunächst die Gesamtgutsverbindlichkeiten zu berichtigen. ²Ist eine Verbindlichkeit noch nicht fällig oder ist sie streitig, so müssen die Ehegatten zurückbehalten, was zur Berichtigung dieser Verbindlichkeit erforderlich ist.

(2) Fällt eine Gesamtgutsverbindlichkeit im Verhältnis der Ehegatten zueinander einem der Ehegatten allein zur Last, so kann dieser nicht verlangen, dass die Verbindlichkeit aus dem Gesamtgut berichtigt wird.

(3) Das Gesamtgut ist in Geld umzusetzen, soweit dies erforderlich ist, um die Gesamtgutsverbindlichkeiten zu berichten.

Gliederung

A. Grundlagen 1	III. Durchführung der Auseinandersetzung 8
B. Anwendungsvoraussetzungen 4	IV. Gesamtgutsverbindlichkeiten 9
I. Ehegatten lebten in Gütergemeinschaft 4	C. Rechtsfolgen 13
II. Beendigung der Gütergemeinschaft/keine fortgesetzte Gütergemeinschaft 5	

A. Grundlagen

1 Absatz 1 bestimmt, dass es vor der Durchführung der Teilung des Gesamtguts zwischen den Ehegatten zunächst der Berichtigung der Gesamtgutsverbindlichkeiten bedarf. Die Vorschrift bezweckt zunächst den Schutz der Gläubiger gegen den Verlust ihrer Haftungsgrundlage. Darüber hinaus sollen durch den Absatz 1 auch die Ehegatten selbst geschützt werden, die sonst ggf. nach den §§ 1480, 1481 BGB persönlich haften würden.[1]

2 Absatz 2 bestimmt, dass ein Ehegatte, dem eine Gesamtgutsverbindlichkeit im Innenverhältnis allein zur Last fällt, nicht deren Berichtigung aus dem Gesamtgut verlangen kann.

3 Gemäß Absatz 3 ist das Gesamtgut in Geld umzusetzen, soweit dies erforderlich ist, um die Gesamtgutsverbindlichkeiten zu berichtigen.

B. Anwendungsvoraussetzungen

I. Ehegatten lebten in Gütergemeinschaft

4 Die Anwendung der Vorschrift setzt voraus, dass die Ehegatten im Güterstand der Gütergemeinschaft gelebt hatten. Unerheblich ist, ob das Gesamtgut während der Gütergemeinschaft nur durch einen Ehegatten allein oder durch beide Ehegatten gemeinschaftlich verwaltet wurde.

II. Beendigung der Gütergemeinschaft/keine fortgesetzte Gütergemeinschaft

5 Die Gütergemeinschaft muss beendet sein. Aus welchem Grund die Gütergemeinschaft beendet worden ist, ist grundsätzlich irrelevant.

6 Verstirbt ein Ehegatte, findet die Auseinandersetzung zwischen dem überlebenden Ehegatten und den Erben des verstorbenen Ehegatten statt.

7 Die Vorschrift findet keine Anwendung, wenn einer der Ehegatten verstirbt und die Ehegatten für diesen Fall gemäß § 1483 Abs. 1 BGB die Fortsetzung der Gütergemeinschaft vereinbart haben.

III. Durchführung der Auseinandersetzung

8 Die Vorschrift findet Anwendung, wenn die Ehegatten die Auseinandersetzung des Gesamtguts durchführen.

IV. Gesamtgutsverbindlichkeiten

9 Die Vorschrift findet nur Anwendung, solange Gesamtgutsverbindlichkeiten bestehen.

10 Zum Begriff der Gesamtgutsverbindlichkeiten vgl. die §§ 1437 Abs. 1, 1459 Abs. 1 BGB.

---

[1] BGH v. 05.06.1985 - IVb ZR 34/84 - juris Rn. 15 - LM Nr. 1 zu § 1475 BGB.

Gläubiger einer Gesamtgutsverbindlichkeit kann auch ein Ehegatte sein (vgl. die §§ 1445 Abs. 2, 1467 Abs. 2 BGB). 11

Nach Beendigung der Gütergemeinschaft werden Gesamtgutsverbindlichkeiten grundsätzlich nicht mehr begründet.² Die Eheleute können jedoch im Liquidationsstadium gemeinsame Schulden durch Vereinbarung als Gesamtgutsverbindlichkeiten begründen und im Innenverhältnis zwischen ihnen deren Vorwegbereinigung vor der Auseinandersetzung der Gütergemeinschaft verlangen.³ Im Übrigen gilt für Neuschulden § 748 BGB.⁴ 12

C. Rechtsfolgen

Die Ehegatten haben zunächst die **Gesamtgutsverbindlichkeiten** zu **berichtigen (Absatz 1 Satz 1)**. 13

Jeder Ehegatte hat entsprechend dem Normzweck des Absatz 1 grundsätzlich einen **einklagbaren Anspruch** auf Berichtigung der Gesamtgutsverbindlichkeiten. 14

Die Berichtigung der Gesamtgutsverbindlichkeiten erfolgt im Regelfall durch Erfüllung der Verbindlichkeiten oder durch entsprechende Erfüllungssurrogate. 15

Die Berichtigung kann aber gemäß den §§ 414, 415 BGB auch in der Weise erfolgen, dass ein Ehegatte die Verbindlichkeiten als Alleinschuldner übernimmt und der Gläubiger die Schuldübernahme genehmigt und den anderen Ehegatten aus der Haftung entlässt.⁵ Die Übernahme der Alleinschuld muss dabei der Rechtsprechung⁶ zufolge vorbehaltlos, unbedingt und uneingeschränkt erfolgen. 16

Genügt das Gesamtgut nicht zur Berichtigung aller Verbindlichkeiten, so steht es im Ermessen der Ehegatten, welche sie befriedigen. 17

Ist eine Verbindlichkeit noch **nicht fällig** oder ist sie **streitig**, so müssen die Ehegatten zurückbehalten, was zur Berichtigung dieser Verbindlichkeit erforderlich ist (**Absatz 1 Satz 2**). 18

Die Streitigkeit über eine Verbindlichkeit kann auch außergerichtlich bestehen. Sie kann sich auch darauf beziehen, welchem Ehegatten die Verbindlichkeit im Innenverhältnis zur Last fällt. 19

Die Zurückbehaltung des Erforderlichen erfolgt in gemeinschaftlicher Verwaltung (§ 1472 Abs. 1 BGB). Eine Beendigung der Schuldenhaftung durch Hinterlegung oder Sicherheitsleistung ist nicht möglich. 20

Dritte können aus Absatz 1 Satz 2 keine Rechte herleiten. 21

Fällt eine Gesamtgutsverbindlichkeit im Verhältnis der Ehegatten zueinander **einem Ehegatten allein** zur Last, kann er nicht verlangen, dass die Verbindlichkeit aus dem Gesamtgut berichtigt wird (**Absatz 2**). Ob eine Gesamtgutsverbindlichkeit im Innenverhältnis einem Ehegatten alleine zur Last fällt, bestimmt sich nach den §§ 1441-1444 BGB bzw. den §§ 1463-1466 BGB. 22

Allerdings kann der andere Ehegatte, dessen persönliche Haftung für die Verbindlichkeit gemäß den §§ 1437 Abs. 2, 1459 Abs. 2 BGB durch die Beendigung der Gütergemeinschaft zunächst erloschen ist, die Berichtigung aus dem Gesamtgut verlangen, um ein Wiederaufleben seiner Haftung nach § 1480 Satz 1 BGB zu verhindern. 23

Wird die Gesamtgutsverbindlichkeit berichtigt, muss sich der Ehegatte, dem diese Verbindlichkeit im Innenverhältnis zur Last fiel, den Betrag auf seinen Anteil anrechnen lassen (§ 1476 Abs. 2 Satz 1 BGB). 24

Das Gesamtgut ist **in Geld umzusetzen**, soweit dies erforderlich ist, um die Gesamtgutsverbindlichkeiten zu berichtigen (**Absatz 3**). 25

Die **Verwertung** des Gesamtgutes erfolgt gemäß den §§ 753, 754 BGB, sofern die Ehegatten keine abweichende Vereinbarung getroffen haben. 26

Bei **Grundstücken** erfolgt die Verwertung im Wege der Teilungsversteigerung (§ 180 ZVG). 27

Die **Reihenfolge** der Verwertung bestimmt sich nach den Umständen des Einzelfalls. 28

---

[2] OLG München v. 12.07.1995 - 12 UF 691/95 - juris Rn. 5 - FamRZ 1996, 170-171.
[3] OLG München v. 13.07.1994 - 12 UF 667/94 - juris Rn. 7 - FamRZ 1996, 290-291.
[4] OLG München v. 12.07.1995 - 12 UF 691/95 - juris Rn. 5 - FamRZ 1996, 170-171.
[5] Vgl. BGH v. 02.04.2008 - XI ZR 44/06 - juris Rn. 9 - NJW 2008, 2983-2985; BGH v. 13.04.1988 - IVb ZR 48/87 - juris Rn. 44 - LM Nr. 1 zu BGB § 1474; BGH v. 10.07.1985 - IVb ZR 37/84 - juris Rn. 12 - FamRZ 1986, 40-43; BGH v. 05.06.1985 - IVb ZR 34/84 - juris Rn. 16 - LM Nr. 1 zu § 1475 BGB.
[6] Vgl. BGH v. 13.04.1988 - IVb ZR 48/87 - juris Rn. 47 - LM Nr. 1 zu BGB § 1474.

29 Die Verwertungspflicht hat Vorrang vor dem **Übernahmerecht** der Ehegatten gemäß § 1477 Abs. 2 BGB.[7] Die Pflicht zur Verwertung tritt indes zurück, wenn das verbleibende Gesamtgut zur Deckung der noch nicht berichtigten Verbindlichkeiten ausreicht[8] oder diese Verbindlichkeiten vom übernehmenden Ehegatten zur Alleinschuld übernommen werden und der Gläubiger die Schuldübernahme genehmigt und den anderen Ehegatten aus der Haftung entlässt[9].

---

[7] BGH v. 31.01.2007 - XII ZR 131/04 - juris Rn. 13 - NJW 2007, 1879-1881; RG v. 09.02.1910 - V 156/09 - RGZ 73, 41-44.

[8] BGH v. 31.01.2007 - XII ZR 131/04 - juris Rn. 13 - NJW 2007, 1879-1881; RG v. 02.03.1914 - IV 635/13 - RGZ 85, 1-11.

[9] BGH v. 13.04.1988 - IVb ZR 48/87 - juris Rn. 44 - LM Nr. 1 zu BGB § 1474; BGH v. 10.07.1985 - IVb ZR 37/84 - juris Rn. 12 - FamRZ 1986, 40-43; BGH v. 05.06.1985 - IVb ZR 34/84 - juris Rn. 16 - LM Nr. 1 zu § 1475 BGB.

§ 1476 BGB Teilung des Überschusses

(Fassung vom 02.01.2002, gültig ab 01.01.2002)

(1) Der Überschuss, der nach der Berichtigung der Gesamtgutsverbindlichkeiten verbleibt, gebührt den Ehegatten zu gleichen Teilen.

(2) ¹Was einer der Ehegatten zum Gesamtgut zu ersetzen hat, muss er sich auf seinen Teil anrechnen lassen. ²Soweit er den Ersatz nicht auf diese Weise leistet, bleibt er dem anderen Ehegatten verpflichtet.

Gliederung

A. Kommentierung zu Absatz 1	1	B. Kommentierung zu Absatz 2	15
I. Grundlagen	1	I. Grundlagen	15
II. Anwendungsvoraussetzungen	3	II. Anwendungsvoraussetzungen	17
1. Ehegatten lebten in Gütergemeinschaft	3	1. Ehegatten lebten in Gütergemeinschaft	17
2. Beendigung der Gütergemeinschaft/keine fortgesetzte Gütergemeinschaft	4	2. Beendigung der Gütergemeinschaft/keine fortgesetzte Gütergemeinschaft	18
3. Durchführung der Auseinandersetzung	7	3. Durchführung der Auseinandersetzung	21
4. Gesamtgutsverbindlichkeiten sind berichtigt bzw. Rückstellungen gebildet	8	4. Überschuss	22
5. Überschuss	9	5. Ehegatte hat etwas zum Gesamtgut zu ersetzen	23
III. Rechtsfolgen	11	III. Rechtsfolgen	24

A. Kommentierung zu Absatz 1

I. Grundlagen

Absatz 1 regelt, dass ein sich nach der Berichtigung der Gesamtgutsverbindlichkeiten ergebender Überschuss zwischen den Ehegatten hälftig zu teilen ist. **1**

Absatz 1 kann von den Ehegatten **abbedungen** und durch eine anderweitige Regelung der Verteilung des Überschusses ersetzt werden. **2**

II. Anwendungsvoraussetzungen

1. Ehegatten lebten in Gütergemeinschaft

Die Anwendung der Vorschrift setzt voraus, dass die Ehegatten im Güterstand der Gütergemeinschaft gelebt hatten. Unerheblich ist, ob das Gesamtgut während der Gütergemeinschaft nur durch einen Ehegatten allein oder durch beide Ehegatten gemeinschaftlich verwaltet wurde. **3**

2. Beendigung der Gütergemeinschaft/keine fortgesetzte Gütergemeinschaft

Die Gütergemeinschaft muss beendet sein. Aus welchem Grund die Gütergemeinschaft beendet worden ist, ist grundsätzlich irrelevant. **4**

Verstirbt ein Ehegatte, findet die Teilung zwischen dem überlebenden Ehegatten und den Erben des verstorbenen Ehegatten statt. **5**

Die Vorschrift findet keine Anwendung, wenn einer der Ehegatten verstirbt und die Ehegatten für diesen Fall gemäß § 1483 Abs. 1 BGB die Fortsetzung der Gütergemeinschaft vereinbart haben. **6**

3. Durchführung der Auseinandersetzung

Die Vorschrift findet Anwendung, wenn die Ehegatten die Auseinandersetzung des Gesamtguts durchführen. **7**

4. Gesamtgutsverbindlichkeiten sind berichtigt bzw. Rückstellungen gebildet

Absatz 1 findet erst Anwendung, wenn sämtliche Gesamtgutsverbindlichkeiten von den Ehegatten berichtigt und Rückstellungen für noch nicht fällige oder streitige Gesamtgutsverbindlichkeiten gebildet worden sind (vgl. § 1475 Abs. 1 BGB). **8**

§ 1476

5. Überschuss

9 Die Anwendung der Vorschrift setzt voraus, dass nach Berichtigung der Gesamtgutsverbindlichkeiten sowie Bildung der Rückstellungen noch ein Überschuss verblieben ist.

10 Bei der Berechnung des Überschusses ist auch mit einzubeziehen, was ein Ehegatte zum Gesamtgut schuldet (vgl. § 1476 Abs. 2 BGB) sowie das, was ein Ehegatte als Ersatz nach § 1477 Abs. 2 BGB zu leisten hat.

III. Rechtsfolgen

11 Der Überschuss gebührt den Ehegatten zu gleichen Teilen.

12 Dabei ist grundsätzlich gleichgültig, was die Ehegatten jeweils in die Gütergemeinschaft eingebracht oder während der Gütergemeinschaft erworben haben.

13 Die **Dauer der Ehe** ist grundsätzlich irrelevant; lediglich in Extremfällen kann das Verlangen auf hälftige Teilung treu- oder sittenwidrig sein.[1]

14 Eine Besonderheit gilt gemäß § 1478 Abs. 1 BGB im Falle der **Scheidung der Ehe** vor Beendigung der Auseinandersetzung: Auf Verlangen eines Ehegatten ist jedem von ihnen der Wert dessen zurückzuerstatten, was er in die Gütergemeinschaft eingebracht hat.

B. Kommentierung zu Absatz 2

I. Grundlagen

15 Absatz 2 bestimmt, dass sich jeder Ehegatte auf den ihm nach § 1476 Abs. 1 BGB zustehenden Teil am Überschuss das anrechnen lassen muss, was er zum Gesamtgut zu ersetzen hat.

16 Die Vorschrift kann von den Ehegatten **abbedungen** oder abgeändert werden (§ 1474 BGB).

II. Anwendungsvoraussetzungen

1. Ehegatten lebten in Gütergemeinschaft

17 Die Anwendung der Vorschrift setzt voraus, dass die Ehegatten im Güterstand der Gütergemeinschaft gelebt hatten. Unerheblich ist, ob das Gesamtgut während der Gütergemeinschaft nur durch einen Ehegatten allein oder durch beide Ehegatten gemeinschaftlich verwaltet wurde.

2. Beendigung der Gütergemeinschaft/keine fortgesetzte Gütergemeinschaft

18 Die Gütergemeinschaft muss beendet sein. Aus welchem Grund die Gütergemeinschaft beendet worden ist, ist grundsätzlich irrelevant.

19 Verstirbt ein Ehegatte, findet die Teilung zwischen dem überlebenden Ehegatten und den Erben des verstorbenen Ehegatten statt.

20 Die Vorschrift findet keine Anwendung, wenn einer der Ehegatten verstirbt und die Ehegatten für diesen Fall gemäß § 1483 Abs. 1 BGB die Fortsetzung der Gütergemeinschaft vereinbart haben.

3. Durchführung der Auseinandersetzung

21 Die Vorschrift findet Anwendung, wenn die Ehegatten die Auseinandersetzung des Gesamtguts durchführen.

4. Überschuss

22 Die Anwendung der Vorschrift setzt voraus, dass nach Berichtigung der Gesamtgutsverbindlichkeiten (§ 1475 Abs. 1 Satz 1 BGB) sowie Bildung der Rückstellungen für noch nicht fällige oder streitige Gesamtgutsverbindlichkeiten (§ 1475 Abs. 1 Satz 2 BGB) noch ein Überschuss verblieben ist.

5. Ehegatte hat etwas zum Gesamtgut zu ersetzen

23 Die Anwendung des Absatzes 2 setzt zudem voraus, dass (wenigstens) einer der Ehegatten etwas zum Gesamtgut zu ersetzen hat.

III. Rechtsfolgen

24 Was der Ehegatte zum Gesamtgut zu ersetzen hat, muss er sich auf seinen Teil am Überschuss (vgl. § 1476 Abs. 1 BGB) **anrechnen** lassen (Satz 1).

---

[1] *Kanzleiter* in: MünchKomm-BGB, § 1476 Rn. 3.

Der betroffene Ehegatte hat aber auch einen Anspruch darauf, dass seine Ersatzpflicht im Wege einer solchen Anrechnung erfüllt wird. 25

Soweit der Ehegatte den Ersatz nicht auf diese Weise leistet, bleibt er dem anderen Ehegatten verpflichtet (Satz 2). Dies gilt insbesondere für den Fall, dass die Ersatzpflicht des Ehegatten seinen Teil am Überschuss übersteigt. 26

§ 1477 BGB Durchführung der Teilung

(Fassung vom 02.01.2002, gültig ab 01.01.2002)

(1) Der Überschuss wird nach den Vorschriften über die Gemeinschaft geteilt.

(2) ¹Jeder Ehegatte kann gegen Ersatz des Wertes die Sachen übernehmen, die ausschließlich zu seinem persönlichen Gebrauch bestimmt sind, insbesondere Kleider, Schmucksachen und Arbeitsgeräte. ²Das Gleiche gilt für die Gegenstände, die ein Ehegatte in die Gütergemeinschaft eingebracht oder während der Gütergemeinschaft durch Erbfolge, durch Vermächtnis oder mit Rücksicht auf ein künftiges Erbrecht, durch Schenkung oder als Ausstattung erworben hat.

Gliederung

A. Kommentierung zu Absatz 1 1	5. Gesamtgut umfasst die in der Vorschrift bezeichneten Gegenstände 24
I. Grundlagen 1	a. Gesamtgut umfasst Sachen, die ausschließlich zum persönlichen Gebrauch eines Ehegatten bestimmt sind (Absatz 2 Satz 1) 26
II. Anwendungsvoraussetzungen 3	
1. Ehegatten lebten in Gütergemeinschaft 3	
2. Beendigung der Gütergemeinschaft/keine fortgesetzte Gütergemeinschaft 4	b. Gesamtgut umfasst Gegenstände, die ein Ehegatte in die Gütergemeinschaft eingebracht hat (Absatz 2 Satz 2 Alternative 1) 27
3. Durchführung der Auseinandersetzung 7	
4. Überschuss 8	c. Gesamtgut umfasst Gegenstände, die ein Ehegatte während der Gütergemeinschaft durch Erbfolge, durch Vermächtnis oder mit Rücksicht auf ein künftiges Erbrecht, durch Schenkung oder als Ausstattung erworben hat (Absatz 2 Satz 2 Alternative 2) 31
III. Rechtsfolgen 9	
B. Kommentierung zu Absatz 2 15	
I. Grundlagen 15	
II. Anwendungsvoraussetzungen 17	
1. Ehegatten lebten in Gütergemeinschaft 17	
2. Beendigung der Gütergemeinschaft/keine fortgesetzte Gütergemeinschaft 18	III. Rechtsfolgen 33
3. Durchführung der Auseinandersetzung 20	IV. Prozessuale Hinweise/Verfahrenshinweise 49
4. Gesamtgutsverbindlichkeiten sind berichtigt..... 21	

A. Kommentierung zu Absatz 1

I. Grundlagen

1   Absatz 1 regelt, dass ein sich nach der Berichtigung der Gesamtgutsverbindlichkeiten ergebender Überschuss nach den Vorschriften über die Gemeinschaft zu teilen ist.

2   Absatz 1 kann von den Ehegatten **abbedungen** und durch eine anderweitige Regelung der Verteilung des Überschusses ersetzt werden (§ 1474 BGB).

II. Anwendungsvoraussetzungen

1. Ehegatten lebten in Gütergemeinschaft

3   Die Anwendung der Vorschrift setzt voraus, dass die Ehegatten im Güterstand der Gütergemeinschaft gelebt hatten. Unerheblich ist, ob das Gesamtgut während der Gütergemeinschaft nur durch einen Ehegatten allein oder durch beide Ehegatten gemeinschaftlich verwaltet wurde.

2. Beendigung der Gütergemeinschaft/keine fortgesetzte Gütergemeinschaft

4   Die Gütergemeinschaft muss beendet sein. Aus welchem Grund die Gütergemeinschaft beendet worden ist, ist grundsätzlich irrelevant.

5   Verstirbt ein Ehegatte, findet die Teilung zwischen dem überlebenden Ehegatten und den Erben des verstorbenen Ehegatten statt.

6   Die Vorschrift findet keine Anwendung, wenn einer der Ehegatten verstirbt und die Ehegatten für diesen Fall gemäß § 1483 Abs. 1 BGB die Fortsetzung der Gütergemeinschaft vereinbart haben.

3. Durchführung der Auseinandersetzung

7   Die Vorschrift findet Anwendung, wenn die Ehegatten die Auseinandersetzung des Gesamtguts durchführen.

4. Überschuss

Die Anwendung des Absatz 1 setzt voraus, dass nach Berichtigung der Gesamtgutsverbindlichkeiten (§ 1475 Abs. 1 Satz 1 BGB) sowie Vornahme der Rückstellungen für noch nicht fällige oder streitige Gesamtgutsverbindlichkeiten (§ 1475 Abs. 1 Satz 2 BGB) noch ein Überschuss verblieben ist.

III. Rechtsfolgen

Der **Überschuss** wird nach den Vorschriften über die Gemeinschaft **geteilt**.

Es finden somit die §§ 752-757 BGB Anwendung. An die Stelle des § 755 Abs. 1 BGB tritt allerdings § 1475 BGB.

Gemäß § 752 BGB erfolgt die Teilung in Natur, sofern der Überschuss teilbar ist. Hilfsweise erfolgt die Teilung gemäß § 753 BGB durch Verkauf und Teilung des Erlöses.

Grundstücke sind im Regelfall nicht in Natur teilbar. Es ist daher eine Zwangsversteigerung durchzuführen, um einen teilbaren Erlös zu erzielen.[1] Bis zur Zwangsversteigerung fehlt es an der Teilungsreife.

Forderungen sind – soweit möglich – einzuziehen (§ 754 BGB).

Auch soweit nach dem **Tod eines Ehegatten** eine Erbengemeinschaft an seine Stelle trat, ist bezüglich der Teilbarkeit nur darauf abzustellen, ob eine Teilung in zwei gleiche Teile möglich ist. Dies genügt zur Teilungsreife im Hinblick auf den Überschuss des Gesamtguts. Die Erbengemeinschaft hat sich dann anschließend hinsichtlich des ihr zugeteilten Objekts nach erbrechtlichen Grundsätzen auseinander zu setzen.

B. Kommentierung zu Absatz 2

I. Grundlagen

Absatz 2 gewährt den Ehegatten für bestimmte Gegenstände ein Recht zur Übernahme gegen Wertersatz. Hierdurch soll verhindert werden, dass Vermögensgegenstände geteilt oder veräußert werden, an deren ungeteiltem Bestand in seiner Hand ein Ehegatte ein schutzwürdiges Interesse hat.[2]

Die Ehegatten können **abweichende Vereinbarungen** treffen. So können andere Bewertungszeitpunkte oder Bewertungsmaßstäbe vereinbart, das Übernahmerecht eingeschränkt oder auch gegenständlich erweitert werden. Vor der Auseinandersetzung bedarf es hierzu eines Ehevertrags (§ 1408 BGB). Anlässlich der konkreten Auseinandersetzung ist die Vereinbarung grundsätzlich formfrei möglich. Etwas anderes gilt jedoch, soweit sich ein Formgebot aus besonderen Formvorschriften (etwa § 311b Abs. 1 BGB) ergibt.

II. Anwendungsvoraussetzungen

1. Ehegatten lebten in Gütergemeinschaft

Die Anwendung der Vorschrift setzt voraus, dass die Ehegatten im Güterstand der Gütergemeinschaft gelebt hatten. Unerheblich ist, ob das Gesamtgut während der Gütergemeinschaft nur durch einen Ehegatten allein oder durch beide Ehegatten gemeinschaftlich verwaltet wurde.

2. Beendigung der Gütergemeinschaft/keine fortgesetzte Gütergemeinschaft

Die Gütergemeinschaft muss beendet sein. Aus welchem Grund die Gütergemeinschaft beendet worden ist, ist grundsätzlich irrelevant.

Die Vorschrift findet keine Anwendung, wenn einer der Ehegatten verstirbt und die Ehegatten für diesen Fall gemäß § 1483 Abs. 1 BGB die Fortsetzung der Gütergemeinschaft vereinbart haben. Im Falle des Versterbens eines Ehegatten ohne eine solche Vereinbarung wird das Übernahmerecht vererbt.

3. Durchführung der Auseinandersetzung

Die Vorschrift findet Anwendung, wenn die Ehegatten die Auseinandersetzung des Gesamtguts durchführen. Die Auseinandersetzung darf noch nicht beendet sein.

---

[1] BGH v. 13.04.1988 - IVb ZR 48/87 - juris Rn. 62 - LM Nr. 1 zu BGB § 1474.
[2] BGH v. 31.01.2007 - XII ZR 131/04 - juris Rn. 18 - NJW 2007, 1879-1881.

§ 1477

4. Gesamtgutsverbindlichkeiten sind berichtigt

21 Da das Übernahmerecht erst bei Teilung des Überschusses besteht, setzt die Anwendung des Absatzes 2 grundsätzlich die vorherige Berichtigung der Gesamtgutsverbindlichkeiten voraus.[3]

22 Das Übernahmerecht kann aber ausnahmsweise bereits vorher ausgeübt werden, wenn der verbleibende Teil des Gesamtguts zur Deckung dieser Schulden ausreicht.[4] Gleiches gilt, wenn diese Verbindlichkeiten vom Übernahmeberechtigten zur Alleinschuld übernommen werden und der Gläubiger den anderen Ehegatten aus der Haftung entlässt.[5]

23 Soweit jedoch ein Gesamtgutsgläubiger einen Anspruch auf Herausgabe eines konkreten Gegenstandes hat, ist ein Übernahmerecht an diesem Gegenstand ausgeschlossen.[6]

5. Gesamtgut umfasst die in der Vorschrift bezeichneten Gegenstände

24 Absatz 2 gilt im Hinblick auf die in Absatz 2 Satz 1 und Absatz 2 Satz 2 bezeichneten Gesamtgutsgegenstände.

25 Vom Begriff „Gegenstand", der vom BGB nicht definiert wird, sind individualisierbare vermögenswerte Objekte der natürlichen Welt umfasst, über die ein Berechtigter Rechtsmacht ausüben kann. Hierzu gehören Sachen, Energien wie etwa Wasserkräfte, Elektrizität, Immaterialgüterrechte (etwa Urheberrechte) und sonstige Vermögens-, insbesondere Forderungsrechte.[7]

a. Gesamtgut umfasst Sachen, die ausschließlich zum persönlichen Gebrauch eines Ehegatten bestimmt sind (Absatz 2 Satz 1)

26 Zu den Sachen, die ausschließlich zum persönlichen Gebrauch eines Ehegatten bestimmt sind, sind insbesondere Kleider, Schmucksachen und Arbeitsgeräte zu zählen. Ein gelegentlicher Mitgebrauch durch den anderen Ehegatten ist unschädlich. Die Übertragung der Haushaltsführung (§ 1356 Abs. 1 Satz 1 BGB) reicht für die erforderliche persönliche Beziehung nicht aus.

b. Gesamtgut umfasst Gegenstände, die ein Ehegatte in die Gütergemeinschaft eingebracht hat (Absatz 2 Satz 2 Alternative 1)

27 Von Absatz 2 Satz 2 Alternative 1 sind sämtliche vom Ehegatten in die Gütergemeinschaft eingebrachten Vermögenswerte erfasst. Hierunter fallen auch vom Ehegatten eingebrachte Grundstücke.

28 Der Ehegatte muss den Gegenstand insgesamt eingebracht haben. Die Einbringung eines **Teilrechts** an einem Gegenstand berechtigt nicht zu einer Übernahme des Gesamtgegenstands.[8]

29 Die Surrogationsbestimmungen der §§ 1418 Abs. 2 Nr. 3, 1473 Abs. 1 BGB finden keine Anwendung. In Bezug auf Surrogate für eingebrachte Gegenstände gilt die Vorschrift daher nicht. Ein Grundstück, hinsichtlich dessen ein Übereignungsanspruch bestand, ist jedoch als eingebracht anzusehen.[9]

30 Von der Vorschrift werden auch solche Gegenstände nicht erfasst, die der Ehegatte erst **nach Begründung der Gütergemeinschaft** aus seinem Sonder- oder Vorbehaltsgut in die Gütergemeinschaft eingebracht hat.[10]

c. Gesamtgut umfasst Gegenstände, die ein Ehegatte während der Gütergemeinschaft durch Erbfolge, durch Vermächtnis oder mit Rücksicht auf ein künftiges Erbrecht, durch Schenkung oder als Ausstattung erworben hat (Absatz 2 Satz 2 Alternative 2)

31 Gemäß Absatz 2 Satz 2 Alternative 2 werden auch Gegenstände erfasst, die ein Ehegatte während der Gütergemeinschaft durch Erbfolge, durch Vermächtnis oder mit Rücksicht auf ein künftiges Erbrecht, durch Schenkung oder als Ausstattung (vgl. § 1624 BGB) erworben hat.

---

[3] Vgl. BGH v. 01.10.1986 - IVb ZR 77/85 - juris Rn. 12 - NJW-RR 1987, 69-71; BGH v. 05.06.1985 - IVb ZR 34/84 - juris Rn. 15 - LM Nr. 1 zu § 1475 BGB.
[4] BGH v. 05.06.1985 - IVb ZR 34/84 - juris Rn. 15 - LM Nr. 1 zu § 1475 BGB; RG v. 02.03.1914 - IV 635/13 - RGZ 85, 1-11.
[5] BGH v. 05.06.1985 - IVb ZR 34/84 - juris Rn. 16 - LM Nr. 1 zu § 1475 BGB.
[6] BGH v. 05.06.1985 - IVb ZR 34/84 - juris Rn. 14 - LM Nr. 1 zu § 1475 BGB.
[7] OLG Stuttgart v. 19.03.1996 - 17 UF 113/95 - juris Rn. 100 - FamRZ 1996, 1474-1476.
[8] BGH v. 13.04.1988 - IVb ZR 48/87 - juris Rn. 60 - LM Nr. 1 zu BGB § 1474.
[9] OLG Düsseldorf v. 30.07.1992 - 6 UF 20/92 - juris Rn. 56 - FamRZ 1993, 194-196.
[10] A.A. *Kanzleiter* in: MünchKomm-BGB, § 1477 Rn. 4.

Einer völligen Unentgeltlichkeit bedarf es hierzu nicht. So ist etwa ein Nachlassgegenstand auch dann durch Erbfolge erworben, wenn er einem Miterben im Zuge der Erbauseinandersetzung zugefallen ist und der Miterbe Ausgleichszahlungen an die übrigen Erben leisten musste.[11] Ebenso kann ein Erwerb mit Rücksicht auf ein künftiges Erbrecht auch dann vorliegen, wenn der Erwerber an erbberechtigte Geschwister Ausgleichszahlungen zu leisten hat.[12] 32

III. Rechtsfolgen

Jeder Ehegatte kann gegen Ersatz des Wertes die **Sachen übernehmen**, die ausschließlich zu seinem persönlichen Gebrauch bestimmt sind. Das Gleiche gilt für die Gegenstände, die ein Ehegatte in die Gütergemeinschaft eingebracht oder während der Gütergemeinschaft durch Erbfolge, durch Vermächtnis oder mit Rücksicht auf ein künftiges Erbrecht, durch Schenkung oder als Ausstattung erworben hat. 33

Der Anspruch ist vererblich. 34

Das Übernahmerecht gilt nicht im Hinblick auf die **Surrogate** an Gegenständen, die dem Übernahmerecht unterlagen.[13] Das Übernahmerecht wird allerdings nicht dadurch ausgeschlossen, dass sich die Grundstücksverhältnisse durch ein Flurbereinigungsverfahren geändert haben.[14] 35

Liegen die Voraussetzungen der Übernahme bei beiden Ehegatten vor, so heben sich die Rechte auf. 36

Die **Übernahme** erfolgt durch **formlose**[15] empfangsbedürftige **Erklärung gegenüber dem anderen Ehegatten**. 37

Die Übernahmeerklärung ist nicht fristgebunden; sie kann daher so lange erklärt werden, wie der betreffende Gegenstand noch zum Gesamtgut gehört. 38

Die Übernahme kann auch bedingt erklärt werden, insbesondere nur für den Fall, dass der andere mit einem bestimmten Wertersatzbetrag einverstanden ist. 39

Die Erklärung ist unwiderruflich. 40

Die Ausübung des Übernahmerechts wirkt **nicht dinglich**, sondern verpflichtet die Ehegatten nur zur Vornahme der Handlungen, die zur dinglichen Rechtsänderung erforderlich sind. Bei der Übernahme von Grundstücken bedarf es daher noch der entsprechenden Auflassung und Eintragung ins Grundbuch (§§ 873, 925 BGB). 41

Mit der Ausübung des Übernahmerechts entsteht die Verpflichtung des übernehmenden Ehegatten zum **Wertersatz** gegenüber dem Gesamtgut. Maßgebend ist dabei nicht der Wert im Zeitpunkt der Ausübung des Übernahmerechts, sondern – unbeschadet der Möglichkeit einer abweichenden Vereinbarung[16] – der bei Vornahme der dinglichen Übertragungsakte.[17] Sollen aus dem Gesamtgut Grundstücke übernommen werden, kommt es dem Bundesgerichtshof[18] zufolge auf den Zeitpunkt der Eintragung des Übernehmers in das Grundbuch an. 42

Maßgeblich ist grundsätzlich der **Verkehrswert**.[19] Dies gilt auch für einen landwirtschaftlichen Betrieb; § 1376 Abs. 4 BGB ist hier nicht entsprechend anzuwenden.[20] 43

Übernimmt der Übernahmeberechtigte noch bestehende Gesamtgutsverbindlichkeiten zur Alleinschuld, sind die übernommenen Verbindlichkeiten von dem geschuldeten Wertersatz in Abzug zu bringen. 44

Können sich die Ehegatten über den Wert nicht einigen, ist dieser notfalls auf gerichtlichem Weg zu klären. Dabei ist die Wahl der Bewertungsmethode Sache des Tatrichters.[21] Erfolgt die Übernahme erst nach der Entscheidung über den Wertausgleich, kann der Tatrichter die Bewertung nach dem Zeitpunkt 45

---

[11] BGH v. 25.03.1998 - XII ZR 139/96 - juris Rn. 12 - LM BGB § 1477 Nr. 9 (10/1998).
[12] BGH v. 18.06.1986 - IVb ZR 56/85 - juris Rn. 10 - LM Nr. 5 zu § 1477 BGB.
[13] BGH v. 25.03.1998 - XII ZR 139/96 - juris Rn. 15 - LM BGB § 1477 Nr. 9 (10/1998).
[14] BGH v. 25.03.1998 - XII ZR 139/96 - juris Rn. 15 - LM BGB § 1477 Nr. 9 (10/1998).
[15] BGH v. 01.07.1982 - IX ZR 32/81 - juris Rn. 9 - BGHZ 84, 333-339; OLG München v. 28.01.1988 - 16 WF 516/88 - FamRZ 1988, 1275.
[16] Vgl. BGH v. 07.05.1986 - IVb ZR 42/85 - juris Rn. 7 - LM Nr. 4 zu § 1477 BGB; vgl. BGH v. 10.07.1985 - IVb ZR 37/84 - juris Rn. 15 - FamRZ 1986, 40-43.
[17] BGH v. 07.05.1986 - IVb ZR 42/85 - juris Rn. 7 - LM Nr. 4 zu § 1477 BGB; vgl. BGH v. 10.07.1985 - IVb ZR 37/84 - juris Rn. 15 - FamRZ 1986, 40-43; a.A. *Kanzleiter* in: MünchKomm-BGB, § 1477 Rn. 11.
[18] Vgl. BGH v. 10.07.1985 - IVb ZR 37/84 - juris Rn. 15 - FamRZ 1986, 40-43.
[19] BGH v. 07.05.1986 - IVb ZR 42/85 - juris Rn. 18 - LM Nr. 4 zu § 1477 BGB.
[20] BGH v. 07.05.1986 - IVb ZR 42/85 - juris Rn. 11 - LM Nr. 4 zu § 1477 BGB.
[21] BGH v. 07.05.1986 - IVb ZR 42/85 - juris Rn. 18 - LM Nr. 4 zu § 1477 BGB.

der letzten mündlichen Verhandlung bemessen, wenn er davon überzeugt ist, dass sich bis zur Übernahme an dem Wert nichts mehr ändert.[22]

46 Der Wertersatz muss nicht in Geld bezahlt werden; vielmehr findet auch diesbezüglich § 1476 Abs. 2 Satz 1 BGB Anwendung.[23] Die Leistung erfolgt durch Anrechnung auf den Anteil des ausgleichspflichtigen Ehegatten am Überschuss, der sich nach Hinzurechnung des Wertersatzes ergibt.[24] Dies gilt auch dann, wenn das Übernahmerecht ausnahmsweise schon vor der Teilung des übrigen Gesamtguts ausgeübt wird.[25] Übersteigt allerdings der Wert des übernommenen Gegenstandes den Wert des übrigen Überschusses, bleibt der übernehmende Ehegatte dem anderen Ehegatten bei der endgültigen Auseinandersetzung nach Maßgabe des § 1476 Abs. 2 Satz 2 BGB unmittelbar zum Wertersatz verpflichtet.[26] Dieser direkte Ersatzanspruch des anderen Ehegatten kann sich allerdings höchstens auf die Hälfte des Wertes des übernommenen Gegenstands belaufen.[27]

47 Bis zur Leistung des Wertersatzes steht dem anderen Ehegatten gegenüber der Übertragung des Gegenstands auf den übernehmenden Ehegatten ein **Zurückbehaltungsrecht** zu.[28] Wird das Übernahmeverlangen vor der endgültigen Auseinandersetzung geltend gemacht und steht zu diesem Zeitpunkt noch nicht fest, ob und inwieweit der übernehmende Ehegatte nach Verrechnung mit seinem Anspruch aus dem Gesamtgut noch unmittelbaren Wertersatz zu leisten hat, kann der andere Ehegatte nicht Zahlung des Wertersatzes in bar, sondern nur eine Sicherheitsleistung zur Abwendung des Zurückbehaltungsrechts verlangen.[29] Der Umfang des Sicherungsinteresses bemisst sich dabei nach dem hälftigen Wert des übernommenen Gegenstands.[30] Als Sicherheit kommt etwa die Eintragung einer Höchstbetragssicherungshypothek in Betracht.[31]

48 Die Rechte aus Absatz 2 und § 1478 Abs. 1 BGB können nebeneinander geltend gemacht werden.[32]

IV. Prozessuale Hinweise/Verfahrenshinweise

49 Wird bereits vom anderen Ehegatten die Teilungsversteigerung (§ 180 ZVG) betrieben, so ist das Übernahmerecht als ein die Veräußerung hinderndes Recht mittels der Drittwiderspruchsklage (§ 771 ZPO) geltend zu machen.[33]

---

[22] Vgl. BGH v. 10.07.1985 - IVb ZR 37/84 - juris Rn. 15 - FamRZ 1986, 40-43.
[23] BGH v. 02.04.2008 - XII ZR 44/06 - juris Rn. 11 - NJW 2008, 2983-2985.
[24] BGH v. 02.04.2008 - XII ZR 44/06 - juris Rn. 11 - NJW 2008, 2983-2985; BGH v. 31.01.2007 - XII ZR 131/04 - juris Rn. 15 - NJW 2007, 1879-1881; BGH v. 08.06.1988 - IVb ZR 18/87 - juris Rn. 11 - LM Nr. 1 zu BGB § 1476.
[25] BGH v. 31.01.2007 - XII ZR 131/04 - juris Rn. 15 - NJW 2007, 1879-1881; BGH v. 08.06.1988 - IVb ZR 18/87 - juris Rn. 12 - LM Nr. 1 zu BGB § 1476.
[26] BGH v. 02.04.2008 - XI ZR 44/06 - juris Rn. 11 - NJW 2008, 2983-2985; BGH v. 31.01.2007 - XII ZR 131/04 - juris Rn. 16 - NJW 2007, 1879-1881.
[27] BGH v. 02.04.2008 - XII ZR 44/06 - juris Rn. 11 - NJW 2008, 2983-2985.
[28] BGH v. 31.01.2007 - XII ZR 131/04 - juris Rn. 22 - NJW 2007, 1879-1881.
[29] BGH v. 02.04.2008 - XII ZR 44/06 - juris Rn. 13 - NJW 2008, 2983-2985; BGH v. 31.01.2007 - XII ZR 131/04 - juris Rn. 23 - NJW 2007, 1879-1881.
[30] BGH v. 02.04.2008 - XII ZR 44/06 - juris Rn. 12 - NJW 2008, 2983-2985.
[31] BGH v. 02.04.2008 - XII ZR 44/06 - juris Rn. 17 - NJW 2008, 2983-2985.
[32] Vgl. BGH v. 10.07.1985 - IVb ZR 37/84 - juris Rn. 15 - FamRZ 1986, 40-43; BGH v. 01.07.1982 - IX ZR 32/81 - juris Rn. 13 - BGHZ 84, 333-339.
[33] Vgl. BGH v. 01.10.1986 - IVb ZR 77/85 - juris Rn. 7 - NJW-RR 1987, 69-71; vgl. BGH v. 05.06.1985 - IVb ZR 34/84 - juris Rn. 8 - LM Nr. 1 zu § 1475 BGB.

§ 1478 BGB Auseinandersetzung nach Scheidung

(Fassung vom 02.01.2002, gültig ab 01.01.2002)

(1) Ist die Ehe geschieden, bevor die Auseinandersetzung beendet ist, so ist auf Verlangen eines Ehegatten jedem von ihnen der Wert dessen zurückzuerstatten, was er in die Gütergemeinschaft eingebracht hat; reicht hierzu der Wert des Gesamtguts nicht aus, so ist der Fehlbetrag von den Ehegatten nach dem Verhältnis des Wertes des von ihnen Eingebrachten zu tragen.

(2) Als eingebracht sind anzusehen
1. die Gegenstände, die einem Ehegatten beim Eintritt der Gütergemeinschaft gehört haben,
2. die Gegenstände, die ein Ehegatte von Todes wegen oder mit Rücksicht auf ein künftiges Erbrecht, durch Schenkung oder als Ausstattung erworben hat, es sei denn, dass der Erwerb den Umständen nach zu den Einkünften zu rechnen war,
3. die Rechte, die mit dem Tod eines Ehegatten erlöschen oder deren Erwerb durch den Tod eines Ehegatten bedingt ist.

(3) Der Wert des Eingebrachten bestimmt sich nach der Zeit der Einbringung.

Gliederung

A. Grundlagen 1
B. Anwendungsvoraussetzungen 3
  I. Ehegatten lebten in Gütergemeinschaft 3
  II. Beendigung der Gütergemeinschaft 4
  III. Durchführung der Auseinandersetzung 6
  IV. Scheidung der Ehe 7
  V. Ehegatte etwas in die Gütergemeinschaft eingebracht 10
    1. Gegenstand, der einem der Ehegatten beim Eintritt der Gütergemeinschaft gehörte (Nr. 1) 12
    2. Gegenstand, den ein Ehegatte von Todes wegen oder mit Rücksicht auf ein künftiges Erbrecht, durch Schenkung oder als Ausstattung erworben hat, sofern der Erwerb den Umständen nach nicht zu den Einkünften zu rechnen war (Nr. 2) 17
    3. Recht, das mit dem Tode eines Ehegatten erloschen ist/dessen Erwerb durch den Tod eines Ehegatten bedingt ist (Nr. 3) 22
  VI. Berichtigung der Gesamtgutsverbindlichkeiten/Sicherstellung der Befriedigung 25
  VII. Ehegatte verlangt Rückerstattung des Werts des Eingebrachten 26
C. Rechtsfolgen 30

A. Grundlagen

Die Vorschrift enthält eine Ausnahme von § 1476 Abs. 1 BGB, wonach der Überschuss des Gesamtguts zwischen den Ehegatten hälftig zu teilen ist. Im Falle der Ehescheidung ist jeder Ehegatte berechtigt, die Erstattung des Wertes dessen zu verlangen, was er in die Gütergemeinschaft eingebracht hat. Die Vorschrift begründet insofern ein Wahlrecht der Ehegatten.   **1**

Die Vorschrift kann von den Ehegatten grundsätzlich **abbedungen** werden. Im Rahmen einer konkreten Auseinandersetzung bedarf eine solche Vereinbarung keiner bestimmten Form. Die Abbedingung kann allerdings im Einzelfall wegen besonderer Übervorteilung eines Ehegatten sittenwidrig und somit nach § 138 Abs. 1 BGB nichtig sein.   **2**

B. Anwendungsvoraussetzungen

I. Ehegatten lebten in Gütergemeinschaft

Die Anwendung der Vorschrift setzt voraus, dass die Ehegatten im Güterstand der Gütergemeinschaft gelebt hatten.   **3**

II. Beendigung der Gütergemeinschaft

Die Gütergemeinschaft zwischen den Ehegatten muss beendet sein.   **4**

§ 1478

5 Die Vorschrift kann dabei nicht nur dann Anwendung finden, wenn die Scheidung den Beendigungsgrund darstellt, sondern auch dann, wenn die Beendigung der Gütergemeinschaft aus anderen Gründen – durch ehevertragliche Vereinbarung oder durch Aufhebungsurteil – eintritt und die Scheidung der Ehe später erfolgt.

III. Durchführung der Auseinandersetzung

6 Die Ehegatten müssen sich über das Gesamtgut auseinander setzen. Nach Beendigung der Auseinandersetzung findet die Vorschrift keine Anwendung mehr.

IV. Scheidung der Ehe

7 Die Ehe muss vor Beendigung der Auseinandersetzung geschieden sein. Es kommt diesbezüglich auf die Rechtskraft des Scheidungsurteils an.

8 Verstirbt ein Ehegatte während des Scheidungsverfahrens, ist die Vorschrift entsprechend anzuwenden, wenn die Ehe ohne den Eintritt des Todesfalles geschieden worden wäre (str.).[1]

9 Im Falle der Aufhebung der Ehe nach den §§ 1313-1317 BGB findet die Vorschrift keine Anwendung (vgl. § 1318 Abs. 1 BGB).[2]

V. Ehegatte etwas in die Gütergemeinschaft eingebracht

10 Die Anwendung der Vorschrift setzt voraus, dass (mindestens) einer der Ehegatten etwas in die Gütergemeinschaft eingebracht hat.

11 Als eingebracht sind folgende, im Katalog des Absatzes 2 Nr. 1-3 aufgeführte Gesamtgutsgegenstände anzusehen:

1. Gegenstand, der einem der Ehegatten beim Eintritt der Gütergemeinschaft gehörte (Nr. 1)

12 Zu den Gegenständen im Sinne der Nr. 1 können **Vermögenswerte** eines Ehegatten **aller Art** gehören.

13 Maßgeblich dafür, wem der Gegenstand zuvor gehörte, ist allein die dingliche Rechtslage.[3] Unerheblich ist, wer den Gegenstand finanziert hat.[4]

14 Der Anwendbarkeit der Nr. 1 steht es nicht entgegen, dass sich der eingebrachte Gegenstand – etwa weil er untergegangen ist oder veräußert wurde – nicht mehr im Gesamtgut befindet.[5]

15 Die Nr. 1 greift auch im Hinblick auf Gegenstände, die ein Ehegatte vor Eintritt der Gütergemeinschaft unter einer **Bedingung** erworben hat, bei denen der Eintritt der Bedingung indes erst nach Beginn der Gütergemeinschaft erfolgte.

16 Erfasst wird auch der Zugewinnausgleichsanspruch eines Ehegatten gegen den anderen bei Wechsel vom gesetzlichen Güterstand in denjenigen der Gütergemeinschaft.[6] Die entsprechende Zugewinnausgleichsschuld des anderen Ehegatten mindert zugleich den Wert des von diesem Eingebrachten.[7]

2. Gegenstand, den ein Ehegatte von Todes wegen oder mit Rücksicht auf ein künftiges Erbrecht, durch Schenkung oder als Ausstattung erworben hat, sofern der Erwerb den Umständen nach nicht zu den Einkünften zu rechnen war (Nr. 2)

17 Zu den Gegenständen nach Nr. 2 können **Vermögenswerte aller Art** gehören.

18 Zum Begriff der Ausstattung vgl. § 1624 Abs. 1 BGB.

19 Der Anwendbarkeit der Nr. 2 steht es nicht entgegen, dass sich der eingebrachte Gegenstand – etwa weil er untergegangen oder veräußert wurde – nicht mehr im Gesamtgut befindet.[8]

20 Die Nr. 2 gilt nur im Hinblick auf Gesamtgutsgegenstände; sie findet hingegen keine Anwendung, wenn der Gegenstand – etwa wegen einer entsprechenden Bestimmung des Erblassers oder Zuwendenden (§ 1418 Abs. 2 Nr. 2 BGB) – in das **Vorbehaltsgut** erworben worden ist.

---

[1] *Kanzleiter* in: MünchKomm-BGB, § 1478 Rn. 4.
[2] A.A. *Brudermüller* in: Palandt, § 1478 Rn. 1.
[3] BGH v. 01.10.1986 - IVb ZR 77/85 - juris Rn. 11 - NJW-RR 1987, 69-71.
[4] Vgl. BGH v. 01.10.1986 - IVb ZR 77/85 - juris Rn. 11 - NJW-RR 1987, 69-71.
[5] BGH v. 18.10.1989 - IVb ZR 82/88 - juris Rn. 17 - BGHZ 109, 89-97.
[6] BGH v. 18.10.1989 - IVb ZR 82/88 - juris Rn. 12 - BGHZ 109, 89-97.
[7] BGH v. 18.10.1989 - IVb ZR 82/88 - juris Rn. 12 - BGHZ 109, 89-97.
[8] BGH v. 18.10.1989 - IVb ZR 82/88 - juris Rn. 17 - BGHZ 109, 89-97.

Ausgenommen vom Wertersatz sind Gegenstände, deren **Erwerb** den Umständen nach **zu den Einkünften zu rechnen** ist. Zuwendungen naher Verwandter zählen dann zu den Einkünften, wenn sie zur Deckung des laufenden Lebensbedarfs bestimmt sind[9] (etwa Zuschüsse zu Urlaubsreisen oder Kranken- bzw. Kuraufenthalten).

3. Recht, das mit dem Tode eines Ehegatten erloschen ist/dessen Erwerb durch den Tod eines Ehegatten bedingt ist (Nr. 3)

Nr. 3 gilt im Hinblick auf Rechte, die mit dem Tod eines Ehegatten erlöschen oder deren Erwerb durch den Tod eines Ehegatten bedingt ist.

Zu den mit dem Tod eines Ehegatten erlöschenden Rechten gehört etwa das Recht auf eine Leibrente.[10]

Zu den durch den Tod eines Ehegatten bedingten Rechten sind etwa Rechte aus einer Lebensversicherung zu zählen.[11]

VI. Berichtigung der Gesamtgutsverbindlichkeiten/Sicherstellung der Befriedigung

Die Anwendung der Vorschrift setzt zudem voraus, dass die Gesamtgutsverbindlichkeiten berichtigt sind (§ 1475 BGB) oder deren Befriedigung trotz Ersatz des Wertes der eingebrachten Gegenstände sichergestellt ist.

VII. Ehegatte verlangt Rückerstattung des Werts des Eingebrachten

Einer der Ehegatten muss verlangen, dass der Wert des in die Gütergemeinschaft Eingebrachten zurückerstattet wird.

Das **Wahlrecht** ist durch empfangsbedürftige Willenserklärung gegenüber dem anderen Ehegatten auszuüben. Die Erklärung ist unwiderruflich.

Macht einer der Eheleute von dem Wahlrecht Gebrauch, ist auch der andere Ehegatte daran gebunden.

Das Wahlrecht ist vererblich.

C. Rechtsfolgen

Jedem der Ehegatten ist der **Wert** dessen **zurückzuerstatten**, was er in die Gütergemeinschaft eingebracht hat (**Absatz 1 Halbsatz 1**).

Der Anspruch geht nur auf Ersatz des Wertes, nicht auf Rückgabe des eingebrachten Gegenstands in Natur.

Der Wert des Eingebrachten bestimmt sich gemäß **Absatz 3** nach dem Wert zur Zeit der Einbringung. Für die Berechnung des Wertersatzanspruchs ist vom **Verkehrswert** auszugehen.[12] Dies gilt auch bezüglich landwirtschaftlicher Betriebe; § 1376 Abs. 4 BGB findet keine entsprechende Anwendung.[13]

Eine im Zeitraum seit Einbringung des Gegenstands eingetretene Geldentwertung ist zu berücksichtigen.[14] Diesbezüglich sind die vom Bundesgerichtshof[15] hinsichtlich der Inflationsbereinigung des Anfangsvermögens bei der Berechnung des Zugewinnausgleichs entwickelten Grundsätze heranzuziehen.[16] Maßgeblicher Index ist dabei der Verbraucherpreisindex für Deutschland. Die Grundsätze zur Inflationsbereinigung gelten auch im Hinblick auf Geldforderungen und -schulden.[17]

Eingebrachte **Schulden** verringern den Wert des Eingebrachten.[18]

Eine vom einen Ehegatten eingebrachte Zugewinnausgleichsforderung gegenüber dem anderen Ehegatten mindert den Wert des von dem anderen Ehegatten Eingebrachten.[19]

Auch bei Wahl der Rückerstattung bleibt es im Übrigen hinsichtlich der Verteilung des Überschusses bei § 1476 BGB.

---

[9] Vgl. BGH v. 01.07.1987 - IVb ZR 70/86 - juris Rn. 18 - BGHZ 101, 229-235.
[10] *Kanzleiter* in: MünchKomm-BGB, § 1478 Rn. 7.
[11] A.A. *Kanzleiter* in: MünchKomm-BGB, § 1478 Rn. 7.
[12] BGH v. 07.05.1986 - IVb ZR 42/85 - juris Rn. 18 - LM Nr. 4 zu § 1477 BGB.
[13] BGH v. 07.05.1986 - IVb ZR 42/85 - juris Rn. 18 - LM Nr. 4 zu § 1477 BGB.
[14] Vgl. BGH v. 10.07.1985 - IVb ZR 37/84 - juris Rn. 15 - FamRZ 1986, 40-43; BGH v. 01.07.1982 - IX ZR 32/81 - juris Rn. 14 - BGHZ 84, 333-339.
[15] Vgl. BGH v. 14.11.1973 - IV ZR 147/72 - juris Rn. 33 BGHZ 61, 385-394.
[16] BGH v. 01.07.1982 - IX ZR 32/81 - juris Rn. 14 - BGHZ 84, 333-339.
[17] BGH v. 18.10.1989 - IVb ZR 82/88 - juris Rn. 21 - BGHZ 109, 89-97.
[18] BGH v. 18.10.1989 - IVb ZR 82/88 - juris Rn. 18 - BGHZ 109, 89-97.
[19] Vgl. BGH v. 18.10.1989 - IVb ZR 82/88 - juris Rn. 12 - BGHZ 109, 89-97.

37 Durch den Anspruch auf Wertersatz wird das Übernahmerecht aus § 1477 Abs. 2 BGB nicht ausgeschlossen; die Ansprüche können nebeneinander geltend gemacht werden.[20] In diesem Fall ist der inflationsbereinigte Einbringungswert auf den gleichen Zeitpunkt zu bestimmen, der für den Übernahmewert zugrunde gelegt wird.[21]

38 Reicht der Wert des Gesamtguts zum Wertersatz nicht aus, so ist der **Fehlbetrag** von den Ehegatten nach dem Verhältnis des Wertes des von ihnen Eingebrachten zu tragen (**Absatz 1 Halbsatz 2**).

---

[20] BGH v. 10.07.1985 - IVb ZR 37/84 - juris Rn. 15 - FamRZ 1986, 40-43; BGH v. 01.07.1982 - IX ZR 32/81 - juris Rn. 13 - BGHZ 84, 333-339.

[21] BGH v. 10.07.1985 - IVb ZR 37/84 - juris Rn. 15 - FamRZ 1986, 40-43.

§ 1479 BGB Auseinandersetzung nach richterlicher Aufhebungsentscheidung

(Fassung vom 17.12.2008, gültig ab 01.09.2009)

Wird die Gütergemeinschaft auf Grund der §§ 1447, 1448 oder des § 1469 durch richterliche Entscheidung aufgehoben, so kann der Ehegatte, der die richterliche Entscheidung erwirkt hat, verlangen, dass die Auseinandersetzung so erfolgt, wie wenn der Anspruch auf Auseinandersetzung in dem Zeitpunkt rechtshängig geworden wäre, in dem die Klage auf Aufhebung der Gütergemeinschaft erhoben ist.

Gliederung

A. Grundlagen 1
B. Anwendungsvoraussetzungen 3
I. Ehegatten lebten in Gütergemeinschaft 3
II. Aufhebung der Gütergemeinschaft aufgrund der §§ 1447, 1448 BGB oder des § 1469 BGB durch richterliche Entscheidung 4
III. Auseinandersetzung noch nicht beendet 6
C. Rechtsfolgen 7

A. Grundlagen

Grundsätzlich ist für die Auseinandersetzung auf den Zeitpunkt der Aufhebung der Gütergemeinschaft abzustellen. Dies ist im Falle einer Aufhebungsklage der Zeitpunkt der Rechtskraft der richterlichen Aufhebungsentscheidung (§§ 1449 Abs. 1, 1470 Abs. 1 BGB). Die Vorschrift gewährt dem Ehegatten, der die richterliche Entscheidung auf Aufhebung der Gütergemeinschaft erwirkt hat, das Recht, hiervon abweichend als maßgeblichen Zeitpunkt den der Erhebung der Aufhebungsklage zu bestimmen. Die Vorschrift dient damit der Vermeidung einer Prozessverschleppung oder Vermögensmanipulation. 1

Die Vorschrift kann von den Ehegatten **nicht** im Vorhinein **abbedungen** werden (str.). In einem konkreten Aufhebungsrechtsstreit sind jedoch abweichende Vereinbarungen möglich (str.). 2

B. Anwendungsvoraussetzungen

I. Ehegatten lebten in Gütergemeinschaft

Die Anwendung der Vorschrift setzt voraus, dass die Ehegatten im Güterstand der Gütergemeinschaft gelebt hatten. 3

II. Aufhebung der Gütergemeinschaft aufgrund der §§ 1447, 1448 BGB oder des § 1469 BGB durch richterliche Entscheidung

Die Gütergemeinschaft muss im Rahmen einer Aufhebungsklage durch richterliche Entscheidung aufgehoben worden sein. 4

Die Berechtigung zu einer Aufhebungsklage bestimmt sich bei Alleinverwaltung eines Ehegatten nach den §§ 1447, 1448 BGB, im Falle gemeinschaftlicher Verwaltung nach § 1469 BGB. 5

III. Auseinandersetzung noch nicht beendet

Die Vorschrift findet nur bis zur Beendigung der Auseinandersetzung Anwendung. Nach Beendigung der Auseinandersetzung kann das Wahlrecht nicht mehr ausgeübt werden. 6

C. Rechtsfolgen

Der Ehegatte, der die richterliche Entscheidung erwirkt hat, kann verlangen, dass die Auseinandersetzung so erfolgt, wie wenn der Anspruch auf Auseinandersetzung in dem Zeitpunkt rechtshängig geworden wäre, in dem die Klage auf Aufhebung der Gütergemeinschaft erhoben ist. 7

Macht der Ehegatte von dieser Möglichkeit Gebrauch, gelten die Gegenstände, die während des Aufhebungsrechtsstreits erworben worden sind und nicht unter § 1473 Abs. 1 BGB fallen, im Rahmen der Auseinandersetzung als nicht zum Gesamtgut gehörend. 8

Die Wahl des abweichenden Auseinandersetzungszeitpunkts wirkt allerdings nur im Verhältnis zwischen den Ehegatten, nicht gegenüber Dritten. 9

10 Auch zwischen den Ehegatten hat die Zurückverlegung des Auseinandersetzungszeitpunkts **keine dingliche Wirkung** (str.).[1] Ehegatten sind nur schuldrechtlich verpflichtet, die Auseinandersetzung unter Zugrundelegung des früheren Zeitpunkts durchzuführen. Zur Auseinandersetzung bedarf es daher auch bezüglich der Gesamtgutsgegenstände, die seit Klageerhebung erworben wurden, der entsprechenden dinglichen Übertragungsakte (str.).

---

[1] *Kanzleiter* in: MünchKomm-BGB, § 1479 Rn. 4.

§ 1480 BGB Haftung nach der Teilung gegenüber Dritten

(Fassung vom 02.01.2002, gültig ab 01.01.2002)

¹Wird das Gesamtgut geteilt, bevor eine Gesamtgutsverbindlichkeit berichtigt ist, so haftet dem Gläubiger auch der Ehegatte persönlich als Gesamtschuldner, für den zur Zeit der Teilung eine solche Haftung nicht besteht. ²Seine Haftung beschränkt sich auf die ihm zugeteilten Gegenstände; die für die Haftung des Erben geltenden Vorschriften der §§ 1990, 1991 sind entsprechend anzuwenden.

Gliederung

A. Grundlagen 1
B. Anwendungsvoraussetzungen 3
  I. Ehegatten lebten in Gütergemeinschaft 3
  II. Beendigung der Gütergemeinschaft 4
  III. Durchführung der Auseinandersetzung 5
  IV. Eine Gesamtgutsverbindlichkeit ist noch nicht vollständig berichtigt 6
  V. Teilung des Gesamtguts 7
  VI. Ein Ehegatte haftet zur Zeit der Teilung nicht persönlich für die Gesamtgutsverbindlichkeit 9
  VII. Dem nicht persönlich haftenden Ehegatten sind Gegenstände aus dem Gesamtgut zugeteilt worden 11
C. Rechtsfolgen 13
D. Prozessuale Hinweise/Verfahrenshinweise 16

A. Grundlagen

Im Rahmen der Auseinandersetzung des Gesamtguts sind gemäß § 1475 Abs. 1 BGB vor der Teilung des Überschusses zwischen den Ehegatten zunächst die Gesamtgutsverbindlichkeiten zu berichtigen. Geschieht dies nicht, so haften den Gläubigern gemäß der Vorschrift beide Ehegatten persönlich als Gesamtschuldner. Für den bislang nicht haftenden Ehegatten ist die Haftung allerdings beschränkt auf die ihm zugeteilten Gegenstände. **1**

Die dem Schutz der Gläubiger dienende Vorschrift kann von den Ehegatten **nicht abbedungen** werden. Möglich ist allerdings ein Verzicht des jeweiligen Gläubigers durch Individualvereinbarung mit dem haftenden Ehegatten. **2**

B. Anwendungsvoraussetzungen

I. Ehegatten lebten in Gütergemeinschaft

Die Anwendung der Vorschrift setzt voraus, dass die Ehegatten im Güterstand der Gütergemeinschaft gelebt hatten. **3**

II. Beendigung der Gütergemeinschaft

Die Gütergemeinschaft muss beendet sein. **4**

III. Durchführung der Auseinandersetzung

Die Ehegatten müssen sich über das Gesamtgut auseinander setzen. **5**

IV. Eine Gesamtgutsverbindlichkeit ist noch nicht vollständig berichtigt

Die Gesamtgutsverbindlichkeiten dürfen noch nicht vollständig berichtigt sein (vgl. § 1475 Abs. 1 BGB). **6**

V. Teilung des Gesamtguts

Die Anwendung der Vorschrift setzt voraus, dass das Gesamtgut von den Ehegatten geteilt worden ist. **7**

Die Teilung des Gesamtguts erfolgt im Wege der Überführung von Gegenständen des Gesamtguts in das Eigentum eines Ehegatten oder das Miteigentum beider Ehegatten. Nach dem Zweck der Vorschrift (Gläubigerschutz) ist das Gesamtgut dann geteilt, wenn für den Gläubiger die Gefahr besteht, dass er aus dem Rest des Gesamtguts keine Befriedigung mehr erhält. Bei Vorliegen noch nicht fälliger oder strittiger Verbindlichkeiten kommt es darauf an, ob die Ehegatten das zur Deckung dieser Verbindlichkeiten Erforderliche zurückgehalten haben (§ 1475 Abs. 1 Satz 2 BGB). **8**

VI. Ein Ehegatte haftet zur Zeit der Teilung nicht persönlich für die Gesamtgutsverbindlichkeit

9   Die Vorschrift entfaltet nur im Hinblick auf solche Verbindlichkeiten Wirkung, für die nicht ohnehin beide Ehegatten persönlich haften.

10 Die Vorschrift entfaltet somit Relevanz nur für folgende Gesamtgutsverbindlichkeiten: solche, die (im Falle bisheriger Alleinverwaltung eines Ehegatten) in der Person des verwaltenden Ehegatten begründet wurden, solche nach den §§ 1437 Abs. 2 Satz 2, 1459 Abs. 2 Satz 2 BGB, für welche die persönliche Haftung mit der Beendigung der Gütergemeinschaft erloschen ist, sowie solche, für die eine persönliche Haftung eines Ehegatten durch Vereinbarung mit dem Gläubiger ausgeschlossen worden ist.

VII. Dem nicht persönlich haftenden Ehegatten sind Gegenstände aus dem Gesamtgut zugeteilt worden

11 Dem nicht persönlich haftenden Ehegatten muss etwas aus dem Gesamtgut zugeteilt sein, da sich seine Haftung gemäß Satz 2 Halbsatz 1 auf die ihm zugeteilten Gegenstände beschränkt.

12 Hat ein Ehegatte nichts erhalten, so scheidet eine Haftung dieses Ehegatten nach Satz 1 aus. Hat der Ehegatte jedoch etwas erlangt, so kann er sich von der Haftung weder durch Rückgabe des Gegenstands an das Gesamtgut noch durch Aufgabe des Eigentums am zugeteilten Gegenstand befreien.[1]

C. Rechtsfolgen

13 Dem Gläubiger der Gesamtgutsverbindlichkeit haftet auch der Ehegatte persönlich als Gesamtschuldner, für den zum Zeitpunkt der Teilung eine solche Haftung nicht bestand (**Satz 1**).

14 Folge dieser Haftungserweiterung ist, dass nunmehr beide Ehegatten persönlich für die Gesamtgutsverbindlichkeit haften. Es handelt sich um eine Gesamtschuld im Sinne der §§ 421-425 BGB. Für den Ausgleich der Ehegatten im Innenverhältnis gilt allerdings § 1481 BGB an Stelle des § 426 BGB.

15 Der Ehegatte, auf den die Haftung erweitert wurde, haftet jedoch nur mit den ihm zugeteilten Gegenständen (**Satz 2 Halbsatz 1**). Die für die Haftung der Erben geltenden Vorschriften der §§ 1990, 1991 BGB sind entsprechend anzuwenden (**Satz 2 Halbsatz 2**). Der Ehegatte kann daher die Befriedigung verweigern, soweit das ihm aus dem Gesamtgut Zugeteilte hierfür nicht ausreicht.

D. Prozessuale Hinweise/Verfahrenshinweise

16 Eine Vollstreckung in das Sondervermögen des bislang nicht haftenden Ehegatten setzt einen Vollstreckungstitel gegen diesen Ehegatten voraus (§ 750 Abs. 1 ZPO).

17 Beweist der bislang nicht haftende Ehegatte in einem diesbezüglichen Verfahren, dass er aus dem Gesamtgut nichts erhalten hat, ist die Klage abzuweisen.[2] Im Übrigen muss er sich die Beschränkung der Haftung im Urteil vorbehalten.

---

[1] RG v. 01.02.1917 - VI 366/16 - RGZ 89, 360-367.
[2] Vgl. RG v. 01.02.1917 - VI 366/16 - RGZ 89, 360-367.

§ 1481 BGB Haftung der Ehegatten untereinander

(Fassung vom 02.01.2002, gültig ab 01.01.2002)

(1) Wird das Gesamtgut geteilt, bevor eine Gesamtgutsverbindlichkeit berichtigt ist, die im Verhältnis der Ehegatten zueinander dem Gesamtgut zur Last fällt, so hat der Ehegatte, der das Gesamtgut während der Gütergemeinschaft allein verwaltet hat, dem anderen Ehegatten dafür einzustehen, dass dieser weder über die Hälfte der Verbindlichkeit noch über das aus dem Gesamtgut Erlangte hinaus in Anspruch genommen wird.

(2) Haben die Ehegatten das Gesamtgut während der Gütergemeinschaft gemeinschaftlich verwaltet, so hat jeder Ehegatte dem anderen dafür einzustehen, dass dieser von dem Gläubiger nicht über die Hälfte der Verbindlichkeit hinaus in Anspruch genommen wird.

(3) Fällt die Verbindlichkeit im Verhältnis der Ehegatten zueinander einem der Ehegatten zur Last, so hat dieser dem anderen dafür einzustehen, dass der andere Ehegatte von dem Gläubiger nicht in Anspruch genommen wird.

Gliederung

A. Grundlagen 1	IV. Eine Gesamtgutsverbindlichkeit ist noch nicht
B. Anwendungsvoraussetzungen 3	vollständig berichtigt 6
I. Ehegatten lebten in Gütergemeinschaft............ 3	V. Teilung des Gesamtguts 7
II. Beendigung der Gütergemeinschaft 4	C. Rechtsfolgen 10
III. Durchführung der Auseinandersetzung 5	

A. Grundlagen

Die Vorschrift regelt das Innenverhältnis der Ehegatten, die zuvor in Gütergemeinschaft mit Alleinverwaltung eines Ehegatten gelebt hatten, wenn nach der Teilung des Gesamtguts noch eine Gesamtgutsverbindlichkeit verblieben ist. 1

Die Vorschrift kann von den Ehegatten **abbedungen** oder geändert werden. Während des Bestehens der Gütergemeinschaft bedarf es hierfür allerdings der Form des Ehevertrags. 2

B. Anwendungsvoraussetzungen

I. Ehegatten lebten in Gütergemeinschaft

Die Anwendung der Vorschrift setzt voraus, dass die Ehegatten im Güterstand der Gütergemeinschaft gelebt hatten. 3

II. Beendigung der Gütergemeinschaft

Die Gütergemeinschaft muss beendet sein. 4

III. Durchführung der Auseinandersetzung

Die Ehegatten müssen sich über das Gesamtgut auseinander setzen. 5

IV. Eine Gesamtgutsverbindlichkeit ist noch nicht vollständig berichtigt

Die Gesamtgutsverbindlichkeiten dürfen noch nicht vollständig berichtigt sein (vgl. § 1475 Abs. 1 BGB). 6

V. Teilung des Gesamtguts

Die Anwendung der Vorschrift setzt voraus, dass das Gesamtgut von den Ehegatten geteilt worden ist. 7

Die Teilung des Gesamtguts erfolgt im Wege der Überführung von Gegenständen des Gesamtguts in das Eigentum eines Ehegatten oder das Miteigentum beider Ehegatten. Nach dem Zweck der Vorschrift (Gläubigerschutz) ist das Gesamtgut dann geteilt, wenn für den Gläubiger die Gefahr besteht, dass er 8

§ 1481

aus dem Rest des Gesamtguts keine Befriedigung mehr erhält. Bei Vorliegen noch nicht fälliger oder strittiger Verbindlichkeiten kommt es darauf an, ob die Ehegatten das zur Deckung dieser Verbindlichkeiten Erforderliche zurückgehalten haben (§ 1475 Abs. 1 Satz 2 BGB).

9 Die Vorschrift ist aufgrund gleicher Interessenlage entsprechend anzuwenden, wenn ein Ehegatte vor der Teilung auf Grund seiner persönlichen Haftung in Anspruch genommen wird und sein Ersatzanspruch aus dem unzulänglichen Gesamtgut nicht erfüllt werden kann oder wenn deshalb die Teilung ganz unterbleibt.[1]

C. Rechtsfolgen

10 Ist das Gesamtgut während der Gütergemeinschaft von einem Ehegatten **alleine verwaltet** worden, so hat dieser Ehegatte dafür einzustehen, dass der andere Ehegatte im Hinblick auf Verbindlichkeiten, die im Innenverhältnis dem **Gesamtgut zur Last** fallen, weder über die Hälfte der Verbindlichkeit noch über das aus dem Gesamtgut Erlangte hinaus in Anspruch genommen wird (**Absatz 1**).

11 Die noch nicht berichtigte Gesamtgutsverbindlichkeit fällt im Verhältnis der Ehegatten zueinander dem Gesamtgut zur Last, sofern sich nicht aus den §§ 1441-1444 BGB ergibt, dass die Gesamtgutsverbindlichkeit im Innenverhältnis einem Ehegatten alleine zur Last fällt.

12 Die Möglichkeit der Inanspruchnahme des nicht verwaltenden Ehegatten durch die Gläubiger bei derartigen Verbindlichkeiten ergibt sich aus § 1480 BGB.

13 Durch die Pflicht des zuvor verwaltenden Ehegatten, dem anderen Ehegatten dafür einzustehen, dass dieser nicht über das aus dem Gesamtgut Erlangte hinaus in Anspruch genommen wird, hat der Gesamtgutsverwalter letztlich nicht gedeckte Gesamtgutslasten im Innenverhältnis allein zu tragen.

14 Ist das Gesamtgut während der Gütergemeinschaft von den Ehegatten **gemeinschaftlich verwaltet** worden, hat jeder Ehegatte dem anderen dafür einzustehen, dass dieser von dem Gläubiger nicht über die Hälfte der Verbindlichkeit hinaus in Anspruch genommen wird (**Absatz 2**). Anders als bei Absatz 1 umfasst Absatz 2 keine Pflicht der Ehegatten, dem jeweils anderen Ehegatten dafür einzustehen, dass dieser nicht über das aus dem Gesamtgut Erlangte hinaus in Anspruch genommen wird.

15 Fällt eine noch nicht vollständig berichtigte Gesamtgutsverbindlichkeit im Verhältnis der Ehegatten zueinander **einem der Ehegatten zur Last**, hat dieser Ehegatte dem anderen dafür einzustehen, dass Letzterer von dem Gläubiger nicht in Anspruch genommen wird (**Absatz 3**). Anders als bei Absatz 2 ist die Einstandspflicht unbeschränkt.

16 Ob eine Verbindlichkeit im Innenverhältnis einem Ehegatten zur Last fällt, bestimmt sich bei vorheriger Alleinverwaltung gemäß den §§ 1441-1444 BGB, bei vorheriger gemeinschaftlicher Verwaltung gemäß den §§ 1463-1466 BGB.

17 Die Einstandspflichten gemäß den Absätzen 1-3 geben dem jeweils anderen Ehegatten ein Recht auf (teilweise) **Befreiung** von der Verbindlichkeit bzw. auf einen **Rückgriff**, falls er bereits selbst erfüllt hat.

18 Ein Recht auf eine **Sicherheitsleistung** bei noch nicht fälligen Verbindlichkeiten kann daraus nicht hergeleitet werden. Aus den Absätzen 1-3 ergibt sich auch keine **Einrede der Vorausklage** gegenüber den Gläubigern.

---

[1] OLG Zweibrücken v. 19.06.1991 - 2 UF 184/90 - juris Rn. 30 - FamRZ 1992, 821-822.

§ 1482 BGB Eheauflösung durch Tod

(Fassung vom 02.01.2002, gültig ab 01.01.2002)

¹Wird die Ehe durch den Tod eines Ehegatten aufgelöst, so gehört der Anteil des verstorbenen Ehegatten am Gesamtgut zum Nachlass. ²Der verstorbene Ehegatte wird nach den allgemeinen Vorschriften beerbt.

Gliederung

A. Grundlagen 1	III. Auflösung der Ehe durch Tod eines Ehegatten 5
B. Anwendungsvoraussetzungen 2	C. Rechtsfolgen 6
I. Ehegatten lebten in Gütergemeinschaft.............. 2	
II. Ehegatten haben keine fortgesetzte Gütergemeinschaft vereinbart................ 3	

A. Grundlagen

Im Falle der Beendigung der Gütergemeinschaft durch den Tod eines Ehegatten fällt dessen Anteil am Gesamtgut in den Nachlass. Die allgemeinen erbrechtlichen Vorschriften finden Anwendung. Dem überlebenden Ehegatten kommt keine Sonderstellung zu.   **1**

B. Anwendungsvoraussetzungen

I. Ehegatten lebten in Gütergemeinschaft

Die Anwendung der Vorschrift setzt voraus, dass die Ehegatten im Güterstand der Gütergemeinschaft gelebt hatten.   **2**

II. Ehegatten haben keine fortgesetzte Gütergemeinschaft vereinbart

Die Vorschrift findet keine Anwendung, sofern die Ehegatten gemäß § 1483 Abs. 1 Satz 1 BGB für den Fall des Todes eines der Ehegatten die Fortsetzung der Gütergemeinschaft zwischen dem überlebenden Ehegatten und den gemeinschaftlichen Abkömmlingen vereinbart haben.   **3**

Auf vor dem 01.07.1958 abgeschlossene Eheverträge findet die Vorschrift keine Anwendung, sofern die fortgesetzte Gütergemeinschaft nicht ausdrücklich ausgeschlossen worden ist (Art. 8 I. Nr. 6 Abs. 1 GleichberG).   **4**

III. Auflösung der Ehe durch Tod eines Ehegatten

Die Ehe muss durch den Tod eines der Ehegatten aufgelöst worden sein.   **5**

C. Rechtsfolgen

Der **Anteil** des verstorbenen Ehegatten am Gesamtgut **gehört zum Nachlass** (Satz 1).   **6**

Der Nachlass des Verstorbenen wird mithin aus seinem Vorbehaltsgut, seinem Sondergut (soweit dieses vererblich ist) und seinem Anteil am Gesamtgut gebildet.   **7**

Nicht zum Nachlass gehören die einzelnen Gesamtgutsgegenstände.¹ Gleiches gilt im Hinblick auf Anteile an diesen Gegenständen.   **8**

Der verstorbene Ehegatte wird nach den **allgemeinen Vorschriften beerbt** (Satz 2).   **9**

Der überlebende Ehegatte und der Erbe bzw. die Erben des verstorbenen Ehegatten bilden eine Abwicklungsgemeinschaft. Die Auseinandersetzung dieser Gemeinschaft erfolgt gemäß den §§ 1471-1481 BGB.   **10**

Sofern der **überlebende Ehegatte alleiniger Vollerbe** des verstorbenen Ehegatten wird, erlischt die Gesamthandsgemeinschaft mit dem Erbfall.² Einer Auseinandersetzung bedarf es in diesem Fall nicht.   **11**

---

¹ BGH v. 26.02.1958 - IV ZR 245/57 - juris Rn. 18 - BGHZ 26, 378-384.
² Vgl. BayObLG München v. 29.09.1987 - BReg 1 Z 66/86 - FamRZ 1988, 542-542.

Der überlebende Ehegatte erhält die volle und alleinige Verfügungsbefugnis über die zuvor zum Gesamtgut gehörenden Gegenstände.³

12 Handelt es sich bei der Erbschaft hingegen lediglich um eine **Vorerbschaft**, wird die Gesamthandsgemeinschaft mit dem Erbfall nicht aufgelöst; vielmehr bedarf es in diesem Falle einer Auseinandersetzung.⁴

13 Sind neben dem überlebenden Ehegatten **noch andere Erben** des verstorbenen Ehegatten vorhanden, gelten hinsichtlich des Gesamtgutsanteils des Erblassers im Verhältnis der Miterben untereinander die §§ 2032-2057a BGB. Es bestehen dann zwei grundsätzlich zu trennende und jeweils nach eigenen Regeln zu beurteilende Gesamthandsgemeinschaften.

---

³ Vgl. BGH v. 26.02.1958 - IV ZR 245/57 - juris Rn. 16 - BGHZ 26, 378-384; vgl. BayObLG München v. 29.09.1987 - BReg 1 Z 66/86 - FamRZ 1988, 542-542.

⁴ Vgl. BGH v. 26.02.1958 - IV ZR 245/57 - juris Rn. 19 - BGHZ 26, 378-384; vgl. BayObLG München v. 29.09.1987 - BReg 1 Z 66/86 - FamRZ 1988, 542-542.

Unterkapitel 5 - Fortgesetzte Gütergemeinschaft
§ 1483 BGB Eintritt der fortgesetzten Gütergemeinschaft

(Fassung vom 02.01.2002, gültig ab 01.01.2002)

(1) ¹Die Ehegatten können durch Ehevertrag vereinbaren, dass die Gütergemeinschaft nach dem Tod eines Ehegatten zwischen dem überlebenden Ehegatten und den gemeinschaftlichen Abkömmlingen fortgesetzt wird. ²Treffen die Ehegatten eine solche Vereinbarung, so wird die Gütergemeinschaft mit den gemeinschaftlichen Abkömmlingen fortgesetzt, die bei gesetzlicher Erbfolge als Erben berufen sind. ³Der Anteil des verstorbenen Ehegatten am Gesamtgut gehört nicht zum Nachlass; im Übrigen wird der Ehegatte nach den allgemeinen Vorschriften beerbt.

(2) Sind neben den gemeinschaftlichen Abkömmlingen andere Abkömmlinge vorhanden, so bestimmen sich ihr Erbrecht und ihre Erbteile so, wie wenn fortgesetzte Gütergemeinschaft nicht eingetreten wäre.

Gliederung

A. Grundlagen 1	III. Gemeinschaftliche Abkömmlinge 26
I. Kurzcharakteristik 1	IV. Tod eines Ehegatten 30
II. Fortgesetzte Gütergemeinschaft 3	V. Keine Ausschließung der fortgesetzten Gütergemeinschaft durch letztwillige Verfügung des verstorbenen Ehegatten 32
B. Praktische Bedeutung 17	
C. Anwendungsvoraussetzungen 20	
I. Ehegatten lebten in Gütergemeinschaft 20	
II. Eheverträgliche Vereinbarung zwischen den Ehegatten, dass Gütergemeinschaft nach Tod eines Ehegatten fortgesetzt wird 21	VI. Keine Ablehnung des überlebenden Ehegatten 33
	D. Rechtsfolgen 34

A. Grundlagen

I. Kurzcharakteristik

Die §§ 1483-1518 BGB regeln die sog. fortgesetzte Gütergemeinschaft. Diese tritt (mit Ausnahme bestimmter Altfälle) nur im Falle einer entsprechenden Vereinbarung der Ehegatten ein. Absatz 1 Satz 1 gewährt den Ehegatten insoweit das Recht, eine entsprechende Vereinbarung durch Ehevertrag zu treffen. Absatz 1 Satz 3 bestimmt, dass der Anteil des verstorbenen Ehegatten im Falle der Vereinbarung einer fortgesetzten Gütergemeinschaft entgegen § 1482 Abs. 1 Satz 1 BGB nicht in den Nachlass fällt. 1

Absatz 2 regelt die Folgen einer fortgesetzten Gütergemeinschaft für die Abkömmlinge, die nicht gemeinschaftlich sind und daher nicht an der fortgesetzten Gütergemeinschaft teilnehmen können. 2

II. Fortgesetzte Gütergemeinschaft

Bei der fortgesetzten Gütergemeinschaft setzt der überlebende Ehegatte die Gütergemeinschaft nach dem Tod des anderen Ehegatten mit den gemeinschaftlichen Abkömmlingen fort. 3

Eine **Auseinandersetzung des Gesamtguts unterbleibt**. Die Fortsetzung der Gütergemeinschaft erspart es dem überlebenden Ehegatten somit, den gemeinschaftlichen Abkömmlingen ihren anderenfalls durch den Erbfall erworbenen Anteil am Gesamtgut sofort herauszugeben. 4

Die fortgesetzte Gütergemeinschaft unterscheidet vier **Vermögensmassen**: Das Gesamtgut (§ 1485 BGB), das Vorbehalts- und Sondergut des überlebenden Ehegatten (§ 1486 BGB) sowie die Vermögen der anteilsberechtigten Abkömmlinge. 5

Die **anteilsberechtigten Abkömmlinge** haben nicht nur eine Anwartschaft für den Fall der Auseinandersetzung, sondern ein **selbstständiges Recht am Gesamtgut**.[1] Sie sind direkt an der Gesamthandsgemeinschaft dinglich beteiligt. Ihr sonstiges Vermögen ist vom Gesamtgut getrennt (§ 1485 Abs. 2 BGB). Für Gesamtgutsverbindlichkeiten haften sie gemäß § 1489 Abs. 3 BGB nicht persönlich. 6

Der **überlebende Ehegatte** ist an der Gesamtgutshälfte des verstorbenen Ehegatten nicht beteiligt. 7

---
[1] RG v. 10.03.1911 - II 358/10 - RGZ 75, 414-419.

8   Der überlebende Ehegatte nimmt während der fortgesetzten Gütergemeinschaft die **rechtliche Stellung** des allein verwaltenden Ehegatten ein, die anteilsberechtigten Abkömmlinge (mit gewissen Modifizierungen) die des anderen (nicht verwaltenden) Ehegatten (§ 1487 Abs. 1 BGB).

9   Die **Mitwirkung der Abkömmlinge** an der Verwaltung des Gesamtguts beschränkt sich im Wesentlichen auf die erforderlichen Zustimmungen nach den §§ 1423-1425 BGB.

10 Ins **Güterrechtsregister** wird die fortgesetzte Gütergemeinschaft nicht eingetragen, da dieses nur über die während der Ehe bestehenden güterrechtlichen Verhältnisse Auskunft gibt. Ebenso wenig wird die fortgesetzte Gütergemeinschaft ins **Handelsregister** eingetragen.[2] Eingetragen wird die fortgesetzte Gütergemeinschaft allerdings ins **Grundbuch** (§ 47 GBO; vgl. auch § 35 Abs. 2 GBO).

11 Der Anteil des überlebenden Ehegatten sowie die Anteile der Abkömmlinge am Gesamtgut und den einzelnen dazu gehörenden Gegenständen sind der **Pfändung** nicht unterworfen (§ 860 Abs. 1 Satz 2 ZPO).

12 Die Gläubiger können im Falle der fortgesetzten Gütergemeinschaft nur ein einheitliches, das Vermögen ihres Schuldners und das Gesamtgut umfassendes **Insolvenzverfahren** (§ 332 InsO) beantragen.[3] Antragsberechtigt ist unabhängig von seiner persönlichen Haftung auch der überlebende Ehegatte. Die gemeinschaftlichen Abkömmlinge haben kein Antragsrecht. Insolvenzgründe sind wie beim Nachlassinsolvenzverfahren (§ 320 InsO) die Überschuldung des Gesamtguts und die Zahlungsunfähigkeit, auch die drohende, sofern der überlebende Ehegatte oder ein Gesamtgutsverwalter die Verfahrenseröffnung beantragt.

13 Die **fortgesetzte Gütergemeinschaft endet**, wenn der überlebende Ehegatte verstirbt oder für tot erklärt wird (§ 1994 BGB) sowie im Falle der Wiederverheiratung des überlebenden Ehegatten (§ 1493 BGB). Der überlebende Ehegatte kann die fortgesetzte Gütergemeinschaft zudem gemäß § 1492 BGB mit Wirkung für die Zukunft aufheben. Die fortgesetzte Gütergemeinschaft endet auch im Falle einer rechtskräftigen richterlichen Entscheidung, mit der einer Aufhebungsklage eines anteilsberechtigten Abkömmlings stattgegeben worden ist (§§ 1495, 1496 BGB), sowie bei Tod (vgl. § 1490 BGB) oder Verzicht (vgl. § 1491 BGB) aller anteilsberechtigten Abkömmlinge.

14 Nach Beendigung der fortgesetzten Gütergemeinschaft setzen sich der überlebende Ehegatte und die gemeinschaftlichen Abkömmlinge über das Gesamtgut auseinander (§ 1497 Abs. 1 BGB).

15 Da der überlebende Ehegatte am Gesamtgutsanteil des verstorbenen Ehegatten nicht beteiligt ist, wird dieser Anteil gemäß § 4 Abs. 1 ErbStG **erbschaftsteuerlich** so behandelt, wie wenn er ausschließlich den anteilsberechtigten Abkömmlingen angefallen wäre. Hierdurch können sich erhebliche erbschaftsteuerliche Vorteile ergeben. So können die gemeinschaftlichen Abkömmlinge bereits beim Tod des ersten Elternteils die vollen Freibeträge nutzen. Mangels Zwischenerwerbs des überlebenden Ehegatten wird die Gesamtgutshälfte des verstorbenen Ehegatten auch im Falle des Todes des zunächst überlebenden Ehegatten nur einmal der Erbschaftsbesteuerung unterworfen.

16 Weiter ergibt sich aus der fehlenden Beteiligung des überlebenden Ehegatten an der Gesamtgutshälfte des verstorbenen Ehegatten, dass die anteilsberechtigten Abkömmlinge keine **Pflichtteilsansprüche** hinsichtlich dieses Gesamtgutsanteils gegen den überlebenden Ehegatten geltend machen können.

B. Praktische Bedeutung

17 Die fortgesetzte Gütergemeinschaft tritt heute grundsätzlich nur noch bei ausdrücklicher ehevertraglicher Vereinbarung ein. Für vor dem 01.07.1958 abgeschlossene Eheverträge findet allerdings die Übergangsvorschrift des Art. 8 I. Nr. 6 Abs. 1 GleichberG Anwendung.

18 Die durch die fortgesetzte Gütergemeinschaft entstehende Vermögensgemeinschaft zwischen dem überlebenden Ehegatten und den gemeinschaftlichen Abkömmlingen birgt ein nicht unerhebliches **Konfliktpotential**. Angesichts der stark gestiegenen Lebenserwartung und der abnehmenden Familienbindung kann sich die fortgesetzte Gütergemeinschaft für die Familienmitglieder häufig als unzumutbar darstellen. Trotz der mit der fortgesetzten Gütergemeinschaft einhergehenden Vorteile (etwa den erbschaftsteuerlichen) überwiegen daher im Regelfall die entstehenden Nachteile erheblich.

19 In der Praxis wird die fortgesetzte Gütergemeinschaft aufgrund der bezeichneten Nachteile nur noch in wenigen Fällen vereinbart.

---

[2] BayObLG München v. 25.07.1991 - BReg 3 Z 16/91 - juris Rn. 12 - NJW-RR 1992, 33-34.
[3] *Brudermüller* in: Palandt, Vorbem. vor 1483 Rn. 1.

C. Anwendungsvoraussetzungen

I. Ehegatten lebten in Gütergemeinschaft

Die Anwendung der Vorschrift setzt voraus, dass die Ehegatten im Güterstand der Gütergemeinschaft gelebt hatten. 20

II. Ehevertragliche Vereinbarung zwischen den Ehegatten, dass Gütergemeinschaft nach Tod eines Ehegatten fortgesetzt wird

Absatz 1 Satz 1 eröffnet den Ehegatten die Möglichkeit einer Vereinbarung dahin, dass die Gütergemeinschaft nach dem Tod eines Ehegatten zwischen dem überlebenden Ehegatten und den gemeinschaftlichen Abkömmlingen fortgesetzt wird. 21

Die Vereinbarung bedarf der Form des Ehevertrags. Sie kann bereits bei Begründung der Gütergemeinschaft, aber auch später getroffen werden. 22

Bei heutzutage vereinbarten Gütergemeinschaften tritt die fortgesetzte Gütergemeinschaft hingegen nicht mehr kraft Gesetzes ein. Lebten die Ehegatten allerdings bereits vor dem 01.07.1958 in Gütergemeinschaft, so wird diese gemäß Art. 8 I. Nr. 6 Abs. 1 GleichberG nach dem Tod eines Ehegatten auch ohne eine entsprechende Vereinbarung fortgesetzt, sofern nicht die Ehegatten die Fortsetzung ehevertraglich ausgeschlossen hatten. Nach Ansicht des Bundesgerichtshofs kann der Ausschluss auch konkludent durch eine gegenseitige Erbeinsetzung in einem gleichzeitig vereinbarten Erbvertrag erfolgen.[4] 23

Haben die Ehegatten eine Vereinbarung über die Fortsetzung der Gütergemeinschaft getroffen, können sie diese während der Ehe wieder aufheben (§ 1518 Satz 2 BGB). 24

Es ist den Ehegatten aber nicht möglich, im Hinblick auf die fortgesetzte Gütergemeinschaft Anordnungen zu treffen, die im Widerspruch zu den gesetzlichen Vorschriften in den §§ 1483-1517 BGB stehen (§ 1518 Satz 1 BGB). 25

III. Gemeinschaftliche Abkömmlinge

Eine fortgesetzte Gütergemeinschaft kommt nur mit gemeinschaftlichen Abkömmlingen der Ehegatten in Betracht. 26

Die gemeinschaftlichen Abkömmlinge müssen beim Tod des erstversterbenden Ehegatten bereits geboren oder wenigstens erzeugt sein (§ 1923 Abs. 2 BGB). Zu den gemeinschaftlichen Abkömmlingen gehören auch die gemeinsam adoptierten Kinder (§ 1754 BGB). 27

Nicht berücksichtigt werden allerdings gemeinschaftliche Abkömmlinge, die infolge eines Erbverzichts (§ 2346 Abs. 1 BGB) von der Erbfolge ausgeschlossen sind, die aufgrund Erbunwürdigkeit (§ 2339 BGB) gemäß § 1506 BGB anteilsunwürdig sind, die auf ihren Anteil am Gesamtgut der fortgesetzten Gütergemeinschaft verzichtet haben (§ 1517 BGB) sowie solche gemeinschaftlichen Abkömmlinge, die von der fortgesetzten Gütergemeinschaft ausgeschlossen wurden (§ 1511 BGB). 28

Eine Fortsetzung der Gütergemeinschaft mit **einseitigen Abkömmlingen** eines Ehegatten ist nicht möglich.[5] 29

IV. Tod eines Ehegatten

Die Vorschrift findet Anwendung, wenn einer der beiden Ehegatten verstirbt. 30

Dem Tod des einen Ehegatten steht die Todeserklärung nach dem VerschG (vgl. § 9 Abs. 1 VerschG) gleich. Bei gleichzeitigem Versterben beider Ehegatten (vgl. auch § 11 VerschG) findet eine Fortsetzung der Gütergemeinschaft nicht statt. 31

V. Keine Ausschließung der fortgesetzten Gütergemeinschaft durch letztwillige Verfügung des verstorbenen Ehegatten

Die fortgesetzte Gütergemeinschaft tritt nicht ein, wenn der verstorbene Ehegatte deren Eintritt durch letztwillige Verfügung ausgeschlossen hat. Hierzu sind die Ehegatten in den in § 1509 BGB benannten Fällen (Berechtigung zur Pflichtteilsentziehung oder zur Aufhebung der Gütergemeinschaft, Berechtigung zur Aufhebung der Ehe sowie entsprechender Antrag) berechtigt. 32

---

[4] Vgl. BGH v. 06.11.1997 - BLw 31/97 - juris Rn. 12 - LM HöfeO § 1 Nr. 31 (4/1998).
[5] Vgl. BGH v. 04.07.1974 - III ZR 61/72 - BGHZ 63, 35-45.

§ 1483

VI. Keine Ablehnung des überlebenden Ehegatten

33 Die fortgesetzte Gütergemeinschaft tritt darüber hinaus dann nicht ein, wenn der überlebende Ehegatte die Fortsetzung ablehnt (§ 1484 BGB).

D. Rechtsfolgen

34 Die Gütergemeinschaft wird zwischen dem überlebenden Ehegatten und den gemeinschaftlichen Abkömmlingen fortgesetzt, die bei gesetzlicher Erbfolge als Erben berufen sind (**Absatz 1 Satz 2**).

35 Bei der Bestimmung der gemeinschaftlichen Abkömmlinge, die bei gesetzlicher Erbfolge als Erben berufen sind, ist auf die von § 1924 BGB vorgegebene Rangordnung abzustellen.

36 Die gemeinschaftlichen Abkömmlinge treten kraft Gesetzes ohne besonderen Übertragungsakt an die Stelle des verstorbenen Ehegatten. Eine Auseinandersetzung des Gesamtguts findet nicht statt.

37 Der Anteil des verstorbenen Ehegatten am Gesamtgut gehört nicht zum Nachlass (**Absatz 1 Satz 3 Halbsatz 1**). Der Verstorbene wird nur im Hinblick auf sein Vorbehalts- und Sondergut beerbt. Diesbezüglich erfolgt die Beerbung nach den allgemeinen Vorschriften (**Absatz 1 Satz 3 Halbsatz 2**). Da Vorbehalts- und Sondergut allein den Nachlass bilden, findet auch eine Pflichtteilsergänzung nur aus diesen Vermögensmassen statt

38 Das Erbrecht und die Erbteile der nicht gemeinschaftlichen Abkömmlinge bestimmen sich so, wie wenn fortgesetzte Gütergemeinschaft nicht eingetreten wäre (**Absatz 2**). Die nicht gemeinschaftlichen Abkömmlinge erben somit nicht nur aus dem Vorbehalts- und Sondergut des verstorbenen Ehegatten, sondern auch aus dessen Anteil am Gesamtgut. Die Auseinandersetzung hat zunächst mit ihnen zu erfolgen (str.).[6]

---

[6] *Brudermüller* in: Palandt, § 1483 Rn. 3.

§ 1484 BGB Ablehnung der fortgesetzten Gütergemeinschaft

(Fassung vom 17.12.2008, gültig ab 01.09.2009)

(1) Der überlebende Ehegatte kann die Fortsetzung der Gütergemeinschaft ablehnen.

(2) ¹Auf die Ablehnung finden die für die Ausschlagung einer Erbschaft geltenden Vorschriften der §§ 1943 bis 1947, 1950, 1952, 1954 bis 1957, 1959 entsprechende Anwendung. ²Steht der überlebende Ehegatte unter elterlicher Sorge oder unter Vormundschaft, so ist zur Ablehnung die Genehmigung des Familiengerichts erforderlich. ³Bei einer Ablehnung durch den Betreuer des überlebenden Ehegatten ist die Genehmigung des Betreuungsgerichts erforderlich.

(3) Lehnt der Ehegatte die Fortsetzung der Gütergemeinschaft ab, so gilt das Gleiche wie im Falle des § 1482.

Gliederung

A. Grundlagen 1	III. Tod eines Ehegatten 5
B. Anwendungsvoraussetzungen 3	IV. Überlebender Ehegatte lehnt die Fortsetzung
I. Ehegatten lebten in Gütergemeinschaft 3	der Gütergemeinschaft ab 6
II. Ehevertragliche Vereinbarung zwischen den Ehegatten, dass Gütergemeinschaft nach Tod eines Ehegatten fortgesetzt wird 4	C. Rechtsfolgen 15

A. Grundlagen

Die Vorschrift gibt dem überlebenden Ehegatten ein Recht zur Ablehnung der fortgesetzten Gütergemeinschaft. Das Recht ist entsprechend den Vorschriften zur Ausschlagung einer Erbschaft ausgestaltet. Das Recht zur Ablehnung der fortgesetzten Gütergemeinschaft ist von dem Recht zu unterscheiden, nach bereits eingetretener Fortsetzung der Gütergemeinschaft dieselbe durch Aufhebung einseitig zu beenden (§ 1492 BGB). **1**

Die Vorschrift kann von den Ehegatten **nicht abbedungen** werden. **2**

B. Anwendungsvoraussetzungen

I. Ehegatten lebten in Gütergemeinschaft

Die Anwendung der Vorschrift setzt voraus, dass die Ehegatten im Güterstand der Gütergemeinschaft gelebt hatten. **3**

II. Ehevertragliche Vereinbarung zwischen den Ehegatten, dass Gütergemeinschaft nach Tod eines Ehegatten fortgesetzt wird

Die Anwendung der Vorschrift setzt zudem voraus, dass die Ehegatten gemäß § 1483 Abs. 1 Satz 1 BGB ehevertraglich vereinbart haben, dass die Gütergemeinschaft nach dem Tod eines Ehegatten zwischen dem überlebenden Ehegatten und den gemeinschaftlichen Abkömmlingen fortgesetzt wird. **4**

III. Tod eines Ehegatten

Die Vorschrift findet Anwendung, wenn einer der beiden Ehegatten verstirbt oder gemäß § 9 Abs. 1 VerschG für tot erklärt wird. **5**

IV. Überlebender Ehegatte lehnt die Fortsetzung der Gütergemeinschaft ab

Absatz 1 der Vorschrift ermöglicht es dem überlebenden Ehegatten, die Fortsetzung der Gütergemeinschaft abzulehnen. **6**

Auf die Ablehnung finden die für die Ausschlagung einer Erbschaft geltenden Vorschriften der §§ 1943-1947, 1950, 1952, 1954-1957, 1959 BGB entsprechende Anwendung (**Absatz 2 Satz 1**). **7**

Die **Ablehnungsfrist** von **sechs Wochen** nach § 1944 Abs. 1 BGB (bzw. von sechs Monaten bei Auslandsaufenthalt, § 1944 Abs. 3 BGB) beginnt allerdings nicht mit dem Tod des verstorbenen Ehegatten, sondern erst mit der Kenntnis des anderen Ehegatten vom Eintritt der fortgesetzten Gütergemein- **8**

§ 1484

schaft.[1] § 1944 Abs. 2 Satz 2 BGB findet keine entsprechende Anwendung, da die Fortsetzung der Gütergemeinschaft nicht durch Verfügung von Todes wegen angeordnet, sondern allenfalls ausgeschlossen wird.

9 Die Ablehnung bedarf der in § 1945 BGB bezeichneten **Form**.

10 Für Verwaltungshandlungen bis zur Ablehnung oder im Falle der erfolgreichen Anfechtung der Annahme gilt § 1959 BGB.

11 Steht der überlebende Ehegatte unter **elterlicher Sorge** oder unter **Vormundschaft**, so ist zur Ablehnung die Genehmigung des Familiengerichts (vgl. § 1828 BGB) erforderlich (**Absatz 2 Satz 2**).

12 Bei einer Ablehnung durch einen **Betreuer** (vgl. § 1896 BGB) des überlebenden Ehegatten ist die Genehmigung des Betreuungsgerichts erforderlich (**Absatz 2 Satz 3**).

13 Hat der Ehegatte die fortgesetzte Gütergemeinschaft zuvor **angenommen**, ist die Ablehnung der fortgesetzten Gütergemeinschaft entsprechend § 1943 BGB nicht mehr möglich. Die Annahme kann auch konkludent – etwa durch die vorbehaltlose Vornahme von Verwaltungshandlungen – erfolgen. Das Recht des Ehegatten auf Aufhebung der fortgesetzten Gütergemeinschaft nach § 1492 BGB bleibt hiervon allerdings unberührt.

14 Den **Abkömmlingen** steht **kein Ablehnungsrecht** zu. Sie können sich allerdings gemäß den §§ 1491, 1495, 1496, 1517 BGB von der fortgesetzten Gütergemeinschaft befreien.

C. Rechtsfolgen

15 Es gilt nach **Absatz 3** der Vorschrift das Gleiche wie im Falle des § 1482 BGB.

16 Die Gütergemeinschaft endet somit rückwirkend zum Zeitpunkt des Todes des verstorbenen Ehegatten.

17 Der Anteil des verstorbenen Ehegatten am Gesamtgut fällt in den Nachlass. Dieser wird nach den allgemeinen gesetzlichen Vorschriften vererbt, sofern der verstorbene Ehegatte nicht – was zulässig ist – vorsorglich für den Fall der Ablehnung der fortgesetzten Gütergemeinschaft letztwillig über seinen Anteil am Gesamtgut verfügt hat.

---

[1] BGH v. 04.11.1959 - V ZR 45/59 - BGHZ 31, 206-210.

§ 1485 BGB Gesamtgut

(Fassung vom 23.07.2002, gültig ab 01.08.2002)

(1) Das Gesamtgut der fortgesetzten Gütergemeinschaft besteht aus dem ehelichen Gesamtgut, soweit es nicht nach § 1483 Abs. 2 einem nicht anteilsberechtigten Abkömmling zufällt, und aus dem Vermögen, das der überlebende Ehegatte aus dem Nachlass des verstorbenen Ehegatten oder nach dem Eintritt der fortgesetzten Gütergemeinschaft erwirbt.

(2) Das Vermögen, das ein gemeinschaftlicher Abkömmling zur Zeit des Eintritts der fortgesetzten Gütergemeinschaft hat oder später erwirbt, gehört nicht zu dem Gesamtgut.

(3) Auf das Gesamtgut finden die für die eheliche Gütergemeinschaft geltende Vorschrift des § 1416 Abs. 2 und 3 entsprechende Anwendung.

Gliederung

A. Grundlagen 1
B. Anwendungsvoraussetzungen 3
 I. Fortgesetzte Gütergemeinschaft 3
 II. Von der Vorschrift erfasste Vermögens-
   masse 4
  1. Eheliches Gesamtgut, soweit es nicht nach
   § 1483 Abs. 2 BGB einem nicht anteilsberechtigten Abkömmling zufällt (Absatz 1 Halbsatz 1) 5
  2. Vermögen, welches der überlebende Ehegatte aus dem Nachlass des verstorbenen Ehegatten erwirbt (Absatz 1 Halbsatz 2 Alternative 1) 9
  3. Vermögen, welches der überlebende Ehegatte nach dem Eintritt der fortgesetzten Gütergemeinschaft erwirbt (Absatz 1 Halbsatz 2 Alternative 2) 12
  4. Nicht: Vermögen eines gemeinschaftlichen Abkömmlings (Absatz 2) 14
C. Rechtsfolgen 15

A. Grundlagen

Absatz 1 und Absatz 2 bestimmen, welche Vermögen zum Gesamtgut der fortgesetzten Gütergemeinschaft gehören. 1

Die Gesamthandsgemeinschaft am Gesamtgut besteht bei der fortgesetzten Gütergemeinschaft fort. Es erfolgt bei Eintritt der fortgesetzten Gütergemeinschaft lediglich ein Wechsel der Mitglieder der Gütergemeinschaft. Absatz 3 erklärt aus diesem Grunde die für den Erwerb zum Gesamtgut der allgemeinen Gütergemeinschaft und die für die erforderliche Grundbuchberichtigung geltende Vorschrift des § 1416 Abs. 2, Abs. 3 BGB für entsprechend anwendbar. 2

B. Anwendungsvoraussetzungen

I. Fortgesetzte Gütergemeinschaft

Die Vorschrift findet Anwendung, sofern gemäß § 1483 Abs. 1 Satz 2 BGB fortgesetzte Gütergemeinschaft eingetreten ist. 3

II. Von der Vorschrift erfasste Vermögensmasse

Die Vorschrift findet im Hinblick auf folgende Vermögen Anwendung: 4

1. Eheliches Gesamtgut, soweit es nicht nach § 1483 Abs. 2 BGB einem nicht anteilsberechtigten Abkömmling zufällt (Absatz 1 Halbsatz 1)

Absatz 1 Halbsatz 1 betrifft Vermögen, welches vor Eintritt der fortgesetzten Gütergemeinschaft zum ehelichen Gesamtgut gehörte und nicht nach § 1483 Abs. 2 BGB einem nicht anteilsberechtigten Abkömmling zugefallen ist. 5

Was zum ehelichen Gesamtgut der Gütergemeinschaft gehörte, bestimmt sich nach § 1416 Abs. 1 BGB. Zum ehelichen Gesamtgut gehörten auch etwaige Surrogate und etwaige Ersatzansprüche (§§ 1435 Satz 3, 1445 Abs. 1, 1467 Abs. 1 BGB). 6

§ 1485

7   Neben dem, was einem nicht anteilsberechtigten Abkömmling nach § 1483 Abs. 2 BGB zufällt, ist das vom Gesamtgut abzuziehen, was ein von der Fortsetzung der Gütergemeinschaft ausgeschlossener gemeinschaftlicher Abkömmling nach § 1511 Abs. 2 BGB erhält.

8   Das Vorbehalts- und Sondergut des überlebenden Ehegatten (§ 1486 BGB) gehört nicht zum Gesamtgut. Gleiches gilt nach § 1485 Abs. 2 BGB für Vermögen der Abkömmlinge.

2. Vermögen, welches der überlebende Ehegatte aus dem Nachlass des verstorbenen Ehegatten erwirbt (Absatz 1 Halbsatz 2 Alternative 1)

9   Absatz 1 Halbsatz 2 Alternative 1 bezieht sich auf das Vermögen, welches der überlebende Ehegatte aus dem Nachlass des verstorbenen Ehegatten erwirbt.

10 Zum Nachlass des verstorbenen Ehegatten gehört dessen **Sonder- und Vorbehaltsgut**.

11 Aus dem Nachlass des verstorbenen Ehegatten hat der überlebende Ehegatte auch dann etwas erworben, wenn der Erwerb auf dem **Pflichtteilsrecht** des überlebenden Ehegatten oder einem **Vermächtnis** des verstorbenen Ehegatten beruht.

3. Vermögen, welches der überlebende Ehegatte nach dem Eintritt der fortgesetzten Gütergemeinschaft erwirbt (Absatz 1 Halbsatz 2 Alternative 2)

12 Zum Gesamtgut gehört auch das Vermögen, welches der überlebende Ehegatte nach dem Eintritt der fortgesetzten Gütergemeinschaft erwirbt. Hierzu gehören insbesondere die Surrogate und Nutzungen des Gesamtguts.

13 Keine Anwendung findet die Vorschrift im Hinblick auf das Vermögen, das der überlebende Ehegatte in sein Vorbehalts- oder Sondergut erwirbt (vgl. § 1486 BGB). Hierzu gehören etwa Nutzungen des Vorbehaltsguts (§§ 1486 Abs. 1, 1418 Abs. 3 Satz 2 BGB), nicht hingegen solche des Sonderguts (§§ 1486 Abs. 2, 1417 Abs. 3 Satz 2 BGB).

4. Nicht: Vermögen eines gemeinschaftlichen Abkömmlings (Absatz 2)

14 Das Vermögen, das ein gemeinschaftlicher Abkömmling zur Zeit des Eintritts der fortgesetzten Gütergemeinschaft hat oder später erwirbt, gehört gemäß Absatz 2 nicht zum Gesamtgut.

C. Rechtsfolgen

15 Das vor der fortgesetzten Gütergemeinschaft zum ehelichen Gesamtgut Gehörende, das nicht nach § 1483 Abs. 2 BGB einem nicht anteilsberechtigten Abkömmling zugefallen ist, sowie das Vermögen, das der überlebende Ehegatte aus dem Nachlass des verstorbenen Ehegatten oder nach dem Eintritt der fortgesetzten Gütergemeinschaft erwirbt, gehören zum **Gesamtgut der fortgesetzten Gütergemeinschaft**.

16 Der Übergang vollzieht sich ohne Übertragungsakt (§§ 1485 Abs. 3, 1416 Abs. 2 BGB).

17 Auf das Gesamtgut der fortgesetzten Gütergemeinschaft findet die für die eheliche Gütergemeinschaft geltende Vorschrift des § 1416 Abs. 2, Abs. 3 BGB entsprechende Anwendung (**Absatz 3**).

18 Das **Gemeinschaftlichwerden** der Gegenstände vollzieht sich daher auch hier ohne besonderen Übertragungsakt **kraft Gesetzes**.

19 Wird ein Recht gemeinschaftlich, das im **Grundbuch** eingetragen ist oder eingetragen werden kann, so kann jedes Mitglied der fortgesetzten Gütergemeinschaft von den anderen verlangen, dass diese an der Berichtigung des Grundbuchs mitwirken.

§ 1486 BGB Vorbehaltsgut; Sondergut

(Fassung vom 02.01.2002, gültig ab 01.01.2002)

(1) Vorbehaltsgut des überlebenden Ehegatten ist, was er bisher als Vorbehaltsgut gehabt hat oder was er nach § 1418 Abs. 2 Nr. 2, 3 als Vorbehaltsgut erwirbt.

(2) Sondergut des überlebenden Ehegatten ist, was er bisher als Sondergut gehabt hat oder was er als Sondergut erwirbt.

Gliederung

A. Kommentierung zu Absatz 1	1	B. Kommentierung zu Absatz 2	10
I. Grundlagen	1	I. Grundlagen	10
II. Anwendungsvoraussetzungen	2	II. Anwendungsvoraussetzungen	11
1. Fortgesetzte Gütergemeinschaft	2	1. Fortgesetzte Gütergemeinschaft	11
2. Von der Vorschrift erfasste Vermögensmasse	3	2. Von der Vorschrift erfasste Vermögensmasse	12
III. Rechtsfolgen	7	III. Rechtsfolgen	14

A. Kommentierung zu Absatz 1

I. Grundlagen

Der überlebende Ehegatte kann auch bei der fortgesetzten Gütergemeinschaft Vorbehaltsgut besitzen. Abweichend von der ehelichen Gütergemeinschaft kann jedoch bei der fortgesetzten Gütergemeinschaft Vorbehaltsgut nicht durch Vereinbarung begründet werden. **1**

II. Anwendungsvoraussetzungen

1. Fortgesetzte Gütergemeinschaft

Absatz 1 findet Anwendung, sofern gemäß § 1483 Abs. 1 Satz 2 BGB fortgesetzte Gütergemeinschaft eingetreten ist. **2**

2. Von der Vorschrift erfasste Vermögensmasse

Absatz 1 gilt im Hinblick auf folgende Vermögensmassen: **3**

- Vermögen, das vor der fortgesetzten Gütergemeinschaft zum Vorbehaltsgut des überlebenden Ehegatten gehörte;
- Vermögen, das vom überlebenden Ehegatten nach § 1418 Abs. 2 Nr. 2 BGB als Vorbehaltsgut erworben wird;
- Vermögen, das vom überlebenden Ehegatten nach § 1418 Abs. 2 Nr. 3 BGB als Vorbehaltsgut erworben wird.

Was zum Vorbehaltsgut des überlebenden Ehegatten gehörte, bestimmt sich gemäß § 1418 Abs. 2 BGB. **4**

§ 1418 Abs. 2 Nr. 2 BGB betrifft Gegenstände, die dem überlebenden Ehegatten von Todes wegen oder durch Schenkung mit der Bestimmung zugewendet wird, dass der Erwerb sein Vorbehaltsgut sein solle. **5**

§ 1418 Abs. 2 Nr. 3 BGB betrifft Gegenstände, die der überlebende Ehegatte nach Eintritt der fortgesetzten Gütergemeinschaft aufgrund eines zu seinem Vorbehaltsgut gehörenden Rechts oder als Ersatz für die Zerstörung, Beschädigung oder Entziehung eines zum Vorbehaltsgut gehörenden Gegenstands oder durch ein Rechtsgeschäft erwirbt, das sich auf sein Vorbehaltsgut bezieht. **6**

III. Rechtsfolgen

Das Vermögen gehört zum Vorbehaltsgut des überlebenden Ehegatten. Es gehört nicht zum Gesamtgut der fortgesetzten Gütergemeinschaft. **7**

Weder durch Ehevertrag (vgl. § 1518 Satz 1 BGB) noch durch vertragliche Vereinbarung zwischen dem überlebenden Ehegatten und den gemeinschaftlichen Abkömmlingen kann weiteres Vorbehaltsgut begründet werden. Soweit die Ehegatten ehevertraglich vereinbart hatten, dass bestimmter künftiger Erwerb Vorbehaltsgut werden soll, gilt diese Vereinbarung ab dem Zeitpunkt des Eintritts der fortgesetzten Gütergemeinschaft nicht mehr (str.).[1] **8**

---

[1] *Kanzleiter* in: MünchKomm-BGB, § 1486 Rn. 4 mit Darstellung des Streitstands.

§ 1486

9 Im Hinblick auf die **Verwaltung** und in Bezug auf **Nutzungen** des Vorbehaltsguts bei fortgesetzter Gütergemeinschaft enthält das Gesetz keine ausdrückliche Regelung. § 1418 Abs. 3 BGB ist insoweit entsprechend anwendbar. Der überlebende Ehegatte verwaltet sein Vorbehaltsgut daher selbständig und für eigene Rechnung.

B. Kommentierung zu Absatz 2
I. Grundlagen

10 Absatz 2 bestimmt, dass der überlebende Ehegatte auch bei der fortgesetzten Gütergemeinschaft Sondergut besitzen kann.

II. Anwendungsvoraussetzungen
1. Fortgesetzte Gütergemeinschaft

11 Die Vorschrift findet Anwendung, sofern gemäß § 1483 Abs. 1 Satz 2 BGB fortgesetzte Gütergemeinschaft eingetreten ist.

2. Von der Vorschrift erfasste Vermögensmasse

12 Die Vorschrift gilt im Hinblick auf folgende Vermögensmassen:
- Vermögen, das vor der fortgesetzten Gütergemeinschaft zum Sondergut des überlebenden Ehegatten gehörte;
- Vermögen, das vom überlebenden Ehegatten als Sondergut erworben wird.

13 Was vor der fortgesetzten Gütergemeinschaft zum Sondergut des überlebenden Ehegatten gehörte oder von diesem als Sondergut erworben wird, bestimmt sich nach § 1417 Abs. 2 BGB. Es handelt sich um Gegenstände, die nicht durch Rechtsgeschäft übertragen werden können.

III. Rechtsfolgen

14 Das Vermögen gehört zum Sondergut des überlebenden Ehegatten. Es gehört nicht zum Gesamtgut der fortgesetzten Gütergemeinschaft.

15 Im Hinblick auf die **Verwaltung** und in Bezug auf **Nutzungen** des Sonderguts bei fortgesetzter Gütergemeinschaft enthält das Gesetz keine ausdrückliche Regelung. § 1417 Abs. 3 BGB ist insoweit entsprechend anwendbar. Der überlebende Ehegatte verwaltet sein Sondergut daher selbständig, allerdings für Rechnung des Gesamtguts. Nutzungen des Sonderguts fallen somit in das Gesamtgut.

§ 1487 BGB Rechtsstellung des Ehegatten und der Abkömmlinge

(Fassung vom 02.01.2002, gültig ab 01.01.2002)

(1) Die Rechte und Verbindlichkeiten des überlebenden Ehegatten sowie der anteilsberechtigten Abkömmlinge in Ansehung des Gesamtguts der fortgesetzten Gütergemeinschaft bestimmen sich nach den für die eheliche Gütergemeinschaft geltenden Vorschriften der §§ 1419, 1422 bis 1428, 1434, des § 1435 Satz 1, 3 und der §§ 1436, 1445; der überlebende Ehegatte hat die rechtliche Stellung des Ehegatten, der das Gesamtgut allein verwaltet, die anteilsberechtigten Abkömmlinge haben die rechtliche Stellung des anderen Ehegatten.

(2) Was der überlebende Ehegatte zu dem Gesamtgut schuldet oder aus dem Gesamtgut zu fordern hat, ist erst nach der Beendigung der fortgesetzten Gütergemeinschaft zu leisten.

Gliederung

A. Kommentierung zu Absatz 1 1	II. Anwendungsvoraussetzungen 21
I. Grundlagen 1	1. Fortgesetzte Gütergemeinschaft 21
II. Anwendungsvoraussetzungen 2	2. Überlebender Ehegatte schuldet etwas zum
III. Rechtsfolgen 3	Gesamtgut/hat etwas aus dem Gesamtgut zu
B. Kommentierung zu Absatz 2 20	fordern 22
I. Grundlagen 20	III. Rechtsfolgen 26

A. Kommentierung zu Absatz 1

I. Grundlagen

Absatz 1 verweist bezüglich der Rechtsstellung des überlebenden Ehegatten und der anteilsberechtigten Abkömmlinge im Rahmen einer fortgesetzten Gütergemeinschaft im Wesentlichen auf die Vorschriften zur Alleinverwaltung während der ehelichen Gütergemeinschaft. Insbesondere verweist die Vorschrift auf § 1419 BGB und schließt damit eine Verfügung über die Anteile am Gesamtgut aus. Der überlebende Ehegatte erhält im Hinblick auf das Gesamtgut die Stellung des allein verwaltenden Ehegatten, die anteilsberechtigten Abkömmlinge die des anderen Ehegatten. **1**

II. Anwendungsvoraussetzungen

Absatz 1 findet Anwendung, sofern gemäß § 1483 Abs. 1 Satz 2 BGB fortgesetzte Gütergemeinschaft eingetreten ist. **2**

III. Rechtsfolgen

Die Rechte und Verbindlichkeiten des überlebenden Ehegatten sowie der anteilsberechtigten Abkömmlinge in Ansehung des Gesamtguts der fortgesetzten Gütergemeinschaft bestimmen sich gemäß Absatz 1 Halbsatz 1 nach den für die eheliche Gütergemeinschaft geltenden Vorschriften der §§ 1419, 1422-1428, 1434 BGB, des § 1435 Sätze 1, 3 BGB und der §§ 1436, 1445 BGB. **3**

Der überlebende Ehegatte hat im Rahmen der fortgesetzten Gütergemeinschaft die rechtliche Stellung des Ehegatten, der das Gesamtgut allein verwaltet, die anteilsberechtigten Abkömmlinge haben die rechtliche Stellung des anderen Ehegatten (Absatz 1 Halbsatz 2). Dies gilt unabhängig davon, ob der überlebende Ehegatte das Gesamtgut vor dem Tod des anderen Ehegatten allein verwaltet oder mitverwaltet hat, oder ob das Gesamtgut vom verstorbenen Ehegatten allein verwaltet wurde. **4**

Aus dem Verweis auf § 1419 BGB ergibt sich, dass auch für die fortgesetzte Gütergemeinschaft die strenge **Gesamthandsbindung** gilt. Keiner der an der fortgesetzten Gütergemeinschaft Beteiligten ist berechtigt, über seinen Anteil am Gesamtgut oder an den einzelnen dazu gehörenden Gegenständen zu verfügen. Dies gilt gemäß § 1497 Abs. 2 BGB sogar nach Beendigung der fortgesetzten Gütergemeinschaft bis zu deren Auseinandersetzung. **5**

Eine Ausnahme bildet allerdings § 1491 BGB, wonach ein Abkömmling auf seinen Gesamtgutsanteil **verzichten** kann. **6**

Gemäß § 860 Abs. 1 Satz 2 ZPO sind die einzelnen Anteile am Gesamtgut bis zur Beendigung der fortgesetzten Gütergemeinschaft **unpfändbar**. **7**

8   Das Verfügungsverbot des § 1419 BGB gilt allerdings nur für Geschäfte unter Lebenden. Der überlebende Ehegatte kann daher über seinen Anteil am Gesamtgut **letztwillig verfügen**, soweit hierdurch nicht Rechte der Abkömmlinge verkürzt werden. Den Abkömmlingen ist eine solche Verfügung von Todes wegen grundsätzlich nicht möglich (§ 1490 BGB).

9   Der überlebende Ehegatte hat das Gesamtgut gemäß § 1435 Satz 1 BGB **ordnungsgemäß zu verwalten**. Für eine verschuldete Minderung des Gesamtguts haftet er gemäß § 1435 Satz 3 BGB. Da die Vorschrift hingegen nicht auf § 1435 Satz 2 BGB verweist, besteht eine Verpflichtung zur Auskunft und Unterrichtung der Abkömmlinge grundsätzlich nicht. Sie kann sich allerdings – je nach den Umständen des Einzelfalls – aufgrund der Pflicht zur ordnungsmäßigen Verwaltung ergeben.

10 Der überlebende Ehegatte ist gemäß § 1422 Satz 1 HS. 1 BGB zu **Verfügungen über das Gesamtgut** berechtigt.

11 Gemäß den §§ 1423-1425 BGB unterliegen allerdings bestimmte Verfügungen des überlebenden Ehegatten dem **Vorbehalt einer Zustimmung** der Abkömmlinge. Eine Befreiung von den Beschränkungen der §§ 1423-1425 BGB im Ehevertrag ist nicht möglich (§ 1518 Satz 1 BGB).

12 Die Zustimmung muss von allen Abkömmlingen erteilt werden.

13 Ist der überlebende Ehegatte gesetzlicher Vertreter der Abkömmlinge, wird durch § 181 BGB nicht ausgeschlossen, dass er selbst für die Abkömmlinge die Erklärung abgibt (str.). In den Fällen des § 1821 BGB ist allerdings eine Genehmigung des Familiengerichts erforderlich (§ 1643 Abs. 1 BGB).

14 In den Fällen der §§ 1423, 1424 BGB kann die Zustimmung durch das Familiengericht ersetzt werden (§ 1426 BGB).

15 Abkömmlinge, die der Verfügung des überlebenden Ehegatten nicht zugestimmt haben, können das **Revokationsrecht** des § 1428 BGB geltend machen.

16 Der überlebende Ehegatte ist gemäß § 1422 Satz 1 HS. 1 BGB berechtigt, die zum Gesamtgut der fortgesetzten Gütergemeinschaft gehörenden Gegenstände in **Besitz** zu nehmen. Er genießt Besitzschutz auch gegenüber den Abkömmlingen, die nach der Inbesitznahme nur mittelbare Besitzer sind.

17 Gemäß § 1422 Satz 1 HS. 2 BGB führt der überlebende Ehegatte **Rechtsstreitigkeiten** (sowohl aktiv als auch passiv) im Hinblick auf das Gesamtgut im eigenen Namen. Es handelt sich um eine gesetzliche Prozessstandschaft. Für die Aufnahme bereits anhängiger Rechtsstreitigkeiten gilt § 239 ZPO.

18 Andere Vorschriften als die in Absatz 1 Halbsatz 1 genannten sind bei der fortgesetzten Gütergemeinschaft mit Rücksicht auf die Stellung der Abkömmlinge oder weil andere Vorschriften an ihre Stelle getreten sind nicht anwendbar

19 So verweist Absatz 1 etwa nicht auf § 1429 BGB. Den Abkömmlingen kommt daher kein Recht zur Alleinverwaltung in den dort bezeichneten Fällen der **Verhinderung des überlebenden Ehegatten** zu. Ggf. können die Abkömmlinge aber gemäß § 1495 Nr. 1 BGB zur Erhebung einer Aufhebungsklage berechtigt sein.

B. Kommentierung zu Absatz 2

I. Grundlagen

20 Absatz 2 schiebt – entsprechend der Parallelvorschrift des § 1446 Abs. 1 BGB – die Fälligkeit von Ansprüchen und Verbindlichkeiten zwischen dem überlebenden Ehegatten und dem Gesamtgut bis zur Beendigung der fortgesetzten Gütergemeinschaft hinaus.

II. Anwendungsvoraussetzungen

1. Fortgesetzte Gütergemeinschaft

21 Die Anwendung der Vorschrift setzt voraus, dass gemäß § 1483 Abs. 1 Satz 2 BGB fortgesetzte Gütergemeinschaft eingetreten ist.

2. Überlebender Ehegatte schuldet etwas zum Gesamtgut/hat etwas aus dem Gesamtgut zu fordern

22 Absatz 2 findet Anwendung, wenn der verwaltende Ehegatte etwas zum Gesamtgut schuldet oder etwas aus dem Gesamtgut zu fordern hat.

23 Die Vorschrift gilt zunächst im Hinblick auf die güterrechtlichen Ersatzpflichten und Ersatzansprüche. Darüber hinaus ist sie für alle übrigen schuldrechtlichen Verbindlichkeiten und Ansprüche, d.h. etwa auch für solche aus Darlehen und Delikt anzuwenden.

Nicht erfasst von der Vorschrift werden **dingliche** und **possessorische** Ansprüche und Verbindlichkeiten. 24

Absatz 2 gilt nur in Bezug auf Forderungen und Schulden des überlebenden Ehegatten. Für die Fälligkeit von Forderungen und Schulden der Abkömmlinge gelten die allgemeinen Vorschriften. 25

III. Rechtsfolgen

Was der überlebende Ehegatte zu dem Gesamtgut schuldet oder aus dem Gesamtgut zu fordern hat, ist erst nach der Beendigung der fortgesetzten Gütergemeinschaft zu leisten. Die Forderungen und Schulden sind somit erst nach Beendigung der fortgesetzten Gütergemeinschaft fällig. 26

§ 1488 BGB Gesamtgutsverbindlichkeiten

(Fassung vom 02.01.2002, gültig ab 01.01.2002)

Gesamtgutsverbindlichkeiten der fortgesetzten Gütergemeinschaft sind die Verbindlichkeiten des überlebenden Ehegatten sowie solche Verbindlichkeiten des verstorbenen Ehegatten, die Gesamtgutsverbindlichkeiten der ehelichen Gütergemeinschaft waren.

Gliederung

A. Grundlagen 1
B. Anwendungsvoraussetzungen 2
   I. Fortgesetzte Gütergemeinschaft 2
   II. Von der Vorschrift erfasste Verbindlichkeiten 3
   1. Verbindlichkeit des überlebenden Ehegatten (Alternative 1) 5
   2. Verbindlichkeit des verstorbenen Ehegatten, die Gesamtgutsverbindlichkeit der ehelichen Gütergemeinschaft war (Alternative 2) 8
C. Rechtsfolgen 11
D. Prozessuale Hinweise/Verfahrenshinweise 15

A. Grundlagen

1 Die Vorschrift bestimmt, welche Verbindlichkeiten Gesamtgutsverbindlichkeiten der fortgesetzten Gütergemeinschaft sind.

B. Anwendungsvoraussetzungen

I. Fortgesetzte Gütergemeinschaft

2 Die Vorschrift findet Anwendung, sofern gemäß § 1483 Abs. 1 Satz 2 BGB fortgesetzte Gütergemeinschaft eingetreten ist.

II. Von der Vorschrift erfasste Verbindlichkeiten

3 Die Vorschrift gilt im Hinblick auf Verbindlichkeiten des überlebenden Ehegatten sowie solche Verbindlichkeiten des verstorbenen Ehegatten, die Gesamtgutsverbindlichkeiten der ehelichen Gütergemeinschaft waren.

4 Nicht erfasst von der Vorschrift werden **Verbindlichkeiten der anteilsberechtigten Abkömmlinge**. Verbindlichkeiten der Abkömmlinge sind niemals Gesamtgutsverbindlichkeiten der fortgesetzten Gütergemeinschaft.

1. Verbindlichkeit des überlebenden Ehegatten (Alternative 1)

5 Von der Vorschrift erfasst werden zunächst sämtliche Verbindlichkeiten des überlebenden Ehegatten.

6 Es kommt diesbezüglich weder auf den Schuldgrund oder den Gegenstand der Verbindlichkeit noch darauf an, wann die Verbindlichkeit entstanden ist.

7 Erfasst werden auch die Verbindlichkeiten, die das Vorbehalts- und Sondergut des überlebenden Ehegatten betreffen. Ebenfalls erfasst ist die Unterhaltspflicht des überlebenden Ehegatten gegenüber seinen Abkömmlingen.

2. Verbindlichkeit des verstorbenen Ehegatten, die Gesamtgutsverbindlichkeit der ehelichen Gütergemeinschaft war (Alternative 2)

8 Von den Verbindlichkeiten des verstorbenen Ehegatten werden diejenigen erfasst, die nach Maßgabe der §§ 1437-1440, 1459-1462 BGB bereits während der ehelichen Gütergemeinschaft Gesamtgutsverbindlichkeiten waren.

9 Nicht erforderlich ist, dass die Verbindlichkeiten im Innenverhältnis der Ehegatten dem Gesamtgut zur Last fielen.

10 Für Verbindlichkeiten des verstorbenen Ehegatten, die während der ehelichen Gütergemeinschaft noch keine Gesamtgutsverbindlichkeiten waren, gilt die Vorschrift nicht. Beerbt jedoch der überlebende Ehegatte den verstorbenen Ehegatten, so werden wegen der Erbenhaftung nach § 1967 Abs. 1 BGB

alle vom verstorbenen Ehegatten herrührenden Verbindlichkeiten nach der 1. Alt. der Vorschrift Gesamtgutsverbindlichkeiten (was allerdings durch Ausschlagung der Erbschaft oder Beschränkung der Erbenhaftung verhindert werden kann).

C. Rechtsfolgen

Die Verbindlichkeiten des überlebenden Ehegatten sowie die Verbindlichkeiten des verstorbenen Ehegatten, die Gesamtgutsverbindlichkeiten der ehelichen Gütergemeinschaft waren, sind **Gesamtgutsverbindlichkeiten der fortgesetzten Gütergemeinschaft**. 11

Gesamtgutsverbindlichkeiten sind solche Verbindlichkeiten, wegen derer die Gläubiger Befriedigung aus dem Gesamtgut verlangen können (vgl. §§ 1437 Abs. 1, 1459 Abs. 1 BGB). 12

Für die Gesamtgutsverbindlichkeiten **haftet** der **überlebende Ehegatte persönlich** (§ 1489 BGB). 13

Die §§ 1499, 1500 BGB bestimmen, wem die Verbindlichkeit im Innenverhältnis zwischen dem überlebenden Ehegatten und den anteilsberechtigten Abkömmlingen zur Last fällt. 14

D. Prozessuale Hinweise/Verfahrenshinweise

Für eine **Zwangsvollstreckung** in das Gesamtgut ist ein gegen den überlebenden Ehegatten ergangenes Urteil erforderlich, aber auch genügend (§ 745 Abs. 1 ZPO). Nach Beendigung der fortgesetzten Gütergemeinschaft bedarf es eines zusätzlichen Duldungstitels gegen die anteilsberechtigten Abkömmlinge (§§ 745 Abs. 2, 743 ZPO). 15

Bei einem während der allgemeinen Gütergemeinschaft ergangenen Urteil gegen den allein verwaltenden Ehegatten ist gemäß § 744 ZPO nach dessen Tod eine **Umschreibung** auf den überlebenden Ehegatten möglich. 16

Ein Insolvenzverfahren gegen den überlebenden Ehegatten erfasst das gesamte Gesamtgut (§ 37 Abs. 3, Abs. 1 Satz 1 InsO). Von einem Insolvenzverfahren über das Vermögen eines der anteilsberechtigten Abkömmlinge wird das Gesamtgut hingegen nicht berührt (§ 37 Abs. 3, Abs. 1 Satz 3 InsO). Daneben besteht die Möglichkeit, ein Insolvenzverfahren nur über das Gesamtgut nach den Grundsätzen des Nachlassinsolvenzverfahrens (§§ 315-331 InsO) zu eröffnen (§ 332 Abs. 1 InsO). 17

§ 1489 BGB Persönliche Haftung für die Gesamtgutsverbindlichkeiten

(Fassung vom 02.01.2002, gültig ab 01.01.2002)

(1) Für die Gesamtgutsverbindlichkeiten der fortgesetzten Gütergemeinschaft haftet der überlebende Ehegatte persönlich.

(2) Soweit die persönliche Haftung den überlebenden Ehegatten nur infolge des Eintritts der fortgesetzten Gütergemeinschaft trifft, finden die für die Haftung des Erben für die Nachlassverbindlichkeiten geltenden Vorschriften entsprechende Anwendung; an die Stelle des Nachlasses tritt das Gesamtgut in dem Bestand, den es zur Zeit des Eintritts der fortgesetzten Gütergemeinschaft hat.

(3) Eine persönliche Haftung der anteilsberechtigten Abkömmlinge für die Verbindlichkeiten des verstorbenen oder des überlebenden Ehegatten wird durch die fortgesetzte Gütergemeinschaft nicht begründet.

Gliederung

A. Grundlagen 1	II. Gesamtgutsverbindlichkeiten 3
B. Anwendungsvoraussetzungen 2	C. Rechtsfolgen 4
I. Fortgesetzte Gütergemeinschaft 2	D. Prozessuale Hinweise/Verfahrenshinweise.... 17

A. Grundlagen

1 Absatz 1 bestimmt, dass der überlebende Ehegatte für alle Gesamtgutsverbindlichkeiten persönlich – also mit seinem Sonder- und Vorbehaltsgut – haftet. Absatz 2 gewährt dem überlebenden Ehegatten indes im Hinblick auf die Haftung nach Absatz 1 die Möglichkeit der Haftungsbeschränkung, wenn er ohne den Eintritt der fortgesetzten Gütergemeinschaft nicht persönlich gehaftet hätte. Absatz 3 bestimmt, dass eine persönliche Haftung der anteilsberechtigten Abkömmlinge für die Verbindlichkeiten des verstorbenen oder des überlebenden Ehegatten durch die fortgesetzte Gütergemeinschaft nicht begründet wird.

B. Anwendungsvoraussetzungen

I. Fortgesetzte Gütergemeinschaft

2 Die Vorschrift findet Anwendung, sofern gemäß § 1483 Abs. 1 Satz 2 BGB fortgesetzte Gütergemeinschaft eingetreten ist.

II. Gesamtgutsverbindlichkeiten

3 Die Vorschrift findet im Hinblick auf Gesamtgutsverbindlichkeiten der fortgesetzten Gütergemeinschaft Anwendung. Welche Verbindlichkeiten Gesamtgutsverbindlichkeiten der fortgesetzten Gütergemeinschaft sind, bestimmt sich gemäß § 1488 BGB.

C. Rechtsfolgen

4 Für die Gesamtgutsverbindlichkeiten der fortgesetzten Gütergemeinschaft **haftet** der **überlebende Ehegatte persönlich** (**Absatz 1**).

5 Aufgrund der persönlichen Haftung haftet der überlebende Ehegatte für die Gesamtgutsverbindlichkeiten mit seinem Sonder- und Vorbehaltsgut.

6 Anders als bei den §§ 1437 Abs. 2 Satz 2, 1459 Abs. 2 Satz 2 BGB endet diese Haftung mangels einer entsprechenden Regelung nicht mit der Beendigung der fortgesetzten Gütergemeinschaft.

7 Haftet der überlebende Ehegatte für Gesamtgutsverbindlichkeiten **nur infolge** des Eintritts der **fortgesetzten Gütergemeinschaft** persönlich, finden die für die Haftung des Erben für die Nachlassverbindlichkeiten geltenden Vorschriften entsprechende Anwendung (**Absatz 2 Halbsatz 1**). An die Stelle des in diesen Vorschriften genannten Nachlasses tritt das Gesamtgut in dem Bestand, den es zur Zeit des Eintritts der fortgesetzten Gütergemeinschaft hat (**Absatz 2 Halbsatz 2**).

Der überlebende Ehegatte haftet nur infolge des Eintritts der fortgesetzten Gütergemeinschaft für Gesamtgutsverbindlichkeiten persönlich, wenn er für eine jetzige Gesamtgutsverbindlichkeit vor Beendigung der ehelichen Gütergemeinschaft nicht persönlich gehaftet hat oder wenn seine persönliche Haftung ohne Fortsetzung der Gütergemeinschaft gemäß den §§ 1437 Abs. 2 Satz 2, 1459 Abs. 2 Satz 2 BGB weggefallen wäre. Für Verbindlichkeiten, für die der überlebende Ehegatte auch ohne Eintritt der fortgesetzten Gütergemeinschaft persönlich haften würde, gilt Absatz 2 nicht. 8

Bei Vorliegen der Voraussetzung des Absatzes 2 kann der überlebende Ehegatte somit seine **Haftung auf das Gesamtgut beschränken**. 9

Zum **Gesamtgut** gehören auch etwaige Surrogate i.S.d. § 1473 Abs. 1 BGB und etwaige Ersatzansprüche. 10

Das den einseitigen Abkömmlingen nach § 1483 Abs. 2 BGB Zustehende ist vom Gesamtgut in Abzug zu bringen (§ 1485 Abs. 1 HS. 1 BGB). 11

Da auf den Bestand des Gesamtguts zum Zeitpunkt des Eintritts der fortgesetzten Gütergemeinschaft abzustellen ist, bleibt ein späterer Zuerwerb (§ 1485 Abs. 1 HS. 2 BGB) unberücksichtigt. 12

Mittel der Haftungsbeschränkung sind die Gesamtgutsverwaltung (§§ 1975, 1981-1988 BGB), die Gesamtgutsinsolvenz (§ 1975 BGB, §§ 332, 315-331 InsO), die Erschöpfungseinrede (§ 1989 BGB), die Dürftigkeitseinrede (§§ 1990, 1991 BGB), die aufschiebenden Einreden aus den §§ 2014, 2015 BGB sowie das Aufgebot der Gesamtgutsgläubiger (§§ 1970-1974 BGB, § 1001 ZPO). 13

Gemäß den §§ 2005, 2006 BGB kann ein Verlust der Haftungsbeschränkung eintreten. 14

Eine persönliche Haftung der anteilsberechtigten Abkömmlinge für die Verbindlichkeiten des verstorbenen oder des überlebenden Ehegatten wird durch die fortgesetzte Gütergemeinschaft nicht begründet (**Absatz 3**). 15

Eine persönliche Haftung aus anderen Gründen – etwa aufgrund einer Bürgschaft – wird durch die Vorschrift allerdings nicht ausgeschlossen. 16

D. Prozessuale Hinweise/Verfahrenshinweise

Die Beschränkung der Haftung nach Absatz 2 ist gemäß § 305 Abs. 2 ZPO im Urteil vorzubehalten. In der Zwangsvollstreckung ist die Beschränkung der Haftung gemäß § 786 ZPO geltend zu machen. 17

§ 1490 BGB Tod eines Abkömmlings

(Fassung vom 02.01.2002, gültig ab 01.01.2002)

¹Stirbt ein anteilsberechtigter Abkömmling, so gehört sein Anteil an dem Gesamtgut nicht zu seinem Nachlass. ²Hinterlässt er Abkömmlinge, die anteilsberechtigt sein würden, wenn er den verstorbenen Ehegatten nicht überlebt hätte, so treten die Abkömmlinge an seine Stelle. ³Hinterlässt er solche Abkömmlinge nicht, so wächst sein Anteil den übrigen anteilsberechtigten Abkömmlingen und, wenn solche nicht vorhanden sind, dem überlebenden Ehegatten an.

Gliederung

A. Grundlagen 1	II. Anteilsberechtigter Abkömmling stirbt 4
B. Anwendungsvoraussetzungen 2	C. Rechtsfolgen 5
I. Fortgesetzte Gütergemeinschaft 2	

A. Grundlagen

1   Satz 1 stellt die Anteile der Abkömmlinge am Gesamtgut entsprechend dem Grundgedanken der fortgesetzten Gütergemeinschaft, das Vermögen innerhalb der Familie zu erhalten, während des Bestehens der fortgesetzten Gütergemeinschaft unvererblich. Satz 2 regelt die Folgen des Todes eines an der fortgesetzten Gütergemeinschaft beteiligten Abkömmlings, der eigene Abkömmlinge hinterlässt, die anteilsberechtigt sein würden, wenn der verstorbene Abkömmling den verstorbenen Ehegatten nicht überlebt hätte. Satz 3 regelt die Folgen des Todes eines an der fortgesetzten Gütergemeinschaft beteiligten Abkömmlings, der keine solchen Abkömmlinge hinterlässt.

B. Anwendungsvoraussetzungen

I. Fortgesetzte Gütergemeinschaft

2   Die Anwendung der Vorschrift setzt voraus, dass gemäß § 1483 Abs. 1 Satz 2 BGB fortgesetzte Gütergemeinschaft eingetreten, aber noch nicht beendet ist.

3   Verstirbt ein Abkömmling nach Beendigung der fortgesetzten Gütergemeinschaft, so ist der Anteil des Verstorbenen an der dann bestehenden Auseinandersetzungsgemeinschaft (vgl. § 1497 Abs. 1 BGB) nach den allgemeinen Grundsätzen vererblich.

II. Anteilsberechtigter Abkömmling stirbt

4   Die Vorschrift findet im Falle des Todes eines anteilsberechtigten Abkömmlings Anwendung.

C. Rechtsfolgen

5   Der **Anteil** des verstorbenen Abkömmlings am Gesamtgut gehört **nicht** zu seinem **Nachlass** (Satz 1). Der Abkömmling konnte zu Lebzeiten auch nicht **letztwillig** über seinen Anteil **verfügen**.

6   Es bestehen diesbezüglich auch keine Pflichtteilsansprüche.

7   Der Anteil des verstorbenen Abkömmlings fällt vielmehr gemäß § 1490 Satz 2 BGB kraft Gesetzes dessen **Abkömmlingen** zu, die anteilsberechtigt sein würden, wenn der verstorbene Abkömmling den verstorbenen Ehegatten nicht überlebt hätte. In Ermangelung solcher Abkömmlinge wächst der Anteil gemäß § 1490 Satz 3 BGB den übrigen anteilsberechtigten Abkömmlingen oder dem überlebenden Ehegatten an.

8   Abkömmlinge des verstorbenen Abkömmlings, die anteilsberechtigt sein würden, wenn der verstorbene Abkömmling den verstorbenen Ehegatten nicht überlebt hätte, treten an dessen Stelle (Satz 2). Die fortgesetzte Gütergemeinschaft wird dann mit den Abkömmlingen des verstorbenen Abkömmlings fortgesetzt.

9   Für die Anwendung des Satzes 2 bedarf es mithin solcher Abkömmlinge, die im Falle der gesetzlichen Erbfolge als seine Erben berufen wären und die nicht nach den §§ 1491, 1506, 1511, 1517 BGB von der fortgesetzten Gütergemeinschaft ausgeschlossen sind. Von Satz 2 erfasst werden auch solche Ab-

kömmlinge, die erst nach dem Tod des verstorbenen Ehegatten erzeugt oder geboren wurden. Es wird insoweit fingiert, dass der verstorbene Ehegatte erst zum Zeitpunkt des Todes des Abkömmlings verstorben ist.

Der Übergang des Anteils erfolgt kraft Gesetzes ohne besondere Übertragungsakte hinsichtlich der gesamthänderisch gebundenen Vermögensbestandteile. 10

Im Grundbuch ist nur eine Berichtigung erforderlich (vgl. § 22 GBO). 11

Stirbt der anteilsberechtigte Abkömmling **ohne Hinterlassung von Abkömmlingen** i.S.d. Satzes 2, wächst der Anteil des verstorbenen Abkömmlings den übrigen anteilsberechtigten Abkömmlingen des verstorbenen Ehegatten an (Satz 3 Halbsatz 1). 12

Die Anwachsung erfolgt gemäß § 1503 Abs. 1 BGB nach dem Verhältnis, in welchem die Abkömmlinge im Falle gesetzlicher Erbfolge zu Erben des verstorbenen Ehegatten berufen gewesen wären. 13

Die Anwachsung erfolgt ebenfalls kraft Gesetzes – d.h. ohne besondere Übertragungsakte – und mit dinglicher Wirkung. 14

Im Grundbuch ist auch hier nur eine Berichtigung erforderlich (vgl. § 22 GBO). 15

Sind andere anteilsberechtigte Abkömmlinge des verstorbenen Ehegatten nicht vorhanden, wächst der Anteil des verstorbenen Abkömmlings dem überlebenden Ehegatten an (Satz 3 Halbsatz 2). In diesem Fall wird die fortgesetzte Gütergemeinschaft ohne besondere Auseinandersetzung beendet. 16

§ 1491 BGB Verzicht eines Abkömmlings

(Fassung vom 17.12.2008, gültig ab 01.09.2009)

(1) ¹Ein anteilsberechtigter Abkömmling kann auf seinen Anteil an dem Gesamtgut verzichten. ²Der Verzicht erfolgt durch Erklärung gegenüber dem für den Nachlass des verstorbenen Ehegatten zuständigen Gericht; die Erklärung ist in öffentlich beglaubigter Form abzugeben. ³Das Nachlassgericht soll die Erklärung dem überlebenden Ehegatten und den übrigen anteilsberechtigten Abkömmlingen mitteilen.

(2) ¹Der Verzicht kann auch durch Vertrag mit dem überlebenden Ehegatten und den Übrigen anteilsberechtigten Abkömmlingen erfolgen. ²Der Vertrag bedarf der notariellen Beurkundung.

(3) ¹Steht der Abkömmling unter elterlicher Sorge oder unter Vormundschaft, so ist zu dem Verzicht die Genehmigung des Familiengerichts erforderlich. ²Bei einem Verzicht durch den Betreuer des Abkömmlings ist die Genehmigung des Betreuungsgerichts erforderlich.

(4) Der Verzicht hat die gleichen Wirkungen, wie wenn der Verzichtende zur Zeit des Verzichts ohne Hinterlassung von Abkömmlingen gestorben wäre.

Gliederung

A. Grundlagen 1	C. Rechtsfolgen 14
B. Anwendungsvoraussetzungen 3	D. Prozessuale Hinweise/Verfahrenshinweise.... 18
I. Fortgesetzte Gütergemeinschaft 3	
II. Anteilsberechtigter Abkömmling verzichtet auf seinen Anteil an dem Gesamtgut 6	

A. Grundlagen

1 Die Vorschrift behandelt den Verzicht eines anteilsberechtigten Abkömmlings auf seinen Anteil am Gesamtgut nach Eintritt der fortgesetzten Gütergemeinschaft.

2 Die Vorschrift kann gemäß § 1518 Satz 1 BGB von den Ehegatten **nicht abbedungen** werden (str.).

B. Anwendungsvoraussetzungen

I. Fortgesetzte Gütergemeinschaft

3 Die Anwendung der Vorschrift setzt voraus, dass gemäß § 1483 Abs. 1 Satz 2 BGB fortgesetzte Gütergemeinschaft eingetreten ist.

4 Vor Eintritt der fortgesetzten Gütergemeinschaft ist ein Verzicht des Abkömmlings nach Maßgabe des § 1517 BGB zulässig.

5 Nach Beendigung der fortgesetzten Gütergemeinschaft kann ein Verzicht noch bis zur Beendigung der Auseinandersetzung erfolgen.

II. Anteilsberechtigter Abkömmling verzichtet auf seinen Anteil an dem Gesamtgut

6 **Absatz 1 Satz 1** ermöglicht es einem anteilsberechtigten Abkömmling, auf seinen Anteil an dem Gesamtgut zu verzichten.

7 Der Verzicht muss sich auf den gesamten Anteil beziehen. Ein **Teilverzicht** ist unzulässig.

8 Im Hinblick auf die **Verzichtserklärung** finden die allgemeinen Vorschriften über Willenserklärungen – so etwa die Vorschriften zur Anfechtung (vgl. die §§ 119, 123 BGB) – Anwendung.

9 Der Verzicht erfolgt gemäß **Absatz 1 Satz 2** Halbsatz 1 durch Erklärung gegenüber dem nach § 343 FamFG für den Nachlass des verstorbenen Ehegatten zuständigen Gericht. Die Erklärung muss in **öffentlich beglaubigter Form** (§ 129 BGB) abgegeben werden (Absatz 1 Satz 2 Halbsatz 2).

10 Der Verzicht kann durch einen **Bevollmächtigten** erklärt werden.

11 Der Verzicht kann auch durch **Vertrag** mit dem überlebenden Ehegatten und den übrigen anteilsberechtigten Abkömmlingen erfolgen (**Absatz 2 Satz 1**). Ein solcher Verzichtsvertrag bedarf nach **Absatz 2 Satz 2** der **notariellen Beurkundung** (§ 128 BGB).

Steht der Abkömmling unter **elterlicher Sorge** oder unter **Vormundschaft**, so ist zu dem Verzicht die Genehmigung des Familiengerichts erforderlich (**Absatz 3 Satz 1**). Bei einem Verzicht durch einen **Betreuer** (vgl. § 1896 BGB) des Abkömmlings ist die Genehmigung des Betreuungsgerichts erforderlich (**Absatz 3 Satz 2**). 12

Der Verzicht kann von einer Gegenleistung abhängig gemacht werden (vgl. § 1501 Abs. 1 BGB).[1] Im Falle der Vereinbarung eines entgeltlichen Verzichts liegt ein Abfindungsvertrag vor, auf den Absatz 2 der Vorschrift und somit das Formgebot der notariellen Beurkundung anzuwenden ist. 13

C. Rechtsfolgen

Der Verzicht des anteilsberechtigten Abkömmlings hat die gleichen **Wirkungen**, wie wenn der Verzichtende zur Zeit des Verzichts ohne Hinterlassung von Abkömmlingen gestorben wäre (**Absatz 4**). 14

Der Verzicht des Abkömmlings erstreckt sich somit auch auf dessen Abkömmlinge. 15

Die weitere Folge für die fortgesetzte Gütergemeinschaft ergibt sich aus § 1490 Satz 3 BGB. Der Anteil des Verzichtenden wächst kraft Gesetzes den übrigen an der fortgesetzten Gütergemeinschaft beteiligten Abkömmlingen an. Sind solche anteilsberechtigten Abkömmlinge nicht mehr vorhanden, so wächst der Anteil dem überlebenden Ehegatten an. In letzterem Fall endet die fortgesetzte Gütergemeinschaft. 16

Verzichten alle anteilsberechtigten Abkömmlinge, so wachsen sämtliche Anteile dem überlebenden Ehegatten mit der Folge der Beendigung der fortgesetzten Gütergemeinschaft an. 17

D. Prozessuale Hinweise/Verfahrenshinweise

Erfolgt der Verzicht nach Absatz 1, d.h. durch Erklärung gegenüber dem für den Nachlass des verstorbenen Ehegatten zuständigen Gericht, soll das Nachlassgericht die Erklärung dem überlebenden Ehegatten und den übrigen anteilsberechtigten Abkömmlingen mitteilen (**Absatz 1 Satz 3**). Es handelt sich hierbei indes um eine bloße Ordnungsvorschrift, deren Nichteinhaltung keine Auswirkungen auf die Wirksamkeit des Verzichts hat. 18

---

[1] Vgl. RG v. 04.01.1911 - V 373/10 - RGZ 75, 259-271.

§ 1492 BGB Aufhebung durch den überlebenden Ehegatten

(Fassung vom 17.12.2008, gültig ab 01.09.2009)

(1) ¹Der überlebende Ehegatte kann die fortgesetzte Gütergemeinschaft jederzeit aufheben. ²Die Aufhebung erfolgt durch Erklärung gegenüber dem für den Nachlass des verstorbenen Ehegatten zuständigen Gericht; die Erklärung ist in öffentlich beglaubigter Form abzugeben. ³Das Nachlassgericht soll die Erklärung den anteilsberechtigten Abkömmlingen und, wenn der überlebende Ehegatte gesetzlicher Vertreter eines der Abkömmlinge ist, dem Familiengericht, wenn eine Betreuung besteht, dem Betreuungsgericht mitteilen.

(2) ¹Die Aufhebung kann auch durch Vertrag zwischen dem überlebenden Ehegatten und den anteilsberechtigten Abkömmlingen erfolgen. ²Der Vertrag bedarf der notariellen Beurkundung.

(3) ¹Steht der überlebende Ehegatte unter elterlicher Sorge oder unter Vormundschaft, so ist zu der Aufhebung die Genehmigung des Familiengerichts erforderlich. ²Bei einer Aufhebung durch den Betreuer des überlebenden Ehegatten ist die Genehmigung des Betreuungsgerichts erforderlich.

Gliederung

A. Grundlagen ... 1	II. Überlebender Ehegatte hebt die fortgesetzte Gütergemeinschaft auf ... 4
B. Anwendungsvoraussetzungen ... 3	C. Rechtsfolgen ... 11
I. Fortgesetzte Gütergemeinschaft ... 3	D. Prozessuale Hinweise/Verfahrenshinweise ... 14

A. Grundlagen

1 Die Vorschrift behandelt die Aufhebung der fortgesetzten Gütergemeinschaft durch den überlebenden Ehegatten. Zu einer solchen Aufhebung ist der überlebende Ehegatte grundsätzlich jederzeit mit Wirkung für die Zukunft berechtigt.

2 Vom Recht des überlebenden Ehegatten auf Aufhebung der bestehenden fortgesetzten Gütergemeinschaft ist dessen Recht nach § 1484 Abs. 1 BGB zu unterscheiden, die fortgesetzte Gütergemeinschaft von Anfang an abzulehnen.

B. Anwendungsvoraussetzungen

I. Fortgesetzte Gütergemeinschaft

3 Die Anwendung der Vorschrift setzt voraus, dass gemäß § 1483 Abs. 1 Satz 2 BGB fortgesetzte Gütergemeinschaft eingetreten ist.

II. Überlebender Ehegatte hebt die fortgesetzte Gütergemeinschaft auf

4 **Absatz 1 Satz 1** der Vorschrift ermöglicht es dem überlebenden Ehegatten, die fortgesetzte Gütergemeinschaft aufzuheben.

5 Die Aufhebung der Gütergemeinschaft kann nur mit Wirkung gegenüber allen anteilsberechtigten Abkömmlingen erfolgen; eine Aufhebung bezüglich lediglich einzelner Abkömmlinge ist nicht zulässig.

6 Die Aufhebung erfolgt durch Erklärung gegenüber dem nach § 343 FamFG für den Nachlass des verstorbenen Ehegatten zuständigen Gericht (**Absatz 1 Satz 2 Halbsatz 1**). Die Erklärung muss in **öffentlich beglaubigter Form** (§ 129 BGB) abgegeben werden (Absatz 1 Satz 2 Halbsatz 2).

7 Die Aufhebungserklärung kann durch einen **Bevollmächtigten** abgegeben werden.

8 Die Aufhebung kann auch durch **Vertrag** zwischen dem überlebenden Ehegatten und den übrigen anteilsberechtigten Abkömmlingen erfolgen (**Absatz 2 Satz 1**). Ein solcher Aufhebungsvertrag bedarf nach **Absatz 2 Satz 2** der notariellen Beurkundung (§ 128 BGB).

9 Steht der überlebende Ehegatte unter **elterlicher Sorge** oder unter **Vormundschaft**, so ist zu der Aufhebung die Genehmigung des Familiengerichts erforderlich (**Absatz 3 Satz 1**). Bei einer Aufhebung

durch einen **Betreuer** (vgl. § 1896 BGB) des Abkömmlings ist die Genehmigung des Betreuungsgerichts erforderlich (**Absatz 3 Satz 2**).

Eine **Pflicht zur Aufhebung** kann sich gemäß § 1493 Abs. 2 Satz 1 BGB im Falle einer **Wiederverheiratungsabsicht** des überlebenden Ehegatten ergeben. 10

C. Rechtsfolgen

Die Aufhebung **beendet** die **fortgesetzte Gütergemeinschaft** mit Wirkung für die Zukunft. Der Aufhebung kommt keine Rückwirkung in der Form zu, dass die fortgesetzte Gütergemeinschaft nachträglich wieder entfällt.[1] 11

Gemäß § 1497 Abs. 1 BGB hat eine Auseinandersetzung über das Gesamtgut zu erfolgen. 12

Nach Aufhebung der fortgesetzten Gütergemeinschaft kann diese nicht wiederhergestellt werden. 13

D. Prozessuale Hinweise/Verfahrenshinweise

Erfolgt die Aufhebung nach Absatz 1, d.h. durch Erklärung gegenüber dem für den Nachlass des verstorbenen Ehegatten zuständigen Gericht, soll das Nachlassgericht die Erklärung den anteilsberechtigten Abkömmlingen und, wenn der überlebende Ehegatte gesetzlicher Vertreter eines der Abkömmlinge ist, dem Familiengericht mitteilen (**Absatz 1 Satz 3**). Es handelt sich hierbei indes um eine bloße Ordnungsvorschrift, deren Nichteinhaltung keine Auswirkungen auf die Wirksamkeit der Aufhebung hat. 14

---

[1] OLG München v. 26.05.2011 - 31 Wx 52/11 - juris Rn. 20 - FamRZ 2012, 229-232.

§ 1493 BGB Wiederverheiratung oder Begründung einer Lebenspartnerschaft des überlebenden Ehegatten

(Fassung vom 30.07.2009, gültig ab 01.09.2009)

(1) Die fortgesetzte Gütergemeinschaft endet, wenn der überlebende Ehegatte wieder heiratet oder eine Lebenspartnerschaft begründet.

(2) ¹Der überlebende Ehegatte hat, wenn ein anteilsberechtigter Abkömmling minderjährig ist, die Absicht der Wiederverheiratung dem Familiengericht anzuzeigen, ein Verzeichnis des Gesamtguts einzureichen, die Gütergemeinschaft aufzuheben und die Auseinandersetzung herbeizuführen. ²Das Familiengericht kann gestatten, dass die Aufhebung der Gütergemeinschaft bis zur Eheschließung unterbleibt und dass die Auseinandersetzung erst später erfolgt. ³Die Sätze 1 und 2 gelten auch, wenn die Sorge für das Vermögen eines anteilsberechtigten Abkömmlings zum Aufgabenkreis eines Betreuers gehört; in diesem Fall tritt an die Stelle des Familiengerichts das Betreuungsgericht.

(3) Das Standesamt, bei dem die Eheschließung angemeldet worden ist, teilt dem Familiengericht die Anmeldung mit.

Gliederung

A. Kommentierung zu Absatz 1 1	II. Anwendungsvoraussetzungen 10
I. Grundlagen 1	1. Fortgesetzte Gütergemeinschaft 10
II. Anwendungsvoraussetzungen 3	2. Anteilsberechtigter Abkömmling ist minderjährig/Sorge für das Vermögen eines anteilsberechtigten Abkömmlings gehört zum Aufgabenkreis eines Betreuers 12
1. Fortgesetzte Gütergemeinschaft 3	
2. Überlebender Ehegatte heiratet/begründet eine Lebenspartnerschaft 4	
III. Rechtsfolgen 6	3. Überlebender Ehegatte beabsichtigt Wiederverheiratung 13
B. Kommentierung zu Absatz 2 9	
I. Grundlagen 9	III. Rechtsfolgen 14

A. Kommentierung zu Absatz 1

I. Grundlagen

1   Absatz 1 bestimmt, dass die die fortgesetzte Gütergemeinschaft mit der Wiederverheiratung des überlebenden Ehegatten oder dessen Begründung einer Lebenspartnerschaft endet.

2   Die Vorschrift kann von den Ehegatten **nicht abbedungen** werden (§ 1518 Satz 1 BGB).

II. Anwendungsvoraussetzungen

1. Fortgesetzte Gütergemeinschaft

3   Die Anwendung der Vorschrift setzt voraus, dass gemäß § 1483 Abs. 1 Satz 2 BGB fortgesetzte Gütergemeinschaft eingetreten ist.

2. Überlebender Ehegatte heiratet/begründet eine Lebenspartnerschaft

4   Absatz 1 findet Anwendung, wenn der überlebende Ehegatte erneut heiratet.

5   Die Vorschrift findet ebenfalls Anwendung, sofern der überlebende Ehegatte eine Lebenspartnerschaft gleichgeschlechtlicher Lebenspartner nach dem LPartG begründet.

III. Rechtsfolgen

6   Die **fortgesetzte Gütergemeinschaft endet** von Gesetzes wegen.

7   Gemäß § 1497 Abs. 1 BGB hat eine **Auseinandersetzung** über das Gesamtgut zu erfolgen.

8   Die fortgesetzte Gütergemeinschaft wird auch nicht wieder hergestellt, wenn die Ehe später geschieden (vgl. § 1564 BGB) oder nach § 1313 BGB aufgehoben wird.[1]

B. Kommentierung zu Absatz 2

I. Grundlagen

Absatz 2 erlegt dem überlebenden Ehegatten besondere Pflichten auf, sofern er eine Wiederverheiratung beabsichtigt. Sie dient dem Schutz der minderjährigen oder unter Betreuung mit Wirkungskreis Vermögenssorge stehenden anteilsberechtigten Abkömmlinge.

9

II. Anwendungsvoraussetzungen

1. Fortgesetzte Gütergemeinschaft

Die Anwendung der Vorschrift setzt voraus, dass gemäß § 1483 Abs. 1 Satz 2 BGB fortgesetzte Gütergemeinschaft eingetreten ist.

10

Die Vorschrift findet grundsätzlich auch dann noch (jedenfalls entsprechende) Anwendung, wenn die fortgesetzte Gütergemeinschaft **beendet**, die Auseinandersetzung aber noch nicht abgeschlossen ist. Die Pflicht zur Aufhebung der Gütergemeinschaft ist dann allerdings gegenstandslos.

11

2. Anteilsberechtigter Abkömmling ist minderjährig/Sorge für das Vermögen eines anteilsberechtigten Abkömmlings gehört zum Aufgabenkreis eines Betreuers

Die Anwendung der Vorschrift setzt zudem voraus, dass ein anteilsberechtigter Abkömmling minderjährig ist (Absatz 2 Satz 1) oder die Sorge für das Vermögen eines anteilsberechtigten Abkömmlings zum Aufgabenkreis eines Betreuers gehört (Absatz 2 Satz 3).

12

3. Überlebender Ehegatte beabsichtigt Wiederverheiratung

Der überlebende Ehegatte muss eine erneute Heirat beabsichtigen.

13

III. Rechtsfolgen

Der überlebende Ehegatte hat die Absicht der Wiederverheiratung dem Familiengericht (bzw. im Fall des Absatzes 2 Satz 3 dem Betreuungsgericht) anzuzeigen, ein Verzeichnis des Gesamtguts einzureichen, die Gütergemeinschaft aufzuheben und die Auseinandersetzung herbeizuführen (Absatz 2 Satz 1).

14

Das **Verzeichnis des Gesamtguts** muss eine vollständige Übersicht über die Vermögensstücke und Verbindlichkeiten enthalten (im Hinblick auf die Verbindlichkeiten str.).[2] Die Vorlage von Belegen oder eines Rechenschaftsberichts ist hingegen entbehrlich.[3] Ebenso wenig ist der Ehegatte zur Abgabe einer eidesstattlichen Versicherung verpflichtet.

15

Die **Aufhebung der Gütergemeinschaft** erfolgt gemäß § 1492 BGB.

16

Das Familiengericht (bzw. im Fall des Absatzes 2 Satz 3 das Betreuungsgericht) kann gestatten, dass die Aufhebung der Gütergemeinschaft bis zur Eheschließung unterbleibt und dass die Auseinandersetzung erst später erfolgt (Absatz 2 Satz 2). Die Beendigung der fortgesetzten Gütergemeinschaft tritt dann erst mit der Wiederverheiratung ein (§ 1493 Abs. 1 BGB).

17

---

[1] Jeweils zur Aufhebung: *Brudermüller* in: Palandt, § 1493 Rn. 1; *Kanzleiter* in: MünchKomm-BGB, § 1493 Rn. 2.
[2] *Kanzleiter* in: MünchKomm-BGB, § 1493 Rn. 3.
[3] *Kanzleiter* in: MünchKomm-BGB, § 1493 Rn. 3.

§ 1494 BGB Tod des überlebenden Ehegatten

(Fassung vom 02.01.2002, gültig ab 01.01.2002)

(1) Die fortgesetzte Gütergemeinschaft endet mit dem Tode des überlebenden Ehegatten.

(2) Wird der überlebende Ehegatte für tot erklärt oder wird seine Todeszeit nach den Vorschriften des Verschollenheitsgesetzes festgestellt, so endet die fortgesetzte Gütergemeinschaft mit dem Zeitpunkt, der als Zeitpunkt des Todes gilt.

Gliederung

A. Grundlagen 1
B. Anwendungsvoraussetzungen 3
  I. Fortgesetzte Gütergemeinschaft 3
  II. Überlebender Ehegatte verstirbt/wird für tot erklärt/Todeszeit des überlebenden Ehegatten wird nach den Vorschriften des Verschollenheitsgesetzes festgestellt 4
C. Rechtsfolgen 9

A. Grundlagen

1   Gemäß Absatz 1 endet die fortgesetzte Gütergemeinschaft mit dem Tod des überlebenden Ehegatten. Absatz 2 regelt die Folgen für den Fall, dass der überlebende Ehegatte für tot erklärt oder seine Todeszeit nach den Vorschriften des VerschG festgestellt wird.

2   Die Vorschrift kann von den Ehegatten **nicht abbedungen** werden (§ 1518 Satz 1 BGB).

B. Anwendungsvoraussetzungen

I. Fortgesetzte Gütergemeinschaft

3   Die Anwendung der Vorschrift setzt voraus, dass gemäß § 1483 Abs. 1 Satz 2 BGB fortgesetzte Gütergemeinschaft eingetreten ist.

II. Überlebender Ehegatte verstirbt/wird für tot erklärt/Todeszeit des überlebenden Ehegatten wird nach den Vorschriften des Verschollenheitsgesetzes festgestellt

4   Absatz 1 findet im Falle des **Todes** des überlebenden Ehegatten Anwendung.

5   Der **Tod eines anteilsberechtigten Abkömmlings** beendet die fortgesetzte Gütergemeinschaft nur dann, wenn der verstorbene Abkömmling der einzige oder der letzte an der fortgesetzten Gütergemeinschaft beteiligte Abkömmling war und er selbst keine Abkömmlinge hat, die anteilsberechtigt sein würden, wenn er den verstorbenen Ehegatten nicht überlebt hätte (vgl. § 1490 BGB).

6   Absatz 2 findet Anwendung, wenn der überlebende Ehegatte für **tot erklärt** (§§ 9, 23 VerschG) oder seine Todeszeit nach den §§ 39-44 VerschG festgestellt wird.

7   Absatz 2 gilt auch dann, wenn der Ehegatte in Wahrheit noch **lebt**.[1] Wird der Beschluss über die Todeserklärung allerdings später gemäß § 30 VerschG **aufgehoben**, so werden damit deren Wirkungen rückwirkend beseitigt.[2]

8   Keine Anwendung findet die Vorschrift im Falle einer zu Unrecht ausgestellten **Sterbeurkunde**.

C. Rechtsfolgen

9   Die **fortgesetzte Gütergemeinschaft endet** kraft Gesetzes mit dem Tode des Überlebenden (Absatz 1) bzw. mit dem Zeitpunkt, der gemäß der Todeserklärung bzw. der Feststellung des Todeszeitpunkts als Zeitpunkt des Todes gilt (Absatz 2).

10   Gemäß § 1497 Abs. 1 BGB hat eine **Auseinandersetzung** über das Gesamtgut zu erfolgen. Der Anteil des Ehegatten am Gesamtgut gehört zu seinem Nachlass. Die Auseinandersetzung erfolgt mithin zwischen den Erben des letztverstorbenen Ehegatten und den am Gesamtgut beteiligten Abkömmlingen.

---

[1] *Kanzleiter* in: MünchKomm-BGB, § 1494 Rn. 3.
[2] *Brudermüller* in: Palandt, § 1494 Rn. 1; a.A. *Kanzleiter* in: MünchKomm-BGB, § 1494 Rn. 3.

§ 1495 BGB Aufhebungsklage eines Abkömmlings

(Fassung vom 02.01.2002, gültig ab 01.01.2002)

Ein anteilsberechtigter Abkömmling kann gegen den überlebenden Ehegatten auf Aufhebung der fortgesetzten Gütergemeinschaft klagen,

1. wenn seine Rechte für die Zukunft dadurch erheblich gefährdet werden können, dass der überlebende Ehegatte zur Verwaltung des Gesamtguts unfähig ist oder sein Recht, das Gesamtgut zu verwalten, missbraucht,
2. wenn der überlebende Ehegatte seine Verpflichtung, dem Abkömmling Unterhalt zu gewähren, verletzt hat und für die Zukunft eine erhebliche Gefährdung des Unterhalts zu besorgen ist,
3. wenn die Verwaltung des Gesamtguts in den Aufgabenkreis des Betreuers des überlebenden Ehegatten fällt,
4. wenn der überlebende Ehegatte die elterliche Sorge für den Abkömmling verwirkt hat oder, falls sie ihm zugestanden hätte, verwirkt haben würde.

Gliederung

A. Grundlagen 1	3. Verwaltung des Gesamtguts fällt in den Aufgabenkreis des Betreuers des überlebenden Ehegatten (Nr. 3) 13
B. Anwendungsvoraussetzungen 3	
I. Fortgesetzte Gütergemeinschaft 3	
II. Grund aus dem Katalog der Nr. 1-4 4	4. Überlebender Ehegatte hat die elterliche Sorge für einen anteilsberechtigten Abkömmling verwirkt/würde diese verwirkt haben, wenn sie ihm zugestanden hätte (Nr. 4) 17
1. Unfähigkeit/Missbrauch des überlebenden Ehegatten (Nr. 1) 5	
2. Verletzung der Unterhaltspflicht durch den überlebenden Ehegatten (Nr. 2) 9	C. Rechtsfolgen 19
	D. Prozessuale Hinweise/Verfahrenshinweise 22

A. Grundlagen

Anders als der überlebende Ehegatte nach § 1492 BGB sind die anteilsberechtigten Abkömmlinge nicht zu einer jederzeitigen Aufhebung der Gütergemeinschaft berechtigt. Die Vorschrift gewährt den anteilsberechtigten Abkömmlingen aus diesem Grund zu ihrem Schutz in bestimmten Fällen der Gefährdung ihrer Rechte das Recht, auf Aufhebung der fortgesetzten Gütergemeinschaft zu klagen. 1

Die Vorschrift kann von den Ehegatten **nicht abbedungen** oder eingeschränkt werden. 2

B. Anwendungsvoraussetzungen

I. Fortgesetzte Gütergemeinschaft

Die Anwendung der Vorschrift setzt voraus, dass gemäß § 1483 Abs. 1 Satz 2 BGB fortgesetzte Gütergemeinschaft eingetreten ist. 3

II. Grund aus dem Katalog der Nr. 1-4

Die Vorschrift gilt im Hinblick auf die im Katalog der Nr. 1-4 aufgeführten Gründe. Die in der Vorschrift aufgeführten Aufhebungsgründe sind **abschließend**. Nicht genügend ist etwa ein Insolvenzverfahren über das Vermögen des überlebenden Ehegatten. Ebenso wenig berechtigen die Volljährigkeit oder Verheiratung der beteiligten Abkömmlinge zu einer Aufhebungsklage. 4

1. Unfähigkeit/Missbrauch des überlebenden Ehegatten (Nr. 1)

Die Vorschrift ist nach Nr. 1 anzuwenden, wenn die Rechte eines anteilsberechtigten Abkömmlings für die Zukunft dadurch erheblich gefährdet werden können, dass der überlebende Ehegatte zur Verwaltung des Gesamtguts unfähig ist oder dieser sein Verwaltungsrecht missbraucht. 5

Eine **Verwaltungsunfähigkeit** des überlebenden Ehegatten besteht, wenn dieser aus objektiv bestehenden Gründen seinen Verwalterpflichten (vgl. § 1435 BGB) nicht nachkommen kann. Dies ist etwa 6 bei dauernder Abwesenheit des überlebenden Ehegatten der Fall, wenn dieser keine entsprechende Vollmacht erteilt hat. Eine Verwaltungsunfähigkeit liegt ferner vor, wenn der überlebende Ehegatte wegen körperlicher oder geistiger Gebrechen zu einer ordnungsgemäßen Verwaltung nicht in der Lage ist. Auf ein Verschulden des überlebenden Ehegatten kommt es nicht an.

7 Der überlebende Ehegatte **missbraucht** sein Verwaltungsrecht, wenn sein Gesamtverhalten die nötige Beachtung der Rechte der Abkömmlinge vermissen lässt.[1] So liegt ein Missbrauch des Verwaltungsrechts etwa vor, wenn der überlebende Ehegatte die gesetzlichen Schranken seines Verwaltungsrechts missachtet, indem er Maßnahmen gemäß den §§ 1423-1425 BGB ohne die erforderliche Zustimmung der anteilsberechtigten Abkömmlinge durchführt.[2] Ebenso ist von einem Missbrauch auszugehen, wenn sich der überlebende Ehegatte der sofortigen Zwangsvollstreckung unterwirft, um die Notwendigkeit der Einwilligung gemäß den §§ 1487, 1424 BGB zu umgehen.[3] Darüber hinaus liegt ein Missbrauch vor, wenn der überlebende Ehegatte nicht nur geringfügig von den allgemeinen Grundsätzen ordnungsmäßiger Verwaltung (vgl. § 1435 BGB) abweicht. Insbesondere liegt ein Missbrauch in den Fällen vor, in denen der überlebende Ehegatte in Benachteiligungsabsicht gegenüber den Abkömmlingen handelt.

8 Neben der Unfähigkeit bzw. dem Missbrauch des überlebenden Ehegatten ist erforderlich, dass die **Rechte eines anteilsberechtigten Abkömmlings** hierdurch für die Zukunft **erheblich gefährdet** werden können. Hierfür genügt es, dass die Würdigung aller Umstände eine Gefährdung nicht unwahrscheinlich erscheinen lässt; nicht erforderlich ist, dass eine Gefährdung ernstlich zu befürchten ist.[4] Zu berücksichtigen ist diesbezüglich das gesamte Verhalten des überlebenden Ehegatten.[5]

2. Verletzung der Unterhaltspflicht durch den überlebenden Ehegatten (Nr. 2)

9 Nr. 2 der Vorschrift betrifft den Fall, dass der überlebende Ehegatte gegenüber einem anteilsberechtigten Abkömmling seine Verpflichtung zur Gewährung von Unterhalt verletzt hat.

10 Im Falle einer Verletzung der Unterhaltspflicht gegenüber **sonstigen Unterhaltsberechtigten** (etwa unterhaltsberechtigten Eltern oder einseitigen Kindern) findet die Vorschrift keine Anwendung.

11 Die zu erfüllende Unterhaltspflicht ergibt sich aus den allgemeinen Bestimmungen. Eine **Verletzung** der Unterhaltspflicht setzt ein Verschulden nicht voraus.

12 Neben der Verletzung der Unterhaltspflicht durch den überlebenden Ehegatten ist erforderlich, dass für die Zukunft eine **erhebliche Gefährdung des Unterhalts** zu besorgen ist. Es muss die Besorgnis bestehen, dass die Gefährdung des Unterhalts in nicht nur geringfügigem Maß in Zukunft nahe liegt. Zu berücksichtigen sind diesbezüglich das gesamte Verhalten des überlebenden Ehegatten und die Umstände des Einzelfalls.

3. Verwaltung des Gesamtguts fällt in den Aufgabenkreis des Betreuers des überlebenden Ehegatten (Nr. 3)

13 Die Vorschrift findet nach Nr. 3 zudem dann Anwendung, wenn die Verwaltung des Gesamtguts in den Aufgabenkreis des Betreuers des überlebenden Ehegatten fällt.

14 Ob die Verwaltung des Gesamtguts in dessen **Aufgabenkreis** fällt (vgl. § 1896 Abs. 2 BGB), ergibt sich aus dem Anordnungsbeschluss des Betreuungsgerichts (vgl. § 286 Abs. 1 Nr. 1 FamFG) und der Bestellungsurkunde (vgl. § 290 Nr. 3 FamFG).

15 Im Falle einer bloß **vorläufigen Betreuung** nach § 300 FamFG findet die Vorschrift keine Anwendung.

16 Einer besonderen Gefährdung bedarf es bei Nr. 3 der Vorschrift nicht.

4. Überlebender Ehegatte hat die elterliche Sorge für einen anteilsberechtigten Abkömmling verwirkt/würde diese verwirkt haben, wenn sie ihm zugestanden hätte (Nr. 4)

17 Gemäß Nr. 4 soll die Vorschrift zudem Anwendung finden, wenn der überlebende Ehegatte die elterliche Sorge für einen anteilsberechtigten Abkömmling verwirkt hat bzw. verwirkt haben würde, wenn sie ihm zugestanden hätte.

---

[1] *Brudermüller* in: Palandt, § 1495 Rn. 3.
[2] Vgl. BGH v. 06.10.1967 - IV ZR 39/66 - BGHZ 48, 369-373.
[3] Vgl. BGH v. 06.10.1967 - IV ZR 39/66 - BGHZ 48, 369-373.
[4] BGH v. 06.10.1967 - IV ZR 39/66 - BGHZ 48, 369-373.
[5] BGH v. 06.10.1967 - IV ZR 39/66 - BGHZ 48, 369-373; vgl. BGH v. 21.03.1951 - IV ZR 96/50 - BGHZ 1, 313-318.

Der Aufhebungsgrund nach Nr. 4 ist nach überwiegender Auffassung[6] gegenstandslos, da eine Verwirkung der elterlichen Sorge nicht mehr möglich ist. Auf die noch zulässigen anderen Maßnahmen zur Einschränkung des Sorgerechts durch das Familiengericht ist die Vorschrift weder direkt noch entsprechend anwendbar (str.). 18

C. Rechtsfolgen

Der anteilsberechtigte Abkömmling kann **auf Aufhebung** der Gütergemeinschaft **klagen**. 19

Bei einer **Mehrheit von** anteilsberechtigten **Abkömmlingen** ist jeder einzelne zur Klage berechtigt. In den Fällen der Nr. 1, 2 und 4 gilt dies allerdings nur, sofern die jeweilige Voraussetzung in seiner Person vorliegt. 20

Beim Recht auf Erhebung der Klage handelt es sich nicht um einen Anspruch i.S.d. § 194 Abs. 1 BGB. Das Recht auf Erhebung der Aufhebungsklage ist daher nicht der Verjährung unterworfen. 21

D. Prozessuale Hinweise/Verfahrenshinweise

Zuständig für die Aufhebungsklage ist das **Familiengericht** (§§ 23a Abs. 1 Satz 1 Nr. 1, 23b Abs. 1 GVG, §§ 111 Nr. 9, 261 Abs. 1 FamFG). Die Klage des Abkömmlings ist **gegen den überlebenden Ehegatten** zu richten. Eine **Klagefrist** besteht nicht. 22

Die Voraussetzungen des Rechts zur Klageerhebung müssen noch zum Zeitpunkt der **letzten mündlichen Verhandlung** vorliegen. Der überlebende Ehegatte kann daher bis zur letzten mündlichen Verhandlung die Klagevoraussetzungen beseitigen. 23

Eine **Erledigung** der Hauptsache tritt in jedem Fall der Beendigung der fortgesetzten Gütergemeinschaft ein. Dies gilt auch im Falle einer Aufhebung durch den Ehegatten nach § 1492 BGB. 24

Bei **sofortigem Anerkenntnis** des überlebenden Ehegatten und Anerbieten eines Aufhebungsvertrags findet § 93 ZPO Anwendung. 25

Die Aufhebung der fortgesetzten Gütergemeinschaft tritt mit Rechtskraft einer der Aufhebungsklage stattgebenden richterlichen Entscheidung ein (§ 1496 Satz 1 BGB). Sie tritt mit Wirkung für alle Abkömmlinge ein, auch wenn die richterliche Entscheidung auf die Klage eines der Abkömmlinge ergangen ist (§ 1496 Satz 2 BGB). 26

Aufgrund der angeordneten Rechtskrafterstreckung sind mehrere klagende Abkömmlinge notwendige Streitgenossen (§ 62 Abs. 1 Alt. 1 ZPO). Klagt nur ein Abkömmling, können die anderen als streitgenössische Nebenintervenienten beitreten (§§ 66, 69 ZPO). 27

Eine **einstweilige Verfügung** mit dem Ziel der Aufhebung der Gütergemeinschaft ist unzulässig, da dies die Hauptsacheentscheidung vorwegnimmt (vgl. § 1496 Satz 1 BGB). Der nicht verwaltende Ehegatte kann aber dem verwaltenden Ehegatten zur Sicherung seiner Rechte einstweilen bestimmte Befugnisse entziehen oder bestimmte Maßnahmen aufgeben lassen. 28

---

[6] *Brudermüller* in: Palandt, § 1495 Rn. 4; *Kanzleiter* in: MünchKomm-BGB, § 1495 Rn. 2.

§ 1496 BGB Wirkung der richterlichen Aufhebungsentscheidung

(Fassung vom 17.12.2008, gültig ab 01.09.2009)

¹Die Aufhebung der fortgesetzten Gütergemeinschaft tritt in den Fällen des § 1495 mit der Rechtskraft der richterlichen Entscheidung ein. ²Sie tritt für alle Abkömmlinge ein, auch wenn die richterliche Entscheidung auf die Klage eines der Abkömmlinge ergangen ist.

Gliederung

A. Grundlagen 1	III. Der Klage ist stattgegeben worden 4
B. Anwendungsvoraussetzungen 2	IV. Die richterliche Entscheidung ist rechts-
I. Fortgesetzte Gütergemeinschaft 2	kräftig 5
II. Ein anteilsberechtigter Ehegatte hat gemäß	C. Rechtsfolgen 8
§ 1495 BGB auf Aufhebung der fortgesetzten	
Gütergemeinschaft geklagt 3	

A. Grundlagen

1   Die Bestimmung regelt den Zeitpunkt („mit der Rechtskraft der richterlichen Entscheidung") und den Umfang („für alle Abkömmlinge") der Aufhebung der fortgesetzten Gütergemeinschaft im Falle einer richterlichen Aufhebungsentscheidung.

B. Anwendungsvoraussetzungen

I. Fortgesetzte Gütergemeinschaft

2   Die Anwendung der Vorschrift setzt voraus, dass gemäß § 1483 Abs. 1 Satz 2 BGB fortgesetzte Gütergemeinschaft eingetreten ist.

II. Ein anteilsberechtigter Ehegatte hat gemäß § 1495 BGB auf Aufhebung der fortgesetzten Gütergemeinschaft geklagt

3   Ein anteilsberechtigter Abkömmling muss gemäß § 1495 BGB auf Aufhebung der fortgesetzten Gütergemeinschaft geklagt haben.

III. Der Klage ist stattgegeben worden

4   Der Klage des anteilsberechtigten Abkömmlings muss stattgegeben worden sein.

IV. Die richterliche Entscheidung ist rechtskräftig

5   Die richterliche Entscheidung muss rechtskräftig sein.

6   Es handelt sich bei dem stattgebenden Urteil im Rahmen einer Aufhebungsklage um ein Gestaltungsurteil. Ein solches Urteil kann nicht für vorläufig vollstreckbar erklärt werden.

7   Auch eine Aufhebung durch **einstweilige Verfügung** ist unzulässig, da dies die Hauptsache vorwegnehmen würde.[1]

C. Rechtsfolgen

8   Die fortgesetzte Gütergemeinschaft ist mit Wirkung zum **Zeitpunkt der Rechtskraft** des Urteils aufgehoben (Satz 1).

9   Die Aufhebung tritt **für alle Abkömmlinge** ein, auch wenn das Urteil auf die Klage eines der Abkömmlinge ergangen ist (Satz 2).

10 Nach Aufhebung der Gütergemeinschaft ist das Gesamtgut **auseinander zu setzen** (§ 1497 Abs. 1 BGB). Auf Verlangen des auf Aufhebung der fortgesetzten Gütergemeinschaft klagenden Abkömmlings ist dabei auf die Verhältnisse bei Rechtshängigkeit der Aufhebungsklage abzustellen (§§ 1498 Satz 1, 1479 BGB).

---

[1] *Kanzleiter* in: MünchKomm-BGB, § 1496 Rn. 2.

§ 1497 BGB Rechtsverhältnis bis zur Auseinandersetzung

(Fassung vom 02.01.2002, gültig ab 01.01.2002)

(1) Nach der Beendigung der fortgesetzten Gütergemeinschaft setzen sich der überlebende Ehegatte und die Abkömmlinge über das Gesamtgut auseinander.

(2) Bis zur Auseinandersetzung bestimmt sich ihr Rechtsverhältnis am Gesamtgut nach den §§ 1419, 1472, 1473.

Gliederung

A. Grundlagen 1	III. Gesamtgut ist nicht kraft Gesetzes bereits einem der Beteiligten der fortgesetzten Gütergemeinschaft allein zugefallen 5
B. Anwendungsvoraussetzungen 2	IV. Auseinandersetzung ist noch nicht erfolgt 7
I. Es bestand eine fortgesetzte Gütergemeinschaft ... 2	C. Rechtsfolgen 8
II. Beendigung der fortgesetzten Gütergemeinschaft 3	D. Prozessuale Hinweise/Verfahrenshinweise 28

A. Grundlagen

Absatz 1 bestimmt, dass sich der überlebende Ehegatte und die Abkömmlinge nach Beendigung der fortgesetzten Gütergemeinschaft über das Gesamtgut auseinander setzen. Absatz 2 bestimmt durch die Bezugnahme auf die §§ 1419, 1472, 1473 BGB insbesondere, dass das Gesamtgut zum Zwecke der geordneten Liquidation bis zur Auseinandersetzung eine gesamthänderisch gebundene Vermögensmasse bleibt und dass das Gesamtgut während der Liquidation vom überlebenden Ehegatten und den Abkömmlingen gemeinschaftlich verwaltet wird. 1

B. Anwendungsvoraussetzungen

I. Es bestand eine fortgesetzte Gütergemeinschaft

Die Anwendung der Vorschrift setzt voraus, dass eine fortgesetzte Gütergemeinschaft bestanden hatte. 2

II. Beendigung der fortgesetzten Gütergemeinschaft

Die fortgesetzte Gütergemeinschaft muss beendet sein. 3

Beendigungsgründe sind die Aufhebung durch den überlebenden Ehegatten (§ 1492 BGB), dessen Wiederverheiratung oder Begründung einer Lebenspartnerschaft (§ 1493 Abs. 1 BGB), der Tod des überlebenden Ehegatten bzw. eine entsprechende Todeserklärung (§ 1494 BGB) sowie ein rechtskräftiges Urteil im Rahmen einer von einem Abkömmling erhobenen Aufhebungsklage (§§ 1495, 1496 BGB). 4

III. Gesamtgut ist nicht kraft Gesetzes bereits einem der Beteiligten der fortgesetzten Gütergemeinschaft allein zugefallen

Einer Auseinandersetzung des Gesamtguts bedarf es nicht, wenn dieses kraft Gesetzes bereits einem Beteiligten der fortgesetzten Gütergemeinschaft allein zugefallen ist. 5

Dies ist der Fall, wenn **alle Abkömmlinge** ohne Hinterlassung von anteilsberechtigten Abkömmlingen **verstorben** sind (vgl. § 1490 Satz 3 BGB), alle Abkömmlinge auf ihren Gesamtgutsanteil **verzichtet** haben (vgl. §§ 1491 Abs. 4, 1490 Satz 3 BGB) oder der einzige noch beteiligte Abkömmling **Alleinerbe** des letztverstorbenen Ehegatten wurde. 6

IV. Auseinandersetzung ist noch nicht erfolgt

Die Auseinandersetzung darf noch nicht erfolgt sein. 7

C. Rechtsfolgen

Der überlebende Ehegatte und die Abkömmlinge setzen sich über das Gesamtgut auseinander (Absatz 1). 8

Jeder an der fortgesetzten Gütergemeinschaft Beteiligte hat einen einklagbaren **Anspruch auf Auseinandersetzung**. Dieser Anspruch ist nicht abtretbar. 9

§ 1497

10 Es entsteht eine sog. **Liquidationsgemeinschaft**. Diese Liquidationsgemeinschaft ist bis auf den unterschiedlichen Zweck mit der Gütergemeinschaft identisch. Beteiligte der Liquidationsgemeinschaft sind einerseits der überlebende Ehegatte und andererseits die im Zeitpunkt der Beendigung an der fortgesetzten Gütergemeinschaft beteiligten Abkömmlinge.

11 Die **Durchführung** der Auseinandersetzung ist in den §§ 1497-1506 BGB in enger Anlehnung an die §§ 1471-1481 BGB über die Auseinandersetzung der ehelichen Gütergemeinschaft geregelt.

12 Die Auseinandersetzung erfolgt wie bei der Auseinandersetzung der ehelichen Gütergemeinschaft primär durch vertragliche Einigung. Auch die Auseinandersetzung der fortgesetzten Gütergemeinschaft kann unter Vermittlung des Gerichts oder Notars (§§ 99, 86-98, 193 FGG) zustande kommen. Andernfalls ist die Auseinandersetzung im Klageweg zu bewirken.

13 Im Falle des **Todes des** zunächst **überlebenden Ehegatten** treten dessen Erben an seine Stelle. In diesem Fall bestehen zwei sich überlagernde Gesamthandsgemeinschaften, für die jeweils die für sie geltenden gesetzlichen Bestimmungen maßgeblich sind.

14 Da § 1490 BGB ab der Beendigung der fortgesetzten Gütergemeinschaft nicht mehr gilt, treten auch im Falle des **Todes eines Abkömmlings** dessen Erben an seine Stelle.

15 Erst mit der vollständigen Auseinandersetzung des Gesamtguts ist die Gesamthand beendet.

16 Bis zur Auseinandersetzung bestimmt sich das Rechtsverhältnis zwischen dem überlebenden Ehegatten und den an der fortgesetzten Gütergemeinschaft beteiligten Abkömmlingen nach den §§ 1419, 1472, 1473 BGB (**Absatz 2**).

17 Durch den Verweis auf § 1419 Abs. 1 BGB wird klargestellt, dass die **Gesamthandsgemeinschaft** bis zur vollständigen Auseinandersetzung fortbesteht.

18 Auch während der Liquidation kann somit keiner der Beteiligten über seinen Anteil am Gesamtgut oder über einzelne Gesamtgutsgegenstände **verfügen**.

19 Eine **unwirksame Verfügung** über den Gesamtgutsanteil kann aber in eine zulässige Abtretung des (künftigen) Auseinandersetzungsguthabens **umgedeutet** werden.

20 Obgleich es sich auch bei einem Verzicht um eine Verfügung handelt, ist – wie sich aus § 1491 BGB ergibt – der **Verzicht eines Abkömmlings** auf seinen Anteil bis zur Beendigung der Auseinandersetzung möglich.

21 Die gesamthänderische Bindung ist im Liquidationsstadium allerdings insofern gelockert, als der Anteil am Gesamtgut nunmehr **pfändbar** ist (§ 860 Abs. 2 ZPO) und in die Insolvenzmasse des jeweiligen Anteilsinhabers fällt.

22 Die Anteile der Abkömmlinge sind zudem ab Beendigung der fortgesetzten Gütergemeinschaft vererblich (§ 1490 BGB findet keine Anwendung mehr).

23 Die **Verwaltung des Gesamtguts** steht – wie sich aus dem Verweis auf § 1472 BGB ergibt – auch während des Liquidationsstadiums dem überlebenden Ehegatten und den anteilsberechtigten Abkömmlingen **gemeinschaftlich** zu.[1]

24 Die Teilhaber sind einander verpflichtet, zu den erforderlichen tatsächlichen und rechtlichen Maßnahmen mitzuwirken (§ 1472 Abs. 3 BGB). Verweigert ein Teilhaber seine Mitwirkung, braucht nur der verweigernde Teilhaber verklagt zu werden.[2]

25 Ein Erwerb wird nicht mehr Gesamtgut, sofern kein Fall der **Surrogation** nach § 1473 BGB vorliegt.

26 Der Rechtszustand gilt bis zur vollständigen Auseinandersetzung mit Teilung des Überschusses.

27 Mit Beendigung der fortgesetzten Gütergemeinschaft fallen auch der Erwerb des überlebenden Ehegatten sowie die Nutzungen seines Sonderguts wieder in sein freies Vermögen. Gesamtgut werden aber – wie der Verweis auf § 1473 BGB ergibt – die **Surrogate** im Sinne dieser Vorschrift.

D. Prozessuale Hinweise/Verfahrenshinweise

28 Jeder an der fortgesetzten Gütergemeinschaft Beteiligte kann seinen Anspruch auf Auseinandersetzung im Wege der **Klage** vor dem Familiengericht (§§ 23a Abs. 1 Satz 1 Nr. 1, 23b Abs. 1 GVG, §§ 111 Nr. 9, 261 Abs. 1 FamFG) durchsetzen, wenn die anderen Beteiligten nicht an einer Auseinandersetzung mitwirken.

---

[1] Vgl. RG v. 14.12.1932 - V 275/32 - RGZ 139, 118-131.
[2] BGH v. 24.06.1991 - II ZR 58/90 - juris Rn. 7 - NJW-RR 1991, 1410.

Der **Klageantrag** lautet auf Zustimmung zu dem vom Kläger vorgelegten Auseinandersetzungsplan, der Grundlage des Auseinandersetzungsvertrags ist. Das Gericht ist bei seiner Entscheidung an die gestellten Anträge gebunden; eine eigene Gestaltungsfreiheit unter Zweckmäßigkeitsgesichtspunkten hat das Gericht nicht.[3] 29

Die Klage ist begründet, wenn der verfolgte Auseinandersetzungsplan den gesetzlichen Teilungsregeln (vgl. § 1498 BGB) entspricht, ggf. in Verbindung mit bereits getroffenen Parteivereinbarungen über Einzelpunkte. 30

Für die zur Begründetheit der Klage notwendige Teilungsreife ist erforderlich, dass die Berichtigung von Gesamtgutsverbindlichkeiten geregelt ist (§§ 1498, 1475 BGB). Da bei Grundstücken eine Teilung in Natur nach § 752 BGB regelmäßig nicht in Betracht kommt, setzt die Teilungsreife – mangels abweichender Vereinbarungen – grundsätzlich die Zwangsversteigerung zur Vorbereitung der Auseinandersetzung voraus. 31

Mit der Rechtskraft des zusprechenden Urteils kommt der Auseinandersetzungsvertrag zustande (§ 894 ZPO).[4] Dieser Vertrag hat nur schuldrechtliche Wirkungen; er muss daher noch dinglich erfüllt werden.[5] 32

Haben die Beteiligten eine einvernehmliche Auseinandersetzungsvereinbarung getroffen, sind Ansprüche aus dieser Vereinbarung ebenfalls vor dem Familiengericht geltend zu machen.[6] 33

---

[3] BGH v. 13.04.1988 - IVb ZR 48/87 - juris Rn. 39 - LM Nr. 1 zu BGB § 1474.
[4] BGH v. 13.04.1988 - IVb ZR 48/87 - juris Rn. 38 - LM Nr. 1 zu BGB § 1474.
[5] BGH v. 13.04.1988 - IVb ZR 48/87 - juris Rn. 42 - LM Nr. 1 zu BGB § 1474; vgl. BGH v. 07.05.1986 - IVb ZR 42/85 - juris Rn. 4 - LM Nr. 4 zu § 1477 BGB.
[6] Vgl. BGH v. 09.07.1980 - IVb ARZ 536/80 - juris Rn. 7 - LM Nr. 25 zu § 23b GVG.

§ 1498 BGB Durchführung der Auseinandersetzung
(Fassung vom 02.01.2002, gültig ab 01.01.2002)

¹Auf die Auseinandersetzung sind die Vorschriften der §§ 1475, 1476, des § 1477 Abs. 1, der §§ 1479, 1480 und des § 1481 Abs. 1, 3 anzuwenden; an die Stelle des Ehegatten, der das Gesamtgut allein verwaltet hat, tritt der überlebende Ehegatte, an die Stelle des anderen Ehegatten treten die anteilsberechtigten Abkömmlinge. ²Die in § 1476 Abs. 2 Satz 2 bezeichnete Verpflichtung besteht nur für den überlebenden Ehegatten.

Gliederung

A. Grundlagen 1
B. Anwendungsvoraussetzungen 3
    I. Es bestand eine fortgesetzte Gütergemeinschaft ... 3
    II. Durchführung der Auseinandersetzung 4
    III. Keine abweichende Auseinandersetzungsvereinbarung 5
C. Rechtsfolgen 11

A. Grundlagen

1 Die Vorschrift bestimmt, wie die Auseinandersetzung des Gesamtguts nach Beendigung einer fortgesetzten Gütergemeinschaft durchzuführen ist. Sie erfolgt im Wesentlichen nach den Vorschriften, die auch für die Auseinandersetzung der ehelichen Gütergemeinschaft im Falle der vorherigen Alleinverwaltung eines Ehegatten gelten (§§ 1475-1481 BGB). An die Stelle des allein verwaltenden Ehegatten tritt der länger lebende Ehegatte; die Abkömmlinge treten an die Stelle des anderen Ehegatten.

2 Im Gegensatz zu den Ehegatten (§ 1518 Satz 1 BGB) können die Beteiligten für die Auseinandersetzung abweichende Anordnungen treffen.

B. Anwendungsvoraussetzungen

I. Es bestand eine fortgesetzte Gütergemeinschaft

3 Die Anwendung der Vorschrift setzt voraus, dass eine fortgesetzte Gütergemeinschaft bestanden hatte.

II. Durchführung der Auseinandersetzung

4 Die Beteiligten der fortgesetzten Gütergemeinschaft müssen sich nach § 1497 Abs. 1 BGB über das Gesamtgut der fortgesetzten Gütergemeinschaft auseinandersetzen.

III. Keine abweichende Auseinandersetzungsvereinbarung

5 Die Beteiligten der fortgesetzten Gütergemeinschaft dürfen keine abweichende Auseinandersetzungsvereinbarung getroffen haben.

6 Wie bei der ehelichen Gütergemeinschaft kann auch bei der fortgesetzten Gütergemeinschaft die Durchführung der Auseinandersetzung von den Beteiligten vertraglich geregelt werden. § 1518 Satz 1 BGB steht dem nicht entgegen, da diese Vorschrift nur für im Voraus getroffene Vereinbarungen der Ehegatten gilt.

7 Auf Antrag wird die Auseinandersetzung durch das Amtsgericht **vermittelt** (§§ 373 Abs. 1, 363 Abs. 1 FamFG). Landesrechtlich kann diese Aufgabe anderen Behörden (Notaren) zugewiesen sein (§ 487 Abs. 1 Nr. 3 FamFG).

8 Die Vereinbarung bedarf im Regelfall keiner bestimmten **Form**. Eine Formbedürftigkeit ergibt sich jedoch dann, wenn die Vereinbarung Rechtsgeschäfte enthält, für die ihrerseits besondere Formgebote (etwa gemäß § 311b Abs. 1 BGB oder § 15 Abs. 3 GmbHG) bestehen.

9 Für einen Abkömmling, dessen gesetzlicher Vertreter der überlebende Ehegatte ist, muss die Vereinbarung von einem Pfleger getroffen werden (§§ 1795 ,1629 Abs. 2, 1909 BGB). Eine generelle Pflicht zur vormundschaftsgerichtlichen Genehmigung ist nicht vorgesehen; sie besteht jedoch im Falle der Verfügung über Grundbesitz (§§ 1821 Abs. 1 Nr. 1, 1643 Abs. 1, 1908i Abs. 1 BGB).

10 Eine Auseinandersetzungsvereinbarung hat nur **schuldrechtliche Wirkung**. Sie muss durch Vornahme der dinglichen Übertragungsakte zwischen Gesamthand und erwerbendem Gesamthänder er-

füllt werden. Bei Grundstücken bedarf es daher der entsprechenden Auflassung und Eintragung in das Grundbuch (§§ 873, 925 BGB). Soweit das Erfüllungsgeschäft keiner besonderen Form bedarf, kann jedoch vermutet werden, dass auch die dingliche Einigung mit abgegeben ist.[1]

C. Rechtsfolgen

Auf die Auseinandersetzung sind die Vorschriften der §§ 1475, 1476 BGB, des § 1477 Abs. 1 BGB, der §§ 1479, 1480 BGB und des § 1481 Abs. 1, Abs. 3 BGB anzuwenden (**Satz 1 Halbsatz 1**). Im Ergebnis erfolgt die Auseinandersetzung der fortgesetzten Gütergemeinschaft somit im Wesentlichen nach den Vorschriften, die auch für die Auseinandersetzung der ehelichen Gütergemeinschaft im Falle der Alleinverwaltung eines Ehegatten gelten. 11

An die Stelle des Ehegatten, der das Gesamtgut allein verwaltet hat, tritt der überlebende Ehegatte, an die Stelle des anderen Ehegatten treten die anteilsberechtigten Abkömmlinge (**Satz 1 Halbsatz 2**). 12

Zunächst sind die **Gesamtgutsverbindlichkeiten zu berichtigen** (§ 1475 Abs. 1 BGB). Soweit erforderlich, ist das Gesamtgut hierzu in Geld umzusetzen (§ 1475 Abs. 3 BGB). Wem die Verbindlichkeiten im Sinne des § 1475 Abs. 2 BGB im Innenverhältnis zur Last fallen, bestimmt sich gemäß §§ 1499, 1500 BGB. 13

Der verbleibende **Überschuss** ist **hälftig** zwischen dem überlebenden Ehegatten einerseits und den beteiligten Abkömmlingen andererseits **zu verteilen** (§ 1476 Abs. 1 BGB). Die Abkömmlinge teilen unter sich nach Maßgabe des § 1503 BGB. 14

Der überlebende Ehegatte muss sich auf seinen Anteil **anrechnen** lassen, was er zum Gesamtgut zu ersetzen hat (§ 1476 Abs. 2 BGB). Die Abkömmlinge müssen sich die in § 1500 BGB aufgeführten Verbindlichkeiten anrechnen lassen. Die in § 1476 Abs. 2 Satz 2 BGB bezeichnete Ersatzpflicht besteht jedoch nur für den überlebenden Ehegatten (**Satz 2**). 15

Erfolgt die Auseinandersetzung aufgrund einer **richterlichen Aufhebungsentscheidung** (§§ 1495, 1496 BGB), findet gemäß § 1479 BGB auf Verlangen desjenigen Abkömmlings, der die Entscheidung erwirkt hat, eine Vorverlegung des **Abrechnungszeitpunkts** statt. Die Auseinandersetzung hat dann so zu erfolgen, wie wenn der Anspruch auf Auseinandersetzung in dem Zeitpunkt rechtskräftig geworden wäre, in dem die Klage auf Aufhebung der Gütergemeinschaft erhoben ist. Sind mehrere anteilsberechtigte Abkömmlinge vorhanden, kann dieses Wahlrecht nur von allen gemeinschaftlich ausgeübt werden.[2] 16

Wird das Gesamtgut vor vollständiger Berichtigung der Gesamtgutsverbindlichkeiten geteilt, **haftet** gemäß § 1480 BGB jeder Teilhaber **persönlich** für die Gesamtgutsverbindlichkeiten, allerdings beschränkt auf die ihm zugeteilten Gegenstände (vgl. aber auch § 1481 Abs. 1, Abs. 3 BGB). 17

Keine Anwendung finden § 1477 Abs. 2 BGB (Übernahmerecht), § 1478 BGB (Scheidung vor Auseinandersetzung) und § 1481 Abs. 2 BGB (Haftungsverteilung bei gemeinschaftlicher Verwaltung). 18

An die Stelle des **Übernahmerechts** gemäß § 1477 Abs. 2 BGB treten die §§ 1502, 1515 BGB. 19

---

[1] Vgl. BGH v. 07.05.1951 - IV ZR 69/50 - BGHZ 2, 82-87.
[2] A.A. *Kanzleiter* in: MünchKomm-BGB, § 1498 Rn. 7.

§ 1499 BGB Verbindlichkeiten zu Lasten des überlebenden Ehegatten

(Fassung vom 02.01.2002, gültig ab 01.01.2002)

Bei der Auseinandersetzung fallen dem überlebenden Ehegatten zur Last:

1. die ihm bei dem Eintritt der fortgesetzten Gütergemeinschaft obliegenden Gesamtgutsverbindlichkeiten, für die das eheliche Gesamtgut nicht haftete oder die im Verhältnis der Ehegatten zueinander ihm zur Last fielen;
2. die nach dem Eintritt der fortgesetzten Gütergemeinschaft entstandenen Gesamtgutsverbindlichkeiten, die, wenn sie während der ehelichen Gütergemeinschaft in seiner Person entstanden wären, im Verhältnis der Ehegatten zueinander ihm zur Last gefallen sein würden;
3. eine Ausstattung, die er einem anteilsberechtigten Abkömmling über das dem Gesamtgut entsprechende Maß hinaus oder die er einem nicht anteilsberechtigten Abkömmling versprochen oder gewährt hat.

Gliederung

A. Grundlagen 1	3. Gesamtgutsverbindlichkeit, die nach dem Eintritt der fortgesetzten Gütergemeinschaft entstanden ist und im Verhältnis der Ehegatten zueinander dem Überlebenden zur Last gefallen sein würde, wenn sie während der ehelichen Gütergemeinschaft in seiner Person entstanden wäre (Nr. 2) 9
B. Anwendungsvoraussetzungen 3	
I. Es bestand eine fortgesetzte Gütergemeinschaft 3	
II. Durchführung der Auseinandersetzung 4	
III. Verbindlichkeit/Ausstattung aus dem Katalog der Nr. 1-3 5	
1. Gesamtgutsverbindlichkeit, die dem überlebenden Ehegatten beim Eintritt der fortgesetzten Gütergemeinschaft obliegt, für die das eheliche Gesamtgut nicht haftete (Nr. 1, Alternative 1) 6	IV. Ausstattung, die der überlebende Ehegatte einem anteilsberechtigten Abkömmling über das dem Gesamtgut entsprechende Maß hinaus versprochen oder gewährt hat (Nr. 3, Alternative 1) 11
2. Gesamtgutsverbindlichkeit, die dem überlebenden Ehegatten beim Eintritt der fortgesetzten Gütergemeinschaft obliegt, die im Verhältnis der Ehegatten zueinander dem Überlebenden zur Last fiel (Nr. 1, Alternative 2) 8	V. Ausstattung, die der überlebende Ehegatte einem nicht anteilsberechtigten Abkömmling versprochen oder gewährt hat (Nr. 3, Alternative 2) 12
	C. Rechtsfolgen 13
	D. Prozessuale Hinweise/Verfahrenshinweise 14

A. Grundlagen

1 Die Vorschrift bestimmt, welche Verbindlichkeiten dem überlebenden Ehegatten bei einer Auseinandersetzung des Gesamtguts der fortgesetzten Gütergemeinschaft im Innenverhältnis zur Last fallen.

2 Die Vorschrift ist **anlässlich der Auseinandersetzung abdingbar**.

B. Anwendungsvoraussetzungen

I. Es bestand eine fortgesetzte Gütergemeinschaft

3 Die Anwendung der Vorschrift setzt voraus, dass eine fortgesetzte Gütergemeinschaft bestanden hatte.

II. Durchführung der Auseinandersetzung

4 Die Vorschrift findet Anwendung, wenn sich die Beteiligten der fortgesetzten Gütergemeinschaft nach § 1497 Abs. 1 BGB über das Gesamtgut der fortgesetzten Gütergemeinschaft auseinandersetzen.

III. Verbindlichkeit/Ausstattung aus dem Katalog der Nr. 1-3

5 Die Vorschrift gilt im Hinblick auf die im Katalog der Nr.1-2 aufgeführten Verbindlichkeiten sowie die in Nr. 3 aufgeführte versprochene oder gewährte Ausstattung.

1. Gesamtgutsverbindlichkeit, die dem überlebenden Ehegatten beim Eintritt der fortgesetzten Gütergemeinschaft obliegt, für die das eheliche Gesamtgut nicht haftete (Nr. 1, Alternative 1)

Nr. 1, Alternative 1 betrifft die Verbindlichkeiten, die erst nach § 1488 BGB Gesamtgutsverbindlichkeiten geworden sind.

Für Verbindlichkeiten, die bereits zuvor Gesamtgutsverbindlichkeiten waren, gilt Nr. 1, Alternative 1 nicht. Nicht erfasst werden somit bei früherer Verwaltung durch einen Ehegatten die Verbindlichkeiten des verwaltenden Ehegatten sowie die Verbindlichkeiten des nicht verwaltenden Ehegatten, für die das Gesamtgut gemäß §§ 1438-1440 BGB haftete. Im Falle früherer gemeinschaftlicher Verwaltung der Ehegatten werden nur die Verbindlichkeiten erfasst, für die eine Haftung des Gesamtguts gemäß §§ 1460-1462 BGB ausgeschlossen war.

2. Gesamtgutsverbindlichkeit, die dem überlebenden Ehegatten beim Eintritt der fortgesetzten Gütergemeinschaft obliegt, die im Verhältnis der Ehegatten zueinander dem Überlebenden zur Last fiel (Nr. 1, Alternative 2)

Nr. 1, Alternative 2 betrifft die Gesamtgutsverbindlichkeiten, die im Verhältnis der Ehegatten zueinander dem Überlebenden zur Last fielen. Welchem Ehegatten eine Gesamtgutsverbindlichkeit im Innenverhältnis zur Last fiel, bestimmt sich bei vorheriger Alleinverwaltung nach den §§ 1441-1444 BGB, bei vorheriger gemeinschaftlicher Verwaltung nach den §§ 1463-1466 BGB.

3. Gesamtgutsverbindlichkeit, die nach dem Eintritt der fortgesetzten Gütergemeinschaft entstanden ist und im Verhältnis der Ehegatten zueinander dem Überlebenden zur Last gefallen sein würde, wenn sie während der ehelichen Gütergemeinschaft in seiner Person entstanden wäre (Nr. 2)

Nr. 2 gilt im Hinblick auf Gesamtgutsverbindlichkeiten, die nach dem Eintritt der fortgesetzten Gütergemeinschaft entstanden sind und im Verhältnis der Ehegatten zueinander dem Überlebenden zur Last gefallen sein würden, wenn sie während der ehelichen Gütergemeinschaft in seiner Person entstanden wären. Welche Gesamtgutsverbindlichkeiten im Innenverhältnis dem überlebenden Ehegatten zur Last gefallen wären, bestimmt sich nach vorzugswürdiger Ansicht[1] stets gemäß den §§ 1441 ff. BGB, während nach anderer Auffassung[2] im Falle vorheriger gemeinschaftlicher Verwaltung die §§ 1463 ff. BGB heranzuziehen sind.

IV. Ausstattung, die der überlebende Ehegatte einem anteilsberechtigten Abkömmling über das dem Gesamtgut entsprechende Maß hinaus versprochen oder gewährt hat (Nr. 3, Alternative 1)

Nach Nr. 3, Alternative 1 gilt die Vorschrift, wenn der überlebende Ehegatte einem anteilsberechtigten Abkömmling eine übermäßige Ausstattung versprochen oder gewährt hat (vgl. § 1444 Abs. 1 BGB).

V. Ausstattung, die der überlebende Ehegatte einem nicht anteilsberechtigten Abkömmling versprochen oder gewährt hat (Nr. 3, Alternative 2)

Nach Nr. 3, Alternative 2 findet die Vorschrift Anwendung, wenn der überlebende Ehegatte einem nicht anteilsberechtigten Abkömmling eine Ausstattung versprochen oder gewährt hat (vgl. §§ 1444 Abs. 2, 1466 BGB).

C. Rechtsfolgen

Die Verbindlichkeit fällt bei der Auseinandersetzung dem überlebenden Ehegatten zur Last. Der überlebende Ehegatte kann daher gemäß §§ 1498, 1475 Abs. 2 BGB keine Berichtigung der Verbindlichkeit aus dem Gesamtgut verlangen. Ist eine solche Verbindlichkeit aus dem Gesamtgut berichtigt worden, muss der überlebende Ehegatte gemäß §§ 1487 Abs. 1, 1445 Abs. 1 BGB Ersatz des Verwendeten zum Gesamtgut leisten.

D. Prozessuale Hinweise/Verfahrenshinweise

Die Ausnahmen hat derjenige zu **beweisen**, der sich auf ihr Vorliegen beruft.

---

1 *Kanzleiter* in: MünchKomm-BGB, § 1499 Rn. 2.
2 *Brudermüller* in: Palandt, § 1499 Rn. 1.

§ 1500 BGB Verbindlichkeiten zu Lasten der Abkömmlinge
(Fassung vom 02.01.2002, gültig ab 01.01.2002)

(1) Die anteilsberechtigten Abkömmlinge müssen sich Verbindlichkeiten des verstorbenen Ehegatten, die diesem im Verhältnis der Ehegatten zueinander zur Last fielen, bei der Auseinandersetzung auf ihren Anteil insoweit anrechnen lassen, als der überlebende Ehegatte nicht von dem Erben des verstorbenen Ehegatten Deckung hat erlangen können.

(2) In gleicher Weise haben sich die anteilsberechtigten Abkömmlinge anrechnen zu lassen, was der verstorbene Ehegatte zu dem Gesamtgut zu ersetzen hatte.

Gliederung

A. Grundlagen 1	IV. Überlebender Ehegatte konnte von dem Erben des verstorbenen Ehegatten keine (vollständige) Deckung erlangen 6
B. Anwendungsvoraussetzungen 2	
I. Es bestand eine fortgesetzte Gütergemeinschaft 2	
II. Durchführung der Auseinandersetzung 3	C. Rechtsfolgen 8
III. Verbindlichkeit/Ersetzungspflicht des verstorbenen Ehegatten 4	D. Prozessuale Hinweise/Verfahrenshinweise 11

A. Grundlagen

1   Die Vorschrift bestimmt, dass sich die Abkömmlinge bestimmte Verbindlichkeiten des verstorbenen Ehegatten bei der Auseinandersetzung auf ihren Anteil am Gesamtgut anrechnen lassen müssen.

B. Anwendungsvoraussetzungen

I. Es bestand eine fortgesetzte Gütergemeinschaft

2   Die Anwendung der Vorschrift setzt voraus, dass eine fortgesetzte Gütergemeinschaft bestanden hatte.

II. Durchführung der Auseinandersetzung

3   Die Vorschrift findet Anwendung, wenn sich die Beteiligten der fortgesetzten Gütergemeinschaft nach § 1497 Abs. 1 BGB über das Gesamtgut der fortgesetzten Gütergemeinschaft auseinander setzen.

III. Verbindlichkeit/Ersetzungspflicht des verstorbenen Ehegatten

4   Absatz 1 gilt im Hinblick auf (Gesamtguts-)Verbindlichkeiten des verstorbenen Ehegatten, die diesem im Verhältnis der Ehegatten zueinander zur Last fielen. Welchem Ehegatten eine Gesamtgutsverbindlichkeit im Innenverhältnis zur Last fiel, bestimmt sich bei vorheriger Alleinverwaltung nach den §§ 1441-1444 BGB, bei vorheriger gemeinschaftlicher Verwaltung nach den §§ 1463-1466 BGB.

5   Absatz 2 findet Anwendung, wenn der verstorbene Ehegatte etwas zum Gesamtgut zu ersetzen hatte. Eine solche Ersatzpflicht des verstorbenen Ehegatten ergibt sich gemäß § 1445 Abs. 1 BGB (bei vorheriger Alleinverwaltung) bzw. § 1467 Abs. 1 BGB (bei vorheriger gemeinschaftlicher Verwaltung), wenn er Gesamtgut in sein Sonder- oder Vorbehaltsgut verwendet hatte.

IV. Überlebender Ehegatte konnte von dem Erben des verstorbenen Ehegatten keine (vollständige) Deckung erlangen

6   Die Vorschrift findet keine Anwendung, wenn der überlebende Ehegatte von den Erben des verstorbenen Ehegatten Deckung erlangt hat oder wenigstens hätte erlangen können.

7   Umstritten ist die Rechtsfolge für den Fall, dass der **überlebende Ehegatte Alleinerbe** des verstorbenen Ehegatten geworden ist. Nach einer Auffassung[1] entfällt die Anrechnungspflicht in einem solchen Fall insgesamt, während nach vorzugswürdiger Auffassung[2] die Anrechnungspflicht nur insoweit entfällt, wie der Nachlass zur Deckung ausreichte.

---

[1] *Brudermüller* in: Palandt, § 1500 Rn. 2.
[2] *Kanzleiter* in: MünchKomm-BGB, § 1500 Rn. 2.

C. Rechtsfolgen

Die anteilsberechtigten Abkömmlinge müssen sich die Verbindlichkeiten des verstorbenen Ehegatten, die diesem im Verhältnis der Ehegatten zueinander zur Last fielen, bei der Auseinandersetzung auf ihren Anteil insoweit **anrechnen** lassen, als der überlebende Ehegatte nicht von dem Erben des verstorbenen Ehegatten Deckung hat erlangen können (Absatz 1). 8

Die anteilsberechtigten Abkömmlinge müssen sich zudem das, was der verstorbene Ehegatte zum Gesamtgut zu ersetzen hatte, bei der Auseinandersetzung auf ihren Anteil insoweit anrechnen lassen, als der überlebende Ehegatte nicht von dem Erben des verstorbenen Ehegatten Deckung hat erlangen können (Absatz 2). 9

Eine persönliche Haftung der beteiligten Abkömmlinge kann durch die Anrechnung nicht begründet werden (vgl. § 1489 Abs. 3 BGB). 10

D. Prozessuale Hinweise/Verfahrenshinweise

Die Voraussetzungen der Anrechnungspflicht hat derjenige zu **beweisen**, der sich auf ihr Vorliegen beruft, d.h. der überlebende Ehegatte.[3] 11

Eine persönliche Haftung der beteiligten Abkömmlinge kann durch die Anrechnung nicht begründet werden (vgl. § 1489 Abs. 3 BGB). 12

---

[3] *Kanzleiter* in: MünchKomm-BGB, § 1500 Rn. 2.

§ 1501 BGB Anrechnung von Abfindungen

(Fassung vom 02.01.2002, gültig ab 01.01.2002)

(1) Ist einem anteilsberechtigten Abkömmling für den Verzicht auf seinen Anteil eine Abfindung aus dem Gesamtgut gewährt worden, so wird sie bei der Auseinandersetzung in das Gesamtgut eingerechnet und auf die den Abkömmlingen gebührende Hälfte angerechnet.

(2) ¹Der überlebende Ehegatte kann mit den übrigen anteilsberechtigten Abkömmlingen schon vor der Aufhebung der fortgesetzten Gütergemeinschaft eine abweichende Vereinbarung treffen. ²Die Vereinbarung bedarf der notariellen Beurkundung; sie ist auch denjenigen Abkömmlingen gegenüber wirksam, welche erst später in die fortgesetzte Gütergemeinschaft eintreten.

Gliederung

A. Grundlagen 1	V. Überlebender Ehegatte hat mit den anteilsberechtigten Abkömmlingen keine von Absatz 1 abweichende Vereinbarung getroffen 13
B. Anwendungsvoraussetzungen 2	
I. Es bestand eine fortgesetzte Gütergemeinschaft 2	
II. Durchführung der Auseinandersetzung 3	
III. Anteilsberechtigter Abkömmling verzichtete auf seinen Anteil 4	C. Rechtsfolgen 17
IV. Anteilsberechtigtem Abkömmling ist für seinen Verzicht eine Abfindung aus dem Gesamtgut gewährt worden 8	

A. Grundlagen

1 Die Vorschrift bestimmt, dass sich die am Gesamtgut beteiligten anteilsberechtigten Abkömmlinge auf ihre Hälfte am Gesamtgut anrechnen lassen müssen, was einem anderen anteilsberechtigten Abkömmling als Abfindung für dessen Verzicht auf seinen Anteil am Gesamtgut gewährt wurde. Dem liegt zugrunde, dass der Verzicht eines Abkömmlings auf seinen Gesamtgutsanteil gemäß §§ 1491 Abs. 4, 1490 Satz 3 BGB auch nur den anderen Abkömmlingen im Wege der Anwachsung zugutekommt.

B. Anwendungsvoraussetzungen

I. Es bestand eine fortgesetzte Gütergemeinschaft

2 Die Anwendung der Vorschrift setzt voraus, dass eine fortgesetzte Gütergemeinschaft bestanden hatte.

II. Durchführung der Auseinandersetzung

3 Die Vorschrift findet Anwendung, wenn sich die Beteiligten der fortgesetzten Gütergemeinschaft nach § 1497 Abs. 1 BGB über das Gesamtgut der fortgesetzten Gütergemeinschaft auseinander setzen.

III. Anteilsberechtigter Abkömmling verzichtete auf seinen Anteil

4 Ein anteilsberechtigter Abkömmling muss auf seinen Anteil verzichtet haben.

5 Im Falle des Verzichts wächst der Anteil des verzichtenden Abkömmlings gemäß §§ 1491 Abs. 4, 1490 Satz 3 BGB den übrigen anteilsberechtigten Abkömmlingen an.

6 Die Vorschrift findet sowohl im Falle eines **einseitigen Verzichts** (vgl. § 1491 Abs. 1 BGB) als auch im Falle eines **Verzichtsvertrags** (vgl. § 1491 Abs. 2 BGB) Anwendung.[1]

7 Auf den **Vorausverzicht** nach § 1517 BGB, bei dem die Abfindung aus dem Gesamtgut die Gegenleistung ist, ist die Vorschrift hingegen nicht anwendbar.[2]

---

[1] *Brudermüller* in: Palandt, § 1501 Rn. 1; *Kanzleiter* in: MünchKomm-BGB, § 1501 Rn. 2.

[2] *Brudermüller* in: Palandt, § 1501 Rn. 1; *Kanzleiter* in: MünchKomm-BGB, § 1501 Fn. 1.

IV. Anteilsberechtigtem Abkömmling ist für seinen Verzicht eine Abfindung aus dem Gesamtgut gewährt worden

Dem anteilsberechtigten Abkömmling muss für seinen Verzicht eine Abfindung aus dem Gesamtgut gewährt worden sein. 8

Die Vorschrift findet keine Anwendung, wenn die Abfindung aus dem Vorbehalts- oder Sondergut des überlebenden Ehegatten gewährt wurde. 9

Ist dem verzichtenden Abkömmling von dem überlebenden Ehegatten aus dem Gesamtgut eine Abfindung gewährt worden, die über den Wert des Anteils hinausging, handelt es sich bei dem überschießenden Teil um eine Schenkung oder eine Ausstattung. 10

Eine ohne Zustimmung der anteilsberechtigten Abkömmlinge gewährte **Schenkung** ist zurückzugewähren (vgl. die §§ 1487 Abs. 1, 1425 Abs. 1 BGB). 11

Soweit die Abfindung sich als **Ausstattung** darstellt, bestimmt sich die Lastentragung gemäß § 1499 Nr. 3 BGB. 12

V. Überlebender Ehegatte hat mit den anteilsberechtigten Abkömmlingen keine von Absatz 1 abweichende Vereinbarung getroffen

Die Vorschrift findet keine Anwendung, wenn der überlebende Ehegatte mit den übrigen anteilsberechtigten Abkömmlingen eine abweichende Vereinbarung über die Art und Weise der Anrechnung der gewährten Abfindung getroffen hat. 13

Eine solche Vereinbarung ist bereits vor der Aufhebung der fortgesetzten Gütergemeinschaft zulässig (**Absatz 2** Satz 1). Vor Aufhebung der fortgesetzten Gütergemeinschaft bedarf eine solche Vereinbarung allerdings der notariellen Beurkundung (Absatz 2 Satz 2 Halbsatz 1). Die notariell beurkundete Vereinbarung ist auch denjenigen Abkömmlingen gegenüber wirksam, welche erst später (vgl. § 1490 Satz 2 BGB) in die fortgesetzte Gütergemeinschaft eintreten (Absatz 2 Satz 2 Halbsatz 2). 14

Wird die Vereinbarung erst nach Aufhebung der fortgesetzten Gütergemeinschaft, d.h. während der Auseinandersetzung getroffen, ist sie grundsätzlich an keine Form gebunden.[3] Etwas anderes gilt allerdings dann, wenn im Hinblick auf den Gegenstand der Abfindung eine Beurkundungspflicht (etwa nach § 311b Abs. 1 BGB) besteht. 15

Ist der überlebende Ehegatte gesetzlicher Vertreter, Vormund oder Betreuer eines Abkömmlings, sind die §§ 1629 Abs. 2, 1795, 1908 BGB zu berücksichtigen. 16

C. Rechtsfolgen

Die dem anteilsberechtigten Abkömmling gewährte Abfindung wird bei der Auseinandersetzung in das Gesamtgut eingerechnet und auf die den Abkömmlingen gebührende Hälfte **angerechnet** (**Absatz 1**). 17

Eine persönliche Haftung der beteiligten Abkömmlinge kann durch die Anrechnung nicht begründet werden (vgl. § 1489 Abs. 3 BGB). 18

---

[3] *Kanzleiter* in: MünchKomm-BGB, § 1501 Rn. 3.

§ 1502 BGB Übernahmerecht des überlebenden Ehegatten

(Fassung vom 02.01.2002, gültig ab 01.01.2002)

(1) ¹Der überlebende Ehegatte ist berechtigt, das Gesamtgut oder einzelne dazu gehörende Gegenstände gegen Ersatz des Wertes zu übernehmen. ²Das Recht geht nicht auf den Erben über.

(2) ¹Wird die fortgesetzte Gütergemeinschaft auf Grund des § 1495 durch Urteil aufgehoben, so steht dem überlebenden Ehegatten das im Absatz 1 bestimmte Recht nicht zu. ²Die anteilsberechtigten Abkömmlinge können in diesem Falle diejenigen Gegenstände gegen Ersatz des Wertes übernehmen, welche der verstorbene Ehegatte nach § 1477 Abs. 2 zu übernehmen berechtigt sein würde. ³Das Recht kann von ihnen nur gemeinschaftlich ausgeübt werden.

Gliederung

A. Kommentierung zu Absatz 1 1	B. Kommentierung zu Absatz 2.......... 13
I. Grundlagen 1	I. Grundlagen 13
II. Anwendungsvoraussetzungen..........2	II. Anwendungsvoraussetzungen........... 14
1. Es bestand eine fortgesetzte Gütergemeinschaft ...2	1. Es bestand eine fortgesetzte Gütergemeinschaft.......... 14
2. Beendigung der fortgesetzten Gütergemeinschaft..........3	2. Aufhebung der fortgesetzten Gütergemeinschaft aufgrund § 1495 BGB durch Urteil 15
3. Aufhebung nicht aufgrund § 1495 BGB durch richterliche Entscheidung 4	
III. Rechtsfolgen 6	III. Rechtsfolgen......................... 17

A. Kommentierung zu Absatz 1

I. Grundlagen

1   Absatz 1 gewährt dem länger lebenden Ehegatten ein unvererbliches Recht zur Übernahme des Gesamtguts oder einzelner dazu gehörender Gegenstände gegen Ersatz des Wertes.

II. Anwendungsvoraussetzungen

1. Es bestand eine fortgesetzte Gütergemeinschaft

2   Die Anwendung der Vorschrift setzt voraus, dass eine fortgesetzte Gütergemeinschaft bestanden hatte.

2. Beendigung der fortgesetzten Gütergemeinschaft

3   Die fortgesetzte Gütergemeinschaft muss beendet sein.

3. Aufhebung nicht aufgrund § 1495 BGB durch richterliche Entscheidung

4   Die Vorschrift findet keine Anwendung, wenn die fortgesetzte Gütergemeinschaft aufgrund einer richterlichen Aufhebungsentscheidung (§§ 1495, 1496 BGB) aufgehoben worden ist (§ 1502 Abs. 2 Satz 1 BGB).

5   Entsprechendes gilt, wenn sich die an sich begründete **Aufhebungsklage** nach Erhebung – etwa durch einseitige Aufhebungserklärung des Ehegatten (§ 1492 Abs. 1 Satz 1 BGB) – **erledigt**.

III. Rechtsfolgen

6   Der überlebende Ehegatte ist berechtigt, das Gesamtgut oder einzelne dazu gehörende Gegenstände gegen Ersatz des Wertes zu **übernehmen** (Absatz 1 Satz 1).

7   Das Übernahmerecht kann durch **formlose Übernahmeerklärung** ausgeübt werden.[1]

8   Durch die Übernahmeerklärung werden die anteilsberechtigten Abkömmlinge zur Übereignung des Gesamthandeigentums an den Ehegatten zu Alleineigentum verpflichtet.

---

[1] *Kanzleiter* in: MünchKomm-BGB, § 1502 Rn. 2.

Das Übernahmerecht ist **unvererblich** (Absatz 1 Satz 2). Hat der überlebende Ehegatte allerdings sein 9
Recht zur Übernahme geltend gemacht, ist der sich daraus ergebende Anspruch auf Übereignung der
entsprechenden Gegenstände vererblich.

Mit der Ausübung des Übernahmerechts entsteht die Verpflichtung des überlebenden Ehegatten zum 10
Wertersatz gegenüber dem Gesamtgut.

Maßgeblich ist grundsätzlich der **Verkehrswert**.[2] Im Hinblick auf ein Landgut kann allerdings gemäß 11
§ 1515 Abs. 3 BGB ein Recht zur Übernahme zum Ertragswert eingeräumt werden.

Vergleiche im Übrigen zum Wertersatz die Kommentierung zu § 1477 BGB Rn. 42 ff. 12

B. Kommentierung zu Absatz 2

I. Grundlagen

Soweit es zu einer Aufhebung der fortgesetzten Gütergemeinschaft aufgrund einer Aufhebungsklage 13
gemäß § 1495 BGB kommt, entfällt das Übernahmerecht des Ehegatten. Ein solches steht stattdessen
den anteilsberechtigten Abkömmlingen zu. Diese können das Übernahmerecht jedoch nur gemeinschaftlich ausüben.

II. Anwendungsvoraussetzungen

1. Es bestand eine fortgesetzte Gütergemeinschaft

Die Anwendung der Vorschrift setzt voraus, dass eine fortgesetzte Gütergemeinschaft bestanden hatte. 14

2. Aufhebung der fortgesetzten Gütergemeinschaft aufgrund § 1495 BGB durch Urteil

Die Vorschrift findet Anwendung, wenn die fortgesetzte Gütergemeinschaft aufgrund eines Aufhe- 15
bungsurteils (§§ 1495, 1496 BGB) aufgehoben wird.

Die Vorschrift findet darüber hinaus entsprechende Anwendung, wenn eine an sich begründete **Aufhe-** 16
bungsklage sich zuvor – etwa durch den Tod des Ehegatten (§ 1494 BGB) oder dessen einseitige Aufhebungserklärung (§ 1492 Abs. 1 Satz 1 BGB) – **erledigt**.

III. Rechtsfolgen

Dem überlebenden Ehegatten steht das Recht nach § 1502 Abs. 1 BGB, das Gesamtgut oder einzelne 17
dazu gehörende Gegenstände gegen Ersatz des Wertes zu übernehmen, nicht zu (Absatz 2 Satz 1).

Stattdessen können die **anteilsberechtigten Abkömmlinge** diejenigen Gegenstände gegen Ersatz des 18
Wertes **übernehmen**, welche der verstorbene Ehegatte nach § 1477 Abs. 2 BGB zu übernehmen berechtigt sein würde (Absatz 2 Satz 2).

Das Recht zur Übernahme kann von den Abkömmlingen **nur gemeinschaftlich** ausgeübt werden 19
(Absatz 2 Satz 3).

Das Übernahmerecht der Abkömmlinge ist **vererblich**. 20

---

[2] BGH v. 07.05.1986 - IVb ZR 42/85 - juris Rn. 18 - LM Nr. 4 zu § 1477 BGB.

§ 1503 BGB Teilung unter den Abkömmlingen

(Fassung vom 02.01.2002, gültig ab 01.01.2002)

(1) Mehrere anteilsberechtigte Abkömmlinge teilen die ihnen zufallende Hälfte des Gesamtguts nach dem Verhältnis der Anteile, zu denen sie im Falle der gesetzlichen Erbfolge als Erben des verstorbenen Ehegatten berufen sein würden, wenn dieser erst zur Zeit der Beendigung der fortgesetzten Gütergemeinschaft gestorben wäre.

(2) Das Vorempfangene kommt nach den für die Ausgleichung unter Abkömmlingen geltenden Vorschriften zur Ausgleichung, soweit nicht eine solche bereits bei der Teilung des Nachlasses des verstorbenen Ehegatten erfolgt ist.

(3) Ist einem Abkömmling, der auf seinen Anteil verzichtet hat, eine Abfindung aus dem Gesamtgut gewährt worden, so fällt sie den Abkömmlingen zur Last, denen der Verzicht zustatten kommt.

Gliederung

A. Kommentierung zu Absatz 1 1
  I. Grundlagen 1
  II. Anwendungsvoraussetzungen 2
    1. Es bestand eine fortgesetzte Gütergemeinschaft ... 2
    2. Durchführung der Auseinandersetzung 3
    3. Es gibt mehrere anteilsberechtigte Abkömmlinge 4
    4. Keine abweichende Regelung des verstorbenen Ehegatten 6
  III. Rechtsfolgen 7
B. Kommentierung zu Absatz 2 8
  I. Grundlagen 8
  II. Anwendungsvoraussetzungen 10
    1. Es bestand eine fortgesetzte Gütergemeinschaft ... 10
    2. Durchführung der Auseinandersetzung 11
    3. Es gibt mehrere anteilsberechtigte Abkömmlinge 12
    4. Vorempfänge aus dem Gesamtgut 13
    5. Bei der Teilung des Nachlasses des verstorbenen Ehegatten ist keine (vollständige) Ausgleichung des Vorempfangenen erfolgt 14
  III. Rechtsfolgen 15
C. Kommentierung zu Absatz 3 17
  I. Grundlagen 17
  II. Anwendungsvoraussetzungen 18
    1. Es bestand eine fortgesetzte Gütergemeinschaft ... 18
    2. Durchführung der Auseinandersetzung 19
    3. Es gibt mehrere anteilsberechtigte Abkömmlinge 20
    4. Anteilsberechtigter Abkömmling verzichtete auf seinen Anteil 21
    5. Anteilsberechtigtem Abkömmling ist für seinen Verzicht eine Abfindung aus dem Gesamtgut gewährt worden 24
  III. Rechtsfolgen 26

A. Kommentierung zu Absatz 1

I. Grundlagen

1 Absatz 1 regelt die Teilung der den Abkömmlingen des verstorbenen Ehegatten zustehenden Hälfte des Gesamtguts unter den Abkömmlingen.

II. Anwendungsvoraussetzungen

1. Es bestand eine fortgesetzte Gütergemeinschaft

2 Die Anwendung der Vorschrift setzt voraus, dass eine fortgesetzte Gütergemeinschaft bestanden hatte.

2. Durchführung der Auseinandersetzung

3 Die Vorschrift findet Anwendung, wenn sich die Beteiligten der fortgesetzten Gütergemeinschaft nach § 1497 Abs. 1 BGB über das Gesamtgut der fortgesetzten Gütergemeinschaft auseinander setzen.

3. Es gibt mehrere anteilsberechtigte Abkömmlinge

4 Die Anwendung der Vorschrift setzt voraus, dass es mehrere anteilsberechtigte Abkömmlinge gibt.

5 An die Stelle eines vor Beendigung der fortgesetzten Gütergemeinschaft verstorbenen Abkömmlings treten die durch ihn mit dem verstorbenen Ehegatten verwandten Abkömmlinge.

4. Keine abweichende Regelung des verstorbenen Ehegatten

Die Vorschrift findet keine bzw. nur eingeschränkte Anwendung, wenn der verstorbene Ehegatte gemäß den §§ 1512-1515 BGB mit Zustimmung des überlebenden Ehegatten (vgl. § 1516 BGB) eine abweichende Regelung getroffen hat. 6

III. Rechtsfolgen

Die anteilsberechtigten Abkömmlinge teilen die ihnen zufallende Hälfte des Gesamtguts nach dem Verhältnis der Anteile, zu denen sie im Falle der gesetzlichen Erbfolge als Erben des verstorbenen Ehegatten berufen sein würden, wenn dieser erst zur Zeit der Beendigung der fortgesetzten Gemeinschaft gestorben wäre. 7

B. Kommentierung zu Absatz 2

I. Grundlagen

Absatz 2 bestimmt, dass Vorempfänge der Abkömmlinge nach den für die Ausgleichung unter Abkömmlingen geltenden Vorschriften zur Ausgleichung kommen, soweit nicht eine solche bereits bei der Teilung des Nachlasses des verstorbenen Ehegatten erfolgt ist. 8

Die Vorschrift kann von den Ehegatten nicht abbedungen werden (§ 1518 Satz 1 BGB). 9

II. Anwendungsvoraussetzungen

1. Es bestand eine fortgesetzte Gütergemeinschaft

Die Anwendung der Vorschrift setzt voraus, dass eine fortgesetzte Gütergemeinschaft bestanden hatte. 10

2. Durchführung der Auseinandersetzung

Die Vorschrift findet Anwendung, wenn sich die Beteiligten der fortgesetzten Gütergemeinschaft nach § 1497 Abs. 1 BGB über das Gesamtgut der fortgesetzten Gütergemeinschaft auseinander setzen. 11

3. Es gibt mehrere anteilsberechtigte Abkömmlinge

Die Anwendung der Vorschrift setzt voraus, dass es mehrere anteilsberechtigte Abkömmlinge gibt. 12

4. Vorempfänge aus dem Gesamtgut

Die Vorschrift entfaltet Wirkung, sofern einer oder mehrere Abkömmlinge Vorempfänge vom verstorbenen oder überlebenden Ehegatten aus dem Gesamtgut erhalten haben. 13

5. Bei der Teilung des Nachlasses des verstorbenen Ehegatten ist keine (vollständige) Ausgleichung des Vorempfangenen erfolgt

Das Vorempfangene darf nicht bereits bei der Teilung des Nachlasses des verstorbenen Ehegatten vollständig ausgeglichen worden sein. 14

III. Rechtsfolgen

Das Vorempfangene kommt nach den für die Ausgleichung unter Abkömmlingen geltenden Vorschriften zur Ausgleichung, soweit nicht eine solche bereits bei der Teilung des Nachlasses des verstorbenen Ehegatten erfolgt ist. Es sind daher die §§ 2050, 2051 Abs. 1, 2053-2057 BGB entsprechend anzuwenden. 15

Eine Ausgleichspflicht gegenüber dem überlebenden Ehegatten besteht nicht. 16

C. Kommentierung zu Absatz 3

I. Grundlagen

Absatz 3 ergänzt § 1501 BGB über die Anrechnung von Abfindungen an Abkömmlinge auf den Gesamtgutsanteil der Abkömmlinge. 17

II. Anwendungsvoraussetzungen

1. Es bestand eine fortgesetzte Gütergemeinschaft

Die Anwendung der Vorschrift setzt voraus, dass eine fortgesetzte Gütergemeinschaft bestanden hatte. 18

§ 1503

2. Durchführung der Auseinandersetzung

19 Die Vorschrift findet Anwendung, wenn sich die Beteiligten der fortgesetzten Gütergemeinschaft nach § 1497 Abs. 1 BGB über das Gesamtgut der fortgesetzten Gütergemeinschaft auseinander setzen.

3. Es gibt mehrere anteilsberechtigte Abkömmlinge

20 Die Anwendung der Vorschrift setzt voraus, dass es mehrere anteilsberechtigte Abkömmlinge gibt.

4. Anteilsberechtigter Abkömmling verzichtete auf seinen Anteil

21 Ein anteilsberechtigter Abkömmling muss auf seinen Anteil verzichtet haben.

22 Die Vorschrift findet sowohl im Falle eines **einseitigen Verzichts** (vgl. § 1491 Abs. 1 BGB) als auch im Falle eines **Verzichtsvertrags** (vgl. § 1491 Abs. 2 BGB) Anwendung.[1]

23 Auf den **Vorausverzicht** nach § 1517 BGB, bei dem die Abfindung aus dem Gesamtgut die Gegenleistung ist, ist die Vorschrift hingegen nicht anwendbar.[2]

5. Anteilsberechtigtem Abkömmling ist für seinen Verzicht eine Abfindung aus dem Gesamtgut gewährt worden

24 Dem anteilsberechtigten Abkömmling muss für seinen Verzicht eine Abfindung aus dem Gesamtgut gewährt worden sein.

25 Die Vorschrift findet keine Anwendung, wenn die Abfindung aus dem Vorbehalts- oder Sondergut des überlebenden Ehegatten gewährt wurde.

III. Rechtsfolgen

26 Die Abfindung fällt den Abkömmlingen zur Last, denen der Verzicht zustattenkommt. Dies sind diejenigen Abkömmlinge, denen der Anteil des verzichtenden Abkömmlings gemäß den §§ 1491 Abs. 4, 1490 Satz 3 BGB angewachsen ist.

---

[1] *Brudermüller* in: Palandt, § 1503 Rn. 3.
[2] *Brudermüller* in: Palandt, § 1503 Rn. 3; *Kanzleiter* in: MünchKomm-BGB, § 1503 Rn. 2.

§ 1504 BGB Haftungsausgleich unter Abkömmlingen

(Fassung vom 02.01.2002, gültig ab 01.01.2002)

¹Soweit die anteilsberechtigten Abkömmlinge nach § 1480 den Gesamtgutsgläubigern haften, sind sie im Verhältnis zueinander nach der Größe ihres Anteils an dem Gesamtgut verpflichtet. ²Die Verpflichtung beschränkt sich auf die ihnen zugeteilten Gegenstände; die für die Haftung des Erben geltenden Vorschriften der §§ 1990, 1991 finden entsprechende Anwendung.

Gliederung

A. Grundlagen 1	III. Es gibt mehrere anteilsberechtigte Abkömmlinge 4
B. Anwendungsvoraussetzungen 2	IV. Haftung der anteilsberechtigten Abkömmlinge nach § 1480 BGB 5
I. Es bestand eine fortgesetzte Gütergemeinschaft ... 2	
II. Durchführung der Auseinandersetzung 3	C. Rechtsfolgen 6

A. Grundlagen

Die Vorschrift bestimmt die Verpflichtungen der Abkömmlinge im Innenverhältnis für den Fall einer persönlichen Haftung nach § 1480 BGB.   1

B. Anwendungsvoraussetzungen

I. Es bestand eine fortgesetzte Gütergemeinschaft

Die Anwendung der Vorschrift setzt voraus, dass eine fortgesetzte Gütergemeinschaft bestanden hatte.   2

II. Durchführung der Auseinandersetzung

Die Vorschrift findet Anwendung, wenn sich die Beteiligten der fortgesetzten Gütergemeinschaft nach § 1497 Abs. 1 BGB über das Gesamtgut der fortgesetzten Gütergemeinschaft auseinandersetzen.   3

III. Es gibt mehrere anteilsberechtigte Abkömmlinge

Die Anwendung der Vorschrift setzt voraus, dass es mehrere anteilsberechtigte Abkömmlinge gibt.   4

IV. Haftung der anteilsberechtigten Abkömmlinge nach § 1480 BGB

Die anteilsberechtigten Abkömmlinge müssen gemäß § 1480 BGB persönlich haften. Dies ist der Fall, wenn das Gesamtgut geteilt wird, bevor die Gesamtgutsverbindlichkeiten vollständig berichtigt worden sind (vgl. § 1498 Satz 1 BGB).   5

C. Rechtsfolgen

Die anteilsberechtigten Abkömmlinge sind im Hinblick auf die Haftung nach § 1480 BGB im Verhältnis zueinander nach der Größe ihres Anteils an dem Gesamtgut verpflichtet (Satz 1).   6

Die Verpflichtung beschränkt sich auf die den Abkömmlingen zugeteilten Gegenstände; die für die Haftung des Erben geltenden Vorschriften der §§ 1990, 1991 BGB finden entsprechende Anwendung (Satz 2).   7

Hat ein Abkömmling an einen Gläubiger mehr geleistet, so kann er von den anderen Abkömmlingen Ausgleich verlangen. Die Ersatzpflicht der übrigen Abkömmlinge beschränkt sich jedoch wiederum auf das, was rechnerisch auf ihren Anteil entfällt bzw. die ihnen zugeteilten Gegenstände.   8

§ 1505 BGB Ergänzung des Anteils des Abkömmlings

(Fassung vom 02.01.2002, gültig ab 01.01.2002)

Die Vorschriften über das Recht auf Ergänzung des Pflichtteils finden zugunsten eines anteilsberechtigten Abkömmlings entsprechende Anwendung; an die Stelle des Erbfalls tritt die Beendigung der fortgesetzten Gütergemeinschaft, als gesetzlicher Erbteil gilt der dem Abkömmling zur Zeit der Beendigung gebührende Anteil an dem Gesamtgut, als Pflichtteil gilt die Hälfte des Wertes dieses Anteils.

Gliederung

A. Grundlagen 1
B. Anwendungsvoraussetzungen 2
 I. Es bestand eine fortgesetzte Gütergemeinschaft 2
 II. Verstorbener Ehegatte hatte zu Lebzeiten eine Schenkung aus dem Gesamtgut erbracht 3
 III. Durchführung der Auseinandersetzung 5
C. Rechtsfolgen 6

A. Grundlagen

1   Die Vorschrift dient dem Schutz des Auseinandersetzungsanspruchs der Abkömmlinge gegen Schenkungen des verstorbenen Ehegatten, die dieser zu Lebzeiten vorgenommen hat. Die Vorschriften zum Pflichtteilsergänzungsanspruch (§§ 2325-2332 BGB) mussten für entsprechend anwendbar erklärt werden, weil im Hinblick auf das Gesamtgut kein Erbfall vorliegt. Auf den Ergänzungsanspruch hinsichtlich des Vorbehalts- und Sonderguts des verstorbenen Ehegatten finden die §§ 2325-2332 BGB unmittelbar Anwendung.

B. Anwendungsvoraussetzungen

I. Es bestand eine fortgesetzte Gütergemeinschaft

2   Die Anwendung der Vorschrift setzt voraus, dass eine fortgesetzte Gütergemeinschaft bestanden hatte.

II. Verstorbener Ehegatte hatte zu Lebzeiten eine Schenkung aus dem Gesamtgut erbracht

3   Der verstorbene Ehegatte muss zu Lebzeiten eine Schenkung aus dem Gesamtgut erbracht haben.
4   Da Schenkungen des allein verwaltenden Ehegatten ohne Zustimmung des anderen Ehegatten zurückgefordert werden können (vgl. § 1425 Abs. 1 BGB), findet die Vorschrift nur auf Schenkungen des verwaltenden Ehegatten mit Zustimmung des anderen sowie auf Schenkungen beider Ehegatten im Falle einer gemeinschaftlichen Verwaltung Anwendung.

III. Durchführung der Auseinandersetzung

5   Die Vorschrift findet Anwendung, wenn sich die Beteiligten der fortgesetzten Gütergemeinschaft nach § 1497 Abs. 1 BGB über das Gesamtgut der fortgesetzten Gütergemeinschaft auseinandersetzen.

C. Rechtsfolgen

6   Die Vorschriften über das Recht auf Ergänzung des Pflichtteils (§§ 2325-2332 BGB) finden zugunsten eines anteilsberechtigten Abkömmlings entsprechende Anwendung. An die Stelle des Erbfalls tritt die Beendigung der fortgesetzten Gütergemeinschaft. Als gesetzlicher Erbteil gilt der dem Abkömmling zur Zeit der Beendigung gebührende Anteil an dem Gesamtgut, als Pflichtteil gilt die Hälfte des Wertes dieses Anteils.
7   Die Schenkung aus dem Gesamtgut wird im Allgemeinen beiden Ehegatten je zur Hälfte zugerechnet (§ 2331 Abs. 1 Satz 1 BGB). Der Abkömmling kann daher nach § 1505 BGB nur die Hälfte der Schenkung geltend machen. Die andere Hälfte des Ergänzungsanspruchs richtet sich gegen den Nachlass des letztverstorbenen Ehegatten; diesbezüglich finden die §§ 2325-2332 BGB unmittelbare Anwendung.
8   Zur Ergänzung verpflichtet sind primär die übrigen anteilsberechtigten Abkömmlinge. Ihnen steht allerdings gemäß § 2328 BGB ein Leistungsverweigerungsrecht insoweit zu, dass ihnen selbst die Hälfte des Werts ihres Anteils am Gesamtgut einschließlich ihres Ergänzungsanteils verbleibt. Hilfsweise haftet dann der Beschenkte gemäß § 2329 BGB.

§ 1506 BGB Anteilsunwürdigkeit

(Fassung vom 02.01.2002, gültig ab 01.01.2002)

¹Ist ein gemeinschaftlicher Abkömmling erbunwürdig, so ist er auch des Anteils an dem Gesamtgut unwürdig. ²Die Vorschriften über die Erbunwürdigkeit finden entsprechende Anwendung.

Gliederung

A. Grundlagen 1
B. Anwendungsvoraussetzungen 3
I. Ehegatten lebten in Gütergemeinschaft 3
II. Ein Ehegatte ist verstorben 4
III. Gemeinschaftlicher Abkömmling/Überlebender Ehegatte ist erbunwürdig im Hinblick auf das Vermögen des erstverstorbenen Ehegatten 5
C. Rechtsfolgen 9
D. Prozessuale Hinweise/Verfahrenshinweise 15

A. Grundlagen

Satz 1 bestimmt, dass ein erbunwürdiger Abkömmling zugleich des Anteils am Gesamtgut unwürdig ist. Ist ein Abkömmling erbunwürdig, hat dies für sich lediglich zur Folge, dass er seinen Erbteil am Nachlass des verstorbenen Ehegatten verliert. Dieser besteht indes nur aus dessen Vorbehalts- und Sondergut. Der Anteil des verstorbenen Ehegatten am Gesamtgut gehört gerade nicht zu seinem Nachlass (§ 1483 Abs. 1 Satz 3 BGB).   1

Satz 2 erklärt die Vorschriften über die Erbunwürdigkeit (§§ 2339-2345 BGB) für entsprechend anwendbar. Dies eröffnet die Möglichkeit eines gesonderten Verfahrens auf bloße Erklärung der Anteilsunwürdigkeit, ohne dass zuvor eine Erbunwürdigkeit festgestellt werden müsste.   2

B. Anwendungsvoraussetzungen

I. Ehegatten lebten in Gütergemeinschaft

Die Anwendung der Vorschrift setzt voraus, dass eine fortgesetzte Gütergemeinschaft bestanden hatte.   3

II. Ein Ehegatte ist verstorben

Einer der Ehegatten muss verstorben sein.   4

III. Gemeinschaftlicher Abkömmling/Überlebender Ehegatte ist erbunwürdig im Hinblick auf das Vermögen des erstverstorbenen Ehegatten

Satz 1 findet Anwendung, wenn einer der gemeinschaftlichen Abkömmlinge erbunwürdig ist.   5

Die **Unwürdigkeitsgründe** ergeben sich aus § 2339 Abs. 1 Nr. 1-4 BGB. Als Verfügungen von Todes wegen im dort genannten Sinne sind auch solche nach den §§ 1511-1515 BGB zu verstehen. Ebenso erfasst wird die Zustimmung des anderen Ehegatten nach § 1516 BGB,[1] da deren Verhinderung zugleich eine mittelbare Verhinderung einer Verfügung des vorverstorbenen Ehegatten darstellt. Eine Verzeihung (§ 2343 BGB) kann aber nur der erstverstorbene Ehegatte erklären, da es nur um die Anteilsbeteiligung nach seinem Tode geht.[2]   6

Satz 1 betrifft nur das Verhältnis des Abkömmlings zum erstverstorbenen Ehegatten. Wird die fortgesetzte Gütergemeinschaft nach § 1494 BGB durch den **Tod** (oder die Todeserklärung) **des länger lebenden Ehegatten** beendet, erfolgt die Vererbung seines Anteils am Gesamtgut nach Maßgabe der allgemeinen Vorschriften. Die §§ 2339-2345 BGB finden daher in diesem Fall direkte Anwendung.   7

Im Falle der **Erbunwürdigkeit des überlebenden Ehegatten** ist Satz 1 entsprechend anwendbar (str.).[3]   8

---

[1] *Brudermüller* in: Palandt, § 1506 Rn. 2; *Kanzleiter* in: MünchKomm-BGB, § 1506 Rn. 2.
[2] *Kanzleiter* in: MünchKomm-BGB, § 1506 Rn. 2.
[3] *Kanzleiter* in: MünchKomm-BGB, § 1506 Rn. 3.

§ 1506

C. Rechtsfolgen

9 Der erbunwürdige Abkömmling – bzw. der überlebende Ehegatte – ist auch **des Anteils an dem Gesamtgut unwürdig**. Die §§ 2339-2345 BGB sind entsprechend anzuwenden (§ 1506 Satz 2 BGB).

10 Die Vorschriften über die Erbunwürdigkeit (§§ 2339-2345 BGB) finden entsprechende Anwendung. Erblasser im Sinne dieser Vorschriften ist der verstorbene Ehegatte.

11 Die Anteilsunwürdigkeit kann daher **selbstständig festgestellt** werden, ohne dass es einer Feststellung der Erbunwürdigkeit bedarf.

12 Mit der **Erklärung der Anteilsunwürdigkeit** eines Abkömmlings oder des Ehegatten gilt sein Anteil am Gesamtgut als nicht von ihm erworben (§ 2344 Abs. 1 BGB).

13 Im Falle der **Anteilsunwürdigkeit eines Abkömmlings** fällt dessen Anteil demjenigen zu, der ihn erworben hätte, wenn der anteilsberechtigte Abkömmling zur Zeit des Eintritts der fortgesetzten Gütergemeinschaft nicht gelebt hätte (§ 2344 Abs. 2 BGB). Dies sind in erster Linie die Abkömmlinge des Anteilsunwürdigen, hilfsweise die anderen Abkömmlingen der Ehegatten (vgl. § 1483 Abs. 2 BGB in Bezug auf einseitige Abkömmlinge), zuletzt hilfsweise der überlebende Ehegatte.

14 Im Falle der **Anteilsunwürdigkeit des überlebenden Ehegatten** tritt eine Fortsetzung der Gütergemeinschaft nicht ein. Der Gesamtgutsanteil des Verstorbenen wird nach der allgemeinen Erbfolge unter Ausschluss des überlebenden Ehegatten vererbt. Der überlebende Ehegatte erhält bei der Auseinandersetzung nur seine Gesamtgutshälfte (§§ 1498 Satz 1, 1476 BGB).

D. Prozessuale Hinweise/Verfahrenshinweise

15 Die Anteilsunwürdigkeit wird durch die **Anfechtung des Anteilserwerbs** am Gesamtgut der fortgesetzten Gütergemeinschaft geltend gemacht. Sie kann erst nach Eintritt derselben erfolgen, dann aber nur binnen Jahresfrist ab dem Zeitpunkt, in dem der Anfechtungsberechtigte vom Anfechtungsgrund Kenntnis erlangte (§§ 2340 Abs. 3, 2082 BGB).

16 **Anfechtungsberechtigt** ist jeder, dem der Wegfall des anteilsunwürdigen Abkömmlings zustattenkommt, sei es auch nur bei Wegfall eines anderen (§ 2341 BGB).

17 Die Anfechtung erfolgt durch besondere **Anfechtungsklage** gegen den anteilsunwürdigen Abkömmling (oder Ehegatten) und ist auf Erklärung der Anteilsunwürdigkeit gerichtet. Die Wirkung tritt erst mit Rechtskraft des Urteils ein (§ 2342 Abs. 2 BGB).

§ 1507 BGB Zeugnis über Fortsetzung der Gütergemeinschaft

(Fassung vom 02.01.2002, gültig ab 01.01.2002)

¹Das Nachlassgericht hat dem überlebenden Ehegatten auf Antrag ein Zeugnis über die Fortsetzung der Gütergemeinschaft zu erteilen. ²Die Vorschriften über den Erbschein finden entsprechende Anwendung.

Gliederung

A. Grundlagen	1	I. Fortgesetzte Gütergemeinschaft/Beendete fortgesetzte Gütergemeinschaft	8
I. Kurzcharakteristik	1	II. Antrag auf Erteilung eines Zeugnisses über die Fortsetzung der Gütergemeinschaft	9
II. Zeugnis über die Fortsetzung der Gütergemeinschaft	2		
B. Anwendungsvoraussetzungen	8	C. Rechtsfolgen	14

A. Grundlagen

I. Kurzcharakteristik

Die Vorschrift bestimmt, dass dem überlebenden Ehegatten auf Antrag ein Zeugnis über die Fortsetzung der Gütergemeinschaft auszustellen ist. Die Vorschriften über den Erbschein finden dabei entsprechende Anwendung.   **1**

II. Zeugnis über die Fortsetzung der Gütergemeinschaft

Ein Zeugnis über die Fortsetzung der Gütergemeinschaft ermöglicht dem überlebenden Ehegatten als Verwalter des Gesamtguts (vgl. § 1487 Abs. 1 BGB) den Nachweis über den Eintritt der fortgesetzten Gütergemeinschaft und damit seiner Berechtigung zur Verwaltung des Gesamtguts. Das Zeugnis dient damit der Erleichterung des Rechtsverkehrs. Dies gilt vor allem im Grundbuch- sowie im Registerverfahren (vgl. § 35 Abs. 2 GBO, § 41 Abs. 2 SchRegO).   **2**

Durch das Zeugnis wird auch den Geschäftspartnern des überlebenden Ehegatten eine Grundlage für die Vornahme der Rechtsgeschäfte ermöglicht, da ihr guter Glaube an den Inhalt des Zeugnisses in entsprechender Anwendung der §§ 2366, 2367 BGB geschützt wird.   **3**

Notwendiger Inhalt des Zeugnisses sind die genaue Bezeichnung (Name, Geburtsdatum und Wohnort) des verstorbenen und des überlebenden Ehegatten, der Todestag des verstorbenen Ehegatten sowie die Feststellung, dass die Gütergemeinschaft zwischen dem überlebenden Ehegatten und den gemeinschaftlichen Abkömmlingen fortgesetzt wird.   **4**

Andere Angaben sind zwar möglich, aber nicht notwendig. Dies gilt etwa in Bezug auf die Person der anteilsberechtigten Abkömmlinge oder die Größe der Anteile. Solche Zusatzangaben nehmen grundsätzlich nicht am öffentlichen Glauben teil. Im Grundbuchverfahren erbringt das Zeugnis allerdings den vollen Beweis für den Übergang des Gesamtguts auf die in ihm genannten Personen.[1] Sofern das Zeugnis erst nach Beendigung der fortgesetzten Gütergemeinschaft erteilt wird, kann ein entsprechender Vermerk aufgenommen werden; notwendiger Inhalt eines Zeugnisses ist eine solche Angabe indes nicht (str.).   **5**

Aufzuführen sind im Zeugnis jedoch die erbberechtigten einseitigen Abkömmlinge des verstorbenen Ehegatten (str.).[2] Wird dies unterlassen und erhält das Zeugnis auch nicht die Angabe eines (bestimmten) Bruchteils des Gesamtguts, so kann im Rechtsverkehr davon ausgegangen werden, dass andere als gemeinschaftliche Kinder, welche Erben wären, nicht vorhanden sind, dass also das eheliche Gesamtgut ganz zum Gesamtgut der fortgesetzten Gütergemeinschaft geworden ist (str.).[3]   **6**

Das Zeugnis über die Fortsetzung der Gütergemeinschaft ist rechtlich von einem **Erbschein** (bezüglich des Vorbehalts- und Sonderguts) zu trennen. Zeugnis und Erbschein können zwar in einem Schriftstück verbunden werden, doch sind sie voneinander unabhängig.   **7**

---

[1] OLG München v. 26.05.2011 - 31 Wx 52/11 - juris Rn. 13 - FamRZ 2012, 229-232.
[2] BGH v. 04.07.1974 - III ZR 61/72 - juris Rn. 27 - BGHZ 63, 35-45.
[3] BGH v. 04.07.1974 - III ZR 61/72 - juris Rn. 27 - BGHZ 63, 35-45.

B. Anwendungsvoraussetzungen

I. Fortgesetzte Gütergemeinschaft/Beendete fortgesetzte Gütergemeinschaft

8 Die Anwendung der Vorschrift setzt voraus, dass eine fortgesetzte Gütergemeinschaft eingetreten ist. Auch nach Beendigung der fortgesetzten Gütergemeinschaft kann die Vorschrift anwendbar sein, wenn ein Bedürfnis für die Erteilung eines Fortsetzungszeugnisses besteht.[4]

II. Antrag auf Erteilung eines Zeugnisses über die Fortsetzung der Gütergemeinschaft

9 Es muss beim Nachlassgericht ein Antrag auf Erteilung eines Zeugnisses über die Fortsetzung der Gütergemeinschaft gestellt worden sein.

10 Auch ein **Negativzeugnis**, dass eine fortgesetzte Gütergemeinschaft nicht eingetreten ist, kann auf Antrag erteilt werden.

11 **Antragsberechtigt** sind bei bestehender fortgesetzter Gütergemeinschaft der überlebende Ehegatte sowie gemäß §§ 792, 896 ZPO der Gläubiger, der im Besitz eines vollstreckbaren Titels ist. Nach Beendigung der fortgesetzten Gütergemeinschaft sind darüber hinaus die anteilsberechtigten Abkömmlinge – und zwar jeder für sich – sowie (im Falle des Versterbens des zunächst überlebenden Ehegatten) jeder Erbe dieses Ehegatten antragsberechtigt.

12 Der Antrag bedarf keiner bestimmten **Form**. Er muss allerdings bestimmt gefasst sein und die Angaben enthalten, die Inhalt des beantragten Zeugnisses werden sollen (zum notwendigen Inhalt des Zeugnisses vgl. vorstehend).

13 Mit dem Antrag ist der Ehevertrag vorzulegen. Darüber hinaus ist in der erforderlichen Form an Eides statt zu versichern, dass die Fortsetzung der Gütergemeinschaft nicht durch einen anderen Ehevertrag oder eine Verfügung von Todes wegen (§§ 1509, 1511, 1516 BGB) ausgeschlossen ist und dass über das Bestehen der fortgesetzten Gütergemeinschaft kein Rechtsstreit anhängig ist. Der Tod des verstorbenen Ehegatten ist durch öffentliche Urkunde nachzuweisen.

C. Rechtsfolgen

14 Das Nachlassgericht hat dem überlebenden Ehegatten ein **Zeugnis** über die Fortsetzung der Gütergemeinschaft zu erteilen (Satz 1).

15 Wird das Zeugnis erst nach der Beendigung der fortgesetzten Gütergemeinschaft erteilt, ist es mit dem Vermerk zu versehen, dass und seit wann diese beendet ist.[5]

16 Die Vorschriften über den Erbschein (§§ 2353-2370 BGB) finden entsprechende Anwendung (Satz 2). Keine Anwendung finden allerdings die §§ 2357, 2363, 2363 BGB und § 2369 BGB.

17 Ein **unrichtiges Zeugnis** kann vom Nachlassgericht **eingezogen** oder für **kraftlos erklärt** werden (§ 2361 BGB). In beschränktem Umfang lässt die Praxis auch eine einfache Berichtigung des Zeugnisses ohne die (förmliche) Einziehung und Neuerteilung zu.

18 Zugunsten des überlebenden Ehegatten und zugunsten Dritter wird im Falle der Erteilung des Zeugnisses in entsprechender Anwendung des § 2365 BGB **vermutet**, dass die Gütergemeinschaft über den Tod des erstverstorbenen Ehegatten hinaus fortgesetzt wurde. Der gute Glaube hieran wird in entsprechender Anwendung der §§ 2366, 2367 BGB geschützt. Dies gilt auch und gerade im Hinblick auf das Alleinverwaltungsrecht des überlebenden Ehegatten.[6] Das Zeugnis begründet aber keine Vermutung dahingehend, dass die zunächst eingetretene fortgesetzte Gütergemeinschaft tatsächlich noch fortbesteht.[7]

---

[4] OLG München v. 26.05.2011 - 31 Wx 52/11 - juris Rn. 11 - FamRZ 2012, 229-232; vgl. auch BGH v. 04.07.1974 - III ZR 61/72 - juris Rn. 26 - BGHZ 63, 35-45.

[5] OLG München v. 26.05.2011 - 31 Wx 52/11 - juris Rn. 11 - FamRZ 2012, 229-232.

[6] BGH v. 04.07.1974 - III ZR 61/72 - BGHZ 63, 35-45.

[7] KG Berlin v. 13.07.1964 - 1 W 1357/64.

§ 1508 BGB (weggefallen)

(Fassung vom 01.01.1964, gültig ab 01.01.1980, gültig bis 31.12.2001)

(weggefallen)

§ 1508 BGB in der Fassung vom 01.01.1964 ist durch Art. 1 Nr. 13 des Gesetzes vom 18.06.1957 – BGBl I 1957, 609 – mit Wirkung vom 01.07.1958 weggefallen.   1

§ 1509 BGB Ausschließung der fortgesetzten Gütergemeinschaft durch letztwillige Verfügung

(Fassung vom 02.01.2002, gültig ab 01.01.2002)

¹Jeder Ehegatte kann für den Fall, dass die Ehe durch seinen Tod aufgelöst wird, die Fortsetzung der Gütergemeinschaft durch letztwillige Verfügung ausschließen, wenn er berechtigt ist, dem anderen Ehegatten den Pflichtteil zu entziehen oder auf Aufhebung der Gütergemeinschaft zu klagen. ²Das Gleiche gilt, wenn der Ehegatte berechtigt ist, die Aufhebung der Ehe zu beantragen, und den Antrag gestellt hat. ³Auf die Ausschließung finden die Vorschriften über die Entziehung des Pflichtteils entsprechende Anwendung.

Gliederung

A. Grundlagen 1	2. Ein Ehegatte ist berechtigt, auf Aufhebung der Gütergemeinschaft zu klagen (Satz 1 Alternative 2) 7
B. Anwendungsvoraussetzungen 2	
I. Ehegatten leben in Gütergemeinschaft 2	
II. Vereinbarung einer fortgesetzten Gütergemeinschaft 3	3. Ein Ehegatte ist berechtigt, die Aufhebung der Ehe zu beantragen, und hat einen solchen Antrag gestellt (Satz 2) 8
III. Störung der ehelichen Lebensgemeinschaft 4	
1. Ein Ehegatte ist berechtigt, dem anderen Ehegatten den Pflichtteil zu entziehen (Satz 1 Alternative 1) 6	IV. Keine Verzeihung 10
	C. Rechtsfolgen 11
	D. Prozessuale Hinweise/Verfahrenshinweise 18

A. Grundlagen

1 Die Vorschrift ermöglicht es in bestimmten Fällen der Störung der ehelichen Lebensgemeinschaft jedem der beiden Ehegatten, durch letztwillige Verfügung den Eintritt der fortgesetzten Gütergemeinschaft für den Fall seines Todes auszuschließen. Für den Ausschluss lediglich eines Abkömmlings gilt § 1511 BGB.

B. Anwendungsvoraussetzungen

I. Ehegatten leben in Gütergemeinschaft

2 Die Ehegatten müssen im Güterstand der Gütergemeinschaft leben.

II. Vereinbarung einer fortgesetzten Gütergemeinschaft

3 Die Ehegatten müssen eine ehevertragliche Vereinbarung über die Fortsetzung der Gütergemeinschaft für den Fall des Todes eines der Ehegatten getroffen haben.

III. Störung der ehelichen Lebensgemeinschaft

4 Die Anwendung der Vorschrift setzt voraus, dass einer der Ehegatten berechtigt ist, dem anderen den Pflichtteil zu entziehen oder auf Aufhebung der Gütergemeinschaft zu klagen, oder dass einer der Ehegatten bereits einen berechtigten Antrag auf Aufhebung der Ehe gestellt hat.

5 Wie sich aus dem Verweis in Satz 3 ergibt, müssen die Voraussetzungen noch zum Zeitpunkt der Errichtung der letztwilligen Verfügung vorliegen (§ 2336 Abs. 2 BGB).

1. Ein Ehegatte ist berechtigt, dem anderen Ehegatten den Pflichtteil zu entziehen (Satz 1 Alternative 1)

6 Die Berechtigung zur Entziehung des Pflichtteils bestimmt sich nach Maßgabe der §§ 2335-2337 BGB.

2. Ein Ehegatte ist berechtigt, auf Aufhebung der Gütergemeinschaft zu klagen (Satz 1 Alternative 2)

7 Die Berechtigung, auf Aufhebung der Gütergemeinschaft zu klagen, bestimmt sich nach Maßgabe der §§ 1447, 1448, 1469 BGB.

3. Ein Ehegatte ist berechtigt, die Aufhebung der Ehe zu beantragen, und hat einen solchen Antrag gestellt (Satz 2)

Schließlich findet die Vorschrift Anwendung, wenn ein Ehegatte berechtigt ist, die Aufhebung der Ehe zu beantragen, und der Ehegatte einen solchen Antrag gestellt hat. 8

Die Vorschrift gilt nach ihrem Wortlaut nur für den Fall eines Antrags auf Aufhebung der Ehe. Hiermit wird auf die §§ 1313-1318 BGB Bezug genommen. Die Vorschrift ist indes nach ihrem Normzweck entsprechend anzuwenden, wenn ein Ehegatte berechtigt ist, die Scheidung der Ehe zu beantragen, und er einen solchen Antrag gestellt hat.[1] 9

IV. Keine Verzeihung

Wie sich aus dem Verweis in Satz 3 der Vorschrift ergibt, darf der Ehegatte dem anderen nicht verziehen haben, da in einem solchen Fall eine Ausschließung der Fortsetzung der Gütergemeinschaft nach § 2337 Satz 1 BGB unzulässig wäre. 10

C. Rechtsfolgen

Der Ehegatte kann für den Fall, dass die Ehe durch seinen Tod aufgelöst wird, die **Fortsetzung der Gütergemeinschaft ausschließen**. 11

Der Ausschluss muss durch **letztwillige Verfügung** (§§ 1937, 2299 BGB) erfolgen. Zulässig ist auch ein Ausschluss durch einseitige Verfügung in einem Erbvertrag. 12

Bei der Ausschließungsverfügung bedarf es nicht der genauen Verwendung der Gesetzesformulierung; es genügt, wenn erkennbar wird, dass der Ehegatte die Fortsetzung der Gütergemeinschaft nicht mehr will.[2] 13

Auf die Ausschließung finden die Vorschriften über die Entziehung des Pflichtteils (§§ 2335-2337 BGB) entsprechende Anwendung (Satz 3). 14

Daher ist der **Grund der Ausschließung** anzugeben (§ 2336 Abs. 2 BGB). 15

Durch eine nachträgliche **Verzeihung** wird die Ausschließungsverfügung unwirksam (§ 2337 Satz 2 BGB). 16

Die **Wirkung** der Ausschließung bestimmt sich nach den §§ 1510, 1482 BGB. 17

D. Prozessuale Hinweise/Verfahrenshinweise

Die Ausschließung der fortgesetzten Gütergemeinschaft wird **nicht ins Güterrechtsregister** eingetragen. 18

Eine etwaige Nichtigkeit der ausschließenden Verfügung kann von jedermann geltend gemacht werden. 19

---

[1] *Kanzleiter* in: MünchKomm-BGB, § 1509 Rn. 2.
[2] Vgl. RG v. 03.02.1919 - IV 323/18 - RGZ 94, 314-318.

§ 1510 BGB Wirkung der Ausschließung

(Fassung vom 02.01.2002, gültig ab 01.01.2002)

Wird die Fortsetzung der Gütergemeinschaft ausgeschlossen, so gilt das Gleiche wie im Falle des § 1482.

Gliederung

A. Grundlagen 1
B. Anwendungsvoraussetzungen 2
   I. Ehegatten leben in Gütergemeinschaft 2
   II. Vereinbarung einer fortgesetzten Gütergemeinschaft 3
   III. Ein Ehegatte hat die Fortsetzung der Gütergemeinschaft ausgeschlossen 4
   IV. Tod eines Ehegatten 5
C. Rechtsfolgen 6

A. Grundlagen

1   Die Vorschrift verweist für den Fall der Ausschließung der Fortsetzung der Gütergemeinschaft nach § 1509 BGB auf § 1482 BGB. Es treten dieselben Rechtsfolgen ein, als wäre keine Fortsetzung der Gütergemeinschaft im Ehevertrag vereinbart worden.

B. Anwendungsvoraussetzungen

I. Ehegatten leben in Gütergemeinschaft

2   Die Anwendung der Vorschrift setzt voraus, dass die Ehegatten im Güterstand der Gütergemeinschaft leben.

II. Vereinbarung einer fortgesetzten Gütergemeinschaft

3   Die Ehegatten müssen im Ehevertrag die Fortsetzung der Gütergemeinschaft für den Fall des Todes eines der Ehegatten vereinbart haben. Haben die Ehegatten eine solche Vereinbarung nicht getroffen, findet § 1482 BGB unmittelbar Anwendung.

III. Ein Ehegatte hat die Fortsetzung der Gütergemeinschaft ausgeschlossen

4   Einer der Ehegatten muss die Fortsetzung der Gütergemeinschaft letztwillig ausgeschlossen haben. Ob ein Ehegatte zu einem solchen Ausschluss berechtigt ist, bestimmt sich nach § 1509 BGB. Die Nichtigkeit der Ausschließung kann jeder geltend machen.

IV. Tod eines Ehegatten

5   Die Vorschrift entfaltet Wirkung, wenn einer der beiden Ehegatten verstirbt.

C. Rechtsfolgen

6   Es gilt das Gleiche wie im Falle des § 1482 BGB. Die Gütergemeinschaft endet mit dem Tod des Ehegatten. Der verstorbene Ehegatte wird auch im Hinblick auf seinen Anteil am Gesamtgut nach den allgemeinen Vorschriften beerbt. Der Anteil am Gesamtgut ist gewöhnlicher Nachlassbestandteil.

§ 1511 BGB Ausschließung eines Abkömmlings

(Fassung vom 23.07.2002, gültig ab 01.08.2002)

(1) Jeder Ehegatte kann für den Fall, dass die Ehe durch seinen Tod aufgelöst wird, einen gemeinschaftlichen Abkömmling von der fortgesetzten Gütergemeinschaft durch letztwillige Verfügung ausschließen.

(2) ¹Der ausgeschlossene Abkömmling kann, unbeschadet seines Erbrechts, aus dem Gesamtgut der fortgesetzten Gütergemeinschaft die Zahlung des Betrags verlangen, der ihm von dem Gesamtgut der ehelichen Gütergemeinschaft als Pflichtteil gebühren würde, wenn die fortgesetzte Gütergemeinschaft nicht eingetreten wäre. ²Die für den Pflichtteilsanspruch geltenden Vorschriften finden entsprechende Anwendung.

(3) ¹Der dem ausgeschlossenen Abkömmling gezahlte Betrag wird bei der Auseinandersetzung den anteilsberechtigten Abkömmlingen nach Maßgabe des § 1501 angerechnet. ²Im Verhältnis der Abkömmlinge zueinander fällt er den Abkömmlingen zur Last, denen die Ausschließung zustatten kommt.

Gliederung

A. Grundlagen 1	IV. Zustimmung des anderen Ehegatten............. 12
B. Anwendungsvoraussetzungen 4	V. Tod des Ehegatten, der einen Abkömmling
I. Ehegatten leben in Gütergemeinschaft................ 4	ausgeschlossen hat.. 13
II. Vereinbarung einer fortgesetzten Gütergemeinschaft 5	C. Rechtsfolgen 15
III. Ausschließung eines Abkömmlings von der fortgesetzten Gütergemeinschaft 6	

A. Grundlagen

Absatz 1 gewährt jedem der Ehegatten das Recht, für den Fall seines Todes mit Zustimmung des anderen Ehegatten einen gemeinschaftlichen Abkömmling durch letztwillige Verfügung von der fortgesetzten Gütergemeinschaft auszuschließen.   **1**

Absatz 2 gewährt einem nach § 1511 Abs. 1 BGB von der fortgesetzten Gütergemeinschaft ausgeschlossenen Abkömmling einen Ersatzanspruch. Absatz 2 kann von den Ehegatten **nicht abbedungen** werden (§ 1518 Satz 1 BGB).   **2**

Absatz 3 bestimmt, dass eine nach § 1511 Abs. 2 BGB gegenüber einem ausgeschlossenen Abkömmling erbrachte Zahlung bei der Auseinandersetzung der fortgesetzten Gütergemeinschaft den anteilsberechtigten Abkömmlingen angerechnet wird.   **3**

B. Anwendungsvoraussetzungen

I. Ehegatten leben in Gütergemeinschaft

Die Anwendung der Vorschrift setzt voraus, dass die Ehegatten im Güterstand der Gütergemeinschaft leben.   **4**

II. Vereinbarung einer fortgesetzten Gütergemeinschaft

Die Ehegatten müssen im Ehevertrag die Fortsetzung der Gütergemeinschaft für den Fall des Todes eines der Ehegatten vereinbart haben.   **5**

III. Ausschließung eines Abkömmlings von der fortgesetzten Gütergemeinschaft

Absatz 1 gewährt jedem Ehegatten das Recht, für den Fall, dass die Ehe durch seinen Tod aufgelöst wird, einen gemeinschaftlichen Abkömmling von der fortgesetzten Gütergemeinschaft auszuschließen.   **6**

Die Ausschließung kann sich auch auf **mehrere** oder alle gemeinschaftlichen Abkömmlinge erstrecken.   **7**

Der Ehegatte kann auch noch **nicht geborene** und sogar noch nicht gezeugte Abkömmlinge von der fortgesetzten Gütergemeinschaft ausschließen.   **8**

§ 1511

9   Die Ausschließung muss formell durch **letztwillige Verfügung** (§ 1937 BGB) erfolgen. Die Ausschließung kann auch als einseitige Verfügung in einem Erbvertrag getroffen werden (§ 2299 BGB).

10 Die Ausschließung muss nicht ausdrücklich angeordnet sein; sie kann sich auch erst im Wege der **Auslegung** ergeben. Eine Auslegung kann auch ergeben, dass sämtliche Abkömmlinge ausgeschlossen sein sollen. Eine solche Auslegung kommt in Betracht, wenn eine Verfügung von Todes wegen mit dem Eintritt der fortgesetzten Gütergemeinschaft nicht vereinbar ist. Dies kann etwa bei gegenseitiger Erbeinsetzung der Ehegatten zu Alleinerben der Fall sein.

11 Die Ausschließung kann auch unter einer bestimmten **Bedingung** – etwa dem Widerspruch des Abkömmlings gegen eine andere ihm vom Erblasser auferlegte Beschränkung (z.B. Teilungsanordnung) – erfolgen.

IV. Zustimmung des anderen Ehegatten

12 Die Ausschließung ist gemäß § 1516 Abs. 1 BGB nur wirksam, wenn der andere Ehegatte ihr zugestimmt hat.

V. Tod des Ehegatten, der einen Abkömmling ausgeschlossen hat

13 Die Vorschrift entfaltet Wirkung, wenn der Ehegatte, der einen Abkömmling von der fortgesetzten Gütergemeinschaft ausgeschlossen hat, verstirbt.

14 Stirbt der andere Ehegatte, ist der Ausschluss ohne Wirkung.

C. Rechtsfolgen

15 Der Abkömmling, der von dem verstorbenen Ehegatten von der fortgesetzten Gütergemeinschaft ausgeschlossen worden ist, nimmt an dieser nicht teil. Er wird – anders als bei der Entziehung eines Anteils nach § 1513 BGB – von Anfang an nicht Teilhaber der fortgesetzten Gütergemeinschaft. Dafür steht ihm gemäß § 1511 Abs. 2 BGB ein Ersatzanspruch zu.

16 Der ausgeschlossene Abkömmling wird als vorverstorben behandelt.[1] An seine Stelle treten seine Abkömmlinge, die im Falle des tatsächlichen Vorversterbens des ausgeschlossenen Abkömmlings anteilsberechtigt gewesen wären und nicht ebenfalls ausgeschlossen wurden. Dies gilt auch für solche Abkömmlinge, die erst nach Eintritt der fortgesetzten Gütergemeinschaft geboren wurden. Ersatzweise wächst der Anteil des verstorbenen Abkömmlings den anderen anteilsberechtigten Abkömmlingen an (vgl. § 1490 Satz 2, Satz 3 BGB).

17 Der Anteil des ausgeschlossenen Abkömmlings kann nicht Dritten zugewendet werden (vgl. § 1514 BGB).

18 Sind sämtliche Abkömmlinge von der fortgesetzten Gütergemeinschaft ausgeschlossen worden, findet eine fortgesetzte Gütergemeinschaft nicht statt.

19 Der ausgeschlossene Abkömmling kann, unbeschadet seines Erbrechts, aus dem Gesamtgut der fortgesetzten Gütergemeinschaft die Zahlung des Betrags verlangen, der ihm von dem Gesamtgut der ehelichen Gütergemeinschaft als **Pflichtteil** gebühren würde, wenn die fortgesetzte Gütergemeinschaft nicht eingetreten wäre (**Absatz 2 Satz 1**). Der ausgeschlossene Abkömmling erhält somit einen schuldrechtlichen Anspruch auf Zahlung der Hälfte des Werts seines Anteils am Gesamtgut.

20 Der Anspruch entsteht mit dem Eintritt der fortgesetzten Gütergemeinschaft. Er ist sofort fällig. Der Anspruch ist übertragbar und vererblich.

21 Die für den Pflichtteilsanspruch geltenden Vorschriften (§§ 2303-2338 BGB, § 852 Abs. 1 ZPO) finden entsprechende Anwendung (**Absatz 2 Satz 2**).

22 Maßgeblich für die **Berechnung** dieses Anspruchs ist der Wert des Gesamtguts zum **Zeitpunkt der Beendigung der Gütergemeinschaft** (§ 2311 Abs. 1 Satz 1 BGB).

23 Hinsichtlich der Berechnung der Anteilsquote gilt § 2310 BGB entsprechend, so dass Abkömmlinge außer Betracht bleiben, die nach § 1517 BGB verzichtet haben; berücksichtigt werden hingegen diejenigen Abkömmlinge, die erst nach Eintritt der fortgesetzten Gütergemeinschaft gemäß § 1491 BGB einen Verzicht auf ihren Anteil erklärt haben (str.).[2]

24 Auch § 2333 BGB (Entziehung des Pflichtteils) ist entsprechend anwendbar.

25 Keine Anwendung finden allerdings die unpassenden §§ 2304-2306, 2308, 2312, 2318-2324 BGB.

26 Nach Maßgabe des § 852 Abs. 1 ZPO ist der Ersatzanspruch pfändbar.

---

[1] *Kanzleiter* in: MünchKomm-BGB, § 1511 Rn. 3.
[2] *Kanzleiter* in: MünchKomm-BGB, § 1511 Rn. 4.

Der dem ausgeschlossenen Abkömmling gezahlte Betrag wird bei der Auseinandersetzung den anteilsberechtigten Abkömmlingen nach Maßgabe des § 1501 BGB angerechnet (**Absatz 3 Satz 1**). 27

Der überlebende Ehegatte muss sich den Ausgleichsbetrag nicht anrechnen lassen. Somit tragen letztlich die an der fortgesetzten Gütergemeinschaft beteiligten Abkömmlinge den Ausgleichsbetrag allein. 28

Im Verhältnis der Abkömmlinge zueinander fällt der Ausgleichsbetrag den Abkömmlingen zur Last, denen die Ausschließung zustattenkommt (**Absatz 3 Satz 2**). Dies können die Abkömmlinge des ausgeschlossenen Abkömmlings oder die anderen anteilsberechtigten Abkömmlinge sein. 29

§ 1512 BGB Herabsetzung des Anteils

(Fassung vom 02.01.2002, gültig ab 01.01.2002)

Jeder Ehegatte kann für den Fall, dass mit seinem Tod die fortgesetzte Gütergemeinschaft eintritt, den einem anteilsberechtigten Abkömmling nach der Beendigung der fortgesetzten Gütergemeinschaft gebührenden Anteil an dem Gesamtgut durch letztwillige Verfügung bis auf die Hälfte herabsetzen.

Gliederung

A. Grundlagen 1
B. Anwendungsvoraussetzungen 2
 I. Ehegatten leben in Gütergemeinschaft 2
 II. Vereinbarung einer fortgesetzten Gütergemeinschaft 3
 III. Herabsetzung des Anteils eines Abkömmlings durch einen Ehegatten 4
 IV. Zustimmung des anderen Ehegatten 11
 V. Tod des Ehegatten, der den Anteil eines Abkömmlings herabgesetzt hat............................ 12
C. Rechtsfolgen 13

A. Grundlagen

1 Die Vorschrift gewährt jedem der Ehegatten das Recht, für den Fall seines Todes mit Zustimmung des anderen Ehegatten den einem anteilsberechtigten Abkömmling nach der Beendigung der fortgesetzten Gütergemeinschaft an sich zukommenden Anteil am Gesamtgut durch letztwillige Verfügung ohne Angabe von Gründen bis auf die Hälfte herabzusetzen.

B. Anwendungsvoraussetzungen

I. Ehegatten leben in Gütergemeinschaft

2 Die Anwendung der Vorschrift setzt voraus, dass die Ehegatten im Güterstand der Gütergemeinschaft leben.

II. Vereinbarung einer fortgesetzten Gütergemeinschaft

3 Die Ehegatten müssen im Ehevertrag die Fortsetzung der Gütergemeinschaft für den Fall des Todes eines der Ehegatten vereinbart haben.

III. Herabsetzung des Anteils eines Abkömmlings durch einen Ehegatten

4 Die Vorschrift gewährt jedem Ehegatten das Recht, für den Fall, dass die Ehe durch seinen Tod aufgelöst wird, den einem Abkömmling nach der Beendigung der fortgesetzten Gütergemeinschaft an sich zukommenden Anteil ohne Angabe von Gründen bis auf die Hälfte herabzusetzen.

5 Die Herabsetzung muss formell durch **letztwillige Verfügung** (§ 1937 BGB) erfolgen. Die Herabsetzung kann auch als einseitige Verfügung in einem Erbvertrag getroffen werden (§ 2299 BGB).

6 Die Herabsetzung kann auch unter einer bestimmten **Bedingung** – etwa dem Widerspruch des Abkömmlings gegen eine andere ihm vom Erblasser auferlegte Beschränkung (z.B. Teilungsanordnung) – erfolgen.

7 Die Herabsetzung kann sich auch auf **mehrere** oder alle gemeinschaftlichen **Abkömmlinge** erstrecken.

8 Anstelle der Herabsetzung des Anteils auf einen bestimmten Prozentsatz kann der Anteil des Abkömmlings bis zur Hälfte des Wertes des Anteils auch durch eine Belastung des Anteils durch **Auflagen** – etwa der Verpflichtung zur Zahlung einer Geldsumme – gekürzt werden.

9 Unzulässig ist hingegen eine **Änderung des Inhalts** des Auseinandersetzungsanspruchs des Abkömmlings etwa in der Weise, dass ihm statt seines Anteils nur eine Geldforderung in Höhe des Anteils zugewiesen wird.[1]

10 Wird die **Grenze** des Rechts zur Herabsetzung **überschritten**, ist die Herabsetzung hinsichtlich des überschießenden Teils unwirksam (es kann aber ggf. § 1513 BGB Anwendung finden).

---

[1] RG v. 22.05.1922 - IV 616/21 - RGZ 105, 242-245.

IV. Zustimmung des anderen Ehegatten

Die Herabsetzung ist gemäß § 1516 Abs. 1 BGB nur wirksam, wenn der andere Ehegatte ihr zugestimmt hat. 11

V. Tod des Ehegatten, der den Anteil eines Abkömmlings herabgesetzt hat

Die Vorschrift entfaltet Wirkung, wenn der Ehegatte, der den einem Abkömmling nach Beendigung der Gütergemeinschaft zukommenden Anteil herabgesetzt hat, verstirbt. Stirbt der andere Ehegatte, ist die Herabsetzung ohne Wirkung. 12

C. Rechtsfolgen

Der Anteil des betroffenen Abkömmlings wird nach der Beendigung entsprechend der letztwilligen Verfügung des verstorbenen Ehegatten **herabgesetzt**. 13

Die Herabsetzung des Anteils wirkt sich allerdings **erst bei der Auseinandersetzung** des Gesamtguts durch die Kürzung des dem Abkömmling zustehenden Auseinandersetzungsanspruchs aus. Bis zur Auseinandersetzung behält der Abkömmling seine allgemeinen Teilhaberrechte an der fortgesetzten Gütergemeinschaft. 14

Der durch die Herabsetzung des Anteils entzogene Teil des Anteils **wächst** den anderen anteilsberechtigten Abkömmlingen, ersatzweise – soweit solche nicht vorhanden sind – dem Ehegatten **an** (vgl. §§ 1490, 1503 Abs. 1 BGB). 15

Gemäß § 1514 BGB kann der dem entzogenen Teil des Anteils entsprechende Betrag auch einem **Dritten zugewendet** werden. 16

§ 1513 BGB Entziehung des Anteils

(Fassung vom 24.09.2009, gültig ab 01.01.2010)

(1) ¹Jeder Ehegatte kann für den Fall, dass mit seinem Tod die fortgesetzte Gütergemeinschaft eintritt, einem anteilsberechtigten Abkömmling den diesem nach der Beendigung der fortgesetzten Gütergemeinschaft gebührenden Anteil an dem Gesamtgut durch letztwillige Verfügung entziehen, wenn er berechtigt ist, dem Abkömmling den Pflichtteil zu entziehen. ²Die Vorschrift des § 2336 Abs. 2 und 3 findet entsprechende Anwendung.

(2) Der Ehegatte kann, wenn er nach § 2338 berechtigt ist, das Pflichtteilsrecht des Abkömmlings zu beschränken, den Anteil des Abkömmlings am Gesamtgut einer entsprechenden Beschränkung unterwerfen.

Gliederung

A. Grundlagen 1	IV. Entziehung/Beschränkung des Anteils eines Abkömmlings 7
B. Anwendungsvoraussetzungen 3	V. Zustimmung des anderen Ehegatten 12
I. Ehegatten leben in Gütergemeinschaft 3	VI. Tod des Ehegatten, der einem Abkömmling den Anteil entzogen hat 13
II. Vereinbarung einer fortgesetzten Gütergemeinschaft 4	C. Rechtsfolgen 14
III. Ein Ehegatte ist berechtigt, einem anteilsberechtigten Abkömmling den Pflichtteil zu entziehen/das Pflichtteilsrecht eines anteilsberechtigten Abkömmlings nach § 2338 BGB zu beschränken 5	D. Prozessuale Hinweise/Verfahrenshinweise 18

A. Grundlagen

1 Absatz 1 gewährt jedem der Ehegatten das Recht, für den Fall seines Todes mit Zustimmung des anderen Ehegatten einem anteilsberechtigten Abkömmling den diesem nach der Beendigung der fortgesetzten Gütergemeinschaft gebührenden Anteil am Gesamtgut durch letztwillige Verfügung zu entziehen, wenn er berechtigt ist, dem Abkömmling den Pflichtteil zu entziehen.

2 Absatz 2 gewährt jedem der Ehegatten das Recht, für den Fall seines Todes mit Zustimmung des anderen Ehegatten den einem anteilsberechtigten Abkömmling nach der Beendigung der fortgesetzten Gütergemeinschaft zukommenden Anteil durch letztwillige Verfügung einer Beschränkung zu unterwerfen, wenn er berechtigt ist, das Pflichtteilsrecht des Abkömmlings zu beschränken.

B. Anwendungsvoraussetzungen

I. Ehegatten leben in Gütergemeinschaft

3 Die Anwendung der Vorschrift setzt voraus, dass die Ehegatten im Güterstand der Gütergemeinschaft leben.

II. Vereinbarung einer fortgesetzten Gütergemeinschaft

4 Die Ehegatten müssen im Ehevertrag die Fortsetzung der Gütergemeinschaft für den Fall des Todes eines der Ehegatten vereinbart haben.

III. Ein Ehegatte ist berechtigt, einem anteilsberechtigten Abkömmling den Pflichtteil zu entziehen/das Pflichtteilsrecht eines anteilsberechtigten Abkömmlings nach § 2338 BGB zu beschränken

5 Absatz 1 findet Anwendung, wenn ein Ehegatte berechtigt ist, einem anteilsberechtigten Abkömmling den Pflichtteil zu entziehen. Die Berechtigung zur Pflichtteilsentziehung bestimmt sich nach den §§ 2333, 2336, 2337 BGB.

6 Absatz 2 findet Anwendung, wenn ein Ehegatte berechtigt ist, das Pflichtteilsrecht eines anteilsberechtigten Abkömmlings nach § 2338 BGB zu beschränken. Dies setzt voraus, dass der Abkömmling sich

in einem solchen Maße der Verschwendung ergeben hat oder er in einem solchen Maße überschuldet ist, dass sein späterer Erwerb erheblich gefährdet wird (§ 2338 Abs. 1 Satz 1 BGB).

IV. Entziehung/Beschränkung des Anteils eines Abkömmlings

Absatz 1 gewährt dem Ehegatten, der zur Entziehung des Pflichtteils gegenüber einem Abkömmling berechtigt ist, das Recht, für den Fall, dass die Ehe durch seinen Tod aufgelöst wird, dem Abkömmling den diesem nach der Beendigung der fortgesetzten Gütergemeinschaft an sich zukommenden Anteil zu entziehen.

Die Entziehung muss formell durch **letztwillige Verfügung** (§ 1937 BGB) erfolgen. Die Entziehung kann auch als einseitige Verfügung in einem Erbvertrag getroffen werden (§ 2299 BGB). Wie sich aus dem Verweis in Satz 2 der Vorschrift auf § 2336 Abs. 2 BGB ergibt, ist der **Grund der Entziehung** des Anteils in der letztwilligen Verfügung anzugeben.

Die Entziehung kann sich auch auf mehrere oder alle gemeinschaftlichen Abkömmlinge erstrecken.

Absatz 2 gewährt dem Ehegatten, der zur Beschränkung des Pflichtteilsrechts gegenüber einem Abkömmling berechtigt ist, das Recht, für den Fall, dass die Ehe durch seinen Tod aufgelöst wird, den Anteil des Abkömmlings am Gesamtgut einer entsprechenden Beschränkung zu unterwerfen. Die in § 2338 Abs. 1 BGB genannten Maßnahmen (Anordnung von Nacherbfolge bzw. Nachvermächtnis, Testamentsvollstreckung) können daher auch bezüglich dessen getroffen werden, was der entsprechende Abkömmling bei der Gesamtgutsauseinandersetzung erhält.

Die Beschränkung muss ebenfalls formell durch letztwillige Verfügung (§ 1937 BGB) getroffen werden.

V. Zustimmung des anderen Ehegatten

Die Entziehung bzw. Beschränkung ist gemäß § 1516 Abs. 1 BGB nur wirksam, wenn der andere Ehegatte ihr zugestimmt hat.

VI. Tod des Ehegatten, der einem Abkömmling den Anteil entzogen hat

Die Vorschrift entfaltet Wirkung, wenn der Ehegatte, der einem Abkömmling den ihm nach Beendigung der Gütergemeinschaft zukommenden Anteil entzogen hat, verstirbt. Stirbt der andere Ehegatte, ist die Entziehung bzw. Beschränkung ohne Wirkung.

C. Rechtsfolgen

Im Falle der Entziehung nach Absatz 1 wird der betroffene Abkömmling nach der Beendigung der fortgesetzten Gütergemeinschaft am Gesamtgut nicht beteiligt. Bis zur Auseinandersetzung der fortgesetzten Gütergemeinschaft bleibt der anteilsberechtigte Abkömmling allerdings Teilhaber des Gesamtguts mit den sich aus den §§ 1487 Abs. 1, 1497 Abs. 2 BGB ergebenden Rechten und Pflichten.

Der entzogene Anteils **wächst** den anderen anteilsberechtigten Abkömmlingen, ersatzweise – soweit solche nicht vorhanden sind – dem Ehegatten **an** (vgl. §§ 1490, 1503 Abs. 1 BGB).

Gemäß § 1514 BGB kann der dem entzogenen Anteil entsprechende Betrag auch einem **Dritten** zugewendet werden.

Im Falle einer Beschränkung nach Absatz 2 unterliegt der Anteil des Abkömmlings am Gesamtgut der angeordneten Beschränkung. Der Abkömmling bleibt jedoch während des Bestehens der fortgesetzten Gütergemeinschaft Beteiligter an dieser.

D. Prozessuale Hinweise/Verfahrenshinweise

Wie sich aus der in Satz 2 enthaltenen Verweisung auf § 2336 Abs. 3 BGB ergibt, obliegt der **Beweis** des Grundes der Entziehung demjenigen, welcher die Entziehung geltend macht.

Zur **Pfändungsbeschränkung** im Hinblick auf Nutzungen vgl. § 863 Abs. 3 ZPO.

§ 1514 BGB Zuwendung des entzogenen Betrags

(Fassung vom 02.01.2002, gültig ab 01.01.2002)

Jeder Ehegatte kann den Betrag, den er nach § 1512 oder nach § 1513 Abs. 1 einem Abkömmling entzieht, auch einem Dritten durch letztwillige Verfügung zuwenden.

Gliederung

A. Grundlagen 1
B. Anwendungsvoraussetzungen 2
   I. Ehegatten leben in Gütergemeinschaft 2
   II. Vereinbarung einer fortgesetzten Gütergemeinschaft 3
   III. Ein Ehegatte hat einem anteilsberechtigten Abkömmling nach § 1512 BGB oder nach § 1513 Abs. 1 BGB einen Betrag entzogen 4
IV. Zuwendung des entzogenen Betrags an einen Dritten 5
V. Zustimmung des anderen Ehegatten 9
VI. Tod des Ehegatten, der den Betrag dem Dritten zugewendet hat 10
C. Rechtsfolgen 11

A. Grundlagen

1 Die Vorschrift gewährt dem Ehegatten, der nach § 1512 BGB oder nach § 1513 Abs. 1 BGB einem Abkömmling einen Betrag entzogen hat, das Recht, mit Zustimmung des anderen Ehegatten diesen Betrag durch letztwillige Verfügung einem Dritten zuzuwenden.

B. Anwendungsvoraussetzungen

I. Ehegatten leben in Gütergemeinschaft

2 Die Anwendung der Vorschrift setzt voraus, dass die Ehegatten im Güterstand der Gütergemeinschaft leben.

II. Vereinbarung einer fortgesetzten Gütergemeinschaft

3 Die Ehegatten müssen im Ehevertrag die Fortsetzung der Gütergemeinschaft für den Fall des Todes eines der Ehegatten vereinbart haben.

III. Ein Ehegatte hat einem anteilsberechtigten Abkömmling nach § 1512 BGB oder nach § 1513 Abs. 1 BGB einen Betrag entzogen

4 Die Anwendung der Vorschrift setzt voraus, dass einer der Ehegatten einem anteilsberechtigten Abkömmling nach § 1512 BGB oder nach § 1513 Abs. 1 BGB einen Betrag entzogen hat.

IV. Zuwendung des entzogenen Betrags an einen Dritten

5 Die Vorschrift gewährt dem Ehegatten, der einem anteilsberechtigten Abkömmling nach § 1512 BGB oder nach § 1513 Abs. 1 BGB einen Betrag entzogen hat, das Recht, diesen Betrag einem Dritten zuzuwenden.

6 Dritter kann auch der überlebende **Ehegatte** oder ein **Abkömmling** sein.

7 Zugewendet werden kann dem Dritten nur ein zahlenmäßig bestimmter oder dem Wert des entzogenen Betrags entsprechender **Geldbetrag**. Eine Zuwendung des Anteils am Gesamtgut oder eines Gegenstands des Gesamtguts ist nicht möglich.

8 Die Zuwendung muss formell durch **letztwillige Verfügung** (§ 1937 BGB) erfolgen. Die Zuwendung kann auch als einseitige Verfügung in einem Erbvertrag getroffen werden (§ 2299 BGB).

V. Zustimmung des anderen Ehegatten

9 Die Zuwendung an den Dritten ist gemäß § 1516 Abs. 1 BGB nur wirksam, wenn der andere Ehegatte ihr zugestimmt hat.

VI. Tod des Ehegatten, der den Betrag dem Dritten zugewendet hat

10 Die Vorschrift entfaltet Wirkung, wenn der Ehegatte, der den dem Abkömmling entzogenen Betrag einem Dritten zugewendet hat, verstirbt. Stirbt der andere Ehegatte, ist die Zuwendung ohne Wirkung.

C. Rechtsfolgen

Der Dritte erhält einen **schuldrechtlichen Anspruch** auf Zahlung des ihm in der letztwilligen Verfügung des verstorbenen Ehegatten zugewendeten Betrags. Er wird hingegen nicht Beteiligter der fortgesetzten Gütergemeinschaft. 11

Auf den Zahlungsanspruch des Dritten finden die Vorschriften über das Vermächtnis (§§ 2147-2191 BGB) entsprechende Anwendung. 12

§ 1515 BGB Übernahmerecht eines Abkömmlings und des Ehegatten

(Fassung vom 02.01.2002, gültig ab 01.01.2002)

(1) Jeder Ehegatte kann für den Fall, dass mit seinem Tode die fortgesetzte Gütergemeinschaft eintritt, durch letztwillige Verfügung anordnen, dass ein anteilsberechtigter Abkömmling das Recht haben soll, bei der Teilung das Gesamtgut oder einzelne dazu gehörende Gegenstände gegen Ersatz des Wertes zu übernehmen.

(2) ¹Gehört zu dem Gesamtgut ein Landgut, so kann angeordnet werden, dass das Landgut mit dem Ertragswert oder mit einem Preis, der den Ertragswert mindestens erreicht, angesetzt werden soll. ²Die für die Erbfolge geltenden Vorschriften des § 2049 finden Anwendung.

(3) Das Recht, das Landgut zu dem in Absatz 2 bezeichneten Wert oder Preis zu übernehmen, kann auch dem überlebenden Ehegatten eingeräumt werden.

Gliederung

A. Kommentierung zu Absatz 1 1	1. Ehegatten leben in Gütergemeinschaft 20
I. Grundlagen 1	2. Vereinbarung einer fortgesetzten Gütergemeinschaft 21
II. Anwendungsvoraussetzungen 2	3. Zum Gesamtgut gehört ein Landgut 22
1. Ehegatten leben in Gütergemeinschaft 2	4. Anordnung eines Übernahmerechts eines Abkömmlings/Einräumung einer günstigeren Erwerbsmöglichkeit eines Ehegatten 23
2. Vereinbarung einer fortgesetzten Gütergemeinschaft 3	
3. Anordnung eines Übernahmerechts eines Abkömmlings durch einen Ehegatten 4	III. Rechtsfolgen 25
4. Zustimmung des anderen Ehegatten 6	C. Kommentierung zu Absatz 3 29
5. Tod des Ehegatten, der das Übernahmerecht des Abkömmlings angeordnet hat 7	I. Grundlagen 29
6. Teilung des Gesamtguts 8	II. Anwendungsvoraussetzungen 30
III. Rechtsfolgen 9	1. Ehegatten leben in Gütergemeinschaft 30
B. Kommentierung zu Absatz 2 19	2. Vereinbarung einer fortgesetzten Gütergemeinschaft 31
I. Grundlagen 19	3. Zum Gesamtgut gehört ein Landgut 32
II. Anwendungsvoraussetzungen 20	III. Rechtsfolgen 33

A. Kommentierung zu Absatz 1

I. Grundlagen

1 Absatz 1 gewährt jedem der Ehegatten das Recht, für den Fall seines Todes mit Zustimmung des anderen Ehegatten durch letztwillige Verfügung anzuordnen, dass ein anteilsberechtigter Abkömmling das Recht haben soll, bei der Teilung das Gesamtgut oder einzelne dazu gehörende Gegenstände gegen Ersatz des Wertes zu übernehmen.

II. Anwendungsvoraussetzungen

1. Ehegatten leben in Gütergemeinschaft

2 Die Anwendung der Vorschrift setzt voraus, dass die Ehegatten im Güterstand der Gütergemeinschaft leben.

2. Vereinbarung einer fortgesetzten Gütergemeinschaft

3 Die Ehegatten müssen im Ehevertrag die Fortsetzung der Gütergemeinschaft für den Fall des Todes eines der Ehegatten vereinbart haben.

3. Anordnung eines Übernahmerechts eines Abkömmlings durch einen Ehegatten

4 Die Vorschrift gewährt jedem Ehegatten das Recht, für den Fall, dass die Ehe durch seinen Tod aufgelöst wird, anzuordnen, dass ein anteilsberechtigter Abkömmling das Recht haben soll, bei der Teilung das Gesamtgut oder einzelne dazu gehörende Gegenstände gegen Ersatz des Wertes zu übernehmen.

Die Anordnung muss formell durch **letztwillige Verfügung** (§ 1937 BGB) erfolgen. Die Anordnung kann auch als einseitige Verfügung in einem Erbvertrag getroffen werden (§ 2299 BGB).

4. Zustimmung des anderen Ehegatten

Die Anordnung des Rechts zur Übernahme ist gemäß § 1516 Abs. 1 BGB nur wirksam, wenn der andere Ehegatte ihr zugestimmt hat.

5. Tod des Ehegatten, der das Übernahmerecht des Abkömmlings angeordnet hat

Die Anordnung des Übernahmerechts kann nur dann Wirkung entfalten, wenn der Ehegatte, der diese Anordnung getroffen hat, verstirbt. Stirbt der andere Ehegatte, ist die Anordnung ohne Wirkung.

6. Teilung des Gesamtguts

Das angeordnete Recht zur Übernahme besteht bei Teilung des Gesamtguts.

III. Rechtsfolgen

Der von der Anordnung erfasste Abkömmling ist berechtigt, das Gesamtgut oder einzelne dazu gehörende Gegenstände gegen Ersatz des Wertes zu **übernehmen**.

Das Übernahmerecht ist **vererblich**.

Die **Übernahme** erfolgt durch **formlose**[1] empfangsbedürftige **Erklärung gegenüber dem anderen Ehegatten**.

Die Übernahmeerklärung ist nicht fristgebunden; sie kann daher solange erklärt werden, wie der betreffende Gegenstand noch zum Gesamtgut gehört.

Die Übernahme kann auch bedingt erklärt werden, insbesondere nur für den Fall, dass die anderen Beteiligten mit einem bestimmten Wertersatzbetrag einverstanden sind.

Die Erklärung ist unwiderruflich.

Die Ausübung des Übernahmerechts wirkt **nicht dinglich**, sondern verpflichtet die Ehegatten nur zur Vornahme der Handlungen, die zur dinglichen Rechtsänderung erforderlich sind. Bei der Übernahme von Grundstücken bedarf es daher noch der entsprechenden Auflassung und Eintragung ins Grundbuch (§§ 873, 925 BGB).

Das Übernahmerecht des Abkömmlings hat **Vorrang vor dem Übernahmerecht des Ehegatten** gemäß § 1502 BGB.[2]

Wird das Übernahmerecht ausgeübt, ist der Abkömmling zum **Ersatz des Wertes** des übernommenen Gegenstandes verpflichtet.

Maßgeblicher Wert ist im Regelfall der **Verkehrswert** zum Zeitpunkt der Übernahme des Gegenstands. Gehört zum Gesamtgut ein Landgut, kann allerdings gemäß § 1515 Abs. 2 Satz 1 BGB angeordnet werden, dass dieses mit dem Ertragswert oder mit einem Preis angesetzt werden soll, der den Ertragswert mindestens erreicht.

B. Kommentierung zu Absatz 2

I. Grundlagen

Absatz 2 gewährt den Ehegatten das Recht, durch letztwillige Verfügung anzuordnen, dass ein zum Gesamtgut gehörendes Landgut im Rahmen eines Übernahmerechts (vgl. § 1515 Abs. 1, Abs. 3 BGB) mit dem Ertragswert oder mit einem Preis, der den Ertragswert mindestens erreicht, angesetzt werden soll. Die Vorschrift dient dazu, die Erhaltung landwirtschaftlicher Betriebe im Familienbesitz zu ermöglichen.

II. Anwendungsvoraussetzungen

1. Ehegatten leben in Gütergemeinschaft

Die Anwendung der Vorschrift setzt voraus, dass die Ehegatten im Güterstand der Gütergemeinschaft leben.

---

[1] Vgl. BGH v. 01.07.1982 - IX ZR 32/81 - juris Rn. 9 - BGHZ 84, 333-339; vgl. OLG München v. 28.01.1988 - 16 WF 516/88 - FamRZ 1988, 1275.

[2] *Kanzleiter* in: MünchKomm-BGB, § 1515 Rn. 2.

§ 1515

2. Vereinbarung einer fortgesetzten Gütergemeinschaft

21 Die Ehegatten müssen im Ehevertrag die Fortsetzung der Gütergemeinschaft für den Fall des Todes eines der Ehegatten vereinbart haben.

3. Zum Gesamtgut gehört ein Landgut

22 Die Anwendung der Vorschrift setzt voraus, dass zum Gesamtgut ein Landgut gehört. Als Landgut versteht die Rechtsprechung[3] eine Besitzung, die eine zum selbständigen und dauernden Betrieb der Landwirtschaft geeignete und bestimmte Wirtschaftseinheit darstellt und mit den nötigen Wohn- und Wirtschaftsgebäuden versehen ist. Sie muss eine gewisse Größe erreichen und für den Inhaber eine selbständige Nahrungsquelle darstellen.

4. Anordnung eines Übernahmerechts eines Abkömmlings/Einräumung einer günstigeren Erwerbsmöglichkeit eines Ehegatten

23 Die Vorschrift entfaltet Wirkung, wenn einer der Ehegatten durch letztwillige Verfügung nach § 1515 Abs. 1 BGB einem Abkömmling das Recht eingeräumt hat, bei der Teilung das Gesamtgut oder einzelne dazu gehörende Gegenstände gegen Ersatz des Wertes zu übernehmen, und das Landgut hiervon nicht ausgeschlossen worden ist.

24 Die Vorschrift entfaltet darüber hinaus Wirkung, wenn einer der Ehegatten dem anderen Ehegatten gemäß § 1515 Abs. 3 BGB die Möglichkeit einräumen möchte, das Landgut zum Ertragswert oder einem Preis, der den Ertragswert mindestens erreicht, zu übernehmen. Der überlebende Ehegatte wäre gemäß § 1502 Abs. 1 Satz 1 BGB ohnehin zur Übernahme berechtigt. Er hätte jedoch ohne eine Bestimmung nach § 1515 Abs. 3 BGB als Gegenleistung den Verkehrswert des Landguts zum Zeitpunkt der Übernahme zu ersetzen.

III. Rechtsfolgen

25 Es kann angeordnet werden, dass das Landgut im Rahmen des Übernahmerechts mit dem **Ertragswert** oder mit einem Preis, der den Ertragswert mindestens erreicht, angesetzt werden soll (Absatz 2 Satz 1).

26 Die für die Erbfolge geltende Vorschrift des § 2049 BGB findet Anwendung (Absatz 2 Satz 2). Der Ertragswert bestimmt sich daher nach dem Reinertrag, den das Landgut nach seiner bisherigen wirtschaftlichen Bestimmung bei ordnungsmäßiger Bewirtschaftung nachhaltig erreichen kann (§ 2049 Abs. 2 BGB). Zu den landesrechtlichen Bestimmungen über die Bemessung des Ertragswerts vgl. Art. 137 EGBGB.

27 Die Anordnung des anzusetzenden Wertes muss formell durch **letztwillige Verfügung** (§ 1937 BGB) erfolgen. Die Anordnung kann auch als einseitige Verfügung in einem Erbvertrag getroffen werden (§ 2299 BGB).

28 Zur Wirksamkeit der Anordnung bedarf es der Zustimmung des anderen Ehegatten (§ 1516 Abs. 1 BGB).

C. Kommentierung zu Absatz 3

I. Grundlagen

29 Absatz 3 gewährt den Ehegatten die Möglichkeit, dem jeweils anderen Ehegatten für den Fall des eigenen Todes das Recht zu gewähren, ein zum Gesamtgut gehörendes Landgut zum Ertragswert oder zu einem Preis, der den Ertragswert mindestens erreicht, zu übernehmen.

II. Anwendungsvoraussetzungen

1. Ehegatten leben in Gütergemeinschaft

30 Die Anwendung der Vorschrift setzt voraus, dass die Ehegatten im Güterstand der Gütergemeinschaft leben.

2. Vereinbarung einer fortgesetzten Gütergemeinschaft

31 Die Ehegatten müssen im Ehevertrag die Fortsetzung der Gütergemeinschaft für den Fall des Todes eines der Ehegatten vereinbart haben.

---

[3] BGH v. 22.10.1986 - IVa ZR 76/85 - juris Rn. 8 - BGHZ 98, 375-381.

3. Zum Gesamtgut gehört ein Landgut

Die Anwendung der Vorschrift setzt voraus, dass zum Gesamtgut ein Landgut gehört. Als Landgut versteht die Rechtsprechung[4] eine Besitzung, die eine zum selbständigen und dauernden Betrieb der Landwirtschaft geeignete und bestimmte Wirtschaftseinheit darstellt und mit den nötigen Wohn- und Wirtschaftsgebäuden versehen ist. Sie muss eine gewisse Größe erreichen und für den Inhaber eine selbständige Nahrungsquelle darstellen. 32

III. Rechtsfolgen

Das Recht, das Landgut zu dem in § 1515 Abs. 2 BGB bezeichneten Werte oder Preis zu übernehmen, kann auch dem überlebenden Ehegatten eingeräumt werden. 33

Die Vorschrift ermöglicht indes lediglich die Regelung eines entsprechenden **Übernahmepreises** für den Fall einer Übernahme nach § 1502 Abs. 1 Satz 1 BGB. Ein von § 1502 Abs. 1 Satz 1 BGB unabhängiges **Übernahmerecht kann** hingegen **nicht begründet werden**. Das Übernahmerecht des überlebenden Ehegatten gemäß § 1502 Abs. 1 Satz 1 BGB entfällt gemäß § 1502 Abs. 2 Satz 1 BGB im Falle der Aufhebung der fortgesetzten Gütergemeinschaft durch richterliche Entscheidung im Rahmen einer Aufhebungsklage nach § 1495 BGB. 34

---

[4] BGH v. 22.10.1986 - IVa ZR 76/85 - juris Rn. 8 - BGHZ 98, 375-381.

§ 1516 BGB Zustimmung des anderen Ehegatten

(Fassung vom 02.01.2002, gültig ab 01.01.2002)

(1) Zur Wirksamkeit der in den §§ 1511 bis 1515 bezeichneten Verfügungen eines Ehegatten ist die Zustimmung des anderen Ehegatten erforderlich.

(2) ¹Die Zustimmung kann nicht durch einen Vertreter erteilt werden. ²Ist der Ehegatte in der Geschäftsfähigkeit beschränkt, so ist die Zustimmung seines gesetzlichen Vertreters nicht erforderlich. ³Die Zustimmungserklärung bedarf der notariellen Beurkundung. ⁴Die Zustimmung ist unwiderruflich.

(3) Die Ehegatten können die in den §§ 1511 bis 1515 bezeichneten Verfügungen auch in einem gemeinschaftlichen Testament treffen.

Gliederung

A. Grundlagen 1	III. Ein Ehegatte hat eine der in den §§ 1511-1515 BGB bezeichneten Verfügungen getroffen 4
B. Anwendungsvoraussetzungen 2	
I. Ehegatten leben in Gütergemeinschaft 2	IV. Der andere Ehegatte hat der Verfügung nicht zugestimmt 7
II. Vereinbarung einer fortgesetzten Gütergemeinschaft 3	C. Rechtsfolgen 18

A. Grundlagen

1 Die Vorschrift bestimmt, dass letztwillige Verfügungen der Ehegatten gemäß den §§ 1511-1515 BGB nur im Falle der Zustimmung des anderen Ehegatten wirksam sind.

B. Anwendungsvoraussetzungen

I. Ehegatten leben in Gütergemeinschaft

2 Die Anwendung der Vorschrift setzt voraus, dass die Ehegatten im Güterstand der Gütergemeinschaft leben.

II. Vereinbarung einer fortgesetzten Gütergemeinschaft

3 Die Ehegatten müssen im Ehevertrag die Fortsetzung der Gütergemeinschaft für den Fall des Todes eines der Ehegatten vereinbart haben.

III. Ein Ehegatte hat eine der in den §§ 1511-1515 BGB bezeichneten Verfügungen getroffen

4 Einer der Ehegatten muss letztwillig eine der in den §§ 1511-1515 BGB bezeichneten Verfügungen getroffen haben.

5 Gemäß **Absatz 3** können die Ehegatten die Verfügungen gemäß den §§ 1511-1515 BGB auch in einem **gemeinschaftlichen Testament** (§§ 2265-2273 BGB) – Entsprechendes gilt für einen Erbvertrag[1] – treffen.

6 Der **Widerruf** einer solchen letztwilligen Verfügung bedarf keiner Zustimmung.

IV. Der andere Ehegatte hat der Verfügung nicht zugestimmt

7 Die Vorschrift entfaltet Wirkung, wenn der andere Ehegatte der Verfügung nicht zugestimmt hat.

8 Die Zustimmung muss zu einer **bestimmten letztwilligen Verfügung** im Sinne der §§ 1511-1515 BGB erteilt werden.

9 Einer Zustimmung bedarf es auch dann, wenn die letztwillige Verfügung für den anderen Ehegatten vorteilhaft ist.

10 Auf die Zustimmung sind die §§ 182-184 BGB entsprechend anwendbar, soweit nicht § 1516 BGB Sonderregelungen enthält.

---

[1] *Brudermüller* in: Palandt, § 1516 Rn. 2.

Die Zustimmung muss dem erstverstorbenen Verfügenden zu Lebzeiten **zugegangen** sein (vgl. § 130 BGB). Die Zustimmung durch einseitige letztwillige Verfügung des überlebenden Ehegatten genügt daher nicht. 11

Die Zustimmung kann nicht durch einen **Vertreter** erteilt werden (**Absatz 2 Satz 1**). 12

Ein **geschäftsunfähiger Ehegatte** kann keine Zustimmung erteilen. Ist der Ehegatte in der Geschäftsfähigkeit lediglich **beschränkt**, kann er die Zustimmung hingegen selbständig erteilen. Eine Zustimmung seines gesetzlichen Vertreters ist nicht erforderlich (**Absatz 2 Satz 2**). 13

Die Zustimmungserklärung bedarf der **notariellen Beurkundung** (**Absatz 2 Satz 3**). 14

Die in Absatz 3 vorgesehene Möglichkeit der Verfügung in einem gemeinschaftlichen Testament bedeutet gegenüber der in Absatz 2 Satz 3 vorgeschriebenen Form für die Zustimmungserklärung eine **Erleichterung**. 15

Eine einmal erteilte Zustimmung ist **unwiderruflich** (**Absatz 2 Satz 4**). 16

Der zustimmende Ehegatte kann trotz erklärter Zustimmung später gemäß § 1484 BGB die **Fortsetzung der Gütergemeinschaft ablehnen**. 17

C. Rechtsfolgen

Die ohne Zustimmung des anderen Ehegatten erfolgte Verfügung des verstorbenen Ehegatten gemäß den §§ 1511-1515 BGB ist unwirksam (**Absatz 1**). 18

§ 1517 BGB Verzicht eines Abkömmlings auf seinen Anteil
(Fassung vom 02.01.2002, gültig ab 01.01.2002)

(1) ¹Zur Wirksamkeit eines Vertrags, durch den ein gemeinschaftlicher Abkömmling einem der Ehegatten gegenüber für den Fall, dass die Ehe durch dessen Tod aufgelöst wird, auf seinen Anteil am Gesamtgut der fortgesetzten Gütergemeinschaft verzichtet oder durch den ein solcher Verzicht aufgehoben wird, ist die Zustimmung des anderen Ehegatten erforderlich. ²Für die Zustimmung gilt die Vorschrift des § 1516 Abs. 2 Satz 3, 4.

(2) Die für den Erbverzicht geltenden Vorschriften finden entsprechende Anwendung.

Gliederung

A. Grundlagen 1	1. Verzichtsvertrag (Absatz 1 Satz 1 Alternative 1)... 5
B. Anwendungsvoraussetzungen 2	2. Verzichtsaufhebungsvertrag (Absatz 1 Satz 1 Alternative 2) 16
I. Ehegatten leben in Gütergemeinschaft 2	
II. Vereinbarung einer fortgesetzten Gütergemeinschaft.. 3	IV. Der andere Ehegatte hat dem Vertrag nicht zugestimmt 18
III. Verzichts-/Verzichtsaufhebungsvertrag 4	C. Rechtsfolgen 25

A. Grundlagen

1 Die Vorschrift bestimmt, dass es zur Wirksamkeit eines Vertrags, durch den ein gemeinschaftlicher Abkömmling einem der Ehegatten gegenüber für den Fall des Todes dieses Ehegatten auf seinen Anteil am Gesamtgut der fortgesetzten Gütergemeinschaft verzichtet, der Zustimmung des anderen Ehegatten bedarf. Gleiches gilt nach der Vorschrift im Hinblick auf die Aufhebung eines solchen Verzichts.

B. Anwendungsvoraussetzungen

I. Ehegatten leben in Gütergemeinschaft

2 Die Anwendung der Vorschrift setzt voraus, dass die Ehegatten im Güterstand der Gütergemeinschaft leben.

II. Vereinbarung einer fortgesetzten Gütergemeinschaft

3 Die Ehegatten müssen im Ehevertrag die Fortsetzung der Gütergemeinschaft für den Fall des Todes eines der Ehegatten vereinbart haben.

III. Verzichts-/Verzichtsaufhebungsvertrag

4 Die Vorschrift findet Anwendung, wenn ein gemeinschaftlicher Abkömmling mit einem der Ehegatten bezüglich seines Anteils am Gesamtgut der fortgesetzten Gütergemeinschaft einen Verzichts- oder einen Verzichtsaufhebungsvertrag schließt.

1. Verzichtsvertrag (Absatz 1 Satz 1 Alternative 1)

5 Die Vorschrift gilt nach Absatz 1 Satz 1 Alternative 1 zunächst im Hinblick auf Verträge, durch die ein gemeinschaftlicher Abkömmling einem der Ehegatten gegenüber für den Fall, dass die Ehe durch dessen Tod aufgelöst wird, auf seinen Anteil am Gesamtgut der fortgesetzten Gütergemeinschaft verzichtet.

6 Absatz 1 Satz 1 Alternative 1 betrifft nur den vertraglichen Verzicht eines gemeinschaftlichen Abkömmlings **vor Eintritt** der fortgesetzten Gütergemeinschaft (also noch zu Lebzeiten beider Ehegatten) auf seinen zukünftigen Gesamtgutsanteil. Für den **nach Eintritt** der fortgesetzten Gütergemeinschaft erklärten Verzicht auf den bereits entstandenen Anteil gilt § 1491 BGB.

7 Einer gesonderten Zustimmung bedarf es nicht, wenn der Verzichtsvertrag mit beiden Ehegatten abgeschlossen wird und sich aus dem Mitabschluss auch die Zustimmung des anderen Ehegatten entnehmen lässt.

8 Keine Anwendung findet die Vorschrift zudem, wenn ein Abkömmling durch Vertrag mit einem Ehegatten generell auf sein gesetzliches **Erbrecht verzichtet** (vgl. § 2346 Abs. 1 BGB), obgleich der Abkömmling im Falle eines solchen Verzichts aufgrund der Verweisung des § 1483 Abs. 1 Satz 2 BGB

auf die gesetzliche Erbfolge auch nicht an der fortgesetzten Gütergemeinschaft teilnimmt. Ein solcher Verzicht auf das Erbrecht kann somit trotz des hierdurch erfolgenden Wegfalls der Beteiligung an der fortgesetzten Gütergemeinschaft ohne Zustimmung des anderen Ehegatten erfolgen.[1]

Der vertragliche Verzicht auf den Anteil kann von einer Gegenleistung (**Abfindung**) abhängig gemacht werden. Ohne eine solche Abfindungsvereinbarung enthält der verzichtende Abkömmling keine Entschädigung; § 1511 Abs. 2 BGB ist nicht entsprechend anzuwenden.

Gemäß **Absatz 2** finden die für den Erbverzicht geltenden Vorschriften (§§ 2346-2352 BGB) entsprechende Anwendung.

Der Verzichtsvertrag bedarf daher der **notariellen Beurkundung** (§ 2348 BGB).

Durch den Anteilsverzicht ist der verzichtende Abkömmling von der fortgesetzten Gütergemeinschaft so ausgeschlossen, wie wenn er zum Zeitpunkt des Eintritts derselben nicht mehr lebte (§ 2346 Abs. 1 Satz 2 BGB).

Der Verzichtsvertrag erstreckt sich mangels gegenteiliger Bestimmung auch auf die Abkömmlinge des Verzichtenden (§ 2349 BGB). Der Kreis der anteilsberechtigten Abkömmlinge bestimmt sich daher nach § 1483 Abs. 1 Satz 2 BGB ohne den Verzichtenden und seinen Stamm.

Der **Verzicht aller** gemeinschaftlichen Abkömmlinge hindert den Eintritt der fortgesetzten Gütergemeinschaft; die Rechtsfolge des § 1482 BGB findet Anwendung.

Durch den Anteilsverzicht des Abkömmlings wird das gesetzliche Erb- und Pflichtteilsrecht am **Sonder- und Vorbehaltsgut** des verstorbenen Ehegatten nicht berührt.

2. Verzichtsaufhebungsvertrag (Absatz 1 Satz 1 Alternative 2)

Die Vorschrift gilt darüber hinaus nach Absatz 1 Satz 1 Alternative 2 im Hinblick auf Verträge, durch die ein gegenüber einem der Ehegatten nach Absatz 1 Satz 1 Alternative 1 erklärter Verzicht aufgehoben wird.

Die Aufhebung des Verzichtsvertrags bedarf ebenfalls der notariellen Beurkundung (§§ 2351, 2348 BGB).

IV. Der andere Ehegatte hat dem Vertrag nicht zugestimmt

Die Vorschrift entfaltet Wirkung, wenn der andere Ehegatte dem Verzichtsvertrag bzw. der Aufhebung des Verzichts nicht zugestimmt hat.

Hat der andere Ehegatte seine Zustimmung erklärt, ist der Vertrag wirksam.

Für die Zustimmung des anderen Ehegatten gilt die Vorschrift des § 1516 Abs. 2 Sätze 3, 4 BGB (**Absatz 1 Satz 2**).

Die Zustimmungserklärung bedarf somit der **notariellen Beurkundung** (§ 1516 Abs. 2 Satz 3 BGB).

Gemäß § 1516 Abs. 2 Satz 4 BGB ist die Zustimmung **unwiderruflich**.

Da § 1516 Abs. 2 Satz 1 BGB keine Anwendung findet, ist **Stellvertretung** zulässig.

§ 1516 Abs. 2 Satz 2 BGB findet ebenfalls keine Anwendung. Ein **beschränkt geschäftsfähiger** Ehegatte bedarf daher der Zustimmung seines gesetzlichen Vertreters.

C. Rechtsfolgen

Der ohne die Zustimmung des anderen Ehegatten geschlossene Vertrag ist unwirksam (**Absatz 1 Satz 1**).

---

[1] *Kanzleiter* in: MünchKomm-BGB, § 1517 Rn. 3, 4.

§ 1518 BGB Zwingendes Recht

(Fassung vom 02.01.2002, gültig ab 01.01.2002)

¹Anordnungen, die mit den Vorschriften der §§ 1483 bis 1517 in Widerspruch stehen, können von den Ehegatten weder durch letztwillige Verfügung noch durch Vertrag getroffen werden. ²Das Recht der Ehegatten, den Vertrag, durch den sie die Fortsetzung der Gütergemeinschaft vereinbart haben, durch Ehevertrag aufzuheben, bleibt unberührt.

Gliederung

A. Grundlagen 1
B. Anwendungsvoraussetzungen 2
  I. Ehegatten leben in Gütergemeinschaft 2
  II. Vereinbarung einer fortgesetzten Gütergemeinschaft 3
  III. Ehegatten treffen eine Anordnung, die mit den Vorschriften der §§ 1483-1517 BGB in Widerspruch steht 4
C. Rechtsfolgen 11

A. Grundlagen

1   Die Vorschrift bestimmt, dass die Ehegatten Anordnungen, die mit den Vorschriften der §§ 1483-1517 BGB in Widerspruch stehen, weder durch letztwillige Verfügung noch durch Vertrag treffen können. Die Vorschrift dient dem Schutz der gemeinschaftlichen Abkömmlinge der Ehegatten vor einer Verkürzung ihrer Rechte am Gesamtgut über die sich für die Ehegatten aus den §§ 1511-1515 BGB ergebenden Möglichkeiten hinaus. Die Schutzwürdigkeit der Abkömmlinge begründet sich dadurch, dass der Anteil der Abkömmlinge am Gesamtgut wirtschaftlich ihr Erbrecht ersetzt.

B. Anwendungsvoraussetzungen

I. Ehegatten leben in Gütergemeinschaft

2   Die Anwendung der Vorschrift setzt voraus, dass die Ehegatten im Güterstand der Gütergemeinschaft leben.

II. Vereinbarung einer fortgesetzten Gütergemeinschaft

3   Die Ehegatten müssen im Ehevertrag die Fortsetzung der Gütergemeinschaft für den Fall des Todes eines der Ehegatten vereinbart haben.

III. Ehegatten treffen eine Anordnung, die mit den Vorschriften der §§ 1483-1517 BGB in Widerspruch steht

4   Die Vorschrift entfaltet Wirkung, wenn die Ehegatten eine Anordnung treffen, die mit den Vorschriften der §§ 1483-1517 BGB in Widerspruch steht. Unerheblich ist, ob die Anordnung durch letztwillige Verfügung oder Vertrag (Ehevertrag bzw. Erbvertrag) getroffen wurde.

5   Die Vorschrift findet auch in Bezug auf bloße **Modifikationen** der gesetzlichen Bestimmungen Anwendung. Diese sind nur zulässig, wenn das Gesetz sie ausdrücklich zulässt (vgl. die §§ 1511-1516 BGB).

6   Die Vorschrift findet auch dann Anwendung, wenn die Abkömmlinge durch eine den §§ 1483-1517 BGB widersprechende Anordnung besser gestellt werden. Diese über den Normzweck hinausgehende Wirkung rechtfertigt sich aus Gründen der Rechtssicherheit.

7   Exemplarisch findet die Vorschrift in den folgenden Fällen Anwendung: Befreiung des überlebenden Ehegatten von den sich gemäß § 1487 BGB aus den §§ 1423-1425 BGB ergebenden Beschränkungen; Abänderung der zeitlichen Dauer der fortgesetzten Gütergemeinschaft, etwa durch die Bestimmung, dass die Gütergemeinschaft entgegen § 1493 Abs. 1 BGB auch im Falle der Wiederverheiratung des überlebenden Ehegatten fortgesetzt werden soll; Modifikation des einem Abkömmling bei der Auseinandersetzung zukommenden Anspruchs in der Weise, dass ihm nur ein schuldrechtlicher Anspruch auf eine Geldleistung eingeräumt wird.

8   Satz 1 findet allerdings keine Anwendung auf die Aufhebung des Vertrags, durch den die Ehegatten die Fortsetzung der Gütergemeinschaft vereinbart haben. Dies stellt **Satz 2** ausdrücklich klar, wonach

das Recht der Ehegatten, einen solchen Vertrag wieder aufzuheben (was ebenfalls durch Ehevertrag zu erfolgen hätte), von der Regelung in Satz 1 unberührt bleibt.

Zulässig ist auch der Ausschluss der Fortsetzung durch Ausschließung aller Abkömmlinge nach den §§ 1511-1516 BGB.[1]   9

Die Vorschrift betrifft nur Modifikationen der §§ 1483-1517 BGB durch Ehevertrag der Ehegatten zu Lebzeiten. Von der Vorschrift nicht erfasst sind von den §§ 1483-1517 BGB abweichende **Vereinbarungen** zwischen dem überlebenden Ehegatten und den anteilsberechtigten **Abkömmlingen**. Diese sind zulässig. Dies gilt etwa im Hinblick auf Vereinbarungen über die Auseinandersetzung des Gesamtguts oder die Tragung von Gesamtgutslasten im Innenverhältnis (vgl. §§ 1499, 1500 BGB). Von der Vorschrift nicht untersagt werden darüber hinaus schuldrechtliche Verträge mit **Dritten**. In all diesen Fällen darf aber nicht mit **dinglicher Wirkung** in das sich aus den §§ 1487-1517 BGB ergebende Rechtsverhältnis zwischen dem überlebenden Ehegatten und den Abkömmlingen eingegriffen werden.[2]   10

C. Rechtsfolgen

Die Anordnung, die mit den §§ 1483-1517 BGB in Widerspruch steht, ist gemäß § 134 BGB unwirksam (**Satz 1**).   11

---

[1] RG v. 03.02.1919 - IV 323/18 - RGZ 94, 314-318.
[2] *Kanzleiter* in: MünchKomm-BGB, § 1518 Rn. 5.

§ 1519

Kapitel 4 - Wahl-Zugewinngemeinschaft

§ 1519 BGB Vereinbarung durch Ehevertrag

(Fassung vom 15.03.2012, gültig ab 01.05.2013)

[1]Vereinbaren die Ehegatten durch Ehevertrag den Güterstand der Wahl-Zugewinngemeinschaft, so gelten die Vorschriften des Abkommens vom 4. Februar 2010 zwischen der Bundesrepublik Deutschland und der Französischen Republik über den Güterstand der Wahl-Zugewinngemeinschaft. [2]§ 1368 gilt entsprechend. [3]§ 1412 ist nicht anzuwenden.

Gliederung

A. Grundlagen 1	3. Zustimmungsbefugnis bei Rechtsgeschäften über Rechte, durch die die Familienwohnung gesichert wird 26
B. Praktische Bedeutung 4	
C. Anwendungsvoraussetzungen 7	
I. Anwendungsbereich 7	4. Kein Zustimmungserfordernis für Rechtsgeschäfte über das Vermögen im Ganzen 30
1. Persönlich-sachlicher Anwendungsbereich 8	
2. Internationaler Anwendungsbereich 11	5. Mitverpflichtung bei Schlüsselgewaltgeschäften 31
3. Intertemporaler Anwendungsbereich 13	IV. Der Zugewinnausgleich bei Beendigung der Wahl-Zugewinngemeinschaft 34
II. Die Begründung der Wahl-Zugewinngemeinschaft 15	1. Mögliche Gründe für die Beendigung der Zugewinngemeinschaft 35
III. Die Situation während der Wahl-Zugewinngemeinschaft 19	2. Begriff des Zugewinns 39
1. Grundsatz der Vermögenstrennung 19	a. Das Anfangsvermögen 41
2. Zustimmungsbedürfnis bei Rechtsgeschäften über Haushaltsgegenstände 21	b. Das Endvermögen 59
	3. Der Zugewinnausgleichsanspruch 69
	V. Vorzeitiger Zugewinnausgleich 77

A. Grundlagen

1 § 1519 BGB ist durch das am 01.05.2013 in Kraft getretene **Ausführungsgesetz zum Abkommen zwischen der Bundesrepublik Deutschland und der französischen Republik über den Güterstand der Wahl-Zugewinngemeinschaft** eingeführt worden. Durch dieses Gesetz wird in das deutsche Familienrecht ein neuer Güterstand eingefügt, die Wahl-Zugewinngemeinschaft. Regelungstechnisch wird das dadurch bewirkt, dass § 1519 BGB auf das besagte deutsch-französische Abkommen verweist.

2 Mit dem deutsch-französischen Güterstand der Wahl-Zugewinngemeinschaft wurde familienrechtlich ein neuer Weg beschritten. Soweit ersichtlich, war es das erste Mal, dass zwei Staaten auf dem Gebiet des Ehegüterrechts **die materiellen Familienrechte vereinheitlicht** haben. Diese Gesetzgebungstechnik war bislang nur (über die Haager Übereinkommen) auf den Gebieten des Verfahrensrechts und des Internationalen Privatrechts praktiziert worden. Die Einführung des Güterstands sollte eine besondere Feier der deutsch-französischen Zusammenarbeit aus Anlass des Jubiläums des Elysee-Vertrages sein und ein besonderes Beispiel für die gewachsene Freundschaft zwischen den Nationen bilden.

3 Das Abkommen wurde bislang **nur zwischen Deutschland und Frankreich** geschlossen; es ist aber für den Beitritt weiterer Staaten offen (Art. 21 des Abkommens). Diese können das Güterrechtsmodell aber nur so übernehmen, wie sie es jetzt vorfinden. Das wird den Beitritt nicht fördern, denn die nachfolgend Beitretenden haben auf den Inhalt der Regelungen keine Einflussnahmemöglichkeit mehr.

B. Praktische Bedeutung

4 Die praktische Bedeutung des § 1519 BGB und des deutsch-französischen Wahlgüterstands ist **derzeit noch gering**. Da der Güterstand zwischen den Ehegatten vereinbart werden muss und er jedenfalls in Deutschland nur für einen kleinen Teil der Eheleute von Bedeutung sein wird, weil er nur in relativ geringem Maße von der herkömmlichen Zugewinngemeinschaft abweicht, kommen Fälle, in denen dieser Güterstand vereinbart wird, bislang nur in sehr überschaubarem Maße vor.

5 Die Frage, welche praktische Bedeutung der deutsch-französische Wahlgüterstand **in Zukunft** erlangen wird, ist **derzeit kaum zu beantworten**. Sinnvoll kann der Güterstand vor allem für deutsch-französische Paare sein. In Betracht kommt er auch für Paare aus dem einen Land, die in dem anderen Vermögen haben, so dass es bei einer Scheidung sonst ggf. zu einer Vermögensspaltung kommen könnte, also zu dem Problem, dass ein Teil des Vermögens nach deutschem Güterrecht und ein Teil nach französischem zu behandeln ist. Aus deutscher Sicht erscheint ein größerer Bedeutungsgewinn des neuen Güterstands eher unwahrscheinlich, denn die meisten neu geregelten Punkte kann man bei Geltung deutschen Rechts auch ohne weiteres durch Modifikationen des gesetzlichen Güterstandes erzielen.

Aus **internationaler Perspektive** wird die Wahl-Zugewinngemeinschaft ebenfalls wahrscheinlich keine größere Bedeutung erlangen. Wie oft sie in Frankreich vereinbart werden wird, ist völlig offen. In anderen Staaten wird die Wahl-Zugewinngemeinschaft wahrscheinlich keine Bedeutung erlangen, weil der Beitritt weiterer Staaten zum Abkommen (der nach Art. 21 des Abkommens möglich wäre) unwahrscheinlich ist, da diese Staaten auf den Inhalt der Wahl-Zugewinngemeinschaft keinen Einfluss mehr nehmen können.

C. Anwendungsvoraussetzungen

I. Anwendungsbereich

Hinsichtlich des Anwendungsbereichs sind der persönlich-sachliche Anwendungsbereich (vgl. Rn. 8 ff.) der internationale Anwendungsbereich (vgl. Rn. 11 f.) und der intertemporale Anwendungsbereich (vgl. Rn. 13 f.) zu unterscheiden.

1. Persönlich-sachlicher Anwendungsbereich

Der persönliche Anwendungsbereich des § 1519 BGB ist – die internationale Anwendbarkeit unterstellt – **umfassend.** Ob die beteiligten Eheleute Deutsche oder Franzosen sind, ob sie in Deutschland oder Frankreich leben, ob sie Staatsbürger eines Drittstaats sind oder in einem Drittstaat leben, ist demgegenüber ohne Bedeutung.[1] Die Vereinbarung des neuen Güterstandes soll in allen Fällen möglich sein, in welchen die Parteien irgendeinen Bezug zum Nachbarstaat (und sei es durch das Vorhandensein von Vermögen in dem anderen Staat) haben, aber auch in rein „nationalen" Sachverhalten, in denen die Eheleute keinen Bezug zum Nachbarstaat haben und die Regelungen des neuen Güterstandes einfach für sich als passend ansehen.

Selbst wenn ein **ausländisches IPR zum deutschen Güterrecht führt**, ist § 1519 BGB und damit auch das Abkommen anwendbar.[2] Nur das Abkommen gilt dagegen, wenn französisches Recht berufen ist (vgl. Rn. 11). Die sachlichen Unterschiede sind aber eher gering.

Das neue Güterrecht gilt sowohl für **verschiedengeschlechtliche Ehepaare** als auch für solche **gleichen Geschlechts.** In Deutschland wird zwar zwischen Ehen und eingetragenen Lebenspartnerschaften differenziert. Das Güterrecht der Lebenspartnerschaft entspricht aber in vollem Umfang dem Güterrecht für Ehen, so dass materiell-rechtlich insoweit keine Unterschiede auftreten können und die Möglichkeit, eine deutsch-französische Wahl-Zugewinngemeinschaft zu vereinbaren, auch für diese besteht[3] (vgl. die §§ 6 und 7 LPartG, wo jetzt auch auf § 1519 BGB verwiesen ist). Zu beachten ist aber, dass sich das Internationale Privatrecht in Deutschland für Eheleute und für Lebenspartnerschaften unterscheidet: Das Internationale Privatrecht der Lebenspartnerschaft und von deren Folgen richtet sich nach dem Ort der Registrierung der Lebenspartnerschaft (Art. 17b EGBGB), während das Ehegüterrecht sich – vereinfacht gesagt – zunächst nach dem Recht der gemeinsamen Staatsangehörigkeit, hilfsweise dem Recht des gemeinsamen gewöhnlichen Aufenthalts und äußerst hilfsweise nach dem Recht der sonstigen engsten Verbindung zum Zeitpunkt der Begründung der Ehe (Art. 15 EGBGB i.V.m. Art. 14 EGBGB). Das kann zu erheblichen Unterschieden führen, wenn die (deutschen) Lebenspartner ihre Partnerschaft im Ausland begründet haben. Diese Unterschiede werden erst dann entfallen, wenn die Vorhaben der Europäischen Verordnungen zum Güterrecht verwirklicht sein werden, weil es dann einheitliche Anknüpfungspunkte geben wird.

2. Internationaler Anwendungsbereich

Ob § 1519 BGB anzuwenden ist, richtet sich danach, ob deutsches Güterrecht zur Anwendung kommt. Das bestimmt sich derzeit aus deutscher Sicht nach Art. 15 EGBGB, aus der Sicht des französischen Rechts nach dem Haager Übereinkommen über das auf eheliche Güterstände anzuwendende Recht

---

[1] *Stürner*, JZ 2011, 545, 548.
[2] *Klippstein*, FPR 2010, 510, 512; *Stürner*, JZ 2011, 545, 548.
[3] *Klippstein*, FPR 2010, 510, 514.

vom 14.03.1978.⁴ Das kann zu durchaus unterschiedlichen Ergebnissen führen. Mit dem Inkrafttreten der Europäischen Güterrechtsverordnung werden diese Diskrepanzen beseitigt werden, da dann in Deutschland und Frankreich ein einheitliches Kollisionsrecht gelten wird.

12 Der neue deutsch-französische Güterstand kann aber immer dann vereinbart werden, wenn für das Ehegüterrecht entweder deutsches oder französisches Recht gilt. Ist französisches Recht anzuwenden, gelten aber nur das Abkommen und ggf. zusätzliche Regelungen des französischen Rechts, die erweiternden Regelungen des § 1519 BGB bleiben außer Betracht.

3. Intertemporaler Anwendungsbereich

13 In zeitlicher Hinsicht kommen solche Vereinbarungen seit dem 01.05.2013, dem Tag des Inkrafttretens des deutsch-französischen Abkommens über den Güterstand der Wahl-Zugewinngemeinschaft, in Betracht (Art. 19 des Abkommens).

14 Der Güterstand kann auch von bereits zum Zeitpunkt des Inkrafttretens verheirateten Ehegatten gewählt werden (Art. 3 Abs. 2 Satz 2 des Abkommens). Für diesen Fall richtet sich die Frage, ob der bisherige Güterstand geändert werden kann, aber nach nationalem Recht (Art. 3 Abs. 2 Satz 2 des Abkommens). Während das deutsche Recht insoweit keine Probleme bereitet, da eine Güterstandsänderung jederzeit vorgenommen werden kann, wenn nur die formalen Anforderungen eingehalten werden und die Änderung der Inhaltskontrolle standhält, ist die Rechtslage bei Geltung französischen Rechts komplizierter (Art. 1396 Abs. 3, 1397 CC).⁵ Das kann zu erheblichen Problemen führen, wenn aus deutscher Sicht deutsches Recht anzuwenden ist, aus französischer aber französisches. Da die Regelung in das Abkommen gelangt ist, um die französischen Interessen durchzusetzen, wird teilweise angenommen, dass schon dann, wenn aus der Sicht des französischen IPR französisches Sachrecht anzuwenden ist, auch bei (aus Sicht des deutschen Rechtsanwenders) geltendem deutschen Sachrecht die französischen Sachvorschriften sich als zusätzlich anzuwendende Regelungen durchsetzen.⁶

II. Die Begründung der Wahl-Zugewinngemeinschaft

15 Die Ehegatten können durch Ehevertrag vereinbaren, dass die Wahl-Zugewinngemeinschaft ihr Güterstand ist (Art. 3 Abs. 1 des Abkommens). Das entspricht den Voraussetzungen, welche auch das deutsche Recht allgemein an die Begründung eines Wahl-Güterstandes stellt (vgl. § 1408 Abs. 1 BGB). Über die Form ist im Abkommen nichts gesagt, sie richtet sich also nach dem anwendbaren Sachrecht⁷ oder der Form des Abschlussortes (Art. 11 EGBGB).⁸ Erforderlich ist bei Geltung deutschen Rechts die notarielle Beurkundung des Vertrages bei gleichzeitiger Anwesenheit der Beteiligten vor einem Notar (§ 1410 BGB).⁹ Stellvertretung ist aber zulässig.

16 Der Vertrag kann schon vor der Eingehung oder während des Bestehens einer Ehe geschlossen werden (Art. 3 Abs. 2 Satz 1 des Abkommens) und wird dann mit dem Vertragsabschluss wirksam. Der Güterstand wird aber frühestens mit dem Tag der Eheschließung wirksam (Art. 3 Abs. 2 Satz 3 des Abkommens). Das entspricht der sonstigen deutschen Rechtslage. Unberührt lässt das Abkommen die Frage, inwieweit der Abschluss des Vertrages durch einen bis dahin bestehenden Güterstand beeinflusst wird und wie der bisherige Güterstand abzuwickeln ist (etwa eine bis dahin bestehende Errungenschaftsgemeinschaft oder Zugewinngemeinschaft nach nationalem Recht). Zu den Besonderheiten bei Anwendung französischen Rechts vgl. Rn. 14.

17 Der Vertrag kann von den Regeln des Kapitels V des Abkommens abweichen (Art. 3 Abs. 3 des Abkommens), also von den Regeln für den Ausgleich im engeren Sinne, wie der Berechnung des Anfangs- und des Endvermögens, der Ausgleichsquote usw. sowie der Herausnahme von Gegenständen aus dem Zugewinnausgleich und ähnlichem. Ausgenommen von den Ausschlussmöglichkeiten sind nur die Verfügungsverbote, weil diese nicht im V., sondern im III. Kapitel geregelt sind.¹⁰ Möglich sind damit (fast) alle Modifikationen, welche auch das deutsche Zugewinngemeinschaftsrecht zulässt.

---

⁴ Vgl. den französisch- und englischsprachigen Text in RabelsZ 41 (1977), 554.
⁵ Zu Einzelheiten vgl. *Dörner* in: Bezzenberger/Gruber/Rohlfing-Dijoux, Liber amicorum Otmar Seul, 107, 118; *Döbereiner* in: Süß/Ring, Eherecht in Europa, 2. Aufl. 2012, Länderteil Frankreich, Rn. 128, 135.
⁶ *Dörner* in: Bezzenberger/Gruber/Rohlfing-Dijoux, Liber amicorum Otmar Seul, 107, 119.
⁷ *Stürner*, JZ 2011, 545, 549; *Jaeger*, DNotZ 2010, 804, 806.
⁸ *Klippstein*, FPR 2010, 510, 512.
⁹ In Frankreich gilt Entsprechendes, vgl. *Delerue*, FamRBint 2010, 70, 71.
¹⁰ *Stürner*, JZ 2011, 545, 549.

Nicht geregelt ist allerdings die Frage, ob diese Vereinbarungen einer Inhaltskontrolle unterliegen und welche Maßstäbe gegebenenfalls bei dieser anzulegen sind. Es muss deswegen insoweit bei der Anwendung des nach den Regelungen des IPR berufenen nationalen Rechts bleiben. Unter der Geltung deutschen Rechts bedeutet das, dass diese Vereinbarungen einer Inhalts- und Ausübungskontrolle unterliegen, wie das bei Eheverträgen allgemein üblich ist und durch die Rechtsprechung des Bundesverfassungsgerichts und des Bundesgerichtshofs geprägt wurde.[11] Vor allem darf danach geprüft werden, ob einer der Vertragschließenden sich in einer Zwangssituation befand, die ihn dazu veranlasste, sich auf besonders nachteilige Abweichungen vom Regelbild der Wahl-Zugewinngemeinschaft einzulassen, und ob für den Verzicht hinreichende Kompensationen vereinbart wurden. Hier liegt eine Einfallstelle für weiterhin unterschiedliche Rechtsanwendungen trotz gleicher Ausgangsregelung, die nicht aus dem Auge verloren werden darf.

18

III. Die Situation während der Wahl-Zugewinngemeinschaft

1. Grundsatz der Vermögenstrennung

Im Güterstand der Wahl-Zugewinngemeinschaft bleibt das **Vermögen der Ehegatten getrennt** (Art. 2 Abs. 1 des Abkommens). Insofern unterscheidet sich die Ausgangslage nicht von derjenigen bei der Zugewinngemeinschaft in Deutschland oder Frankreich. Die Zugewinngemeinschaft ist während der Ehe eine Gütertrennung und führt – anders, als der Name suggeriert – nicht zu einer dinglichen Beteiligung am Vermögen des anderen Ehegatten. Deswegen kann (vorbehaltlich gewisser Einschränkungen im Einzelfall, wie sie sich aus Art. 5 des Abkommens für die deutsch-französische Wahl-Zugewinngemeinschaft ergeben) auch jeder Ehegatte über die Gegenstände seines Vermögens frei verfügen, die ihm selbst gehören (Art. 4 Satz 1 des Abkommens). Ihm allein stehen die Einkünfte aus seinem Eigentum zu (Art. 4 Satz 1 des Abkommens).

19

Allerdings ergeben sich aus Art. 5 und 6 des Abkommens **Einschränkungen in Bezug auf die völlige Trennung der Vermögensmassen** während des Bestehens des Güterstandes. Diese Einschränkungen weichen teilweise erheblich vom bisherigen deutschen Recht und vor allem auch dem Recht der Zugewinngemeinschaft nach den §§ 1363 ff. BGB ab. Sie sind nicht abdingbar, weil Art. 3 Abs. 3 des Abkommens nur Modifikationen des V. Kapitels zulässt, nicht aber des III. Kapitels.[12]

20

2. Zustimmungsbedürfnis bei Rechtsgeschäften über Haushaltsgegenstände

Der Zustimmung des anderen Ehegatten bedürfen zunächst alle Rechtsgeschäfte eines Ehegatten über **Haushaltsgegenstände** (Art. 5 Abs. 1 des Abkommens). Was unter Haushaltsgegenständen zu verstehen ist, regelt das Abkommen nicht. Der Begriff dürfte aber in gleicher Weise auszulegen sein wie bei der vergleichbaren Regelung für die Zugewinngemeinschaft i.S.d. §§ 1363 ff. BGB, die sich in § 1369 BGB findet. Haushaltsgegenstände sind damit zunächst alle Sachen, die dem gemeinsamen Gebrauch der Ehegatten zu dienen bestimmt sind, wie Möbel, Haushaltswäsche, Unterhaltungselektronik, der Familien-Pkw, ein Wohnwagen[13] und Haustiere. Keine Haushaltsgegenstände sind solche, die dem ausschließlichen persönlichen Gebrauch eines der Ehegatten dienen, wie persönliche Kleidung, Arbeitsgeräte oder der Pkw, wenn er ausschließlich für Fahrten zur Arbeit benutzt wird. Gegenstände, die zur Anlage von Vermögen angeschafft werden (z.B. Kunst und Antiquitäten), sind nur Haushaltsgegenstände, wenn sie gleichzeitig der Ausschmückung der Ehewohnung dienen oder durch die Eheleute benutzt werden.[14]

21

Das Abkommen beschränkt das Zustimmungserfordernis ausdrücklich auf **Rechtsgeschäfte**. Andere Eingriffe Dritter, wie etwa die Zwangsvollstreckung, sind nicht zustimmungspflichtig, weil kein rechtsgeschäftliches Handeln des Ehegatten vorliegt, gegen den vollstreckt wird. Der Schutz durch Art. 5 Abs. 1 des Abkommens ist also relativ schwach.

22

Das Abkommen unterwirft **jedes Rechtsgeschäft** dem Zustimmungserfordernis. Das bedeutet, dass bei Geltung deutschen Rechts (für das Rechtsgeschäft) sowohl das Verpflichtungsgeschäft (z.B. der Verkauf) als auch die Übereignung des verkauften Haushaltsgegenstandes erfasst werden. Bei Anwendung französischen Rechts versteht sich das von selbst, weil beide Akte nicht in der Weise unterschie-

23

---

[11] Vgl. aus neuerer Zeit BGH v. 29.01.2014 - XII ZB 303/13 - FamRZ 2014, 629; BGH v. 21.11.2012 - XII ZR 48/11 - FamRZ 2013, 269; BGH v. 31.10.2012 - XII ZR 129/10 - FamRZ 2013, 195.
[12] Vgl. *Stürner*, JZ 2011, 545, 548.
[13] OLG Koblenz v. 16.11.1993 - 3 U 449/93 - NJW-RR 1994, 516.
[14] *Kemper* in: Hk-BGB, § 1369 BGB Rn. 4.

§ 1519

den werden, wie das im deutschen Recht der Fall ist. Es erscheint jedoch eine übertriebene Förmelei, beide Geschäfte dem Zustimmungserfordernis zu unterwerfen: Hat der Ehegatte dem Verkauf zugestimmt, sollte man damit (genauso wie bei § 1369 BGB) die Zustimmung auch für die Übereignung als erteilt und bei fehlender Zustimmung zum Verkauf die Zustimmung zur Übereignung als Genehmigung des bislang unwirksamen Kaufvertrags ansehen, wie das Art. 5 Abs. 1 Satz 2 des Abkommens auch prinzipiell vorsieht.

24 Welche **Wirkungen** das **Fehlen einer Zustimmung** hat, wird im Abkommen nicht näher bestimmt. Gilt deutsches Güterrecht, ist in diesen Fällen – wie in den Fällen eines Verstoßes gegen § 1369 BGB – die absolute Unwirksamkeit des Geschäfts anzunehmen.[15] Zweifelhaft wäre ohne spezielle Regelung dagegen, ob die in § 1368 BGB vorgesehene Möglichkeit des Ehegatten, der dem Geschäft an sich hätte zustimmen müssen, die Rechte aus der Unwirksamkeit im eigenen Namen gegen Dritte geltend zu machen (Prozess- oder Verfahrensstandschaft), auch auf die Fälle eines Verstoßes gegen Art. 5 des Abkommens erstreckt werden könnte. Um den Schutz des Ehegatten, dessen Zustimmung verlangt wird, ausreichend zu verwirklichen, hat der deutsche Gesetzgeber deswegen in § 1519 Satz 2 BGB n.F. die entsprechende Anwendung des § 1368 BGB angeordnet. Nur auf diese Weise lässt sich erreichen, dass der durch ein gegen das Zustimmungserfordernis verstoßendes Geschäft benachteiligte Ehegatte seine Rechte effektiv durchsetzen kann.

25 Stimmt ein Ehegatte dem Rechtsgeschäft des anderen nicht zu, weil er dazu außerstande ist, oder verweigert er die Zustimmung, ohne dass Belange der Familie dies rechtfertigen, kann der andere Ehegatte **gerichtlich dazu ermächtigt** werden, das beabsichtigte Rechtsgeschäft allein vorzunehmen, zu dem die Zustimmung des anderen notwendig wäre (Art. 5 Abs. 2 des Abkommens). Gedacht ist an die Fälle, in denen ein Ehegatte die Zustimmung allein deshalb verweigert, um den anderen zu schikanieren – wie das vor allem in Trennungsfällen vorkommt. Die Ersetzungsmöglichkeit entspricht der in den §§ 1365, 1369 BGB vorgesehenen Möglichkeit.

3. Zustimmungsbefugnis bei Rechtsgeschäften über Rechte, durch die die Familienwohnung gesichert wird

26 Der Zustimmung des anderen Ehegatten bedürfen weiter alle Rechtsgeschäfte eines Ehegatten über **Rechte, durch die die Familienwohnung sichergestellt wird** (Art. 5 Abs. 1 Satz 1 des Abkommens). Der Begriff der Familienwohnung wird im Abkommen nicht näher definiert. Er weicht von der im deutschen Recht üblichen Bezeichnung als Ehewohnung (vgl. §§ 1361b, 1568a BGB) ab. Gleichwohl dürfte im Grundsatz das Gleiche gemeint sein: Bei den Räumlichkeiten, auf die sich das Recht bezieht, muss es sich um die gemeinsame Wohnung der Eheleute handeln. Hinzu rechnen wird man auch die Fälle müssen, in denen die Ehegatten in getrennten Wohnungen leben, wenn aber bei einem (oder beiden) noch gemeinsame Kinder leben. Auch derartige Wohnungen sind Familienwohnungen. Keine Familienwohnung liegt nur dann vor, wenn die Ehegatten nie zusammengelebt haben und auch keine mit einem Ehegatten zusammenlebenden Kinder existieren oder wenn – bei einer kinderlosen Ehe – die Wohnung ihre Eigenschaft als Ehewohnung verloren hat, weil ein Ehegatte endgültig ausgezogen ist oder weil das Mietverhältnis gekündigt wurde.

27 Besondere **Anforderungen an die Räumlichkeiten** bestehen nicht. Es kann sich daher sowohl um Häuser oder Wohnungen, aber auch um Container, Wohnwagen oder Gartenhäuschen handeln. Die Eigentumsverhältnisse sind ebenfalls unerheblich.

28 Rechte, durch die die Familienwohnung sichergestellt wird, sind zunächst einmal das **Eigentum und dingliche Nutzungsrechte**. Insoweit können sich Überschneidungen mit dem für die Zugewinngemeinschaft i.S.d. §§ 1363 ff. BGB geltenden § 1365 BGB ergeben, der die Ehegatten vor Geschäften des anderen über sein Vermögen im Ganzen schützt, denen er nicht zugestimmt hat. Anders als bei § 1365 BGB sind in den Anwendungsbereich des Art. 5 Abs. 1 des Abkommens aber auch rein schuldrechtliche Rechte einbezogen, wie vor allem Miet- und Pachtverträge.[16] Will also ein Ehegatte den Mietvertrag über die Familienwohnung kündigen, bedarf er dazu ebenso der Zustimmung seines Ehegatten wie zum Abschluss eines Vertrages über eine Familienwohnung. Was diese Geschäfte an güterrechtlichem Gehalt aufweisen, ist nicht ersichtlich. Insoweit sind die Vertragspartner über das Ziel hinausgeschossen. Das dürfte vor allem den Vorstellungen des französischen Rechts geschuldet sein, das traditionell den Schutz des Familienheims auf diese Weise verwirklicht.

---

[15] Bei Geltung französischen Güterrechts muss die Unwirksamkeit dagegen gerichtlich geltend gemacht werden (vgl. Art. 215 Abs. 3 code civil); vgl. *Martiny*, ZEuP 2011, 577, 589.

[16] *Stürner*, JZ 2011, 545, 549; *Dethloff*, RabelsZ 76 (2012), 509, 516.

Wie bei den Geschäften über Haushaltsgegenstände ist auch bei den Geschäften, die Rechte betreffen, durch welche die Rechte an der Familienwohnung sichergestellt werden, fraglich, ob die Rechte, die sich aus der Unwirksamkeit des Geschäfts wegen Fehlens der Zustimmung ergeben, durch den Ehegatten, der an sich hätte zustimmen müssen, im Wege der **Verfahrensstandschaft** geltend gemacht werden können. Auch hier ist in § 1519 Satz 2 BGB n.F. die entsprechende Geltung des § 1368 BGB auch für diese Fälle angeordnet. Damit wurde eine wesentliche Lücke der Regelungen des Abkommens geschlossen; denn ohne Möglichkeit, die Unwirksamkeit der ohne Zustimmung geschlossenen Geschäfte geltend zu machen, bleibt der Schutz des anderen Ehegatten völlig unzureichend. Diese Regelung gilt allerdings nur dann, wenn deutsches Ehegüterrecht anzuwenden ist, nicht wenn das Abkommen „aus französischer Sicht" anzuwenden ist.

4. Kein Zustimmungserfordernis für Rechtsgeschäfte über das Vermögen im Ganzen

Kein besonderes Zustimmungserfordernis besteht nach dem Abkommen für **Rechtsgeschäfte über das Vermögen im Ganzen,** wie es in § 1365 BGB für die Zugewinngemeinschaft i.S.d. §§ 1363 ff. BGB vorgesehen ist. Das ist ein erheblicher Unterschied zwischen den beiden Zugewinngemeinschaften, denn das Fehlen einer § 1365 BGB entsprechenden Regelung wird nur teilweise durch das Erfordernis von Zustimmungen bei Rechtsgeschäften in Bezug auf Rechte an Familienwohnungen kompensiert. Zwar ist der Schutz, der durch § 1365 BGB geboten wird, relativ schwach. Gerade die neueren Entscheidungen des BGH[17] zu dieser Materie haben aber gezeigt, dass der andere Ehegatte durch die Regelung doch einen gewissen Mindestschutz vor Verringerungen des Vermögens bietet, die zu einer Gefährdung des Zugewinnausgleichsanspruchs führen könnten.

5. Mitverpflichtung bei Schlüsselgewaltgeschäften

Art. 6 Abs. 1 des Abkommens bestimmt, dass jeder Ehegatte **Verträge zur Führung des Haushalts und für den Bedarf der Kinder** allein schließen kann und dass diese Verträge auch den anderen Ehegatten gesamtschuldnerisch verpflichten. Es handelt sich also um eine Schlüsselgewaltregelung, ähnlich der in § 1357 BGB, die aber – anders als § 1357 BGB – an einen bestimmten Güterstand gebunden ist. Das Verhältnis beider Normen ist ungeklärt. Einerseits spricht einiges dafür, Art. 6 Abs. 1 des Abkommens als lex specialis gegenüber § 1357 BGB anzusehen, weil die Regelung spezieller ist als § 1357 BGB, da sie nur bei einem bestimmten Güterstand anzuwenden ist. Andererseits ordnet Art. 16 EGBGB die absolute Geltung des § 1357 BGB für alle Inlandsgeschäfte an, so dass einiges dafür spricht, die Norm auch neben Art. 6 Abs. 1 des Abkommens anzuwenden, so dass es zu einer Kumulierung der Vorschriften kommen könnte. Dagegen spricht aber wiederum, dass die Wirkungen teilweise widersprechen, so dass letztlich die lex specialis-Regel vorzuziehen ist.

Ausgenommen von der Mitverpflichtung des anderen Ehegatten sind **Zahlungsverpflichtungen,** die insbesondere nach der Lebensführung der Ehegatten offensichtlich **unangemessen** sind. Zusatzvoraussetzung für den Ausschluss ist aber, dass dem Vertragspartner dies bekannt war oder er es erkennen musste (Art. 6 Abs. 2 des Abkommens). Zu beachten ist, dass hier die Beweislast anders geregelt ist als bei § 1357 BGB: Während dort der Vertragspartner die Angemessenheit des Geschäfts beweisen muss, liegt die Beweislast für die Unangemessenheit des Geschäfts nach Art. 6 Abs. 2 des Abkommens bei dem Ehegatten, der sie behauptet.[18] Außerdem scheint die Regelung dann keinen Schutz zu bieten, wenn der Vertragspartner gutgläubig ist und der andere Ehegatte seine Mitverpflichtungsmacht missbraucht. Das ist eine deutlich negative Abweichung von der Rechtslage bei § 1357 BGB.

Die Regelung **entspricht im Übrigen im Wesentlichen der Schlüsselgewaltregelung in § 1357 BGB,** ohne allerdings deren Begrenzungsmöglichkeiten aufzunehmen.

IV. Der Zugewinnausgleich bei Beendigung der Wahl-Zugewinngemeinschaft

Der Charakter einer Zugewinngemeinschaft zeigt sich bei deren Ende: es werden die Zugewinne der Ehegatten während der Dauer des Güterstandes ermittelt, miteinander verglichen, und dann wird dem Ehegatten, der während des Güterstandes weniger an Zugewinn erworben hat, ein Zahlungsanspruch gegen den anderen Ehegatten auf die Hälfte der Differenz der Zugewinne eingeräumt. Dieses Grundprinzip ist bei der Wahl-Zugewinngemeinschaft nicht anders als bei der Zugewinngemeinschaft nach den §§ 1363 ff. DGB.

---

[17] BGH v. 21.02.2013 - V ZB 15/12 - FamFR 2013, 256; BGH v. 16.01.2013 – XII ZR 141/10 - FamRZ 2013, 607; BGH v. 07.10.2011 - V ZR 78/11 - FamRZ 2012, 116.
[18] *Dethloff*, RabelsZ 76 (2012), 509, 520.

1. Mögliche Gründe für die Beendigung der Zugewinngemeinschaft

35 Die Wahl-Zugewinngemeinschaft wird **aus den gleichen Gründen beendet wie die Zugewinngemeinschaft nach den §§ 1363 ff. BGB:** Der Güterstand endet durch Tod oder Todeserklärung eines Ehegatten (Art. 7 Nr. 1 des Abkommens), durch den Wechsel des Güterstandes (Art. 7 Nr. 2 des Abkommens) dadurch, dass die Ehegatten einen neuen Güterstand vereinbaren oder dass ihr Güterrecht nun einer Rechtsordnung unterliegt, die die Vereinbarung der Wahl-Zugewinngemeinschaft nicht zulässt, und mit Rechtskraft der Ehescheidung oder jeder anderen gerichtlichen Entscheidung, die den Güterstand beendet (Art. 7 Nr. 2 des Abkommens), vor allem einer solchen auf vorzeitigen Zugewinnausgleich (vgl. Art. 18 des Abkommens).

36 Für den Fall der **Beendigung durch Tod** ist zu beachten, dass die Wahl-Zugewinngemeinschaft – anders als die Zugewinngemeinschaft nach den §§ 1363 ff. BGB – **keine pauschale Erhöhung der Erbquote** um ein Zusatzviertel kennt. Die Wahl-Zugewinngemeinschaft hat keine erbrechtlichen Wirkungen. Das bedeutet: Stirbt ein Ehegatte (und gilt für das Erbrecht deutsches Recht), kann der Überlebende den Ausgleich des Zugewinns nach den normalen Regeln verlangen.[19] Seine Erbquote ergibt sich aber allein aus § 1931 BGB. Das hat eine andere erbrechtliche Lösung zur Folge, als man normalerweise von der herkömmlichen Zugewinngemeinschaft kennt. Durch diese Lösung wird der überlebende Ehegatte aber unter Umständen besser gestellt, als er nach der Rechtslage bei der „normalen" Zugewinngemeinschaft des deutschen Recht stünde, wenn er im Zugewinnausgleich ausgleichsberechtigt ist: Zunächst wird der Zugewinnausgleich nach Art. 12 des Abkommens berechnet und als Nachlassverbindlichkeit vom Nachlass abgezogen.[20] Besteht der gesamte Nachlass aus Zugewinn und hat der Überlebende keinen eigenen Zugewinn erzielt, bedeutet das, dass der überlebende Ehegatte wertmäßig schon über den Zugewinnausgleich die Hälfte des Nachlasses erlangt. Danach bekommt er noch einmal seinen gesetzlichen Erbteil aus § 1931 BGB von ¼ (neben Abkömmlingen) bzw. der Hälfte (neben Verwandten der 2. Ordnung, also Eltern, Geschwistern oder Großeltern des Erblassers) des Restnachlasses (denn der Zugewinnausgleichsanspruch ist Nachlassverbindlichkeit[21]). Vom Gesamtnachlass erhält er also in diesem Fall 5/8. Der Betrag kann noch deutlich höher liegen, wenn der Verstorbene mit Schulden in die Ehe gegangen war, so dass sein Gesamtzugewinn höher als der Wert des Nachlasses war, so dass der Zugewinnausgleichsanspruch mehr als 50% des Nachlasses beträgt. Da dieses Ergebnis nur von der Höhe des Zugewinnausgleichsanspruchs abhängt, kann es zu diesem Ergebnis auch bei Bestehen der Zugewinngemeinschaft nach den §§ 1363 ff. BGB kommen.

37 Der **gleiche Fall würde bei einer Zugewinngemeinschaft nach den §§ 1363 ff. BGB** so gelöst, dass (ohne weitere Anordnungen) sich die Erbquote des überlebenden Ehegatten um ¼ erhöhte, so dass der überlebende Ehegatte (wenn er nicht neben entfernteren Verwandten ohnehin den gesamten Nachlass erhielte) eine Erbquote von ½ (neben Kindern und anderen Abkömmlingen) bzw. ¾ (neben Verwandten der zweiten Ordnung) bekäm. Ein Zugewinnausgleichsanspruch steht ihm daneben nicht mehr zu. Ist er vom Erblasser enterbt, oder führt er eine entsprechende Situation durch Ausschlagung der Erbschaft herbei, dann bekommt er neben dem nach den normalen Regelungen berechneten Zugewinnausgleich (also in dem Beispiel, in dem der gesamte Nachlass aus Zugewinn besteht) als Zugewinnausgleich die Hälfte des Wertes des Nachlasses, im Übrigen aber nur den Pflichtteil nach dem gesetzlichen Erbteil aus § 1931 BGB. Der Pflichtteil beträgt die Hälfte des Wertes, den der gesetzliche Erbteil gehabt hätte (§ 2303 Abs. 2 BGB). Der gesetzliche Erbteil beträgt in dem Beispiel ¼ bzw. ½, weil nur von dem Anteil aus § 1931 BGB berechnet wird, nicht aus dem nach § 1371 BGB. Also ist der Pflichtteil mit 1/8 bzw. ¼ anzusetzen. In diesem Fall erhält also der überlebende Ehegatte einen Zahlungsanspruch von 8/16 plus 1/16 (bezogen auf den Gesamtnachlass) des Gesamtnachlasses, also von 9/16. Das ist insgesamt 1/16 weniger als bei der Geltung der Wahl-Zugewinngemeinschaft.

38 Umgekehrt haben die beiden Zugewinngemeinschaften ebenso unterschiedliche Ergebnisse, wenn der **überlebende Ehegatte ausgleichspflichtig** ist. In diesem Fall ändert sich bei der herkömmlichen Zugewinngemeinschaft nach den §§ 1363 ff. BGB an der Zuerkennung des Zusatzviertels durch § 1371 BGB nichts. Der überlebende, an sich ausgleichspflichtige Ehegatte bekommt trotzdem das Zusatzviertel am Nachlass des verstorbenen Ehegatten. Einen Ausgleich des Zugewinns braucht er an die Erben nicht zu leisten. Die Rechtslage ist damit doppelt günstig für ihn. Lebten die Ehegatten dagegen in der deutsch-französischen Wahl-Zugewinngemeinschaft, findet nicht nur keine Erhöhung des gesetzlichen

---

[19] *Dethloff*, RabelsZ 76 (2012), 509, 528; *Stürner*, JZ 2011, 545, 550.
[20] Insoweit besteht aber nur ein Zahlungsanspruch, keine dingliche Beteiligung am Nachlass.
[21] *Derichs*, ErbR 2013, 306, 308; *Jünemann*, ZEV 2013, 353.

Erbteils statt, sondern der überlebende Ehegatte ist ausgleichspflichtig an die Erben des verstorbenen Ehegatten.[22]

2. Begriff des Zugewinns

Zugewinn ist der **Betrag, um den das Endvermögen eines Ehegatten sein Anfangsvermögen übersteigt** (Art. 2 Satz 2 des Abkommens). Bei Beendigung des Güterstandes ergibt sich die Zugewinnausgleichsforderung aus dem Vergleich der erzielten Zugewinne der Ehegatten (Art. 2 Satz 3 des Abkommens). Insoweit unterscheidet sich die Rechtslage bei der deutsch-französischen Wahl-Zugewinngemeinschaft auf den ersten Blick nicht von derjenigen der Zugewinngemeinschaft nach den §§ 1363 ff. BGB, denn § 1373 BGB entspricht wörtlich Art. 2 Satz 2 des Abkommens, und eine Art. 2 Satz 3 des Abkommens vergleichbare Regelung findet sich in § 1378 Abs. 1 BGB.

Zu ermitteln sind deswegen das **Anfangs- und das Endvermögen** der Ehegatten. Ein Zugewinn wurde erzielt, wenn das Endvermögen eines Ehegatten sein Anfangsvermögen übersteigt. Wie bei der Zugewinngemeinschaft nach den §§ 1363 ff. BGB auch kann der Zugewinn nur positiv sein; der Ausgleich von Verlusten, die ein Ehegatte während der Ehe erzielt hat, ist ausgeschlossen.[23] Eine nachträgliche Beteiligung an während der Ehe eingegangenen Schulden erfolgt nicht. Sie wäre mit dem Charakter der Zugewinngemeinschaft als Gütertrennung (während des Bestehens des Güterstands) nicht vereinbar. Ein Zugewinn kann aber andererseits auch dann vorliegen, wenn ein Ehegatte am Ende des Güterstandes kein positives Vermögen aufweist. Das kann vor allem dann vorkommen, wenn ein Ehegatte mit Schulden in die Ehe hineingegangen ist und diese Schulden während der Ehe teilweise abgebaut hat, ohne aber in den positiven Bereich hineinzukommen. Zu beachten ist insofern nur, dass weder bei der Zugewinngemeinschaft nach den §§ 1363 ff. BGB noch bei der deutsch-französischen Wahl-Zugewinngemeinschaft in einem solchen Fall Ausgleichsansprüche gegen diesen Ehegatten in Betracht kommen, weil in beiden Zugewinngemeinschaften der Ausgleichsanspruch durch das am Ende der Ehezeit vorhandene (positive) Vermögen begrenzt ist (Art. 14 des Abkommens, § 1378 Abs. 2 BGB). Der andere Ehegatte kann aber diesen Zugewinn einem eigenen Zugewinn gegenüberstellen, so dass auf diese Weise seine eigene Ausgleichsplicht reduziert sein kann.

a. Das Anfangsvermögen

Was zum Anfangsvermögen in der deutsch-französischem Wahl-Zugewinngemeinschaft gehört, ergibt sich aus Art. 8 des Abkommens, wie die Bewertung zu erfolgen hat, ist in Art. 9 des Abkommens geregelt. Beides weicht von den für die Zugewinngemeinschaft i.S.d. §§ 1363 ff. BGB geltenden Regelungen deutlich ab. Gerade diese Unterschiede können aber für einige Ehepaare gerade die Motivation dafür bilden, den Güterstand der Wahl-Zugewinngemeinschaft zu vereinbaren.

aa. Zum Anfangsvermögen zu rechnende Gegenstände

Anfangsvermögen ist das Vermögen jedes Ehegatten am **Tag des Eintritts des Güterstandes** (Art. 8 Abs. 1 Satz 1 des Abkommens), also am Tag der Eheschließung bzw. der Vereinbarung des Güterstandes.

Einzubeziehen sind **alle Vermögenspositionen von wirtschaftlichem Wert,** gleichgültig ob sie übertragbar sind oder nicht. Neben Eigentum an beweglichen oder unbeweglichen Sachen können das auch Geldforderungen, Anwartschaftsrechte oder andere Forderungen, wie Nießbrauchs- oder Wohnrechte sein.

Zu beachten ist allerdings der **Vorrang anderer Ausgleichssysteme.** Auch bei der Wahl-Zugewinngemeinschaft können deswegen Anrechte, welche im Versorgungsausgleich auszugleichen wären, nicht in das Anfangs- und das Endvermögen (wo die Problematik größerer Bedeutung hat) eingestellt werden (vgl. § 2 Abs. 4 VersAusglG). Zur Zugewinngemeinschaft i.S.d. §§ 1363 ff. BGB ergeben sich insoweit keine Unterschiede.

Art. 8 Abs. 3 Nr. 1 des Abkommens stellt klar, dass **Früchte** des Anfangsvermögens nicht zum Anfangsvermögen gehören. Aus deutscher Sicht versteht sich das von selbst. Sie werden daher im Zugewinnausgleich berücksichtigt und ausgeglichen, wenn sie zum Zeitpunkt der Berechnung des Endvermögens noch vorhanden sind. Ebenso werden Vermögenszuwächse durch Wertsteigerungen an im Anfangsvermögen vorhandenen Gegenständen grundsätzlich im Zugewinnausgleich ausgeglichen. Für

---

[22] *Derichs*, ErbR 2013, 306, 308; *Kemper* in: Bezzenberger/Gruber/Rohlfing-Dijoux, Liber amicorum Otmar Seul, 225, 235.
[23] *Martiny*, ZEuP 2011, 577, 594.

§ 1519

Grundstücke ergibt sich insoweit allerdings eine Ausnahme aus der Bewertungsregel in Art. 9 Abs. 2 des Abkommens.

46 Ebenso wie positive Vermögenspositionen werden auch **Verbindlichkeiten** im Anfangsvermögen berücksichtigt, wenn diese am relevanten Stichtag bestanden. Art. 8 Abs. 1 Satz 2 des Abkommens stellt insoweit klar, dass die Verbindlichkeiten auch dann noch abgezogen werden, wenn sie den Wert des Aktivvermögens übersteigen. Wie bei der Zugewinngemeinschaft nach den §§ 1363 ff. BGB seit der Reform 2009 auch kann also auch das Anfangsvermögen in der Wahl-Zugewinngemeinschaft negativ sein.

47 Wie bei der Zugewinngemeinschaft nach den §§ 1363 ff. BGB kann sich das **Anfangsvermögen nachträglich verändern.** Wie dort werden dem Anfangsvermögen Schenkungen und Erbschaften hinzugerechnet, die ein Ehegatte nach der Begründung des Güterstandes erwirbt (Art. 8 Abs. 2 Satz 1 des Abkommens). Entsprechendes dürfte für andere Erwerbe von Todes wegen, wie vor allem Vermächtnisse gelten. Derartige Zuwendungen stellen sich nicht als Auswirkung der gemeinsamen Lebensleistung dar; sie sollen deswegen nicht ausgeglichen werden. Obwohl eine derartige Einschränkung im Abkommen fehlt, muss die Regelung für Schenkungen (bei Erbfällen stellt sich die Frage nicht) aber auf solche Schenkungen begrenzt sein, welche die Ehegatten von Dritten erhalten;[24] denn sonst erhöhte ein Ehegatte potentiell den Zugewinnausgleichsanspruch seines Partners um die Hälfte des Wertes des Zugewendeten, wenn er seinen Partner beschenkte.[25] Das Abkommen enthält keine Bestimmung darüber, was unter einer Schenkung zu verstehen ist. Wird § 1519 BGB angewendet (und ist damit die deutsche Sicht maßgebend), gilt für die Bestimmung des Schenkungsbegriffs ebenfalls die deutsche Sichtweise. Hier können sich gegebenenfalls Unterschiede in der Auslegung der Normen in den Fällen ergeben, in denen das Abkommen über das französische Recht anzuwenden ist.

48 Wie bei der Zugewinngemeinschaft nach den §§ 1363 ff. BGB[26] kann die Schenkung bzw. die Erbschaft auch dazu führen, dass sich das **Anfangsvermögen eines Ehegatten nachträglich verringert.** Das ist dann der Fall, wenn die Schenkung mit so gewichtigen Auflagen versehen ist, dass diese den Wert des geschenkten Gegenstandes übersteigen oder dass der Nachlass überschuldet ist (Art. 8 Abs. 2 Satz 2 des Abkommens). Das ist folgerichtig: Für den anderen Ehegatten macht es keinen Unterschied, ob sein Partner vor der Ehe erworbene Schulden während der Ehezeit tilgt oder ob er von Dritten übernommene Schulden tilgt, deren Entstehen nichts mit der ehelichen Gemeinschaft zu tun hatte. Es ist ein Gebot der Gerechtigkeit, ihn in diesen Fällen an den Schuldentilgungsergebnissen zu beteiligen (vgl. die Kommentierung zu § 1374 BGB Rn. 12).

49 Anders als bei der Zugewinngemeinschaft nach den §§ 1363 ff. BGB[27] wird auch Vermögen, das ein Ehegatte nach Begründung des Güterstands als **Schmerzensgeld** erwirbt, nach französischem Vorbild (Art. 1570 Abs. 1 i.V.m. Art. 1404 Abs. 1 code civil) dem Anfangsvermögen hinzugerechnet (Art. 8 Abs. 2 Satz 1 des Abkommens). Das ist folgerichtig, da es sich bei Schmerzensgeld ebenfalls um einen Erwerb handelt, zu dem der andere Ehegatte nichts beigetragen hat, so dass es ungerecht erscheint, diesen am Schmerzensgeld zu beteiligen. Die durch die Zurechnung zum Anfangsvermögen bewirkte Herausnahme des Schmerzensgeldes aus dem Zugewinnausgleich ist allerdings bei der deutsch-französischen Wahl-Zugewinngemeinschaft noch wichtiger als bei der Zugewinngemeinschaft nach den §§ 1363 ff. BGB, denn die deutsch-französische Wahl-Zugewinngemeinschaft kennt keine allgemeine Härteklausel, wie sie in § 1381 BGB enthalten ist.

50 **Nicht in den privilegierten Erwerb einbezogen** sind die bei der Zugewinngemeinschaft i.S.d. §§ 1363 ff. BGB privilegierten Erwerbsgründe der **Ausstattung** (Mitgift) und der **vorweggenommenen Erbfolge.** Ob alle diese Fälle in die im Abkommen erfassten Gründe einbezogen werden können, ist eher zweifelhaft: Eine Ausstattung ist eben (zumindest nach der Einordnung des deutschen Rechts) keine Schenkung, und eine vorweggenommene Erbfolge kann allenfalls dann als Schenkung eingeordnet werden, wenn sie unentgeltlich erfolgt. In vielen Fällen (gerade bei Unternehmensnachfolgen) wird

---

[24] *Martiny*, ZEuP 2011, 577, 592; *Schaal*, ZNotP 2010, 162, 169; *Kemper* in: Bezzenberger/Gruber/Rohlfing-Dijoux, Liber amicorum Otmar Seul, 225, 238.

[25] Vgl. für die entsprechende Situation bei der Zugewinngemeinschaft i.S.d. §§ 1363 ff. BGB BGH v. 20.05.1987 - IVb ZR 62/86 - BGHZ 101, 65; BGH v. 14.10.1987 - IVb ZR 90/86 - FamRZ 1988, 373; OLG Frankfurt v. 04.06.1986 - 5 UF 296/85 - FamRZ 1987, 62.

[26] *Kemper* in: Hk-BGB, § 1374 BGB Rn. 10; *Jaeger* in: Johannsen/Henrich, § 1374 BGB Rn. 38; *Budzikiewicz* in: Erman, § 1374 BGB Rn. 5.

[27] BGH v. 27.05.1981 - IVb ZR 577/80 - BGHZ 80, 384; *Kemper* in: Hk-BGB, § 1374 BGB Rn. 14.

der eintretende Nachfolger aber Verpflichtungen übernehmen, so dass von Unentgeltlichkeit nicht mehr gesprochen werden kann.

Das Anfangsvermögen kann sich neben der Übernahme von Verpflichtungen aufgrund von erhaltenen Schenkungen oder Erbschaften auch dadurch verringern, dass ein Ehegatte **Gegenstände seines Anfangsvermögens während des Güterstands an seine Verwandten in gerader Linie verschenkt** (Art. 8 Abs. 3 Nr. 2 des Abkommens). Diese Regelung ist dem herkömmlichen Zugewinngemeinschaftsrecht in Deutschland unbekannt. Sie hat den Sinn, den anderen Ehegatten nicht das Geschenk an den Verwandten gerader Linie des Schenkers mitfinanzieren zu lassen. Ihre Reichweite ist zweifelhaft. Während die Regelung plausibel in den Fällen erscheint, in denen an Verwandte in gerader Linie geschenkt wird, mit denen der andere Ehegatte nichts zu tun hat (z.B. Eltern, voreheliche oder außereheliche Kinder), werden doch auch solche Fälle erfasst, in denen das Geschenk an gemeinsame Kinder oder Kindeskinder geht. Ebenso wenig leuchtet ein, warum die Regelung auf Schenkungen an Verwandte in gerader Linie beschränkt ist und nicht auch Schenkungen z.B. an Geschwister ebenfalls einbezogen wurden. 51

bb. Beweislast für den Umfang des Anfangsvermögens

Das Abkommen enthält **ähnliche Regeln** für die Beweislast in Bezug auf das Anfangsvermögen wie das für die Zugewinngemeinschaft i.S.d. §§ 1363 ff. BGB in **§ 1377 BGB** der Fall ist. Danach gilt: Haben die Ehegatten bei Abschluss des Ehevertrages zur Begründung der Wahl-Zugewinngemeinschaft kein Verzeichnis über das Anfangsvermögen erstellt, wird vermutet, dass kein Anfangsvermögen vorhanden ist (Art. 8 Abs. 5 des Abkommens). Der Ehegatte, der sich auf ein positives Anfangsvermögen beruft, muss also diesen Umstand ebenso beweisen, wie der andere Ehegatte beweisen muss, dass das Anfangsvermögen eines Ehegatten negativ ist. 52

Haben dagegen die Ehegatten bei Abschluss des Ehevertrages ein **Verzeichnis** über ihr Anfangsvermögen erstellt, wird **vermutet, dass dieses Verzeichnis richtig ist,** wenn es von beiden Ehegatten unterzeichnet wurde (Art. 8 Abs. 4 des Abkommens). 53

Interessant ist, dass das Abkommen die **Aufnahme des Verzeichnisses bei dem Abschluss des Ehevertrages** fordert, damit die beschriebenen Beweiswirkungen eintreten. Es scheint damit enger zu sein als die Regelungen bei der Zugewinngemeinschaft i.S.d. §§ 1363 ff. BGB, wo Einigkeit darüber besteht, dass das Verzeichnis auch später noch aufgenommen werden kann. In der Praxis wird aber eine nachträgliche Aufnahme des Bestandsverzeichnisses ohnehin die Ausnahme sein. Sind sich die Eheleute im Verfahren über den Bestand des Anfangsvermögens einig, kommt es auf die Beweislastfrage ohnehin nicht an. 54

cc. Bewertung des Anfangsvermögens

Auch die in Art. 9 des Abkommens vorgesehene Bewertung der Gegenstände des Anfangsvermögens **weicht teilweise von der in § 1376 Abs. 1 BGB** angeordneten Bewertung bei der Zugewinngemeinschaft nach den §§ 1363 ff. BGB **ab.** 55

Grundsätzlich wird Anfangsvermögen so bewertet, dass die **am Tag des Eintritts des Güterstandes** vorhandenen Gegenstände mit dem Wert angesetzt werden, den sie zu diesem Zeitpunkt hatten (Art. 9 Abs. 1 Nr. 1 des Abkommens). Bei Hinzurechnungen werden die erworbenen Gegenstände mit dem Wert angesetzt, den sie am Tag des Erwerbs hatten (Art. 9 Abs. 1 Nr. 2 des Abkommens). Die gleichen Bewertungsregeln gelten für Verbindlichkeiten (§ 9 Abs. 4 des Abkommens). Von dem Bewertungsstichtag an wird der ermittelte Wert an den Betrag angepasst, der sich aus den gemittelten Preisänderungsraten für allgemeine Verbraucherpreise der Vertragsstaaten ergibt, die Werte werden also indexiert (Art. 9 Abs. 3 des Abkommens). Die Rechtslage entspricht damit im Wesentlichen derjenigen bei der Zugewinngemeinschaft i.S.d. §§ 1363 ff. BGB, mit der Ausnahme, dass die Indexierungsparameter unterschiedlich sind, denn die Rechtsprechung stellt für die Indexierung auf den Index der Lebenshaltungskosten in Deutschland ab.[28] Der Unterschied dürfte in der Praxis eher gering sein. Die Verwendung unterschiedlicher Indices ist der Tatsache geschuldet, dass es bei der deutsch-französischen Wahl-Zugewinngemeinschaft im Regelfall um einen internationalen Vorgang geht, so dass das Abstellen auf einen Index nur für ein Land zu Verzerrungen führen würde.[29] 56

Ein Unterschied in den Bewertungsmethoden ergibt sich im Vergleich zur Zugewinngemeinschaft nach den §§ 1363 ff. BGB hinsichtlich der **Bewertung von Grundstücken:** Diese und grundstücks- 57

---

[28] Vgl. nur *Kemper* in: Hk-BGB, § 1376 BGB Rn. 7.
[29] *Kemper* in: Bezzenberger/Gruber/Rohlfing-Dijoux, Liber amicorum Otmar Seul, 225, 241.

gleichen Rechte des Anfangsvermögens – mit Ausnahme des Nießbrauchs und des Wohnrechts – werden mit dem Wert angesetzt, den sie am Tag der Beendigung des Güterstandes haben (Art. 9 Abs. 2 Satz 1 des Abkommens). Wurden diese Gegenstände schon während der Ehe veräußert oder ersetzt, so ist der Wert am Tag der Veräußerung oder Ersetzung zugrunde zu legen (Art. 9 Abs. 2 Satz 2 des Abkommens). Auf diese Weise werden Grundstücke de facto aus dem Zugewinnausgleich herausgenommen, weil sich Wertveränderungen aufgrund von Bewertungsänderungen (z.B. wegen gestiegener Wertschätzung der Wohngegend) im Zugewinnausgleich nicht auswirken. Das gilt auch umgekehrt: Der im Anfangsvermögen anzusetzende Wert des Grundstücks sinkt, wenn sich die Wertschätzung in Bezug auf dieses während der Ehe negativ entwickelt hat. Das bedeutet einen ganz erheblichen Unterschied zur Rechtslage nach § 1376 Abs. 1 BGB. Die Zugewinngemeinschaft wird insoweit ein Stück weit verdinglicht. Die Lösung ist insofern einfacher als diejenige in § 1376 Abs. 1 BGB, als die Grundstücke nur einmal bewertet werden müssen (am Eheende bzw. zur Zeit der Veräußerung). Sie führt aber dazu, dass der andere Ehegatte an den Wertzuwächsen in der Ehe nicht beteiligt wird. Ob das allerdings grundsätzlich ungerecht ist, ist eher zweifelhaft: Diese Wertzuwächse (oder -verluste) gehen meistens auf Faktoren zurück, welche keinen Bezug zu der Ehe haben, so dass ähnliche Argumente wie bei den Hinzurechnungen zum Anfangsvermögen (Erbschaften, Schenkungen, Schmerzensgeld) dafür sprechen, diese Faktoren im Zugewinnausgleich unberücksichtigt zu lassen.

58 Konsequenterweise werden bei der geschilderten Bewertung von Grundstücken alle **Änderungen ihres Zustandes, die erst während der Ehe vorgenommen worden sind,** bei der Bewertung des Anfangsvermögens nicht berücksichtigt (Art. 9 Abs. 2 Satz 3 des Abkommens). Das bedeutet etwa, dass alle Wertsteigerungen aufgrund von Renovierungen, Umbauten, Anbauten und ähnlichem im Zugewinnausgleich auszugleichen sind. An diesen Arbeiten hat der andere Ehegatte regelmäßig erheblichen Anteil, so dass diese Einbeziehung gerechtfertigt ist. Das Gleiche gilt umgekehrt bei Wertverschlechterungen: Wird ein Haus weniger wert, weil das auf entsprechende Maßnahmen während der Ehe zurückzuführen ist („Verschlimmbesserung"), ist diese Veränderung im Anfangsvermögen des Ehegatten, dem das Grundstück gehört, nicht zu berücksichtigen. Zweifelhaft ist aber, wie bei sonstigen, aus der Ehezeit herrührenden und durch die Eheleute selbst verursachten Wertminderungen, wie vor allem dem Wertverlust durch „Abwohnen", umgegangen werden soll. Auch dieser Wertverlust durch Abnutzung ist eine Zustandsänderung während der Ehe. Es ist aber fraglich, ob derartige Änderungen „vorgenommen" worden sind. Dem Sinn und Zweck der Regelung nach sollten sie in ihren Anwendungsbereich einbezogen werden, denn sie unterscheiden sich von den Wertänderungen nach Art. 9 Abs. 2 Satz 1 des Abkommens dadurch, dass sie auf das Verhalten der Eheleute selbst zurückgehen.

b. Das Endvermögen

59 Die Regeln über das Endvermögen (Art. 10 des Abkommens) und seine Bewertung (Art. 11, 13 des Abkommens) **entsprechen weitgehend denjenigen bei der Zugewinngemeinschaft nach den §§ 1363 ff. BGB.** Allerdings gibt es auch hier im Detail Abweichungen.

aa. Die Zusammensetzung des Endvermögens

60 Das Endvermögen ist das **Vermögen jedes Ehegatten am Tag der Beendigung des Güterstandes** (Art. 10 Abs. 1 Satz 1 des Abkommens). Allerdings wird der Stichtag für die praktisch wichtigsten Fälle dahin modifiziert, dass dann, wenn die Ehe durch eine gerichtliche Entscheidung aufgelöst wird, sich die Zugewinnausgleichsforderung nach Zusammensetzung und Wert des Vermögens der Ehegatten zum Zeitpunkt der Einreichung des Antrags bei Gericht bestimmt (Art. 13 des Abkommens). Das entspricht im Prinzip der Situation bei der Zugewinngemeinschaft i.S.d. §§ 1363 ff. BGB. Im Unterschied zu den §§ 1384, 1387 BGB kommt es in diesen Fällen aber auf die Einreichung des Antrags und nicht auf seine Rechtshängigkeit an. Dieser Unterschied ist den Unterschieden des deutschen und des französischen Verfahrensrechts geschuldet.[30]

61 Zum Endvermögen gehören auch **Verbindlichkeiten.** Sie werden im Endvermögen auch insoweit berücksichtigt, als sie das Aktivvermögen übersteigen (Art. 10 Abs. 1 Satz 2 des Abkommens). Das bedeutet, dass das Endvermögen auch negativ sein kann. Ist es höher (also weniger negativ) als das Anfangsvermögen, wurde ein Zugewinn erzielt.

62 Wie im Recht der Zugewinngemeinschaft nach den §§ 1363 ff. BGB werden auch in der deutsch-französischen Wahl-Zugewinngemeinschaft dem Endvermögen bestimmte, in ihm tatsächlich nicht mehr vorhandene **Gegenstände zugeordnet, welche ein Ehegatte illoyalerweise weggegeben hat.** Dies

---

[30] *Kemper* in: Bezzenberger/Gruber/Rohlfing-Dijoux, Liber amicorum Otmar Seul, 225, 242.

gilt aber nicht, wenn die illoyale Vermögensminderung mehr als zehn Jahre vor der Beendigung des Güterstandes erfolgt ist oder wenn der andere Ehegatte damit einverstanden gewesen ist (Art. 10 Abs. 2 Satz 2 des Abkommens). Die Hinzurechnungsfälle unterscheiden sich kaum von den in § 1375 BGB geregelten Fällen:

Dem Endvermögen wird zunächst der Wert der Gegenstände hinzugerechnet, die ein Ehegatte **verschenkt** hat (Art. 10 Abs. 2 Satz 1 Nr. 1 des Abkommens). Ausgenommen sind aber Schenkungen, die nach der Lebensführung der Ehegatten angemessen sind oder die an einen Verwandten in gerader Linie aus dem Anfangsvermögen geschenkt wurden. Grund für die zweite Ausnahme ist, dass diese Gegenstände mit der Schenkung ebenfalls aus dem Anfangsvermögen ausscheiden. Allerdings ist der Wertzuwachs durch Verbesserungen an einem solchen Gegenstand, der während der Dauer des Güterstands durch vom Anfangsvermögen unabhängige Mittel erzielt wurde, dem Endvermögen gleichwohl zuzurechnen. Das ist konsequent, weil diese Werte dem Zugewinnausgleich sonst entzogen würden, weil der Gegenstand sonst gar nicht bewertet würde. 63

Außerdem gehören zum Endvermögen Gegenstände, die ein Ehegatte in der **Absicht, den anderen zu benachteiligen, veräußert** hat (Art. 10 Abs. 2 Satz 1 Nr. 2 des Abkommens). Die Beweislast für die Benachteiligungsabsicht trägt der andere Ehegatte, der die Hinzurechnung zum Endvermögen des Benachteiligenden verlangt. Allzu hohe Anforderungen dürfen insoweit nicht gestellt werden, weil er sonst nie die Möglichkeit hätte, die Benachteiligungsabsicht nachzuweisen. Es muss ausreichen, dass diese das Hauptmotiv in einem Motivbündel bildet. 64

Schließlich ist dem Endvermögen noch das Vermögen hinzuzurechnen, dass ein Ehegatte **verschwendet** hat (Art. 10 Abs. 2 Satz 1 Nr. 3 des Abkommens). Hier bestehen die gleichen Schwierigkeiten wie bei § 1375 BGB abzugrenzen, was eine Verschwendung, also eine sinnlose Weggabe ohne jedes anerkennenswerte Motiv ist, und was noch als gerechtfertigte Ausgabe betrachtet werden kann. 65

Interessant ist, dass in den Regelungen des Abkommens eine **Beweislastregel** wie § 1375 Abs. 2 Satz 2 BGB fehlt. Diese durch die Reform 2009 eingeführte Norm bietet einem Ehegatten, der im Regelfall erst einmal nur beweisen kann, dass im Endvermögen Gegenstände nicht auftauchen, die der andere Ehegatte bei der Trennung noch besaß, durch die Vermutung illoyaler Machenschaften Hilfe bei der Frage, ob die Gegenstände dem Endvermögen noch hinzugerechnet werden müssen. 66

bb. Bewertung des Endvermögens

Für die Bewertung des Endvermögens gelten **Grundsätze,** die mit den Bewertungsgrundsätzen für die Zugewinngemeinschaft i.S.d. §§ 1363 ff. BGB identisch sind: Dem Endvermögen wird grundsätzlich sowohl hinsichtlich Aktivvermögen als auch Verbindlichkeiten der Wert zugrunde gelegt, den das Vermögen bei **Beendigung des Güterstandes** hatte (Art. 11 Abs. 1 des Abkommens). Allerdings gilt diese Bewertungsregel nur für den Fall der Beendigung des Güterstands durch den Tod eines Ehegatten, denn Art. 13 des Abkommens enthält eine Sonderregelung für den Fall, dass der Güterstand durch ein gerichtliches Verfahren beendet wird, also für den Fall der Scheidung und des vorzeitigen Zugewinnausgleichs. In diesen Fällen bestimmt sich die Zugewinnausgleichsforderung nach Zusammensetzung und Wert des Vermögens der Ehegatten zum Zeitpunkt der Einreichung des Antrags bei Gericht. 67

Werden **Gegenstände dem Endvermögen hinzugerechnet,** kommt es auf ihren Wert zum Zeitpunkt der Schenkung, Veräußerung in Benachteiligungsabsicht oder Verschwendung an (Art. 11 Abs. 2 des Abkommens). Die dem Endvermögen hinzuzurechnende Wertverbesserung einer Sache, die im Übrigen nicht zu berücksichtigen ist (Art. 10 Abs. 2 Nr. 1 b des Abkommens), wird zum Zeitpunkt der Schenkung des Gegenstands bewertet (Art. 11 Abs. 2 Satz 2 des Abkommens). Soweit der Bewertungsstichtag ein vorzeitiger ist, sind die Werte bis zum Bewertungsstichtag um den Betrag anzupassen, der sich aus den gemittelten Preisänderungsraten für allgemeine Verbraucherpreise der Vertragsstaaten ergibt (Art. 11 Abs. 3 des Abkommens). 68

3. Der Zugewinnausgleichsanspruch

Der Anspruch auf Zugewinnausgleich ist ein **Geldanspruch** (Art. 12 Abs. 2 Satz 1 des Abkommens), der in Höhe von 50% der Differenz zu Gunsten des Ehegatten besteht, der in der Zeit des Güterstandes weniger Zugewinn erzielt hat (Art. 12 Abs. 1 des Abkommens). 69

Die Zugewinnausgleichsforderung wird allerdings auf den **halben Wert des Vermögens des Ausgleichspflichtigen begrenzt,** das nach Abzug der Verbindlichkeiten zu dem Zeitpunkt, der für die Feststellung der Höhe der Zugewinnausgleichsforderung maßgebend ist, vorhanden ist (Art. 14 Satz 1 des Abkommens). In Betracht kommen diese Fälle, wenn ein Ehegatte ein hohes negatives Anfangsvermögen hatte und mit einem positiven Endvermögen aus dem Güterstand hinausgeht. Er hat dann 70 einen hohen Zugewinn, der dann regelmäßig sein vorhandenes Aktivvermögen weit übersteigt. Gäbe es keine Sonderregelung, müsste er deswegen den Zugewinn aus der Substanz seines gesamten Vermögens zahlen und sich gegebenenfalls sogar noch verschulden, um den Zugewinnausgleich zu leisten. Das widerspräche dem Zweck gerechter Teilung. Deswegen wird die Ausgleichsforderung in gesetzlichen Regelungen der Zugewinngemeinschaft in der Regel begrenzt. Das ist auch im Abkommen über die Wahl-Zugewinngemeinschaft geschehen. Die hier gewählte Grenze liegt nur halb so hoch wie beim Zugewinnausgleich der Zugewinngemeinschaft i.S.d. §§ 1363 ff. BGB (vgl. § 1578 Abs. 2 BGB). Diese Höhe ist die rechtspolitisch bessere, denn sie respektiert den Gedanken, dass am Ende der Ehe das Vermögen maximal hälftig geteilt werden soll. Die in der Reform 2009 eingeführte Regelung, dass auch das gesamte vorhandene Vermögen einzusetzen ist, ist insofern über das Ziel hinausgeschossen.[31] Bei der deutsch-französischen Wahl-Zugewinngemeinschaft ist allerdings die Kappungsgrenze von besonderer Bedeutung, denn eine allgemeine Billigkeitskorrektur, wie sie § 1381 BGB für die Zugewinngemeinschaft i.S.d. §§ 1363 ff. BGB kennt, gibt es hier nicht.

71 Wie bei der Zugewinngemeinschaft i.S.d. §§ 1363 ff. BGB **erhöht sich die Grenze der Zugewinnausgleichsforderung in den Hinzurechnungsfällen.** Auch hier wird die Hinzurechnung konsequenterweise (und anders als bei der Zugewinngemeinschaft i.S.d. §§ 1363 ff. BGB) auf die Hälfte des dem Endvermögen hinzuzurechnenden Betrages beschränkt. Das ist im Hinblick auf die Ausgangslage konsequent, die das Vermögen ebenfalls nur bis zur Hälfte in Anspruch nimmt.

72 Die Zugewinnausgleichsforderung ist zwar ein Geldanspruch (Art. 12 Abs. 2 Satz 1 des Abkommens). Das Gericht kann jedoch auf Antrag eines der Ehegatten anordnen, dass **Gegenstände** des Schuldners dem Gläubiger zum Zweck des Ausgleichs **übertragen werden, wenn das der Billigkeit entspricht** (Art. 12 Abs. 2 Satz 2 des Abkommens). Die Rechtslage entspricht derjenigen in § 1383 BGB.

73 Die Zugewinnausgleichsforderung wird **mit ihrer Entstehung fällig.**

74 Das Gericht kann aber auf Antrag dem Schuldner die Zugewinnausgleichsforderung **stunden,** wenn die sofortige Zahlung für den Schuldner eine unbillige Härte wäre, insbesondere wenn sie ihn zur Aufgabe eines Gegenstandes zwingen würde, der seine wirtschaftliche Lebensgrundlage bildet (Art. 17 Abs. 1 des Abkommens). Die Forderung ist dann zu verzinsen (Art. 17 Abs. 2 des Abkommens), und auf Antrag des Gläubigers kann das Gericht anordnen, dass der Schuldner für eine gestundete Forderung Sicherheit leistet. Dabei entscheidet es über Art und Umfang der Sicherheitsleistung nach billigem Ermessen (Art. 17 Abs. 3 des Abkommens). Die Möglichkeiten entsprechen denjenigen, die sich bei der Zugewinngemeinschaft i.S.d. §§ 1363 ff. BGB aus § 1382 BGB ergeben.

75 Erst nach Beendigung des Güterstandes ist die Zugewinnausgleichsforderung **vererblich** und übertragbar (Art. 12 Abs. 3 des Abkommens). Das bedeutet für den Scheidungsfall, dass die Scheidung erst rechtskräftig sein muss. Stirbt der Ausgleichsberechtigte vorher, ist die Zugewinngemeinschaft durch den Tod beendet. Etwas anderes gilt aber, wenn der Ausgleichsverpflichtete stirbt: In diesem Fall entsteht der Anspruch auf Zugewinn mit dem Tod des Ausgleichspflichtigen gegen dessen Erben. Die Frage der Vererblichkeit des Anspruchs stellt sich nicht (weil dieser Anspruch gar nicht dem Verstorbenen zustand).

76 Der Anspruch auf Zugewinnausgleich **verjährt** in drei Jahren; die Frist beginnt mit dem Zeitpunkt, in dem der Ehegatte von der Beendigung des Güterstandes erfährt, spätestens jedoch zehn Jahre nach der Beendigung des Güterstandes (Art. 15 des Abkommens).

V. Vorzeitiger Zugewinnausgleich

77 Bei der Wahl-Zugewinngemeinschaft ist die Möglichkeit vorgesehen, vorzeitig den Zugewinnausgleich zu verlangen. Anders als bei der Zugewinngemeinschaft i.S.d. §§ 1363 ff. BGB wird hier für die Möglichkeit, den vorzeitigen Zugewinnausgleich zu fordern, allein darauf abgestellt, dass ein **Ehegatte sein Vermögen so verwaltet, dass er dadurch die Rechte des anderen bei der Berechnung der Zugewinnausgleichsforderung beeinträchtigt** (Art. 18 Abs. 1 des Abkommens). Als Regelbeispiel nennt Art. 10 Abs. 2 des Abkommens die Fälle, die zu der fiktiven Hinzurechnung nach Art. 10 Abs. 2 des Abkommens führen. Die Zahl der Ausgleichsfälle bleibt deswegen gegenüber der in § 1385 BGB vorgesehenen Regelung zurück. Ebenso wenig gibt es die bei der Zugewinngemeinschaft i.S.d. §§ 1363 ff. BGB gegebene Möglichkeit, auch als Ausgleichspflichtiger durch einen gerichtlichen Antrag ein Ende der Zugewinngemeinschaft herbeizuführen.

78 Mit der Rechtskraft der Entscheidung, durch die dem Antrag stattgegeben wird, gilt für die Ehegatten **Gütertrennung** (Art. 18 Abs. 2 des Abkommens).

---

[31] A.A. *Finger*, FuR 2010, 481, 487.

jurisPK-BGB §§ 1520 bis 1557

§§ 1520 bis 1557 BGB (weggefallen)
(Fassung vom 01.01.1964, gültig ab 01.01.1980, gültig bis 31.12.2001)
(weggefallen)

§§ 1520 bis 1557 BGB in der Fassung vom 01.01.1964 sind durch Art. 1 Nr. 15 des Gesetzes vom 18.06.1957 - BGBl I 1957, 609 - mit Wirkung vom 01.07.1958 weggefallen. 1

§ 1558

Untertitel 3 - Güterrechtsregister

§ 1558 BGB Zuständiges Registergericht

(Fassung vom 19.04.2006, gültig ab 25.04.2006)

(1) Die Eintragungen in das Güterrechtsregister sind bei jedem Amtsgericht zu bewirken, in dessen Bezirk auch nur einer der Ehegatten seinen gewöhnlichen Aufenthalt hat.

(2) ¹Die Landesregierungen werden ermächtigt, durch Rechtsverordnung einem Amtsgericht für die Bezirke mehrerer Amtsgerichte die Zuständigkeit für die Führung des Registers zu übertragen. ²Die Landesregierungen können die Ermächtigung durch Rechtsverordnung auf die Landesjustizverwaltungen übertragen.

Gliederung

A. Grundlagen 1	2. Praktische Hinweise.. 8
B. Anwendungsvoraussetzungen 4	V. Eintragungsfähige Tatsachen......................... 12
I. Normstruktur 4	VI. Funktion 13
II. Sachliche Zuständigkeit 5	VII. Bedeutung... 14
III. Örtliche Zuständigkeit 6	VIII. Besondere Fallkonstellationen 15
IV. Gewöhnlicher Aufenthalt............................. 7	1. Auslandsberührung 15
1. Definition.. 7	2. Kaufmannseigenschaft eines Ehegatten 18

A. Grundlagen

1 § 1558 BGB regelt die Zuständigkeit der Amtsgerichte bei Eintragungen in das Güterrechtsregister und stellt damit eine reine Verfahrensvorschrift dar, während sich die materiell-rechtlichen Wirkungen einer solchen Eintragung aus § 1412 BGB ergeben.¹ Durch das am 01.09.1986 in Kraft getretene IPRG² wurde die Anknüpfung der Zuständigkeit an den Wohnsitz des Mannes aufgehoben. Anknüpfungspunkt ist nunmehr der gewöhnliche Aufenthalt eines der beiden Ehegatten.

2 Die Gesetzesänderung, in der Absatz 1 der Vorschrift durch Art. 2 Nr. 2 des Gesetzes zur Neuregelung des internationalen Privatrechts vom 25.07.1986 neu gefasst wurde, geht auf die Entscheidung des BVerfG³ zurück, wonach bei Abstellen auf den Wohnsitz des Ehemanns von einem Verstoß der alten Fassung gegen Art. 3 GG auszugehen war.

3 Durch das erste Gesetz über die Bereinigung von Bundesrecht im Zuständigkeitsbereich des Bundesministeriums der Justiz vom 19.04.2006 wurde § 1558 Abs. 2 BGB neu gefasst.⁴

B. Anwendungsvoraussetzungen

I. Normstruktur

4 § 1558 Abs. 1 BGB der Vorschrift regelt die (sachliche und örtliche) Zuständigkeit für Eintragungen in das Güterrechtsregister, wobei Anknüpfungspunkt der gewöhnliche Aufenthalt auch nur eines der Ehegatten ist. § 1558 Abs. 2 BGB ermöglicht den Justizverwaltungen, insoweit abweichend von Absatz 1, im Interesse der Verwaltungsvereinfachung für mehrere Amtsgerichtsbezirke ein gemeinsames Güterrechtsregister einzurichten.

II. Sachliche Zuständigkeit

5 Das Güterrechtsregister wird beim Amtsgericht geführt und fällt gemäß § 3 Nr. 1e RPflG in die Zuständigkeit des **Rechtspflegers**.

---

¹ BGH v. 09.03.1976 - VI ZR 98/75 - NJW 1976, 1258.
² BGBl I 1986, 1422.
³ BVerfG v. 22.02.1983 - 1 BvL 17/81 - NJW 1983, 1968-1970; BT-Drs. 10/5632, S. 46.
⁴ BGBl I 2006, 866.

III. Örtliche Zuständigkeit

Zuständig ist das Amtsgericht, in dessen Bezirk auch nur einer der Ehegatten seinen gewöhnlichen Aufenthalt hat. Fehlt ein Aufenthaltsort im **Inland**, so haben die Ehegatten keine Möglichkeit, den Schutz des § 1412 BGB durch Eintragung zu begründen.[5] Die Eintragung ohne inländischen Aufenthaltsort ist nicht möglich.[6] Unwirksam dagegen ist die Eintragung, wenn sie bei einem unzuständigen Gericht erfolgt, sich die Eintragungen in verschiedenen Güterrechtsregistern widersprechen oder die Eintragung nicht bei allen Registern erfolgte.[7]

IV. Gewöhnlicher Aufenthalt

1. Definition

Der Begriff des gewöhnlichen Aufenthalts ist faktisch geprägt.[8] Gemeint ist der Ort, in dem der Schwerpunkt der Bindungen der betreffenden Person, also ihr Daseinsmittelpunkt, liegt.[9] Danach genügt jedenfalls nicht ein bloßes vorübergehendes Verweilen, sondern erforderlich ist ein Aufenthalt von gewisser Dauer und Beständigkeit sowie zudem eine sog. **soziale Integration**, d.h. eine Eingliederung in die Umwelt durch familiäre oder berufliche Bindung.[10] Grundsätzlich ist ein gewöhnlicher Aufenthalt auch an mehreren Orten möglich.[11]

2. Praktische Hinweise

Der Begriff des gewöhnlichen Aufenthalts ist streng vom Begriff des Wohnsitzes zu unterscheiden.

Wohnsitz ist der räumliche Schwerpunkt der gesamten Lebensverhältnisse einer Person.[12] Der gewöhnliche Aufenthalt wird hingegen durch ein tatsächliches längeres Verweilen begründet.[13] Ein rechtsgeschäftlicher Begründungswille ist, anders als beim Wohnsitz, nicht erforderlich.[14] Anzuempfehlen ist daher, bei Begründung des gewöhnlichen Aufenthalts insbesondere auch die äußeren Lebensumstände des Ehegatten zu klären, soweit die Angabe des Wohnsitzes nicht generell auch auf den gewöhnlichen Aufenthalt des Ehegatten schließen lässt. Abzustellen ist auf die soziale Komponente, d.h. Klärung der familiären und beruflichen Situation des Ehegatten.

Die Eintragung wirkt rein deklaratorisch, eine Änderung der eingetragenen Tatsachen tritt mithin auch ohne Änderung des Eintrages ein. Dem Güterrechtsregister kommt – anders als beispielsweise dem Grundbuch – nur eine negative Publizitätswirkung zu, d.h. der gute Glaube an den Inhalt des Güterrechtsregisters ist nicht geschützt, § 1412 BGB.

Neben der Eintragung güterrechtlicher Tatsachen durch Ehegatten können auch solche gleichgeschlechtlicher Lebenspartner eingetragen werden, § 7 LPartG.[15]

V. Eintragungsfähige Tatsachen

Eintragungsfähig sind alle Tatsachen, die die Rechtsstellung Dritter unmittelbar beeinflussen können, z.B. Modifikationen der §§ 1365 ff. BGB innerhalb der Zugewinngemeinschaft, Vereinbarung der Gütertrennung und der Gütergemeinschaft, Beschränkung oder Ausschluss der Befugnis aus § 1357 BGB und ausländische Güterstände.[16]

---

[5] *Heckelmann* in: Erman, § 1558 Rn. 2.
[6] *Brudermüller* in: Palandt, § 1558 Rn. 1.
[7] *Mayer* in: Bamberger/Roth, § 1558 Rn. 3.
[8] *Henrich*, FamRZ 1986, 841-852, 846.
[9] BGH v. 29.10.1980 - IVb ZB 586/80 - BGHZ 78, 293-305.
[10] BGH v. 29.10.1980 - IVb ZB 586/80 - BGHZ 78, 293-305.
[11] KG Berlin v. 03.03.1987 - 1 VA 6/86 - NJW 1988, 649-651; BayObLG München v. 05.02.1980 - BReg 1 Z 25/79 - BayObLGZ 1980, 52-58.
[12] BAG v. 26.06.1985 - 4 AZR 4/84 - DB 1985, 2693-2694; BayObLG München v. 24.03.1998 - 3Z BR 236/96 - NJW-RR 1999, 332-334.
[13] BGH v. 31.05.1983 - VI ZR 182/81 - LM Nr. 17 zu Art 12 EGBG.
[14] BGH v. 03.02.1993 - XII ZB 93/90 - LM EGBGB 1986 Art 14 Nr. 2 (8/1993).
[15] *Buschbaum*, RNotZ 2010, 149, 164.
[16] *Kanzleiter* in: MünchKomm-BGB, § 1558 Rn. 7 ff.

VI. Funktion

13 Das Güterrechtsregister soll der Aufklärung und damit dem Schutz Dritter im Rechtsverkehr dienen sowie den Rechtsverkehr als solchen durch Offenlegung vereinfachen (Verkehrsschutz, Verkehrserleichterung).[17]

VII. Bedeutung

14 Es erfolgen, wohl auch aufgrund der begrenzten Wirkungen einer Eintragung, sowohl wenige Einsichtnahmeersuchen als auch immer weniger Eintragungen in das Güterrechtsregister. Standen im Jahre 1995 noch 7.206 Eintragungen 377 Löschungen gegenüber, erfolgten im Jahre 2012 lediglich 680 Eintragungen und 201 Löschungen.[18]

VIII. Besondere Fallkonstellationen

1. Auslandsberührung

15 Für ausländische Ehegatten gilt Art. 16 EGBGB. Bei jeder **Auslandsberührung** ist eine Eintragung im inländischen Güterrechtsregister anzuraten, schon um etwaige Streitfragen über nach ausländischem Recht etwaig notwendige Beschreibungs-, Publikations- und Transkriptionserfordernisse zu vermeiden.[19] Dies gilt umso mehr angesichts der erweiterten Rechtswahlmöglichkeiten der Ehegatten gem. Art. 15 Abs. 2 EGBGB.
Hat keiner der Ehegatten seinen gewöhnlichen Aufenthalt im Inland, kommt eine Eintragung auch dann nicht in Frage, wenn beide Deutsche sind.[20]

16 Zu beachten ist, dass der ausländische gesetzliche Güterstand einem vertragsmäßigen gleichsteht. Konsequenz hieraus ist, dass der gutgläubige Dritte ohne Eintragung im Register des gewöhnlichen Aufenthaltsortes darauf vertrauen darf, dass der **deutsche Güterstand** gilt.

17 Deutsches Recht ist anzuwenden bei **Staatenlosen**, die im Bundesgebiet ihren gewöhnlichen Aufenthalt haben.[21]

2. Kaufmannseigenschaft eines Ehegatten

18 Besonderheiten gelten, wenn ein Ehegatte **Kaufmannseigenschaft** hat. Für diesen Fall ist für seine güterrechtlichen Verhältnisse allein das Güterrechtsregister und nicht das Handelsregister maßgebend.[22] Hinsichtlich der Rechtsverhältnisse, die sich auf das Handelsgewerbe beziehen, ist jedoch das für dessen Niederlassung zuständige Registergericht maßgebend.[23] Bei mehreren Niederlassungen reicht jedoch die Eintragung in das Register der **Hauptniederlassung**. Befindet sich die Handelsniederlassung nicht in dem Bezirk des für den gewöhnlichen Aufenthalt eines Ehegatten zuständigen Registergerichts, so treten hinsichtlich der sich auf den Betrieb des Handelsgewerbes beziehenden Rechtsverhältnisse die Wirkungen der Eintragung in das Güterrechtsregister nur dann ein, wenn diese auch im Güterrechtsregister des für den Ort der Handelsniederlassung zuständigen Gerichts erfolgt ist (Art. 4 EGHGB).

19 Das Registergericht selbst ist an die Eintragung im Register des Wohnsitzes bzw. jetzt des gewöhnlichen Aufenthaltes nicht gebunden.

---

[17] *Kanzleiter* in: MünchKomm-BGB § 1558 Rn. 1.
[18] Bundesamt für Justiz: Zusammenstellung der Geschäftsübersichten der Amtsgerichte 1995 bis 2012 (Stand: 21.02.2014).
[19] *Lichtenberger*, DNotZ 1986, 644-687, 677.
[20] Weinrich in PWW, § 1558 Rn. 3.
[21] Vgl. Art. 5 Abs. 2 EGBGB.
[22] RG v. 30.04.1906 - IV 506/05 - RGZ 63, 245-252.
[23] *Kanzleiter* in: MünchKomm-BGB, § 1558 Rn. 4.

§ 1559 BGB Verlegung des gewöhnlichen Aufenthalts

(Fassung vom 02.01.2002, gültig ab 01.01.2002)

¹Verlegt ein Ehegatte nach der Eintragung seinen gewöhnlichen Aufenthalt in einen anderen Bezirk, so muss die Eintragung im Register dieses Bezirks wiederholt werden. ²Die frühere Eintragung gilt als von neuem erfolgt, wenn ein Ehegatte den gewöhnlichen Aufenthalt in den früheren Bezirk zurückverlegt.

Gliederung

A. Grundlagen 1
B. Anwendungsvoraussetzungen 2
   I. Verlegung des gewöhnlichen Aufenthalts
      (Satz 1) 2
   II. Rückverlegung des gewöhnlichen Aufenthalts
      (Satz 2) 5
   III. Praktische Hinweise 8

A. Grundlagen

§ 1559 BGB befasst sich mit den Auswirkungen des Wechsels des gewöhnlichen Aufenthaltes der Ehegatten in einen anderen Registerbezirk bzw. der Zurückverlegung des gewöhnlichen Aufenthalts in den früheren Bezirk. Die Vorschrift wurde wie § 1558 BGB – unter Aufgabe der verfassungswidrigen Anknüpfung an den Wohnsitz des Ehemanns – durch das IPRG neu gefasst. Sie stellt nunmehr auf den gewöhnlichen Aufenthalt beider Ehegatten ab.[1]   **1**

B. Anwendungsvoraussetzungen

I. Verlegung des gewöhnlichen Aufenthalts (Satz 1)

Im Falle der Neubegründung des Aufenthalts eines Ehegatten in einem anderen Bezirk unter Aufgabe des bisherigen Aufenthaltes muss die Eintragung im Register des neuen Bezirks wiederholt werden. Die Eintragung im bisher zuständigen Register wird damit unwirksam.[2] Bei zusätzlicher Beibehaltung des bisherigen Aufenthalts gelten die für mehrere Aufenthalte aufgestellten Regeln. Erforderlich ist dann die Eintragung bei jedem zuständigen Registergericht.   **2**

Die Verlegung innerhalb des Bezirks desselben Registergerichts ist ohne Bedeutung. Trotz Verlegung des Aufenthalts können Änderungen oder Löschungen früherer Eintragungen auch im früher zuständigen Register eingetragen werden, da dadurch vermieden wird, dass die Folge des § 1559 Satz 2 BGB im Falle der Zurückverlegung des gewöhnlichen Aufenthalts eintritt.[3]   **3**

Da es keine Verpflichtung zur Eintragung gibt, gibt es auch keine Antragspflicht beim neuen örtlich zuständigen Gericht. Eine Eintragung kann auch schlicht unterbleiben.[4]   **4**

II. Rückverlegung des gewöhnlichen Aufenthalts (Satz 2)

Die bisherige Eintragung wird trotz Verlegung des gewöhnlichen Aufenthaltes nicht gelöscht.[5]   **5**

Deshalb wirkt die Eintragung erneut, wenn der gewöhnliche Aufenthalt in den Bezirk dieses Gerichts zurückverlegt wird, jedoch nur dann, wenn nicht zuvor auf Antrag hin eine Löschung erfolgt ist.[6] Die Eintragung lebt auch dann wieder auf, wenn die Rückverlegung aus dem Ausland erfolgt.[7]   **6**

§ 1559 Satz 2 BGB gilt analog, wenn der Aufenthalt ohne Begründung eines neuen inländischen Aufenthalts aufgegeben und später wieder begründet wird.[8]   **7**

---

[1] *Kanzleiter* in: MünchKomm-BGB, § 1559 Rn. 1.
[2] *Kanzleiter* in: MünchKomm-BGB, § 1559 Rn. 2.
[3] OLG Hamburg v. 27.02.1975 - 2 W 14/75 - MDR 1975, 492.
[4] *Völker* in: Nomos Kommentar BGB, § 1559 Rn. 4.
[5] *Brudermüller* in: Palandt, § 1559 Rn. 2.
[6] *Brudermüller* in: Palandt, § 1559 Rn. 2.
[7] *Thiele* in: Staudinger, § 1559 Rn. 8.
[8] *Thiele* in: Staudinger, § 1559 Rn. 8.

§ 1559

III. Praktische Hinweise

8 Soll bei Verlegen des gewöhnlichen Aufenthalts aus dem bisherigen Registerbezirk die Wirksamkeit Dritten gegenüber weiter bestehen, muss die Eintragung im neu zuständigen Register wiederholt werden. Dies geschieht gemäß § 1560 BGB nur auf Antrag, wobei § 1559 BGB nicht dahin gehend missverstanden werden darf, dass die Ehegatten verpflichtet seien, einen entsprechenden Antrag zu stellen bzw. die Eintragung gar zwingend von Amts wegen erfolge. Das Register des neuen Wohnsitzes hat die Zulässigkeit der Eintragung selbstständig zu prüfen.[9]

9 Auf die Verlegung der Niederlassung eines Kaufmanns finden nach Art. 4 Abs. 2 EGHGB die Vorschriften des § 1559 BGB entsprechende Anwendung.

10 Entgegen der Regelung des § 1559 Satz 2 BGB muss eine Neueintragung im früher zuständigen Register erfolgen, wenn die frühere Eintragung auf Antrag der Ehegatten gelöscht wurde.

11 Bei einem Antrag eines der beiden Ehegatten auf Wiederholung der Eintragung im Güterrechtsregister des Bezirks, in den ein Ehegatte seinen Wohnsitz verlegt hat, reicht es aus, wenn mit dem Antrag gemäß § 1561 Abs. 2 Nr. 2 BGB eine nach der Aufhebung des bisherigen Wohnsitzes erteilte öffentlich beglaubigte Abschrift der früheren Eintragung vorgelegt wird.

---

[9] OLG Hamburg v. 27.02.1975 - 2 W 14/75 - MDR 1975, 492.

§ 1560 BGB Antrag auf Eintragung

(Fassung vom 02.01.2002, gültig ab 01.01.2002)

¹Eine Eintragung in das Register soll nur auf Antrag und nur insoweit erfolgen, als sie beantragt ist. ²Der Antrag ist in öffentlich beglaubigter Form zu stellen.

Gliederung

A. Grundlagen ... 1	III. Löschung ... 6
B. Anwendungsvoraussetzungen ... 3	IV. Praktische Hinweise ... 7
I. Form des Antrags ... 3	
II. Eintragung und Prüfung der Eintragungsvoraussetzungen ... 4	

A. Grundlagen

Die Vorschrift, die durch das GleichberG nicht geändert worden ist, bestimmt, dass Eintragungen in das Güterrechtsregister nicht von Amts wegen, sondern nur auf Antrag erfolgen. Für das Güterrechtsregister gilt somit der Antragsgrundsatz. **1**

Hintergrund ist die Überlegung, dass die Ehegatten frei entscheiden können, ob und welche Eintragungen im Güterrechtsregister vorgenommen werden.[1] Auch kann veranlasst werden, dass nur ein Teil ihrer – von den gesetzlichen Regeln abweichenden – güterrechtlichen Verhältnisse im Güterrechtsregister eingetragen wird.[2] **2**

B. Anwendungsvoraussetzungen

I. Form des Antrags

Der Antrag ist gemäß § 1560 Satz 2 BGB in öffentlich beglaubigter Form von beiden Ehegatten[3] zu stellen (vgl. § 129 BGB, die §§ 39, 40 BeurkG), gleichgültig, ob eine erstmalige Eintragung, eine Änderung oder Löschung angestrebt wird. Nur der beurkundende Notar gilt über den § 378 FamFG zur Stellung des Eintragungsantrags ermächtigt[4], und dies auch nur, wenn die Ehegatten die Erklärung nach Satz 1 abgegeben haben[5]. Das Formerfordernis gilt auch in Fällen der Aufhebung des Güterstandes durch rechtskräftiges Urteil (§§ 1388, 1449 und 1470 BGB), d.h. es bedarf der Unterschrift durch den Notar und der Anbringung des Amtssiegels durch diesen, § 24 Abs. 3 BNotO.[6] Der Antrag kann bereits in den Ehevertrag aufgenommen werden; dann genügt die Vorlage des Ehevertrages beim Register.[7] Bei gesonderter Antragstellung durch die Ehegatten braucht der Ehevertrag grundsätzlich nicht vorgelegt zu werden.[8] **3**

II. Eintragung und Prüfung der Eintragungsvoraussetzungen

Der Registerrichter hat die Zuständigkeit, die formellen Voraussetzungen und die inhaltliche Zulässigkeit des Antrages selbst zu prüfen[9] und bei der Fassung der Eintragung nach pflichtgemäßem Ermessen zu verfahren.[10] Die Richtigkeit der abgegebenen Erklärung, d.h. ob die Eintragung den tatsächlichen Verhältnissen des Ehegatten, insbesondere ob sie den materiell wirksamen und nicht wieder aufgehobenen Vereinbarungen der Ehegatten entspricht, wird vom Registerführer in der Regel nicht geprüft.[11] Ausnahmsweise kann sich eine Prüfungspflicht dann ergeben, wenn begründete Zweifel an der Rich- **4**

---

[1] *Brudermüller* in: Palandt, § 1560 Rn. 1.
[2] *Brudermüller* in: Palandt, § 1560 Rn. 1.
[3] KG Berlin v. 24.07.2001 - 1 W 9102/00 - FPR 2002, 186, 188.
[4] OLG Köln v. 10.01.1983 - 2 Wx 47/82 - MDR 1983, 490.
[5] OLG Celle v. 26.04.1999 - 9 W 44/99 - OLGR Celle 1999, 376.
[6] *Kanzleiter* in MünchKomm-BGB, § 1560 Rn. 3.
[7] Vgl. *Mayer* in: Bamberger/Roth, § 1560 Rn. 2.
[8] *Kanzleiter* in: MünchKomm-BGB, § 1560 Rn. 2.
[9] *Nedden-Böger* in: Schulte Bunert/Weinreich, vor § 378 FamFG Rn. 57 ff
[10] BayObLG v. 21.06.1902 - III 33/1902 - BayObLGZ 3, 562.
[11] BayObLG München v. 17.03.1959 - 2 Z 187/58 - NJW 1959, 1042.

§ 1560

tigkeit der einzutragenden Tatsachen (oder auch des Eheschlusses selbst)[12] bestehen oder gegen die §§ 134, 138 BGB verstoßen wird.[13] Soll z.B. die Entziehung der Schlüsselgewalt eingetragen werden, wird die Begründetheit dieser Maßgabe nicht geprüft.

5 Anträge mit unzulässigem Inhalt sind zurückzuweisen. Der Registerrichter kann, wenn eine von ihm zu erlassende Verfügung von der Beurteilung eines streitigen Rechtsverhältnisses (z.B. der Wirksamkeit eines vorgelegten Ehevertrages) abhängig ist, die Verfügung aussetzen, bis über das Rechtsverhältnis im Wege des Rechtsstreits entschieden ist.[14] Gemäß § 381 FamFG hat der Registerrichter die Möglichkeit, bei Nichtanhängigkeit eines Rechtsstreits einem Beteiligten eine Frist zur Erhebung der Klage aufzugeben, damit die Frage der Wirksamkeit des Rechtsverhältnisses geklärt werden kann.

III. Löschung

6 Die Löschung unzulässiger Angaben erfolgt gemäß § 395 FamFG von Amts wegen.

IV. Praktische Hinweise

7 Ein Antrag, der nicht der in § 1560 Satz 2 BGB vorgeschriebenen Form entspricht, ist gemäß § 125 BGB nichtig.

8 Der regelmäßig erforderliche Nachweis der Eheschließung kann durch die dem Antrag beigefügte Heiratsurkunde, aber auch durch die Beurkundung des Notars erbracht werden, dass ihm die Antragsteller als Ehegatten bekannt sind.

9 Einer Eintragung, die ohne Antrag erfolgt oder über den gestellten Antrag hinausgeht, mangelt es an einer wesentlichen Zulässigkeitsvoraussetzung, so dass sie vom Registergericht ausnahmsweise gemäß § 395 FamFG von Amts wegen gelöscht werden kann.

10 Gegen die Zurückweisung eines Antrages auf Eintragung hat der Antragsteller gemäß den §§ 58, 59 FamFG ein Beschwerderecht. Der Notar selbst hat bei Abweisung des von ihm gestellten Antrages kein selbstständiges Beschwerderecht, kann jedoch namens der Ehegatten Beschwerde einlegen.[15]

11 Die Kosten der Eintragung und der öffentlichen Bekanntmachung trägt der Antragsteller gemäß § 2 Nr. 1 KostO. Sie bemessen sich nach den §§ 29, 30 Abs. 2, 39 Abs. 3, 81, 86 KostO. Wird der Kostenvorschuss nicht gezahlt, darf dies nicht zur Zurückweisung des Antrages auf Eintragung führen.[16]

---

[12] *Kanzleiter* in: MünchKomm-BGB, § 1560 Rn. 7.
[13] KG Berlin v. 24.07.2001 - 1 W 9102/00 - KGR Berlin 2001, 332-335.
[14] *Thiele* in: Staudinger, § 1560 Rn. 10.
[15] KG Berlin v. 21.12.1976 - 1 W 4116/76 - Rpfleger 1977, 309.
[16] OLG Frankfurt v. 29.07.1992 - 20 W 292/91 - FamRZ 1994, 254, 255.

§ 1561 BGB Antragserfordernisse

(Fassung vom 02.01.2002, gültig ab 01.01.2002)

(1) Zur Eintragung ist der Antrag beider Ehegatten erforderlich; jeder Ehegatte ist dem anderen gegenüber zur Mitwirkung verpflichtet.

(2) Der Antrag eines Ehegatten genügt

1. zur Eintragung eines Ehevertrags oder einer auf gerichtlicher Entscheidung beruhenden Änderung der güterrechtlichen Verhältnisse der Ehegatten, wenn mit dem Antrag der Ehevertrag oder die mit dem Zeugnis der Rechtskraft versehene Entscheidung vorgelegt wird;
2. zur Wiederholung einer Eintragung in das Register eines anderen Bezirks, wenn mit dem Antrag eine nach der Aufhebung des bisherigen Wohnsitzes erteilte, öffentlich beglaubigte Abschrift der früheren Eintragung vorgelegt wird;
3. zur Eintragung des Einspruchs gegen den selbständigen Betrieb eines Erwerbsgeschäfts durch den anderen Ehegatten und zur Eintragung des Widerrufs der Einwilligung, wenn die Ehegatten in Gütergemeinschaft leben und der Ehegatte, der den Antrag stellt, das Gesamtgut allein oder mit dem anderen Ehegatten gemeinschaftlich verwaltet;
4. zur Eintragung der Beschränkung oder Ausschließung der Berechtigung des anderen Ehegatten, Geschäfte mit Wirkung für den Antragsteller zu besorgen (§ 1357 Abs. 2).

(3) (weggefallen)

Gliederung

A. Grundlagen 1	1. Eintragung eines Ehevertrages (Nr. 1)............... 7
B. Anwendungsvoraussetzungen 4	2. Wiederholung der Eintragung (Nr. 2)......... 8
I. Gemeinsamer Antrag beider Ehegatten (Absatz 1) 4	3. Einspruch gegen Erwerbsbetrieb (Nr. 3) 10
1. Form des Antrages 4	4. Beschränkung oder Ausschließung der Berechtigung gemäß § 1357 BGB (Nr. 4) 11
2. Anwendungsbereich 5	
II. Antragsrecht eines Ehegatten (Absatz 2) 6	5. Praktische Hinweise.................... 12

A. Grundlagen

Die Vorschrift des § 1561 BGB regelt die Antragsberechtigung, wobei Absatz 1 als Grundsatz die Antragstellung durch beide Ehegatten aufführt, während Absatz 2 die Einzelfälle beschreibt, in denen der Antrag nur eines Ehegatten ausreicht und die in der Praxis den Regelfall darstellen dürften.[1]   **1**

Jeder Ehegatte ist dem anderen gegenüber zur Mitwirkung verpflichtet, sofern nicht ohnehin ein Fall des § 1561 Abs. 2 Nr. 1-4 BGB vorliegt. Diese Mitwirkungspflicht kann gerichtlich erstritten werden, sodass die Entscheidung über das Mitwirkungsbegehr die Mitwirkungshandlung selbst ersetzt, § 894 ZPO.[2]   **2**

Die Vorschrift ist durch Art. 1 Nr. 16 GleichberG den Änderungen des Güterrechts angepasst und im Aufbau neu gefasst worden. § 1561 Abs. 2 Nr. 4 BGB wurde zur Anpassung an § 1357 BGB durch das 1. EheRG unter Aufhebung des bis dahin geltenden Absatzes 3 neu angelegt.   **3**

---

[1] *Kanzleiter* in: MünchKomm-BGB, § 1561 Rn. 1.
[2] *Brudermüller* in: Palandt, § 1561 Rn. 7.

§ 1561

B. Anwendungsvoraussetzungen

I. Gemeinsamer Antrag beider Ehegatten (Absatz 1)

1. Form des Antrages

4 Grundsätzlich haben beide Ehegatten den Antrag auf Eintragung in öffentlich beglaubigter Form gemeinsam zu stellen. Die formlose Zustimmung eines Ehegatten zum Antrag des anderen reicht nicht aus.[3]

2. Anwendungsbereich

5 Erforderlich ist eine gemeinsame Antragstellung, insbesondere in den Fällen des § 1418 Nr. 2 und 3 BGB – Vorbehaltsgut durch Bestimmung Dritter oder durch Surrogation –, da ihrer Entstehung grundsätzlich weder ein Ehevertrag noch eine gerichtliche Entscheidung zugrunde liegt, verbunden mit der Konsequenz, dass gerade nicht der Antrag nur eines Ehegatten ausreicht.

II. Antragsrecht eines Ehegatten (Absatz 2)

6 Vom Erfordernis des gemeinsamen Antrages auf Eintragung kann in den vom Gesetz bestimmten Fällen des § 1561 Abs. 2 BGB abgewichen werden.

1. Eintragung eines Ehevertrages (Nr. 1)

7 Der Antrag eines Ehegatten genügt, wenn er den Ehevertrag über die güterrechtlichen Vereinbarungen – wobei die Zustimmung des bei Abschluss vollmachtlos vertretenen Ehegatten in beglaubigter Form nachzuweisen ist[4] - oder die mit Rechtskraftzeugnis versehene Gerichtsentscheidung vorlegen kann, die der Änderung der güterrechtlichen Verhältnisse zugrunde liegt (hier insbesondere Fälle eines Urteils auf Aufhebung der Gütergemeinschaft gemäß den §§ 1449, 1470 BGB und auf vorzeitigen Ausgleich des Zugewinns gemäß § 1388 BGB).

2. Wiederholung der Eintragung (Nr. 2)

8 Trotz Anknüpfung der §§ 1558, 1559 BGB für die Eintragung an den gewöhnlichen Aufenthalt, stellt § 1561 Abs. 2 Nr. 2 BGB weiterhin – wohl aufgrund eines Redaktionsversehens –[5] auf den Wohnsitzwechsel ab.

9 Dann muss eine nach der Aufhebung des bisherigen Aufenthalts erteilte öffentlich beglaubigte Abschrift der früheren Eintragung und eine Bescheinigung der Meldebehörde[6] vorgelegt werden, aus der sich der Wechsel des bisherigen Aufenthalts und dessen Zeitpunkt ergibt.

3. Einspruch gegen Erwerbsbetrieb (Nr. 3)

10 Der Antrag nur eines Ehegatten genügt zur Eintragung eines Einspruchs gegen den selbstständigen Betrieb eines Erwerbsgeschäfts durch den anderen Ehegatten, ebenso zur Eintragung eines Widerrufs der Einwilligung zu einem derartigen Geschäft, soweit die Ehegatten in Gütergemeinschaft leben (vgl. die §§ 1431, 1456 BGB). Antragsberechtigt kann der Alleinverwalter des Gesamtgutes oder bei gemeinschaftlicher Verwaltung der jeweils andere, Einspruch erhebende oder widerrufende Ehegatte sein. Es genügt die Anmeldung als solche, da die Erklärung formlos dem anderen Ehegatten gegenüber abgegeben wird.[7]

4. Beschränkung oder Ausschließung der Berechtigung gemäß § 1357 BGB (Nr. 4)

11 Der Antrag eines Ehegatten genügt ebenfalls in den Fällen der Entziehung der Schlüsselgewalt gemäß § 1357 Abs. 2 BGB. Der gleiche Ehegatte kann auch die Löschung einer auf seinen Antrag erfolgten Eintragung beantragen. Der von der Eintragung betroffene Ehegatte kann einseitig gemäß § 1561

---

[3] *Thiele* in: Staudinger, § 1561 Rn. 3.
[4] KG Rpfleger 01, 252.
[5] So zumindest *Thiele* in: Staudinger, § 1561 Rn. 10; *Mayer* in: Bamberger/Roth, § 1561 Rn. 2.
[6] A.A. *Kanzleiter* in: MünchKomm-BGB, § 1561 Rn. 4, der Vorlage der Bescheinigung der Meldebehörde nur dann fordert, wenn das Registergericht Zweifel an der Richtigkeit des angegebenen Wohnsitzes hat.
[7] *Brudermüller* in: Palandt, § 1561 Rn. 5.

Abs. 2 Nr. 1 BGB Löschung dieser beantragen, wenn die zugrunde liegende Beschränkung oder Ausschließung durch das Vormundschaftsgericht (vgl. § 1357 Abs. 2 BGB) aufgehoben wurde.[8] Der Nachweis der Rechtskraft ist jedoch gemäß § 40 Abs. 3 FamFG erforderlich.

5. Praktische Hinweise

Für eine Klage eines Ehegatten gegen den anderen auf Mitwirkung an der gemeinsamen Eintragung ist gemäß § 261 FamFG das Familiengericht ausschließlich zuständig. Hintergrund ist der Umstand, dass der zugrunde liegende Mitwirkungsanspruch unmittelbar auf einer güterrechtlichen Vorschrift beruht. Der rechtskräftige Beschluss, mit dem der Ehegatte zur Mitwirkung an der Eintragung verpflichtet wurde, ersetzt gemäß § 894 ZPO den Antrag des anderen Ehegatten. 12

Bei Antrag eines Ehegatten zur Wiederholung einer Eintragung in das Register eines anderen Bezirkes ist anzuraten, einen Nachweis über den Wechsel des Aufenthalts durch Bescheinigung der Meldebehörde, auch wenn das Gesetz dies nicht ausdrücklich vorsieht, mit zu überreichen, soweit Schwierigkeiten hierdurch von Anfang an vermieden werden können. 13

In analoger Anwendung des § 1561 BGB ist die Zurücknahme des Einspruchs oder Widerrufs ebenfalls auf Antrag nur eines der Ehegatten zuzulassen. Ein gemeinsamer Antrag ist hierfür nicht erforderlich.Der Notar ist nach § 378 FamFG ermächtigt, die Eintragung im Namen eines Beteiligten zu beantragen, dessen erforderliche, dem Eintragungsantrag zugrundeliegende Erklärung er beurkundet oder beglaubigt hat. Gegen die negative Bescheidung dieses Antrages kann der Notar jedoch nur im Namen der Ehegatten, nicht im eigenen Namen die Beschwerde erheben.[9] 14

---

[8] *Thiele* in: Staudinger, § 1561 Rn. 12.
[9] *Kanzleiter* in: MünchKomm-BGB, § 1561 Rn. 7.

§ 1562 BGB Öffentliche Bekanntmachung

(Fassung vom 02.01.2002, gültig ab 01.01.2002)

(1) Das Amtsgericht hat die Eintragung durch das für seine Bekanntmachungen bestimmte Blatt zu veröffentlichen.

(2) Wird eine Änderung des Güterstands eingetragen, so hat sich die Bekanntmachung auf die Bezeichnung des Güterstands und, wenn dieser abweichend von dem Gesetz geregelt ist, auf eine allgemeine Bezeichnung der Abweichung zu beschränken.

Gliederung

A. Grundlagen 1	III. Rechtliche Wirkung der Bekanntmachung 4
B. Anwendungsvoraussetzungen 2	IV. Kosten 5
I. Bekanntmachungspflicht 2	V. Praktische Hinweise 6
II. Inhalt der Bekanntmachung 3	

A. Grundlagen

1 § 1562 BGB wurde durch das GleichberG nicht geändert. Die Vorschrift beschäftigt sich mit der öffentlichen Bekanntmachung der Eintragung durch das Amtsgericht, bei dem das Güterrechtsregister geführt wird.

B. Anwendungsvoraussetzungen

I. Bekanntmachungspflicht

2 Gemäß § 1561 Abs. 1 BGB ist das Amtsgericht, welches mit der Führung des Güterrechtsregisters beauftragt ist, verpflichtet, die erfolgte Eintragung von Amts wegen zu veröffentlichen. Von der Bekanntmachung sind beide Ehegatten gemäß § 383 Abs. 1 FamFG zu benachrichtigen.

II. Inhalt der Bekanntmachung

3 § 1562 Abs. 2 BGB lässt zu, dass der Inhalt der Bekanntmachung gegenüber der Eintragung (weiter) eingeschränkt wird. Soweit Absatz 2 nicht eingreift, ist die Eintragung in ihrem vollen Wortlaut bekannt zu machen.

III. Rechtliche Wirkung der Bekanntmachung

4 Wird die Bekanntmachung unterlassen, so hat dies keine rechtlichen Auswirkungen. Daher entscheidet auch für den Beginn der Rechtswirkung einer Eintragung der Zeitpunkt der Eintragung, nicht der der Veröffentlichung.[1] Das Unterlassen der Bekanntmachung kann aber Grundlage eines Schadensersatzanspruches gegen den unterlassenden Registerbeamten gemäß § 839 BGB sein.

IV. Kosten

5 Die Kosten der Bekanntmachung sind vom Antragsteller zu tragen.

V. Praktische Hinweise

6 Die Bekanntmachung hat trotz fehlender gesetzlicher Regelung **unverzüglich** – einmal – nach der Eintragung im Bekanntmachungsblatt des Registers zu erfolgen. Beide Ehegatten sind von der Bekanntmachung gemäß § 383 Abs. 1 FamFG zu benachrichtigen.

7 Die Bekanntmachung hat sich auf die Bezeichnung des Güterstandes (z.B. „Gütertrennung") zu beschränken, wenn eine Änderung des Güterstandes eingetragen wird, gleichgültig, ob die Änderung auf Ehevertrag, auf gerichtlicher Entscheidung oder auf Gesetz beruht. Die Bekanntmachung ist ebenfalls zu beschränken auf eine allgemeine Bezeichnung oder Abweichung, wenn der Güterstand abweichend vom Gesetz geregelt wird (z.B. „Vorbehaltsgut besteht" reicht aus, auch wenn einzeln hierzu erklärte Gegenstände aufgeführt sind).

---

[1] *Thiele* in: Staudinger, § 1562 Rn. 7.

§ 1563 BGB Registereinsicht

(Fassung vom 02.01.2002, gültig ab 01.01.2002)

¹**Die Einsicht des Registers ist jedem gestattet.** ²**Von den Eintragungen kann eine Abschrift gefordert werden; die Abschrift ist auf Verlangen zu beglaubigen.**

Gliederung

A. Grundlagen 1	II. Abschriften des Registers/Zeugnisse des Registergerichts 5
B. Anwendungsvoraussetzungen 2	
I. Einsicht in das Register 2	III. Kosten 7

A. Grundlagen

Die durch das GleichberG nicht geänderte Vorschrift gewährt jedermann Einsicht in das Güterrechtsregister, ohne dass ein berechtigtes Interesse erforderlich wäre. Das Datenschutzrecht steht dem nicht entgegen.[1]

B. Anwendungsvoraussetzungen

I. Einsicht in das Register

Die durch § 1563 BGB gewährte uneingeschränkte Einsichtsmöglichkeit in das Güterrechtsregister erstreckt sich auf die Eintragungen im Register selbst, auf die Registerakten im Übrigen aber nur, soweit auf diese in der Eintragung Bezug genommen ist.[2]

Werden Schriftstücke der Registerakten bei der Eintragung in Bezug genommen, so steht auch die Einsicht in diese Schriftstücke jedermann offen, da diese sodann Bestandteile des Registers geworden sind.[3]

Im Übrigen können die Beteiligten im familienrechtlichen Verfahren nach Maßgabe des § 13 Abs. 1 FamFG Einsicht in die Gerichtsakten nehmen. Nicht Beteiligten steht ein Einsichtsrecht gemäß § 13 Abs. 2 FamFG nur dann zu, wenn sie ein berechtigtes Interesse glaubhaft machen und schutzwürdige Interessen der Beteiligten oder eines außenstehenden Dritten nicht beeinträchtigt werden.[4]

II. Abschriften des Registers/Zeugnisse des Registergerichts

Grundsätzlich steht jedem das Recht frei, von den Eintragungen des Güterrechtsregisters eine Abschrift zu fordern, die auf Verlangen zu beglaubigen ist. Es gelten insoweit die gleichen Grundsätze wie bei der Einsichtnahme.

Gemäß § 386 FamFG kann ebenfalls eine so genannte Negativbescheinigung darüber verlangt werden, dass „bezüglich des Gegenstandes einer Eintragung weitere Eintragungen ... nicht vorhanden sind oder dass eine bestimmte Eintragung ... nicht erfolgt ist." Dagegen kann die Erteilung positiver Zeugnisse über den Registerinhalt nur gefordert werden, soweit dies ausdrücklich vorgesehen ist (vgl. vor allem § 33 GBO). In allen anderen Fällen genügt bereits die Abschrift des Registers den berechtigten Interessen der Beteiligten.[5]

III. Kosten

Für die Einsicht in das Güterrechtsregister werden gemäß § 90 KostO keine Gebühren erhoben. Die Kosten für Abschriften, Zeugnisse und Beglaubigungen bestimmen sich nach den §§ 2 Nr. 1, 89 KostO.

---

[1] *Lüke*, NJW 1983, 1407-1409.
[2] *Thiele* in: Staudinger, § 1563 Rn. 1.
[3] *Brudermüller* in: Palandt § 1563 Rn. 1.
[4] *Kanzleiter* in: MünchKomm-BGB, § 1563 Rn. 1.
[5] *Kanzleiter* in: MünchKomm-BGB, § 1563 Rn. 2.

§ 1564

Titel 7 - Scheidung der Ehe

Untertitel 1 - Scheidungsgründe

§ 1564 BGB Scheidung durch richterliche Entscheidung

(Fassung vom 17.12.2008, gültig ab 01.09.2009)

[1]Eine Ehe kann nur durch richterliche Entscheidung auf Antrag eines oder beider Ehegatten geschieden werden. [2]Die Ehe ist mit der Rechtskraft der Entscheidung aufgelöst. [3]Die Voraussetzungen, unter denen die Scheidung begehrt werden kann, ergeben sich aus den folgenden Vorschriften.

Gliederung

A. Grundlagen 1	II. Scheidung durch richterliche Entscheidung 18
I. Europäischer Hintergrund 1	1. Anzuwendendes Recht 28
II. Regelungsprinzipien 2	2. Rechtsfolgen der Scheidung 33
B. Anwendungsvoraussetzungen 4	C. Prozessuale Hinweise/Verfahrenshinweise 40
I. Antragsprinzip 4	

A. Grundlagen

I. Europäischer Hintergrund

1 In § 606a ZPO war bis zum Inkrafttreten des FamFG (01.09.2009) die internationale Zuständigkeit geregelt. Seit Inkrafttreten des FamFG regelt § 98 FamFG die internationale Zuständigkeit für Ehesachen.

II. Regelungsprinzipien

2 Die Vorschrift regelt für alle Fälle der Scheidung, dass diese ausschließlich durch das Familiengericht erfolgen darf. Damit sind in anderen Rechtsordnungen vorgesehene **Privatscheidungen** in Deutschland unzulässig. Sie werden in Deutschland auch nur anerkannt, wenn in irgendeiner Form eine Registrierung durch eine staatliche Stelle erfolgt ist.[1] Eine Anerkennung nach § 107 FamFG ist nur insoweit möglich, als die Entscheidung von einem ausländischen Gericht, einer ausländischen Verwaltungsbehörde, sonstigen staatlichen Institutionen oder religiösen Gerichten mit staatlicher Ermächtigung getroffen wurde.

3 Die **Aufhebung** einer Ehe hingegen kann nach den §§ 121 Nr. 2, 129 Abs. 1 FamFG bei wesentlichen Verstößen gegen die Grundsätze des deutschen Familienrechts durch staatliche Stellen beantragt werden (§ 1316 BGB). Stellt ein Ehegatte den Aufhebungsantrag, sind die zuständigen staatlichen Stellen nach § 129 Abs. 2 FamFG zu benachrichtigen. Die zuständige Verwaltungsbehörde kann dann, auch wenn sie den Antrag nicht gestellt hat, das Verfahren betreiben und wird so antrags- und rechtsmittelberechtigt.

B. Anwendungsvoraussetzungen

I. Antragsprinzip

4 Das FamG wird nicht von Amts wegen tätig, sondern nur auf Antrag eines oder beider Ehegatten, § 124 FamFG.

5 § 114 Abs. 1 FamFG schreibt vor, dass sich die Parteien in Ehesachen und Folgesachen durch einen Rechtsanwalt vertreten lassen müssen. Einer Vertretung durch einen Rechtsanwalt bedarf es allerdings nicht für die Zustimmung zur Scheidung und zur Rücknahme eines Scheidungsantrages sowie für den Widerruf der Zustimmung zur Scheidung, § 114 Abs. 4 Nr. 3 FamFG. Auch für den Antrag auf Abtrennung einer Folgesache besteht kein Anwaltszwang, § 114 Abs. 4 Nr. 4 FamFG.

6 Auch die Partei des Antragsgegners muss zumindest dann anwaltlich vertreten sein, wenn sie einen eigenen Antrag stellen möchte. Nimmt die antragstellende Partei den Scheidungsantrag zurück, so kann

---

[1] Art. 7 § 1 FamRÄndG.

der/die Antragsgegner/in seiner-/ihrerseits nur dann einen eigenen Scheidungsantrag stellen, wenn er/sie seiner-/ihrerseits anwaltlich vertreten ist.

Der Anwalt bedarf einer besonderen, auf das (Ehe-)Verfahren gerichteten Vollmacht. Für die Frage des Umfanges der Vollmacht gilt über § 113 FamFG der § 81 ZPO. Das Bestehen dieser besonderen Vollmacht wird jedoch im Anwaltsprozess gem. § 88 ZPO nur auf Rüge eines Beteiligten geprüft. 7

Die Vollmacht kann auch wirksam durch den Betreuer einer unter einer Demenzerkrankung leidenden Partei erteilt werden, sofern der Aufgabenbereich entsprechend durch das Betreuungsgericht bestimmt wurde.[2] 8

Die **Rechtshängigkeit** des Scheidungsantrages hat für den Versorgungsausgleich die Rechtsfolge, dass der letzte Tag des vorhergehenden Monats als Berechnungs- und Bewertungsstichtag festzustellen ist, § 3 Abs. 1 VersAusglG. 9

Auch im Rahmen einer Vereinbarung nach § 1408 Abs. 2 BGB entfaltete die Zustellung ursprünglich Wirkung: Erfolgte die Zustellung innerhalb der Jahresfrist, war die Vereinbarung unwirksam. Seit Inkrafttreten des FamFG ist die Jahresfrist entfallen, formelle und materielle Wirksamkeitsvoraussetzungen finden sich nun in den §§ 6-8 VersAusglG. 10

Der Stichtag des Endes der Ehezeit nach § 3 VersAusglG bleibt auch dann erhalten, wenn ein weiterer Antrag durch den anderen Ehegatten gestellt wird.[3] Sofern der antragstellende Ehegatte nachträglich den Scheidungsantrag zurücknimmt, die Gegenseite jedoch ebenfalls Scheidungsantrag gestellt hat, bleibt es hinsichtlich des Ehezeitendes bei der ersten erfolgten Zustellung. Die Ehezeit wird somit nicht nachträglich abgeändert. 11

Für ein Scheidungsverfahren, in dem Härtegründe nicht geltend gemacht werden, kommt vor Ablauf des Trennungsjahres daher eine Bewilligung von Verfahrenskostenhilfe nicht in Betracht.[4] Sofern die Antragstellerseite auf Entscheidung über das Verfahrenskostenhilfegesuch besteht, kann dieses auch nicht bis zum Ablauf des Trennungsjahres zurückgestellt werden, sondern ist zurückzuweisen. 12

Eine Entscheidung des Familiengerichtes, welches einen verfrüht gestellten Scheidungsantrag zurückgewiesen hat, ist jedoch im Rahmen der Beschwerde aufzuheben, wenn zwischenzeitlich das Trennungsjahr abgelaufen ist. Dies gilt auch dann, wenn der Fortbestand der an die Zustellung des Scheidungsantrages anknüpfenden Stichtage nachteilige Auswirkungen auf die Ansprüche der Antragsgegnerseite hat.[5] 13

Die Rechtshängigkeit löst weiterhin einen Anspruch auf **Vorsorgeunterhalt** nach § 1361 Abs. 1 Satz 2 BGB aus. 14

Durch die Rechtshängigkeit wird auch der Stichtag für die Bewertung des ehelichen **Zugewinns** (§§ 1372, 1384 BGB) definiert. 15

Die Wirkungen der Rechtshängigkeit treten jedoch in allen vorstehend genannten Fällen nur dann ein, wenn das Scheidungsverfahren auch durch Auflösung der Ehe beendet wird. 16

Mit Rechtskraft der Scheidung erlischt das **gesetzliche Erbrecht** des Ehegatten (§§ 1931, 1371 BGB), sein **Pflichtteilsrecht** (§ 2303 Abs. 2 BGB) und das Recht auf den **Voraus** (§ 1932 BGB). Allein die Trennung der Ehegatten hat keine Auswirkungen auf das Erbrecht. Verstirbt während des Scheidungsverfahrens ein Ehegatte, hat dies erbrechtliche Wirkungen (§ 1933 BGB). Der die Scheidung beantragende oder der Scheidung zustimmende Ehegatte verliert sein **Erbrecht** und das Recht auf den **Voraus**. Dies gilt auch für den Fall, dass der Erblasser den Antrag auf Aufhebung der Ehe gestellt hat. In allen diesen Fällen verbleibt dem Überlebenden aber ein Unterhaltsanspruch nach Maßgabe der §§ 1569-1586b BGB. Zum Erbrecht im Falle der Scheidung vgl. *Abele/Klinger*.[6] 17

II. Scheidung durch richterliche Entscheidung

Ausdrücklich wird bestimmt, dass die Scheidung nur durch eine richterliche Entscheidung erfolgen darf. Unzulässig ist eine Scheidung durch **Versäumnisbeschluss**, denn nach § 130 Abs. 2 FamFG ist ein solcher gegen den Antragsgegner unzulässig; der Scheidungsantrag kann aber hiernach durch Versäumnisbeschluss zurückgewiesen werden, nämlich dann, wenn der Antragsteller säumig ist. Diese Regelung findet sich in allen Verfahren mit statusrechtlicher Wirkung. 18

---

[2] OLG Hamm v. 16.08.2013 - II-3 UF 43/13, 3 UF 43/13.
[3] BGH v. 07.12.2005 - XII ZB 34/01 - FamRZ 2006, 260.
[4] OLG Celle v. 17.01.2014 - 10 WF 4/14.
[5] OLG Hamm v. 09.04.2013 - II-1 UF 25/13 - FamRZ 2013, 208.
[6] *Abele/Klinger*, FPR 2006, 138-141.

§ 1564

19 § 1564 BGB erfuhr zeitgleich mit der Einführung des FamFG zum 01.09.2009 eine Änderung. In der bis zum 31.08.2009 geltenden Fassung hieß es noch „Scheidung durch Urteil". § 116 FamFG stellt nun klar, dass die Ehescheidung durch Beschluss zu erfolgen hat.

20 Wird die Ehe geschieden, tritt die Wirkung dieser statusrechtlichen Entscheidung erst mit **Rechtskraft** ein (§ 116 Abs. 2 FamFG). Erst ab diesem Zeitpunkt kann sich jeder darauf berufen, dass die Ehe nicht mehr besteht. Diese Wirkungen können nicht eintreten, wenn die Ehe durch einen anzuerkennenden ausländischen Rechtsakt vorher wirksam aufgelöst (§ 98 FamFG), der Scheidungsantrag zurückgenommen (§ 141 FamFG) wird oder eine Partei verstirbt (§ 131 FamFG).

21 Da mit der Scheidung auch der Versorgungsausgleich von Amts wegen zu regeln ist und die Parteien, soweit sie anwaltlich vertreten sind, weitere Scheidungsfolgesachen zur gemeinsamen Entscheidung in das Verfahren einbringen können (§ 137 FamFG), sind besondere Vorschriften in Ergänzung der allgemeinen Vorschriften über den Eintritt der Rechtskraft zu beachten, insbesondere die erweiterte Aufhebungsmöglichkeit nach § 147 FamFG. Die Parteien können auf die erweiterte Aufhebung verzichten, § 144 FamFG.

22 Zu beachten ist, dass für den Fall, dass einer der Ehegatten eine ausländische Staatsangehörigkeit hat, zwar Rechtsmittelverzicht erklärt werden kann, auf keinen Fall jedoch auf die Begründung des Urteils verzichtet werden sollte, da dies die Anerkennung im Ausland erschwert oder gar unmöglich macht.

23 Nach den früher geltenden Vorschriften der ZPO war die wirksame Protokollierung unter Beachtung der §§ 160 Abs. 3 Nr. 1, 162 Abs. 1 Satz 1 ZPO erforderlich. Wurde der Verzicht nicht vorgelesen und genehmigt, war er unwirksam.[7]

24 Dies dürfte sich auch durch Einführung des FamFG nicht geändert haben. § 113 Abs. 1 FamFG setzt u.a. für Ehesachen die §§ 2-37 – und damit auch § 28 Abs. 4 FamFG – außer Kraft. Stattdessen gelten die allgemeinen Vorschriften der ZPO sowie die Vorschriften der ZPO über die Verfahren vor den Landgerichten entsprechend. Dies führt nach Ansicht der Autorin zu einer Anwendung des § 160 Abs. 3 ZPO und somit weiterhin zu einer Notwendigkeit der ordnungsgemäßen Protokollierung.

25 § 623 ZPO wird ab dem 01.09.2009 ersetzt durch § 137 FamFG. Danach ist eine einheitliche Entscheidung zu treffen über Scheidung und Folgesachen. Folgesachen sind Versorgungsausgleichssachen, Unterhaltssachen – sofern Kindesunterhalt oder Ehegattenunterhalt betroffen ist –, Hausrats- und Wohnungszuweisungssachen sowie Güterrechtssachen. Voraussetzung ist jedoch, dass eine Entscheidung für den Fall der Ehescheidung zu treffen ist (also kein Trennungsunterhalt) und dass die Familiensache spätestens zwei Wochen vor der mündlichen Verhandlung im ersten Rechtszug zur Scheidungssache von einem der Ehegatten anhängig gemacht wird.

26 Es bleibt abzuwarten, ob mit letzterer Regelung die bislang leider teilweise üblichen, oft der Verzögerung dienenden, kurzfristig anhängig gemachten Folgesachen der Vergangenheit angehören. Diese Regelung könnte unter Umständen dazu führen, dass rein vorsorglich eine Folgesache anhängig gemacht wird, obwohl eine außergerichtliche Einigung möglich wäre, nur um die 2-Wochen-Frist zu wahren. Nach mittlerweile wohl h.M. ist mit „Schluss der mündlichen Verhandlung" im Sinne des § 137 Abs. 2 FamFG die letzte mündliche Verhandlung gemeint.[8] Es ist also für den verhandelnden Richter nicht möglich, durch einen frühen ersten Termin im Scheidungsverfahren die Einreichung von Folgeanträgen zu vereiteln. Auch mehren sich in der Rechtsprechung die Stimmen dahingehend, dass den Beteiligten eine angemessene Zeit nach Eingang der Ladung zum letzten Termin verbleiben muss, um Folgesachen einreichen zu können. Eine Ladungsfrist von 2-3 Wochen wird daher oftmals für unzureichend gehalten, da auch insoweit den Beteiligten die Möglichkeit genommen würde, Folgesachen fristgemäß anhängig zu machen.[9]

27 Während es nach altem Unterhaltsrecht problemlos möglich war, bereits im Trennungsunterhaltsverfahren auch einen Vergleich zum Nachscheidungsunterhalt zu gerichtlichem Protokoll zu schließen, so ist dies nach dem seit dem 01.01.2008 geltenden Unterhaltsrecht nicht mehr möglich, § 1585c BGB. Die notarielle Beurkundung kann nur in einem Eheverfahren durch gerichtliche Protokollierung ersetzt werden. Um ein solches handelt es sich bei einem Trennungsunterhaltsverfahren jedoch gerade nicht. Ein Teil der Literatur nimmt entgegen dem Wortlaut jedoch eine Formwirksamkeit einer Vereinbarung zum nachehelichen Unterhalt im Trennungsunterhaltsverfahren an.

---

[7] *Wöstmann* in: Hk-ZPO, § 163 Rn. 1.
[8] OLG Hamm v. 30.06.2010 - II-5 WF 95/10.
[9] OLG Oldenburg v. 23.08.2010 - 13 UF 46/10.

1. Anzuwendendes Recht

Die Frage nach dem anzuwendenden nationalen Scheidungsrecht ist durch die Rom III-Verordnung (Verordnung des Rates zu Begründung einer verstärkten Zusammenarbeit im Bereich des auf die Ehescheidung und Trennung ohne Auflösung des Ehebandes anzuwendenden Rechts, Verordnung (EU) Nr. 1259/2010 des Rates vom 20.12.2010) deutlich vereinfacht worden. Art. 17 EGBGB verweist insoweit auf die Rom III-Verordnung. 28

Die Rom III-Verordnung schafft europaweit Klarheit, welches nationale Scheidungsrecht auf welchen Fall Anwendung findet. Damit soll u.a. auch verhindert werden, dass ein Ehegatte durch die Wahl des Klageortes das für ihn günstigere Scheidungsrecht zur Anwendung bringen kann. Die Rom III-Verordnung gilt zunächst nur für die 14 teilnehmenden Mitgliedsstaaten, unter ihnen auch Deutschland. 29

Die Verordnung stärkt die Wahlmöglichkeiten: Die Ehegatten können grundsätzlich eine Rechtsordnung wählen, der sie eine Trennung oder Scheidung unterstellen wollen. Allerdings muss diese Rechtsordnung eine enge Verbindung zu ihrer Lebensführung haben (Artikel 5 VO). Diese Rechtswahl muss jedoch formgültig sein, sie bedarf der Schriftform und der Unterzeichnung beider Ehegatten (Artikel 7 VO). 30

Wird keine Rechtswahl getroffen, so gilt gem. Artikel 8 VO für in Deutschland anhängige Verfahren deutsches Recht, und zwar auch dann, wenn die Eheleute die Staatsangehörigkeit keines der teilnehmenden Mitgliedsstaaten besitzen. 31

Hinsichtlich der Durchführung des Versorgungsausgleiches stellt Art. 17 Abs. 3 EGBGB klar, dass der Versorgungsausgleich dem nach der ROM III-Verordnung auf die Scheidung anzuwendenden Recht unterliegt. Er ist durchzuführen, wenn deutsches Scheidungsrecht anzuwenden ist und ihn das Recht eines der Staaten kennt, denen die Ehegatten im Zeitpunkt des Eintritts der Rechtshängigkeit des Scheidungsantrages angehören. Ansonsten bedarf es eines Antrages auf Durchführung des Versorgungsausgleichs. Bei vorliegendem Antrag ist der Versorgungsausgleich jedoch nur durchzuführen, wenn einer der Ehegatten Anwartschaften bei einem inländischen Versorgungsträger erworben hat und die Durchführung im Hinblick auf die beiderseitigen wirtschaftlichen Verhältnisse während der gesamten Ehezeit der Billigkeit nicht widerspricht. 32

2. Rechtsfolgen der Scheidung

Die Rechtsfolgen der Scheidung ergeben sich aus einer Vielzahl von Gesetzen und Vorschriften. 33

Der **Güterstand** wird zwar auf den Stichtag der Rechtshängigkeit berechnet (§ 1384 BGB), **Gütertrennung** erfordert jedoch die Rechtskraft der Scheidung (§ 1372 BGB). Für beide Ehegatten verbleibt es bei dem bisher geführten **Namen**, jedoch kann der Geburtsname wieder angenommen oder dem Ehenamen vorangestellt werden (§ 1355 BGB). 34

Das Recht der **elterlichen Sorge** und das **Umgangsrecht** werden von der Scheidung nicht betroffen, denn seit 1998 ist die Differenzierung zwischen Sorgerecht vor und nach Scheidung entfallen, und § 1671 BGB stellt nur noch auf die Trennung der Eltern ab. Es bleibt grundsätzlich nach Trennung, aber auch Scheidung, bei der gemeinsamen elterlichen Sorge, eine Abänderung erfordert einen Antrag eines Elternteils. 35

Im Fall einer Ehescheidung nach ausländischem Recht kann es sich anbieten, das Weiterbestehen der elterlichen Sorge festzustellen, da manche ausländischen Rechtsordnungen eine solche Feststellung erfordern. 36

Wechselseitige **Erb- und Pflichtteilsrechte** entfallen mit Rechtskraft der Scheidung, sofern sie nicht schon vorher nach § 1933 BGB in Wegfall gekommen sind. Ein privatschriftliches Testament ist deshalb als unwirksam zu behandeln, wenn im Todeszeitpunkt die Ehescheidungsvoraussetzungen vorgelegen haben.[10] 37

Sofern ein Ehegatte als gesetzlich Krankenversicherter das Familieneinkommen erwirtschaftet, sind der andere Ehegatte sowie die Kinder grundsätzlich ohne Beitragszahlung mitversichert. Nach rechtskräftiger Scheidung erlischt für den mitversicherten Ehegatten in jedem Fall die **Mitversicherung**. Für ihn besteht jedoch die Möglichkeit der freiwilligen **Weiterversicherung**, die jedoch binnen drei Monaten nach Rechtskraft der Scheidung beantragt werden muss (§ 9 SGB V). 38

Der Ehemann gilt grundsätzlich als rechtlicher Vater eines in der Ehe geborenen Kindes, § 1592 BGB. Stammt dieses in der Ehe geborene Kind jedoch nicht von ihm, ist er also Scheinvater, so hat er die Möglichkeit, gemäß § 1600 BGB die Vaterschaft anzufechten. Wird ein Kind jedoch nach Anhängig- 39

---

[10] BayObLG v. 25.11.2004 - 1Z BR 097/04, 1Z BR 97/04 - BayObLGR 2005, 241-242.

§ 1564

keit des Scheidungsverfahrens geboren, und erkennt ein Dritter die Vaterschaft bis zum Ablauf eines Jahres nach **Rechtskraft der Scheidung** an, so gilt § 1592 BGB, also die Vaterschaftsvermutung, nicht mehr. Es bedarf in diesem Fall weder einer Anfechtungsklage noch der Einholung eines Abstammungsgutachtens.

C. Prozessuale Hinweise/Verfahrenshinweise

40 Das Verfahren in Familiensachen richtet sich ab Gültigkeit des FamFG (01.09.2009) nicht mehr nach dem 6. Buch der ZPO und dem FGG, sondern wird dann durch das einheitliche neue Verfahrensgesetz, das „Gesetz über das Verfahren in Familiensachen und in den Angelegenheiten der freiwilligen Gerichtsbarkeit" (FamFG) geregelt. Auch die verfahrensrechtlichen Vorschriften der Hausratsverordnung finden sich im FamFG wieder (§§ 200 ff. FamFG).

41 Auch für den Antrag auf Aufhebung einer Scheinehe ist bei Vorliegen der wirtschaftlichen Voraussetzungen Verfahrenskostenhilfe zu bewilligen. Ein darauf gerichteter Antrag ist zwar nicht rechtsmissbräuchlich, allerdings trifft den Beteiligten, der rechtsmissbräuchlich die Ehe geschlossen und hierfür ein Entgelt erhalten hat, die Pflicht, hiervon Rücklagen zu bilden, um die Kosten eines Eheaufhebungsverfahrens finanzieren zu können.[11]

---

[11] BGH v. 30.03.2011 - XII ZB 212/09 - FamRZ 2011, 827-873.

Steuerrechtliche Hinweise zu
§ 1564 BGB Scheidung durch richterliche Entscheidung

(Fassung vom 17.12.2008, gültig ab 01.09.2009)

¹Eine Ehe kann nur durch richterliche Entscheidung auf Antrag eines oder beider Ehegatten geschieden werden. ²Die Ehe ist mit der Rechtskraft der Entscheidung aufgelöst. ³Die Voraussetzungen, unter denen die Scheidung begehrt werden kann, ergeben sich aus den folgenden Vorschriften.

Gliederung

A. Grundlagen 1
B. Scheidungskosten als außergewöhnliche
   Belastungen 2
I. Entscheidendes Merkmal: die Zwangsläufigkeit
   der Kosten 2
II. Kosten der Ehescheidung 4
III. Folgekosten der Ehescheidung 5
IV. Mittelbare Kosten der Ehescheidung 8
C. Rechtsfolgen 12
D. Prozessuale Hinweise/Verfahrenshinweise 13

A. Grundlagen

Neben den Unterhaltszahlungen und der Auseinandersetzung des ehelichen Vermögens ist eine Ehescheidung in der Regel mit weiteren – häufig sehr hohen – Kosten verbunden, die zum Teil steuerlich als **außergewöhnliche Belastungen** i.S.v. § 33 EStG geltend gemacht werden können.

B. Scheidungskosten als außergewöhnliche Belastungen

I. Entscheidendes Merkmal: die Zwangsläufigkeit der Kosten

Ein Abzug als außergewöhnliche Belastung ist – neben weiteren Voraussetzungen – nur dann möglich, wenn die Aufwendungen dem Steuerpflichtigen **zwangsläufig** entstehen. Dies ist nach § 33 Abs. 2 Satz 1 EStG dem Grunde nach dann der Fall, wenn sich der Steuerpflichtige ihnen aus rechtlichen, tatsächlichen oder sittlichen Gründen nicht entziehen kann. Die Gründe müssen von außen auf die Entscheidung des Steuerpflichtigen so einwirken, dass er ihnen nicht ausweichen kann.[1] Liegt die wesentliche Ursache, die zu den Aufwendungen geführt hat, hingegen in der vom Einzelnen gestaltbaren Lebensführung, kommt ein Abzug nicht in Betracht.[2]

Entscheidend für die Frage, welche Kosten, die im Zusammenhang mit einer Scheidung entstehen, steuerrechtlich berücksichtigt werden können, ist daher immer, ob der Steuerpflichtige ihnen ausweichen konnte. Dabei gilt bei **Zivilprozessen** nach ständiger Rechtsprechung des BFH grundsätzlich, dass bei den in diesem Zusammenhang entstehenden Kosten eine Vermutung gegen die Zwangsläufigkeit spricht. Zwar kann sich ein Steuerpflichtiger nach einem verlorenen Zivilprozess – unabhängig davon, ob er als Kläger oder als Beklagter an ihm beteiligt war – der eigentlichen Zahlungsverpflichtung aus rechtlichen Gründen nicht entziehen. Darauf darf aber nicht abgestellt werden; vielmehr sind die Kosten nur zwangsläufig, wenn auch das die Zahlungsverpflichtung adäquat verursachende Ereignis für den Steuerpflichtigen zwangsläufig ist. Gerade daran fehlt es nach der Rechtsprechung des BFH im Allgemeinen aber grundsätzlich bei einem Zivilprozess.[3]

II. Kosten der Ehescheidung

Die unmittelbaren Kosten einer Ehescheidung sind jedoch nach ständiger Rechtsprechung des BFH stets zwangsläufig, da die Ehe nur durch Urteil geschieden werden kann (§ 1564 BGB). Hierzu zählen die **Gerichtskosten** des Ehescheidungsprozesses sowie die **Anwaltskosten**, da die Eheleute in Ehesachen grds. durch einen Anwalt vertreten sein müssen (§ 114 Abs. 1 FamFG, zu den Ausnahmen insb. im Falle der Zustimmung zur Scheidung vgl. § 114 Abs. 4 FamFG).[4] Dies gilt selbst dann, wenn die

---

[1] BFH v. 27.10.1989 - III R 203/82 - juris Rn. 9 - NJW 1990, 734-736
[2] BFH v. 30.06.2005 - III R 36/03 - NJW-RR 2005, 1597.
[3] FG des Saarlandes v. 17.03.2004 - 1 K 95/02 - juris Rn. 16 - EFG 2004, 1217.
[4] BFH v. 02.10.1981 - VI R 38/78 - juris Rn. 13 - BStBl II 1982, 116-118; vgl. hierzu auch *Görke*, FPR 2006, 491-494, 494.

Klage zurückgenommen und die Ehe daher nicht geschieden wurde.[5] Übernimmt allerdings einer der Eheleute in einer Vereinbarung **freiwillig** die von dem anderen zu tragenden Gerichts- und Anwaltskosten, so fehlt es an der Zwangsläufigkeit.

III. Folgekosten der Ehescheidung

5 Folgekosten eines Ehescheidungsprozesses wie etwa die Kosten der **vermögens- und unterhaltsrechtlichen Auseinandersetzung** wurden lange Zeit nicht als zwangsläufig anerkannt.[6] Diese Rechtsauffassung ist aber seit der Reform des Ehe- und Familienrechts im Jahre 1977 überholt: Mit der Scheidung entscheiden die Familiengerichte zugleich über die vermögens- und unterhaltsrechtliche Auseinandersetzung (§§ 111, 112, 122, 137 FamFG); es ergeht eine einheitliche Kostenentscheidung. Daher sind nun auch diese Folgekosten als außergewöhnliche Belastung zu qualifizieren, wenn sie unmittelbar und unvermeidbar durch die Ehescheidung entstehen.[7]

6 Voraussetzung ist nach der Rechtsprechung des BFH zwingend, dass es sich um eine Regelung handelt, die zum so genannten **Zwangsverbund** (vgl. § 137 Abs. 1 FamFG) gehört.[8] Wird eine Regelung außerhalb dieses Zwangsverbundes durch das Familiengericht oder außergerichtlich getroffen, sind die Kosten hierfür nach wie vor nicht zu berücksichtigen. Dies gilt selbst dann, wenn Folgesachen **auf Antrag zusammen** mit der Scheidung durch das Familiengericht entschieden werden.[9] Ohne Belang ist es dabei für den BFH, dass ein Ehegatte die – Kosten auslösende – Aufnahme von Scheidungsfolgesachen in den Scheidungsverbund nicht verhindern kann, weil der andere Ehegatte dies beantragt.[10]

7 Welche Auswirkungen diese Rechtsprechung auf die Abzugsfähigkeit von Kosten, die in Verfahren über das **Sorge- und Umgangsrecht für Kinder** oder über den **Ehegatten- und Kindesunterhalt** entstehen, haben wird, ist noch nicht abzusehen. In einer früheren Entscheidung hatte der BFH deren Einordnung als außergewöhnliche Belastungen bejaht.[11] Seit dem Kindschaftsreformgesetz jedoch ist nur noch auf Antrag eines Elternteils über die Übertragung der elterlichen Sorge zu entscheiden. Die frühere Rechtsprechung des BFH dürfte indes überholt sein.[12]

IV. Mittelbare Kosten der Ehescheidung

8 Von den unmittelbaren Kosten einer Scheidung zu unterscheiden sind diejenigen Aufwendungen, die lediglich in Folge der Scheidung entstehen, also nur mittelbar mit dieser zusammenhängen. Diese entstehen nicht unmittelbar und unvermeidbar durch die prozessuale Durchführung des Ehescheidungsverfahrens und sind mithin **nicht** als **zwangsläufig** zu qualifizieren. Die Möglichkeit der steuerlichen Abzugsfähigkeit dieser Kosten ist daher nicht gegeben.

9 Solche nur mittelbaren und damit **nicht abzugsfähigen Kosten** sind beispielsweise:
- Kosten für die Beauftragung eines **Privatdetektivs**[13],
- Kosten für die **Namensänderung** eines aus einer geschiedenen Ehe stammenden Kindes[14],
- Kosten einer **Unterhaltsabänderungsklage**, die die sich auf eine Verbesserung der Einkommenssituation des geschiedenen Ehegatten stützt[15],
- Mehraufwendungen, die durch das **Getrenntleben** während des Scheidungsverfahrens entstanden sind, da ein Getrenntleben keine zwingende Voraussetzung für eine Scheidung ist[16],
- im Zusammenhang mit der Trennung der Eheleute verbundene **Umzugs- und Einrichtungskosten**[17],

---

[5] FG Hamburg v. 02.10.1981 - VI 68/78 - EFG 1982, 246.
[6] BFH v. 10.02.1977 - IV R 87/74 - BStBl II 1977, 462.
[7] BFH v. 08.11.1974 - VI R 22/72 - BStBl II 1975, 111.
[8] BFH v. 30.06.2005 - III R 36/03 - NJW-RR 2005, 1597.
[9] BFH v. 30.06.2005 - III R 27/04 - juris Rn. 30 - BFHE 210, 306.
[10] BFH v. 30.06.2005 - III R 27/04 - juris Rn. 31 - BFHE 210, 306.
[11] BFH v. 02.10.1981 - VI R 38/78 - BStBl II 1982, 116-118.
[12] So wohl auch: *Jäger*, HFR 2006, 35, 36; a.A. *Wälzholz*, FamRB 2005, 89-92, 92.
[13] BFH v. 08.11.1974 - VI R 22/72 - BStBl II 1975, 111; FG Rheinland-Pfalz v. 28.08.2007 - 3 K 1062/04 - juris Rn. 20 - DStRE 2008, 347-349.
[14] FG Niedersachsen v. 27.07.1989 - II 81/89 - EFG 1990, 64.
[15] FG des Saarlandes v. 17.03.2004 - 1 K 95/02 - EFG 2004, 1217; FG Rheinland-Pfalz v. 28.08.2007 - 3 K 1062/04 - juris Rn. 19 - DStRE 2008, 347-349.
[16] FG Bremen v. 23.04.1980 - I 162/79 - EFG 1980, 443.
[17] BFH v. 16.05.1975 - VI R 163/73 - BStBl II 1975, 538.

- die Aufwendungen eines Elternteils für **Besuche seiner bei dem anderen Elternteil lebenden Kinder**[18],
- der Ausfall von Forderungen aus einem Ehe-Auseinandersetzungsvertrag[19],
- die trotz Auszugs aus der ehelichen Wohnung weitere Bedienung von während der Ehe für ein **Grundstücksdarlehen** zum Zwecke des gemeinsamen ehelichen Wohnens eingegangener und aufgrund der getroffenen Scheidungsfolgenregelung fortbestehender **Zinsverpflichtungen und Tilgungsverpflichtungen**[20],
- die Kosten für die **Aufhebung einer Gütergemeinschaft**[21],
- Aufwendungen für eine **Klage auf Zugewinnausgleich**, da dieser sowohl im Vorhinein durch einen Ehevertrag als auch noch nachträglich im Zusammenhang mit der Scheidung durch eine außergerichtliche Vereinbarung einvernehmlich und ohne Klage geregelt werden kann. Allein die zivilprozessuale Möglichkeit, den Zugewinnausgleich auf Antrag im Verbund mit der – als außergewöhnliche Belastung zu berücksichtigenden – Scheidungssache zu verhandeln und zu entscheiden, ändert hieran nichts, wenn es tatsächlich zu keinem Entscheidungsverbund kommt und die Ehe geschieden wird, bevor die Kosten für den Zugewinnausgleich entstanden sind[22];
- der **Verzicht auf den Zugewinnausgleich**[23];
- die Kosten für den **Verkauf einer Eigentumswohnung**, um die wirtschaftlichen (Mehr-)Belastungen in Zusammenhang mit seiner Trennung und Scheidung meistern zu können[24].

Im Übrigen ist die **Zugewinnausgleichsschuld**, da sie aus privatem Anlass entsteht, steuerlich nicht berücksichtigungsfähig. Ein Abzug als Betriebsausgaben scheidet selbst dann aus, wenn sie aus Betriebsvermögen herrührt.[25] Ebenso wenig kommt ein Sonderausgabenabzug gem. §§ 10 ff. EStG oder eine Berücksichtigung als außergewöhnliche Belastung in Betracht.[26] Nach der Rechtsprechung des BFH sollen auch die Stundungs- und Refinanzierungszinsen nicht als Betriebsausgaben oder Werbungskosten abziehbar sein.[27]

10

Gleiches gilt für **Abfindungszahlungen für den Ausschluss eines schuldrechtlichen Versorgungsausgleichs**. Hierbei handelt es sich weder um mit Einkünften aus nichtselbständiger Arbeit in Zusammenhang stehende Werbungskosten noch um vorweggenommene Werbungskosten bei den sonstigen Einkünften (§ 22 EStG), noch um abziehbare dauernde Lasten nach § 10 Abs. 1 Nr. 1a EStG, noch um zu berücksichtigende außergewöhnliche Belastungen.[28]

11

C. Rechtsfolgen

Ist die Zwangsläufigkeit der Kosten zu bejahen, so können diese vom Gesamtbetrag der Einkünfte, d.h. der Summe der Einkünfte vermindert um den Altersentlastungsbetrag, den Entlastungsbetrag für Alleinerziehende und den Abzug nach § 13 Abs. 3 EStG (§ 2 Abs. 3 EStG), abgezogen werden. Die Finanzverwaltung orientiert sich hierbei an der richterlichen Kostenentscheidung.[29] Allerdings legt § 33 Abs. 3 EStG abhängig von dem Familienstand des Steuerpflichtigen sowie der Höhe des Gesamtbetrages der Einkünfte eine **zumutbare Eigenbelastung** fest. Nur der Teil der Aufwendungen, der diese zumutbare Eigenbelastung übersteigt, kann abgezogen werden.

12

D. Prozessuale Hinweise/Verfahrenshinweise

Die Steuerermäßigung des § 33 EStG wird **auf Antrag** des Steuerpflichtigen gewährt. Dieser kann bis zum Schluss der mündlichen Verhandlung vor dem Finanzgericht gestellt bzw. zurückgenommen werden.[30]

13

---

[18] BFH v. 27.09.2007 - III R 30/06 - juris Rn. 19 - BFH/NV 2008, 539-542.
[19] FG Hamburg v. 20.11.2003 - III 333/02 - EFG 2004, 817.
[20] FG Niedersachsen v. 01.02.1995 - IV 476/90 - EFG 1995, 890.
[21] BFH v. 30.06.2005 - III R 36/03 - NJW-RR 2005, 1597; *Kanzler*, FR 2006, 90.
[22] FG Sachsen v. 02.09.2003 - 3 K 2712/02 - EFG 2004, 1219-1222.
[23] FG Hamburg v. 08.04.2004 - II 51/03 - EFG 2004, 1603.
[24] FG München v. 08.12.2009 - 13 K 2305/07 - juris Rn. 26.
[25] *Wacker* in: Schmidt, EStG, § 15 Rn. 375.
[26] *Wälzholz*, FamRB 2005, 89-92, 90.
[27] BFH v. 11.05.1993 - IX R 25/89 - juris Rn. 10 - BFHE 171, 445.
[28] BFH v. 15.06.2010 - X R 23/08 - BFH/NV 2010, 1807-1810.
[29] *Höreth/Renn*, SteuerStud 2001, 458-466, 465.
[30] *Heger* in: Blümich, EStG, § 33 Rn. 36.

Kostenrechtliche Hinweise zu § 1564 BGB Scheidung durch richterliche Entscheidung

(Fassung vom 17.12.2008, gültig ab 01.09.2009)

[1]Eine Ehe kann nur durch richterliche Entscheidung auf Antrag eines oder beider Ehegatten geschieden werden. [2]Die Ehe ist mit der Rechtskraft der Entscheidung aufgelöst. [3]Die Voraussetzungen, unter denen die Scheidung begehrt werden kann, ergeben sich aus den folgenden Vorschriften.

Gliederung

A. Grundlagen 1
B. Besonderheiten 4
I. Angelegenheit 4
1. Abtrennung einzelner Verfahren aus dem Verbund 7
2. Einbeziehung bereits anhängiger Familiensachen in den Verbund 8
II. Gegenstandswert 9
1. Altes Recht bis 01.09.2009 9
2. Neues Recht ab 01.09.2009 10
3. Mindestwert/Höchstwert 12
4. Bemessungskriterien für den Wert der Ehe- und Lebenspartnerschaftssachen 15
a. Merkmal Umfang 16
b. Merkmal Bedeutung 24
c. Merkmal Einkommen 26
d. Sozialleistungen/Arbeitslosengeld als Einkommen 29
e. Merkmal Vermögen 38
f. Nachträgliche Änderung der Wertkriterien 49
g. Beiderseitige Antragstellung 51
III. Gebühren 52
1. Einigungsgebühr 52
2. Scheidungsfolgenvereinbarung 54
a. Allgemein 54
b. Gegenüberstellung Einigungsgegenstand anhängig/nichtanhängig 58
3. Aussöhnungsgebühr in Scheidungssachen und Verfahren auf Aufhebung der Ehe oder der Lebenspartnerschaft 61
a. Entstehungsvoraussetzungen 61
b. Mitwirkung des Rechtsanwalts 63
c. Dauer der Aussöhnung 67
d. Aussöhnung bei anhängiger Ehesache 69
e. Erfolgshonorar für Aussöhnung 72
f. Terminsgebühr neben Aussöhnungsgebühr 73
4. Tätigkeit lediglich im Rahmen der Scheidungsvereinbarung 74
IV. Beratung – Umfang der Beratungshilfeangelegenheit 78
V. Verfahrenskostenhilfe 80
1. Allgemein Verfahrenskostenhilfe 80
2. Verfahrenskostenhilfe und Aussöhnungsgebühr 82
3. Beiordnung eines auswärtigen Bevollmächtigten 83
4. Beiordnung eines Verkehrsanwalts auch bei einfacher Scheidungssache gerechtfertigt 87
5. Umfang der Verfahrenskostenhilfe in Ehe- und Folgesachen 90
6. Beistand für die Scheidung nach § 138 FamFG 91
C. Arbeitshilfen 93
I. Beispiele/Muster 93
1. Beispielfall: Aussöhnungsgebühr 93
2. Beispielfall: Abrechnung eines als Beistands beigeordneten Rechtsanwalts 96
3. Beispielfall: Wertberechnung bei einer gewöhnlichen Immobilie 99
II. Berechnungsprogramme 100
1. Prozesskostenrechner 100
2. RVG-Rechner: 1. Instanz mit Anrechnung der Geschäftsgebühr 101
3. RVG-Rechner: Scheidungsfolgenvereinbarung/Einigung auch über nichtanhängige Gegenstände 102

A. Grundlagen

1 Die kostenrechtlichen Besonderheiten des Scheidungsverfahrens sind vielfältig. Es beginnt mit den Konsequenzen aus dem so genannten Scheidungsverbund und setzt sich bei einzelnen gebührenrechtlichen Sonderregelungen fort. Auch für den Gegenstandswert des Scheidungsverfahrens gelten spezielle Vorschriften.

2 Das Scheidungsverfahren selbst ist eine Familiensache nach § 111 Nr. 1 FamFG. Das entsprechende Verfahrensrecht ist in den §§ 133 ff. FamFG geregelt. Das hieraus folgende Kostenrecht wird in zahlreichen Sondervorschriften im FamGKG und RVG geregelt.

3 Für die Lebenspartnerschaften gelten diese Ausführungen entsprechend gem. §§ 111 Nr. 11, 269 FamFG.

B. Besonderheiten

I. Angelegenheit

Die Scheidung bildet grundsätzlich eine Angelegenheit mit den übrigen Verfahren des Scheidungsverbunds, § 16 Nr. 4 RVG. Die Werte der einzelnen Gegenstände sind zu addieren nach § 22 RVG. Für die Gerichtskosten ergibt sich dies aus den §§ 33, 44 FamGKG. 4

Scheidung und Versorgungsausgleich bilden gem. § 137 Abs. 2 Satz FamFG den sogenannten **Amtsverbund**. Weitere Familiensachen werden bei Antragstellung in den Verbund aufgenommen. Sie bilden den **Verbund bei Antragstellung** – § 137 Abs. 2 Satz 1, Abs. 3 FamFG. Vgl. hierzu ausführlich im Übersichtskapitel Kosten in Familiensachen (vgl. die Kostenrechtl. Hinw. in Familiensachen (Teil 1) Rn. 31). 5

Nur ausnahmsweise ist eine isolierte Geltendmachung anderer Familiensachen neben dem Verbund möglich. Gleiches gilt für die Abtrennung von Gegenständen aus dem Verbund. 6

1. Abtrennung einzelner Verfahren aus dem Verbund

Einzelne Verfahren können unter bestimmten Umständen von dem Scheidungsverbund abgetrennt werden – § 140 FamFG. Ob dies Auswirkungen auf die Vergütungsberechnung nach sich zieht, ist abhängig von der Frage, ob der Verbund durch die Abtrennung aufgelöst oder weitergeführt wird. Umfangreiche Ausführungen mit Beispielsfällen finden sich im Übersichtskapitel Kosten in Familiensachen (vgl. die Kostenrechtl. Hinw. in Familiensachen (Teil 13) Rn. 1). 7

2. Einbeziehung bereits anhängiger Familiensachen in den Verbund

Häufig sind bei Anhängigmachung der Scheidung bereits andere Familiensachen anhängig. Diese sollen grundsätzlich in den Verbund überführt werden – z.B. § 137 Abs. 4 FamFG. Hierbei treten vergütungsrechtliche Besonderheiten auf. Es gilt der Grundsatz, dass alle bis zur Trennung in den einzelnen Verfahren entstandenen Gebühren bestehen bleiben. Allerdings dürfen über denselben Gegenstand nicht zweimal die gleichen Gebühren entstehen. Umfangreiche Ausführungen mit Beispielsfällen finden sich im Übersichtskapitel Kosten in Familiensachen (vgl. die Kostenrechtl. Hinw. in Familiensachen (Teil 14) Rn. 1). 8

II. Gegenstandswert

1. Altes Recht bis 01.09.2009

Die Regelungen des bisher geltenden § 48 Abs. 2, 3 GKG sind inhaltlich unverändert in § 43 FamGKG übernommen worden 9

2. Neues Recht ab 01.09.2009

Der Gegenstandswert für die Ehesachen und damit insbesondere die **Scheidung** allein ergibt sich aus § 43 FamGKG. 10

Die **Scheidungssache und die Folgesachen** sowie ein Verfahren über die Aufhebung einer Lebenspartnerschaft und die Folgesachen gelten kostenrechtlich als eine Angelegenheit, § 16 Nr. 4 RVG. Wegen der §§ 16 Nr. 4, 22 Abs. 1 RVG sind daher die Werte der Scheidungssache und der Folgesachen, sowie die Werte für das Verfahren über die Aufhebung einer Lebenspartnerschaft und der Folgesachen zusammenzurechnen. Für die Gerichtskosten ergibt sich dies aus den §§ 33, 44 FamGKG. Daher kann jede Gebühr nur einmal höchstens über den zusammengerechneten Wert entstehen. 11

3. Mindestwert/Höchstwert

Zu berücksichtigen sind der Mindest- und der Höchstwert, die sich aus § 43 Abs. 1 FamGKG ergibt. Für die Scheidung beträgt der Wert (seit dem 01.08.2014) mindestens 3.000 € (Mindestwert) und höchstens 1.000.000 € (Höchstwert). 12

Ehesache – Mindestwert bei voller Verfahrenskostenhilfe: Die Streitfrage, ob als Wert grundsätzlich der **Mindestwert** anzunehmen ist, wenn beiden Parteien **ratenfreie Verfahrenskostenhilfe** bewilligt wurde, hat das BVerfG geklärt. Ein großer Teil der Praxis hat in diesem Fall den Mindestwert von seinerzeit 2.000 € angenommen. Das BVerfG hat hierzu entschieden: Auch wenn den Ehegatten ratenfreie VKH bewilligt worden ist, kann als Gegenstandswert nicht grundsätzlich der Mindestwert 13 angenommen werden. Dies würde die freie Berufsausübung des Rechtsanwalts beschneiden. Es muss jeweils eine Prüfung des Einzelfalls erfolgen.[1]

14 Inzwischen liegen weitergehende Entscheidungen des BVerfG vor, die diese Entscheidung bestätigen und auch eine Festsetzung knapp über dem Mindestwert ohne individualisierende Begründung für unzulässig erachten.[2]

4. Bemessungskriterien für den Wert der Ehe- und Lebenspartnerschaftssachen

15 Nach § 43 FamGKG ist der Wert der Ehesache und einer Lebenspartnerschaftssache unter Berücksichtigung aller Umstände des Einzelfalles, insbesondere des
- Umfangs und der
- Bedeutung der Sache und der
- Vermögens- und
- Einkommensverhältnisse der Parteien,

nach Ermessen zu bestimmen.

Bei dem Ergebnis darf der **Mindestwert** von 3.000 € nicht unterschritten und der Höchstwert von 1.000.000 € nicht überschritten werden.

a. Merkmal Umfang

16 **Abschlag**: Das Merkmal Umfang kann beispielsweise in folgenden Fällen zu einer Reduzierung des Wertes führen:
- Bei einverständlicher Scheidung oder
- Verfahren von geringem Umfang

wird ein angemessener Abschlag von z.B. 25-50% vorgenommen.[3]

17 **Andere Ansicht**: Anders sieht es das OLG Hamm (ebenso OLG Brandenburg[4], OLG Stuttgart[5]): Hiernach sind Abschläge vom Gegenstandswert nicht allein wegen der Einfachheit der Sache bei einer einverständlichen Scheidung gerechtfertigt, da dieser Fall inzwischen den Regelfall darstelle. Es soll beim dreifachen Monatseinkommen verbleiben. Abschläge seien nur wegen Unterhaltspflichten für Kinder, Kreditverpflichtungen oder deutlich unterdurchschnittlicher Einkommens- und Vermögensverhältnisse vorzunehmen.[6] Die Begründung überzeugt allerdings nur teilweise, da nicht sauber zwischen den Merkmalen Umfang und Einkommen unterschieden wird. Ein Abschlag wegen geringen Umfangs bei einverständlicher Scheidung wird abgelehnt und stattdessen werden mehrere mögliche Abschlagsgründe genannt, die aber sämtlich das Merkmal Einkommen betreffen. Überzeugender ist allerdings das Argument, dass die einverständliche Scheidung inzwischen den Regelfall darstelle – so zuletzt mit umfangreichen Nachweisen OLG Brandenburg.[7]

18 Diese Argumentation führt jedoch dazu, dass eine nicht einverständliche Scheidung nicht mehr den Normalfall darstellt und damit ein umfangreiches Verfahren ist. Dies wiederum würde einen Wertzuschlag rechtfertigen. Diese Ansicht ist jedoch in der Rechtsprechung bisher nicht bekannt geworden.

19 Das BVerfG hält es bei entsprechender Begründung für grundsätzlich zulässig, bei einer **einverständlichen Scheidung einen Abschlag** zu berücksichtigen. Allerdings muss dies auch unter Berücksichtigung aller Umstände des § 43 FamGKG erfolgen. Insbesondere dürfen die Einkommens- und Vermögensverhältnisse nicht unberücksichtigt bleiben.[8]

20 Einzelfälle Abschlag:
- Liegt bei einer einverständlichen Scheidung Vermögen vor, so kann der geringere Umfang durch Berücksichtigung eines geringeren Prozentsatzes vom Vermögen (hier 5%) einbezogen werden.[9]

---

[1] BVerfG v. 23.08.2005 - 1 BvR 46/05 - RVGprofessionell 2005, 181 = FamRZ 2006, 24.
[2] BVerfG v. 12.10.2009 - 1 BvR 735/09 - FamRZ 2010, 25; BVerfG v. 17.12.2008 - 1 BvR 177/08 - NJW 2009, 1197.
[3] OLG Koblenz v. 28.05.1999 - 13 WF 235/99 - JurBüro 1999, 475.
[4] OLG Brandenburg v. 23.04.2007 - 10 WF 7/07 - MDR 2007, 1321.
[5] OLG Stuttgart v. 12.12.2008 - 17 WF 283/08 - FamRZ 2009, 1176.
[6] OLG Hamm v. 01.08.2000 - 2 WF 306/00 - FamRZ 2001, 431.
[7] OLG Brandenburg v. 23.04.2007 - 10 WF 7/07 - MDR 2007, 1321.
[8] BVerfG v. 17.12.2008 - 1 BvR 1369/08 - FamRZ 2009, 491.
[9] OLG Stuttgart v. 16.04.2010 - 18 WF 71/10 - FamRZ 2010, 1940 = AGS 2011, 451.

- 20% Abschlag vom Vermögen bei **überdurchschnittlich hohen Vermögensverhältnissen gegenüber deutlich geringem Aufwand** (nur einseitige Schriftsätze mit im Wesentlichen nur Statusdaten). Die Einkommensverhältnisse sind ungekürzt zu berücksichtigen.[10]
- 50% Abschlag, wenn nur ein Mindestmaß an Aufwand für die Tätigkeit notwendig ist (einverständliche Scheidung, normales Einkommen und Vermögen).[11]

Bei umfangreichen/schwierigen Fällen ist ein entsprechender Zuschlag gerechtfertigt.[12] Dies gilt beispielsweise bei 21
- Anwendung ausländischen Rechts, wenn dies zu erhöhtem Umfang oder Schwierigkeit führt,[13]
- bei mehreren Terminen und
- langer Dauer des Verfahrens.

Wert bei Antragsrücknahme: Ein Abschlag von Regelstreitwert des Ehescheidungsverfahrens ist weder bei einer **Antragsrücknahme** noch bei **einverständlicher Ehescheidung** noch bei **Verfahrenskostenhilfebewilligung** für den Antragsteller zulässig.[14] 22

Problem: Wertmerkmal Umfang: Nach § 43 FamGKG bemisst sich der Wert der Ehesache/Scheidung auch nach dem Umfang des Verfahrens. Dieser steht jedoch zum Zeitpunkt der Antragstellung noch nicht fest. Eine entsprechende Berücksichtigung ist damit bei Antragstellung nicht möglich. Damit kann § 34 Satz 1 FamGKG für das Merkmal Umfang (und in Grenzen auch für das Merkmal Bedeutung) keine Anwendung finden. Hier muss vielmehr in analoger Anwendung des § 34 Satz 2 FamGKG auf den Zeitpunkt der Fälligkeit der Gebühr abgestellt werden, da diese Punkte erst dann abschließend beurteilt werden können.[15] 23

b. Merkmal Bedeutung

Für das Merkmal der Bedeutung ist maßgeblich, welchen Wert die Angelegenheit für die Partei hat. Das Interesse der Öffentlichkeit spielt hier keine Rolle. Allerdings kann eine besondere Stellung der Partei in der Öffentlichkeit eine besondere Bedeutung nach sich ziehen. 24

Die Ehedauer (13 Jahre sind nicht unerheblich[16]) selbst kann Anlass sein, den Wert wegen besonderer Bedeutung anzuheben, wenn zudem während der Ehe z.B. ein gemeinsames Geschäft aufgebaut wurde, mehrere Kinder[17] großgezogen wurden und diesen eine überdurchschnittliche Ausbildung ermöglicht wurde. 25

c. Merkmal Einkommen

In Ehesachen und Lebenspartnerschaftssachen gilt gem. § 43 FamGKG für die Einkommensverhältnisse Folgendes: 26

Es ist zunächst nach § 43 FamGKG das dreifache Nettoeinkommen der Ehegatten/Lebenspartner maßgebend. Hierbei sind zunächst sämtliche Einnahmen zu addieren. Abschläge sind erst bei einer späteren Bewertung „aller Umstände des Einzelfalls" zu berücksichtigen.[18] Dennoch bestehen über die Frage der Zugehörigkeit zum Einkommen unterschiedlichste Ansichten. 27

Zum Einkommen in diesem Sinne gehören Einnahmen aus: 28
- selbständiger/unselbständiger Arbeit,
- Lohn/Gehalt,
- Urlaubs-/Weihnachtsgeld,
- Gratifikationen,
- Abfindungen,
- Kapitaleinkünfte,
- Privatentnahmen aus Gewerbebetrieb,
- Miet-/Pachteinnahmen,

---

[10] KG Berlin v. 03.11.2009 - 18 WF 90/09 - FamRZ 2010, 829.
[11] OLG Oldenburg v. 26.01.2009 - 14 WF 236/08 - FamRZ 2009, 1173.
[12] OLG Zweibrücken v. 27.06.2001 - 5 WF 40/01 - FamRZ 2002, 255.
[13] OLG Karlsruhe v. 13.11.2006 - 20 WF 141/06 - OLGR Karlsruhe 2007, 150.
[14] OLG Frankfurt v. 04.08.2008 - 3 WF 178/08 - § 48 Abs. 3 GKG, FamRZ 2009, 74.
[15] *Schneider* in: HK-FamGKG, 2. Aufl. 2014, § 34 Rn. 25, 71 ff.
[16] BVerG v. 12.10.2009 - 1 BvR 735/09 - FamRZ 2010, 25 = FPR 2010, 358.
[17] BVerG v. 12.10.2009 - 1 BvR 735/09 - FamRZ 2010, 25 = FPR 2010, 358.
[18] *Schneider* in: HK-FamGKG, 2. Aufl. 2014, § 43 Rn. 36; *Thiel* in: Schneider/Herget, Streitwertkommentar, 13. Aufl. Rn. 7138.

Kostenrechtl. Hinw. zu § 1564

- geldwerter Vorteil für mietfreies Wohnen (z.B. in eigener Eigentumswohnung),[19]
- Renten,
- Vergünstigungen des Arbeitgebers[20] z.B. für Dienstwohnungen, Dienstfahrzeuge,
- Unterhaltsgeld,
- Krankengeld/Blindenbeihilfe,
- Ausbildungsbeihilfen,
- BAföG-Leistungen, soweit nicht als Darlehn gewährt,
- (zu Sozialleistungen/Arbeitslosengeld bzw. -Hilfe vgl. Rn. 32),
- Mietersparnis aus Eigenheim (vgl. Wertkriterium: gewöhnliches Vermögen, Rn. 53).

d. Sozialleistungen/Arbeitslosengeld als Einkommen

29 Arbeitslosengeld 1 ist unstreitig Arbeitseinkommen.[21]

30 Zum „Nettoeinkommen" sollen nach der wohl noch herrschenden Ansicht in der Rechtsprechung keine staatlichen Sozialleistungen wie Sozialhilfe oder Arbeitslosengeld 2 gehören[22], denn das Gesetz knüpfe hinsichtlich der Gebührenberechnung mit der Bezugnahme auf das Einkommen (und das Vermögen) der Eheleute ersichtlich an die wirtschaftliche Leistungsfähigkeit der Eheleute an. Diese individuelle Belastbarkeit werde aber nicht durch Sozialleistungen bestimmt. Vielmehr seien diese staatlichen Zuwendungen gerade Ausdruck fehlender eigener Mittel der Empfänger. Dem steht auch nicht die aktuelle Rechtsprechung des BVerfG[23] entgegen, wonach auch bei Bewilligung von ratenfreier VKH nicht automatisch der Mindestwert angenommen werden darf. In diesen Entscheidungen wird lediglich auf das Merkmal ratenfreie VKH abgestellt.[24]

31 Diese Ansicht ist sehr umstritten. Es häufen sich die Entscheidungen, die Sozialleistungen wie Arbeitslosengeld II als Einkommen im Sinne von § 43 FamGKG berücksichtigen.[25]

32 Zutreffender Weise wird hierbei davon ausgegangen, dass Sozialleistungen sehr wohl – unabhängig von ihrer Zweckbestimmung – die wirtschaftlichen Verhältnisse der Parteien beeinflussen. Für die wirtschaftliche Situation der Parteien ist es unerheblich, aus welchen Quellen das bezogene Einkommen stammt. Es kann sich um Einkommen aus einer Tätigkeit im Niedriglohnbereich handeln, das gerade dem Existenzminimum entspricht oder um einen entsprechenden Betrag aus Sozialleistungen nach SGB II oder SGB XII. Beides ist für die Berechnung des Einkommens im Sinne des § 43 FamGKG zu berücksichtigen.

33 Eine Nichtberücksichtigung von ALG II beim Wert führt damit zu einer nicht gerechtfertigten Ungleichbehandlung von Mandanten mit geringem Einkommen und Mandanten mit ALG II-Bezug. Die Mandanten werden in beiden Fällen in der Regel ratenfreie Verfahrenskostenhilfe haben. Allein der Anwalt ist der Leidtragende. Er verdient weniger, weil sein Mandant arbeitet. Diese Argumentation

---

[19] OLG Brandenburg v. 22.01.2007 - 10 WF 5/07.
[20] *Türck-Brocker* in: HK-FamGKG, 2. Aufl. 2014, § 43 Rn. 38.
[21] *Türck-Brocker* in: HK-FamGKG, 2. Aufl. 2014, § 43 Rn. 40.
[22] OLG Köln v. 10.10.2013 - 12 WF 129/13 - AGS 2013, 588; OLG Saarbrücken v. 05.04.2013 - 6 WF 59/13 - MDR 2013, 1231; OLG Bremen v. 27.09.2011 - 4 WF 103/11 - FamRZ 2012, 239; OLG Hamm v. 25.07.2011 - II-8 WF 8/11; OLG Celle v. 08.06.2011 - 10 WF 39/11; OLG Naumburg v. 03.06.2011 - 3 WF 150/11; OLG Stuttgart v. 23.03.2011 - 18 WF 56/11 - FamRZ 2011, 1810; OLG Schleswig v. 07.05.2010 - 10 WF 68/10 - FamRZ 2010, 1939 = RVGreport 2010, 312; OLG Brandenburg v. 24.03.2003 - 9 WF 21/03 - FamRZ 2003, 1676; OLG Dresden v. 12.01.2007 - 20 WF 1026/06 - FamRZ 2007, 1760; *Keske* in: Handbuch des Fachanwalts Familienrecht, 8. Aufl. 2011, Kap. 17, Rn. 26; *Herget* in: Zöller, ZPO, 28. Aufl. 2010, § 3 ZPO Rn. 16, Stichwort „Ehesachen".
[23] BVerfG v. 12.10.2009 - 1 BvR 735/09 - FamRZ 2010, 25; BVerfG v. 23.08.2005 - 1 BvR 46/05 - AnwBl 2005, 651.
[24] OLG Celle v. 19.05.2006 - 10 WF 466/05 - FamRZ 2006, 1690-1691.
[25] OLG Brandenburg v. 20.03.2013 - 9 WF 38/13 - FamRZ 2013, 2009; OLG Zweibrücken v. 10.01.2011 - 5 WF 178/10 - FamRZ 2011, 992 = NJW 2011, 1235; OLG Brandenburg v. 10.01.2011 - 9 WF 403/09 - FamRZ 2011, 1423; OLG Celle v. 01.09.2010 - 15 WF 215/10 - NJW 2010, 3587; OLG Düsseldorf v. 16.07.2008 - II-8 WF 76/08, 8 WF 76/08 - FamRZ 2009, 453 = ZFE 2008, 389; OLG Frankfurt v. 28.06.2007 - 6 WF 88/07 - FamRZ 2008, 535 = NJW-RR 2008, 310-311; OLG Hamm v. 13.01.2006 - 11 WF 317/05 - FamRZ 2006, 632; *Hartmann*, Kostengesetze, 41. Aufl., § 43 FamGKG, Rn 25 ff.

macht nur vor dem Hintergrund Sinn, die Ausgaben für die Verfahrenskostenhilfe gering halten zu wollen. Dies darf aber kein Kriterium sein. Dieser Ansicht folgt zunehmend auch die Literatur.[26]

Berechnungsbeispiel (OLG Düsseldorf[27]**):** Ehemann arbeitet (kein AGL II-Anspruch), Ehefrau mit AGL II-Anspruch; drei Kinder im Haushalt der Mutter: 34

	Nettoeinkommen des Antragsgegners	642 €
+	SGB II-Bezug der Antragstellerin von (Stand 2008)	444 €
+	auf die Antragstellerin entfallende anteilige Wohnkosten von	137 €
=	monatlich damit	1.223 €
–	Abzug für drei Kinder mit jeweils 150 €	450 €
=	Monatliches Einkommen der Ehegatten damit	773 €
	Gegenstandswert (3faches Monatseinkommen)	2.319 €

(Hinweis: nach neuem Recht beträgt der Mindestwert 3.000 €)

Dies gilt nur dann nicht, wenn Unterhaltsansprüche des Leistungsbeziehers gegen den anderen Ehegatten auf den Leistungsträger übergegangen sind oder übergeleitet worden sind bzw. übergeleitet werden können. In diesem Fall erhöhen diese Leistungen das Gesamteinkommen nicht, weil der andere Ehegatte aufgrund des übergegangenen Unterhaltsanspruchs diese Leistungen erstatten muss, mit der Folge, dass sich sein Einkommen schmälert (a.A. OLG Köln: es behält trotz Überleitung seine die Lebensverhältnisse der Eheleute prägende Bedeutung).[28] 35

Die Behandlung einzelner Sozialleistungen im Rahmen der Scheidungswertberechnung: 36

- **Wohngeld/Wohnkostenzuschuss** gehört zum Einkommen (OLG Düsseldorf, OLG Hamm)[29],
- **Kindergeld** gehört zum Einkommen (OLG Hamm, OLG Brandenburg, OLG Karlsruhe)[30],
- **Kindergeld** gehört nicht zum Einkommen (OLG Celle, OLG Düsseldorf – dafür wird ein geringerer Pauschalbetrag abgezogen)[31],
- **Arbeitslosengeld II** gehört zum Einkommen (OLG Brandenburg, OLG Zweibrücken; OLG Brandenburg; OLG Celle; OLG Düsseldorf; OLG Frankfurt; OLG Hamm)[32],
- **Arbeitslosengeld II** gehört nicht zum Einkommen (OLG Saarbrücken, OLG Bremen; OLG Hamm; OLG Celle; OLG Naumburg; OLG Stuttgart; OLG Schleswig; OLG Brandenburg; OLG Dresden)[33],
- **Erziehungsgeld** gehört zum Einkommen (OLG Stuttgart, OLG Köln, OLG Schleswig)[34],
- **Erziehungsgeld** gehört nicht zum Einkommen (OLG Karlsruhe, OLG Düsseldorf)[35].

---

[26] *Türck-Brocker* in: HK-FamGKG, 2. Aufl. 2014, § 43 Rn. 47; *Thiel*, AGS 2011, 143. *Volpert* in: Horndrasch/Viefhues, FamFG, 3. Aufl. 2014, Teil 3 Rn. 61; *Müller-Rabe/Mayer* in: Gerold/Schmidt RVG, Anhang VI Rn. 456.
[27] OLG Düsseldorf v. 16.07.2008 - II-8 WF 76/08, 8 WF 76/08 - FamRZ 2009, 453 = ZFE 2008, 389.
[28] OLG Köln v. 17.12.2008 - 12 WF 167/08 - FamRZ 2009, 638.
[29] OLG Düsseldorf v. 16.07.2008 - II-8 WF 76/08, 8 WF 76/08 - FamRZ 2009, 453 = ZFE 2008, 389; OLG Hamm v. 27.01.2006 - 11 WF 333/05 - FamRZ 2006, 718-719.
[30] OLG Hamm v. 10.01.2012 - 5 WF 173/11, 5 WF 173/11 - FamRB 2012, 149; OLG Brandenburg v. 23.04.2007 - 10 WF 7/07 - MDR 2007, 1321; OLG Karlsruhe v. 23.02.2006 - 5 WF 31/06 - FamRZ 2006, 1055.
[31] OLG Celle v. 17.12.2013 - 12 WF 92/13 - NZFam 2014, 173; OLG Düsseldorf v. 13.01.2006 - II-3 WF 298/05, 3 WF 298/05 - FamRZ 2006, 807.
[32] OLG Brandenburg v. 20.03.2013 - 9 WF 38/13 - FamRZ 2013, 2009; OLG Zweibrücken v. 10.01.2011 - 5 WF 178/10 - FamRZ 2011, 992; NJW 2011, 1235; OLG Brandenburg v. 10.01.2011 - 9 WF 403/09 - FamRZ 2011, 1423; OLG Celle v. 01.09.2010 - 15 WF 215/10 - NJW 2010, 3587; OLG Düsseldorf v. 16.07.2008 - II-8 WF 76/08, 8 WF 76/08 - FamRZ 2009, 453 = ZFE 2008, 389; OLG Frankfurt v. 28.06.2007 - 6 WF 88/07 - FamRZ 2008, 535 = NJW-RR 2008, 310-311; OLG Hamm v. 13.01.2006 - 11 WF 317/05 - FamRZ 2006, 632; OLG Frankfurt v. 28.06.2007 - 6 WF 88/07 - NJW-RR 2008, 310-311.
[33] OLG Köln v. 10.10.2013 - 12 WF 129/13 - AGS 2013, 588; OLG Saarbrücken v. 05.04.2013 - 6 WF 59/13 - MDR 2013, 1231; OLG Bremen v. 27.09.2011 - 4 WF 103/11 - FamRZ 2012, 239; OLG Hamm v. 25.07.2011 - II-8 WF 8/11; OLG Celle v. 08.06.2011 - 10 WF 39/11; OLG Naumburg v. 03.06.2011 - 3 WF 150/11; OLG Stuttgart v. 23.03.2011 - 18 WF 56/11 - FamRZ 2011, 1810; OLG Schleswig v. 07.05.2010 - 10 WF 68/10 - FamRZ 2010, 1939 = RVGreport 2010, 312; OLG Brandenburg v. 24.03.2003 - 9 WF 21/03 - FamRZ 2003, 1676; OLG Dresden v. 12.01.2007 - 20 WF 1026/06 - FamRZ 2007, 1760.
[34] OLG Stuttgart v. 23.03.2011 - 18 WF 56/11 - FamRZ 2011, 1810; OLG Köln v. 17.12.2008 - 12 WF 167/08 - FamRZ 2009, 638; OLG Schleswig v. 16.10.2006 - 13 WF 179/06 - JurBüro 2007, 32-33.
[35] OLG Karlsruhe v. 07.12.2006 - 20 WF 181/06 - FamRZ 2007, 751.

37 **Abgezogen werden**:
- Werbungskosten,
- Sonderausgaben,
- Unterhaltsleistungen (einzelfallorientiert oder auch pauschal 250-300 €)[36], in diesen Fällen ist aber entsprechend das Kindergeld als Einkommen zu berücksichtigen[37] oder es wird von vornherein ein geringerer Pauschbetrag abgezogen. Der Abzug erfolgt unabhängig davon, ob es sich um ein gemeinsames Kind der Eheleute handelt. Es ist unerheblich, ob ein Kinderfreibetrag für das jeweilige Kind zu berücksichtigen ist.[38] Eigenes Einkommen der Kinder bleibt ebenso unberücksichtigt wie die Frage, ob tatsächlich Unterhalt geleistet wird oder nicht.[39]
- teilweise auch Kreditraten.[40] Dies ist richtigerweise kritisch zu sehen, da Ratenzahlungen kein Einkommen sind. Sie sind ggf. bei der Frage der Berücksichtigung „aller Umstände des Einzelfalls" zu bewerten. Anderenfalls müssten die Gerichte bei der Wertermittlung differenzieren und den Wert für die Berechnung des Versorgungsausgleichs nach § 50 FamGKG, der an das Nettoeinkommen anknüpft, abweichend von dem Wert für die Scheidung berechnen.[41]

e. Merkmal Vermögen

38 Im Regelfall berechnet sich der Wert für die Scheidung mangels eines nennenswerten Vermögens lediglich nach dem Einkommen. Etwas anderes gilt, wenn die Parteien überdurchschnittliches Vermögen besitzen.[42] Dieses ist gem. § 43 FamGKG angemessen zu berücksichtigen.

39 **Gewöhnliches Vermögen** (z.B. ein Einfamilienhaus und ein Auto) bleibt unberücksichtigt. Es wird allerdings auch vertreten, dass das gesamte – also auch das sogenannte Schonvermögen (im Fall ein angemessenes Einfamilienhaus) – zu berücksichtigen ist. Ein entsprechender Ausgleich ist dann über die Freibeträge herzustellen.[43] Die Bewertung des Vermögens wird von Rechtsprechung und Literatur sehr unterschiedlich beurteilt.

40 Für den **Wert einer Immobilie** wird auch eine andere Berechnungsform vertreten, indem sie nicht wie unten folgend als Vermögen angerechnet wird, sondern in Form der ersparten Mietaufwendungen bei dem monatlichen Einkommen Berücksichtigung findet. Bei einem durchschnittlichen Einfamilienhaus, das den Ehegatten zu Wohnzwecken dient, wird das Einkommen erhöht um den ersparten Mietaufwand – also die dreifache Kaltmiete. Hier ist jedoch der entsprechende Kapitaldienst in Abzug zu bringen[44] (vgl. Beispiel: Wert einer gewöhnlichen Immobilie, Rn. 99).

41 Das um die Schulden bereinigte Vermögen der Ehegatten ist zu reduzieren um einen Freibetrag für die Ehegatten und ggf. Kinder. Vielfach wird hier mit Bezug auf den inzwischen außer Kraft getretenen § 6 VermStG ein Freibetrag von 60.000 € je Ehegatte angenommen. Für die Kinder ist ein geringerer Betrag zu berücksichtigen. Von dem verbleibenden Vermögensbetrag wird allgemein für die Wertberechnung ein Anteil von 5 - 10% berücksichtigt.[45]

42 Dieser Freibetrag erscheint jedoch überhöht. Inzwischen gehen viele Gerichte (vgl. Rn. 46) von einem erheblich geringeren Freibetrag aus (vgl. Rn. 43).

---

[36] OLG Karlsruhe v. 07.04.2008 - 2 WF 39/08 - RVG professionell 2008, 102; OLG Düsseldorf v. 07.06.2000 - 5 WF 90/00 - FamRZ 2001, 432.
[37] OLG Brandenburg v. 23.04.2007 - 10 WF 7/07 - MDR 2007, 1321.
[38] OLG München v. 31.03.2009 - 4 WF 36/09 - FamRZ 2009, 1703.
[39] OLG Karlsruhe v. 07.04.2008 - 2 WF 39/08 - RVG professionell 2008, 102.
[40] OLG Oldenburg v. 05.06.2008 - 2 WF 99/08; OLG Köln v. 03.12.2004 - 25 WF 278/04 - FamRZ 2005, 1765; OLG Karlsruhe v. 14.12.2001 - 5 WF 190/01 - FamRZ 2002, 1135; OLG Düsseldorf v. 07.06.2000 - 5 WF 90/00 - FamRZ 2001, 432.
[41] Thiel in: HK-FamGKG, 2. Aufl. 2014, § 50 Rn. 28;
[42] OLG Düsseldorf v. 29.03.1993 - 1 WF 18/93 - FamRZ 1994, 249 m.w.N.
[43] OLG Celle v. 29.06.2012 - 12 WF 140/12 - FamRZ 2013, 149.
[44] OLG Köln v. 02.06.2008 - 12 WF 51/08 - FamRZ 2008, 2051; OLG Schleswig v. 23.09.2002 - 13 WF 120/02 - AGS 2003, 319.
[45] OLG Stuttgart v. 16.04.2010 - 18 WF 71/10 - FamRZ 2010, 1940 = AGS 2011, 451; OLG Koblenz v. 28.01.2003 - 9 WF 860/02 - JurBüro 2003, 474.

aa. Beispiel: Merkmal Vermögen (Berechnung Scheidungswert nach OLG Koblenz)

Nettoeinkommen (nach Abzug aller in Frage kommenden Beträge wie Unterhaltsleistungen, Werbungskosten etc.): Ehefrau 2.500 € / Ehemann 4.500 €; gemeinsames Vermögen 1.000.000 €; abziehbare Schulden 300.000 €; drei Kinder. 43

Berechnung des Gegenstandswerts: 44

	Vermögen	1.000.000 €
–	Schulden	300.000 €
	Freibeträge in Anlehnung an § 6 VermStG:	
–	2 Ehegatten (jeweils 60.000 €)	120.000 €
–	3 Kinder (jeweils 30.000 €)	90.000 €
=	verbleibendes Vermögen	490.000 €
	Berücksichtigung für Gegenstandswert 5-10% - hier angenommen 5%	24.500 €
+	Nettoeinkommen für drei Monate	21.000 €
=	Gegenstandswert für das Scheidungsverfahren	45.500 €

Für eine derartige oder ähnliche Berechnung haben sich beispielsweise ausgesprochen die Oberlandesgerichte Schleswig (Ehegatte 30.000 € / 5% des Vermögens)[46] Karlsruhe (Ehegatte: 15.000 € / Kind: 7.500 €)[47], Celle (Ehegatte: 30.000 € / 5% Vermögen),[48] Stuttgart[49], Zweibrücken[50], Bamberg[51], Düsseldorf[52], Frankfurt[53], Hamm,[54] Koblenz[55], München[56], Saarbrücken. 45

Das OLG Frankfurt ist zuletzt von folgender ähnlicher Berechnung ausgegangen. Hierbei wurde allerdings lediglich ein Freibetrag von 15.000 € statt der obigen 60.000 bzw. 30.000 € je Person berücksichtigt. Das OLG Zweibrücken berücksichtigt 20.000 € je Ehegatten und 10.000 € je Kind. 46

bb. Berechnung des Gegenstandswerts nach OLG Frankfurt:

	Wert des Hauses	280.000 €
–	Belastungen	127.000 €
+	Wertpapiere etc.	110.000 €
–	Freibeträge für 2 Ehegatten (2 x 15.000 €)	30.000 €
=	Restbetrag	233.000 €
	hiervon 5%	11.650 €
+	Dreimonatiges Einkommen der Parteien	4.050 €
=	Gegenstandswert für das Scheidungsverfahren	15.700 €

47

Der Wert eines **Einfamilienhauses**, das kein Luxusobjekt darstellt und nach der Scheidung von einem Ehegatten zu angemessenen Wohnzwecken genutzt wird, ist kein Vermögen und bleibt daher bei der Wertberechnung unberücksichtigt.[57] Es kommt allerdings eine Berücksichtigung ersparter Mietaufwendungen in Betracht (vgl. Beispielsfall in Rn. 99). Das OLG Celle berücksichtigt jedoch auch das zum Schonvermögen gehörige angemessene Einfamilienhaus bei der Wertberechnung. Ein entsprechender Ausgleich ist dann über die Freibeträge herzustellen.[58] Die Frage der Wertberechnung ist strikt zu trennen von der Frage der VKH-Bewilligung. Hier bleibt das Schonvermögen unberücksichtigt. 48

---

[46] OLG Schleswig v. 08.04.2014 - 10 WF 3/14.
[47] OLG Karlsruhe v. 16.09.2013 - 5 WF 66/13 - FuR 2014, 187.
[48] OLG Celle v. 29.06.2012 - 12 WF 140/12 - FamRZ 2013, 149.
[49] OLG Stuttgart v. 16.04.2010 - 18 WF 71/10 - FamRZ 2010, 1940 = AGS 2011, 451.
[50] OLG Zweibrücken v. 28.04.2008 - 6 WF 196/07 - FamRZ 2008, 2052.
[51] OLG Bamberg v. 17.11.1981 - 2 WF 149/81 - JurBüro 1982, 286-287.
[52] OLG Düsseldorf v. 29.03.1993 - 1 WF 18/93 - FamRZ 1994, 249 m.w.N.
[53] OLG Frankfurt v. 04.08.2008 - 3 WF 178/08- § 48 Abs. 3 GKG, FamRZ 2009, 74.
[54] OLG Hamm v. 09.05.1984 - 6 WF 285/84 - JurBüro 1984, 1543.
[55] OLG Koblenz v. 28.01.2003 - 9 WF 860/02 - JurBüro 2003, 474.
[56] OLG München v. 15.04.1998 - 26 WF 1314/97 - OLGR München 1998, 169.
[57] OLG Zweibrücken v. 28.04.2008 - 6 WF 196/07- FamRZ 2008, 2052.
[58] OLG Celle v. 29.06.2012 - 12 WF 140/12 - FamRZ 2013, 149.

f. Nachträgliche Änderung der Wertkriterien

49 Eine im Laufe des Verfahrens eintretende Verringerung oder Erhöhung des Einkommens hat keine Auswirkung auf die Festsetzung des erstinstanzlichen Gegenstandswertes.[59] Maßgebend ist das Einkommen, das in den letzten drei Monaten vor der Antragstellung erzielt worden ist, § 34 FamGKG.[60] Spätere Einkommensänderungen haben keine Auswirkungen mehr.

50 **Beispiele**: Unberücksichtigt bleibt eine Einkommens- oder Vermögensänderung, die nach Antragstellung erfolgt wegen:
- Arbeitslosigkeit,
- Renteneintritt,
- Pensionierung,
- Abfindungszahlungen,
- Erwerb/Veräußerung einer Immobilie usw.

g. Beiderseitige Antragstellung

51 Stellen beide Ehegatten einen Antrag auf Ehescheidung, so werden die Werte nicht zusammengerechnet, da es sich um denselben Verfahrensgegenstand handelt (§ 39 Abs. 1 Satz 2 FamGKG). Allerdings können sich durch die unterschiedlichen Tage der Antragstellung unterschiedliche Werte für die Scheidung ergeben. Dieses Problem ist über den nunmehr eindeutigen Wortlaut des § 34 FamGKG zu lösen. Hiernach ist ausdrücklich der Wert der ersten Antragstellung maßgebend. Damit ist die bisherige Auffassung, wonach der höhere Wert maßgeblich sei, überholt.[61]

III. Gebühren

1. Einigungsgebühr

52 Das Entstehen einer Einigungsgebühr bzgl. der Scheidung selbst ist ausgeschlossen durch Nr. 1000 Abs. 5 VV RVG. Kommt es dennoch zu einer „Einigung" über den Gegenstand Scheidung, so hat diese den Charakter einer Aussöhnung der Ehegatten. Es entsteht dann ggf. die Aussöhnungsgebühr Nr. 1001 VV RVG (vgl. Rn. 61).

53 Über die mit der Scheidung verbundenen Folgesachen sind jedoch eine uneingeschränkte Einigung und damit auch das Entstehen der entsprechenden Gebühr möglich. Dies gilt auch für die Folgesachen Versorgungsausgleich und elterliche Sorge – auch wenn die Vereinbarungen ggf. einer gerichtlichen Kontrolle unterliegen.

2. Scheidungsfolgenvereinbarung

a. Allgemein

54 Häufig wird in Scheidungsverbundverfahren eine abschließende Scheidungsfolgenvereinbarung getroffen. Diese ist regelmäßig aufschiebend bedingt, was durch die Formulierung „für den Fall der rechtskräftigen Scheidung wird die folgende Einigung geschlossen ..." zum Ausdruck gebracht wird. Bei den Einigungsgebühren handelt es sich um so genannte „Erfolgsgebühren". Sie entstehen nur bei wirksamem Abschluss einer Einigung. Falls also die Scheidung nicht rechtskräftig wird und damit keine wirksame Einigung vorliegt, ist auch keine Einigungsgebühr entstanden.

55 Eine Scheidungsfolgenvereinbarung ist kostenrechtlich unproblematisch, soweit in der Einigung lediglich anhängige Gegenstände berücksichtigt werden. Häufig jedoch werden **nichtanhängige Gegenstände** zunächst außergerichtlich geregelt und die entsprechende Einigung später lediglich gerichtlich protokolliert. Als Grund wird häufig angeführt, dass diese Vorgehensweise preisgünstiger sei. Dies trifft weder nach dem RVG noch traf es nach der BRAGO zu. Grund kann daher nur die Verfahrensvereinfachung sein. Der Gesetzgeber hat diese Vorgehensweise bewusst lukrativ gemacht, um eine einvernehmliche Lösung zu fördern.

56 Die Scheidungsfolgenvereinbarung stellt einen Sonderfall der Einigung dar. Regelmäßig einigen sich die Parteien über Gegenstände, die **bisher im Verbundverfahren nicht anhängig** gemacht worden sind und auch nicht anhängig gemacht werden sollen. Für diese Gegenstände wird lediglich ein Antrag

---

[59] OLG Koblenz v. 28.01.2003 - 9 WF 860/02 - JurBüro 2003, 474; OLG Brandenburg v. 03.12.1997 - 9 WF 139/97 - JurBüro 1998, 259.

[60] OLG Dresden v. 08.08.2002 - 10 WF 0321/02 - JurBüro 2003, 140.

[61] *Türck-Brocker* in: HK-FamGKG, 2. Aufl. 2014, § 43 Rn. 70.

auf gerichtliche Protokollierung gestellt. Ziel ist es für die Mandantschaft einen vollstreckungsfähigen Titel zu schaffen. Aus dem Nebeneinander anhängiger und nichtanhängiger Gegenstände resultieren vielfältige vergütungsrechtliche Besonderheiten.

Grundsätzlich ist zu beachten, dass für den nichtanhängigen Gegenstand zusätzlich eine 0,8 Verfahrensgebühr Nr. 3101 VV RVG und eine 1,5 Einigungsgebühr Nr. 1000 VV RVG neben den Gebühren des Scheidungsverfahrens entstehen. Zudem muss in diesen Fällen eine Kürzung der beiden Verfahrensgebühren und der beiden Einigungsgebühren nach § 15 Abs. 3 RVG geprüft werden. 57

b. Gegenüberstellung Einigungsgegenstand anhängig/nichtanhängig

Im Folgenden werden die entstehenden Kosten der beiden Alternativen anhand eines Beispiels gegenübergestellt. Für die zweite Alternative wird davon ausgegangen, dass der Rechtsanwalt von Beginn an den Auftrag hatte, die Einigung protokollieren zu lassen. Es ist somit keine Geschäftsgebühr entstanden. 58

Beispiel: Im Termin einigt man sich über den Versorgungsausgleich (Gegenstandswert: 1.000 €) und den Unterhalt (Gegenstandswert: 5.000 €). Eine entsprechende Einigung wird protokolliert. Die Ehe (Gegenstandswert: 10.000 €) wird geschieden. In den Alternativberechnungen wird dargestellt, welche Auswirkungen die Anhängigkeit der Unterhaltsforderung hat. 59

	Gebühren	Alternative 1: Unterhalt im Verbund anhängig	Alternative 2: Unterhalt nicht anhängig
	Verfahrensgebühr, Nr. 3100 VV (1,3)	845,00 € (Wert: 16.000 €)	785,20 € (Wert: 11.000 €)
+	Verfahrensgebühr, Nr. 3101, 3100 VV (0,8); Die Gebühr VV 3101 in Höhe von 242,40 € wurde gemäß § 15 Abs. 3 RVG um 182,60 € auf 59,80 € gekürzt.	-	59,80 € (Wert: 5.000 €)
+	Terminsgebühr, Nr. 3104 VV (1,2);	780,00 € (Wert: 16.000 €)	679,20 € (Wert: 16.000 €)
+	Einigungsgebühr, Nr. 1003, 1000 VV (1,0)	354,00 € (Wert: 6.000 €)	80,00 € (Wert: 1.000 €)
+	Einigungsgebühr, Nr. 1000 VV (1,5); Wert: 5.000 €. Die Gebühr VV 1000 in Höhe von 454,80 € wurde gemäß § 15 Abs. 3 RVG um 3,50 € auf 451,00 € gekürzt.	-	422,00 €
+	Pauschale für Post- u. Telekommunikationsdienstleistungen, Nr. 7002 VV	20,00 €	20,00 €
=	Summe ohne Steuer:	1.999,00 €	2.176,00 €

Vgl. hierzu auch das Berechnungsprogramm: Scheidungsfolgenvereinbarung/Einigung auch über nichtanhängige Gegenstände.

Vgl. hierzu auch die folgenden Beispielsfälle im Übersichtskapitel Kosten in Familiensachen: 60

- Ausgangsfall: Scheidungsvereinbarung zusätzlich mit Unterhalt (vgl. die Kostenrechtl. Hinw. in Familiensachen (Teil 10)).
- Scheidungsvereinbarung und vorherige außergerichtliche Tätigkeit (vgl. die Kostenrechtl. Hinw. in Familiensachen (Teil 10)).
- Einigungsgegenstand ist bereits anderweitig anhängig (vgl. die Kostenrechtl. Hinw. in Familiensachen (Teil 10)).
- Es kommt nicht zur Scheidungsfolgenvereinbarung (vgl. die Kostenrechtl. Hinw. in Familiensachen (Teil 10)).

3. Aussöhnungsgebühr in Scheidungssachen und Verfahren auf Aufhebung der Ehe oder der Lebenspartnerschaft

a. Entstehungsvoraussetzungen

Nach Nr. 1000 VV RVG kann in Ehe- und Lebenspartnerschaftssachen kein Vergleich geschlossen werden. Dafür kann aber eine Aussöhnungsgebühr nach Nr. 1001 VV RVG entstehen. Der Rechtsanwalt muss einen **Auftrag zur Aussöhnung** erhalten haben. Dies kann stillschweigend oder ausdrück- 61 lich geschehen. Wenn dies ausdrücklich erfolgt ist, wird es ihm später erheblich leichter fallen, das Entstehen der Gebühr nachzuweisen. Eine tatsächlich erfolgte Versöhnung, auch unter Mitwirkung des Rechtsanwalts, ersetzt eine vorherige Auftragserteilung nicht.[62]

62 Voraussetzungen für das Entstehen einer Aussöhnungsgebühr Nr. 1001 VV RVG sind:
- Vorliegen einer Scheidungssache, eines Verfahrens auf Aufhebung einer Ehe oder eines Verfahrens auf Aufhebung der Lebenspartnerschaft (§ 661 Abs. 1 Nr. 1 ZPO) **oder** Hervortreten des ernstlichen Willens eines der Ehegatten/Lebenspartner, ein solches Verfahren anhängig zu machen,
- erfolgreiche Aussöhnung durch Fortsetzung oder Wiederaufnahme der ehelichen Lebensgemeinschaft/Lebenspartnerschaft und
- Mitwirkung des Rechtsanwalts.

Die Aussöhnungsgebühr kann auch außerhalb eines anhängigen Scheidungsverfahrens entstehen. Sie kann auch wiederholt entstehen. Zu beachten ist, dass die Aussöhnungsgebühr, wie auch die anderen Gebühren, für die Aussöhnung einer Lebenspartnerschaft entstehen kann.

b. Mitwirkung des Rechtsanwalts

63 Für das Entstehen einer Aussöhnungsgebühr ist das Mitwirken des Rechtsanwalts an der Aussöhnung notwendig. Hierunter ist zu verstehen, dass der Rechtsanwalt die Bereitschaft der Parteien zur Aussöhnung weckt oder bei vorhandener Versöhnungsbereitschaft weiter fördert.[63]

64 Nicht notwendig für das Merkmal der Mitwirkung ist die Teilnahme des Rechtsanwalts an den Aussöhnungsgesprächen oder ein Verhalten, das maßgeblich zum Erfolg beigetragen hat. Es genügt eine Tätigkeit, die geeignet ist, den Erfolg herbeizuführen.[64]

65 Es ist insoweit ausreichend, wenn die Bemühungen des Rechtsanwalts die Aussöhnung gefördert haben.

66 Die folgenden Tätigkeiten bieten ein deutliches Indiz für das Mitwirken an der Aussöhnung:[65]
- Gespräche/Erörterungen der Probleme mit dem Gegner,
- telefonische Erörterung mit dem Rechtsanwalt des Gegners,
- Teilnahme an Gesprächen mit den Ehegatten,
- Ausrichtung prozessualer Maßnahmen auf das Ziel der Aussöhnung,
- Empfehlung das Ruhen der Scheidung zu beantragen,
- Beratung des Vorgehens für den Fall der Scheidung.

c. Dauer der Aussöhnung

67 Eine versuchsweise Aussöhnung ist für das Entstehen der Gebühr nicht ausreichend. Es muss daher auf beiden Seiten der Wille vorliegen, die eheliche Lebensgemeinschaft auf Dauer wieder fortsetzen zu wollen. Kommt es hiernach nicht zu einer Fortsetzung auf Dauer, so ist dies unschädlich. Die Aussöhnungsgebühr ist entstanden, wenn die Parteien nach der Trennung während einer gemeinsamen Urlaubsreise zusammengelebt haben und sich bereits nach dem Ende der Reise wieder getrennt haben.[66]

68 Indizien für eine dauerhafte Aussöhnung können sein:
- Beantragung des Ruhens des Verfahrens,
- Wiederherstellung der häuslichen Gemeinschaft (aber nicht zwingend z.B. bei Montagearbeitern, Pflege anderer Angehöriger usw.),
- Wiederaufnahme geschlechtlicher Beziehungen (ist nicht zwingend, wenn Krankheits- oder Altersgründe entgegenstehen).

d. Aussöhnung bei anhängiger Ehesache

69 Ist die **Ehesache bereits anhängig** oder ein entsprechender Antrag auf **Bewilligung von Verfahrenskostenhilfe** gestellt, so entsteht die Aussöhnungsgebühr nach Nr. 1003 VV RVG lediglich reduziert mit einem Gebührensatz von 1,0. Diese Struktur entspricht der der Einigungsgebühr.

70 Die Anhängigkeit anderer Familiensachen als der Ehesache ist unerheblich.

---

[62] LG Duisburg v. 13.01.2011 - 5 S 39/10 - JurBüro 2011, 245.
[63] OLG Hamm, JurBüro 1964, 735; *Schneider* in: Hansens/Braun/Schneider, Praxis des Vergütungsrechts, 2. Aufl. 2006, Teil 10 Rn. 148.
[64] OLG Zweibrücken v. 02.08.1999 - 5 WF 56/99 - JurBüro 2000, 199.
[65] *Schneider* in: Hansens/Braun/Schneider, Praxis des Vergütungsrechts, 2. Aufl. 2006, Teil 10 Rn. 150.
[66] OLG Hamburg, MDR 1962, 417; a.A. OLG Koblenz v. 16.03.2000 - 15 WF 72/00 - OLGR Koblenz 2000, 428-429.

Ist über die Ehesache ein **Berufungs- oder Revisionsverfahren** anhängig, so entsteht die Aussöhnungsgebühr Nr. 1001 VV RVG gem. Nr. 1004 VV RVG mit einem Gebührensatz von 1,3. 71

e. Erfolgshonorar für Aussöhnung

Bei der Aussöhnungsgebühr handelt es sich um eine sogenannte Erfolgsgebühr. Bei derartigen Gebühren ist die Vereinbarung eines Erfolgshonorars zulässig (§ 49b BRAO). Eine entsprechende Vereinbarung könnte lauten: 72

„… Für den Fall der erfolgreichen Aussöhnung erhält der Rechtsanwalt zusätzlich zur gesetzlichen Vergütung eine dreifache Aussöhnungsgebühr. …"

f. Terminsgebühr neben Aussöhnungsgebühr

Neben der Aussöhnungsgebühr kann eine Terminsgebühr entstehen, wenn die Mitwirkung an der Aussöhnung in Gesprächen mit dem Verfahrensgegner besteht, die auf die Vermeidung oder Erledigung des Verfahrens ohne Beteiligung des Gerichts gerichtet sind – also bei Vorliegen eines Verfahrensauftrags.[67] 73

4. Tätigkeit lediglich im Rahmen der Scheidungsvereinbarung

Wird der Rechtsanwalt nicht als Verfahrensbevollmächtigter beauftragt, sondern beschränkt sich seine Tätigkeit auf den Abschluss einer Scheidungsvereinbarung, so verdient er nicht die Gebühren des Teils 3 des Vergütungsverzeichnisses, sondern: 74

- eine Geschäftsgebühr nach Nr. 2300 VV RVG für die Durchführung des Auftrags; diese wird regelmäßig zu erhöhen sein, da der Rechtsanwalt entsprechende Einigungsverhandlungen mit dem Gegner zu führen hat, die jedenfalls den Umfang erhöhen;
- falls entstanden, kommen die Einigungsgebühren nach Nr. 1000 und ggf. Nr. 1003 VV RVG hinzu. Soweit es sich um den Abschluss über gerichtlich nicht anhängige Gegenstände handelt, entsteht eine 1,5-fache Gebühr nach Nr. 1000 VV RVG.

Die Geschäftsgebühr Nr. 2300 VV RVG ist auf eine ggf. später entstehende Verfahrensgebühr für die Protokollierung der Einigung (Nr. 3101 VV RVG) anzurechnen, Vorbemerkung 3 Abs. 4 VV RVG. 75

Hat der Anwalt von vornherein den Auftrag zur Durchführung des Scheidungsverfahrens und den **Auftrag zur Herbeiführung der gerichtlichen Protokollierung** der Einigung, so entsteht für die Einigung nicht die Geschäftsgebühr, sondern lediglich die Verfahrensgebühr nach Nr. 3101 VV RVG. 76

Es ist bei Folgesachen im Zweifel davon auszugehen, dass von Anfang an beabsichtigt ist, eine außergerichtliche Einigung gerichtlich protokollieren zu lassen.[68] Damit entstehen im Zweifel die Gebühren für das gerichtliche Verfahren. 77

IV. Beratung – Umfang der Beratungshilfeangelegenheit

Regelmäßiger Streitpunkt ist die Frage des Umfangs der Angelegenheit im Rahmen der Beratung zur Scheidung und den damit zusammenhängenden Fragen. Handelt es sich bei all diesen Gegenständen um dieselbe Angelegenheit, so kann nur eine Beratungshilfeangelegenheit abgerechnet werden. Diese Ansicht ist inzwischen überholt. Überwiegend wird inzwischen vertreten, dass die einzelnen Gegenstände als jeweils eigene Angelegenheit zu betrachten, bzw. zu verschiedenen Lebenssachverhaltsgruppen zusammenzufassen und gesondert abzurechnen sind.[69] 78

Dieser Ansicht ist zu folgen. Vgl. hierzu ausführlich im Übersichtskapitel Kosten Familiensachen (vgl. die Kostenrechtl. Hinw. in Familiensachen (Teil 16)). 79

---

[67] OLG Düsseldorf v. 20.11.2007 - 10 WF 31/07 - Rpfleger 2008, 229.
[68] OLG Düsseldorf v. 24.11.1983 - 8 U 189/82 - AnwBl 1985, 388-391.
[69] OLG Naumburg v. 28.03.2013 - 2 W 25/13 - FamRZ 2014, 238 = Rpfleger 2013, 625; OLG Stuttgart v. 17.10.2012 - 8 W 379/11 - FamRZ 2013, 726; OLG Nürnberg v. 29.03.2011 - 11 WF 1590/10 - NJW 2011, 3108 = FamRZ 2011, 1687 = Rpfleger 2011, 53; OLG Hamm v. 11.03.2011 - I-25 W 499/10 - FamRZ 2011, 1685 = FamFR 2011, 377; LG Rostock v. 29.11.2010 - 10 WF 124/10 - FamRZ 2011, 834; OLG Dresden v. 07.02.2011 - 20 W 1311/10 - RVGreport 2011, 219; OLG Köln v. 09.02.2009 - 16 Wx 252/08 - FamRZ 2009, 1345 = Rpfleger 2009, 516; OLG Düsseldorf v. 14.10.2008 - 10 W 85/08 - FamRZ 2009, 1244.

Kostenrechtl. Hinw. zu § 1564

V. Verfahrenskostenhilfe

1. Allgemein Verfahrenskostenhilfe

80 Über § 76 FamFG gelten für die Verfahrenskostenhilfe grundsätzlich die Vorschriften der Prozesskostenhilfe nach der ZPO.

81 Die in den §§ 78, 79 FamGKG gemachten Ausnahmen von dieser Regel gelten jedoch für die Ehesachen und Familienstreitsachen und damit für die Scheidung nicht, da § 113 FamGKG uneingeschränkt auf die Prozesskostenhilfevorschriften der ZPO verweist.

2. Verfahrenskostenhilfe und Aussöhnungsgebühr

82 Der im Wege der Verfahrenskostenhilfe für die Scheidungssache, eines Verfahrens auf Aufhebung einer Ehe oder eines Verfahrens auf Aufhebung der Lebenspartnerschaft (§ 269 Abs. 1 Nr. 1 FamGKG) beigeordnete Rechtsanwalt kann auch die Aussöhnungsgebühr aus der Staatskasse erhalten. Die **Verfahrenskostenhilfe für die Ehesache umfasst auch die Aussöhnungsgebühr.**[70]

3. Beiordnung eines auswärtigen Bevollmächtigten

83 Grundsätzlich gilt nach § 113 FamFG, § 121 Abs. 3 ZPO, dass ein nicht in dem Bezirk des Prozessgerichts niedergelassener Rechtsanwalt nur beigeordnet werden kann, wenn dadurch weitere Kosten nicht entstehen. Damit kann jedenfalls ein auswärtiger Rechtsanwalt „zu den Bedingungen eines ortsansässigen Rechtsanwalts" beigeordnet werden, da sein Antrag regelmäßig das konkludente Einverständnis enthält, mit dem Mehrkostenverbot des § 121 Abs. 3 ZPO einverstanden zu sein.[71] Nach der gegenteiligen Auffassung kann von einem stillschweigenden Verzicht auf etwaige Mehrkosten seitens der außerbezirklichen Rechtsanwälte nach Neufassung von § 121 Abs. 3 ZPO zum 01.06.2007 nicht mehr ausgegangen werden.[72]

84 Wird der Rechtsanwalt jedoch **ohne ausdrückliche Beschränkung** (vgl. Rn. 83) beigeordnet, steht ihm auch ein Anspruch bzgl. der Reisekosten gegen die Staatskasse zu, da der Bewilligungsbeschluss letztendlich maßgeblich ist.[73]

85 Die uneingeschränkte Beiordnung eines auswärtigen Rechtsanwalts kann aber dann angezeigt sein, wenn durch einen örtlichen Rechtsanwalt Kosten in gleicher oder ähnlicher Höhe produziert werden würden oder wenn die Bestellung eines Verkehrsanwalts oder Terminsvertreters notwendig werden würde.[74]

86 Erstattungsfähig sind immer die Reisekosten vom dem im Gerichtsbezirk am weitesten entfernten Ort zum Prozessgericht. Nur für weitergehende Reisekosten ist eine besondere Beiordnung notwendig.[75]

4. Beiordnung eines Verkehrsanwalts auch bei einfacher Scheidungssache gerechtfertigt

87 In einem einfach gelagerten Scheidungsverfahren ist bei einer Entfernung von 400 km zwischen Wohnort der Partei und dem Prozessort die Beiordnung eines Verkehrsanwalts gerechtfertigt.[76]

88 Besondere Umstände im Sinne von § 113 FamGKG, § 121 Abs. 4 ZPO, die die Beiordnung eines Verkehrsanwalts erfordern, liegen regelmäßig dann vor, wenn die Beiziehung eines Verkehrsanwalts zur zweckentsprechenden Rechtsverfolgung im Sinne des § 91 Abs. 1 ZPO „notwendig" ist. Dies ist dann der Fall, wenn der auswärts wohnenden Partei wegen weiter Entfernung zur Kanzlei eines am Verfahrensgericht ansässigen Bevollmächtigten ein zur Verfolgung ihrer Interessen notwendiges persönliches Beratungsgespräch nicht zumutbar ist und auch eine vermögende Partei die Mehrkosten eines Ver-

---

[70] *Schneider* in: Hansens/Braun/Schneider, Praxis des Vergütungsrechts, 2. Aufl. 2006, Teil 10 Rn. 156; *Müller-Rabe* in: Gerold/Schmidt/v. Eicken/Madert/Müller-Rabe, RVG, 21. Aufl. 2013, VV 1001 Rn. 28.
[71] OLG Frankfurt v. 17.12.2013 - 6 WF 222/13 - AGS 2014, 138; OLG Karlsruhe v. 30.09.2010 - 18 WF 72/10 - FamFR 2010, 541; BGH v. 10.10.2006 - XI ZB 1/06 - FamRZ 2007, 37.
[72] OLG Frankfurt v. 24.04.2013 - 4 WF 102/13 - FamRZ 2014, 591; OLG Brandenburg v. 06.10.2008 - 10 WF 205/08 - FamRZ 2009, 1236.
[73] OLG Celle v. 20.03.2007 - 23 W 31/07 - FamRZ 2008, 162.
[74] OLG München v. 12.10.2006 - 16 WF 1593/06 - FamRZ 2007, 489; BGH v. 23.06.2004 - XII ZB 61/04 - FamRZ 2004, 1362.
[75] OLG Karlsruhe v. 30.09.2010 - 18 WF 72/10 - FamFR 2010, 541.
[76] OLG Bamberg v. 10.11.2011 - 2 WF 269/11 - FamRZ 2012, 651; OLG Köln v. 08.10.2007 - 14 WF 212/07 - MDR 2008, 352.

kehrsanwalts aufgebracht hätte. Auch in einfach gelagerten Scheidungsfällen ist das persönliche Beratungsgespräch für die Partei erforderlich. Bei einer Entfernung von 400 km ist die entsprechende Reise jedoch nicht mehr zumutbar.

Zu beachten ist, dass die Kosten des Verkehrsanwalts nicht nennenswert über den fiktiven Reisekosten eines Hauptbevollmächtigten liegen dürfen.

5. Umfang der Verfahrenskostenhilfe in Ehe- und Folgesachen

In Ehesachen gelten bzgl. des Umfangs einige Besonderheiten.

- Die VKH-Bewilligung für die Scheidungssache erstreckt sich ohne gesonderte Bewilligung auch auf die Folgesache „**Versorgungsausgleich**", § 149 FamFG.
- Für die **anderen Folgesachen** muss ausdrücklich VKH bewilligt werden.
- Für **einstweilige Anordnungen** muss ausdrücklich VKH beantragt und bewilligt werden, § 48 Abs. 4 Satz 2 Nr. 2 RVG.
- **Scheidungsfolgenvergleich**: Nach § 48 Abs. 3 Satz 1 RVG erstreckt sich die VKH-Bewilligung für die Ehesache automatisch auch auf den Abschluss eines Vertrags im Sinne der Nr. 1000 zwischen den Ehegatten bzgl.
  - 1. den gegenseitigen Unterhalt der Ehegatten,
  - 2. den Unterhalt gegenüber den Kindern im Verhältnis der Ehegatten zueinander,
  - 3. die Sorge für die Person der gemeinschaftlichen minderjährigen Kinder,
  - 4. die Regelung des Umgangs mit einem Kind,
  - 5. die Rechtsverhältnisse an der Ehewohnung und den Haushaltsgegenständen oder
  - 6. die Ansprüche aus dem ehelichen Güterrecht.

Dies bedeutet, dass für einen Vergleich über diese Gegenstände nicht ausdrücklich VKH beantragt und bewilligt werden muss.

6. Beistand für die Scheidung nach § 138 FamFG

Dem Ehegatten kann für die Scheidung ein Rechtsanwalt beigeordnet werden. Dieser hat die Stellung eines Beistands. Diese unterscheidet sich von der Stellung eines im Rahmen der Prozesskostenhilfe beigeordneten Anwalts.

Es ist sowohl die Abrechnung mit der Staatskasse möglich (wenn der Mandant im Verzug ist, § 45 Abs. 2 RVG) als auch wegen der Differenzvergütung die Festsetzung nach § 11 RVG gegen den Mandanten (vgl. das Beispiel in Rn. 96). Vgl. ausführlich hierzu im Übersichtskapitel die Kostenrechtl. Hinw. in Familiensachen (Teil 17).

C. Arbeitshilfen

I. Beispiele/Muster

1. Beispielfall: Aussöhnungsgebühr

Der Rechtsanwalt berät den Mandanten intensiv bzgl. der Folgen einer Scheidung. Es kommt zum Schriftwechsel mit dem Gegner. Die Parteien haben die Absicht sich scheiden zu lassen. Der Rechtsanwalt erkennt jedoch die Versöhnungsbereitschaft der Parteien und fördert diese. Der Mandant beauftragt ihn entsprechend weiter tätig zu werden. In einem gemeinsamen Besprechungstermin versöhnen sich die Parteien wieder und nehmen anschließend die eheliche Lebensgemeinschaft wieder auf. Der Wert der Scheidung hätte 10.000 € betragen.

RVG-Lösung:

	Vorschrift	Gebührensatz	Gebühr
	Geschäftsgebühr, VV 2300; Wert: 10.000 €	(2,0)	1.116,00 €
+	Aussöhnungsgebühr, VV 1001; Wert: 10.000 €	(1,5)	837,00 €

Lösungsanmerkungen: Der Rahmen der Geschäftsgebühr wurde wegen des gemeinsamen Besprechungstermins von 1,3 auf 2,0 erhöht. Der Gebührensatz für eine außergerichtliche Aussöhnung ist 1,5. Kommt es im gerichtlichen Verfahren zur Aussöhnung, so entsteht nach Nr. 1003 VV RVG eine Aussöhnungsgebühr mit einem Gebührensatz von 1,0.

2. Beispielfall: Abrechnung eines als Beistands beigeordneten Rechtsanwalts

96 Der Gegenstandswert für die Scheidung und den Versorgungsausgleich beträgt 6.000 €. Der Rechtsanwalt wird als Beistand beigeordnet. Er nimmt einen Termin wahr. Der Mandant zahlt freiwillig nicht. Nach Abschluss des Verfahrens rechnet er ab bzw. beantragt er die Kostenfestsetzung wie folgt:

97 **Abrechnung mit der Landeskasse gem. §§ 39, 45 Abs. 2 RVG**:

	Gebühr und Vorschriften	Gebührensatz	Gebühr
	Verfahrensgebühr, Nr. 3100 VV; Wert: 6.000 €	(1,3)	347,10 €
+	Terminsgebühr, Nr. 3104 VV; Wert: 6.000 €	(1,2)	320,40 €

98 **Festsetzung der Vergütung gegen den eigenen Mandanten nach § 11 RVG**:
Für den Rechtsanwalt wird auf Antrag die so genannte Differenzvergütung gegen den eigenen Mandanten festgesetzt. Es handelt sich hierbei um die Differenz der VKH-Vergütung mit 818,13 € zur Wahlanwaltsvergütung mit 1.076,95 €. Diese Differenzvergütung beträgt: 258,82 €.

3. Beispielfall: Wertberechnung bei einer gewöhnlichen Immobilie

99 Die Ehegatten haben ein gemeinsames Monatsnettoeinkommen von 3.000 €. Zum Ehevermögen gehört auch ein durch die Ehegatten gemeinsam genutztes normales Eigenheim (Verkehrswert: 200.000 €). Eine entsprechende Kaltmiete würde 800 € monatlich betragen. Während der langen Ehedauer wurde die Abtragung bereits auf 300 € monatlich reduziert.
Lösung: Eine Berücksichtigung als Vermögen scheidet aus, da es sich nicht um ein Luxusobjekt handelt. Allerdings ist der ersparte Mietaufwand zu berücksichtigen.[77]

	Monatliches Nettoeinkommen	3.000 €
+	Fiktive Kaltmiete	800 €
–	Belastungen für Immobilie	300 €
=	Monatsnettoeinkommen	3.500 €
	Scheidungswert aus Einkommen (3-faches Monatsnettoeinkommen)	10.500 €

II. Berechnungsprogramme

1. Prozesskostenrechner

100 Mit diesem Berechnungsprogramm können Sie kalkulieren, welche Verfahrenskosten auf Ihren Mandanten zukommen können (mit 2. Instanz, Vergleich, Beweisauslagen, gegnerischem Anwalt): Prozesskostenrechner.

2. RVG-Rechner: 1. Instanz mit Anrechnung der Geschäftsgebühr

101 Mit diesem Berechnungsprogramm können Sie die anwaltliche Vergütung für das außergerichtliche Verfahren (Nr. 2300 VV RVG) und das gerichtliche Verfahren (Nr. 3100, 3104, 1003 VV RVG) berechnen: RVG-Rechner (1. Instanz mit Anrechnung der Geschäftsgebühr).

3. RVG-Rechner: Scheidungsfolgenvereinbarung/Einigung auch über nichtanhängige Gegenstände

102 Mit diesem Berechnungsprogramm können Sie die anwaltlichen Gebühren für eine Scheidungsfolgenvereinbarung (bzw. einen Mehrvergleich) berechnen: RVG-Rechner (Scheidungsfolgenvereinbarung/Einigung auch über nichtanhängige Gegenstände).

---

[77] OLG Köln v. 02.06.2008 - 12 WF 51/08 - FamRZ 2008, 2051; OLG Schleswig v. 23.09.2002 - 13 WF 120/02 - AGS 2003, 319.

§ 1565 BGB Scheitern der Ehe

(Fassung vom 02.01.2002, gültig ab 01.01.2002)

(1) ¹Eine Ehe kann geschieden werden, wenn sie gescheitert ist. ²Die Ehe ist gescheitert, wenn die Lebensgemeinschaft der Ehegatten nicht mehr besteht und nicht erwartet werden kann, dass die Ehegatten sie wiederherstellen.

(2) Leben die Ehegatten noch nicht ein Jahr getrennt, so kann die Ehe nur geschieden werden, wenn die Fortsetzung der Ehe für den Antragsteller aus Gründen, die in der Person des anderen Ehegatten liegen, eine unzumutbare Härte darstellen würde.

Gliederung

A. Grundlagen 1	II. Negative Zukunftsprognose 5
B. Anwendungsvoraussetzungen 3	III. Trennungsjahr 7
I. Scheitern der Ehe 3	IV. Härtefall 8

A. Grundlagen

Einheitlicher Scheidungsgrund ist nur das Scheitern der Ehe, egal aus welchem Grund. Der Begriff des „Scheiterns der Ehe" setzt sich gemäß § 1565 Abs. 1 u. 2 BGB aus zwei Komponenten zusammen; es bedarf der Feststellung des Nichtbestehens der Lebensgemeinschaft der Ehegatten und darüber hinaus der Prognose, dass die Wiederaufnahme der Lebensgemeinschaft nicht erwartet werden kann.[1] **1**

Etwas anderes kann nur dann gelten, wenn nicht deutsches, sondern ausländisches materielles Scheidungsrecht zur Anwendung kommt. **2**

B. Anwendungsvoraussetzungen

I. Scheitern der Ehe

Grundvoraussetzung für eine Scheidung ist das **Scheitern (= unheilbare Zerrüttung)** der Ehe, sodass der die Scheidung begehrende Antragsteller unter Angabe beweisbarer Tatsachen vortragen muss, dass die eheliche Lebensgemeinschaft nicht mehr besteht und zumindest der Antragsteller nicht bereit ist, diese wiederherzustellen, er sich also endgültig von dem anderen Ehegatten abgewandt hat. Das Zerrüttungsprinzip setzt die Aufhebung der **ehelichen Lebensgemeinschaft** voraus, also die Trennung, sodass objektiv zunächst die Aufhebung oder das Nichtbestehen der **häuslichen Gemeinschaft** vorliegen muss. Die Darlegungs- und Beweislast trägt der Antragsteller. Das Verschulden eines oder beider Ehegatten an der Zerrüttung ist nicht erforderlich, also keine Tatbestandsvoraussetzung. Ebenso wenig sind Gründe für die Zerrüttung vorzutragen. **3**

Ein Ermittlungsgrundsatz besteht nach dem seit dem 01.09.2009 geltenden § 26 FamFG i.V.m. § 127 FamFG (und dem bis dahin geltenden § 616 Abs. 2 ZPO) nur in eingeschränktem Umfang, nämlich für eheerhaltene Tatsachen, was durch § 127 Abs. 2 HS. 1 FamFG nunmehr gesetzlich statuiert ist. Erhält das Gericht von solchen Tatsachen beiläufig – z.B. durch einen Jugendamtsbericht – Kenntnis, darf es diese bei seiner Entscheidung berücksichtigen. Ansonsten dürfen im Verfahren auf Scheidung oder Aufhebung der Ehe von den Beteiligten nicht vorgebrachte Tatsachen nur berücksichtigt wer- den, wenn der Antragsteller einer Berücksichtigung nicht widerspricht (§ 127 Abs. 2 HS. 2 FamFG). Im Verfahren auf Scheidung kann das Gericht außergewöhnliche Umstände nach § 1568 BGB (Härtefallklausel) nur berücksichtigen, wenn sie von dem Ehegatten, der die Scheidung ablehnt, vorgebracht worden sind (§ 127 Abs. 3 FamFG). Zu den Scheidungsvoraussetzungen werden die Ehegatten nach § 128 Abs. 1 FamFG (früher § 613 Abs. 1 ZPO) zwingend und persönlich vom Gericht – notfalls vom ersuchten Richter - angehört, wobei eine gleichzeitige Anwesenheit nicht erforderlich ist. Weitere Beweismittel – Zeugenvernehmung, Ummeldebescheinigung des Wohnungsamts usw. – sind zulässig, § 29 FamFG. **4**

II. Negative Zukunftsprognose

Das Scheitern der Ehe ist gleichbedeutend mit dem Begriff der unheilbaren Zerrüttung[2] und setzt das Nichtbestehen der ehelichen Lebensgemeinschaft nach dem äußeren Erscheinungsbild und entspre- **5**

---

[1] OLG Köln v. 07.12.2012 - 4 UF 182/12 - FamRZ 2013, 1738-1739.
[2] BGH v. 14.06.1978 - IV ZR 164/77 - EBE/BGH 1978, 278-279.

chend der Einstellung eines Ehegatten die Prognose voraus, dass die eheliche Lebensgemeinschaft nicht wiederhergestellt wird.[3] Nach § 136 Abs. 1 FamFG (früher: § 614 ZPO) hat das Gericht von Amts wegen das Scheidungsverfahren auszusetzen, wenn es nach seiner freien Überzeugung zur Ansicht gelangt, dass Aussicht auf eine Fortsetzung der Ehe besteht.[4] Eine einseitige Zerrüttungsscheidung kann nur ausgesprochen werden, wenn das Gericht im Rahmen einer Beweiswürdigung zu der Überzeugung des endgültigen Scheiterns der Ehe gelangt. Das Einverständnis des an der Ehe festhaltenden Ehegatten zur Scheidung ist nicht erforderlich, so dass die Ehe auch gegen den Willen des Antragsgegners geschieden werden kann.

6   Sowohl die Zerrüttung als auch die negative Zukunftsprognose beruhen auf der **inneren Einstellung** der Ehegatten. Hierzu sind nachprüfbare Tatsachen vorzutragen. Ein Scheidungsantrag, der auf den Sachvortrag gestützt wird, dass die Parteien länger als ein Jahr getrennt leben und die Ehe daher gescheitert ist, ist nicht schlüssig.[5] Stets wird eine tiefgreifende Zerrüttung mit **negativer Zukunftsprognose** angenommen, wenn sich ein Ehegatte einem anderen Partner zugewandt hat und mit diesem eine dauerhaft angelegte neue Verbindung eingegangen ist.[6]

III. Trennungsjahr

7   Im Rahmen des Scheidungsverfahrens wird durch die **Zustellung** des Scheidungsantrages der **Stichtag** für die Berechnung und Bewertung des Versorgungsausgleichs nach dem Versorgungsausgleichsgesetz – Verweis in § 1587 BGB – und für den Zugewinnausgleich nach § 1384 BGB gesetzt. Um einen Rechtsmissbrauch und voreiligen Ehescheidungen vorzubeugen, muss (mit Ausnahme der Härtefallscheidung nach § 1565 Abs. 2 BGB) ein mindestens einjähriges Getrenntleben vorliegen. Dies ist ungeschriebenes Tatbestandsmerkmal von § 1565 Abs. 1 BGB, da erst nach Ablauf des **Trennungsjahres** die Feststellung der tiefgreifenden und unheilbaren Zerrüttung zum Tragen kommt. Offensichtlich verfrühte Anträge müssen vom Gericht zügig entschieden werden, wobei der Scheidungsantrag kostenpflichtig abzuweisen ist, wenn am Schluss der letzten mündlichen Verhandlung feststeht, dass das Trennungsjahr noch nicht abgelaufen ist, selbst dann, wenn beide Ehegatten die Scheidung beantragen. Wird in der Berufungsverhandlung festgestellt, dass erst jetzt die Voraussetzungen für eine Scheidung vorliegen, muss der Antragsteller die Kosten des Rechtsmittels tragen, wenn er den Antrag verfrüht gestellt hat.[7] Der beidseitige Scheidungswille ist nur ein Indiz für die Zerrüttung, kann jedoch das Trennungsjahr weder entbehren noch abkürzen.

IV. Härtefall

8   Das Trennungsjahr braucht nicht abgewartet werden, wenn das Festhalten an der Ehe für den antragstellenden Ehegatten aus Gründen, die in der Person des anderen Ehegatten begründet sind, eine **unzumutbare Härte** darstellen würde.

9   Die allgemeinen Ehescheidungsvoraussetzungen, also **tiefgreifende Zerrüttung** und negative Zukunftsprognose, müssen zunächst vorliegen.[8] Die unzumutbare Härte muss sich auf das Eheband, d.h. das „Weiter-Miteinander-Verheiratet-Sein" und nicht bloß auf die Fortsetzung des ehelichen Zusammenlebens beziehen.[9]

10 An die unzumutbare Härte sind strenge Anforderungen zu stellen,[10] wobei dem Antragsteller nicht zumutbar sein darf, mit der Scheidung bis zum Ablauf des Trennungsjahres zu warten. Während mit dem Merkmal der Härte die individuelle, subjektive Befindlichkeit des Antragstellers erfasst wird, wendet sich das Tatbestandsmerkmal „unzumutbar" vor allem an den außenstehenden objektiven Beurteiler und dient dem Schutz der Ehe.[11] Die Unzumutbarkeit muss in der Person des anderen Ehegatten be-

---

[3] BGH v. 14.06.1978 - IV ZR 164/77 - EBE/BGH 1978, 278-279.
[4] OLG Hamm v. 17.05.1978 - 5 WF 397/78.
[5] OLG Saarbrücken v. 07.06.2004 - 9 WF 65/04 - OLGR Saarbrücken 2004, 516-517.
[6] BGH v. 31.01.1979 - IV ZR 72/78 - MDR 1979, 739-739.
[7] OLG Naumburg v. 19.03.2009 - 8 UF 24/09.
[8] BGH v. 05.11.1980 - IVb ZR 538/80 - NJW 1981, 449-451.
[9] BGH v. 05.11.1980 - IVb ZR 538/80 - NJW 1981, 449-451.
[10] OLG Düsseldorf v. 01.03.1999 - 3 WF 47/99 - FamRZ 2000, 286; OLG Stuttgart v. 28.01.2002 - 15 WF 16/02 - FamRZ 2002, 1342.
[11] BVerfG v. 28.02.1980 - 1 BvR 136/78, 1 BvR 890/77, 1 BvR 1300/78, 1 BvR 1440/78, 1 BvR 32/79 - NJW 1980, 689-691.

gründet sein.[12] Die Rechtsprechung zur Härtefallscheidung lässt eine Typisierung nicht zu, da die Lebensumstände, das eheliche Umfeld und auch die jeweilige persönliche Einstellung des beantragenden Ehegatten im konkreten Einzelfall einer Prüfung und Bewertung bedürfen.[13]

Die Verletzung der ehelichen Treuepflicht als solche stellt keinen Härtegrund dar, maßgebend sind die Gründe des Einzelfalls und insbesondere die Begleitumstände.[14] Erfährt die Ehefrau drei Tage nach der Eheschließung telefonisch von einer engen Freundin, dass der neben ihr sitzende Ehemann ihr gerade seine Liebe offenbart habe und wird ihr später bekannt, dass der Mann zudem schon am Tag vor der Hochzeit eine entsprechende E-Mail geschickt habe, begründet dies allein keine unzumutbare Härte, die eine Scheidung der Ehe vor Ablauf des Trennungsjahres rechtfertigen würde.[15]

11

Lehnt der Ehepartner aufgrund der Aufnahme der ehewidrigen Beziehung zu einem anderen seinen Ehegatten ab und leidet dieser psychisch dauerhaft hierunter, kann eine Härtefallscheidung begründet sein. Dies kann auch angenommen werden, wenn der andere Ehepartner mit dem neuen Partner ein Kind erwartet.[16] In diesen Fällen ist ein frühzeitiger Scheidungsantrag allein schon wegen der Möglichkeit des Ausschlusses der Vaterschaftsvermutung gem. § 1599 Abs. 2 Satz 1 HS. 1 BGB zulässig. Auch ein Zusammenleben des Ehegatten mit einem neuen Partner in der vormals ehelichen Wohnung kann für den anderen Ehegatten eine unzumutbare Härte darstellen. Zieht ein Ehepartner aus der vormaligen Ehewohnung zusammen mit einem gemeinschaftlichen minderjährigen Kind aus und wohnt fortan bei einem anderen Partner, worunter der Ehegatte leidet, so kann dieser sich auf unzumutbare Härte berufen. Nimmt ein Ehepartner vor Heirat eine ehewidrige Beziehung auf und verschweigt dies bei Heirat, führt dies ebenfalls zu unzumutbarer Härte, wenn es nach Offenbarung dieser ehewidrigen Beziehung zur Trennung kommt und der antragstellende Ehegatte hierunter psychisch dauernd leidet.

12

Weitere Anwendungsfälle:
- Tätlichkeit und ernsthafte Bedrohungen;[17]
- Misshandlungen des anderen Ehegatten und der Familienmitglieder;[18]
- Zusammenleben mit einem Verwandten (Bruder) des anderen Ehegatten in eheähnlicher Gemeinschaft;[19]
- Aufforderung zum Geschlechtsverkehr mit Dritten;[20]
- Aufnahme der Tätigkeit als Prostituierte nach Trennung[21]

13

Keine Härtefallgründe sind:
- Homosexualität[22] – weitere besondere Umstände wären erforderlich;
- Geisteskrankheit bzw. Demenz des Ehegatten;[23]
- Nichtzahlung des geschuldeten Unterhalts;[24]
- bloße Ablehnung der Ehe und des Ehegatten[25] und Lieblosigkeit;[26]
- nach OLG Naumburg[27] auch nicht, wenn ein Ehegatte mit einem anderen Partner zusammenlebt und von ihm ein Kind erwarte;
- Wunsch nach Neuverheiratung.[28]

14

---

[12] OLG Naumburg v. 05.11.2004 - 14 WF 211/04 - NJW 2005, 1812.
[13] OLG Köln v. 09.10.2002 - 27 WF 187/02 - OLGR Köln 2003, 64-65 m.w.N.
[14] OLG Bremen v. 26.09.1995 - 5 WF 66/95 - FamRZ 1996, 489; OLG Braunschweig v. 28.06.1999 - 2 WF 102/99 - FamRZ 2000, 287.
[15] OLG München v. 28.07.2010 - 33 WF 1104/10.
[16] OLG Karlsruhe v. 13.04.2000 - 20 WF 32/00 - FamRZ 2000, 1417.
[17] BGH v. 05.11.1980 - IVb ZR 538/80 - NJW 1981, 449; Schleswig-Holsteinisches OLG v. 31.01.2007 - 15 WF 22/07 - OLGR Schleswig 2008, 16.
[18] OLG Stuttgart v. 30.03.1988 - 17 WF 98/88 - FamRZ 1988, 1276.
[19] OLG Oldenburg v. 10.12.1991 - 3 WF 138/91 - FamRZ 1992, 682.
[20] OLG Köln v. 23.06.1995 - 25 WF 103/95 - FamRZ 1996, 108.
[21] OLG Bremen v. 26.09.1995 - 5 WF 66/95 - FamRZ 1996, 489.
[22] OLG Nürnberg v. 28.12.2006 - 10 WF 1526/06 - OLGR Nürnberg 2007, 344-345; OLG Köln v. 13.03.1996 - 27 WF 17/96 - FamRZ 1997, 24.
[23] BGH v. 07.11.2001 - XII ZR 247/00 - NJW 2002, 671 = FamRZ 2002, 316.
[24] OLG Stuttgart v. 07.02.2001 - 18 WF 44/01 - FamRZ 2001, 1458.
[25] OLG Düsseldorf v. 01.03.1999 - 3 WF 47/99 - FamRZ 2000, 286.
[26] OLG Köln v. 07.12.2012 - 4 UF 182/12 - FamRZ 2013, 1738-1739
[27] OLG Naumburg v. 05.11.2004 - 14 WF 211/04 - NJW 2005, 1812; a.A. OLG Karlsruhe v. 13.04.2000 - 20 WF 32/00 - FamRZ 2000, 1417.
[28] OLG Frankfurt a. M. v. 13.03.2013 - 4 UF 211/12.

§ 1566 BGB Vermutung für das Scheitern

(Fassung vom 02.01.2002, gültig ab 01.01.2002)

(1) Es wird unwiderlegbar vermutet, dass die Ehe gescheitert ist, wenn die Ehegatten seit einem Jahr getrennt leben und beide Ehegatten die Scheidung beantragen oder der Antragsgegner der Scheidung zustimmt.

(2) Es wird unwiderlegbar vermutet, dass die Ehe gescheitert ist, wenn die Ehegatten seit drei Jahren getrennt leben.

Gliederung

A. Grundlagen 1	II. Einverständliche Scheidung 6
B. Praktische Bedeutung 2	III. Praktische Hinweise 16
C. Anwendungsvoraussetzungen 4	IV. Scheidung nach dreijähriger Trennung 23
I. Normstruktur 4	V. Mediation 25

A. Grundlagen

1 Die Vorschrift statuiert Hilfstatbestände, bei deren Voraussetzung unwiderlegbar vermutet wird, dass die Voraussetzungen für eine Scheidung vorliegen, also tiefgreifende Zerrüttung und negative Zukunftsprognose (§ 1565 Abs. 1 BGB). Gleichzeitig entlastet die Vorschrift die Parteien. Die Parteien sind nicht gezwungen, dem Gericht gegenüber ihre ehelichen Verhältnisse in allen Einzelheiten offen zu legen.

B. Praktische Bedeutung

2 Durch die Abstellung auf die **Trennungszeiten** werden Beweisregeln aufgestellt, bei deren Vorliegen die Erfüllung des Scheidungstatbestandes prozessual bewiesen ist. Ein Gegenbeweis ist nicht zulässig (§ 113 Abs. 1 FamFG, § 292 ZPO).[1] Damit ist der antragstellende Ehegatte von der Darlegungs- und **Beweislast** hinsichtlich der Zerrüttung und negativen Zukunftsprognose befreit und er hat nur noch das Vorliegen der jeweiligen Trennungszeit zu behaupten und unter Beweis zu stellen; der Beweis wird im Regelfall durch die Anhörung der Parteien nach § 128 FamFG erbracht werden können. Wird die jeweilige Trennungszeit bewiesen, ist das Familiengericht daran gehindert, zu untersuchen, ob die allgemeinen Voraussetzungen für eine Scheidung gegeben sind.[2] Die Parteien sind nicht gezwungen, dem Gericht gegenüber ihre ehelichen Verhältnisse in allen Einzelheiten offen zu legen, um eine Zerrüttung substantiiert vorzutragen. Weder Absatz 1 noch Absatz 2 sind für sich genommen ein Scheidungsgrund. Scheidungsgrund ist allein das Scheitern der Ehe im Sinne von § 1565 Abs. 1 BGB.

3 Immer wieder kommt es vor, dass eine Partei versucht, gegebenenfalls auch im Einvernehmen mit der Gegenpartei, den Trennungszeitpunkt vorzuverlegen. Rein faktisch handelt es sich um einen verfrüht gestellten Scheidungsantrag. Insbesondere bei Einvernehmen der Parteien ist es aufgrund der Vermutung des § 1566 Abs. 1 BGB für das Gericht schier unmöglich, den tatsächlichen Trennungszeitpunkt aufzudecken. Zu den Gefahren eines solchen verfrühten Scheidungsantrages vgl. *Kogel*.[3]

C. Anwendungsvoraussetzungen

I. Normstruktur

4 Unterschieden wird zwischen einer Trennung von 1 bis 3 Jahren (Absatz 1) und einer Trennung von mehr als drei Jahren. Der Gesetzestext ist im Fall von Absatz 1 missverständlich, denn neben der nachzuweisenden Trennungszeit müssen auch die Voraussetzungen erfüllt sein, die durch § 133 FamFG normiert werden. Dies ergibt sich nicht aus dem Wortlaut des § 1566 BGB, sondern erst aus dem Wortlaut des § 133 FamFG. Das Berufen auf die Trennungszeit zwischen 1 und 3 Jahren in Verbindung mit der Zustimmung des anderen Ehegatten erfüllt nicht die Tatbestandsmerkmale und erlaubt daher nur

---

[1] BGH v. 31.01.1979 - IV ZR 198/77 - LM Nr. 1 zu § 1566 BGB.
[2] BGH v. 05.11.1980 - IVb ZR 538/80 - LM Nr. 4 zu § 1565 BGB.
[3] *Kogel*, FPR 2007, 247-251.

eine Scheidung aus dem Grundtatbestand des § 1565 Abs. 1 BGB; die insoweit beantragte Scheidung ist keine einverständliche im Sinne dieser Norm, sondern eine streitige Scheidung gemäß § 1565 Abs. 1 BGB.[4]

Neben der Tatsachenfeststellung, dass die Beteiligten länger als ein Jahr getrennt leben, kann es notwendig sein, auch den Trennungswillen positiv festzustellen. Eine solche Feststellung ist insbesondere erforderlich, wenn die Trennung ursprünglich krankheitsbedingt erfolgte, z.B. bei einem längeren Klinikaufenthalt, Aufenthalt in einem Pflegeheim.[5]

II. Einverständliche Scheidung

Leben die Ehegatten länger als ein Jahr, aber noch keine 3 Jahre getrennt, wird unwiderlegbar die tiefgreifende Zerrüttung und negative Zukunftsprognose **vermutet**, wenn die Einigung der in § 133 FamFG aufgeführten Regelungsbereiche vorliegt. Die rein formellen Erfordernisse, insbesondere Beurkundung, müssen hingegen erst in der mündlichen Verhandlung erfüllt sein. Voraussetzung ist zunächst ein formell wirksamer Scheidungsantrag durch einen postulationsfähigen Anwalt nach § 114 FamFG und die Zustellung von Amts wegen. Ergänzend zu den allgemeinen Mitteilungspflichten des § 133 FamFG bedarf es der Mitteilung, dass der andere Ehegatte entweder der Scheidung zustimmen oder seinerseits ebenfalls die Scheidung beantragen wird. Die **bloße Mitteilung** – ggf. mit schriftlicher Bestätigung des Gegners –, dass die Trennung schon über ein Jahr andaure, begründet für sich alleine keine Vermutung für das Scheitern der Ehe.[6]

Die vom Bundesministerium angestoßene Diskussion über die Einschaltung von Notaren, um die Scheidung einer kinderlosen Ehe zu erleichtern,[7] berücksichtigt die bisherigen Erfahrungen der vergangenen Jahrzehnte hinsichtlich der einverständlichen Scheidung nicht. Auch nachdem die Entscheidung über die elterliche Sorge nicht mehr im Verbund von Amts wegen zu entscheiden ist (seit 01.07.1998) besteht de lege lata schon die Beschleunigungsmöglichkeit mittels einer Notarvereinbarung, die aber in der Praxis nur sehr selten genutzt wird.

Die **Zustimmung** zur Scheidung kann, ebenso wie die Rücknahme derselben, zu Protokoll der Geschäftsstelle oder in der mündlichen Verhandlung zur Niederschrift des Gerichts erklärt werden, § 134 FamFG.

Es bedarf insoweit also nicht der anwaltlichen Vertretung. Die Zustimmung kann bis zum Schluss der mündlichen Verhandlung, auf die der Scheidungsbeschluss ergeht, **widerrufen** werden und ist an keine Bedingung oder Begründung gebunden. Wurde die Ehe geschieden, kann der zustimmende Ehegatte das Rechtsmittel der Beschwerde einlegen mit dem Ziel, seine erklärte Zustimmung zu widerrufen und die Abweisung des Scheidungsantrages zu begehren.[8] Nicht als Zustimmung wird die Mitteilung gewertet, einer Scheidungsfolgenvereinbarung werde zugestimmt.[9]

Die Zustimmung zur Scheidung hat außerhalb des Scheidungsrechts dieselbe **erbrechtliche** Wirkung wie die durch den Erblasser selbst beantragte Scheidung. Die Rechtsprechung verlangt für die Wirksamkeit grundsätzlich eine im Sinne des Scheidungsrechts formwirksame Zustimmung, also zu Protokoll der Geschäftsstelle oder zur Niederschrift des Gerichts; die bloße Zustimmung in einem Anwaltsschriftsatz wird nicht als ausreichend angesehen.[10]

Soweit noch **minderjährige Kinder** aus der Ehe vorhanden sind, muss mitgeteilt werden, dass entweder Anträge zur Abänderung der gemeinsamen Sorge nicht oder mit ausdrücklicher Zustimmung des anderen Elternteils gestellt werden. In diesem Fall bedarf es eines konkreten Antrages, und auch die Zustimmung des anderen Ehegatten ist schriftlich zu erteilen.[11] Da dieser Antrag schon mit der Antragsschrift einzureichen ist, unterliegt er nicht den formellen Voraussetzungen für **Prozesshandlungen**. Fehlt die Erklärung, wird sie jedoch im Laufe des Verfahrens nachgeholt, bedarf es nicht der for-

---

[4] *Dastmaltchi*, FPR 2007, 226, 231-231, 227, 228.
[5] OLG Sachsen-Anhalt v. 13.10.2011 - 3 UF 157/08.
[6] OLG Saarbrücken v. 04.01.2001 - 6 WF 77/00 - OLGR Saarbrücken 2001, 128-129.
[7] *Göhler-Schlicht*, FF 2006, 77; *Müller-Piepenkötter*, FF 2006, 78.
[8] BGH v. 11.01.1984 - IVb ZR 41/82 - BGHZ 89, 325-337.
[9] OLG Celle v. 26.10.1977 - 12 UF 85/77 - NdsRpfl 1977, 248.
[10] LG Düsseldorf v. 31.01.1980 - 25 T 990/79 - Rpfleger 1980, 187-188; OLG Zweibrücken v. 20.12.1982 - 3 W 208/82 - OLGZ 1983, 160-163; a.A. OLG Frankfurt v. 06.04.1989 - 12 U 143/88 - NJW-RR 1990, 136-137.
[11] *Friederici*, MDR 1978, 196-197; *Vogel*, FamRZ 1976, 481-491.

mellen Antragstellung, es genügt die Vorlage einer gemeinsam unterzeichneten Erklärung. Insoweit unterscheidet sich dieser Vorschlag von einem – einseitigen – Sorgerechtsantrag, der als Verbundantrag nach § 137 Abs. 2 FamFG nur durch einen Anwalt gestellt werden kann.

12 Auch muss eine **Einigung** über die Regelung des Kindes- und Ehegattenunterhaltes erfolgt sein; insoweit soll dem Scheidungsbegehren erst stattgegeben werden, wenn ein vollstreckbarer Titel geschaffen wurde (§ 133 Abs. 1 Nr. 2 FamFG). Hinsichtlich des Ehegattenunterhaltes entfällt die Titulierungspflicht, wenn in einer Vereinbarung entweder das Nichtbestehen einer nachehelichen Unterhaltspflicht festgestellt oder wirksam auf den Unterhalt nach § 1585c BGB verzichtet wird.

13 In der Antragsschrift müssen alle Regelungen und Vorschläge **konkret** vorgetragen werden; die bloße Mitteilung, man habe sich über bestimmte Ansprüche geeinigt, ist nicht ausreichend.[12] Bloße **Vergleichsverhandlungen** bei Beginn des Scheidungsverfahrens genügen ebenfalls nicht.[13]

14 Die **Formalien** der Titulierung können hingegen erst bis zum Schluss der letzten mündlichen Verhandlung erfüllt werden, also auch durch eine gerichtliche Protokollierung. Fehlt eines der Merkmale, liegt keine einverständliche Scheidung im Sinne der Vorschrift vor, die unwiderlegbare Vermutung entfällt und es bedarf des Tatsachenvortrages im Sinne der allgemeinen Scheidungsvoraussetzungen.

15 Nach dem eindeutigen Gesetzeswortlaut kann der Mangel der notwendigen Mitteilung bei Einreichung des Scheidungsantrages nicht nachträglich durch Vorlage einer vollständigen und formwirksamen Vereinbarung geheilt werden. Dies ist in der Praxis jedoch letztlich unschädlich, denn die umfassende Vereinbarung der Eheleute indiziert die Zerrüttung und negative Zukunftsprognose im Sinne des Grundtatbestandes nach § 1565 Abs. 1 BGB.

III. Praktische Hinweise

16 Die Voraussetzungen für eine **einverständliche Scheidung** werden im Regelfall nicht bei Einreichung des Scheidungsantrages vorliegen mit der Rechtsfolge, dass das Verfahren nicht als einverständliche Scheidung im Sinne des § 1566 Abs. 1 BGB bezeichnet werden kann. Für die Entscheidung ist dies zwar unschädlich, jedoch wird in den meisten Fällen auch Verfahrenskostenhilfe beantragt, und die Rechtsprechung verlangt in diesem Fall das Vorliegen aller Voraussetzungen für eine Scheidung im Zeitpunkt der Entscheidung über den Verfahrenskostenhilfeantrag.[14] Wird die Vereinbarung inhaltlich nicht mit dem Scheidungsantrag vorgelegt, muss Verfahrenskostenhilfe verweigert werden mangels Schlüssigkeit des Vortrages. Zu unterscheiden von der einverständlichen Scheidung ist die **einvernehmliche Scheidung**: Neben der Jahrestrennungsfrist werden auch Tatsachen unter den Beweis der Parteianhörung nach § 128 FamFG gestellt, die eine negative Zukunftsprognose zulassen. Der Scheidungsantrag ist damit schlüssig und es steht den Parteien frei, während der Ermittlung zum Versorgungsausgleich zu versuchen, eine Einigung über die weiteren Scheidungsfolgen herbeizuführen.

17 Da der Gesetzgeber nicht vorgeschrieben hat, wie zu verfahren ist, wenn die Voraussetzungen des § 133 FamFG nicht vollständig vorliegen, ist die Handhabung in der Praxis unterschiedlich. Es ist davon auszugehen, dass in der Praxis mehrheitlich selbst dann eine einverständliche Scheidung gemäß §§ 1565 Abs. 1, 1566 Abs. 1 BGB i.V.m. § 133 FamFG ausgesprochen wird, wenn durch den antragstellenden Ehegatten lediglich angekündigt wird, dass von einer Zustimmung des anderen Ehegatten ausgegangen wird und eine Einigung im Sinne von § 133 FamFG bis zur mündlichen Verhandlung herbeigeführt wird. Da die Scheidungsschrift nicht den Voraussetzungen des § 133 FamFG entspricht, wäre der Scheidungsantrag zurückzuweisen. Dennoch kommt es in der Praxis vor, dass eine Ehe geschieden wird, obwohl der Inhalt der Antragsschrift nicht den Erfordernissen des § 133 FamFG genügt.

18 Streitig ist, ob das Verfahren der einverständlichen Scheidung ausnahmsweise den Zwang beidseitiger anwaltlicher Vertretung der Ehegatten bei Prozessvergleichen entfallen lässt. Nach überwiegender Ansicht ist bei Errichtung von Vollstreckungstiteln beidseitige anwaltliche Vertretung notwendig, sofern diese in Form eines gerichtlichen Vergleiches erfolgt.[15]

19 Weitreichende Folgen kann auch ein vorzeitiger gestellter Scheidungsantrag haben. Zwar kann grundsätzlich die Ehe erst nach Ablauf des Trennungsjahres geschieden werden, für die Feststellung, wann dies der Fall ist, ist das Gericht jedoch auf die Angaben der Eheleute angewiesen. Durch die Zustellung – auch eines verfrühten Scheidungsantrages – werden jedoch Tatsachen geschaffen. Mit Zustellung des

---

[12] OLG Naumburg v. 22.11.2000 - 8 WF 217/00 - FamRZ 2002, 470.
[13] OLG Naumburg v. 20.10.2000 - 8 WF 192/00 (PKH), 8 WF 192/00.
[14] OLG Köln v. 05.11.2003 - 26 WF 258/03 - OLGR Köln 2004, 52 m.N., OLG Sachsen-Anhalt v. 09.11.2005 - 8 WF 222/05.
[15] BGH v. 20.02.1991 - XII ZB 125/88 - NJW 1991, 1743.

Scheidungsantrages steht der Stichtag für das Endvermögen beim Zugewinnausgleich fest, auch richtet sich das Ehezeitende beim Versorgungsausgleich nach dem Zustellungsdatum. Relevant kann das Zustellungsdatum auch beim nachehelichen Unterhalt werden (Frage der Ehedauer, Alter der Kinder).[16]

Uneinheitlich ist die Rechtsprechung bezüglich eines Abschlages bei einer sog. Konventionalscheidung;[17] überwiegend lehnt die Rechtsprechung einen Abschlag jedoch ab. Der **Verfahrenswert** richtet sich nach dem 3-fachen gemeinsamen Nettoeinkommen der Eheleute, teilweise wird ein Abschlag pro Kind oder die Berücksichtigung von Verbindlichkeiten vorgenommen. Leistungen nach dem SGB II werden nicht als Einkommen berücksichtigt.

Hinzukommen kann ein Vermögensstreitwert; maßgeblich hierfür ist das Vermögen der Beteiligten nach Abzug von Verbindlichkeiten und Freibeträgen für die Eheleute und die gemeinsamen Kinder. Als Freibeträge können in der Regel angesetzt werden 35.000 € pro Ehegatte und 17.500 € pro Kind, allerdings ist die Höhe der anzusetzenden Freibeträge streitig, teilweise werden bis zu 60.000 € pro Beteiligten angesetzt.[18] Vom verbleibenden Restbetrag kann dann ein Anteil von 5% als Vermögensstreitwert angesetzt werden.

Der Mindestverfahrenswert liegt bei 2.000 €.

IV. Scheidung nach dreijähriger Trennung

Leben die Parteien länger als drei Jahre getrennt, wird nach § 1566 Abs. 2 BGB **unwiderlegbar** vermutet, dass die Ehe zerrüttet ist und mit einer Wiederherstellung einer der Ehe entsprechenden Lebensgemeinschaft nicht mehr gerechnet werden kann. Kommt das Familiengericht durch die Anhörung der Eheleute nach § 128 FamFG oder aufgrund einer Beweisaufnahme zur Feststellung der mehr als dreijährigen Trennung zu der Überzeugung, dass noch Chancen auf Fortsetzung der Ehe bestehen, kann es in diesem Fall gegen den Willen beider Ehegatten die Aussetzung nicht aussprechen (§ 136 FamFG).

Von der Aussetzung zu unterscheiden ist die – auf Einwand des anderen Ehegatten – Berufung auf § 1568 BGB.

V. Mediation

§ 135 FamFG sieht die außergerichtliche Streitbeilegung über Folgesachen vor. Das Gericht kann anordnen, dass die Parteien einzeln oder gemeinsam an einem kostenfreien Informationsgespräch über Mediation oder die sonstige Möglichkeit einer außergerichtlichen Streitbeilegung teilnehmen.

Der Erfolg der Vorschrift bleibt abzuwarten. Ob gerade in Fällen von Anträgen zum Zugewinnausgleich oder Unterhalt, die für sich genommen oftmals rechtlich schwierig sind, es sinnvoll ist, die Parteien auf ein reines Informationsgespräch zu verweisen, sieht die Autorin mit Skepsis. Unter Berücksichtigung der meist angespannten finanziellen Verhältnisse der Parteien dürften diese sich meist ein kostenpflichtiges Beratungsgespräch nicht leisten können. Allein das kostenfreie Informationsgespräch dürfte wenig ausrichten können.

---

[16] Finger, FuR 2011, 431-436
[17] OLG Düsseldorf v. 17.03.1999 - 5 WF 222/98 - JurBüro 1999, 421; OLG München v. 03.02.1992 - 4 WF 16/92 - JurBüro 1992, 349-350 m.w.N.
[18] OLG Stuttgart v. 16.04.2010 - 18 WF 71/10

§ 1567 BGB Getrenntleben

(Fassung vom 02.01.2002, gültig ab 01.01.2002)

(1) ¹Die Ehegatten leben getrennt, wenn zwischen ihnen keine häusliche Gemeinschaft besteht und ein Ehegatte sie erkennbar nicht herstellen will, weil er die eheliche Lebensgemeinschaft ablehnt. ²Die häusliche Gemeinschaft besteht auch dann nicht mehr, wenn die Ehegatten innerhalb der ehelichen Wohnung getrennt leben.

(2) Ein Zusammenleben über kürzere Zeit, das der Versöhnung der Ehegatten dienen soll, unterbricht oder hemmt die in § 1566 bestimmten Fristen nicht.

Gliederung

A. Praktische Bedeutung 1	II. Wille zur Trennung; subjektives Element 7
B. Anwendungsvoraussetzungen 2	III. Versöhnungsversuch 10
I. Aufhebung der häuslichen Gemeinschaft 2	C. Rechtsfolgen 14

A. Praktische Bedeutung

1 Das **Getrenntleben** nimmt im Scheidungsrecht eine zentrale Stelle ein und ist auch verfahrensrechtlich aufgrund der unwiderlegbaren Beweisvermutung des § 1566 Abs. 2 BGB von großer Bedeutung. Abgestellt wird jedoch nicht auf das objektive Getrenntleben als solches, sondern es muss als subjektives Element hinzukommen, dass zumindest ein Ehegatte die Absicht hat, die eheliche Lebensgemeinschaft nicht (wieder) herstellen zu wollen, weil er diese ablehnt.

B. Anwendungsvoraussetzungen

I. Aufhebung der häuslichen Gemeinschaft

2 Das objektive Tatbestandsmerkmal des Getrenntlebens liegt nur dann vor, wenn zwischen den Eheleuten keine häusliche Gemeinschaft besteht. Erforderlich ist als subjektives Element ferner, dass zumindest ein Ehegatte die (Wieder-)Herstellung der gemeinsamen häuslichen Gemeinschaft ablehnt. Die Aufhebung der gemeinsamen häuslichen Gemeinschaft wird am ehesten durch den Auszug eines Ehepartners aus der Ehewohnung in Trennungsabsicht dokumentiert. Bestand nie eine gemeinsame häusliche Gemeinschaft, muss die Trennung entsprechend anders dokumentiert werden, am besten durch entsprechende schriftliche Erklärung gegenüber dem Ehepartner, dass man die Ehe für gescheitert hält.

3 Die häusliche Gemeinschaft besteht nach dem ausdrücklichen Wortlaut in Satz 2 auch dann nicht mehr, wenn die Ehegatten innerhalb der ehelichen Wohnung getrennt leben. Dies setzt voraus, dass zumindest aufgrund der Räumlichkeiten die Nutzung der Ehewohnung so organisiert werden kann, dass ein getrenntes Wirtschaften möglich ist.

4 Es darf dazu kein gemeinsamer Haushalt mehr geführt werden und es dürfen keine wesentlichen, persönlichen Beziehungen mehr bestehen[1], insbesondere keine wechselseitigen Versorgungsleistungen mehr erbracht werden,[2] wobei gelegentliche Handreichungen der Annahme des Getrenntlebens nicht entgegenstehen,[3] auch nicht die gemeinsame Benutzung der für die Versorgung und Hygiene dienenden Räume[4]. Zugeständnisse an gemeinschaftliche Handlungen sind im Interesse gemeinsamer (nicht notwendig minderjähriger) Kinder zu machen, wenn sich die Ehegatten im Übrigen auf sachliche Kontakte beschränken. Trotz räumlicher Nähe muss ein Höchstmaß an Absonderung nach außen erkennbar sein.[5] Dienen die äußerlichen Gemeinsamkeiten der Ehegatten wie gemeinsame Mahlzeiten, gemeinsames Beisammensein mit den Kindern ausschließlich der Wahrnehmung des Umgangsrechts durch den Elternteil, der die Kinder nicht ständig bei sich hat, sind diese Gemeinsamkeiten keine ehelichen Gemeinsamkeiten und stehen dem Getrenntleben nicht im Wege.[6]

---

[1] BGH v. 14.06.1978 - IV ZR 164/77; OLG Köln v. 07.12.2012 - 4 UF 182/12 - FamRZ 2013, 1738-1739.
[2] OLG Koblenz v. 30.03.2004 - 11 UF 567/01 - OLGR Koblenz 2004, 632-633.
[3] OLG München v. 07.07.1997 - 26 UF 826/97 - FamRZ 1998, 826.
[4] OLG München v. 04.07.2001 - 12 UF 820/01 - FamRZ 2001, 1457.
[5] OLG Hamm v. 02.03.1998 - 5 WF 85/98 - FamRZ 1999, 723.
[6] OLG Köln v. 19.10.2001 - 25 WF 185/01 - FamRZ 2002, 1341.

Kein Getrenntleben liegt bei Bestehen einer Bedarfsgemeinschaft i.S.v. § 7 Abs. 3 Nr. 3 SGB II vor[7], auch wenn zwei Wohnungen bestehen, ohne dass zumindest ein Ehegatte erkennbar den Willen zur Trennung hat, da es dann dem subjektiven Element ermangelt. Da derjenige, der sich auf das Getrenntleben beruft, die Darlegungs- und Beweislast hierfür hat, ist auf eine größtmögliche Eigenständigkeit der Lebensführung zu achten.

Da weder das Gesetz noch die Gesellschaft von einem Leitbild der Ehe ausgehen, kommt es für die Diagnose und Feststellung, dass die **Lebensgemeinschaft** nicht mehr besteht, vorrangig darauf an, ob einer oder beide sich emotional und abschließend von dem anderen abgewandt haben. Die bloße Aufhebung der häuslichen Gemeinschaft ist für sich alleine kein Anhaltspunkt hierfür,[8] denn es gibt auch berufliche Gründe für eine räumliche Trennung. Auch die Unterbringung eines Ehegatten in einem Pflegeheim oder der zeitweise Aufenthalt in einem Krankenhaus oder einer Haftanstalt können der Führung eines gemeinsamen Hausstandes entgegenstehen, ohne dass die emotionale Bindung aufgehoben ist. Es kommt also nicht darauf an, was allgemein als Grundlage einer Ehe betrachtet wird, sondern auf die konkrete Ausgestaltung der Eheleute, auch wenn dies im konkreten Fall von der Mehrheit abgelehnt oder missbilligt werden sollte.[9]

II. Wille zur Trennung; subjektives Element

Neben der räumlichen Trennung muss zumindest ein Ehegatte den Willen zur räumlichen Trennung besitzen, weil er die eheliche Lebensgemeinschaft ablehnt und nicht bereit ist, die häusliche Gemeinschaft wiederherzustellen, was für den anderen Ehepartner erkennbar sein muss.[10] Nur durch dieses **subjektive Element** wird die bloße Trennung, die auf vielerlei Gründen beruhen kann, anders bewertet als die Trennung, die in Abkehr von der ehelichen Lebensgemeinschaft erfolgt. Erst mit der Erklärung des Trennungswillens wird die Trennung relevant im Sinne dieser Vorschrift. Erklärt werden muss der Wille nicht ausdrücklich, auch ein konkludentes Verhalten ist ausreichend.[11]

Da derjenige, der sich hierauf beruft, später die Beweislast hat, ist eine beweisbare Erklärung stets anzuraten, was insbesondere bei Getrenntleben innerhalb der Ehewohnung oft zu Dokumentationsschwierigkeiten führt, z.B. wenn die Ehegatten über eine längeren Zeitraum „nebeneinanderher leben".

Eine einseitige Zerrüttung der Ehe lässt sich auch feststellen, wenn die Ehegatten unstreitig seit mehr als einem Jahr räumlich getrennt voneinander leben und die Anhörung des an Demenz erkrankten Antragstellers nach § 128 FamFG den Rückschluss zulässt, dass dieser zum Zeitpunkt der Trennung bzw. zu einem danach liegenden Zeitpunkt noch den hinreichend sicheren natürlichen Willen zur Trennung und Ehescheidung sowie die Ablehnung der Wiederaufnahme der ehelichen Lebensgemeinschaft erklärt hat. Darauf, dass bei dem an Demenz erkrankten Antragsteller zum Schluss der letzten mündlichen Verhandlung hingegen kein natürlicher Trennungs- und Scheidungswille mehr festgestellt werden kann, kommt es für den Ausspruch der Ehescheidung nicht an. Ist nämlich der antragstellende Ehegatte wegen einer fortgeschrittenen Demenzerkrankung zu diesem Zeitpunkt nicht mehr in der Lage, das Wesen einer Ehe und einer Ehescheidung erfassen zu können, ist bei ihm ein Zustand äußerster Eheferne erreicht, bei dem die Ehe der mehr als ein Jahr getrenntlebenden Ehegatten scheidbar ist[12].

III. Versöhnungsversuch

Im Hinblick auf den besonderen Schutz der Ehe durch das GG hat der Gesetzgeber dem Gericht die Möglichkeit eingeräumt, das Scheidungsverfahren auszusetzen, wenn mit einer Wiederherstellung der ehelichen Lebensgemeinschaft gerechnet werden kann (§ 136 Abs. 1 FamFG, früher § 614 ZPO). Auch wird den Parteien durch § 1567 Abs. 2 BGB die Möglichkeit eingeräumt, durch ein kürzeres Zusammenleben den Versuch zu unternehmen, die Gemeinschaft wiederherzustellen.

Durch einen solchen **Versöhnungsversuch** wird die Trennungszeit weder unterbrochen noch gehemmt. Zur Länge des Versöhnungsversuches geht die Rechtsprechung im Regelfall davon aus, dass der Zeitraum von 3 Monaten die Obergrenze darstellt und bei mehrfachen Versöhnungsversuchen die

---

[7] *Conradis*, FamFR 2012, 443.
[8] BGH v. 05.11.1980 - IVb ZR 538/80 - NJW 1981, 449.
[9] BGH v. 30.11.1994 - IV ZR 290/93 - BGHZ 128, 125-135.
[10] BGH v. 30.11.1994 - IV ZR 290/93 - BGHZ 128, 125-135.
[11] OLG Karlsruhe v. 28.04.1986 - 2 WF 174/85 - FamRZ 1986, 680, 681.
[12] OLG Hamm v. 16.08.2013 - 3 UF 43/13.

§ 1567

einzelnen Zeitspannen zu addieren sind. Wird die zeitliche Obergrenze erkennbar überschritten, wird das bisherige Getrenntleben ab dem Zusammenleben aufgehoben. Das Trennungsjahr beginnt bei erneuter Trennung dann neu, ohne Anrechnung der bisherigen Trennungszeit.

12 Ein Zusammenleben über kürzere Zeit muss der Versöhnung der Ehegatten dienen, d.h. es muss subjektiv die Absicht bei beiden Ehegatten bestehen, die Ehe zu retten, was jedenfalls nicht der Fall ist, wenn ein „Wieder-Zusammen-Leben" nur aus steuerlichen Gründen „konstruiert" wird, aber auch dann nicht, wenn der Ehepartner „nur der gemeinsamen Kinder wegen" in die Ehewohnung zurückkehrt, dort aber die räumliche Trennung ansonsten aufrechterhalten bleibt.

13 Nimmt ein Ehegatte während eines Versöhnungsversuchs den Scheidungsantrag zurück, wird der Wille der unbedingten Versöhnung unwiderleglich geäußert. Scheitert später das eheliche Zusammenleben erneut, ist es nicht statthaft, dann rückwirkend von einem gescheiterten Versöhnungsversuch auszugehen.[13]

C. Rechtsfolgen

14 Das Getrenntleben hat neben den persönlichen und wirtschaftlichen Veränderungen auch erhebliche rechtliche Auswirkungen.

15 Für das Kalenderjahr der Trennung können die Eheleute noch eine gemeinsame Steuererklärung abgeben. Ein **Realsplitting** nach § 10 EStG kommt erst in Betracht für das Kalenderjahr nach der Trennung. Im Kalenderjahr der Trennung sind sie verpflichtet, einer steuerlichen Zusammenveranlagung zuzustimmen[14] und diese kann auch nicht von der Zustimmung zur internen Freistellung abhängig gemacht werden, wenn die gemeinsame Veranlagung in der Vergangenheit aufgrund langjähriger Übung erfolgt ist und nicht eine hiervon abweichende Regelung vereinbart wurde[15].

16 Besteht ein Familienkrankenversicherungsschutz, muss erst nach Rechtskraft der Scheidung ein eigener Krankenversicherungsschutz aufgenommen werden.

17 Nach dem mit Wirkung vom 01.09.2009 neugefassten § 1379 Abs. 1 Nr. 1 BGB kann jeder Ehegatte von dem anderen Auskunft über das Vermögen des anderen zum Zeitpunkt der Trennung verlangen. Neu ist der Anspruch auf Auskunft über das Anfangsvermögen. Auf Anforderung sind Belege vorzulegen (§ 1379 Abs. 1 Satz 2 BGB).

18 Nach § 1379 Abs. 4 BGB bestehen die Ansprüche bereits mit dem Getrenntleben und nicht erst mit Rechtshängigkeit eines Scheidungsantrages. Näheres vgl. **§ 1379 BGB.**

19 Die Rechtsfolgen an den Haushaltsgegenständen und der Ehewohnung bei Getrenntleben ergeben sich aus den §§ 1361a und 1361b BGB bzw. anlässlich der Scheidung aus den §§ 1568a und 1568b BGB. Näheres vgl. dort.

---

[13] AG Leipzig v. 20.08.2003 - 024 F 02309/03.
[14] AG Tübingen v. 07.02.2003 - 9 C 1267/02 - FamRZ 2004, 104-106.
[15] BGH v. 20.03.2002 - XII ZR 176/00 - LM BGB § 426 Nr. 107 (9/2002).

§ 1568 BGB Härteklausel

(Fassung vom 02.01.2002, gültig ab 01.01.2002)

(1) Die Ehe soll nicht geschieden werden, obwohl sie gescheitert ist, wenn und solange die Aufrechterhaltung der Ehe im Interesse der aus der Ehe hervorgegangenen minderjährigen Kinder aus besonderen Gründen ausnahmsweise notwendig ist oder wenn und solange die Scheidung für den Antragsgegner, der sie ablehnt, auf Grund außergewöhnlicher Umstände eine so schwere Härte darstellen würde, dass die Aufrechterhaltung der Ehe auch unter Berücksichtigung der Belange des Antragstellers ausnahmsweise geboten erscheint.

(2) (weggefallen)

Gliederung

A. Grundlagen	1	II. Ehegattenschutzklausel	6
B. Praktische Bedeutung	2	III. Kinderschutzklausel	12
C. Anwendungsvoraussetzungen	3	IV. Prozessuale Hinweise	14
I. Allgemeine Voraussetzungen	3		

A. Grundlagen

Liegen die Voraussetzungen für eine Scheidung vor, soll durch die als **Härteklausel** ausgestaltete Vorschrift eine Scheidung zur **Unzeit** verhindert werden. Die ursprünglich auf fünf Jahre nach der Scheidung begrenzte Einwendung wurde durch das BVerfG[1] für nichtig erklärt. Die Vorschrift verfolgt in erster Linie den Zweck, den scheidungsunwilligen Ehepartner in schweren Härtefällen durch einen zeitlich begrenzten Ehebestand zu schützen.[2] Der scheidungsunwillige Ehepartner soll die Möglichkeit erhalten, sich auf die veränderte Lebenssituation einzustellen.

1

B. Praktische Bedeutung

In der Praxis der Familiengerichte hat der Widerspruch gegen die Scheidung kaum noch praktische Bedeutung. Ist die Trennung über einen längeren Zeitraum vollzogen, konzentriert sich das Interesse auf die Trennungs- und Scheidungsfolgen. Die Klausel bietet auch keinen Schutz davor, dass ein Ehegatte als Folge der Scheidung zum **Sozialfall** wird.[3]

2

C. Anwendungsvoraussetzungen

I. Allgemeine Voraussetzungen

Die Norm erfordert eine dreistufige Prüfung:

3

- Es müssen „außergewöhnliche Umstände" auf Seiten des scheidungsunwilligen Ehegatten vorliegen.
- Die Scheidung muss sich für ihn als „schwere Härte" darstellen.
- Es muss eine Interessenabwägung erfolgen zwischen dem Eheerhaltungsinteresse auf der einen und dem Scheidungsinteresse auf der anderen Seite.

Insbesondere die Feststellung der „schweren Härte" bereitet wegen des subjektiven Einschlags in der Praxis Probleme und erfordert eine umfassende Gesamtbewertung.[4]

4

Die Beweislast für die „außergewöhnlichen Umstände" und die „schwere Härte" liegt beim scheidungsunwilligen Ehepartner[5], § 127 Abs. 3 FamFG.

5

---

[1] BVerfG v. 21.10.1980 - 1 BvR 1284/79 - NJW 1981, 108-109.
[2] *Sarres*, ZFE 2011, 54-57.
[3] OLG Bamberg v. 22.01.2004 - 2 UF 208/03 - OLGR Bamberg 2005, 204-205.
[4] *Sarres*, ZFE 2011, 54-57.
[5] OLG Brandenburg v. 07.05.2012 - 9 UF 288/11 - FamRZ 2012, 301-303.

II. Ehegattenschutzklausel

6 Im Gegensatz zur Kinderschutzklausel wird ein Ehegatte nur dann als schutzwürdig angesehen, wenn er die Scheidung ablehnt. Dies ist nicht gleichbedeutend mit dem Willen, eine eheliche Lebensgemeinschaft wiederaufzunehmen.[6] Der **Widerspruch** ist nur beachtlich, wenn außergewöhnliche Umstände vorliegen und diese so schwerwiegend sind, dass dies eine unzumutbare Härte darstellt. Als Folge dieser Härte muss die Aufrechterhaltung der Ehe, und sei es nur dem Bande nach, geboten sein.

7 Hierbei obliegt es dem die Scheidung ablehnenden Ehegatten, diejenigen Tatsachen vorzutragen, die die Feststellung eines schweren Härtegrundes im Sinne der Norm ermöglichen.[7]

8 Kein Härtefall liegt vor, wenn die antragsgegnerische Partei durch ihr Verhalten selbst die eheliche Solidarität nicht beachtet (z.B. Alkoholmissbrauch, Beschimpfungen, tätliche Angriffe).

9 Sofern der Antragsteller die Wiederherstellung der ehelichen Gemeinschaft vehement ablehnt, schließt dies die Anwendung der Härteklausel nicht aus, jedoch wird in diesem Fall eine schwere Härte nur ausnahmsweise festzustellen sein.[8]

10 **Eine besondere Härte wurde angenommen**:
- OLG Hamm:[9] Ehe von 35 Jahren, aus der ein schwer geistig behindertes Kind, das immer erwerbsunfähig ist, hervorgegangen ist, wenn der widersprechende Ehegatte es betreut.
- OLG Karlsruhe:[10] Die widersprechende Ehefrau hatte eine schwere Krebserkrankung und nur noch eine Lebenserwartung von etwa einem Jahr. Die Trennung dauerte erst etwas mehr als zwei Jahre.
- OLG Schleswig:[11] Wenn das Scheidungsverfahren mangels Einsicht in das Scheitern der Ehe sowie aufgrund einer starken Depression mit einer Persönlichkeitsstörung eine konkrete Suizidgefahr ausgelöst hat. Der scheidungswillige Ehepartner muss beim Vormundschaftsgericht Maßnahmen beantragen, um die Suizidgefahr zu verringern oder auszuschließen, damit anschließend eine Scheidung erfolgen kann.
- OLG Stuttgart:[12] nach 58-jähriger Ehe, wenn dem 85-jährigen Ehemann, der seit mehreren Jahren linksseitig gelähmt ist und auch aus Glaubensgründen die Ehescheidung ablehnt, in seinen letzten Lebensjahren eine Scheidung nicht mehr zugemutet werden kann.

11 **Keine besondere Härte wurde angenommen**:
- BGH:[13] Droht einem ausländischen Ehegatten nach der Scheidung die **Abschiebung**, ist dies selbst dann keine schwere Härte, wenn aufgrund dessen der Verlust der Bindung zu einem gemeinsamen Kind zu befürchten ist. Offen bleibt bei dieser Entscheidung, ob ein Härtefall dann vorliegen könnte, wenn die Abschiebung die physische oder soziale Existenz des Ausländers bedroht oder dessen wirtschaftliche Existenz vernichten würde.
- BGH:[14] Die **Erkrankung** eines Ehegatten steht der Scheidung nicht entgegen, selbst wenn er aufgrund seines Krankheitszustands im Falle der Scheidung Nachteile erleiden kann. Ausnahmsweise kann im Falle der Scheidung eine drohende Erkrankung oder Verschlechterung einer Erkrankung zum Eingreifen der Härteklausel führen. Die Härteklausel kann nicht zur Verhütung seelischer Reaktionen eingreifen, die der Betroffene zu steuern vermag. Befindet er sich in einer psychischen Ausnahmesituation und kann er deshalb sein Verhalten nicht mehr ausreichend steuern, kann dies im Einzelfall zur Anwendung der Härteklausel führen.
- OLG Brandenburg:[15] Selbst für den Fall, dass mit einer erheblichen Verschlechterung des psychischen Zustandes bei Scheidungsausspruch zu rechnen ist, liegt nur dann ein Härtegrund vor, wenn zugleich festzustellen wäre, dass die Vertiefung des depressiven Zustandes nicht auf einem **vorwerfbaren Pflichtverstoß** beruht. Wenn die antragsgegnerische Partei therapiefähig wäre, eine Therapie jedoch pflichtwidrig unterlässt, so liegt gerade kein außergewöhnlicher Umstand vor, der der Scheidung entgegenstünde. Anders könnte der Fall dann liegen, wenn die antragsgegnerische Partei krankheitsbedingt nicht in der Lage ist, eine verantwortungsvolle Entscheidung in Bezug auf eine

---

[6] BGH v. 05.06.1985 - IVb ZR 13/84 - LM Nr. 6 zu § 1568 BGB.
[7] OLG Brandenburg v. 07.05.2012 - 9 UF 288/11 - FamRZ 2013, 301-303.
[8] OLG Brandenburg v. 07.09.2011 - 13 UF 7/09 - NJW-RR 2012, 71-73.
[9] OLG Hamm v. 25.10.1984 - 4 UF 11/83 - FamRZ 1985, 189-192.
[10] OLG Karlsruhe v. 04.01.1979 - 2 UF 44/77 - FamRZ 1979, 512-513.
[11] OLG Schleswig v. 21.12.2005 - 15 UF 85/05 - SchlHA 2006, 234-235.
[12] OLG Stuttgart v. 14.05.2002 - 18 UF 519/01 - NJW-RR 2002, 1443-1444.
[13] BGH v. 17.12.1997 - XII ZR 130/97 - LM BGB § 1568 Nr. 7a (10/1998).
[14] BGH v. 16.09.1981 - IVb ZR 606/80 - LM Nr. 4 zu § 1568 BGB.
[15] OLG Brandenburg v. 06.11.2008 - 9 UF 50/08 - FamRZ 2009, 1223-1224.

Behandlung/Therapie zu treffen. **Anmerkung der Autorin**: M.E. ist hier ein ähnlicher Maßstab anzulegen wie bei der Frage, ob gem. § 1579 BGB ein Unterhaltsanspruch als verwirkt anzusehen ist, weil der Unterhaltsgläubiger nur deshalb erwerbsunfähig ist, weil er/sie eine angezeigte Therapie ablehnt bzw. sich nicht in eine solche begibt.

- OLG Brandenburg[16]: Keine Härte liegt insbesondere allein in der Auflösung des Scheidungsverbundes. Insoweit handelt es sich allein um einen verfahrensrechtlichen Aspekt der Verknüpfung der Ehescheidung mit der unterhaltsrechtlichen Sache.
- OLG Brandenburg[17]: Bei feststehendem Scheitern der Ehe (nach mehr als 3 Jahren Trennungszeit) mutet das Gesetz den Ehegatten zu, die mit der Scheidung verbundenen seelischen Belastungen hinzunehmen und damit in eigener Verantwortung fertig zu werden. Eine entsprechende Härte kann daher nur dann angenommen werden, wenn der scheidungsunwillige Ehegatte infolge der Scheidung in eine nicht mehr steuerbare psychische Ausnahmesituation geraten könnte.

Die bloße Dauer einer Ehe oder hohes Alter eines Ehegatten[18] oder das einseitige Ausbrechen aus der Ehe durch Aufnahme enger Beziehungen zu einem anderen Partner[19] wurden als besonderer Härtegrund nicht anerkannt.

III. Kinderschutzklausel

Obwohl die Ehe gescheitert und deshalb auf Antrag grundsätzlich zu scheiden ist, soll die Scheidung verweigert werden, wenn dies ausnahmsweise im Interesse der **ehelichen** und **minderjährigen** Kinder notwendig ist. Da alle Voraussetzungen für eine Scheidung vorliegen, kann die Regelung nur zur Anwendung kommen, wenn zum Schutz der minderjährigen Kinder keine anderen Schutzmechanismen greifen, die Verweigerung der Scheidung die einzige Möglichkeit ist, das **Kindeswohl** zu schützen. Nicht unter den Schutzzweck des § 1568 BGB fallen alle mit der Trennung verbundenen für die Kinder nachteiligen Folgen, wie: Probleme bei der Wahrnehmung des Umgangsrechtes,[20] Unterhalt, wirtschaftliche Probleme und Nachteile. Vielmehr greift die Kinderschutzklausel nur bei schädlichen Folgen, die zu den trennungsbedingten Nachteilen hinzutreten, insbesondere bei psychischen Gründen, z.B. wenn die Gefahr des Selbstmordes eines Kindes besteht.[21] Der BGH[22] verneint eine schwere Härte selbst dann, wenn nach der Scheidung die Abschiebung des Elternteils droht und als Folge hiervon der Verlust der Bindung zu einem gemeinsamen Kind zu befürchten ist.

Auch bei Anwendung der **Kinderschutzklausel** wird die Herauszögerung der Scheidung nur für eine sehr begrenzte Zeit möglich sein, denn eine zerrüttete Ehe kann einem Kind nicht den Halt geben, den es benötigt. Für Kinder ist die Zeit der Spannung zwischen den Eltern und der Zeitraum bis zur endgültigen und räumlichen Trennung der kritische Zeitrahmen. Wenn die Eltern gegenüber dem Kind weiterhin ihre Pflichten wahrnehmen, werden die Trennung und damit auch die Scheidung der Eltern leichter verkraftet. Die Regelung und Durchführung des Umgangs und das sonstige soziale Umfeld ist von größerer Bedeutung als die Aufrechterhaltung der Ehe nur dem Bande nach.

IV. Prozessuale Hinweise

Das Kindeswohl hat das Gericht von Amts wegen zu beachten, § 128 Abs. 2 FamFG.

Im Gegensatz zur **Kinderschutzklausel** muss sich ein Ehegatte auf die besonderen Härtegründe berufen. Nach allgemeiner Meinung bedarf es nicht der Beauftragung eines Anwaltes, denn beide Ehegatten sind vom Gericht nach § 128 FamFG anzuhören und in diesem kann der Widersprechende seine Gründe nach § 1568 BGB vorbringen.

Wurde die Scheidung aufgrund der **Härteklausel** verweigert, kann ohne jede **Sperrwirkung** ein neuer Antrag auf Scheidung gestellt werden mit der Behauptung, der Härtegrund bestehe nicht mehr. Eine Bindung an eine Zukunftsprognose im Ersturteil wird allgemein nicht angenommen.

---

[16] OLG Brandeburg v. 07.05.2012 a.a.O.
[17] OLG Brandenburg v. 07.09.2011 a.a.O.
[18] OLG Nürnberg v. 06.02.1979 - 7 UF 132/78 - FamRZ 1979, 818-819.
[19] BGH v. 16.09.1981 - IVb ZR 606/80 - LM Nr. 4 zu § 1568 BGB.
[20] OLG Frankfurt v. 09.01.2002 - 2 UF 62/01 - NJW-RR 2002, 577-578; a.A. AG Korbach v. 19.01.2001 - 7 F 73/97 - NJW-RR 2001, 1157-1159.
[21] OLG Hamburg v. 17.12.1985 - 2 UF 209/83 R + U - FamRZ 1986, 469.
[22] BGH v. 17.12.1997 - XII ZR 130/97 - NJWE-FER 1998, 73.

Untertitel 1a - Behandlung der Ehewohnung und der Haushaltsgegenstände anlässlich der Scheidung

§ 1568a BGB Ehewohnung

(Fassung vom 06.07.2009, gültig ab 01.09.2009)

(1) Ein Ehegatte kann verlangen, dass ihm der andere Ehegatte anlässlich der Scheidung die Ehewohnung überlässt, wenn er auf deren Nutzung unter Berücksichtigung des Wohls der im Haushalt lebenden Kinder und der Lebensverhältnisse der Ehegatten in stärkerem Maße angewiesen ist als der andere Ehegatte oder die Überlassung aus anderen Gründen der Billigkeit entspricht.

(2) ¹Ist einer der Ehegatten allein oder gemeinsam mit einem Dritten Eigentümer des Grundstücks, auf dem sich die Ehewohnung befindet, oder steht einem Ehegatten allein oder gemeinsam mit einem Dritten ein Nießbrauch, das Erbbaurecht oder ein dingliches Wohnrecht an dem Grundstück zu, so kann der andere Ehegatte die Überlassung nur verlangen, wenn dies notwendig ist, um eine unbillige Härte zu vermeiden. ²Entsprechendes gilt für das Wohnungseigentum und das Dauerwohnrecht.

(3) ¹Der Ehegatte, dem die Wohnung überlassen wird, tritt

1. zum Zeitpunkt des Zugangs der Mitteilung der Ehegatten über die Überlassung an den Vermieter oder
2. mit Rechtskraft der Endentscheidung im Wohnungszuweisungsverfahren

an Stelle des zur Überlassung verpflichteten Ehegatten in ein von diesem eingegangenes Mietverhältnis ein oder setzt ein von beiden eingegangenes Mietverhältnis allein fort. ²§ 563 Absatz 4 gilt entsprechend.

(4) Ein Ehegatte kann die Begründung eines Mietverhältnisses über eine Wohnung, die die Ehegatten auf Grund eines Dienst- oder Arbeitsverhältnisses innehaben, das zwischen einem von ihnen und einem Dritten besteht, nur verlangen, wenn der Dritte einverstanden oder dies notwendig ist, um eine schwere Härte zu vermeiden.

(5) ¹Besteht kein Mietverhältnis über die Ehewohnung, so kann sowohl der Ehegatte, der Anspruch auf deren Überlassung hat, als auch die zur Vermietung berechtigte Person die Begründung eines Mietverhältnisses zu ortsüblichen Bedingungen verlangen. ²Unter den Voraussetzungen des § 575 Absatz 1 oder wenn die Begründung eines unbefristeten Mietverhältnisses unter Würdigung der berechtigten Interessen des Vermieters unbillig ist, kann der Vermieter eine angemessene Befristung des Mietverhältnisses verlangen. ³Kommt eine Einigung über die Höhe der Miete nicht zustande, kann der Vermieter eine angemessene Miete, im Zweifel die ortsübliche Vergleichsmiete, verlangen.

(6) In den Fällen der Absätze 3 und 5 erlischt der Anspruch auf Eintritt in ein Mietverhältnis oder auf seine Begründung ein Jahr nach Rechtskraft der Endentscheidung in der Scheidungssache, wenn er nicht vorher rechtshängig gemacht worden ist.

Gliederung

A. Grundlagen 1	2. Definition der Ehewohnung 12
I. Neuregelung zum 01.09.2009 1	**B. Anwendungsvoraussetzungen** 18
1. Verfahrensrecht 2	I. Rechtsschutzbedürfnis für eine gerichtliche
2. Materielle Grundlagen 4	Regelung 18
3. Ausgestaltung als Anspruchsgrundlage 5	II. Materielle Zuweisungsvoraussetzungen 22
II. Geltungsbereich 10	1. Bedürfnis an der Nutzung der Wohnung 23
1. Persönlicher und zeitlicher Geltungsbereich 10	a. Kindeswohlinteressen 23

- b. Lebensverhältnisse der Ehegatten 28
- 2. Billigkeitserwägungen 30
- 3. Alleineigentum eines Ehegatten oder mit einem Dritten (Absatz 2).................................... 34
  - a. Feststellung der Eigentumslage 36
  - b. Unbillige Härte 40
  - c. Begründung eines befristeten Mietverhältnisses 44
  - d. Verbleib des Eigentümers 46
- 4. Sonderfall: Dienstwohnung (Absatz 4) 49
  - a. Dienst- oder Werkwohnung 52
  - b. Schwere Härte 56
- III. Rechtsfolgen 60
- 1. Fortsetzung eines Mietverhältnisses (Absatz 3) 61
- 2. Stellung des Vermieters 63
- 3. Begründung eines Mietverhältnisses (Absatz 5) 67
  - a. Mietvertrag nach den ortsüblichen Bedingungen 69
  - b. Miteigentum der Ehegatten 74
  - c. Keine Begründung eines Nutzungsverhältnisses 78
- d. Befristung des Mietverhältnisses 82
- 4. Begleitende Anordnungen 83
  - a. Räumungsanordnung 84
  - b. Räumungsfrist 88
  - c. Weitere sachgerechte Anordnungen im Einzelfall 91
- 5. Formulierungsvorschläge 93
- 6. Erlöschen des Anspruchs............................ 99
- **C. Prozessuales** 103
- I. Zuständigkeit (§§ 201, 202 FamFG) 103
- 1. Sachliche Zuständigkeit 104
- 2. Örtliche Zuständigkeit 107
- II. Antrag (§ 203 FamFG) 111
- III. Beteiligte (§§ 204, 205 FamFG) 114
- 1. Rechtsstellung der Beteiligten 114
- 2. Notwendig Beteiligte 117
- 3. Stellung des Jugendamtes 122
- IV. Verfahrensgrundsätze 124
- V. Änderung der Entscheidung...................... 130
- VI. Wirksamkeit der Entscheidung................ 137
- VII. Kosten und Streitwert 139

A. Grundlagen

I. Neuregelung zum 01.09.2009

Die Vorschriften der HausratsV sind zum 01.09.2009 gemäß Art. 2 des Gesetzes zur Änderung des Zugewinnausgleichs- und Vormundschaftsrechtes aufgehoben worden. 1

1. Verfahrensrecht

Entsprechende verfahrensrechtliche Vorschriften finden sich jetzt in den **§§ 200-209 FamFG** (Ehewohnungs- und Haushaltssachen). Die Auseinandersetzung von Wohnung und Hausrat erfolgt weiterhin in einem eigenen Verfahren, das zweckmäßig, schnell und einfach ausgestaltet sein soll und sich nicht an den von Parteiherrschaft bestimmten Grundsätzen der ZPO orientiert.[1] Terminologisch wird der Begriff des Hausrates von dem der Haushaltsgegenstände abgelöst, ohne dass damit inhaltliche Änderungen eintreten. Im Übrigen spricht das Gesetz nicht mehr von Wohnungszuweisungssachen, sondern von **Ehewohnungsverfahren**. 2

Für Verfahren, die **vor dem 01.09.2009 eingeleitet** wurden, gilt weiter das alte Verfahrensrecht. Dies ergibt sich aus den Art. 111 Abs. 1, 112 Abs. 1 FGG-RG. Maßgeblich ist der Zeitpunkt, in dem das Wohnungszuweisungsverfahren eingeleitet wurde. Das neue Verfahrensrecht ist auf vor dem 01.09.2009 eingeleitete Verfahren nur dann anzuwenden, wenn die Verfahren ausgesetzt oder ruhend gestellt wurden, Art. 111 Abs. 3 FGG-RG. Diese beiden Ausnahmefallgruppen sind eng auszulegen. Es bedarf vor allem eines formellen Beschlusses des Gerichts. Ein bloßes Nichtbetreiben des Verfahrens, etwa um die Suche nach einer außergerichtlichen Lösung zu ermöglichen, reicht nicht aus, um zur Anwendung des neuen Verfahrensrechts zu gelangen.[2] 3

2. Materielle Grundlagen

Die materiellen Voraussetzungen für Wohnungsüberlassung und Hausratsteilung werden nunmehr im Scheidungsfolgenrecht des BGB in den **§§ 1568a und 1568b BGB** geregelt. Die Vorschriften übernehmen im Wesentlichen den materiellen Regelungsgehalt der HausratsV, so dass weiterhin auf die bisherige Rechtsprechung und Literatur zurückgegriffen werden kann. Für Ehewohnungsverfahren wurde jedoch die nach § 6 HausratsV vorgesehene Teilung der Wohnung nicht mehr als mögliche Rechtsfolge 4

---
[1] BT-Drs. 16/10798, S. 12, 13.
[2] OLG Frankfurt v. 25.11.2010 - 5 UF 230/10 - juris Rn. 13.

§ 1568a

aufgenommen. Die Vorschrift über die Ehewohnung wird – anders als in den §§ 1361a und 1361b BGB – vor der Regelung der Haushaltsgegenstände in das BGB eingefügt, weil sie den bedeutsameren Vermögensgegenstand betrifft.[3]

3. Ausgestaltung als Anspruchsgrundlage

5   In einem Rechtsstreit nach der HausratsV hat der Richter nach billigem Ermessen entschieden und dabei alle Umstände des Einzelfalles, insbesondere das Wohl der Kinder und die Erfordernisse des Gemeinschaftslebens, berücksichtigt. § 1568a BGB ist demgegenüber als Anspruchsgrundlage konzipiert, wobei jedoch die Anspruchsvoraussetzungen den Grundsätzen, die sich über § 2 HausratsV herausgebildet haben, entsprechen sollen.

6   Nach § 1568a BGB kann ein Ehegatte anlässlich der Scheidung von dem anderen Ehegatten die Überlassung der bisherigen gemeinsamen Wohnung verlangen, wenn er auf deren Nutzung unter Berücksichtigung des Wohls der im Haushalt lebenden Kinder und der Lebensverhältnisse der Ehegatten im stärkeren Maß angewiesen ist oder die Überlassung aus anderen Gründen der Billigkeit entspricht. Die Anknüpfung u.a. an die Lebensverhältnisse stellt sicher, dass bei der gerichtlichen Entscheidung wie bisher alle Umstände des Einzelfalls Berücksichtigung finden können. Ein **Rückgriff auf die bisherige Rechtsprechung** zu den §§ 2-5 HausratsV ist damit möglich.

7   Insbesondere in Fällen, in denen keine Kinder vorhanden sind und sich nicht feststellen lässt, ob ein Ehegatte stärker als der andere auf die Ehewohnung angewiesen ist, kann auf andere Billigkeitserwägungen abgestellt werden. Die Zuweisung kann an denjenigen erfolgen, der aufgrund anderer Umstände ein besonderes und schützenswertes Interesse an der Wohnung hat, weil er beispielsweise in ihr aufgewachsen ist.[4]

8   Aufgrund der Ausgestaltung als Anspruchsgrundlage kann der Ehegatte, der die Wohnung verlassen möchte, nicht beantragen, dem anderen die Wohnung zuzuweisen. Diese Möglichkeit war bereits bei Verfahren nach der HausratsV umstritten.[5] Stellt der in der Wohnung verbliebene Ehepartner keinen eigenen Antrag oder wirkt er an einer Mitteilung an den Vermieter über die Wohnungsüberlassung an ihn nicht mit (Absatz 3 Nr. 1), hat der **weichende Gatte** nicht die Möglichkeit, im Wohnungsverfahren **aus dem Mietverhältnis entlassen** zu werden. Er müsste dann entweder den verbleibenden Ehegatten auf Zustimmung zur Kündigung oder auf Zustimmung zur Mitteilung gemäß § 1568a Abs. 3 Nr. 1 BGB verklagen. Die letztere Gestaltung hat für den in der Wohnung Verbliebenen den Vorteil, dass ihm die Wohnung (vom Risiko des Sonderkündigungsrechts des Vermieters abgesehen) erhalten bleibt.[6] Für diese Streitigkeiten ist dann auch das Familiengericht gemäß § 266 Nr. 3 FamFG zuständig (Familienstreitsache).

9   Auch reicht ein **bloßer Zurückweisungsantrag** nicht, um dem Antragsgegner die Wohnung zu überlassen, auch wenn die Voraussetzungen für eine Überlassung an ihn allein vorliegen. Es muss ein eigener Antrag gestellt werden.

II. Geltungsbereich

1. Persönlicher und zeitlicher Geltungsbereich

10 In **persönlicher Hinsicht** treffen die §§ 1568a und 1568b BGB Regelungen anlässlich der Scheidung von Eheleuten. Über § 1318 Abs. 4 BGB gelten sie auch für den Fall der Eheaufhebung. Im Übrigen verweist § 17 LPartG für gleichgeschlechtliche Partnerschaften ebenfalls auf diese Vorschriften. Dagegen sind sie weder direkt noch analog bei der Auseinandersetzung einer nichtehelichen Lebensgemeinschaft anwendbar.[7]

11 Die §§ 1568a und 1568b BGB bezwecken anlässlich der Scheidung der Eheleute eine **endgültige** Entscheidung bezüglich der Ehewohnung und der Haushaltsgegenstände. Es wird eine dauerhafte Verteilung vorgenommen. Für die Trennungsphase treffen die §§ 1361a, 1361b BGB nur vorläufige Rege-

---

[3] BT-Drs. 16/10798, S. 33.
[4] BT-Drs. 16/10797, S. 21, 22.
[5] OLG Köln v. 03.11.1988 - 4 WF 248/88 - FamRZ 1989, 640; KG v. 22.03.2002 - 18 UF 325/01 - FamRZ 2002, 1355; *Götz/Brudermüller*, NJW 2008, 3025, 3027.
[6] *Götz/Brudermüller*, FamRZ 2009, 1261, 1263.
[7] OLG Hamm v. 11.04.2005 - 4 WF 86/05 - FamRZ 2005, 2085; BGH v. 30.04.2008 - XII ZR 110/06 - NJW 2008, 2333.

lungen. In der Trennungszeit werden nur Besitz- und Nutzungsverhältnisse der Ehegatten geregelt, ohne eine abschließende Auseinandersetzung vorzunehmen.[8] Ansprüche auf Nutzungsentschädigung nach rechtskräftiger Scheidung haben ihre Anspruchsgrundlage allein in § 745 Abs. 2 BGB.[9]

2. Definition der Ehewohnung

Die Ehewohnung umfasst alle Räume, die während des Zusammenlebens der Eheleute beiden als Unterkunft gedient haben oder dienen sollten. Hierzu gehören auch Nebenräume wie Dachboden, Keller, Garage und Garten, nicht aber gewerblich oder beruflich genutzte Räume. Unerheblich ist, ob die geplante Nutzung als Ehewohnung tatsächlich realisiert worden ist.[10] Die Anmietung als solche ist ausreichend, um die Qualität als Ehewohnung zu begründen, auch wenn sie nicht gemeinsam genutzt wird. Ein Wohnwagen, der normalerweise Hausrat darstellt, ist ausnahmsweise als Ehewohnung anzusehen, wenn die Eheleute (z.B. Schausteller) dort regelmäßig zusammenleben.[11]

Wochenendhäuser, Ferienwohnungen oder Wohnlauben fallen sprachlich unter den weit gefassten Begriff der Ehewohnung. Ob sie der Wohnungszuweisung gemäß § 1568a BGB unterliegen, hängt von den konkreten Umständen des Einzelfalles ab. Stellen sie nach Art der Ausstattung sowie Umfang und Intensität der Nutzung den räumlichen Mittelpunkt für die Ehe der Beteiligten dar, ist eine Zuweisung auf dieser Grundlage möglich.[12] Soweit eine Ferienwohnung nur zeitweise zusätzlich zur Ehewohnung, beispielsweise am Wochenende oder im Urlaub genutzt wird, gehen die Meinungen auseinander. Teilweise werden keine besonderen Anforderungen an den Umfang der Nutzung gestellt.[13] Eine Abgrenzung ist lediglich zur Kapitalanlage zu treffen.

Die einengende Meinung, die eine gelegentliche Nutzung nicht für ausreichend hält,[14] beruft sich auf Entstehungsgeschichte und Zweck der Hausratsverordnung, wegen der Wohnraumverknappung anlässlich des Krieges eine schnelle Benutzungsregelung zur Deckung des Wohnbedarfs zu schaffen. Eine solche Notwendigkeit besteht bei nur gelegentlich genutzten Räumlichkeiten nicht. Diese Argumentation lässt sich auch auf die Neuregelung des § 1568a BGB übertragen, die auf die Wohnung als elementare Lebensgrundlage zugeschnitten ist. Steht die Nutzung zur gemeinsamen Freizeitgestaltung und nicht der dauerhafte Wohnzweck im Vordergrund, handelt es sich nicht um eine Ehewohnung.[15]

Soweit jedoch ein Ehegatte zukünftig in der Ferienwohnung seinen Lebensmittelpunkt begründen will, spricht der Zweck des § 1568a BGB nicht gegen, sondern gerade für eine Zuweisungsmöglichkeit. Voraussetzung ist allerdings, dass die dauerhafte Nutzung als Wohnung zulässig ist.[16] Ist andererseits nur die vorübergehende Nutzung neben der Hauptwohnung bezweckt, etwa im zeitlichen Wechsel mit dem anderen Ehegatten, scheidet eine Zuweisung über § 1568a BGB aus. Bei beiderseitigem Miteigentum ist dann eine Nutzungsregelung über § 745 BGB herbeizuführen.

Erst mit **endgültiger Wohnungsaufgabe** verliert die Ehewohnung ihren Charakter.[17] Maßgeblich hierfür ist, ob dem faktischen Verlassen der Wohnung bereits eine endgültige Nutzungsüberlassung zugrunde liegt. Dies liegt bei **Auszug eines Ehegatten** zur Vermeidung weiterer Spannungen nicht vor.[18]

---

[8] OLG Brandenburg v. 17.02.2000 - 9 UF 39/99 - juris Rn. 2 - FamRZ 2000, 1102.
[9] OLG Hamm v. 03.12.2013 - 2 UF 105/13 - NZFam 2014, 223.
[10] OLG München v. 10.06.1986 - 4 UF 18/86 - FamRZ 1986, 1019.
[11] *Brudermüller* in: Palandt, 73. Aufl., § 1361b Rn. 6.
[12] OLG München v. 28.12.1993 - 2 UF 1299/93 - FamRZ 1994, 1331; OLG Bamberg v. 25.10.2000 - 7 UF 180/00 - FamRZ 2001, 1316.
[13] OLG Frankfurt v. 06.11.1981 - 2 UF 228/81 - FamRZ 1982, 398; *Brudermüller* in: Palandt, 73. Aufl., § 1361b Rn. 6.
[14] OLG München v. 28.12.1993 - 2 UF 1299/93 - FamRZ 1994, 1331; OLG Bamberg v. 25.10.2000 - 7 UF 180/00 - FamRZ 2001, 1316; OLG Zweibrücken v. 11.11.1980 - 6 UF 86/80 - FamRZ 1981, 259; KG v. 14.07.1986 - 18 W 2991/86 - FamRZ 1986, 1010.
[15] OLG Hamm v. 30.10.2008 - 2 UF 147/08 - FamRZ 2009, 1225.
[16] OLG Naumburg v. 07.09.2004 - 3 WF 137/04 - FamRZ 2005, 1269 mit ablehnender Anm. *Gottwald*.
[17] BGH v. 12.06.2013 - XII ZR 143/11 FamRZ 2013, 1280 = NJW 2013, 2507; KG v. 18.12.2006 - 25 W 42/06 - FamRZ 2007, 908.
[18] OLG Köln v. 14.12.1993 - 25 UF 204/93 - FamRZ 1994, 632; KG v. 08.11.1990 - 16 WF 5430/90 - FamRZ 1991, 467; OLG Karlsruhe v. 13.10.1998 - 2 WF 100/98 - juris Rn. 21 - FamRZ 1999, 1087; OLG Thüringen v. 21.01.2004 - 1 UF 505/03 - FamRZ 2004, 877 (Ls).

§ 1568a

Indizien für den Aufgabewillen des Ausziehenden können eine entsprechende Trennungsvereinbarung der Ehegatten, eine Kündigung des Mietverhältnisses gegenüber dem Vermieter[19] oder die Begründung eines anderen Lebensmittelpunkts sein.

B. Anwendungsvoraussetzungen

I. Rechtsschutzbedürfnis für eine gerichtliche Regelung

18   Einer Entscheidung im Ehewohnungsverfahren bedarf es nur, wenn sich die Ehegatten nicht über die Wohnungsnutzung einigen können. Ein Rechtsschutzbedürfnis ist Zulässigkeitsvoraussetzung für jedes gerichtliche Verfahren, auch wenn die Nichteinigung der Ehegatten – anders als in § 1 HausratsV – in § 203 FamFG nicht mehr ausdrücklich aufgenommen ist. Eine nur von einem Ehegatten behauptete Einigung stellt ein **Verfahrenshindernis** dar und ist durch das Familiengericht aufzuklären.[20] Für den Wegfall des Rechtsschutzinteresses ist nicht ausreichend, dass die Beteiligten eine vorübergehende Regelung gefunden haben, also etwa als pragmatische Lösung die Wohnung vorläufig unter sich aufgeteilt haben.[21] Liegt eine vorbehaltlose und umfassende Einigung vor, so ist die Klage wegen fehlenden Rechtsschutzbedürfnisses bereits als unzulässig abzuweisen. Nicht richtig ist es, nur den Anspruch als nicht gegeben anzusehen, mit der Folge, dass bei vollumfänglicher Einigung zwischen den Beteiligten die Klage als unbegründet anzusehen wäre.[22]

19   Das Rechtsschutzbedürfnis entfällt auch dann, wenn die Ehegatten die Ehewohnung gemietet und sich über die weitere Nutzung geeinigt haben, jedoch das **Einverständnis des Vermieters** hierzu fehlt[23] oder wenn dieser trotz grundsätzlichem Einverständnis mit der Nutzung den anderen Ehegatten nicht aus der Mithaftung entlassen will.[24] **§ 1568a Abs. 3 Nr. 1 BGB** eröffnet für eine Änderung im Mietverhältnis die Möglichkeit, dass beide Eheleute dem Vermieter Mitteilung über die Wohnungsüberlassung machen. Der Wechsel im Mietverhältnis wird automatisch im Zeitpunkt des Zugangs dieser Mitteilung beim Vermieter wirksam. Es handelt sich um eine **Nachfolgeregelung kraft Gesetzes** ohne Notwendigkeit einer richterlichen Entscheidung. Dies gilt allerdings nicht im Rahmen von Absatz 4, wenn es auf die Zustimmung des Vermieters ankommt und diese noch nicht erteilt ist.[25] Mit Zugang der Mitteilung beim Vermieter ist der verbliebene Ehegatte Mieter der Wohnung geworden.

20   Hierdurch wird der Vermieter nicht unzumutbar benachteiligt. Ist er mit der Person des verbleibenden Ehegatten nicht einverstanden, kann er von seinem Kündigungsrecht gemäß § 563 Abs. 4 BGB Gebrauch machen. Die Wirksamkeit der Kündigung ist dann im mietrechtlichen und nicht im familienrechtlichen Verfahren zu klären.[26]

21   Die Mitteilung an den Vermieter bedarf keiner besonderen Form, jedoch sollte die Nachweisbarkeit des Zugangs sichergestellt sein. Das Gesetz setzt keine gemeinsame Erklärung der Ehegatten voraus. Bei sukzessiven Mitteilungen kommt es auf den Zugang der letzten Mitteilung beim Vermieter an.[27]

II. Materielle Zuweisungsvoraussetzungen

22   Die Anspruchsvoraussetzungen für die Überlassung der Ehewohnung sind in § 1568a Abs. 1 BGB geregelt. Vorrangig ist darauf abzustellen, welcher Ehegatte auf deren Nutzung unter Berücksichtigung von Kindeswohlinteressen und der ehelichen Lebensverhältnisse im stärkeren Maß angewiesen ist. Ergänzend ist auf Billigkeitserwägungen nach den Umständen des Einzelfalles zurückzugreifen. Entscheidend sind die Umstände im Zeitpunkt der Beschlussfassung bzw. hinreichend sicher voraussehbare Entwicklungen, wie etwa die sichere Wiederheirat eines Ehegatten.

---

[19] OLG Köln v. 10.03.2005 - 14 UF 11/05 - FamRZ 2005, 1993.
[20] OLG Zweibrücken v. 19.08.1992 - 5 UF 191/91 - FamRZ 1993, 82, 83.
[21] So im Ergebnis auch OLG Frankfurt v. 25.11.2010 - 5 UF 230/10 - juris Rn. 19.
[22] So aber OLG Frankfurt v. 25.11.2010 - 5 UF 230/10 - juris Rn. 19.
[23] OLG Hamm v. 29.06.1993 - 2 UF 143/92 - FamRZ 1994, 388; OLG Karlsruhe v. 10.11.1980 - 16 WF 101/80 - FamRZ 1981, 182.
[24] OLG Köln v. 22.06.1998 - 14 WF 91/98 - FamRZ 1999, 672; OLG Celle v. 27.06.2001 - 10 UF 278/00 - FamRZ 2002, 340.
[25] BT-Drs. 16/10798, S. 22.
[26] Zu den Schwierigkeiten: *Götz/Brüdermüller*, NJW 2008, 3025, 3028.
[27] Im Einzelnen: *Götz/Brudermüller*, FamRZ 2009, 1261, 1262.

1. Bedürfnis an der Nutzung der Wohnung
a. Kindeswohlinteressen

Ein Ehegatte kann insbesondere deswegen auf die Nutzung der ehemaligen Ehewohnung stärker als der andere angewiesen sein, weil sein Verbleib dort dem Wohl von im Haushalt lebenden Kindern förderlich ist. Äußert sich ein Kind eindeutig dahingehend, langfristig bei einem Elternteil bleiben zu wollen, kann im Interesse des Kindes eine klare und verlässliche Regelung über den Lebensmittelpunkt durch Zuweisung der Ehewohnung geschaffen werden.[28] Dieses Zuweisungskriterium ist eine Konkretisierung des grundgesetzlichen Schutzes des familiären Zusammenlebens.[29] Mit der Kindeswohlprüfung im Wohnungszuweisungsverfahren sollen hauptsächlich die Interessen der Kinder an der Beibehaltung des für sie gewohnten Umfeldes berücksichtigt werden. Diese Argumentation greift nicht mehr, wenn sie mit einem Elternteil bereits seit längerer Zeit ausgezogen sind und sich in ein anderes soziales Umfeld eingelebt haben. Nur wenn nach den aktuellen Wohnverhältnissen (Wohnungsgröße, Ausstattung, Umgebung) eine Beeinträchtigung des Kindeswohls festgestellt werden kann, kann eine Rückkehr in die frühere Wohnung mit Kindeswohlinteressen begründet werden.[30]

23

Hierbei muss es sich nicht notwendig um gemeinsame Kinder der Parteien handeln. Auch Kinder aus einer früheren Beziehung oder Pflegekinder stehen unter dem besonderen Schutz.[31]

24

Regelmäßig ist dem Elternteil, bei dem sich die Kinder aufhalten, die Ehewohnung zuzuweisen.[32] Da nach allgemeiner Erfahrung Mütter mit minderjährigen Kindern ungleich schwerer Ersatzwohnraum finden, ist dem anderen allein stehenden Ehepartner ein Umzug eher zuzumuten.[33] Die Beibehaltung des gewohnten Umfeldes und der Nähe zu dort lebenden Bezugspersonen kann für die Kinder in der schwierigen Phase der Trennung der Eltern stabilisierend wirken.

25

Insoweit sind die Wohnungszuweisung und die Entscheidung über die elterliche Sorge miteinander verknüpft. Ist unklar, bei welchem Elternteil die Kinder zukünftig wohnen, ist es zweckmäßig, das Haushaltsverfahren bis zur Sorgerechtsentscheidung auszusetzen.

26

Andererseits ist auch zu bedenken, dass es dem nicht sorgeberechtigten Elternteil möglich sein muss, dem gemeinsamen Kind bei Ausübung des Umgangsrechtes einschließlich Übernachtung eine angemessene Unterkunft zu bieten.[34]

27

b. Lebensverhältnisse der Ehegatten

Unter diesem Aspekt können die **wirtschaftlichen und finanziellen Verhältnisse** einfließen. Es sind die Möglichkeiten der Ersatzbeschaffung für den jeweiligen Ehegatten zu berücksichtigen. Eine vergleichsweise günstige größere Wohnung soll dem Ehegatten mit den Kindern zugewiesen werden, wenn dieser auch insgesamt über geringere Mittel verfügt als der andere Ehepartner.[35] Es ist zu bedenken, ob sich der verbleibende Ehegatte – gegebenenfalls auch unter Einbeziehung eines neuen Partners – die Wohnung zukünftig wird leisten können.[36]

28

Bedeutsam kann auch sein, ob die Wohnung in der Nähe der Arbeitsstelle liegt oder sogar mit den Geschäftsräumen verbunden ist[37] oder ob ein Umzug für einen Ehegatten wegen seiner Hilfsbedürftigkeit, einer Krankheit oder seines Alters unzumutbar erscheint.

29

2. Billigkeitserwägungen

Ist nicht festzustellen, ob ein Ehegatte stärker als der andere auf die Ehewohnung angewiesen ist, können allgemeine Billigkeitserwägungen bei der Entscheidung den Ausschlag geben. Entscheidend kann sein, wie lange ein Ehegatte die Wohnung bereits verlassen hat, ob er sie schon vor dem Zusammenle-

30

---

[28] OLG Brandenburg v. 27.07.2010 - 10 WF 99/10 zu § 1361b BGB.
[29] BVerfG v. 12.05.2006 - 1 BvR 254/06 - WuM 2006, 503.
[30] OLG Schleswig v. 24.03.2010 - 15 UF 166/09.
[31] KG v. 08.11.1990 - 16 WF 5430/90 - FamRZ 1991, 467; OLG Brandenburg v. 25.11.1999 - 10 WF 169/99 - FamRZ 2001, 636, 637; AG Tempelhof-Kreuzberg v. 08.05.2008 - 142 F 1044/07.
[32] OLG Celle v. 25.06.1991 - 18 UF 12/91 - FamRZ 1992, 465, 466; OLG Köln v. 25.09.1995 - 21 UF 6/95 - FamRZ 1996, 492; OLG Brandenburg v. 25.11.1999 - 10 WF 169/99 - FamRZ 2001, 636, 637.
[33] OLG Karlsruhe v. 10.07.1981 - 18 UF 65/81 - FamRZ 1981, 1087.
[34] KG v. 17.07.1984 - 17 UF 1727/84 - FamRZ 1984, 1242.
[35] OLG Karlsruhe v. 10.07.1981 - 18 UF 65/81 - FamRZ 1981, 1087.
[36] KG v. 28.08.1987 - 17 UF 1644/87 - FamRZ 1987, 182; OLG Schleswig v. 24.03.2010 - 15 UF 166/09.
[37] *Brudermüller* in: Palandt, 73. Aufl., § 1568a Rn. 5; OLG Schleswig v. 24.03.2010 - 15 UF 166/09.

ben allein genutzt hat oder ob er sogar in ihr aufgewachsen ist. Dass ein Ehegatte in erheblichem Umfang durch Eigenleistung zum Aufbau der Wohnung beigetragen hat, kann ebenfalls Berücksichtigung finden.[38]

31 Auch ein schwerwiegendes, eindeutig bei einem Ehegatten liegendes Fehlverhalten, wie die Aufnahme einer ehewidrigen Beziehung, kann in die Abwägung aller Umstände einfließen und als eines von mehreren Kriterien angemessen berücksichtigt werden.[39]

32 Obwohl die **Zustimmung des Vermieters** für eine Wohnungszuweisung regelmäßig nicht erforderlich ist, fließen seine möglichen Einwände gegen die Fortführung des Mietverhältnisses mit einem Ehegatten, beispielsweise dessen fehlende Leistungsfähigkeit oder dessen gespanntes Verhältnis zu den Mitmietern, in die Abwägung mit ein. Hat der Vermieter angekündigt, für den Fall der Wohnungszuweisung an den ihm unliebsamen Ehegatten das Mietverhältnis zu kündigen und ist mit großer Wahrscheinlichkeit mit dem Erfolg der Kündigung zu rechnen, ist von einer entsprechenden Zuweisung abzusehen.[40]

33 Ist bei Berücksichtigung aller Umstände des Einzelfalls nicht feststellbar, dass die Zuweisung der Wohnung an einen der beiden Ehegatten der Billigkeit entspricht, so sind – der Konzeption als Anspruchsgrundlage folgend – die entsprechenden wechselseitigen Anträge abzuweisen und die Ehegatten auf allgemeine Ansprüche, etwa aus §§ 749, 753 BGB, § 180 ZVG, zu verweisen.[41]

3. Alleineigentum eines Ehegatten oder mit einem Dritten (Absatz 2)

34 § 1568a BGB regelt die Voraussetzungen der Wohnungsüberlassung, wenn das Grundstück, auf dem sich die Ehewohnung befindet, im Alleineigentum eines Ehegatten steht oder dieser gemeinsam mit einem Dritten Miteigentümer ist. Entsprechendes gilt für das Wohnungseigentum oder das Dauerwohnrecht, was nunmehr in der Anspruchsgrundlage selbst (Absatz 2 Satz 2) geregelt ist. § 60 WEG, der bislang für solche Rechte auf die HausratsV verweist, wird folgerichtig aufgehoben. Weiterhin gilt die Regelung bei Bestehen eines Nießbrauchs (§ 1030 BGB), eines Erbbaurechtes (§ 1 ErbbauRG) oder eines dinglichen Wohnrechtes (§ 1093 BGB) zugunsten eines Ehegatten allein oder gemeinsam mit einem Dritten. Die Neuregelung entspricht damit im Wesentlichen § 3 HausratsV.

35 Bei **Miteigentum** beider Ehegatten ergeht die Entscheidung dagegen auf Grundlage der allgemeinen Regelung des § 1568a Abs. 1 BGB. Liegen die Voraussetzungen für eine Wohnungsüberlassung gemäß § 1568a Abs. 1 BGB vor, wird auf Antrag zwischen den Miteigentümern ein Mietverhältnis gemäß Absatz 5 begründet (vgl. Rn. 67, Rn. 74 ff.).

a. Feststellung der Eigentumslage

36 Wegen der unterschiedlichen Zuweisungskriterien je nach Eigentumslage sind die Eigentumsverhältnisse an der Ehewohnung gemäß § 26 FamFG von Amts wegen zu klären, wobei die im Grundbuch ausgewiesene, **dingliche Rechtslage** maßgeblich ist. Obligatorische Ansprüche des anderen Ehegatten können regelmäßig nicht berücksichtigt werden. Eine Ausnahme besteht, wenn für den Fall der Ehescheidung von vornherein feststeht, dass der andere Ehegatte das Eigentum für sich beanspruchen kann, etwa bei einem durch Auflassungsvormerkung gesicherten Anspruch auf Eigentumsübertragung.[42]

37 Der Fall, dass das **Alleineigentum** des einen Ehegatten mit dem **dinglichen Wohnrecht** des anderen Ehegatten konkurriert, ist nicht geregelt. Insoweit kann weiterhin auf die bislang zu den §§ 2, 3 HausratsV ergangene Rechtsprechung zurückgegriffen werden. Teilweise wird angenommen, dass insoweit Gleichrang bestehe und die Entscheidung nach § 2 HausratsV – jetzt also nach § 1568a Abs. 1 BGB – nach billigem Ermessen zu erfolgen habe. Eine andere Ansicht lässt dem beschränkt dinglich Berechtigten generell den Vorrang zukommen.[43] Eine sachgerechte Lösung ist bei Differenzierung je nach konkreter Ausgestaltung der Dienstbarkeit möglich.

---

[38] KG v. 28.08.1987 - 17 UF 1644/87 - FamRZ 1988, 182, 184.
[39] KG v. 28.08.1987 - 17 UF 1644/87 - FamRZ 1988, 182.
[40] KG v. 17.07.1984 - 17 UF 1727/84 - FamRZ 1984, 1242.
[41] Saarländisches OLG v. 07.03.2013 - 6 UF 2/13 - FamRZ 2013, 1982.
[42] OLG Köln v. 25.11.1991 - 10 UF 105/91 - juris Rn. 18, 19 - FamRZ 1992, 322 ff.
[43] OLG Stuttgart v. 27.10.1989 - 18 UF 256/89 - FamRZ 1990, 1260, 1261; zum Streitstand OLG Naumburg v. 18.09.1997 - 3 UF 66/97 - FamRZ 1998, 1529.

Das OLG Stuttgart[44] führt hierzu überzeugend aus: 38
„Stehen verschiedene dingliche Rechte miteinander im Wettbewerb, so hat es darauf anzukommen, welches Recht hinsichtlich der Befugnis, die Ehewohnung zu besitzen und sie zu nutzen, dem anderen Recht vorgeht. Was das dingliche Wohnrecht anbelangt, so kann dieses nach bürgerlichem Recht als beschränkte persönliche Dienstbarkeit in zweifacher Weise begründet werden, entweder unter Ausschluss des Eigentümers nach § 1093 BGB oder ohne Ausschluss desselben nach §§ 1090 bis 1092 BGB. Bevorrechtigt im Sinne von § 3 HausratsV ist daher zwar das ausschließliche Wohnungsrecht des einen Ehegatten nach § 1093 BGB gegenüber dem Eigentumsrecht des anderen Ehegatten, nicht aber auch die schlichte Wohnungsdienstbarkeit nach §§ 1090 bis 1092 BGB. Insoweit verbleibt es bei einer Regelung gemäß § 2 HausratsV."[45]

Damit wird die Anwendung von § 1568a Abs. 3 BGB bei konkurrierenden dinglichen Rechten die Ausnahme sein und eine Entscheidung nach Absatz 1 zu erfolgen haben. 39

b. Unbillige Härte

Die Zuweisung an den dinglich nicht berechtigten Ehegatten ist an strengere Voraussetzungen geknüpft, nämlich dass die Überlassung notwendig ist, um eine unbillige Härte zu vermeiden. 40

An die Annahme einer unbilligen Härte sind **strenge Anforderungen** zu stellen. Wegen der grundsätzlichen **Unantastbarkeit des Eigentums** müssen besondere Umstände vorliegen, die den Auszug für den Nichteigentümer als außergewöhnlich schwere Beeinträchtigung erscheinen lassen, die nur durch Zuteilung der Wohnung vermieden werden kann.[46] Unerheblich ist, dass der andere Ehegatte die Wohnung dringender benötigt als der Eigentümer.[47] Umzugsbedingte Kosten und Unbequemlichkeiten und damit verbundene Einbußen an sozialen Bindungen werden regelmäßig hinnehmbar sein. Hierbei spielt das Alter der gemeinsamen Kinder eine entscheidende Rolle. Bei über 14-jährigen Kindern jedenfalls und ihrer zunehmenden Verselbständigung ist ein Umzug in eine neue Wohnung zumutbar.[48] 41

Finanzielle Erwägungen, wie die Mithaftung beider Ehegatten für die Hauskredite, sind ohne Hinzutreten weiterer belastender Umstände für eine Wohnungszuweisung ebenso wenig ausreichend[49] wie fehlende oder notdürftige Unterhaltszahlungen des Eigentümers. Die Zuweisung der Ehewohnung soll nicht zu einer Art Naturalunterhalt führen, die eine Unterhaltslücke schließt.[50] 42

Eine unbillige Härte kann durch verschiedenste **persönliche Umstände** begründet sein, wie das Alter, die gesundheitliche Verfassung (z.B. Rollstuhlfahrer) oder die Dauer der Wohnungsnutzung. Denkbar ist auch, dass der Nichteigentümer – vorübergehend – auf die berufliche Nutzung als Praxis oder Gewerbebetrieb angewiesen ist. Kann ein Ehegatte für sich und die von ihm betreuten gemeinsamen Kinder keine geeignete Wohnung finden, die für ihn erschwinglich ist, kann eine Zuweisung an ihn gerechtfertigt sein.[51] Häufig ist jedoch auch die Zubilligung einer großzügig bemessenen **Räumungsfrist** gemäß § 209 Abs. 1 FamFG ausreichend, um den Gegebenheiten am Wohnungsmarkt Rechnung zu tragen und die Belange des ausziehenden Ehegatten zu wahren. 43

c. Begründung eines befristeten Mietverhältnisses

Anders als beim Hausrat wird die Ehewohnung nicht zu Eigentum, sondern nur zum Gebrauch zugeteilt. Der weichende Ehegatte hat Anspruch auf Begründung eines Mietverhältnisses zu den ortsüblichen Bedingungen gemäß § 1568a Abs. 5 Satz 1 BGB. Aus Gründen der Verhältnismäßigkeit ist die Zuweisungsdauer gemäß § 1568a Abs. 5 Satz 2 BGB **zeitlich zu begrenzen**.[52] 44

---

[44] OLG Stuttgart v. 27.10.1989 - 18 UF 256/89 - FamRZ 1990, 1260, 1261.
[45] Ebenso OLG Naumburg v. 18.09.1997 - 3 UF 66/97 - FamRZ 1998, 1529.
[46] OLG Köln v. 25.11.1991 - 10 UF 105/91 - juris Rn. 20 - FamRZ 1992, 322; OLG Naumburg v. 02.08.2001 - 14 UF 85/01 - FamRZ 2002, 672; OLG Hamm v. 20.08.2003 - 11 UF 84/03 - FamRZ 2004, 888, 889.
[47] OLG Oldenburg v. 05.11.1996 - 12 UF 114/96 - FamRZ 1998, 571; OLG Köln v. 25.11.1991 - 10 UF 105/91 - juris Rn. 20 - FamRZ 1992, 322.
[48] OLG Köln v. 25.11.1991 - 10 UF 105/91 - juris Rn. 20 - FamRZ 1992, 322; OLG Oldenburg v. 05.11.1996 - 12 UF 114/96 - FamRZ 1998, 571.
[49] OLG Oldenburg v. 05.11.1996 - 12 UF 114/96 - FamRZ 1998, 571.
[50] OLG München v. 02.01.1995 - 12 UF 1346/94 - FamRZ 1995, 1205, 1206; OLG Hamm v. 20.08.2003 - 11 UF 84/03 - FamRZ 2004, 888, 889.
[51] OLG Köln v. 25.09.1995 - 21 UF 6/95 - FamRZ 1996, 492.
[52] OLG München v. 02.01.1995 - 12 UF 1346/94 - FamRZ 1995, 1205, 1205; OLG Hamm v. 20.08.2003 - 11 UF 84/03 - FamRZ 2004, 888, 889.

45 Dem Eigentümer darf nicht auf Dauer die Nutzung der Wohnung versagt werden, weil dies einer unzulässigen Enteignung gleichkäme. Das Mietverhältnis ist auf die Zeit zu befristen, in der dem anderen Ehegatten zugemutet werden kann, anderen angemessenen Wohnraum zu finden.[53]

d. Verbleib des Eigentümers

46 Im Regelfall wird jedoch ein Anspruch des Ehegatten auf Überlassung bestehen, in dessen Eigentum die Wohnung steht. Will er zukünftig die Ehewohnung allein bewohnen, muss er einen eigenen Antrag auf Überlassung und Räumung der Wohnung stellen. Nur die Zurückweisung des Antrages des anderen Ehegatten realisiert diesen Anspruch noch nicht. Dies ergibt sich als notwendige Konsequenz aus der Umgestaltung der Vorschrift zu einer Anspruchsgrundlage im Gegensatz zu einer auf reinen Billigkeitserwägungen beruhenden Gestaltungsbefugnis des Richters bei Entscheidungen nach der HausratsV.

47 Aber auch wenn dem **Nichteigentümer** die Ehewohnung nicht zugewiesen wird, kann ihm zur Vermeidung einer Härte eine **Räumungsfrist** bewilligt werden. Für diese Übergangszeit ist ein befristetes Mietverhältnis zu begründen, um den Eingriff in das Eigentum des anderen Ehegatten durch die Mietzinszahlung zu kompensieren.

48 Andererseits kann der weichende Ehegatte kein Nutzungsentgelt mit der Begründung verlangen, er habe erhebliche Wertsteigerungen an der Wohnung erbracht, die er jetzt nicht mehr nutzen könne. Ein Ausgleich hat regelmäßig im Zugewinnausgleichsverfahren zu erfolgen.[54]

4. Sonderfall: Dienstwohnung (Absatz 4)

49 Bewohnt ein Ehegatte auf Grund eines Dienst- oder Arbeitsverhältnisses eine Dienst- oder Werkwohnung, kann dem anderen Ehegatten diese Wohnung nur im Einverständnis mit dem Arbeitgeber zugewiesen werden, es sei denn, die Überlassung ist zur Vermeidung einer schweren Härte notwendig.

50 § 1568a BGB ersetzt § 4 HausratsV und passt den dortigen Regelungsinhalt an das Konzept der Neuregelung an, indem er die richterliche Ermessensentscheidung („soll") durch einen Anspruch auf den Abschluss eines Mietvertrages ersetzt. Die in der Praxis entwickelten besonderen Voraussetzungen für die Zuweisung gegen den Willen des Dritten werden im Erfordernis der schweren Härte zusammengefasst.[55]

51 Nach dem Wortlaut des § 1568a Abs. 5 BGB regelt dieser Absatz nur die Voraussetzungen eines Anspruchs auf Begründung eines Mietverhältnisses an der Dienstwohnung, nicht die Voraussetzungen der Wohnungsüberlassung. Diese unklare Formulierung rechtfertigt es jedoch nicht, die Wohnungsüberlassung nur im Innenverhältnis der Eheleute gemäß Absatz 1 zu regeln, ohne eine Mietvertragsänderung auszusprechen, wenn die engeren Voraussetzungen des Absatzes 5 nicht vorliegen.[56] Dies widerspräche der Grundkonzeption des § 1568a BGB, der nur die Fortsetzung oder Begründung eines Mietverhältnisses als Rechtsfolge vorsieht, gerade aber nicht die Begründung eines Nutzungsverhältnisses. Da Absatz 5 im Übrigen den Regelungsgehalt von § 4 HausratsV übernehmen sollte, ist eher von einer ungenauen Gesetzesformulierung auszugehen. Bereits die Überlassungsentscheidung ist an die engen Voraussetzungen des Absatzes 4 zu knüpfen.

a. Dienst- oder Werkwohnung

52 Werkwohnungen werden mit Rücksicht auf ein bestehendes Arbeitsverhältnis vermietet. Hierunter fallen **Werkmietwohnungen** (§ 576 BGB), **Werkdienstwohnungen** (§ 576b BGB) oder **Bergarbeiterwohnungen**, die aus öffentlichen Mitteln auf Grund des Gesetzes zur Förderung des Bergarbeiterwohnungsbaus im Kohlenbergbau (in der Fassung v. 25.07.1997) gefördert werden. Dagegen ist eine **Wohnung mit genossenschaftlicher Bindung** einer Werkwohnung nicht gleichzustellen. Ihre Überlassung ist nicht nur unter den einschränkenden Voraussetzungen des Absatzes 4 möglich, sondern kann gemäß § 1568a Abs. 1 BGB erfolgen.[57]

---

[53] OLG Köln v. 25.09.1995 - 21 UF 6/95 - FamRZ 1996, 492.
[54] OLG München v. 26.07.2007 - 16 UF 1164/07 - OLGR München 2007, 847; *Kieninger*, jurisPR-FamR 5/2008, Anm. 4.
[55] BT-Drs. 16/10798, S. 22.
[56] So aber die Erwägungen von *Götz/Brudermüller*, NJW 2008, 3025, 3029 und FamRZ 2009, 1261, 1263 f.
[57] KG v. 17.07.1984 - 17 UF 1727/84 - FamRZ 1984, 1242; OLG München v. 05.06.1991 - 2 UF 1550/89 - FamRZ 1991, 1452, 1453.

Bei einer **Werkmietwohnung** besteht neben dem Arbeitsverhältnis ein selbständiger Mietvertrag, wobei als Vermieter entweder der Arbeitgeber selbst oder ein zu ihm in Beziehung stehender Dritter auftritt. Allerdings bekommt eine Wohnung nicht bereits dadurch den Charakter einer Werkwohnung, dass Vermieter (zufällig) der Arbeitgeber ist. 53

Bei **Werkdienstwohnungen** ist die Überlassung des Wohnraumes Bestandteil des Dienst- oder Werkvertrages und Teil der Vergütung. Häufig befindet sich die Wohnung in räumlicher Nähe zum Arbeitsplatz, beispielsweise bei einer Hausmeister- oder Verwalterwohnung. 54

Der Charakter als Werkwohnung muss **zur Zeit der Entscheidung** bestehen. Ist in diesem Zeitpunkt das Arbeitsverhältnis bereits beendet und die Wohnung unabhängig vom Arbeitsverhältnis weiter überlassen worden oder ist die Bindung als Werkwohnung aufgehoben, sind die Einschränkungen des § 1568a Abs. 4 BGB als Ausnahmeregelung nicht mehr zu beachten.[58] 55

b. Schwere Härte

Liegt ein Einverständnis des Diensthern nicht vor, kann dem Ehegatten, der nicht bei ihm beschäftigt ist, die Wohnung nur überlassen werden, wenn dies zur Vermeidung einer schweren Härte geboten ist. Diese gesteigerte Abstufung zur unbilligen Härte in Absatz 2 soll der besonderen Zweckbindung der Wohnungsüberlassung im Verhältnis zwischen Diensthern und Dienstverpflichteten Rechnung tragen.[59] 56

Eine schwere Härte kann vorliegen, wenn aufgrund der beengten Einkommensverhältnisse kaum ein anderer Vermieter bereit wäre, mit dem anderen Ehegatten ein Mietverhältnis einzugehen.[60] Vorrangige Gründe zugunsten des anderen Ehegatten können außerdem gesundheitliche Beeinträchtigungen des Ehegatten selbst[61] oder des gemeinsamen Kindes[62] sein, die eine Veränderung des gewohnten Lebensumfeldes nicht zulassen, oder wenn die Wohnung gerade für diesen Ehegatten behindertengerecht umgestaltet worden ist. 57

Voraussetzung einer anderweitigen Zuweisung ist jedoch immer, dass die Fortsetzung des Arbeitsverhältnisses für den betriebsangehörigen Ehegatten nicht unmöglich oder unzumutbar erschwert wird.[63] 58

Die Überlassung der Wohnung an den anderen Ehegatten ist bei **Bergarbeiterwohnungen** wegen der öffentlich-rechtlichen Bindung **grundsätzlich unzulässig**. Diese Zweckbindung bleibt auch für ehemalige Arbeitnehmer des Kohlebergbaus, die ihre Beschäftigung aufgrund von Zechenstilllegungen verloren haben, erhalten.[64] 59

III. Rechtsfolgen

Bei der Wohnungszuweisung an einen Ehegatten sieht § 1568a Abs. 3 Nr. 1 und Abs. 5 BGB – je nach ursprünglicher Gestaltung des Mietverhältnisses – die Fortsetzung oder Begründung eines Mietverhältnisses vor. Hat nur der weichende Ehegatte den Mietvertrag geschlossen, tritt der andere in das von ihm eingegangene Mietverhältnis ein. Haben die Eheleute die Wohnung gemeinsam angemietet, setzt der Ehegatte, dem die Wohnung überlassen wird, das Mietverhältnis allein fort. Die **gesetzliche Nachfolgeregelung** orientiert sich an den Bestimmungen der §§ 563, 563a BGB und entspricht der bisherigen Vorschrift des § 5 Abs. 1 Satz 1 HausratsV. Die frühere Möglichkeit, die Wohnung aufzuteilen, ist nicht mehr vorgesehen. 60

1. Fortsetzung eines Mietverhältnisses (Absatz 3)

Aus der Formulierung „fortsetzen" bzw. „eintreten" ergibt sich, dass eine **Umgestaltung nur bezüglich der Vertragsparteien**, nicht aber auch hinsichtlich des übrigen Vertragsinhaltes erfolgt. Eine Änderung der Miethöhe, der Zahlungsmodalitäten oder der Kündigungsfristen ist nicht möglich. 61

---

[58] OLG Hamburg v. 23.12.1981 - 2 UF 191/81 H - FamRZ 1982, 939; AG Duisburg-Hamborn v. 20.11.2001 - 19 F 149/01 - FamRZ 2002, 1715; a.A. OLG Frankfurt v. 28.10.1990 - 1 UF 89/90 - FamRZ 1991, 838.
[59] BT-Drs. 16/10798, S. 22.
[60] AG Ludwigshafen v. 13.01.1995 - 5d F 304/94 - FamRZ 1995, 558.
[61] OLG Frankfurt v. 27.11.1991 - 3 UF 38/91 - FamRZ 1992, 695 - fast blinde Ehefrau; AG Kerpen v. 11.12.1996 - 52 F 174/96 - FamRZ 1997, 1344 f. - psychisch kranke Ehefrau.
[62] AG Ludwigshafen v. 13.01.1995 - 5d F 304/94 - FamRZ 1995, 558.
[63] BayObLG v. 06.10.1969 - BReg 2 Z 21/69 - NJW 1970, 329; AG Ludwigshafen v. 13.01.1995 - 5d F 304/94 - FamRZ 1995, 558.
[64] OLG Hamm v. 27.10.1980 - 8 UF 497/80 - FamRZ 1981, 183.

62 Außer auf Mietwohnungen ist § 1568 Abs. 3 BGB analog auf **mietähnliche Verträge** wie Pacht oder Leihe anwendbar. Von der Regelung umfasst werden auch **Genossenschaftswohnungen** und Wohnungen, deren Nutzung an die Mitgliedschaft in einem Verein (etwa Kleingärtnerverein) gekoppelt ist.[65] Unter Abwägung aller Umstände kann eine solche Wohnung auch dem Ehegatten zugewiesen werden, der keine Genossenschaftsanteile hält bzw. Vereinsmitglied ist.[66]

2. Stellung des Vermieters

63 Nach § 204 FamFG ist der Vermieter am Zuweisungsverfahren **förmlich zu beteiligen**, da in seine Rechtsstellung eingegriffen wird. Seine Zustimmung ist für eine Wohnungszuweisung regelmäßig nicht erforderlich. Seine Einwände gegen die Fortführung des Mietverhältnisses mit einem Ehegatten können jedoch in die Billigkeitserwägungen einfließen (vgl. Rn. 32), müssen aber nicht den Ausschlag geben.

64 Gemäß § 1568a Abs. 3 Satz 2 BGB hat er ein **Sonderkündigungsrecht** nach § 363 Abs. 4 BGB, d.h. er kann das Mietverhältnis außerordentlich kündigen, wenn in der Person des Eintretenden ein wichtiger Grund vorliegt. Weitere Schutzanordnungen (wie z.B. die Stellung einer Kaution oder Bürgschaft oder die Beibehaltung der gesamtschuldnerischen Haftung für einen angemessenen Zeitraum) sind anders als in § 5 Abs. 2 Satz 2 HausratsV nicht vorgesehen. Eine angedachte Ergänzung in § 209 Abs. 1 Sätze 2 und 3 FamFG (Erlass von Anordnungen zur Sicherung von Vermieteransprüchen) wurde nicht realisiert.

65 Hier liegt eine praxisrelevante Problematik der Neuregelung. Die Wohnungszuweisung wird häufig gerade an den finanziell schwächeren Ehegatten erfolgen, der aufgrund des Zusammenlebens mit minderjährigen Kindern, seines Alters oder Gesundheitszustandes oder seiner Einkommensverhältnisse besonders auf den Verbleib in der Wohnung angewiesen ist. Dies birgt für den Vermieter ein großes wirtschaftliches Risiko,[67] das bislang durch begleitende Schutzanordnungen abgefedert werden konnte. Wenn er bereits im Wohnungszuweisungsverfahren seine Einwände erfolglos geltend gemacht hat, wird er jetzt versuchen, mit seinem Sonderkündigungsrecht durchzudringen. Die familienrechtliche Problematik wird in den Räumungsprozess verlagert.[68] Das nunmehr vorgesehene Sonderkündigungsrecht des Vermieters konterkariert so wesentliche Ziele, die mit der Wohnungszuweisung verfolgt werden, insbesondere den Schutz der im Haushalt lebenden Kinder.[69] Die vielschichtigen Schwierigkeiten und zu regelnden Teilbereiche, die bei der Auflösung einer Partnerschaft auftreten, werden durch die sehr formale mietrechtliche Lösung zu wenig berücksichtigt.[70]

66 Damit stellt sich die Frage, ob nicht von einer Zuweisung der Wohnung generell abgesehen werden sollte, wenn seitens des Vermieters durchgreifende Argumente gegen einen Ehegatten sprechen. Diese Gewichtung widerspricht jedoch den normierten Zuweisungsvoraussetzungen, die sich vorrangig daran orientieren, wer nach dem Verhältnis der Eheleute stärker auf die Wohnung angewiesen ist.

3. Begründung eines Mietverhältnisses (Absatz 5)

67 Besteht bislang an der Ehewohnung kein Mietverhältnis, kann im Zuweisungsverfahren ein solches zugunsten eines Ehegatten begründet werden. Dem können folgende **Fallgestaltungen** zugrunde liegen:
- Die Ehewohnung steht im Alleineigentum des weichenden Ehegatten oder im Miteigentum beider,
- die Eheleute bewohnen die Wohnung (aufgrund verwandtschaftlicher Beziehungen zu den Eigentümern) unentgeltlich,
- das Mietverhältnis wurde zwischenzeitlich durch Kündigung beendet.

68 Die Regelung ersetzt und konkretisiert § 5 HausratsV. Bei Verfahren nach der Hausratsverordnung war nach billigem Ermessen von Amts wegen ein angemessener Mietzins festzulegen. Entsprechend der neuen Konzeption als Anspruchsgrundlage ist auch für die Begründung eines Mietverhältnisses ein entsprechender **Antrag** erforderlich.

---

[65] OLG München v. 05.06.1991 - 2 UF 1550/89 - FamRZ 1991, 1452; BVerfG v. 09.10.1991 - 1 BvR 1106/91 - NJW 1992, 106; BT-Drs. 16/10798, S. 22.
[66] Zu den Schwierigkeiten vgl. Rn. 78 ff.; *Götz/Brudermüller*, NJW 2008, 3025, 3027.
[67] Stellungnahme des Bundesrates BT-Drs. 16/10798, S. 30.
[68] *Götz/Brudermüller*, FamRZ 2009, 1261, 1263.
[69] Stellungnahme des Bundesrates BT-Drs. 16/10798, S. 30.
[70] Ausführlich *Götz/Brudermüller*, NJW 2008, 3025, 3028.

a. Mietvertrag nach den ortsüblichen Bedingungen

Der **Ehegatte**, dem die Ehewohnung zugewiesen wurde, hat Anspruch auf Begründung eines Mietvertrages zu den ortsüblichen Bedingungen. Der Mietvertrag schützt den berechtigten Ehegatten bei einem Verkauf der Wohnung (§ 566 BGB), insbesondere bei Miteigentum der Eheleute im Hinblick auf eine mögliche Teilungsversteigerung.

Die zuletzt beschlossene Fassung des § 1568a Abs. 5 BGB sieht in Ergänzung vorheriger Entwürfe auch einen **Anspruch der zur Vermietung berechtigten Person** auf Abschluss eines Mietvertrages vor.

Im Regelfall ist die **ortsübliche Vergleichsmiete** zuzüglich der Nebenkosten[71] festzusetzen. Sie kann jedoch im Einzelfall unterschritten werden, um den persönlichen und wirtschaftlichen Verhältnissen der Beteiligten Rechnung zu tragen. Ein niedrigerer als der marktübliche Mietzins kann angemessen sein, wenn der in der Wohnung verbliebene, wirtschaftlich erheblich schlechter gestellte Ehegatte neben seinem eigenen auch den Wohnbedarf der gemeinsamen Kinder zu befriedigen hat.[72] Solche Erwägungen können jedoch nicht durchgreifen, wenn der Vermieter nicht mit dem Barunterhaltspflichtigen identisch ist oder der volle Kindesunterhalt gezahlt wird, in dem ein Wohnkostenanteil bereits enthalten ist.[73] Ebenso ist der objektive Mietwert festzusetzen, wenn auch der die Wohnung überlassende Alleineigentümer in wirtschaftlich beengten Verhältnissen lebt und gleichzeitig sämtliche Hauslasten alleine trägt. Ist der verbliebene Ehegatte finanziell zur Zahlung dieser Miete nicht in der Lage, muss ein unvermeidbarer Umzug vorbereitet werden.[74]

Ist das Mietverhältnis durch Kündigung eines Ehegatten oder durch Vereinbarung mit dem Vermieter vorzeitig beendet worden, kann das Mietverhältnis mit rückwirkender Kraft zu den alten Vertragsbedingungen wieder begründet werden,[75] solange die Wohnung noch nicht weitervermietet wurde. Wurde jedoch die Wohnung durch den Vermieter wirksam gekündigt und steht sein Herausgabeanspruch fest, scheidet die Neubegründung eines Mietverhältnisses grundsätzlich aus.[76]

Mit der Begründung eines Mietverhältnisses gelten die allgemeinen mietrechtlichen Vorschriften, insbesondere der gesetzliche **Kündigungsschutz**. Auch nach gerichtlicher Zuweisung der Ehewohnung bleibt eine Eigenbedarfskündigung des Vermieters möglich. Sie hat keinen Einfluss auf die Zuweisungsentscheidung, weil es nicht Aufgabe des Gerichts im Hausratsverfahren ist, über (bereits anhängige) Räumungsprozesse zu entscheiden.[77]

b. Miteigentum der Ehegatten

Steht die Wohnung zumindest im Miteigentum des weichenden Ehegatten, ist nunmehr in § 1568a Abs. 5 BGB geregelt, dass er als eine „zur Vermietung berechtigte Person" den Abschluss eines Mietvertrages mit der Folge eines **Mietzinsanspruchs** verlangen kann. Die bislang streitige Frage nach der Anspruchsgrundlage für eine Nutzungsentschädigung und der daraus folgenden Zuständigkeit ist damit geklärt.[78] Probleme können sich ergeben, wenn kein Ehegatte den Abschluss eines Mietvertrages verlangt. Dann scheidet nach der Intention des Gesetzgebers auch ein Anspruch auf Nutzungsentschädigung gemäß § 745 Abs. 2 BGB aus.[79]

Besteht zwischen den geschiedenen Ehegatten Einigkeit über die Nutzung der früheren Ehewohnung, die im Miteigentum der Ehegatten steht, so bestimmt sich der Anspruch auf Leistung einer Nutzungsentschädigung jedoch nach § 745 Abs. 2 BGB, denn § 1568a BGB stellt nur dann eine Sonderregelung gegenüber dem allgemeinen Anspruch aus § 745 Abs. 2 BGB dar, wenn sich die Ehegatten nicht über die Nutzung der Wohnung einig sind.[80]

---

[71] OLG Frankfurt v. 17.09.2008 - 6 UFH 1/08.
[72] BayObLG v. 21.12.1976 - BReg 1 Z 87/76 - juris Rn. 75 - FamRZ 1977, 467, 472.
[73] *Brudermüller* in: Palandt, 73. Aufl., § 1568a Rn. 14.
[74] OLG Bremen v. 31.03.2010 - 4 WF 32/10 zu § 1361b BGB.
[75] OLG Hamburg v. 23.12.1981 - 2 UF 191/81 H - FamRZ 1982, 939, 940; KG v. 17.07.1984 - 17 UF 1727/84 - FamRZ 1984, 1242, 1243.
[76] *Götz/Brudermüller*, FamRZ 2009, 1261, 1264; *Brudermüller* in: Palandt, 73. Aufl., § 1568a Rn. 20.
[77] KG v. 17.07.1984 - 17 UF 1727/84 - FamRZ 1984, 1242, 1243.
[78] Vgl. zum bisherigen Streitstand *Leis*, jurisPR-FamR 2/2008, Anm. 5; OLG München v. 17.04.2007 - 2 UF 1607/06 - FamRZ 2007, 1655; OLG Brandenburg v. 14.02.2008 - 13 W 4/08 - NJW 2008, 1603; *Götz/Brudermüller*, NJW 2008, 3025, 3029 f. und FamRZ 2009, 1261, 1265.
[79] A.A. *Brudermüller* in: Palandt, 73. Aufl., § 1568a Rn. 9.
[80] OLG Stuttgart v. 25.07.2012 - 7 W 41/11 - FamRZ 2012, 33, 34; AG Detmold v. 02.08.2013 - 33 F 158/12 - juris Rn. 25.

76 Bei Miteigentum der Ehegatten ist darauf zu achten, dass die zu zahlende Miete nur nach dem halben Mietwert zu bemessen ist.[81] Gleiches gilt bei hälftiger Aufteilung der Hausverbindlichkeiten zwischen den Eheleuten.

77 Anders als nach der früheren Rechtslage kann auch dann nicht von der Festsetzung eines Mietzinses abgesehen werden, wenn die Überlassung der Wohnung und der damit verbundene Wohnwert bereits in die Unterhaltsberechnung eingeflossen sind. § 1568a Abs. 5 BGB sieht solche Billigkeitserwägungen nicht vor, so dass in jedem Fall eine Miete festzusetzen ist. Wurde der Wohnwert in die Unterhaltsberechnung einbezogen, kann der Wohnungsnutzer der Mietforderung ein Zurückbehaltungsrecht entgegenhalten.[82]

c. Keine Begründung eines Nutzungsverhältnisses

78 Nach dem Gesetzeswortlaut ist eine andere Gestaltung, wie z.B. die Begründung eines (entgeltlichen oder unentgeltlichen) Nutzungsverhältnisses im Innenverhältnis der Eheleute nicht vorgesehen. Da das Mietrecht ein solches Nutzungsverhältnis nicht kennt, wäre eine diesbezügliche Regelung systemwidrig.[83]

79 **Unter Geltung der Hausratsverordnung** konnte sich die interne Gestaltung durch Begründung eines Nutzungsverhältnisses insbesondere bei Miteigentum beider Ehegatten und einer anstehenden Auflösung der Miteigentumsgemeinschaft durch Zwangsversteigerung anbieten. Bei einem zuvor begründeten Mietverhältnis und der Geltung der mietrechtlichen Vorschriften würde die Eigennutzung des Erwerbers über die §§ 57 ff. ZVG erschwert und damit die Verwertungschancen vermindert.[84] Bei einem Nutzungsverhältnis finden dagegen Mieterschutzvorschriften, insbesondere § 566 BGB keine Anwendung. Die Begründung eines Nutzungsverhältnisses nur zwischen den Eheleuten wäre auch dann vorteilhaft, wenn der Vermieter erhebliche Einwände gegen einen Ehegatten hat, diesem aber dennoch die Ehewohnung zugewiesen werden soll (vgl. Rn. 65 f.).

80 Der Gesetzesentwurf der Bundesregierung[85] stellt demgegenüber verstärkt auf den notwendigen Schutz des berechtigten Ehegatten bei Verkauf oder Teilungsversteigerung der Ehewohnung ab und betont seine rechtlich gewünschte Absicherung über § 566 BGB. Durch die **alleinige rechtliche Gestaltungsmöglichkeit eines Mietverhältnisses** wird in Ausnahmefällen eine einzelfallbezogene, sachgerechte Alternative ausgeschlossen. Dies wird jedoch angesichts der deutlichen Gesetzesintention hinzunehmen sein.

81 Problematisch ist die mietrechtliche Lösung auch im Bereich der Genossenschaftswohnung. Ist der Eintretende nicht Mitglied der Genossenschaft, wird eine Zuweisung selten von langem Bestand sein.[86]

d. Befristung des Mietverhältnisses

82 Das zu begründende Mietverhältnis kann unter den Voraussetzungen des § 575 BGB und unter Berücksichtigung der Vermieterinteressen befristet werden, wenn ein unbefristetes Mietverhältnis unbillig wäre. Dies ist insbesondere bei folgenden Fallgestaltungen denkbar:
- Die Wohnung wird (vorübergehend) an den nicht dinglich Berechtigten überlassen (§ 1568a Abs. 2 BGB).
- Dem weichenden Ehegatten wird eine Räumungsfrist eingeräumt. Für die Übergangszeit ist ein befristetes Mietverhältnis zu begründen.
- Bei der Überlassung einer Dienstwohnung an den nicht dienstverpflichteten Ehegatten kann eine Befristung zur Wahrung der berechtigten Interessen des Dienstherrn angemessen sein.

Bei der Dauer der Befristung sind die Interessen des berechtigten Ehegatten an dem dauerhaften Verbleib in der Wohnung und des Eigentümers an einer anderen Verwendung oder Verwertung der Ehewohnung angemessen zu gewichten.[87]

---

[81] OLG Celle v. 25.06.1991 - 18 UF 12/91 - FamRZ 1992, 465, 466; OLG München v. 17.04.2007 - 2 UF 1607/06 - FamRZ 2007, 1655.

[82] *Götz/Brudermüller*, FamRZ 2009, 1261, 1264, *Brudermüller* in: Palandt, 73. Aufl., § 1568a Rn. 21.

[83] BT-Drs. 16/10798, S. 22.

[84] AG Charlottenburg v. 11.12.1979 - 146 F 6646/79 - FamRZ 1980, 1136; OLG Celle v. 25.06.1991 - 18 UF 12/91 - FamRZ 1992, 465, 466.

[85] BT-Drs. 16/10798, S. 22.

[86] *Götz/Brudermüller*, NJW 2008, 3025, 3027.

[87] BT-Drs. 16/10798, S. 23.

4. Begleitende Anordnungen

Entsprechend der Regelung des bisherigen § 15 HausratsV sollen gemäß § 209 Abs. 1 FamFG mit der Endentscheidung weitere geeignete Anordnungen getroffen werden, die der Durchführung der Zuweisung der Ehewohnung und deren Vollstreckung dienen. Eine nachträgliche Ergänzung der Anordnungen ist grundsätzlich nicht möglich. Bei wesentlichen Veränderungen kann jedoch eine Abänderung gemäß § 48 Abs. 1 FamFG beantragt werden. Die Einschränkung des § 17 Abs. 1 HausratsV, dass die Abänderung zur Vermeidung einer unbilligen Härte erforderlich ist, ist weggefallen. 83

a. Räumungsanordnung

Die Wohnungszuweisung allein stellt keinen **Räumungstitel** dar. Um die Vollstreckung der Zuweisungsentscheidung sicherzustellen, muss zusätzlich eine Räumungsanordnung gegen den zum Auszug verpflichteten Ehegatten ergehen. Sie kann auch gegenüber einem in der Wohnung lebenden Dritten, beispielsweise Lebensgefährten, ausgesprochen werden. Bei der Vollstreckung wird der unterlegene Ehegatte aus dem Besitz gesetzt und der andere in den Besitz eingewiesen (§ 885 ZPO). 84

Hierbei ist die Räumungspflicht einschränkend dahin gehend zu präzisieren, dass diese nicht die **in der Wohnung befindlichen Sachen** betrifft und sich eine eventuelle Räumungsvollstreckung abweichend von § 885 ZPO nicht darauf erstreckt.[88] Ein Titel auf Räumung einer Wohnung bedeutet nämlich grundsätzlich, dass der Schuldner die Wohnung zu verlassen und die darin befindlichen Sachen wegzuschaffen hat, so dass nunmehr dem Gläubiger der Besitz an der leeren (= geräumten) Wohnung zusteht. Um eine derartige Räumung kann es nicht gehen, wenn die Ehewohnung, die von beiden Ehegatten bewohnt wird und in der sich der gemeinsame Hausrat befindet, einem Ehegatten zur alleinigen Nutzung zugewiesen wird. Ist ein Ehegatte verpflichtet, aus der Ehewohnung auszuziehen, hat er lediglich das Recht und die Pflicht, seine persönlichen Sachen sowie die in seinem Alleineigentum stehenden Haushaltsgegenstände mitzunehmen.[89] 85

Aus einer Wohnungszuweisung gemäß § 1568a BGB kann nur der begünstigte Ehegatte vollstrecken. Für den Vermieter ist die Entscheidung über die Wohnungszuweisung an einen Ehegatten kein Räumungstitel gegen den anderen. Der Anspruch ist im Übrigen auf das Rechtsverhältnis zwischen Eheleuten beschränkt. Ein Dritter kann deswegen schon begrifflich nicht ihr Rechtsnachfolger sein, so dass die Umschreibung des Titels auf Dritte unzulässig ist.[90] 86

Zusätzlich kann dem ausziehenden Ehegatten untersagt werden, die Wohnung ohne Zustimmung des anderen Ehegatten nach der Räumung **wieder zu betreten**, und für den Fall der Zuwiderhandlung können **Zwangsmaßnahmen** gemäß § 890 ZPO angedroht werden.[91] Daran sollte insbesondere in Gewaltfällen gedacht werden. Da zukünftig auch bei längerer Trennung über 6 Monate hinaus die Zuständigkeit in allen Gewaltschutzsachen beim Familiengericht liegt, kann ein Betretungsverbot nicht nur als begleitende Anordnung auf § 209 Abs. 1 FamFG, sondern auch auf § 1 GewSchG gestützt werden. Dies hat den Vorteil der Strafbewehrung gemäß § 4 GewSchG. 87

b. Räumungsfrist

Dem weichenden Ehegatten kann eine angemessene Räumungsfrist gewährt werden. Sie bemisst sich vorrangig nach den Verhältnissen am örtlichen Wohnungsmarkt und der Erwartung, wie schnell angemessener Ersatzwohnraum gefunden werden kann. Weiterhin ist zu berücksichtigen, wie dringend der andere Ehegatte auf die Wohnung angewiesen ist[92] (etwa bei einem Auslandsaufenthalt[93]), ob der Umzug einen besonderen, das übliche Maß übersteigenden Aufwand darstellt oder ob die Interessen der Kinder eine verlängerte Räumungsfrist erfordern (Umzug im laufenden Schuljahr).[94] Unter Umständen ist eine Verlängerung der gewährten Frist über § 48 Abs. 1 FamFG möglich.[95] 88

---

[88] OLG Karlsruhe v. 06.09.1993 - 16 WF 123/93 - FamRZ 1994, 1185.
[89] LG Traunstein v. 04.09.2007 - 5 S 2332/07 - FamRZ 2008, 894.
[90] OLG Hamm v. 03.11.1986 - 1 UF 292/86 - FamRZ 1987, 509.
[91] OLG Karlsruhe v. 06.09.1993 - 16 WF 123/93 - FamRZ 1994, 1185.
[92] OLG Köln v. 25.11.1991 - 10 UF 105/91 - juris Rn. 21 - FamRZ 1992, 322.
[93] OLG München v. 02.01.1995 - 12 UF 1346/94 - FamRZ 1995, 1205, 1207.
[94] OLG München v. 02.01.1995 - 12 UF 1346/94 - FamRZ 1995, 1205 ff.
[95] Zu den mietrechtlichen Problemen vgl. *Götz/Brudermüller*, FamRZ 2009, 1261, 1265.

89 Der Lauf der Räumungsfrist beginnt erst **mit Rechtskraft** der Entscheidung. Bei erfolgloser Einlegung eines Rechtsmittels kann dem unterlegenen Ehegatten nicht vorgeworfen werden, die erstinstanzlich eingeräumte Frist nicht genutzt zu haben, weil er bei nicht ganz einfacher Rechtslage auf den Erfolg des Rechtsmittels oder eine zwischenzeitliche Einigung mit dem Ehepartner gehofft hat.[96]

90 Läuft die vom Gericht festgesetzte Räumungsfrist vor Eintritt der Rechtskraft ab, ist ein Antrag auf Einstellung der Zwangsvollstreckung unnötig und damit unzulässig.[97] Das Beschwerdegericht kann die Frist sachgerecht verlängern.

c. Weitere sachgerechte Anordnungen im Einzelfall

91 Ist lediglich ein Ehegatte Mieter der Ehewohnung, besteht die Gefahr, dass er das Mietverhältnis kündigt oder einen Aufhebungsvertrag schließt. War der andere Ehegatte vorübergehend ausgezogen und verlässt der verbliebene Ehegatte nach der Kündigung ebenfalls die Wohnung, so verliert sie den Charakter als Ehewohnung. Eine gerichtliche Zuweisung ist nicht mehr möglich. Um einem solchen Rechtsverlust vorzubeugen, kann im einstweiligen Rechtsschutz – nunmehr geregelt in den §§ 49-57 FamFG – ein **Kündigungsverbot** ausgesprochen werden.[98]

92 Ist dagegen der Ehegatte, der nicht Mieter ist, in der Wohnung verblieben, ist er ausreichend dadurch geschützt, dass auch gegen den Willen des Vermieters ein neues Mietverhältnis rückwirkend begründet werden kann.[99]

5. Formulierungsvorschläge

93 **Wohnungszuweisung**
Da es sich bei der Entscheidung der Wohnungszuweisung nicht mehr um einen richterlichen Gestaltungsakt handelt, sollte sich die Tenorierung[100] am gesetzlichen Wortlaut der Anspruchsgrundlage orientieren und wie folgt gefasst werden:
Der/die Antragsgegner(in) wird verpflichtet, der/dem Antragsteller(in) die Wohnung (genaue Adresse) zu überlassen.

94 **Umgestaltung des Mietverhältnisses**
Die Umgestaltung des Mietverhältnisses ist automatisch an die Wohnungsüberlassung gekoppelt. Der Tenor sollte aber zur Klarstellung auch diese deklaratorische Feststellung enthalten.

95 **Ehegatten als Mitmieter**
Die/der Antragsteller(in) setzt das Mietverhältnis der Parteien mit dem Vermieter ... hinsichtlich der Wohnung ... ab Rechtskraft der Entscheidung alleine fort.
Der/die Antragsgegner(in) scheidet ab diesem Zeitpunkt aus dem Mietverhältnis aus.

96 **Weichender Ehegatte ist alleinige Mietpartei**
Die/der Antragsteller(in) tritt in das Mietverhältnis über die Wohnung ... zwischen Vermieter und Antragsgegner(in) ein und führt dieses ab Rechtskraft der Entscheidung alleine fort.
Der/die Antragsgegner(in) scheidet ab diesem Zeitpunkt aus dem Mietverhältnis aus.

97 **Räumungsanordnung**
Dem/der Antragsgegner(in) wird aufgegeben, die Wohnung ... bis zum ... zu räumen und an die/den Antragsteller(in) herauszugeben.
Die Räumungsvollstreckung erstreckt sich nicht auf die in der Wohnung befindlichen beweglichen Sachen.

98 **Begründung eines Mietverhältnisses**
Zwischen der/dem Antragsteller(in) und ... (Eigentümer/Antragsgegner(in)) wird ab Rechtskraft der Entscheidung ein Mietverhältnis über die Wohnung ... begründet.
Die/der Antragsteller(in) hat an ... eine(n) monatliche(n) Mietzins von ... Euro zu zahlen.
Der/die Antragsgegner(in) hat die Wohnung bis zum ... zu räumen und an die/den Antragsteller(in) he-

---

[96] OLG Oldenburg v. 05.11.1996 - 12 UF 114/96 - juris Rn. 16 - FamRZ 1998, 571, 572.
[97] OLG Nürnberg v. 06.10.1999 - 11 UF 3353/99 - FamRZ 2000, 1104.
[98] OLG Dresden v. 06.08.1996 - 10 WF 206/96 - FamRZ 1997, 183 mit Anmerkung *Drescher/Coester*, FamRZ 1993, 249, 253.
[99] OLG Hamburg v. 23.12.1981 - 2 UF 191/81 H - FamRZ 1982, 939, 940; KG v. 17.07.1984 - 17 UF 1727/84 - FamRZ 1984, 1242, 1243.
[100] Sprachlich anders gefasster Vorschlag bei *Götz/Brudermüller*, FamRZ 2009, 1261, 1263 Fn. 15.

rauszugeben.
Die Räumungsvollstreckung erstreckt sich nicht auf die in der Wohnung befindlichen beweglichen Sachen.

6. Erlöschen des Anspruchs

Führen nicht die Ehegatten eine gerichtliche Klärung bezüglich der Ehewohnung herbei, bleiben Vermieter und Grundstückseigentümer, die selbst nicht antragsberechtigt sind, in Ungewissheit, welcher Ehegatte zukünftig ihr Mieter sein wird. Deswegen erlischt der Anspruch auf Umgestaltung bzw. Begründung eines Mietverhältnisses – und über den Wortlaut hinaus auch der Anspruch auf Wohnungsüberlassung nach Absatz 1[101] gemäß § 1568a Abs. 6 BGB, wenn er nicht binnen eines Jahres nach Rechtskraft der Scheidung rechtshängig gemacht wird. Diese Schutzvorschrift zugunsten Dritter erfüllt den gleichen Zweck wie § 12 HausratsV. 99

Die Jahresfrist ab Rechtskraft des Scheidungsurteils wird gewahrt, wenn der Antrag vor dem Prozessgericht erhoben und erst nach Fristablauf an das zuständige Familiengericht abgegeben wird. Dagegen reicht der Eingang bei einem örtlich unzuständigen Gericht nicht aus. 100

Im Einverständnis mit Vermieter oder Drittbeteiligten kann das Mietverhältnis auch nach Fristablauf mit Außenwirkung umgestaltet werden. Dieses Einverständnis kann bis zum Abschluss der Beschwerdeinstanz widerrufen werden. 101

Regelungen, die nur das **Innenverhältnis der Eheleute** betreffen und das Mietverhältnis als solches unberührt lassen, können auch ohne Zustimmung des Vermieters getroffen werden.[102] Denkbar ist eine Aufteilung hinsichtlich der Nutzung der Wohnung ohne bauliche Veränderungen und Festlegung der internen Pflicht zur anteiligen Zahlung des Mietzinses. Hat ein Ehegatte die Wohnung verlassen, kann er von dem verbliebenen Ehegatten verlangen, von seinen Verpflichtungen gegenüber dem Vermieter (z.B. Mietzinszahlungen, Schönheitsreparaturen, Hausreinigung) freigestellt zu werden.[103] 102

C. Prozessuales

I. Zuständigkeit (§§ 201, 202 FamFG)

Gemäß § 111 Nr. 5 FamFG sind Ehewohnungs- und Haushaltssachen, die ihrerseits in § 200 FamFG definiert sind, Familiensachen. Dies gilt auch für die Wohnungszuweisung unter Lebenspartnern, §§ 269 Abs. 1 Nr. 5, 111 Nr. 11 FamFG. 103

1. Sachliche Zuständigkeit

Die **sachliche Zuständigkeit des Familiengerichts** ist durch die Reform der freiwilligen Gerichtsbarkeit und des familiengerichtlichen Verfahrens erheblich ausgeweitet worden. Damit haben sich zwar einige Zuständigkeitsfragen geklärt. Manche bereits nach der früheren Rechtslage diskutierte Problematik[104] bleibt aber insbesondere für Verfahrensfragen relevant. Dies beruht auf der Unterscheidung des FamFG von **Familiensachen** (§ 111 FamFG) und **Familienstreitsachen** (§ 112 FamFG) und der daraus folgenden anzuwendenden Verfahrensordnung. Beispielsweise gilt nur für Ehewohnungs- und Haushaltssachen i.S.v. § 200 FamFG, die ihre Anspruchsgrundlage in den §§ 1568a und 1568b BGB haben, der Amtsermittlungsgrundsatz. Dagegen werden sonstige Familiensachen i.S.v. § 266 Abs. 1 Nr. 3 FamFG, die Familienstreitsachen sind, von der Partei- und Dispositionsmaxime (§ 113 Abs. 1 Satz 2 FamFG i.V.m. ZPO) bestimmt und es besteht Anwaltszwang. 104

Die Zuständigkeit des Familiengerichts endet mit der Wohnungszuweisung. Für Anschlussstreitigkeiten zwischen den Eheleuten sind sie nicht mehr zuständig. 105

Haben etwa die Ehegatten dem Vermieter gemäß § 1568a Abs. 3 Nr. 1 BGB mitgeteilt, dass einer von ihnen in der Wohnung verbleibt, so ist mit Zugang dieser Mitteilung an den Vermieter dieser automatisch alleiniger Mieter der Wohnung geworden. Kommt der ausgezogene Ehegatte danach zurück und setzt sich durch Schlossaustausch in den Besitz der Wohnung, ist für die Besitzschutzklage nach § 861 106

---

[101] *Götz/Brudermüller*, FamRZ 2009, 1261, 1265.
[102] OLG München v. 10.06.1986 - 4 UF 18/86 - FamRZ 1986, 1019.
[103] OLG München v. 10.06.1986 - 4 UF 18/86 - FamRZ 1986, 1019; OLG Hamburg v. 18.05.2001 - 8 U 177/00 - juris Rn. 11 - NJW-RR 2001, 1012.
[104] So bei Streit der Ehegatten über Wirksamkeit und Inhalt einer Einigung. Vgl. hierzu: *Götz/Brudermüller*, FamRZ 2009, 1261, 1267; *Brudermüller* in: Palandt, 73. Aufl., Einf. v. § 1568a Rn. 4.

BGB nicht mehr das Familiengericht zuständig. Die Streitigkeit im Zusammenhang mit Scheidung oder Trennung war mit der Mitteilung an den Vermieter beendet.[105] Auf Grundlage von § 1568a BGB kann mangels Rechtsschutzbedürfnis keine Wohnungszuweisung mehr verlangt werden.

2. Örtliche Zuständigkeit

107 § 201 FamFG regelt die **örtliche Zuständigkeit** im Sinne einer sich von Ziffer 1 nach Ziffer 4 ausschließenden Rangfolge. Die Vorschrift entspricht der bisherigen Reihenfolge in § 11 Abs. 1 und 2 HausratsV i.V.m. § 606 ZPO. Vorrangig ist das Gericht der Ehesache örtlich zuständig. Diese ausschließliche Zuständigkeit gilt auch dann, wenn sich die Ehesache mittlerweile in der Berufungsinstanz befindet und bleibt auch bestehen, wenn die Anhängigkeit der Ehesache nachträglich endet, etwa durch Antragsrücknahme oder Rechtskraft der Scheidung (perpetuatio fori). Nachrangige Zuständigkeiten können durch den Ort der gemeinsamen Wohnung, den gewöhnlichen Aufenthaltsort des Antragsgegners und schließlich den des Antragstellers begründet werden.

108 Wird nachträglich eine **Ehesache** bei einem anderen Gericht **rechtshängig**, so ist die Ehewohnungssache von Amts wegen an dieses Gericht abzugeben, § 202 FamFG. Der Abgabebeschluss ist bindend und unanfechtbar. Ausnahmsweise entfaltet der **Abgabebeschluss** keine **Bindungswirkung**, wenn er schlechthin einer materiell-rechtlichen Grundlage entbehrt und so nicht nur fehlerhaft, sondern willkürlich ist,[106] auf einer greifbaren Gesetzeswidrigkeit oder auf offensichtlich schweren Verfahrensfehlern beruht,[107] wie etwa der Verletzung rechtlichen Gehörs.[108]

109 Weiterhin besteht der allgemeine Grundsatz, dass eine Entscheidung nur insoweit bindend ist, wie sie nach ihrem objektiven Gehalt binden will. Geht das abgebende Gericht irrtümlich davon aus, bei dem anderen Gericht sei eine Ehesache rechtshängig, entfällt deswegen ebenfalls die Bindungswirkung.[109]

110 Anders als in § 201 Nr. 1 FamFG ist auf die Rechtshängigkeit und nicht bereits auf die Anhängigkeit der Ehesache abzustellen. Diese Regelung entspricht der bisherigen § 11 Abs. 3 HausratsV und § 621 Abs. 3 ZPO. Es ist deswegen davon auszugehen, dass die Konzentrationsmaxime wie bisher nur so lange gilt, wie das Ehewohnungsverfahren sich noch in der ersten Instanz befindet. Danach verbleibt es auch bei späterer Rechtshängigkeit der Ehesache bei einem anderen Gericht bei der Zuständigkeit des Beschwerdegerichts.

II. Antrag (§ 203 FamFG)

111 § 203 FamFG stellt klar, dass Ehewohnungs- und Haushaltssachen weiterhin nur auf Antrag eines Ehegatten eingeleitet werden. Drittbeteiligte (z.B. Vermieter) sind nicht antragsbefugt.[110] Da § 1568a BGB nunmehr als Anspruchsgrundlage ausgestaltet ist, reicht ein bloßer Zurückweisungsantrag nicht, um dem Antragsgegner die Wohnung zu überlassen. Eine anwaltliche Vertretung ist nicht erforderlich, weil es sich nicht um eine Familienstreitsache handelt.

112 Der Antrag ist **nicht fristgebunden**, kann aber in Ausnahmefällen verwirkt sein,[111] wenn ein Ehegatte ihn längere Zeit nicht geltend macht (Zeitmoment) und der andere aufgrund der eingetretenen „Funkstille" davon ausgehen konnte, dass von einer weiteren Geltendmachung abgesehen wird (Umstandsmoment). Bei der Wohnungszuweisung ist zu beachten, dass nach Ablauf eines Jahres nach Rechtskraft der Scheidung ohne das Einverständnis des Vermieters nicht mehr in seine Rechtsposition eingegriffen werden darf, § 1568a Abs. 6 BGB.

113 Nach § 209 Abs. 3 FamFG soll in Ehewohnungssachen die Angabe enthalten sein, ob **Kinder im Haushalt** der Ehegatten leben. Dies stellt sicher, dass frühzeitig eine sachgerechte Beteiligung des Jugendamtes veranlasst werden kann, und stärkt so die Belange der minderjährigen Kinder. Die Unterrichtung des Jugendamtes dient einerseits der Unterstützung und Beratung der Eltern und Kinder hinsichtlich der Ausübung des Umgangsrechtes (§ 18 Abs. 3 SGB VIII), andererseits kann es auch zur weiteren Sachaufklärung eingeschaltet werden (§ 50 SGB VIII).

---

[105] AG Berlin-Tempelhof-Kreuzberg v. 13.04.2010 - 178 F 7737/10 - NJW 2010, 2445.
[106] Zu weitgehend KG v. 13.12.2007 - 2 AR 60/07 - NJW-RR 2008, 809; kritisch hierzu *Leis*, jurisPR-FamR 16/2008, Anm. 7.
[107] OLG Köln v. 16.10.1979 - 21 WF 136/79 - FamRZ 1980, 173, 174.
[108] OLG Köln v. 07.10.1991 - 17 W 365/91 - FamRZ 1992, 971.
[109] BGH v. 27.03.1996 - XII ARZ 1/96 - NJW-RR 1996, 897.
[110] BayObLG v. 13.07.1956 - 2 Z 26/56 - NJW 1957, 62.
[111] OLG Naumburg v. 07.06.2001 - 3 UF 50/01 - FamRZ 2002, 672 (Ls); OLG Naumburg v. 24.01.2007 - 3 UF 24/07 - FamRZ 2007, 1579.

III. Beteiligte (§§ 204, 205 FamFG)

1. Rechtsstellung der Beteiligten

In Ergänzung zu § 7 FamFG regelt § 204 FamFG, wer am Verfahren förmlich zu beteiligen ist. Nach § 7 Abs. 4 FamFG müssen potenzielle Beteiligte über das Verfahren und ihr Antragsrecht informiert werden. 114

Durch die Einbeziehung in das Verfahren erhalten die Beteiligten **rechtliches Gehör** und können abwägungsrelevante Fakten in das Verfahren einbringen. Insoweit dient dies auch der Sachaufklärung. Für sie besteht auch im Verbund und in der Beschwerdeinstanz kein Anwaltszwang, da es sich nicht um eine Familienstreitsache i.S.v. § 112 FamFG handelt (§ 114 Abs. 1 FamFG). Eine **mündliche Erörterung** mit ihnen ist nicht zwingend, kann jedoch im Hinblick auf eine angestrebte gütliche Regelung sachdienlich sein. Ein zwischen den Ehegatten geschlossener Vergleich ist nämlich nur wirksam und verfahrensbeendend, wenn der Beteiligte ihm zugestimmt hat. 115

Die Beteiligten sind gemäß § 59 FamFG **beschwerdebefugt**. Ist die Entscheidung nicht allen Beteiligten zugestellt worden, tritt keine Rechtskraft ein. Eine unterlassene Beteiligung kann im Rechtsmittelverfahren zur Aufhebung der Entscheidung und Zurückverweisung führen, um den Beteiligten keine Tatsacheninstanz zu nehmen.[112] 116

2. Notwendig Beteiligte

§ 204 Abs. 1 FamFG entspricht inhaltlich dem bisherigen § 7 HausratsV. Danach sind zu beteiligen: der Vermieter der Wohnung, der Grundstückseigentümer, der Dienstherr oder Arbeitgeber einer Werkwohnung und Personen, mit denen die Ehepartner oder einer von ihnen in Rechtsgemeinschaft stehen. Liegt ein Untermietverhältnis vor, sind sowohl der Hauptmieter als auch der Eigentümer zu beteiligen. 117

Ob eine Person mit einem Ehegatten hinsichtlich der Wohnung in **Rechtsgemeinschaft** steht, ist nach allgemeinen schuldrechtlichen oder sachenrechtlichen Kriterien zu beurteilen. Erforderlich ist ein unmittelbares eigenes Recht an der Sache.[113] Hierbei kommen der neue Ehegatte des in der Wohnung verbliebenen Partners oder ein Mitmieter in Betracht. 118

Nicht ausreichend ist eine **tatsächliche Betroffenheit** von der Wohnungszuweisung. Minderjährige **Kinder**, die keine eigenen Eigentumsrechte oder schuldrechtliche Besitzrechte an der Ehewohnung haben (beispielsweise als Miteigentümer einer Erbengemeinschaft, vertraglich verpflichtete Mitmieter oder Untermieter), sondern ihr Recht, die Wohnung mitzubenutzen, nur aus dem familienrechtlichen Unterhaltsanspruch gegenüber dem sorgeberechtigten Elternteil ableiten, stehen mit diesem hinsichtlich der Ehewohnung nicht in Rechtsgemeinschaft im Sinne von § 204 Abs. 1 FamFG.[114] 119

Aus dem gleichen Grund ist der neue Lebensgefährte nicht förmlich zu beteiligen. 120

§ 204 Abs. 1 FamFG enthält keine abschließende Regelung darüber, wer Beteiligter ist. Darüber hinaus kann sich eine **Beteiligtenstellung aus § 7 Abs. 2 Nr. 1 FamFG** ergeben. Darunter fallen Nießbraucher, der Erbbau- oder dinglich Wohnberechtigte und der Verpächter, in deren Rechte bei einer Regelung gemäß § 1568a Abs. 2 BGB eingegriffen wird. 121

3. Stellung des Jugendamtes

Das **Jugendamt** ist gemäß § 204 Abs. 2 FamFG in Ehewohnungssachen **auf seinen Antrag** zu beteiligen, wenn Kinder im Haushalt der Ehegatten leben. Diese „Zugriffslösung" auf Antrag ist flexibel und vermeidet unnötigen Verwaltungsaufwand bei Gerichten und Jugendämtern. Stellt das Jugendamt keinen Antrag, kann das Gericht es gleichwohl nach § 7 Abs. 3 FamFG hinzuziehen. 122

§ 205 Abs. 1 FamFG sieht eine **Anhörung des Jugendamtes** unabhängig vom voraussichtlichen Verfahrensausgang vor. Dies unterscheidet ihn von § 49a Abs. 2 FGG a.F., wonach dies nur bei zu erwartender ablehnender Entscheidung vorgesehen war. Die bloße Anhörung macht das Jugendamt nicht zu einem Verfahrensbeteiligten (§ 7 Abs. 6 FamFG). 123

---

[112] OLG Düsseldorf v. 05.10.1992 - 5 UF 102/92 - FamRZ 1993, 575.
[113] BayObLG v. 21.12.1976 - BReg 1 Z 87/76 - juris Rn. 44 - FamRZ 1977, 467 ff.
[114] BayObLG v. 21.12.1976 - BReg 1 Z 87/76 - juris Rn. 44 - FamRZ 1977, 467 ff.

§ 1568a

IV. Verfahrensgrundsätze

124 In Ehewohnungs- und Haushaltssachen gilt der **Amtsermittlungsgrundsatz** gemäß § 26 FamFG. Das Gericht hat von Amts wegen den Bestand des Hausrates, die Besitz- und Eigentumsverhältnisse sowie die für die Entscheidung maßgeblichen Umstände zu ermitteln. Gegebenenfalls sind hierzu die Ehegatten zu befragen und angebotene Beweise zu erheben. Der Vortrag kann nicht als unzureichend substantiiert oder lückenhaft zurückgewiesen werden.[115]

125 Die Pflicht zur Amtsermittlung wird durch **Mitwirkungspflichten der Ehegatten** ergänzt, die in § 27 FamFG nunmehr stärker als bisher betont werden. Soweit der Vortrag der Beteiligten keine Anhaltspunkte bietet, ist das Gericht nicht verpflichtet, allen denkbaren Möglichkeiten von Amts wegen nachzugehen.[116]

126 Die erforderlichen Beweise sind nach § 29 FamFG in geeigneter Form zu erheben. Die **Beweisaufnahme** kann im Strengbeweis oder Freibeweis erfolgen. Zeugenaussagen können formlos schriftlich angefordert werden, wenn es auf den persönlichen Eindruck nicht ankommt. Häufig wird sich die Augenscheinseinnahme bei einem Ortstermin anbieten.[117]

127 § 207 FamFG sieht für den Regelfall für beide Instanzen eine **mündliche Verhandlung** vor, die **nicht öffentlich** ist (§ 170 GVG). Auf sie kann nur ausnahmsweise verzichtet werden, wenn ein Einigungsversuch aussichtslos erscheint, es keiner weiteren Sachaufklärung bedarf oder wenn das Erscheinen eines Beteiligten im Verhältnis zum Wert des Objektes zu umständlich oder zu kostspielig erscheint.[118] Soweit – wie regelmäßig – das **persönliche Erscheinen** zur Sachaufklärung angeordnet ist, kann es gemäß § 33 Abs. 3 FamFG durch Ordnungsgeld oder Vorführung erzwungen werden.

128 In Gewaltfällen hat eine getrennte Anhörung der Beteiligten stattzufinden, falls dies zum Schutz einer Person oder aus anderen Gründen erforderlich ist (§ 33 Abs. 1 Satz 2 FamFG).

129 In der mündlichen Verhandlung ist den Ehegatten und übrigen Beteiligten rechtliches Gehör zu gewähren, und sie sind auf von ihnen nicht erwartete rechtliche Aspekte hinzuweisen.[119] Das Gericht soll auf eine gütliche Einigung hinwirken, § 36 Abs. 1 Satz 2 FamFG. Hierbei können auch Streitpunkte außerhalb des Ehewohnungsverfahrens geregelt werden.

V. Änderung der Entscheidung

130 Nach § 48 Abs. 1 Satz 1 FamFG können rechtskräftige **Entscheidungen mit Dauerwirkung** wie eine Wohnungszuweisung oder Hausratsteilung aufgehoben oder geändert werden, wenn sich die zugrunde liegende Sach- oder Rechtslage nachträglich wesentlich geändert hat. Die in § 17 Abs. 1 HausratsV genannte Einschränkung, dass dies zur Vermeidung einer unbilligen Härte notwendig sein muss, ist nicht mehr Voraussetzung einer Abänderung.

131 Die Abänderungsmöglichkeit nach § 17 HausratsV bestand nach Absatz 2 auch für gerichtliche Vergleiche und über seinen Wortlaut hinaus auch für außergerichtliche Vergleiche.[120] § 48 FamFG dürfte diese Abänderungsbefugnis ebenfalls umfassen.[121]

132 Die so ermöglichte Durchbrechung der Rechtskraft einer Entscheidung ist nur bei einer wesentlichen Änderung der entscheidungserheblichen Umstände gerechtfertigt. Geringfügige Veränderungen müssen hingenommen werden, auch wenn sie nicht vorhersehbar waren.

133 Eine Änderung ist **wesentlich**, wenn das Erstgericht bei Kenntnis der veränderten Umstände mit großer Wahrscheinlichkeit anders entschieden hätte,[122] z.B. wenn sich der Raumbedarf eines Ehegatten erhöht, weil er wegen einer Änderung der Sorgerechtsregelung nunmehr gemeinsame Kinder zu betreuen hat oder er sich wieder verheiratet. Oder wenn die Ehefrau entgegen der ursprünglichen Planung trotz Zuweisung der Ehewohnung von der ihr eingeräumten Nutzungsmöglichkeit keinen Gebrauch macht, da sich die gemeinsame Tochter aufgrund eines Angstsyndroms wegen der Erlebnisse anlässlich der Trennung weigert, die Ehewohnung zu betreten.[123]

---

[115] OLG Zweibrücken v. 19.08.1992 - 5 UF 191/91 - FamRZ 1993, 82, 83.
[116] KG v. 31.08.1990 - 2 Wx 35/90 - FamRZ 1991, 117, 118 zum Erbscheinsverfahren.
[117] KG v. 08.11.1990 - 16 WF 5430/90 - FamRZ 1991, 467; OLG Zweibrücken v. 19.08.1992 - 5 UF 191/91 - FamRZ 1993, 82, 83; OLG Bamberg v. 18.03.1996 - 7 UF 225/95 - juris Rn. 17 - FamRZ 1996, 1293; OLG Brandenburg v. 17.02.2000 - 9 UF 39/99 - juris Rn. 4 - FamRZ 2000, 1102.
[118] OLG Braunschweig v. 19.02.1980 - 2 UF 24/80 - FamRZ 1980, 568, 569.
[119] BVerfG v. 25.10.2001 - 1 BvR 1079/96 - FamRZ 2002, 451, 452.
[120] BGH v. 29.09.1993 - XII ZR 43/92 - FamRZ 1994, 98, 99.
[121] *Götz/Brudermüller*, FPR 2009, 38, 41.
[122] OLG Naumburg v. 18.12.2003 - 3 WF 190/03 - OLGR Naumburg 2004, 164.
[123] AG Lemgo v. 06.12.2005 - 9 F 476/05 - FamRZ 2006, 561.

Hierbei sind jedoch nur solche Umstände beachtlich, auf die das erstinstanzliche Gericht seine Entscheidung gestützt hat.[124]

Es muss **nachträglich eine nicht vorhergesehene** und bislang nicht berücksichtigte **Änderung** der tatsächlichen Verhältnisse eingetreten sein.[125] Hierzu reicht es nicht aus, dass unter Bezugnahme auf einen unveränderten Sachverhalt eine falsche rechtliche Würdigung bereits im Vorverfahren bekannter Tatsachen vorgetragen wird.[126] Das Verfahren des § 48 Abs. 1 FamFG dient nicht dazu, eine erneute Prüfung in rechtlicher Hinsicht zu ermöglichen.[127] Soweit eine Entwicklung hätte vorausgesehen werden können und insbesondere dann, wenn eine Änderung bereits in Erwägung gezogen worden ist, scheidet eine Abänderung aus.[128]

134

135

Die Vorschrift des § 48 Abs. 1 Satz 1 FamFG wird auch **ohne Änderung** der tatsächlichen Verhältnisse erweiternd anzuwenden sein, wenn sich die Erstentscheidung nachträglich als **grob unbillig** herausstellt, weil die Entscheidung im ersten Verfahren auf offensichtlich falschen Tatsachen beruht, ein Beteiligter sie arglistig erschlichen hat oder weil Umstände bekannt geworden sind, die eine Wiederaufnahme des Verfahrens rechtfertigen würden.[129]

136

VI. Wirksamkeit der Entscheidung

Beschlüsse in Ehewohnungs- und Haushaltssachen werden gemäß § 209 Abs. 2 Satz 1 FamFG **mit Rechtskraft** wirksam und sind nicht vorläufig vollstreckbar. Die Vorschrift entspricht § 16 Abs. 1 Satz 1 HausratsV. Ein Antrag auf Einstellung der Zwangsvollstreckung ist deswegen unnötig und mangels Rechtsschutzbedürfnisses unzulässig, wenn z.B. die vom Gericht festgesetzte Räumungsfrist vor Eintritt der Rechtskraft abläuft.[130]

137

Entgegen der bisherigen Rechtslage kann die **sofortige Wirksamkeit** in bestimmten Fällen angeordnet werden. Für Ehewohnungsverfahren nach § 1361b BGB und § 14 LPartG sieht dies § 209 Abs. 2 Satz 2 FamFG als Soll-Vorschrift vor. Damit erfolgt eine Gleichbehandlung mit den in § 2 GewSchG geregelten Fällen, die eine Vergleichbarkeit der Sachverhalte aufweisen. Mit Anordnung der sofortigen Wirksamkeit kann das Gericht auch die Zulässigkeit der Vollstreckung vor der Zustellung anordnen (§ 209 Abs. 3 FamFG).

138

VII. Kosten und Streitwert

Für **isolierte Verfahren** regelt § 81 Abs. 1 Satz 1 FamFG nunmehr allgemein, dass sowohl die Erstattung der außergerichtlichen Kosten als auch die Verteilung der Gerichtskosten nach billigem Ermessen erfolgt. Bei der **Ermessensentscheidung** sind insbesondere der Ausgang des Verfahrens, die wirtschaftlichen Verhältnisse und das Verhalten der Beteiligten im Prozess von Bedeutung.[131] Diese Erwägungen sind auch bei einer Erledigung des Rechtsstreits[132] oder Antragsrücknahme maßgeblich. Die Antragsrücknahme zieht regelmäßig, jedoch nicht notwendig,[133] die Kostentragungspflicht nach sich, es sei denn, die Beteiligten haben sich außergerichtlich anders geeinigt.

139

Andererseits ist aber auch zu berücksichtigen, dass bislang eine Erstattung außergerichtlicher Kosten in der Regel nicht stattfand, jeder Beteiligte also seine Kosten selbst zu tragen hatte. Die Auferlegung von Kosten im Hausratsverfahren bedurfte besonderer Rechtfertigung.[134] Insbesondere bei Streitigkei-

140

---

[124] OLG Karlsruhe v. 27.09.2000 - 2 UF 104/00 - FamRZ 2002, 1716 f.
[125] OLG Hamm v. 27.11.1987 - 10 WF 496/87 - FamRZ 1988, 645; OLG Zweibrücken v. 05.02.1999 - 5 UF 9/99 - FamRZ 2000, 1105; insgesamt zur Problematik: *Adolf-Kapgenoß*, jurisPR-FamR 24/2006, Anm. 4.
[126] OLG Köln v. 03.03.1997 - 14 WF 25/97 - FamRZ 1997, 892.
[127] OLG Dresden v. 31.03.2005 - 21 WF 214/05 - FamRZ 2005, 1581.
[128] AG Neustadt v. 26.09.2006 - 34 F 57/06 WH - FamRZ 2007, 920.
[129] OLG Hamm v. 27.11.1987 - 10 WF 496/87 - FamRZ 1988, 645; OLG Zweibrücken v. 05.02.1999 - 5 UF 9/99 - FamRZ 2000, 1105; OLG Bamberg v. 01.02.2000 - 7 UF 12/00 - FamRZ 2001, 691, 692; OLG Karlsruhe v. 27.09.2000 - 2 UF 104/00 - FamRZ 2002, 1716.
[130] OLG Nürnberg v. 06.10.1999 - 11 UF 3353/99 - FamRZ 2000, 1104.
[131] OLG Brandenburg v. 26.07.2001 - 10 WF 53/01 - FamRZ 2002, 1356.
[132] OLG Köln v. 08.08.2006 - 4 UF 118/06 - OLGR Köln 2007, 129.
[133] OLG Brandenburg v. 18.12.2006 - 10 WF 261/06: Abweichung von Kostenteilung trotz Antragsrücknahme nur, wenn das zurückgenommene Verfahren von vornherein eindeutig ohne Erfolgsaussicht war.
[134] OLG Köln v. 08.08.2006 - 4 UF 118/06 - OLGR Köln 2007, 129; OLG Brandenburg v. 18.12.2006 - 10 WF 261/06.

§ 1568a

ten unter Ehegatten ist hinsichtlich der Anordnung einer Kostenerstattung besondere Zurückhaltung geboten.[135] Diese Erwägung sollte weiterhin in die Kostenentscheidung einfließen.

141 Nach § 81 Abs. 4 FamFG können einem Dritten Kosten des Verfahrens nur auferlegt werden, soweit die Tätigkeit des Gerichts durch ihn veranlasst wurde und ihn ein grobes Verschulden trifft. Im Übrigen gehören die **Kosten des Drittbeteiligten** zu den Verfahrenskosten, über die nach § 81 FamFG zu entscheiden ist.

142 Für das **Verbundverfahren** gilt nach § 150 Abs. 1 FamFG der Grundsatz der Kostenaufhebung. Drittbeteiligte haben ihre Kosten grundsätzlich selbst zu tragen (Absatz 3), es sei denn, die Nichterstattung erscheint unbillig (Absatz 4).

143 Der **Streitwert** ist in § 48 FamGKG geregelt. Er beträgt in Ehewohnungssachen gemäß § 1568a BGB regelmäßig 4.000 € (Absatz 1). Ist diese Wertfestsetzung nach den besonderen Umständen des Einzelfalles unbillig, kann das Gericht gemäß § 48 Abs. 3 FamGKG einen höheren oder niedrigeren Wert festsetzen. Im Verfahren der einstweiligen Anordnung ist der Wert unter Berücksichtigung der geringeren Bedeutung gegenüber der Hauptsache regelmäßig auf die Hälfte festzusetzen, § 41 FamGKG.

---

[135] OLG Brandenburg v. 26.07.2001 - 10 WF 53/01 - FamRZ 2002, 1356; OLG Schleswig v. 18.02.2005 - 8 UF 99/04 - OLGR Schleswig 2005, 409.

§ 1568b BGB Haushaltsgegenstände

(Fassung vom 06.07.2009, gültig ab 01.09.2009)

(1) Jeder Ehegatte kann verlangen, dass ihm der andere Ehegatte anlässlich der Scheidung die im gemeinsamen Eigentum stehenden Haushaltsgegenstände überlässt und übereignet, wenn er auf deren Nutzung unter Berücksichtigung des Wohls der im Haushalt lebenden Kinder und der Lebensverhältnisse der Ehegatten in stärkerem Maße angewiesen ist als der andere Ehegatte oder dies aus anderen Gründen der Billigkeit entspricht.

(2) Haushaltsgegenstände, die während der Ehe für den gemeinsamen Haushalt angeschafft wurden, gelten für die Verteilung als gemeinsames Eigentum der Ehegatten, es sei denn, das Alleineigentum eines Ehegatten steht fest.

(3) Der Ehegatte, der sein Eigentum nach Absatz 1 überträgt, kann eine angemessene Ausgleichszahlung verlangen.

Gliederung

A. Grundlagen 1	5. Vorhandener Hausrat 53
I. Neuregelung zum 01.09.2009 1	III. Verteilungsgrundsätze (Absatz 1) 56
1. Verfahrensrecht 2	1. Kindeswohl 61
2. Materielle Grundlagen 3	2. Lebensverhältnisse der Ehegatten und
3. Ausgestaltung als Anspruchsgrundlage ... 7	Billigkeitserwägungen 64
II. Geltungsbereich 8	IV. Vermutung gemeinsamen Eigentums
1. Persönlicher und zeitlicher Geltungsbereich 8	(Absatz 2) 66
2. Vorrang vor Ansprüchen aus Eigentum oder	1. Zeitliche Begrenzung 69
Besitz 10	2. Begriff der Anschaffungen 71
3. Abgrenzung zu Zugewinnausgleichs-	3. Widerlegung der Vermutung 72
forderungen 15	V. Angemessene Ausgleichszahlung (Absatz 3) 73
B. Anwendungsvoraussetzungen 19	C. Prozessuales 76
I. Rechtsschutzbedürfnis für eine gerichtliche	I. Zuständigkeit (§§ 201, 202 FamFG) 76
Regelung 19	II. Antrag und Mitwirkungspflichten
II. Haushaltsgegenstände 24	(§§ 203, 206 FamFG) 82
1. Allgemeine Begriffsbestimmung 24	III. Verfahrensgrundsätze 90
2. Einzelfälle 28	IV. Wirksamkeit und Vollstreckung 95
3. Einbauküchen 36	V. Kosten und Streitwert 97
4. Kraftfahrzeuge 43	

A. Grundlagen

I. Neuregelung zum 01.09.2009

Die Vorschriften der HausratsV sind zum 01.09.2009 gemäß Art. 2 des Gesetzes zur Änderung des Zugewinnausgleichs- und Vormundschaftsrechtes aufgehoben worden. **1**

1. Verfahrensrecht

Entsprechende verfahrensrechtliche Vorschriften finden sich jetzt in den **§§ 200-209 FamFG** (Ehewohnungs- und Haushaltssachen). Die Auseinandersetzung von Wohnung und Hausrat erfolgt weiterhin in einem eigenen Verfahren, das zweckmäßig, schnell und einfach ausgestaltet sein soll und sich nicht an den von Parteiherrschaft bestimmten Grundsätzen der ZPO orientiert.[1] Terminologisch wird der Begriff des Hausrates von dem der **Haushaltsgegenstände** abgelöst, ohne dass damit inhaltliche Änderungen eintreten. Im Übrigen spricht das Gesetz nicht mehr von Wohnungszuweisungssachen, sondern von Ehewohnungsverfahren. **2**

2. Materielle Grundlagen

Die materiellen Voraussetzungen für Wohnungsüberlassung und Haushaltsteilung werden nunmehr im Scheidungsfolgenrecht des BGB in den **§§ 1568a und 1568b BGB** geregelt. Sie übernehmen im We- **3**

---

[1] BT-Drs. 16/10798, S. 12, 13.

sentlichen den materiellen Regelungsgehalt der HausratsV, so dass weiterhin auf die bisherige Rechtsprechung und Literatur zurückgegriffen werden kann. Die Vorschrift über die Ehewohnung wird – anders als in den §§ 1361a und 1361b BGB – vor der Regelung der Haushaltsgegenstände in das BGB eingefügt, weil sie den bedeutsameren Vermögensgegenstand betrifft.[2]

4   Einige Regelungen der HausratsV sind jedoch bei der Neugestaltung **nicht übernommen** worden.

5   Auf eine Bestimmung wie in § 9 HausratsV wurde verzichtet. Hausrat, der im Alleineigentum eines Ehegatten steht, kann dem anderen Ehepartner nicht überlassen werden. Es besteht kein Bedürfnis mehr für einen so starken Eingriff in das verfassungsrechtlich geschützte Eigentumsrecht eines Ehegatten,[3] da anders als in Zeiten kriegsbedingter Verknappung von Haushaltsgegenständen eine Ersatzbeschaffung ohne weiteres möglich ist.[4] Hausrat im Alleineigentum eines Ehegatten wird nur noch bei einem eventuellen güterrechtlichen Ausgleich berücksichtigt.

6   Auch eine § 10 HausratsV entsprechende Regelung ist nicht übernommen worden, also die Bestimmung des haftenden Ehegatten für Schulden, die im Zusammenhang mit der Anschaffung von Hausrat stehen. Insbesondere Absatz 1 der Bestimmung hatte bisher schon keine beachtenswerte praktische Bedeutung. Die Vorschrift ist auch nicht erforderlich, weil hausratsbezogene Schulden auf andere Weise rechtlich einfacher gewürdigt werden können. Wurden sie nicht verteilt, so mindern sie im Zugewinnausgleich das Endvermögen desjenigen Ehegatten, der im Außenverhältnis Schuldner ist.[5]

3. Ausgestaltung als Anspruchsgrundlage

7   In einem Rechtsstreit nach der HausratsV hat der Richter nach billigem Ermessen entschieden und dabei alle Umstände des Einzelfalles, insbesondere das Wohl der Kinder und die Erfordernisse des Gemeinschaftslebens, berücksichtigt. § 1568b BGB ist demgegenüber als Anspruchsgrundlage konzipiert, wobei jedoch die Anspruchsvoraussetzungen den Grundsätzen, die sich über §§ 2, 8 HausratsV herausgebildet haben, entsprechen sollen.

II. Geltungsbereich

1. Persönlicher und zeitlicher Geltungsbereich

8   In **persönlicher Hinsicht** treffen die §§ 1568a und 1568b BGB Regelungen anlässlich der Scheidung von Eheleuten. Über § 1318 Abs. 4 BGB gelten sie auch für den Fall der Eheaufhebung. Im Übrigen verweist § 17 LPartG für gleichgeschlechtliche Partnerschaften ebenfalls auf diese Vorschriften. Dagegen sind sie weder direkt noch analog bei der Auseinandersetzung einer nichtehelichen Lebensgemeinschaft anwendbar.[6]

9   Die §§ 1568a und 1568b BGB bezwecken eine **endgültige** Entscheidung bezüglich der Ehewohnung und der Haushaltsgegenstände für die Zeit nach Rechtskraft der Scheidung. Es wird eine dauerhafte Verteilung vorgenommen. Für die Trennungsphase treffen die §§ 1361a, 1361b BGB nur vorläufige Regelungen. In der Trennungszeit werden nur Besitz- und Nutzungsverhältnisse der Ehegatten geregelt, ohne eine abschließende Auseinandersetzung vorzunehmen.[7]

2. Vorrang vor Ansprüchen aus Eigentum oder Besitz

10   § 1568b BGB verdrängt als speziellere Vorschrift die allgemeinen Regelungen der §§ 985, 858 ff. BGB. Auch Ansprüche auf Teilhabe an einem Gegenstand im Miteigentum aus den §§ 743 Abs. 2, 745 Abs. 2 BGB werden von § 1568b BGB verdrängt.[8]

11   Ein auf **Eigentum** gestütztes Herausgabebegehren eines Ehegatten kann, soweit es sich um Hausrat handelt, nach der Trennung nicht mehr über § 985 BGB auf dem Zivilrechtsweg geltend gemacht wer-

---

[2] BT-Drs. 16/10798, S. 33.
[3] BT-Drs. 16/10798, S. 23.
[4] *Götz/Brudermüller*, FamRZ 2009, 1261, 1266.
[5] BT-Drs. 16/10798, S. 23.
[6] OLG Hamm v. 11.04.2005 - 4 WF 86/05 - FamRZ 2005, 2085; BGH v. 30.04.2008 - XII ZR 110/06 - NJW 2008, 2333.
[7] OLG Brandenburg v. 17.02.2000 - 9 UF 39/99 - juris Rn. 2 - FamRZ 2000, 1102.
[8] OLG Hamm v. 19.11.2010 - II-10 WF 240/10.

den.[9] Eine Klärung ist allein in der Haushaltssache möglich. Diese Konzentration aller Streitigkeiten, die Haushaltsgegenstände betreffen, entspricht der Praktikabilität und Prozesswirtschaftlichkeit.

Diese Einschränkung kann jedoch nur insoweit gelten, wie der Anwendungsbereich von § 1568b BGB reicht. Haushaltsgegenstände im Alleineigentum eines Ehegatten können – anders als unter der Geltung der HausratsV – dem anderen Ehegatten nicht mehr zugewiesen werden. Für einen auf Alleineigentum gestützten Herausgabeanspruch bleibt § 985 BGB anwendbar.

Entsprechendes gilt, wenn keine Aufteilung des Hausrats, sondern nur die Rückführung von einzelnen Gegenständen und die Wiederherstellung der früheren **Besitzverhältnisse** begehrt werden.[10] Zur Vermeidung mehrerer Prozesse mit ggf. widersprüchlichen Ergebnissen verdrängen selbst bei einer „eigenmächtigen Hausratsteilung" durch verbotene Eigenmacht die Spezialregelungen der Hausratsteilung den Besitzschutzanspruch nach § 861 BGB.[11] Wenn damit im Ergebnis die verbotene Eigenmacht im Haushaltsverfahren sanktionslos bleibt und sich in diesem Sinne „das Faustrecht durchsetzt", ist diese Verfahrensweise dennoch vorzuziehen. Sie ermöglicht es, alsbald und umfassend über den Hausrat insgesamt zu entscheiden und den Rechtsfrieden dauerhaft wieder herzustellen. Dagegen wäre eine Hausratsrückführung nach § 861 BGB aus rein possessorischen Gründen oftmals nur zur kurzfristigen Herstellung der alten Besitzverhältnisse geeignet; eine anschließende Korrektur über das Hausratsverfahren oft absehbar.

Unabhängig von der Streitfrage, ob possessorische Ansprüche überhaupt außerhalb der Hausratsteilung geltend gemacht werden können, ist mit Inkrafttreten des FamFG jedenfalls immer das Familiengericht zuständig.[12] Gemäß § 266 Abs. 1 Nr. 3 FamFG sind sonstige Familiensachen solche Verfahren, die Ansprüche zwischen miteinander verheirateten oder ehemals miteinander verheirateten Personen im Zusammenhang mit Trennung oder Scheidung betreffen. Dies umfasst Besitzschutzansprüche bei verbotener Eigenmacht gemäß §§ 858 ff. BGB.

3. Abgrenzung zu Zugewinnausgleichsforderungen

Hausrat unterliegt nicht dem Zugewinnausgleich.[13] § 1568b BGB ist – wie früher die HausratsV auch – eine Sonderregelung[14] für die Verteilung von Haushaltsgegenständen. Dies ist konsequent, da bei Verteilung des Hausrates die gesamten Haushaltsgegenstände bewertet und einem gerechten Interessenausgleich zugeführt werden.

Diese Ausschließlichkeit gilt natürlich nur für solche Gegenstände, die auch der Haushaltsteilung unterliegen. Haushaltsgegenstände, die im Alleineigentum eines Ehegatten stehen, können künftig nicht mehr dem anderen Ehepartner zugewiesen werden. Eine in § 9 HausratsV vorgesehene Übereignung an den Nichteigentümer wurde bei der Neuregelung des § 1568b BGB nicht übernommen. Hausrat im Alleineigentum eines Ehegatten unterfällt nur noch einem eventuellen güterrechtlichen Ausgleich.[15]

Unabhängig von der rechtlichen Zuordnung steht es den Ehegatten jedoch frei, einen Gegenstand einer der beiden Ausgleichsregelungen – Haushaltssache oder Zugewinnausgleich – einverständlich zuzuordnen. Haben sie eine einvernehmliche Haushaltsteilung vor dem Stichtag der §§ 1384, 1387 BGB vorgenommen, bestehen im Allgemeinen auch keine Zuordnungsprobleme (mehr). In einem solchen Fall ist davon auszugehen, dass es dem Willen der Parteien entspricht, dass die vermögensrechtliche

---

[9] BGH v. 13.10.1982 - IVb ZB 154/82 - FamRZ 1982, 1200; BGH v. 14.03.1984 - IVb ARZ 59/83 - FamRZ 1984, 575; OLG Köln v. 24.10.1986 - 4 WF 193/86 - FamRZ 1987, 77, 78; OLG Zweibrücken v. 30.01.1991 - 2 UF 87/90 - FamRZ 1991, 848.

[10] BGH v. 22.09.1982 - IVb ARZ 32/82 - FamRZ 1982, 1200; OLG Saarbrücken v. 19.08.2009 - 9 W 257/09 - OLGR Saarbrücken 2009, 953; a.A. OLG Bamberg v. 14.09.1992 - SA 11/92 - FamRZ 1993, 335, 336.

[11] BGH v. 22.09.1982 - IVb ARZ 32/82 - FamRZ 1982, 1200; OLG Düsseldorf v. 04.02.1986 - 5 UF 257/85 - FamRZ 1987, 483; OLG Düsseldorf v. 05.07.1993 - 3 WF 70/93 - FamRZ 1994, 390, 391; OLG Karlsruhe v. 17.05.2006 - 16 UF 220/05 - FamRZ 2007, 59 mit einer Zusammenfassung des Streitstandes; kritisch *Simon*, jurisPR-FamR 20/2006, Anm. 2; *Friederici*, jurisPR-FamR 9/2006, Anm. 6; differenzierend OLG Frankfurt/M v. 04.06.2002 - 2 UF 80/02 - FamRZ 2003, 47, 48; a.A. OLG Bamberg v. 14.09.1992 - SA 11/92 - FamRZ 1993, 335, 336; OLG Koblenz v. 26.04.2007 - 9 UF 82/07 - FamRZ 2008, 63.

[12] So bereits OLG Koblenz v. 26.04.2007 - 9 UF 82/07 - FamRZ 2008, 63 vor der Gesetzesänderung für Besitzschutzansprüche.

[13] OLG Karlsruhe v. 10.12.1981 - 16 UF 142/81 - FamRZ 1982, 277; BGH v. 01.12.1983 - IX ZR 41/83 FamRZ 1984, 144 -148; OLG Düsseldorf v. 18.07.1991 - 3 WF 97/91 - FamRZ 1992, 60.

[14] BT-Drs. 16/10798, S. 24.

[15] BT-Drs. 16/10798, S. 23.

§ 1568b

Auseinandersetzung bezüglich aller erfassten Haushaltsgegenstände eine abschließende ist und dass das gefundene Ergebnis der Hausratsteilung nicht etwa im Zugewinnausgleich (teilweise) wieder korrigiert wird.[16]

18 Aus der Anwendbarkeit unterschiedlicher Verfahrensordnungen folgt, dass die Geltendmachung von Ansprüchen auf Hausratsteilung und Zugewinn in einem einheitlichen Verfahren grundsätzlich unzulässig ist. Eine Ausnahme besteht nur für den Scheidungsverbund gemäß § 137 FamFG. Nur in seinem gesetzlich festgelegten Rahmen darf für den Fall der Scheidung eine Regelung der dem FamFG und der ZPO unterliegenden Sachen gleichzeitig herbeigeführt werden.[17]

B. Anwendungsvoraussetzungen

I. Rechtsschutzbedürfnis für eine gerichtliche Regelung

19 Einer Entscheidung in der Haushaltssache bedarf es nur, wenn sich die Ehegatten nicht über die Aufteilung der Haushaltsgegenstände einigen können. Ein Rechtsschutzbedürfnis ist Zulässigkeitsvoraussetzung für jedes gerichtliche Verfahren, auch wenn die Nichteinigung der Ehegatten – anders als in § 1 HausratsV – in § 203 FamFG nicht mehr ausdrücklich aufgenommen ist. Eine nur von einem Ehegatten behauptete Einigung stellt ein **Verfahrenshindernis** dar und ist durch das Familiengericht aufzuklären.[18]

20 Das Haushaltsverfahren ist nur dann entbehrlich, wenn die Eheleute ihre Rechtsverhältnisse in jeder Hinsicht so **umfassend und vorbehaltlos** geregelt haben, dass eine richterliche Entscheidung insgesamt überflüssig ist. Das Verfahren bleibt zulässig, solange auch nur über einen Gegenstand keine Einigung erzielt wurde.[19] **Teilvereinbarungen** sind durch das Gericht zu beachten, das dann nur noch über die ungeteilten restlichen Haushaltsgegenstände entscheidet.[20] Eine solche einvernehmliche teilweise Aufteilung des Hausrats ist in die gerichtliche Abwägung über den Rest einzubeziehen, um eine insgesamt ausgewogene Gesamtregelung zu treffen.[21]

21 Besteht Streit, ob ein Ehegatte den Hausrat oder Teile davon ohne oder nur gegen eine Ausgleichszahlung erhalten soll, liegt ohne nähere Anhaltspunkte keine wirksame Teilungsvereinbarung vor.[22]

22 Haben die Ehegatten während der Trennungszeit eine Zuteilung getroffen, ist dies im Zweifel nur als Benutzungsregelung, nicht aber als endgültige Haushaltsteilung anzusehen.[23] Für eine endgültige Auseinandersetzung nach Rechtskraft der Scheidung besteht auch dann noch ein Rechtsschutzbedürfnis, wenn ein Ehegatte die geforderten Gegenstände zwar bereits in Besitz hat, sie aber im gemeinsamen Eigentum der Eheleute stehen. Die begehrte Überlassung zu Alleineigentum ist nur über § 1568b Abs. 1 BGB möglich.[24]

23 Die Klärung der Wirksamkeit oder des konkreten Inhalts der Einigung ist im Haushaltsverfahren gemäß § 1568b BGB zu klären. Demgegenüber ist ein Streit über die Durchsetzung eines gerichtlichen oder außergerichtlichen Vergleichs über die Verteilung der Haushaltsgegenstände als sonstige Familiensache i.S.d. §§ 266 Abs. 1 Nr. 3, 112 FamFG zu qualifizieren[25] und ist damit Familienstreitsache.

---

[16] OLG Bremen v. 04.06.2007 - 4 WF 74/07 - OLGR Bremen 2007, 588.
[17] OLG Naumburg v. 18.09.2006 - 3 WF 154/06 - FamRZ 2007, 920.
[18] OLG Zweibrücken v. 19.08.1992 - 5 UF 191/91 - FamRZ 1993, 82, 83.
[19] OLG Hamm v. 14.03.1990 - 10 WF 36/90 - FamRZ 1990, 1126.
[20] OLG Naumburg v. 04.09.2003 - 8 UF 211/02 - FamRZ 2004, 889; OLG Hamm v. 14.03.1990 - 10 WF 36/90 - FamRZ 1990, 1126; OLG Dresden v. 29.05.2000 - 20 WF 0209/00 - juris Rn. 10 - FamRZ 2001, 173; OLG Frankfurt/Main v. 10.01.1983 - 5 UF 158/82 - FamRZ 1983, 730.
[21] OLG Bamberg v. 01.12.2000 - 7 UF 212/00 - juris Rn. 13 - FamRZ 2001, 1316 (Ls).
[22] OLG Frankfurt/Main v. 10.01.1983 - 5 UF 158/82 - FamRZ 1983, 730; OLG Karlsruhe v. 15.04.1987 - 2 UF 7/87 - FamRZ 1987, 848, 849.
[23] OLG Köln v. 20.03.2001 - 22 U 157/00 - FamRZ 2002, 322.
[24] OLG Naumburg v. 29.07.2004 - 14 WF 126/04 - OLGR Naumburg 2005, 73 f.
[25] OLG Dresden v. 29.05.2000 - 20 WF 0209/00 - juris Rn. 13 - FamRZ 2001, 173; OLG Karlsruhe v. 12.11.2002 - 2 WF 93/02 - juris Rn. 12 - FamRZ 2003, 621; OLG Karlsruhe v. 14.09.2006 - 2 WF 189/05 - FamRZ 2007, 407; *Götz/Brudermüller*, FamRZ 2009, 1261, 1267; *Brudermüller* in: Palandt, 73. Aufl., Einf. v. § 1568a Rn 4.

II. Haushaltsgegenstände

1. Allgemeine Begriffsbestimmung

Der Begriff der Haushaltsgegenstände ist weit gefasst und entspricht dem in den §§ 1369, 1932 BGB. Hierzu gehören alle beweglichen Gegenstände, die nach den Vermögens- und Lebensverhältnissen der Ehegatten und ihrer Kinder üblicherweise für die Wohnung, die Hauswirtschaft und das Zusammenleben der Familie, einschließlich der Freizeitgestaltung, bestimmt sind, also der **gesamten Lebensführung** dienen. Die Zuordnung zum Hausrat wird durch die tatsächliche Verwendung bei der gemeinsamen Lebensführung getroffen. Damit scheiden Gegenstände, die als Kapitalanlage, für den Beruf eines Ehegatten oder zu seinem persönlichen Gebrauch bestimmt sind, von vornherein aus der Verteilung aus.[26] Für die Widmung ist die tatsächliche Nutzung entscheidend, ohne dass es auf das ursprüngliche Anschaffungsmotiv ankommt.[27]

24

Anschaffungen **nach der Trennung** oder für das Getrenntleben dienen gerade nicht der gemeinsamen Lebensführung und können daher bereits begrifflich nicht zu den Haushaltsgegenständen gezählt werden.[28]

25

Haushaltsgegenstände dienen nicht nur der Befriedigung materieller Bedürfnisse des häuslichen Lebens, sondern umfassen auch Objekte zur **Ausstattung der Wohnung**. Auch Gegenstände von hohem Wert einschließlich kostbarer Kunstgegenstände zählen zum Hausrat, wenn sie ihrer Art nach als Haushaltsgegenstände geeignet sind und nach dem konkreten Lebenszuschnitt der Ehegatten und ihrer Nutzung tatsächlich als solche dienen.[29]

26

Wertvolle Kunstobjekte und antike Möbel, die nach Qualität und Wert Ausstattungsgegenstände üblicher Art übersteigen, können darunter fallen,[30] wenn sie nicht ausschließlich als Kapitalanlage angeschafft worden sind. Bei **Antiquitäten** bedarf es stets des näheren Vortrages dazu, inwieweit sie tatsächlich für die gemeinsame Lebensführung genutzt worden sind.[31]

27

2. Einzelfälle

Zu den Haushaltsgegenständen gehört die **gesamte Ausstattung** der Wohnung mit Mobiliar und Dekorationsgegenständen, ebenso die Einrichtung eines gemeinsam genutzten Wochenendhauses.[32]

28

Hierunter fallen im Einzelnen:

29

- **Möbel** einschließlich Gartenmöbel, Teppiche, Gardinen, Lampen, Bilder, Bett- und Tischwäsche,
- sämtliche **Küchen- und Haushaltsgeräte**, einschließlich Herd, Kühlschrank und Geschirr sowie Waschmaschine und Trockner,
- Rundfunk-, **Fernseh-** und Videogeräte, DVD-Player, Receiver, d-Boxen, Tonträger, Filme, DVDs und Videos,
- **Bücher oder Computer**, die der Unterhaltung dienen und nicht beruflich von einem Ehegatten genutzt werden.

Grundsätzlich gehören auch **Vorräte** an Nahrungsmitteln, Heizmaterial und zum Verzehr bestimmte Tiere für den Familienkonsum (lebender Vorrat) zum Hausrat.[33] Eine differenzierende Betrachtung ist erforderlich, wenn über Vorräte zu befinden ist, die nicht zum baldigen Verbrauch angelegt worden sind. Ein **Weinkeller** beispielsweise kann den Charakter einer wertvollen Sammlung haben und ist dann einer Briefmarkensammlung ähnlich, die nicht der Hausratsteilung unterliegt.[34]

30

---

[26] BGH v. 01.12.1983 - IX ZR 41/83 - FamRZ 1984, 144, 146; BGH v. 14.03.1984 - IVb ARZ 59/83 - FamRZ 1984, 575; OLG Hamm v. 11.07.1989 - 7 UF 140/89 - FamRZ 1990, 54, 55.
[27] OLG Düsseldorf v. 15.05.1986 - 9 UF 207/85 - FamRZ 1986, 1132, 1133.
[28] OLG Naumburg v. 09.03.2009 - 8 WF 19/09 - NJW-Spezial 2009, 598 (Kurzwiedergabe).
[29] BGH v 14.03.1984 - IVb ARZ 59/83 - FamRZ 1984, 575; OLG Bamberg v. 01.07.1996 - 2 WF 48/96 - FamRZ 1997, 378, 379.
[30] OLG Köln v. 12.07.1995 - 11 U 36/95 - NJW-RR 1996, 904.
[31] OLG Brandenburg v. 25.07.2002 - 9 WF 118/02 - juris Rn. 12 - FamRZ 2003, 532.
[32] OLG Bamberg v. 14.09.1992 - SA 11/92 - FamRZ 1993, 335.
[33] OLG Naumburg v. 29.10.1999 - 3 UF 95/99 - FamRZ 2001, 481.
[34] *Quambusch*, FamRZ 1989, 691.

31 **Haustiere** können, auch wenn sie keine Sachen sind, den Haushaltsgegenständen zugerechnet werden. Zumindest sind die den Hausrat betreffenden Vorschriften auf sie entsprechend anwendbar.[35] Sie sind als Haushaltsgegenstände zu behandeln, wenn sie aus Liebhaberei gehalten werden.[36] Ist dagegen eine Gewinnerzielung beabsichtigt, beispielsweise als Nebenerwerb durch eine Pferdehaltung, ist § 1568b BGB nicht anwendbar.[37]

32 Da § 1568b BGB eine endgültige Regelung der Eigentumsverhältnisse anstrebt, kann über diese Vorschrift kein Umgangsrecht mit einem Tier durchgesetzt werden.[38]
Insbesondere ist die Zuweisung eines Hundes für wenige Stunden in der Woche, was einem Umgangsrecht gleichkommt, mit Sinn und Zweck einer Haushaltsteilung nicht vereinbar. Dem antragstellenden Ehegatten soll die Nutzung eines Haushaltsgegenstandes für seine Lebensbedürfnisse ermöglicht werden, aber keine vorübergehende Nutzung.[39]

33 Bei **Musikinstrumenten** ist je nach Nutzung zu unterscheiden. Von der Familie gemeinsam genutzte Instrumente sind Hausrat, nicht dagegen das nur von einem Ehegatten gespielte Klavier als Gegenstand persönlicher Lebensführung.[40]

34 Demgegenüber zählt **nicht zum Hausrat**, was ausschließlich den **beruflichen Zwecken** eines Ehegatten dient, wie Werkzeug, Fachliteratur sowie der überwiegend beruflich genutzte Computer, oder für den **persönlichen Gebrauch** nur eines Familienmitgliedes bestimmt ist. Hierzu gehört persönlicher Schmuck, Andenken und Anschaffungen für ein Hobby, wie Münz-[41] oder Briefmarkensammlung[42].

35 Die **Spielsachen** der Kinder dienen ausschließlich deren persönlichem Gebrauch und sind damit keine Haushaltsgegenstände.[43]

3. Einbauküchen

36 Einbauküchen sind nur dann Hausrat, wenn sie nicht durch den Einbau als **wesentlicher Bestandteil** des Gebäudes i.S.v. § 94 BGB oder als **Zubehör** des Hauses gemäß § 97 BGB anzusehen sind.

37 Die Rechtsprechung hat sich wiederholt mit der rechtlichen Einordnung einer Einbauküche befasst, wobei es unter Berufung auf die Verkehrsauffassung zu erheblichen **regionalen Unterschieden** kommt.[44] Ein Großteil der Oberlandesgerichte verneint sowohl die Eigenschaft als wesentlicher Bestandteil als auch als Zubehör, so das OLG Hamm für das westfälische Gebiet[45], das OLG Düsseldorf für den Bereich des Rheinlandes[46], das OLG Karlsruhe für den Raum Nordbaden[47].

38 Insbesondere das OLG Hamm führt hierzu überzeugend aus:[48]
„Dies ergibt sich beispielsweise daraus, dass der Erwerber eines „schlüsselfertigen" Hauses nicht die Erwartung hat, dort eine Einbauküche oder nur eine Kochstelle vorzufinden. So sind im westfälischen Raum in Baubeschreibungen derartiger Häuser oder Eigentumswohnungen regelmäßig lediglich die erforderlichen Küchenanschlüsse aufgeführt. Auch rechnet im westfälischen Raum der Erwerber einer Eigentumswohnung üblicherweise damit, dass der Voreigentümer die Einbauküche mitnimmt, sofern nicht eine Einigung über die Übernahme gegen ein besonderes Entgelt erzielt wird."

39 Demgegenüber sieht das OLG Celle[49] eine Einbauküche als wesentlichen Bestandteil eines Wohnhauses an, das OLG Nürnberg[50] hält auch eine Standardeinbauküche für Zubehör.

---

[35] OLG Zweibrücken v. 05.02.1998 - 2 UF 230/97 - FamRZ 1998, 1432; OLG Schleswig v. 21.04.1998 - 12 WF 46/98 - NJW 1998, 3127; OLG Bamberg v. 10.06.2003 - 7 UF 103/03 - FamRZ 2004, 559.

[36] OLG Celle v. 09.03.2009 - 15 WF 44/09 - FamRZ 2009, 1911.

[37] OLG Naumburg v. 29.10.1999 - 3 UF 95/99 - FamRZ 2001, 481.

[38] OLG Schleswig v. 21.04.1998 - 12 WF 46/98 - NJW 1998, 3127; OLG Bamberg v. 10.06.2003 - 7 UF 103/03 - FamRZ 2004, 559; a.A. AG Bad Mergentheim v. 19.12.1996 - 1 F 143/95 - NJW 1997, 3033.

[39] OLG Hamm v. 19.11.2010 - II-10 WF 240/10.

[40] AG Weilburg v. 26.05.1999 - 22 F 645/98 - FamRZ 2000, 1017 m.w.N.

[41] OLG Düsseldorf v. 01.07.1986 - 9 UF 145/85 - FamRZ 1986, 1143.

[42] OLG Hamm v. 08.01.1980 - 2 UF 344/79 - FamRZ 1980, 683, 685.

[43] LG Traunstein v. 04.09.2007 - 5 S 2332/07 - FamRZ 2008, 894 m.w.N. zum Streitstand.

[44] *Brudermüller* in: Palandt, 73. Aufl., § 1361a Rn. 6.

[45] OLG Hamm v. 15.05.1997 - 4 UF 491/96 - FamRZ 1998, 1028; OLG Hamm v. 24.11.1988 - 27 U 68/88 - NJW-RR 1989, 333.

[46] OLG Düsseldorf v. 19.07.1983 - 21 U 28/83 - MDR 1984, 51.

[47] OLG Karlsruhe v. 15.03.1985 - 15 U 86/84 - NJW-RR 1986, 19.

[48] OLG Hamm v. 15.05.1997 - 4 UF 491/96 - FamRZ 1998, 1028.

[49] OLG Celle v. 31.03.1989 - 4 U 34/88 - NJW-RR 1989, 913.

[50] OLG Nürnberg v. 02.04.2002 - 3 U 4158/01 - FamRZ 2003, 156.

Entscheidend ist im Einzelfall, ob sie den Raummaßen **besonders angepasst** ist, in welcher Weise sie mit dem Gebäude verbunden ist und ob sie mit ihm eine Einheit bildet.[51] 40

Bei handwerklichen **Anfertigungen nach Sondermaßen** verbunden mit technischen Vorkehrungen wie Einmauern o.Ä. spricht vieles für die Bejahung eines wesentlichen Bestandteils. Werden serienmäßige Einzelteile in tagelanger Arbeit von Fachleuten speziell für die Küche dieses Hauses zu einem „Ensemble" zusammengesetzt, kann davon ausgegangen werden, dass sie nach einem Ausbau nicht mehr in wirtschaftlich sinnvoller Weise wiederverwendet werden können.[52] Bei erheblichen baulichen Änderungen innerhalb der Wohnung und einer Anpassung der Schränke, die die Verwendung in einer anderen Wohnung ausschließen, qualifiziert auch das OLG Hamm ausnahmsweise eine Einbauküche als wesentlichen Bestandteil oder Zubehör.[53] 41

Teile, die ohne großen Aufwand und Beschädigung ausgebaut und an anderer Stelle neu wieder eingebaut werden können, sind Haushaltsgegenstände. Hierbei ist die Höhe der Montagekosten unerheblich.[54] 42

4. Kraftfahrzeuge

Ein Kraftfahrzeug ist nach allgemeinem Sprachgebrauch kein Haushaltsgegenstand.[55] Es ist nur ausnahmsweise Hausrat, wenn es aufgrund der gemeinsamen Zweckbestimmung der Eheleute überwiegend für das familiäre und eheliche Zusammenleben genutzt wird und im Wesentlichen nicht den persönlichen Zwecken nur eines Ehegatten dient.[56] Die Nutzung für die private Haushaltsführung kann in der Nutzung für Familieneinkäufe, zur Beförderung der gemeinsamen Kinder sowie für Schul- und Wochenendfahrten liegen. Auch Fahrten zur Arbeitsstätte können familiären Zwecken dienen, wenn auf dem Weg die Kinder zur Schule oder zum Kindergarten gebracht werden.[57] Wird der Pkw überwiegend für Fahrten zur Arbeitsstelle genutzt, spricht dies gegen seine Zuordnung zum Hausrat.[58] 43

Beruft sich ein Ehegatte auf die Zuordnung eines Pkws zum Hausrat, ist er hinsichtlich der Umstände, die diese rechtliche Ausnahme rechtfertigen, darlegungs- und beweispflichtig.[59] 44

Bei einem Pkw, der **sowohl beruflich als auch privat genutzt** wird, ist im Einzelnen umstritten, in welchem Umfang eine familiäre Nutzung erforderlich ist. Nach herrschender Meinung macht die bloße Mitbenutzung für familiäre Bedürfnisse das Fahrzeug noch nicht zu einem Haushaltsgegenstand.[60] Die Bewertung als „Familien-Pkw" und damit als Hausrat ist bei einer gemischten Nutzung zu beruflichen und familiären Zwecken vom Schwerpunkt der Nutzung abhängig.[61] 45

Das Fahrzeug muss nach der Zweckbestimmung beider Ehegatten ganz oder überwiegend in den Dienst des ehelichen und familiären Zusammenlebens gestellt sein.[62] Ähnliche Formulierungen finden sich in den Entscheidungen mehrerer Oberlandesgerichte, wonach der Pkw vorzugsweise[63] oder in grö- 46

---

[51] OLG Celle v. 31.03.1989 - 4 U 34/88 - NJW-RR 1989, 913; BGH v. 12.12.1989 - VI ZR 311/88 - NJW-RR 1990, 914; OLG Nürnberg v. 02.04.2002 - 3 U 4158/01 - FamRZ 2003, 156.
[52] OLG Celle v. 31.03.1989 - 4 U 34/88 - NJW-RR 1989, 913.
[53] OLG Hamm v. 15.05.1997 - 4 UF 491/96 - FamRZ 1998, 1028; OLG Hamm v. 01.06.1990 - 5 UF 50/90 - FamRZ 1991, 89.
[54] OLG Zweibrücken v. 19.08.1992 - 5 UF 191/91 - FamRZ 1993, 82; BGH v. 01.02.1990 - IX ZR 110/89 - NJW-RR 1990, 586.
[55] OLG Düsseldorf v. 31.01.1992 - 3 UF 134/91 - FamRZ 1992, 1445.
[56] OLG Hamm v. 11.07.1989 - 7 UF 140/89 - FamRZ 1990, 54; OLG Hamm v. 14.03.1990 - 10 WF 36/90 - FamRZ 1990, 1126; OLG Hamburg v. 12.02.1990 - 2 UF 79/89 G - FamRZ 1990, 1118; BGH v. 24.10.1990 - XII ZR 101/89 - FamRZ 1991, 43, 49; OLG Zweibrücken v. 30.01.1991 - 2 UF 87/90 - FamRZ 1991, 848; OLG Düsseldorf v. 18.07.1991 - 3 WF 97/91 - FamRZ 1992, 60; OLG Düsseldorf v. 31.01.1992 - 3 UF 134/91 - FamRZ 1992, 1445; OLG Karlsruhe v. 03.04.2000 - 2 WF 111/99 - FamRZ 2001, 760; OLG Naumburg v. 04.09.2003 - 8 UF 211/02 - FamRZ 2004, 889.
[57] OLG Köln v. 20.03.2001 - 22 U 157/00 - FamRZ 2002, 322.
[58] OLG Köln v. 20.03.2001 - 22 U 157/00 - FamRZ 2002, 322.
[59] OLG Hamm v. 20.09.2001 - 5 U 225/99 - juris Rn. 8.
[60] OLG Hamm v. 11.07.1989 - 7 UF 140/89 - FamRZ 1990, 54; OLG Hamburg v. 12.02.1990 - 2 UF 79/89 G - FamRZ 1990, 1118.
[61] OLG Köln v. 20.03.2001 - 22 U 157/00 - FamRZ 2002, 322; OLG Naumburg v. 04.09.2003 - 8 UF 211/02 - FamRZ 2004, 889; OLG Saarbrücken v. 19.08.2009 - 9 W 257/09 - OLGR Saarbrücken 2009, 953; *Clausius*, jurisPR-FamR 23/2009, Anm.4.
[62] OLG Hamm v. 11.07.1989 - 7 UF 140/89 - FamRZ 1990, 54; AG Weilburg v. 26.05.1999 - 22 F 645/98 - FamRZ 2000, 1017, 1017.
[63] OLG Hamburg v. 12.02.1990 - 2 UF 79/89 G - FamRZ 1990, 1118.

§ 1568b

ßerem Umfang[64] für private Zwecke eingesetzt worden sein bzw. diese Nutzung deutlich überwiegen[65] muss. Dabei ist die familiäre Nutzung nicht notwendig quantitativ zu bemessen. Da es auf die gemeinsame Zweckbestimmung ankommt, ist vielmehr ausschlaggebend, ob der Besitzer bereit ist, der Nutzung für Familienzwecke den Vorrang einzuräumen.[66]

47 Weitere **Abwägungskriterien** können die Gesamtkilometerleistung im Verhältnis zur Entfernung zur Arbeitsstelle oder die Finanzierungsweise sein. Aus einer gemeinsamen Finanzierung kann beispielsweise auf eine konkludent erfolgte Widmung zum Haushaltsgegenstand geschlossen werden. Demgegenüber steht der Umstand, dass nur ein Ehegatte einen Führerschein hat, der Zurechnung zum Hausrat nicht entgegen.[67] Als zusätzliches Wertungskriterium kann darauf abgestellt werden, ob ein Ehegatte auf die Benutzung des Fahrzeugs angewiesen ist, um das gemeinsame Kind zur Schule zu fahren.[68]

48 Ist **nur ein Fahrzeug vorhanden**, muss dieses zwangsläufig auch für private Zwecke genutzt werden. Dieser nur lockere Bezug zur familiären Nutzung reicht jedoch nicht aus, es als Haushaltsgegenstand zu qualifizieren.[69]

49 Nach einer gegenteiligen Ansicht[70] ist die nur gelegentliche engere familiäre Nutzung des Fahrzeugs ausreichend, um es in die Verteilung der Haushaltsgegenstände einzubeziehen, auch wenn es überwiegend zu Fahrten zum Arbeitsplatz genutzt wird. Auch solche Fahrten seien dem privaten Bereich zuzuordnen, da sie letztlich dem Unterhalt und dem Interesse der Familie dienen. Um eine klare Abgrenzung zum Zugewinnausgleich zu ermöglichen, ist jedoch am sachgerechten Erfordernis der überwiegend familiären Nutzung festzuhalten.

50 Haben die Ehegatten **mehrere Kraftfahrzeuge**, ist jedes gesondert zu beurteilen, da die einverständliche Nutzung je nach Fahrzeug unterschiedlich sein kann. Aus dem beiderseitigen Besitz an einem Pkw kann nicht geschlossen werden, er diene allein nur dem persönlichen Bedarf des jeweiligen Ehegatten und unterliege damit generell dem Zugewinnausgleich. Wird ein Fahrzeug überwiegend zu beruflichen Zwecken genutzt und dient ein anderes der Versorgung der Familie, unterliegt erstgenanntes dem Zugewinnausgleich, letztgenanntes der Hausratsverteilung.[71]

51 Steht jedoch – entgegen der Vermutung des § 1568b Abs. 2 BGB – je ein Fahrzeug im Eigentum je eines Ehegatten, unterliegen beide dem Zugewinnausgleich.[72]

52 Die zum Kraftfahrzeug entwickelten Grundsätze gelten entsprechend für **Wohnwagen** oder **Wohnmobile**[73], **Segel-**[74] oder **Motorjachten**[75]. Werden sie für einen gemeinsamen Urlaub angeschafft und bestimmungsgemäß von den Eheleuten gemeinsam genutzt, handelt es sich um Haushaltsgegenstände. Dies wird – anders als beim Pkw mit dessen Besonderheit zur beruflichen Nutzung – regelmäßig der Fall sein. Dies ergibt sich schon aus dem Wesen eines Reisemobils, das naturgemäß für Wochenend- und Urlaubsfahrten bestimmt ist, während es für Fahrten zur Arbeit im Stadtverkehr eher unpraktisch ist.[76] Der Hausratseigenschaft steht bei entsprechender Widmung nicht entgegen, dass die Kosten der Anschaffung die üblichen Kosten für die Anschaffung von Haushaltsgegenständen übersteigen.[77]

---

[64] OLG Karlsruhe v. 05.02.2004 - 16 UF 245/03 - juris Rn. 6.
[65] OLG Oldenburg v. 22.07.1996 - 12 WF 106/96 - FamRZ 1997, 942.
[66] OLG Düsseldorf v. 31.01.1992 - 3 UF 134/91 - FamRZ 1992, 1445; OLG Hamm v. 20.09.2001 - 5 U 225/99 - juris Rn. 10.
[67] OLG Hamburg v. 12.02.1990 - 2 UF 79/89 G - FamRZ 1990, 1118; OLG Köln v. 10.12.1991 - 4 UF 250/91 - FamRZ 1992, 696, 697.
[68] OLG Stuttgart v. 04.01.1995 - 18 UF 416/94 - FamRZ 1995, 1275.
[69] OLG Koblenz v. 07.07.2005 - 9 WF 371/05 - FamRZ 2006, 102.
[70] A.A. KG v. 17.01.2003 - 13 UF 439/02 - FamRZ 2003, 1927, mit zust. Anm. *Wever*; OLG Düsseldorf v. 23.10.2006 - 2 UF 97/06 - FamRZ 2007, 1325.
[71] OLG Hamm v. 11.07.1989 - 7 UF 140/89 - FamRZ 1990, 54.
[72] BGH v. 24.10.1990 - XII ZR 101/89 - FamRZ 1991, 43, 49.
[73] OLG Köln v. 10.12.1991 - 4 UF 250/91 - FamRZ 1992, 696; OLG Koblenz v. 16.11.1993 - 3 U 449/93 - NJW-RR 1994, 516 f.; OLG Hamm v. 18.12.1998 - 12 WF 109/98 - MDR 1999, 615.
[74] LG Ravensburg v. 31.03.1995 - 3 O 2221/94 - FamRZ 1995, 1585.
[75] OLG Dresden v. 25.03.2003 - 10 ARf 2/03 - FamRZ 2004, 273 (Ls).
[76] OLG Köln v. 10.12.1991 - 4 UF 250/91 - FamRZ 1992, 696.
[77] LG Ravensburg v. 31.03.1995 - 3 O 2221/94 - FamRZ 1995, 1585.

5. Vorhandener Hausrat

Es können nur solche Gegenstände verteilt werden, die im Zeitpunkt der Hausratsverteilung[78] bzw. bei Rechtskraft der Scheidung[79] noch **vorhanden** sind. Gegenstände, die ein Ehegatte **beiseite geschafft**, aber nicht veräußert hat, sind als noch vorhanden anzusehen. Derjenige, der sich darauf beruft, ein Hausratsgegenstand sei nicht mehr vorhanden, trägt hierfür die Beweislast.

Bei **Verkauf** oder Untergang einer Sache **vor Rechtskraft der Scheidung** ist sie nicht in die Hausratsverteilung einzubeziehen. Dementsprechend kann auch für nicht mehr vorhandene Gegenstände keine Ausgleichszahlung gem. § 1568a Abs. 3 BGB angeordnet werden.[80] Hat ein Ehegatte unter Verstoß gegen § 1369 Abs. 1 BGB vor Rechtskraft der Scheidung unbefugt über einen Haushaltsgegenstand verfügt, kann er einen Schadensersatzanspruch gegen den anderen Ehegatten haben, der nunmehr als Familienstreitsache ebenfalls vor dem Familiengericht geltend zu machen ist.

Liegt demgegenüber die Veräußerung oder Zerstörung von Hausrat **nach dem rechtskräftigen Scheidungsausspruch**, ist diese Veränderung unbeachtlich und der Gegenstand kann bei der Verteilung berücksichtigt werden. Der Ehegatte, dem diese Sache zugewiesen wird, bleibt darauf verwiesen, einen Schadensersatzanspruch geltend zu machen.[81] Als Alternative hierzu kann es sinnvoll sein, die Sache demjenigen Ehegatten zuzuteilen, der sie veräußert hat, und dem anderen gleichwertigen Hausrat oder eine Ausgleichszahlung zukommen zu lassen. Dies ist flexibler als eine Auseinandersetzung über den Schadensersatz.[82]

III. Verteilungsgrundsätze (Absatz 1)

Entsprechend der Formulierung in § 1568a BGB für die Wohnungsüberlassung sieht § 1568b BGB einen **Anspruch auf Überlassung und Übereignung** der im gemeinsamen Eigentum stehenden Haushaltsgegenstände vor, wenn ein Ehegatte auf deren Nutzung unter Berücksichtigung des Wohls der im Haushalt lebenden Kinder und der Lebensverhältnisse der Ehegatten **im stärken Maß angewiesen** ist als der andere oder die Zuweisung aus anderen Gründen der Billigkeit entspricht. Damit ist die Verteilung der Haushaltsgegenstände an die gleichen Maßstäbe geknüpft wie die Überlassung der Ehewohnung (vgl. die Kommentierung zu § 1568a BGB Rn. 22-31).

Wird ein **Fahrzeug** beruflich benötigt, kann diese berufliche Nutzung insbesondere dann vordringlich sein, wenn sich die Arbeitsstelle in erheblicher Entfernung befindet. Beansprucht auch der andere Ehegatte den PKW für familiäre Besorgungen, ist abzuwägen, ob ihm die Erledigung dieser Besorgungen entweder mit öffentlichen Verkehrsmitteln oder zu Fuß zuzumuten ist. Ist er erwerbslos und kann er sich dementsprechend die Zeit einteilen und bedarf auch ein minderjähriges Kind aufgrund seines Alters keines besonderen Transportmittels, ist dem berufstätigen Ehegatten das Fahrzeug zuzuweisen.[83]

Sind beide Ehepartner in gleichem Maß auf den Haushaltsgegenstand angewiesen, können alle Umstände des Einzelfalles berücksichtigt werden.[84] Diese Kriterien lassen einen Rückgriff auf die bisherige Rechtsprechung zu den §§ 2, 8 HausratsV zu.

Entscheidend sind die Umstände im Zeitpunkt der Beschlussfassung bzw. hinreichend sicher voraussehbare Entwicklungen.

Das Gericht ist bei der Ermessensausübung nicht an die Anträge der Beteiligten gebunden, die nur als Anregungen zu verstehen sind.[85] Sie werden jedoch regelmäßig in die Entscheidung mit einfließen und können als Teileinigung mit aufgegriffen werden, solange eine insgesamt ausgewogene Gesamtentscheidung getroffen werden kann.

---

[78] OLG Hamm v. 16.02.1996 - 13 UF 124/95 - FamRZ 1996, 1423.
[79] OLG Zweibrücken v. 12.03.1985 - 6 UF 103/84 - FamRZ 1985, 819; OLG Düsseldorf v. 01.07.1986 - 9 UF 145/85 - FamRZ 1986, 1143; OLG Hamm v. 14.03.1990 - 10 WF 36/90 - FamRZ 1990, 1126; OLG Bamberg v. 18.03.1996 - 7 UF 225/95 - juris Rn. 17 - FamRZ 1996, 1293.
[80] OLG Hamm v. 16.02.1996 - 13 UF 124/95 - FamRZ 1996, 1423.
[81] OLG Düsseldorf v. 15.05.1986 - 9 UF 207/85 - FamRZ 1986, 1132, 1134; OLG Frankfurt v. 09.02.1981 - 5 UF 211/80 - FamRZ 1981, 375.
[82] OLG Karlsruhe v. 15.04.1987 - 2 UF 7/87 - FamRZ 1987, 848, 849; OLG Hamm v. 14.03.1990 - 10 WF 36/90 - FamRZ 1990, 1126.
[83] OLG Köln v. 11.09.2009 - 4 WF 128/09 - FamRZ 2010, 470.
[84] BT-Drs. 16/10798, S. 23, 24.
[85] BGH v. 29.01.1992 - XII ZR 241/90 - juris Rn. 13 - FamRZ 1992, 531; OLG München v. 29.03.1996 - 16 UF 1068/95 - FamRZ 1997, 752, 754; OLG Zweibrücken v. 17.06.1998 - 5 UF 25/98 - FamRZ 1999, 672.

1. Kindeswohl

61 Primär ist das Wohl der im Haushalt lebenden Kinder maßgeblich. Hierbei muss es sich nicht notwendig um gemeinsame Kinder der Parteien handeln. Auch Kinder aus einer früheren Beziehung oder Pflegekinder stehen unter dem besonderen Schutz.[86] Damit sind regelmäßig dem sorgeberechtigten Elternteil die für die Betreuung und Ausstattung der Kinder erforderlichen Haushaltsgegenstände zu überlassen.

62 Die Entscheidung über die Verteilung der Haushaltsgegenstände und die Entscheidung über die elterliche Sorge können miteinander verknüpft sein. Ist unklar, bei welchem Elternteil die Kinder zukünftig wohnen, ist es zweckmäßig, die Haushaltssache bis zur Sorgerechtsentscheidung auszusetzen.

63 Der Ehegatte, bei dem die Kinder verbleiben, benötigt zwangsläufig auch einen größeren Teil des Hausrats. Das Wohl der Kinder kann es daher rechtfertigen, von einer wertmäßig hälftigen Teilung abzusehen und dem betreuenden Elternteil in größerem Umfang Mobiliar und Haushaltsgegenstände zuzuweisen.[87]

2. Lebensverhältnisse der Ehegatten und Billigkeitserwägungen

64 Weiterhin sind die Lebensverhältnisse der Ehegatten zu berücksichtigen. In die Entscheidung kann einfließen, wer finanziell eher zu einer Ersatzbeschaffung in der Lage ist. Kommt der die Kinder betreuende Elternteil zusätzlich auch für ihren Barunterhalt auf, ohne von dem anderen Ehegatten unterstützt zu werden, kann es diese zusätzliche wirtschaftliche Belastung rechtfertigen, ihm mehr als die Hälfte des Hausrats zuzuteilen.[88]

65 Im Rahmen der Billigkeitsabwägung soll nach der Gesetzesbegründung[89] darauf abgestellt werden können, wer die Anschaffung des Gegenstandes veranlasst oder ihn während der Ehe auf eigene Kosten gepflegt und erhalten hat. Nach bisheriger Rechtsprechung ist die Herkunft der Mittel für die Anschaffung des gemeinsamen Hausrats in die Abwägung mit eingeflossen,[90] ohne das entscheidende Verteilungskriterium zu sein.[91] Auch wenn ein Ehegatte durch sein (höheres) Einkommen den Hausrat im Wesentlichen finanziert hat, ist er ihm gleichwohl nicht überwiegend zuzuweisen. Schließlich ist die Haushaltsführung oder Kinderbetreuung durch den anderen Ehegatten als gleichwertiger Beitrag zum gemeinsamen Haushalt anzusehen.

IV. Vermutung gemeinsamen Eigentums (Absatz 2)

66 § 1568b BGB sieht nur noch eine Verteilung des im gemeinsamen Eigentum der Ehegatten stehenden Hausrates vor. Eine Zuweisung von Haushaltsgegenständen im **Alleineigentum** eines Ehegatten an den anderen, bislang in § 9 HausratsV geregelt, findet nicht mehr statt vgl. Rn. 5).

67 Für Hausrat, der während der Ehe für den gemeinsamen Haushalt angeschafft wurde, wird **widerlegbar vermutet**, dass die Ehegatten gemeinsam Eigentum erworben haben. Dies gilt unabhängig vom Güterstand, also auch bei Gütertrennung. Aufgrund dieser Vermutung erübrigen sich im Regelfall u.U. schwierige und langwierige Beweisaufnahmen über unklare Eigentumslagen. Damit übernimmt § 1568b Abs. 2 BGB den Regelungsgehalt von § 8 Abs. 2 HausratsV.

68 Im Rahmen der Reform des Zugewinnausgleichs ist § 1370 BGB aufgehoben worden, wonach bei einer Ersatzbeschaffung für wertlos gewordene Gegenstände das Surrogat Eigentum desjenigen Ehegatten wurde, dem der nicht mehr vorhandene Gegenstand gehörte. Bislang hatten so Qualitätsverbesserungen ohne Grund den Eigentümer der ersetzten Gegenstände bereichert. Mit Wegfall der **dinglichen Surrogation** wird künftig seltener als bisher Alleineigentum an während der Ehe erworbenen Haushaltsgegenständen entstehen.

---

[86] KG v. 08.11.1990 - 16 WF 5430/90 - FamRZ 1991, 467; OLG Brandenburg v. 25.11.1999 - 10 WF 169/99 - FamRZ 2001, 636, 637; AG Tempelhof-Kreuzberg v. 08.05.2008 - 142 F 1044/07.

[87] BGH v. 01.12.1983 - IX ZR 41/83 - juris Rn. 20 - FamRZ 1984, 144, 146; OLG München v. 29.03.96 - 16 UF 1068/95 - FamRZ 1997, 752, 754.

[88] OLG München v. 29.03.1996 - 16 UF 1068/95 - FamRZ 1997, 752, 754.

[89] BT-Drs. 16/10798, S. 23, 24.

[90] OLG München v. 29.03.1996 - 16 UF 1068/95 - FamRZ 1997, 752, 754; KG v. 28.08.1987 - 17 UF 1644/87 - FamRZ 1988, 182, 184.

[91] OLG Bamberg v. 18.03.96 - 7 UF 225/95 - FamRZ 1996, 1293.

1. Zeitliche Begrenzung

Der Wortlaut grenzt den Anwendungsbereich des § 1568b Abs. 2 BGB zeitlich auf Anschaffungen **während der Ehezeit** ein. Anschaffungen **vor** der Ehe können darüber hinaus Hausrat sein, wenn sie im Hinblick auf die Eheschließung für den gemeinsamen Haushalt erworben, aber erst nach der Heirat ganz oder teilweise bezahlt worden sind oder im Zeitpunkt der vorehelichen Anschaffung nach übereinstimmendem Willen der Ehegatten diese Gegenstände gemeinschaftliches Eigentum werden sollten.[92] In die Ehe eingebrachte Gegenstände fallen nicht in den Hausrat, erst recht nicht, wenn es sich um eine Aussteuer (**Ausstattung** gem. § 1624 BGB) handelt. Entsprechend werden sie bei der Berechnung eines Anspruchs auf Zugewinnausgleich dem Anfangsvermögen gem. § 1374 Abs. 2 BGB zugerechnet.

Die Eigentumsvermutung nach Absatz 2 gilt ebenfalls nicht für Gegenstände, die **nach der Trennung** oder für das Getrenntleben angeschafft worden sind.[93] Sie sind güterrechtlich auszugleichen.

2. Begriff der Anschaffungen

Der Begriff der Anschaffungen bezieht sich zunächst auf einen **entgeltlichen Erwerb**.[94] Erweiternd gilt die Vermutung gemeinsamen Eigentumserwerbs jedoch auch bei selbst angefertigtem Hausrat. **Schenkungen** Dritter können wie Anschaffungen behandelt werden und begründen damit gemeinsames Eigentum, wenn nicht die Umstände des Einzelfalls ergeben, dass die Zuwendung nur an einen Ehegatten erfolgen sollte. Wenden Großeltern ihrem Enkel oder Eltern ihrem Kind anlässlich der Heirat eine Wohnungseinrichtung zu, so handelt es sich nicht im engeren Sinne um ein Hochzeitsgeschenk für beide Ehegatten, sondern um eine Ausstattung, die in das Alleineigentum des Enkels bzw. Kindes fällt.[95]

3. Widerlegung der Vermutung

Um die Vermutung des gemeinsamen Eigentumserwerbs zu widerlegen, muss ein Ehegatte beweisen, dass er den betreffenden Gegenstand gerade für sich hat erwerben wollen. Bei bestehender Lebensgemeinschaft erwirbt er einen Hausratsgegenstand grundsätzlich mit der stillschweigenden Bestimmung, gemeinschaftliches Eigentum zu begründen. Dementsprechend **übereignet** ein Verkäufer an den, „**den es angeht**", also an beide Eheleute.[96] Der ausnahmsweise Erwerb von Alleineigentum wird daher weder durch den Abschluss des Kaufvertrages noch die Bezahlung aus eigenen Mitteln[97] oder beispielsweise die Eintragung nur eines Ehegatten im Kfz-Brief[98] zwingend bewiesen.

V. Angemessene Ausgleichszahlung (Absatz 3)

Der Ehegatte, der sein Eigentum nach Absatz 1 überträgt, kann eine angemessene Ausgleichszahlung verlangen. Die dabei entstehenden wechselseitigen Zahlungsansprüche können verrechnet werden. Da der Hausrat regelmäßig zwischen beiden Ehegatten aufgeteilt wird, wird die Ausgleichszahlung nur zur Abgeltung überschießender Wertunterschiede zum Tragen kommen.

Die Höhe der einzelnen Ausgleichszahlungen orientiert sich in der Regel am **Verkehrswert** zum Zeitpunkt der Verteilung.[99] Die Anschaffungskosten sind nicht entscheidend, weil nur die **Wiederanschaffung** gebrauchter Gegenstände ermöglicht werden soll.[100]

---

[92] OLG Brandenburg v. 25.07.2002 - 9 WF 118/02 - juris Rn. 10 - FamRZ 2003, 532 (Ls).
[93] BGH v. 01.12.1983 - IX ZR 41/83 - juris Rn. 24 - FamRZ 1984, 144.
[94] OLG Stuttgart v. 20.11.1981 - 15 UF 243/81 WH - NJW 1982, 585; OLG Köln v. 17.04.1986 - 4 UF 64/86 - FamRZ 1986, 703.
[95] OLG Köln v. 17.04.1986 - 4 UF 64/86 - FamRZ 1986, 703.
[96] BGH v. 13.03.1991 - XII ZR 53/90 - FamRZ 1991, 923; OLG Karlsruhe v. 17.05.2006 - 16 UF 220/05 - FamRZ 2007, 59.
[97] OLG München v. 25.08.1971 - 12 UF 1671/71 - NJW 1972, 542; OLG München v. 29.03.1996 - 16 UF 1068/95 - FamRZ 1997, 752, 753; AG Weilburg v. 15.02.1991 - 2 F 351/86 - FamRZ 1992, 191; OLG Stuttgart v. 14.05.1992 - 17 UF 147/92 - FamRZ 1992, 1446.
[98] OLG Köln v. 20.03.2001 - 22 U 157/00 - FamRZ 2002, 322; OLG Hamburg v. 12.02.1990 - 2 UF 79/89 G - FamRZ 1990, 1118; OLG Naumburg v. 04.09.2003 - 8 UF 211/02 - FamRZ 2004, 889.
[99] BT-Drs. 16/10798, S. 24; OLG Stuttgart v. 14.05.1992 - 17 UF 147/92 - FamRZ 1992, 1446; OLG Stuttgart v. 07.12.1992 - 17 UF 147/92 - FamRZ 1993, 1461, 1464.
[100] OLG Zweibrücken v. 19.08.1992 - 5 UF 191/91 - FamRZ 1993, 82.

§ 1568b

75 Ausnahmsweise sind Korrekturen über Billigkeitskriterien denkbar, allerdings in engeren Grenzen als nach früherem Recht. Eine Ausgleichszahlung kann nur dann als angemessen angesehen werden, wenn sie zwar am Verkehrswert ansetzt, jedoch auch der Billigkeit nicht grob widerspricht.[101]

C. Prozessuales

I. Zuständigkeit (§§ 201, 202 FamFG)

76 Gemäß § 111 Nr. 5 FamFG sind Ehewohnungs- und Hausratssachen, die ihrerseits in § 200 FamFG definiert sind, Familiensachen. Darunter fällt auch die Hausratsteilung unter Lebenspartnern, §§ 269 Abs. 1 Nr. 6, 111 Nr. 11 FamFG.

77 Die **sachliche Zuständigkeit des Familiengerichts** ist durch die Reform der freiwilligen Gerichtsbarkeit und des familiengerichtlichen Verfahrens erheblich ausgeweitet worden. Damit haben sich einige Zuständigkeitsfragen geklärt, insbesondere bei der Geltendmachung possessorischer Ansprüche (vgl. Rn. 14).

78 § 201 FamFG regelt die **örtliche Zuständigkeit** im Sinne einer sich von Ziffer 1 nach Ziffer 4 ausschließenden Rangfolge. Die Vorschrift entspricht der bisherigen Reihenfolge in § 11 Abs. 1 und 2 HausratsV i.V.m. § 606 ZPO. Vorrangig ist das Gericht der Ehesache örtlich zuständig. Diese ausschließliche Zuständigkeit gilt auch dann, wenn sich die Ehesache mittlerweile in der Berufungsinstanz befindet, und bleibt auch bestehen, wenn die Anhängigkeit der Ehesache nachträglich endet, etwa durch Antragsrücknahme oder Rechtskraft der Scheidung (perpetuatio fori). Nachrangige Zuständigkeiten können durch den Ort der gemeinsamen Wohnung, den gewöhnlichen Aufenthaltsort des Antragsgegners und schließlich den des Antragstellers begründet werden.

79 Wird nachträglich eine **Ehesache** bei einem anderen Gericht **rechtshängig**, so ist die Haushaltssache von Amts wegen an dieses Gericht abzugeben, § 202 FamFG. Der Abgabebeschluss ist bindend und unanfechtbar. Ausnahmsweise entfaltet der **Abgabebeschluss** keine **Bindungswirkung**, wenn er schlechthin einer materiell-rechtlichen Grundlage entbehrt und so nicht nur fehlerhaft, sondern willkürlich ist,[102] auf einer greifbaren Gesetzeswidrigkeit oder auf offensichtlich schweren Verfahrensfehlern beruht,[103] wie etwa der Verletzung rechtlichen Gehörs.[104]

80 Weiterhin besteht der allgemeine Grundsatz, dass eine Entscheidung nur insoweit bindend ist, wie sie nach ihrem objektiven Gehalt binden will. Geht das abgebende Gericht irrtümlich davon aus, bei dem anderen Gericht sei eine Ehesache rechtshängig, entfällt deswegen ebenfalls die Bindungswirkung.[105]

81 Anders als in § 201 Nr. 1 FamFG ist auf die Rechtshängigkeit und nicht bereits auf die Anhängigkeit der Ehesache abzustellen. Diese Regelung entspricht dem bisherigen § 11 Abs. 3 HausratsV und § 621 Abs. 3 ZPO. Es ist deswegen davon auszugehen, dass die Konzentrationsmaxime wie bisher nur so lange gilt, wie die Haushaltssache sich noch in der ersten Instanz befindet. Danach verbleibt es auch bei späterer Rechtshängigkeit der Ehesache bei einem anderen Gericht bei der Zuständigkeit des Beschwerdegerichts.

II. Antrag und Mitwirkungspflichten (§§ 203, 206 FamFG)

82 § 203 Abs. 1 FamFG stellt klar, dass Ehewohnungs- und Haushaltssachen weiterhin nur auf Antrag eines Ehegatten eingeleitet werden. Da es sich nicht um eine Familienstreitsache handelt, ist anwaltliche Vertretung nicht erforderlich.

83 Der Antrag ist **nicht fristgebunden**, kann aber in Ausnahmefällen verwirkt sein,[106] wenn ein Ehegatte ihn längere Zeit nicht geltend macht (Zeitmoment) und der andere aufgrund der eingetretenen „Funkstille" davon ausgehen konnte, dass von einer weiteren Geltendmachung abgesehen wird (Umstandsmoment).

---

[101] *Götz/Brudermüller*, FamRZ 2009, 1261, 1266.

[102] Zu weitgehend KG v. 13.12.2007 - 2 AR 60/07 - NJW-RR 2008, 809; kritisch hierzu *Leis*, jurisPR-FamR 16/2008, Anm. 7.

[103] OLG Köln v. 16.10.1979 - 21 WF 136/79 - FamRZ 1980, 173, 174.

[104] OLG Köln v. 07.10.1991 - 17 W 365/91 - FamRZ 1992, 971.

[105] BGH v. 27.03.1996 - XII ARZ 1/96 - NJW-RR 1996, 897.

[106] OLG Naumburg v. 07.06.2001 - 3 UF 50/01 - FamRZ 2002, 672 (Ls); OLG Naumburg v. 24.01.2007 - 3 UF 24/07 - FamRZ 2007, 1579.

Nach § 203 Abs. 2 FamFG soll der Antrag die Angabe der Gegenstände enthalten, deren Zuteilung begehrt wird. Hierdurch soll eine frühzeitige Präzisierung des Verfahrensziels prozessökonomisch den Verfahrensstoff auf die streitigen Punkte begrenzen. Soweit die Hausratsteilung nach Scheidung betroffen ist, soll außerdem eine **Aufstellung sämtlicher Haushaltsgegenstände** mit ihrer genauen, **vollstreckungsfähigen Bezeichnung** beigefügt werden. 84

§ 203 Abs. 2 FamFG konkretisiert die allgemeine Mitwirkungspflicht des § 27 FamFG. Die Vorschrift wird ergänzt durch § 206 Abs. 1 FamFG, wonach das Gericht beiden Ehegatten – also nicht nur dem Antragsteller – Auflagen machen kann. Für diese stärkere Betonung von Mitwirkungspflichten besteht im Haushaltsverfahren ein besonderes Bedürfnis. Hierbei handelt es sich typischerweise um Verfahren, die eine Vielzahl von Einzelgegenständen und Regelungspunkten betreffen. Verstöße gegen die Mitwirkungspflicht werden durch eine einschränkende Präklusionsregelung in § 206 Abs. 2 FamFG sanktioniert und begrenzen teilweise die Amtsermittlungspflicht des Gerichts gemäß § 206 Abs. 3 FamFG. 85

Da die Regelung als Soll-Vorschrift ausgestaltet ist, kann ein unvollständiger Antrag nicht als unzulässig zurückgewiesen werden.[107] Das Gericht hat gemäß § 28 FamFG vielmehr auf eine Nachbesserung hinzuwirken. 86

Die Auflistung sämtlicher Haushaltsgegenstände ist auch dann erforderlich, wenn die Ehegatten einen Teil des Hausrats bereits einverständlich untereinander aufgeteilt haben. Über die Zuweisung des verbliebenen Teils kann nur sachgerecht entschieden werden, wenn bekannt ist, welche Gegenstände wer bereits erhalten hat.[108] Zur Bestandsaufnahme des Hausrates sind Auflagen an die Parteien, die entscheidungserheblichen Tatsachen in einer vorgegebenen – möglichst tabellarischen – Form darzustellen, zulässig und nützlich. 87

Für die Zeit nach Rechtskraft der Scheidung soll der gesamte Hausrat verteilt werden. Ergibt sich aus der Liste des Gesamtbestands, dass über einzelne Gegenstände weder eine Einigung erzielt wurde noch ein Ehegatte dessen Überlassung begehrt, sollte den Eheleuten aufgegeben werden, sich über den zukünftigen Verbleib zu erklären. 88

Die **genaue Bezeichnung** der Gegenstände ist in **vollstreckungsrechtlicher Hinsicht** nötig. Der Verteilungsbeschluss des Gerichts muss mit der für die Zwangsvollstreckung nötigen Bestimmtheit formuliert sein und die zugewiesenen Gegenstände so genau bezeichnen, dass sie für einen Gerichtsvollzieher ohne weiteres individualisierbar sind.[109] Sie müssen von weiteren im Haushalt befindlichen Gegenständen derselben Gattung unverwechselbar abgegrenzt werden können. Dem genügt eine Bezeichnung der Gegenstände, die sich im Wesentlichen auf den – jederzeit veränderbaren – Aufstellungsort innerhalb der Ehewohnung beschränkt, nicht.[110] 89

III. Verfahrensgrundsätze

In Ehewohnungs- und Haushaltssachen gilt der **Amtsermittlungsgrundsatz** gemäß § 26 FamFG. Das Gericht hat von Amts wegen den Bestand des Hausrates, dessen Wert, die Besitz- und Eigentumsverhältnisse sowie die für die Entscheidung maßgeblichen Umstände zu ermitteln.[111] Im Zusammenspiel von Mitwirkungspflicht der Beteiligten und Amtsermittlung des Gerichts hat der Richter auf die notwendigen Angaben hinzuwirken, insbesondere durch Auflagen gemäß § 206 Abs. 1 FamFG. Es kann die Vorlage von Belegen z.B. zur Feststellung von Wert und Eigentumsverhältnissen an Haushaltsgegenständen verlangt werden. Gegebenenfalls sind hierzu die Ehegatten zu befragen und angebotene Beweise zu erheben. Der Vortrag kann nicht als unzureichend substantiiert oder lückenhaft zurückgewiesen werden.[112] 90

---

[107] BT-Drs. 16/6308, S. 249.
[108] OLG Bamberg v. 01.12.2000 - 7 UF 212/00 - juris Rn. 13 - FamRZ 2001, 1316 (Ls); BT-Drs. 16/6308, S. 249.
[109] OLG Brandenburg v. 17.02.2000 - 9 UF 39/99 - juris Rn. 6 - FamRZ 2000, 1102; OLG Zweibrücken v. 19.08.1992 - 5 UF 191/91 - FamRZ 1993, 82, 83; OLG Zweibrücken v. 17.06.1998 - 5 UF 25/98 - juris Rn. 4 - FamRZ 1999, 672, OLG Naumburg v. 23.06.2006 - 3 UF 22/06 - FamRZ 2007, 565.
[110] OLG Brandenburg v. 25.07.2002 - 9 WF 118/02 - juris Rn. 13 - FamRZ 2003, 532 (Ls); OLG Naumburg v. 24.01.2007 - 3 UF 24/07 - FamRZ 2007, 1579.
[111] OLG Bamberg v. 18.03.1996 - 7 UF 225/95 - juris Rn. 17 - FamRZ 1996, 1293; OLG Brandenburg v. 17.02.2000 - 9 UF 39/99 - juris Rn. 4 - FamRZ 2000, 1102; OLG Naumburg v. 23.06.2006 - 3 UF 22/06 - FamRZ 2007, 565.
[112] OLG Zweibrücken v. 19.08.1992 - 5 UF 191/91 - FamRZ 1993, 82, 83.

91 Die Pflicht zur Amtsermittlung wird durch **Mitwirkungspflichten der Ehegatten** ergänzt, die in den §§ 203 Abs. 2, 206 FamFG nunmehr stärker als bisher betont werden. Soweit der Vortrag der Beteiligten keine Anhaltspunkte bietet, ist das Gericht nicht verpflichtet, allen denkbaren Möglichkeiten von Amts wegen nachzugehen.[113]

92 Die erforderlichen Beweise sind nach § 29 FamFG in geeigneter Form zu erheben. Die **Beweisaufnahme** kann im Strengbeweis oder Freibeweis erfolgen. Zeugenaussagen können formlos schriftlich angefordert werden, wenn es auf den persönlichen Eindruck nicht ankommt. Häufig wird sich die Augenscheinseinnahme bei einem Ortstermin anbieten.[114] Dies erleichtert sowohl die Bestandsaufnahme als auch die für den Zuweisungsbeschluss erforderliche Individualisierung der Hausratsgegenstände.

93 § 207 FamFG sieht für den Regelfall für beide Instanzen eine **mündliche Verhandlung** vor, die **nicht öffentlich** ist (§ 170 GVG). Auf sie kann nur ausnahmsweise verzichtet werden, wenn ein Einigungsversuch aussichtslos erscheint, es keiner weiteren Sachaufklärung bedarf oder wenn das Erscheinen eines Beteiligten im Verhältnis zum Wert des Objektes zu umständlich oder zu kostspielig erscheint.[115] Soweit – wie regelmäßig – das **persönliche Erscheinen** zur Sachaufklärung angeordnet ist, kann es gemäß § 33 Abs. 3 FamFG durch Ordnungsgeld oder Vorführung erzwungen werden. In der mündlichen Verhandlung ist den Beteiligten rechtliches Gehör zu gewähren, und sie sind auf von ihnen nicht erwartete rechtliche Aspekte hinzuweisen.[116] Das Gericht soll auf eine gütliche Einigung hinwirken, § 36 Abs. 1 Satz 2 FamFG.

94 Nach § 48 Abs. 1 Satz 1 FamFG können rechtskräftige **Entscheidungen** mit Dauerwirkung wie eine Wohnungszuweisung oder Hausratsteilung aufgehoben oder **geändert werden**, wenn sich die zugrunde liegende Sach- oder Rechtslage nachträglich wesentlich geändert hat. Die in § 17 Abs. 1 HausratsV genannte Einschränkung, dass dies zu Vermeidung einer unbilligen Härte notwendig sein muss, ist nicht mehr Voraussetzung einer Abänderung. Wegen der Einzelheiten wird auf die Kommentierung zu § 1568a BGB Rn. 130 ff. verwiesen.

IV. Wirksamkeit und Vollstreckung

95 Beschlüsse in Ehewohnungs- und Haushaltssachen werden gemäß § 209 Abs. 2 Satz 1 FamFG **mit Rechtskraft** wirksam und sind nicht vorläufig vollstreckbar. Die Vorschrift entspricht § 16 Abs. 1 Satz 1 HausratsV. Ein Antrag auf Einstellung der Zwangsvollstreckung ist deswegen unnötig und mangels Rechtsschutzbedürfnisses unzulässig.

96 Die Zwangsvollstreckung erfolgt nach den Vorschriften der ZPO, § 95 FamFG. Die Anordnung der Herausgabe von Hausrat wird gemäß § 883 ZPO durch Wegnahme durch den Gerichtsvollzieher vollstreckt. Der Tenor des Verteilungsbeschlusses muss ausdrücklich eine **Herausgabeanordnung** enthalten, wenn Sachen aus dem Besitz des einen Ehegatten in denjenigen des anderen Ehegatten übergehen sollen.[117]

V. Kosten und Streitwert

97 Für **isolierte Verfahren** regelt § 81 Abs. 1 Satz 1 FamFG nunmehr allgemein, dass sowohl die Erstattung der außergerichtlichen Kosten als auch die Verteilung der Gerichtskosten nach billigem Ermessen erfolgt. Bei der **Ermessensentscheidung** sind insbesondere der Ausgang des Verfahrens, die wirtschaftlichen Verhältnisse und das Verhalten der Beteiligten im Prozess von Bedeutung.[118] Diese Erwägungen sind auch bei einer Erledigung des Rechtsstreits[119] oder Antragsrücknahme maßgeblich. Die Antragsrücknahme zieht regelmäßig, jedoch nicht notwendig,[120] die Kostentragungspflicht nach sich, es sei denn, die Beteiligten haben sich außergerichtlich anders geeinigt.

---

[113] KG v. 31.08.1990 - 2 Wx 35/90 - FamRZ 1991, 117, 118 zum Erbscheinsverfahren.
[114] KG v. 08.11.1990 - 16 WF 5430/90 - FamRZ 1991, 467; OLG Zweibrücken v. 19.08.1992 - 5 UF 191/91 - FamRZ 1993, 82, 83; OLG Bamberg v. 18.03.1996 - 7 UF 225/95 - juris Rn. 17 - FamRZ 1996, 1293; OLG Brandenburg v. 17.02.2000 - 9 UF 39/99 - juris Rn. 4 - FamRZ 2000, 1102.
[115] OLG Braunschweig v. 19.02.1980 - 2 UF 24/80 - FamRZ 1980, 568, 569.
[116] BVerfG v. 25.10.2001 - 1 BvR 1079/96 - FamRZ 2002, 451, 452.
[117] OLG Düsseldorf v. 01.07.1986 - 9 UF 145/85 - FamRZ 1986, 1143 ff.
[118] OLG Brandenburg v. 26.07.2001 - 10 WF 53/01 - FamRZ 2002, 1356.
[119] OLG Köln v. 08.08.2006 - 4 UF 118/06 - OLGR Köln 2007, 129.
[120] OLG Brandenburg v. 18.12.2006 - 10 WF 261/06: Abweichung von Kostenteilung trotz Antragsrücknahme nur, wenn das zurückgenommene Verfahren von vornherein eindeutig ohne Erfolgsaussicht war.

Andererseits ist aber auch zu berücksichtigen, dass bislang eine Erstattung außergerichtlicher Kosten in der Regel nicht stattfand, jeder Beteiligte also seine Kosten selbst zu tragen hatte. Die Auferlegung von Kosten im Hausratsverfahren bedurfte besonderer Rechtfertigung.[121] Insbesondere bei Streitigkeiten unter Ehegatten ist hinsichtlich der Anordnung einer Kostenerstattung besondere Zurückhaltung geboten.[122] Diese Erwägung sollte weiterhin in die Kostenentscheidung einfließen. 98

Für das **Verbundverfahren** gilt nach § 150 Abs. 1 FamFG der Grundsatz der Kostenaufhebung. 99

Der **Streitwert** ist in § 48 FamGKG geregelt. Er beträgt in Haushaltssachen gemäß § 1568b BGB regelmäßig 3.000 € (Absatz 2). Ist diese Wertfestsetzung nach den besonderen Umständen des Einzelfalles unbillig, kann das Gericht gemäß § 48 Abs. 3 FamGKG einen höheren oder niedrigeren Wert festsetzen. Im einstweiligen Anordnungsverfahren ist der Streitwert wegen der geringeren Bedeutung gegenüber der Hauptsache regelmäßig auf die Hälfte zu reduzieren, § 41 FamGKG. 100

---

[121] OLG Köln v. 08.08.2006 - 4 UF 118/06 - OLGR Köln 2007, 129; OLG Brandenburg v. 18.12.2006 - 10 WF 261/06.
[122] OLG Brandenburg v. 26.07.2001 - 10 WF 53/01 - FamRZ 2002, 1356; OLG Schleswig v. 18.02.2005 - 8 UF 99/04 - OLGR Schleswig 2005, 409.

§ 1569

Untertitel 2 - Unterhalt des geschiedenen Ehegatten
Kapitel 1 - Grundsatz

§ 1569 BGB Grundsatz der Eigenverantwortung

(Fassung vom 21.12.2007, gültig ab 01.01.2008)

¹Nach der Scheidung obliegt es jedem Ehegatten, selbst für seinen Unterhalt zu sorgen. ²Ist er dazu außerstande, hat er gegen den anderen Ehegatten einen Anspruch auf Unterhalt nur nach den folgenden Vorschriften.

Gliederung

A. Grundlagen 1	B. Praktische Bedeutung 80
I. Kurzcharakteristik 1	C. Anwendungsvoraussetzungen 82
II. Einführende Bemerkungen zu den §§ 1569-1586b BGB 3	I. Geschiedener Ehegatte 82
1. Verfahrensreform (FamFG) 3	II. Unterhalt als Ausnahme 83
2. Anwendungsbereich 4	D. Rechtsfolgen 86
3. Eigenverantwortung und Mitverantwortung 7	E. Prozessuale Hinweise/Verfahrenshinweise 87
4. Einsatzzeitpunkte 11	I. Zuständigkeit und Verfahren 87
5. Anspruchsgrundlagen (§§ 1570-1576 BGB) und Konkurrenzen 17	II. Nichtidentität von nachehelichem Unterhalt und Trennungsunterhalt 92
6. Inhalt, Umfang und Wegfall des Anspruchs (§§ 1577-1586b BGB) 27	III. Nachehelicher Unterhalt – Einheitlichkeit des Anspruchs 96
7. Einwendungen/Einreden allgemeiner Art 29	IV. Rückforderung zu viel gezahlten Unterhalts 101
a. Erfüllung 29	V. Unterhaltsprozess und Insolvenzverfahren 108
b. Aufrechnung 34	VI. Weitere Einzelfragen 112
c. Verjährung 36	1. Antragstellung, Titulierung bei Gläubigermehrheit 112
d. Verwirkung nach Treu und Glauben 41	2. Prozesszinsen 116
8. Unterhalt und Sozialhilfe 47	3. Verzugsfolgen 118
9. Prüfungsschema 63	4. Verfahrenskostenvorschuss 123
10. Darlegungs- und Beweislast 64	

A. Grundlagen

I. Kurzcharakteristik

1 § 1569 BGB ist keine eigenständige Anspruchsgrundlage, sondern **Programmsatz**.[1] Die Vorschrift ist einerseits **Ausdruck des Grundsatzes der Eigenverantwortung**, wonach jeder Ehegatte nach der Scheidung im Rahmen des ihm Möglichen und Zumutbaren für seinen eigenen Unterhalt zu sorgen hat und nur, wenn er dies nicht kann, einen Anspruch auf Unterhalt gegen den anderen Ehegatten hat. Sie stellt andererseits durch den Verweis auf die „folgenden Vorschriften" klar, dass ein Anspruch auf nachehelichen Unterhalt nur unter den Voraussetzungen und nach näherer Maßgabe der insoweit als **abschließende Regelung** zu verstehenden §§ 1570-1586b BGB in Betracht kommt.

2 Dieser Grundsatz hat durch das UÄndG v. 21.11.2007 bereits in der Überschrift eine besondere Aufwertung erfahren. Die sprachliche Neufassung des Tatbestandes macht deutlich, dass Unterhaltszahlungen die Ausnahme darstellen. Der Grundsatz der Eigenverantwortung erhält in den einzelnen Unterhaltstatbeständen, insbesondere in den §§ 1570, 1574 Abs. 2, 1578b BGB, eine besondere Ausprägung.

II. Einführende Bemerkungen zu den §§ 1569-1586b BGB

1. Verfahrensreform (FamFG)

3 In verfahrensrechtlicher Hinsicht hat das am 01.09.2009 in Kraft getretene **FamFG** hinsichtlich der Terminologie zu nachhaltigen Änderungen geführt. Die bekannten Termini der ZPO wurden zugunsten der aus dem FGG bekannten Begriffe aufgegeben, wenngleich für Familienstreitsachen, zu denen auch

---

[1] *Brudermüller* in: Palandt, § 1569 Rn. 1.

Unterhaltsverfahren gehören, teilweise wieder auf die Regelungen der ZPO verwiesen wird (§ 113 FamFG). Im Folgenden soll deshalb jeweils der Terminus verwandt werden, der sich bei Anwendung des FamFG ergibt. Ab dem 01.09.2009 ist deshalb nicht Klage zu erheben, sondern ein Antrag einzureichen. Folgerichtig heißen Kläger und Beklagter nunmehr Antragsteller und Antragsgegner. Aus Parteien wurden Beteiligte (vgl. § 113 Abs. 5 FamFG). Statt Prozesskostenhilfe wird Verfahrenskostenhilfe bewilligt. Die Entscheidung des Gerichts ergeht als Beschluss und nicht mehr als Urteil.

2. Anwendungsbereich

Die Vorschriften über den nachehelichen Unterhalt (§§ 1569-1586b BGB) sind unmittelbar anwendbar, wenn eine Ehe durch rechtskräftiges **Scheidungsbeschluss** aufgelöst wird. Im Falle des – in der Praxis eher seltenen – **Eheaufhebungsantrags** finden sie unter den Voraussetzungen des § 1318 Abs. 2 BGB entsprechende Anwendung. 4

Auf **Altehen**, die vor dem 01.07.1977 geschlossen wurden, finden nach der einschlägigen Übergangsregelung des am 01.07.1977 in Kraft getretenen Ersten Gesetzes zur Reform des Ehe- und Familienrechts (Art. 12 Nr. 3 EheRG 1) weiterhin die unterhaltsrechtlichen Bestimmungen des EheG Anwendung, wenn auch die Scheidung vor dem 01.07.1977 erfolgte. Das ist auch bei einem etwaigen Abänderungsverfahren zu beachten.[2] 5

Für Altehen, die nach dem 01.07.1977 geschieden wurden, gilt dagegen das neue Unterhaltsrecht. Der Unterhaltsanspruch von **Ehegatten, die vor dem Beitrittszeitpunkt (03.10.1990) in der früheren DDR geschieden** wurden, beurteilt sich gemäß Art. 234 § 5 EGBGB grundsätzlich nach dem bisherigen DDR-Recht (§§ 29-33 FamGB DDR).[3] Der Anspruch richtet sich hiervon abweichend jedoch nach den §§ 1569-1586b BGB, wenn zumindest der Verpflichtete noch vor dem 03.10.1990 in die damalige Bundesrepublik übergesiedelt ist.[4] 6

3. Eigenverantwortung und Mitverantwortung

Das Recht des nachehelichen Unterhalts wird einerseits geprägt vom **Grundsatz der Eigenverantwortung** des berechtigten Ehegatten und andererseits vom **Grundsatz der nachwirkenden Mitverantwortung** des verpflichteten Ehegatten. Dem entspricht auch die innere Struktur der Eingangsvorschrift des § 1569 BGB. Danach kommt ein Anspruch auf nachehelichen Ehegattenunterhalt zum einen nur dann in Betracht, wenn der Anspruch stellende Ehegatte nicht selbst für seinen Unterhalt sorgen kann und insofern bedürftig ist. Der hierin zum Ausdruck kommende Grundsatz der wirtschaftlichen Eigenverantwortung wird an späterer Stelle insbesondere durch § 1577 BGB konkretisiert, wonach geschiedene Ehegatten gehalten sind, ihren Unterhaltsbedarf in erster Linie aus eigenem Einkommen und eigenem Vermögen zu decken. 7

Zum anderen bestimmt § 1569 BGB, dass ein Anspruch auf nachehelichen Unterhalt trotz des Eigenverantwortungsprinzips „nur nach den folgenden Vorschriften besteht". Neben den Grundsatz der Eigenverantwortung tritt damit für bestimmte, gesetzlich besonders geregelte Bedürfnislagen der Grundsatz der über den Scheidungszeitpunkt hinaus nachwirkenden Mitverantwortung des wirtschaftlich stärkeren Ehegatten, die ihren Entstehungsgrund in der Eheschließung und der damit übernommenen **wechselseitigen Solidaritätspflicht** hat.[5] Gegenüber der Vorscheidungssituation sind die Voraussetzungen verschärft und ist die unterhaltsrechtliche Solidaritätspflicht des Verpflichteten abgeschwächt.[6] 8

Besonders deutlich macht dies ein Vergleich der **Erwerbsobliegenheit** des Unterhalt begehrenden Ehegatten. So kann der bislang nicht erwerbstätige Ehegatte im Rahmen des Trennungsunterhalts gemäß § 1361 Abs. 2 BGB nur dann darauf verwiesen werden, seinen Unterhalt durch Aufnahme einer Erwerbstätigkeit selbst zu bestreiten, wenn dies nach seinen persönlichen Verhältnissen aufgrund einer einzelfallbezogenen Abwägung von ihm erwartet werden kann.[7] Für das erste Jahr der Trennung wird eine Erwerbsobliegenheit des bislang haushaltsführenden Ehegatten auf diesem Hintergrund von der 9

---

[2] Zur Anwendbarkeit der Differenzmethode auf den Unterhaltsanspruch aus § 58 EheG im Rahmen eines Abänderungsverfahrens, soweit es sich um Surrogateinkünfte im Sinne der neueren BGH-Rechtsprechung handelt, vgl. DGII v. 23.11.2005 - XII ZR 73/03 - juris Rn. 26 - FamRZ 2006, 317.
[3] *Büttner* in: Johannsen/Henrich, Familienrecht, 5. Aufl., vor § 1569 Rn.8.
[4] BGH v. 10.11.1993 - XII ZR 127/92 - juris Rn. 12 - BGHZ 124, 57-64.
[5] BGH v. 14.01.1981 - IVb ZR 575/80 - juris Rn. 11 - LM Nr. 10 zu § 1361 BGB.
[6] BGH v. 14.01.1981 - IVb ZR 575/80 - juris Rn. 11 - LM Nr. 10 zu § 1361 BGB.
[7] BGH v. 18.04.2012 - XII ZR 73/10 - juris Rn 18 - FamRZ 2012, 1201-1204.

Rechtsprechung regelmäßig verneint.[8] Den geschiedenen Ehegatten trifft demgegenüber als Ausfluss des Eigenverantwortungsprinzips von vornherein die grundsätzliche Obliegenheit, für seinen Unterhalt durch Aufnahme einer angemessenen Erwerbstätigkeit selbst zu sorgen (§§ 1569, 1574 BGB), soweit sich nicht aus den Tatbeständen der §§ 1570, 1571, 1572, 1575, 1576 BGB eine ausnahmsweise Freistellung von dieser Obliegenheit ergibt.

10 Dem Gesichtspunkt der nachwirkenden Mitverantwortung kommt im Rahmen des Geschiedenenunterhalts grundsätzlich umso größeres Gewicht zu, je länger die Ehe gedauert hat. Mit zunehmender **Ehedauer** kommt es in der Regel zu einer immer stärkeren Verflechtung der Lebensdispositionen der Ehepartner und zu einer zunehmenden wirtschaftlichen Abhängigkeit des einkommensschwächeren Ehegatten, mit der Folge, dass dieser seine Absicherung in der unterhaltsrechtlichen Solidarität des anderen Ehegatten zu fühlen pflegt.[9] Die Ehedauer kann daher für die Frage Bedeutung gewinnen, ob der Unterhaltsanspruch zeitlich zu befristen, herabzusetzen oder gänzlich zu versagen ist (§§ 1578b, 1579 Nr. 1 BGB). Auch bei der Prüfung, ob die Aufnahme einer bestimmten grundsätzlich zumutbaren Erwerbstätigkeit auf Grund der ehelichen Lebensverhältnisse unbillig ist, ist die Ehedauer eines der maßgeblichen Kriterien (§ 1574 Abs. 2 Satz 2 BGB).

4. Einsatzzeitpunkte

11 Die Unterhaltstatbestände der §§ 1571-1573 BGB und des § 1575 BGB setzen voraus, dass die anspruchsbegründenden Tatsachen zu bestimmten Einsatzzeitpunkten vorliegen.[10] Diese **Bindung an Einsatzzeitpunkte** gilt nicht für den Anspruch aus § 1570 Abs. 1 BGB. Auch § 1576 BGB macht die Anspruchsentstehung nicht von der Wahrung eines Einsatzzeitpunktes abhängig. Ob und in welcher Weise den in anderen Unterhaltstatbeständen normierten Einsatzzeitpunkten bei der Auslegung und Anwendung des § 1576 BGB gleichwohl Bedeutung zukommen kann, wird nicht einheitlich beurteilt.[11] Der BGH hat erkennen lassen, dass er einer Auffassung zuneigt, wonach der Umstand, dass ein nach der Scheidung mit einem Unterhaltsanspruch nicht belasteter Ehegatte mit fortschreitender Dauer immer weniger mit einer Inanspruchnahme rechnen muss, bei der im Rahmen des § 1576 BGB vorzunehmenden Billigkeitsabwägung zu berücksichtigen ist.[12] Weiteres hierzu in der Kommentierung zu § 1576 BGB.

12 Sind die Voraussetzungen eines Tatbestandes der §§ 1570-1576 BGB bereits im Zeitpunkt der Scheidung erfüllt, so besteht ein **originärer Unterhaltsanspruch**, der grundsätzlich den vollen eheangemessenen Bedarf (§ 1578 BGB) umfasst. Bei späterer Verwirklichung eines Unterhaltstatbestandes, für den ein Einsatzzeitpunkt gilt, kann sich aus der Bindung an den jeweils maßgeblichen Einsatzzeitpunkt eine Beschränkung oder ein Ausschluss des Anspruchs auf Anschlussunterhalt ergeben.

13 **Anschlussunterhalt** kann als Folge des Systems der Einsatzzeitpunkte grundsätzlich nur dann beansprucht werden, wenn eine lückenlose Kette sukzessive verwirklichter Unterhaltstatbestände (**Unterhaltskette bzw. Tatbestandskette**) zurückführt zu einem in der Regel bereits im Scheidungszeitpunkt bestehenden Ausgangsanspruch.[13]

14 Soweit es sich bei dem Ausgangsanspruch um einen solchen aus § 1570 BGB handelt, der selbst nicht an Einsatzzeitpunkte gebunden ist, kann die Unterhaltskette auch irgendwann nach der Scheidung ihren Anfang nehmen. Ist die Kette unterbrochen, wurden insbesondere die Voraussetzungen des in Betracht kommenden Unterhaltstatbestandes erst nach dem maßgeblichen Einsatzzeitpunkt erfüllt, besteht grundsätzlich kein Anspruch auf Anschlussunterhalt mehr. Ist der Einsatzzeitpunkt zwar gewahrt, bestand jedoch bislang nur ein Anspruch auf Teilunterhalt, etwa weil der Berechtigte seinen Bedarf durch eigene Erwerbstätigkeit teilweise selbst zu decken hatte oder weil ein Teil des Anspruchs der Verwirkung unterlag, so gilt die bisherige Beschränkung des Anspruchsumfangs auch für den Anschlussunterhalt. Anschlussunterhalt kann nur im Umfang des bisherigen, in Wegfall geratenen Unter-

---

[8] BGH v. 29.11.2000 - XII ZR 212/98 - juris Rn. 11 - LM BGB § 1361 Nr. 71 (10/2001); BGH v. 15.11.1989 - IVb ZR 3/89 - juris Rn. 18 - BGHZ 109, 211-214.
[9] BGH v. 27.01.1999 - XII ZR 89/97 - juris Rn. 18 - LM BGB § 1579 Nr. 47 (7/1999).
[10] Zum Aufstockungsunterhalt nach § 1573 Abs. 2 BGB vgl. BGH v. 11.05.2005 - XII ZR 211/02 - juris Rn. 14 - FamRZ 2005, 1817, 1819.
[11] Zum Meinungsstand vgl. etwa *Büttner* in: Johannsen/Henrich, Familienrecht, 5. Aufl., § 1576 Rn. 5.
[12] BGH v. 17.09.2003 - XII ZR 184/01 - NJW 2003, 3481-3484; *Brudermüller* in: Palandt, § 1576 Rn. 5.
[13] OLG Düsseldorf v. 17.11.1997 - 3 WF 204/97 - OLGR Düsseldorf 1998, 188-189; OLG Celle v. 20.08.1996 - 18 UF 86/96 - FamRZ 1997, 1074-1075; OLG Bamberg v. 25.06.1996 - 2 UF 32/96 - juris Rn. 15 - NJW-RR 1997, 198-199; OLG Stuttgart v. 11.05.1982 - 15 WF 156/82 UE - FamRZ 1982, 1015-1016.

haltsanspruchs, ggf. also nur als **Teilanschlussunterhalt**, verlangt werden. Dies ergibt sich aus dem Gesetzeswortlaut („soweit") und dem Zweck der Einsatzzeitpunkte, die zu den Schutzvorschriften zugunsten des Unterhaltspflichtigen gehören.[14]

Umstritten ist, ob es zur Aufrechterhaltung der Unterhaltskette und zur Wahrung eines Anspruchs auf Anschlussunterhalt grundsätzlich ausreicht, dass die in den §§ 1570-1576 BGB normierten, die Unterhaltsberechtigung dem Grunde nach betreffenden Tatbestandsvoraussetzungen durchgängig vorgelegen haben[15] oder ob zum maßgeblichen Einsatzzeitpunkt jeweils auch eine Bedürftigkeit und damit ein Anspruch der Höhe nach bestehen muss, wenn die Unterhaltskette nicht abreißen soll.[16] Für die Richtigkeit der erstgenannten Sichtweise sprechen insbesondere die Ausnahmeregelungen der §§ 1573 Abs. 4, 1577 Abs. 4 BGB, wonach das zeitweilige Fehlen der Bedürftigkeit nur unter besonderen Voraussetzungen zu einem dauerhaften Wegfall der Anspruchsberechtigung führt.[17] So betrifft der nach § 1573 Abs. 4 BGB mögliche Anspruchsverlust nach vorübergehend fehlender Bedürftigkeit nur etwaige Ansprüche aus § 1573 BGB. Außerdem setzt er eine qualifizierte Form der Unterhaltssicherung voraus, nämlich eine solche, die einerseits nachhaltigen Charakter hat und andererseits auf der Erzielung von Erwerbseinkünften beruht. § 1577 Abs. 4 BGB gilt zwar für alle Unterhaltstatbestände, setzt jedoch eine im Scheidungszeitpunkt zu erwartende Bedarfsdeckung aus dem Vermögen – im Unterschied zu § 1573 Abs. 4 BGB also nicht aus Erwerbseinkünften – des Berechtigten voraus. 15

Der BGH hat entschieden, dass ein dem Grunde nach bestehender Anspruch aus § 1573 Abs. 1 BGB nicht schon deswegen entfällt, weil die berechtigte Ehefrau nach der Scheidung mehrere Jahre nicht bedürftig war, wenn nicht die besonderen Voraussetzungen der §§ 1573 Abs. 4, 1577 Abs. 4 BGB vorliegen.[18] In die gleiche Richtung weist die Rechtsprechung des BGH, wonach die Rechtskraft eines Urteils bzw. Beschlusses, mit dem ein auf Unterhaltszahlung für die Zukunft gerichteter Antrag wegen der im Entscheidungszeitpunkt fehlenden Bedürftigkeit des Antragstellers vollumfänglich abgewiesen worden ist, einem späteren Leistungsantrag, mit dem eine zwischenzeitlich eingetretene Bedürftigkeit geltend gemacht wird, nicht entgegensteht.[19] Dass in solchen Fällen der Leistungsantrag und nicht der Antrag auf Abänderung nach den §§ 238, 239 FamFG statthaft ist, gilt auch dann, wenn sich eine von der Erstentscheidung abweichende Beurteilung der Bedürftigkeit auch oder ausschließlich aus der geänderten Rechtsprechung des BGH zur Anwendbarkeit der Differenzmethode im Rahmen der Bedarfsermittlung nach den ehelichen Lebensverhältnissen ergibt.[20] 16

5. Anspruchsgrundlagen (§§ 1570-1576 BGB) und Konkurrenzen

Was die Unterhaltsberechtigung dem Grunde nach angeht, so bezieht die Verweisung des § 1569 BGB sich auf die §§ 1570-1576 BGB. Bei diesen Vorschriften handelt es sich um echte **Anspruchsgrundlagen**. Sie beinhalten eine **abschließende Regelung**. Soll ein Anspruch auf nachehelichen Unterhalt dem Grunde nach bestehen, muss er sich aus diesen Vorschriften ergeben. Ein Anspruch auf nachehelichen Unterhalt besteht daher nur, wenn von dem Berechtigten eine Erwerbstätigkeit aus bestimmten Gründen (Kindesbetreuung – § 1570 BGB; Alter – § 1571 BGB; Krankheit oder Gebrechen – § 1572 BGB; berechtigte Aufnahme einer Ausbildung – § 1575 BGB; Billigkeit – § 1576 BGB) nicht oder jedenfalls nicht in vollschichtigem Umfang erwartet werden kann oder wenn er – bei bestehender Erwerbsobliegenheit – keine angemessene Erwerbstätigkeit zu finden vermag, die den Unterhaltsbedarf vollständig deckt (§ 1573 BGB).[21] 17

Mehrere Unterhaltstatbestände können im Sinne **echter Anspruchskonkurrenz** nebeneinander zur Anwendung kommen. Ist der Unterhalt begehrende Ehegatte nach der Scheidung sowohl wegen Kindesbetreuung als auch wegen Krankheit an einer Erwerbstätigkeit gehindert, so ergibt sich die Unter- 18

---

[14] BGH v. 17.09.2003 - XII ZR 184/01 - NJW 2003, 3481-3484; BGH v. 27.06.2001 - XII ZR 135/99 - juris Rn. 26 - LM BGB § 1572 Nr. 7 (6/2002); OLG Düsseldorf v. 05.11.1993 - 6 UF 93/92 - NJW-RR 1994, 1415-1416.

[15] So insbesondere OLG München v. 28.09.1992 - 12 WF 991/92 - OLGR München 1992, 203; OLG Zweibrücken v. 11.11.1999 - 6 UF 30/97 - OLGR Zweibrücken 2000, 318-321; *Brudermüller* in: Palandt, § 1571 Rn. 2.

[16] *Büttner* in: Johannsen/Henrich, Familienrecht, 5. Aufl., § 1569 Rn. 6.

[17] Zum Ausnahmecharakter der beiden Vorschriften vgl. BGH v. 06.05.1987 - IVb ZR 61/86 - juris Rn. 8 - NJW 1987, 3129-3131.

[18] BGH v. 06.05.1987 - IVb ZR 61/86 - juris Rn. 9 - NJW 1987, 3129-3131.

[19] BGH v. 03.11.2004 - XII ZR 120/02 - juris Rn. 8 - FamRZ 2005, 101; BGH v. 26.01.1983 - IVb ZR 347/81 - juris Rn. 10 - FamRZ 1984, 353-356; BGH v. 02.12.1981 - IVb ZR 638/80 - juris Rn. 9 - BGHZ 82, 246-254.

[20] BGH v. 03.11.2004 - XII ZR 120/02 - juris Rn. 6 - FamRZ 2005, 101.

[21] BGH v. 09.07.1980 - IVb ZR 528/80 - juris Rn. 17 - LM Nr. 4 zu § 1579 BGB.

§ 1569

haltsberechtigung gleichzeitig aus § 1570 BGB und § 1572 BGB. Daneben kann in besonders gelagerten Einzelfällen (Beispiel: Kranker Ehegatte im Rentenalter betreut pflegebedürftiges volljähriges Kind) auch ein Anspruch auf Altersunterhalt (§ 1571 BGB) bestehen.

19 § 1576 BGB ist dagegen **subsidiär** gegenüber den §§ 1570-1572 BGB und § 1575 BGB. Der BGH hat dies bislang ausdrücklich nur für das Verhältnis zu § 1570 BGB[22] und § 1572 BGB[23] entschieden. Er hat dazu ausgeführt, § 1576 BGB solle nach seiner gesetzgeberischen Intention in der Art eines **Auffangtatbestandes** Regelungslücken schließen und Härten vermeiden, die sich aus dem enumerativen Tatbestandskatalog der §§ 1570-1573 BGB und des § 1575 BGB ergeben könnten. Die in den beiden Entscheidungen angestellten Erwägungen im Hinblick auf die gesetzessystematische Stellung des § 1576 BGB, seine besondere Tatbestandsstruktur und die zugrunde liegende gesetzgeberische Intention rechtfertigen es, von einer Subsidiarität auch im Verhältnis zu den übrigen Unterhaltstatbeständen, die eine Freistellung von der grundsätzlichen Erwerbsobliegenheit voraussetzen (neben den §§ 1570, 1572 BGB also auch die §§ 1571, 1575 BGB), auszugehen. Für das Verhältnis zu § 1573 BGB gilt dies jedoch nicht. Ansprüche aus § 1573 BGB (Erwerbslosigkeits- und Aufstockungsunterhalt) kommen, wie bereits dem Wortlaut der Vorschrift entnommen werden kann, nur insoweit in Betracht, als sich eine Unterhaltsberechtigung nicht bereits aus den §§ 1570-1572 BGB ergibt. Obwohl nicht ausdrücklich erwähnt, gehen auch die Ansprüche nach den §§ 1575, 1576 BGB denjenigen aus § 1573 BGB vor. Denn § 1573 BGB setzt stets eine Erwerbsobliegenheit voraus, während die Tatbestände der §§ 1575, 1576 BGB – wie diejenigen der §§ 1570-1572 BGB – eine solche gerade ausschließen. Dass § 1573 Abs. 1 BGB eine Obliegenheit zur Stellensuche und damit eine grundsätzliche Erwerbsobliegenheit voraussetzt und nicht einschlägig ist, soweit von dem Berechtigten – etwa aus gesundheitlichen Gründen oder wegen Alters – eine Erwerbstätigkeit nicht erwartet werden kann, liegt auf der Hand.[24] Auch § 1573 Abs. 2 BGB setzt eine Erwerbsobliegenheit – zumindest im teilschichtigen Umfang – voraus. Fehlt es hieran, weil von dem Berechtigten wegen Kindesbetreuung, Alters oder krankheitsbedingter Erwerbsunfähigkeit **keinerlei Erwerbstätigkeit** erwartet werden kann, ist der Unterhaltsanspruch seinem ganzen Umfang nach, also auch hinsichtlich eines etwaigen Aufstockungsbedarfs, auf die §§ 1570-1572 BGB zu stützen. Für eine Anwendung des § 1573 Abs. 2 BGB ist in solchen Fällen kein Raum. Ein gesonderter Anspruch auf Aufstockungsunterhalt nach § 1573 Abs. 2 BGB ist demnach nur in Fällen denkbar, in denen entweder eine Obliegenheit zur Aufnahme einer Vollerwerbstätigkeit besteht oder von dem Berechtigten – unbeschadet eines bestehenden Teilanspruchs aus den §§ 1570-1572 BGB – zumindest eine teilschichtige Erwerbstätigkeit erwartet werden kann.[25]

20 Das **Konkurrenzgefüge der Anspruchsgrundlagen des nachehelichen Unterhalts** stellt sich **zusammengefasst** wie folgt dar:

21 Vorrangig sind die Tatbestände, die eine Freistellung von der Erwerbsobliegenheit implizieren, also die §§ 1570-1572, 1575, 1576 BGB, wobei § 1570 BGB wegen seiner vielfältigen Privilegierungen in der Reihe der §§ 1570-1572, 1575 BGB eine gewisse Vorzugsstellung einnimmt und § 1576 BGB lediglich Auffangfunktion hat.

22 § 1573 BGB kommt nur insoweit zur Anwendung, als eine Erwerbsobliegenheit besteht, ein Anspruch aus einem der eine solche Obliegenheit gerade ausschließenden übrigen Unterhaltstatbestände also ausscheidet. Zwischen den §§ 1570-1572, 1575 BGB ist eine echte Anspruchskonkurrenz denkbar. § 1576 BGB ist diesen Tatbeständen gegenüber subsidiär. § 1573 BGB und alle übrigen Unterhaltstatbestände schließen sich – wegen der hier vorausgesetzten und dort fehlenden Erwerbsobliegenheit – auf der Tatbestandsebene wechselseitig aus.

23 Unbeschadet dieser Konkurrenzstrukturen können die Unterhaltstatbestände der §§ 1570-1576 BGB einander allerdings auch in der Weise ergänzen, dass sie für sich genommen jeweils nur einen Anspruch auf **Teilunterhalt** begründen und erst in ihrer **kumulativen Anwendung** einen weitergehenden **Gesamtunterhaltsanspruch** rechtfertigen.

24 Dies kommt insbesondere dann in Betracht, wenn den Berechtigten eine **Teilerwerbsobliegenheit** trifft. Die §§ 1570-1572 BGB gewähren in einem solchen Fall lediglich einen Unterhaltsanspruch im Umfang der verbleibenden Freistellung von der Erwerbsobliegenheit, d.h. bis zur Höhe des Mehrein-

---

[22] BGH v. 25.01.1984 - IVb ZR 28/82 - juris Rn. 23 - LM Nr. 4 zu § 1570 BGB.
[23] BGH v. 17.09.2003 - XII ZR 184/01 - juris Rn. 17 - NJW 2003, 3481-3484.
[24] Vgl. nur BGH v. 10.02.1988 - IVb ZR 16/87 - juris Rn. 12 - NJW-RR 1988, 1218-1220.
[25] BGH v. 03.02.1999 - XII ZR 146/97 - juris Rn. 15 - LM BGB § 1571 Nr. 3 (7/1999); BGH v. 27.01.1993 - XII ZR 206/91 - juris Rn. 16 - NJW-RR 1993, 898-901; BGH v. 13.12.1989 - IVb ZR 79/89 - juris Rn. 13 - LM Nr. 13 zu BGB § 1570.

kommens, das durch eine Vollerwerbstätigkeit zu erzielen wäre. Reicht darüber hinaus der Eigenverdienst zusammen mit dem Teilanspruch aus den §§ 1570-1572 BGB zur Deckung des vollen eheangemessenen Unterhalts (§ 1578 BGB) nicht aus, so kann gemäß § 1573 Abs. 2 BGB zusätzlich ein Anspruch auf Aufstockungsunterhalt bestehen.[26]

Soweit der Berechtigte eine angemessene Teilerwerbstätigkeit trotz ausreichender Bemühungen nicht finden kann, ist der Anspruch bis zur Höhe des durch eine teilschichtige Tätigkeit zu erzielenden Einkommens ergänzend auf § 1573 Abs. 1 BGB zu stützen. Die Anspruchsberechtigung der Mutter, von der unter Berücksichtigung einer Fremdbetreuung eine Halbtagstätigkeit erwartet werden kann, die jedoch eine ihr angemessene Arbeitsstelle nicht zu finden vermag und deren Unterhaltsbedarf das durch eine Vollzeitbeschäftigung zu erzielende Einkommen übersteigt, beruht daher teilweise auf den §§ 1570 Abs. 1, 1573 Abs. 1 BGB und § 1573 Abs. 2 BGB.

Die jeweils einschlägigen Unterhaltstatbestände müssen in derartigen Fällen in der Regel sorgfältig unterschieden und hinsichtlich der auf sie entfallenden Anspruchsteile voneinander abgegrenzt werden. Diese Differenzierung ist zwar nicht mehr wegen der unterschiedlichen Beschränkungsmöglichkeiten des Unterhaltsanspruchs geboten, weil diese durch das UÄndG vom 21.12.2007 in § 1578b BGB zusammengefasst wurden und für alle Unterhaltstatbestände gelten, sondern insbesondere wegen der unterschiedlichen Rangstufen nach § 1609 Nr. 2, 3 BGB und einer späteren Abänderung.

6. Inhalt, Umfang und Wegfall des Anspruchs (§§ 1577-1586b BGB)

Steht die grundsätzliche Unterhaltsberechtigung des anspruchstellenden Ehegatten fest, so sind in Anwendung der §§ 1577-1586b BGB Inhalt und Umfang des Anspruchs zu klären. Ein Anspruch ergibt sich rechnerisch dann, wenn der Berechtigte seinen eheangemessenen Unterhaltsbedarf (§ 1578 BGB) mit Eigenmitteln – einschließlich etwaiger fiktiv in Ansatz zu bringender Einkommensbestandteile – nicht vollständig decken kann (§ 1577 BGB) und insofern bedürftig ist. Ein hiernach bestehender Anspruch kann insbesondere wegen Eingreifens spezieller unterhaltsrechtlicher Verwirkungsgründe (§ 1579 BGB) sowie wegen unzureichender Leistungsfähigkeit des Verpflichteten (§ 1581 BGB) herabzusetzen oder ganz zu versagen sein. Auch zeitliche Begrenzungen des Anspruchs kommen in Betracht (§§ 1578b, 1579 Nr. 1-8 BGB).

Der Möglichkeit, Unterhalt für die Vergangenheit zu fordern, setzt § 1585b BGB Grenzen. Der laufende Unterhalt ist grundsätzlich durch Zahlung einer Geldrente zu gewähren, die monatlich **im Voraus** zu entrichten ist (§ 1585 Abs. 1 BGB). Der Unterhaltsanspruch erlischt, soweit er auf Zahlung künftig fällig werdenden laufenden Unterhalts gerichtet ist, endgültig mit dem **Tod des Berechtigten** (§ 1586 Abs. 1 BGB); nach dem Tod des Verpflichteten richtet er sich gegen dessen Erben (§ 1586b BGB). Die **Wiederheirat** und die Begründung einer Lebenspartnerschaft führen ebenfalls zum Erlöschen des Anspruchs (§ 1586 Abs. 1 BGB). Hier besteht jedoch die Möglichkeit eines **Wiederauflebens** des Betreuungsunterhalts nach § 1570 BGB (§ 1586a BGB).[27] Der Vorbereitung und wirtschaftlichen Realisierung des Unterhaltsanspruchs dienen die flankierenden Ansprüche auf Auskunft (§ 1580 BGB) und Sicherheitsleistung (§ 1585a BGB).

7. Einwendungen/Einreden allgemeiner Art

a. Erfüllung

Die Erfüllungswirkung (§ 362 Abs. 1 BGB) einer Unterhaltszahlung wird in der Regel nicht dadurch infrage gestellt, dass die **Leistung unter Vorbehalt** erfolgt. Der unter Vorbehalt leistende Schuldner will im Allgemeinen nur einem Verständnis seiner Leistung als Anerkenntnis (§ 212 Abs. 1 Nr. 1 BGB) entgegentreten und die Wirkung des § 814 BGB ausschließen, um sich damit die Möglichkeit offen zu halten, das Geleistete nach § 812 BGB wieder zurückzufordern. Soll durch den Vorbehalt dagegen dem Leistungsempfänger im Hinblick auf einen künftigen Rückforderungsstreit die Beweislast für das Bestehen des Anspruchs auferlegt werden, so bleibt die Tilgungswirkung der Zahlung in der Schwebe, und es fehlt bis auf weiteres an einer ordnungsgemäßen Erfüllung im Sinne des § 362 BGB.

---

[26] BGH v. 03.02.1999 - XII ZR 146/97 - juris Rn. 15 - LM BGB § 1571 Nr. 3 (7/1999); BGH v. 27.01.1993 - XII ZR 206/91 - juris Rn. 16 - NJW-RR 1993, 898-901; BGH v. 13.12.1989 - IVb ZR 79/89 - juris Rn. 14 - LM Nr. 13 zu BGB § 1570.

[27] BGH v. 13.07.2011 - XII ZR 84/09 - FamRZ 2011, 1498-1503.

Ein derartiger Vorbehalt ist außer im Falle der Zahlung zur Abwendung der Zwangsvollstreckung aus einem für sofort wirksam erklärten Beschluss indessen ungewöhnlich und nur dann anzunehmen, wenn besondere Anhaltspunkte hierfür vorliegen.[28]

30 Reicht eine Unterhaltszahlung zur vollständigen Tilgung der Unterhaltsschuld nicht, dann wird der Teil der Schuld getilgt, den der Verpflichtete bestimmt (§ 366 Abs. 1 BGB). Eine **Tilgungsbestimmung** kann auch durch schlüssiges Verhalten getroffen werden.[29] Wird regelmäßig monatlich im Voraus der aus Sicht des Verpflichteten geschuldete Betrag überwiesen, so ist dem im Zweifel die Bestimmung zu entnehmen, dass die Zahlungen jeweils den aktuell fällig werdenden Unterhalt betreffen. Bei fehlender Tilgungsbestimmung beurteilt sich die Tilgungsreihenfolge nach den §§ 366 Abs. 2, 367 BGB.

31 Wird für mehrere Personen (z.B. Ehefrau und Kinder) Unterhalt gezahlt (**Gläubigermehrheit**), so gelten die §§ 366, 367 BGB nicht unmittelbar. Sofern die Leistung an einen von mehreren Gläubigern auch den übrigen Gläubigern gegenüber befreiende Wirkung hat, kommt jedoch eine entsprechende Anwendung der §§ 366, 367 BGB in Betracht.[30] Bei einheitlicher Empfangszuständigkeit des betreuenden Elternteils für den Ehegatten- und Kindesunterhalt ist dies der Fall. In erster Linie kommt es daher auch hier auf eine ausdrückliche oder stillschweigende Tilgungsbestimmung des Verpflichteten an. Das Bestimmungsrecht muss zwar grundsätzlich spätestens mit der Leistung ausgeübt werden. Eine nachträgliche Bestimmung ist aber jedenfalls dann möglich, wenn der Gläubiger zustimmt.[31]

32 Im Unterhaltsverfahren kann häufig Einvernehmen darüber erzielt werden, dass geleistete Zahlungen in bestimmter Weise auf Rückstände anzurechnen sind (z.B. in erster Linie auf den Kindesunterhalt und nur in überschießender Höhe, also wenn und soweit sie den geschuldeten Kindesunterhalt übersteigen, auf den Ehegattenunterhalt). Fehlt es an einer ausdrücklichen Tilgungsbestimmung und ergibt sich aus den Umständen nicht etwas anderes, geht der mutmaßliche Wille des Pflichtigen regelmäßig dahin, zunächst auf den gem. § 1609 Nr. 1 BGB vorrangigen Unterhalt des Kindes zu leisten.

33 Was die Verrechnung der auf diese Weise zugewiesenen Teilbeträge auf die Einzelforderungen angeht, ist im Übrigen nach den §§ 366, 367 BGB zu verfahren.[32] Hat der Verpflichtete für einzelne Rückstandszeiträume zu viel und für andere zu wenig Unterhalt gezahlt, wird in der familiengerichtlichen Praxis häufig so verfahren, dass von der Summe des für die Vergangenheit geschuldeten Unterhalts die Summe der geleisteten Zahlungen abgesetzt und der Differenzbetrag zugesprochen wird. Das ist statthaft, wenn die Parteien mit dieser Form der Verrechnung einverstanden sind. Ein dahin gehendes Einverständnis kann sich, wenn ausdrückliche Erklärungen fehlen, auch aus den Umständen ergeben. Es kann etwa darin zum Ausdruck kommen, dass beide Parteien in ihren Schriftsätzen im Rahmen der Rückstandsberechnung eine **Gesamtsaldierung von geschuldetem Unterhalt und geleisteten Zahlungen** vornehmen oder eine Partei so verfährt und die andere Partei dagegen keine Einwendungen erhebt. In der Rechtsmittelinstanz kann unter Umständen aus dem Nichterheben von Einwendungen gegen die so verfahrende Entscheidung der Vorinstanz auf ein Einverständnis der Parteien geschlossen werden.[33] Fehlt es an dem erforderlichen Einverständnis, so ist zu beachten, dass es sich bei einem Anspruch auf Rückerstattung zu viel gezahlten Unterhalts um eine Gegenforderung handelt, deren einseitige Aufrechnung grundsätzlich nicht zulässig ist.[34]

b. Aufrechnung

34 Der Anspruch auf nachehelichen Unterhalt ist wie sonstige Unterhaltsansprüche grundsätzlich unpfändbar (§ 850b Abs. 1 Nr. 2 ZPO). Eine gegen ihn gerichtete **Aufrechnung** ist – vom Ausnahmefall des berechtigten Arglisteinwands abgesehen[35] – daher **in der Regel** durch § 394 BGB **ausgeschlossen**.

---

[28] BGH v. 09.12.1987 - IVb ZR 97/86 - juris Rn. 55 - LM Nr. 3 zu UÄndG; BGH v. 19.06.1985 - IVb ZR 31/84 - juris Rn. 52 - LM Nr. 19 zu § 1569 BGB; BGH v. 08.02.1984 - IVb ZR 52/82 - juris Rn. 14 - LM Nr. 9 zu § 1602 BGB; zum Schwebezustand bis zur Rechtskraft, wenn zur Abwendung der Zwangsvollstreckung aus einem nur vorläufig vollstreckbaren Urteil Zahlungen geleistet werden vgl. BGH v. 22.05.1990 - IX ZR 229/89 - juris Rn. 6 - LM Nr. 18 zu § 362 BGB.

[29] OLG Hamm v. 05.06.1992 - 5 UF 2/92 - FamRZ 1993, 74-75.

[30] Grüneberg in: Palandt, § 366 Rn. 3, § 367 Rn. 1.

[31] Grüneberg in: Palandt, § 366 Rn. 4-5.

[32] Grüneberg in: Palandt, § 366 Rn. 4a, 8.

[33] Vgl. dazu BGH v. 19.06.1985 - IVb ZR 31/84 - juris Rn. 51 - LM Nr. 19 zu § 1569 BGB.

[34] Dose in: Wendl/Dose, Das Unterhaltsrecht in der familienrichterlichen Praxis, 8. Aufl. 2011, § 6 Rn. 302.

[35] BGH v. 16.06.1993 - XII ZR 6/92 - juris Rn. 7 - BGHZ 123, 49-58.

Etwas anderes gilt insbesondere dann, **wenn das Vollstreckungsgericht die Pfändung** im Einzelfall gemäß § 850b Abs. 2 ZPO **zugelassen hat**. Will der Verpflichtete dies erreichen, muss er seine Gegenforderung titulieren lassen und aus diesem Titel die Pfändung und Überweisung des gegen ihn selbst als „Drittschuldner" gerichteten Unterhaltsanspruchs betreiben. Erst danach ist eine wirksame Aufrechnungserklärung möglich.[36]

Die Pfändung von Unterhaltsforderungen ist nach § 850b Abs. 2 ZPO nur insoweit zulässig, als sie der **Billigkeit** entspricht. Dem Berechtigten muss bei der Pfändung seines Unterhaltsanspruchs jedenfalls das **Existenzminimum** bleiben. Ein Pfändungsversuch ist daher nur dann sinnvoll, wenn der Unterhaltsanspruch den Betrag nennenswert übersteigt, der bei einer Pfändung von Arbeitseinkommen pfändungsfrei wäre.[37] Auch wenn die Aufrechnung im Einzelfall ausnahmsweise ohne diesen vollstreckungsrechtlichen Umweg der Forderungspfändung zulässig ist, weil es sich bei der Gegenforderung des Verpflichteten um einen Schadensersatzanspruch aus einer im Rahmen des Unterhaltsverhältnisses begangenen vorsätzlichen unerlaubten Handlung handelt, muss gewährleistet bleiben, dass dem Berechtigten durch die Aufrechnung nicht das Existenzminimum entzogen wird. Das Existenzminimum ist – anders als bei dem Weg über § 850b Abs. 2 ZPO – nicht nach den Pfändungsfreigrenzen, sondern nach den Grundsätzen zu bemessen, die im Unterhaltsrecht für den notwendigen Selbstbehalt gelten.[38]

c. Verjährung

Die Verjährung von **Unterhaltsansprüchen, die seit dem 01.01.2002 entstanden sind**, beurteilt sich uneingeschränkt nach dem durch das Gesetz zur Modernisierung des Schuldrechts vom 26.11.2001 neu gestalteten Verjährungsrecht (§§ 194-218 BGB). Unterhaltsansprüche unterliegen seither gemäß den §§ 195, 197 Abs. 2 BGB der **regelmäßigen Verjährungsfrist von drei Jahren** (nach § 197 a.F. BGB betrug die Verjährungsfrist 4 Jahre). Soweit der Unterhaltsanspruch rechtskräftig festgestellt ist, gilt für die bis zum Eintritt der Rechtskraft aufgelaufenen Rückstände die **dreißigjährige Verjährung**. Für die künftig, also nach Rechtskraft fällig werdenden Monatsrenten bleibt es bei der regelmäßigen dreijährigen Verjährung (§ 197 Abs. 1 Nr. 3, Abs. 2 BGB).

Der Unterhaltsgläubiger, der im Besitz eines Titels ist, kann durch Vornahme oder Beantragung von **Vollstreckungshandlungen** einen **Neubeginn der Verjährung** – der in der Wirkung der Unterbrechung nach altem Recht entspricht – herbeiführen (§ 212 Abs. 1 Nr. 2 BGB).

Die regelmäßige **Verjährung beginnt** mit dem Schluss des Jahres, in dem der Anspruch entstanden, also fällig geworden ist und der Gläubiger von den Anspruch begründenden Umständen und der Person des Schuldners Kenntnis erlangt oder ohne grobe Fahrlässigkeit erlangen müsste (§ 199 Abs. 1 BGB). Ansprüche, die der regelmäßigen Verjährung unterliegen und bei denen es sich nicht um Schadensersatzansprüche handelt, verjähren nach § 199 Abs. 4 BGB ohne Rücksicht auf Kenntnis oder grob fahrlässige Unkenntnis des Gläubigers spätestens in zehn Jahren von ihrer Entstehung an. Das betrifft auch Unterhaltsansprüche, sofern diese nicht rechtskräftig festgestellt und bis zum Eintritt der Rechtskraft fällig geworden sind. Die dreißigjährige Verjährung des rechtskräftig festgestellten und bis zur Rechtskraft des Titels fällig gewordenen Unterhaltsanspruchs beginnt mit der Rechtskraft der Entscheidung (§ 201 BGB). Wird eine Ehe am 01.06.2010 rechtskräftig geschieden, so beginnt die Verjährung der Unterhaltsansprüche, die den Zeitraum von Juni bis Dezember 2010 betreffen, mit dem Schluss des Jahres 2010. Sie endet bei ungehemmtem Fristlauf gemäß den §§ 187 Abs. 1, 188 Abs. 2 BGB mit dem Ablauf des 31.12.2013.

Die **Verjährung wird** nach § 204 Abs. 1 BGB **gehemmt** durch bestimmte Maßnahmen der Rechtsverfolgung. Zur **Erhebung eines Antrags** im Sinne des § 204 Abs. 1 Nr. 1 BGB reicht ein Stufenantrag mit zunächst unbeziffertem Zahlungsantrag aus.[39] Die Erhebung eines bloßen **Auskunftsantrags** genügt dagegen nicht.[40] Auch die Einreichung des erstmaligen **Antrags auf Gewährung von Verfahrenskostenhilfe** führt zur Verjährungshemmung, wenn der Antrag dem Gegner demnächst bekannt ge-

---

[36] *Brudermüller* in: Palandt, vor § 1569 Rn. 21, § 1585 Rn. 3.
[37] *Dose* in: Wendl/Dose, Das Unterhaltsrecht in der familienrichterlichen Praxis, 8. Aufl. 2011, § 6 Rn. 300.
[38] BGH v. 16.06.1993 - XII ZR 6/92 - juris Rn. 22 - BGHZ 123, 49-58.
[39] Zur Unterbrechung der Verjährung nach altem Recht (§ 209 Abs. 1 BGB a.F.) durch eine Stufenklage auf Zugewinnausgleich vgl. BGH v. 27.01.1999 - XII ZR 113/97 - juris Rn. 10 - LM BGB § 202 Nr. 30 (8/99); BGH v. 08.02.1995 - XII ZR 24/94 - juris Rn. 10 - NJW-RR 1995, 770-771; zu den entsprechenden Wirkungen einer Stufenklage auf Pflichtteilsergänzung vgl. BGH v. 17.06.1992 - IV ZR 183/91 - juris Rn. 7 - LM BGB § 209 Nr. 71 (2/1993).
[40] OLG Celle v. 03.03.1995 - 15 UF 222/94 - NJW-RR 1995, 1411.

geben wird; erfolgt die Bekanntgabe später als demnächst, so setzt die Hemmung erst mit der Veranlassung der Bekanntgabe ein (§ 204 Abs. 1 Nr. 14 BGB). Solange die Ehe besteht, ist die Verjährung von Ansprüchen zwischen Ehegatten gehemmt (§ 207 Abs. 1 Satz 1 BGB). Ansprüche auf Trennungsunterhalt können daher, solange die Ehe besteht, nicht verjähren.

40 Auf **Ansprüche, die vor dem 01.01.2002 entstanden sind** und am 01.01.2002 noch nicht verjährt waren, findet grundsätzlich das neue Verjährungsrecht Anwendung, jedoch unter Beachtung der Besonderheiten, die sich aus der Überleitungsvorschrift des Art. 229 § 6 EGBGB ergeben. Die Verjährung von Ansprüchen, die am 01.01.2002 bereits verjährt waren, beurteilt sich weiterhin nach dem bis zum 31.12.2001 geltenden Recht.

d. Verwirkung nach Treu und Glauben

41 Unterhaltsansprüche können der **Verwirkung unter dem Gesichtspunkt illoyal verspäteter Rechtsausübung** (§ 242 BGB) unterliegen, und zwar bereits vor Eintritt der Verjährung und selbst dann, wenn der Anspruch rechtshängig oder tituliert ist.[41] Die Verwirkung nach § 242 BGB kann **nur Unterhaltsrückstände nicht dagegen den laufenden Unterhalt** erfassen, da ein Anspruch unter dem Gesichtspunkt verspäteter Rechtsausübung nicht verwirkt sein kann, bevor er fällig geworden ist.[42] In der Regel kann bereits ein einjähriges Untätig bleiben dazu führen, dass der davor fällig gewordene Unterhalt nicht mehr eingefordert werden kann und sich der zu beanspruchende Rückstand auf das letzte Jahr beschränkt.[43]

aa. Zeitmoment

42 Für das **Zeitmoment** gelten im Bereich des Unterhaltsrechts erleichterte Voraussetzungen, da von einem Unterhaltsgläubiger mehr als von dem Gläubiger sonstiger Forderungen zu erwarten ist, dass er seine Ansprüche zeitnah durchsetzt. Tut er dies nicht, erweckt er hinsichtlich des fraglichen Rückstandszeitraums regelmäßig den Anschein fehlender Bedürftigkeit. Beim Trennungsunterhalt kann das Zeitmoment des Verwirkungstatbestandes mit Rücksicht auf den in den §§ 1585b Abs. 3, 1613 Abs. 2 Nr. 1 BGB zum Ausdruck kommenden schuldnerschützenden Rechtsgedanken im Sinne einer äußersten Grenze bereits dann erfüllt sein, wenn der Anspruch **mehr als ein Jahr nicht geltend gemacht** wurde.[44] Diese Grundsätze gelten ebenso für rückständigen Elternunterhalt wie für sonstige Unterhaltsrückstände.[45] Auch rückständiger Geschiedenenunterhalt kann, soweit dem Anspruch nicht bereits § 1585b Abs. 3 BGB entgegensteht, wegen Verwirkung zu versagen sein.[46] Die Titulierung des Anspruchs schließt die Möglichkeit der Verwirkung nicht aus.[47] Auch rechtshängige – etwa im Rahmen eines Stufenantrags geltend gemachte – Unterhaltsforderungen können der Verwirkung anheimfallen.[48]

bb. Umstandsmoment

43 Zwar müssen zur Erfüllung des Verwirkungstatbestandes über die zeitliche Komponente hinaus Umstände hinzutreten, aufgrund derer der Unterhaltsverpflichtete sich nach Treu und Glauben darauf einrichten durfte und eingerichtet hat, dass der Berechtigte seine Rückstandsforderung nicht mehr geltend machen werde. Die an das **Umstandsmoment** zu stellenden Anforderungen dürfen jedoch nicht über-

---

[41] Vgl. *Brudermüller* in: Palandt, Einf. III § 1569 Rn. 19, § 1585b Rn. 7; die Möglichkeit einer Verwirkung vor Eintritt der Verjährung generell in Frage stellend *Baastrup*, FamRZ 2001, 1707.

[42] BGH v. 23.10.2002 - XII ZR 266/99 - juris Rn. 11 - BGHZ 152, 217-233; BGH v. 13.01.1988 - IVb ZR 7/87 - juris Rn. 15 - BGHZ 103, 62-71; BGH v.22.11.2006 - XII ZR 152/04 - juris Rn. 21 - FamRZ 2007, 453-456.

[43] BGH v. 22.11.2006 - XII ZR 152/04 - juris Rn. 22 - FamRZ 2007, 453-456.

[44] BGH v. 13.01.1988 - IVb ZR 7/87 - juris Rn. 15 - BGHZ 103, 62-71; zur Geltung dieser Grundsätze auch für den Geschiedenenunterhalt BGH v. 10.12.2003 - XII ZR 155/01 - juris Rn. 9 - FamRZ 2004, 531, 532; BGH v.22.11.2006 - XII ZR 152/04 - juris Rn. 21 - FamRZ 2007, 453-456.

[45] BGH v. 23.10.2002 - XII ZR 266/99 - juris Rn. 10 - BGHZ 152, 217-233; zur Verwirkung eines Anspruchs auf Kindesunterhalt vgl. BGH v. 16.06.1999 - XII ZA 3/99 - juris Rn. 2 - DAVorm 1999, 711.

[46] BGH v. 10.12.2003 - XII ZR 155/01 - juris Rn. 9 - FamRZ 2004, 531, 532; OLG Schleswig v. 25.08.1999 - 15 UF 237/98 - juris Rn. 2 - SchlHA 1999, 313-314; OLG Hamm v. 30.06.1999 - 8 WF 226/99 - FamRZ 2000, 1173-1174.

[47] BGH v. 10.12.2003 - XII ZR 155/01 - juris Rn. 11 - FamRZ 2004, 531, 532; BGH v. 16.06.1999 - XII ZA 3/99 - juris Rn. 2 - DAVorm 1999, 711.

[48] OLG Oldenburg v. 29.06.2004 - 12 UF 22/04 - juris Rn. 20 - FamRZ 2005, 722, 723; OLG Schleswig v. 25.08.1999 - 15 UF 237/98 - juris Rn. 4 - SchlHA 1999, 313-314.

spannt werden. Konkrete Vertrauensinvestitionen des Verpflichteten sind nicht zu fordern. Erfahrungsgemäß pflegt ein Unterhaltsschuldner, der in durchschnittlichen wirtschaftlichen Verhältnissen lebt, seine Lebensführung an die ihm zur Verfügung stehenden Einkünfte anzupassen, sodass er für den Fall unerwarteter Unterhaltsnachforderungen regelmäßig keine Rücklagen bildet. Besonderer Feststellungen dazu, dass und wie der Verpflichtete sich tatsächlich auf den Fortfall der Unterhaltsforderungen eingestellt hat, bedarf es im Normalfall daher nicht.[49]

Der erforderliche Vertrauenstatbestand kann etwa dadurch entstehen, dass der Berechtigte zunächst Schritte zur Anspruchsdurchsetzung ergreift, indem er den Verpflichteten außergerichtlich zur Auskunftserteilung auffordert, Unterhalt verlangt, einen Unterhaltsprozess in bestimmter Weise in Aussicht stellt oder tatsächlich (Stufen-)Antrag einreicht, in der Folge dann aber trotz Nichtzahlung von Unterhalt untätig bleibt und damit den Eindruck erweckt, von der ursprünglich beabsichtigten Rechtsverfolgung werde abgesehen oder der bisherige Rechtsstandpunkt werde aufgegeben.[50] Macht der Berechtigte im Wege des Stufenantrags nachehelichen Unterhalt geltend und betreibt er das Verfahren anschließend trotz Zahlungseinstellung durch den Verpflichteten insgesamt 14 Monate nicht mehr, so verstößt er gegen seine Obliegenheit zur zeitnahen Durchsetzung des Unterhaltsanspruchs, und der Verpflichtete braucht nach einem derart langen faktischen Ruhen des Verfahrens nicht mehr damit zu rechnen, wegen der Rückstände in Anspruch genommen zu werden.[51] 44

Die an Zeit- und Umstandsmoment zu stellenden Anforderungen beeinflussen sich wechselseitig. Je länger der Anspruch nicht geltend gemacht wird, desto geringer sind die Anforderungen, denen für die Erfüllung des Umstandsmoments genügt werden muss. Je deutlicher andererseits die Umstände dafür sprechen, dass der Berechtigte sein Recht nicht mehr geltend machen will, desto früher können die Voraussetzungen des Zeitmoments der Verwirkung erfüllt sein. Eine Mahnung kann den einmal entstandenen Vertrauenstatbestand nur mit ex-nunc-Wirkung beseitigen. An einer bereits eingetretenen Verwirkung ändert sie nichts mehr.[52] 45

Die dargestellten Grundsätze gelten auch für die Beurteilung einer Verwirkung von Unterhaltsansprüchen, die kraft Gesetzes **auf den Sozialhilfeträger übergegangen** sind. Dieser ist zwar nicht lebensnotwendig auf die Realisierung der Forderungen angewiesen. Mit Rücksicht auf die Rechtsnatur des Unterhaltsanspruchs, die durch den gesetzlichen Forderungsübergang keine Änderung erfährt, ist er gleichwohl gehalten, sich um dessen zeitnahe Durchsetzung zu bemühen.[53] 46

8. Unterhalt und Sozialhilfe

Bezieht der berechtigte Ehegatte Sozialhilfe, so hat dies nach § 94 Abs. 1 SGB XII grundsätzlich einen **gesetzlichen Forderungsübergang** (cessio legis) auf den Sozialhilfeträger zur Folge.[54] Materiellrechtliche Konsequenz hieraus ist, dass der unterhaltsberechtigte Ehegatte die **Anspruchsinhaberschaft (Aktivlegitimation)** im Umfang des Forderungsübergangs verliert. Macht der Berechtigte geltend, seine Aktivlegitimation werde durch den Sozialhilfebezug nicht berührt, da ein Forderungsübergang auf den Hilfeträger im Einzelfall nicht stattfinde, so hat er die Tatsachen, die eine solche vom Regelfall abweichende Bewertung rechtfertigen, darzulegen und ggf. zu beweisen. Soweit der behauptete Ausschluss des Forderungsübergangs sich aus § 94 Abs. 3 Satz 1 Nr. 1 SGB XII ergeben soll, hat der Berechtigte die Voraussetzungen dieses Ausschlusstatbestandes darzutun, was, wenn der Verpflichtete nicht seinerseits Sozialhilfe bezieht, in der Regel eine mindestens rudimentäre sozialhilferechtliche Vergleichsberechnung (Näheres dazu im Folgenden) erfordern wird. 47

---

[49] BGH v. 23.10.2002 - XII ZR 266/99 - juris Rn. 13 - BGHZ 152, 217-233; BGH v. 13.01.1988 - IVb ZR 7/87 - juris Rn. 17 - BGHZ 103, 62-71.

[50] BGH v. 23.10.2002 - XII ZR 266/99 - juris Rn. 14 - BGHZ 152, 217-233; BGH v. 13.01.1988 - IVb ZR 7/87 - juris Rn. 16 - BGHZ 103, 62-71; OLG Schleswig v. 25.08.1999 - 15 UF 237/98 - juris Rn. 6 - SchlHA 1999, 313 314.

[51] OLG Schleswig v. 25.08.1999 - 15 UF 237/98 - juris Rn. 7 - SchlHA 1999, 313-314.

[52] OLG Schleswig v. 04.12.2000 - 15 WF 231/00 - juris Rn. 1 - FamRZ 2001, 1707.

[53] BGH v. 23.10.2002 - XII ZR 266/99 - juris Rn. 12 - FamRZ 2002, 1698, 1699.

[54] Zu Widersprüchen zwischen Unterhaltsrecht und Sozialrecht insbesondere im Rahmen des § 94 SGB XII vgl. Scholz, FamRZ 2004, 751-762.

§ 1569

48 Ist der Forderungsübergang unstreitig und verlangt der Berechtigte gleichwohl Leistung in voller Anspruchshöhe an sich, so ist im Umfang des erfolgten Forderungsübergangs auch die **Verfahrensführungsbefugnis** problematisch. Ein fremdes Recht kann als solches im eigenen Namen zulässigerweise nur dann geltend gemacht werden, wenn die Voraussetzungen einer gesetzlichen oder gewillkürten Verfahrensstandschaft vorliegen.

49 Eine **gewillkürte Verfahrensstandschaft** auf der Basis einer vom Sozialhilfeträger erteilten Einziehungsermächtigung kommt schon deshalb nicht in Betracht, weil der Hilfeempfänger kein eigenes schutzwürdiges Interesse daran hat, den auf den Sozialhilfeträger übergegangenen Anspruch im eigenen Namen und auf eigenes Risiko geltend zu machen.[55] Für die **zwischen Rechtshängigkeit und letzter mündlicher Verhandlung** fällig gewordenen und auf den Sozialhilfeträger übergegangenen Anspruchsteile ergibt sich aus § 113 Abs. 1 Satz 2 FamFG i.V.m. § 265 Abs. 2 ZPO jedoch immerhin eine **gesetzliche Verfahrensstandschaft** des Unterhaltsberechtigten. Der **Antrag** muss insoweit aber auf **Leistung an den Sozialhilfeträger** umgestellt werden.[56]

50 Soweit der Antrag sich auf den **zukünftigen**, d.h. ab dem Monat, der auf die letzte mündliche Verhandlung folgt, fällig werdenden **Unterhalt** erstreckt, ist der Sozialhilfebezug ohne Bedeutung. Künftig fällig werdender Unterhalt ist von dem Forderungsübergang nach § 94 Abs. 1 SGB XII nicht betroffen. Insoweit kann der Berechtigte in voller Höhe und ohne jede Einschränkung **Leistung an sich selbst** beantragen.[57]

51 **Rückstände**, die **vor Rechtshängigkeit** des Unterhaltsverfahrens fällig geworden und auf den Sozialhilfeträger übergegangen sind, kann der Berechtigte nur dann erfolgreich gerichtlich geltend machen, wenn ihm der übergegangene Anspruch nach § 94 Abs. 5 Satz 1 SGB XII zum Zwecke der gerichtlichen Geltendmachung rückübertragen worden ist. Nach erfolgter **Rückübertragung** kann der Berechtigte, da er nun wieder Inhaber des gesamten Anspruchs ist, auch für die Zeit nach Rechtshängigkeit uneingeschränkt auf **Leistung an sich selbst** beantragen. **Kosten**, mit denen der Berechtigte infolge der Geltendmachung des rückabgetretenen Anspruchs belastet wird, übernimmt nach § 94 Abs. 5 Satz 2 SGB XII der Träger der Sozialhilfe. Wegen dieser Kostentragung ist in der Regel Verfahrenskostenhilfe nicht zu bewilligen, wenn die Partei nach Rückübertragung diesen Anspruch (mit) geltend macht, es sei denn, es entstehen keine zusätzlichen Kosten, wie es regelmäßig der Fall ist bei dem Teil des Anspruchs, der zwischen Eingang des Verfahrenskostenhilfeantrags und der Rechtshängigkeit des Antrags fällig wird (§ 51 Abs. 2 FamGKG).[58]

52 Bei **verfahrensstandschaftlicher Rechtsverfolgung** nach § 113 Abs. 1 Satz 2 FamFG i.V.m. § 265 Abs. 2 ZPO ist eine exakte betragsmäßige Abgrenzung der auf den Sozialhilfeträger übergegangenen und der beim Ehegatten verbliebenen Anspruchsteile erforderlich. Diese Abgrenzung kann Schwierigkeiten bereiten. Die Obergrenze eines möglichen Forderungsübergangs wird – insoweit noch unproblematisch – entweder durch die Höhe des Unterhaltsanspruchs oder durch die Höhe der geleisteten Sozialhilfeaufwendungen markiert; maßgebend ist der niedrigere der beiden Beträge. Ein Forderungsübergang kann mit anderen Worten nur maximal bis zu der Höhe stattfinden, in der Sozialhilfeaufwendungen und Unterhaltsanspruch sich decken.

53 Doch selbst wenn der Sozialhilfebezug hinter dem Unterhaltsanspruch zurückbleibt, kann es sein, dass ein Forderungsübergang nicht in voller Höhe der geleisteten Aufwendungen stattfindet. **Einschränkungen des Forderungsübergangs** bis hin zum völligen Ausschluss können sich insbesondere aus § 94 Abs. 3 Satz 1 Nr. 1 SGB XII ergeben, der verhindern soll, dass sich der durch den Anspruchsübergang ermöglichte Rückgriff gegen einen bereits Sozialhilfebedürftigen richtet oder gegen einen Unterhaltsschuldner, der gerade durch die Erfüllung der übergegangenen Forderung sozialhilfebedürftig

---

[55] BGH v. 19.02.1997 - XII ZR 236/95 - juris Rn. 27 - LM BSozialhilfeG Nr. 37 (6/1997); BGH v. 03.07.1996 - XII ZR 99/95 - juris Rn. 40 - LM BSozialhilfeG Nr. 35 (1/1997); OLG Celle v. 27.02.1998 - 19 UF 195/97 - FamRZ 1998, 1444-1445; OLG Karlsruhe v. 03.11.1994 - 2 UF 121/94 - juris Rn. 50 - NJW-RR 1995, 1285-1287; a.A. insbesondere für den Fall, dass der Unterhaltsanspruch die empfangenen Sozialhilfeleistungen übersteigt, *Maurer* in: MünchKomm-BGB, vor § 1569 Rn. 25.

[56] BGH v. 27.09.2000 - XII ZR 174/98 - juris Rn. 12 - LM UnterhaltsvorschussG Nr. 6(8/2001); BGH v. 14.06.1995 - XII ZR 171/94 - juris Rn. 27 - LM ZPO § 253 Nr. 111 (11/1995); OLG Karlsruhe v. 03.11.1994 - 2 UF 121/94 - juris Rn. 53 - NJW-RR 1995, 1285-1287.

[57] BGH v. 27.09.2000 - XII ZR 174/98 - juris Rn. 12 - LM UnterhaltsvorschussG Nr. 6(8/2001); BGH v. 13.04.1983 - IVb ZR 373/81 - juris Rn. 7 - LM Nr. 20 zu § 1578 BGB; OLG Karlsruhe v. 03.11.1994 - 2 UF 121/94 - juris Rn. 54 - NJW-RR 1995, 1285-1287.

[58] BGH v. 02.04.2008 - XII ZB 266/03 - FamRZ 2008, 1159-1162 mit Anm. *Günther*.

würde. Ein Anspruchsübergang auf den Sozialhilfeträger ist nach dieser Vorschrift insoweit ausgeschlossen, als der Anspruch darauf beruht, dass dem Unterhaltspflichtigen **fiktive Einkünfte** zugerechnet werden, die dieser durch zumutbare Erwerbstätigkeit erzielen könnte, die ihm tatsächlich jedoch nicht zur Verfügung stehen.[59] Die sozialhilferechtliche Leistungsfähigkeit des Schuldners kann auch deswegen anders und für den Verpflichteten günstiger zu beurteilen sein als bei einer rein unterhaltsrechtlichen Betrachtungsweise, weil bei der sozialhilferechtlichen Bedarfsermittlung ggf. ein erhöhter Eigenbedarf (insbesondere hinsichtlich der Wohnkosten) in Ansatz zu bringen ist.

Dass ein Forderungsübergang in voller Höhe der gewährten Hilfe oder in geringerer Höhe stattgefunden hat, lässt sich grundsätzlich nur durch Vorlage einer **öffentlich-rechtlichen bzw. sozialhilferechtlichen Vergleichsberechnung** schlüssig darstellen.[60] Das betrifft zunächst den aus übergegangenem Recht antragstellenden Sozialhilfeträger.[61] Für den Antrag des Unterhaltsberechtigten, der als Verfahrensstandschafter in bestimmter Höhe Leistung an den Sozialhilfeträger begehrt, wird nichts anderes gelten können.[62] Der teilweise auf Leistung an den Berechtigten selbst und teilweise auf Leistung an den Sozialhilfeträger gerichtete Antrag muss in beiden Zielrichtungen begründet werden. Soweit wegen des übergegangenen Anspruchsteils Leistung an den Sozialhilfeträger begehrt wird, muss also dargelegt werden, dass in entsprechender Höhe – auch unter Beachtung sozialhilferechtlicher Schutzvorschriften – ein Forderungsübergang stattgefunden hat. Die Tatsache, dass der übergegangene Anspruch im Anwendungsbereich des § 265 Abs. 2 ZPO nicht vom Anspruchsinhaber (Sozialhilfeträger) selbst, sondern von dem als Verfahrensstandschafter agierenden Unterhaltsberechtigten geltend gemacht wird, darf nach dem Rechtsgedanken des § 404 BGB auch im Hinblick auf die Darlegungslast für den Verpflichteten keine Verschlechterung seiner Rechtsstellung zur Folge haben. Wenn der Sozialhilfeträger zur schlüssigen Darlegung des auf ihn übergegangenen Anspruchsteils eine öffentlich-rechtliche Vergleichsberechnung vorzulegen hat, wird man dies auch für die verfahrensstandschaftliche Rechtsverfolgung des Unterhaltsberechtigten fordern müssen.

Eine **öffentlich-rechtliche Vergleichsberechnung** ist **grundsätzlich nicht erforderlich**, wenn der Berechtigte nach **Rückübertragung** gemäß § 94 Abs. 5 Satz 1 SGB XII den gesamten Unterhaltsanspruch ungeteilt für sich beantragt. Dem Umstand, dass der Anspruch bis zur Rückübertragung ganz oder in Teilen dem Sozialhilfeträger zustand, kommt regelmäßig keine Bedeutung zu. In besonders gelagerten **Ausnahmefällen** kann jedoch etwas anderes gelten. Zum einen kann der rückübertragene Anspruchsteil mit Einwendungen behaftet sein, die sich gerade aus der Rechtsbeziehung zum Sozialhilfeträger ergeben (z.B. teilweise Erfüllung, Vereinbarung von Stundung/Ratenzahlung, Verwirkung). Zum anderen kann die Anwendung des § 94 Abs. 3 Satz 1 Nr. 1 SGB XII zu dem unter Billigkeitsgesichtspunkten bedenklichen und unter Umständen nach § 242 BGB zu korrigierenden Ergebnis führen, dass der **Unterhaltsberechtigte in der Summe von Unterhalt und Sozialhilfe mehr erhält, als ihm unterhaltsrechtlich zusteht.**

Beispiel: Der monatliche Unterhaltsanspruch beträgt 600 €. Sozialhilfe wurde in Höhe von 500 € geleistet. Der Anspruchsübergang beschränkt sich, da der Unterhaltsanspruch teilweise auf der Zurechnung fiktiven Einkommens des Verpflichteten beruht, nach § 94 Abs. 3 Satz 1 Nr. 1 SGB XII (früher: § 91 Abs. 2 Satz 1 BSHG) auf einen Betrag von 200 €. Dem Berechtigten steht damit ein vom Forderungsübergang nicht berührter eigener Anspruch in Höhe von monatlich 400 € zu für eine Zeit, in der er zugleich Sozialhilfe in Höhe von 500 € bezogen hat. Insgesamt standen ihm für den Rückstandszeitraum also monatlich 900 € zur Verfügung. Diese Zusammenhänge erschließen sich nur auf dem Hintergrund einer sozialhilferechtlichen Vergleichsberechnung.

---

[59] BGH v. 27.09.2000 - XII ZR 174/98 - juris Rn. 11 - LM UnterhaltsvorschussG Nr. 6(8/2001); BGH v. 11.03.1998 - XII ZR 190/96 - juris Rn. 12 - LM BSozialhilfeG Nr. 39 (10/1998); OLG Hamm v. 20.12.2001 - 2 UF 309/01 - FamRZ 2002, 751-753; OLG Oldenburg (Oldenburg) v. 31.01.2001 - 4 UF 109/00 - juris Rn. 33 - FamRZ 2002, 275-276; OLG Düsseldorf v. 17.06.1998 - 4 UF 280/97 - EzFamR aktuell 1998, 322-324; OLG Düsseldorf v. 06.11.1997 - 6 WF 95/97 - NJW 1998, 1502.

[60] BGH v. 11.03.1998 - XII ZR 190/96 - juris Rn. 12 - LM BSozialhilfeG Nr. 39 (10/1998); zu Einzelheiten der öffentlich-rechtlichen Vergleichsberechnung vgl. etwa OLG Hamm v. 20.12.2001 - 2 UF 309/01 - FamRZ 2002, 751-753; OLG Düsseldorf v. 06.11.1997 - 6 WF 95/97 - NJW 1998, 1502; OLG Karlsruhe v. 03.11.1994 - 2 UF 121/94 - juris Rn. 28 - NJW-RR 1995, 1285-1287.

[61] OLG Saarbrücken v. 12.03.1998 - 6 UF 72/97 - OLGR Saarbrücken 1998, 308-309; OLG Düsseldorf v. 06.11.1997 - 6 WF 95/97 - NJW 1998, 1502; OLG Koblenz v. 12.01.1998 - 13 UF 468/97 - NJW-RR 1998, 1698-1699.

[62] Vgl. etwa OLG Karlsruhe v. 03.11.1994 - 2 UF 121/94 - NJW-RR 1995, 1285-1287.

§ 1569

57 Eine **Anspruchsversagung** in der Höhe, in der der Unterhaltsanspruch wegen § 94 Abs. 3 Satz 1 Nr. 1 SGB XII nicht übergegangen ist und dem Berechtigten daher auch insoweit verbleibt, als Sozialhilfe bezogen wurde (in dem Beispielsfall ein Betrag von 500 - 200 = 300 €), kommt indessen **nur ausnahmsweise** in Betracht. Der früher verbreiteten Auffassung, dass Sozialhilfeleistungen in dem Umfang, in dem der Anspruchsübergang durch die Schuldnerschutzregelungen des § 94 SGB XII gehindert wird, beim Berechtigten gemäß § 1577 Abs. 1 BGB als bedarfsdeckendes Einkommen zu bewerten sind, ist jedenfalls nicht zu folgen. Sie ist mit dem gesetzlichen **Grundsatz der Subsidiarität der Sozialhilfe** (§ 2 SGB XII; § 9 SGB I) nicht zu vereinbaren.[63] Soweit Unterhaltsrückstände aus der Zeit vor Erhebung des Antrags betroffen sind, können jedoch – insbesondere in Mangelfallsituationen – **Korrekturen unter Anwendung der Grundsätze von Treu und Glauben** (§ 242 BGB) veranlasst sein.

58 Eine Beschränkung des die Zeit vor Rechtshängigkeit betreffenden Unterhaltsanspruchs ist vor allem dann zu erwägen, wenn der Unterhaltspflichtige andernfalls mit derart hohen Forderungen aus der Vergangenheit belastet wird, dass es ihm voraussichtlich auf Dauer unmöglich sein wird, die Schulden zu tilgen und daneben seinen laufenden Verpflichtungen nachzukommen.[64] Da es hier – d.h. beim Einwendungserhalt nach § 404 BGB wie auch bei der Ergebniskorrektur nach § 242 BGB – nicht um Elemente der Anspruchsbegründung, sondern um die Erhebung von Einwendungen geht, erscheint es in Anwendung allgemeiner Prozessregeln sachgerecht, dem Verpflichteten die **Darlegungs- und Beweislast** für das Vorliegen von Tatsachen, die unter diesem Blickwinkel eine Anspruchsversagung rechtfertigen, aufzubürden. Das bedeutet, dass eine öffentlich-rechtliche Vergleichsberechnung vom Verpflichteten vorzulegen ist, soweit diese lediglich für die Darlegung einer Treuwidrigkeit seiner Inanspruchnahme oder etwaiger Einwendungen, die sich der Berechtigte nach Rückübertragung des Anspruchs gemäß § 404 BGB entgegenhalten lassen muss, von Bedeutung ist.

59 Derjenige, der Sozialhilfe bezieht und Unterhalt verfolgt hat, was die **verfahrensrechtliche Vorgehensweise** und insbesondere die Fassung des **Antrags** angeht, im Wesentlichen die folgenden Möglichkeiten:

- Allen aufgezeigten Schwierigkeiten, die sich aus § 94 SGB XII ergeben können, geht der Antragsteller aus dem Weg, wenn er sich in seiner Antragstellung von vornherein auf den **zukünftigen** – d.h. ab dem Monat, der auf die letzte mündliche Verhandlung folgt, fällig werdenden – **Unterhalt** beschränkt. Dies kann sich vor allem dann anbieten, wenn der Sozialhilfebezug den Unterhaltsanspruch übersteigt. Sozialhilferechtlich sollten dem Berechtigten hieraus keine Nachteile erwachsen. Denn zur gerichtlichen Geltendmachung der auf den Hilfeträger übergegangenen Ansprüche ist er nicht verpflichtet. Er hat daran im Grunde auch kein eigenes Interesse.[65] Das gilt unabhängig von der Höhe der Hilfeleistungen und somit auch dann, wenn diese hinter dem Unterhaltsanspruch zurückbleiben. Es gilt bei einer wirtschaftlich orientierten Betrachtungsweise aber natürlich erst recht, wenn die erhaltene Sozialhilfe den Unterhaltsanspruch übersteigt und damit rein faktisch „bedarfsdeckend" ist.

- Will der Berechtigte **auch rückständigen Unterhalt** durchsetzen, so sollte er mit dem Sozialhilfeträger eine **Rückübertragung** der vom Forderungsübergang betroffenen Anspruchsteile vereinbaren. Aktivlegitimation und Verfahrensführungsbefugnis unterliegen danach keinen Bedenken mehr. Kosten, mit denen der Berechtigte durch die Geltendmachung der rückabgetretenen Anspruchsteile belastet wird, sind nach § 94 Abs. 5 Satz 2 SGB XII vom Träger der Sozialhilfe zu übernehmen. Zur Sicherheit empfiehlt es sich gleichwohl, in die schriftliche Rückübertragungsvereinbarung eine ausdrückliche Zusage der Kostenübernahme durch den Sozialhilfeträger aufzunehmen.

- Schließlich bleibt die – insgesamt weniger vorteilhafte, weil mit höherem Darlegungsaufwand und zusätzlichem Kostenrisiko verbundene – Option, den übergegangenen Anspruch, soweit dies nach § 265 Abs. 2 ZPO zulässig ist, in **gesetzlicher Verfahrensstandschaft** mit in den Antrag aufzunehmen und insoweit **Leistung an den Sozialhilfeträger** zu beantragen. Wurde der Antrag auf volle

---

[63] BGH v. 27.09.2000 - XII ZR 174/98 - juris Rn. 13 - LM UnterhaltsvorschussG Nr. 6 (8/2001); BGH v. 17.03.1999 - XII ZR 139/97 - juris Rn. 35 - LM BGB § 1361 Nr. 69 (10/1999).

[64] BGH v. 27.09.2000 - XII ZR 174/98 - juris Rn. 14 - LM UnterhaltsvorschussG Nr. 6 (8/2001); BGH v. 17.03.1999 - XII ZR 139/97 - juris Rn. 50 - LM BGB § 1361 Nr. 69 (10/1999); BGH v. 25.11.1992 - XII ZR 164/91 - juris Rn. 19 - LM BGB § 1602 Nr. 15 (6/1993).

[65] BGH v. 19.02.1997 - XII ZR 236/95 - juris Rn. 28 - LM BSozialhilfeG Nr. 37 (6/1997); BGH v. 03.07.1996 - XII ZR 99/95 - juris Rn. 44 - LM BSozialhilfeG Nr. 35 (1/1997); OLG Celle v. 27.02.1998 - 19 UF 195/97 - FamRZ 1998, 1444-1445.

Unterhaltsleistung auch für die Zeit ab Rechtshängigkeit gerichtet und kommt es – aus welchen Gründen auch immer – im Verlauf des Verfahrens nicht zu einer Rückübertragung der übergegangenen Anspruchsteile, so bleibt dem Berechtigten, wenn er den Antrag nicht teilweise zurücknehmen will, nur diese Möglichkeit. Der Berechtigte hat den Umfang des Forderungsübergangs darzutun. Dazu bedarf es grundsätzlich einer öffentlich-rechtlichen Vergleichsberechnung. Bei deren Erstellung wird der Sozialhilfeträger regelmäßig gerne behilflich sein, da die Anspruchsrealisierung in seinem Interesse liegt. Die Verfahrensführungsbefugnis nach § 265 Abs. 2 ZPO beschränkt sich auf die zwischen Rechtshängigkeit und letzter mündlicher Verhandlung fällig gewordenen Unterhaltsrückstände. Das erhöhte Kostenrisiko, das sich aus der Mitverfolgung des übergegangenen Anspruchs ergibt, trägt der Unterhaltsberechtigte selbst, sofern mit dem Sozialhilfeträger nicht ausdrücklich etwas anderes vereinbart ist. Die in § 94 Abs. 5 Satz 2 SGB XII angeordnete Kostenübernahme durch den Sozialhilfeträger gilt nur für den Fall der Rückübertragung des Anspruchs.

Zum Vergleich: Beim Bezug von **Arbeitslosengeld II** (für erwerbsfähige Hilfebedürftige: § 19 SGB II) oder **Sozialgeld** (für nicht erwerbsfähige Angehörige, die mit erwerbsfähigen Hilfebedürftigen in Bedarfsgemeinschaft leben: § 28 SGB II) kommt ebenfalls ein Anspruchsübergang in Betracht. Dieser erfolgte jedoch nach der **bis zum 31.07.2006** bestehenden Rechtslage – anders als bei der Sozialhilfe – nicht unmittelbar kraft Gesetzes. Vielmehr bedurfte es hier zur Bewirkung des Übergangs einer schriftlichen **Überleitungsanzeige** durch den Leistungsträger (§ 33 SGB II). 60

Mit Wirkung vom **01.08.2006** wurde § 33 SGB II neu gefasst. Die Vorschrift sieht nunmehr in Übereinstimmung mit der für das Sozialhilferecht geltenden Regelung einen **gesetzlichen Forderungsübergang** vor. Ab dem 01.08.2006 ist somit eine Überleitung durch Verwaltungsakt mangels gesetzlicher Grundlage nicht mehr zulässig. Eine etwaige Legalzession ist von den Familiengerichten von Amts wegen zu berücksichtigen. Auf ein vorangegangenes Tätigwerden des Leistungsträgers kommt es nicht mehr an. Der gesetzliche Forderungsübergang erfasst auch Ansprüche aus der Zeit vor dem 01.08.2006, soweit diese noch nicht wirksam übergeleitet worden sind.[66] 61

Bei der Prüfung des Forderungsübergangs im Rahmen des § 33 Abs. 2 SGB II ist jedoch zu beachten, dass bei Vorliegen einer Bedarfsgemeinschaft im Sinne von § 7 Abs. 3 SGB II nicht allein auf den Bedarf des Unterhaltspflichtigen abgestellt werden kann,[67] sondern die Bedarfsgemeinschaft zu berücksichtigen ist.[68] Der Unterhaltspflichtige muss in diesem Fall nach Maßgabe von § 9 Abs. 2 Sätze 1 und 2 SGB II seine Einkünfte auch für den Bedarf der Mitglieder seiner Bedarfsgemeinschaft verwenden. Reichen Einkommen und Vermögen hierfür nicht aus, gilt gemäß § 9 Abs. 2 Satz 3 SGB II jede Person innerhalb der Bedarfsgemeinschaft als hilfebedürftig, und zwar im Verhältnis des eigenen Bedarfs zum Gesamtbedarf.[69] 62

9. Prüfungsschema

Bei der Prüfung, ob und in welchem Umfang ein **Anspruch auf nachehelichen Unterhalt** besteht, ist es in der Regel zweckmäßig, sich an folgendem **Schema** zu orientieren: 63

(1) **Anspruchsgrundlage**
Zunächst ist zu klären, ob nach den §§ 1570-1576 BGB überhaupt eine **Unterhaltsberechtigung dem Grunde nach** besteht. Nur wenn das zu bejahen ist, ist es sinnvoll, fortzufahren und in eine mehrstufige Unterhaltsberechnung einzutreten.

---

[66] Einen instruktiven Überblick zu Änderungen im Unterhaltsrecht infolge von „Hartz IV" bietet *Klinkhammer*, FamRZ 2004, 1909-1918; zum gesetzlichen Forderungsübergang nach Maßgabe der ab dem 01.08.2006 geltenden Neufassung des § 33 SGB II vgl. *Klinkhammer*, FamRZ 2006, 1171-1173.
[67] *Grote-Seifert* in: jurisPK SGB II, 3. Aufl. 2012, § 33 Rn. 70; Bundesagentur für Arbeit in ihren fachlichen Hinweisen zu § 33 SGB II (Ziff. 33.32).
[68] So *Hußmann*, FPR 2007, 354, 356.
[69] BGH v. 23.10.2013 - XII ZB 570/12 - juris Rn. 16 - FamRZ 2013, 1962-1965; vgl. dazu auch *Schürmann*, jurisPR-FamR 2/2014, Anm. 7.

(2) **Bedarf**

Sodann ist festzustellen, in welcher Höhe ein **Unterhaltsbedarf nach den ehelichen Lebensverhältnissen** (§ 1578 BGB) besteht. Grundsätzlich ist auf den Zeitpunkt der Rechtskraft der Scheidung abzustellen.[70] Bei der Bedarfsermittlung sind – anders als auf den nachfolgenden Berechnungsstufen – nur solche Einkünfte der Ehegatten zu berücksichtigen, die die ehelichen Lebensverhältnisse geprägt haben. Soweit es um Einkommen des Berechtigten geht, stellt sich die Frage, ob dieses nach der Differenzmethode (gilt für eheprägendes Einkommen) oder nach der Anrechnungsmethode (gilt für nicht prägendes Einkommen) in die Unterhaltsberechnung einzubeziehen ist. Der BGH hat in mehreren seit Mitte 2001 ergangenen Entscheidungen unter Änderung seiner bisherigen Rechtsprechung den Anwendungsbereich der Anrechnungsmethode erheblich eingeschränkt und den der Differenzmethode bzw. der Additionsmethode gleichzeitig beträchtlich erweitert.[71] Näheres hierzu vgl. in der Kommentierung zu § 1578 BGB.

(3) **Bedürftigkeit**

Anschließend ist im Hinblick auf § 1577 BGB zu untersuchen, inwieweit dieser Bedarf durch Eigeneinkünfte des Berechtigten bzw. – soweit dies zumutbar ist – durch den Einsatz eigenen Vermögens gedeckt wird und hiernach noch ein ungedeckter Restbedarf und damit eine konkrete **Bedürftigkeit** verbleibt.

(4) **Leistungsfähigkeit**

Des Weiteren ist einer etwaigen **Leistungsunfähigkeit** des Verpflichteten gemäß § 1581 BGB Rechnung zu tragen. Da vorrangige Unterhaltsverbindlichkeiten die Leistungsfähigkeit mindern, sind hier gegebenenfalls Rangfragen zu klären (§§ 1582, 1609 BGB). Reicht das nach Abzug des einschlägigen Selbstbehalts[72] verbleibende Einkommen (Verteilungsmasse) des Verpflichteten zur Befriedigung mehrerer gleichrangiger Unterhaltsansprüche nicht aus, bedarf es einer Mangelfallberechnung.

(5) **Beschränkung/Versagung**

Schließlich ist, soweit der Sachverhalt hierzu Anlass bietet, **weiteren Fragen** nachzugehen, die für Bestand oder Höhe des Unterhaltsanspruchs von Bedeutung sein können.
So kann im Einzelfall eine **Anspruchsverwirkung nach § 1579 BGB** vorliegen, die sowohl den laufenden als auch den rückständigen Unterhalt betreffen kann.
Hinsichtlich des laufenden Unterhalts besteht die Möglichkeit, den Unterhaltsanspruch aus **Billigkeitsgründen gem. § 1578b BGB zu begrenzen** und ihn nur für eine Übergangszeit nach den ehelichen Lebensverhältnissen zu bemessen und anschließend auf das Niveau des angemessenen Lebensbedarfs abzusenken (§ 1578b Abs. 1 BGB), ferner kann eine zeitliche Befristung des Anspruchs in Betracht kommen (§ 1578b Abs. 2 BGB).
Soweit rückständiger Unterhalt gefordert wird, sind jedenfalls die hierfür geltenden Beschränkungen gemäß § 1585b BGB zu beachten. In der Vergangenheit geleistete Zahlungen können den Erfüllungseinwand (§ 362 BGB) begründen. Rückständiger Unterhalt kann auch wegen Verjährung oder nach allgemeinen Verwirkungsgrundsätzen (§ 242 BGB) zu versagen sein.

10. Darlegungs- und Beweislast

64 Auch im Rahmen des nachehelichen Unterhalts gilt der allgemeine Grundsatz, dass jeder Beteiligte die tatsächlichen Voraussetzungen der ihr günstigen Rechtsnormen darzulegen und, soweit streitig, zu beweisen hat. Der **Unterhalt begehrende Ehegatte** hat demnach insbesondere darzulegen und zu beweisen: die Tatsachen, auf denen seine **Unterhaltsberechtigung dem Grunde nach** beruht (§§ 1570-1576 BGB), die Höhe seines eheangemessenen **Bedarfs** (§ 1578 BGB) sowie den Umfang der **Bedürftigkeit** nach Anrechnung etwaiger Eigeneinkünfte (§ 1577 BGB).

65 Die **Anforderungen** an die Darlegungen dürfen jedoch **nicht überspannt** werden, sondern müssen den Umständen des Falles entsprechen. Dabei ist zu beachten, dass sich das Ausmaß der Substantiierung, die von einer Partei zu fordern ist, im **Wechselspiel von Vortrag und Gegenvortrag** bestimmt

---

[70] BGH v. 07.12.2011 - XII ZR 151/09 - FamRZ 2012, 281-288; mit Anmerkung *Strohal*, jurisPR-FamR 4/2012, Anm. 1.

[71] BGH v. 13.06.2001 - XII ZR 343/99 - juris Rn. 35 - BGHZ 148, 105-122; vgl. auch BVerfG v. 05.02.2002 - 1 BvR 105/95, 1 BvR 559/95, 1 BvR 457/96 - LM BGB § 1578 Nr. 74a (7/2002).

[72] Zur Bemessung dieses Selbstbehalts BGH v. 15.03.2006 - XII ZR 30/04 - juris Rn. 18 - FamRZ 2006, 683, 684.

und somit auch davon abhängt, wie konkret und detailliert die jeweils andere Partei vorträgt. Der ursprüngliche Sachvortrag sowie – bei hinreichend substantiiertem Gegenvortrag – auch dessen Ergänzung und Präzisierung ist jedoch zunächst immer Sache der darlegungs- und beweisbelasteten Partei.[73]

Die Darlegungs- und Beweislast des Berechtigten erstreckt sich auf der Bedarfsstufe (§ 1578 BGB) insbesondere auch auf das eheprägende **Einkommen des Verpflichteten** einschließlich der dort einkommensmindernd zu berücksichtigenden Verbindlichkeiten und sonstigen Abzüge, obwohl es sich insoweit um doppelrelevante Tatsachen handelt, die zugleich auch die Leistungsfähigkeit des Verpflichteten berühren können.[74] Trägt der Verpflichtete substantiiert und unter Beweisantritt zu Art und Umfang berufsbedingter Aufwendungen vor, so kann das Gericht dieses Vorbringen bereits im Hinblick auf § 113 Abs. 1 Satz 2 i.V.m. §§ 138 Abs. 2, 286 ZPO als wahr ansehen und seiner Entscheidung zugrunde legen, wenn der Berechtigte ihm nur mit einfachem Bestreiten entgegentritt.[75]

66

Andererseits darf auch der Verpflichtete sich nicht mit einfachem Bestreiten begnügen, soweit es um die Feststellung seines Einkommens geht und die hierfür maßgeblichen **Tatsachen in seinem Wahrnehmungsbereich** liegen, während sie der Kenntnis des primär darlegungspflichtigen Berechtigten entzogen sind. Der Verpflichtete hat unter diesen Voraussetzungen auch im Hinblick auf seine unterhaltsrechtliche Auskunftspflicht die Behauptungen der Gegenseite substantiiert zu bestreiten und nähere Angaben zu seiner Einkommenssituation zu machen. Ihn trifft insofern eine **sekundäre Darlegungslast**. Kommt er dieser nicht nach, ist sein Bestreiten unwirksam, und die gegnerischen Behauptungen können nach § 113 Abs. 1 Satz 2 FamFG i.V.m. § 138 Abs. 3 ZPO als zugestanden angesehen werden.[76] Handelt es sich bei dem Verpflichteten um einen bilanzierenden Selbstständigen, so gehört zu einem substantiierten Bestreiten grundsätzlich die Vorlage der Bilanzen und der Gewinn- und Verlustrechnungen für einen repräsentativen Mehrjahreszeitraum.[77]

67

Nimmt der Berechtigte einen neuen Partner in seine Wohnung auf, so trifft ihn die Darlegungs- und Beweislast für das Vorliegen bzw. Nichtvorliegen der Umstände, die die Anrechnung eines Entgelts für die Wohnungsgewährung rechtfertigen. Denn zu den Zuwendungen, die dem Unterhaltsberechtigten, der einen neuen Partner in seine Wohnung aufnimmt, als Einkommen zuzurechnen sind, gehört auch das Entgelt für die Wohnungsgewährung, und vom Einkommen des Berechtigten hängt die Bedürftigkeit (§ 1577 BGB) ab, die wegen des Grundsatzes der Eigenverantwortung der geschiedenen Ehegatten der Darlegungs- und Beweislast des Unterhaltsgläubigers unterliegt.[78]

68

Trägt der Verpflichtete vor, die Ehefrau lebe in **eheähnlicher Beziehung** mit einem anderen Mann zusammen und müsse sich daher ein Entgelt für die diesem erbrachten Haushalts- und Versorgungsleistungen anrechnen lassen, so hat die Unterhalt begehrende Frau, soll es nicht zur Anrechnung einer **Vergütung für Versorgungsleistungen** kommen, den Sachvortrag des Ehemanns zu widerlegen. Beschränkt sie sich auf einfaches Bestreiten, genügt sie bereits ihrer Darlegungslast nicht. Insoweit bedarf es einer substantiierten Gegendarstellung.[79]

69

Wer bei bestehender Erwerbsobliegenheit für Zeiten der **Arbeitslosigkeit** Unterhalt beansprucht, hat in nachprüfbarer Weise vorzutragen, welche Schritte er im Einzelnen unternommen hat, um einen zumutbaren Arbeitsplatz zu finden; der bloße Hinweis auf eine Arbeitslosmeldung beim Arbeitsamt reicht hierzu nicht aus.[80] Ein Ehegatte, der sich zur Begründung seiner Bedürftigkeit auf **Erwerbsunfähigkeit** beruft, ist hierfür beweisbelastet.[81]

70

---

[73] BGH v. 06.07.2005 - XII ZR 145/03 - juris Rn. 12 - FamRZ 2005, 1897.
[74] OLG Karlsruhe v. 08.03.1996 - 20 UF 53/95 - juris Rn. 24 - NJW-RR 1997, 253.
[75] BGH v. 26.04.1989 - IVb ZR 64/88 - juris Rn. 28 - NJW-RR 1989, 900-901.
[76] BGH v. 15.10.1986 - IVb ZR 78/85 - juris Rn. 11 - BGHZ 98, 353-361; OLG Koblenz v. 11.06.1999 - 11 UF 402/98 - NJW-RR 1999, 1597-1599.
[77] BGH v. 15.10.1986 - IVb ZR 78/85 - juris Rn. 13 - BGHZ 98, 353-361.
[78] BGH v. 08.12.1982 - IVb ZR 331/81 - juris Rn. 17 - LM Nr. 11 zu § 1569 BGB; BGH v. 24.10.1979 - IV ZR 171/78 - juris Rn. 31 - LM Nr. 1 zu § 1573 BGB.
[79] BGH v. 30.11.1994 - XII ZR 226/93 - juris Rn. 19 - LM BGB § 242 (Cd) Nr. 340 (6/1995).
[80] BGH v. 27.11.1985 - IVb ZR 79/84 - juris Rn. 17 - LM Nr. 44 zu § 1361 BGB; zum Umfang der erforderlichen Darlegungen, wenn geltend gemacht wird, eine angemessene Erwerbstätigkeit könne nicht gefunden werden, vgl. auch BGH v. 04.06.1986 - IVb ZR 45/85 - juris Rn. 13 - NJW 1986, 3080-3082; BGH v. 29.10.1986 - IVb ZR 82/85 - juris Rn. 11 - NJW 1987, 898-899.
[81] BGH v. 06.07.2005 - XII ZR 145/03 - juris Rn. 12 - FamRZ 2005, 1897; BGH v. 27.11.1985 - IVb ZR 79/84 - juris Rn. 22 - LM Nr. 44 zu § 1361 BGB.

§ 1569

71 Der **Verpflichtete** hat die Voraussetzungen einer **fehlenden Leistungsfähigkeit** (§ 1581 BGB) und in diesem Rahmen das Vorhandensein vorrangiger Unterhaltsverbindlichkeiten, sonstiger berücksichtigungsfähiger Schulden und berufsbedingter Aufwendungen darzulegen und zu beweisen.[82]

72 Erzielt der Verpflichtete **Einkünfte aus selbstständiger Tätigkeit**, so reicht es nicht aus, wenn er sein steuerpflichtiges Einkommen mitteilt. Er muss vielmehr seine Einnahmen und Aufwendungen im Einzelnen so darstellen, dass die lediglich steuerlich beachtlichen von den auch unterhaltsrechtlich relevanten Aufwendungen abgegrenzt werden können.[83] Die hierzu erforderlichen Darlegungen können nicht durch einen **Antrag auf Vernehmung des verantwortlichen Steuerberaters** oder Buchhalters ersetzt werden. Eine Zeugenvernehmung ist erst dann veranlasst, wenn der Verpflichtete seine Einkommenssituation hinreichend substantiiert dargelegt hat und der Berechtigte deren Richtigkeit – etwa im Hinblick auf detailliert behauptete gewinnmindernde Aufwendungen – bestreitet.[84]

73 Auch die **Einholung eines Sachverständigengutachtens** kommt erst dann in Betracht, wenn der Verpflichtete die Tatsachen, auf deren Grundlage sein Einkommen ermittelt werden kann, substantiiert vorgetragen und unter Beweis gestellt hat. Die bloße Bezugnahme auf vorgelegte Einnahme-Überschussrechnungen genügt nicht, soweit diese in Einzelpunkten strittig sind und weiterer Erläuterung bedürfen.[85]

74 Legt der selbstständig tätige Verpflichtete sein Einkommen nicht ausreichend dar, so kann, sofern für eine Schätzung keine genügenden Anhaltspunkte vorliegen, das vom Berechtigten behauptete Einkommen zugrunde zu legen sein.[86] Ist der Bedarf des Berechtigten nicht nach einer Quote vom Einkommen, sondern konkret zu ermitteln, so kann bei unzureichenden Darlegungen des Verpflichteten zu seiner Einkommenssituation von einer unbeschränkten Leistungsfähigkeit ausgegangen werden.[87] Wenn sich die Privatentnahmen des Verpflichteten aus den zur Verfügung stehenden Unterlagen nachvollziehen lassen, kann eine Einkommensschätzung unter Umständen an deren Umfang orientiert werden.[88]

75 Im Falle der **Arbeitslosigkeit** gelten für die Darlegungen des Verpflichteten zu den unternommenen Bewerbungsbemühungen im Wesentlichen die gleichen Anforderungen wie für den Berechtigten.[89] Auch für Tatsachen, aus denen er eine **Anspruchsverwirkung** nach § 1579 BGB herleiten will, trägt der Verpflichtete die Darlegungs- und Beweislast, da die Vorschrift als rechtsvernichtende Einwendung ausgestaltet ist.[90]

76 Die Beweislast für das Eingreifen **allgemeiner Einwendungen oder Einreden** (z.B. Erfüllung, Verjährung, Verwirkung nach § 242 BGB) trifft wie auch sonst den Schuldner.

77 Wer eine **Ausnahme von einer anerkannten Erfahrungsregel** für sich in Anspruch nimmt, ist nach allgemeinen Verfahrensregeln hierfür darlegungs- und beweisbelastet. Nach dem UÄndG vom 21.12.2007 kann aber beim Betreuungsunterhalt nicht mehr auf die Vermutung zurückgegriffen werden, dass das Betreuungsbedürfnis eines 8 Jahre alten Kindes die Aufnahme einer Erwerbstätigkeit ausschließt, weil auch eine Fremdbetreuung zu berücksichtigen ist (§ 1570 Abs. 1 Sätze 2, 3 BGB).

78 Im **Abänderungsverfahren** (§§ 238-240 FamFG) trägt grundsätzlich der Antragsteller die Darlegungs- und Beweislast für eine wesentliche Veränderung der Umstände, die für die Festsetzung der Unterhaltsrente maßgebend waren,[91] wobei es für die Frage, ob Änderungen als wesentlich anzusehen sind, nicht auf das Ausmaß der Änderung eines einzelnen Umstands, sondern allein darauf ankommt, ob die für die Unterhaltsverpflichtung als solche und für die Bemessung der Unterhaltsleistung maß-

---

[82] BGH v. 27.04.1988 - IVb ZR 58/87 - juris Rn. 17 - NJW-RR 1988, 834-836.

[83] BGH v. 22.10.1997 - XII ZR 278/95 - juris Rn. 27 - NJWE-FER 1998, 64-65; BGH v. 16.01.1985 - IVb ZR 59/83 - juris Rn. 17 - LM Nr. 6 zu § 1577 BGB; BGH v. 23.04.1980 - IVb ZR 510/80 - juris Rn. 10 - LM Nr. 8 zu § 58 EheG; OLG Koblenz v. 11.06.1999 - 11 UF 402/98 - NJW-RR 1999, 1597-1599.

[84] BGH v. 16.01.1985 - IVb ZR 59/83 - juris Rn. 17 - LM Nr. 6 zu § 1577 BGB; BGH v. 23.04.1980 - IVb ZR 510/80 - juris Rn. 10 - LM Nr. 8 zu § 58 EheG; OLG Hamm v. 19.03.1996 - 2 WF 56/96 - FamRZ 1996, 1216-1218.

[85] OLG Hamm v. 19.03.1996 - 2 WF 56/96 - FamRZ 1996, 1216-1218.

[86] OLG Hamm v. 19.03.1996 - 2 WF 56/96 - FamRZ 1996, 1216-1218.

[87] OLG Hamm v. 18.05.1995 - 1 UF 1/95 - NJW-RR 1995, 1283-1285.

[88] OLG Dresden v. 16.03.1998 - 20 WF 474/97 - FamRZ 1999, 850-581; OLG Hamm v. 19.03.1996 - 2 WF 56/96 - FamRZ 1996, 1216-1218; OLG Hamm v. 08.01.1993 - 5 UF 335/91 - FamRZ 1993, 1088-1089.

[89] BGH v. 15.11.1995 - XII ZR 231/94 - juris Rn. 17 - LM BGB § 1581 Nr. 10 (4/1996).

[90] BGH v. 28.11.1990 - XII ZR 1/90 - juris Rn. 11 - NJW 1991, 1290-1292; BGH v. 03.02.1982 - IVb ZR 654/80 - juris Rn. 13 - LM Nr. 19 zu § 1361 BGB.

[91] BGH v. 15.10.1986 - IVb ZR 78/85 - juris Rn. 11 - BGHZ 98, 353-361.

gebenden Verhältnisse insgesamt eine wesentliche Änderung erfahren haben.[92] Sind jedoch die Voraussetzungen eines Unterhaltstatbestands, auf dem die Unterhaltsberechtigung dem Grunde nach beruht, weggefallen, so trifft im Abänderungsverfahren – unabhängig von der Verteilung der Parteirollen – den Berechtigten die Darlegungs- und Beweislast für solche Tatsachen, die eine Aufrechterhaltung des Titels aufgrund eines anderen Unterhaltstatbestands rechtfertigen.[93]

Weitergehende Hinweise zur Verteilung der Darlegungs- und Beweislast finden sich in den Kommentierungen der Einzelnormen. 79

B. Praktische Bedeutung

Dem nachehelichen Unterhalt kommt unter den im Zusammenhang mit der Scheidung zu regelnden Streitpunkten in der Praxis eine herausragende Bedeutung zu. Er ist die **am härtesten umkämpfte Scheidungsfolge**. Die Unterhaltsregelung greift in vielen Fällen nachhaltig und dauerhaft in die wirtschaftlichen Existenzgrundlagen der Parteien ein. Der Lebensstandard, wie er in Zeiten des ehelichen Zusammenlebens gepflegt wurde, lässt sich, solange keine zusätzlichen Einkommensquellen erschlossen werden, schon wegen des trennungs- und scheidungsbedingten Mehraufwands (doppelte Haushaltsführung, zusätzliche Krankenversicherungskosten u.a.) und wegen der regelmäßigen Verkürzung des verteilungsfähigen Nettoeinkommens als Folge des Lohnsteuerklassenwechsels beim Verpflichteten üblicherweise nicht aufrecht erhalten. 80

Vor allem wenn neben unterhaltsberechtigten Kindern ein Anspruch des Ehegatten auf Unterhalt besteht, bleibt dem Verpflichteten nach Abzug der Gesamtunterhaltslast häufig kaum mehr als der ihm zu belassende Selbstbehalt, und der berechtigte Ehegatte muss zur Sicherstellung des eigenen Existenzminimums und desjenigen der gemeinsamen Kinder vielfach auf sozialstaatliche Hilfen zurückgreifen. Dass um den nachehelichen Unterhalt häufig und in vielen Fällen auch mit besonderer Heftigkeit gestritten wird, ist vor diesem Hintergrund leicht nachzuvollziehen. 81

C. Anwendungsvoraussetzungen

I. Geschiedener Ehegatte

Alle Unterhaltstatbestände der §§ 1570-1576 BGB setzen voraus, dass der unterhaltsberechtigte Ehegatte mit dem anderen Ehegatten gültig verheiratet war und dass die Ehe wirksam geschieden worden ist. Letzteres ist der Fall, sobald das **Scheidungsurteil rechtskräftig** ist (§ 1564 Satz 2 BGB). Der Anspruch auf nachehelichen Unterhalt setzt daher mit dem Tage ein, an dem das Scheidungsurteil rechtskräftig wird.[94] 82

II. Unterhalt als Ausnahme

§ 1569 BGB verweist in programmatischer Form auf den **Grundsatz der Eigenverantwortung**. Das UÄndG vom 21.12.2007 hat dieses Grundprinzip zwar nicht inhaltlich verändert, aber sprachlich deutlicher hervorgehoben. Jeder Ehegatte hat selbst für seinen Unterhalt zu sorgen. Nur wenn er außerstande ist, den sich aus den ehelichen Lebensverhältnissen ergebende Bedarf selbst zu decken, kann er – unter der Voraussetzung, dass die Tatbestandsmerkmale der §§ 1570-1576 BGB erfüllt sind – nachehelichen Unterhalt verlangen. 83

Damit ergibt sich sehr deutlich, dass der **Unterhaltsanspruch die Ausnahme** ist. Dieser Ausgangspunkt wird in der Gesetzesbegründung auch zur Auslegung der einzelnen Unterhaltstatbestände herangezogen.[95] 84

Eigenverantwortung in dem durch das UÄndG vom 21.12.2007 verstandenen Sinn, verklärt aber die Auswirkungen im Tatsächlichen. In der Regel führt die Reform zu einer Verschlechterung der Position der geschiedenen Ehefrau. 85

---

[92] BGH v. 10.10.1984 - IVb ZR 12/83 - juris Rn. 27 - LM Nr. 12 zu § 1573 BGB.
[93] BGH v. 31.01.1990 - XII ZR 36/89 - juris Rn. 11 - LM Nr. 61 zu § 323 ZPO.
[94] BGH v. 13.01.1988 - IVb ZR 7/87 - juris Rn. 13 - BGHZ 103, 62-71; BGH v. 14.01.1981 - IVb ZR 575/80 - juris Rn. 14 - LM Nr. 10 zu § 1361 BGB; OLG Köln v. 09.05.2001 - 27 UF 136/99 - FuR 2001, 412-415.
[95] BT-Drs. 16/1830, S. 16.

D. Rechtsfolgen

86 Einen Unterhaltsanspruch gewährt die Vorschrift nicht unmittelbar. Der allgemeine Rechtsfolgenausspruch („hat Anspruch auf Unterhalt") wird daher konkretisiert durch die Verweisung auf die „folgenden Vorschriften" (§§ 1570-1586b BGB), bei deren Anwendung somit erst entscheiden wird, ob und gegebenenfalls in welcher Höhe ein Anspruch auf nachehelichen Unterhalt tatsächlich besteht.

E. Prozessuale Hinweise/Verfahrenshinweise

I. Zuständigkeit und Verfahren

87 Verfahren, die Ehegattenunterhalt zum Gegenstand haben, sind **Familiensachen bzw. genauer Familienstreitsachen,** da sie die durch die Ehe begründete gesetzliche Unterhaltspflicht betreffen (§§ 111 Nr. 8, 112 Nr. 1 FamFG). Das gilt auch für Anträge auf Auskunftserteilung (§ 1580 BGB) sowie für Streitigkeiten, die eine Rückforderung geleisteter Unterhaltszahlungen, die Geltendmachung kraft Gesetzes – z.B. nach § 94 Abs. 1 SGB XII – übergegangener Unterhaltsansprüche des Ehegatten oder den Anspruch auf Zustimmung zum steuerlichen Realsplitting gemäß § 10 Abs. 1 Nr. 1 EStG zum Gegenstand haben. Familiensachen sind insbesondere auch Vollstreckungsabwehranträge (§ 113 Abs. 1 Satz 2 FamFG i.V.m. § 767 ZPO), Abänderungsanträge (§§ 238, 239 FamFG) und negative Feststellungsanträge ((§113 Abs. 1 Satz 2 FamFG i.V.m. § 256 ZPO), sofern sie sich gegen einen Unterhaltstitel richten.

88 Der Anspruch auf nachehelichen Unterhalt muss als Familiensache (§ 23b Abs. 1 Nr. 1 GVG) vor dem **Familiengericht** geltend gemacht werden. Dessen **sachliche Zuständigkeit** ist eine ausschließliche. **Örtlich** ausschließlich **zuständig** ist das Gericht der Ehesache, wenn eine Ehesache anhängig ist (§§ 232 Abs. 1 Ziff. 1, 233 FamFG). Ist eine Ehesache nicht anhängig, richtet sich die örtliche Zuständigkeit nach den allgemeinen Vorschriften (§ 232 Abs. 3 FamFG). Der Antrag kann dann bei dem Gericht erhoben werden, in dessen Bezirk der Antragsgegner seinen Aufenthalt hat (§ 232 Abs. 3 i.V.m. §§ 12, 13 ZPO). Besondere Gerichtsstände für Unterhaltsverfahren können sich aus § 232 Abs. 3 i.V.m. §§ 23a, 35a ZPO sowie aus § 232 Abs. 3, Ziff. 1 FamFG ergeben. Wird im Verlauf des erstinstanzlichen Unterhaltsverfahrens eine Ehesache bei einem anderen Gericht rechtshängig, ist der Unterhaltsrechtsstreit an das nunmehr zuständige Gericht der Ehesache zu verweisen (§ 233 FamFG).

89 Das Verfahren wegen nachehelichen Unterhalts ist eine Familienstreitsache i.S.d. § 112 Ziff. 1 FamFG, auf die - von vorrangigen Regelungen des FamFG abgesehen - die Vorschriften der ZPO entsprechend anzuwenden sind (§ 113 Abs. 1 Satz 2 FamFG). Es gelten also insbesondere die **Dispositionsmaxime** und der **Beibringungsgrundsatz**. Als Sondervorschriften für Unterhaltsverfahren sind ergänzend die §§ 231-245 FamFG zu beachten. Der Unterhaltsantrag kann im Zusammenhang des Scheidungsverbunds als **Folgesache** (§ 137 Abs. 2 Ziff. 2 FamFG) oder auch erst nach der Scheidung – dann als **isolierte bzw. selbständige Familienstreitsache** – anhängig gemacht werden. Die **isolierte Geltendmachung** ist grundsätzlich **nicht als mutwillig** im Sinne des § 114 ZPO **zu bewerten** und steht der Bewilligung von Verfahrenskostenhilfe daher nicht entgegen.[96] Wird der Geschiedenenunterhalt als Folgesache anhängig gemacht, so finden die für das **Verbundverfahren** geltenden besonderen Vorschriften (§§ 137-150 FamFG) Anwendung.

90 **Einstweilige Anordnungen** haben durch das FamFG eine Neuregelung erfahren. Sie können losgelöst von einem Hauptsacheverfahren anhängig gemacht werden. Ein effektives Instrument der Verfahrensförderung stellt das Gesetz mit dem in § 235 FamFG geregelten **Auskunftsrecht des Gerichts** zur Verfügung. Der Beibringungsgrundsatz erfährt dadurch eine gewisse Relativierung.

91 Der Anspruch auf nachehelichen Unterhalt entsteht erst mit Rechtskraft der Scheidung.[97] **Im Scheidungsverbund** kann er jedoch bereits vor diesem Zeitpunkt als **Folgesache** „für den Fall der Scheidung" geltend gemacht werden (§ 137 Abs. 2 FamFG). Auch der **Auskunftsanspruch** (§ 1580 BGB) setzt nach seinem Wortlaut („geschiedenen Ehegatten") an sich eine rechtskräftige Scheidung der Ehe voraus. Er besteht gleichwohl bereits ab Rechtshängigkeit des Scheidungsantrags.[98] Wird er im Rah-

---

[96] BGH v. 10.03.2005 - XII ZB 20/04 - juris Rn. 8 - FamRZ 2005, 786 mit Anm. *Viefhues*, FamRZ 2005, 881; ebenso BGH v. 10.03.2005 - XII ZB 19/04 - juris Rn. 8 - FamRZ 2005, 788.

[97] BGH v. 13.01.1988 - IVb ZR 7/87 - juris Rn. 13 - BGHZ 103, 62-71; BGH v. 14.01.1981 - IVb ZR 575/80 - juris Rn. 14 - LM Nr. 10 zu § 1361 BGB; OLG Köln v. 09.05.2001 - 27 UF 136/99 - FuR 2001, 412-415.

[98] BGH v. 13.04.1983 - IVb ZR 373/81 - juris Rn. 9 - LM Nr. 20 zu § 1578 BGB; BGH v. 04.11.1981 - IVb ZR 624/80 - juris Rn. 7 - LM Nr. 2 zu § 1578 BGB.

men eines **Stufenantrags** (§ 113 Abs. 1 Satz 2 FamFG i.V.m. § 254 ZPO) zusammen mit dem zunächst noch unbezifferten Zahlungsanspruch im Scheidungsverbund anhängig gemacht, ist über den Auskunftsantrag vorab durch Teilbeschluss zu entscheiden.[99] Eine Entscheidung über den Zahlungsantrag darf grundsätzlich erst nach Erledigung des vorgeschalteten Antrags auf Auskunft getroffen werden.[100] Ein **isolierter Auskunftsantrag** im Verbund ist nicht zulässig; wird ein solcher Antrag erhoben, ist nach § 20 FamFG abzutrennen.[101] **Trennungsunterhalt** kann nicht als Folgesache im Verbund eingeklagt werden, da die begehrte Entscheidung nicht „für den Fall der Scheidung" zu treffen wäre. Ein fehlerhaft als Verbundsache anhängig gemachtes Trennungsunterhaltsverfahren ist abzutrennen.[102]

II. Nichtidentität von nachehelichem Unterhalt und Trennungsunterhalt

Für das Verhältnis von nachehelichem Unterhalt und Trennungsunterhalt gilt der **Grundsatz der Nichtidentität**. Verfahrensrechtlich handelt es sich um **zwei verschiedene Verfahrensgegenstände**. Die Rechtskraft der Scheidung markiert die maßgebliche zeitliche Zäsur zwischen Trennungsunterhalt und nachehelichem Unterhalt. Der Anspruch auf nachehelichen Unterhalt setzt ein mit dem Tag, an dem das Scheidungsurteil rechtskräftig wird. Der Anspruch auf Trennungsunterhalt erlischt mit Ablauf des Tages, der diesem Tag vorangeht.[103] Gegen einen bestehenden Trennungsunterhaltstitel kann nach rechtskräftiger Scheidung daher mit einem **Vollstreckungsabwehrantrag** (§ 113 Abs. 1 Satz 2 FamFG i.V.m. § 767 ZPO) vorgegangen werden. 92

Die rechtskräftige Abweisung eines Auskunftsantrags wegen Trennungsunterhalts schließt die spätere Geltendmachung eines Auskunftsanspruchs in einem Verfahren, in dem es um nachehelichen Unterhalt geht, nicht aus.[104] 93

Eine **in der Trennungszeit geschlossene Unterhaltsvereinbarung** erstreckt sich in der Regel nicht auf die Zeit nach der Scheidung, es sei denn, die Ehegatten hätten hierzu ausdrücklich etwas anderes vereinbart.[105] 94

Eine **einstweilige Anordnung** (§ 246 FamFG), tritt bei Rechtskraft einer anderweitigen Regelung außer Kraft (§ 56 Abs. 1 Satz 2 FamFG). Ist sie ohne ausdrückliche Begrenzung auf die Zeit des Getrenntlebens ergangen, gilt sie über den Scheidungszeitpunkt hinaus bis zum Wirksamwerden einer **anderweitigen Regelung des Unterhalts** (§ 56 Abs. 1 Satz 2 FamFG).[106] Der Verpflichtete, dem ein Beschwerderecht gegen die nach mündlicher Verhandlung ergangene Entscheidung nicht zusteht (§ 57 Satz 1 FamFG), kann beantragen anzuordnen, dass der Antragsteller binnen einer Frist, die 3 Monate nicht überschreiten darf, das Hauptsacheverfahren einleitet. Wird dieser Anordnung nicht entsprochen, ist die einstweilige Anordnung aufzuheben (§ 52 Abs. 2 FamFG). 95

III. Nachehelicher Unterhalt – Einheitlichkeit des Anspruchs

Der Anspruch auf nachehelichen Unterhalt ist ein **einheitlicher Anspruch**, dessen Umfang sich nach den ehelichen Lebensverhältnissen (§ 1578 BGB) richtet. Das gilt auch dann, wenn er – gleichzeitig oder in zeitlicher Aufeinanderfolge – auf mehrere Einzeltatbestände der §§ 1570-1576 BGB gestützt wird. Die **Rechtskraft** eines zusprechenden oder zurückweisenden Beschlusses erstreckt sich daher auf den Anspruch insgesamt ohne Rücksicht darauf, welche Anspruchsgrundlagen in Betracht zu ziehen waren oder vom Gericht tatsächlich geprüft wurden.[107] 96

Elementarunterhalt und **Vorsorgeunterhalt** (§ 1578 Abs. 2, 3 BGB) sind unselbständige Teile des Gesamtunterhalts, die der Höhe nach voneinander abhängen.[108] Der Vorsorgeunterhalt ist im Rechtsstreit wegen seiner besonderen Zweckbindung gleichwohl gesondert zu beantragen und beziffern. 97

---

[99] BGH v. 04.11.1981 - IVb ZR 624/80 - juris Rn. 5 - LM Nr. 2 zu § 1578 BGB.
[100] BGH v. 27.03.1996 - XII ZR 83/95 - juris Rn. 19 - NJW-RR 1996, 833-835.
[101] BGH v. 19.03.1997 - XII ZR 277/95 - juris Rn. 17 - LM BGB § 1580 Nr. 16 (8/1997).
[102] BGH v. 23.01.1985 - IVb ZB 145/84 - juris Rn. 7 - VersR 1985, 287-288; BGH v. 09.06.1982 - IVb ZR 698/80 - juris Rn. 14 - LM Nr. 13 zu § 1578 BGB.
[103] BGH v. 13.01.1988 - IVb ZR 7/87 - juris Rn. 13 - BGHZ 103, 62-71; BGH v. 14.01.1981 - IVb ZR 575/80 - juris Rn. 14 - LM Nr. 10 zu § 1361 BGB; OLG Köln v. 09.05.2001 - 27 UF 136/99 - FuR 2001, 412-415.
[104] OLG Koblenz v. 03.02.2004 - 7 WF 37/04 - juris Rn. 8 - FamRZ 2005, 460.
[105] BGH v. 19.06.1985 - IVb ZR 31/84 - juris Rn. 35 - LM Nr. 19 zu § 1569 BGB.
[106] BGH v. 09.02.1983 - IVb ZR 343/81 - juris Rn. 13 - LM Nr. 33 zu § 323 ZPO.
[107] BGH v. 26.01.1983 - IVb ZR 347/81 - juris Rn. 9 - FamRZ 1984, 353-356.
[108] BGH v. 08.06.2005 - XII ZR 294/02 - juris Rn. 15 - FamRZ 2005, 1479, 1480; BGH v. 04.11.1981 - IVb ZR 625/80 - juris Rn. 6 - LM Nr. 6 zu § 236 (A) ZPO.

Auch im Urteilstenor ist er mit Rücksicht auf seine Zweckbindung als besondere Position auszuweisen.[109] Eine **Antragsbindung** im Sinne des § 308 ZPO gilt gleichwohl nur für den beantragten Gesamtbetrag. Das Gericht kann also einen höheren als den beantragten Krankheits- oder Altersvorsorgeunterhalt zusprechen, darf aber über den insgesamt beanspruchten Unterhaltsbetrag nicht hinausgehen.[110]

98 Vorsorgeunterhalt kann für die Vergangenheit nicht erst von dem Zeitpunkt an verlangt werden, in dem er ausdrücklich geltend gemacht worden ist. Er ist Teil des Unterhalts und gehört zu dem Gesamtbedarf. Der Unterhaltspflichtige befindet sich mit dem Vorsorgeunterhalt bereits dann in Verzug, wenn verzugsbegründende Maßnahmen hinsichtlich des Elementarunterhalts getroffen wurden; dazu reicht auch ein Auskunftsverlangen aus (§ 1585b Abs. 2 BGB i.V.m. § 1613 Abs. 1 BGB). Im Fall einer Bezifferung des Unterhaltsanspruchs ergibt sich lediglich hinsichtlich der Höhe eine Begrenzung auf den geforderten Betrag.[111]

99 Auch die Wirkung eines **im Verfahren abgegebenen Anerkenntnisses** (§ 113 Abs. 1 Satz 2 FamFG i.V.m. § 307 ZPO) beschränkt sich auf den anerkannten Gesamtunterhalt. Unselbständige Anspruchsbestandteile wie Kranken- oder Altersvorsorgeunterhalt sind für sich genommen nicht anerkenntnisfähig. Soweit es um die Verteilung des Gesamtunterhalts auf den Elementar- und Vorsorgeunterhalt geht, ist die Dispositionsbefugnis der Parteien im Unterhaltsprozess eingeschränkt.[112]

100 Wird ohne nähere Unterscheidung nachehelicher Unterhalt beantragt und zugesprochen, so erstreckt sich die Entscheidung und deren Rechtskraft im Zweifel auf den Gesamtunterhalt, so dass **Nachforderungen für die Vergangenheit ausgeschlossen** sind.[113] **Für die Zukunft** kann jedoch gegebenenfalls im Rahmen eines Abänderungsverfahrens über den bislang titulierten Elementarunterhalt hinaus auch Vorsorgeunterhalt geltend gemacht werden, wenn der **Abänderungsantrag** (§§ 238, 239 FamFG) unabhängig von der Erhöhung des Gesamtanspruchs, die sich aus dem erstmals begehrten Vorsorgeunterhalt ergeben würde, zulässig ist.[114] Fällt der Anspruch auf Altersvorsorgeunterhalt wegen eines **beginnenden Rentenbezugs** aufseiten des Berechtigten weg, so erhöht sich dadurch gleichzeitig der Anspruch auf Elementarunterhalt. Die infolgedessen erforderlich werdende Anpassung des Unterhaltstitels kann vom Verpflichteten nicht mit dem Antrag auf Vollstreckungsabwehr (§ 113 Abs.1 Satz 2 FamFG i.V.m. § 767 ZPO), sondern nur im Wege eines Abänderungsantrags (§§ 238, 239 FamFG) erreicht werden.[115]

IV. Rückforderung zu viel gezahlten Unterhalts

101 Gezahlter Unterhalt kann, soweit er nach materiellem Recht nicht geschuldet war, unter gewissen Voraussetzungen zurückgefordert werden. Als **Anspruchsgrundlagen** eines Rückforderungsbegehrens kommen insbesondere die §§ 812, 823 Abs. 2 BGB (in Verbindung mit § 263 StGB) sowie § 826 BGB in Betracht. Wird ein Beschluss, der für sofort wirksam erklärt wurde (§ 116 Abs. 3 Sätze 2, 3 FamFG), vom Berufungsgericht aufgehoben oder abgeändert, kann sich ein Anspruch auch aus § 120 Abs. 1 FamFG i.V.m. § 717 Abs. 2 ZPO ergeben.

102 Voraussetzung eines erfolgreichen **Bereicherungsantrags** ist zunächst, dass für das Behalten der Zuvielleistung kein **Rechtsgrund** besteht. Erfolgte die Überzahlung aufgrund eines **rechtskräftigen Titels**, so muss daher in der Regel zunächst dessen **Abänderung** (§§ 238, 239 FamFG) erwirkt werden. Das ist nur dann nicht erforderlich, wenn die Einwendungen gegen den titulierten Anspruch von der Art sind, dass sie mit einem auf **Vollstreckungsabwehr** gerichteten Antrag (§ 113 Abs. 1 Satz 2 FamFG i.V.m. § 767 ZPO) hätten geltend gemacht werden können, deren rechtliche Möglichkeiten sich nach Beendigung der Zwangsvollstreckung in dem Bereicherungsantrag fortsetzen.[116] Ein begin-

---

[109] BGH v. 03.04.1985 - IVb ZR 19/84 - juris Rn. 7 - BGHZ 94, 145-150; zu den Folgen einer zweckwidrigen Verwendung durch den Berechtigten vgl. etwa BGH v. 07.12.1988 - IVb ZR 23/88 - juris Rn. 25 - NJW-RR 1989, 386-389.
[110] BGH v. 19.06.1985 - IVb ZR 38/84 - juris Rn. 28 - NJW 1985, 2713-2716; BGH v. 07.12.1988 - IVb ZR 23/88 - juris Rn. 24 - NJW-RR 1989, 386-389; OLG Hamm v. 27.09.1996 - 12 UF 337/95 - FamRZ 1997, 1278-1279.
[111] BGH v. 22.11.2006 - XII ZR 24/04 - juris Rn. 44 - NJW 2008, 511-514.
[112] BGH v. 19.06.1985 - IVb ZR 38/84 - juris Rn. 28 - NJW 1985, 2713-2716.
[113] BGH v. 03.04.1985 - IVb ZR 19/84 - juris Rn. 7 - BGHZ 94, 145-150.
[114] BGH v. 03.04.1985 - IVb ZR 19/84 - juris Rn. 8 - BGHZ 94, 145-150.
[115] BGH v. 08.06.2005 - XII ZR 294/02 - juris Rn. 15 - FamRZ 2005, 1479, 1480.
[116] BGH v. 05.10.1993 - XI ZR 180/92 - LM BGB § 223 Nr. 5 (3/1994); BGH v. 29.05.1991 - XII ZR 157/90 - juris Rn. 8 - FamRZ 1991, 1175-1176; BGH v. 23.04.1986 - IVb ZR 29/85 - juris Rn. 13 - LM Nr. 28 zu § 826 (Fa) BGB; BGH v. 23.03.1983 - IVb ZR 358/81 - juris Rn. 10 - LM Nr. 12 zu § 1569 BGB; BGH v. 17.02.1982 - IVb ZR 657/80 - juris Rn. 8 - BGHZ 83, 278-283.

nender Rentenbezug des Berechtigten stellt jedoch keine Einwendung im Sinne des § 767 ZPO dar, sondern ist vom Unterhaltsschuldner stets im Wege des Abänderungsverfahrens nach §§ 238, 239 FamFG geltend zu machen.[117] Soweit es eines vorgeschalteten Abänderungsverfahrens bedarf, begrenzt die **Zeitschranke** des § 238 Abs. 1 FamFG die Möglichkeiten einer rückwirkenden Abänderung des Beschlusses. Die Schranke wird aber auch für den Fall der Herabsetzung durch §§ 238, Abs. 3 Sätze 3, 4 FamFG nach hinten verlagert, wenn der Begünstigte mit einem Verzicht in Verzug gesetzt wurde, allerdings nur bis zu einem Jahr vor Rechtshängigkeit. Ergänzt werden diese Regelungen durch § 241 FamFG, der die verschärfte Haftung bereits ab Rechtshängigkeit des Abänderungsantrags anordnet.

Auch **gerichtliche Vergleiche, die im ordentlichen Hauptsacheverfahren geschlossen wurden**, wirken als Rechtsgrund im Sinne des § 812 BGB und bedürfen daher grundsätzlich einer vorherigen Abänderung.[118] Entsprechendes gilt für **vollstreckbare notarielle Urkunden über den Ehegattenunterhalt**. Eine Zeitgrenze gilt für die Abänderung von gerichtlichen Vergleichen und vollstreckbaren notariellen Urkunden gilt allerdings nicht (§ 239 FamFG).[119] 103

Einstweilige Anordnungen stellen demgegenüber keinen Rechtsgrund im Sinne des § 812 BGB dar. Das gilt grundsätzlich auch für **gerichtliche Vergleiche, die im einstweiligen Anordnungsverfahren geschlossen worden** sind und nur dieses vorläufige Verfahren abschließen. Sie sind einem Abänderungsverfahren nicht zugänglich.[120] Bei einstweiligen Anordnungen kann der Verpflichtete stattdessen beantragen, dem anderen aufzugeben, ein Hauptsacheverfahren einzuleiten. 104

Gegen den Bereicherungsantrag wird der Schuldner sich in vielen Fällen erfolgreich mit dem **Entreicherungseinwand** (§ 818 Abs. 3 BGB) verteidigen können. Um dem vorzubeugen und die **verschärfte Haftung** nach § 818 Abs. 4 BGB zum frühestmöglichen Zeitpunkt auszulösen, konnte in Fällen, in denen ein vorgeschaltetes Abänderungsverfahren erforderlich ist, mit dieser zugleich die Rückzahlungsklage nach § 812 BGB verbunden werden. Denn die in § 818 Abs. 4 BGB vorausgesetzte Rechtshängigkeit trat nicht schon durch Erhebung der Abänderungs- oder Feststellungsklage, sondern erst mit Erhebung der Bereicherungsklage ein.[121] Dem trägt § 241 FamFG Rechnung und ordnet den **Eintritt der verschärften Haftung bereits mit Rechtshängigkeit eines auf Herabsetzung gerichteten Abänderungsantrags** an. 105

Auch **Schadensersatzansprüche aus unerlaubter Handlung** nach § 823 Abs. 2 BGB in Verbindung **mit § 263 StGB** sowie nach § 826 BGB kommen in Betracht. Ihre Durchsetzung kann allerdings im Einzelfall dadurch erschwert sein, dass dem Unterhaltsgläubiger ein vorsätzliches und im Fall des § 826 BGB darüber hinaus ein sittenwidriges und evident unredliches Handeln nachgewiesen werden muss.[122] 106

Wegen der besonderen Rückforderungsmöglichkeiten in Fällen, in denen der Berechtigte für Zeiträume, in denen Unterhalt geleistet wurde, eine **Rentennachzahlung** erhalten hat, wird auf die Kommentierung zu § 1572 BGB Rn. 46 verwiesen. 107

V. Unterhaltsprozess und Insolvenzverfahren

Durch die Eröffnung eines Insolvenzverfahrens wird ein laufender Unterhaltsrechtsstreit gemäß § 113 Abs. 1 Satz 2 FamFG i.V.m. § 240 ZPO nur hinsichtlich der Forderungen unterbrochen, die die Insolvenzmasse betreffen. **Insolvenzforderungen** in diesem Sinne sind nur die **Zahlungsrückstände**, die **bei Eröffnung des Insolvenzverfahrens** bereits bestanden, d.h. **fällig** waren.[123] Diese sind zur Ta- 108

---

[117] BGH v. 08.06.2005 - XII ZR 294/02 - juris Rn. 16 - FamRZ 2005, 1479, 1480.
[118] BGH v. 17.06.1992 - XII ZR 119/91 - juris Rn. 5 - BGHZ 118, 383-394; BGH v. 29.05.1991 - XII ZR 157/90 - juris Rn. 14 - FamRZ 1991, 1175-1176.
[119] BGH v. 22.04.1998 - XII ZR 221/96 - juris Rn. 13 - LM BGB § 820 Nr. 4 (9/1998); BGH v. 29.05.1991 - XII ZR 157/90 - juris Rn. 13 - FamRZ 1991, 1175-1176; BGH v. 28.11.1990 - XII ZR 26/90 - juris Rn. 6 - NJW-RR 1991, 514-515; BGH v. 04.10.1982 - GSZ 1/82 - juris Rn. 24 - BGHZ 85, 64-75.
[120] BGH v. 29.05.1991 - XII ZR 157/90 - juris Rn. 15 - FamRZ 1991, 1175-1176.
[121] BGH v. 22.04.1998 - XII ZR 221/96 - juris Rn. 11 - LM BGB § 820 Nr. 4 (9/1998); BGH v. 17.06.1992 - XII ZR 119/91 - juris Rn. 18 - BGHZ 118, 383-394; BGH v. 07.05.1986 - IVb ZR 49/85 - juris Rn. 9 - LM Nr. 9 zu § 818 Abs. 4 BGB; BGH v. 19.12.1984 - IVb ZR 51/83 - juris Rn. 8 - BGHZ 93, 183-191.
[122] Vgl. *Sprau* in: Palandt, § 826 Rn. 52-53.
[123] OLG Nürnberg v. 04.10.2004 - 11 WF 2713/04 - juris Rn. 5 - FamRZ 2005, 1761; OLG Hamm v. 30.06.2004 - 11 UF 184/03 - FamRZ 2005, 279; OLG Karlsruhe v. 02.04.2003 - 16 UF 4/03 - juris Rn. 22 - FamRZ 2004, 821; OLG Celle v. 13.05.2004 - 19 UF 238/03 - FamRZ 2005, 1746; OLG Naumburg v. 06.11.2003 - 14 UF 143/03 - juris Rn. 8 - FamRZ 2004, 1975; Brandenburgisches Oberlandesgericht v. 13.09.2007 - 9 WF 268/07 - juris Rn. 2 - FamRZ 2008, 286.

§ 1569

belle anzumelden. Dem Schuldner selbst fehlt insoweit die passive Prozessführungsbefugnis. **Nach Eröffnung des Verfahrens fällig werdende Unterhaltsansprüche** müssen dagegen **außerhalb des Insolvenzverfahrens** gegen den Unterhaltsverpflichteten selbst geltend gemacht werden (§ 40 InsO). Betrifft der Unterhaltsprozess sowohl Ansprüche, die bei Eröffnung des Insolvenzverfahrens bereits fällig waren als auch solche, die erst danach fällig geworden sind, kann über die letzteren durch Teilurteil entschieden werden.[124]

109 Bei der **Zwangsvollstreckung in künftiges Arbeitseinkommen** des Schuldners sind **Unterhaltsgläubiger privilegiert**. Sie können gemäß § 89 Abs. 2 InsO in den Teil der Bezüge vollstrecken, der für andere Gläubiger nicht pfändbar ist. Die Insolvenzgläubiger werden demgegenüber auf die Insolvenzmasse (§§ 35, 38 InsO) und hinsichtlich des laufenden Arbeitseinkommens des Schuldners auf dessen pfändbaren Teil verwiesen (§ 36 Abs. 1 InsO, § 850c ZPO). Diese Beschränkung des Gläubigerzugriffs kann auch Verbindlichkeiten betreffen, die im Unterhaltsprozess an sich bei der Beurteilung der **Leistungsfähigkeit des verpflichteten Ehegatten** zu berücksichtigen wären und bei deren Nichtberücksichtigung sich das für Unterhaltszwecke zur Verfügung stehende Einkommen des Schuldners somit erhöht.

110 In Rechtsprechung und Literatur wurde daher zunehmend der Standpunkt vertreten, den Unterhaltspflichtigen treffe bei nachhaltiger Überschuldung, wenn sich dadurch seine Leistungsfähigkeit verbessern lasse, grundsätzlich die Obliegenheit, Antrag auf Einleitung eines Verbraucherinsolvenzverfahrens mit Restschuldbefreiung zu stellen, soweit dies nicht im Einzelfall aus Gründen, die vom Unterhaltspflichtigen vorzutragen und ggf. zu beweisen seien, unzumutbar erscheine.[125] **Der BGH hat diese Obliegenheit beim Kindesunterhalt wegen der dort geltenden gesteigerten Unterhaltspflicht bejaht und für den Ehegattenunterhalt abgelehnt.**[126]

111 Von der Frage der unterhaltsrechtlichen Leistungsfähigkeit des Verpflichteten ist die erst im **Vollstreckungsverfahren** virulent werdende Frage zu unterscheiden, ob und inwieweit der Berechtigte seine Ansprüche nach deren Titulierung realisieren und in den insolvenzfreien Teil des Schuldnereinkommens tatsächlich vollstrecken kann. § 850d ZPO eröffnet für Unterhaltsgläubiger die Möglichkeit einer den Beschränkungen des § 850c ZPO nicht unterliegenden Pfändung von Arbeitseinkommen.[127] Die **erweiterte Pfändung** nach § 850d ZPO findet jedoch dort ihre absolute **Grenze**, wo der **notwendige Unterhalt des Schuldners** berührt wird (§ 850d Abs. 1 Satz 2 ZPO). Dieser darf nicht mit dem notwendigen Selbstbehalt im Sinne der obergerichtlichen Unterhaltsleitlinien gleichgesetzt werden. Er ist stattdessen unter Heranziehung der Vorschriften des SGB XII (früher: BSHG) über die Hilfe zum Lebensunterhalt zu ermitteln und entspricht damit dem durch den **individuellen Sozialhilfebedarf** bestimmten **Existenzminimum** des Schuldners.[128]

---

[124] OLG Nürnberg v. 04.10.2004 - 11 WF 2713/04 - juris Rn. 5 - FamRZ 2005, 1761; OLG Hamm v. 30.06.2004 - 11 UF 184/03 - FamRZ 2005, 279; OLG Karlsruhe v. 02.04.2003 - 16 UF 4/03 - juris Rn. 24 - FamRZ 2004, 821; OLG Koblenz v. 15.05.2002 - 9 UF 440/01 - ZInsO 2002, 832-834; OLG Koblenz v. 20.12.2000 - 9 WF 646/00 - juris Rn. 5 - OLGR Koblenz 2001, 219; anders – für einheitliche Unterbrechung des Gesamtverfahrens, auch wenn nur Teile des Streitgegenstandes die Insolvenzmasse betreffen – etwa *Greger* in: Zöller, ZPO, § 240 Rn. 8.

[125] Für den Fall einer gesteigerten Unterhaltspflicht gegenüber minderjährigen Kindern BGH v. 23.02.2005 - XII ZR 114/03 - juris Rn. 19 - FamRZ 2005, 608; im Zusammenhang eines Verfahrens wegen Trennungsunterhalts OLG Koblenz v. 12.01.2004 - 13 UF 666/03 - juris Rn. 10 - FamRZ 2004, 823; vgl. auch OLG Nürnberg v. 30.05.2003 - 11 UF 850/03 - NJW 2003, 3138-3139; OLG Stuttgart v. 24.04.2003 - 16 UF 268/02 - juris Rn. 16 - ZInsO 2003, 622-625; OLG Dresden v. 10.01.2003 - 10 UF 684/02 - MDR 2003, 575-576; *Melchers*, FamRZ 2004, 1769-1771; a.A. OLG Naumburg v. 05.03.2003 - 8 WF 202/02 - FamRZ 2003, 1215-1216; *Wohlgemuth*, FamRZ 2004, 296-297; eine Obliegenheit zur Einleitung eines Restschuldbefreiungsverfahrens im Einzelfall wegen fehlender Nachhaltigkeit der Überschuldung verneinend OLG Nürnberg v. 24.06.2004 - 7 UF 441/04 - juris Rn. 29 - FamRZ 2005, 1502.

[126] BGH v. 12.12.2007 - XII ZR 23/06 - juris Rn. 22 - FamRZ 2008, 497-500; *Clausius*, jurisPR-FamR 4/2008, Anm. 1.

[127] BGH v. 31.10.2007 - XII ZR 112/05 - juris Rn. 29 - FamRZ 2008, 137-140 (zur Frage Leistungsfähigkeit eines Selbständigen nach Eröffnung der Verbraucherinsolvenz).

[128] BGH v. 18.07.2003 - IXa ZB 151/03 - juris Rn. 9 - BGHZ 156, 30-38 mit Anm. *Wax*, FamRZ 2003, 1743-1745; vgl. auch BGH v. 12.12.2003 - IXa ZB 225/03 - juris Rn. 6 - FamRZ 2004, 620; BGH v. 12.12.2003 - IXa ZB 209/03 - juris Rn. 9 - FamRZ 2004, 621 mit Anm. *Schürmann*, FamRZ 2004, 623; BGH v. 05.11.2004 - IXa ZB 57/04 - juris Rn. 14 - FamRZ 2005, 198, 199.

VI. Weitere Einzelfragen

1. Antragstellung, Titulierung bei Gläubigermehrheit

Werden die **Unterhaltsansprüche mehrerer Berechtigter** (z.B. Ehefrau und Kinder) **in einem Antrag** verbunden (Gläubigermehrheit; subjektive Antragshäufung), so ist zu beachten, dass mehrere Unterhaltsgläubiger ihre gegen denselben Schuldner gerichteten Ansprüche **nicht in einer einheitlichen Summe** geltend machen können, sondern im Einzelnen aufschlüsseln müssen, welche Unterhaltsbeträge für welche Zeiträume an die verschiedenen Gläubiger jeweils gezahlt werden sollen.[129] 112

Die **Einzelansprüche** müssen also jeweils **beziffert** und gesondert begründet werden. Ein auf Zahlung eines Gesamtunterhaltsbetrags für alle Berechtigten gerichteter **Antrag** genügt dem **Bestimmtheitserfordernis** des § 113 Abs. 1 Satz 2 FamFG i.V.m. § 253 Abs. 2 Nr. 2 ZPO nicht. Der Antrag ist, falls auf Hinweis des Gerichts (§ 113 Abs. 1 Satz 2 FamFG i.V.m. § 139 ZPO) keine Einzelbezifferung der Ansprüche erfolgt und sich eine Aufschlüsselung auch nicht im Wege der Auslegung aus der Begründung des Antrags ergibt, als unzulässig zurückzuweisen.[130] Diese Anforderungen tragen zum einen dem Grundsatz Rechnung, dass keinem der Unterhaltsgläubiger mehr zugesprochen werden darf als beantragt (§ 113 Abs. 1 Satz 2 FamFG i.V.m. § 308 ZPO). Zum anderen bliebe bei unterlassener Aufschlüsselung der Einzelansprüche, sofern dem im Tenor gefolgt und eine Gesamtunterhaltsverpflichtung ausgesprochen würde, der Umfang der Rechtskraft im Hinblick auf die von der Entscheidung erfassten Einzelansprüche unklar.[131] 113

Ein **Beschluss**, der mehrere Ansprüche betrifft, aber nicht erkennen lässt, über welche Einzelansprüche jeweils mit welchem Inhalt entschieden worden ist, leidet seinerseits an einem Bestimmtheitsmangel und ist **der materiellen Rechtskraft nicht fähig**. Wegen der Unbestimmtheit des titulierten Anspruchs hat der Schuldner ein schutzwürdiges Interesse daran, dass die Vollstreckungsfähigkeit eines solchen Titels beseitigt wird. Dem Schuldner wird durch die **Pauschaltitulierung einer aus mehreren Anspruchsgründen sich ergebenden Gesamtzahlungsverpflichtung** die Möglichkeit genommen, materielle Einwendungen – insbesondere den Erfüllungseinwand – gegenüber den als solchen nicht identifizierbaren Einzelansprüchen geltend zu machen. Er ist bei Teilleistungen auch nicht imstande, eine sinnvolle Tilgungsbestimmung (§ 366 Abs. 1 BGB) zu treffen, da unklar ist, auf welchen der Einzelansprüche er jeweils wie viel zu zahlen hat. Die Zwangsvollstreckung aus einem derart unbestimmten Titel ist auf den – von dem Antrag auf Vollstreckungsabwehr (§ 113 Abs. 1 Satz 2 FamFG i.V.m. § 767 ZPO) zu unterscheidenden – **prozessualen Gestaltungsantrag analog** § 767 ZPO hin für unzulässig zu erklären.[132] 114

In der familiengerichtlichen Praxis werden von den Parteien bisweilen **Gesamtunterhaltsvereinbarungen** (z.B. über einen monatlichen Zahlbetrag von 1.000 € „für Ehefrau und Kinder") getroffen und im Rahmen von Prozessvergleichen tituliert. Davon ist abzuraten. Ein solcher **Vergleich** ist, wenn ihm nicht zumindest im Wege der Auslegung entnommen werden kann, welchem Unterhaltsberechtigten jeweils in welcher Höhe Unterhalt zustehen soll, zu unbestimmt und, wenn daraus vollstreckt werden soll, praktisch wertlos. Wegen der vordergründigen Bestimmtheit und Vollstreckungsfähigkeit – immerhin ist ein bestimmter Zahlbetrag tituliert – wird das zuständige Vollstreckungsorgan (Gerichtsvollzieher, Rechtspfleger als Vollstreckungsgericht) auf entsprechenden Antrag zwar voraussichtlich zur Sach- oder Rechtspfändung schreiten. Der Schuldner kann jedoch auch hier **analog** § 113 Abs. 1 Satz 2 FamFG i.V.m. § 767 ZPO die Unzulässigerklärung der Zwangsvollstreckung aus dem Titel beantragen. Auch dann, wenn Einvernehmen über die Höhe der insgesamt vom Verpflichteten zu leistenden Zahlungen besteht und keine der Parteien ein Interesse an weiterer Differenzierung zeigt, sollte daher bei der Formulierung gerichtlicher Vergleiche darauf geachtet werden, dass eine bezifferte Aufschlüsselung nach Einzelansprüchen erfolgt. 115

---

[129] BGH v. 14.06.1995 - XII ZR 171/94 - juris Rn. 15 - LM ZPO § 253 Nr. 111 (11/1995); BGH v. 08.04.1981 - IVb ZR 559/80 - juris Rn. 5 - LM Nr. 65 zu § 253 ZPO.

[130] BGH v. 14.06.1995 - XII ZR 171/94 - juris Rn. 23 - LM ZPO § 253 Nr. 111 (11/1995); BGH v. 08.04.1981 - IVb ZR 559/80 - juris Rn. 6 - LM Nr. 65 zu § 253 ZPO; OLG Hamm v. 27.05.1994 - 11 UF 393/92 - FamRZ 1995, 106-107.

[131] BGH v. 08.04.1981 - IVb ZR 559/80 - juris Rn. 5 - LM Nr. 65 zu § 253 ZPO.

[132] BGH v. 18.11.1993 - IX ZR 244/92 - juris Rn. 14 - BGHZ 124, 164-173; zur prozessualen Gestaltungsklage analog § 767 ZPO vgl. auch *Herget* in: Zöller, ZPO, § 767 Rn. 7.

§ 1569

2. Prozesszinsen

116 Auf fällige Unterhaltsschulden sind jedenfalls **ab Rechtshängigkeit** des Hauptanspruchs Prozesszinsen (§§ 291, 288 Abs. 1, 247 BGB) zu entrichten.[133] Wird der Antrag auf nachehelichen Unterhalt als Folgesache im Scheidungsverbund anhängig gemacht, beginnt die Verzinsungspflicht gemäß § 291 Satz 1 BGB nicht schon mit Rechtshängigkeit, sondern erst **von der Fälligkeit an**, also mit Rechtskraft des Scheidungsurteils. Der Verzinsungsanspruch nach § 291 BGB umfasst nicht nur die bei Antragstellung und Erlass des Beschlusses bereits fälligen Unterhaltsforderungen, sondern von der jeweiligen Fälligkeit an auch die zuerkannten künftig zu entrichtenden Unterhaltsraten, soweit sie nicht rechtzeitig gezahlt werden.[134]

117 Der Anspruch auf Prozesszinsen kann in der Regel auch isoliert in einem **Zweiten Verfahren** geltend gemacht werden. Die Entscheidung über den Hauptanspruch schließt einen Zinsanspruch nur insoweit aus, als der Antrag zurückgewiesen wird. Wird der Hauptanspruch dagegen für begründet erachtet, so steht die Rechtskraft der zusprechenden Entscheidung einem nachträglichen Antrag wegen der Zinsen nicht entgegen. Der Grundsatz, dass Unterhaltsanträge im Zweifel nicht als Teilanträge anzusehen sind, gilt für das Verhältnis von Unterhaltsanspruch und Prozesszinsen nicht. Hierfür gilt vielmehr der allgemeine Grundsatz, dass sich ein Antragsteller über den Antrag hinausgehende Ansprüche nicht eigens vorzubehalten braucht.[135]

3. Verzugsfolgen

118 Der Unterhaltsgläubiger kann nach h.M. **Verzugszinsen** nach § 288 Abs. 1 BGB beanspruchen, sobald der Verpflichtete mit fälligen Unterhaltszahlungen in Verzug (§ 286 BGB) gerät.[136] Vom Verzugseintritt kann neben dem Zinsanspruch auch die Möglichkeit, **Unterhalt für die Vergangenheit** zu verlangen (§ 1585b Abs. 2 BGB), abhängen. Ein Auskunftsbegehren ist – infolge des UÄndG vom 21.12.2007 – beim nachehelichen Unterhalt ebenfalls ausreichend, da § 1585b Abs. 2 BGB auf § 1613 BGB verweist.

119 Hinsichtlich des nachehelichen Unterhalts ist eine **Verzug begründende Mahnung** im Sinne des § 286 Abs. 1 BGB **vor Rechtskraft des Scheidungsausspruchs nicht möglich**, da der Anspruch auf nachehelichen Unterhalt vor diesem Zeitpunkt weder entsteht noch fällig wird und eine vor Anspruchsentstehung ausgesprochene Mahnung wirkungslos ist und dies im Falle späterer Anspruchsentstehung auch bleibt.[137] Die Nachteile einer verfrühten und damit unwirksamen Mahnung vermeidet der Berechtigte, indem er, bevor er mahnt, des Eintritts der Rechtskraft des Scheidungsurteils versichert. Wird der Antrag auf nachehelichen Unterhalt – ggf. auch als Stufenantrag – im Scheidungsverbund erhoben, entfallen alle mit einer unzeitigen Mahnung ansonsten verbundenen Risiken.

120 Eine **Mahnung**, mit der Zahlung eines **Gesamtbetrages für mehrere Berechtigte** (z.B. Ehefrau und gemeinsame Kinder) begehrt wird und die nicht erkennen lässt, welche Teilbeträge für die einzelnen Unterhaltsgläubiger jeweils gefordert werden, ist wegen fehlender Bestimmtheit unwirksam.[138] Andererseits kann auch eine vorläufig unbezifferte Zahlungsaufforderung den Verpflichteten in Verzug setzen, wenn sie mit einem Auskunftsbegehren zu einer sog. **Stufenmahnung** verbunden ist. Verzug begründend wirkt auch die **Übermittlung eines Verfahrenskostenhilfegesuchs**, das inhaltlich den Erfordernissen einer Mahnung entspricht.[139]

121 Einer Mahnung bedarf es nach § 286 Abs. 2 Nr. 1 BGB nicht, wenn **für die Leistung eine Zeit nach dem Kalender bestimmt** ist. Die allgemeine gesetzliche Bestimmung, dass der laufende Unterhalt monatlich im Voraus zu entrichten ist (§ 1585 Abs. 1 BGB), reicht hierfür nicht aus. Von einer Kalen-

---

[133] BGH v. 14.01.1987 - IVb ZR 3/86 - juris Rn. 3 - NJW-RR 1987, 386-387; *Brudermüller* in: Palandt, Einf. III v § 1569 Rn. 17.

[134] BGH v. 14.01.1987 - IVb ZR 3/86 - juris Rn. 3 - NJW-RR 1987, 386-387.

[135] BGH v. 14.01.1987 - IVb ZR 3/86 - juris Rn. 4 - NJW-RR 1987, 386-387.

[136] OLG Hamburg v. 21.10.1983 - 2 WF 208/83 U - FamRZ 1984, 87; OLG München v. 24.11.1983 - 26 UF 1459/83 - FamRZ 1984, 310-311; OLG Hamm v. 31.01.1984 - 2 UF 464/83 - FamRZ 1984, 478; a.A. OLG Celle v. 06.12.1982 - 17 WF 213/82 - FamRZ 1983, 525; offen gelassen von BGH v. 14.01.1987 - IVb ZR 3/86 - juris Rn. 3 - NJW-RR 1987, 386-387; BGH v. 24.10.1984 - IVb ZR 43/83 - juris Rn. 30 - LM Nr. 30 zu § 284 BGB.

[137] BGH v. 29.04.1992 - XII ZR 105/91 - juris Rn. 14 - LM BGB § 1585b Nr. 4 (1/1993).

[138] OLG Hamm v. 27.05.1994 - 11 UF 393/92 - FamRZ 1995, 106-107.

[139] BGH v. 29.04.1992 - XII ZR 105/91 - juris Rn. 17 - LM BGB § 1585b Nr. 4 (1/1993).

derfälligkeit der Unterhaltsforderung kann jedoch auszugehen sein, wenn dem Verpflichteten insbesondere aufgrund einer vertraglichen Regelung sowohl die Existenz als auch die genaue Höhe seiner Zahlungsverpflichtung bekannt ist.[140]

Eine Mahnung ist bei **ernsthafter und endgültiger Leistungsverweigerung** des Schuldners entbehrlich (§ 286 Abs. 2 Nr. 3 BGB). Die bloße Nichtleistung von Unterhalt reicht hierfür nicht aus.[141] Stellt der Verpflichtete bisher regelmäßig erbrachte Zahlungen unvermittelt ein, kann jedoch von einer Leistungsverweigerung, die eine Mahnung entbehrlich macht, auszugehen sein.[142] Auch die mit der angeblich fehlenden Unterhaltspflicht begründete Ablehnung des Verpflichteten, über sein Einkommen Auskunft zu erteilen, kann als Leistungsverweigerung im Sinne des § 286 Abs. 2 Nr. 3 BGB aufzufassen sein.

4. Verfahrenskostenvorschuss

Nach rechtskräftiger Scheidung der Ehe besteht bereits dem Grunde nach kein Anspruch auf Verfahrenskostenvorschuss mehr. Bis zu diesem Zeitpunkt kann sich ein solcher Anspruch – als **Teil des Anspruchs auf Trennungsunterhalt** – aus den §§ 1361 Abs. 4, 1360a Abs. 4 BGB ergeben.[143] Die Verpflichtung zur Vorschusszahlung für die Ehesache und die im Verbund anhängigen Folgesachen kann durch selbständige **einstweilige Anordnung** ausgesprochen werden. Hinsichtlich des verauslagten Verfahrenskostenvorschusses kann ein an Billigkeitskriterien orientierter **Rückzahlungsanspruch** bestehen; es handelt sich dabei nicht um einen Bereicherungsanspruch, sondern um einen aus den Grundgedanken des Unterhaltsrechts herzuleitenden Anspruch eigener Art.[144]

---

[140] BGH v. 05.10.1988 - IVb ZR 91/87 - juris Rn. 26 - BGHZ 105, 250-259; BGH v. 26.01.1983 - IVb ZR 351/81 - juris Rn. 29 - LM Nr. 27 zu § 284 BGB.
[141] BGH v. 29.04.1992 - XII ZR 105/91 - juris Rn. 16 - LM BGB § 1585b Nr. 4 (1/1993); BGH v. 26.01.1983 - IVb ZR 351/81 - juris Rn. 30 - LM Nr. 27 zu § 284 BGB.
[142] BGH v. 26.01.1983 - IVb ZR 351/81 - juris Rn. 30 - LM Nr. 27 zu § 284 BGB.
[143] BGH v. 09.11.1983 - IVb ZR 14/83 - juris Rn. 6 - BGHZ 89, 33-40.
[144] BGH v. 14.02.1990 - XII ZR 39/89 - juris Rn. 5 - BGHZ 110, 247-253.

Steuerrechtliche Hinweise zu §§ 1569 ff. BGB

Gliederung

A. Ehegattenunterhalt bemessen anhand der steuer- und unterhaltsrechtlichen Leistungsfähigkeit 1
B. Abzugsfähiger Ehegattenunterhalt 2
I. Realsplitting (§ 10 Abs. 1 Nr. 1 EStG) 6
1. Ausgangslage 6
2. Voraussetzungen 9
3. Antragstellung und Zustimmung 13
4. Ausgleich steuerlicher und sonstiger wirtschaftlicher Nachteile 17
II. Unterhalt als außergewöhnliche Belastung ... 22
1. Voraussetzungen 24

2. Unterhaltsaufwand 25
3. Unterhaltsersatz – Einräumung von Nutzungsrechten, Übertragung von Wirtschaftsgütern 46
III. Sonderausgaben 51
IV. Tilgung privater Schulden 68
V. Steuerliche Behandlung der Arbeitnehmereinkünfte 71
VI. Geringfügige Beschäftigung 83
1. Einkünfte aus geringfügiger Beschäftigung – „Mini Jobs" 83
2. Einkünfte in der Gleitzone – „Midi Jobs" 85

A. Ehegattenunterhalt bemessen anhand der steuer- und unterhaltsrechtlichen Leistungsfähigkeit

1   Ob ein zivilrechtlicher Unterhaltsanspruch besteht, hängt in erster Linie von der sog. Leistungsfähigkeit des Unterhaltspflichtigen ab. Auch im Ertragsteuerrecht, insbesondere im Einkommensteuerrecht, ist für die Frage der Steuerpflicht die Grundlage die Leistungsfähigkeit des Steuerschuldners. Dabei ist jedoch zu berücksichtigen, dass es viele Unterschiede zwischen dem Unterhaltsrecht und dem Einkommensteuerrecht gibt, so dass eine völlige oder auch nur weitergehende Übernahme von Wertungen aus dem Einkommensteuerrecht in das Unterhaltsrecht nicht möglich ist. Trotzdem stehen das Unterhaltsrecht und das Einkommensteuerrecht nicht völlig zusammenhangslos nebeneinander. Das **Einkommensteuerrecht** dient vielmehr der Ermittlung der **unterhaltsrechtlichen Leistungsfähigkeit** und bildet den Ausgangspunkt, so dass für die unterhaltsrechtliche Betrachtung in der Regel das Einkommen nach Abzug der Steuerbelastung maßgebend ist.

B. Abzugsfähiger Ehegattenunterhalt

2   Unterhaltsleistungen an Ehegatten unterfallen keiner Einkunftsart. Bei Unterhaltsleistungen handelt es sich vielmehr um eine Form der Einkommensverwendung, da sie nicht erbracht werden, um Einkünfte zu erzielen. Unterhaltsleistungen stellen somit Privataufwendungen dar. Ein Abzug als Betriebsausgaben oder Werbungskosten kommt daher nicht in Betracht. Wie auch andere private Aufwendungen können Unterhaltsleistungen nur dann steuermindernd berücksichtigt werden, wenn sie als außergewöhnliche Belastungen oder Sonderausgaben zu betrachten sind.

3   Dem liegt das sog. **Korrespondenzprinzip** zugrunde. Dies bedeutet, dass die Zuwendungen nicht abzugsfähig sind, wenn sie auch beim Empfänger nicht als zu versteuerndes Einkommen behandelt werden. Nur dann, wenn der Zuwendende das Geleistete steuermindernd absetzen kann, muss auch eine Besteuerung beim Empfänger erfolgen.

4   Ausdrücklich normiert ist dieses Abzugsverbot in § 12 Nr. 2 EStG.

5   Gem. § 12 Satz 1 i.V.m. § 12 Nr. 2 EStG dürfen Zuwendungen an eine gegenüber dem Steuerpflichtigen oder seinem Ehegatten gesetzlich unterhaltspflichtige Person oder deren Ehegatten weder bei den einzelnen Einkunftsarten noch vom Gesamtbetrag der Einkünfte abgezogen werden, soweit in § 10 Abs. 1 Nr. 1, 2-5, 7 und 9 EStG, den §§ 10a, 10b EStG und den §§ 33-33b EStG nichts anderes bestimmt ist.

I. Realsplitting (§ 10 Abs. 1 Nr. 1 EStG)

1. Ausgangslage

6   Ab dem Jahr nach der Trennung oder Scheidung mindern Unterhaltsverpflichtungen die Leistungsfähigkeit des Unterhaltspflichtigen erheblich, weil die günstige Ehegattenbesteuerung mit dem Splittingtarif nicht mehr möglich ist. Als Ausgleich können nachgewiesene Unterhaltsleistungen an den ge-

trennt lebenden oder geschiedenen Ehegatten als Sonderausgaben in Abzug gebracht werden und so eine Steuerentlastung ähnlich dem früheren Splittingtarif erreicht werden – daher auch die Bezeichnung Realsplitting.

Das sog. **Realsplitting** ist in § 10 Abs. 1 Nr. 1 EStG geregelt. Es ermöglicht dem Unterhaltspflichtigen, **Unterhaltsleistungen** unter bestimmten Voraussetzungen in einem beschränkten Umfang im Wege des Sonderausgabenabzugs geltend zu machen. Im Gegenzug muss, aufgrund des Korrespondenzprinzips, der Unterhaltsberechtigte die erhaltenen Unterhaltszahlungen in der Höhe des Sonderausgabenabzugs als sonstige Einkünfte nach § 22 Nr. 1a EStG versteuern.

Gemäß § 10 Abs. 1 Nr. 1 EStG kann der Unterhaltsverpflichtete Unterhaltsleistungen höchstens bis zu 13.805 € jährlich als Sonderausgaben geltend machen. Neben dem Höchstbetrag von 13.805 € können außerdem Krankenversicherungs- und Pflegeversicherungsbeiträge, die ein Ehegatte an den geschiedenen oder getrennt lebenden Ehegatten bezahlt, als Sonderausgaben abgezogen werden.

2. Voraussetzungen

Um das **Realsplitting** anzuwenden, müssen beide Ehegatten unbeschränkt steuerpflichtig, dauernd getrennt lebend oder geschieden sein. Zudem muss ein Antrag der beiden Ehegatten gestellt sein, welcher auch gegebenenfalls formlos erfolgen kann. Die Antragstellung erfolgt in aller Regel mit dem Formblatt – **Anlage U** – zur Einkommensteuererklärung, welches bei den zuständigen Finanzbehörden erhältlich ist.[1]

Diese **Abzugsmöglichkeit** ist ausschließlich den Ehegatten vorbehalten, d.h. die Zahlungen an eine ledige Kindesmutter nach § 1615l BGB können nicht in Abzug gebracht werden.[2]

Lebt der Unterhaltsverpflichtete im Inland und der Unterhaltsberechtigte in einem anderen Mitgliedstaat der EU, so kommt ein Sonderausgabenabzug grundsätzlich nur in Betracht, wenn eine Besteuerung im anderen Mitgliedstaat erfolgt. Etwas anderes ergibt sich auch nicht aufgrund von § 1a Abs. 1 Nr. 1 EStG.

Besonders ist zu berücksichtigen, dass bei Vorliegen einer nicht unbeschränkten Steuerpflicht des Unterhaltsempfängers ein Abzug aufgrund eines Doppelbesteuerungsabkommens in Betracht kommen kann. Unter anderem besteht beispielsweise die Möglichkeit mit dem DBA – Dänemark und Österreich.

3. Antragstellung und Zustimmung

Um das Realsplitting in Anspruch nehmen zu können, ist, wie zuvor bereits dargestellt, ein **Antrag** beider Ehegatten erforderlich. Der Antrag kann auch auf einen Teilbetrag der Unterhaltsleistungen beschränkt werden.[3]

Eine Zustimmung des unterhaltsberechtigten Ehegatten kann nicht davon abhängig gemacht werden, dass ihm bei **Zustimmung** auch der Teilbetrag der Steuererstattung bzw. Steuerersparnis zusteht. Eine **Antragstellung** ist unbefristet möglich, d.h. auch nach Bestandskraft der eigenen Steuerfestsetzung und der Steuerfestsetzung des Unterhaltsempfängers. Eine Änderung des Bescheids ist nach § 175 Abs. 1 Nr. 2 AO jederzeit möglich, insbesondere dann, wenn die Zustimmung des Unterhaltsempfängers zum Realsplitting erst später erfolgt.

Grundsätzlich ist die Zustimmung bis zu einem Widerruf wirksam. Ein Widerruf ist vor Beginn des Kalenderjahres, ab dem die Zustimmung nicht mehr gelten soll, gegenüber dem zuständigen Finanzamt zu erklären. Eine solche Erklärung kann zusammen mit dem Antrag auch noch nach **Eintritt der Bestandskraft** des Einkommensteuerbescheids erfolgen, da eine Änderung nach § 175 Abs. 1 Nr. 2 AO möglich ist.[4]

Besonders ist zu berücksichtigen, dass die kontroverse Diskussion, ob eine Zustimmung zum begrenzten Realsplitting erfolgen muss, heute weitestgehend geklärt ist. Der Unterhaltsberechtigte muss, wenn der unterhaltsverpflichtete Ehegatte bereit ist die steuerlichen und sonstigen finanziellen Nachteile, welche aus der erteilten Zustimmung resultieren, auszugleichen, zustimmen.

---

[1] BGH v. 29.04.1998 - XII ZR 266/96 - FamRZ 1998, 953, 954.
[2] BFH v. 13.03.1995 - X B 158/94 - BFH/NV 1995, 777.
[3] BFH v. 14.04.2005 - XI R 33/03 - BStBl II 2005, 825.
[4] BFH v. 12.07.1989 - X R 8/84 - BStBl II 1989, 957; BFH v. 28.06.2006 - XI R 32/05 - NJW-RR 2007, 217, 217.

4. Ausgleich steuerlicher und sonstiger wirtschaftlicher Nachteile

17 Die Nachteile, welche der Unterhaltsverpflichtete verpflichtet ist, auszugleichen, begrenzen sich nicht nur auf die steuerlichen Nachteile. Der **Unterhaltsbetrag**, soweit er dem Realsplitting unterfällt, löst zum einen die **Steuerpflicht für sonstige Einkünfte gem.** § 22 Nr. 1a EStG aus, so dass sich durch diesen Umstand die Summe der Einkünfte gem. § 2 Abs. 3 EStG oder aber auch das zu versteuernde Einkommen gem. § 2 Abs. 5 EStG erhöht. Diese Folge des erhöhten „Einkommens" kann aber auch als weitere Folge sonstige Vermögensnachteile schaffen. Durch die Erhöhung des Einkommens kann zudem der Anspruch auf bestimmte öffentliche Leistungen verloren gehen, welche einkommensabhängig gewährt werden, da gerade im sozialrechtlichen Bereich immer die Einkommenssituation eine wichtige Rolle spielt. Dies können beispielsweise Arbeitnehmersparzulagen für vermögenswirksame Leistungen nach § 12 VermBG, Sparprämien, Wohnungsbauprämie, Waisen-, Eltern- und Ausgleichsrenten sein. Das Risiko ist im Vorfeld kaum absehbar, da der Unterhaltsverpflichtete auch alle außerhalb des Einkommensteuerrechts liegenden Nachteile dem Unterhaltsberechtigten ausgleichen muss.

18 Trotz des im Vorfeld nur schwer eingrenzbaren Risikos kann der Unterhaltsberechtigte eine Sicherheitsleistung vor Erteilung seiner Zustimmung nur dann einfordern, wenn er darlegen kann, dass der Unterhaltsverpflichtete seiner Verpflichtung zum Ausgleich der **finanziellen Nachteile** nicht oder nicht rechtzeitig nachkommen wird.[5] Die Zustimmung zum Realsplitting kann durch den Unterhaltsberechtigten verweigert werden, wenn er darlegen kann, dass der Unterhaltsverpflichtete die **Steuerbelastung** des Unterhaltsberechtigten nicht vorbehaltlos übernehmen, sondern durch Aufrechnung mit einer Gegenforderung erstatten will.[6]

19 Grundsätzlich ist jedoch festzuhalten, dass der Unterhaltsverpflichtete Anspruch auf die **Zustimmung zum Realsplitting** durch den Unterhaltsberechtigten hat, wenn nicht einmal sicher ist, ob vor oder nach Durchführung des Realsplittings überhaupt ein Unterhaltsanspruch besteht.[7] Seinen Anspruch auf Erstattung seiner **steuerlichen oder sonstigen wirtschaftlichen Nachteile** hat der Unterhaltsberechtigte auch ohne vorherige Erklärung einer Freistellungs- und Erstattungsverpflichtung des Unterhaltsverpflichteten.[8] Dem Unterhaltsberechtigten steht es aber zu, die Zustimmung zum Realsplitting abhängig zu machen von einer solchen **Erstattungs- oder Freistellungsverpflichtung** hinsichtlich der entstehenden steuerlichen Belastungen.[9] Entstehen für den Unterhaltsberechtigten wegen des Realsplittings für die sonstigen Einkünfte nach § 22 Nr. 1a EStG Einkommensteuervorauszahlungen, hat der Unterhaltsverpflichtete die Pflicht, die Vorauszahlungen bei Fälligkeit zu erstatten.[10] Zudem ist der Unterhaltsverpflichtete gehalten, dem Unterhaltsberechtigten Mitteilung zu machen, falls er für spätere Steuerjahre das Realsplitting nicht mehr in Anspruch nehmen will.

20 Zu beachten ist jedoch, dass sonstige Einkünfte des Unterhaltsempfängers im Sinne von § 22 Nr. 1a EStG solche sind, die beim Geber als Sonderausgaben gem. § 10 Abs. 1 Nr. 1 EStG „abgezogen werden können". Daraus folgt, dass solche Einkünfte beim Empfänger nur dann als steuerpflichtig zu behandeln sind, wenn sich der mögliche Abzug beim Unterhaltsgeber auch tatsächlich steuermindernd auswirkt. Anderenfalls unterbleibt deren Ansatz als steuerpflichtig.[11]

21 Festzuhalten ist, dass der Unterhaltsberechtigte keinen Anspruch auf **unmittelbare Teilhabe** an dem Steuervorteil des Unterhaltsverpflichteten, also keinen Anspruch auf Auszahlung eines Anteils an der Steuerersparnis hat. Die Zustimmung zum Realsplitting kann auch nicht von einer solchen unmittelbaren Beteiligung abhängig gemacht werden.[12]

II. Unterhalt als außergewöhnliche Belastung

22 Alternativ zum Sonderausgabenabzug nach § 10 Abs. 1 Nr. 1 EStG können Unterhaltsleistungen als außergewöhnliche Belastungen nach § 33a Abs. 1 EStG in Abzug gebracht werden.

23 Einen Abzug als **außergewöhnliche Belastung** nach § 33a Abs. 1 EStG sieht das Steuerrecht für Unterhaltsleistungen an den unbeschränkt steuerpflichtigen, geschiedenen oder dauernd getrennt lebenden Ehegatten nur unter bestimmten Voraussetzungen vor. Dabei ist zu beachten, dass ein Abzug der

---

[5] BGH v. 23.03.1983 - IVb ZR 369/81 - NJW 1983, 1545.
[6] BGH v. 29.01.1997 - XII ZR 221/95 - NJW 1997, 1441, 1443.
[7] OLG Düsseldorf v. 29.05.1987 - 3 UF 12/87 - FamRZ 1987, 1049 ff., 1050.
[8] BGH v. 09.10.1985 - IVb ZR 39/84 - FamRZ 1985, 1232, 1233.
[9] BGH v. 13.04.1988 - IVb ZR 46/87 - FamRZ 1988, 820, 821.
[10] OLG Bamberg v. 26.02.1987 - 2 UF 360/86 - FamRZ 1987, 1047, 1048.
[11] FG Köln v. 07.11.2007 - 14 K 4225/06 - BFH-PR 2008, 131-132.
[12] BGH v. 26.09.1984 - IVb ZR 30/83 - NJW 1985, 195.

Unterhaltsleistungen ganz oder teilweise als Sonderausgabe einen Abzug als außergewöhnliche Belastung ausschließt, auch dann, wenn die Unterhaltsleistungen über den als Sonderausgabe zu berücksichtigenden Teil hinausgehen (H 190 EStR); umgekehrt gilt auch das **Abzugsverbot** für die Sonderausgabe, wenn ein Abzug als außergewöhnliche Belastung erfolgt.

1. Voraussetzungen

Für den Abzug als außergewöhnliche Belastung gem. § 33a Abs. 1 EStG ist formell ein Antrag des Steuerpflichtigen erforderlich, § 33a Abs. 1 Satz 1 EStG. Eine Berücksichtigung von Amts wegen erfolgt nicht. Durch die Geltendmachung der außergewöhnlichen Belastungen in der Steuererklärung ist dem **Antragserfordernis** genüge getan, da keine weiteren formellen Voraussetzungen an die Form erwartet werden. 24

2. Unterhaltsaufwand

Ein Abzug als außergewöhnliche Belastung gem. § 33a Abs. 1 EStG kommt nur für **typische Unterhaltsleistungen in Betracht. Hierunter fällt all** dasjenige, was ein Mensch zum Leben benötigt. Als typische Unterhaltsleistungen gelten Aufwendungen zur Bestreitung des Lebensunterhalts, wie z.B. Ernährung, Kleidung und Wohnung.[13] Darüber hinaus gehören hierzu auch Kosmetikartikel, Tabakwaren und qualitativ hochwertige Lebensmittel, welche die Möglichkeit einer gehobenen Lebensführung geben. Der Unterhaltsbegriff des § 33a Abs. 1 EStG soll dem des BSHG entsprechen. 25

Bei **Heimunterbringung** der unterhaltenen Person **lediglich aus Altersgründen** werden die gesamten Kosten von Verwaltung und Rspr. bisher stets als typische Unterhaltsaufwendungen i.S.v. § 33a Abs. 1 EStG angesehen.[14] **Weitere Beispiele typischer Unterhaltsaufwendungen** i.S.v. § 33a Abs. 1 EStG sind Krankenversicherungsbeiträge, deren Zahlung für die geschiedene Ehefrau der Steuerpflichtige übernommen hat; Aufwendungen für die Rückzahlung von Sozialhilfeleistungen sowie von Zins- und Tilgungsleistungen auf ein Wohnungsbaudarlehen für die getrennt lebende Ehefrau. 26

Der Unterhaltsbegriff des § 33a Abs. 1 EStG unterscheidet sich damit von dem Unterhaltsbegriff nach § 1610 Abs. 2 BGB, er schließt sonstige Unterhaltsleistungen aus und ist somit enger gefasst. 27

Sonstige Unterhaltsleistungen bzw. atypische Unterhaltsleistungen können ggf. neben den typischen Aufwendungen (zusätzl.) nach § 33 EStG als außergewöhnliche Belastungen berücksichtigt werden. Untypische Unterhaltsleistungen, wie z.B. die Übernahme von Krankheits- oder Pflegekosten, sind nach § 33 EStG zu berücksichtigen, wenn der Unterhaltsberechtigte nicht in der Lage ist, diese Aufwendungen selbst zu tragen.[15] Aufwendungen für die krankheitsbedingte Unterbringung von Angehörigen in einem Altenpflegeheim fallen deshalb unter § 33 EStG, während beispielsweise Aufwendungen für deren altersbedingte Heimunterbringung nur nach § 33a Abs. 1 EStG berücksichtigt werden können.[16] 28

Gem. § 33a Abs. 4 EStG hat der Steuerpflichtige insoweit kein Wahlrecht zwischen dem Abzug nach § 33 EStG und dem nach § 33a EStG.[17] 29

Für einen Abzug nach § 33a Abs. 1 EStG genügt es nicht, dass eine gesetzliche Unterhaltsverpflichtung dem Grunde nach besteht. Zusätzlich erforderlich ist eine **konkrete Bedürftigkeit** der unterhaltenen Person.[18] 30

Außerdem muss der Steuerpflichtige leistungsfähig sein und es dürfen keine vorrangigen Unterhaltsverpflichtungen Dritter vorliegen. 31

Voraussetzung für den Abzug von Aufwendungen als außergewöhnliche Belastung ist nach § 33a Abs. 1 Satz 4 EStG, dass die unterhaltene Person kein oder nur ein geringes Vermögen besitzt (ein angemessenes Hausgrundstück im Sinne von § 90 Abs. 2 Nr. 8 des zwölften Sozialgesetzbuchs bleibt jedoch unberücksichtigt). Diese Voraussetzung, die nach den bis VZ 95 geltenden Gesetzesfassungen in systematischer Hinsicht als Konkretisierung des Begriffs der Zwangsläufigkeit in § 33 Abs. 2 EStG zu verstehen war, auf den § 33a Abs. 1 Satz 1 EStG verwies, kommt seither eigenständige Bedeutung zu. 32

---

[13] BFH v. 25.03.1966 - VI 320/65 - BStBl III 1966, 534.
[14] BFH v. 29.09 1989 - III R 129/86 - BStBl 90 II 1989, 418.
[15] BFH v. 19.06.2008 - III R 57/05 - BFHE 222, 338 = BStBl II 2009, 365.
[16] BFH v. 24.02.2000 - III R 80/97 - BFHE 191, 280 = BStBl II 2000, 294.
[17] BFH v. 26.03.2009 - VI R 60/08 - BFH/NV 2009, 1418.
[18] BFH v. 05.05.2010 - VI R 29/09 - BStBl II 2011, 116.

33 Die **FinVerw** sieht weiterhin als gering i.d.R. ein Vermögen bis zu einem gemeinen Wert (Verkehrswert) von 30.000 DM, ab VZ 02 15.500 €, an. Der **BFH** ließ die Frage, ob der Höchstbetrag von 30.000 DM noch realitätsgerecht ist, offen, ließ jedoch auch die „Neigung" erkennen, die Grenze als noch rechtens anzusehen.[19] Neben der 30.000 DM- bzw. 15.500 €-Grenze sind auch die übrigen Beurteilungskriterien in Abschn. 190 Abs. 4 EStR unverändert beibehalten worden. Als nicht gering kann auch ein ertragloses Vermögen zu beurteilen sein, und zwar unabhängig davon, ob die unterhaltene Person es für ihren künftigen Unterhalt benötigt.[20]

34 Die Frage ist, ob der Unterhaltsempfänger über kein oder nur geringes Vermögen i.S.d. § 33a Abs. 3 Satz 1 EStG verfügt.[21]

35 Vom **Gesamtbetrag der Einkünfte** abzuziehen sind die tatsächlichen Aufwendungen bis zu bestimmten Höchstbeträgen, und zwar grds. soweit sie nachgewiesen oder glaubhaft gemacht werden. Für jede unterhaltene Person gilt ein Höchstbetrag.

36 Die Höchstbeträge waren oder sind wie folgt bemessen:

einheitlich		
für VZ vor 75		1.200 DM
für VZ 75 bis 78		3.000 DM
für VZ 79 bis 85		3.600 DM
abgestuft		
für VZ 86 und 87	für unterhaltene Personen unter 18 Jahren	2.484 DM
	für unterhaltene Personen über 18 Jahren	4.500 DM
für VZ 88 und 89 (§ 33a Abs. 1 i.d.F. d. § 53 i.d.F. des StRefG 90 – vgl. § 53 Rn. 3)	für unterhaltene Personen unter 18 Jahren sowie für Personen, für die der Stpfl. die Voraussetzungen für einen Ausbildungsfreibetrag erfüllt	2.484 DM
	unverändert für unterhaltene Personen über 18 J.	4.500 DM
für VZ ab 90	für unterhaltene Personen unter 18 Jahren sowie für Personen, für die der Stpfl. die Voraussetzungen für einen Ausbildungsfreibetrag erfüllt	3.024 DM
	für andere Personen	5.400 DM
für VZ ab 92	für unterhaltene Personen unter 18 Jahren sowie für Personen, für die der Stpfl. die Voraussetzungen für einen Ausbildungsfreibetrag erfüllt	4.104 DM
	für andere Personen	6.300 DM
für VZ ab 94	unverändert	4.104 DM
	für die anderen Personen	7.200 DM
wieder einheitlich		
für VZ 96 bis 98		12.000 DM
für VZ 99		13.020 DM
für VZ 00		13.500 DM
für VZ 01		14.040 DM
für VZ 02 und 03		7.188 €
für VZ ab 04		7.680 €
ab VZ 2010		8.004 €
ab VZ 2013		8.130 €
ab VZ 2014		8.354 €

37 Die Einführung abgestufter Höchstbeträge mit Wirkung ab VZ 86 hing mit der Neuregelung der Berücksichtigung von Unterhaltsaufwendungen für nicht unbeschränkt steuerpflichtige Kinder zusammen. Die Aufwendungen für Auslandskinder sollten nach § 33a Abs. 1 Satz 1 EStG prinzipiell in glei-

---

[19] BFH v. 14.08.1997 - III R 68/96 - BStBl II 1998, 241.
[20] BFH v. 14.08.1997 - III R 68/96 - BStBl II 1998, 241.
[21] BFH v. 12.12.2002 - III R 41/01 - BStBl II 2003, 655, 656.

cher Höhe berücksichtigt werden können wie durch den Kinderfreibetrag, jedoch mit der Möglichkeit der Drittelung. Im Übrigen dienten die Anhebungen bis VZ 95 grds. der Anpassung an veränderte wirtschaftlichen Verhältnisse.

Die Anhebungen des Höchstbetrags nach § 33a Abs. 1 Satz 1 EStG ab VZ 96 sind im Zusammenhang mit BVerfG v. 25.09.1992 zu sehen.[22] 38

Kommt beim Steuerpflichtigen eine **Steuerermäßigung** nach § 33a Abs. 1 EStG wegen Unterhaltsaufwendungen für mehrere Personen in Betracht, so ist der abziehbare Betrag für jede unterhaltene Person getrennt zu ermitteln. Das gilt grds. auch, wenn die unterhaltenen Personen einen gemeinsamen Haushalt führen. Zur **Berechnung der abziehbaren Aufwendungen** sind die Zahlungen grds. im Verhältnis der für die unterhaltenen Personen **maßgeblichen Höchstbeträge** aufzuteilen.[23] Handelt es sich bei den unterhaltenen Personen um **in Haushaltsgemeinschaft lebende Ehegatten**, sind die zunächst für jeden Ehegatten gesondert festgestellten Einkünfte und Bezüge zusammenzurechnen und um $2 \times 624 €$ = 1.248 € (für VZ bis 01: 2×1.200 DM = 2.400 DM) zu kürzen. Der sich danach ergebende Betrag ist für VZ vor 96 von dem entsprechenden vervielfachten Höchstbetrag, z.B. bei zwei erwachsenen haushaltsangehörigen Personen 2×7.200 DM = 14.400 DM, abzuziehen.[24] Gehörten zu der Haushaltsgemeinschaft auch Kinder, für die der Steuerpflichtige Kindergeld bezog, so kam eine Steuerermäßigung nach § 33a Abs. 1 EStG für andere Personen der Haushaltsgemeinschaft nur insoweit in Betracht, als die Aufwendungen insgesamt das empfangene Kindergeld überstiegen.[25] Ab VZ 86 war – nach Einführung des **dualen Systems des Familienlastenausgleichs** – Kindergeld von den abziehbaren Aufwendungen nicht mehr gegenzurechnen. Der abziehbare Betrag ist nicht zu vermindern, wenn der Unterhaltsempfänger unentgeltlich im Haushalt des Steuerpflichtigen mithilft (R 190 Abs. 1 EStR 1993). 39

Da ab VZ 96 nur noch ein **(altersunabhängiger) Höchstbetrag** gilt, ist bei einheitlichem Unterhalt zusammenlebender unterhaltsberechtigter Personen, zu denen auch der Ehegatte und eigene Kinder zu zählen sind, der insgesamt nachgewiesene Zahlungsbetrag nach Köpfen aufzuteilen (H 190 „Unterhalt für mehrere Personen" EStH). In die Aufteilung sind nicht unterhaltsberechtigte unterhaltene Personen einzubeziehen.[26] Diese für die Berücksichtigung von Unterhaltsaufwendungen für Personen im Ausland vertretene Auffassung trifft für entsprechende Aufwendungen für Personen im Inland gleichermaßen zu. Die im letzten Satz des vorhergehenden Absatzes erwähnte Richtlinienweisung findet sich in den späteren Fassungen der EStR/EStH nicht mehr. Die Vereinfachungs- und Billigkeitsgründe, die für sie maßgebend gewesen sein dürften, liegen weiterhin vor. 40

Tragen **mehrere Steuerpflichtige zum Unterhalt** (zur Berufsausbildung) derselben Person bei, so ermäßigt sich nach § 33a Abs. 1 Satz 7 EStG für jeden Steuerpflichtigen der Höchstbetrag, ggf. der sich nach § 33a Abs. 1 Satz 6 EStG (**Ländergruppeneinteilung**) oder der sich nach Anrechnung eigener Einkünfte und Bezüge ergebende geringere Betrag, auf den Betrag, der seinem Anteil am Gesamtbetrag der Leistungen entspricht. Die Regelung stellt sicher, dass insgesamt kein höherer Abzugsbetrag zur Anwendung kommt als beim Unterhalt durch einen Steuerpflichtigen. Sie ist dementsprechend nur auf Steuerpflichtige anzuwenden, die die Voraussetzungen für eine Steuerermäßigung nach Absatz 1 erfüllen. Ist dies nicht bei allen Unterhaltsleistungen der Fall, so werden die Aufwendungen desjenigen, der die Voraussetzungen nicht erfüllt, als **„andere" Bezüge der unterhaltenen Person** behandelt.[27] Unterhaltsleistungen an nicht gesetzlich unterhaltsberechtigte Personen sind gem. § 33a Abs. 1 Satz 3 EStG nur dann entsprechend zu berücksichtigen, wenn bei der nicht (gesetzlich) unterhaltsberechtigten Person zum Unterhalt bestimmte inländische öffentliche Mittel mit Rücksicht auf die Unterhaltsleistungen des Steuerpflichtigen gekürzt werden. 41

Eine **Inanspruchnahme der Steuervergünstigung** des § 33a Abs. 1 EStG kann nur erfolgen, wenn die Voraussetzungen nachgewiesen oder glaubhaft gemacht werden. Der Nachweis über **geleistete Zahlungen** ist durch Überweisungsbelege zu erbringen, **welche auf den Na**men des unterstützten Ehegatten lauten. Wenn die Übergabe in Form von Bargeld erfolgt, sind aufgrund der oft schwer überschaubaren Verhältnisse an den Nachweis bezgl. der Glaubhaftmachung erhöhte Anforderungen zu stellen. Der Steuerpflichtige trägt für die die Steuerermäßigung begründenden Tatsachen die objektive Beweislast. 42

---

[22] BVerfG v. 25.09.1992 - 2 BvL 5/91, 2 BvL 8/91, 2 BvL 14/91 - BStBl II 93, 413.
[23] BFH v. 22.01.1993 - III R 4/92 - BStBl II 1993, 493; BFH v. 19.02.1993 - III R 42/92 - BStBl II 1993, 495, 496.
[24] BFH v. 15.11.1991 - III R 84/89 - BStBl II 1992, 245.
[25] BFH v. 11.11.1988 - III R 261/83 - BStBl II 1989, 278, 279.
[26] BMF v. 15.09.1997 - IV B 5-S 2285-40/97 - BStBl I 1997, 826, Tz. 5.
[27] BFH v. 06.06.1986 - III R 212/81 - BStBl II 1986, 805, 806.

Steuerrechtl. Hinw. zu §§ 1569 ff. BGB

43 Für jeden vollen Kalendermonat, in dem die Voraussetzungen für die Anwendung des § 33a Abs. 1 EStG nicht vorlagen, ermäßigen sich u.a. die **Höchstbeträge nach** § 33a Abs. 4 EStG für den Abzug der Unterhaltsaufwendungen sowie die anrechnungsfreien Beträge **nach § 33a Abs. 1 Satz 5 EStG um je ein** Zwölftel.

44 Bei einer intakten Ehe sind die Unterhaltsaufwendungen nicht abzugsfähig. Um einen Abzug nach § 33a Abs. 1 EStG zu ermöglichen, muss dem Steuerpflichtigen eine Belastung entstehen. Gem. § 1360 BGB sind die Ehegatten in der Zeit der intakten Ehe verpflichtet, durch Arbeit und mit ihrem Vermögen die Familie angemessen zu unterhalten.

45 Ebenso erkennt der BFH Unterhaltszahlungen an den mit dem Steuerpflichtigen in eheähnlicher Lebensgemeinschaft lebenden Partner nicht als außergewöhnliche Belastung an.

3. Unterhaltsersatz – Einräumung von Nutzungsrechten, Übertragung von Wirtschaftsgütern

46 Sowohl der Trennungs- als auch der Geschiedenenunterhalt ist durch Zahlung einer **Geldrente** zu leisten, §§ 1361 Abs. 4 Satz 1, 1585 Abs. 1 Satz 1 BGB. Da diese Vorschriften jedoch nicht zwingend sind, können vertragliche Vereinbarungen getroffen werden. Abweichende Abreden sind in der Praxis daher häufig sinnvoll.

47 Zu berücksichtigen ist bei einer solchen Vereinbarung, dass es sich nicht um **Zuwendungen gem.** § 12 Nr. 2 EStG handelt, da Zuwendungen in diesem Sinne nicht abzugsfähig sind.

48 Ergibt daher eine Überprüfung der getroffenen Vereinbarung, dass Leistung und Gegenleistung im Verhältnis zueinander stehen, so ist darin ein allgemeines Indiz zu erkennen, dass die **Abwägung nach kaufmännischen Gesichtspunkten** erfolgt ist, so dass an eine Abwägung, ob die Vereinbarung einwandfrei zustande gekommen ist, keine strengeren Anforderungen als an die rechtliche Beurteilung entsprechender Verträge unter fremden Personen zu knüpfen sind.[28]

49 Der Unterhaltsverzicht kann durch eine Eigentumsübertragung vorgenommen werden, d.h. der unterhaltspflichtige Ehegatte kommt seiner Verpflichtung durch die Übertragung eines Grundstücks nach. Insoweit entsteht dann kein steuerpflichtiges Einkommen.

50 Zudem besteht die Möglichkeit, dass der Unterhaltspflicht durch die **Übertragung eines Teilbetriebs** begegnet werden kann. Der **Teilwert** ist der Betrag, den ein Erwerber des ganzen Betriebes im Rahmen des Gesamtkaufpreises für das einzelne Wirtschaftsgut ansetzen würde unter der Voraussetzung, dass er den Betrieb fortführt (§ 6 Abs. 1 Nr. 1 Satz 3 EStG, § 10 BewG). Für den Unterhaltsverpflichteten besteht zudem die Möglichkeit, mit dem unterhaltsberechtigten Ehegatten ein **Rückpachtverhältnis** zu vereinbaren. Eine solche Vertragsgestaltung kann gewählt werden, wenn der Unterhaltsverpflichtete zwar über Vermögen, nicht aber über Einnahmen verfügt, um seine Unterhaltsverpflichtungen und die sonstigen Lasten aus seiner Scheidung zu finanzieren. Dies ist gerade in diesem Fall anzuraten, da der Unterhaltsverpflichtete zur **Wiederherstellung seiner Liquidität** dann ein Rückpachtverhältnis vereinbaren kann.

III. Sonderausgaben

51 Für die **Sonderausgaben** ist in § 10 EStG eine abschließende Aufzählung kodifiziert. Eine solche Regelung fehlt für das Unterhaltsrecht. Daher entscheidet die Rechtsprechung im Einzelfall, ob eine Ausgabe, welche nach § 10 EStG begrenzt abzugsfähig ist, auch das unterhaltsrechtlich relevante Einkommen mindert.

52 Nach § 10 Abs. 1 Nr. 1a EStG a.F. waren **Renten und dauernde Lasten** beschränkt, die nicht mit Einkünften in wirtschaftlichem Zusammenhang stehen und bei der Veranlagung außer Betracht bleiben, abzugsfähige Sonderausgaben.

53 Zu berücksichtigen war für die Abzugsfähigkeit im Steuerrecht, dass sowohl die Rente als auch die dauernde Last begriffsnotwendigerweise wiederkehrender Natur sein mussten, auf einem besonderen, nicht freiwilligen Verpflichtungsgrund beruhen mussten und von einer gewissen Mindestdauer, nach h.M. in der Regel 10 Jahre, sein mussten. Eine einmalige **Abfindung**, durch die die dauernde Last abgelöst wurde, konnte nicht als Sonderausgabe abgezogen werden.

54 Unterhaltsrechtlich gesehen erhöht der Bezug der Rente oder sonstigen wiederkehrenden Leistungen die Leistungsfähigkeit. Die Rechtsprechung vertritt deshalb die Ansicht, dass die **Grundrente** bei der Ermittlung der Leistungsfähigkeit des Rentenempfängers zur Feststellung seines Einkommens grundsätzlich mit heranzuziehen ist.[29]

---

[28] BFH v. 24.10.1978 - VIII R 172/75 - BFHE 126, 282, 284.
[29] BGH v. 20.01.1982 - IVb ZR 647/80 - FamRZ 1982, 252 ff.

Die Leistungsfähigkeit gegenüber dem Unterhaltsberechtigten wird nur dann vermindert, wenn die Rentenzahlungen und dauernden Lasten zur Erzielung von Einkünften erforderlich und angemessen sind. 55

Mit Wirkung zum 01.01.2008 wurde § 10 Abs. 1 Nr. 1a EStG geändert. 56

Solche Versorgungsleistungen können beim Verpflichteten in vollem Umfang als Sonderausgabe abgezogen werden und müssen vom Empfänger in voller Höhe versteuert werden. 57

Die neue Regelung findet auf Versorgungsleistungen Anwendung, denen eine Vereinbarung zu Grunde liegt die **nach dem 31.12.2007** getroffen wurde. Über den Wortlaut „vereinbarten" hinaus werden Vermögensübertragungen, die durch Verfügungen von Todes wegen angeordnet werden, ebenfalls erfasst. Maßgeblich ist der Zeitpunkt, zu dem der Verpflichtungsgrund entstanden ist. Bei Verfügungen von Todes wegen ist dies der Zeitpunkt des Todesfalles, bei vertraglichen Vereinbarungen ist es der Zeitpunkt des Vertragsschlusses. 58

Damit verbleibt es für **vor dem 01.01.2008** wirksam gewordene Übertragungsverpflichtungen bei den bisherigen Rechtsgrundsätzen für Renten und dauernde Lasten nach Absatz 1 Nr. 1a a.F. Damit können Steuerpflichtige, die bereits vor dem 01.01.2008 zur Zahlung einer Rente oder dauernden Last verpflichtet waren, weil ihnen ein Wirtschaftsgut übertragen worden war, das nach neuem Recht nicht mehr begünstigt wäre, den bisherigen Sonderausgaben-Abzug auch künftig weiter geltend machen. Bei Altverträgen, bei denen das übertragene Vermögen nur deshalb einen ausreichenden Ertrag bringt, weil ersparte Aufwendungen wie z.B. Zinsen (mit Ausnahme des Nutzungsvorteils, z.B. ersparte Nettomiete eines zu eigenen Zwecken genutzten Grundstücks) zu den Erträgen gezählt werden, ist aber neues Recht anwendbar. 59

Bei der Beurteilung der Leistungsfähigkeit des Unterhaltsverpflichteten im Familienrecht kommt der Abzugsfähigkeit von **Vorsorgeaufwendungen** eine große Rolle zu. Danach ist steuerrechtlich der Abzug möglich von Beiträgen zu Kranken-, Pflege-, Unfall- und Haftpflichtversicherungen, zu den gesetzlichen Rentenversicherungen und an die Bundesanstalt für Arbeit, Beiträgen zu Versicherungen auf den Erlebens- oder Todesfall, die nur eine Leistung für den Todesfall vorsehen, Rentenversicherungen ohne Kapitalwahlrecht, Rentenversicherungen ohne Kapitalwahlrecht, Rentenversicherungen mit Kapitalwahlrecht gegen laufende Beitragsleistungen, wenn das Kapitalwahlrecht nicht vor Ablauf von 12 Jahren seit Vertragsabschluss ausgeübt werden kann, und Kapitalversicherungen gegen laufende Beitragsleistung mit Sparanteil, wenn der Vertrag für die Dauer von mindestens zwölf Jahren abgeschlossen ist. 60

Im Einzelnen sind folgende Versicherungen steuerrechtlich abzugsfähig und mindern die Leistungsfähigkeit des Unterhaltsverpflichteten. 61

Die **Ausbildungsversicherungen** sind, wenn sie als Lebens- oder Todesfallversicherung bis zum 31.12.2004 abgeschlossen wurde und mindestens ein Beitrag bis zum 31.12.2004 entrichtet wurde, steuerrechtlich abzugsfähig, mindern aber nicht die Leistungsfähigkeit des unterhaltsverpflichteten Ehegatten, da bei der Berechnung des Ehegattenunterhalts bereits in den jeweiligen Tabellenunterhalten die Höhe des jeweiligen entsprechenden Ausbildungsbedarfs für die Kinder berücksichtigt wird. 62

Ebenso sind **Hausratversicherung, Gebäudehaftpflichtversicherung/private Haftpflichtversicherung und Rechtsschutzversicherung** nach Auffassung der Gerichte Kosten des allgemeinen Lebensbedarfs und bereits durch die Regelquote 3/7 zu 4/7 abgedeckt.[30] Die Rechtsschutzversicherungen sind nicht abziehbar, da durch Beratungshilfe und Prozesskostenhilfe bereits eine ausreichende soziale Absicherung gewährleistet wird. 63

Für die **Unfallversicherungen** wird in der Regel eine Abzugsfähigkeit durch die Familiengerichte abgelehnt, wenn eine freiwillige Mitgliedschaft in einer gesetzlichen Unfallversicherung gegeben ist, da der abhängig beschäftigte Arbeitnehmer bereits durch die gesetzliche Rentenversicherung ausreichend abgesichert ist. Für private Unfallversicherungen muss hingegen gelten, dass diese in Verbindung mit Lebensversicherungen angemessen zu berücksichtigen sind, wenn keine übermäßige Vermögensbildung zu Lasten des Unterhaltsberechtigten betrieben wird, sondern eher als angemessene Daseinsvorsorge. 64

Bei den **Krankenversicherungen** werden die gesetzlichen Ausgaben unterhaltsrechtlich leistungsmindernd berücksichtigt, ebenso die Beiträge für eine private Versicherung für die Personen, bei denen eine gesetzliche Versicherungspflicht nicht besteht, oder aber bei Selbständigen. 65

---

[30] OLG Köln v. 14.11.1978 - 21 UF 60/78 - FamRZ 1979, 133, 135.

66 Der **Unterhalt an die Kinder** kann bei dem Ehegattenunterhalt vorweg abgezogen werden. Die Rangfolge des Unterhaltsberechtigten ergibt sich unmittelbar aus § 1609 Abs. 2 BGB. Dieser Anspruch gilt aber nur für ein gemeinschaftliches Kind des Verpflichteten oder ein nicht gemeinschaftliches Kind des Verpflichteten, welches während der Dauer der Ehe Unterhalt erhalten hat.

67 Die **Ausbildungs-/Fortbildungskosten** sind nach § 10 Abs. 1 Nr. 7 EStG begrenzt abzugsfähig als Sonderausgabe. Unterhaltsrechtlich hingegen sind die Ausbildungskosten in der Regel nicht leistungsfähigkeitsmindernd zu berücksichtigen. Wenn eine abgeschlossene **Berufsausbildung** vorliegt oder ein Beruf ausgeübt wird, ist es nicht zulässig, zulasten des Unterhaltsberechtigten weitere Ausbildungskosten mindernd zu berücksichtigen.

IV. Tilgung privater Schulden

68 Nach § 10 Abs. 1 Nr. 5 EStG sind **Zinsen nach den** §§ 233a, 234 und 237 AO abzugsfähige Sonderausgaben. Dies bedeutet aber nicht, dass Zinsen für Darlehen zur Finanzierung von Steuerzahlungen Sonderausgaben sind.

69 Unter welchen Voraussetzungen Schulden und damit die zur Tilgung aufgewandten **Zins- und Tilgungsraten** das anrechenbare Einkommen mindern, ist durch die Rechtsprechung hinreichend geklärt. Grundsätzlich geht der BGH davon aus, dass Schulden das anrechenbare Einkommen mindern, wenn die Verbindlichkeiten bei noch intakter Ehe begründet worden sind oder die Begründung als Folge der Trennung unumgänglich war. Darüber hinaus soll jedoch die Schuldentilgung nur dann unterhaltsrechtlich anzuerkennen sein, wenn dies unter Berücksichtigung von Treu und Glauben billigem Ermessen im Einzelfall entspricht.[31]

70 Betrieblich veranlasste Tilgungs- und Zinsaufwendungen sind unterhaltsrechtlich jedoch nicht berücksichtigungsfähig, da bereits durch die jährlichen Abschreibungsbeträge in Bezug auf die Anschaffungs- und Herstellungskosten eine Berücksichtigung stattfindet.

V. Steuerliche Behandlung der Arbeitnehmereinkünfte

71 Zur Berechnung des Einkommens des Unterhaltsverpflichteten gehören alle Leistungen, die im Hinblick auf sein **Arbeits- bzw. Dienstverhältnis** gewährt werden, ohne Rücksicht auf die Art der Einkünfte bzw. den Anlass der Zahlung.

72 Für die Familiengerichte ist jedoch nicht der Begriff der Werbungskosten aus dem Steuerrecht entscheidend, sondern die unterhaltsrechtliche Leistungsfähigkeit, die durch den Abzug notwendiger Aufwendungen gemindert werden kann. Der Abzug erfolgt zum Teil pauschal oder ein bestimmter Prozentsatz wird angerechnet. Der BGH fordert im Regelfall die konkrete Berechnung, beanstandet aber auch nicht den pauschalen Abzug.[32]

73 Gem. § 9 Abs. 1 EStG sind Werbungskosten Aufwendungen zur Erwerbung, Sicherung und Erhaltung der Einnahmen. Eine Abgrenzung ist gegenüber den Kosten der privaten Lebensführung gem. § 12 Nr. 1 EStG vorzunehmen, da diese Kosten steuerlich nicht abzugsfähig sind. Dabei ist zu berücksichtigen, dass bei überwiegend privaten Aufwendungen, bei denen der berufliche Anteil nur von untergeordneter Bedeutung ist steuerlich keine Berücksichtigung findet.

74 Im Nachfolgenden wird kurz zu den wichtigsten berufsbedingten Werbungskosten Stellung genommen.

75 Die Aufwendungen für **Arbeitsmittel** sind Werbungskosten, es sei denn, es handelt sich um Kosten, die typischerweise den Kosten der privaten Lebensführung gem. § 12 Nr. 1 EStG zuzuordnen sind. Haben die einzelnen Wirtschaftsgüter eine **mehrjährige Nutzungsdauer**, ist nur der jährliche Abschreibungsbetrag als Werbungskosten abzugsfähig.[33] Bei Nachweis des Unterhaltsverpflichteten, dass ein berufsbedingter Bezug vorliegt, ist ein unterhaltsrechtlicher Abzug möglich.

76 Ein Arbeitszimmer ist nur dann steuerlich absetzbar, wenn es beruflich zwingend und unverzichtbar erforderlich ist, damit die Tätigkeit überhaupt anerkannt wird. Die betragsmäßige Begrenzung zur steuerlichen Abzugsfähigkeit liegt bei 1.250 €. Die Aufwendungen für ein häusliches Arbeitszimmer können unterhaltsrechtlich ausnahmsweise anerkannt werden, in der Regel jedoch nicht.

77 Die Beiträge zu berufsständischen Organisationen oder sonstigen Berufsverbänden sind sowohl steuerrechtlich als auch unterhaltsrechtlich abziehbare Aufwendungen.

---

[31] BGH v. 25.10.1995 - XII ZR 247/94 - FamRZ 1996, 160; OLG Hamm v. 19.11.1997 - 8 UF 196/97 - FamRZ 1998, 1251, 1253.
[32] BGH v. 16.01.1980 - IV ZR 115/78 - FamRZ 1980, 342, 344.
[33] BFH v. 28.10.1977 - VI R 194/74 - BFHE 123, 558.

Bei einer **doppelten Haushaltsführung** ist der Arbeitnehmer außerhalb des Ortes beschäftigt, an dem er einen eigenen Hausstand unterhält, sofern er am Beschäftigungsort wohnt und nicht täglich an den Ort des eigenen Hausstandes zurückkehrt. Folgende Kosten sind bei der doppelten Haushaltsführung steuerlich abziehbar: 78
- die Anfahrts- und Rückfahrtskosten sowie Fahrtkosten für jeweils eine Familienheimfahrt wöchentlich in den Grenzen der § 9 Abs. 1 Satz 3 Nr. 5 EStG,
- die **Mehraufwendungen für Verpflegung** pauschal im Rahmen der gesetzlichen Höchstbeträge oder anhand der höheren nachgewiesenen Aufwendungen,
- ebenso die Kosten der Unterkunft in nachgewiesener Höhe.

Die Kosten einer doppelten Haushaltsführung werden in Extremfällen unterhaltsrechtlich anerkannt.

Die **Fahrtkosten zwischen Wohnung und Arbeitsstätte** sind gem. § 9 Abs. 1 Nr. 4 EStG als Werbungskosten steuerlich absetzbar. Die jeweiligen Pauschsätze ergeben sich gem. § 9 Abs. 1 Nr. 4 EStG. Mit diesem Pauschbetrag sind alle Aufwendungen für **Kraftstoff, Reparatur, AfA, Parkgebühren** etc. abgegolten. Die damit im Zusammenhang stehenden Versicherungen für das Kfz können im Rahmen der Sonderausgaben geltend gemacht werden. Im Unterhaltsrecht können die notwendigen Fahrtkosten zur Arbeitsstätte oder für berufsbedingte Reisen voll abzugsfähig sein. Dabei hat der Unterhaltspflichtige den Nachweis zu führen, dass der Gebrauch des Fahrzeugs erforderlich ist. 79

Rechtsverfolgungskosten zur Sicherung des Arbeitsplatzes, insbesondere im Kündigungsschutzverfahren, sind sowohl unterhaltsrechtlich als steuerrechtlich abziehbar. Grenze ist der Rechtsmissbrauch. 80

Repräsentationsaufwendungen sind regelmäßig Kosten der privaten Lebensführung bei abhängig beschäftigten Arbeitnehmern. Unterhaltsrechtlich wird von der Rechtsprechung eine Abzugsfähigkeit ebenfalls abgelehnt. 81

Die **Kosten für einen Umzug** sind dann abzugsfähig, wenn nachgewiesen ist, dass der Umzug aus nahezu ausschließlich beruflich veranlassten Gründen erfolgte.[34] Dann besteht die Möglichkeit, die tatsächlichen Umzugskosten ohne weitere Prüfung bis zur Höhe der Beträge abzuziehen, die nach dem **Bundesumzugskostengesetz** als **Umzugskostenvergütung** gezahlt werden. Unterhaltsrechtlich können Umzugskosten bei dem Unterhaltsverpflichteten bis zur Hälfte der getätigten Aufwendungen berücksichtigt werden.[35] 82

VI. Geringfügige Beschäftigung

1. Einkünfte aus geringfügiger Beschäftigung – „Mini Jobs"

Nach der seit dem 01.01.2013 geltenden Rechtslage liegt eine **geringfügige Beschäftigung** vor, wenn das Arbeitsentgelt regelmäßig 450 € nicht übersteigt oder die Tätigkeit von vornherein auf einen Zeitraum von zwei Monaten bzw. 50 Kalendertagen begrenzt ist (§ 8 Abs. 1 SGB IV). Mehrere Beschäftigungsverhältnisse werden zusammengerechnet. Überschreitet das Arbeitsentgelt die Grenze der geringfügigen Beschäftigung, liegt gleichwohl noch eine geringfügige Beschäftigung vor, wenn im Jahresdurchschnitt die Geringfügigkeitsgrenze nicht erreicht wird. 83

Mit der Aufhebung von § 3 Nr. 39 EStG sind die Einnahmen steuerpflichtig. Durch die Zahlung des Arbeitgeberanteils von 25% (reduziert bei Beschäftigung im Privathaushalt, § 8a SGB IV, § 249b Satz 2 SGB V; § 172 Abs. 3a SGB VI) an die zentrale Einzugsstelle werden jedoch die Beiträge zur Krankenversicherung (11%), Rentenversicherung (12%) sowie die Einkommensteuer (2%, § 40a Abs. 2 EStG) pauschal abgegolten. Neben dem Hauptberuf kann eine weitere geringfügige Beschäftigung sozialversicherungsfrei ausgeübt werden. 84

2. Einkünfte in der Gleitzone – „Midi Jobs"

Um die reguläre Teilzeitarbeit im Niedriglohnbereich zu fördern, ist für Arbeitsentgelte zwischen 450,01 € und 850 € gleichzeitig die sog. **Gleitzone („Midi Jobs")** gemäß § 20 Abs. 2 SGB IV eingeführt worden. Für die Berechnung des Entgelts gelten die gleichen Grundsätze wie bei geringfügig entlohnten Arbeitsverhältnissen. Von regulären Arbeitsverhältnissen unterscheiden sie sich dadurch, dass für den Arbeitnehmer die Beiträge zur Sozialversicherung aufgrund einer veränderten Beitragsbemessungsgrundlage (§ 344 Abs. 4 SGB III, § 26 Abs. 4 SGB V, § 163 Abs. 10 SGB VI) abgesenkt werden, während auf den Arbeitgeber derselbe Anteil wie bei einem normalen Arbeitsverhältnis entfällt. Damit erhöht sich für den Arbeitnehmer das Nettoeinkommen. Trotz der geringen Sozialabgaben wird in der 85

---

[34] BFH v. 22.11.1991 - VI R 77/89 - BFHE 166, 534, 536.
[35] BFH v. 30.03.1982 - VI R 162/78 - BStBl II 1982, 595.

Steuerrechtl. Hinw. zu §§ 1569 ff. BGB   jurisPK-BGB / Brockschnieder

Krankenversicherung voller Versicherungsschutz erreicht. Für die Rentenversicherung werden hingegen nur die nach dem tatsächlichen Beitrag errechneten Entgeltpunkte angerechnet (§ 70 SGB VI). Allerdings kann auch in diesen Fällen auf die Sonderregelung verzichtet werden (§ 163 Abs. 10 Sätze 5 und 6 SGB VI).

86 Die Gleitzonenregelung hat unterhaltsrechtlich Auswirkungen auf die Höhe des Vorsorgebedarfs. Mit einem nur geringfügig über 450 € liegenden Arbeitsentgelt verbindet sich voller Krankenversicherungsschutz.

Kostenrechtliche Hinweise zu § 1569 BGB Grundsatz der Eigenverantwortung

(Fassung vom 21.12.2007, gültig ab 01.01.2008)

[1]Nach der Scheidung obliegt es jedem Ehegatten, selbst für seinen Unterhalt zu sorgen. [2]Ist er dazu außerstande, hat er gegen den anderen Ehegatten einen Anspruch auf Unterhalt nur nach den folgenden Vorschriften.

Gliederung

A. Grundlagen 1	IV. Einstweilige Anordnungen 51
B. Besonderheiten 3	1. Gegenstandswert für einstweilige Anordnungen zum Unterhalt 51
I. Angelegenheit 3	2. Besondere Angelegenheit 56
1. Abgrenzung Ehegatten- und Trennungsunterhalt 3	3. Hauptsache und einstweilige Anordnung gleichzeitig erledigt 59
2. Beratungshilfegebühren Nr. 2501 und Nr. 2503 VV RVG 6	C. Arbeitshilfen 63
II. Gegenstandswert 12	I. Beispiele/Muster 63
1. Altes Recht bis 01.09.2009 12	1. Beispielsfall: Antragserweiterung bei Unterhalt 63
2. Neues Recht ab 01.09.2009 14	2. Beispielsfall: Unterhaltsabänderungsantrag und Widerantrag 64
3. Allgemein 15	
a. Zeitpunkt der Wertberechnung 15	3. Beispielsfall: Gegenstandswert bei Kapitalabfindung 65
b. Laufende Beträge 16	
c. Berechnungsbeginn bei Verfahrenskostenhilfe 20	4. Beispielsfall: Verschiedene einstweilige Anordnungen in Unterhaltssachen 66
d. Rückstände 23	a. Vorbemerkung 68
4. Unterhalt für weniger als ein Jahr 25	b. Abrechnung Verfahrenskostenvorschuss ... 69
5. Antragserweiterung 26	c. Abrechnung einstweilige Anordnung Trennungsunterhalt 70
6. Unterhaltsabänderungswiderantrag 28	
7. Kapitalabfindung statt laufender Beträge 29	d. Abrechnung einstweilige Anordnung elterliche Sorge 71
8. Vertragliche Unterhaltsansprüche 31	
9. Unterhaltsverzicht 33	II. Berechnungsprogramme 72
10. Titulierungsinteresse 35	1. Prozesskostenrechner 72
11. Stufenantrag in Unterhaltssachen 37	2. RVG-Rechner: 1. Instanz mit Anrechnung der Geschäftsgebühr 73
a. Auskunftsanspruch 37	
b. Eidesstattliche Versicherung 42	3. RVG-Rechner: Scheidungsfolgenvereinbarung/Einigung auch über nichtanhängige Gegenstände 74
c. Mehrere Auskunftsansprüche 43	
12. Isolierte Geltendmachung trotz Verbund 44	
III. Gebühren 46	

A. Grundlagen

Das Unterhaltsverfahren ist eine Familienstreitsache nach den §§ 111, 113 FamGKG. Demnach gelten in kostenrechtlicher Hinsicht keine Unterschiede bei der Geltendmachung im Verbund oder als isoliertes Verfahren. Es gelten die Vorschriften des FamFG und die des FamGKG. Wobei die einzelnen Gegenstände im Verbund natürlich zu addieren sind.

1

Zu unterscheiden ist zwischen dem so genannten Ehegattenunterhalt und dem Trennungsunterhalt (vgl. die Kostenrechtl. Hinw. zu § 1361 BGB). Gegenstand dieser Ausführungen ist nur der Ehegattenunterhalt. Nur dieser kann Gegenstand des Verbunds sein. Der Trennungsunterhalt betrifft nur die Zeit bis zur Scheidung der Ehe und kann somit nicht Gegenstand des Verbunds sein.

2

B. Besonderheiten

I. Angelegenheit

1. Abgrenzung Ehegatten- und Trennungsunterhalt

Bei den Unterhaltsansprüchen des Ehegatten ist streng zu unterscheiden zwischen den Getrenntlebensunterhaltsansprüchen nach § 1361 BGB („**Trennungsunterhalt**") und dem hier behandelten nachehelichen Unterhalt nach § 1569 BGB („**Ehegattenunterhalt**").

3

Kostenrechtl. Hinw. zu § 1569

4 Tritt das Verfahren „**Getrenntlebensunterhalt**" **parallel** zu dem Verfahren „nachehelicher Unterhalt" auf, so handelt es sich hierbei um unterschiedliche Gegenstände. Der nacheheliche Unterhalt wird in der Regel Gegenstand des Verbunds sein. Der Getrenntlebensunterhalt kann nicht Gegenstand des Verbunds sein und bildet damit neben dem Verbund stets eine **eigene Angelegenheit**.

5 Werden Ehegattenunterhalt und Trennungsunterhalt ausnahmsweise in einem Verfahren gemeinsam geltend gemacht, so bleiben es verschiedene Gegenstände, deren Werte zu addieren sind.

2. Beratungshilfegebühren Nr. 2501 und Nr. 2503 VV RVG

6 Regelmäßig ist ein Streitpunkt, was im Rahmen einer familienrechtlichen Beratung eine Angelegenheit darstellt. Dies ist besonders für die Vergütung durch die Beratungshilfe entscheidend, da hier nur für jede Angelegenheit eine Vergütung gezahlt wird.

7 Die herrschende Meinung sah bisher in der Beratung bzgl. der Ehesache und der Beratung bzgl. der Folgesachen, z.B. Unterhalt, elterliche Sorge, Unterhalt, Güterrecht usw., nur **eine** Beratungsangelegenheit. Als Argument wird genannt, dass diese Verfahren, wenn sie gerichtlich geltend gemacht werden, eine Angelegenheit bilden gem. § 16 Nr. 4 RVG (für Lebenspartnerschaftssachen § 16 Nr. 5 RVG) und dass es sich bei der Beratung um einen einheitlichen Lebenssachverhalt handle. Entsprechend sei auch eine Beratung als eine Angelegenheit zu betrachten.[1] Diese Ansicht ist inzwischen überholt.

8 **Mehrere Angelegenheiten**: Die herrschende Meinung geht davon aus, dass bei unterschiedlichen Lebenssachverhalten auch unterschiedliche Angelegenheiten vorliegen. So sieht z.B. das OLG Hamm jedenfalls dann zwei Angelegenheiten, wenn die Beratungen **Ehegatten- und Kindesunterhalt** auf der einen Seite und den **Umgang mit gemeinschaftlichen Kindern** auf der anderen Seite betreffen. Entscheidend ist, dass es sich hierbei um verschiedene Lebenssachverhalte handelt.[2]

9 **Getrennte Angelegenheiten trotz später möglichen Verbunds**: Die einzelnen Gegenstände sind – auch wenn sie später ggf. Bestandteil desselben Verbundes werden können – als jeweils eigene Angelegenheit zu betrachten und daher gesondert abzurechnen.[3] Diese Entscheidungen lehnen eine analoge Anwendung des § 16 Nr. 4 RVG auf den Begriff der Beratungshilfeangelegenheit ab. Damit stellen Trennungs-, Scheidungs- und Folgesachen mehrere Angelegenheiten dar. Dieser Ansicht ist zu folgen.[4]

10 Würde man sich der Gegenmeinung anschließen, wonach bei einer Beratungshilfetätigkeit für die Scheidung und deren Folgen gebührenrechtlich von einer Angelegenheit auszugehen ist, wenn diese später im gerichtlichen Verbundverfahren geltend zu machen wären, wäre nach den Vorgaben des Bundesverfassungsgerichts in jedem Einzelfall zu prüfen, ob die Belastung des Rechtsanwaltes derart groß ist, dass es nicht mehr vertretbar ist, ihn mit nur einmaligen Gebühren der Beratungshilfe zu vergüten.[5] Diese Einzelfallprüfung wäre für das dem Urkundsbeamten der Geschäftsstelle obliegende Festsetzungsverfahren unpraktikabel, schon weil es an nötigen Kriterien fehlt, ab wann der Rechtsanwalt mit einer unzumutbaren Vergütung unnötig belastet würde.

11 Entscheidend für die Frage, ob noch dieselbe Angelegenheit vorliegt, ist weiterhin auch, wie viel **Zeit zwischen den einzelnen Aufträgen** liegt. Teilweise wird bereits nach einem Abstand von einem halben Jahr von einer neuen Angelegenheit ausgegangen werden können. Spätestens nach zwei Jahren ist dies immer der Fall, § 15 Abs. 5 RVG.

---

[1] OLG München v. 04.12.1987 - 11 WF 1369/87 - JurBüro 1988, 593.

[2] OLG Naumburg v. 28.03.2013 - 2 W 25/13 - FamRZ 2014, 238 = Rpfleger 2013, 625; OLG Stuttgart v. 17.10.2012 - 8 W 379/11 - FamRZ 2013, 726; OLG Hamm v. 20.09.2004 - 4 WF 164/04 - FamRZ 2005, 532; LG Neuruppin v. 05.12.2002 - 5 T 309/02 - FamRZ 2004, 41.

[3] OLG Köln v. 09.02.2009 - 16 Wx 252/08 - FamRZ 2009, 1345 = Rpfleger 2009, 516; OLG Düsseldorf v. 14.10.2008 - 10 W 85/08 - FamRZ 2009, 1244.

[4] OLG Naumburg v. 28.03.2013 - 2 W 25/13 - FamRZ 2014, 238 = Rpfleger 2013, 625; OLG Stuttgart v. 17.10.2012 - 8 W 379/11 - FamRZ 2013, 726; OLG Nürnberg v. 29.03.2011 - 11 WF 1590/10 - NJW 2011, 3108 = Rpfleger 2011, 1687 = Rpfleger 2011, 53; OLG Hamm v. 11.03.2011 - I-25 W 499/10 - FamRZ 2011, 1685 = FamFR 2011, 377; OLG Rostock v. 29.11.2010 - 10 WF 124/10 - FamRZ 2011, 834; OLG Dresden v. 07.02.2011 - 20 W 1311/10 - RVGreport 2011, 219.

[5] *Gerold/Schmidt-Müller-Rabe*, RVG, 21. Aufl., § 16 Rn. 42.

II. Gegenstandswert

1. Altes Recht bis 01.09.2009

Der Streitwert richtet sich nach § 42 Abs. 1 GKG. Maßgebend ist demnach der für die ersten zwölf Monate nach Antrageinreichung geforderte Betrag, höchstens jedoch der Gesamtbetrag der geforderten Leistung.

Im Unterschied zum neuen Recht handelt es sich bei der Geltendmachung von **vertraglich festgelegtem Unterhalt** nicht um gesetzlichen Unterhalt. Eine Anwendung von § 42 GKG ist demnach ausgeschlossen. Der Wert ergibt sich für diesen Fall aus § 48 Abs. 1 GKG, § 9 ZPO. Der Gegenstandswert entspricht dem 3,5-fachen Jahresbetrag.[6] In dem der Entscheidung zugrunde liegenden Fall hatten die Ehegatten den gesetzlichen nachehelichen Unterhalt in einer notariellen Urkunde ausgeschlossen und eine Leibrente vereinbart.

2. Neues Recht ab 01.09.2009

Maßgebend ist nunmehr § 51 FamGKG. Prinzipielle Veränderungen haben sich bei der Wertberechnung nicht ergeben. Weiterhin ist der Jahresbetrag der wiederkehrenden Leistungen maßgebend. Eine unterschiedliche Gegenstandswert-Behandlung von Getrenntlebens- und Unterhalt nach der Scheidung sieht das Gesetz nicht vor.

3. Allgemein

a. Zeitpunkt der Wertberechnung

Maßgebend für die Höhe des Wertes ist allein die bei **Einreichung des Antrags** zugrunde liegende Erwartung des Antragstellers (§ 34 FamGKG).[7]

b. Laufende Beträge

Für die Ermittlung des Wertes ist maßgebend § 51 FamGKG. Hiernach werden die laufenden Beträge berücksichtigt durch den für die nächsten zwölf Monate nach Antrageinreichung geforderten Betrag. Als Berechnungsbeginn für den Jahresbetrag legt das Gesetz den auf den Antrag folgenden Monat fest. Es ist damit konkret die Summe der Beträge dieses Monats und der darauf folgenden elf Monate maßgebend.

Erhöhungen und Reduzierungen der Monatsbeträge sind damit nur von Interesse, wenn sie innerhalb von zwölf Monaten nach Antrageingang stattfinden sollen.

Spätere Erhöhungen nach Ablauf der zwölf Monate bleiben unberücksichtigt.

Beispiel unterschiedliche wiederkehrende Leistungen: Die Ehefrau beantragt nach Rechtskraft der Scheidung am 15.01. Ehegattenunterhalt ab dem 01.01. in Höhe von 500 € und ab dem 01.04. in Höhe von 600 €.

Lösung: Der erste „Zählmonat" ist der Februar. Daraus ergibt sich folgender Wert:

2 x 500 €	1.000 €
+ 10 x 600 €	6.000 €
+ 1 x 500 € (bei Antragseinreichung fälliger Betrag)	500 €
= Gesamtwert	7.500 €

c. Berechnungsbeginn bei Verfahrenskostenhilfe

Ausnahmsweise wird der Zeitpunkt für den Berechnungsbeginn vorverlegt nach § 51 Abs. 2 Satz 2 FamGKG, wenn zunächst ein entsprechender Verfahrenskostenhilfeantrag gestellt wurde und alsbald nach Mitteilung über die Verfahrenskostenhilfeentscheidung (oder über eine alsbald eingelegte Beschwerde) ein Unterhaltsverfahrensantrag selbst gestellt wird.

„Alsbald" verlangt einen engen zeitlichen Zusammenhang zwischen Mitteilung und Antragseingang. Maßstab ist hier eine schuldhafte Verzögerung im Sinne des § 167 ZPO.

Wird der Antrag nicht alsbald gestellt, kommt eine Vorverlegung nicht in Betracht. Wird der Verfahrenskostenhilfeantrag nur bzgl. eines Teils des späteren Hauptsacheverfahrens gestellt, so gelten unterschiedliche Zeitpunkte für den Berechnungsbeginn.

---

[6] OLG Karlsruhe v. 29.11.2005 - 20 WF 135/05 - JurBüro 2006, 145-146.
[7] OLG Köln v. 03.11.2004 - 19 W 54/04 - AGS 2005, 451.

d. Rückstände

23 Wird der nacheheliche Ehegattenunterhalt vor Rechtskraft der Scheidung im Verbundverfahren geltend gemacht, so können keine fälligen Unterhaltsbeträge vorhanden sein, da dieser Anspruch erst mit der Scheidung entsteht, § 1569 BGB. Etwas anderes gilt für Rückstände aus Trennungsunterhalt (vgl. die Kostenrechtl. Hinw. zu § 1361 BGB). Diese bleiben im Verfahren Ehegattenunterhalt jedoch unberücksichtigt und sind gesondert geltend zu machen.

24 Rückstände können jedoch entstehen im **Zeitraum nach der Scheidung**. Wird demnach der Unterhaltsanspruch nach der Scheidung in einem isolierten Verfahren geltend gemacht, so sind eventuelle Rückstände aus dem Zeitraum Scheidung bis Antragseingang gegenstandswerterhöhend zu berücksichtigen. Die bei Antragseinreichung bereits fälligen Beträge werden als Rückstände dem Gegenstandswert hinzuaddiert (§ 51 Abs. 2 FamGKG). Der Unterhalt wird monatlich im Voraus fällig, § 1585 BGB. Damit ist der Betrag für den Monat der Antrageinreichung bereits vollständig fällig und als Rückstand gegenstandswerterhöhend zu bewerten. Damit bestimmt sich der Wert eines nachträglichen Ehegattenunterhaltsverfahrens im Ergebnis regelmäßig nach dem Wert von 13(!) Monaten.

4. Unterhalt für weniger als ein Jahr

25 Ist der **geforderte** Gesamtbetrag geringer als der Betrag für die nächsten zwölf Monate, so ist dieser geringere Betrag maßgebend (§ 51 Abs. 1 FamGKG).

5. Antragserweiterung

26 Streitig ist, wie im Falle einer Antragserweiterung bei nachträglichem Ehegattenunterhalt (isoliert nach der Scheidung) oder bei Trennungsunterhalt die Rückstände zu berechnen sind. Richtig ist es, auch die Erhöhungsbeträge, die zwischen dem Eingang des „Basisantrags" und der Antragserweiterung fällig geworden sind, als gegenstandswerterhöhende Rückstände zu berücksichtigen[8] (vgl. das Beispiel in Rn. 63).

27 Die Gegenansicht stellt allein auf den Zeitpunkt des ersten Antragseingangs ab und berücksichtigt ab hier keinerlei Rückstände mehr.

6. Unterhaltsabänderungswiderantrag

28 Unterhaltsabänderungs- und **Unterhaltsabänderungswiderantrag** haben nicht denselben Gegenstand. Die Gegenstandswerte sind zu addieren nach den §§ 35, 39 Abs. 1 FamGKG (vgl. das Beispiel in Rn. 64).

7. Kapitalabfindung statt laufender Beträge

29 Wird im anhängigen Verfahren statt des laufenden Unterhalts eine Unterhaltsvereinbarung mit **Kapitalabfindung** (§§ 1585 Abs. 2, 1585c BGB) vereinbart, so führt dies nicht zu einer Gegenstandswertänderung. Maßgebend ist nicht der Abfindungsbetrag, sondern der gem. § 51 FamGKG errechnete Wert, da letztendlich über den Gegenstand des Unterhalts eine Einigung erzielt wurde, und dieser Gegenstand ist ergebnisunabhängig nach § 51 FamGKG zu bewerten.

30 Etwas anderes gilt nur dann, wenn von vornherein gem. § 1585 Abs. 2 BGB aus wichtigem Grund ein Abfindungsbetrag verlangt wird. Dann ist der Wert des Abfindungsbetrags maßgebend (vgl. das Beispiel in Rn. 57).[9]

8. Vertragliche Unterhaltsansprüche

31 § 51 FamGKG gilt für alle Unterhaltssachen, die Familienstreitsachen sind. Diese Vorschrift gilt damit im Gegensatz zum alten Recht (§ 42 GKG) auch für vertragliche Unterhaltsansprüche.

32 Über die §§ 112 Nr. 3, 266 Abs. 1 Nr. 2 FamFG sind Familienstreitsachen auch Verfahren, die „aus der Ehe herrührende Ansprüche betreffen". Der vertragliche Unterhalt ist ein solcher Anspruch. Für eine unterschiedliche Behandlung von gesetzlichem und vertraglichem Unterhalt hat der Gesetzgeber keinen Anlass mehr gesehen.[10]

---

[8] OLG Köln v. 22.07.2003 - 4 WF 59/03 - FamRZ 2004, 1226; *Schneider* in: Hansens/Braun/Schneider, Praxis des Vergütungsrechts, 2. Aufl. 2006, Kap. 10 Rn. 301.

[9] *Enders*, JurBüro 1999, 337, 340.

[10] BT-Drs. 16/308, S. 697.

9. Unterhaltsverzicht

Ein Unterhaltsverzicht ist nur für den nachehelichen Unterhalt zulässig. Der Wert für einen entsprechenden Verzicht ist der Jahreswert nach § 51 Abs. 1 FamGKG und ggf. auch Rückstände.[11]

Ist für nicht anhängige Ansprüche die **Höhe des betroffenen Unterhalts unklar** oder ist unsicher, ob der Anspruch je entstehen wird, so ist lediglich das **Regelungsinteresse** zu bewerten. Der Wert hierfür liegt bei ca. 1.000 €. Er nimmt zu, je wahrscheinlicher das Entstehen des Anspruchs ist. Ein Unterhaltsverzicht gegen Kapitalabfindung wird nicht besonders bewertet. Zuletzt hat das OLG Karlsruhe einen Wert von 2.400 € angenommen.[12]

10. Titulierungsinteresse

Wird der Unterhalt freiwillig gezahlt, so hat der Antragsteller lediglich ein Titulierungsinteresse. Seinem Anspruch fehlt es jedoch nicht am Rechtsschutzbedürfnis. Es ist weder eine ggf. beantragte Verfahrenskostenhilfe zu versagen noch ist ein Abschlag vom Wert vorzunehmen. Die Vorschrift des § 35 FamGKG ist insoweit eindeutig. Die bisher hierzu geltende Rechtsprechung, die einen angemessenen Abschlag vorsah, ist damit überholt.[13]

Das OLG Schleswig nimmt den Wert lediglich mit einem Feststellungsinteresse von 300 € an, solange nicht konkrete Anhaltspunkte für einen Verzicht oder ein Haftungsrisiko vorgetragen werden oder ersichtlich sind.[14]

11. Stufenantrag in Unterhaltssachen

a. Auskunftsanspruch

Der Auskunftsanspruch ist Bestandteil des späteren Hauptsacheverfahrens. Wenn das Verfahren zu Ende geführt wird, geht der Wert für den Auskunftsanspruch regelmäßig in dem des Hauptsacheverfahrens auf.

Etwas anderes gilt für den Fall, dass der Auskunftsanspruch isoliert nicht in Form eines Stufenantrags geltend gemacht wird. Dann ist dieses Verfahren auch allein abzurechnen. Der Wert des Auskunftsanspruchs allein beträgt ca. 1/10 bis 1/4 des erwarteten Unterhaltsanspruchs. Maßgebend für die Höhe des Bruchteils ist die Abhängigkeit des Antragstellers von dem Auskunftsverfahren.[15]

Der Gegenstandswert einer Stufenklage bemisst sich auch dann, wenn der Antrag im Auskunftsverfahren „steckenbleibt", weil sich die Hauptsache nach dem Auskunftsverfahren erledigt hat und der Antragsanspruch demnach unbeziffert bleibt, nach dem höheren Wert des Leistungsantrags. Dieser ist nach der Erwartung der Partei bei Beginn der Instanz zu schätzen – so zuletzt OLG Schleswig[16]. Hiernach richtet sich der Gegenstandswert mindestens nach der Höhe der außergerichtlich geltend gemachten Forderung.

Zu beachten ist allerdings, dass eine Terminsgebühr bei „steckengebliebenen" Verfahren regelmäßig nur nach dem Wert des Auskunftsantrags entstanden ist, da nur dieser Antrag Gegenstand des gerichtlichen Termins war. Wegen der Hauptsache ist es nicht zu einem Termin gekommen.

Bestanden zum Zeitpunkt der Anhängigkeit keinerlei Anhaltspunkte für eine Bestimmung des Verfahrenswertes für den Leistungsantrag, so kann diesbezüglich lediglich von einem Auffangwert von 5.000 € gem. § 42 Abs. 3 FamGKG ausgegangen werden.[17]

b. Eidesstattliche Versicherung

Für die eidesstattliche Versicherung im Rahmen der Auskunftspflicht nach § 1580 BGB ist ein Bruchteil des erwarteten Zahlungsanspruchs anzunehmen. Dieser liegt in der Regel unterhalb des Auskunftswerts.[18]

---

[11] OLG Dresden v. 16.12.1998 - 20 WF 452/98 - FamRZ 1999, 1290.
[12] OLG Karlsruhe v. 03.05.1999 - 16 UF 226/96 - AGS 2000, 112.
[13] OLG Hamburg v. 13.03.2013 - 7 WF 21/13 - AGS 2013, 184; *Schneider* in: HK-FamGKG, 2. Aufl. 2014, § 51 Rn. 166.
[14] OLG Schleswig v. 15.08.2011 - 12 WF 79/11 - SchlHA 2011, 456.
[15] *Thiel* in: HK-FamGKG, 2. Aufl, 2014, § 42 FamGKG Rn. 114; *Schneider*, ZFE 2004, 63.
[16] OLG Schleswig v. 08.08.2013 - 15 WF 269/13 - FamFR 2013, 546; OLG Stuttgart v. 17.11.2011 - 18 WF 227/11 - FamRZ 2012, 393; OLG Stuttgart v. 09.08.2007 - 11 WF 134/07 - FamRZ 2008, 534-535.
[17] OLG Hamm v. 26.10.2010 - 2 WF 249/10 - FamRZ 2011, 582.
[18] *Thiel* in: HK-FamGKG 2. Auf. 2014, § 42 Rn. 118.

c. Mehrere Auskunftsansprüche

43 Werden mehrere Auskunftsansprüche nebeneinander geltend gemacht, so handelt es sich um verschiedene Gegenstände, da es sich um verschiedene Unterhaltsansprüche handelt. Die Werte sind zu addieren (§ 33 Abs. 1 FamGKG).[19]

12. Isolierte Geltendmachung trotz Verbund

44 Trotz eines anhängigen Scheidungsverfahrens verstößt die isolierte Geltendmachung eines Unterhaltsanspruchs neben dem Verbundverfahren nicht gegen die Prinzipien einer kostensparenden Verfahrensführung, da bei einer gemeinsamen Entscheidung die Kostenaufhebung im Scheidungsverfahren droht obwohl ggf. der Gegner die Kosten des Unterhaltsverfahrens tragen muss. Dies gilt auch für weitere zivilprozessuale Ansprüche[20], nicht jedoch für FGG-Ansprüche wie die elterliche Sorge und das Umgangsrecht.[21]

45 Zu beachten ist hierbei allerdings, dass eine „falsche" Vorgehensweise in diesem Fall mit einer möglichen falschen Behandlung durch den Richter begründet wird. Richtigerweise sollte der Anwalt auf eine korrekte Kostenentscheidung hinwirken („... werden die Kosten gegeneinander aufgehoben, bis auf die Kosten, die wegen des Unterhaltsverfahrens zusätzlich entstanden sind. Diese werden dem ... auferlegt.").

III. Gebühren

46 Für die Gebühren des Zivilprozesses (Verfahrens- und Terminsgebühr) und auch die Einigungsgebühren ergeben sich keine Besonderheiten (vgl. hierzu das Berechnungsprogramm zur Ermittlung der anwaltlichen Gebühren für eine Scheidungsfolgenvereinbarung, bzw. einen Mehrvergleich: RVG-Rechner – Scheidungsfolgenvereinbarung/Einigung auch über nichtanhängige Gegenstände).

47 Bei **der Geschäftsgebühr (Nr. 2300 VV RVG)** handelt es sich um eine Rahmengebühr. In der Regel gelten hier keine Besonderheiten. Insoweit wird auf das Übersichtskapitel Kosten in Familiensachen (vgl. die Kostenrechtl. Hinw. in Familiensachen (Teil 5)) verwiesen.

48 Die Ermittlung des Unterhalts ist nach *Schneider* regelmäßig eine umfangreiche und schwierige Aufgabe, da hier zwei verschiedene Einkommensblöcke ermittelt und beurteilt werden müssen, so dass jedenfalls häufig ein Überschreiten der Regelgebühr gerechtfertigt ist.[22]

49 Für die Frage, ob die Angelegenheit als umfangreich oder schwierig zu bewerten und damit ein Überschreiten der Regelgebühr von 1,3 angemessen ist, ist auf den Durchschnittsanwalt abzustellen. Andernfalls würde der spezialisierte Rechtsanwalt für den Aufwand, den diese Spezialisierung gekostet hat, mit niedrigeren Einnahmen bestraft.[23]

50 Das OLG Jena differenziert in einer Entscheidung zum Vergaberecht ohne nähere Begründung bei den Merkmalen Schwierigkeit und Umfang. Während es bei dem Merkmal Schwierigkeit nur auf die Kenntnisse des Allgemeinanwalts abstellt, sei bei dem Merkmal Umfang vom tatsächlichen Umfang auszugehen. Eine Begründung für die unterschiedliche Behandlung wird nicht genannt.[24]

IV. Einstweilige Anordnungen

1. Gegenstandswert für einstweilige Anordnungen zum Unterhalt

51 Die Wertbestimmung in § 51 FamGKG gilt über § 41 FamGKG auch für die einstweiligen Anordnungen nach § 246 FamGKG mit der Einschränkung, dass in der Regel lediglich der halbe Wert zu berücksichtigen ist. Es ist danach der Wert nach § 51 FamGKG zu ermitteln und zu halbieren. Dies gilt sowohl für die Geltendmachung des Unterhalts im Verbund als auch als isoliertes Verfahren.

52 **Erhöhung des Wertes einstweilige Anordnung Unterhalt**: Nach § 41 Abs. 2 FamGKG kann der Gegenstandswert aber bis zur Höhe des für die Hauptsache bestimmten Wertes **angehoben werden**, wenn die einstweilige Anordnung die Hauptsache vorwegnimmt oder ersetzt. Zielt die einstweilige Anordnung auf Leistung des vollen Unterhalts und nimmt sie damit die Hauptsache vorweg, fehlt nach um-

---

[19] *Thiel* in: HK-FamGKG, 2. Auf. 2014, § 42 Rn. 118.
[20] OLG Hamm v. 30.01.2006 - 6 WF 440/05.
[21] OLG Hamm v. 12.06.2006 - 6 WF 207/05.
[22] *Schneider* in: Hansens/Braun/Schneider, Praxis des Vergütungsrechts, 2. Aufl. 2006, Teil 10 Rn. 186.
[23] FG München v. 01.02.2011 - 4 E 1210/10 - RVGreport 2011, 175; SG Marburg v. 26.03.2008 - S 12 KA 1429/05 - RVGreport 2008, 181.
[24] OLG Jena v. 02.02.2005 - 9 Verg 6/04 - JurBüro 2005, 303-306.

strittener Ansicht eine Rechtfertigung, wegen „geringerer Bedeutung gegenüber der Hauptsache" den Verfahrenswert herabzusetzen.[25] Gegen die Annahme des vollen Wertes für die einstweilige Anordnung bzgl. der Unterhaltszahlung spricht allerdings, dass dieser im Vergleich zum rechtskräftigen Unterhaltsbeschluss einfacher zu ändern ist. Daher kann hier ein angemessener Abschlag vom vollen Wert angenommen werden.[26]

Verfahrenskostenvorschuss: Für die einstweilige Anordnung auf Zahlung eines Verfahrenskostenvorschusses in Unterhaltssachen nach § 246 Abs. 1 Alt. 2 FamGKG bestimmt sich der Wert nicht nach § 51 FamGKG. Hier ist vielmehr über die §§ 41, 35 FamGKG der bezifferte Verfahrensantrag maßgeblich. Dieser setzt sich aus den Anwalts- und den Gerichtskosten zusammen. Von diesem ist nach § 41 FamGKG regelmäßig die Hälfte anzusetzen. Zu einer häufig angebrachten Erhöhung des Wertes vgl. im nächsten Absatz. 53

Erhöhung des Wertes Verfahrenskostenvorschuss: Durch die einstweiligen Anordnungen nach § 246 FamFG wird entweder eine Unterhaltszahlung selbst geregelt oder die Zahlung eines Verfahrenskostenvorschusses. Ergebnis ist in beiden Fällen ein Leistungsanspruch. Damit trifft gerade in Unterhaltssachen regelmäßig die Sonderregelung zu, dass die einstweilige Anordnung bereits die Regelung der Hauptsache vorwegnimmt und diese sogar überflüssig macht. Damit ist die Bedeutung des Verfahrens der einstweiligen Anordnung mit der der Hauptsache vergleichbar. Eine Wertreduzierung auf die Hälfte ist damit nicht gerechtfertigt. Hier ist es sogar vertretbar, den Wert der Hauptsache anzunehmen.[27] 54

Vergleich: Kommt es im einstw. Anordnungsverfahren zu einem abschließenden Vergleich, so ist die Bedeutung des Verfahrens gleichzusetzen mit der eines Hauptsacheverfahrens. Der Wert ist dann auf den Wert der Hauptsache anzuheben.[28] 55

2. Besondere Angelegenheit

Eine einstweilige Anordnung zum Unterhalt stellt im Verhältnis zur Hauptsache eine eigene Angelegenheit dar, § 17 Nr. 4b RVG. Sie ist gesondert abzurechnen. 56

Im Gegensatz zum alten Recht, nach dem mehrere Verfahren, die neben- oder nacheinander geltend gemacht wurden, kostenrechtlich eine Angelegenheit bildeten, handelt es sich nach neuem Recht bei jeder einstweiligen Anordnung grundsätzlich um eine besondere Angelegenheit. Die Vorschrift des § 18 Nr. 1 RVG a.F., die eine „Gruppenbildung" bestimmter einstweiliger Anordnungen vorschrieb, ist ersatzlos entfallen. Demnach sind grundsätzlich auch die einstweiligen Anordnungen untereinander verschiedene Angelegenheiten. „... Dass mehrere derart verselbständigte Verfahren jeweils eine eigene Angelegenheit bilden, versteht sich von selbst und bedarf ebenso wie bei Arrest und einstweiliger Verfügung keiner besonderen Regelung ...".[29] 57

Ob dies Bestand haben wird, wenn beispielsweise einstweilige Anordnungen bzgl. Unterhalts für Ehefrau und Kinder gemeinsam geltend gemacht werden, bleibt abzuwarten. 58

3. Hauptsache und einstweilige Anordnung gleichzeitig erledigt

Der Gesetzgeber hat in § 17 Nr. 4 RVG festgelegt, dass es sich bei der einstweiligen Anordnung um eine besondere gebührenrechtliche Angelegenheit handelt, in der alle Gebühren nach dem RVG verdient werden können. 59

Dann aber fällt die „außergerichtliche" Terminsgebühr nicht nur im Hauptsacheverfahren, sondern auch im einstweiligen Anordnungsverfahren an, wenn „außergerichtliche" Vergleichsverhandlungen zwischen den Parteien zur Streitbeilegung geführt werden. Die „automatische Miterledigung" der einstweiligen Anordnung in der Hauptsache steht dem nicht entgegen. Denn im Rahmen der geführten Besprechungen kann nicht von einer Trennung zwischen der Hauptsache und der einstweiligen Anordnung ausgegangen werden, weil beide Verfahren dasselbe Ziel –nämlich die Zahlung des Unterhalts – verfolgen. Die Terminsgebühr ist damit in beiden Verfahren entstanden und auch erstattungsfähig.[30] 60

---

[25] OLG Düsseldorf v. 23.02.2010 - II-3 WF 15/10 - NJW 2010, 1385; RVGreport 2010, 158; a.A. OLG Celle v. 05.12.2011 - 10 WF 342/11 - FamRZ 2012, 737; OLG Stuttgart v. 17.11.2010 - 11 WF 133/10 - FamRZ 2011, 757; OLG Köln v. 19.11.2010 - 4 WF 228/10 - FamRZ 2011, 758.

[26] *Schneider* in: HK-FamGKG, 2. Aufl. 2014, § 41 Rn. 19.

[27] OLG Frankfurt v. 22.08.2013 - 3 WF 216/13 - AGS 2013, 585; OLG Bamberg v. 13.05.2011 - 2 WF 102/11 - RVGreport 2011, 271 = AGS 2011, 454.

[28] *Schneider* in: HK-FamGKG, 2. Aufl. 2014, § 41 Rn. 21.

[29] BT-Drs. 16/6308, S. 339.

[30] OLG Stuttgart v. 09.08.2007 - 8 WF 107/07 - FamRZ 2008, 912.

61 **Ausnahme**: Bei den Besprechungen wurde eine ausdrückliche Beschränkung der Verhandlungen auf eines der Verfahren vorgenommen.

62 **Vergleich**: Kommt es in einem der Verfahren zu einem Vergleich, in dem auch das andere Verfahren erledigt wird, so entstehen die Termins- und die Einigungsgebühr nach dem zusammengerechneten Wert.[31]

C. Arbeitshilfen

I. Beispiele/Muster

1. Beispielsfall: Antragserweiterung bei Unterhalt

63 Die Antragstellerin macht 500 € Unterhalt ab dem 01.01. geltend. Der Antrag geht am 20.05. bei Gericht ein. Der Gegenstandswert beträgt zu diesem Zeitpunkt:

	§ 51 Abs. 1 FamGKG laufende Beträge	12 x 500 €	6.000 €
+	§ 51 Abs. 2 FamGKG rückständige Beträge	5 x 500 €	2.500 €
=	Summe		8.500 €

Am 05.11. wird der Antrag insgesamt um weitere 300 € erweitert. Der Gegenstandswert beträgt nun:

	§ 51 Abs. 1 FamGKG laufende Beträge	12 x 800 €	9.600 €
+	§ 51 Abs. 2 FamGKG rückständige Beträge	5 x 800 €	4.000 €
+	§ 51 Abs. 2 FamGKG rückständige Beträge bis Antragserweiterung	6 x 300 €	1.800 €
=	Summe		15.400 €

Die im Zeitraum zwischen Antragseinreichung und Antragserweiterung verlangten Beträge für die Erhöhung sind ebenfalls als fällige Rückstände zu bewerten und erhöhen den Gegenstandswert.[32]

2. Beispielsfall: Unterhaltsabänderungsantrag und Widerantrag

64 Der Ehemann ist durch rechtskräftigen Beschluss zur Zahlung von monatlich 600 € verurteilt. Die Ex-Gattin reicht Unterhaltsabänderungsklage mit dem Antrag ein, den Mann zu verurteilen nunmehr 800 € monatlich zu zahlen. Der Mann erhebt Widerklage mit dem Antrag, nunmehr statt 600 € nur noch 500 € zu zahlen.

Der Gegenstandswert berechnet sie wie folgt: Bei Unterhaltsabänderungs- und Unterhaltsabänderungswiderantrag handelt es sich nicht um denselben Gegenstand. Damit sind die entsprechenden Werte zu addieren, §§ 33, 39 FamGKG. Der Wert für die einzelnen Anträge ist nach § 51 Abs. 1 FamGKG jeweils der im Streit befindliche Jahresbetrag.

- Für die Frau ist dies der verlangte Mehrbetrag mit 2.400 € (12 x 200 €) und
- für den Mann die verlangte Reduzierung mit 1.200 € (12 x 100 €).

Der Gegenstandswert beträgt damit insgesamt 3.600 €.

3. Beispielsfall: Gegenstandswert bei Kapitalabfindung

65 Da der Ehemann sein Vermögen zu verschwenden droht, begehrt die Ehegattin in einem isolierten Verfahren nach Scheidung die Zahlung einer einmaligen Kapitalabfindung von 50.000 € nebst bisheriger Rückstände von monatlich 1.000 € seit dem 01.01., hilfsweise macht sie laufenden Unterhalt in Höhe von 1.000 € monatlich geltend. Der Antrag wird durch den Rechtsanwalt am 05.07. eingereicht. Das Gericht setzt durch Beschluss einen einmaligen Kapitalabfindungsbetrag von 50.000 € fest.

Hinweis: Der Antrag auf laufenden Unterhalt wird nur hilfsweise gestellt. Er ist damit bei der Wertermittlung nicht zu berücksichtigen.

Da hier von vornherein nicht der laufende Unterhalt, sondern eine Kapitalabfindung verlangt wird, ist auch der Betrag der Kapitalabfindung zusammen mit den rückständigen Beträgen maßgebend für die Ermittlung des Wertes (§§ 33, 35 FamGKG).[33]

---

[31] OLG Koblenz v. 22.01.2008 - 11 WF 24/08 - FamRZ 2008, 1969.

[32] *Schneider* in: HK-FamGKG, 2. Aufl. 2014, § 51 Rn. 72 f.; OLG Köln v. 22.07.2003 - 4 WF 59/03 - FamRZ 2004, 1226.

[33] *Schneider* in: HK-FamGKG, 2. Aufl. 2014, § 51 Rn. 134; *Enders*, JurBüro 1999, 337, 340.

Der Wert beträgt damit für die

	Kapitalabfindung	50.000 €
+	Rückstände (7 x 1.000 €)	7.000 €
=	Summe	57.000 €

4. Beispielsfall: Verschiedene einstweilige Anordnungen in Unterhaltssachen

Die Ehegattin verlangt Verfahrenskostenvorschuss nach § 246 Abs. 1 Alt. 2 FamFG. Das Gericht spricht ihr nach mündlicher Verhandlung antragsgemäß 2.000 € Vorschuss zu. Anschließend wird am 10.10. ein Unterhaltsantrag – da die Scheidung bereits anhängig ist – im Rahmen des Verbundverfahrens eingereicht. Die Ehegattin verlangt monatlich 500 € Ehegattenunterhalt. 66

Da der Ehegatte mit Antragseingang alle Zahlungen eingestellt hat, beantragt die Ehegattin im Wege einer einstweiligen Anordnung gem. § 246 Abs. 1 Alt. 1 FamFG monatlichen Trennungsunterhalt in Höhe von 500 € (ohne Rückstände). Zudem soll im Wege der einstweiligen Anordnung die elterliche Sorge auf die Mutter übertragen werden. Im Termin werden die beantragten Anordnungen erlassen. Nach dem zweiten Termin ergeht ein Beschluss. 67

a. Vorbemerkung

Bei den einstweiligen Anordnungen handelt es sich nunmehr um besondere, von der Hauptsache verschiedene Angelegenheiten. Die Vorschrift des § 18 Nr. 1 RVG a.F., die eine „Gruppenbildung" bestimmter einstweiliger Anordnungen vorschrieb, ist ersatzlos entfallen. Demnach sind grundsätzlich auch die einstweiligen Anordnungen untereinander verschiedene Angelegenheiten. Dass mehrere derart verselbständigte Verfahren jeweils eine eigene Angelegenheit bilden, versteht sich von selbst und bedarf ebenso wie bei Arrest und einstweiliger Verfügung keiner besonderen Regelung.[34] 68

Damit ist jede einstweilige Anordnung besonders abzurechnen.
(Die Abrechnung der Hauptsache wird hier aus Übersichtlichkeitsgründen weggelassen.)

b. Abrechnung Verfahrenskostenvorschuss

Verfahrenskostenvorschuss: 69

	Verfahrensgebühr, Nr. 3100 VV (1,3); Wert: 2.000 €	195,00 €
+	Terminsgebühr, Nr. 3104 VV (1,2); Wert: 2.000 €	180,00 €

c. Abrechnung einstweilige Anordnung Trennungsunterhalt

Der Wert ergibt sich aus den §§ 41, 51 Abs. 1 FamGKG (12 x 500 € / 2 = 3.000 €) (vertretbar wäre hier auch eine Erhöhung des Wertes, da der Trennungsunterhalt durch die einstweilige Anordnung letztendlich endgültig geregelt wird). 70

	Verfahrensgebühr, Nr. 3100 VV (1,3); Wert: 3.000 €	261,30 €
+	Terminsgebühr, Nr. 3104 VV (1,2); Wert: 3.000 €	261,30 €

d. Abrechnung einstweilige Anordnung elterliche Sorge

Der Wert ergibt sich aus §§ 41, 45 FamGKG (3.000 € / 2 = 1.500 €). 71

	Verfahrensgebühr, Nr. 3100 VV (1,3); Wert: 1.500 €	149,50 €
+	Terminsgebühr, Nr. 3104 VV (1,2); Wert: 1.500 €	138,00 €

II. Berechnungsprogramme

1. Prozesskostenrechner

Mit diesem Berechnungsprogramm können Sie kalkulieren, welche Verfahrenskosten auf Ihren Mandanten zukommen können (mit 2. Instanz, Vergleich, Beweisauslagen, gegnerischem Anwalt): Prozesskostenrechner. 72

2. RVG-Rechner: 1. Instanz mit Anrechnung der Geschäftsgebühr

Mit diesem Berechnungsprogramm können Sie die anwaltliche Vergütung für das außergerichtliche Verfahren (Nr. 2300 VV RVG) und das gerichtliche Verfahren (Nr. 3100, 3104, 1003 VV RVG) berechnen: RVG-Rechner (1. Instanz mit Anrechnung der Geschäftsgebühr). 73

---

[34] BT-Drs. 16/6308, S. 339.

3. RVG-Rechner: Scheidungsfolgenvereinbarung/Einigung auch über nichtanhängige Gegenstände

74 Mit diesem Berechnungsprogramm können Sie die anwaltlichen Gebühren für eine Scheidungsfolgenvereinbarung (bzw. einen Mehrvergleich) berechnen: RVG-Rechner (Scheidungsfolgenvereinbarung/Einigung auch über nichtanhängige Gegenstände).

Kapitel 2 - Unterhaltsberechtigung

§ 1570 BGB Unterhalt wegen Betreuung eines Kindes

(Fassung vom 21.12.2007, gültig ab 01.01.2008)

(1) ¹Ein geschiedener Ehegatte kann von dem anderen wegen der Pflege oder Erziehung eines gemeinschaftlichen Kindes für mindestens drei Jahre nach der Geburt Unterhalt verlangen. ²Die Dauer des Unterhaltsanspruchs verlängert sich, solange und soweit dies der Billigkeit entspricht. ³Dabei sind die Belange des Kindes und die bestehenden Möglichkeiten der Kinderbetreuung zu berücksichtigen.

(2) Die Dauer des Unterhaltsanspruchs verlängert sich darüber hinaus, wenn dies unter Berücksichtigung der Gestaltung von Kinderbetreuung und Erwerbstätigkeit in der Ehe sowie der Dauer der Ehe der Billigkeit entspricht.

Gliederung

A. Grundlagen 1	2. Feststellung der Billigkeit 165
I. Auswirkungen der Reform 2	3. Die Billigkeitskriterien 166
II. Bisherige Rechtsprechung zu § 1570 BGB a.F. ... 7	a. Gestaltung von Kinderbetreuung und Erwerbstätigkeit 170
B. Praktische Bedeutung 11	b. Dauer der Ehe 173
C. Anwendungsvoraussetzungen 14	c. Überobligationsmäßige Erwerbstätigkeit ... 174
I. Allgemeine Voraussetzungen 15	4. Rangzuweisung 178
1. Gemeinschaftliches Kind 15	D. Rechtsfolgen 182
2. Betreuung oder Erziehung des Kindes ... 21	I. Anspruchskonkurrenz 183
II. Basisunterhalt (Absatz 1 Satz 1) 29	II. Befristung 188
III. Billigkeitsunterhalt aus kindbezogenen Gründen (Absatz 1 Sätze 2, 3) 32	1. Befristung des Basisunterhalts 189
1. Belange des Kindes 43	2. Befristung der übrigen Tatbestandsvarianten ... 196
2. Fremdbetreuung 52	3. Begrenzung/Herabsetzung nach § 1578b BGB 199
a. Obliegenheit zur Inanspruchnahme der Kinderbetreuung? 64	III. Vertragliche Gestaltung des Betreuungsunterhalts 203
b. Bedeutung einer Elternvereinbarung ... 67	E. Prozessuale Hinweise/Verfahrenshinweise 204
c. Auswirkung sozialrechtlicher Vorschriften ... 77	I. Darlegungs- und Beweislast 204
3. Erwerbsobliegenheit und Arbeitsmarkt ... 79	II. Checkliste 211
4. Billigkeitskriterien 86	1. Kindesbetreuung in anderer Weise 212
a. Modifiziertes Altersphasenmodell? 86	2. Kindbezogene Verlängerungsgründe ... 213
b. Leitlinien der Oberlandesgerichte 89	3. Vereinbarkeit von Erwerbstätigkeit mit Zeiten der Kinderbetreuung 214
c. Stufenmodelle in der Literatur 94	4. Überobligationsmäßige Belastung 215
d. Abstufungen in der Rechtsprechung 101	5. Elternbezogene Gründe 216
e. Konkreter Betreuungsaufwand 138	6. Betreuungskosten 217
f. Pauschaler Betreuungsaufwand 145	III. Abänderung von Alttitel 218
5. Überobligationsmäßige Erwerbstätigkeit ... 148	F. Steuerrechtliche Hinweise 219
6. Verhältnis zu § 1615l BGB 154	
IV. Billigkeitsunterhalt aus elternbezogenen Gründen, Absatz 2 (Annexanspruch) ... 155	
1. Einsatzzeitpunkt 163	

A. Grundlagen

§ 1570 BGB ist eine Vorschrift mit ausgeprägt **kindbezogener Zweckrichtung**. Sie gewährt dem geschiedenen Ehegatten einen Unterhaltsanspruch im Interesse der gemeinsamen Kinder.[1]

---

[1] Eine Übersicht über die Entwicklung des Betreuungsunterhalts und den aktuellen Stand der Rechtsprechung findet sich bei *Dose*, FPR 2012, 129.

I. Auswirkungen der Reform

2 Das **UÄndG vom 21.12.2007** hat die Vorschrift nachhaltig verändert.[2] Der ursprüngliche Entwurf wurde auf Grund der Entscheidung des BVerfG v. 28.02.2007[3] überarbeitet. Der neue Tatbestand beinhaltet einen **Basisunterhalt** (§ 1570 Abs. 1 Satz 1 BGB) während der ersten drei Jahre des Kindes und einen **Billigkeitsunterhalt** (§ 1570 Abs. 1 Sätze 2, 3 BGB) für den anschließenden Zeitraum, der abhängig ist von den Belangen des Kindes und der Möglichkeit einer Fremdbetreuung. Diese Änderungen zielen auf eine **Abkehr vom bisherigen Altersphasenmodell** der Rechtsprechung des BGH, wonach bis zum 8. Lebensjahr in der Regel vermutet wurde, dass das Betreuungsbedürfnis des Kindes eine Erwerbstätigkeit nicht zulässt. Letztlich hat der Gesetzgeber auch einen **ehespezifischen Annexunterhalt** (§ 1570 Abs. 2 BGB) vorgesehen, der den bisherigen Absprachen der Eheleute, der praktizierten Aufgabenverteilung sowie der Dauer der Ehe Rechnung tragen soll. Ein Betreuungsbedürfnis des Kindes muss nicht vorliegen.[4]

3 Der Anspruch aus § 1570 Abs. 1 BGB gehört zum **Kernbereich des Scheidungsfolgenrechts**. In einer Stufenordnung, die sich an der existentiellen Bedeutung der einzelnen Scheidungsfolgeregelungen für den Berechtigten orientiert, nimmt er die erste Rangposition ein. Innerhalb der Unterhaltstatbestände kommt ihm in dieser Hinsicht insbesondere auch Vorrang gegenüber den Ansprüchen auf Krankheitsunterhalt (§ 1572 BGB) und Unterhalt wegen Alters (§ 1571 BGB) zu. Darum und wegen seiner Ausrichtung am Kindesinteresse unterliegt er grundsätzlich nicht der freien Disposition der Ehegatten im Rahmen von Eheverträgen oder Unterhaltsvereinbarungen (Näheres zur Inhaltskontrolle von Unterhaltsvereinbarungen vgl. die Kommentierung zu § 1585c BGB).[5]

4 Der Anspruch auf Betreuungsunterhalt, für den keine Einsatzzeitpunkte gelten, ist gegenüber anderen Unterhaltstatbeständen **in mehrfacher Hinsicht privilegiert**. Die Belange eines dem Berechtigten zur Pflege und Erziehung anvertrauten gemeinsamen Kindes sind bei den Billigkeitsabwägungen nach den §§ 1579, 1578b Abs. 1 Satz 3 BGB und der Rangfolge nach § 1609 BGB zu berücksichtigen. Soweit es auf die Ehedauer ankommt, ist die Zeit, in welcher ein Unterhaltsanspruch nach § 1570 BGB bestand (§ 1579 Nr. 1 BGB) einzubeziehen.

5 Betreuungsunterhalt nimmt gem. § 1609 Nr. 2 BGB nach dem Unterhalt für nicht verheiratete minderjährige und privilegiert volljährige Kinder den **zweiten Rang** ein. Im Mangelfall geht er deshalb anderen Unterhaltstatbeständen vor. War der Unterhaltsanspruch wegen Wiederheirat des Berechtigten erloschen (§ 1586 Abs. 1 BGB), so lebt er gemäß § 1586a Abs. 1 BGB nach Auflösung der neuen Ehe jedenfalls dann wieder auf, wenn die Voraussetzungen des § 1570 BGB zu diesem Zeitpunkt vorliegen.[6]

6 Eine Anspruchsberechtigung aus § 1570 BGB kann auch bei **sehr kurzer Ehedauer** und einem ehelichen Zusammenleben von nur wenigen Tagen bestehen. Der Anspruch knüpft lediglich an das Betreuungsbedürfnis eines gemeinschaftlichen Kindes durch den Unterhalt begehrenden Ehegatten an und setzt daher nicht voraus, dass die Ehegatten in einer gemeinsamen Ehewohnung zusammengelebt oder in sonstiger Weise damit begonnen haben, eine eheliche Lebensgemeinschaft zu verwirklichen. Die fehlende Umsetzung eines gemeinsamen Lebensplans kann allerdings bei der Anwendung des § 1579 Nr. 1 BGB Bedeutung gewinnen.[7]

II. Bisherige Rechtsprechung zu § 1570 BGB a.F.

7 Auf die **bisherige Rechtsprechung** kann wegen der erheblichen Änderungen für den Zeitraum ab 01.01.2008 nicht ungeprüft zurückgegriffen werden, für den davorliegenden Zeitraum bleibt sie jedoch maßgebend.

8 Im Falle der **Betreuung eines einzelnen Kindes** hat der BGH eine Erwerbsobliegenheit – im Sinne eines allgemeinen Erfahrungssatzes – regelmäßig verneint, solange das **Kind noch nicht acht Jahre alt** ist.[8] Dafür, ob und in welchem Umfang während der weiteren Grundschuljahre bis etwa zum elften Lebensjahr eine Erwerbsobliegenheit besteht, hat er keine allgemeine Regel aufgestellt. Hier ist nach

---

[2] Einen Überblick über die Entwicklung gibt *Schürmann*, FPR 2012, 224.
[3] BVerfG v. 28.02.2007 - 1 BvL 9/04 - NJW 2007, 1735 = FamRZ 2007, 965.
[4] *Hollinger* in: Das neue Unterhaltsrecht, § 1570 Rn. 25-100, *Borth*, FamRZ 2008, 2-16; *Meier*, FamRZ 2008, 101-192; *Viefhues*, ZFE 2008, 44.
[5] BGH v. 11.02.2004 - XII ZR 265/02 - juris Rn. 40 - FamRZ 2004, 601 mit Anm. *Borth*, FamRZ 2004, 609-612.
[6] *Brudermüller* in: Palandt, § 1570 Rn. 23.
[7] BGH v. 07.09.2005 - XII ZR 311/02 - juris Rn. 12 - FamRZ 2005, 1979.
[8] Zuletzt noch BGH v. 01.03.2006 - XII ZR 157/03 - juris Rn. 21 - FamRZ 2006, 846.

den konkreten Umständen des Einzelfalls zu entscheiden.[9] Die Betreuung eines **elf- bis fünfzehnjährigen Kindes** lässt in der Regel Raum für eine Teilzeitbeschäftigung vor allem in den Vormittagsstunden, in denen das Kind die Schule besucht. Die Teilzeitbeschäftigung muss hier jedoch nicht stets den Umfang einer Halbtagstätigkeit erreichen.[10] Die Voraussetzungen eines Anspruchs aus § 1570 BGB entfallen bei Betreuung eines einzelnen Kindes in der Regel, wenn dieses das **fünfzehnte oder sechzehnte Lebensjahr vollendet**.[11] Die Betreuung eines etwa sechzehn Jahre alten Kindes hindert im Allgemeinen nicht daran, einer vollen Erwerbstätigkeit nachzugehen.[12]

Die Grundsätze, nach denen sich die Erwerbsobliegenheit bei Betreuung eines einzelnen Kindes beurteilt, sind auf die **Betreuung mehrerer Kinder** nicht entsprechend anwendbar.[13] Werden mehrere Kinder betreut, so ist – unter Berücksichtigung der nachfolgend noch darzustellenden Erfahrungssätze – nach den Umständen des Einzelfalls zu entscheiden, ob und gegebenenfalls in welchem Umfang dem betreuenden Elternteil eine Erwerbstätigkeit zugemutet werden kann.[14] Dabei ist zu berücksichtigen, dass jedes Kind einen eigenen Betreuungsbedarf hat und der insgesamt entstehende **Betreuungsaufwand mit der Zahl der Kinder zunimmt**. Sind mehrere Kinder zu betreuen, so ist dem dafür zuständigen Elternteil grundsätzlich nur in geringerem Umfang eine Erwerbstätigkeit zuzumuten, als dies bei Betreuung eines einzelnen Kindes der Fall wäre.[15] Gerade bei mehreren Kindern hat der BGH eine Erwerbsobliegenheit grundsätzlich verneint, solange das **jüngste Kind noch nicht acht Jahre alt ist**.[16] Er hat weiter festgestellt, dass einem Ehegatten, der zwei Kinder betreut, von denen das eine noch im Vorschulalter und das andere im Grundschulalter ist, eine Erwerbstätigkeit grundsätzlich nicht zugemutet werden kann.[17] Solange **bei Betreuung von zwei schulpflichtigen Kindern nicht mindestens eines das vierzehnte oder fünfzehnte Lebensjahr vollendet** hat, ist die Aufnahme einer Teilzeittätigkeit im Allgemeinen nicht zumutbar.[18] Bei einer Versorgung von drei Kindern unter vierzehn Jahren hat der BGH eine Erwerbsobliegenheit unter Verzicht auf einzelfallbezogene Feststellungen verneint.[19]

Die Familiensenate zahlreicher Oberlandesgerichte haben für ihren Zuständigkeitsbereich Leitlinien zum Unterhaltsrecht entwickelt, die – inzwischen einheitlich unter dem Gliederungspunkt 17.1 – auch zu der Frage Stellung nehmen, ob und gegebenenfalls in welchem Umfang dem Ehegatten, der wegen Kindesbetreuung nachehelichen Unterhalt beansprucht, die Aufnahme einer Erwerbstätigkeit zugemutet werden kann. Die für die einzelnen OLG-Bezirke hiernach geltenden Grundsätze zeigten teilweise nicht unerhebliche Abweichungen.[20] Überwiegend bleiben die Leitlinien jedenfalls in den Kernaussagen nicht hinter der dargestellten BGH-Rechtsprechung zurück. Danach bestand keine Erwerbsobliegenheit bei einem Kind bis zum 7. Lebensjahr; teilweise wurde die Erwerbsobliegenheit für die gesamte Grundschulzeit verneint. Wegen der Einzelheiten wird auf die 3. Auflage verwiesen.

---

[9] BGH v. 21.12.1988 - IVb ZR 18/88 - juris Rn. 13 - LM Nr. 15 zu § 1577 BGB.
[10] BGH v. 25.11.1998 - XII ZR 33/97 - juris Rn. 34 - LM BGB § 1569 Nr. 42 (6/1999); BGH v. 18.04.1984 - IVb ZR 80/82 - juris Rn. 16 - NJW 1984, 2355-2357.
[11] BGH v. 12.03.1997 - XII ZR 153/95 - juris Rn. 23 - LM BGB § 1570 Nr. 17 (7/1997); BGH v. 18.10.1989 - IVb ZR 89/88 - juris Rn. 23 - BGHZ 109, 72-88; BGH v. 26.01.1983 - IVb ZR 344/81 - juris Rn. 12 - LM Nr. 27 zu § 242 (Bd) BGB.
[12] BGH v. 31.01.1990 - XII ZR 36/89 - juris Rn. 9 - LM Nr. 61 zu § 323 ZPO.
[13] BGH v. 16.04.1997 - XII ZR 293/95 - juris Rn. 33 - LM BGB § 1570 Nr. 18 (9/1997).
[14] BGH v. 15.11.1989 - IVb ZR 3/89 - BGHZ 109, 211-214; BGH v. 28.03.1984 - IVb ZR 64/82 - juris Rn. 8 - LM Nr. 5 zu § 1577 BGB.
[15] BGH v. 25.11.1998 - XII ZR 33/97 - juris Rn. 34 - LM BGB § 1569 Nr. 42 (6/1999); BGH v. 11.04.1990 - XII ZR 42/89 - juris Rn. 25 - LM Nr. 63 zu § 323 ZPO; BGH v. 04.11.1981 - IVb ZR 629/80 - juris Rn. 18 - LM Nr. 1 zu § 1570 BGB.
[16] BGH v. 15.05.1996 - XII ZR 21/95 - juris Rn. 12 - FamRZ 1996, 1067-1070 (zwei Kinder im Alter von 11 1/2 und 7 Jahren).
[17] BGH v. 16.04.1997 - XII ZR 293/95 - juris Rn. 30 - LM BGB § 1570 Nr. 18 (9/1997).
[18] BGH v. 13.04.2005 - XII ZR 48/02 - Juris Rn. 32 - FamRZ 2005, 967, 970; BGH v. 16.04.1997 - XII ZR 293/95 - juris Rn. 33 - LM BGB § 1570 Nr. 18 (9/1997).
[19] BGH v. 20.01.1982 - IVb ZR 651/80 - juris Rn. 20 - LM Nr. 12 zu § 1603 BGB.
[20] Vgl. Schürmann, FamRZ 2005, 490-501, 498.

B. Praktische Bedeutung

11 Die Neuregelung des Betreuungsunterhalts hat viel Aufmerksamkeit erfahren, weil dieser Anspruch in der Praxis eine erhebliche Rolle spielt. Der hohe Stellenwert ergibt sich nicht zuletzt aus ihrem privilegierten Rang nach § 1609 Nr. 2 BGB. Schon deswegen besteht ein erhebliches Interesse, wenigstens einen Teil des Unterhalts aus dieser Norm herzuleiten.

12 Bei dieser Vorschrift prallen zudem in besonderem Maße unterschiedliche gesellschaftliche Auffassungen aufeinander. Ist die Betreuung des Kindes durch einen Elternteil der bessere Weg als die Fremdbetreuung? In welchem Umfang ist Fremdbetreuung vertretbar? Welche Belastung verbleibt beim betreuenden Elternteil neben der Fremdbetreuung?

13 Der vom Gesetzgeber propagierte Vorrang der Einzelfallentscheidung führt beim Billigkeitsunterhalt nach § 1570 Abs. 1 Satz 2 BGB zu einer individuelleren Betrachtung der jeweiligen Umstände, erschwert aber die Beratung.

C. Anwendungsvoraussetzungen

14 Betreuungsunterhalt erfährt seine innere Rechtfertigung aus dem Betreuungsbedürfnis des Kindes. Es muss sich einerseits um ein gemeinschaftliches Kind handeln und andererseits eine tatsächliche (Mit-)Betreuung vorliegen. Erst wenn diese allgemeinen Voraussetzungen gegeben sind, kommt ein Anspruch auf Betreuungsunterhalt nach § 1570 Abs. 1 BGB in Betracht. Beim ehespezifischen Annexanspruch nach § 1570 Abs. 2 BGB steht dagegen der Vertrauensschutz auf bisher praktizierte Absprachen hinsichtlich Arbeitsaufteilung und Kinderbetreuung und den sich daraus ergebenden Nachteilen im Vordergrund.

I. Allgemeine Voraussetzungen

1. Gemeinschaftliches Kind

15 Gemeinschaftlich im Sinne des § 1570 BGB ist ein **vor rechtskräftiger Scheidung geborenes Kind**, das im abstammungs- oder adoptionsrechtlichen Sinne Kind des einen wie des anderen Ehegatten ist. Gemeinschaftlich sind hiernach ohne weiteres Kinder, die während einer bestehenden Ehe geboren wurden und bei denen sich Mutter- und Vaterschaft daher aus den §§ 1591, 1592 Nr. 1 BGB ergeben. Wurde das Kind vor der Eheschließung geboren, wird es durch Anerkennung (§ 1592 Nr. 2 BGB) oder gerichtliche Feststellung der Vaterschaft (§ 1592 Nr. 3 BGB) zum gemeinschaftlichen Kind. Auch ein vor Rechtskraft der Scheidung geborenes scheineheliches Kind gilt grundsätzlich als gemeinschaftliches Kind, solange die Vaterschaft des Ehegatten nicht wirksam angefochten worden ist (§ 1599 Abs. 1 BGB).

16 Wurde das Kind zwischen **Anhängigkeit und rechtskräftigem Abschluss des Scheidungsverfahrens** geboren, entfällt gemäß § 1599 Abs. 2 BGB die Vaterschaft des geschiedenen Ehegatten jedoch, wenn ein Dritter spätestens bis zum Ablauf eines Jahres nach Rechtskraft des Scheidungsurteils mit Zustimmung des Ehemanns und der Mutter die Vaterschaft anerkennt. Mit Wirksamwerden dieser Anerkennung verliert das Kind den Status eines gemeinschaftlichen Kindes. Die Anerkennung wird frühestens mit Rechtskraft des Scheidungsurteils wirksam (§ 1599 Abs. 2 Satz 3 BGB).

17 Auch dann, wenn ein Ehepaar gemeinsam ein Kind **adoptiert** oder wenn ein Ehegatte ein Kind des anderen Ehegatten adoptiert, erhält dieses die Stellung eines gemeinschaftlichen Kindes (§ 1754 Abs. 1 BGB).

18 Ein **Kind, das erst nach Rechtskraft der Scheidung geboren wird**, ist dagegen nicht als gemeinschaftliches Kind im Sinne des § 1570 BGB anzusehen, da es hier an einer bereits die ehelichen Lebensverhältnisse prägenden gemeinsamen Elternschaft fehlt. Das gilt auch dann, wenn der geschiedene Ehegatte anschließend die Vaterschaft anerkennt oder wenn sie gerichtlich festgestellt wird. Die Kindesmutter kann in einem solchen Fall Ansprüche wegen Betreuung des Kindes nur aus § 1615l BGB herleiten. Ein Rückgriff auf § 1576 BGB ist ausgeschlossen, weil § 1615l BGB für seinen Anwendungsbereich eine abschließende Spezialregelung darstellt.[21] Die rechtlichen Folgen sind wegen der durch das **UÄndG vom 21.12.2007** erfolgten Annäherung dieser beiden Unterhaltstatbestände weitgehend gleich.

---

[21] BGH v. 17.12.1997 - XII ZR 38/96 - juris Rn. 8 - LM BGB § 1570 Nr. 19 (4/1998); *Brudermüller* in: Palandt, § 1570 Rn. 3.

Keine gemeinschaftlichen Kinder sind darüber hinaus **Pflegekinder**, auch wenn sie in der Ehezeit gemeinsam betreut wurden, sowie **Kinder eines Ehegatten aus einer früheren Ehe**. Die Betreuung solcher Kinder kann allenfalls einen Unterhaltsanspruch nach § 1576 BGB auslösen.[22] Werden neben Pflegekindern auch gemeinschaftliche Kinder betreut, ist wegen des subsidiären Charakters des § 1576 BGB zunächst eine Anspruchsberechtigung aus § 1570 BGB zu prüfen. Denkbar ist in solchen Fällen allerdings, dass die Betreuung der gemeinsamen Kinder – etwa wegen ihres Alters und des dadurch eingeschränkten Betreuungsbedürfnisses – den geltend gemachten Unterhalt nur zum Teil rechtfertigt und dass im Hinblick auf die Betreuung der Pflegekinder ein ergänzender Anspruch aus § 1576 BGB besteht. In einem solchen Fall ist genau zu beziffern, inwieweit der Gesamtunterhaltsanspruch auf § 1570 BGB beruht und inwieweit er sich aus § 1576 BGB ergibt.[23] Weiteres hierzu in der Kommentierung zu § 1576 BGB.

19

Das Kind muss betreuungsbedürftig sein, also der Pflege oder der Erziehung bedürfen. Da für den Anspruch aus § 1570 Abs. 1 BGB keine Einsatzzeitpunkte gelten, kann die **Betreuungsbedürftigkeit** des Kindes auch erst nach der Scheidung eintreten. Sie kann auch zeitweilig wegfallen und später wieder neu entstehen. Spätestens mit Eintritt der **Volljährigkeit** entfällt in der Regel jegliches Betreuungsbedürfnis. Das gilt auch, soweit es sich um privilegierte volljährige Kinder im Sinne des § 1603 Abs. 2 Satz 2 BGB handelt.[24] Betreuungsbedürftigkeit kann ausnahmsweise über den Zeitpunkt der Volljährigkeit hinaus anzunehmen sein, wenn das volljährige Kind krank oder behindert ist und aus diesem Grund weiterhin elterliche Pflege benötigt.[25]

20

2. Betreuung oder Erziehung des Kindes

Die Vorschrift gibt dem Tatbestandsmerkmal Betreuung keinen eigenständigen Inhalt, sondern stellt ihn als Oberbegriff neben die Erziehung. Es kann deshalb an das angeknüpft werden, was im Rahmen der Personensorge als Pflichten der Eltern beschrieben wird. Pflege, Erziehung und Beaufsichtigung sind gesetzlich besonders hervorgehobene Handlungsfelder der elterlichen Personensorge (vgl. §§ 1631 Abs. 1, 1626 Abs. 2, 1606 Abs. 3 BGB; Art. 6 Abs. 2 GG), wobei die **Pflege** sich mehr auf Körper und Gesundheit erstreckt und die **Erziehung** schwerpunktmäßig den Bereich der geistig-seelischen Entwicklung betrifft. Zumeist beinhaltet die Kindesbetreuung sowohl Pflege als auch Erziehung. Zwingend erforderlich ist dies jedoch nicht. Es reicht nach dem Wortlaut der Vorschrift („oder") vielmehr aus, wenn dem Kind Betreuung in einer dieser Formen zuteilwird. Daher kann auch die Betreuung eines pflegebedürftigen volljährigen Kindes, das als solches dem elterlichen Erziehungsrecht nicht mehr unterliegt, zu einem Anspruch aus § 1570 BGB führen.

21

Eine Betreuung durch den unterhaltsberechtigten Ehegatten muss tatsächlich stattfinden. Dabei ist es unschädlich, wenn er sich hierzu zeitweilig der **Hilfe Dritter**, etwa eigener Familienangehöriger, bedient. Nach dem **UÄndG vom 21.12.2007** besteht sogar die Obliegenheit, eine Fremdbetreuung in Anspruch zu nehmen, wenn dies mit den Belangen des Kindes in Einklang steht (§ 1570 Abs. 1 Satz 3 BGB).

22

Teilen sich die Eltern die Erziehung und Versorgung des Kindes, kommt es auf den Umfang der Betreuungsanteile an. Die überwiegende Betreuung durch einen Elternteil ist zur Begründung eines Anspruchs auf Betreuungsunterhalt ausreichend. Bei einem echten Wechselmodell können beide Elternteile aus § 1570 BGB berechtigt und verpflichtet sein. Letztlich wird es darauf ankommen, ob jeweils eine Deckung des eheangemessenen Bedarfs durch eigene Einkünfte möglich ist.

23

Bei **vollständiger Fremdbetreuung**, insbesondere bei dauerhafter Heim- oder Internatsunterbringung, besteht dagegen kein Unterhaltsanspruch aus § 1570 BGB, da der Ehegatte in einem solchen Fall nicht daran gehindert ist, eine volle Erwerbstätigkeit aufzunehmen.

24

Die Betreuung muss zumindest insoweit **rechtmäßig** sein, als die Betreuungssituation, auf welche der berechtigte Ehegatte seinen Anspruch stützt, nicht im Widerspruch zu einer gerichtlichen Sorgerechtsentscheidung stehen darf. Ohne weiteres rechtmäßig ist die Betreuung hiernach, wenn der betreuende Ehegatte **allein sorgeberechtigt** ist. Bei gemeinsamem Sorgerecht ist die Betreuung jedenfalls dann rechtmäßig, wenn sie **mit Einverständnis** des anderen Ehegatten oder aufgrund einer gerichtlichen

25

---

[22] BGH v. 17.12.1997 - XII ZR 38/96 - juris Rn. 13 - LM BGB § 1570 Nr. 19 (4/1998); OLG Koblenz v. 16.02.2005 - 7 WF 1224/04 - FamRZ 2005, 1997.
[23] BGH v. 25.01.1984 - IVb ZR 28/82 - juris Rn. 28 - LM Nr. 4 zu § 1570 BGB.
[24] BGH v. 09.01.2002 - XII ZR 34/00 - juris Rn. 17 NJW 2002, 2026-2029.
[25] BGH v. 16.01.1985 - IVb ZR 59/83 - juris Rn. 7 - LM Nr. 6 zu § 1577 BGB; BGH v. 17.03.2010 - XII ZR 204/08.

Sorgerechtsregelung, etwa einer Übertragung des Aufenthaltsbestimmungsrechts, erfolgt.[26] Streiten die gemeinsam sorgeberechtigten Eltern noch um Sorgerecht und künftigen Aufenthalt des Kindes, wird man bis zur gerichtlichen Entscheidung hierüber im Rahmen des § 1570 BGB die tatsächliche Obhutsausübung in der Regel als ausreichende Legitimationsgrundlage ansehen dürfen.

26 Etwas anderes kann im Einzelfall gelten, wenn die Obhut durch **eigenmächtige Kindesmitnahme** gegen den Willen des anderen Elternteils – möglicherweise gar in strafrechtswidriger Weise (§ 235 StGB) – erlangt worden ist, der andere Elternteil ebenfalls Anspruch auf die Betreuung erhebt und feststeht, dass er ohne Gefährdung des Kindeswohls zu ihrer Wahrnehmung in der Lage wäre.[27] Die hierfür erforderlichen Feststellungen sind vorrangig im Sorgerechtsverfahren unter Beachtung der dort geltenden besonderen verfahrens- und materiellrechtlichen Grundsätze zu treffen. Dabei ist zu berücksichtigen, dass auch eine eigenmächtig und unter formaler Verletzung des Elternrechts des anderen Ehegatten herbeigeführte Obhutssituation im Ergebnis dem Kindeswohl entsprechen und ihre Aufrechterhaltung aus Gründen des Kindeswohls geboten sein kann. Ist das der Fall, wird das Gericht die bestehende Betreuungssituation, auch wenn sie ursprünglich rechtswidrig herbeigeführt wurde, sorgerechtlich bestätigen.

27 Fraglich ist, ob die **Legitimationswirkung einer Sorgerechtsregelung**, soweit es im Rahmen des § 1570 BGB auf eine rechtmäßige Betreuung ankommt, auf den Zeitpunkt der tatsächlichen Obhutsübernahme zurückwirkt oder ob erst mit dem Wirksamwerden der gerichtlichen Entscheidung die Voraussetzungen eines Anspruchs aus § 1570 BGB erfüllt sind. Aus der Funktion des Betreuungsunterhalts, der im Interesse des Kindes besteht und der Sicherstellung der Versorgung des Kindes dient, lässt sich ableiten, dass regelmäßig eine **Rückwirkung der sorgerechtlichen Entscheidung** anzunehmen ist. Der Betreuungsunterhalt ist kein Instrument, ein Fehlverhalten eines Elternteils zu sanktionieren.

28 Die Situation, dass über den **nachehelichen Unterhalt** zu entscheiden ist, während die Eltern noch über das Sorgerecht streiten, wird sich in der Praxis aber nicht allzu häufig einstellen, weil ein solcher Streit regelmäßig bereits vor der Scheidung in der Trennungsphase ausbrechen wird. Die Frage stellt sich aber, wenn das Sorgerechtsverfahren im Zeitpunkt der Scheidung noch nicht abgeschlossen ist. Der Zwangsverbund ist weggefallen, eine Entscheidung im Verbund ergeht nach § 137 Abs. 3 FamFG nur, wenn ein Ehegatte dies vor Schluss der mündlichen Verhandlung beantragt (eine Frist ist im Gegensatz zu den anderen Folgesachen des § 137 Abs. 2 FamFG nicht einzuhalten). Mit einem solchen Antrag kann der Gleichlauf wieder hergestellt werden.

II. Basisunterhalt (Absatz 1 Satz 1)

29 Während der **ersten drei Lebensjahre** des Kindes kann immer Betreuungsunterhalt verlangt werden. Der Gesetzgeber versteht diesen Anspruch als Basisunterhalt. In diesem Zeitraum können Eltern die Betreuung des Kindes in vollem Umfang persönlich übernehmen. Obliegenheiten zur Inanspruchnahme einer Kinderbetreuung und Aufnahme einer Erwerbstätigkeit bestehen nicht. Insoweit ergeben sich keine Änderungen. Es bedarf demnach auch keiner besonderen Begründung des Anspruchs, der Hinweis auf die Betreuung eines Kindes, das das dritte Lebensjahr noch nicht vollendet hat, ist ausreichend. Soweit Ausnahmen von diesem Grundsatz geltend gemacht werden, ist der Unterhaltspflichtige in vollem Umfang darlegungs- und beweisbelastet.

30 Da beim **Basisunterhalt** die Aufnahme einer Beschäftigung nicht erwartet wird, ist eine gleichwohl ausgeübte Erwerbstätigkeit in der Regel **überobligationsmäßig**.[28] Das so erzielte Einkommen ist regelmäßig anhand der Umstände des Einzelfalls auf seine unterhaltsrechtliche Relevanz zu überprüfen.[29] Je stärker die Belastung aus dieser doppelten Inanspruchnahme ist, umso geringer ist der Einkommensanteil, der bedarfsprägenden Charakter hat.

31 Die Frage, ob der Anspruch auf Basisbetreuungsunterhalt **im Tenor zu befristen** ist, wird unterschiedlich beantwortet. Teilweise wird sie bejaht unter Hinweis darauf, dass Basis- und Betreuungsunterhalt in einem **Regel-Ausnahme-Verhältnis** zueinander stünden und eine andere Handhabung den Unter-

---

[26] BVerfG v. 14.07.1981 - 1 BvL 28/77, 1 BvL 48/79, 1 BvR 154/79, 1 BvR 170/80 - juris Rn. 77 - NJW 1981, 1771-1774; BGH v. 23.04.1980 - IVb ZR 527/80 - juris Rn. 13 - LM Nr. 3 zu § 1579 BGB; *Bömelburg* in: Wendl/Dose, Das Unterhaltsrecht in der familienrichterlichen Praxis, 8. Aufl. 2011, § 4 Rn. 166.

[27] BGH v. 23.04.1980 - IVb ZR 527/80 - juris Rn. 13 - LM Nr. 3 zu § 1579 BGB.

[28] BGH v. 18.03.2009 - XII ZR 74/08 - FamRZ 2009, 770; *Brückner*, jurisPR-FamR 11/2009, Anm. 4; BGH v. 30.03.2011 - XII ZR 3/09 - juris Rn. 28 - FamRZ 2011, 791-795.

[29] BGH v. 17.06.2009 - XII ZR 102/08 - juris Rn. 18 - FamRZ 2009, 1391-1397; BGH v. 13.04.2005 - XII ZR 273/02 - FamRZ 2005, 1154.

halt begehrenden Ehegatten von der Darlegungs- und Beweislast bzgl. des Billigkeitsunterhalts entbinden würde.[30] Überwiegend wird eine Befristung jedoch abgelehnt, weil eine sichere Prognose über das Betreuungsbedürfnis des Kindes und der Erwerbsobliegenheit in der Regel nicht getroffen werden kann[31] (zu den Einzelheiten vgl. Rn. 188).

III. Billigkeitsunterhalt aus kindbezogenen Gründen (Absatz 1 Sätze 2, 3)

Nach Vollendung des 3. Lebensjahrs kommt eine Verlängerung des Unterhaltsanspruchs nur unter Billigkeitsgesichtspunkten in Betracht. Dabei sind vorrangig die Belange des Kindes zu beachten. Der objektive Betreuungsbedarf des Kindes muss der Grund dafür sein, dass von dem Berechtigten eine Erwerbstätigkeit nicht oder nicht in vollem Umfang erwartet werden kann. Ob und inwieweit die Kindesbetreuung eine Freistellung von der Erwerbsobliegenheit nach sich zieht, ist **nach den Umständen des Einzelfalls** und gegebenenfalls unter Zuhilfenahme von Erfahrungssätzen zu beurteilen. Bei der hier anzustellenden Abwägung kommt es auf das Alter und die Zahl der Kinder sowie insbesondere auf das Ausmaß ihrer konkreten Betreuungsbedürftigkeit an. Das **UÄndG vom 21.12.2007** hat zudem in § 1570 Abs. 1 Satz 3 BGB die Obliegenheit aufgenommen, eine Fremdbetreuung, so sie zuverlässig und zumutbar ist, in Anspruch zu nehmen. Diese Änderung führt zu einer Aufgabe des bisherigen Altersphasenmodells, das bisweilen spöttisch mit **0-8-15-Modell** beschrieben wird.[32] Elternbezogene Gründe spielen eine untergeordnete Rolle, sie haben ihre Berücksichtigung in § 1570 Abs. 2 BGB gefunden.

32

Im Rahmen des Gesetzgebungsverfahrens wurden die Anforderungen an die Erwerbsobliegenheit schrittweise verschärft. Der gesetzliche Hinweis, dass Möglichkeiten der verlässlichen Betreuung durch Dritte – seien es Kindergarten, Hort, betreuende Grundschule, Ganztagsgrundschule oder vergleichbare Einrichtungen – zu berücksichtigen sind, war im ursprünglichen Referentenentwurf[33] nicht enthalten und ist erst später in den Regierungsentwurf aufgenommen worden, weil zu Recht befürchtet worden war, dass allein die Betonung der bisher schon zu beachtenden Eigenverantwortung nicht zu einer Korrektur des Altersphasenmodells führen wird. Denn das Problem liegt nicht im § 1569 BGB verortet, sondern im Tatbestand des § 1570 BGB selbst.[34] Dies wird in der Gesetz gewordenen Fassung durch den zeitlichen Einschnitt nach dem dritten Lebensjahr des Kindes deutlicher.

33

Der BGH hat noch in der Entscheidung vom 01.03.2006[35] insbesondere an der Vermutung festgehalten, dass die Aufnahme einer Erwerbstätigkeit regelmäßig bis zum 8. Lebensjahr nicht zumutbar ist und sich zur Begründung auf die allgemeine Erfahrung gestützt, dass ein schulpflichtiges Kind in den ersten Schuljahren noch einer verstärkten Beaufsichtigung und Fürsorge bedarf, die nicht auf bestimmte Zeitabschnitte eines Tages beschränkt ist. Im Mittelpunkt steht das Betreuungsbedürfnis des Kindes, das anhand des Gesundheitszustandes, des sonstigen Entwicklungsstandes sowie möglicherweise auftretender Verhaltensstörungen zu prüfen ist. Auch ein gesteigertes Betreuungsbedürfnis so genannter Problemkinder ist zu berücksichtigen.

34

Diese Entscheidungen, hinsichtlich der Freistellung des betreuenden Elternteils von der Erwerbsobliegenheit in der ersten Altersphase, darf allerdings nicht isoliert betrachtet werden. In den Entscheidungen des BGH, die sich mit der Frage beschäftigt haben, ob eine tatsächlich ausgeübte Erwerbstätigkeit zumutbar ist und in welchem Umfang ein dadurch erzieltes Einkommen als unterhaltsrechtlich relevant einzubeziehen ist, wird bereits sehr stark auf den Einzelfall abgestellt und insbesondere in der freiwilligen Ausübung einer Berufstätigkeit ein maßgebendes Indiz für eine Vereinbarkeit von Kindererziehung und Arbeitsmöglichkeit gesehen.[36]

35

Im Zusammenhang mit der Erwerbstätigkeit einer nicht verheirateten Mutter während der ersten drei Jahre hat der BGH für wesentlich gehalten, wie die Betreuung während dieser Zeit der Berufstätigkeit konkret geregelt ist, wie jeweils die Kindesbetreuung mit den konkreten Arbeitszeiten unter Berück-

36

---

[30] *Wever*, FamRZ 2008, 553; *Schilling*, FPR 2008, 27, jeweils zu § 1615l Abs. 2 Satz 3 BGB; *Brudermüller* in: Palandt, § 1615l Rn. 15.
[31] BGH v. 18.03.2009 - XII ZR 74/08 - juris Rn. 41 - FamRZ 2009, 770; *Brückner*, jurisPR-FamR 11/2009, Anm. 4.
[32] *Wellenhofer*, FamRZ 2007, 1282-1289.
[33] Vgl. Synopse in FamRZ 2005, 1041.
[34] *Schwab*, FamRZ 2005, 1417.
[35] BGH v. 01.03.2006 - XII ZR 157/03 - juris Rn. 21 - FamRZ 2006, 846.
[36] BGH v. 15.12.2004 - XII ZR 121/03 - NJW 2005, 818-820 = FamRZ 2005, 442-445.

§ 1570

sichtigung erforderlicher Fahrzeiten zu vereinbaren ist, welche Hilfen zur Verfügung stehen und gegebenenfalls zu welchen Zeiten das Kind anderweitig beaufsichtigt wird und insofern zeitweise nicht der Betreuung durch die Mutter bedarf.[37]

37 Auch in seinem Urteil vom 05.07.2006, das einen Unterhaltsanspruch nach § 1615l BGB zum Gegenstand hat, hat der BGH[38] erneut auf die überwiegende Auffassung in Rechtsprechung – dokumentiert unter Ziff. 17.1 der damaligen Leitlinien der Oberlandesgerichte[39] – und Literatur verwiesen, der zufolge in der Regel eine Erwerbsobliegenheit erst mit der dritten Grundschulklasse beginnt.

38 Zuzugeben ist der Kritik des Gesetzgebers an dem überkommenen Altersphasenmodell, dass **es der erlebten Wirklichkeit überwiegend nicht entspricht**. Einerseits stieg die Betreuungsquote bei Kindern im Alter von 3-5 Jahren auf 91% im Jahr 2008[40], davon befanden sich 30% in einer Ganztagsbetreuung, andererseits nimmt die Tendenz zu, bereits frühzeitig ins Erwerbsleben zurückzukehren.[41] Nicht zu übersehen ist, dass das unterhaltsrechtlich dargelegte Betreuungsbedürfnis des Kindes nicht selten von der im Alltag aufgewandten Betreuung deutlich abweicht und das Interesse an der Fortschreibung des Unterhalts größer ist als das an der Förderung und Unterstützung des Kindes. Deshalb wird aber das Betreuungsbedürfnis objektiv nicht geringer.

39 Die bisherige Praxis, eine widerlegbare Vermutung zu postulieren, wonach bis zum 8. Lebensjahr – vereinzelt auch darüber hinausgehend bis zum Ende der Grundschulzeit – eine Erwerbstätigkeit nicht zumutbar ist, war zu weitgehend und eine **Herabsetzung der Schwelle zur Erwerbsobliegenheit im Grunde überfällig**.[42]

40 Bereits lange vor der Reform des Unterhaltsrechts gab es Kritik an dem Altersphasenmodell der Rechtsprechung, weil die von ihr aufgestellte Vermutung, bis zum 8. Lebensjahr hindere das Betreuungsbedürfnis des Kindes eine Erwerbstätigkeit des betreuenden Elternteils, weder durch die gesetzliche Regelung noch durch sozialwissenschaftliche Erkenntnisse gestützt werde.[43] Die Rechtsprechung ist auch deshalb bedenklich, weil sich berufstätige Mütter dem Vorwurf ausgesetzt sehen könnten, sie missachteten einen allgemeinen Erfahrungssatz, demzufolge das Kind ständiger persönlicher Betreuung bedürfe (Stichwort: Rabenmutter).[44]

41 Gleichwohl wird ein Rechtssicherheit stiftendes Modell zugunsten einer stärkeren Einzelfallgerechtigkeit verdrängt, zum Preis zusätzlicher Streitigkeiten, längerer Verfahrensdauer und nachteiliger Auswirkungen auf die Kinder.[45]

42 Das Augenmerk bei der Billigkeitsabwägung muss auf folgende Gesichtspunkte gerichtet sein:
- **Umfang des Betreuungsbedürfnisses**,
- **Möglichkeiten der Fremdbetreuung** im jeweiligen Einzelfall,
- **verbleibendes Betreuungsbedürfnis** des Kindes trotz Fremdbetreuung,
- **Vereinbarkeit von eigener Betreuung, Fremdbetreuung und Erwerbstätigkeit**.

1. Belange des Kindes

43 Das UÄndG vom 21.12.2007 zielt eindeutig darauf ab, den betreuenden Elternteil sehr viel früher als bisher in die Pflicht zu nehmen, seinen Unterhalt selbst zu bestreiten. Erreicht werden soll dies durch die Betonung der Eigenverantwortung in § 1569 BGB und die Berücksichtigung der Kinderbetreuung durch Dritte. Daneben sind auch die Belange des Kindes – die Legitimation des Betreuungsunterhalts – zu berücksichtigen. Deren nähere Erläuterung sucht man sowohl im Gesetz als auch in der Begründung vergebens. Es wird zur Orientierung auf die bisherige Rechtsprechung zu den „kindbezogenen Belangen" bei § 1615l Abs. 2 Satz 2 BGB verwiesen.

44 Rechtfertigender Grund für die Freistellung von der Erwerbsobliegenheit ist das Betreuungsbedürfnis; nur solange und soweit ein solches besteht, ist eine Erwerbstätigkeit nicht zumutbar. Dieses Betreuungsbedürfnis nimmt naturgemäß mit zunehmendem Alter des Kindes ab. Parallel dazu verstärkt sich

---

[37] BGH v. 13.04.2005 - XII ZR 273/02 - NJW 2005, 2145-2149 = FamRZ 2005, 1154-1158.
[38] BGH v. 05.07.2006 - XII ZR 11/04 - juris Rn. 14 - NJW 2006, 2687-2692 = FamRZ 2006, 1362-1368.
[39] FamRZ 2005, 1306 ff.
[40] Pressemitteilung des statistischen Bundesamtes vom 13.02.2008.
[41] *Hütter*, FPR 2012, 134.
[42] *Willutzki*, Stellungnahme zur Sachverständigenanhörung v. 16.10.2006; *Schwab*, FamRZ 2005, 1417-1425; vgl. auch *Brudermüller* in: Palandt, § 1570 Rn. 9.
[43] *Puls*, FamRZ 1998, 865, 866.
[44] *Puls*, FamRZ 1998, 865, 866.
[45] *Gerhardt*, FuR 2005, 529.

die Obliegenheit, eine Erwerbstätigkeit aufzunehmen und sie dem Umfang nach an das jeweilige Bedürfnis des Kindes anzupassen. An diesen Grundsätzen ändert sich auch künftig nichts. Das bisherige Altersphasenmodell hat diesen Zusammenhang nicht verkannt, sondern ihn für die Praxis handhabbar gemacht und eine relativ sichere Prognose hinsichtlich der gerichtlichen Entscheidungen ermöglicht.

Die Reform des § 1570 BGB bewirkt **eine Aufgabe der vorstehend dargestellten Grundlinien der früheren Rechtsprechung des BGH**.[46] War zunächst nur schwer vorstellbar, dass die ursprünglich beabsichtigte Ergänzung in § 1570 Abs. 2 BGB zu einer nachhaltigen Änderung der Rechtsprechung des BGH führen soll[47], konnte dies bei der Gesetz gewordenen Fassung nicht mehr fraglich sein. Dies insbesondere vor dem Hintergrund, dass das Bundesverfassungsgericht eine Gleichbehandlung des Betreuungsunterhalts bei ehelichen und nichtehelichen Kindern gefordert und der Gesetzgeber sich für eine Angleichung des § 1570 BGB an § 1615l BGB entschieden hat. Zwischenzeitlich hat der BGH eine deutliche Abkehr von seinen früheren Entscheidungen vorgenommen.

45

Zu Recht wird darauf hingewiesen, dass bei der Abwägung der **Umfang des Betreuungsbedürfnisses des Kindes Priorität** haben muss.[48] Auch der Gesetzgeber hat in der Begründung ausdrücklich klargestellt, dass der betreuende Elternteil sich nur dann auf eine Fremdbetreuungsmöglichkeit verweisen lassen muss, wenn dies mit den Kindesbelangen vereinbar ist. Dieser Ansatz steht auch in Einklang mit der Rechtsprechung des BGH, der insbesondere den Gesundheitszustand, den Entwicklungsstand sowie möglicherweise auftretende Verhaltensstörungen des Kindes als weitere Kriterien hervorgehoben hat.[49] Auch eine stark eingeschränkte körperliche Konstitution, eine schwere Erkrankung oder eine Behinderung können ein höheres Betreuungsbedürfnis auslösen.[50]

46

Diese kindbezogenen Gründe können zu einem erhöhten, von den Eltern persönlich zu erbringenden Betreuungsbedarf führen.[51] Sie können aber auch konstruiert und missbraucht werden (Mimosen-Einwand; Problemkind), um einen Unterhaltsanspruch zu begründen. Je nach substantiierter Darlegung kann eine gutachterliche Klärung erforderlich werden.[52]

47

Mit der ausdrücklichen Erwähnung der Belange des Kindes wird der Gefahr begegnet, dass sich die Diskussion auf organisatorische Fragen verengt, etwa wie Erwerbstätigkeit und Betreuung auch hinsichtlich einer Fremdbetreuung in Einklang zu bringen sind. Das **Betreuungsbedürfnis des Kindes umfasst auch Fürsorge, emotionale Zuwendung und Anteilnahme an den Erfolgs- und Misserfolgserlebnissen in Schule und Freizeit**.[53] Die Problematik erschöpft sich deshalb nicht darin, Fahrtzeiten, Öffnungszeiten der Einrichtungen und Arbeitszeiten aufzurechnen, es wird darüber hinaus auch zu beachten sein, dass Kinder die Nähe zu den Eltern brauchen, um verlässliche sichere Bindungen aufbauen zu können. Werden die Anforderungen hinsichtlich des Umfangs einer Erwerbstätigkeit überzogen, besteht die Gefahr, dass daneben weder Zeit noch Kraft bleibt, sich fürsorglich um das Kind zu kümmern.[54]

48

Häufig leiden Kinder unter der Trennung der Eltern und bedürfen besonderer **Unterstützung bei der Bewältigung der Trennungsproblematik**, ein Aspekt, der auch in der Gesetzesbegründung hervorgehoben wird.[55] Nicht selten geht die bekannte Umgebung verloren, Freundschaften müssen aufgegeben werden, vertraute Stützungssysteme brechen weg. Nicht immer wird es gelingen, diese für das Kind belastenden Umstände bis zur Scheidung aufzufangen. Viele problematische Umgangsverfahren zeigen, dass die Probleme, die mit der Trennung einhergehen, die Kinder nicht selten sehr lange belasten.

49

---

[46] OLG Hamm v. 06.03.2008 - 2 UF 117/07 - juris Rn. 86; OLG Düsseldorf v. 02.06.2008 - II-4 WF 41/08; OLG Düsseldorf v. 05.05.2008 - II-2 UF 135/06.
[47] *Puls*, Stellungnahme zur Sachverständigenanhörung v. 16.10.2006; *Reinken*, FPR 2005, 502-505.
[48] *Puls*, Stellungnahme zur Sachverständigenanhörung v. 16.10.2006; *Reinken*, FPR 2005, 502-505.
[49] BGH v. 01.03.2006 - XII ZR 157/03 - juris Rn. 21 - FamRZ 2006, 846.
[50] *Dose*, FPR 2012, 129.
[51] *Schumann*, FF 2007, 227; *Hollinger* in: Strohal/Viefhues, Das neue Unterhaltsrecht, § 1570 Rn. 43; OLG Rostock v. 08.11.2006 - 10 UF 50/05 - juris Rn. 15 - OLGR Rostock 2007, 639 zu § 1615l BGB.
[52] *Born*, NJW 2008, 1-8.
[53] OLG Celle v. 06.08.2009 - 17 UF 210/08 - juris Rn. 21 - NJW 2010, 79, OLG Köln v. 26.05.2009 - II-25 UF 162/08 - FamRZ 2009, 2011.
[54] *Hollinger* in: Strohal/Viefhues, Das neue Unterhaltsrecht, § 1570 Rn. 45.
[55] BT-Drs. 16/1830 Anlage 1 – Formulierungshilfe, S. 5.

50 Eine weitere Gefahr bei einer technokratischen Verkürzung der Problematik liegt darin, dass der betreuende Elternteil die Folgen der Reform des § 1570 BGB alleine trägt. Die **Symmetrie der Belastungen** bei beiden Eltern darf nicht aus dem Blickfeld verschwinden.[56] Die Arbeitszeit und der Umfang des Umgangs des nicht betreuenden Elternteils sollten in einem ausgewogenen Verhältnis zum Gesamtaufwand des betreuenden Elternteils stehen. Allerdings ist auch zu beachten, dass der betreuende Elternteil gem. § 1606 Abs. 3 Satz 2 BGB als Gegenstück zum Barunterhalt verpflichtet ist, das Kind zu pflegen und zu erziehen. Damit wird auch die Erfüllung rein hauswirtschaftlicher Pflichten erfasst.[57] Diese Entlastung wird aber teilweise wieder dadurch aufgehoben, dass der dem betreuenden Elternteil zustehende Unterhalt unter Berücksichtigung des vorrangigen Kindesunterhalts bemessen wird.[58]

51 In diesem Zusammenhang ist es hilfreich, sich den Tagesablauf des betreuenden und erwerbstätigen Elternteils zu vergegenwärtigen,[59] ebenso die Entscheidung des BVerfG zur Zumutbarkeit der Aufnahme einer Nebentätigkeit.[60] Eine Gegenüberstellung der Belastung des Elternteils aus persönlicher Kinderbetreuung und Erwerbstätigkeit und derjenigen, die sich aus Umgang und einer vollschichtigen Erwerbstätigkeit ergibt, trägt zur Ausgewogenheit der Lastenverteilung bei.[61] Diese Auswirkungen werden vom BGH jedoch bei den **elternbezogenen Gründen** erörtert.

2. Fremdbetreuung

52 Welche Formen der Kinderbetreuung meint § 1570 Abs. 1 Satz 3 BGB? Das Gesetz macht keinen Unterschied zwischen **öffentlichen Einrichtungen** (Kindergärten, Horte, betreuende Grundschule, Ganztagsgrundschule) und **privater Betreuung** durch Dritte (Tagesmutter) oder Familienangehörige. Teilweise erfolgt auch eine Betreuung durch Elterninitiativen. Die staatlichen Angebote und die der freien Träger werden üblicherweise mit dem Oberbegriff Tageseinrichtungen erfasst.[62]

53 Die Möglichkeit der Fremdbetreuung muss
- tatsächlich existieren,
- zumutbar und verlässlich sein,
- mit dem Kindeswohl in Einklang stehen.[63]

54 Wer jeweils die Betreuung des Kindes übernimmt, ist für die Berücksichtigung unerheblich; es darf aber nicht zu einem mehrfachen, das Kind belastenden Wechsel der Betreuungspersonen kommen (Betreuungshopping).[64]

55 Dies hat zur Konsequenz, dass auch **die Betreuung durch den anderen Elternteil** darunter zu subsumieren ist. Verständigen sich die Eltern auf ein so genanntes **Wechselmodell**, und betreuen sie das Kind in etwa gleichem zeitlichem Umfang, eröffnen sich dadurch Möglichkeiten, eine Berufstätigkeit auszuüben.

56 Auf den Kindesunterhalt wirkt sich das Wechselmodell nicht aus, wenn die Eltern sich die Betreuung des Kindes nahezu hälftig teilen. Bleibt die Betreuungsleistung eines Elternteils dahinter zurück, bleibt es bei dem Grundsatz, dass nur einer barunterhaltspflichtig ist. Der BGH hat bei einem Wechselmodell und der Aufteilung der Betreuung des Kindes von einem Drittel zu zwei Drittel eine anteilige Quotierung des Barunterhalts abgelehnt und es bei der alleinigen Barunterhaltspflicht des Elternteils belassen, der den geringeren Beitrag zur Versorgung und Betreuung beisteuert.[65] Er musste sich in seiner Entscheidung deshalb nicht mit dem Rechenweg auseinandersetzen, der einzuschlagen ist, wenn eine weit-

---

[56] *Hülsmann* in: Hoppenz/Hülsmann in: Der reformierte Unterhalt, § 1570 n.F. Rn. 5; BGH v. 18.04.2012 - XII ZR 65/10 - juris Rn. 24 - FamRZ 2012, 1040-1046.
[57] Saarländisches OLG v. 10.12.2009 - 6 UF 110/08 - juris Rn. 35; *Viefhues*, jurisPR-FamR 22/2009, Anm. 1.
[58] BGH v. 18.04.2012 - XII ZR 65/10 - juris Rn. 24.
[59] *Meier*, FamRZ 2008, 101-105.
[60] BVerfG v. 05.03.2003 - 1 BvR 752/02 - juris Rn. 11 - FamRZ 2003, 661 (nur wenn nicht zu unzumutbaren Belastungen führend).
[61] *Borth*, FamRZ 2008, 2-16; *Meier*, FamRZ 2008, 101-105, der den Tagesablauf einer vollschichtig erwerbstätigen und ein Kind betreuenden Mutter in Erinnerung ruft.
[62] Eine Darstellung findet sich in der für das Bundesministerium für Familie, Senioren, Frauen und Jugend erstellten Broschüre des Deutschen Jugendinstituts e.V. – www.oecd.org/dataoecd/38/44/34484643.pdf (abgerufen am 11.12.2014), die zudem Angaben über die Verfügbarkeit der jeweiligen Einrichtungsformen enthält.
[63] BT-Drs. 16/1830, S. 17.
[64] OLG Hamm v. 26.08.2009 - 5 UF 25/09, II-5 UF 25/09 - juris Rn. 46 - FamRZ 2009, 2096.
[65] BGH v. 21.12.2005 - XII ZR 126/03 - FamRZ 2006, 1015-1018 mit Anm. *Luthin*; BGH v. 28.02.2007 - XII ZR 161/04; Anmerkungen dazu und Berechnungsmodelle bei *Viefhues*, FPR 2006, 287-291.

gehend hälftige Aufteilung der Betreuung praktiziert wird. Er hat aber dann, wenn der Umgang nahezu das Maß einer Mitbetreuung annimmt, die Herabstufung um eine oder mehrere Einkommensgruppen der Düsseldorfer Tabelle gebilligt.[66]

Soweit die Mitbetreuung des anderen Ehegatten zu einer zeitlichen Entlastung des die Betreuung hauptsächlich übernehmenden Ehegatten führt, ergibt sich die Obliegenheit, diesen Zeitraum zur Ausübung einer Erwerbstätigkeit zu nutzen. Die Mitbetreuung kann dazu führen, dass der Besuch des Kindergartens oder der Schule sichergestellt wird und deshalb eine Erwerbstätigkeit zumutbar wird.

Es wäre aber zu weitgehend, bei einer hälftigen Aufteilung der Betreuung einen Unterhaltsanspruch überhaupt zu verneinen, von der Ausnahme annähernd gleich hoher Einkommen abgesehen.[67]

Das Angebot des unterhaltspflichtigen Ehegatten, die **Betreuung des Kindes über den Umgang hinaus** zu übernehmen, kann unterhaltsrechtlich nicht ignoriert werden. Je umfangreicher diese anteilige Betreuung wäre, umso weitreichender die Obliegenheit eine Beschäftigung aufzunehmen.[68] Es steht dann zu erwarten, dass Ehegatten trefflich darüber streiten werden, ob die Mitbetreuung durch den anderen Ehegatten eine verlässliche, im Einklang mit dem Kindeswohl stehende Möglichkeit ist. Dieser Streit verschärft sich, wenn statt des Ehegatten dessen Lebensgefährtin stellvertretend für ihn an der Betreuung mitwirken soll.

Der BGH[69] sieht in einem regelmäßigen Umgang, der einen Wochentag und im 14tägigen Wechsel das Wochenende erfasst, eine zu berücksichtigende Entlastung des betreuenden Elternteils. Er hält es jedenfalls dann, wenn der andere Elternteil über ausreichende zeitliche Ressourcen verfügt, etwa weil er sich bereits im Vorruhestand befindet, für naheliegend, einen Umgang so umzugestalten, dass dadurch die Möglichkeit eröffnet wird, eine Erwerbstätigkeit auszuüben. Das kann aber nicht dazu führen, dass die Umgangsregelung im Rahmen des Unterhaltsverfahrens getroffen wird; der betreuende Elternteil wird sich aber einem ernsthaften und zumutbaren erweiterten Umgangsangebot nicht verweigern können, ohne unterhaltsrechtliche Nachteile hinnehmen zu müssen.

Eine verlässliche Betreuung durch den anderen Elternteil kann aber dann nicht bejaht werden, wenn in der Vergangenheit nicht einmal ein regelmäßiger unbegleiteter Umgang mit dem Kind stattgefunden hat.[70]

Eine Möglichkeit der Kinderbetreuung i.S.d. § 1570 Abs. 1 Satz 3 BGB liegt auch vor, wenn eine tatsächliche **Betreuung durch den neuen Lebensgefährten** des Unterhalt verlangenden Ehegatten erfolgt.[71] Ein Gesichtspunkt, der im Rahmen der Härteklausel des § 1579 Nr. 2 BGB insbesondere dann zu beachten sein wird, wenn es um die Prüfung der Kinderschutzklausel geht.

Die Betreuung des Kindes durch **nahestehende Angehörige** des Unterhalt begehrenden Ehegatten kann mangels Anspruchsgrundlage grundsätzlich nicht eingefordert werden, um eine Erwerbstätigkeit aufzunehmen. Wird sie tatsächlich erbracht, handelt es sich um eine freiwillige Leistung Dritter, die unterhaltsrechtlich zunächst nicht erheblich ist. Da sie jederzeit eingestellt werden könnte, liegt keine verlässliche Fremdbetreuung vor. Etwas anderes ergibt sich nur, wenn eine andere Fremdbetreuung erreichbar und zumutbar ist, aber nicht in Anspruch genommen wird, weil die Betreuung durch Familienangehörige bevorzugt wird.[72] Schwierig wird die Entscheidung in einer dritten Variante, wenn eine tatsächliche Betreuung durch nahe Familienangehörige erfolgt, eine andere Fremdbetreuung nicht erreichbar ist und eine Erwerbstätigkeit ausgeübt wird. Soweit in dieser Konstellation ebenfalls keine dauerhaft verlässliche Fremdbetreuung gesehen wird, dürfte es davon abhängen, in welchem Umfang bisher eine Betreuung des Kindes erfolgt ist und deren Gestaltung in der Zukunft erfolgen soll. Sprechen die Umstände für eine dauerhaft angelegte Betreuung, wird die Verlässlichkeit nicht in Frage gestellt werden können.[73]

---

[66] BGH v. 12.03.2014 - XII ZB 234/13 - juris Rn. 37.
[67] Schilling, FPR 2006, 291-295.
[68] Saarländisches OLG v. 10.12.2009 - 6 UF 110/08 - juris Rn. 30.
[69] BGH v. 01.06.2011 - XII ZR 45/09 - juris Rn. 24.
[70] OLG Celle v. 12.08.2008 - 10 UF 77/08 - juris Rn. 12.
[71] BGH v. 15.09.2010 - XII ZR 20/09 - juris Rn. 28 - FamRZ 2010, 1880; BGH v. 18.04.2012 - XII ZR 65/10 - juris Rn. 19.
[72] Graba in: Erman, § 1570 Rn. 7.
[73] Hülsmann in: Hoppenz/Hülsmann, Der reformierte Unterhalt, § 1570 n.F., Rn. 12.

a. Obliegenheit zur Inanspruchnahme der Kinderbetreuung?

64 Der Gesetzgeber macht sein Verständnis in der Begründung deutlich, wenn er formuliert: „In dem Maße wie eine kindgerechte Betreuungsmöglichkeit besteht, kann von dem betreuenden Elternteil eine Erwerbstätigkeit erwartet werden." Nur dann, wenn die Belange des Kindes eine Korrektur erfordern, entfällt diese Obliegenheit. Damit ist ein mittelbarer Zwang zur Fremdbetreuung nicht zu verneinen.[74]

65 Der BGH[75] hat deshalb ausdrücklich eine **Obliegenheit zur Inanspruchnahme einer Betreuungsmöglichkeit nach dem 3. Lebensjahr des Kindes angenommen und die Grenze dieser Obliegenheit dort gesehen**, wo eine solche Betreuung nicht mehr mit dem Kindeswohl vereinbar ist. Er ist gleichzeitig davon ausgegangen, dass der Besuch öffentlicher Betreuungseinrichtungen regelmäßig zumutbar ist. Damit ist der **Fremdbetreuung der Vorrang gegenüber der persönlichen Betreuung des Kindes eingeräumt, mit der Folge, dass bei einer Verletzung** dieser Obliegenheit, die Zurechnung fiktiven Einkommens erfolgt.[76]

66 Verfassungsrechtliche Bedenken gegen die Obliegenheit zur Fremdbetreuung hat der BGH unter Hinweis auf die Entscheidung des BVerfG vom 28.02.2007[77] verneint.[78] Nach dieser Entscheidung ist die zeitliche Begrenzung des Unterhaltsanspruchs auf in der Regel drei Jahre im Lichte des Art. 6 Abs. 2 GG nicht zu beanstanden. Das BVerfG räumt dem Gesetzgeber einen weiten Ermessensspielraum ein und überlässt ihm die Einschätzung, für wie lange er es aus Kindeswohlgesichtspunkten für erforderlich und dem unterhaltspflichtigen Elternteil zumutbar erachtet, die persönliche Betreuung des Kindes durch einen Elternteil mithilfe der Einräumung eines Unterhaltsanspruchs an diesen zu ermöglichen.[79]

b. Bedeutung einer Elternvereinbarung

67 Haben sich die Ehegatten darauf verständigt, die Betreuung des Kindes weitgehend selbst zu übernehmen, ist fraglich, ob nach der Trennung und der Scheidung noch daran festzuhalten ist. Die Pflicht, auch auf die Interessen des anderen Ehegatten Rücksicht zu nehmen, könnte auch dazu führen, nunmehr eine Kinderbetreuung durch Dritte in Anspruch zu nehmen.

68 Die Rechtsprechung des BGH[80] geht davon aus, dass der Gesetzgeber den Vorrang der persönlichen Versorgung und Erziehung zugunsten einer Fremdbetreuung aufgegeben hat, so dass eine bisher einvernehmlich erfolgte Betreuung des Kindes eine Verlängerung des Unterhaltsanspruchs aus kindbezogenen Gründen nicht rechtfertigt, sondern allenfalls bei den elternbezogenen Verlängerungsgründen in die Billigkeitsabwägung einfließen kann.

69 Grundsätzlich entscheiden die Eltern, wie sie ihre Kinder erziehen und betreuen. Es handelt sich um einen grundgesetzlich besonders geschützten Bereich (Art. 6 Abs. 2 GG). Die Pflege und Erziehung der Kinder ist das natürliche Recht der Eltern, aber auch die zuvörderst ihnen obliegende Pflicht.[81] Dem erziehungsberechtigten Elternteil muss die Erfüllung dieser Pflicht möglich sein, ohne durch eine Erwerbstätigkeit daran gehindert zu werden.[82] Erziehung hat aber auch eine soziale Komponente und kann bedeuten, Kinder Erfahrungen in der Gemeinschaft mit anderen sammeln zu lassen. So geht der BGH davon aus, dass der Besuch eines Kindergartens in der Regel vordergründig pädagogischen Zwecken dient.[83] Das Einvernehmen der Ehegatten wird zudem regelmäßig zu einem Zeitpunkt erzielt, in dem die Ehegatten zusammenleben und beide an der Betreuung und Erziehung mitwirken. **Mit der Trennung ist eine Neuorientierung erforderlich**, die eine Aufgabenverteilung losgelöst von früheren Vorstellungen erfordert. Allerdings wird dem betreuenden Elternteil eine angemessene **Übergangszeit** einzuräumen sein, um sich abweichend von der ursprünglichen Vorstellung um eine Kinderbetreuung zu bemühen.

---

[74] Gegen einen solchen Zwang: *Reinken*, FPR 2005, 502-505; *Schwab*, FamRZ 2005, 1417-1425.
[75] BGH v. 18.03.2009 - XII ZR 74/08 - FamRZ 2009, 770; *Brückner*, jurisPR-FamR 11/2009, Anm. 4.
[76] Kritisch *Hütter*, FPR 2012, 134 unter Hinweis auf die Regelungen in den §§ 1626, 1666 BGB.
[77] BVerfG v. 28.02.2007 - juris Rn. 71 - FamRZ 2007, 965.
[78] BGH v. 18.04.2012 - XII ZR 65/10 - juris Rn. 19.
[79] Vgl. auch *Dose*, FPR 2012, 129.
[80] BGH v. 18.03.2009 - XII ZR 74/08 - FamRZ 2009, 770; *Brückner*, jurisPR-FamR 11/2009, Anm. 4.
[81] BGH v. 05.07.2006 - XII ZR 11/04 - juris Rn. 21 - NJW 2006, 2687-2692 = FamRZ 2006, 1362-1368.
[82] BGH v. 05.07.2006 - XII ZR 11/04 - juris Rn. 21 - NJW 2006, 2687-2692 = FamRZ 2006, 1362-1368.
[83] BGH v. 05.03.2008 - XII ZR 150/05 - juris Rn. 22.

Das Recht auf persönliche Betreuung hat bereits bisher eine Einschränkung in § 1570 BGB a.F. erfahren, weil die Freistellung von der Erwerbsobliegenheit nur in dem Umfang erfolgt, wie diese nach den Bedürfnissen des Kindes erforderlich ist. Dieser Unterhaltsanspruch besteht nur im Interesse des Kindes und soll gerade nach der Trennung dessen Pflege und Erziehung gewährleisten. Es wird deshalb an **objektive Kriterien** angeknüpft und nicht an die subjektiven Maßstäbe der Eltern.

Während der **ersten drei Jahre** ist die Aufnahme einer Berufstätigkeit nicht zumutbar und wird vom Gesetzgeber auch nicht verlangt. Hinsichtlich des anschließenden Zeitraums lässt sich die Notwendigkeit persönlicher Betreuung nur unter Berücksichtigung der Lebenswirklichkeit und der staatlichen Hilfen beantworten. Im Zusammenhang mit § 1615l BGB hat der BGH auch den Anspruch auf einen Kindergartenplatz ab Vollendung des 3. Lebensjahres nach § 24 Abs. 1 SGB VIII und die Wertung sozialrechtlicher Vorschriften (§§ 10 Abs. 1 Nr. 3 SGB II) herangezogen.

Einzubeziehen bei der Abwägung sind auch die **wirtschaftlichen Verhältnisse der Parteien**. Bei beengten Verhältnissen, insbesondere wenn ein Mangelfall vorliegt, hat der betreuende Ehegatte bereits nach bisherigem Verständnis auf die Belange des anderen Rücksicht zu nehmen; deshalb sind an seine Erwerbsobliegenheit höhere Anforderungen zu stellen.[84] Andererseits führten besonders gute wirtschaftliche Verhältnisse zu einer Lockerung dieser Obliegenheit.[85]

Allerdings gewinnt der **Vertrauensschutz** auf die bisherigen Absprachen und die praktizierte Aufgabenverteilung an Bedeutung. Insbesondere bei den elternbezogenen Gründen des Annexanspruchs nach § 1570 Abs. 2 BGB führen praktizierte Absprachen über eine „klassische" Rollenverteilung zur Verlängerung des Betreuungsunterhalts. Es wird regelmäßig eine **Übergangsphase** zugebilligt werden, um sich auf die geänderten Rahmenbedingungen einstellen zu können.[86]

Insbesondere der **kurzfristige Wechsel** von einer herkömmlichen Grundschule in eine Ganztagsgrundschule kann regelmäßig nicht erwartet werden, wenn damit ein Ortswechsel verbunden ist. Eine andere Sichtweise ergibt sich, wenn in der bislang besuchten Einrichtung auch eine zusätzliche Betreuung angeboten wird. Auch ein **Umzug**, um eine kurzfristig bessere Fremdbetreuung zu realisieren, ist nicht zumutbar.

Schwieriger wird die Frage nach der Erreichbarkeit einer Fremdbetreuung zu beantworten sein, wenn eine ganztägige Betreuungsmöglichkeit nur deshalb nicht erreichbar ist, weil die betreuende Ehefrau zu einem neuen Partner gezogen ist. Dies wird unterhaltsrechtlich allenfalls dann hinzunehmen sein, wenn die Kindesbelange dies erfordern.[87]

Können sich Eltern, die gemeinsam sorgeberechtigt sind, nicht einigen, ob ihr Kind einen Kindergarten oder eine Ganztagsschule besucht, besteht gemäß § 1628 BGB die Möglichkeit, die Entscheidungsbefugnis einem Elternteil zu übertragen. Eine Lösung des Konflikts wird dadurch aber nicht erleichtert, weil derjenige, der die Kinder überwiegend betreut, in der Regel auch diese Entscheidungsbefugnis erhalten wird, zumal er selbst für die Durchführung dieser Fremdbetreuung sorgen muss. Die Frage ist deshalb im Unterhaltsrecht zu klären.

c. Auswirkung sozialrechtlicher Vorschriften

Die Frage der Zumutbarkeit einer Drittbetreuung ist auch Gegenstand sozialrechtlicher Normen. Auch die Gesetzesbegründung verweist auf die Einschränkungen im Sozialbereich. Nach den Wertungen des § 11 Abs. 4 SGB XII und des § 10 Abs. 1 Nr. 3 SGB II darf niemandem eine Erwerbstätigkeit zugemutet werden, soweit die geordnete Erziehung des Kindes gefährdet wird.

Eine solche Gefährdung wird dort in der Regel dann verneint, wenn bei einem Kind, das das dritte Lebensjahr vollendet hat, die Betreuung in einer Tageseinrichtung oder in Tagespflege sichergestellt ist.[88] Dies macht aber eine Prüfung im Einzelfall nicht entbehrlich. Kindesbelange und Kinderbetreuung müssen jeweils in Einklang stehen. Zudem darf nicht verkannt werden, dass diese Vorschriften zumindest auch der Steuerung der Belastung der Allgemeinheit dienen.[89]

---

[84] BGH v. 26.01.1983 - IVb ZR 344/81 - NJW 1983, 1548-1552; OLG Hamm v. 03.11.2000 - 11 WF 223/00 - FamRZ 2001, 627; *Brudermüller* in: Palandt, § 1570 Rn. 16.
[85] *Schwab*, Stellungnahme im Rahmen der Anhörung 16.10.2006.
[86] OLG Düsseldorf v. 29.10.2009 - II-7 UF 88/09 - FamRZ 2010, 646.
[87] *Graba* in: Erman, § 1570 Rn. 8.
[88] BGH v. 17.06.2009 - XII ZR 102/08 - juris Rn. 22 - FamRZ 2009, 1391-1397.
[89] Vgl. dazu auch *Schürmann*, FPR 2012, 224.

3. Erwerbsobliegenheit und Arbeitsmarkt

79 Auf die Betreuung des Kindes als Erwerbshindernis kann sich der bedürftige Ehegatte grundsätzlich nur berufen, soweit und solange die Belange des Kindes die persönliche Betreuung und Erziehung erfordern. Wird das Kind tatsächlich durch Dritte betreut, indiziert das die Vereinbarkeit der Fremdbetreuung mit den Belangen des Kindes. Die Frage der Erwerbsobliegenheit reduziert sich dann darauf, ob in diesem zeitlichen Rahmen eine Beschäftigung erreichbar ist.[90]

80 **Die damit einhergehenden Schwierigkeiten werden im Kindergartenalter** erfahrungsgemäß besonders ausgeprägt sein, weil das verbleibende Betreuungsbedürfnis erheblich ist. Hinzu kommt, dass für eine Ganztagsbetreuung, insbesondere in den alten Bundesländern, nur begrenzt Plätze vorhanden sind.[91] Auch **regionale Unterschiede bei der Betreuungsdichte** sind zu berücksichtigen und werden zu unterschiedlicher Bewertung führen.

81 Erschwert wird die Aufnahme einer Beschäftigung auch durch die Bedingungen am Arbeitsmarkt. Der Arbeitgeber wird sich in der Regel nach seinen wirtschaftlichen Interessen richten und nicht nach den Öffnungszeiten des Kindergartens. Er wird häufig einen Arbeitsausfall, der seine Ursache in der Erkrankung des Kindes oder einem plötzlich auftretenden zusätzlichen Betreuungsbedürfnis hat, nicht wiederholt hinnehmen.

82 Insbesondere dann, wenn **Schichtarbeit** geleistet wird, ergibt sich eine Lücke in der Betreuung des Kindes, weil außerhalb der üblichen Öffnungszeiten von Einrichtungen eine Fremdbetreuung nicht erreichbar ist.

83 Es darf auch nicht ausgeblendet werden, dass der betreuende Ehegatte nicht jede Arbeit, sondern nur eine i.S.d. § 1574 Abs. 2 BGB angemessene **Erwerbstätigkeit** annehmen muss. Auch wenn die dafür maßgebenden Kriterien modifiziert wurden, ist insbesondere die erreichte Ausbildung und Qualifikation, unter Umständen gemildert durch das Niveau einer tatsächlich ausgeübten Tätigkeit, zu berücksichtigen. Wer also eine abgeschlossene Berufsausbildung vorweisen kann und auch in diesem Bereich gearbeitet hat, wird in der Regel nicht auf einfachste Hilfs- oder Putztätigkeiten verwiesen werden können.

84 Besonders schwierig kann sich die Prüfung der Erwerbsobliegenheit im Falle einer **Geschwistertrennung** gestalten, d.h. wenn von mehreren gemeinschaftlichen Kindern das eine (z.B. der vierjährige Sohn) vom Vater und das andere (z.B. die fünfjährige Tochter) von der Unterhalt begehrenden Mutter betreut wird. Die Frage, inwieweit hier neben der Kindesbetreuung vom jeweiligen Elternteil eine Erwerbstätigkeit verlangt werden kann, ist unter Berücksichtigung der Umstände des Einzelfalls zu beurteilen. Dabei sind auf Berechtigten- wie auf Verpflichtetenseite die gleichen Maßstäbe anzulegen. Bei der Zumutbarkeitsabwägung im Rahmen des § 1570 Abs. 1 Sätze 2, 3 BGB sind zum einen Alter und konkrete Betreuungsbedürftigkeit des beim Anspruch stellenden Ehegatten lebenden Kindes sowie die Möglichkeit einer Fremdbetreuung zu berücksichtigen. Zum anderen ist einer gegenüber dem anderen Kind etwa bestehenden Barunterhaltpflicht und einer damit einhergehenden – ggf. gesteigerten – (§ 1603 Abs. 2 Satz 1 BGB) – Erwerbsobliegenheit Rechnung zu tragen. Die unterhaltsrechtliche Verpflichtung gegenüber diesem Kind strahlt aus auf die Erwerbsobliegenheit im Verhältnis zum anderen, ebenfalls betreuenden Ehegatten und gewinnt damit Bedeutung bei der Anwendung des § 1570 BGB. Denn beide Eltern haben für den Unterhalt jedes ihrer Kinder zu sorgen.[92] Beide müssen sich in einer solchen Situation verstärkt auf Möglichkeiten der Fremdbetreuung verweisen lassen.[93]

85 Ergibt die Abwägung von Kindesbelangen und Fremdbetreuung, dass eine Erwerbstätigkeit ausgeübt werden kann, muss der betreuende Ehegatte nach den allgemeinen Regeln im Einzelnen darlegen und beweisen, dass ihm der Arbeitsmarkt verschlossen ist und er deshalb gehindert ist, einer ihm zumutbaren Beschäftigung nachzugehen.

---

[90] *Schwab* hat in seiner Stellungnahme im Rahmen der Anhörung vom 16.10.2006 auch eine Streichung des Absatzes 2 angeregt.

[91] Hintergrundbericht S. 74, Tabelle 8 bezogen auf 2002 24,2%; neue Bundesländer 98,2% www.oecd.org/dataoecd/38/44/34484643.pdf (abgerufen am 05.02.2013).

[92] OLG München v. 29.11.2004 - 16 UF 1348/04 - FamRZ 2005, 1112.

[93] Allgemein zur Erwerbsobliegenheit bei Geschwistertrennung im Zusammenhang des Kindesunterhalts *Klinkhammer* in: Wendl/Dose, Das Unterhaltsrecht in der familienrichterlichen Praxis, 8. Aufl. 2011, § 2 Rn. 440-446; zur Beurteilung der Erwerbsobliegenheit bei geteilter Betreuung von halbbürtigen Geschwistern vgl. OLG Düsseldorf v. 07.07.1995 - 6 UF 117/94 - FamRZ 1996, 167; OLG Frankfurt/M. v. 12.02.1992 - 4 UF 118/91 - FamRZ 1992, 979.

4. Billigkeitskriterien
a. Modifiziertes Altersphasenmodell?

Ein **neues Altersphasenmodell**, das geeignet ist, eine zuverlässige Prognose für die Beratung und Entscheidung zu ermöglichen, wird sich wegen der stärkeren Beachtung der im Einzelfall zu berücksichtigenden Umstände kaum entwickeln können. Dies macht eine Unterhaltsprognose schwieriger als bisher und eröffnet zudem ein breites Argumentationsfeld mit den negativen Auswirkungen auf Verfahrensdauer und Familienfrieden. Denkbar wäre das Argument, die Qualität der erreichbaren Fremdbetreuung lasse es nicht zu, dass dieser Einrichtung das Kind überantwortet werden könne, weil verlässliche Betreuung nicht nur eine zeitliche, sondern auch inhaltliche Komponente hat, oder der Hinweis auf eine besondere Förderung des sportlich oder musisch talentierten Kindes. Auch eine gesundheitliche Anfälligkeit kann einer Fremdbetreuung entgegenstehen, ebenso rein organisatorische Gründe (Öffnungszeiten, Erreichbarkeit). 86

Die Polarisierung **individuelle Entscheidung** gegen **Orientierungsmodell** wird jedoch den Anforderungen der Praxis nicht gerecht. Beides schließt sich nicht aus. Es ist naheliegend, ausgehend von allgemeinen Erkenntnissen zur Entwicklung eines Kindes ein grobes Raster zu entwickeln, das als Einstieg dient und das um individuelle Komponenten verfeinert wird.[94] Dabei muss ein modifiziertes Altersphasenmodell nicht die Vermutungswirkung in sich tragen, die der BGH der Zeit bis zum 8. Lebensjahr des Kindes beigemessen hat. Aber auch nach der Unterhaltsreform gilt der Erfahrungssatz, dass jüngere Kinder ein höheres Betreuungsbedürfnis haben als ältere und mehrere Kinder ihre Eltern in stärkerem Umfang fordern als ein Einzelkind. 87

Nachdem der BGH[95] sich mehrfach gegen eine praxisfreundliche Fallgruppenbildung ausgesprochen hat, bleibt demjenigen, der Betreuungsunterhalt geltend macht, nur die umfassende Darstellung aller Umstände des Einzelfalls. 88

b. Leitlinien der Oberlandesgerichte

Die Oberlandesgerichte haben ihre **Leitlinien** dem UÄndG v. 21.12.2007 angepasst und sich unter der Ziff. 17.1. zur Erwerbsobliegenheit beim Betreuungsunterhalt geäußert. Es wird nunmehr in den Leitlinien Stand 01.01.2011 und 01.01.2012 – der deutlichen Rechtsprechung des BGH folgend – einheitlich der **Einzelfallentscheidung** der Vorzug gegeben.[96] 89

Teilweise wird die Möglichkeit eines gestuften Übergangs betont, so hebt das **OLG Frankfurt**[97] hervor, dass nach der Begründung des Gesetzgebers ein abrupter, übergangsloser Wechsel von der elterlichen Betreuung zur Vollzeitbeschäftigung nicht verlangt wird, sondern ein **gestufter Übergang** möglich ist, weshalb **bis zur Beendigung der Grundschulzeit die Aufnahme einer Vollzeiterwerbstätigkeit in aller Regel nicht erwartet werden kann**. Diese Orientierung wurde für 2014 fortgeschrieben.[98] 90

Ein **modifiziertes Altersphasenmodell** fand sich in den früheren **Leitlinien des OLG Hamm**.[99] Sie betonten – insbesondere wenn mehrere Kinder vorhanden sind – einerseits die Notwendigkeit der Einzelfallentscheidung, bieten aber andererseits auch eine grobe Orientierung an. Die Kernaussage lautet: „Wenn ... eine verlässliche Fremdbetreuung des Kindes (Kindergarten, Kindertagesstätte, Schule) objektiv möglich ist und soweit Kindesbelange oder Vertrauenstatbestände nicht entgegenstehen, nimmt die Mehrheit der Senate an, dass mit einem Alter des betreuten Kindes von mehr als drei Jahren vielfach schon eine geringfügige Erwerbstätigkeit erwartet werden kann, die mit dem Ende des ersten Grundschuljahres und sodann mit dem Ende des ersten Jahres auf der weiterführenden Schule über eine halbschichtige bis hin zu einer vollschichtigen Tätigkeit auszudehnen ist." Verkürzt ergibt sich danach folgende **Abstufung hinsichtlich der Erwerbsobliegenheit**: ab dem 3. Lebensjahr **bis zum ersten Grundschuljahr** wenigstens geringfügige Beschäftigung, **ab dem zweiten Grundschuljahr** Halbtagsbeschäftigung, **nach dem ersten Jahr auf der weiterführenden Schule** Ausdehnung bis zur Vollzeitbeschäftigung. 91

---

[94] Vgl. OLG Düsseldorf v. 15.12.2008 - II-2 WF 222/08, 2 WF 222/08 - juris Rn. 2; *Reinken*, FPR 2010, 125.
[95] BGH v. 18.04.2012 - XII ZR 65/10 - juris Rn. 23.
[96] Leitlinien der OLG: juris – Arbeitshilfen; www.famrz.de/leitlinien-dokumente/leitlinien-und-richtlinien/index.php (abgerufen am 11.12.2014).
[97] www.famrz.de/downloads/leitlinien/Frankfurt_2011.pdf (abgerufen am 11.12.2014).
[98] www.famrz.de/downloads/leitlinien/Frankfurt2014.pdf (abgerufen am 11.12.2014).
[99] FamRZ 2008, 347.

92 Das **OLG Hamm** hat unter dem Eindruck der nach Veröffentlichung dieser Leitlinien ergangenen Entscheidungen des BGH diese Leitlinien **zugunsten einer Einzelfallentscheidung korrigiert**, vermeidet aber einen abrupten Wechsel und geht nach der Vollendung des dritten Lebensjahrs in der Regel zunächst von der Obliegenheit aus, eine Teilzeitbeschäftigung aufzunehmen. Mehrheitlich nahmen die Senate an, dass eine vollschichtige Erwerbsobliegenheit neben der Betreuung eines Kindes unter 10 Jahren nur selten in Betracht kommt.[100] In den seit dem 01.01.2012 gültigen Leitlinien ist dieser Hinweis zugunsten einer Einzelfallentscheidung aufgegeben worden.

93 Das Kammergericht hat eine hilfreiche Übersicht über zu prüfende Gesichtspunkte aufgenommen.

c. Stufenmodelle in der Literatur

94 In der die Unterhaltsreform begleitenden Literatur werden unterschiedliche Positionen zu einem modifizierten Altersphasenmodell vertreten. Teilweise wird nur eine individuelle Betrachtung für richtig gehalten und jede Vorgabe im Sinn einer Orientierung abgelehnt.[101] Teilweise wird im Interesse einer transparenten Beratungspraxis eine Abstufung der Erwerbsobliegenheit mit einem groben Orientierungsrahmen propagiert.[102]

95 Für das **Kindergartenalter** wird allgemeiner Erfahrung zufolge eine Erwerbsobliegenheit – von besonders günstigen Umständen abgesehen – bis zur halbtätigen Beschäftigung anzunehmen sein.[103] Eine darüber hinausgehende Erwerbsobliegenheit zu erwarten, würde verkennen, dass trotz der Fremdbetreuung der verbleibende Betreuungsbedarf in diesem Alter und dem damit einhergehenden Entwicklungsstand des Kindes regelmäßig einen solchen Umfang annimmt, der die Aufnahme einer Vollzeitbeschäftigung überwiegend nicht zumutbar erscheinen lassen dürfte. Die Betreuung eines Kindes beschränkt sich nicht auf das Beaufsichtigen, sondern erfasst auch die Zuwendung, Pflege und Erziehung. Sie ist insbesondere dann persönlich zu erbringen, wenn das Kind erkrankt oder sich der urlaubsbedingte Wegfall der Kinderbetreuung nicht mit dem eigenen Urlaub in Einklang bringen lässt. Auch Besonderheiten des Kindes (Ablehnung, Verhaltensschwierigkeiten) könnten ergeben, dass eine Fremdbetreuung mit den Belangen des Kindes unvereinbar ist. Dies zeigt, dass auch bei einem groben Orientierungsrahmen jeweils eine die konkreten Umstände des Einzelfalles berücksichtigende Entscheidung erfolgen muss.[104]

96 Für die **Dauer des Grundschulbesuchs** ist eine mit dem Alter des Kindes wachsende Teilzeitbeschäftigung regelmäßig zumutbar. Grundschulen sind gehalten, einen regelmäßigen Schulbetrieb innerhalb des festgelegten Stundenplans zu gewährleisten, dies erlaubt anfangs zumindest die Aufnahme einer Halbtagsbeschäftigung.[105] Mit zunehmender Nachmittags- oder Ganztagsbetreuung durch die Schulen oder andere Einrichtungen und deren tatsächlicher Inanspruchnahme erweitert sich die Möglichkeit, eine Teilzeitbeschäftigung aufzunehmen bzw. auszudehnen. Schulische Einrichtungen haben zudem die Vermutung für sich, dass sie verlässlich sind und von der inhaltlichen Ausgestaltung keine nachteilige Auswirkung auf die Entwicklung des Kindes haben.[106]

97 Besucht das Kind eine **Ganztagsgrundschule**, ist während dieser Zeit eine persönliche Betreuung nicht erforderlich. Es kann deshalb die Obliegenheit erwachsen, eine Beschäftigung aufzunehmen, die über eine halbschichtige Tätigkeit hinausgeht.[107] Davon abgesehen wird jedenfalls mit dem **Ende der Grundschule** in der Regel eine Beschäftigung oberhalb einer Halbtagstätigkeit zumutbar sein. Eine Ausweitung kommt insbesondere dann in Betracht, wenn die mit einem Wechsel auf eine weiterführende Schule verbundenen Anfangsschwierigkeiten überwunden sind. Ab einem Alter von etwa **13 Jahren liegt es** nahe, regelmäßig eine volle Berufstätigkeit zu erwarten.[108]

---

[100] Die Leitlinien Stand 01.01.2010 sind in juris in der Auswahl unter dem Stichwort „Arbeitsmittel" abgelegt.
[101] *Viefhues*, ZFE 2008, 44.
[102] Sehr differenziert *Borth*, UnterhaltsrechtsänderungsG, Rn. 71; *Schumann*, FF 2007, 227, 232, *Peschel-Gutzeit*, FPR 2008, 24; *Gerhardt*, FuR 2008, 9-17; *Hülsmann* in: Hoppenz/Hülsmann, Der reformierte Unterhalt, § 1570 n.F. Rn. 11; *Hollinger* in: Strohal/Viefhues, Das neue Unterhaltsrecht, § 1570 Rn. 83-88.
[103] OLG Hamm v. 06.03.2008 - 2 UF 117/07 - juris Rn. 86.
[104] *Brudermüller* in: Palandt, § 1570 Rn. 11.
[105] OLG Düsseldorf v. 02.06.2008 - II-4 WF 41/08 (bei Schulbesuch bis 13.00 Uhr).
[106] BGH v. 17.06.2006 - XII ZR 102/08 - juris Rn. 22 - FamRZ 2009, 1391-1397.
[107] *Brudermüller* in: Palandt, § 1570 Rn. 14.
[108] OLG Bremen v. 19.12.2008 - 4 WF 145/08 - juris Rn. 9 - NJW 2009, 1496.

Da die Gesetzesbegründung selbst von einem **gestuften Übergang** ausgeht,[109] könnte die Praxis ausgehend von den normalen Entwicklungsfortschritten eines Kindes eine erste grobe Orientierung in Folgendem finden: 98

- Kleinkinder bis zur Vollendung des 3. Lebensjahres dürfen uneingeschränkt persönlich betreut werden; eine Erwerbsobliegenheit besteht kraft Gesetzes nicht.
- Bei einer tatsächlichen Halbtagsbetreuung des Kindes im **Kindergartenalter** durch Dritte dürfte die zumutbare Beschäftigung nicht über den Umfang einer geringfügigen Beschäftigung hinausgehen; bei einer tatsächlichen oder erreichbaren Ganztagsbetreuung des Kindes wird sich in der Regel die Obliegenheit ergeben, zumindest eine Teilzeitbeschäftigung bis zum Umfang einer Halbtagsstelle aufzunehmen.
- Mit der Einschulung in die **Grundschule** wird man eine angemessene verlässliche Betreuung nicht in Frage stellen können, schon weil Schulpflicht besteht. Abweichend von der bisherigen Rechtsprechung des BGH wird grundsätzlich eine Beschäftigung im Bereich einer Halbtagstätigkeit erwartet werden können.
- Beim Besuch einer **Ganztagsgrundschule** ergibt sich in der Regel die Obliegenheit, eine Teilzeitbeschäftigung nicht unter einer Halbtagstätigkeit auszuüben, die mit zunehmendem Alter des Kindes auszuweiten ist.
- Im Bereich der weiterführenden Schulen ist eine Ausweitung auf eine Ganztagsbeschäftigung zumutbar.

Dieses an allgemeinen Erfahrungswerten bzgl. der Entwicklung des Kindes und der notwendigen Beaufsichtigung orientierte Stufenmodell ist dann im Einzelfall individuell zu überprüfen. 99

Entscheidend ist die Frage, welche **rechtliche Qualität** einem solchen Orientierungsrahmen zukommt. Da die vom BGH früher aufgestellte Vermutungswirkung nicht fortgeschrieben werden soll, trägt der betreuende Ehegatte grundsätzlich die Darlegungs- und Beweislast dafür, dass ihm aus Billigkeitsgründen ein Anspruch auf Unterhalt nach § 1570 Abs. 1 Satz 2 BGB zusteht.[110] Diese Beweisführung könnte erleichtert werden, wenn eine Beschäftigung ausgeübt wird, die sich innerhalb des Stufenmodells bewegt. Erst auf substantiiertes Bestreiten muss er seinen Sachvortrag konkretisieren und beweisen. 100

d. Abstufungen in der Rechtsprechung

Die Rechtsprechung geht davon aus, dass ein **abgestufter Übergang** erforderlich ist und mit der Vollendung des 3. Lebensjahrs nicht sofort die Aufnahme einer vollschichtigen Erwerbstätigkeit erwartet werden kann. Allerdings darf die Billigkeitsabwägung den Grundsatz der Eigenverantwortung nicht in dessen Gegenteil verkehren.[111] 101

Der BGH selbst schien – wenn auch im Zusammenhang mit den elternbezogenen Verlängerungsgründen – einer Pauschalisierung, die sich auch am Alter des Kindes orientieren könnte, nicht abgeneigt,[112] hat aber in späteren Entscheidungen die Notwendigkeit einer Einzelfallentscheidung betont.[113] Grundsätzlich unterscheidet der BGH zwischen kind- und elternbezogenen Gründen, die zu einer Verlängerung des Billigkeitsunterhalts führen können.[114] Die vom Gesetzgeber gewählte plakative Beschreibung der elternbezogenen Gründe als Annexanspruch hat er nicht aufgegriffen. 102

Der BGH fordert **keinen abrupten Wechsel von der elterlichen Betreuung zu einer Vollzeiterwerbstätigkeit**, sondern hat einen gestuften Übergang zugestanden.[115] Ausdrücklich und wiederholt abgelehnt hat er ein **Altersphasenmodell**, das bei der Frage der Verlängerung des Betreuungsunterhalts aus kindbezogenen Gründen **allein auf das Alter des Kindes** abstellt, weil eine solch schemati- 103

---

[109] BT-Drs. 16/6980, S. 9.
[110] BGH v. 16.07.2008 - XII ZR 109/05 - juris Rn. 97 - FamRZ 2008, 1739-1749; *Clausius*, jurisPR-FamR 21/2008, Anm. 1.
[111] BGH v. 16.07.2008 - XII ZR 109/05 - juris Rn. 100 - FamRZ 2008, 1739-1749; BGH v. 18.04.2012 - XII ZR 65/10 - juris Rn. 23.
[112] BGH v. 16.07.2008 - XII ZR 109/05 - juris Rn. 104 - FamRZ 2008, 1739-1749.
[113] BGH v. 18.03.2009 - XII ZR 74/08 - juris Rn. 27 - FamRZ 2009, 770, 773; BGH v. 06.05.2009 - XII ZR 114/08 - juris Rn. 33 - FamRZ 2009, 1124, 1127.
[114] Einen Überblick über die Rechtsprechung des BGH geben *Dose*, FPR 2012, 129; *Born*, FPR 2012, 220.
[115] BGH v. 13.01.2010 - XII ZR 123/08 - FamRZ 2010, 444; BGH v. 15.09.2010 - XII ZR 20/09 - FamRZ 2010, 1880.

§ 1570

sche Verknüpfung die jeweiligen individuellen Verhältnisse nicht hinreichend berücksichtigt.[116] Nach dieser gefestigten Rechtsprechung[117] darf der Umfang des Betreuungsbedürfnisses des Kindes nicht allein von seinem Alter abgeleitet werden. Ein gestufter Übergang erfordert immer eine individuelle Prüfung. Dem werden auch Modelle nicht gerecht, die ausgehend von am Alter abgeleiteten Erfahrungswerten einen Beurteilungsrahmen als eine erste Orientierung vorsehen.

104 Im Rahmen der Billigkeitsentscheidung ist danach vielmehr unter Würdigung der individuellen Umstände vorrangig zu prüfen, „ob und in welchem Umfang die Kindesbetreuung auf andere Weise gesichert ist oder in kindgerechten Einrichtungen gesichert werden könnte". Der BGH[118] betont, dass der **Gesetzgeber den Vorrang der persönlichen Betreuung gegenüber anderen kindgerechten Betreuungsmöglichkeiten aufgegeben** habe und hält dies auch mit dem Grundrecht aus Art. 6 Abs. 2 GG und dem Kindeswohl für vereinbar. Die Grenze zieht er erst dort, wo eine Fremdbetreuung dem Wohl des Kindes zuwiderläuft, hält aber den Besuch öffentlicher Betreuungseinrichtungen mit dem Kindeswohl für vereinbar.

105 Er hat aber in der Entscheidung vom 18.04.2012[119] so deutlich unterstrichen, dass an die Darlegung kindbezogener Verlängerungsgründe keine übertriebenen Anforderungen zu stellen sind, dass teilweise darin eine Abkehr von den bisherigen hohen Anforderungen gesehen wird.[120]

106 Bei dieser Prüfung ist Raum für die Feststellung des konkreten Betreuungsumfangs, den die jeweilige Einrichtung anbietet, aber auch für besondere Betreuungsbedürfnisse des Kindes, wie sie sich aus einem eingeschränkten Gesundheitszustand ergeben können. Allerdings stellt eine **ADS-Erkrankung** für sich genommen kein besonderes Betreuungsbedürfnis dar, das nicht auch durch Dritte im Rahmen der Fremdbetreuung abgedeckt werden könnte. Insbesondere bei einem problemlosen Schulbesuch und Ausübung sportlicher Aktivitäten hält er eine auswärtige Betreuung für möglich.[121] Steht für Schulkinder ein Hort mit **Hausaufgabenbetreuung** zur Verfügung, sieht der BGH diesbezüglich für eine persönliche Betreuung durch einen Elternteil keinen unterhaltsrechtlich zu berücksichtigenden Bedarf.[122]

107 Ist jedoch eine Fremdbetreuung nur bis 14.00 Uhr erreichbar, verbleibt bei einem Kind im Alter von 7 Jahren ein restlicher persönlich zu erbringender Betreuungsbedarf, der eine Erwerbstätigkeit erlaubt, die geringfügig über eine Halbtagstätigkeit hinausgeht.[123] Der Betreuungsbedarf besteht auch in der Beaufsichtigung und Kontrolle des Kindes und rechtfertigt grundsätzlich eine Verlängerung des Billigkeitsunterhalts aus kindbezogenen Gründen.

108 Wenig konsequent erscheint es jedoch, wenn der BGH die negativen Auswirkungen einer erheblichen Doppelbelastung des betreuenden Elternteils auf das Kindeswohl hervorhebt, diesen Umstand aber erst bei den elternbezogenen Gründen – und damit nachrangig – berücksichtigt, statt sie den kindbezogenen Gründen zuzuordnen. Der BGH hat bereits früher darauf hingewiesen, dass gerade kleinere Kinder neben einer Ganztagsbetreuung noch in stärkerem Umfang des Zuspruchs der Eltern bedürfen. Soweit sich daraus Auswirkungen auf die Erwerbsobliegenheit ergeben, ergibt sich die Rechtfertigung aber unmittelbar aus den Belangen des Kindes. Lediglich die Schlussfolgerungen für die Erwerbsobliegenheit aus der Gewichtung der Gesamtbelastung des betreuenden Elternteils zum anderen Elternteil haben ihren Raum bei den elternbezogenen Gründen.[124]

---

[116] BGH v. 18.03.2009 - XII ZR 74/08 - juris Rn. 28 - FamRZ 2009, 770; *Brückner*, jurisPR-FamR 11/2009, Anm. 4; BGH v. 06.05.2009 - XII ZR 114/08 - juris Rn. 32 - FamRZ 2009, 1124-1129; BGH v. 17.06.2009 - XII ZR 102/08 - juris Rn. 25 - FamRZ 2009, 1391-1397; BGH v. 13.01.2010 - XII ZR 123/08 - juris Rn. 26 - FamRZ 2010, 444-447; BGH v. 18.04.2012 - XII ZR 65/10 - juris Rn. 23.

[117] BGH v. 21.04.2010 - XII ZR 134/08 - juris Rn. 25 - FamRZ 2010, 1050-1055; BGH v. 15.09.2010 - XII ZR 20/09 - juris Rn. 22; BGH v. 01.06.2011 - XII ZR 45/09 - juris Rn. 19; BGH v. 15.06.2011 - XII ZR 94/09; BGH v. 18.04.2012 - XII ZR 65/10 - juris Rn. 15.

[118] BGH v. 18.04.2012 - XII ZR 65/10 - juris Rn. 15.

[119] BGH v. 18.04.2012 - XII ZR 65/10 - juris Rn. 23 - FamRZ 2012, 1040-1046.

[120] *Borth*, FamRZ 2012, 1046-1048; auch *Dose* – FPR 2012, 129 – betont, dass kein abrupter, sondern lediglich ein gestufter, an den kind- und elternbezogenen Kriterien orientierter Übergang von der persönlichen Betreuung zur Betreuung in einer öffentlichen Einrichtung erforderlich ist.

[121] BGH v. 06.05.2009 - XII ZR 114/08 - juris Rn. 32 - FamRZ 2009, 1124-1129.

[122] BGH v. 17.06.2009 - XII ZR 102/08 - juris Rn. 23 - FamRZ 2009, 1391-1397.

[123] BGH v. 17.06.2009 - XII ZR 102/08 - juris Rn. 23 - FamRZ 2009, 1391-1397.

[124] BGH v. 17.06.2009 - XII ZR 102/08 - juris Rn. 23 - FamRZ 2009, 1391-1397; BGH v. 16.07.2008 - XII ZR 109/05 - juris Rn. 103 - FamRZ 2008, 1739-1749; BGH v. 17.06.2009 - XII ZR 102/08 - juris Rn. 30 - FamRZ 2009, 1391-1397.

Auf eine Fremdbetreuung kommt es erst dann nicht mehr an, „wenn das Kind ein Alter erreicht hat, in dem es zeitweise sich selbst überlassen werden kann und deswegen auch keiner durchgehenden persönlichen Betreuung durch einen Elternteil bedarf".

Zusammenfassend ergibt sich nach dieser Rechtsprechung des BGH der **Grundsatz**, dass aus kindbezogenen Gründen dem betreuenden Elternteil eine Erwerbstätigkeit nicht zumutbar ist, „**soweit die Betreuung des Kindes unter Berücksichtigung aller Umstände des Einzelfalles nicht hinreichend gesichert ist und auch nicht in kindgerechten Einrichtungen sichergestellt werden könnte und wenn das Kind im Hinblick auf sein Alter auch noch nicht sich selbst überlassen bleiben kann**".[125]

Der BGH[126] verlangt eine Prüfung in folgenden Schritten: Zunächst ist der individuelle Umstand zu prüfen, ob und in welchem Umfang die Kindesbetreuung auf andere Weise gesichert ist oder gesichert werden könnte.

Der betreuende Elternteil muss eine vorhandene kindgerechte Einrichtung im Rahmen ihrer Öffnungszeiten in Anspruch nehmen. Dadurch entfällt die Notwendigkeit der persönlichen Betreuung und ergibt sich die Obliegenheit, in diesem Zeitkorridor einer Erwerbstätigkeit nachzugehen.[127]

Sind keine kindbezogenen Gründe dargetan oder feststellbar, die eine Verlängerung des Betreuungsunterhalts rechtfertigen, ist in einem zweiten Schritt zu prüfen, ob **als Folge der nachehelichen Solidarität elternbezogene Gründe** nach § 1570 Abs. 2 BGB einer Erwerbstätigkeit entgegenstehen. Bedeutsam kann in diesem Zusammenhang das Vertrauen des unterhaltsberechtigten Ehegatten bei längerer Ehedauer oder bei Aufgabe der Erwerbstätigkeit zur Erziehung des gemeinsamen Kindes sein. Teilweise wird die Auffassung vertreten, einer Auseinandersetzung mit kindbezogenen Verlängerungsgründen bedürfe es nicht, wenn sich die Verlängerung des Betreuungsunterhalts aus elternbezogenen Gründen ergibt.[128]

Die **Obergerichte** haben sich mit der Frage der Verlängerung des Basisunterhalts nach § 1570 Abs. 1 BGB in zahlreichen Entscheidungen auseinandergesetzt, ohne dass eine einheitliche Handhabung erkennbar ist und wegen der individuellen Beurteilung auch nicht zu erwarten ist. Bei der Heranziehung dieser Entscheidungen ist jedoch zu berücksichtigen, ob die Entscheidungen des BGH, insbesondere die vom 16.07.2008, schon einbezogen werden konnten.

aa. Kindergarten

Während der **Kindergartenzeit** verlangt das OLG Hamm[129] zumindest eine Teilzeitbeschäftigung im Umfang einer geringfügigen Beschäftigung. Das OLG Nürnberg[130] hält in der Regel während der Kindergartenzeit eine geringfügige Beschäftigung für ausreichend und verlangt erst in der zweiten Grundschulklasse die Aufnahme einer Halbtagstätigkeit. Eine Vollerwerbstätigkeit soll im Regelfall nicht vor dem 15. Lebensjahr des betreuten Kindes anzunehmen sein.

Das **OLG Brandenburg**[131] hat bei einem 4-jährigen Kind eine Beschäftigung mit 30 Wochenstunden für ausreichend erachtet. Das **OLG Köln**[132] hat bei einem 6 Jahre alten Kind, das bis 16.30 Uhr im Kindergarten betreut wird, eine halbschichtige Erwerbstätigkeit für genügend erachtet. Demgegenüber hat das **OLG Koblenz**[133] die Ausübung einer Dreiviertelstelle bei einem fünfjährigen Kind, das bis 16.30 Uhr fremdbetreut wird, für zumutbar gehalten.

Das **OLG Zweibrücken** hat eine Erwerbstätigkeit der Mutter im Umfang von 30 Wochenstunden für zumutbar gehalten, wenn das 5-jährige Kind einen Ganztagskindergarten besucht und kein besonderer Betreuungsbedarf besteht.[134]

---

[125] Eine Übersicht gibt *Schilling*, FPR 2011, 145; kritisch zu den hohen Anforderungen *Löhning/Preisner*, FamRZ 2011, 1537; *Erbath*, FamRZ 2012, 340.
[126] BGH v. 18.04.2012 - XII ZR 65/10 - juris Rn. 15.
[127] BGH v. 21.04.2010 - XII ZR 134/08 - juris Rn. 21 - FamRZ 2010, 1050-1055; BGH v. 15.09.2010 - XII ZR 20/09 - juris Rn. 24; BGH v. 01.06.2011 - XII ZR 45/09 - juris Rn. 22.
[128] OLG Düsseldorf v. 29.10.2009 - II-7 UF 88/09 - FamRZ 2010, 646.
[129] OLG Hamm v. 06.03.2008 - 2 UF 117/07 - juris Rn. 86; OLG Düsseldorf v. 09.05.2008 - 2 WF 62/08 - NJW 2008, 2050.
[130] OLG Nürnberg v. 19.05.2008 - 10 UF 768/07 - juris Rn. 30 - ZFE 2008, 433.
[131] OLG Brandenburg v. 10.02.2009 - 10 UF 65/08 - NJW 2009, 1356.
[132] OLG Köln v. 26.05.2009 - II-25 UF 162/08, 25 UF 162/08 - juris Rn. 22 - FamRZ 2009, 2011.
[133] OLG Koblenz v. 16.03.2010 - 11 UF 532/09 - juris Rn. 10.
[134] OLG Zweibrücken v. 22.10.2010 - 2 UF 32/10 - FamRZ 2011, 982 (wenn auch aus elternbezogenen Gründen).

118 Das OLG Düsseldorf[135] hat es bei einem 5-jährigen, den Hort bis 17.00 Uhr besuchenden Kind bei einer tatsächlich ausgeübten Beschäftigung von 25 Stunden pro Woche belassen, weil die Arbeitszeit der Mutter sich bei einer vollschichtigen Beschäftigung von 10.00 Uhr bis ca. 19.00 Uhr erstrecken würde, Fahrtzeiten eingerechnet. Es hat seine Entscheidung zusätzlich auf elternbezogene Gründe gestützt, weil der Mutter ein gewisser Spielraum für Arztbesuche, Behördengänge, Einkäufe sowie Haushaltsarbeit zuzugestehen sei und ihr die Möglichkeit verbleiben müsse, sich nach der Heimkehr von der Arbeit persönlich dem Kind zuzuwenden.

bb. Grundschule

119 Mit dem Besuch der **Grundschule** stellen die Obergerichte in der Regel strengere Anforderungen an die Erwerbsobliegenheit.

120 Das **OLG Düsseldorf** hat eine Verlängerung des Betreuungsunterhalts aus kindbezogenen Gründen bejaht, wenn das 7 Jahre alte Kind an einer durch aussagekräftige Atteste belegten **Immunschwäche** leidet, die immer wieder zu Atemwegsinfekten führt, die zur Folge haben, dass das Kind den Kindergarten nicht besuchen kann. Unter Berücksichtigung von 1 1/2 Stunden arbeitstäglicher Fahrtzeit, Schichtdienst und der gesundheitlichen Beeinträchtigungen des Kindes geht das OLG davon aus, dass nur eine **halbschichtige Erwerbstätigkeit** zumutbar ist.[136]

121 Bei zwei Kindern im **Grundschulalter** hat das Gericht eine Erwerbsobliegenheit im Umfang von 5 Stunden arbeitstäglich für angemessen erachtet.[137]

122 Das **OLG Celle**[138] geht davon aus, dass ein Elternteil, der allein zwei Kinder im grundschulpflichtigen Alter betreut, mit einer gut halbschichtigen Berufstätigkeit regelmäßig der ihm obliegenden Erwerbsobliegenheit genügt.

123 Das **OLG München**[139] – und sich diesem anschließend das **Thüringer Oberlandesgericht**[140] – vertritt mit überzeugender Begründung die Auffassung, dass auch bei bestehenden Ganztagsbetreuungsmöglichkeiten eine vollschichtige Erwerbstätigkeit regelmäßig nicht erwartet werden kann, solange ein Kind den Kindergarten bzw. die ersten Grundschulklassen besucht. Die Erwerbsobliegenheit beschränke sich auf eine Teilbeschäftigung – anfangs im Umfang einer geringfügigen Beschäftigung bis zur Halbtagsstelle –, die mit zunehmendem Alter des Kindes zu einer Vollzeiterwerbstätigkeit auszubauen sein dürfte.

124 Das **OLG Zweibrücken**[141] geht davon aus, dass ein 8 Jahre altes Kind altersbedingt noch eine weitgehend lückenlose Betreuung und Beaufsichtigung benötigt und auch bei einer Fremdbetreuung im Hort in der Zeit zwischen 8.00 und 16.00 Uhr nur eine Teilzeitbeschäftigung erwartet werden kann. Auch bei der Betreuung eines 10-jährigen Kindes wird eine Vollzeitbeschäftigung in der Regel für nicht zumutbar gehalten.[142]

125 Strengere Anforderungen stellt das **OLG Köln**, das bei der Betreuung von 2 Kindern im Alter von 8 und 11 Jahren – nach einer Übergangszeit – eine vollschichtige Erwerbstätigkeit für zumutbar erachtet, dabei die Frage, ob dies bereits nach dem 3. Lebensjahr des Kindes gelte, aber ausdrücklich offen gelassen hat.[143]

126 Bei einem Kind im Alter von knapp sieben Jahren, das eine Ganztagsschule besucht, hat es eine halbschichtige Tätigkeit für ausreichend angesehen, weil der Übergang vom Kindergarten zur Grundschule einen besonders einschneidenden Lebensabschnitt darstellt und diese Anforderungen gerade am Anfang eine intensive zeitnahe Betreuung erfordern.[144]

127 Die Frage der Erwerbsobliegenheit bei einem bestehenden Aufmerksamkeitsdefizitsyndrom (**ADS**) bzw. Aufmerksamkeitsdefizit-/Hyperaktivitätssyndrom (**ADHS**) ist in der gerichtlichen Praxis ein häufiger Streitpunkt geworden. Diese Störungen zeigen sich im Alltag in unterschiedlichen Verhal-

---

[135] OLG Düsseldorf v. 17.12.2013 - II-1 UF 180/13, 1 UF 180/13 - juris Rn. 20 - FamRZ 2014, 772.
[136] OLG Düsseldorf v. 07.10. 2009 - II-8 UF 32/09 - juris Rn. 14.
[137] OLG Düsseldorf v. 09.05.2008 - 2 WF 62/08 - NJW 2008, 2658; OLG Düsseldorf v. 19.03.08 - II-4 WF 41/08 - juris Rn. 4.
[138] OLG Celle v. 12.08.2008 - 10 UF 77/08 - juris Rn. 12.
[139] OLG München v. 04.06.2008 - 12 UF 1125/07 - juris Rn. 84 (Halbtagstätigkeit genügend).
[140] OLG Thüringen v. 24.07.2008 - 1 UF 167/08 - juris Rn. 55.
[141] OLG Zweibrücken v. 03.09.2008 - 2 UF 99/08 - OLGR Zweibrücken 2009, 105-107.
[142] OLG Zweibrücken v. 01.02.2008 - 2 UF 170/07 - OLGR Zweibrücken 2008, 886-889.
[143] OLG Köln v. 27.05.2008 - 4 UF 159/07 - NJW 2008, 2659.
[144] OLG Köln v. 26.05.2009 - II-25 UF 162/08 - FamRZ 2009, 2011.

tensmustern und Ausprägungen. Allein aus der Diagnose ADS/ADHS lassen sich noch keine abschließenden Schlüsse hinsichtlich der Erwerbsobliegenheit ziehen. Einen Überblick über die Thematik und auch an die Anforderungen der Diagnostik gibt die Deutsche Gesellschaft für Jugendpädiatrie und Jugendmedizin e.V. (www.dgspj.de/wp-content/uploads/service-stellungnahmen-betreuung-mai-2012.pdf, abgerufen am 06.01.2015).

Das **OLG Brandenburg**[145] hat ohne nähere Darlegung zu den Auffälligkeiten des an ADS erkrankten Kindes und den Auswirkungen auf die Betreuung auf eine Erwerbsobliegenheit im Umfang einer Halbtagstätigkeit geschlossen. **128**

Das OLG Hamm[146] hat von einer als Fahrlehrerin zu 2/3 teilzeitbeschäftigten Mutter von zwei Kindern im Alter von 10 und 12 Jahren, die eine Ganztagsschule besuchen, eine vollschichtige Erwerbstätigkeit verlangt und dem Umstand, dass wegen einer ADHS-Erkrankung einmal wöchentlich eine Therapiestunde anfällt, keine besondere Bedeutung beigemessen. **129**

Bei einer Mutter, die zwei Zwillingspärchen betreute, die zuletzt 17 bzw. 11 Jahre alt waren, hat das OLG Hamm unter ausführlicher Würdigung der Gesamtumstände (jahrelange hochstrittige Umgangsregelungs- und Sorgerechtsverfahren) eine Teilzeitbeschäftigung im Umfang von 2/3 für ausreichend erachtet.[147] **130**

cc. Weiterführende Schulen

Bei einem 11-jährigen Kind, das gerade zum Gymnasium gewechselt ist, wurde vom OLG Düsseldorf eine vollschichtige Erwerbsobliegenheit der betreuenden Mutter verneint und eine Arbeitstätigkeit im Umfang von 5 Stunden arbeitstäglich für ausreichend erachtet. Zur Begründung wurde auch darauf hingewiesen, dass sich bereits aus dem Alter des Kindes ein Betreuungsbedarf ergebe, der eine Vollzeitbeschäftigung regelmäßig ausschließe.[148] Andererseits spricht die tatsächliche Ausübung einer vollschichtigen Berufstätigkeit neben der Betreuung von zwei 9 und 12 Jahre alten Kindern für die Zumutbarkeit, wenn nicht besondere Umstände dargelegt und nachgewiesen werden, die die Annahme elternbezogener Verlängerungsgründe wegen einer überobligatorischen Tätigkeit rechtfertigen.[149] **131**

Das OLG Celle hat kindbezogene Verlängerungsgründe bei zwei **11 und 14 Jahre alten Schulkindern**, die an zwei Tagen ganztägig in einer geeigneten Tagespflegestelle betreut werden und an den anderen Tagen – mangels eines entgegenstehenden Nachweises – betreut werden könnten, verneint, aber aus **elternbezogenen Gründen nur eine Beschäftigung im Umfang einer 2/3-Stelle für zumutbar** erachtet.[150] **132**

Das **OLG Braunschweig**[151] hat die Erwerbsobliegenheit einer Mutter, die ein 13 Jahre altes, an ADHS leidendes Kind betreut, mit eingehender Darlegung der Auswirkung der Störung (Aggressivität, Zündeln, keine nennenswerte Beeinflussung durch Medikamente, drohender Schulabbruch) wegen der intensiveren Beaufsichtigung und Anleitung bis zum 15. Lebensjahr auf eine Halbtagstätigkeit beschränkt. **133**

Das **OLG Düsseldorf** ist bereits bei der Bemessung des Trennungsunterhalts nach § 1361 BGB unter Heranziehung der Grundsätze des § 1570 Abs. 2 BGB davon ausgegangen, dass bei einem 11 Jahre alten Gymnasiasten, der eine offene Ganztagsschule besucht, die eine Betreuung jedenfalls bis 14.00 Uhr gewährleistet, von der betreuenden Mutter nach einer Übergangszeit zumindest eine Erwerbstätigkeit im Umfang von 20 Stunden erwartet werden kann, dass einer vollschichtigen Tätigkeit aber die bisherige Rollenverteilung (Hausfrauenehe) entgegensteht.[152] **134**

Das **OLG Hamm** hat bei der Betreuung zweier **Kinder im Alter von rd. 11 und 14 Jahren eine halbschichtige Erwerbstätigkeit für ausreichend** erachtet, allerdings vor der Besonderheit, dass die betreuende Mutter als Flugbegleiterin einen Monat vollschichtig, teilweise auch nachts, und im Folgemo- **135**

---

[145] OLG Brandenburg v. 12.06.2008 - 9 UF 186/07 - juris Rn. 30 - FamRZ 2008, 1947-1949.
[146] OLG Hamm v. 20.12.2012 - II-4 UF 143/12, 4 UF 143/12 - FamRZ 2013, 959-961.
[147] OLG Hamm v. 31.08.2012 - II-3 UF 265/11, 3 UF 265/11.
[148] OLG Düsseldorf v. 16.10.2008 - 7 UF 119/08 - NJW 2009, 600.
[149] OLG Düsseldorf v. 12.08.2009 - II-8 WF 73/09 - juris Rn. 17 - FamRZ 2009, 2093-2097; *Viefhues*, jurisPR-FamR 22/2009, Anm. 1.
[150] OLG Celle v. 06.08.2009 - 17 UF 210/08 - juris Rn. 21 - FuR 2009, 628-633.
[151] OLG Braunschweig v. 02.12.2008 - 2 UF 29/08 - juris Rn. 70 - FamRZ 2009, 977-981.
[152] OLG Düsseldorf v. 29.10.2009 - II-7 UF 88/09 - juris Rn. 26.

§ 1570

nat überhaupt nicht arbeitet. Einen Wechsel in eine andere Beschäftigung hat das Gericht nicht für zumutbar erachtet, weil die Mutter gegenüber dem Vater gem. § 1574 Abs. 2 BGB das Recht hat, ihren vor der Ehe erlernten Beruf weiter auszuüben.[153]

136 Bei Realschülern und Gymnasiasten hat das **OLG Hamm** insbesondere auf die Qualität der Hausaufgabenbetreuung abgestellt. Das Postulat, dass öffentliche Einrichtungen regelmäßig als kindgerecht angesehen werden können, könne nicht ungeprüft für Kinder weiterführender Schulen fortgeschrieben werden. Erfolgt die **Hausaufgabenbetreuung** nicht durch Lehrkräfte, sondern durch Oberstufenschüler, oder reduziert sich die Betreuung auf eine Beaufsichtigung bei den Hausaufgaben, stehe das einer bloßen Verwahrung sehr nahe und werde den besonderen Anforderungen, die weiterführende Schulen und insbesondere Gymnasien an die Schüler stellen, nicht ausreichend gerecht. Ein solches Leistungsangebot während der Nachmittagsbetreuung wurde deshalb als nicht kindgerecht eingestuft. Bei zwei Kinder im Alter von 13 und 14 Jahren, von denen das jüngere Kind zudem an rezidivierenden Kopfschmerzen leidet, hat es eine Erwerbstätigkeit im Umfang von 25 Wochenstunden für ausreichend gehalten.[154]

dd. Kosten der Betreuung

137 Mit der Betreuung durch Dritte sind, wenn es sich nicht um nahe Familienangehörige handelt, regelmäßig Kosten verbunden. **Dienen diese vorrangig der Aufnahme einer Erwerbstätigkeit, sind sie unterhaltsrechtlich angemessen zu berücksichtigen.**

e. Konkreter Betreuungsaufwand

138 Der BGH hat bereits entschieden, dass das erzielte Einkommen um den **konkreten Betreuungsaufwand** zu bereinigen ist.[155]

139 Der **Kindergartenbeitrag** ist jedoch Teil des Unterhalts des Kindes. Der BGH hat zunächst für den Fall, dass der Kindergarten nur halbtägig besucht wird und sich der Beitrag bei etwa 50 € bewegt, diesen als Teil des Mindestunterhalts und der Beträge der Düsseldorfer Tabelle gesehen und nur den darüber hinaus gehenden Aufwand als Mehrbedarf des Kindes behandelt, der von beiden Eltern im Verhältnis des einzusetzenden Einkommens zu decken ist.[156]

140 Diese Rechtsprechung hat der BGH in seiner Entscheidung vom 26.11.2008 aufgegeben und den **Kindergartenbeitrag insgesamt als Mehrbedarf des Kindes** angesehen, der in den Unterhaltsbeträgen, wie sie in den Unterhaltstabellen ausgewiesen sind, nicht enthalten ist. Lediglich die **Verpflegungskosten**, die in einer Kindereinrichtung anfallen, sind von den Tabellenbeträgen abgedeckt. Diesen Mehrbedarf des Kindes haben die Eltern entsprechend ihrer individuellen Leistungsfähigkeit anteilig zu tragen.[157]

141 Übertragen auf die **Kosten einer betreuenden Ganztagsgrundschule**, die nur dann anfallen, wenn eine Nachmittagsbetreuung beansprucht wird, bedeutet dies, dass der dafür zu zahlende Beitrag als berufsbedingte Aufwendung zu verstehen ist, weil der pädagogische Aspekt bei dieser Form der Betreuung zurücktritt und die dadurch eröffnete Möglichkeit zur Erwerbstätigkeit nicht mehr als Nebeneffekt angesehen werden kann. Soweit darin Kosten der Verpflegung enthalten sind, ist ihnen die häusliche Ersparnis gegenüberzustellen.[158] Die Zuordnung dieser Kosten zu den berufsbedingten Aufwendungen erlaubt einen Ausgleich aber nur, wenn der Unterhaltsberechtigte über ein Erwerbseinkommen verfügt. Kann eine Erwerbstätigkeit – aus welchem Grund auch immer – nicht verlangt werden, wären die Betreuungskosten allein von dem unterhaltsberechtigten Ehegatten zu tragen. Bei der Qualifizierung der Betreuungskosten als Mehrbedarf des Kindes wären sie davon unabhängig und entsprechend der Leistungsfähigkeit der Eltern aufzuteilen.

---

[153] OLG Hamm v. 26.08.2009 - 5 UF 25/09, II-5 UF 25/09 - juris Rn. 35 - FamRZ 2009, 2093-2097.
[154] OL Hamm v. 03.07.2009 - II-7 UF 300/08, 7 UF 300/08 - FamRZ 2009, 2092.
[155] BGH v. 13.04.2005 - XII ZR 273/02 - FamRZ 2005, 1154-1158.
[156] BGH v. 05.03.2008 - XII ZR 150/05 - juris Rn. 28 - FamRZ 2008, 1152-1155 mit Anm. *Born*; eingehend zum Kindergartenbeitrag *Maurer*, FamRZ 2006, 663-669.
[157] BGH v. 26.11.2008 - XII ZR 65/07 - FamRZ 2009, 962.
[158] OLG Saarbrücken v. 17.08.2005 - 9 UF 187/04 - juris Rn. 71 - OLGR Saarbrücken 2006, 19-23; OLG Hamm v. 26.08.2009 - 5 UF 25/09, II-5 UF 25/09 - juris Rn. 61 - FamRZ 2009, 2093-2097.

Nicht ausdrücklich angesprochen wurde in der Entscheidung des BGH, wie mit der Fremdbetreuung einhergehende notwendige **Fahrtkosten** zu behandeln sind. Ohne die Ausübung einer Erwerbstätigkeit steht regelmäßig mehr Zeit zur Verfügung, den Kindergarten kostengünstig zu erreichen. Fahrtkosten, die ihre Ursache in der Erwerbstätigkeit haben, müssen deshalb vom Einkommen des betreuenden Ehegatten abgezogen werden.

142

Nicht selten wird die Berufstätigkeit trotz Fremdbetreuung in öffentlichen Einrichtungen erst möglich durch die Mithilfe weiterer Personen. Dafür anfallende Kosten sind ebenfalls in Abzug zu bringen. Aber auch die **unentgeltliche Unterstützung durch Familienangehörige** ist als Kostenfaktor zu beachten. So wurde die unentgeltliche Mithilfe der Großeltern der betreuenden Mutter monetarisiert und als unentgeltliche Zuwendung Dritter eingeordnet, die ausschließlich der Mutter zugutekommen soll. Dies wird dadurch erreicht, dass ansonsten anfallende Betreuungskosten fiktiv vom Einkommen der Mutter abgezogen werden. Dies ist auch deshalb gerechtfertigt, weil der Schwerpunkt der Betreuung nicht im erzieherischen, sondern im beruflichen Bereich liegt, weil er erst die Ausübung der Berufstätigkeit ermöglicht.[159]

143

Betreuungskosten können nach Änderungen im Steuerrecht seit dem 01.01.2006 teilweise steuerlich abgesetzt werden.[160] Dadurch ergeben sich aber im Geringverdienerbereich keine Entlastungen, weil von den Betroffenen keine Steuern aufzubringen sind.

144

f. Pauschaler Betreuungsaufwand

Neben diesen konkreten Kosten oder auch stattdessen kann ein **pauschaler Betreuungsbonus** grundsätzlich nicht abgezogen werden.[161] Der BGH hat von diesem Grundsatz nur dann eine Ausnahme zugelassen, wenn sich die Betreuung zwar ohne konkreten Kostenaufwand, jedoch nur unter besonderen Erschwernissen bewerkstelligen lässt.[162] Mit diesem Instrument soll die Doppelbelastung, die sich aus Betreuung und Erwerbstätigkeit ergibt, abgefedert werden. Konsequenter ist jedoch die Prüfung, ob deswegen eine überobligatorische Erwerbstätigkeit vorliegt mit der Folge, dass dann diesem Anliegen bereits bei der Ermittlung des unterhaltsrelevanten Einkommens i.S.d. Rechtsprechung des BGH[163] hinreichend Rechnung getragen werden kann.[164] Teilweise wird der Betreuungsbonus auch dann gewährt, wenn eine zumutbare Beschäftigung neben der Betreuung des Kindes ausgeübt wird.[165]

145

Es ist aber nicht Aufgabe des pauschalen Betreuungsbonus, eine Überdehnung der Erwerbsobliegenheit des betreuenden Elternteils und die daraus folgende Doppelbelastung zu korrigieren und abzumildern.[166] Diesem Gedanken ist im Rahmen der elternbezogenen Verlängerungsgründe und dort unter dem Gesichtspunkt einer überobligationsmäßigen Erwerbstätigkeit Rechnung zu tragen. Auch der BGH[167] lehnt einen pauschalen Betreuungsbonus ab, weil sich die Frage, in welchem Umfang eigenes Einkommen des unterhaltsbedürftigen Elternteils bei der Unterhaltsberechnung zu berücksichtigen ist, allein nach § 1577 Abs. 2 BGB richtet. Dabei ist entscheidend, in welchem Maß der Unterhaltsberechtigte wegen der Betreuung des Kindes von seiner Erwerbsobliegenheit befreit ist.

146

---

[159] OLG Hamm v. 26.08.2009 - 5 UF 25/09, II-5 UF 25/09 - juris Rn. 35 - FamRZ 2009, 2093-2097.
[160] Vgl. die Steuerrechtl. Hinw. zu §§ 1601 ff. BGB Rn. 119; zu Einzelheiten vgl. *Hey*, NJW 2006, 2001-2006.
[161] BGH v. 15.12.2004 - XII ZR 121/03 - FamRZ 2005, 442-445; KG v. 05.10.2005 - 13 UF 9/05 - FamRZ 2006, 341-342; OLG Düsseldorf v. 06.01.2005 - II-4 UF 144/04; OLG Karlsruhe v. 21.12.2004 - 2 UF 138/04 - OLGR Karlsruhe 2005, 195-196; a.A. OLG Hamm v. 17.02.1993 - 12 UF 323/91 - OLGR Hamm 1993, 158-159; OLG Koblenz v. 18.02.2003 - 11 UF 88/02 - OLGR Koblenz 2003, 245-246; BGH v. 07.11.2012 - XII ZB 229/11 - juris Rn. 27 - FamRZ 2013, 109-114.
[162] BGH v. 07.11.2012 - XII ZB 229/11 - FamRZ 2013, 109-114.
[163] BGH v. 22.01.2003 - XII ZR 186/01 - FamRZ 2003, 518-520; BGH v. 13.04.2005 - XII ZR 273/02 - juris Rn. 18 - FamRZ 2005, 1154-1158; BGH v. 01.03.2006 - XII ZR 157/03 - juris Rn. 31 - FamRZ 2006, 846-849.
[164] OLG Zweibrücken v. 25.10.2007 - 6 UF 138/06 - juris Rn. 47 - OLGR Zweibrücken 2008, 143-147.
[165] OLG Koblenz v. 10.10.2007 - 7 WF 798/07 - juris Rn. 9 - NJW-RR 2008, 159-160; OLG Braunschweig v. 03.08.2006 - 1 UF 83/06 - juris Rn. 16 - FamRZ 2006, 1759-1760; für eine großzügige Handhabung *Gerhardt*, FuR 2008, 9-17.
[166] So *Gerhardt*, NJW-Spezial 2008, 228.
[167] BGH v. 21.04.2010 - XII ZR 134/08 - juris Rn. 37 - FamRZ 2010, 1050-1055.

147 Erfolgt eine Betreuung durch Familienangehörige oder den Stiefelternteil, ohne dass diese vergütet wird, ist es jedoch ausnahmsweise gerechtfertigt, deren Wert gem. § 287 ZPO zu schätzen und in Abzug zu bringen.[168] Es handelt sich um Zuwendungen Dritter, die nicht erbracht werden, um den Unterhaltspflichtigen zu entlasten. Der Höhe nach kann eine Orientierung an den bei einer Tagespflege anfallenden Kosten erfolgen.[169]

5. Überobligationsmäßige Erwerbstätigkeit

148 Die geänderte Struktur des § 1570 BGB wirkt sich auch auf die Frage aus, ob eine neben der Kinderbetreuung ausgeübte Erwerbstätigkeit überobligatorisch ist. Nur der Teil der **Einkünfte**, der gemessen am Umfang der Erwerbsobliegenheit als **überobligationsmäßig** zu bewerten ist, erfährt bei der Unterhaltsberechnung eine **privilegierende Behandlung**. Er ist gemäß § 1577 Abs. 2 BGB nur insoweit anzurechnen, als dies der Billigkeit entspricht. Dabei ist zwischen dem Billigkeitsunterhalt aus kindbezogenen und dem aus elternbezogenen Gründen zu differenzieren.

149 Beim **Billigkeitsunterhalt** nach § 1570 Abs. 1 Sätze 2, 3 BGB wirkt sich die Aufgabe des bisherigen Altersphasenmodells auch auf die Feststellung einer überobligatorischen Erwerbstätigkeit aus.

150 Wird nach der Vollendung des dritten Lebensjahrs eine **Berufstätigkeit** aufgenommen, so ist dies als **Indiz** dafür zu werten, dass Kinderbetreuung und Erwerbstätigkeit vereinbar sind. Kann der betreuende Ehegatte diese berufliche Tätigkeit nur ausüben, weil die Betreuung durch Dritte erfolgt, so spricht dies auch dafür, dass die Inanspruchnahme einer Fremdbetreuung mit dem Kindeswohl vereinbar ist.[170] Abweichendes muss der Unterhaltsberechtigte darlegen und nachweisen.

151 Das UÄndG vom 21.12.2007 wird künftig eine deutliche Anhebung der Schwelle bewirken, ab der eine überobligatorische Erwerbstätigkeit anzunehmen ist, mit der Folge, dass das dadurch erzielte Einkommen in stärkerem Maß als bisher unterhaltsrelevanten Charakter erhält. Die Ausübung einer Berufstätigkeit bei Inanspruchnahme einer Fremdbetreuung wird in der Regel dazu führen, von einer Vereinbarkeit auszugehen und eine überobligatorische Erwerbstätigkeit zu verneinen.[171]

152 Es ist allerdings widersprüchlich, dieses Ergebnis mit einem pauschalen Betreuungsbonus abmildern zu wollen, um die Doppelbelastung zu kompensieren. Konsequenter erscheint es, die Ausgewogenheit der Belastung beider Eltern bei der Frage der Überobligationsmäßigkeit einer Erwerbstätigkeit neben der Betreuung als Maßstab heranzuziehen.

153 Der BGH[172] hat für den Fall, dass eine überobligatorische Erwerbstätigkeit ausgeübt wird (z.B. 2/3-Stelle statt Halbtagstätigkeit unter Mithilfe der Großeltern des betreuenden Elternteils), gebilligt, dass das Einkommen insoweit unberücksichtigt bleibt, als es das Einkommen entsprechend einer zumutbaren Erwerbspflicht übersteigt. Er siedelt die Auswirkungen der Doppelbelastung aber erst bei § 1570 Abs. 2 BGB an, und kommt bei einer überobligatorischen Erwerbstätigkeit zu einer Verlängerung des Betreuungsunterhalts aus elternbezogenen Gründen.

6. Verhältnis zu § 1615l BGB

154 Der Gesetzgeber hat – gedrängt vom Bundesverfassungsgericht – die Unterhaltsansprüche derjenigen, die Kinder betreuen, ob sie nun verheiratet sind oder nicht, gleichlautend geregelt, sieht man von dem „Annexanspruch" nach § 1570 Abs. 2 BGB ab.[173] Es kann deshalb auch auf die Kommentierung zu § 1615l BGB zurückgegriffen werden.

IV. Billigkeitsunterhalt aus elternbezogenen Gründen, Absatz 2 (Annexanspruch)

155 Ist der Anspruch auf Betreuungsunterhalt aus Billigkeit gem. § 1570 Abs. 1 Sätze 2, 3 BGB erschöpft, besteht – entsprechend dem Grundsatz der Eigenverantwortung – die Obliegenheit, seinen Unterhalt selbst zu bestreiten.

---

[168] BGH v. 29.06.1983 - IVb ZR 379/81 - juris Rn. 21; BGH v. 29.11.2000 - XII ZR 212/98 - FamRZ 2001, 350-353; BGH v. 13.04.2005 - XII ZR 273/02 - FamRZ 2005, 1154-1158 (Kinderbetreuung durch zweite Ehefrau); OLG Hamburg v. 28.07.2004 - 2 UF 73/03 - FamRZ 2005, 927-930 (Betreuung durch Großeltern); großzügiger OLG Celle v. 18.12.2003 - 17 UF 108/03 - FamRZ 2004, 1380-1381.

[169] OLG Hamm v. 26.08.2009 - 5 UF 25/09, II-5 UF 25/09 - juris Rn. 35 - FamRZ 2009, 2093-2097.

[170] BGH v. 15.12.2004 - XII ZR 121/03 - NJW 2005, 818-820 = FamRZ 2005, 442-445; BGH v. 13.04.2005 - XII ZR 273/02 - NJW 2005, 2145-2149 = FamRZ 2005, 1154-1158.

[171] Vgl. auch *Schürmann*, jurisPR-FamR 13/2007, Anm. 1; *Schumann*, FF 2007, 227.

[172] BGH v. 17.06.2009 - XII ZR 102/08 - juris Rn. 33 - FamRZ 2009, 1391.

[173] Vgl. *Schilling*, FPR 2008, 27-31; *Wever*, FamRZ 2008, 553-561.

§ 1570

Die Regelung des § 1615l BGB entlässt den anderen Elternteil danach in der Regel aus seiner Pflicht, Betreuungsunterhalt zu leisten. Anders hat sich der Gesetzgeber für den Fall entschieden, dass der bisher das Kind betreuende Elternteil mit dem anderen verheiratet ist. Er hat sich in der Pflicht gesehen, systemwidrig aus Gründen des Vertrauensschutzes die **eheliche Solidarität im Betreuungsunterhalt** erneut zu strapazieren und mit § 1570 Abs. 2 BGB eine weitere Verlängerung des Betreuungs**unterhalts zu normieren. Soll also in einer dritten Stufe Betreuungsunterhalt verlangt werden können, obwohl kein Betreuungsbedürfnis mehr besteht?**[174] **156**

Der **Absatz 2 strebte eine (verdeckte) Besserstellung des verheirateten Elternteils gegenüber dem nicht verheirateten an**. Der Hinweis des Gesetzgebers in der Begründung, das BVerfG habe festgestellt, es sei dem Gesetzgeber unbenommen, einen geschiedenen Elternteil „wegen des Schutzes, den die eheliche Verbindung durch Art 6 Abs. 1 GG erfährt, (...) unterhaltsrechtlich besser zu stellen als einen unverheirateten Elternteil, was sich mittelbar auch auf die Lebenssituation der mit diesem Elternteil zusammenlebenden Kindern auswirken kann (...)", vermag nicht zu überzeugen. **157**

Der Gesetzgeber hat die Entscheidung des Bundesverfassungsgerichts, das nachdrücklich darauf abgestellt hat, dass der Betreuungsunterhalt seine Legitimation im Betreuungsbedürfnis findet und nicht in der ehelichen Solidarität, verkannt.[175] Die angeführte zulässige Besserstellung bezieht sich ausdrücklich darauf, dass dem Ehegatten auch aus anderen Gründen (z.B. Krankheit, Alter, Erwerbslosigkeit) Unterhalt zugestanden werden kann.[176] Die Regelung in Absatz 2 wird dieser Entscheidung aber deshalb nicht gerecht, weil sie keine eigenständige Regelung eines weiteren Anspruchs trifft – etwa durch Modifizierung des § 1573 BGB oder § 1576 BGB – sondern an den Betreuungsunterhalt des § 1570 Abs. 1 BGB anknüpft und diesen Anspruch **verlängert**.[177] Der Gesetzgeber spricht in der Begründung selbst von einer „**ehespezifischen Ausprägung des Betreuungsunterhaltsanspruchs**".[178] Der Widerspruch, dass einerseits kein selbständiger Unterhaltsanspruch geschaffen, aber andererseits die **Legitimationsgrundlage** ausgewechselt wird,[179] hat nicht nur theoretische Bedeutung, sondern erschwert die rangmäßige Einordnung im Mangelfall (§ 1609 Nr. 2, 3 BGB), wenn man nicht den Betreuungsunterhalt insgesamt als einheitlichen rangbestimmenden Anspruch ansieht. **158**

Es liegt zudem auf der Hand, dass ein schützenswertes Vertrauen in die Aufgabenverteilung auch bei nicht verheirateten Eltern gegeben sein kann. Ob dies durch die Formulierung „insbesondere" in § 1615l Abs. 2 Satz 5 BGB aufgefangen werden kann, erscheint bei dem bisherigen Verständnis fraglich, weil zumindest ein mittelbarer Zusammenhang mit den Belangen des Kindes gefordert wird.[180] Der BGH kommt jedenfalls über die Öffnung des Tatbestandsmerkmals „insbesondere" zu einem dem § 1570 Abs. 2 BGB vergleichbaren Verständnis[181] (vgl. auch die Kommentierung zu § 1615l BGB). **159**

Der BGH prüft im Rahmen des Betreuungsunterhalts in einem zweiten Schritt, ob **elternbezogene Gründe** eine Verlängerung des Anspruchs gemäß § 1570 Abs. 2 BGB begründen. Die Rechtfertigung einer solchen Verlängerung des Betreuungsunterhalts sieht er in der nachehelichen Solidarität. Er bezieht aber auch die **überproportionale Belastung** des betreuenden Elternteils im Interesse des Kindeswohls **als Korrektiv** ein und entschärft auf diese Weise die eingangs aufgestellte weitgehende Obliegenheit, eine Fremdbetreuung nach Vollendung des dritten Lebensjahrs in dem erreichbaren Umfang in Anspruch zu nehmen. **160**

Elternbezogene Gründe können eine Verlängerung des Betreuungsunterhalts rechtfertigen, wenn sich der betreuende Elternteil entsprechend der vereinbarten und praktizierten Rollenverteilung in der Ehe darauf eingerichtet hat, das Kind weiterhin persönlich zu betreuen, und die eigene Erwerbstätigkeit aufgegeben, eingeschränkt oder zurückgestellt hat. Erforderlich ist, dass das Kind auch entsprechend dieser Absprache tatsächlich von ihm betreut wird. Zudem ist erheblich, für welchen Zeitraum eine entsprechende Abrede getroffen wurde.[182] **161**

---

[174] *Borth*, Unterhaltsrechtsänderungsgesetz, Rn. 66a.
[175] BVerfG v. 28.02.2007 - 1 BvL 9/04 - NJW 2007, 1735 = FamRZ 2007, 965 (60); *Schumann*, FF 2007, 227.
[176] BVerfG v. 28.02.2007 - 1 BvL 9/04 - NJW 2007, 1735 = FamRZ 2007, 965 (58); *Schürmann*, FF 2007, 235.
[177] *Hollinger* in: Strohal/Viefhues, Das neue Unterhaltsrecht, § 1570 Rn. 94.
[178] BT-Drs. 16/1830 – Anlage 1 – Formulierungshilfe, S. 6.
[179] *Hülsmann* in: Hoppenz/Hülsmann, Der reformierte Unterhalt, § 1570 n.F. Rn. 11.
[180] *Brudermüller* in: Palandt § 1615l Rn. 19; *Wever*, FamRZ 2008, 553; *Hohmann-Dennhardt*, FF 2007, 174; für Gleichlauf wohl *Borth*, Unterhaltsrechtsänderungsgesetz, Rn. 66a.
[181] BGH v. 16.07.2008 - XII ZR 109/05 - juris Rn. 100.
[182] BGH v. 21.04.2010 - XII ZR 134/08 - juris Rn. 32 - FamRZ 2010, 1050-1055; BGH v. 15.09.2010 - XII ZR 20/09 juris Rn. 25.

162 Wird eine persönliche Betreuung während der ersten drei Jahre des Kindes verabredet, kann ohne weitere Anhaltspunkte nicht davon ausgegangen werden, dass sie auch für den anschließenden Zeitraum Geltung haben soll. Dies gilt auch für den Fall, dass eine eingeschränkte Erwerbstätigkeit nach Vollendung des dritten Lebensjahres abgesprochen wurde. Es kommt entscheidend darauf an, für welchen Zeitraum eine solche Abrede erfolgt ist; von einer zeitlich unbegrenzten Fortdauer wird in der Regel nicht auszugehen sein.[183]

1. Einsatzzeitpunkt

163 Das Gesetz nennt keine Einsatzzeiten wie etwa beispielsweise die §§ 1571 Nr. 1, 1572 Nr. 2 BGB sondern spricht von einer Verlängerung der Dauer des Unterhaltsanspruchs. Dies kann aber nur bedeuten, dass zuvor ein anderer Unterhaltsanspruch nach § 1570 Abs. 1 BGB bestanden muss, an den sich unmittelbar ein weiterer Anspruch anschließt. Die Gesetzesbegründung spricht von einer „weiteren Verlängerung des Unterhaltsanspruchs"[184] bzw. davon, dass § 1570 Abs. 2 BGB eine Möglichkeit vorsieht, „den Betreuungsunterhalt im Einzelfall aus Gründen zu verlängern, die ihre Rechtfertigung allein in der Ehe finden". Es wird pauschal an § 1570 Abs. 1 BGB angeknüpft.

164 Davon ausgehend bleibt offen, ob der Basisunterhalt nach § 1570 Abs. 1 Satz 1 BGB oder der Billigkeitsunterhalt nach § 1570 Abs. 1 Satz 2 BGB verlängert werden soll. Eine Verlängerung des Basisunterhalts kommt aber nur dann in Betracht, wenn nicht bereits eine Verlängerung dieses Anspruchs aus kindbezogenen Gründen gerechtfertigt ist. In der Regel wird sich der Annexanspruch deshalb an den Billigkeitsunterhalt anschließen. Er kann nicht kumulativ neben dem Betreuungsunterhalt nach § 1570 Abs. 1 BGB, sondern **alternativ** bestehen.[185] In jedem Fall muss noch ein Kind im Haushalt des Unterhalt verlangenden Ehegatten leben und eine Betreuung stattfinden, wenngleich diese nicht in dem Umfang bestehen muss, dass sich daraus eine (teilweise) Freistellung von der Erwerbsobliegenheit herleitet.

2. Feststellung der Billigkeit

165 Bei der Prüfung der Billigkeit sind die **Gestaltung der Kinderbetreuung und Erwerbstätigkeit in der Ehe** sowie die **Dauer der Ehe** zu berücksichtigen. Es soll – so die Begründung – das in der Ehe gewachsene Vertrauen in die vereinbarte und praktizierte Rollenverteilung und die gemeinsame Ausgestaltung der Kinderbetreuung maßgebend sein. Wird die ehebedingte Billigkeit einer Verlängerung festgestellt, verlängert sich der Unterhaltsanspruch ohne weiteres.[186] Bei der Dauer der Verlängerung ist darauf abzustellen, welche Anstrengungen für eine berufliche Wiedereingliederung erforderlich sind; auch persönliche Umstände (Alter, Gesundheit und Berufsausbildung) können berücksichtigt werden.[187] Bei sicherer Prognose ist der Anspruch zu befristen.

3. Die Billigkeitskriterien

166 Im Gegensatz zu den kindbezogenen Gründen beim Billigkeitsunterhalt verlangt der Annexanspruch ehespezifische **elternbezogene Gründe**, die umfassend abzuwägen sind.

167 Der BGH[188] hat für die Prüfung elternbezogener Gründe hervorgehoben, dass es sich dabei um Umstände handeln muss, die unter Berücksichtigung der Gestaltung von Kindererziehung und Erwerbstätigkeit in der Ehe von Bedeutung sind, weil das Vertrauen in die vereinbarte und so auch gehandhabte Rollenverteilung hinsichtlich der Kinderbetreuung geschützt werden soll. Diese Voraussetzungen hat der BGH als nicht erfüllt angesehen, wenn von einer weitergehenden Erwerbstätigkeit nicht allein im Interesse des Kindes abgesehen wird, sondern aus eigenen beruflichen Interessen.

168 Ausbildungs-, Fortbildungs- oder Qualifizierungsmaßnahmen stellen nach dieser Entscheidung keinen elternbezogenen Grund i.S.d. § 1570 Abs. 2 BGB dar, sondern können für die Frage einer angemessenen Erwerbstätigkeit i.S.d. § 1574 BGB oder für die Gewährung von Ausbildungsunterhalt nach § 1575 BGB erheblich sein.

---

[183] BGH v. 15.09.2010 - XII ZR 20/09 - juris Rn. 31.
[184] BT-Drs. 16/1830 – Anlage 1 – Formulierungshilfe, S. 5.
[185] *Hülsmann* in: Hoppenz/Hülsmann, Der reformierte Unterhalt, § 1570 n.F. Rn. 11.
[186] BT-Drs. 16/1830 – Anlage 1 – Formulierungshilfe, S. 6.
[187] *Brudermüller* in: Palandt, § 1615l Rn. 15.
[188] BGH v. 08.08.2012 - XII ZR 97/10 - FamRZ 2012, 1624-1626.

Im konkreten Fall war die Mutter, promovierte Kunsthistorikerin, neben der Betreuung eines rd. 12 Jahre alten Kindes nur halbschichtig erwerbstätig und arbeitete an ihrer Habilitation. Während das OLG Koblenz eine Verlängerung des Betreuungsunterhalts wegen elternbezogener Gründe bejaht hat, hat der BGH einen Bezug zu den Interessen des Kindes verneint und nur berufliche Interessen der Mutter gesehen. **169**

a. Gestaltung von Kinderbetreuung und Erwerbstätigkeit

Die **Gestaltung von Kinderbetreuung und Erwerbstätigkeit** soll dann zu einer Verlängerung des Betreuungsunterhalts führen, wenn sich in der Ehe ein besonderes Vertrauen in die vereinbarte und tatsächlich gehandhabte Aufgabenverteilung gebildet hat.[189] Das erinnert an den Ausgleich ehebedingter Nachteile. Die Begründung des Gesetzesentwurfs weist zur Erläuterung darauf hin, dass einem geschiedenen Ehegatten, der seine Erwerbstätigkeit im Interesse der Kindererziehung dauerhaft aufgegeben oder zurückgestellt hat, ein längerer Anspruch auf **Betreuungsunterhalt** eingeräumt werden soll als einem Ehegatten, der von vornherein alsbald wieder in den Beruf zurückkehren wollte. Das setzt voraus, dass zwischen den Ehegatten eine konkrete Aufgabenverteilung abgesprochen und auch praktiziert wurde, die den betreuenden Ehegatten in seinem wirtschaftlichen Fortkommen benachteiligt. Nur dann könnte aus Billigkeitsgründen eine Verlängerung geboten sein. **170**

Unter Heranziehung dieser Grundsätze hat das OLG Düsseldorf, eine Erwerbsobliegenheit von wöchentlich nur 20 Arbeitsstunden angenommen, bei einer 10 Jahre dauernden Alleinverdienerehe, in der die Ehefrau absprachegemäß nicht gearbeitet hat, um das gemeinsame, nunmehr rd. 10 Jahre alte Kind zu betreuen. Dabei hat es auch berücksichtigt, dass die Ehefrau zwar über eine qualifizierte Berufsausbildung verfügt, aber bei einem Wiedereinstieg ins Berufsleben erhebliche Schwierigkeiten zu erwarten sind und die Eheleute in guten wirtschaftlichen Verhältnissen lebten.[190] **171**

Das OLG Celle hat bei **11 und 14 Jahre alten Schulkindern**, die ganztägig in einer geeigneten Tagespflegestelle betreut werden könnten, eine Verlängerung des Betreuungsunterhalts aus kindbezogenen Gründen verneint, aber aus **elternbezogenen Gründen nur eine Beschäftigung im Umfang einer 2/3-Stelle für zumutbar** erachtet. Dies wird damit begründet, dass der Betreuungselternteil nicht nur mit der Führung eines Mehrpersonenhaushaltes belastet ist, sondern auch mit weiteren organisatorischen Problemen (wie etwa Nacharbeit der Schulaufgaben, Teilnahme an Elternabenden, Gestaltung der Freizeitaktivitäten). Es hat zudem darauf abgehoben, dass eine Fremdbetreuung den persönlichen Zuspruch des Elternteils und dessen persönliche Anteilnahme an den täglichen Erfolgs- und Misserfolgserlebnissen des Kindes in Schule und Freizeit nicht ersetzen kann und auch diese Aufgabe von dem Betreuungselternteil im Anschluss an seine eigene Erwerbstätigkeit geleistet werden muss. Bemerkenswert an dieser Entscheidung ist, dass das OLG bei **elternbezogenen Gründen eine pauschalierende, am Alter und der Anzahl der Kinder orientierte Betrachtungsweise** für angebracht hält.[191] **172**

b. Dauer der Ehe

Schwer einzuordnen ist das Merkmal „**Dauer der Ehe**".[192] Allein die damit einhergehende zeitliche Komponente kann nicht ausschlaggebend sein. Es kann bei richtigem Verständnis nur darauf ankommen, ob sich aus der Ehedauer Hinweise für eine besondere Vertrauensbildung hinsichtlich der Art und Weise der Aufgabenverteilung ergeben. **173**

c. Überobligationsmäßige Erwerbstätigkeit

Der BGH leitet eine Verlängerung des Betreuungsunterhalts nach § 1570 Abs. 1 BGB auch aus einer besonderen Belastung des betreuenden Ehegatten durch die Erwerbstätigkeit und die verbleibende persönliche Betreuung des Kindes her.[193] **174**

Zwar sind die Anforderungen an eine Erwerbsobliegenheit verschärft worden, gleichwohl ist zu beachten, dass trotz Fremdbetreuung ein Anteil an persönlicher Betreuung und Erziehung verbleibt, der in Verbindung mit einer vollschichtigen Erwerbstätigkeit zu einer überobligationsmäßigen Belastung **175**

---

[189] BGH v. 16.07.2008 - XII ZR 109/05 - juris Rn. 102.
[190] OLG Düsseldorf v. 29.10.2009 - II-7 UF 88/09 - FamRZ 2010, 646.
[191] OLG Celle v. 06.08.2009 - 17 UF 210/08 - juris Rn. 21 - FuR 2009, 628-633.
[192] Kritisch zu diesem Kriterium *Hülsmann* in: Hoppenz/Hülsmann, Der reformierte Unterhalt, § 1570 n.F. Rn. 9.
[193] BGH v. 16.07.2008 - XII ZR 109/05 - juris Rn. 103 - FamRZ 2008, 1739; BGH v. 06.05.2009 - XII ZR 114/08 - juris Rn. 32 - FamRZ 2009, 1124-1129.

führen kann. Trotz einer Ganztagsbetreuung kann sich ein weiterer persönlich zu erbringender Betreuungsbedarf ergeben. Insbesondere kleinere Kinder bedürfen in stärkerem Umfang des persönlichen Zuspruchs der Eltern. Es ist dann im Einzelnen zu prüfen, in welchem Umfang und bis zu welchem Zeitpunkt die Erwerbspflicht noch eingeschränkt ist bzw. in welchem Umfang die unter kindbezogenen Gesichtspunkten geforderte Erwerbsobliegenheit überobligatorisch ist. Dabei ist mit einzubeziehen, welche Vereinbarungen die Eltern hinsichtlich der Aufgabenverteilung getroffen und praktiziert haben und inwieweit der Unterhaltsberechtigte auf deren Fortbestand vertrauen durfte.[194] Eine überobligationsmäßige Belastung ergibt sich aber nicht bereits dann, wenn Kinderbetreuung und Erwerbstätigkeit zusammen über einen Acht-Stunden-Tag hinausgehen. Ein solcher Automatismus ist mit der erforderlichen Überprüfung der individuellen Verhältnisse nicht vereinbar. Eine unzumutbare Belastung ist im Einzelfall festzustellen. Dabei ist auch zu berücksichtigen, dass der Elternteil, der das Kind betreut, diesem Naturalunterhalt schuldet und auch der barunterhaltspflichtige Elternteil diese Belastung neben seiner vollschichtigen Erwerbstätigkeit zu erbringen hat.[195]

176 Der BGH zählt auch den Gesichtspunkt der **ausgewogenen Belastung beider Eltern** zu den elternbezogenen Verlängerungsgründen, wenngleich sie auch in engem Zusammenhang mit den Belangen des Kindes stehen. Erwerbstätigkeit und verbleibender Anteil der Kindesbetreuung dürfen nicht zu einer **überobligationsmäßigen Belastung** des betreuenden Elternteils führen, weil sich daraus negative Auswirkungen auf das Kindeswohl ergeben können. Auch bei einer Ganztagsbetreuung in einer kindgerechten Einrichtung kann sich ein weiterer Betreuungsbedarf ergeben, der zu einer **eingeschränkten Erwerbsobliegenheit** führen kann.[196] Der BGH geht jedenfalls davon aus, dass auch bei einer vollzeitigen Fremdbetreuung zweier Kinder im Alter von rd. 11 und 7 Jahren ein anschließender Betreuungsbedarf verbleibt, der gegen eine vollschichtige Erwerbstätigkeit sprechen kann.[197]

177 Wird eine Erwerbstätigkeit ausgeübt, die über den gebotenen Umfang hinausgeht, kann das **Einkommen insoweit unberücksichtigt bleiben, als es auf der überobligatorischen Erwerbstätigkeit** beruht. Der Annahme einer überobligatorischen Erwerbstätigkeit steht nicht entgegen, dass die Betreuung des Kindes teilweise von den Großeltern des betreuenden Elternteils übernommen wird, weil diese mit ihren freiwilligen Leistungen nur dessen Belastung mindern, nicht aber den unterhaltspflichtigen Elternteil entlasten wollen.[198]

4. Rangzuweisung

178 Streitig ist die Frage, welcher Rang i.S.d. § 1609 BGB diesem Annexanspruch zukommt. Er könnte einerseits den zweiten Rang des Basis- bzw. Billigkeitsunterhalts gem. § 1570 Abs. 1 BGB teilen,[199] andererseits wegen der Ehespezifizität auch den übrigen Unterhaltstatbeständen des nachehelichen Unterhalts gleichzustellen sein.

179 Allein der systematische Zusammenhang mit dem Betreuungsunterhalt nach § 1570 Abs. 1 BGB, wie er dadurch zum Ausdruck kommt, dass das Gesetz von einer Verlängerung spricht, macht die Privilegierung nicht zwingend.[200] Sie würde im Mangelfall den Kreis Unterhaltsberechtigter vergrößern zu Lasten der betreuungsbedürftigen Kinder.[201]

180 Der BGH[202] sieht indessen den Betreuungsunterhalt in all seinen Ausprägungen als einheitlichen Unterhaltsanspruch, auch wenn er an unterschiedliche Voraussetzungen geknüpft ist. Dann ist es aber nur konsequent, auch von einer einheitlichen Rangzuweisung auszugehen, so dass auch der Anspruch nach § 1570 Abs. 2 BGB im Rang unmittelbar dem Kindesunterhalt folgt (§ 1609 Nr. 2 BGB).

181 Der unterhaltsrechtliche Rang bestimmt sich auch dann, wenn sich der Unterhaltsanspruch aus § 1570 BGB und § 1573 Abs. 2 BGB ergibt, einheitlich nach § 1609 Nr. 2 BGB.[203]

---

[194] BGH v. 18.03.2009 - XII ZR 74/08 - juris Rn. 28 - FamRZ 2009, 770; *Brückner*, jurisPR-FamR 11/2009, Anm. 4; BGH v. 06.05.2009 - XII ZR 114/08 - juris Rn. 37 - FamRZ 2009, 1124-1129.
[195] BGH v. 21.04.2010 - XII ZR 134/08 - juris Rn. 36; ebenso Saarländisches Oberlandesgericht Saarbrücken v. 12.05.2010 - 6 UF 132/09 - juris Rn. 23 - NJW-Spezial 2010, 612.
[196] BGH v. 16.07.2008 - XII ZR 109/05 - juris Rn. 99 - FamRZ 2008, 1739-1749.
[197] BGH v. 16.07.2008 - XII ZR 109/05 - juris Rn. 107 - FamRZ 2008, 1739-1749.
[198] BGH v. 17.06.2009 - XII ZR 102/08 - juris Rn. 46 - FamRZ 2009, 1391-1397.
[199] *Borth*, Unterhaltsrechtsänderungsgesetz, Rn. 66e; *Kemper*, FuR 2008, 169-176; *Diederichsen* in: Palandt, § 1609 Rn. 16.
[200] Kritisch auch *Schilling*, FPR 2008, 27-31.
[201] *Schürmann*, FamRZ 2008, 313, 317.
[202] BGH v. 18.03.2009 - XII ZR 74/08 - juris Rn. 41 - FamRZ 2009, 770; *Brückner*, jurisPR-FamR 11/2009, Anm. 4.
[203] OLG Hamm v. 31.08.2012 - II-3 UF 265/11, 3 UF 265/11 - juris Rn. 23.

D. Rechtsfolgen

§ 1570 BGB gewährt einen Unterhaltsanspruch nur insoweit und solange, als sich aus der Kindesbetreuung eine Freistellung von der Erwerbsobliegenheit ergibt. Rechtfertigt die Kindesbetreuung eine **vollständige Freistellung von der Erwerbsobliegenheit**, begründet § 1570 BGB einen Unterhaltsanspruch im Umfang des gesamten eheangemessenen Bedarfs abzüglich etwaiger Eigeneinkünfte (§§ 1577, 1578 BGB). Eines Rückgriffs auf weitere Anspruchsgrundlagen bedarf es dann nicht. 182

I. Anspruchskonkurrenz

Ist dem betreuenden Elternteil eine **teilschichtige Erwerbstätigkeit zuzumuten**, gewährt § 1570 BGB dagegen nur einen Anspruch im Umfang der verbleibenden Freistellung von der Erwerbsobliegenheit, also bis zur Höhe des Mehreinkommens, das bei voller Erwerbstätigkeit zu erzielen wäre. Reicht der Eigenverdienst zusammen mit dem Teilanspruch aus § 1570 BGB zur Deckung des eheangemessenen Bedarfs (§ 1578 BGB) nicht aus, so kann hinsichtlich des ungedeckten Restbedarfs ein ergänzender Anspruch auf Aufstockungsunterhalt gemäß § 1573 Abs. 2 BGB bestehen.[204] 183

Gelingt es dem Ehegatten bei bestehender Teilerwerbsobliegenheit trotz ausreichender Bemühungen nicht, eine angemessene Teilzeitbeschäftigung zu finden, kann insoweit, d.h. im Umfang des durch eine teilschichtige Tätigkeit zu erzielenden Einkommens, ein Anspruch aus § 1573 Abs. 1 BGB hinzutreten. Denkbar ist in einem solchen Fall also eine kumulative Begründung des Gesamtunterhaltsanspruchs aus § 1570, § 1573 Abs. 1 BGB und § 1573 Abs. 2 BGB.[205] 184

Der BGH[206] hat bislang stets die betragsmäßige Zuordnung zur jeweiligen Anspruchsgrundlage verlangt, weil die Beschränkungsmöglichkeiten je nach Anspruchsgrundlage unterschiedlich ausgestaltet waren. Diese Differenzierung könnte nun deshalb entbehrlich werden, weil die Beschränkung des Unterhalts für alle Unterhaltsansprüche einheitlich in § 1587b BGB geregelt ist. Im Hinblick auf spätere **Abänderungsverfahren** ist die **Differenzierung bzgl. der Anspruchsgrundlagen** aber weiterhin geboten, nur die betragsmäßige Aufteilung des Unterhalts dürfte entbehrlich sein. Sie wird sich aber dann nicht vermeiden lassen, wenn auf der Grundlage der immanenten Schranken des § 1570 BGB eine Befristung erfolgt und sich aus anderen Gründen noch ein weitergehender Anspruch ergibt.[207] 185

Auch nach der Reform des Unterhaltsrechts hält der BGH[208] eine konkrete Benennung der maßgeblichen Anspruchsgrundlagen dann für erforderlich, wenn eine Erwerbstätigkeit nur teilweise erwartet werden kann, und kommt zu einer Kumulation der Anspruchsgrundlagen (§§ 1570, 1573 Abs. 2 BGB).[209] Nur wenn der Unterhaltsberechtigte wegen der Betreuung des Kindes insgesamt an einer Erwerbstätigkeit gehindert ist, ergibt sich der Unterhalt allein aus § 1570 BGB.[210] 186

Die **Differenzierung ist** aber auch wegen der **Rangfragen** im Mangelfall von Bedeutung. Gerade die Privilegierung des Betreuungsunterhalts in § 1609 Nr. 2 BGB wird dazu führen, dass besonders hartnäckig gestritten wird, ob (auch) dieser Tatbestand erfüllt ist. 187

II. Befristung

Betreuungsunterhalt unterliegt einer immanenten zeitlichen Schranke, so dass sich häufig die Frage nach einer **Befristung außerhalb des Anwendungsbereichs des § 1578b BGB** stellt, und zwar bei allen drei Tatbestandsvarianten. 188

---

[204] BGH v. 13.12.1989 - IVb ZR 79/89 - juris Rn. 13 - LM Nr. 13 zu BGB § 1570; BGH v. 27.01.1993 - XII ZR 206/91 - juris Rn. 16 - NJW-RR 1993, 898-901; BGH v. 03.02.1999 - XII ZR 146/97 - juris Rn. 15 - LM BGB § 1571 Nr. 3 (7/1999); BGH v. 18.04.2012 - XII ZR 65/10 - juris Rn. 15; BGH v. 26.02.2014 - XII ZB 235/12 - juris Rn. 10.

[205] BGH v. 18.03.2009 - XII ZR 74/08 - juris Rn. 43 - FamRZ 2009, 770; *Brückner*, jurisPR-FamR 11/2009, Anm. 4: BGH v. 26.02.2014 - XII ZB 235/12 - juris Rn. 10.

[206] BGH v. 27.01.1993 - XII ZR 206/91 - juris Rn. 16 - NJW-RR 1993, 898-901; BGH v. 03.02.1999 - XII ZR 146/97 - juris Rn. 15 - LM BGB § 1571 Nr 3 (7/1999).

[207] BGH v. 18.04.2012 - XII ZR 65/10 - juris Rn. 15.

[208] BGH v. 21.04.2010 - XII ZR 134/08 - juris Rn. 41 - FamRZ 2010, 1050-1055.

[209] BGH v. 18.04.2012 - XII ZR 65/10 - juris Rn. 15.

[210] BGH v. 26.11.2008 - XII ZR 131/07 - juris Rn 20 - FamRZ 2009, 406; DGII v. 14.04.2010 - XII ZR 89/08 - juris Rn. 15.

1. Befristung des Basisunterhalts

189 Hinsichtlich des **Basisunterhalts** werden hinsichtlich einer zeitlichen Begrenzung unterschiedliche Auffassungen vertreten. Teilweise wird eine **Befristung des Anspruchs im Tenor bejaht** und auf die Überlegung gestützt, dass ein verlängerter Anspruch erst zugesprochen werden könne, wenn sicher davon ausgegangen werden kann, dass Billigkeitsgründe tatsächlich gegeben sind.[211]

190 Demgegenüber lehnt der BGH mit der überwiegenden Auffassung der OLGe eine Befristung im Regelfall ab.[212] Zur Begründung wird angeführt, dass in der Regel nicht sicher vorherzusehen ist, ob und insbesondere in welchem Umfang der betreuende Ehegatte nach Vollendung des dritten Lebensjahrs eine Beschäftigung aufnehmen kann.[213] Die künftige Entwicklung bereits vor dem dritten Lebensjahr des Kindes einzuordnen, ist sehr schwierig, weil zu viele Umstände beim Billigkeitsunterhalt einfließen (Kindesbelange, Betreuungsmöglichkeiten, Bedingungen auf dem Arbeitsmarkt). Diese Schwierigkeiten dürften eine Befristung nur in Ausnahmefällen rechtfertigen.[214]

191 Gegen eine Befristung spricht auch, dass sich der Anspruch – liegen die Billigkeitskriterien vor – ohne weiteres verlängert und deshalb nicht von einem Regel-Ausnahme-Verhältnis zwischen diesen Tatbestandsvarianten gesprochen werden kann. Auch der Umstand, dass Unterhalt für **mindestens** drei Jahre verlangt werden kann, legt nahe, dass auch der Gesetzgeber davon ausgegangen ist, dass über den Basisunterhalt regelmäßig noch ein Anspruch auf Betreuungsunterhalt bestehen wird.

192 Angesichts der unterschiedlichen Sichtweisen ist es jedoch ratsam, bereits im Verfahren, das den Basisunterhalt zum Gegenstand hat, zu den Kriterien des Billigkeitsunterhalts vorzutragen, insbesondere auf die Möglichkeiten der Fremdbetreuung und der Belange des Kindes einzugehen. Der Unterhaltspflichtige hat die Möglichkeit, auf eine Befristung zu drängen und dadurch zu erreichen, dass sich der berechtigte Ehegatte bereits frühzeitig mit den Billigkeitskriterien (Kindesbelange, Fremdbetreuung) auseinandersetzt.

193 Der **BGH**[215] geht davon aus, dass der **Basisunterhalt** während der ersten drei Lebensjahre des Kindes und ein sich anschließender **Billigkeitsunterhalt** einen **einheitlichen Anspruch** darstellen. Eine Befristung des Anspruchs bis zur Vollendung des dritten Lebensjahres ist nach der Systematik des § 1570 BGB nicht geboten. Nur dann, wenn im Zeitpunkt der Entscheidung bereits absehbar ist, dass eine Verlängerung des Anspruchs über das dritte Lebensjahr hinaus ausscheidet, erfolgt für die Zeit danach die Abweisung der Klage, wenn der Antrag zeitlich unbegrenzt ist. Wegen der Vielzahl möglicher kind- oder elternbezogener Verlängerungsgründe wird dies in der Regel nicht in Betracht kommen.

194 Die Gefahr einer **Präklusion** nach § 238 Abs. 2 FamFG besteht zudem nur, wenn im Zeitpunkt der Entscheidung auf Grund einer zuverlässigen Prognose eine Befristung hätte erfolgen müssen. Ein gleichwohl gestellter Antrag auf Befristung kann indessen in Zweifelsfällen der Klärung dienen.[216]

195 Endet der Anspruch auf Betreuungsunterhalt, kann sich aus den §§ 1571-1576 BGB ein Anspruch auf Anschlussunterhalt ergeben.

2. Befristung der übrigen Tatbestandsvarianten

196 Beim **Billigkeitsunterhalt nach § 1570 Abs. 1 Sätze 2, 3 BGB** wird eine Befristung in der Regel nicht in Betracht kommen, weil auch hier eine zuverlässige Prognose nur schwer zu treffen ist. Im Zeitpunkt der Entscheidung können häufig weder Dauer noch Umfang des Betreuungsbedürfnisses festgestellt werden, ebenso wenig die Erwerbs- und Verdienstmöglichkeiten, auch der Eintritt ehe- und betreuungsbedingter Nachteile ist nicht sicher zu beurteilen.[217] Allenfalls dann, wenn sich abzeichnet, dass

---

[211] *Wever*, FamRZ 2008, 553; *Schilling*, FPR 2008, 27-31 zu § 1615l; *Graba* in: Erman, § 1570 Rn. 5.
[212] BGH v. 18.03.2009 - XII ZR 74/08 - juris Rn. 41 - FamRZ 2009, 770-774; BGH v. 02.10.2013 - XII ZB 249/12 - juris Rn. 20 - FamRZ 2013, 1958-1960; OLG Köln (FamRZ 2008, 571, 576); OLG Hamm (FamRZ 2008, 347-354);
[213] *Borth*, FamRZ 2008, 2-16; *Peschel-Gutzeit*, FPR 2008, 24.
[214] *Borth*, FamRZ 2008, 2-16.
[215] BGH v. 18.03.2009 - XII ZR 74/08 - juris Rn. 41 - FamRZ 2009, 770; *Brückner*, jurisPR-FamR 11/2009, Anm. 4.
[216] *Peschel-Gutzeit*, FPR 2008, 24; *Schramm*, NJW-Spezial 2007, 596.
[217] Thüringer Oberlandesgericht v. 24.07.2008 - 1 UF 167/08 - juris Rn. 62.

ein verbleibendes Betreuungsbedürfnis einer vollschichtigen Erwerbstätigkeit nicht mehr entgegenstehen wird, lässt sich eine gesicherte Vorhersage treffen.[218]

Beim **Betreuungsunterhalt aus elternbezogenen Gründen nach § 1570 Abs. 2 BGB wird in der Regel** eine Befristung möglich sein, weil dieser Anspruch nur einen abrupten Wechsel zur Eigenverantwortung abfedern soll. Die Befristung mit dem Alter des Kindes zu koppeln,[219] dürfte dem Gesetzeszweck nicht entsprechen, weil dieser Anspruch seine Legitimation nicht durch das Betreuungsbedürfnis des Kindes erfährt, sondern vorrangig durch elternbezogene, ehespezifische Umstände. 197

Solange die Frage der Befristung nicht einheitlich beantwortet wird, ist die Thematisierung – etwa in Form eines **Hilfsantrages** – ratsam. Wird sie abgelehnt, weil eine sichere Beurteilung der künftigen Entwicklung nicht möglich ist, entfällt die Notwendigkeit im Abänderungsverfahren nach § 238 Abs. 2 FamFG zu begründen, weshalb die Befristung nicht im Ausgangsverfahren verfolgt worden ist. 198

3. Begrenzung/Herabsetzung nach § 1578b BGB

Der BGH[220] hält eine **Befristung** des Betreuungsunterhalts **nach § 1578b BGB** für ausgeschlossen, weil § 1570 BGB bereits eine **Sonderregelung** für die Billigkeitsabwägungen enthält. 199

Die Befristung hat bereits nach § 1570 BGB entsprechend kind- und elternbezogener Billigkeitsgründe zu erfolgen. Wenn sich danach eine Verlängerung des Betreuungsunterhalts ergibt, können diese Gründe im Rahmen der Billigkeitsabwägung nach § 1578b BGB nicht zu einer Befristung nach § 1578b BGB führen. Es ist nur Raum für eine **Kürzung auf den eigenen angemessenen Unterhalt** möglich.[221] 200

Eine Begrenzung des Anspruchs in Form der **Herabsetzung** des Unterhalts **auf den nach der eigenen Lebensstellung angemessenen** Bedarf ist nach dieser Entscheidung jedoch **möglich, sofern** dadurch das Kindeswohl nicht beeinträchtigt wird. Eine derartige Begrenzung setzt aber eine zuverlässige Prognose eventueller ehebedingter Nachteile im Zeitpunkt der Entscheidung voraus.[222] 201

Davon zu trennen ist die Fallgestaltung, dass der Unterhaltsanspruch sowohl auf § 1570 BGB als auch auf § 1573 Abs. 2 BGB beruht. Bzgl. des Aufstockungsunterhalts ist eine Befristung oder Herabsetzung nicht ausgeschlossen.[223] Sie setzt aber eine zuverlässige Prognose bzgl. der Billigkeit im Zeitpunkt der Entscheidung voraus.[224] 202

III. Vertragliche Gestaltung des Betreuungsunterhalts

Der nacheheliche Unterhalt wird häufig in Ehe- oder Scheidungsfolgenvereinbarungen vertraglich modifiziert. Das UÄndG v. 21.12.2007 wird sich auch auf die Beurteilung solcher Vereinbarungen, die den Betreuungsunterhalt zum Gegenstand haben, auswirken. Wegen seiner besonderen Bedeutung für das Kind zählt dieser Anspruch zum besonders geschützten Kernbereich.[225] Dies bedeutet aber nicht, dass jegliche vertragliche Disposition schlechthin ausgeschlossen wäre.[226] So hat der BGH eine Befris- 203

---

[218] *Wever*, FamRZ 2008, 553; *Borth*, FamRZ 2008, 2-16; *Graba* in: Erman, Handkommentar BGB, 12. Aufl. 2008, § 1570 Rn. 9; OLG Köln v. 27.05.2008 - 4 UF 159/07 - FPR 2008, 455; OLG Zweibrücken v. 30.05.2008 - 2 UF 233/07 - juris Rn. 61 - OLGR Zweibrücken 2009, 61-62; Brandenburgisches Oberlandesgericht v. 12.06.2008 - 9 UF 186/07 - juris Rn. 33 - FamRZ 2008, 1947-1949; OLG München v. 04.06.2008 - 12 UF 1125/07; OLG Jena v. 24.07.2008 - 1 UF 167/08 - FamRZ 2008, 2203; OLG Hamm v. 30.10.2008 - 2 UF 43/08 - juris Rn. 96.

[219] *Graba* in: Erman, § 1570 Rn. 13.

[220] BGH v. 18.03.2009 - XII ZR 74/08 - juris Rn. 42 - FamRZ 2009, 770; *Brückner*, jurisPR-FamR 11/2009, Anm. 4; BGH v. 06.05.2009 - XII ZR 114/08 - juris Rn. 55 - FamRZ 2009, 1124-1129; BGH v. 18.04.2012 - XII ZR 65/10 - juris Rn. 47; BGH v. 26.02.2014 - XII ZB 235/12 - juris Rn. 13.

[221] BGH v. 21.04.2010 - XII ZR 134/08 - juris Rn. 33 - FamRZ 2010, 1050-1055.

[222] BGH v. 18.03.2009 - XII ZR 74/08 - juris Rn. 42 - FamRZ 2009, 770; *Brückner*, jurisPR-FamR 11/2009, Anm. 4; BGH v. 06.05.2009 - XII ZR 114/08 - juris Rn. 55 - FamRZ 2009, 1124-1129; BGH v. 15.09.2010 - XII ZR 20/09 - FamRZ 2010, 1880; Saarländisches Oberlandesgericht v. 11.11.2010 - 6 UF 63/10.

[223] BGH v. 18.04.2012 - XII ZR 65/10 - juris Rn. 47 - FamRZ 2012, 1040-1046; BGH v. 26.02.2014 - XII ZB 235/12 - juris Rn. 14; OLG Düsseldorf v. 17.12.2013 - II-1 UF 180/13 - FamRZ 2014, 772.

[224] OLG Hamm v. 31.08.2012 - II-3 UF 265/11, 3 UF 265/11 - juris Rn. 23.

[225] Grundlegend BGH v. 11.02.2004 - XII ZR 265/02 - juris Rn. 41 - NJW 2004, 930 = FamRZ 2004, 601-609; *Strohal*, jurisPR-FamR 15/2005, Anm. 1; BGH v. 17.05.2006 - XII ZB 250/03 - FamRZ 2006, 1097-1098; *Oldenburger-Milz*, jurisPR-FamR 14/2006, Anm. 2.

[226] BGH v. 05.07.2006 - XII ZR 25/04 - juris Rn. 26 - FamRZ 2006, 1359-1362; *Cluusius*, jurisPR-FamR 5/2008, Anm. 1.

tung des Unterhaltsanspruchs bis zum 6. Lebensjahr des Kindes für zulässig erachtet.[227] Vertragliche Abreden, die einen früheren Wiedereintritt des betreuenden Ehegatten in das Erwerbsleben vorsehen und deshalb den Anspruch auf Betreuungsunterhalt zeitlich enger befristen, sind jedenfalls dann nicht zu beanstanden, wenn eine Fremdbetreuung des Kindes möglich und gewollt ist. Da § 1570 Abs. 1 Sätze 2, 3 BGB eine Obliegenheit zur Fremdbetreuung postuliert, ist dieser Umstand auch bei der Prüfung der Wirksamkeit der Vereinbarung und der Inhaltskontrolle zu berücksichtigen (vgl. auch die Kommentierung zu § 1408 BGB).

E. Prozessuale Hinweise/Verfahrenshinweise

I. Darlegungs- und Beweislast

204 Die **Darlegungs- und Beweislast** für das Vorliegen der tatbestandlichen Voraussetzungen des § 1570 BGB trägt im Unterhaltsprozess grundsätzlich der antragstellende Beteiligte. Soweit jedoch höchstrichterlich oder obergerichtlich anerkannte Erfahrungsregeln zu berücksichtigen sind, hat dies zur Folge, dass die Partei, die eine Ausnahme von solchen Regeln für sich in Anspruch nimmt, die konkreten Umstände, die im Einzelfall eine von der Regel abweichende Beurteilung rechtfertigen, darzulegen und zu beweisen hat.

205 Bei **Betreuung eines noch nicht 8 Jahre alten Kindes** genügte deshalb nach der bisherigen Rechtsprechung die Klägerseite – bei ansonsten vollständigem Vortrag der Anspruchsvoraussetzungen – ihrer Darlegungslast, wenn sie zur Begründung einer fehlenden Erwerbsobliegenheit auf das Alter des Kindes Bezug nahm. Machte die Beklagtenseite demgegenüber geltend, mit Rücksicht auf die besondere Gestaltung des Einzelfalls sei dem anderen Ehegatten eine Erwerbstätigkeit ausnahmsweise zuzumuten, so musste sie die hierfür sprechenden Umstände darlegen und im Bestreitensfall beweisen.[228]

206 Das UÄndG vom 21.12.2007 führt zu einer **Änderung des herkömmlichen Verständnisses der Darlegungs- und Beweislast**. Der pauschale Hinweis auf das Alter des Kindes reicht nur aus, wenn das Kind das 3. Lebensjahr noch nicht vollendet hat, für den anschließenden Zeitraum wird er nicht mehr genügen, weil für die Zeit danach eine wenigstens gestufte Erwerbsobliegenheit besteht. Der Unterhalt begehrende Ehegatte trägt die Darlegungs- und Beweislast für alle anspruchsbegründenden Tatbestandsmerkmale, also auch für den Umstand, dass Kindesbelange und Fremdbetreuung eine vollschichtige Erwerbstätigkeit nicht zulassen.[229]

207 Der **BGH**[230] hebt deutlich hervor, dass der unterhaltsberechtigte Ehegatte die Darlegungs- und Beweislast für die Voraussetzungen einer Verlängerung des Betreuungsunterhalts über die Dauer von drei Jahren hinaus trägt mit der Folge, dass bei ungenügendem Sachvortrag, der Anspruch zu versagen ist.[231] Die Anforderungen an eine substantiierte Darlegung dürfen aber auch nicht überspannt werden.[232]

208 Konkret hat dies zur Folge, dass der Ehegatte, der Betreuungsunterhalt nach § 1570 Abs. 1 Sätze 2, 3 BGB verlangt, substantiiert im Einzelnen darlegen muss, dass keine Betreuung durch Dritte erreichbar ist, dass besondere, das Kind betreffende Umstände ihn an einer teil- oder vollschichtigen Erwerbstätigkeit hindern und gegebenenfalls dass trotz Zumutbarkeit einer Erwerbstätigkeit eine solche für ihn aus Gründen des Arbeitsmarkts nicht zu realisieren ist.[233] Ihn trifft auch die Beweislast, wenn er eine Verlängerung des Betreuungsunterhalts aus elternbezogenen Gründen einfordert. Er hat deshalb z.B. alle Gesichtspunkte darzulegen, die die Annahme einer überobligatorischen Erwerbstätigkeit rechtfertigen sollen.

209 Auch im vom Unterhaltspflichtigen eingeleiteten Abänderungsverfahren, das nach Vollendung des dritten Lebensjahres des Kindes den Wegfall der Unterhaltspflicht zum Gegenstand hat, trägt der betreuende Elternteil die Darlegungs- und Beweislast für eine Verlängerung des Betreuungsunterhalts.[234]

---

[227] BGH v. 28.03.2007 - XII ZR 130/04 - juris Rn. 19 - NJW 2007, 2851.
[228] BGH v. 23.02.1983 - IVb ZR 363/81 - juris Rn. 18 - LM Nr. 2 zu § 1570 BGB.
[229] *Borth*, FamRZ 2008, 2-16; vgl. auch *Hollinger* in: Das neue Unterhaltsrecht, § 1570 Rn. 108.
[230] BGH v. 18.03.2009 - XII ZR 74/08 - FamRZ 2009, 770; *Brückner*, jurisPR-FamR 11/2009, Anm. 4; ebenso bereits BGH v. 16.07.2008 - XII ZR 109/05 - FamRZ 2008, 1739.
[231] BGH v. 13.01.2010 - XII ZR 123/08 - juris Rn. 27 - FamRZ 2010, 444-447; vor überzogenen Anforderungen an die Darlegungslast warnen *Löhnig/Preisner*, FamRZ 2011, 1537.
[232] BGH v. 18.04.2012 - XII ZR 65/10.
[233] *Brudermüller* in: Palandt, § 1570 Rn. 25.
[234] *Brudermüller* in: Palandt, § 1570 Rn. 25.

Aus der Tatsache, dass auch der Gesetzgeber eine stufenweise Ausweitung der Erwerbstätigkeit für naheliegend hält, kann noch keine Umkehr der Beweislast hergeleitet werden.[235] Eine Beweiserleichterung könnte sich aus der allgemeinen Erfahrung ergeben, dass jedenfalls im Kindergartenalter und zu Beginn der Grundschule eine vollschichtige Erwerbstätigkeit die Ausnahme sein wird.[236] Angesichts der hohen Erwartungen des BGH an die Darlegungs- und Beweislast sollte man sich mit solchen Erfahrungswerte nicht begnügen.

II. Checkliste

Da die Voraussetzungen für einen Anspruch auf Betreuungsunterhalt aus kind- oder elternbezogenen Gründen substantiiert darzulegen sind, empfiehlt es sich zur Sicherung einer vollständigen Darlegung des Sachverhaltes folgende Gesichtspunkte zu prüfen:

1. Kindesbetreuung in anderer Weise

Vorhandene Fremdbetreuung (bezogen auf jedes Kind)
- Öffentliche Einrichtungen
  - Öffnungszeiten
  - Entfernung – Erreichbarkeit – zeitlicher Aufwand
  - Inhaltliches Angebot (z.B. Hausaufgabenbetreuung, Fachpersonal)
  ♦ Private Betreuung
  ♦ Tagesmutter
  ♦ Vater des Kindes (Verlässlichkeit, Verbalangebot, bisherige Beteiligung an der Erziehung des Kindes, regelmäßiger Umgang in erheblichem zeitlichen Rahmen, Streitigkeit wegen Umgangs- oder Sorgerecht)
  ♦ Lebenspartner
  ♦ Eigene Angehörige (Bereitschaft weiterer Mitwirkung, Zumutbarkeit einer Ausdehnung, freiwillige Zuwendung Dritter)
  ♦ Angehörige aus dem Umfeld des Unterhaltspflichtigen (Zumutbarkeit, Verlässlichkeit, Betreuungsshopping)

2. Kindbezogene Verlängerungsgründe

- Besonderheiten des Kindes
  - Behinderung[237]
  - Erkrankungen oder Gesundheitsgefährdungen
  - Entwicklungsstörungen (Eingewöhnungsschwierigkeiten im Kindergarten, verzögerte Sprachentwicklung, Wahrnehmungsstörungen, Straffälligkeit)
  - Begabungen (objektiv wahrnehmbare sportliche oder musische Begabung, insbesondere wenn bereits während der Ehe gefördert[238])
  - Alter des Kindes und Betreuungsbedürfnis (Beaufsichtigung)
  - Anzahl der Kinder
  - Bisherige Betreuung des Kindes

3. Vereinbarkeit von Erwerbstätigkeit mit Zeiten der Kinderbetreuung

- Umfang der erreichbaren Fremdbetreuung
- Fahrzeiten (bezogen auf jedes Kind)
- Besonderheit der jeweiligen Erwerbstätigkeit (Schichtdienst)

4. Überobligationsmäßige Belastung

- Missverhältnis zwischen möglicher Erwerbstätigkeit auf Grund zumutbarer Fremdbetreuung und persönlich zu leistende Betreuung vor und nach der Fremdbetreuung

---

[235] *Brudermüller* in: Palandt, § 1570 Rn. 25; *Borth*, UnterhaltsrechtsänderungsG, Rn. 72; so aber *Gerhardt*, FuR 2008, 9-17.
[236] *Wever*, FamRZ 2008, 553 zu § 1615l BGB; *Hülsmann* in: Hoppenz/Hülsmann, Der reformierte Unterhalt, § 1570 n.F. Rn. 13.
[237] BT-Drs. 13/1899, S. 89 und BT-Drs. 13/8511, S. 71.
[238] BGH v. 18.04.2012 – XII ZR 65/10.

- Gerechte Lastenverteilung zwischen unterhaltsberechtigtem und unterhaltspflichtigem Elternteil im Einzelfall
  - Entlastung des betreuenden Elternteils durch Freistellung von Barunterhaltspflicht
  - Belastung des betreuenden Elternteils durch geringere Unterhaltsquote wegen Vorrang des Kindesunterhalts

5. Elternbezogene Gründe

216
- Schaffung eines Vertrauenstatbestandes durch bisherige Aufgabenverteilung (Alleinverdienerehe, konkludente Vereinbarung, Dauer)
- Praktische Umsetzung in der Vergangenheit und aktuell
- Umfang der verbleibenden persönlichen Betreuung
- Infolge der Trennung erforderliche Veränderungen
- Berufsbedingte Belastung (Fahrtzeiten, Wechseldienst)
- Unverhältnismäßigkeit der Doppelbelastung

6. Betreuungskosten

217
- Kosten der Betreuung in öffentlichen Einrichtungen (außer Kindergartenkosten und Verpflegungsanteil)
- Kosten der Betreuung durch Privatpersonen (Kindermädchen, Tagesmutter)
- Kosten ergänzender Betreuung (z.B. durch Angehörige)
- Betreuungsleistung als freiwillige Zuwendung Dritter (Monetarisierung, fiktive Zurechnung)
- Zusätzliche Fahrtkosten

III. Abänderung von Alttitel

218 Wenn Betreuungsunterhalt bereits tituliert war, ist gem. § 36 Abs. 1 EGZPO im Abänderungsverfahren zu prüfen, ob die Änderung dem anderen Teil unter Berücksichtigung seines Vertrauens in die getroffene Regelung zumutbar ist. Dies wird regelmäßig dazu führen, dass eine angemessene Übergangszeit einzuräumen ist, in der den verschärften Anforderungen an die Erwerbsobliegenheit zu entsprechen ist.[239]

F. Steuerrechtliche Hinweise

219 Vgl. hierzu die Steuerrechtl. Hinw. zu §§ 1569 ff. BGB.

---

[239] *Streicher* in: Strohal/Viefhues, Das neue Unterhaltsrecht, § 36 EGZPO Rn. 13; OLG Düsseldorf v. 02.06.2008 - II-4 WF 41/08 (ausreichend 6 Monate).

§ 1571 BGB Unterhalt wegen Alters

(Fassung vom 02.01.2002, gültig ab 01.01.2002)

Ein geschiedener Ehegatte kann von dem anderen Unterhalt verlangen, soweit von ihm im Zeitpunkt

1. der Scheidung,
2. der Beendigung der Pflege oder Erziehung eines gemeinschaftlichen Kindes oder
3. des Wegfalls der Voraussetzungen für einen Unterhaltsanspruch nach den §§ 1572 und 1573

wegen seines Alters eine Erwerbstätigkeit nicht mehr erwartet werden kann.

Gliederung

A. Grundlagen 1
B. Anwendungsvoraussetzungen 6
I. Freistellung von der Erwerbsobliegenheit wegen Alters 6
II. Einsatzzeitpunkte 21
1. Scheidung (Nr. 1) 25
2. Beendigung der Pflege oder Erziehung des Kindes (Nr. 2) 27
3. Wegfall der Voraussetzungen für Unterhalt nach den §§ 1572, 1573 BGB (Nr. 3) 28
C. Rechtsfolgen 31
D. Prozessuale Hinweise/Verfahrenshinweise 35
E. Steuerrechtliche Hinweise 37

A. Grundlagen

Die Vorschrift, deren Wortlaut durch die zum 01.01.2008 in Kraft getretene Unterhaltsrechtsreform keine Änderung erfahren hat, erstreckt die nachwirkende unterhaltsrechtliche Mitverantwortung des wirtschaftlich stärkeren Ehegatten auf Fälle, in denen vom Berechtigten aus Altersgründen eine Erwerbstätigkeit nicht mehr erwartet werden kann. Die in § 1571 BGB vorausgesetzte besondere **Bedürfnislage** muss altersbedingt sein. **Ehebedingtheit** ist dagegen **nicht erforderlich**. 1

Ein Anspruch aus § 1571 BGB kommt daher auch dann in Betracht, wenn der berechtigte Ehegatte nicht erst während der Ehezeit alt geworden ist, sondern bereits im Zeitpunkt der Eheschließung wegen Alters einer Erwerbstätigkeit nicht mehr nachgehen konnte.[1] Bei einer erst im fortgeschrittenen Alter geschlossenen Ehe ergibt sich allein aus der Tatsache, dass es sich um eine **Altersehe** handelt, kein Grund, den Anspruch nach § 1579 Nr. 8 BGB ganz oder teilweise zu versagen oder zeitlich zu begrenzen. Eine kurze Ehedauer im Sinne des § 1579 Nr. 1 BGB kann jedoch Ausschluss- oder Beschränkungsgrund sein. 2

Der Umstand, dass sich aus einer kinderlosen Altersehe für den Berechtigten keine wirtschaftlichen Nachteile ergeben haben, kann Anlass geben, die Frage, ob die Ehedauer im konkreten Fall noch als „kurz" anzusehen ist, in einer aus Sicht des Verpflichteten eher großzügigen Weise zu beantworten. Außerdem bestand bis zum Inkrafttreten der Unterhaltsrechtsreform die Möglichkeit, den vollen eheangemessenen Unterhalt – insbesondere auch mit Rücksicht auf die Ehedauer – gemäß § 1578 Abs. 1 Satz 2 BGB a.F. aus Billigkeitsgründen nur zeitlich begrenzt zu gewähren und den Anspruch danach auf das Niveau des angemessenen Lebensbedarfs abzusenken.[2] Seit dem 01.01.2008 beurteilen sich die Möglichkeiten der Herabsetzung und zeitlichen Begrenzung nach der neu geschaffenen Regelung des § 1578b BGB.[3] 3

Der Anspruch auf Altersunterhalt kann im Sinne echter **Anspruchskonkurrenz** zusammenfallen mit Ansprüchen aus § 1570 BGB (etwa bei Betreuung eines volljährigen pflegebedürftigen Kindes) oder 4

---

[1] BGH v. 08.12.1982 - IVb ZR 331/81 - juris Rn. 8 - LM Nr. 11 zu § 1569 BGB; BGH v. 21.10.1981 - IVb ZR 605/80 - juris Rn. 9 - NJW 1982, 929-930.
[2] OLG Saarbrücken v. 04.12.2003 - 6 UF 38/03 - juris Rn. 26 - FamRZ 2004, 1293.
[3] Zu Einzelheiten der Übergangsregelung des § 36 EGZPO vgl. etwa *Borth*, FamRZ 2008, 105-113, 105, 112; zur Anwendung des § 1578b BGB im Rahmen des Altersunterhalts vgl. BGH v. 04.08.2010 - XII ZR 7/09 - FamRZ 2010, 1633-1636; BGH v. 07.03.2012 - XII ZR 145/09; OLG Karlsruhe v. 08.04.2010 - 2 UF 147/09; OLG Düsseldorf v. 17.03.2010 - II-8 UF 173/09; OLG Koblenz v. 18.12.2008 - 7 UF 377/08 - FamRZ 2009, 1750-1751.

§ 1572 BGB. Ist angesichts des Alters noch eine Teilzeittätigkeit zumutbar, so können zu dem Teilanspruch aus § 1571 BGB **ergänzende Ansprüche** aus § 1573 Abs. 1 BGB (wenn eine Teilzeittätigkeit trotz hinreichender Bemühungen nicht zu finden ist) oder § 1573 Abs. 2 BGB (Aufstockungsanspruch, wenn selbst das Einkommen aus einer Vollerwerbstätigkeit zur Deckung des gesamten eheangemessenen Unterhaltsbedarfs nicht ausreichen würde) hinzutreten.[4]

5   Wird jedoch aus Gründen des Alters keine Erwerbstätigkeit ausgeübt, ergibt sich der Anspruch ausschließlich aus § 1571 BGB.[5]

B. Anwendungsvoraussetzungen

I. Freistellung von der Erwerbsobliegenheit wegen Alters

6   Sobald ein abhängig Beschäftigter die für den Bezug von Rente und Beamtenversorgung maßgebliche **Regelaltersgrenze** erreicht hat, besteht in der Regel keine Erwerbsobliegenheit mehr. Die schrittweise Anhebung dieser Altersgrenze durch das Gesetz vom 20.04.2007[6] betrifft Rentenversicherte, die nach dem 31.12.1946 geboren worden sind. Bis zum 31.12.2011 gilt die bisherige Altersgrenze von 65 Jahren daher uneingeschränkt weiter.

7   Vor Vollendung des 65. Lebensjahrs ist die Frage, ob und gegebenenfalls in welchem Umfang die Erwerbsobliegenheit aus Altersgründen entfällt, nach den Umständen des Einzelfalls zu beurteilen. Das gilt auch, wenn unter Inanspruchnahme **flexibler Altersgrenzen** bereits vor Vollendung des 65. Lebensjahrs Altersrente bezogen wird. Eine generalisierende, weiter nach Altersstufen unterscheidende Betrachtung ist vor Erreichen der Regelaltersgrenze somit nicht möglich.[7] Auch das Erreichen **berufsspezifischer Altersgrenzen** (z.B. nach § 5 BPolBG oder nach § 45 SoldG) vor Vollendung des 65. Lebensjahrs lässt die Erwerbsobliegenheit nicht ohne weiteres entfallen.[8] Entsprechendes gilt für die Inanspruchnahme **arbeitsvertraglicher Vorruhestandsregelungen** sowie für Fälle eines freiwilligen Übergangs zur **Altersteilzeit**.[9]

8   Bei der **einzelfallbezogenen Abwägung** ist außer dem Lebensalter des Unterhalt begehrenden Ehegatten auch die Art der in Betracht kommenden Beschäftigung ins Auge zu fassen. Da der Ehegatte auch im Alter nur auf eine ihm **angemessene Erwerbstätigkeit** verwiesen werden kann, kommt den Angemessenheitskriterien des § 1574 Abs. 2 BGB bei der Prüfung der Erwerbsobliegenheit im Rahmen des § 1571 BGB eine konkretisierende Funktion zu.

9   Abwägungsrelevant sind damit neben dem Lebensalter insbesondere die Ausbildung, die Fähigkeiten und der Gesundheitszustand des geschiedenen Ehegatten. Abzustellen ist des Weiteren auf die ehelichen Lebensverhältnisse und hier neben dem beruflichen und sozialen Status des Verpflichteten vor allem auch auf die Dauer der Ehe und auf die Dauer der Betreuung eines gemeinschaftlichen Kindes. Soweit es um die ehelichen Lebensverhältnisse geht, ist grundsätzlich deren Gesamtentwicklung bis hin zur Scheidung zu berücksichtigen. Lediglich außergewöhnliche und nicht vorhersehbare Veränderungen seit der Trennung haben außer Betracht zu bleiben.

10 Wenn aufgrund der Umstände des Einzelfalls nur solche Beschäftigungen in Betracht kommen, die als nicht angemessen einzustufen sind und eine Ausbildungsmaßnahme im Sinne des § 1574 Abs. 3 BGB aus Altersgründen nicht mehr sinnvoll ist, kann dem geschiedenen Ehegatten wegen seines Alters eine Erwerbstätigkeit nicht mehr zugemutet werden.[10] Die Sinnhaftigkeit einer länger dauernden beruflichen Ausbildung und damit auch die Obliegenheit, sich einer solchen Ausbildung zu unterziehen, kann bei einem Alter von 57 Jahren zu verneinen sein.[11]

---

[4] Zum Verhältnis der §§ 1570-1572 BGB zum § 1573 Abs. 2 BGB grundlegend BGH v. 14.04.2010 - XII ZR 89/08 - juris Rn. 15; vgl. im Übrigen *Bömelburg* in: Wendl/Dose, Das Unterhaltsrecht in der familienrichterlichen Praxis, 8. Aufl. 2011, § 4 Rn. 233.

[5] BGH v. 07.03.2012 - XII ZR 145/09.

[6] BGBl I 2007, 554.

[7] BGH v. 03.02.1999 - XII ZR 146/97 - juris Rn. 19 - LM BGB § 1571 Nr. 3 (7/1999); zum Wegfall der Erwerbsobliegenheit mit Erreichen der Regelaltersgrenze vgl. auch BGH v. 15.03.2006 - XII ZR 30/04 - juris Rn. 14 - FamRZ 2006, 683, 684.

[8] BGH v. 15.10.2003 - XII ZR 65/01 - juris Rn. 13 - FamRZ 2004, 254, 255.

[9] Saarländisches Oberlandesgericht Saarbrücken v. 17.02.2011 - 6 UF 114/10.

[10] BGH v. 01.04.1987 - IVb ZR 33/86 - juris Rn. 16 - LM Nr. 68 zu § 242 (A) BGB; BGH v. 30.01.1985 - IVb ZR 67/83 - juris Rn. 30 - BGHZ 93, 330-338; BGH v. 24.11.1982 - IVb ZR 326/81 - juris Rn. 14 - LM Nr. 2 zu § 1574 BGB; OLG Hamburg v. 18.09.1990 - 12 UF 69/90 - FamRZ 1991, 445-448.

[11] BGH v. 01.04.1987 - IVb ZR 33/86 - juris Rn. 13 - LM Nr. 68 zu § 242 (A) BGB.

Das OLG Hamburg hat bereits bei einem Alter von 53 Jahren eine Obliegenheit zur beruflichen Erstausbildung verneint.[12] Ein Anspruch auf Altersunterhalt wird nach langjähriger Ehe in guten wirtschaftlichen Verhältnissen bei Frauen ab Mitte 50, die zur Erlangung einer angemessenen beruflichen Qualifikation erst noch eine Ausbildung absolvieren müssten, daher stets in Betracht zu ziehen sein. Bei einem Alter ab 60 ist im gewerblichen Bereich eine Vollzeitbeschäftigung praktisch kaum noch zu finden; hier kann jedoch unbeschadet der grundsätzlichen Anspruchsberechtigung aus § 1571 BGB eine Obliegenheit zur Ausübung einer Teilzeitbeschäftigung bestehen.[13] Von einer Frau im 48. Lebensjahr kann grundsätzlich noch eine Vollerwerbstätigkeit erwartet werden.[14] Im Übrigen ist bei der Zumutbarkeitsprüfung auch danach zu unterscheiden, ob eine Erwerbstätigkeit bereits ausgeübt wird oder eine Arbeitsstelle nach langjähriger Beschränkung auf Haushaltsführung und Kindererziehung erst gesucht und gefunden werden müsste. Eine bereits ausgeübte Tätigkeit muss, wenn dem nicht gesundheitliche Gründe entgegenstehen, in der Regel bis zur Vollendung des 65. Lebensjahrs fortgesetzt werden. 11

Die **Rechtsprechung** hat allerdings **in Einzelfällen** bereits ab einem Lebensalter von etwa 50 Jahren Altersunterhalt zugebilligt. Im Falle einer fast 50jährigen Ehefrau eines Hochschulprofessors, die seit mehr als 25 Jahren nicht mehr am Erwerbsleben teilgenommen und in der Ehezeit ein inzwischen volljähriges Kind großgezogen hatte, hat der BGH es nicht für ausgeschlossen gehalten, dass eine Erwerbsobliegenheit bei Beachtung der Angemessenheitsgesichtspunkte des § 1574 Abs. 2 BGB aus Altersgründen entfällt und der Frau ein Anspruch aus § 1571 BGB zusteht.[15] 12

Bei anderer Gelegenheit hat der BGH entschieden, es sei aus Rechtsgründen nicht zu beanstanden, dass die Vorinstanz angenommen habe, einer knapp 53-jährigen Ehefrau eines hochbezahlten Betriebsleiters, die bis zur Eheschließung als Bürokraft gearbeitet und danach nicht mehr berufstätig gewesen sei und die in der Ehezeit zwei gemeinsame Kinder aufgezogen habe, sei nach mehr als zwanzigjähriger Ehe eine Erwerbstätigkeit aus Altersgründen nicht mehr zuzumuten.[16] 13

Das OLG Hamburg hat bei einer 53-jährigen Ehefrau ohne Berufsausbildung nach mehr als zwanzigjähriger Ehe einen Anspruch auf Altersunterhalt bejaht, zugleich jedoch eine Kürzung nach § 1579 Nr. 3 BGB a.F. erwogen, weil die Frau sich zu einer Zeit, als dies noch möglich und sinnvoll gewesen wäre – im Zeitpunkt der Scheidung war sie 45 –, keiner Berufsausbildung unterzogen hatte.[17] Andererseits kann im Einzelfall auch von einem 60-jährigen Unterhaltsgläubiger noch eine Erwerbstätigkeit zu erwarten sein.[18] Bei einem Alter von 56 Jahren und voller Arbeitsfähigkeit besteht grundsätzlich eine Obliegenheit zu vollschichtiger Tätigkeit.[19] 14

Das OLG Koblenz hat die Auffassung vertreten, einen 53-jährigen Ehegatten treffe grundsätzlich auch dann noch eine Erwerbsobliegenheit, wenn dieser zuvor etwa 30 Jahre keiner abhängigen Beschäftigung mehr nachgegangen sei.[20] Übt eine 57-jährige Sekretärin eine ihr angemessene Teilzeittätigkeit aus und ist eine Ausweitung des Beschäftigungsumfangs aus gesundheitlichen Gründen nicht zumutbar, so besteht trotz der Nähe zum Rentenalter kein Anspruch aus § 1571 BGB, sondern ein solcher aus § 1572 BGB.[21] Die aufgeführten Entscheidungen gewinnen ihre Begründung allesamt aus dem Einzelfallbezug und sind nicht verallgemeinerungsfähig. Ähnlich gelagerte Fälle mögen nach sorgfältiger Abwägung aller entscheidungsrelevanten Gesichtspunkte anders zu beurteilen sein. 15

Obwohl die öffentlich-rechtlichen Regelaltersgrenzen für Freiberufler und sonstige selbständig Tätige nicht unmittelbar gelten, endet auch die **Erwerbsobliegenheit eines Selbständigen** im Regelfall mit Vollendung des 65. Lebensjahrs.[22] Dies gilt zumindest dann, wenn eine angemessene Altersversorgung vorhanden ist. Mit Rücksicht auf die wirtschaftlichen Verhältnisse und bei anderweitiger Lebenspla- 16

---

[12] OLG Hamburg v. 18.09.1990 - 12 UF 69/90 - FamRZ 1991, 445-448.
[13] OLG Oldenburg v. 24.10.1995 - 12 UF 131/95 - FamRZ 1996, 672-673.
[14] BGH v. 16.12.1987 - IVb ZR 102/86 - juris Rn. 12 - LM Nr. 28 zu § 1569 BGB.
[15] BGH v. 24.11.1982 - IVb ZR 326/81 - juris Rn. 20 - LM Nr. 2 zu § 1574 BGB.
[16] BGH v. 30.01.1985 - IVb ZR 67/83 - juris Rn. 28 - BGHZ 93, 330-338.
[17] OLG Hamburg v. 18.09.1990 - 12 UF 69/90 - FamRZ 1991, 445-448.
[18] OLG Hamm v. 09.03.1995 - 4 UF 515/94 - FamRZ 1995, 1416-1415.
[19] OLG Stuttgart v. 15.03.2004 - 18 UF 320/03 - FamRZ 2004, 1380.
[20] OLG Koblenz v. 13.02.1992 - 11 UF 1188/91 - FamRZ 1992, 950-951.
[21] OLG Bamberg v. 05.03.1992 - 2 UF 93/91 - NJW-RR 1993, 66-69.
[22] OLG Hamm v. 28.06.1996 - 5 UF 20/96 - FamRZ 1997, 883-884; OLG Hamm v. 17.10.2013 - II-4 UF 161/11, 4 UF 161/11 - juris Rn. 110; *Brudermüller* in: Palandt, § 1581 Rn. 10.

§ 1571

nung der Ehegatten kann im Einzelfall jedoch auch etwas anderes gelten. Das kommt insbesondere dann in Betracht, wenn die selbständige Tätigkeit über die Altersgrenze hinaus freiwillig fortgesetzt wird.[23]

17 Die **Abgrenzung** der Anwendungsbereiche der **§§ 1571, 1573 Abs. 1 BGB** kann bei einer Arbeitslosigkeit, für die das Alter des berechtigten Ehegatten zumindest mitursächlich ist, im Einzelfall Schwierigkeiten bereiten. Die Differenzierung der Anspruchsgrundlagen war nach der zur bisherigen Rechtslage ergangenen Rechtsprechung des BGH im Hinblick auf ein späteres Abänderungsverfahren und wegen der nur für Ansprüche aus § 1573 BGB bestehenden zeitlichen Beschränkungsmöglichkeit gemäß § 1573 Abs. 5 BGB a.F. in der Regel unverzichtbar.[24]

18 Dabei ist grundsätzlich zu berücksichtigen, dass Erwerbslosenunterhalt nur verlangt werden kann, solange und soweit der geschiedene Ehegatte nach der Scheidung keine angemessene Erwerbstätigkeit zu finden vermag. Ein Unterhaltsanspruch gem. § 1573 Abs. 1 BGB setzt dementsprechend die Feststellung voraus, inwiefern der geschiedene Ehegatte eine angemessene Erwerbstätigkeit nicht erlangen kann. Ist ausschließlich das Alter maßgebend für die Erwerbslosigkeit, kann der Anspruch auf § 1571 BGB gestützt werden.[25]

19 Auf eine genaue Bestimmung der einschlägigen Anspruchsgrundlage konnte bislang schon ausnahmsweise verzichtet werden, wenn feststand, dass zum einen entweder ein Anspruch aus § 1571 BGB oder ein Anspruch aus § 1573 Abs. 1 BGB bestand und zum anderen eine zeitliche Begrenzung nach § 1573 Abs. 5 BGB a.F. unter Berücksichtigung der dort genannten Kriterien (Ehedauer, Kindesbetreuung und Gestaltung von Haushaltsführung und Erwerbstätigkeit) nicht in Betracht kam.[26] Die letztgenannte Voraussetzung ist bei Unterhaltsansprüchen, die **seit dem 01.01.2008** fällig geworden sind, nunmehr stets erfüllt. Denn mit Inkrafttreten der **Unterhaltsrechtsreform** ist § 1573 Abs. 5 BGB a.F. als Spezialregelung für Erwerbslosigkeits- und Aufstockungsunterhalt weggefallen. Zugleich wurde jedoch die Möglichkeit der Anspruchsbefristung durch die neu geschaffene Regelung des § 1578b BGB auf alle Tatbestände des nachehelichen Unterhalts erstreckt.

20 Auch in Zukunft wird insofern auf eine Abgrenzung zwischen § 1571 BGB und § 1573 Abs. 1 BGB nur ausnahmsweise verzichtet werden können, wenn eine alternative Anspruchsberechtigung aus § 1571 BGB oder § 1573 Abs. 1 BGB feststeht und darüber hinaus erkennbar ist, dass – gleichgültig, von welcher der beiden Anspruchsgrundlagen man ausgeht – eine Anwendung des § 1578b BGB im Einzelfall nicht in Betracht kommt oder bei beiden Anspruchsgrundlagen jedenfalls zu gleichen Ergebnissen führen würde. Indessen wird auch in solchen besonders gelagerten Fällen ein Verzicht auf die Abgrenzung wegen der Schwierigkeiten, die sich daraus in einem späteren Abänderungsverfahren ergeben könnten, nur als ultima ratio in Betracht zu ziehen sein.

II. Einsatzzeitpunkte

21 Der Anspruch aus § 1571 BGB knüpft an **Einsatzzeitpunkte** an. Er besteht nur dann, wenn die altersbedingte Freistellung von der Erwerbsobliegenheit zu folgenden Zeitpunkten gegeben ist:
- Zeitpunkt der Scheidung (Nr. 1),
- Beendigung einer Anspruchsberechtigung aus § 1570 BGB (Nr. 2)
- Wegfall eines Anspruchs aus den §§ 1572, 1573 BGB (Nr. 3).

22 Lag die altersbedingte Bedürfnislage bereits im Scheidungszeitpunkt vor, so gewährt § 1571 BGB einen **originären Unterhaltsanspruch**. Folgt sie dagegen auf eine Anspruchsberechtigung nach den

---

[23] OLG Brandenburg v. 29.04.2008 - 10 UF 124/07 - juris Rn. 97 - OLGR 2008, 989-992; OLG Hamburg v. 30.10.1984 - 12 UF 109/84 - FamRZ 1985, 394-396.

[24] BGH v. 03.02.1999 - XII ZR 146/97 - juris Rn. 16 - LM BGB § 1571 Nr. 3 (7/1999); BGH v. 26.02.2014 - XII ZB 235/12 - juris Rn. 10.

[25] BGH v. 18.01.2012 - XII ZR 178/09 - FamRZ 2012, 517-523; BGH v. 03.02.1999 - XII ZR 146/97 - juris Rn. 14 - LM BGB § 1571 Nr. 3 (7/1999).

[26] Einen solchen Ausnahmefall betraf die Entscheidung BGH v. 01.04.1987 - IVb ZR 33/86 - juris Rn. 16 - LM Nr. 68 zu § 242 (A) BGB; für das Verhältnis von Alters- und Aufstockungsunterhalt: BGH v. 24.11.1993 - XII ZR 136/92 - juris Rn. 11 - LM BGB § 1578 Nr. 61 (4/1994); für das Verhältnis von Krankheits- und Aufstockungsunterhalt: BGH v. 10.10.1990 - XII ZR 99/89 - juris Rn. 35 - NJW-RR 1991, 130-132; vgl. auch BGH v. 03.02.1999 - XII ZR 146/97 - juris Rn. 16 - LM BGB § 1571 Nr. 3 (7/1999); BGH v. 27.01.1993 - XII ZR 206/91 - juris Rn. 17 - NJW-RR 1993, 898-901.

§§ 1570, 1572, 1573 BGB, so handelt es sich um einen Fall von **Anschlussunterhalt**, der nur im Umfang des weggefallenen Vorgängeranspruchs verlangt werden kann.[27]

Der Anspruch auf Billigkeitsunterhalt (§ 1576 BGB) ist, da in § 1571 BGB nicht aufgeführt, kein tauglicher Anknüpfungstatbestand für den Altersunterhalt. Das gilt auch für den Ausbildungsunterhalt nach § 1575 BGB. Denn eine berufliche Ausbildung, die in eine altersbedingte Freistellung von der Erwerbsobliegenheit münden würde, ergäbe keinen Sinn[28] und verdiente keine unterhaltsrechtliche Unterstützung.

Die Einsatzzeitpunkte sind gewahrt, wenn bis dahin die Voraussetzungen des Unterhaltstatbestands, an den der Altersunterhalt anknüpft, vorgelegen haben und wenn zum Einsatzzeitpunkt die tatbestandlichen Voraussetzungen des § 1571 BGB im Übrigen vorliegen. Es ist dagegen weder erforderlich, dass bis dahin eine lückenlose Bedürftigkeit im Sinne des § 1577 BGB bestand, noch dass der berechtigte Ehegatte gerade im Einsatzzeitpunkt bedürftig ist. Ein **zeitweiliges Fehlen der Bedürftigkeit** vor oder nach dem Einsatzzeitpunkt **unterbricht die Unterhaltskette**, die Voraussetzung für die Gewährung von Anschlussunterhalt ist, **nicht**.[29] Ein vorübergehender Wegfall der Bedürftigkeit führt nur in gesetzlich geregelten Sonderfällen (§§ 1573 Abs. 4, 1577 Abs. 4 BGB) zu einem endgültigen Anspruchsverlust. Näheres hierzu vgl. in der Kommentierung zu § 1569 BGB.

1. Scheidung (Nr. 1)

Maßgeblich ist der Zeitpunkt der **Rechtskraft des Scheidungsurteils**. Wird der Anspruch als Folgesache im Scheidungsverbund geltend gemacht, ist – da ein rechtskräftiges Scheidungsurteil noch nicht vorliegt – eine Beurteilung vom zeitlichen Standpunkt der **letzten mündlichen Verhandlung im Verbundverfahren** erforderlich. Soweit keine Veränderungen bis zum Eintritt der Rechtskraft vorherzusehen sind, ist der Entscheidung die bis zur letzten mündlichen Verhandlung eingetretene Entwicklung zugrunde zu legen.[30]

In der Praxis ergeben sich bei dem Anspruch aus § 1571 BGB insoweit regelmäßig keine Probleme. Denn wenn der berechtigte Ehegatte schon im Zeitpunkt der letzten mündlichen Verhandlung wegen Alters keiner oder keiner vollen Erwerbstätigkeit mehr nachgehen muss, wird dies aller Voraussicht nach auch und erst recht bei Eintritt der Rechtskraft des Scheidungsurteils zu gelten haben. Ein an die Scheidung anschließender Anspruch auf Altersunterhalt kann jedoch zu versagen sein, wenn sich die Bedürftigkeit des Unterhalt begehrenden Ehegatten erst aus der Durchführung des Versorgungsausgleichs ergibt und der hiervon betroffene Ehegatte es versäumt hat, die darin liegende grobe Unbilligkeit (§ 1587c Nr. 1 BGB) durch Einlegung eines Rechtsmittels gegen die Versorgungsausgleichsentscheidung geltend zu machen.[31]

2. Beendigung der Pflege oder Erziehung des Kindes (Nr. 2)

Entgegen dem **missverständlichen Wortlaut** reicht es nicht aus, dass der Berechtigte bis zum Beginn der altersbedingten Freistellung von der Erwerbsobliegenheit ein gemeinschaftliches Kind betreute. Erforderlich ist nach dem System der Einsatzzeitpunkte vielmehr, dass wegen dieser Kindesbetreuung eine Anspruchsberechtigung aus § 1570 BGB bestand.[32]

3. Wegfall der Voraussetzungen für Unterhalt nach den §§ 1572, 1573 BGB (Nr. 3)

Der Einsatzzeitpunkt ist gewahrt, wenn der Altersunterhalt unmittelbar anschließt an eine krankheitsbedingte Freistellung von der Erwerbsobliegenheit im Sinne des § 1572 BGB, der Berechtigte nunmehr also soweit genesen ist, dass er arbeiten müsste, wenn er dafür nicht zu alt wäre.

---

[27] BGH v. 27.06.2001 - XII ZR 135/99 - juris Rn. 26 - LM BGB § 1572 Nr. 7 (6/2002); OLG Düsseldorf v. 05.11.1993 - 6 UF 93/92 - NJW-RR 1994, 1415-1416; OLG Stuttgart v. 08.02.1983 - 17 UF 314/82 - FamRZ 1983, 501-503.
[28] Vgl. BGH v. 01.04.1987 - IVb ZR 33/86 - juris Rn. 13 - LM Nr. 68 zu § 242 (A) BGB.
[29] OLG München v. 28.09.1992 - 12 WF 991/92 - OLGR München 1992, 203; *Brudermüller* in: Palandt, § 1571 Rn. 2.
[30] BGH v. 24.11.1982 - IVb ZR 326/81 - juris Rn. 17 - LM Nr. 2 zu § 1574 BGB.
[31] OLG Celle v. 24.01.2006 - 10 UF 190/05 - FamRZ 2006, 1544.
[32] Für den Parallelfall des § 1572 Nr. 2 BGB: BGH v. 18.10.1989 - IVb ZR 89/88 - juris Rn. 23 - BGHZ 109, 72-88.

29 Ein Anspruch aus § 1573 Abs. 1 BGB fällt weg und wird durch einen solchen gemäß § 1571 BGB ersetzt, wenn der Berechtigte bislang bei bestehender Erwerbsobliegenheit trotz hinreichender Bemühungen wegen der konkreten Arbeitsmarktlage keine Arbeitsstelle finden konnte, während von ihm nunmehr aus Altersgründen eine Erwerbstätigkeit nicht mehr erwartet werden kann.

30 Auch an einen Anspruch auf Aufstockungsunterhalt (§ 1573 Abs. 2 BGB) kann der Altersunterhalt anschließen. Der Aufstockungsunterhalt umfasst bei bestehender Teil- oder Vollerwerbsobliegenheit den Teil des eheangemessenen Unterhaltsbedarfs (§ 1578 BGB), der selbst durch eine vollschichtige Erwerbstätigkeit nicht gedeckt werden kann. Entfällt jegliche Erwerbsobliegenheit aus Altersgründen, so entfällt damit auch der Anspruch auf Aufstockungsunterhalt. Wurde der Aufstockungsunterhalt jedoch gemäß § 1578b BGB befristet und läuft die Frist vor Eintritt der altersbedingten Freistellung von der Erwerbsobliegenheit ab, so ist der Einsatzzeitpunkt nicht gewahrt, und es besteht kein Anspruch aus § 1571 Nr. 3 BGB.[33]

C. Rechtsfolgen

31 Ist der Berechtigte im Scheidungszeitpunkt (§ 1571 Nr. 1 BGB) **aus Altersgründen von jeglicher Erwerbsobliegenheit freigestellt**, gewährt § 1571 BGB einen originären Unterhaltsanspruch im Umfang des vollen eheangemessenen Bedarfs abzüglich etwaiger Eigeneinkünfte (§§ 1577, 1578 BGB).

32 Besteht trotz Alters noch eine **Teilerwerbsobliegenheit**, so kann nach § 1571 BGB Unterhalt nur bis zur Höhe des Mehreinkommens verlangt werden, das durch eine Vollerwerbstätigkeit zu erzielen wäre. Ergänzend kann ein Anspruch auf Aufstockungsunterhalt (§ 1573 Abs. 2 BGB) bestehen, wenn der Eigenverdienst zusammen mit dem Teilanspruch aus § 1571 BGB zur Deckung des vollen Unterhaltsbedarfs (§ 1578 BGB) nicht ausreicht.[34] Soweit Ansprüche aus § 1571 BGB und § 1573 BGB nebeneinander bestehen und einander ergänzen, sind sie nach zur bisherigen Rechtslage ergangenen Rechtsprechung des BGH in der Regel gegeneinander abzugrenzen und in der auf die jeweilige Anspruchsgrundlage entfallenden Höhe zu beziffern.[35] Näheres hierzu, zu Ausnahmen und zu den Änderungen, die sich an dieser Stelle aus der Unterhaltsrechtsreform ergeben, vgl. Rn. 17.

33 Soweit Altersunterhalt gemäß § 1571 Nr. 2, 3 BGB als **Anschlussunterhalt** geltend gemacht wird, gilt die bisherige Beschränkung des Anspruchsumfangs auch für den Anschlussunterhalt. Anschlussunterhalt kann nur im Umfang des bisherigen, in Wegfall geratenen Unterhaltsanspruchs verlangt werden. Dies ergibt sich aus dem Wortlaut der Vorschrift („soweit") und dem Zweck der Einsatzzeitpunkte, die zu den Schutzvorschriften zugunsten des Unterhaltspflichtigen gehören.[36]

34 Erzielt der Berechtigte **nach Erreichen der** für den Bezug von Altersrente maßgeblichen **Regelaltersgrenze** – etwa im Rahmen einer Nebentätigkeit – **Erwerbseinkommen**, so ist dieses als **überobligationsmäßig** zu bewerten. Der gemäß § 1577 Abs. 2 BGB nach Billigkeit anzurechnende und damit unterhaltsrelevante Anteil dieser Einkünfte ist im Wege der Differenzmethode in die Unterhaltsberechnung einzubeziehen.[37]

D. Prozessuale Hinweise/Verfahrenshinweise

35 Hat der Berechtigte die **Regelaltersgrenze erreicht**, kann von ihm im Allgemeinen keine Erwerbstätigkeit mehr erwartet werden. Umstände, aus denen sich abweichend von dieser Regelwertung die Zumutbarkeit einer weiteren Erwerbstätigkeit im Einzelfall ergeben soll, hat im Prozess der Unterhaltsschuldner darzulegen und zu beweisen. Macht der Berechtigte dagegen geltend, schon **vor Erreichen der Regelaltersgrenze** bestehe für ihn aus Altersgründen keine oder keine volle Erwerbsobliegenheit mehr, so trägt er für die Tatsachen, die einen solchen Schluss zulassen, die **Darlegungs- und Beweislast**. In den Fällen, in denen eine Arbeitsstelle aus Altersgründen nicht mehr gefunden werden kann,

---

[33] BGH v. 25.06.2008 - XII ZR 109/07 - FamRZ 2008, 1508-1512.

[34] BGH v. 14.04.2010 - XII ZR 89/08 - juris Rn. 15; BGH v. 03.02.1999 - XII ZR 146/97 - juris Rn. 15 - LM BGB § 1571 Nr. 3 (7/1999).

[35] BGH v. 03.02.1999 - XII ZR 146/97 - juris Rn. 16 - LM BGB § 1571 Nr. 3 (7/1999); BGH v. 27.01.1993 - XII ZR 206/91 - juris Rn. 17 - NJW-RR 1993, 898-901; BGH v. 13.12.1989 - IVb ZR 79/89 - juris Rn. 10 - LM Nr. 13 zu BGB § 1570.

[36] BGH v. 27.06.2001 - XII ZR 135/99 - juris Rn. 26 - LM BGB § 1572 Nr. 7 (6/2002); OLG Düsseldorf v. 05.11.1993 - 6 UF 93/92 - NJW-RR 1994, 1415-1416; OLG Stuttgart v. 08.02.1983 - 17 UF 314/82 - FamRZ 1983, 501-503.

[37] BGH v. 15.03.2006 - XII ZR 30/04 - juris Rn. 14 - FamRZ 2006, 683, 684.

hat der Berechtigte, der seinen Anspruch auf § 1571 BGB statt auf § 1573 Abs. 1 BGB stützen will, darzulegen und im Bestreitensfall zu beweisen, dass in den für ihn in Betracht kommenden Berufssparten aus Altersgründen eine angemessene Arbeit typischerweise nicht mehr zu finden ist.[38]

Der **beginnende Bezug einer Altersrente** durch den Berechtigten lässt den Unterhaltsanspruch regelmäßig nicht entfallen, sondern macht eine Anpassung der Unterhaltsberechnung nach Maßgabe der Differenzmethode erforderlich. Soweit der Unterhaltsanspruch tituliert ist, hat diese Anpassung an die geänderten wirtschaftlichen Verhältnisse stets im Wege der **Abänderungsklage** nach § 323 ZPO zu erfolgen. Eine Vollstreckungsabwehrklage (§ 767 ZPO) kommt nach der neueren Rechtsprechung des BGH (zu Einzelheiten vgl. die Kommentierung zu § 1572 BGB Rn. 49) insoweit nicht mehr in Betracht.[39] Wegen des **Erstattungsanspruchs** des Verpflichteten in Fällen, in denen der Berechtigte für Zeiträume, in denen Unterhalt geleistet wurde, eine **Rentennachzahlung** erhalten hat, wird verwiesen auf die Kommentierung zu § 1572 BGB Rn. 49.

36

E. Steuerrechtliche Hinweise

Vgl. hierzu die Steuerrechtl. Hinw. zu §§ 1569 ff. BGB.

37

---

[38] *Büttner* in: Johannsen/Henrich, Familienrecht, 5. Aufl. 2010, § 1571 Rn. 19; *Brudermüller* in: Palandt, § 1571 Rn. 11.
[39] BGH v. 08.06.2005 - XII ZR 294/02 - juris Rn. 16 - FamRZ 2005, 1479, 1480.

§ 1572 BGB Unterhalt wegen Krankheit oder Gebrechen

(Fassung vom 02.01.2002, gültig ab 01.01.2002)

Ein geschiedener Ehegatte kann von dem anderen Unterhalt verlangen, solange und soweit von ihm vom Zeitpunkt

1. der Scheidung,
2. der Beendigung der Pflege oder Erziehung eines gemeinschaftlichen Kindes,
3. der Beendigung der Ausbildung, Fortbildung oder Umschulung oder
4. des Wegfalls der Voraussetzungen für einen Unterhaltsanspruch nach § 1573

an wegen Krankheit oder anderer Gebrechen oder Schwäche seiner körperlichen oder geistigen Kräfte eine Erwerbstätigkeit nicht erwartet werden kann.

Gliederung

A. Grundlagen 1	2. Beendigung der Pflege oder Erziehung des Kindes (Nr. 2) 34
B. Anwendungsvoraussetzungen 6	3. Beendigung der Ausbildung, Fortbildung oder Umschulung (Nr. 3) 35
I. Normstruktur 6	
II. Krankheit, Gebrechen oder Schwäche der körperlichen oder geistigen Kräfte 7	4. Wegfall der Voraussetzungen für Unterhalt nach § 1573 BGB (Nr. 4) 36
III. Freistellung von der Erwerbsobliegenheit wegen Krankheit 17	C. Rechtsfolgen 39
IV. Einsatzzeitpunkte 27	D. Prozessuale Hinweise/Verfahrenshinweise 52
1. Scheidung (Nr. 1) 30	E. Steuerrechtliche Hinweise 58

A. Grundlagen

1 Die Vorschrift hat durch die zum 01.01.2008 in Kraft getretene Unterhaltsrechtsreform keine Änderung erfahren. Sie ist in besonderem Maße Ausdruck der durch die Ehe begründeten und nachehelich fortwirkenden Mitverantwortung der Ehegatten füreinander, aufgrund deren der sozial Stärkere für die durch Krankheit, Gebrechen oder Schwäche ausgelöste Bedürfnislage des sozial Schwächeren einzustehen hat.[1]

2 Die anspruchsbegründende **Bedürfnislage** muss – vermittelt durch die Einsatzzeitpunkte – in einem Anknüpfungszusammenhang mit der Ehe stehen. Sie **muss** jedoch **nicht ehebedingt sein**. § 1572 BGB kann daher auch in solchen Fällen zu einer Unterhaltsberechtigung führen, in denen die **Erkrankung bereits vor der Eheschließung** bestand, und zwar unabhängig davon, ob der Verpflichtete im Zeitpunkt der Eheschließung von der Erkrankung des Partners gewusst hat.[2]

3 Der Umstand der vorehelichen Krankheitsentstehung rechtfertigt für sich genommen auch keine Versagung oder zeitliche Begrenzung des Anspruchs nach § 1579 Nr. 8 BGB.[3] Das gilt jedenfalls dann, wenn der berechtigte Ehegatte im Zeitpunkt der Eheschließung von seiner Krankheit keine Kenntnis hatte. Ob eine Anwendung des § 1579 Nr. 8 BGB in Betracht zu ziehen ist, wenn der Berechtigte seine Erkrankung vor Eingehung der Ehe gekannt und dem anderen bewusst verschwiegen hat, hat der BGH bislang offen gelassen.[4] Eine Billigkeitskorrektur nach § 1579 Nr. 8 BGB kann im Einzelfall in Be-

---

[1] BGH v. 09.02.1994 - XII ZR 183/92 - juris Rn. 9 - LM BGB § 1572 Nr. 5 (6/1994).

[2] BGH v. 04.03.2004 - IX ZR 180/02 - juris Rn. 14 - FamRZ 2004, 779; BGH v. 10.07.1996 - XII ZR 121/95 - juris Rn. 8 - LM BGB § 1572 Nr. 6 (11/1996); BGH v. 09.02.1994 - XII ZR 183/92 - juris Rn. 8 - LM BGB § 1572 Nr. 5 (6/1994); BGH v. 27.04.1988 - IVb ZR 58/87 - juris Rn. 9 - NJW-RR 1988, 834-836; grundlegend und mit ausführlicher Begründung unter Berücksichtigung der Gesetzgebungsgeschichte und des Regelungszusammenhangs der Vorschrift BGH v. 23.09.1981 - IVb ZR 590/80 - juris Rn. 9 - LM Nr. 3 zu § 1569 BGB; vgl. auch OLG Hamm v. 19.10.2005 - 11 UF 78/05 - FamRZ 2006, 707.

[3] BGH v. 10.07.1996 - XII ZR 121/95 - juris Rn. 8 - LM BGB § 1572 Nr. 6 (11/1996); BGH v. 25.01.1995 - XII ZR 195/93 - juris Rn. 20 - NJW-RR 1995, 449-451; BGH v. 09.02.1994 - XII ZR 183/92 - juris Rn. 9 - LM BGB § 1572 Nr. 5 (6/1994).

[4] BGH v. 09.02.1994 - XII ZR 183/92 - juris Rn. 10 - LM BGB § 1572 Nr. 5 (6/1994); BGH v. 23.09.1981 - IVb ZR 590/80 - juris Rn. 15 - LM Nr. 3 zu § 1569 BGB.

tracht gezogen werden, wenn zu der vorehelichen Krankheitsentstehung weitere Umstände hinzutreten, die für sich genommen oder in ihrer Zusammenschau einen Härtegrund im Sinne der Vorschrift darstellen und im Zuge einer umfassenden Gesamtabwägung eine unbeschränkte Inanspruchnahme des Verpflichteten grob unbillig erscheinen lassen.[5] Eine zeitliche Begrenzung des Anspruchs, die im Wesentlichen auf die Erwägung gestützt wird, dass die Eheschließung sich auf die berufliche Entwicklung des kranken Ehegatten und seine damit verbundene Lebensstellung nicht nachteilig ausgewirkt habe,[6] dürfte mit dem tendenziell restriktiven Standpunkt des BGH jedoch nicht zu vereinbaren sein[7]. Wird eine Beschränkung des Unterhaltsanspruchs nach § 1579 Nr. 8 BGB maßgeblich mit der vorehelichen Krankheitsentstehung und der Dauer der Ehe begründet,[8] so ist dies aus Rechtsgründen zu beanstanden. Denn wenn sich die konkrete Ehedauer bei Anwendung der speziellen Regelung des § 1579 Nr. 1 BGB nicht als kurz und damit als Härtegrund darstellt, dann kann sie auch nicht als „anderer Grund" im Sinne der Auffangregelung des § 1579 Nr. 8 BGB berücksichtigt werden. Was die vor der Eheschließung bereits bestehende Erkrankung angeht, so kann sie nicht zugleich einen Anspruch auf Krankheitsunterhalt begründen und als allgemeiner Härtegrund im Sinne des § 1579 Nr. 8 BGB zu dem gegenläufigen Ergebnis führen, dass der Unterhaltsanspruch ganz oder teilweise ausgeschlossen ist.[9] Eine Anspruchsbefristung nach § 1579 Nr. 8 BGB kann allerdings in Frage kommen, wenn der berechtigte Ehegatte schon vor der Eheschließung aufgrund einer Behinderung dauerhaft erwerbsunfähig war und die Ehegatten nur wenige Monate – in dem zu entscheidenden Fall waren es neun – zusammengelebt haben.[10] Nach Inkrafttreten der Unterhaltsrechtsreform wird in Fällen vorehelicher Krankheitsentstehung nunmehr regelmäßig die Möglichkeit einer Herabsetzung oder Befristung des Anspruchs nach § 1578b BGB zu prüfen sein.[11]

Der Anspruch auf Krankheitsunterhalt kann im Sinne echter **Anspruchskonkurrenz** insbesondere zusammenfallen mit Ansprüchen aus § 1570 BGB (bei Betreuung eines gemeinsamen Kindes) oder § 1571 BGB. Ist trotz der Krankheit noch eine Teilzeittätigkeit zumutbar, so können zu dem Teilanspruch aus § 1572 BGB **ergänzende Ansprüche** aus § 1573 Abs. 1 BGB (wenn eine Teilzeittätigkeit trotz hinreichender Bemühungen nicht zu finden ist) oder § 1573 Abs. 2 BGB (Aufstockungsanspruch, wenn selbst das Einkommen aus einer Vollerwerbstätigkeit zur Deckung des gesamten eheangemessenen Unterhaltsbedarfs nicht ausreichen würde) hinzutreten (vgl. die Kommentierung zu § 1573 BGB/Besonderheiten der Berechnung).[12]

Der Anspruch auf Krankenunterhalt unterliegt der Herabsetzung und zeitlichen Begrenzung nach § 1578b BGB. Diese Regelung beschränkt sich nicht auf die Kompensation ehebedingter Nachteile, sondern berücksichtigt auch eine darüber hinausgehende nacheheliche Solidarität. Auch wenn keine ehebedingten Nachteile vorliegen, ist eine Herabsetzung oder zeitliche Begrenzung des nachehelichen Unterhalts nur bei Unbilligkeit eines fortdauernden Unterhaltsanspruchs nach den ehelichen Lebensverhältnissen begründet (zu den Einzelheiten vgl. die Kommentierung zu § 1578b BGB).[13]

---

5 Vgl. exemplarisch OLG Brandenburg v. 11.01.1996 - 9 UF 76/95 - OLG-NL 1996, 92-94.
6 OLG Oldenburg v. 12.03.1991 - 12 UF 150/90 - NJW 1991, 3222-3224.
7 Vgl. *Brudermüller* in: Palandt, § 1572 Rn. 13.
8 OLG Hamm v. 27.07.1993 - 2 UF 379/92 - FamRZ 1994, 1037-1038.
9 BGH v. 25.01.1995 - XII ZR 195/93 - juris Rn. 19 - NJW-RR 1995, 449-451; ebenso OLG Hamm v. 19.10.2005 - 11 UF 78/05 - FamRZ 2006, 707; hieran gemessen dürfte OLG Karlsruhe v. 11.07.1997 - 2 UF 70/96 - NJWE-FER 1998, 26-27 mit der Rechtsprechung des BGH nicht in Einklang stehen.
10 BGH v. 27.04.1988 - IVb ZR 58/87 - juris Rn. 20 - NJW-RR 1988, 834-836.
11 Vgl. *Brudermüller* in: Palandt, § 1572 Rn. 15.
12 Zum Verhältnis der §§ 1570-1572 BGB zu § 1573 Abs. 2 BGB vgl. BGH v. 14.04.2010 - XII ZR 89/08 im Anschluss an BGH v. 26.11.2008 - XII ZR 131/07 - FamRZ 2009, 406; zur Kombination von Krankheits- und Aufstockungsunterhalt auch BGH v. 23.05.2007 - XII ZR 245/04 - juris Rn. 10 - FamRZ 2007, 1232-1236; BGH v. 26.02.2014 - XII ZB 235/12 - juris Rn. 10.
13 BGH v. 28.04.2010 - XII ZR 141/08 - FamRZ 2010, 1057-1059; BGH v. 02.03.2011 - XII ZR 44/09 - FamRZ 2011, 713-717; BGH v. 30.03.2011 - XII ZR 63/09 - FamRZ 2011, 875-877; BGH v. 07.03.2012 - XII ZR 179/09 - juris Rn. 26; BGH v. 19.06.2013 - XII ZB 309/11 - juris Rn. 17 - FamRZ 2013, 1291-1294.

B. Anwendungsvoraussetzungen

I. Normstruktur

6   Der Anspruch aus § 1572 BGB setzt voraus, dass der Berechtigte an einer gesundheitlichen Störung (Krankheit, Gebrechen, Schwäche) leidet, dass deswegen eine Erwerbstätigkeit von ihm nicht erwartet werden kann und dass dies zu einem der vier in Betracht kommenden Einsatzzeitpunkte der Fall ist.

II. Krankheit, Gebrechen oder Schwäche der körperlichen oder geistigen Kräfte

7   Die Begriffe sind dem Sozialversicherungsrecht (vgl. etwa die Altregelung des § 1247 Abs. 2 RVO zur Erwerbsunfähigkeit) und dem Beamtenrecht entlehnt und in dem dort maßgeblichen Sinne zu verstehen. **Krankheit** ist ein objektiv fassbarer regelwidriger Körper- oder Geisteszustand, der ärztlicher Behandlung bedarf und/oder eine Einschränkung der Arbeitsfähigkeit zur Folge hat. Zu den sonstigen **Gebrechen oder Schwächen** sind dauerhafte körperliche oder geistige Beeinträchtigungen wie etwa Blindheit, Taubheit, Lähmungen oder sonstige Körperbehinderungen zu rechnen. Auch die angeborene Minderintelligenz fällt hierunter. Verbreitete körperliche Abnutzungserscheinungen und Unpässlichkeiten, die keine Minderung der Erwerbsfähigkeit zur Folge haben, führen nicht zu einer Anspruchsberechtigung aus § 1572 BGB.[14] Gravierende orthopädische Abnutzungserscheinungen, die die Erwerbsfähigkeit beeinträchtigen, können jedoch durchaus Krankheitswert haben.[15]

8   Nach Auffassung des OLG Bamberg können **massive Persönlichkeitsstörungen**, die unter anderem gekennzeichnet sind durch geringe Vitalität, Ausdauer und Belastbarkeit, rasche Erschöpfbarkeit und Konzentrationsschwäche, bei einer durchschnittlich intelligenten 30jährigen Frau wenn nicht als Krankheit, dann zumindest als Gebrechen im Sinne des § 1572 BGB zu würdigen sein.[16]

9   Eine genaue begriffliche Abgrenzung zwischen Krankheiten, Gebrechen und Schwächezuständen wird vielfach nicht erforderlich sein. Entscheidend ist, dass eine **Gesundheitsstörung oder Behinderung** vorliegt, die eine **Einschränkung der Erwerbsfähigkeit** nach sich zieht.[17] Die meisten der hier in Betracht kommenden Beeinträchtigungen haben – wenn man den Krankheitsbegriff nur weit genug fasst – Krankheitswert. Die übrigen stellen sich als Behinderung dar. Auch im Rentenversicherungsrecht wird im Rahmen der Erwerbsminderungsgründe inzwischen nur noch zwischen Krankheit und Behinderung unterschieden.

10 Als Krankheiten kommen auch Suchterkrankungen wie **Alkohol- oder Tablettenabhängigkeit** in Betracht.[18] Für die Frage, ob der Unterhaltstatbestand des § 1572 BGB erfüllt ist, kommt es nicht darauf an, ob die Entstehung oder das Fortbestehen der Suchtkrankheit auf ein schuldhaftes Verhalten des bedürftigen Ehegatten zurückzuführen ist. Dieser Gesichtspunkt kann jedoch im Zusammenhang des § 1579 Nr. 4 BGB Bedeutung gewinnen und insbesondere dann eine Begrenzung oder Versagung des Anspruchs rechtfertigen, wenn der Berechtigte sich bei – zumindest im nicht intoxizierten Zustand – bestehender Einsichts- und Steuerungsfähigkeit einer medizinisch notwendigen Entwöhnungstherapie verweigert.[19] An einer mutwilligen Herbeiführung der Bedürftigkeit im Sinne des § 1579 Nr. 4 BGB kann es fehlen, wenn der Suchtkranke die Notwendigkeit einer Entziehungskur zwar einsehen, infolge einer Persönlichkeitsstörung, die sich in Willensschwäche und fehlendem Durchhaltevermögen äußert, aber nicht einsichtsgemäß handeln kann.[20] Entsprechendes gilt für Fälle der **Drogensucht**.

11 Auch bei **erheblichem Übergewicht**[21] sowie bei **Magersucht** kann es sich um Krankheiten im Sinne des § 1572 BGB bzw. zumindest um Teilaspekte eines komplexen Krankheitsbildes handeln.

---

[14] BGH v. 27.01.1993 - XII ZR 206/91 - juris Rn. 10 - NJW-RR 1993, 898-901; BGH v. 26.01.1983 - IVb ZR 347/81 - juris Rn. 22 - FamRZ 1984, 353-356.
[15] BGH v. 25.03.1987 - IVb ZR 32/86 - juris Rn. 11 - NJW 1987, 2229-2233.
[16] OLG Bamberg v. 04.02.1999 - 7 UF 265/98 - OLGR Bamberg 1999, 352-353.
[17] Vgl. BGH v. 25.03.1987 - IVb ZR 32/86 - juris Rn. 11 - NJW 1987, 2229-2233; BGH v. 26.01.1983 - IVb ZR 347/81 - juris Rn. 22 - FamRZ 1984, 353-356.
[18] BGH v. 13.01.1988 - IVb ZR 15/87 - juris Rn. 18 - NJW 1988, 1147-1149; OLG Zweibrücken v. 17.11.2006 - 2 UF 79/06 - FamRZ 2007, 2073-2075; OLG Hamm v. 25.10.1988 - 2 UF 5/88 - FamRZ 1989, 631; OLG Düsseldorf v. 14.07.1987 - 5 UF 31/87 - FamRZ 1987, 1262-1264.
[19] BGH v. 08.07.1981 - IVb ZR 593/80 - juris Rn. 12 - LM Nr. 14 zu § 1361 BGB.
[20] BGH v. 13.01.1988 - IVb ZR 15/87 - juris Rn. 22 - NJW 1988, 1147-1149; für den Fall einer Erkrankung infolge Alkoholmissbrauchs OLG Zweibrücken v. 17.11.2006 - 2 UF 79/06 - FamRZ 2007, 2073-2075.
[21] OLG Köln v. 16.07.1991 - 4 UF 145/89 - FamRZ 1992, 65-67.

Krankheitswert kann auch eine **Renten- oder Unterhaltsneurose** haben. Darunter versteht man eine seelische Fehlhaltung, die dadurch geprägt ist, dass der Betroffene sich – auch unbewusst – im Begehren nach materieller Sicherung und um den Schwierigkeiten des Arbeitslebens auszuweichen in die Krankheit flüchtet. Eine derartige Fehlhaltung ist mit Blick auf die einschlägigen Parallelwertungen im Haftungs- und Rentenversicherungsrecht als Krankheit anzuerkennen und kann einen Unterhaltsanspruch nach § 1572 BGB begründen, wenn die seelische Störung so übermächtig ist, dass der Betroffene sie auch nach Aberkennung des Unterhaltsanspruchs nicht wird überwinden können, sondern arbeitsunfähig bleiben wird. Umgekehrt ist der Unterhaltsanspruch zu versagen, wenn erkennbar ist, dass dies die neurotischen Erscheinungen verschwinden lassen wird. Denn es ist mit Sinn und Zweck laufender Renten- bzw. Unterhaltszahlungen nicht zu vereinbaren, dass dadurch eine Fehlhaltung honoriert und ein der Gesundung abträglicher Zustand verfestigt wird.[22] Ist die neurotische Störung so stark, dass sie die Erwerbsfähigkeit beeinträchtigt, und kann der Betroffene sie auch nicht aus eigener Kraft, sondern nur mit ärztlicher Hilfe überwinden, so liegt definitionsgemäß eine Krankheit vor, und es besteht dem Grunde nach ein Anspruch aus § 1572 BGB. Zugleich besteht aber auch eine Therapieobliegenheit (vgl. Rn. 14), deren Verletzung gemäß § 1579 Nr. 4 BGB zu Beschränkungen oder zum Wegfall des Unterhaltsanspruchs führen kann. Die Auffassung, wonach eine Unterhaltsneurose nur dann Krankheitswert im Sinne des § 1572 BGB haben kann, wenn keine Therapie eine Veränderung des Zustands verspricht, erscheint zu eng. Denn dass eine Behandlung indiziert ist und Erfolg verspricht, führt auch bei anderen Erkrankungen nicht zu einem Wegfall der grundsätzlichen Anspruchsberechtigung aus § 1572 BGB, sondern löst lediglich eine Therapieobliegenheit aus. Die schwierige Abgrenzung zwischen echter neurotischer Erkrankung und Simulation kann vielfach nur mit sachverständiger Hilfe vorgenommen werden.[23]

Psychische Belastungen und Beschwerden, wie sie mit Trennung und Scheidung vielfach einhergehen, sind nicht ohne weiteres geeignet, einen Anspruch aus § 1572 BGB zu begründen.[24] Anderseits können **Depressionen** auch dann Krankheitswert haben, wenn sie wesentlich durch den Trennungskonflikt mitverursacht sind.[25]

Bei allen Krankheiten trifft den Berechtigten die Obliegenheit, das zur Wiederherstellung seiner Erwerbsfähigkeit Erforderliche zu tun (**Therapieobliegenheit**). Er hat sich einer ärztlichen Behandlung zu unterziehen, soweit diese Erfolg verspricht und auch sonst – insbesondere im Hinblick auf die damit verbundenen Risiken und Schmerzen – zumutbar erscheint. An der Therapie hat der Berechtigte selbst aktiv mitzuwirken. Auf die Möglichkeit einer **Operation** braucht er sich in entsprechender Anwendung schadensersatzrechtlicher Grundsätze nur dann verweisen zu lassen, wenn der in Betracht kommende Eingriff einfach und gefahrlos ist, wenn er nicht mit besonderen Schmerzen verbunden ist und wenn er sichere Aussicht auf Heilung oder wesentliche Besserung bietet.[26] Die **Verletzung der Therapieobliegenheit** kann **Verwirkungsfolgen** gemäß § 1579 Nr. 4 BGB nach sich ziehen, wenn das Verhalten des Berechtigten sich als mutwillig darstellt. Vorsatz ist dazu nicht erforderlich. Anderseits reicht einfaches Verschulden nicht aus. Erforderlich ist eine zumindest leichtfertige Herbeiführung der Bedürftigkeit, wobei die Mutwilligkeit unterhaltsbezogen sein muss.[27] Von einem mutwilligen Verhalten kann nicht ausgegangen werden, wenn der Berechtigte eine Therapie wegen fehlender Krankheitseinsicht verweigert und die hierin zum Ausdruck kommende Fehlhaltung ihrerseits krankheitsbedingt und daher nicht vorwerfbar ist.[28]

Es liegt allerdings näher, die Obliegenheit zur Wiederherstellung von Gesundheit und Arbeitsfähigkeit unmittelbar aus dem **Eigenverantwortungsprinzip**, d.h. aus dem Grundsatz, dass ein geschiedener Ehegatte für seinen Unterhalt vorrangig selbst zu sorgen und seine Bedürftigkeit nach Kräften zu mindern hat (§§ 1569, 1577 BGB), herzuleiten.

---

[22] BGH v. 21.03.1984 - IVb ZR 68/82 - juris Rn. 17 - LM Nr. 5 zu § 60 EheG.
[23] BGH v. 21.03.1984 - IVb ZR 68/82 - juris Rn. 21 - LM Nr. 5 zu § 60 EheG.
[24] OLG Hamm v. 08.11.1994 - 13 UF 112/94 - NJW-RR 1995, 642-643;
[25] OLG Hamburg v. 11.07.1997 - 12 UF 38/96 - FamRZ 1998, 294-295; OLG Koblenz v. 22.09.1997 - 13 UF 247/97 - NJWE-FER 1998, 122-123; OLG Koblenz v. 06.06.1988 - 13 UF 1333/87 - FamRZ 1989, 286-288; OLG Hamm v. 13.02.2012 - II-6 UF 176/11, 6 UF 176/11 - juris FamRZ 2012, 1732.
[26] BGH v. 15.03.1994 - VI ZR 44/93 - juris Rn. 11 - LM BGB § 254 (Dc) Nr. 50 (9/1994); *Brudermüller* in: Palandt, § 1572 Rn. 6.
[27] BGH v. 13.01.1988 - IVb ZR 15/87 - juris Rn. 21 - NJW 1988, 1147-1149; BGH v. 08.07.1981 - IVb ZR 593/80 - juris Rn. 21 - LM Nr. 14 zu § 1361 BGB;
[28] BGH v. 06.07.2005 - XII ZR 145/03 - juris Rn. 18 - FamRZ 2005, 1897.

16 Folgt man dem, so hat dies eine für den Unterhaltsschuldner vorteilhafte Verlagerung der **Darlegungs- und Beweislast** zur Folge. Der Berechtigte muss dann darlegen und im Bestreitensfall beweisen, dass er seiner Therapieobliegenheit nachgekommen ist.[29] Bei Anwendung des § 1579 Nr. 4 BGB hat dagegen der Verpflichtete den in vielen Fällen schwierigen Beweis zu führen, dass dem anderen Ehegatten ein mutwilliges Fehlverhalten anzulasten ist. Als Argument für eine an den Gesichtspunkt der Eigenverantwortung anknüpfende Beweislastverteilung könnte mittlerweile die mit der jüngsten Unterhaltsrechtsreform einhergehende verschärfte Akzentuierung des Eigenverantwortungsprinzips ins Feld geführt werden.

III. Freistellung von der Erwerbsobliegenheit wegen Krankheit

17 Die Krankheit muss **ursächlich** dafür sein, dass von dem Berechtigten eine Erwerbstätigkeit nicht oder nicht in vollem Umfang erwartet werden kann. Als **Folge der Krankheit** muss eine **Erwerbsunfähigkeit oder** eine **Minderung der Erwerbsfähigkeit** vorliegen.[30] Hypothetisch-alternative Kausalverläufe sind für die Anspruchsprüfung nicht von Belang. Einem Unterhaltsanspruch aus § 1572 BGB steht daher insbesondere nicht entgegen, dass der Berechtigte auch dann, wenn er gesund geblieben wäre, keine Erwerbstätigkeit ausgeübt, sondern ein Studium aufgenommen hätte.[31] Zur Begründung eines Teilanspruchs aus § 1572 BGB reicht es aus, dass krankheitsbedingt nur eine Teilerwerbstätigkeit ausgeübt werden kann oder dass die Ausweitung einer Teilzeittätigkeit zu einer Vollzeitbeschäftigung aus gesundheitlichen Gründen nicht in Betracht kommt.[32]

18 Eine völlige Freistellung von der Erwerbsobliegenheit und ein Anspruch aus § 1572 BGB auf vollen eheangemessenen Unterhalt kann auch dann bestehen, wenn der Berechtigte nur auf die **Gefahr** hin, seinen **Gesundheitszustand akut zu verschlechtern**, noch stundenweise Arbeiten übernehmen kann.[33] Wird allerdings eine seit vielen Jahren ausgeübte Erwerbstätigkeit nach der Trennung trotz gesundheitlicher Beeinträchtigungen in wesentlich gleichem Umfang fortgesetzt, so spricht dies für ihre Zumutbarkeit.[34]

19 Die **Erwerbsobliegenheit entfällt nicht** schon deshalb, weil ein bestimmter Beruf aus gesundheitlichen Gründen nicht mehr ausgeübt werden kann. Solange irgendeine andere nach § 1574 Abs. 2 BGB angemessene Erwerbstätigkeit vollschichtig ausgeübt werden kann, besteht kein Anspruch aus § 1572 BGB.[35] Das Gleiche gilt, wenn krankheitsbedingt nicht die Erwerbsfähigkeit als solche, sondern lediglich die Verwendungstauglichkeit für bestimmte berufliche Tätigkeiten (z.B. das Heben von Lasten) eingeschränkt ist.[36] Auch der Umstand, dass die Berufstätigkeit, die krankheitsbedingt nicht mehr möglich ist, mit höheren Einkünften verbunden wäre als eine noch mögliche Alternativbeschäftigung, begründet keinen Unterhaltsanspruch aus § 1572 BGB. Soweit die Einkünfte aus einer angesichts des Gesundheitszustands noch möglichen, angemessenen Vollzeitbeschäftigung zur Deckung des vollen Unterhaltsbedarfs (§ 1578 BGB) nicht ausreichen, kommt daher lediglich ein Anspruch auf Aufstockungsunterhalt gemäß § 1573 Abs. 2 BGB in Betracht.[37]

20 Kann der Ehegatte krankheitsbedingt nur eine **Teilerwerbstätigkeit** ausüben, so kann er nach § 1572 BGB Unterhalt bis zur Höhe des durch eine Vollerwerbstätigkeit erzielbaren Mehreinkommens verlangen. Zusätzlich steht ihm gemäß § 1573 Abs. 2 BGB Aufstockungsunterhalt zu, wenn der Eigenverdienst zusammen mit dem Teilanspruch aus § 1572 BGB zur Deckung des vollen Unterhaltsbedarfs (§ 1578 BGB) nicht ausreicht.[38]

---

[29] OLG Hamm v. 13.02.2012 - II-6 UF 176/11, 6 UF 176/11.

[30] BGH v. 25.03.1987 - IVb ZR 32/86 - juris Rn. 11 - NJW 1987, 2229-2233; BGH v. 26.01.1983 - IVb ZR 347/81 - juris Rn. 22 - FamRZ 1984, 353-356.

[31] BGH v. 26.01.1983 - IVb ZR 347/81 - juris Rn. 22 - FamRZ 1984, 353-356.

[32] BGH v. 27.01.1993 - XII ZR 206/91 - juris Rn. 9 - NJW-RR 1993, 898-901; BGH v. 16.12.1987 - IVb ZR 102/86 - juris Rn. 13 - LM Nr. 28 zu § 1569 BGB; BGH v. 25.03.1987 - IVb ZR 32/86 - juris Rn. 11 - NJW 1987, 2229-2233; BGH v. 26.10.1984 - IVb ZR 44/83 - juris Rn. 11 - LM Nr. 5 zu § 1570 BGB; OLG Bamberg v. 05.03.1992 - 2 UF 93/91 - NJW-RR 1993, 66-69.

[33] BGH v. 25.03.1987 - IVb ZR 32/86 - juris Rn. 28 - NJW 1987, 2229-2233.

[34] BGH v. 22.04.1998 - XII ZR 161/96 - juris Rn. 27 - LM BGB § 1361 Nr. 68 (1/1999).

[35] BGH v. 27.01.1993 - XII ZR 206/91 - juris Rn. 9 - NJW-RR 1993, 898-901; BGH v. 26.09.1990 - XII ZR 84/89 - juris Rn. 12 - LM Nr. 4 zu BGB § 1572; OLG Düsseldorf v. 11.07.2002 - 9 UF 123/01 - FamRZ 2003, 683-684.

[36] OLG Dresden v. 22.04.1998 - 20 UF 557/97 - FamRZ 1999, 232-233.

[37] BGH v. 26.09.1990 - XII ZR 84/89 - juris Rn. 13 - LM Nr. 4 zu BGB § 1572; OLG Dresden v. 22.04.1998 - 20 UF 557/97 - FamRZ 1999, 232-233.

[38] BGH v. 27.01.1993 - XII ZR 206/91 - juris Rn. 16 - NJW-RR 1993, 898-901; BGH v. 26.02.2014 - XII ZB 235/12 - juris Rn. 10.

§ 1572

Auf andere als angemessene Tätigkeiten kann der Berechtigte nicht verwiesen werden. Denn sowohl bei den Ansprüchen aus den §§ 1571, 1572 BGB als auch bei dem Anspruch aus § 1573 BGB ist der **Zumutbarkeitsmaßstab die angemessene Erwerbstätigkeit**. Wenn nach den Umständen des Einzelfalls wegen der Krankheit nur noch Tätigkeiten in Frage kommen, die nach den Kriterien des § 1574 Abs. 2 BGB als nicht angemessen gelten müssen, entfällt daher jede Erwerbsobliegenheit.[39] 21

Steht fest, dass der Berechtigte unter den konkreten Bedingungen des gegenwärtigen Arbeitsmarktes **krankheitsbedingt keine reale Beschäftigungschance** hat und kommt eine Anspruchsbefristung nach § 1573 Abs. 5 BGB a.F. nicht in Betracht, kann die Frage, ob wegen der Krankheit eine Erwerbsunfähigkeit und damit eine Unterhaltsberechtigung aus § 1572 BGB besteht, offen bleiben. In einem solchen Fall kann der Unterhaltsanspruch aus Gründen der **Prozessökonomie** auf § 1573 Abs. 1 BGB gestützt werden.[40] 22

Nach der zur **bisherigen Rechtslage** ergangenen Rechtsprechung des BGH war im Blick auf ein mögliches Abänderungsverfahren sowie vor allem wegen der nur für Ansprüche aus § 1573 BGB bestehenden Möglichkeit der zeitlichen Begrenzung nach § 1573 Abs. 5 BGB a.F. eine genaue **Differenzierung der Anspruchsgrundlagen erforderlich**.[41] In einem solchen Fall muss geklärt werden, ob und in welchem Umfang der Berechtigte erwerbsunfähig ist. Soweit Erwerbsunfähigkeit festgestellt wird, gründet der Anspruch auf § 1572 BGB. Insoweit scheiden eine Erwerbsobliegenheit und damit auch ein Anspruch aus § 1573 BGB aus. Die bisweilen vertretene Auffassung, für die Zubilligung eines Unterhaltsanspruchs aus § 1572 BGB reiche es bereits aus, wenn aufgrund der Krankheit keine reale Beschäftigungschance bestehe,[42] dürfte demgegenüber zu weit gehen. Es entspricht nicht der Regelungsintention der Vorschrift, dem bedürftigen Ehegatten den von der Befristungsmöglichkeit des § 1573 Abs. 5 BGB a.F. freien und insofern privilegierten Unterhaltsanspruch aus § 1572 BGB einzuräumen, wenn er nicht an einer Krankheit leidet, die nach Art und Schwere Erwerbsfähigkeit und Erwerbsobliegenheit bereits aus medizinischen Gründen entfallen lässt, sondern wegen einer weniger gravierenden Erkrankung lediglich in besonderer Härte die allgemeinen und weithin auch Gesunde betreffenden Folgen einer angespannten Arbeitsmarktlage zu spüren bekommt. Bei dem Tatbestand des § 1572 BGB handelt es sich im Wesentlichen um eine Umschreibung des Begriffs der Erwerbsunfähigkeit[43] und nicht um die Typisierung einer lediglich durch Krankheit verschärften Stellenfindungsproblematik. 23

Bei Unterhaltsansprüchen, die nach dem 31.12.2007 fällig geworden sind, ist zu beachten, dass mit Inkrafttreten der **Unterhaltsrechtsreform zum 01.01.2008** § 1573 Abs. 5 BGB a.F. als Spezialregelung für Erwerbslosigkeits- und Aufstockungsunterhalt weggefallen ist. Zugleich wurde jedoch die Möglichkeit der Anspruchsbefristung mit der neu geschaffenen **Regelung des § 1578b BGB auf alle Tatbestände des nachehelichen Unterhalts ausgedehnt**. 24

Danach kann grundsätzlich auch ein Anspruch auf Krankenunterhalt befristet werden. Im Rahmen der Billigkeitsprüfung wird die nacheheliche Solidarität eine ausschlaggebende Rolle spielen, weil die Krankheit in der Regel kein ehebedingter Nachteil ist (zu den Einzelheiten vgl. die Kommentierung zu § 1578b BGB).[44] 25

Hinsichtlich der Abgrenzung der Anspruchsgrundlagen wird in sinngemäßer Fortschreibung der oben dargestellten Rechtsprechung gleichwohl auch in Zukunft auf eine Abgrenzung zwischen § 1572 BGB und § 1573 Abs. 1 BGB nur ausnahmsweise verzichtet werden können, wenn eine alternative Anspruchsberechtigung aus § 1572 BGB oder § 1573 Abs. 1 BGB feststeht und darüber hinaus erkennbar 26

---

[39] BGH v. 24.11.1982 - IVb ZR 326/81 - juris Rn. 14 - LM Nr. 2 zu § 1574 BGB.

[40] OLG Frankfurt v. 07.12.1993 - 3 UF 7/93 - FamRZ 1994, 1265; für das Verhältnis von Alters- und Erwerbslosigkeitsunterhalt vgl. BGH v. 01.04.1987 - IVb ZR 33/86 - juris Rn. 16 - LM Nr. 68 zu § 242 (A) BGB; zur ausnahmsweisen Entbehrlichkeit einer Abgrenzung der Unterhaltstatbestände vgl. auch BGH v. 10.10.1990 - XII ZR 99/89 - juris Rn. 35 - NJW-RR 1991, 130-132; für das Verhältnis von Alters- und Aufstockungsunterhalt BGH v. 24.11.1993 - XII ZR 136/92 - juris Rn. 11 - LM BGB § 1578 Nr. 61 (4/1994).

[41] BGH v. 27.01.1993 - XII ZR 206/91 - juris Rn. 17 - NJW-RR 1993, 898-901; für das Verhältnis von Alters- und Erwerbslosigkeitsunterhalt vgl. BGH v. 03.02.1999 - XII ZR 146/97 - juris Rn. 16 - LM BGB § 1571 Nr. 3 (7/1999); für das Verhältnis von Alters- und Aufstockungsunterhalt vgl. BGH v. 24.11.1993 - XII ZR 136/92 - juris Rn. 10 - LM BGB § 1578 Nr. 61 (4/1994).

[42] OLG Brandenburg v. 11.01.1996 - 9 UF 76/95 - OLG-NL 1996, 92-94.

[43] BGH v. 26.01.1983 - IVb ZR 347/81 - juris Rn. 22 - FamRZ 1984, 353-356.

[44] BGH v. 30.06.2010 - XII ZR 9/09 - FamRZ 2010, 1414-1417; mit Anm. Strohal in: jurisPR-FamR 20/2010, Anm. 5; BGH v. 07.07.2010 - XII ZR 157/08 - FamRZ 2011, 188-192; BGH v. 02.03.2011 - XII ZR 44/09 - FamRZ 2011, 713-717; BGH v. 30.03.2011 - XII ZR 63/09 - FamRZ 2011, 875-877.

ist, dass – gleichgültig, von welcher der beiden Anspruchsgrundlagen man ausgeht – eine Anwendung des § 1578b BGB im Einzelfall nicht in Betracht kommt oder bei beiden Anspruchsgrundlagen jedenfalls zu gleichen Ergebnissen führen würde. Indessen wird auch in solchen besonders gelagerten Fällen ein Verzicht auf die Abgrenzung wegen der Schwierigkeiten, die sich daraus in einem späteren Abänderungsverfahren ergeben könnten, nur als ultima ratio in Betracht zu ziehen sein.

IV. Einsatzzeitpunkte

27 Ein Anspruch aus § 1572 BGB besteht nur dann, wenn die krankheitsbedingte Freistellung von der Erwerbsobliegenheit zu folgenden Zeitpunkten gegeben ist:
- im Zeitpunkt der Scheidung (Nr. 1),
- Beendigung einer Anspruchsberechtigung aus § 1570 BGB (Nr. 2),
- Beendigung einer Anspruchsberechtigung aus § 1575 BGB (Nr. 3),
- Wegfalls eines Anspruchs aus § 1573 BGB (Nr. 4).

28 Lag die krankheitsbedingte Bedürfnislage bereits im Scheidungszeitpunkt vor, so gewährt § 1572 BGB einen **originären Unterhaltsanspruch**. Folgt sie dagegen auf eine Anspruchsberechtigung nach den §§ 1570, 1575, 1573 BGB, so handelt es sich um einen Fall von **Anschlussunterhalt**, der nur im Umfang des weggefallenen Vorgängeranspruchs verlangt werden kann.[45] Der Anspruch auf Billigkeitsunterhalt (§ 1576 BGB) ist, da in 1572 BGB nicht aufgeführt, kein tauglicher Anknüpfungstatbestand für den Krankheitsunterhalt.

29 Die Einsatzzeitpunkte sind gewahrt, wenn bis dahin die Voraussetzungen des Unterhaltstatbestands, an den der Krankheitsunterhalt anknüpft, vorgelegen haben und wenn zum Einsatzzeitpunkt der Tatbestand des § 1572 BGB im Übrigen erfüllt ist. Es ist dagegen weder erforderlich, dass bis dahin eine lückenlose Bedürftigkeit im Sinne des § 1577 BGB bestanden hat, noch dass der berechtigte Ehegatte gerade zum Einsatzzeitpunkt bedürftig ist. Ein **zeitweiliges Fehlen der Bedürftigkeit** vor oder nach dem Einsatzzeitpunkt **unterbricht die Unterhaltskette**, die Voraussetzung für die Gewährung von Anschlussunterhalt ist, **nicht**.[46] Ein vorübergehender Wegfall der Bedürftigkeit führt nur in gesetzlich geregelten Sonderfällen (§§ 1573 Abs. 4, 1577 Abs. 4 BGB) zu einem endgültigen Anspruchsverlust. Näheres hierzu in der Kommentierung zu § 1569 BGB. Ist Krankheitsunterhalt nur wegen Verfehlens der Einsatzzeitpunkte zu versagen, ist ein Anspruch auf **Billigkeitsunterhalt** nach § 1576 BGB zu prüfen.[47]

1. Scheidung (Nr. 1)

30 Maßgeblich ist der Zeitpunkt der **Rechtskraft des Scheidungsurteils**. Wird der Anspruch als Folgesache im Scheidungsverbund geltend gemacht, ist – da ein rechtskräftiges Scheidungsurteil noch nicht vorliegt – eine Beurteilung vom zeitlichen Standpunkt der **letzten mündlichen Verhandlung im Verbundverfahren** erforderlich. Soweit keine Veränderungen bis zum Eintritt der Rechtskraft vorherzusehen sind, ist der Entscheidung die bis zur letzten mündlichen Verhandlung eingetretene Entwicklung zugrunde zu legen.[48]

31 Verschlechtert sich der Gesundheitszustand des berechtigten Ehegatten erst nach der Scheidung, so kann die daraus resultierende Bedürfnislage gleichwohl dem Einsatzzeitpunkt der Scheidung zuzurechnen sein mit der Folge, dass ein originärer Anspruch aus § 1572 BGB besteht, der den vollen eheangemessenen Unterhalt (§ 1578 BGB) umfasst. Ein solcher Zurechnungszusammenhang mit der Scheidung ist jedenfalls dann anzunehmen, wenn der Berechtigte bereits **im Scheidungszeitpunkt aufgrund einer bereits ausgebrochenen, manifesten Erkrankung teilerwerbsunfähig** war und eine **Verschlimmerung im Wesentlichen derselben Leiden nach der Scheidung** dazu führt, dass eine

---

[45] BGH v. 27.06.2001 - XII ZR 135/99 - juris Rn. 26 - LM BGB § 1572 Nr. 7 (6/2002); OLG Koblenz v. 29.09.2005 - 7 UF 284/05 - FamRZ 2006, 704; OLG Celle v. 20.08.1996 - 18 UF 86/96 - FamRZ 1997, 1074-1075; OLG Düsseldorf v. 05.11.1993 - 6 UF 93/92 - NJW-RR 1994, 1415-1416; OLG Stuttgart v. 08.02.1983 - 17 UF 314/82 - FamRZ 1983, 501-503.

[46] OLG München v. 28.09.1992 - 12 WF 991/92 - OLGR München 1992, 203; OLG Zweibrücken v. 11.11.1999 - 6 UF 30/97 - OLGR Zweibrücken 2000, 318-321.

[47] BGH v. 17.09.2003 - XII ZR 184/01 - NJW 2003, 3481-3484; BGH v. 31.01.1990 - XII ZR 36/89 - juris Rn. 24 - LM Nr. 61 zu § 323 ZPO; OLG Zweibrücken v. 15.06.2001 - 2 UF 176/00 - juris Rn. 33 - FuR 2001, 418-428; OLG Karlsruhe v. 17.12.1992 - 2 UF 195/91 - FamRZ 1994, 104-107.

[48] BGH v. 24.11.1982 - IVb ZR 326/81 - juris Rn. 17 - LM Nr. 2 zu § 1574 BGB.

vollständige Erwerbsunfähigkeit eintritt.⁴⁹ Darüber hinausgehend wird es teilweise bereits für ausreichend gehalten, wenn die gesundheitlichen Störungen, die später erst zur Erwerbsunfähigkeit führen, zum maßgeblichen Einsatzzeitpunkt vorgelegen haben.⁵⁰

Zur Wahrung des Einsatzzeitpunktes der Scheidung reicht es dagegen nicht aus, dass eine **nach der Scheidung ausgebrochene Krankheit im Scheidungszeitpunkt bereits latent vorhanden** war, wenn zwischen der Scheidung und dem Eintritt der Erwerbsunfähigkeit nicht ein **naher zeitlicher Zusammenhang** besteht.⁵¹ Liegt zwischen den beiden Ereignissen ein Zeitraum von über 21 Monaten, so fehlt es jedenfalls an der erforderlichen zeitlichen Nähe.⁵² Besteht ein naher zeitlicher Zusammenhang zur Scheidung, was bei zeitlichen Abständen bis zu einem Jahr wohl noch erwogen werden kann⁵³, so kommt ein Anspruch auf Krankheitsunterhalt nach § 1572 Nr. 1 BGB in Betracht.⁵⁴

Sonstige erst nach der Scheidung zur Erwerbsunfähigkeit führende Krankheiten, die zum maßgeblichen Einsatzzeitpunkt weder ausgebrochen noch – bei ausreichender zeitlicher Nähe – zumindest latent vorhanden waren, können keinen Anspruch aus § 1572 Nr. 1 BGB begründen.

2. Beendigung der Pflege oder Erziehung des Kindes (Nr. 2)

Entgegen dem **missverständlichen Wortlaut** reicht es nicht aus, dass der Berechtigte bis zum Beginn der krankheitsbedingten Freistellung von der Erwerbsobliegenheit ein gemeinschaftliches Kind betreute. Erforderlich ist nach dem System der Einsatzzeitpunkte vielmehr, dass wegen dieser Kindesbetreuung eine Anspruchsberechtigung aus § 1570 BGB bestand.⁵⁵

3. Beendigung der Ausbildung, Fortbildung oder Umschulung (Nr. 3)

Eine krankheitsbedingte Erwerbsunfähigkeit muss bei Beendigung der Ausbildung, Fortbildung oder Umschulung vorliegen. Darüber hinaus ist erforderlich, dass bis zum maßgeblichen Einsatzzeitpunkt wegen der beruflichen Qualifizierungsmaßnahme dem Grunde nach ein Unterhaltsanspruch gemäß § 1575 BGB bestanden hat.

4. Wegfall der Voraussetzungen für Unterhalt nach § 1573 BGB (Nr. 4)

Der Einsatzzeitpunkt ist gewahrt, wenn bis zum Eintritt der krankheitsbedingten Erwerbsunfähigkeit ein Anspruch auf Unterhalt wegen Erwerbslosigkeit (§ 1573 Abs. 1 BGB) bestand.⁵⁶ Ist der Anspruch aus § 1573 Abs. 1 BGB bereits vor Ausbruch der Krankheit weggefallen, etwa weil der Berechtigte ihm obliegende Erwerbsbemühungen über längere Zeit unterlassen hat, kann dem Verpflichteten eine **Berufung auf die Verfehlung des Einsatzzeitpunktes** gleichwohl im Einzelfall **nach Treu und Glauben** verwehrt sein. Das ist jedenfalls dann anzunehmen, wenn der Verpflichtete den anderen Ehegatten durch die Unterhaltsfortzahlung bewusst von Erwerbsbemühungen abgehalten hat. Zu demselben Ergebnis kann es führen, wenn die Unterhaltszahlungen während einer Zeit widerspruchslos fortgesetzt wurden, in der der Berechtigte erkennbar – wenn auch objektiv zu Unrecht – auf die fortbestehende Betreuungsbedürftigkeit eines 16-jährigen Kindes vertraut und deswegen von Erwerbsbemühungen abgesehen hat.⁵⁷

---

⁴⁹ BGH v. 25.03.1987 - IVb ZR 32/86 - juris Rn. 11 - NJW 1987, 2229-2233; KG Berlin v. 01.02.2002 - 3 UF 184/01 - FamRZ 2002, 460-462.

⁵⁰ OLG Hamm v. 24.07.2002 - 5 UF 131/01 - FamRZ 2002, 1564-1565; OLG Hamm v. 03.12.1997 - 11 UF 8/97 - OLGR Hamm 1998, 52-55.

⁵¹ BGH v. 27.06.2001 - XII ZR 135/99 - juris Rn. 17 - LM BGB § 1572 Nr. 7 (6/2002).

⁵² BGH v. 27.06.2001 - XII ZR 135/99 - juris Rn. 17 - LM BGB § 1572 Nr. 7 (6/2002); OLG Stuttgart v. 12.04.2007 - 16 UF 62/06 - FamRZ 2007, 2075-2077; OLG Karlsruhe v. 19.03.1999 - 20 UF 54/98 - NJW-RR 1999, 1599-1601; OLG Koblenz v. 29.09.2005 - 7 UF 284/05 - FamRZ 2006, 704.

⁵³ KG Berlin v. 01.02.2002 - 3 UF 184/01 - FamRZ 2002, 460-462.

⁵⁴ OLG Stuttgart v. 08.02.1983 - 17 UF 314/82 - FamRZ 1983, 501-503; OLG Karlsruhe v. 17.12.1992 - 2 UF 195/91 - FamRZ 1994, 104-107; vom BGH bisher offen gelassen; vgl. BGH v. 27.06.2001 - XII ZR 135/99 - juris Rn. 17 - LM BGB § 1572 Nr. 7 (6/2002).

⁵⁵ BGH v. 26.09.1990 - XII ZR 84/89 - juris Rn. 16 - LM Nr. 4 zu BGB § 1572; BGH v. 31.01.1990 - XII ZR 36/89 - juris Rn. 16 - LM Nr. 61 zu § 323 ZPO; BGH v. 18.10.1989 - IVb ZR 89/88 - juris Rn. 23 - BGHZ 109, 72-88.

⁵⁶ BGH v. 10.02.1988 - IVb ZR 16/87 - juris Rn. 13 - NJW-RR 1988, 1218-1220.

⁵⁷ BGH v. 31.01.1990 - XII ZR 36/89 - juris Rn. 20 - LM Nr. 61 zu § 323 ZPO; zur Entstehung eines Vertrauenstatbestandes durch widerspruchsloses Weiterzahlen von Unterhalt trotz Beendigung der Kindesbetreuung vgl. auch OLG Karlsruhe v. 21.12.2004 - 2 UF 103/04 - juris Rn. 29 - FamRZ 2005, 1756.

§ 1572

37 Der Krankheitsunterhalt kann auch an einen Anspruch auf Aufstockungsunterhalt nach § 1573 Abs. 2 BGB anschließen.[58] Mit dem Eintritt vollständiger Erwerbsunfähigkeit entfallen jegliche Erwerbsobliegenheit und damit auch ein bis dahin etwa bestehender Anspruch auf Aufstockungsunterhalt.

38 Ein Anspruch auf Anschlussunterhalt nach § 1572 Nr. 4 BGB ist ausgeschlossen, wenn der **Unterhalt** des berechtigten Ehegatten bei Eintritt der krankheitsbedingten Erwerbsunfähigkeit durch Einkünfte aus einer angemessenen Erwerbstätigkeit bereits **nachhaltig gesichert** war (§ 1573 Abs. 4 BGB) und ein Anspruch nach § 1573 BGB, an den der Krankheitsunterhalt anknüpfen könnte, daher nicht bestand.[59]

C. Rechtsfolgen

39 Leidet der Berechtigte im Scheidungszeitpunkt (§ 1572 Nr. 1 BGB) an einer Krankheit, die eine **vollständige Freistellung von der Erwerbsobliegenheit** zur Folge hat, so gewährt § 1572 BGB einen originären Unterhaltsanspruch im Umfang des gesamten ehemessenen Bedarfs abzüglich etwaiger Eigeneinkünfte (§§ 1577, 1578 BGB). Eines Rückgriffs auf weitere Anspruchsgrundlagen bedarf es dann nicht. Bei völliger Erwerbsunfähigkeit ist der Unterhaltsanspruch daher auch dann allein auf § 1572 BGB zu stützen, wenn der Berechtigte eine Erwerbsunfähigkeitsrente bezieht und sich daneben noch einen Wohnwert als Einkommen zurechnen lassen muss. Für eine ergänzende Anwendung des § 1573 Abs. 2 BGB ist in derartigen Fällen kein Raum.[60]

40 **Lässt die Krankheit dagegen noch eine Teilerwerbstätigkeit zu**, dann kann nach § 1572 BGB Unterhalt nur bis zur Höhe des durch eine Vollerwerbstätigkeit erzielbaren Mehreinkommens verlangt werden. Ergänzend kann ein Anspruch aus § 1573 Abs. 2 BGB hinzutreten, wenn der Eigenverdienst zusammen mit dem Teilanspruch aus § 1572 BGB zur Deckung des vollen Unterhaltsbedarfs (§ 1578 BGB) nicht ausreicht.[61] Soweit Ansprüche aus § 1572 BGB und § 1573 BGB nebeneinander bestehen und einander ergänzen, sind sie grundsätzlich gegeneinander abzugrenzen und in der auf die jeweilige Anspruchsgrundlage entfallenden Höhe zu beziffern.[62] Näheres hierzu, zu Ausnahmen und zu Änderungen, die sich an dieser Stelle aus der Unterhaltsrechtsreform ergeben könnten, ist Rn. 22 zu entnehmen.

41 Der zunächst nach den ehelichen Lebensverhältnissen (§ 1578 BGB) zu bemessende Anspruch auf Krankheitsunterhalt konnte nach § 1578 Abs. 1 Satz 2 BGB a.F. **aus Billigkeitsgründen zeitlich begrenzt** und danach auf das Niveau des angemessenen Lebensbedarfs abgesenkt werden.[63] Seit dem 01.01.2008 beurteilen sich die Möglichkeiten der Herabsetzung und zeitlichen Begrenzung nach dem im Zuge der Unterhaltsrechtsreform neu eingefügten § 1578b BGB.[64]

42 Davon zu unterscheiden ist die Frage, ob der Anspruch als solcher im Hinblick auf die Möglichkeit einer künftigen **Genesung des Berechtigten** zeitlich begrenzt werden kann. Eine solche Anspruchsbefristung kommt im Regelfall nicht in Betracht, da meist nicht hinreichend sicher prognostiziert werden kann, bis wann und in welchem Umfang Gesundheit und Erwerbsfähigkeit wiederhergestellt sein werden. Diesbezügliche Änderungen der tatsächlichen Verhältnisse sind vom Verpflichteten im Wege eines Abänderungsverfahrens geltend zu machen.[65] Der Berechtigte hat den Verpflichteten über eine

---

[58] OLG Koblenz v. 29.09.2005 - 7 UF 284/05 - FamRZ 2006, 704.

[59] OLG Hamm v. 03.12.1997 - 11 UF 8/97 - OLGR Hamm 1998, 52-55; OLG Düsseldorf v. 17.11.1997 - 3 WF 204/97 - OLGR Düsseldorf 1998, 188-189.

[60] OLG München v. 22.04.1996 - 12 UF 760/96 - EzFamR aktuell 1996, 198-199.

[61] BGH v. 26.02.2014 - XII ZB 235/12 - juris Rn. 10; BGH v. 14.04.2010 - XII ZR 89/08 im Anschluss an BGH v. 26.11.2008 - XII ZR 131/07 - FamRZ 2009, 406; vgl. auch BGH v. 23.05.2007 - XII ZR 245/04 - juris Rn. 10 - FamRZ 2007, 1232-1236; BGH v. 27.01.1993 - XII ZR 206/91 - juris Rn. 16 - NJW-RR 1993, 898-901; BGH v. 13.12.1989 - IVb ZR 79/89 - juris Rn. 14 - LM Nr. 13 zu BGB § 1570.

[62] BGH v. 27.01.1993 - XII ZR 206/91 - juris Rn. 17 - NJW-RR 1993, 898-901; zum Verhältnis von Alters- und Erwerbslosigkeitsunterhalt BGH v. 03.02.1999 - XII ZR 146/97 - juris Rn. 16 - LM BGB § 1571 Nr. 3 (7/1999); vgl. auch BGH v. 13.12.1989 - IVb ZR 79/89 - juris Rn. 10 - LM Nr. 13 zu BGB § 1570.

[63] OLG Hamburg v. 11.07.1997 - 12 UF 38/96 - FamRZ 1998, 294-295; OLG Hamm v. 26.08.1997 - 2 UF 93/97 - FamRZ 1998, 295-296.

[64] Zu Einzelheiten der Übergangsregelung des § 36 EGZPO vgl. etwa Borth, FamRZ 2008, 105-113, 105, 112; zur Anwendung des § 1578b BGB im Rahmen des Krankheitsunterhalts grundlegend BGH v. 14.04.2010 - XII ZR 89/08 - juris Rn. 39; BGH v. 17.02.2010 - XII ZR 140/08 - FamRZ 2010, 629-634; BGH v. 27.05.2009 - XII ZR 111/08 - FamRZ 2009, 1207-1211; BGH v. 26.11.2008 - XII ZR 131/07 - juris Rn. 30 - FamRZ 2009, 406-409; zur Beweislast bei Anwendung des § 1578b BGB vgl. BGH v. 24.03.2010 - XII ZR 175/08.

[65] OLG Hamm v. 20.11.1998 - 11 UF 224/97 - FamRZ 1999, 917-920; Büttner in: Johannsen/Henrich, Familienrecht, 5. Aufl. 2010, § 1572 Rn. 11.

Besserung seines Gesundheitszustands – auch unaufgefordert – zu unterrichten. Dem Verpflichteten steht ein **Informationsanspruch bezüglich des Krankheits- und Behandlungsverlaufs** zu.[66] Der Anspruch ergibt sich nicht aus § 1580 BGB. Er ist unter Berücksichtigung der Grundsätze von Treu und Glauben (§ 242 BGB) aus dem Unterhaltsrechtsverhältnis herzuleiten.

Ein bis dahin bestehender Anspruch aus § 1572 BGB entfällt ganz, wenn sich der Gesundheitszustand des Berechtigten soweit bessert, dass von ihm eine vollschichtige Erwerbstätigkeit erwartet werden kann. Ein Anspruch auf Anschlussunterhalt kann sich dann insbesondere aus den §§ 1573 Abs. 1-3 BGB ergeben.

Soweit Krankheitsunterhalt gemäß § 1572 Nr. 2-4 BGB als **Anschlussunterhalt** geltend gemacht wird, gilt die bisherige Beschränkung des Anspruchsumfangs auch für den Anschlussunterhalt. Anschlussunterhalt kann nur im Umfang des bisherigen, in Wegfall geratenen Unterhaltsanspruchs verlangt werden. Dies ergibt sich aus dem Wortlaut der Vorschrift („soweit") und dem Zweck der Einsatzzeitpunkte, die zu den Schutzvorschriften zugunsten des Unterhaltspflichtigen gehören.[67]

Erzielt der Berechtigte **Erwerbseinkommen**, obwohl er erwerbsunfähig ist, so handelt es sich um überobligationsmäßigen Verdienst, der gemäß § 1577 Abs. 2 BGB privilegiert zu behandeln und nur insoweit anzurechnen ist, als dies der Billigkeit entspricht. **Renteneinkünfte** – dazu gehören insbesondere auch Erwerbsunfähigkeitsrenten und gesetzliche Unfallrenten – sind dagegen wie **sonstige Nichterwerbseinkünfte** (Kapitalerträge, Mieteinnahmen usw.) grundsätzlich in vollem Umfang nach § 1577 Abs. 1 BGB anzurechnen. Ein **Erwerbstätigenbonus** ist bei Renteneinkünften nicht in Abzug zu bringen. Das gilt auch für Krankengeld, Krankentagegeld und Krankenhaustagegeld.[68] Erbringt der kranke Ehegatte einem neuen Lebenspartner **Versorgungsleistungen**, so kann deren Wert als Einkommen zu berücksichtigen sein. Krankheit und eingeschränkte Erwerbsfähigkeit stehen dem in der Regel nicht entgegen. Denn wenn ein Unterhaltsberechtigter, dessen Erwerbsfähigkeit krankheitsbedingt eingeschränkt ist und der nur noch im Rahmen einer geringfügigen Beschäftigung am Erwerbsleben teilnimmt, einen neuen Partner versorgt, so ist im Zweifel davon auszugehen, dass er diese häuslichen Tätigkeiten noch zusätzlich übernehmen kann.[69]

Ist ein Antrag auf **Erwerbsunfähigkeitsrente** gestellt, aber noch nicht beschieden, so kann der Verpflichtete dem Berechtigten wegen der Möglichkeit der **rückwirkenden Rentenbewilligung** anstelle von Unterhaltszahlungen in bedarfsdeckender Höhe zins- und tilgungsfreie Darlehen mit der Verpflichtung anbieten, im Falle der endgültigen Ablehnung des Rentenantrags auf Rückzahlung zu verzichten. Zur Sicherung des Anspruchs auf Darlehensrückzahlung kann der Verpflichtete Abtretung des Anspruchs auf Rentennachzahlung verlangen. Lehnt der Berechtigte ein solches Angebot ab, muss er sich fiktiv so behandeln lassen, als seien ihm die angebotenen Darlehensmittel zugeflossen. Denn ein begründeter Rentenanspruch stellt auch vor Rentenbewilligung bereits einen Vermögenswert dar, den der berechtigte Ehegatte in der dargestellten Weise zur Deckung seines Unterhaltsbedarfs nutzen muss.[70]

Wird nicht auf diese Weise verfahren und erhält der Berechtige aufgrund rückwirkender Rentenbewilligung für einen Zeitraum, in dem Unterhalt gezahlt wurde, eine **Rentennachzahlung**, so kommt ein **auf Treu und Glauben (§ 242 BGB) beruhender Erstattungsanspruch des Verpflichteten** in Betracht, der sich danach bemisst, inwieweit sich der Unterhaltsanspruch ermäßigt hätte, wenn die Rente schon während des fraglichen Zeitraums gezahlt worden wäre.[71] Konstruktiv handelt es sich nicht um eine Rückforderung zu viel gezahlten Unterhalts, sondern um einen Anspruch auf Teilhabe an der Ren-

---

[66] OLG Schleswig v. 25.05.1982 - 8 UF 358/81 - SchlHA 1982, 110-111; *Bömelburg* in: Wendl/Dose, Das Unterhaltsrecht in der familienrichterlichen Praxis, 8. Aufl. 2011, § 4 Rn. 267.

[67] BGH v. 27.06.2001 - XII ZR 135/99 - juris Rn. 26 - LM BGB § 1572 Nr. 7 (6/2002); OLG Celle v. 20.08.1996 - 18 UF 86/96 - FamRZ 1997, 1074-1075; OLG Düsseldorf v. 05.11.1993 - 6 UF 93/92 - NJW-RR 1994, 1415-1416; OLG Stuttgart v. 08.02.1983 - 17 UF 314/82 - FamRZ 1983, 501-503.

[68] BGH v. 19.11.2008 - XII ZR 129/06 - FamRZ 2009, 307.

[69] BGH v. 05.09.2001 - XII ZR 336/99 - juris Rn. 18 - NJW 2001, 3779-3781.

[70] BGH v. 15.02.1989 - IVb ZR 41/88 - juris Rn. 12 - LM Nr. 32 zu § 1569 BGB; BGH v. 23.03.1983 - IVb ZR 358/81 - juris Rn. 16 - LM Nr. 12 zu § 1569 BGB.

[71] BGH v. 08.06.2005 - XII ZR 294/02 - juris Rn. 17 - FamRZ 2005, 1479; BGH v. 19.12.1989 - IVb ZR 9/89 - juris Rn. 32 - LM Nr. 35 zu § 1569 BGB; BGH v. 15.02.1989 - IVb ZR 41/88 - juris Rn. 14 - LM Nr. 32 zu § 1569 BGB; BGH v. 23.03.1983 - IVb ZR 358/81 - juris Rn. 16 - LM Nr. 12 zu § 1569 BGB.

§ 1572

tennachzahlung. Das ist deshalb wichtig, weil der Zahlungsanspruch andernfalls in Widerspruch zu einer rechtskräftigen Entscheidung und den die Rechtskraft schützenden Grundsätzen des § 238 Abs. 2 FamFG geraten könnte.[72]

48 Wenn trotz der Rentenbewilligung nach Anrechnung der Renteneinkünfte (§ 1577 Abs. 1 BGB) noch ein Unterhaltsanspruch verbleibt, besteht auch die Möglichkeit, die Rentennachzahlung als Einkommen zu behandeln und sie – wie bei Abfindungen nach Beendigung von Arbeitsverhältnissen üblich – auf einen angemessenen in die Zukunft reichenden Zeitraum zu verteilen. Dies hat zur Folge, dass sich für diesen Zeitraum die Bedürftigkeit des berechtigten Ehegatten entsprechend verringert.[73] Die daraus resultierende Veränderung der tatsächlichen Verhältnisse ist vom Verpflichteten mit einem Abänderungsantrag (§§ 238, 239 FamFG) geltend zu machen.

49 Der BGH hat aus seiner Rechtsprechung zur Differenz- und Anrechnungsmethode (vgl. die Kommentierung zu § 1569 BGB Rn. 63) Konsequenzen auch für die **Abgrenzung von Vollstreckungsabwehrantrag (§ 113 Abs. 2 FamFG i.V.m. § 767 ZPO) und Abänderungsantrag (§ 238 FamFG)** gezogen. Für die prozessuale Geltendmachung eines **nach der Unterhaltstitulierung einsetzenden Rentenbezugs** des Berechtigten wird nunmehr ausschließlich der Abänderungsantrag als statthaft angesehen. Der BGH führt hierzu aus, dass es sich bei der Altersrente in vollem Umfang, also auch hinsichtlich des im Versorgungsausgleich erworbenen Anteils, um Einkommen handele, das in die Ermittlung des Bedarfs nach den ehelichen Lebensverhältnissen (§ 1578 Abs. 1 BGB) einzubeziehen sei.[74] Die vom Berechtigten nach Erreichen der Altersgrenze bezogenen Rentenleistungen könnten daher nicht lediglich auf den zuvor ermittelten Unterhaltsbedarf angerechnet und insofern auch nicht als ein der Erfüllung gleichstehender Vorgang und damit als Einwendung gegen den titulierten Anspruch im Sinne des § 767 ZPO behandelt werden. Der Rentenbeginn des Berechtigten lasse den Unterhaltsanspruch regelmäßig nicht entfallen, sondern mache eine **Anpassung der Unterhaltsberechnung nach Maßgabe der Differenzmethode** und in der Folge dann auch eine Änderung des bestehenden Titels erforderlich. Diese Anpassung habe nach dem Zweck der gesetzlichen Vorschrift **stets im Wege des Abänderungsantrags** nach § 238 FamFG zu erfolgen.[75] Soweit Unterhalt für einen Zeitraum geleistet worden sei, für den der Berechtigte eine **Rentennachzahlung** erhalten habe, könne der Verpflichtete seinen Ausgleichsanspruch daher regelmäßig nicht mit der Bereicherungsklage verfolgen. Stattdessen komme – wie in den in Rn. 46 angesprochenen Fällen einer rückwirkend bewilligten Erwerbsunfähigkeitsrente – ein **auf Treu und Glauben (§ 242 BGB) beruhender Erstattungsanspruch** in Betracht, der aufgrund seiner rechtlichen Eigenart auch dann nicht in Wertungswiderspruch zu § 238 Abs. 3 FamFG treten könne, wenn es sich bei dem bestehenden Unterhaltstitel um ein rechtskräftiges Urteil bzw. Beschluss handele. Dies gelte auch dann, wenn der Berechtigte bereits Rente beziehe und in Kenntnis dessen **zusätzlich zum laufenden Rentenbezug den vollen titulierten Unterhalt** entgegennehme.[76]

50 Nochmals anders gelagert war nach der bis 30.08.2009 bestehenden Rechtslage der Fall, dass eine **Renten- oder Pensionsnachzahlung**, die eine wegen § 5 VAHRG unberechtigte Versorgungskürzung beim Verpflichteten korrigiert, gemäß § 6 VAHRG **jeweils hälftig an die Ehegatten ausgezahlt** wurde. Erhielt der Berechtigte hierdurch mehr als ihm unterhaltsrechtlich zusteht, konnte ein auf § 816 Abs. 2 BGB zu stützender **Rückforderungsanspruch** des Verpflichteten bestehen. § 6 VAHRG stellte nämlich nur eine Auszahlungsregelung zugunsten des Versorgungsträgers dar, die diesen von der Prüfung entband, wie viel jedem der Ehegatten mit Rücksicht auf den bestehenden Unterhaltsanspruch zusteht. Im Innenverhältnis der Ehegatten stand dem Berechtigten nur so viel zu, wie ihm an Unterhalt zugestanden hätte, wenn die Versorgung von vorneherein nicht gekürzt worden wäre.[77]

---

[72] Vgl. insoweit die Revisionsangriffe und die sie zurückweisenden Argumente des BGH in BGH v. 19.12.1989 - IVb ZR 9/89 - juris Rn. 31 - LM Nr. 35 zu § 1569 BGB und BGH v. 15.02.1989 - IVb ZR 41/88 - juris Rn. 17 - LM Nr. 32 zu § 1569 BGB.

[73] BGH v. 23.03.1983 - IVb ZR 358/81 - juris Rn. 14 - LM Nr. 12 zu § 1569 BGB.

[74] So schon BGH v. 31.10.2001 - XII ZR 292/99 - FamRZ 2002, 88, 91; BGH v. 05.02.2003 - XII ZR 29/00 - FamRZ 2003, 848, 851.

[75] BGH v. 08.06.2005 - XII ZR 294/02 - juris Rn. 16 - FamRZ 2005, 1479, 1480.

[76] BGH v. 08.06.2005 - XII ZR 294/02 - juris Rn. 17 - FamRZ 2005, 1479, 1480, 1481.

[77] BGH v. 07.05.2003 - XII ZR 53/01 - juris Rn. 14 - NJW-RR 2003, 1155-1156; OLG Düsseldorf v. 11.07.2002 - 9 UF 123/01 - FamRZ 2003, 683-684; einen Bereicherungsanspruch im Einzelfall verneinend OLG Düsseldorf v. 25.10.2002 - 4 UF 101/02 - FamRZ 2003, 769-771; zu den Voraussetzungen einer Anwendung des VAHRG auf vor dem 01.09.2009 eingeleitete Versorgungsausgleichsverfahren vgl. § 48 VersAusglG.

Mit dem am 01.09.2009 in Kraft getretenen **Versorgungsausgleichsgesetz** (VersAusglG) wurde das 51
Unterhaltsprivileg abgeändert. Auf Antrag kann gem. § 33 VersAusglG unter bestimmten Voraussetzungen die Kürzung einer laufenden Versorgung auf Antrag ausgesetzt werden, wenn ohne die Kürzung ein gesetzlicher Unterhaltsanspruch gegeben wäre.[78]

D. Prozessuale Hinweise/Verfahrenshinweise

Der Berechtigte trägt die **Darlegungs- und Beweislast** dafür, dass er **krankheitsbedingt nicht oder** 52
nur eingeschränkt erwerbsfähig ist.[79] Zum schlüssigen Vortrag der anspruchsbegründenden Tatsachen ist erforderlich, dass der Unterhalt begehrende Ehegatte im Einzelnen die Krankheiten, an denen er leidet, angibt und mitteilt, inwiefern diese sich auf seine Erwerbsfähigkeit auswirken. Es reicht nicht aus, dass er sich in allgemeiner Form auf Erwerbsunfähigkeit beruft. Insbesondere im Hinblick auf die Möglichkeit einer lediglich geminderten Erwerbsfähigkeit obliegt es ihm vielmehr, Art und Umfang seiner gesundheitlichen Beeinträchtigungen detailliert darzulegen.

Die Darlegungs- und Beweislast des Berechtigten erstreckt sich auch auf das **Bestehen der anspruchs-** 53
begründenden Erkrankung zu dem maßgebenden Einsatzzeitpunkt.[80] Handelt es sich um eine **renten- bzw. unterhaltsneurotische Störung**, hat er im Bestreitensfall zu beweisen, dass diese Krankheitswert hat und auch bei Aberkennung des Unterhaltsanspruchs bestehen bliebe.[81] Bezieht der Berechtigte **Erwerbsunfähigkeitsrente**, so **indiziert** dies eine entsprechende **Erkrankung**.[82] Die Vorlage eines aussagekräftigen fachärztlichen Attestes ist stets sinnvoll. Das **Attest** ersetzt nicht den substantiierten Sachvortrag, kann ihn jedoch unterstützen und ihm bei entsprechender Bezugnahme als urkundlich bekräftigtes Parteivorbringen zur Schlüssigkeit verhelfen. Eine Verwertung im Wege des Urkundsbeweises ist ebenfalls denkbar, wird aber zum vollen Nachweis einer behaupteten Erwerbsunfähigkeit regelmäßig nicht ausreichen. Der behandelnde Arzt kann als sachverständiger Zeuge vernommen werden. Hiervon sollte die klagende Partei sich jedoch nicht allzu viel versprechen. Denn die entscheidende Frage, ob und inwieweit krankheitsbedingt die Erwerbsfähigkeit entfällt, ist wegen der zu ihrer Beantwortung vorzunehmenden Bewertungen und Schlussfolgerungen eine genuine Gutachterfrage und einer Klärung durch Zeugenbeweis nicht zugänglich. Das gilt auch dann, wenn es sich bei dem Zeugen um einen Arzt und insofern um einen sachverständigen Zeugen handelt.[83]

Eine beweiskräftige Feststellung krankheitsbedingter Erwerbsunfähigkeit wird daher ohne Einholung 54
eines **Sachverständigengutachtens** in den meisten Fällen nicht möglich sein. Obwohl das Gericht auch von Amts wegen eine Begutachtung anordnen kann (§ 144 Abs. 1 ZPO), sollte der Berechtigte mit Rücksicht auf die Beweislast nicht versäumen, einen entsprechenden Beweisantrag zu stellen.

Die **Anforderungen**, denen der Sachvortrag des Berechtigten hinsichtlich der Darlegungs- und Be- 55
weislast zu genügen hat, dürfen **nicht überspannt** werden, sondern müssen den Umständen des Falles entsprechen.[84] Dabei ist zu beachten, dass sich das Ausmaß der Substantiierung, die von einer Partei zu fordern ist, im **Wechselspiel von Vortrag und Gegenvortrag** bestimmt und somit auch davon abhängt, wie konkret und detailliert die jeweils andere Partei vorträgt.[85] Steht etwa fest, dass dem Berechtigten wegen einer durch mehrere Verrentungsgutachten belegten schweren chronischen Erkrankung (Schizophrenie), deren Symptome im Verlauf einer persönlichen Anhörung auch vom Gericht festgestellt werden konnten, dauerhaft Erwerbsunfähigkeitsrente bewilligt worden ist, dann ist eine Bedürfnislage im Sinne des § 1572 BGB schlüssig dargetan. Den Anforderungen, die auf diesem Hintergrund an einen hinreichend substantiierten Gegenvortrag zu stellen sind, genügt der Verpflichtete nicht, wenn er lediglich pauschal und gleichsam „ins Blaue hinein" die zwischenzeitliche Genesung des Berechtigten behauptet und hierfür Sachverständigenbeweis anbietet. Von der Anordnung einer erneuten Begut-

---

[78] BGH v. 21.03.2012 - XII ZB 234/11 - FamRZ 2012, 853-856.
[79] BGH v. 06.07.2005 - XII ZR 145/03 - juris Rn. 12 - FamRZ 2005, 1897.
[80] BGH v. 25.10.2006 - XII ZR 190/03 - juris Rn. 15 - FamRZ 2007, 200; BGH v. 27.06.2001 - XII ZR 135/99 - juris Rn. 13 - LM BGB § 1572 Nr. 7 (6/2002); OLG Düsseldorf v. 11.07.2002 - 9 UF 123/01 - FamRZ 2003, 683-684.
[81] *Brudermüller* in: Palandt, § 1572 Rn. 20.
[82] OLG Brandenburg v. 11.01.1996 - 9 UF 76/95 - OLG-NL 1996, 92-94; OLG Nürnberg v. 02.12.1991 - 10 UF 789/91 - FamRZ 1992, 682-684; *Brudermüller* in: Palandt, § 1572 Rn. 20.
[83] BGH v. 08.04.1987 - IVb ZR 39/86 - juris Rn. 7 - NJW-RR 1987, 962-963.
[84] BGH v. 06.07.2005 - XII ZR 145/03 - juris Rn. 12 - FamRZ 2005, 1897.
[85] BGH v. 06.07.2005 - XII ZR 145/03 - juris Rn. 15 - FamRZ 2005, 1897.

achtung kann das Gericht unter diesen Umständen rechtsfehlerfrei absehen. Die Einholung eines Gutachtens ist nur dann erforderlich, wenn der Verpflichtete konkrete Umstände vorträgt, aus denen sich auf eine dauerhafte Genesung des Berechtigten schließen lässt.[86]

56 Unterlässt der Berechtigte im Vertrauen auf ein unrichtiges ärztliches Attest Erwerbsbemühungen, obwohl er tatsächlich erwerbsfähig ist, so trägt er das **Beurteilungsrisiko** und damit auch die nachteiligen Folgen der Fehleinschätzung des von ihm konsultierten Arztes.[87]

57 Steht fest, dass der einem abzuändernden Titel zugrunde liegende Unterhaltstatbestand (z.B. § 1570 BGB oder § 1573 BGB) wegen einer Veränderung der tatsächlichen Verhältnisse weggefallen ist, so trifft den Berechtigten auf **Abänderungsklage des Verpflichteten** die Darlegungs- und Beweislast für die Tatsachen, die aufgrund eines anderen Unterhaltstatbestands (z.B. § 1572 BGB) einen Anspruch auf Anschlussunterhalt begründen und damit die Aufrechterhaltung des Titels rechtfertigen.[88]

E. Steuerrechtliche Hinweise

58 Vgl. hierzu die Steuerrechtl. Hinw. zu §§ 1569 ff. BGB.

---

[86] BGH v. 06.07.2005 - XII ZR 145/03 - juris Rn. 12 - FamRZ 2005, 1897.
[87] *Büttner* in: Johannsen/Henrich, Familienrecht, 5. Aufl. 2010, § 1572 Rn. 16; *Pauling* in: Wendl/Staudigl, Das Unterhaltsrecht in der familienrichterlichen Praxis, 7. Aufl. 2008, § 4 Rn. 98.
[88] BGH v. 31.01.1990 - XII ZR 36/89 - juris Rn. 11 - LM Nr. 61 zu § 323 ZPO; *Maurer* in: MünchKomm-BGB, § 1572 Rn. 23.

§ 1573 BGB Unterhalt wegen Erwerbslosigkeit und Aufstockungsunterhalt

(Fassung vom 21.12.2007, gültig ab 01.01.2008)

(1) Soweit ein geschiedener Ehegatte keinen Unterhaltsanspruch nach den §§ 1570 bis 1572 hat, kann er gleichwohl Unterhalt verlangen, solange und soweit er nach der Scheidung keine angemessene Erwerbstätigkeit zu finden vermag.

(2) Reichen die Einkünfte aus einer angemessenen Erwerbstätigkeit zum vollen Unterhalt (§ 1578) nicht aus, kann er, soweit er nicht bereits einen Unterhaltsanspruch nach den §§ 1570 bis 1572 hat, den Unterschiedsbetrag zwischen den Einkünften und dem vollen Unterhalt verlangen.

(3) Absätze 1 und 2 gelten entsprechend, wenn Unterhalt nach den §§ 1570 bis 1572, 1575 zu gewähren war, die Voraussetzungen dieser Vorschriften aber entfallen sind.

(4) ¹Der geschiedene Ehegatte kann auch dann Unterhalt verlangen, wenn die Einkünfte aus einer angemessenen Erwerbstätigkeit wegfallen, weil es ihm trotz seiner Bemühungen nicht gelungen war, den Unterhalt durch die Erwerbstätigkeit nach der Scheidung nachhaltig zu sichern. ²War es ihm gelungen, den Unterhalt teilweise nachhaltig zu sichern, so kann er den Unterschiedsbetrag zwischen dem nachhaltig gesicherten und dem vollen Unterhalt verlangen.

(5) (weggefallen)

Gliederung

A. Grundlagen 1	3. Anspruchsberechnung 73
B. Praktische Bedeutung 7	IV. Anschlussunterhalt (Absatz 3) 87
C. Anwendungsvoraussetzungen 11	1. Einsatzzeitpunkt 88
I. Normstruktur 11	2. Beginn der Erwerbsobliegenheit 90
II. Unterhalt wegen Erwerbslosigkeit (Absatz 1) 15	V. Unterhalt nach Verlust angemessener Erwerbstätigkeit (Absatz 4) 91
1. Einsatzzeitpunkt 17	1. Keine nachhaltige Sicherung des Unterhalts 94
2. Erwerbslosigkeit 18	2. Beweislast 109
3. Erwerbsobliegenheit 20	VI. Die zeitliche Begrenzung der Unterhaltspflicht 110
a. Bemühungen des Unterhaltsberechtigten 23	VII. Verhältnis des § 1573 BGB zu den §§ 1570-1572, 1575 BGB 111
b. Beschäftigungschance auf dem Arbeitsmarkt 35	1. Grundsätzliches 111
4. Beginn der Erwerbsobliegenheit 42	2. Besonderheiten der Berechnung 115
5. Folgen der Obliegenheitsverletzung ... 48	**D. Prozessuale Hinweise/Verfahrenshinweise** 124
6. Beweislast 54	**E. Steuerrechtliche Hinweise** 127
7. Praktische Hinweise 61	
III. Aufstockungsunterhalt (Absatz 2) 65	
1. Einsatzzeitpunkt 68	
2. Erwerbsobliegenheit 71	

A. Grundlagen

Während die vorausgehenden Unterhaltstatbestände der §§ 1570-1572 BGB davon ausgehen, dass eine Erwerbsobliegenheit wegen Kinderbetreuung, Krankheit oder Alter nicht besteht, erfolgt in § 1573 BGB die Regelung des Unterhalts bei bestehender Obliegenheit zur Aufnahme einer angemessenen Erwerbstätigkeit. Diese Norm verlagert das Risiko, dass ein Ehegatte nach der Scheidung keine angemessene oder nur eine Beschäftigung mit einem nicht bedarfsdeckenden Einkommen findet, auf den anderen Ehegatten (§ 1573 Abs. 1, 2 BGB). 1

Dies gilt auch für den Fall, dass die Voraussetzungen für einen Anspruch nach den §§ 1570-1572 BGB entfallen und im Anschluss keine angemessene Erwerbstätigkeit aufgenommen werden kann oder nur eine solche, die den Bedarf nicht voll deckt (§ 1573 Abs. 3 BGB). 2

3 Unterhalt kann aber auch verlangt werden, wenn eine bereits ausgeübte Erwerbstätigkeit wegfällt, sofern der Unterhalt noch nicht nachhaltig gesichert war (§ 1573 Abs. 4 BGB). Wegen dieser weit reichenden Folgen eröffnet § 1578b BGB die Möglichkeit, den Unterhalt zu begrenzen.

4 Die Unterhaltsansprüche des § 1573 Abs. 1, 2 BGB unterliegen am ehesten der Disposition der Parteien, weil sie nicht zum Kernbereich i.S.d. Rechtsprechung des BGH zur Inhalts- und Ausübungskontrolle von Eheverträgen gehören. Der BGH sieht den Unterhalt wegen Erwerbslosigkeit und den Aufstockungsunterhalt als nachrangig und einem Verzicht eher zugänglich an.[1]

5 Die Tatbestandsvoraussetzungen für den Unterhalt wegen Erwerbslosigkeit oder den Aufstockungsunterhalt sind durch die Unterhaltsreform nicht verändert worden. Allerdings wurde das Spektrum der angemessenen Beschäftigung im Sinne des § 1574 BGB durch Einbeziehung der früher ausgeübten Erwerbstätigkeit deutlich erweitert.

6 Als Ausfluss der stärker betonten Eigenverantwortung ist die Möglichkeit der Begrenzung eines Unterhaltsanspruchs in § 1578b BGB zusammengefasst und grundsätzlich auf alle Unterhaltstatbestände ausgeweitet worden. Die Regelung in § 1573 Abs. 5 BGB ist deshalb weggefallen.

B. Praktische Bedeutung

7 Die Vorschrift nimmt in der Praxis einen breiten und von den Eheleuten hart umkämpften Raum ein. Sie gewinnt bei wirtschaftlich schwierigen Rahmenbedingungen an Bedeutung und gleicht ein nicht vermeidbares Einkommensgefälle aus.

8 Insbesondere der das eigene prägende Einkommen aufstockende Unterhaltsanspruch nach § 1573 Abs. 2 BGB hat durch die Änderung der Rechtsprechung des BGH zur Anwendung der Anrechnungs- und Differenzmethode[2] besonderes Gewicht erlangt. Weil danach das erstmals nach der Trennung durch zumutbare Erwerbstätigkeit erzielte Einkommen als prägend angesehen wird, verbleibt zum prägenden Einkommen des anderen Ehegatten häufig eine Differenz, die auszugleichen ist. Demgegenüber hat die frühere Auffassung, dieses Einkommen habe die ehelichen Lebensverhältnisse nicht geprägt und sei deshalb auf den Bedarf anzurechnen, nicht selten zu einem Anspruchsverlust oder zumindest zu einer deutlich geringeren Unterhaltslast geführt.[3]

9 Der Unterhaltsanspruch nach § 1573 BGB kann auch neben einem Anspruch auf Unterhalt wegen Kindesbetreuung, Krankheit oder Alter bestehen, wenn nach diesen Tatbeständen eine Teilerwerbstätigkeit grundsätzlich zumutbar, aber tatsächlich nicht zu erlangen ist oder das dabei erzielte Einkommen nicht zur Bedarfsdeckung ausreicht.

10 Die Regelung des Erwerbslosen- und Aufstockungsunterhalts ist im Zusammenhang mit § 1574 BGB zu sehen, der die Obliegenheit zur Erwerbstätigkeit auf eine angemessene Beschäftigung begrenzt und näher definiert, was unter „angemessen" zu verstehen ist.

C. Anwendungsvoraussetzungen

I. Normstruktur

11 Das vorrangige, sich aus § 1569 BGB ergebende Gebot der wirtschaftlichen Eigenverantwortung wird in § 1573 BGB abgemildert, um einen sozialen Abstieg des Unterhaltsberechtigten zu verhindern. Die Vorschrift regelt drei Varianten der Bedürftigkeit. Diese kann gegeben sein, weil der Arbeitsmarkt eine angemessene Beschäftigung nicht zulässt und der Ehegatte deshalb erwerbslos ist oder weil die ausgeübte Beschäftigung kein bedarfsdeckendes Einkommen ermöglicht. Die Bedürftigkeit kann aber auch dadurch wieder aufleben, dass eine nachhaltige Sicherung des Unterhalts wegen des Wegfalls der ausgeübten Erwerbstätigkeit fehlgeschlagen ist. Zusätzlich wird der Einsatzzeitpunkt bei einem vorausgegangenen Unterhaltsanspruch nach den §§ 1570-1572 BGB auf den Wegfall der dort maßgeblichen Voraussetzungen verlagert. Die Eingrenzung dieser weit reichenden Unterhaltspflichten erfolgt unter Billigkeitsgesichtspunkten durch eine Befristung (§ 1578b BGB).

---

[1] BGH v. 11.02.2004 - XII ZR 265/02 - FamRZ 2004, 601; BGH v. 12.01.2005 - XII ZR 238/03 - FamRZ 2005, 691-693; BGH v. 28.11.2007 - XII ZR 132/05 - juris Rn. 23 - FamRZ 2008, 582 mit Anmerkung *Clausius*, jurisPR-FamR 6/2008, Anm. 4.

[2] BGH v. 13.06.2001 - XII ZR 343/99 - juris Rn. 36 - BGHZ 148, 105-122; BGH v. 05.09.2001 - XII ZR 108/00 - juris Rn. 47 - BGHZ 148, 368-383; BGH v. 05.02.2003 - XII ZR 321/00 - juris Rn. 20 - FamRZ 2003, 434-435.

[3] BGH v. 13.06.2001 - XII ZR 343/99 - juris Rn. 15 - BGHZ 148, 105-122 mit Darstellung der früheren Rechtsprechung.

Der **Unterhaltsanspruch wegen Erwerbslosigkeit** (Absatz 1) ist gegenüber den Unterhaltsansprüchen nach den §§ 1570-1572, 1575 BGB **subsidiär**. Erst wenn nach diesen Tatbeständen kein Unterhalt beansprucht werden kann, ist in die Prüfung des § 1573 Abs. 1 BGB einzutreten.[4] Ist dem Unterhaltsberechtigten nur eine **Teilerwerbstätigkeit** zumutbar, ergibt sich ein ergänzender Anspruch aus § 1573 Abs. 1, 2 BGB.[5]

Der BGH[6] hat klargestellt, dass der Unterhaltsanspruch ausschließlich auf § 1573 Abs. 1 BGB beruht, solange und soweit keine angemessene Erwerbstätigkeit i.S.d. § 1574 BGB aufgenommen werden kann. Ein Anspruch auf Aufstockungsunterhalt nach § 1573 Abs. 2 BGB besteht deshalb nur dann, wenn eine solche Tätigkeit ausgeübt wird oder ausgeübt werden müsste. Ist für den Unterhaltsberechtigten nur eine Teilzeitbeschäftigung erreichbar, so beruht der Anspruch teilweise auf § 1573 Abs. 1 BGB und teilweise auf § 1573 Abs. 2 BGB. Einer rechnerischen Zuordnung der Anteile des Unterhalts zu den jeweiligen Anspruchsgrundlagen bedarf es aber regelmäßig nicht. Im Hinblick auf § 1573 Abs. 4 BGB ist aber die Klarstellung erforderlich, dass der Anspruch auch auf § 1573 Abs. 1 BGB beruht, weil nur dann deutlich wird, dass die tatsächlich ausgeübte Teilzeiterwerbstätigkeit keine nachhaltige angemessene Erwerbstätigkeit darstellt.

Von § 1573 BGB werden insbesondere folgende **Fallkonstellationen erfasst**:
- der Ehegatte findet überhaupt keine Erwerbstätigkeit;
- der Ehegatte findet keine für ihn angemessene Erwerbstätigkeit;
- der Ehegatte findet eine angemessene Erwerbstätigkeit, die sich daraus ergebenden Einkünfte reichen zur vollen Bedarfsdeckung nicht aus;
- der Ehegatte, der bisher (wegen Krankheit, Kinderbetreuung, Ausbildung) keine Erwerbsobliegenheit hatte, findet nach Wegfall dieser Tatbestände
  - überhaupt keine angemessene Erwerbstätigkeit;
  - keine angemessene, den vollen Bedarf deckende Erwerbstätigkeit;
- der Ehegatte übt eine angemessene Erwerbstätigkeit aus, verliert diese aber nach der Scheidung.

II. Unterhalt wegen Erwerbslosigkeit (Absatz 1)

Besteht kein Anspruch nach den §§ 1570-1572 BGB, kann Unterhalt verlangt werden, solange und soweit ein Ehegatte nach der Scheidung keine angemessene Erwerbstätigkeit i.S.d. § 1574 Abs. 1 BGB ausübt und ihn keine Verletzung seiner Erwerbsobliegenheit trifft. Da auch in den Fällen der §§ 1575 und 1576 BGB der Unterhaltsberechtigte nicht auf eine Erwerbstätigkeit verwiesen werden kann, sind auch diese vorrangig zu prüfen.

Die Erwerbslosigkeit muss **nicht ehebedingt** sein, eine **enge zeitliche Verknüpfung** mit der Scheidung ist ausreichend. Die Unterhaltspflicht gründet sich auf die nacheheliche Solidarität und dient insbesondere dem Schutz des Unterhaltsbedürftigen, der während der Ehe nicht erwerbstätig war, vor einem sozialen Abstieg. Mit der Aufnahme einer angemessenen Erwerbstätigkeit endet der Unterhaltsanspruch; unter Umständen schließt sich ein Anspruch auf Aufstockungsunterhalt nach § 1573 Abs. 2 BGB an. Der Erwerbslosenunterhalt kann deshalb **auf die Dauer der voraussichtlichen Arbeitslosigkeit beschränkt** werden, wenn eine **zuverlässige Prognose** über die voraussichtliche Dauer der Bemühungen bis zur Aufnahme einer Erwerbstätigkeit gestellt werden kann. Eine fehlgeschlagene Prognose ist im Wege der Abänderungsklage zu korrigieren.[7] Der Unterhaltsanspruch kann bei Verlust der Arbeitsstelle nach § 1573 Abs. 4 BGB wieder aufleben, wenn durch die Erwerbstätigkeit noch keine nachhaltige Sicherung erreicht werden konnte.

1. Einsatzzeitpunkt

Während die §§ 1571 Nr. 1, 1572 Nr. 1 BGB das Vorliegen des jeweiligen Tatbestandes zeitlich mit der Rechtskraft der Scheidung verknüpfen, ist § 1573 Abs. 1 BGB weniger streng. Die Formulierung „nach der Scheidung" verlangt hinsichtlich der Erwerbslosigkeit lediglich einen **engen zeitlichen Zusammenhang mit der Scheidung**. Ein solcher wird aber zu verneinen sein, wenn eine ausgeübte an-

---

[4] BGH v. 10.02.1988 - IVb ZR 16/87 - juris Rn. 12 - NJW-RR 1988, 1218-1220; BGH v. 27.01.1993 - XII ZR 206/91 - juris Rn. 16 - NJW-RR 1993, 898-901.
[5] BGH v. 27.01.1993 - XII ZR 206/91 - juris Rn. 9 - NJW-RR 1993, 898-901; BGH v. 27.06.2001 - XII ZR 135/99 - juris Rn. 24 - LM BGB § 1572 Nr. 7 (6/2002).
[6] BGH v. 10.11.2010 - XII ZR 197/08 - juris Rn. 20; BGH v. 18.01.2012 - XII ZR 178/09 - FamRZ 2012, 517 m. Anm. *Born*.
[7] BGH v. 14.12.1983 - IVb ZR 29/82 - FamRZ 1984, 988-990.

gemessene Tätigkeit erst längere Zeit nach der Scheidung weggefallen ist. Nach eineinhalb Jahren ist dieser enge zeitliche Zusammenhang offensichtlich nicht mehr gegeben.[8] In diesem Fall wird aber regelmäßig ein Anspruch nach § 1573 Abs. 4 BGB zu prüfen sein, weil es an einer nachhaltigen Sicherung des Unterhalts fehlen könnte.[9]

2. Erwerbslosigkeit

18 Der Unterhaltsberechtigte darf nach der Scheidung keine angemessene Erwerbstätigkeit im Sinne des § 1574 BGB ausüben. Geht er einer **angemessenen Teilzeitbeschäftigung** nach, die nur auf Grund der Arbeitsmarktlage nicht zu einer Ganztagstätigkeit ausgeweitet werden kann, besteht grundsätzlich ein Anspruch nach § 1573 Abs. 1 BGB in Höhe des durch die Teilzeittätigkeit noch nicht gedeckten vollen Bedarfs.[10]

19 Hat der Unterhaltsberechtigte eine Tätigkeit angenommen, die **nicht angemessen** i.S.d. § 1574 BGB ist, ist der Tatbestand der Erwerbslosigkeit i.S.d. § 1573 Abs. 1 BGB erfüllt.[11] Die Berücksichtigung dieses durch **unzumutbare Erwerbstätigkeit** erzielten Einkommens unterliegt dann der Regelung des § 1577 Abs. 2 BGB mit der Folge, dass eine Anrechnung unter Billigkeitsgesichtspunkten erfolgt.[12] Im Ergebnis darf der Unterhaltsberechtigte aber nicht schlechter gestellt werden, als er stünde, wenn das Einkommen aus angemessener Tätigkeit resultierte.

3. Erwerbsobliegenheit

20 Den Unterhaltsberechtigten muss eine Obliegenheit treffen, nach der Scheidung eine Erwerbstätigkeit aufzunehmen. Diese darf nicht durch Kindesbetreuung, Krankheit, Alter oder Ausbildung ausgeschlossen sein. Besteht eine solche Obliegenheit nur in zeitlich eingeschränktem Umfang, kann der Anspruch aus § 1573 Abs. 1 BGB neben einen solchen aus den §§ 1570-1572, 1575 BGB treten. Bei einem Streit um das Sorgerecht für gemeinsame Kinder dürfte eine Erwerbsobliegenheit für den bisher nicht Erwerbstätigen bis zur gerichtlichen Entscheidung über die elterliche Sorge oder bis zur Verständigung der Eltern nicht bestehen.[13] Allerdings ist der strenge Maßstab des § 1570 BGB zu berücksichtigen.

21 Die Erwerbsobliegenheit ist nur auf die Aufnahme einer **angemessenen Beschäftigung** i.S.d. § 1574 BGB gerichtet. Der Unterhaltsberechtigte muss sich unter Einsatz aller zumutbaren und möglichen Mittel nachhaltig um eine angemessene Beschäftigung bemühen. Darlegungs- und Beweislast für seine Bemühungen trägt der Unterhalt begehrende Ehegatte, wobei ihm die Beweiserleichterung des § 287 ZPO nicht zugutekommt.[14] Allerdings ist die unterhaltsrechtliche Erwerbsobliegenheit für jedes Unterhaltsverhältnis gesondert zu beurteilen, weil sie beim Ehegattenunterhalt und beim Kindesunterhalt unterschiedlich ausgestaltet ist.[15] Eine gesteigerte Erwerbsobliegenheit wie in § 1603 Abs. 2 Satz 1 BGB besteht zwischen Ehegatten nicht.

22 Die Erwerbsobliegenheit hat sowohl eine subjektive als auch eine objektive Komponente, weil sie an Alter, Qualifikation, bisher ausgeübte Tätigkeiten und den Arbeitswillen anknüpft, andererseits aber auch in engem Zusammenhang mit dem Arbeitsmarkt steht.

a. Bemühungen des Unterhaltsberechtigten

23 Der Unterhalt verlangende Ehegatte muss sich ernsthaft, nachdrücklich und umfassend um eine angemessene Beschäftigung bemühen.[16] Er muss sich insbesondere bei der **Agentur für Arbeit** melden und alle ihm dort zugänglichen Informationen ausschöpfen.[17] Die Meldung und die Wahrnehmung der An-

---

[8] BGH v. 25.03.1987 - IVb ZR 32/86 - juris Rn. 26 - NJW 1987, 2229-2233; BGH v. 16.03.1988 - IVb ZR 40/87 - juris Rn. 10 - LM Nr. 23 zu § 1573 BGB.

[9] BGH v. 16.03.1988 - IVb ZR 40/87 - juris Rn. 10 - LM Nr. 23 zu § 1573 BGB.

[10] BGH v. 16.12.1987 - IVb ZR 102/86 - juris Rn. 9 - LM Nr. 28 zu § 1569 BGB.

[11] BGH v. 24.10.1979 - IV ZR 171/78 - juris Rn. 12 - LM Nr. 1 zu § 1573 BGB.

[12] BGH v. 24.11.1982 - IVb ZR 310/81 - juris Rn. 22 - LM Nr. 35 zu § 1361 BGB.

[13] OLG München v. 21.05.1996 - 12 UF 905/96 - EzFamR aktuell 1996, 246-248.

[14] BGH v. 27.01.1993 - XII ZR 206/91 - juris Rn. 14 - NJW-RR 1993, 898-901; BGH v. 30.07.2008 - XII ZR 126/06 - juris Rn 18 - FamRZ 2008, 2104-2107; BGH v. 26.11.2008 - XII ZR 131/07 - juris Rn. 20 - FamRZ 2009, 406-409.

[15] BGH v. 30.07.2008 - XII ZR 126/06 - juris Rn 33 - FamRZ 2008, 2104-2107.

[16] Eine hilfreiche Übersicht über die Bewerbungsbemühungen bietet *Born*, NZFam 2014, 252.

[17] BGH v. 24.01.1990 - XII ZR 2/89 - juris Rn. 25 - LM Nr. 56 zu § 1578 BGB.

gebote der Agentur für Arbeit sind aber nicht ausreichend. Der Ehegatte muss **Eigeninitiative** entwickeln, selbst Stellengesuche in regionalen und überregionalen Zeitungen aufgeben (insbesondere bei qualifizierten Berufen) und sich gezielt auf Annoncen in qualifizierter Weise bewerben.[18]

Bewerbungen ins Blaue hinein (Serienbriefe, Standardschreiben ohne Aussagekraft) sind für sich genommen nicht ausreichend und können allenfalls ergänzend erfolgen. Die Anforderungen der Rechtsprechung an den Umfang der Bemühungen schwanken. Der zeitliche Aufwand muss sich an dem einer angemessenen Beschäftigung orientieren.[19] Weniger als 20 Bewerbungen pro Monat deuten auf eher zurückhaltende Bemühungen hin[20], ebenso Bewerbungen um Arbeitsverhältnisse, die deutlich außerhalb der eigenen Qualifikation liegen (vgl. die Kommentierung zu § 1581 BGB Rn. 31). Aus der Art und Weise der Bemühungen müssen der **Arbeitswille und die Ernsthaftigkeit** erkennbar sein, dies erfordert auch eine ansprechende äußere Form der Bewerbung. 24

Der BGH[21] hat bzgl. der eigenen Arbeitsbemühungen des Unterhalt Begehrenden betont, dass die Anzahl der vorgelegten Bewerbungen nur eine eingeschränkte Aussagekraft hat. Auch bei Bewerbungen in großer Zahl kann die Arbeitsmotivation nur vorgeschoben sein, während bei geringen Chancen für einen Wiedereintritt in den Beruf auch Bewerbungen in geringer Zahl ausreichend sein können. 25

Die Vorlage von Bewerbungsschreiben und Aufstellungen ist dann nicht ausreichend, wenn ausdrücklich bestritten wird, dass diese Bewerbungen abgesandt wurden. Die Vorlage dieser Privaturkunden belegt nur, dass diese verfasst wurden.[22] 26

Deutliche Hinweise auf vermeintliche Erkrankungen, familiäre Probleme und Qualifikationen, die außerhalb des Anforderungsprofils liegen, lassen die Bewerbung eher als Bitte um eine Absage erscheinen, ebenso ein ungepflegtes Auftreten beim Vorstellungsgespräch. Andererseits sprechen Angaben in Bewerbungen, die gegenüber Arbeitgebern ohnehin offenbart werden müssen, nicht gegen ein ernsthaftes Bemühen.[23] 27

Der Unterhaltsberechtigte darf Hinweise des Ehegatten auf offene Stellen nicht ignorieren. Insbesondere dann, wenn in der Vergangenheit solche Vermittlungen erfolgreich waren, muss er sich auch um diese Arbeitsstellen bemühen. An seine Darlegungslast sind dann besondere Anforderungen zu stellen.[24] 28

Zwar dürfen sich die Anstrengungen nicht auf einen wohnortnahen Arbeitsplatz beschränken. Eine bundesweite Arbeitsaufnahme (vgl. auch § 10 SGB II) kann jedoch nur verlangt werden, wenn dies subjektiv zumutbar ist. Die vom BVerfG[25] hinsichtlich der Leistungsfähigkeit eines unterhaltspflichtigen Kindesvaters gemachten Einschränkungen sind auch hier zu beachten. Danach ist im Einzelfall zu prüfen, ob eine bundesweite Arbeitsaufnahme dem Unterhaltsverpflichteten unter Berücksichtigung seiner persönlichen Bindungen, insbesondere seines Umgangsrechts mit seinen Kindern, sowie der Kosten der Ausübung dieses Umgangsrechts und der Umzugskosten, zumutbar ist. 29

Die Bemühungen um eine Erwerbstätigkeit müssen insgesamt in **nachprüfbarer Weise** dargelegt werden.[26] Deshalb sind sowohl die Bewerbungsschreiben als auch die Antworten vorzulegen. Die Vorlage der für die Agentur für Arbeit ausgefüllten Nachweise der Kontaktaufnahme ist nicht ausreichend. 30

Wird eine **sichere und gut bezahlte Teilzeitbeschäftigung** ausgeübt, ist eine Obliegenheitsverletzung zu verneinen, wenn der Unterhaltsberechtigte nur eine weniger sichere Vollzeitbeschäftigung erhalten könnte, die zu keinem deutlich höheren Einkommen führen würde;[27] es bleibt aber die Obliegenheit, sich weiter um eine angemessene Vollzeitstelle zu bewerben oder eine ergänzende Tätigkeit aufzunehmen. 31

---

[18] BGH v. 27.01.1993 - XII ZR 206/91 - juris Rn. 14 - NJW-RR 1993, 898-901; Brandenburgisches Oberlandesgericht v. 24.05.2007 - 9 UF 148/06 - juris Rn. 33; Brandenburgisches Oberlandesgericht v. 22.04.2008 - 10 UF 226/07 - juris Rn. 68 - NJW 2008, 2268-2273.

[19] OLG Hamm v. 06.10.1995 - 12 UF 61/95 - OLGR Hamm 1996, 59; OLG Naumburg v. 18.09.1996 - 8 WF 61/96 - FamRZ 1997, 311.

[20] OLG Karlsruhe v. 28.05.2002 - 18 UF 163/01 - FamRZ 2002, 1567-1568; OLG Bamberg v. 04.02.1997 - 7 UF 112/96 - juris Rn. 41 - FamRZ 1998, 289-291 (hält 40 Bewerbungen in 6 Monaten bei zwei eigenen Stellenanzeigen für ausreichend).

[21] BGH v. 21.09.2011 - XII ZR 121/09.

[22] Brandenburgisches Oberlandesgericht v. 09.08.2007 - 9 UF 173/06 - juris Rn. 44.

[23] OLG Bamberg v. 04.02.1997 - 7 UF 112/96 - juris Rn. 42 - FamRZ 1998, 289-291.

[24] BGH v. 07.11.2012 - XII ZB 229/11 - FamRZ 2013, 109-114.

[25] BVerfG v. 29.12.2005 - 1 BvR 2076/03 - FamRZ 2006, 469-470.

[26] BGH v. 27.01.1993 - XII ZR 206/91 - juris Rn. 14 - NJW-RR 1993, 898-901.

[27] OLG Düsseldorf v. 08.08.1990 - 5 UF 58/90 - FamRZ 1991, 194-196.

§ 1573

32 Der BGH hat klargestellt, dass die Erwerbsobliegenheit auch die Aufnahme einer weiteren Teilzeittätigkeit umfasst, wenn die Aufgabe der ausgeübten Teilzeittätigkeit nicht zumutbar ist und dass die Aufnahme von zwei Teilzeitbeschäftigungen auch eine angemessene Erwerbstätigkeit i.S.d. §§ 1573 Abs. 1, 1574 BGB darstellen kann.[28]

33 Die Erwerbsobliegenheit kann auch die Form einer **Ausbildungsobliegenheit** i.S.d. § 1574 Abs. 3 BGB annehmen, wenn ohne Ausbildung keine angemessene Erwerbstätigkeit zu erlangen ist. Sie ist dann darauf gerichtet, Defizite in der Qualifikation durch Weiter- bzw. Fortbildung und Umschulung auszugleichen und dient nicht der Selbstverwirklichung. Auch die Teilnahme an Kursen der Volkshochschulen, um mit Bürosoftware vertraut zu werden, stellt eine Möglichkeit dar, die Aufnahme einer Erwerbstätigkeit zu erleichtern. Wegen dieser Zielsetzung muss ein **erfolgreicher Abschluss** zu erwarten sein. Für die Dauer dieser Ausbildung ergibt sich der Unterhalt aus § 1573 Abs. 1 BGB.

34 Diese Ausbildungsobliegenheit ist nicht gleichbedeutend mit einem Anspruch auf Unterhalt wegen Ausbildung, Fortbildung oder Umschulung nach § 1575 BGB. Ziel muss hier sein, vorhandene Qualifikationen aufzufrischen, sie an die geänderten Anforderungen des Arbeitsmarktes anzupassen oder neue zu erwerben, um die Einstellungschancen zu verbessern; es geht nicht darum eine während oder vor der Ehe abgebrochene oder unterlassene Ausbildung nachzuholen (vgl. dazu die Kommentierung zu § 1575 BGB Rn. 5). Die Ausbildungsobliegenheit kann gleichwohl mit einem Anspruch auf Ausbildungsunterhalt nach § 1575 BGB zusammenfallen, der dann aber vorrangig ist.

b. Beschäftigungschance auf dem Arbeitsmarkt

35 Die Verletzung der Erwerbsobliegenheit muss **kausal** für die Erwerbslosigkeit sein. Dies ist nur dann zu bejahen, wenn eine **reale Beschäftigungschance auf dem Arbeitsmarkt** besteht.[29] Dies bedeutet, dass ein auf § 1573 Abs. 1 BGB gestützter Unterhaltsanspruch nicht bereits dann versagt werden kann, wenn der Anspruchsteller sich nicht im gebotenen Maße um eine Erwerbstätigkeit bemüht hat. Es muss feststehen, dass bei genügenden Bemühungen eine nicht nur theoretische Chance auf einen Arbeitsplatz besteht. Das ist anhand objektiver Voraussetzungen wie den **Verhältnissen auf dem Arbeitsmarkt** und den **persönlichen Eigenschaften** des Bewerbers zu prüfen.

36 Der BGH[30] hat die Notwendigkeit der Prüfung, ob für den Unterhalt Begehrenden eine realistische Beschäftigungschance auf dem Arbeitsmarkt besteht, mehrfach unterstrichen. Dabei kann, auch wenn der Unterhalt Begehrende über 50 Jahre alt ist, nicht allein auf das Lebensalter zurückgegriffen werden. In Verbindung mit einer langen Berufsabstinenz und gesundheitlichen Einschränkungen kann sich jedoch ergeben, dass der Arbeitsmarkt jedenfalls bezogen auf eine Vollzeitstelle verschlossen ist.

37 Der Unterhaltsberechtigte muss darlegen, dass er bei den bestehenden objektiven Gegebenheiten (z.B. Alter, Ausbildung, fehlende Berufspraxis, äußere Erscheinung, Gesundheitszustand, Arbeitsmarkt) nicht vermittelbar ist und auch durch eigene Bemühungen keine Beschäftigung erlangen kann. Insoweit kann auch die beantragte Einholung einer Auskunft bei der örtlichen Agentur für Arbeit im Wege der Beweisaufnahme (vgl. § 113 Abs. 1 Satz 2 FamFG i.V.m. §§ 358a Nr. 2, 377 Abs. 3 Satz 1 ZPO) geboten sein.[31] Verbleibende Zweifel gehen zu Lasten des Darlegungspflichtigen.[32]

38 Lässt der Arbeitsmarkt die Aufnahme einer Vollzeitbeschäftigung nicht mehr zu, weil eine Vermittlung z.B. aufgrund des Alters in einen körperlich anstrengenden Beruf ausscheidet, ist die Erwerbsobliegenheit nicht erschöpft. Es verbleibt die Obliegenheit, sich um eine Teilzeitbeschäftigung oder zumindest um eine angemessene Nebentätigkeit zu bemühen.[33] Es kann nicht ohne weiteres davon ausgegangen werden, dass auch eine solche Beschäftigungsmöglichkeit bereits deshalb ausscheidet, weil eine Vollzeitbeschäftigung nicht mehr zu erlangen ist. Es bedarf dann der Darlegung, dass auch eine **Teilzeit-/Nebenbeschäftigung** trotz der gebotenen Anstrengungen nicht zu erhalten ist.[34]

---

[28] BGH v. 11.07.2012 - XII ZR 72/10 - juris Rn. 24 - FamRZ 2012, 1483-1488.
[29] BGH v. 23.10.1985 - IVb ZR 68/84 - juris Rn. 19 - NJW 1986, 985-987; BGH v. 29.10.1986 - IVb ZR 82/85 - juris Rn. 8 - NJW 1987, 898-899; BGH v. 08.04.1987 - IVb ZR 39/86 - juris Rn. 11 - NJW-RR 1987, 962-963; BGH v. 27.01.1993 - XII ZR 206/91 - juris Rn. 14 - NJW-RR 1993, 898-901.
[30] BGH v. 21.09.2011 - XII ZR 121/09; BGH 18.01.2012 - XII ZR 178/09 - FamRZ 2012, 517.
[31] BGH v. 08.04.1987 - IVb ZR 39/86 - juris Rn. 12 - NJW-RR 1987, 962-963.
[32] BGH v. 27.01.1993 - XII ZR 206/91 - juris Rn. 14 - NJW-RR 1993, 898-901.
[33] OLG Karlsruhe v. 30.10.2009 - 5 UF 5/08 - juris Rn. 154 (zur Erwerbsobliegenheit einer 54 Jahre alten im Betrieb des Ehemannes mitarbeitenden Ehefrau).
[34] OLG Köln v. 04.05.2004 - 4 UF 230/03 - OLGR Köln 2004, 330-331

Allein der Hinweis auf ein **fortgeschrittenes Alter** macht eigene Bemühungen um eine Beschäftigung nicht entbehrlich, weil es keine starre Grenze gibt, von der an der Arbeitsmarkt praktisch als verschlossen anzusehen ist. Jedenfalls kann von einem 50 Jahre alten Ehegatten auch nach einer 15-jährigen Erwerbspause grundsätzlich eine vollschichtige Erwerbstätigkeit verlangt werden.[35] Nach längerer beruflicher Abstinenz ist aber bei einem Alter von 56 Jahren eine Chance auf dem Arbeitsmarkt unwahrscheinlich.[36] Grundsätzlich ist aber darauf abzustellen, wie sich die Beschäftigungschance zum Eintritt der Erwerbsobliegenheit und unter Berücksichtigung des damaligen Alters darstellt.[37] 39

Auch das Erreichen der **flexiblen Altersgrenze** lässt die Erwerbsobliegenheit nicht entfallen.[38] Besondere zusätzliche Umstände (lange Ehedauer, keine berufliche Erfahrung) können aber im Einzelfall dazu führen, bei fortgeschrittenem Alter eine reale Beschäftigungschance bezogen auf eine Vollzeittätigkeit zu verneinen.[39] 40

Aus der Feststellung, dass eine vollschichtige Erwerbstätigkeit nicht erreichbar ist, folgt aber nicht bereits der Schluss, dass nur noch eine geringfügige Beschäftigung ausgeübt werden kann. Vielmehr ist konkret darzulegen, dass auch eine versicherungspflichtige Teilzeitbeschäftigung (sog. Midi-Job) ausscheidet.[40] 41

4. Beginn der Erwerbsobliegenheit

Der vom Gesetz vorgegebene Einsatzzeitpunkt „nach der Scheidung" bezieht sich auf den Beginn des Unterhaltsanspruchs. Würde man damit auch den Beginn entsprechender Bemühungen um eine Beschäftigung gleichsetzen, käme als Einsatzzeitpunkt hierfür erst die Zeit **nach der Scheidung** in Betracht. Ist nicht bereits in der Trennungsphase eine Erwerbsobliegenheit entstanden, müssten Anstrengungen um eine Beschäftigung erst ab Rechtskraft der Scheidung aufgenommen werden. Wird andererseits der Unterhalt im Scheidungsverbund geltend gemacht, so ist bereits zu diesem Zeitpunkt darzulegen, dass die Erwerbslosigkeit nicht auf der Verletzung der Erwerbsobliegenheit beruht. Es muss dann eine Prognose hinsichtlich der zukünftigen für den Unterhaltsanspruch maßgebenden Verhältnisse erfolgen. Wenn sich die künftige Entwicklung aber nicht sicher beurteilen lässt, muss auf die im Zeitpunkt der letzten mündlichen Verhandlung gegebenen Umstände abgestellt werden.[41] Dass die Erwerbslosigkeit ihre Ursache nicht in unzureichenden Bemühungen hat, lässt sich in diesem Fall aber nur dann nachvollziehbar darlegen, wenn bereits zuvor entsprechende Anstrengungen unternommen wurden. 42

Dies rechtfertigt es in der Regel, den Beginn der Erwerbsbemühungen vorzuverlegen und eine **vorausschauende Aufnahme entsprechender Anstrengungen** zu verlangen.[42] Ist der Unterhaltsberechtigte nicht durch besondere Umstände – z.B. Krankheit oder Kinderbetreuung – gehindert, ist von ihm bereits etwa 6 Monate vor dem Einsatzzeitpunkt zu erwarten, mit seinen Bemühungen um eine Beschäftigung zu beginnen. Bestand bereits in der Trennungsphase für den unterhaltsberechtigten Ehegatten die Obliegenheit, erwerbstätig zu werden (vgl. die Kommentierung zu § 1361 BGB), so setzt sich diese beim nachehelichen Unterhalt fort, denn die Anforderungen an die Bemühungen um eine Erwerbstätigkeit während der Trennung sind im Hinblick auf § 1361 Abs. 2 BGB geringer. 43

Allerdings ist der BGH[43] der Auffassung, der nacheheliche Unterhalt könne nicht bereits deshalb versagt werden, weil sich die Berechtigte während der Trennung nicht sofort um eine Beschäftigung im früheren Berufsfeld bemüht, sondern eine Ausbildung begonnen hat, weil sie langfristig darin die bessere Sicherung ihres Unterhalts gesehen hat. Er will während der Trennungszeit unterlassene Bemühungen um einen Arbeitsplatz nur unter den wesentlich strengeren Kriterien des § 1579 Nr. 4 BGB als Fall der mutwilligen Herbeiführung der Bedürftigkeit prüfen. Vorrangig ist jedoch zu klären, ob in die- 44

---

[35] BGH v. 05.03.2008 - XII ZR 22/06 - EBE/BGH 2008, 133-136.
[36] BGH v. 30.07.2008 - XII ZR 126/06 - juris Rn. 33 - FamRZ 2008, 2104-2107.
[37] BGH v. 30.07.2008 - XII ZR 126/06 - juris Rn. 23 - FamRZ 2008, 2104-2107.
[38] BGH v. 03.02.1999 - XII ZR 146/97 - juris Rn. 20 - LM BGB § 1571 Nr. 3 (7/1999).
[39] OLG Schleswig v. 12.03.1998 - 13 UF 70/97 - SchlHA 1998, 237-238 (Erwerbsobliegenheit verneint, Ehefrau 57 Jahre alt, 29jährige Hausfrauenehe); OLG Koblenz v. 13.02.1992 - 11 UF 1188/91 - FamRZ 1992, 950-951 (Erwerbsobliegenheit bejaht, Ehefrau 53 Jahre, keine berufliche Erfahrung).
[40] BGH v. 18.01.2012 - XII ZR 178/09 -FamRZ 2012, 517.
[41] BGH v. 02.07.1986 - IVb ZR 37/85 - juris Rn. 14 - FamRZ 1986, 1085-1087.
[42] *Brudermüller* in: Palandt, § 1573 Rn. 4; OLG Köln v. 20.04.1994 - 27 UF 94/93 - NJW-RR 1995, 1157-1159.
[43] BGH v. 02.07.1986 - IVb ZR 37/85 - juris Rn. 15 - FamRZ 1986, 1085-1087.

sem Zeitraum eine Erwerbsobliegenheit verletzt worden ist, weil dann ein fiktives Einkommen zu unterstellen ist und nur ein bestehender Anspruch der Korrektur nach der Härteklausel unterliegt (vgl. die Kommentierung zu § 1579 BGB Rn. 98).

45 Der Beginn der Erwerbsobliegenheit kann aus Gründen des **Vertrauensschutzes** hinausgeschoben werden. Der BGH hat im Zusammenhang mit dem Versorgungsausgleich den durch das Verhalten des anderen Ehegatten gesetzten Vertrauenstatbestand auch für das Unterhaltsrecht unterstrichen. Wird über einen sehr langen Trennungszeitraum (17 Jahre) freiwillig Unterhalt gezahlt, so kann nicht der Ausschluss des Versorgungsausgleichs verlangt werden, weil mangels Erwerbstätigkeit keine eigene Altersvorsorge aufgebaut wurde. Dieses Verhalten führt auch dazu, dass die Verpflichtung, eine Erwerbstätigkeit aufzunehmen, bis zum Wegfall des Vertrauensschutzes entfällt.[44]

46 Auch wenn über einen längeren Zeitraum nach der Scheidung Unterhalt weitergezahlt wird, obwohl der Wegfall der den Anspruch begründenden Tatbestandsmerkmale (z.B. Kinderbetreuung) bekannt ist, hat dieses Verhalten Auswirkungen auf die Erwerbsobliegenheit. Der Unterhaltspflichtige kann sich dann nicht darauf berufen, dass bislang keine Anstrengungen zur Aufnahme einer Beschäftigung unternommen wurden.[45] Das von ihm geschaffene **Vertrauen auf Unterhaltsfortzahlung** führt dazu, dass sich die Erwerbsobliegenheit „zurückbildet".[46] Sie gewinnt aber wieder ihre volle Bedeutung, sobald der Vertrauenstatbestand wegfällt.

47 Gleiches gilt für den Fall, dass der Unterhaltspflichtige **nur die Aufnahme einer geringfügigen Beschäftigung angemahnt** hat. Verlangt er zu einem späteren Zeitpunkt – etwa in der Beschwerdeschrift – die Ausübung einer vollschichtigen Erwerbstätigkeit, so ist dem anderen Ehegatten eine Übergangszeit zur Aufnahme einer solchen Beschäftigung einzuräumen.[47]

5. Folgen der Obliegenheitsverletzung

48 Wird die Erwerbsobliegenheit verletzt und ist dies ursächlich für die Erwerbslosigkeit, weil eine reale Beschäftigungschance besteht, muss sich der Unterhaltsberechtigte ein **fiktives Einkommen** zurechnen lassen. Die Höhe dieses Einkommens ist gem. § 113 Abs. 1 Satz 2 FamFG i.V.m. § 287 ZPO zu schätzen. Anhaltspunkte können sein, die Qualifikation und die Fähigkeiten des Unterhaltsberechtigten, das aus früher ausgeübten Tätigkeiten erzielte Einkommen oder auch tarifvertragliche Regelungen. Es besteht keine Veranlassung, das Einkommen grundsätzlich am unteren Bereich des Lohnkorridors anzusiedeln. Ein fiktives Einkommen schließt aber einen **Aufstockungsunterhalt** nach § 1573 Abs. 2 BGB nicht aus, weil der Berechtigte nicht schlechter gestellt werden darf als derjenige, der eine angemessene Erwerbstätigkeit ausübt.[48]

49 Die Prognose, welches Einkommen im jeweiligen Fall erzielt werden könnte, ist nicht einfach. Zur Orientierung können neben Tarifverträgen auch Festlegungen zum Mindestlohn herangezogen werden. So sind folgende Internetadressen hilfreich (Lohnspiegel.de; boeckler.de; gehaltsvergleich.com; www.zoll.de/DE/Fachthemen/Arbeit, abgerufen am 11.12.2014).

50 Es liegt auch im Interesse des Unterhaltsberechtigten, sich zumindest vorsorglich mit dem konkret erreichbaren Einkommen auseinanderzusetzen, um nachteilige Schätzungen zu vermeiden.

51 Der einmal wegen Verletzung der Erwerbsobliegenheit weggefallene Anspruch **lebt nicht wieder auf**, wenn später die gebotenen Anstrengungen um eine Beschäftigung nachgeholt werden, weil diese nicht mehr zum Einsatzzeitpunkt „nach der Scheidung" erfolgt. Die Bedürfnislage steht dann nicht im Zusammenhang mit der Ehe, sondern ist die Folge der eigenen Untätigkeit.[49]

52 Unter den weiteren Voraussetzungen, dass die Verletzung der Erwerbsobliegenheit als mutwilliges Herbeiführen der Bedürftigkeit i.S.d. § 1579 Nr. 4 BGB zu werten ist, können unterlassene Bemühungen um einen Arbeitsplatz zu einem Wegfall oder zur Herabsetzung des Unterhaltsanspruchs führen.[50] Allerdings dürfte der Anspruch bei einer Verletzung der Erwerbsobliegenheit in Höhe des fiktiven Einkommens mangels Bedürftigkeit entfallen. Die Beschränkung des Anspruchs nach § 1579 Nr. 4 BGB erfasst dann nur einen Aufstockungsunterhalt nach § 1573 Abs. 2 BGB.

---

[44] BGH v. 29.03.2006 - XII ZB 2/02 - juris Rn. 14 - FamRZ 2006, 769-771.
[45] BGH v. 31.01.1990 - XII ZR 36/89 - juris Rn. 20 - LM Nr. 61 zu § 323 ZPO.
[46] OLG Köln v. 10.12.1998 - 14 WF 191/98 - OLGR Köln 1999, 127-128
[47] OLG Hamm v. 05.11. 2003 - 11 UF 50/03 - OLGR Hamm 2004, 138-140 (Übergangszeit 6 Monate).
[48] BGH v. 27.06.2001 - XII ZR 135/99 - juris Rn. 24 - LM BGB § 1572 Nr. 7 (6/2002
[49] OLG Oldenburg v. 20.09.1985 - 11 UF 197/84 - NJW 1986, 199-200
[50] BGH v. 23.10.1985 - IVb ZR 68/84 - juris Rn. 21 - NJW 1986, 985-987.

Die Prüfung der Erwerbsobliegenheit und die Ermittlung des erreichbaren Einkommens haben nicht nur Bedeutung für den aktuellen Anspruch auf Aufstockungsunterhalt, sondern auch für die Frage einer späteren Befristung. Bei der Feststellung ehebedingter Nachteile im Rahmen des § 1578b BGB können diese nicht wegen Verletzung der Erwerbsobliegenheit verneint werden, wenn die Frage der Erwerbsobliegenheit bereits Gegenstand eines früheren Verfahrens war und dort festgestellt wurde, dass eine der Erwerbsobliegenheit entsprechende Beschäftigung ausgeübt wird.[51] 53

6. Beweislast

Der Unterhaltsberechtigte muss darlegen und beweisen, dass ihn entweder keine Verletzung der Erwerbsobliegenheit trifft oder keine reale Beschäftigungschance besteht.[52] 54

Seinem Sachvortrag muss nachvollziehbar zu entnehmen sein, in welchem Umfang, in welchem zeitlichen Abstand und in welcher Weise er sich um eine Beschäftigung bemüht hat. Dazu sind die Bewerbungen und die Antwortschreiben der Arbeitgeber vorzulegen.[53] Er kann zwar zeugenschaftlich oder durch **Einholung einer amtlichen Auskunft** nachweisen, dass er seitens der Agentur für Arbeit nicht zu vermitteln ist. Wegen der geforderten Eigeninitiative wird dieser Nachweis aber regelmäßig nicht ausreichen, um die Erwerbslosigkeit zu rechtfertigen. 55

Das vom Unterhaltsberechtigten erzielbare Einkommen ist nach der Rechtsprechung des BGH bereits im Zusammenhang mit dessen Bedürftigkeit zu prüfen und nicht erst im Zusammenhang mit dem Bedarf nach § 1578 BGB.[54] 56

Der unterhaltbegehrende Ehegatte kann sich auch nicht damit begnügen, zu behaupten, der Arbeitsmarkt sei ihm wegen seiner alters- und gesundheitsbedingten Unvermittelbarkeit verschlossen. Eine solche pauschale Behauptung ist einer Beweisaufnahme nicht zugänglich, weil sie auf einen **Ausforschungsbeweis** hinausliefe.[55] 57

Ist die Verletzung der Erwerbsobliegenheit Gegenstand eines **Abänderungsantrags**, ist umstritten, ob die Beweislast auf den unterhaltspflichtigen Kläger übergeht oder beim Berechtigten verbleibt. Sachgerecht dürfte es sein, dem Antragsteller die Beweislast insoweit zuzuweisen, als es um die Erwerbsobliegenheit „dem Grunde nach" geht[56] (weil z.B. das Betreuungsbedürfnis des Kindes einer Erwerbstätigkeit nicht mehr entgegensteht) und die Frage, ob ausreichende Bemühungen unternommen wurden, dem Berechtigten aufzuerlegen, weil die Arbeitssuche in dessen Sphäre erfolgt und der Pflichtige kaum Kenntnis davon haben kann, wie und in welchem Umfang sich der Berechtigte um eine Beschäftigung bemüht hat.[57] 58

Auf eine Beweiserleichterung nach § 287 Abs. 2 ZPO kann sich der Unterhaltsberechtigte nicht berufen, weil es um den Nachweis einer Anspruchsvoraussetzung geht („… keine angemessene Erwerbstätigkeit zu finden vermag.") und nicht um die Ausfüllung des Unterhaltsanspruchs. 59

Der Unterhaltsberechtigte kann auch nicht darauf vertrauen, dass er nach entsprechender Erörterung im **nachgelassenen Schriftsatz** nach § 139 Abs. 5 ZPO ergänzend zu seinen Bemühungen um eine Beschäftigung vortragen kann, wenn die Frage, ob er seiner Erwerbsobliegenheit hinreichend nachgekommen ist, wesentlicher Teil des Streits der Parteien war. In diesem Fall bedarf es auch keines Hinweises des Gerichts nach § 139 Abs. 2 und 3 ZPO.[58] 60

7. Praktische Hinweise

Der Unterhaltsberechtigte muss sich der Tragweite seiner Darlegungs- und Beweislast bewusst sein.[59] Sie bezieht sich einerseits auf seine persönlichen Bemühungen und andererseits auf die Arbeitsmarkt- 61

---

[51] BGH v. 05.12.2012 - XII ZB 670/10 - juris Rn. 25 - FamRZ 2013, 274-276.
[52] BGH v. 04.06.1986 - IVb ZR 45/85 - juris Rn. 11 - NJW 1986, 3080-3082; BGH v. 27.01.1993 - XII ZR 206/91 - juris Rn. 14 - NJW-RR 1993, 898-901; BGH v. 30.07.2008 - XII ZR 126/06 - juris Rn. 18 - FamRZ 2008, 2104-2107; BGH v. 18.01.2012 - XII ZR 178/09 - FamRZ 2012, 517; OLG Hamm v. 03.03.2010 - 5 UF 145/09 - juris Rn. 26 (verneint bei einer rd. 51-jährigen ausgebildeten Verkäuferin mit psychovegetativen Erschöpfungszuständen als Berufsrückkehrerin unter Heranziehung der Beschäftigungsstatistiken der Agentur für Arbeit).
[53] BGH v. 27.01.1993 - XII ZR 206/91 - juris Rn. 14 - NJW-RR 1993, 898-901.
[54] BGH v. 07.11.2012 - XII ZB 229/11 - FamRZ 2013, 109-114.
[55] BGH v. 04.07.2007 - XII ZR 141/05 - juris Rn. 36 - FamRZ 2007, 1532-1538.
[56] OLG Hamburg v. 03.04.2001 - / UF 75/00 FamRZ 2002, 465-466.
[57] *Büttner* in: Johannsen/Henrich, EheR, § 1573 Rn. 20.
[58] Brandenburgisches Oberlandesgericht v. 09.08.2007 - 9 UF 173/06 - juris Rn. 45.
[59] Vgl. auch *Born*, NZFam 2014, 252.

lage. Da Zweifel zu seinen Lasten gehen, sind diese Bemühungen durch vollständige Vorlage der Bewerbungsschreiben und der Antworten der potentiellen Arbeitgeber zu dokumentieren. Auch telefonische Bemühungen sind darzulegen; dazu kann eine Aufstellung gefertigt werden, aus der Datum der Bewerbung, Arbeitgeber, Gesprächspartner und Ergebnis ersichtlich sind.

62 Es ist auch darzulegen, welche **Informationsquellen** (z.B. örtlich und überregional erscheinende Zeitungen, Internet) herangezogen wurden. Allein der Hinweis auf die Meldung bei der örtlichen Agentur für Arbeit wird den hohen Anforderungen der Rechtsprechung nicht gerecht, sie ist bereits zur Sicherung des Leistungsbezugs erforderlich. Bei der Darlegung der Anstrengungen sollte nicht übersehen werden, dass diese auf die Aufnahme einer angemessenen Beschäftigung gerichtet sind. Es ist deshalb auch darzustellen über welche Ausbildung der Berechtigte verfügt, welche berufliche Qualifikation besteht und welche Tätigkeiten in der Vergangenheit ausgeübt wurden.

63 Die Darlegungs- und Beweislast umfasst auch die fehlende reale Beschäftigungschance. Erfolglose Vermittlungsbemühungen der Agentur für Arbeit belegen für sich genommen nicht, dass der Arbeitsmarkt praktisch verschlossen ist, weil nicht alle offenen Stellen gemeldet werden. Für die Einschätzung des Arbeitsmarktes, insbesondere bei fortgeschrittenem Alter oder bei besonderen persönlichen Defiziten, kann aber die Einschätzung der Agentur für Arbeit hilfreich sein. Auch die für die Agentur für Arbeit erstellten medizinischen Gutachten können Aufschluss darüber geben, welche Arbeiten angesichts der persönlichen Verhältnisse noch verrichtet werden können.

64 Diese Darlegungen sollten grundsätzlich bereits im **Verfahrenskostenhilfeverfahren** erfolgen, d.h. es müssen alle Anstrengungen dokumentiert oder in sonstiger Weise glaubhaft gemacht werden, um einer Ablehnung wegen fehlender Erfolgsaussicht zu begegnen (§ 113 Abs. 1 Satz 2 FamFG i.V.m. § 118 Abs. 2 ZPO). Dies auch deshalb, weil jedenfalls in engen Grenzen eine Prognose hinsichtlich der Richtigkeit der unter Beweis gestellten Behauptungen zulässig ist.[60]

III. Aufstockungsunterhalt (Absatz 2)

65 Der Anspruch auf Aufstockungsunterhalt ist subsidiär und setzt voraus, dass kein Anspruch auf den vollen Unterhalt nach den §§ 1570, 1571, 1572, 1573 Abs. 1 und Abs. 4 BGB besteht. Er kommt nach der ständigen Rechtsprechung des BGH nur dann in Betracht, wenn eine angemessene Erwerbstätigkeit ausgeübt wird oder wenigstens ausgeübt werden kann.[61] Der Höhe nach ist er auf Ausgleich des Unterschiedsbetrages gerichtet, der sich aus dem eigenen prägenden tatsächlichen oder fiktiven Einkommen und dem vollen Unterhalt (§ 1578 Abs. 1 BGB) ergibt. Der Unterhaltsanspruch bei unterschiedlich hohen Einkünften ist nicht verfassungswidrig.[62] Er stellt im Ergebnis als Ausprägung des Grundsatzes der gleichen Teilhabe eine (begrenzbare) Lebensstandardgarantie für den wirtschaftlich Schwächeren dar.[63]

66 Aufstockungsunterhalt kommt auch bei **Verletzung der Erwerbsobliegenheit** in Betracht, weil der Berechtigte nicht schlechter gestellt werden soll als derjenige, der eine angemessene Erwerbstätigkeit aufgenommen hat. Dem Berechtigten ist dann ein fiktives Einkommen zuzurechnen, das in der Regel auch prägenden Charakter haben wird.[64] Verbleibt eine Differenz zum vollen Unterhalt i.S.d. § 1578 BGB, ist diese auszugleichen.[65]

67 Wird bei bestehender Obliegenheit zur Vollzeittätigkeit nur eine **Teilzeitbeschäftigung** ausgeübt, weil der Arbeitsmarkt eine vollschichtige Tätigkeit nicht hergibt, so stellt dies keine dem Umfang nach angemessene Tätigkeit dar mit der Folge, dass insoweit kein Anspruch auf Aufstockungsunterhalt besteht, sondern ein Anspruch nach § 1573 Abs. 1 BGB.[66]

---

[60] BGH v. 16.09.1987 - IVa ZR 76/86 - juris Rn. 14 - NJW 1988, 266-267; OLG Koblenz v. 27.02.2002 - 5 W 131/02 - juris Rn. 6 - JurBüro 2002, 376 für Parteivernehmung; OLG Köln v. 01.03.2000 - 1 W 101/99 - NJW-RR 2001, 791-792; OLG Brandenburg v. 04.08.1999 - 3 W 15/99 - MDR 2000, 227-228.

[61] BGH v. 18.01.2012 - XII ZR 178/09 - FamRZ 2012, 517 mit Anm. *Born*.

[62] BVerfG v. 14.07.1981 - 1 BvL 28/77, 1 BvL 48/79, 1 BvR 154/79, 1 BvR 170/80 - juris Rn. 82 - NJW 1981, 1771-1774.

[63] Eingehend zum Wert des Aufstockungsunterhalts *Maier*, FamRZ 2005, 1509-1513.

[64] BGH v. 05.02.2003 - XII ZR 321/00 - juris Rn. 21 - FamRZ 2003, 434-435.

[65] BGH v. 31.01.1990 - XII ZR 21/89 - juris Rn. 13 - NJW-RR 1990, 578-580; BGH v. 15.10.2003 - XII ZR 65/01 - juris Rn. 18 - FamRZ 2004, 254-256.

[66] BGH v. 10.11.2010 - XII ZR 197/08 - juris Rn. 20.

1. Einsatzzeitpunkt

§ 1573 Abs. 2 BGB nennt – im Gegensatz zu § 1573 Abs. 1 BGB – keinen Einsatzzeitpunkt. Aus dem Zusammenhang mit § 1573 Abs. 3, 4 BGB ergibt sich indessen, dass für die Beurteilung der eheangemessenen Erwerbstätigkeit und des zu deckenden Bedarfs auf die Verhältnisse im **Zeitpunkt der Scheidung** abzustellen ist.[67]

Der Einsatzzeitpunkt kann aber gemäß § 1573 Abs. 3 BGB nach hinten verlagert sein, wenn Aufstockungsunterhalt als **Anschlussunterhalt** nach dem Wegfall der Voraussetzungen der §§ 1570-1572, 1575 BGB verlangt wird oder die ausgeübte Erwerbstätigkeit nicht zu einer nachhaltigen Sicherung des Unterhalts i.S.d. § 1573 Abs. 4 BGB geführt hat.

Macht der Berechtigte aus bei ihm liegenden Gründen über einen längeren Zeitraum keinen Aufstockungsunterhalt geltend, kann gleichwohl zu einem späteren Zeitpunkt künftiger Unterhalt wegen der Einkommensdifferenz geltend gemacht werden, sofern der Anspruch dem Grunde nach bereits zum Einsatzzeitpunkt bestand.[68] Die mit dem Zeitablauf einhergehenden Schwierigkeiten hinsichtlich des Nachweises der Tatbestandsvoraussetzungen zu diesem Zeitpunkt gehen zu Lasten des Unterhaltsberechtigten.

2. Erwerbsobliegenheit

Der Aufstockungsunterhalt ist subsidiär und kann geltend gemacht werden, wenn der Unterhaltsberechtigte zwar eine angemessene Beschäftigung ausübt, er aber trotz aller gebotenen Anstrengungen keine solche Beschäftigung erlangen konnte, die zu einer vollen Deckung des eheangemessenen Bedarfs führt. Es kommt deshalb zunächst darauf an, ob der Unterhaltsberechtigte seine Erwerbsobliegenheit erfüllt hat. Die bewusste Aufnahme einer **unterbezahlten Tätigkeit** wird dem nicht gerecht und zieht die Unterstellung eines fiktiven höheren Einkommens nach sich, wenn eine reale Beschäftigungschance zu bejahen ist.

Wird eine **Teilzeitbeschäftigung** ausgeübt, kommt ein Aufstockungsunterhalt nur in Betracht, wenn auch bei einer zumutbaren Vollzeittätigkeit kein bedarfsdeckendes Einkommen erzielt werden kann. Handelt es sich bei dieser Teilzeittätigkeit um eine durch Kündigungsschutz gesicherte Beschäftigung, ist zwar eine mögliche Ausdehnung zu verlangen, nicht aber die Aufgabe zugunsten eines unsicheren Beschäftigungsverhältnisses. Der Unterhaltsberechtigte hat dies durch die Aufnahme einer weiteren Beschäftigung auszugleichen.

3. Anspruchsberechnung

Haben beide Ehegatten prägende, aber unterschiedlich hohe Einkünfte, kann der Ehegatte mit dem geringeren Einkommen Aufstockungsunterhalt verlangen. Es handelt sich bei diesem Anspruch nach § 1573 Abs. 2 BGB um den klassischen Fall der **Differenzmethode** seit der BGH[69] seine Rechtsprechung zur Berücksichtigung des erstmals nach der Trennung erzielten Einkommens geändert hat. Insbesondere die Anerkennung des die Haushaltsführung ersetzenden Einkommens als prägend für die ehelichen Lebensverhältnisse hat den Anwendungsbereich deutlich erweitert. Da auch eine für die Versorgung des Lebenspartners zuzurechnende Vergütung prägenden Charakter hat, ist auch diese bei der Ermittlung des Einkommensgefälles einzustellen.[70]

Der BGH[71] hat diese Rechtsprechung zum prägenden Charakter fiktiv zuzurechnender Einkünfte weiterentwickelt. Ausgehend vom Surrogatgedanken hat er konsequent auch ein solches Einkommen als prägend angesehen, das wegen Verletzung der Erwerbsobliegenheit fiktiv zu unterstellen ist. Danach ist ein solches Einkommen im Wege der Differenz- oder Additionsmethode in die Berechnung des nachehelichen Unterhalts einzubeziehen.

---

[67] BGH v. 24.11.1982 - IVb ZR 326/81 - juris Rn. 15 - LM Nr. 2 zu § 1574 BGB.

[68] BGH v. 11.05.2005 - XII ZR 211/02 - FamRZ 2005, 1817-1823; *Osterloh*, jurisPR-BGHZivilR 42/2005, Anm. 4; OLG Zweibrücken v. 03.12.2003 - 3 W 235/03 - FGPrax 2004, 30-31.

[69] Die Änderung der Rechtsprechung einleitend BGH v. 13.06.2001 - XII ZR 343/99 - juris Rn. 36 - BGHZ 148, 105-122; BGH v. 31.10.2001 - XII ZR 292/99 - juris Rn. 31 - LM BGB § 1374 Nr. 22 (3/2002) betreffend voreheliche und aus dem Versorgungsausgleich resultierende Rentenanwartschaften; vgl. auch BVerfG v. 05.02.2002 - 1 BvR 105/95, 1 BvR 559/95, 1 BvR 457/96 - juris Rn. 37 - LM BGB § 1578 Nr. 74a (7/2002).

[70] BGH v. 05.09.2001 - XII ZR 336/99 - juris Rn. 18 - NJW 2001, 3779-3781.

[71] BGH v. 05.02.2003 - XII ZR 321/00 - juris Rn. 21; BGH v. 07.09.2005 - XII ZR 311/02 - juris Rn. 20; vgl. dazu auch *Strohal*, jurisPR-FamR 26/2005, Anm. 1.

§ 1573

75 Der prägende Charakter eines fiktiven Einkommens ist auch dann zu bejahen, wenn die Parteien nur **wenige Tage zusammengelebt** haben[72] oder wenn während der Ehe eine **ertraglose Erwerbstätigkeit** ausgeübt wurde. Der BGH brauchte sich mit der entgegenstehenden Auffassung, ein solches Einkommen könne die ehelichen Lebensverhältnisse nicht prägen und sei deshalb auf den Unterhalt anzurechnen,[73] nicht abschließend auseinanderzusetzen.[74] Seinem Hinweis auf beachtliche Gründe der gegenteiligen Auffassung[75] dürfte jedoch zu entnehmen sein, dass der BGH dazu neigt, auch solches Einkommen als prägendes Einkommen anzusehen und im Wege der Differenzmethode zu berücksichtigen.

76 Ausgeklammert ist das Einkommen, das aus **unzumutbarer Tätigkeit** erzielt wird. Dieses Einkommen hat die ehelichen Lebensverhältnisse nicht geprägt und ist unter Billigkeitsgesichtspunkten gemäß § 1577 Abs. 2 BGB beim Bedarf zu berücksichtigen.[76] Wird Einkommen erzielt, obwohl wegen der Erziehung gemeinsamer Kinder eine Erwerbsobliegenheit verneint wird, hat der BGH seine Rechtsprechung zur Berücksichtigung dieses Einkommens modifiziert. Nur der unterhaltsrelevante Teil des so erzielten Einkommens ist in die Additions- bzw. Differenzmethode einzubeziehen; das darüber hinausgehende Einkommen bleibt bei der Unterhaltsermittlung vollständig unberücksichtigt. Danach ist statt einer pauschalen Quote (vielfach ½ des überobligatorischen Einkommens) der unterhaltsrelevante Teil des Einkommens – gegebenenfalls nach Abzug von Betreuungskosten – unter Berücksichtigung der besonderen Verhältnisse des Einzelfalles zu ermitteln.[77]

77 Bei der **Differenzmethode** wird das prägende, um Verbindlichkeiten und Kindesunterhalt – entsprechend dem tatsächlichen Zahlbetrag[78] bereinigte Einkommen der Ehegatten gegenübergestellt, die Differenz wird im Grundsatz zur Hälfte ausgeglichen. Da beiden Parteien hinsichtlich des Einkommens aus Erwerbstätigkeit ein Erwerbstätigenbonus verbleiben muss, der mit 1/7[79] oder 1/10[80] in Ansatz gebracht wird, kann entweder das bereinigte Einkommen vorab um diesen Erwerbstätigenbonus verringert und dann die Differenz hälftig geteilt werden oder der ungedeckte Bedarf wird mit einer Quote (z.B. 3/7) der Differenz der Einkünfte errechnet.

78 Die **Additionsmethode** führt in diesen Fällen zu keinem anderen Ergebnis, erlaubt aber, insbesondere wenn prägendes und nicht prägendes Einkommen zusammentreffen, die übersichtlichere Darstellung.[81] Sie hat auch Vorteile, wenn Erwerbseinkommen und sonstige Einkünfte zusammentreffen. Die Additionsmethode ist dadurch gekennzeichnet, dass in einem ersten Schritt alle Einkünfte addiert und nach Abzug der zu berücksichtigenden Verbindlichkeiten und des Kindesunterhalts der Bedarf ermittelt und in einem zweiten Schritt festgestellt wird, inwieweit dieser Bedarf durch eigene Einkünfte gedeckt ist und ein Unterhaltsanspruch verbleibt.

79 **Berechnungsbeispiel**: Die Frau hat ein prägendes Einkommen von 1.200 € und ein nicht prägendes von 200 €. Der Mann hat ein prägendes Einkommen von 2.200 €. Das Einkommen ist jeweils um den Erwerbstätigenbonus bereinigt.

---

[72] BGH v. 07.09.2005 - XII ZR 311/02 - juris Rn. 23.
[73] OLG Frankfurt v. 06.12.2001 - 1 UF 76/01 - OLGR Frankfurt 2002, 22-25.
[74] BGH v. 06.10.2004 - XII ZR 319/01 - NJW 2005, 61-63.
[75] *Büttner*, FamRZ 2003, 641-645, 643; *Brudermüller* in: Palandt, § 1578 Rn. 59.
[76] BGH v. 22.01.2003 - XII ZR 186/01 - juris Rn. 24 - NJW 2003, 1181-1182. Einkommen aus unzumutbarer Erwerbstätigkeit wegen Kinderbetreuung.
[77] BGH v. 13.04.2005 - XII ZR 273/02 - juris Rn. 19 - FamRZ 2005, 1154-1158; *Völker*, jurisPR-FamR 20/2005 Anm. 2.
[78] BGH v. 27.05.2009 - XII ZR 78/08 - juris Rn. 47 - FamRZ 2009, 1300-1306.
[79] Leitlinien Nr. 15.2 der OLG Brandenburg – ausgenommen 3. Senat –, Dresden, Frankfurt, Thüringen; Braunschweig, Schleswig, Kammergericht; Bremen, Celle, Hamburg, Hamm, Koblenz, Naumburg, Oldenburg, Rostock, Saarbrücken; OLG Düsseldorf, abrufbar unter juris – Arbeitshilfen sowie unter www.famrz.de/leitlinien-dokumente/tabellen/index.php (abgerufen am 06.02.2013).
[80] Süddeutsche Leitlinien (OLG Bamberg, Karlsruhe, München, Nürnberg, Stuttgart, Zweibrücken) Nr. 15.2, OLG Naumburg, abrufbar unter juris – Arbeitshilfen sowie unter www.famrz.de/leitlinien-dokumente/tabellen/index.php (abgerufen am 06.02.2013).
[81] Vgl. etwa BGH v. 13.06.2001 - XII ZR 343/99 - juris Rn. 15 - BGHZ 148, 105-122; BGH v. 05.02.2003 - XII ZR 321/00 - juris Rn. 9 - FamRZ 2003, 434-435; BGH v. 15.10.2003 - XII ZR 65/01 - juris Rn. 20 - FamRZ 2004, 254-256.

§ 1573

Die Rechenschritte gestalten sich folgendermaßen: 80
Differenzmethode:

	bereinigtes prägendes Einkommen Mann	2.200 €
−	bereinigtes prägendes Einkommen Frau	1.200 €
=	Differenz	1.000 €
	Bedarf davon ½	500 €
−	nicht prägendes bereinigtes Einkommen Frau	200 €
=	ungedeckter Bedarf und Unterhalt	300 €

Additionsmethode:

	bereinigtes prägendes Einkommen Mann	2.200 €
+	bereinigtes prägendes Einkommen Frau	1.200 €
=	prägendes Gesamteinkommen	3.400 €
	Bedarf davon ½	1.700 €
−	bereinigtes prägendes und nicht prägendes Einkommen Frau	1.400 €
=	ungedeckter Bedarf und Unterhalt	300 €

Ergibt sich ein **Einkommensunterschied erst infolge des Vorwegabzugs des Kindesunterhalts**, wird teilweise ein Aufstockungsunterhalt abgelehnt[82] oder dahin gehend modifiziert, dass der Kindesunterhalt nur mit dem Betrag in Abzug gebracht wird, der dem früheren Anteil des unterhaltsberechtigten Ehegatten am Familieneinkommen entspricht.[83] Die Ablehnung des Vorwegabzugs wird damit begründet, dass in diesem Fall der Kinder betreuende Ehegatte den Kindesunterhalt über den Aufstockungsunterhalt indirekt mittragen würde. Dabei wird allerdings eine Handhabung aufgegeben, die dann, wenn der zum Ehegattenunterhalt Verpflichtete den Barunterhalt für das Kind erbringt, nicht in Frage gestellt wird. 81

Teilweise[84] wird die Auffassung vertreten, dass bei der Ermittlung des Einkommens des Bedürftigen der von diesem gezahlte vorrangige Kindesunterhalt auch dann vorweg abzuziehen ist, wenn erst dadurch ein Anspruch auf Aufstockungsunterhalt nach § 1573 Abs. 2 BGB entsteht. 82

Konsequenter erscheint es, den eheangemessenen Bedarf unter Berücksichtigung des Kindesunterhalts zu ermitteln, um festzustellen, ob der den Kindesunterhalt zahlende Ehegatte im Ergebnis den sich nach den ehelichen Lebensverhältnissen ergebenden Bedarf durch das eigene um den Kindesunterhalt bereinigte Einkommen decken kann.[85] Es bleibt dann zu prüfen, ob der ungedeckte Bedarf eine Größenordnung erreicht, die einen Aufstockungsunterhalt rechtfertigt. 83

	bereinigtes Einkommen Mann	1.600 €
+	bereinigtes Einkommen Frau	1.600 €
=	Gesamteinkommen	3.200 €
−	Kindesunterhalt (DT Einkommensstufe 6, Altersgruppe 3, abzüglich hälftiges Kindergeld)	454 €
=	verbleibendes Einkommen	2.746 €
	Bedarf davon ½	**1.373 €**
	Einkommen Frau	1.600 €
−	Kindesunterhalt (DT Einkommensstufe 3, um 1 Stufe erhöht, Altersgruppe 3, abzüglich hälftiges Kindergeld)	377 €
=	verbleibendes Einkommen Frau	**1.223 €**
	Restbedarf (1.373 € - 1.223 €)	**150 €**

Bei einem Vorwegabzug des geschuldeten Zahlbetrages errechnet sich ein Unterhalt von zumindest (1.600 - (1.600-377))/2 = rd. 189 €. 84

---

[82] OLG Köln v. 20.02.2001 - 14 UF 101/00 - NJW-RR 2001, 1371-1372; *Brudermüller* in: Palandt, § 1573 Rn. 15; a.A. OLG Zweibrücken v. 30.04.2002 - 5 WF 30/02 - FamRZ 2002, 1565.
[83] KG Berlin v. 05.11.1996 - 13 WF 6483/96 - KGR Berlin 1997, 31-32; vgl. zur Berechnung des Aufstockungsunterhalts gegen den kinderbetreuenden Ehegatten auch OLG Stuttgart v. 22.03.2006 - 16 WF 5/06.
[84] OLG Stuttgart v. 01.08.2012 - 11 WF 161/12 - juris Rn. 14; vgl. dazu auch *Böing*, AnwZert FamR 16/2013, Anm. 2.
[85] So OLG Zweibrücken v. 30.04.2002 - 5 WF 30/02 - FamRZ 2002, 1565.

§ 1573

85 Aus der Funktion des Aufstockungsunterhalts, den bisherigen Lebensstandard zu sichern, ergibt sich, dass der Unterschied der beiderseitigen Einkommensverhältnisse spürbar sein muss. Welche Differenz keines Ausgleichs bedarf, ist im Einzelfall festzustellen und hängt von den wirtschaftlichen Verhältnissen der Parteien ab.

86 Der **auszugleichende Einkommensunterschied** sollte grundsätzlich **100 €** nicht unterschreiten.[86] Generell eine Einkommensdifferenz von unter 10% des Gesamteinkommens als nicht ausgleichswürdig anzusehen[87], dürfte zu weit gehen. Jenseits der zumindest erforderlichen Einkommensdifferenz von 100 € könnte eine Grenze dergestalt gezogen werden, dass der zu zahlende Unterhalt wenigstens 10% des bereinigten Einkommens des unterhaltsberechtigten Ehegatten übersteigen muss.[88] Soweit der BGH in der Entscheidung vom 14.12.1983[89] bei einem Einkommen des Mannes von 1.550 DM und der Frau von 1.350 DM einen Unterhalt von rd. 80 DM als auszugleichenden Betrag angenommen hat, dürfte dies inflationsbedingt auf die heutigen Verhältnisse nicht ohne weiteres übertragbar sein.

IV. Anschlussunterhalt (Absatz 3)

87 Die Bedürftigkeit, die nach Wegfall eines Unterhaltsanspruchs nach den §§ 1570-1572, 1575 BGB dadurch entsteht, dass trotz aller Bemühungen keine angemessene Erwerbstätigkeit aufgenommen werden kann oder nur eine solche, die zu keinem bedarfsdeckenden Einkommen führt, ist Gegenstand des Anschlussunterhalts.[90] Es kann sowohl der in § 1573 Abs. 1 BGB als auch der in § 1573 Abs. 2 BGB geregelte Tatbestand eingreifen. Voraussetzung ist aber immer eine vorausgegangene lückenlose Kette von Unterhaltstatbeständen.[91]

1. Einsatzzeitpunkt

88 Der Einsatzzeitpunkt wird von der Zeit „nach der Scheidung" verlegt und zwar auf den Zeitpunkt, zu dem **der vorausgegangene Unterhaltsanspruch** aus den §§ 1570-1572, 1575 BGB weggefallen ist.

89 **Beispiel**: Die Ehefrau versorgt das gemeinschaftliche Kind und erhält Betreuungsunterhalt nach § 1570 BGB. Spätestens mit Vollendung des 16. Lebensjahres – unter Berücksichtigung des § 1570 Abs. 1 Satz 2 BGB seit dem 01.01.2008 sicherlich früher – besteht in der Regel eine volle Erwerbsobliegenheit. Der Einsatzzeitpunkt wird gem. § 1573 Abs. 3 BGB auf das Ende des Anspruchs auf Betreuungsunterhalt verlagert. Ein Anspruch nach § 1573 Abs. 1, 2 BGB besteht nur dann, wenn die weiteren Voraussetzungen dieser Anspruchsgrundlagen zu diesem Zeitpunkt erfüllt sind.

2. Beginn der Erwerbsobliegenheit

90 Es gelten die Grundsätze wie beim Erwerbslosenunterhalt (vgl. Rn. 42). Weil sich dieser Unterhaltsanspruch aber an einen anderen Unterhaltstatbestand anschließt, ist von besonderer Bedeutung, wann Bemühungen um eine Beschäftigung einsetzen müssen. Ein vorausschauendes Verhalten ist jedenfalls auch hier zu verlangen, wenn das Ende des bisherigen Unterhaltsanspruchs absehbar ist. Bewerbungen sind regelmäßig so frühzeitig in die Wege zu leiten, dass eine Erwerbstätigkeit zeitnah mit dem Ende des vorausgehenden Unterhaltsanspruchs aufgenommen werden kann. Dies ist gerade beim Unterhalt wegen Kindesbetreuung (§ 1570 BGB) offensichtlich, weil die Notwendigkeit der Versorgung des Kindes nicht stichtagsbezogen endet, sondern kontinuierlich abnimmt.[92]

V. Unterhalt nach Verlust angemessener Erwerbstätigkeit (Absatz 4)

91 Fällt die nach der Scheidung ausgeübte angemessene Erwerbstätigkeit zu einem späteren Zeitpunkt weg, stünde dem Ehegatten nach § 1573 Abs. 1-3 BGB kein Anspruch auf Unterhalt zu. Um diese Lücke zu schließen, lässt § 1573 Abs. 4 BGB den Anspruch wegen Erwerbslosigkeit oder auf Aufsto-

---

[86] OLG Düsseldorf v. 12.12.1995 - 4 WF 146/95 - FamRZ 1996, 947 (Ausgleich bei einfachen Einkommen erst ab 100 DM Differenz); OLG Oldenburg v. 05.04.1994 - 12 UF 177/93 - juris Rn. 39 - NJW-RR 1995, 453-454 Aufstockungsunterhalt muss 4% des eigenen Einkommens übersteigen.
[87] OLG Koblenz v. 29.09.2005 - 7 UF 284/05 - FamRZ 2006, 704.
[88] OLG München v. 06.11.2003 - 16 WF 1599/03 - FamRZ 2004, 1208-1209; für eine Einzelfallentscheidung KG Berlin v. 08.06.2007 - juris Rn. 27 - FamRZ 2008, 415; *Brudermüller* in: Palandt, § 1573 Rn. 15.
[89] BGH v. 14.12.1983 - IVb ZR 29/82 - FamRZ 1984, 988-990.
[90] BGH v. 26.09.1990 - XII ZR 84/89 - juris Rn. 22 - LM Nr. 4 zu BGB § 1572.
[91] OLG Düsseldorf v. 17.11.1997 - 3 WF 204/97 - OLGR Düsseldorf 1998, 188-189.
[92] *Brudermüller* in: Palandt, § 1573 Rn. 4.

ckungsunterhalt unter bestimmten Umständen wieder aufleben. Es liegt **keine selbständige Anspruchsgrundlage** vor, es wird nur der **Einsatzzeitpunkt verlagert**. Dieser Gedanke ist auch anwendbar, wenn eine während der Trennung aufgenommene Berufstätigkeit wegfällt.[93]

Geht die Erwerbstätigkeit durch **eigenes Verschulden** verloren, lebt der Anspruch auf Erwerbslosen- oder Aufstockungsunterhalt nicht wieder auf: so beispielsweise bei einer Arbeitnehmerkündigung, die erfolgt, ohne dass ein anderes Arbeitsverhältnis besteht oder bei schuldhaft herbeigeführter Arbeitgeberkündigung.

92

War jedoch im Zeitpunkt der Scheidung auf Grund der Erwerbstätigkeit eine **nachhaltige Sicherung des Unterhalts** bereits eingetreten, kommt eine Verschiebung des Einsatzzeitpunktes i.S.d. § 1573 Abs. 4 BGB nicht in Betracht. Der Ehegatte, der eine nachhaltige Sicherung seines Unterhalts erreicht hat, soll auf eine nachwirkende eheliche Solidarität nicht mehr zurückgreifen können, vielmehr trägt er das Risiko künftiger Entwicklungen allein. Nur wenn ihm eine nachhaltige Sicherung noch nicht gelungen ist, kann er die Solidarität des anderen Ehegatten beanspruchen.[94]

93

1. Keine nachhaltige Sicherung des Unterhalts

Ausgehend davon, dass eine ausgeübte angemessene Erwerbstätigkeit ganz oder teilweise weggefallen ist, ist zu prüfen, welche Qualität diese ausgeübte Erwerbstätigkeit bestand. Maßgebend ist, ob vom Standpunkt eines optimalen Betrachters nach **objektiven Maßstäben** und der **allgemeinen Lebenserfahrung** die Beschäftigung mit einer gewissen Sicherheit als dauerhaft anzusehen ist oder ob befürchtet werden muss, dass sie in absehbarer Zeit wieder verloren geht und zwar aus Gründen, die außerhalb der Entschließungsfreiheit des Bedürftigen liegen.[95]

94

Abzustellen ist grundsätzlich auf den **Zeitpunkt der Aufnahme der Erwerbstätigkeit**. Wird jedoch die Beschäftigung bereits während der Trennungszeit aufgenommen, muss für die Frage der nachhaltigen Sicherung des Unterhalts davon abweichend auf den Zeitpunkt der Scheidung abgestellt werden, weil dies beim nachehelichen Unterhalt der frühestmögliche Zeitpunkt für die Beurteilung der Nachhaltigkeit ist.[96] Wird also während der Trennung eine Erwerbstätigkeit ausgeübt und tritt der Verlust dieser Erwerbstätigkeit erst nach der Scheidung ein, ist für die Beantwortung der Frage, ob der Unterhalt nachhaltig gesichert war, nicht auf die Aufnahme der Beschäftigung abzustellen, sondern zu fragen, ob der Verlust im **Scheidungszeitpunkt** bereits wahrscheinlich oder gar voraussehbar war. In die Betrachtung sind auch solche Umstände einzubeziehen, die in diesem Zeitpunkt bereits bestehen, aber erst später zu Tage treten.[97] So hat der BGH eine nachhaltige Sicherung verneint bei einer Lehrerin, bei der zwei Tage nach dem Dienstantritt eine Nervenerkrankung auftrat, die zur Dienstunfähigkeit führte, weil auch nach zweijähriger Behandlung keine Besserung zu verzeichnen war. Auch wenn die Symptome später auftraten, fehlte bereits zu Beginn ihrer Tätigkeit die gesundheitliche Eignung zu diesem Beruf.[98]

95

Eine **nachhaltige Sicherung** des eigenen Unterhalts verlangt ein regelmäßiges Einkommen, das auch in der Zukunft mit einiger Sicherheit zu erwarten ist.[99] Dies wird nur dann der Fall sein, wenn die ausgeübte Tätigkeit **auf Dauer angelegt** ist. Befristete Tätigkeiten (Urlaubs-, Schwangerschaftsvertretung; Probearbeitsverhältnis[100]) scheiden aus, besonders krisenanfällige Beschäftigungsverhältnisse und ABM-Stellen ebenfalls. Auch die Beschäftigung bei einer Personalleasingfirma dürfte regelmäßig keine nachhaltige Sicherung darstellen. Dagegen ist sie zu bejahen bei einer seit längerem ausgeübten Tätigkeit mit saisonalen Unterbrechungen, wenn sich z.B. längere Beschäftigungsphasen und kurze Zeiten der Arbeitslosigkeit regelmäßig abgewechselt haben.

96

---

[93] BGH v. 10.10.1984 - IVb ZR 12/83 - juris Rn. 16 - LM Nr. 12 zu § 1573 BGB.
[94] BGH v. 16.03.1988 - IVb ZR 40/87 - juris Rn. 11 - LM Nr. 23 zu § 1573 BGB; BGH v. 17.09.2003 - XII ZR 184/01 - juris Rn. 21 - NJW 2003, 3481-3484; OLG Stuttgart v. 18.10.2011 - 17 UF 88/11.
[95] BGH v. 17.09.2003 - XII ZR 184/01 - juris Rn. 21 - NJW 2003, 3481-3484.
[96] BGH v. 10.10.1984 - IVb ZR 12/83 - juris Rn. 17 - LM Nr. 12 zu § 1573 BGB; BGH v. 09.10.1985 - IVb ZR 56/84 - juris Rn. 9 - LM Nr. 16 zu § 1573 BGB.
[97] BGH v. 17.09.2003 - XII ZR 184/01 - juris Rn. 21 - NJW 2003, 3481-3484.
[98] BGH v. 03.04.1985 - IVb ZR 15/84 - juris Rn. 12 - LM Nr. 14 zu § 1573 BGB.
[99] BGH v. 09.10.1985 - IVb ZR 56/84 - juris Rn. 9 - LM Nr. 16 zu § 1573 BGB.
[100] BGH v. 09.10.1985 - IVb ZR 56/84 - juris Rn. 10 - LM Nr. 16 zu § 1573 BGB.

§ 1573

97 Werden nur wenig beständige Tätigkeiten aufgenommen, liegt eine Verletzung der Erwerbsobliegenheit nahe, weil diese grundsätzlich auf die Aufnahme einer den Unterhalt dauerhaft sichernden Beschäftigung gerichtet ist. Der Verlust des Arbeitsplatzes wegen unvorhergesehener **Insolvenz** steht einer nachhaltigen Sicherung des Unterhalts nicht entgegen.[101]

98 Die Aufnahme einer **selbständigen Tätigkeit** ist besonders krisenanfällig und benötigt regelmäßig eine längere Anlaufzeit, um zu einer nachhaltigen Sicherung des Unterhalts zu führen. In diesen Fällen ist deshalb zu prüfen, ob die Entscheidung, selbständig tätig zu werden, unterhaltsrechtlich hinzunehmen ist.

99 Die **Versorgung eines Lebenspartners** vermag – weil es sich um eine höchstpersönliche Entscheidung handelt – keine dauerhafte Sicherung des Unterhalts zu bewirken. Das dem Berechtigten deshalb zugerechnete Einkommen sichert den Unterhalt nicht nachhaltig, weil auch kein Rechtsanspruch darauf besteht.[102] Es verbleibt die Obliegenheit, sich auch in dieser Zeit um eine angemessene Erwerbstätigkeit zu bemühen.

100 Die Nachhaltigkeit ist aber auch dann nicht gegeben, wenn die Gründe, die zum Wegfall des Arbeitsverhältnisses führen, in der Person des Unterhaltsberechtigten liegen. Tritt eine **nicht vorhersehbare krankheitsbedingte Erwerbsunfähigkeit** ein und führt sie zum Verlust des als sicher anzusehenden Arbeitsplatzes, liegt keine nachhaltige Sicherung des Unterhalts vor, wenn sich dieses gesundheitliche Risiko zeitnah zur Scheidung verwirklicht.[103] Vermag der Ehegatte die Anforderungen in seinem Tätigkeitsfeld nicht zu erfüllen, etwa weil er längere Zeit nicht berufstätig war und deshalb die Qualifizierung nicht ausreicht, so ist das Merkmal Nachhaltigkeit auch deshalb nicht erfüllt.

101 Da Nachhaltigkeit auch durch Dauerhaftigkeit bestimmt wird und eine Lebenszeitanstellung in der freien Wirtschaft die Ausnahme ist, wird man spätestens bei einer **Beschäftigungsdauer von zwei Jahren** davon ausgehen können, dass eine nachhaltige Sicherung des Unterhalts erreicht ist.[104] Eine angemessene Risikoverteilung zwischen den Ehegatten spricht aber gegen die Ausschöpfung dieses Zeitraums, denn grundsätzlich trägt der Berechtigte betriebsbedingte Arbeitsplatzrisiken sowie das persönliche Risiko der Arbeitsfähigkeit allein.[105]

102 Die Auffassung, von einer nachhaltigen Sicherung des Unterhalts sei grundsätzlich erst nach Ablauf von zwei Jahren auszugehen[106], dürfte zu weit gehen, weil damit dem Unterhaltspflichtigen ein allgemeines Lebensrisiko aufgebürdet wird, das sich nicht mehr mit der nachehelichen Solidarität begründen lässt. Dieser Einschätzung liegt die Vorstellung von einer regelmäßig langjährigen Beschäftigung zugrunde, während Flexibilität und ein Arbeitsplatzwechsel im Erwerbsleben immer größere Bedeutung erlangen.

103 Geht der Arbeitsplatz vier Jahre nach der Scheidung verloren, ist auch dann von einer nachhaltigen Sicherung auszugehen, wenn das im Zeitpunkt der Scheidung ausgeübte Arbeitsverhältnis bereits gekündigt war, der Unterhaltsberechtigte in der Folgezeit aber andere unbefristete Arbeitsverhältnisse innegehabt hatte.[107]

104 Nicht fraglich sein kann, dass dann, wenn während der Ehe und der Trennungszeit eine Beschäftigung ausgeübt wird, von der eine nachhaltige Sicherung zu erwarten ist, eine solche auch im Zeitpunkt der Scheidung anzunehmen ist. Entfällt der Arbeitsplatz dann vor Ablauf von zwei Jahren durch betriebsbedingte Kündigung, ergibt sich kein Unterhaltsanspruch nach § 1573 Abs. 1 BGB.[108]

105 Auch ein **fiktives Einkommen** kann eine nachhaltige Sicherung des Unterhalts bewirken. Es muss sich bei der zu unterstellenden Erwerbstätigkeit lediglich um eine solche Beschäftigung handeln, die die vorgenannten Kriterien erfüllt. Ansonsten wäre derjenige im Vorteil, der seiner Erwerbsobliegenheit nicht nachkommt.[109]

---

[101] *Brudermüller* in: Palandt, § 1573 Rn. 27.
[102] BGH v. 06.05.1987 - IVb ZR 61/86 - juris Rn. 8 - NJW 1987, 3129-3131.
[103] OLG Hamm v. 11.10.1996 - 12 UF 392/95 - OLGR Hamm 1997, 52-54.
[104] OLG Karlsruhe v. 19.03.1999 - 20 UF 54/98 - NJW-RR 1999, 1599-1601.
[105] OLG Köln v. 08.08.1997 - 4 WF 202/97 - OLGR Köln 1998, 301-302; OLG Stuttgart v. 18.10.2011 - 17 UF 88/11 - juris Rn. 37; *Hülsmann*, jurisPR-FamR 6/2012, Anm. 2.
[106] OLG Köln v. 18.01.2005 - 4 UF 105/04.
[107] OLG Karlsruhe v. 19.03.1999 - 20 UF 54/98.
[108] OLG Dresden v. 05.05.2000 - 20 WF 185/00; OLG Bamberg v. 25.06.1996 - 2 UF 32/96.
[109] BGH v. 17.09.2003 - XII ZR 184/01 - juris Rn. 21 - NJW 2003, 3481-3484.

Der Verlust einer den Unterhalt nachhaltig sichernden Erwerbstätigkeit berührt einen Anspruch auf Aufstockungsunterhalt, der bereits zuvor bestanden hat, nicht. Das bisher erzielte eigene Einkommen wird praktisch fortgeschrieben. Bedarfsprägende spätere Entwicklungen – wie z.B. der Wegfall von Kindesunterhalt – sind zu berücksichtigen, sodass eine Abänderung des Aufstockungsunterhaltes möglich ist.[110]

106

War der Unterhalt im Zeitpunkt der Scheidung nur **teilweise gesichert** (z.B. durch eine Teilzeitbeschäftigung), besteht ein Anspruch auf Aufstockungsunterhalt. Fällt diese den Unterhalt nachhaltig sichernde Tätigkeit weg, kann auch künftig nur Unterhalt in der bisherigen Höhe verlangt werden.

107

Beispiel: Einkommen des Mannes 2.000 €, Einkommen der Frau aus einer sicheren Teilzeitbeschäftigung 800 € (beide Einkommen um den Erwerbstätigenbonus bereinigt). Es besteht ein Aufstockungsunterhalt in Höhe der Hälfte der Differenz:

108

bereinigtes Einkommen Mann	2.000 €
− bereinigtes Einkommen Frau	800 €
= Differenz	1.200 €
Aufstockungsunterhalt davon ½	600 €

Entfällt die nachhaltige Sicherung durch die Teilzeitbeschäftigung, dann verbleibt es bei dem Anspruch von 600 €; er erhöht sich nicht auf (2.000/2 =) 1.000 €.[111]

2. Beweislast

Der Unterhaltsberechtigte ist darlegungs- und beweispflichtig für das Vorliegen der Tatbestandsvoraussetzungen, d.h. er muss im Einzelnen ausführen und ggf. beweisen, dass es ihm trotz ernsthafter Bemühungen nicht gelungen ist, eine nachhaltige Sicherung des Unterhalts zu erreichen. Gelingt dieser Nachweis nicht, trägt er das Risiko des Arbeitsplatzverlustes.[112] Wird keine vollschichtige Erwerbstätigkeit, sondern nur eine Teilzeitbeschäftigung ausgeübt, und fällt diese weg, können zwar zur nachhaltigen Sicherung des vollen Unterhalts keine Angaben gemacht werden, es ist dann auf die Gründe zurückzugreifen, die dazu führen, dass eine vollschichtige Beschäftigung nicht zu erlangen war.[113]

109

VI. Die zeitliche Begrenzung der Unterhaltspflicht

Der durch das UÄndG 1986 eingefügte, am 01.04.1986 in Kraft getretene Absatz 5 hat es ermöglicht, die weit reichenden Folgen des Erwerbslosen- oder Aufstockungsunterhalts aus Billigkeitsgesichtspunkten zu begrenzen.[114] In der Praxis hat diese Möglichkeit nicht immer die erforderliche Aufmerksamkeit erfahren. Das **UÄndG vom 21.12.2007** hat sie besonders hervorgehoben und die Beschränkungsmöglichkeit des früheren § 1573 Abs. 5 BGB und § 1578 Abs. 1 Satz 2 BGB in § 1578b BGB zusammengefasst und erweitert (vgl. die Kommentierung zu § 1578b BGB).

110

VII. Verhältnis des § 1573 BGB zu den §§ 1570-1572, 1575 BGB

1. Grundsätzliches

Unterhaltsansprüche, die wegen Kindesbetreuung, Alter, Krankheit oder Ausbildung bestehen, sind vorrangig gegenüber dem Erwerbslosen- und Aufstockungsunterhalt, weil dort keine Erwerbsobliegenheit besteht. Ist aber in diesen Fällen eine Teilzeitbeschäftigung **zumutbar**, kann der Unterhalt teilweise auf den §§ 1570-1572 BGB beruhen und teilweise auf den §§ 1573 Abs. 2 BGB. Die gegenteilige Auffassung hat der BGH für den Teilunterhalt nach den §§ 1570, 1571, 1572 BGB ausdrücklich aufgegeben.[115] Wenig konsequent, aber praxisfreundlich ist deshalb die Auffassung des BGH[116], den Anspruch insgesamt aus den §§ 1570-1572 BGB herzuleiten, wenn überhaupt keine Erwerbsobliegenheit besteht.

111

---

[110] OLG Stuttgart v. 18.10.2011 - 17 UF 88/11 - juris Rn. 37; *Hülsmann*, jurisPR-FamR 6/2012, Anm. 2.
[111] OLG Stuttgart v. 18.10.2011 - 17 UF 88/11; *Hülsmann*, jurisPR-FamR 6/2012, Anm. 2.
[112] BGH v. 17.09.2003 - XII ZR 184/01 - juris Rn. 21 - NJW 2003, 3481-3484.
[113] BGH v. 17.09.2003 - XII ZR 184/01 - juris Rn. 22 - NJW 2003, 3481-3484.
[114] BGH v. 12.04.2006 - XII ZR 240/03 - FamRZ 2006, 1006-1008; eingehend zur bisherigen Regelung der Befristung und Begrenzung *Brudermüller*, FamRZ 1998, 649-660, 649; *Hahne*, FamRZ 1985, 113-117, 113.
[115] BGH v. 13.12.1989 - IVb ZR 79/89 - juris Rn. 14 - LM Nr. 13 zu BGB § 1570; BGH v. 26.09.1990 - XII ZR 45/89 - NJW-RR 1991, 132-134; BGH v. 27.01.1993 - XII ZR 206/91 - juris Rn. 16 - NJW-RR 1993, 898-901.
[116] BGH v. 11.02.1987 - IVb ZR 15/86 - juris Rn. 8 - LM Nr. 26 zu § 1353 BGB.

§ 1573

112 Auch unter Berücksichtigung des UÄndG vom 21.12.2007 hat der BGH[117] erneut klargestellt, dass die Abgrenzung der Anspruchsgrundlagen wegen eines Erwerbshindernisses aus den §§ 1570-1572 BGB und aus § 1573 Abs. 2 BGB danach zu erfolgen hat, ob wegen eines Erwerbshindernisses eine **Erwerbstätigkeit vollständig oder nur teilweise ausgeschlossen** ist. Kann überhaupt keine Erwerbstätigkeit ausgeübt werden, ergibt sich der Anspruch auf Unterhalt allein aus den §§ 1570-1572 BGB und zwar auch dann, wenn der volle Unterhalt gem. § 1578 Abs. 1 Satz 1 BGB nicht ausschließlich auf dem Erwerbshindernis beruht (weil auch bei Ausübung einer angemessenen Tätigkeit der Bedarf nicht vollständig gedeckt wäre). Ein Anspruch auf Aufstockungsunterhalt gem. § 1573 Abs. 2 BGB kommt neben einem Anspruch gem. §§ 1570-1572 BGB nur dann in Betracht, wenn wegen des Erwerbshindernisses nur eine eingeschränkte Beschäftigung ausgeübt werden kann.

113 In diesem Fall kann nach den §§ 1570-1572 BGB Unterhalt höchstens bis zur Höhe des Mehreinkommens verlangt werden, das durch eine Vollerwerbstätigkeit erzielt werden könnte.[118] Wenn dieser Anspruch zusammen mit dem Einkommen aus der Teilerwerbstätigkeit zu seinem vollen Unterhalt nach § 1578 BGB nicht ausreicht, kommt ein weiterer Unterhaltsanspruch nach § 1573 Abs. 2 BGB in Betracht.[119] Dabei ist es jedenfalls bei den Anspruchsgrundlagen des § 1573 BGB nicht zwingend erforderlich, betragsmäßig zu unterscheiden, in welchem Umfang der Anspruch auf § 1573 Abs. 1 BGB oder § 1573 Abs. 2 BGB beruht, erforderlich ist aber immer eine eindeutige Bestimmung der jeweiligen Anspruchsgrundlage.[120] Bei einer Anspruchskonkurrenz zwischen § 1573 Abs. 2 BGB und den §§ 1570, 1572 BGB ist eine betragsmäßige Abgrenzung weiterhin erforderlich.[121] In jedem Fall ist jedoch die Anspruchsgrundlage anzugeben, weil dies Auswirkungen auf die Befristung oder den Rang haben kann. Der Betreuungsunterhalt nach § 1570 BGB ist gegenüber den anderen Unterhaltstatbeständen vorrangig (§ 1609 Nr. 2 BGB).

114 Auch das Verhältnis zu § 1575 BGB bedarf der Klärung und kann nicht offen bleiben. Wird die Erwerbsobliegenheit zur Ausbildungsobliegenheit, um eine angemessene Beschäftigung zu erlangen, ist dies nicht zu verwechseln mit einem Anspruch auf Ausbildungsunterhalt wegen einer ehebedingt aufgegebenen oder nicht aufgenommenen Ausbildung. Die Abgrenzung ist wegen der praktischen Auswirkung erforderlich. Der Anspruch auf Erwerbslosenunterhalt besteht grundsätzlich unbeschränkt – die Befristung nach § 1578b BGB ist nur unter bestimmten Voraussetzungen möglich – der Anspruch auf Ausbildungsunterhalt ist nur für die Dauer der Ausbildung gegeben. Außerdem kann Altersvorsorgeunterhalt im Rahmen des § 1575 BGB nicht verlangt werden (§ 1578 Abs. 3 BGB).

2. Besonderheiten der Berechnung

115 Das Zusammentreffen dieser Anspruchsgrundlagen macht es notwendig, die Höhe des durch eine Vollerwerbstätigkeit erzielbaren durchschnittlichen monatlichen Einkommens zu ermitteln.

116 Eine einfache Hochrechnung auf der Grundlage des tatsächlich erzielten Nettoeinkommens wird dem konkreten Einzelfall nicht gerecht. Es ist vielmehr zunächst das erzielbare Bruttoeinkommen festzustellen und davon nach Abzug der Sozialabgaben und Steuern sowie eventuell höherer berufsbedingter Aufwendungen das Nettoeinkommen zu ermitteln. Erzielt der Unterhaltsberechtigte in Steuerklasse I ein durchschnittliches Einkommen aus einer Halbtagsbeschäftigung von 700 € netto, führt dies bei einer Vollzeitbeschäftigung nicht zu einem Nettoeinkommen von 1.400 €; es ergeben sich – abhängig von den Sozialabgaben – gerundet allenfalls 1.200 €.

117 Nach der Rechtsprechung des BGH[122] ist eine zweifache Berechnung nicht erforderlich, weil die Differenz zwischen tatsächlichem Einkommen und dem fiktiven Gesamteinkommen dem Unterhalt wegen eines Erwerbshindernisses (Kinderbetreuung, Krankheit) zugewiesen wird.[123]

---

[117] BGH v. 06.11.2008 - XII ZR 131/07 - juris Rn. 14 - FamRZ 2009, 406-409; OLG Celle v. 02.10.2008 - 17 UF 97/08 - juris Rn. 11 - FamRZ 2009, 56-58.
[118] BGH v. 27.01.1993 - XII ZR 206/91 - juris Rn. 16 - NJW-RR 1993, 898-901; BGH v. 03.02.1999 - XII ZR 146/97 - juris Rn. 15 - LM BGB § 1571 Nr. 3 (7/1999).
[119] BGH v. 27.01.1993 - XII ZR 206/91 - juris Rn. 16 - NJW-RR 1993, 898-901; BGH v. 03.02.1999 - XII ZR 146/97 - juris Rn. 15 - LM BGB § 1571 Nr. 3 (7/1999).
[120] BGH v. 18.01.2012 - XII ZR 178/09 - FamRZ 2012, 517.
[121] BGH v. 10.11.2010 - XII ZR 197/08 - juris Rn. 20; BGH v. 05.09.2001 - XII ZR 108/00 - juris Rn. 53 - BGHZ 148, 368-383; *Brudermüller* in: Palandt, Einf. v. § 1569 Rn. 9.
[122] BGH v. 27.01.1993 - XII ZR 206/91 - juris Rn. 16 - NJW-RR 1993, 898-901; BGH v. 03.02.1999 - XII ZR 146/97 - juris Rn. 15 - LM BGB § 1571 Nr. 3 (7/1999).
[123] So auch *Maier*, FamRZ 2005, 1509 mit Rechenbeispielen.

Teilweise werden zur Ermittlung der Unterhaltsanteile der jeweiligen Anspruchsgrundlage **zwei getrennte Berechnungen** durchgeführt. Einmal wird der Aufstockungsunterhalt ermittelt, der sich bei Ausübung einer Vollzeitbeschäftigung ergibt, und zum anderen der auf anderen Anspruchsgrundlagen – z.B. §§ 1570, 1571, 1572 BGB – beruhende Unterhalt. Die Differenz zum höheren Unterhalt wird dann § 1573 Abs. 2 BGB zugeordnet.[124]   **118**

Der BGH hat aber an seiner früheren Berechnungsweise festgehalten.[125]   **119**

Beispiel: Einkommen des Mannes 3.000 €. Die Frau kann krankheitsbedingt nur eine Teilzeittätigkeit ausüben und verdient 1.000 €. Bei einer Vollzeitstelle könnte sie ein Einkommen von 1.300 € erzielen. Das Einkommen ist jeweils um den Erwerbstätigenbonus bereinigt.   **120**

	Einkommen Mann	3.000 €
+	Einkommen Frau aus Teilzeittätigkeit	1.000 €
=	Gesamteinkommen	4.000 €
	Bedarf davon ½	2.000 €
–	Einkommen Frau	1.000 €
=	ungedeckter Bedarf und Unterhalt	**1.000 €**
	Einkommen Frau bei Vollzeitbeschäftigung	**1.300 €**
–	Einkommen Frau bei Teilzeitbeschäftigung	**1.000 €**
=	Einkommensausfall wegen Erwerbshinderung	**300 €**
	Unterhaltsanspruch	1.000 €
	§§ 1570-1572 BGB zuzuordnen	300 €
=	Aufstockungsunterhalt nach § 1573 Abs. 2 BGB	**700 €**

Soweit der Unterhaltsanspruch seine Grundlage in § 1570 BGB hat, ist er einer Befristung nach § 1578b BGB nicht zugänglich.[126]   **121**

Die Differenzierung zwischen den einzelnen Unterhaltstatbeständen war nicht nur im Hinblick auf einen Abänderungsantrag notwendig, sondern auch wegen der Begrenzungsmöglichkeiten. Bis zum 31.12.2007 konnten nur die Unterhaltsansprüche nach § 1573 Abs. 1, 2 BGB gem. § 1573 Abs. 5 BGB a.F. befristet werden, die übrigen Unterhaltstatbestände waren nur einer Herabsetzung zugänglich (§ 1578 Abs. 1 Satz 2 BGB a.F.). Eine genaue Bestimmung der Anspruchsgrundlage war ausnahmsweise dann nicht erforderlich, wenn eine Befristung offensichtlich nicht in Betracht kam.[127]   **122**

Die Neufassung der Befristungs- und Herabsetzungsmöglichkeiten in § 1578b BGB ist nicht mehr auf bestimmte Vorschriften begrenzt sondern gilt dem Wortlaut nach für alle Unterhaltstatbestände. Gleichwohl ist auch weiterhin eine Differenzierung in der dargestellten Weise nicht überflüssig geworden. Im Zusammenhang mit dem Betreuungsunterhalt nach § 1570 Abs. 1 BGB ergibt sich die Notwendigkeit einer Differenzierung bereits aus dessen privilegierter Rangstellung in § 1609 Nr. 2 BGB (wegen der Einzelheiten vgl. die Kommentierung zu § 1578b BGB). Auch können z.B. bei der Konkurrenz von Aufstockungs- und Krankenunterhalt unterschiedliche Billigkeitserwägungen erforderlich werden.[128]   **123**

D. Prozessuale Hinweise/Verfahrenshinweise

§ 1573 Abs. 1 BGB: Der Unterhalt wegen Erwerbslosigkeit ist zu zahlen, um eine Versorgung während der Zeit der Bemühungen um einen Arbeitsplatz zu sichern. Er kann **vorausschauend auf den Zeitraum begrenzt** werden, der zur Erlangung einer angemessenen Beschäftigung benötigt wird, wenn hinreichend sicher ist, dass bei den gebotenen Anstrengungen innerhalb eines bestimmten Zeitraums eine Erwerbstätigkeit tatsächlich aufgenommen werden kann. Diesen Gesichtspunkt kann der Unterhaltspflichtige neben dem Antrag auf Zurückweisung als **Hilfsantrag** ins Verfahren einführen, um diesem Problem die erforderliche Aufmerksamkeit zu sichern.   **124**

---

[124] *Büte*, FPR 2005, 316-320, OLG Koblenz v. 02.11.2006 - 7 UF 774/05 - juris Rn. 45.
[125] BGH v. 26.02.2014 - XII ZB 235/12 - juris Rn. 10; ebenso OLG Düsseldorf v. 17.12.2013 - II-1 UF 180/13 - FamRZ 2014, 772.
[126] BGH v. 26.02.2014 - XII ZB 235/12 - juris Rn. 10.
[127] BGH v. 24.11.1993 - XII ZR 136/92 - juris Rn. 11 - LM BGB § 1578 Nr. 61 (4/1994).
[128] *Brudermüller* in: Palandt, Einf. v. § 1569 Rn. 9.

125 § 1573 Abs. 2 BGB: Da die Änderung der Rechtsprechung zur Bemessung der ehelichen Lebensverhältnisse bei der Hausfrauenehe dazu geführt hat, dass sich häufiger ein Anspruch auf Aufstockungsunterhalt ergibt, kommt es darauf an, mit welcher **Antragsart** der Anspruch verfolgt wird. Die Änderung der Rechtsprechung ist einerseits hinreichender Grund, bestehende Entscheidungen oder darauf beruhende Vergleiche im Wege des **Abänderungsantrags** anzupassen.[129] Wurde aber der Antrag auf künftigen Unterhalt wegen fehlender Bedürftigkeit abgewiesen, entfaltet diese Entscheidung keine materielle Rechtskraft für die Zukunft, und dies auch dann, wenn zugleich rückständiger Unterhalt zugesprochen wird. In diesem Fall ist künftiger Unterhalt, der im Hinblick auf die geänderte Rechtsprechung des BGH verfolgt wird, mittels **Leistungsantrag** geltend zu machen.[130] Anders beurteilt sich die Rechtslage, wenn dem Antrag in dem früheren Urteil/Beschluss wegen des künftigen Unterhalts **teilweise stattgegeben** wurde und im Übrigen Zurückweisung des Antrags erfolgte. In diesem Fall ist ein Änderungsantrag zu stellen.[131] Unsicherheiten kann mit einem Hilfsantrag begegnet werden.

126 § 1573 Abs. 4 BGB: Soweit eine Erwerbstätigkeit nach der Scheidung ausgeübt wird, besteht für den zu einem **Verzicht** ratenden Rechtsanwalt ein erhebliches **Haftungsrisiko**. Fällt die Erwerbstätigkeit weg und liegt keine nachhaltige Sicherung des Unterhalts vor, wäre eine solche Beratung fehlerhaft, wenn nicht auf diesen Umstand hingewiesen wurde.[132]

E. Steuerrechtliche Hinweise

127 Vgl. hierzu die Steuerrechtl. Hinw. zu §§ 1569 ff. BGB.

---

[129] BGH v. 05.02.2003 - XII ZR 29/00 - BGHZ 153, 372-393; BGH v. 09.06.2004 - XII ZR 308/01 - NJW 2004, 3106-3109.
[130] BGH v. 03.11.2004 - XII ZR 120/02 - NJW 2005, 142-143.
[131] BGH v. 09.06.2004 - XII ZR 308/01 - NJW 2004, 3106-3109.
[132] BGH v. 18.02.1993 - IX ZR 48/92 - juris Rn. 13 - NJW-RR 1993, 706.

§ 1574 BGB Angemessene Erwerbstätigkeit

(Fassung vom 21.12.2007, gültig ab 01.01.2008)

(1) Dem geschiedenen Ehegatten obliegt es, eine angemessene Erwerbstätigkeit auszuüben.

(2) ¹Angemessen ist eine Erwerbstätigkeit, die der Ausbildung, den Fähigkeiten, einer früheren Erwerbstätigkeit, dem Lebensalter und dem Gesundheitszustand des geschiedenen Ehegatten entspricht, soweit eine solche Tätigkeit nicht nach den ehelichen Lebensverhältnissen unbillig wäre. ²Bei den ehelichen Lebensverhältnissen sind insbesondere die Dauer der Ehe sowie die Dauer der Pflege oder Erziehung eines gemeinschaftlichen Kindes zu berücksichtigen.

(3) Soweit es zur Aufnahme einer angemessenen Erwerbstätigkeit erforderlich ist, obliegt es dem geschiedenen Ehegatten, sich ausbilden, fortbilden oder umschulen zu lassen, wenn ein erfolgreicher Abschluss der Ausbildung zu erwarten ist.

Gliederung

A. Grundlagen ... 1	e. Gesundheitszustand ... 29
B. Praktische Bedeutung ... 4	2. Billigkeitskorrektiv: eheliche Lebens-
C. Anwendungsvoraussetzungen ... 5	verhältnisse ... 30
I. Normstruktur ... 5	a. Dauer der Ehe ... 34
II. Angemessene Erwerbstätigkeit (Absatz 1) ... 8	b. Kinderbetreuung ... 36
1. Angemessenheit nach den persönlichen Kriterien (Absatz 2) ... 14	c. Wirtschaftliche Verhältnisse – soziale Stellung ... 37
a. Berufliche Ausbildung ... 15	III. Obliegenheit zur Weiterbildung (Absatz 3) ... 41
b. Persönliche Fähigkeiten ... 18	IV. Darlegungs- und Beweislast ... 44
c. Früher ausgeübte Tätigkeit ... 20	D. Steuerrechtliche Hinweise ... 45
d. Lebensalter ... 27	

A. Grundlagen

Durch das UÄndG vom 21.12.2007 wurden die Absätze 1 und 2 neugefasst. § 1574 BGB formuliert in Absatz 1 in Übereinstimmung mit § 1569 Satz 1 BGB die Erwerbsobliegenheit prägnanter, ohne dass eine inhaltliche Änderung erfolgt ist. Die Vorschrift ist eine **Ergänzungsnorm**.[1] Die Obliegenheit des geschiedenen Ehegatten, eine Beschäftigung aufzunehmen, ist auch weiterhin nur auf eine angemessene Tätigkeit gerichtet, um einen sozialen Abstieg zu verhindern. 1

Allerdings erfährt die Definition der Angemessenheit in Absatz 2 durch das UÄndG v. 21.12.2008 insofern eine Korrektur, als einerseits das Merkmal der früheren Erwerbstätigkeit hinzugefügt und andererseits das Kriterium „eheliche Lebensverhältnisse" zum Billigkeitseinwand abgestuft wurde.[2] 2

Absatz 3 sieht statt der Erwerbsobliegenheit die Obliegenheit zur Ausbildung, Fortbildung oder Umschulung vor, soweit dies zur Aufnahme einer angemessenen Beschäftigung erforderlich ist. 3

B. Praktische Bedeutung

Die Bedeutung der Regelung geht über § 1573 BGB hinaus, weil sie eine grundsätzliche Aussage zur Erwerbsobliegenheit beim Ehegattenunterhalt enthält. Sie gilt nicht nur für den Unterhaltsberechtigten, sondern spiegelbildlich auch für den Unterhaltspflichtigen. 4

C. Anwendungsvoraussetzungen

I. Normstruktur

§ 1574 BGB ist keine Anspruchsgrundlage, sondern konkretisiert die grundsätzliche, durch § 1569 BGB vorgegebene Pflicht, für seinen Unterhalt selbst zu sorgen und beschränkt sie gleichzeitig, weil die Erwerbsobliegenheit sich nur auf eine angemessene Tätigkeit bezieht. 5

---

[1] *Schwab*, FamRZ 2005, 1417.
[2] *Dose*, FamRZ 2007, 1289-1298.

§ 1574

6 Diese Einschränkung wird durch die Umschreibung in Absatz 2 fassbar gemacht. Die Erwerbsobliegenheit wird in Beziehung zu den persönlichen Fähigkeiten und einer früher ausgeübten Tätigkeit gesetzt. Die ehelichen Lebensverhältnisse dienen nicht mehr der Eingrenzung des Merkmals „angemessen", sondern nur noch als Korrektiv im Rahmen der vorzunehmenden Billigkeitsabwägung.[3]

7 In § 1574 Abs. 3 BGB wird die Obliegenheit, eine angemessene Erwerbstätigkeit aufzunehmen, abgewandelt in die Obliegenheit, die Ausgangsqualifikation zu verbessern, um den Anforderungen auf dem Arbeitsmarkt besser gerecht zu werden.

II. Angemessene Erwerbstätigkeit (Absatz 1)

8 Der Grundsatz, dass der Unterhaltsberechtigte gehalten ist, selbst durch Einsatz seiner Arbeitskraft für seinen Unterhalt zu sorgen, erfährt hier seine **soziale Abfederung**. Wann immer beim Ehegattenunterhalt eine Obliegenheit zur Erwerbstätigkeit zum Tragen kommt, ist diese nur auf eine angemessene Tätigkeit gerichtet. Wäre die Erwerbsobliegenheit auf jede beliebige Tätigkeit gerichtet, würde der Unterhaltsberechtigte sich beruflich häufig unter seiner persönlichen Qualifikation bewegen.

9 Der Gesetzgeber hat einerseits bestimmt, welche Kriterien bei der Feststellung, welche Erwerbstätigkeit angemessen ist, heranzuziehen sind und dem andererseits ein Billigkeitskorrektiv – die ehelichen Lebensverhältnisse – gegenübergestellt. Da der Ehegatte nicht nur an den bisherigen **finanziellen Verhältnissen** teilhat, sondern auch an der **sozialen Stellung**, bedarf er insoweit des Schutzes durch die Billigkeitsabwägung.

10 Gelingt es dem Unterhaltsberechtigten nicht, eine **angemessene** Tätigkeit aufzunehmen, kann ihm das nicht vorgehalten werden. Eine Tätigkeit, die nicht den in Absatz 2 näher umschriebenen Anforderungen entspricht, kann von ihm in der Regel nicht erwartet werden. Andererseits ist die Erwerbstätigkeit nicht erst dann angemessen, wenn das damit erzielte Einkommen den vollen Unterhalt nach § 1578 BGB deckt.[4]

11 Eine angemessene Erwerbstätigkeit muss nicht zwangsläufig in einem einzigen Beschäftigungsverhältnis bestehen, auch die Übernahme von zwei Teilzeitbeschäftigungen kann eine angemessene Tätigkeit i.S.d. §§ 1573 Abs. 1, 1574 BGB sein. Diese Einordnung kann insbesondere dann zum Tragen kommen, wenn die Aufgabe eines Teilzeitarbeitsplatzes nicht zumutbar ist, aber die Aufnahme einer weiteren Teilzeittätigkeit zu verlangen ist.[5]

12 Die Aufnahme einer als angemessen einzustufenden Erwerbstätigkeit kann nunmehr nur dann abgelehnt werden, wenn dies im Hinblick auf die ehelichen Lebensverhältnisse unbillig wäre.

13 Es bedarf deshalb einer zweistufigen Prüfung:
- Anhand der persönlichen Kriterien des unterhaltsbedürftigen Ehegatten muss festgestellt werden, welche Beschäftigung angemessen ist.
- Der geschiedene Ehegatte muss dann darlegen und beweisen, dass die Ausübung dieser angemessenen Tätigkeit im Hinblick auf die ehelichen Lebensverhältnisse unbillig ist.

1. Angemessenheit nach den persönlichen Kriterien (Absatz 2)

14 Da nur eine angemessene Erwerbstätigkeit auszuüben ist, muss im Einzelfall festgestellt werden, welche Beschäftigung für den Unterhaltsberechtigten in Betracht kommt. Der Gesetzgeber hat mit dieser Norm Hilfestellung zur Konkretisierung des Merkmals „Angemessenheit" gegeben.[6] Es sind jeweils alle gesetzlichen Anknüpfungspunkte – Ausbildung, Fähigkeiten, früher ausgeübte Tätigkeit, Alter, Gesundheitszustand – umfassend in einer **Gesamtschau** abzuwägen.[7] Daraus ergibt sich eine Relativierung der einzelnen Merkmale. Diese Kriterien müssen zum Einsatzzeitpunkt des jeweiligen Unterhaltsanspruchs – regelmäßig zum Zeitpunkt der Scheidung – gegeben sein.

a. Berufliche Ausbildung

15 Ein wichtiges Kriterium ist die **berufliche Ausbildung**, die der Ehegatte vor oder während der Ehe abgeschlossen hat. Ist eine Ausbildung nicht beendet worden, so verliert dieser Umstand an Gewicht. Liegt der erreichte Berufsabschluss längere Zeit zurück, ist zu prüfen, ob heute andere (höhere) Anfor-

---

[3] *Borth*, FamRZ 2008, 2-16.
[4] BGH v. 24.10.1979 - IV ZR 171/78 - juris Rn. 12 - LM Nr. 1 zu § 1573 BGB.
[5] BGH v. 11.07.2012 - XII ZR 72/10 - juris Rn. 24 - FamRZ 2012, 1483-1488.
[6] BT-Drs. 7/650, S. 128.
[7] BGH v. 19.12.1990 - XII ZR 27/90 - juris Rn. 42 - LM Nr. 8 zu BGB § 1574; BGH v. 06.10.2004 - XII ZR 319/01 - FamRZ 2005, 23-25: BT-Drs. 16/1830, S. 17.

derungen an den Ausbildungsgang gestellt werden. Die Anknüpfung an die frühere Ausbildung oder berufliche Tätigkeit ist auch dann verfehlt, wenn die im Einsatzzeitpunkt vorzunehmende Prognose ergibt, dass wegen der Bedingungen auf dem Arbeitsmarkt eine den Unterhalt dauerhaft sichernde Anstellung in einem anderen Berufsfeld eher gefunden werden kann.[8] Ist dazu eine weitere Ausbildung erforderlich, ist dies unterhaltsrechtlich hinzunehmen.[9] Die frühere Ausbildung verliert auch dann an Bedeutung bei der Gesamtabwägung, wenn die damit zu fordernden Fähigkeiten nicht mehr vorhanden sind oder aus Gründen des Alters oder der Gesundheit eine der Ausbildung entsprechende berufliche Tätigkeit nicht mehr ausgeübt werden kann.

Die früher erreichte Ausbildung ist lediglich Maßstab und nicht so zu verstehen, dass nur eine Tätigkeit in diesem Berufsfeld in Betracht kommt. Angemessen ist auch jede andere Tätigkeit, die **der beruflichen Vorbildung im Ausbildungsniveau entspricht**.[10] Eine approbierte Ärztin, die nie in ihrem Beruf tätig war, darf sich nicht auf die klassischen ärztlichen Heilberufe beschränken, ihr ist auch eine Tätigkeit im Bereich der Aus- und Weiterbildung oder im universitären Bereich zumutbar.[11] Zudem wird der frühere berufliche Ausbildungsstand durch anschließende Fortbildungsmaßnahmen und zusätzliche Qualifikationen erweitert.[12]

16

Der BGH[13] hat bestätigt – und damit dem UÄndG vom 21.12.2007 vorgegriffen –, dass aus der Nennung des Kriteriums „Ausbildung" in § 1574 Abs. 2 BGB nicht herzuleiten ist, dass als eheangemessene Tätigkeit nur eine der Ausbildung entsprechende Tätigkeit in Betracht kommt, sondern eine Gesamtwürdigung aller in Betracht zu ziehenden Umstände zu erfolgen hat. Eine solche enge Verknüpfung verbietet sich, wenn bislang keine dieser Ausbildung (z.B. Studium abgeschlossen als Umwelttechniker, Fortbildung zum Umweltschutzbeauftragten) entsprechende Tätigkeit zu erhalten war und deshalb eine andere Tätigkeit (Betrieb eines Lebensmittelgeschäfts) aufgenommen wurde. Gleiches gilt, wenn trotz Erreichens einer gehobenen Ausbildung persönliche Fähigkeiten fehlen – etwa sprachliche Defizite –, die für die Ausübung einer herausgehobenen beruflichen Stellung erforderlich sind. Deshalb ist eine Verletzung der Erwerbsobliegenheit gegeben, wenn die Bemühungen um einen Arbeitsplatz nicht auch solche Beschäftigungen einbeziehen, die zwar hinter der erreichten Ausbildung zurückbleiben, aber der während der Ehe ausgeübten Tätigkeit entsprechen.

17

b. Persönliche Fähigkeiten

In subjektiver Hinsicht gewinnen die geistigen und körperlichen **Fähigkeiten des Unterhaltsberechtigten** an Bedeutung, also das Wissen und Können, das sich nicht in einem Ausbildungsabschluss niedergeschlagen hat, sowie die beruflich gesammelte Erfahrung. Diese Fähigkeiten können resultieren aus betrieblichem Anlernen oder einer Mitarbeit beim selbständig tätigen Ehegatten (Arztpraxis, Rechtsanwaltskanzlei, Gewerbebetrieb). Die angemessene Tätigkeit ist aber nicht auf diese Qualifikation eingegrenzt, sondern erfasst auch außerhalb des Berufsbildes liegende, im Status vergleichbare Beschäftigungen.[14]

18

Einzubeziehen sind auch die **durch Haushaltsführung und Kindererziehung erworbenen Fähigkeiten**, die beruflich in sozialpflegerische Tätigkeiten eingebracht werden können. Andererseits ist die Tätigkeit als Haushaltshilfe nicht bereits wegen der bisherigen Haushaltsführung angemessen, weil diese beruflichen Tätigkeiten, insbesondere wenn sie sich in einfachen Hilfstätigkeiten wie Putzarbeiten erschöpfen, sozial der selbständigen Führung und Organisation des Haushalts nicht gleichwertig sind.[15]

19

---

[8] *Borth*, UnterhaltsrechtsänderungsG, Rn. 108.
[9] BGH v. 02.07.1986 - IVb ZR 37/85 - juris Rn. 15 - FamRZ 1986, 1085-1087; *Borth*, FamRZ 2008, 2-16.
[10] KG Berlin v. 07.03.1991 - 16 UF 6786/90 - NJW-RR 1991, 964-965 (Einzelhandelskauffrau gelernt, angemessen auch Büroarbeiten und gehobene Dienstleistung).
[11] OLG Hamm v. 22.05.1997 - 1 UF 458/96 - FamRZ 1998, 243-244.
[12] Brandenburgisches Oberlandesgericht v. 22.04.2008 - 10 UF 226/07 - juris Rn. 63.
[13] BGH v. 06.10.2004 - XII ZR 319/01 - NJW 2005, 61 63; vgl. auch *Schürmann*, jurisPR-FamR 1/2005, Anm. 1; *Dose*, FamRZ 2007, 1289-1298.
[14] BT-Drs. 7/650, S. 128.
[15] *Borth*, FamRZ 2008, 2-16.

c. Früher ausgeübte Tätigkeit

20 Durch das UÄndG v. 21.12.2007 wurde das Merkmal „**frühere Beschäftigung**" neu in den Prüfungskatalog aufgenommen, wodurch insbesondere die Kriterien Ausbildung und Fähigkeiten relativiert werden. Besondere Bedeutung gewinnt dieses Merkmal, wenn keine Ausbildung abgeschlossen wurde.

21 Der bedürftige Ehegatte kann sich nicht darauf berufen, die Angemessenheit der Beschäftigung müsse sich an seinem beruflichen Ausbildungsniveau orientieren, wenn er während der Ehe über einen längeren Zeitraum eine geringer qualifizierte Tätigkeit ausgeübt hat.[16]

22 Der **BGH**[17] hat bereits bisher klargestellt, dass die in § 1574 Abs. 2 BGB angeführten Merkmale nicht isoliert zu würdigen sind, und dadurch das Merkmal Ausbildung relativiert. Ein hohes Ausbildungsniveau wird dann als Maßstab verdrängt, wenn über einen längeren Zeitraum – ohne wirtschaftliche Not – eine andere weniger qualifizierte Beschäftigung ausgeübt wird.[18]

23 Diesem Ansatz folgend hat der Gesetzgeber bei der Angemessenheitsprüfung eine früher ausgeübte Tätigkeit einbezogen. Soweit die Gesetzesbegründung darauf abhebt, eine **früher ausgeübte Erwerbstätigkeit sei immer zumutbar**,[19] kann dies allenfalls im Verhältnis zu den Merkmalen Ausbildung und Fähigkeiten richtig sein, wenngleich auch der zeitliche Abstand zu der früher ausgeübten Tätigkeit zu einer Korrektur dieses Grundsatzes führen kann. Alter und Gesundheitszustand können bei der erforderlichen Gesamtwürdigung aber nach wie vor dazu führen, dass eine früher ausgeübte Tätigkeit mit der aktuellen körperlichen oder geistigen Leistungsfähigkeit nicht mehr vereinbar ist.[20]

24 Das Kriterium der Angemessenheit einer Tätigkeit wird auch von der längeren **Mithilfe in der Praxis oder Kanzlei** geprägt. Handelt es sich bei dieser Tätigkeit um eine solche, die üblicherweise von ungelernten Kräften wahrgenommen wird, soll ein Verweis auf die Ausübung ungelernter Tätigkeiten ähnlicher Art grundsätzlich in Betracht kommen, auch wenn der Ehegatte früher eine höhere Qualifikation erreicht hat.[21]

25 Andererseits muss nicht jede Tätigkeit angemessen sein, nur weil sie vor oder während der Ehe tatsächlich ausgeübt worden ist,[22] wenngleich die nach der Trennung selbst gewählte Tätigkeit die Vermutung der Angemessenheit für sich hat.

26 Sie kann insbesondere dann kein Maßstab sein, wenn es sich um **Aushilfsjobs** handelt, die zur Überbrückung ausgeübt wurden,[23] oder um eine Aushilfstätigkeit in der Praxis oder Firma des Ehegatten. Gleiches gilt für solche Beschäftigungen, die bereits zum damaligen Zeitpunkt nicht der erreichten Qualifikation entsprachen und nur aus wirtschaftlichem Zwang angenommen wurden. Die zur Überbrückung wirtschaftlich schwieriger Verhältnisse aufgenommene (Putz-)Tätigkeit macht diese nicht zu einer angemessenen Erwerbstätigkeit. Wer als Studentin gekellnert hat, kann deshalb nicht auf eine Erwerbstätigkeit als Bedienung verwiesen werden. Gleiches muss gelten, wenn nach der Ausbildung zur **Überbrückung** eine unter dem Ausbildungsniveau liegende Beschäftigung ausgeübt wird. Ein Maßstab kann die frühere Erwerbstätigkeit nur sein, wenn sie über einen erheblichen Zeitraum ausgeübt wurde und die berufliche Biografie mitbestimmt hat. Der BGH hat dies bei einer drei Jahre dauernden Tätigkeit bejaht.[24]

d. Lebensalter

27 Das **Lebensalter** wirkt sich auf die Angemessenheit der Erwerbstätigkeit aus, wenn bereits durch das Alter die Leistungsfähigkeit eingeschränkt ist. In diesen Fällen ist die Abgrenzung zu den §§ 1571, 1572 BGB zu beachten, bei denen Alter und Gesundheit ein solches Gewicht erlangt haben, dass eine Erwerbsobliegenheit nicht besteht. Im Allgemeinen ist eine Erwerbstätigkeit bis zum Rentenalter zu erwarten, anders nur bei Berufen, die erfahrungsgemäß nur bis zu einem begrenzten Alter ausgeübt

---

[16] BT-Drs. 16/1830, S. 17.
[17] BGH v. 06.10.2004 - XII ZR 319/01 - FamRZ 2005, 23-25.
[18] BGH v. 06.10.2004 - XII ZR 319/01 - FamRZ 2005, 23-25 (Ausbildung als Umwelttechniker und Umweltbeauftragter, aber 3 Jahre Lebensmittelgeschäft geführt).
[19] BT-Drs. 16/1830, S. 17.
[20] *Schwab*, FamRZ 2005, 1417, 1418.
[21] OLG Celle v. 11.03.2010 - 17 UF 154/09 - FamRZ 2010, 1673-1677 (ungelernte Empfangsdame mit Abitur in Zahnarztpraxis).
[22] BGH v. 02.07.1986 - IVb ZR 37/85 - juris Rn. 15 - FamRZ 1986, 1085-1087.
[23] *Wellenhofer*, FamRZ 2007, 1282.
[24] BGH v. 06.10.2004 - XII ZR 319/01 - FamRZ 2005, 23-25.

werden können (Mannequin, Fotomodell) oder die einer vorgezogenen Altersbegrenzung unterliegen (Flugpilot, Soldaten).[25] In diesen Fällen kommt aber eine Obliegenheit zur Aufnahme einer anderen angemessenen Beschäftigung in Betracht.

Eine weitere Einschränkung ergibt sich, wenn die **körperliche oder psychische Leistungsfähigkeit altersbedingt nicht mehr ausreicht**, um den früher ausgeübten Beruf aufzunehmen. Das Erreichen eines fortgeschrittenen Alters kann bedeuten, dass eine 57jährige Ehefrau, die wegen ihrer fehlenden Ausbildung keine angemessene Beschäftigung zu finden vermag, Altersunterhalt verlangen kann, weil eine Obliegenheit zur Ausbildung nicht mehr anzunehmen ist.[26] Ebenso wurde die Verletzung einer Erwerbsobliegenheit verneint, bei einer im Zeitpunkt der Scheidung 57 Jahre alten Ehefrau, die keine berufliche Ausbildung hatte und während der mehr als 29 Jahre dauernden Ehe nicht berufstätig war, weil ihr einerseits eine Erwerbstätigkeit nicht zuzumuten und andererseits für sie auch eine angemessene Tätigkeit angesichts des Arbeitsmarkts nicht erreichbar war.[27] Einer 53-jährigen Hausfrau ist jedoch in der Regel noch zuzumuten, eine Erwerbstätigkeit aufzunehmen.[28] Wenn auch eine Vollzeitbeschäftigung mit zunehmendem Alter schwieriger zu erhalten ist, verbleibt häufig eine Beschäftigung im Geringverdienerbereich, wobei auch hier zu prüfen ist, ob die damit verbundenen Tätigkeiten angemessen sind.[29]

28

e. Gesundheitszustand

Die **gesundheitliche Verfassung** des Ehegatten kann zu einem Anspruch nach § 1572 BGB führen, wenn eine Erwerbstätigkeit nicht oder nur teilweise erwartet werden kann. Aber auch bei bestehender Erwerbsobliegenheit kann eine konkrete Erwerbstätigkeit aus gesundheitlichen Gründen ausscheiden. Deshalb ist bei einem Bandscheibenschaden eine schwere körperliche Tätigkeit nicht mehr angemessen. Anhand der übrigen Kriterien ist dann festzustellen, welche Ausweichtätigkeit zumutbar ist. Insbesondere bei Frauen, denen gesundheitlich nur noch stundenweise leichte Tätigkeiten zumutbar sind, kommt eine Beschäftigung im Haushalt und bei der Kinderbetreuung in Betracht, wenn andere Kriterien nicht entgegenstehen.

29

2. Billigkeitskorrektiv: eheliche Lebensverhältnisse

Steht fest, welche Erwerbstätigkeit nach den dargestellten Kriterien angemessen ist, obliegt es dem unterhaltsberechtigten Ehegatten dazulegen, aus welchen in den ehelichen Lebensverhältnissen fußenden Gründen die Aufnahme dieser Beschäftigung unbillig wäre.

30

Die ehelichen Lebensverhältnisse haben keine andere inhaltliche Bestimmung erfahren, sondern nur eine andere Rechtsqualität; sie können im Rahmen der Billigkeitsabwägung den Kreis der angemessenen Erwerbstätigkeiten weiter einengen. § 1574 Abs. 2 Satz 2 BGB übernimmt die bereits bislang normierten Umstände – Dauer der Ehe und Pflege oder Erziehung eines gemeinschaftlichen Kindes –, die bei der Bewertung besonders zu berücksichtigen sind. Die Nennung von zwei Merkmalen ist aber nicht abschließend.[30] Maßgebend bleiben auch weiterhin die prägenden Einkommens- und Vermögensverhältnisse sowie der soziale Zuschnitt.[31] Der **soziale Abstieg** wird auch weiterhin abgefedert und dem Vertrauen Rechnung getragen, das aufgrund einer nachhaltigen Ehegestaltung entstanden ist.[32] Der Unterhaltsberechtigte trägt allerdings das Risiko des Nachweises der Unzumutbarkeit.

31

Aus der Betonung der Eigenverantwortung und der Einbeziehung der früheren Erwerbstätigkeit ergibt sich jedoch, dass die bisherige Rechtsprechung zu den ehelichen Lebensverhältnissen nur mit Vorsicht herangezogen werden kann. In diesen Entscheidungen hatten die ehelichen Lebensverhältnisse teilweise noch eine andere Funktion, nämlich die der Bestimmung der Angemessenheit der Beschäftigung.

32

---

[25] BGH v. 15.10.2003 - XII ZR 65/01 - juris Rn. 13 - FamRZ 2004, 254-256 Erwerbsobliegenheit eines mit 41 Jahren pensionierten Strahlflugzeugführers.
[26] BGH v. 01.04.1987 - IVb ZR 33/86 - juris Rn. 16 - LM Nr. 68 zu § 242 (A) BGB.
[27] OLG Schleswig v. 12.03.1998 - 13 UF 70/97 - SchlHA 1998, 237-238.
[28] OLG Koblenz v. 13.02.1992 - 11 UF 1188/91 - FamRZ 1992, 950-951.
[29] OLG Karlsruhe v. 25.09.1997 - 16 UF 112/95 - juris Rn. 48 - FamRZ 1998, 1597-1599; OLG Karlsruhe v. 28.05.2002 - 18 UF 163/01 - FamRZ 2002, 1567-1568; OLG Karlsruhe v. 30.10.2009 - 5 UF 5/08 - juris Rn. 154.
[30] *Borth*, FamRZ 2008, 2-16.
[31] *Borth*, FamRZ 2008, 2-16.
[32] BT-Drs. 16/1830, S. 17.

33 In den Vordergrund rücken die in § 1574 Abs. 2 Satz 2 BGB ausdrücklichen genannten Umstände – Dauer der Ehe und Dauer der Pflege und Erziehung gemeinschaftlicher Kinder –, so dass die Unbilligkeit regelmäßig eine lange Ehedauer verbunden mit überwiegender Haushaltstätigkeit verlangt und der Ehegatte sich dem Anwendungsbereich des § 1571 BGB annähert.[33]

a. Dauer der Ehe

34 Die Dauer der Ehe kann ein solches Gewicht erreichen, dass die Aufnahme bestimmter angemessener Erwerbstätigkeiten ausscheidet. Auch die früher ausgeübte Tätigkeit kann dadurch zu einer nicht zumutbaren Beschäftigung werden. Dabei ist allerdings selten allein das Zeitmoment ausschlaggebend, sondern häufig der Umstand, dass sich im Verlauf der Ehe ein bestimmter sozialen Status geprägt hat und das Vertrauen, seinen Unterhalt nicht mehr durch eine einfache Tätigkeit bestreiten zu müssen, schützenswert geworden ist.

35 Bei einer 32-jährigen Ehe ist der 57 Jahre alten Ehefrau eine Tätigkeit als Haushaltshilfe oder im Pflegebereich nicht mehr zumutbar, wenn der Ehemann in einer gehobenen Stellung über ein überdurchschnittliches Einkommen (180.000 € jährlich vor Steuern) verfügt.[34] Einer 51-jährigen geschiedenen Ehefrau und Mutter ohne Berufsausbildung, die während einer 25-jährigen Ehe 3 Kinder erzogen und den Haushalt geführt hat, ist es wegen des überdurchschnittlichen Einkommens des Ehemanns (monatlich 7.500 €) und der damit verbundenen gehobenen sozialen Stellung nicht möglich, eine ihr angemessene Berufstätigkeit auszuüben. Sie könnte allenfalls noch untergeordnete Arbeiten oder eine Anlerntätigkeit (im Bürobereich) ausüben; zumutbare gehobenere Tätigkeiten sind ihr wegen der großen Zahl von jüngeren, besser ausgebildeten Mitbewerberinnen praktisch verschlossen.[35]

b. Kinderbetreuung

36 Die Betreuung der Kinder beeinflusst die ehelichen Lebensverhältnisse, wird aber künftig geringere Bedeutung haben, weil die Anforderungen an die Erwerbsobliegenheit durch das UÄndG vom 21.12.2007 in § 1570 Abs. 1 BGB angehoben wurden. Die Versorgung des Kindes wird als Billigkeitsargument nur taugen, wenn sie im Zusammenhang mit dem dargestellten Zeitmoment, der Aufgabenverteilung und der konkreten Lebensgestaltung zu einer schutzwürdigen Vertrauensposition geführt hat.

c. Wirtschaftliche Verhältnisse – soziale Stellung

37 Die prägenden **Einkommens- und Vermögensverhältnisse der Ehegatten, die bislang ebenfalls herangezogen wurden,** weil diese die berufliche und soziale Stellung weitgehend bestimmen, sowie der **soziale Zuschnitt,** wie er sich nach der von den Ehegatten einvernehmlich gehandhabten Aufgabenverteilung darstellt, stellen **kein weiteres Kriterium** bei der Bestimmung der Angemessenheit dar, weil sie das Schicksal der ehelichen Lebensverhältnisse teilen. Sie können aber auch künftig in eine umfassende **Billigkeitsabwägung** einbezogen werden.[36] Der bisher betonte Gedanke der Teilhabe wird aber zurückgedrängt.

38 Wer zur Verbesserung der ehelichen Lebensverhältnisse – auch durch die Haushaltsführung und Kindererziehung – beigetragen hatte, sollte daran teilhaben und nicht auf den beruflichen und sozialen Status zu Beginn der Ehe zurückgeworfen werden.[37] Eine gehobene wirtschaftliche Stellung engte die Palette angemessener Erwerbstätigkeiten ein, führte aber nicht zu deren Ausschluss.[38] Durch das zusätzliche Kriterium „frühere Erwerbstätigkeit" hat der Gesetzgeber aber eine andere Wertung des Merkmals „angemessene Erwerbstätigkeit" vorgenommen, die nicht über den Billigkeitseinwand korrigiert werden darf.

39 Die Unbilligkeit lässt sich **nicht mehr allein aus einer herausgehobenen beruflichen oder sozialen Stellung des anderen Ehegatten** herleiten.[39]

---

[33] *Borth*, FamRZ 2008, 2-16.
[34] BGH v. 01.04.1987 - IVb ZR 33/86 - juris Rn. 17 - LM Nr. 68 zu § 242 (A) BGB.
[35] OLG Koblenz v. 03.08.1992 - 13 UF 1222/91 - NJW-RR 1993, 964-966.
[36] *Borth*, UnterhaltsrechtsänderungsG, Rn. 113.
[37] BT-Drs. 7/650, S. 129; OLG Hamm v. 05.11.1992 - 4 UF 242/92 - NJW-RR 1993, 776-778.
[38] BGH v. 19.12.1990 - XII ZR 27/90 - juris Rn. 44 - LM Nr. 8 zu BGB § 1574.
[39] *Borth*, UnterhaltsrechtsänderungsG, Rn. 116.

Die Rechtsprechung hat vor dem 01.01.2008 die soziale Stellung des unterhaltspflichtigen Ehegatten besonders betont und weniger auf die eigene berufliche Ausgangssituation abgestellt. Für die Ehefrau eines Oberstudiendirektors kommt eine Tätigkeit in Presse, Rundfunk und im Bereich Touristik oder – bei entsprechender Vorbildung – als Dolmetscherin in Betracht.[40] Die Frau eines Betriebsleiters braucht nicht als Verkaufshilfe zu arbeiten.[41] Die Ehefrau eines Diplomingenieurs muss nicht als Verkäuferin oder Schreibkraft arbeiten, während eine eigenständige Tätigkeit als Sachbearbeiterin, Vorzimmerdame oder Buchhalterin angemessen wäre. Für eine 49-jährige geschiedene Ehefrau eines Lehrers, die über keine abgeschlossene Berufsausbildung, aber über eine gute Schulausbildung (Abitur in Schweden), über gute Fremdsprachenkenntnisse und Kenntnisse im Buchhandel verfügt, sind gehobene Bürotätigkeiten oder Tätigkeiten an einer Rezeption angemessen[42], ebenso die Tätigkeit in einer Buchhandlung[43]. Für die seit 18 Jahren nicht mehr in ihrem erlernten Beruf als Fremdsprachenkorrespondentin tätige 47 Jahre alte Ehefrau eines Arztes, die in der Ehe drei Kinder großgezogen hat, besteht bei der gegenwärtigen wirtschaftlichen Lage keine reale Beschäftigungschance im Hinblick auf eine den ehelichen Lebensverhältnissen angemessene Erwerbstätigkeit.[44] Sah die einvernehmliche Aufgabenverteilung zwischen den Ehegatten so aus, dass der eine berufstätig bleibt, während der andere ein Studium aufnimmt oder fortführt, so ist für diesen die Aufnahme einer Erwerbstätigkeit vor dessen Abschluss nicht angemessen.[45]

40

III. Obliegenheit zur Weiterbildung (Absatz 3)

Wer auf Grund seiner bisherigen beruflichen Biographie keine Chance hat, eine angemessene Erwerbstätigkeit aufzunehmen, ist gehalten, seine persönlichen Voraussetzungen durch Ausbildung, Fortbildung oder Umschulung zu verbessern, wenn ein erfolgreicher Abschluss zu erwarten ist. Anders als in § 1575 BGB kommt es nicht darauf an, ob ehebedingt eine Ausbildung abgebrochen oder gar nicht aufgenommen wurde und deshalb ein Nachholbedarf besteht. Ausgangspunkt ist hier die Obliegenheit zur Erwerbstätigkeit, deren Umsetzung auf dem Arbeitsmarkt an einer mangelnden beruflichen Qualifikation scheitert. Die Aufnahme der Ausbildung muss erforderlich sein, um eine angemessene Erwerbstätigkeit aufnehmen zu können.[46]

41

Die Ausbildungsobliegenheit tritt an die Stelle der Erwerbsobliegenheit und teilt deren Einsatzzeitpunkt.[47] Sie besteht aber nicht, wenn eine angemessene, aber nicht den vollen Bedarf deckende Tätigkeit ausgeübt werden kann. Statt des Anspruchs auf Finanzierung der Ausbildung nach § 1573 Abs. 1 BGB erwächst dann (nur) ein Anspruch auf Aufstockungsunterhalt nach § 1573 Abs. 2 BGB. Bei der Auswahl des Ausbildungsganges muss der Unterhaltsberechtigte **Rücksicht auf die Belange des Unterhaltspflichtigen** nehmen und regelmäßig den kürzeren und kostengünstigeren Weg wählen, der zudem Gewähr bietet, eine angemessene Beschäftigung aufnehmen zu können (das Studium der Vor- und Frühgeschichte einer 41-jährigen erfüllt diese Anforderungen nicht).[48] Das im Rahmen des Ausbildungsunterhalts für Kinder gemäß § 1610 Abs. 2 BGB vom BGH[49] entwickelte **Gegenseitigkeitsprinzip** lässt sich auch auf den Unterhaltsanspruch des Ehegatten während einer Ausbildung übertragen. Danach ist eine Ausbildung mit Fleiß und der gebotenen Zielstrebigkeit zu betreiben und in angemessener und üblicher Zeit zu beenden.

42

Erfüllt der Unterhaltsberechtigte seine Ausbildungsobliegenheit, hat er einen Unterhaltsanspruch aus § 1573 Abs. 1 BGB i.V.m. § 1574 Abs. 3 BGB.[50] Der Anspruch erfasst den **allgemeinen Lebensbedarf** und die zusätzlichen **Kosten der Ausbildung**. Bei einer Verletzung der Ausbildungsobliegenheit kommt die Anrechnung fiktiven Einkommens in Betracht. Liegt ein mutwilliges Herbeiführen der Bedürftigkeit i.S.d. § 1579 Nr. 4 BGB vor, kann sich der Unterhaltsberechtigte nicht mehr auf seine Aus-

43

---

[40] BGH v. 23.10.1985 - IVb ZR 68/84 - juris Rn. 13 - NJW 1986, 985-987.
[41] BGH v. 08.07.1992 - XII ZR 127/91 - juris Rn. 22 - NJW-RR 1992, 1282-1283.
[42] OLG Karlsruhe v. 18.08.2000 - 18 UF 179/99 - FamRZ 2002, 1566-1567.
[43] OLG Karlsruhe v. 28.05.2002 - 18 UF 163/01 - FamRZ 2002, 1567-1568.
[44] OLG Bamberg v. 04.02.1997 - 7 UF 112/96 - FamRZ 1998, 289-291.
[45] BGH v. 24.10.1979 - IV ZR 171/78 - LM Nr. 1 zu § 1573 BGB; OLG Hamm v. 05.11.1992 - 4 UF 242/92 - NJW-RR 1993, 776-778.
[46] Saarländisches OLG v. 25.05.2007 - 9 UF 163/06 - juris Rn. 24 - FamRZ 2008, 411-415.
[47] BGH v. 02.07.1986 - IVb ZR 37/85 - juris Rn. 8 - FamRZ 1986, 1085-1087.
[48] BGH v. 08.02.1984 - IVb ZR 54/82 - juris Rn. 18 - LM Nr. 11 zu § 1573 BGB.
[49] BGH v. 04.03.1998 - XII ZR 173/96 - juris Rn. 9 - LM BGB § 1610 Nr. 30 (12/1998).
[50] BGH v. 08.02.1984 - IVb ZR 54/82 - juris Rn. 17 - LM Nr. 11 zu § 1573 BGB.

bildungsberechtigung berufen. Diese Konsequenz trifft ihn auch dann, wenn bereits während der Trennung eine Ausbildungsobliegenheit bestand, diese aber schuldhaft verletzt wurde.[51] Wird die Ausbildung verspätet aufgenommen, lebt der Anspruch aus § 1573 Abs. 1 BGB nicht wieder auf; es verbleibt nur der Aufstockungsunterhalt gemäß § 1573 Abs. 2 BGB.

IV. Darlegungs- und Beweislast

44 § 1574 BGB ist im Zusammenhang mit § 1573 Abs. 1, 2 BGB zu sehen. Deshalb muss der Unterhaltsberechtigte darlegen, dass nur eine bestimmte Erwerbstätigkeit angemessen ist und dass eine solche trotz der gebotenen Anstrengungen nicht erreichbar ist. Steht die Angemessenheit einer bestimmten Erwerbstätigkeit fest, muss der Unterhaltsberechtigte alle Umstände darlegen und nachweisen, aus denen er ableitet, dass ihm die Aufnahme dieser Tätigkeit im Hinblick auf die ehelichen Lebensverhältnisse nicht zumutbar ist.[52] Das bedeutet, dass eine ausführlichere Zitierung der Tatbestandsmerkmale nicht ausreicht. Steht die Angemessenheit bestimmter Erwerbstätigkeiten fest, bedarf es einer umfassenden Beschreibung der Gestaltung der ehelichen Lebensverhältnisse, um die Unbilligkeit zu begründen. Zweifel, die nach der vorzunehmenden Billigkeitsabwägung verbleiben, gehen zu seinen Lasten.

D. Steuerrechtliche Hinweise

45 Vgl. hierzu die Steuerrechtl. Hinw. zu §§ 1569 ff. BGB.

---

[51] BGH v. 23.10.1985 - IVb ZR 68/84 - juris Rn. 21 - NJW 1986, 985-987.
[52] *Borth*, FamRZ 2008, 2-16.

§ 1575 BGB Ausbildung, Fortbildung oder Umschulung

(Fassung vom 02.01.2002, gültig ab 01.01.2002)

(1) ¹Ein geschiedener Ehegatte, der in Erwartung der Ehe oder während der Ehe eine Schul- oder Berufsausbildung nicht aufgenommen oder abgebrochen hat, kann von dem anderen Ehegatten Unterhalt verlangen, wenn er diese oder eine entsprechende Ausbildung sobald wie möglich aufnimmt, um eine angemessene Erwerbstätigkeit, die den Unterhalt nachhaltig sichert, zu erlangen und der erfolgreiche Abschluss der Ausbildung zu erwarten ist. ²Der Anspruch besteht längstens für die Zeit, in der eine solche Ausbildung im Allgemeinen abgeschlossen wird; dabei sind ehebedingte Verzögerungen der Ausbildung zu berücksichtigen.

(2) Entsprechendes gilt, wenn sich der geschiedene Ehegatte fortbilden oder umschulen lässt, um Nachteile auszugleichen, die durch die Ehe eingetreten sind.

(3) Verlangt der geschiedene Ehegatte nach Beendigung der Ausbildung, Fortbildung oder Umschulung Unterhalt nach § 1573, so bleibt bei der Bestimmung der ihm angemessenen Erwerbstätigkeit (§ 1574 Abs. 2) der erreichte höhere Ausbildungsstand außer Betracht.

Gliederung

A. Grundlagen 1	IV. Angemessene Erwerbstätigkeit i.S.d. Absatzes 3 16
B. Praktische Bedeutung 3	V. Beweislast 17
C. Anwendungsvoraussetzungen 4	D. Rechtsfolgen 18
I. Normstruktur 4	E. Prozessuale Hinweise/Verfahrenshinweise 21
II. Ausbildungsunterhalt (Absatz 1) 5	F. Steuerrechtliche Hinweise 23
III. Weiterbildungsunterhalt (Absatz 2) 14	

A. Grundlagen

Der Anspruch auf Ausbildungsunterhalt gemäß § 1575 BGB soll sicherstellen, dass eine im Zusammenhang mit der Ehe abgebrochene oder zurückgestellte Ausbildung nachgeholt werden kann. Der Unterhalt wird für die übliche Dauer der Ausbildung geschuldet. Deren erfolgreicher Abschluss führt aber nicht dazu, die Angemessenheit der Erwerbstätigkeit i.S.d. § 1574 Abs. 2 BGB an dem dann erreichten höheren Ausbildungsniveau zu orientieren (§ 1575 Abs. 3 BGB).

Das UÄndG v. 27.12.2007 enthält keine unmittelbare Änderung. Die starke Betonung der Eigenverantwortung in § 1569 BGB wird jedoch bei der Auslegung der Tatbestandsvoraussetzungen zu berücksichtigen sein. Dies betrifft die Fragen, welche Überlegungsfrist bis zur Aufnahme einzuräumen ist und welche Anforderungen an ein zielstrebiges Betreiben der Ausbildung zu stellen sind. Allerdings hat die Rechtsprechung bereits bisher in diesem Bereich einen strengen Maßstab angelegt.

B. Praktische Bedeutung

In der familiengerichtlichen Praxis spielt die Vorschrift – im Gegensatz zur Ausbildungsobliegenheit nach § 1574 Abs. 3 BGB – eine eher untergeordnete Rolle.

C. Anwendungsvoraussetzungen

I. Normstruktur

Die Vorschrift hat eigenständigen Charakter und erfasst in § 1575 Abs. 1 BGB die unterhaltsrechtliche Absicherung einer Ausbildung und stellt dieser in § 1575 Abs. 2 BGB die Fortbildung sowie die Umschulung weitgehend gleich. In beiden Fallgestaltungen geht es um den **Ausgleich ehebedingter Nachteile** mit dem Ziel, den eigenen Unterhalt nachhaltig sichern zu können. Der Anspruch geht dem Anspruch auf Erwerbslosenunterhalt nach den §§ 1573 Abs. 1, 1574 Abs. 2 BGB vor. Der Berechtigte kann also nicht auf eine angemessene Erwerbstätigkeit verwiesen werden.¹ Unterhalt für die Ausbildung oder Weiterbildung kann auch dann verlangt werden, wenn der Unterhaltsberechtigte ohne diese

Maßnahme eine angemessene Erwerbstätigkeit aufnehmen könnte. Allerdings wird die Beurteilung, was nach deren Abschluss als angemessene Erwerbstätigkeit i.S.d. § 1574 Abs. 1 BGB anzusehen ist, von dem neuen Ausbildungsstand abgekoppelt.

II. Ausbildungsunterhalt (Absatz 1)

5 Voraussetzung für einen Anspruch auf Ausbildungsunterhalt ist, dass der Unterhaltsberechtigte eine Schul- oder Berufsausbildung **im Zusammenhang mit der Ehe abgebrochen oder nicht aufgenommen** hat.[2] Wird die Ausbildung während der Ehe aufgegeben, wird die Kausalität vermutet. Erfolgt der Abbruch oder die Nichtaufnahme **vor der Eheschließung**, bedarf es des Nachweises, dass der Grund hierfür die beabsichtigte Eheschließung war. Die Eheschließung muss zumindest **mitursächlich** gewesen sein. Es kommt deshalb darauf an, welche konkrete Ausbildung angestrebt wurde und welche Gründe dazu geführt haben, diese nicht aufzunehmen oder fortzusetzen.

6 Der Unterhaltsberechtigte muss zudem die **Zugangsvoraussetzungen** für die in Aussicht genommene Ausbildung gehabt haben (Schulabschluss, Notendurchschnitt); überwiegend wird verlangt, dass **konkrete Berufspläne** bestanden haben.[3] Diese Voraussetzungen wären erfüllt, wenn ein Studium geplant war, aber wegen der bevorstehenden Geburt nicht aufgenommen wurde. Auch ehebedingte örtliche Veränderungen, die der beabsichtigten Ausbildung entgegenstehen, stellen eine ausreichende kausale Verknüpfung her. Der in der Ehe begründete Nachteil soll im Rahmen der nachehelichen Solidarität ausgeglichen werden, ohne dass die Ausbildung für die Aufnahme einer angemessenen Beschäftigung erforderlich ist. Auch der Ehegatte, der eine angemessene Erwerbstätigkeit aufnehmen könnte, aber über die beabsichtigte Ausbildung eine ohne die Ehe schon früher erreichte Verbesserung seines Status im Erwerbsleben anstrebt, kann Ausbildungsunterhalt verlangen. Es besteht indessen keine Verpflichtung zur Finanzierung einer **Zweitausbildung**, die zur Erlangung einer angemessenen Erwerbstätigkeit nicht erforderlich ist.[4]

7 Die Wiederaufnahme einer Ausbildung muss der abgebrochenen gleichwertig sein; nicht erforderlich ist eine Identität der Fachrichtung. Es kommt auf die **vergleichbare soziale Einordnung des Berufsbildes und Ausbildungsganges** an[5] (zu bejahen, wenn Ausbildung zur Krankenschwester aufgegeben und später die Ausbildung zur Rechtsanwaltsgehilfin aufgenommen wird[6]). Ein Fachrichtungswechsel bei einer abgebrochenen akademischen Ausbildung steht der Gleichwertigkeit nicht entgegen. Wer ein Medizinstudium aufgegeben hat, kann Ausbildungsunterhalt verlangen, wenn er nunmehr ein wirtschaftswissenschaftliches Studium aufnimmt. Eine bereits weit fortgeschrittene Ausbildung muss jedoch fortgesetzt werden, es kann keine andere Ausbildung aufgenommen werden. Kein Unterhalt kann verlangt werden für die Aufnahme einer wesentlich längeren und teureren Ausbildung. Im Rahmen der **gegenseitigen Rücksichtnahme** ist der Unterhaltsberechtigte gehalten, die günstigere Ausbildung zu wählen. Kann ein Studium aufgenommen werden, umfasst dies eine **Promotion** nur dann, wenn sie auf dem Arbeitsmarkt unabdingbar notwendig ist.[7] Es sind strenge Anforderungen zu stellen. Ist bereits ein akademischer Grad erlangt – Masterabschluss – ist die Ausbildung regelmäßig abgeschlossen. Es ist nicht ausreichend, wenn sich durch eine Promotion die Berufschancen verbessern. Es muss zum einen die ernsthafte Absicht gegeben sein, eine Erwerbstätigkeit in dem Berufsfeld, das sich aus der Ausbildung ergibt, tatsächlich aufnehmen zu wollen und zum anderen die Aussicht bestehen, den eigenen Unterhalt dadurch nachhaltig sichern zu können.[8]

8 Der geschiedene Ehegatte muss sich in einem anerkannten **Ausbildungsverhältnis bei einem Ausbilder** befinden, der die Ausbildung leitet. Eine selbständige berufliche Tätigkeit genügt auch dann nicht, wenn sie die Zulassung zu einer berufsqualifizierenden Prüfung ermöglicht.[9] Eine abgebrochene **haus-**

---

[1] Saarländisches OLG v. 25.05.2007 - 9 UF 163/06 - juris Rn. 29 - FamRZ 2008, 411-415; Anmerkung *Clausius*, jurisPR-FamR 15/2007, Anm. 3.
[2] Saarländisches OLG v. 25.05.2007 - 9 UF 163/06 - juris Rn. 29 - FamRZ 2008, 411-415.
[3] OLG Bamberg v. 08.05.1980 - 2 UF 237/79 - FamRZ 1981, 150-154.
[4] Grundsätzlich zum Anwendungsbereich BGH v. 24.04.1985 - IVb ZR 9/84 - juris Rn. 23 - LM Nr. 43 zu § 1361 BGB.
[5] OLG Düsseldorf v. 18.03.1980 - 6 UF 170/79 - FamRZ 1980, 585-587.
[6] OLG Köln v. 22.11.1995 - 27 UF 49/95 - MDR 1996, 611.
[7] OLG Düsseldorf v. 19.03.1986 - 5 UF 172/85 - FamRZ 1987, 708-710.
[8] OLG Karlsruhe v. 18.08.2011 - 18 UF 19/11 - juris Rn.14 - FamRZ 2012, 789; *Hollinger*, AnwZert FamR 14/2012, Anm. 1.
[9] BGH v. 01.04.1987 - IVb ZR 35/86 - juris Rn. 19 - LM Nr. 4 zu § 1575 BGB.

interne **Ausbildung**, die auf dem Arbeitsmarkt nicht allgemein anerkannt wird, rechtfertigt unterhaltsrechtlich nicht die Aufnahme einer Ausbildung zur Altenpflegerin.[10]

Die Ausbildung ist „**sobald wie möglich**" aufzunehmen; die Einhaltung von konkreten Fristen ist im Gesetz nicht vorgesehen. Es bedarf der Abwägung der Interessen beider Ehegatten, die regelmäßig dazu führt, eine **Überlegungsfrist** einzuräumen und auch nicht schuldhaft herbeigeführte Zeiten der Verhinderung hinzunehmen. Hat der Unterhaltspflichtige die Verzögerungen mitzuverantworten, kann er sich nicht darauf berufen, die Ausbildung sei nicht in angemessener Zeit aufgenommen worden. Auch das vorausgegangene Bemühen, mit einer abgebrochenen Ausbildung im Arbeitsleben Fuß zu fassen, steht einer alsbaldigen Wiederaufnahme nicht entgegen (Ehefrau hat eine Ausbildung zur Krankenschwester abgebrochen, 14 Monate nach der Scheidung und gescheiterten Bemühungen wieder im medizinischen Bereich tätig zu werden, wird Ausbildung zur Rechtsanwaltsgehilfin aufgenommen).[11]

9

Die Ausbildung muss dem Ziel einer **nachhaltigen Sicherung des Unterhalts** dienen und ist kein Selbstzweck.[12] Ein Studium zur Selbstverwirklichung erfüllt diese Vorgabe nicht. Allerdings lassen sich bei einem Studium nur schwer Prognosen über die Arbeitsmarktverhältnisse stellen. Unsichere Zukunftschancen der gewählten Ausbildung stehen deshalb erst dann entgegen, wenn die anschließende Aufnahme einer Erwerbstätigkeit äußerst unwahrscheinlich ist.[13]

10

Ob bei Beginn der Ausbildung ein **erfolgreicher Abschluss** zu erwarten ist, hängt von vielen Kriterien ab. Es kommt auf das Alter, die gesundheitliche Verfassung, die persönlichen Fähigkeiten, den Ausbildungswillen, die geistige und körperliche Leistungsfähigkeit, aber auch auf die bisherige schulische Entwicklung und bereits erbrachte Ergebnisse an. Bereits auf Grund eines fortgeschrittenen Alters darf eine Ausbildung dann nicht mehr aufgenommen werden, wenn eine Anstellungschance praktisch ausscheidet.[14]

11

Es besteht die Obliegenheit, die Ausbildung **zielstrebig zu betreiben**, d.h. der Unterhaltsberechtigte muss bemüht sein, die Ausbildung innerhalb angemessener und üblicher Dauer erfolgreich abzuschließen. Eine Orientierung leisten die einschlägigen Ausbildungs- oder Studienpläne sowie die durchschnittliche Ausbildungszeit; Mindeststudienzeiten oder Regelstudienzeiten sind nicht heranzuziehen. Wer während des Studiums die doppelte Zeit für ein Vordiplom benötigt, verliert den Anspruch auf Ausbildungsunterhalt.[15] Verzögerungen, die ihre Ursache im fortgeschrittenen Alter oder in aufgetretenen Krankheiten haben, sind unschädlich, ebenso ehebedingte Verzögerungen (§ 1575 Abs. 1 Satz 2 BGB).

12

Ausbildungsunterhalt kann regelmäßig erst nach der Scheidung verlangt werden. Andererseits soll der Ehegatte, der getrennt lebt, nicht schlechter gestellt werden als der geschiedene. **Während der Trennung** kommt ein Anspruch auf Ausbildungsunterhalt nur insoweit in Betracht, als er sich nach den Kriterien des § 1573 Abs. 1 BGB i.V.m. § 1574 Abs. 3 BGB begründen lässt. Ausnahmsweise kann einem Ehegatten bereits während der Trennungszeit ein Anspruch auf Ausbildungsunterhalt zustehen, wenn er im Vorgriff auf die Voraussetzungen des § 1575 BGB eine Ausbildung aufnimmt, nachdem das endgültige Scheitern der Ehe feststeht.[16]

13

III. Weiterbildungsunterhalt (Absatz 2)

Neben einer Ausbildung kann auch die Aufnahme einer Fortbildung oder Umschulung erforderlich sein, um ehebedingte Nachteile bei der Aufnahme einer angemessenen Tätigkeit auszugleichen. Die Weiterbildung wird der erstmaligen Ausbildung praktisch gleichgestellt. Sie muss deshalb auch auf eine nachhaltige Unterhaltssicherung gerichtet sein, alsbald aufgenommen werden und einen erfolgreichen Abschluss erwarten lassen.

14

Die Begriffe Fortbildung und Weiterbildung sind dem früheren AFG (jetzt § 77 Abs. 2, 3 SGB III) entnommen und werden mit gleicher Bedeutung verwandt. Sie knüpfen an eine abgeschlossene Berufsausbildung oder eine erworbene Berufserfahrung an. **Berufliche Fortbildung** wird verstanden als

15

---

[10] OLG Koblenz v. 26.04.1999 - 13 UF 1221/98 - OLGR Koblenz 2000, 15-17 (Qualifizierung zur Diätköchin abgebrochen, Ausbildung zur Altenpflegerin aufgenommen).
[11] OLG Köln v. 22.11.1995 - 27 UF 49/95 - MDR 1996, 611.
[12] Saarländisches OLG v. 25.05.2007 - 9 UF 163/06 - juris Rn. 29 - FamRZ 2008, 411-415.
[13] Strenger OLG Frankfurt v. 20.03.1985 - 1 UF 205/84 - FamRZ 1985, 712-713.
[14] Zur Ausbildungsobliegenheit BGH v. 01.04.1987 - IVb ZR 33/86 - juris Rn. 13 - LM Nr. 68 zu § 242 (A) BGB.
[15] OLG Hamm v. 06.07.1988 - 10 UF 150/87 - FamRZ 1988, 1280-1283.
[16] BGH v. 24.04.1985 - IVb ZR 9/84 - juris Rn. 21 - LM Nr. 43 zu § 1361 BGB; BGH v. 29.11.2000 - XII ZR 212/98 - juris Rn. 17 - LM BGB § 1361 Nr. 71 (10/2001).

Teilnahme an Maßnahmen, die das Ziel haben, berufliche Kenntnisse und Fertigkeiten festzustellen, zu erhalten, zu erweitern oder der technischen Entwicklung anzupassen oder einen beruflichen Aufstieg zu ermöglichen. **Berufliche Umschulung** ist die Teilnahme von Arbeitssuchenden an Maßnahmen, die das Ziel haben, den Übergang in eine andere berufliche Tätigkeit zu ermöglichen, insbesondere um die berufliche Beweglichkeit zu sichern und zu verbessern. Diese Maßnahmen müssen dem Ausgleich ehebedingter Nachteile dienen.

IV. Angemessene Erwerbstätigkeit i.S.d. Absatzes 3

16 Nach Abschluss der Ausbildung und einer Übergangfrist hat der Berechtigte eine Erwerbstätigkeit aufzunehmen. Während der Übergangfrist darf sich der Berechtigte auch um eine Beschäftigung entsprechend dem nunmehr erreichten Ausbildungsniveau bemühen.[17] Seiner Erwerbsobliegenheit kommt er aber nur dann ausreichend nach, wenn er sich im Anschluss an diese Übergangszeit um eine angemessene Beschäftigung i.S.d. § 1574 Abs. 2 BGB bemüht, die sich an den dort genannten Kriterien unter Außerachtlassung des jetzt höheren Ausbildungsstandes richtet.

V. Beweislast

17 Der Berechtigte, der Ausbildungsunterhalt beansprucht, muss darlegen und beweisen, dass er im Hinblick auf die Eheschließung seine Ausbildung aufgegeben oder nicht begonnen hat. Die Kausalität wird lediglich vermutet, wenn die Ausbildung während der Ehe aufgegeben wird. Es verbleibt in diesem Fall die Darlegungs- und Beweispflicht, dass ein erfolgreicher Abschluss und anschließend die Aufnahme einer Erwerbstätigkeit zu erwarten ist.

D. Rechtsfolgen

18 Der Anspruch ist auf den **vollen Bedarf gemäß** § 1578 BGB gerichtet, umfasst also den gesamten an den ehelichen Lebensverhältnissen orientierten Bedarf. Darüber hinaus bezieht er den **ausbildungsbedingten Mehrbedarf** mit ein (§ 1578 Abs. 2 BGB). Nicht erfasst ist die Vorsorge für den Fall des Alters und der verminderten Erwerbsfähigkeit (§ 1578 Abs. 3 BGB). Wird die Ausbildung abgebrochen oder ohne Abschluss beendet, steht dem Unterhaltspflichtigen kein Anspruch auf Rückforderung zu, weil der Unterhaltsanspruch nicht erfolgsabhängig ist.

19 Eine **öffentlich-rechtliche Ausbildungsförderung** ist vom Berechtigten in Anspruch zu nehmen und mindert seine Bedürftigkeit. Es kann sich dann aber ein Ergänzungsanspruch ergeben, wenn die Förderung nicht an den Unterhalt nach den ehelichen Lebensverhältnissen heranreicht.

20 Eine **Erwerbstätigkeit neben der Ausbildung** wird regelmäßig nicht verlangt werden können. Wird gleichwohl ein Einkommen erzielt, ist anhand der konkreten Umstände des Einzelfalles zu prüfen, ob und inwieweit diese Tätigkeit noch zumutbar und deshalb im Wege der Differenzmethode zu berücksichtigen ist, weil die Fallgestaltung derjenigen der Erwerbstätigkeit trotz Kinderbetreuung vergleichbar ist. Nicht unterhaltsrelevantes Einkommen ist danach nicht anzurechnen, sondern bleibt insgesamt unberücksichtigt.[18]

E. Prozessuale Hinweise/Verfahrenshinweise

21 Da Unterhalt nach § 1575 BGB nur für die Dauer der konkret angestrebten oder beabsichtigten Ausbildung verlangt werden kann, ist er bereits im Antrag **auf die voraussichtlich benötigte Zeit zu begrenzen**, wenn sich die Dauer zuverlässig abschätzen lässt. Es liegt deshalb an dem Unterhaltsberechtigten, seinen Sachvortrag auch auf die voraussichtliche Ausbildungsdauer auszurichten. Bei einer unzutreffenden Prognose ist erneut Antrag auf Unterhaltszahlung zu stellen.[19]

22 Für den Zeitraum nach Abschluss der Ausbildung bzw. Weiterbildung kann ein Anspruch nach § 1573 Abs. 1 BGB in Betracht kommen, weil der Einsatzzeitpunkt für den Fall, dass Ausbildungsunterhalt zu zahlen ist, auf das Ende der Ausbildung verlagert wird (§ 1573 Abs. 3 BGB).

F. Steuerrechtliche Hinweise

23 Vgl. hierzu die Steuerrechtl. Hinw. zu §§ 1569 ff. BGB.

---

[17] OLG Düsseldorf v. 19.03.1986 - 5 UF 172/85 - FamRZ 1987, 708-710.
[18] Dazu BGH v. 13.04.2005 - XII ZR 273/02 - FamRZ 2005, 1154-1158.
[19] *Büttner* in: Johannsen/Henrich, Familienrecht, 5. Aufl., § 1576 Rn. 22.

§ 1576 BGB Unterhalt aus Billigkeitsgründen

(Fassung vom 02.01.2002, gültig ab 01.01.2002)

¹Ein geschiedener Ehegatte kann von dem anderen Unterhalt verlangen, soweit und solange von ihm aus sonstigen schwerwiegenden Gründen eine Erwerbstätigkeit nicht erwartet werden kann und die Versagung von Unterhalt unter Berücksichtigung der Belange beider Ehegatten grob unbillig wäre. ²Schwerwiegende Gründe dürfen nicht allein deswegen berücksichtigt werden, weil sie zum Scheitern der Ehe geführt haben.

Gliederung

A. Grundlagen ... 1	b. Unbilligkeit bei verfehltem Einsatzzeitpunkt 17
B. Praktische Bedeutung ... 3	2. Weitere Gründe ... 19
C. Anwendungsvoraussetzungen ... 4	IV. Gesamtabwägung ... 20
I. Normstruktur ... 4	V. Beweislast ... 22
II. Schwerwiegende Gründe ... 7	VI. Konkurrenz ... 23
III. Grobe Unbilligkeit ... 8	D. Rechtsfolgen ... 24
1. Typische Fälle ... 9	E. Steuerrechtliche Hinweise ... 27
a. Betreuung von nicht gemeinschaftlichen Kindern ... 9	

A. Grundlagen

§ 1576 BGB stellt einen Auffangtatbestand dar und hat das Ziel, Härten zu vermeiden, die sich daraus ergeben, dass die §§ 1569-1575 BGB eine abschließende Aufzählung der zum Unterhalt berechtigenden Tatbestände enthalten, die zudem an konkrete Einsatzzeitpunkte oder im Fall des § 1570 BGB an das Betreuungsbedürfnis der Kinder gebunden sind (positive Härteklausel).[1] Diese Norm geht davon aus, dass eine Erwerbsobliegenheit aus Gründen, die den übrigen Unterhaltstatbeständen gleichgewichtig sind, nicht besteht, und die Versagung des Unterhalts unter Berücksichtigung der Belange beider Ehegatten grob unbillig wäre.

Das **UÄndG vom 21.12.2007** hat diese Vorschrift nicht geändert. Die starke Betonung der Eigenverantwortung könnte jedoch bei der Billigkeitsabwägung zu Verschiebungen führen.[2]

B. Praktische Bedeutung

Die Vollständigkeit der Prüfung der Anspruchsgrundlagen verlangt die Einbeziehung auch dieser Norm, ohne dass sie im Ergebnis häufig zum Tragen kommt.

C. Anwendungsvoraussetzungen

I. Normstruktur

Diese Billigkeitsklausel ist gegenüber den vorausgehenden Unterhaltstatbeständen, die keine Erwerbsobliegenheit voraussetzen, subsidiär (vgl. Rn. 23).[3] Sie erweitert die Unterhaltspflicht, ist aber **nicht als Generalklausel** zu verstehen, die zur Aufweichung der vom Gesetzgeber gezogenen unterhaltsrechtlichen Grenzen verwandt werden darf. Unterhalt kann danach verlangt werden, wenn den Unterhaltsberechtigten aus sonstigen schwerwiegenden Gründen keine Obliegenheit zur Erwerbstätigkeit trifft und die Abwägung der Belange beider Ehegatten dazu führt, dass es grob unbillig wäre, Unterhalt zu versagen. Wegen des Ausnahmecharakters sind an die Freistellung von der Erwerbsobliegenheit strenge Anforderungen zu stellen.

---

[1] BT-Drs. 7/4361, S. 17.
[2] Die Eigenverantwortung bereits betonend OLG Koblenz v. 16.02.2005 - 7 WF 1224/04 - FamRZ 2005, 1997.
[3] BGH v. 25.01.1984 - IVb ZR 28/82 - juris Rn. 23 - LM Nr. 4 zu § 1570 BGB; BGH v. 18.04.1984 - IVb ZR 80/82 - juris Rn. 20 - NJW 1984, 2355-2357; BGH v. 17.09.2003 - XII ZR 184/01 - juris Rn. 18 - NJW 2003, 3481-3484.

§ 1576

5 Der Abkehr vom Schuldprinzip ist Rechnung zu tragen, so dass schwerwiegende Gründe nicht allein deswegen zu berücksichtigen sind, weil sie Ursache des Scheiterns der Ehe waren; diese Umstände können bei der Billigkeitsabwägung berücksichtigt werden.[4]

6 Diese Vorschrift bedarf keiner Korrektur nach § 1579 BGB, weil die dort angeführten Umstände bereits im Rahmen der Billigkeit als Tatbestandsvoraussetzung zu prüfen sind.[5] Aus diesem Grund bedarf es auch keines Rückgriffs auf die Beschränkungsmöglichkeiten des § 1578b BGB. Unterhalt wird nach § 1576 BGB nur geschuldet **soweit und solange** dies aus Billigkeitsgründen erforderlich ist.

II. Schwerwiegende Gründe

7 Die Gründe müssen zumindest das gleiche Gewicht haben wie die übrigen unterhaltsrechtlichen Tatbestände; sie müssen aber **nicht ehebedingt** sein.[6] Die Regelung in § 1576 Satz 2 BGB darf aber nicht so verstanden werden, als könne dem Unterhalt begehrenden Ehegatten ein Fehlverhalten während der Ehe nicht entgegengehalten werden; sie soll lediglich verhindern, dass ein nachehelicher Unterhalt anspruchsbegründend darauf gestützt wird, dass der andere Ehepartner das Scheitern der Ehe zu verantworten hat.[7]

III. Grobe Unbilligkeit

8 Zu den schwerwiegenden Gründen muss ein weiteres Korrektiv hinzukommen. Die Versagung des Unterhalts muss grob unbillig sein, was dann anzunehmen ist, wenn dies dem **Gerechtigkeitsempfinden in nahezu unerträglicher Weise widerspricht**.[8] Wird ein Unterhaltsanspruch bejaht, ist zu prüfen, ob nicht eine angemessene Anhebung des Selbstbehalts des Unterhaltspflichtigen geboten ist.[9]

1. Typische Fälle

a. Betreuung von nicht gemeinschaftlichen Kindern

9 Ist eine Erwerbstätigkeit in Folge der Betreuung von Kindern außerhalb des Anwendungsbereichs des § 1570 BGB nicht möglich, kann dies dann zu einem Unterhaltsanspruch führen, wenn auf Grund gemeinsamer Entscheidung ein **Kind zur Pflege** aufgenommen wurde. Zu diesem gleich schwerwiegenden Grund muss aber als weitere Tatbestandvoraussetzung die grobe Unbilligkeit hinzukommen.[10] Sie kann sich daraus ergeben, dass das Kind einvernehmlich in jungen Jahren aufgenommen und bereits über einen längeren Zeitraum von den Ehegatten betreut wurde. Einzubeziehen ist auch die grundsätzliche Entscheidung des Gesetzgebers für den Vorrang des Kindeswohls und gegen das Interesse des nicht betreuenden Elternteils, keinen Unterhalt zahlen zu müssen, wenn dem anderen ein Fehlverhalten vorzuhalten ist.[11]

10 Trifft ein solcher Billigkeitsunterhalt mit einem Anspruch aus § 1570 BGB zusammen, ist jedenfalls in den Entscheidungsgründen sowohl der auf § 1570 BGB beruhende Unterhalt als auch der darüber hinausgehende Anspruch aus § 1576 BGB zu beziffern, um eine klare Zuordnung zu ermöglichen (vgl. zur Berechnung die Kommentierung zu § 1573 BGB Rn. 115).[12] Der Anspruch aus § 1576 BGB ist gem. § 1609 Nr. 3 BGB nachrangig.

11 Der BGH scheint differenzieren zu wollen, ob die Aufnahme des Pflegekindes **gemeinschaftlich** erfolgt ist oder ob der andere Ehegatte **nur einverstanden** war. Bei der letzten Alternative wären jedenfalls dann, wenn die Aufnahme des Pflegekindes und das Scheidungsverfahren in engem zeitlichem Bezug stehen, strengere Anforderungen an die Billigkeit zu stellen.[13] Allein die Tatsache, dass die Ehefrau während des nur wenige Jahre dauernden ehelichen Zusammenlebens der Parteien mit Einverständnis des Antragsgegners von der Antragstellerin betreut worden ist, reicht nach dem OLG Koblenz für die Annahme einer groben Unbilligkeit nicht aus.[14]

---

[4] BGH v. 25.01.1984 - IVb ZR 28/82 - juris Rn. 40 - LM Nr. 4 zu § 1570 BGB.
[5] BGH v. 25.01.1984 - IVb ZR 28/82 - juris Rn. 36 - LM Nr. 4 zu § 1570 BGB.
[6] BGH v. 11.05.1983 - IVb ZR 382/81 - juris Rn. 10 - LM Nr. 1 zu § 1576 BGB; BGH v. 17.09.2003 - XII ZR 184/01 - juris Rn. 29 - NJW 2003, 3481-3484.
[7] BGH v. 25.01.1984 - IVb ZR 28/82 - juris Rn. 39 - LM Nr. 4 zu § 1570 BGB.
[8] BGH v. 11.05.1983 - IVb ZR 382/81 - juris Rn. 13 - LM Nr. 1 zu § 1576 BGB.
[9] OLG Düsseldorf v. 26.10.1979 - 3 UF 94/79 - juris Rn. 30 - FamRZ 1980, 56-57.
[10] OLG Bremen v. 08.08.1983 - 3 WF 45/83.
[11] BGH v. 25.01.1984 - IVb ZR 28/82 - juris Rn. 42 - LM Nr. 4 zu § 1570 BGB.
[12] BGH v. 18.04.1984 - IVb ZR 80/82 - juris Rn. 20 - NJW 1984, 2355-2357.
[13] BGH v. 18.04.1984 - IVb ZR 80/82 - juris Rn. 25 - NJW 1984, 2355-2357.
[14] OLG Koblenz v. 16.03.2010 - 11 UF 532/09 - juris Rn. 9.

Wird das Pflegekind erst kurz vor dem Scheitern der Ehe aufgenommen, spricht dies gegen die Bejahung einer groben Unbilligkeit.[15] Entscheidend sollte darauf abgestellt werden, ob durch das Verhalten des Unterhaltspflichtigen beim Unterhaltsberechtigten ein **schützenswerter Vertrauenstatbestand** entstanden ist und die Interessen des Kindes die Unterhaltszahlung erfordern.[16]

Werden – wie bereits während der Ehe – nach der Scheidung nicht gemeinschaftliche sondern aus einer früheren Ehe hervorgegangene Kinder mit Einwilligung des Stiefvaters betreut, kommt ein Anspruch auf nachehelichen Unterhalt nach § 1576 BGB nur dann in Betracht, wenn über die Pflege und Erziehung dieser Kinder hinaus gewichtige **besondere Umstände hinzutreten**. Allein die Verlagerung des Lebensmittelpunkts an den Wohnsitz des Ehemannes und die damit verbundene Aufgabe familiärer Bindung und Unterstützung ist nicht ausreichend. Im Rahmen des Billigkeitsunterhalts nach § 1576 BGB sind zudem **strengere Anforderungen an eine Erwerbsobliegenheit** zu stellen als beim Betreuungsunterhalt (§ 1570 Abs. 1 Satz 2 BGB), so dass neben der Betreuung von vier Kindern im Alter von 12 bis 19 Jahren eine Halbtagstätigkeit aufzunehmen ist.[17]

Dieser Sachlage vergleichbar ist die einvernehmliche **Aufnahme eines vorehelichen nicht gemeinschaftlichen Kindes**. Dies gilt sowohl, wenn es sich um das Kind des Ehemannes handelt[18], als auch bei dem nicht vom unterhaltspflichtigen Ehegatten abstammenden Kind[19]. Bei Kindern aus einer früheren Ehe des Unterhaltsberechtigten ist jedoch der frühere Ehegatte vorrangig zu Unterhaltsleistungen verpflichtet. Dieser Unterhaltsanspruch lebt nach der Scheidung wieder auf (§ 1586a BGB). Erst wenn dieser Anspruch nicht zu realisieren ist, kommt ein Billigkeitsunterhalt in Betracht.

Bei **Ehebruchskindern** kann das Fehlverhalten des unterhaltsbegehrenden Ehegatten im Rahmen der Billigkeit zu berücksichtigen sein. Die Versagung eines Unterhaltsanspruchs wäre aber dann grob unbillig, wenn der Ehemann der Ehefrau verziehen hat und das Kind wie ein gemeinsames behandelt wurde.

Eine besondere Fallgestaltung kann sich dadurch ergeben, dass die Ehefrau nach der Scheidung ein Kind zur Welt bringt, das vom geschiedenen Ehemann abstammt. Es handelt sich dann zwar um ein gemeinsames, aber nicht um ein eheliches Kind. Streitig ist lediglich, ob es sich bei diesem **nachehelichen Kind** um ein gemeinschaftliches Kind i.S.d. § 1570 BGB handelt (vgl. dazu die Kommentierung zu § 1570 BGB). Der BGH hat die Frage verneint, obwohl der Wortlaut auch die andere Auffassung zulässt, und dies darauf gestützt, dass einerseits der Unterhaltsanspruch der nicht verheirateten Mutter in § 1615l BGB gesondert geregelt ist und andererseits auch die Betreuung eines unstreitig scheinehelichen Kindes den Unterhaltsanspruch nach § 1570 BGB bis zur rechtskräftigen Feststellung der Nichtehelichkeit auslöst.[20] Der geschiedene Ehegatte kann aber seinen Anspruch auch nicht auf § 1576 BGB stützen, weil diese Norm als Auffangtatbestand nur in den Fällen eingreift, die keine ausdrückliche Regelung erfahren haben. Der Anspruch der nicht verheirateten Mutter ist aber vorrangig in § 1615l BGB normiert. Die Differenzierung hat an Schärfe verloren, weil die Anspruchsvoraussetzungen in beiden Vorschriften durch das UÄndG v. 27.12.2007 angenähert wurden.

b. Unbilligkeit bei verfehltem Einsatzzeitpunkt

Die Unterhaltsverpflichtung hängt regelmäßig davon ab, dass die den Anspruch auslösenden Tatbestandsmerkmale zu einem bestimmten Zeitpunkt – regelmäßig im Zeitpunkt der Scheidung – vorliegen müssen. Wird dieser Zeitpunkt verfehlt, ist umstritten, ob dies einen Anspruch nach § 1576 BGB auslösen kann. Der Wortlaut verlangt nicht ausdrücklich, dass ein Einsatzzeitpunkt zu beachten ist. Dagegen spricht auch die Funktion der Norm als Auffangtatbestand.[21] Der Gefahr der Ausuferung kann durch das Erfordernis der groben Unbilligkeit begegnet werden. Je größer der Abstand zu den verfehlten Einsatzzeitpunkten, umso strenger müssen die Anforderungen an die Billigkeitsprüfung sein.[22]

---

[15] OLG Hamm v. 06.02.1996 - 2 UF 263/95 - FamRZ 1996, 1417-1418.
[16] *Brudermüller* in: Palandt, § 1576 Rn. 6.
[17] OLG Koblenz v. 16.02.2005 - 7 WF 1224/04 - FamRZ 2005, 1997.
[18] OLG Düsseldorf v. 19.08.1998 - 5 UF 73/98 - FamRZ 1999, 1274-1275 (Kind gilt als eheliches Kind des geschiedenen Ehemannes, ist aber biologisch Kind des zweiten Ehemannes).
[19] OLG Düsseldorf v. 26.10 1979 - 3 UF 94/79 - juris Rn. 27 - FamRZ 1980, 56-57.
[20] BGH v. 17.12.1997 - XII ZR 38/96 - juris Rn. 8 - LM BGB § 1570 Nr. 19 (4/1998).
[21] BGH v. 17.09.2003 - XII ZR 184/01 - juris Rn. 29 - NJW 2003, 3481-3484; BGH v. 31.01.1990 - XII ZR 36/89 - juris Rn. 24 - LM Nr. 61 zu § 323 ZPO.
[22] *Brudermüller* in: Palandt, § 1576 Rn. 5.

§ 1576

18 Teilweise wird die Tatsache, dass eine **Krankheit kurze Zeit nach der Scheidung** aufgetreten ist, für die Annahme eines ebenso schwerwiegenden Grundes als ausreichend angesehen und die Eingrenzung über die Billigkeitsabwägung vorgenommen[23], teilweise werden weitere Umstände verlangt[24]. Verliert der Unterhaltsberechtigte längere Zeit nach der Scheidung infolge einer bereits in der Ehe angelegten Psychose seine Festanstellung, so kann die Versagung von Unterhalt grob unbillig sein.[25]

2. Weitere Gründe

19 Ähnlich schwerwiegend können **besondere persönliche Opfer** für die eheliche Lebensgemeinschaft zu bewerten sein. Diese können sich zeigen in einer besonders **aufopferungsvolle Pflege** des Unterhaltspflichtigen oder seiner Familienangehörigen sowie in der Mitwirkung beim Aufbau einer Existenz oder der Unterstützung in sonstigen Notlagen, z.B. wenn der Unterhalt begehrende Ehegatte das Studium des anderen finanziert und sein Vermögen in dessen Existenzgründung eingebracht hat. Die **Aufgabe eines sicheren Unterhaltsanspruchs** zugunsten einer neuen Ehe könnte einen schwerwiegenden Grund darstellen, wenn bei deren Ende kein Unterhaltsanspruch besteht.

IV. Gesamtabwägung

20 Liegen schwerwiegende Gründe vor, ist zu prüfen, ob die Versagung des Unterhalts grob unbillig wäre. Dazu ist eine **Abwägung aller Gesichtspunkte** auf beiden Seiten erforderlich, wobei die Umstände, die die Annahme von schwerwiegenden Gründen rechtfertigen, auch im Rahmen der Billigkeitsprüfung berücksichtigt werden können.

21 Einzubeziehen sind auch die **wirtschaftlichen Verhältnisse** der Parteien[26], so dass dann, wenn der Berechtigte über eigenes Vermögen verfügt, ihm eher zuzumuten ist, darauf zurückzugreifen. Zwar ist § 1579 BGB auf den Unterhalt nach § 1576 BGB nicht anzuwenden. Die dort getroffenen Wertungen sind aber bei der Gesamtabwägung einzubeziehen, wobei schutzwürdige Belange des in Pflege genommenen Kindes besonders zu berücksichtigen sind.[27]

V. Beweislast

22 Die den Unterhalt rechtfertigenden Umstände sind vom Berechtigten darzulegen und zu beweisen. Kommt es auf eine Abwägung der Belange beider Ehegatten an, hat den allgemeinen Regeln folgend jeder die ihm günstigen Umstände darzutun und zu beweisen.

VI. Konkurrenz

23 Der Unterhaltsanspruch nach § 1576 BGB ist **subsidiär** gegenüber dem Anspruch aus den §§ 1570-1572, 1575 BGB. Für das Verhältnis zu den §§ 1570, 1572 BGB hat dies der BGH bereits entschieden. Die Subsidiarität ergibt sich danach aus der Funktion der Norm, die nach Art eines Auffangtatbestandes Regelungslücken schließen und Härten vermeiden soll, die sich aus dem enumerativen Tatbestandskatalog der §§ 1570-1573, 1575 BGB ergeben könnten.[28] Subsidiarität dürfte jedoch nur hinsichtlich der Unterhaltstatbestände gegeben sein, die keine Erwerbsobliegenheit voraussetzen (vgl. eingehender die Kommentierung zu § 1569 BGB).

D. Rechtsfolgen

24 Sind die Tatbestandsvoraussetzungen gegeben, erwächst dem geschiedenen Ehegatten ein Unterhaltsanspruch dem Grunde nach. Dieser Anspruch muss nicht den sich aus den ehelichen Lebensverhältnissen ergebenden vollen Bedarf i.S.d. § 1578 BGB decken.

---

[23] BGH v. 17.09.2003 - XII ZR 184/01 - juris Rn. 29 - NJW 2003, 3481-3484; OLG Zweibrücken v. 15.06.2001 - 2 UF 176/00 - juris Rn. 33 - FuR 2001, 418-428.

[24] OLG Hamm v. 03.12.1997 - 11 UF 8/97 - OLGR Hamm 1998, 52-55; OLG Koblenz v. 16.02.2005 - 7 WF 1224/04 - FamRZ 2005, 1997.

[25] OLG Karlsruhe v. 17.12.1992 - 2 UF 195/91 - FamRZ 1994, 104-107 (Verlust des Arbeitsplatzes vier Jahre nach Scheidung infolge einer während der Ehe schon aufgetretenen Psychose).

[26] BGH v. 25.01.1984 - IVb ZR 28/82 - juris Rn. 33 - LM Nr. 4 zu § 1570 BGB.

[27] BGH v. 25.01.1984 - IVb ZR 28/82 - juris Rn. 42 - LM Nr. 4 zu § 1570 BGB; *Borth* in: Schwab, Handbuch des Scheidungsrechts, 5. Aufl. 2004, Teil IV Rn. 375.

[28] BGH v. 17.09.2003 - XII ZR 184/01 - juris Rn. 18 - NJW 2003, 3481-3484; OLG Koblenz v. 16.03.2010 - 11 UF 532/09 - juris Rn. 9.

Wegen des Billigkeitscharakters unterliegt der Anspruch der **Begrenzung sowohl in der Höhe als** 25
auch hinsichtlich der Dauer, ohne dass dies von den Voraussetzungen des § 1578b BGB abhängig ist. So kann bei der Betreuung des Pflegekindes der Unterhalt bis zum voraussichtlichen Ende des Betreuungsbedürfnisses befristet werden, wobei auch eine **gesteigerte Erwerbsobliegenheit** einzubeziehen ist.[29] Abhängig vom Betreuungserfordernis und der damit einhergehenden Erwerbsobliegenheit kann der Anspruch auf einen **Teilunterhalt** beschränkt werden.

Der Anspruch hat keine hervorgehobene Bedeutung im System des Scheidungsfolgenrechts und ist 26
deshalb einem Verzicht eher zugänglich. Er zählt nicht zum besonders geschützten Kernbereich.[30]

E. Steuerrechtliche Hinweise
Vgl. hierzu die Steuerrechtl. Hinw. zu §§ 1569 ff. BGB. 27

---

[29] OLG Koblenz v. 16.02.2005 - 7 WF 1224/04 FamRZ 2005, 1997.
[30] BGH v. 28.11.2007 - XII ZR 132/05 - juris Rn. 24 - FamRZ 2008, 582-586, DGH v. 11.02.2004 - XII ZR 265/02 - juris Rn. 54 - FamRZ 2004, 601-609 mit Anmerkung *Strohal*, jurisPR-FamR 15/2005, Anm. 1 und *Strohal*, jurisPR-FamR 3/2004, Anm. 2.

§ 1577 BGB Bedürftigkeit

(Fassung vom 21.12.2007, gültig ab 01.01.2008)

(1) Der geschiedene Ehegatte kann den Unterhalt nach den §§ 1570 bis 1573, 1575 und 1576 nicht verlangen, solange und soweit er sich aus seinen Einkünften und seinem Vermögen selbst unterhalten kann.

(2) ¹Einkünfte sind nicht anzurechnen, soweit der Verpflichtete nicht den vollen Unterhalt (§§ 1578 und 1578b) leistet. ²Einkünfte, die den vollen Unterhalt übersteigen, sind insoweit anzurechnen, als dies unter Berücksichtigung der beiderseitigen wirtschaftlichen Verhältnisse der Billigkeit entspricht.

(3) Den Stamm des Vermögens braucht der Berechtigte nicht zu verwerten, soweit die Verwertung unwirtschaftlich oder unter Berücksichtigung der beiderseitigen wirtschaftlichen Verhältnisse unbillig wäre.

(4) ¹War zum Zeitpunkt der Ehescheidung zu erwarten, dass der Unterhalt des Berechtigten aus seinem Vermögen nachhaltig gesichert sein würde, fällt das Vermögen aber später weg, so besteht kein Anspruch auf Unterhalt. ²Dies gilt nicht, wenn im Zeitpunkt des Vermögenswegfalls von dem Ehegatten wegen der Pflege oder Erziehung eines gemeinschaftlichen Kindes eine Erwerbstätigkeit nicht erwartet werden kann.

Gliederung

A. Grundlagen 1	III. Verwertung des Vermögensstammes
I. Normzweck und Normstruktur 1	(Absatz 3) 36
II. Schematische Darstellung der Normstruktur 10	IV. Unterhaltssicherndes Vermögen und
B. Anwendungsvoraussetzungen 11	Vermögensverlust (Absatz 4) 39
I. Bedürftigkeit (Absatz 1) 11	1. Grundsatz gemäß Absatz 4 Satz 1 39
1. Bedürftigkeit des Unterhaltsgläubigers 12	2. Ausnahme des Absatzes 4 Satz 2 44
2. Anrechenbare Eigeneinkünfte des Unterhaltsgläubigers 16	C. Prozessuale Hinweise/Verfahrenshinweise 45
a. Positive Einkünfte 16	I. Beweislast 45
b. Verbindlichkeiten 17	II. Aspekte anwaltlicher Tätigkeit 48
3. Anrechnungsregeln 20	III. Prozessuale Hinweise 51
II. Einkünfte aus unzumutbarer Tätigkeit (Absatz 2) 24	IV. Steuerrechtliche Hinweise 54

A. Grundlagen

I. Normzweck und Normstruktur

1 § 1577 BGB ist kein eigenständiger Unterhaltstatbestand, sondern regelt die **Bedürftigkeit** des Unterhaltsgläubigers. Auf die Unterhaltstatbestände des nachehelichen Unterhaltes (§§ 1570-1573, 1575, 1576 BGB) wird lediglich im Gesetzestext (§ 1577 Abs. 1 BGB) Bezug genommen.

2 § 16 Abs. 1 LPartG (in der Fassung v. 15.12.2004, gültig ab 01.01.2005) verweist hinsichtlich des nachpartnerschaftlichen Unterhaltes zur entsprechenden Anwendung auf die §§ 1570-1581 BGB.

3 Für die Prüfung jedes Unterhaltsanspruchs gilt folgendes **Grundschema**:
- Unterhaltstatbestand (Anspruchsgrundlage, §§ 1570-1573, 1575, 1576 BGB),
- Bedarf des Unterhaltsgläubigers (§ 1578 BGB),
- Bedürftigkeit des Unterhaltsgläubigers (§ 1577 BGB),
- Leistungsfähigkeit des Unterhaltsschuldners (§ 1581 BGB).

4 Diese **Prüfungsreihenfolge** ist **zwingend** einzuhalten. Auch wenn sich der Unterhaltsgläubiger für sein Begehren auf einen Unterhaltstatbestand stützen kann, so kann gleichwohl der Unterhaltsanspruch – etwa an der fehlenden Bedürftigkeit – scheitern. In diesem Fall erübrigt sich eine Prüfung der Leis-

tungsfähigkeit des Unterhaltsschuldners gem. § 1581 BGB. Dass die Frage der Bedürftigkeit allein und bereits i.R.d. § 1577 BGB zu prüfen ist, hebt der BGH unverändert in seiner Rechtsprechung hervor.[1]

§ 1577 Abs. 1 BGB begründet für den Unterhaltsgläubiger die grundsätzliche Pflicht, seinen **Unterhaltsbedarf** (§ 1578 BGB) so lange und so weit wie möglich **aus** seinen **Einkünften und** seinem **Vermögen zu decken.**

§ 1577 Abs. 2 BGB erfasst ausschließlich **Einkünfte aus unzumutbarer Tätigkeit.** Als Ausnahmeregelung zu § 1577 Abs. 1 BGB will er sicherstellen, dass der Unterhaltsgläubiger vorrangig Einkommen aus unzumutbarer Tätigkeit dazu verwenden kann, den bisherigen Standard nach den ehelichen Lebensverhältnissen aufrechtzuerhalten. § 1577 Abs. 2 BGB dient dem Schutz des Unterhaltsgläubigers, ist aber keine „Strafnorm" zum Nachteil des nichtleistenden Unterhaltsschuldners.

§ 1577 Abs. 3 BGB befreit als weitere Ausnahme von § 1577 Abs. 1 BGB den Unterhaltsgläubiger aus **Billigkeitsgründen** von seiner aus § 1577 Abs. 1 BGB folgenden grundsätzlichen Pflicht, den **Stamm seines Vermögens** zur Deckung seines Unterhaltsbedarfs einzusetzen.

§ 1577 Abs. 4 BGB dient dem Schutz des Unterhaltsschuldners. Hat der Unterhaltsgläubiger **bedarfsdeckendes Vermögen,** so soll der Unterhaltsschuldner darauf vertrauen können, keinen Unterhalt leisten zu müssen.

In der **seit dem 01.01.2008** geltenden **Neufassung des § 1577 BGB** wurde der in Absatz 1 bereits nach früherer Gesetzeslage vorhandene Klammerzusatz um die neu eingefügte Regelung des § 1578b BGB ergänzt. Der Gesetzgeber hat damit zum Ausdruck gebracht, dass **„voller Unterhalt"** im Sinn des § 1577 Abs. 2 BGB nicht nur der an den ehelichen Lebensverhältnissen orientierte Unterhalt im Sinne des § 1578 BGB n.F. ist, sondern auch der aufgrund Billigkeitsprüfung herabgesetzte Unterhalt im Sinne des § 1578b BGB. Die im Gesetz vorgesehenen Möglichkeiten der Herabsetzung und Befristung wurden danach noch stärker betont.

---

[1] BGH v. 07.11.2012 - XII ZB 229/11 - FamRZ 2013, 109.

§ 1577

II. Schematische Darstellung der Normstruktur

10 Das **Regelungsgefüge** lässt sich am anschaulichsten anhand eines Fallbaums darstellen:

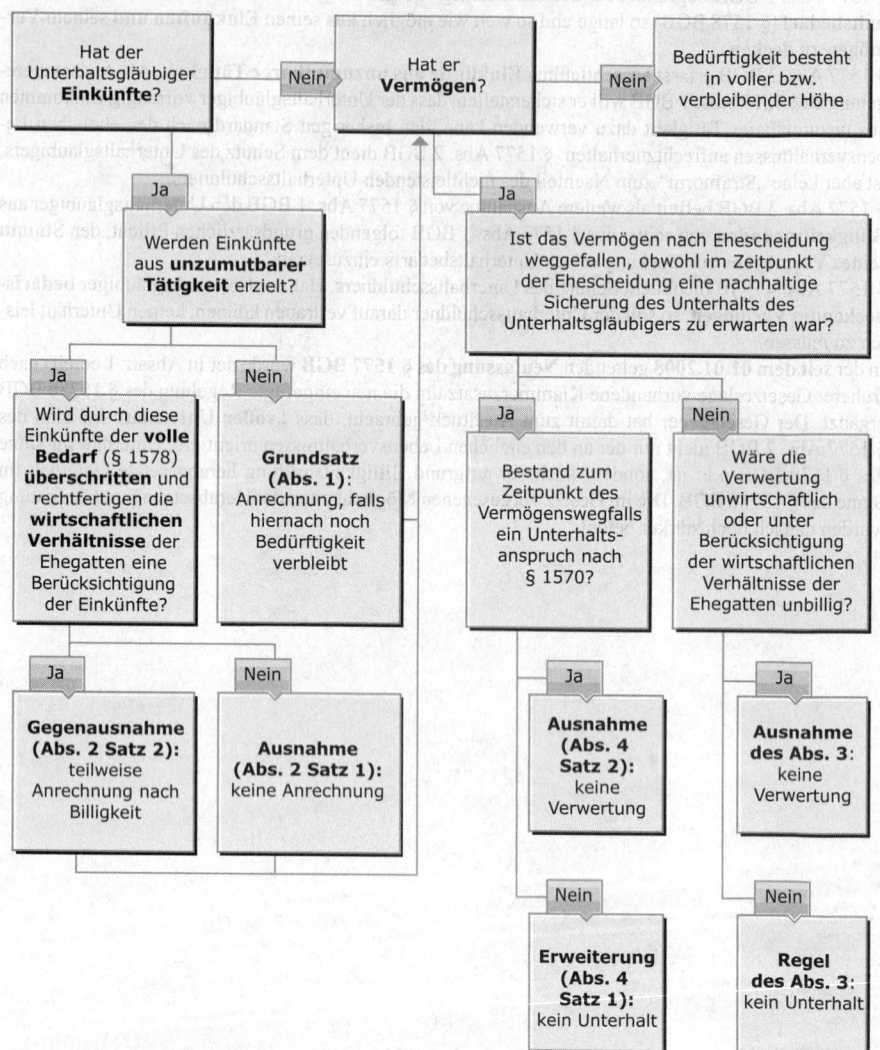

B. Anwendungsvoraussetzungen

I. Bedürftigkeit (Absatz 1)

11 Nach dem Grundsatz des § 1577 Abs. 1 BGB ist die Geltendmachung eines Unterhaltsanspruches **ausgeschlossen**, wenn der Unterhaltsgläubiger seinen Bedarf unter Verwendung eigener Einkünfte oder eigenen Vermögens decken kann.

1. Bedürftigkeit des Unterhaltsgläubigers

12 Sie wird abweichend von den für staatliche Hilfeleistungen entwickelten Kriterien ermittelt[2] und ist unabhängig von einer etwaigen freiwilligen Einschränkung des Unterhaltsgläubigers in seiner Lebens-

---

[2] BGH v. 26.09.1979 - IV ZR 87/79 - LM Nr. 6 zu § 58 EheG; BGH v. 22.02.1995 - XII ZR 80/94 - LM BGB § 1353 Nr. 34 (7/1995).

führung³. Mit Blick auf die **Subsidiarität sozialstaatlicher Leistungen** entfällt die Bedürftigkeit auch dann nicht, wenn der Unterhaltsgläubiger solche Leistungen bezieht⁴ (zum Arbeitslosengeld II vgl. Rn. 16).

Lediglich in **Mangelfällen** kann bezüglich etwaiger **Unterhaltsrückstände** zugunsten des Unterhaltsschuldners auf den Rechtsgedanken des § 242 BGB zurückgegriffen werden.⁵ Dieser Gedanke gilt ausdrücklich nicht für künftige Unterhaltsansprüche.⁶ 13

Die Bedürftigkeit eines **im Ausland lebenden Unterhaltsgläubigers** orientiert sich an den dortigen tatsächlichen Versorgungsmöglichkeiten und konkreten Kosten.⁷ 14

Wird ein Unterhaltsanspruch geltend gemacht, so hat der Unterhaltsgläubiger die zur Anspruchsbegründung dienenden tatsächlichen Umstände **wahrheitsgemäß** anzugeben. Aspekte, die seine **Unterhaltsbedürftigkeit** in Frage stellten könnten, dürfen nicht verschwiegen werden.⁸ Ansonsten kommt **(Teil-)Verwirkung** seines Unterhaltsanspruchs nach § 1579 Ziff. 5 BGB in Betracht.⁹ 15

2. Anrechenbare Eigeneinkünfte des Unterhaltsgläubigers

a. Positive Einkünfte

Der **Begriff der Einkünfte ist weit auszulegen**.¹⁰ Erfasst werden alle Leistungen in Geld oder Geldeswert,¹¹ wobei die Einkünfte des Unterhaltsgläubigers als bedarfsdeckend behandelt werden, unabhängig davon, ob sie eheprägend waren oder nicht. Einkünfte sind zum Beispiel: 16

- **Abfindungen** für den Verlust eines Arbeitsplatzes haben primär Lohnersatzfunktion, d.h. sie sollen das bisherige Arbeitseinkommen ersetzen. Sie sind auf einen längeren Zeitraum zu verteilen¹² und nur dann unterhaltsrechtlich ohne Bedeutung, wenn übergangslos an eine neue Tätigkeit mit bisherigem Einkommen angeknüpft werden kann.¹³ Wird allerdings nach Antritt einer neuen vollschichtigen Tätigkeit dauerhaft nur noch ein geringeres Einkommen erzielt, so ist – abweichend von der früheren Rechtsprechung des BGH – ggf. auf die Abfindung zurückzugreifen ohne dass jedoch zwingend eine Aufstockung bis zum bisherigen Einkommensniveau erfolgen muss.¹⁴ Im Rahmen der dabei zu treffenden tatrichterlichen Wertung ist neben einer etwaigen zu erwartenden längeren Arbeitslosigkeit auch die zu prognostizierende weitere Einkommensentwicklung maßgeblich. Die an einen älteren Arbeitnehmer fließende Abfindung kann daher ggf. bis zum voraussichtlichen Rentenbeginn zu verteilen sein.¹⁵ Für die unterhaltsrechtliche Berücksichtigung ist unerheblich, ob die Abfindung für eine frühere unzumutbare Tätigkeit erfolgte.¹⁶ Unberücksichtigt bleibt aber die auf einem Karrieresprung beruhende Abfindung, d.h. einer unerwarteten und vom Normalverlauf abweichenden Entwicklung (vgl. hierzu auch die Kommentierung zu § 1578 BGB Rn. 45 ff.). Die nicht für Unterhaltszwecke verwendete Abfindung wird zu zweckbindungsfreiem Vermögen, das unterhaltsrechtlich nicht zu erfassen ist.¹⁷ Die bereits in die Unterhaltsberechnung einbezogene Abfindung kann nach dem Doppelverwertungsverbot nicht zusätzlich einem güterrechtlichen Ausgleich zugeführt werden.¹⁸

---

3 BVerfG v. 25.10.1994 - 1 BvR 1197/93 - FamRZ 1995, 86.
4 BGH v. 14.12.1983 - IVb ZR 38/82 - LM Nr. 21 zu § 1579 BGB.
5 BGH v. 17.03.1999 - XII ZR 139/97 - FamRZ 1999, 843-848.
6 BGH v. 17.03.1999 - XII ZR 139/97 - FamRZ 1999, 843-848.
7 BGH v. 29.04.1992 - XII ZR 40/91 - LM ZPO § 323 Nr. 66 (10/1992), OLG Koblenz v. 10.10.2007 - 7 WF 798/07 - OLGR Koblenz 2008, 48-50.
8 BGH v. 19.05.1999 - XII ZR 210/97 - LM BGB § 123 Nr. 81 (11/1999).
9 BGH v. 19.05.1999 - XII ZR 210/97 - LM BGB § 123 Nr. 81 (11/1999).
10 Zur Einkommensermittlung grundlegend *Kleffmann*, FuR 2010, 533-542.
11 BGH v. 21.05.1980 - IVb ZR 522/80 - FamRZ 1980, 771-773.
12 BGH v. 14.01.1987 - IVb ZR 89/85 - NJW 1987, 1554-1555.
13 BGH v. 18.04.2012 - XII ZR 66/10 - FamRZ 2012, 1048; BGH v. 18.04.2012 - XII ZR 65/10 - FamRZ 2012, 1040.
14 BGH v. 18.04.2012 - XII ZR 66/10 - FamRZ 2012, 1048; BGH v. 18.04.2012 - XII ZR 65/10 - FamRZ 2012, 1040.
15 OLG Karlsruhe v. 12.10.2000 - 2 UF 214/99 - EzFamR aktuell 2001, 52-56.
16 BGH v. 27.08.2003 - XII ZR 300/01 - FamRZ 2003, 1544-1547.
17 BGH v. 29.01.2003 - XII ZR 92/01 - BGHZ 153, 358-372; OLG Karlsruhe v. 24.10.2013 - 2 UF 213/12 - NZFam 2014, 32.
18 BGH v. 27.08.2003 - XII ZR 300/01 - FamRZ 2003, 1544-1547.

§ 1577

- **Arbeitslosengeld,** da es Lohnersatzfunktion hat. **Arbeitslosenhilfe** hat zwar ebenfalls Lohnersatzfunktion, ist für den Unterhaltsgläubiger aber eine subsidiäre Sozialleistung, wobei zusätzlich mit Leistungsanzeige an den Verpflichteten der Unterhaltsanspruch auf den Bund übergeht. Wegen dieser Subsidiarität und dem Forderungsübergang mindert daher die Arbeitslosenhilfe nicht die Bedürftigkeit.[19] Ob Arbeitslosenhilfe dann als Einkommen anzusehen ist, wenn eine Überleitung auf den Bund nicht erfolgt, ist streitig.[20] Basiert das Arbeitslosengeld auf Einkünften aus unzumutbarer Tätigkeit, so wird in der Rspr. kontrovers diskutiert, dieses ebenfalls nur teilweise als Einkommen zu erfassen.[21] **Arbeitslosengeld II** nach SGB II besitzt lediglich unterhaltssichernden Charakter, d.h. es unterscheidet sich im Ergebnis nicht von der Sozialhilfe. Daher erscheint es sachgerecht, diese Leistungen in analoger Anwendung der in der Rspr. des BGH zur Sozialhilfe entwickelten Kriterien als subsidiär einzustufen, so dass ihnen kein Einkommenscharakter zukommt.[22] Erhält der Unterhaltsschuldner wegen der Einkünfte seines neuen Ehegatten nur gekürzte Arbeitslosenhilfe, so ist zur Ermittlung seiner Einkommenssituation im Verhältnis zum Unterhaltsgläubiger auf die ungekürzte Arbeitslosenhilfe abzustellen.[23]
- **Ausbildungsvergütungen** sowie **Leistungen zur Ausbildungsförderung.**[24]
- **Auslandsverwendungszuschläge,** d.h. Bezüge eines in einem Krisen- oder Kriegsgebiet eingesetzten Soldaten sind nur in teilweisem Umfang unterhaltsrelevantes Einkommen.[25] Orientiert an der besonderen Schwere und Gefahr eines solchen Einsatzes wird in der obergerichtlichen Rechtsprechung eine unterhaltsrechtliche Relevanz nur im Umfang von 1/3 angenommen.[26]
- **Einkommen aus nichtselbständiger Tätigkeit** inklusive **Sonderzahlungen,** z.B. Urlaubs- und Weihnachtsgeld,[27] Tantiemen, Prämien, Zulagen, Trinkgelder, Überstundenvergütungen, Sachbezüge u.Ä.,[28] abzüglich Steuern, Kosten der Steuererklärung[29], Sozialabgaben, berufsbedingten Aufwendungen. Letztere können entweder pauschaliert abgesetzt[30] oder nach konkreter Darlegung berücksichtigt werden[31] bzw. müssen nach der Rechtsprechung einzelner Obergerichte zur Berücksichtigungsfähigkeit konkret dargestellt werden,[32] z.B. Beiträge zu Berufsverbänden und Gewerkschaften,[33] **Fahrtkosten** zum Arbeitsplatz (Kilometerpauschalen für die Nutzung des eigenen Pkws werden nur anerkannt, wenn die Inanspruchnahme öffentlicher Verkehrsmittel unmöglich oder unzumutbar ist);[34] die Bezifferung der Pauschalen orientiert sich i.d.R. an § 5 Abs. 2 Satz 1 JVEG, wird allerdings in der obergerichtlichen Rechtsprechung teilweise in abweichender Höhe zuerkannt.[35] Die Kilometerpauschale deckt sämtliche im Zusammenhang mit der Anschaffung und Unterhaltung eines Pkws verbundenen Kosten ab.[36] Bei größeren zurückzulegenden Fahrtstrecken werden in der obergerichtlichen Rechtsprechung teilweise die zuerkannten Kilometerpauschalen ab dem 31. Entfernungskilometer reduziert.[37] Diese Handhabung begegnet Bedenken, da dem unterhaltsrelevanten

---

[19] BGH v. 25.02.1987 - IVb ZR 36/86 - NJW 1987, 1551-1554.
[20] BGH v. 25.02.1987 - IVb ZR 36/86 - NJW 1987, 1551-1554.
[21] OLG Stuttgart v. 04.09.1995 - 16 WF 327/95 - FamRZ 1996, 415-416; OLG Hamburg v. 10.04.1992 - 12 UF 58/91 - FamRZ 1992, 1308-1310; OLG Köln v. 22.09.2005 - 14 WF 123/05 - FamRZ 2006, 342-343; OLG Braunschweig v. 07.03.2005 - 1 WF 446/04 - FamRZ 2005, 1997.
[22] *Klinkhammer*, Familienrecht kompakt 2005, 58.
[23] OLG Schleswig v. 16.11.2004 - 8 UF 101/04 - NJW RR 2005, 446-447.
[24] BGH v. 24.10.1979 - IV ZR 171/78 - LM Nr. 1 zu § 1573 BGB.
[25] BGH v. 18.04.2012 - XII ZR 73/10 - FamRZ 2012, 1201.
[26] OLG Hamm v. 18.12.2009 - 5 UF 118/09 - FamRZ 2010, 1085; OLG Frankfurt v. 07.12.2012 - 2 UF 223/09 - FF 2013, 166.
[27] BGH v. 23.01.1980 - IV ZR 2/78 - LM Nr. 2 zu § 1603 BGB.
[28] OLG Frankfurt v. 21.11.1996 - 1 UF 5/96 - OLGR Frankfurt 1997, 166; BGH v. 07.04.1982 - IVb ZR 678/80 - FamRZ 1982, 680.
[29] BGH v. 27.05.2009 - XII ZR 111/08 - FamRZ 2009, 1207.
[30] BGH v. 06.02.2002 - XII ZR 20/00 - BGHZ 150, 12-31.
[31] BGH v. 06.02.2002 - XII ZR 20/00 - BGHZ 150, 12-31.
[32] OLG Saarbrücken v. 27.09.1985 - 6 WF 142/85 - FamRZ 1986, 62.
[33] OLG Köln v. 23.08.1985 - 4 UF 93/85 - NJW-RR 1986, 295-296.
[34] BGH v. 20.01.1982 - IVb ZR 650/80 - LM Nr. 4 zu § 1578 BGB.
[35] OLG Saarbrücken v. 11.08.2004 - 9 UF 8/04 - OLGR Saarbrücken 2005, 49.
[36] BGH v. 01.03.2006 - XII ZR 157/03 - FamRZ 2006, 846-852; BGH v. 21.06.2006 - XII ZR 147/04 - FamRZ 2006, 1182-1185.
[37] OLG Celle v. 14.02.2013 - 10 WF 46/13 - FamRZ 2013, 1987.

§ 1577

Einkommen gleichzeitig in vollem Umfang auch die aus diesen beruflichen Aufwendungen fließenden Steuererstattungen hinzugerechnet werden. Darüber hinausgehend muss aber auch berücksichtigt werden, dass abhängig Beschäftigte durch diese Praxis möglicherweise gegenüber selbständig tätigen Unterhaltsschuldners benachteiligt werden. Bei letzteren werden die aus der selbständigen Tätigkeit erzielten Umsätze um beruflich bedingte Betriebsausgaben bereinigt, d.h. auch in vollem Umfang um die betrieblich bedingten Kosten eines Fahrzeuges. Ob unverändert ein **Erwerbstätigenbonus**[38] zuzuerkennen ist, wird derzeit in der Literatur kritisch hinterfragt.[39] Wird der Bedarf bei überdurchschnittlich guten Einkommensverhältnissen nicht nach einer Quote, sondern konkret beziffert (vgl. auch die Kommentierung zu § 1578 BGB Rn. 58 ff.), so ist das Eigeneinkommen des Unterhaltsberechtigten nicht um einen Erwerbstätigenbonus zu bereinigen.[40] Für den Umfang der Berücksichtigungsfähigkeit berufsbedingter Aufwendungen sind ergänzend die Leitlinien der jeweiligen Oberlandesgerichtsbezirke heranzuziehen. Führt die Unterbringung eines zu betreuenden Kindes in einer Tagespflegestelle dazu, dass der betreuende Elternteil eine sonst nicht zumutbare Tätigkeit ausüben kann, so sind die hierdurch anfallenden Kosten als Erwerbsaufwand vom Einkommen des betreuenden Unterhaltsgläubigers vorweg abzuziehen.[41] Erfolgen die Zahlungen an die betreuenden Großeltern, so sind diese Zahlungen, auch bei überobligatorischer Tätigkeit, nicht abzugsfähig, wenn sie für die Verpflegung der Kinder, nicht aber für die Betreuung erbracht werden.[42] Im Fall der vollschichtigen überobligatorischen Berufstätigkeit des unterhaltsberechtigten Elternteiles können ggf. neben einem Betreuungsbonus Internatskosten des Kindes als Werbungskosten vom Einkommen in Abzug gebracht werden, wenn der Internatsbesuch seine Ursache in der Berufstätigkeit des Elternteiles hat.[43] Hiervon abzugrenzen sind die für den regulären **Kindergartenbesuch** anfallenden Kosten. Insoweit gilt nach der Rechtsprechung des BGH, dass die im Zusammenhang mit dem Kindergartenbesuch anfallenden Kosten zum Bedarf eines Kindes gehören und keine berufsbedingten Aufwendungen des betreuenden Elternteiles sind.[44] Allerdings sind diese Beiträge in den pauschalierten Beträgen der Unterhaltstabellen nicht enthalten, sondern müssen als Mehrbedarf des Kindes geltend gemacht werden, auf welchen die Eltern anteilig nach ihrem Einkommen haften.[45] Zunehmende Bedeutung gewinnen bei der Einkommensermittlung auch private Aufwendungen für eine **zusätzliche Altersvorsorge**,[46] wobei zu prüfen ist, ob es sich um eine echte Altersvorsorge handelt oder Einkommensteile lediglich verwendet werden, um eine spätere Altersteilzeit zu ermöglichen (z.B. durch Erwerb von VW-Zeitwertpapieren).[47] Aufwendungen für eine echte zusätzliche Altersvorsorge sind nur zu berücksichtigen, wenn sie auch tatsächlich getätigt werden.[48] In gefestigter Rechtsprechung geht der BGH davon aus, dass etwaig zu bedienende Tilgungsleistungen zu einem Darlehen, das im Zusammenhang mit der Übernahme des ehemals gemeinsamen Hausanwesens zu Alleineigentum der Finanzierung des Herauszahlungsbetrages an den jeweils anderen Ehegatten dient, nicht dem objektiven Wohnwert gegenübergestellt werden kann. Diese Tilgungsleistungen, die im Ergebnis dem Erwerb einer Immobilie dienen, können aber gegebenenfalls als zusätzliche Altersvorsorge berücksichtigt werden. Sowohl dem Unterhaltsschuldner als auch dem Unterhaltsgläubiger wird insoweit zugestanden für das Alter in angemessenem Umfang eine Vorsorge zu bilden. In Anlehnung an den Höchstförderungssatz der sog. „Riesterrente" ist daher ein Ausgabenvolumen von bis zu 4% des Gesamtbruttoeinkommens des Vorjahres zuzugestehen.[49] Zum unterhaltsrechtlich relevanten Einkommen zählen alle Einkünfte, die zum Berufsbild gehören, etwa bei einem im Habilitationsverfahren befindlichen Oberarzt die Einkünfte aus Poolbeteiligung, Einnahmen aus Vortragstätigkeit und Publikationen.[50] Einkünfte aus **Überstunden** werden berücksichtigt, wenn ihre

---

[38] BGH v. 26.09.1990 - XII ZR 45/89 - NJW-RR 1991, 132-134.
[39] *Gerhard*, FamRZ 2013, 834.
[40] BGH v. 10.11.2010 - XII ZR 197/08 - FamRZ 2011, 192.
[41] OLG Karlsruhe v. 28.04.1998 - 2 WF 41/98 - NJW-RR 1999, 4.
[42] OLG Hamm v. 04.08.2000 - 10 UF 284/99 - OLGR Hamm 2001, 89-90.
[43] OLG Celle v. 18.12.2003 - 17 UF 108/03 - FamRZ 2004, 1380-1381.
[44] BGH v. 05.03.2008 - XII ZR 150/05 - FamRZ 2008, 1152-1155.
[45] BGH v. 26.11.2008 - XII ZR 65/07 - FamRZ 2009, 962.
[46] *Borth*, FPR 2004, 549-554.
[47] OLG Oldenburg v. 27.11.2003 - 3 WF 143/03 - NJW 2004, 1051-1052.
[48] OLG Brandenburg v. 20.07.2012 - 9 WF 90/11 - FamRZ 2012, 441.
[49] BGH v. 11.05.2005 - XII ZR 211/02 - FamRZ 2005, 1817-1823; BGH v. 05.03.2008 - XII ZR 22/06 - FamRZ 2008, 963-967.
[50] OLG Köln v. 18.11.1997 - 4 UF 63/97 - NJW-RR 1998, 1300-1302.

§ 1577

Ableistung im konkreten Ausmaß und dem ausgeübten Beruf üblich ist.[51] Außergewöhnlich hohe Überstundenvergütungen, die auf einer nur vorübergehenden Mehrarbeit beruhen, sind daher nicht zu beachten.[52]

- **Einkommen aus selbständiger Tätigkeit,** wird i.d.R. auf der Basis eines Mehrjahresdurchschnitts,[53] zumeist von drei Jahren bestimmt wird,[54] sofern sich nicht ein beständiger Einkommensverlust oder eine beständige Einkommenssteigerung abzeichnet. Heranzuziehen sind die Betriebseinnahmen abzüglich der auf diese Jahre entfallenden und gezahlten Steuern sowie Vorsorgeaufwendungen.[55] Auch hier ist ein Erwerbstätigenbonus zu berücksichtigen. Der Erwerbstätigenbonus stellt neben einem Arbeitsanreiz eine Abgeltung nicht bezifferbaren Mehraufwandes bei Berufstätigkeit dar.[56] Aufwendungen für eine Vorsorge gegen Arbeitslosigkeit können vom Einkommen eines Selbständigen nur abgesetzt werden, wenn dargelegt werden kann, dass aufgrund einer unternehmerischen Entscheidung Arbeitslosigkeit drohen könnte.[57] Gibt der Unterhaltsgläubiger eine selbständige Tätigkeit auf, die nach seiner Einschätzung nicht gewinnbringend ist, so steht er in der Obliegenheit, sich zielgerichtet und intensiv um eine andere Tätigkeit mit besseren Einkunftsmöglichkeiten zu bemühen, selbst soweit ihm im Urteil eines Vorprozesses eine längere Übergangsfrist zur Fortführung der selbständigen Tätigkeit zugebilligt wurde und er diese Frist nicht ausgeschöpft hat.[58] Wurden im Rahmen der selbständigen Tätigkeit **Ansparabschreibungen** i.S.d. § 7g EStG veranlasst, die aber mangels Verwirklichung der ursprünglich geplanten Investition aufgelöst wurden, so ist fiktiv jene Steuerbelastung bei der Einkommensermittlung zu berücksichtigen, wie sie ohne die aufgelöste Ansparabschreibung bestanden hätte, soweit ein Ausgleich steuerlicher Auswirkungen innerhalb des üblichen Dreijahreszeitraumes nicht stattgefunden hat.[59] Veräußert ein selbständig Tätiger seinen Mandantenstamm, so ist bei den an ihn hierfür fließenden Zahlungen danach zu differenzieren, ob es sich um regelmäßige Einnahmen handelt oder um Bestandteile des Vermögensstammes. Letztere sind nicht als laufendes Einkommen zu erfassen.[60]

- **Fiktive Einkünfte**, d.h. Einkünfte, die in zumutbarer Weise vereinnahmt werden könnten, aufgrund mutwilligen Verhaltens des Berechtigten[61] tatsächlich aber nicht eingezogen werden.[62] Bei der Heranziehung fiktiver Einkünfte ist neben der Arbeitsmarktlage auch die persönliche Erwerbsbiographie des Unterhaltsgläubigers zu berücksichtigen.[63] Zu trennen ist allerdings zwischen der Frage der Erzielbarkeit von Einkünften und der sich erst danach anschließenden Frage der Anrechenbarkeit dieser Einkünfte unter dem Aspekt der Zumutbarkeit, der Frage von Treu und Glauben oder aus Billigkeitsgesichtspunkten gemäß § 1579 Nr. 3 BGB. Als zumutbar angesehen werden:
  - Die **(Teil-)Vermietung** eines für den Unterhaltsgläubiger oder den Unterhaltsschuldner zu großen Hausanwesens.[64]
  - Die Geltendmachung eines **Pflichtteilsanspruches**.[65]
  - Die Geltendmachung von **Mietzins** gegenüber einem volljährigen Kind mit Eigeneinkommen.[66]
  - Eine möglichst **ertragreiche Vermögensanlage**,[67] wobei aber „fiktive" Zinsen für ein nicht mehr vorhandenes Vermögen nicht heranzuziehen sind. Zu prüfen ist dann gegebenenfalls, ob der Un-

---

[51] BGH v. 25.06.2003 - XII ZR 63/00 - FamRZ 2004, 186-189.
[52] OLG Hamm v. 29.03.2012 - 2 UF 215/11 - FamRZ 2013, 43.
[53] BGH v. 04.11.1981 - IVb ZR 624/80 - LM Nr. 2 zu § 1578 BGB.
[54] BGH v. 16.01.1985 - IVb ZR 59/83 - LM Nr. 6 zu § 1577 BGB.
[55] BGH v. 16.01.1985 - IVb ZR 59/83 - LM Nr. 6 zu § 1577 BGB; *Schürmann*, FamRZ 2002, 1149-1153.
[56] BGH v. 29.01.1992 - XII ZR 239/90 - LM BGB § 1581 Nr. 8 (9/1992); *Götsche*, ZFE 2006, 55-59.
[57] BGH v. 19.02.2003 - XII ZR 67/00 - NJW 2003, 1660-1665.
[58] OLG Köln v. 20.02.2001 - 14 UF 101/00 - NJW-RR 2001, 1371-1372.
[59] BGH v. 02.06.2004 - XII ZR 217/01 - NJW-RR 2004, 1227-1229; *Götsche*, ZFE 2006, 55-59.
[60] OLG Hamm v. 25.04.2012 - 8 UF 221/10 - FamFR 2012, 345.
[61] BGH v. 07.11.2012 - XII ZB 229/11 - FamRZ 2013, 109.
[62] BGH v. 08.07.1981 - IVb ZR 593/80 - LM Nr. 14 zu § 1361 BGB; BGH v. 11.01.1995 - XII ZR 122/93 - FamRZ 95, 346-348.
[63] OLG Hamm v. 26.03.2004 - 7 UF 253/03 - FamRZ 2005, 35-36; BVerfG v. 18.03.2008 - 1 BvR 125/06 - FamRZ 2008, 1145-1147.
[64] BGH v. 04.11.1987 - IVb ZR 81/86 - LM Nr. 48 zu § 1578 BGB.
[65] BGH v. 07.07.1982 - IVb ZR 738/80 - LM Nr. 3 zu § 1580 BGB.
[66] BGH v. 19.12.1989 - IVb ZR 9/89 - LM Nr. 35 zu § 1569 BGB.
[67] BGH v. 11.04.1990 - XII ZR 42/89 - LM Nr. 63 zu § 323 ZPO.

terhaltsgläubiger seine Bedürftigkeit mutwillig herbeigeführt hat.[68] Eine Einschränkung kann sich aber dann ergeben, wenn ansonsten die Belange vom Unterhaltsgläubiger betreuter minderjähriger Kinder beeinträchtigt würden.[69] Von fiktiv erzielbaren Zinsen ist die Zinsabschlagsteuer in Abzug zu bringen unter weitergehender Berücksichtigung der für Kapitalerträge vorgesehenen Freibeträge.[70]
- Der Einzug einer bestehenden **Forderung**.[71]
- Die etwaige **Vermögensumschichtung**, wenn sich die gewählte Vermögensanlage als eindeutig unwirtschaftlich darstellt[72], gegebenenfalls einhergehend mit der Obliegenheit zum Verkauf einer Immobilie.[73]
- Die **Aufnahme einer angemessenen Erwerbstätigkeit** im Sinne des § 1574 BGB (vgl. die Kommentierung zu § 1574 BGB). Ebenso wie dem Unterhaltspflichtigen obliegt auch dem Unterhaltsgläubiger i.R. seiner nachehelichen Eigenverantwortlichkeit gem. § 1569 BGB die Verpflichtung, seine Arbeitskraft bestmöglich einzusetzen, um zumutbare Einkünfte zu erzielen.[74] Verfügt der Berechtigte über eine gesicherte Teilzeitstelle, so ist im Fall einer vollschichtigen Erwerbsobliegenheit deren Aufgabe nicht zwingend, wenn er seinem geschuldeten Erwerbsumfang auch durch Aufnahme einer weiteren Teilzeittätigkeit nachkommen kann. Allerdings muss diese Tätigkeit gesichert sein,[75] da das Risiko eines kurzfristigen Verlusts dieser Tätigkeit ihn in vollem Umfang belastet. In **Mangelfällen** erhöht sich die Obliegenheit zur Erzielung von Einkünften. Will der Unterhaltsgläubiger die Zurechnung fiktiver Einkünfte vermeiden, so ist er gehalten, ausreichende und umfassende Bewerbungsbemühungen nachzuweisen. Nicht ausreichend ist die bloße Meldung bei der Agentur für Arbeit.[76] Gefordert wird vielmehr eine umfassende Eigeninitiative, zu der neben der Bewerbung zu Stellenannoncen in der lokalen und überregionalen Presse auch eigene Stelleninserate gehören sowie die Meldungen bei Vermittlungsagenturen.[77] Blindbewerbungen werden zwar grundsätzlich zugestanden, allerdings nur in einem angemessenen Verhältnis zu sonstigen Bewerbungsbemühungen.[78]
- **Krankengeld, Krankentagegeld**[79].
- **Kurzarbeitergeld**.
- **Öffentlich-rechtliche Leistungen**, z.B.:
  - **BAföG-Förderungsleistungen**, auch wenn sie auf Darlehensbasis gewährt werden,[80] allerdings nicht BAföG-Vorauszahlungen nach den §§ 36, 37 BAföG,[81] da sie nach erfolgter Überleitung vom Unterhaltsschuldner zurückgefordert werden können.
  - **Erziehungsgeld/Elterngeld**; durch das Bundeselterngeld- und Bundeselternzeitgesetz (BEEG) wurde das bisherige Erziehungsgeld durch das sog. Elterngeld ersetzt. Statt der bisherigen Regelung in § 9 Satz 2 BErzGG gilt nunmehr § 11 Sätze 1, 3 BEEG. Danach verbleibt dem Elterngeld beziehenden Unterhaltsgläubiger ein Betrag von 300 € pro Kind als anrechnungsfreies Einkommen. Das darüber hinausgehende Elterngeld ist unterhaltsrelevantes Einkommen, das in die Be-

---

[68] BGH v. 11.04.1990 - XII ZR 42/89 - FamRZ 1990, 989-992.
[69] BGH v. 16.04.1997 - XII ZR 293/95 - FamRZ 1997, 873-876.
[70] OLG München v. 02.03.1994 - 12 UF 1495/93 - FamRZ 1994, 1459-1461.
[71] BGH v. 05.11.1997 - XII ZR 20/96 - FamRZ 1998, 367-370.
[72] BGH v. 19.02.1986 - IVb ZR 16/85 - NJW-RR 1986, 683-685; BGH v. 13.06.2001 - XII ZR 343/99 - FamRZ 2001, 986-991.
[73] BGH v. 29.06.1994 - XII ZR 79/93 - FamRZ 1994, 1100-1102; OLG Hamm v. 28.06.2000 - 10-UF 12/00 - NJW-FER 2000, 273-274.
[74] BGH v. 21.09.2011 - XII ZR 121/09 - FamRZ 2011, 1851.
[75] BGH v. 11.07.2012 - XII ZR 72/10 - FamRZ 2012, 1483.
[76] BGH v. 30.07.2008 - XII ZR 126/06 - FamRZ 2008, 2104; BGH v. 21.09.2011 - XII ZR 121/09 - FamRZ 2011, 1851.
[77] OLG Saarbrücken v. 17.12.2009 - 6 UF 38/09 - FamRZ 2010, 654; BGH v. 31.05.2000 - XII ZR 119/98 - FamRZ 2000, 1358.
[78] OLG Brandenburg v. 24.03.2009 - 10 UF 92/08 - NJW RR 2009, 1227; OLG Schleswig v. 26.05.2009 - 12 WF 188/08 - FamRB 2010, 231.
[79] BGH v. 31.10.2012 - XII ZR 30/10 - FamRZ 2013, 191.
[80] BGH v. 19.06.1985 - IVb ZR 30/84 - LM Nr. 12 zu § 1602 BGB.
[81] BGH v. 24.10.1979 - IV ZR 171/78 - LM Nr. 1 zu § 1573 BGB; OLG Brandenburg v. 18.12.2012 - 10 UF 124/07 - FamFR 2013, 80.

§ 1577

darfsermittlung einzustellen ist, allerdings nicht bereinigt um den Erwerbstätigenbonus.[82] Die Leistungen werden jedoch dann als anrechenbares Einkommen angesehen im Fall der gesteigerten Unterhaltspflicht oder wenn ein Verwirkungstatbestand des § 1579 BGB erfüllt ist, auch wenn es sich bei dem Kind, für das Elterngeld bezogen wird, nicht um ein gemeinsames Kind handelt[83]; das **Kindergeld** bleibt dagegen immer anrechnungsfrei.[84]

- Leistungen nach dem **GSiG**, die nicht subsidiär sind, wovon auszugehen ist, wenn gemäß § 43 Abs. 2 Satz 1 SGB XII das Gesamteinkommen des Unterhaltsschuldners unter dem derzeitigen Jahresfreibetrag von 100.000 € liegt, stellen Einkommen dar und sind auf den Bedarf des Unterhaltsgläubigers anzurechnen. Unerheblich ist dann auch, ob die Leistungen zu Recht oder zu Unrecht bewilligt wurden. Gleichermaßen sind jedoch Unterhaltsleistungen an den Unterhaltsgläubiger Einkünfte gemäß § 82 SGB XII, so dass sie den Anspruch auf Grundsicherungsleistungen mindern.[85]
- **Pflegegeld**, das für ein zu betreuendes Pflegekind gezahlt wird, stellt insoweit Einkommen dar, als es den Bedarf des Kindes übersteigt.[86] Bezüglich des nach § 37 SGB XI gezahlten Pflegegeldes beurteilt sich die unterhaltsrechtliche Relevanz nach § 13 Abs. 6 SGB XI.[87]
- **Renteneinkünfte**; die aus **durchgeführtem Versorgungsausgleich** herrühren, sind prägend und nach der Differenzmethode (vgl. dazu die Kommentierung zu § 1578 BGB Rn. 109) zu berücksichtigen,[88] auch wenn sie auf vorehelichen Rentenanwartschaften beruhen[89].
- **Übergangsgeld** gemäß § 24 SGB II, da ihm Lohnersatzfunktion zukommt und es nicht lediglich der Grundsicherung dient, wie etwa die Leistungen gem. den §§ 20-22 SGB II.[90]
- **Versehrtenrente** (z.B. gemäß § 31 BVersG, §§ 580-587 RVO, § 33 SGB VI) nach etwaigem Abzug schädigungsbedingten Mehrbedarfes, der gegebenenfalls im Wege richterlicher Schätzung gemäß § 287 Abs. 2 ZPO[91] zu ermitteln ist.
- **Wohngeld**, soweit es nicht erhöhten Wohnkostenbedarf ausgleicht.[92]

- **Schadensersatzrenten** zum Ausgleich des Verlustes oder der Minderung der Erwerbsfähigkeit, wenn verlorenes Erwerbseinkommen ausgeglichen wird (§ 843 Abs. 1 BGB).
- **Schlechtwettergeld**.
- **Steuererstattungen** sind nach dem In-Prinzip bei abhängig Beschäftigten auf den zur Einkommensermittlung herangezogenen Zeitraum umzulegen.[93]
- **Streikgeld**.
- **Taschengeld** ist grundsätzlich für Unterhaltszwecke einzusetzen. Der Taschengeldanspruch beziffert sich i.d.R. auf 5-7% des zur Verfügung stehenden Nettoeinkommens.[94]
- **Vermögenserträge**, wobei unerheblich ist, woher das Vermögen stammt[95] und wann es erworben wurde. Bei thesaurierend angelegtem Kapitalvermögen kann eine fiktive Zurechnung regelmäßig ausgeschütteter Vermögenserträge in Betracht gezogen werden.[96] Der Verbrauch vorhandenen Vermögens für trennungsbedingte Ausgaben, wie etwa Anwalts- und Gerichtskosten wird nicht als mut-

---

[82] BGH v. 18.04.2012 - XII ZR 73/10 - FamRZ 2012, 1201.
[83] OLG Schleswig v. 16.11.2004 - 8 UF 101/04 - NJW-RR 2005, 446-447: *Scholz*, FamRZ 2007, 7-10.
[84] OLG Hamm v. 08.10.1991 - 1 UF 222/91 - FamRZ 1992, 582.
[85] BGH v. 20.12.2006 - XII ZR 84/04 - FamRZ 2007, 1158-1160.
[86] BGH v. 18.04.1984 - IVb ZR 80/82 - NJW 1984, 2355-2357.
[87] BGH v. 01.03.2006 - XII ZR 157/03 - FamRZ 2006, 846-852; OLG Nürnberg v. 11.01.2012 - 7 UF 747/11 - FamRZ 2012, 1500.
[88] BGH v. 31.10.2001 - XII ZR 292/99 - LM BGB § 1374 Nr. 22 (3/2002).
[89] BGH v. 31.10.2001 - XII ZR 292/99 - LM BGB § 1374 Nr. 22 (3/2002).
[90] OLG München v. 28.11.2005 - 16 UF 1262/05 - FamRZ 2006, 1125-1126.
[91] BGH v. 21.01.1981 - IVb ZR 548/80 - LM 1982, 1114-1116.
[92] BGH v. 18.04.2012 - XII ZR 73/10 - FamRZ 2012, 1201.
[93] BGH v. 13.03.2013 - XII ZB 650/11 - FamRZ 2013, 935.
[94] BGH v. 15.10.2003 - XII ZR 122/00 - NJW 2004, 674-677; BGH v. 19.05.2004 - IXa ZB 224/03 - NJW 2004, 2452-2453.
[95] BGH v. 29.01.1986 - IVb ZR 9/85 - LM Nr. 22 zu § 1569 BGB; BGH v. 13.07.1988 - IVb ZR 39/87 - LM Nr. 14 zu § 1577 BGB.
[96] OLG Hamm v. 25.04.2012 - 8 UF 221/10 - FamRZ 2012, 345.

willig angesehen, wenn sich der Umfang der Ausgaben in einem nach den Lebensverhältnissen angemessenen Rahmen bewegt. Im Umfang dieser Ausgaben und des damit verbrauchten Kapitalertrages sind dann auch keine fiktiv erzielbaren Zinserträge zuzurechnen.[97]

- **Versorgungsleistungen für Dritte**, unter anderem im Fall der Haushaltsführung für einen neuen Partner, sind als tatsächliche Einkünfte des Berechtigten - in Abgrenzung zu Synergieeffekten gem. § 1581 BGB[98] - bereits bei der Bedarfsermittlung (vgl. dazu die Kommentierung zu § 1578 BGB Rn. 39 ff.) zu erfassen.[99] Voraussetzung für ihre Berücksichtigung ist aber, dass die Leistungen tatsächlich erbracht, d.h. nicht nur eine Wohn-, sondern auch eine Wirtschaftsgemeinschaft besteht[100] und vom Unterhaltsschuldner bewiesen werden kann, es sei denn, es besteht ein langjähriges eheähnliches Verhältnis. Weitere Voraussetzung ist die tatsächliche Leistungsfähigkeit des neuen Partners.[101] Ist dieser nicht leistungsfähig, so hat der Unterhaltsgläubiger die Obliegenheit, eine Erwerbstätigkeit aufzunehmen, wenn er durch das Zusammenleben etwa von sonstigen Betreuungsleistungen freigestellt wird. Die hieraus erzielten oder – bei Obliegenheitsverletzung – erzielbaren Einkünfte werden auf seinen Unterhaltsbedarf angerechnet.[102] Die Höhe der anzurechnenden Vergütung im Falle der Leistungsfähigkeit des Partners ermittelt sich nach dem objektiven Wert der Haushaltsführung und sonstigen Dienstleistungen[103] und kann der richterlichen Schätzung gemäß § 287 Abs. 2 ZPO unterstellt werden. Eine durch das Zusammenleben gegebenenfalls folgende Ersparnis von Generalkosten, losgelöst von etwaigen finanziellen Zuwendungen seitens des Partners, ist nur dann relevant, wenn dem Unterhaltsgläubiger ein trennungsbedingter Mehrbedarf zuerkannt worden war.[104] Teilweise wird aber auch die Auffassung vertreten, dass der Unterhaltsgläubiger durch das Zusammenleben mit einem neuen Partner lediglich in die Lage versetzt werde, ähnlich günstig zu wirtschaften wie während des Zusammenlebens mit seinem Ehegatten. Es werde daher nur ein trennungsbedingter Mehrbedarf ausgeglichen, so dass kein Raum für eine Reduzierung des Quotenunterhaltes bleibt.[105] In den Fällen der gemeinsamen **Haushaltsführung mit einem erwerbstätigen Kind** ist nicht von einer Einkommenserhöhung auf Seiten des Unterhaltsgläubigers auszugehen. Dieser Umstand kann allenfalls auf Seiten des Unterhaltspflichtigen zu einer Kürzung des Selbstbehalts führen.[106]

- Unterhaltsrelevantes Einkommen ist auch der prägende **Wohnvorteil** als Nutzung gemäß § 100 BGB.[107] In gefestigter Rechtsprechung bewertet der BGH diesen Nutzungsvorteil ab dem Zeitpunkt, zu dem eine Wiederherstellung der ehelichen Lebensgemeinschaft nicht mehr zu erwarten ist, d.h. ab Rechtshängigkeit des Scheidungsantrages oder nach endgültiger Vermögensauseinandersetzung, nach dem **objektiven Mietwert** der Immobilie[108]. Von diesem Mietwert sind lediglich die Zinsleistungen für den Erwerb, die Errichtung oder Renovierung der Immobilie in Anspruch genommener Kredite in Abzug zu bringen.[109] Der Wohnvorteil ermittelt sich spätestens nach der Scheidung in der Regel aus der objektiven Marktmiete[110] abzüglich der **Zinsleistungen** für die zum Erwerb, der Errichtung oder Renovierung einer Immobilie in Anspruch genommenen Darlehen[111]. Tilgungsleistun-

---

[97] BGH v. 07.11.2012 - XII ZB 229/11 - FamRZ 2013, 109.
[98] BGH v. 05.05.2004 - XII ZR 132/02 - FamRZ 2004, 1173.
[99] BGH v. 05.09.2001 - XII ZR 336/99 - NJW 2001, 3779-3781; BGH v. 05.05.2004 - XII ZR 132/02 - FamRZ 2004, 1173-1175; abweichend OLG Oldenburg v. 30.04.2002 - 12 UF 6/02 - OLGR Oldenburg 2002, 166-167; *Gerhardt*, FamRZ 2003, 272-276, 272; a.A. OLG München v. 23.11.2005 - 16 UF 1484/05 - ZFE 2006, 238-239.
[100] BGH v. 21.12.1988 - IVb ZR 18/88 - LM Nr. 15 zu § 1577 BGB.
[101] BGH v. 21.12.1988 - IVb ZR 18/88 - LM Nr. 15 zu § 1577 BGB; BGH v. 20.05.1987 - IVb ZR 50/86 - NJW-RR 1987, 1282-1283.
[102] BGH v. 11.01.1995 - XII ZR 236/93 - FamRZ 1995, 343.
[103] BGH v. 28.03.1984 - IVb ZR 64/82 - LM Nr. 5 zu § 1577 BGB.
[104] BGH v. 11.01.1995 - XII ZR 236/93 - LM BGB § 1361 Nr. 66 (5/1995).
[105] OLG Karlsruhe v. 27.10.2003 - 2 UF 107/03 - NJW 2004, 859-862.
[106] OLG Köln v. 10.01.2013 - 4 UF 164/12 - NJW-RR 2013, 901.
[107] *Graba*, FamRZ 2006, 821-828.
[108] BGH v. 28.03.2007 - XII ZR 21/05 - FamRZ 2007, 879; BGH v. 18.01.2012 - XII ZR 177/09 - FamRZ 2012, 514.
[109] BGH v. 05.04.2000 - XII ZR 96/98 - FamRZ 2000, 950.
[110] BGH v. 22.10.1997 - XII ZR 12/96 - LM BGB § 1577 Nr. 21 (3/1998); BGH v. 03.07.1984 - VI ZR 42/83 - LM Nr. 70 zu § 844 Abs. 2 BGB.
[111] BGH v. 22.10.1997 - XII ZR 12/96 - LM BGB § 1577 Nr. 21 (3/1998); BGH v. 05.04.2000 - XII ZR 96/98 - LM BGB § 1570 Nr. 20 (2/2001).

gen können nur i.R. einer **zusätzlichen Altersvorsorge** mindernde Berücksichtigung finden, d.h. im Umfang von max. 4% des Bruttoeinkommens.[112] In Abkehr zu der früheren Rechtsprechung[113] sind dagegen die **verbrauchsunabhängigen Kosten** i.d.R. nicht mehr abzusetzen, da der Eigentümer einer Immobilie nicht besser gestellt werden soll als der Mieter[114] und diese Kosten typischerweise auf den Mieter umgelegt werden können.[115] **Instandhaltungsrücklagen** werden allein bei Wohnungseigentum uneingeschränkt berücksichtigt, da dort eine gesetzliche Pflicht zur Rücklagenbildung besteht[116] Bei sonstigen Einzelimmobilien können notwendige und konkret darzulegende[117] Instandhaltungsaufwendungen einkommensmindernd anerkannt werden[118], die jedoch von reinen **Modernisierungskosten** abzugrenzen sind, die – ebenso wie der Immobilienausbau – allein der Vermögensbildung dienen. Zur Finanzierung der Instandhaltungsaufwendungen ist es sachgerecht, dem Eigentümer eine Rücklagenbildung zuzugestehen, wenn konkrete unaufschiebbare Maßnahmen in Rede stehen, die für die ordnungsgemäße Nutzung der Immobilie notwendige Voraussetzung sind.[119] Auf welchen Zeitrahmen bezogen diese Rücklagenbildung zuzulassen ist, wird in der Rechtsprechung nicht einheitlich bewertet. Angemessen erscheint ein Zeitraum von 3 bis 5 Jahren[120] da dieser in etwa auch der Laufzeit eines Kredites entspricht, mit dem zwingend notwendige Instandhaltungsarbeiten finanziert werden, sofern keine vorherige Rücklagenbildung erfolgt. Nimmt der Immobilieneigentümer gleichwohl zur Finanzierung der notwendigen Instandhaltungsarbeiten einen Kredit in Anspruch, so sind Zins und Tilgung mindernd zu berücksichtigen[121] In seiner aktuellen Rechtsprechung hat der BGH klargestellt, dass eine über die Anrechnung des vollen Wohnwerts hinausgehende Obliegenheit zur **Vermögensverwertung** nicht geboten ist. Insbesondere bei guten Vermögensverhältnissen der Beteiligten wäre dies als unbillig im Sinn des § 1577 Abs. 3 BGB anzusehen.[122] Im Fall des Erwerbs neuen Wohneigentums unter Verwendung des Kapitals aus dem Verkauf der ehelichen Immobilie sind im Fall weitergehender Finanzierungen nur die Zinsbelastungen in Ansatz zu bringen, nicht die Tilgungsleistungen, da die Vermögensbildung dem Unterhalt nicht vorgeht.[123] Allerdings ist die Wiederanlage des aus der Vermögensauseinandersetzung geflossenen Kapitals in Grundeigentum nicht zu akzeptieren, wenn im Fall einer verzinslichen Kapitalanlage deutlich höhere Erträge zu erwirtschaften sind.[124] In diesem Fall besteht entweder die Obliegenheit zur **Kapitalumschichtung**[125], oder die Bedürftigkeit mindert sich um fiktiv erzielbare Kapitalmehrerträge. Nur ausnahmsweise ist auch nach der Scheidung ein angemessener Mietwert heranzuziehen, etwa wenn eine Verfügung über das Wohneigentum nicht möglich ist oder eine Gesamtabwägung zur Unzumutbarkeit des Auszuges führt.[126] Soweit das mietfreie Wohnen auch einem **gemeinsamen Kind** zugute kommt und der die Wohnung nutzende Ehegatte damit **Naturalunterhalt** gegenüber dem Kind erbringt, hat dies Einfluss auf die Bestimmung des angemessenen Wohnwerts.[127] Vermögenserträge einer **Vermögensauseinandersetzung**, die an die Stelle eines bedarfsprägenden Vermögens getreten sind, z.B. die eheliche Wohnung, sind ebenfalls als prägend zu berücksichtigen.[128] Bei der Bewertung freiwilliger Zuwendungen Dritter in der Form von **Naturalleis-**

---

[112] BGH v. 11.05.2005 - XII ZR 211/02 - FamRZ 2005, 1817; BGH v. 28.03.2007 - XII ZR 21/05 - FamRZ 2007, 879.
[113] BGH v. 22.04.1998 - XII ZR 161/96 - FamRZ 1998, 899.
[114] BGH v. 05.03.2008 - XII ZR 22/06 - FamRZ 2008, 963-967.
[115] BGH v. 17.12.2009 - XII ZR 78/08 - FamRZ 2009, 1300-1306; OLG Saarbrücken v. 17.12.2009 - 6 UF 38/09 - FamRZ 2010, 654; BGH v. 18.01.2012 - XII ZR 177/09 - FamRZ 2012,514.
[116] OLG München v. 08.04.2002 - 16 UF 1557/01 - FamRZ 2002, 1407.
[117] OLG Brandenburg v. 28.11.2013 - 9 UF 96/13 - NZFam 2014, 140.
[118] BGH v. 20.10.1999 - XII ZR 297/97 - FamRZ 2000, 351-355; OLG Karlsruhe v. 14.11.2012 - 2 UF 78/12 - FamRZ 2013, 1821.
[119] BGH v. 20.10.1999 - XII ZR 297/97 - FamRZ 2000, 351-355.
[120] *Wendl/Staudigl/Gerhard*, § 1 Rn. 341.
[121] OLG Karlsruhe v. 14.11.2012 - 2 UF 78/12 - FamRZ 2013, 1811.
[122] BGH v. 18.01.2012 - XII ZR 178/09 - FamRZ 2012, 517.
[123] BGH v. 05.04.2000 - XII ZR 96/98 - FamRZ 2000, 950-952.
[124] BGH v. 22.10.1997 - XII ZR 12/96 - LM BGB § 1577 Nr. 21 (3/1998).
[125] BGH v. 13.06.2001 - XII ZR 343/99 - FamRZ 2001, 986.
[126] OLG Hamm v. 28.06.2000 - 10 UF 12/00 - OLGR Hamm 2001, 30-31.
[127] BGH v. 31.10.2012 - XII ZR 30/10 - FamRZ 2013, 191.
[128] BGH v. 03.05.2001 - XII ZR 62/99 - LM ZPO § 511 Nr. 69 (11/2001).

tungen, insbesondere der kostenlosen Überlassung einer Wohnung, ist neben der von dem Dritten getroffenen Zweckbestimmung[129] jeweils die Prüfung geboten, ob die Überlassung möglicherweise eine Gegenleistung für erbrachte Aufwendungen an der Immobilie ist[130]. Von einem Wohnvorteil als Nutzung gem. § 100 BGB ist allerdings nicht auszugehen, wenn der Unterhaltspflichtige als Soldat die Möglichkeit der kostenlosen Übernachtung in einer **Kaserne** hat.[131]

- Aus der Vermögensanlage fließende **Zinserträge** mindern die Bedürftigkeit ab dem Zeitpunkt der Kapitalanlage, nicht erst ab dem Zinsfluss.[132] Abzüge vom Vermögensstamm zum Ausgleich eines inflationsbedingten Wertverlustes erfolgen nicht.[133] Bei der Ermittlung des anlegbaren Kapitalbetrages und der hieraus erzielbaren Zinserträge sind etwaige vorab zu erfüllende persönliche Bedürfnisse zu berücksichtigen, z.B. notwendige Anschaffungen für eine neue Wohnung, auszugleichende Rechtsanwaltsgebühren[134] und Ähnliches.

- Freiwillige **Zuwendungen Dritter** in der Form von Kapital- oder Naturalleistungen sind nur dann Einkommen, wenn der Dritte eine Entlastung des Unterhaltsschuldners bezweckt.[135] Die vom Dritten getroffenen Zweckbestimmungen können allerdings unbeachtlich sein, wenn ein Mangelfall vorliegt.[136] Wird etwa dem Unterhaltsschuldner von seinen Eltern ein zinsloses Darlehen gewährt, für dessen Rückerstattung keine Zeit bestimmt ist und das nur dem Unterhaltsschuldner zugute kommen soll, so ist diese freiwillige Leistung unberücksichtigt zu lassen.[137] Bei der Bewertung freiwilliger Zuwendungen Dritter in der Form von Naturalleistungen, insbesondere der kostenlosen Überlassung einer Wohnung, ist neben der von dem Dritten getroffenen Zweckbestimmung[138] jeweils die Prüfung geboten, ob die Überlassung möglicherweise eine Gegenleistung für erbrachte Aufwendungen an der Immobilie ist.[139]

b. Verbindlichkeiten

Verbindlichkeiten des Unterhaltsgläubigers sind bei der Ermittlung dessen bedarfsdeckender Einkünfte nur eingeschränkt zu berücksichtigen, da durch den Ehegattenunterhalt nicht die Vermögensbildung des Unterhaltsgläubigers[140] oder dessen Schuldentilgung gefördert werden soll.[141] In der Regel kommt daher eine Berücksichtigung von Zahlungsverpflichtungen nur in Betracht, wenn der Unterhaltsgläubiger über Eigeneinkünfte verfügt und eine umfassende Interessenabwägung, orientiert an Treu und Glauben unter anderem mit Blick auf den Zweck der Verbindlichkeiten, den Zeitpunkt und die Art ihrer Entstehung sowie unter Wahrung schutzwürdiger Belange von Drittgläubigern, dies rechtfertigt. Dies können u.a. berufsbedingte Aufwendungen sein oder Verbindlichkeiten, die nicht als unterhaltsrechtlich leichtfertig zu beurteilen sind.[142]

17

Gegebenenfalls ist auch zu berücksichtigen, ob der Unterhaltsgläubiger teilweise sein Einkommen einsetzen muss, um **Unterhaltsverpflichtungen** gegenüber Kindern aus einer früheren Ehe zu erfüllen.[143]

18

Ohne Auswirkungen auf die Höhe des Unterhaltsanspruches bleibt die Tatsache, dass gegebenenfalls die Verbindlichkeiten des Unterhaltsgläubigers dessen Einkünfte übersteigen[144], insbesondere etwa im Fall der Immobilienfinanzierung.[145]

19

---

[129] OLG Saarbrücken v. 29.04.1998 - 9 UF 42/97 - FamRZ 1999, 396.
[130] OLG München v. 04.09.1995 - 12 WF 915/95 - FamRZ 1996, 169.
[131] OLG Koblenz v. 04.08.2010 - 7 UF 315/10 - FamRZ 2010, 1915.
[132] BGH v. 08.06.1988 - IVb ZR 68/87 - NJW-RR 1988, 1282-1285.
[133] BGH v. 19.02.1986 - IVb ZR 13/85 - NJW-RR 1986, 682-683.
[134] BGH v. 07.11.2012 - XII ZB 229/11 - FamRZ 2013, 109.
[135] BGH v. 25.11.1992 - XII ZR 164/91 - LM BGB § 1602 Nr. 15 (6/1993); BGH v. 22.02.1995 - XII ZR 80/94 - LM BGB § 1353 Nr. 34 (7/1995).
[136] BGH v. 19.05.1999 - XII ZR 210/97 - FamRZ 2000, 153-155.
[137] BGH v. 13.04.2005 - XII ZR 48/02 - FamRZ 2005, 967-971.
[138] OLG Saarbrücken v. 29.04.1998 - 9 UF 42/97 - FamRZ 1999, 396.
[139] OLG München v. 04.09.1995 - 12 WF 915/95 - FamRZ 1996, 169.
[140] BGH v. 18.12.1991 - XII ZR 2/91 - LM BGB § 1577 Nr. 16 (8/1992); BGH v. 22.10.1997 - XII ZR 12/96 - LM BGB § 1577 Nr. 21 (3/1998).
[141] BGH v. 05.06.1985 - IVb ZR 27/84 - LM Nr. 11 zu § 1360a BGB.
[142] BGH v. 14.12.1983 - IVb ZR 38/82 - LM Nr. 21 zu § 1579 BGB.
[143] BGH v. 10.07.1991 - XII ZR 166/90 - FamRZ 91, 1163-1166.
[144] BGH v. 28.03.2007 - XII ZR 21/05 - FamRZ 2007, 879-882.
[145] BGH v. 28.03.2007 - XII ZR 21/05 - FamRZ 2007, 879-882.

3. Anrechnungsregeln

20 Das **Maß des Unterhaltes** bestimmt sich gemäß § 1578 Abs. 1 Satz 1 BGB nach den ehelichen Lebensverhältnissen. Entscheidend ist daher zur Bedarfsermittlung, welche Einkünfte die ehelichen Lebensverhältnisse geprägt haben (vgl. dazu die Kommentierung zu § 1578 BGB Rn. 7 ff.). Nach der seit dem Jahr 2001 geltenden sog. **Surrogatrechtsprechung**[146] gilt die Differenzmethode im Rahmen der Bedarfsermittlung auch dann, wenn der Unterhaltsgläubiger nach der Trennung/Scheidung erstmals eine zumutbare Erwerbstätigkeit aufnimmt. Die hieraus erzielten Einkünfte sind, wenn sie Surrogat für die während der Ehezeit wahrgenommene Haushaltsführung und/oder Kinderbetreuung waren, prägend und daher im Wege der **Differenzmethode** zu erfassen. Anzuwenden ist die Differenzmethode auch bei sog. **Altehen**, die noch **vor In-Kraft-Treten des EheRG** geschieden wurden und bei denen sich der Unterhaltsanspruch des Unterhaltsgläubigers gem. Art. 12 Ziff. 3 Abs. 2 EheRG nach dem früheren Recht richtet. Für sie gilt ebenfalls, dass die ehelichen Lebensverhältnisse i.S.d. § 58 EheG durch die Haushaltsführung und Kinderbetreuung geprägt sind.[147]

21 Nimmt der Unterhaltsgläubiger nach der Trennung/Scheidung eine unzumutbare Erwerbstätigkeit auf, so ist sein hieraus erzieltes Einkommen nicht prägend[148]. Zur Ermittlung des eheangemessenen Bedarfes gemäß § 1578 BGB ist dieses Einkommen daher nicht nach der Differenzmethode zu erfassen, sondern ausschließlich nach der **Anrechnungsmethode**. Nur soweit ein Teil der Einkünfte auf einer zumutbaren Tätigkeit beruht, ist die Differenzmethode maßgeblich. Mit Blick auf die Unzumutbarkeit der ausgeübten Tätigkeit muss aber gemäß § 1577 Abs. 2 BGB unter Billigkeitsgesichtspunkten geprüft werden, ob und in welchem Umfang die **überobligatorisch erzielten Einkünfte** dem Unterhaltsgläubiger bedarfsdeckend anzurechnen sind.

22 Der BGH[149] differenziert i.R. überobligationsmäßig erzielter Einkünfte danach, ob diese **unterhaltsrelevant** sind oder nicht. Sind die überobligatorisch erzielten Einkünfte unterhaltsrelevant, so werden sie im Rahmen der **Additions- bzw. Differenzmethode** einbezogen. In ihrem nicht unterhaltsrelevanten Teil bleiben sie bei der Unterhaltsermittlung vollständig unberücksichtigt. Nur der unterhaltsrelevante Teil des vom Unterhaltsgläubiger überobligationsmäßig erzielten Einkommens prägt die ehelichen Lebensverhältnisse und ist bei der Bedarfsbemessung zu berücksichtigen. Demgegenüber bleibt der nicht unterhaltsrelevante Anteil vollständig unberücksichtigt. Inwieweit die überobligatorisch erzielten Einkünfte (oder der überobligatorische Teil davon) unterhaltsrelevant sind, bedarf der von § 1577 Abs. 2 BGB angeordneten Billigkeitsabwägung im Einzelfall.[150]

23 Abweichend zu beurteilen ist die Situation, wenn die **objektiv unzumutbare Tätigkeit** zwar erstmals nach der Trennung aufgenommen, aber **bereits während der Ehe so geplant** war oder eine bereits vor der Trennung/Scheidung ausgeübte unzumutbare Tätigkeit danach fortgeführt wird. In einer solchen Fallkonstellation kann von prägenden Einkünften ausgegangen werden, so dass im Rahmen der Bedarfsermittlung die Differenzmethode Anwendung findet.[151] In seiner früheren Rechtsprechung hatte der BGH solche Einkünfte nur im Rahmen des § 1577 Abs. 2 BGB berücksichtigt, nicht bereits bei der Bedarfsermittlung.

II. Einkünfte aus unzumutbarer Tätigkeit (Absatz 2)

24 Während § 1577 Abs. 1 BGB von einer uneingeschränkten Anrechnung der Eigeneinkünfte des Unterhaltsgläubigers aus zumutbarer Erwerbstätigkeit oder Vermögensertrag ausgeht, ergibt sich aus § 1577 Abs. 2 BGB die Ausnahmeregelung, die sich zwar ausschließlich auf **Einkünfte aus unzumutbarer oder nicht erwarteter Erwerbstätigkeit** erstreckt,[152] in ihrer Anwendung im Übrigen aber unabhängig davon ist, ob sich der Unterhaltsschuldner seiner Verpflichtung entzieht oder zu entziehen sucht[153]. **Überobligationsmäßig** sind dabei Einkünfte, die dem Unterhaltsgläubiger gemäß den §§ 1570-1573, 1575, 1576 BGB nicht obliegen, d.h. Einkünfte aus Tätigkeiten, die er ohne unterhaltsrechtliche Kon-

---

[146] BGH v. 13.06.2001 - XII ZR 343/99 - BGHZ 148, 105-122.
[147] BGH v. 23.11.2005 - XII ZR 73/03 - FUR 2006, 129-132.
[148] BGH v. 22.01.2003 - XII ZR 186/01 - NJW 2003, 1181-1182.
[149] BGH v. 24.10.2001 - XII ZR 284/99 - LM BGB § 1579 Nr. 49 (7/2002); BGH v. 13.04.2005 - XII ZR 273/02 - FamRZ 2005, 801-802.
[150] BGH v. 13.04.2005 - XII ZR 273/02 - FamRZ 2005, 1154-1158; Gerhardt, FamRZ 2005, 1158-1159.
[151] OLG Karlsruhe v. 14.12.2001 - 2 UF 212/00 - NJW 2002, 900-901.
[152] BGH v. 24.11.1982 - IVb ZR 310/81 - LM Nr. 35 zu § 1361 BGB.
[153] BGH v. 29.11.2000 - XII ZR 212/98 - FamRZ 2001, 350.

sequenzen jederzeit beenden könnte.[154] Vgl. dazu i.E. die Kommentierung zu § 1578 BGB Rn. 8). Überobligatorisch kann eine Tätigkeit daher nicht nur in den Fällen der **Kindesbetreuung** (vgl. hierzu § 1570 BGB) sein, sondern auch bei einer nach Erreichen der **Regelaltersgrenze** fortgesetzten Erwerbstätigkeit[155] bzw. wenn mit ihr unzumutbare gesundheitliche Belastungen verbunden sind.[156]

Nach der Ausnahmeregel des § 1577 Abs. 2 Satz 1 BGB sind überobligatorische Einkünfte des Unterhaltsgläubigers **nicht anzurechnen**, soweit der Verpflichtete nicht den vollen Unterhalt leistet.

Voller Unterhalt ist der angemessene, d.h. der an den ehelichen Lebensverhältnissen orientierte Bedarf im Sinne der §§ 1578, 1578b BGB.[157] Entscheidend ist daher, was nach der Bedarfsberechnung geschuldet, nicht jedoch, was tatsächlich geleistet wird, d.h. es ist vom **Quotenunterhalt** auszugehen.[158] In der zum 01.01.2008 in Kraft getretenen **Neufassung des § 1577 Abs. 2 BGB** hat der Gesetzgeber in den Klammerzusatz auch § 1578b BGB aufgenommen. Hierdurch wurde klargestellt, dass „voller Unterhalt" im Sinn dieser Normierung nicht nur der an den ehelichen Lebensverhältnissen orientierte Unterhalt im Sinn des § 1578 Abs. 1 BGB sein kann, sondern ggf. auch der aus Billigkeitsgründen herabgesetzte Unterhalt.[159]

Die **Ermittlung des** gemäß § 1577 Abs. 2 Satz 1 BGB anrechnungsfrei bleibenden Einkommens des Unterhaltsgläubigers lässt sich schematisch wie folgt darstellen:

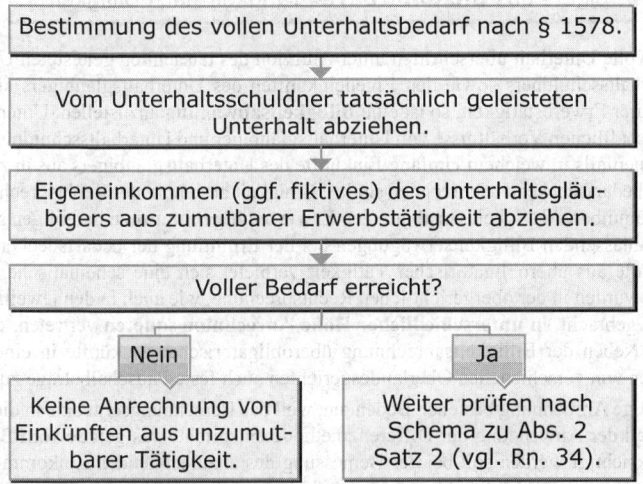

D.h., wird durch die Summe aus dem vom Unterhaltsschuldner geleisteten Unterhalt und dem aus zumutbarer Erwerbstätigkeit des Unterhaltsgläubigers erzielten Einkommen der volle Unterhalt erreicht, bleibt das Einkommen des Unterhaltsgläubigers aus unzumutbarer Erwerbstätigkeit anrechnungsfrei.

Gegebenenfalls ist eine **Korrektur aus Billigkeitsgründen** durchzuführen in den Fällen, in denen der Unterhaltsgläubiger wegen Leistungsschwäche des Unterhaltsschuldners nur einen Billigkeitsunterhalt gemäß § 1581 BGB fordern kann, d.h. der Unterhaltsschuldner nicht in der Lage ist, den Unterhaltsbedarf des Unterhaltsgläubigers zu decken, ohne seinen eigenen angemessenen Unterhalt zu gefährden. In einem solchen Fall kann die durchzuführende Billigkeitsabwägung ergeben, dass Einkünfte des Unterhaltsgläubigers aus unzumutbarer Tätigkeit nicht im Maß des § 1577 Abs. 2 Satz 1 BGB anrechnungsfrei bleiben,[160] soweit für den gegenteiligen Fall von einer groben Unbilligkeit oder einem deutlichen wirtschaftlichen Ungleichgewicht ausgegangen werden müsste.

---

[154] BGH v. 10.07.2013 - XII ZB 297/12 - FamRZ 2013, 1558; BGH v. 29.11.2000 - XII ZR 212/98 - FamRZ 2001, 350-353.
[155] BGH v. 31.10.2012 - XII ZR 30/10 - FamRZ 2013, 191.
[156] BGH v. 10.07.2013 - XII ZB 297/12 - FamRZ 2013, 1558.
[157] OLG Oldenburg v. 09.07.1996 - 12 UF 50/96 - OLGR Oldenburg 1996, 213-214; OLG Stuttgart v. 30.01.1990 - 18 UF 435/89 - NJW-RR 1991, 69-70.
[158] BGH v. 24.11.1982 - IVb ZR 310/81 - FamRZ 1983, 146; BGH v. 13.06.2001 - XII ZR 343/99 - FamRZ 2001, 986.
[159] BT-Drs. 16/1830, S. 28.
[160] BGH v. 24.11.1982 - IVb ZR 310/81 - LM Nr. 35 zu § 1361 BGB.

30 § 1577 Abs. 2 Satz 2 BGB ist eine **Gegenausnahme** zu § 1577 Abs. 2 Satz 1 BGB. Schematisch lässt sich die Regelung wie folgt darstellen:

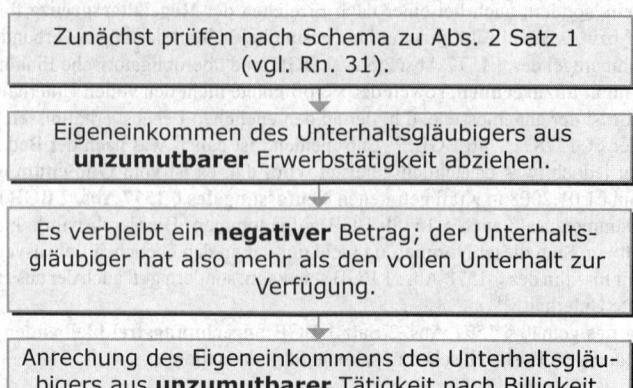

31 Wird also der volle Unterhalt überschritten unter Addition des tatsächlich geleisteten Unterhaltes seitens des Unterhaltsschuldners sowie den Eigeneinkünften des Unterhaltsgläubigers aus zumutbarer und unzumutbarer Erwerbstätigkeit, so ist eine **Billigkeitsabwägung** anzustellen. Unter Berücksichtigung der wirtschaftlichen Verhältnisse von Unterhaltsgläubiger und Unterhaltsschuldner ist zu prüfen, ob und gegebenenfalls in welchem Umfang Einkünfte des Unterhaltsgläubigers aus unzumutbarer Erwerbstätigkeit bedarfsdeckend anzurechnen sind.[161] Einigkeit besteht in der Rechtsprechung, dass Einkünfte aus unzumutbarer Tätigkeit **vorab** um den **Erwerbstätigenbonus** zu bereinigen sind. Mit Blick auf die zu veranlassenden Billigkeitserwägungen bei der Ermittlung der bedarfsdeckend heranzuziehenden Einkünfte aus überobligatorischer Tätigkeit verbietet sich eine schematische Betrachtungsweise. Bislang wurden in der obergerichtlichen Rechtsprechung, wie auch in den jeweiligen Leitlinien zum Ausdruck gebracht, **in unterschiedlicher Höhe Anrechnungsquoten** vertreten, etwa zwischen 1/3 bis 1/2.[162] Neben der Billigkeitsanrechnung überobligatorischer Einkünfte in einer bestimmten Quote[163] werden von verschiedenen Oberlandesgerichten auch feste Pauschalbeträge zugestanden[164].

32 Gegen die hälftige Anrechnung bestehen Bedenken, weil das Berechnungsergebnis in diesem Fall dem Ergebnis im Fall der Anwendung der Differenzmethode entspricht, was gerade vom BGH abgelehnt wird.[165] Berücksichtigt werden soll bei der Bemessung des anzurechnenden Einkommensteiles, dass der Unterhaltsgläubiger nicht schlechter stehen darf, als wenn sein Einkommen insgesamt aus nichtüberobligatorischer Tätigkeit erzielt würde. Es muss ihm ein spürbarer Vorteil aus seinen überobligatorischen Anstrengungen bleiben.[166]

33 Nach der Rspr. des BGH ist die Frage, ob und in welchem Umfang Eigeneinkünfte des Unterhaltsgläubigers nach § 1577 Abs. 2 BGB bei der Unterhaltsberechnung (im Wege der Additions- bzw. Differenzmethode vgl. Rn. 21) zu berücksichtigen sind, nicht pauschal zu beantworten, sondern jeweils von den besonderen Umständen des Einzelfalles abhängig.[167] Dabei soll es nicht zu beanstanden sein, dass vom Einkommen vorab konkreter Betreuungsaufwand, der im Zusammenhang mit der Berufstätigkeit

---

[161] BGH v. 04.11.1987 - IVb ZR 81/86 - LM Nr. 48 zu § 1578 BGB; BGH v. 24.11.1982 - IVb ZR 310/81 - LM Nr. 35 zu § 1361 BGB.

[162] OLG Hamburg v. 28.06.2002 - 12 UF 102/01 - OLGR Hamburg 2003, 42-44; OLG Hamm v. 13.12.1996 - 11 UF 60/96 - NJW-RR 1997, 963-965; www.justiz.bayern.de/gericht/olg/n/zustand/ (abgerufen am 12.12.2014); OLG Hamm, III, 31; KG Berlin, C II, 34; OLG Celle, III, 2d; OLG Frankfurt, IV 6.; OLG Hamm v. 02.04.2003 - 11 UF 223/02 - NJW 2003, 2461; OLG Karlsruhe v. 27.10.2003 - 2 UF 107/03 - NJW 2004, 859-862; OLG Stuttgart v. 09.09.2004 - 16 UF 126/04 - FamRZ 2005, 1746-1747.

[163] OLG Stuttgart v. 07.11.2003 - 17 WF 95/03 - FamRZ 2004, 1294; OLG Hamm v. 24.10.2003 - 11 WF 141/03 - FamRZ 2004, 1108-1109.

[164] OLG Frankfurt v. 02.04.2004 - 1 UF 117/03 - OLGR Frankfurt 2004, 294.

[165] BGH v. 22.01.2003 - XII ZR 186/01 - NJW 2003, 1181-1182.

[166] OLG Köln v. 17.07.2003 - 14 UF 6/03 - OLGR Köln 2003, 371-372.

[167] BGH v. 13.04.2005 - XII ZR 273/02 - FamRZ 2005, 1154-1158; BGH v. 15.12.2004 - XII ZR 121/03 - FamRZ 2005, 442-445.

entstehe, in Abzug gebracht wird. In Betracht kommen soll aber auch die Berücksichtigung eines anrechnungsfreien Betrages, selbst wenn keine konkreten Betreuungskosten anfallen, etwa wenn die 2. Ehefrau des Unterhaltsschuldners das Kind aus dessen 1. Ehe mitbetreut. Ergänzend hat der BGH hervorgehoben,[168] dass jeweils im Rahmen einer Einzelfallbetrachtung die Bewertung danach erfolgen muss, in welchem Maß der Unterhaltsberechtigte wegen der Kindesbetreuung nach § 1570 BGB von seiner Erwerbsobliegenheit befreit ist. Nur in dem dann festzustellenden Umfang ist eine Erfassung des Einkommens des Unterhaltsgläubigers im Rahmen von § 1577 Abs. 2 BGB gerechtfertigt.

Kriterien für das Ausmaß der Anrechnung sind: 34
- besondere Leistungen oder Belastungen des Verpflichteten aus der Ehezeit,
- die Einkommens- und Vermögensverhältnisse der Ehegatten,[169]
- die persönlichen Verhältnisse der Parteien, wie etwa Alter, Erwerbsfähigkeit und Gesundheitszustand,[170]
- die sich ergebende einkommensmäßige Position des Unterhaltsgläubigers,[171]
- etwaige geringere Betreuungsbelastungen des Unterhaltsgläubigers durch die Beauftragung einer Tagesmutter,[172]
- Freiwilligkeit der Ausübung einer Berufstätigkeit,[173]
- Vereinbarkeit der Kindesbetreuung mit den konkreten Arbeitszeiten unter Berücksichtigung erforderlicher Fahrzeiten,[174]
- Zeitumfang der Entbehrlichkeit einer persönlichen Kindesbetreuung infolge Kindergarten- oder Schulbesuch,[175]
- Alter der Kinder,[176]
- Anzahl der betreuten Kinder,[177]
- Relation der verbleibenden Einkünfte von Unterhaltsschuldner und -gläubiger zu der Anzahl der in ihrem Haushalt lebenden Personen.[178]

Der in der Rspr. des BGH entwickelte Gedanke, dass bei überobligatorisch erzielten Einkünften eine pauschale Beurteilung des Umfanges der anrechenbaren Einkünfte ausscheidet und vielmehr die besonderen Umstände des Einzelfalles maßgeblich sind, gilt in **analoger Anwendung** auch für die überobligatorisch erzielten Einkünfte der **nicht verheirateten Mutter**.[179] 35

III. Verwertung des Vermögensstammes (Absatz 3)

Entsprechend der Grundregel des Absatzes 1 ist der Unterhaltsgläubiger, dem Prinzip der Eigenverantwortlichkeit (§ 1569 BGB) folgend, beim nachehelichen Unterhalt gehalten, zur Bedarfsdeckung notfalls auch seinen **Vermögensstamm** einzusetzen.[180] Das gilt insbesondere dann, wenn der Unterhaltsgläubiger über einen erheblichen Vermögensstamm verfügt und der Unterhaltsschuldner demgegenüber durch die Zahlung eines laufenden Unterhaltes an die Grenze seiner Leistungsfähigkeit gerät.[181] Der Unterhaltsgläubiger unterliegt im Rahmen dieser Obliegenheit den gleichen Maßstäben wie der Unterhaltsschuldner bei seiner Verpflichtung zur Unterhaltssicherung.[182] In seiner Rechtsprechung hat der BGH hervorgehoben, dass die zu den §§ 1577 Abs. 3 und 1578b BGB vorzunehmenden **Billig-** 36

---

[168] BGH v. 21.04.2010 - XII ZR 134/08 - FamRZ 2010, 1050.
[169] OLG Hamm v. 22.08.2002 - 8 UF 10/02 - FamRZ 2002, 1708-1710.
[170] OLG Saarbrücken v. 17.08.2005 - 9 UF 187/04 - OLGR Saarbrücken 2006, 19-23.
[171] OLG Köln v. 17.07.2003 - 14 UF 6/03 - OLGR Köln 2003, 371-372.
[172] OLG Hamm v. 13.12.1996 - 11 UF 60/96 - NJW-RR 1997, 963-965.
[173] BGH v. 23.09.1981 - IVb ZR 600/80 - FamRZ 1981, 1159-1161.
[174] BGH v. 29.11.2000 - XII ZR 212/98 - FamRZ 2001, 350-353; BGH v. 01.03.2006 - XII ZR 157/03 - FamRZ 2006, 846-852.
[175] BGH v. 29.11.2000 - XII ZR 212/98 - FamRZ 2001, 350-353; BGH v. 01.03.2006 - XII ZR 157/03 - FamRZ 2006, 846-852; OLG Brandenburg v. 27.07.2011 - 13 U 133/09 - FamFR 2011, 415.
[176] BGH v. 13.04.2005 - XII ZR 273/02 - FamRZ 2005, 1154-1158; OLG Saarbrücken v. 17.08.2005 - 9 UF 187/04 - OLGR Saarbrücken 2006, 19-23.
[177] OLG Saarbrücken v. 29.06.2005 - 9 UF 117/04 n.v.
[178] BGH v. 13.04.2005 - XII ZR 273/02 - FamRZ 2005, 1154-1158.
[179] BGH v. 15.12.2004 - XII ZR 121/03 - FamRZ 2005, 442-445.
[180] OLG Saarbrücken v. 16.05.2007 - 9 UF 77/06 - OLGR Saarbrücken 2007, 662-665.
[181] OLG Hamm v. 03.03.2006 - 7 UF 154/05 - FamRZ 2006, 1680-1682.
[182] BGH v. 27.06.1984 - IVb ZR 20/83 - FamRZ 1985, 354-357.

§ 1577

keitsabwägungen aufeinander abzustimmen sind. Die Verpflichtung des Unterhaltsgläubigers zur – teilweisen – Verwertung des Vermögens stellt wirtschaftlich bereits eine Herabsetzung des Unterhaltsbedarfs dar und kann in diesem Umfang einer weiteren Herabsetzung nach § 1578b BGB entgegenstehen.[183] Eine – zumindest teilweise – Vermögensverwertung kann in Betracht kommen, wenn dem Unterhaltsgläubiger aus der vermögens- und güterrechtlichen Auseinandersetzung ein hoher Kapitalbetrag zufließt, den er für eine eigene ausreichende Altersversorgung nicht benötigt, wenn diese bereits durch einen zu leistenden Vorsorgeunterhalt und den durchgeführten Versorgungsausgleich abgesichert ist.[184] Gleichzeitig muss aber geprüft werden, ob der Vermögensstamm allein aus der Veräußerung des ehelichen Anwesens resultiert und damit dem Unterhaltsschuldner ein gleich hoher Erlösanteil zur freien Verfügung zugeflossen ist. In diesem Fall ist die Verwertung des Vermögensstamms eingeschränkt.[185]

37   Eine **Vermögensverwertung scheidet nur dann aus**, wenn
  • diese **unwirtschaftlich** ist; Prüfungsaspekte sind dabei
    - allgemeine Wirtschaftlichkeitserwägungen (z.B. erwarteter Erlös in Relation zum Verkehrswert; dann aber gegebenenfalls Aufnahme eines Überbrückungsdarlehens erforderlich[186]),
    - Art und Größe des Vermögens,
    - Lebenserwartung des Unterhaltsgläubigers[187] und daraus folgende besondere Erhaltungsnotwendigkeit des Vermögens,
    - Höhe des zu erwartenden Verkaufserlöses in Relation zum Affektionsinteresse des Unterhaltsgläubigers am Verwertungsgegenstand,
    - die Relation zwischen einem etwaigen Prozessrisiko und der Höhe eines ggf. im gerichtlichen Verfahren geltend zu machenden Pflichtteilsergänzungsanspruches,[188]
    - Verwertungsart (z.B. Aufhebung der Miteigentümergemeinschaft statt Veräußerung oder Belastung[189]),
    - die Möglichkeit und Notwendigkeit einer Vermögensumschichtung,[190]
    - die künftige Einkommensentwicklung des Unterhaltsgläubigers unter Berücksichtigung der Auswirkungen des Versorgungsausgleiches einhergehend mit einer Absenkung des zu deckenden Bedarfs;[191]
  • diese unter Berücksichtigung der beiderseitigen wirtschaftlichen Verhältnisse **unbillig** ist. **Prüfungsaspekte** sind dabei
    - Alter und Gesundheit des Unterhaltsgläubigers im Rahmen einer Prognose der Leistungsfähigkeit und dem voraussichtlichen Unterhaltsbedarf bei Zubilligung einer Rücklage des Unterhaltsgläubigers für Not- und Krankheitsfälle,[192]
    - die Kriterien des § 180 Abs. 2 ZVG,
    - die Kriterien des § 88 Abs. 2 Nr. 7, Nr. 8 BSHG,
    - ob dem Unterhaltsschuldner der Verkaufserlös aus einer früheren gemeinsamen Immobilie zur freien Verfügung bleibt[193],
    - ob sich ein beiderseitiger Fortfall der Vermögenseinkünfte nicht zugunsten des Unterhaltsberechtigten auswirkt[194].

---

[183] BGH v. 18.01.2012 - XII ZR 178/09 - FamRZ 2012, 517.
[184] OLG Hamm v. 17.01.2012 - 11 UF 91/11 - FamRZ 2012, 1950.
[185] BGH v. 21.10.2012 - XII ZR 129/10 - FamRZ 2013, 195.
[186] OLG München v. 02.03.1994 - 12 UF 1495/93 - FamRZ 1994, 1459.
[187] BGH v. 27.06.1984 - IVb ZR 20/83 - FamRZ 1985, 354-357; OLG Hamm v. 20.12.1996 - 10 UF 109/96 - FamRZ 1997, 1537-1538.
[188] OLG Hamm v. 20.12.1996 - 10 UF 109/96 - FamRZ 1997, 1537-1538.
[189] BGH v. 28.03.1984 - IVb ZR 64/82 - LM Nr. 5 zu § 1577 BGB.
[190] BGH v. 05.03.1986 - IVb ZR 12/85 - NJW-RR 1986, 746-748; BGH v. 22.10.1997 - XII ZR 12/96 - LM BGB § 1577 Nr. 21 (3/1998).
[191] OLG Saarbrücken v. 16.05.2007 - 9 UF 77/06 - OLGR Saarbrücken 2007, 662-665.
[192] BGH v. 28.03.1984 - IVb ZR 64/82 - LM Nr. 5 zu § 1577 BGB; OLG Saarbrücken v. 16.05.2007 - 9 UF 77/06 - FamRZ 2008, 698-699; OLG Karlsruhe v. 30.10.2009 - 5 UF 5/08 - FamRZ 2010, 655-659.
[193] BGH v. 27.06.1984 - IVb ZR 20/83 - FamRZ 1985, 354-357; abw. OLG Saarbrücken v. 16.05.2007 - 9 UF 77/06 - FamRZ 2008, 698-694 beim Verkauf einer Eigentumswohnung.
[194] BGH v. 01.10.2008 - XII ZR 62/07 - FamRZ 2009, 23.

Die Billigkeitserwägungen des § 1577 Abs. 3 BGB sowie des § 1577 Abs. 2 BGB obliegen dem Tatrichter und sind revisionsrechtlich nur eingeschränkt nachprüfbar.[195] 38

IV. Unterhaltssicherndes Vermögen und Vermögensverlust (Absatz 4)

1. Grundsatz gemäß Absatz 4 Satz 1

Es besteht kein Anspruch auf Unterhalt, wenn zum Einsatzzeitpunkt der Ehescheidung zu erwarten 39
war, dass der Unterhaltsgläubiger, unter Verwendung seines Vermögens, seinen **Bedarf nachhaltig sichern** konnte, das **Vermögen** nach diesem Einsatzzeitpunkt allerdings **in Wegfall** gerät.

Entscheidend ist, ob zum Zeitpunkt der **Ehescheidung** bei **objektiver Betrachtungsweise** von einer 40
nachhaltigen Unterhaltssicherung ausgegangen werden konnte.

Zweck des § 1577 Abs. 4 BGB ist der Schutz des Unterhaltsschuldners. Es erscheint daher sachgerecht, 41
den nachehelichen Unterhaltsanspruch endgültig in Wegfall zu bringen, wenn eine wirtschaftliche Sicherung des Unterhaltsgläubigers eintritt. **Spätere Änderungen** können **nicht** mehr der Risikosphäre des Unterhaltsschuldners zugerechnet werden.

Anders als bei § 1573 Abs. 4 BGB ist hier **unerheblich, ob** der **Vermögenswegfall verschuldet oder** 42
unverschuldet ist. Der Unterhaltsschuldner soll nicht das Risiko für eine schicksalsbedingte Bedürftigkeit tragen müssen, die nicht mit der Ehe im Zusammenhang steht.[196] In der obergerichtlichen Rechtsprechung wird zutreffend danach bewertet, ob die Verwendung ursprünglich vorhandenen Vermögens unterhaltsrechtlich anerkennenswert ist. Dies wird etwa für den Vermögenseinsatz zum Ausgleich von Anwalts- und Gerichtskosten angenommen, nicht jedoch für Zuwendungen an Kinder oder Zuzahlungen im medizinischen Bereich, da diese Aufwendungen aus dem laufenden Unterhalt zu tragen sind.[197]

Ebenso wie § 1573 Abs. 4 BGB dient § 1577 Abs. 4 Satz 1 BGB dem **Vertrauensschutz des Unter-** 43
haltsschuldners, d.h. für den Fall des Absatzes 4 Satz 1 dem Vertrauen darauf, dass mit Blick auf bedarfsdeckendes Vermögen des Unterhaltsgläubigers Unterhaltsleistungen von ihm nicht zu erbringen sind. In Ausgestaltung dieses Vertrauensschutzes ist der Unterhaltsgläubiger gehalten, beim Verbrauch ererbten Vermögens auch die Belange des Unterhaltsschuldners zu berücksichtigen. Zwar wird ihm ggf. zugestanden, einen Teil des Kapitals für sonstige Bedürfnisse zu verwenden. Im Wesentlichen jedoch ist der Ertrag und sukzessive der Stamm des verbliebenen Vermögens zur Deckung des Unterhaltsbedarfes heranzuziehen.[198]

2. Ausnahme des Absatzes 4 Satz 2

Abweichend von der Grundregel des § 1577 Abs. 4 Satz 1 BGB **lebt der Unterhaltsanspruch wieder** 44
auf, wenn vom Unterhaltsgläubiger die Aufnahme einer Erwerbstätigkeit nicht erwartet werden kann, weil ihm zum Zeitpunkt des Vermögenswegfalls ein Unterhaltsanspruch nach § 1570 BGB zusteht.

C. Prozessuale Hinweise/Verfahrenshinweise

I. Beweislast

Der **Unterhaltsgläubiger** trägt die Beweislast 45
- für seine **Bedürftigkeit**, also für die Höhe seiner erzielbaren Einkünfte[199] und seines Vermögens[200] und damit einhergehend für die Vergeblichkeit der Bemühungen, eine Arbeitsstelle zu finden bzw. für das Fehlen einer Beschäftigungschance auf dem Arbeitsmarkt,[201]
- für die Dauer der Bedürftigkeit,
- für die Nichtanrechenbarkeit von Einkünften gemäß § 1577 Abs. 2 Satz 1 BGB,[202]
- für die **Unzumutbarkeit einer Erwerbstätigkeit**,

---

[195] BGH v. 08.04.1987 - IVb ZR 39/86 - NJW-RR 1987, 962-963.
[196] BGH v. 12.01.1983 - IVb ZR 348/81 - FamRZ 1983, 670.
[197] OLG Hamm v. 06.05.2011 - 5 UF 66/08.
[198] OLG Oldenburg v. 18.01.2005 - 12 UF 96/04 - FamRZ 2005, 718-719.
[199] BGH v. 07.11.2012 - XII ZB 229/11 - FamRZ 2013, 109.
[200] BGH v. 08.12.1982 - IVb ZR 331/81 - LM Nr. 11 zu § 1569 BGB; BGH v. 21.12.1988 - IVb ZR 18/88 - LM Nr. 15 zu § 1577 BGB.
[201] BGH v. 04.11.1981 - IVb ZR 625/80 - LM Nr. 6 zu § 236 (A) ZPO.
[202] BGH v. 24.11.1982 - IVb ZR 310/81 - FamRZ 1983, 146.

- gegen den Sachvortrag des Unterhaltsschuldners zur Anrechnung von **Versorgungs- und Haushaltsleistungen** für einen anderen Partner,[203] d.h.
  - für fehlendes Einkommen wegen Haushaltsführung,
  - gegen Aufwendungsersparnis bei bestehender Wohngemeinschaft,
  - gegen bestehende Haushaltsgemeinschaft,
  - gegen die Erbringung von Versorgungsleistungen (das Vorbringen des Unterhaltsschuldners muss aber substantiiert sein, weil dem Unterhaltsgläubiger abverlangt wird, einen Negativbeweis zu führen),[204]
- für die Zugehörigkeit eines Vermögenswertes zum Stamm des Vermögens,
- für die **Unwirtschaftlichkeit** oder Unbilligkeit einer bestimmten Vermögensverwertung,[205]
- für die nicht nachhaltige Sicherung des Unterhalts durch weggefallenes Vermögen,
- für die derzeit mangelnde Möglichkeit zur Erlangung einer Erwerbstätigkeit, die der Ausbildung und früheren beruflichen Tätigkeit entspricht, so dass eine gleichlautende Prüfung im Rahmen des § 1578b BGB auch entbehrlich wird[206].

46 Der **Unterhaltsschuldner** trägt die Beweislast dafür,
- dass ihn **freiwillige Leistungen Dritter**, die dem Unterhaltsgläubiger zufließen, entlasten sollen,[207]
- dass ein von ihm im Abänderungsverfahren in der Vergangenheit **eingeräumtes Einkommen aus betriebsbedingten Gründen abgesunken** ist (z.B. Herabsetzung der Geschäftsführerbezüge des Alleingesellschafter-Geschäftsführers wegen rückläufiger Betriebsergebnisse)[208].

47 **Jede Partei** trägt die Beweislast
- für die ihr **günstigen Umstände bei der Billigkeitsabwägung** gemäß § 1577 Abs. 2 BGB und § 1577 Abs. 3 BGB
- für ihre Behauptung, die **Bedürftigkeit** sei wegen eines **strafbaren oder unredlichen Verhaltens entfallen**[209].

II. Aspekte anwaltlicher Tätigkeit

48 Der Unterhaltsgläubiger ist im Rahmen der anwaltlichen Vertretung bereits frühzeitig, d.h. nach Möglichkeit schon im Rahmen der ersten Rücksprache auf eine etwaige **Erwerbsobliegenheit** spätestens nach rechtskräftiger Ehescheidung (u.U. schon vorher, siehe dazu die Erläuterungen zu § 1361 BGB) **hinzuweisen**. Dazu gehört auch die Belehrung, dass Erwerbsbemühungen bereits deutlich vor Rechtskraft der Ehescheidung einsetzen müssen[210]. Soweit eine Erwerbsobliegenheit besteht, müssen die **Anforderungen erläutert** werden, die die Rechtsprechung an das ordnungsgemäße Bemühen um eine Erwerbstätigkeit stellt. Hinzuweisen ist nicht nur auf das erwartete Ausmaß der Bewerbungsbemühungen (z.B. Vielzahl von Bewerbungen, auch bundesweit), sondern auch auf die erwartete konkrete Ausgestaltung der Bewerbungen (z.B. Eigeninitiative durch Annoncen, Anzahl der getätigten Bewerbungen, deren äußeres Erscheinungsbild und Nachweise über ihre Absendung an einen potentiellen Arbeitgeber).[211] (vgl. ergänzend Rn. 16) Die Anzahl der zu veranlassenden Bewerbungen hat aber nur Indizwirkung. Bei der Gesamtabwägung, ob Bewerbungsbemühungen ausreichend sind, muss ebenso berücksichtigt werden, ob der Unterhaltsgläubiger mit Blick auf seine individuellen Verhältnisse und seine Erwerbsbiographie überhaupt realistische Erwerbschancen hat.[212]

49 Es muss darauf hingewirkt werden, dass der Unterhaltsgläubiger die zur Darstellung seiner Bedürftigkeit **notwendigen Informationen und Unterlagen** in vorab beschriebenem Sinn zur Verfügung stellt, so dass diese bereits **frühzeitig** außergerichtlich oder im gerichtlichen Verfahren nach etwaig gebotener Aufbereitung eingeführt werden können.

50 Bezüglich der anwaltlichen Obliegenheiten im Zuge der **Überleitungsanzeige gem. § 33 SGB II** wird auf die Kommentierung zu § 1578 BGB Rn. 124 verwiesen.

---

[203] BGH v. 30.11.1994 - XII ZR 226/93 - LM BGB § 242 (Cd) Nr. 340 (6/1995).
[204] BGH v. 08.10.1992 - I ZR 220/90 - LM UWG § 14 Nr. 18 (7/1993).
[205] BGH v. 19.02.1986 - IVb ZR 13/85 - FamRZ 1986, 441.
[206] BGH v. 05.12.2012 - XII ZB 670/10 - FamRZ 2013, 274.
[207] BGH v. 14.12.1983 - IVb ZR 38/82 - FamRZ 84, 364.
[208] BGH v. 05.05.2004 - XII ZR 15/03 - FamRZ 2004, 1179-1181.
[209] BGH v. 08.10.1992 - I ZR 220/90 - LM UWG § 14 Nr. 18 (7/1993).
[210] BGH v. 30.07.2008 - XII ZR 126/06 - FamRZ 2008, 2104-2107.
[211] OLG Saarbrücken v. 20.11.2003 - 6 UF 33/03.
[212] BGH v. 21.09.2011 - XII ZR 121/09 - FamRZ 2011, 1851; *Erdrich*, FamFR 2011, 505-507.

III. Prozessuale Hinweise

Die **rückwirkende Abänderung eines Prozessvergleiches**, der zur Bemessung des nachehelichen Unterhaltes noch auf der Anwendung der Anrechnungsmethode beruhte, kommt nicht in Betracht. Die Berücksichtigung der veränderten Rechtsprechung des BGH kann nur für den Unterhaltszeitraum erfolgen, der der Verkündung des die bisherige Rechtsprechung aufgebenden Urteiles des BGH folgt.[213] Diese Zeitgrenze hat der BGH in seiner aktuellen Rechtsprechung bestätigt[214] und hervorgehoben, dass eine nach den Grundsätzen des Wegfalls der Geschäftsgrundlage vorzunehmende Anpassung an dem Zeitpunkt der Verkündung einer die bisherige Rechtsprechung aufgebenden Entscheidung anknüpft. Erst ab diesem Zeitpunkt kann eine Abänderung mit Wirkung für die Zukunft geltend gemacht werden. 51

Bezieht der Unterhaltsberechtigte **Arbeitslosengeld II**, so ist die mit Wirkung zum 01.08.2006 in Kraft getretene Neufassung des § 33 SGB II zu beachten. Die bislang geltende Anspruchsüberleitung durch Überleitungsanzeige des Leistungsträgers wurde ersetzt durch eine **cessio legis**, wobei diese Neuregelung auch die bereits vorher entstandenen Ansprüche erfasst.[215] Nach § 33 Abs. 1 Satz 1 SGB II geht der Anspruch auf den Träger der Grundsicherung aber nur über, soweit Leistungen zur Sicherung des Lebensunterhaltes erbracht wurden, d.h. Arbeitslosengeld II nach § 19 SGB II und Sozialgeld nach § 28 SGB II. Hieraus folgt auch, dass diese Leistungen subsidiär sind und als Einkommen bei der Unterhaltsbemessung nicht berücksichtigt werden dürfen.[216] Der Anspruchsübergang darf aber nur bewirkt werden, soweit das Einkommen und Vermögen des Unterhaltsschuldners die in den §§ 11, 12 SGB II vorgesehenen Werte überschreitet, so dass für den Unterhaltsschuldner eine **Vergleichsberechnung** durchzuführen ist, ob sein Einkommen und Vermögen ausreicht, um seinen eigenen Grundsicherungsbedarf und evtl. jenen der mit ihm in Bedarfsgemeinschaft lebenden Personen zu decken.[217] 52

Wurden dem Unterhaltsberechtigten im **Vorverfahren keine fiktiv erzielbaren Einkünfte** aus Erwerbstätigkeit zugerechnet, so gilt die hiermit verbundene Feststellung, dass er seine Erwerbsverpflichtung erfüllt, auch im nachfolgenden Abänderungsverfahren,[218] selbst wenn die Unterhaltstitulierung auf einer vorbehaltlosen Vereinbarung beruht.[219] 53

IV. Steuerrechtliche Hinweise

Vgl. hierzu die Steuerrechtl. Hinw. zu §§ 1569 ff. BGB. 54

---

[213] BGH v. 22.01.2003 - XII ZR 186/01 - NJW 2003, 1181-1182.
[214] BGH v. 20.03.2013 - XII ZR 72/11 - NJW 2013, 1530.
[215] *Scholz*, FamRZ 2006, 1417-1425.
[216] *Klinkhammer*, FamRZ 2006, 1171-1173.
[217] *Scholz*, FamRZ 2006, 1417-1425.
[218] BGH v. 27.01.2010 - XII ZR 100/08 - FamRZ 2010, 538.
[219] BGH v. 05.12.2012 - XII ZB 670/10 - FamRZ 2013, 274.

§ 1578 BGB Maß des Unterhalts

(Fassung vom 21.12.2007, gültig ab 01.01.2008)

(1) ¹Das Maß des Unterhalts bestimmt sich nach den ehelichen Lebensverhältnissen. ²Der Unterhalt umfasst den gesamten Lebensbedarf.

(2) Zum Lebensbedarf gehören auch die Kosten einer angemessenen Versicherung für den Fall der Krankheit und der Pflegebedürftigkeit sowie die Kosten einer Schul- oder Berufsausbildung, einer Fortbildung oder einer Umschulung nach den §§ 1574, 1575.

(3) Hat der geschiedene Ehegatte einen Unterhaltsanspruch nach den §§ 1570 bis 1573 oder § 1576, so gehören zum Lebensbedarf auch die Kosten einer angemessenen Versicherung für den Fall des Alters sowie der verminderte Erwerbsfähigkeit.

Gliederung

A. Grundlagen 1	IV. Bedarfsberechnung und Berechnungsmethoden 88
I. Normzweck 1	1. Erwerbstätigenbonus 90
II. Schematische Darstellung 6	2. Prägende Unterhaltspflichten 95
B. Anwendungsvoraussetzungen 7	3. Berechnungsmethoden 99
I. Anknüpfung an die ehelichen Lebensverhältnisse und Bedarfsermittlung (Absatz 1) 7	a. Anrechnungsmethode 112
1. Einkünfte aus Erwerbstätigkeit 8	b. Gemischte Differenz- und Anrechnungsmethode 113
2. Einkünfte aus Vermögensertrag 12	**C. Prozessuale Hinweise/Verfahrenshinweise** 114
3. Verbindlichkeiten 22	I. Beweislast 114
4. Renten 24	II. Prozessuale Hinweise 116
5. Kindergeld 28	1. Abänderung bestehender Titel 116
6. Leistungen nach dem GSiG/Arbeitslosengeld 29	2. Titulierung von Vorsorgeunterhalt 120
7. Vermögensbildung 30	3. Sonstiges 122
II. Maßgeblicher Zeitpunkt für die Ermittlung der prägenden Einkommenssituation 35	**D. Anwendungsfelder** 126
1. Grundsatz 35	I. Steuer- und sozialversicherungsrechtliche Hinweise 126
2. Abweichungen 38	II. Schriftsatz- und Antragsmuster, Rechenbeispiel zum Altersvorsorgeunterhalt 130
a. Einkommensverbesserungen 38	1. Beispiel eines Antrags mit konkreter Bedarfsermittlung bei überdurchschnittlich guten Einkünften 130
b. Einkommensreduzierungen 49	
c. Bedarfserhöhende Umstände 54	2. Beispiel eines Antrags bei Zweifeln an der zweckgebundenen Verwendung des Altersvorsorgeunterhalts 131
III. Erfassung des gesamten Lebensbedarfs (Absatz 1 Satz 3, Absätze 2, 3) 55	
1. Lebensbedarf 55	3. Beispiel zur Berechnung des Alters- und Krankenvorsorgeunterhalts 135
2. Konkrete Bedarfsermittlung 59	
3. Mehrbedarf/Sonderbedarf 65	
4. Kranken- und Pflegevorsorgeunterhalt 69	
5. Schul- und Berufsausbildung 73	
6. Altersvorsorgeunterhalt 74	
7. Prozesskostenvorschuss 87	

A. Grundlagen

I. Normzweck

1   § 1578 BGB ist die zweite Stufe der Prüfung eines Unterhaltsanspruches (vgl. hierzu auch die Kommentierung zu § 1577 BGB Rn. 3).

2   § 16 Abs. 1 LPartG (i.d.F. v. 15.12.2004, gültig ab 01.01.2005) verweist hinsichtlich des nachpartnerschaftlichen Unterhaltes zur entsprechenden Anwendung auf die §§ 1570-1581 BGB.

3   Bis zum 31.12.2007 wurde durch **§ 1578 BGB a.F.** die **sog. Lebensstandardgarantie** statuiert. Zielrichtung war es, dem Unterhaltsgläubiger auch für die Zeit nach Ehescheidung den in der Ehe erreichten Lebensstandard zu erhalten, der das Ergebnis gemeinsamer Arbeit der Ehegatten war. Zudem sollte

ein sozialer Abstieg des Unterhaltsgläubigers vermieden werden.[1] Eine erste Modifizierung der zunächst uneingeschränkten Geltung dieser Garantie erfolgte durch das Unterhaltsänderungsgesetz vom 20.06.1986,[2] d.h. es wurde unter anderem die zeitliche Begrenzung und Einschränkung des Unterhaltsmaßes aufgrund von Billigkeitserwägungen ermöglicht. In der Praxis jedoch wurde davon jedoch kaum Gebrauch gemacht. Im Wesentlichen haben dann zwei Kriterien sukzessive auch in der Rechtsprechung eine Sensibilisierung für dieses Thema begründet. Einerseits war gesellschaftlichen Veränderungen Rechnung zu tragen, da das klassische Bild einer auf die Dauer des ganzen Lebens angelegten sog. „Hausfrauenehe" in Wegfall geriet und zunehmend, einhergehend mit steigenden Scheidungszahlen, von Zweitfamilien ersetzt wurde. Andererseits führte die sog. „Surrogatsrechtsprechung"[3] in zahlreichen Fällen zu wirtschaftlichen Belastungen der Zweitfamilien, die von diesen oft nicht mehr zu verkraften waren.

Unter Beachtung dieser Kritik hat der Gesetzgeber zum **01.01.2008 das Gesetz zur Änderung des Unterhaltsrechts** in Kraft treten lassen.   4

In § 1569 BGB wurde durch Veränderung des Wortlautes der Norm der Grundsatz der Eigenverantwortlichkeit wesentlich verstärkt. Hiermit korrespondiert die **Einfügung** der neuen Regelung **des § 1578b BGB**. Die nach früherer Gesetzeslage in § 1578 Abs. 1 BGB a.F. vorgesehenen Möglichkeiten der **zeitlichen Befristung** und **höhenmäßigen Begrenzung** des nachehelichen Unterhaltes wurden Inhalt der neugeschaffenen Norm des § 1578b BGB, allerdings in der Form, dass Beschränkungen jetzt nicht mehr nur erfolgen können, sondern zwingend zu veranlassen sind, wenn nicht besondere Ausnahmetatbestände vorliegen (vgl. hierzu die Kommentierung zu § 1578b BGB). Zielrichtung des Gesetzgebers ist es, unter wesentlich stärkerer Hervorhebung des Gedankens der nachehelichen Eigenverantwortlichkeit eine Beschränkung von Unterhaltsansprüchen zu erleichtern anhand objektiver Billigkeitsmaßstäbe sowie orientiert an der Frage, inwieweit **ehebedingte Nachteile** auszugleichen sind.[4]   5

---

[1] BVerfG v. 14.07.1981 - 1 BvL 28/77, 1 BvL 48/79, 1 BvR 154/79, 1 BvR 170/80 - NJW 1981, 1771-1774; BGH v. 27.04.1983 - IVb ZR 372/81 - LM Nr. 21 zu § 1578 BGB.
[2] BGBl I 1986, 301.
[3] BGH v. 13.06.2001 - XII ZR 343/99 - BGHZ 148, 105-122.
[4] BT-Drs. 16/1830, S. 29; *Dose*, FamRZ 2007, 1289-1298.

II. Schematische Darstellung

6   Das Zusammenwirken von § 1578 BGB und § 1578b BGB auf der Grundlage der jetzigen gesetzlichen Vorgaben lässt sich schematisch wie folgt darstellen:

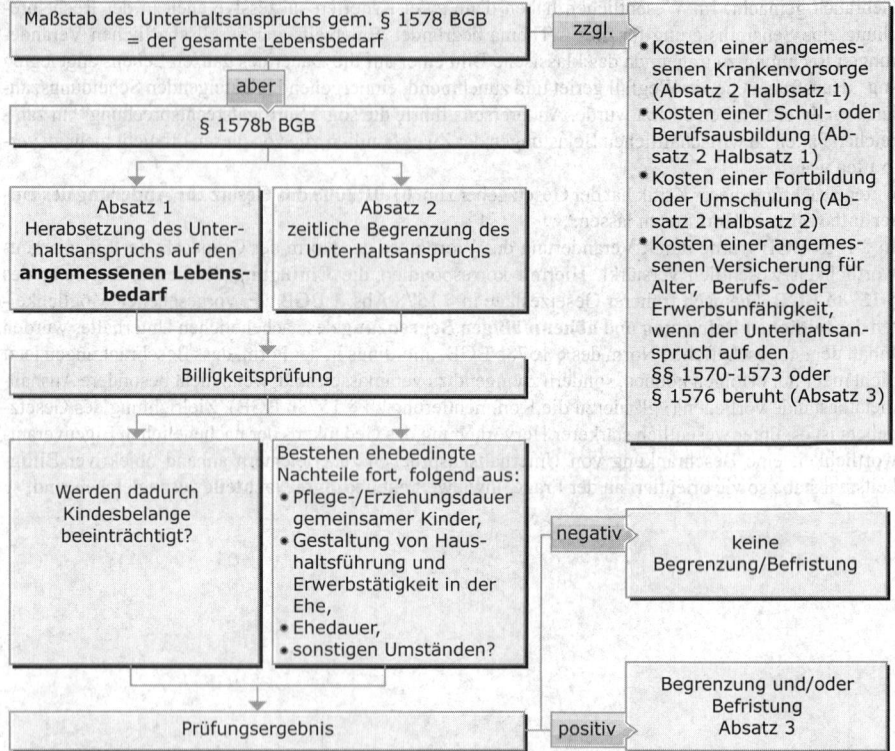

B. Anwendungsvoraussetzungen

I. Anknüpfung an die ehelichen Lebensverhältnisse und Bedarfsermittlung (Absatz 1)

7   Die **ehelichen Lebensverhältnisse**[5] umfassen sämtliche Faktoren, die während der Ehe nicht nur vorübergehend für den Lebenszuschnitt der Ehegatten von Bedeutung waren.[6] Mitbestimmend sind wirtschaftlich relevante Aspekte, die Bezüge zur beruflichen, gesundheitlichen und familiären Situation aufweisen.[7] Zur Bestimmung der ehelichen Lebensverhältnisse ist auf alle den Ehegatten zur Verfügung stehenden Einkünfte abzuheben.[8] Es zählen dazu:

1. Einkünfte aus Erwerbstätigkeit

8   Voraussetzung für ihre Relevanz ist, dass sie **dauerhaft und nachhaltig** erzielt werden,[9] so dass durch sie überhaupt die ehelichen Lebensverhältnisse geprägt werden. Einkünfte aus einer nur vorübergehend wahrgenommenen Tätigkeit, die zudem auch noch außergewöhnlich hoch sind, haben daher keine prägende Bedeutung.[10] **Einkünfte aus unzumutbarer Tätigkeit** werden grundsätzlich als nicht prä-

---

[5] *Gerhard*, FamRZ 2012, 589-596.
[6] BGH v. 25.11.1998 - XII ZR 98/97 - LM BGB § 1578 Nr. 67 (6/1999).
[7] BGH v. 20.12.2000 - XII ZR 237/98 - LM BGB § 1380 Nr. 7 (5/2001).
[8] BGH v. 08.04.1981 - IVb ZR 559/80 - LM Nr. 65 zu § 253 ZPO; BGH v. 07.05.1986 - IVb ZR 55/85 - LM Nr. 24 zu § 1569 BGB.
[9] BGH v. 04.11.1981 - IVb ZR 625/80 - LM Nr. 6 zu § 236 (A) ZPO.
[10] OLG Hamm v. 29.03.2012 - 2 UF 215/11 - NJW 2012, 2286.

gend angesehen,[11] da sie sowohl vom Unterhaltsschuldner als auch vom Unterhaltsgläubiger jederzeit aufgegeben werden können. Abweichendes gilt lediglich, wenn eine zwar objektiv unzumutbare Tätigkeit gleichwohl während intakter Ehe von den Parteien als subjektiv zumutbar angesehen wurde und nach der Scheidung im Wesentlichen im bisherigen Umfang beibehalten wird.[12] Hieraus kann jedoch kein für die Erwerbsobliegenheit sprechender Grundsatz hergeleitet werden. Vielmehr muss auch berücksichtigt werden, dass eine durch die Betreuung bestehende Mehrbelastung nach der Trennung nicht mehr wie früher durch den anderen Ehegatten aufgefangen wird.[13] Zu **überobligatorischen Tätigkeiten** in diesem Sinne zählen unter anderem:

- Erwerbstätigkeiten trotz **Betreuung kleiner Kinder**: Zur näheren Präzisierung wurde nach der früheren Gesetzeslage das sog. Altersphasenmodell herangezogen.[14] Von diesem Modell hat sich der Gesetzgeber in der Unterhaltsrechtsreform zum 01.01.2008 distanziert, was insbesondere auch durch die **Neufassung des § 1570 BGB** zum Ausdruck gebracht wurde. Danach kann wegen der Pflege oder Erziehung eines gemeinschaftlichen Kindes für mindestens 3 Jahre nach der Geburt Betreuungsunterhalt geltend gemacht werden. Eine Verlängerung der Unterhaltsberechtigung kommt aus Billigkeitsgesichtspunkten in Betracht, wobei die Kindesbelange und die Möglichkeiten der Fremdbetreuung zu berücksichtigen sind. Der Gesetzgeber strebt eine Fokussierung auf den konkreten Einzelfall an und die dort tatsächlich bestehenden, verlässlichen **Möglichkeiten der Kinderbetreuung**.[15] In dem zeitlichen Umfang einer sichergestellten Betreuung wird von dem „betreuenden" Elternteil eine Erwerbstätigkeit erwartet und beurteilt sich auch die Überobligationsmäßigkeit dieser Tätigkeit (vgl. auch die Kommentierung zu § 1578b BGB sowie die Kommentierung zu § 1570 BGB). Wird vom Unterhaltsschuldner in einem **echten Wechselmodell** die Kindesbetreuung mitgetragen, so ist zur Bewertung der Frage, ob er hierdurch überobligatorisch belastet wird, auch die konkrete Gestaltung seiner Arbeitstätigkeit von wesentlicher Bedeutung. Bei einem selbständig Tätigen sind daher bestehende Gestaltungsfreiheiten hinsichtlich der Arbeitszeiten im Zusammenspiel mit der persönlichen Betreuung der Kinder zu berücksichtigen.[16]
- **Erwerbseinkünfte**, die **auf Kosten der Gesundheit** erzielt werden.[17]
- Ausübung von **Nebentätigkeiten nach der Verrentung**, d.h. nach Erreichen des 65. Lebensjahres.[18] Hierzu hat der BGH klargestellt, dass – sowohl auf Seiten des Unterhaltsgläubigers als auch auf Seiten des Unterhaltsschuldners – nach Erreichen der Regelaltersgrenze eine ausgeübte Tätigkeit überobligatorisch ist. Unerheblich ist dabei, ob es sich um eine **abhängige oder selbständige Tätigkeit** handelt.[19] In welchem Umfang die aus überobligatorischer Tätigkeit erzielten Einkünfte für den Unterhalt heranzuziehen sind, beurteilt sich nach den Einzelfallumständen. Zu beachtende Kriterien sind dabei u.a. das Alter, die mit der Tätigkeit verbundene körperliche und geistige Belastung, die ursprüngliche Lebensplanung der früheren Ehegatten, die beiderseitigen wirtschaftlichen Verhältnisse, aber auch, über welchen Zeitraum die Tätigkeit nach Erreichen der Altersgrenze fortgesetzt wurde.[20] Die mit Blick auf die Überobligationsmäßigkeit der Tätigkeit gebotene Einkommenskorrektur nach Billigkeitskriterien ist bereits bei der Bemessung des Bedarfs nach § 1578 Abs. 1 Satz 1 BGB vorzunehmen.
- **Nebentätigkeiten und Überstunden**, die **zusätzlich zu einer vollschichtigen Tätigkeit** ausgeübt werden. Soweit sie als berufstypisch anzusehen sind, kommt ihnen prägender Charakter zu[21] bzw. wenn sie in geringem Umfang anfallen oder das im Beruf des Unterhaltsschuldners übliche Maß

---

[11] BGH v. 22.01.2003 - XII ZR 186/01 - NJW 2003, 1181-1182; OLG Hamm v. 02.09.1999 - 4 UF 15/99 - OLGR Hamm 2000, 97-99; OLG München v. 10.02.2003 - 17 UF 1523/02 - FamRZ 2004, 108.
[12] OLG München v. 15.03.2000 - 12 UF 1742/99 - NJW-RR 2000, 1243-1247; BGH v. 21.01.1998 - XII ZR 117/96 - NJW-RR 1998, 721-723.
[13] BGH v. 01.03.2006 - XII ZR 157/03 - FamRZ 2006, 846-852.
[14] BGH v. 30.11.1994 - XII ZR 226/93 - LM BGB § 242 (Cd) Nr. 340 (6/1995); OLG München v. 01.12.1998 - 12 UF 1493/98 - OLGR München 1999, 92-93.
[15] *Schwab*, FamRZ 2005, 1417.
[16] KG v. 26.02.2010 - 13 UF 97/09 - FamRZ 2010, 1447.
[17] BGH v. 10.07.2013 - XII ZB 297/12 - FamRZ 2013, 1558.
[18] OLG Düsseldorf v. 21.02.2001 - 9 WF 12/01 - FamRZ 2001, 1477; OLG Köln v. 14.12.1983 - 4 UF 324/83 - FamRZ 1984, 269; OLG Frankfurt v. 19.11.1984 - 5 WF 278/84 - FamRZ 1985, 481.
[19] BGH v. 31.10.2012 - XII ZR 30/10 - FamRZ 2013, 191; BGH v. 12.01.2011 - XII ZR 83/08 - FamRZ 2011, 454.
[20] OLG Brandenburg v. 18.12.2012 - 10 UF 124/07 - FuR 2013, 336.
[21] OLG Zweibrücken v. 10.08.2000 - 6 UF 24/00 - DAVorm 2000, 914-918.

§ 1578

nicht übersteigen.[22] Nicht prägend sind daher Einkünfte, die aus einer nur vorübergehend wahrgenommenen Mehrarbeit erzielt werden und zudem auch überdurchschnittlich hoch sind.[23]

9 **Fiktive Einkünfte** sind nur dann prägend, wenn sie mit Blick auf einen **Verstoß gegen die Erwerbsobliegenheit** zugerechnet werden[24] **oder Surrogat** für eine bisherige Tätigkeit etwa im ehelichen Haushalt sind.[25] Nicht prägend sind fiktive Einkünfte, die ein Ehegatte während der Ehezeit zwar grundsätzlich hätte erzielen können, tatsächlich jedoch nicht erzielt hat,[26] d.h. der Lebensbedarf der Familie gleichwohl durchgängig auch unter Verwendung der geringeren Einkünfte gedeckt wurde. Im Rahmen der Ermittlung der ehelichen Lebensverhältnisse werden fiktiv erzielbare Einkünfte daher herangezogen, wenn (a) der Unterhaltsschuldner seine Leistungsfähigkeit verantwortungslos oder mindestens unterhaltsbezogen leichtfertig herbeigeführt hat[27] oder (b) der Unterhaltsgläubiger seiner Erwerbsobliegenheit nicht oder nicht vollständig nachkommt. Entscheidend ist, welche finanziellen Mittel während der Ehezeit real und nachhaltig zur Verfügung gestanden haben,[28] es sei denn, die Berufung auf eine mangelnde Prägung wäre rechtsmissbräuchlich oder dem Unterhaltsschuldner wurden bereits in der Trennungsphase fiktive Einkünfte zugerechnet. Zur Bestimmung der fiktiven Einkünfte ist auf die derzeit erzielbare Einkommenssituation abzustellen, einschließlich der hiermit verbundenen berufsbedingten Aufwendungen.[29]

10 Zum prägenden Einkommen aus Erwerbstätigkeit gehören auch **Aufwandsentschädigungen**, die den im Zusammenhang mit ihrer Gewährung stehenden tatsächlichen Mehrbedarf übersteigen und die effektiv zur Deckung des Lebensbedarfes zur Verfügung stehen.[30] Gleiches gilt für **beamtenrechtliche Ansprüche auf Beihilfen im Krankheitsfall** sowie eine beitragsfreie Invaliditäts- und Altersversorgung.[31] Auch **Abfindungsansprüche** im Zusammenhang mit einem Arbeitsplatzverlust[32] sind dem prägenden Einkommen hinzuzurechnen. Hierbei steht es dem Unterhaltsschuldner nicht frei, ob er diese Ansprüche gegenüber dem Arbeitgeber geltend macht.[33] Folgend aus der sog. „Surrogatsrechtsprechung[34] sind nach der Trennung/Scheidung erstmals aufgenommene oder ausgeweitete Erwerbstätigkeiten und die heraus erzielten Einkünfte eheprägend, wenn sie das **Surrogat** für eine während der Ehezeit wahrgenommene Haushaltsführung oder Kinderbetreuung darstellen und zum völligen oder teilweisen Erlöschen eines korrespondierenden Unterhaltsanspruchs aus den §§ 1570, 1572 Abs. 1 BGB führen. Dies folgt aus der Erwägung, dass – unabhängig von einer Kinderbetreuung – Haushaltsführung und Erwerbstätigkeit gleichwertig sind und durch beide Tätigkeitsbereiche die Ehegatten im Ergebnis im gleichen Maße zum sozialen Standard und damit zu den ehelichen Lebensverhältnissen beigetragen haben. Unabhängig davon, ob eine nach der Trennung oder Ehescheidung vom bisher haushaltsführenden Ehegatten aufgenommene Erwerbstätigkeit dem gemeinsamen Lebensplan der Ehegatten entspricht, sind die heraus erzielten Einkünfte prägend, wenn sie als Surrogat an die Stelle der bisherigen Haushaltsführung treten.[35] Inwieweit fiktive Einkünfte des während der Ehezeit ohne Ertrag erwerbstätigen Ehegatten im Wege der Differenzmethode zu erfassen sind, hat der BGH bislang nicht abschließend entschieden.[36] Bezug genommen hat er lediglich auf die in der Literatur hierzu vertretene bejahende Auffassung.

---

[22] BGH v. 25.06.1980 - IVb ZR 530/80 - LM Nr. 5 zu § 1603 BGB; BGH v. 19.05.1982 - IVb ZR 702/80 - NJW 1982, 2664-2665.
[23] OLG Hamm v. 29.03.2012 - 2 UF 215/11 - NJW 2012, 2286.
[24] OLG Hamm v. 20.12.2001 - 2 UF 309/01 - FamRZ 2002, 751-753.
[25] BGH v. 20.12.2000 - XII ZR 237/98 - LM BGB § 1380 Nr. 7 (5/2001); BGH v. 05.02.2003 - XII ZR 321/00 - FamRZ 2003, 434-435.
[26] BGH v. 18.03.1992 - XII ZR 23/91 - LM BGB § 1578 Nr. 60 (1/1993).
[27] BGH v. 06.02.2008 - XII ZR 14/06 - FamRZ 2008,968.
[28] BGH v. 20.11.1996 - XII ZR 70/95 - LM BGB § 1361 Nr. 67 (4/1997).
[29] BVerfG v. 18.03.2008 - 1 BvR 125/06 - FamRZ 2008, 1145-1147.
[30] BGH v. 07.05.1986 - IVb ZR 55/85 - LM Nr. 24 zu § 1569 BGB.
[31] BGH v. 07.12.1988 - IVb ZR 23/88 - NJW-RR 1989, 386-389.
[32] BGH v. 29.01.2003 - XII ZR 92/01 - BGHZ 153, 358-372.
[33] OLG Hamm v. 21.01.2002- 6 UF 157/01 - FamRZ 2002, 1427-1428.
[34] BGH v. 13.06.2001 - XII ZR 343/99 - BGHZ 148, 105-122.
[35] *Büttner*, NJW 2001, 3244-3247; *Büttner*, FPR 2002, 53-55; *Gerhardt*, FuR 2001, 433-438; *Rauscher*, FuR 2001, 385-390; *Borth*, FamRZ 2001, 1653-1660.
[36] BGH v. 06.10.2004 - XII ZR 319/01 - FamRZ 2005, 23.

Erhält der Unterhaltsschuldner nach der Ehescheidung eine **Abfindung** bei gleichzeitig unverändertem Erwerbseinkommen, so ist diese grundsätzlich im Rahmen der Bedarfsermittlung nicht heranzuziehen. Sind allerdings die Einkünfte niedriger als bisher, so kann die Abfindung, wenn der Arbeitsplatzverlust unverschuldet war, zur Aufstockung bis zum früheren Einkommensniveau herangezogen werden. Es obliegt dabei der tatrichterlichen Entscheidung, ob das bisherige Einkommensniveau erreicht werden muss. Bei der zu treffenden Einzelfallabwägung sind unter anderem die Aussichten der künftigen Einkommensentwicklung zu berücksichtigen[37] (vgl. hierzu auch Rn. 44).

2. Einkünfte aus Vermögensertrag

Als Grundsatz gilt, dass **sämtliche Vermögenserträge und wirtschaftliche Nutzungen**, die die Ehegatten aus ihrem Vermögen ziehen, die ehelichen Lebensverhältnisse prägen.[38] Sind nicht nur Geldeinnahmen eheprägend, sondern auch **Sachentnahmen** oder sonstige vermögenswerte Vorteile, wie etwa Waren aus einem landwirtschaftlichen Betrieb, so sind diese Vorteile – ggf. durch Schätzung – zu bewerten und in die Einkommensermittlung einzustellen.[39]

Erzielt der Unterhaltsschuldner nach Rechtskraft der Scheidung **Einkünfte aus einem Erbe**, so sind diese eheprägend, wenn in Erwartung des Erbes Aufwendungen für eine angemessene Altersvorsorge seinerseits erspart wurden.[40] Prägend sind in diesem Fall Einkünfte in dem Umfang, in dem sie, über die tatsächlich betriebene Altersvorsorge hinaus, für eine angemessene Altersvorsorge erforderlich gewesen wären.[41] Gegebenenfalls können auch aus einem nachehelichen Erbe fließende Kapitalerträge bedarfssteigernde Berücksichtigung finden, wenn ein hinreichender Bezug zu den ehelichen Lebensverhältnissen besteht. Davon ist aber nur dann auszugehen, wenn die Erwartung eines künftigen Erbes schon während bestehender Ehe so wahrscheinlich gewesen ist, dass die Ehegatten sich mit ihrem Lebenszuschnitt nicht nur hierauf einrichten konnten, sondern dies auch tatsächlich getan haben, etwa durch Verzicht auf eine angemessene Altersvorsorge und den gleichzeitigen Verbrauch der dadurch eingesparten Mittel zur Erhöhung des Lebensstandards.[42]

Kapital und dessen Ertrag aus durchgeführtem **Zugewinnausgleich** ist dann prägend, wenn diese Erträge auf Seiten des Ausgleichspflichtigen bereits während bestehender Ehe prägend waren.[43]

Vermögensertrag ist auch der **Wohnvorteil**,[44] d.h. die Differenz zwischen dem Nutzungswert einer Immobilie und den im Zuge der Finanzierung zu leistenden Darlehensannuitäten (Zins **und** Tilgung). Abweichend von der früheren Rechtsprechung[45] werden **verbrauchsunabhängige Kosten**, wie etwa Grundsteuer und Gebäudeversicherung, nicht mehr berücksichtigt[46] (vgl. auch die Kommentierung zu § 1577 BGB Rn. 16). Das gilt auch, wenn ein Ehegatte den Miteigentumsanteil des jeweils anderen Ehegatten an dem früheren gemeinsamen Hausanwesen erwirbt.[47] Für den Ehegatten, der seinen Miteigentumsanteil veräußert hat, tritt an die Stelle des früheren Nutzungsvorteils nunmehr der Erlös als Surrogat. Dem übernehmenden Ehegatten verbleibt der bisherige Wohnvorteil, wobei zur Bemessung des Wohnwertes die objektive Marktmiete gilt. Sie wird lediglich reduziert um die bereits bestehenden Kosten und Lasten, d.h. Zins- und Tilgungsleistungen von Immobilienkrediten, die bereits vor der Veräußerung existierten und damit die ehelichen Lebensverhältnisse prägten. Allerdings kann der Tilgungsanteil der Kreditraten bei dem Unterhaltsschuldner dann nicht mehr einkommensmindernd berücksichtigt werden, wenn der Unterhaltsgläubiger von der mit der Tilgung einhergehenden Vermögensbildung nicht mehr profitiert.[48] In diesem Fall kann lediglich noch ein Teil der Tilgung als **zusätzliche Altersvorsorge** erfasst werden im Rahmen von 4% des Bruttoeinkommens des Unterhaltsschuld-

---

[37] BGH v. 18.04.2012 - XII ZR 65/10 - FamRZ 2012, 1040.
[38] BGH v. 27.06.1984 - IVb ZR 20/83 - FamRZ 1985, 354-357.
[39] BGH v. 09.06.2004 - XII ZR 277/02 - FamRZ 2005, 97-99.
[40] OLG Hamburg v. 11.02.2003 - 12 UF 115/01 - FamRZ 2003, 1108-1109.
[41] BGH v. 23.11.2005 - XII ZR 51/03 - FamRZ 2006, 387-393.
[42] BGH v. 11.07.2012 - XII ZR 72/10 - FamRZ 2012, 1483.
[43] BGH v. 04.07.2007 - XII ZR 141/05 - FamRZ 2007, 1532-1538.
[44] *Graba*, FamRZ 2006, 821-828; *Finke*, FPR 2008, 94-100.
[45] BGH v. 22.04.1998 - XII ZR 161/96 - LM BGB § 1361 Nr. 68 (1/1999); anderer Auffassung OLG München v. 08.04.2002 - 16 UF 1557/01 - OLGR München 2002, 261-262.
[46] BGH v. 27.05.2009 - XII ZR 78/08 - FamRZ 2009, 1300-1306; OLG Saarbrücken v. 17.12.2009 - 6 UF 38/09 - FamRZ 2010, 654.
[47] BGH v. 01.12.2004 - XII ZR 75/02 - FamRZ 2005, 1159-1162.
[48] BGH v. 05.03.2008 - XII ZR 22/06 - FamRZ 2008, 963

ners.⁴⁹ Mussten für den Erwerb des Miteigentumsanteiles Kredite in Anspruch genommen werden, so sind auch die Zinslasten jener Kredite zu berücksichtigen.⁵⁰ Soweit dem Wohnwert Zahlungsverpflichtungen und Kosten gegenüberzustellen sind, gilt das unabhängig davon, ob diese Zahlungen auch tatsächlich geleistet werden. Sie sind in jedem Fall gegenüber dem Gläubiger geschuldet, so dass der Hauseigentümer nicht anders gestellt werden kann als der Mieter, der die geschuldete Miete nicht zahlt.⁵¹ Werden darüber hinaus Aufwendungen für bestimmte unaufschiebbar notwendige Instandhaltungsmaßnahmen benötigt, so kann auch die Zubilligung einer **Instandhaltungsrücklage** in Betracht kommen, die den Wohnvorteil mindert⁵² (vgl. ergänzend die Kommentierung zu § 1577 BGB Rn. 16). Im Fall der **Veräußerung einer Immobilie** nach der Scheidung, die während der Ehe von den Eheleuten mietfrei genutzt wurde, setzt sich der frühere Wohnvorteil an den Nutzungen des Verkaufserlöses fort, der als Surrogat in die prägenden Einkommensverhältnisse einfließt.⁵³ Wird der Verkaufserlös zum Erwerb einer anderen Immobilie verwendet, so setzt sich der ursprüngliche eheprägende Wohnvorteil in jenem Vorteil fort, der aus der mietfreien Nutzung der neuen Immobilie folgt. Bedarf es zum Erwerb einer neuen Immobilie der Aufnahme zusätzlicher Kredite, so sind vom Wohnwert allein die aus dieser Darlehensaufnahme folgenden Zinsbelastungen – nicht die Tilgungen – in Abzug zu bringen.⁵⁴

16 Gegebenenfalls besteht die **Obliegenheit zu einer Vermögensumschichtung**⁵⁵ bzw. kann im Fall, dass die Zinsbelastungen den Wohnwert überschreiten, auf fiktiv erzielbare Zinseinkünfte abgehoben werden.⁵⁶ Voraussetzung für die Annahme einer Obliegenheit zur Vermögensumschichtung ist eine einzelfallbezogene Billigkeitsabwägung. Es ist einerseits zu prüfen, wie dringend der Unterhaltsgläubiger den Unterhalt benötigt, und andererseits, wie stark die Unterhaltslast den Pflichtigen trifft. Dem Vermögensinhaber ist ein gewisser Entscheidungsspielraum zu belassen. Erst wenn sich die tatsächliche Vermögensanlage als eindeutig unwirtschaftlich darstellt, ist eine Verweisung auf eine andere Anlageform geboten.⁵⁷

17 Stehen zwei Wohnungen im Eigentum eines Ehegatten, so kommt grundsätzlich die Zurechnung des Wohnvorteils aus beiden Immobilien in Betracht. Allerdings ist in diesem Fall eine Reduzierung auf den angemessenen Wohnwert möglich.⁵⁸

18 Wird der Verkaufserlös zinsgünstig angelegt, so stellt der **Zinsertrag** ein Surrogat für den früheren Wohnvorteil dar und ist im Rahmen der Bedarfsermittlung als prägend zu erfassen, selbst wenn er **höher als der frühere Wohnvorteil** sein sollte⁵⁹ (vgl. auch Rn. 109).

19 Im Fall des **Kapitalverbrauchs** ohne gleichzeitigen Erwerb eines Surrogats kann es gerechtfertigt sein, fiktives Einkommen in Ansatz zu bringen, wenn von einer **mutwilligen Herbeiführung der Bedürftigkeit** ausgegangen werden muss.⁶⁰ Wird dagegen durch einen Ehegatten ein Teil des zufließenden Kapitals unterhaltsrechtlich anerkennenswert verbraucht, so kann ggf. im Rahmen der Bedarfsermittlung ein entsprechender Kapitalanteil auch bei dem anderen Ehegatten außer Ansatz gelassen werden⁶¹, weil sonst der sparsamer wirtschaftende Ehegatte benachteiligt würde. Abweichend wird die Auffassung vertreten, dass der unterhaltsrechtlich anerkennenswerte Kapitalverbrauch keine Bedeutung bei der Bedarfsermittlung besitzt, sondern nur auf der Ebene der Bedürftigkeit und Leistungsfähigkeit, da anzuerkennende Ausgaben bei nicht frei verfügbarem Kapital zur Darlehensaufnahme berechtigen, so dass diese Verbindlichkeiten ebenfalls der Ebene der Bedürftigkeit und Leistungsfähigkeit zuzuordnen wären.⁶²

---

[49] BGH v. 05.03.2008 - XII ZR 22/06 - FamRZ 2008, 963.
[50] *Borth*, BGHReport 2005, 1116-1117; *Schwolow*, FuR 2006, 73-74.
[51] OLG Saarbrücken v. 20.10.2006 - 6 UF 17/05 n.v.
[52] BGH v. 20.10.1999 - XII ZR 297/97 - LM BGB § 1361 Nr. 70; OLG Saarbrücken v. 02.10.2003 - 6 UF 16/03 - OLGR Saarbrücken 2004, 60-62.
[53] OLG Hamm v. 27.09.2002 - 10 UF 317/01 - NJW-RR 2003, 510-512.
[54] BGH v. 03.05.2001 - XII ZR 62/99 - LM ZPO § 511 Nr. 69 (11/2001); BGH v. 01.12.2004 - XII ZR 75/02 - FamRZ 2005, 1159-1162.
[55] BGH v. 18.12.1991 - XII ZR 2/91 - LM BGB § 1577 Nr. 16 (8/1992); *Gerhardt*, FamRZ 2003, 414-417.
[56] OLG Hamm v. 27.09.2002 - 10 UF 317/01 - NJW-RR 2003, 510-512.
[57] BGH v. 01.10.2008 - XII ZR 62/07 - FamRZ 2009, 23-26.
[58] BGH v. 27.05.2009 - XII ZR 78/08 - FamRZ 2009, 1300-1306.
[59] OLG Koblenz v. 19.03.2002 - 11 UF 671/00 - FamRZ 2002, 1407.
[60] BGH v. 11.04.1990 - XII ZR 42/89 - LM Nr. 63 zu § 323 ZPO.
[61] OLG Koblenz v. 18.09.2002 - 13 WF 465/02 - FamRZ 2003, 534.
[62] OLG Karlsruhe v. 27.10.2003 - 2 UF 107/03 - NJW 2004, 859-862.

Die Zurechnung eines Wohnwerts kann ausscheiden, wenn der Unterhaltsschuldner in einem Hauswesen lebt, an welchem seinen Eltern ein lebenslanges **Nießbrauchsrecht** zusteht. Es handelt sich hierbei um eine jederzeit ohne Angaben von Gründen frei widerrufbare Leistung Dritter ohne Einkommenscharakter.[63]   20

Werden aus einer zur Altersvorsorge abgeschlossenen **Lebensversicherung** Zahlungen erbracht, so sind diese Einkünfte in voller Höhe, d.h. nicht nur in Höhe des Ertragsanteils bedarfsprägend.[64]   21

3. Verbindlichkeiten

Die Rückführung von Verbindlichkeiten und daraus reduzierte Gesamteinkünfte haben Auswirkungen auf die Feststellungen der ehelichen Lebensverhältnisse. Schulden, die **vor der Trennung** mit ausdrücklicher oder stillschweigender Zustimmung des jeweils anderen Ehepartners begründet wurden, haben eheprägenden Charakter.[65] Gleiches gilt für **voreheliche Schulden**, die auch während der Ehe abbezahlt werden mussten. Zu diskutieren ist allerdings, ob das in der Rspr. des BGH entwickelte **Verbot der Doppelverwertung** der Berücksichtigung einer eheprägenden Zahlungsverpflichtung entgegensteht, wenn diese bereits als Passivposten zu Lasten des Unterhaltsgläubigers dessen Zugewinnausgleichsanspruch gekürzt hat.[66]   22

Auch **latente Verpflichtungen** (z.B. die etwaige Inanspruchnahme aus einer Bürgschaft) sind eheprägend, insbesondere wenn die Ehegatten diesbezüglich bereits während der Ehezeit Rücklagen gebildet haben. Nicht prägend sind jedoch Verbindlichkeiten, die erst **nach der Trennung** oder der Scheidung entstanden sind[67] und insbesondere ohne erkennbare Notwendigkeit begründet wurden.[68]   23

4. Renten

Ihnen kommt eheprägender Charakter zu, da sie ein Surrogat für die ehezeitliche Mitarbeit darstellen.[69] Werden einem bislang selbständig Tätigen Leistungen aus einer zur Altersvorsorge begründeten **Lebensversicherung** ausgezahlt, so sind diese in vollem Umfang prägendes Einkommen.   24

Soweit es sich um **vorehelich erworbene Rentenanteile** handelt, sind sie prägend als Surrogat der Erwerbstätigkeit, die sich nach der Eheschließung in der Form der Familienarbeit fortsetzt.[70]   25

Auch **Unfallrenten**, die aufgrund eines nach der Scheidung eingetretenen Arbeitsunfalls gezahlt werden, können prägend sein, da Leistungen aus der gesetzlichen Unfallversicherung Lohnersatzfunktion haben, soweit sie nicht durch einen tatsächlichen unfallbedingten Mehrbedarf aufgezehrt werden. Abweichendes kann allerdings gelten, wenn eine Rente aufgrund einer nach der Scheidung eingetretenen körperlichen Beeinträchtigung bezogen wird und zu einer Erhöhung des Gesamteinkommens des Unterhaltsschuldners führt, d.h. er auch weiterhin Einkünfte aus vollständiger Erwerbstätigkeit im bisherigen Umfang erzielt.[71]   26

Auch eine erst nach der Scheidung einsetzende Rente aus einer **privaten Berufsunfähigkeitsversicherung** ist in die Bedarfsermittlung einzubeziehen, d.h. sie ist eheprägend, da die Versicherung als solche bereits während der Ehe bestand[72] und sie auch bei Fortbestand der Ehe deren Verhältnisse geprägt hätte.[73] Gleiche Erwägungen gelten für Leistungen einer **Krankentagegeldversicherung,** für die während der ehelichen Lebensgemeinschaft Beitragszahlungen erbracht wurden.[74]   27

---

[63] OLG Koblenz v. 19.03.2002 - 11 UF 671/00 - FamRZ 2002, 1407; *Gerhardt*, FamRZ 2003, 414-417.
[64] OLG Düsseldorf v. 25.08.1997 - 3 WF 66/97 - OLGR Düsseldorf 1998, 176-178.
[65] BGH v. 22.04.1998 - XII ZR 161/96 - FamRZ 98, 899.
[66] OLG München v. 22.06.2004 - 16 UF 887/04 - FamRZ 2005, 459-460; OLG München v. 26.11.2004 - 16 UF 1631/04 - OLGR München 2005, 74-75; OLG München v. 15.12.2004 - 16 UF 1410/00 - FamRZ 2005, 714-716; OLG Saarbrücken v. 25.01.2006 - 9 UF 47/05 - ZFE 2006, 196-197.
[67] OLG Stuttgart v. 21.08.2006 - 18 UF 136/06 - FamRZ 2007, 400.
[68] OLG Brandenburg v. 20.07.2012 - 9 WF 90/11 - FamFR 2012, 441.
[69] BGH v. 31.10.2001 - XII ZR 292/99 - LM BGB § 1374 Nr. 22 (3/2002); anderer Auffassung KG Berlin v. 01.02.2002 - 3 UF 184/01 - FamRZ 2002, 460-462.
[70] BGH v. 05.02.2003 - XII ZR 29/00 - BGHZ 153, 372-393; BGH v. 31.10.2001 - XII ZR 292/99 - LM BGB § 1374 Nr. 22 (3/2002).
[71] OLG Koblenz v. 21.10.2002 - 13 UF 130/02 - FamRZ 2003, 1106-1107.
[72] OLG Hamm v. 08.08.2011 - 4 UF 82/11 - FamRZ 2011, 1958.
[73] BGH v. 07.12.2011 - XII ZR 151/09 - FamRZ 2012, 281.
[74] BGH v. 31.10.2012 - XII ZR 30/10 - FamRZ 2013, 191.

5. Kindergeld

28 Dieses stellt kein prägendes Einkommen dar[75], sondern wird beim Kindesunterhalt im Wege der Anrechnung berücksichtigt, § 1612b BGB (vgl. die Kommentierung zu § 1612b BGB).

6. Leistungen nach dem GSiG/Arbeitslosengeld

29 Leistungen nach dem GSiG stellen keine prägenden Einkünfte dar, da durch sie nicht der Unterhaltsschuldner entlastet, sondern der grundlegende Lebensbedarf alter und voll erwerbsgeminderter Menschen gesichert werden soll.[76] Es ist daher auch nicht der abweichenden Meinung zu folgen, die sich u.a. darauf stützt, dass der Leistungsträger aufgrund rechtlicher Verpflichtung zahle und nicht mit dem Willen der zusätzlichen Unterstützung des Unterhaltsgläubigers bzw. der Entlastung des Unterhaltsschuldners.[77] Demgegenüber sind jedoch die Regelleistungen aus **Arbeitslosengeld II** uneingeschränkt unterhaltsrechtlich relevantes Einkommen des Unterhaltsschuldners, ebenso wie die **Zuschläge** gem. § 24 SGB II, das **Einstiegsgeld** gem. § 29 SGB II und die **Mehraufwandsentschädigungen** für „Ein-Euro-Jobs". Abweichendes gilt allerdings für sog. **anrechnungsfreies Einkommen** aus Erwerb gem. § 30 SGB II bis zur Grenze seiner Anrechnungsfreiheit, da es in diesem Umfang nur den sozialrechtlichen Bedarf des Leistungsempfängers sicherstellt (zur Behandlung dieser Leistungen beim Unterhaltsgläubiger vgl. die Kommentierung zu § 1577 BGB Rn. 16).

7. Vermögensbildung

30 In die Bedarfsermittlung sind Einkünfte und Vermögen nur in dem Umfang einzubeziehen, in dem sie zur Bedarfsdeckung verwendet wurden. Sie müssen bei objektiver Betrachtung nach der konkreten Ausgestaltung der Ehe zum Verbrauch bestimmt gewesen sein.[78] Einkommen, das der **Vermögensbildung** diente, kann daher die ehelichen Lebensverhältnisse nicht prägen.[79] Ob und ggf. inwieweit von einer Vermögensbildung auszugehen ist, beurteilt sich nach den internen Vereinbarungen der Ehegatten bzw. der tatsächlichen Handhabung während der Ehe.[80] Gegebenenfalls ist auf das durchschnittliche Konsumverhalten der jeweiligen Einkommensgruppe abzustellen.[81]

31 Die Bestimmung des ehelichen Lebensstandards erfolgt nach einem **objektiven Maßstab**. Der Bedarf kann weder durch einen übertriebenen Luxus gesteigert werden, noch kann eine übertriebene Enthaltsamkeit den Bedarf unangemessen herabsetzen.[82] Gegebenenfalls muss der Lebensstandard nach § 287 ZPO geschätzt werden.[83]

32 Es wird auf einen Lebenszuschnitt abgehoben, der unter Berücksichtigung der den Ehegatten zur Verfügung stehenden Einkünfte angemessen erscheint.[84] Durch diese objektivierte Betrachtungsweise wird zum einen gewährleistet, dass der Unterhaltsgläubiger seinen Bedarf nicht aus einer persönlich verschwenderischen Lebensführung ableiten kann, zum anderen, dass er nach der Ehescheidung nicht an einem während der Ehezeit geübten übertriebenen Konsumverzicht festgehalten wird.[85]

33 Ist der **Unterhaltsgläubiger im Ausland** wohnhaft, richtet sich der Unterhaltsanspruch nach den finanziellen Mitteln, die er dort konkret aufwenden muss, um einen den ehelichen Lebensverhältnissen entsprechenden Lebenszuschnitt aufrechterhalten zu können.[86]

34 Besonderheiten gelten, wenn die Ehegatten im Güterstand der **Gütergemeinschaft** verheiratet waren.[87]

---

[75] BGH v. 16.04.1997 - XII ZR 233/95 - LM BGB § 1578 Nr. 65 (8/1997); BGH v. 19.07.2000 - XII ZR 161/98 - LM BGB § 1578 Nr. 69 (1/2001); *Gutdeutsch*, FuR 2008, 164-169 zu Rangverhältnissen und Mangelfall.

[76] OLG Zweibrücken v. 27.06.2003 - 2 UF 151/02 - NJW-RR 2003, 1299-1301.

[77] OLG Bremen v. 11.11.2004 - 5 UF 40/04 - FamRZ 2005, 801-802; OLG Hamm v. 20.07.2005 - 12 UF 180/04 - FamRZ 2006, 125-126.

[78] BGH v. 04.07.2007 - XII ZR 141/05 - FamRZ 2007, 1532-1538.

[79] BGH v. 08.06.1988 - IVb ZR 68/87 - NJW-RR 1988, 1282-1285.

[80] Beispielhaft zur praktischen Umsetzung bei der Bedarfsermittlung vgl. OLG Stuttgart v. 20.06.2013 - 16 UF 285/12 - FamRZ 2013, 1988.

[81] BGH v. 23.11.1983 - IVb ZR 21/82 - BGHZ 89, 108-114.

[82] BGH v. 23.12.1987 - IVb ZR 108/86 - LM Nr. 53 zu § 1361 BGB.

[83] BGH v. 23.12.1987 - IVb ZR 108/86 - LM Nr. 53 zu § 1361 BGB.

[84] BGH v. 01.10.1986 - IVb ZR 68/85 - FamRZ 1987, 36-40.

[85] BGH v. 12.07.1989 - IVb ZR 66/88 - LM Nr. 56 zu § 1361 BGB; *Hahne*, FF 1999, 99.

[86] BGH v. 01.04.1987 - IVb ZR 41/86 - NJW-RR 1987, 1474-1476.

[87] Vgl. hierzu *Völker* in: AnwK-BGB, Bd. 4, Erläuterungen zu § 1420.

II. Maßgeblicher Zeitpunkt für die Ermittlung der prägenden Einkommenssituation

1. Grundsatz

Materiell-rechtlicher Anknüpfungspunkt der Bedarfsermittlung ist § 1578 Abs. 1 Satz 1 BGB; maßgebend sind daher die früheren ehelichen Lebensverhältnisse. Dies bedeutet, dass der Bedarfsbemessung die im **Zeitpunkt der Rechtskraft der Ehescheidung** bestehende Einkommenssituation zugrunde zu legen ist.[88] Entscheidend ist die im Zeitpunkt der letzten mündlichen Verhandlung vor dem Tatrichter existente Einkommenssituation, da bis zur Rechtskraft der Scheidung jederzeit die eheliche Lebensgemeinschaft wieder aufgenommen werden kann und die Ehegatten bis zu diesem Zeitpunkt in unterhaltsrechtlichem Sinn miteinander verbunden sind.[89] In diesem Zeitraum eingetretene Einkommensveränderungen sind grundsätzlich prägend[90] (zu den Besonderheiten im Fall des Karrieresprungs vgl. Rn. 48). Trotz der nach wie vor geltenden **normativen** Anknüpfung des § 1578 Abs. 1 Satz 1 BGB lehnt der BGH – in Einklang mit der gesetzgeberischen Intention im Rahmen der Unterhaltsreform – eine die früheren ehelichen Lebensverhältnisse unverändert fortschreibende Lebensstandardgarantie ab.[91] Eine kurzfristige Anknüpfung der Rechtsprechung des BGH an die sog. „wandelbaren ehelichen Lebensverhältnisse"[92], die insbesondere auch in der Literatur starker Kritik unterlag,[93] wurde durch Entscheidung des BVerfG vom 25.01.2011[94] für verfassungswidrig erklärt Nach der Entscheidung des BVerfG ist zur Unterhaltsbemessung jenes Einkommen heranzuziehen, das den Lebensstandard der Ehe geprägt hat und an dem die Ehegatten daher grundsätzlich hälftig partizipieren. Bei der Prüfung eines nachehelichen Unterhaltes ist strikt zwischen der Bedürftigkeit des Unterhaltsgläubigers, dessen Unterhaltsbedarf nach § 1578 Abs. 1 Satz 1 BGB und der Leistungsfähigkeit des Unterhaltsschuldners zu differenzieren. Zentraler Maßstab sind die ehelichen Lebensverhältnisse. Eine Unterhaltsbegrenzung darf nicht von Änderungen der Lebensverhältnisse des Unterhaltsschuldners abhängig gemacht werden, die erst nach Rechtskraft der Scheidung eintreten.

Diesen in der Entscheidung des BVerfG statuierten Vorgaben ist der BGH in seiner Entscheidung vom 07.12.2011 gefolgt.[95] Unter Aufgabe der Rechtsprechung der „wandelbaren ehelichen Lebensverhältnisse"[96] knüpft der BGH, entsprechend seiner früheren Rechtsprechung, erneut an das Stichtagsprinzip an. In die Bedarfsermittlung ist danach das für Unterhaltszwecke verfügbare Einkommen einzustellen, wie es vor Rechtskraft der Ehescheidung bestand. Unterhaltspflichten sind nur in dem Umfang prägend, als sie bis zu diesem Zeitpunkt hinzugetreten sind. Lediglich Entwicklungen, die bereits in der Ehe angelegt und mit hoher Wahrscheinlichkeit zu erwarten waren oder auch bei Fortbestand der Ehe deren Verhältnisse bestimmt hätten, haben prägenden Charakter.

Besondere Bedeutung hat diese Rechtsprechung beim Zusammentreffen von Unterhaltsansprüchen des geschiedenen sowie des jetzigen Ehegatten. Der Bedarf des geschiedenen Ehegatten wird daher auf der Basis seiner eigenen Einkünfte sowie jener des Unterhaltspflichtigen nach den Grundsätzen der Halbteilung ermittelt ohne Berücksichtigung der etwaigen Unterhaltsansprüche des jetzigen Ehegatten des Unterhaltsschuldners. Eine Berücksichtigung dieser Unterhaltsansprüche erfolgt allein auf der Ebene der Prüfung der Leistungsfähigkeit des Unterhaltsschuldners gem. § 1581 BGB[97] (vgl. hierzu die Kommentierung zu § 1581 BGB Rn. 55 bzw. Rn. 52).

---

[88] BGH v. 16.01.1985 - IVb ZR 59/83 - LM Nr. 6 zu § 1577 BGB; BGH v. 09.06.1982 - IVb ZR 698/80 - LM Nr. 13 zu § 1578 BGB.
[89] BGH v. 25.11.1998 - XII ZR 98/97 - LM BGB § 1578 Nr. 67 (6/1999); OLG Saarbrücken v. 02.10.2003 - 6 UF 16/03 - OLGR Saarbrücken 2004, 60-62.
[90] BGH v. 20.05.1981 - IVb ZR 556/80 - LM Nr. 13 zu § 1361 BGB.
[91] BGH v. 06.02.2008 - XII ZR 14/06; BGH v. 14.11.2007 - XII ZR 16/07 - FamRZ 2008, 134.
[92] BGH v. 15.03.2006 - XII ZR 30/04 FamRZ 2006, 683.
[93] *Grandel*, NJW 2008, 796; *Schlünder*, FamRZ 2009, 487.
[94] BVerfG v. 25.01.2011 - 1 BvR 918/10 - FamRZ 2011, 437
[95] BGH v. 07.12.2011 - XII ZR 151/09 - FamRZ 2012, 281.
[96] BGH v. 15.03.2006 - XII ZR 30/04 FamRZ 2006, 683.
[97] BGH v. 07.12.2011 - XII ZR 151/09 - FamRZ 2012, 281; BGH v. 25.01.2012 - XII ZR 139/09 - FamRZ 2012, 525.

2. Abweichungen

a. Einkommensverbesserungen

38 Mit Einkommensverbesserungen eines Ehegatten, bedingt durch eine nach der Trennung erstmalig aufgenommene oder ausgeweitete Erwerbstätigkeit, hat sich der BGH in der sog. **Surrogatsrechtsprechung** auseinandergesetzt.[98] Die insoweit zumutbar erzielten Einkünfte sind prägend, wenn sie sich als Surrogat der bisherigen Haushaltsführung oder Kinderbetreuung darstellen. Sind sie dagegen nicht als Surrogat zu qualifizieren, so erfolgt die Berücksichtigung nicht im Rahmen der Bedarfsermittlung,[99] sondern gegebenenfalls erst im Zuge der Prüfung der Bedürftigkeit.

39 Dem Surrogatgedanken folgend sind auch dem Unterhaltsgläubiger zugerechnete **geldwerte Versorgungsleistungen für einen neuen Partner** prägend, wenn sie sich als Surrogat für eine während intakter Ehe wahrgenommene Haushaltsführung darstellen.[100] Nach Auffassung des BGH sind solche geldwerten Versorgungsleistungen nicht anders zu beurteilen, als wenn der Unterhaltsgläubiger eine bezahlte Tätigkeit als Haushaltskraft bei einem Dritten annähme.[101] Versorgungsleistungen, die ein unterhaltsberechtigter Ehegatte für einen neuen Lebenspartner erbringt, treten als Surrogat an die Stelle der Haushaltsführung während der Ehezeit.[102] Ihr wirtschaftlicher Wert ist daher im Wege der Differenzmethode in die Bedarfsermittlung einzustellen[103] (vgl. auch Rn. 107).

40 Auch erstmalig aus Anlass der Trennung erzielte Einkünfte können gegebenenfalls als prägend angesehen werden, so dass etwa die **Folgen einer Verbraucherinsolvenz** und die Bestimmungen zur Restschuldbefreiung bedarfsprägende Bedeutung erlangen.[104]

41 Wird im Zusammenhang mit dem Scheitern der Ehe die gemeinsame **Immobilie** veräußert, so wird der bisherige Nutzungsvorteil durch die Zinserträge aus dem Verkaufserlös ersetzt bzw. den Wohnwert einer unter Verwendung des anteiligen Verkaufserlöses neu erworbenen Immobilie.[105]

42 Keinen prägenden Charakter haben demgegenüber Einkommensverbesserungen, die auf aus der Trennung folgenden **zusätzlichen Einkünften** beruhen oder erstmals nach der Trennung entstanden. Zu nennen sind hier Erträge aus der vermögens- oder güterrechtlichen Auseinandersetzung, soweit sie dem ausgleichspflichtigen Ehegatten nicht bereits vorher als Einkommen zur Verfügung standen, bzw. Einkünfte aus Erbschaften oder Lotteriegewinnen.[106]

43 Als nichtprägend angesehen hat der BGH eine an den Unterhaltsschuldner nach Rechtskraft der Ehescheidung geflossene **Abfindung** (vgl. auch Rn. 8), die nicht zum Ausgleich von Einkommensverlusten nach Arbeitsplatzveränderung verwendet werden musste, sondern vom Unterhaltsschuldner dazu verwendet wurde, noch aus der Ehezeit herrührende Immobilienkredite teilweise abzulösen. Der BGH hat diese Einkommensverbesserung mit einer unerwarteten und vom Normalverlauf abweichenden Entwicklung verglichen (vgl. hierzu Rn. 44 ff). Durch die Kreditablösung frei werdende finanzielle Mittel des Unterhaltsschuldners waren daher nicht für den Ehegattenunterhalt zu verwenden. Der Unterhaltsschuldner wurde vielmehr fiktiv so gestellt, als ob die Darlehensraten noch von ihm zu bedienen wären[107]

44 Die unterhaltsrechtliche Relevanz eines **Steuerklassenwechsels** unterlag in der bisherigen Rechtsprechung sich kontinuierlich verändernden Bewertungen. Durch die Entscheidung des Bundesverfassungsgerichts vom 07.10.2003 wurde klargestellt, dass ein unterhaltsberechtigter Ehegatte an Steuervorteilen, die seinem von ihm geschiedenen Ehegatten infolge einer **Wiederverheiratung** zufließen, nicht teilhat.[108] Im Fall der Wiederverheiratung des Unterhaltsschuldners ist daher bei der Bedarfser-

---

[98] BGH v. 13.06.2001 - XII ZR 343/99 - BGHZ 148, 105-122.
[99] BGH v. 23.04.1986 - IVb ZR 34/85 - LM Nr. 38 zu § 1578 BGB; BGH v. 04.11.1987 - IVb ZR 81/86 - LM Nr. 48 zu § 1578 BGB.
[100] BGH v. 05.09.2001 - XII ZR 336/99 - NJW 2001, 3779-3781.
[101] BGH v. 05.05.2004 - XII ZR 10/03 - FamRZ 2004, 1170-1172; BGH v. 05.05.2004 - XII ZR 132/02 - FamRZ 2004, 1173-1175.
[102] Krit. *Schnitzler*, FF 2003, 42-43; *Rauscher*, FF 2005, 135-139.
[103] BGH v. 18.04.2012 - XII ZR 73/10 - FamRZ 2012, 1201.
[104] OLG Karlsruhe v. 16.11.2005 - 2 UF 41/05 - ZFE 2006, 235-236.
[105] BGH v. 01.10.2008 - XII ZR 62/07 - FamRZ 2009, 23-26.
[106] BGH v. 11.04.1990 - XII ZR 42/89 - FamRZ 1990, 989-992; BGH v. 18.12.1991 - XII ZR 2/91 - FamRZ 1992, 423-425; a.A. OLG Saarbrücken v. 09.10.2002 - 9 UF 155/01 - FamRZ 2003, 685-687.
[107] BGH v. 02.06.2010 - XII ZR 138/08 - FamRZ 2010, 1311.
[108] BVerfG v. 07.10.2003 - 1 BvR 246/93, 1 BvR 2298/94 - NJW 2003, 3466-3468; *Gutdeutsch*, FamRZ 2004, 501-503.

mittlung jenes Einkommen zugrunde zu legen, das sich nach Abzug der fiktiven Steuerlast nach Lohnsteuerklasse I ergibt[109] (vgl. auch Rn. 36 f.). In der Folge der Entscheidung des BVerfG vom 25.01.2011[110] und unter Aufgabe der Rechtsprechung zu den sog. wandelbaren ehelichen Lebensverhältnissen hat der BGH, in Anlehnung an seine frühere Rechtsprechung, klargestellt,[111] dass aus einer neuen Ehe hervorgehende finanzielle Vorteile, insbesondere ein **Splittingvorteil** oder ein ehebedingter **Einkommenszuschlag gem. §§ 39, 40 BBesG**, keinen prägenden Charakter besitzen. Auf der Stufe der Bedarfsermittlung sind diese Einkünfte bei der Feststellung des unterhaltsrelevanten Einkommens auszuklammern.[112] In der Bedarfsermittlung ist vielmehr das Einkommen des wiederverheirateten Unterhaltsschuldners fiktiv nach der Steuerklasse 1 zu ermitteln.

Eine besondere Rolle nehmen Einkommenssteigerungen ein, die auf einem **Karrieresprung** beruhen. Zur Bewertung, ob ein solcher Karrieresprung vorliegt, wird bei Einkommensentwicklungen nach Rechtskraft der Ehescheidung darauf abgehoben, ob sie zum Zeitpunkt der Scheidung mit hoher Wahrscheinlichkeit zu erwarten waren[113] und diese Erwartung die ehelichen Lebensverhältnisse bereits mitgeprägt hat[114]. Gleichermaßen hat der BGH in seiner Rechtsprechung allerdings bereits auch für die Dauer des Getrenntlebens die Möglichkeit eines Karrieresprungs angenommen, wenn bis zur Rechtskraft der Ehescheidung das Einkommen eines oder beider Ehegatten bis zur Scheidung eine unerwartete, vom Normalverlauf erheblich abweichende Entwicklung genommen hat, die etwa auch für die Bestimmung des Trennungsunterhaltes nach § 1361 BGB außer Betracht hätte bleiben müssen.[115]

45

Abgegrenzt wird der Karrieresprung von der sog. Normalentwicklung, d.h. einer Entwicklung, die mit Sicherheit oder großer Wahrscheinlichkeit voraussehbar ist und die auch nach bisheriger Rechtsprechung als die ehelichen Lebensverhältnisse uneingeschränkt prägend angesehen wurde, unabhängig davon, ob die Entwicklung der Lebenserfahrung entspricht.[116] Als **Normalentwicklung** bewertet werden etwa:

46

- die Aufnahme oder Ausweitung einer Erwerbstätigkeit bis zur Scheidung,[117]
- eine nacheheliche Einkommensverbesserung des Unterhaltsschuldners, die in ihrem Grund in der Ehe angelegt war und sich zum Zeitpunkt der Scheidung schon abzeichnete[118], z.B. eine normale Einkommensfortentwicklung auf der Basis unveränderter Erwerbstätigkeit beim bisherigen Arbeitgeber[119] bzw. übliche Besoldungsverbesserungen, insbesondere wenn die Ehegatten ihren Lebenszuschnitt hierauf bereits einstellen konnten[120], ohne dass allerdings bereits konkrete Dispositionen in Erwartung der Einkommensverbesserung für die Zukunft hätten getroffen werden müssen,
- wenn den Umständen, die die Einkommensveränderungen bedingten, durch die Ehegatten noch während der Ehe ein prägender Einfluss auf die ehelichen Lebensverhältnisse beigemessen wurde,
- die Realisierung einer Regelbeförderung,[121]
- die Beförderung eines Polizeibeamten von der Gehaltsstufe A9 auf die Gehaltsstufe A10,[122]
- die Beförderung vom Hauptmann zum Major und zeitlich folgend zum Oberstleutnant,[123]
- der Aufstieg vom Assistenzarzt zum Oberarzt,[124]
- die Beförderung vom Maschinensteiger zum Reviersteiger.[125]

---

[109] *Kanzler*, BBV 2004, Nr. 1, 20, 23 mit weiteren Ausführungen zur Problematik steuerrechtlicher Folgen der Trennung, Veranlagungsform, interne Aufteilung von Steuerschulden/-erstattungen, Eigenheimzulage.
[110] BVerfG v. 25.01.2011 - 1 BvR 918/10 - FamRZ 2011, 437.
[111] BGH v. 28.02.2007 - XII ZR 37/05 - FamRZ 2007, 793-800.
[112] BGH v. 07.12.2011 - XII ZR 151/09 - FamRZ 2012, 281.
[113] BGH v. 15.03.2006 - XII ZR 30/04 - FamRZ 2006, 683-686.
[114] BGH v. 11.02.1987 - IVb ZR 20/86 - FamRZ 1987, 459.
[115] BGH v. 18.03.1992 - XII ZR 23/91 - FamRZ 1992, 1045.
[116] BGH v. 05.02.2003 - XII ZR 29/00 - BGHZ 153, 372-393.
[117] BGH v. 10.02.1988 - IVb ZR 16/87 - NJW-RR 1988, 1218-1220; BGH v. 06.02.2008 - XII ZR 14/06 - FamRZ 2008, 968-975.
[118] OLG Celle v. 12.10.2005 - 15 UF 222/04 - NJW-RR 2006, 153-154.
[119] BGH v. 24.01.1990 - XII ZR 2/89 - FamRZ 1990, 499-503.
[120] BGH v. 11.02.1987 - IVb ZR 20/86 - NJW 1987, 1555-1557.
[121] BGH v. 05.02.2003 - XII ZR 29/00 - BGHZ 153, 372-393; BGH v. 29.01.2003 - XII ZR 92/01 - BGHZ 153, 358-372.
[122] BGH v. 14.04.2010 - XII ZR 9/08.
[123] BGH v. 21.04.1982 - IVb ZR 741/80 - LM Nr. 7 zu § 1578 BGB.
[124] BGH v. 04.11.1987 - IVb ZR 81/86 - LM Nr. 48 zu § 1578 BGB.
[125] BGH v. 20.07.1990 - XII ZR 74/89 - NJW-RR 1990, 1346-1347.

§ 1578

- der Aufstieg vom Betriebsarzt zum Arbeitsmediziner,[126]
- der Aufstieg vom Betriebsratsvorsitzenden zum Gewerkschaftssekretär,[127]
- der Aufstieg vom Außendienstmitarbeiter zum Bezirksleiter.[128]

47 Von einem **Karrieresprung** ist demgegenüber auszugehen,
- wenn eine Leistungsbeförderung vorliegt[129]
    - vom angestellten Ingenieur zum Geschäftsführer einer GmbH,[130]
    - vom Angestellten zum freien Handelsvertreter[131] bzw. zum Verkaufsleiter[132],
    - vom Verkaufsleiter zum Geschäftsführer,[133]
    - vom Oberarzt zum selbständigen Facharzt[134];
- wenn eine über das übliche Maß hinausgehende Einkommenssteigerung bei Wechsel einer Tätigkeit vorliegt;[135]
- wenn eine weitere berufliche Entwicklung zum Ausbildungsende noch ungewiss ist und erst später eine gut dotierte Anstellung gefunden wird;
- wenn berufliche Verbesserungen vor der Scheidung, aber nach der Trennung eingetreten sind, diese im Zeitpunkt der Trennung aber nicht wahrscheinlich waren;[136]
- wenn der Unterhaltsschuldner die ihm nach der Trennung zur Verfügung stehende Freizeit, die er während intakter Ehe mit der Familie verbracht hat, zur beruflichen Fortbildung einsetzt und hieraus Einkommenssteigerungen folgen[137].

(Vgl. i.Ü. die Zusammenfassung der Kasuistik bzw. Berechnungsbeispiele.)[138]

48 Einkommenssteigerungen aufgrund Karrieresprungs werden nicht als eheprägend angesehen, da der geschiedene Ehegatte nicht bessergestellt werden soll, als er während der Ehezeit stand und aufgrund einer schon absehbaren Entwicklung ohne die Scheidung stehen würde.[139] Die im Rahmen der Rechtsprechung des BGH zur sog. „Dreiteilung" hierzu vertretene abweichende Auffassung wurde[140] durch die Entscheidung des BVerfG vom 25.01.2011[141] aufgehoben (vgl. auch Rn. 35). Einkommensverbesserungen aus einem Karrieresprung haben danach grundsätzlich keinen prägenden Charakter. Sie sind auf der **Bedarfsebene** außer Betracht zu lassen. Davon abzugrenzen ist aber die Prüfung der **Leistungsfähigkeit** im Sinn des § 1581 BGB.[142] (vgl. hierzu die Kommentierung zu § 1581 BGB Rn. 66). Treffen prägende und neue Unterhaltspflichten zusammen, so ist auf der Ebene der Leistungsfähigkeit des Unterhaltsschuldners eine Billigkeitsabwägung vorzunehmen, in die etwa auch erhöhte Einkünfte aus einem Karrieresprung einzubeziehen sind. Durch diese erhöhten Einkünfte sollen erstmals nachehelich hinzugetretene Unterhaltspflichten aufgefangen werden.

b. Einkommensreduzierungen

49 Auch Einkommensreduzierungen, soweit sie nicht Ausdruck der Verletzung der Erwerbsobliegenheit sind, z.B. auf leichtfertigem Verhalten beruhen, können prägenden Charakter haben,[143] da sich die Ehegatten auch ohne Ehescheidung auf diese Veränderung gegebenenfalls hätten einstellen müssen, etwa

---

[126] BGH v. 03.06.1987 - IVb ZR 63/86 - NJW-RR 1987, 1029-1032.
[127] BGH v. 10.10.1990 - XII ZR 99/89 - NJW-RR 1991, 130-132.
[128] BGH v. 19.07.2000 - XII ZR 161/98 - LM BGB § 1578 Nr. 69 (1/2001).
[129] OLG Koblenz v. 10.10.1996 - 11 UF 1316/95 - FamRZ 1997, 1079-1080.
[130] BGH v. 20.07.1990 - XII ZR 73/89 - LM Nr. 59 zu § 1578 BGB; OLG Düsseldorf v. 29.04.1992 - 4 UF 3/92 - FamRZ 1992, 1439.
[131] OLG Stuttgart v. 19.11.1990 - 11 UF 119/90 - FamRZ 1991, 952.
[132] OLG Frankfurt v. 08.07.1999 - 1 UF 269/97 - OLGR Frankfurt 1999, 254-255.
[133] OLG München v. 28.10.1996 - 12 UF 1221/96 - EzFamR aktuell 1997, 38-39.
[134] BGH v. 04.11.1987 - IVb ZR 81/86 - LM Nr. 48 zu § 1578 BGB.
[135] OLG München v. 09.04.2003 - 16 UF 654/03 - FuR 2003, 328-329.
[136] OLG Nürnberg v. 01.12.2003 - 7 WF 3447/03 - FamRZ 2004, 1212-1213.
[137] OLG Koblenz v. 17.03.2003 - 13 UF 63/03 - FamRZ 2003, 1109-1110.
[138] *Clausius*, FF 2006, 233-241; *Clausius*, FF 2007, 131-134; *Vießhues*, ZFE 2007, 444-452.
[139] BGH v. 15.03.2006 - XII ZR 30/04 - FamRZ 2006, 683-686; BGH v. 28.02.2007 - XII ZR 37/05 - FamRZ 2007, 793-800; BGH v. 14.04.2010 - XII ZR 89/08.
[140] BGH v. 30.07.2008 - XII ZR 177/06 - FamRZ 2008, 1911.
[141] BVerfG v. 25.01.2011 - 1 BvR 918/10 - FamRZ 2011, 437.
[142] BGH v. 07.12.2011 - XII ZR 151/09 - FamRZ 2012, 281.
[143] BGH v. 29.01.2003 - XII ZR 92/01 - BGHZ 153, 358-372; BGH v. 06.02.2008 - XII ZR 14/06.

bei Arbeitsplatzaufgabe aus gesundheitlichen Gründen[144]. Ebenso stellt auch die **Einleitung eines Insolvenzverfahrens** keine unerwartete, vom Normalverlauf erheblich abweichende Entwicklung dar, wenn schon zum Zeitpunkt der Ehescheidung erhebliche Verbindlichkeiten existierten und es daher auch bei Fortbestand der Ehe mit hoher Wahrscheinlichkeit zu einem Insolvenzverfahren gekommen wäre.[145] Im Übrigen ist eine **Interessenabwägung** erforderlich[146]. Dabei ist etwa bei einem **selbständig Tätigen** zu berücksichtigen:

- mit welcher Wahrscheinlichkeit eine Einkommensreduzierung auch ohne die Scheidung eingetreten wäre,
- ob die Einkommensminderung hätte verhindert werden können und
- ob sie durch freie wirtschaftliche Disposition des Unterhaltsschuldners veranlasst und durch zumutbare Vorsorge hätte aufgefangen werden können.[147]

Von einer leichtfertigen unterhaltsrechtlich unbeachtlichen Einkommensminderung kann ggf. auch ausgegangen werden, wenn der freiberuflich tätige Unterhaltsschuldner von dem im Rahmen einer berufsständischen Versorgung bestehenden Wahlrecht zu einer Kapitalabfindung Gebrauch macht, um einen kurz zuvor aufgenommenen Kredit abzulösen, dadurch allerdings der Anspruch des Unterhaltsgläubigers massiv gefährdet oder sogar vereitelt wird.[148]

Auf Seiten des **abhängig Beschäftigten** ist zu prüfen, inwieweit sich bei ihm das **allgemeine Arbeitsmarktrisiko** verwirklicht hat,[149] so dass gegebenenfalls eine vorübergehende Absenkung der Einkünfte[150] oder sogar eine dauerhafte Minderung des Erwerbseinkommens im Zusammenhang mit einem unterhaltsrechtlich nicht zu beanstandenden Arbeitsplatzwechsel oder der Verrentung[151] hingenommen werden muss. Allerdings obliegt es beispielsweise einem bereits im Alter von 41 Jahren pensionierten Soldaten (Strahlflugzeugführer), sich nicht mit seinen reduzierten Versorgungsbezügen zu begnügen, wenn er anlässlich seiner bisherigen Tätigkeit keine besonderen physischen und psychischen Nachteile erlitten hat. Vielmehr hat er das Niveau seines bisherigen Erwerbseinkommens über seine Pensionierung hinaus durch eine berufliche Tätigkeit zu sichern.[152] Werden die Einkünfte des Unterhaltsschuldners durch die Inanspruchnahme von **Altersteilzeit** reduziert, so ist dieser Umstand zu berücksichtigen, wenn hierfür erhebliche Gründe vorliegen (z.B. ein sonst drohender Arbeitsplatzverlust wegen gesundheitlichen Einschränkungen).[153] Ebenso kann die Inanspruchnahme von Altersteilzeit aus persönlichen Gründen gerechtfertigt sein, wenn der Unterhaltsschuldner der älteste Arbeitnehmer seiner Abteilung ist und er einen anstrengenden Arbeitsplatz in einem stressigen Wirtschaftszweig (z.B. Automobilindustrie) hat[154] bzw. wenn durch die Altersteilzeit der Arbeitsplatz für längere Zeit gesichert ist[155]. Hat demgegenüber der Unterhaltsschuldner durch Inanspruchnahme der Altersteilzeit leichtfertig sein Einkommen reduziert, so führt dies zu einer fiktiven Zurechnung der bislang erzielten Einkünfte.[156] Diese fiktive Zurechnung wirkt zudem fort auf eine spätere Regelaltersrente. Sind daher dem Unterhaltsschuldner Rentennachteile durch die Altersteilzeit entstanden, die nicht durch versorgungswirksame Leistungen des Arbeitgebers ausgeglichen werden, so muss sich der Unterhaltsschuldner auch jenes fiktive Renteneinkommen zurechnen lassen, das er ohne Inanspruchnahme der Altersteilzeit hätte. Ein etwaiges Abänderungsbegehren des Unterhaltsschuldners wegen reduzierter Einkünfte nach Erreichen der Regelaltersgrenze ist damit ausgeschlossen.[157]

---

[144] OLG Schleswig v. 10.07.2002 - 15 UF 243/01 - FamRZ 2003, 685.
[145] OLG Celle v. 13.05.2004 - 19 UF 238/03 - FamRZ 2005, 1746.
[146] OLG Brandenburg v. 12.06.2008 - 9 UF 186/07 - FamRZ 2008, 1947-1949.
[147] BGH v. 29.01.2003 - XII ZR 92/01 - BGHZ 153, 358-372.
[148] OLG Hamm v. 09.04.2010 - 7 UF 261/09 - FamRZ 2010, 1914.
[149] BGH v. 23.12.1987 - IVb ZR 108/86 - LM Nr. 53 zu § 1361 BGB.
[150] BGH v. 04.11.1987 - VIII ZR 313/86 - LM Nr. 38 zu § 276 (Fb) BGB.
[151] BGH v. 05.02.2003 - XII ZR 29/00 - BGHZ 153, 372-393; BGH v. 29.01.2003 - XII ZR 92/01 - BGHZ 153, 358-372; BGH v. 09.12.1987 - IVb ZR 97/86 - LM Nr. 3 zu UÄndG.
[152] BGH v. 15.10.2003 - XII ZR 65/01 - FamRZ 2004, 254-256.
[153] OLG Koblenz v. 22.03.2004 - 13 UF 656/03 - NJW-RR 2004, 938-939; *Clausius*, jurisPR-FamR 1/2007, Anm. 6.
[154] AG Hannover v. 26.06.2003 - 614 F 2024/01 UE - FamRZ 2004, 1495.
[155] OLG Hamm v. 15.10.2004 - 11 UF 22/04 - NJW 2005, 161-162; *Viefhues*, FF 2006, 103-106.
[156] OLG Saarbrücken v. 05.08.2010 - 6 UF 138/09 - FF 2011, 87; Anmerkung *Clausius*, AnwZert FamR 1/2011, Anm. 2.
[157] OLG Saarbrücken v. 17.02.2011 - 6 UF 114/10 - FamRZ 2011, 1657.

§ 1578

52 Einkommensreduzierungen des Unterhaltsschuldners ergeben sich mittelbar auch aus dem **Hinzutreten weiterer Unterhaltsgläubiger**, insbesondere etwa durch die Geburt aus zweiter Ehe hervorgegangener bzw. adoptierter Kinder. Unter der Vorgabe der Entscheidung des BVerfG vom 25.01.2011[158] hat der BGH auch insoweit seine kurzzeitig veränderte Rechtsprechung[159] aufgegeben.

53 Bedarfsprägend ist danach allein das vor Rechtskraft der Scheidung für Unterhaltszwecke zur Verfügung stehende Einkommen des Unterhaltsschuldners unter Berücksichtigung der bis zu diesem Zeitpunkt hinzutretenden Unterhaltspflichten. Ausdrücklich keine Bedarfsprägung haben daher Unterhaltspflichten für einen neuen Ehegatten, für nachehelich geborene oder adoptierte Kinder sowie eine etwaig nach der Ehescheidung eingetretene Unterhaltspflicht gemäß § 1615l BGB.[160]

c. Bedarfserhöhende Umstände

54 Zu einer Veränderung der ehelichen Lebensverhältnisse, d.h. einem erhöhten Bedarf des Unterhaltsgläubigers kommt es, wenn
- bisherige Unterhaltsverpflichtungen für bislang **eheprägende Kinder** auf Seiten des Unterhaltsschuldners wegfallen, es sei denn, in Fällen guter wirtschaftlicher Verhältnisse wären die frei gewordenen finanziellen Mittel nach objektiver Beurteilung dann zur Vermögensbildung, nicht aber für den allgemeinen Lebensbedarf verwendet worden,[161]
- während der Ehezeit bediente **Kredite**, wie vorgesehen, nach der Ehescheidung **abgelöst** werden[162]),
- aufgrund einer bereits in der Ehezeit angelegten Erkrankung ein **betreutes Wohnen** wegen Pflegebedürftigkeit notwendig wird; diese Aufwendungen können prägend sein[163].

III. Erfassung des gesamten Lebensbedarfs (Absatz 1 Satz 3, Absätze 2, 3)

1. Lebensbedarf

55 Der Begriff des Lebensbedarfs, der mit dem in § 1610 BGB verwendeten Begriff übereinstimmt, erfasst
- den **Elementarbedarf** (Kosten der Ernährung, der Wohnung, der Kleidung, der Wahrnehmung geistiger und kultureller Interessen, der Gesundheitspflege),
- etwaigen **Sonder- oder Mehrbedarf**,
- **Krankenvorsorge- und Pflegevorsorgeaufwand**,
- **Kosten der Schul- und Berufsausbildung** einschließlich der **Fortbildung oder Umschulung**,
- Kosten der **Vorsorge für den Fall des Alters oder der verminderten Erwerbsfähigkeit**.

56 Der sich daraus ergebende **Gesamtbedarf** richtet sich an den **ehelichen Lebensverhältnissen** aus.[164] Die daraus folgende Unterhaltsverpflichtung soll den daran anknüpfenden **individuellen Bedarf** sichern.

57 Die ehelichen Lebensverhältnisse orientieren sich an den Einkünften der Ehegatten, die während der Ehe zur allgemeinen Lebensführung zur Verfügung standen. Die Bemessung erfolgt anhand eines **objektiven Maßstabs**, so dass sowohl eine zu dürftige Lebensführung als auch ein übermäßiger Aufwand außer Ansatz bleiben[165]. In dieser Bandbreite wird das tatsächlich Konsumverhalten während des ehelichen Zusammenlebens ermittelt als Basis der Feststellung der prägenden ehelichen Lebensverhältnisse[166] (vgl. auch Rn. 34). Hierbei ist auch zu berücksichtigen, dass der BGH in einer Entscheidung zum Betreuungsunterhalt nach § 1615l BGB darauf hingewiesen hat, dass die Gründe, die im Rahmen eines Betreuungsunterhaltes für einen am Existenzminimum orientierten Unterhaltsbedarf sprechen, in gleicher Weise auch für den gesamten Ehegattenbedarf gelten.[167]

---

[158] BVerfG v. 25.01.2011 - 1 BvR 918/10 - FamRZ 2011, 437.
[159] BGH v. 15.03.2006 - XII ZR 30/04 - FamRZ 2006, 686.
[160] BGH v. 07.12.2011 - XII ZR 151/09 - FamRZ 2012, 281.
[161] BGH v. 12.07.1990 - XII ZR 85/89 - LM Nr. 58 zu § 1578 BGB.
[162] BGH v. 29.03.1995 - XII ZR 45/94 - LM BGB § 1578 Nr. 64 (9/1995).
[163] AG Besigheim v. 16.05.2003 - 2 F 292/03 - FamRZ 2004, 546-547.
[164] BGH v. 29.01.1986 - IVb ZR 9/85 - LM Nr. 22 zu § 1569 BGB; BGH v. 22.10.1997 - XII ZR 12/96 - LM BGB § 1577 Nr. 21 (3/1998).
[165] BGH v. 04.07.2007 - XII ZR 141/05 - FamRZ 2007, 1532-1538.
[166] BGH v. 04.07.2007 - XII ZR 141/05 - FamRZ 2007, 1532-1538.
[167] BGH v. 16.12.2009 - XII ZR 50/08 - FamRZ 2010, 357-363.

Grundsätzlich wird in der Rechtsprechung nach wie vor ein in die Bedarfsermittlung einzustellender **Mindestbedarf** abgelehnt.[168] Eine Ausnahme gilt lediglich in absoluten Mangelfällen,[169] (vgl. dazu die Kommentierung zu § 1581 BGB Rn. 69 ff). Dort sind im Rahmen der Bedarfsermittlung Einsatzbeträge zum Ehegatten- und Kindesunterhalt heranzuziehen, die in angemessenem Verhältnis zueinander stehen. Vorbehaltlich einer weiteren Angemessenheitsprüfung wird bezüglich des Ehegatten auf den notwendigen Eigenbedarf zurückgegriffen.[170]

58

2. Konkrete Bedarfsermittlung

Bestehen auf Seiten des Unterhaltsschuldners **überdurchschnittlich gute Einkommensverhältnisse**, so bedarf es einer konkreten Bedarfsermittlung für den Unterhaltsgläubiger. Beschränkt dieser allerdings seinen Elementarbedarf auf einen Betrag, für den noch keine konkrete Bedarfsermittlung notwendig ist, so bedarf es auch dann keiner konkreten Bedarfsdarlegung, wenn sich unter Berücksichtigung des Altersvorsorgeunterhalts im Ergebnis ein Gesamtbedarf beziffert, der grundsätzlich eine konkrete Bedarfsbemessung erforderlich machen würde.[171] Eine einheitliche Rechtsprechung der Obergerichte, ab welcher Einkommenshöhe von der sog. **relativen Sättigungsgrenze** auszugehen ist, ab der eine konkrete Bedarfsermittlung notwendig ist, existiert nicht.[172] In seiner Rechtsprechung hat der BGH allerdings angedeutet, dass ein Einkommen von gegenwärtig 5.100 € lediglich die Höchstgrenze des vom Einkommen des Unterhaltsschuldners abgeleiteten Quotenunterhalts bildet.[173] Es ist daher der in der Literatur vertretenen Auffassung zuzustimmen, dass bei einem Einkommen des Unterhaltsschuldners über der höchsten Einkommensgruppe der Düsseldorfer Tabelle eine konkrete Bedarfsermittlung geboten sein dürfte, da auch beim Kindesunterhalt oberhalb dieser Einkommensgrenze keine Fortschreibung der Tabellenwerte erfolgt, sondern vielmehr der Bedarf konkret darzulegen ist.[174] Auch wenn in der Rechtsprechung ein Höchstunterhaltsanspruch im Sinne einer **absoluten Sättigungsgrenze** abgelehnt wird[175], muss ebenso berücksichtigt werden, dass auch bei bester wirtschaftlicher Lage der Unterhaltsanspruch **nicht** der **Vermögensteilhabe** dient[176] und erst recht nicht der eigenen Vermögensbildung, sondern allein der Bedarfsdeckung. Vom Unterhaltsanspruch können daher nur jene Mittel erfasst werden, die eine Einzelperson, selbst bei hohen Ansprüchen, nach objektiven Kriterien für einen berücksichtigungsfähigen Lebensbedarf sinnvoll ausgeben kann.[177]

59

Von dem ehebezogenen Bedarf abzugrenzen sind **beziehungsbedingte Leistungen**, die während der Ehe allein mit Blick auf die persönliche Zuneigung erbracht wurden und nach Scheitern der Ehe in dieser Form nicht mehr erwartet werden können. Dazu gehören etwa wiederholte Schmuckzuwendungen oder etwa Reisen zu besonderen familiären Anlässen.

60

Zur Darstellung des konkreten Bedarfs sind vom Unterhaltsgläubiger u.a. folgende Einzelpositionen mit ihren durchschnittlichen monatlichen Kostenbelastungen substantiiert darzustellen[178] und unter Beweis zu stellen[179], wobei das Gericht im Wege der Schätzung nach § 287 ZPO zwar Einzelpositionen berücksichtigen kann,[180] die grundsätzlich zulässige Schätzung jedoch den substantiierten Sachvortrag

61

---

[168] BGH v. 21.01.1998 - XII ZR 117/96 - NJW-RR 1998, 721-723.
[169] BGH v. 22.01.2003 - XII ZR 2/00 - NJW 2003, 1112-1116.
[170] BGH v. 22.01.2003 - XII ZR 2/00 - NJW 2003, 1112-1116; *Scholz*, FamRZ 2003, 514-518.
[171] BGH v. 30.11.2011 - XII ZR 34/09 - FamRZ 2012, 947.
[172] OLG Zweibrücken v. 18.04.2013 - 6 UF 156/12 - FamRZ 2014, 216; OLG Brandenburg v. 28.11.2013 - 9 UF 96/13 - NZFam 2014, 140; OLG Koblenz v. 17.10.2001 - 9 UF 140/01 - OLGR Koblenz 2002, 46-50; OLG Oldenburg v. 01.08.1995 - 12 UF 38/95 - FamRZ 1996, 288-289; OLG Köln v. 09.05.2001 - 27 UF 136/99 - FPR 2001, 407-409; OLG Hamm v. 15.06.2004 - 2 UF 60/03 - FamRZ 2005, 719; OLG Hamm v. 05.04.2005 - 2 WF 125/05 - FamRZ 2006, 44; OLG Köln v. 12.07.2005 - 4 UF 244/04 - FamRZ 2006, 704.
[173] BGH v. 11.08.2010 - XII ZR 102/09 - FamRZ 2010, 1637.
[174] *Born*, FamRZ 2013, 1613.
[175] BGH v. 22.06.1994 - XII ZR 100/93 - LM BGB § 1580 Nr. 15 (11/1994).
[176] *Gutdeutsch*, NJW 2012, 561.
[177] BGH v. 25.01.1984 - IVb ZR 43/82 - LM Nr. 3 zu § 1581 BGB.
[178] Zu einer umfassenden Checkliste der bei der konkreten Bedarfsermittlung maßgeblichen Positionen vgl. *Vomberg*, FF 2012, 436; *Born*, FamRZ 2013, 1613.
[179] OLG Hamm v. 18.05.1995 - 1 UF 1/95 - NJW-RR 1995, 1283-1285.
[180] OLG Koblenz v. 11.06.1999 - 11 UF 402/98 - NJW-RR 1999, 1597-1599.

§ 1578

des Unterhaltsgläubigers nicht ersetzen darf.[181] Erforderlich ist daher in jedem Fall, dass eine exemplarische Schilderung der einzelnen Ausgaben erfolgt unter Nachweis des entsprechenden Konsumverhaltens:[182]

- allgemeiner Lebensbedarf (Wohnen, Essen),
- Alters- und Krankheitsvorsorge,
- Freizeitaktivitäten,
- Friseurbesuche,
- Geschenke,
- Hauspersonal,
- Hobby,
- Kleidung,
- Kosmetik,
- Körperpflege,
- kulturelle Interessen,
- Pkw-Kosten,
- Restaurantbesuche,
- soziale Kontakte,
- Sport,
- Telefon,
- Urlaub,
- Versicherungen,
- Zeitschriften/Fachliteratur,
- Auffangbetrag für Kleinkosten (Putzmittel, Hausrat, Reparaturen),
- Rücklage für die Anschaffung von Haushaltsgeräten,
- Aufwendungen für Schmuck.[183]

62 Darzustellen ist der konkrete Bedarf allerdings jeweils bezogen auf den **aktuellen Lebenszuschnitt** des Unterhaltsgläubigers, d.h. es können Bedarfspositionen nur zu solchen Ausgaben geltend gemacht werden, die dem Unterhaltsgläubiger auch tatsächlich zum Zeitpunkt der Anspruchsgeltendmachung obliegen. Es genügt nicht, dass die Zahlungsverpflichtungen möglicherweise erst in naher Zukunft entstehen werden und lediglich während der Ehezeit zu bedienen waren, wie etwa Beiträge aus Vereinsmitgliedschaften, die nach der Trennung beendet wurden.[184] Gleichermaßen darf jedoch der konkrete Unterhaltsbedarf nicht durch unzureichende Unterhaltsleistungen beeinflusst werden, die den Unterhaltsgläubiger vorübergehend in seiner Lebensgestaltung einschränken. Zu prüfen ist vielmehr, ob während intakter Ehe bestimmte Ausgaben regelmäßig erfolgten – etwa im Zusammenhang mit der Freizeitgestaltung – und nur wegen der noch nicht geklärten Unterhaltsfrage diese vorübergehend eingestellt wurden.[185] Wird der Unterhaltsbedarf konkret ermittelt, so wird – abweichend vom Quotenunterhalt – auf Seiten des Unterhaltsschuldners ein **Erwerbstätigenbonus** nicht berücksichtigt. Aus Gründen der Gleichbehandlung ist dann auch auf Seiten des Unterhaltsgläubigers die Berücksichtigung eines Erwerbsbonus nicht gerechtfertigt bei der Anrechnung eigener bedarfsdeckender Einkünfte.[186]

63 Auch der konkret ermittelte Bedarf unterliegt einer Anpassung, soweit sich bedingt durch den allgemeinen Kaufkraftverlust eine Bedarfsanpassung rechtfertigt, die im Wege des Abänderungsverfahrens vorzunehmen ist.[187]

64 Zur Formulierung eines Unterhaltsantrags mit konkreter Bedarfsberechnung vgl. Rn. 130.

3. Mehrbedarf/Sonderbedarf

65 Vom gesamten Lebensbedarf erfasst ist etwaiger **Mehrbedarf**. Abzugrenzen ist dieser vom so genannten **Sonderbedarf**,[188] der einen unregelmäßigen, außergewöhnlich hohen Bedarf darstellt.

---

[181] OLG Hamm v. 17.10.2013 - 4 UF 161/11 - NZFam 2014, 30
[182] *Born*, FamRZ 2013, 1613.
[183] OLG Karlsruhe v. 30.10.2009 - 5 UF 5/08 - FamRZ 2010, 655-659.
[184] OLG Hamm v. 10.02.2006 - 5 UF 104/05 - FamRZ 2006, 1603-1605; *Götsche*, FamRB 2007, 143-146.
[185] BGH v. 11.08.2010 - XII ZR 102/09 - FamRZ 2010, 1637.
[186] BGH v. 10.11.2010 - XII ZR 197/08 - FamRZ 2011, 192.
[187] OLG Köln v. 11.10.2012 - 12 UF 130/11 - FF 2013, 80.
[188] BGH v. 06.10.1982 - IVb ZR 307/81 - LM Nr. 5 zu § 1613 BGB.

Beiden ist gemeinsam, dass sie bei der Bemessung des laufenden Unterhalts nicht berücksichtigt werden konnten.

Etwaiger **Mehrbedarf** ist **konkret** darzustellen[189] und **nachzuweisen**. Bei ausreichender Substantiierung kann eine richterliche Schätzung gemäß § 287 ZPO vorgenommen werden.[190] Die Darstellung **trennungsbedingten Mehrbedarfs** führt beim Unterhaltsgläubiger zu einer Bedarfserhöhung sowie beim Verpflichteten zu einer Reduzierung der Leistungsfähigkeit.[191] Aufgrund der sog. Surrogatsrechtsprechung[192] kommt die Berücksichtigung von trennungsbedingtem Mehrbedarf des Unterhaltsgläubigers nur in Betracht, wenn der Unterhaltsschuldner über nichtprägende Einkünfte verfügt. Denn alle prägenden Einkünfte werden bereits im Rahmen der Ermittlung des Normalbedarfs nach den ehelichen Lebensverhältnissen herangezogen, so dass aus ihnen nicht auch noch der trennungsbedingte Mehrbedarf befriedigt werden darf. Andernfalls würde der Halbteilungsgrundsatz verletzt[193] (vgl. dazu Rn. 89).

Besteht auf Seiten des Unterhaltsgläubigers **Sonderbedarf**, so kann dieser gemäß § 1585b Abs. 1 BGB für die Vergangenheit geltend gemacht werden. Aufgrund der Verweisung auf § 1613 Abs. 2 BGB bedarf es keiner vorherigen Inverzugsetzung.[194]

4. Kranken- und Pflegevorsorgeunterhalt

Bestandteil des Bedarfes sind gemäß § 1578 Abs. 2 BGB weitergehend die Kosten einer angemessenen **Kranken- und Pflegevorsorge**, die ergänzend zum Elementarunterhalt zu ermitteln[195] und gegebenenfalls gesondert zu titulieren sind.[196]

Dem Unterhaltsgläubiger obliegt es, den zu seinen Gunsten isoliert titulierten Krankenvorsorgeunterhalt bestimmungsgemäß zu verwenden. Für den gegenteiligen Fall wird der Unterhaltsschuldner dadurch geschützt, dass der Versicherungsschutz des Unterhaltsgläubigers in der Form fingiert wird, wie er bei **bestimmungsgemäßer Verwendung** des Vorsorgeunterhalts bestünde.

Stehen die Kosten einer angemessenen Krankenvorsorge fest oder können sie nach der Satzung der jeweils zuständigen Krankenkasse konkret berechnet werden, so sind sie bei der Ermittlung des Elementarunterhalts vorab beim Einkommen des Unterhaltsschuldners als Abzugsposten zu erfassen,[197] vgl. dazu das Berechnungsbeispiel (vgl. Rn. 135). Waren die Ehegatten **privat krankenversichert**, so ist der Unterhaltsgläubiger berechtigt, einen entsprechenden Versicherungsschutz auch nach der Ehescheidung fortzuführen. Er muss sich nicht mit einer gesetzlichen Krankenversicherung zufrieden geben.[198] Nicht zu übernehmen sind aber die Kosten einer „Rundumabsicherung". Es ist darauf abzustellen, welcher Schutz durch die Beihilfe einerseits und die Ergänzung einer privaten Versicherung andererseits bestanden hat. Ggf. sind sog. „Kostendämpfungspauschalen" oder Versicherungstarife mit Selbstbeteiligung zu berücksichtigen. Diese sind aber nur zu akzeptieren, wenn der Unterhaltsschuldner sich verpflichtet, die entsprechende Selbstbeteiligung zu erstatten.[199] Ein etwaiger Selbstbehalt ist jedoch bei der Titulierung der Höhe des Krankenvorsorgeunterhalts zu berücksichtigen.[200]

Kosten der **Pflegeversicherung** sind dem allgemeinen Lebensbedarf zuzurechnen, da die Pflegevorsorge dem Recht der Krankenvorsorge im Pflegeversicherungsgesetz gleichgestellt ist.[201]

---

[189] BGH v. 20.07.1990 - XII ZR 73/89 - LM Nr. 59 zu § 1578 BGB.
[190] BGH v. 04.11.1981 - IVb ZR 625/80 - LM Nr. 6 zu § 236 (A) ZPO.
[191] BGH v. 31.01.1990 - XII ZR 21/89 - NJW-RR 1990, 578-580.
[192] BGH v. 13.06.2001 - XII ZR 343/99 - BGHZ 148, 105
[193] OLG Düsseldorf v. 24.02.2010 - 8 WF 224/09 - FamRZ 2010, 1252.
[194] BGH v. 06.10.1982 - IVb ZR 307/81 - LM Nr. 5 zu § 1613 BGB.
[195] BGH v. 23.03.1983 - IVb ZR 371/81 - LM Nr. 19 zu § 1578 BGB; BGH v. 26.05.1982 - IVb ZR 715/80 - LM Nr. 12 zu § 1578 BGB.
[196] Büte, FuR 2005, 481-487; Hauß, FamRB 2005, 81-85.
[197] BGH v. 01.06.1983 - IVb ZR 388/81 - LM Nr. 22 zu § 1578 BGB.
[198] BGH v. 23.03.1983 - IVb ZR 371/81 - LM Nr. 19 zu § 1578 BGB.
[199] OLG Koblenz v. 16.06.2003 - 13 UF 122/03 - NJW-RR 2004, 1012; Brandenburgisches Oberlandesgericht v. 23.08.2007 - 9 UF 115/05 - OLGR Brandenburg 2008, 54-56.
[200] KG Berlin v. 02.10.2012 - 13 UF 174/11 - FamRZ 2013, 1047.
[201] OLG Schleswig v. 31.08.1995 - 13 UF 208/94 - MDR 1995, 1145; OLG Saarbrücken v. 17.12.1997 - 9 UF 16/97 - OLGR Saarbrücken 1998, 222-223.

§ 1578

5. Schul- und Berufsausbildung

73 Soweit durch § 1578 Abs. 2 BGB dem Lebensbedarf die Kosten einer **Schul- oder Berufsausbildung**, einer **Fortbildung** oder **Umschulung** zugerechnet werden, ist diese Regelung als Ergänzung der §§ 1574, 1575 BGB zu verstehen. Diese Normen regeln zwar den Grund eines Anspruchs auf Aus- oder Fortbildung, nicht aber seine Höhe.

6. Altersvorsorgeunterhalt

74 Erfasst werden vom Lebensbedarf letztlich, soweit der Unterhaltsanspruch auf den §§ 1570-1573 BGB oder § 1576 BGB beruht, die Kosten der **Vorsorge für den Fall des Alters oder der verminderten Erwerbsfähigkeit**.[202] Der Anspruch auf Altersvorsorgeunterhalt ist dabei unabhängig davon, ob der Unterhaltsgläubiger krankheitsbedingt zur Ausübung einer Erwerbstätigkeit außerstande ist.[203]

75 Dieser Vorsorgeunterhalt kann nur im Rahmen eines entsprechenden **Bedarfs** geltend gemacht werden, d.h. grundsätzlich bis zum Rentenantrittsalter[204] oder dem Bezug einer Altersrente,[205] und ist unabhängig von einem etwaigen früheren Bezug einer Erwerbsunfähigkeitsrente. Der Anspruch auf Altersvorsorgeunterhalt beginnt mit dem Monat, in dem der Scheidungsantrag rechtshängig wird[206] und endet grundsätzlich mit dem Zeitpunkt des allgemeinen Renteneintrittsalters, selbst wenn der Unterhaltsgläubiger bereits vorher eine Erwerbsunfähigkeitsrente bezieht.[207] Zur **rückwirkenden Geltendmachung** des Altersvorsorgeunterhalts gelten die allgemeinen Grundsätze der Inverzugsetzung, d.h. eine rückwirkende Geltendmachung ist möglich, wenn der Unterhaltsschuldner zur Auskunft über das Einkommen aufgefordert wurde. Es bedarf keines gesonderten Hinweises, dass auch Altersvorsorgeunterhalt verlangt wird.[208] Hat der Unterhaltsgläubiger aber bereits den Elementarunterhalt beziffert, so ist eine rückwirkende Erhöhung um den Altersvorsorgeunterhalt ausgeschlossen.[209]

76 Ein **Bedarf** besteht allerdings **nicht**, wenn

- für den Unterhaltsgläubiger eine Altersversorgung zu erwarten ist, die jene des Unterhaltsschuldners erreicht,[210]
- der Unterhaltsgläubiger eine anderweitige Altersversorgung hat,[211]
- trotz beiderseitiger Erwerbstätigkeit die ehelichen Lebensverhältnisse dadurch geprägt waren, dass für den Unterhaltsgläubiger keine angemessene Altersvorsorge betrieben wurde,[212]
- der Unterhaltsgläubiger Vermögenseinkünfte hat, die ihm voraussichtlich auch im Alter sowie bei Berufsunfähigkeit oder Erwerbsunfähigkeit zufließen werden[213].

77 Geschuldet wird der Vorsorgeunterhalt nur bei **Leistungsfähigkeit des Unterhaltspflichtigen**[214] (vgl. dazu die Kommentierung zu § 1581 BGB Rn. 17 ff.), wobei der Elementarunterhalt vorrangig zu erbringen ist,[215] d.h. Zahlungen sind primär auf den Elementarunterhalt zu verrechnen[216].

78 Die Berechnung des Altersvorsorgeunterhalts erfolgt durch Anknüpfung an den laufenden Unterhalt d.h. an den Elementarunterhalt, unabhängig davon, ob der Unterhaltsgläubiger in vollem Umfang unterhaltsbedürftig ist[217] oder seinerseits lediglich ergänzend Unterhalt geltend gemacht werden kann.

---

[202] *Clausius*, FamRB 2014, 145.
[203] OLG Hamm v. 28.06.2011 - 2 UF 255/10 - FamFR 2011, 565.
[204] OLG Frankfurt v. 30.05.1990 - 4 UF 183/89 - NJW-RR 1991, 202-203.
[205] OLG Hamm v. 05.03.1987 - 3 UF 373/86 - FamRZ 1987, 829-833.
[206] BGH v. 22.11.2006 - XII ZR 24/04 - FamRZ 2007, 193.
[207] BGH v. 20.10.1999 - XII ZR 297/97 - FamRZ 2000, 351.
[208] BGH v. 22.11.2006 - XII ZR 24/04 - FamRZ 2007, 193
[209] BGH v. 07.11.2012 - XII ZB 229/11 - FamRZ 2013, 109.
[210] BGH v. 08.06.1988 - IVb ZR 68/87 - NJW-RR 1988, 1282-1285; BGH v. 20.10.1999 - XII ZR 297/97 - LM BGB § 1361 Nr. 70.
[211] BGH v. 18.12.1991 - XII ZR 2/91 - LM BGB § 1577 Nr. 16 (8/1992).
[212] BGH v. 08.06.1988 - IVb ZR 68/87 - NJW-RR 1988, 1282-1285.
[213] BGH v. 18.12.1991 - XII ZR 2/91 - LM BGB § 1577 Nr. 16 (8/1992); BGH v. 25.11.1998 - XII ZR 98/97 - LM BGB § 1578 Nr. 67 (6/1999).
[214] BGH v. 25.03.1987 - IVb ZR 32/86 - NJW 1987, 2229-2233.
[215] BGH v. 25.02.1981 - IVb ZR 543/80 - LM Nr. 11 zu § 1361 BGB.
[216] BGH v. 30.05.1990 - XII ZR 57/89 - NJW-RR 1990, 1410-1411.
[217] BGH v. 25.02.1981 - IVb ZR 543/80 - LM Nr. 11 zu § 1361 BGB.

Auf **überobligatorischer Erwerbstätigkeit** des Unterhaltsgläubigers beruhende Rentenbeiträge sind diesem nur im Rahmen des § 1577 Abs. 2 BGB anzurechnen.[218] Hat er **Einkünfte aus Vermögen**, so besteht zu Einkünften aus Erwerb keine Gleichrangigkeit, d.h. sie sind selbst als Altersvorsorge geeignet, so dass bei der Ermittlung des Unterhaltsbedarfs Einkünfte aus Vermögen als Anknüpfungspunkt außer Betracht bleiben.[219] 79

Zur **Berechnung des Altersvorsorgeunterhalts** vgl. Rn. 135. 80

Bei überdurchschnittlichen Einkommensverhältnissen, die eine konkrete Bedarfsermittlung erfordern (vgl. Rn. 59 ff.), ist die Höhe des geschuldeten Altersvorsorgeunterhaltes nicht auf jenen Betrag begrenzt, wie er sich aus der Beitragsbemessungsgrenze der gesetzlichen Rentenversicherung ergibt[220], da auch die anzustrebende Altersversorgung letztlich den ehelichen Lebensverhältnissen entsprechen soll. Entbehrlich ist in diesen Fällen aber die für den Quotenunterhalt geltende zweistufige Berechnung (vgl. Rn. 128), d.h. auch der Altersvorsorgeunterhalt ist konkret zu ermitteln. Eine Begrenzung des Altersvorsorgeunterhaltes kommt nur dann in Betracht, wenn andernfalls die Altersversorgung des Unterhaltsgläubigers jene des Unterhaltsschuldners überschreiten würde[221]. 81

Der Unterhaltsgläubiger kann die **Art und Weise seiner Vorsorge** selbst wählen kann. Es besteht seinerseits Wahlfreiheit zwischen Beitragszahlungen zu den gesetzlichen Rentenversicherungsträgern, zu einer privaten Rentenversicherung oder einer sonstigen angemessenen Altersversorgung.[222] Der Unterhaltsgläubiger muss auch keine konkreten Angaben über die Art und Weise der von ihm beabsichtigten Vorsorge machen. Um seinen Anspruch ausreichend substantiiert darzustellen, genügt der Sachvortrag, dass und in welcher konkreten Höhe der Vorsorgeunterhalt begehrt wird.[223] 82

Die **Zahlung** des titulierten Altersvorsorgeunterhalts hat grundsätzlich **an den Unterhaltsgläubiger** zu erfolgen. **Nur ausnahmsweise** kann eine Zahlung **unmittelbar an** den **Versorgungsträger** vom Unterhaltsschuldner geltend gemacht werden, etwa wenn aufgrund besonderer Umstände die Zahlung an den Unterhaltsgläubiger als treuwidrig anzusehen ist.[224] Davon kann ausgegangen werden, wenn an einer zweckentsprechenden Verwendung durch den Unterhaltsgläubiger begründete Zweifel bestehen.[225] Daraus folgt gleichermaßen, dass der Unterhaltsgläubiger, wenn er den Vorsorgeunterhalt erstmals geltend macht, grundsätzlich keine konkreten Angaben über die Art und Weise der von ihm beabsichtigten Vorsorge darzulegen hat. 83

Erst wenn in der **Vergangenheit**, sei es auch nicht vorwerfbar, der Vorsorgeunterhalt **nicht bestimmungsgemäß verwendet** wurde[226], kann der Unterhaltsschuldner im Wege eines **Abänderungsantrags** die Zahlung unmittelbar an einen Versorgungsträger geltend machen.[227] 84

Zur Formulierung eines entsprechenden **Antrags** vgl. Rn. 130. 85

Wird der **Altersvorsorgeunterhalt zweckwidrig verwendet**, so kann dies unter den Voraussetzungen des § 1579 Ziff. 3 BGB Auswirkungen auf den Unterhaltsanspruch haben. Erforderlich ist aber, dass der Unterhaltsberechtigte mutwillig gehandelt hat; davon ist nicht auszugehen bei bestehenden Notlagen oder einem Einkommen des Unterhaltsgläubigers unterhalb des notwendigen Selbstbehaltes.[228] 86

7. Prozesskostenvorschuss

Ein Anspruch auf Prozesskostenvorschuss zwecks Geltendmachung nachehelichen Unterhalts wird nicht vom Lebensbedarf im Sinn des § 1578 Abs. 1 Satz 4 BGB umfasst, wenn er im Wege eines isolierten Antrags geltend gemacht wird,[229] anders hingegen bei einem Antrag im Scheidungsverbund.[230] 87

---

[218] BGH v. 04.11.1987 - IVb ZR 81/86 - LM Nr. 48 zu § 1578 BGB.
[219] BGH v. 20.10.1999 - XII ZR 297/97 - LM BGB § 1361 Nr. 70.
[220] BGH v. 25.10.2006 - XII ZR 141/04 - FamRZ 2007, 117.
[221] BGH v. 25.10.2006 - XII ZR 141/04 - FamRZ 2007,117.
[222] BGH v. 16.06.1982 - IVb ZR 727/80 - LM Nr. 11 zu § 1578 BGB.
[223] OLG Hamm v. 01.02.2010 - 4 UF 151/09 - FamRZ 2010, 1452.
[224] BGH v. 16.06.1982 - IVb ZR 727/80 - LM Nr. 11 zu § 1578 BGB; BGH v. 04.11.1987 - IVb ZR 81/86 - LM Nr. 48 zu § 1578 BGB.
[225] BGH v. 25.03.1987 - IVb ZR 32/86 - NJW 1987, 2229-2233.
[226] Finke, FamFR 2013, 1.
[227] BGH v. 04.11.1987 - IVb ZR 81/86 - LM Nr. 48 zu § 1578 BGB.
[228] BGH v. 25.03.1987 - IVb ZR 32/86 - NJW 1987, 2229-2233.
[229] BGH v. 09.11.1983 - IVb ZR 14/83 - BGHZ 89, 33-40.
[230] OLG Nürnberg v. 21.12.1989 - 10 WF 3858/89 - FamRZ 1990, 421.

IV. Bedarfsberechnung und Berechnungsmethoden

88 Es ist grundsätzlich zwischen abstrakter und konkreter Bedarfsermittlung zu differenzieren, wobei Letztere sich auf die Fälle überdurchschnittlich guter Einkommensverhältnisse erstreckt (vgl. dazu Rn. 130). Zur **Einkommensermittlung** vgl. die Kommentierung zu § 1577 BGB Rn. 16 ff.

89 Beide Methoden der Bedarfsermittlung gehen vom so genannten **Halbteilungsgrundsatz** aus. Dieser soll sicherstellen, dass beide Ehegatten auch nach der Ehescheidung gleichmäßig am ehelichen Lebensstandard teilhaben.[231] Daher bildet die hälftige Teilhabe an den die ehelichen Lebensverhältnisse prägenden Einkünften zugleich die Obergrenze für den vollen Unterhalt.[232]

1. Erwerbstätigenbonus

90 In Abweichung von einer konsequenten Halbteilung ist dem jeweils erwerbstätigen Ehegatten ein so genannter **Erwerbstätigenbonus** zuzugestehen, wobei derzeit in der Literatur die Zuerkennung eines Erwerbstätigenbonus kritisch hinterfragt wird.[233] Durch diesen Bonus soll ein Arbeitsanreiz gegeben und gleichzeitig pauschaliert der unbezifferbare Mehraufwand ausgeglichen werden, der aus einer Erwerbstätigkeit entsteht.[234] Hieraus folgt zugleich, dass der Erwerbstätigenbonus **nur von Erwerbseinkünften** abzusetzen ist, nicht aber von Einkünften, die nicht aus einer Erwerbstätigkeit herrühren (z.B. Kapitalerträge, Mietzinserträge, Renten u.Ä.).[235]

91 Gutzubringen ist der Erwerbstätigenbonus auch
- bei fiktiven Erwerbseinkünften und[236]
- nicht prägenden Erwerbseinkünften,
- nicht jedoch bei Lohnersatzleistungen[237], wobei es bei sonstigen Einkünften besonderer Gründe bedarf, um einen Bonus abzusetzen[238], sowie bei Abfindungen[239].

92 Die Höhe des jeweiligen Bonus ist nicht bundeseinheitlich und orientiert sich an den jeweiligen obergerichtlichen Leitlinien (OLG Karlsruhe bzw. Unterhaltsrechtliche Leitlinien der Familiensenate in Süddeutschland = 1/10; OLG Frankfurt/Main = 1/5; sonst 1/7). Im Folgenden wird, der ganz überwiegenden Praxis der Oberlandesgerichte folgend, ein Abzug von 1/7 zugrunde gelegt werden.

93 Es ist Aufgabe des Tatrichters, zu ermessen, ob und gegebenenfalls in welchem Umfang neben der Berücksichtigung gegebenenfalls pauschalierter oder konkret nachzuweisender berufsbedingter Aufwendungen ein Erwerbstätigenbonus zugestanden wird,[240] insbesondere in Mangelfällen[241].

94 Vor Abzug des Bonus ist das Nettoerwerbseinkommen des jeweiligen Ehegatten um den prägenden Kindesunterhalt und etwaige **prägende** Verbindlichkeiten zu bereinigen.[242]

2. Prägende Unterhaltspflichten

95 Im Rahmen der Bedarfsberechnung sind grundsätzlich etwaige **prägende Unterhaltspflichten für Kinder** vom Einkommen des jeweiligen Unterhaltspflichtigen[243] vorweg in Abzug zu bringen;[244] auch im Fall der Volljährigkeit des Kindes, soweit es sich nicht um einen Mangelfall handelt,[245] d.h. der Vor-

---

[231] BGH v. 16.12.1987 - IVb ZR 102/86 - LM Nr. 28 zu § 1569 BGB; BGH v. 11.01.1995 - XII ZR 122/93 - LM BGB § 1578 Nr. 62 (6/1995).
[232] BGH v. 24.11.1982 - IVb ZR 310/81 - LM Nr. 35 zu § 1361 BGB.
[233] *Gerhard*, FamRZ 2013, 834.
[234] BGH v. 26.09.1990 - XII ZR 45/89 - NJW-RR 1991, 132-134.
[235] *Krause*, FamRZ 2005, 8-10.
[236] BGH v. 19.02.1986 - IVb ZR 16/85 - NJW-RR 1986, 683-685.
[237] BGH v. 19.11.2008 - XII ZR 129/06 - FamRZ 2009, 307-310.
[238] BGH v. 12.07.1989 - IVb ZR 66/88 - LM Nr. 56 zu § 1361 BGB.
[239] BGH v. 28.03.2007 - XII ZR 163/04 - FamRZ 2007, 985-987.
[240] BGH v. 31.01.1990 - XII ZR 21/89 - NJW-RR 1990, 578-580.
[241] BGH v. 16.04.1997 - XII ZR 233/95 - LM BGB § 1578 Nr. 65 (8/1997).
[242] BGH v. 16.04.1997 - XII ZR 233/95 - LM BGB § 1578 Nr. 65 (8/1997); BGH v. 25.11.1998 - XII ZR 98/97 - LM BGB § 1578 Nr. 67 (6/1999).
[243] BGH v. 10.07.1991 - XII ZR 166/90 - LM BGB § 1361 Nr. 60 (6/1992).
[244] BGH v. 14.11.1984 - IVb ZR 38/83 - LM Nr. 13 zu § 1573 BGB.
[245] BGH v. 24.01.1990 - XII ZR 2/89 - LM Nr. 56 zu § 1578 BGB.

wegabzug eines gemeinsamen volljährigen Kindes ist uneingeschränkt nur gerechtfertigt, wenn dem Ehegatten der angemessene Selbstbehalt verbleibt[246].

Nachdem der BGH mit Blick auf die Entscheidung des BVerfG vom 25.01.2011[247] seine Rechtsprechung zu den „wandelbaren ehelichen Lebensverhältnissen" aufgegeben hat, gelten wieder die früheren Maßstäbe zur Berücksichtigung prägender Unterhaltspflichten.[248] Orientiert an den verfassungsgerichtlichen Erwägungen hat der BGH daher auch in seiner Entscheidung vom 07.12.2012[249] hervorgehoben, dass Unterhaltspflichten nur soweit prägend sind, als sie bereits bis zum Zeitpunkt der Rechtskraft der Ehescheidung entstanden waren. Davon eindeutig nicht erfasst sind Unterhaltspflichten für einen neuen Ehegatten, für einen betreuenden neuen Partner und den damit aus § 1615l BGB folgenden Unterhaltspflichten sowie für nachehelich geborene Kinder. Diese Erwägungen gelten ebenso für nach der Ehescheidung **adoptierte Kinder**. Vertraglich vereinbarte Unterhaltsverpflichtungen für ein Stiefkind sind ohne Bedeutung bei der Ermittlung des Ehegattenunterhaltes sowie des Unterhaltes der aus der geschiedenen Ehe hervorgegangenen Kinder.[250]

96

Durch die zum 01.01.2008 in Kraft getretene Neufassung des § 1612b BGB ist nunmehr das auf das Kind entfallende **Kindergeld** zur Deckung dessen Barbedarfs zu verwenden.[251] Entsprechend ist daher in der Bedarfsermittlung der prägende Kindesunterhalt mit dem jeweiligen **Zahlbetrag** einzustellen und nicht mehr mit dem Tabellenunterhalt.[252] Entscheidend ist der materiell-rechtlich geschuldete Kindesunterhalt, unabhängig von einer bestehenden Titulierung,[253] es sei denn, es wurden prägend während der Ehezeit bereits fortlaufend höhere Unterhaltszahlungen erbracht.[254] Bei geringeren Zahlungen ist demgegenüber auf den titulierten Betrag abzuheben.[255]

97

Bei der **Mithaftung** für den Unterhaltsanspruch eines volljährigen Kindes kann gegebenenfalls der Unterhalt allein vom Einkommen des Unterhaltsschuldners in Abzug gebracht werden, wenn zwischen den Kindeseltern bislang eine entsprechende Übung dahingehend praktiziert wurde, dass ein Elternteil den Kindesunterhalt sicherstellt, während der andere erkennbar nicht auf Volljährigenunterhalt in Anspruch genommen wird.[256]

98

3. Berechnungsmethoden

Zur Ermittlung des Unterhaltsbedarfs des Unterhaltsgläubigers gibt es **verschiedene Berechnungsmethoden**. Diese stehen immer unter dem Vorbehalt einer abschließenden Angemessenheitsprüfung des jeweils errechneten Unterhaltsbetrages.[257]

99

In der Praxis werden die Additions-, die Differenz- und die Anrechnungsmethode verwendet. Dabei stellen die beiden letzteren lediglich rechnerisch verkürzte Versionen der Additionsmethode dar.

100

Die **Additionsmethode** bietet den – nicht überschätzbaren – Vorteil, dass sie sauber zwischen prägenden und nicht prägenden Einkünften sowie Erwerbs- und Nichterwerbseinkünften trennt. Da sie in jedem Fall angewendet werden kann, dem Praktiker größtmögliche Sicherheit bietet und vom BGH anerkannt ist,[258] ist ihr der Vorzug einzuräumen.

101

Der wesentliche Vorteil der Additionsmethode ist darin zu sehen, dass sie gegenüber der Differenzmethode eine **bessere Verständlichkeit** gewährleistet, d.h. während diese die Bedarfsprüfung auslässt, erfordert die Additionsmethode eine **zweistufige Berechnung**. Auf der **ersten Stufe** wird der **Unter-**

102

---

[246] BGH v. 05.03.1986 - IVb ZR 4/85 - NJW 1986, 1689-1690; OLG Koblenz v. 23.12.2008 - 11 UF 519/08 - NJW-RR 2009, 1153-1155.
[247] BVerfG v. 25.01.2011 - 1 BvR 918/10 - FamRZ 2011, 437
[248] BGH v. 15.03.2006 - XII ZR 30/04 - FamRZ 2006, 683-686; BGH v. 06.02.2008 - XII ZR 14/06 - FamRZ 2008, 968.
[249] BGH v. 07.12.2011 - XII ZR 151/09 - FamRZ 2012, 281.
[250] BGH v. 11.05.2005 - XII ZR 211/02 - FamRZ 2005, 1817-1823.
[251] Dose, FamRZ 2007, 1289-1298.
[252] BGH v. 05.03.2008 - XII ZR 22/06 - FamRZ 2008, 963-967.
[253] BGH v. 12.07.1990 - XII ZR 85/89 - LM Nr. 58 zu § 1578 BGB.
[254] BGH v. 31.01.1990 - XII ZR 21/89 - NJW-RR 1990, 578-580.
[255] BGH v. 20.10.1999 - XII ZR 297/97 - LM BGB § 1361 Nr. 70.
[256] BGH v. 27.05.2009 - XII ZR 78/08 - FamRZ 2009, 1300; BGH v. 30.07.2008 - XII ZR 126/06 - FamRZ 2008, 2104.
[257] BGH v. 22.04.1998 - XII ZR 161/96 - LM BGB § 1361 Nr. 68 (1/1999).
[258] BGH v. 16.04.1997 - XII ZR 233/95 - LM BGB § 1578 Nr. 65 (8/1997); BGH v. 13.06.2001 - XII ZR 343/99 - BGHZ 148, 105-122.

§ 1578

103 haltsbedarf ermittelt, orientiert an den die ehelichen Lebensverhältnisse prägenden Gesamteinkünften der Ehegatten unter etwaiger Anerkennung eines Erwerbstätigenbonus sowie unter Wahrung des Halbteilungsgrundsatzes, d.h. der Erwägung, dass jeder Ehegatte an den prägenden Gesamteinkünften in hälftiger Höhe partizipiert. Auf der **zweiten Stufe** werden auf den zuvor ermittelten eheangemessenen Bedarf des Unterhaltsgläubigers etwaige **Eigeneinkünfte** bedarfsdeckend **angerechnet**, unabhängig davon, ob diese Einkünfte prägend oder nicht prägend sind, um die konkrete Höhe des Unterhaltsanspruchs zu ermitteln.

103 Der so ermittelte etwaig verbleibende ungedeckte Bedarf ist letztlich darauf zu prüfen, ob der Unterhaltsschuldner zu seiner Erfüllung leistungsfähig ist (vgl. hierzu die Kommentierung zu § 1581 BGB Rn. 17 ff.).

104 Die Berechnung nach der Additionsmethode lässt sich mit Zahlenwerten beispielhaft wie folgt darstellen:

Einkommen des Unterhaltsschuldners

prägend aus Erwerbstätigkeit	2.100 €
prägend aus Zinsertrag	200 €

Einkommen des Unterhaltsgläubigers

prägend aus Erwerbstätigkeit	700 €
nicht prägend aus Kapitalertrag	200 €

Erste Stufe: Bedarfsermittlung aus den prägenden Einkünften

	Einkommen des **Unterhaltsschuldners** aus Erwerb 6/7 (2.100 €)	1.800 €
+	aus Zinsertrag	200 €
+	Einkommen des **Unterhaltsgläubigers** aus Erwerb 6/7 (700 €)	600 €
=	eheprägendes Gesamteinkommen	2.600 €
	eheangemessener Bedarf des Unterhaltsgläubigers hieraus (1/2)	1.300 €

Zweite Stufe: Feststellung der Höhe des Unterhaltsanspruches

	eheangemessener Bedarf des Unterhaltsgläubigers	1.300 €
–	prägende Eigeneinkünfte aus Erwerb 6/7 (700 €)	600 €
–	nicht prägende Eigeneinkünfte sonstiger Art	200 €
=	verbleibender ungedeckter Bedarf als Unterhaltsanspruch	500 €

105 Soweit der Unterhaltsschuldner diesen ungedeckten Bedarf decken kann – d.h. er leistungsfähig ist – besteht ein Unterhaltsanspruch des Unterhaltsgläubigers.

106 Die **Differenzmethode** stellt demgegenüber eine rechnerische Verkürzung der Additionsmethode dar. Sie überspringt die Stufe der Bedarfsermittlung, geht aber wie die Additionsmethode im Ansatz von einem Unterhaltsbedarf aus, der durch die ehelichen Lebensverhältnisse einer Doppelverdienerehe bestimmt wird.[259] Sie erfasst nur **prägende Einkünfte** und versagt daher beim Zusammentreffen nicht prägender und prägender Einkünfte.[260] In diesen Fällen ist die Additionsmethode anzuwenden oder aber eine Mischberechnung nach der Differenz- und Anrechnungsmethode geboten. Im Rahmen der Anwendung der Differenzmethode bei der Doppelverdienerehe stellt sich die Unterhaltsberechnung beispielsweise wie folgt dar:

Einkommen des Unterhaltsschuldners aus Erwerb (Achtung: Die Bereinigung des Einkommens um den Erwerbstätigkeitsbonus erfolgt erst im Rahmen der Quotenbildung, daher dort 3/7)	2.100 €
– **Einkommen des Unterhaltsgläubigers** aus Erwerb	700 €
= Differenz der beiderseitigen Einkünfte	**1.400 €**
Unterhaltsanspruch des Unterhaltsgläubigers (3/7 aus 1.400 €)	**600 €**

107 Auf der Grundlage der **Surrogatsrechtsprechung**[261] misst der BGH verschiedenen Einkunftsarten eheprägenden Charakter bei. Dadurch wird der Anwendungsbereich der Differenzmethode bzw. die

---

[259] BGH v. 08.04.1981 - IVb ZR 566/80 - LM Nr. 8 zu § 1603 BGB.
[260] BGH v. 10.07.1991 - XII ZR 166/90 - LM BGB § 1361 Nr. 60 (6/1992).
[261] BGH v. 13.06.2001 - XII ZR 343/99 - BGHZ 148, 105-122.

Einbeziehung von Einkünften als eheprägend in die Additionsmethode erweitert. Als eheprägend werden insbesondere auch Erwerbseinkünfte behandelt, die erstmals nach der Trennung/Scheidung erzielt werden und als Surrogat an die Stelle früherer Haushaltsführung oder Kinderbetreuung getreten sind. Gleiches gilt für fiktiv eingestellte erzielbare Einkünfte im Falle der Verletzung der Erwerbsobliegenheit. Eine Erhöhung des Unterhaltsbedarfes wegen Haushaltstätigkeit oder Kindererziehung, wenn sie als Surrogat im Zuge der Erbringung von Versorgungsleistungen für einen neuen Partner erfasst werden, kommt aber nicht in Betracht, wenn dem Unterhaltsgläubiger nach der Ehezeit keine eigenen Einkünfte zugerechnet werden können (etwa wegen Kindererziehung, Krankheit oder Alter).[262]

Erzielt der Unterhaltsgläubiger Einkünfte aus **überobligatorischer Tätigkeit**, insbesondere bei der Betreuung minderjähriger Kinder, so ist danach zu differenzieren, ob es sich um **unterhaltsrelevante** oder **nicht unterhaltsrelevante Einkünfte** handelt. Nur die unterhaltsrelevanten überobligatorischen Einkünfte werden im Rahmen der Additions- bzw. Differenzmethode erfasst. Sind die überobligatorisch erzielten Einkünfte demgegenüber nicht unterhaltsrelevant, so bleiben sie bei der Unterhaltsermittlung vollständig unberücksichtigt (vgl. im Einzelnen die Kommentierung zu § 1577 BGB Rn. 24 ff.). Prägend sind danach nur die unterhaltsrelevanten überobligatorisch erzielten Einkünfte, d.h. nur diese sind als Einkommen des Unterhaltsgläubigers in die Bedarfsermittlung einzustellen und bedarfsdeckend zu berücksichtigen.[263] **108**

Einkünfte aus Vermögen, insbesondere während der Ehe gezogene **Nutzungsvorteile,** etwa jenem des mietfreien Wohnens, sind als prägend einzustellen.[264] Für den Fall der Veräußerung der Immobilie entfällt zwar der bisher prägende Wohnvorteil, doch wird dieser grundsätzlich ersetzt durch die aus dem Verkaufserlös resultierenden Zinserträge als Surrogat.[265] Dieses Surrogat ist bei der Bedarfsermittlung als prägend zu behandeln,[266] selbst wenn die Zinseinkünfte letztlich höher sind als der Wohnwert, der die ehelichen Lebensverhältnisse geprägt hat[267]. Bei früherem Miteigentum der Ehegatten an der Immobilie ist jedem der anteilige Zinsgewinn als Surrogat im Rahmen der Bedarfsermittlung zuzurechnen und auf Seiten des Unterhaltsgläubigers bedarfsdeckend zu erfassen. Stand die Immobilie im Alleineigentum eines Ehegatten, so ist lediglich ihm das Surrogat bei der Bedarfsermittlung zuzurechnen und, soweit er Unterhaltsgläubiger ist, nachfolgend bedarfsdeckend zuzurechnen. Wird der Verkaufserlös zum Erwerb einer neuen Immobilie verwendet, so ist der daraus fließende Nutzungsvorteil als Surrogat des früheren Wohnvorteils als prägend zu berücksichtigen,[268] ebenso wie etwaige Vermögenseinkünfte, die auf der Durchführung des Zugewinnausgleichs beruhen[269]. **109**

Eine **Erwerbsunfähigkeitsrente**, der auch im Versorgungsausgleich erworbene Rentenanwartschaften zugrunde liegen, ist als Surrogat der früheren Haushaltsführung bedarfserhöhend zu berücksichtigen und damit als prägend zu erfassen.[270] Die mit Mitteln des **Vorsorgeunterhalts** erworbene Rente ist hingegen nicht eheprägend, sondern eine Folge der Scheidung und daher nach der Anrechnungsmethode abzuziehen.[271] **110**

Zu beachten ist, dass der BGH in den vorab dargestellten Beispielfällen meist von einer Erfassung der Einkünfte im Rahmen der „Differenzmethode" spricht. Diese Terminologie begegnet allerdings Bedenken. Denn sie differenziert nicht ausreichend zwischen der Additions- und der Differenzmethode, da diese regelmäßig die Zubilligung eines Erwerbstätigenbonus beinhaltet („3/7 der Differenz"). Ein Erwerbstätigenbonus kann aber nur von Erwerbseinkünften abgesetzt werden. Es ist daher vorzugswürdig, von prägenden und nicht prägenden Einkünften zu sprechen und die Differenzmethode (auch terminologisch) nur heranzuziehen, wenn für die Bedarfsermittlung ausschließlich Erwerbseinkünfte maßgeblich sind. **111**

---

[262] BGH v. 05.05.2004 - XII ZR 10/03 - FamRZ 2004, 1170-1172.
[263] BGH v. 13.04.2005 - XII ZR 273/02 - FamRZ 2005, 1154-1158.
[264] BGH v. 22.04.1998 - XII ZR 161/96 - LM BGB § 1361 Nr. 68 (1/1999); BGH v. 05.04.2000 - XII ZR 96/98 - LM BGB § 1570 Nr. 20 (2/2001).
[265] *Soyka*, FuR 2003, 1-6.
[266] BGH v. 13.06.2001 - XII ZR 343/99 - BGHZ 148, 105-122.
[267] BGH v. 31.10.2001 - XII ZR 292/99 - LM BGB § 1374 Nr. 22 (3/2002).
[268] BGH v. 13.06.2001 - XII ZR 343/99 - BGHZ 148, 105-122; BGH v. 31.10.2001 - XII ZR 292/99 - LM BGB § 1374 Nr. 22 (3/2002).
[269] BGH v. 31.10.2001 - XII ZR 292/99 - LM BGB § 1374 Nr. 22 (3/2002).
[270] BGH v. 05.06.2002 - XII ZR 302/01 - FF 2002, 139; BGH v. 05.02.2003 - XII ZR 29/00 - BGHZ 153, 372-393.
[271] BGH v. 05.02.2003 - XII ZR 29/00 - BGHZ 153, 372-393.

a. Anrechnungsmethode

112 Diese Berechnungsmethode findet Anwendung, wenn lediglich das Einkommen des Unterhaltsschuldners eheprägend war und erstmals nach der Trennung oder Scheidung erzieltes Einkommen des Unterhaltsgläubigers kein Surrogat für die Haushaltsführung oder Nutzungsvorteile darstellt. In diesem Fall wird das Erwerbseinkommen des Unterhaltsgläubigers, um den Erwerbstätigenbonus bereinigt, von seiner zuvor aus dem bereinigten Einkommen des Unterhaltsschuldners ermittelten Unterhaltsquote in Abzug gebracht.

b. Gemischte Differenz- und Anrechnungsmethode

113 Sie findet Anwendung, wenn der Unterhaltsgläubiger sowohl über prägende als auch nicht prägende Einkünfte verfügt. Sie entspricht der Additionsmethode.

C. Prozessuale Hinweise/Verfahrenshinweise

I. Beweislast

114 Der **Unterhaltsgläubiger** trägt die Beweislast
- für das Bestehen des Unterhaltsanspruchs,[272]
- für die Gestaltung der ehelichen Lebensverhältnisse[273] als Bedarfsbemessungsgrundlage[274] durch Darlegung und Nachweis der beiderseitigen Einkommens- und Vermögensverhältnisse, auch in einem vom Unterhaltsschuldner eingeleiteten Abänderungsverfahren,[275]
- für die Behauptung, dass das Einkommen des Unterhaltsschuldners gegenüber dem Zeitpunkt der Ehescheidung geringer ist,[276]
- dafür, in welcher Weise künftig erwartete Veränderungen bereits die wirtschaftlichen Verhältnisse während der Ehe mitgeprägt haben,
- für den prägenden Charakter nachehelich eingetretener Veränderungen,[277]
- für den Zeitpunkt der Aufnahme einer Erwerbstätigkeit ohne die Trennung,[278]
- für die Behauptung, dass das überdurchschnittliche Einkommen des Unterhaltsschuldners insgesamt für den Lebensbedarf verbraucht wurde,[279]
- für die Behauptung, dass ab Rechtskraft der Scheidung durchgängig ein Unterhaltsanspruch gegeben war (im Fall der Geltendmachung eines Aufstockungsunterhaltes,[280]
- dafür, dass er trotz ernsthafter und nachhaltiger Erwerbsbemühungen keine angemessene Erwerbstätigkeit finden konnte.[281]

115 Dem **Unterhaltsschuldner** fällt die Beweislast anheim
- für die Höhe des vom monatlichen Einkommen für die Vermögensbildung abgezweigten Betrages,[282]
- dafür, dass Einkünfte, die die ehelichen Lebensverhältnisse geprägt haben, eine vom Normalverlauf abweichende unerwartete Entwicklung genommen haben,[283]
- zur Unterhaltsbedürftigkeit des nunmehrigen Ehepartners im Rahmen der Dreiteilung, da diese weitere Bedürftigkeit eine das Einkommen mindernde Verbindlichkeit darstellt[284], einhergehend dann auch mit der Offenlegung eventuell vorhandener Einkünfte.

---

[272] *Brudermüller*, FamRZ 1998, 649-660.
[273] BGH v. 23.11.1983 - IVb ZR 21/82 - BGHZ 89, 108-114.
[274] BGH v. 23.11.1983 - IVb ZR 21/82 - BGHZ 89, 108-114.
[275] BGH v. 05.12.2012 - XII ZB 670/10 - FamRZ 2010, 274.
[276] BGH v. 15.10.1986 - IVb ZR 78/85 - BGHZ 98, 353-361.
[277] BGH v. 20.07.1990 - XII ZR 73/89 - LM Nr. 59 zu § 1578 BGB; BGH v. 16.03.1988 - IVb ZR 40/87 - LM Nr. 23 zu § 1573 BGB.
[278] BGH v. 23.12.1987 - IVb ZR 108/86 - LM Nr. 53 zu § 1361 BGB.
[279] OLG Köln v. 15.10.2003 - 26 W 7/03 - JMBL NW 2004, 115-116; OLG Zweibrücken v. 19.10.2011 - 2 UF 77/11 - FamRZ 2012, 643
[280] OLG Hamm v. 04.07.2003 - 10 WF 131/03 - FPR 2004, 220.
[281] OLG Zweibrücken v. 19.10.2011 - 2 UF 77/11 - FamRZ 2012, 643.
[282] BGH v. 23.11.1983 - IVb ZR 21/82 - BGHZ 89, 108-114.
[283] BGH v. 26.01.1983 - IVb ZR 351/81 - LM Nr. 27 zu § 284 BGB.
[284] BGH v. 14.04.2010 - XII ZR 89/08 - FamRZ 2010, 869.

II. Prozessuale Hinweise

1. Abänderung bestehender Titel

Wurde zugunsten des Unterhaltsgläubigers ein Unterhaltstitel errichtet, dem eine Unterhaltsberechnung nach der **Anrechnungsmethode** zugrunde liegt, und ergibt sich mit Blick auf die Grundsatzentscheidung des BGH zur Surrogatsrechtsprechung[285], d.h. der nunmehr anzuwendenden **Differenzmethode**, ein **höherer Unterhaltsanspruch**, so kann dieser im Wege der **Abänderung** gemäß §§ 238, 239 FamFG geltend gemacht werden. Unerheblich ist dabei, ob der Unterhaltstitel auf einem Vergleich oder einem Urteil beruht,[286] da die Rechtsprechungsänderung zu § 1578 Abs. 1 BGB durch den BGH einer Gesetzesänderung gleichsteht[287]. Zu berücksichtigen ist für den Unterhaltsschuldner, der zwar noch nicht zum Zeitpunkt der Ehescheidung, jetzt aber verrentet ist, dass er mit Blick auf die bestehende Unterhaltsverpflichtung gemäß § 33 VersAusglG die Aussetzung der Kürzung seiner laufenden Versorgung in Höhe des Unterhaltsanspruches beim Familiengericht beantragen kann. Wird demgegenüber die Abänderung eines bestehenden Unterhaltstitels geltend gemacht durch den Unterhaltsschuldner wegen zwischenzeitlich **eingetretenen Rentenbezuges** des Unterhaltsgläubigers, so ist Abänderungsklage gem. § 238 FamFG zu erheben und nicht Vollstreckungsgegenklage gem. § 767 ZPO.[288]

116

Die rückwirkende **Abänderung eines Prozessvergleichs**, der noch auf der Anwendung der Anrechnungsmethode zur Bemessung des nachehelichen Unterhalts beruht, kommt allerdings nicht in Betracht.[289] Wird die Abänderung eines Unterhaltsvergleiches geltend gemacht, der auf den Grundsätzen der Rechtsprechung zu den sog. „wandelbaren ehelichen Lebensverhältnissen"[290] beruhte, so beurteilt sich die Abänderung nach den Grundsätzen des Wegfalls der Geschäftsgrundlage. Eine Anpassung kommt erst ab dem Zeitpunkt in Betracht, zu dem die Entscheidung verkündet wurde, mit der diese Rechtsprechung aufgegeben wurde.[291]

117

Besteht zugunsten des Unterhaltsgläubigers ein Titel auf **Altersvorsorgeunterhalt,** gerichtet auf Zahlung unmittelbar an ihn selbst und begehrt der Unterhaltsschuldner Zahlung unmittelbar an einen Versorgungsträger wegen nicht bestimmungsgemäßer Verwendung des Vorsorgeunterhaltes, so ist dieses Begehren durch Abänderungsantrag geltend zu machen.

118

Wird die Abänderung eines Unterhaltstitels begehrt, der auf einer **konkreten Bedarfsberechnung** beruht, so ist der ursprünglich ermittelte Unterhaltsbedarf auch für die Abänderung bindend.[292] Wurden im Vorprozess dem Unterhaltsgläubiger keine zusätzlichen Erwerbseinkünfte zugerechnet, d.h. die Erfüllung seiner Erwerbsobliegenheit bestätigt, gilt diese Feststellung auch im Abänderungsverfahren.[293]

119

2. Titulierung von Vorsorgeunterhalt

Vorsorge- und Elementarunterhalt können grundsätzlich in getrennten Verfahren geltend gemacht werden.[294] Sind beide Verfahren jedoch rechtshängig und umfassen sie einen zumindest gleichen Zeitrahmen, so sind sie miteinander zu binden,[295] es sei denn, der Elementarunterhalt wird konkret beziffert, da in diesem Fall Elementar- und Altersvorsorgeunterhalt nicht in einem sich wechselseitig beeinflussenden Verhältnis stehen (vgl. auch Rn. 81). Werden beide Unterhaltsansprüche in einem einheitlichen Verfahren verfolgt, so ist der Altersvorsorgeunterhalt gesondert zu beziffern und zu beantragen. Auch wenn das Gericht nicht an die Berechnung und vorgenommene Aufteilung gebunden ist,[296] bedarf es im Tenor gleichwohl einer gesonderten Ausweisung des Vorsorgeunterhalts. Der Unterhaltsgläubiger ist berechtigt, ab Rechtshängigkeit des Scheidungsantrags einen Altersvorsorgeunterhalt geltend zu

120

---

[285] BGH v. 13.06.2001 - XII ZR 343/99 - BGHZ 148, 105.
[286] *Roßmann-Gläser*, JuS 2003, 1121-1122.
[287] *Rauscher*, FuR 2001, 438-443.
[288] BGH v. 08.06.2005 - XII ZR 294/02 - NJW 2005, 2313.
[289] BGH v. 22.01.2003 - XII ZR 186/01 - NJW 2003, 1181-1182.
[290] BGH v. 15.03.2006 - XII ZR 30/04 - FamRZ 2006, 686.
[291] BGH v. 20.03.2013 - XII ZR 72/11 - NJW 2013, 1530.
[292] OLG Brandenburg v. 05.12.2005 - 9 UF 157/05 - FamRZ 2007, 472-473.
[293] BGH v. 27.01.2010 - XII ZR 100/08 - FamRZ 2010, 538-541.
[294] BGH v. 06.10.1982 - IVbZR 311/81 - FamRZ 1982, 1187.
[295] BGH v. 25.10.2006 - XII ZR 141/04 - FamRZ 2007, 117.
[296] BGH v. 19.06.1985 - IVb ZR 38/84 - NJW 1985, 2713.

§ 1578

machen. Ein insoweit eingeleiteter Rechtsstreit ist allerdings keine Folgesache,[297] d.h. im **Scheidungsverbund** kann auch nur der ab Rechtskraft der Ehescheidung beanspruchte Altersvorsorgeunterhalt geltend gemacht werden, nicht jedoch der auf die Trennungszeit entfallende Anspruch.[298]

121 Schlüsselt der Unterhaltsgläubiger seine Ansprüche auf Elementar- und Altersvorsorgeunterhalt nicht auf, so ist eine **nachträgliche Geltendmachung** des Altersvorsorgeunterhalts grundsätzlich ausgeschlossen, sofern nicht erkennbar eine Nachforderung vorbehalten wurde.[299] Eine nachträgliche Geltendmachung des Altersvorsorgeunterhalts kann dann nur noch im Abänderungsverfahren erfolgen, das jedoch nicht auf die erstmalige Geltendmachung des Vorsorgeunterhalts gestützt werden kann.[300] Die **zweckwidrige Verwendung** eines Altersvorsorgeunterhalts kann einen **Abänderungsgrund** darstellen.[301] Wird daher die Zahlung des Vorsorgeunterhalts unmittelbar an den Versorgungsträger geltend gemacht, so ist das Antragsbegehren nur dann schlüssig, wenn sowohl ein geeigneter Versorgungsträger benannt als auch im Einzelnen dargelegt wird, dass dadurch ein dem § 1578 Abs. 3 BGB entsprechender Versicherungsschutz begründet wird.[302]

3. Sonstiges

122 Im Rahmen der **konkreten Bedarfsermittlung** wird zugunsten des Unterhaltsgläubigers teilweise eine exemplarische Schilderung der in den einzelnen Lebensbereichen anfallenden Kosten als ausreichend angesehen, die aber so genau sein sollte, dass sie eine **Bedarfsschätzung gem.** § 287 ZPO ermöglicht.[303]

123 Der **Auskunfts- und Beleganspruch** des Unterhaltsgläubigers gemäß §§ 1361 Abs. 4, 1605, 1580 BGB entfällt bei einer konkreten Bedarfsermittlung, wenn der Unterhaltsschuldner erklärt, dass er bezüglich des konkret geltend gemachten Unterhaltsbedarfs uneingeschränkt leistungsfähig ist. In diesem Fall haben die Einkommens- und Vermögensverhältnisse auf die Bedarfsbestimmung keinen Einfluss.[304]

124 **Besonderheiten beim Leistungsbezug nach „Hartz IV":** Erhält der Unterhaltsgläubiger Arbeitslosengeld II, so besteht für den Leistungsträger gem. § 33 SGB II die Möglichkeit, die Unterhaltsansprüche gegen den Unterhaltsschuldner auf sich überzuleiten, d.h. abweichend von der Legalzession des Sozialhilferechts (§ 91 BSHG bis 31.12.2004 bzw. § 94 SGB XII ab 01.01.2005) vollzieht sich die Überleitung aufgrund Verwaltungsakt (einer Überleitungsanzeige). Diese Überleitungsanzeige ist selbständig durch Widerspruch und Anfechtungsklage (zu erheben vor dem Sozialgericht) anfechtbar. Versäumt der Unterhaltsschuldner den Angriff etwaiger Fehler dieses VA, so ist im Unterhaltsprozess von seiner Wirksamkeit auszugehen, d.h. es gilt die Tatbestandswirkung des VA. Bei der **Überleitung** handelt es sich um eine **Ermessensentscheidung**, so dass eine einzelfallbezogene Begründung jeweils erforderlich ist. Die Nichtausübung des Ermessens führt zur Rechtswidrigkeit des VA. Ebenso ist von der Rechtswidrigkeit des VA auszugehen, wenn die Behörde die Durchführung der sozialrechtlichen Vergleichsberechnung gem. § 33 Abs.2 Satz 2 SGB II versäumt hat. Gem. § 39 Nr. 2 SGB II haben **Widerspruch** und **Anfechtungsklage keinen Suspensiveffekt**. Die Aussetzung der Vollziehung ist vielmehr gesondert zu beantragen nach § 86a SGG bei der Behörde oder gem. § 86b SGG beim Sozialgericht. Da § 33 SGB II keine Rechtswahrungsanzeige vorsieht, kann der Träger der Leistung den Übergang des Unterhaltsanspruchs für die Vergangenheit nur unter den Voraussetzungen des § 1613 BGB bewirken, d.h. der Leistungsträger muss entweder den Unterhaltsgläubiger zu einer Aufforderung gegenüber dem Unterhaltsschuldner bewegen oder die Aufforderung selbst aussprechen, nachdem der Anspruch übergegangen ist.[305]

125 Folgt aus der Durchführung des **Versorgungsausgleiches**, dass der **ausgleichspflichtige Ehegatte unterhaltsbedürftig** wird, so muss bereits im Versorgungsausgleichsverfahren eine etwaige grobe Unbilligkeit geltend gemacht werden, so dass ggf. der Versorgungsausgleich nicht ungekürzt oder zeitlich

---

[297] BGH v. 19.05.1982 - IVb ZR 708/80 - LM Nr. 28 zu § 1361 BGB.
[298] BGH v. 25.02.1981 - IVb ZR 543/80 - FamRZ 1981, 442.
[299] KG Berlin v. 19.07.2013 - 13 UF 56/13 - FamRZ 2014, 219.
[300] BGH v. 03.04.1985 - IVbZR 19/84 - FamRZ 1985, 690.
[301] BGH v. 25.03.1987 - IVb ZR 32/86 - FamRZ 1987, 684.
[302] BGH v. 25.03.1987 - IVb ZR 32/86 - FamRZ 1987, 684
[303] OLG Hamm v. 15.06.2004 - 2 UF 60/03 - FamRZ 2005, 719-720.
[304] OLG Köln v. 12.01.2010 - 4 UF 93/09 - FamRZ 2010, 1445.
[305] *Müller*, FPR 2005, 428-433; *Rudnik*, FamRZ 2005, 1941-1948; *Hußmann*, FF 2005, 226-234.

unbegrenzt durchgeführt wird. Verabsäumt der ausgleichspflichtige Ehegatte diese Möglichkeit, so ist er mit einem nachfolgend geltend gemachten Unterhaltsbegehren gegenüber dem ausgleichsberechtigten Ehegatten ausgeschlossen.[306]

D. Anwendungsfelder

I. Steuer- und sozialversicherungsrechtliche Hinweise

An den Unterhaltsgläubiger erbrachte Unterhaltszahlungen sind, soweit das **begrenzte Realsplitting** (vgl. hierzu auch die Kommentierung zu § 1353 BGB, die Kommentierung zu § 1361 BGB und die Steuerrechtl. Hinw. zu §§ 1569 ff. BGB) gemäß § 10 Abs. 1 Nr. 1 EStG durchgeführt wurde, diesem nicht nur steuerrechtlich, sondern auch sozialversicherungsrechtlich als Einkommen zuzurechnen.[307] Soweit der Unterhaltsgläubiger daher bei Überschreiten der Einkommensfreigrenze zu Steuerzahlungen herangezogen wird, kann er gegenüber dem Unterhaltsschuldner nicht nur die Freistellung von den aus der Unterhaltszahlung herrührenden steuerlichen Belastungen verlangen.[308] Wird durch die Unterhaltszahlungen die Sozialversicherungsfreigrenze überschritten, sind gegenüber dem Unterhaltsschuldner die erhöhten Kranken- und Pflegeversicherungsbeiträge als aus dem **begrenzten Realsplitting** folgende Nachteile geltend zu machen. Denn nach der Rechtsprechung des Bundessozialgerichtes[309] sind Unterhaltsleistungen an den getrennt lebenden Ehegatten, die als Sonderausgaben vom zu versteuernden Einkommen abgesetzt und daher im Wege des begrenzten Realsplittings erfasst werden, Gesamteinkommen im Sinne des § 10 Abs. 1 Nr. 5 HS. 1 SGB V. Bei Überschreiten der Gesamteinkommensgrenze schließen sie daher die **Familienversicherung** aus. In einem solchen Fall ist der Mandant als Unterhaltsgläubiger unverzüglich darauf zu verweisen, dass er in der Obliegenheit steht, mit Blick auf die nicht mehr sozialversicherungsfreien Einkünfte seinen Krankenversicherungsschutz durch Beitragsanpassung sicherzustellen. 126

Der Unterhaltsgläubiger ist verpflichtet, dem **begrenzten Realsplitting zuzustimmen**, Zug um Zug gegen die bindende Erklärung des Unterhaltsschuldners, ihn von den hieraus folgenden Nachteilen freizustellen. Auch wenn dem Unterhaltsberechtigten ein fiktives Einkommen zugerechnet wird, ist gleichwohl nur der Nachteil entsprechend der konkreten Steuerpflicht auszugleichen.[310] Die Zustimmung zum begrenzten Realsplitting ist auch dann zu erteilen, wenn zweifelhaft ist, ob steuerlich geltend gemachte Aufwendungen als Unterhaltsleistungen anerkannt werden.[311] Ob die Zustimmung zum Realsplitting davon abhängig gemacht werden kann, dass auch andere Nachteile (z.B. Steuerberaterkosten) ausgeglichen werden, ist davon abhängig, ob diese Aufwendungen dem Unterhaltsschuldner zugemutet werden können.[312] **Verstößt der Unterhaltsgläubiger gegen seine Zustimmungspflicht**, so macht er sich **schadensersatzpflichtig**.[313] Eine Zustimmung zum begrenzten Realsplitting kann nicht davon abhängig gemacht werden, dass alle Nachteile aus der Vergangenheit bereits ausgeglichen sind oder der nicht zeitnahe Ausgleich künftiger Nachteile befürchtet wird. Insoweit steht dem Unterhaltsgläubiger die Möglichkeit zur Verfügung, eine Sicherheitsleistung oder die Zustimmung Zug um Zug gegen Ausgleich der Nachteile zu verlangen.[314] 127

Eine Verpflichtung des Unterhaltsschuldners zur Geltendmachung des Realsplittings besteht nur, wenn der Unterhaltsanspruch anerkannt, rechtskräftig festgestellt ist oder freiwillig erfüllt wird.[315] 128

Der zum Zeitpunkt der Ehescheidung nicht versicherungspflichtig beschäftigte Ehegatte kann der **gesetzlichen Krankenversicherung** (insbesondere des versicherten Ehegatten) nur innerhalb einer **Ausschlussfrist von 3 Monaten ab Rechtskraft des Scheidungsurteils** beitreten (§§ 9 Abs. 1 Ziff. 2, Abs. 2, 10, 188 SGB V). Unabhängig davon **endet** allerdings auch **mit Rechtskraft der Ehescheidung die bisherige Mitversicherung** des Ehegatten im Rahmen der Familienversicherung. Bezüglich 129

---

[306] OLG Celle v. 24.01.2006 - 10 UF 190/05 - NJW 2006, 922-923.
[307] BSG v. 03.02.1994 - 12 RK 5/92 - NJW-RR 1994, 1090-1029.
[308] BGH v. 13.04.1983 - IVb ZR 373/81 - LM Nr. 20 zu § 1578 BGB.
[309] BSG v. 03.02.1994 - 12 RK 5/92 - NJW-RR 1994, 1090-1029.
[310] OLG München v. 23.01.2013 - 3 U 947/12 - FamFR 2013, 131.
[311] BGH v. 29.04.1998 - XII ZR 266/96 - LM BGB § 242 (D) Nr. 145 (1/1999).
[312] BGH v. 13.04.1983 - IVb ZR 373/81 - LM Nr. 20 zu § 1578 BGB.
[313] BGH v. 13.04.1983 - IVb ZR 373/81 - LM Nr. 20 zu § 1578 BGB.
[314] NJW-Spezial 2014, 5.
[315] BGH v. 28.02.2007 - XII ZR 37/05 - FamRZ 2007, 793-800; BGH v. 23.05.2007 XII ZR 245/04 - FamRZ 2007, 1332-1336.

§ 1578

des nicht versicherungspflichtig beschäftigten Mandanten darf daher im Scheidungstermin **nicht auf Rechtsmittel verzichtet** werden, um ihm die Möglichkeit zu geben, sich bis zur Rechtskraft des Urteils um einen eigenen angemessenen Krankenversicherungsschutz zu bemühen.

II. Schriftsatz- und Antragsmuster, Rechenbeispiel zum Altersvorsorgeunterhalt

1. Beispiel eines Antrags mit konkreter Bedarfsermittlung bei überdurchschnittlich guten Einkünften

130 Zur Geltendmachung eines konkret ermittelten Unterhaltsbedarfs kann ein **Antrag** beispielhaft wie folgt aufgebaut werden: Antragsschrift (Muster 1).

2. Beispiel eines Antrags bei Zweifeln an der zweckgebundenen Verwendung des Altersvorsorgeunterhalts

131 Wird ein **titulierter Altersvorsorgeunterhalt** nicht bestimmungsgemäß verwendet, so kann der Unterhaltsschuldner geltend machen, dass die Zahlung seinerseits unmittelbar an den Versorgungsträger erfolgt.

132 Im Zusammenhang mit der erstmaligen Titulierung des Altersvorsorgeunterhalts ist der Unterhaltsgläubiger nicht verpflichtet offen zu legen, wie er künftig die fließenden Vorsorgeleistungen verwenden wird. **Nach** erfolgter **Titulierung** allerdings hat der Unterhaltsschuldner einen Anspruch **auf Darlegung der zweckgebundenen Verwendung**, insbesondere wenn ernsthafte Bedenken an einer bestimmungsgemäßen Verwendung bestehen.

133 In dieser Konstellation kann der Unterhaltsschuldner gegebenenfalls im Wege eines **Stufenantrags** vorgehen.

134 Der **Antrag** kann in einem solchen Fall wie folgt formuliert werden:

(1) Die Antragsgegnerin zu verpflichten, dem Antragsteller Auskunft zu erteilen über die bestimmungsgemäße Verwendung der seinerseits aufgrund Beschluss des Amtsgerichts – Familiengerichts – X vom …, Aktenzeichen … für die Zeit vom 01.01.1994 bis 30.06.2000 erbrachten Zahlungen zum Altersvorsorgeunterhalt der Antragsgegnerin in Höhe von … € und diese Auskunft zu belegen durch Einzahlungsbestätigung eines gesetzlichen Rentenversicherungsträgers, des Trägers einer privaten Rentenversicherung oder eines Kapitallebensversicherers.

(2) Für den Fall der nicht bestimmungsgemäßen Verwendung des Altersvorsorgeunterhalts seitens der Antragsgegnerin den Antragsteller zu verpflichten, unter Abänderung Ziffer 1 des Beschlusses des Amtsgerichts – Familiengerichts – X vom …, Aktenzeichen … den für die Zeit ab dem … verschuldeten monatlichen Altersvorsorgeunterhalt in Höhe von … € unmittelbar zu einem von der Antragsgegnerin noch zu benennenden Versicherungsträger zu leisten.

3. Beispiel zur Berechnung des Alters- und Krankenvorsorgeunterhalts

135 **Beispiel:**

Prägendes Einkommen des Ehemannes aus Erwerb	2.300 €
Prägendes Einkommen der Ehefrau aus Zinsertrag	200 €
Krankenversicherungsbeitrag der nicht erwerbstätigen Ehefrau	200 €

Erster Schritt

In einem ersten Schritt ist der vorläufige **Elementarunterhalt** (sog. Rohunterhalt) der Unterhaltsgläubigerin im Wege der Additionsmethode zu ermitteln.

	Einkommen Ehemann	2.300 €
–	Krankenvorsorgeaufwand für die Ehefrau	200 €
=	bereinigtes Einkommen des Ehemannes	2.100 €
	6/7 des bereinigten Einkommen	1.800 €
+	Einkommen der Ehefrau	200 €
=	prägendes Gesamteinkommen	2.000 €
	Bedarf der Ehefrau (Gesamteinkommen / 2)	1.000 €
–	Eigeneinkommen	200 €
=	Bedürftigkeit der Ehefrau	**800 €**

Zweiter Schritt
In einem zweiten Schritt ist aus dem ermittelten vorläufigen Elementarunterhalt der **Altersvorsorgeunterhalt** zu ermitteln.

	vorläufig ermittelter Elementarunterhalt (= Rohunterhalt) als Bemessungsgrundlage	800 €
+	Zuschlag nach Bremer Tabelle (Stand: 01.01.2014 als Grundlage der Umrechnung des Rohunterhalts in ein fiktives Bruttoeinkommen, d.h. hier 800 € + 13%	104 €
=	fiktives Bruttoeinkommen	904 €
	Dieses fiktive Bruttoeinkommen ist mit dem geltenden Rentenbeitragssatz (derzeit 19,6%) zu multiplizieren (18,9% * 904 €), so dass sich hieraus die **Höhe des Altersvorsorgeunterhalts** ergibt.	171 €

Dritter Schritt
In einem dritten Schritt ist unter Berücksichtigung des ermittelten Altersvorsorgeunterhaltes abschließend der **Elementarunterhalt** nach der Additionsmethode zu errechnen.

	Einkommen des Ehemannes	2.300 €
−	Krankenvorsorgeaufwand für die Ehefrau	200 €
−	Altersvorsorgeunterhalt (gerundet)	171 €
=	bereinigtes Einkommen des Ehemannes	1.929 €
	6/7 des bereinigten Einkommens	1.653 €
+	Einkommen der Ehefrau	200 €
=	prägendes Gesamteinkommen	1.853 €
	Bedarf der Ehefrau (Gesamteinkommen / 2)	926,50 €
−	Eigeneinkommen	200 €
=	Bedürftigkeit der Ehefrau	726,50 €

Die Unterhaltsansprüche der Ehefrau belaufen sich daher auf insgesamt:
- **Elementarunterhalt** i.H.v. **726,50 €**
- **Krankenvorsorgeunterhalt** i.H.v. **200 €**
- **Altersvorsorgeunterhalt** i.H.v. **171 €**

Eine zweistufige Berechnung des Elementarunterhaltes ist bei besonders günstigen wirtschaftlichen Verhältnissen entbehrlich. In diesen Fällen wird der Vorsorgeunterhalt parallel zu dem konkret ermittelten ungekürzten Elementarunterhalt geschuldet (vgl. auch Rn. 81).

Unter Berücksichtigung der zum 01.01.2015 in Kraft tretenden neuen Düsseldorfer Tabelle sowie der veränderten Höhe der Beitragssätze zur gesetzlichen Rentenversicherung stellt sich die Berechnung sodann wie folgt dar: **135.1**

Prägendes Einkommen des Ehemannes aus Erwerb	2.300 €
Prägendes Einkommen der Ehefrau aus Zinsertrag	200 €
Krankenversicherungsbeitrag der nicht erwerbstätigen Ehefrau	200 €

Erster Schritt
Ermittlung des vorläufigen Elementarunterhalts (sog. Rohunterhalt) der Unterhaltsgläubigerin im Wege der Additionsmethode.

	Einkommen Ehemann	2.300 €
−	Krankenvorsorgeaufwand für die Ehefrau	200 €
=	bereinigtes Einkommen des Ehemannes	2.100 €
	6/7 des bereinigten Einkommens	1.800 €
+	Einkommen der Ehefrau	200 €
=	prägendes Gesamteinkommen	2.000 €
	Bedarf der Ehefrau (Gesamteinkommen / 2)	1.000 €
−	Eigeneinkommen	200 €
=	Bedürftigkeit der Ehefrau	**800 €**

§ 1578

Zweiter Schritt
Ermittlung des Altersvorsorgeunterhalts aus dem vorläufig bezifferten Elementarunterhalt.

	vorläufig ermittelter Elementarunterhalt (= Rohunterhalt) als Bemessungsgrundlage	800 €
+	Zuschlag nach Bremer Tabelle (Stand: 01.01.2014 als Grundlage der Umrechnung des Rohunterhalts in ein fiktives Bruttoeinkommen, d.h. hier 800 € + 13%	104 €
=	fiktives Bruttoeinkommen	904 €
	Dieses fiktive Bruttoeinkommen ist mit dem geltenden Rentenbeitragssatz (ab 01.01.2015 18,7%) zu multiplizieren, so dass sich hieraus die **Höhe des Altersvorsorgeunterhalts** ergibt.	171 €

Dritter Schritt
Unter Berücksichtigung des ermittelten Altersvorsorgeunterhalts ist abschließend der Elementarunterhalt nach der Additionsmethode zu errechnen.

	Einkommen des Ehemannes	2.300 €
−	Krankenvorsorgeaufwand für die Ehefrau	200 €
−	Altersvorsorgeunterhalt (gerundet)	169 €
=	bereinigtes Einkommen des Ehemannes	1.931 €
	6/7 des bereinigten Einkommens	1.655 €
+	Einkommen der Ehefrau	200 €
=	prägendes Gesamteinkommen	1.855 €
	Bedarf der Ehefrau (Gesamteinkommen / 2)	927,50 €
−	Eigeneinkommen	200 €
=	Bedürftigkeit der Ehefrau	727,50 €

Die Unterhaltsansprüche der Ehefrau belaufen sich daher auf insgesamt:
- **Elementarunterhalt** i.H.v. **727,50 €**
- **Krankenvorsorgeunterhalt** i.H.v. **200 €**
- **Altersvorsorgeunterhalt** i.H.v. **169 €**.

Muster zu § 1578

Unterhaltsantrag

In der Familiensache

der Frau Erna Müller geborene Meier, _____,

Antragstellerin,

Verfahrensbevollmächtigte: RAe K pp.,

gegen

Herrn Emil Müller, _____,

Antragsgegner,

Verfahrensbevollmächtigte: RAe B pp.,

<u>wegen</u>: Ehegattenunterhalt

bestellen wir uns, Bezug nehmend auf die beigefügte Vollmacht im Original, zu Verfahrensbevollmächtigten der Antragstellerin und beantragen:

I.

Den Antragsgegner zu verpflichten, beginnend mit dem _____ an die Antragstellerin einen monatlich im Voraus fälligen Ehegattenunterhalt in Höhe von _____ € zu zahlen.

II.

Des Weiteren beantragen wir für den Fall des schriftlichen Vorverfahrens

den Erlass eines Versäumnis- oder Anerkenntnisurteils.

Muster zu § 1578 jurisPK-BGB / Clausius

<u>Gründe:</u>

Die Parteien, beide deutsche Staatsangehörige, sind geschiedene Ehegatten.

Ihre am _____ geschlossene Ehe wurde durch Urteil des Amtsgerichts – Familiengerichts – _____ vom _____, Aktenzeichen _____ – rechtskräftig seit dem _____ – geschieden.

Aus der Ehe sind _____ volljährige und wirtschaftlich selbständige Kinder hervorgegangen.

Die Antragstellerin ist in ihrem erlernten Beruf als _____ vollschichtig tätig und erzielt durchschnittliche monatliche Einkünfte in Höhe von 1.200 € netto.

Der Antragsgegner ist selbständig tätig. Auskünfte über seine Einkommensverhältnisse hat er außergerichtlich nicht erteilt. Er hat sich außergerichtlich für uneingeschränkt leistungsfähig erklärt.

Beweis: Vorlage des Schreibens des Beklagten vom _____.

Die Antragstellerin stützt ihren Unterhaltsanspruch auf § 1573 Abs. 2 BGB.
Sie geht im Rahmen der Bedarfsermittlung von einem monatlichen Nettoeinkommen des Antragsgegners von _____ € aus, woraus sich nach der _____methode ein Quotenbedarf von _____ errechnet. Denn _____
_____[1].

Ein Bedarf in dieser Höhe zwingt nach den Unterhaltsrechtlichen Leitlinien des Oberlandesgerichts _____ zur konkreten Berechnung des Bedarfs der Antragstellerin nach den ehelichen Lebensverhältnissen (§ 1578 BGB).

Dieser ist für die Antragstellerin unter Rückgriff auf jene Aufwendungen zu beziffern, die während der Ehezeit zur Deckung ihres Lebensbedarfes durchschnittlich getätigt wurden. Im Einzelnen[2]:

- zum allgemeinen Lebensbedarf _____ €,
  Beweis: _
- für Freizeitaktivitäten _____ €,
  Beweis: _
- _

_____

[1] Hier Rechenweg darstellen.
[2] Siehe Musterkatalog, Kommentierung zu § 1578 Rn. 61.

Diese Einzelbeträge summieren sich auf einen den ehelichen Lebensverhältnissen entsprechenden Bedarf von _____ €.

In Höhe der Differenz zwischen dem eheangemessenen Bedarf der Antragstellerin in Höhe von ____ € und ihren eigenen, bedarfsdeckend anzurechnenden Einkünften von 1.200 €, also in Höhe von ____ €, verbleibt eine Bedürftigkeit der Antragstellerin (§ 1577 Abs. 1 BGB).[3]

Mit außergerichtlichem Schreiben vom _____ wurde der Antragsgegner zur Zahlung des vorliegend begehrten Unterhaltsbetrages an die Antragstellerin aufgefordert. Nachdem er keine Zahlung leistet, ist die Klägerin gehalten, ihren Unterhaltsanspruch klageweise geltend zu machen.

Rechtsanwalt/Rechtsanwältin

---

[3] Anmerkung: Zur Leistungsfähigkeit des Beklagten sind keine Ausführungen veranlasst, weil dem Beklagten die Darlegungs- und Beweislast für ihr Fehlen anheim fällt.

Sozialrechtliche Hinweise zu
§ 1578 BGB Maß des Unterhalts

(Fassung vom 21.12.2007, gültig ab 01.01.2008)

(1) ¹Das Maß des Unterhalts bestimmt sich nach den ehelichen Lebensverhältnissen. ²Der Unterhalt umfasst den gesamten Lebensbedarf.

(2) Zum Lebensbedarf gehören auch die Kosten einer angemessenen Versicherung für den Fall der Krankheit und der Pflegebedürftigkeit sowie die Kosten einer Schul- oder Berufsausbildung, einer Fortbildung oder einer Umschulung nach den §§ 1574, 1575.

(3) Hat der geschiedene Ehegatte einen Unterhaltsanspruch nach den §§ 1570 bis 1573 oder § 1576, so gehören zum Lebensbedarf auch die Kosten einer angemessenen Versicherung für den Fall des Alters sowie der verminderten Erwerbsfähigkeit.

Gliederung

A. Werte der Sozialversicherung und Sozialversicherungsentgeltverordnung ... 1
I. Werte der Sozialversicherung ... 1
1. Rechengrößen in der Sozialversicherung 2015 ... 1
2. Rechengrößen in der Sozialversicherung 2012 ... 2
3. Rechengröße in der Sozialversicherung 2013 ... 3
4. Rechengrößen in der Sozialversicherung 2014 ... 4
II. Werte der Sozialversicherungsentgeltverordnung ... 5
1. Werte 2015 ... 6
2. Werte 2012 ... 7
3. Werte 2013 ... 8
4. Werte 2014 ... 9
B. Minijobs ... 13
I. Arten des Minijobs ... 14
1. Geringfügig entlohnte Beschäftigungen gem. § 8 Abs. 1 Nr. 1 SGB IV ... 14
2. Kurzfristige Beschäftigungen gem. § 8 Abs. 1 Nr. 2 SGB IV ... 15
3. Geringfügige Beschäftigung in Privathaushalten gem. § 8a SGB IV ... 17
II. Verdienstgrenzen ... 21
III. Besonderheiten bei Studenten ... 23
IV. Zahlung von Beiträgen und Steuern ... 27
V. Aufstockung der Rentenversicherungsbeiträge ... 30
VI. Gleitzonen gem. § 20 Abs. 2 SGB IV ... 34
C. Die gesetzliche Krankenversicherung (SGB V) ... 41
I. Die Folgen von Trennung und Scheidung im Rahmen der Krankenversicherung ... 41
II. Der versicherte Personenkreis ... 43
1. Versicherungspflicht ... 44
2. Freiwillige Versicherung in der gesetzlichen Krankenversicherung ... 46
3. Familienversicherung in der GKV ... 47
4. Kinder in der gesetzlichen Krankenversicherung ... 52
III. Beiträge ... 55
IV. Krankenkassenwahlrecht ... 59
V. Lohnersatzleistung ... 62

VI. Die Krankenversicherung nach Trennung und Scheidung ... 71
1. Krankenversicherungsschutz in der Trennungszeit ... 72
2. Krankenversicherungsschutz bei Scheidung der Ehe ... 75
3. Freiwillige Versicherung gem. § 9 SGB V ... 76
D. Rentenversicherung ... 83
I. Versicherter Personenkreis ... 83
II. Beiträge zur Rentenversicherung ... 89
III. Voraussetzungen und Bemessung der Renten ... 91
1. Rentenrechtliche Zeiten ... 94
a. Beitragszeiten ... 95
b. Beitragsfreie Zeiten ... 100
c. Berücksichtigungszeiten ... 102
2. Aktueller Rentenwert ... 103
3. Wartezeiten gem. § 50 SGB VI ... 106
IV. Die einzelnen Rentenarten und ihre Voraussetzungen ... 107
1. Renten wegen Alters ... 107
2. Rente wegen verminderter Erwerbsfähigkeit ... 121
3. Renten wegen Todes ... 130
a. Witwen-/Witwerrente gem. § 46 SGB VI ... 130
b. Waisenrente gem. § 48 SGB VI ... 136
c. Erziehungsrente gem. § 47 SGB VI ... 141
d. Witwen-/Witwerrente an vor dem 01.07.1977 geschiedene Ehegatten gem. § 243 SGB VI ... 143
e. Einkommensanrechnung ... 145
E. Pflegeversicherung (SGB XI) ... 149
I. Versicherungspflichtiger Personenkreis ... 149
1. Gesetzliche Pflegeversicherung ... 149
2. Private Pflegeversicherung ... 151
II. Beitragssatz ... 152
1. Gesetzliche Pflegeversicherung ... 152
2. Private Pflegeversicherung ... 156
III. Begriff der Pflegebedürftigkeit ... 157
IV. Stufen der Pflegebedürftigkeit ... 161
1. Pflegestufe I (erheblich Pflegebedürftige) ... 162
2. Pflegestufe II (Schwerpflegebedürftige) ... 164
3. Pflegestufe III (Schwerstpflegebedürftige) ... 166

V. Leistungen aus der Pflegeversicherung 169
1. Pflegesachleistung gem. § 36 SGB XI bei häuslicher Pflege 169
2. Pflegegeld gem. § 37 SGB XI für selbst beschaffte Pflegehilfen 170
3. Überblick über die Leistungen bei häuslicher Pflege seit 01.01.2015 174
4. Kurzzeitpflege gem. § 42 SGB XI 176
5. Tagespflege und Nachtpflege gem. § 41 SGB XI 177
6. Vollstationäre Pflege gem. § 43 SGB XI 179
7. Pflegebedürftige mit erheblichem Bedarf an allgemeiner Beaufsichtigung und Betreuung gem. § 45 a SGB XI 180
8. Pflegezeit 182
F. **Arbeitslosengeld I (SGB III)** 192
I. Voraussetzungen für den Bezug des Arbeitslosengeldes I 193
1. Arbeitslos 194
2. Anwartschaftszeit 197
3. Arbeitslos melden 198
II. Höhe des Arbeitslosengeldes 199
1. Bemessungsentgelt 200
2. Leistungsentgelt 203
III. Dauer des Arbeitslosengeldes 207
IV. Anrechnung von Nebeneinkommen 211
V. Ruhen des Arbeitslosengeldes bei Entlassungsentschädigung 216
VI. Sperrzeiten 224
G. **Grundsicherung für Arbeitsuchende (SGB II)** 227
I. Berechtigter Personenkreis gem. § 7 SGB II ... 230
1. Erwerbsfähige Hilfebedürftige gem. § 7 Abs. 1 SGB II 230
2. Angehörige der Bedarfsgemeinschaft gem. § 7 Abs. 3 SGB II 234
3. Auszubildende gem. § 7 Abs. 5 SGB II 239
4. Haushaltsgemeinschaft gem. § 9 Abs. 5 SGB II 241
II. Pauschalierte Regelbedarfe 246
1. Leistungen für den Lebensbedarf 246
2. Regelbedarf gem. § 20 SGB II 249
3. Leistungen für Unterkunft und Heizung gem. § 22 SGB II 250
4. Leistungen für den Mehrbedarf gem. § 21 SGB II 258
5. Leistungen für einmalige, nicht von dem Regelbedarf umfasste Bedarfe gem. §§ 24, 28 SGB II 266
III. Anrechenbares Einkommen gem. § 11 SGB II i.V.m. der Arbeitslosengeld II/ Sozialgeld-Verordnung (Alg II-VO) 271
1. Nicht zu berücksichtigendes Einkommen gem. § 11a SGB II und § 1 Alg II-VO 272
2. Vom Einkommen abzusetzende Beträge gem. § 11b SGB II 273
3. Absetzbare Pauschbeträge für erwerbstätige Hilfeempfänger gem. § 11b Abs. 3 SGB II 274
a. Werbungskosten 275

b. Fahrtkosten 276
c. Weitere notwendige Ausgaben 277
d. Pauschalbetrag gem. § 11b Abs. 2 SGB II bei Einkünften aus Erwerbstätigkeit 278
4. Freibeträge bei Erwerbstätigkeit gem. § 11b Abs. 3 SGB II 279
5. Einkommen in der Bedarfsgemeinschaft 281
6. Berücksichtigung des Einkommens der Stiefeltern/Stiefpartner gem. § 9 Abs. 2 Satz 2 SGB II 282
7. Berücksichtigung des Kindergeldes 283
a. Anrechnung auf den Bedarf des Kindes 283
b. Anrechnung des Kindergeldes auf den Bedarf des Kindergeldberechtigten 291
c. Anrechnung des Kindergeldes für volljährige Kinder mit eigenem Haushalt 293
d. Anrechnung des Kindergeldes für hilfebedürftige Kinder im Haushalt des Kindergeldberechtigten, die nicht zur Bedarfsgemeinschaft gehören 295
e. Kindergeld für Pflegekinder 298
IV. Anrechenbares Vermögen gem. § 12 SGB II 299
V. Kinderzuschlag gem. § 6a BKGG 305
VI. Sozialversicherungsschutz 308
VII. Leistungskürzungen gem. § 31 SGB II 309
VIII. Arbeitslosengeld II und Unterhaltszahlungen sowie Anspruchsübergang gem. § 33 SGB II 313
IX. Gesetzeskonkurrenz 321
H. **Abzweigung von Sozialleistungen für die Unterhaltsberechtigten** 322
I. **Unterhaltsvorschussgesetz (UVG)** 326
I. Anspruchsberechtigte gemäß § 1 UVG 326
II. Besonderheiten bei ausländischen Kindern gemäß § 1 Abs. 2a UVG 327
III. Höhe der Unterhaltsleistung gemäß § 2 UVG 329
IV. Zeitraum der Unterhaltsleistung gemäß der §§ 3, 4 UVG 331
V. Ausschluss des Anspruchs auf Unterhaltszahlungen 332
VI. Mitteilungspflichten 333
VII. Übergang von Unterhaltsansprüchen des berechtigten Kindes gem. § 7 UVG 334
J. **Elterngeld (BEEG)** 336
I. Anspruchsberechtigte 336
II. Besonderheiten bei Ausländern 341
III. Bezugsdauer und Höhe des Elterngeldes 342
IV. Elterngeld plus 358
V. Auswirkungen auf andere Sozialleistungen ... 361
VI. Antragserfordernis 363
K. **Wohngeld (WoGG)** 365
I. Antragsberechtigte nach dem WoGG 365
II. Höhe des Wohngeldes 368
1. Für das Wohngeld zu berücksichtigende Familienmitglieder 369
2. Ermittlung des Gesamteinkommens 371

a. Pauschale Abzugsbeträge gemäß § 16
   WoGG 372
b. Freibeträge gemäß § 17 WoGG 374
c. Freibeträge gem. § 18 WOGG 375
d. Monatliches Gesamteinkommen 376
3. Höhe der zuschussfähigen Mieten und
   Belastungen 379
a. Miete gemäß § 9 WoGG 380
b. Belastungen gemäß § 10 WoGG 382
c. Höchstbeträge für Miete, Belastungen und
   Heizung 383
4. Antragserfordernis 386
**L. Grundsicherung im Alter und bei
   Erwerbsminderung (SGB XII)** 388
I. Anspruchsberechtigte 389
II. Anspruchsausschlüsse 393
III. Grundsicherungsbedarf 395
IV. Antragserfordernis 397
V. Berücksichtigung bürgerlich-rechtlicher
   Unterhaltsansprüche 398

A. Werte der Sozialversicherung und Sozialversicherungsentgeltverordnung

I. Werte der Sozialversicherung

1. Rechengrößen in der Sozialversicherung 2015

1

	WEST		OST	
	Jahr	Monat	Jahr	Monat
	EURO		EURO	
Bezugsgröße (§ 18 SGB IV)	34.020	2.835	28.980	2.415
Jahresarbeitsentgeltgrenze				
Kranken- und Pflegeversicherungspflichtgrenze	54.900	4.575	54.900	4.575
für Personen, die am 31.12.2002 wegen Überschreitens der Jahresarbeitsentgeltgrenze versicherungsfrei und privat krankenversichert waren	49.500	4.125	49.500	4.125
Beitragsbemessungsgrenze				
Kranken- und Pflegeversicherung	49.500	4.125	49.500	4.125
Renten- und Arbeitslosenversicherung	72.600	6.050	62.400	5.200
knappschaftliche Rentenversicherung	89.400	7.450	76.200	6.350
Geringfügigkeitsgrenze (§ 8 SGB IV)		450		450
Geringverdienergrenze (alleinige Beitragspflicht des Arbeitgebers)				
geringverdienende Auszubildende		325		325
behinderte Menschen		567		567
Einkommensgrenzen für die Familienversicherung				
Ehegatte, Lebenspartner und Kinder		405		405
geringfügig Beschäftigte		450		450
Mindestbeitragsbemessungsgrundlage in der Kranken- und Pflegeversicherung				
freiwillige Mitglieder		945		945
freiwillig versicherte Selbständige		2.126,25		2.126,25
Existenzgründer		1.417,50		1.417,50
Rentenantragsteller		945		945
behinderte Menschen		567		567
selbständige Künstler und Publizisten		472,50		472,50
Mindestbeitragsbemessungsgrenze in der Rentenversicherung				
freiwillig Versicherte		450		450
in Berufsausbildung Beschäftigte ohne Arbeitsentgelt		28,35		24,15
geringfügig Beschäftigte		175		175

behinderte Menschen	2.268	1.932
Einnahmeuntergrenze für Beiträge zur Kranken- und Pflegeversicherung aus Versorgungsbezügen und Arbeitseinkommen	141,75	141,75
Kranken- und Pflegeversicherung der Studenten		
Krankenversicherung	64,77	64,77
Pflegeversicherung	12,24	12,24
Pflegeversicherung kinderlos ab 23. Lebensjahr	13,73	13,73
Beitragssätze		
Pflegeversicherung	2,35% (Zusatzbeitrag für Kinderlose ab dem 23. Lebensjahr 0,25%).	
Rentenversicherung	18,7% (pauschaler Beitrag für geringfügig Beschäftigte 15%; bei Beschäftigung im privaten Haushalt 5%)	
knappschaftliche Rentenversicherung	24,8%	
Arbeitslosenversicherung	3%	
Krankenversicherung	14,6% (Arbeitgeber 7,3%/Arbeitnehmer 7,3% zzgl. Zusatzbeitragssatz von z.Zt. durchschnittlich 0,9%); pauschaler Beitrag für geringfügig Beschäftigte 13,0%; bei Beschäftigung im privaten Haushalt 5%	
Insolvenzgeld	0,15%	
Gleitzone	450,01-850	
Faktor F –	0,7585	
vereinfachte Formel	Bemessungsentgelt = 1,2716 x Arbeitsentgelt – 230,93	
Krankengeld		
Höchstregelentgelt	tägl. 137,50	
Höchstkrankengeld	tägl. 96,25	
Hinzuverdienstgrenze bei Altersvollrente vor Vollendung des 65. Lebensjahres	450	450

Die Regelsätze gem. § 28 SGB XII

für den Haushaltsvorstand und Alleinstehende	399 €
zwei volljährige Partner	360 €/360 €
Haushaltsangehörige in der Bedarfsgemeinschaft vom 18. bis 25. Geburtstag	320 €
für den Haushaltsangehörigen bis zur Vollendung des 6. Lebensjahres	234 €
für Haushaltsangehörige vom 7. Lebensjahr bis zur Vollendung des 14. Lebensjahres	267 €
für Haushaltsangehörige ab Vollendung des 14. Lebensjahres	302 €

2. Rechengrößen in der Sozialversicherung 2012

	WEST		OST	
	Jahr	Monat	Jahr	Monat
	EURO		EURO	
Bezugsgröße (§ 18 SGB IV)	31.500	2.625	26.880	2.240
Jahresarbeitsentgeltgrenze				
Kranken- und Pflegeversicherungspflichtgrenze	50.850	4.237,50	50.850	4.237,50
für Personen, die am 31.12.2002 wegen Überschreitens der Jahresarbeitsentgeltgrenze versicherungsfrei und privat krankenversichert waren	45.900	3.825	45.900	3.825

Beitragsbemessungsgrenze				
Kranken- und Pflegeversicherung	45.900	3.825	45.900	3.825
Renten- und Arbeitslosenversicherung	67.200	5.600	57.600	4.800
knappschaftliche Rentenversicherung	82.800	6.900	70.800	5.900
Geringfügigkeitsgrenze (§ 8 SGB IV)		400		400
Geringverdienergrenze (alleinige Beitragspflicht des Arbeitgebers)				
geringverdienende Auszubildende		325		325
behinderte Menschen		525		525
Einkommensgrenzen für die Familienversicherung				
Ehegatte, Lebenspartner und Kinder		375		375
geringfügig Beschäftigte		400		400
Mindestbeitragsbemessungsgrundlage in der Kranken- und Pflegeversicherung				
freiwillige Mitglieder		875		875
freiwillig versicherte Selbständige		1.968,75		1.968,75
Existenzgründer		1.312,50		1.312,50
Rentenantragsteller		875		875
behinderte Menschen		525		525
Mindestbeitragsbemessungsgrenze in der Rentenversicherung				
freiwillig Versicherte		400		400
in Berufsausbildung Beschäftigte ohne Arbeitsentgelt		26,25		22,40
geringfügig Beschäftigte		155		155
behinderte Menschen		2.100		1.792
Einnahmeuntergrenze für Beiträge zur Kranken- und Pflegeversicherung aus Versorgungsbezügen und Arbeitseinkommen		131,25		131,25
Kranken- und Pflegeversicherung der Studenten				
Krankenversicherung		64,77		64,77
Pflegeversicherung		11,64		11,64
Pflegeversicherung kinderlos ab 23. Lebensjahr		13,13		13,13
Beitragssätze				
Pflegeversicherung	1,95% (Zusatzbeitrag für Kinderlose ab dem 23. Lebensjahr 0,25%).			
Rentenversicherung	19,6% (pauschaler Beitrag für geringfügig Beschäftigte 15%; bei Beschäftigung im privaten Haushalt 5%)			
knappschaftliche Rentenversicherung	26,4%			
Arbeitslosenversicherung	3%			
Krankenversicherung	15,5% (Arbeitgeber 7,3%/Arbeitnehmer 8,2%); pauschaler Beitrag für geringfügig Beschäftigte 13,0%; bei Beschäftigung im privaten Haushalt 5%			
Insolvenzgeld	0,04%			
Gleitzone				
Faktor F –	0,7491			
vereinfachte Formel	Bemessungsentgelt = 1,2509 x Arbeitsentgelt – 200,72			
Krankengeld				
Höchstregelentgelt	tägl. 127,50			
Höchstkrankengeld	tägl. 89,25			
Hinzuverdienstgrenze bei Altersvollrente vor Vollendung des 65. Lebensjahres	400			400

Die Regelsätze gem. § 28 SGB XII

für den Haushaltsvorstand und Alleinstehende	374 €
zwei volljährige Partner	337 €/337 €
Haushaltsangehörige in der Bedarfsgemeinschaft vom 18. bis 25. Geburtstag	299 €
für den Haushaltsangehörigen bis zur Vollendung des 6. Lebensjahres	219 €
für Haushaltsangehörige vom 7. Lebensjahr bis zur Vollendung des 14. Lebensjahres	251 €
für Haushaltsangehörige ab Vollendung des 14. Lebensjahres	287 €

3. Rechengröße in der Sozialversicherung 2013

	WEST		OST	
	Jahr	Monat	Jahr	Monat
	EURO		EURO	
Bezugsgröße (§ 18 SGB IV)	32.340	2.695	27.300	2.275
Jahresarbeitsentgeltgrenze				
Kranken- und Pflegeversicherungspflichtgrenze	52.200	4.350	52.200	4.350
für Personen, die am 31.12.2002 wegen Überschreitens der Jahresarbeitsentgeltgrenze versicherungsfrei und privat krankenversichert waren	47.250	3.937,50	47.250	3.937,50
Beitragsbemessungsgrenze				
Kranken- und Pflegeversicherung	47.250	3.937,50	47.250	3.937,50
Renten- und Arbeitslosenversicherung	69.600	5.800	58.800	4.900
knappschaftliche Rentenversicherung	85.200	7.100	72.600	6.050
Geringfügigkeitsgrenze (§ 8 SGB IV)		450		450
Geringverdienergrenze (alleinige Beitragspflicht des Arbeitgebers)				
geringverdienende Auszubildende		325		325
behinderte Menschen		539		539
Einkommensgrenzen für die Familienversicherung				
Ehegatte, Lebenspartner und Kinder		385		385
geringfügig Beschäftigte		450		450
Mindestbeitragsbemessungsgrundlage in der Kranken- und Pflegeversicherung				
freiwillige Mitglieder		898,33		898,33
freiwillig versicherte Selbständige		2.021,25		2.021,25
Existenzgründer		1.347,50		1.347,50
Rentenantragsteller		898,33		898,33
behinderte Menschen		539		539
selbständige Künstler und Publizisten		449,17		449,17
Mindestbeitragsbemessungsgrenze in der Rentenversicherung				
freiwillig Versicherte		400		400
in Berufsausbildung Beschäftigte ohne Arbeitsentgelt		26,95		22,75
geringfügig Beschäftigte		175		175
behinderte Menschen		2.156		1.820
Einnahmeuntergrenze für Beiträge zur Kranken- und Pflegeversicherung aus Versorgungsbezügen und Arbeitseinkommen		134,75		134,75

Kranken- und Pflegeversicherung der Studenten		
Krankenversicherung	64,77	64,77
Pflegeversicherung	12,24	12,24
Pflegeversicherung kinderlos ab 23. Lebensjahr	13,73	13,73
Beitragssätze		
Pflegeversicherung	2,05% (Zusatzbeitrag für Kinderlose ab dem 23. Lebensjahr 0,25%).	
Rentenversicherung	18,9 (pauschaler Beitrag für geringfügig Beschäftigte 15%; bei Beschäftigung im privaten Haushalt 5%)	
knappschaftliche Rentenversicherung	25,1%	
Arbeitslosenversicherung	3%	
Krankenversicherung	15,5% (Arbeitgeber 7,3%/Arbeitnehmer 8,2%); pauschaler Beitrag für geringfügig Beschäftigte 13,0%; bei Beschäftigung im privaten Haushalt 5%	
Insolvenzgeld	0,15%	
Gleitzone	450,01-850	
Faktor F –	0,7605	
vereinfachte Formel	Bemessungsentgelt = 1,2694 x Arbeitsentgelt – 229,02	
Krankengeld		
Höchstregelentgelt	tägl. 131,25	
Höchstkrankengeld	tägl. 91,88	
Hinzuverdienstgrenze bei Altersvollrente vor Vollendung des 65. Lebensjahres	450	450

Die Regelsätze gem. § 28 SGB XII

für den Haushaltsvorstand und Alleinstehende	382 €
zwei volljährige Partner	345 €/345 €
Haushaltsangehörige in der Bedarfsgemeinschaft vom 18. bis 25. Geburtstag	306 €
für den Haushaltsangehörigen bis zur Vollendung des 6. Lebensjahres	224 €
für Haushaltsangehörige vom 7. Lebensjahr bis zur Vollendung des 14. Lebensjahres	255 €
für Haushaltsangehörige ab Vollendung des 14. Lebensjahres	289 €

Die Regelsätze gem. § 28 SGB XII

für den Haushaltsvorstand und Alleinstehende	382 €
zwei volljährige Partner	345 €/345 €
Haushaltsangehörige in der Bedarfsgemeinschaft vom 18. bis 25. Geburtstag	306 €
für den Haushaltsangehörigen bis zur Vollendung des 6. Lebensjahres	224 €
für Haushaltsangehörige vom 7. Lebensjahr bis zur Vollendung des 14. Lebensjahres	255 €
für Haushaltsangehörige ab Vollendung des 14. Lebensjahres	289 €

4. Rechengrößen in der Sozialversicherung 2014

	WEST		OST	
	Jahr	Monat	Jahr	Monat
	EURO		EURO	
Bezugsgröße (§ 18 SGB IV)	33.180	2.765	28.140	2.345
Jahresarbeitsentgeltgrenze				

Kranken- und Pflegeversicherungspflichtgrenze	53.550	4.462,50	53.550	4.462,50
für Personen, die am 31.12.2002 wegen Überschreitens der Jahresarbeitsentgeltgrenze versicherungsfrei und privat krankenversichert waren	48.600	4.050	48.600	4.050
Beitragsbemessungsgrenze Kranken- und Pflegeversicherung Renten- und Arbeitslosenversicherung knappschaftliche Rentenversicherung	48.600 71.400 87.600	4.050 5.950 7.300	48.600 60.000 73.800	4.050 5.000 6.150
Geringfügigkeitsgrenze (§ 8 SGB IV)		450		450
Geringverdienergrenze (alleinige Beitragspflicht des Arbeitgebers) geringverdienende Auszubildende behinderte Menschen		325 553		325 553
Einkommensgrenzen für die Familienversicherung Ehegatte, Lebenspartner und Kinder geringfügig Beschäftigte		395 450		395 450
Mindestbeitragsbemessungsgrundlage in der Kranken- und Pflegeversicherung freiwillige Mitglieder freiwillig versicherte Selbständige Existenzgründer Rentenantragsteller behinderte Menschen selbständige Künstler und Publizisten		921,67 2.073,75 1.382,50 921,67 553 460,83		921,67 2.073,75 1.382,50 921,67 553 460,83
Mindestbeitragsbemessungsgrenze in der Rentenversicherung freiwillig Versicherte in Berufsausbildung Beschäftigte ohne Arbeitsentgelt geringfügig Beschäftigte behinderte Menschen		450 27,65 175 2.212		450 23,45 175 1876
Einnahmeuntergrenze für Beiträge zur Kranken- und Pflegeversicherung aus Versorgungsbezügen und Arbeitseinkommen		138,25		138,25
Kranken- und Pflegeversicherung der Studenten Krankenversicherung Pflegeversicherung Pflegeversicherung kinderlos ab 23. Lebensjahr		64,77 12,24 13,73		64,77 12,24 13,73

Beitragssätze Pflegeversicherung	2,05% (Zusatzbeitrag für Kinderlose ab dem 23. Lebensjahr 0,25%).
Rentenversicherung	18,9% (pauschaler Beitrag für geringfügig Beschäftigte 15%; bei Beschäftigung im privaten Haushalt 5%)
knappschaftliche Rentenversicherung	25,1%
Arbeitslosenversicherung	3%
Krankenversicherung	15,5% (Arbeitgeber 7,3%/Arbeitnehmer 8,2%); pauschaler Beitrag für geringfügig Beschäftigte 13,0%; bei Beschäftigung im privaten Haushalt 5%
Insolvenzgeld	0,15%

Sozialrechtl. Hinw. zu § 1578

Gleitzone	450,01–850
Faktor F –	0,7605
vereinfachte Formel	Bemessungsentgelt = 1,2694 x Arbeitsentgelt – 229,02
Krankengeld	
Höchstregelentgelt	tägl. 135
Höchstkrankengeld	tägl. 94,50

Hinzuverdienstgrenze bei Altersvollrente vor Vollendung des 65. Lebensjahres	450	450

Die Regelsätze gem. § 28 SGB XII

für den Haushaltsvorstand und Alleinstehende	391 €
zwei volljährige Partner	353 €/353 €
Haushaltsangehörige in der Bedarfsgemeinschaft vom 18. bis 25. Geburtstag	313 €
für den Haushaltsangehörigen bis zur Vollendung des 6. Lebensjahres	229 €
für Haushaltsangehörige vom 7. Lebensjahr bis zur Vollendung des 14. Lebensjahres	261 €
für Haushaltsangehörige ab Vollendung des 14. Lebensjahres	296 €

II. Werte der Sozialversicherungsentgeltverordnung

5 Bei Sachbezügen, die der Arbeitnehmer im Rahmen seines Arbeitsverhältnisses vom Arbeitgeber erhält, handelt es sich um unterhaltspflichtiges Einkommen. Diese Leistungen des Arbeitgebers sind auch lohnsteuer- und sozialversicherungspflichtig, wobei die Bewertung der Sachbezüge gem. § 8 Abs. 2 EStG unter Zugrundelegung der jeweiligen Marktpreise erfolgt. Für Sachbezüge, deren Wert durch Rechtsverordnung gem. § 17 SGB IV bestimmt wird, ist die Sozialversicherungsentgeltverordnung maßgeblich, die auch im Unterhaltsrecht für eine Schätzung gem. § 287 ZPO zugrunde gelegt werden kann.

1. Werte 2015

6 Die Werte für freie Verpflegung, Unterkunft und Wohnung wurden für die Bemessung der Lohnsteuer und der Sozialversicherung 2015 wie folgt bundeseinheitlich festgelegt:

Sachbezüge in Euro	monatlich	täglich
Freie Verpflegung und Unterkunft	452 €	15,07 €
Freie Verpflegung	229	7,63
- Frühstück	49	1,63
- Mittagessen	90	3
- Abendessen	90	3
Freie Unterkunft	223	7,43

2. Werte 2012

7 Die Werte für freie Verpflegung, Unterkunft und Wohnung wurden für die Bemessung der Lohnsteuer und der Sozialversicherung **2012** wie folgt **bundeseinheitlich** festgelegt.

Sachbezüge in Euro	monatlich	täglich
Freie Verpflegung und Unterkunft	431 €	14,37 €
Freie Verpflegung	219 €	7,23 €
- Frühstück	47 €	1,57 €
- Mittagessen	86 €	2,87 €
- Abendessen	86 €	2,87 €
Freie Unterkunft	212 €	7,07 €

3. Werte 2013

8 Die Werte für freie Verpflegung, Unterkunft und Wohnung wurden für die Bemessung der Lohnsteuer und der Sozialversicherung **2013** wie folgt **bundeseinheitlich** festgelegt:

Sachbezüge in Euro	monatlich	täglich
Freie Verpflegung und Unterkunft	440 €	14,67 €
Freie Verpflegung	224 €	7,47 €
- Frühstück	48 €	1,60 €
- Mittagessen	88 €	2,93 €
- Abendessen	88 €	2,93 €
Freie Unterkunft	216 €	7,20 €

4. Werte 2014

Die Werte für freie Verpflegung, Unterkunft und Wohnung wurden für die Bemessung der Lohnsteuer und der Sozialversicherung **2014** wie folgt **bundeseinheitlich** festgelegt:

Sachbezüge in Euro	monatlich	täglich
Freie Verpflegung und Unterkunft	450 €	15 €
Freie Verpflegung	229 €	7,63 €
- Frühstück	49 €	1,63 €
- Mittagessen	90 €	3 €
- Abendessen	90 €	3 €
Freie Unterkunft	221 €	7,37 €

Der **Wert der Unterkunft** vermindert sich
- bei Aufnahme des Beschäftigten in den Haushalt des Arbeitgebers oder bei Unterbringung in einer Gemeinschaftsunterkunft um 15 v.H.,
- für Jugendliche bis zur Vollendung des 18. Lebensjahres und Auszubildende um 15 v.H.,
- bei der Belegung
- mit zwei Beschäftigten um 40 v.H.,
- mit drei Beschäftigten um 50 v.H.,
- mit mehr als drei Beschäftigten um 60 v.H.

Stellt der Arbeitgeber eine freie Wohnung zur Führung eines selbständigen Haushalts zur Verfügung, ist die ortsübliche Miete in Ansatz zu bringen. Für Energie, Wasser und sonstige Nebenkosten ist der übliche Preis am Abgabeort in Ansatz zu bringen. Ist die Feststellung des ortsüblichen Mietzinses nicht möglich, kann die Wohnung mit 3,70 € je qm monatlich, bei einfacher Ausstattung (ohne Sammelheizung oder ohne Bad oder Dusche) mit 3 € monatlich je qm bewertet werden.

Ab 01.01.2014 kann die Wohnung mit 3,88 € je qm monatlich, bei einfacher Ausstattung mit 3,17 € monatlich bewertet werden.

B. Minijobs

Bei den Minijobs handelt es sich um geringfügige Beschäftigungen, bei denen der Verdienst für den Arbeitnehmer sozialabgabenfrei ist und der Arbeitgeber die gesetzlichen Abgaben alleine trägt. Dabei gibt es keine Arbeitszeitgrenzen, die einzuhalten wären.

I. Arten des Minijobs

1. Geringfügig entlohnte Beschäftigungen gem. § 8 Abs. 1 Nr. 1 SGB IV

Eine geringfügig entlohnte Beschäftigung gem. § 8 Abs. 1 Nr. 1 SGB IV liegt vor, wenn das Arbeitsentgelt aus dieser Beschäftigung regelmäßig im Monat 450 € nicht übersteigt (Entgeltgrenze für geringfügig entlohnte Beschäftigung vor dem 01.01.2013: 400 €).

2. Kurzfristige Beschäftigungen gem. § 8 Abs. 1 Nr. 2 SGB IV

Eine kurzfristige Beschäftigung gem. § 8 Abs. 1 Nr. 2 SGB IV liegt vor, wenn das Arbeitsverhältnis von vornherein vertraglich auf längstens **drei Monate** oder **70 Arbeitstage** (bis Ende 2014: längstens 2 Monate oder 50 Arbeitstage) innerhalb eines Kalenderjahres begrenzt ist, es sei denn, die Beschäftigung wird berufsmäßig ausgeübt und ihr Entgelt übersteigt 450 € im Monat (Entgeltgrenze vor dem 01.01.2013: 400 € monatlich).

Eine Beschäftigung oder Tätigkeit wird berufsmäßig ausgeübt, wenn hierdurch der Lebensunterhalt überwiegend oder zumindest in solchem Umfang sichergestellt wird, dass die wirtschaftliche Stellung zu einem erheblichen Teil auf dieser Beschäftigung oder Tätigkeit beruht.[1]

---

[1] BSG v. 11.06.1980 - 12 RK 30/79 - SozR 2200 § 168 Nr. 5.

3. Geringfügige Beschäftigung in Privathaushalten gem. § 8a SGB IV

17 Eine geringfügige Beschäftigung in Privathaushalten gem. § 8a SGB IV liegt vor, wenn die Beschäftigung durch einen privaten Haushalt begründet ist und die Tätigkeit sonst gewöhnlich durch Mitglieder des privaten Haushalts erledigt wird.

18 Der Arbeitnehmer kann mehrere Minijobs gleichzeitig ausüben, wenn es sich dabei um verschiedene Arbeitgeber handelt und die aufaddierten Verdienste nicht monatlich 450 € übersteigen (Grenzwert vor dem 01.01.2013: 400 €). Wird dieser Grenzwert überschritten, so unterliegt das **gesamte** Arbeitseinkommen der Sozialversicherungspflicht.

19 Steht der Arbeitnehmer in einem Hauptbeschäftigungsverhältnis und übt daneben nicht mehr als eine geringfügige Beschäftigung aus, ist auch dieser Minijob sozialversicherungsfrei.

20 Übt der Arbeitnehmer neben einem Hauptbeschäftigungsverhältnis mehrere geringfügig entlohnte Beschäftigungen aus, sind diese allesamt sozialversicherungspflichtig, auch wenn der Verdienst aus diesen Nebentätigkeiten insgesamt 450 € nicht übersteigt.

II. Verdienstgrenzen

21 Geringfügig Beschäftigte haben auch Anspruch auf Einmalzahlungen, wie beispielsweise Urlaubs- und Weihnachtsgeld. Wenn der jährliche Gesamtverdienst einschließlich dieser Sonderleistungen auf den Monat umgelegt die Grenzen von 450 € monatlich überschreitet (Grenzwert vor dem 01.01.2013: 400 €), so tritt insgesamt Sozialversicherungspflicht ein. Bei einem regelmäßigen monatlichen Arbeitsentgelt von 450 € führt daher jeder Euro Sonderleistung dazu, dass das gesamte Arbeitsentgelt der Sozialversicherungspflicht unterliegt. Einmalzahlungen werden jedoch nur dann berücksichtigt, wenn sie tatsächlich gezahlt werden. Dem Arbeitnehmer ist es möglich, auch auf tariflich vereinbarte Einmalzahlungen zu verzichten.

22 Etwas anderes gilt lediglich dann, wenn die 450 €-Grenze gelegentlich (bis zu zwei Monate) und nicht vorhersehbar (z.B. Krankheitsvertretung) überschritten wird.

III. Besonderheiten bei Studenten

23 Ausnahmen in der Sozialversicherung gelten für Studenten, so lange Zeit und Arbeitskraft überwiegend durch das Studium in Anspruch genommen werden und die Beschäftigung den Erfordernissen des Studiums angepasst und dem Studium untergeordnet ist.[2] Das hat die Rechtsprechung bei einer Arbeitszeit von nicht mehr als 20 Stunden wöchentlich angenommen. Eine höhere Wochenarbeitszeit kann ausnahmsweise dann unschädlich sein, wenn die Beschäftigung am Wochenende oder in den Nachtstunden ausgeübt wird.

24 Sind diese Voraussetzungen erfüllt, besteht keine Versicherungspflicht in der Kranken-, Pflege-, und Arbeitslosenversicherung. Beiträge zur Rentenversicherung werden dann fällig, wenn der Verdienst die 450 €-Grenze (Grenzwert vor dem 01.01.2013: 400 €) überschreitet.

25 Wird die Arbeitstätigkeit während der Semesterferien (vorlesungsfreie Zeit) zu einer vollschichtigen Beschäftigung ausgedehnt, ist dieses unschädlich.

26 Teilnehmer an dualen Studiengängen sind einem Beschäftigten zur Berufsausbildung i.S.d. § 5 Abs. 1 Nr. 1 SGB V gleichgestellt; sie sind daher durchgehend – während der Studiums und der Praxisphase – versicherungspflichtig.

IV. Zahlung von Beiträgen und Steuern

27 Der Arbeitnehmer erhält seinen Arbeitsverdienst bis zu 450 € (Grenzwert vor dem 01.01.2013: 400 €) brutto ohne Abzüge, während die gesetzlichen Abgaben allein der Arbeitgeber trägt. Der Arbeitgeber entrichtet eine pauschale Sozialabgabe in Höhe von 13 v.H. zur Krankenversicherung (entfällt, wenn der Arbeitnehmer bei einer privaten Krankenversicherung versichert ist), 15 v.H. zur gesetzlichen Rentenversicherung und eine einheitliche Pauschalsteuer in Höhe von 2 v.H.

28 Für geringfügige Beschäftigte im privaten Haushalten gem. § 8a SGB IV beträgt der Arbeitgeberbeitrag abweichend von den o.g. Beitragssätzen zur Kranken- und Rentenversicherung jeweils 5 v.H.

29 Die pauschalen Sozialabgaben und die pauschale Steuer sind insgesamt vom Arbeitgeber an die Deutsche Rentenversicherung Knappschaft-Bahn-See-Minijob-Zentrale in 45115 Essen als zentrale Einziehungsstelle zu entrichten.

---

[2] BSG v. 19.02.1987 - 12 RK 9/85 - SozR 2200 § 172 Nr. 19.

V. Aufstockung der Rentenversicherungsbeiträge

Seit dem 01.01.2013 unterliegen Arbeitnehmer, die eine geringfügige Beschäftigung ausüben, grundsätzlich der Versicherungs- und vollen Beitragspflicht in der gesetzlichen Rentenversicherung. Die Eigenleistung des Arbeitnehmers wird vom Arbeitslohn abgezogen und vom Arbeitgeber zusammen mit dem Arbeitgeberanteil an die Deutsche Rentenversicherung Knappschaft-Bahn-See überwiesen. Der Eigenanteil des Arbeitnehmers besteht in der Differenz zwischen dem vom Arbeitgeber gezahlten Pauschbetrag zur Rentenversicherung in Höhe von 15 v.H. und dem vollen Beitragssatz zur gesetzlichen Rentenversicherung in Höhe von derzeit 18,7% (2014: 18,9%), somit z.Zt. 3,7% (2014: 3,9%). Bei einer geringfügigen Beschäftigung in einem privaten Haushalt, bei der der pauschale Beitrag des Arbeitgebers 5% beträgt, hat der Arbeitnehmer dementsprechend 13,7% (2014: 13,9%) selbst zu entrichten. Dabei ist gem. § 163 Abs. 8 SGB VI als Mindestbeitragsbemessungsgrundlage ein Betrag in Höhe von 175 € zugrunde zu legen. Bei einem Beitragssatz von derzeit 18,7% bedeutet dies, dass als Rentenversicherungsbeitrag mindestens ein Betrag von 32,73 € zu zahlen ist. Demnach hat der geringfügig Beschäftigte bei einem monatlichen Arbeitsentgelt unter 175 € den vom Arbeitgeber in Höhe von 15% bzw. 5% zu tragenden Beitragsanteil auf 32,73 € aufzustocken. 30

Beispiel: Für die Aufstockung des Rentenversicherungsbeitrages bei einem monatlichen Arbeitsverdienst von 450 €: 31

	Pauschale Zahlung des Arbeitgebers	
	Rentenversicherung (15%)	67,50 €
+	Krankenversicherung (13%)	58,50 €
+	pauschale Lohnsteuer (2%)	9 €
=	Summe	135 €
–	voller Rentenversicherungsbeitrag (18,7%)	84,15 €
–	Arbeitgeberanteil (15%)	67,50 €
=	vom Arbeitnehmer zu entrichtender Anteil (- 3,7%)	16,65 €

Ist die Versicherungspflicht nicht gewollt, kann sich der Arbeitnehmer von ihr befreien lassen. Hierzu muss er seinem Arbeitgeber schriftlich mitteilen, dass er die Befreiung wünscht. Der Antrag kann nur für alle zeitgleich ausgeübten geringfügigen Beschäftigungen gestellt werden und ist für die Dauer der Beschäftigung bindend. 32

Die Befreiung wirkt ab Beginn des Kalendermonats des Eingangs beim Arbeitgeber. Voraussetzung ist die Meldung des Arbeitgebers bei der Minijob-Zentrale bis zur nächsten Entgeltabrechnung, spätestens innerhalb von 6 Wochen nach Eingang des Befreiungsantrages beim Arbeitgeber. Wer in einem bereits bestehenden versicherungsfreien Minijob im Jahre 2013 weiter arbeitet, ist auch künftig versicherungsfrei. Eines Befreiungsantrags bedarf es allerdings dann, wenn der Arbeitgeber den Verdienst auf über 400 € erhöht. 33

VI. Gleitzonen gem. § 20 Abs. 2 SGB IV

Eine Gleitzone liegt seit dem 01.01.2013 bei einem Beschäftigungsverhältnis vor, wenn das Arbeitsentgelt 450,01 € und 850 € monatlich liegt und die Grenze von 850 € monatlich regelmäßig nicht überschritten wird (Bei mehreren Beschäftigungsverhältnissen ist das insgesamt erzielte Arbeitsentgelt maßgebend. Die Gleitzonenregelung gilt nicht für Auszubildende. 34

Da die Grenze von 450 € überschritten ist, besteht grundsätzlich eine Versicherungspflicht in allen Zweigen der Sozialversicherung. Der Arbeitgeber hat insoweit den vollen Arbeitgeberanteil zur Sozialversicherung zu entrichten. Beim Arbeitnehmer steigen dagegen die Beiträge linear bis zum vollen Arbeitnehmeranteil. 35

Dabei werden die Beiträge des Arbeitnehmers nicht vom tatsächlichen Arbeitsentgelt, sondern in der Kranken- (§ 226 Abs. 4 SGB V), Pflege- (§ 57 Abs. 1 SGB XI), Renten- (§ 163 Abs. 10 SGB VI) und Arbeitslosenversicherung (§ 344 Abs. 4 SGB III) von einem geringeren Bemessungsentgelt berechnet. 36

Die dazu notwendigen Berechnungsgrößen werden jährlich vom Bundesministerium für Gesundheit und soziale Sicherung im Bundesanzeiger bekannt gegeben. 37

Seit dem 01.01. 2015 lautet die Formel zur Berechnung des Bemessungsentgeltes: 38
Bemessungsentgelt = 1,2716 x Arbeitsentgelt – 230,93

Zuvor lautete die Formel zur Berechnung des Bemessungsentgelts seit dem 01.01.2013 39

Bemessungsentgelt = 1,2694 x Arbeitsentgelt – 229,02

40 Beispiel für die Beitragsverteilung auf Arbeitgeber (AG) und Arbeitnehmer (AN):

Monatliches Arbeitsentgelt	550 €
Beitragssätze zur	
- Krankenversicherung	15,5%
- Pflegeversicherung	2,35%
- Rentenversicherung	18,7%
- Arbeitslosenversicherung	3,0%
Bemessungsentgelt zur Berechnung der Beiträge des AN (1,2716x 550 € - 230,93)	468,45 €

Beiträge zur Krankenversicherung

Gesamtbeitrag (468,45 € x 15,5%)	72,61 €
− AG-Anteil (550 € x 7,3%)	40,15 €
= AN-Anteil	**32,46 €**

Beiträge zur Pflegeversicherung

Gesamtbeitrag (468,45 € x 2,35%)	11,01 €
− AG-Anteil (550 € x 1,175%)	6,46 €
= AN-Anteil	**4,55 €**

Beiträge zur Rentenversicherung

Gesamtbeitrag (468,45 € x 18,7%)	87,60 €
− AG-Anteil (550 € x 9,35%)	51,43 €
= AN-Anteil	**36,17 €**

Beiträge zur Arbeitslosenversicherung

Gesamtbeitrag (468,45 € x 3%)	14,05 €
− AG-Anteil (550 € x 1,5%)	8,25 €
= AN-Anteil	**5,80 €**

Der Arbeitnehmerbeitragsanteil zur gesamten Sozialversicherung beträgt somit **78,98 €**.

C. Die gesetzliche Krankenversicherung (SGB V)

I. Die Folgen von Trennung und Scheidung im Rahmen der Krankenversicherung

41 Krankenversicherungsschutz gewährleistet bei Vorliegen der entsprechenden Voraussetzungen entweder die gesetzliche Krankenversicherung (GKV) oder aber die private Krankenversicherung (PKV). Dabei sind für die GKV die gesetzlichen Regelungen des SGB V und für die PKV die §§ 178a ff. VVG i.V.m. den allgemeinen Versicherungsbedingungen (AVB) maßgeblich.

42 Soweit die Voraussetzungen einer Pflichtversicherung oder auch einer freiwilligen Versicherung zur GKV vorliegen, sind die gesetzlichen Krankenversicherungen verpflichtet, grundsätzlich jede Person als Mitglied aufzunehmen, unabhängig vom Alter oder dem Gesundheitszustand. Der Beitrag zur GKV ist ausschließlich einkommensabhängig. Die GKV erbringt gem. § 2 Abs. 2 SGB V ihre Leistungen in Form der Sach- und Dienstleistung.

II. Der versicherte Personenkreis

43 In der GKV wird unterschieden zwischen der Versicherung kraft Gesetzes, der Versicherungsberechtigung und der Versicherung der Familienangehörigen.

1. Versicherungspflicht

44 In § 5 SGB V ist der versicherungspflichtige Personenkreis erfasst. Dazu gehören insbesondere:
- Gem. § 5 Abs. 1 Nr. 1 SGB V Personen, die in einem abhängigen Beschäftigungsverhältnis stehen und deren regelmäßiges Einkommen die Jahresarbeitsentgeltgrenze nicht übersteigt. Diese Grenze wird jährlich von der Bundesregierung mittels Rechtsverordnung festgesetzt und beträgt im Jahre 2012 50.850 € jährlich (= 4.237,50 € monatlich).

- Gem. § 6 Abs. 1 Nr. 1 SGB V sind Arbeiter und Angestellte versicherungsfrei, deren regelmäßiges Jahresarbeitsentgelt die Jahresarbeitsentgeltgrenze übersteigt. Diesen ist es freigestellt, sich in der GKV krankenversichern zu lassen. Versicherungsfreiheit ist danach gegeben, wenn der Arbeitnehmer die Jahresarbeitsentgeltgrenze im aktuellen Jahr überschreitet und dieses voraussichtlich auch im nachfolgenden Jahr der Fall sein wird. Des Weiteren können Berufsstarter mit einem Arbeitsentgelt über der Versicherungspflichtgrenze sofort eine freiwillige Mitgliedschaft in der gesetzlichen Krankenversicherung begründen.
- Aus Gründen des Besitzstandsschutzes sind weiterhin versicherungsfrei Arbeitnehmer, die bereits am 02.02.2007 wegen Überschreitens der Jahresarbeitsentgeltgrenze versicherungsfrei und bei der GKV versichert waren. Ebenfalls aus Gründen des Bestandsschutzes gilt für Personen, die bereits am 31.12.2002 in der GKV versicherungsfrei und privat krankenversichert waren, eine Sonderregelung. Für diesen Personenkreis ist nämlich die Jahresarbeitsentgeltgrenze von 49.500 € = monatlich 4.125 € (2014: 48.600 € = monatlich 4.050 €) maßgeblich, was der Beitragsbemessungsgrenze für das Kalenderjahr 2015 (bzw. 2014) entspricht. Das deshalb, weil bis einschließlich 2002 das Gesetz eine Jahresarbeitsentgeltgrenze nicht kannte und ausschließlich die Beitragsbemessungsgrenze maßgebliches Kriterium für die Versicherungsfreiheit in der GKV war.
- Gem. § 6 Abs. 3a SGB V sind des Weiteren versicherungsfrei Personen, die erst nach Vollendung des 55. Lebensjahres versicherungspflichtig werden, jedoch in den letzten 5 Jahren vor dem Eintritt in die GKV nicht versichert waren und wenn mehr als die Hälfte dieser Zeit Versicherungsfreiheit bestand. Dadurch wird höher verdienenden Angestellten und Selbständigen die Rückkehr in die gesetzliche Krankenversicherung im Alter unmöglich gemacht.
- Gem. § 5 Abs. 1 Nr. 11 SGB V Rentner oder Rentenantragsteller, wenn diese seit der erstmaligen Aufnahme einer Erwerbstätigkeit bis zur Stellung des Rentenantrages mindestens 9/10 der 2. Hälfte dieses Zeitraums selbst gesetzlich krankenversichert oder familienversichert waren.
- Gem. § 5 Abs. 1 Nr. 9 SGB V Studenten, die an Hochschulen eingeschrieben sind, bis zum Abschluss des 14. Fachsemesters, längstens bis zur Vollendung des 30. Lebensjahres. Besondere Umstände können eine Überschreitung der Altersgrenze bzw. der Studienzeit rechtfertigen.
- Gem. § 5 Abs. 1 Nr. 2 und 2a SGB V Personen, die Arbeitslosengeld I, Unterhaltsgeld oder Arbeitslosengeld II – soweit letztere nicht familienversichert sind – beziehen.
- Gem. § 5 Abs. 1 Nr. 7 und 8 SGB V behinderte Menschen, die in anerkannten Werkstätten tätig oder in einer Einrichtung für Behinderte aufgenommen sind und dort kontinuierlich eine Leistung von wirtschaftlichem Wert erbringen (1/5 der Leistung eines voll Erwerbsfähigen in einer gleichartigen Beschäftigung).
- Gem. § 5 Abs. 1 Nr. 13 SGB V Personen ohne anderweitige Absicherung im Krankheitsfall. Dieser gesetzliche Auffangtatbestand ist am 01.04.2007 in Kraft getreten und soll für alle Einwohner den Versicherungsschutz im Krankheitsfall sicherstellen. Erfasst werden Personen, die bisher weder gesetzlich noch privat krankenversichert sind oder waren, es sei denn, dass sie selbständig tätig sind oder gem. § 6 Abs. 1 oder 2 SGB V Versicherungsfreiheit besteht. Auch tritt die Versicherungspflicht gem. § 5 Abs. 1 Nr. 13 SGB V dann nicht ein, wenn bereits eine freiwillige Versicherung in der GKV oder eine Familienversicherung besteht.

Die Beitragsbemessungsgrenze für das Kalenderjahr 2015 (zugleich die Arbeitsentgeltgrenze für Personen, die unter den Besitzstandschutz fallen) beträgt 49,500 €: 4.125 € monatlich.

Die Jahresarbeitsentgeltgrenze im Jahre 2014 beträgt 53.550 € jährlich = 4.462,50 € monatlich; die Beitragsbemessungsgrenze beträgt 48.600 € = monatlich 4.050 €.

2. Freiwillige Versicherung in der gesetzlichen Krankenversicherung

§ 9 SGB V eröffnet die Möglichkeit, der gesetzlichen Krankenversicherung freiwillig beizutreten, was insbesondere für folgenden Personenkreis gilt:
- Mitglieder, die aus der Versicherungspflicht ausgeschieden sind und in den letzten 5 Jahren vor dem Ausscheiden mindestens 24 Monate oder unmittelbar vor dem Ausscheiden ununterbrochen mindestens 12 Monate in der gesetzlichen Krankenversicherung versichert waren,
- Personen, deren Familienversicherung erlischt,
- Personen, die erstmals eine auf Dauer angelegte Erwerbstätigkeit aufnehmen und wegen Überschreitens der Jahresarbeitsentgeltgrenze versicherungsfrei sind,

- schwerbehinderte Menschen, wenn sie, ein Elternteil, ihr Ehegatte oder ihr Lebenspartner in den letzten 5 Jahren vor dem Beitreten mindestens 3 Jahre versichert waren, es sei denn, diese Voraussetzungen konnten wegen der Behinderung nicht erfüllt werden.

3. Familienversicherung in der GKV

47 Im Gegensatz zur PKV sind in der GKV der Ehegatte, der Lebenspartner und die Kinder des Mitglieds kostenfrei mitversichert, wenn die Voraussetzungen des § 10 SGB V gegeben sind. Dazu gehört insbesondere, dass sie weder hauptberuflich selbständig erwerbstätig sind, noch ein Gesamteinkommen haben, das regelmäßig im Monat 1/7 der monatlichen Bezugsgröße gem. § 18 SGB IV übersteigt. Gem. § 16 SGB IV ist das Gesamteinkommen die Summe der Einkünfte im Sinne des Einkommensteuerrechts. Dabei können bei Einkünften aus nichtselbständiger Arbeit Werbungskosten in Abzug gebracht werden.[3] Soweit keine höheren Werbungskosten auf der Lohnsteuerkarte eingetragen sind, ist der Arbeitnehmerpauschbetrag gem. § 9a Satz 1 Nr. 1 EStG (1.000 €) in Abzug zu bringen. Die Bezugsgröße wird jährlich im Verordnungswege neu festgesetzt und beträgt im Jahre 2015 monatlich 2.835 €. 1/7 davon ergibt für das Jahr 2015 405 €.

48 Im Jahr 2014 beträgt die monatliche Bezugsgröße 2.765 €; 1/7 davon ergibt für das Jahr 2014 395 €.

49 Für geringfügig beschäftigte Familienangehörige gem. § 8 Abs. 1 Nr. 1 SGB IV und für geringfügig Beschäftigte in Privathaushalten gem. § 8a SGB IV beträgt seit 01.01.2013 das zulässige Gesamteinkommen monatlich 450 €.

50 Die Familienversicherung begründet einen eigenen Leistungsanspruch des mitversicherten Familienangehörigen, den dieser selbst geltend machen kann, so er das 15. Lebensjahr vollendet hat und damit gem. § 36 SGB I sozialrechtlich handlungsfähig ist. Für nicht handlungsfähige Familienversicherte ist deren gesetzlicher Vertreter handlungsberechtigt.

51 Dagegen kann im Rahmen der Beihilfe lediglich der Beihilfeberechtigte für den Familienangehörigen die Kostenerstattung geltend zu machen. Verweigert dieser die notwendige Mitwirkung, sind Schadensersatzansprüche vor dem Familiengericht geltend zu machen.

4. Kinder in der gesetzlichen Krankenversicherung

52 Ebenfalls familienversichert gem. § 10 Abs. 2 SGB V sind Kinder
- bis zur Vollendung des 18. Lebensjahres,
- bis zur Vollendung des 23. Lebensjahres, wenn sie nicht erwerbstätig sind,
- bis zur Vollendung des 25. Lebensjahres, wenn sie sich in Schul- oder Berufsausbildung befinden oder ein freiwilliges soziales oder ökologisches Jahr ableisten. Dabei wird der Zeitraum über das 25. Lebensjahr hinaus um die Zeiten verlängert, in denen sich die Ausbildung durch Ableisten des Wehr-/Zivildienstes verlängert,
- ohne Altersgrenze, wenn sie als behinderte Menschen außer Stande sind, sich selbst zu unterhalten. Das ist dann der Fall, wenn das Kind seinen eigenen Lebensunterhalt, zu dem auch notwendige Aufwendungen in Folge der Behinderung sowie sonstige Ausgaben des täglichen Lebens rechnen, nicht selbst durch Arbeitseinkommen oder andere Einkünfte bestreiten kann. Darüber hinaus muss die Behinderung bereits zu einem Zeitpunkt vorgelegen haben, in dem das Kind schon familienversichert war.

53 Als Kinder in diesem Sinne gelten auch Stiefkinder und Enkel, die das Mitglied überwiegend unterhält sowie Pflegekinder. Das setzt voraus, dass das Mitglied zum Unterhalt des Kindes auf Dauer mehr als die Hälfte beiträgt.

54 Wenn beide Elternteile Einkommen erzielen, sind folgende Möglichkeiten der Mitversicherung denkbar:

Hauptverdiener	Ehegatte	Kind
Arbeitnehmer = pflichtversichert in der GKV	Nicht berufstätig = kostenfrei mitversichert	Kostenfrei mitversichert
Arbeitnehmer = pflichtversichert in der GKV	Arbeitnehmer = pflichtversichert in der GKV	Kostenfrei mitversichert bei einem Ehegatten
Einkommen oberhalb der Jahresarbeitsentgeltgrenze = PKV	Arbeitnehmer = pflichtversichert in der GKV	Da Hauptverdiener privat krankenversichert ist, ist das Kind kostenpflichtig in der PKV oder in der GKV mitzuversichern

---

[3] BSG v. 22.07.1981 - 3 RK 7/80 - SozR 2200, § 205 Nr. 43.

Arbeitnehmer = aufgrund des Einkommens pflichtversichert in der GKV, aber wegen früherer Befreiung Verbleib in der PKV auf Antrag	Arbeitnehmer = pflichtversichert in der GKV	Da auch für den Hauptverdiener eigentlich Pflichtversicherung zur GKV besteht, kann das Kind kostenfrei in der GKV versichert werden
Arbeitnehmer = freiwillig versichert in der GKV	Arbeitnehmer = private Krankenversicherung	Kostenfrei mitversichert beim Hauptverdiener, da dieser Mitglied der GKV

III. Beiträge

Die Beitragssätze werden von den gesetzlichen Krankenversicherungen festgelegt und sind unterschiedlich hoch. Sie werden im Rahmen der Pflichtversicherung hälftig vom Arbeitnehmer und vom Arbeitgeber zur Krankenversicherung abgeführt. Der Beitrag ist einkommensabhängig und wird maximal von der Beitragsbemessungsgrenze, die jährlich neu festgesetzt wird erhoben. Seit dem 01.07.2005 hat darüber hinaus ausschließlich der Versicherte (nicht der Arbeitgeber) zusätzlich einen „Sonderbeitrag" zur gesetzlichen Krankenversicherung i.H.v. 0,9% des Bruttolohns zu entrichten.

Die Beitragssätze für die gesetzlichen Krankenversicherungen werden vom Gesetzgeber einheitlich festgelegt. Seit dem 01.01.2015 beträgt der gesetzlich festgelegte Beitragssatz in der gesetzlichen Krankenversicherung 14,6%. Davon entfallen auf den Arbeitgeber und auf den Arbeitnehmer jeweils 7,3%. Soweit der Finanzbedarf einer Krankenkasse nicht gedeckt ist, ist ein einkommensabhängiger Zusatzbeitrag von den Mitgliedern zu erheben. Der Zusatzbeitrag für den Arbeitnehmer beträgt z.Zt. durchschnittlich 0,9%, so dass vom Arbeitnehmer z.Zt. 8,2% zur Krankenversicherung zu zahlen sind. Für die Bemessung der Beiträge im Rahmen der freiwilligen Versicherung sind die Gesamteinkünfte des Mitglieds maßgeblich. Gem. § 240 Abs. 4 SGB V gilt als Mindestbemessungsgrundlage kalendertäglich der 90. Teil der monatlichen Bezugsgröße (945 € mtl.) und für freiwillig versicherte Selbständige kalendertäglich der 40. Teil der monatlichen Bezugsgröße (2.126,25 € mtl.).

Im Jahr 2014 beträgt der 90. Teil der monatlichen Bezugsgröße 921,67 € und der 40. Teil der monatlichen Bezugsgröße 2.073,75 € (im Jahre 2013 90. Teil der monatlichen Bezugsgröße 898,33 € und der 40. Teil der monatlichen Bezugsgröße 2.021,25 €).

Beschäftigte, die aufgrund der Überschreitung der Jahresarbeitsentgeltgrenze von der Versicherungspflicht befreit und in der PKV versichert sind, erhalten vom Arbeitgeber einen Zuschuss in Höhe der Hälfte des durchschnittlichen allgemeinen Beitragssatzes der Krankenkassen unter Berücksichtigung der bei einer Versicherungspflicht zugrunde zu legenden beitragspflichtigen Einnahmen, höchstens jedoch die Hälfte des Beitrages, den der Beschäftigte tatsächlich zu zahlen hat.

IV. Krankenkassenwahlrecht

Versicherungspflichtige gem. § 5 SGB V und Versicherungsberechtigte gem. § 9 SGB V können ihre Krankenkasse gem. § 173 SGB V selbst wählen. Die Ausübung des Wahlrechts gem. § 175 SGB V ist gegenüber der gewählten Krankenkasse zu erklären, die die Mitgliedschaft nicht ablehnen darf. Ausgeübt werden kann das Wahlrecht nach Vollendung des 15. Lebensjahres.

An die Wahl der neuen Krankenkasse ist das Mitglied 18 Monate gebunden, es sei denn, ein freiwilliges Mitglied will in die private Krankenversicherung wechseln oder aber es werden die Voraussetzungen der Familienversicherung gem. § 10 SGB V erfüllt. Wirksam wird der Krankenkassenwechsel mit Ablauf des übernächsten Kalendermonats, gerechnet von dem Monat, in dem das Mitglied die Kündigung erklärt, wenn das Mitglied innerhalb der Kündigungsfrist eine Mitgliedschaft bei einer anderen Krankenkasse durch eine Mitgliedsbescheinigung oder das Bestehen einer anderen Absicherung im Krankheitsfall nachweist.

Darüber hinaus besteht ein Sonderkündigungsrecht dann, wenn die Krankenkasse einen Zusatzbeitrag erhebt, diesen erhöht oder aber ihre Prämienzahlung verringert. In diesem Fall kann die Mitgliedschaft bis zur erstmaligen Fälligkeit der Beitragserhebung, der Beitragserhöhung oder der Prämienverringerung gekündigt werden. Die Krankenkasse hat ihre Mitglieder auf dieses Kündigungsrecht spätestens einen Monat vor erstmaliger Fälligkeit hinzuweisen.

V. Lohnersatzleistung

62 Tritt während des Arbeitsverhältnisses eine krankheitsbedingte Arbeitsunfähigkeit ein, zahlt die Krankenversicherung nach Beendigung der Lohnfortzahlung das Krankengeld. Gemäß § 49 SGB V ruht der Krankengeldanspruch, solange beitragspflichtiges Arbeitsentgelt oder Arbeitseinkommen gezahlt oder durch andere Leistungen ersetzt wird. Hauptberuflich Selbständigen steht ein Krankengeldanspruch nicht zu. Die Krankenkassen sind aber verpflichtet, über einen entsprechenden Wahltarif bei zusätzlicher Beitragsleistung einen krankheitsbedingten Einkommensausfall abzusichern.

63 Das Krankengeld wird gemäß § 48 SGB V wegen derselben Krankheit innerhalb einer Rahmenfrist von 3 Jahren (Blockfrist) gerechnet vom Tage des Beginns der Arbeitsunfähigkeit an, längstens 78 Wochen gezahlt, also nach Ablauf der Lohnfortzahlung von 6 Wochen noch 72 Wochen. Dabei wird die Leistungsdauer nicht verlängert, wenn während der Arbeitsunfähigkeit eine weitere Krankheit hinzutritt, auch wenn diese im Anschluss an die Arbeitsunfähigkeit wegen der zuerst eingetretenen Krankheit für sich alleine Arbeitsunfähigkeit verursacht. Für die hinzugetretene Krankheit wird eine weitere Blockfrist von dem Zeitpunkt an gebildet, von dem an die hinzugetretene Erkrankung alleine Arbeitsunfähigkeit verursacht.

64 **Nach Ablauf der Rahmenfrist** besteht ein neuer Anspruch auf Krankengeld wegen derselben Krankheit, wenn

- bei Eintritt der erneuten Arbeitsunfähigkeit eine Krankenversicherung mit Anspruch auf Krankengeld besteht und
- der Versicherte in der Zwischenzeit – nach Ablauf des Krankengeldanspruchs nach 78 Wochen und der erneuten Arbeitsunfähigkeit – mindestens 6 Monate nicht wegen dieser Krankheit arbeitsunfähig war und
- er entweder erwerbstätig war oder der Arbeitsvermittlung zur Verfügung stand.

65 Gemäß § 47 SGB V beträgt das Krankengeld 70 v.H. des Regelarbeitsentgelts, darf aber 90 v.H. des zugrunde zu legenden Nettoarbeitsentgelts nicht übersteigen.

66 Das Regelentgelt ist das in dem letzten vor Beginn der Arbeitsunfähigkeit abgerechneten Entgeltabrechnungszeitraum (mindestens während der letzten abgerechneten 4 Wochen) erzielte Arbeitsentgelt ohne Berücksichtigung des in diesem Zeitraum gezahlten einmaligen Arbeitsentgelts. Dabei wird das Regelarbeitsentgelt maximal bis zur Höhe der Beitragsbemessungsgrenze 2015 4.125 €) berücksichtigt. Einmalzahlungen (Urlaubs-/Weihnachtsgeld etc.) werden mit dem 360-sten Teil der Einmalzahlung dem Regelentgelt hinzugerechnet. Mehrarbeitsstunden werden berücksichtigt, soweit während der letzten abgerechneten drei Monate regelmäßig Mehrarbeitsstunden geleistet oder vergütet worden sind.[4]

67 Im Jahre 2014 beträgt die Beitragsbemessungsgrenze 4.050 € Wurde zuletzt **Arbeitslosengeld I oder II**, oder **Unterhaltsgeld** bezogen, wird Krankengeld in gleicher Höhe gemäß § 47b SGB V gewährt.

68 Gemäß § 45 SGB V besteht ein Anspruch auf Krankengeldzahlung, wenn der Versicherte der Arbeit fern bleiben muss, um sein **erkranktes Kind** zu betreuen, wenn eine andere im Haushalt lebende Person diese Betreuung nicht leisten kann und das erkrankte Kind das 12. Lebensjahr noch nicht vollendet hat oder aufgrund einer Behinderung auf Hilfe angewiesen ist. Dieser Anspruch auf Krankengeldzahlung besteht in jedem Kalenderjahr für jedes Kind längstens für 10 Arbeitstage, für allein erziehende Versicherte längstens für 20 Arbeitstage, insgesamt aber nicht länger als 25 Arbeitstage bzw. bei allein erziehenden Versicherten nicht mehr als 50 Arbeitstage je Kalenderjahr.

69 Weitere Voraussetzung ist, dass der Anspruch auf **Entgeltfortzahlung nach** § 616 BGB bei Arbeitsverhinderung wegen der Betreuung eines erkrankten Kindes arbeitsvertraglich abbedungen ist.

70 Während des Krankengeldbezuges hat der Versicherte gem. § 45 Abs. 3 SGB V gegen seinen Arbeitgeber Anspruch auf unbezahlte Freistellung.

VI. Die Krankenversicherung nach Trennung und Scheidung

71 Waren während der Ehezeit der Ehegatte und die Kinder mangels eigener Krankenversicherung familienversichert, haben Trennung und Scheidung Auswirkungen auf das Versicherungsverhältnis.

---

[4] BSG v. 23.01.1973 - 3 RK 22/70 - BSGE 35, 126.

1. Krankenversicherungsschutz in der Trennungszeit

Sind der Ehegatte und die Kinder gem. § 10 SGB V im Rahmen der Familienversicherung mitversichert, hat die Trennung der Eheleute selbst darauf zunächst keine Auswirkung. Anderes gilt jedoch dann, wenn der mitversicherte Ehegatte Unterhaltsleistungen bezieht, die der Unterhaltspflichtige gem. § 10 Abs. 1 Nr. 1 EStG als Sonderausgaben steuerlich absetzt. Das hat zur Folge, dass der Unterhaltsberechtigte diese Unterhaltsleistungen gem. § 22 Nr. 1 a EStG zu versteuern hat, was wiederum dazu führt, dass die bezogenen Unterhaltsleistungen dem Gesamteinkommen des Berechtigten gem. § 16 SGB IV zugeordnet werden.[5] Übersteigen die Gesamteinkünfte des unterhaltsberechtigten Ehegatten 1/7 der monatlichen Bezugsgröße (2015 = 405 € bzw. für geringfügig Beschäftigte 450 €), endet die Mitversicherung bereits in der Trennungszeit gem. § 10 Abs. 1 Nr. 5 EStG.

Im Jahre 2014 beträgt 1/7 der monatlichen Bezugsgröße 395 € und die Einkommensgrenze für geringfügig Beschäftigte betrug ab 01.01.2013 monatlich 450 €.

Endet während des Getrenntlebens die Familienversicherung gem. § 10 SGB V aus einem anderen Grund (z.B.: der Unterhaltspflichtige macht sich selbständig), so ist der Unterhaltsberechtigte davon in Kenntnis zu setzen, da sich ansonsten der Unterhaltspflichtige schadensersatzpflichtig macht.[6]

2. Krankenversicherungsschutz bei Scheidung der Ehe

Mit Rechtskraft der Scheidung endet die Familienversicherung gem. § 10 SGB V in der GKV. Des Weiteren entfällt mit rechtskräftiger Scheidung im öffentlichen Dienst die Beihilfeberechtigung für den geschiedenen Ehegatten.

3. Freiwillige Versicherung gem. § 9 SGB V

Der mit Rechtskraft der Scheidung aus der Familienversicherung ausgeschiedene Ehegatte kann innerhalb einer Ausschlussfrist von 3 Monaten gem. § 9 Abs. 2 SGB V ab rechtskräftiger Scheidung schriftlich beantragen, in der GKV weiterhin als freiwilliges Mitglied gegen eine entsprechende Beitragsentrichtung versichert zu werden. Diese Möglichkeit besteht auch dann, wenn während der Trennungszeit die Familienversicherung endet, weil aufgrund der zuzurechnenden Unterhaltszahlungen zum Gesamteinkommen die Einkommensgrenzen gem. § 10 Abs. 1 Nr. 5 SGB V überschritten werden.

Weitere Voraussetzung zur Erlangung der freiwilligen Versicherung ist die Erfüllung der Vorversicherungszeiten. Danach muss der versicherte Ehegatte, von dem die Familienversicherung abgeleitet wird, in den letzten 5 Jahren mindestens 24 Monate oder unmittelbar vor der Beendigung der Familienversicherung ununterbrochen mindestens 12 Monate in der GKV versichert gewesen sein.

Die Ehescheidung ist auch bedeutsam für die Krankenversicherung der Kinder. War insoweit eine Familienversicherung während bestehender Ehe ausgeschlossen, weil der nicht versicherte Ehegatte über ein zu hohes Einkommen verfügte, entfällt dieser Ausschlussgrund mit rechtskräftiger Scheidung. Innerhalb der 3-Monatsfrist ist dann eine freiwillige Versicherung gem. § 9 Abs. 1 Nr. 2 SGB V möglich.

Entfällt mit Scheidung der Ehe die Beihilfeberechtigung im öffentlichen Dienst, muss sich der geschiedene Ehegatte selbst in der PKV versichern, was erhebliche Kosten verursachen kann. Eine andere Möglichkeit besteht nur dann, wenn der Ehegatte nach der Scheidung eine Erwerbstätigkeit aufnimmt und somit eine Versicherungspflicht in der GKV gem. § 5 Abs. 1 Nr. 1 SGB V begründet.

So bei einer Beamtenehe der geschiedene Ehegatte eine Erwerbstätigkeit aufnimmt, um so auch den Krankenversicherungsschutz in der GKV zu erlangen, ist insbesondere die Vorschrift des § 6 Abs. 3 a SGB V zu berücksichtigen. Danach ist eine Versicherung in der GKV ausgeschlossen für Personen, die nach Vollendung der 55. Lebensjahres versicherungspflichtig werden, in den letzten 5 Jahren vor Eintritt der Versicherungspflicht nicht gesetzlich versichert waren und die Hälfte dieser Zeit versicherungsfrei oder selbständig waren oder aber mit einer Person verheiratet waren, die diese Voraussetzungen erfüllt.

Es besteht jedoch die Möglichkeit, eine private Vollversicherung zum Basistarif gem. § 193 Abs. 3, Abs. 5 VVG i.V.m. § 12 Abs. 1 lit. a-c VAG ohne Prämienzuschlag abzuschließen. Der Beitrag hierfür beläuft sich auf den Höchstbetrag der gesetzlichen Krankenversicherung gem. § 12 Abs. 1 lit. a VAG, somit im Jahre 2015 auf 15,5% von 4.125 € = 639,38 €.

Im Jahre 2014 beläuft sich der Beitrag auf 15,5% von 4.050 € = 627,75 €.

---

[5] BSG v. 03.02.1994 - 12 RK 5/92 - FamRZ 1994, 1239.
[6] OLG Köln v. 26.03.1985 - 4 UF 284/84 - FamRZ 1985, 926.

D. Rentenversicherung

I. Versicherter Personenkreis

83 **Beschäftigte gem. § 1 SGB VI, z.B.:**
- Arbeiter, Angestellte und Auszubildende,
- behinderte Menschen, die in anerkannten Werkstätten für behinderte Menschen tätig sind oder in Anstalten, Heimen oder gleichartigen Einrichtungen in gewisser Regelmäßigkeit eine Leistung erbringen, die 1/5 der Leistung eines vollerwerbsfähigen Beschäftigten in gleichartiger Beschäftigung entspricht,
- Personen, die in Einrichtungen der Jugendhilfe oder Berufsbildungswerken o.a. Einrichtungen für eine Erwerbstätigkeit befähigt werden sollen,
- Auszubildende, die in einer außerbetrieblichen Einrichtung im Rahmen eines Berufsausbildungsvertrages nach dem Berufsausbildungsgesetz ausgebildet werden,
- Mitglieder geistlicher Genossenschaften, Diakonissen und Angehörige ähnlicher Gemeinschaften.

84 **Selbständig Tätige gem. § 2 SGB VI, z.B.:**
- selbständige Lehrer und Erzieher, die keinen versicherungspflichtigen Arbeitnehmer beschäftigen,
- selbständige Pflegepersonen, die keinen versicherungspflichtigen Arbeitnehmer beschäftigen,
- selbständige Hebammen und Entbindungspfleger,
- selbständige Seelotsen,
- selbständige Künstler und Publizisten,
- selbständige Hausgewerbetreibende,
- selbständige Küstenschiffer,
- Personen, die im Zusammenhang mit ihrer selbständigen Tätigkeit keinen versicherungspflichtigen Arbeitnehmer beschäftigen, dessen Arbeitsentgelt regelmäßig 450 € im Monat übersteigt und die auf Dauer im Wesentlichen nur für einen Auftraggeber tätig sind,
- Arbeitnehmer, die bei Aufnahme einer selbständigen Tätigkeit einen Existenzgründungszuschuss erhalten.

85 **Sonstige Versicherte gem. § 3 SGB VI, z.B.:**
- Personen während der Zeit anzurechnender Kindererziehungszeiten,
- Personen, die einen Pflegebedürftigen nicht erwerbstätig wenigstens 14 Stunden wöchentlich in seiner häuslichen Umgebung pflegen,
- Wehrdienst- und Zivildienstleistende,
- Sozialleistungsbezieher, wenn sie im letzten Jahr vor Beginn der Leistung versicherungspflichtig waren,
- Vorruhestandsgeldbezieher, wenn sie unmittelbar vor Beginn der Leistung versicherungspflichtig waren.

86 **Freiwillig Versicherte gem. § 7 SGB VI:** Soweit keine Versicherungspflicht besteht, können sich alle Personen in der BRD und Deutsche, die ihren gewöhnlichen Aufenthalt im Ausland haben, für Zeiten von der Vollendung des 16. Lebensjahres auf Antrag freiwillig versichern.

87 **Versicherungsfrei gem. § 5 SGB VI, z.B.:**
- Beamte, Richter, Berufs- und Zeitsoldaten,
- sonstige Beschäftigte von Körperschaften, Anstalten, Stiftungen öffentlichen Rechts, soweit ihnen eine Anwartschaft auf entsprechende Altersversorgung gewährleistet wird,
- satzungsgemäße Mitglieder geistlicher Genossenschaften, Diakonissen und Angehörige ähnlicher Gemeinschaften, wenn ihnen nach den Regeln der Gemeinschaft eine Anwartschaft auf entsprechende Altersversorgung gewährt wird,
- geringfügig Beschäftigte, Studenten während eines in der Studien- oder Prüfungsordnung vorgeschriebenen Praktikums oder während eines Praktikums, bei dem das regelmäßige monatliche Entgelt 450 € nicht übersteigt,
- Personen, die eine Vollrente wegen Alters beziehen.

88 **Versicherungsfrei auf Antrag gem. § 6 SGB VI, z.B.:**
- Mitglieder einer berufsständischen Versorgungseinrichtung und selbständige Handwerker, wenn für sie mindestens 18 Jahre lang Pflichtbeiträge gezahlt worden sind, ausgenommen Bezirksschornsteinfegermeister,
- Selbständige mit einem Auftraggeber für die Dauer von drei Jahren.

II. Beiträge zur Rentenversicherung

Der Beitrag zur gesetzlichen Rentenversicherung, der im Rahmen eines Beschäftigungsverhältnisses zur Hälfte vom Arbeitnehmer und zur Hälfte vom Arbeitgeber zu tragen ist, beträgt im Jahre 2015 18,7% des Arbeitseinkommens bis zur Beitragsbemessungsgrenze von monatlich 6.050 € (West)/5.200 € (Ost). Die Mindestbeitragsbemessungsgrundlage für freiwillig Versicherte beträgt gem. § 167 SGB VI monatlich 450 €. 89

Im Jahre 2014 beträgt die Beitragsbemessungsgrenze monatlich 5.950 € (West)/5.000 € (Ost). 90

III. Voraussetzungen und Bemessung der Renten

Gem. § 33 SGB VI werden Renten geleistet wegen Alters, wegen verminderter Erwerbsfähigkeit oder wegen Todes. 91

Voraussetzung für die Gewährung der Rentenleistung ist, dass die jeweilige Mindestversicherungszeit (Wartezeit) erfüllt ist und die jeweiligen besonderen versicherungsrechtlichen und persönlichen Voraussetzungen vorliegen. Außerdem dürfen die jeweiligen Hinzuverdienstgrenzen nicht überschritten werden. 92

Gem. § 64 SGB VI lautet die Rentenformel für die Berechnung des Monatsbetrags der jeweiligen Rente: 93

$$\text{Entgeltpunkte} \times \text{Rentenartfaktor} \times \text{aktueller Rentenwert}$$

1. Rentenrechtliche Zeiten

Zur Bemessung der Entgeltpunkte (EP) sind insbesondere die rentenrechtlichen Zeiten gem. § 54 SGB VI maßgeblich. 94

a. Beitragszeiten

Beitragszeiten sind Zeiten, für die Pflichtbeiträge oder freiwillige Beiträge entrichtet worden sind. Die Bewertung in Entgeltpunkten erfolgt nach § 63 Abs. 2 SGB VI. Dabei wird das durch Beiträge versicherte Arbeitsentgelt in Relation zum Durchschnittsentgelt des jeweiligen Kalenderjahres gesetzt. Das vorläufige Durchschnittsentgelt für das Jahr 2015 beträgt 34.999 €.[7] Entspricht das versicherte Arbeitsentgelt dem Durchschnittsentgelt, ergibt dies 1 EP. Bei Abweichungen vermindert oder erhöht sich der EP entsprechend, wobei höchstens 2 EP pro Kalenderjahr erworben werden können. 95

Das vorläufige Durchschnittsentgelt für das Jahr 2014 beträgt 34.857 €. 96

Ebenfalls zu den Beitragszeiten rechnen die Kindererziehungszeiten gem. § 56 SGB VI. Gem. § 70 Abs. 2 SGB VI sind für jeden Kalendermonat 0,0833 EP zu berücksichtigen, somit 1 EP pro Jahr. Gem. § 56 Abs. 1 Satz 1 SGB VI werden für jedes Kind 3 Jahre angerechnet mit der Einschränkung, dass für Geburten vor dem 01.01.1992 gem. § 249 Abs. 1 SGB VI zwei Jahre pro Kind angerechnet werden können. 97

Die Erziehungszeit ist dem Elternteil zuzuordnen, der sein Kind erzogen hat. Haben die Eltern ihr Kind gemeinsam erzogen, können sie durch eine übereinstimmende Erklärung bestimmen, welchem Elternteil die Erziehungszeit bis zu 2 Monaten rückwirkend zuzuordnen ist. Wurde eine Übereinstimmungserklärung nicht abgegeben, ist die Erziehungszeit der Mutter zuzuordnen. Ist ein Elternteil von der Anrechnung der Kindererziehungszeiten ausgeschlossen (Mitgliedschaft in einem Versorgungswerk) so wird immer dem Ehegatten die Kindererziehungszeit kraft Gesetzes zugeordnet, der von ihrer Anrechnung nicht ausgeschlossen ist.[8] 98

Beitragszeiten sind auch beitragsgeminderte Zeiten, die sowohl mit Beitragszeiten als auch mit beitragsfreien Zeiten belegt sind. 99

b. Beitragsfreie Zeiten

Dazu gehören Anrechnungszeiten gem. § 58 SGB VI (z.B. Krankheit, Arbeitslosigkeit, Ausbildung, etc.) sowie Ersatzzeiten gem. § 250 SGB VI. 100

Gem. § 63 Abs. 3 SGB VI werden für beitragsfreie Zeiten EP angerechnet, deren Höhe von der Gesamtleistungsbewertung der übrigen Beitragszeiten abhängig ist. 101

---

[7] Verordnung über maßgebende Rechengrößen der Sozialversicherung für 2014 v. 02.12.2013 in BGBl I 2013, 4038.
[8] BSG v. 25.05.1993 - 4 RA 46/92 - SozR 3 6180 Art. 13 Nr. 4.

c. Berücksichtigungszeiten

102 Hierzu gehören die Zeiten der Erziehung eines Kindes bis zu dessen vollendetem 10. Lebensjahr gem. § 57 SGB VI sowie auf Antrag Zeiten der nicht erwerbsmäßigen Pflege eines Pflegebedürftigen in der Zeit vom 01.01.1992 bis zum 31.03.1995 gem. § 249b SGB VI. EP werden dadurch grundsätzlich nicht erworben (Ausnahmen gem. § 70 Abs. 3a SGB VI).

2. Aktueller Rentenwert

103 Der aktuelle Rentenwert gem. § 68 SGB VI ist der Betrag, der einer monatlichen Rente wegen Alters entspricht, wenn für ein Kalenderjahr Beiträge aufgrund des Durchschnittsentgelts des entsprechenden Kalenderjahres gezahlt worden sind. Der aktuelle Rentenwert wird zum 01.07. eines jeden Jahres neu festgesetzt und beträgt bis zum 30.06. 2015 28,61 € (West)/26,39 € (Ost). Bis zum 30.06. 2014 betrug er 28,14 € (West)/25,74 € (Ost).

104 Rentenartfaktor gem. § 67 SGB VI

105 Faktoren gem. § 67 SGB VI:

Renten wegen Alters	1,0
Renten wegen teilweiser Erwerbsminderung	0,5
Renten wegen voller Erwerbsminderung	1,0
Erziehungsrenten	1,0
Kleine Witwen-/Witwerrenten bis zum Ende des 3. Kalendermonats nach Ablauf des Sterbemonats	1,0
- anschließend	0,25
Große Witwen-/Witwerrenten bis zum Ende des 3. Kalendermonats nach Ablauf des Sterbemonats	1,0
- anschließend	0,55
Halbwaisenrenten	0,1
Vollwaisenrenten	0,2

3. Wartezeiten gem. § 50 SGB VI

106 Für die unterschiedlichen Wartezeiten gibt es unterschiedliche Zeiten, die darauf angerechnet werden
- Allgemeine Wartezeit und Wartezeit von 20 Jahren: Es werden Kalendermonate mit Beitragszeiten angerechnet.
- Wartezeit von 25 Jahren: Es werden Kalendermonate mit Beitragszeiten aufgrund einer Beschäftigung mit ständigen Arbeiten unter Tage angerechnet.
- Wartezeit von 35 Jahren: Es werden alle Kalendermonate mit rentenrechtlichen Zeiten angerechnet.
- Wartezeiterfüllung durch Versorgungsausgleich gem. § 52 SGB VI: Der Versorgungsausgleich führt dazu, dass auf die Wartezeit anrechenbare Zeiten erworben werden. Die Anzahl der anrechenbaren Monate wird dadurch ermittelt, dass die im Rahmen des Versorgungsausgleichs übertragenen EP in der Rentenversicherung der Arbeiter und der Angestellten durch die Zahl 0,0313 und in der knappschaftlichen Rentenversicherung durch die Zahl 0,0234 geteilt werden.

IV. Die einzelnen Rentenarten und ihre Voraussetzungen

1. Renten wegen Alters

107 Regelaltersrente gem. § 35 SGB VI:
- Vollendung des 67. Lebensjahres;
- Erfüllung der allgemeinen Wartezeit von 60 Monaten.

Diese Altersgrenze gilt nur für nach 1963 geborene Versicherte.

108 Für Versicherte, die vor 1964 geboren sind, gelten gem. § 235 SGB VI folgende Sonderregelungen:
- Versicherte, die vor dem 01.01.1964 geboren sind, erreichen die Regelaltersgrenze frühestens mit Vollendung des 65. Lebensjahres
- Versicherte, die vor dem 01.01.1947 geboren sind, erreichen die Regelaltersgrenze mit Vollendung des 65. Lebensjahres.
- Für Versicherte, die nach dem 31.12.1946 geboren sind, wird die Regelaltersgrenze wie folgt angehoben:

Versicherte Geburtsjahr	Anhebung auf Alter	
	Jahre	Monate
1947	65	1
1948	65	2
1949	65	3
1950	65	4
1951	65	5
1952	65	6
1953	65	7
1954	65	8
1955	65	9
1956	65	10
1957	65	11
1958	66	0
1959	66	2
1960	66	4
1961	66	6
1962	66	8
1963	66	10

Altersrente für langjährige Versicherte gem. § 36 SGB VI: **109**
- Vollendung des 67. Lebensjahres;
- Erfüllung der allgemeinen Wartezeit von 35 Jahren.

Eine vorzeitige Inanspruchnahme mit Abschlägen ist nach Vollendung des 63. Lebensjahres möglich. **110**
Diese Altersgrenze gilt ebenfalls nur für nach 1963 geborene Versicherte. Für Versicherte, die vor 1964 geboren sind, gelten gem. § 236 SGB VI folgende Sonderregelungen:
- Versicherte, die vor dem 01.01.1964 geboren sind, erreichen die Regelaltersgrenze frühestens mit Vollendung des 65. Lebensjahres. Die vorzeitige Inanspruchnahme ist nach Vollendung des 63. Lebensjahres möglich.
- Versicherte, die vor dem 01.01.1949 geboren sind, erreichen die Regelaltersgrenze nach Vollendung des 65. Lebensjahres.
- Für Versicherte, die nach dem 31.12.1948 geboren sind, wird die Regelaltersgrenze wie folgt angehoben:

Versicherte Geburtsmonat/-jahr	Anhebung auf Alter	
	Jahre	Monate
Januar 1949	65	1
Februar 1949	65	2
März-Dezember 1949	65	3
1950	65	4
1951	65	5
1952	65	6
1953	65	7
1954	65	8
1955	65	9
1956	65	10
1957	65	11
1958	66	0
1959	66	2
1960	66	4
1961	66	6
1962	66	8
1963	66	10

Altersrente für schwerbehinderte Menschen gem. § 37 SGB VI: **111**
- Vollendung des 65. Lebensjahres;

- Anerkennung als schwerbehinderter Mensch bei Beginn der Altersrente;
- Erfüllung der Wartezeit von 35 Jahren.

Die vorzeitige Inanspruchnahme dieser Altersrente ist mit Abschlägen nach Vollendung des 62. Lebensjahres möglich. Diese Altersgrenze gilt nur für nach 1963 geborene Versicherte.

112 Für Versicherte, die vor 1964 geboren sind, gelten gem. § 236a SGB VI folgende Sonderregelungen:
- Versicherte, die vor dem 01.01.1964 geboren sind, erreichen die Regelaltersgrenze frühestens mit Vollendung des 63. Lebensjahres. Die vorzeitige Inanspruchnahme ist frühestens nach Vollendung des 60. Lebensjahres mit Abschlägen möglich.
- Versicherte, die vor dem 01.01.1952 geboren sind, erreichen die Regelaltersgrenze nach Vollendung des 63. Lebensjahres; für sie ist die vorzeitige Inanspruchnahme nach Vollendung des 60. Lebensjahres möglich.
- Für Versicherte, die nach dem 31.12.1951 geboren sind, werden die Altersgrenze von 63 Jahren und die Altersgrenze für die vorzeitige Inanspruchnahme wie folgt angehoben:

Versicherte Geburtsmonat/-jahr	Anhebung auf Alter		Vorzeitige Inanspruchnahme möglich ab Alter	
	Jahre	Monate	Jahre	Monate
Januar 1952	63	1	60	1
Februar 1952	63	2	60	2
März 1952	63	3	60	3
April 1952	63	4	60	4
Mai 1952	63	5	60	5
Juni-Dezember 1952	63	6	60	6
1953	63	7	60	7
1954	63	8	60	8
1955	63	9	60	9
1956	63	10	60	10
1957	63	11	60	11
1958	64	0	61	0
1959	64	2	61	2
1960	64	4	61	4
1961	64	6	61	6
1962	64	8	61	8
1963	64	10	61	10

113 Altersrente für besonders langjährige Versicherte gem. § 38 SGB VI:
- Vollendung des 65. Lebensjahres,
- Erfüllung der Wartezeit von 45 Jahren.

Diese Altersgrenze gilt für nach 1963 geborene Versicherte.

114 Gem. § 263b SGB VI gelten für alle Rentner, die ab dem 01.07.2014 erstmals einen Anspruch auf Zahlung einer Altersrente für besonders langjährige Versicherte haben, folgende Altersgrenzen für eine abschlagsfreie Rentenzahlung:

- Versicherte, die vor dem 31.12.1952 geboren sind, erreichen die Altersgrenze mit Vollendung des 63. Lebensjahres.
- Für Versicherte, die nach dem 31.12.1952 geboren sind, wird die Altersgrenze wie folgt angehoben:

Versicherte Geburtsjahr	Anhebung auf Alter	
	Jahre	Monate
1953	63	2
1954	63	4
1955	63	6
1956	63	8
1957	63	10
1958	63	0
1959	64	2
1960	64	4
1961	64	6

1962	64	8
1963	64	10
1961	61	6
1962	61	8
1963	61	10

Altersrente für langjährig unter Tage beschäftigte Bergleute gem. § 40 SGB VI: **115**
- Vollendung des 62. Lebensjahres;
- Erfüllung der Wartezeit von 25 Jahren.

Diese Altersgrenze gilt nur für nach 1963 geborene Versicherte.

Für Versicherte, die vor 1964 geboren sind, gelten gem. § 238 SGB VI folgende Sonderregelungen: **116**
- Versicherte, die vor dem 01.01.1964 geboren sind, erreichen die Regelaltersgrenze frühestens mit Vollendung des 60. Lebensjahres.
- Versicherte, die vor dem 01.01.1952 geboren sind, erreichen die Regelaltersgrenze mit Vollendung des 60. Lebensjahres.
- Für Versicherte, die nach dem 31.12.1951 geboren sind, wird die Regelaltersgrenze wie folgt angehoben:

Versicherte Geburtsmonat/-jahr	Anhebung auf Alter	
	Jahre	Monate
Januar 1952	60	1
Februar 1952	60	2
März 1952	60	3
April 1952	60	4
Mai 1952	60	5
Juni-Dezember 1952	60	6
1953	60	7
1954	60	8
1955	60	9
1956	60	10
1957	60	11
1958	61	0
1959	61	2
1960	61	4
1961	61	6
1962	61	8
1963	61	10

Gemäß § 42 SGB VI kann die Rente wegen Alters sowohl in voller Höhe (Vollrente) als auch als Teilrente in Anspruch genommen werden. Die Teilrente beträgt 1/3, 1/2 oder 2/3 der erreichten Vollrente. Wird die jeweilige Altersrente vor Erreichen der Regelaltersgrenze in Anspruch genommen, dürfen die jeweils maßgeblichen Hinzuverdienstgrenzen nicht überschritten werden. **117**

Hinzuverdienstgrenzen gem. § 34 Abs. 3 SGB VI: Bei den Renten wegen Alters nach Erreichen der Regelaltersgrenze besteht keine Hinzuverdienstbeschränkung. Wird die Altersrente vorzeitig in Anspruch genommen, sind folgende Hinzuverdienstgrenzen zu beachten: **118**
- Bei einer Rente wegen Alters als Vollrente 450 €,
- bei einer Rente wegen Alters als Teilrente
  - von einem Drittel der Vollrente das 0,25-fache,
  - von der Hälfte der Vollrente das 0,19-fache,
  - von 2/3 der Vollrente das 0,13-fache.

der monatlichen Bezugsgröße, (im Kalenderjahr 2015 2.835 € West/2.415 € Ost) vervielfältigt mit der Summe der Entgeltpunkte der letzten drei Kalenderjahre vor Beginn der ersten Rente wegen Alters, mindestens jedoch mit 1,5 Entgeltpunkten.

Die Hinzuverdienstgrenze bei einer Rente wegen Alters als Vollrente beträgt ab 2013 450 €. Die monatliche Bezugsgröße beträgt im Kalenderjahr 2014 2.765 € (West)/2.345 (Ost). **119**

120 **Weitere Altersrenten:** Die Altersrente wegen Arbeitslosigkeit oder nach Altersteilzeitarbeit, sowie die Altersrente für Frauen kommen grundsätzlich nur noch in Betracht für Versicherte, die vor dem 01.01.1952 geboren sind.

2. Rente wegen verminderter Erwerbsfähigkeit

121 Rente wegen teilweiser Erwerbsminderung gem. § 43 Abs. 1 SGB VI: Versicherte haben bis zum Erreichen der Regelaltersgrenze Anspruch auf Rente wegen teilweiser Erwerbsminderung, wenn sie
- teilweise erwerbsgemindert sind,
- in den letzten 5 Jahren vor Eintritt der Erwerbsminderung 3 Jahre Pflichtbeiträge für eine versicherte Beschäftigung oder Tätigkeit entrichtet haben,
- vor Eintritt der Erwerbsminderung die allgemeine Wartezeit erfüllt haben.

122 Teilweise erwerbsgemindert sind Versicherte, die wegen Krankheit oder Behinderung auf nicht absehbare Zeit außerstande sind, unter den üblichen Bedingungen des allgemeinen Arbeitsmarktes mindestens 6 Stunden täglich erwerbstätig zu sein.

123 Rente wegen voller Erwerbsminderung gem. § 43 Abs. 2 SGB VI: Versicherte haben bis zum Erreichen der Regelaltersgrenze Anspruch auf Rente wegen voller Erwerbsminderung, wenn sie
- voll erwerbsgemindert sind,
- in den letzten 5 Jahren vor Eintritt der Erwerbsminderung 3 Jahre Pflichtbeiträge für eine versicherte Beschäftigung oder Tätigkeit entrichtet haben,
- vor Eintritt der Erwerbsminderung die allgemeine Wartezeit erfüllt haben.

124 Voll erwerbsgemindert sind Versicherte, die wegen Krankheit oder Behinderung auf nicht absehbare Zeit außerstande sind, unter den üblichen Bedingungen des allgemeinen Arbeitsmarktes mindestens 3 Stunden täglich erwerbstätig zu sein.

125 Versicherungsrechtliche Voraussetzungen: Neben Erfüllung der allgemeinen Wartezeit von 60 Monaten muss der Versicherte in den letzten 5 Jahren vor Eintritt der Erwerbsminderung 3 Jahre mit Pflichtbeiträgen belegt haben. Dabei kann der 5-Jahreszeitraum durch Zeiten der Arbeitslosigkeit, Krankheit, schulische Ausbildung und anderweitige versicherungsrechtliche Anrechnungs- bzw. Berücksichtigungszeiten verlängert werden.

126 **Rente für Bergleute gem. § 45 SGB VI:** Versicherte haben bis zum Erreichen der Regelaltersgrenze Anspruch auf Rente für Bergleute, wenn sie
- im Bergbau vermindert berufsfähig sind,
- in den letzten 5 Jahren vor Eintritt der im Bergbau verminderten Berufsfähigkeit 3 Jahre knappschaftliche Pflichtbeitragszeiten haben und
- vor Eintritt der im Bergbau verminderten Berufsfähigkeit die allgemeine Wartezeit in der knappschaftlichen Rentenversicherung erfüllt haben.

127 Im Bergbau vermindert berufsfähig sind Versicherte, die wegen Krankheit oder Behinderung nicht im Stande sind, die von ihnen bisher ausgeübte knappschaftliche Beschäftigung und eine andere wirtschaftlich im Wesentlichen gleichwertige knappschaftliche Beschäftigung, die von Personen mit ähnlicher Ausbildung sowie gleichwertigen Kenntnissen und Fähigkeiten ausgeübt wird, auszuüben. Ein Anspruch auf Rente für Bergleute besteht auch, wenn sie
- das 50. Lebensjahr vollendet haben,
- im Vergleich zu der von ihnen bisher ausgeübten knappschaftlichen Beschäftigung eine wirtschaftlich gleichwertige Beschäftigung oder selbständige Tätigkeit nicht mehr ausüben und
- die Wartezeit von 25 Jahren erfüllt haben.

128 **Teilrenten:** Gem. § 96a Abs. 1a SGB VI ist die Höhe der Rente abhängig vom erzielten Hinzuverdienst und wird
- bei einer Rente wegen teilweise Erwerbsminderung in voller Höhe oder in Höhe der Hälfte,
- bei einer Rente wegen voller Erwerbsminderung in voller Höhe, in Höhe von 3/4, in Höhe von 1/2 oder in Höhe von 1/4,
- bei einer Rente für Bergleute in voller Höhe, in Höhe von 2/3 oder in Höhe von 1/3
geleistet.

129 **Hinzuverdienstgrenzen:** Der unschädliche Hinzuverdienst beträgt
- bei einer Rente wegen teilweiser Erwerbsminderung in voller Höhe das 0,23-fache, in Höhe der Hälfte das 0,28-fache der monatlichen Bezugsgröße (im Jahre 2014 2.765 € West/ 2.345 € Ost), vervielfältigt mit der Summe der Entgeltpunkte der letzten drei Kalenderjahre vor Eintritt der teilweisen Erwerbsminderung, mindestens jedoch mit 1,5 Entgeltpunkten;

- bei einer Rente wegen voller Erwerbsminderung in voller Höhe 450 €, in Höhe von 3/4 des 0,17-fache, in Höhe der Hälfte das 0,23-fache, in Höhe eines Viertels das 0,28-fache der monatlichen Bezugsgröße, vervielfältigt mit der Summe der Entgeltpunkte der letzten drei Kalenderjahre vor Eintritt der vollen Erwerbsminderung, mindestens jedoch mit 1,5 Entgeltpunkten;
- bei einer Rente für Bergleute in voller Höhe das 0,25-fache, in Höhe von 2/3 das 0,34-fache, in Höhe von 1/3 das 0,42-fache der monatlichen Bezugsgröße (im Jahre 2015 2.835 € West /2.415 € Ost), vervielfältigt mit der Summe der Entgeltpunkte der letzten drei Kalenderjahre vor Eintritt der im Bergbau verminderten Berufsfähigkeit oder der Erfüllung der Voraussetzungen nach § 45 Abs. 3 SGB VI, mindestens jedoch mit 1,5 Entgeltpunkten.

3. Renten wegen Todes

a. Witwen-/Witwerrente gem. § 46 SGB VI

Witwen-/Witwer, die nicht wieder geheiratet haben, haben nach dem Tod des versicherten Ehegatten Anspruch auf eine Rente, wenn der versicherte Ehegatte die allgemeine Wartezeit erfüllt hat. **130**

Beim Tod des Ehegatten muss die Ehe mindestens 1 Jahr bestanden haben, es sei denn, dass nach den besonderen Umständen des Einzelfalles die Vermutung widerlegt ist, dass es der alleinige oder überwiegende Zweck der Heirat war, einen Anspruch auf Hinterbliebenenversorgung zu begründen. Der Versorgungszweck ist z.B. als widerlegt anzusehen, wenn bei Eheschließung keinerlei Ansatzpunkte für den alsbaldigen Tod des Versicherten bestanden haben. **131**

Grundsätzlich besteht ein Anspruch auf die **kleine Witwen-/Witwerrente**, wobei die Rentenzahlung längstens für 24 Kalendermonate nach Ablauf des Monats, in dem der Versicherte verstorben ist, erfolgt. **132**

Ein Anspruch auf die **große Witwen-/Witwerrente** ohne diese zeitliche Begrenzung besteht, wenn die Witwe/der Witwer **133**
- ein eigenes Kind oder ein Kind des versicherten Ehegatten, das das 18. Lebensjahr noch nicht vollendet hat, erzieht oder
- das 47. Lebensjahr vollendet hat oder
- erwerbsgemindert ist.

Als Kinder i.S.d. Anspruchs auf die große Witwen-/Witwerrente werden auch Stiefkinder und Pflegekinder berücksichtigt, sofern sie im Haushalt der Witwe/des Witwers leben oder auch Enkel und Geschwister, die im Haushalt leben oder von der Witwe/dem Witwer überwiegend unterhalten werden. **134**

Sofern die Sorge für ein behindertes Kind ausgeübt wird, das außerstande ist, sich selbst zu unterhalten, entfällt die Begrenzung auf die Zeit bis zur Vollendung des 18. Lebensjahres. **135**

b. Waisenrente gem. § 48 SGB VI

Kinder haben nach dem Tod eines Elternteils Anspruch auf Halbwaisenrente, wenn **136**
- sie noch einen unterhaltspflichtigen Elternteil haben und
- der verstorbene Elternteil die allgemeine Wartezeit erfüllt hat.

Ein Anspruch auf **Vollwaisenrente** besteht, wenn ein dem Grunde nach unterhaltspflichtiger Elternteil nicht mehr vorhanden ist. **137**

Als Kinder werden auch berücksichtigt Stief- und Pflegekinder, die in den Haushalt des Verstorbenen aufgenommen waren, sowie Enkel und Geschwister im Haushalt des Verstorbenen oder wenn sie von diesem überwiegend unterhalten wurden. **138**

Der Rentenanspruch besteht längstens bis zu Vollendung des 18. Lebensjahres oder darüber hinaus bis zur Vollendung des 27. Lebensjahres, wenn die Waise sich in Schul- oder Berufsausbildung befindet oder ein freiwilliges soziales Jahr absolviert oder die Waise wegen einer Behinderung außerstande ist, sich selbst zu unterhalten. **139**

Die für den Anspruch auf Waisenrente maßgebende Altersbegrenzung erhöht sich dann, wenn eine Unterbrechung der Schul- oder Berufsausbildung durch Absolvierung des gesetzlichen Wehr- oder Zivildienstes erfolgt. Die Erhöhung der Altersgrenze ist begrenzt auf die Dauer des gesetzlichen Grundwehr- oder Zivildienstes. **140**

c. Erziehungsrente gem. § 47 SGB VI

Versicherte haben bis zum Erreichen der Regelaltersgrenze Anspruch auf eine Erziehungsrente, wenn **141**
- ihre Ehe nach dem 30.06.1977 geschieden und ihr geschiedener Ehegatte gestorben ist,

- sie ein eigenes Kind oder ein Kind des geschiedenen Ehegatten erziehen, welches das 18. Lebensjahr noch nicht vollendet hat (das Kind muss also nicht aus der Ehe mit dem verstorbenen früheren Ehegatten stammen),
- sie nicht wieder geheiratet haben und
- sie selbst bis zum Tod des geschiedenen Ehegatten die allgemeine Wartezeit erfüllt haben.

142 Als Kinder sind die Kinder zu berücksichtigen, die auch den Anspruch auf eine große Witwenrente begründen.

d. Witwen-/Witwerrente an vor dem 01.07.1977 geschiedene Ehegatten gem. § 243 SGB VI

143 Ein Anspruch auf eine kleine Witwen-/Witwerrente, allerdings ohne die Beschränkung auf 24 Kalendermonate, besteht für den geschiedenen Ehegatten, wenn
- die Ehe vor dem 01.07.1977 geschieden worden ist,
- eine erneute Heirat unterblieben ist,
- im letzten Jahr vor dem Tod der geschiedene Ehegatte Unterhalt gezahlt oder im letzten wirtschaftlichen Dauerzustand vor dem Tod ein solcher Anspruch bestanden hat,
- der verstorbene Versicherte die allgemeine Wartezeit erfüllt hat.

144 Ein Anspruch auf eine große Witwen- oder Witwerrente besteht dann, wenn der geschiedene Ehegatte zusätzlich
- ein eigenes Kind oder ein Kind des Versicherten erzieht oder
- das 45. Lebensjahr vollendet hat oder
- erwerbsgemindert ist.

e. Einkommensanrechnung

145 Gem. § 97 SGB VI bleiben anrechnungsfrei
- bei Witwen-/Witwerrenten und Erziehungsrenten das 26,4-fache des aktuellen Rentenwerts, wobei sich der Freibetrag um das 5,6-fache des aktuellen Rentenwertes erhöht für jedes Kind des Berechtigten, das Anspruch auf Waisenrente hat oder nur deshalb nicht hat, weil es nicht ein Kind des Verstorbenen ist;
- bei Waisenrente ab Vollendung des 18. Lebensjahres das 17,6-fache des aktuellen Rentenwertes.

146 Der aktuelle Rentenwert bis 30.06.2015 beträgt 28,61 € (West)/26,39 € (Ost), bis zum 30.06.2014 betrug er 28,14 € (West)/25,75 € (Ost).

147 Überschreitet das eigene Einkommen diese Freibetragsgrenze, so wird von dem verbleibenden Einkommen 40 v.H. angerechnet.

148 **Beispiel:**

Ehescheidung		2002
Tod des geschiedenen Ehemannes		15.03.2006
Erziehungsrente der in den alten Bundesländern lebenden Ehefrau mit einem minderjährigen Kind		800 €
	monatlicher Hinzuverdienst netto	960 €
–	Freibetrag (26,4 x 28,61 € (West))	755,30 €
–	Erhöhung für ein Kind (5,6 x 28,61 €)	160,22 €
=	überschießendes Einkommen	44,48 €
	davon 40% Anrechnungsbetrag	17,79 €
=	verbleibende Erziehungsrente brutto (vor Beitragsabzug für Krankenversicherung und Pflegeversicherung)	782,21 €

E. Pflegeversicherung (SGB XI)

I. Versicherungspflichtiger Personenkreis

1. Gesetzliche Pflegeversicherung

149 Versicherungspflichtig sind
- alle Mitglieder der gesetzlichen Krankenversicherung gem. § 20 SGB XI,
- Personen, die Anspruch auf bestimmte Leistungen nach dem BVG und BEG haben oder in einem Dienstverhältnis als Zeitsoldat stehen gem. § 21 SGB XI,

- Familienangehörige der vorgenannten Personen, soweit sie kein Gesamteinkommen haben, das regelmäßig im Monat 1/7 der monatlichen Bezugsgröße gem. § 18 SGB IV (2015: 405 €) überschreitet; für geringfügig Beschäftigte gem. § 8 Abs. 1 Nr. 1 SGB IV und § 8a SGB IV beträgt das zulässige Gesamteinkommen 450 €.

1/7 der monatlichen Bezugsgröße gem. § 18 SGB IV beträgt 2014 395 € und das zulässige Gesamteinkommen für geringfügig Beschäftigte ab 01.01.2013 monatlich 450 €. Kinder sind familienversichert
- bis zur Vollendung des 18. Lebensjahres,
- bis zur Vollendung des 23. Lebensjahres, wenn sie nicht erwerbstätig sind,
- bis zur Vollendung des 25. Lebensjahres, wenn sie sich in einer Schul- oder Berufsausbildung befinden oder ein freiwilliges soziales oder ökologisches Jahr ableisten,
- ohne Altersgrenze, wenn sie wegen körperlicher, geistiger oder seelischer Behinderung außerstande sind, sich selbst zu unterhalten.

2. Private Pflegeversicherung

Es besteht eine Versicherungspflicht für alle Personen, soweit sie nicht gesetzlich pflegeversichert sind (Privatkrankenversicherte, Beamte, Abgeordnete).

II. Beitragssatz

1. Gesetzliche Pflegeversicherung

Der Beitragssatz wird gem. § 55 SGB XI gesetzlich festgelegt und beträgt seit dem 01.01.2015 2,35% des beitragspflichtigen Einkommens (zuvor seit dem 01.07. 2013 2,05%). Das beitragspflichtige Einkommen wird durch die Beitragsbemessungsgrenze wie in der Krankenversicherung begrenzt. Die Beiträge werden hälftig vom Arbeitgeber und vom Arbeitnehmer getragen.

Zum 01.01.2005 ist das Kinder-Berücksichtigungsgesetz in Kraft getreten. Danach haben alle Versicherten, die keine Kinder erziehen oder erzogen haben, einen um 0,25-Prozentpunkte auf 1,425% angehobenen Beitragssatz zu leisten, während der Arbeitgeberanteil bei 1,175% verbleibt. Von den höheren Beiträgen sind alle Versicherten betroffen, die mindestens 23 Jahre alt und kinderlos sind. Personen mit einem Geburtsdatum vor dem 01.01.1940 sind von der Neuregelung ausgenommen.

Ab 01.01.2013 beträgt der Arbeitgeberanteil ½ x 2,05% = 1,025%, der erhöhte Beitragssatz für den Arbeitnehmer 1,28%.

Der erhöhte Beitrag ist nicht zu zahlen, wenn die Elterneigenschaft des Versicherten dem Arbeitgeber oder der Pflegekasse nachgewiesen wird. Als Nachweis können nach den Empfehlungen der Spitzenverbände der Pflegekassen beispielsweise dienen:
- die Geburtsurkunde,
- die steuerliche Lebensbescheinigung des Einwohnermeldeamtes,
- die Lohnsteuerkarte (Eintragung eines Kinderfreibetrages),
- eine Bescheinigung der Pflegekasse über das Bestehen einer Familienversicherung für ein Kind des Versicherten,
- der Erziehungsgeldbescheid.

2. Private Pflegeversicherung

Der Beitragssatz wird von der jeweiligen privaten Versicherung vertraglich mit dem Versicherungsnehmer geregelt. Arbeitnehmer erhalten vom Arbeitgeber einen Zuschuss von 50%, begrenzt auf die Hälfte des gesetzlichen Beitrages.

III. Begriff der Pflegebedürftigkeit

Gem. § 14 SGB XI sind **pflegebedürftig Personen**, die aufgrund körperlicher, geistiger oder seelischer Krankheit oder Behinderung regelmäßig bei wiederkehrenden Verrichtungen im täglichen Leben auf Dauer der Hilfe bedürfen.

Hilfe in diesem Sinne ist die Unterstützung der pflegebedürftigen Person, die teilweise oder vollständige Übernahme der Verrichtungen des täglichen Lebens oder die Beaufsichtigung oder Anleitung mit dem Ziel der eigenständigen Übernahme dieser Verrichtungen.

Gewöhnliche und regelmäßig wiederkehrende Verrichtungen sind:
- **Körperpflege:** Waschen, Duschen, Baden, Zahnpflege, Kämmen, Rasieren, Darm- oder Blasenentleerung;
- **Ernährung:** mundgerechte Zubereiten oder die Aufnahme der Nahrung;

- **Mobilität:** selbständiges Aufstehen und Zu-Bett-Gehen, An- und Auskleiden, Gehen, Stehen oder Treppensteigen, das Verlassen und Wiederaufsuchen der Wohnung;
- **hauswirtschaftliche Versorgung:** Einkaufen, Kochen, Reinigen der Wohnung, Spülen, Wechseln und Waschen der Wäsche und der Kleidung sowie das Beheizen.

160 Auf Dauer ist die Hilfeleistung notwendig, wenn sie voraussichtlich für mindestens 6 Monate zu erbringen ist.

IV. Stufen der Pflegebedürftigkeit

161 Für die Gewährung von Leistungen der Pflegeversicherung sind die pflegebedürftigen Personen einer der drei Pflegestufen gem. § 15 SGB XI zuzuordnen.

1. Pflegestufe I (erheblich Pflegebedürftige)

162 In die Pflegestufe I fallen die Personen, die bei der Körperpflege, der Ernährung oder der Mobilität für wenigstens zwei Verrichtungen aus einem oder mehreren Bereichen mindestens einmal täglich der Hilfe bedürfen und zusätzlich mehrfach in der Woche Hilfe bei der hauswirtschaftlichen Versorgung benötigen.

163 Der **Zeitaufwand**, den eine nicht ausgebildete Pflegekraft zur Hilfeleistung benötigt, muss **täglich mindestens 90 Minuten** betragen, wobei auf die **Grundpflege** mehr als 45 Minuten entfallen müssen.

2. Pflegestufe II (Schwerpflegebedürftige)

164 Personen, die bei der Körperpflege, der Ernährung oder der Mobilität mindestens dreimal täglich zu verschiedenen Tageszeiten der Hilfe bedürfen und zusätzlich mehrfach in der Woche Hilfen bei der hauswirtschaftlichen Versorgung benötigen, fallen unter die Pflegestufe II.

165 Der **Zeitaufwand**, den eine nicht ausgebildete Pflegekraft zur Hilfeleistung benötigt, muss **täglich mindestens 3 Stunden** betragen, wobei auf die Grundpflege mehr als 2 Stunden entfallen müssen.

3. Pflegestufe III (Schwerstpflegebedürftige)

166 Bei Schwerstpflegebedürftigen handelt es sich um Personen, die bei der Körperpflege, der Ernährung oder der Mobilität täglich rund um die Uhr, auch nachts, der Hilfe bedürfen und zusätzlich mehrfach in der Woche Hilfen bei der hauswirtschaftlichen Versorgung benötigen.

167 Der **Zeitaufwand**, den eine nicht ausgebildete Pflegekraft zur Hilfeleistung benötigt, muss **täglich mindestens 5 Stunden** betragen, wobei auf die Grundpflege mehr als 4 Stunden entfallen müssen.

168 Die Einstufung der pflegebedürftigen Personen erfolgt vom sozialmedizinischen Dienst der Krankenkassen.

V. Leistungen aus der Pflegeversicherung

1. Pflegesachleistung gem. § 36 SGB XI bei häuslicher Pflege

169 Die Pflege des Bedürftigen erfolgt durch Fachkräfte von Pflegeeinrichtungen, mit denen die Pflegekasse einen Versorgungsvertrag abgeschlossen hat. Die Pflegeeinrichtung rechnet dann mit der Pflegekasse ab, wobei die Leistungen der Pflegekasse je nach Pflegestufe beschränkt sind.

2. Pflegegeld gem. § 37 SGB XI für selbst beschaffte Pflegehilfen

170 Sofern der Pflegebedürftige die erforderliche Pflege selbst sicherstellt, erhält der Pflegebedürftige auf Antrag **Pflegegeld**, abgestuft entsprechend seiner Pflegebedürftigkeit, wobei der Pflegebedürftige selbst Anspruchsinhaber ist.

171 Zusätzlich ist der Pflegebedürftige verpflichtet, bei einer Pflegebedürftigkeit nach Pflegestufe I und II einmal halbjährlich und in der Pflegestufe III einmal vierteljährlich eine Sachleistung von einer Pflegeeinrichtung, mit der die Pflegekasse einen Versorgungsvertrag abgeschlossen hat, in Anspruch zu nehmen, um so zu überprüfen, ob im Rahmen der privaten Pflege die erforderlichen Pflegehilfen auch tatsächlich erbracht werden.

172 Eine **Kombination** von **Pflegegeld** und **Pflegesachleistung** ist möglich.

173 Für nicht erwerbstätige Pflegepersonen, die die häusliche Pflege erbringen, zahlt die Pflegekasse Beiträge zur Unfallversicherung sowie Beiträge zur Rentenversicherung, so die Pflegeleistung mindestens 14 Stunden wöchentlich umfasst. Die Beitragshöhe zur Rentenversicherung richtet sich nach dem jeweiligen Pflegeaufwand.

3. Überblick über die Leistungen bei häuslicher Pflege seit 01.01.2015

Pflegestufe	Sachleistung in Euro	Pflegegeld in Euro
I (erheblich pflegebedürftig)	468 €	244 €
II (schwerpflegebedürftig)	1.144 €	458 €
III (schwerstpflegebedürftig)	1.612 €	728 €
In Härtefällen	1.995 €	

Gem. § 36 IV SGB XI können in besonders gelagerten Einzelfällen weitere Pflegeeinsätze bis zu einem Gesamtwert von 1.995 € übernommen werden, wenn ein **außergewöhnlich hoher Pflegeaufwand** vorliegt, wobei das SGB XI z.B. das Endstadium einer Krebserkrankung benennt.

4. Kurzzeitpflege gem. § 42 SGB XI

Kann die häusliche Pflege
- für eine Übergangszeit im Anschluss an eine stationäre Behandlung des Pflegedürftigen oder
- in sonstigen Krisensituationen, in denen vorübergehend häusliche oder teilstationäre Pflege nicht möglich oder nicht ausreichend ist,

zeitweise nicht erbracht werden, so besteht ein **Anspruch auf Kurzzeitpflege**, der **auf 4 Wochen pro Kalenderjahr beschränkt** ist. Aufwendungen im Rahmen der vollstationären Kurzzeitpflege werden dann von der Pflegeversicherung (i.H.v. bis zu 1.550 €) übernommen.

5. Tagespflege und Nachtpflege gem. § 41 SGB XI

Wenn die häusliche Pflege nicht in ausreichendem Umfang sichergestellt werden kann, haben Pflegebedürftige einen **Anspruch auf teilstationäre Pflege,** wobei die Pflegeversicherung Sachleistungen wie folgt übernimmt:

Leistungen seit 01.01.2015:

468 €	Pflegestufe I
1.144 €	Pflegestufe II
1.612 €	Pflegestufe III

6. Vollstationäre Pflege gem. § 43 SGB XI

Ist eine häusliche oder teilstationäre Pflege nicht möglich, werden von der Pflegeversicherung die **Kosten für eine vollstationäre Pflege seit dem 01.01.2015** bis zu folgenden Höchstbeträgen übernommen:
- Pflegestufe I: 1.064 €
- Pflegestufe II: 1.350 €
- Pflegestufe III: 1.612 €
- In Härtefällen: 1.995 €

7. Pflegebedürftige mit erheblichem Bedarf an allgemeiner Beaufsichtigung und Betreuung gem. § 45 a SGB XI

Insbesondere für Demenzkranke kann zur Finanzierung von Betreuungsleistungen ein Betreuungsbetrag gem. § 45b SGB XI in Höhe von monatlich 104 € (Grundbetrag) bis 208 € (erhöhter Betrag) bewilligt werden, selbst wenn der Hilfebedarf im Bereich der Grundpflege und der hauswirtschaftlichen Versorgung des Ausmaß der Pflegestufe I nicht erreicht.

Mit Inkrafttreten des Pflege-Neuausrichtungs-Gesetzes (PNG) zum 01.01.2013 wurden die Leistungen für die Pflege von Demenzkranken verbessert. Gem. § 123 SGB XI haben Versicherte, die wegen erheblich eingeschränkter Alltagskompetenz die Voraussetzungen des § 45a SGB XI erfüllen, Ansprüche auf Pflegeleistungen seit dem 01.01.2015 wie folgt:

Pflegestufe	Sachleistung in Euro	Pflegegeld in Euro
0	231 €	123 €
I (erheblich pflegebedürftig)	689 €	316 €
II (schwerpflegebedürftig)	1.298 €	545 €
III (schwerstpflegebedürftig)	1.612 €	728 €
In Härtefällen	1.996 €	

8. Pflegezeit

182 **Kurzzeitige Arbeitsverhinderung.** Bei unerwartetem Eintritt einer besonderen Pflegesituation hat der Arbeitnehmer das Recht, bis zu 10 Arbeitstage der Arbeit fernzubleiben, um für einen pflegebedürftigen nahen Angehörigen eine bedarfsgerechte Pflege zu organisieren oder die pflegerische Versorgung in dieser Zeit selbst zu übernehmen.

183 Auf Verlangen des Arbeitgebers muss diesem – wenn eine Begutachtung durch den medizinischen Dienst der Krankenversicherung noch nicht erfolgt ist – eine ärztliche Bescheinigung über die voraussichtliche Pflegebedürftigkeit des Angehörigen und die Erforderlichkeit der Arbeitsbefreiung vorgelegt werden.

184 Die kurzzeitige Freistellung können alle Beschäftigten in Anspruch nehmen und zwar unabhängig von der Anzahl der beim Arbeitgeber Beschäftigten. Zudem bleibt ihre Absicherung in der Kranken-, Pflege-, Renten- und Arbeitslosenversicherung bestehen. Zur Fortzahlung der Vergütung ist der Arbeitgeber dann verpflichtet, wenn sich eine solche Verpflichtung aus arbeitsrechtlichen Vorschriften oder aufgrund individualvertraglichen Absprachen, Betriebsvereinbarungen oder Tarifverträgen ergibt. Ist das nicht der Fall, besteht ein Rechtsanspruch.

185 **Pflegezeit.** Pflegezeit bedeutet, dass der Arbeitnehmer einen Anspruch auf unbezahlte, sozialversicherte Freistellung von der Arbeit für die Dauer von bis zu 6 Monaten hat. Dieser Anspruch besteht, wenn ein nah verwandter Mensch, bei dem mindestens Pflegestufe 1 vorliegt, in häuslicher Umgebung gepflegt wird. Der Anspruch besteht nur gegenüber Arbeitgebern mit in der Regel mehr als 15 Beschäftigten. Als nahe Angehörige gelten insbesondere: Ehegatten, Lebenspartner, Partner einer eheähnlichen Gemeinschaft, Großeltern, Eltern, Geschwister, Kinder, Adoptiv- und Pflegekinder, Enkelkinder, sowie die Schwiegereltern und Schwiegerkinder.

186 Die Pflegezeit muss gegenüber dem Arbeitgeber spätestens 10 Tage, bevor sie in Anspruch genommen wird, schriftlich angekündigt werden. Dabei muss mitgeteilt werden, für welchen Zeitraum und in welchem Umfang Pflegezeit in Anspruch genommen werden soll. Wird nur eine teilweise Freistellung gewünscht, muss angegeben werden, wie die Arbeitszeit verteilt werden soll.

187 Der Kranken- und Pflegeversicherungsschutz bleibt in der Regel während der Pflegezeit erhalten, da während dieser Zeit regelmäßig eine Familienversicherung besteht. Ist eine Familienversicherung nicht möglich, besteht die Möglichkeit der freiwilligen Weiterversicherung in der Krankenversicherung gegen Zahlung des Mindestbeitrages. Mit der Krankenversicherung besteht auch automatisch Pflegeversicherung. Auf Antrag erstattet die Pflegeversicherung den Beitrag für die Kranken- und Pflegeversicherung bis zur Höhe des Mindestbeitrages. Während der Pflegezeit ist die Pflegeperson rentenversichert, wenn der Angehörige mindestens 14 Stunden in der Woche gepflegt wird. In der Arbeitslosenversicherung besteht die Pflichtversicherung für die Dauer der Pflegezeit fort. Die notwendigen Beiträge werden von der Pflegekasse übernommen.

188 Eine private Kranken- und Pflege-Pflichtversicherung bleibt grundsätzlich während der Pflegezeit bestehen. Auf Antrag übernimmt die Pflegekasse oder das private Pflegeversicherungsunternehmen des Pflegebedürftigen den Beitrag zur Kranken- und Pflegeversicherung bis zur Höhe des Mindestbeitrages wie bei den Sozialversicherten.

189 **Familienpflegezeit.** Zum 01.01.2015 ist das Gesetz zur besseren Vereinbarkeit von Familie, Pflege und Beruf in Kraft getreten. Danach besteht ein Rechtsanspruch auf Familienpflegezeit. Beschäftigte haben einen Anspruch auf teilweise Freistellung von bis zu 24 Monaten, wenn sie einen pflegebedürftigen nahen Angehörigen in häuslicher Umgebung pflegen. Dabei muss eine Mindestarbeitszeit von 15 Stunden wöchentlich eingehalten werden. Der Rechtsanspruch gilt nicht für Beschäftigte in Kleinbetrieben mit in der Regel 25 oder weniger Beschäftigten, ausschließlich Auszubildenden.

190 Wird die Arbeitszeit in der Pflegephase auf beispielsweise 50% reduziert, erhält der Beschäftigte weiterhin 75% des letzten Bruttogehalts. Zum Ausgleich muss der Beschäftigte in der Nachpflegephase wieder Vollzeit arbeiten, erhält aber weiterhin nur 75% des Gehalts, bis das Wert- oder Arbeitszeitguthaben wieder ausgeglichen ist.

191 Darüber hinaus erhalten Beschäftigte zu ihrer besseren Absicherung während der Freistellung einen Anspruch auf Förderung, indem sie beim Bundesamt für Familie und zivilgesellschaftliche Aufgaben (BAFzA) ein zinsloses Darlehen beantragen können.

F. Arbeitslosengeld I (SGB III)

Beim Eintritt der Arbeitslosigkeit werden Leistungen vom Arbeitsamt frühestens von dem Tag an gewährt, an dem die Arbeitslosigkeit dem Arbeitsamt persönlich mitgeteilt wird. Davon zu unterscheiden ist die **Arbeitssuchmeldung** gem. § 37b SGB III. Danach sind Personen, deren Arbeits- oder nichtbetriebliches Ausbildungsverhältnis endet, verpflichtet, sich spätestens drei Monate vor dessen Beendigung persönlich bei der Agentur für Arbeit (AA) arbeitsuchend zu melden. Ausgenommen von der frühzeitigen Arbeitssuchmeldung sind Auszubildende bei der Beendigung eines **betrieblichen** Ausbildungsverhältnisses. Liegen zwischen der Kenntnis des Beendigungszeitpunktes und der Beendigung des Arbeits- oder überbetrieblichen Ausbildungsverhältnisses weniger als drei Monate, so beträgt die Frist drei Tage (z.B.: Das Arbeitsverhältnis wird mit einer geringeren Frist als drei Monate gekündigt oder bei Vorliegen eines befristeten Arbeitsverhältnisses für weniger als drei Monate). Diese Frist ist auch dann zu beachten, wenn wegen des Fortbestands des Arbeits- oder Ausbildungsverhältnisses ein gerichtliches Verfahren anhängig ist oder der Arbeitgeber die Verlängerung eines befristeten Arbeitsvertrages lediglich in Aussicht gestellt, aber noch nicht verbindlich zugesagt hat. Bei Verstoß gegen diese Meldepflicht tritt gem. § 144 Abs. 1 Satz 2 Nr. 7 SGB III eine Sperrzeit von einer Woche ein. Gem. § 2 Abs. 2 Satz 2 Nr. 3 SGB III soll der Arbeitgeber den Arbeitnehmer vor der Beendigung des Arbeitsverhältnisses frühzeitig über diese Meldepflicht informieren. 192

I. Voraussetzungen für den Bezug des Arbeitslosengeldes I

Gem. § 136 SGB III haben Arbeitnehmer Anspruch auf Arbeitslosengeld bei Arbeitslosigkeit oder bei beruflicher Weiterbildung. Arbeitnehmer, die das für die Regelaltersrente i.S.d. SGB VI erforderliche Lebensjahr vollendet haben, haben von Beginn des folgenden Monats an keinen Anspruch auf Arbeitslosengeld. 193

Arbeitslosengeld bei Arbeitslosigkeit bekommt gem. § 137 Abs. 1 SGB III, wer
- arbeitslos ist,
- die Anwartschaftszeit erfüllt hat,
- sich arbeitslos gemeldet hat.

1. Arbeitslos

Arbeitslos gem. § 138 Abs. 1 SGB III ist derjenige, der vorübergehend nicht in einem Beschäftigungsverhältnis steht. Das ist dann der Fall, wenn nicht oder weniger als 15 Stunden wöchentlich gearbeitet wird. 194

Des Weiteren muss eine versicherungspflichtige, mindestens 15 Stunden wöchentlich dauernde Beschäftigung aktiv gesucht werden und der Arbeitslose muss den Vermittlungsbemühungen des Arbeitsamtes zur Verfügung stehen. Dabei ist der Arbeitslose zu Eigenbemühungen verpflichtet, die er auf Anordnung dem Arbeitsamt nachzuweisen hat. Verfügbar ist der Arbeitslose, wenn er arbeitsfähig und entsprechend seiner Arbeitsfähigkeit arbeitsbereit ist (§ 138 Abs. 5 SGB III). Ist der Arbeitslose allein erziehend muss die Betreuungsmöglichkeit für ein zu beaufsichtigendes Kind während der angestrebten Arbeitszeit nachgewiesen werden. 195

Des Weiteren muss der Arbeitslose **zeit- und ortsnah** erreichbar sein, um die Mitteilungen des Arbeitsamtes persönlich zur Kenntnis zu nehmen, das Arbeitsamt aufzusuchen, sich mit einem möglichen Arbeitgeber in Verbindung zu setzen oder eine vorgeschlagene Arbeit anzunehmen oder an einer beruflichen Eingliederungsmaßnahme teilzunehmen. Dazu ist es erforderlich, dass der Arbeitslose in der Lage ist, täglich die in seiner Wohnung eingehende Post persönlich in Empfang zu nehmen. 196

2. Anwartschaftszeit

Für Arbeitslose gilt eine Rahmenfrist von zwei Jahren, innerhalb derer sie 12 Monate in einem Versicherungspflichtverhältnis gestanden haben müssen (§ 142 Abs. 1 SGB III). Die zweijährige Rahmenfrist wird gem. § 143 SGB III rückwirkend berechnet und beginnt mit dem Tag, an dem alle Voraussetzungen für die Bewilligung des Arbeitslosengeldes erfüllt sind. Gem. § 143 Abs. 2 SGB III reicht die Rahmenfrist nicht in eine vorangegangene Rahmenfrist hinein, in die der Arbeitslose eine Anwartschaftszeit erfüllt hat. So wird verhindert, dass Versicherungszeiten zur Begründung mehrerer Arbeitslosengeldansprüche herangezogen werden können. Die Rahmenfrist wird auf höchstens 5 Jahre erweitert für Zeiten des Übergangsgeldbezuges während einer Maßnahme der berufsfördernden Rehabilitation gem. § 143 Abs. 3 SGB III. 197

3. Arbeitslos melden

198 Der Arbeitslose hat sich persönlich beim Arbeitsamt arbeitslos zu melden und einen **Antrag auf Zahlung von Arbeitslosengeld** zu stellen. Dabei ersetzt die Arbeitssuchmeldung nicht die Arbeitslosmeldung, so dass die Arbeitslosmeldung auf jeden Fall spätestens am ersten Tag der Arbeitslosigkeit erfolgen muss. Gem. § 141 Abs. 1 Satz 2 SGB III ist die Arbeitslosmeldung frühestens drei Monate vor dem erwarteten Eintritt der Arbeitslosigkeit möglich. Die Arbeitslosmeldung erlischt gem. § 141 Abs. 2 Nr. 1 SGB III, wenn die Arbeitslosigkeit für mehr als sechs Wochen unterbrochen ist. Das ist dann der Fall, wenn der Arbeitslose für einen zusammenhängenden Zeitraum von mehr als sechs Wochen – gleich aus welchem Grund (Wegfall der Arbeitsbereitschaft, Teilnahme an einer Maßnahme, Krankengeldbezug, etc.) – nicht zur Verfügung steht. Es ist dann eine erneute persönliche Arbeitslosmeldung beim Arbeitsamt erforderlich, damit die Anspruchsvoraussetzungen neu erfüllt werden.

II. Höhe des Arbeitslosengeldes

199 Der allgemeine Leistungssatz beträgt 60% des Leistungsentgelts und wird auf 67% erhöht für Arbeitslose, die selbst oder deren Ehepartner mindestens ein Kind i.S.d. § 32 Abs. 1, Abs. 3-5 EStG haben.

1. Bemessungsentgelt

200 Als Bemessungsentgelt wird das Entgelt aus einer versicherungspflichtigen Beschäftigung, wozu auch Sachbezüge, Lohnfortzahlung im Krankheitsfall und vermögenswirksame Leistungen gehören, berücksichtigt. Ebenfalls gehen in das Bemessungsentgelt Löhne für Überstunden und Mehrarbeit sowie Einmalleistungen (Weihnachtsgeld, Urlaubsgeld, etc.) ein. Nicht erfasst werden versicherungsfreie Zuschläge für Sonntags-, Feiertags- und Nachtarbeit, solange sie steuerfrei sind.

201 Gem. § 151 SGB III ist Bemessungsentgelt das durchschnittlich auf den Tag entfallende beitragspflichtige Arbeitsentgelt, das der Arbeitslose im Bemessungszeitraum erzielt hat. Der Bemessungszeitraum umfasst nach § 150 Abs. 1 SGB III die beim Ausscheiden des Arbeitslosen aus dem Beschäftigungsverhältnis abgerechneten Entgeltabrechnungszeiträume innerhalb des Bemessungsrahmens. Der Bemessungsrahmen umfasst ein Jahr. Gem. § 150 Abs. 3 SGB III wird der Bemessungsrahmen auf zwei Jahre erweitert, wenn der Bemessungszeitraum weniger als 150 Tage mit Anspruch auf Arbeitsentgelt enthält oder es mit Rücksicht auf das Bemessungsentgelt im erweiterten Bemessungsrahmen unbillig hart wäre, von dem Bemessungsentgelt im Bemessungszeitraum auszugehen.

202 Wenn auch in dem erweiterten Bemessungsrahmen weniger als 150 Tage mit versicherungspflichtigem Arbeitsentgelt enthalten sind, wird das für die Berechnung des Arbeitslosengeldes zugrunde zu legende Bemessungsentgelt gem. § 152 SGB III fiktiv bestimmt. Zur fiktiven Bemessung ist der Arbeitslose in eine von vier Qualifikationsgruppen einzustufen, für die der erreichte Ausbildungsabschluss des Arbeitslosen maßgeblich ist.

2. Leistungsentgelt

203 Das ermittelte Bemessungsentgelt wird gem. § 153 SGB III durch pauschale Abzüge für Sozialversicherungsbeiträge und zu zahlende Lohnsteuer auf das so genannte Leistungsentgelt heruntergerechnet, das dann maßgeblich für die Berechnung des prozentualen Arbeitslosengeldsatzes ist.

204 Die **Feststellung der Lohnsteuer** richtet sich nach der Lohnsteuerklasse, die zu Beginn des Jahres, in dem der Anspruch entstanden ist, auf der Lohnsteuerkarte des Arbeitslosen eingetragen ist.

205 **Spätere Änderungen der eingetragenen Lohnsteuerklasse** werden mit Wirkung des Tages berücksichtigt, an dem erstmals die Voraussetzungen für die Änderung vorlagen.

206 Haben Ehegatten die Lohnsteuerklasse gewechselt, so wird dieses nur dann berücksichtigt, wenn
- die neu eingetragenen Lohnsteuerklassen dem Verhältnis der monatlichen Arbeitsentgelte beider Ehegatten entsprechen oder
- sich aufgrund der neu eingetragenen Lohnsteuerklassen ein Arbeitslosengeld ergibt, das **geringer** ist als das Arbeitslosengeld, das sich ohne den Wechsel der Lohnsteuerklasse ergäbe.

III. Dauer des Arbeitslosengeldes

207 Die Dauer des Arbeitslosengeldanspruchs gem. § 147 SGB III ist abhängig von
- der versicherungspflichtigen Beschäftigungszeit innerhalb der um ein Jahr erweiterten Rahmenfrist und
- dem Lebensalter, das der Arbeitslose bei Entstehung des Anspruchs vollendet hat.

Dabei ist zu beachten, dass ein Anspruch zunächst nur dann gegeben ist, wenn der Arbeitslose innerhalb der letzten 2 Jahre mindestens 12 Monate versicherungspflichtig gearbeitet hat. Wenn diese Voraussetzung erfüllt ist, kann eine darüber hinausgehende versicherungspflichtige Beschäftigung innerhalb der um 3 Jahre verlängerten Rahmenfrist den Arbeitslosengeldanspruch über die Mindestbezugsdauer von 6 Monaten hinaus verlängern. 208

Tabelle zur Anspruchsdauer: 209

Nach versicherungspflichtiger Beschäftigung von mindestens	Innerhalb einer Rahmenfrist von	Nach vollendetem Lebensjahr	Bezugsdauer des Arbeitslosengeldes
Monaten	Jahren		Monate
12	2		6
16	2 und 3		8
20	2 und 3		10
24	2 und 3		12
30	2 und 3	50.	15
36	2 und 3	55.	18
48	2 und 3	58.	24

Für Arbeitslose, die die Anwartschaftszeit gem. § 142 Abs. 1 SGB III nicht erfüllt haben, gilt eine Anwartschaftszeit von 6 Monaten, wenn folgende Voraussetzungen gegeben sind. Der Arbeitslose muss darlegen und nachweisen, dass die in der Rahmenfrist gem. § 143 SGB III zurückgelegten Beschäftigungstage überwiegend aus versicherungspflichtigen Beschäftigungen resultieren, die auf nicht mehr als 6 Wochen im Voraus durch Arbeitsvertrag zeit- oder zweckbefristet sind, und dass das in den letzten 12 Monaten vor der Beschäftigungslosigkeit erzielte Arbeitsentgelt die zum Zeitpunkt der Anspruchsentstehung maßgebliche Bezugsgröße gem. § 18 Abs. 1 SGB IV (im Jahre 2015 34.020 € West/28.980 € Ost; im Jahr 2014 33.180 € West/28.140 € Ost) nicht übersteigt. Bei Erfüllung der verkürzten Anwartschaftszeit beträgt die Bezugsdauer des Arbeitslosengeldes unabhängig vom Lebensalter: 210

Nach versicherungspflichtiger Beschäftigung von mindestens Monaten	Arbeitslosengeld Monate
6	3
8	4
10	5

IV. Anrechnung von Nebeneinkommen

Nebeneinkommen aus selbständiger und unselbständiger Tätigkeit werden auf das Arbeitslosengeld gem. § 155 SGB III angerechnet. Danach sind vom Nebeneinkommen zuvor 211
- Lohn-/Kirchensteuer und Solidaritätszuschlag,
- Beiträge zur Sozialversicherung,
- Werbungskosten, insbesondere Fahrtkosten zur Arbeitsstelle, Gewerkschaftsbeiträge, Aufwendungen für Arbeitskleidung und Arbeitsmittel, Fortbildungskosten etc. (gem. § 155 Abs. 1 Satz 2 SGB III bei selbständigen und helfenden Familienangehörigen pauschal 30% der Betriebseinnahmen)

in Abzug zu bringen.

Die Nebentätigkeit, aus der das Nebeneinkommen resultiert, darf den zeitlichen Umfang von 15 Stunden nicht erreichen, da ansonsten die Voraussetzungen der Arbeitslosigkeit nicht mehr gegeben sind und somit das Arbeitslosengeld gänzlich entfallen würde. 212

Das bereinigte Nebeneinkommen aus einer solchen Tätigkeit ist bis zu einem Betrag von 165 € monatlich anrechnungsfrei. 213

Dabei ist es unschädlich, wenn das Nebeneinkommen über der Geringfügigkeitsgrenze von 450 € liegt, da gemäß § 27 Abs. 5 SGB III versicherungsfrei auch Personen bleiben, die neben ihrem Arbeitslosengeld-/Arbeitslosenhilfeanspruch mehr als 450 € pro Monat verdienen. Allerdings darf die Nebenbeschäftigung die Grenze von 15 Stunden wöchentlich nicht überschreiten. 214

Der Freibetrag erhöht sich, wenn der Arbeitslose in den letzten 18 Monaten vor der Entstehung des Leistungsanspruchs mindestens zwölf Monate eine geringfügige Beschäftigung mit einem Nebeneinkommen von bis zu 450 € brutto ausgeübt hat. Dann bleibt dieses gesamte Nebeneinkommen weiterhin 215 anrechnungsfrei. Wurde das Nebeneinkommen im Rahmen einer selbständigen Tätigkeit oder als mithelfender Familienangehöriger erzielt und wurde diese Tätigkeit weniger als 12 Stunden wöchentlich mindestens 12 Monate lang ausgeübt, so bleibt dieses Nebeneinkommen bis zu dem Betrag anrechnungsfrei, der in den letzten 12 Monaten monatlich durchschnittlich erzielt wurde.

V. Ruhen des Arbeitslosengeldes bei Entlassungsentschädigung

216 Unter einer **Entlassungsentschädigung** versteht man jede geldwerte Zuwendung an den Arbeitnehmer aufgrund der Beendigung des Arbeitsverhältnisses.

217 Wird eine solche Entlassungsentschädigung gezahlt, führt dieses nur dann zum Ruhen des Arbeitslosengeldes, wenn das Arbeitsverhältnis ohne Beachtung der maßgeblichen Kündigungsfristen beendet wurde.

218 Soweit der Arbeitslosengeldanspruch ruht, wird zunächst für einen bestimmten Zeitraum Arbeitslosengeld nicht ausgezahlt. Dadurch wird jedoch die Dauer des Arbeitslosengeldanspruchs nicht gekürzt, vielmehr verzögert sich die Zahlung des Arbeitslosengeldes um den Ruhenszeitraum. Dabei wird die Entlassungsentschädigung nicht in voller Höhe, sondern lediglich teilweise bei der Berechnung des Ruhenszeitraums berücksichtigt.

219 Wie hoch der **anrechenbare Teil der Entlassungsentschädigung** ist, richtet sich gem. § 158a SGB III nach dem Lebensalter des Arbeitnehmers zum Zeitpunkt der Beendigung des Arbeitsverhältnisses und nach der Dauer der jeweiligen Betriebszugehörigkeit, was sich aus folgender Tabelle entnehmen lässt:

Betriebs-/Unternehmenszugehörigkeit	Lebensalter zum Zeitpunkt der Beendigung des Arbeitsverhältnisses					
	bis 39	ab 40	ab 45	ab 50	ab 55	ab 60
weniger als 5 Jahre	60%	55%	50%	45%	40%	35%
5-9 Jahre	55%	50%	45%	40%	35%	30%
10-14 Jahre	50%	45%	40%	35%	30%	25%
15-19 Jahre	45%	40%	35%	30%	25%	25%
20-24 Jahre	40%	35%	30%	25%	25%	25%
25-29 Jahre	35%	30%	25%	25%	25%	25%
ab 30 Jahre	–	–	25%	25%	25%	25%

220 Der Ruhenszeitraum ergibt sich aus dem zu berücksichtigenden Teil der Entlassungsentschädigung dividiert durch den kalendertäglichen Bruttotagesverdienst, wobei die Vergütung der letzten vom Arbeitgeber abgerechneten Entgeltabrechnungszeiträume von 52 Wochen zugrunde gelegt wird.

221 **Beispiel**: Ein 46-jähriger Arbeitnehmer, der weniger als 5 Jahre im Betrieb beschäftigt war, erhält bei nicht fristgemäßer Beendigung seines Arbeitsverhältnisses eine Entlassungsentschädigung i.H.v. 5.000 €. In den letzten 12 Monaten vor Beendigung des Arbeitsverhältnisses erhielt er ein gleich bleibendes Bruttoentgelt von monatlich jeweils 3.000 €.

gezahlte Entschädigung	5.000 €
zu berücksichtigender Anteil (50%)	2.500 €
Brutto-Tagesverdienst (12 x 3.000 € = 36.000 € : 360 Tage)	100 € täglich
Berechnung des Ruhenszeitraums: 2.500 € : 100 €	25 Kalendertage

222 Der so errechnete Ruhenszeitraum beginnt am Tag nach dem letzten Tag des Arbeitsverhältnisses und endet
- spätestens an dem Tag, an dem das Arbeitsverhältnis bei fristgerechter Kündigung durch den Arbeitgeber geendet hätte oder
- ein zeitlich befristetes Arbeitsverhältnis ohnehin geendet hätte oder
- früher, wenn die Entlassungsentschädigung als verbraucht gilt, jedoch
- spätestens 12 Monate nach der gewollten Beendigung des Arbeitsverhältnisses bzw.
- an dem Tag, an dem eine außerordentliche Kündigung des Arbeitgebers möglich gewesen wäre.

223 Hinsichtlich des so errechneten Endes des Ruhezeitraums ist die für den Arbeitslosen günstigste Grenze zugrunde zu legen.

VI. Sperrzeiten

224 Eine Sperrzeit kann gem. § 148 SGB III verhängt werden bei
- Beendigung des Beschäftigungsverhältnisses durch den Arbeitnehmer ohne wichtigen Grund,

- Beendigung des Beschäftigungsverhältnisses durch den Arbeitgeber wegen vertragswidrigen Verhaltens des Arbeitnehmers,
- Ablehnung einer vom Arbeitsamt angebotenen Beschäftigung,
- Ablehnung einer Weiterbildungsmaßnahme,
- Abbruch einer Weiterbildungsmaßnahme ohne wichtigen Grund.

Beim Vorliegen dieser Voraussetzungen kann das Arbeitsamt Sperrzeiten von 3 Wochen, 6 Wochen oder 12 Wochen verhängen. 225

Die **Rechtsfolge der Sperrzeit** ist, dass das Arbeitslosengeld für die Dauer der Sperrzeit ruht. Darüber hinaus wird die Dauer des Arbeitslosengeldbezuges um die Dauer der Sperrzeit verkürzt. Werden mehrere Sperrzeiten von insgesamt 21 Wochen verhängt, erlischt der gesamte Anspruch auf Arbeitslosengeld. 226

G. Grundsicherung für Arbeitsuchende (SGB II)

Nachdem zum 01.01.2005 die Arbeitslosenhilfe komplett abgeschafft wurde, erhält der Arbeitsuchende nach Auslaufen des Arbeitslosengeldbezuges Grundsicherungsleistungen nach dem SGB II. 227

Gem. § 4 SGB II kommen folgende Leistungen in Betracht: 228
- Dienstleistungen, insbesondere Information, Beratung und Unterstützung durch einen persönlichen Ansprechpartner mit dem Ziel der Eingliederung in Arbeit,
- Geldleistungen, insbesondere zur Eingliederung der erwerbsfähigen Hilfebedürftigen in Arbeit und zur Sicherung des Lebensunterhalts der erwerbsfähigen Hilfebedürftigen und der mit ihnen in einer Bedarfsgemeinschaft lebenden Personen,
- Sachleistungen.

Die Geldleistungen bestehen im Wesentlichen aus dem Arbeitslosengeld II gem. § 19 SGB II für den Arbeitsuchenden selbst sowie aus dem Sozialgeld gem. § 28 SGB II für nichterwerbsfähige Angehörige, die mit dem erwerbsfähigen Hilfebedürftigen in Bedarfsgemeinschaft leben. Diese Geldleistungen haben mit dem Arbeitslosengeld oder der vor dem 01.01.2005 gezahlten Arbeitslosenhilfe keine Gemeinsamkeiten mehr. Sie sind vielmehr der laufenden Hilfe zum Lebensunterhalt angepasst. 229

I. Berechtigter Personenkreis gem. § 7 SGB II

1. Erwerbsfähige Hilfebedürftige gem. § 7 Abs. 1 SGB II

Leistungsberechtigt sind zunächst 230
- erwerbsfähige Personen
- nach Vollendung des 15. Lebensjahres bis zum Erreichen der Altersgrenze für den Bezug der Regelaltersrente gem. § 7a SGB II,
- die hilfebedürftig sind und
- ihren gewöhnlichen Aufenthalt in der Bundesrepublik Deutschland haben.

Gem. § 8 SGB II ist erwerbsfähig, wer nicht wegen Krankheit oder Behinderung gegenwärtig oder auf absehbare Zeit außerstande ist, unter den üblichen Bedingungen des allgemeinen Arbeitsmarktes mindestens drei Stunden täglich erwerbstätig zu sein. Dabei ist auf einen Prognosezeitraum von sechs Monaten abzustellen. Liegt danach Erwerbsunfähigkeit vor, werden keine Leistungen nach SGB II gewährt, vielmehr sind dann Leistungen zur Grundsicherung bei Erwerbsminderung gem. §§ 41 ff. SGB XII vom kommunalen Träger zu bewilligen. Im Streitfall entscheidet eine Einigungsstelle von Arbeitsagentur, Kommune und Rentenversicherungsträger über die Erwerbsfähigkeit. Gem. § 44a SGB II sind bis zur Entscheidung der Einigungsstelle Leistungen gem. SGB II ab Antragstellung zu bewilligen, um so Leistungen während des Zuständigkeitsstreites für den Hilfebedürftigen zu gewährleisten. 231

Ausländische Staatsangehörige können i.d.S. nur erwerbsfähig sein, wenn ihnen die Aufnahme einer Beschäftigung erlaubt ist oder erlaubt werden könnte. Das trifft auf alle ausländischen Staatsangehörigen zu, die vor ihrer Arbeitslosigkeit sozialversicherungspflichtig beschäftigt waren und deren Anspruch auf Arbeitslosengeld I ausgelaufen ist. 232

Hilfebedürftig ist, wer seinen Bedarf und den seiner mit ihm in einer Bedarfsgemeinschaft lebenden Angehörigen aus den einzusetzenden Mitteln und Kräften nicht in vollem Umfang decken kann, vor allem nicht 233
- durch Aufnahme einer zumutbaren Arbeit,
- aus den zu berücksichtigenden Einkommen oder Vermögen der Bedarfsgemeinschaft.

2. Angehörige der Bedarfsgemeinschaft gem. § 7 Abs. 3 SGB II

234 Zur Bedarfsgemeinschaft gehören
- der erwerbsfähige Hilfebedürftige,
- die im Haushalt lebenden Eltern oder Elternteile eines unverheirateten erwerbsfähigen Kindes, welches das 25. Lebensjahr noch nicht vollendet hat,
- als Partner des erwerbsfähigen Hilfebedürftigen
- der nicht dauernd getrennt lebende Ehegatte oder Lebenspartner,
- Personen, die mit dem erwerbsfähigen Hilfebedürftigen in einem gemeinsamen Haushalt so zusammenleben, dass nach verständiger Würdigung der wechselseitige Wille anzunehmen ist, Verantwortung füreinander zu tragen und füreinander einzustehen („Eheähnliche Gemeinschaft"). Gem. § 7 Abs. 3a SGB II wird eine widerlegbare gesetzliche Vermutung normiert, wonach ein solcher Wille zur gegenseitigen Solidarität gegeben ist, wenn die Partner länger als ein Jahr zusammenleben, mit einem gemeinsamen Kind zusammenleben, Kinder oder Angehörige im Haushalt versorgen oder befugt sind, über Einkommen oder Vermögen des anderen zu verfügen. Dabei reicht das Vorliegen eines Merkmals aus, um die gesetzliche Vermutung zu begründen. Auch wenn diese gesetzliche Vorschrift nunmehr Kriterien vorgibt, die für die Beurteilung einer eheähnlichen Gemeinschaft im Sinne des Gesetzes maßgeblich sind, bleibt gleichwohl die bisherige Rechtsprechung zu diesem Problemkreis beachtlich,
- unverheiratete Kinder des erwerbsfähigen Hilfebedürftigen oder seines Partners, wenn sie das 25. Lebensjahr noch nicht vollendet haben, soweit sie nicht aus eigenem Einkommen oder Vermögen die Leistungen zu Sicherung des Lebensunterhaltes beschaffen können,
- die im Haushalt lebenden Eltern und Elternteile eines unverheirateten erwerbsfähigen Kindes, welches das 25. Lebensjahr noch nicht vollendet hat, und auch der im Haushalt lebende Partner dieses Elternteils.

235 Im Umkehrschluss gehören zur Bedarfsgemeinschaft demnach nicht
- Kinder, die das 25. Lebensjahr vollendet haben,
- Kinder vor Vollendung des 25. Lebensjahres, wenn
- das Kind mit einem erwerbsfähigen Partner im Haushalt der erwerbsfähigen Eltern lebt,
- das Kind verheiratet ist,
- das erwerbsfähige Kind selbst ein Kind hat,
- das Kind seinen Lebensunterhalt aus eigenem Einkommen und Vermögen bestreiten kann.

236 Die Bedarfsgemeinschaft hat immer zumindest eine erwerbsfähige und hilfebedürftige Person, die nach der gesetzlichen Vermutung des § 38 SGB II berechtigt ist, auch für die mit ihr in einer Bedarfsgemeinschaft lebenden Personen Leistungen zu beantragen und entgegenzunehmen. Gem. § 38 Abs. 2 SGB II können Grundsicherungsleistungen für Kinder im Rahmen der Ausübung des Umgangsrechtes von der umgangsberechtigten Person beantragt werden.

237 Der Leistungsanspruch der Bedarfsgemeinschaft wird dadurch ermittelt, dass das gesamte Einkommen und Vermögen der Bedarfsgemeinschaft den Regelleistungen für alle Mitglieder der Bedarfsgemeinschaft gegenübergestellt wird.

238 Dabei wird gem. § 9 Abs. 2 Satz 2 SGB II bei der Bedarfsberechnung eines Kindes auch das Einkommen des mit dem Elternteil in Bedarfsgemeinschaft lebenden Partners angerechnet.

3. Auszubildende gem. § 7 Abs. 5 SGB II

239 Leben im Haushalt Kinder, die eine schulische oder berufliche Ausbildung absolvieren, die dem Grunde nach gemäß BAföG oder dem SGB III förderungsfähig ist, besteht grundsätzlich kein Anspruch auf Arbeitslosengeld II. Davon betroffen sind beispielsweise Studenten/Studentinnen. In bestimmten Fällen kann gem. § 27 Abs. 3 SGB II ein Anspruch auf Zuschuss zu den ungedeckten angemessenen Kosten für Unterkunft und Heizung bestehen, soweit die im Ausbildungsgeld in pauschalierter Form enthaltenen Unterkunftskosten geringer als die tatsächlichen Unterkunftskosten sind.

240 Absolvieren die Kinder eine Ausbildung an einer weiterführenden allgemeinbildenden Schule oder eine Berufsausbildung und erhalten sie nur deshalb keine BAföG-Leistungen bzw. keine Berufsausbildungsbeihilfe, weil sie noch bei ihren Eltern wohnen, besteht weiterhin ein Anspruch auf Arbeitslosengeld II.

4. Haushaltsgemeinschaft gem. § 9 Abs. 5 SGB II

Leben Hilfebedürftige mit Verwandten oder Verschwägerten, die nicht zur Bedarfsgemeinschaft gehören, zusammen und wird aus einem Topf gewirtschaftet, dann bilden sie eine Haushaltsgemeinschaft i.S.d. § 9 Abs. 5 SGB II. Soweit aufgrund der Einkommens- und Vermögensverhältnisse der Verschwägerten und Verwandten eine Unterstützungsleistung der Hilfebedürftigen erwartet werden kann, unterstellt der Gesetzgeber, dass die Hilfebedürftigen entsprechend unterstützt werden. Es obliegt dann dem Anspruchsteller, Tatsachen darzulegen und zu beweisen, die diese Vermutung widerlegen.

Die Vermutung gem. § 9 Abs. 5 SGB II greift erst dann, wenn das um die Absetzbeträge gem. § 11b SGB II bereinigte Einkommen des Verwandten oder Verschwägerten die Freibeträge gem. § 1 Abs. 2 Alg II-VO überschreitet.

Der Freibetrag setzt sich wie folgt zusammen:
- doppelter Regelsatz gem. § 20 Abs. 2 SGB II,
- anteilige Aufwendungen für Unterkunft und Heizung,
- zzgl. 50% des darüber hinausgehenden bereinigten Einkommens.

Beispiel: Der Hilfebedürftige bewohnt mit einem Verwandten gemeinsam eine Wohnung zu einer Warmmiete von 600 €. Der Verwandte verfügt über ein nach § 11 Abs. 2 SGB II bereinigtes Einkommen von monatlich 1.200 €. Berechnung des Freibetrages:

	bereinigtes Einkommen	1.200 €
–	Doppelter Regelsatz 2 x 399 €	798 €
–	1/2 Warmmiete	300 €
=	Rest	102 €
	davon 50%	51 €

Danach wird vermutet, dass der Hilfesuchende mit 51 € (monatlich unterstützt wird, so dass dieser Betrag als Einkommen auf seinen Bedarf angerechnet wird.

II. Pauschalierte Regelbedarfe

1. Leistungen für den Lebensbedarf

Erwerbsfähige Hilfebedürftige erhalten das Arbeitslosengeld II gem. § 19 SGB II.

Nicht erwerbsfähige Hilfebedürftige, die mit erwerbsfähigen Hilfebedürftigen in einer Bedarfsgemeinschaft leben, erhalten Sozialgeld gem. § 28 SGB II, soweit sie keinen Anspruch auf Grundsicherung im Alter und bei Erwerbsminderung gem. §§ 41 ff. SGB XII haben.

Dieser Regelbedarf zur Sicherung des Lebensunterhalts umfasst gem. § 20 SGB II Ernährung, Kleidung, Körperpflege, Hausrat, Bedarfe des täglichen Lebens sowie in vertretbarem Umfang auch Beziehungen zur Umwelt und eine Teilnahme am kulturellen Leben.

2. Regelbedarf gem. § 20 SGB II

Regelbedarf gem. § 20 SGB II ab 01.01.2015:

Alleinstehende, Alleinerziehende und Personen mit minderjährigem Partner	399 €
Zwei volljährige Partner in der Bedarfsgemeinschaft	360 €/360 €
Erwerbsfähige Angehörige in der Bedarfsgemeinschaft	320 €
Sozialgeld gem. § 28 SGB II	
Nicht erwerbsfähige Angehörige der Bedarfsgemeinschaft bis zur Vollendung des 6. Lebensjahres	234 €
Nicht erwerbsfähige Angehörige der Bedarfsgemeinschaft vom 7. Lebensjahr bis zur Vollendung des 14. Lebensjahres	267 €
Nicht erwerbsfähige Angehörige der Bedarfsgemeinschaft vom 15. Lebensjahr bis zur Vollendung des 18. Lebensjahres	302 €

3. Leistungen für Unterkunft und Heizung gem. § 22 SGB II

Berücksichtigt werden lediglich die angemessenen Kosten für Unterkunft (einschließlich Nebenkosten) und Heizung. Welche Aufwendungen als angemessen anzusehen sind, ist gesetzlich noch nicht geregelt, da bislang von der Verordnungsermächtigung gem. § 27 SGB II kein Gebrauch gemacht worden ist.

251 Die Angemessenheit der Wohnungsgröße kann nach den Richtlinien im sozialen Wohnungsbau bestimmt werden:
- eine Person: 50 qm,
- zwei Personen: 65 qm,
- drei Personen: 80 qm,
- vier Personen: 95 qm,
- für jede weitere Person: ca. 15 qm oder einen Wohnraum mehr.

252 Ein Maßstab zur Bestimmung der angemessenen Miethöhe bieten die Höchstbeträge für förderungsfähige Mieten und Belastungen gem. § 8 WoGG oder der örtliche Mietspiegel.

253 Wohnt der Hilfesuchende zu Beginn des Leistungsbezuges in einer unangemessen teuren Wohnung oder werden diese Kosten während des laufenden Sozialleistungsbezuges unangemessen hoch (Mieterhöhung, Auszug eines Mitglieds der Bedarfsgemeinschaft, etc.), ist der Hilfesuchende verpflichtet, die Wohnkosten auf ein angemessenes Maß zu senken. Das kann durch Untervermietung oder aber durch Anmietung einer angemessenen Wohnung geschehen. Der unangemessene Mietzins wird für eine Übergangszeit von sechs Monaten weiterhin übernommen. Ist es dem Hilfesuchenden nach Ablauf dieser Frist nicht gelungen, eine preisgünstigere Wohnung anzumieten, obwohl solcher Wohnraum auf dem Wohnungsmarkt vorhanden ist, werden statt der tatsächlichen Kosten lediglich noch die angemessenen Mietkosten vom Leistungsträger übernommen.

254 Vor einem Umzug in eine neue Wohnung ist die Zustimmung des Leistungsträgers einzuholen, damit gewährleistet ist, dass der neue Mietzins als angemessen akzeptiert wird und bei einem notwendigen Umzug auch die damit verbundenen Kosten (Umzugskosten, Kaution, Renovierungskosten, etc.) vom Leistungsträger übernommen werden. Gem. § 22 Abs. 6 SGB II soll die Zusicherung vom Leistungsträger erteilt werden, wenn der Umzug durch den Leistungsträger veranlasst oder wenn er aus anderen Gründen notwendig ist.

255 Dabei soll die Mietkaution als Darlehen erbracht werden, das gem. § 42a SGB II sofort ratenweise zurückzuzahlen ist, wobei die ratenweise Darlehenstilgung durch Aufrechnung in Höhe von 10% des maßgebenden Regelbedarfs des jeweiligen Darlehensnehmers erfolgt.

256 Gem. § 22 Abs.5 SGB II werden Unterkunftskosten für Personen, die das 25. Lebensjahr noch nicht vollendet haben, gleichwohl aus der Bedarfsgemeinschaft von zu Hause ausziehen, bis zur Vollendung des 25. Lebensjahres nur dann übernommen, wenn der Kommunale Träger die Übernahme der Kosten vor Abschluss des Mietvertrages zugesichert hat. Das ist nur dann der Fall, wenn aufgrund schwerwiegender sozialer Gründe oder aus einem ähnlich schwerwiegenden Grund ein weiteres Wohnen bei den Eltern unzumutbar ist. Die Zusicherung ist auch dann zu erteilen, wenn der Bezug der neuen Unterkunft zur Eingliederung in den Arbeitsmarkt erforderlich geworden ist.

257 Bei einem nicht genehmigten Umzug werden bis zur Vollendung des 25. Lebensjahres auch lediglich der Regelbedarf in Höhe von 302 € dem Hilfesuchenden zugebilligt.

4. Leistungen für den Mehrbedarf gem. § 21 SGB II

258 Für erwerbsfähige Schwangere ab der 13. Schwangerschaftswoche betragen die Leistungen für den Mehrbedarf 17 v.H. der für sie maßgeblichen Regelleistungen.

259 **Beispiel Leistungen für erwerbsfähige Schwangere:**
- eine werdende Mutter, die mit ihrem Partner zusammenlebt: 61 € (17% von 360 €);
- alleinstehende werdende Mutter: 68 € (17% von 399 €).

260 Für Alleinerziehende beträgt der Mehrbedarf 36 v.H. der maßgebenden Regelleistung, wenn sie/er mit einem Kind unter sieben Jahren oder mit zwei oder drei Kindern unter 16 Jahren zusammenlebt, oder in Höhe von 12 v.H. der maßgebenden Regelleistung für jedes Kind unter 18 Jahren, wenn diese Voraussetzungen nicht vorliegen, höchstens jedoch 60 v.H. der maßgebenden Regelleistung.

261 **Beispiel: Alleinerziehende:**
- Alleinerziehende mit einem Kind im Alter von 6 Jahren: 143,64 € (36% von 399 €);
- Alleinerziehende mit zwei Kindern im Alter von 7 und 16 Jahren: 95,76 € (2 x 12% von 399 €).

262 Bei erwerbsfähigen behinderten Menschen beträgt der Mehrbedarf 35 v.H. der maßgebenden Regelleistung, wenn sie Leistungen zur Teilnahme am Arbeitsleben gem. § 33 SGB IX erhalten (z.B. Hilfen zur Erhaltung oder Erlangung eines Arbeitsplatzes etc.).

263 Sofern kostenaufwendige Ernährung aus medizinischen Gründen notwendig ist, kann bei entsprechender ärztlicher Verordnung ein Mehrbedarf in angemessener Höhe anerkannt werden, der je nach Ernährungsbedarf unterschiedlich ist.

Gem. § 21 Abs. 7 SGB II wird ein Mehrbedarf anerkannt, soweit das Warmwasser nicht über die Heizung, sondern durch in der Unterkunft installierte Vorrichtungen (Durchlauferhitzer) erzeugt wird. Die Höhe des Mehrbedarfs richtet sich nach dem maßgeblichen Regelbedarf gem. § 20 SGB II.   264

Regelbedarf	Mehrbedarfszuschlag in % vom Regelbedarf	Mehrbedarf
399 €	2,3%	9,18 €
360 €	2,3%	8,28 €
320 €	2,3%	7,36 €
302 €	1,4%	4,23 €
267 €	1,2%	3,20 €
234 €	0,8%	1,87 €

Die Summe der gesamten Mehrbedarfe darf jedoch nicht höher sein als der maßgebende Regelbedarf für die betreffende Person.   265

5. Leistungen für einmalige, nicht von dem Regelbedarf umfasste Bedarfe gem. §§ 24, 28 SGB II

Für folgende Bedarfe werden gem. § 24 SGB II zusätzliche Leistungen erbracht.   266
- die **Erstausstattung für die Wohnung** einschließlich Haushaltsgeräten,
- die **Erstausstattung für Bekleidung** einschließlich bei Schwangerschaft und Geburt,
- Anschaffung und Reparaturen von **orthopädischen Schuhen**, Reparaturen von **therapeutischen Geräten und Ausrüstungen** sowie die Miete von therapeutischen Geräten.

Leistungen für Bildung und Teilhabe werden gem. § 28 SGB II wie folgt erbracht: 267

Leistungsberechtigt sind Schülerinnen und Schüler, Kinder, die eine Tageseinrichtung besuchen und Leistungsberechtigte bis zur Vollendung des 18. Lebensjahres. Schülerinnen und Schüler sind alle Personen, die das 25. Lebensjahr noch nicht vollendet haben, eine allgemein- oder berufsbildende Schule besuchen und keine Ausbildungsvergütung erhalten.   268

Für die Ausstattung mit persönlichem Schulbedarf werden gem. § 28 Abs. 3 SGB II 70 € zum 01.08. und 30 € zum 01.02. eines jeden Jahres zur Verfügung gestellt. Darüber hinaus werden in tatsächlicher Höhe übernommen die Kosten für Schulausflüge/Klassenfahrten (§ 28 Abs. 2 SGB II), Schülerfahrtkosten (§ 28 Abs. 4 SGB II), soweit diese erforderlich sind und nicht von Dritten gedeckt werden und es des Weiteren nicht zumutbar ist, die anfallenden Aufwendungen aus dem Regelbedarf zu bestreiten, sowie Lernförderung (§ 28 Abs. 2, Abs. 5 SGB II) und Mittagsverpflegung (§ 28 Abs. 6 SGB II). Gem. § 28 Abs. 7 SGB II wird bei Leistungsberechtigten bis zur Vollendung des 18. Lebensjahres ein Bedarf zur Teilhabe am sozialen und kulturellen Leben in der Gemeinschaft in Höhe von **insgesamt 10 €** monatlich berücksichtigt für   269
- Mitgliedsbeiträge in den Bereichen Sport, Spiel, Kultur und Geselligkeit,
- Unterricht in künstlerischen Fächern (z.B. Musikunterricht) und vergleichbare angeleitete Aktivitäten der kulturellen Bildung,
- die Teilnahme an Freizeiten.

Leistungen für Bildung und Teilhabe werden in Form von Gutscheinen oder aber durch Direktzahlung an die Anbieter gewährt.

Darüber hinaus können nur in äußersten Notlagen Geldleistungen oder Sachleistungen – dann aber als Darlehen – für einen Bedarf erbracht werden, der bereits von den Regelleistungen umfasst ist.   270

III. Anrechenbares Einkommen gem. § 11 SGB II i.V.m. der Arbeitslosengeld II/Sozialgeld-Verordnung (Alg II-VO)

Grds. sind alle Einnahmen in Geld oder Geldeswert zu berücksichtigen, soweit das Gesetz nicht ausdrücklich Ausnahmen vorsieht.   271

1. Nicht zu berücksichtigendes Einkommen gem. § 11a SGB II und § 1 Alg II-VO

Folgende Einkommen sind gem. § 11a SGB II und § 1 Alg II-VO nicht zu berücksichtigen: 272
- Grundrenten nach dem BVG,
- Renten oder Beihilfen nach dem Bundesentschädigungsgesetz für Körper- oder Gesundheitsschäden,
- Schmerzensgeld nach dem BGB gem. § 253 Abs. 2 BGB,

- zweckbestimmte Einkünfte, die einem anderen Zweck als die Leistungen nach dem SGB II dienen (z.B. Erziehungsgeld, Leistungen aus der Pflegeversicherung, Blindengeld etc.). Gem. § 11a Abs. 3 SGB II gilt für Pflegegeld, das gem. SGB VIII Pflegeeltern erhalten, bezüglich des Teiles, der für den erzieherischen Einsatz gewährt wird, folgende Ausnahme. Wird das Pflegegeld für ein 3. Pflegekind gewährt, werden 75% und ab dem 4. Pflegekind 100% des Vergütungsanteils als Einkommen berücksichtigt[9],
- Bagatelleinkommen bis zu 10 € monatlich,
- bei Sozialgeldempfängern, die das 15. Lebensjahr noch nicht vollendet haben, Einnahmen aus Erwerbstätigkeit, die 100 € monatlich nicht übersteigen,
- Einnahmen von Schülerinnen und Schülern allgemein- oder berufsbildender Schulen, die das 25. Lebensjahr noch nicht vollendet haben, aus Erwerbstätigkeiten, die in den Schulferien für höchstens 4 Wochen je Kalenderjahr ausgeübt werden, soweit diese einen Betrag in Höhe von 1.200 € kalenderjährlich nicht überschreiten,
- vom Taschengeld gem. § 2 Abs. 1 Nr. 1 des Jugendfreiwilligendienstgesetzes, das ein Teilnehmer an einem Jugendfreiwilligendienst erhält, gem. § 1 Abs. 7 Alg II-VO ein Betrag in Höhe von 60 €,
- Leistungen der Ausbildungsförderung, soweit sie für Fahrtkosten zur Ausbildung oder für Ausbildungsmaterial verwendet werden,
- Geldgeschenke an Minderjährige anlässlich der Firmung, Kommunion, Konfirmation oder vergleichbarer religiöser Feste sowie anlässlich der Jugendweihe, soweit sie den Freibetrag gem. § 1 Abs. 1 Nr. 12 Alg II-VO in Höhe von 3.100 € nicht überschreiten,
- Kindergeld für volljährige Kinder des Hilfebedürftigen, soweit dieses an das nicht im Haushalt des Hilfebedürftigen lebende volljährige Kind weitergeleitet wird,
- nichtsteuerpflichtige Einnahmen einer Pflegeperson für Leistungen der Grundpflege und der hauswirtschaftlichen Versorgung.
- Gem. § 10 Abs. 5 Bundeselterngeldgesetz bleibt Elterngeld in Höhe des durchschnittlichen monatlichen Einkommens aus Erwerbstätigkeit, das in den letzten 12 Kalendermonaten vor dem Geburtsmonat erzielt wurde (Bemessungsgrundlage für das Elterngeld gem. § 2 Bundeselterngeldgesetz), bis zu höchstens 300 € monatlich anrechnungsfrei. Wurde entsprechendes Einkommen nicht erzielt, weil der Hilfebedürftige vor der Geburt des Kindes bereits arbeitslos war, wird das Elterngeld folglich in vollem Umfang angerechnet.

2. Vom Einkommen abzusetzende Beträge gem. § 11b SGB II

273 Vom Einkommen in Abzug zu bringen sind
- auf das Einkommen entrichtete Steuern gem. § 11b Abs. 1 Nr. 1 SGB II,
- Pflichtbeiträge zur Sozialversicherung gem. § 11b Abs. 1 Nr. 2 SGB II,
- Beiträge zu öffentlichen oder privaten Versicherungen oder ähnlichen Einrichtungen, soweit diese Beiträge gesetzlich vorgeschrieben oder nach Grund und Höhe angemessen sind (Kranken- und Pflegeversicherung sowie Altersvorsorge von Personen, die nicht der gesetzlichen Sozialversicherungspflicht unterliegen), gem. § 11b Abs. 1 Nr. 3 SGB II(gem. § 6 Abs. 1 Nr. 1 u. 2 Alg II-VO ist vom Einkommen volljähriger Hilfebedürftiger und vom Einkommen minderjähriger Hilfebedürftiger, soweit diese nicht in Bedarfsgemeinschaft leben, für die Beiträge zu angemessenen privaten Versicherungen ein monatl. Pauschbetrag von 30 € abzusetzen, soweit nicht höhere Aufwendungen nachgewiesen werden),
- Beiträge zur staatlich geförderten Altersvorsorge (Riester-Rente) gem. § 11b Abs. 1 Nr. 4 SGB II,
- die mit der Erzielung des Einkommens verbundenen notwendigen Ausgaben gem. § 11b Abs. 1 Nr. 5 SGB II,
- Aufwendungen zur Erfüllung gesetzlicher Unterhaltsverpflichtungen, soweit diese tituliert sind gem. § 11b Abs. 1 Nr. 7 SGB II,
- der Unterhaltsbeitrag, der im Rahmen der bewilligten Bundesausbildungsförderung oder Bundesausbildungsbeihilfe bei der Leistungsbemessung des Kindes als Unterhaltsbeitrag der Eltern Berücksichtigung findet.

3. Absetzbare Pauschbeträge für erwerbstätige Hilfeempfänger gem. § 11b Abs. 3 SGB II

274 So die Einkünfte aus Erwerbstätigkeit erzielt werden, sind folgende Absetzbeträge zu berücksichtigen.

---

[9] Der Betrag für den erzieherischen Einsatz wird nach den Empfehlungen des Deutschen Vereins für öffentliche und private Fürsorge mit 202 € pro Monat und Kind beziffert.

a. Werbungskosten

In Abzug zu bringen sind pauschal monatlich 15,33 € gem. § 6 Abs. 1 Nr. 3 a) Alg II-VO. 275

b. Fahrtkosten

Für die Fahrten zwischen Wohnung und Arbeitsstätte sind gem. § 6 Abs. 1 Nr. 3 b) Alg II-VO 0,20 € 276
für jeden Entfernungskilometer der kürzesten Straßenverbindung zu berücksichtigen, so ein Kraftfahrzeug benutzt wird. Sind diese Kosten im Vergleich zu den Fahrtkosten bei Benutzung eines öffentlichen Verkehrsmittels unangemessen hoch, sind nur letztere abzusetzen.

c. Weitere notwendige Ausgaben

Weitere Ausgaben, die im unmittelbaren Zusammenhang mit der Erwerbstätigkeit stehen, können auf 277
Nachweis berücksichtigt werden, wie z.B. doppelte Haushaltsführung, Beiträge zur Gewerkschaft, Berufskleidung und Arbeitsmittel, Kinderbetreuungskosten etc.

d. Pauschalbetrag gem. § 11b Abs. 2 SGB II bei Einkünften aus Erwerbstätigkeit

Bei erwerbsfähigen Hilfebedürftigen, die erwerbstätig sind, ist an Stelle der Beträge nach § 11b Abs. 1 278
Satz 1 Nr. 3-5 SGB II ein Betrag von insgesamt 100 € monatlich abzusetzen. Beträgt das monatliche Einkommen mehr als 400 € und kann der Hilfebedürftige nachweisen, dass die Summe der Beträge nach Satz 1 Nr. 3-5 den Pauschalbetrag übersteigt, so sind die konkret nachgewiesenen Beträge vom Erwerbseinkommen in Abzug zu bringen.

4. Freibeträge bei Erwerbstätigkeit gem. § 11b Abs. 3 SGB II

Von dem bereinigten Einkommen aus Erwerbstätigkeit sind weiterhin folgende Freibeträge in Abzug 279
zu bringen:
- für den Teil des monatlichen Bruttoeinkommens über 100 € bis einschließlich 1.000 € 20 v.H. (max. 20% v. 900 € = 180 €),
- für den Teil des monatlichen Bruttoeinkommens über 1.000 € bis einschließlich 1.200 € bzw. 1.500 €, so der erwerbsfähige Hilfebedürftige mit mindestens einem minderjährigen Kind in Bedarfsgemeinschaft lebt oder aber mindestens ein minderjähriges selbst hat, 10 v.H. (max. 10% v. 200 € = 20 € bzw. 10% v. 500 € = 50 €).

Beispiel zur Bereinigung des Bruttoeinkommens aus Erwerbstätigkeit: In der Bedarfsgemeinschaft 280
lebt ein Ehepaar mit einem minderjährigen Kind. Ein Ehepartner geht einer Erwerbstätigkeit nach, bei der er ein Bruttoeinkommen von 1.300 € = 1.040 € netto erzielt. Die Monatsfahrkarte für die öffentlichen Verkehrsmittel zu Erreichung des Arbeitsplatzes kostet 98 €. Der auf das Arbeitslosengeld II anzurechnende Betrag aus Erwerbseinkommen berechnet sich dann wie folgt:

Bruttoeinkommen	1.300 €
Grundfreibetrag gem. § 11b Abs. 2 Satz 1 SGB II: pauschal	100 €
Freibetrag gem. § 11b Abs. 3 Nr. 1 SGB II: 20% v. 900 €	180 €
Freibetrag gem. § 11b Abs. 3 Nr. 2 SGB II: 10% v. 300 €	30 €
Nettoeinkommen	1.040 €
Summe der Freibeträge	310 €
zunächst anrechenbar auf das Arbeitslosengeld II	730 €

Vergleich des Grundfreibetrages i.H.v. 100 € mit den insoweit tatsächlich anfallenden Kosten:

Pauschbetrag für den Grund und der Höhe nach angemessene private Versicherungen gem. § 6 Abs. 1 Nr. 1 Alg II-VO	30 €
Werbungskostenpauschale gem. § 6 Abs. 1 Nr. 3a) Alg II-VO	15,33 €
Fahrtkosten zur Arbeitsstätte gem. § 6 Abs. 2 Alg II-VO	98 €
zu berücksichtigender Betrag über dem Grundfreibetrag von 100 €	43,33 €
verbleibendes zu berücksichtigendes Einkommen	686,67 €

5. Einkommen in der Bedarfsgemeinschaft

Grds. wird das gesamte Einkommen der Bedarfsgemeinschaft auf den Bedarf der Gemeinschaft angerechnet. Eine Ausnahme bildet das Einkommen der Kinder innerhalb der Bedarfsgemeinschaft, wenn 281
dieses ausreicht, den eigenen Bedarf abzudecken. Würde das über den eigenen Bedarf hinausgehende Einkommen des Kindes bei anderen Personen der Bedarfsgemeinschaft, etwa den Eltern, als Einkom-

men berücksichtigt, würde das bedeuten, dass das Kind seinen Eltern Unterhaltsleistungen erbringt, was nicht sein kann. Erhält das Kind z.B. von seinem getrennt lebenden Vater Unterhalt, der den Bedarf des Kindes abdeckt, so scheidet das Kind aus der Bedarfsgemeinschaft aus. Bei der Berechnung des Bedarfs der übrigen Mitglieder der Bedarfsgemeinschaft sind dann allerdings die Unterkunftskosten nicht mehr zu berücksichtigen, die auf das Kind entfallen und von dessen Einkünften abgedeckt werden können. Besteht die Bedarfsgemeinschaft also aus vier Mitgliedern, werden bei der verbleibenden Bedarfsgemeinschaft nur noch 3/4 der Unterkunftskosten bei der Bedarfsberechnung berücksichtigt, wenn der Bedarf des Kindes durch eigene Einkünfte gedeckt ist.

6. Berücksichtigung des Einkommens der Stiefeltern/Stiefpartner gem. § 9 Abs. 2 Satz 2 SGB II

282 Gem. § 9 Abs. 2 Satz 2 SGB II ist bei Kindern, die mit ihren Eltern oder einem Elternteil in einer Bedarfsgemeinschaft leben, sowohl das Einkommen und Vermögen der Eltern oder des Elternteils als auch das Einkommen und Vermögen dessen in Bedarfsgemeinschaft lebenden Partners zu berücksichtigen. Der Wortlaut des Gesetzes führt dazu, dass die Stiefeltern/Partner ihr gesamtes Einkommen, das ihren eigenen Bedarf übersteigt, für das Stief-/Partnerkind einzusetzen haben. Diese gesetzliche Regelung greift regelmäßig dann, wenn der hilfebedürftige Partner einseitige Kinder in die Einsatzgemeinschaft einbringt, die von ihrem leiblichen Vater mangels Leistungsfähigkeit keinerlei Unterhaltszahlungen erhalten. Die verschärfte Einkommensanrechnung des Stiefvaters/Partners bei den Kindern führt aber dazu, dass dieser gegenüber dem leiblichen Vater der Kinder schlechter gestellt wird. Obwohl gegen die wortgetreue Anwendung dieser gesetzlichen Vorschrift ganz erhebliche verfassungsrechtliche Bedenken bestehen, ist diese vom BGH[10] inzwischen abgesegnet worden.

7. Berücksichtigung des Kindergeldes

a. Anrechnung auf den Bedarf des Kindes

283 Zu dem gem. § 11 Abs. 1 SGB II zu berücksichtigenden Einkommen gehört auch das Kindergeld, das gem. § 11 Abs. 1 Satz 3 SGB II als Einkommen des Kindes zu berücksichtigen ist, soweit es bei dem jeweiligen Kind zur Deckung seines Grundsicherungsbedarfs benötigt wird. Dabei ist das Kindergeld, wie anderes Einkommen auch, vor der Anrechnung zu bereinigen. So ist vom Einkommen eines jeden **volljährigen** Mitglieds einer Bedarfsgemeinschaft gem. § 6 Abs. 1 Nr. 1 der Alg II-VO für angemessene private Versicherungen pauschal 30 € abzusetzen. Gem. Urteil des BSG[11] kann diese Pauschale nicht vom Kindergeld für **minderjährige** Kinder abgesetzt werden.

284 Gemäß den Durchführungshinweisen der Bundesagentur für Arbeit für die Anwendung des SGB II (DH-BA) 11.135 ist der Abzug eigener, angemessener Versicherungen des Minderjährigen in Höhe von pauschal 30 € jedoch dann möglich, wenn eine entsprechende Versicherung tatsächlich nachgewiesen wird.

285 Ohne entsprechenden Nachweis kann die Pauschale auch vom Kindergeld eines 18- bis 24-jährigen Kindes abgesetzt werden.

286 Weitere Voraussetzung für die Anrechnung ist die tatsächliche Verfügbarkeit des Kindergeldes. Trennen sich beispielsweise die Eltern eines Kindes und ändert sich dadurch die Person des Bezugsberechtigten, muss die Änderung der Familienkasse angezeigt und ein neuer Antrag gestellt werden. Bis dieser beschieden ist, dauert es regelmäßig Monate. Bei der Berechnung der Grundsicherungsleistungen gemäß SGB II darf dementsprechend das Kindergeld bis zur Bewilligung auch nicht als Einkommen angerechnet werden. Wird das Kindergeld dann rückwirkend bewilligt, muss der Kindergeldberechtigte diesen Betrag an den insoweit in Vorlage getretenen SGB II-Träger zurückzahlen.

287 In der Praxis wird das Kindergeld regelmäßig auch schon dann leistungsmindernd berücksichtigt, wenn es noch gar nicht ausgezahlt wird. Da dann regelmäßig das Existenzminimum des Leistungsempfängers gefährdet ist, kann dieser rechtswidrigen Praxis des SGB II-Trägers mit dem Antrag auf Erlass einer einstweiligen Anordnung beim zuständigen Sozialgericht begegnet werden.

---

[10] BGH v. 13.11.2008 - B 14 AS 2/08 R.
[11] BSG v. 07.11.2006 - B 7b AS 18/06 R.

Gem. § 11 Abs. 1 Satz 4 SGB II ist das Kindergeld in der tatsächlich gezahlten Höhe dem jeweiligen **288**
Kind in der Bedarfsgemeinschaft zuzuordnen, obwohl es gem. § 62 EStG dem Kindergeldberechtigten
zusteht. Nach DH-BA 11.51 erfolgt entsprechend § 74 Abs. 1 Satz 2 i.V.m. § 76 Satz 2 Nr. 1 EStG eine
gleichmäßige Aufteilung des gesamten Kindergeldes auf alle Kinder, wenn bei mehr als zwei Kindern
Kindergeld für ein außerhalb der Bedarfsgemeinschaft lebendes Kind abgezweigt wird.

Beispiel: **289**
Für vier Kinder wird Kindergeld wie folgt gezahlt:
K1 = 184 €
K2 = 184 €
K3 = 190 €
K4 = 215 €
Insgesamt 773 €

Wenn das älteste Kind K1 nicht mehr im Haushalt lebt, kann insoweit gem. § 76 Satz 2 Nr. 1 EStG ab- **290**
gezweigt werden 773 € x ¼= 193,25 €, so dass für die im Haushalt verbleibenden Kinder K2, K3 und
K4 jeweils 193,25 €, insgesamt somit 579,75 € verbleiben.

b. Anrechnung des Kindergeldes auf den Bedarf des Kindergeldberechtigten

Soweit das Kindergeld nicht benötigt wird, um den Bedarf des Kindes zu decken, wird es als Einkom- **291**
men bei dem Kindergeldberechtigten berücksichtigt. Dementsprechend ist zunächst der Grundsicherungsbedarf des Kindes zu berechnen. Darauf angerechnet wird das Einkommen des Kindes. Verbleibt
sodann ein ungedeckter Bedarf, ist darauf das Kindergeld in entsprechender Höhe anzurechnen. Der
nicht benötigte Teil des Kindergeldes bleibt Einkommen des Berechtigten. So ist gewährleistet, dass
die gesamte Grundsicherungsleistung für die Bedarfsgemeinschaft immer in Höhe des gesamten Kindergeldes gekürzt wird.

Beispiel: **292**

	A lebt mit ihrer 5-jährigen Tochter in einem Haushalt. Die Unterkunftskosten betragen 400 €. Der Vater zahlt Unterhalt nach Einkommensgruppe 1 der Düsseldorfer Tabelle in Höhe von	225 €
	Der Regelbedarf für das 5-jährige Kind beträgt	234 €
+	anteilige Unterkunftskosten	200 €
=	Grundsicherungsbedarf in Höhe von	434 €
-	Einkommen des Kindes in Form der Unterhaltszahlung	225 €
=	ungedeckter Bedarf	209 €
+	Kindergeld	184 €
=	ungedeckter Bedarf	25 €

so dass das gesamte Kindergeld benötigt wird, um den Grundsicherungsbedarf des Kindes abzudecken.

	Zahlt der Vater Unterhalt nach Einkommensgruppe 8 der Düsseldorfer Tabelle in Höhe von	365 €
	verbleibt nach Anrechnung des Unterhaltes auf den Grundsicherungsbedarf in Höhe von insgesamt	434 €
	noch ein ungedeckter Grundsicherungsbedarf in Höhe von	69 €
	Kindergeld in Höhe von	184 €
-	ungedeckter Bedarf	69 €
=	Für Kindergeldberechtigte A	115 €
-	Pauschbetrag für die Beiträge zu privaten Versicherungen gem. § 6 Abs. 1 Alg II-VO	30 €
=	Eigenes Einkommen, das auf den Grundsicherungsbedarf der Mutter angerechnet wird	85 €

c. Anrechnung des Kindergeldes für volljährige Kinder mit eigenem Haushalt

Gem. § 1 Abs. 1 Nr. 8 Alg II V ist das Kindergeld für volljährige Kinder des Hilfebedürftigen, die au- **293**
ßerhalb der Bedarfsgemeinschaft in einem eigenen Haushalt leben, dem volljährigen Kind als Einkommen zuzuordnen, soweit der Kindergeldberechtigte das Kindergeld tatsächlich an das Kind weiterge-

leitet hat. Zum Nachweis reicht die Vorlage des Überweisungsträgers oder auch eine Quittung des betreffenden Kindes. Nicht notwendig ist die Anweisung an die Familienkasse, das Kindergeld unmittelbar an das volljährige Kind auszuzahlen.

294 Weigert sich der kindergeldberechtigte Elternteil, das Kindergeld an das hilfebedürftige volljährige Kind weiterzuleiten, kann das Kind einen Antrag auf Abzweigung gem. § 74 EStG stellen. Erhält das volljährige Kind Grundsicherungsleistungen, seine Eltern dagegen nicht, so kann der Abzweigungsantrag gem. § 74 Abs. 1 Satz 4 EStG auch vom SGB II-Träger gestellt werden.

d. Anrechnung des Kindergeldes für hilfebedürftige Kinder im Haushalt des Kindergeldberechtigten, die nicht zur Bedarfsgemeinschaft gehören

295 Hilfebedürftige Kinder im Haushalt ihrer Eltern, die gleichwohl nicht zur Bedarfsgemeinschaft rechnen, sind Kinder mit eigenem Kind oder Partner sowie Kinder ab dem 25. Geburtstag. Für letztere verlängert sich die Möglichkeit des Kindergeldbezuges über das 25. Lebensjahr hinaus so sie Zivil- oder Wehrdienst abgeleistet haben gem. § 63 Abs. 1 EStG i.V.m. § 32 Abs. 5 EStG um die Dauer des entsprechenden Zeitraums. Sind Kinder wegen einer Behinderung nicht in der Lage, ihren Lebensunterhalt selbst sicherzustellen, wird für diese Kinder ebenfalls über das 25. Lebensjahr hinaus weiterhin Kindergeld gezahlt.

296 Nach der Rechtsprechung des BSG[12] ist das Kindergeld für volljährige Kinder im Haushalt des Hilfebedürftigen dem Kindergeldberechtigten als Einkommen zuzurechnen, selbst wenn nachgewiesen ist, dass tatsächlich das Kindergeld dem volljährigen Kind zur Verfügung gestellt wird.

297 Eine Zuordnung des Kindergeldes als Einkommen des volljährigen Kindes ist nur möglich, wenn die Familienkasse im Wege der Abzweigung gem. § 74 EStG das Kindergeld unmittelbar dem Kind auszahlt. Da die kindergeldberechtigten Eltern aufgrund ihrer Hilfebedürftigkeit – selbst wenn sie dem volljährigen Kind Unterkunft gewähren – mangels Leistungsfähigkeit nicht unterhaltspflichtig sind, liegen die Voraussetzungen für eine solche Abzweigung gem. § 74 EStG vor.[13]

e. Kindergeld für Pflegekinder

298 Gem. § 63 Abs. 1 EStG i.V.m. § 32 Abs. 1 Nr. 2 EStG wird auch für Pflegekinder Kindergeld gezahlt, so sie nicht zu Erwerbszwecken in den Haushalt des Kindergeldberechtigten aufgenommen wurden und ein familienähnliches, auf längere Dauer angelegtes Verhältnis besteht. Pflegekinder gehören nicht zur Bedarfsgemeinschaft gem. § 7 Abs. 3 SGB II. Gleichwohl wird das Kindergeld als Einkommen bei den hilfebedürftigen Pflegeeltern berücksichtigt, auch wenn es unmittelbar auf das Konto des Pflegekindes überwiesen wird. Erhalten die Pflegeeltern Leistungen zum Unterhalt des Kindes gem. § 39 SGB VIII vom Jugendamt, so ist § 39 Abs. 6 SGB VIII zu berücksichtigen. Danach wird das Kindergeld nämlich in Höhe der Hälfte ggf. eines Viertels des Kindergeldes für ein erstes Kind auf die laufende Unterhaltsleistung angerechnet. Dementsprechend ist es im Rahmen der Grundsicherungsleistung gem. SGB II nur in dem Umfang als Einkommen der Pflegeeltern zu berücksichtigen, in dem es nicht auf die Unterhaltsleistung angerechnet wird.

IV. Anrechenbares Vermögen gem. § 12 SGB II

299 Als Vermögen sind alle verwertbaren Vermögensgegenstände zu berücksichtigen, soweit sie in § 12 Abs. 3 SGB II nicht von der Verwertung ausgenommen worden sind.

300 Keine Berücksichtigung als Vermögen gemäß § 12 Abs. 3 SGB II:
- der angemessene Hausrat sowie
- ein **angemessenes Kraftfahrzeug** für jeden in der Bedarfsgemeinschaft lebenden erwerbsfähigen Hilfebedürftigen (angemessen ist der Pkw immer dann, wenn der Wert des Pkws nach Abzug der dafür eingegangenen Verbindlichkeiten 7.500 € nicht übersteigt. Übersteigt der Wert die Angemessenheitsgrenze, dann kann der übersteigende Wert auf die anderen Vermögensfreibeträge angerechnet werden, soweit diese nicht anderweitig ausgeschöpft worden sind),
- für die Altersvorsorge bestimmte Vermögensgegenstände in angemessenem Umfang, wenn der erwerbsfähige Hilfebedürftige oder sein Partner von der Versicherungspflicht in der gesetzlichen Rentenversicherung befreit ist,

---

[12] BSG v. 31.10.2007 - B 14/11b AS 7/07 R sowie BSG v. 25.06.2008 - B 11b AS 45/06 R.
[13] FG Münster v. 10.08.2006 - 14 K 4461/05-Kg.

- ein selbstgenutztes Hausgrundstück von angemessener Größe oder eine entsprechende Eigentumswohnung (die Angemessenheit richtet sich nach den individuellen Lebensumständen der Bedarfsgemeinschaft. Anzuerkennen ist eine Wohnfläche von 130 qm bei einem Eigenheim und von 120 qm bei einer Eigentumswohnung. Angemessen ist des Weiteren eine Grundstücksgröße von 500 qm (städtisch) bzw. 800 qm (ländlich). Der angemessene Verkehrswert des Eigenheims bestimmt sich nach den örtlichen Verhältnissen),
- Vermögen, solange es nachweislich zur baldigen Beschaffung oder Erhaltung eines angemessenen Hausgrundstücks/Eigentumswohnung bestimmt ist und dieses zu Wohnzwecken behinderter oder pflegebedürftiger Menschen dienen soll,
- Sachen und Rechte, soweit deren Verwertung offensichtlich unwirtschaftlich ist oder für den Betroffenen eine besondere Härte bedeuten würde. Unwirtschaftlich kann die Verwertung sein, wenn beispielsweise die Auflösung einer Lebensversicherung mit großen Verlusten verbunden ist.

Soweit das Vermögen einzusetzen ist, sind folgende Vermögensfreibeträge zu berücksichtigen (§ 12 Abs. 2 SGB II): **301**
- ein Grundfreibetrag von 150 € pro Lebensjahr des erwerbsfähigen Hilfebedürftigen und seines Partners, mindestens pro Person jeweils 3.100 € und maximal gem. § 12 Abs. 2 Satz 2 SGB II
  - 9.750 € pro Person, die vor dem 01.01.1958 geboren ist,
  - 9.900 € pro Person, die nach dem 31.12.1957 und vor dem 01.01.1964 geboren ist,
  - 10.050 € pro Person, die nach dem 31.12.1963 geboren ist;
- so der Hilfebedürftige oder dessen Partner vor dem 01.01.1948 geboren ist, wird ein Grundfreibetrag von jeweils 520 € je Lebensjahr eingeräumt, wobei die Höchstgrenze jeweils 33.800 € beträgt gem. § 12 Abs. 2 Nr. 1 SGB II i.V.m. § 65 Abs. 5 SGB II;
- geldwerte Ansprüche, die der Altersvorsorge dienen, soweit sie vor Eintritt des Ruhestandes aufgrund vertraglicher Vereinbarungen nicht verwertet werden können i.H.v. 250 € je vollendetem Lebensjahr, höchstens jedoch für den Hilfebedürftigen und seinen Partner gem. § 12 Abs. 2 Satz 2 SGB II
  - 16.250 € pro Person, die vor dem 01.01.1958 geboren ist,
  - 16.500 € pro Person, die nach dem 31.12.1957 und vor dem 01.01.1964 geboren ist,
  - 16.750 € pro Person, die nach dem 31.12.1963 geboren ist;
- ein Freibetrag für notwendige Anschaffungen (Fernseher, Kühlschrank, Herd, etc.) i.H.v. 750 € für jeden in der Bedarfsgemeinschaft lebenden Hilfebedürftigen, somit auch für Kinder in der Bedarfsgemeinschaft gem. § 12 Abs. 2 Nr. 4 SGB II;
- für die minderjährigen Kinder in der Bedarfsgemeinschaft gibt es einen zusätzlichen Freibetrag von 3.100 € gem. § 12 Abs. 2 Nr. 1a SGB II;
- Ansparungen im Rahmen der Riester-Rente im geförderten Umfang gem. § 12 Abs. 2 Nr. 2 SGB II.

Beispiel 1: **302**
Ehepaar, 40 Jahre (geb. am 01.07.1969) und 36 Jahre (geb. am 01.07.1965) alt, ohne private Altersvorsorge

	Grundfreibetrag	
	(150 € x 40)	6.000 €
+	(150 € x 36)	5.400 €
+	Freibetrag für notwendige Anschaffungen (jeweils 750 €)	1.500 €
=	Gesamtfreibetrag	12.900 €

Beispiel 2: **303**
Ehepaar, 62 Jahre (geb. am 01.07.1947) und 58 Jahre (geb. am 01.07.1951) alt, mit jeweils einer Lebensversicherung, die vertraglich festgelegt erst mit Vollendung des 65. Lebensjahres ausgezahlt wird

	Grundfreibetrag	
	(520 € x 62)	32.240 €
+	(150 € x 58)	8.700 €
	Freibetrag für Altersvorsorge	15.500 €
+	(250 € x 62)	
+	(250 € x 58)	14.500 €
+	Freibetrag für notwendige Anschaffungen (jeweils 750 €)	1.500 €
=	Gesamtfreibetrag	72.440 €

Sozialrechtl. Hinw. zu § 1578

304 Gem. § 9 Abs. 2 SGB II wird das Vermögen innerhalb der Bedarfsgemeinschaft zwischen Partnern der Bedarfsgemeinschaft wechselseitig angerechnet, während zwischen Eltern und Kindern eine Anrechnung nur im Verhältnis der Eltern zum Kind, nicht umgekehrt, erfolgt.

V. Kinderzuschlag gem. § 6a BKGG

305 Der seit dem 01.01.2005 gesetzlich verankerte Kinderzuschlag wird an Eltern gezahlt, die zwar mit ihren Einkünften den eigenen Bedarf abdecken können, nicht aber den ihrer Kinder, um so zu vermeiden, dass sie auf Arbeitslosengeld II angewiesen sind.

306 Daraus folgt, dass ein Kinderzuschlag zusätzlich zu Arbeitslosengeld II, Sozialgeld oder Sozialhilfe nicht gezahlt wird.

307 Der Kinderzuschlag wird zusammen mit dem Kindergeld ab Januar 2005 monatlich gezahlt, bei unveränderten Verhältnissen für max. 36 Monate. Er bemisst sich nach dem Einkommen und Vermögen der Eltern und der Kinder und beträgt höchstens 140 € pro Monat. **Kinderzuschlag** wird nur für **minderjährige Kinder** gezahlt. Für **volljährige Kinder** besteht selbst dann kein Anspruch, wenn für diese ein Anspruch auf Kindergeld besteht. Gezahlt wird der Kinderzuschlag auf Antrag, der bei der örtlichen Familienkasse zu stellen ist.

VI. Sozialversicherungsschutz

308 Während des Bezuges von Arbeitslosengeld II sind die Berechtigten grds. in der gesetzlichen Kranken- und Pflegeversicherung versichert.

VII. Leistungskürzungen gem. § 31 SGB II

309 Das Arbeitslosengeld II kann gekürzt werden oder gänzlich wegfallen, wenn der Hilfebedürftige ohne wichtigen Grund und trotz Belehrung über die Rechtsfolgen
- den Abschluss einer Eingliederungsvereinbarung verweigert,
- seine Pflichten verletzt, z.B. keine Eigenbemühungen vorweist,
- eine Arbeit oder Arbeitsgelegenheit ablehnt oder aufgibt,
- eine Arbeitsgelegenheit gem. § 16d Satz 2 SGB II (1 €-Job) ablehnt,
- eine Maßnahme zur Eingliederung in Arbeit ablehnt,
- bei einem Meldeversäumnis bei der Agentur für Arbeit.

310 Die Kürzungen oder der Wegfall der Leistung dauern drei Monate.

311 Der Umfang der Leistungskürzung beträgt
- **1. Stufe:**
  - beim **Meldeversäumnis** erfolgt eine Kürzung der Regelleistung um 10% und Wegfall des befristeten Zuschlags gem. § 24 SGB II,
  - in den **anderen Fällen** Kürzungen der Regelleistung um 30% und Wegfall des befristeten Zuschlages gem. § 24 SGB II,
  - bei Jugendlichen unter 25 Jahren Wegfall der Regelleistung und des Zuschlages gem. § 24 SGB II (Beschränkung auf Leistungen für Unterkunft und Heizung mit Direktzahlung an den Vermieter).
- **2. Stufe:**
  - weitere Kürzungen um den Prozentsatz der ersten Stufe bei erneuten Meldeversäumnissen und in anderen Fällen um 60% im ersten Wiederholungsfall und sodann um 100%, wobei bei einer Minderung um mehr als 30% im angemessenen Umfang ergänzende Sachleistungen erbracht werden können. Eine wiederholte Pflichtverletzung liegt nicht vor, wenn der Beginn des vorangegangenen Sanktionszeitraums länger als ein Jahr zurückliegt,
  - gem. § 7 Abs. 4a SGB II erhält derjenige keinerlei Leistungen, der sich ohne Zustimmung des persönlichen Ansprechpartners beim Arbeitsamt außerhalb des in der Erreichbarkeitsanordnung definierten zeit- und ortsnahen Bereichs aufhält. Danach muss der Arbeitslose an allen Werktagen persönlich an seinem Wohnsitz oder gewöhnlichen Aufenthalt erreichbar sein. Er darf sich von seinem Wohnort für mehr als 24 Stunden lediglich an Feiertagen und mit Zustimmung des Arbeitsamtes entfernen.

312 Die Sanktionen sind nunmehr in den Vorschriften der §§ 31, 31a, 31b und 32 SGB II geregelt.

VIII. Arbeitslosengeld II und Unterhaltszahlungen sowie Anspruchsübergang gem. § 33 SGB II

Tatsächliche Unterhaltszahlungen werden als Einkünfte auf das Arbeitslosengeld II angerechnet. Sofern Unterhaltszahlungen nicht erbracht werden, gleich ob ein Anspruch besteht oder nicht, wird das Arbeitslosengeld II in voller Höhe ausgezahlt. 313

Gem. § 33 Abs. 1 SGB II geht dann der Unterhaltsanspruch im Wege der Legalzession auf den Leistungsträger über und kann gegen den Unterhaltsverpflichteten vor dem Familiengericht geltend gemacht werden. 314

Das gilt allerdings nur für den Zeitraum, in dem auch Leistungen zur Sicherung des Lebensunterhaltes erbracht worden sind. Dazu gehört nicht der Zuschlag gem. § 24 SGB II, der maximal zwei Jahre ergänzend zum Arbeitslosengeld II gezahlt wird, so der Berechtigte zuvor Arbeitslosengeld I erhalten hatte.[14] Das gilt ebenso für 56% der übernommenen Unterkunftskosten (ohne Heizungs- und Warmwasserkosten). Hier ist zu berücksichtigen, dass bei Erstattungsansprüchen gem. § 40 Abs. 2 SGB II bzw. § 105 SGB XII im Rahmen der Sozialhilfe und beim Übergang von Unterhaltsansprüchen gem. § 94 Abs. 1 Satz 6 SGB XII dieser Teil der Unterkunftskosten nicht zurückgefordert werden bzw. übergehen kann. Das hat seinen Grund in der Änderung des Wohngeldgesetzes. Gem. § 1 Abs. 2 WoGG sind Empfänger von Leistungen des Arbeitslosengeldes II und des Sozialgeldes vom Bezug des Wohngeldes ausgeschlossen. Da Wohngeld grundsätzlich nicht zurückgefordert werden kann, werden die Leistungsempfänger durch diese Vorschriften so gestellt, als hätten sie Wohngeld erhalten. Warum nun ausgerechnet beim Anspruchsübergang gem. § 33 SGB II anders zu verfahren wäre, ist nicht ersichtlich. Es handelt sich offensichtlich um ein gesetzgeberisches Versehen. 315

Für die Vergangenheit kann der Leistungsträger außer unter den Voraussetzungen des Bürgerlichen Rechts übergeleitete Unterhaltsansprüche nur von dem Zeitpunkt an geltend machen, zu welchem dem Unterhaltsverpflichteten die Erbringung der Leistungen zur Sicherung des Lebensunterhaltes schriftlich mitgeteilt worden ist. So absehbar ist, dass diese Leistungen auf längere Zeit erbracht werden müssen, kann der Leistungsträger bis zur Höhe der bisherigen monatlichen Aufwendungen auch künftige Unterhaltsleistungen im Klagewege geltend machen. 316

Gem. § 33 Abs. 2 SGB II gehen Unterhaltsansprüche nicht über, wenn die unterhaltsberechtigte Person 317
- mit dem Verpflichteten in einer Bedarfsgemeinschaft lebt,
- mit dem Verpflichteten verwandt ist und den Unterhaltsanspruch selbst nicht geltend macht.

Dies gilt nicht für Unterhaltsansprüche gegenüber den Eltern, wenn der Hilfebedürftige 318
- minderjährig ist oder aber das 25. Lebensjahr noch nicht vollendet hat und sich noch in der Erstausbildung befindet,
- in einem Kindschaftsverhältnis zum Verpflichteten steht und schwanger ist oder aber sein leibliches Kind bis zur Vollendung des 6. Lebensjahres betreut.

Des Weiteren ist der Übergang der Unterhaltsansprüche gem. § 33 Abs. 2 Satz 3 SGB II beschränkt auf das Einkommen und Vermögen, das die zu berücksichtigenden Beträge gem. §§ 11 und 12 SGB II übersteigt. Es ist also eine sozialrechtliche Vergleichsberechnung anzustellen, da ansonsten der Unterhaltspflichtige selbst leistungsberechtigt nach dem SGB II würde. Demnach können auch hierbei – anders als im Unterhaltsrecht – keine fiktiven Einkünfte auf Seiten des Unterhaltspflichtigen berücksichtigt werden. Diese Einschränkung des Anspruchsübergangs muss vom Unterhaltspflichtigen im Verfahren vor dem Familiengericht geltend gemacht werden. 319

Gem. § 33 Abs. 4 SGB II kann der Leistungsträger die übergegangenen Unterhaltsansprüche im Einvernehmen mit dem Leistungsempfänger auf diesen zur gerichtlichen Geltendmachung rückübertragen und sich den geltend gemachten Anspruch abtreten lassen. Soweit der Leistungsempfänger dadurch mit Kosten belastet wird, sind diese vom Leistungsträger zu übernehmen. 320

IX. Gesetzeskonkurrenz

Hilfebedürftige, die dem Grunde nach Anspruch auf Leistungen nach dem SGB II haben, sind nicht berechtigt, laufende Hilfe zum Lebensunterhalt nach SGB XII zu beantragen. Das gilt selbst dann, wenn aufgrund entsprechenden Fehlverhaltens des Hilfebedürftigen Leistungen gem. § 31 SGB II abgesenkt werden oder gänzlich wegfallen. Das gilt jedoch nicht für die Hilfe in besonderen Lebenslagen (Kapitel 5 bis 9 SGB XII), die auch Leistungsbezieher nach SGB II beanspruchen können. 321

---

[14] OLG München v. 28.11.2005 - 16 UF 1262/05 - FamRZ 2006, 1125.

Sozialrechtl. Hinw. zu § 1578

H. Abzweigung von Sozialleistungen für die Unterhaltsberechtigten

322 Gem. § 48 SGB I können **laufende Geldleistungen,** die der Sicherung des Lebensunterhaltes dienen, in angemessener Höhe an den Ehegatten oder die Kinder des Leistungsberechtigten ausgezahlt werden, wenn dieser seiner gesetzlichen Unterhaltsverpflichtung nicht nachkommt. Davon erfasst sind zunächst **Leistungen mit Lohnersatzfunktion** wie Krankengeld, Arbeitslosengeld, Übergangsgeld, Unterhaltsgeld, Verletztengeld und Rentenzahlungen. Der Unterhaltsberechtigte hat gegenüber dem Sozialleistungsträger darzulegen, dass eine Unterhaltspflicht nach dem Bürgerlichen Recht besteht und dass diese verletzt wird. Das ist der Fall, wenn der Sozialleistungsberechtigte einer konkret bestehenden Unterhaltsverpflichtung nicht oder nur unzureichend nachkommt. Die **Unterhaltspflicht des Leistungsberechtigten** wird durch einen Unterhaltstitel oder eine anderweitige rechtsverbindliche Vereinbarung bestimmt. Liegt eine solche nicht vor, hat der Sozialleistungsträger selbst zu prüfen und zu entscheiden, ob eine Unterhaltspflicht besteht und ob diese verletzt wurde. Bevor eine Entscheidung getroffen wird, ist der Leistungsberechtigte gem. § 24 SGB X anzuhören. Dabei ist eine angemessene Frist zur Stellungnahme zu setzen, innerhalb derer noch keine Beträge abgezweigt werden dürfen.

323 Die Entscheidung ob eine Unterhaltspflicht besteht, trifft dann der Sozialleistungsträger nach pflichtgemäßem Ermessen. Bezüglich der Höhe des abzuzweigenden Betrages ist zu berücksichtigen, dass dem Leistungsempfänger ein Betrag verbleiben muss, der den Selbstbehaltsätzen der unterhaltsrechtlichen Leitlinien der OLG entsprechen oder aber zumindest seinen Sozialhilfebedarf abdecken muss.

324 Die Abzweigung der Sozialleistung gem. § 48 SGB I wird ausschließlich durch die Entscheidung des Sozialleistungsträgers angeordnet und setzt grds. keinen Antrag des Unterhaltsberechtigten voraus, so dass der Leistungsträger von Amts wegen tätig werden muss, wenn ihm Tatsachen bekannt werden, aufgrund derer eine Auszahlung an Dritte geboten erscheint. Die Entscheidung wird mittels VA getroffen, der mit dem Widerspruch angefochten werden kann. Bleibt der Widerspruch erfolglos, kann die Anfechtungsklage bei der für den jeweiligen Sozialleistungsträger zuständigen Gerichtsbarkeit – regelmäßig die Sozialgerichte – erhoben werden. Eine andere Vorgehensweise gegen den Drittberechtigten steht dem Leistungsberechtigten nicht zur Verfügung.

325 Kindergeld kann gem. § 74 Abs. 4 Satz 4 EStG von Amts wegen ebenfalls abgezweigt werden.

I. Unterhaltsvorschussgesetz (UVG)

I. Anspruchsberechtigte gemäß § 1 UVG

326 Nach dem UVG kann ein **Kind** Sozialleistungen verlangen, wenn
- es das 12. Lebensjahr noch nicht vollendet hat **und**
- in Deutschland seinen Wohnsitz oder seinen gewöhnlichen Aufenthalt hat **und**
- bei seinem allein erziehenden Elternteil lebt, weil dieser ledig, verwitwet oder geschieden ist oder von seinem Ehegatten oder Lebenspartner dauernd getrennt lebt oder der Ehegatte oder Lebenspartner voraussichtlich wenigstens 6 Monate wegen Krankheit oder Behinderung oder aufgrund gerichtlicher Anordnung in einer Anstalt untergebracht ist **und**
- es von dem anderen Elternteil nicht, nur teilweise oder nicht regelmäßig Unterhalt oder, wenn dieser oder ein Stiefelternteil verstorben ist, Waisenbezüge erhält, die geringer sind als der Mindestunterhalt gem. § 1612a Abs. 1 BGB.

II. Besonderheiten bei ausländischen Kindern gemäß § 1 Abs. 2a UVG

327 Ein ausländisches Kind hat nur dann einen Anspruch, wenn es selbst oder der allein erziehende Elternteil eine **Aufenthaltserlaubnis** oder **Aufenthaltsberechtigung** besitzt. Der Anspruch auf Unterhaltsvorschussleistungen beginnt mit dem Ausstellungsdatum der Aufenthaltsberechtigung oder Aufenthaltserlaubnis. Eine **Aufenthaltsbefugnis** oder eine **Aufenthaltsbewilligung** reichen nicht aus.

328 Ein Unterhaltsvorschuss wird nicht an Kinder von Alleinerziehenden gezahlt, die von ihren im Ausland ansässigen Arbeitgeber für eine vorübergehende Tätigkeit nach Deutschland entsandt worden sind.

III. Höhe der Unterhaltsleistung gemäß § 2 UVG

329 Die Unterhaltsleistung wird in Höhe der für Kinder der ersten und zweiten Altersgruppe jeweils geltenden Mindestunterhalt gezahlt. Demnach beträgt die Unterhaltsleistung z.Zt.
- für Kinder bis zur Vollendung des 6. Lebensjahres mtl. 317 €,
- für Kinder vom 7. bis zur Vollendung des 12. Lebensjahres mtl. 364 €

Davon in Abzug gebracht werden:
- das Kindergeld für ein erstes Kind, somit z.Zt. mtl. 184 €,
- regelmäßige Unterhaltszahlungen des anderen Elternteils oder die Waisenbezüge nach dem Tod des anderen Elternteils oder eines Stiefelternteils.

Bei Ausbleiben jeglicher Unterhaltszahlung beträgt die Unterhaltsleistung nach UVG somit für
- Kinder im Alter von 0-5 Jahren 133 €,
- Kinder im Alter von 6-11 Jahren 180 €.

IV. Zeitraum der Unterhaltsleistung gemäß der §§ 3, 4 UVG

Die Unterhaltsleistung erfolgt längstens für 72 Monate. Die Zahlung endet jedoch spätestens, wenn das Kind das 12. Lebensjahr vollendet hat. Rückwirkend kann die Unterhaltsleistung längstens für den letzten Monat vor dem Monat, in dem der Antrag eingegangen ist, bewilligt werden, wenn sich das Kind bzw. dessen Vertreter in zumutbarer Weise um Unterhaltszahlung bemüht hat.

V. Ausschluss des Anspruchs auf Unterhaltszahlungen

Der Anspruch auf Leistungen nach dem UVG ist ausgeschlossen, wenn
- beide Elternteile in häuslicher Gemeinschaft miteinander leben, auch wenn sie nicht miteinander verheiratet sind,
- in der häuslichen Gemeinschaft von Kind und Elternteil auch der Stiefvater oder die Stiefmutter des Kindes leben,
- das Kind nicht bei einem Elternteil lebt, sondern sich in **Vollzeitpflege** bei einer anderen Person befindet,
- sich das Kind beim anderen Elternteil nicht nur zur Ausübung des Umgangsrechtes aufhält, sondern dieser auch einen wesentlichen Teil der Betreuung und Erziehung übernimmt,
- der allein erziehende Elternteil sich weigert, die zur Durchführung des Gesetzes erforderlichen Auskünfte zu erteilen oder bei der Feststellung der Vaterschaft oder des Aufenthalts des anderen Elternteils mitzuwirken,
- der barunterhaltpflichtige Elternteil seine Unterhaltspflicht durch Vorauszahlung erfüllt hat.

VI. Mitteilungspflichten

Sollte sich an den anspruchsbegründenden Voraussetzungen etwas ändern, ist dieses unmittelbar dem Jugendamt, bei dem der Antrag auf Zahlung von Unterhaltsvorschussleistungen zu stellen ist, mitzuteilen, da ansonsten die zu Unrecht empfangene Unterhaltsleistung zurückverlangt werden kann.

VII. Übergang von Unterhaltsansprüchen des berechtigten Kindes gem. § 7 UVG

Soweit Unterhaltsvorschussleistungen gewährt werden, geht der Unterhaltsanspruch des Kindes gegen den Elternteil, bei dem es nicht lebt, gem. § 7 Abs. 1 Satz 1 UVG auf das jeweilige Bundesland als Träger dieser Leistungen über. So die Unterhaltsleistungen voraussichtlich für einen längeren Zeitraum zu gewähren sind, kann das Land bis zur Höhe der bisherigen monatlichen Leistungen auch den künftigen Unterhalt gegen den Verpflichteten im Klagewege geltend machen. Dabei bleibt es dem klagenden Land unbenommen, auf Seiten des Unterhaltspflichtigen auch fiktives Einkommen zu berücksichtigen.[15] Da die Anrechnung des Kindergeldes anders als in § 1612b Abs. 1 BGB immer hälftig angerechnet wird, ist es regelmäßig so, dass ein Spitzenbetrag, der insoweit nicht auf das Land übergeht, vom unterhaltsberechtigten Kind selbst geltend gemacht werden muss. Um das zu vermeiden, kann das Land gem. § 7 Abs. 4 Satz 2 UVG den übergegangenen Unterhaltsanspruch im Einvernehmen mit dem Unterhaltsberechtigten zur gerichtlichen Geltendmachung auf diesen rückübertragen. Zugleich hat dieser den geltend gemachten Unterhaltsanspruch abzutreten. Die dadurch auf Seiten des Unterhaltsberechtigten entstehenden Kosten sind gem. § 7 Abs. 4 Satz 3 UVG vom Land zu übernehmen.

Erfolgt eine solche Rückübertragung nicht, ist im Klageverfahren Folgendes zu beachten:
- Unterhaltsrückstände bis zur Rechtshängigkeit können nur mit ihrem Spitzenbetrag eingeklagt werden, soweit also das Land keine Leistungen nach dem Unterhaltsvorschussgesetz erbracht hat.

---

[15] BGH v. 27.09.2000 - XII ZR 174/98 - FamRZ 2001, 619.

- Unterhalt für die Zeit zwischen Rechtshängigkeit und dem Monat, der auf die letzte mündliche Verhandlung folgt, können in vollem Umfang als Prozessstandschafter des Landes geltend gemacht werden (§ 113 FamFG, § 265 Abs. 2 Satz 1 ZPO), wobei der Klageantrag dahingehend anzupassen ist, dass der bis zu letzten mündlichen Verhandlung fällig gewordene Unterhalt in Höhe des gesetzlichen Forderungsübergangs an das Jugendamt zu zahlen ist.
- Für die Zeit ab dem Monat, der auf die letzte mündliche Verhandlung folgt, kann der gesamte Unterhalt uneingeschränkt von dem Berechtigten selbst geltend gemacht werden.

J. Elterngeld (BEEG)

I. Anspruchsberechtigte

336 Gem. § 1 BEEG hat Anspruch auf Elterngeld, wer
- seinen Wohnsitz oder seinen gewöhnlichen Aufenthalt in Deutschland hat,
- mit seinem Kind in einem Haushalt lebt,
- dieses Kind selbst betreut und erzieht und
- keiner vollen Erwerbstätigkeit nachgeht.

337 Gem. § 1 Abs. 3 BEEG ist dem genannten Kind gleichgestellt ein Kind,
- das mit dem Ziel der Annahme als Kind in den Haushalt aufgenommen wurde (so das Gesetz auf den Geburtstag des Kindes abstellt, ist für dieses Kind der Zeitpunkt der Aufnahme in den Haushalt der berechtigten Person maßgeblich),
- für das die Vaterschaft anerkannt, das Anerkenntnis aber gem. § 1594 Abs. 2 BGB noch nicht rechtswirksam ist,
- für das die Vaterschaftsfeststellung beantragt, darüber aber noch nicht gem. § 1600d BGB entschieden ist,
- das vom Ehegatten/Ehegattin oder Lebenspartner/Lebenspartnerin abstammt (Stiefkind).

338 Der Anspruch auf Elterngeld bleibt gem. § 1 Abs. 5 BEEG unberührt, wenn der Antragsteller aus einem wichtigen Grund die Betreuung und Erziehung des Kindes nicht sofort aufnehmen kann oder unterbrechen muss. Sind die Eltern aufgrund einer schweren Krankheit, Schwerbehinderung oder Tod nicht in der Lage, ihr Kind zu betreuen, so steht Verwandten bis zum dritten Grad und deren Ehegatten/innen oder Lebenspartner/innen das Elterngeld zu, wenn die übrigen Voraussetzungen erfüllt sind und von anderen Berechtigten Elterngeld nicht in Anspruch genommen wird. Gem. § 1 Abs. 2 BEEG wird keine volle Erwerbstätigkeit ausgeübt, wenn die wöchentliche Arbeitszeit 30 Stunden nicht übersteigt oder eine Beschäftigung zur Berufsausbildung ausgeübt wird oder im Rahmen einer Tagespflege i.S.d. § 23 SGB VIII nicht mehr als fünf Kinder betreut werden.

339 Beim Elterngeld für Kinder, die ab Januar 2013 geboren werden, ergibt sich eine Änderung bei der Ermittlung des für das Elterngeld maßgeblichen Erwerbseinkommens. Von dem maßgeblichen Bruttoeinkommen werden die Abzüge für Steuern anhand eines amtlichen Programmablaufplans für die maschinelle Berechnung der Lohnsteuer, Kirchensteuer und des Solidaritätszuschlags vorgenommen. Maßgeblich für den Steuerabzug ist dabei die Steuerklasse am 01.01. des Kalenderjahres vor der Geburt des Kindes. Die Abzüge für die Sozialabgaben erfolgen in pauschalierter Form.

340 Gem. § 1 Abs. 8 BEEG entfällt der Anspruch auf Elterngeld, wenn die berechtigte Person im letzten abgeschlossenen Veranlagungszeitraum ein zu versteuerndes Einkommen von mehr als 250.000 € erzielt hat oder, wenn auch eine andere Person berechtigt ist, das zu versteuernde Einkommen beider berechtigter Personen mehr als 500.000 € beträgt.

II. Besonderheiten bei Ausländern

341 Gem. § 1 Abs. 7 BEEG sind nicht freizügigkeitsberechtigte Ausländer/innen nur dann anspruchsberechtigt, wenn sie eine Niederlassungserlaubnis oder eine Aufenthaltserlaubnis besitzen, die zur Ausübung einer Erwerbstätigkeit berechtigt oder berechtigt hat. Gleiches gilt für Ausländer/innen mit einer Aufenthaltserlaubnis gem. § 23 Abs. 1 AufenthG wegen eines Krieges in ihrem Heimatland oder gem. §§ 23a, 24, 25 Abs. 3-5 AufenthG, wenn sie sich seit mindestens drei Jahren rechtmäßig, gestattet oder geduldet im Bundesgebiet aufhalten und berechtigt erwerbstätig sind oder Geldleistungen gem. SGB III (Arbeitslosengeld I) beziehen oder aber Elternzeit in Anspruch nehmen.

III. Bezugsdauer und Höhe des Elterngeldes

Gem. § 2 Abs. 1 BEEG beträgt das Elterngeld 67% des vor der Geburt erzielten Nettoeinkommens aus Erwerbstätigkeit, mindestens jedoch 300 € monatlich und höchstens 1.800 € monatlich. Maßgeblich ist dabei das monatliche durchschnittliche Erwerbseinkommen aus den letzten 12 Kalendermonaten vor der Geburt des Kindes. Sozialleistungen wie Krankengeld, Arbeitslosengeld I und II etc. im Bemessungszeitraum bleiben unberücksichtigt. Auszugehen ist vom Nettoeinkommen abzüglich des Arbeitnehmer-Pauschbetrages für Werbungskosten gem. § 9a EStG (monatlich 1.000 €: 12 = 83 €), da zur Berechnung des Elterngeldes das tatsächliche Einkommen maßgeblich ist und mangels Erwerbstätigkeit der berechtigten Person nach Geburt des Kindes berufsbedingte Aufwendungen nicht anfallen. Gem. § 4 BEEG kann das Elterngeld in der Zeit vom Tag der Geburt bis zur Vollendung des 14. Lebensmonats bzw. ab Aufnahme des Kindes in den Haushalt bis zu 14 Monaten, längstens jedoch bis zur Vollendung des 8. Lebensjahres des Kindes, bezogen werden.

Wird das Kind von zwei Eltern betreut, kann das Elterngeld von einem Elternteil für höchstens 12 Monate bezogen werden, während die zwei weiteren Monate ausschließlich dem anderen Elternteil des Kindes zustehen, so dieser seine Erwerbstätigkeit reduziert und dadurch bedingt ein geringeres Einkommen erzielt (Partnermonate). Die zwei Partnermonate ausgenommen, können die Eltern, so sie beide die Voraussetzungen erfüllen, die Monate frei untereinander aufteilen. Beziehen beide Elternteile das monatliche Elterngeld gleichzeitig, reduziert sich dann allerdings die Anzahl der Bezugsmonate (beziehen z.B. während der ersten 5 Monate beide Elternteile jeweils Elterngeld, sind 10 Monatsbeträge verbraucht, so dass ein Elternteil danach lediglich noch 4 Monate weiterhin Elterngeld beziehen kann).

Beispiel für eine Einverdienerfamilie:
Der erwerbstätige Elternteil übernimmt die Betreuung des Kindes.
Zur Berechnung des Elterngeldes ist das vor der Geburt erzielte Nettoeinkommen von 1.200 € zu berücksichtigen abzgl. dem Arbeitnehmerpauschbetrag gem. § 9a Abs. 1 Satz 1 Nr. 1 lit. a EStG 83 €; somit 1.117 €. Das Elterngeld beträgt davon 67% 748 €.

Das Elterngeld ist 12 Monate zu zahlen. Eine Verlängerung um zwei Partnermonate kommt gem. § 4 Abs. 2 BEEG nicht in Betracht, da wegen der Erwerbslosigkeit des Partners keine Minderung des Erwerbseinkommens erfolgen kann.

Gem. § 6 BEEG kann der Bezug des Elterngeldes bei gleichbleibender Gesamtsumme auf die doppelte Anzahl der Monate ausgedehnt werden. Es kann dann bis zu 24 Monate (mit Partnermonaten bis zu 28 Monate) jeweils monatlich das halbe Elterngeld bezogen werden, wobei gem. § 5 BEEG die Aufteilung bereits im Antrag auf Zahlung des Elterngeldes vorzunehmen ist. Eine Änderung der Bezugsdauer ist danach nur noch möglich, um eine andernfalls eintretende Härte zu vermeiden (schwere Erkrankung oder Tod eines Elternteils oder Kindes).

Gem. § 4 Abs. 3 BEEG kann ein Elternteil alleine 14 Monate (inklusive der zwei Partnermonate) Elterngeld beziehen, wenn eine Minderung des Einkommens aus Erwerbstätigkeit erfolgt und eine Betreuung des Kindes durch den anderen Elternteil unmöglich ist, insbesondere aufgrund einer schweren Krankheit oder Schwerbehinderung, oder aber damit die Gefährdung des Kindeswohls gem. § 1666 Abs. 1 und 2 BGB verbunden wäre. Auch steht das Elterngeld einem Elternteil allein für 14 Monate zu, wenn
- ihm die elterliche Sorge oder zumindest das Aufenthaltsbestimmungsrecht allein zusteht oder aufgrund einer einstweiligen Anordnung vorläufig übertragen worden ist und,
- eine Minderung des Einkommens aus Erwerbstätigkeit erfolgt und
- der andere Elternteil weder mit ihm noch mit dem Kind in einer Wohnung lebt.

Ist das durchschnittliche monatliche Erwerbseinkommen im Bemessungszeitraum geringer als 1.000 € monatlich, so erhöht sich gem. § 2 Abs. 2 Satz 1 BEEG der Prozentsatz von 67% um 0,1%-Punkte für je 2 €, um die das Bemessungsentgelt 1.000 € unterschreitet bis auf maximal 100%.

Bei einem Bemessungsentgelt von 600 € wird daher der Prozentsatz von 67% um 20%-Punkte (400 € : 2 x 0,1 = 20) auf 87% erhöht, so dass das Elterngeld monatlich 522 € beträgt.

Beispiel: Der das Kind betreuende Elternteil erzielt vor der Geburt des Kindes ein Einkommen aus Erwerbstätigkeit i.H.v. mtl. netto 400 €.

Gem. § 2c Abs.1 Satz 3 BEEG ist zunächst das Einkommen von 400 € um den Arbeitnehmerpauschbetrag gem. § 9a Abs. 1 Satz 1 lit. a EStG von mtl. 83 € zu kürzen, so dass verbleiben 317 €.

Der Grenzbetrag von 1.000 € wird um 683 € unterschritten.

353 Der Prozentsatz von 67 wird um 0,1-Prozentpunkte für je 2 € (683 €: 2 x 0,1) um 34,2% auf dann 103,6% erhöht, so dass das Elterngeld unter Beachtung der Erhöhungsbegrenzung auf 100% letztendlich monatlich beträgt 317 €.

354 Ist das durchschnittliche monatliche Erwerbseinkommen im Bemessungszeitraum höher als 1.200 €, so wird seit dem 01.01.2011 gem. § 2 Abs. 2 Satz 2 BEEG der Prozentsatz von 67% um 0,1-Prozentpunkt für je 2 €, um die das Bemessungsentgelt 1.200 € überschreitet, bis auf max. 65% abgesenkt.

355 Geht der betreuende Elternteil nach Geburt des Kindes weiterhin einer Erwerbstätigkeit nach, die er jedoch auf unter 30 Wochenstunden reduziert hat, so bemisst sich gem. § 2 Abs. 3 BEEG das Elterngeld auf der Grundlage des dadurch erlittenen Einkommensverlustes.

356 **Beispiel:**
Ein vor der Geburt des Kindes erzieltes Einkommen aus Erwerbstätigkeit von netto 2.400 € reduziert sich nach der Geburt des Kindes aufgrund der jetzt ausgeübten Teilzeitarbeit auf netto 1.800 €. Grundlage zur Bemessung des Elterngeldes ist der Einkommensverlust von 600 € wovon 67% 402 € als Elterngeld gezahlt werden.

357 **Beispiel:**
Ein vor Geburt des Kindes erzieltes Einkommen aus Erwerbstätigkeit i.H.v. 3.000 € reduziert sich nach der Geburt des Kindes aufgrund der Teilzeitarbeit auf mtl. 2.000 € Bezüglich des vor der Geburt erzielten Einkommens ist der Höchstbetrag von 2.700 € zu berücksichtigen. Das Elterngeld bemisst sich dann wie folgt:
(2.700 € - 2.000 €) x 67% = 469 €
Lebt nach der Geburt des Kindes die berechtigte Person mit zwei Kindern, die das 3. Lebensjahr noch nicht vollendet haben oder mit drei oder mehr Kindern, die das 6. Lebensjahr noch nicht vollendet haben, in einem Haushalt, so wird ein Geschwisterbonus in Höhe von 10% des Elterngeldes gem. § 2a Abs. 1 BEEG – mindestens aber 75 € monatlich – gewährt, solange Elterngeld bezogen wird und die Geschwisterkinder die genannten Altersgrenzen nicht überschreiten. Gem. § 2a Abs. 4 BEEG erhöht sich das Elterngeld bei Mehrlingsgeburten um je 300 € für das zweite und jedes weitere Kind.

IV. Elterngeld plus

358 Seit dem 01.01.2015 gibt es gem. § 4 Abs. 3 BEEG das Elterngeld plus. Elternpaare können nunmehr Elterngeld plus doppelt so lange wie das klassische Elterngeld (14 Monate) beziehen, wobei die monatlich ausgezahlte Summe halbiert wird. Das Elterngeld und der gleichzeitig erzielte Teilzeitverdienst können dabei ohne Abzüge bezogen werden.

359 **Beispiel:**
Das vor der Geburt des Kindes erzielte Einkommen aus Erwerbstätigkeit in Höhe von 2.000 € reduziert sich in den ersten 6 Monaten nach der Geburt des Kindes auf Null, danach aufgrund der Teilzeitarbeit auf 550 €.
Bei einer Kombination von Elterngeld und Elterngeld plus ergeben sich dann folgende Einkünfte.
Vollbezug des Elterngeldes während der ersten 6 Monate: 65% x 2000 € x 6 = 7.800 €.
Elterngeld plus neben der Teilzeitarbeit: ½ x 1.300 € x 12 Monate = 7.800 €, wobei das monatliche Einkommen dann 1.200 € beträgt (650 € Elterngeld plus + 550 € Teilzeitvergütung).

360 Gem. § 4 Abs. 4 BEEG gibt es einen Partnerschaftsbonus von zusätzlichen Elterngeld-plus-Monaten während oder im Anschluss an dem Elterngeldbezug eines Elternteils. Voraussetzung ist, dass sich die Eltern gemeinsam um das Kind bekümmern und beide Elternteile gleichzeitig für vier aufeinanderfolgende Monate im Umfang von 25 bis 30 Stunden im Monatsdurchschnitt berufstätig sind. Gem. § 4 Abs. 6 BEEG haben Alleinerziehende Anspruch auf zusätzliche Monatsbeträge Elterngeld entsprechend der Partnerschaftsbonusregelung.

V. Auswirkungen auf andere Sozialleistungen

361 Auf andere Sozialleistungen wird das Elterngeld in Höhe des Mindestbetrages von 300 € – im Rahmen des verlängerten Bewilligungszeitraums in Höhe von 150 € monatlich – gem. § 10 Abs. 2 BEEG nicht angerechnet. Während des Bezuges von Elterngeld bleibt der Berechtigte in der gesetzlichen Krankenkasse beitragsfrei versichert, so er vor Bezug des Elterngeldes bereits Pflichtmitglied war und er keine Teilzeitbeschäftigung ausübt, die oberhalb der Geringfügigkeitsgrenze liegt. Das Elterngeld ist abgabenfrei und wird nicht versteuert, unterliegt jedoch dem Progressionsvorbehalt, d.h. zur Bestimmung des auf das steuerpflichtige Einkommen anzuwendenden Steuersatzes ist auch das Elterngeld als Einkommen miteinzubeziehen.

Zur Auswirkung des Elterngeldes auf Leistungen nach dem SGB II und dem SGB XII vgl. Rn. 272. **362**

VI. Antragserfordernis

Gem. § 7 BEEG muss das Elterngeld schriftlich beantragt werden. Das Elterngeld wird höchstens drei **363**
Monate rückwirkend ab Antragstellung gezahlt. Jeder Elternteil kann für sich einmal einen Antrag auf Elterngeld stellen, wobei bereits bei Antragstellung eine Festlegung auf Zahl und Lage der Bezugsmonate erfolgen muss. Gegen den ablehnenden Bescheid kann binnen eines Monats bei der Stelle, die den Bescheid erlassen hat, Widerspruch eingelegt werden. Gegen einen ablehnenden Widerspruchsbescheid kann beim zuständigen Sozialgericht innerhalb eines Monats Klage erhoben werden. Widerspruch und Anfechtungsklage haben keine aufschiebende Wirkung.

Aufgrund des ersten Gesetzes zur Änderung des Bundeselterngeld- und Elternteilzeitgesetzes vom **364**
17.01.2009[16] kann ein Elternteil gem. § 4 Abs. 3 BEEG mindestens für 2 und höchstens für 12 Monate Elterngeld beziehen. Gem. § 7 Abs. 2 BEEG ist in dem Antrag anzugeben, für welche Monate Elterngeld beantragt wird. Diese Entscheidung kann bis zum Ende des Bezugszeitraums ohne Angabe von Gründen einmal geändert werden. Lediglich in Fällen besonderer Härte (Eintritt einer schweren Krankheit, Schwerbehinderung, Tod eines Elternteils, die Existenz bedrohende wirtschaftliche Notlage) kann bis zum Ende des Bezugszeitraums eine weitere Änderung zulässig sein. Die Änderung kann rückwirkend für die letzten drei Monate vor Beginn des Monats verlangt werden, in dem der Änderungsantrag eingegangen ist.

K. Wohngeld (WoGG)

I. Antragsberechtigte nach dem WoGG

Für einen Mietzuschuss gem. § 3 Abs. 1 WoGG ist **365**
- der Mieter von Wohnraum,
- der mietähnliche Nutzungsberechtigte, vor allem Inhaber eines mietähnlichen Dauerwohnrechts,
- der Bewohner von Wohnraum im eigenen Haus, das mehr als zwei Wohnungen hat,
- der Bewohner eines Heims i.S.d. HeimG,

antragsberechtigt.

Für einen Lastenzuschuss gem. § 3 Abs. 2 WoGG ist **366**
- der Eigentümer eines Eigenheims,
- der Erbbauberechtigte,
- die Person, die einen Anspruch auf Bestellung oder Übertragung des Eigentums, des Erbbaurechts, des eigentumsähnlichen Dauerwohnrechts, des Wohnungsrechts oder des Nießbrauchs hat,

jeweils für den von ihm eigengenutzten Wohnraum antragsberechtigt.

Ausgeschlossen von einem Mietzuschuss gem. § 7 WoGG sind Empfänger von **367**
- Arbeitslosengeld II und Sozialgeld gemäß SGB II,
- Zuschüssen gem. § 22 Abs. 7 SGB II,
- Übergangsgeld in Höhe des Betrages des Arbeitslosengeldes II gem. § 21 Abs. 4 Satz 1 SGB VI,
- Verletztengeld in Höhe des Betrages des Arbeitslosengeldes II gem. § 47 Abs. 2 SGB VII,
- Grundsicherung im Alter und bei Erwerbsminderung gemäß SGB XII,
- Hilfe zum Lebensunterhalt gemäß SGB XII,
- Leistungen nach dem Bundesversorgungsgesetz (BVG),
- Leistungen nach dem Asylbewerberleistungsgesetz (AsylbLG),

bei deren Leistungsberechtigung bereits die Kosten der Unterkunft mit berücksichtigt worden sind. Der Ausschluss besteht nicht, wenn die Leistungen gemäß SGB II ausschließlich als Darlehen gewährt werden.

II. Höhe des Wohngeldes

Der Anspruch auf Wohngeld ist abhängig von **368**
- der Zahl der zum Haushalt gehörenden Familienmitglieder,
- der Höhe des Gesamteinkommens,
- der Höhe der zu berücksichtigenden Miete oder Belastung.

---

[16] BGBl I 2009, 61.

Sozialrechtl. Hinw. zu § 1578

1. Für das Wohngeld zu berücksichtigende Familienmitglieder

369 Gem. § 5 WoGG werden als Haushaltsmitglieder berücksichtigt:
- der Antragsberechtigte,
- der nicht dauernd getrennt lebende Ehegatte,
- der nicht dauernd getrennt lebende Lebenspartner,
- der in eheähnlicher Gemeinschaft lebende Partner,
- Verwandte und Verschwägerte in gerader Linie oder zweiten oder dritten Grades in der Seitenlinie,
- Pflegekinder ohne Rücksicht auf ihr Alter,
- Pflegeeltern.

370 Die Familienmitglieder sind dann zu berücksichtigen, wenn sie mit dem Antragsteller eine **Wohn-** und **Wirtschaftsgemeinschaft** führen, d.h., wenn sie den Wohnraum gemeinsam bewohnen und sich gemeinsam mit dem täglichen Lebensbedarf versorgen. Die **vorübergehende Abwesenheit eines Familienmitglieds** ist unschädlich, wenn der Haushalt des Antragstellers auch während der Dauer der Abwesenheit Mittelpunkt ihrer Lebensbeziehungen bleibt.

2. Ermittlung des Gesamteinkommens

371 Für die Ermittlung des Gesamteinkommens sind die steuerpflichtigen positiven Einkünfte gemäß § 2 Abs. 1, 2 EStG maßgeblich, ergänzt um bestimmte steuerfreie Einnahmen gemäß § 14 WoGG, wobei das Kindergeld stets unberücksichtigt bleibt.

a. Pauschale Abzugsbeträge gemäß § 16 WoGG

372 Das Gesamteinkommen der Familienmitglieder ist um folgende Pauschalbeträge zu bereinigen:
- um mindestens 6% des Jahreseinkommens, wenn lediglich Arbeitslosengeld, Arbeitslosengeld II oder Sozialhilfe bezogen wird,
- 10% des Jahreseinkommens bei Familienmitgliedern, die Pflichtbeiträge zur gesetzlichen Kranken- und Pflegeversicherung oder zur gesetzlichen Rentenversicherung oder Steuern vom Einkommen entrichten,
- 20% bei Familienmitgliedern, die Pflichtbeiträge zur gesetzlichen Kranken- und Pflegeversicherung und zur gesetzlichen Rentenversicherung entrichten oder Steuern vom Einkommen entrichten und zusätzliche Pflichtbeiträge zur gesetzlichen Kranken- und Pflegeversicherung oder Rentenversicherung leisten,
- 30% bei Familienmitgliedern, die Steuern vom Einkommen und Pflichtbeiträge zur gesetzlichen Kranken- und Pflegeversicherung und zur gesetzlichen Rentenversicherung zahlen.

373 Den Pflichtbeiträgen gleichgestellt sind **Beiträge zur freiwilligen gesetzlichen Kranken-** oder **Rentenversicherung** und **zu privaten Krankenversicherungen**. Diese laufenden Beiträge dürfen nur in der tatsächlich geleisteten Höhe, höchstens bis zu 10% des Jahreseinkommens abgezogen werden.

b. Freibeträge gemäß § 17 WoGG

374 Vom gesamten Jahreseinkommen können in Abzug gebracht werden:
- 1.500 € für jeden schwer behinderten Menschen mit einem Grad der Behinderung von 100 v.H. oder von wenigstens 80 v.H., wenn gleichzeitig häusliche Pflegebedürftigkeit i.S.d. § 14 SGB XI besteht,
- 1.200 € für jeden schwer behinderten Menschen mit einem Grad der Behinderung von unter 80 v.H., wenn häusliche Pflegebedürftigkeit i.S.d. § 14 SGB XI besteht,
- 750 € für Opfer der nationalsozialistischen Verfolgung und ihnen Gleichgestellte i.S.d. BEG,
- 600 € für jedes Kind unter 12 Jahren, für das Kindergeld gewährt wird, wenn der Antragsberechtigte allein mit Kindern zusammen wohnt und wegen Erwerbstätigkeit oder Ausbildung nicht nur kurzfristig vom Haushalt abwesend ist,
- bis zu 600 €, soweit ein zum Haushalt rechnendes Kind eigenes Einkommen hat und das 16., aber noch nicht das 25. Lebensjahr vollendet hat,
- Aufwendungen zur Erfüllung gesetzlicher Unterhaltsverpflichtungen bis zu dem in einer notariell beurkundeten Unterhaltsvereinbarung, in einem Unterhaltstitel oder Bescheid festgelegten Betrag. Ist die Unterhaltsverpflichtung in dieser Art nicht festgelegt, gelten folgende Höchstbeträge:

c. Freibeträge gem. § 18 WoGG

375
- bis zu 3.000 € für ein zum Haushalt rechnendes Familienmitglied, das auswärts untergebracht ist und sich in Berufsausbildung befindet,

- bis zu 6.000 € für einen nicht zum Haushalt rechnenden früheren oder dauernd getrennt lebenden Ehegatten,
- bis zu 3.000 € für eine sonstige nicht zum Haushalt rechnende Person.

d. Monatliches Gesamteinkommen

Das monatliche Gesamteinkommen entspricht dem zwölften Teil des maßgeblichen Gesamteinkommens und darf bestimmte Höchstbeträge nicht überschreiten. 376

Die nachfolgende tabellarische Übersicht enthält Einkommensgrenzen für ab 01.01.1992 bezugsfertig gewordene Wohnungen in Gemeinden der höchsten Mietstufe VI. Ist eine niedrigere Mietstufe zugrunde zu legen oder ist die zu berücksichtigende Wohnung in einer anderen Kategorie einzuordnen, sind niedrigere Einkommensgrenzen maßgeblich. 377

Können Abzugsbeträge (z.B. Freibeträge oder Werbungskosten) geltend gemacht werden, erhöhen sich die Bruttoeinkommensgrenzen entsprechend. 378

Zahl der zum Haushalt zählenden Familienmitglieder	Grenze für das mtl. Gesamteinkommen (nach den Wohngeldtabellen)	Entsprechendes monatliches Bruttoeinkommen in Euro (ohne Kindergeld) bei einem Verdiener vor einem pauschalen Abzug von			
	Euro	6%	10%	20%	30%
1	870	925	966	1.087	1.242
2	1.190	1.265	1.322	1.487	1.700
3	1.450	1.542	1.611	1.812	2.071
4	1.900	2.021	2.111	2.375	2.714
5	2.180	2.390	2.422	2.725	3.114
6	2.440	2.595	2.711	3.050	3.485
7	2.700	2.872	3.000	3.375	3.857
8	2.960	2.148	3.288	3.700	4.228

3. Höhe der zuschussfähigen Mieten und Belastungen

Bei der **Bemessung des Wohngeldes** sind die folgenden Mieten und Belastungen zu berücksichtigen: 379

a. Miete gemäß § 9 WoGG

Maßgeblich ist das Entgelt für die Gebrauchsüberlassung von Wohnraum aufgrund von Mietverträgen oder ähnlichen Nutzungsverhältnissen einschließlich Umlagen, Zuschlägen und Vergütungen. 380

Außer Betracht bleiben 381
- Betriebskosten zentraler Heizungs- und Warmwasserversorgungsanlage,
- Untermietzuschläge,
- Zuschläge für die Benutzung von Wohnraum zu anderen als Wohnzwecken,
- Vergütungen für die Überlassung von Möbeln, Kühlschränken und Waschmaschinen (hiervon ausgenommen sind Einbaumöbel),
- Kosten der eigenständig gewerblichen Lieferung von Wärme und Warmwasser.

b. Belastungen gemäß § 10 WoGG

Als Belastungen werden die Kosten des Kapitaldienstes und der Bewirtschaftung berücksichtigt. 382

c. Höchstbeträge für Miete, Belastungen und Heizung

Gemäß § 12 WoGG wird bei der Leistung des Wohngelds die Miete oder Belastung insoweit **nicht** berücksichtigt, als folgende monatliche Höchstbeträge überschritten werden: 383

Höchstbeträge für Miete und Belastung, Beträge für Heizkosten gem. § 12 WoGG. 384

Anzahl der zu berücksichtigenden Haushaltsmitglieder	Mietenstufe	Höchstbetrag in Euro
1	I	292
	II	308
	III	330
	IV	358
	V	385
	VI	407

2	I	352
	II	380
	III	402
	IV	435
	V	468
	VI	501
3	I	424
	II	451
	III	479
	IV	517
	V	556
	VI	594
4	I	490
	II	523
	III	556
	IV	600
	V	649
	VI	693
5	I	561
	II	600
	III	638
	IV	688
	V	737
	VI	787
Mehrbetrag für jedes weitere zu berücksichtigende Haushaltsmitglied	I	66
	II	72
	III	77
	IV	83
	V	88
	VI	99

385 Jede Gemeinde und jeder Kreis ist einer der 6 Mietstufen zuzuordnen. Die Liste der Mietstufen ist in der Anlage zu § 1 Abs. 3 WoGV (Wohngeldverordnung) zu finden.

4. Antragserfordernis

386 Der Anspruch auf Wohngeld setzt einen Antrag voraus. Besteht der Haushalt aus mehreren Familienmitgliedern, so ist nur der Haushaltsvorstand antragsberechtigt. **Haushaltsvorstand** ist das Familienmitglied, das zum Zeitpunkt der Antragstellung den größten Teil der Unterhaltskosten für die Familienmitglieder trägt. Das Wohngeld wird i.d.R. für 12 Monate bewilligt. Der Bewilligungszeitraum beginnt am ersten des Monats, in dem der Antrag gestellt worden ist. Für die Zeit nach **Ablauf des Bewilligungszeitraumes** ist ein Wiederholungsantrag zu stellen. Der Wohngeldempfänger ist verpflichtet, wesentliche Veränderungen von Tatsachen, die Grundlage des Bewilligungsbescheides sind, unmittelbar der Wohngeldstelle mitzuteilen. Haben sich im Bewilligungszeitraum Änderungen ergeben, die zu einem Wegfall oder zu einer Verringerung des Wohngeldes führen, so ist von Amts wegen über die Leistung von Wohngeld vom Zeitpunkt der Änderung der Verhältnisse an neu zu entscheiden.

387 Führt die Änderung der Verhältnisse zu einer **Erhöhung** des Wohngeldes, so wird das Wohngeld auf Antrag neu bewilligt.

L. Grundsicherung im Alter und bei Erwerbsminderung (SGB XII)

388 Geregelt wird die Grundsicherung in den §§ 41-46 SGB XII. Sie gewährt ähnliche Leistungen wie die laufende Hilfe zum Lebensunterhalt. Erheblich eingeschränkt sind jedoch die Möglichkeiten, Unterhaltspflichtige in Anspruch zu nehmen.

I. Anspruchsberechtigte

Personen, die ihren gewöhnlichen Aufenthaltsort im Inland haben, können Grundsicherungsleistungen beanspruchen, wenn die Voraussetzungen gem. § 41 SGB XII erfüllt sind. Danach sind Personen anspruchsberechtigt, 389
- die die Altersgrenze gem. § 35 SGB VI erreicht haben,
- das 18. Lebensjahr vollendet haben, unabhängig von der jeweiligen Arbeitsmarktlage voll erwerbsgemindert i.S.d. § 43 Abs. 2 SGB VI sind und bei denen es unwahrscheinlich ist, dass die volle Erwerbsminderung behoben werden kann.

Voll erwerbsgemindert sind Personen, die 390
- wegen Krankheit oder Behinderung
- auf nicht absehbare Zeit außerstande sind,
- unter den üblichen Bedingungen des allgemeinen Arbeitsmarktes
- mindestens drei Stunden täglich erwerbstätig zu sein.

Dabei ist es unerheblich, dass Rentenbezüge wegen voller Erwerbsminderung deshalb nicht gezahlt werden, weil die versicherungsrechtlichen Voraussetzungen nicht erfüllt sind. Im Rahmen der Anspruchsberechtigung für die Grundsicherung müssen allein die gesundheitlichen Voraussetzungen gegeben sein. 391

Die Wahrscheinlichkeit, dass die **volle Erwerbsfähigkeit nicht wieder erreicht** werden kann, ist dann zu bejahen, wenn aus ärztlicher Sicht bei Betrachtung des bisherigen Verlaufs nach medizinischen Erkenntnissen, auch unter Berücksichtigung noch vorhandener therapeutischer Möglichkeiten, eine Besserung auszuschließen ist, durch die sich eine relevante Steigerung der Leistungsfähigkeit ergeben würde. Ob diese gesundheitlichen Voraussetzungen gegeben sind, ist gem. § 45 SGB XII vom zuständigen Rententräger durch Einholung eines medizinischen Gutachtens festzustellen. 392

II. Anspruchsausschlüsse

Gem. § 23 Abs. 2 SGB XII sind von der Grundsicherung ausgeschlossen die Personen, die gem. § 1 des AsylbLG leistungsberechtigt sind. 393

Gem. § 41 Abs. 3 SGB XII ist ebenfalls von den Grundsicherungsleistungen ausgeschlossen, wer mit Wissen und Willen oder aber durch Verletzung seiner Sorgfaltspflichten im besonders schweren Maß seine Bedürftigkeit herbeigeführt hat, was der Träger der Grundsicherung zu beweisen hat. Das ist regelmäßig anzunehmen bei Personen, die ihr Vermögen verschleudert oder verschenkt haben, ohne notwendige Rücklagen für das Alter zu bilden. 394

III. Grundsicherungsbedarf

Gemäß § 42 SGB XII umfasst die Grundsicherung folgenden Bedarf: 395
- den für den Antragsberechtigten maßgebenden Regelsatz gemäß § 28 SGB XII, der seit dem 01.01.2015 für den Haushaltsvorstand und den Alleinstehenden 399 € beträgt sowie für den Haushaltsangehörigen ab 14 Jahren 302 € (2014: 391 € bzw. 296 €),
- den Mehrbedarf gem. § 30 SGB XII,
- gem. Absatz 1 i.H.v. 17 v.H. des maßgebenden Regelsatzes, wenn der Antragsteller im Besitz eines Schwerbehindertenausweises mit dem Merkzeichen „G" (erhebliche Beeinträchtigung der Bewegungsfähigkeit im Straßenverkehr; diese ist gegeben, wenn der Berechtigte nicht ohne erhebliche Schwierigkeiten oder nicht ohne Gefahren für sich oder andere Wegstrecken im Ortsverkehr zurückzulegen vermag, die üblicherweise noch zu Fuß – 2 km – zurückgelegt werden können) ist,
- gem. Absatz 2 i.H.v. 17 v.H. des maßgebenden Regelsatzes für werdende Mütter nach der 12. Schwangerschaftswoche,
- gem. Absatz 3 für Alleinerziehende Antragsteller, die mit einem oder mehreren minderjährigen Kindern zusammenleben, i.H.v. 36 v.H. des Eckregelsatzes, wenn ein Kind unter sieben Jahren oder zwei oder drei Kinder unter 16 Jahren betreut werden oder, wenn diese Voraussetzungen nicht vorliegen, i.H.v. 12 v.H. des Eckregelsatzes für jedes Kind, höchstens jedoch i.H.v. 60 v.H. des Eckregelsatzes,
- gem. Absatz 4 für behinderte Menschen i.H.v. 35 v.H. des maßgebenden Regelsatzes, wenn Eingliederungshilfe nach § 54 Abs. 1 Satz 1 Nr. 1-3 SGB XII (Hilfe zu einer angemessenen Schulbildung, Besuch einer Hochschule oder einer anderen angemessenen Ausbildung) geleistet wird,
- gem. Absatz 5 in angemessener Höhe bei kostenaufwendiger Ernährung infolge von Krankheit oder Behinderung,

- angemessene Unterkunfts- und Heizkosten (maßgeblich hierfür sind die Richtlinien der örtlichen Sozialhilfeträger),
- Sozialversicherungsbeiträge i.S.d. § 32 SGB XII,
- Leistungen für eine Erstausstattung der Wohnung und für Bekleidung sowie für eine mehrtägige Klassenfahrt im Rahmen der schulrechtlichen Bestimmungen gem. § 31 SGB XII,
- Übernahme von Mietschulden gem. § 34 SGB XII, wenn dieses zur Sicherung der Unterkunft notwendig ist.

396 Von dem so ermittelten Bedarf ist gem. § 43 Abs. 1 SGB XII das einzusetzende eigene Einkommen und Vermögen in Abzug zu bringen. Dabei werden das Einkommen und das Vermögen des Anspruchsberechtigten und seines Ehegatten bzw. seines Partners berücksichtigt. Nicht berücksichtigt werden die Mittel anderer Personen, die mit dem Anspruchsberechtigten im Haushalt leben (z.B. dessen Kinder und Eltern). Zum Einsatz des Einkommens und des Vermögens gelten ansonsten die Vorschriften der §§ 82-84, 90 SGB XII.[17]

IV. Antragserfordernis

397 Voraussetzung für die **Geltendmachung des Grundsicherungsanspruchs** ist ein Antrag beim zuständigen Träger der Sozialhilfe. Für den Anspruch ist es aber unschädlich, wenn der Antrag bei einem anderen Sozialleistungsträger abgegeben wird. Die Antragstellung kann schriftlich oder mündlich zu Protokoll erfolgen. Gem. § 44 Abs. 1 SGB XII ist vom Datum der Antragstellung der **Beginn der Grundsicherungsleistung** abhängig. Die Leistung wird i.d.R. für 12 Kalendermonate bewilligt. Bei der Erstbewilligung oder bei einer Änderung der Leistungen beginnt der Bewilligungszeitraum am Ersten des Monats, in dem der Antrag gestellt worden ist oder aber die geänderten Verhältnisse mitgeteilt worden sind.

V. Berücksichtigung bürgerlich-rechtlicher Unterhaltsansprüche

398 Unterhaltsansprüche gegenüber getrennt lebenden oder geschiedenen Ehegatten bzw. Lebenspartnern sind auf den Bedarf anzurechnen und mindern entsprechend die Grundsicherungsleistung. Entsprechend dem Nachranggrundsatz im Rahmen der Sozialhilfe gem. § 2 SGB XII gilt dieses dann, wenn der Unterhalt tatsächlich gezahlt wird oder zumindest alsbald durchgesetzt werden kann. Ist das nicht möglich, so handelt es sich nicht um bereite Mittel, so dass die Grundsicherungsleistung ungekürzt zu bewilligen ist, während die Unterhaltsansprüche gem. § 94 Abs. 1 SGB XII kraft Gesetzes auf den Träger der Grundsicherung übergehen. Von diesem gesetzlichen Forderungsübergang sind im Rahmen der gesamten Sozialhilfe gem. § 94 Abs. 1 Satz 3 SGB XII grundsätzlich Unterhaltsansprüche gegenüber Personen ausgeschlossen, die mit dem Leistungsberechtigten vom zweiten Grad an verwandt sind.

399 Darüber hinaus bleiben im Rahmen der Grundsicherung im Alter und bei Erwerbsminderung gem. § 43 Abs. 2 SGB XII auch Unterhaltsansprüche gegenüber Kindern oder Eltern unberücksichtigt, sofern deren Jahreseinkommen unter 100.000 € liegt. Dabei besteht, solange diese nicht widerlegt wird, die gesetzliche Vermutung, dass die Einkommensgrenze nicht überschritten wird. Die Darlegungs- und Beweislast für das Überschreiten der Einkommensgrenze liegt beim Träger der Grundsicherung. Insoweit kann er von dem Leistungsberechtigten Angaben verlangen, die Rückschlüsse auf die Einkommensverhältnisse der Unterhaltspflichtigen zulassen. Wenn dann hinreichende Anhaltspunkte dafür vorliegen, dass die genannte Einkommensgrenze überschritten wird, sind die unterhaltspflichtigen Eltern oder Kinder dem Träger der Grundsicherung gegenüber zur Auskunftserteilung über ihre Einkommensverhältnisse verpflichtet. Wird die gesetzliche Vermutung widerlegt, sind Ansprüche auf Grundsicherungsleistungen ausgeschlossen.

---

[17] Vgl. www.deutscher-verein.de (abgerufen am 15.01.2015); Archiv Juni 2002, Empfehlungen für den Einsatz von Einkommen und Vermögen in der Sozialhilfe.

§ 1578a BGB Deckungsvermutung bei schadensbedingten Mehraufwendungen

(Fassung vom 02.01.2002, gültig ab 01.01.2002)

Für Aufwendungen infolge eines Körper- oder Gesundheitsschadens gilt § 1610a.

Gliederung

A. Grundlagen – Normzweck und Normhistorie 1
B. Anwendungsvoraussetzungen – Anwendungsbereich des § 1578a BGB 3
C. Prozessuale Hinweise – Beweislast 6
D. Steuerrechtliche Hinweise 8

A. Grundlagen – Normzweck und Normhistorie

§ 1578a BGB beruht auf dem zum 23.01.1991 in Kraft getretenen Gesetz zur unterhaltsrechtlichen Berechnung von Aufwendungen für Körper- oder Gesundheitsschäden.[1] Durch die Verweisung auf § 1610a BGB wird die dort aufgestellte widerlegbare Vermutung übernommen, dass die effektiven Kosten im Zusammenhang mit einem Körper- oder Gesundheitsschaden nicht geringer sind als die hierfür bezogenen Sozialleistungen. Dies bedeutet aber auch, dass Aufwendungen infolge eines Körper- oder Gesundheitsschadens für sich die Vermutung haben, dass sie nicht eheprägend sind.

1

Durch die Norm wird eine Begünstigung des Leistungsempfängers in einem unterhaltsrechtlichen Verfahren bezweckt, d.h. er ist nicht gehalten, um die Sozialleistungen aus der Unterhaltsberechnung auszuklammern, die Deckungsgleichheit zwischen den Sozialleistungen und dem tatsächlichen Mehrbedarf darzulegen und zu beweisen. Weil allerdings die Vermutung widerlegbar ausgestaltet ist, wird gleichzeitig sichergestellt, dass die in Rede stehenden Sozialleistungen nicht ohne jegliche Einschränkungsmöglichkeit aus der Unterhaltsberechnung ausgeklammert werden können.

2

B. Anwendungsvoraussetzungen – Anwendungsbereich des § 1578a BGB

Der Anwendungsbereich des § 1578a BGB lässt sich tabellarisch wie folgt darstellen:

3

Anwendbarkeit des § 1578a BGB auf

4

- öffentliche Sozialleistungen als Aufwendungsersatz für einen Mehrbedarf aus Körper- oder Gesundheitsschäden, unabhängig davon, inwieweit daneben auch immaterielle Beeinträchtigungen ausgeglichen werden sollen.[2]
- Erfasst werden im Wesentlichen
  - Zuschüsse gemäß § 11 BVG i.V.m. der OrthopädieVO,
  - Führzulage gemäß § 14 BVG,
  - Pauschbetrag für Kleider- und Wäscheverschleiß gemäß § 15 BVG,
  - Kostenerstattung für Maßnahmen der Heil- und Krankenbehandlung oder einer Badekur gemäß § 18 BVG,[3]
  - Kriegsopferfürsorgeleistungen,
  - Grundrente gemäß § 31 BVG,[4]
  - Schwerstbeschädigtenzulage gemäß § 31 Abs. 5 BVG,
  - Geldleistungen an Schwerbehinderte gemäß § 31 Abs. 3 Satz 1 Nr. 1 SchwbG i.V.m. den §§ 1 ff. Ausgleichsabgaben VO,[5]
  - Conterganrenten,[6]

---

[1] BGBl I 1991, 46.
[2] *Hülsmann*, FuR 1991, 218-219, 218; *Künkel*, FamRZ 1991, 1131-1134, 1131.
[3] *Künkel*, FamRZ 1991, 1131-1134.
[4] OLG Hamm v. 05.06.1991 - 12 UF 24/91 - FamRZ 1991, 1198-1199.
[5] *Künkel*, FamRZ 1991, 1131-1134.
[6] Abweichend OLG Hamm v. 14.07.1986 - 5 WF 181/86 - FamRZ 1986, 1101-1102.

- Blindengeld,[7] wobei in der Rspr. nach Wegfall bzw. Kürzung des Landesblindengeldes in verschiedenen Bundesländern die Auffassung vertreten wird, es sei auch weiterhin ohne konkreten Nachweis ein behinderungsbedingter Mehraufwand in Höhe des früheren Blindengeldes anzuerkennen,[8]
- Pflegegeld gemäß § 37 SGB XI bzw. pauschaliert gemäß § 69 BSHG,
- Leistungen gemäß § 80 SVG, § 50 Ziv.DienstVG, den §§ 4, 5 HäftlHilfeG, § 51 BseuchG, jeweils in Verbindung mit der entsprechenden Anwendung des BVG.[9]

5 Keine Anwendung des § 1578a BGB auf
- privatrechtliche Unfallrenten,[10]
- Schmerzensgeldrenten,[11]
- Aufwendungsentschädigungen gleich welcher Art,[12]
- mittelbare Vergünstigungen (z.B. Schwerbehindertenfreibetrag,[13] Steuerpauschbetrag für Behinderte gemäß § 33b EStG,[14]
- Sozialleistungen mit Einkommensersatzfunktion[15] wie z.B.
  - Versorgungskrankengeld gemäß den §§ 16 ff. BVG,
  - Berufsschadensausgleich gemäß § 30 BVG,[16]
  - Ausgleichsrente gemäß § 32 BVG,
  - Erwerbsunfähigkeitsrenten,[17]
  - Arbeitsunfallrenten,[18]
- Pflegegeld nach dem LaPflegeG,[19] wenn es als Entgelt für die Pflege empfangen wird.[20]

C. Prozessuale Hinweise – Beweislast

6 Zur Bewertung der **Leistungsfähigkeit des Unterhaltsschuldners** obliegt dem Unterhaltsgläubiger die Darlegungs- und Beweislast dafür, dass die bezogenen Sozialleistungen den tatsächlichen krankheits- oder behinderungsbedingten Mehraufwand übersteigen, d.h. dem Unterhaltsschuldner freie finanzielle Mittel verbleiben, die er anderweitig verwenden kann. Wurde die gesetzliche Vermutung erfolgreich widerlegt, ist der Unterhaltsschuldner in der Darlegungs- und Beweislast zur Höhe des krankheits- oder behinderungsbedingten Mehraufwandes.[21] Zu seinen Gunsten greifen dann jedoch Beweiserleichterungen ein, im Rahmen derer etwa die Art der Beschädigung, das Maß der immateriellen Beeinträchtigung und der ideelle Ausgleichszweck der Sozialleistung berücksichtigt werden. Insgesamt gilt das Gebot großzügiger Schätzung.[22]

7 Zur Bewertung der **Eigendeckung des Unterhaltes** im Sinn des § 1577 BGB liegt die Darlegungs- und Beweislast dafür, dass der tatsächliche Mehraufwand und die bezogenen Sozialleistungen nicht identisch sind, beim Unterhaltsschuldner.

D. Steuerrechtliche Hinweise

8 Vgl. hierzu die Steuerrechtl. Hinw. zu §§ 1569 ff. BGB.

---

[7] AG Ludwigslust v. 06.12.2001 - 6 F 311/00 - FamRZ 2002, 1588.
[8] AG Neustadt v. 02.06.2005 - 37 F 38/05 UE - NdsRpfl 2005, 377-378.
[9] *Künkel*, FamRZ 1991, 1131-1134, 1131.
[10] OLG Köln v. 25.10.2000 - 27 WF 179/00 - NJWE-FER 2001, 67.
[11] *Künkel*, FamRZ 1991, 1131-1134, 1131.
[12] BGH v. 07.05.1986 - IVb ZR 55/85 - LM Nr. 24 zu § 1569 BGB.
[13] *Künkel*, FamRZ 1991, 1131-1134, 1131.
[14] *Hülsmann*, FuR 1991, 218-219.
[15] OLG Hamm v. 31.05.2000 - 8 UF 558/99 - NJW-RR 2001, 220-221.
[16] OLG Hamm v. 17.09.1991 - 1 UF 104/91 - NJW 1992, 515.
[17] OLG Köln v. 25.10.2000 - 27 WF 179/00 - NJWE-FER 2001, 67.
[18] OLG Hamm v. 31.05.2000 - 8 UF 558/99 - FamRZ 2001, 441.
[19] BGH v. 25.11.1992 - XII ZR 164/91 - LM BGB § 1602 Nr. 15 (6/1993).
[20] OLG Hamm v. 28.05.1993 - 5 UF 169/92 - FamRZ 1994, 895.
[21] OLG Hamm v. 05.06.1991 - 12 UF 24/91 - FamRZ 1991, 1198-1199.
[22] *Kalthoener*, NJW 1991, 1037-1037.

§ 1578b BGB Herabsetzung und zeitliche Begrenzung des Unterhalts wegen Unbilligkeit

(Fassung vom 20.02.2013, gültig ab 01.03.2013)

(1) ¹Der Unterhaltsanspruch des geschiedenen Ehegatten ist auf den angemessenen Lebensbedarf herabzusetzen, wenn eine an den ehelichen Lebensverhältnissen orientierte Bemessung des Unterhaltsanspruchs auch unter Wahrung der Belange eines dem Berechtigten zur Pflege oder Erziehung anvertrauten gemeinschaftlichen Kindes unbillig wäre. ²Dabei ist insbesondere zu berücksichtigen, inwieweit durch die Ehe Nachteile im Hinblick auf die Möglichkeit eingetreten sind, für den eigenen Unterhalt zu sorgen, oder eine Herabsetzung des Unterhaltsanspruchs unter Berücksichtigung der Dauer der Ehe unbillig wäre. ³Nachteile im Sinne des Satzes 2 können sich vor allem aus der Dauer der Pflege oder Erziehung eines gemeinschaftlichen Kindes sowie aus der Gestaltung von Haushaltsführung und Erwerbstätigkeit während der Ehe ergeben.

(2) ¹Der Unterhaltsanspruch des geschiedenen Ehegatten ist zeitlich zu begrenzen, wenn ein zeitlich unbegrenzter Unterhaltsanspruch auch unter Wahrung der Belange eines dem Berechtigten zur Pflege oder Erziehung anvertrauten gemeinschaftlichen Kindes unbillig wäre. ²Absatz 1 Satz 2 und 3 gilt entsprechend.

(3) Herabsetzung und zeitliche Begrenzung des Unterhaltsanspruchs können miteinander verbunden werden.

Gliederung

A. Grundlagen 1	II. Zeitliche Begrenzung des Unterhaltsanspruches (Absatz 2) 30
I. Normzweck 1	1. Billigkeitsprüfung 30
II. Schematische Darstellung 7	2. Übergangsfrist 31
B. Anwendungsvoraussetzungen 8	III. Verhältnis von Befristung und Begrenzung (Absatz 3) 32
I. Herabsetzung des Unterhaltsanspruches auf den angemessenen Bedarf (Absatz 1) 8	**C. Prozessuale Hinweise/Verfahrenshinweise** 34
1. Eheliche Lebensverhältnisse – angemessener Bedarf 8	I. Beweislast 34
2. Billigkeitsprüfung 13	II. Prozessuale Hinweise 36
a. Kindeswohlbelange (sog. Kinderschutzklausel) 14	1. Ausgangsverfahren 36
b. Ehebedingte Nachteile 19	2. Abänderung bestehender Titel 38
c. Ehedauer 27	3. Antragstellung 40
	4. Übernahme der Kosten der Fremdbetreuung 41

A. Grundlagen

I. Normzweck

Durch die bis zum 31.12.2007 geltende Fassung des § 1578 BGB wurde die sogenannte **Lebensstandardgarantie** statuiert. Zielrichtung war es, dem Unterhaltsgläubiger auch nachehelich jenen Lebensstandard zu erhalten, wie er als Ergebnis gemeinsamer Arbeit der Ehegatten in der Ehe erreicht wurde. Vermieden werden sollte zudem ein sozialer Abstieg des Unterhaltsgläubigers.[1] **1**

Eine erste Modifizierung hatte diese Garantie bereits durch das Unterhaltsrechtsänderungsgesetz vom 20.02.1986 erfahren[2]. Hintergrund war die zunehmende Kritik, dass eine in der Regel lebenslang bestehende Unterhaltsbelastung, als Folge einer Trennung oder Scheidung, nicht ohne Berücksichtigung etwaiger Billigkeitsaspekte geregelt werden kann. **2**

In § 1573 Abs. 5 BGB a.F. wurde daher, bezogen auf den Unterhaltstatbestand der Erwerbslosigkeit sowie im Rahmen des Aufstockungsunterhaltes eine zeitliche Befristung vorgesehen. In § 1578 Abs. 1 **3**

---

[1] BVerfG v. 14.07.1981 - 1 BvL 28/77, 1 BvL 48/79, 1 BvR 154/79, 1 BvR 170/80 NJW 1981, 1771-17774; BGH v. 27.04.1983 - IVb ZR 372/81 - LM Nr. 21 zu § 1578 BGB.
[2] BGBl I 1986, 301.

§ 1578b

BGB a.F. wurde zudem die Möglichkeit der höhenmäßigen Begrenzung des Unterhaltsanspruches eingefügt.

4 Von diesen gesetzgeberisch eingeräumten Möglichkeiten hat die Praxis in der Folgezeit kaum Gebrauch gemacht. Zu einer Sensibilisierung für diese Thematik hat erst die sog. **„Surrogatsrechtsprechung"** des BGH geführt,[3] soweit hierdurch insbesondere für „Zweitfamilien" wirtschaftliche Belastungen geschaffen wurden, mit denen kaum ein Unterhaltsschuldner noch gerechnet und auf die er sich bei der Ausgestaltung seiner neuen Familien nicht eingerichtet hatte. Parallel war aber auch den gesellschaftlichen Veränderungen selbst Rechnung zu tragen.[4] Zu beachten waren die kontinuierlich steigenden Scheidungszahlen, die hiermit einhergehenden Gründungen von Zweitfamilien sowie die veränderten Lebensgestaltungen der bislang in der Regel weiblichen Unterhaltsgläubigerinnen, die nunmehr als Regelfall eine Erwerbstätigkeit ausübten, womit eine Abkehr von der klassischen Hausfrauenehe, die die bisherige Rechtslage geprägt hatte, einherging.

5 Orientiert an diesen Vorgaben hat der Gesetzgeber mit der Unterhaltsrechtsreform zum 01.01.2008 § 1578b BGB eingeführt. Die bislang in § 1573 Abs. 5 BGB a.F. sowie in § 1578 Abs. 1 BGB a.F. vorgesehenen Möglichkeiten der **Befristung und Begrenzung** sind entfallen und in dem neu formulierten, **alle**[5] **Unterhaltstatbestände erfassenden § 1578b BGB** eigenständig geregelt. Durch die zum 01.03.2013 in Kraft getretene Neufassung[6] wurde ausdrücklich das **Merkmal der Ehedauer** gleichrangig neben den Aspekt des **ehebedingten Nachteils** gestellt. Die Ehedauer entfaltet dabei jedoch nur Bedeutung unter dem Kriterium der nachehelichen Solidarität und ist Indiz einer besonderen wirtschaftlichen Verflechtung der Ehegatten.[7] Allein aus einer langen Ehedauer als solcher kann daher per se nicht die unbefristete oder unbegrenzte Unterhaltpflicht abgeleitet werden. Zielrichtung des § 1578b BGB ist es, die Unterhaltsansprüche, unter Heranziehung objektiver Billigkeitsmaßstäbe, zu beschränken und die Zuerkennung von Unterhaltsansprüchen mit der Frage zu koppeln, inwieweit sie erforderlich sind, um ehebedingte Nachteile zu kompensieren oder einer besonderen nachehelichen Solidarität Rechnung zu tragen.[8] § 1578b BGB steht in innerem Zusammenhang mit der in **§ 1569 BGB** verankerten **Obliegenheit zur nachehelichen Selbstalimentation**, die durch die Unterhaltsreform eine wesentlich stärkere Ausprägung erhalten hat, und bildet daher einen zentralen Bestandteil der Reform selbst.[9] Einer Befristung des Unterhaltsanspruches steht nicht die Tatsache entgegen, dass durch den Wegfall des Unterhaltsanspruches gegenüber dem früheren Ehegatten der Unterhaltsgläubiger **sozialhilfebedürftig** wird.[10] Auch ein auf den Träger der Sozialhilfe übergegangener Unterhaltsanspruch kann der Befristung unterliegen.[11]

6 § 1578b BGB entspricht der seit dem Jahr 2006 verfestigten neueren Rechtsprechung des BGH zur Beschränkung und Befristung eines nachehelichen Unterhaltsanspruches, die die Frage der Fortdauer ehebedingter Nachteile in den Vordergrund gerückt hat, so dass jeweils eine **individuelle Billigkeitsabwägung** vorzunehmen ist.[12] Zu beachten ist hierbei allerdings, dass die Befristung nicht als Regel, sondern als Ausnahme gilt. Die Prüfung des Gerichts hat sich stets darauf zu erstrecken, ob die fortdauernde Unterhaltspflicht unbillig ist, und nicht, ob der Befristung Billigkeitsgründe entgegenstehen.[13] In seiner Rechtsprechung hat der BGH hervorgehoben, dass die für § 1578 Abs. 1 Satz 2 BGB a.F. maßgeblichen Abwägungskriterien weitgehend deckungsgleich sind mit den in § 1578b Abs. 1 Sätze 2, 3 BGB spezifizierten Billigkeitsgesichtspunkten.[14]

---

[3] BGH v. 13.06.2001 - XII ZR 343/99 - BGHZ 148, 105-122.
[4] *Menne*, FF 2006, 175-183.
[5] OLG Celle v. 20.03.2008 - 17 UF 199/07 - FamRZ 2009, 121-122.
[6] BGBl I 2013, 273.
[7] BGH v. 20.03.2013 - XII ZR 72/11 - NJW 2013, 1530.
[8] BT-Drs. 16/1830, S. 29.
[9] *Borth*, FamRZ 2006, 813-821.
[10] BGH v. 28.04.2010 - XII ZR 141/08 - FamRZ 2010, 1057.
[11] BGH v. 28.04.2010 - XII ZR 141/08 - FamRZ 2010, 1057.
[12] BGH v. 12.04.2006 - XII ZR 240/03 - FamRZ 2006, 1006-1008; BGH v. 25.10.2006 - XII ZR 190/03 - FamRZ 2007, 200-204; BGH v. 28.02.2007 - XII ZR 37/05 - FamRZ 2007, 793-800; BGH v. 23.05.2007 - XII ZR 245/04 - FamRZ 2007, 1232-1236.
[13] BGH v. 04.08.2010 - XII ZR 7/09 - FamRZ 2010, 1633.
[14] BGH v. 29.06.2011 - XII ZR 157/09 - FamRZ 2011, 1721; BGH v. 23.11.2011 - XII ZR 47/10 - FamRZ 2012, 197.

II. Schematische Darstellung

Das Zusammenwirken von § 1578 BGB und § 1578b BGB lässt sich schematisch wie folgt darstellen (vgl. auch die Kommentierung zu § 1578 BGB): 7

```
Maßstab des Unterhaltsanspruchs gem. § 1578 BGB      zzgl.    • Kosten einer angemessenen Krankenvorsorge
= der gesamte Lebensbedarf                                      (Absatz 2 Halbsatz 1)
                                                              • Kosten einer Schul- oder Berufsausbildung
         aber                                                   (Absatz 2 Halbsatz 1)
                                                              • Kosten einer Fortbildung oder Umschulung
    § 1578b BGB                                                 (Absatz 2 Halbsatz 2)
                                                              • Kosten einer angemessenen Versicherung für
   Absatz 1              Absatz 2                               Alter, Berufs- oder Erwerbsunfähigkeit,
   Herabsetzung des      zeitliche Begrenzung                   wenn der Unterhaltsanspruch auf den
   Unterhaltsanspruchs   des Unterhaltsanspruchs                §§ 1570-1573 oder § 1576 beruht (Absatz 3)
   auf den angemessenen
   Lebensbedarf

         Billigkeitsprüfung

   Werden dadurch        Bestehen ehebedingte
   Kindesbelange         Nachteile fort, folgend aus:
   beeinträchtigt?       • Pflege-/Erziehungsdauer
                           gemeinsamer Kinder,
                         • Gestaltung von Haus-       negativ     keine Begrenzung/Befristung
                           haltsführung und
                           Erwerbstätigkeit in der Ehe,
                         • Ehedauer,
                         • sonstigen Umständen?
                                                      positiv     Begrenzung und/oder
         Prüfungsergebnis                                         Befristung Absatz 3
```

B. Anwendungsvoraussetzungen

I. Herabsetzung des Unterhaltsanspruches auf den angemessenen Bedarf (Absatz 1)

1. Eheliche Lebensverhältnisse – angemessener Bedarf

Methodischer Ausgangspunkt jeder Prüfung der Herabsetzung oder Befristung eines Unterhaltsanspruches ist wie bisher die Ermittlung des eheprägenden Bedarfes. Hier gelten unverändert die Vorgaben des § 1578 Abs. 1 BGB – der **eheangemessene Bedarf** richtet sich also weiterhin nach den ehelichen Lebensverhältnissen (vgl. hierzu auch die Kommentierung zu § 1578 BGB Rn. 6 ff.). 8

In § 1578b BGB ist die Herabsetzung dieses eheprägenden („vollen") Bedarfes auf den **angemessenen Lebensbedarf** vorgesehen. Dieser Ersatzmaßstab galt schon nach der bis zum 31.12.2007 maßgeblichen Fassung des § 1578 BGB. 9

Bei der Bestimmung des angemessenen Lebensbedarfs ist danach zu differenzieren, ob der Unterhaltsgläubiger vorehelich einer Erwerbstätigkeit nachging oder ohne eigenes Einkommen mangels Ausbildung war. Zielrichtung der Gesetzesreform ist es u.a., die bislang geltende Lebensstandardgarantie und den damit häufig durch die Eheschließung verbundenen sozialen Aufstieg einzugrenzen. Hierzu hat der BGH regelmäßig die Auffassung vertreten, dass der Unterhaltsgläubiger, ggf. nach einer angemessenen Übergangszeit, auf den **Lebensstandard** verwiesen werden kann, den er **vor der Ehe** hatte. Ein Unterhaltsanspruch kommt daher nur noch in dem Umfang in Betracht, den der Unterhaltsgläubiger aufgrund seiner **eigenen beruflichen Qualifikation** hätte erreichen können.[15] In den Fällen, in denen 10

---

[15] BGH v. 25.10.2006 - XII ZR 190/03 - FamRZ 2007, 200-204.

§ 1578b

der Unterhaltsgläubiger daher vorehelich berufstätig war, wird er sich auf das Einkommensniveau zurückfahren lassen müssen, das seiner eigenen beruflichen Qualifikation – die Eheschließung und eventuell hiermit verbundene berufliche Nachteile hinweggedacht – entspricht.

11 Hiervon sind die Fallkonstellationen abzugrenzen, in denen der Unterhaltsgläubiger die Ehe **ohne Berufsausbildung** und damit ohne Erwerbseinkommen eingegangen ist. Dort ist im Einzelfall zu prüfen, welches Einkommen der Unterhaltsgläubiger realistisch auf dem allgemeinen Arbeitsmarkt erzielen kann, d.h. von ihm etwa mit Blick auf eine mangelnde berufliche Praxis allenfalls noch Tätigkeiten im Geringverdienerbereich zu erlangen sind, so dass ggf. nicht einmal der angemessene Selbstbehalt sichergestellt werden kann[16]. Bedeutung besitzt die Frage der Angemessenheit aber auch, wenn der Unterhaltsgläubiger etwa folgend aus einer **Erkrankung** eine Erwerbstätigkeit überhaupt nicht ausüben kann. Ableitend aus dem Begriff der Angemessenheit gilt daher nach der Rechtsprechung des BGH, dass das **Existenzminimum**, das derzeit mit monatlich 800 € beziffert wird, erreicht werden muss.[17]

12 In seiner aktuellen Rechtsprechung hat der BGH diesen an dem notwendigen Selbstbehalt eines nichterwerbstätigen Unterhaltsschuldner orientierten angemessenen Lebensbedarf auch dann bestätigt, wenn der **aus dem Ausland stammende Unterhaltsgläubiger**, der wegen der Eheschließung übersiedelte, bei Verbleib in seinem Heimatland und der dortigen Fortführung seiner Erwerbstätigkeit heute nur ein unter diesem Betrag liegendes Einkommen aus vollschichtiger Tätigkeit erzielen könnte.[18]

2. Billigkeitsprüfung

13 Die Herabsetzung auf den angemessenen Bedarf hat zwingend zu erfolgen, wenn die fortdauernde Gewährung des eheangemessenen Unterhaltes unbillig wäre. Die Unterhaltsbefristung ist dabei nicht die Regel, sondern die Ausnahme.[19] Dem Gericht obliegt die Prüfung, ob die fortdauernde Unterhaltspflicht unbillig ist, und nicht, ob der Befristung Billigkeitsgründe entgegenstehen.[20] Gleichwohl jedoch stehen ehebedingte Nachteile einer Befristung nicht grundsätzlich entgegen,[21] es sei denn, es liegen außergewöhnliche Umstände vor.[22] Als allgemeine **Prüfungskriterien**[23] – vorbehaltlich einer vom Gesetzgeber ausdrücklich intendierten Einzelfallprüfung – sind dabei etwa folgende Aspekte zu berücksichtigen:

- Ist die nacheheliche Einkommensdifferenz Ausdruck eines ehebedingten Nachteiles, der zudem einen dauerhaften Ausgleich im Rahmen des Ehegattenunterhaltes rechtfertigen kann?[24]
- Waren zum Zeitpunkt der Ehescheidung die ehebedingten Nachteile bereits absehbar, d.h. waren die ausschlaggebenden Umstände bereits eingetreten oder zumindest zuverlässig voraussehbar[25], gegebenenfalls auch unter Inkaufnahme des Risikos, dass durch eine dann zu veranlassende Befristung der Einsatzzeitpunkt für einen Anschlusstatbestand entfällt?[26]
- Ist der Unterhaltsberechtigte zur Aufnahme und Ausübung einer vollschichtigen Tätigkeit in seinem erlernten Beruf in der Lage?[27]

---

[16] OLG Nürnberg v. 20.02.2008 - 7 UF 1371/07 - NJW Spezial 2008, 260; OLG Düsseldorf v. 16.06.2008 - 2 UF 5/08 - FamRZ 2008, 1950-1951; OLG Karlsruhe v. 27.06.2008 - 5 UF 13/08 - FamRZ 2008, 2206-2208; OLG Frankfurt v. 19.08.2008 - 3 UF 347/06 - ZFE 2008, 430-431; BVerfG v. 16.04.2008 - 1 BvR 2253/07 - FamRZ 2008, 1403 m. Anm. *Völker*, FamRB 2008, 359-360; BVerfG v. 18.03.2008 - 1 BvR 125/06 - FamRZ 2008, 1145-1147 m. Anm. *Völker*, FamRB 2008, 229-230.
[17] BGH v. 17.02.2010 - XII ZR 140/08 - FamRZ 2010, 629; BGH v. 14.04.2010 - XII ZR 89/08.
[18] BGH v. 16.01.2013 - XII ZR 39/10 - FamRZ 2013, 534.
[19] BGH v. 30.06.2010 - XII ZR 9/09 - FamRZ 2010, 1414; BGH v. 04.08.2010 - XII ZR 7/09 - FamRZ 2010, 1633.
[20] BGH v. 26.05.2010 - XII ZR 143/08 - FamRZ 2010, 1238; BGH v. 30.03.2011 - XII ZR 63/09 - FF 2011, 304.
[21] OLG Karlsruhe v. 21.02.2011 - 2 UF 21/10 - NJW-RR 2011, 658.
[22] BGH v. 16.02.2011 - XII ZR 108/09 - FamRZ 2011, 628.
[23] Vgl. die zusammenfassende Darstellung möglicher Billigkeitsaspekte, wie sie in den seit dem 01.01.2008 ergangenen ober- und höchstrichterlichen Entscheidungen entwickelt wurden, in *Clausius*, FF 2012, 3-17.
[24] BGH v. 16.04.2008 - XII ZR 107/06 - FamRZ 2008, 1325.
[25] BGH v. 16.04.2008 - XII ZR 107/06 - FamRZ 2008, 1325.
[26] BGH v. 25.06.2008 - XII ZR 109/07 - FamRZ 2008, 1508-1511.
[27] BGH v. 16.04.2008 - XII ZR 107/06 - FamRZ 2008, 1325.

- Wurde für den Zeitraum der Ehe und der Kindererziehung ein Versorgungsausgleich zugunsten des Unterhaltsgläubigers durchgeführt, so stellen die von ihm selbst in dieser Zeit erworbenen reduzierten Rentenanrechte keinen ehebedingten Nachteil dar[28], wobei dies umso mehr gilt, wenn der Unterhaltsgläubiger sogar am besseren Versorgungsstand des Unterhaltsschuldners partizipiert[29] oder zu seinen Gunsten der Versorgungsausgleich ausgeschlossen wurde.[30]

Im Rahmen der Abwägung nach § 1578b BGB erfolgt jedoch keine Aufarbeitung **ehelichen Fehlverhaltens**. Unerheblich ist ebenso, ob ein Ehegatte durch den anderen während der Ehe erfolglos zur Berufstätigkeit angehalten wurde.[31]

a. Kindeswohlbelange (sog. Kinderschutzklausel)

Über diese allgemeinen Erwägungen hinausgehend haben die Belange des dem Unterhaltsgläubiger zur Pflege oder Erziehung anvertrauten minderjährigen Kindes besondere Bedeutung. Die in § 1578b BGB gewählte Formulierung entspricht exakt jener, die der Gesetzgeber auch in § 1579 BGB vorgibt. Ebenso wie dort gilt, dass den Kindesbelangen ein besonderer Stellenwert einzuräumen ist, der über die bloße Berücksichtigung von Kindesbelangen hinausgeht.[32]   14

Trotz des in § 1569 BGB statuierten Prinzips der Selbstalimentation, welches durch die zum 01.01.2008 in Kraft getretene Unterhaltsreform eine noch stärkere Ausprägung erhalten hat als bislang, ist vordringliches Ziel unverändert, dass der Unterhaltsgläubiger durch eine Unterhaltsbefristung und/oder -begrenzung nicht zu einer Erwerbstätigkeit gezwungen wird, die von ihm mit Blick auf die **Betreuungsnotwendigkeit des Kindes** nicht erwartet werden kann. Vorrang hat in jedem Fall die Sicherstellung der Betreuung eines im Haushalt des Unterhaltsgläubigers lebenden minderjährigen Kindes. Nur wenn diese gewährleistet ist, ggf. im Wege der Fremdbetreuung, kann die Befristung oder Begrenzung des Unterhaltes zum Tragen kommen.   15

Im Regierungsentwurf findet sich hierzu der Hinweis, dass mit Blick auf die Kinderschutzklausel eine über die immanente Begrenzung des § 1570 BGB hinausgehende Beschränkung des Anspruches auf Betreuungsunterhalt nur in seltenen Ausnahmefällen in Betracht kommt. Wurde daher im Rahmen einer Billigkeitsabwägung nach § 1570 Abs. 1 Satz 2 BGB bereits eine Fortdauer des Betreuungsunterhalts über das vollendete 3. Lebensjahr des Kindes hinausgehend festgestellt, so gilt dies als Sperre einer weiteren Billigkeitsprüfung in § 1578b BGB.[33] Zielrichtung der Kinderschutzklausel ist die Verhinderung der Absenkung des Betreuungsunterhaltes auf eine Ebene, auf der zwischen dem Lebensstandard des betreuenden Elternteiles und jenem des Kindes, das ungeschmälert Unterhalt erhält, ein erheblicher Niveauunterschied besteht.[34] In der Neuformulierung des § 1570 BGB hat der Gesetzgeber allerdings auch zum Ausdruck gebracht, dass die Erwägungen des bislang geltenden Altersphasenmodells hinsichtlich der zeitlichen Vorgaben zur Aufnahme einer Erwerbstätigkeit des betreuenden Elternteiles überholt sind (vgl. hierzu auch die Kommentierung zu § 1570 BGB). Entscheidend sind vielmehr die im konkreten Fall tatsächlich bestehenden Möglichkeiten der Kinderbetreuung.[35] Hat daher der Unterhaltsgläubiger die Möglichkeit einer **Fremdbetreuung** des Kindes, deren Finanzierung gegebenenfalls der Unterhaltsschuldner im eigenen Interesse anbieten kann (vgl. hierzu auch Rn. 41), so stehen die Betreuungsbelange des Kindes der Aufnahme einer Erwerbstätigkeit mindestens im zeitlichen Umfang der sichergestellten Betreuung nicht mehr entgegen.   16

Neben der altersbedingten Betreuung eines Kindes unter 3 Jahren kommen auch **sonstige Betreuungsnotwendigkeiten** in Betracht, etwa folgend aus einer konkreten **Erkrankung des Kindes** oder **schulischen Schwierigkeiten**, die eine intensivere Präsenz des betreuenden Elternteiles erfordern und ggf. auch in ihrer zeitlichen Ausgestaltung einer regelmäßigen Erwerbstätigkeit entgegenstehen. Wurde da-   17

---

[28] BGH v. 16.04.2008 - XII ZR 107/06 - FamRZ 2008, 1325; BGH v. 25.06.2008 - XII ZR 109/07 - FamRZ 2008, 1508-1511; OLG Saarbrücken v. 22.10.2009 - 6 UF 13/09 - FamRZ 2010, 652-654; OLG Thüringen v. 19.11.2009 - 1 UF 58/09.
[29] BGH v. 26.11.2008 - XII ZR 131/07 - FamRZ 2009, 404-406; OLG Zweibrücken v. 29.10.2009 - 6 UF 9/09.
[30] OLG Düsseldorf v. 31.08.2009 - 2 UF 48/09 - FF 2010, 42.
[31] BGH v. 30.03.2011 - XII ZR 63/09 - FF 2011, 304.
[32] BGH v. 16.04.1997 - XII ZR 293/95 - FamRZ 1997, 873-876; OLG Saarbrücken v. 27.04.2002 - 6 WF 14/02 - OLGR Saarbrücken 2002, 342.
[33] BGH v. 15.09.2010 - XII ZR 20/09 - FamRZ 2010, 1880; BGH v. 02.02.2011 - XII ZR 11/09 - FamRZ 2011, 1377.
[34] BT-Drs. 16/1830, S. 31.
[35] BT-Drs. 16/1830, S. 23; *Schwab*, FamRZ 2005, 1417.

her im Rahmen der **Billigkeitsabwägung nach § 1570 BGB** eine Fortdauer des Betreuungsunterhalts über das vollendete dritte Lebensjahr des Kindes hinausgehend festgestellt, so gilt dies **als Sperre** einer weiteren Billigkeitsprüfung in § 1578b BGB.[36] Der Betreuungsunterhalt unterliegt damit auch keiner Befristung sondern endet, wenn das Betreuungsbedürfnis entfällt.[37] Im Einzelfall ist zu prüfen, inwieweit die Betreuung zwingend durch den Unterhaltsgläubiger zu erfolgen hat. Bestandteil der Kindesbelange ist neben der Betreuung als solcher auch die wirtschaftliche Existenz des Kindes, die unmittelbar mit der seines betreuenden Elternteiles verknüpft ist. Konkret bedeutet dies, dass jeweils der Mindestbedarf des betreuenden Elternteiles gewährleistet sein muss. Dies kann etwa durch eigenes Einkommen sichergestellt sein, durch fiktiv zurechenbares Einkommen im Zusammenhang mit einer Haushaltsführung für einen neuen Partner oder letztlich durch den Unterhalt.[38] Für die Betreuung eines gemeinsamen Kindes kann auch der barunterhaltspflichtige Elternteil in Betracht zu ziehen ist, wenn er dies ernsthaft und verlässlich anbietet (vgl. auch Rn. 41). Maßgeblich ist allein, ob die hierdurch gewährleistete Betreuung dem Kindeswohl entspricht, hinter das rein unterhaltsrechtliche Erwägungen zurücktreten müssen.[39]

18 Ein weitergehender Betreuungsunterhalt scheidet daher nur dann aus, wenn im Zeitpunkt der Entscheidung über den Unterhaltsanspruch für die Zeit ab Vollendung des 3. Lebensjahres des Kindes absehbar keine **kind- oder elternbezogenen Verlängerungsgründe** bestehen[40], d.h. auch nicht abschätzbar ist, wann sich der Betreuungsbedarf des Kindes ändern wird.[41] Entscheidend ist daher, ob gegenwärtig hinreichend sicher absehbar ist, ob der Unterhaltsgläubiger wegen der Kindererziehung ehebedingte Nachteile erlitten hat oder erleiden wird. Solche können sich z.B. aus der mangelnden Möglichkeit der Teilnahme an Fortbildungsveranstaltungen ergeben, soweit sie gerade während der Schul- oder Hortferien stattfinden.[42] Maßgeblich ist, in welchem Umfang die künftige Entwicklung des Kindes verlässlich bewertet werden kann.[43] Bei der Prüfung der Kindeswohlbelange muss aber auch berücksichtigt werden, dass aus der Entscheidung des BGH vom 16.07.2008[44] kein genereller Befristungsausschluss bei der Betreuung eines minderjährigen Kindes folgt[45]. Diese Entscheidung zielt vielmehr darauf ab, am Einzelfall orientiert zu prüfen, in welchem tatsächlichen und zeitlichen Umfang jeweils eine Betreuungsnotwendigkeit besteht. Wird im Rahmen der zu treffenden Billigkeitsabwägung bereits eine Verlängerung des Betreuungsunterhaltes zuerkannt, so verdrängt diese Abwägung eine weitere Billigkeitsprüfung im Rahmen des § 1578b BGB.[46] Auch wenn wegen einer fortdauernden Kindesbetreuung eine Unterhaltsbefristung nicht in Betracht kommt, steht dies einer Begrenzung jedoch nicht entgegen, wenn trotz des abgesenkten Unterhaltsbedarfs die Kindesbetreuung sichergestellt ist und eine fortdauernde Teilhabe an den aus der Ehe abgeleiteten Lebensverhältnissen unbillig erscheint.[47] In seiner aktuellen Rechtsprechung hat der BGH allerdings klargestellt, dass aus einer bereits vor der Eheschließung aufgenommenen Erwerbstätigkeit und einer hiermit verbundenen Arbeitsplatzaufgabe kein ehebedingter Nachteil begründen werden kann. Die Zeit der vorehelichen Kinderbetreuung ist ausdrücklich der Ehedauer nicht zuzurechnen.[48] Setzt der Unterhaltsgläubiger aber eine **voreheliche Kinderbetreuung** während der Ehe fort, auf der Grundlage einer entsprechend getroffenen Rollenverteilung, so

---

[36] BGH v. 01.06.2011 - XII ZR 45/09 - FamRZ 2011, 1209.
[37] BGH v. 18.04.2012 - XII ZR 65/10 - FamRZ 2012, 1040;
[38] BGH v. 16.04.1997 - XII ZR 293/95 - FamRZ 1997, 873-876; OLG Frankfurt v. 06.06.2001 - 5 WF 31/01 - FuR 2001, 428-429; OLG Saarbrücken v. 05.02.2003 - 9 UF 104/01 - FF 2003, 252-253; OLG Hamm v. 09.05.2003 - 11 UF 321/02 - NJW-RR 2003, 1297-1299.
[39] BGH v. 01.06.2011 - XII ZR 45/09 - FamRZ 2011, 1209; OLG Hamm v. 14.09.2011 - 5 UF 45/11 - FamFR 2011, 541.
[40] BGH v. 18.03.2009 - XII ZR 74/08 - FamRZ 2009, 770-774.
[41] OLG Düsseldorf v. 07.10.2009 - II-8 UF 32/09 - FamRZ 2010, 301-302.
[42] KG v. 25.04.2008 - 18 UF 160/07 - FamRZ 2008, 1942-1945.
[43] OLG Düsseldorf v. 05.05.2008 - 2 UF 135/06 - FamRZ 2008, 1254-1256; OLG Hamm v. 30.10.2008 - 2 UF 43/08 - FamRZ 2009, 987-985.
[44] BGH v. 16.07.2008 - XII ZR 109/05 - FamRZ 2008, 1739-1749.
[45] So etwa OLG München v. 04.06.2008 - 12 UF 1125/07 - FamRZ 2008, 637-640; OLG Celle v. 28.05.2008 - 15 UF 277/07 - FamRZ 2008, 1449-1453; OLG Thüringen v. 24.07.2008 - 1 UF 167/08 - NJW 2008, 3224-3227.
[46] BGH v. 18.03.2009 - XII ZR 74/08 - FamRZ 2009, 770-774.
[47] BGH v. 06.05.2009 - XII ZR 114/08 - FamRZ 2009, 1124-1129.
[48] BGH v. 07.03.2012 - XII ZR 25/10 - FamRZ 2012, 776.

kann sich hieraus – wie auch bei einer sonstigen vorehelichen Arbeitsplatzaufgabe[49] ein ehebedingter Nachteil ergeben, wenn er gerade wegen der Kindererziehung auf eine (weitergehende) Erwerbstätigkeit verzichtet[50] oder seinen Arbeitsplatz wechselt.[51]

b. Ehebedingte Nachteile

Weiteres Kriterium für die Frage, ob ein unbegrenzter oder unbefristeter Unterhaltsanspruch der Billigkeit entspricht, ist die Prüfung, ob auf Seiten des Unterhaltsgläubiger ehebedingte Nachteile fortwirken, die es unzumutbar erscheinen lassen, den Unterhaltsgläubiger auf den Ersatzmaßstab des angemessenen Lebensbedarfes zu verweisen. Ob ein ehebedingter Nachteil vorliegt, beurteilt sich nach dem **angemessenen Lebensbedarf** des Unterhaltsgläubigers. Maßgeblich ist daher, ob er aufgrund der in der Ehe praktizierten Aufgabenverteilung an das auch ohne die Ehe erzielbare Einkommen anknüpfen kann.[52] Es bedarf daher zunächst der Feststellung des angemessenen Lebensbedarfs des Unterhaltsgläubigers und sodann der Feststellung, welches Einkommen er tatsächlich erzielt oder bei gebotener Ausschöpfung der Erwerbsobliegenheit erzielen könnte.[53] Entscheidend ist auf Seiten des Unterhaltsgläubigers bei der Ermittlung des hypothetischen Nettoeinkommens ohne Ehe und Kindererziehung eine Versteuerung nach Lohnsteuerklasse I ohne Kinderfreibeträge.[54] Die Differenz zwischen angemessenem Lebensbedarf und erzieltem bzw. erzielbarem Einkommen stellt den ehebedingten Nachteil dar. Wird dem Unterhaltsgläubiger jedoch lediglich ein Unterhalt im Umfang der ehebedingten Einkommensdifferenz zuerkannt, so setzt sich der ehebedingte Nachteil mit dem Renteneintritt fort. Dieser Nachteil ist daher durch einen **Altersvorsorgeunterhalt** im Sinn des § 1578 Abs. 3 BGB zu kompensieren[55] (vgl. auch Rn. 25), d.h. Bestandteil des angemessenen Lebensbedarfs gem. § 1578b Abs. 1 Satz 1 BGB ist auch der Altersvorsorgeunterhalt.[56] Ehebedingt ist ein Nachteil jedoch nur dann, wenn zwischen der Ehegestaltung und dem Erwerbsnachteil ein **ursächlicher Zusammenhang** besteht. Davon kann nicht ausgegangen werden, wenn für die Arbeitsplatzaufgabe Gründe maßgeblich waren, die keinen Bezug zur Ehegestaltung haben, wie etwa betriebs- oder krankheitsbedingte Kündigungen[57] oder aber auch eine bereits deutlich vor der Eheschließung veranlasste Arbeitsplatzaufgabe.[58]

In seiner aktuellen Rechtsprechung hat der BGH hervorgehoben, dass bei einem **aus dem Ausland stammenden Unterhaltsgläubiger**, der allein wegen der Eheschließung nach Deutschland übersiedelte, zur Ermittlung dieser hypothetischen Einkommenssituation nicht die Erwerbs- und Verdienstmöglichkeiten in Deutschland, sondern jene seines Heimatlandes maßgeblich sind, wie sie jetzt bestünden, wenn es nicht im Zuge der Eheschließung zu einer Übersiedlung gekommen wäre.[59] Korrekturen ergeben sich lediglich durch die zu beachtende unterschiedliche Kaufkraft sowie daraus, dass die im jeweiligen Heimatland geltenden steuer- und sozialversicherungsrechtlichen Vorgaben bei der Einkommensermittlung heranzuziehen sind.[60] Im Fall einer späteren Erwerbsunfähigkeit und Rückkehr in das jeweilige Heimatland ist die dann fiktiv zu ermittelnden Rente so zu bemessen, als ob der Unterhaltsgläubiger dort bis zum Eintritt der Erwerbsunfähigkeit durchgängig berufstätig gewesen wäre mit entsprechender Begründung von Rentenanrechten.[61]

Zur Feststellung ehebedingter Nachteile hat der Gesetzgeber Prüfungspunkte vorgegeben, an denen orientiert zu ermitteln ist, ob Nachteile bei der Möglichkeit, für den eigenen Unterhalt selbst zu sorgen, eingetreten sind. Eines dieser Kriterien ist die **Dauer der Pflege oder Erziehung eines gemeinschaftlichen Kindes**, wobei nach dem Willen des Gesetzgebers die voraussichtliche Gesamtdauer der Erziehung gemeint ist.[62] In seinen Entscheidungen hat der BGH jeweils geprüft, inwieweit dem Unterhaltsgläubiger durch die Ehe ein Nachteil in seiner beruflichen Entwicklung entstanden ist, der durch die

---

[49] BGH v. 20.03.2013 - XII ZR 120/11 - NJW 2013, 1447.
[50] BGH v. 20.02.2013 - XII ZR 148/10 - NJW 2013, 1444.
[51] BGH v. 13.03.2013 - XII ZB 650/11 - FamRZ 2013, 935.
[52] BGH v. 26.02.2014 - XII ZB 235/12.
[53] BGH v. 05.12.2012 - XII ZB 670/10 - FamRZ 2013, 274.
[54] BGH v. 05.12.2012 - XII ZB 670/10 - FamRZ 2013, 274.
[55] BGH v. 26.02.2014 - XII ZB 235/12.
[56] BGH v. 07.11.2012 - XII ZB 229/11 - FamRZ 2013, 109.
[57] BGH v. 13.03.2013 - XII ZB 650/11 - MDR 2013, 658.
[58] BGH v. 20.03.2013 - XII ZR 120/11 - NJW 2013, 1447.
[59] BGH v. 16.01.2013 - XII ZR 39/10 - FamRZ 2013, 534.
[60] BGH v. 20.03.2013 - XII ZR 120/11 - NJW 2013, 1447.
[61] BGH v. 26.06.2013 - XII ZR 133/11 - FamRZ 2013, 1366.
[62] BT-Drs. 16/1830, S. 31.

§ 1578b

Unterhaltsleistung kompensiert werden muss.[63] Unter Berücksichtigung dieser Rechtsprechung kann daher auch die Betreuung und Erziehung eines gemeinschaftlichen Kindes nur dann zu einem ehebedingten Nachteil des Unterhaltsgläubigers geführt haben, wenn er seine berufliche Tätigkeit gerade wegen dieser Betreuung, die i.d.R. auf einer zwischen den Ehegatten bestehenden Vereinbarung zur internen Aufgabenverteilung beruht, zurückgestellt hat. Es bedarf daher jeweils folgender einzelfallbezogener zweistufiger Prüfung:

22 Zunächst muss ermittelt werden, ob der Unterhaltsgläubiger seine berufliche Tätigkeit überhaupt wegen eines oder mehrerer[64] gemeinschaftlicher Kinder unterlassen oder eingeschränkt hat. In Betracht kommen insoweit die Fälle, in denen die Erwerbstätigkeit parallel zur Betreuung gemeinschaftlicher Kinder fortgeführt wurde, weil die Möglichkeit einer Fremdbetreuung bestand und auch in Anspruch genommen wurde. Anders liegen allerdings die Fälle, in denen der Unterhaltsgläubiger von einer ausdrücklich bestehenden Möglichkeit einer Fremdbetreuung keinen Gebrauch gemacht hat, so dass die mangelnde Anknüpfung an die berufliche Weiterentwicklung im Ergebnis nicht auf die Betreuung des Kindes, sondern auf eine eigenverantwortliche Entscheidung des Unterhaltsgläubigers zurückzuführen ist. Entscheidend ist daher, ob die Unterhaltsbedürftigkeit aus einer Aufgabenverteilung während der Ehe resultiert oder auf anderen, nicht spezifisch ehebedingten Gründen beruht.[65] Entgangene berufsuntypische oder auch nicht objektivierbare Karrieresprünge können keinen ehebedingten Nachteil begründen.[66]

23 Hat dagegen – zweiter Prüfungsschritt – der Unterhaltsgläubiger seine Erwerbstätigkeit wegen der Betreuung eines Kindes angepasst, so ist weiter zu prüfen, ob ihm gerade hierdurch (Kausalität) konkrete berufliche Nachteile entstanden sind; denn nur in diesem Fall wäre eine Befristung oder Begrenzung unzumutbar.[67]

24 Bewusst hat der Gesetzgeber von der bislang in § 1578 Abs. 1 Satz 3 BGB a.F. statuierten Gleichstellung zwischen Ehedauer und Zeit der Kindesbetreuung Abstand genommen. Grund hierfür war die ausdrückliche Aufnahme der Erziehungsdauer als eigenständiges Kriterium für die Bewertung ehebedingter Nachteile und das vom BGH entwickelte Postulat, dass die Ehedauer als solche nur eines von mehreren gleichrangigen Billigkeitskriterien darstellt, so dass sich jeder einzelne Umstand nicht isoliert als Argument für oder gegen eine Befristung oder Begrenzung heranziehen lässt, sondern vom Tatrichter alle in Betracht kommenden Gesichtspunkte abgewogen werden müssen.[68]

25 Weiteres in die Prüfung etwaiger ehebedingter Nachteile einzustellendes Kriterium ist die **Gestaltung von Haushaltsführung und Erwerbstätigkeit** während der Ehe. Insoweit wurde der bereits in § 1578 Abs. 1 Satz 2 BGB a.F. maßgebliche und in der Rechtsprechung des BGH zur Inhaltskontrolle von Eheverträgen herangezogener Maßstab aufgegriffen:[69] Entscheidend ist, inwieweit ein Ehegatte im Interesse der Haushaltsführung, insbesondere basierend auf einer einvernehmlichen Planung[70] der Ehegatten zur Aufgabenverteilung in der Ehe, auf eine Erwerbstätigkeit verzichtet hat[71] und dadurch bedingt nicht nur eine Verflechtung der Lebensverhältnisse eingetreten ist, sondern ein Ehegatte konkret ehebedingte Nachteile erfahren hat[72]. Dabei kann auch eine Rolle spielen, ob der Unterhaltsgläubiger bereits relativ jung die Ehe eingegangen ist[73] und über welche Ausbildung er zu diesem Zeitpunkt verfügte[74]. Ebenso ist aber auch dem Umstand Rechnung zu tragen, dass er bereits zum Zeitpunkt der Eheschließung durch die Betreuung vorehelicher nicht gemeinsamer Kinder in seinen beruflichen Mög-

---

[63] BGH v. 25.10.2006 - XII ZR 190/03 - FamRZ 2007, 200-204; BGH v. 28.02.2007 - XII ZR 37/05 - FamRZ 2007, 793-800; BGH v. 23.05.2007 - XII ZR 245/04 - FamRZ 2007, 1232-1236; BGH v. 26.09.2007 - XII ZR 15/05 - NSW BGB § 1578 (BGH-intern); BGH v. 26.09.2007 - XII ZR 11/05 - FamRZ 2007, 2049-2051; BGH v. 14.11.2007 - XII ZR 16/07.

[64] OLG Hamm v. 28.03.2008 - 10 UF 107/07 - FamRZ 2009, 50-52.

[65] Menne, FF 2005, 175-183.

[66] BGH v. 07.03.2012 - XII ZR 145/09; OLG Köln v. 07.07.2009 - 4 UF 168/08 - NJW 2009, 3169.

[67] OLG Koblenz v. 02.11.2006 - 7 UF 774/05 - FamRZ 2007, 833; OLG Saarbrücken v. 10.12.2009 - 6 UF 110/08 - FF 2010, 173.

[68] BGH v. 28.02.2007 - XII ZR 37/05 - FamRZ 2007, 793.

[69] BGH v. 11.02.2004 - XII ZR 265/02 - FamRZ 2004, 601-609.

[70] OLG Brandenburg v. 24.03.2009 - 10 UF 92/08 - NJW-RR 2009, 1227-1228.

[71] OLG Hamm v. 28.05.1997 - 5 UF 315/96 - NJWE-FER 1998, 2; OLG Brandenburg v. 07.10.2008 - 10 UF 3/08 - FamRZ 2009, 521-522; OLG Köln v. 07.07.2009 - 4 UF 168/08 - NJW 2009, 3169-3172.

[72] BGH v. 28.03.1990 - XII ZR 64/89 - LM Nr. 25 zu BGB § 1573; OLG Frankfurt v. 27.03.2003 - 3 UF 250/02 - OLGR Frankfurt 2003, 364-367; OLG Schleswig v. 03.06.2005 - 13 UF 243/04 - FamRZ 2006, 209.

[73] BGH v. 27.05.2009 - XII ZR 78/08 - FamRZ 2009, 1300-1306.

[74] OLG Brandenburg v. 23.09.2008 - 10 UF 15/08 - NJW 2009, 451.

lichkeiten eingeschränkt war.[75] Unabhängig davon, inwieweit die Entscheidung der Ehegatten, dass einer von ihnen ausschließlich für die Haushaltsführung verantwortlich sein soll, mit der Aufgabe der Kindererziehung gekoppelt war, müssen die beruflichen Nachteile, die ein Ehegatte, der im Vertrauen auf die vereinbarte Aufgabenverteilung auf eine Erwerbstätigkeit verzichtet, hat, ausgeglichen werden. Nachteile in diesem Sinn können die erschwerte berufliche Reintegration nach längerer ausschließlicher Haushaltsführung sein, etwa auch folgend aus der Tatsache, dass mit Blick auf die in der Ehe übernommene Rollenverteilung nach dem betriebsbedingten Verlust eines Arbeitsplatzes Bewerbungen zunächst nur in einem bestimmten räumlichen Umfeld getätigt und weitere Bewerbungen auf der Grundlage der bestehenden beruflichen Qualifikation letztlich gänzlich eingestellt wurden.[76] Nachteile können sich ebenso ergeben aus Schwierigkeiten bei der Aufnahme einer vollschichtigen Erwerbstätigkeit nach jahrelanger Teilzeittätigkeit, generell verpassten Aufstiegschancen oder auch dem Verlust der Voraussetzungen für die Geltendmachung einer **EU-Rente** nach § 43 Abs. 2 Nr. 2 SGB VI, folgend aus der mangelnden Beitragszahlung in den letzten 5 Jahren vor der Erwerbsminderung.[77] Aber auch wenn der Unterhaltsgläubiger aufgrund der ehelichen Rollenverteilung nach der Ehezeit daran gehindert ist, ausreichende Rentenanwartschaften durch eine eigene Erwerbstätigkeit aufzubauen, kann gleichwohl ein ehebedingter Nachteil ausgeschlossen sein, wenn er neben dem Elementarunterhalt einen **Altersvorsorgeunterhalt** gem. § 1578 Abs. 3 BGB geltend machen kann.[78] Die erneut aufgenommene Tätigkeit im erlernten Beruf kann ein Indiz für das Fehlen ehebedingter Nachteile sein.[79] Neben der Prüfung ehebedinger Nachteile ist in die Billigkeitsabwägung gleichwertig einzustellen, ob möglicherweise bestehende ehebedingte Nachteile durch **ehebedingte Vorteile** kompensiert werden, selbst wenn diese Vorteile erst nach der Ehescheidung selbst eintreten. Dies kann etwa der Fall sein, wenn der Unterhaltsberechtigte aus einem durchgeführten Versorgungsausgleich höhere Renteneinkünfte bezieht als dies aus seinen bis zur Ehescheidung erzielten Eigeneinkünften möglich gewesen wäre[80] oder ihm Vermögenswerte etwa aus dem Zugewinnausgleich zufließen, die er bei Fortführung seiner Erwerbstätigkeit und ohne Eheschließung in diesem Umfang nicht hätte erzielen können.[81] Davon abzugrenzen ist jedoch die Situation, dass **Zahlungen zur Begründung von Rentenanwartschaften** verabsäumt wurden, d.h. dem Unterhaltsgläubiger Nachteile dadurch entstanden sein können, dass nach Zustellung des Scheidungsantrags, d.h. in der vom Versorgungsausgleich nicht mehr umfassten Zeit ehebedingt ein geringeres Erwerbseinkommen erzielt und dadurch auch geringere Rentenanwartschaften begründet wurden (vgl. auch Rn. 19).

Durch das Wort „insbesondere" bringt der Gesetzgeber zum Ausdruck, dass bei der Bewertung ehebedingter Nachteile über die explizit genannten Kriterien hinausgehend auch **sonstige Umstände** zu berücksichtigen sind. Dadurch sollen auch jene Fälle erfasst werden, in denen es nicht um die Kompensation ehebedingter Nachteile geht, sondern um eine nacheheliche Solidarität auch vor dem Hintergrund der prinzipiellen Eigenverantwortung. Im Rahmen der Billigkeitsabwägung kommen als sonstige Umstände u.a. in Betracht[82]:

- das Alter des Unterhaltsgläubigers bei Ehezeitende[83], so dass ggf. auch mangels Einsatzzeitpunktes bei vorzeitiger Befristung kein Anschlussunterhalt nach § 1571 Nr. 3 BGB geltend gemacht werden könnte,
- akzeptierte Einschränkungen in der Lebensführung, um dem Unterhaltsschuldner eine Ausbildung zu ermöglichen[84],

26

---

[75] OLG Düsseldorf v. 09.09.2009 - 8 UF 56/09 - NJW-RR 2010, 218-219.
[76] BGH v. 26.03.2014 - XII ZB 214/13.
[77] BGH v. 19.06.2013 - XII ZB 309/11 - FamRZ 2013, 1291; OLG Hamm v. 19.02.2014 - 8 UF 2014.
[78] BGH v. 26.02.2014 - XII ZB 235/12.
[79] OLG Stuttgart v. 05.08.2008 - 17 UF 42/08 - FamRZ 2008, 2208-2210.
[80] BGH v. 07.03.2012 - XII ZR 145/09 - FamRZ 2012, 951.
[81] BGH v. 07.03.2012 - XII ZR 145/09 - FamRZ 2012, 951.
[82] Vgl. die zusammenfassende Darstellung möglicher Billigkeitsaspekte, wie sie in den seit dem 01.01.2008 ergangenen ober- und höchstrichterlichen Entscheidungen entwickelt wurden, in *Clausius*, FF 2012, 3-17; *Finke*, FF 2013, 293.
[83] BGH v. 14.11.2007 - XII ZR 16/07; OLG Düsseldorf v. 28.06.2007 - II-7 UF 320/06 - FamRZ 2008, 418-419; OLG Brandenburg v. 22.04.2008 - 10 UF 226/07 - FamRZ 2008, 1952-1956; OLG Bremen v. 10.04.2008 - 4 UF 6/08 - FamRZ 2008, 1957-1956.
[84] OLG Hamm v. 22.03.1991 - 12 UF 210/90 - NJW-RR 1991, 1474-1477.

§ 1578b

- Erkrankungen, die aus der Ehezeit und der konkreten Ausgestaltung der ehelichen Lebensverhältnisse herrühren[85],
- Vertrauensschutz bei längerfristig zu bedienenden Verbindlichkeiten[86] oder der bisherigen Dauer des Unterhaltsbezugs[87] sowie die Möglichkeiten, sich auf das veränderte Unterhaltsrecht einzustellen[88],
- Verlust des Unterhaltsanspruches aus einer früheren Ehe[89],
- wirtschaftliche Verhältnisse der Ehegatten[90],
- Eheschließung erst im vorgerückten Alter (kurz vor dem Rentenalter)[91],
- gesundheitliche Situation des Unterhaltsgläubigers, die nur eine eingeschränkte Erwerbstätigkeit zulässt, so dass die erzielbaren Einkünfte nur geringfügig den Ehegattenselbstbehalt überschreiten, wohingegen der Unterhaltsschuldner in außergewöhnlich guten wirtschaftlichen Verhältnissen lebt und durch die Unterhaltspflicht nicht wesentlich belastet wird[92],
- wirtschaftliche Entflechtung der Ehegatten[93] und Zufluss eines Wertes aus der Vermögensauseinandersetzung an den Unterhaltsgläubiger, der seine wirtschaftliche Situation deutlich verbessert hat[94] bzw. ihm eine wirtschaftliche Verselbständigung ermöglicht[95],
- ob der Berechtigte noch eine eigene Altersversorgung nach seinen eigenen Verhältnissen aufbauen kann[96],
- ob der Unterhaltsschuldner wieder verheiratet und weiteren Personen gegenüber unterhaltspflichtig ist[97],
- Kapitalvermögen des Unterhaltsgläubigers aus Zugewinn bzw. Erbfolge[98],
- ob die veränderte nacheheliche Tätigkeit oder Erwerbslosigkeit auf dem ehebedingten Ausscheiden aus dem ursprünglichen Beruf beruht oder sonstigen Gründen, wie etwa der Insolvenz des Arbeitgebers[99],
- welcher Zeitraum vom Unterhaltsgläubiger noch bis zur Verrentung überbrückt werden muss[100],
- ob dem Unterhaltsgläubiger während der Ehezeit längerfristig die wirtschaftliche Verantwortung für die Familie oblag[101] bzw. ob möglicherweise der Unterhaltsschuldner etwa für ein gemeinsames Kind Bar- und Betreuungsunterhalt hat leisten müssen.[102]

Nicht zu berücksichtigen sind demgegenüber Fehlverhaltensgründe im Sinn des § 1579 BGB[103], da die hieraus abzuleitenden rechtlichen Folgen dort abschließend geregelt sind. § 1579 BGB ist lex specialis gegenüber § 1578b BGB.

---

[85] BGH v. 09.07.1986 - IVb ZR 39/85 - NJW 1986, 2832-2834.
[86] AG Peine v. 25.09.1986 - 10 F 216/86 - FamRZ 1987, 593-594; OLG Hamm v. 05.02.2008 - 1 WF 22/08 - FamRZ 2008, 1000-1002.
[87] KG Berlin v. 11.07.2008 - 13 WF 58/08 - FamRZ 2009, 528-529.
[88] KG Berlin v. 11.07.2008 - 13 WF 58/08 - FamRZ 2009, 528-529; OLG Karlsruhe v. 25.02.2009 - 2 UF 200/08 - FamRZ 2009, 1160; OLG Stuttgart v. 20.08.2008 - 18 UF 256/07 - FamRZ 2009, 53.
[89] OLG Düsseldorf v. 28.09.1987 - 2 UF 128/86 - FamRZ 1987, 1254-1257.
[90] BGH v. 17.02.2010 - XII ZR 140/08 - FamRZ 2010, 629-634.
[91] OLG Saarbrücken v. 04.12.2003 - 6 UF 38/03 - FamRZ 2004, 1293-1294.
[92] BGH v. 23.05.2007 - XII ZR 245/04 - FamRZ 2007, 1232-1236; KG Berlin v. 11.07.2008 - 13 WF 58/08 - FamRZ 2009, 1153; OLG Bremen v. 05.03.2009 - 4 UF 116/08 - FamRZ 2009, 1976-1978; OLG Düsseldorf v. 29.10.2008 - 8 UF 99/08 - ZFE 2009, 362.
[93] OLG Brandenburg v. 29.04.2008 - 10 UF 124/07 - FF 2008, 470; OLG Hamm v. 20.05.2008 - 1 UF 208/07 - NJW-RR 2009, 508.
[94] BGH v. 28.02.2007 - XII ZR 37/05 - FamRZ 2007, 793-800.
[95] OLG Köln v. 23.09.2008 - 4 UF 23/08 - FamRZ 2009, 448-449; OLG Naumburg v. 15.01.2008 - 8 UF 141/07 - OLGR 2008, 544-545.
[96] OLG Karlsruhe v. 25.02.2009 - 2 UF 200/08 - FamRZ 2009, 1160-1161; OLG Oldenburg v. 18.02.2009 - 4 UF 118/08 - FamRZ 2009, 1159-1160.
[97] OLG Hamburg v. 13.05.2008 - 2 UF 19/07 - FamRZ 2009, 781.
[98] BGH v. 26.09.2007 - XII ZR 15/05 - FamRZ 2007, 2052-2055; OLG Hamm v. 21.11.2008 - 7 UF 83/08 - FF 2009, 337; OLG Hamm v. 18.06.2009 - 2 UF 6/09 - FamRZ 2009, 2098.
[99] OLG Frankfurt v. 13.08.2008 - 5 UF 185/07 - NJW 2008, 3440-3441.
[100] OLG Brandenburg v. 24.03.2009 - 10 UF 92/08 - NJW-RR 2009, 1227-1228.
[101] OLG Saarbrücken v. 28.08.2008 - 2 UF 16/07 - FF 2008, 504-508.
[102] BGH v. 14.04.2010 - XII ZR 89/08.
[103] BGH v. 20.10.2010 - XII ZR 53/09 - FamRZ 2010, 2059.

c. Ehedauer

In der höchstrichterlichen Rechtsprechung seit dem 01.01.2008 zeichnete sich die Tendenz ab, dass der Ehedauer eine höhere Bedeutung beizumessen ist, als dies nach Inkrafttreten der Unterhaltsrechtsreform zunächst von den Ausgangsgerichten umgesetzt wurde. Vor allem unter dem Stichwort der **fortwirkenden nachehelichen Solidarität** besitzt die Ehedauer Bedeutung.[104] In diesem Kontext zu sehen ist das zum 01.03.2013 in Kraft getretene Gesetz zur Durchführung des Haager Übereinkommens vom 23.11.2007 über die internationale Geltendmachung der Unterhaltsansprüche von Kindern und anderen Familienangehörigen sowie zur Änderung von Vorschriften auf dem Gebiet des internationalen Unterhaltsverfahrensrechts[105] und die damit einhergehende Neufassung von § 1578b Abs. 1 BGB. Ausgangspunkt ist unverändert nach Absatz 1 Satz 1, dass eine Herabsetzung des Unterhaltsanspruchs erfolgen kann, wenn ein dauerhafter, nach den ehelichen Lebensverhältnissen orientierter Unterhaltsanspruch unbillig wäre, auch unter Wahrung der Belange gemeinschaftlicher Kinder. Nunmehr sieht Absatz 1 Satz 2 allerdings die Ehedauer als weiteres gleichrangig zu beachtendes Tatbestandsmerkmal vor. Der ohnehin bereits nach früherer Gesetzeslage genannte Aspekt der Ehedauer wird durch die Neufassung stärker in den Vordergrund gerückt. Hieraus ergeben sich jedoch für die Billigkeitsprüfung keine grundlegenden Veränderungen. Zielsetzung des Gesetzgebers ist allein die Beseitigung entstandener Unsicherheiten in der praktischen Umsetzung der bis dahin geltenden Norm. In der Rechtsprechung des BGH seit dem Jahr 2008 hatte die Ehedauer unter dem Aspekt Berücksichtigung gefunden, dass die zunehmende Ehedauer ein Indiz für eine verstärkte persönliche und **wirtschaftliche Verflechtung** sein[106] und sich daraus ein Vertrauen auf den Fortbestand der Ehe ergeben kann.[107] Insbesondere unter dem Gesichtspunkt der nachehelichen Solidarität – und hier vor allem im Zusammenhang mit Unterhaltsansprüchen nach § 1572 BGB – hat dieser Vertrauensschutz Bedeutung erlangt.[108] Ebenso konsequent hat der BGH aber auch einen dauerhaften Unterhaltsanspruch allein aus der Ehedauer folgend verneint,[109] wenn die Einkommensdifferenz allein Ausdruck einer bereits vorehelichen unterschiedlichen Berufsausbildung ist und der einkommensschwächere Ehegatte während der Ehezeit seiner Berufstätigkeit uneingeschränkt nachgehen konnte. Selbst wenn nunmehr die Ehedauer als eigenständiges Tatbestandsmerkmal gefasst ist, wird dies durch die unverändert geltende Zentralaussage des § 1578b BGB überlagert, wonach eine einzelfallbezogene umfassende Billigkeitsprüfung vorzunehmen ist.

27

Maßgebend für die Bestimmung der Ehedauer ist unverändert der Zeitraum von der Eheschließung bis zur **Rechtshängigkeit des Scheidungsantrages**.[110] Grundsätzlich ohne Bedeutung ist die Dauer der Trennung,[111] d.h. weder ist eine lange Trennungsdauer in Abzug zu bringen noch ist der Zeitraum des nichtehelichen Zusammenlebens hinzuzurechnen,[112] denn es sollen ausschließlich ehebedingte Nachteile ausgeglichen werden. In der bisherigen Rechtsprechung wurden – schematisierend – Ehezeiten herausgearbeitet, ab welchen definitiv eine Befristung oder Begrenzung nicht mehr in Frage kommen können sollte. Dem ist der BGH mit seiner Rechtsprechung ab dem Jahr 2006 entgegengetreten. Bezogen auf § 1573 Abs. 5 BGB a.F. sowie § 1578 Abs. 1 BGB a.F. hat er ausgeführt, dass das Gesetz die Ehedauer als Billigkeitsgesichtspunkt gleichrangig neben die „Gestaltung von Haushaltsführung und Erwerbstätigkeit" stelle, so dass die Ehezeit lediglich zu „berücksichtigen" sei, ohne dass mit der Ehezeit zwingend für oder gegen eine Befristung argumentiert werden könne. Die Ehedauer kann allenfalls ein Indiz für die zunehmende Verflechtung der beiderseitigen Verhältnisse sein.[113] Der Tatrichter hat vielmehr alle für die Billigkeitsprüfung in Betracht kommenden Gesichtspunkte gegeneinander abzuwägen, so dass die tatrichterliche Entscheidung auch nur darauf überprüft werden kann, ob die maßgebenden Rechtsbegriffe nicht verkannt und alle für die Subsumtion wesentlichen Umstände berücksich-

28

---

[104] BGH v. 21.09.2011 - XII ZR 121/09 - FamRZ 2011, 1851; BGH v. 25.01.2012 - XII ZR 139/09 - FamRZ 2012, 525.
[105] BGBl I 2007, Nr. 9; BT-Drs. 17/11885.
[106] BGH v. 20.03.2013 - XII ZR 72/11 - NJW 2013, 1530.
[107] BGH v. 06.10.2010 - XII ZR 202/08 - NJW 2011, 147.
[108] BGH v. 17.02.2010 - XII ZR 140/08 - NJW 2010, 1598; BGH v. 30.06.2010 - XII ZR 9/09 - FamRZ 2010, 1414.
[109] BGH v. 06.10.2010 - XII ZR 202/08 - NJW 2011, 147.
[110] BGH v. 09.07.1986 - IVb ZR 39/85 - NJW 1986, 2832-2834; BGH v. 07.03.2012 - XII ZR 179/09.
[111] BGH v. 10.10.1990 - XII ZR 99/89 - NJW-RR 1991, 130-132.
[112] OLG Düsseldorf v. 06.03.1992 - 6 UF 198/91 - NJW-RR 1992, 1154-1155.
[113] BGH v. 26.11.2008 - XII ZR 131/07 - FamRZ 2009, 406-409.

tigt wurden.[114] Allein aus dem Kriterium der Ehedauer wird eine Befristung oder Begrenzung des Unterhaltes nicht abgeleitet werden können. Zentraler Aspekt ist die zusätzliche Frage, ob der Unterhaltsgläubiger fortdauernde ehebedingte Nachteile zu tragen hat, die einer Kompensation bedürfen.[115] So hat der BGH in seiner Rechtsprechung betont, dass allein eine zwanzigjährige Ehe der Befristung nicht entgegensteht, wenn die Parteien sehr jung geheiratet haben und zum Zeitpunkt des Ehezeitendes noch in der ersten Hälfte ihres Berufslebens standen, so dass Nachteile unter Wahrung einer Übergangsfrist ausgeglichen werden können.[116] Demgegenüber hatte er in einer früheren Entscheidung eine Befristung abgelehnt, weil die Unterhaltsgläubigerin ab dem Datum der Eheschließung bis zum Erreichen des 15. Lebensjahres des jüngsten Kindes für rund 20 Jahre an einer vollschichtigen Tätigkeit gehindert war.[117] Neben der Ehedauer als solcher ist daher entscheidend, ob die bestehende Einkommensdifferenz als Basis eines Aufstockungsunterhaltes einen ehebedingten Nachteil darstellt, der einen dauerhaften unterhaltsrechtlichen Ausgleich zugunsten des Unterhaltsgläubigers rechtfertigen kann.[118] Soweit der Unterhaltsschuldner bereits vorehelich über eine qualifizierte Berufsausbildung verfügte und der Unterhaltsgläubiger durch Aufnahme einer Erwerbstätigkeit jenes Einkommensniveau erreicht, das er auch ohne die Eheschließung erlangt hätte, kann nicht von einer ehebedingten Einkommensdifferenz ausgegangen werden.[119] Ehedauer und Dauer der Kindererziehungszeiten lediglich noch ein Indiz für fortdauernde ehebedingte Nachteile.[120]

29 Bei der vorzunehmenden Billigkeitsabwägung hat das Gericht das im Einzelfall gebotene Maß der **nachehelichen Solidarität** festzulegen, wobei vor allem die in § 1578b Abs. 1 Satz 3 BGB genannten Gesichtspunkte zu berücksichtigen sind. Durch den Aspekt der nachehelichen Solidarität sollen Umstände erfasst werden, die unabhängig von den ehebedingten Nachteilen Auswirkungen auf den konkreten Unterhaltsanspruch haben.[121] Besondere Bedeutung kommt dabei den aus § 1572 BGB folgenden Unterhaltsansprüchen zu, auch soweit erstmals durch § 1578b BGB ein solcher Unterhaltsanspruch überhaupt der Befristung zugeführt werden kann. In seiner Rechtsprechung hat der BGH darauf verwiesen, dass eine **Erkrankung** in der Regel eine **schicksalhafte Entwicklung** ist, die grundsätzlich keine dauernde Unterhaltsverantwortung des geschiedenen Ehegatten rechtfertigen kann, nur weil sich das Krankheitsrisiko im zeitlichen Zusammenhang mit der Ehe realisiert.[122] Allerdings besitzt im Rahmen des § 1572 BGB die nacheheliche Solidarität eine besondere Bedeutung[123], so dass auch bei einer nicht ehebedingten Erkrankung gegebenenfalls eine Befristung ausgeschlossen sein kann[124], etwa wenn für den Unterhaltsgläubiger keine Möglichkeit mehr besteht, eine wirtschaftliche Selbständigkeit zu erreichen[125] oder sich eine besondere wirtschaftliche Verflechtung daraus ergibt, dass der Unterhaltsgläubiger bereits in einem jungen Alter und deutlich vor dem Ehezeitende erkrankte.[126] Wurde aufgrund der konkreten Rollenverteilung in der Ehe keine ausreichende **Vorsorge für den Krankheitsfall** getroffen und wird durch den Versorgungsausgleich keine sachgerechte Lösung gewährleistet[127], so liegt ein ehebedingter Nachteil vor,[128] der aber mit Eintritt der Regelaltersgrenze entfällt.[129] Als ehebedingter Nachteil kann auch der Umstand bewertet werden, dass der Unterhaltsgläubiger, der

---

[114] BGH v. 12.04.2006 - XII ZR 240/03 - FamRZ 2006, 1006; BGH v. 25.10.2006 - XII ZR 190/03 - FamRZ 2007, 200-204.
[115] OLG Zweibrücken v. 15.08.2013 - 2 UF 116/13.
[116] BGH v. 26.09.2007 - XII ZR 11/05 - FamRZ 2007, 2049-2051.
[117] BGH v. 23.05.2007 - XII ZR 245/04 - FamRZ 2007, 1232-1236.
[118] *Dose*, FamRZ 2007, 1289-1298.
[119] BGH v. 25.06.2008 - XII ZR 109/07 - FamRZ 2008, 1508-1511; BGH v. 14.04.2010 - XII ZR 89/08; OLG Thüringen v. 27.08.2009 - 1 UF 123/09 - FamRZ 2010, 216-217.
[120] *Dose*, FamRZ 2007, 1289-1298.
[121] BGH v. 07.03.2012 - XII ZR 145/09.
[122] BGH v. 27.05.2009 - XII ZR 78/08 - FamRZ 2009, 1300-1306; OLG Frankfurt v. 19.08.2008 - 3 UF 347/06 - ZFE 2008, 430-431; OLG Celle v. 02.10.2008 - 17 UF 97/08 - FamRZ 2009, 56-58.
[123] BGH v. 27.05.2009 - XII ZR 111/08 - FamRZ 2009, 1207.
[124] OLG Frankfurt v. 19.08.208 - 3 UF 347/06 - ZFE 2008, 430-431.
[125] OLG Bremen v. 05.03.2009 - 4 UF 116/08 - FamRZ 2009, 1912-1914; OLG Braunschweig v. 29.01.2008 - 3 UF 53/07 - FamRZ 2008, 999-1000.
[126] BGH v. 19.06.2013 - XII ZB 309/11 - FamRZ 2013, 1291.
[127] BGH v. 17.02.2010 - XII ZR 140/08 - FamRZ 2010, 629-634.
[128] BGH v. 19.06.2013 - XII ZB 309/11 - FamRZ 2013, 1291; BGH v. 26.11.2008 - XII ZR 131/07 - FamRZ 2009, 406-409.
[129] OLG Saarbrücken v. 05.07.2012 - 6 UF 172/11 - FamRZ 2013, 630.

während der Ehe in der Familienversicherung **privat krankenversichert** war, nach der Ehescheidung wegen seines Alters keine Möglichkeit mehr hat, in die gesetzliche Krankenversicherung zurückzukehren.[130] Davon unabhängig zu sehen ist jedoch die etwaige Notwendigkeit des Unterhaltsgläubigers, seinen Anspruch auf Krankenvorsorgeunterhalt (vgl. hierzu die Kommentierung zu § 1578 BGB Rn. 69) auf den sog. Basistarif **einer privaten Krankenversicherung** zu begrenzen, wenn dadurch eine medizinische Vollversorgung gewährleistet ist und auch ein weitergehender Versicherungsschutz nach dem eigenen beruflichen Werdegang nicht hätte erreicht werden können.[131]

II. Zeitliche Begrenzung des Unterhaltsanspruches (Absatz 2)

1. Billigkeitsprüfung

Ebenso wie die in § 1578b Abs. 1 BGB vorgesehene Möglichkeit der Herabsetzung des Unterhaltsanspruches auf den angemessenen Lebensbedarf, unterliegt auch die in Absatz 2 statuierte **Befristung** einer Billigkeitsprüfung. Der Unterhaltsanspruch ist zeitlich zu begrenzen, wenn die Zuerkennung eines zeitlich unbegrenzten Unterhaltsanspruches unbillig wäre. Die im Rahmen der durchzuführenden **Billigkeitsprüfung** geltenden Kriterien sind **spiegelbildlich zu** den in **Absatz 1** dargestellten Aspekten, so dass auf Rn. 8 ff. verwiesen werden kann. Auch hier ist jeweils eine auf den Einzelfall bezogene Prüfung durchzuführen, gerichtet zunächst auf die Frage, ob eine Befristung dem Grunde nach überhaupt in Betracht kommt. Dieser kann etwa die Tatsache entgegenstehen, dass dem Unterhaltsgläubiger mit Blick auf sein Alter keine Möglichkeit mehr zur Verfügung steht, eine Bedarfsdeckung durch eigene Einkünfte zu gewährleisten[132], er den eingetretenen Einkommensnachteil in angemessener Frist nicht wieder aufzuholen vermag[133], d.h. sein Einkommen nicht nachhaltig gesichert ist[134] oder er bereits während der Ehezeit durch sein Handeln das Vermögen des Unterhaltsschuldners positiv beeinflusste.[135] Einer Befristung steht allerdings weder der Verlust von Unterhaltsansprüchen gegen den geschiedenen Ehegatten entgegen[136] noch, wenn dadurch der Einsatzzeitpunkt für einen etwaigen Altersunterhalt entfällt.[137]

2. Übergangsfrist

Zur Ermittlung der Übergangsfrist bis zum Ende des Unterhaltsanspruches kann auf die in der bisherigen Rechtsprechung entwickelten Kriterien bezüglich der Herabsetzung des Unterhaltsanspruches Bezug genommen werden. Unverändert ist der Zeitraum maßgebend, den der Unterhaltsgläubiger nach objektiven Kriterien benötigt, um sich auf die veränderte Unterhaltssituation einzustellen, d.h. insbesondere auch, in welchem objektiven Zeitrahmen er ehebedingte berufliche Nachteile auszugleichen vermag.[138] **Kriterien** sind dabei etwa:
- die Vermittelbarkeit des Unterhaltsgläubigers auf dem Arbeitsmarkt bzw. eine bereits erfolgte berufliche Reintegration[139],
- das Alter und der Gesundheitszustand des Unterhaltsgläubigers,
- Art und Dauer seiner früheren Tätigkeit,
- der Umfang der eingetretenen wechselseitigen Abhängigkeit durch Ausrichtung auf ein gemeinsames Lebensziel[140],
- dauerhafte wirtschaftliche Absicherung des Unterhaltsgläubigers durch Eigeneinkommen und Vermögen[141],

---

[130] KG Berlin v. 02.10.2012 - 13 UF 174/11 - FamRZ 2013, 1047.
[131] OLG Oldenburg v. 26.11.2009 - 14 UF 114/09 - FamRZ 2010, 567-570.
[132] OLG Saarbrücken v. 09.04.2008 - 9 UF 4/06 - FamRZ 2009, 349-351; OLG Sachsen-Anhalt v. 15.01.2008 - 8 UF 141/07 - OLGR Naumburg 2008, 544-545; OLG Bremen v. 10.04.2008 - 4 UF 6/08 - FamRZ 2008, 1957-1958.
[133] OLG Köln v. 10.06.2008 - 4 UF 252/07 - OLGR Köln 2008, 731-732.
[134] OLG Koblenz v. 11.06.2008 - 9 UF 31/08 - NJW 2008, 3720-3722.
[135] OLG Zweibrücken v. 08.02.2008 - 2 UF 35/07 - OLGR Zweibrücken 2008, 884-886.
[136] BGH v. 23.11.2011 - XII ZR 47/10 - FamRZ 2012, 197.
[137] BGH v. 25.06.2008 - XII ZR 109/07 - FamRZ 2008, 1508.
[138] BGH v 14.11.2007 - XII ZR 16/07 - NSW BGB § 1578 (BGH-intern).
[139] OLG Saarbrücken v. 09.04.2008 - 9 UF 4/06 - FamRZ 2009, 349.
[140] *Brudermüller*, FamRZ 1998, 649-660.
[141] OLG Stuttgart v. 12.04.2007 - 16 UF 62/05 - ZFE 2008, 196-197.

§ 1578b

- die Dauer der bisherigen Unterhaltszahlungen, einschließlich der Trennungsphase[142], wobei auch von Bedeutung ist, inwieweit dieser Zeitrahmen Zeiten der Kindererziehung umfasste[143], sowie die zeitliche Relation von Ehedauer und Dauer der Unterhaltszahlung[144],
- während der Ehe oder im Vertrauen auf die Unterhaltsleistungen begründete längerfristig bindende finanzielle Dispositionen[145] bzw. die Rückführung ehegemeinsamer Verbindlichkeiten durch den Unterhaltsschuldner[146],
- welchen Anteil die Unterhaltsansprüche am Gesamteinkommen des Unterhaltsgläubigers umfassen, so dass deren Wegfall keine tiefgreifende Veränderung der Lebensumstände erfordert[147],
- ob zwischen den Ehegatten bereits die güterrechtliche Auseinandersetzung als wesentliche Voraussetzung der wirtschaftlichen Entflechtung abgeschlossen ist.[148]

III. Verhältnis von Befristung und Begrenzung (Absatz 3)

32 Die Befristung sowie die Begrenzung des Unterhaltsanspruches stehen nicht in einem Konkurrenzverhältnis. Gelangt der **Tatrichter** zu dem Ergebnis, dass die Zuerkennung eines Unterhaltsanspruches ohne zeitliche Befristung oder Begrenzung auf den angemessenen Lebensbedarf unbillig wäre, so müssen, **ohne** dass dem Gericht ein weiterer **Ermessensspielraum** zuerkannt würde, die vorgesehenen Möglichkeiten der Befristung bzw. der Begrenzung zur Anwendung kommen. Hierbei steht es dem Gericht frei, den Unterhaltsanspruch zunächst auf den angemessenen Lebensbedarf des Unterhaltsgläubigers abzusenken und gleichzeitig, unter Vorgabe konkreter Zeiträume, abschließend zu befristen. Ist die Befristung des nachehelichen Unterhaltes wegen fortdauernder ehebedingter Nachteile nicht möglich, so ist gleichermaßen zu prüfen, ob gegebenenfalls eine höhenmäßige Begrenzung des Unterhaltes in Betracht kommt.[149]

33 Der Bezug von **Sozialhilfeleistungen** auf Seiten des Unterhaltsgläubigers und der damit in diesem Umfang erfolgte Forderungsübergang steht einer Begrenzung oder Befristung des Unterhaltsanspruches grundsätzlich nicht entgegen, wobei hinsichtlich der Begrenzung allerdings zu prüfen sein wird, inwieweit der übergegangene Unterhaltsanspruch die Grenze des Existenzminimums überhaupt erreicht und damit Raum für eine Begrenzung bleibt.[150]

C. Prozessuale Hinweise/Verfahrenshinweise

I. Beweislast

34 Der **Unterhaltsschuldner** trägt die Beweislast
- für die Voraussetzungen der zeitlichen Befristung und Herabsetzung des vollen Unterhaltes, da es sich um eine **rechtsvernichtende Einwendung** handelt[151], wobei allerdings Erleichterungen gelten in Form der **sekundären Darlegungslast**, d.h. erst wenn der Unterhaltberechtigte ehebedingte Nachteile konkret vorgetragen hat, muss der Unterhaltpflichtige diese widerlegen.[152] An die sekundäre Darlegungslast dürfen keine überzogenen Anforderungen gestellt werden. Es muss den Besonderheiten des jeweiligen Einzelfalls Rechnung getragen werden. Erforderlich ist aber die Darlegung konkreter beruflicher Entwicklungsmöglichkeiten, die so substantiiert sein müssen, dass sie auf ihre Plausibilität überprüft werden können.[153] Neben der Fortbildungsbereitschaft sind bestehende Befähigungen, Neigungen und Talente[154] sowie die konkreten Aufstiegs- und Qualifizierungsmöglich-

---

[142] OLG Zweibrücken v. 17.01.2008 - 6 UF 132/06 - ZFE 2008, 477; OLG Celle v. 02.06.2008 - 17 WF 66/08 - FamRZ 2008, 1956-1957; OLG Bremen v. 05.03.2009 - 4 UF 116/08 - FamRZ 2009, 1912-1914.
[143] OLG Celle v. 21.09.2009 - 10 UF 119/09 - FamRZ 2010, 566-567.
[144] OLG Hamm v. 11.01.2010 - 4 UF 107/09 - NJW 2010, 1152-1153.
[145] OLG Hamm v. 05.02.2008 - 1 WF 22/08 - FamRZ 2008, 1000-1002.
[146] OLG Stuttgart v. 05.08.2008 - 17 UF 42/08 - OLGR Stuttgart 2008, 742-746.
[147] OLG Celle v. 07.03.2008 - 12 UF 172/07 - FamRZ 2008, 1448-1449.
[148] OLG Brandenburg v. 29.04.2008 - 10 UF 124/07 - FF 2008, 470.
[149] OLG Karlsruhe v. 27.06.2008 - 5 UF 13/08 - FamRZ 2008, 2206-2208.
[150] BGH v. 28.04.2010 - XII ZR 141/08 - FamRZ 2010, 1057.
[151] OLG Brandenburg v. 22.04.2008 - 10 UF 226/07 - FamRZ 2008, 1952-1956; BGH v. 16.04.2008 - XII ZR 107/06 - FamRZ 2008, 1325-1329; BGH v. 24.03.2010 - XII ZR 175/08.
[152] BGH v. 24.03.2010 - XII ZR 175/08 - FamRZ 2010, 875.
[153] BGH v. 26.10.2011 - XII ZR 162/09 - FamRZ 2012, 93.
[154] BGH v. 11.07.2012 - XII ZR 72/10 - FamRZ 2012, 1483

keiten in dem jeweiligen Berufsfeld darzulegen. Dabei kann im Einzelfall der Vortrag genügen, dass in dem erlernten oder zuletzt ausgeübten Beruf Gehaltssteigerungen in einer bestimmten Höhe mit zunehmender Berufserfahrung oder Betriebszugehörigkeit üblich sind.[155] Ebenso trifft ihn keine weitere Darlegungspflicht, wenn er sich für den **hypothetischen beruflichen Werdegang** in seinem Heimatland auf eine von der Berufserfahrung abhängige Entwicklung beruft.[156]

- dafür, dass ein zu betreuendes Kind keiner verstärkten Beaufsichtigung und Fürsorge bedarf, so dass der betreuende Elternteil einer Erwerbstätigkeit nachgehen kann[157]; hier wird die Beweisführung des Unterhaltsschuldners allerdings dadurch erleichtert, dass den Unterhaltsgläubiger eine (verschärfte) Pflicht zum substantiierten Bestreiten trifft[158], denn der Unterhaltsschuldner muss hier einen Negativbeweis führen,
- für die Darlegung, dass keine ehebedingten Nachteile vorliegen, auch wenn das tatsächliche oder erzielbare Einkommen des Unterhaltsberechtigten hinter seinem früheren Einkommen zurückbleibt, weil eine Wiederaufnahme der früheren Erwerbstätigkeit nach längerer Unterbrechung nicht mehr möglich ist[159].

Der **Unterhaltsgläubiger** trägt die Darlegungs- und Beweislast

- für Aspekte, die gegen eine Unterhaltsbegrenzung sprechen, d.h. er muss konkret vortragen, welche ehebedingten Nachteile ihm entstanden sind[160],
- für eine längere Übergangsfrist[161],
- für Aspekte, die einen nur geringeren Eingriff rechtfertigen (nur Begrenzung auf den angemessenen Bedarf statt Befristung)[162],
- für Tatsachen, die den Verlust von Karrierechancen als ehebedingten Nachteil rechtfertigen,[163] hierzu gehört dann auch die Darlegung, dass und inwieweit die berufliche Entwicklung ohne die Ehe günstiger verlaufen wäre,[164] z.B. dass während der Ehezeit keine Möglichkeit bestand, berufsspezifische Fortbildungsmaßnahmen wahrzunehmen[165] bzw. inwieweit die tatsächliche Betreuungsnotwendigkeit ehegemeinsamer Kinder der Ausweitung einer Erwerbstätigkeit entgegensteht[166],
- inwieweit ihm gleichwohl ehebedingte Nachteile verblieben sind, obwohl er im erlernten oder vorehelich ausgeübten Beruf eine vollschichtige Tätigkeit aufnehmen konnte[167],
- für Umstände, die für einen Rang seines Unterhaltsanspruches nach § 1609 Nr. 2 BGB sprechen[168],
- dafür, dass er auf dem allgemeinen Arbeitsmarkt keine reale Chance für eine Vollzeitarbeitsstelle oder für einen sog. Midi-Job hat[169],
- dass er keine Möglichkeit hat, eine seiner Ausbildung und früheren beruflichen Stellung adäquate Tätigkeit zu erlangen[170],
- für die persönlichen und wirtschaftlichen Verflechtungen durch die lange Ehedauer und den hieraus folgenden Umständen, auf denen ein besonderer Vertrauenstatbestand gründet.

---

[155] BGH v. 11.07.2012 - XII ZR 72/10 - FamRZ 2012, 1483.
[156] BGH v. 20.03.2013 - XII ZR 120/11 - FamRZ 2013, 864.
[157] BGH v. 01.03.2006 - XII ZR 157/03 - FamRZ 2006, 846-852.
[158] BGH v. 01.12.1982 - VIII ZR 279/81 - NJW 1983, 687-689.
[159] BGH v. 14.10.2009 - XII ZR 146/08 - FamRZ 2009, 1990-1993.
[160] BGH v. 24.03.2010 - XII ZR 175/08 - FamRZ 2010, 875.
[161] BGH v. 14.11.2007 - XII ZR 16/07 - FamRZ 2008, 134.
[162] *Gerhard*, FuR 2005, 529-536; BGH v. 16.04.2008 - XII ZR 107/06 - FamRZ 2008, 1325.
[163] OLG Stuttgart v. 12.04.2007 - 16 UF 62/05 - ZFE 2008, 196-197.
[164] OLG Celle v. 28.03.2008 - 18 UF 120/07 - FamRZ 2008, 1949-1950.
[165] BGH v. 16.04.2008 - XII ZR 107/06 - FamRZ 2008, 1325-1329.
[166] OLG Köln v. 27.05.2008 - 4 UF 159/07 - FamRZ 2008, 2119-2120.
[167] BGH v. 24.03.2010 - XII ZR 175/08 - FamRZ 2010, 875.
[168] BGH v. 30.07.2008 - XII ZR 177/06 - FamRZ 2008, 1911.
[169] BGH v. 18.01.2012 - XII ZR 178/09 - FamRZ 2012, 517.
[170] BGH v. 05.12.2012 - XII ZB 670/10 - FamRZ 2013, 274.

II. Prozessuale Hinweise

1. Ausgangsverfahren

36 Sowohl die **Befristung** als auch die **Begrenzung** des Unterhaltes auf den angemessenen Bedarf sind **bereits im jeweiligen Ausgangsverfahren geltend zu machen** und nicht einem späteren Abänderungsverfahren nach § 238 FamFG vorzubehalten.[171] Erforderlich ist, dass die Kriterien, die eine Befristung oder Begrenzung rechtfertigen, zum Zeitpunkt der Entscheidung entweder bereits eingetreten waren oder zumindest zuverlässig vorhersehbar sind.[172] Ist eine sichere Prognose zu diesem Zeitpunkt nicht möglich, so hat der Unterhaltsschuldner die Möglichkeit, in Form eines Feststellungswiderantrags den Zeitpunkt der Herabsetzung auf den angemessenen Bedarf bzw. der Beendigung der Unterhaltspflicht festsetzen zu lassen.[173] Auch wenn eine abschließende Entscheidung über die Folgen des § 1578b BGB noch nicht möglich ist, darf gleichwohl die diesbezügliche Entscheidung nicht vollständig zurückgestellt werden. Das Gericht muss vielmehr insoweit entscheiden, als dies auf der Grundlage der gegebenen Sachlage und der zuverlässig voraussehbaren Umstände möglich ist.[174] Die materielle Rechtskraft dieser Entscheidung und damit die Präklusion reichen nur soweit, als die Entscheidung eine abschließende Beurteilung der gegenwärtigen Sachlage und der zuverlässig vorhersehbaren Umstände enthält.

37 Soweit die Voraussetzungen für eine Anwendbarkeit des § 1578b BGB vorgetragen sind, bedarf es keines ausdrücklichen Antrages zur Begrenzung oder Befristung. Die Rechtsfolgen sind vielmehr **von Amts wegen zu beachten**, da § 1578b BGB eine Einwendung darstellt.[175] Ein Abweisungsantrag sollte trotzdem sicherheitshalber mit einem auf die Befristung oder Begrenzung gerichteten Hilfsantrag verbunden werden, damit dieser Gegenstand ausdrücklich in das Verfahren eingeführt ist.[176] Die Abwägung der für die Billigkeitsentscheidung maßgeblichen Aspekte ist Sache des Tatrichters. Durch das Beschwerdegericht kann nur noch eine Überprüfung darauf erfolgen, ob die für die Billigkeitsprüfung maßgeblichen Rechtsbegriffe verkannt oder für die Einordnung unter diese Begriffe wesentliche Umstände unberücksichtigt geblieben sind.[177]

2. Abänderung bestehender Titel

38 Wird nachträglich eine Herabsetzung oder Befristung geltend gemacht, so unterliegt diese den Voraussetzungen des § 238 Abs. 2 FamFG, wenn sich die Umstände der Begrenzung oder Befristung erst nachträglich konkretisiert haben.[178] Abweichend von seiner früheren Rechtsprechung[179] hat der BGH allerdings darauf hingewiesen, dass der Unterhaltsschuldner mit dem Vortrag zur Befristung des Aufstockungsunterhaltes relevanter Tatsachen nicht präkludiert ist, wenn die von ihm zur Abänderung begehrte Entscheidung aus einer Zeit vor der sog. „**Surrogatsrechtsprechung**"[180] stammt und die für die notwendige Gesamtwürdigung maßgebenden Umstände seinerzeit noch nicht sicher abgeschätzt werden konnten.[181] Maßgebliche Zeitgrenze für die Feststellung einer möglichen Präklusion ist der 12.04.2006. Erstmals in der Entscheidung vom 12.04.2006 hatte der BGH sich im Zuge der Befristung eines Aufstockungsunterhaltes detailliert mit der Bedeutsamkeit der Ehedauer auseinandergesetzt und hierbei eine Abkehr von der bisherigen Rechtsprechung vollzogen.[182] Bei der Prüfung einer möglichen Präklusion hat der BGH daher auch darauf verwiesen, dass bereits nach alter Gesetzeslage der Anspruch auf Aufstockungsunterhalt gemäß § 1573 Abs. 2 BGB a.F. einer Befristung zugänglich war. Dass im Rahmen der Billigkeitsabwägung dann nicht mehr vorrangig auf die Ehedauer abzustellen

---

[171] BGH v. 16.04.2008 - XII ZR 107/08 - FamRZ 2008, 1325; BGH v. 14.10.2009 - XII ZR 146/08 - FamRZ 2009, 1990.
[172] OLG Düsseldorf v. 06.03.1992 - 6 UF 198/91 - NJW-RR 1992, 1154-1155; BGH v. 28.02.2007 - XII ZR 37/05 - FamRZ 2007, 793-806; BGH v. 12.04.2006 - XII ZR 240/03 - FamRZ 2006, 1006-1008.
[173] OLG Düsseldorf v. 06.03.1992 - 6 UF 198/91 - NJW-RR 1992, 1154-1155.
[174] BGH v. 12.01.2011 - XII ZR 83/08 - NJW 2011, 670.
[175] Borth, FamRZ 2006, 813-821; Hollinger, Das neue Unterhaltsrecht, § 1578b.
[176] Hollinger, Das neue Unterhaltsrecht, § 1578b.
[177] BGH v. 19.06.2013 - XII ZB 309/11 - FamRZ 2013, 1291.
[178] OLG Hamm v. 02.02.1994 - 5 UF 167/93 - FamRZ 1994, 1392-1393.
[179] BGH v. 09.06.2004 - XII ZR 308/01 - FamRZ 2004, 1357.
[180] BGH v. 13.06.2001 - XII ZR 343/99 - FamRZ 2001, 986-991.
[181] BGH v. 28.02.2007 - XII ZR 37/05 - FamRZ 2007, 793.
[182] BGH v. 12.04.2006 - XII ZR 240/03 - FamRZ 2006, 1006-1008.

war, galt bereits ab der Entscheidung vom 12.04.2006, so dass die gesetzgeberischen Neuregelungen in § 1578b BGB nur noch die Befristungskriterien des Senats klarstellten.[183] Allein daraus jedoch, dass in einem Vergleich eine Abänderung nur bezüglich einer Einkommensveränderung vereinbart wurde, folgt nicht, dass andere Abänderungsgründe z.B. eine gegenwärtig noch nicht eingreifende Befristung, ausgeschlossen sind.[184] Wird in einem **Vergleich** die Festlegung über eine etwaige künftige Unterhaltspflicht ausdrücklich ausgeschlossen, so steht dieser Vergleich einer späteren Befristung nicht entgegen.[185] Wurde allerdings in einem Unterhaltsvergleich eine spätere Befristung vorbehalten und diese in einem nach Veröffentlichung der Entscheidung des BGH vom 12.04.2006[186] verhandelten Abänderungsverfahren nicht geltend gemacht, so folgt eine wesentliche Änderung der rechtlichen Verhältnisse weder aus der anschließenden höchstrichterlichen Rechtsprechung noch aus dem Inkrafttreten des § 1578b BGB zum 01.01.2008.[187] Sind dem Unterhaltsgläubiger im Ausgangsverfahren keine fiktiv erzielbaren weiteren Einkünfte zugerechnet worden und genügt er aktuell seiner Erwerbsobliegenheit, so kann ihm in einem **Abänderungsverfahren** nicht vorgehalten werden, er hätte den zwischenzeitlich eingetretenen ehebedingten Nachteil durch ausreichende Bewerbungsbemühungen vermeiden können.[188]

Besonderes Augenmerk ist auf die Übergangsvorschrift des **§ 35 Abs. 1 EGZPO** zu richten. Ist danach über einen Unterhaltsanspruch vor dem 01.01.2008 rechtskräftig entschieden, ein vollstreckbarer Titel errichtet oder eine Unterhaltsvereinbarung getroffen worden, so können Umstände, die vor diesem Tag entstanden und durch die Gesetzesänderung erheblich geworden sind, nur berücksichtigt werden, wenn eine wesentliche Änderung der Unterhaltsverpflichtung eintritt und die Änderung dem anderen Teil unter Vertrauensschutzgründen zumutbar ist[189]. Diese Umstände können dann bei der erstmaligen Änderung des Titels nach dem 01.01.2008 ohne die Beschränkung der §§ 323 Abs. 2, 767 Abs. 2 ZPO geltend gemacht werden. Allerdings dürfte hier zu Gunsten der die Abänderung anstrebenden Partei, d.h. in der Regel des Unterhaltsschuldners, zu berücksichtigen sein, dass der BGH in seiner Rechtsprechung erst ab der Entscheidung vom 12.04.2006[190] in stärkerem Maß von den Möglichkeiten einer Unterhaltsbegrenzung Gebrauch gemacht und dies deutlich mit der Fortdauer ehebedingter Nachteile verknüpft hat. Daher ist der Rechtsauffassung zu folgen, der zufolge von einer Präklusion dann nicht auszugehen ist, wenn der abzuändernde Titel aus einer Zeit vor dem 12.04.2006 datiert.[191] Weitergehend hat das schleswig-holsteinische Oberlandesgericht die Auffassung vertreten, dass für die Frage der Belehrungsnotwendigkeit des Anwalts gegenüber dem Mandanten zu der Möglichkeit der zeitlichen Befristung eines Unterhaltsanspruches jeweils auf die geltende Rechtslage zum Zeitpunkt der Beratung abzustellen sei. Die Kausalität einer anwaltlichen Pflichtverletzung hänge daher entscheidend von der Rechtslage im zu beurteilenden Zeitraum ab.[192] Hält eine vor dem 01.01.2008 getroffene ehevertragliche Regelung der Ausübungskontrolle nicht stand, so muss die anzuordnende Rechtsfolge orientiert an der Unterhaltsrechtsreform und deren Änderungen gesehen werden.[193]

3. Antragstellung

Insbesondere mit Blick auf die Darlegungs- und Beweislastregelung ist dem Unterhaltsgläubiger bei gerichtlicher Geltendmachung des Unterhaltsanspruches nicht zu empfehlen, bereits bei der Antragstellung selbst die Frage einer Befristung und/oder Begrenzung zu thematisieren. Dies sollte er dem Unterhaltsschuldner überlassen und erst in der Replik erwidern und die erforderlichen Beweise antreten.[194] Indes ist dem Unterhaltsgläubiger vor Einleitung des Verfahrens die Problematik – insbesondere

---

[183] BGH v. 18.11.2009 - XII ZR 65/09 - FamRZ 2010, 111-117.
[184] BGH v. 26.05.2010 - XII ZR 143/08 - FamRZ 2010, 1238.
[185] BGH v. 02.06.2010 - XII ZR 138/08 - FF 2010, 421.
[186] BGH v. 12.04.2006 - XII ZR 240/03 - FamRZ 2006, 1006.
[187] BGH v. 23.05.2012 - XII ZR 147/10 - FamRZ 2012, 1284.
[188] BGH v. 05.12.2012 - XII ZB 670/10 - FamRZ 2013, 274.
[189] BGH v. 25.01.2012 - XII ZR 139/09 - FamRZ 2012, 525.
[190] BGH v. 12.04.2006 - XII ZR 240/03 - FamRZ 2006, 1006-1008; OLG Bremen v. 24.06.2008 - 4 WF 68/08 - ZFE 2008, 429-430.
[191] *Dose*, FamRZ 2007, 1289-1298.
[192] Schleswig-Holsteinisches Oberlandesgericht v. 21.12.2006 - 11 U 64/06
[193] BGH v. 02.02.2011 - XII ZR 11/09 - FamRZ 2011, 1377.
[194] Vgl. zu der Problematik auch *Hollinger*, Das neue Unterhaltsrecht, § 1578b Rn. 75 ff.

§ 1578b

mit Blick auf etwaige Kostenfolgen – zu erläutern. Dabei erscheint es allerdings angesichts des relativ geringen Kostenrisikos vertretbar, im Interesse des Unterhaltsgläubigers einen unbefristeten bzw. nicht herabgesetzten Unterhaltsbetrag zu beantragen.

4. Übernahme der Kosten der Fremdbetreuung

41 Wie oben (vgl. Rn. 16) ausgeführt, sind unter dem Blickwinkel der Kindesschutzklausel die jeweiligen konkreten Betreuungsmöglichkeiten zu ermitteln, um beurteilen zu können, ob und in welchem Umfang von dem Unterhaltsgläubiger die Aufnahme einer Erwerbstätigkeit erwartet werden kann. Taktisch kann es für den Unterhaltsschuldner sinnvoll sein, seinerseits die Kosten etwa der Hortbetreuung oder schulischen Nachbetreuung zu übernehmen. Auf diesem Wege kann der Unterhaltsschuldner den Druck auf den Unterhaltsgläubiger erhöhen, eine Erwerbstätigkeit aufzunehmen. Geschieht letzteres, so kann der Unterhaltsschuldner wiederum die konkret anfallenden Betreuungskosten vorab von seinem einzusetzenden Einkommen absetzen, was sich zugleich auf die Höhe des nachehelichen Unterhaltsanspruches auswirkt. Lehnt der Unterhaltsgläubiger hingegen das Kostenübernahmeangebot des Unterhaltsschuldners ab, so kann er sich zwar auf das rechtliche Argument zurückziehen, er sei nicht zur Annahme des Angebotes verpflichtet, weil so sein Unterhaltsanspruch – infolge des Vorwegabzugs der Betreuungskosten vom Einkommen des Unterhaltsschuldners – geschmälert würde. Dieses Argument steht aber in einem Unterhaltsprozess wohl auf tönernen Füßen und der Unterhaltsgläubiger käme in Erklärungsnot. Seine etwaige Bekundung, er sei „ja eigentlich bereit, unter Inanspruchnahme einer Fremdbetreuung einer Erwerbstätigkeit nachzugehen", würde dann sicherlich vom Richter kritisch hinterfragt werden.

§ 1579 BGB Beschränkung oder Versagung des Unterhalts wegen grober Unbilligkeit

(Fassung vom 21.12.2007, gültig ab 01.01.2008)

Ein Unterhaltsanspruch ist zu versagen, herabzusetzen oder zeitlich zu begrenzen, soweit die Inanspruchnahme des Verpflichteten auch unter Wahrung der Belange eines dem Berechtigten zur Pflege oder Erziehung anvertrauten gemeinschaftlichen Kindes grob unbillig wäre, weil

1. die Ehe von kurzer Dauer war; dabei ist die Zeit zu berücksichtigen, in welcher der Berechtigte wegen der Pflege oder Erziehung eines gemeinschaftlichen Kindes nach § 1570 Unterhalt verlangen kann,
2. der Berechtigte in einer verfestigten Lebensgemeinschaft lebt,
3. der Berechtigte sich eines Verbrechens oder eines schweren vorsätzlichen Vergehens gegen den Verpflichteten oder einen nahen Angehörigen des Verpflichteten schuldig gemacht hat,
4. der Berechtigte seine Bedürftigkeit mutwillig herbeigeführt hat,
5. der Berechtigte sich über schwerwiegende Vermögensinteressen des Verpflichteten mutwillig hinweggesetzt hat,
6. der Berechtigte vor der Trennung längere Zeit hindurch seine Pflicht, zum Familienunterhalt beizutragen, gröblich verletzt hat,
7. dem Berechtigten ein offensichtlich schwerwiegendes, eindeutig bei ihm liegendes Fehlverhalten gegen den Verpflichteten zur Last fällt oder
8. ein anderer Grund vorliegt, der ebenso schwer wiegt wie die in den Nummern 1 bis 7 aufgeführten Gründe.

Gliederung

A. Grundlagen 1	V. Mutwilliges Herbeiführen der Bedürftigkeit (Nr. 4) 99
I. Kurzcharakteristik 1	1. Mutwilligkeit 100
II. Gesetzgebungsmaterialien 5	2. Typische Fälle 105
B. Praktische Bedeutung 7	a. Arbeitsplatzverlust 106
C. Anwendungsvoraussetzungen 9	b. Suchtbedingte Bedürftigkeit 109
I. Normstruktur 9	c. Verweigerung zumutbarer Heilbehandlung 112
II. Kurze Ehedauer (Nr. 1) 10	d. Bedürftigkeit auf Grund von Vermögensdispositionen 114
III. Verfestigte Lebensgemeinschaft (Nr. 2) 19	e. Bestimmungswidrige Verwendung von Vorsorgeunterhalt 120
1. Herkömmliche Fallgruppen 22	f. Abgrenzung zur Obliegenheit aus § 1577 Abs. 1 BGB 121
2. Neue Fallgruppe: verfestigte Lebensgemeinschaft 29	VI. Mutwilliges Hinwegsetzen über schwerwiegende Vermögensinteressen (Nr. 5) 125
a. Zweck- und Versorgungsgemeinschaften 30	1. Schwerwiegende Vermögensinteressen 127
b. Abgrenzungskriterien 32	2. Mutwilligkeit 134
c. Verfestigung der Lebensgemeinschaft i.S.d. Nr. 2 40	3. Typische Fälle 135
IV. Schwere Straftat (Nr. 3) 74	a. Diskreditieren des Unterhaltspflichtigen 135
1. Schwere der Straftat 75	b. Verschweigen eigener Einkünfte 137
2. Typische Fälle 79	VII. Gröbliche Verletzung der Pflicht zum Familienunterhalt beizutragen (Nr. 6) 140
a. Gewaltdelikte 80	VIII. Einseitiges offensichtlich schwerwiegendes Fehlverhalten (Nr. 7) 142
b. Delikte gegen die freie Selbstbestimmung 82	
c. Beleidigungen, Verleumdungen, Falschaussagen 83	
d. Vermögensdelikte 86	
e. Verletzung der Offenbarungspflicht im Prozess 88	

1. Offensichtlich schwerwiegendes Fehlverhalten 145	a. Eigene Erwerbstätigkeit 199
a. Verletzung der ehelichen Treue 146	b. Bedarfsdeckung durch eheähnliche Gemeinschaft 200
b. Verlassen des Ehegatten 153	c. Bedarfsdeckung durch Sozialleistungen 201
c. Keine Aufnahme eines gemeinsamen Wohnsitzes 154	3. Kindesbelange und grobe Unbilligkeit 203
d. Nichteheliche Vaterschaft 155	XI. Grobe Unbilligkeit 206
e. Vereitelung des Umgangs 157	1. Billigkeitskriterien 207
f. Sonstige Fälle schwerwiegenden Fehlverhaltens 162	2. Gesamtabwägung 208
	3. Verzeihen/Verzicht 215
2. Eindeutig beim Berechtigten liegendes Fehlverhalten..169	**D. Rechtsfolgen** 218
	I. Versagen, Herabsetzen und Befristen des Unterhalts 220
IX. Andere ebenso schwerwiegende Gründe (Nr. 8) 173	II. Beschränkung des Unterhalts und Kindesbelange 223
1. Lebensgemeinschaften..................................175	III. Wiederaufleben des Unterhaltsanspruchs 226
a. Fortführung der ehezerstörenden Beziehung ...177	IV. Beweislast 232
b. Unterhaltsbedingtes Absehen von der Eheschließung 178	**E. Prozessuale Hinweise/Verfahrenshinweise** 242
c. Besonders kränkende oder anstößige Begleitumstände 179	I. Antragsart 243
2. Weitere Härtegründe.....................................180	II. Auskunft über Einkommen bei Härtegründen.. 248
X. Wahrung der Kindesbelange 195	III. Unterhaltsvergleich und Haftung 249
1. Sicherstellung der Betreuung 197	IV. Konkurrenz 250
2. Bedarfsdeckung des betreuenden Unterhaltsberechtigten 198	**F. Steuerrechtliche Hinweise** 252

A. Grundlagen

I. Kurzcharakteristik

1   Sind Bedürftigkeit des Berechtigten und Leistungsfähigkeit des Verpflichteten gegeben, besteht grundsätzlich eine lebenslange Unterhaltsverpflichtung, soweit nicht im Einzelfall gesetzlich vorgesehene Beschränkungen eingreifen, wie sie etwa durch das Gesetz zur Änderung unterhaltsrechtlicher, verfahrensrechtlicher und anderer Vorschriften[1] in den §§ 1573 Abs. 5, 1578 Abs. 1 Satz 2 BGB[2] bzw. durch das UÄndG vom 21.12.2007 eingeführt wurden.

2   § 1579 BGB bestimmt als unterhaltsrechtliche **Härteklausel** die vom Grundsatz der Verhältnismäßigkeit gezogenen Grenzen der Unterhaltspflicht.[3] Sie stellt das verfassungsrechtlich erforderliche Korrektiv zum schuldunabhängigen Unterhaltsrecht unter Berücksichtigung des Vorrangs des Kindeswohls dar. Erfasst werden in den einzelnen Härtegründen sowohl objektive Umstände und als auch Fehlverhalten auf Seiten des Unterhaltsberechtigten, die dazu führen können, dass der Anspruch auf Unterhalt versagt, herabgesetzt oder zeitlich begrenzt werden kann, um eine grobe Unbilligkeit durch die Einforderung nachehelicher Solidarität zu vermeiden, sofern die Kindesbelange gewahrt sind.

3   **Das UÄndG vom 21.12.2007** hat bzgl. der Härteklausel nicht zu umfangreichen Änderungen geführt. Nr. 1 der Härteklausel ist hinsichtlich der Bestimmung der **Ehedauer** neu gefasst worden und trägt der Auslegung durch das BVerfG[4] Rechnung. Die Zeit, in der Betreuungsunterhalt nach § 1570 BGB verlangt werden kann, wird nicht mehr der Ehedauer gleichgestellt sondern ist nur noch zu berücksichtigen.

4   Der in der unterhaltsrechtlichen Praxis häufige Fall der **Aufnahme einer nichtehelichen Lebensgemeinschaft** ist nunmehr – seiner tatsächlichen Bedeutung entsprechend – als **eigenständige Fallgruppe** erfasst und muss nicht weiter dem Auffangtatbestand zugeordnet werden.

---

[1] UÄndG vom 20.02.1986, BGBl I 1986, 301, 302.
[2] BGH v. 27.01.1999 - XII ZR 89/97 - juris Rn. 17 - LM BGB § 1579 Nr. 47 (7/1999).
[3] BVerfG v. 14.07.1981 - 1 BvL 28/77, 1 BvL 48/79, 1 BvR 154/79, 1 BvR 170/80 - NJW 1981, 1771-1774.
[4] BVerfG v. 04.07.1989 - 1 BvR 537/87 - juris Rn. 28 - NJW 1989, 2807-2808; BVerfG v. 28.08.1992 - 1 BvR 928/92 - juris Rn. 18 - NJW 1993, 455.

II. Gesetzgebungsmaterialien

Nachdem das Bundesverfassungsgericht in seiner Entscheidung vom 14.07.1981 § 1579 Abs. 2 BGB a.F. für verfassungswidrig erklärt hat, weil der Verhältnismäßigkeitsgrundsatz verletzt war,[5] wurde die Härteklausel durch UÄndG vom 20.02.1986 – in Kraft seit dem 01.04.1986 – unter Berücksichtigung der Rechtsprechung des BVerfG und des BGH geändert. Dadurch ist der strikte Ausschluss der Anwendung der Härteklausel beim Zusammentreffen mit einem Unterhaltsanspruch nach § 1570 BGB weggefallen; die einzelnen Härtegründe wurden präzisiert.

Das **UÄndG vom 21.12.2007** – in Kraft seit dem 01.01.2008 – hat den Verwirkungsgrund kurze Dauer der Ehe überarbeitet und die verfestigte Lebensgemeinschaft als eigenen Tatbestand formuliert.[6]

B. Praktische Bedeutung

Die Bedeutung der Vorschrift für die unterhaltsrechtliche Praxis ist erheblich, wie sich aus der Vielzahl der dazu veröffentlichten Entscheidungen des BGH und der Oberlandesgerichte ergibt.[7] Das Erfordernis, neben den Tatbestandsvoraussetzungen der aufgezählten Härtegründen zusätzlich eine grobe Unbilligkeit festzustellen und den Vorrang der Interessen gemeinschaftlicher Kinder zu wahren, sowie die erhebliche Bandbreite bei den Rechtsfolgen, eröffnet einen breiten Ermessensspielraum. Besonderes Gewicht gewinnt die Norm zudem dadurch, dass sie – § 1579 Nr. 1 BGB ausgenommen[8] – auch Anwendung beim Trennungsunterhalt findet (§ 1361 Abs. 3 BGB).

Abzugrenzen von der Verwirkung nach § 1579 BGB ist die **Verwirkung eines Anspruchs wegen Zeitablaufs** gemäß § 242 BGB, also wenn über einen längeren Zeitraum kein Unterhalt verlangt wird und der Unterhaltspflichtige darauf vertrauen durfte, nicht in Anspruch genommen zu werden.[9] Dies hat nur Auswirkungen für den zurückliegenden Unterhalt, nicht für den künftigen.

C. Anwendungsvoraussetzungen

I. Normstruktur

§ 1579 BGB verdrängt als **negative Härteklausel** allgemeine Überlegungen aus dem Grundsatz von Treu und Glauben (§ 242 BGB).[10] Sie stellt eine von Amts wegen zu beachtende **rechtsvernichtende Einwendung** dar. Neben der kurzen Dauer der Ehe werden weitere fünf Härtegründe aufgeführt, die ein Fehlverhalten des unterhaltsberechtigten Ehegatten beschreiben, hinzukommt ein Auffangtatbestand. Zu diesen Härtegründen muss in jedem Einzelfall eine grobe Unbilligkeit hinzukommen. Sind gemeinschaftliche Kinder vorhanden, so sind zudem deren Interessen vorrangig zu wahren. Die sich daran anschließenden Rechtsfolgen reichen von der Herabsetzung über die Befristung bis zur Versagung des Unterhalts, können aber auch in einer Kombination dieser Möglichkeiten bestehen und sind im Rahmen einer Gesamtwürdigung festzulegen.

II. Kurze Ehedauer (Nr. 1)

Das **UÄndG vom 21.12.2007** hat den Tatbestand im Sinn der Entscheidung des BVerfG[11] neu formuliert; eine inhaltliche Änderung ist damit nicht verbunden. Eine nähere Bestimmung, wann eine kurze Ehe vorliegt, ist nicht erfolgt, weil dieses Tatbestandsmerkmal durch die Rechtsprechung hinreichend konkretisiert ist.[12]

War die Ehe von kurzer Dauer, spricht dies gegen eine längere Unterhaltsverpflichtung. Die Dauer der Ehe ist nach rechtlichen Gesichtspunkten zu bestimmen und nicht in Abhängigkeit von einem tatsächlichen Zusammenleben. Sie umfasst den Zeitraum von der **Eheschließung** bis zur **Zustellung des**

---

[5] BVerfG v. 14.07.1981 - 1 BvL 28/77, 1 BvL 48/79, 1 BvR 154/79, 1 BvR 170/80 - NJW 1981, 1771-1774.
[6] BGBl I 2007, 3189; BT-Drs. 16/1830, S. 20.
[7] Einen Überblick geben *Oelkers*, FamRZ 1996, 258-272, 258; *Büttner*, FamRZ 1996, 136-141, 136.
[8] A.A. OLG Koblenz v. 20.12.2002 - 11 UF 825/01 - OLGR Koblenz 2003, 131-134.
[9] Vgl. dazu BGH v. 16.06.1982 - IVb ZR 709/80 - juris Rn. 10 - BGHZ 84, 280-284; BGH v. 13.01.1988 - IVb ZR 7/87 - juris Rn. 15 - BGHZ 103, 62-71; BGH v. 23.10.2002 - XII ZR 266/99 - juris Rn. 10 - BGHZ 152, 217-233.
[10] BGH v. 16.06.1982 - IVb ZR 709/80 - juris Rn. 9 - BGHZ 84, 280-284; *Oelkers*, FamRZ 1996, 258-272, 257.
[11] BVerfG v. 04.07.1989 - 1 BvR 537/87 - juris Rn. 28 - NJW 1989, 2807-2808; BVerfG v. 28.08.1992 - 1 BvR 928/92 - juris Rn. 18 - NJW 1993, 455.
[12] BT-Drs. 16/1830, S. 20.

Scheidungsantrags.[13] Ohne Einfluss auf die Bestimmung der Ehedauer ist ein voreheliches Zusammenleben[14], eine **frühere Eheschließung**[15] oder ein **vorausgegangenes Scheidungsverfahren**, das nicht zur Scheidung der Ehe geführt hat[16]. Diese Umstände können nur im Rahmen der Gesamtabwägung einfließen. Auch das **Alter der Ehegatten** vermag die Ehedauer nicht zu relativieren.[17] Bei **verfrüht gestelltem Scheidungsantrag** ändert sich an der formalen Ehedauer nichts.[18] Durch diese Vorgehensweise kann zwar die Ehedauer verkürzt werden, sie ist aber bei der Prüfung der groben Unbilligkeit zu berücksichtigen. Dies gilt auch für den umgekehrten Fall, dass sich die Zustellung des Scheidungsantrags verzögert, weil sie mit erheblichem zeitlichem Aufwand im Ausland erfolgen muss.[19]

12   Ob eine Ehe von **kurzer Dauer** ist, kann nicht nach einem für alle Ehen gültigen Maßstab bestimmt werden, es ist vielmehr auf die konkreten Lebensverhältnisse abzustellen. Ein Vergleich mit der Durchschnittsdauer aller geschiedenen Ehen verbietet sich deshalb.[20] Andererseits ist eine zeitliche Konkretisierung im Interesse der praktischen Handhabung nicht ausgeschlossen. Der BGH geht davon aus, dass im Regelfall eine nicht mehr als **zwei Jahre** betragende Ehedauer als kurz, eine solche von mehr als **drei Jahren** hingegen nicht mehr als kurz zu bezeichnen ist.[21] Hinter dieser zeitlichen Festlegung steht die Erfahrung, dass die **wirtschaftliche Verflechtung**, die wechselseitige Abhängigkeit und gemeinsame Lebensplanung der Ehegatten in der Regel mit der Dauer der Ehe einhergeht.[22] Dieser Grundsatz schließt ein Abweichen wegen besonderer Umstände im Einzelfall nicht aus[23] und kann dazu führen, auch eine Ehe von fünf Jahren noch als kurze Ehe zu werten[24].

13   Liegt die Dauer der Ehe **zwischen zwei und drei Jahren**, ist zu prüfen, ob besondere Umstände eine Zuordnung als kurze Ehedauer rechtfertigen.[25] Entscheidend ist, in welchem Umfang die Ehegatten ihre Lebensführung bereits aufeinander eingestellt und in wechselseitiger Abhängigkeit auf ein gemeinsames Lebensziel ausgerichtet haben.[26] In diesem Zusammenhang kann auch ein voreheliches Zusammenleben Bedeutung gewinnen.[27]

14   Ist durch die Heirat die ansonsten wiederauflebende Witwenrente verloren gegangen, ist die wechselseitige Abhängigkeit so ausgeprägt, dass bereits eine Ehedauer von zweieinhalb Jahren nicht als kurz i.S.v. § 1579 Nr. 1 BGB zu werten ist (es kann aber eine Beschränkung nach § 1578b BGB erfolgen).[28]

15   Bei einer Ehedauer von **mehr als drei Jahren** ist regelmäßig keine kurze Ehe mehr gegeben. Es müssen deshalb besondere Umstände vorliegen, die ein Abweichen von diesem Grundsatz rechtfertigen. Dies macht es erforderlich, die wirtschaftliche Verflechtung und die wechselseitige Abhängigkeit eingehend zu prüfen, um noch eine kurze Ehedauer bejahen zu können.[29] Teilweise wird in der Rechtspre-

---

[13] BGH v. 26.11.1980 - IVb ZR 542/80 - juris Rn. 5 - LM Nr. 5 zu § 1579 BGB; BGH v. 30.03.2011 - XII ZR 3/09 - juris Rn. 37 - FamRZ 2011, 791-795.
[14] *Borth* in: Schwab, Handbuch des Scheidungsrechts, 6. Aufl. 2010, Teil IV Rn. 481.
[15] OLG Hamm v. 06.12.1988 - 1 UF 360/88 - NJW-RR 1990, 584-585.
[16] BGH v. 20.02.1986 - IVb ZR 39/85 - FamRZ 1986, 886-889; OLG Hamm v. 06.12.1988 - 1 UF 360/88 - NJW-RR 1990, 584-585.
[17] BGH v. 27.01.1999 - XII ZR 89/97 - juris Rn. 17 - LM BGB § 1579 Nr. 47 (7/1999); *Borth* in: Schwab, Handbuch des Scheidungsrechts, 6. Aufl. 2010, Teil IV Rn.481.
[18] OLG Schleswig v. 18.07.2002 - 13 UF 240/01 - FamRZ 2003, 763-764; unter Hinweis auf § 162 BGB auf das Trennungsjahr abstellen will *Büttner* in: Johannsen/Henrich, Familienrecht, 5. Aufl., § 1570 Rn. 4.
[19] OLG Düsseldorf v. 21.05.1999 - 7 UF 265/98 - FF 2000, 29-30.
[20] *Maurer* in: MünchKomm-BGB, § 1579 Rn. 5.
[21] BGH v. 27.01.1999 - XII ZR 89/97 - juris Rn. 19 - LM BGB § 1579 Nr. 47 (7/1999); BGH v. 30.03.2011 - XII ZR 3/09 - juris Rn. 37 - FamRZ 2011, 791-795; OLG Köln v. 06.07.2001 - 25 UF 169/00 - OLGR Köln 2002, 96-97.
[22] BGH v. 27.01.1999 - XII ZR 89/97 - juris Rn. 18 - LM BGB § 1579 Nr. 47 (7/1999).
[23] BGH v. 27.01.1999 - XII ZR 89/97 - juris Rn. 19 - LM BGB § 1579 Nr. 47 (7/1999).
[24] BGH v. 25.01.1995 - XII ZR 195/93 - juris Rn. 18 - NJW-RR 1995, 449-451.
[25] BGH v. 31.03.1982 - IVb ZR 665/80 - juris Rn. 8 - LM Nr. 12 zu § 1579 BGB; BGH v. 27.01.1999 - XII ZR 89/97 - juris Rn. 18 - LM BGB § 1579 Nr. 47 (7/1999); OLG Nürnberg v. 07.07.1997 - 10 UF 1361/97 - EzFamR aktuell 1997, 341-342; OLG Hamm v. 04.11.1991 - 8 UF 166/91 - FamRZ 1992, 326-327; OLG Köln v. 29.06.2007 - 4 WF 105/07 - juris Rn. 5 - OLGR Köln 2007, 649.
[26] BGH v. 27.01.1999 - XII ZR 89/97 - juris Rn. 18 - LM BGB § 1579 Nr. 47 (7/1999).
[27] BGH v. 25.01.1995 - XII ZR 195/93 - juris Rn. 18 - NJW-RR 1995, 449-451.
[28] OLG Düsseldorf v. 31.03.1992 - 1 UF 28/90 - FamRZ 1992, 1188-1190.
[29] OLG Hamm v. 04.11.1991 - 8 UF 166/91 - FamRZ 1992, 326-327; OLG Köln v. 16.07.1991 - 4 UF 145/89 - FamRZ 1992, 65-67.

chung der Oberlandesgerichte die regelmäßige Begrenzung des BGH auf drei Jahre als zu eng empfunden und unter Rückgriff auf besondere Umstände korrigiert.[30] Jenseits einer Ehedauer von **vier Jahren** wird überwiegend eine kurze Ehe verneint.[31] Waren die Ehegatten im Zeitpunkt der Eheschließung bereits **Rentner**, ist bei einer Ehedauer von etwas mehr als fünf Jahren im Allgemeinen davon auszugehen, dass sie ihre Lebenspositionen in einem solchen Maß aufeinander abgestellt haben, dass sich wechselseitige Abhängigkeiten ergeben und deshalb nicht von einer kurzen Ehedauer ausgegangen werden kann.[32] Im Einzelfall kann ausnahmsweise auch eine Ehe von etwa fünf Jahren noch eine Ehe von kurzer Dauer sein.[33]

Wenn ein **gemeinschaftliches Kind** versorgt wird und deshalb Unterhalt nach § 1570 BGB verlangt werden kann, konnte bei der Bestimmung der **Dauer der Ehe** dem früheren Wortlaut („der Ehedauer steht die Zeit gleich ...") zu entnehmen sein, dass die Zeit der einen Unterhaltsanspruch auslösenden Kinderbetreuung, der rechtlichen Ehedauer hinzugerechnet wird (Beispiel: Ehedauer 2 Jahre, ein Kind zur Zeit der Scheidung 1 Jahr alt; bei einem angenommenen Betreuungsbedürfnis von wenigstens 9 Jahren ergäbe sich auf Grund der Gleichstellung eine Ehedauer von 11 Jahren[34]). Eine **Addition von Ehedauer und Betreuungsbedürfnis** ist nach der Rechtsprechung des BVerfG indessen verfassungsrechtlich nicht zulässig, weil die Berechnung der Ehedauer nicht dazu führen darf, dass der Härtetatbestand der Kurzzeitehe bei einer Ehe, aus der ein Kind hervorgegangen ist, das von dem Unterhaltsberechtigten betreut wird, überhaupt nicht mehr erfüllt sein kann.[35] Es ist vielmehr – wie auch die Neuformulierung durch das UÄndG v. 27.12.2007 klarstellt – zunächst von der Dauer der Ehe auszugehen, dann hat eine Abwägung mit den Belangen des Kindes zu erfolgen und schließlich ist zu prüfen, ob eine grobe Unbilligkeit vorliegt.[36] Dies führt dazu, dass auch der Unterhaltsberechtigte, der gemeinschaftliche Kinder betreut, bei einer kurzen Ehedauer nicht auf einen lebenslangen, den vollen Bedarf deckenden Unterhaltsanspruch hoffen kann.[37] Da die Interessen des Kindes jedoch vorrangig gewahrt werden müssen, verbleibt häufig nur die Möglichkeit der Herabsetzung und zeitlichen Begrenzung des Anspruchs nach § 1578b BGB.[38] Deren Interessen führen jedoch dann nicht dazu, eine kurze Ehedauer zu verneinen, wenn derjenige Unterhalt verlangt, der die Kinder nicht betreut, weil ansonsten die Zielsetzung, den betreuenden Elternteil zu begünstigen, ins Gegenteil verkehrt würde.[39]

Eine entsprechende **Anwendung auf den Trennungsunterhalt scheidet aus.**[40] Wer nur drei Monate mit seiner Ehefrau zusammengelebt und bis zur Scheidung über 19 Jahre keinen Kontakt mehr mit ihr hatte, kann nicht auf eine Gleichbehandlung hoffen. Er hat jedenfalls nach außen an der Ehe festgehalten. Dieses Ergebnis kann auch nicht dadurch vermieden werden, dass die Fallgestaltung unter § 1579 Nr. 7 BGB subsumiert wird.[41] Ausnahmsweise kann Trennungsunterhalt nach den §§ 1361 Abs. 3,

---

[30] OLG Köln v. 16.07.1991 - 4 UF 145/89 - FamRZ 1992, 65-67; OLG Hamm v. 04.11.1991 - 8 UF 166/91 - FamRZ 1992, 326-327; OLG Köln v. 16.07.1991 - 4 UF 145/89 - FamRZ 1992, 65-67; OLG Frankfurt v. 17.10.1988 - 5 UF 303/87 - NJW 1989, 3226-3227.
[31] OLG Schleswig v. 17.03.2000 - 10 UF 130/97 - MDR 2000, 1077.
[32] BGH v. 27.01.1999 - XII ZR 89/97 - juris Rn. 23 - LM BGB § 1579 Nr. 47 (7/1999) ablehnend bei einer Rentnerehe von 5¼ Jahren; OLG Hamm v. 04.11.1991 - 8 UF 166/91 - FamRZ 1992, 326-327.
[33] BGH v. 25.01.1995 - XII ZR 195/93 - juris Rn. 18 - NJW-RR 1995, 449-451; OLG Koblenz v. 20.12.2002 - 11 UF 825/01 - OLGR Koblenz 2003, 131-134 (kurze Ehe bei einer Dauer von 4½ Jahren bei Betreuung gemeinsamer Kinder).
[34] BGH v. 11.02.1987 - IVb ZR 15/86 - juris Rn. 21 - LM Nr. 26 zu § 1353 BGB in dem der Entscheidung des BVerfG vorausgegangenem Urteil.
[35] BVerfG v. 04.07.1989 - 1 BvR 537/87 - juris Rn. 28 - NJW 1989, 2807-2808; BVerfG v. 28.08.1992 - 1 BvR 928/92 - juris Rn. 18 - NJW 1993, 455.
[36] BVerfG v. 28.08.1992 - 1 BvR 928/92 - NJW 1993, 455; BGH v. 13.12.1989 - IVb ZR 79/89 - juris Rn. 20 - LM Nr. 13 zu BGB § 1570 (Folgeentscheidung zum vorstehenden Urteil des BVerfG); BGH v. 07.09.2005 - XII ZR 311/02 - juris Rn. 13 - FamRZ 2005, 1979; OLG Celle v. 26.08.2005 - 21 UF 27/05 - FamRZ 2006, 553;
[37] OLG Köln v. 25.04.1990 - 26 UF 135/89 - FamRZ 1990, 1241-1242; OLG München v. 17.01.1996 - 12 UF 1241/95 - NJW-RR 1997, 69; OLG München v. 21.09.1995 - 16 UF 1079/94 - OLGR München 1996, 104-105; OLG München v. 04.06.1993 - 16 UF 625/93 - OLGR München 1993, 236-237.
[38] Sicherung des Mindestbedarfs vorrangig OLG Frankfurt v. 06.06.2001 - 5 WF 31/01 - FuR 2001, 428-429.
[39] OLG Köln v. 29.06.2007 - 4 WF 105/07 - juris Rn. 5 - OLGR Köln 2007, 649.
[40] BGH v. 17.03.1982 - IVb ZR 664/80 - juris Rn. 9 - LM Nr. 21 zu § 1361 BGB; OLG Koblenz v. 20.12.2002 - 11 UF 825/01 - OLGR Koblenz 2003, 131-134; OLG Köln v. 17.09.1998 - 14 UF 296/97 - NJWE-FER 1999, 2; OLG Hamm v. 10.06.1996 - 5 WF 108/96 - FamRZ 1997, 417-418;
[41] OLG Karlsruhe v. 14.06.1995 - 2 UF 36/93 - juris Rn. 26 - NJW 1995, 2796-2797.

§ 1579

1579 Nr. 7 BGB versagt werden, wenn bei den Parteien bereits vor Eheschließung Einigkeit bestand, keine ehegemäße Gemeinschaft aufzunehmen und deshalb ein Zusammenleben unterblieben ist. Wer bewusst keine eheliche Lebensgemeinschaft aufnehmen will, soll konsequenterweise auch keine eheliche Solidarität hinsichtlich des Unterhalts einfordern können.[42]

18 An die **grobe Unbilligkeit** der Inanspruchnahme des Unterhaltspflichtigen sind jedenfalls dann keine hohen Anforderungen zu stellen, wenn die Ehe weniger als **zwei Jahre** gedauert hat.[43] Beträgt die Ehedauer weniger als ein Jahr wird sie in der Regel zu vermuten sein.

III. Verfestigte Lebensgemeinschaft (Nr. 2)

19 Mit der Einführung der Fallgruppe „verfestigte Lebensgemeinschaft" durch das UÄndG v. 27.12.2007 ist der in der Praxis bedeutsamste Härtegrund als eigenständiger Ausschlusstatbestand normiert worden; er erfasst eine Vielzahl von Fällen, die von der Rechtsprechung bislang § 1579 Nr. 7 BGB a.F. zugeordnet wurden.

20 Eine eigene Definition der verfestigten Lebensgemeinschaft hat der Gesetzgeber nicht vorgenommen. In der Begründung wird auf die bisher von der Rechtsprechung herausgearbeiteten Kriterien verwiesen.[44]

21 Allein das Zusammenleben des geschiedenen Unterhaltsberechtigten mit einem anderen Partner stellt jedenfalls noch keinen Härtegrund dar, denn mit der Scheidung entfällt die Treuepflicht.[45] Aus § 1579 Nr. 2 BGB soll **keine Konkubinatsklausel** hergeleitet werden.

1. Herkömmliche Fallgruppen

22 Der BGH[46] hat einen Härtegrund i.S.d. Nr. 7 a.F. beim Vorliegen folgender Fallgestaltungen angenommen:
- Fortsetzung einer den Härtegrund Nr. 6 a.F. erfüllenden Beziehung über die Scheidung hinaus;
- bewusstes Absehen von der Eheschließung zur Erhaltung des Unterhaltsanspruchs;
- Beziehung zu einem anderen Partner mit besonders kränkenden oder anstößigen Begleitumständen;
- Bestehen eines festen sozialen und wirtschaftlichen Zusammenschlusses (Unterhaltsgemeinschaft);
- eheähnliche, d.h. eine an die Stelle der Ehe tretende Lebensgemeinschaft.

23 Das vom BGH daneben angeführte **Erscheinungsbild in der Öffentlichkeit** dürfte eher der Feststellung einer eheähnlichen Lebensgemeinschaft dienen als ein eigenständiges Kriterium darstellen.[47] Der BGH hat selbst offen gelassen, ob daran festzuhalten ist.[48]

24 Die Aufnahme intimer Beziehungen und die Möglichkeit, eine Ehe oder Partnerschaft einzugehen, wird auch weiterhin nicht zwingend vorausgesetzt.

25 Häufig werden die angeführten Fallgruppen auch den Anforderungen entsprechen, die an die verfestigte Lebensgemeinschaft zu stellen sind. Eine Abweichung kann sich wegen der hier zu fordernden Verfestigung ergeben. Das Ausbrechen aus einer intakten Ehe i.S.d. § 1579 Nr. 7 BGB muss, wenn die Beziehung nach der Scheidung fortgesetzt wird, nicht notwendigerweise bereits verfestigt sein. Dies gilt auch, wenn die Beziehung zu einem neuen Partner mit besonders kränkenden oder anstößigen Begleitumständen verbunden ist. In diesen Fällen ist weiterhin auf den Auffangtatbestand des § 1579 Nr. 8 BGB zurückzugreifen.

26 Um einen Härtegrund i.S.d. § 1579 Nr. 2 BGB bejahen und den Unterhalt versagen oder herabsetzen zu können, muss zu einer Lebensgemeinschaft eine Verfestigung hinzukommen. Liegen diese Merkmale vor, kann auch **Trennungsunterhalt** versagt oder gekürzt werden. Der Umstand, dass während der Trennungszeit eine Eheschließung mit dem Lebenspartner ausgeschlossen ist, steht der entsprechenden Anwendung auf den Trennungsunterhalt nicht entgegen.[49]

---

[42] BGH v. 09.02.1994 - XII ZR 220/92 - juris Rn. 12 - LM BGB § 1361 Nr. 64 (7/1994).

[43] BGH v. 07.12.1988 - IVb ZR 23/88 - NJW-RR 1989, 386-389; OLG Hamm v. 23.11.1987 - 10 WF 458/87 - FamRZ 1988, 400.

[44] BT-Drs. 16/1830, S. 21.

[45] BGH v. 21.12.1988 - IVb ZR 18/88 - juris Rn. 36 - LM Nr. 15 zu § 1577 BGB; BGH v. 25.05.1994 - XII ZR 17/93 - juris Rn. 32 - NJW-RR 1994, 1154-1155.

[46] BGH v. 21.12.1988 - IVb ZR 18/88 - LM Nr. 15 zu § 1577 BGB mit einer Übersicht über die Fallgestaltungen.

[47] BGH v. 12.03.1997 - XII ZR 153/95 - LM BGB § 1570 Nr. 17 (7/1997); BGH v. 14.12.1994 - XII ZR 180/93 - juris Rn. 19 - LM BGB § 1573 Nr. 27 (5/1995) (zur Einordnung des Zusammenlebens zweier Frauen).

[48] BGH v. 12.03.1997 - XII ZR 153/95 - juris Rn. 18 - LM BGB § 1570 Nr. 17 (7/1997).

[49] BGH v. 20.03.2002 - XII ZR 159/00 - juris Rn. 26 - BGHZ 150, 209-221.

Abweichend von der bisherigen Rechtsprechung soll nach der Begründung des Gesetzgebers auch die **Leistungsfähigkeit des neuen Partners** nicht mehr erforderlich sein. Rechtfertigender Grund für eine Verwirkung des Unterhalts ist danach allein, dass der geschiedene Ehegatte, der eine neue Lebensgemeinschaft eingegangen sei, die sich verfestigt habe, sich damit endgültig aus der nachehelichen Solidarität herauslöse und zu erkennen gibt, dass er diese nicht mehr benötigt. 27

Von einer Verwirkung i.S.d. Härteklausel abgesehen, kann sich ein Zusammenleben mit einem Lebenspartner auf die **Bedürftigkeit** auswirken. Wer mit jemandem zusammenlebt und diesem den Haushalt führt, muss sich dafür regelmäßig eine Vergütung[50] zurechnen lassen, vorausgesetzt der Partner ist dazu finanziell in der Lage.[51] Dies führt aber in den meisten Fällen nicht zum Wegfall des Unterhalts, sondern nur zur Verringerung des Anspruchs, weil die sich daraus ergebende Vergütung nach der geänderten Rechtsprechung des BGH als prägend für die ehelichen Lebensverhältnisse anzusehen und deshalb nicht auf den Bedarf anzurechnen, sondern im Wege der Differenzmethode einzustellen ist.[52] 28

2. Neue Fallgruppe: verfestigte Lebensgemeinschaft

Bleibt man dem kargen Wortlaut des Gesetzes verpflichtet, könnte jede **Lebensgemeinschaft**, die sich verfestigt hat, zur Begrenzung des Unterhalts führen. Das ist offensichtlich nicht gewollt, so dass sich schwierige Abgrenzungsfragen ergeben können.[53] 29

a. Zweck- und Versorgungsgemeinschaften

Eine Lebensgemeinschaft kann auch aus Gründen der Kostenersparnis mit einem Familienmitglied oder einem Dritten begründet werden, so wenn der unterhaltsberechtigte Ehegatte bei den Eltern einzieht oder eine Wohngemeinschaft gründet. Erst durch Heranziehung der Gesetzesbegründung, die sich auf die bisherige Rechtsprechung bezieht, wird klar, dass solche Gemeinschaften nicht erfasst werden sollen. 30

Reine **Zweck- oder Versorgungsgemeinschaften**, die nicht von einem gegenseitigen auf Dauer angelegten Füreinandereinstehen, einer gemeinsamen Zukunftsplanung und einer besonderen emotionalen Qualität getragen werden, fallen nicht unter diesen Tatbestand. Eine reine Wohngemeinschaft ist deshalb nicht als Lebensgemeinschaft zu erfassen.[54] 31

b. Abgrenzungskriterien

Im Bemühen, den Unterhaltsanspruch nicht zu verlieren, wird die Übernahme gegenseitiger Verantwortung häufig bestritten. Damit soll die Lebensgemeinschaft auf eine unterhaltsrechtlich unschädliche Form reduziert werden. Die vom Gesetzgeber kritisierte Kasuistik der Rechtsprechung[55] ist kein Selbstzweck, sondern letztlich nur eine Reaktion auf die fantasievolle Gestaltung des gemeinsamen Lebens durch den unterhaltsberechtigten Ehegatten. Deshalb werden auch künftig schwierige Abgrenzungsfragen zu beantworten sein. Dabei kann auf Rechtsprechung und Wertungen in anderen Gesetzen zurückgegriffen werden. 32

Das BVerfG[56] hat im Zusammenhang mit der Prüfung des § 137 Abs. 2a AFG eine eheähnliche Gemeinschaft beschrieben **als eine Lebensgemeinschaft zwischen einem Mann und einer Frau, die** 33

- **auf Dauer angelegt ist,**
- **daneben keine weitere Lebensgemeinschaft gleicher Art zulässt,**
- **sich durch innere Bindungen auszeichnet, die ein gegenseitiges Einstehen der Partner füreinander begründen**, also über die Beziehungen in einer reinen Haushalts- und Wirtschaftsgemeinschaft hinausgehen.

Dieser Ansatz kann auch für die Definition einer Lebensgemeinschaft i.S.d. § 1579 Nr. 2 BGB fruchtbar gemacht werden, wenn auch mit der Maßgabe, dass die Differenzierung nach Geschlecht entfällt. 34

---

[50] Vgl. etwa Unterhaltsrechtliche Leitlinien der Familiensenate in Süddeutschland: 200-550 €.
[51] BGH v. 21.12.1988 - IVb ZR 18/88 - LM Nr. 15 zu § 1577 BGB.
[52] BGH v. 05.09.2001 - XII ZR 336/99 - juris Rn. 18 - NJW 2001, 3779-3781; BGH v. 05.05.2004 - XII ZR 10/03 - NJW 2004, 2303-2305; BGH v. 05.05.2004 - XII ZR 132/02 - NJW 2004, 2305-2306; BGH v. 16.07.2008 - XII ZR 109/05 - juris Rn. 53.
[53] Eine Prüfungsübersicht für die anwaltliche Beratung bietet *Born*, NZFam 2014, 351.
[54] *Borth*, Unterhaltsrechtsänderungsgesetz, Rn. 225.
[55] BT Drs. 16/1830, S. 21.
[56] BVerfG v. 17.11.1992 - 1 BvL 8/87 - NJW 1993, 643-647 = FamRZ 1993, 164-169.

§ 1579

35 Auch in § 7 Abs. 3 Nr. 3c SGB II hat diese Definition des BVerfG bei der Beschreibung der Bedarfsgemeinschaft seinen Niederschlag gefunden. Dort heißt es: „... eine Person, die mit dem erwerbsfähigen Hilfebedürftigen in einem gemeinsamen Haushalt so zusammenlebt, dass nach verständiger Würdigung der wechselseitige Wille anzunehmen ist, Verantwortung füreinander zu tragen und füreinander einzustehen".

36 Dabei wird nach § 7 Abs. 3a SGB II ein wechselseitiger Wille, Verantwortung füreinander zu tragen und füreinander einzustehen, vermutet, wenn Partner **alternativ**
- länger als ein Jahr zusammenleben,
- mit einem gemeinsamen Kind zusammenleben,
- Kinder oder Angehörige im Haushalt versorgen oder
- befugt sind, über Einkommen oder Vermögen des anderen zu verfügen.

37 In der **Gesetzesbegründung**[57] wird für die Prüfung, ob eine verfestigte Lebensgemeinschaft vorliegt, auf folgende von der Rechtsprechung erarbeiteten objektiven Kriterien verwiesen:
- gemeinsamer über einen längeren Zeitraum hinweg geführter Haushalt,
- Erscheinungsbild in der Öffentlichkeit,
- größere gemeinsame Investitionen (Hauskauf),
- Dauer der Verbindung.

38 Weitere Indizien können sein:
- gemeinsames Verbringen von Freizeit und Urlaub[58],
- regelmäßige Teilnahme an Familienfesten[59],
- Einbeziehen des Partners in die Familie (namentliche Nennung in Familienanzeigen)[60],
- längere Nutzung von Wirtschaftsgütern (Pkw-Überlassung)[61].

39 Aus diesen Umständen lassen sich Erkenntnisse gewinnen, die eine Abgrenzung einer verfestigten Lebensgemeinschaft zur reinen Zweckgemeinschaft ermöglichen. Entscheidend ist eine **Gesamtschau des Erscheinungsbildes der Gemeinschaft in der Öffentlichkeit**. Allein die gemeinsame Freizeitgestaltung vermag eine Lebensgemeinschaft ebenso wenig zu begründen, wie regelmäßige intime Kontakte. Lebensgemeinschaften können daher auch bei einer **bewusst distanzierten Partnerschaft** vorliegen (living apart together)[62]; ein gemeinsamer Haushalt ist nicht zwingend. Im Zusammenspiel mit anderen Kriterien kann darin aber ein hinreichender Anhaltspunkt liegen.

c. Verfestigung der Lebensgemeinschaft i.S.d. Nr. 2

40 Mit *Wellerhofer*[63] lässt sich eine verfestigte Lebensgemeinschaft beschreiben als **„Beziehungen zwischen zwei Personen, sei es gleich- oder verschiedengeschlechtlich, die eine solche Intensität erreichen, dass ihnen quasi eheersetzende Wirkung zukommt, wobei eine Wohngemeinschaft oder eine sexuelle Beziehung zwar deutliche Indizien sind, aber nicht zwangsläufig vorausgesetzt werden".** Dabei beschreibt das Merkmal „eheersetzend" die Verfestigung. Die Leistungsfähigkeit des Partners hat keine konstitutive Bedeutung.[64]

41 Die Verfestigung einer Lebensgemeinschaft hat auch eine stark subjektive Komponente, die sich im Alltag ohne sonstige Anhaltspunkte schwerlich nachweisen lässt, weil die Versuchung des Ehegatten zu groß ist, eine Verfestigung zu bestreiten und die Beziehung auf eine reine Wohngemeinschaft zu reduzieren.

42 Auszuscheiden sind jedenfalls solche Lebensgemeinschaften, die sich noch in der **Gründungs- und Orientierungsphase** befinden. Eine Lebensgemeinschaft, die erst aufgenommen wurde, kann sich in der Regel noch nicht verfestigt haben, es sei denn, sie dokumentiert nach längerer lockerer Beziehung den Entschluss, in einer Gemeinschaft mit gegenseitigem Einstehen leben zu wollen.

---

[57] BT-Drs. 16/1830, S. 21.
[58] OLG Schleswig v. 02.05.2002 - 12 UF 82/01 - MDR 2002, 1252-1253; OLG Hamm v. 22.12.1998 - 3 UF 78/98 - NJW-RR 1999, 1233-1234.
[59] Saarländisches Oberlandesgericht v. 05.02.2003 - 9 UF 104/01 - juris Rn. 52 - FF 2003, 252-253.
[60] OLG Frankfurt v. 21.08.2001 - 1 UF 94/01 - OLGR Frankfurt 2002, 7-8.
[61] OLG Köln v. 30.05.2006 - 4 UF 213/05 - juris Rn. 3 - FF 2006, 319-320 mit Anmerkung *Schnitzler*.
[62] BGH v. 24.10.2001 - XII ZR 284/99 - FamRZ 2002, 23-26.
[63] *Wellerhofer*, FamRZ 2007, 1282.
[64] *Schnitzler*, FPR 2008, 41.

Die **Dauer einer Lebensgemeinschaft** lässt zuverlässige Rückschlüsse auf eine Verfestigung zu. Fraglich ist, ob es erforderlich ist, mit dem BGH[65] in der Regel einen Zeitraum von **zwei Jahren** zu verlangen, um eine Verfestigung zu bejahen. In der Begründung des Gesetzes wird die Problematik nicht thematisiert.[66] Eine schematische Beurteilung verbietet sich jedoch. Je geschlossener Partner nach außen als eine Lebensgemeinschaft auftreten, umso geringer sind die Anforderungen an das Zeitmoment.[67]

43

Erste ausdrückliche Zweifel an der Richtigkeit der Prämisse, dass eine Abgrenzung zwischen probeweisem Zusammenwohnen und einer Verfestigung der Lebensgemeinschaft erst nach einem Zeitablauf von zwei Jahren möglich sein soll, finden sich auch in der Rechtsprechung.[68] Die Formen des Zusammenlebens und die Qualität der Beziehungen haben seit der ersten Entscheidung des BGH zu diesem Zeitmoment im Jahr 1989[69] einen ganz erheblichen Wandel erfahren.

44

Die Regelung in **§ 7 Abs. 3a SGB II** sollte zur Bestimmung einer verfestigten Lebensgemeinschaft herangezogen werden.[70] Die dort genannten Kriterien lassen auch im Unterhaltsrecht den Schluss zu, dass sich eine Lebensgemeinschaft verfestigt hat. Auch beim Betreuungsunterhalt nach § 1570 BGB ist eine Anlehnung an den Standard des Sozialhilferechts (§ 11 Abs. 4 Sätze 2-4 SGB XII, § 10 Abs. 1 Nr. 3 SGB II) gewollt.

45

In dieser Regelung wird wesentlich darauf abgestellt, ob ein wechselseitiger Wille anzunehmen ist, Verantwortung füreinander zu tragen und füreinander einzustehen. Dieser Wille wird dann **vermutet**, wenn Partner **länger als ein Jahr zusammenleben**, sie mit einem gemeinsamen Kind zusammenleben, Kinder oder Angehörige im Haushalt versorgen oder befugt sind, finanzielle Dispositionen über das Einkommen oder Vermögen des anderen zu treffen. Diese Sichtweise könnte auch im Rahmen der Feststellung einer verfestigten Lebensgemeinschaft und damit der Verwirkung des Unterhaltsanspruchs fruchtbar gemacht werden. Insbesondere die Übernahme der widerlegbaren Vermutung, dass nach einem einjährigen Zusammenleben eine hinreichende Verfestigung eingetreten ist, würde eher für einen interessengerechten Ausgleich sorgen und der Lebenswirklichkeit Rechnung tragen.

46

Das erforderliche Füreinandereinstehenwollen leitet sich einerseits aus der **Dauer** der Beziehung und andererseits aus der **wirtschaftlichen Verflechtung** her, ergänzt durch das **Erscheinungsbild** in der Öffentlichkeit.[71] Das UÄndG lässt im Grunde die Notwendigkeit der Differenzierung der Fallgruppen Unterhaltsgemeinschaft und eheähnliche Gemeinschaft entfallen, wenngleich sie auch weiterhin zur Beschreibung und Abgrenzung, auch wegen der dazu ergangenen Rechtsprechung, herangezogen werden können.

47

Der BGH sieht in der Reform des § 1579 Nr. 2 BGB keine nachhaltige Änderung der gesetzlichen Regelung, die bereits deshalb zu einer Abänderung bestehender Unterhaltstitel berechtigen würde.[72]

48

Er sieht den Zweck der Norm darin, rein objektive Gegebenheiten bzw. Veränderungen in den Lebensverhältnissen des bedürftigen Ehegatten zu erfassen und nicht darin, ein Fehlverhalten zu sanktionieren. Er greift zur Bestimmung einer verfestigten Lebensgemeinschaft – wie die Gesetzesbegründung[73] – auf die bisher von ihm entwickelten Kriterien zurück und damit auch auf die Dauer der Beziehung. Entscheidend ist danach, ob sich der Ehegatte aus der ehelichen Solidarität herauslöst und erkennen lässt, dass er diese nicht mehr benötigt. Er hat die Annahme des OLG gebilligt, dass jedenfalls nach einer Dauer der Beziehung von 3 ¾ Jahren eine verfestigte Lebensgemeinschaft auch dann zu bejahen ist, wenn kein gemeinsamer Haushalt geführt wird.[74]

49

---

[65] BGH v. 20.03.2002 - XII ZR 159/00 - juris Rn. 18 - BGHZ 150, 209-221.
[66] Kritisch auch *Borth*, UnterhaltsrechtsänderungsG, Rn. 215 (nur ein Indiz unter anderen); für eine Verfestigung ab einem Zusammenleben von einem Jahr *Grohmann*, FamRZ 2013, 670-674.
[67] *Brudermüller* in: Palandt, Nachtrag, § 1579 Rn. 12.
[68] OLG Frankfurt 10.05.2010 - 7 UF 91/09 - juris Rn. 17.
[69] BGH v. 21.12.1988 - IVb ZR 18/88 - juris Rn. 47 - FamRZ 1989, 487-491.
[70] *Büttner*, FamRZ 2007, 773, 775.
[71] *Schnitzler*, FPR 2008, 41.
[72] BGH v. 05.10.2011 - XII ZR 117/09 - FamRZ 2011, 1854-1858.
[73] DT-Drs. 16/1830 S. 21.
[74] BGH v. 13.07.2011 - XII ZR 84/09 - FamRZ 2011, 1498.

aa. Unterhaltsgemeinschaft

50 Eine unzumutbare Belastung kann sich nach der bisherigen Rechtsprechung des BGH[75] für den Unterhaltspflichtigen daraus ergeben, dass der geschiedene Ehegatte über einen längeren Zeitraum in einem **festen sozialen und wirtschaftlichen Zusammenschluss** mit einem neuen Partner lebt, in dessen Folge beide ähnlich wie in einer Ehe zu einer **Unterhaltsgemeinschaft** oder **sozio-ökonomischen Gemeinschaft** gelangt sind.[76]

51 Dies ist auch dann anzunehmen, wenn die Partner seit längerer Zeit in einer festen sozialen Verbindung zusammenleben, sich auf getrennte Kassen berufen, aber kein verständlicher Grund dafür ersichtlich ist, dass die Partner nicht zu einer „ehegleichen ökonomischen Solidarität" – also zu einer Unterhaltsgemeinschaft – gelangen.[77]

52 Bislang hat die Rechtsprechung als weitere Voraussetzung postuliert, dass der Unterhaltsberechtigte sein wirtschaftliches Auskommen in dieser Gemeinschaft findet, weil der Partner über hinreichende Mittel verfügt und „**leistungsfähig**" ist.[78] Andererseits wurden an das Zeitmoment nicht die hohen Anforderungen wie bei einer eheähnlichen Gemeinschaft gestellt.

53 Ab dem 01.01.2008 soll die Leistungsfähigkeit des Partners in einer verfestigten Lebensgemeinschaft nicht mehr zu verlangen sein. Der Unterhaltsberechtigte hat sich durch sein Verhalten aus der nachehelichen Solidarität herausgelöst und kann sie nicht mehr über den Unterhalt einfordern.[79] Wegen der **Kinderschutzklausel** wird aber die Leistungsfähigkeit des Partners wieder zu beachten sein, wenn der Ehegatte ein gemeinschaftliches Kind betreut.[80] Allerdings ist wegen § 1570 Abs. 1 Satz 2 BGB auch die gesteigerte Erwerbsobliegenheit des Ehegatten zu beachten, der ein Kind betreut, das das 3. Lebensjahr vollendet hat.[81]

54 Ist allerdings die Leistungsfähigkeit des Partners bei einem gemeinsamen Wirtschaften gegeben, tritt die Bedeutung der Dauer der Lebensgemeinschaft für die Annahme der Verfestigung zurück.

bb. Eheähnliche Gemeinschaft

55 Nimmt der Unterhaltsberechtigte eine Verbindung zu einem neuen Partner auf, die sich „in einem solchen Maße verfestigt hat, dass damit gleichsam ein nichteheliches Zusammenleben an die Stelle der Ehe getreten ist", lässt dies die Fortdauer der Unterhaltspflicht aus objektiven Gründen als unzumutbar erscheinen.[82]

56 Während die Unterhaltsgemeinschaft durch ganz konkrete Anforderungen bestimmt wird, nämlich ein gemeinsames Wirtschaften und Haushalten, sind die Kriterien für eine eheähnliche Gemeinschaft weniger eindeutig. Es muss ein **auf Dauer ausgerichtetes Zusammenleben** gegeben sein, das an die Stelle einer Ehe getreten ist. Eine nur **intime Beziehung** reicht nicht aus[83], ebenso wenig eine freundschaftliche Verbundenheit, die begleitet wird von gemeinsamen Unternehmungen, oder ein gemeinsamer Telefaxanschluss[84]. Andererseits ist eine sexuelle Beziehung nicht zwingend erforderlich. Eine umfassende Betreuung und Zuwendung, wie sie regelmäßig nur zwischen Ehepartnern erfolgt, kann bei einem pflegebedürftigen Unterhaltsberechtigten ausreichend sein.[85]

57 Ein allein **intimes Verhältnis** ist zwar nicht ausreichend. Wird in einer Entscheidung das Vorliegen dieser Voraussetzungen verneint, weil noch keine Verfestigung eingetreten ist, kann ein späteres **Abänderungsverfahren** aber darauf gestützt werden, dass diese Voraussetzungen auf Grund neu hinzugetretener Umstände nunmehr erfüllt sind, ohne präkludiert zu sein. In diesem Zusammenhang kann auch eine 10 Jahre dauernde intime Beziehung, die bewusst auf Distanz gehalten wird, in Verbindung mit gemeinsamem Auftreten in der Öffentlichkeit (Tanzsportaktivitäten) auf eine Verfestigung deuten.[86]

---

[75] BGH v. 25.05.1994 - XII ZR 17/93 - juris Rn. 34 - NJW-RR 1994, 1154-1155 = FamRZ 1995, 540-543.
[76] BGH v. 20.05.1987 - IVb ZR 50/86 - juris Rn. 15 - NJW-RR 1987, 1282-1283.
[77] BGH v. 21.12.1988 - IVb ZR 18/88 - juris Rn. 42 - LM Nr. 15 zu § 1577 BGB.
[78] BGH v. 21.12.1988 - IVb ZR 18/88 - juris Rn. 42 - LM Nr. 15 zu § 1577 BGB.
[79] BT-Drs. 16/1830, S. 21; kritisch dazu *Wellerhofer*, FamRZ 2007, 1282; BGH v. 13.07.2011 - XII ZR 84/09 - FamRZ 2011, 1498; OLG Karlsruhe v. 22.12.2010 - 16 UF 191/10 - FamRZ 2011, 1066.
[80] *Borth*, Unterhaltsrechtsänderungsgesetz, Rn. 226.
[81] *Schnitzler*, FPR 2008, 41.
[82] BGH v. 21.12.1988 - IVb ZR 18/88 - juris Rn. 42 - LM Nr. 15 zu § 1577 BGB.
[83] BGH v. 21.12.1988 - IVb ZR 18/88 - juris Rn. 36 - LM Nr. 15 zu § 1577 BGB.
[84] OLG Koblenz v. 05.10.2005 - 7 WF 864/05 - FamRZ 2006, 705.
[85] OLG Köln v. 06.03.2002 - 27 UF 122/01 - OLGR Köln 2002, 249-251.
[86] BGH v. 05.10.2011 - XII ZR 117/09 - FamRZ 2011, 1854-1858.

Ein **gemeinsames Wohnen und Wirtschaften** stellt zwar ein klassisches Indiz dar; eine ständige Wohngemeinschaft ist aber keine zwingende Voraussetzung.[87] Behält der Partner seine Wohnung bei, schließt dies die Annahme einer eheähnlichen Gemeinschaft nicht aus, wenn gleichwohl teilweise z.B. am Wochenende zusammengelebt wird.[88]

58

Halten die Partner ihre Lebensbereiche getrennt und legen ihre Beziehung bewusst auf Distanz an (**bewusst distanzierte Partnerschaft**), ist eine solche Entscheidung zu respektieren. Um gleichwohl eine eheähnliche Lebensgemeinschaft annehmen zu können, muss sich dann an Hand anderer Umstände feststellen lassen, dass die Gemeinschaft von besonderer Intensität ist.[89] Auch das gemeinsame Haushalten spricht für eine verfestigte Beziehung, ohne dass dies zur zwingenden Voraussetzung gemacht wird. Wird jedoch auf eine häusliche Gemeinschaft verzichtet und auf andere Indizien zurückgegriffen, besteht die Gefahr, dass die Abgrenzung beliebig wird.[90]

59

Weitere Hinweise für eine Verfestigung einer Beziehung können sein: das gemeinsame Verbringen der Freizeit, die gemeinsame Urlaubsgestaltung, die regelmäßig Teilnahme an den Festen der Familien und das Einbeziehen des Partners, wenn die Familie nach außen auftritt[91] (namentliche Erwähnung in Traueranzeigen,[92] Teilnahme am Abiturball[93]). Aber eine Beziehung, die nur darauf ausgerichtet ist, Freizeit und Urlaub gemeinsam zu verbringen, hat keinen eheähnlichen Charakter. Erforderlich ist eine Gesamtschau des Erscheinungsbildes. So können einzelne Aspekte – wie z.B. das Freizeitverhalten – für sich genommen nicht ausreichend sein, im Zusammenspiel mit anderen Indizien jedoch auf eine verfestigte Lebensgemeinschaft hindeuten.

60

Eine **verfestigte Beziehung nach ihrer inneren Intensität** festzustellen, ist in der Praxis mit erheblichen Schwierigkeiten verbunden.

61

Der BGH hat in der Regel eine **Dauer des Zusammenlebens von zwei bis drei Jahren** für erforderlich gehalten, um von einer verfestigten Gemeinschaft ausgehen zu können.[94] Diese Vorgabe ist in der Begründung des Gesetzgebers zum **UÄndG vom 21.12.2007** bedauerlicherweise nicht diskutiert worden. Die Rechtsprechung, die zur Konsequenz hat, dass der unterhaltspflichtige geschiedene Ehegatte den Aufbau einer neuen Beziehung finanzieren muss, ist mit dem allgemeinen Rechtsempfinden nicht in Einklang zu bringen. Ein Rückgriff auf **§ 7 Abs. 3a SGB II** würde die Akzeptanz deutlich verbessern.[95]

62

Diese grundsätzliche Einschätzung des BGH, an der er weiterhin festhält,[96] schließt aber nicht aus, den eheähnlichen Charakter dieser Gemeinschaft und damit eine Verfestigung auch aus anderen Umständen (wirtschaftliche und finanzielle Verflechtung, gemeinsamer Hausbau, gemeinschaftliche Kinder) herzuleiten und zu einem früheren Zeitpunkt festzustellen.[97] Eine Vielzahl von obergerichtlichen Entscheidungen haben andere Umstände in den Vordergrund gerückt, um eine vorsichtige Lösung von der als unangemessen empfundenen Dauer zu ermöglichen. Solche Umstände finden sich einerseits im persönlichen Bereich und andererseits in wirtschaftlichen Dispositionen.

63

Insbesondere die Tatsache, dass aus der anderen Verbindung ein **Kind hervorgegangen** ist, nimmt die Rechtsprechung zum Anlass, den zeitlichen Rahmen enger abzustecken, weil darin ein starkes Indiz für eine Verfestigung der neuen Gemeinschaft gesehen wird.[98] Andererseits lässt ein gemeinschaftliches Kind für sich genommen noch nicht den Schluss zu, es liege eine verfestigte Lebensgemeinschaft

64

---

[87] BGH v. 20.03.2002 - XII ZR 159/00 - juris Rn. 18 - BGHZ 150, 209-221.
[88] OLG Zweibrücken v. 05.02.2010 - 2 UF 140/09 - juris Rn. 30.
[89] BGH v. 24.10.2001 - XII ZR 284/99 - juris Rn. 21 - LM BGB § 1579 Nr. 49 (7/2002); BGH v. 30.03.2011 - XII ZR 3/09 - FamRZ 2011, 791-795 - juris; OLG Zweibrücken v. 28.01.1993 - 5 UF 129/91 - NJW 1993, 1660; OLG Bremen v. 27.03.2000 - 4 UF 16/00 - OLGR Bremen 2000, 296-297; OLG Frankfurt v. 21.02.2002 - 2 UF 72/01 - FamRZ 2003, 99.
[90] Kritisch hierzu *Büttner*, FamRZ 1996, 136-141, 140.
[91] OLG Schleswig v. 02.05.2002 - 12 UF 82/01 - MDR 2002, 1252-1253; OLG Hamm v. 22.12.1998 - 3 UF 78/98 - NJW-RR 1999, 1233-1234.
[92] OLG Frankfurt v. 21.08.2001 - 1 UF 94/01 - OLGR Frankfurt 2002, 7-8.
[93] OLG Düsseldorf v. 13.09.2010 - II-7 UF 69/10, 7 UF 69/10 - FamRZ 2011, 255.
[94] BGH v. 20.03.2002 - XII ZR 159/00 - juris Rn. 18 - BGHZ 150, 209-221.
[95] So AG Essen v. 11.03.2009 - 106 F 296/08 - juris Rn. 5 - FamRZ 2009, 1917-1918.
[96] BGH v. 13.07.2011 - XII ZR 84/09 - FamRZ 2011, 1498; BGH v. 05.10.2011 - XII ZR 117/09 - FamRZ 2011, 1854-1858.
[97] OLG Köln v. 04.03.1999 - 10 UF 142/98 - juris Rn. 7 - NJW-RR 2000, 371-372.
[98] OLG Köln v. 18.05.2004 - 14 WF 55/04 - MDR 2004, 1003.

§ 1579

vor. Handelt es sich jedoch um ein Wunschkind und ziehen die Parteien deswegen zusammen, so ist davon auszugehen, dass bereits dann eine Verfestigung vorliegt, wenn die Beziehung etwa ein Jahr besteht.[99]

65 Auch eine starke **wirtschaftliche Verflechtung**, die sich z.B. darin äußert, dass der neue Partner an dem früheren Familienheim der geschiedenen Ehefrau **Miteigentum erworben** hat und mit der Unterhaltsberechtigten darin wohnt, kann bereits nach 18 Monaten zu einer Verwirkung des Geschiedenenunterhalts führen.[100] Es kann regelmäßig davon ausgegangen werden, dass wirtschaftliche Dispositionen wie bei einem Immobilienerwerb nur getätigt werden, wenn die Absicht besteht, eine auf Dauer gerichtete Beziehung zu führen. Diese Entscheidung legt nahe, dass bereits deshalb eine verfestigte Lebensgemeinschaft besteht, und die Verwirkung des Unterhalts in Betracht kommt, ohne dass das vom BGH geforderte Zeitmoment daneben noch besondere Bedeutung hat.[101] Treffen Geburt eines gemeinsamen Kindes und Eigentumserwerb zusammen, können es diese Umstände rechtfertigen, eine verfestigte Gemeinschaft bereits nach 16 Monaten anzunehmen.[102]

66 Zur Feststellung einer verfestigten Lebensgemeinschaft kann auf Indizien aus dem gesamten Lebensumfeld zurückgegriffen werden, und sie ist zu bejahen, wenn die neuen Partner gemeinsam ein zu Wohnzwecken dienendes **Hausgrundstück erworben** haben und trotz teilweise getrennter Wohnbereiche Küche und andere Räumlichkeiten dieser Immobilie gemeinsam nutzen.[103]

67 Teilweise sind die Anforderungen an eine Verfestigung – wohl vor dem Hintergrund erheblicher Zweifel an der Richtigkeit der herrschenden Meinung – auch deutlich abgemildert. So wurde auch als ausreichend angesehen, wenn eine formale Wohnsitzummeldung erfolgt ist, ein gemeinsamer Mietvertrag abgeschlossen wurde und die Wohnung zusammen renoviert wurde.[104]

68 Hinreichende Umstände für das Vorliegen einer verfestigten Lebensgemeinschaft bereits nach 1 1/4 Jahren sind gegeben, wenn die neuen Partner, nachdem sie zunächst für eine kurze Zeit in die Wohnung eines Partners eingezogen waren, gemeinsam eine neue Wohnung anmieten und deren Kosten gemeinsam tragen.[105]

69 Die Verfestigung kann nach OLG Oldenburg[106] auch dann zu einem früheren Zeitpunkt angenommen werden, wenn der Aufnahme eines gemeinsamen Haushalts eine längere Entwicklung der gemeinsamen Beziehung vorausgegangen ist (etwa regelmäßig Treffen bei Kegelurlauben, regelmäßige, häufige Telefonkontakte über einen längeren Zeitraum). Als Indizien können auch herangezogen werden die Erteilung einer Vorsorgevollmacht oder die Einbeziehung in eine Patientenverfügung.[107]

70 Die wirtschaftliche Lage des neuen Partners des Berechtigten ist in diesen Fällen unerheblich; es kommt also nicht darauf an, ob er hinreichend leistungsfähig ist.[108]

71 Die eheähnliche Gemeinschaft muss **fortdauern**, um eine Verwirkung des Unterhalts auch für die Zukunft rechtfertigen zu können. Auf eine Vermutung, dass eine einmal begründete Lebensgemeinschaft in dieser Form fortbestehe, kann der Einwand der Verwirkung nicht gestützt werden. Steht eine **Lockerung** der Beziehung der Partner in engem zeitlichem Zusammenhang mit der Ankündigung, aus der Beziehung unterhaltsrechtliche Konsequenzen zu ziehen, so sind an die Darlegung der Aufgabe der Lebensgemeinschaft hohe Anforderungen zu stellen.[109]

72 Der BGH hält eine Verwirkung wegen der Aufnahme einer eheähnlichen Gemeinschaft auch dann für möglich, wenn die Unterhaltsberechtigte mit jemandem zusammenlebt, der **gleichgeschlechtlich** veranlagt ist, ohne dass sie selbst diese Neigung teilt. Die Anwendung der Härteklausel kann die Unter-

---

[99] OLG Karlsruhe v. 15.05.2007 - 18 WF 74/07 - juris Rn. 7 - OLGR Karlsruhe 2007, 615-616.
[100] OLG Schleswig v. 01.03.2004 - 15 UF 197/03 - SchlHA 2004, 342-343.
[101] OLG Karlsruhe v. 12.10.2005 - 18 UF 305/04 - FamRZ 2006, 706-707.
[102] OLG Köln v. 18.04.2005 - 27 UF 230/04 - FF 2005, 192-193.
[103] OLG Saarbrücken v. 18.02.2009 - 9 WF 19/09 PKH - juris Rn. 11 - NJW-RR 2009, 1449-1450; *Viefhues*, jurisPR-FamR 18/2009, Anm. 4.
[104] OLG Frankfurt v. 10.05.2010 - 7 UF 91/09 - juris Rn. 17.
[105] OLG Frankfurt v. 19.11.2010 - 7 UF 91/09 - juris Rn. 7 - NJW-RR 2011, 1155-1156.
[106] OLG Oldenburg v. 19.01.2012 - 13 UF 155/11.
[107] OLG München v. 10.02.2009 - 2 UF 1616/08 - juris Rn. 19 - FamRZ 2010, 126-127, mit der Besonderheit, dass wegen eines Wachkomas eine bewusste Entscheidung für eine Lebensgemeinschaft verneint wurde.
[108] BGH v. 21.12.1988 - IVb ZR 18/88 - juris Rn. 46 - LM Nr. 15 zu § 1577 BGB; BGH v. 13.07.2011 - XII ZR 84/09 - FamRZ 2011, 1498.
[109] BGH v. 28.11.1990 - XII ZR 26/90 - juris Rn. 9 - NJW-RR 1991, 514-515; OLG Hamm v. 15.03.2002 - 9 UF 146/01 - FamRZ 2003, 455.

haltsberechtigte also nicht mit dem Hinweis abwenden, mit dem neuen Partner sei es nicht zu intimen Beziehungen gekommen, weil dieser homosexuell sei. Entscheidend ist, ob „die Partner ihre Lebensverhältnisse so aufeinander abgestellt haben, dass sie wechselseitig füreinander einstehen, indem sie sich gegenseitig Hilfe und Unterstützung gewähren, und damit ihr Zusammenleben ähnlich gestalten, wie es sich aufgrund der nach außen dringenden Gegebenheiten auch in einer Ehe darstellt".[110]

Auch das UÄndG vom 21.12.2007 geht – wie die bisherige Rechtsprechung[111] – davon aus, dass auch durch **Aufnahme einer gleichgeschlechtlichen Beziehung** der Verwirkungsgrund des § 1579 Nr. 2 BGB erfüllt werden kann.[112] Nachdem das Lebenspartnerschaftsgesetz auch eine unterhaltsrechtliche Verantwortung für eingetragene Lebenspartnerschaften vorsieht (§§ 12 Abs. 1, 16 Abs. 1 LPartG[113]), stellt sich bei gleichgeschlechtlichen Partnern beim Vorliegen einer Unterhaltsgemeinschaft oder eheähnlichen Lebensgemeinschaft eine vergleichbare Problematik[114].

IV. Schwere Straftat (Nr. 3)

Hat sich der Berechtigte eines Verbrechens oder eines schweren vorsätzlichen Vergehens gegen den Unterhaltspflichtigen schuldig gemacht, kann dies nachteilige Folgen für den Unterhaltsanspruch haben. Die Rechtsfolgen eines schwerwiegenden Fehlverhaltens wirken aber grundsätzlich nicht zurück sondern greifen erst **vom Zeitpunkt der Verfehlung** ein.[115] Im Einzelfall kann es geboten sein, davon abzuweichen, wenn jede weitere Erfüllung der Unterhaltspflicht für das Opfer unerträglich wäre, so wenn der vereinbarte Umgang mit den Kindern dazu ausgenützt wird, die unterhaltspflichtige Ehefrau erheblich zu verletzten.[116]

1. Schwere der Straftat

Die Schwere des Vergehens kann sich aus dem Tatbestand des Delikts selbst ergeben oder aus den Auswirkungen für den Verpflichteten. Auch die für die Strafzumessung maßgeblichen Umstände können herangezogen werden. Es kommt indessen nicht darauf an, ob das vom Gesetz vorgesehene Strafmaß empfindlich ist, weil auf die Auswirkungen für den Unterhaltspflichtigen abzustellen ist.[117] Nicht entscheidend ist auch, ob das Fehlverhalten nach strafrechtlichen Grundsätzen verjährt ist.[118]

Die Einleitung eines **strafrechtlichen Ermittlungsverfahrens** ist nicht erforderlich. Wird aber kein **Strafantrag** gestellt oder keine Anzeige erstattet, kann in diesem Umstand ein Indiz dafür zu sehen sein, dass der Unterhaltspflichtige dem Vorfall keine besondere Bedeutung beigemessen hat. Grundsätzlich ist zu bedenken, dass das Zerbrechen einer Ehe regelmäßig mit Auseinandersetzungen verbunden ist und diese nicht von § 1579 Nr. 3 BGB erfasst werden sollten.

Der **Personenkreis** ist nicht auf den Unterhaltspflichtigen allein beschränkt, sondern bezieht den neuen Ehegatten und auch nahe Angehörige, also Verwandte ersten Grades und die in § 11 Abs. 1 Nr. 1 StGB genannten Personen ein, wenn zugleich eine **enge persönliche Verbundenheit** besteht. Nicht erfasst ist der Partner einer nichtehelichen Lebensgemeinschaft.

Der Täter muss **zumindest vermindert schuldfähig** sein.[119] Eine verminderte Schuldfähigkeit kann zur Verneinung der groben Unbilligkeit führen. Andererseits ist auf dieser Stufe auch ein Mitverschulden des Unterhaltspflichtigen zu erfassen.[120]

---

[110] BGH v. 20.03.2002 - XII ZR 159/00 - juris Rn. 21. - BGHZ 150, 209-221; anders noch BGH v. 14.12.1994 - XII ZR 180/93 - juris Rn. 26 - LM BGB § 1573 Nr. 27 (5/1995).
[111] BGH v. 20.03.2002 - XII ZR 159/00 - juris Rn. 19 - BGHZ 150, 209-221; noch offen gelassen in BGH v. 14.12.1994 - XII ZR 180/93 - juris Rn. 22 - LM BGB § 1573 Nr. 27 (5/1995).
[112] BT-Drs. 16/1830, S. 21.
[113] Einen Überblick gibt *Büttner*, FamRZ 2001, 1105-1112.
[114] *Maurer* in: MünchKomm-BGB, § 1579 Rn. 61; für Gleichbehandlung *Brudermüller* in: Palandt, § 1579 Rn. 14.
[115] BGH v. 09.11.1983 - IVb ZR 8/82 - juris Rn. 9 - LM Nr. 19 zu § 1579 BGB.
[116] OLG Zweibrücken v. 30.03.2001 - 2 UF 5/00 - juris Rn. 17 - OLGR Zweibrücken 2001, 340-341; bestätigt durch BGH v. 12.11.2003 - XII ZR 109/01 - NJW 2004, 1324-1326.
[117] OLG Karlsruhe v. 04.05.2000 - 2 UF 178/99 - FamRZ 2001, 833.
[118] *Borth* in: Schwab, Handbuch des Scheidungsrechts, 6. Aufl. 2010, Teil IV Rn. 504.
[119] BGH v. 16.09.1981 - IVb ZR 622/80 - juris Rn. 9 - NJW 1982, 100-102; OLG Hamm v. 29.11.1989 - 10 UF 80/88 - juris Rn. 7 - NJW 1990, 1119-1120, OLG Hamm v. 14.02.2001 - 6 UF 42/00 - FamRZ 2002, 240-241.
[120] *Maurer* in: MünchKomm-BGB, § 1579 Rn. 10.

2. Typische Fälle

79 Die Praxis wird geprägt durch Gewalt- und Sexualdelikte, Verleumdungen sowie Vermögensdelikte; im zuletzt genannten Bereich steht der (versuchte) Prozessbetrug im Vordergrund.

a. Gewaltdelikte

80 Mord und Totschlag, auch soweit es beim Versuch geblieben ist, sind Verbrechen, so dass keine Gewichtung erforderlich ist. Eine gefährliche Körperverletzung stellt regelmäßig ein schweres Vergehen dar, insbesondere wenn der Umgang mit den Kindern ausgenützt wird, um den anderen Ehegatten mit Werkzeugen zu verletzten.[121] Dies gilt auch für die Körperverletzung eines Säuglings.[122] Straftaten nach § 4 GewSchG können schwere vorsätzliche Vergehen im Sinne des § 1579 Nr. 3 BGB darstellen.[123]

81 Bei einer einfachen Körperverletzung im strafrechtlichen Sinne müssen jedoch besondere Umstände hinzukommen, um ein schweres Vergehen zu bejahen. Eine einmalige Kurzschlusshandlung, die zu einer Körperverletzung geführt hat, ist für sich genommen nicht ausreichend.[124]

b. Delikte gegen die freie Selbstbestimmung

82 Bei Sexualdelikten – insbesondere wenn sie gegen gemeinschaftliche oder einvernehmlich aufgenommene Kinder gerichtet sind – ist, wenn nicht bereits ein Verbrechen vorliegt, in der Regel ein schweres Vergehen anzunehmen. So wurde der Unterhaltsanspruch versagt, wenn der Unterhaltsberechtigte über zwei Jahre die Stieftochter missbraucht und dies zum Scheitern der Ehe geführt hat.[125] Nötigung und Erpressung können das Gewicht schwerer Vergehen erreichen. Die Drohung, dem Arbeitgeber gegenüber die Homosexualität des Unterhaltspflichtigen zu offenbaren, kann eine versuchte Nötigung darstellen und lässt die Schwere nur zurücktreten, wenn der Betroffene diese Drohung selbst zunächst nicht als schwerwiegend empfindet.[126]

c. Beleidigungen, Verleumdungen, Falschaussagen

83 Wiederholte schwerwiegende Beleidigungen und Verleumdungen können so nachteilige Auswirkungen auf das Ansehen des Unterhaltspflichtigen in der beruflichen Umgebung und der Öffentlichkeit haben, dass ein schweres Delikt vorliegt. Dies ist auch zu bejahen, wenn der Unterhaltsberechtigte wiederholt Post mit obszönem oder beleidigendem Inhalt an den Unterhaltspflichtigen versendet und droht, ihn zu erschießen.[127] Die **falsche Aussage in einem Vaterschaftsanfechtungsverfahren** („Verkehr in der gesetzlichen Empfängniszeit ausschließlich mit dem Unterhaltspflichtigen") unterliegt ebenfalls § 1579 Nr. 3 BGB.[128]

84 Seinen Anspruch auf Unterhalt kann wegen **schwerwiegender Beleidigung** auch verwirken, wer schuldhaft wiederholt schwerwiegende nicht haltbare Beschuldigungen wie die des **sexuellen Missbrauchs** erhebt, ohne dass sich dafür auch nur ansatzweise Anhaltspunkte ergeben. Auf die **Wahrnehmung berechtigter Interessen** kann sich der bedürftige Ehegatte spätestens dann nicht mehr berufen, wenn die Missbrauchsfrage durch Einholung eines Gutachtens geklärt ist, sich keine Verdachtsmomente ergeben haben und an dem Vorwurf nur festgehalten wird, um den Umgang zu verhindern.[129]

85 Demgegenüber reichen **verbale Entgleisungen**, die mit der Scheidung einhergehen und keine wirtschaftliche Auswirkung haben, nicht aus. Kommt es einmalig zu ehrverletzenden Äußerungen gegenüber Ehemann und Schwiegereltern aus Zorn und persönlicher Enttäuschung, so ist darin kein vorsätz-

---

[121] OLG Zweibrücken v. 30.03.2001 - 2 UF 5/00 - juris Rn. 14 - OLGR Zweibrücken 2001, 340-341 (Körperverletzung während eines betreuten Umgangs beim Kinderschutzbund); OLG Hamm v. 14.02.2001 - 6 UF 42/00 - FamRZ 2002, 240-241.

[122] OLG Hamm v. 14.02.2001 - 6 UF 42/00 - FamRZ 2002, 240-241.

[123] OLG Bamberg v. 05.01.2006 - 2 UF 338/05 - juris Rn. 3 - OLGR Bamberg 2007, 474-476.

[124] Schleswig-Holsteinisches Oberlandesgericht v. 18.12.2006 - 15 UF 104/05 - juris Rn. 94 - OLGR Schleswig 2007, 514-516.

[125] OLG Hamm v. 29.11.1989 - 10 UF 80/88 - juris Rn. 6 - NJW 1990, 1119-1120.

[126] KG Berlin v. 16.05.1991 - 16 UF 7355/90 - NJW-RR 1992, 648-649.

[127] OLG Hamm v. 31.05.2000 - 6 UF 55/98 - FamRZ 2000, 1371.

[128] OLG Bremen v. 23.09.1980 - 5 UF 80/80 (c) - FamRZ 1981, 953-954.

[129] OLG München v. 14.02.2006 - 4 UF 193/05 - juris Rn. 25 - FamRZ 2006, 1605; OLG Hamm v. 03.12.2013 - II-2 UF 105/13, 2 UF 105/13.

liches schweres Vergehen i.S.d. § 1579 Nr. 3 BGB zu sehen.[130] Wird aber nach einer einmaligen Entgleisung in Form einer Körperverletzung noch eine falsche Verdächtigung i.S.d. § 164 StGB begangen, so führt dies zu einer Verwirkung des Unterhalts.[131]

d. Vermögensdelikte

Das Vermögen des Unterhaltspflichtigen kann dadurch geschädigt werden, dass ein unmittelbarer Eingriff durch Diebstahl, Unterschlagung und Untreue erfolgt. Der Vermögensschaden muss erheblich sein und darf sich nicht in der Entwendung von Bagatellbeträgen erschöpfen. Das Entwenden einer Geldkassette mit 2.000 € nach Abweisung der Klage auf Trennungsunterhalt erfüllt jedoch den Tatbestand[132], ebenso das wiederholte unerlaubte Abheben von weniger hohen Geldbeträgen, die aber in der Summe spürbar belasten. 86

Der Schwerpunkt der vermögensschädigenden oder -gefährdenden Handlungen liegt beim **Betrug** bzw. beim versuchten Prozessbetrug, weil häufig unterhaltsrechtlich erhebliche Umstände verschwiegen werden, um den Unterhaltsanspruch nicht einzubüßen. Im Rahmen eines Unterhaltsverfahrens hat der Unterhaltsberechtigte wahrheitsgemäß und vollständig vorzutragen (§ 138 Abs. 1 ZPO). Außerhalb gerichtlicher Verfahren besteht eine Verpflichtung zur ungefragten Auskunft gemäß § 242 BGB nur ausnahmsweise. 87

e. Verletzung der Offenbarungspflicht im Prozess

Der Unterhalt verlangende Ehegatte, muss in einem Rechtsstreit nach § 113 Abs. 1 Satz 2 FamFG i.V.m. § 138 Abs. 1 ZPO seine Bedürftigkeit „vollständig und der Wahrheit gemäß" darlegen. Diese Verpflichtung besteht auch in einem einstweiligen Anordnungsverfahren, in dem der Sachvortrag in der Regel zusätzlich glaubhaft zu machen ist (§ 51 Abs. 1 Satz 2 FamFG).[133] Der Unterhaltsberechtigte hat deshalb alle Einkünfte und alle die Bedürftigkeit beeinflussenden Umstände darzulegen. Die bewusst **falsche Darstellung der eigenen Einkünfte** erfüllt diesen Verwirkungstatbestand ebenso wie das bewusste Verschweigen.[134] 88

Auch die Täuschung über das Ausmaß der eigenen Bedürftigkeit durch unvollständige, fehlerhafte oder bewusst falsche Angaben zum Einkommen und/oder Vermögen kann einen versuchten Prozessbetrug darstellen, der die Voraussetzungen des genannten Verwirkungstatbestandes erfüllt. Der Tatbestand kann bereits durch die **Einreichung eines Schriftsatzes**, in dem notwendige Angaben verschwiegen werden, verwirklicht werden. Dabei spielt es keine Rolle, ob die zu offenbarenden Tatsachen unterhaltsrechtlich erheblich sind, weil diese Beurteilung nicht dem Unterhaltsberechtigten überlassen ist.[135] 89

Auch wenn es um die Durchführung einer Unterhaltsvereinbarung geht, ist der Unterhaltsberechtigte im Hinblick auf seine vertragliche Treuepflicht gehalten, jederzeit und unaufgefordert die anderen Teil Umstände zu offenbaren, die ersichtlich dessen Verpflichtungen aus dem Vertrag berühren.[136] 90

Dabei ist die **Bewertung der Erheblichkeit** der Einkünfte für die Ermittlung des zu zahlenden Unterhalts nicht dem Unterhaltsberechtigten überlassen, insbesondere auf Nachfrage hat er auch solche Einkünfte darzulegen, die nach seiner Einschätzung – weil sie z.B. überobligationsmäßig erworben werden – nicht zu berücksichtigen sind.[137] Die Auswirkungen sind aber bei der Abwägung, ob der Unterhaltsanspruch ganz oder nur teilweise versagt wird, einzubeziehen. Allein eine schleppende oder verzögerte Aktualisierung der Einkommensverhältnisse reicht jedoch nicht aus.[138] Werden die Einkünfte aber erst nach mehrfacher Aufforderung offenbart, stellt dies einen versuchten Prozessbetrug dar.[139] 91

---

[130] OLG Karlsruhe v. 02.10.1991 - 2 A UF 35/91 - NJW-RR 1992, 1094-1095.
[131] Schleswig-Holsteinisches Oberlandesgericht v. 18.12.2006 - 15 UF 104/05 - juris Rn. 85 - OLGR Schleswig 2007, 514-516.
[132] OLG Karlsruhe v. 04.05.2000 - 2 UF 178/99 - juris Rn. 54 - FamRZ 2001, 833.
[133] OLG Hamm v. 30.05.2001 - 10 UF 70/00 - FF 2001, 211-213.
[134] OLG Zweibrücken v. 29.08.1995 - 5 UF 147/94 - NJW-RR 1996, 1219-1220; BGH v. 04.07.2007 - XII ZR 141/05 - juris Rn. 54 - FamRZ 2007, 1532 = NJW 2008, 57.
[135] Brandenburgisches Oberlandesgericht v. 07.05.2009 - 9 UF 85/08 - juris Rn. 24 - FPR 2009, 491-492.
[136] BGH v. 19.05.1999 - XII ZR 210/97 - juris Rn. 17 - LM BGB § 123 Nr. 81 (11/1999).
[137] BGH v. 19.05.1999 - XII ZR 210/97 - juris Rn. 22 - LM BGB § 123 Nr. 81 (11/1999); OLG Karlsruhe v. 27.11.2001 - 20 UF 79/00 - FamRZ 2002, 1037-1038; OLG Düsseldorf v. 07.07.2010 - II-8 UF 14/10, 8 UF 14/10 - juris Rn. 17 (Herabsetzung) - NJW-Spezial 2010, 710.
[138] OLG Schleswig v. 14.08.2002 - 12 UF 13/01 - FamRZ 2003, 603-606.
[139] OLG Karlsruhe v. 27.11.2001 - 20 UF 79/00 - FamRZ 2002, 1037-1038.

§ 1579

| 92 | Gegen die Verpflichtung, den Sachverhalt vollständig und wahrheitsgemäß darzulegen, wird in unterhaltsrechtlichen Verfahren nicht selten verstoßen, um einen höheren Unterhalt zu erreichen oder den Fortbestand des Unterhaltsanspruchs nicht zu gefährden. Im Rahmen der Billigkeitsabwägungen ist aber zunächst zu prüfen, welche **konkreten Auswirkungen** der Verstoß auf den Unterhaltsanspruch hat.[140] Grundsätzlich haben nur solche Verfehlungen Konsequenzen für den Unterhalt, die von Gewicht sind. Die wirtschaftlichen Auswirkungen sind auch bei der Auswahl der möglichen Rechtsfolgen zu berücksichtigen. Nicht jedes Fehlverhalten muss automatisch zum Versagen des Unterhalts führen, sondern kann auch in dessen Kürzung bestehen.[141] |
| 93 | Allerdings kann ein solches Fehlverhalten des Unterhaltsberechtigten auch **Schadensersatzansprüche** auslösen, z.B. wenn die weiteren Voraussetzungen des § 826 BGB erfüllt sind.[142] Wird auf der Grundlage des mitgeteilten Einkommens ein Vergleich über den zu zahlenden Unterhalt vereinbart, aber sonstige Einkünfte aus Vermögen verschwiegen, so ist der Unterhaltsberechtigte – unter Einhaltung der Frist des § 124 BGB – auch zur **Anfechtung** dieses gerichtlichen Vergleichs gemäß § 123 BGB berechtigt.[143] Aber nicht jedes prozesstaktische Verhalten erfordert diese Sanktion, auch der Gesichtspunkt der Waffengleichheit ist in die Abwägungen einzubeziehen. Der Unterhaltsberechtigte hat zwar seine Bedürftigkeit vollständig und wahrheitsgemäß darzulegen, den Unterhaltspflichtigen trifft hinsichtlich der Leistungsfähigkeit dieselbe Verpflichtung.[144] Verstöße seinerseits führen unterhaltsrechtlich seltener zu Konsequenzen, sie können aber ebenfalls Schadensersatzansprüche nach § 826 BGB auslösen.[145] |
| 94 | Ausgehend von diesen Grundsätzen ist in der Rechtsprechung ein schweres Vergehen i.S. eines (versuchten) Prozessbetruges angenommen worden bei
- Verschweigen von Einkünften aus Erwerbstätigkeit oder Vermögen;[146] auch wenn möglicherweise keine Erwerbsobliegenheit besteht,[147] von Einkommenssteigerungen,[148]
- Verschweigen des Bezugs von Pflegegeld bei gleichzeitiger Geltendmachung von krankheitsbedingtem Mehrbedarf,[149]
- Abstreiten des gewerbsmäßigen Betriebs von Telefonsex,[150]
- hartnäckigem Leugnen des Zusammenlebens mit einem anderen Partner.[151] |
| 95 | Während im Unterhaltsverfahren eine gesetzliche Verpflichtung zur wahrheitsgemäßen Darlegung des eigenen Einkommens besteht, ist eine solche generelle Pflicht außerhalb des Verfahrens nicht ausdrücklich normiert. |
| 96 | Aus Treu und Glauben (§ 242 BGB) lässt sich jedoch eine **Pflicht zur ungefragten Auskunft** herleiten, wenn
- sich die persönlichen oder wirtschaftlichen Verhältnisse erheblich (i.S.d. §§ 238, 239 FamFG bzw. § 313 Abs. 1 BGB) geändert haben und
- ein Schweigen darüber evident unredlich ist.[152] |

---

[140] OLG Saarbrücken v. 27.04.2002 - 6 WF 14/02 - OLGR Saarbrücken 2002, 342.
[141] OLG Schleswig v. 14.02.1997 - 10 UF 108/95 - SchlHA 1997, 134.
[142] BGH v. 19.02.1986 - IVb ZR 71/84 - juris Rn. 26 - LM Nr. 27 zu § 826 (Fa) BGB; OLG Düsseldorf v. 08.05.1984 - 6 UF 201/83 - FamRZ 1985, 599-604.
[143] BGH v. 19.05.1999 - XII ZR 210/97 - juris Rn. 13 - LM BGB § 123 Nr. 81 (11/1999).
[144] BGH v. 25.11.1987 - IVb ZR 96/86 - juris Rn. 17 - NJW 1988, 1965-1967.
[145] BGH v. 25.11.1987 - IVb ZR 96/86 - juris Rn. 19 - NJW 1988, 1965-1967.
[146] OLG Karlsruhe v. 27.11.2001 - 20 UF 79/00 - FamRZ 2002, 1037-1038; OLG Hamm v. 19.07.2000 - 6 UF 296/99 - OLGR Hamm 2000, 374-376; OLG Schleswig v. 01.12.1998 - 8 UF 183/97 - SchlHA 1999, 124; OLG Schleswig v. 16.09.1998 - 12 UF 235/97 - SchlHA 1999, 78; OLG Koblenz v. 18.06.1997 - 9 UF 1129/96 - OLGR Koblenz 1997, 245-247; OLG Düsseldorf v. 19.01.1988 - 1 UF 49/87 - FamRZ 1988, 841-842.
[147] OLG Hamm v. 18.03.1994 - 12 UF 349/93 - NJW-RR 1994, 901-902.
[148] OLG Hamm v. 08.06.2006 - 4 UF 208/05 - juris Rn. 41 - FamRZ 2007, 215-217.
[149] OLG Oldenburg v. 12.03.1991 - 12 UF 141/90 - NdsRpfl 1991, 145-147.
[150] OLG Karlsruhe v. 14.06.1995 - 2 UF 36/93 - juris Rn. 30 - NJW 1995, 2796-2797.
[151] OLG Hamm v. 05.10.1992 - 4 UF 87/92 - FamRZ 1993, 566-567; OLG Stuttgart v. 28.05.1996 - 18 UF 459/95 - FamRZ 1997, 419-420; OLG Hamm v. 30.10.1996 - 1 UF 164/96 - FamRZ 1997, 1337-1338; OLG Hamm v. 28.02.1996 - 5 UF 43/95 - FamRZ 1996, 1079-1080; OLG Koblenz v. 11.06.1999 - 11 UF 402/98 - NJW-RR 1999, 1597-1599.
[152] BGH v. 19.02.1986 - IVb ZR 71/84 - juris Rn. 24 - LM Nr. 27 zu § 826 (Fa) BGB; BGH v. 23.04.1986 - IVb ZR 29/85 - juris Rn. 17 - LM Nr. 28 zu § 826 (Fa) BGB; BGH v. 25.11.1987 - IVb ZR 96/86 - juris Rn. 17 - NJW 1988, 1965-1967; BGH v. 29.01.1997 - XII ZR 257/95 - juris Rn. 10 - LM BGB § 242 (D) Nr. 141 (6/1997).

Der BGH hat eine **Verpflichtung zur ungefragten Erteilung einer Auskunft** dann bejaht, wenn der Unterhaltspflichtige entweder aufgrund vorangegangenen Tuns des Unterhaltsberechtigten oder nach der Lebenserfahrung keine Veranlassung hatte, selbst Auskunft zu verlangen und der andere Ehegatte trotz einer für den Schuldner nicht erkennbaren, den Unterhalt nachhaltig berührenden Veränderung seiner wirtschaftlichen Verhältnissen durch das Entgegennehmen der Unterhaltsrente den Eindruck erweckt, die wirtschaftlichen Verhältnisse seien gleich geblieben.[153] Die Pflicht zur ungefragten Auskunft erfasst aber nicht jede wesentliche Änderung i.S.d. § 238 FamFG, so dass die Einstellung der Rückzahlung der bei der Unterhaltsberechnung berücksichtigten Darlehensraten regelmäßig nicht offen zu legen ist, wenn keine besonderen weiteren Umstände hinzutreten.[154] 97

Ein Betrug kann deshalb auch vorliegen, wenn eine solche Verpflichtung zur ungefragten Information verletzt wird. Dies gewinnt Bedeutung, wenn beispielsweise folgende Umstände nicht offenbart werden: 98
- Beendigung einer Ausbildung (unabhängig von den Beweggründen),[155]
- Aufnahme einer Erwerbstätigkeit,[156]
- Ausweitung einer Erwerbstätigkeit über ein anrechnungsfreies Einkommen hinaus,[157]
- Bezug von Renteneinkommen.[158]

V. Mutwilliges Herbeiführen der Bedürftigkeit (Nr. 4)

Der Unterhaltsberechtigte, der selbst seine Bedürftigkeit mutwillig verursacht hat, soll nicht weiterhin die eheliche Solidarität strapazieren können. Die Bedürftigkeit kann sowohl durch positives Tun (Verschwenden des Erlöses aus der Vermögensauseinandersetzung) als auch durch Unterlassen (keine Vorsorge für Krankheit oder Alter, keine Aufrechterhaltung oder Wiederherstellung der Arbeitsfähigkeit durch medizinisch gebotene Behandlung) verursacht sein. 99

1. Mutwilligkeit

Das Herbeiführen der Bedürftigkeit muss mutwillig sein. Nach der Rechtsprechung des BGH verlangt dies kein vorsätzliches oder absichtliches sondern nur ein verantwortungsloses, mindestens leichtfertiges Verhalten, das über die bloße Ursächlichkeit hinaus unterhaltsbezogen sein muss (sog. **unterhaltsbezogene Leichtfertigkeit**). Nach dem BGH handelt leichtfertig in diesem Sinn, „wer seine Arbeitskraft oder sein Vermögen, also die Faktoren, die ihn in die Lage versetzen, seinen Lebensunterhalt selbst zu bestreiten, auf sinnlose Art aufs Spiel setzt und einbüßt. Dabei muss er sich „unter grober Nichtachtung dessen, was jedem einleuchten muss, oder in Verantwortungslosigkeit und Rücksichtslosigkeit gegen den Unterhaltspflichtigen über die erkannten möglichen nachteiligen Folgen für seine Bedürftigkeit hinwegsetzen".[159] 100

Die **einseitige Trennung** vom anderen Ehegatten erfüllt dieses Tatbestandsmerkmal noch nicht. Es kann jedoch zu bejahen sein, wenn mit der Trennung ein **Wohnortwechsel** verbunden ist, der nicht erforderlich war, und dies zum Verlust des Arbeitsplatzes führt. Allein der Wunsch, nach der Trennung bei der Tochter wohnen zu wollen, dürfte nicht ausreichen, wenn dies nicht wegen der mit der Trennung einhergehenden Umständen (Nachstellen, Telefonterror, Gewalttätigkeiten) vertretbar erscheint.[160] Gleiches gilt für den Fall, dass ein Zusammenziehen mit einem anderen Partner diese Folgen auslöst. 101

Ein **fehlgeschlagener Selbstmordversuch**, der zur Erwerbsunfähigkeit führt, stellt nur dann ein mutwilliges Herbeiführen der Bedürftigkeit dar, wenn der Unterhaltsberechtigte ein mögliches Fehlschlagen des Versuchs und als dessen Folge den Eintritt der Erwerbsunfähigkeit bewusst ins Auge gefasst, 102

---

[153] BGH v. 19.02.1986 - IVb ZR 71/84 - juris Rn. 24 - LM Nr. 27 zu § 826 (Fa) BGB.
[154] OLG Bamberg v. 28.10.1993 - 2 UF 17/93 - juris Rn. 19 - NJW-RR 1994, 454-456; OLG Düsseldorf v. 18.08.1993 - 5 UF 63/93 - FamRZ 1995, 741-742 betreffend den Unterhaltsschuldner.
[155] BGH v. 30.05.1990 - XII ZR 57/89 - juris Rn. 13 - NJW-RR 1990, 1410-1411.
[156] OLG Düsseldorf v. 19.01.1988 - 1 UF 49/87 - FamRZ 1988, 841-842; OLG Schleswig v. 21.09.1995 - 13 UF 102/94 - SchlHA 1996, 9-10.
[157] BGH v. 29.01.1997 - XII ZR 257/95 - juris Rn. 10 - LM BGB § 242 (D) Nr. 141 (6/1997).
[158] OLG Schleswig v. 09.12.1999 - 15 UF 183/98 - SchlHA 2000, 174-175; OLG Frankfurt v. 30.05.1990 - 4 UF 183/89 - NJW-RR 1991, 202-203.
[159] BGH v. 14.12.1983 - IVb ZR 38/82 - juris Rn. 33 - LM Nr. 21 zu § 1579 BGB; BGH v. 21.02.2001 - XII ZR 34/99 - juris Rn. 19 - BGHZ 146, 391-401.
[160] Zu großzügig OLG Bamberg v. 07.10.1987 - 2 UF 240/87 - FamRZ 1988, 285-286.

gebilligt und sich verantwortungslos über die erkannten nachteiligen Folgen für seine Bedürftigkeit hinweggesetzt hat. Ein Zustand völliger Antriebsschwäche und Interesselosigkeit kann nahe legen, dass mögliche andere Folgen als den herbeigewünschten Tod nicht bedacht wurden.[161]

103 Ist die Ehefrau bedürftig, weil sie ein Kind betreut, das Ergebnis einer **In-vitro-Fertilisation** ist, die ohne das Einverständnis des Ehemannes oder nach Rücknahme der Einwilligung vorgenommen wurde, liegt kein mutwilliges Herbeiführen der Bedürftigkeit (oder ein mutwilliges Hinwegsetzen über Vermögensinteressen des Unterhaltspflichtigen) vor.[162] Die Entscheidung, auf diesem Weg ein Kind zu bekommen, ist nicht leichtfertig in dem dargestellten Sinn. Die Entscheidung für oder gegen Kinder liegt zudem im engsten persönlichen, nicht justiziablen Intimbereich der Partner und unterliegt weder einer rechtsgeschäftlichen Regelung noch dem Deliktsrecht.[163] Dieser Grundsatz soll auch nicht über den Verwirkungtatbestand korrigiert werden.

104 Auch das Eingehen einer belastenden und mit Gewalt verbundenen Partnerschaft kann jedenfalls dann zur Verwirkung führen, wenn sich die Unterhaltsberechtigte in früheren Verfahren darauf berufen hat, wegen psychischer Probleme nicht erwerbsfähig zu sein. Es ist leichtfertig und unvernünftig, eine solche Partnerschaft über mehrere Monate fortzuführen, statt eine fachkundige Behandlung zu beginnen.[164]

2. Typische Fälle

105 Die Praxis wird von Fallkonstellationen beherrscht, bei denen Unterhaltsberechtigte, in vorwerfbar leichtfertiger Weise ihre Erwerbsfähigkeit durch Alkohol- oder Drogenmissbrauch eingebüßt, ihren Arbeitsplatz durch eine vorsätzliche Straftat verloren oder ihr Vermögen verschwendet haben. Daneben kann auch die beharrliche Weigerung, sich weiter für den Arbeitsmarkt zu qualifizieren, einschlägig werden.

a. Arbeitsplatzverlust

106 Beruht der Verlust des Arbeitsplatzes auf einer **betriebsbedingten Kündigung** des Arbeitgebers des Unterhaltsberechtigten, ist der Tatbestand regelmäßig nicht erfüllt. Handelt es sich um eine **verhaltensbedingte Kündigung**, kommt es darauf an, ob das Verhalten die Kriterien der unterhaltsbezogenen Leichtfertigkeit erfüllt. Verliert er seinen Arbeitsplatz infolge einer Krankheit, fehlt es bereits an dem Merkmal „herbeiführen". Dieses kann allerdings dann zu bejahen sein, wenn die Obliegenheit, die Erwerbsfähigkeit durch geeignete und zumutbare Maßnahmen wiederherzustellen, verletzt wird. Unvorsichtigkeiten im Sport oder im Straßenverkehr reichen nicht aus, solange nicht besonders gefährliche und verletzungsanfällige Sportarten betrieben werden.[165]

107 Da das Verhalten des Unterhaltsberechtigten nicht nur leichtfertig sondern auch unterhaltsbezogen sein muss, reicht allein die Vorhersehbarkeit des Verlustes des Arbeitsplatzes nicht aus. Der BGH lässt es nicht genügen, dass der Arbeitsplatzverlust nahe liegt und dadurch der Lebensstandard der gesamten Familie empfindlich betroffen ist, sondern verlangt eine „auf den Einzelfall bezogene Wertung dahin, ob die der Tat zugrunde liegenden Vorstellungen und Antriebe des Täters sich gerade auch auf die Verminderung seiner **unterhaltsrechtlichen Leistungsfähigkeit als Folge** seines strafbaren Verhaltens erstreckt haben".[166] Der Ehegatte muss, wenn er am Arbeitsplatz einen Diebstahl begeht, der eine Freiheitsstrafe nach zieht, den Einkommensrückgang sowie seine höhere Bedürftigkeit billigend in Kauf genommen haben. Wird die Kündigung ausgesprochen, weil dem Unterhaltspflichtigen die Fahrerlaubnis wegen Trunkenheit entzogen wurde, dürfte keine unterhaltsbezogene Leichtfertigkeit vorliegen.[167]

108 Die Beendigung des Arbeitsverhältnisses, um **vorgezogenes Altersruhegeld** zu beziehen, ist ein nachhaltiger Verstoß gegen die nacheheliche Eigenverantwortung, wenn nicht besondere Umstände diesen Schritt rechtfertigen (Erkrankung, die die Erwerbsobliegenheit – noch – nicht entfallen lässt, massiver

---

[161] BGH v. 21.06.1989 - IVb ZR 73/88 - juris Rn. 25 - LM Nr. 16 zu BSozialhilfeG.
[162] BGH v. 21.02.2001 - XII ZR 34/99 - juris Rn. 20 - BGHZ 146, 391-401 die grundsätzliche Anwendbarkeit des § 1579 BGB offen lassend.
[163] BGH v. 21.02.2001 - XII ZR 34/99 - juris Rn. 18 - BGHZ 146, 391-401.
[164] OLG Köln v. 06.02.2012 - 4 WF 214/11, II-4 WF 214/11 - juris Rn. 6.
[165] *Maurer* in: MünchKomm-BGB, § 1579 Rn. 20.
[166] BGH v. 12.04.2000 - XII ZR 79/98 - juris Rn. 17 - LM BGB § 1603 Nr. 50 (10/2000).
[167] *Borth* in: Schwab, Handbuch des Scheidungsrechts, 6. Aufl. 2010, Teil IV Rn. 513.

Rückgang der Leistungsfähigkeit; drohende Kündigung und damit verbundene Verschlechterung der Einkommensverhältnisse).[168] Bei dieser Fallgestaltung dürfte vielfach bereits die Erwerbsobliegenheit verletzt sein und zur Fortschreibung des bisherigen Einkommens führen.[169]

b. Suchtbedingte Bedürftigkeit

109 Der übermäßige Konsum von Alkohol, Drogen und Medikamenten ist nicht bereits deshalb mutwillig, weil die damit verbundenen gesundheitlichen Folgen allgemein bekannt sind.[170] Die Ursache für eine sich daraus entwickelnde Abhängigkeit kann viele Gründe haben (Sozialisierungsschwächen, Labilität, alkoholnahe Berufe); sie können auch durch eine Persönlichkeitsstörung bedingt und dann nicht vorwerfbar sein.[171] Es wird deshalb in der Praxis schwierig sein, ein mutwilliges Verhalten bereits im Konsum zu sehen, weil es nur schwer widerlegbare Entschuldigungen dafür gibt und zudem häufig eine Wechselwirkung zwischen dem Scheitern der Ehe und der Sucht besteht.

110 Regelmäßig wird deshalb an die Frage anzuknüpfen sein, ob dem Unterhaltsberechtigten ein mutwilliges Verhalten deshalb vorzuwerfen ist, weil er es unterlassen hat, mit fachlicher Unterstützung seine Abhängigkeit zu bekämpfen und zwar zu einem Zeitpunkt als er noch Einsicht in die Notwendigkeit solcher Maßnahmen hatte. Ist daneben auch das Bewusstsein gegeben, infolge dieser Abhängigkeit seinen Unterhalt nicht selbst bestreiten zu können, ist die unterhaltsbezogene Leichtfertigkeit gegeben.[172] Ist die Einsichtsfähigkeit noch nicht eingeschränkt und wurde dem Ehegatten ärztlicherseits dringend eine Entziehungskur nahe gelegt, ist er sich regelmäßig seines Krankheitszustandes und der dadurch bedingten Erwerbsunfähigkeit bewusst. Er konnte die Notwendigkeit einer derartigen Entziehungsbehandlung zur Wiederherstellung seiner Erwerbsfähigkeit erkennen und musste als mögliche Folge der Verweigerung einer solchen Behandlung die drohende Bedürftigkeit voraussehen.[173]

111 Schwierig ist die Feststellung, ob noch **Einsichts- und Steuerungsfähigkeit** bestand; sie wird häufig ohne sachverständige Beratung nicht zu treffen sein. Besteht im nicht intoxizierten Zustand zwar die Einsicht in die Notwendigkeit einer Entziehungs- und Entwöhnungsbehandlung, kann der Unterhaltsberechtigte aber infolge einer Persönlichkeitsstörung und der daraus resultierenden Einschränkung der Steuerungsfähigkeit sowie wegen einer Willensschwäche nicht danach handeln, ist eine mutwillige Herbeiführung zu verneinen.[174]

c. Verweigerung zumutbarer Heilbehandlung

112 Der Unterhaltsberechtigte hat grundsätzlich alles zu unternehmen, um seine **Arbeitsfähigkeit** zu erhalten oder wiederherzustellen. Er muss sich deshalb einer medizinischen Behandlung unterziehen, wenn diese zumutbar ist und die sichere Aussicht auf Heilung oder wesentliche Besserung besteht. Unterlässt er eine gebotene und zumutbare Heilbehandlung in unterhaltsbezogener Leichtfertigkeit, so führt er seine Bedürftigkeit mutwillig herbei und kann seinen Unterhaltsanspruch verwirken.[175] War der erwerbsunfähige Unterhaltsberechtigte bedingt durch seine psychische Erkrankung und fehlende Therapieeinsicht zur Durchführung von Heilmaßnahmen nicht in der Lage, ist ein mutwilliges Verhalten zu verneinen.[176]

---

[168] *Maurer* in: MünchKomm-BGB, § 1579 Rn. 21.
[169] BGH v. 08.07.1981 - IVb ZR 593/80 - juris Rn. 18 - LM Nr. 14 zu § 1361 BGB.
[170] Zur Problematik Alkoholismus und Unterhalt *Foerste*, FamRZ 1999, 1245-1251, 1245.
[171] OLG Bamberg v. 11.03.1997 - 7 UF 50/96 - juris Rn. 23 - FamRZ 1998, 370-371; OLG Hamm v. 05.02.1996 - 6 UF 459/93 - FamRZ 1996, 1080-1081; OLG Bremen v. 05.03.2009 - 4 UF 116/08 - juris Rn. 3 - FamRZ 2009, 1912-1914.
[172] BGH v. 08.07.1981 - IVb ZR 593/80 - juris Rn. 25 - LM Nr. 14 zu § 1361 BGB; BGH v. 13.01.1988 - IVb ZR 15/87 - juris Rn. 21 - NJW 1988, 1147-1149.
[173] BGH v. 13.01.1988 - IVb ZR 15/87 - NJW 1988, 1147-1149; OLG Schleswig v. 16.09.1996 - 15 UF 130/95 - OLGR Schleswig 1997, 11-12; Oberlandesgericht des Landes Sachsen-Anhalt v. 29.05.2006 - 14 WF 16/06 - juris Rn. 6 - FamRZ 2007, 472.
[174] BGH v. 13.01.1988 - IVb ZR 15/87 - juris Rn. 22 - NJW 1988, 1147-1149; OLG Hamm v. 05.02.1996 - 6 UF 459/93 - FamRZ 1996, 1080-1081.
[175] OLG Hamm v. 27.09.2002 - 10 UF 317/01 - NJW-RR 2003, 510-512; OLG Hamm v. 03.12.1997 - 5 UF 281/96 - FamRZ 1999, 237-238.
[176] KG Berlin v. 01.02.2002 - 3 UF 184/01 - FamRZ 2002, 460-462.

113 So hat der BGH ein mutwilliges Verhalten verneint, wenn bereits während der Ehezeit keine kontinuierliche Behandlung einer psychischen Erkrankung (Schizophrenie) erfolgt ist und dieses Verhalten darauf beruhte, dass die erforderliche Krankheitseinsicht fehlte. Die unterlassene Behandlung ist dann Folge der Krankheit und vermag eine Verwirkung wegen mutwilliger Herbeiführung der Bedürftigkeit nicht zu rechtfertigen. Etwas anderes könnte nur dann gelten, wenn dargetan werden kann, dass sich der gesundheitliche Zustand soweit gebessert hat, dass nunmehr von einer dauerhaften Einsicht in die Notwendigkeit der medizinischen Behandlung auszugehen ist. Es bedarf dann aber der Darlegung konkreter Umstände, die einen solchen Schluss zulassen.[177]

d. Bedürftigkeit auf Grund von Vermögensdispositionen

114 Der Unterhaltsberechtigte hat gemäß § 1577 Abs. 1 BGB sein Vermögen zur Deckung seines Unterhalts einzusetzen; dabei trifft ihn regelmäßig die Obliegenheit, sein Vermögen möglichst ertragreich anzulegen.[178] Es stellt aber kein mutwilliges Herbeiführen der Bedürftigkeit dar, wenn Kapital aus der Veräußerung des gemeinsamen Hauses wieder in Wohneigentum angelegt wird, auch wenn auf dem Kapitalmarkt den Wohnwert übersteigende Erträge erzielbar wären.[179] Außer den Erträgen hat er nach § 1577 Abs. 3 BGB den Vermögensstamm zu verwerten, soweit dies nicht unwirtschaftlich oder unter Berücksichtigung der beiderseitigen wirtschaftlichen Verhältnisse unbillig wäre (wegen der Einzelheiten vgl. die Kommentierung zu § 1577 BGB Rn. 34). Braucht der Ehegatte sein Vermögen oder einen bestimmten Teil davon nicht anzugreifen, kann der Verbrauch dieses Teils nicht als mutwilliges Herbeiführen der Bedürftigkeit gewertet werden, da seine Bedürftigkeit bereits vor dem Verbrauch gegeben war.[180]

115 Wird einzusetzendes **Vermögen verschwendet**, obwohl der Unterhaltsberechtigte erkennt, dass er bedürftig sein wird, wenn das Vermögen aufgebraucht ist, hat er seine Bedürftigkeit selbst zu vertreten und erfüllt den Härtegrund Nr. 4. Gleiches gilt, wenn Vermögen an Familienangehörige verschenkt wird.[181]

116 Hat der Unterhaltsberechtigte den Erlös aus der Auseinandersetzung des Vermögens dafür eingesetzt, Verfahrens- und Anwaltskosten zu zahlen oder notwendigen Hausrat bzw. andere für den normalen Lebensstandard benötigte Güter zu kaufen, ist Leichtfertigkeit zu verneinen.[182] Auch die Anlage des Vermögens zur Alterssicherung bleibt ohne unterhaltsrechtliche Nachteile.[183] In diesen Fällen sind auch keine fiktiven Zinsen zuzurechnen.[184] Er darf aber das aus der Vermögensauseinandersetzung zugeflossene Vermögen nicht für Luxusausgaben, teurere Hobbys oder außergewöhnliche Urlaubsreisen verwenden.[185]

117 Mutwilligkeit kann auch dann nicht bejaht werden, wenn es nachvollziehbare Gründe für die Veräußerung eines Betriebsgrundstücks gibt. Diese können einerseits wirtschaftlicher, andererseits auch persönlicher Natur sein. Ist dem bedürftigen Ehegatten eine weitere Auseinandersetzung im Rahmen der Nutzung durch den anderen wegen erheblicher Streitigkeiten in der Vergangenheit nicht mehr zumutbar, kann ihm die Veräußerung nicht zum Vorwurf gemacht werden.[186]

118 Der Unterhaltsberechtigte ist grundsätzlich gehalten, seine Bedürftigkeit auch dadurch zu mindern, dass er ihm zustehende **Forderungen** geltend macht. Werden diese Ansprüche in unterhaltsrechtlich leichtfertiger Weise nicht verfolgt, verursacht er seine Bedürftigkeit (teilweise) selbst. Dabei kann es sich um Leistungen der Sozialversicherungssysteme (Arbeitslosengeld, Alters- und Erwerbsunfähigkeitsrente, Ausbildungsförderung, Lohnfortzahlung, Mutterschaftsgeld) handeln aber auch um private

---

[177] BGH v. 06.07.2005 - XII ZR 145/03 - NSW BGB § 1572.
[178] BGH v. 19.02.1986 - IVb ZR 16/85 - juris Rn. 13 - NJW-RR 1986, 683-685; BGH v. 18.01.2012 - XII ZR 178/09 - juris Rn. 54 - FamRZ 2012, 517.
[179] BGH v. 19.02.1986 - IVb ZR 16/85 - juris Rn. 15 - NJW-RR 1986, 683-685.
[180] BGH v. 14.12.1983 - IVb ZR 38/82 - juris Rn. 37 - LM Nr. 21 zu § 1579 BGB.
[181] OLG Karlsruhe v. 17.08.2007 - 16 UF 258/06 - juris Rn. 54.
[182] BGH v. 11.04.1990 - XII ZR 42/89 - juris Rn. 38 - LM Nr. 63 zu § 323 ZPO; BGH v. 07.11.2012 - XII ZB 229/11 - juris Rn 31 - FamRZ 2013, 109-114.
[183] BGH v. 11.04.1990 - XII ZR 42/89 - juris Rn. 37 - LM Nr. 63 zu § 323 ZPO.
[184] BGH v. 04.11.1987 - IVb ZR 75/86 - juris Rn. 18 - LM Nr. 13 zu § 1602 BGB.
[185] OLG Koblenz v. 26.06.1989 - 13 UF 1117/88 - NJW-RR 1990, 838-840.
[186] BGH v. 18.01.2012 - XII ZR 178/09 - juris Rn. 58 - FamRZ 2012, 517.

Forderungen (Krankentagegeld, Krankenhaustagegeld, Schadensersatzansprüche).[187] Auch **Pflichtteilsrechte** sind im Rahmen der Zumutbarkeit durchzusetzen.[188]

Unterlässt er die **Geltendmachung eines Schmerzensgeldes oder Verdienstausfallschadens** nach einem schweren Verkehrsunfall, erfüllt dies den Tatbestand des Härtegrundes Nr. 4 aber nur, wenn den Unterhaltsberechtigten eine unterhaltsbezogene Leichtfertigkeit trifft. Bei erheblichen folgenschweren Verletzungen und dem hartnäckigen, nicht konstruierten Mitverschuldenseinwand des Versicherers dürfte dies indessen nicht zu bejahen sein.[189]

e. Bestimmungswidrige Verwendung von Vorsorgeunterhalt

Die bestimmungswidrige Verwendung des gemäß § 1578 Abs. 3 BGB zur Alterssicherung gezahlten Vorsorgeunterhalts kann den Härtegrund Nr. 4 erfüllen, wenn deshalb im Rentenfall Bedürftigkeit besteht und der Unterhaltsberechtigte mutwillig gehandelt hat.[190] Dieser Vorsorgeunterhalt ist ein zweckgebundener Bestandteil des nachehelichen Unterhalts, den der Berechtigte für eine entsprechende Versicherung zu verwenden hat.[191] Hat er die nachteiligen Auswirkungen für seine Versorgung im Alter erkannt und sich leichtfertig darüber hinweggesetzt, muss er so behandelt werden, wie er bei bestimmungsgemäßer Verwendung des Vorsorgeunterhalts stünde.[192] Die Sanktionen des § 1579 BGB treffen grundsätzlich nur diesen Bestandteil des Unterhalts und nicht auch den Elementarunterhalt. Befand sich der Berechtigte dagegen in einer Notlage – etwa weil der notwendige Selbstbehalt nicht gesichert ist – kann Mutwilligkeit nicht bejaht werden.[193] Der Elementarunterhalt ist vorrangig zu befriedigen.[194] Wenn der Tatbestand des Härtegrundes Nr. 4 trotz bestimmungswidriger Verwendung nicht erfüllt ist, kann es aber als treuwidrig zu beurteilen sein, wenn weiterhin Zahlung des Vorsorgeunterhalts an sich selbst – statt unmittelbar an einen Versicherungsträger – gefordert wird.[195]

f. Abgrenzung zur Obliegenheit aus § 1577 Abs. 1 BGB

Die Abgrenzung zwischen dem mutwilligen Herbeiführen der Bedürftigkeit und dem Verletzen der Obliegenheit, sich durch Einsatz seiner Arbeitskraft, seines Einkommens oder Vermögens selbst zu unterhalten, ist schwierig. Sie ist aber wegen der unterschiedlichen Beweislastverteilung erforderlich. Nur die Voraussetzungen der Härteklausel sind vom Unterhaltspflichtigen zu beweisen, die Bedürftigkeit zu beweisen, ist Sache des Unterhaltsberechtigten.

Der BGH hat die Differenzierung danach vorgenommen, ob ein bestehender Unterhaltsanspruch zu korrigieren ist oder ob überhaupt ein Anspruch auf Unterhalt entstanden ist.[196] Entscheidend ist danach, ob im Zeitpunkt des Entstehens der Bedürftigkeit bereits eine Obliegenheit bestand, seine Arbeitskraft wiederherzustellen bzw. einzusetzen oder das eigene Vermögen zur Bedarfsdeckung zu verwenden oder umzuschichten,[197] um einen höheren Ertrag zu erzielen. Deshalb wird Nr. 4 in der Regel auf in der Vergangenheit liegende Sachverhalte anzuwenden sein. Da nach der Auffassung des BGH, der Ansatz fiktiver Zinsen ausscheidet, wenn das Kapital verbraucht ist, bleibt in diesem Fall nur die Korrektur über den Härtegrund Nr. 4.[198]

---

[187] *Maurer* in: MünchKomm-BGB, § 1579 Rn. 22.
[188] BGH v. 21.04.1993 - XII ZR 248/91 - juris Rn. 10 - LM BGB § 1577 Nr. 17 (8/1993).
[189] BGH v. 13.07.1988 - IVb ZR 39/87 - juris Rn. 13 - LM Nr. 14 zu § 1577 BGB.
[190] BGH v. 25.03.1987 - IVb ZR 32/86 - juris Rn. 16 - NJW 1987, 2229-2233; OLG Koblenz v. 26.09.2001 - 9 UF 535/00 - juris Rn. 14 - OLGR Koblenz 2002, 9-11; OLG Bamberg v. 11.09.2002 - 2 WF 150/02 - NJW-RR 2003, 74-75; OLG Schleswig v. 28.11.2000 - 8 UF 169/99 - SchlHA 2001, 104-105.
[191] BGH v. 25.03.1987 - IVb ZR 32/86 - juris Rn. 16 - NJW 1987, 2229-2233.
[192] BGH v. 25.03.1987 - IVb ZR 32/86 - juris Rn. 18 - NJW 1987, 2229-2233.
[193] BGH v. 25.03.1987 - IVb ZR 32/86 - juris Rn. 17 - NJW 1987, 2229-2233.
[194] BGH v. 30.05.1990 - XII ZR 57/89 - juris Rn. 21 - NJW-RR 1990, 1410-1411.
[195] BGH v. 25.03.1987 - IVb ZR 32/86 - juris Rn. 33 - NJW 1987, 2229-2233.
[196] BGH v. 18.12.1991 - XII ZR 2/91 - juris Rn. 16 - LM BGB § 1577 Nr. 16 (8/1992).
[197] Dazu BGH v. 19.02.1986 - IVb ZR 16/85 - juris Rn. 13 - NJW-RR 1986, 683-685; BGH v. 05.03.1986 - IVb ZR 12/85 - juris Rn. 12 - NJW-RR 1986, 746-748; BGH v. 18.12.1991 - XII ZR 2/91 - juris Rn. 16 - LM BGB § 1577 Nr. 16 (8/1992); OLG Hamm v. 18.01.1995 - 10 UF 248/94 - FamRZ 1995, 1418-1421.
[198] BGH v. 04.11.1987 - IVb ZR 75/86 - juris Rn. 18 - LM Nr. 13 zu § 1602 BGB; BGH v. 11.04.1990 - XII ZR 42/89 - juris Rn. 35 - LM Nr. 63 zu § 323 ZPO; BGH v. 16.04.1997 - XII ZR 293/95 - juris Rn. 23 - LM BGB § 1570 Nr. 18 (9/1997).

§ 1579

123 Bei einem Unterhaltsanspruch aus § 1572 BGB macht das Gesetz keinen Unterschied, ob die Erwerbsunfähigkeit schuldhaft verursacht wurde oder nicht. Eine Korrektur des Anspruchs kann für den Fall des schuldhaften Herbeiführens der Erwerbsunfähigkeit nur über § 1579 Nr. 4 BGB erfolgen. So wenn der Unterhaltsberechtigte in der Vergangenheit durch sein Suchtverhalten (Alkohol, Drogen) seine Arbeitsfähigkeit so stark beeinträchtigt hat, dass er einer (vollschichtigen) Beschäftigung nicht mehr nachgehen kann und dieser Zustand nicht zu ändern ist.

124 Denkbar ist auch, dass in Fällen der Obliegenheitsverletzung das Unterstellen fiktiver Einkünfte nicht ausreichend ist, weil ein Aufstockungsunterhalt i.S.d § 1573 Abs. 2 BGB verbleibt und die Gesamtabwägung eine weitergehende Sanktion entsprechend den Rechtsfolgen des § 1579 BGB erfordert.

VI. Mutwilliges Hinwegsetzen über schwerwiegende Vermögensinteressen (Nr. 5)

125 Wer Unterhalt beansprucht, muss auf die Vermögensinteressen des Pflichtigen Rücksicht nehmen. Setzt er sich mutwillig darüber hinweg, kann dieses Verhalten den Härtegrund Nr. 5 erfüllen und zur Verwirkung seines Anspruchs führen. Der Ehegatte hat alles zu unterlassen, was dem anderen die Erfüllung seiner Unterhaltspflicht erschwert oder unmöglich macht.

126 Der BGH[199] verlangt ein **gravierendes** Fehlverhalten und stellt dabei nicht allein auf den Umfang der Vermögensgefährdung ab sondern auch auf die Intensität der Pflichtverletzung. Ausreichend kann deshalb sein, dass eine erhebliche Steigerung des unterhaltsrelevanten Einkommens seit Abschluss eines Vergleichs ungefragt verschwiegen wird und der unterhaltspflichtige Ehegatte Gefahr läuft, bereits geleisteten Unterhalt nicht zurückfordern zu können.

1. Schwerwiegende Vermögensinteressen

127 Zu den Vermögensinteressen, die zu beachten sind, gehört auch das Interesse am Fortbestand des Einkommens und an einer möglichen Steuerersparnis.[200] Diese Vermögensinteressen werden aber nur gegen solche Verletzungen geschützt, die ein erhebliches Gewicht haben. Sie sind dann schwerwiegend, wenn die wirtschaftliche Lage nachhaltig beeinträchtigt und dadurch die Leistungsfähigkeit erheblich vermindert wird.[201] Es sind also auch die Auswirkungen der verschwiegenen eigenen Einkünfte einzubeziehen. Haben diese nur in geringem Umfang Einfluss auf die Unterhaltspflicht, soll es an dem Merkmal „schwerwiegend" fehlen. Bei einer ungefragten Offenlegung eines Eingangs von 50.000 € aus einer Lebensversicherung innerhalb von ca. 6-8 Monaten nach Erhalt ist die Verneinung nicht vermittelbar.[202]

128 Die Schwere kann sich aber auch aus der Gesamtschau mehrerer für sich genommen nicht ausreichender Verstöße ergeben.[203] Der Eintritt eines Vermögensschadens ist nicht erforderlich vielmehr reicht eine Vermögensgefährdung aus.[204]

129 Eine **Selbstanzeige beim Finanzamt** wegen möglicher Steuerhinterziehung, die auch Auswirkung auf die Veranlagung des Ehegatten hat, ist regelmäßig nicht genügend, wenn die Auswirkungen nur zu einer Verringerung des Vermögens führen aber nicht zu einer Gefährdung im Ganzen.[205] Aus der grundsätzlichen Pflicht, Rücksicht auf die wirtschaftlichen Belange des Unterhaltspflichtigen zu nehmen, wird die Verpflichtung hergeleitet, vor einer Selbstanzeige den Ehegatten vorab zu informieren, um ihm die Möglichkeit zu eröffnen, sich anzuschließen. Diese Obliegenheit besteht insbesondere dann, wenn die Gesamtumstände nahelegen, dass weniger die eigene Straffreiheit als die Schädigung des anderen sowie das Erlangen von Erkenntnissen bzgl. dessen Einkommens- und Vermögensverhältnissen die Motivation für die Selbstanzeige waren.[206]

130 Wird in einem Unterhaltsverfahren auch auf **„Schwarzgeldeinnahmen"** des Unterhaltspflichtigen hingewiesen, um den vollen Unterhalt zu ermitteln, so erfolgt dies regelmäßig in Wahrnehmung berechtigter Interessen und verletzt nicht dessen schützenswerte Vermögensinteressen.[207]

---

[199] BGH v. 16.04.2008 - XII ZR 107/06 - juris Rn. 27.
[200] *Brudermüller* in: Palandt, § 1579 Rn. 25.
[201] OLG Karlsruhe v. 31.07.1997 - 2 UF 30/97 - juris Rn. 24 - NJWE-FER 1998, 52-53 (Anzeige beim Arbeitgeber wegen vermeintlichen Diebstahls); OLG Koblenz v. 28.03.1991 - 11 UF 1037/90 - NJW-RR 1992, 2.
[202] OLG Koblenz v. 25.02.2009 - 13 UF 594/08 - juris Rn. 30 - FamRZ 2010, 379-381.
[203] OLG Hamm v. 30.05.2001 - 10 UF 70/00 - FF 2001, 211-213.
[204] *Brudermüller* in: Palandt, § 1579 Rn. 25.
[205] OLG Koblenz v. 20.11.2001 - 11 UF 630/00 - juris Rn. 21 - OLGR Koblenz 2002, 243-245.
[206] Schleswig-Holsteinisches Oberlandesgericht v. 21.12.2012 - 10 UF 81/12 - juris Rn. 58 - FamRZ 2013, 1132-1134.
[207] OLG Zweibrücken v. 26.04.2001 - 6 UF 96/00 - juris Rn. 25 - OLGR Zweibrücken 2002, 105-107; OLG Koblenz v. 20.11.2001 - 11 UF 630/00 - juris Rn. 24 - OLGR Koblenz 2002, 243-245.

Keinen schwerwiegenden Verstoß gegen die Vermögensinteressen des Unterhaltspflichtigen stellen **Abhebungen von einem gemeinsamen Konto** dar, auch wenn diese zu einer Überziehung des Girokontos führen. Bei einem gemeinsamen Konto der Eheleute sind beide berechtigt, Abhebungen vorzunehmen, um den Lebensbedarf zu decken. Dies muss erst recht gelten, wenn dem Abhebenden zustehende Leistungen auf dieses Konto eingezahlt werden. Im Innenverhältnis der Parteien unberechtigt vorgenommene Verfügungen sind im Rahmen eines Gesamtschuldnerausgleichs zu berücksichtigen und führen nicht zur Verwirkung.[208] 131

Die Weigerung der Unterhaltsberechtigten, ihren Miteigentumsanteil an einer Immobilie an den Pflichtigen gegen Haftungsfreistellung zu übertragen, stellt keinen Verwirkungsgrund gem. § 1579 Nr. 5 BGB dar, auch wenn die Gefahr besteht, dass ein Teilungsversteigerungsverfahren durchgeführt werden muss.[209] 132

Der Härtegrund Nr. 3 überschneidet sich nicht selten mit dem Härtegrund Nr. 5, weil gerade beim Vorliegen von Vermögensdelikten regelmäßig auch ein Hinwegsetzen über schwerwiegende Vermögensinteressen vorliegt. Liegt ein Prozessbetrug vor, so ist auch das Interesse des Unterhaltsschuldners an der Integrität seines Vermögens tangiert. Allerdings muss beim Härtegrund Nr. 5 ein mutwilliges Verhalten vorliegen. In der Praxis kann die Einordnung wegen gleicher Rechtsfolgen häufig offen bleiben. 133

2. Mutwilligkeit

In subjektiver Hinsicht muss der Unterhaltsberechtigte mutwillig gehandelt haben. Dies erfordert kein vorsätzliches Verhalten, ein leichtfertiges ist ausreichend. Schuldfähigkeit muss aber gegeben sein. Im Übrigen ist Mutwilligkeit in dem bei § 1579 Nr. 4 BGB dargestellten Sinn zu verstehen. Da Vermögensinteressen geschützt werden sollen, ist eine Unterhaltsbezogenheit jedoch nicht erforderlich. Die Wahrnehmung berechtigter eigener Interessen schließt Mutwilligkeit regelmäßig aus. 134

3. Typische Fälle

a. Diskreditieren des Unterhaltspflichtigen

Viele gerichtliche Entscheidungen beschäftigen sich mit dem Problem des **Anschwärzens beim Arbeitgeber**. Hinweise auf vermeintliche Diebstähle[210] oder eines Korruptionsverdachts[211] führen regelmäßig zur Verwirkung, ebenso das Übersenden von intimen Fotografien der eigenen Ehefrau an deren Arbeitgeber um den Eindruck zu erwecken, sie gehe einem „einschlägigen Gewerbe" nach.[212] Die Nachfrage des Unterhaltsberechtigten beim Arbeitgeber, ob er wisse, was der andere Ehegatte alles zusammenstehle, hat ebenso unterhaltsrechtliche Konsequenzen wie das Andeuten von sexuellen Übergriffen bei Auszubildenden.[213] Auch die Mitteilung an den Auftraggeber eines unterhaltsverpflichteten Architekten über fruchtlose Vollstreckungsversuche und die Offenbarung der Vermögensverhältnisse kann die Herabsetzung des Unterhalts rechtfertigen.[214] Spricht der Unterhaltsgläubiger beim Arbeitgeber des Unterhaltsschuldners wegen **Pfändungen** vor, weil der Unterhalt nicht freiwillig gezahlt wird, begründet dies nicht den Verwirkungseinwand nach § 1579 Nr. 5 BGB.[215] 135

Strafanzeigen wegen Unterhaltspflichtverletzung erfüllen den Tatbestand nicht, weil berechtigte eigene Interessen geltend gemacht werden.[216] 136

b. Verschweigen eigener Einkünfte

Der BGH[217] hat eine Verletzung der Vermögensverhältnisse des Unterhaltspflichtigen durch **Verschweigen einer Einkommenssteigerung** bejaht, wenn nach Abschluss eines Vergleichs über Trennungsunterhalt in den Verhandlungen über den nachehelichen Unterhalt ein höheres Einkommen nicht offenbart wird. Es besteht eine Pflicht zur ungefragten Auskunft, die in subjektiver Hinsicht jedenfalls 137

---

[208] OLG Köln v. 10.03.2009 - 4 UF 122/08, II-4 UF 122/08 - juris Rn. 8 - FamRZ 2009, 1844.
[209] OLG Hamm v. 02.03.2011 - 8 UF 131/10, II-8 UF 131/10 - FamRZ 2011, 1738; OLG Hamm v. 19.02.2014 - II-8 UF 105/12, 8 UF 105/12 - juris Rn. 251.
[210] OLG Karlsruhe v. 31.07.1997 - 2 UF 30/97 - juris Rn. 24 - NJWE-FER 1998, 52-53.
[211] OLG Koblenz v. 01.07.1996 - 13 UF 70/95 - EzFamR aktuell 1996, 279-281.
[212] OLG Düsseldorf v. 31.07.1996 - 7 WF 85/96 - FamRZ 1997, 418-419.
[213] OLG Zweibrücken v. 10.08.1988 - 2 UF 22/88 - juris Rn. 2 - FamRZ 1989, 63-64.
[214] OLG Düsseldorf v. 09.02.1996 - 6 UF 38/95 - NJW-RR 1996, 1155-1156.
[215] OLG Hamm v. 07.01.1998 - 6 UF 60/97 - OLGR Hamm 1998, 49-52.
[216] Zur Bedeutung von Strafanzeigen für die Verwirkung vgl. auch *Hellebrand*, FF 2013, 186-194.
[217] BGH v. 16.04.2008 - XII ZR 107/06 - juris Rn. 28 - FamRZ 2008, 1325-1329.

dann **bedingt vorsätzlich** verletzt wird, wenn sich wegen des vorausgegangenen Vergleichsabschluss die Bedeutung der Einkommenssteigerung auf die weiteren Verhandlungen über Unterhalt aufdrängen muss.

138 Das **Verschweigen eigener Einkünfte** kann sowohl eine Straftat als auch ein Hinwegsetzen über erhebliche Vermögensinteressen des Unterhaltspflichtigen darstellen und unter § 1579 Nr. 5 BGB zu subsumieren sein.[218] Wer nach rechtskräftigem Abschluss eines Unterhaltsverfahrens erstmals Rente bezieht, gleichwohl den titulierten Unterhalt entgegennimmt, ohne dem Unterhaltspflichtigen die Einkommensveränderung mitzuteilen, setzt sich über schwerwiegende Vermögensinteressen hinweg und verwirkt regelmäßig seinen Unterhalt. Dies gilt insbesondere, wenn auch in dem Strafverfahren wegen Unterhaltsentziehung der Rentenbezug nicht offen gelegt wird.[219]

139 Wenn der Unterhalt begehrende Ehegatte den Zugewinnausgleichsanspruch des unterhaltspflichtigen Ehegatten dadurch zunichtemacht, dass er das Vermögen in nicht nachvollziehbarer Weise verschwendet, so dass die Klage auf Zugewinnausgleich wegen Vermögenslosigkeit gem. § 1378 Abs. 2 BGB abzuweisen ist, verwirkt er seinen Anspruch auf Unterhalt, weil darin ein schwerwiegender Verstoß gegen die Vermögensinteressen des anderen Ehegatten zu sehen ist.[220]

VII. Gröbliche Verletzung der Pflicht zum Familienunterhalt beizutragen (Nr. 6)

140 Die praktische Bedeutung dieses Härtegrundes ist sehr begrenzt. Erfasst wird ausschließlich die Pflicht zum Familienunterhalt beizutragen, so dass nur der **Zeitraum bis zur Trennung** abgedeckt ist. Familienunterhalt beinhaltet nach den §§ 1360, 1360a BGB alles, was nach den Verhältnissen der Ehegatten erforderlich ist, um die Kosten des Haushalts zu bestreiten und die persönlichen Bedürfnisse der Ehegatten und den Lebensbedarf der gemeinsamen unterhaltsberechtigten Kinder zu befriedigen (vgl. die Kommentierung zu § 1360a BGB). Diese Pflicht kann entsprechend der Aufgabenverteilung auch durch die Führung des Haushalts und die Versorgung der Kinder erfüllt werden. Verletzungen dieser Pflichten im unmittelbaren zeitlichen Zusammenhang mit der Trennung scheiden aus. Wird also anlässlich der Trennung die Versorgung des anderen Ehegatten eingestellt, ist dies nicht sanktioniert; lediglich die Einstellung der Betreuung und Erziehung der Kinder könnte sich auswirken. Jahrelanger Alkoholkonsum und damit verbundene Vernachlässigung des Haushalts und der Kinder kann jedoch eine solche Pflichtverletzung darstellen.[221]

141 Diese Pflichten müssen über einen **längeren Zeitraum**, der zudem bis zur Trennung reichen muss, verletzt werden.[222] Eine Mindestdauer lässt sich nicht allgemein sondern nur bezogen auf den Einzelfall bestimmen. Pflichtverletzungen, die über **ein Jahr** anhalten, dürften das Zeiterfordernis in der Regel erfüllen. Die Vorschrift will jedoch keine geringfügigen sondern nur **gröbliche Pflichtverletzungen** erfassen, so dass die Pflichtverletzung für sich genommen nicht ausreichend ist, sondern weitere Umstände hinzukommen müssen, etwa ernsthafte Versorgungsschwierigkeiten der Familie. Der Unterhaltsberechtigte muss zudem **schuldhaft** gehandelt haben, wobei eine unterhaltsbezogene Leichtfertigkeit ausreichen muss, wie sich aus dem Vergleich mit § 1579 Nr. 4 BGB ergibt.

VIII. Einseitiges offensichtlich schwerwiegendes Fehlverhalten (Nr. 7)

142 Dieser Verwirkungstatbestand durchbricht die Aufgabe des Verschuldensprinzips im Unterhaltsrecht.[223] Der Grundgedanke geht dahin, dass der Ehegatte, der sich aus der ehelichen Bindung löst, nicht im Widerspruch dazu eheliche Solidarität in Form von Unterhaltszahlungen einfordern können soll. Die ursprüngliche Absicht, eine persönliche Eheverfehlung nicht mit einer Beschneidung des Unterhalts zu sanktionieren, wurde im Gesetzgebungsverfahren aufgegeben. Der BGH hat die Gesetz gewordene Generalklausel (§ 1579 Abs. 1 Nr. 4 BGB a.F.) präzisiert und die später im UÄndG übernommene Formulierung geprägt, wonach ein schwerwiegendes, klar bei einem Ehegatten liegendes Fehlverhalten geeignet ist, die Voraussetzungen des § 1579 Abs. 1 Nr. 4 BGB a.F. zu erfüllen.[224]

---

[218] OLG Hamm v. 04.02.1994 - 13 UF 18/93 - FamRZ 1994, 1265-1266; OLG Hamm v. 10.12.1993 - 11 UF 77/93 - NJW-RR 1994, 772-773; zur Offenbarungspflicht beim Unterhalt *Bömelburg*, FF 2012, 240-248.
[219] OLG Koblenz v. 09.01.1996 - 11 UF 161/96 - FamRZ 1997, 1338-1339.
[220] OLG Hamm v. 20.12.2006 - 11 UF 128/06 - FamRZ 2007, 1889-1891.
[221] *Borth* in: Schwab, Handbuch des Scheidungsrechts, 7. Aufl. 2013, Teil IV Rn. 588.
[222] *Borth* in: Schwab, Handbuch des Scheidungsrechts, 7. Aufl. 2013, Teil IV Rn. 589.
[223] Eingehend zur „Abkehr aus der Ehe" *Wellenhofer-Klein*, FamRZ 1995, 905-915.
[224] BGH v. 07.03.1979 - IV ZR 36/78 - juris Rn. 11 - LM Nr. 1 zu § 1579 BGB.

Diese Härteklausel enthält **keine zeitliche Begrenzung**. Ein Fehlverhalten des Berechtigten kann bis zur rechtskräftigen Scheidung und auch darüber hinaus berücksichtigt werden, wobei **Fehlverhalten als Verletzung ehelicher Pflichten** zu verstehen ist. Damit sind die Pflicht zur ehelichen Treue, die eheliche Solidarität und die Achtung der Persönlichkeit und Würde des anderen angesprochen. Die Pflichtverletzung muss **schuldhaft** begangen werden, verminderte Schuldfähigkeit ist ausreichend, kann aber zur Verneinung der groben Unbilligkeit führen.[225] 143

Verzeiht der Unterhaltspflichtige das Fehlverhalten, kann er sich auf die der **Verzeihung** zugrunde liegenden Umstände nicht mehr berufen, um eine Verwirkung des Anspruchs zu begründen. Dies ist indessen kein Freibrief für künftiges Fehlverhalten. Wenn ein Ehebruch verziehen wird, kann die danach erfolgte Fortsetzung den Einwand der Verwirkung wieder begründen.[226] 144

1. Offensichtlich schwerwiegendes Fehlverhalten

Mit der Formulierung „offensichtlich schwerwiegendes Fehlverhalten" soll der Ausnahmecharakter der Vorschrift hervorgehoben werden; nicht jedes Fehlverhalten ist darunter zu subsumieren sondern nur ein solches, das erkennbar von besonderer Tragweite ist. 145

a. Verletzung der ehelichen Treue

Die Rechtspraxis wird dominiert vom Ausbrechen eines Ehegatten aus der Ehe und der Aufnahme intimer Beziehungen.[227] Ein solches Verhalten stellt immer dann eine Verletzung der ehelichen Treuepflicht dar, wenn die Ehe noch nicht gescheitert war. Wendet sich der Unterhaltsberechtigte **gegen den Willen** des anderen Ehegatten von der Ehe ab, um sich einem anderen Partner in **eheähnlicher Gemeinschaft** zuzuwenden, so liegt darin regelmäßig ein schwerwiegendes Fehlverhalten,[228] auch wenn dies dem Ehegatten sogleich offenbart wird[229]. 146

Der BGH[230] betont, dass der entscheidende Gesichtspunkt nicht die Trennung ist, sondern das **widersprüchliche Verhalten des Ehegatten**, das darin liegt, sich einerseits aus der ehelichen Bindung zu lösen und andererseits die eheliche Solidarität durch Beanspruchung von Unterhalt einzufordern. Unterhalt und eheliche Bindung stehen in einem Gegenseitigkeitsverhältnis. Dieses Prinzip wird verletzt, wenn „der Berechtigte sich gegen den Willen seines Ehegatten einem anderen zuwendet und jenem die dem Ehegatten geschuldete Hilfe und Fürsorge zuteilwerden lässt". Nicht entscheidend ist in diesem Zusammenhang, ob sich der Ehegatte unmittelbar nach der Trennung einem anderen Partner zuwendet, sondern ob das **Verhalten des Berechtigten ursächlich für die Trennung** war. Das ist dann zu verneinen, wenn die Ehe im Zeitpunkt der Trennung bereits gescheitert war. 147

Gleiches Gewicht hat die Aufnahme eines auf **längere Dauer angelegten intimen Verhältnisses**, auch wenn es nicht zur Begründung einer eheähnlichen Lebensgemeinschaft kommt.[231] Eine längere Dauer liegt dann vor, wenn aus der Sicht des Berechtigten eine dauerhafte nachhaltige Verbindung erwartet wurde, auch wenn sie tatsächlich nur für kurze Zeit aufrechterhalten wurde. 148

Einschränkend geht das OLG Oldenburg[232] davon aus, dass eine unterhaltsverwirkende „Abkehr" aus der Ehe allenfalls und erst dann angenommen werden kann, wenn die neue Beziehung einen gewissen Grad der Verfestigung erreicht hat und stützt sich auf den Ausnahmecharakter des § 1579 BGB. Allein die Zuwendung zu einem neuen Partner rechtfertige noch nicht die Annahme eines „offensichtlich schwerwiegenden", eindeutig beim Unterhaltsberechtigten liegenden Fehlverhalten gegenüber dem Unterhaltspflichtigen i.S.d. § 1579 Nr. 7 BGB. 149

---

[225] BGH v. 16.09.1981 - IVb ZR 622/80 - juris Rn. 9 - NJW 1982, 100-102.
[226] OLG Nürnberg v. 13.06.2000 - 11 WF 1903/00 - juris Rn. 4 - MDR 2000, 1194-1195.
[227] BGH v. 25.02.1981 - IVb ZR 544/80 - NJW 1981, 1214-1215; BGH v. 08.07.1981 - IVb ZR 593/80 - LM Nr. 14 zu § 1361 BGB; OLG Celle v. 18.06.1987 - 12 UF 109/87 - NJW-RR 1987, 1097; OLG Zweibrücken v. 21.06.1989 - 2 UF 225/88; OLG Celle v. 04.12.1986 - 10 UF 230/84 - FamRZ 1987, 603; OLG Schleswig v. 05.01.1996 - 10 UF 132/94 - SchlHA 1997, 20-21; OLG Koblenz v. 02.07.1999 - 11 UF 1154/98 - MDR 2000, 35; OLG Hamm v. 16.11.2000 - 2 WF 471/00 - OLGR Hamm 2001, 145.
[228] BGH v. 26.01.1983 - IVb ZR 344/81 - juris Rn. 16 - LM Nr. 27 zu § 242 (Bd) BGB; KG Berlin v. 02.02.2006 - 19 UF 93/05 - juris Rn. 4 - FamRZ 2006, 1542-1543.
[229] KG Berlin v. 02.02.2006 - 19 UF 93/05 - juris Rn. 5 - FamRZ 2006, 1542-1543.
[230] BGH v. 16.04.2008 - XII ZR 7/05 - juris Rn. 26 - FamRZ 2008, 1325.
[231] BGH v. 26.01.1983 - IVb ZR 344/81 - juris Rn. 16 - LM Nr. 27 zu § 242 (Bd) BGB; OLG Koblenz v. 02.07.1999 - 11 UF 1154/98 - MDR 2000, 35.
[232] OLG Oldenburg v. 19.01.2012 - 13 UF 155/11.

§ 1579

150 Die Aufnahme einer intimen Beziehung unter Fortführung der ehelichen Gemeinschaft soll auch dann nicht reichen, wenn der andere Ehegatte davon keine Kenntnis hat.[233] Auch eine einmalige flüchtige intime Beziehung erfüllt diese Voraussetzungen nicht. Dies gilt auch bei einem einmaligen sexuellen Kontakt, selbst wenn daraus ein Kind hervorgegangen ist.[234] Demgegenüber kann die mehrfache Aufnahme **intimer Beziehungen zu wechselnden Partnern eine Verwirkung begründen**.[235]

151 Nutzt die Ehefrau die langen berufsbedingten Abwesenheitszeiten des Ehemanns zur heimlichen Aufnahme einer intimen Beziehung zu dem langjährigen gemeinsamen Freund, dem zuvor wegen der freundschaftlichen Verbundenheit eine Unterkunft im ehelichen Anwesen gewährt worden war, ist Verletzung der ehelichen Treue, die eine Verwirkung auslöst, zu bejahen. Das widersprüchliche Verhalten wird besonders deutlich, wenn diese Beziehung fortgeführt wird, nachdem der Ehemann Kenntnis davon erlangt hat.[236] Auch ein Zusammenleben mit einem neuen Partner ohne sexuelle Kontakte soll ausreichend sein, weil durch eine intensive freundschaftliche Beziehung die geistig-seelische Ehegemeinschaft aufgehoben wird.[237] Kommt es zu solchen Verhaltensweisen erstmals nach der Scheidung, stellen sie keine Verletzung der ehelichen Treue dar, weil diese mit der Scheidung endet. Werden sie jedoch über den Trennungszeitraum hinaus fortgesetzt, ist der Tatbestand erfüllt.[238]

152 Allein die **Geburt eines nichtehelichen Kindes** während der Ehe rechtfertigt für sich genommen nicht die Annahme schwerwiegenden Fehlverhaltens; es müssen weitere Umstände hinzutreten.[239]

b. Verlassen des Ehegatten

153 Das grundlose Verlassen des anderen Ehegatten ist ebenso wenig ausreichend wie ein heimlicher Auszug. Ist die Ehe gescheitert, entfällt die Pflicht, die eheliche Lebensgemeinschaft fortzusetzen. Erfolgt die Trennung jedoch zu einer Zeit, in der der andere besonders auf Unterstützung angewiesen ist, weil er schwer erkrankt oder sonst hilflos ist, kann eine andere Beurteilung geboten sein.[240] Teilweise wird eine Pflichtverletzung auch dann angenommen, wenn die emotionale Abkehr vom Ehegatten und die Aufnahme intimer Beziehungen zu einem anderen Partner nach Mitteilung der Trennungsabsicht erfolgt, aber die Beziehungsprobleme nicht angesprochen werden und keine Bereitschaft besteht, sich um die Rettung der Ehe zu bemühen.[241]

c. Keine Aufnahme eines gemeinsamen Wohnsitzes

154 Die Weigerung einen gemeinsamen Wohnsitz an dem von dem anderen Ehegatten gewünschten Ort zu begründen, vermag wegen der grundsätzlichen Gleichberechtigung der Ehegatten ein schwerwiegendes Fehlverhalten nicht zu rechtfertigen. Ein solches Gewicht erlangt die Weigerung nur dann, wenn sich der Unterhaltsberechtigte einem objektiv vernünftigen und zumutbaren Vorschlag ohne sachliche Gründe von einigem Gewicht willkürlich verschlossen hat.[242]

d. Nichteheliche Vaterschaft

155 Beteuert eine Frau, das während der Ehe empfangene und geborene Kind stamme von ihrem Ehemann und lässt sie ihn künftig in diesem Glauben, obwohl sie selbst damit rechnet, dass ein anderer der Vater ist, so ist dieses Fehlverhalten offensichtlich schwerwiegend.[243] Dasselbe gilt für den Fall, dass der Ehemann von der rechtzeitigen Anfechtung der Vaterschaft mit dem Hinweis abgehalten wird, er brauche keinen Unterhalt für das Kind zu zahlen, er aber als rechtlicher Vater gleichwohl jahrelang mit Un-

---

[233] OLG Köln v. 14.11.2006 - 4 UF 79/06 - juris Rn. 28 - NJW-RR 2007, 364-365 = FamRZ 2007, 1463-1464.
[234] Brandenburgisches Oberlandesgericht v. 12.01.2011 - 9 WF 383/09 (PKH) - FamFR 2011, 79.
[235] BGH v. 12.01.1983 - IVb ZR 348/81 - juris Rn. 8 - FamRZ 1983, 670-674; OLG Frankfurt v. 26.07.2001 - 1 UF 181/00 - OLGR Frankfurt 2002, 8-9.
[236] OLG Hamm v. 19.07.2011 - II-13 UF 3/11, 13 UF 3/11 - juris Rn. 22 - NJW 2011, 3379-3380.
[237] KG Berlin v. 18.08.1988 - 19 UF 1296/88 - NJW-RR 1989, 1350-1351; ablehnend *Finger*, FamRZ 1989, 1180-1181, 1180; zustimmend *Diener*, FamRZ 1990, 407-408, 407.
[238] BGH v. 12.01.1983 - IVb ZR 348/81 - FamRZ 1983, 670-674.
[239] OLG Thüringen v. 18.11.2005 - 1 WF 436/05 - OLGR Jena 2006, 258-260; Brandenburgisches Oberlandesgericht v. 12.01.2011 - 9 WF 383/09 (PKH) - FamFR 2011, 79.
[240] OLG Köln v. 18.03.2002 - 4 UF 9/02 - OLGR Köln 2002, 297.
[241] OLG Hamm v. 30.06.2006 - 11 UF 10/06 - juris Rn. 33 - NJW-RR 2006, 1514-1516 = FamRZ 2006, 1538-1540.
[242] BGH v. 11.02.1987 - IVb ZR 15/86 - juris Rn. 16 - LM Nr. 26 zu § 1353 BGB.
[243] BGH v. 26.10.1984 - IVb ZR 36/83 - LM Nr. 25 zu § 1579 BGB; OLG Hamburg v. 12.12.1995 - 12 UF 35/95 - FamRZ 1996, 946; OLG Frankfurt v. 03.12.1997 - 9 U 27/97 - OLGR Frankfurt 1998, 176-177.

terhaltszahlungen belastet war.²⁴⁴ Nicht anders ist es unterhaltsrechtlich zu beurteilen, wenn die Ehefrau ihren Mann in den Glauben versetzt, der Vater des während der Ehe geborenen Kindes zu sein, obwohl sie in Kauf genommen hat, dass das Kind nicht von ihm abstammt.²⁴⁵

Eine Verschärfung hat der BGH²⁴⁶ für den Fall vorgenommen, dass die Ehefrau ihrem Ehemann verschweigt, dass ein während der Ehe geborenes Kind möglicherweise von einem anderen Mann abstammt und eine Anfechtung der Vaterschaft nach Bekanntwerden nicht erfolgt ist. Er hat in der **unterlassenen Aufklärung über einen Fehltritt mit Folgen** (Kuckuckskind) ein schwerwiegendes Verschulden gesehen und die Inzidentklärung der Abstammung im Unterhaltsverfahren gebilligt. Die Tatsache, dass der Unterhaltspflichtige rechtlich der Vater des Kindes geblieben ist, kann nicht als widersprüchliches Verhalten gewertet werden. Diese Folge ist in § 1598a BGB, der ein Abstammungsklärungsverfahren eröffnet, ausdrücklich vorgesehen. Es kann im Verhältnis zum Kind auch gute Gründe geben, von einer Anfechtung abzusehen. Diese Gründe kommen aber nicht dem Ehegatten, der Unterhalt verlangt, zugute.

e. Vereitelung des Umgangs

Hartnäckige Vereitelung des Umgangs des anderen Ehegatten mit den gemeinsamen Kindern kann ein schwerwiegendes Fehlverhalten darstellen und zur Herabsetzung des Unterhalts auf den Mindestbetrag führen, bis ein Umgang wieder möglich ist.²⁴⁷ Dies gilt auch, wenn nach einem Umzug mit den Kindern die neue Anschrift verschwiegen wird, um den Umgang zu unterlaufen.²⁴⁸ Diese Wertung wird dadurch gestützt, dass der BGH bei der Vereitelung des Umgangs auch Schadensersatzansprüche für möglich hält.²⁴⁹

Der BGH²⁵⁰ sieht in der **Umgangsvereitelung** jedoch erst dann einen Sachverhalt, der zu einer Verwirkung des Unterhaltsanspruchs führen kann, wenn eine **massive und schuldhafte Vereitelung** des Umgangsrechts festgestellt ist. Es muss sich um ein schwerwiegendes Fehlverhalten handeln, allein ein unzulängliches Einwirken auf das Kind ist ebenso wenig ausreichend wie bloße Schwierigkeiten bei tatsächlich durchgeführtem Umgang. Er fordert in diesem Zusammenhang einen **substantiierten Sachvortrag des unterhaltspflichtigen Ehegatten**, der auch erkennen lassen muss, ob und wie der umgangsberechtigte Elternteil einer ablehnenden Haltung des Kindes entgegengewirkt hat. Die pauschale Behauptung, der andere Elternteil habe das Kind in einen Loyalitätskonflikt getrieben, wird diesen Anforderungen nicht gerecht.²⁵¹

Zu betonen ist, dass auch bei einer massiven Verletzung des Umgangs eine Sanktion die Feststellung voraussetzt, dass diese vom Unterhaltsberechtigten **zu vertreten** ist, also ein schuldhaftes Handeln oder Unterlassen vorliegt. Ist eine solche Feststellung nicht möglich, scheidet eine Anwendung der Härteklausel aus.²⁵² Wenn nur gelegentlich kein Umgang stattfindet, kann nicht von einer massiven Vereitelung ausgegangen werden, auch wenn dadurch vergebliche Aufwendungen angefallen sind.²⁵³

Werden jedoch gerichtliche Beschlüsse zur Regelung des Umgangs, die zu ihrer Durchsetzung nach § 89 FamFG ergangen Ordnungsgeldbeschlüsse und die Bemühungen eines nach § 1684 Abs. 3 Satz 3 BGB gerichtlich bestellten Umgangspflegers ignoriert, liegt ein besonders **hartnäckiger Fall der Um-**

---

²⁴⁴ BGH v. 26.10.1984 - IVb ZR 36/83 - juris Rn. 12 - LM Nr. 25 zu § 1579 BGB.
²⁴⁵ So zu § 1587c Nr. 1 BGB BGH v. 13.10.1982 - IVb ZB 615/80 - juris Rn. 14 - LM Nr. 11 zu § 1587c BGB.
²⁴⁶ BGH v. 15.02.2012 - XII ZR 137/09; *Viefhues*, jurisPR-FamR 24/2012, Anm. 1.
²⁴⁷ OLG Celle v. 02.03.1989 - 10 UF 228/88 - FamRZ 1989, 1194-1196; OLG Nürnberg v. 18.01.1994 - 11 UF 2641/93 - DAVorm 1994, 634-641; OLG Nürnberg v. 08.02.1994 - 11 UF 2641/93 - juris Rn. 41 - NJW 1994, 2964-2965; OLG Nürnberg v. 02.07.1996 - 11 UF 814/96 - juris Rn. 20 - EzFamR aktuell 1996, 282-283; OLG Karlsruhe v. 11.11.1997 - 2 UF 62/97 - NJWE-FER 1998, 121-122; OLG München v. 29.10.1997 - 12 UF 1174/97 - EzFamR aktuell 1998, 21-23; OLG München v. 14.02.2006 - 4 UF 193/05 - juris Rn. 31 - OLGR München 2006, 583-585; OLG Schleswig v. 14.06.2002 - 10 UF 16/00 - OLGR Schleswig 2002, 384-385; Brandenburgisches Oberlandesgericht v. 12.01.2011 - 9 WF 383/09 (PKH) - FamFR 2011, 79.
²⁴⁸ OLG München v. 06.11.1996 - 26 WF 1131/96 - OLGR München 1997, 45.
²⁴⁹ BGH v. 19.06.2002 - XII ZR 173/00 - juris Rn. 11 - BGHZ 151, 155-164; OLG Frankfurt v. 30.09.2002 - 6 UF 175/99 - FF 2003, 222.
²⁵⁰ BGH v. 22.11.2006 - XII ZR 24/04 - juris Rn. 36; BGH v. 14.03.2007 - XII ZR 158/04 - juris Rn. 64 - FamRZ 2007, 882-888.
²⁵¹ BGH v. 14.03.2007 - XII ZR 158/04 - juris Rn. 64 - FamRZ 2007, 882-888.
²⁵² OLG Schleswig v. 25.02.2004 - 12 UF 23/02 - FamRZ 2004, 808-810.
²⁵³ OLG Schleswig-Holstein v. 05.09.2005 - 15 UF 63/05 - juris Rn. 23.

§ 1579

gangsvereitelung vor, der unterhaltsrechtlich zu sanktionieren ist. Um das erforderliche Verschulden festzustellen, kann auf die Feststellungen im Vollstreckungsverfahren (§§ 88-94 FamFG) zurückgegriffen werden. Eine solch nachhaltige Umgangsvereitelung rechtfertigt – auch unter Berücksichtigung der Kinderschutzklausel – eine **Vorverlegung der Obliegenheit zur Aufnahme einer Erwerbstätigkeit**. War danach bereits bisher während des Besuchs der Grundschule eine Teilzeitbeschäftigung aufzunehmen, so dass der Mindestbedarf hinreichend gesichert ist,[254] so verschärft sich diese Erwerbsobliegenheit unter der Vorgabe der seit 01.01.2008 geltenden Fassung des § 1970 BGB noch weiter.

161 Zieht der allein sorgeberechtigte Elternteil mit den Kindern in eine andere weit entfernt liegende Wohnung um oder wandert er aus, mit der Folge, dass Umgangskontakte erheblich erschwert werden, ist dies regelmäßig nicht als schwerwiegendes Fehlverhalten i.S.d. § 1579 Nr. 7 BGB zu qualifizieren. Missbräuchliche Entscheidungen im Rahmen der Personensorge sollen nicht über den Unterhalt sanktioniert werden sondern durch Änderung der Regelung des Sorgerechts (§§ 1671, 1696, 1666 BGB).[255] Etwas anderes kann sich ergeben, wenn über die Absicht des Auswanderns mit den gemeinsamen Kindern getäuscht und dadurch der Umgang vereitelt wird, sofern die Einseitigkeit gegeben und der andere Ehegatte sich nicht als erster von der Ehe losgesagt hat.[256]

f. Sonstige Fälle schwerwiegenden Fehlverhaltens

162 Ist das Verhalten des Unterhaltsberechtigten nur noch von **Hass und Verachtung** geprägt, kann dies den Härtegrund Nr. 7 erfüllen. So wurde einer Ehefrau, die ihrem geschiedenen Ehemann den Freitod der gemeinsamen Tochter verschwiegen, ihn von allen im Zusammenhang mit der Beisetzung anfallenden Maßnahmen ausgeschlossen hat und die zudem den Eindruck zu wecken versuchte, der Ehemann sei für den Selbstmord der Tochter verantwortlich, der Unterhalt versagt.[257]

163 Auch **Telefonsex** hinter dem Rücken des Ehemannes kann eine tief greifende Verletzung ehelicher Pflichten darstellen.[258] Gleiches gilt für den Fall heimlicher **Prostitution**.[259] Die voreheliche Ausübung der Prostitution ist nicht zu berücksichtigen; sie kann allenfalls zur Aufhebung der Ehe führen (§ 1314 Abs. 2 Ziff. 3 BGB).[260]

164 Wird der **Vorwurf des sexuellen Missbrauchs der Kinder** durch den Vater im Vertrauen auf die Angaben der Kinder erhoben, handelt der Berechtigte in Wahrnehmung berechtigter Interessen.[261] Zweifelhaft ist die Verneinung des Tatbestandes aber, wenn der Vorwurf auch nach Vorliegen eines entlastenden Gutachtens aufrechterhalten bleibt. Wird leichtfertig und ohne hinreichend gravierende Anhaltspunkte der Verdacht des sexuellen Missbrauchs erhoben, kann darin ein schwerwiegendes Fehlverhalten liegen und zwar auch dann, wenn der Missbrauch nur angedeutet wird und nicht zu einem strafrechtlichen Ermittlungsverfahren führt. Instrumentalisiert der Unterhaltsberechtigte den Missbrauchsvorwurf, geht es nicht um den Schutz des Kindes oder um die Verifizierung eines Verdachts, sondern um die Verfolgung eigener Interessen. Diese strenge Sichtweise rechtfertigt sich aus den erheblichen Folgen für den Unterhaltspflichtigen, der dadurch regelmäßig auch dann der gesellschaftlichen Ächtung ausgesetzt ist, wenn kein Ermittlungsverfahren eingeleitet wird.[262]

165 Leichtfertig sind Strafanzeigen oder Behauptungen in diesem Zusammenhang auch dann, wenn die bereits älteren Kinder einen Missbrauch wiederholt, nachhaltig und unmissverständlich verneinen. Stehen die Strafanzeigen und Vorwürfe zudem in engem zeitlichem Zusammenhang mit einem sorgerechtlichen Verfahren, wird deutlich, dass es vorrangig um die Verbesserung der eigenen Rechtsposition geht. Die Schwere dieser Behauptungen rechtfertigt die Annahme einer vollständigen Verwirkung des Unterhalts ab der ersten Anzeige.[263]

---

[254] OLG München v. 14.02.2006 - 4 UF 193/05 - juris Rn. 32 - FamRZ 2006, 1605-1607.
[255] BGH v. 14.01.1987 - IVb ZR 65/85 - juris Rn. 41 - NJW 1987, 893-897.
[256] BGH v. 14.01.1987 - IVb ZR 65/85 - juris Rn. 42 - NJW 1987, 893-897.
[257] OLG Celle v. 28.03.1995 - 19 UF 43/94 - NJW-RR 1996, 646-647.
[258] OLG Karlsruhe v. 14.06.1995 - 2 UF 36/93 - juris Rn. 28 - NJW 1995, 2796-2797.
[259] OLG Hamm v. 01.10.2001 - 4 UF 129/01 - FamRZ 2002, 753-754.
[260] OLG Köln v. 23.11.1993 - 25 UF 101/93 - OLGR Köln 1994, 165-166; OLG Hamm v. 01.10.2001- 4 UF 129/01 - FamRZ 2002, 753-754.
[261] KG Berlin v. 12.07.1994 - 18 UF 3297/93 - KGR Berlin 1994, 200-201.
[262] OLG Frankfurt v. 08.06.2005 - 6 UF 301/04 - FuR 2005, 460-461.
[263] Schleswig-Holsteinisches Oberlandesgericht v. 21.12.2012 - 10 UF 81/12 - juris Rn. 49 - FamRZ 2013, 1132-1134.

Das Mitwirken des unterhaltsberechtigten Ehegatten an **Pressberichten**, durch Überlassen von Information und Bildern, die in reißerischer Aufmachung zu einer öffentlichen Herabsetzung führen (Beschreibung und Darstellung als herzloser Vater in einem Boulevardblatt), stellt eine erhebliche Verletzung der Pflicht zur nachehelichen Solidarität dar.[264] 166

Das **Absehen von einer Eheschließung**, um den Unterhaltsanspruch nicht zu verlieren, wird teilweise unter Nr. 7 eingeordnet, teilweise auch unter Nr. 8. Die Frage der Einordnung wird sich in der Praxis regelmäßig schon deshalb nicht stellen, weil der Nachweis dieser Zielrichtung angesichts der Vielzahl plausibler Gründe, von einer Eheschließung abzusehen, kaum zu erbringen ist. 167

Nicht ausreichend sind kleinere Streitigkeiten der Eheleute, insbesondere solche im Zusammenhang mit der Trennung (Werfen mit Teller Reis nach Ohrfeige),[265] sowie die Erstattung einer Strafanzeige mit späterer Einstellung wegen geringer Schuld gemäß § 153a StPO[266]. 168

2. Eindeutig beim Berechtigten liegendes Fehlverhalten

Liegt ein offensichtlich schwerwiegendes Fehlverhalten vor, hat dies unterhaltsrechtlich nur dann Folgen, wenn es eindeutig beim Berechtigten liegt, es muss also ein **einseitiges Fehlverhalten** festzustellen sein. Davon kann nicht ausgegangen werden, wenn der andere Ehegatte die Abwendung von der Ehe zumindest mitveranlasst hat. Erforderlich ist zudem eine **kausale Verknüpfung** zwischen dem Fehlverhalten und dem Scheitern der Ehe. Daran fehlt es, wenn die Ehe schon vorher gescheitert war. Eine voll intakte und konfliktfreie Ehegemeinschaft ist indessen nicht erforderlich, ausreichend ist eine normal verlaufende Ehe. Dies führt zu der Schwierigkeit, die „Qualität" der Ehe darzulegen und zu bewerten. Ist dies, wenn es zu körperlichen Übergriffen oder anderen für Außenstehende zu registrierende Verhaltensweisen kommt, vielleicht noch zu bewältigen, wird es aber sehr schwierig, wenn der geistig-seelische Bereich Gegenstand der Einschätzung ist.[267] 169

Beruft sich der Unterhaltspflichtige auf ein schwerwiegendes Fehlverhalten und ist ein solches unstreitig oder nachgewiesen, kann es vom Unterhaltsberechtigten dadurch entkräftet werden, dass konkrete **gewichtige Gegenvorwürfe** erhoben werden. Sie müssen einen inneren Zusammenhang aufweisen und dazu geführt haben, dass es dem Unterhaltsberechtigten erschwert wurde, an der Ehe festzuhalten. Ein solcher Zusammenhang kann auch dazu führen, dass das Fehlverhalten des Unterhaltsberechtigten in einem milderen Licht erscheint.[268] Hinzukommen muss, dass die von beiden Seiten erhobenen Vorwürfe von **vergleichbarem Gewicht** sind.[269] Diese Gegenvorwürfe sind konkret darzulegen und dürfen sich nicht in Allgemeinplätzen erschöpfen. Insbesondere wenn es um die Verletzung der ehelichen Treue geht, ist die pauschale Behauptung, man habe sich schon seit langem auseinander gelebt, eine intakte Lebensgemeinschaft habe nicht mehr bestanden, nicht ausreichend.[270] 170

Nimmt die unterhaltsberechtigte Ehefrau intime Beziehungen zu anderen Männern auf, weil der Ehemann seit 19 Jahren den Geschlechtsverkehr mit ihr verweigert, ist das Ausbrechen aus der Ehe nicht einseitig.[271] Wer während der Ehe den anderen ständig beschimpft und schlägt, das Gespräch verweigert und nur über Zettel kommuniziert, wer selbst außereheliche Beziehungen hatte oder als erster Trennungsabsichten äußerte, kann sich nicht auf Verwirkung berufen, wenn sich der andere ein Fehlverhalten zuschulden kommen lässt.[272] Dies darf aber den Blick nicht dafür verstellen, dass der Ausbruch aus der Ehe regelmäßig nicht die Ursache des Scheiterns ist sondern die Folge. Es kann deshalb nicht allein darauf ankommen, wer als erster die Konsequenzen aus einer innerlich gescheiterten Ehe zieht.[273] 171

An der für die Anwendung des § 1579 Nr. 7 BGB erforderlichen einseitigen Abwendung des Berechtigten von der Ehe fehlt es regelmäßig, wenn die Trennung in (schriftlich festgehaltenem) beiderseitigem Einvernehmen erfolgt und die berechtigte Ehefrau erst danach mit einem anderen Partner (oder wie im entschiedenen Fall nach einer sexuellen Umorientierung einer anderen Partnerin) ein nachhal- 172

---

[264] OLG Bremen v. 01.02.2010 - 4 UF 106/09 - juris Rn. 7.
[265] BGH v. 11.12.1985 - IVb ZR 82/84 - juris Rn. 24 - LM Nr. 17 zu § 745 BGB.
[266] OLG Karlsruhe v. 19.10.1989 - 2 UF 177/88 - juris Rn. 36 - FamRZ 1990, 163-165.
[267] Vgl. dazu etwa *Wellenhofer-Klein*, FamRZ 1995, 905-915, 907.
[268] BGH v. 03.02.1982 - IVb ZR 654/80 - juris Rn. 13 - LM Nr. 19 zu § 1361 BGB.
[269] BGH v. 12.01.1983 - IVb ZR 348/81 - juris Rn. 10 - FamRZ 1983, 670-674.
[270] OLG Hamm v. 16.11.2000 - 2 WF 471/00 - OLGR Hamm 2001, 145.
[271] KG Berlin v. 16.05.1991 - 16 UF 7355/90 - NJW-RR 1992, 648-649.
[272] BGH v. 08.12.1982 - IVb ZR 331/81 - juris Rn. 21 - LM Nr. 11 zu § 1569 BGB.
[273] *Wellenhofer-Klein*, FamRZ 1995, 905-915, 911, 914 plädiert deshalb für eine restriktive Handhabung.

tiges, auf längere Dauer angelegtes intimes Verhältnis aufnimmt. Der Hinweis in der Trennungsvereinbarung, dass eine frühestmögliche Scheidung angestrebt werden soll, lässt den Schluss zu, dass zu diesem Zeitpunkt bereits beide vom Scheitern der Ehe ausgehen. Verwirkung ist aber anzunehmen, wenn der Nachweis gelingt, dass die Aufnahme der außerehelichen Beziehung bereits vor Abschluss der Trennungsvereinbarung erfolgt ist.[274]

IX. Andere ebenso schwerwiegende Gründe (Nr. 8)

173 Dieser Auffangtatbestand soll andere Fälle subjektiver und objektiver Unzumutbarkeit erfassen, wenn sie von gleichem Gewicht sind, wie das Fehlverhalten in Nr. 2-7, so dass diesen Tatbeständen eine exemplarische Funktion zukommt. Eine Einengung auf allein objektiv unzumutbare Sachverhalte[275] lässt sich nicht daraus herleiten, dass schuldhaftes Verhalten in den Härtegründen Nr. 3-7 umschrieben ist. Der Auffangcharakter spricht dafür, alle in diesen Härtegründen nicht erfassten aber gleichgewichtigen Umstände einzubeziehen.

174 Im **Verhältnis zu den vorangestellten Härtegründen** gehen diese als die spezielleren Regelungen vor. Sachverhalte, die in den Nr. 1-7 eine Regelung gefunden haben, die dort geforderten Tatbestandsmerkmale aber nicht erfüllen, können deshalb nicht unter Nr. 8 als „anderer Grund" subsumiert werden. Eine Ehe, die zwar nicht lange gedauert hat, aber nicht als kurze Ehe i.S.d. § 1579 Nr. 1 BGB anzusehen ist, kann grundsätzlich nicht als anderer gleich schwerwiegender Härtegrund nach § 1579 Nr. 8 BGB erfasst werden.[276] Diese strenge Sichtweise dürfte aber nur insoweit gerechtfertigt sein, als derselbe Sachverhalt nicht zweifach zugeordnet werden soll. Deshalb ist jeweils zu prüfen, ob tatsächlich eine abschließende Regelung vorliegt. Bei einer Ehe, deren formaler Verlauf nicht als kurz i.S.d. § 1579 Nr. 1 BGB zu werten ist, kann ein davon unabhängiges **kurzes tatsächliches Zusammenleben** im Rahmen der Nr. 8 als anderer Grund zu erfassen sein, weil das tatsächliche Zusammenleben bei dem Härtegrund Nr. 1 nicht erheblich ist.

1. Lebensgemeinschaften

175 Eine besondere Rolle haben die verschiedenen Varianten von Lebensgemeinschaften gebildet.[277] Mit dem UÄndG v. 27.12.2007 wurde dieser praktischen Bedeutung Rechnung getragen und eine eigenständige Fallgruppe „Verfestigte Lebensgemeinschaft" gebildet.

176 Das Erfordernis der Verfestigung bei den Lebensgemeinschaften in § 1579 Nr. 2 BGB lässt Konstellationen zu, die vor dieser Schwelle angesiedelt sind und zu einer Verwirkung führen können. Mit der Schaffung eines eigenständigen Härtegrundes ist keine abschließende Regelung der Problematik „Lebensgemeinschaften" erfolgt, vielmehr sollten deren klassische Erscheinungsformen ausdrücklich im Gesetzestext erwähnt werden. Daneben verbleiben Fallgestaltungen aus dem Katalog der Rechtsprechung, die weiterhin unter den Auffangtatbestand zu subsumieren sind.

a. Fortführung der ehezerstörenden Beziehung

177 Verhaltensweisen, die die Anwendung des § 1579 Nr. 7 BGB rechtfertigen, führen zur Verwirkung i.S.d. § 1579 Nr. 8 BGB, wenn sie nach der Ehe fortgesetzt werden. Hat der unterhaltsberechtigte Ehegatte vor der Scheidung eine eheähnliche Gemeinschaft mit einem anderen Partner aufgenommen, die die Voraussetzungen des § 1579 Nr. 7 BGB erfüllt und hat dies dazu geführt hat, den Anspruch auf Trennungsunterhalt zu versagen oder zu kürzen, dann erfüllt sein Verhalten auch die Voraussetzungen der Härteregelung der Nr. 8 hinsichtlich des nachehelichen Unterhalts, wenn die ehezerstörende Beziehung nach der Scheidung fortgesetzt wird.[278] Der nacheheliche Unterhalt kann dann versagt oder gekürzt werden, ohne dass es auf die Leistungsfähigkeit des Partners ankommt.[279] Es bedarf der ausdrücklichen Darlegung und Feststellung, dass diese Beziehung auch nach der Scheidung noch besteht; auf

---

[274] Brandenburgisches Oberlandesgericht v. 24.03.2009 - 10 UF 166/03 - juris Rn. 16 - FamRZ 2009, 1416.
[275] So *Brudermüller* in: Palandt, § 1579 Rn. 32.
[276] BGH v. 25.01.1995 - XII ZR 195/93 - juris Rn. 19 - NJW-RR 1995, 449-451.
[277] Eingehend *Büttner*, FamRZ 1996, 136-141, 139.
[278] BGH v. 23.03.1983 - IVb ZR 371/81 - juris Rn. 9 - LM Nr. 19 zu § 1578 BGB; BGH v. 21.12.1988 - IVb ZR 18/88 - juris Rn. 37 - LM Nr. 15 zu § 1577 BGB.
[279] BGH v. 21.12.1988 - IVb ZR 18/88 - juris Rn. 37 - LM Nr. 15 zu § 1577 BGB; *Brudermüller* in: Palandt, § 1579 Rn. 13.

eine dahin gehende Vermutung kann sich der Unterhaltspflichtige nicht berufen.[280] Hat sich diese Beziehung verfestigt, ist von diesem Zeitraum an in der Regel auch der Tatbestand des § 1579 Nr. 2 BGB erfüllt.

b. Unterhaltsbedingtes Absehen von der Eheschließung

Zur Verwirkung führen kann auch, wenn der Unterhaltsberechtigte in einer eheähnlichen – noch nicht verfestigten – Gemeinschaft lebt und bewusst von einer Eheschließung absieht, um den Verlust des Unterhaltsanspruchs nach § 1586 Abs. 1 BGB zu vermeiden.[281] Allerdings wird diese Fallgestaltung die Ausnahme sein, weil der beweisbelastete Unterhaltspflichtige, den Nachweis für eine solche Motivation angesichts der Vielzahl von plausiblen Gründen in der Regel nicht wird führen können.[282]   178

c. Besonders kränkende oder anstößige Begleitumstände

Sind mit der Beziehung des Unterhaltsberechtigten zu dem neuen Lebensgefährten besonders **kränkende oder sonst anstößige Begleitumstände** verbunden, die den Verpflichteten in außergewöhnlicher Weise treffen, ihn in der Öffentlichkeit bloß stellen oder sonst in seinem Ansehen schädigen, so kann auch dies den Verwirkungstatbestand erfüllen.[283] Das Tatbestandsmerkmal „verfestigte Lebensgemeinschaft" muss deswegen nicht erfüllt sein.   179

2. Weitere Härtegründe

Der Härtegrund Nr. 8 kann auch zu bejahen sein bei einem **kurzen tatsächlichen Zusammenleben** der Ehegatten und formal langer Dauer der Ehe i.S.d. Härtegrundes Nr.1, wenn die Ehegatten ihre Lebensdispositionen nicht aufeinander eingestellt haben.[284] Verwirkung kann deshalb auch zu bejahen sein, wenn die Ehegatten nur wenige Monate am Anfang der Ehe zusammengelebt haben und keine gemeinsame Lebensplanung oder wirtschaftliche Verflechtungen entstehen konnten.[285] Damit ist aber kein Umweg eröffnet, um die Tatbestandsvoraussetzung „kurze Ehedauer" in Nr. 1 zu unterlaufen; es müssen zusätzlich weitere Umstände vorliegen, auf die die Unzumutbarkeit zu stützen ist.[286]   180

Bei einer **Zweckheirat** (Erlangung der deutschen Staatsbürgerschaft, Beeinflussung der Haftbedingungen), die von vornherein nicht auf eine dauerhafte Lebensgemeinschaft gerichtet war und sich wirtschaftliche Abhängigkeiten nicht gebildet haben, liegt die Annahme eines ebenso schwerwiegenden Härtegrundes nahe.[287]   181

Ein Anspruch auf Unterhalt kann zu versagen sein, wenn aus religiösen Gründen **keine echte Lebensgemeinschaft** aufgenommen werden sollte, etwa weil zwischen den Ehegatten bei Eheschließung Einigkeit bestand, wegen einer kirchlich nicht geschiedenen vorausgegangenen Ehe eines Ehegatten eine Gemeinschaft irgendeiner Art nicht aufzunehmen und ein Zusammenleben deshalb unterblieb.[288]   182

Leben Ehegatten sehr **lange getrennt** – etwa 10 Jahre – und wird in dieser Zeit kein Unterhalt geltend gemacht, kann in der Regel davon ausgegangen werden, dass sich die Lebensverhältnisse der Parteien derart verselbständigt haben, dass nach Stellung des Scheidungsantrags die Zahlung von Trennungsunterhalt – und anschließend nachehelichem Unterhalt – nicht mehr zumutbar ist.[289]   183

Scheidet eine Anwendung der Härtegründe Nr. 3, 5 aus, weil nicht wenigstens verminderte Schuldfähigkeit gegeben ist, kann ein Härtegrund nach Nr. 8 anzunehmen sein, wenn sich die Unzumutbarkeit aus objektiven Umständen ergibt, etwa weil im Zustand der **Schuldunfähigkeit** mehrere Verwirkungstatbestände des § 1579 BGB über einen längeren Zeitraum und in besonders massiver Weise verwirklicht wurden.[290]   184

---

[280] BGH v. 28.11.1990 - XII ZR 1/90 - juris Rn. 12 - NJW 1991, 1290-1292.
[281] BGH v. 11.07.1984 - IVb ZR 22/83 - juris Rn. 11 - LM Nr. 24 zu § 1579 BGB; BGH v. 21.12.1988 - IVb ZR 18/88 - juris Rn. 40 - LM Nr. 15 zu § 1577 BGB.
[282] *Büttner*, FamRZ 1996, 136-141, 139.
[283] BGH v. 21.12.1988 - IVb ZR 18/88 - juris Rn. 39 - LM Nr. 15 zu § 1577 BGB.
[284] BGH v. 27.04.1988 - IVb ZR 58/87 - juris Rn. 21 - NJW-RR 1988, 834-836.
[285] OLG Celle v. 23.11.1989 - 10 UF 163/89 - FamRZ 1990, 524-526; OLG Celle v. 23.11.1989 - 10 UF 164/89 - FamRZ 1990, 519-520.
[286] BGH v. 09.07.1980 - IVb ZR 528/80 - juris Rn. 23 - LM Nr. 4 zu § 1579 BGB.
[287] *Maurer* in: MünchKomm-BGB, § 1579 Rn. 63.
[288] BGH v. 09.02.1994 - XII ZR 220/92 - juris Rn. 12 - LM BGB § 1361 Nr. 64 (7/1994).
[289] OLG Frankfurt v. 12.09.2003 - 2 WF 283/03 - FPR 2004, 25-26.
[290] OLG Hamm v. 23.09.1997 - 7 UF 106/97 - FamRZ 1998, 371-372.

§ 1579

185 Aus objektiven Gründen ist ein Unterhaltsanspruch zu versagen oder herabzusetzen, wenn der Unterhaltsbedürftige seine gesteigerte Bedürftigkeit nicht als Folge seines Handelns gewollt oder erkannt hat, sein Verhalten aber so schwere Folgen für den Unterhaltspflichtigen mit sich bringt, dass dessen Inanspruchnahme unzumutbar erscheint. Eine solche Unzumutbarkeit kann sich ergeben, wenn die Ehefrau die Christbaumbeleuchtung des Nachbarn mit einer nicht isolierten Zange durchtrennt hat und die dabei erlittenen Verletzungen zur Erwerbsunfähigkeit geführt haben. Der Unterhalt kann dann auf den Betrag begrenzt werden, der sich ohne die Erwerbsunfähigkeit ergäbe.[291]

186 Objektive Umstände, die zur Unzumutbarkeit des Unterhaltsanspruchs führen, können sich auch aus einem **ehrlosen oder unsittlichen Verhalten** (Prostitution, wiederholte Straffälligkeit) ergeben.[292]

187 Stellt die Ehefrau ihr Profil noch während ihres Zusammenlebens mit ihrem Ehemann auf einer einschlägigen Internetseite ein, auf der Interessierte sexuelle Kontakte suchen, und offenbart sie dabei ihre sexuellen Vorlieben und Neigungen, was einem Betreiben von Telefonsex ohne Wissen und Wollen des Ehemannes vergleichbar ist, führt dies zu einer Verwirkung des Unterhaltsanspruchs.[293]

188 Eine **Hausratsteilung hinter dem Rücken des anderen Ehegatten** kann dann zu einer (teilweisen) Verwirkung des Unterhalts führen, wenn bereits der Entschluss zur Trennung gefasst, aber gleichwohl ein gemeinsamer Urlaub in der Absicht angetreten wurde, in dieser Zeit mit Hilfe Dritter die Aufteilung des Hausrats vorzunehmen. Auch die Behauptung, es habe sich bei den Gegenständen, die weggeschafft wurden, im Wesentlichen um solche gehandelt, die im Alleineigentum standen, vermag den eklatanten Vertrauensbruch nicht zu relativieren, wenn das gesetzlich vorgesehene Verfahren durch arglistige Täuschung vermieden werden sollte.[294]

189 Wird die sich aus einer Unterhaltsverpflichtung ergebende **Pflicht zur Information** des Unterhaltspflichtigen über geänderte wirtschaftliche Verhältnisse verletzt, soll dies als ebenso schwerwiegender Härtegrund anzusehen sein. So, wenn in einem Vergleich über Unterhalt zugrunde gelegt wird, dass vom Unterhaltsberechtigten die Mieteinnahmen in vollem Umfang zur Rückführung von Zinsen und Tilgung einzusetzen sind, sich in der Folgezeit aber ergibt, dass die monatlichen Mieteinnahmen die Darlehenslasten deutlich übersteigen, und diese Einkommensveränderung nicht offenbart wird.[295] Allerdings ist zu beachten, dass nicht das in den auch zu erwägenden Härtegründen Nr. 3 und 5 geforderte Merkmal der Mutwilligkeit umgangen wird.

190 Allein die Tatsache, dass gemäß § 1572 BGB Unterhalt wegen einer **nicht ehebedingten Erkrankung** zu zahlen ist, stellt keinen Härtegrund dar. § 1579 BGB kann nicht herangezogen werden, um den Anwendungsbereich des § 1572 BGB zu verändern.[296] In Ausnahmefällen kann bei einer Krankheit, die zur Pflegebedürftigkeit führt und mit einem Pflegeaufwand verbunden ist, der deutlich über dem von einem Durchschnittsverdiener zu tragenden Maß liegt, ein hinreichender Härtegrund zu sehen sein, der es rechtfertigt, den Unterhalt herabzusetzen oder zeitlich zu begrenzen.[297] So auch, wenn die Krankheit, die zu einem Anspruch nach § 1572 BGB führt, bereits bei Beginn der Ehe bestanden hat, aber Nachteile des Unterhaltsberechtigten durch die Eheschließung nicht entstanden sind und der Unterhaltspflichtige nach der Trennung ganztags berufstätig ist und die Betreuung des gemeinsamen Kindes übernommen hat.[298] Eine sich durch die Krankheit des Unterhaltsberechtigten ergebende Doppelbelastung in Form von Berufstätigkeit und Kinderbetreuung ist für sich genommen jedoch nicht ausreichend, um zu einer Verwirkung zu gelangen.[299]

---

[291] OLG Köln v. 29.01.1992 - 26 UF 44/91 - FamRZ 1992, 1311-1313.

[292] *Maurer* in: MünchKomm-BGB, § 1579 Rn. 65.

[293] OLG Oldenburg v. 17.11.2009 - 3 WF 209/09 - FamRZ 2010, 904.

[294] OLG Schleswig v. 06.02.2004 - 10 UF 91/02 - NJW-RR 2004, 799-801.

[295] OLG Bamberg v. 31.10.2000 - 7 UF 59/00 - juris Rn. 6 - MDR 2001, 697.

[296] BGH v. 09.02.1994 - XII ZR 183/92 - juris Rn. 9 - LM BGB § 1572 Nr. 5 (6/1994); BGH v. 25.01.1995 - XII ZR 195/93 - juris Rn. 20 - NJW-RR 1995, 449-451; OLG Hamm v. 19.10.2005 - 11 UF 78/05 - FamRZ 2006, 707-708.

[297] OLG Oldenburg v. 12.03.1991 - 12 UF 150/90 - NJW 1991, 3222-3224 (Multiple Sklerose, Ehedauer fast 9 Jahre).

[298] OLG Brandenburg v. 11.01.1996 - 9 UF 76/95 - FamRZ 1996, 866-867 (Querschnittslähmung, Betreuung des 3 Jahre alten Kindes).

[299] OLG Hamm v. 19.10.2005 - 11 UF 78/05 - FamRZ 2006, 707-708.

Allerdings kann gem. dem ab dem 01.01.2008 geltenden § 1578b BGB auch Unterhalt wegen Krankheit nach § 1572 BGB befristet und/oder herabgesetzt werden, weshalb einer Unbilligkeit bereits unter diesem Gesichtspunkt Rechnung getragen werden muss.[300] Eine **grobe** Unbilligkeit wird in § 1578b BGB im Gegensatz zu § 1579 BGB nicht gefordert.

191

Liegt beim Unterhaltsberechtigten eine **Unterhaltsneurose** vor, die sich in unangemessenen Wunsch- und Begehrungstendenzen äußert, wie sie einem kindlichen Entwicklungsstadium entsprechen, und sind die Aussichten auf Heilung unsicher, scheidet die Zurechnung eines fiktiven Einkommens wegen Verletzung der Erwerbsobliegenheit aus; ebenso die Annahme eines mutwilligen Herbeiführens der Bedürftigkeit i.S.d. § 1579 Nr. 4 BGB. Der Anspruch kann aber nach § 1579 Nr. 8 BGB herabgesetzt oder versagt werden, wenn die Inanspruchnahme des Unterhaltspflichtigen wegen der Unterhaltsneurose grob unbillig wäre; dies kann auch dann zu bejahen sein, wenn sie sich ohne nachweisbares Verschulden manifestiert hat. Bei der Abwägung kommt es darauf an, ob die charakterliche Fehlhaltung durch seelisch oder körperlich schwer belastende Ereignisse hervorgerufen wurde oder durch Umstände bedingt ist, wie sie im normalen Verlauf eines Lebens üblicherweise auftreten und ohne seelische Schädigung überwunden werden. Im zweiten Fall ist eine Inanspruchnahme des Unterhaltspflichtigen eher als grob unbillig anzusehen und eine Herabsetzung oder Versagung des Unterhalts angezeigt. Einzubeziehen ist auch die Frage der Therapierbarkeit. Besteht eine nicht ganz geringe Heilungschance, kann es unzumutbar sein, Unterhalt zu zahlen, wenn jede weitere Zahlung die Unterhaltsneurose verfestigen würde, während die Einstellung die Bereitschaft zur Aufnahme einer Therapie fördern könnte.[301]

192

Ein Verwirkungsgrund ist nicht deshalb zu bejahen, weil die Inanspruchnahme des wiederverheirateten Unterhaltspflichtigen dazu führt, dass die **jetzige Ehefrau teilweise sozialhilfebedürftig** wird, weil ansonsten die gesetzliche Rangregelung unterlaufen würde (vgl. die Kommentierung zu § 1582 BGB). Der Grundsatz, dass der Unterhaltspflichtige durch die Unterhaltszahlungen selbst nicht sozialhilfebedürftig werden darf, bezieht sich ausschließlich auf dessen Person.[302]

193

Der Vorwurf des sexuellen Missbrauchs der gemeinsamen Kinder gegenüber dem geschiedenen Ehemann kann dann einen ebenso schwerwiegenden Grund darstellen, wenn zwar verminderte Schuldfähigkeit fraglich ist, die objektiven Umstände aber ein den Tatbestandsmerkmalen Nr. 3 und 7 vergleichbares Gewicht haben. Dies ist dann zu bejahen, wenn die Vorwürfe über einen längeren Zeitraum weiterhin – insbesondere Dritten gegenüber – erhoben werden, obwohl die gutachterliche Prüfung einen Missbrauch verneint hat und auch zivilrechtliche Unterlassungsverfahren unbeachtet geblieben sind.[303]

194

X. Wahrung der Kindesbelange

Soll nachehelicher Unterhalt versagt oder beschränkt werden, so ist neben dem Verhältnismäßigkeitsgrundsatz der Vorrang des Kindeswohls gegenüber den Interessen des Unterhaltspflichtigen zu wahren. Die Formulierung „unter Wahrung der Belange … eines Kindes" macht deutlich, dass die Kindesbelange nicht nur zu berücksichtigen sind, sondern einen exponierten Stellenwert haben.[304] Es sind aber nur die Belange gemeinsamer Kinder zu wahren.[305]

195

Ausgehend von den Kindesbelangen kann der Unterhalt entsprechend dem Umfang und der voraussichtlichen Dauer der Betreuung beschränkt werden. Ist auf Grund des Alters des Kindes eine Teilzeitbeschäftigung zumutbar, ergibt sich ein Anspruch nur soweit der Mindestbedarf nicht dadurch gedeckt ist. Der Anspruch ist darüber hinaus entsprechend dem voraussichtlichen Betreuungsbedürfnis des Kindes (vgl. dazu die Kommentierung zu § 1570 BGB) zu befristen.[306]

196

---

[300] BGH v. 26.11.2008 - XII ZR 131/07 - juris Rn. 34 - FamRZ 2009, 406-409; BGH v. 28.04.2010 - XII ZR 141/08 - juris Rn. 14.
[301] OLG Düsseldorf v. 13.01.1989 - 6 UF 110/88 - NJW-RR 1989, 1157-1158.
[302] BGH v. 10.07.1996 - XII ZR 121/95 - juris Rn. 13 - LM BGB § 1572 Nr. 6 (11/1996).
[303] OLG Hamm v. 03.12.2013 - II-2 UF 105/13, 2 UF 105/13 - juris Rn. 64.
[304] BGH v. 27.09.1989 - IVb ZR 78/88 - juris Rn. 14 - LM Nr. 39 zu § 1579 BGB; BGH v. 16.04.1997 - XII ZR 293/95 - juris Rn. 25 - LM BGB § 1570 Nr. 18 (9/1997); OLG Celle v. 21.12.1989 - 10 UF 133/89 - NdsRpfl 1990, 250-251; OLG Saarbrücken v. 27.04.2002 - 6 WF 14/02 - OLGR Saarbrücken 2002, 342.
[305] BGH v. 03.05.2006 - XII ZR 103/03 - juris Rn. 4 - FamRZ 2006, 1010.
[306] OLG Oldenburg v. 10.05.2001 - 14 UF 6/01 - NJWE-FER 2001, 227.

1. Sicherstellung der Betreuung

197 Die Belange des Kindes sind immer dann beeinträchtigt, wenn die Betreuung und Versorgung des Kindes gefährdet ist, weil der Unterhaltsberechtigte keinen Unterhalt erhält und deshalb zu einer Erwerbstätigkeit gezwungen ist. Sie sind dagegen gewahrt, wenn die **Pflege und Erziehung des Kindes in anderer Weise sichergestellt** ist.[307] Diese Versorgung kann auch durch den Lebensgefährten der Mutter erfolgen, insbesondere wenn dieser keiner Erwerbstätigkeit nachgeht. Die Unterhaltsberechtigte kann dann einer Vollzeitbeschäftigung nachgehen. Die dadurch zu erzielenden Einkünfte dürften den Mindestbedarf weitgehend decken.[308] Auch wenn bisher problemlos Einrichtungen zur Betreuung des Kindes in Anspruch genommen wurden, ist es zumutbar, sich dieser Unterstützung weiterhin zu bedienen. Das UändG v. 21.12.2007 hat zudem zu einer **Verschärfung der Erwerbsobliegenheit** beim betreuenden Elternteil geführt, weil danach die Obliegenheit besteht, eine Fremdbetreuung in Anspruch zu nehmen, sofern dies mit den Kindesbelangen in Einklang steht (wegen der Einzelheiten vgl. die Kommentierung zu § 1570 BGB).

2. Bedarfsdeckung des betreuenden Unterhaltsberechtigten

198 Im Interesse der Kinder muss grundsätzlich der **Mindestbedarf** des betreuenden Ehegatten gedeckt sein, sei es durch eigene Einkünfte, die für die Versorgung des Partners zuzurechnende Vergütung oder den zu zahlenden Unterhalt.[309] Die Möglichkeit **Sozialhilfe** zu beziehen, stellt keinen Ausgleich dar, weil sie grundsätzlich subsidiär ist.[310]

a. Eigene Erwerbstätigkeit

199 Sind die Belange der Kinder nicht oder nicht in vollem Umfang durch Dritte gewahrt, so ist zu prüfen, ob gleichwohl eine Aufnahme einer Teilzeitbeschäftigung oder die Ausweitung einer ausgeübten Beschäftigung erfolgen kann. Dabei richtet sich der Umfang der zumutbaren Tätigkeit zum einen nach dem Betreuungsbedürfnis des Kindes (Kränklichkeit, Schulschwierigkeiten, Entwicklungsstörungen, sonstiger besonderer Betreuungsbedarf) zum anderen nach dem Betreuenden (Alter, Gesundheitszustand, Beschäftigungschancen, anderweitige Betreuungsmöglichkeiten).[311] Wurde bereits während des Zusammenlebens neben der Betreuung der Kinder eine – über die bestehende Erwerbsobliegenheit hinausgehende – Berufstätigkeit ausgeübt, so kann sich der Unterhaltsberechtigte regelmäßig nicht darauf berufen, diese Tätigkeit sei überobligationsmäßig;[312] dies insbesondere dann, wenn die Erwerbstätigkeit auf freien Entschluss und nicht aus wirtschaftlicher Not erfolgt ist.[313] Wegen der Einzelheiten vgl. die Kommentierung zu § 1570 BGB.

b. Bedarfsdeckung durch eheähnliche Gemeinschaft

200 Auch das Leben in einer **neuen Partnerschaft** ist bei der Gesamtabwägung zu berücksichtigen. Die – bei gegebener Leistungsfähigkeit – für die Führung des Haushalts zuzurechnende Vergütung deckt den Bedarf zumindest teilweise. Ist der Partner nicht leistungsfähig, ist es zumindest gerechtfertigt, wegen der mit dem Zusammenleben verbundenen Ersparnisse den Mindestbedarf angemessen zu unterschreiten.[314] Die untere Grenze dürfte bei dem Betrag liegen, der in der Düsseldorfer Tabelle[315] als Eigenbedarf für einen in einem gemeinsamen Haushalt lebenden nicht erwerbstätigen Ehegatten ausgewiesen ist.[316]

---

[307] BGH v. 27.09.1989 - IVb ZR 78/88 - juris Rn. 14 - LM Nr. 39 zu § 1579 BGB.
[308] OLG Celle v. 18.02.2000 - 15 UF 144/99 - juris Rn. 4 - NJW 2000, 2282-2283.
[309] BGH v. 16.04.1997 - XII ZR 293/95 - juris Rn. 25 - LM BGB § 1570 Nr. 18 (9/1997); OLG Hamm v. 09.05.2003 - 11 UF 321/02 - NJW-RR 2003, 1297-1299; OLG Bremen v. 13.10.1995 - 5 WF 76/95 - juris Rn. 12 - OLG Bremen 1995, 25-26; OLG Frankfurt v. 06.06.2001 - 5 WF 31/01 - FuR 2001, 428-429; OLG Saarbrücken v. 05.02.2003 - 9 UF 104/01 - FF 2003, 252-253.
[310] BGH v. 27.09.1989 - IVb ZR 78/88 - LM Nr. 39 zu § 1579 BGB; OLG Saarbrücken v. 27.04.2002 - 6 WF 14/02 - OLGR Saarbrücken 2002, 342.
[311] BGH v. 12.03.1997 - XII ZR 153/95 - juris Rn. 23 - LM BGB § 1570 Nr. 17 (7/1997).
[312] OLG Hamm v. 09.05.2003 - 11 UF 321/02 - NJW-RR 2003, 1297-1299; großzügiger OLG Hamm v. 15.12.1992 - 1 UF 259/92 - OLGR Hamm 1993, 61-62.
[313] OLG Schleswig v. 14.08.2002 - 12 UF 13/01 - FamRZ 2003, 603-606.
[314] BGH v. 28.11.1990 - XII ZR 1/90 - juris Rn. 19 - NJW 1991, 1290-1292.
[315] Düsseldorfer Tabelle, Stand 01.07.2005, FamRZ 2005, 1300.
[316] BGH v. 28.11.1990 - XII ZR 1/90 - juris Rn. 19 - NJW 1991, 1290-1292; zur Herabsetzung des Selbstbehalts BGH v. 09.01.2008 - XII ZR 170/05 - juris Rn. 34.

c. Bedarfsdeckung durch Sozialleistungen

Bei der Frage der Sicherstellung des Mindestbedarfs sind auch öffentliche Leistungen zu berücksichtigen. Seit dem 01.01.2007 ersetzt das **Elterngeld** nach dem Gesetz zum Elterngeld und zur Elternzeit (BEEG) das bisherige Erziehungsgeld nach dem **Bundeserziehungsgeldgesetz, das nach Maßgabe des** § 9 Satz 2 BErzGG zu berücksichtigen war.[317] § 11 BEEG regelt, dass im Rahmen des Unterhaltsrechts das Elterngeld bis zum Betrag von 300 € und in den Fällen des § 6 Satz 2 BEEG bis zum Betrag von 150 € grundsätzlich nicht als Einkommen zu berücksichtigen ist. Hiervon ist in § 11 Satz 3 BEEG eine Ausnahme gemacht, soweit über eine Herabsetzung des Unterhalts aus Billigkeitsgründen nach §§ 1361 Abs. 3, 1579 BGB zu entscheiden ist. Bei der Frage der Sicherstellung des Mindestbedarfs im Rahmen der Härteklausel ist somit das Elterngeld bedarfsdeckend zu berücksichtigen (§ 11 Satz 3 BEEG).[318]

201

Es kann auch darauf ankommen, ob der Unterhaltsberechtigten, die ein weiteres nicht gemeinschaftliches Kind versorgt, ein Unterhaltsanspruch gemäß § 1615l BGB zusteht. Da der Erzeuger und der Ehemann grundsätzlich anteilig entsprechend ihrer Leistungsfähigkeit haften[319], ist entscheidungserheblich, ob der Erzeuger des Kindes anteiligen Unterhalt aufbringen kann[320]. Die Ermittlung der anteiligen Haftung kann aber nicht im Hinblick auf die Verwirkung unterbleiben, es ist vielmehr zunächst der Haftungsanteil des Unterhaltspflichtigen zu ermitteln und dann zu prüfen, ob ein Versagen dieses anteiligen Unterhalts oder nur dessen Herabsetzung in Betracht kommt.[321]

202

3. Kindesbelange und grobe Unbilligkeit

Die Wahrung der Kindesbelange bedeutet indessen nicht, dass in Fällen, in denen der Mindestbedarf nicht gesichert ist, eine weitere Prüfung der **groben Unbilligkeit** entbehrlich ist.[322] Liegt nämlich eine außergewöhnliche Härte vor, kann es gerechtfertigt sein, ausnahmsweise den Mindestunterhalt zu unterschreiten.[323] Besonders krasse Fallgestaltungen können im Rahmen der Gesamtabwägung dazu führen, die Anforderungen an die **Erwerbsobliegenheit** strenger auszurichten.[324] Es kann nicht zwingend davon ausgegangen werden, dass die Belange des Kindes nicht auch dann gewahrt sind, wenn in Abhängigkeit vom Alter eine zeitlich angemessene Beschäftigung aufgenommen wird. Dies insbesondere dann, wenn zeitweise eine solche Tätigkeit bereits neben der Betreuung ausgeübt wurde und sich Erwerbstätigkeit und Versorgung des Kindes als miteinander vereinbar gezeigt haben.[325] Einbezogen werden müssen – im Hinblick auf § 1570 Abs. 1 Satz 2 BGB auch die Möglichkeiten einer anderweitigen Betreuung des Kindes durch entsprechende Einrichtungen. Damit ergibt sich eine verschärfte Erwerbsobliegenheit, wenn das Kind das 3. Lebensjahr vollendet hat.[326]

203

Es ist deshalb mit der Vollendung des dritten Lebensjahrs des Kindes in der Regel davon auszugehen, dass die betreuende Mutter ihren notwendigen Bedarf selbst durch eine Erwerbstätigkeit sicherstellen kann.[327] Sie ist gehalten, bestehende Betreuungsmöglichkeiten auszuschöpfen. Auch aus der Entscheidung des BVerfG[328] lassen sich Argumente für eine deutliche Vorverlegung der Erwerbsobliegenheit herleiten.

204

Wird ein Einkommen aus überobligatorischer Erwerbstätigkeit erzielt, ist dies regelmäßig bedarfsdeckend zu berücksichtigen.[329]

205

---

[317] BGH v. 21.01.1998 - XII ZR 85/96 - juris Rn. 14 - LM BGB § 1615l Nr. 2 (6/1998); OLG Nürnberg v. 05.09.1994 - 10 UF 1827/94 - juris Rn. 12 - NJW-RR 1995, 262-264.
[318] *Scholz*, FamRZ 2007, 7, zur Anrechenbarkeit vgl. *Klatt*, FPR 2007, 349; *Viefhues*, FPR 2007, 351.
[319] BGH v. 21.01.1998 - XII ZR 85/96 - juris Rn. 27 - LM BGB § 1615l Nr. 2 (6/1998).
[320] OLG Hamm v. 15.12.1992 - 1 UF 259/92 - OLGR Hamm 1993, 61-62.
[321] BGH v. 21.01.1998 - XII ZR 85/96 - juris Rn. 31 - LM BGB § 1615l Nr. 2 (6/1998); *Borth* in: Schwab, Handbuch des Scheidungsrechts, 5. Aufl. 2004, Teil IV Rn. 420.
[322] BGH v. 21.01.1998 - XII ZR 85/96 - juris Rn. 11 - LM BGB § 1615l Nr. 2 (6/1998).
[323] Offen gelassen in BGH v. 16.04.1997 - XII ZR 293/95 - juris Rn. 26 - LM BGB § 1570 Nr. 18 (9/1997).
[324] OLG Saarbrücken v. 05.02.2003 - 9 UF 104/01 - FF 2003, 252-253.
[325] BGH v. 21.01.1998 - XII ZR 85/96 - juris Rn. 13 - LM BGB § 1615l Nr. 2 (6/1998).
[326] OLG Bremen v. 05.01.2007 - 4 UF 75/06 - NJW 2007, 1892 mit zustimmender Anmerkung *Bergscheider*, FamRZ 2007, 1465 im Vorgriff auf die Unterhaltsreform.
[327] *Schnitzler*, FPR 2008, 41.
[328] BVerfG v. 28.02.2007 - 1 BvL 9/04 - FamRZ 2007, 965.
[329] OLG Saarbrücken v. 05.02.2003 - 9 UF 104/01 - FF 2003, 252-253.

§ 1579

XI. Grobe Unbilligkeit

206 Sind die Tatbestandsmerkmale der Härtegründe Nr. 1-8 erfüllt, muss zusätzlich eine grobe Unbilligkeit als **weitere Tatbestandsvoraussetzung** vorliegen. Grobe Unbilligkeit wird verstanden als dem Gerechtigkeitsempfinden in unerträglicher Weise widersprechend.[330] Der Annahme einer groben Unbilligkeit kann ein verzeihendes Verhalten des Unterhaltspflichtigen entgegenstehen. Auf die Geltendmachung der Verwirkung i.S.d. § 1579 BGB kann auch verzichtet werden.

1. Billigkeitskriterien

207 Im Rahmen der Billigkeitsprüfung können folgende Umstände Bedeutung erlangen:
- Alter des Berechtigten,
- Dauer der Ehe,
- Dauer des Zusammenlebens,
- Kinderbetreuung in der Vergangenheit,
- ehebedingte berufliche Nachteile,
- gesundheitliche Verfassung,
- Aussichten, den Unterhalt selbst bestreiten zu können,
- wirtschaftliche Verhältnisse der Ehegatten,
- Verhalten der Ehegatten zueinander,
- Höhe des Unterhalts,
- Sozialleistungen (Erziehungs-, Pflegegeld),
- Leistungen Dritter.

2. Gesamtabwägung

208 Die grobe Unbilligkeit verlangt eine eingehende Abwägung aller Umstände. Diese Gesamtabwägung muss zum einen die vorrangigen Belange der Kinder wahren und die vorgenannten Kriterien, insbesondere die wirtschaftlichen Auswirkungen und die persönlichen Verhältnisse der Ehegatten berücksichtigen.

209 Zu beachten ist insbesondere die **Dauer der Ehe** und eine sich daraus ergebende wirtschaftliche Verflechtung. Bei einer extrem kurzen Ehedauer i.S.d. Härtegrundes Nr. 1, kann sich bereits aus dieser Zeitspanne die grobe Unbilligkeit ergeben.[331] Andererseits lässt eine lange Ehedauer und die **Kindererziehung** eine völlige Versagung des Unterhalts häufig nicht als angemessen erscheinen.[332] Auch das **Alter** der Ehegatten ist bei der Billigkeitsprüfung zu berücksichtigen, weil die Folgen des Versagens eines Anspruchs bei höherem Alter häufig weitreichender sind.[333] Zugunsten des Unterhaltsberechtigten kann auch eine **längere Mitarbeit** beim selbständig tätigen Unterhaltspflichtigen zu beachten sein.[334]

210 Ein weiteres wesentliches Kriterium bei der Billigkeitsabwägung sind die **wirtschaftlichen Verhältnisse** der Parteien.[335] Es ist offensichtlich, dass eine fortbestehende Unterhaltspflicht bei beengten wirtschaftlichen Verhältnissen den Pflichtigen härter trifft als bei einem überdurchschnittlichen Einkommen. Umgekehrt ist das Versagen eines Anspruchs besonders belastend, wenn der Berechtigte kaum Möglichkeiten hat, seinen Unterhalt durch eine Erwerbstätigkeit zu bestreiten, auch wenn zu berücksichtigen ist, dass der Maßstab des § 1574 Abs. 2 BGB im Bereich der Härteklausel nicht heranzuziehen ist. Der Berechtigte muss im Rahmen des § 1579 BGB auch eine nach den ehelichen Lebensverhältnissen nicht angemessene Beschäftigung aufnehmen.[336]

211 Erwachsen dem Unterhaltsberechtigten nach der Scheidung **subsidiäre Ansprüche**, finden diese in die Billigkeitsabwägung keinen Eingang. Lebt ein Anspruch auf **Witwenrente** aus der ersten Ehe nach Scheidung der zweiten wieder auf, kann diese Versorgung bei der Abwägung regelmäßig nicht einge-

---

[330] BGH v. 31.03.1982 - IVb ZR 665/80 - juris Rn. 15 - LM Nr. 12 zu § 1579 BGB; BGH v. 12.01.1983 - IVb ZR 348/81 - juris Rn. 11 - FamRZ 1983, 670-674.
[331] BGH v. 24.06.1981 - IVb ZR 513/80 - FamRZ 1981, 944-946 (Ehedauer 6 Wochen); OLG Frankfurt v. 06.11.1990 - 4 UF 66/90 - NJW-RR 1991, 902-903; OLG Hamm v. 16.08.2013 - II-3 UF 43/13, 3 UF 43/13 - juris Rn. 57 - FamRZ 2013, 1889-1893.
[332] BGH v. 03.07.1985 - IVb ZR 42/84 - juris Rn. 19 - EzFamR BGB § 1579 Nr. 11.
[333] BGH v. 03.07.1985 - IVb ZR 42/84 - juris Rn. 22 - EzFamR BGB § 1579 Nr. 11.
[334] BGH v. 03.07.1985 - IVb ZR 42/84 - juris Rn. 20 - EzFamR BGB § 1579 Nr. 11.
[335] OLG Koblenz v. 06.06.1991 - 11 UF 1106/90 - FamRZ 1991, 1314-1315.
[336] BGH v. 12.01.1983 - IVb ZR 348/81 - juris Rn. 12 - FamRZ 1983, 670-674.

stellt werden. Es kann nicht darauf abgestellt werden, die Versorgung der Unterhaltsberechtigten sei durch die Witwenrente gewährleistet und die Versagung oder Kürzung des Unterhalts treffe ihn deshalb nicht besonders hart.[337] Dieser Grundsatz schließt nicht aus, im Einzelfall zu einer anderen Bewertung zu kommen, wenn der dem anderen verbleibende Betrag außer Verhältnis zu den Gesamteinkünften des Berechtigten steht.[338] Auch wenn der Berechtigte durch die Eheschließung einen sicheren Anspruch aufgegeben hat und die Ehe von kurzer Dauer war, ist der grundsätzlich subsidiäre Anspruch einzubeziehen.[339]

Freiwillige Leistungen Dritter – z.B. kostenloses Überlassen einer Wohnung – bleiben bei der Bestimmung des Unterhalts grundsätzlich unberücksichtigt, weil sie regelmäßig nicht der Entlastung des Unterhaltspflichtigen dienen sollen.[340] Im Anwendungsbereich der Härteklausel ist dieser Grundsatz jedoch einzuschränken. Werden diese Leistungen berücksichtigt, erfolgt jedoch häufig die Korrektur im tatsächlichen Bereich dadurch, dass sie eingestellt werden, zumal keine Verpflichtung besteht, Leistungen dieser Art weiter zu gewähren. 212

Pflegegeld, das ansonsten nicht als Einkommen zu werten ist, kann ebenso wie **Elterngeld** (§ 11 BEEG) im Rahmen des § 1579 BGB bedarfsdeckend zu berücksichtigen sein (§ 13 Abs. 6 Ziff. 1 SGB XI). Auch die Anforderungen an die **Verwendung des Vermögensstamms** sind strenger zu handhaben, weil die in § 1577 Abs. 3 BGB normierten Billigkeitsabwägungen von denen des § 1579 BGB überlagert werden. 213

Da die Unterhaltspflicht als Nachlassverbindlichkeit gemäß § 1586b BGB auf den Erben des Unterhaltspflichtigen übergeht und zwar mit der Belastung eines Einwands aus § 1579 BGB, kann sich auch der Erbe auf Verwirkung berufen. Bei der Billigkeitsabwägung können auch solche Gesichtspunkte zu beachten sein, die ausschließlich das Verhältnis zwischen dem Unterhaltsberechtigten und dem Erben betreffen.[341] 214

3. Verzeihen/Verzicht

Wer das Fehlverhalten des Unterhaltsberechtigten kennt, aber gleichwohl den Unterhaltsanspruch anerkennt[342] oder weiter seine Unterhaltszahlungen erbringt[343], kann sich später nicht mehr auf Verwirkung berufen. In der Weiterzahlung liegt ein ausdrückliches oder konkludentes Verzeihen.[344] Teilweise wird die Auffassung vertreten, damit entfalle bereits der Tatbestand[345], überwiegend wird ein Verzeihen im Rahmen der Billigkeitsabwägung berücksichtigt[346]. Die sich daraus ergebende Folge, dass ein hartherziger Ehemann im Ergebnis besser dasteht als ein nachsichtiger, ist hinzunehmen, weil durch das Verzeihen gerade zu erkennen gegeben wird, dass die Verfehlung nicht mehr zum Vorwurf gemacht wird.[347] Ein Verzeihen oder ein Verzicht kommt aber nicht nur bei den Härtegründen in Betracht, die ein Fehlverhalten voraussetzen sondern auch beim Härtegrund Nr. 2, 8, wenn auf objektive Gründe – z.B. eine verfestigte Lebensgemeinschaft – abgestellt wird.[348] 215

Erfolgt das Verzeihen in der Erwartung eines bestimmten Verhaltens des anderen Ehegatten, etwa um die Ehe zu retten, oder vor dem Hintergrund des Versprechens, derartiges Fehlverhalten nicht zu wiederholen, ist die Berufung auf die Verwirkungsgründe nicht verwehrt, wenn der andere Ehegatte sein früheres Verhalten wieder aufnimmt und z.B. mit dem früheren Partner zusammenzieht.[349] Dies gilt 216

---

[337] Eingehender zur wiederauflebenden Witwenrente *Dieckmann*, FamRZ 1987, 231-239, 231; BGH v. 04.06.1986 - IVb ZR 48/85 - juris Rn. 10 - LM Nr. 2 zu § 44 BVG.
[338] Offen gelassen in BGH v. 04.06.1986 - IVb ZR 48/85 - juris Rn. 10 - LM Nr. 2 zu § 44 BVG.
[339] OLG Hamm v. 06.12.2005 - 11 UF 138/05 - juris Rn. 21 - NJW-RR 2006, 651-652.
[340] Vgl. dazu etwa BGH v. 22.02.1995 - XII ZR 80/94 - juris Rn. 15 - LM BGB § 1353 Nr. 34 (7/1995).
[341] BGH v. 06.11.2002 - XII ZR 259/01 - juris Rn. 4 - NJW-RR 2003, 505-506.
[342] OLG Nürnberg v. 22.06.1990 - 7 UF 1374/90 - FamRZ 1992, 673.
[343] OLG Hamm v. 06.10.1993 - 5 UF 184/91 - NJW-RR 1994, 1287-1288; OLG Düsseldorf v. 30.08.1996 - 3 UF 43/96 - FamRZ 1997, 1159.
[344] BGH v. 28.01.2004 - XII ZR 259/01 - NJW 2004, 1326-1327; OLG Bremen v. 01.02.2010 - 4 UF 106/09 - juris Rn. 8.
[345] *Büttner* in: Johannsen/Henrich, Familienrecht, 5. Aufl., § 1570 Rn. 55.
[346] OLG Düsseldorf v. 30.08.1996 - 3 UF 43/96 - FamRZ 1997, 1159; OLG Hamm v. 16.01.1997 - 4 UF 349/96 - FamRZ 1997, 1485-1486; OLG Hamm v. 06.10.1993 - 5 UF 184/91 - NJW-RR 1994, 1287-1288; offen gelassen in BGH v. 28.01.2004 - XII ZR 259/01 - NJW 2004, 1326-1327.
[347] OLG Düsseldorf v. 30.08.1996 - 3 UF 43/96 - FamRZ 1997, 1159.
[348] BGH v. 28.01.2004 - XII ZR 259/01 - NJW 2004, 1326-1327.
[349] OLG Nürnberg v. 13.06.2000 - 11 WF 1903/00 - MDR 2000, 1194-1195.

auch, wenn die Unterhaltszahlungen im Hinblick auf ein gemeinschaftliches Kind und dessen Betreuungsbedürftigkeit weitergezahlt wird, ohne von der Möglichkeit der Reduzierung auf den Mindestunterhalt Gebrauch zu machen.[350]

217 Der gemäß § 1586b BGB auf nachehelichen Unterhalt in Anspruch genommene Erbe kann sich ebenfalls – auch erstmals – auf die Verwirkung nach § 1579 BGB berufen, wenn nicht der Unterhaltspflichtige zuvor dem Unterhaltsberechtigten dessen Fehlverhalten verziehen oder auf die Geltendmachung der Verwirkung verzichtet hat. Ein Verzeihen oder ein konkludenter Verzicht liegt aber nicht vor, wenn – auch über einen längeren Zeitraum – Unterhalt trotz der Kenntnis persönlichen Fehlverhaltens weitergezahlt wird, um eine Kürzung der eigenen Rente zu vermeiden (§ 5 VAHRG), weil dann Unterhalt regelmäßig nur des eigenen Vorteils willen gezahlt wird und nicht im Zusammenhang mit dem Verhalten des anderen Ehegatten steht.[351] Dies gilt auch, wenn aus denselben Gründen in Kenntnis der bereits langjährigen eheähnlichen Gemeinschaft weiterhin Unterhalt gezahlt wird.[352]

D. Rechtsfolgen

218 Steht fest, dass Härtegründe i.S.d. § 1579 BGB vorliegen und die Inanspruchnahme des Unterhaltspflichtigen grob unbillig ist, kann der Unterhalt herabgesetzt, zeitlich begrenzt oder gänzlich versagt werden. Diese Möglichkeiten erlauben es, die Rechtsfolge an den jeweiligen konkreten Sachverhalt entsprechend dem Ergebnis der Gesamtabwägung unter Einschluss der Kindesbelange anzupassen.

219 Zum vollen Bedarf eines Berechtigten gehört neben dem Elementarunterhalt auch der Kranken- und Vorsorgeunterhalt (§ 1578 Abs. 2, 3 BGB). Wird Unterhalt versagt, entfällt auch der darauf gerichtete Anspruch. Kommt nur eine Herabsetzung in Betracht, bleibt der Anspruch auf Kranken- und Vorsorgeunterhalt grundsätzlich bestehen.

I. Versagen, Herabsetzen und Befristen des Unterhalts

220 Bei einem versuchten schweren Diebstahl zu Lasten des Unterhaltspflichtigen ist bei einer langen Ehedauer und Erziehung der Kinder (30 Jahre, 3 Kinder) eine Herabsetzung des Unterhalts auf die Hälfte als ausreichend angesehen worden.[353] Bei einem Unterhaltsanspruch wegen Krankheit und einer Ehedauer bis zur Trennung von 20 Jahren soll weder wissentlich falscher Prozessvortrag noch eine feste soziale Bindung zu einem (wirtschaftlich schwachen) Partner zum völligen Wegfall des Unterhaltsanspruchs führen sondern lediglich zur Kürzung.[354]

221 Wer den Unterhaltspflichtigen wegen Diebstählen bei seinem Arbeitgeber anschwärzt, muss (bei fortgeschrittenem Alter, psychischer Belastung durch die Trennung, 10jähriger Ehedauer) damit rechnen, (unter Einbeziehung eigener Einkünfte) nur den Mindestbedarf als Unterhalt zu erhalten, auch wenn der volle Bedarf sich auf einen deutlich höheren Betrag beläuft.[355]

222 Lebt der Unterhaltsberechtigte in einer eheähnlichen Gemeinschaft, soll im Hinblick auf die 30-jähriger Hausfrauenehe und ihre eingeschränkten Erwerbschancen, der Unterhalt nicht völlig versagt sondern nur um ein Drittel herabgesetzt werden.[356] Wird aber eine Beziehung unterhalten, die sich als eine verfestigte Lebensgemeinschaft im Sinne des § 1579 Nr. 2 BGB darstellt, so ist nicht ersichtlich, weshalb gleichwohl – auch bei sehr langer Ehe – noch die nacheheliche Solidarität beansprucht werden können soll.

II. Beschränkung des Unterhalts und Kindesbelange

223 Sind die Belange von Kindern zu wahren, liegt eine gestaffelte Herabsetzung gekoppelt mit einer Befristung nahe. Die Privilegierung des Unterhaltsberechtigten hat ihre Grundlage in dem Betreuungsbedürfnis des Kindes. Die damit verbundene zeitliche Inanspruchnahme bestimmt auch den zuzubilligenden Unterhalt hinsichtlich Umfang und Dauer. Einer Befristung steht nicht entgegen, dass die Belange des Kindes im Zeitpunkt der Entscheidung eine Vollzeitbeschäftigung ausschließen. Der Unterhalt ist zeitlich auf die voraussichtliche Dauer einer notwendigen Betreuung zu befristen. Im Allgemeinen ist

---

[350] BGH v. 28.01.2004 - XII ZR 259/01 - NJW 2004, 1326-1327.
[351] BGH v. 06.11.2002 - XII ZR 259/01 - juris Rn. 7 - NJW-RR 2003, 505-506.
[352] BGH v. 28.01.2004 - XII ZR 259/01 - NJW 2004, 1326-1327.
[353] OLG Karlsruhe v. 04.05.2000 - 2 UF 178/99 - juris Rn. 56 - FamRZ 2001, 833.
[354] OLG Düsseldorf v. 10.12.1999 - 4 UF 215/98 - FamRZ 2000, 1374.
[355] OLG Karlsruhe v. 31.07.1997 - 2 UF 30/97 - juris Rn. 26 - NJWE-FER 1998, 52-53.
[356] OLG Hamm v. 01.12.1989 - 12 UF 359/88 - FamRZ 1990, 633-634.

ein solches Betreuungsbedürfnis nach der bisherigen Rechtsprechung im Alter von 15 oder 16 Jahren entfallen. Ausgehend vom Mindestbedarf ist je nach Zumutbarkeit einer Erwerbstätigkeit ein erzielbares Entgelt anzurechnen mit der Folge, dass der Unterhalt zunächst herabzusetzen und letztlich zu versagen ist.

Die Änderung des § 1570 BGB durch das UÄndG v. 21.12.2007 hat die Erwerbsobliegenheit in Abhängigkeit von den Belangen des Kindes und der Möglichkeit der Fremdbetreuung deutlich nach vorne verlagert. Der Grundsatz lautet, dass der betreuende Ehegatte nach der Vollendung des 3. Lebensjahres des Kindes seinen Unterhalt selbst bestreiten muss. Entscheidungen zur Rechtslage vor dem 01.01.2008 sind deshalb nicht ungeprüft heranzuziehen. Besteht bereits nach § 1570 Abs. 1 Sätze 2, 3 BGB eine Obliegenheit zur Erwerbstätigkeit, ist dies bei der Abwägung der Gesamtumstände zu berücksichtigen. 224

Die Wahrung der Kindesbelange kann auch gegen die Versagung von Kranken- und Vorsorgeunterhalt sprechen, wenn der Berechtigte gezwungen wäre, die dafür erforderlichen Aufwendungen aus eigenen Mitteln zu bestreiten und dies zu Lasten des Kindes ginge. Lediglich aus Gründen der eingeschränkten Leistungsfähigkeit kann der Vorsorgeunterhalt – wegen des Vorrangs des Elementarunterhalts – entfallen. 225

III. Wiederaufleben des Unterhaltsanspruchs

Ein **Wiederaufleben** eines einmal aus Härtegründen versagten Unterhalts ist grundsätzlich möglich, aber abhängig von dem zugrunde liegenden Fehlverhalten und den Belangen des Kindes. Es ist im Rahmen einer umfassenden Billigkeitsprüfung festzustellen, ob die wiederauflebende Unterhaltspflicht die Zumutbarkeitsgrenze für den Pflichtigen übersteigt. Wird der Unterhalt versagt, weil die Ehe von kurzer Dauer war, kommt ein Wiederaufleben des Anspruchs auf Unterhalt regelmäßig nicht in Betracht, weil dieser Härtegrund selbst keinen Veränderungen unterliegt. 226

Wurde der Unterhalt versagt, weil der Unterhaltsberechtigte im Zeitpunkt der Entscheidung das gemeinschaftliche Kind nicht betreute, so lebt der Unterhaltsanspruch wieder auf, wenn dieses Kind – sei es durch gerichtliche oder einvernehmliche Entscheidung – diesem Elternteil anvertraut wird, wenn auch nur in dem sich aus dem Betreuungsbedürfnis ergebenden Umfang. 227

Gleiches gilt für den Fall, dass die Versagung oder Herabsetzung erfolgte, weil der Unterhaltsberechtigte den **Umgang** des anderen Elternteils mit dem Kind unterlief und dieses Verhalten aufgegeben hat und nunmehr den Umgang ermöglicht.[357] Er lebt aber dann nicht wieder auf, wenn es der Unterhaltsberechtigte bei einem neutralen Verhalten belässt und den Umgang nicht tatkräftig mitträgt, um das frühere dem Umgang entgegenwirkende Verhalten auszugleichen.[358] 228

Nach Versagen eines Unterhaltsanspruchs wegen einer **verfestigten Lebensgemeinschaft**, kann der Anspruch wieder aufleben, wenn diese Beziehung nicht nur gelockert sondern insgesamt beendet wird und eine Prüfung der Zumutbarkeit nicht entgegensteht.[359] 229

Der BGH[360] geht zwar von dem Grundsatz aus, dass ein beschränkter oder versagter Unterhaltsanspruch **wiederaufleben** kann, wenn eine verfestigte Lebensgemeinschaft beendet wird. Er hält aber eine umfassende **Zumutbarkeitsprüfung** für erforderlich, bei der einerseits das Maß der nachehelichen Solidarität zu berücksichtigen ist, andererseits aber auch, wie lange die Verhältnisse gedauert haben, die eine Unterhaltsgewährung als objektiv unzumutbar erscheinen ließen. Von besonderem Gewicht ist die Tatsache, dass sich der bedürftige Ehegatte gerade aus der nachehelichen Solidarität herausgelöst hat. Damit liegt eine der Regelung des § 1586 a Abs. 1 BGB vergleichbare Situation vor. Auch dort lebt bei Auflösung der zweiten Ehe gegenüber dem geschiedenen ersten Ehegatten nur der Anspruch auf Betreuungsunterhalt auf, um die Belange eines gemeinsamen Kindes zu wahren. Der BGH zieht daraus den Schluss, dass auch **ein nach § 1579 Nr. 2 BGB versagter Unterhaltsanspruch regelmäßig nur im Interesse gemeinsamer Kinder als Betreuungsunterhalt wieder auflebt**. Bei anderen Unterhaltstatbeständen nur ausnahmsweise, wenn noch ein gewisses Maß an nachehelicher Solidarität verbleibt. 230

---

[357] OLG München v. 06.11.1996 - 26 WF 1131/96 - OLGR München 1997, 45; OLG Nürnberg v. 08.02.1994 - 11 UF 2641/93 - NJW 1994, 2964-2965.
[358] OLG Nürnberg v. 02.07.1996 - 11 UF 814/96 - EzFamR aktuell 1996, 282-283.
[359] BGH v. 28.11.1990 - XII ZR 26/90 juris Rn 9 - NJW-RR 1991, 514-515; OLG Schleswig v. 01.02.2000 - 8 UF 96/99 - MDR 2000, 770; OLG Hamm v. 05.02.1996 - 6 UF 459/93 - FamRZ 1996, 1080-1081.
[360] BGH v. 13.07.2011 - XII ZR 84/09 - FamRZ 2011, 1498-1503 - juris; *Strohal*, jurisPR-FamR 21/2011, Anm. 1.

231 Möglich ist ein Wiederaufleben des Unterhaltsanspruchs nach Billigkeitsgesichtspunkten im Fall des Härtegrundes Nr. 4, wenn die Bedürftigkeit dadurch herbeigeführt wurde, dass eine Heilbehandlung oder therapeutische Maßnahmen zunächst nicht aufgenommen wurden, der Unterhaltsberechtigte aber später entsprechende Schritte zur Wiederherstellung seiner Arbeitsfähigkeit unternimmt. Bei besonders schwerem Fehlverhalten im Übrigen dürfte die Zwecksetzung der jeweiligen Härtegründe in der Regel gegen ein Wiederaufleben sprechen.

IV. Beweislast

232 Da § 1579 BGB eine rechtsvernichtende Einwendung gewährt, hat der **Unterhaltspflichtige** sowohl das Vorliegen eines Härtegrundes als auch die Umstände zu beweisen, die eine grobe Unbilligkeit begründen.[361] Ihn trifft auch die Nachweispflicht dafür, dass die Kindesbelange gewahrt sind. Zu den tatsächlichen Voraussetzungen gehört auch, dass er das Vorbringen des Unterhaltsberechtigten, das gegen die Annahme einer groben Unbilligkeit spricht, zu widerlegen hat. Die Widerlegung solcher Tatsachen stellt die Behauptung so genannter **negativer Tatsachen** dar. Der BGH stellt deshalb an die Substantiierung dieses Bestreitens keine hohen Anforderungen.[362]

233 Bei dem Härtegrund Nr. 7 muss das **Fehlverhalten einseitig** sein. Bestreitet der Unterhaltsberechtigte die Einseitigkeit, indem er konkrete Gegenvorwürfe erhebt, trägt der Unterhaltspflichtige die Beweislast dafür, dass diese Umstände nicht vorliegen. Nimmt die Unterhaltsberechtigte während der Ehe außereheliche Beziehungen zu mehreren Männern auf, und verneint sie die Einseitigkeit ihres Fehlverhaltens mit dem Hinweis, der andere Ehegatte sei häufig völlig betrunken nach Hause gekommen und habe die Wohnung verunreinigt, kommt der unterhaltspflichtige Ehemann seiner Darlegungslast hinsichtlich solcher Tatsachen, die er lediglich in Abrede stellen kann, durch die unter Beweisantritt aufgestellte Behauptung, er habe sich während der Ehe immer einwandfrei verhalten, hinreichend nach; eine weitere Substantiierung seines Sachvortrages ist nicht zu verlangen.[363]

234 Verlangt der Härtegrund **Mutwilligkeit**, trifft den Unterhaltspflichtigen auch insoweit die Darlegungs- und Beweislast, es ist nicht ausreichend ein Verhalten nachzuweisen, das mit hinreichender Sicherheit den Schluss auf Mutwilligkeit zulasse.[364] Wer demnach die Verwirkung auf ein mutwilliges Herbeiführen der Bedürftigkeit durch Verschwenden des Vermögens stützt, muss die Behauptung des Unterhaltsberechtigten, er habe das Vermögen verbrauchen müssen, weil er krankheitsbedingt einen höheren Bedarf gehabt habe, widerlegen und darlegen, dass der Unterhaltsberechtigte Ausgaben vorgenommen hat, die den Rahmen des nach der individuellen Bedürfnislage unter Berücksichtigung des nach den wirtschaftlichen Verhältnissen Erforderliche und Angemessene deutlich überstiegen haben. Gelingt dieser Nachweis nicht, dringt der Unterhaltspflichtige mit dem Verwirkungseinwand aus § 1579 Abs. 1 Nr. 4 BGB nicht durch.[365]

235 Der Unterhaltspflichtige muss beim Härtegrund Nr. 2 darlegen und beweisen, dass eine **verfestigte Lebensgemeinschaft** gegeben ist, und **im Zeitpunkt der Entscheidung** noch besteht. Auf einen Erfahrungssatz oder eine Vermutung, dass eine einmal begründete eheähnliche Gemeinschaft fortbesteht, kann er sich dabei nicht berufen.[366]

236 Diese Darlegungs- und Beweislast wird dadurch erschwert, dass der Unterhaltspflichtige regelmäßig nur das äußere Erscheinungsbild darlegen kann. Nach den Grundsätzen des **Anscheinsbeweises** kann aber vom Vorliegen einer verfestigten Lebensgemeinschaft ausgegangen werden, wenn solche Umstände nachgewiesen werden, die nach der allgemeinen Lebenserfahrung für das Vorliegen einer eheersetzenden Gemeinschaft sprechen. Der Unterhaltsberechtigte muss dann Tatsachen darlegen und beweisen, aus denen sich die ernsthafte Möglichkeit einer anderen Beurteilung ergibt. Für die Darlegung von solchen Tatsachen, die letztlich zum Wahrnehmungsbereich des Unterhaltsberechtigten gehören, genügt es, konkrete Tatsachen dieser Art unter dem Hinweis zu behaupten, dass genauere Kenntnis nur die Gegenpartei habe. Dieser ist dann zuzumuten, sich substantiiert unter Darlegung eines eigenen ein-

---

[361] BGH v. 28.11.1990 - XII ZR 1/90 - juris Rn. 11 - NJW 1991, 1290-1292; *Brudermüller* in: Palandt, § 1579 Rn. 42.
[362] BGH v. 03.02.1982 - IVb ZR 654/80 - juris Rn. 13 - LM Nr. 19 zu § 1361 BGB; BGH v. 14.12.1983 - IVb ZR 38/82 - juris Rn. 41 - LM Nr. 21 zu § 1579 BGB.
[363] BGH v. 03.02.1982 - IVb ZR 654/80 - juris Rn. 13 - LM Nr. 19 zu § 1361 BGB.
[364] BGH v. 14.12.1983 - IVb ZR 38/82 - juris Rn. 43 - LM Nr. 21 zu § 1579 BGB; BGH v. 21.06.1989 - IVb ZR 73/88 - juris Rn. 29 - LM Nr. 16 zu BSozialhilfeG.
[365] BGH v. 14.12.1983 - IVb ZR 38/82 - juris Rn. 43 - LM Nr. 21 zu § 1579 BGB.
[366] BGH v. 28.11.1990 - XII ZR 1/90 - juris Rn. 13 - NJW 1991, 1290-1292; OLG Karlsruhe v. 21.02.2011 - 2 UF 21/10 - NJW-RR 2011, 655-659.

gehenden Sachvortrages dazu zu äußern. Ein einfaches Bestreiten ist nicht ausreichend und würde dazu führen, die vom Unterhaltspflichtigen behaupteten Tatsachen als zugestanden anzusehen (§ 113 Abs. 1 Satz 2 FamFG i.V.m. § 138 Abs. 3 ZPO).[367]

Um dieser Beweislast entsprechen zu können, werden nicht selten Dritte mit der Beobachtung beauftragt. Die dadurch entstehenden Kosten können zu den erstattungsfähigen Kosten des gerichtlichen Verfahrens gehören. Allerdings sind Detektivkosten nur zu erstatten, wenn das Beweismittel im Rechtsstreit auch verwertet werden darf. An dieser Voraussetzung fehlt es „soweit die Kosten auf Erstellung eines umfassenden personenbezogenen Bewegungsprofils mittels eines Global Positioning System [GPS] – Geräts beruhen, eine punktuelle persönliche Beobachtung aber ausgereicht hätte."[368] 237

Eine Beweiserleichterung nach den Regeln des Anscheinsbeweises kommt dem Ehemann auch zugute, wenn es um den Vorwurf geht, das während der Ehe geborene Kind sei wider besseres Wissen als ein gemeinschaftliches Kind ausgegeben worden. In diesem Fall ist es ausreichend, wenn der Ehemann den **Nachweis der nichtehelichen Abstammung** erbringt. Die Ehefrau hat dann konkrete Umstände darzulegen, aus denen sich ergibt, dass sie nicht davon ausgehen musste, dass es zu einer außerehelichen Empfängnis gekommen ist.[369] 238

Macht der Unterhaltsberechtigte geltend, die Inanspruchnahme des Pflichtigen sei deshalb nicht grob unbillig, weil dieser ihm verziehen habe, trägt er die Beweislast für die behauptete **Verzeihung**, weil die Verwirkungsvoraussetzungen in diesem Fall zuvor erfüllt gewesen sind. Das gilt auch im Fall des Verzichts auf die Geltendmachung der Verwirkung. Auch die Voraussetzung, die zu einem **Wiederaufleben** des Unterhaltsanspruchs führen, sind vom Unterhaltsberechtigten nachzuweisen, ebenso die Umstände, die geeignet sind, die nach dem Vortrag des Unterhaltspflichtigen gegebene grobe Unbilligkeit weniger gewichtig erscheinen zu lassen. 239

Die Beweislast verteilt sich demnach wie folgt: Der **Unterhaltspflichtige** trägt die Beweislast insbesondere für 240

- die tatsächlichen Voraussetzungen des Tatbestandes des jeweiligen Härtegrundes,
- die Umstände, die die grobe Unbilligkeit seiner Inanspruchnahme begründen,
- die Widerlegung im Rahmen eines substantiierten Bestreitens vorgebrachter erheblicher Gegenvorwürfe, die zur Verneinung des Tatbestandes führen, und solcher Umstände, die gegen eine grobe Unbilligkeit sprechen.

Der **Unterhaltsberechtigte** trägt die Beweislast insbesondere für 241

- solche gewichtigen Gegenvorwürfe, die kein Bestreiten sondern einen eigenständigen Sachverhalt darstellen,
- solche Umstände, die zu einer anderer Bewertung der gegebenen groben Unbilligkeit führen,
- die behauptete Verzeihung bzw. den Verzicht als selbständigen Gegeneinwand,
- die Voraussetzungen, die ein Wiederaufleben des Unterhaltsanspruchs begründen sollen.

E. Prozessuale Hinweise/Verfahrenshinweise

§ 1579 BGB ist als rechtsvernichtende Einwendung von Amts wegen zu beachten. Der Unterhaltspflichtige, der einen Härtegrund behauptet, muss sich daneben nicht ausdrücklich auf eine grobe Unbilligkeit berufen. Die Gründe, die zur Anwendung der Härteklausel führen, sind grundsätzlich geltend zu machen sobald sie bekannt sind, um später eine Präklusion zu vermeiden. 242

I. Antragsart

Nicht selten verdichten sich indessen Vermutungen erst nach der Scheidung und der Titulierung des Unterhalts zu nachweisbaren Tatsachen. Dann muss diese rechtsvernichtende Einwendung im Wege des Vollstreckungsgegenantrags oder des Abänderungsantrags (§§ 238, 239 FamFG) geltend gemacht werden. 243

Der BGH hält grundsätzlich den **Vollstreckungsgegenantrag** (§ 113 Abs. 1 Satz 2 FamFG i.V.m. § 767 ZPO) für den richtigen Antrag, lässt aber für die Zeit ab Rechtshängigkeit auch den **Abänderungsantrag** (§ 113 Abs. 1 Satz 2 FamFG i.V.m. § 238 FamFG) zu.[370] Jedenfalls dann, wenn neben 244

---

[367] BGH v. 15.10.1986 - IVb ZR 78/85 - juris Rn. 11 - BGHZ 98, 353-361; *Brudermüller* in: Palandt, § 1579 Rn. 42.
[368] BGH v. 15.05.2013 - XII ZB 107/08 - FamRZ 2013, 1387-1389; *Oldenburger*, jurisPR-FamR 22/2013, Anm. 5.
[369] BGH v. 05.12.1984 - IVb ZR 55/83 - juris Rn. 12 - LM Nr. 43 zu § 1587 BGB.
[370] BGH v. 30.05.1990 - XII ZR 57/89 - juris Rn. 7 - NJW-RR 1990, 1410-1411; BGH v. 12.03.1997 - XII ZR 153/95 - juris Rn. 10 - LM BGB § 1570 Nr. 17 (7/1997).

§ 1579

der Verwirkung auch eine Beschränkung nach § 1578b BGB zu prüfen ist, ist der Antrag als Abänderungsantrag zu fassen.[371] Teilweise wird differenziert nach der Rechtsfolge und der Vollstreckungsgegenantrag für die richtige Antragsart gehalten, wenn die Härteklausel zur dauerhaften Versagung des Unterhalts führt, während Abänderungsantrag zu stellen sei, wenn nur eine zeitliche Beschränkung in Betracht komme.[372] Teilweise wird auch darauf abgestellt, ob der Antrag zu einem vollständigen Wegfall des Titels führt.[373]

245 In beiden Fällen kann der Antrag nur auf solche Gründe gestützt werden, die nach der letzten mündlichen Verhandlung entstanden sind (§ 767 Abs. 2 ZPO, § 238 Abs. 2 FamFG). Dauern Gründe, die bereits im Zeitpunkt der letzten mündlichen Verhandlung vorlagen aber nicht bekannt waren, fort, so greifen die Präklusionsvorschriften nicht ein. Wird also während des Unterhaltsverfahrens die Beendigung einer Ausbildung verschwiegen und auch nach Erlass des Urteils nicht offenbart, ist der Unterhaltspflichtige mit dem darauf gestützten Verwirkungseinwand nicht präkludiert.[374]

246 Schwierigkeiten bei der Wahl der richtigen Antragsart können durch einen Hilfsantrag oder eine Umdeutung entschärft werden.[375] Zu beachten ist allerdings, dass die örtliche Zuständigkeit unterschiedlich geregelt ist. Der **Vollstreckungsgegenantrag war bei dem Prozessgericht des ersten Rechtszuges** zu erheben (§ 767 Abs. 1 ZPO), während der **Abänderungsantrag den allgemeinen Vorschriften** folgt, so dass regelmäßig das Gericht zuständig ist, in dessen Bezirk der Antragsgegner seinen gewöhnlichen Aufenthalt hat (§ 232 Abs. 3 Satz 1 FamFG).

247 Will der Unterhaltsberechtigte geltend machen, dass die Verwirkung des Unterhalts nicht endgültig und sein Anspruch wieder aufgelebt ist, so muss er eine Abänderung des Unterhaltstitels durch einen Abänderungsantrag gemäß §§ 238, 239 FamFG herbeiführen.

II. Auskunft über Einkommen bei Härtegründen

248 Legt der Sachverhalt die Annahme eines Verwirkungsgrundes i.S.d. § 1579 BGB nahe, so steht dies einem **Auskunftsbegehren** nach den §§ 1361 Abs. 4 Satz 3, 1580, 1605 BGB grundsätzlich nicht entgegen, weil die Gesamtabwägung auch ergeben kann, dass der Unterhalt nicht zu versagen sondern nur herabzusetzen ist. Diese Abwägung ist aber nicht im Auskunftsverfahren vorzunehmen sondern erst im Rahmen der Bemessung des vollen Unterhalts.[376] Etwas anderes kann dann gelten, wenn offensichtlich nur ein Versagen des Anspruchs auf Unterhalt in Betracht kommt.[377]

III. Unterhaltsvergleich und Haftung

249 Wird ein **Unterhaltsvergleich** zu einem Zeitpunkt geschlossen, zudem der Ehegatte in einer eheähnlichen Gemeinschaft lebt, die nach der Rechtsprechung des BGH noch nicht hinreichend verfestigt ist (etwa weil der Unterhaltsberechtigte erst seit einem halben Jahr mit einem Partner zusammenlebt und keine anderen Anknüpfungstatsachen gegeben sind), stellt dies keine **Verletzung anwaltlicher Pflichten** dar, wenn gleichzeitig darauf hingewiesen wird, eine Abänderung anzustreben, wenn das Zusammenleben etwa zwei Jahre andauert.[378]

IV. Konkurrenz

250 Die Möglichkeiten, den Unterhalt nach den §§ 1578b BGB zu befristen oder herabzusetzen, bestehen neben § 1579 BGB;[379] die Vorschriften schließen sich nicht gegenseitig aus. Soweit es im Bereich von Kurzzeitehen zu Überschneidungen kommt, soll nach der Begründung des Gesetzgebers § 1579 Nr. 1 BGB vorrangig zu prüfen sein.[380]

---

[371] BGH v. 15.02.2012 - XII ZR 137/09 - juris Rn. 18 - FamRZ 2012, 779-782.
[372] OLG Köln v. 04.05.2001 - 25 UF 63/00 - juris Rn. 5 - NJWE-FER 2001, 276-278; Saarländisches Oberlandesgericht Saarbrücken v. 12.03.2009 - 9 WF 25/09 - juris Rn. 13.
[373] Brandenburgisches Oberlandesgericht v. 20.09.2007 - 9 UF 107/07 - juris Rn. 35 - FamRZ 2008, 906-908.
[374] BGH v. 30.05.1990 - XII ZR 57/89 - juris Rn. 9 - NJW-RR 1990, 1410-1411.
[375] OLG Brandenburg v. 07.01.2002 - 9 WF 152/01 - NJW-RR 2002, 1586-1587; OLG Bamberg v. 02.12.1998 - 2 UF 203/98 - NJWE-FER 1999, 97-98.
[376] OLG Karlsruhe v. 02.08.2000 - 2 WF 88/00 - juris Rn. 7 - EzFamR aktuell 2001, 6-7.
[377] OLG Brandenburg v. 08.03.2000 - 9 WF 38/00 - juris Rn. 1 - NJW-RR 2000, 1098-1100.
[378] OLG Koblenz v. 19.01.1989 - 5 U 824/88 - NJW-RR 1989, 1479-1481.
[379] *Brudermüller* in: Palandt, § 1579 Rn. 41.
[380] BT-Drs. 16/1830, S. 20.

Da der Billigkeitsunterhalt nach § 1576 BGB die Berücksichtigung und Abwägung aller Umstände erfordert und dazu auch Härtegründe gehören, ist die Anwendung des § 1579 BGB ausgeschlossen.[381]   251

F. Steuerrechtliche Hinweise
Vgl. hierzu die Steuerrechtl. Hinw. zu §§ 1569 ff. BGB.   252

---

[381] BGH v. 25.01.1984 - IVb ZR 28/82 - juris Rn. 36 - LM Nr. 4 zu § 1570 BGB; *Brudermüller* in: Palandt, § 1579 Rn. 41.

§ 1580 BGB Auskunftspflicht

(Fassung vom 02.01.2002, gültig ab 01.01.2002)

¹Die geschiedenen Ehegatten sind einander verpflichtet, auf Verlangen über ihre Einkünfte und ihr Vermögen Auskunft zu erteilen. ²§ 1605 ist entsprechend anzuwenden.

Gliederung

A. Grundlagen 1	c. Pflicht zur ungefragten Information? 27
I. Kurzcharakteristik 1	d. Begrenzungen der Auskunftspflicht 29
II. Regelungsprinzipien 3	2. Form der Auskunft 31
B. Anwendungsvoraussetzungen 5	a. Vorlage von Belegen 32
I. Geschiedene Ehegatten 5	b. Bestandsverzeichnis 38
1. Getrenntleben 7	c. Eidesstattliche Versicherung 39
2. Eingetragene Lebenspartnerschaft 8	II. Sekundäre Rechtsfolgen 40
II. Erforderlichkeit der Auskunft 9	**D. Prozessuale Hinweise** 42
1. Vorliegen eines qualifizierten Interesses 10	I. Zuständigkeit 42
2. Härtefälle 13	II. Rechtsschutzbedürfnis 43
III. Sperrfrist des § 1605 BGB 14	III. Antrag 46
C. Rechtsfolgen 16	IV. Verfahrensarten 47
I. Primäre Rechtsfolge: der Auskunftsanspruch 16	V. Streitwert 50
1. Umfang der Auskunft 17	VI. Zwangsvollstreckung 54
a. Einkünfte 19	VII. Beweislast 55
b. Vermögen 25	**E. Steuerrechtliche Hinweise** 56

A. Grundlagen

I. Kurzcharakteristik

1 Die Vorschrift statuiert wechselseitige Auskunftspflichten zwischen den geschiedenen Ehegatten. Sie entspricht inhaltlich § 1605 BGB (vgl. die Kommentierung zu § 1605 BGB), der kraft Verweises entsprechend anzuwenden ist. Sinn und Zweck der Vorschrift ist es, die Auskunftsberechtigten in die Lage zu versetzen, Unterhaltsansprüche geltend zu machen bzw. unberechtigte Forderungen abzuwehren.[1]

2 Die Vorschrift wurde durch das 1. EheRG geschaffen[2]; bis zu diesem Zeitpunkt leitete die Rechtsprechung einen Auskunftsanspruch aus § 242 BGB her[3]. Bei dem Anspruch handelt es sich um die Ausprägung eines durch Treu und Glauben im Rechtsverkehr gebotenen Grundsatzes, nach dem innerhalb eines bestehenden vertraglichen oder gesetzlichen Schuldverhältnisses derjenige, der entschuldbar über das Bestehen und den Umfang seiner Ansprüche in Unkenntnis ist, von dem Verpflichteten eine entsprechende Auskunft verlangen kann, wenn dieser zur Erteilung unschwer in der Lage ist. § 1580 BGB bezieht sich nur auf Informationen zu Einkünften und Vermögen, daher ist für einen Anspruch aus § 242 BGB auch weiterhin Raum.

II. Regelungsprinzipien

3 Die Vorschrift verpflichtet den Schuldner zur Auskunft und zur Vorlage von Belegen.[4] Dabei handelt es sich um eigenständige Teile eines einheitlichen Auskunftsanspruchs, die selbstständig geltend gemacht werden können.[5] Der Auskunftsanspruch setzt nicht voraus, dass ein durch die Auskunft festzustellender Unterhaltsanspruch **dem Grunde nach** besteht.[6] **Unverzichtbar** sind jedoch diejenigen Voraussetzungen des Unterhaltsanspruchs, die **von den wirtschaftlichen Verhältnissen der Parteien**

---

[1] Maurer in: MünchKomm-BGB, § 1580 Rn. 1.
[2] BT-Drs. 7/650, S. 138.
[3] Vgl. BGH v. 20.01.1971 - VIII ZR 251/69 - BGHZ 55, 201-207; BGH v. 07.04.1982 - IVb ZR 678/80 - LM Nr. 23 zu § 1361 BGB.
[4] Zur Vorlage eines Arbeitsvertrages im Rahmen dieser Pflicht vgl. OLG München v. 08.07.1992 - 12 UF 776/92 - OLGR München 1993, 11-13.
[5] Maurer in: MünchKomm-BGB, § 1580 Rn. 2; OLG München v. 08.07.1992 - 12 UF 776/92 - OLGR München 1993, 11-13. OLG Thüringen v. 03.07.2012 - 1 WF 306/12 - FamRZ 2013, 656-657.
[6] OLG Naumburg v. 07.08.2002 - 8 WF 170/02.

unabhängig sind.[7] Der Auskunftsanspruch besteht dann nicht, wenn ein Unterhaltsanspruch von vornherein ausgeschlossen ist, denn er dient dessen Geltendmachung und nicht dem Zweck, die geschiedenen Ehegatten über die aktuelle wirtschaftliche Situation des jeweils anderen zu unterrichten.[8]

Der Auskunftsanspruch gilt **wechselseitig** zwischen geschiedenen Ehegatten. Beide Ansprüche sind jedoch weder Zug um Zug zu erfüllen, noch besteht ein Leistungsverweigerungs- oder Zurückbehaltungsrecht.[9]

B. Anwendungsvoraussetzungen

I. Geschiedene Ehegatten

§ 1580 BGB setzt dem Wortlaut nach geschiedene Ehegatten voraus. Der Anspruch richtet sich nicht gegen **Dritte**, diese haben grundsätzlich auch keinen Anspruch auf Auskunft gegen die geschiedenen Ehegatten.[10] Allerdings geht der Anspruch durch cessio legis auf den **Sozialleistungsträger** über (§ 33 Abs. 1 SGB I, § 94 Abs. 1 SGB XII, vormals § 91 Abs. 1 Satz 1 BSHG).[11] Auch steht dem **Erben** des verstorbenen Unterhaltsberechtigten der Auskunftsanspruch gegen den Unterhaltsverpflichteten zu, er folgt dem Unterhaltsanspruch als akzessorisches Recht nach § 1586b Abs. 1 Satz 1 BGB.[12]

Entgegen dem Wortlaut der Vorschrift, welche geschiedene Ehegatten voraussetzt, ist die Rechtskraft der Scheidung nicht notwendig. Hinreichend ist bereits die **Rechtshängigkeit des Scheidungsantrags**, soweit nicht bereits feststeht, dass die Ehe nicht aufgehoben werden wird.[13] Denn würde der Auskunftsanspruch erst ab Rechtskraft der Scheidung gelten, wäre der auskunftsbegehrende Ehegatte gezwungen, entweder auf die Geltendmachung des nachehelichen Unterhalts im Verbund zu verzichten und zunächst die Rechtskraft der Scheidung abzuwarten, oder aber seinen Anspruch aufgrund unzureichender Anhaltspunkte zu beziffern.[14]

1. Getrenntleben

Die Vorschrift gilt direkt zwischen geschiedenen Ehegatten. Bei **Getrenntleben** verweist § 1361 Abs. 4 Satz 4 BGB auf den Auskunftsanspruch des § 1605 BGB, § 1580 BGB ist dann nicht einschlägig.[15]

2. Eingetragene Lebenspartnerschaft

Der Auskunftsanspruch besteht auch zwischen **Lebenspartnern** nach Aufhebung der Lebenspartnerschaft, hier gilt § 1580 BGB kraft Verweises aus § 16 LPartG entsprechend. Bei **Getrenntleben der Lebenspartner** ergibt sich ein Auskunftsanspruch aus den §§ 1605, 1361 Abs. 4 Satz 4 BGB i.V.m. § 12 Satz 2 LPartG.

II. Erforderlichkeit der Auskunft

Aufgrund des Verweises auf § 1605 BGB setzt der Auskunftsanspruch des § 1580 BGB voraus, dass die Auskunft zur Feststellung eines Unterhaltsanspruchs oder einer Unterhaltsverpflichtung **erforderlich** ist.

---

[7] BGH v. 22.09.1982 - IVb ZR 304/81 - juris Rn. 33.
[8] *Verschraegen* in: Staudinger, § 1580 Rn. 4, OLG Köln v. 11.01.2012 - II-27 WF 194/11, 27 WF 194/11 - FamRZ 2012, 1509-1510.
[9] *Verschraegen* in: Staudinger, § 1580 Rn. 10.
[10] *Verschraegen* in: Staudinger, § 1580 Rn. 8; zur Auskunftspflicht unter Geschwistern bei der Inanspruchnahme auf Zahlung von Elternunterhalt vgl. BGH v. 07.05.2003 - XII ZR 229/00 - NJW 2003, 3624-3626.
[11] OLG München v. 08.10.2001 - 26 UF 1196/01 - FamRZ 2002, 1213; OLG Karlsruhe v. 31.07.2000 - 2 WF 100/00 - OLGR Karlsruhe 2001, 200; nach alter Rechtslage (vgl. § 91 BSHG a.F.) wurde ein Übergang des Auskunftsanspruchs auf Sozialhilfeträger abgelehnt vgl. BGH v. 05.03.1986 - IVb ZR 25/85 - NJW 1986, 1688-1689.
[12] *Maurer* in: MünchKomm-BGB, § 1586b Rn. 3; *Schindler*, FPR 2006, 121, 123.
[13] OLG Köln v. 07.03.1986 - 26 UF 4/86 - FamRZ 1986, 918-919.
[14] *Maurer* in: MünchKomm-BGB, § 1580 Rn. 7; BGH v. 04.11.1981 - IVb ZR 624/80 - juris Rn. 7 - LM Nr. 2 zu § 1578 BGB.
[15] Irreführend insoweit *Kemper*, der in diesem Fall den Auskunftsanspruch des § 1580 BGB entsprechend anwenden will *Kemper* in: Hk-BGB, § 1580 Rn. 1.

1. Vorliegen eines qualifizierten Interesses

10 Es muss ein qualifiziertes Interesse an der Auskunft vorliegen, das Auskunftsbegehren muss also für den Unterhalt relevant sein. Das ist dann der Fall, wenn die **Höhe oder der Bestand des Unterhaltsanspruchs** von der Auskunft abhängen. Ein Anspruch ist ausgeschlossen, wenn der Berechtigte nicht darlegen kann, dass die Auskunft den Anspruch unter irgendeinem Gesichtspunkt beeinflussen kann.[16] Dies muss zweifelsfrei feststehen[17], allein der Einwand des Unterhaltsschuldners, zu Unterhaltsleistungen nicht verpflichtet zu sein, kann den Auskunftsanspruch nicht zu Fall bringen[18]. Auch wenn ein ehevertraglicher Verzicht auf nachehelichen Unterhalt vorliegt, kann dennoch ein Auskunftsanspruch bestehen, wenn Sittenwidrigkeit und Nichtigkeit des Verzichts in Betracht kommt.[19] Der Auskunftsanspruch kann allerdings nicht mit dem Argument zu Fall gebracht werden, der Anspruchsgläubiger sei nach eigenem Vortrag nicht unterhaltsbedürftig; eine solche Feststellung kann der Anspruchsgläubiger in der Regel nur in Kenntnis der Verhältnisse des Anspruchsschuldners treffen, die für den eheangemessenen Unterhaltsbedarf von Bedeutung sind und vom Einkommen des Anspruchsschuldners geprägt werden.[20] Wird jedoch bereits Kindesunterhalt nach der höchsten Stufe der Düsseldorfer Tabelle bezahlt und ein Sonder- bzw. Mehrbedarf geltend gemacht, besteht kein Auskunftsanspruch.[21]

11 Der Auskunftsanspruch besteht nicht, wenn über den Unterhaltsanspruch **rechtskräftig entschieden** ist, denn dann ist eine Auskunft nicht mehr erforderlich[22]; in diesem Fall muss zusammen mit der Auskunft Abänderung eines bestehenden Titels bzw. erstmalige Unterhaltszahlung verlangt werden (zum Abänderungsverfahren vgl. § 323 ZPO).[23]

12 Ein Auskunftsanspruch scheidet weiter aus, wenn der Umfang der Leistungsfähigkeit des Unterhaltsschuldners außer Streit steht oder wenn dieser **uneingeschränkte Leistungsfähigkeit** zugesichert hat.[24] Der Berechtigte ist dann selbst im Stande, die Aufwendungen, die er zur Aufrechterhaltung des ehelichen Lebensstandards benötigt, aus eigenem Wissen konkret darzulegen.

2. Härtefälle

13 Die Härtefälle des § 1579 BGB führen in der Regel nicht zum Wegfall des qualifizierten Interesses und damit des Auskunftsanspruchs.[25] Diese Vorschrift kann zwar den Unterhaltsanspruch entfallen lassen, allerdings sind im Rahmen der zugrunde liegenden **Billigkeitsprüfung** immer auch die wirtschaftlichen Verhältnisse der geschiedenen Eheleute zu berücksichtigen (**anders** *Verschraegen*, welche die

---

[16] BGH v. 07.07.1982 - IVb ZR 738/80 - LM Nr. 3 zu § 1580 BGB zur Geltendmachung eines Pflichtteilsanspruchs durch den Berechtigten; BGH v. 13.04.1983 - IVb ZR 373/81 - LM Nr. 20 zu § 1578 BGB zur unterhaltsrechtlichen Relevanz von Renten nach dem BEG; BGH v. 03.04.1985 - IVb ZR 15/84 - LM Nr. 14 zu § 1573 BGB; BGH v. 21.04.1993 - XII ZR 248/91 - LM BGB § 1577 Nr. 17 (8/1993) zur Zumutbarkeit der Geltendmachung eines dem unterhaltsberechtigten geschiedenen Ehegatten zustehenden Pflichtteilsanspruchs; OLG Hamm v. 29.12.2004 - 13 WF 348/04 - FamRZ 2005, 1839; OLG Düsseldorf v. 05.11.1980 - 5 UF 177/80 - FamRZ 1981, 893-895; OLG Düsseldorf v. 24.06.1981 - 5 UF 281/80 - NJW 1982, 831-833; OLG Düsseldorf v. 02.09.1997 - 1 UF 12/97 - FamRZ 1998, 1191-1192; OLG München v. 30.07.1985 - 4 UF 385/84 - FamRZ 1985, 1264-1266 zum rechtsmissbräuchlichen Berufen auf einen Unterhaltsverzicht; OLG Jena v. 10.10.1996 - WF 119/96 - NJW-RR 1997, 516 zum Ausschluss eines weiteren Auskunftsanspruchs nach Auskunftserteilung im Trennungsunterhaltsverfahren; OLG Koblenz v. 28.10.1980 - 15 UF 284/80 - FamRZ 1981, 163-164 zum Pflichtteilanspruch bei testamentarischer „Verfallklausel".
[17] OLG Karlsruhe v. 26.03.2003 - 2 UF 6/02 - NJW-RR 2004, 78-79.
[18] OLG Bamberg v. 03.11.1983 - 2 UF 134/83; OLG Bamberg v. 21.07.2005 - 2 UF 70/05 - FamRZ 2006, 344.
[19] OLG Stuttgart v. 11.11.2004 - 11 UF 222/03 - FamRZ 2005, 455-457.
[20] OLG Zweibrücken v. 21.10.2010 - 6 UF 77/10 - FamRZ 2011, 1066; SG Schwerin v. 15.06.2010 - S 19 AS 614/08 - FamRZ 2011, 149.
[21] AG Köln v. 07.07.2011 - 322 F 182/10 - juris Rn. 26.
[22] BGH v. 21.04.1982 - IVb ZB 584/81 - LM Nr. 12 zu § 1587b BGB.
[23] *Maurer* in: MünchKomm-BGB, § 1580 Rn. 10; OLG Köln v. 15.01.1987 - 10 UF 180/86 - NJW-RR 1987, 834-835.
[24] BGH v. 22.06.1994 - XII ZR 100/93 - LM BGB § 1580 Nr. 15 (11/1994).
[25] BGH v. 29.06.1983 - IVb ZR 391/81 - LM Nr. 23 zu § 260 BGB; BGH v. 31.03.1982 - IVb ZR 665/80 - LM Nr. 12 zu § 1579 BGB; BGH v. 04.06.1986 - IVb ZR 48/85 - LM Nr. 2 zu § 44 BVG; BGH v. 27.09.1989 - IVb ZR 78/88 - LM Nr. 39 zu § 1579 BGB; OLG München v. 30.04.1997 - 12 UF 661/97 - EzFamR aktuell 1997, 260-262.

wirtschaftlichen Verhältnisse bei der Billigkeitsprüfung für entbehrlich hält[26]). Nur wenn im Einzelfall von einem **zwingenden Ausschluss** des Unterhalts auszugehen ist, entfällt auch der Auskunftsanspruch des § 1580 BGB.[27]

III. Sperrfrist des § 1605 BGB

Nach § 1605 Abs. 2 BGB kann frühestens zwei Jahre nach erteilter Auskunft erneut Auskunft verlangt werden, es sei denn, es wurde glaubhaft gemacht, dass der zur Auskunft Verpflichtete zwischenzeitlich wesentlich höhere Einkünfte oder weiteres Vermögen erworben hat.

Zu den allgemeinen Voraussetzungen dieser Sperrfrist vgl. die Kommentierung zu § 1605 BGB Rn. 113 ff. **Umstritten** ist, ob die Sperrfrist des § 1605 Abs. 2 BGB gilt, wenn eine erste Auskunft für den **Getrenntlebensunterhalt** eingeholt wurde und dann innerhalb von zwei Jahren eine weitere Auskunft zur erstmaligen Festsetzung des **nachehelichen Unterhalts** begehrt wird. Das OLG Hamm und das OLG Düsseldorf haben eine derartige **Sperrwirkung verneint**[28]: Zweck des § 1605 Abs. 2 BGB sei es, dass erst nach Ablauf von zwei Jahren durch ein erneutes Auskunftsverlangen die Möglichkeit zur Abänderung einer bestehenden Unterhaltsrente wieder geprüft werden kann. Hier gehe es jedoch nicht um die Abänderung eines bestehenden Unterhaltstitels, sondern um die erstmalige Festsetzung eines mit dem Trennungsunterhalt nicht identischen nachehelichen Unterhalts. Der Anspruch könne daher erneut geltend gemacht werden. **Anders** entschied das OLG Jena, es lehnte ein erneutes Auskunftsverlangen ab.[29] Auf eine unterschiedliche Rechtsnatur der Ansprüche auf Trennungsunterhalt und nachehelichen Unterhalt komme es nicht an, da für beide Ansprüche auf dieselben Tatsachen, nämlich die Einkommens- und Vermögensverhältnisse des gleichen Zeitraums, abzustellen sei. Daher bestehe kein Anlass, den Unterhaltsverpflichteten zweimal mit demselben Auskunftsbegehren zu überziehen; dem stehe die Sperrwirkung des § 1605 Abs. 2 BGB entgegen.

C. Rechtsfolgen

I. Primäre Rechtsfolge: der Auskunftsanspruch

§ 1580 BGB verpflichtet den Schuldner dazu, Auskunft über seine **Einkünfte** und sein **Vermögen** zu erteilen. Die Auskunft ist eine **Wissenserklärung**, die vom Auskunftspflichtigen schriftlich abzugeben und persönlich zu unterzeichnen ist; eine pauschale anwaltliche Erklärung reicht nicht aus.[30] Inhaltlich entspricht § 1580 BGB damit dem § 1605 BGB (vgl. die Kommentierung zu § 1605 BGB).

1. Umfang der Auskunft

Die Auskunft umfasst eine **systematische Zusammenstellung der erforderlichen Angaben**, die ohne übermäßigen Arbeitsaufwand die Berechnung des Unterhaltsanspruchs ermöglicht.[31] Erforderlich sind Angaben zu **Einkünften** und **Vermögen** des Auskunftspflichtigen, soweit dies die ehelichen Lebensverhältnisse bestimmt hat und sich auf die Bedürftigkeit des Unterhaltsberechtigten auswirken kann.[32]

Hierbei ist der **Zeitraum**, über den Auskunft erteilt werden soll, genau zu bestimmen.[33] Zur Formulierung vgl. den Formulierungsvorschlag in der Kommentierung zu § 1605 BGB Rn. 145.

a. Einkünfte

Einkünfte sind alle mit einer gewissen Regelmäßigkeit anfallenden Einnahmen unter Abzug der unterhaltsrechtlich zu berücksichtigenden Ausgaben.[34] Der Begriff reicht damit weiter als sein Äquivalent in § 2 Abs. 2 EStG, denn er umfasst auch Einnahmen aus **rechtlich oder sittlich missbilligter Tätigkeit**.

---

[26] *Verschraegen* in: Staudinger, § 1580 Rn. 6 sowie § 1579 Rn. 11.
[27] OLG Bamberg v. 22.04.1997 - 7 UF 195/96 - juris Rn. 29 - FamRZ 1998, 741.
[28] OLG Düsseldorf v. 13.02.2002 - 9 WF 5/02 - FamRZ 2002, 1038-1039; OLG Hamm v. 19.05.2003 - 4 WF 51/03 - FamRZ 2004, 377.
[29] OLG Jena v. 10.10.1996 - WF 119/96 - NJW-RR 1997, 516.
[30] OLG München v. 11.08.1995 - 12 WF 918/95 - EzFamR aktuell 1995, 391-392.
[31] BGH v. 29.06.1983 - IVb ZR 391/81 - juris Rn. 21 - LM Nr. 23 zu § 260 BGB.
[32] *Maurer* in: MünchKomm-BGB, § 1580 Rn. 11.
[33] OLG Karlsruhe v. 11.11.2003 - 16 UF 168/03 - NJOZ 2004, 581.
[34] *Engler* in: Staudinger, § 1605 Rn. 24.

§ 1580

20 **Einmalige Einnahmen**, wie ein Spielgewinn oder Einnahmen aus einem Grundstücksverkauf, fallen nicht unter den Begriff der Einkünfte, wohl aber unter den Vermögensbegriff.[35]

21 Von der Auskunftspflicht umfasst sind Angaben über die Verwendung des zugeflossenen **Zugewinnausgleichsbetrages**[36], Einkünfte aus **Vermietung und Verpachtung**[37], Einkünfte aus einem nach der Scheidung gegründeten **Unternehmen**.[38] Anzugeben ist nicht nur das Netto-, sondern auch das Bruttoeinkommen, ferner Spesen, Urlaubs- und Weihnachtsgeld, Kindergeld, Gratifikationen, Sachleistungen usw.[39]

22 **Unselbstständig Tätige** haben die Einkünfte der letzten zwölf Monate darzulegen[40], dies geschieht in der Regel durch Vorlage von **Verdienstbescheinigungen** des Arbeitgebers (vgl. § 1605 Abs. 1 Satz 2 BGB)[41]. Teilweise wird eine Aufschlüsselung nach Monaten für zweckdienlich gehalten, damit sich die sachgerechte Ausnutzung der Arbeitskraft überprüfen lasse.[42] Ebenfalls anzugeben sind Nebeneinkünfte (auch aus Schwarzarbeit).[43]

23 Bei **selbstständig Tätigen** gilt ein längerer Dokumentationszeitraum, da das monatliche Einkommen schwanken kann, was die Berechnung eines Durchschnittseinkommens erschwert.[44] Die Rechtsprechung nimmt in diesen Fällen grundsätzlich einen Dokumentationszeitraum von drei Jahren an.[45] Im Einzelfall kann jedoch auch eine längere Zeitspanne zugrunde zu legen sein, dies gilt insbesondere dann, wenn eine tendenzielle Änderung der Einkommensverhältnisse zu erwarten ist.[46] Selbstständige **Gewerbetreibende** haben grundsätzlich **Einkommensteuerbescheide und -erklärungen** vorzulegen[47] (**anders das OLG Düsseldorf**[48], es hält die Vorlage der Einkommensteuererklärung für entbehrlich). Sie haben die Einkünfte so darzustellen, dass steuerlich beachtliche Aufwendungen von unterhaltsrechtlich relevanten abgegrenzt werden können.[49] Das Gesamteinkommen muss sich ohne weiteres ermitteln lassen können, der Auskunftspflichtige kann sich insbesondere nicht darauf berufen, das Gericht habe ihm zu einzelnen unklaren Positionen Auflagen zu erteilen.[50]

24 Die Einkünfte eines Kaufmanns lassen sich aus einer Bilanz entnehmen, die aufgrund der Buchführungspflicht jährlich aufgestellt werden muss. **Kaufleute**, **Gesellschafter** und **Geschäftsführer**, die ein vom Gewinn der Gesellschaft abhängiges Einkommen beziehen, haben daher die entsprechenden **Bilanzen** vorzulegen; zudem ist unter dem Gesichtspunkt der Verständlichkeit die **Gewinn- und Verlustrechnung** vorzulegen, da sie hinsichtlich Aufwendungen und Erträgen Aufschluss gibt.[51] Im Umkehrschluss besteht keine Pflicht für Nicht-Kaufleute, eine Bilanz zu erstellen.[52]

b. Vermögen

25 Zum Vermögen zählen alle Sachen und Rechte (etwa Beteiligungen), die einen Wert verkörpern.[53] Es sind Aktiv- und Passivvermögen anzugeben, also auch Schulden.[54] Von der Auskunftspflicht umfasst

---

[35] OLG Karlsruhe v. 05.12.1985 - 2 UF 155/85 - NJW-RR 1986, 870.
[36] OLG Karlsruhe v. 13.03.1990 - 18 UF 156/89 - NJW-RR 1990, 712-713.
[37] OLG Düsseldorf v. 05.11.1980 - 5 UF 177/80 - FamRZ 1981, 893-895.
[38] OLG Celle v. 26.02.1992 - 21 UF 233/91 - NJW-RR 1992, 1478.
[39] OLG München v. 11.08.1995 - 12 WF 918/95 - EzFamR aktuell 1995, 391-392.
[40] *Verschraegen* in: Staudinger, § 1580 Rn. 21.
[41] *Engler* in: Staudinger, § 1605 Rn. 20.
[42] *Dieckmann* in: Erman, 10. Aufl. 2000, § 1580 Rn. 7; *Luthin* in: MünchKomm-BGB, § 1605 Rn. 21.
[43] *Dieckmann* in: Erman, 10. Aufl. 2000, § 1580 Rn. 7.
[44] BGH v. 23.10.1985 - IVb ZR 52/84 - juris Rn. 26 - LM Nr. 29 zu § 1603 BGB.
[45] BGH v. 04.11.1981 - IVb ZR 624/80 - juris Rn. 15 - LM Nr. 2 zu § 1578 BGB; BGH v. 07.04.1982 - IVb ZR 678/80 - juris Rn. 9 - LM Nr. 23 zu § 1361 BGB.
[46] OLG Karlsruhe v. 24.08.2006 - 16 UF 259/05 - FamRZ 2007, 413.
[47] BGH v. 04.11.1981 - IVb ZR 624/80 - juris Rn. 16 - LM Nr. 2 zu § 1578 BGB.
[48] OLG Düsseldorf v. 06.12.1979 - 6 UF 17/79 - FamRZ 1980, 260-263.
[49] *Maurer* in: MünchKomm-BGB, § 1580 Rn. 11.
[50] OLG Koblenz v. 11.06.1999 - 11 UF 402/98 - NJW-RR 1999, 1597-1599.
[51] BGH v. 06.10.1993 - XII ZR 116/92 - juris Rn. 12 - LM BGB § 1605 Nr. 15 (3/1994); BGH v. 05.05.1993 - XII ZR 88/92 - juris Rn. 19 - NJW-RR 1993, 1026-1027; BGH v. 07.04.1982 - IVb ZR 678/80 - juris Rn. 13 - LM Nr. 23 zu § 1361 BGB; OLG Schleswig v. 07.12.1998 - 15 UF 90/98 - SchlHA 1999, 214.
[52] BGH v. 05.05.1993 - XII ZR 88/92 - juris Rn. 19 - NJW-RR 1993, 1026-1027.
[53] *Engler* in: Staudinger, § 1605 Rn. 25.
[54] *Engler* in: Staudinger, § 1605 Rn. 25.

sind jedoch nur Positionen, die auch unterhaltsrechtlich relevant sind.[55] Daher scheiden zum persönlichen Gebrauch bestimmte Gegenstände ebenso aus wie Konten, die nur der Abwicklung laufender Einnahmen und Ausgaben dienen.[56]

Umstritten ist, ob Auskunft über das **Fehlen von Vermögenspositionen** und **Vermögensverschiebungen** geschuldet ist. Die **Rechtsprechung** lehnt eine solche Pflicht ab. Diese liefe darauf hinaus, Vermögen über einen bestimmten Zeitraum zu dokumentieren, was auf die Ablegung von Rechenschaft hinausliefe und gesetzlich jedoch nicht geschuldet sei.[57] Stimmen in der **Literatur** geben demgegenüber zu bedenken, dass damit eine Verschleierung von Vermögenswerten begünstigt wird: Der Unterhaltspflichtige könne Vermögenswerte beiseiteschaffen, über deren Verbleib er später keine Auskunft mehr schuldig ist.[58]

26

c. Pflicht zur ungefragten Information?

Streitig ist, ob § 1580 BGB eine Pflicht zur **ungefragten Auskunftserteilung** enthält. Der Wortlaut der Vorschrift scheint dies zunächst auszuschließen – Auskunft ist lediglich „auf Verlangen" zu erteilen; auch hat der BGH festgestellt, dass es eine solche allgemeine Auskunftspflicht grundsätzlich nicht gibt.[59] Dennoch nimmt er in **Ausnahmefällen** eine solche Pflicht an, wenn das Schweigen über eine günstige, für den Unterhaltsanspruch ersichtlich grundlegende Änderung der wirtschaftlichen Verhältnisse **evident unredlich** erscheint.[60] Der BGH leitet einen solchen Anspruch aus Treu und Glauben her, der dann gegeben sei, wenn der Unterhaltsschuldner aufgrund vorangegangenen Tuns des Unterhaltsgläubigers sowie nach der Lebenserfahrung keine Veranlassung hatte, sich des Fortbestandes der anspruchsbegründenden Umstände durch ein Auskunftsverlangen zu vergewissern, der Unterhaltsgläubiger sodann trotz einer für den Schuldner nicht erkennbaren Veränderung seiner wirtschaftlichen Verhältnisse, die den materiell-rechtlichen Unterhaltsanspruch ersichtlich erlöschen lässt, eine festgesetzte Unterhaltsrente weiter entgegennimmt und dadurch den Irrtum befördert, in seinen Verhältnissen habe sich erwartungsgemäß nichts geändert.[61]

27

Weiter ergibt sich eine Pflicht zur ungefragten Offenbarung auch aus der **prozessualen Wahrheitspflicht** des § 138 Abs. 1 ZPO: Wer einen Unterhaltsanspruch geltend macht, hat die der Begründung des Anspruchs dienenden tatsächlichen Umstände wahrheitsgemäß anzugeben und darf nichts verschweigen, was seine Unterhaltsbedürftigkeit in Frage stellen könnte.[62]

28

d. Begrenzungen der Auskunftspflicht

Das Tatbestandsmerkmal der **Erforderlichkeit** begrenzt den Umfang des Anspruchs auch in inhaltlicher und zeitlicher Hinsicht.[63] Von der Auskunftspflicht umfasst sind nur Informationen über Einkünfte und Vermögen, soweit sie für den Unterhaltsanspruch von Bedeutung sind. Keine Auskunftspflicht besteht daher bezüglich eines einem Ehegatten zustehenden Pflichtteilsanspruchs, wenn dessen Geltendmachung unzumutbar ist.[64] Ebenso wenig ist über den Anfall einer Erbschaft[65] oder im Ausland belegenes Grundvermögen[66] zu informieren, wenn dies für den Unterhaltsanspruch irrelevant ist.

29

---

[55] Zur Auskunftserteilung über im Ausland belegenes Grundvermögen bei einer deutsch-indischen Ehe vgl. OLG Hamburg v. 25.04.2000 - 2 UF 94/95 - FamRZ 2001, 916-918.
[56] *Engler* in: Staudinger, § 1605 Rn. 25; BGH v. 23.10.1985 - IVb ZR 52/84 - LM Nr. 29 zu § 1603 BGB zur Verwertung eines Ferienhauses als Vermögensgegenstand.
[57] BGH v. 26.03.1997 - XII ZR 250/95 - juris Rn. 52 - LM BGB § 1363 Nr. 3 (8/1997); BGH v. 29.10.1981 - IX ZR 92/80 - BGHZ 82, 132-138; OLG Karlsruhe v. 05.12.1985 - 2 UF 155/85 - NJW-RR 1986, 870; OLG Hamburg v. 30.10.1984 - 12 UF 109/84 - FamRZ 1985, 394-396; OLG Düsseldorf v. 05.11.1980 - 5 UF 177/80 - FamRZ 1981, 893-895; ebenso *Rauscher*, Familienrecht, 2001, S. 264.
[58] *Dieckmann* in: Erman, 10. Aufl. 2000, § 1580 Rn. 6; *Verschraegen* in: Staudinger, § 1580 Rn. 24; anders jedoch *Rauscher*, Familienrecht, 2001, S. 264.
[59] BGH v. 26.01.1983 - IVb ZR 351/81 - juris Rn. 22 - LM Nr. 27 zu § 284 BGB; vgl. auch OLG Thüringen v. 26.07.2006 - 8 U 1171/05 - OLG-NL 2006, 228-229.
[60] BGH v. 25.11.1987 - IVb ZR 96/86 - juris Rn. 17 - NJW 1988, 1965-1967; BGH v. 23.04.1986 - IVb ZR 29/85 - juris Rn. 17 - LM Nr. 28 zu § 826 (Fa) BGB; BGH v. 19.02.1986 - IVb ZR 71/84 - juris Rn. 25 - LM Nr. 27 zu § 826 (Fa) BGB.
[61] BGH v. 25.11.1987 - IVb ZR 96/86 - juris Rn. 17 - NJW 1988, 1965-1967.
[62] BGH v. 19.05.1999 - XII ZR 210/97 - juris Rn. 19 - LM BGB § 123 Nr. 81 (11/1999).
[63] *Engler* in: Staudinger, § 1605 Rn. 19.
[64] BGH v. 07.07.1982 - IVb ZR 738/80 - LM Nr. 3 zu § 1580 BGB.
[65] OLG Frankfurt v. 16.09.1985 - 5 UF 268/84 - FamRZ 1986, 165-167.
[66] OLG Hamburg v. 25.04.2000 - 2 UF 94/95 - FamRZ 2001, 916-918.

30 Der Auskunftspflichtige schuldet keine Offenbarung von Informationen, an denen er ein legitimes **Geheimhaltungsinteresse** hat. Wird etwa der Auskunftspflichtige zusammen mit seinem neuem Ehegatten in einem Steuerbescheid veranlagt, können Angaben, die den neuen Ehegatten betreffen, unkenntlich gemacht werden.[67] Allerdings müssen Informationen, die (auch) den Auskunftspflichtigen betreffen, offen gelegt werden, selbst wenn dadurch Schlüsse auf das Einkommen des neuen Ehegatten möglich sind.[68] Im Einzelfall besteht auch die Möglichkeit, einen unparteiischen Dritten hinzuzuziehen, der Einsicht in die betreffenden Unterlagen nimmt.[69]

2. Form der Auskunft

31 Die Form, in der die Auskunft zu erteilen ist, ergibt sich aus den §§ 1605, 260, 261 BGB.

a. Vorlage von Belegen

32 Die Pflicht zur Vorlage von **Belegen** bezieht sich **nur** auf **Einkünfte**. Der Umfang des **Vermögens** oder fehlendes Vermögen muss nicht mit Belegen nachgewiesen werden.[70]

33 Als Belege kommen in Betracht: Arbeitgeberbescheinigung, Verdienstbescheinigung (mit Angabe von Monatsbeträgen), bzw. Lohnsteuerkarte.[71] Ist deren Vorlage nicht möglich, ist gegebenenfalls der Arbeitsvertrag vorzulegen.[72] Einkommensteuerbescheid und -erklärung sind ebenfalls vorzulegen[73]; die Einkommensteuererklärung hält das OLG Düsseldorf jedoch für entbehrlich[74]. Auch Bilanzen und Überschussrechnungen von Kaufleuten und Gesellschaften sind von der Belegvorlagepflicht umfasst.[75]

34 Im Einzelfall ist neben Einkommensteuerbescheiden und -erklärungen auch der **Umsatzsteuerbescheid** vorzulegen.[76] Nicht vorzulegen sind Vermögenssteuerbescheide und -erklärungen, da über das Vermögen keine Belege vorzulegen sind.[77]

35 **Streitig** ist weiter, ob die **Belege im Original** vorzulegen sind oder ob **Kopien** dem Auskunftsbegehren genügen. Ein Teil der Literatur[78] und Rechtsprechung[79] bejaht eine Pflicht zu Vorlage von Originalen, während der wohl überwiegende Teil der Rechtsprechung[80] es genügen lässt, Kopien oder beglaubigte Abschriften vorzulegen. Richtig dürfte es sein, die Vorlage von Kopien oder beglaubigten Abschriften zuzulassen, wenn es dem Auskunftspflichtigen **nicht möglich oder nicht zumutbar** ist, Originale vorzulegen (wie etwa bei der Steuererklärung oder bei der Bilanz mit Gewinn- und Verlustrechnung).[81]

36 Der Anspruch auf Vorlage von Belegen darf inhaltlich nicht über den Auskunftsanspruch hinausgehen[82]: der Auskunftspflichtige muss nur solche Belege vorlegen, über die er Auskunft erteilt hat und

---

[67] BGH v. 07.05.2003 - XII ZR 229/00 - juris Rn. 16 - NJW 2003, 3624-3626; BGH v. 13.04.1983 - IVb ZR 374/81 - juris Rn. 14 - LM Nr. 7 zu § 1605 BGB.

[68] OLG München v. 17.07.2000 - 26 UF 748/00 - juris Rn. 20 - OLGR München 2000, 320-321.

[69] BGH v. 28.10.1953 - II ZR 149/52 - juris Rn. 26 - BGHZ 10, 385-389.

[70] OLG Düsseldorf v. 05.11.1980 - 5 UF 177/80 - FamRZ 1981, 893-895.

[71] OLG Frankfurt v. 05.05.1987 - 2 UF 320/86 - FamRZ 1987, 1056.

[72] BGH v. 06.10.1993 - XII ZR 116/92 - juris Rn. 12 - LM BGB § 1605 Nr. 15 (3/1994).

[73] BGH v. 07.04.1982 - IVb ZR 678/80 - LM Nr. 23 zu § 1361 BGB.

[74] OLG Düsseldorf v. 06.12.1979 - 6 UF 17/79 - FamRZ 1980, 260-263.

[75] BGH v. 06.10.1993 - XII ZR 116/92 - juris Rn. 12 - LM BGB § 1605 Nr. 15 (3/1994); BGH v. 05.05.1993 - XII ZR 88/92 - juris Rn. 19 - NJW-RR 1993, 1026-1027; BGH v. 07.04.1982 - IVb ZR 678/80 - juris Rn. 13 - LM Nr. 23 zu § 1361 BGB; OLG Schleswig v. 07.12.1998 - 15 UF 90/98 - SchlHA 1999, 214.

[76] OLG München v. 12.07.1988 - 4 UF 29/88 - NJW-RR 1988, 1285-1287 dort abgelehnt wegen bereits erfolgter Vorlage anderer, ausreichender Belege; AG Biedenkopf v. 03.01.1996 - 4 F 145/95 - FamRZ 1996, 963.

[77] *Verschraegen* in: Staudinger, § 1580 Rn. 35.

[78] *Luthin* in: MünchKomm-BGB, § 1605 Rn. 19.

[79] KG Berlin v. 12.02.1982 - 17 WF 315/82 - FamRZ 1982, 614; OLG Stuttgart v. 12.06.1990 - 18 UF 94/90 - FamRZ 1991, 84-85.

[80] OLG Frankfurt v. 30.09.1996 - 6 WF 179/96 - FamRZ 1997, 1296-1297; OLG Zweibrücken v. 03.11.1999 - 5 WF 94/99 - EzFamR aktuell 2000, 71-73; OLG Schleswig v. 08.02.1980 - 10 WF 7/80 - SchlHA 1980, 71-72; BGH v. 07.04.1982 - IVb ZR 678/80 - juris Rn. 18 - LM Nr. 23 zu § 1361 BGB.

[81] So auch *Engler* in: Staudinger, § 1605 Rn. 46; OLG Brandenburg v. 20.05.1997 - 10 WF 31/97 - FamRZ 1998, 178-179.

[82] OLG Thüringen v. 03.07.2012 - 1 WF 306/12 - FamRZ 2013, 656-657.

die für die Feststellung des Unterhaltsanspruchs erforderlich sind, wobei auf den Informationsbedarf des Auskunftsberechtigten im konkreten Fall abzustellen ist.[83]

Befinden sich auf Belegen auch Informationen, über die keine Auskunft zu erteilen ist, etwa bei gemeinschaftlicher Veranlagung von Eheleuten in einem Steuerbescheid, können diese Angaben abgedeckt oder unkenntlich gemacht werden, vgl. Rn. 30. 37

b. Bestandsverzeichnis

Der Auskunftspflichtige hat die Auskunft durch Vorlage eines **Bestandsverzeichnisses** zu erteilen, § 1580 Satz 2 BGB i.V.m. § 1605 Abs. 1 Satz 3 BGB i.V.m. § 260 Abs. 1 BGB. Es sind die erforderlichen **Angaben systematisch zu gliedern und aufzuschlüsseln**, so dass ohne übermäßigen Arbeitsaufwand die Berechnung des Unterhaltsanspruchs möglich ist.[84] Einzelangaben in einzelnen Schriftsätzen reichen nicht.[85] Anders als die Pflicht zur Vorlage von Belegen bezieht sich der Anspruch auf Vorlage eines Bestandsverzeichnisses nicht nur auf **Einkünfte**, sondern auch auf das **Vermögen**. Bei dem Bestandsverzeichnis handelt es sich um eine **Wissenserklärung**, die schriftlich vorzulegen,[86] jedoch **nicht zu unterschreiben** ist.[87] Zulässig ist daher auch die Übermittlung durch einen Boten.[88] Was das Vermögen anbelangt, so müssen einzelne Positionen so genau angegeben werden, dass beurteilt werden kann, ob die Verwertung zur Erfüllung der Unterhaltspflicht möglich ist.[89] 38

c. Eidesstattliche Versicherung

Besteht der Verdacht, dass das Bestandsverzeichnis nicht mit der erforderlichen Sorgfalt aufgestellt worden ist, so hat der Auskunftspflichtige auf Verlangen zu Protokoll **an Eides statt zu versichern**, dass er den Bestand nach bestem Wissen vollständig angegeben habe, § 260 Abs. 2 BGB. Die Pflicht zur eidesstattlichen Versicherung ist ein **selbstständiger Anspruch**; er setzt voraus, dass der Auskunftsanspruch des § 1580 BGB besteht, ein Bestandsverzeichnis vorgelegt wurde[90] und der Verdacht besteht, dass das Verzeichnis nicht mit der erforderlichen Sorgfalt erstellt wurde[91]. Letzterer liegt nur vor, wenn tatsächliche Anhaltspunkte auf die Verletzung der Sorgfaltspflicht schließen lassen, bloßes Misstrauen genügt nicht.[92] Die Feststellung, das Vermögensverzeichnis sei in einzelnen Punkten unvollständig oder unrichtig, ist für sich weder erforderlich noch ausreichend, um die Verpflichtung zur Abgabe der eidesstattlichen Versicherung zu begründen. Maßgebend ist allein, ob Grund zu der Annahme besteht, der Verpflichtete habe das Verzeichnis nicht mit der erforderlichen Sorgfalt aufgestellt.[93] Ist das nicht der Fall, kommt nur ein Anspruch auf ergänzende Auskunft in Betracht. 39

II. Sekundäre Rechtsfolgen

Kommt der Auskunftsverpflichtete dem Auskunftsverlangen verspätet nach, ist ein Schadensersatzanspruch wegen **Verzuges** möglich, sofern dessen übrige Voraussetzungen gegeben sind.[94] Teilweise wird ein **Verzugsschaden jedoch** dann **abgelehnt**, wenn der Unterhaltsschuldner zunächst auf Aus- 40

---

[83] OLG Karlsruhe v. 23.10.2003 - 16 UF 84/03; OLG München v. 08.07.1992 - 12 UF 776/92 - FamRZ 1993, 202-203.
[84] BGH v. 29.06.1983 - IVb ZR 391/81 - juris Rn. 21 - LM Nr. 23 zu § 260 BGB; OLG Hamm v. 27.02.1992 - 4 WF 24/92 - NJW-RR 1992, 1029.
[85] AG Rheine v. 20.02.2004 - 18 F 47/03 - FamRZ 2005, 451-453.
[86] Anders das OLG Zweibrücken, das in einfachen Fällen eine mündliche Auskunft für ausreichend erachtet, OLG Zweibrücken v. 03.11.1999 - 5 WF 94/99 - juris Rn. 15 - EzFamR aktuell 2000, 71-73.
[87] BGH v. 28.11.2007 - XII ZB 225/05 - FamRZ 2008, 600; ebenso das OLG München v. 10.02.1998 - 2 WF 528/98 - OLGR München 1998, 82, das seine gegenteilige Auffassung (Annahme der Schriftform und damit Erfordernis der Unterschrift vgl. OLG München v. 15.02.1995 - 12 WF 524/95 - FamRZ 1995, 737) aufgegeben hat; *Engler* in: Staudinger, § 1605 Rn. 31.
[88] BGH v. 28.11.2007 - XII ZB 225/05 - FamRZ 2008, 600.
[89] *Engler* in: Staudinger, § 1605 Rn. 35.
[90] BGH v. 28.10.1953 - II ZR 149/52 - juris Rn. 22 - BGHZ 10, 385-389; OLG Hamm v. 30.03.1999 - 11 WF 9/99 - OLGR Hamm 2000, 380-381.
[91] *Engler* in: Staudinger, § 1605 Rn. 48.
[92] *Verschraegen* in: Staudinger, § 1580 Rn. 33.
[93] BGH v. 01.12.1983 - IX ZR 41/83 - juris Rn. 11 - BGHZ 89, 137-149.
[94] *Verschraegen* in: Staudinger, § 1580 Rn. 44; BGH v. 24.10.1984 - IVb ZR 43/83 - LM Nr. 30 zu § 284 BGB; OLG Koblenz v. 16.03.1987 - 13 UF 424/86 - DAVorm 1987, 704-707.

kunft geklagt und nicht sofort (Abänderungs-)Stufenklage auf Auskunft und Leistung erhoben hat.[95] Ein Verzug scheidet aus, wenn die Auskunft innerhalb der Sperrfrist des § 1605 Abs. 2 BGB verlangt und nicht erteilt wird.[96]

41 Bei unvollständiger oder fehlerhafter Auskunft kommt weiter Schadensersatz wegen **Pflichtverletzung** in Betracht, bei vorsätzlich falscher Auskunft ein Schadensersatzanspruch aus § 823 Abs. 2 BGB i.V.m. § 263 Abs. 2 StGB sowie aus § 826 BGB. Auch sind Sanktionen nach § 1579 BGB möglich.[97]

D. Prozessuale Hinweise

I. Zuständigkeit

42 Zuständig für einen Rechtsstreit über den Auskunftsanspruch ist das **Familiengericht**, da es sich um eine Familiensache handelt. Bei der Geltendmachung handelt es sich um eine **Feriensache** (§ 227 Abs. 3 Satz 2 Nr. 3 ZPO).[98]

II. Rechtsschutzbedürfnis

43 Das Rechtsschutzbedürfnis entfällt nicht deswegen, weil der Auskunftsberechtigte **auf andere Weise** als im Klageweg Kenntnis von den geschuldeten Informationen erhalten kann.[99] Auch eine im Ehescheidungsverfahren erlassene **einstweilige Anordnung** zum Unterhalt schließt das Rechtsschutzbedürfnis ebenso wenig aus[100] wie die gleichzeitige Geltendmachung eines Unterhaltsanspruchs vor einem anderen Gericht und für einen anderen Zeitraum[101].

44 **Umstritten** ist, ob das Rechtsschutzbedürfnis entfällt, wenn das Familiengericht nach § 11 VAHRG ein **eigenes Auskunftsrecht** geltend machen kann. Ein Teil der Rechtsprechung **bejaht** dies mit der Begründung, das schnellere und einfachere Verfahren des § 11 VAHRG sei eigens für diesen Zweck geschaffen worden; dessen Beschleunigungszweck werde durch einen Rückgriff auf den Auskunftsanspruch aus § 1580 BGB vereitelt.[102] Ein anderer Teil der Rechtsprechung **verneint** den Wegfall des Rechtsschutzbedürfnisses in diesem Fall:[103] Für die Geltendmachung des Auskunftsanspruches bestehe ein Rechtsschutzinteresse schon deshalb, weil die familiengerichtlichen Möglichkeiten, die sich aus § 11 Abs. 2 VAHRG ergebende Auskunftspflicht zwangsweise durchzusetzen, denen der Partei, die einen Auskunftstitel erwirkt, nicht gleichwertig seien.[104]

45 Geteilter Meinung ist die Rechtsprechung auch, was das Rechtsschutzbedürfnis einer **Auskunftswiderklage** angeht. Nach Ansicht des OLG Frankfurt ist eine solche Klage **unzulässig**, wenn die im Wege der Widerklage verlangten Auskünfte ohnehin von dem Widerbeklagten im Ausgangsverfahren zu beweisen sind.[105] **Anders** das OLG Koblenz[106]; das Rechtsschutzbedürfnis für eine Auskunftswiderklage entfalle nicht im Hinblick darauf, dass im Rahmen der Leistungsklage des Klägers dessen Unterhaltsbedürftigkeit zu prüfen ist.

---

[95] OLG Hamm v. 02.07.1986 - 5 UF 656/85 - FamRZ 1986, 1111; OLG Bamberg v. 29.03.1990 - 2 UF 400/89 - juris Rn. 55 - NJW-RR 1990, 903-906; OLG Köln v. 02.06.1995 - 26 WF 71/95 - EzFamR aktuell 1995, 372-373.
[96] OLG Düsseldorf v. 16.10.1992 - 3 WF 179/92 - NJW 1993, 1079-1081.
[97] *Beutler* in: Bamberger/Roth, § 1580 Rn. 15; näher zu Sekundäransprüchen bei Verletzung der Auskunftspflicht *Engler* in: Staudinger, § 1605 Rn. 57 ff.
[98] Zur Anwendbarkeit des § 1580 BGB bei grenzüberschreitenden Sachverhalten vgl. BGH v. 09.02.1994 - XII ZR 220/92 - FamRZ 1994, 558-559 sowie OLG Bamberg v. 24.02.2005 - 2 UF 228/04 - FamRZ 2005, 1682-1683.
[99] *Maurer* in: MünchKomm-BGB, § 1580 Rn. 21.
[100] OLG Düsseldorf v. 13.02.1980 - 5 UF 353/79 - FamRZ 1981, 42-43.
[101] Zum Fall der Geltendmachung von Unterhalt für die Dauer eines ausländischen Scheidungsverfahrens vgl. OLG Köln v. 17.10.2002 - 14 UF 78/02 - FamRZ 2003, 544-545.
[102] OLG Oldenburg v. 14.07.1998 - 11 UF 51/98 - juris Rn. 5 - EzFamR aktuell 1998, 361-262; OLG München v. 30.01.1997 - 16 WF 507/97 - OLGR München 1997, 129-130.
[103] OLG Hamm v. 25.06.2001 - 5 UF 150/01 - juris Rn. 5 - FamRZ 2002, 103-104; OLG Nürnberg v. 16.09.1994 - 7 WF 2967/94 - FamRZ 1995, 300; ebenso *Maurer* in: MünchKomm-BGB, § 1580 Rn. 21.
[104] OLG Hamm v. 25.06.2001 - 5 UF 150/01 - juris Rn. 5 - FamRZ 2002, 103-104.
[105] OLG Frankfurt v. 31.03.1987 - 4 UF 256/86 - NJW-RR 1987, 903.
[106] OLG Koblenz v. 22.12.1992 - 15 UF 818/92 - FamRZ 1993, 1098.

III. Antrag

Der Antrag auf Auskunftserteilung muss **bestimmt** sein und einen **vollstreckungsfähigen Inhalt** haben (vgl. § 253 Abs. 2 Nr. 2 ZPO). Es genügt nicht, zu beantragen, den Beklagten zu verurteilen, „diejenigen Belege beizufügen, aus denen die Richtigkeit des Zahlenmaterials entnommen werden kann".[107] Auch ist der **Zeitraum** zu bezeichnen, über welchen Auskunft erteilt werden soll,[108] insbesondere um zu vermeiden, dass eine Vollstreckung auf Dauer möglich ist[109]. 46

IV. Verfahrensarten

Der Auskunftsanspruch kann **allein** oder in Form der **Stufenklage** geltend gemacht werden.[110] Im zweiten Fall wird zunächst Auskunftserteilung beantragt, verbunden mit dem Antrag auf Versicherung der Vollständigkeit und Richtigkeit der gemachten Angaben an Eides statt sowie mit dem Antrag auf Zahlung eines zunächst unbestimmten Betrages. Eine Geltendmachung ist auch im **Verbund mit dem Scheidungsverfahren** möglich, dann jedoch nur im Rahmen einer Stufenklage.[111] 47

Die Auskunft kann auch im Rahmen einer **Abänderungsstufenklage** verlangt werden, dann braucht der klagende Unterhaltsberechtigte die Voraussetzungen einer Abänderungsklage (§ 323 ZPO) nicht schlüssig darzulegen; es genügt, dass nach dem Klagevorbringen die begehrte Auskunft für Bestand und Bemessung der Unterhaltspflicht irgendwie von Bedeutung sein kann.[112] 48

Anders als der Unterhaltsanspruch kann der Auskunftsanspruch nicht im Wege der **einstweiligen Verfügung** geltend gemacht werden.[113] Aber auch eine einstweilige Verfügung zur Zahlung von Unterhalt scheitert dann, wenn in der Hauptsache nur Auskunft verlangt wurde.[114] 49

V. Streitwert

Der **Streitwert** (§ 3 ZPO, § 12 Abs. 1 Satz 1 GKG) ist nach freiem Ermessen zu schätzen; er richtet sich nach dem wirtschaftlichen **Interesse des Auskunftsberechtigten** an der Auskunftserteilung. Der Wert des Auskunftsanspruchs ist **nicht identisch mit dem des Leistungsanspruchs**, sondern beträgt in der Regel nur einen **Bruchteil** dessen, da diese Auskunft die Geltendmachung dieses Anspruchs erst vorbereiten und erleichtern soll.[115] Es ist zwischen dem Wert für den Auskunftsberechtigten und dem für den Auskunftspflichtigen zu unterscheiden: 50

Für den **Auskunftsberechtigten** bildet der Leistungsanspruch, zu dessen Durchsetzung die Auskunft benötigt wird, die Schätzungsgrundlage, wobei zu fragen ist, welche Vorstellungen sich der Auskunftsberechtigte vom Wert des Leistungsanspruchs gemacht hat.[116] Dabei ist auch darauf abzustellen, in welcher Höhe ein solcher Anspruch nach den im konkreten Verfahren festgestellten Verhältnissen in Betracht kommt; das Interesse des Rechtsmittelklägers ist dann unter wirtschaftlichen Gesichtspunkten entsprechend höher oder geringer zu bewerten. Ergibt die Auskunft allerdings berechnungsmäßig keinen Unterhaltsanspruch mehr, schrumpft der Gegenstandswert für **bereits entstandene Gebühren** nicht nachträglich auf Null; bei der Wertfestsetzung für die Stufenklage ist bei unterbliebener Bezifferung der Leistungsstufe für die Bewertung der Auskunftsstufe vielmehr auf die Erwartungen des Klägers zu Beginn der Instanz abzustellen.[117] In der Regel wird bei der Streitwertfestsetzung des Aus- 51

---

[107] BGH v. 26.01.1983 - IVb ZR 355/81 - NJW 1983, 1056.
[108] OLG Karlsruhe v. 16.03.1983 - 2 WF 20/83 - FamRZ 1983, 631-632.
[109] OLG Frankfurt v. 27.06.1991 - 3 WF 60/91 - FamRZ 1991, 1334; OLG Celle v. 29.12.1993 - 18 WF 197/93 - OLGR Celle 1994, 74.
[110] BGH v. 04.11.1981 - IVb ZR 624/80 - LM Nr. 2 zu § 1578 BGB; OLG Hamm v. 27.10.1995 - 12 UF 132/95 - OLGR Hamm 1996, 19-21; OLG Hamm v. 17.11.1992 - 7 UF 227/92 - FamRZ 1993, 984; OLG Zweibrücken v. 15.08.1980 - 2 UF 61/79 - FamRZ 1980, 1142-1143; anderer Auffassung OLG Frankfurt v. 10.06.1986 - 4 UF 233/85 - FamRZ 1987, 299-300 und *Maurer* in: MünchKomm-BGB, § 1580 Rn. 24.
[111] BGH v. 19.03.1997 - XII ZR 277/95 - LM BGB § 1580 Nr. 16 (8/1997).
[112] OLG Frankfurt v. 06.10.1992 - 3 WF 110/92 - OLGR Frankfurt 1993, 11; OLG Düsseldorf v. 05.11.1980 - 5 UF 177/80 - FamRZ 1981, 893-895; anders OLG Hamburg v. 24.05.1982 - 2a WF 30/82 - FamRZ 1982, 935-936; vgl. BGH v. 07.07.1982 - IVb ZR 738/80 - LM Nr. 3 zu § 1580 BGB.
[113] Vgl. OLG Hamm v. 10.01.1983 - 7 WF 653/82 - FamRZ 1983, 515-516; OLG Stuttgart v. 27.05.1980 - 18 WF 169/80 U - FamRZ 1980, 1138-1139.
[114] OLG Hamm v. 14.05.1999 - 6 UF 16/99 - FamRZ 2000, 562.
[115] BGH v. 31.03.1993 - XII ZR 67/92 - juris Rn. 5 - EzFamR aktuell 1993, 277-278.
[116] BGH v. 31.03.1993 - XII ZR 67/92 - juris Rn. 5 - EzFamR aktuell 1993, 277-278; OLG Karlsruhe v. 05.05.1998 - 2 WF 134/97 - juris Rn. 6 - FuR 1998, 435-436.
[117] OLG Karlsruhe v. 05.05.1998 - 2 WF 134/97 - juris Rn. 6 - FuR 1998, 435-436.

kunftsanspruchs für den Auskunftsberechtigten **1/4 bis 1/10 des Unterhaltsanspruchs** angenommen.[118]

52 Für den **Auskunftsverpflichteten** ist auf dessen Interesse abzustellen, die Auskunft nicht erteilen zu müssen. Für die Bewertung dieses Abwehrinteresses kommt es auf den für die Auskunft erforderlichen **Zeit- und Kostenaufwand** an.[119] Kosten, die dem Auskunftspflichtigen dadurch entstehen, dass er zur Erstellung der Auskunft sachkundige **Hilfspersonen** hinzuziehen muss, können nur berücksichtigt werden, wenn der Beklagte selbst nicht in der Lage wäre, die Auskunft in sachgerechter Weise zu erteilen.[120] Das ist dann nicht der Fall, wenn der Auskunftspflichtige die dazu erforderliche Geschäftsgewandtheit besitzt. Im Einzelfall kann auch ein **Interesse an der Geheimhaltung** von Einkommensverhältnissen für den Streitwert erheblich sein; dann muss aber ein konkreter Nachteil substantiiert dargelegt und erforderlichenfalls glaubhaft gemacht werden.[121]

53 Wird der Auskunftsanspruch im Rahmen der **Stufenklage** geltend gemacht, berechnet sich der Streitwert nach § 18 GKG; für die Wertberechnung ist nur einer der verbundenen Ansprüche, und zwar der höhere, maßgebend. § 18 GKG ist nicht anwendbar, wenn lediglich Antrag auf Auskunft und eidesstattliche Versicherung gestellt wird, dann fehlt es an dem unbestimmten Leistungsantrag; in diesem Fall ist der Wert für beide Ansprüche getrennt festzusetzen.[122]

VI. Zwangsvollstreckung

54 Die Erteilung der Auskunft ist eine **nicht vertretbare Handlung** und wird nach § 888 ZPO vollstreckt.[123] Im Einzelfall mag die Handlung nach § 887 ZPO vollstreckt werden, wenn ein Dritter (z.B. ein Steuerberater) die Auskunft aufgrund ihm verfügbarer Unterlagen ebenfalls erteilen kann.[124] Eine Zwangsvollstreckung nach § 888 ZPO kommt jedoch nur in Betracht, wenn die Auskunft verweigert worden oder erkennbar unvollständig ist. Wurde die Auskunftspflicht erfüllt und bestehen **lediglich Zweifel an der Vollständigkeit**, scheidet eine Zwangsvollstreckung nach § 888 ZPO aus, dann wird dem Interesse des Auskunftsberechtigten an einer wahrheitsgemäßen und vollständigen Auskunft durch Abgabe einer eidesstattlichen Versicherung entsprochen.[125] Soweit im Rahmen der Auskunftserteilung die **Vorlage von Belegen** erreicht werden soll, kann dies nach § 883 Abs. 1 ZPO vollstreckt werden.[126]

VII. Beweislast

55 Der Auskunft begehrende Unterhaltsgläubiger muss beweisen, dass die allgemeinen Voraussetzungen des Auskunftsanspruchs vorliegen, insbesondere ist ein qualifiziertes Interesse nachzuweisen.[127] Zwar ist nicht darzutun, dass ein Unterhaltsanspruch dem Grunde nach besteht, allerdings sind die von den wirtschaftlichen Verhältnissen der Parteien unabhängigen Umstände darzulegen.[128] Eine erhöhte Darlegungslast besteht allerdings dann, wenn die tatsächlichen und persönlichen Verhältnisse der Parteien es nahe legen, dass der Unterhaltsanspruch nicht besteht und daher die Auskunft diesen auch nicht beeinflussen kann; in diesem Fall bedarf es eines weitergehenden Vortrages des sich eines Auskunftsanspruches berühmenden geschiedenen Ehegatten.[129]

E. Steuerrechtliche Hinweise

56 Vgl. hierzu die Steuerrechtl. Hinw. zu §§ 1569 ff. BGB.

---

[118] BGH v. 08.01.1997 - XII ZR 307/95 - juris Rn. 6 - LM ZPO § 9 Nr. 23 (4/1997); BGH v. 25.01.2006 - IV ZR 195/04 - FamRZ 2006, 619.

[119] BGH v. 05.05.1993 - XII ZR 88/92 - NJW-RR 1993, 1026-1027; BGH v. 24.01.1990 - XII ZB 139/89 - juris Rn. 3 - NJW-RR 1990, 707.

[120] BGH v. 31.01.2007 - XII ZB 133/06 - juris Rn. 12 - EBE/BGH 2007, 98-99; BGH v. 12.06.1991 - XII ZR 230/90 - juris Rn. 9 - EzFamR ZPO § 3 Nr. 21; BGH v. 14.11.1990 - XII ZB 126/90 - FamRZ 1991, 317-318.

[121] BGH v. 23.04.1997 - XII ZB 50/97 - juris Rn. 9 - NJW-RR 1997, 1089-1090.

[122] OLG Bamberg v. 11.05.1995 - 7 WF 47/95 - juris Rn. 3 - FamRZ 1997, 40.

[123] BGH v. 02.03.1983 - IVb ARZ 49/82 - juris Rn. 11 - LM Nr. 2 zu § 888 ZPO.

[124] *Maurer* in: MünchKomm-BGB, § 1580 Rn. 30.

[125] OLG Zweibrücken v. 03.11.1999 - 5 WF 94/99 - EzFamR aktuell 2000, 71-73.

[126] OLG Stuttgart v. 12.06.1990 - 18 UF 94/90 - FamRZ 1991, 84-85; OLG Köln v. 12.10.1988 - 2 U 149/87 - NJW-RR 1989, 567-568.

[127] BGH v. 22.09.1982 - IVb ZR 304/81 - juris Rn. 33 - BGHZ 85, 16-32.

[128] BGH v. 22.09.1982 - IVb ZR 304/81 - juris Rn. 33 - BGHZ 85, 16-32 und BGH v. 29.06.1983 - IVb ZR 391/81 - juris Rn. 7 - LM Nr. 23 zu § 260 BGB.

[129] OLG Brandenburg v. 21.07.2006 - 9 UF 107/06 - NJW-RR 2007, 150-151.

Kapitel 3 - Leistungsfähigkeit und Rangfolge

§ 1581 BGB Leistungsfähigkeit

(Fassung vom 02.01.2002, gültig ab 01.01.2002)

¹Ist der Verpflichtete nach seinen Erwerbs- und Vermögensverhältnissen unter Berücksichtigung seiner sonstigen Verpflichtungen außerstande, ohne Gefährdung des eigenen angemessenen Unterhalts dem Berechtigten Unterhalt zu gewähren, so braucht er nur insoweit Unterhalt zu leisten, als es mit Rücksicht auf die Bedürfnisse und die Erwerbs- und Vermögensverhältnisse der geschiedenen Ehegatten der Billigkeit entspricht. ²Den Stamm des Vermögens braucht er nicht zu verwerten, soweit die Verwertung unwirtschaftlich oder unter Berücksichtigung der beiderseitigen wirtschaftlichen Verhältnisse unbillig wäre.

Gliederung

A. Grundlagen 1
I. Normzweck und Normstruktur 1
II. Schematische Darstellung des Normgefüges 7
B. Anwendungsvoraussetzungen 8
I. Bedarf von Unterhaltsschuldner und Unterhaltsgläubiger 8
II. Erwerbs- und Vermögensverhältnisse des Unterhaltsschuldners 14
1. Einkünfte aus Erwerbstätigkeit 17

2. Einkünfte aus Vermögen 44
3. Sonstige Einkünfte 52
4. Verpflichtungen des Unterhaltsschuldners 54
5. Sonstige Unterhaltspflichtige 66
C. Rechtsfolgen 67
D. Prozessuale Hinweise/Verfahrenshinweise 74
I. Beweislast 74
II. Prozessuale Hinweise 75
E. Steuerrechtliche Hinweise 77

A. Grundlagen

I. Normzweck und Normstruktur

§ 1581 BGB setzt den Schlusspunkt der Prüfungsreihenfolge eines Unterhaltsanspruchs. Verbleibt nach Prüfung des Unterhaltstatbestandes, des Bedarfs und der Bedürftigkeit (zum Prüfungsschema vgl. die Kommentierung zu § 1577 BGB Rn. 3 ff.) ein ungedeckter Bedarf des Unterhaltsgläubigers, so ist auf **letzter Stufe** die **Leistungsfähigkeit** des Unterhaltsschuldners zu ermitteln. 1

§ 16 Abs. 1 LPartG (in der Fassung v. 15.12.2005, gültig ab 01.01.2005) verweist hinsichtlich des nachpartnerschaftlichen Unterhaltes zur entsprechenden Anwendung auf die §§ 1570-1581 BGB. 2

Ist der Unterhaltsschuldner außerstande, mit den ihm zur Verfügung stehenden Mitteln neben seinem eigenen Unterhalt und jenem etwaig vorrangiger sonstiger Berechtigter auch den eheangemessenen Unterhalt des geschiedenen Ehegatten zu leisten, liegt ein so genannter **Mangelfall** vor. § 1581 BGB gibt ihm dann die Möglichkeit, den Einwand der vollständigen oder teilweisen Leistungsunfähigkeit zu erheben. Ist der Einwand berechtigt, so wandelt sich der aus § 1578 BGB folgende Anspruch auf Leistung des eheangemessenen Unterhalts in einen **Billigkeitsanspruch** um. 3

Durch § 1581 BGB soll sichergestellt werden, dass mit Blick auf den zuvor ermittelten ungedeckten Unterhaltsbedarf des Unterhaltsgläubigers nicht zu Lasten des Unterhaltsschuldners die Grenze der Zumutbarkeit überschritten wird. Es muss gewährleistet sein, dass die den Unterhaltsschuldner in Erfüllung der Unterhaltspflicht treffenden Beschränkungen seiner finanziellen Dispositionsfreiheit noch mit der verfassungsmäßigen Ordnung vereinbar sind[1] und insbesondere der Unterhaltsschuldner durch Erfüllung seiner Unterhaltspflichten nicht selbst bedürftig wird.[2] 4

Auch soweit § 1581 BGB in seinem Anwendungsbereich ausschließlich die mangelnde Leistungsfähigkeit des Unterhaltsschuldners erfasst, sind parallel gleichwohl die §§ 1582, 1609 BGB zu berücksichtigen. In Folge der Unterhaltsreform zum 01.01.2008 ist § 1582 BGB jedoch nur noch eine Verweisungsvorschrift. § 1609 BGB ist die zentrale Vorschrift zur Rangregelung. Im Umsetzung der Ziel- 5

---

[1] BVerfG v. 25.06.2002 - 1 BvR 2144/01 - NJW 2002, 2701-2702; BVerfG v. 20.08.2001 - 1 BvR 1509/97 - NJW-RR 2002, 73-74.
[2] BVerfG v. 20.08.2001 - 1 BvR 1509/97 - NJW-RR 2002, 73-74; BGH v. 26.06.2013 - XII ZR 133/11 - FamRZ 2013, 1366.

vorgaben der Unterhaltsrechtsreform, d.h. insbesondere der Förderung der Kindesinteressen, stellt sich die maßgebliche Rangfolge wie folgt dar:
1. Rang: minderjährige und privilegiert volljährige Kinder,
2. Rang: kinderbetreuende Elternteile sowie Ehegatten bei langer Ehedauer,
3. Rang: Ehegatten, die nicht unter Rang 2 fallen,
4. Rang: Kinder, die nicht unter Rang 1 fallen,
5. Rang: Enkelkinder und weitere Abkömmlinge,
6. Rang: Eltern,
7. Rang: weitere Verwandte der aufsteigenden Linie.

6 Bei der Anwendung des § 1581 BGB ist zu trennen zwischen
- der Prüfung der tatbestandsmäßigen Voraussetzungen des so genannten Billigkeitsunterhaltes (d.h. Einkommen und Vermögen des Unterhaltsschuldners, der daraus folgende angemessene Unterhaltsanspruch des Unterhaltsgläubigers, der angemessene Unterhalt des Unterhaltsschuldners selbst, die etwaige Gefährdung seines angemessenen Unterhalts) und
- der Prüfung der Billigkeitskriterien auf der Rechtsfolgenseite.

II. Schematische Darstellung des Normgefüges

7

```
┌─────────────────────────────────┐     ┌─────────────────────────────────┐
│ Ermittlung des eheangemessenen  │     │ Ermittlung des angemessenen     │
│ Unterhaltsanspruchs des Unter-  │     │ Unterhalts des Unterhaltsschuldners │
│ haltsgläubigers                 │     │                                 │
└─────────────────┬───────────────┘     └─────────────────┬───────────────┘
                  │                                       │
                  ▼                                       ▼
┌───────────────────────────────────────────────────────────────────────┐
│ Kann der angemessene Unterhalt vom Unterhaltsschuldner ohne Gefährdung │
│ seines eigenen angemessenen Unterhalts erbracht werden (§ 1581 Satz 1)? │
└───────────────────────────────────────────────────────────────────────┘
         │ Ja                                        │ Nein
         ▼                                           ▼
┌─────────────────────────────────┐     ┌─────────────────────────────────┐
│ Verpflichtung des Unterhaltsschuld-│   │ Hat der Unterhaltsschuldner     │
│ ners zur Leistung des eheangemes-│    │ Vermögen?                       │
│ senen Unterhalts (§§ 1578 Abs. 1 │    │                                 │
│ Satz 2, 1577)                   │     │                                 │
└─────────────────┬───────────────┘     └─────────────────┬───────────────┘
         │ Nein                                  │ Ja
         │                                       ▼
         │                       ┌─────────────────────────────────┐
         │                       │ Ist die Verwertung des Vermögens-│
         │                       │ stamms unwirtschaftlich oder    │
         │                       │ unbillig (§ 1581 Satz 2)?       │
         │                       └─────────────────┬───────────────┘
         │                               │ Ja              │ Nein
         │                               ▼                 │
         │         ┌───────────────────────────────────┐   │
         └────────►│ Billigkeitserwägungen             │◄──┘
                   └─────────────────┬─────────────────┘
                                     ▼
                   ┌───────────────────────────────────────┐
                   │ Verpflichtung des Unterhaltsschuldners zur Leistung nur des (geringeren) │
                   │ Billigkeitsunterhalts                 │
                   └───────────────────────────────────────┘
```

B. Anwendungsvoraussetzungen

I. Bedarf von Unterhaltsschuldner und Unterhaltsgläubiger

Um bewerten zu können, ob der Unterhaltsschuldner unter Verwendung seiner unterhaltsrechtlich relevanten Einkünfte sowohl den angemessenen Bedarf des Unterhaltsgläubigers decken als auch seinen eigenen Unterhalt bestreiten kann, muss vorab der Bedarf jedes der beiden Ehegatten ermittelt werden.

Der **Bedarf des Unterhaltsgläubigers** leitet sich aus den prägenden Einkünften ab,[3] so dass der an den ehelichen Lebensverhältnissen orientierte volle Unterhalt im Sinn des § 1578 BGB zu ermitteln ist, gegebenenfalls unter Berücksichtigung sonstiger Unterhaltsverpflichtungen des Unterhaltsschuldners.[4]

Bedarfsprägend sind in diesem Zusammenhang nur die Unterhaltsansprüche der bis zur Rechtskraft der Ehescheidung geborenen Kinder, auch wenn sie aus einer neuen Beziehung des Unterhaltsschuldners hervorgehen. Eine kurzfristig anderslautende Rechtsprechung auf der Grundlage der sog. „wandelbaren ehelichen Lebensverhältnisse[5] hat der BGH im Zuge des Beschlusses des BVerfG vom 25.01.2011 aufgegeben[6]. Maßgeblich für die Bedarfsbemessung sind danach unverändert die **ehelichen Lebensverhältnisse**, orientiert am Stichtagsprinzip. Bei der **Bedarfsermittlung** ist allein das bis zur Rechtskraft der Scheidung für Unterhaltszwecke zur Verfügung stehende Einkommen entscheidend. Unterhaltsverpflichtungen sind nur insoweit relevant, als sie bis zu diesem Zeitpunkt hinzugetreten sind. Ausdrücklich ausgeklammert sind damit Unterhaltsverpflichtungen für einen neuen Ehegatten, eine aus § 1615l BGB nachehelich entstandene Unterhaltspflicht sowie Unterhaltsverpflichtungen für nachehelich geborene Kinder. Davon konsequent zu trennen ist die **Leistungsfähigkeit** des Unterhaltsschuldners, d.h. die Prüfung, ob dieser unter Verwendung der ihm zur Verfügung stehenden finanziellen Mittel in der Lage ist, die prägenden, aber auch die nichtprägenden Unterhaltspflichten zu erfüllen. Dabei ist zu berücksichtigen, dass für den Unterhaltsschuldner die Erfüllung der Unterhaltspflicht unverhältnismäßig oder unzumutbar sein darf. Sein **eigener angemessener Unterhalt** darf nicht geringer sein als der von ihm zu leistende Unterhalt. Im Rahmen der vorzunehmenden **Billigkeitsprüfung** hält es der BGH für zulässig, dass bei Gleichrang des geschiedenen und eines neuen Ehegatten eine Dreiteilung des vorhandenen Gesamteinkommens der Beteiligten vorgenommen wird, wie sie nach der nun aufgegebenen Rechtsprechung der „wandelbaren ehelichen Lebensverhältnisse" bereits auf der Bedarfsebene vorgesehen war. Unter Beachtung des **Prioritätsprinzips** ist der Unterhaltsbedarf des neuen Ehegatten abhängig vom Unterhalt des geschiedenen Ehegatten zu bemessen.[7] Bei der Ermittlung des Gesamteinkommens sind dann allerdings auf Seiten des Unterhaltsschuldners auch Einkünfte zu erfassen, die auf der Bedarfsebene noch auszuklammern waren. Hierzu gehören u.a. erhöhte Einkünfte aus **Splittingvorteil**, **ehebedingte Einkommenszuschläge**, aber auch Einkünfte aus **Karrieresprung**, da durch sie lediglich die nachehelich hinzugetretene zusätzliche Unterhaltspflicht aufgefangen wird bzw. die Unterhaltspflicht aus der neuen Ehe regelmäßig zur Kürzung der Unterhaltsansprüche des geschiedenen Ehegatten führt. Wirtschaftliche Vorteile des Unterhaltspflichtigen aus dem **Zusammenleben mit einem neuen Ehegatten** können pauschaliert mit 10% des Gesamtbedarfs[8] berücksichtigt und entweder durch Mittelkürzung der Ehegatten oder Unterhaltserhöhung des Berechtigten realisiert werden. Ist der zweite Ehegatte in seinem Unterhaltsanspruch gegenüber dem geschiedenen Ehegatten nachrangig, so ist vorab der vorrangige geschiedene Ehegatte mit seinem vollen ungedeckten Bedarf zu befriedigen.[9]

Soweit Unterhaltsansprüche gleichrangiger Kinder betroffen sind, muss berücksichtigt werden, dass sich deren Unterhaltsanspruch aus dem Einkommen des Unterhaltsschuldners zum Zeitpunkt der Inanspruchnahme ableitet, d.h. etwa eine **Einkommenssteigerung nach Karrieresprung** (vgl. dazu die

---

[3] BGH v. 18.10.1989 - IVb ZR 89/88 - BGHZ 109, 72-88; OLG Nürnberg v. 04.10.1995 - 7 UF 2836/95 - NJW-RR 1996, 770.
[4] BGH v. 13.04.1988 - IVb ZR 34/87 - BGHZ 104, 158-172; BGH v. 16.04.1997 - XII ZR 233/95 - LM BGB § 1578 Nr. 65 (8/1997).
[5] BGH v. 15.03.2006 - XII ZR 30/04 - FamRZ 2006, 683-686.
[6] BVerfG v. 25.01.2011 - 1 BvR 918/10 - FamRZ 2011, 437; BGH v. 07.12.2011 - XII ZR 151/09 - FamRZ 2012, 281.
[7] *Gerhard/Gutdeutsch*, FamRZ 2011, 772-776.
[8] BGH v. 19.03.2014 - XII ZB 19/13.
[9] OLG Nürnberg v. 11.01.2012 - 7 UF 747/11 - FamRBint 2012, 32.

§ 1581

Kommentierung zu § 1578 BGB Rn. 47 ff.) zu einem erhöhten Unterhaltsanspruch des Kindes führt, wohingegen sich der angemessene Unterhalt des geschiedenen Ehegatten ausschließlich aus dem prägenden Einkommen ableitet.

12 Parallel zum Bedarf des Unterhaltsgläubigers zu ermitteln ist der **Bedarf des Unterhaltsschuldners**.

13 Dessen eigener **eheangemessener Selbstbehalt** bemisst sich nach den gleichen Maßstäben wie der eheangemessene Unterhalt des Unterhaltsgläubigers gemäß § 1578 BGB[10] und ist nicht identisch mit dem an § 1603 Abs. 2 BGB angelehnten angemessenen Selbstbehalt[11], d.h. dieser ist nicht schematisch als Untergrenze des angemessenen Selbstbehaltes im Sinn des § 1581 BGB zu sehen. Der nach § 1581 BGB auf Seiten des Unterhaltsschuldners zu berücksichtigende eheangemessene Selbstbehalt ist mehr als das Existenzminimum oder der notwendige Bedarf.[12] Der **Ehegattenselbstbehalt** bemisst sich in der Regel in einem Betrag, der in seiner Höhe **zwischen** dem **angemessenen Selbstbehalt** im Sinn des § 1603 Abs. 1 BGB **und** dem **notwendigen Selbstbehalt** gemäß § 1603 Abs. 2 BGB anzusetzen ist.[13] Nach der aktuell geltenden Düsseldorfer Tabelle (Stand 01.01.2013) bemisst sich der dem Unterhaltsschuldner gegenüber seinem Ehegatten zu belassenden Eigenbedarf auf 1.100 € (Anm.B/IV der Düsseldorfer Tabelle). Die Entscheidung zur letztlich im Einzelfall maßgeblichen Höhe obliegt jedoch dem Tatrichter. Der Ehegattenselbstbehalt erfasst gegebenenfalls auch **trennungsbedingten Mehrbedarf** des Unterhaltsschuldners,[14] wobei dieser Mehrbedarf sich aber nicht leistungsmindernd auswirkt, wenn der Unterhaltsgläubiger einen Teil seines Bedarfes durch nicht prägende Einkünfte selbst deckt[15]. Der eigene angemessene Unterhalt" des Unterhaltsschuldners wird in der Rechtsprechung dahin präzisiert, dass dieser sich aus der Halbteilung der die geschiedene Ehe prägenden Einkünfte herleitet und der in den unterhaltsrechtlichen Leitlinien angegebene Selbstbehalt gegenüber einem Ehegatten nur eine absolute Untergrenze für diesen Selbstbehalt darstellt.[16]

II. Erwerbs- und Vermögensverhältnisse des Unterhaltsschuldners

14 Bei den im Rahmen der Bedarfsermittlung maßgeblichen Einkommens- und Vermögensverhältnisse gilt zwischen Unterhaltsgläubiger und Unterhaltsschuldner der Grundsatz der Waffengleichheit,[17] so dass sich bei der Prüfung der Leistungsfähigkeit die gleichen Probleme stellen wie im Rahmen der Bedürftigkeitsprüfung.

15 Der Unterhaltsschuldner ist gehalten, grundsätzlich alle Einkünfte einzusetzen, wobei die Feststellung der Leistungsfähigkeit im Sinn des § 1581 BGB anderen Grundsätzen folgt als das Sozialhilferecht,[18] so dass der Unterhaltsschuldner verpflichtet ist, nicht nur prägende, sondern auch nicht prägende Einkünfte einzusetzen[19] oder gegebenenfalls auch Mittel, die zur Vermögensbildung verwendet wurden[20].

16 Die **Leistungsfähigkeit des Unterhaltsschuldners** wird durch folgende Kriterien bestimmt:

1. Einkünfte aus Erwerbstätigkeit

17 Unerheblich ist, ob diese Einkünfte regelmäßig oder unregelmäßig anfallen (z.B. Weihnachtsgeld, Gratifikationen und Ähnliches). Entscheidend ist lediglich, ob die Einkünfte aus zumutbarer Tätigkeit erzielt werden können, so dass im Fall der Nichtaufnahme einer möglichen Erwerbstätigkeit der Unterhaltsschuldner als leistungsfähig angesehen wird.

18 Inwieweit eine Erwerbstätigkeit des Unterhaltsschuldners zumutbar ist, beurteilt sich nach den gleichen Kriterien, wie sie für den Unterhaltsgläubiger gelten (vgl. die Kommentierung zu § 1578 BGB Rn. 7 ff.). Dabei sind für die Frage des Anrechnungsumfanges solcher Mehreinkünfte der Grundsatz von Treu und Glauben sowie die Einzelfallumstände maßgeblich.[21] Bei der Anrechnung fiktiver Ein-

---

[10] BGH v. 18.10.1989 - IVb ZR 89/88 - BGHZ 109, 72-88.
[11] BGH v. 18.10.1989 - IVb ZR 89/88 - BGHZ 109, 72-88.
[12] OLG Hamm v. 25.05.1987 - 6 UF 35/87 - NJW-RR 1988, 8-9.
[13] BGH v. 15.03.2006 - XII ZR 30/04 - FamRZ 2006, 683-686.
[14] BGH v. 31.01.1990 - XII ZR 21/89 - NJW-RR 1990, 578-580.
[15] OLG München v. 26.01.1994 - 12 UF 1388/93 - EzFamR aktuell 1994, 120-121.
[16] OLG Nürnberg v. 11.01.2012 - 7 UF 747/11 - FamRBint 2012, 32.
[17] BGH v. 24.11.1982 - IVb ZR 310/81 - LM Nr. 35 zu § 1361 BGB; BGH v. 27.06.1984 - IVb ZR 20/83 - FamRZ 1985, 354-357.
[18] BGH v. 22.02.1995 - XII ZR 80/94 - LM BGB § 1353 Nr. 34 (7/1995).
[19] BGH v. 20.03.2013 - XII ZR 133/11 - FamRZ 2013, 1366.
[20] BGH v. 19.10.1988 - IVb ZR 97/87 - LM Nr. 59 zu § 323 ZPO.
[21] BGH v. 19.05.1982 - IVb ZR 702/80 - NJW 1982, 2664-2665.

künfte ist zu prüfen, ob die zeitliche und physische Belastung durch eine bereits ausgeübte und angesonnene zusätzliche Arbeit dem Unterhaltsschuldner zugemutet werden kann, insbesondere mit Blick auf Arbeitsschutzvorschriften.[22] Die Zurechnung **fiktiver Einkünfte** findet aber ihre Grenze durch den verfassungsrechtlichen Schutz von Ehe und Familie, etwa wenn der Unterhaltsschuldner seine nunmehrige Ehefrau, mit der er sich eine Arbeitsstelle teilt, zum Verzicht auf deren Arbeitsplatz drängen müsste, um selbst dadurch einen vollschichtigen Arbeitsplatz zu erhalten.[23]

Bei **Auslandsverwendungszuschlägen** eines Soldaten, der in Krisengebieten eingesetzt ist, muss berücksichtigt werden, dass wegen der erschwerenden Besonderheiten dieser Einsätze die höchste Stufe der Zuschläge gezahlt wird und es wegen der mit dem Einsatz verbundenen Belastungen gerechtfertigt sein kann, einen Teil des Zuschlags anrechnungsfrei zu belassen.[24] 19

Sowohl beim Unterhaltsgläubiger als auch beim Unterhaltsschuldner ist es bedeutsam, inwieweit sich die **Betreuung minderjähriger Kinder** auf das heranzuziehende Einkommen auswirkt. 20

Betreut der Unterhaltsschuldner gemeinsame Kinder, so kann er entweder konkret nachgewiesenen Mehraufwand einkommensmindernd geltend machen, (z.B. Kosten der Kindertagesstätte oder einer Tagesmutter)[25] oder einen pauschalen Betreuungsbonus[26], etwa wenn ein Dritter unentgeltlich die Betreuung für den Unterhaltsschuldner übernimmt[27]. In Fällen besonderer Erschwernis der Betreuung hatte der BGH in seiner früheren Rechtsprechung einen pauschalierten Betreuungsbonus akzeptiert.[28] Aktuell hat er jedoch offen gelassen, ob an dieser Rechtsprechung festzuhalten ist oder die Kindesbetreuung lediglich die Erwerbsverpflichtung des Unterhaltsschuldners reduzieren kann.[29] Die Höhe eines etwaigen pauschalen Betreuungsbonus orientiert sich an den Umständen des Einzelfalles. Kriterien sind neben dem Kindesalter die Anzahl der zu betreuenden Kinder, die jeweilige Betreuungsbedürftigkeit des Kindes sowie Umfang und Arbeitszeit des betreuenden Elternteiles.[30] 21

Wird in einer neuen Familie die Betreuung minderjähriger Kinder durch den Unterhaltsschuldner wahrgenommen, so muss der Unterhaltsgläubiger – anders als die Kinder aus der geschiedenen Ehe – diese Rollenwahl gegebenenfalls hinnehmen. Hier greift die Rangfolge des § 1609 BGB, wonach der betreuende geschiedene Ehegatte gleichrangig ist mit dem in der neuen Ehe betreuenden Ehegatten. Die stringente Anwendung der sog. **Hausmannrechtsprechung**[31] kommt daher nur im Verhältnis zu den erstehelichen minderjährigen oder privilegiert volljährigen Kindern in Betracht. 22

Beruht jedoch der Unterhaltsanspruch des Unterhaltsgläubigers auf § 1570 BGB, so muss er die Leistungsunfähigkeit des Unterhaltsschuldners folgend aus der Betreuung eines Kindes aus neuer Ehe nicht akzeptieren, da der Schutz aus Art. 6 GG ebenso den Unterhaltsgläubiger und die in seinem Haushalt lebenden Kinder erfasst. 23

Betreut der Unterhaltsgläubiger keine gemeinsamen Kinder, so muss die auf dem Rollenwechsel beruhende verminderte Leistungsfähigkeit oder Leistungsunfähigkeit nur hingenommen werden, wenn hierfür anerkennenswerte Gründe vorliegen, wobei aber auch in diesem Fall der Unterhaltsschuldner gehalten ist, seinen Tätigkeitsumfang in der neuen Ehe zu reduzieren, um eine Nebentätigkeit aufzunehmen.[32] Die insoweit erzielten Einkünfte sind vollumfänglich für den Unterhaltsanspruch des Unterhaltsgläubigers zu verwenden, wenn der Unterhaltsbedarf des Unterhaltsschuldners durch die Einkünfte seines Ehegatten gedeckt ist.[33] 24

---

[22] BVerfG v. 05.03.2003 - 1 BvR 752/02 - FamRZ 2003, 661-662.
[23] BVerfG v. 25.02.2004 - 1 BvR 1000/98 - FPR 2004, 495.
[24] BGH v. 18.04.2012 - XII ZR 73/10 - FamRZ 2012, 1201.
[25] OLG Brandenburg v. 11.01.1996 - 9 UF 76/95 - OLG-NL 1996, 92-94.
[26] BGH v. 07.11.1990 - XII ZR 123/89 - LM Nr. 40 zu BGB § 1603; BGH v. 29.11.2000 - XII ZR 212/98 - LM BGB § 1361 Nr. 71 (10/2001).
[27] BGH v. 23.04.1986 - IVb ZR 30/85 - LM Nr. 48 zu § 323 ZPO; andere Auffassung OLG Hamm v. 18.01.1995 - 10 UF 248/94 - FamRZ 1995, 1418-1421.
[28] BGH v. 07.11.1990 - XII ZR 123/89 - LM Nr. 40 zu BGB § 1603.
[29] BGH v. 07.11.2012 - XII ZB 229/11 - FamRZ 2013, 109.
[30] BGH v. 29.11.2000 - XII ZR 212/98 - LM BGB § 1361 Nr. 71 (10/2001).
[31] BGH v. 10.12.1986 - IVb ZR 63/85 - LM Nr. 10 zu § 1570 BGB; BGH v. 18.10.2000 - XII ZR 191/98 - NJW-RR 2001, 361-363; *Graba*, FamRZ 1997, 393-397.
[32] BGH v. 18.10.2000 - XII ZR 191/98 - NJW-RR 2001, 361-363; BVerfG v. 14.11.1984 - 1 BvR 14/82, 1 BvR 1642/82 - NJW 1985, 1211 1212;
[33] BGH v. 20.03.2002 - XII ZR 216/00 - NJW 2002, 1646-1647; andere Auffassung OLG Frankfurt v. 05.04.2001 - 1 UF 197/00 - FamRZ 2001, 1477-1479.

§ 1581

25 Die vorab dargestellten Kriterien sind unabhängig davon, ob der Unterhaltsschuldner in formgültiger neuer Ehe lebt oder in **nichtehelicher Lebensgemeinschaft**.[34] In einer derartigen Konstellation ist der nichteheliche Partner gehalten, die Betreuung eines aus der Beziehung hervorgegangenen Kindes zu übernehmen, um dem Unterhaltsschuldner die Aufnahme einer Erwerbstätigkeit zu ermöglichen.

26 Nur in jenen Fällen, in denen sich der Familienunterhalt durch die Rollenwahl des Unterhaltsschuldners als Hausmann deutlich günstiger darstellt, muss der Unterhaltsgläubiger dessen Entscheidung evtl. hinnehmen. Es gilt dabei ein strenger, auf enge Ausnahmefälle begrenzter Maßstab. Er setzt einen wesentlichen, den Verzicht auf die Aufgabenverteilung unzumutbar machenden Vorteil für die neue Familie des Unterhaltsschuldners voraus.[35]

27 Der Gesetzgeber hat in der **Unterhaltsreform** zum 01.01.2008 das **Prinzip der Eigenverantwortung in § 1569 BGB** wesentlich stärker ausgebildet als in der bisherigen Gesetzesfassung. Es obliegt nunmehr jedem Ehegatten, nach der Scheidung für seinen Unterhalt selbst zu sorgen. In diesem Umfang ist der Unterhaltsgläubiger gehalten, seine Erwerbsfähigkeit nach besten Kräften einzusetzen, um dadurch auch weiterhin besondere Rücksicht auf die Belange des Unterhaltsgläubigers zu nehmen.[36]

28 Wird die Erwerbsobliegenheit verletzt, d.h. wird die normale Erwerbstätigkeit ohne unterhaltsrechtlich relevanten Grund eingeschränkt, so muss sich der Unterhaltsschuldner erzielbares, aber tatsächlich nicht erzieltes Einkommen zurechnen lassen.[37]

29 Selbst bei unverschuldeter Arbeitslosigkeit muss der Unterhaltsschuldner alles Zumutbare unternehmen, um seine Leistungsfähigkeit wiederherzustellen. Die seinerseits unternommenen Anstrengungen müssen von ihm in einem etwaigen Unterhaltsprozess konkret dargestellt werden. Dazu gehört der Nachweis ausreichender **Bewerbungsbemühungen**. Die dabei zu stellenden Anforderungen sind für Unterhaltsgläubiger und -schuldner gleichgelagert.[38] Allein die Meldung bei der Agentur für Arbeit ist nicht ausreichend.[39] Erwartet wird vielmehr eine umfassende Eigeninitiative,[40] die neben der Prüfung von Stellenangeboten in der Presse[41] auch die Schaltung von eigenen Annoncen[42] oder die Meldung bei Vermittlungsagenturen[43] voraussetzt. **Blindbewerbungen** sind nur dann zu akzeptieren, wenn sie in Ergänzung zu konkret ausgeschriebenen Stellen veranlasst werden.[44] In welchem Umfang Bewerbungen zu veranlassen sind, wird in der Rechtsprechung unterschiedlich bewertet,[45] wobei allerdings eine ggf. geringere Anzahl von Bewerbungen durch deren Qualität aufgewogen werden kann und umgekehrt. Die an die Bewerbungsbemühungen zu stellenden Anforderungen gelten erst recht bei einem **selbstverschuldeten Arbeitsplatzverlust**, um die fiktive Zurechnung eines erzielbaren Einkommens zu verhindern.[46]

30 Auch soweit den Unterhaltsschuldner keine verschärfte Unterhaltsverpflichtung (etwa gegenüber minderjährigen Kindern) trifft, kann gleichwohl eine **leichtfertige Verursachung einer Arbeitgeberkündigung** als Obliegenheitsverletzung angesehen werden[47] bzw. kann die leichtfertige Aufgabe einer besser dotierten Anstellung die fiktive Zurechnung der bisher erzielten Einkünfte nach sich ziehen.[48] Zu prüfen ist jeweils, ob sachliche Gründe den Arbeitsplatzwechsel rechtfertigen (z.B. geringes Einkommen, aber dafür sicherer Arbeitsplatz, Gründung einer neuen Familie[49]), wobei die Rechtsprechung bei

---

[34] BGH v. 21.02.2001 - XII ZR 308/98 - BGHZ 147, 19-28; AG Saarbrücken v. 06.09.2002 - 40 F 155/02 UKi - NJW-RR 2003, 865-869.
[35] BGH v. 05.10.2006 - XII ZR 197/02 - FamRZ 2006, 1827-1831.
[36] BVerfG v. 18.12.1995 - 1 BvR 1208/92 - NJW 1996, 915-916; BGH v. 13.03.1996 - XII ZR 2/95 - LM BGB § 1570 Nr. 16 (7/1996).
[37] BGH v. 16.03.1988 - IVb ZR 41/87 - LM Nr. 6 zu § 1581 BGB; *Hoppenz*, NJW 1984, 2327-2328.
[38] BGH v. 15.12.1993 - XII ZR 172/92 - FamRZ 1994, 372.
[39] BGH v. 21.09.2011 - XII ZR 121/09 - FamRZ 2011, 1851.
[40] BGH v. 30.07.2008 - XII ZR 126/06 - FamRZ 2008, 2104.
[41] OLG Brandenburg v. 18.05.2006 - 9 UF 238/05 - FamRZ 2006, 1297.
[42] BGH v. 15.12.1993 - XII ZR 172/92 - FamRZ 1994, 372.
[43] BGH v. 31.05.2000 - XII ZR 119/98 - FamRZ 2000, 1358.
[44] OLG Schleswig v. 26.05.2009 - 12 WF 188/08 - NJW RR 2010, 221.
[45] Vgl. die Rechtsprechungsübersicht bei *Wönne*, FF 2013, 476.
[46] OLG Köln v. 20.01.2012 - 4 WF 216/11 - MDR 2012, 920.
[47] BGH v. 16.03.1988 - IVb ZR 41/87 - LM Nr. 6 zu § 1581 BGB.
[48] BGH v. 26.09.1984 - IVb ZR 17/83 - LM Nr. 41 zu § 1361 BGB.
[49] OLG Oldenburg v. 07.03.2006 - 12 UF 154/05 - FamRZ 2006, 1223-1225.

der Prüfung des schuldhaften Verhaltens des Unterhaltsschuldners den Maßstab des § 1579 Nr. 3 BGB heranzieht.[50]

Eine durch Aufnahme einer **selbständigen Tätigkeit** selbst herbeigeführte Leistungsunfähigkeit ist dann beachtlich, wenn ihr nicht im Einzelfall schwerwiegende Gründe entgegenstehen, die dem Unterhaltsschuldner nach Treu und Glauben die Berufung auf die eingeschränkte Leistungsfähigkeit verwehren. Ein solcher Verstoß gegen Treu und Glauben kommt in der Regel nur in Betracht, wenn dem Unterhaltsschuldner ein verantwortungsloses, zumindest leichtfertiges Verhalten anzulasten ist.[51]

Beabsichtigt daher der Unterhaltsschuldner die Aufnahme einer selbständigen Tätigkeit mit einer voraussehbaren, zumindest vorübergehenden Einkommensminderung, so ist er gehalten, vorab durch **Kreditaufnahmen oder Rücklagen** die durchgängige Erfüllung der Unterhaltsverpflichtung sicherzustellen.[52] Gegebenenfalls muss er diese selbständige Tätigkeit wieder zugunsten einer abhängigen Beschäftigung aufgeben, wenn nach angemessener Zeit eine Gewinnerzielung nicht möglich ist.[53] Bei einem Selbständigen, der bereits Beiträge in die gesetzliche Alterskasse zahlt, ist die Berücksichtigung weiterer Beiträge nicht angemessen, wenn er nicht in der Lage ist, das Existenzminimum des unterhaltsberechtigten Ehegatten und der Kinder abzudecken.[54]

Im Fall der selbständigen Tätigkeit endet die Erwerbsobliegenheit grundsätzlich mit Erreichen der Altersgrenze zum Bezug der Altersversorgung.[55] Abweichendes kann allerdings gelten, soweit es um die Sicherung des Regelbedarfs minderjähriger Kinder geht.[56]

Demgegenüber ist der Unterhaltsschuldner aber berechtigt, mit Blick auf **Betreuungsnotwendigkeiten eines Kindes** sein Arbeitsverhältnis umzugestalten, auch wenn dies zu Einkommensreduzierungen führt, die nicht mehr rückgängig zu machen sind.[57] Erfolgt die Anpassung der Erwerbstätigkeit zur Verbesserung der eigenen Position in einem **Sorgerechtsverfahren**, so ist dem Unterhaltsschuldner sein Verhalten nicht vorwerfbar, wenn er auf bestehende Unterhaltspflichten Rücksicht genommen hat und das Gericht sich davon überzeugen konnte, dass der Unterhaltsschuldner tatsächlich die Kindesbetreuung übernehmen will und real auch dazu in der Lage ist.[58]

Beruht die Leistungsminderung auf der **Aufnahme eines Studiums**, so ist sie unbeachtlich, wenn der Unterhaltsschuldner bereits über eine Berufsausbildung verfügt.[59] Gleiches gilt, wenn der Unterhaltsschuldner seine Erwerbstätigkeit aufgibt, um eine Zweitausbildung aufzunehmen, mit der Folge, dass der Unterhaltsgläubiger finanzielle Unterstützung Dritter in Anspruch nehmen muss[60], es sei denn, die mit Zustimmung des Unterhaltsgläubigers aufgenommene Zweitausbildung ist kurz vor ihrem Abschluss und bietet Gewähr für verbesserte Aufstiegschancen. In einem solchen Fall ist der Unterhaltsschuldner grundsätzlich auch nicht verpflichtet, eine Nebentätigkeit aufzunehmen, insbesondere wenn sich dadurch der Ausbildungsabschluss verzögern würde.[61]

Der Unterhaltsschuldner kann sich nicht darauf berufen, (etwa) durch (**krankheitsbedingte**) **Arbeitgeberkündigung** den Arbeitsplatz verloren zu haben. Er ist gehalten, in einem Arbeitsgerichtsprozess gegen die Kündigung vorzugehen und gegebenenfalls eine **Abfindungszahlung** zu erreichen.[62]

Sieht sich aber der Unterhaltsschuldner aus **Gesundheitsgründen** den Anforderungen seines Arbeitsplatzes nicht mehr gewachsen, muss er nicht zwingend alle sozialen Sicherungen ausschöpfen, um den Arbeitsplatz gegebenenfalls auf Zeit zu bewahren. Er kann von sich aus kündigen, ohne sich dem Vorwurf der Verantwortungslosigkeit oder Leichtfertigkeit auszusetzen.[63]

---

[50] BGH v. 13.04.1988 - IVb ZR 34/87 - BGHZ 104, 158-172; BGH v. 12.07.1989 - IVb ZR 66/88 - LM Nr. 56 zu § 1361 BGB.
[51] BGH v. 09.07.2003 - XII ZR 83/00 - NJW 2003, 3122-3124.
[52] BGH v. 21.01.1987 - IVb ZR 94/85 - NJW-RR 1987, 770-773; OLG Köln v. 14.02.2006 - 4 UF 172/05 - NJW-RR 2006, 1664.
[53] OLG Düsseldorf v. 02.10.1996 - 8 UF 34/96 - FamRZ 1997, 1078-1079; OLG Koblenz v. 21.12.1998 - 13 UF 736/98 - FamRZ 2000, 288-289.
[54] BGH v. 19.02.2003 - XII ZR 19/01 - NJW 2003, 1734-1736.
[55] OLG Hamm v. 28.06.1996 - 5 UF 20/96 - FamRZ 1997, 883-884.
[56] OLG Dresden v. 28.11.2002 - 10 UF 569/02, 10 UF 0569/02 - NJW-RR 2003, 364-365.
[57] BVerfG v. 18.12.1995 - 1 BvR 1208/92 - NJW 1996, 915-916.
[58] BVerfG v. 18.12.1995 - 1 BvR 1208/92 - NJW 1996, 915-916.
[59] BGH v. 21.01.1987 - IVb ZR 94/85 - NJW-RR 1987, 770-773.
[60] BGH v. 08.04.1981 - IVb ZR 566/80 - LM Nr. 8 zu § 1603 BGB.
[61] BGH v. 22.12.1982 - IVb ZR 320/81 - LM Nr. 10 zu § 1360 BGB.
[62] OLG Hamm v. 21.01.2002 - 6 UF 157/01 - FamRZ 2002, 1427-1428.
[63] BGH v. 26.09.1984 - IVb ZR 17/83 - LM Nr. 41 zu § 1361 BGB.

38 Den Unterhaltsschuldner trifft allerdings auch die Pflicht, eine bestehende **Sucht** zu therapieren, da sonst von einer mutwilligen Leistungsunfähigkeit ausgegangen werden kann. Voraussetzung ist aber, dass der Kranke die Notwendigkeit der Behandlung erkennt und in der Lage ist, entsprechend zu handeln.[64]

39 Wird dem Unterhaltsschuldner seitens des öffentlich-rechtlichen Dienstherrn eine **vorzeitige Pensionierung** angeboten, so sind Einkommensminderungen hinzunehmen, wenn die Höhe der Versorgungsbezüge die Aufrechterhaltung eines Lebensstandards ermöglichen, der aus der Sicht eines objektiven Beobachters angemessen erscheint.[65]

40 Wird die **Erwerbstätigkeit altersbedingt reduziert** und treten deswegen Einkommensminderungen ein, so ist jeweils einzelfallbezogen zu prüfen, ob die gesundheitliche Verfassung des Unterhaltsschuldners, die beiderseitigen wirtschaftlichen Verhältnisse sowie der Umfang der beiderseitigen Alterssicherung die Reduzierung rechtfertigen.[66] Ohne Darlegung nachvollziehbarer Gründe für die Inanspruchnahme der Altersteilzeit sind hiermit einhergehende Einkommensreduzierungen unterhaltsrechtlich nicht beachtlich.[67] In seiner aktuellen Rechtsprechung hat der BGH hervorgehoben, dass beim Ehegattenunterhalt der Maßstab der gesetzlichen **Regelaltersgrenze** nicht nur für den Unterhaltsgläubiger, sondern in gleicher Weise auch für den Unterhaltsschuldner gilt. Bei der Vereinbarung von Altersteilzeit liegt eine unterhaltsbezogene Mutwilligkeit in der Regel nicht vor, wenn der Bedarf des Unterhaltsgläubigers durch eigene Einkünfte und einen gegebenenfalls fortbestehenden Unterhaltsanspruch auf einem relativ hohen Niveau sichergestellt wird oder zugunsten des Unterhaltsschuldners betriebliche, persönliche oder gesundheitliche Gründe eingreifen. Bei der Inanspruchnahme eines vorgezogenen Altersruhegelds kann auch entscheidend sein, inwieweit es dem Unterhaltsschuldner möglich ist, das bisherige Einkommen durch eine andere Tätigkeit oder die Umlage einer Abfindung bis zum Erreichen der Regelaltersgrenze zu sichern.[68] Wird auch noch nach Erreichen der Regelaltersgrenze vom Unterhaltsschuldner eine Erwerbstätigkeit ausgeübt, so ist diese überobligatorisch. In welchem Umfang die daraus erzielten Einkünfte anzurechnen sind, beurteilt sich nach den Einzelfallumständen. Neben der persönlichen Belastung des Unterhaltspflichtigen durch diese Tätigkeit könne auch seine sonstigen wirtschaftlichen Rahmenbedingungen Bedeutung haben.[69]

41 Ein **Aussiedler** kann sich nicht darauf berufen, wegen Sprachschwierigkeiten sei es ihm nicht möglich, sich um einen neuen Arbeitsplatz zu bemühen. Er hat gegebenenfalls auf Hilfsangebote für Aussiedler oder die Hilfe von Familienangehörigen zurückzugreifen.[70]

42 Verliert der Unterhaltsschuldner seinen Arbeitsplatz aufgrund **Strafhaft**, so ist seine Leistungsunfähigkeit nur beachtlich, wenn die Strafhaft keinen unterhaltsrechtlichen Bezug hat.[71] Der Unterhaltsschuldner kann sich aber nicht bis zum Ende der regulären Strafhaft, sondern nur bis zur Entlassung nach Verbüßung von 2/3 der Strafe auf die Leistungsunfähigkeit berufen.[72]

43 Ist dem in einem **strukturschwachen Gebiet** ansässigen Unterhaltsschuldner ein Ortswechsel nicht zuzumuten, kann ihm kein fiktives Einkommen angerechnet werden, wenn er sich nicht in einer anderen Region um eine Tätigkeit bemüht.[73]

2. Einkünfte aus Vermögen

44 Zur Sicherstellung der Leistungsfähigkeit sind sämtliche Vermögenseinkünfte heranzuziehen. Werden Einkünfte aus Kapitalvermögen erzielt, so ist ein Durchschnittswert zu bilden, im Rahmen dessen auch die mit einiger Sicherheit vorhersehbare künftige Entwicklung zu berücksichtigen ist.[74]

---

[64] OLG Hamm v. 27.09.2002 - 10 UF 317/01 - NJW-RR 2003, 510-512.
[65] BGH v. 28.03.1984 - IVb ZR 64/82 - LM Nr. 5 zu § 1577 BGB.
[66] OLG Hamm v. 03.11.1998 - 2 WF 418/98 - NJW 1999, 2976-2977; OLG Koblenz v. 09.06.1999 - 9 UF 1380/98 - FamRZ 2000, 610-611; OLG Hamm v. 16.01.2001 - 13 UF 582/99 - FamRZ 2001, 1476-1477.
[67] OLG Saarbrücken v. 18.10.2006 - 2 UF 7/06 - FamRZ 2007, 1019-1020; OLG Koblenz v. 15.09.2011 - 7 UF 60/11 - FamFR 2012, 60.
[68] BGH v. 11.07.2012 - XII ZR 72/10 - FamRZ 2012, 1483.
[69] BGH v. 31.10.2012 - XII ZR 30/10 - FamRZ 2013, 191.
[70] OLG Hamm v. 21.01.2002 - 6 UF 157/01 - FamRZ 2002, 1427-1428.
[71] BGH v. 20.02.2002 - XII ZR 104/00 - LM BGB § 242 (D) Nr. 149 (8/2002).
[72] OLG Koblenz v. 09.04.2003 - 13 WF 177/03 - OLGR Koblenz 2004, 36-37.
[73] OLG Hamm v. 19.11.1997 - 8 UF 296/97 - NJW-RR 1998, 1084-1085.
[74] BGH v. 26.10.1983 - IVb ZR 13/82 - FamRZ 1984, 39-41.

Vermögenseinkünfte in diesem Sinne sind auch **Nutzungsvorteile** gemäß § 100 BGB. Insoweit ist der **Wohnvorteil** von wesentlicher Bedeutung. Zu seiner Ermittlung gelten die gleichen Kriterien wie im Rahmen der Bedürftigkeit (vgl. hierzu die Kommentierung zu § 1577 BGB Rn. 16). Dem Wohnwert gegenüberzustellen sind daher in jedem Fall die Zinsbelastungen der Immobiliendarlehen. Darlehenstilgungen finden demgegenüber keinesfalls Berücksichtigung, wenn die Immobilie im Alleineigentum des Unterhaltsschuldners steht, um eine Kapitalbildung des Unterhaltsschuldners auf Kosten des Unterhaltsgläubigers zu vermeiden.[75] Besteht demgegenüber Miteigentum der Ehegatten an der Immobilie, so ist die Tilgung zwar Vermögensbildung, doch kommt diese beiden Ehegatten, auch über die Scheidung hinaus, zugute, so dass sie berücksichtigungsfähig ist.[76]   45

Resultieren aus der Veräußerung von Vermögen **Leibrentenzahlungen**, so unterliegen diese einschließlich des in ihnen enthaltenen Tilgungsanteiles der Leistungsfähigkeit.[77]   46

Einkünfte aus Vermögen sind nicht nur die tatsächlich erzielten Erträge, sondern auch fiktiv erzielbare, d.h. Erträge, die in zumutbarer Weise erzielt werden könnten, die der Unterhaltsschuldner jedoch vorwerfbar nicht erzielt.[78] Eine Grenze gilt erst dort, wo durch die Ertragniserzielung letztlich der nicht einsatzpflichtige Vermögensstamm verwertet werden müsste, wobei jedoch die Verwertungssperre des § 1581 Satz 2 BGB nicht einer etwaigen Verpflichtung zu einer **Vermögensumschichtung** entgegensteht.   47

Von den laufenden Vermögenserträgen ist der **Vermögensstamm** abzugrenzen. Die Maßstäbe sind insoweit inhaltlich identisch mit den zur Bedürftigkeit des Unterhaltsgläubigers bestehenden (§ 1577 Abs. 3 BGB, vgl. die Kommentierung zu § 1577 BGB Rn. 15). Grundsätzlich muss daher der Unterhaltsschuldner, soweit ihm keine sonstigen finanziellen Mittel zur Erfüllung seiner Unterhaltsverpflichtung zur Verfügung stehen, auch den Vermögensstamm einsetzen. Allerdings greift gemäß Satz 2 eine Verwertungssperre ein, wenn die Vermögensverwertung unwirtschaftlich oder unbillig ist.   48

Unwirtschaftlichkeit liegt etwa dann vor, wenn realistischerweise von zu einem späteren Zeitpunkt erzielbaren höheren Gewinnen ausgegangen werden kann.   49

Von einer Unbilligkeit ist auszugehen, wenn die Verwertung einen wirtschaftlich nicht vertretbaren Nachteil brächte[79] oder durch die Verwertung der eigene angemessene Unterhalt des Unterhaltsschuldners für die voraussichtliche Dauer seines Lebens infrage gestellt wird.[80]   50

Zu den Kriterien der Unwirtschaftlichkeit und Unbilligkeit vgl. im Übrigen die Kommentierung zu § 1577 BGB Rn. 15.   51

3. Sonstige Einkünfte

Werden durch Dritte **freiwillige Leistungen** erbracht, so sind sie bei der Prüfung der Leistungsfähigkeit nach den gleichen Kriterien von Bedeutung wie im Rahmen der Bedürftigkeit (vgl. die Kommentierung zu § 1577 BGB Rn. 16 ff.).   52

Auch zu sämtlichen sonstigen Einkünften kann spiegelbildlich auf die Kommentierung zu § 1577 BGB Rn. 16 ff. verwiesen werden. In seinem Urteil vom 07.12.2011[81] hat der BGH seine Rechtsprechung zu den sog. „wandelbaren ehelichen Lebensverhältnissen" aufgegeben. Im Zusammenhang mit einer nach § 1581 BGB vorzunehmenden Billigkeitsabwägung hat er jedoch – auf den Fall der Gleichrangigkeit des geschiedenen und neuen Ehegatten bezogen – darauf verwiesen, dass eine Dreiteilung des vorhandenen Gesamteinkommens vorzunehmen ist. Dies bedeutet, dass in den Fällen der Gleichrangigkeit der Unterhaltsberechtigen, auf Seiten des Unterhaltsgläubigers auch Einkünfte zu berücksichtigen sind, die ggf. bei der Bedarfsermittlung noch auszuklammern sind, wie etwa Einkünfte aus **Karrieresprung**, **steuerlicher Zusammenveranlagung** in der neuen Ehe oder dem **Verheiratetenzuschlag** gem. § 40 Abs. 1 BBesG.   53

---

[75] BGH v. 05.03.2008 - XII ZR 22/06.
[76] BGH v. 29.03.1995 - XII ZR 45/94 - LM BGB § 1578 Nr. 64 (9/1995).
[77] BGH v. 24.11.1993 - XII ZR 136/92 - LM BGB § 1578 Nr. 61 (4/1994).
[78] BGH v. 29.01.1986 - IVb ZR 9/85 - LM Nr. 22 zu § 1569 BGB.
[79] BGH v. 07.11.1979 - IV ZR 96/78 - BGHZ 75, 272-279.
[80] BGH v. 03.04.1985 - IVb ZR 18/84 - LM Nr. 44 zu § 323 ZPO.
[81] DGII v. 07.12.2011 XII ZR 151/09 FamRZ 2012, 281.

4. Verpflichtungen des Unterhaltsschuldners

54 Neben den Erwerbs- und Vermögensverhältnissen des Unterhaltsschuldners sind auch seine „sonstigen Verpflichtungen" (§ 1581 Satz 1 BGB) bei der Ermittlung seiner Leistungsfähigkeit zu berücksichtigen[82], wobei die Bedienung dieser Verpflichtungen bereits während der Ehezeit nicht zwingende Voraussetzung für ihre Berücksichtigungsfähigkeit ist[83].

55 Verpflichtungen in diesem Sinn sind primär **Unterhaltsverpflichtungen**, wobei nach der seit dem 01.01.2008 geltenden Neufassung des § 1609 BGB und der dort verankerten Rangfolge zunächst die Unterhaltsverpflichtungen minderjähriger und privilegiert volljähriger Kinder zu erfüllen sind. Im Rahmen der Leistungsfähigkeit des Unterhaltsschuldners sind auch Unterhaltspflichten zu erfassen, die er gegenüber den von ihm adoptierten Kindern des jetzigen Ehegatten hat, d.h. die **Adoption** stellt kein unterhaltsrechtlich vorwerfbares Verhalten dar.[84] Unter Aufgabe seiner bisherigen Rechtsprechung zu den „wandelbaren ehelichen Lebensverhältnissen" orientiert sich der BGH in seiner aktuellen Rechtsprechung[85] erneut an der strikten Differenzierung zwischen Bedarfs- und Leistungsebene. Allein auf der Ebene der Bedarfsermittlung ist der nach § 1578 BGB maßgebliche eheprägende Unterhaltsbedarf zu ermitteln. Etwaige erst nach Rechtskraft der Ehescheidung des Unterhaltsschuldners neu hinzutretende Unterhaltsverpflichtungen sind auf dieser Ebene unbeachtlich. Sie erlangen erst Bedeutung bei der Prüfung der Leistungsfähigkeit und hier vor allem beim Zusammentreffen von Unterhaltsansprüchen eines geschiedenen sowie eines neuen Ehegatten des Unterhaltsschuldners. Im Rahmen der durchzuführenden Billigkeitsprüfung erlangen sämtliche Unterhaltsverpflichtungen Bedeutung, auch wenn sie nicht prägend sind. Maßgeblich ist zunächst die Bewertung eines Unterhaltsanspruches nach seiner Rangstufe im Sinn des § 1609 BGB. Damit sind auch nicht prägende Unterhaltsverpflichtungen für ein minderjähriges oder privilegiert volljähriges Kind immer vorrangig. Weitere Unterhaltsverpflichtungen, insbesondere eines **neuen Ehegatten** oder aus § 1615l BGB folgend, bewertet der BGH als „sonstige Verpflichtungen" i.S.d. § 1581 BGB, da nicht die zeitliche Priorität der Eheschließung entscheidend ist, sondern die jeweilige Schutzbedürftigkeit des Unterhaltsberechtigten. In den Fällen der Gleichrangigkeit des jetzigen und des geschiedenen Ehegatten kann daher der geschiedene Ehegatte im Mangelfall nicht mehr den vollen, d.h. prägenden Unterhalt im Weg der Halbteilung verlangen, sondern muss eine Kürzung hinnehmen, so dass auch der neu hinzugetretene Unterhaltsanspruch erfüllt werden kann.[86]

56 Als Verpflichtungen zu erfassen sind aber auch etwaige regelmäßige finanzielle Belastungen des Unterhaltsschuldners bei dauerhafter **Unterbringung** seinerseits **in einem Pflegeheim**. Dieser krankheitsbedingte Mehraufwand ist sowohl auf der Bedarfsebene als auch im Rahmen der Leistungsfähigkeit zu berücksichtigen.[87]

57 **Anderweitige Schuldenbelastungen** sind zur Prüfung der Berücksichtigungsfähigkeit einer **umfassenden Interessenabwägung** zuzuführen.[88] Dabei sind etwa Anlass und Zweck der Verpflichtung entscheidend, d.h. ob die Aufwendungen nur den Interessen des Unterhaltsschuldners dienen, ehe- oder trennungsbedingt oder berufsbezogen sind.[89] Hätte der Unterhaltsgläubiger bei Fortbestand der Ehe die Verpflichtungen gegen sich gelten lassen müssen, so muss er sie auch im Rahmen der verminderten Leistungsfähigkeit des Unterhaltsschuldners akzeptieren.[90]

58 Werden **Immobiliendarlehen** für das ehegemeinsame Hausanwesen bedient, so ist für die Frage deren Berücksichtigungsfähigkeit i.d.R. die Ermittlung des unterhaltsrechtlich relevanten Einkommens zu beachten, d.h. ob dadurch der Unterhaltsgläubiger letztlich auf die Sozialhilfe verwiesen wird, so dass der Steuerzahler im Ergebnis die Vermögensbildung finanziert. In diesem Fall muss geprüft werden, ob eine vollumfängliche Berücksichtigung der Darlehen gerechtfertigt ist.[91]

---

[82] *Hoppenz*, FPR 2006, 97-101.
[83] BGH v. 27.05.2009 - XII ZR 111/08 - FamRZ 2009, 1207-1211; BGH v. 06.02.2008 - XII ZR 14/06 - FamRZ 2008, 968-975.
[84] OLG Hamm v. 27.07.2012 - 2 WF 119/12 - FamRZ 2013, 706.
[85] BGH v. 07.12.2011 - XII ZR 151/09 - FamRZ 2012, 281.
[86] BGH v. 19.03.2014 - XII ZB 19/13.
[87] OLG Saarbrücken v. 04.12.2003 - 6 UF 38/03 - FamRZ 2004, 1293-1294.
[88] OLG Hamm v. 11.10.1996 - 12 UF 392/95 - OLGR Hamm 1997, 52-54.
[89] BGH v. 20.01.1982 - IVb ZR 650/80 - LM Nr. 4 zu § 1578 BGB.
[90] BGH v. 07.10.1981 - IVb ZR 598/80 - LM Nr. 16 zu § 1361 BGB; BGH v. 07.04.1982 - IVb ZR 681/80 - LM Nr. 25 zu § 1361 BGB.
[91] OLG Oldenburg v. 17.03.2004 - 4 UF 132/03 - FamRZ 2004, 1669-1670.

Belastungen aus Aufwendungen für **Prozesskosten**, etwa auch **Prozesskostenhilferaten**, kommt kein prägender Charakter zu, d.h. ihre Berücksichtigung kann nur auf der Ebene der Leistungsfähigkeit erfolgen, d.h. im Zusammenhang mit der Frage, ob dem Unterhaltsschuldner der angemessene Selbstbehalt verbleibt.[92] Eine Berücksichtigung bereits auf der Ebene der Bedarfsermittlung würde dazu führen, dass der Unterhaltsgläubiger indirekt die Prozesskosten des Unterhaltsschuldners über seinen Unterhalt finanziert. Auch im Rahmen der Leistungsfähigkeit kann dem Unterhaltsschuldner angesonnen werden, Ratenzahlungen bei bewilligter Prozesskostenhilfe aus seiner Ehegattenquote zu tragen.[93] 59

Um seinen Unterhaltsverpflichtungen Folge leisten zu können, werden vom Unterhaltsschuldner gegebenenfalls die Inanspruchnahme eines Darlehens oder die **Belastung von Vermögenswerten** erwartet. Begrenzt wird diese Verpflichtung allerdings in jenen Fällen, in denen der Unterhaltsschuldner ohnehin bereits mit Kreditrückführungen belastet ist, die seine finanziellen Möglichkeiten übersteigen.[94] 60

Zur Erhebung des Einwandes der Leistungsunfähigkeit ist der Unterhaltsschuldner nicht bereits deswegen berechtigt, weil über sein Vermögen ein Verfahren wegen **Insolvenz** eröffnet wurde, da durch die Pfändungsschutzvorschrift des § 850d ZPO die Gläubiger von Unterhaltsansprüchen gegenüber sonstigen Forderungsgläubigern privilegiert werden.[95] In jedem Fall kann daher von einer Leistungsfähigkeit im Umfang des Differenzbetrages zwischen pfändungsfreiem Betrag und Selbstbehalt ausgegangen werden.[96] 61

Hiermit in Zusammenhang steht die Frage, inwieweit der Unterhaltsschuldner, der sich wegen bestehender Verbindlichkeiten auf den Einwand der Leistungsunfähigkeit beruft, verpflichtet ist, ein **Verbraucherinsolvenzverfahren** in die Wege zu leiten.[97] 62

Für die Fälle der gesteigerten Unterhaltspflicht hat der BGH durch seine Entscheidung vom 23.02.2005[98] eine klare Richtlinie vorgegeben. Danach ist der Unterhaltsschuldner in der grundsätzlichen **Verpflichtung die Verbraucherinsolvenz einzuleiten**, wenn dieses Verfahren zulässig und geeignet ist, den **laufenden Unterhalt** zumindest **der minderjährigen Kinder** in der Form sicherzustellen, dass ihnen Vorrang vor sonstigen Verbindlichkeiten eingeräumt wird. Lediglich dann, wenn der Unterhaltsschuldner Umstände vortragen und ggf. beweisen kann, die ein solches Vorgehen im Einzelfall als unzumutbar erscheinen lassen, kann Abweichendes gelten, etwa wenn der Unterhaltsschuldner im Zusammenhang mit der Stellung des Insolvenzantrages seinen Arbeitsplatz verlieren würde[99] (vgl. auch die Kommentierung zu § 1603 BGB). Sieht man es daher dem Unterhaltsschuldner als zumutbar an, einen Insolvenzantrag zu stellen, so folgt hieraus, dass er sich leistungsmindernd nicht auf bestehende Verbindlichkeiten berufen kann.[100] Selbst wenn der Unterhaltsgläubiger die Einleitung des Insolvenzverfahrens nicht ausdrücklich fordert, kann der Unterhaltsschuldner nur dann den Insolvenzantrag unterlassen, wenn ihm dadurch erhebliche Nachteile drohen. Dabei kann der Unterhaltsschuldner auch nicht mit dem Einwand gehört werden, es komme durch vorgeschaltete Einigungsversuche zu zeitlichen Verzögerungen.[101] Durch Urteil vom 12.12.2007 hat der BGH klargestellt, dass der Unterhaltsschuldner nicht gehalten ist, ein Verbraucherinsolvenzverfahren einzuleiten, um auf diesem Weg die Leistung von Trennungsunterhalt sicherstellen zu können.[102] Dies gilt selbst dann, wenn der Unterhaltsgläubiger aufgrund gesundheitlicher Einschränkungen außerstande ist, seinen Lebensunterhalt in vollem Umfang durch eine Erwerbstätigkeit sicherzustellen. 63

---

[92] OLG München v. 26.01.1994 - 12 UF 1388/93 - EzFamR aktuell 1994, 120-121.
[93] BGH v. 23.12.1981 - IVb ZR 604/80 - FamRZ 1982, 250.
[94] BGH v. 07.04.1982 - IVb ZR 681/80 - LM Nr. 25 zu § 1361 BGB; OLG Köln v. 21.08.2000 - 21 UF 274/99 - FamRZ 2001, 1475-1476.
[95] OLG Koblenz v. 20.12.2000 - 9 WF 646/00 - OLGR Koblenz 2001, 219.
[96] OLG Frankfurt v. 21.01.2003 - 1 UF 187/02 - ZInsO 2003, 617.
[97] OLG Dresden v. 10.01.2003 - 10 UF 684/02 - MDR 2003, 575-576; OLG Stuttgart v. 24.04.2003 - 16 UF 268/02 - ZInsO 2003, 622-625; OLG Koblenz v. 15.05.2002 - 9 UF 440/01 - ZInsO 2002, 832-834; OLG Nürnberg v. 30.05.2003 - 11 UF 850/03 - NJW 2003, 3138-3139; OLG Naumburg v. 05.03.2003 - 8 WF 202/02 - FamRZ 2003, 1215-1216; *Hoffmann*, ZFE 2003, 118; *Wohlgemut*, FF 2004, 9-13; *Melchers*, FuR 2003, 145-153.
[98] BGH v. 23.02.2005 - XII ZR 114/03 - FamRZ 2005, 608.
[99] OLG Oldenburg v. 07.03.2006 - 12 UF 154/05 - ZFE 2006, 278-279.
[100] OLG Dresden v. 10.01.2003 - 10 UF 684/02 - MDR 2003, 575-576.
[101] OLG Stuttgart v. 17.09.2001 - 16 UF 383/01 - FamRZ 2002, 982-983; *Niepmann*, FPR 2006, 91-94.
[102] BGH v. 12.12.2007 - XII ZR 23/06 - FamRZ 2008, 497-500.

64 Wird ein Insolvenzverfahren eröffnet, gehören zur **Insolvenzmasse** die bis zur Eröffnung fälligen Unterhaltsansprüche. Hinsichtlich der künftigen Ansprüche kann nur auf das durch Verbindlichkeiten nicht mehr reduzierte Einkommen zwischen Mindestselbstbehalt und Pfändungsfreigrenze gemäß §§ 35, 36 InsO zurückgegriffen werden.[103]

65 Eine eingeleitete Verbraucherinsolvenz ist – ebenso wie die Regularien der Restschuldbefreiung – bedarfsprägend, d.h. der Unterhaltsbedarf des Unterhaltsgläubigers erhöht sich durch Anpassung des pfändungsfreien Einkommensteiles des Unterhaltsschuldners mit Blick auf die Freibeträge.[104]

5. Sonstige Unterhaltpflichtige

66 Ergibt die Prüfung der Einkommens- und Vermögenssituation des Unterhaltsschuldners, dass von einer uneingeschränkten Leistungsfähigkeit seinerseits nicht ausgegangen werden kann, d.h. gegebenenfalls sein angemessener Selbstbehalt gefährdet würde, so ist in einem weiteren Schritt zu prüfen, ob gegebenenfalls grundsätzlich **nachrangig haftende Verwandte** des Unterhaltsgläubigers gemäß § 1584 BGB auf Unterhaltszahlung in Anspruch genommen werden können.

C. Rechtsfolgen

67 Hat sich nach Feststellung des eheangemessenen Bedarfs des Unterhaltsgläubigers sowie des angemessenen eigenen Unterhalts des Unterhaltsschuldners ergeben, dass die diesem nach Erfüllung sonstiger berücksichtigungsfähiger Verpflichtungen verbleibenden Mittel nicht ausreichend sind, um den eigenen Bedarf sowie den des Unterhaltsgläubigers zu erfüllen, und ist insbesondere der Einsatz von Vermögenswerten nicht möglich oder wäre er unwirtschaftlich oder unbillig, so wandelt sich der grundsätzliche Quotenunterhaltsanspruch des Unterhaltsgläubigers gemäß § 1578 BGB in einen Billigkeitsunterhalt gemäß § 1581 BGB. Bei der gebotenen **Billigkeitsabwägung**, in deren Rahmen strikt der Grundsatz der Waffengleichheit zwischen den Parteien zu beachten ist, sind folgende Aspekte von Bedeutung:

68 Zu ermitteln sind zunächst die den Parteien **tatsächlich zur Verfügung stehenden Mittel**, unabhängig davon, ob sie aus zumutbarer oder unzumutbarer Tätigkeit herrühren,[105] wobei allerdings geprüft werden muss, inwieweit gegebenenfalls bestimmte Ausgaben vermeidbar sind, etwa statt eines Pkws die Inanspruchnahme öffentlicher Verkehrsmittel angesonnen werden kann.[106] Zu beachten ist ferner der **Vorrang des Elementarunterhalts**. Bestünde grundsätzlich im Rahmen des eheangemessenen Unterhalts zugunsten des Unterhaltsgläubigers auch ein Anspruch auf Altersvorsorgeunterhalt oder wäre der Unterhaltsschuldner verpflichtet, die Kosten einer Aus- oder Fortbildung zu übernehmen, so treten diese Ansprüche hinter der vorrangigen Erfüllung des Elementarunterhalts zurück. Gegebenenfalls sind für beide Ehegatten **erweiterte Erwerbsobliegenheiten** in Erwägung zu ziehen, d.h. für den Unterhaltsschuldner etwa die Leistung von Überstunden in vertretbarem Maße oder für den Unterhaltsgläubiger die Aufnahme einer Erwerbstätigkeit, die gegebenenfalls auch unter seinen Fähigkeiten liegt oder zu deren Aufnahme er trotz Betreuung minderjähriger Kinder ohnehin bereits in absehbarer Zeit verpflichtet wäre. Überobligatorische Einkünfte sind also in erhöhtem Umfang heranzuziehen.[107] Soweit die Aufnahme einer Nebentätigkeit in Erwägung gezogen wird, muss neben der derzeitigen Arbeitsmarktsituation, d.h. der Frage, ob eine solche Tätigkeit konkret überhaupt zu erlangen ist[108], auch geprüft werden, inwieweit ihr die Schutzvorschrift des § 3 ArbZG entgegensteht.[109] Im Rahmen der Billigkeitsabwägung sind erneut die **Verpflichtungen des Unterhaltsschuldners** zu prüfen, insbesondere darauf, ob sie leichtfertig, für luxuriöse Zwecke oder ohne verständigen Grund begründet wurden[110] bzw. bewusst der Unterhaltsanspruch vereitelt werden sollte[111]. Außer Ansatz zu lassen sind in jedem Fall Zahlungsverpflichtungen, die der **Kapital- oder Vermögensbildung** des Unterhaltsschuld-

---

[103] *Ortner*, ZFE 2005, 303-309.
[104] OLG Karlsruhe v. 16.11.2005 - 2 UF 41/05 - FamRZ 2006, 953; *Hauß*, FamRZ 2006, 1496-1502.
[105] BGH v. 24.11.1982 - IVb ZR 310/81 - LM Nr. 35 zu § 1361 BGB.
[106] BGH v. 07.12.1988 - IVb ZR 23/88 - NJW-RR 1989, 386-389.
[107] BGH v. 24.11.1982 - IVb ZR 310/81 - LM Nr. 35 zu § 1361 BGB; OLG Koblenz v. 07.04.2005 - 7 UF 999/04 - FamRZ 2005, 1482-1483.
[108] KG Berlin v. 08.01.2003 - 3 UF 213/02 - FamRZ 2003, 1208-1210.
[109] BVerfG v. 05.03.2003 - 1 BvR 752/02 - FamRZ 2003, 661-662.
[110] BGH v. 25.11.1981 - IVb ZR 611/80 - LM Nr. 11 zu § 1603 BGB.
[111] BGH v. 25.01.1984 - IVb ZR 43/82 - LM Nr. 3 zu § 1581 BGB.

ners dienen.[112] Unter Umständen kann dem Unterhaltsschuldner angesonnen werden, ein Hausanwesen zu veräußern, um die damit verbundenen überhöhten Kosten zu eliminieren.[113] Selbst soweit Verbindlichkeiten dem Grunde nach berücksichtigungsfähig sind, kann von dem Unterhaltsschuldner erwartet werden, dass er sie im Rahmen eines sinnvollen Tilgungsplanes zurückführt[114] bzw. sich um eine Stundung oder günstigere Rückzahlungskonditionen bemüht[115]. Insgesamt hat ein Ausgleich der Belange von Unterhaltsschuldner, Unterhaltsgläubiger und Drittgläubiger zu erfolgen.[116] Immer muss jedenfalls der im Rahmen der Bedarfsermittlung zuerkannte **Erwerbstätigenbonus entfallen**[117], da es bei der Leistungsfähigkeit auf die **tatsächlich verfügbaren** Mittel des Unterhaltsschuldners ankommt.

Im Rahmen der Billigkeitsabwägung ist weitergehend auch die **Haftungsgrenze des Unterhaltsschuldners** zu prüfen. Wie in Rn. 14 dargestellt, soll aus Gründen der Waffengleichheit grundsätzlich der Unterhaltsschuldner einen dem Bedarf des Unterhaltsgläubigers entsprechenden **eheangemessenen Selbstbehalt** besitzen. Da sich die Billigkeitsabwägung allerdings auf den jeweiligen Einzelfall bezieht, kann dies dazu führen, dass der angemessene Selbstbehalt zwar einen Anhaltspunkt geben kann,[118] nicht in jedem Fall aber die untere Haftungsgrenze darstellt. Der BGH lehnt eine fixe Selbstbehaltsgrenze ab.[119] Es obliegt jeweils dem Tatrichter, einzelfallbezogen den Selbstbehalt des Unterhaltsschuldners zu ermitteln[120], wobei auch der jeweilige Anspruchsgrund Bedeutung erlangt[121]. Als Orientierungskriterium wurde in der Rechtsprechung des BGH auf einen Betrag abgehoben, der über der effektiv gezahlten Sozialhilfe liegt,[122] die mindestens mit dem doppelten Eckregelsatz gemäß § 22 BSHG anzusetzen ist[123]. Überlagert wird der zu wahrende Selbstbehalt bei Zurechnung fiktiv erzielbarer Einkünfte im Zusammenhang mit der Verletzung der Erwerbsobliegenheit des Unterhaltsschuldners.[124] Der Unterhaltsschuldner selbst darf durch Erfüllung des Ehegattenunterhaltes nicht sozialhilfebedürftig werden. Dieser Schutz erfasst jedoch nicht etwaige mit dem Unterhaltsschuldner in Haushaltsgemeinschaft lebende sonstige unterhaltsberechtigte Personen.[125] Ist der Unterhaltsschuldner pflegebedürftig und dauerhaft in einem **Pflegeheim** untergebracht, so muss ihm so viel an finanziellen Mitteln verbleiben, dass er, unter Berücksichtigung weitergehender Pflegegeldzahlungen, die Kosten für die Heimpflege selbst bestreiten kann.[126] Nach zwischenzeitlich gefestigter Rechtsprechung des BGH gilt ein Mittelwert zwischen dem **notwendigen Selbstbehalt** (= die unterste Grenze des Eigenbedarfes, die nicht unterschritten werden darf) und dem **angemessenen Selbstbehalt** (= die grundsätzlich bei der Unterhaltspflicht gegenüber nicht privilegierten volljährigen Kindern zu belassenden finanziellen Mittel)[127], wobei dies auch dann gilt, wenn der Unterhaltsgläubiger seinen Anspruch auf § 1570 BGB stützt[128]. Zur Begründung wird ausgeführt, dass es mit der gesteigerten Unterhaltspflicht gemäß § 1603 Abs. 2 BGB nicht vereinbar wäre, nur den notwendigen Selbstbehalt zu belassen, andererseits aber auch hervorgehoben werden muss, dass gegenüber dem Ehegatten eine stärkere Haftung gilt als gegen-

---

[112] BGH v. 25.01.1984 - IVb ZR 43/82 - LM Nr. 3 zu § 1581 BGB; BGH v. 11.02.1987 - IVb ZR 15/86 - LM Nr. 26 zu § 1353 BGB.

[113] OLG Köln v. 29.01.1982 - 4 UF 93/81 - FamRZ 1982, 706-710; KG Berlin v. 11.05.1984 - 17 UF 5779/83 - FamRZ 1984, 898-902; OLG Düsseldorf v. 27.01.1987 - 3 WF 204/86 - FamRZ 1987, 833-835.

[114] BGH v. 20.05.1981 - V ZB 25/79 - LM Nr. 21 zu § 1353 BGB.

[115] *Hoppenz*, FamRZ 1987, 324-328.

[116] BGH v. 09.05.1984 - IVb ZR 74/82 - LM Nr. 39 zu § 1361 BGB; OLG Karlsruhe v. 22.11.2001 - 16 WF 112/01 - OLGR Karlsruhe 2002, 105-107.

[117] BGH v. 26.06.2013 - XII ZR 133/11 - FamRZ 2013, 1366.

[118] BGH v. 18.10.1989 - IVb ZR 89/88 - BGHZ 109, 72-88.

[119] BGH v. 15.03.2006 - XII ZR 30/04 - FamRZ 2006, 683-686; *Büttner*, FamRZ 2006, 765-766; *Gerhardt*, FamRB 2006, 210-214; *Luthin*, BGHReport 2006, 783-784; *Strohal*, jurisPR-FamR 14/2006, Anm. 6.

[120] BGH v. 26.02.1992 - XII ZR 93/91 - LM BGB § 1603 Nr. 42 (9/1992).

[121] BGH v. 01.12.2004 - XII ZR 3/03 - FamRZ 2005, 354-357.

[122] BGH v. 23.09.1992 - XII ZR 157/91 - LM ZPO § 323 Nr. 67 (2/1993).

[123] BVerfG v. 25.09.1992 - 2 BvL 5/91, 2 BvL 8/91, 2 BvL 14/91 - NJW 1992, 3153-3157; BVerfG v. 06.02.2001 - 1 BvR 12/92 - NJW 2001, 957-961.

[124] BVerfG v. 29.12.2005 - 1 BvR 2076/03 - FamRZ 2006, 469-471; BVerfG v. 18.03.2008 - 1 BvR 125/06 - FamRZ 2008, 1145-1147.

[125] BGH v. 10.07.1996 - XII ZR 121/95 - LM BGB § 1572 Nr. 6 (11/1996).

[126] BGH v. 02.05.1990 - XII ZR 72/89 - BGHZ 111, 194-198.

[127] BGH v. 01.12.2004 - XII ZR 3/03 - FamRZ 2005, 354-357; BGH v. 15.03.2006 - XII ZR 30/04 - FamRZ 2006, 683-686.

[128] BGH v. 19.11.2008 - XII ZR 129/06 - FamRZ 2009, 307-310.

§ 1581   jurisPK-BGB / Clausius

über nicht privilegierten volljährigen Kinder. Nach der aktuell geltenden Düsseldorfer Tabelle beziffert sich der dem Unterhaltsschuldner gegenüber seinem geschiedenen Ehegatten zu belassende Eigenbedarf gemäß Anmerkung B/IV einheitlich mit 1.100 € beziffert. Im Revisionsverfahren können lediglich etwaige Rechtsfehler diesbezüglich überprüft werden. Bei tatrichterlicher Abweichung von den Richtlinien ist insbesondere zu berücksichtigen, in welchem Maße sich die Inanspruchnahme des Unterhaltsschuldners auf seinen finanziellen Bewegungsspielraum auswirkt.[129] Dies auch mit Blick auf weitere in seinem Haushalt lebende Personen, insbesondere minderjährige Kinder.[130] Bedeutung kann dabei auch die Tatsache haben, dass gegebenenfalls der Unterhaltsschuldner mit einem neuen Partner in Haushalts- und Wirtschaftsgemeinschaft lebt. Hierzu hat der BGH in aktueller Rechtsprechung – in einem den Kindesunterhalt betreffenden Verfahren – ausgeführt, dass der Selbstbehalt eines Unterhaltspflichtigen, der mit einem neuen Partner in Haushalts- und Wirtschaftsgemeinschaft lebt, gegebenenfalls bis auf sein Existenzminimum nach sozialhilferechtlichen Grundsätzen herabgesetzt werden kann, um die durch eine gemeinsame Haushaltsführung eintretende Ersparnis angemessen zu erfassen.[131] Zu berücksichtigen wird hierbei allerdings sein, ob möglicherweise diese Ersparnis wieder durch eine Unterhaltspflicht gegenüber diesem Partner aufgezehrt wird.[132] Etwaigen **Synergieeffekten** durch das Zusammenleben des Unterhaltsschuldners in einer **neuen Ehe** ist in der Form Rechnung zu tragen, dass die dem zusammenlebenden Ehegatten zur Verfügung stehenden Mittel gekürzt und der Unterhalt des geschiedenen Ehegatten erhöht wird. In Ansatz gebracht wird dabei nach der Rechtsprechung de BGH eine Pauschale von 10% des Gesamtbedarfs der Ehegatten.[133] Im absoluten Mangelfall kann eine Herabsetzung bis auf das Existenzminimum erfolgen.[134] Auch **ohne erneute Eheschließung** ist bei Unterhaltung einer neuen Lebensgemeinschaft dem Synergieeffekt auf Seiten des Unterhaltspflichtigen durch Herabsetzung des Selbstbehalts Rechnung zu tragen.[135]

70 Nur in den Fällen, in denen entweder der Unterhaltsgläubiger wegen der Betreuung eines minderjährigen Kindes nicht selbst für seinen Unterhalt sorgen kann oder selbst ähnlich hilflos wie ein minderjähriges Kind ist, kann der dem Unterhaltsschuldner zu belassende angemessene Selbstbehalt auf den **notwendigen Selbstbehalt** im Sinn des § 1603 Abs. 2 BGB abgesenkt werden.[136] Folgt als Ergebnis der Billigkeitsabwägung, dass der Unterhaltsgläubiger nur einen reduzierten – sog. Billigkeitsunterhalt – geltend machen kann, so ist bei der Ermittlung der Höhe des Unterhalts danach zu differenzieren, ob ein sog. relativer Mangelfall vorliegt oder ein absoluter Mangelfall.

71 Beim **relativen Mangelfall** treffen vorrangige und nachrangige Unterhaltsberechtigte zusammen, wobei eine Berücksichtigung der Letztgenannten erst in Betracht kommt, wenn der angemessene Bedarf der vorrangig Berechtigten in vollem Umfang befriedigt ist. Zur Berechnung der jeweiligen Barunterhaltsansprüche werden die nachrangig Berechtigten zurückgestellt,[137] selbst wenn sie bei Ermittlung der eheprägenden Einkünfte Berücksichtigung gefunden haben[138]. So ist der Unterhalt nicht privilegierter volljähriger Kinder nachrangig, auch wenn ihr Unterhaltsanspruch bei der Bedarfsberechnung als prägend erfasst wurde.[139] Das Rangverhältnis mehrerer Ehegatten beurteilt sich nach § 1609 BGB. Zu beachten ist, dass gegenüber Kindern und Ehegatten unterschiedliche Selbstbehalte zu berücksichtigen sind. Die sich zugunsten des Kindes beziffernde Differenz ist zur Deckung dessen Unterhaltsanspruches einzusetzen.[140] Treffen im relativen Mangelfall Unterhaltsansprüche des geschiedenen und

---

[129] BGH v. 12.01.1983 - IVb ZR 348/81 - FamRZ 1983, 670-674; BGH v. 25.01.1984 - IVb ZR 51/82 - LM Nr. 27 zu § 1578 BGB.
[130] BGH v. 09.11.1983 - IVb ZR 22/82 - LM Nr. 20 zu § 1579 BGB.
[131] BGH v. 09.01.2008 - XII ZR 170/05 - FamRZ 2008, 594.
[132] OLG Bamberg v. 26.09.1995 - 2 WF 79/95 - NJW-RR 1996, 647-649; OLG Hamm v. 26.05.1999 - 12 UF 88/98 - FamRZ 2000, 311-312; OLG Hamm v. 19.03.1999 - 11 UF 278/98 - NJWE-FER 1999, 260-261; BGH v. 19.11.1997 - XII ZR 1/96 - NJW-RR 1998, 505-507.
[133] BGH v. 19.03.2014 - XII ZB 19/13.
[134] BGH v. 07.12.2011 - XII ZR 151/09 - FamRZ 2012, 291; BGH v. 30.01.2013 - XII ZR 158/10 - FamRZ 2013, 616.
[135] BGH v. 17.03.2010 - XII ZR 204/08 - FamRZ 2010, 802; OLG Brandenburg v. 20.07.2012 - 9 WF 90/11 - FamRZ 2012, 441.
[136] BGH v. 18.10.1989 - IVb ZR 89/88 - BGHZ 109, 72-88; BGH v. 16.04.1997 - XII ZR 233/95 - LM BGB § 1578 Nr. 65 (8/1997); OLG Koblenz v. 17.07.2002 - 9 UF 40/02 - OLGR Koblenz 2003, 11.
[137] BGH v. 13.04.1988 - IVb ZR 34/87 - BGHZ 104, 158-172.
[138] BGH v. 27.02.1986 - IX ZR 167/85 - MDR 1986, 753.
[139] BGH v. 19.06.1985 - IVb ZR 38/84 - NJW 1985, 2713-2716.
[140] OLG Hamm v. 13.10.2003 - 8 UF 31/03 - FamRZ 2004, 1110-1111.

neuen Ehegatten zusammen, so wird der Unterhalt des geschiedenen Ehegatten gekürzt, etwa durch Dreiteilung des Gesamteinkommens oder aber auch durch im Rahmen der vorzunehmenden Billigkeitsabwägung zu berücksichtigender individueller Umstände.[141]

Liegt ein sog. **absoluter Mangelfall** vor, so ist der Unterhaltsschuldner außerstande, nach Abzug seines Selbstbehaltes die Unterhaltsansprüche mehrerer erstrangig Berechtigter in vollem Umfang zu erfüllen. Bereits durch Urteil vom 22.01.2003[142] hatte der BGH in einer solchen Konstellation seine frühere Rechtsprechung zugunsten einer differenzierten Mangelfallberechnung aufgegeben. Danach war auf Seiten des unterhaltsberechtigten Ehegatten der seiner jeweiligen Lebenssituation entsprechende notwendige Eigenbedarf in die Mangelverteilung einzustellen und für – nach damaliger Gesetzeslage – gleichrangige Kinder ein Betrag in Höhe von 135% des Regelbetrages. Eine Modifizierung dieser Mangelfallberechnung ergab sich bereits durch das Urteil des BGH vom 15.03.2006,[143] wonach für Ehegatten einerseits und minderjährige Kinder andererseits für den Unterhaltsschuldner jeweils unterschiedliche Selbstbehaltssätze gelten, so dass sich auch die jeweils zu ermittelnden Verteilungsmassen veränderten.[144] 72

Durch die ab dem 01.01.2008 in § 1609 BGB geltende veränderte Rangfolge ist die differenzierte Mangelfallberechnung im Fall der Beteiligung minderjähriger oder privilegiert volljähriger Kinder sowie eines Ehegatten obsolet geworden. Aus dem dem Unterhaltsschuldner zur Verfügung stehenden bereinigten Einkommen ist nunmehr vorab der Unterhaltsanspruch der erstrangigen Kinder zu befriedigen. Lediglich soweit dann noch ein verteilungsfähiges Einkommen des Unterhaltsschuldners verbleibt, kann dieses zur Befriedigung der nachrangigen Unterhaltsgläubiger herangezogen werden. Auf der Grundlage der seit dem 01.01.2013 geltenden Düsseldorfer Tabelle stellt sich die Berechnung im Einzelnen wie folgt dar: 73

	bereinigtes Einkommen des Unterhaltsschuldners	1.700 €
–	Zahlbetrag Kind 1 (Einkommensgruppe I/Altersstufe 1 nach Rückstufung gem. Anm. 1 der Düsseldorfer Tabelle und Abzug des Kindergeldes gem. § 1612b Abs. 1 Nr. 1 BGB)	225 €
–	Zahlbetrag Kind 2 (Einkommensgruppe I/Altersstufe 2 nach Rückstufung gem. Anm. 1 der Düsseldorfer Tabelle und Abzug des Kindergel-des gem. § 1612b Abs. 1 Nr. 1 BGB)	272 €
=	Zwischenergebnis	1.203 €
	Bedarf des Ehegatten (3/7)	516 €
	Verteilungsmasse	
	bereinigtes Einkommen des Unterhaltsschuldners	1.700 €
–	Zahlbetrag Kind 1	225 €
–	Zahlbetrag Kind 2	272 €
–	Selbstbehalt gegenüber dem Unterhaltsgläubiger	1.100 €
=	Verteilungsmasse = zu zahlender Ehegattenunterhalt	103 €
	Reicht demgegenüber bereits das Einkommen des erwerbstätigen Unterhaltsschuldners nicht aus, um den Unterhaltsanspruch der erstrangig berechtigten Kinder abzudecken, so stellt sich die Mangelfallberechnung wie folgt dar:	
	Einkommen Unterhaltsschuldner:	1.600 €
	Verteilungsmasse (1.600 € - 1.000 € Selbstbehalt) =	600 €
	Bedarf Kind 1 (Einkommensgruppe I/Altersstufe 1 DT nach Abzug des Kindergeldes gem. § 1612b Abs. 1 Nr. 1 BGB)	225 €
+	Bedarf Kind 2 (Einkommensgruppe I/Altersstufe 2 DT nach Abzug des Kindergeldes gem. § 1612b Abs. 1 Nr. 1 BGB)	272 €
+	Bedarf Kind 3 (Einkommensgruppe I/Altersstufe 3 DT nach Abzug des Kindergeldes gem. § 1612b Abs. 1 Nr. 1 BGB)	331 €
=	Gesamtbedarf	828 €

---

[141] BGH v. 19.03.2014 - XII ZB 19/13.
[142] BGH v. 22.01.2003 - XII ZR 2/00 - NJW 2003, 1112-1116; *Graba*, FamRZ 2004, 1-6.
[143] BGH v. 15.03.2006 - XII ZR 30/04 - FamRZ 2006, 683.
[144] *Viefhues*, ZFE 2006, 367-371.

§ 1581

Quotenmäßiger Anspruch der Kinder

Kind 1	225 € x 600 € : 828 €	163 €
Kind 2	272 € x 600 € : 828 €	197 €
Kind 3	331 € x 600 € : 828 €	240 €

D. Prozessuale Hinweise/Verfahrenshinweise

I. Beweislast

74 Der **Unterhaltsschuldner** trägt die Beweislast
- dafür, dass er nicht oder nur beschränkt leistungsfähig ist,[145]
- für die Voraussetzungen zur Begrenzung des Unterhaltsanspruchs auf einen Billigkeitsunterhalt,[146]
- für die ihm günstigen Tatsachen im Rahmen der Billigkeitsabwägung,
- dafür, dass ihm von Dritten keine bislang als leistungsfähigkeitserhöhend zu erfassenden Leistungen mehr zufließen,
- für die Unmöglichkeit der Aufnahme einer Erwerbstätigkeit,
- für die Gefährdung des eigenen angemessenen Lebensbedarfs bei Unterhaltserfüllung,[147]
- für die unterhaltsrechtliche Erheblichkeit begründeter Darlehen,[148]
- dafür, dass und mit welchem Inhalt ein bisheriger Arbeitsvertrag geändert wurde,[149]
- für die einkommensmindernde Berücksichtigung von Abschreibungen,[150]
- dafür, dass ein in der neuen Ehe vollzogener Rollentausch aus Gründen erfolgte, die der Unterhaltsgläubiger aus unterhaltsrechtlicher Sicht akzeptieren muss.[151]
- für das Vorliegen „sonstiger Verpflichtungen" gemäß § 1581 Satz 1 BGB, d.h. insbesondere auch den Unterhaltsbedarf nachehelich hinzugekommener Unterhaltsberechtigter.[152]

Der **Unterhaltsgläubiger** trägt die Beweislast für eine Erhöhung der vollstreckungsrechtlichen Leistungsfähigkeit des Unterhaltsschuldners.[153]

II. Prozessuale Hinweise

75 Die Neuregelung des Insolvenzrechts in Verbindung mit der Erhöhung der Pfändungsfreigrenzen berechtigt zu einem **Abänderungsantrag**,[154] da der Tatsachenänderung im Sinn des § 323 ZPO Gesetzesänderungen und verfassungskonforme Auslegungen von Normen durch das Bundesverfassungsgericht gleichgestellt sind[155].

76 Wird zu Lasten des Unterhaltsschuldners ein **Insolvenzverfahren** eröffnet, so wird dadurch ein anhängiger Unterhaltsprozess lediglich bezüglich der Unterhaltsrückstände nach § 240 Satz 1 ZPO **unterbrochen**.[156] Der künftig fällig werdende Unterhalt bleibt hiervon unberührt.[157]

E. Steuerrechtliche Hinweise

77 Vgl. hierzu die Steuerrechtl. Hinw. zu §§ 1569 ff. BGB.

---

[145] BGH v. 27.04.1988 - IVb ZR 58/87 - NJW-RR 1988, 834-836; BGH v. 16.01.1985 - IVb ZR 59/83 - LM Nr. 6 zu § 1577 BGB.
[146] BGH v. 23.04.1980 - IVb ZR 510/80 - LM Nr. 8 zu § 58 EheG.
[147] BGH v. 23.04.1980 - IVb ZR 510/80 - LM Nr. 8 zu § 58 EheG; *Reinecke*, ZFE 2004, 6-14.
[148] BGH v. 15.11.1989 - IVb ZR 3/89 - BGHZ 109, 211-214.
[149] KG Berlin v. 07.01.2002 - 18 WF 430/01 - FPR 2002, 409-410.
[150] OLG Köln v. 17.07.2001 - 25 UF 73/00 - OLGR Köln 2002, 78-79.
[151] OLG Düsseldorf v. 06.03.1998 - 3 UF 188/97 - FamRZ 1999, 1079-1080.
[152] BGH v. 07.12.2011 - XII ZR 151/09 - FamRZ 2012, 281.
[153] AG Besigheim v. 28.01.2004 - 2 F 742/03 - FamRZ 2004, 1890-1891
[154] OLG Stuttgart v. 24.04.2003 - 16 UF 268/02 - ZInsO 2003, 622-625.
[155] *Hoppenz*, FF 2003, 158-164; *Melchers*, FuR 2003, 145-153.
[156] OLG Celle v. 08.11.2002 - 15 UF 105/02 - FamRZ 2003, 1116; OLG Koblenz v. 15.05.2002 - 9 UF 440/01 - ZInsO 2002, 832-834; OLG Naumburg v. 03.04.2003 - 8 WF 42/03 - NJW-RR 2004, 7-8.
[157] *Ortner*, ZFE 2005, 303-309.

§ 1582 BGB Rang des geschiedenen Ehegatten bei mehreren Unterhaltsberechtigten

(Fassung vom 21.12.2007, gültig ab 01.01.2008)

Sind mehrere Unterhaltsberechtigte vorhanden, richtet sich der Rang des geschiedenen Ehegatten nach § 1609.

Gliederung

A. Grundlagen 1	E. Prozessuale Hinweise/Verfahrenshinweise 9
B. Praktische Bedeutung 4	I. Titulierter Unterhaltsanspruch 9
C. Anwendungsvoraussetzungen 5	II. Beweislast 10
I. Normstruktur 5	F. Anwendungsfelder 11
II. Anwendungsbereich 6	I. Übergangsrecht 11
D. Rechtsfolgen 8	II. Steuerrechtliche Hinweise 12

A. Grundlagen

Die Regelung des § 1582 BGB wurde mit dem Gesetz zur Änderung des Unterhaltsrechts[1] zum 01.01.2008 zur Verweisungsvorschrift auf § 1609 BGB reduziert.

Mit der Gesetzesnovelle wurde die Rangfolge der Unterhaltsansprüche neu geregelt. Um das mit der Novelle verfolgte Ziel, die Stärkung des Kindeswohls, zu erreichen, wurde dem Kindesunterhalt nunmehr Vorrang vor allen anderen Unterhaltsansprüchen eingeräumt.[2] Die bis zum 31.12.2007 geltende, nur schwer verständliche und teilweise widersprüchliche Sonderregelung des § 1582 BGB a.F. wurde durch eine zentrale Regelung, § 1609 BGB, ersetzt, welche den Rang der einzelnen Unterhaltsansprüche untereinander insgesamt regelt.

Zur Neuregelung und zur Übergangsvorschrift vgl. die Kommentierung zu § 1609 BGB.[3]

B. Praktische Bedeutung

Die Vorschrift kommt dann zum Tragen, wenn ein so genannter **Mangelfall** vorliegt, wenn also die Leistungsfähigkeit des Unterhaltspflichtigen nicht zur Befriedigung des Mindestbedarfs des früheren und des späteren Ehegatten ausreicht.

C. Anwendungsvoraussetzungen

I. Normstruktur

§ 1582 BGB regelt das **Rangverhältnis von Unterhaltsansprüchen** gegen denselben Verpflichteten, wenn dieser seinen Verpflichtungen nicht vollständig nachkommen kann. Bis Ende 2007 bestimmte die Vorschrift in einem Absatz 1 das Verhältnis konkurrierender Unterhaltsansprüche des früheren, geschiedenen und des späteren Ehegatten. Absatz 2 a.F. verwies bezüglich der Konkurrenz der Unterhaltsansprüche von Kindern zu anderen Verwandten auf § 1609 BGB. Seit der Neuregelung sind sämtliche Unterhaltsansprüche nunmehr zentral in § 1609 BGB geregelt, § 1582 BGB kommt hinsichtlich der Rangfolge kein eigener Regelungsgehalt mehr zu.

II. Anwendungsbereich

§ 1582 BGB setzt eine nach dem 30.06.1977 **geschiedene oder aufgelöste Ehe** voraus.[4] Die Vorschrift ist auch bei **mehrfachen Scheidungen** anwendbar. Nach der Neuregelung besteht nach § 1609 BGB nunmehr grundsätzlich Gleichrangigkeit zwischen geschiedenem und neuem Ehegatten.[5]

---

[1] Gesetz zur Änderung des Unterhaltsrechts vom 21.12.2007, BGBl I 2007, 3189.
[2] Zur neuen Rechtslage insgesamt vgl. *Born*, NJW 2008, 1 ff.
[3] Zum Regelungsinhalt des § 1582 BGB bis Ende 2007 vgl. *Schöttle* in: jurisPK-BGB, 3. Aufl. 2006, § 1582.
[4] § 1582 BGB ist nicht analog auf die Scheidung nach altem Recht anzuwenden, OLG Düsseldorf v. 10.06.1980 - 1 UF 319/79 - FamRZ 1980, 1013-1014; OLG Düsseldorf v. 12.02.1986 - 10 WF 33/86 - FamRZ 1986, 471; OLG Köln v. 16.02.1983 - 25 WF 20/83 - FamRZ 1983, 508; OLG München v. 15.03.1989 - 12 UF 1631/88 - FamRZ 1989, 1309-1310; OLG Hamm v. 08.12.2010 - 8 UF 103/09, II-8 UF 103/09 - FamRZ 2011, 1961-1962.
[5] *Born*, NJW 2008, 1; vgl. auch *Brudermüller* in: Palandt, § 1582 Rn. 4; *Maurer* in: MünchKomm-BGB, § 1582 Rn. 8; *Verschraegen* in: Staudinger, § 1582 Rn. 37; OLG Köln v. 22.12.2009 - 4 UF 79/09.

§ 1582

7 Seit der Unterhaltsrechts-Novelle ist die Vorschrift auch auf den ehemaligen **Partner einer Lebenspartnerschaft** anwendbar, vgl. § 16 LPartG.[6]

D. Rechtsfolgen

8 Als Rechtsfolge des § 1582 BGB ist § 1609 BGB zur Bestimmung der Rangfolge des geschiedenen Ehegatten bei mehreren Unterhaltsberechtigten heranzuziehen. Diesbezüglich sei auf die Kommentierung zu § 1609 BGB verwiesen.

E. Prozessuale Hinweise/Verfahrenshinweise

I. Titulierter Unterhaltsanspruch

9 Besteht bereits ein **titulierter Unterhaltsanspruch eines nachrangigen Berechtigten**, ist dieser in die Rangfolge einzubeziehen. Die Literatur[7] und Teile der Rechtsprechung[8] lehnen einen Vorrang zu Recht ab, weil die Titulierung den Unterhaltsanspruch andernfalls zu einer vorweg zu berücksichtigenden Belastung mache und der gesetzliche Rang so nicht verändert werden könne.

II. Beweislast

10 Der frühere Ehegatte muss das Vorliegen der Voraussetzungen eines Unterhaltsanspruches darlegen und beweisen. Dem Unterhaltsverpflichteten obliegt es dann nachzuweisen, dass weiteren Berechtigten ein Unterhaltsanspruch zustünde.[9]

F. Anwendungsfelder

I. Übergangsrecht

11 Die Vorschrift des § 1582 BGB findet auf alle Unterhaltsansprüche Anwendung, die seit ihrem Inkrafttreten, also dem 01.01.2008 entstanden sind. Die Anwendbarkeit auf frühere Sachverhalte ist in § 36 ZPOEG geregelt, im Übrigen sei auf die Kommentierung zu § 1609 BGB verwiesen.[10]

II. Steuerrechtliche Hinweise

12 Vgl. hierzu die Kostenrechtl. Hinw. zu § 1569 BGB.

---

[6] Zum nachpartnerschaftlichen Unterhalt im Lebenspartnerschaftsrecht bis zum 31.12.2007 vgl. *Wellenhofer*, NJW 2005, 705, 707.

[7] *Büttner*, NJW 1987, 1855-1860, 1860; *Verschraegen* in: Staudinger, § 1582 Rn. 40.

[8] BGH v. 23.01.1980 - IV ZR 2/78 - juris Rn. 21 - LM Nr. 2 zu § 1603 BGB; OLG Frankfurt v. 13.05.1985 - 5 UF 128/83 - FamRZ 1985, 1043-1045; anders allerdings der BGH v. 10.12.1986 - IVb ZR 63/85 - juris Rn. 24 - LM Nr. 10 zu § 1570 BGB, der ohne nähere Begründung die fehlende Berücksichtigung eines höheren, titulierten Anspruchs rügt.

[9] *Verschraegen* in: Staudinger, § 1582 Rn. 41.

[10] Zu Details vgl. auch *Born*, NJW 2008, 1, 7.

§ 1583 BGB Einfluss des Güterstands

(Fassung vom 02.01.2002, gültig ab 01.01.2002)

Lebt der Verpflichtete im Falle der Wiederheirat mit seinem neuen Ehegatten im Güterstand der Gütergemeinschaft, so ist § 1604 entsprechend anzuwenden.

Gliederung

A. Grundlagen 1	III. Fortgesetzte Gütergemeinschaft (Satz 1) 4
B. Anwendungsvoraussetzungen 2	IV. Beendigung der Gütergemeinschaft 5
I. Fiktion der Alleininhaberstellung des Verpflichteten (§ 1604 Satz 1 BGB) 2	C. Steuerrechtliche Hinweise 6
II. Berücksichtigung mehrerer Unterhaltspflichten (§ 1604 Satz 2 BGB) 3	

A. Grundlagen

Die Vorschrift regelt den Fall der Unterhaltsverpflichtung, wenn der Verpflichtete wieder heiratet und mit seinem neuen Ehegatten im Güterstand der Gütergemeinschaft lebt. Eine Regelung ist deswegen notwendig, weil – anders als im Fall der Zugewinngemeinschaft oder Gütertrennung – bei der Gütergemeinschaft zu klären ist, inwieweit das Gesamtgut beider Ehegatten zur Bestimmung der Leistungsfähigkeit für Unterhaltspflichten gegenüber früheren Ehegatten heranzuziehen ist. Die Vorschrift gilt entsprechend bei einer aufgehobenen **Lebenspartnerschaft** für nachpartnerschaftlichen Unterhalt, § 16 LPartG.

1

B. Anwendungsvoraussetzungen

I. Fiktion der Alleininhaberstellung des Verpflichteten (§ 1604 Satz 1 BGB)

§ 1604 Satz 1 BGB, auf welchen die Vorschrift verweist, bestimmt, dass der zu Unterhalt verpflichtete Ehegatte so zu behandeln ist, als ob ihm das **Gesamtgut** allein gehören würde. Das kann im Einzelfall dazu führen, dass erst mit der erneuten Heirat des Unterhaltsverpflichteten dem unterhaltsberechtigten früheren Ehegatten ein Unterhaltsanspruch zusteht.[1] **Sonder- und Vorbehaltsgut** (§§ 1417, 1418 BGB) sind für die Leistungsfähigkeit des Unterhaltsverpflichteten nur von Belang, wenn sie diesem auch gehören.[2]

2

II. Berücksichtigung mehrerer Unterhaltspflichten (§ 1604 Satz 2 BGB)

Sind beide Ehegatten der neuen Ehe eigenen Verwandten oder geschiedenen Ehegatten gegenüber unterhaltspflichtig, treffen mehrere Unterhaltspflichten zusammen. Für diesen Fall bestimmt § 1604 Satz 2 BGB, dass die Ansprüche so zu behandeln sind, als wenn die Bedürftigen zu beiden Ehegatten in dem Verwandtschaftsverhältnis stünden, auf dem die Unterhaltspflicht des verpflichteten Ehegatten beruht. Den Unterhaltsverpflichteten ist damit zwar das Gesamtgut als Vermögen zuzurechnen, allerdings beurteilt sich die Frage der Leistungsfähigkeit unter Berücksichtigung der Unterhaltspflichten des jeweils anderen Ehegatten. Im Ergebnis kann dies zu einem **ungleichmäßigen Heranziehen des Gesamtgutes** zur Erfüllung der Unterhaltspflichten führen.[3] In Mangelfällen wird der Unterhaltsanspruch nur von gleichrangig Unterhaltsberechtigten bedroht.[4]

3

III. Fortgesetzte Gütergemeinschaft (Satz 1)

§ 1483 BGB erlaubt es den Ehegatten, zu vereinbaren, die Gütergemeinschaft nach dem Tode eines Ehegatten mit dem überlebenden Gatten und den gemeinschaftlichen Abkömmlingen fortzusetzen. Stirbt der neue Ehegatte, so ist § 1583 BGB entsprechend anzuwenden.[5] Stirbt hingegen der unterhaltspflichtige Ehegatte, ist der § 1586b BGB anzuwenden.[6]

4

---

[1] *Verschraegen* in: Staudinger, § 1583 Rn. 3.
[2] *Maurer* in: MünchKomm-BGB, § 1583 Rn. 2.
[3] *Maurer* in: MünchKomm-BGB, § 1583 Rn. 3; *Verschraegen* in: Staudinger, § 1583 Rn. 4.
[4] *Verschraegen* in: Staudinger, § 1583 Rn. 3; BT-Drs. 7/650, S. 144.
[5] *Maurer* in: MünchKomm-BGB, § 1583 Rn. 4.
[6] *Maurer* in: MünchKomm-BGB, § 1583 Rn. 4.

IV. Beendigung der Gütergemeinschaft

5 Beendet der Tod eines Ehegatten die Gütergemeinschaft, führt dies zur Unanwendbarkeit des § 1583 BGB. Ist der neue Ehegatte verstorben, fällt dessen Anteil am Gesamtgut nach § 1482 BGB in den Nachlass. Zur Berücksichtigung der Leistungsfähigkeit des überlebenden unterhaltspflichtigen Ehegatten ist dann auf dessen Anteil am Gesamtgut abzustellen.[7] Beim Tod des Unterhaltspflichtigen greift auch hier § 1586b BGB; die Unterhaltspflicht geht danach als Nachlassverbindlichkeit auf die Erben über.

C. Steuerrechtliche Hinweise

6 Vgl. hierzu die Steuerrechtl. Hinw. zu §§ 1569 ff. BGB.

---

[7] *Verschraegen* in: Staudinger, § 1583 Rn. 7.

§ 1584 BGB Rangverhältnisse mehrerer Unterhaltsverpflichteter

(Fassung vom 02.01.2002, gültig ab 01.01.2002)

¹Der unterhaltspflichtige geschiedene Ehegatte haftet vor den Verwandten des Berechtigten. ²Soweit jedoch der Verpflichtete nicht leistungsfähig ist, haften die Verwandten vor dem geschiedenen Ehegatten. ³§ 1607 Abs. 2 und 4 gilt entsprechend.

Gliederung

A. Grundlagen 1	2. Anspruchsübergang auf den Verwandten 13
B. Anwendungsvoraussetzungen 4	3. Keine Benachteiligung des Unterhalts-
I. Haftungsvorrang des geschiedenen Ehegatten	berechtigten 16
(Satz 1) 4	IV. Vertraglicher Unterhaltsanspruch 17
II. Haftungsvorrang Verwandter (Satz 2) 6	**C. Prozessuale Hinweise** 18
III. Ersatzhaftung Verwandter (Satz 3) 10	**D. Steuerrechtliche Hinweise** 21
1. Voraussetzungen 10	

A. Grundlagen

§ 1584 BGB regelt das Verhältnis mehrerer Unterhaltspflichtiger zueinander; er bestimmt die Reihenfolge, in denen ein unterhaltsberechtigter geschiedener Ehegatte seinen früheren Ehegatten und seine Verwandten auf Zahlung von Unterhalt in Anspruch nehmen kann. Die Regelung gilt nach Aufhebung einer Lebenspartnerschaft entsprechend, § 16 LPartG. 1

Nach Satz 1 der Vorschrift haftet der geschiedene Ehegatte vor den Verwandten des Berechtigten. Die Sätze 2 und 3 machen von dieser Rangfolge eine Ausnahme. Würde die Unterhaltspflicht den eigenen Unterhalt des Verpflichteten gefährden, gehen die Verwandten im Haftungsrang vor. Dasselbe gilt, wenn die Rechtsverfolgung gegen den geschiedenen Ehegatten im Inland ausgeschlossen oder erheblich erschwert ist (§ 1584 Satz 3 BGB i.V.m. § 1607 Abs. 2 Satz 1 BGB); allerdings handelt es sich dann nicht um eine originäre, sondern lediglich um eine **subsidiäre Haftung der Verwandten**. Leistet ein Verwandter in diesem Fall Unterhalt, so geht der Anspruch des Unterhaltsberechtigten gegen den originär haftenden geschiedenen Ehegatten kraft Gesetzes auf den Verwandten über, § 1584 Satz 3 BGB i.V.m. § 1607 Abs. 2 Satz 2 BGB. 2

§ 1584 Satz 3 BGB i.V.m. § 1607 Abs. 4 BGB schließlich regelt die Rangfolge der Ansprüche im letztgenannten Fall. Soweit der Unterhaltsanspruch des Berechtigten auf den subsidiär haftenden Verwandten übergegangen ist, kann der Verwandte den Anspruch nicht zum Nachteil des Berechtigten geltend machen. Diese Regelung greift bei **teilweiser Erfüllung** durch den Verwandten. Dann haben sowohl der Verwandte als auch der Berechtigte einen Anspruch gegen den geschiedenen Ehegatten; jedoch geht der Anspruch des Berechtigten dem Anspruch des Verwandten aufgrund dieser Regelung vor. 3

B. Anwendungsvoraussetzungen

I. Haftungsvorrang des geschiedenen Ehegatten (Satz 1)

§ 1584 Satz 1 BGB stellt die **grundsätzliche Rangfolge** der Haftung mehrerer Unterhaltsverpflichteter auf: Der unterhaltspflichtige geschiedene Ehegatte haftet vor den Verwandten des Berechtigten. Eine Haftung der Verwandten kommt in diesem Fall nur unter den Voraussetzungen des § 1607 Abs. 2 BGB in Betracht. 4

Der Haftungsvorrang des Ehegatten wird mit der gesteigerten Unterhaltspflicht der Ehegatten untereinander begründet, diese trifft im Vergleich zu den Verwandten eine erhöhte Verantwortung.¹ Der Vorrang ist unabhängig von der wirtschaftlichen Situation der Verwandten, greift also selbst dann, wenn diese leistungsfähiger als der geschiedene Ehegatte sind.² 5

---
¹ *Maurer* in: MünchKomm-BGB, § 1584 Rn. 2.
² *Verschraegen* in: Staudinger, § 1584 Rn. 7.

II. Haftungsvorrang Verwandter (Satz 2)

6   Soweit der geschiedene Ehegatte nicht leistungsfähig ist, haften die Verwandten vor dem geschiedenen Ehegatten. Der geschiedene Ehegatte ist dann nicht leistungsfähig, wenn er durch die Unterhaltsleistungen seinen eigenen angemessenen Unterhalt gefährden würde.[3] Die Verwandten haften nur, **soweit** der Ehegatte nicht leistungsfähig ist. Das bedeutet, dass auch eine Haftung von geschiedenem Ehegatten und Verwandten für Teile des Unterhaltsanspruchs **nebeneinander** möglich ist, soweit der Unterhaltsanspruch die Leistungsfähigkeit des geschiedenen Ehegatten übersteigt. Der geschiedene Ehegatte haftet dann vorrangig im Rahmen seiner Leistungsfähigkeit für den Teil des Unterhaltsanspruchs, welcher seiner Leistungsfähigkeit entspricht; für den anderen Teil begründet § 1584 Satz 2 BGB eine primäre Haftung der Verwandten.[4]

7   Auch die Verwandten ihrerseits haften wieder nur soweit, wie es im Rahmen ihrer Leistungsfähigkeit möglich ist, soweit also ihr angemessener Unterhalt nicht gefährdet wird, § 1603 Abs. 1 BGB. Sind auch sie nicht leistungsfähig oder sind keine unterhaltspflichtigen Verwandten vorhanden, kommt eine **Billigkeitshaftung** des geschiedenen Ehegatten nach § 1581 BGB in Betracht.[5]

8   Die Verwandten haften für den Unterhaltsanspruch nur, soweit sich dieser mit dem Verwandtenunterhalt deckt. Sie haften nicht für **Vorsorgeunterhalt** (also für die Kosten für eine Altersvorsorge oder eine Berufs- oder Erwerbsunfähigkeitsversicherung nach § 1578 Abs. 3 BGB), da dieser Anspruch ehebedingt ist.[6]

9   Wurde dem Unterhaltsberechtigten ein Unterhaltsanspruch gegen den geschiedenen Ehegatten wegen grober Unbilligkeit versagt (§ 1579 BGB), so ist **umstritten**, unter welchen Voraussetzungen der daraufhin in Anspruch genommene Verwandte die Zahlung von Unterhalt in entsprechender Anwendung des § 1611 Abs. 3 BGB verweigern kann. Nach einer Ansicht ist dies bereits dann zu bejahen, wenn die Versagung auf Umständen beruht, die dem Berechtigten vorzuwerfen sind.[7] Eine andere Auffassung verlangt zusätzlich, dass ein Ausschlussgrund nach § 1611 BGB auch dem Verwandten gegenüber gegeben ist.[8]

III. Ersatzhaftung Verwandter (Satz 3)

1. Voraussetzungen

10 Nach § 1584 Satz 3 BGB i.V.m. § 1607 Abs. 2 Satz 1 BGB trifft den Verwandten eine Ersatzhaftung, wenn die **Rechtsverfolgung** gegen den unterhaltspflichtigen geschiedenen Ehegatten im Inland **ausgeschlossen oder erheblich erschwert** ist. Anders als bei der originären Haftung nach § 1584 Satz 3 BGB handelt es sich hier um eine sekundäre Haftung, die dem Verwandten einen Ersatzanspruch gegen den primär verpflichteten, geschiedenen Ehegatten verschafft, indem der Unterhaltsanspruch des Berechtigten durch cessio legis auf den Verwandten übergeht, § 1607 Abs. 2 Satz 2 BGB.

11 Die Rechtsverfolgung gegen den geschiedenen Ehegatten ist dann ausgeschlossen oder erschwert, wenn die internationale Zuständigkeit fehlt, der Ehegatte unbekannten Aufenthalts ist, sich im Ausland aufhält oder die Zwangsvollstreckung eines Titels im Ausland stattfinden müsste.[9] Eine Erschwernis wird auch bejaht, wenn der Ehegatte seinen Wohnsitz oder Arbeitsplatz oft wechselt oder wenn er dauerhaft keiner geregelten Arbeit nachgeht.[10]

12 Stimmen in der Literatur sprechen sich für eine **teleologische Einschränkung** des Anwendungsbereichs dieser Vorschrift aus: Die sekundäre Haftung von Verwandten soll dann entfallen, wenn eine Rechtsverfolgung im Ausland problemlos möglich ist, etwa im Geltungsbereich des EuGVÜ.[11]

---

[3] *Verschraegen* in: Staudinger, § 1584 Rn. 8.
[4] BT-Drs. 7/650, S. 143; OLG Braunschweig v. 03.06.1981 - 1 UF 161/80.
[5] *Verschraegen* in: Staudinger, § 1584 Rn. 8.
[6] *Verschraegen* in: Staudinger, § 1584 Rn. 10.
[7] *Maurer* in: MünchKomm-BGB, § 1584 Rn. 6 m.w.N.
[8] *Brudermüller* in: Palandt, § 1584 Rn. 5.
[9] *Maurer* in: MünchKomm-BGB, § 1584 Rn. 7.
[10] *Luthin* in: MünchKomm-BGB, § 1607 Rn. 5.
[11] *Verschraegen* in: Staudinger, § 1584 Rn. 11; wohl auch *Maurer* in: MünchKomm-BGB, § 1584 Rn. 7.

2. Anspruchsübergang auf den Verwandten

Leistet ein sekundär haftender Verwandter unter den oben genannten Voraussetzungen dem Berechtigten Unterhalt, so geht dessen Unterhaltsanspruch gegen den geschiedenen Ehegatten auf den Verwandten über, § 1584 Satz 3 BGB i.V.m. § 1607 Abs. 2 Satz 2 BGB. Damit hat der Verwandte einen Ersatzanspruch gegen den primär unterhaltspflichtigen Ehegatten. Der Anspruchsübergang des § 1607 Abs. 2 Satz 2 BGB greift nicht, wenn der Verwandte keine ihm obliegende Unterhalts**pflicht** erfüllt, sondern lediglich freiwillig Unterhalt leistet.[12]

Auf den Forderungsübergang ist § 412 BGB anwendbar, allerdings **verliert** die Forderung durch die Legalzession ihre **Zweckbestimmung als Unterhaltsanspruch**. Das hat zur Folge, dass sie entgegen den §§ 493 Satz 1, 400, 1274 Abs. 2 und 1069 Abs. 2 BGB abgetreten, gepfändet und verpfändet werden kann. Weiterhin entfallen das Pfändungsverbot und das Pfändungsvorrecht (§§ 850b, 850d ZPO) sowie das Vorrecht in der Insolvenz (§ 404 BGB i.V.m. §§ 38, 39 InsO). Zudem gilt die regelmäßige dreijährige Verjährungsfrist (§§ 197 Abs. 2, 195 BGB).

Umstritten ist, ob der geschiedene Ehegatte dem Verwandten die Einwendung des § 1585b Abs. 2 BGB i.V.m. § 1613 BGB entgegenhalten kann. Nach dieser Vorschrift kann der Berechtigte für die Vergangenheit Erfüllung oder Schadensersatz wegen Nichterfüllung erst von der Zeit an fordern, zu welcher der Unterhaltspflichtige zwecks Geltendmachung des Unterhaltsanspruchs aufgefordert worden ist, über seine Einkünfte und sein Vermögen **Auskunft zu erteilen**, bzw. zu welcher er in **Verzug** gekommen oder zu welcher der **Unterhaltsanspruch rechtshängig** geworden ist. Nach einer Ansicht könne der geschiedene Ehegatte diese Einwendung auch dem Verwandten gegenüber entgegenhalten, denn der Unterhaltsanspruch gehe nur so auf den Verwandten über, wie er auch beim Berechtigten bestanden habe.[13] Eine andere Ansicht lehnt die uneingeschränkte Anwendung des § 1585b Abs. 2 BGB in dieser Fallkonstellation ab[14]; sie verweist darauf, dass die sekundäre Haftung des Verwandten gerade dann greift, wenn die Rechtsverfolgung erheblich erschwert ist – etwa bei unbekanntem Aufenthalt des Unterhaltsschuldners[15]. Aus diesem Grunde sei zumindest **auf** die für den Verzug erforderliche **Mahnung zu verzichten**, es sei ausreichend, wenn der geschiedene Ehegatte seine Unterhaltspflicht schuldhaft verletzt habe, also trotz Kenntnis oder fahrlässiger Nichtkenntnis vom Bestehen der Verpflichtung nicht geleistet habe.[16] Eine Kenntnis von der Drittleistung des Verwandten wird für nicht erforderlich gehalten.[17]

3. Keine Benachteiligung des Unterhaltsberechtigten

Nach § 1607 Abs. 4 BGB kann der Übergang des Unterhaltsanspruchs nicht zum Nachteil des Unterhaltsberechtigten geltend gemacht werden. Diese Vorschrift greift, soweit der sekundär haftende Verwandte einen Unterhaltsanspruch des Berechtigten gegen dessen geschiedenen Ehegatten nur **teilweise** erfüllt. In diesem Fall haben sowohl der Unterhaltsberechtigte als auch der Verwandte einen Zahlungsanspruch gegen den geschiedenen Ehegatten. Für diese konkurrierenden Ansprüche bestimmt § 1607 Abs. 4 BGB den Vorrang des Unterhaltsberechtigten.

IV. Vertraglicher Unterhaltsanspruch

§ 1584 BGB ist auch auf vertragliche Unterhaltsvereinbarungen zwischen Ehegatten anwendbar. Dabei sind jedoch mehrere Fälle voneinander zu unterscheiden: Wird durch den Vertrag ein Unterhaltsanspruch begründet, der ohne Rücksicht auf die Bedürftigkeit des Berechtigten eingegangen wird, tritt nach § 1584 BGB keine sekundäre Haftung von Verwandten ein.[18] Liegt ein vertraglicher Unterhaltsverzicht oder eine Unterhaltsbeschränkung vor, kann dieser sittenwidrig sein[19]; soweit jedoch ein Un-

---

[12] *Verschraegen* in: Staudinger, § 1584 Rn. 13.
[13] *Maurer* in: MünchKomm-BGB, § 1584 Rn. 9.
[14] *Richter* in: MünchKomm-BGB, 2. Aufl. 1989, § 1584 Rn. 5; *Verschraegen* in: Staudinger, § 1584 Rn. 15.
[15] *Verschraegen* in: Staudinger, § 1584 Rn. 15.
[16] *Verschraegen* in: Staudinger, § 1584 Rn. 15; *Holzhauer* in: Bickel, Recht und Rechtserkenntnis, FS für Wolf zum 70. Geburtstag, 1985, S. 12.
[17] *Verschraegen* in: Staudinger, § 1584 Rn. 15. Anders jedoch *Kropholler*, FamRZ 1965, 413-419, 417; *Stolterfoht*, FamRZ 1971, 341-351, 351.
[18] *Maurer* in: MünchKomm-BGB, § 1584 Rn. 12.
[19] BGH v. 11.02.2004 - XII ZR 265/02 - BGHZ 158, 81-110; BGH v. 08.12.1982 - IVb ZR 333/81 - BGHZ 86, 82-90.

terhaltsanspruch wirksam ausgeschlossen oder beschränkt ist, greift § 1584 BGB nur, soweit auch der Unterhaltsanspruch reicht[20].

C. Prozessuale Hinweise

18 **Beweislast**: Der **geschiedene Ehegatte**, der vom Berechtigten auf Unterhalt in Anspruch genommen wird, trägt die Darlegungs- und Beweislast für seine Leistungsunfähigkeit.[21] Beruft sich der unterhaltspflichtige geschiedene Ehegatte jedoch darauf, dass Verwandte vorrangig verpflichtet seien, so trägt der **Unterhaltsberechtigte** die Darlegungs- und Beweislast dafür, dass seine Verwandten nicht leistungsfähig sind.[22]

19 Der **Berechtigte**, der einen Verwandten auf Unterhalt in Anspruch nimmt, hat dem Verwandten gegenüber darzulegen und zu beweisen, dass der vorrangig haftende Ehegatte leistungsunfähig ist oder eine Rechtsverfolgung gegen ihn erschwert oder unmöglich ist.[23]

20 Dem **Verwandten** wiederum obliegt die Darlegungs- und Beweislast der Tatsache, dass der geschiedene Ehegatte die Unterhaltspflicht bereits erfüllt hat oder dass ein anderer Unterhaltspflichtiger vorrangig haftet.[24]

D. Steuerrechtliche Hinweise

21 Vgl. hierzu die Steuerrechtl. Hinw. zu §§ 1569 ff. BGB.

---

[20] *Maurer* in: MünchKomm-BGB, § 1584 Rn. 12.
[21] OLG Schleswig v. 05.03.1996 - 8 UF 93/95 - SchlHA 1996, 245-246; OLG Hamm v. 04.07.1995 - 29 U 64/92 - NJW-RR 1996, 67-69.
[22] OLG Düsseldorf v. 29.03.1982 - 2 UF 244/81 - FamRZ 1982, 611-613.
[23] *Verschraegen* in: Staudinger, § 1584 Rn. 20; OLG Hamm v. 04.07.1995 - 29 U 64/92 - NJW-RR 1996, 67-69.
[24] *Maurer* in: MünchKomm-BGB, § 1584 Rn. 13.

Kapitel 4 - Gestaltung des Unterhaltsanspruchs

§ 1585 BGB Art der Unterhaltsgewährung

(Fassung vom 02.01.2002, gültig ab 01.01.2002)

(1) ¹Der laufende Unterhalt ist durch Zahlung einer Geldrente zu gewähren. ²Die Rente ist monatlich im Voraus zu entrichten. ³Der Verpflichtete schuldet den vollen Monatsbetrag auch dann, wenn der Unterhaltsanspruch im Laufe des Monats durch Wiederheirat oder Tod des Berechtigten erlischt.

(2) Statt der Rente kann der Berechtigte eine Abfindung in Kapital verlangen, wenn ein wichtiger Grund vorliegt und der Verpflichtete dadurch nicht unbillig belastet wird.

Gliederung

A. Grundlagen	1	1. Literatur	18
B. Anwendungsvoraussetzungen	3	2. Praktische Hinweise	19
I. Der laufende Unterhalt	3	C. Prozessuale Hinweise/Verfahrenshinweise	25
II. Die Kapitalabfindung	11	D. Steuerrechtliche Hinweise	29

A. Grundlagen

Der nacheheliche Unterhalt ist durch Zahlung einer monatlich im Voraus zu zahlenden Geldrente zu erbringen. Die Norm entspricht den Regelungen in § 1361 Abs. 4 BGB und § 1612 Abs. 1 und 3 BGB. Absatz 1 Sätze 2 und 3 gilt für den schuldrechtlichen und für den verlängerten schuldrechtlichen Versorgungsausgleich entsprechend (§§ 20 Abs. 3, 25 Abs. 4 VersAusglG). 1

Anders als im Fall des § 1612 Abs. 1 Satz 2 BGB kann der Unterhaltsverpflichtete nicht die Gestattung einer anderen Form der Unterhaltsgewährung beanspruchen (Bsp.: Zahlung von Miete und Nebenkosten für den Unterhaltsberechtigten, Rückführung von Schulden des Unterhaltsberechtigten), es sei denn, der Unterhaltsberechtigte ist hiermit einverstanden. Ebenso wenig kann der Unterhaltsverpflichtete gegen den Willen des Unterhaltsberechtigten dessen Anspruch auf nachehelichen Unterhalt durch Zahlung einer Abfindung erfüllen.[1] Der Unterhaltsberechtigte kann dagegen eine Abfindung in Kapital verlangen, wenn ein wichtiger Grund vorliegt und der Unterhaltsverpflichtete dadurch nicht unbillig belastet wird. 2

B. Anwendungsvoraussetzungen

I. Der laufende Unterhalt

Der Unterhaltsanspruch ist durch Zahlung einer Geldrente zu erfüllen. Durch vertragliche Vereinbarung im Sinne von § 1585c BGB können die Parteien eine andere Form der Unterhaltsgewährung (Bsp.: Zahlung von Miete und Nebenkosten für den Unterhaltsberechtigten, Rückführung von Schulden des Unterhaltsberechtigten) vorsehen.[2] Außer bei der Abfindung des Unterhaltsanspruchs im Fall des Absatzes 2, den der Unterhaltsberechtigte unter Umständen erzwingen kann, kann eine andere Form der Unterhaltsgewährung von keiner Partei beansprucht werden. 3

Hat der Unterhaltsberechtigte einen Rentenantrag gestellt, über den noch nicht entschieden ist, wird er grundsätzlich gehalten sein, den Unterhalt nur als Darlehen entgegenzunehmen und nach Zuerkennung der Rente das Darlehen an den Unterhaltsverpflichteten zurückzuzahlen. Lebt der Unterhaltsberechtigte im Ausland, ist der Zahlbetrag des Unterhalts regelmäßig umzurechnen.[3] 4

Monatlich im Voraus heißt, dass die Leistung bis zum Monatsersten erbracht werden muss, d.h. an diesem Tag der Überweisungsauftrag der Bank erteilt, die Einzahlung bei der Post erfolgt, ein gedeckter 5

---

[1] BGH v. 16.06.1993 - XII ZR 6/92 - BGHZ 123, 49-58.
[2] OLG Düsseldorf v. 05.08.1993 - 6 UF 148/92 - NJW-RR 1994, 326-331; OLG Karlsruhe v. 15.12.1994 - 2 UF 102/94 - NJW-RR 1995, 709710.
[3] KG Berlin v. 07.09.2001 - 3 UF 9399/00 - ZfJ 2002, 316-318; OLG Zweibrücken v. 10.03.1998 - 5 UF 36/97 - OLGR Zweibrücken 1998, 408-411.

Scheck übergeben oder abgesandt sein muss.[4] Unerheblich ist, wann das Geld in diesen Fällen beim Unterhaltsberechtigten ankommt.[5] Wird die Leistung nicht rechtzeitig erbracht, gerät der Unterhaltsverpflichtete in Verzug. Streitig ist, ob Unterhaltsschulden wie Geldschulden nach § 288 BGB zu verzinsen sind.[6] Ab Rechtshängigkeit sind sie jedenfalls nach § 291 BGB zu verzinsen.[7]

6   Entsteht die Unterhaltsverpflichtung erst im Laufe des Monats – etwa ab Rechtskraft der Scheidung –, wird der Unterhalt für den restlichen Monat erst mit In-Verzug-Setzung gemäß § 1613 Abs. 1 Satz 1 BGB fällig und zwar ohne Rückwirkung, weil die Voraussetzungen des § 1613 Abs. 1 Satz 2 BGB in dieser Konstellation nicht greifen. Erst für die folgenden Monate wird der Unterhalt dann am Ersten des jeweiligen Monats geschuldet.

7   Da es sich um eine Geldschuld im Sinne von § 270 Abs. 1 BGB handelt, trägt der Unterhaltsverpflichtete die Gefahr und die Kosten der Übermittlung in bar an den Wohnsitz des Unterhaltsberechtigten. Die Überweisung auf ein Bankkonto setzt Einverständnis des Unterhaltsberechtigten voraus, das bereits in der Angabe der Kontonummer erblickt werden kann. Der Unterhaltsschuldner, der den geschuldeten Unterhalt auf das überzogene Geschäftskonto des Unterhaltsgläubigers überwiesen hat, soll gegen den Unterhaltsgläubiger keinen Bereicherungsanspruch haben, wenn mangels Annahme der Leistung keine Erfüllung eingetreten ist.[8]

8   Der volle Monatsbetrag wird auch dann geschuldet, wenn der Unterhaltsanspruch im Laufe des Monats durch Wiederheirat oder Tod des Unterhaltsberechtigten erlischt. Entsprechende Anwendung findet die Vorschrift, wenn der Unterhaltsanspruch durch Erhalt einer Abfindung oder wegen Wegfalls der Voraussetzungen einer Unterhaltsnorm entfällt, etwa der Unterhaltsberechtigte eine angemessene Erwerbstätigkeit aufnimmt oder die Pflege oder Erziehung eines Kindes entfällt. Dagegen ist die Vorschrift nach Sinn und Zweck nicht anwendbar, wenn der Unterhaltsanspruch aus Gründen erlischt, die der Unterhaltsberechtigte zu vertreten hat (vgl. § 1579 Nr. 2-7 BGB). In diesen Fällen erlischt der Anspruch demnach mit Eintritt des den Wegfall begründenden Ereignisses.

9   Die Unterhaltsrente wird zwar grundsätzlich lebenslang geschuldet. Eine Befristung des Unterhaltsanspruchs ist durch die Reform des Unterhaltsrechts häufiger möglich (§ 1578b Abs. 2 BGB). Sie muss allerdings bei Erlass der gerichtlichen Entscheidung zuverlässig bestimmbar sein. Ansonsten kommt nur eine Abänderung nach § 238 FamFG in Betracht.

10 **Abdingbarkeit:** Abweichende vertragliche Vereinbarungen sind zulässig.[9] Anders als in § 1612 Abs. 1 Satz 2 BGB kann der Unterhaltsverpflichtete aber nicht verlangen, dass ihm die Gewährung des Unterhalts in anderer Form gestattet wird.

II. Die Kapitalabfindung

11 Eine Abfindung in Kapital statt laufenden Unterhalts kann der Unterhaltsberechtigte – nicht der Unterhaltsverpflichtete[10] – verlangen, wenn ein wichtiger Grund vorliegt und der Unterhaltsverpflichtete dadurch nicht unbillig belastet wird. Da nur ein Anspruch auf Geldzahlung besteht, scheidet ein Verlangen auf Übertragung eines bestimmten Vermögensgegenstandes aus. Zulässig ist hier aber eine entsprechende vertragliche Regelung im Rahmen des § 1585c BGB.

12 Als wichtiger Grund für die Zahlung einer Kapitalabfindung auf Seiten des Unterhaltsberechtigten kommt beispielsweise die Absicht einer Betriebsgründung, einer Beteiligung an einem Unternehmen, der Finanzierung einer Ausbildung oder des Auswanderns in Betracht. Gründe, die zum Wegfall des Unterhaltsanspruchs führen würden – wie etwa eine Wiederheirat des Unterhaltsberechtigten – scheiden dagegen als wichtiger Grund aus.

13 Auf Seiten des Unterhaltsverpflichteten kommen als Gründe in Betracht die drohende Leistungsunfähigkeit wegen Vermögensverschwendung, der dauernde Zahlungsverzug, die Unfähigkeit zur Sicherheitsleistung (§ 1585a BGB), ein ständiger Wohnsitzwechsel, Schwierigkeiten bei der Durchsetzung des Unterhaltsanspruchs wegen Wohnsitzes im Ausland, Beerbung des Unterhaltsverpflichteten durch mehrere Erben wegen der dadurch erschwerten Durchsetzung des Unterhaltsanspruchs gegen verschiedene Schuldner. Als weitere Gründe kommen in Betracht: die Wiederheirat des Unterhaltsverpflichte-

---

[4] OLG Köln v. 26.03.1990 - 2 W 40/90 - FamRZ 1990, 1243-1244.
[5] BGH v. 07.10.1965 - II ZR 120/63 - BGHZ 44, 178-183.
[6] Zum Meinungsstand BGH v. 14.01.1987 - IVb ZR 3/86 - NJW-RR 1987, 386-387.
[7] BGH v. 14.01.1987 - IVb ZR 3/86 - NJW-RR 1987, 386-387.
[8] OLG Hamm v. 13.11.1987 - 10 UF 266/87 - NJW 1988, 2115-2116.
[9] BGH v. 13.11.1996 - XII ZR 125/95 - LM BGB § 426 Nr. 99 a (4/1997).
[10] BGH v. 16.06.1993 - XII ZR 6/92 - FamRZ 1993, 1186.

ten wegen der in § 1582 BGB geregelten Rangverhältnisse, und im Hinblick auf die in § 1609 BGB geregelten Rangverhältnisse die Geburt eines Kindes des Unterhaltsverpflichteten, eine Annahme an Kindes statt sowie die Anerkennung einer Vaterschaft.

Der Unterhaltsverpflichtete darf durch die Abfindung in Kapital nicht unbillig belastet werden, das heißt, er muss die Abfindung unproblematisch zahlen können, also ohne Gefährdung seines eigenen eheangemessenen Unterhalts oder sonstiger ehebedingter Verpflichtungen, etwa aus dem Versorgungsausgleich oder aus dem Güterrecht. Auch sind dem Unterhaltsverpflichteten eine verlustbringende Veräußerung von Vermögenswerten sowie die Vernachlässigung sonstiger Verbindlichkeiten wie insbesondere sonstige Unterhaltsschulden nicht zumutbar. **14**

Die Höhe der Abfindung ermittelt sich, indem neben der Höhe der zu zahlenden Unterhaltsrente alle Kriterien abgewogen werden, die bei der Ermittlung des Unterhaltsanspruchs herangezogen werden, also die Entwicklung der Leistungsfähigkeit des Unterhaltsverpflichteten, der Bedürftigkeit der Unterhaltsberechtigten, die Lebenserwartung der Unterhaltsberechtigten sowie Gründe, die für eine Änderung oder einen Wegfall des Unterhaltsanspruchs in Zukunft greifen können. **15**

Mit Abschluss des Abfindungsvertrages bzw. mit Rechtskraft des eine Kapitalabfindung zuerkennenden Urteils erlischt der Anspruch auf nachehelichen Unterhalt.[11] Ändern sich die Verhältnisse nach Untergang des Unterhaltsanspruchs, finden die Grundsätze über den Wegfall der Geschäftsgrundlage keine Anwendung. Das gilt grundsätzlich auch bei einer Neuheirat des Unterhaltsberechtigten.[12] **16**

Selbst wenn die Voraussetzungen des § 1579 BGB nachträglich eintreten, besteht keine Möglichkeit, den Abfindungsvertrag bzw. das eine Kapitalabfindung zuerkennende Urteil zu ändern. Hat der Unterhaltsberechtigte den Unterhaltspflichtigen aber im Zusammenhang mit dem Abschluss des Vertrages oder während des Prozesses getäuscht, kommt eine Anfechtung der Vereinbarung in Betracht und ein Rückzahlungsanspruch aus § 812 BGB[13] und bei einem auf der Täuschung beruhenden Urteil ein Schadensersatzanspruch aus § 826 BGB. **17**

1. Literatur

Graba, FamRZ 1985, 118-121; *Grobshäuser/Herrmann*, Steuerliche Aspekte bei Gestaltung von Eheverträgen und Scheidungsfolgenvereinbarungen, FPR 2005, 146-151; *Münch*, Das begrenzte Realsplitting, FamRB 2006, 189-195; *Schmeiduch*, AmtlMittLVA Rheinpr 1994, 235; *Weber*, Unterhaltspflicht und Erbfall – die verkannte Brisanz von Abfindungszahlungen, FPR 2005, 294-295. **18**

2. Praktische Hinweise

Eine Abfindung in Kapital kann steuerrechtlich ungünstiger sein als die Zahlung laufenden Unterhalts. Denn die Abfindung in Kapital kann durch den Unterhaltsverpflichteten grundsätzlich nicht als außergewöhnliche Belastung gemäß § 33 EStG geltend gemacht werden,[14] sondern nur als Sonderausgabe[15]. Nur in Fällen „untypischer Unterhaltsleistungen", mit denen ein besonderer und außergewöhnlicher Bedarf abgedeckt wird, wie z.B. die Übernahme von Krankheits- oder Pflegekosten, kommt eine Anwendung des § 33 EStG in Betracht.[16] Bei der Zahlung laufenden Unterhalts besteht dagegen die Möglichkeit des begrenzten Realsplittings mit den entsprechenden Steuervorteilen für den Unterhaltsverpflichteten (§ 10 Abs. 1 Nr. 1 EStG). Eventuelle Steuernachteile des Unterhaltsberechtigten, der den Unterhalt als Einkommen zu versteuern hat, muss der Unterhaltsverpflichtete diesem zwar erstatten, insgesamt bleibt regelmäßig aber ein Steuervorteil für den Unterhaltsverpflichteten. **19**

Beim Unterhaltsberechtigten ist zu beachten, dass eine Abfindung für einen vor Eingehung der Ehe erklärten Verzicht auf einen möglichen nachehelichen Unterhalt als freigiebige Zuwendung im Sinne des § 7 Abs. 1 Nr. 1 ErbStG behandelt werden kann.[17] **20**

Ist der Unterhaltsverpflichtete Beamter, führt die Zahlung einer Abfindung in Kapital zu Nachteilen im Hinblick auf § 40 Abs. 1 Nr. 1 BBesG (Wegfall des Familienzuschlags der Stufe 1), was bei der Zahlung laufenden Unterhalts nicht der Fall ist.[18] **21**

---

[11] *Brudermüller* in: Palandt, § 1585 Rn. 5.
[12] BGH v. 10.08.2005 - XII ZR 73/05 - FamRZ 2005, 1662
[13] RG v. 23.01.1939 - IV 195/38 - RGZ 159, 157-167.
[14] BFH v. 26.02.1998 - III R 59/97 - DB 1998, 1596-1597; BFH v. 19.06.2008 - III R 57/05 - FamRZ 2008, 2024.
[15] FG Nürnberg v. 04.02.2003 - I 317/1999; FG Köln v. 10.11.2004 - 14 K 3586/02 - EFG 2006, 414-415.
[16] BFH v. 19.06.2008 - III R 57/05 - FamRZ 2008, 2024.
[17] FG Nürnberg v. 28.05.2003 - IV 422/2001 - DStRE 2003, 1463-1465.
[18] BVerwG v. 30.01.2003 - 2 C 5/02 - NJW 2003, 1886-1887.

22 Zu beachten ist ferner, dass der Abfindungsanspruch kein Unterhaltsanspruch ist mit der Folge, dass er abgetreten und gepfändet werden kann, weil die Vorschrift zum Pfändungsschutz und das Pfändungsvorrecht der § 120 Abs. 1 FamFG, § 850b ZPO nicht eingreifen.

23 Im Insolvenzverfahren ist zu unterscheiden: Handelt es sich um eine Insolvenz des Unterhaltsverpflichteten, wird der Abfindungsanspruch, wenn er im Zeitpunkt der Eröffnung des Insolvenzverfahrens bereits fällig war, zur Insolvenzforderung (§ 38 InsO).

24 Im Fall einer Insolvenz der Unterhaltsberechtigten gehört der Abfindungsanspruch, da er der Pfändung unterliegt, zur Insolvenzmasse (§§ 35, 36 Abs. 1 InsO).

C. Prozessuale Hinweise/Verfahrenshinweise

25 Bei Rechtsstreitigkeiten über den Barunterhalt oder eine Abfindung handelt es sich um Familiensachen, für die das FamG zuständig ist (§ 23a Abs. 1 Nr. 1 GVG, §§ 111 Nr. 8, 112 Nr. 1, 231 Abs. 2 Nr. 2 FamFG).

26 Bei freiwilliger regelmäßiger und vollständiger Zahlung des Unterhalts wird von der Rechtsprechung dennoch das Rechtsschutzbedürfnis für eine Zahlungsklage nach § 113 FamFG, § 258 ZPO bejaht mit der Begründung, dass der Unterhaltsberechtigte ein Titulierungsinteresse für den Fall habe, dass der Unterhaltsverpflichtete die Zahlung einstelle.[19] Das Kosteninteresse des Unterhaltsverpflichteten wird in diesen Fällen gewahrt (§ 243 Satz 2 Ziffer 4 FamFG). Das Rechtsschutzinteresse fehlt aber, wenn der Unterhaltsverpflichtete sich nach Aufforderung durch den Unterhaltsberechtigten zur Errichtung einer vollstreckbaren Urkunde (§ 794 Abs. 1 Nr. 5 ZPO) bereiterklärt. Die Kostenübernahme ist umstritten. Nach einer Ansicht hat sie der Unterhaltsberechtigte zu tragen,[20] nach der Gegenansicht hat sie der Unterhaltsverpflichtete zu tragen.[21] Ein Unterhaltsschuldner, der nur Teilleistungen auf den geschuldeten Unterhalt erbringt, gibt auch dann Veranlassung für eine Klage auf den vollen Unterhalt, wenn er zuvor nicht zur Titulierung des freiwillig gezahlten Teils aufgefordert worden ist.[22]

27 Die Beweislast bei der Geltendmachung der Kapitalabfindung ist wie folgt verteilt: Der Unterhaltsberechtigte trägt die Beweislast für den wichtigen Grund und für die Höhe des Abfindungsbetrages, der Unterhaltsverpflichtete für die Unbilligkeit der Belastung.

28 Da es sich nicht mehr um einen Unterhaltsanspruch handelt, gelten für die vorläufige Vollstreckbarkeit im Urteil auch nicht § 708 Nr. 8 ZPO, sondern die allgemeinen Vorschriften.

D. Steuerrechtliche Hinweise

29 Vgl. hierzu die Steuerrechtl. Hinw. zu §§ 1569 ff. BGB.

---

[19] BGH v. 01.07.1998 - XII ZR 271/97 - LM BGB § 1601 Nr. 18 (3/1999).
[20] OLG Düsseldorf v. 23.06.1993 - 5 WF 85/93 - OLGR Düsseldorf 1993, 341-343.
[21] OLG Karlsruhe v. 28.02.1984 - 18 WF 110/83 - FamRZ 1984, 584; OLG Düsseldorf v. 05.09.1990 - 3 WF 175/90 - FamRZ 1990, 1369.
[22] BGH v. 02.12.2009 - XII ZB 207/08 - NJW 2010, 238.

§ 1585a BGB Sicherheitsleistung

(Fassung vom 02.01.2002, gültig ab 01.01.2002)

(1) ¹Der Verpflichtete hat auf Verlangen Sicherheit zu leisten. ²Die Verpflichtung, Sicherheit zu leisten, entfällt, wenn kein Grund zu der Annahme besteht, dass die Unterhaltsleistung gefährdet ist oder wenn der Verpflichtete durch die Sicherheitsleistung unbillig belastet würde. ³Der Betrag, für den Sicherheit zu leisten ist, soll den einfachen Jahresbetrag der Unterhaltsrente nicht übersteigen, sofern nicht nach den besonderen Umständen des Falles eine höhere Sicherheitsleistung angemessen erscheint.

(2) Die Art der Sicherheitsleistung bestimmt sich nach den Umständen; die Beschränkung des § 232 gilt nicht.

Gliederung

A. Grundlagen 1	3. Kritik 9
B. Praktische Bedeutung 3	4. Abdingbarkeit 10
C. Anwendungsvoraussetzungen 4	II. Die Höhe und die Art der Sicherheitsleistung.... 11
I. Der Anspruch auf Sicherheitsleistung 4	D. Prozessuale Hinweise/Verfahrenshinweise.... 13
1. Definition 4	E. Steuerrechtliche Hinweise 18
2. Literatur 8	

A. Grundlagen

Da insbesondere nach Rechtskraft der Scheidung die Gefahr besteht, dass der Unterhaltsverpflichtete sich seiner Verpflichtung zur Zahlung von nachehelichem Unterhalt zu entziehen versucht, hat der Gesetzgeber eine Norm geschaffen, die genau diesen Anspruch sichern soll. Da nur der nacheheliche Unterhalt besonders gefährdet erschien, besteht daneben weder für den Trennungsunterhalt noch für den Verwandtenunterhalt die Möglichkeit einer Sicherheitsleistung.[1] **1**

Die Vorschrift verschafft dem Unterhaltsberechtigten grundsätzlich einen materiell-rechtlichen Anspruch auf Sicherheitsleistung, der von keinen weiteren Voraussetzungen abhängt. Durch die Anordnung der Sicherheitsleistung soll der Anspruch auf nachehelichen Unterhalt gesichert werden. Bis der Unterhaltsberechtigte erkennt, dass der Unterhaltsverpflichtete sich seiner Unterhaltspflicht zu entziehen versucht, kann es für die Einleitung von Sicherungsmaßnahmen sonstiger Art (persönlicher oder dinglicher Arrest) zu spät sein. Daher hat der Unterhaltsberechtigte keine Gefährdung seines Anspruchs darzutun. Es ist allein Sache des Unterhaltsverpflichteten, darzulegen, dass keine Gefährdung des Anspruchs auf nachehelichen Unterhalt besteht oder dass die Anordnung der Sicherheitsleistung ihn unbillig belasten würde (§ 1585a Abs. 1 Satz 2 BGB). **2**

B. Praktische Bedeutung

Entsprechende Anträge werden in der Praxis selten gestellt. **3**

C. Anwendungsvoraussetzungen

I. Der Anspruch auf Sicherheitsleistung

1. Definition

Der Anspruch auf Sicherheitsleistung setzt nur voraus, dass ein Anspruch auf nachehelichen Unterhalt besteht. Nicht erforderlich ist, dass ein Sicherungsgrund besteht in der Form, dass sich der Unterhaltsschuldner der Unterhaltspflicht etwa durch Vermögensverschiebungen oder Vermögensverschwendungen zu entziehen versucht. **4**

Andererseits entfällt der Anspruch, wenn kein Grund zu der Annahme besteht, dass die Unterhaltsleistung gefährdet ist oder wenn der Verpflichtete durch die Sicherheitsleistung unbillig belastet würde. **5**

---

[1] OLG Düsseldorf v. 23.09.1980 - 6 UF 51/80 - FamRZ 1981, 67-70.

6 Von einer fehlenden Gefährdung des Unterhaltsanspruchs kann etwa bei freiwilliger, pünktlicher und vollständiger Erfüllung des Unterhaltsanspruchs auszugehen sein.[2]

7 Eine unbillige Belastung kann vorliegen, wenn die Kreditwürdigkeit des Unterhaltsschuldners durch die Sicherheitsleistung so stark tangiert ist, dass seine wirtschaftliche Existenz gefährdet ist.

2. Literatur

8 *Derleder*, Zum Rechtsschutz gegen den Unterhaltspflichtigen bei Gefahr der Vermögensverschiebung, FuR 1994, 95-97; *Viefhues*, Das familienrechtliche Mandat, ZAP Fach 11, 745-770.

3. Kritik

9 Die Vorschrift bringt nur einen begrenzten Schutz des Unterhaltsberechtigten, da der Betrag, für den die Sicherheit zu leisten ist, den einfachen Jahresbetrag der Unterhaltsrente nicht übersteigen soll, sofern nicht besondere Umstände des Falles eine höhere Sicherheitsleistung angemessen erscheinen lassen. Praktisch bedeutet dies, dass der Anspruch auf nachehelichen Unterhalt in der Regel für maximal ein Jahr gesichert ist. Bedenkt man, dass die Vorschrift auf den Verwandtenunterhalt nicht anwendbar ist, hat dies zur Folge, dass eine Unterhaltsberechtigte mit mehreren Kindern – deren Unterhaltsansprüche ohnehin nicht gesichert werden können – regelmäßig nur für weit weniger als ein Jahr abgesichert werden kann. Die Abschreckungswirkung der Vorschrift ist daher gering.

4. Abdingbarkeit

10 Die Vorschrift ist zwingend.

II. Die Höhe und die Art der Sicherheitsleistung

11 Die Vorschrift sieht der Höhe nach regelmäßig eine Begrenzung des Anspruchs auf den einfachen Jahresbetrag der Unterhaltsrente vor. Besteht der Anspruch auf nachehelichen Unterhalt für weniger als 1 Jahr, ist die Höhe der Sicherheitsleistung entsprechend zu reduzieren. Andererseits kann die Höhe heraufgesetzt werden, wenn ausreichend Anhaltspunkte bestehen, dass sich der Unterhaltsschuldner der Unterhaltspflicht etwa durch Vermögensverschiebungen oder verschwenderischen Lebensstil zu entziehen versucht.

12 Die Art der Sicherheitsleistung bestimmt sich nach den Umständen des Einzelfalles. Es besteht keine Bindung an die in § 232 BGB vorgesehenen Arten der Sicherheitsleistung. So kann etwa die Sicherheit erbracht werden durch eine Bürgschaft oder durch die Verpfändung von Ansprüchen aus einer Kapitallebensversicherung. Dagegen kann die Abtretung von Lohnansprüchen nicht verlangt werden, weil dies über die Sicherung des Unterhaltsanspruchs hinausgehen würde.

D. Prozessuale Hinweise/Verfahrenshinweise

13 Für Rechtsstreitigkeiten betreffend die Verpflichtung zur Sicherheitsleistung sind die Familiengerichte ausschließlich zuständig, da es sich um einen Teilbereich des Unterhaltsanspruchs handelt (§ 23a Nr. 2 GVG, § 111 Nr. 8 FamFG).

14 Eine Sicherheitsleistung wird vom Familiengericht nur auf Antrag angeordnet (§ 308 ZPO). Der entsprechende Antrag ist vom Unterhaltsberechtigten bereits vor der Verurteilung des Unterhaltsverpflichteten zur Zahlung von nachehelichem Unterhalt zu stellen. Später kann die Sicherheitsleistung nur noch verlangt werden, wenn sich die Vermögensverhältnisse des Unterhaltsverpflichteten erheblich verschlechtert haben[3]; in einem solchen Fall kann auch eine Erhöhung der bereits zugesprochenen Sicherheitsleistung verlangt werden (vgl. § 324 ZPO).

15 Die Darlegungs- und Beweislast dafür, dass kein Grund zu der Annahme besteht, dass die Unterhaltsleistung gefährdet ist oder der Verpflichtete durch die Sicherheitsleistung unbillig belastet würde, trifft den Unterhaltsschuldner. Für eine fehlende Gefährdung der Unterhaltsleistung genügt jedoch die Darlegung, dass der Unterhalt laufend und pünktlich gezahlt wird und auch für die Zukunft keine Gefährdung besteht.[4]

16 Entfallen die Voraussetzungen für die Sicherheitsleistung nach einer entsprechenden gerichtlichen Entscheidung, kann der Unterhaltsschuldner im Wege der Vollstreckungsgegenklage (§ 767 Abs. 1 ZPO) die Aufhebung der Anordnung begehren.

---

[2] OLG Hamm v. 28.07.2010 - II-5 UF 6/10 - FamRZ 2011, 569.
[3] OLG Hamm v. 28.07.2010 - II-5 UF 6/10 - FamRZ 2011, 569-570.
[4] OLG Hamm v. 28.07.2010 - II-5 UF 6/10 - FamRZ 2011, 569-570.

Beantragt der Unterhaltsberechtigte eine Sicherung seines Anspruchs auf nachehelichen Unterhalt durch dinglichen oder persönlichen Arrest, gelten die dortigen Regeln. Der Unterhaltsberechtigte hat daher – im Gegensatz zur Rechtslage beim Anspruch auf Sicherheitsleistung – einen Arrestgrund aus § 917 Abs. 1 oder 2 ZPO, § 119 Abs. 2 FamFG darzulegen und glaubhaft zu machen.[5]

E. Steuerrechtliche Hinweise

Vgl. hierzu die Steuerrechtl. Hinw. zu §§ 1569 ff. BGB.

17

18

---

[5] OLG Düsseldorf v. 08.08.1980 - 3 WF 179/80 - FamRZ 1980, 1116-1117.

§ 1585b BGB Unterhalt für die Vergangenheit

(Fassung vom 21.12.2007, gültig ab 01.01.2008)

(1) Wegen eines Sonderbedarfs (§ 1613 Abs. 2) kann der Berechtigte Unterhalt für die Vergangenheit verlangen.

(2) Im Übrigen kann der Berechtigte für die Vergangenheit Erfüllung oder Schadensersatz wegen Nichterfüllung nur entsprechend § 1613 Abs. 1 fordern.

(3) Für eine mehr als ein Jahr vor der Rechtshängigkeit liegende Zeit kann Erfüllung oder Schadensersatz wegen Nichterfüllung nur verlangt werden, wenn anzunehmen ist, dass der Verpflichtete sich der Leistung absichtlich entzogen hat.

Gliederung

A. Grundlagen 1	1. Verzug 9
B. Anwendungsvoraussetzungen 4	2. Sonderfälle im Sozialrecht 21
I. Sonderbedarf 4	3. Wirkung des Verzugs 25
1. Rechtsprechung 7	4. Einschränkung des Verzugs 30
2. Literatur 8	C. Prozessuale Hinweise/Verfahrenshinweise 39
II. Unterhalt für die Vergangenheit 9	D. Steuerrechtliche Hinweise 43

A. Grundlagen

1 Die Vorschrift knüpft an den aus § 1613 Abs. 1 Satz 1 BGB folgenden Grundsatz an, dass für die Vergangenheit grundsätzlich kein Unterhalt verlangt werden kann (in praeteritum non vivitur). Dieser Grundsatz beruht auf dem Gedanken, dass der Unterhaltspflichtige davor geschützt werden muss, Unterhalt für einen Zeitraum zahlen zu müssen, mit dem er nicht rechnen konnte. In bestimmten Fällen kann der Unterhaltsberechtigte aber auch für die Vergangenheit Unterhalt verlangen, so grundsätzlich wegen eines Sonderbedarfs (§ 1585b Abs. 1 BGB). Gemäß § 1585b Abs. 2 i.V.m. § 1613 Abs. 1 Satz 1 BGB kann der Berechtigte darüber hinaus für die Vergangenheit Erfüllung oder Schadensersatz wegen Nichterfüllung nur von dem Zeitpunkt an fordern, zu welchem der Verpflichtete zum Zwecke der Geltendmachung des Unterhaltsanspruchs aufgefordert worden ist, über seine Einkünfte und sein Vermögen Auskunft zu erteilen, zu welchem der Verpflichtete in Verzug gekommen oder der Unterhaltsanspruch rechtshängig geworden ist.[1]

2 Eingeschränkt wird dies durch die Regelung in § 1585b Abs. 3 BGB, wonach für eine mehr als ein Jahr vor der Rechtshängigkeit liegende Zeit Erfüllung oder Schadensersatz wegen Nichterfüllung nur verlangt werden kann, wenn anzunehmen ist, dass der Verpflichtete sich der Leistung absichtlich entzogen hat.

3 Allerdings hat die Aufforderung gegenüber dem Unterhaltspflichtigen, zum Zwecke der Geltendmachung des Unterhaltsanspruchs über seine Einkünfte und sein Vermögen Auskunft zu erteilen, wegen der anders lautenden Formulierung in § 1585b Abs. 2 BGB keine verzugsbegründende Wirkung, während dies beim Verwandtenunterhalt (§ 1613 Abs. 1 Satz 2 BGB) und beim Trennungsunterhalt (§§ 1361 Abs. 4 Satz 4, 1360a Abs. 3, 1613 Abs. 1 Satz 2 BGB) der Fall ist. Als Begründung wird angeführt, dass der Unterhaltsberechtigte den Anspruch auf nachehelichen Unterhalt im Verbund geltend machen könne und daher nicht schutzbedürftig sei, wenn er zunächst nur die Auskunft verlange.

B. Anwendungsvoraussetzungen

I. Sonderbedarf

4 Unter Sonderbedarf versteht man einen unregelmäßigen außergewöhnlich hohen Bedarf, der bei der Bemessung des laufenden Unterhalts unberücksichtigt geblieben ist[2] (Bsp.: Krankheits- und Operationskosten, Umzugskosten, Renovierungskosten). Unregelmäßig ist ein Bedarf, der nicht mit Wahr-

---

[1] BGH, v. 07.11.2012 - XII ZB 229/11 - FamRZ 2013, 109
[2] BGH v. 06.10.1982 - IVb ZR 307/81 - LM Nr. 5 zu § 1613 BGB; vgl. auch die Kommentierung zu § 1613 BGB Rn. 275.

scheinlichkeit vorauszusehen und aus diesem Grund überraschend ist und deshalb bei vorausschauender Bedarfsplanung nicht durch Bildung von Rücklagen im laufenden Unterhalt einkalkuliert werden konnte.[3] Schließlich muss der Bedarf im Verhältnis zum laufenden Unterhalt außergewöhnlich hoch sein, was bei beengten wirtschaftlichen Verhältnissen eher zu bejahen ist als bei gehobenen wirtschaftlichen Verhältnissen.

Die Verweisung in § 1585b Abs. 1 BGB bezieht sich seit 01.07.1998 nur auf § 1613 Abs. 2 Nr. 1 HS. 1 BGB. Denn durch Art. 1 Nr. 12 KindUG wurde § 1613 Abs. 2 BGB ab diesem Zeitpunkt dahin geändert, dass der bisherige Absatz 2 in Absatz 2 Nr. 1 übernommen worden ist, ohne dass der Verweis in § 1585b Abs. 1 BGB angepasst worden wäre. Für die Verwirkung rückständiger Unterhaltsbeträge enthält § 1585b Abs. 1 BGB nämlich eine andere Regelung als § 1613 Abs. 2 Satz 2 BGB.

Da es praktisch – bereits definitionsgemäß – oft nicht möglich ist, den Unterhaltspflichtigen vor dem Entstehen des Sonderbedarfs in Verzug zu setzen oder zu verklagen, kann wegen eines Sonderbedarfs auch für die Vergangenheit Unterhalt verlangt werden.

1. Rechtsprechung

Sonderbedarf wurde anerkannt für notwendige Umzugskosten,[4] die Kosten für eine Brille,[5] eine mehrjährige kieferorthopädische Behandlung,[6] medizinisch verordneten Kuraufenthalt,[7] wegen Hausstaubmilbenallergie verordnetes Bettzeug,[8] psychiatrische Einzeltherapie eines Kassenpatienten,[9] Kosten des Vaterschaftsanfechtungsprozesses,[10] Kosten der Säuglingserstausstattung[11].

2. Literatur

Bentert, Unterhalt für die Vergangenheit – Verzug nur durch Mahnung?, FamRZ 1993, 890-892; *Gießler*, Verzug mit der Unterhaltszahlungsschuld bei sog unbestimmter Mahnung, FamRZ 1984, 954-957; *Klinkhammer*, Arbeitslosengeld II und Unterhaltsregress nach § 33 SGB II – Fortentwicklungsgesetz, FamRZ 2006, 1171-1173; *Mertens*, Unterhaltsrückforderung und Vertrauensschutz, FamRZ 1994, 601-604; *Schmitz*, Zur Frage, wann eine Mahnung wegen eines künftigen Anspruchs auf nachehelichen Unterhalt auszusprechen ist, FamRZ 1988, 700-701; *Spangenberg*, Nachehelicher Unterhalt und Verzug, FamRZ 1993, 23-24; *Viefhues*, Verwirkung von titulierten Unterhaltsansprüchen, Anmerkung zu OLG Oldenburg, Beschluss vom 23.08.2011, in: jurisPR-FamR 10/2012, Anm. 3.

II. Unterhalt für die Vergangenheit

1. Verzug

Grundvoraussetzung des Anspruchs ist Verzug des Unterhaltspflichtigen oder Rechtshängigkeit der Klage auf nachehelichen Unterhalt.

Verzug kann ohne Mahnung eintreten in den Fällen des § 286 Abs. 2 BGB, oder durch eindeutige und endgültige Verweigerung der Zahlung von Unterhalt bzw. durch unvermittelte Einstellung bislang regelmäßig erbrachter Zahlungen.[12]

Im Übrigen erfordert § 286 Abs. 1 Satz 1 BGB eine nicht formbedürftige Mahnung des Unterhaltsberechtigten.[13] Eine wirksame Mahnung des nachehelichen Unterhalts setzt die Rechtskraft der Scheidung im Zeitpunkt des Zugangs der Mahnung voraus.[14] Denn der Anspruch entsteht erst mit der Rechtskraft der Scheidung und ein noch nicht entstandener Anspruch kann nicht angemahnt werden. Die Zustellung der Unterhaltsklage im Verbundverfahren führt demnach noch nicht zum Verzug des Unterhaltspflichtigen, auch wenn der Anspruch rechtshängig ist. Ebenso ist eine In-Verzug-Setzung wegen des Trennungsunterhalts ohne Bedeutung für den Anspruch auf nachehelichen Unterhalt.[15]

---

[3] BGH v. 08.02.1984 - IVb ZR 52/82 - LM Nr. 9 zu § 1602 BGB.
[4] BGH v. 06.10.1982 - IVb ZR 307/81 - LM Nr. 5 zu § 1613 BGB.
[5] OLG Hamm v. 12.01.1993 - 2 WF 381/92 - FamRZ 1993, 995-997.
[6] OLG Karlsruhe v. 16.07.1992 - 2 UF 235/91 - NJW-RR 1993, 905-906.
[7] OLG Köln v. 11.04.1986 - 25 UF 173/85 - FamRZ 1986, 593-595.
[8] OLG Karlsruhe v. 08.08.1991 - 16 UF 114/89 - NJW-RR 1992, 838-839.
[9] OLG Saarbrücken v. 02.02.1989 - 6 UF 231/86 UK - FamRZ 1989, 1224-1226.
[10] BGH v. 27.01.1988 - IVb ZR 12/87 - BGHZ 103, 160-171.
[11] OLG Oldenburg v. 27.04.1999 - 11 WF 161/98 - NJW-RR 1999, 1163-1164.
[12] BGH v. 26.01.1983 - IVb ZR 351/81 - LM Nr. 27 zu § 284 BGB.
[13] BGH v. 12.05.1993 - XII ZR 24/92 - LM BGB § 1603 Nr. 44 (9/1993).
[14] BGH v. 29.04.1992 - XII ZR 105/91 - LM BGB § 1585b Nr. 4 (1/1993).
[15] BGH v. 13.01.1988 - IVb ZR 7/87 - BGHZ 103, 62-71.

§ 1585b

12 Die Mahnung muss eindeutig und bestimmt sein. Der Unterhaltsschuldner muss also die Unterhaltspflicht dem Grunde und der Höhe nach kennen.[16] Verschulden muss der Unterhaltsberechtigte aufgrund des Wortlauts des § 286 Abs. 4 BGB nicht behaupten, sondern der Unterhaltsschuldner hat fehlendes Verschulden (Bsp.: Inhaftierung wegen einer nicht unterhaltsbezogenen Straftat[17]) darzulegen und gegebenenfalls zu beweisen.

13 Die Höhe des begehrten Unterhalts muss entweder beziffert sein oder sich aus den Umständen des Falls ergeben.[18] Wird neben dem nachehelichen Unterhalt auch Kindesunterhalt angemahnt, muss aus der Mahnung hervorgehen, welcher Betrag für welchen Berechtigten begehrt wird. Enthält die Mahnung keinen Zeitpunkt, ab dem Unterhalt begehrt wird, tritt Verzug mit Zugang der Mahnung beim Unterhaltsschuldner ein.

14 Die Mahnung wird ersetzt durch Zugang eines Antrags auf Bewilligung von Prozesskostenhilfe mit einem Klageentwurf oder einer Klageschrift, ebenso durch Zugang einer einstweiligen Anordnung (§ 644 ZPO).

15 Ob der Unterhaltsberechtigte, der vom Unterhaltspflichtigen zunächst Auskunft begehrt und später seinen Anspruch beziffert hat, im Nachhinein die ursprüngliche Bezifferung rückwirkend erhöhen kann, ist streitig.[19]

16 § 1613 Abs. 1 Satz 1 BGB erlaubt es grundsätzlich nicht, einen nach dem ursprünglichen Auskunftsbegehren bezifferten Unterhaltsanspruch nachträglich betragsmäßig zu erhöhen. Zwar berechtigt § 1613 Abs. 1 Satz 1 BGB den Unterhaltsgläubiger für die Vergangenheit von dem Zeitpunkt an Unterhalt zu fordern, zu welchem der Verpflichtete zur entsprechenden Auskunftserteilung aufgefordert worden ist. Nach dem Wortlaut der Norm steht eine zwischenzeitlich erfolgte Bezifferung des Unterhalts einer rückwirkenden Erhöhung nicht entgegen. Allerdings bedarf die Norm einer einschränkenden Auslegung. Der Unterhaltspflichtige wird ab Zugang des Auskunftsbegehrens vom Gesetzgeber nicht mehr als schutzwürdig angesehen, da er von nun an konkret damit rechnen muss, auf Unterhalt in Anspruch genommen zu werden und hierzu gegebenenfalls Rückstellungen bilden kann.[20] Soweit der Unterhaltsberechtigte aber seinen Unterhaltsanspruch nach Auskunftserteilung beziffert hat, ohne sich zugleich vorzubehalten, den Anspruch gegebenenfalls im Hinblick auf noch nicht erfolgte Auskünfte zu erhöhen, braucht der Unterhaltspflichtige nur noch mit einer Inanspruchnahme in der bezifferten Höhe zu rechnen.

17 Außerdem wäre es nicht gerechtfertigt, den Unterhaltsberechtigten, der seine Forderung nach vorangegangener Auskunft beziffert hat, besser zu stellen als den Unterhaltsberechtigten, der seine Unterhaltsforderung sogleich beziffert hat.[21]

18 Fordert der Unterhaltsberechtigte zu wenig Unterhalt, gerät der Unterhaltsschuldner nur mit dem geforderten Betrag in Verzug, fordert der Unterhaltsberechtigte zu viel Unterhalt, gerät der Unterhaltsschuldner mit dem tatsächlich geschuldeten Betrag in Verzug und zwar mit dem Tag des Zugangs der Mahnung beim Unterhaltsschuldner.[22]

19 In § 1585b Abs. 2 BGB ist die Regelung des § 1613 Abs. 1 Satz 2 BGB nicht übernommen worden, so dass der nacheheliche Unterhalt nicht rückwirkend ab dem Ersten des Monats, in dem Verzug eintritt, geschuldet wird.[23]

20 Haben geschiedene Eheleute den Anspruch auf nachehelichen Unterhalt vertraglich geregelt, so kann der Berechtigte rückständigen Unterhalt grundsätzlich auch für eine Zeit verlangen, in der der Verpflichtete nicht in Verzug und der Anspruch nicht rechtshängig waren. Für eine länger als ein Jahr vor der Rechtshängigkeit liegende Zeit kann aber auch der vertraglich geregelte Unterhalt nur unter der im Gesetz bestimmten Voraussetzung verlangt werden.[24]

---

[16] BGH v. 30.11.1983 - IVb ZR 31/82 - LM Nr. 29 zu § 284 BGB.
[17] BGH v. 21.04.1982 - IVb ZR 696/80 - LM Nr. 16 zu § 1603 BGB.
[18] BGH v. 30.11.1983 - IVb ZR 31/82 - LM Nr. 29 zu § 284 BGB.
[19] Dafür: *Frerix*, FamRZ 2000, 1046; *Johannsen/Henrich/Graba*, Familienrecht, 5. Aufl. § 1613 BGB Rn. 3; dagegen: OLG Düsseldorf v. 27.02.2011 - 7 UF 99/10 - juris Rn. 14; AG Wesel v. 28.01.2000 - 32 F 168/99 - FamRZ 2000, 1045; *Keuter*, FamRZ 2009, 1024 m.w.N. zum Meinungsstand.
[20] Vgl. BT-Drs. 13/7338, S. 31; BGH v. 22.11.2006 - XII ZR 24/04 - FamRZ 2007, 193, 195 f.
[21] BGH v. 07.11.2012 - XII ZB 229/11 - FamRZ 2013, 109.
[22] BGH v. 15.11.1989 - IVb ZR 3/89 - BGHZ 109, 211-214.
[23] *Brudermüller* in: Palandt, § 1585b Rn. 1.
[24] BGH v. 05.10.1988 - IVb ZR 91/87 - BGHZ 105, 250-259.

2. Sonderfälle im Sozialrecht

Bezieht der Unterhaltsberechtigte Arbeitslosengeld II oder Sozialhilfe, geht sein Unterhaltsanspruch kraft Gesetz auf den Träger der Sozialleistung über (Arbeitslosengeld II: § 33 SGB II; Sozialhilfe: § 94 Abs. 1 SGB XII). Ungeklärt ist, wie weit der Begriff Leistungen zur Sicherung des Lebensunterhalts im Sinne von § 33 SGB II reicht. Das heißt, es ist zu prüfen, ob die jeweilige Leistung als Einkommen des Unterhaltsberechtigten anzusehen ist oder nicht. 21

In § 19 SGB II heißt es, dass erwerbsfähige Hilfebedürftige als Arbeitslosengeld II Leistungen zur Sicherung des Lebensunterhalts einschließlich der angemessenen Kosten für Unterkunft und Heizung erhalten. Das daneben mögliche Einstiegsgeld gemäß § 29 SGB II ist nach einer Entscheidung des OLG Celle als Einkommen des Unterhaltsberechtigten anzusehen.[25] Auch der befristete Zuschlag zum Arbeitslosengeld II nach dem Bezug von Arbeitslosengeld gemäß § 24 SGB II ist nach einer Entscheidung des OLG München als Einkommen des Unterhaltsberechtigten anzusehen.[26] Folgt man diesen Entscheidungen, kommt insofern kein Anspruchsübergang in Betracht, was sich zugunsten des Unterhaltsverpflichteten auswirkt. 22

Problematisch ist die Frage, wie der Wohngeldanteil zu behandeln ist. Seit 01.01.2005 erhalten Empfänger der Grundsicherung für Arbeitslose und Sozialhilfeempfänger Ersatz der Wohnkosten als Leistung im Sinne des SGB II bzw. des SGB XII. In § 33 SGB II ist bezüglich des Wohngeldanteils keine Einschränkung dahin gemacht, dass ein Anspruchsübergang nicht stattfindet, so dass der Wortlaut der Vorschrift einen Anspruchsübergang deckt. Dies würde sich dann zum Nachteil des Unterhaltsverpflichteten auswirken, weil der Wohngeldanteil nicht mehr als Einkommen des Unterhaltsberechtigten anzusehen wäre, während dies nach der Rechtslage bis zum 31.12.2004 unter der Geltung des Wohngeldgesetzes der Fall war. Hier bleibt die Entwicklung der Rechtsprechung abzuwarten. 23

Für die Vergangenheit kann der Unterhaltspflichtige in den vom Gesetz geregelten Fällen von dem Träger der Sozialleistung nur in Anspruch genommen werden, wenn die Voraussetzungen des Bürgerlichen Rechts hierfür vorliegen oder ab dem Zeitpunkt, in dem ihm schriftlich mitgeteilt worden ist, dass der Unterhaltsberechtigte die jeweilige Sozialleistung bezieht. Dies betrifft sowohl den Bezug von Arbeitslosengeld II (§ 33 Abs. 3 Satz 1 SGB II) als auch den von Sozialhilfe (§ 94 Abs. 4 Satz 1 SGB XII). 24

3. Wirkung des Verzugs

Der Verzugseintritt hat neben der Verpflichtung, den Unterhalt zu zahlen, zur Folge, dass der Verpflichtete auch Zinsen und Schadensersatz wegen Nichterfüllung schuldet.[27] Der Verzug gilt auch für erst künftig fälligen Unterhalt, solange der Unterhalt dem Grunde nach geschuldet wird, so dass eine Wiederholung der Mahnung entbehrlich ist.[28] 25

Die Rücknahme einer Mahnung wirkt nur für die Zukunft, ein einmal entstandener Verzug kann für die Vergangenheit nur durch einen Erlassvertrag beseitigt werden.[29] Auch die gerichtliche Ablehnung eines Antrags auf Erlass einer einstweiligen Anordnung führt – mangels Rechtskraftwirkung – nicht zum Wegfall des Verzugs.[30] 26

Die Rechte aus der Mahnung können allerdings nach Treu und Glauben verwirkt werden, wenn zum Beispiel die Unterhaltsgläubigerin unbillig lange mit der Erhebung der Leistungsklage zuwartet.[31] 27

Die Rechtshängigkeit tritt ein durch Zustellung einer Unterhaltsklage (§§ 253 Abs. 1, 261 Abs. 1 ZPO), einer Abänderungsklage auf Erhöhung eines titulierten Unterhaltsanspruchs (§§ 253 Abs. 1, 323 ZPO), eines Mahnbescheids (§§ 696 Abs. 3, 700 Abs. 2 ZPO) und, wenn die Klage zu Protokoll der Geschäftsstelle des Amtsgerichts eingereicht worden ist, durch Zustellung dieses Protokolls (§§ 498, 261 Abs. 1 ZPO). 28

---

[25] OLG Celle v. 15.03.2006 - 15 UF 54/05 - FamRZ 2006, 1203.
[26] OLG München v. 28.11.2005 - 16 UF 1262/05 - FamRZ 2006, 1125.
[27] BGH v. 24.10.1984 - IVb ZR 43/83 - LM Nr. 30 zu § 284 BGB.
[28] BGH v. 13.01.1988 - IVb ZR 7/87 - BGHZ 103, 62-71.
[29] BGH v. 17.09.1986 - IVb ZR 59/85 - NJW 1987, 1546-1548.
[30] BGH v. 26.01.1983 - IVb ZR 351/81 - LM Nr. 27 zu § 284 BGB.
[31] BGH v. 22.03.1995 - XII ZR 20/94 - LM BGB § 284 Nr. 43 (8/1995).

29 Ebenso genügt die Zustellung einer Stufenklage, weil hierdurch auch hinsichtlich eines noch nicht bezifferten Zahlungsantrags Rechtshängigkeit eintritt.[32] Nicht ausreichend ist dagegen der Zugang eines Antrags auf Bewilligung von Prozesskostenhilfe, selbst wenn die beabsichtigte Klage beigefügt wird. In dieser Situation bleibt dem Unterhaltsberechtigten nur die Möglichkeit, die Rechtshängigkeit – und damit den Verzug – über den Weg des § 65 Abs. 7 Nr. 3 oder 4 GKG herbeizuführen.

4. Einschränkung des Verzugs

30 In § 1585b Abs. 3 BGB findet sich ein gesetzlich geregelter Fall der Verwirkung des Unterhaltsanspruchs. Die Vorschrift will erreichen, dass der Unterhaltsberechtigte nach Scheidung der Ehe veranlasst wird, um eine zeitnahe Verwirklichung des Unterhaltsanspruchs bemüht zu sein, damit auch die Unterhaltsschuld nicht zu stark anwächst.[33] Aus diesem Grund kann nachehelicher Unterhalt für eine über 1 Jahr vor Rechtshängigkeit liegende Zeit nur verlangt werden, wenn sich der Unterhaltsverpflichtete der Leistung absichtlich entzogen hat.

31 Für die Absicht genügt jedes zweckgerichtete Tun oder Unterlassen des Unterhaltsverpflichteten, das die zeitnahe Verwirklichung des Unterhaltsanspruchs verhindert oder zumindest wesentlich erschwert hat.[34]

32 Die Vorschrift gilt auch für einen vertraglich vereinbarten Unterhaltsanspruch, obwohl dieser weder Rechtshängigkeit noch Verzug voraussetzt. Sie gilt auch für Sonderbedarf, während beim Verwandtenunterhalt auch für Zeiten, die mehr als ein Jahr vor In-Verzug-Setzung liegen, Sonderbedarf beansprucht werden kann (§ 1613 Abs. 2 Nr. 1 BGB).

33 Im Falle des Anspruchsübergangs gilt Entsprechendes, weil sich an dem Inhalt des übergegangenen Anspruchs nichts ändert.[35]

34 Dagegen sind die Ansprüche auf Ausgleich steuerlicher Nachteile durch das begrenzte Realsplitting (§ 10 Abs. 1 Nr. 1 EStG) nicht erfasst, da es sich nicht um einen Unterhaltsanspruch, sondern um einen Anspruch eigener Art handelt.[36]

35 Auch titulierte Unterhaltsansprüche können – trotz ihrer langen Verjährungsfrist – verwirkt werden.[37] Der Anwalt des Forderungsberechtigten muss daher immer wieder Aktivitäten entfalten, damit beim Schuldner kein schutzwürdiges Vertrauen entstehen kann, der Berechtigte wolle auf Leistungen aus dem titulierten Unterhaltsanspruch verzichten.[38]

36 Neben der Verwirkung nach Absatz 3 kommt – vor Ablauf der Verjährungsfrist von 3 Jahren (§ 195 BGB) – eine solche nach allgemeinen Grundsätzen in Betracht, wenn der Berechtigte sein Recht längere Zeit nicht geltend macht, obwohl er dazu in der Lage wäre, und der Verpflichtete sich mit Rücksicht auf das gesamte Verhalten des Berechtigten darauf einrichten durfte und auch tatsächlich eingerichtet hat, dass dieser sein Recht auch in Zukunft nicht geltend machen werde. Insofern gilt für Unterhaltsrückstände nichts anderes als für andere in der Vergangenheit fällig gewordene Ansprüche.[39]

37 Bei Unterhaltsrückständen spricht sogar vieles dafür, an das so genannte Zeitmoment der Verwirkung keine strengen Anforderungen zu stellen. Nach § 1613 Abs. 1 BGB kann Unterhalt für die Vergangenheit ohnehin nur ausnahmsweise gefordert werden. Von einem Unterhaltsgläubiger, der lebensnotwendig auf Unterhaltsleistungen angewiesen ist, muss eher als von einem Gläubiger anderer Forderungen erwartet werden, dass er sich zeitnah um die Durchsetzung des Anspruchs bemüht. Andernfalls können Unterhaltsrückstände zu einer erdrückenden Schuldenlast anwachsen. Abgesehen davon sind im Unterhaltsrechtsstreit die für die Bemessung des Unterhalts maßgeblichen Einkommensverhältnisse der Parteien nach längerer Zeit oft nur schwer aufklärbar. Diese Gründe, die eine möglichst zeitnahe Geltendmachung von Unterhalt nahe legen, sind so gewichtig, dass das Zeitmoment der Verwirkung auch dann erfüllt sein kann, wenn die Rückstände Zeitabschnitte betreffen, die etwas mehr als ein Jahr zurückliegen. Denn nach den gesetzlichen Bestimmungen der §§ 1585b Abs. 3, 1613 Abs. 2 Nr. 1 BGB verdient der Gesichtspunkt des Schuldnerschutzes bei Unterhaltsrückständen für eine mehr als ein Jahr zurückliegende Zeit besondere Beachtung. Diesem Rechtsgedanken kann im Rahmen der Bemessung

---

[32] BGH v. 29.04.1992 - XII ZR 105/91 - LM BGB § 1585b Nr. 4 (1/1993).
[33] BGH v. 29.04.1992 - XII ZR 105/91 - LM BGB § 1585b Nr. 4 (1/1993).
[34] BGH v. 05.10.1988 - IVb ZR 91/87 - BGHZ 105, 250-259.
[35] BGH v. 01.07.1987 - IVb ZR 74/86 - LM Nr. 1 zu § 1585b BGB.
[36] BGH v. 09.10.1985 - IVb ZR 39/84 - LM Nr. 20 zu § 1569 BGB.
[37] *Viefhues*, jurisPR-FamR 10/2012, Anm. 3 m.w.N.
[38] *Viefhues*, jurisPR-FamR 10/2012, Anm. 3.
[39] OLG Oldenburg v. 23.08.2011 - 13 UF 16/11 - FamRZ 2012, 148-149 m.w.N.

des Zeitmoments in der Weise Rechnung getragen werden, dass das Verstreichenlassen einer Frist von mehr als einem Jahr ausreichen kann. Neben dem Zeitmoment kommt es für die Verwirkung auf das so genannte Umstandsmoment an, d.h. es müssen besondere Umstände hinzutreten, aufgrund derer der Unterhaltsverpflichtete sich nach Treu und Glauben darauf einrichten durfte und eingerichtet hat, dass der Unterhaltsberechtigte sein Recht nicht mehr geltend machen werde.[40]

Dies gilt auch für den Träger der Grundsicherung. Macht er nicht innerhalb eines Jahres nach Gewährung der letzten Leistung den gemäß § 33 Abs. 2 SGB II auf ihn übergegangenen streitigen Unterhaltsanspruch der geschiedenen Ehefrau gegen den geschiedenen Ehegatten geltend oder setzt er durch Rückabtretung die Ehefrau nicht in die Lage, selbst die Ansprüche im eigenen Namen zu verfolgen, dann setzt er zurechenbar einen Vertrauenstatbestand dahin, dass er nach einer solch langen Zeit ohne eigenes Engagement die Forderung nicht doch noch einklagen wird.[41]

C. Prozessuale Hinweise/Verfahrenshinweise

Bis zum 31.07.2006 war im Fall des Bezugs von Arbeitslosengeld II durch den Unterhaltsberechtigten ein Übergang des Unterhaltsanspruchs nur durch Überleitung des Unterhaltsanspruchs durch den Träger der Sozialleistung nach § 33 Abs. 2 SGB II auf diesen möglich. Auch eine Rückabtretung des Unterhaltsanspruchs sah das SGB II nicht vor. Durch das am 01.08.2006 in Kraft getretene Gesetz vom 20.07.2006 zur Fortentwicklung der Grundsicherung für Arbeitsuchende[42] vollzieht sich im Fall des Bezugs von Arbeitslosengeld II durch den Unterhaltsberechtigten der Übergang des Unterhaltsanspruchs nach § 33 Abs. 2 SGB II nicht mehr durch Überleitung des Unterhaltsanspruchs durch den Träger der Sozialleistung, sondern – wie nach dem bis zum 31.12.2004 geltenden § 91 BSHG und dessen Nachfolger § 94 SGB XII – kraft Gesetzes.

Da die Neuregelung keine Übergangsvorschrift enthält, werden von dem Anspruchsübergang auch die Unterhaltsansprüche erfasst, die in der Zeit ab dem In-Kraft-Treten des SGB II am 01.01.2005 bis zum 31.07.2006 entstanden sind. Dies ist im Unterhaltsprozess von Amts wegen zu berücksichtigen. Der Unterhaltsberechtigte kann Unterhaltsansprüche aus der Zeit ab 01.08.2006 nur einklagen, wenn ihm die Unterhaltsansprüche rückabgetreten worden sind (§ 33 Abs. 4 SGB II). Für am 01.08.2006 bereits laufende Verfahren, die Unterhaltsansprüche aus der Zeit vom 01.01.2005 bis 31.07.2006 betreffen, bleibt die Prozessführungsbefugnis des Unterhaltsberechtigten bestehen. Der Klageantrag ist aber auf Zahlung an den Träger der Sozialleistung zu ändern oder der Unterhaltsberechtigte kann mit dem Träger der Sozialleistung eine Rückabtretung des Unterhaltsanspruchs vereinbaren (§ 33 Abs. 4 SGB II), um eine Klageabweisung zu vermeiden.

Der Unterhaltsberechtigte hat die Beweislast für die Fälligkeit des Unterhaltsanspruchs und für die Mahnung. Der Unterhaltsverpflichtete hat zu beweisen, dass er den Verzug nicht zu vertreten hat (§ 286 Abs. 4 BGB).

Nach herrschender Auffassung ist aus der Fassung des Gesetzes („wenn anzunehmen ist") zu folgern, dass der Unterhaltsberechtigte im Prozess nur solche Umstände darzulegen und zu beweisen hat, die nach der Lebenserfahrung den Schluss auf ein Sich-Entziehen rechtfertigen. Sache des Verpflichteten ist es dann, die gegen ihn sprechende tatsächliche Vermutung dadurch zu entkräften, dass er Tatsachen darlegt und beweist, die jene Schlussfolgerung zu erschüttern vermögen. Da es sich bei dem Tatbestandsmerkmal „absichtlich" um eine innere Tatsache handelt, die sich regelmäßig nur indirekt aus dem zutage getretenen Verhalten der Partei erschließen lässt, können insoweit keine zu hohen Anforderungen gestellt werden, wenn dem Zweck der Regelung, einem unredlich handelnden Schuldner den Schutz der Einjahresgrenze zu versagen, praktische Bedeutung zukommen soll.[43]

D. Steuerrechtliche Hinweise

Vgl. hierzu die Steuerrechtl. Hinw. zu §§ 1569 ff. BGB.

---

[40] BGH v. 23.10.2002 - XII ZR 266/99 - BGHZ 152, 217-233.
[41] AG Geldern v. 02.10.2009 - 11 F 200/09 - FamRZ 2010, 816.
[42] BGBl I 2006, 1706.
[43] BGH v. 05.10.1988 - IVb ZR 91/87 - BGHZ 105, 250-259.

§ 1585c BGB Vereinbarungen über den Unterhalt

(Fassung vom 21.12.2007, gültig ab 01.01.2008)

¹Die Ehegatten können über die Unterhaltspflicht für die Zeit nach der Scheidung Vereinbarungen treffen. ²Eine Vereinbarung, die vor der Rechtskraft der Scheidung getroffen wird, bedarf der notariellen Beurkundung. ³§ 127a findet auch auf eine Vereinbarung Anwendung, die in einem Verfahren in Ehesachen vor dem Prozessgericht protokolliert wird.

Gliederung

A. Überblick 1	III. Ausübungskontrolle 25
I. Grundsatz 1	1. Leitsatz 25
II. Praktische Bedeutung 2	2. Rechtsprechung 26
B. Form und Inhalt von Vereinbarungen über nachehelichen Ehegattenunterhalt 4	D. Abänderung einer Unterhaltsvereinbarung 30
I. Form des Vertrags nach § 1585c BGB 4	E. Verfahrenshinweise 35
II. Inhalt des Vertrags nach § 1585c BGB ... 9	F. Übergangsrecht 39
C. Richterliche Inhaltskontrolle von Eheverträgen 13	I. Bis zum 30.06.1977 geltendes Recht 39
I. Kernbereichslehre 14	II. Bis zum 31.03.1986 geltendes Recht ... 41
II. Wirksamkeitskontrolle 15	III. Bis zum 02.10.1990 in der ehemaligen DDR geltendes Recht 42
1. Leitsatz 15	G. Steuerrechtliche Hinweise 45
2. Rechtsprechung 16	

A. Überblick

I. Grundsatz

1 Für Vereinbarungen über Nachscheidungsunterhalt besteht grundsätzlich Vertragsfreiheit, die Eheleute können vor und während der Ehe sowie nach einer Scheidung einen Unterhaltsvertrag schließen. Anders als beim Kindes-, Familien- und Trennungsunterhalt haben sie die Möglichkeit, auf zukünftige Unterhaltsansprüche zu verzichten. Vereinbarungen über den nachehelichen Ehegattenunterhalt unterliegen einer richterlichen Wirksamkeits- und Ausübungskontrolle gemäß §§ 134, 138, 242 BGB.

II. Praktische Bedeutung

2 Die praktische Bedeutung der Vorschrift ist erheblich. Vereinbarungen über den Nachscheidungsunterhalt werden häufig geschlossen. Über die Wirksamkeit solcher Verträge wird vor Gericht vielfach gestritten. In der Praxis ist die Beurteilung, ob ein Vertrag wirksam oder unwirksam ist, außerordentlich schwierig.[1]

3 Mit dem Gesetz zur Änderung des Unterhaltsrechts, in Kraft ab 01.01.2008, wurden die Rahmenbedingungen maßgeblich verändert.[2] Vereinbarungen über den nachehelichen Unterhalt sind jetzt immer formbedürftig, die Erwerbsobliegenheit des kindesbetreuenden geschiedenen Ehegatten beginnt bei einem geringeren Kindesalter, die Beschränkungsmöglichkeiten des Ehegattenunterhalts sind erweitert und die Dispositionsfreiheit der Ehepartner bei einer Vereinbarung über den Versorgungsausgleich ist größer.[3]

B. Form und Inhalt von Vereinbarungen über nachehelichen Ehegattenunterhalt

I. Form des Vertrags nach § 1585c BGB

4 Nach der Neufassung der Vorschrift durch die Unterhaltsreform zum 01.01.2008 sind Vereinbarungen nach § 1585c BGB erst ab Rechtskraft der Scheidung formfrei.

---

[1] *Bergschneider* in: Schröder/Bergschneider, Familienvermögensrecht, 2. Aufl., Rn. 4.847.
[2] *Münch*, FamRZ 2009, 171 ff.
[3] *Bergschneider*, FamRZ 2011, 1380.

Vor Rechtskraft der Scheidung geschlossene Vereinbarungen bedürfen der notariellen Beurkundung (§ 1585c Satz 2 BGB).

Die notarielle Beurkundung wird durch einen vom Prozessgericht der Ehesache wirksam protokollierten Vergleich (§ 127a BGB) ersetzt, § 1585c Satz 3 BGB. Wegen des Anwaltszwangs für die Ehesache (§ 114 Abs. 2 FamFG) ist der gerichtliche Vergleich nur wirksam, wenn beide Parteien bei Vergleichsschluss anwaltlich vertreten sind.[4] Streitig war, ob auch in isolierten Familienverfahren Vereinbarungen zum nachehelichen Unterhalt vor Rechtskraft der Scheidung in Form eines gerichtlichen Vergleichs formwirksam abgeschlossen werden können.[5]

Der BGH hat nunmehr entschieden dass die Form des § 127a BGB bei einer vor Rechtskraft der Ehescheidung geschlossenen Vereinbarung zum nachehelichen Unterhalt auch dann die notarielle Beurkundung ersetzt, wenn die Vereinbarung in einem anderen Verfahren als der Ehesache protokolliert wird. Eine Vereinbarung kann daher insbesondere im Verfahren über den Trennungsunterhalt formwirksam abgeschlossen werden.[6]

Vor dem 01.01.2008 geschlossene formfreie Vereinbarungen bleiben wirksam, das neue Recht gilt erst ab Inkrafttreten der Unterhaltsreform.[7]

II. Inhalt des Vertrags nach § 1585c BGB

Regelmäßig konkretisiert ein Unterhaltsvertrag zwischen Ehegatten die gesetzliche Unterhaltspflicht gemäß §§ 1570-1573, 1575, 1576 BGB. Praktisch häufig sind Regelungen zu den einzelnen Tatbestandsmerkmalen des gesetzlichen Anspruchs, also etwa ab wann eine Erwerbsobliegenheit der Unterhaltsberechtigten neben der Betreuung von Kindern bestehen soll oder die Festlegung des Bedarfs nach den ehelichen Lebensverhältnissen. Vielfach werden die Höhe und die Dauer des gesetzlichen Unterhaltsanspruchs geregelt. In Bezug auf die Ermittlung des Bedarfs und der Leistungsfähigkeit können Vereinbarungen getroffen werden, dass etwa Teile des Einkommens des Unterhaltsberechtigten nicht berücksichtigt werden, um einen Erwerbsanreiz zu schaffen oder auf Seiten des Verpflichteten die volle oder teilweise Nichtberücksichtigung von Nebeneinkünften gilt. Auch kann vereinbart werden, dass dem Unterhaltsberechtigten statt einer Geldrente eine Wohnung, ein Pkw oder sonstige Naturalleistungen überlassen werden.

Die Eheleute können aber auch einen von dem gesetzlichen Unterhaltsanspruch völlig gelösten, rein vertraglichen Anspruch begründen. Voraussetzung hierfür ist, dass unter Verzicht auf den gesetzlichen Unterhaltsanspruch gesetzlich nicht geschuldete Zuwendungen zugesagt werden, die ohne Bezug zum gesetzlichen Unterhaltsanspruch stehen.[8]

Die Höhe des Unterhaltsanspruchs kann dynamisiert vereinbart werden, was bis Ende 1998 genehmigungspflichtig war. Seit dem 01.01.1999 bedürfen Wertsicherungsklauseln keiner Genehmigung mehr durch die Landeszentralbank, denn die früher geltende Vorschrift des § 3 WährG ist durch Art. 9 § 1 EuroG aufgehoben worden. Nach dem Euro-Einführungsgesetz (in Kraft seit 01.01.1999) blieb die Genehmigungspflicht von Indexierungen grundsätzlich erhalten. Als Genehmigungsinstanz fungierte das Bundesamt für Wirtschaft und Ausfuhrkontrolle. Nachfolgeregelungen über die Verwendung von Wertsicherungsklauseln fanden sich im Preisangaben- und Preisklauselgesetz sowie in der Preisklauselverordnung vom 23.09.1998 (in Kraft seit 01.01.1999). Am 14.09.2007 ist das neue Preisklauselgesetz in Kraft getreten. Nach dessen § 3 Abs. 1 Nr. 2 lit. a sind Preisklauseln zulässig bei Zahlungen, die aufgrund einer Verbindlichkeit aus der Auseinandersetzung von Ehegatten zu erbringen sind, wenn der geschuldete Betrag durch die Änderung eines vom Statistischen Bundesamt oder einem Statistischen Landesamt ermittelten Preisindexes für die Gesamtlebenshaltung oder eines vom Statistischen Amt der Europäischen Gemeinschaft ermittelten Verbraucherpreisindexes bestimmt werden soll. Klauseln, die auf den vom Statistischen Bundesamt ermittelten Preisindex für die Lebenshaltungskosten abstellen, sind nach der neueren Rechtsprechung des BGH auch hinreichend bestimmt und vollstreckungsfähig.[9]

---

[4] *Bergschneider*, FamRZ 2008, 17, 18.
[5] Vgl. zum Meinungsstreit: OLG Oldenburg v. 01.06.2011 - 12 W 143/11 - FamRZ 2011, 1738 und v. 31.05.2012 - 14 UF 22/12 - FamRZ 2013, 385.
[6] BGH v. 26.02.2014 - XII ZB 365/12 - NJW 2014, 1231.
[7] BT-Drs. 16/6980, S. 20.
[8] BGH v. 20.12.1978 - IV ARZ 74/78 - LM Nr. 14 zu § 23b GVG
[9] Vgl. BGH v. 10.12.2003 - XII ZR 155/01.

12 Da der vertraglich vereinbarte Unterhalt im Regelfall weiterhin ein Unterhaltsanspruch ist, gelten die Pfändungsschutzvorschriften (§§ 850b, 850d ZPO) und die Aufrechnungsverbote (§§ 394, 400 BGB) auch für Ansprüche aus Unterhaltsverträgen.

C. Richterliche Inhaltskontrolle von Eheverträgen

13 Nach grundlegenden Entscheidungen des BVerfG[10] und einer anschließenden Rechtsprechungsänderung des BGH[11] unterliegen vertragliche Vereinbarungen zum nachehelichen Ehegattenunterhalt der richterlichen Inhaltskontrolle. Hierdurch soll sichergestellt werden, dass es im Rahmen der Privatautonomie nicht zu einer unangemessenen Benachteiligung eines Ehegatten kommt und das Wohl betroffener Kinder gewahrt wird. Der Maßstab der Inhaltskontrolle ist abhängig von der Wertigkeit des von der Vereinbarung betroffenen Rechts im Zusammenhang mit gesetzlichen Schutzzwecken (Kernbereichslehre). Die Inhaltskontrolle erfolgt zweistufig, zunächst als Wirksamkeitskontrolle gemäß § 138 Abs. 1 BGB, sodann als Ausübungskontrolle gemäß § 242 BGB. Wegen der Bedeutung der Gesamtwürdigung im Einzelfall ist für die Praxis die höchstrichterliche Rechtsprechung lehrreich.[12]

I. Kernbereichslehre

14 Die richterliche Inhaltskontrolle knüpft an die Wertigkeit des betroffenen Rechts an. Es wird geprüft, ob eine vom gesetzlichen Scheidungsfolgenrecht abweichende Vereinbarung eine evident einseitige Lastenverteilung bewirkt, die der belastete Ehegatte nicht hinnehmen muss. Dabei wiegt die nachteilige Belastung umso schwerer, je unmittelbarer die vertragliche Einschränkung von gesetzlichen Unterhaltstatbeständen in den Kernbereich des Scheidungsfolgenrechts eingreift. Der BGH beschreibt insoweit folgende Rangabstufung der Unterhaltstatbestände:

1. Unterhalt wegen Kindesbetreuung (§ 1570 BGB)
2. Alters- und Krankheitsunterhalt, Versorgungsausgleich (§§ 1571, 1572 BGB)
3. Unterhalt wegen Erwerbslosigkeit (§ 1573 Abs. 1 BGB)
4. Altersvorsorgeunterhalt (§ 1578 Abs. 2 Satz 1, Abs. 3 BGB)
5. Aufstockungs- und Ausbildungsunterhalt (§§ 1573 Abs. 2, 1575 BGB)

II. Wirksamkeitskontrolle

1. Leitsatz

15 Die Wirksamkeitskontrolle gemäß § 138 Abs. 1 BGB ist eine auf den Zeitpunkt des Vertragsschlusses bezogene Gesamtwürdigung der individuellen Verhältnisse der Ehegatten. Eine Sittenwidrigkeit kommt in Betracht, wenn Regelungen aus dem Kernbereich des Scheidungsfolgenrechts ganz oder zu erheblichen Teilen abbedungen sind, ohne dass diese Nachteile für den betreffenden Ehegatten durch andere Vorteile gemildert oder durch die besonderen Verhältnisse der Ehegatten, den von ihnen angestrebten oder gelebten Ehetyp oder auch sonst wichtige Belange des begünstigten Ehegatten gerechtfertigt werden.[13] Von Bedeutung sind beispielsweise die Einkommens- und Vermögensverhältnisse und das geplante oder bereits verwirklichte Ehekonzept. Neben den objektiven Folgen der Vereinbarung sind die von den Eheleuten verfolgten subjektive Zwecke und Beweggründe zu berücksichtigen. Bei Teilnichtigkeit ist in der Regel der gesamte Vertrag nichtig (§ 139 BGB).[14]

---

[10] BVerfG v. 06.02.2001 - 1 BvR 12/92 - FamRZ 2001, 343 ff., BVerfG v. 29.03.2001 - 1 BvR 1766/92 - FamRZ 2001, 985.

[11] Grundlegend BGH v. 11.02.2004 - XII ZR 265/02 - FamRZ 2004, 601 ff., BGH v. 25.05.2005 - XII ZR 296/01 - FamRZ 2005, 1444 ff.

[12] Dazu *Bergschneider*, FamRZ 2006, 1098: Die Rechtsprechung zur richterlichen Inhaltskontrolle von Eheverträgen erinnert an die vielköpfige Lernäische Hydra, der noch viele Köpfe abzuschlagen sind, die aber die Tücke hat, dass ihr für jeden abgeschlagenen Kopf zwei neue wachsen. Dem BGH ist die Kraft und die Wendigkeit eines Herakles zu wünschen, mit dieser Kreatur fertig zu werden

[13] BGH v. 11.02.2004 - XII ZR 265/02 - FamRZ 2004, 601 ff., BGH v. 25.05.2005 - XII ZR 296/01 - FamRZ 2005, 1444 ff.

[14] BGH v. 25.05.2005 - XII ZR 296/01 - FamRZ 2005, 1444 ff.

2. Rechtsprechung

Eine Schwangerschaft der Frau bei Abschluss des Ehevertrages begründet für sich allein zwar noch keine Sittenwidrigkeit des Ehevertrages. Sie indiziert aber eine ungleiche Verhandlungsposition und damit eine Disparität bei Vertragsabschluss.[15]

Sind beide Eheleute bei Vertragsschluss mittellos, stellt ein wechselseitiger Unterhaltsverzicht keine einseitige Lastenverteilung dar.[16]

Die Eheleute können den Bedarf wirksam nach den ehelichen Lebensverhältnissen zum Zeitpunkt des Vertragsschlusses festschreiben.[17]

Der Ausschluss des Unterhalts wegen Krankheit ist nicht sittenwidrig, wenn dadurch voreheliche Unfallfolgen ausgeschlossen werden.[18]

Der Ausschluss des Nachscheidungsunterhalts für den Fall der Aufnahme einer eheähnlichen Beziehung auch für den Betreuungsunterhalt ohne Ausgleich der durch Kindesbetreuung bedingten ehelichen Nachteile ist unwirksam.[19]

Ein Unterhaltsverzicht der Ehefrau, die beim Vertragsschluss erst 23 Jahre alt, in Deutschland fremd und der deutschen Sprache nicht mächtig war, die über keine Ausbildung verfügt hat und ohne die Eheschließung weder eine Aufenthalts- noch eine Arbeitserlaubnis erhalten hätte, demgegenüber der Ehemann elf Jahre älter, in Deutschland beheimatet und im öffentlichen Dienst wirtschaftlich abgesichert war, wurde als evident einseitig und nichtig angesehen.[20]

Ebenso wurde ein ehevertraglicher Unterhaltsverzicht, durch den sich ein Ehegatte von jeder Verantwortung für seinen aus dem Ausland eingereisten Ehegatten freizeichnet, wenn dieser seine bisherige Heimat endgültig verlassen hat, in Deutschland (jedenfalls auch) im Hinblick auf die Eheschließung ansässig geworden ist und schon bei Vertragsschluss die Möglichkeit nicht fernlag, dass er sich im Falle des Scheiterns der Ehe nicht selbst werde unterhalten können, als unwirksam angesehen.[21]

Die Unterhaltsvereinbarung einer schwangeren Frau ist sittenwidrig, wenn sie ehebedingt eine gut dotierte Stellung aufgibt und die Unterhaltsvereinbarung keine angemessene Kompensation vorsieht.[22]

Einen Verzicht auf Betreuungsunterhalt sieht der BGH u.a. dann nicht als sittenwidrig an, wenn bei Abschluss des Vertrages kein Kinderwunsch besteht[23] oder bei jüngeren Ehepaaren eine Doppelverdienerehe besteht, ein Kinderwunsch nicht ausgeschlossen, aber derzeit nicht geplant ist.[24] Allerdings kollidiert ein kompletter Verzicht auch für den Zeitraum der ersten drei Jahre der Kinderbetreuung mit den §§ 1615l Abs. 3 Satz 1, 1614 Abs. 1 BGB, wonach ein Verzicht ausgeschlossen ist.[25]

III. Ausübungskontrolle

1. Leitsatz

Ist die Vereinbarung der Eheleute nicht sittenwidrig, erfolgt in einem zweiten Schritt die Ausübungskontrolle gemäß § 242 BGB. Zu prüfen ist, ob und inwieweit die Berufung auf den Ausschluss gesetzlicher Scheidungsfolgen angesichts der aktuellen Verhältnisse der Eheleute missbräuchlich erscheint und aus diesem Grund das Vertrauen des Begünstigten in den Fortbestand des Vertrages nicht schutzwürdig ist. Entscheidend ist, ob sich im Zeitpunkt des Scheiterns der Lebensgemeinschaft aus dem vereinbarten Ausschluss der Scheidungsfolge eine evident einseitige Lastenverteilung ergibt, die hinzunehmen für den belasteten Ehegatten auch bei angemessener Berücksichtigung der Belange des anderen Ehegatten und seines Vertrauens in die Geltung der getroffenen Abrede sowie bei verständiger Würdigung des Wesens der Ehe unzumutbar ist.[26] Ist das der Fall, sind die Rechtsfolgen richterlich anzuordnen, die die ehebedingten Nachteile ausgleichen und den berechtigten Belangen beider Ehegatten

---

[15] BGH v. 25.05.2005 - XII ZR 296/01 - FamRZ 2005, 1444 ff.
[16] BGH v. 25.10.2006 - XII ZR 144/04 - FamRZ 2007, 197 f.
[17] BGH v. 28.02.2007 - XII ZR 165/04 - FamRZ 2007, 974 ff.
[18] BGH v. 28.03.2007 - XII ZR 130/04 - FamRZ 2007, 1310 ff.
[19] OLG München v. 01.02.2006 - 12 UF 1844/04 - FamRZ 2006, 1449.
[20] BGH v. 17.05.2006 - XII ZB 250/03 - FamRZ 2006, 1097.
[21] BGH v. 22.11.2006 - XII ZR 119/04 - FamRZ 2007, 450.
[22] BGH v. 05.07.2006 - XII ZR 25/04 - FamRZ 2006, 1359.
[23] BGH v. 28.11.2007 - XII ZR 132/05 - FamRZ 2008, 582.
[24] BGH v. 31.10.2012 - XII ZR 129/10 - FamRZ 2013, 195.
[25] *Brudermüller* in: Palandt, BGB, § 1585c Rn. 16.
[26] BGH v. 11.02.2004 - XII ZR 265/02 - FamRZ 2004, 601 ff.

entsprechen.[27] Hält ein ehevertraglich vereinbarter Verzicht auf nachehelichen Unterhalt der richterlichen Ausübungskontrolle nicht stand, so muss die anzuordnende Rechtsfolge im Lichte des Unterhaltsrechts und damit auch der zum 01.01.2008 in Kraft getretenen Unterhaltsrechtsreform und deren Änderungen gesehen werden.[28]

2. Rechtsprechung

26 Sind die Ehegatten bei der Bemessung des nachehelichen Unterhalts davon ausgegangen, dass der voraussichtlich unterhaltsberechtigte Ehegatte in der Ehe die Haushaltsführung und Kindesbetreuung mit einer teilweisen Erwerbstätigkeit verbinden werde, so kommt, wenn dieser Ehegatte in der Ehe nicht erwerbstätig ist, eine richterliche Vertragsanpassung in Betracht, wenn die vorgestellte, aber nicht verwirklichte Teilerwerbstätigkeit dieses Ehegatten erheblich sein sollte und ihm ein unverändertes Festhalten am Ehevertrag deshalb nicht zumutbar ist.[29]

27 Die Erkrankung eines Ehegatten kann die Berufung des anderen Ehegatten auf den vertraglich vereinbarten Ausschluss von nachehelichem Unterhalt als rechtsmissbräuchlich erscheinen lassen.[30]

28 Durch das Hinzukommen weiterer Unterhaltsberechtigter kann sich ein Fall der Verschlechterung der wirtschaftlichen Situation ergeben, die das für jeden Unterhaltsberechtigten zur Verfügung stehende Einkommen erheblich verändert und das Existenzminimum des Unterhaltsverpflichteten gefährdet. Auch hier ist eine Anpassung möglich.[31]

29 Eine Inhaltskontrolle von Eheverträgen kann auch zugunsten des auf Unterhalt in Anspruch genommenen Ehegatten veranlasst sein, wenn dieser sich zu Unterhaltsleistungen oberhalb des gesetzlichen Unterhalts verpflichtet hat.[32]

D. Abänderung einer Unterhaltsvereinbarung

30 Die Abänderung einer Unterhaltsvereinbarung richtet sich nach den aus § 313 BGB abgeleiteten Grundsätzen über die Veränderung oder den Wegfall der Geschäftsgrundlage. Ob eine solche Änderung eingetreten ist, richtet sich nach dem dem Vergleich zugrunde gelegten Parteiwillen. Ist in den maßgeblichen Verhältnissen seit Abschluss des Vergleichs eine Änderung eingetreten, so muss die danach gebotene Anpassung der getroffenen Regelung an die veränderten Verhältnisse nach Möglichkeit unter Wahrung der dem Parteiwillen entsprechenden Grundlagen erfolgen. Soweit diese sich allerdings so tiefgreifend geändert haben, dass dem Parteiwillen für die vorzunehmende Änderung kein hinreichender Anhaltspunkt mehr zu entnehmen ist, kann in Betracht kommen, die Abänderung ausnahmsweise ohne fortwirkende Bindung an die (unbrauchbar gewordenen) Grundlagen des abzuändernden Vergleichs vorzunehmen und den Unterhalt wie bei einer Erstfestsetzung nach den gesetzlichen Vorschriften zu bemessen. Auch in solchen Fällen bleibt allerdings zu prüfen, ob dem Vergleich Elemente entnommen werden können, die trotz der tiefgreifenden Änderung der Verhältnisse nach dem erkennbaren Parteiwillen weiterwirken sollen.[33] Die Parteien können einen Verteilungsmaßstab für die Unterhaltsbemessung in der Weise verbindlich festlegen, dass er auch für spätere Anpassungen der vereinbarten Unterhaltsrente maßgeblich sein soll.

31 Ebenso besteht die Möglichkeit, dass einer vertraglichen Vereinbarung nach dem Willen der Parteien die Bedeutung zukommen soll, dass die jeweils in der Praxis übliche Verteilungsquote für die Unterhaltsbemessung herangezogen wird. Dann richtet sich die Änderung der Vereinbarung nur nach diesen Kriterien.[34] Dagegen kommt den von der unterhaltsrechtlichen Praxis entwickelten Unterhaltsrichtlinien, Tabellen, Verteilungsschlüsseln oder sonstigen Berechnungsmethoden keine Bindungswirkung zu, weil sie nur Hilfsmittel zur Ausfüllung der unbestimmten Rechtsbegriffe „angemessener Unterhalt" oder „Unterhalt nach den ehelichen Lebensverhältnissen" sind.[35]

---

[27] BGH v. 11.02.2004 - XII ZR 265/02 - FamRZ 2004, 601 ff.
[28] BGH v. 02.02.2011 - XII ZR 11/09 - FamRZ 2011, 1377 ff.
[29] BGH v. 28.02.2007 - XII ZR 165/04 - FamRZ 2007, 974.
[30] BGH v. 28.11.2007 - XII ZR 132/05 - FamRZ 2008, 582.
[31] BGH v. 19.03.2014 - XII ZB 19/13.
[32] BGH v. 05.11.2008 - XII ZR 157/06 - FamRZ 2009, 198 ff.
[33] BGH v. 02.03.1994 - XII ZR 215/92 - LM BGB § 1606 Nr. 29 (7/1994).
[34] BGH v. 14.11.1984 - IVb ZR 38/83 - LM Nr. 13 zu § 1573 BGB.
[35] BGH v. 29.06.1994 - XII ZR 79/93 - LM ZPO § 323 Nr. 71 (2/1995).

Fehlt es an solchen Vorgaben, erfolgt die Änderung nach den gesetzlichen Bestimmungen und der einschlägigen Rechtsprechung.[36] Die Parteien können auch eine Abänderbarkeit ihrer Vereinbarung völlig ausschließen. Der Verzicht auf eine Abänderbarkeit der Unterhaltsvereinbarung kann aber gemäß § 242 BGB unwirksam sein, wenn bei Einhaltung der Unterhaltsvereinbarung eine Existenzgefährdung des Unterhaltspflichtigen eintreten würde.[37]

Die oben dargestellten Grundsätze gelten auch für die Abänderung von Prozessvergleichen und vollstreckbaren Urkunden, die sich auf eine vertragliche Regelung oder ein Anerkenntnis stützen. Im Rahmen einer Abänderungsklage findet kein Einwendungsausschluss nach § 323 Abs. 2 oder 3 ZPO statt, so dass es nicht auf den Zeitpunkt ankommt, wann die streitige Einwendung entstanden ist.[38]

Für von dem gesetzlichen Unterhaltsanspruch völlig gelöste Vereinbarungen ist eine Anpassung wegen nachträglicher Veränderung der Verhältnisse grundsätzlich ausgeschlossen. Handelt es sich dagegen um einen Umstand, der die Existenz des Unterhaltspflichtigen, also seinen eigenen Unterhalt, gefährdet, kommt eine Anpassung der Vereinbarung nach den Grundsätzen über die Veränderung oder den Wegfall der Geschäftsgrundlage in Betracht (§ 313 Abs. 1 BGB).[39]

E. Verfahrenshinweise

Verfahren, die eine Vereinbarung über den gesetzlichen Unterhaltsanspruch betreffen, sind Familiensachen, für die das Amtsgericht – Familiengericht – ausschließlich zuständig ist (§ 23a Nr. 2 GVG).

Auch für Verfahren, die eine den gesetzlichen Unterhaltsanspruch ablösende ausschließliche vertragliche Vereinbarung betreffen, sind seit dem 01.01.2009 die Familiengerichte zuständig (§§ 112 Nr. 3, 266 Abs. 1 Nr. 2, 3 FamFG).

Die Beweislast für das Vorliegen einer Unterhaltsvereinbarung oder deren Unwirksamkeit trägt derjenige, der sich darauf beruft.

Seit dem 01.01.2009 besteht auch im isolierten Unterhaltsverfahren vor dem Amtsgericht/Familiengericht Anwaltszwang.

F. Übergangsrecht

I. Bis zum 30.06.1977 geltendes Recht

Unterhaltsvereinbarungen aus Ehen, die nach dem bis zum 30.06.1977 geltenden Recht geschieden worden sind, werden von § 1585c BGB nicht erfasst (Art. 12 Nr. 3 Abs. 2 Satz 2 1. EheRG). Ihre Wirksamkeit richtet sich ohne Rücksicht auf den Zeitpunkt des Abschlusses der Vereinbarung nach § 72 EheG.

Das gerichtliche Verfahren und die Zuständigkeit des Gerichts richten sich dagegen nach dem jeweils geltenden Verfahrensrecht.

II. Bis zum 31.03.1986 geltendes Recht

Unterhaltstitel aus der Zeit vor dem In-Kraft-Treten des UÄndG, die Unterhaltsansprüche des seit 01.07.1977 geltenden Rechts betreffen, können nach Maßgabe von Art. 6 Nr. 1 UÄndG in eingeschränktem Maße im Wege der Abänderungsklage an die seit 01.04.1986 bestehende neue Rechtslage angepasst werden. Dabei ist die Klage nicht davon abhängig, dass sich die dem Unterhaltstitel zugrunde liegenden tatsächlichen Verhältnisse inzwischen geändert haben. Vielmehr kann sich der Unterhaltspflichtige gemäß den Sätzen 1 und 2 der Vorschrift auch auf zurückliegende Tatsachen berufen, die erst durch das UÄndG erheblich geworden sind. Als derartiger zurückliegender Umstand kommt die Ehedauer in Betracht, die durch die Änderung der §§ 1573, 1578 BGB für den Anspruch auf nachehelichen Unterhalt erheblich geworden ist.[40]

---

[36] BGH v. 29.11.1978 - IV ZR 8/78 - FamRZ 1979, 210-211.
[37] OLG Köln v. 11.11.1988 - 25 UF 62/88 - FamRZ 1989, 637-638.
[38] BGH v. 04.10.1982 - GSZ 1/82 - BGHZ 85, 64-75.
[39] OLG Köln v. 11.11.1988 - 25 UF 62/88 - FamRZ 1989, 637-638.
[40] BGH v. 26.04.1989 - IVb ZR 52/88 - LM Nr. 4 zu UÄndG.

§ 1585c

III. Bis zum 02.10.1990 in der ehemaligen DDR geltendes Recht

42 Nach Art. 234 § 5 Satz 2 EGBGB bleiben Unterhaltsvereinbarungen unberührt. Sie hatten auch unter dem FGB Vorrang vor der gesetzlichen Regelung. Die Wirksamkeit einer solchen Vereinbarung setzt voraus, dass sie im Scheidungsverfahren geschlossen worden ist (§ 30 Abs. 3 FamGB DDR). Da die Vorschrift am 03.10.1990 außer Kraft getreten ist, gilt dies nur für die Vereinbarungen, die vor dem 03.10.1990 außerhalb eines Scheidungsverfahrens geschlossen worden sind.

43 Haben Ehegatten, die in der ehemaligen DDR geschieden worden und dort verblieben sind, nach dortigem Recht eine nacheheliche Unterhaltsrente vereinbart, so kann der Unterhaltsberechtigte nach dem Beitritt eine Anpassung seiner Unterhaltsrente an die wirtschaftlichen Veränderungen verlangen, die im Gebiet der ehemaligen DDR seit deren Beitritt zur Bundesrepublik Deutschland eingetreten sind. Das Erhöhungsverbot des § 33 Satz 2 FamGB DDR steht dem nicht entgegen.[41]

44 Für den Anspruch auf nachehelichen Unterhalt ist seit dem In-Kraft-Treten des IPR-NeuregelungsG 1986 entsprechend Art. 18 Abs. 5 EGBGB das bundesdeutsche Recht maßgebend, wenn zumindest der unterhaltspflichtige geschiedene Ehegatte vor dem Wirksamwerden des Beitritts am 03.10.1990 aus der ehemaligen DDR in die Bundesrepublik übergesiedelt ist.[42] Demgemäß erfolgt die Abänderung einer Vereinbarung wie bei einem Prozessvergleich nach § 323 Abs. 4 ZPO in der Form des § 323 Abs. 1 ZPO. Inhaltlich bestimmt sie sich dementsprechend nach den aus § 313 BGB abgeleiteten Grundsätzen über die Veränderung oder den Wegfall der Geschäftsgrundlage.

G. Steuerrechtliche Hinweise

45 Vgl. hierzu die Steuerrechtl. Hinw. zu §§ 1569 ff. BGB.

---

[41] BGH v. 25.01.1995 - XII ZR 247/93 - BGHZ 128, 320-336.
[42] BGH v. 02.02.1994 - XII ZR 191/92 - LM ZPO § 323 Nr. 70 (6/1994).

Kapitel 5 - Ende des Unterhaltsanspruchs

§ 1586 BGB Wiederverheiratung, Begründung einer Lebenspartnerschaft oder Tod des Berechtigten

(Fassung vom 02.01.2002, gültig ab 01.01.2002)

(1) Der Unterhaltsanspruch erlischt mit der Wiederheirat, der Begründung einer Lebenspartnerschaft oder dem Tod des Berechtigten.

(2) ¹Ansprüche auf Erfüllung oder Schadensersatz wegen Nichterfüllung für die Vergangenheit bleiben bestehen. ²Das Gleiche gilt für den Anspruch auf den zur Zeit der Wiederheirat, der Begründung einer Lebenspartnerschaft oder des Todes fälligen Monatsbetrag.

Gliederung

A. Grundlagen 1	II. Tod des Berechtigten (Absatz 1, Alternative 3) 12
B. Anwendungsvoraussetzungen 2	1. Allgemeines 12
I. Wiederheirat/Begründung einer Lebenspartnerschaft des Berechtigten (Absatz 1, Alternative 1 und 2) 2	2. Kapitalabfindungen 13
	3. Unterhaltsvereinbarung 15
1. Eheaufhebung 3	4. Sterbeversicherung und Bestattungskosten 16
2. Unterhaltsanspruch des betreuenden Elternteils gemäß § 1615l BGB 4	III. Fortbestehen des Unterhaltsanspruchs (Absatz 2) 18
3. Unterhaltsvereinbarung 5	IV. Praktische Hinweise 19
4. Nichteheliche Lebensgemeinschaft ... 8	C. Steuerrechtliche Hinweise 22
5. Kapitalabfindungen 10	

A. Grundlagen

Die Vorschrift entspricht inhaltlich, abgesehen von der Ergänzung hinsichtlich der Begründung einer Lebenspartnerschaft, den §§ 67, 69, EheG. Sie regelt das Ende der Unterhaltspflicht. Der nacheheliche Unterhalt soll den unterhaltsberechtigten geschiedenen Ehegatten in die Lage versetzen, seinen in der Ehe erworbenen Lebensstandard auch nach der Scheidung aufrechtzuerhalten.[1] Mit dem Tod des Berechtigten erlischt der Unterhaltsanspruch endgültig und ausnahmslos. Bei einer Wiederverheiratung bzw. nach der Ergänzung durch Art. 2 Nr. 8 LPartG bei Begründung einer Lebenspartnerschaft erlischt der Unterhaltsanspruch ebenfalls, kann jedoch bei Auflösung der späteren Ehe gemäß § 1586a BGB wieder neu entstehen.

1

B. Anwendungsvoraussetzungen

I. Wiederheirat/Begründung einer Lebenspartnerschaft des Berechtigten (Absatz 1, Alternative 1 und 2)

Mit der erneuten wirksamen Eheschließung erlangt der geschiedene unterhaltsberechtigte Ehegatte einen neuen Unterhaltsanspruch gemäß den §§ 1360 ff. BGB. Das gilt nach der Ergänzung durch Art. 2 Nr. 8 LPartG auch für eingetragene Lebenspartnerschaften. Der Unterhaltsanspruch gegen den geschiedenen Ehegatten erlischt mit rechtswirksamer erneuter Heirat hinsichtlich aller Unterhaltstatbestände.[2] Der Anspruch kann jedoch bei Auflösung einer späteren Ehe über § 1586a BGB i.V.m. § 1570 BGB wieder aufleben.

2

1. Eheaufhebung

Bei einer Eheaufhebung lebt der Unterhaltsanspruch gemäß § 1318 Abs. 2 Nr. 1 BGB gegen den früheren Ehegatten wieder auf, soweit dieser gutgläubig hinsichtlich der Wirksamkeit der neuen Ehe war. Der Unterhaltsanspruch des bösgläubigen Unterhaltsberechtigten erlischt im Falle der Wiederheirat

3

---

[1] *Maurer* in: MünchKomm-BGB, § 1586 Rn. 1.
[2] BGH v. 30.09.1987 - IVb ZR 71/86 - NJW 1988, 557-558, *Wagner*, NJW 1998, 3097.

§ 1586

seit der Beseitigung der Nichtigkeitsfolgen durch das EheschlRG endgültig, sofern nicht der Tatbestand des § 1318 Abs. 2 Nr. 2 BGB vorliegt.[3]

2. Unterhaltsanspruch des betreuenden Elternteils gemäß § 1615l BGB

4   Für den Fall, dass ein nach § 1615 l BGB unterhaltsberechtigter Elternteil vor oder nach Entstehen des Anspruchs eine Ehe oder Lebenspartnerschaft eingeht, findet § 1586 Abs. 1 Alt. 1, 2 und 3 BGB analoge Anwendung. Die obergerichtliche Rechtsprechung,[4] wonach ein Nebeneinander der auf der Ehe beruhenden Unterhaltsansprüche nach den §§ 1361, 1569 ff. BGB und der Unterhaltsansprüche gemäß § 1615l BGB, gleich ob die Ansprüche nach § 1615l BGB vor oder nach Eingehung der Ehe entstehen, möglich ist, wurde durch den BGH[5] abgelehnt.

3. Unterhaltsvereinbarung

5   Auf Unterhaltsansprüche aus einer unselbständigen Unterhaltsvereinbarung – diese setzen nur den gesetzlichen Unterhaltsanspruch fest, ohne diesen in seinem Wesen zu verändern[6] – findet § 1586 BGB uneingeschränkt Anwendung, sofern sie nicht abbedungen oder vertraglich modifiziert ist.[7] Da § 1586 Abs. 1 BGB kraft ausdrücklicher Vereinbarung abdingbar ist[8], kann eine Unterhaltsvereinbarung das Fortgelten des Unterhaltsanspruches über den Zeitpunkt der Wiederheirat bzw. Begründung einer Lebenspartnerschaft oder des Todes des Berechtigten hinaus ausdrücklich regeln.

6   Bei selbständigen, so genannten novierenden Unterhaltsvereinbarungen – die Ehegatten lösen sich von der Grundlage des Unterhaltsanspruchs und stellen diesen auf eine eigenständige schuldrechtliche Grundlage bei wechselseitigem Verzicht auf gesetzliche Unterhaltsansprüche[9] – hängt die Anwendung des § 1586 Abs. 1 BGB vom Inhalt der Unterhaltsvereinbarung ab, d.h. § 1586 BGB kann im Wege der ergänzenden Vertragsauslegung analog herangezogen werden, jedoch mit äußerst restriktiver Handhabung.[10] Eine entsprechende Anwendung kann sich jedoch ergeben, wenn der Vereinbarung durch Auslegung zu entnehmen ist, dass der Unterhaltsanspruch bei dauerhafter Eingehung einer nichtehelichen Lebensgemeinschaft nicht gewährt werden soll. Bei einer notariellen Vereinbarung wird man eine über den Wortlaut hinausgehende Auslegung allerdings nur in Ausnahmefällen vornehmen können.[11]

7   Ein zwischen den Ehegatten bei Ehescheidung nach wechselseitigem Unterhaltsverzicht vereinbarter Anspruch auf Leibrente „bis zum Tod" erlischt bei Wiederheirat des überlebenden Ehegatten nicht.[12]

4. Nichteheliche Lebensgemeinschaft

8   Der Unterhaltsanspruch des Unterhaltsberechtigten gegen den geschiedenen Ehegatten erlischt gemäß § 1586 Abs. 1 BGB nicht bei Eingehung einer nichtehelichen Lebensgemeinschaft, da gegenüber dem Lebensgefährten weder gesetzliche noch – in der Regel – vertragliche Ansprüche bestehen.[13] Eine analoge Anwendung[14] wird bisher abgelehnt. Der Fall der Wiederverheiratung ist somit strikt vom Fall der Eingehung einer nichtehelichen Lebensgemeinschaft zu trennen.[15] Dies gilt auch dann, wenn die Wiederheirat absichtlich und zur Erhaltung des Unterhaltsanspruches unterlassen wird.[16] Vielmehr ist der Unterhaltsverpflichtete auf § 1579 Nr. 6, Nr. 7 BGB zu verweisen.[17]

---

[3] *Baumann* in: Staudinger, § 1586 Rn. 20.
[4] OLG Stuttgart v. 04.07.2002 - 16 UF 25/02 - NJW-RR 2002, 1441-1443.
[5] BGH v. 17.11.2004 - XII ZR 183/02 - FamRZ 2005, 347-353.
[6] BGH v. 11.07.1979 - IV ZR 165/78 - LM Nr. 17 zu § 23b GVG; BGH v. 29.01.1997 - XII ZR 221/95 - LM BGB § 394 Nr. 12 (6/1997).
[7] *Maurer* in: MünchKomm-BGB, § 1586 Rn. 4.
[8] OLG Bamberg v. 01.04.1999 - 2 UF 20/99 - MDR 1999, 1139; OLG Koblenz v. 01.10.2001 -13 UF 97/01- FamRZ 2002, 1040
[9] BGH v. 04.10.1978 - IV ZB 84/77 - BGHZ 72, 182-198.
[10] *Baumann* in: Staudinger, § 1586 Rn. 9.
[11] *Baumann* in: Staudinger, § 1586 Rn. 16.
[12] OLG Koblenz v. 01.10.2001 - 13 UF 97/01 - NJW-RR 2002, 797-798.
[13] BGH v. 26.09.1979 - IV ZR 87/79 - LM Nr. 6 zu § 58 EheG; BGH v. 20.05.1981 - IVb ZR 556/80 - LM Nr. 13 zu § 1361 BGB.
[14] BGH v. 20.05.1981 - IVb ZR 556/80 - LM Nr. 13 zu § 1361 BGB.
[15] Vgl. auch LG Bonn v. 27.07.1972 - 6 S 150/72 - FamRZ 1972, 508.
[16] *Maurer* in: MünchKomm § 1586 Rn. 2 m.w.N.
[17] OLG Köln v. 18.12.1979 - 4 UF 127/79 - FamRZ 1980, 362 (Unterlassen der Eheschließung zum Erhalt des Unterhaltsanspruchs).

Möglich ist jedoch ein Wegfall des Unterhaltsanspruchs des Unterhaltsberechtigten bei vertraglicher Vereinbarung, wobei diese Vereinbarung über den Wegfall des Unterhaltsanspruchs bei Eingehung einer neuen Lebensgemeinschaft Angaben zu den von der Rechtsprechung entwickelten Faktoren des Umstandsmoments und des Zeitmoments enthalten sollte. Insbesondere hinsichtlich des Zeitfaktors variieren die Auffassungen, wann eine auf Dauer angelegte Gemeinschaft des Unterhaltsberechtigten mit dem Lebensgefährten angenommen werden kann.[18]

5. Kapitalabfindungen

Hat der Berechtigte gegen den Verpflichteten einen Anspruch auf Kapitalabfindung aufgrund Umwandlung eines ehemaligen Unterhaltsanspruchs, stellt sich die Frage, ob dieser auch dann fortbesteht, wenn Fälligkeit erst nach Wiederverheiratung bzw. Begründung einer Lebenspartnerschaft eintritt. Ein Abfindungsanspruch kann jedoch nicht allein deshalb bei Wiederheirat bzw. Begründung einer Lebenspartnerschaft erlöschen, weil der Berechtigte gegenüber dem Verpflichteten seinen Anspruch gestundet hat.[19]

Mit der Vereinbarung eines Abfindungsbetrages wollten die Parteien im Rahmen eines Unterhaltsvergleichs in aller Regel eine abschließende Regelung treffen, sodass der Fortbestand der unterhaltsrelevanten Umstände nicht Geschäftsgrundlage dieser Vereinbarung ist. Der zahlungsverpflichtete Ehegatte kann sich also nach erneuter Heirat des Unterhaltsberechtigten nicht nachträglich von dieser Vereinbarung lösen.[20]

II. Tod des Berechtigten (Absatz 1, Alternative 3)

1. Allgemeines

Aus der höchstpersönlichen Natur des Unterhaltsanspruchs folgt, dass alle Unterhaltsrechtsverhältnisse mit dem Tod endgültig erlöschen. Nur rückständige oder fällige Unterhaltsansprüche sind vererblich (§ 1615 Abs. 1 BGB). Gleiches gilt für den zur Zeit des Todes fälligen Monatsbetrag an Unterhalt gemäß § 1586 Abs. 2 BGB.

2. Kapitalabfindungen

Ein bei Tod des Unterhaltsberechtigten noch nicht fälliger Anspruch auf eine Abfindung für künftigen Unterhalt ist trotz § 1586 Abs. 1 BGB vererblich.[21] Richtig ist zwar, dass auch der Anspruch auf Kapitalabfindung dem Unterhaltsrecht entstammt und den Lebensbedarf des Berechtigten sichern soll. Für eine analoge Anwendung des § 1586 Abs. 1 BGB besteht jedoch kein Bedürfnis. Entscheidend muss die Begründung des Kapitalabfindungsanspruches sein, nicht seine Fälligkeit. Eine Stundung, die der Berechtigte dem Verpflichteten gewährt, kann sich nicht nochmals zu Gunsten des Verpflichteten auswirken.

Bei einer bereits geleisteten Kapitalabfindung verbleibt diese beim Berechtigten bzw. dessen Erben, unabhängig davon, ob der Wert der Kapitalabfindung ein Äquivalent zu den fiktiv dem Berechtigten zugeflossenen regelmäßigen Unterhaltszahlungen darstellt.

3. Unterhaltsvereinbarung

In einer Unterhaltsvereinbarung gemäß § 1585c BGB kann ausdrücklich vereinbart werden, dass der Unterhaltsanspruch für einen bestimmten Zeitraum auf die Erben des Unterhaltsberechtigten übergeht.

4. Sterbeversicherung und Bestattungskosten

Die in § 69 Abs. 2 EheG enthaltene Bestimmung, der Verpflichtete habe die Bestattungskosten des Berechtigten zu tragen, wurde vom Gesetzgeber nicht in § 1586 BGB übernommen.[22] Die Kosten sind nunmehr gemäß § 1968 BGB vom Erben zu tragen. Eine analoge Anwendung des § 1615 Abs. 2 BGB entfällt.[23]

---

[18] Vgl. AG Tempelhof-Kreuzberg v. 29.01.2004 - 142 F 2201/03 - FPR 2004, 221-222 m.w.N., OLG Karlsruhe v. 15.05.2008 - 2 UF 219/06 - NJW Spezial 2009, 6.

[19] *Baumann* in: Staudinger, § 1586 Rn. 24; BGH FamRZ 05, 1662.

[20] BGH v. 10.08.2005 - XII ZR 73/05 - FamRZ 2005, 1662; OLG Frankfurt v. 07.04.2005 - 1 UF 237/04 - FamRZ 2005, 1253.

[21] *Baumann* in: Staudinger, § 1586 Rn. 10; andere Auffassung OLG Hamburg v. 09.03.2001 - 12 UF 117/00 - FamRZ 2002, 234-236.

[22] BT-Drs. 7/650, S. 150.

[23] *Brudermüller* in: Palandt, § 1586 Rn. 2.

17 Die Beiträge zu einer Sterbeversicherung, diese sind Teil des Lebensbedarfs, werden vom Verpflichteten jedoch – insoweit ist der Wille des Gesetzgebers in der einschlägigen Bundestagsdrucksache deutlich zum Ausdruck gekommen – verschuldet.[24] Insoweit gilt § 1578 Abs. 3 BGB analog.

III. Fortbestehen des Unterhaltsanspruchs (Absatz 2)

18 § 1586 Abs. 2 Satz 1 BGB stellt klar, dass die vor der Wiederverheiratung bzw. Begründung einer Lebenspartnerschaft oder vor dem Tod des Berechtigten fällig oder rückständig gewordenen Rentenbeiträge einschließlich solcher auf Schadensersatz wegen Nichterfüllung zu Gunsten der Erben bestehen bleiben. Verzug oder Rechtshängigkeit muss nicht vorliegen. Das Bestehen der Ansprüche reicht aus.[25] Aus Praktikabilitätserwägungen wird gemäß § 1586 Abs. 2 Satz 2 BGB für den Monat der Wiederheirat bzw. Begründung einer Lebenspartnerschaft der volle Monatsbetrag geschuldet. Kleinliche taggenaue Abrechnung soll vermieden werden.[26]

IV. Praktische Hinweise

19 Existiert ein rechtskräftiger Unterhaltstitel, kann das Erlöschen der Unterhaltspflicht im Wege eines Abänderungsantrages gemäß den §§ 238, 239 FamFG geltend gemacht werden.[27] Praktikabler und letztlich vorteilhafter ist jedoch die Wahl der Vollstreckungsgegenklage gemäß § 767 ZPO, soweit mit ihr das Erlöschen der Unterhaltspflicht auch außerhalb der Zeiträume des § 238 Abs. 3 Satz 4 FamFG rückwirkend geltend gemacht werden kann.[28] Sind titulierte Ansprüche entfallen oder vollständig erfüllt – entweder im Einvernehmen oder durch Urteil festgestellt – ist der Unterhaltsberechtigte über §§ 785, 797 ZPO zur Herausgabe des Titels an den Pflichtigen verpflichtet.[29]

20 Die vor dem Eintritt der Voraussetzungen des § 1586 BGB fällig gewordenen Ansprüche bleiben bestehen.[30] Dasselbe gilt für bis dahin entstandene Ansprüche auf Schadensersatz wegen Verletzung der Unterhaltspflicht.[31] Für den Monat, in welchem der Tod eintritt bzw. die Wiederheirat stattfindet, schuldet der Unterhaltsverpflichtete den vollen Monatsbetrag, § 1586 Abs. 2 Satz 2 BGB.

21 Der Streit, ob der Verlust des Unterhaltsanspruches gegen den ersten Ehemann durch Wiederheirat im Rahmen eines Unterhaltsbegehrens gegen den zweiten Ehemann einen ehebedingten Nachteil darstellt, dürfte nunmehr entschieden sein. Der BGH hat insofern entschieden, dass die Voraussetzungen eines ehebedingten Nachteiles nach § 1578b BGB nicht erfüllt sind. Dieser ziele nur darauf ab, „einen Ausgleich der Nachteile (zu) bewirken, die dadurch entstehen, dass der Unterhaltsberechtigte wegen der Aufgabenverteilung in der Ehe, insbesondere der Kinderbetreuung, nach der Scheidung nicht oder nicht ausreichend für seinen eigenen Unterhalt sorgen kann. Nachteile, die allein durch den Akt der Eheschließung entstanden sind, sind dagegen keine Nachteile, die der Unterhaltsberechtigte aufgrund der Rollenverteilung in der Ehe erlitten hat. Vielmehr tritt der Wegfall des Unterhaltsanspruchs aus erster Ehe als vom Gesetz zwingend vorgesehene Rechtsfolge ein."[32]

C. Steuerrechtliche Hinweise

22 Vgl. hierzu die Steuerrechtl. Hinw. zu §§ 1569 ff. BGB.

---

[24] Vgl. amtliche Begründung BT-Drs. 7/650, S. 150; anders *Baumann* in: Staudinger, § 1586 Rn. 28.
[25] *Baumann* in: Staudinger, § 1586 Rn. 21.
[26] BGH v. 13.01.1988 - IVb ZR 7/87 - BGHZ 103, 62-71.
[27] A.A.: *Maurer* in: MünchKomm-BGB, § 1586 Rn. 11.
[28] OLG Karlsruhe v. 11.08.1939 - 2 W 94/39 - HRR 1939, 1535.
[29] OLG Nürnberg, FuR 1992, 303.
[30] *Maurer* in: MünchKomm-BGB, § 1586 Rn. 10.
[31] *Brudermüller* in: Palandt, § 1586 Rn. 3.
[32] BGH v. 23.11.2011 - XII ZR 47/10 - FamRZ 2012, 197 ff.; *Viefhues*, jurisPR-FamR 2/2012, Anm. 1.

§ 1586a BGB Wiederaufleben des Unterhaltsanspruchs

(Fassung vom 21.12.2007, gültig ab 01.01.2008)

(1) Geht ein geschiedener Ehegatte eine neue Ehe oder Lebenspartnerschaft ein und wird die Ehe oder Lebenspartnerschaft wieder aufgelöst, so kann er von dem früheren Ehegatten Unterhalt nach § 1570 verlangen, wenn er ein Kind aus der früheren Ehe oder Lebenspartnerschaft zu pflegen oder zu erziehen hat.

(2) Der Ehegatte der später aufgelösten Ehe haftet vor dem Ehegatten der früher aufgelösten Ehe.

Gliederung

A. Grundlagen 1
B. Anwendungsvoraussetzungen 5
I. Auflösung der späteren Ehe (Absatz 1 Satz 1) 5
II. Kind aus gemeinsamer Ehe 7
III. Hinderung der Erwerbstätigkeit 8
IV. Haftungskollision (Absatz 2) 9
1. Keine Erwerbsaufnahme wegen Kind aus späterer Ehe 10
2. Keine Erwerbsaufnahme wegen kumulativer Kinderbetreuung 11
3. Ausgleichsansprüche des früheren Ehegatten ... 12
V. Praktische Hinweise 13
C. Steuerrechtliche Hinweise 17

A. Grundlagen

Nach § 67 EheG erlosch der Unterhaltsanspruch durch Wiederverheiratung des Berechtigten endgültig und lebte auch bei Auflösung einer neuen Ehe nicht wieder auf. Diese Rechtslage wurde insbesondere bei Pflege und Erziehung eines Kindes aus früherer Ehe durch den geschiedenen Ehegatten als unbefriedigend angesehen. **1**

§ 1586a Abs. 1 BGB ist Ausdruck der nachehelichen Solidarität für ehebedingte Bedürfnislagen und der gemeinsamen Verantwortung für die Kindesbetreuung.[1] Die Vorschrift stellt eine Ausnahme von der ansonsten geforderten Tatbestandskette dar. **2**

Mit Inkrafttreten des Unterhaltsrechtsänderungsgesetzes zum 01.01.2008 wurde § 1586a Abs. 1 Satz 2 BGB gestrichen. § 1586a Abs. 1 Satz 2 BGB sah Anschlussunterhaltsansprüche nach Beendigung der Pflege und Erziehung eines Kindes nach den §§ 1571-1573 BGB und § 1575 BGB vor. Im Gegensatz zu dem aus Gründen des Kindeswohls gebotenen Betreuungsunterhaltsanspruch gegen den früheren Ehegatten fehlt es für den Anschlussunterhalt an einer inneren Rechtfertigung. Der unterhaltsbedürftige Ehegatte löst sich mit der Eingehung einer neuen Ehe endgültig von der aus der früheren, geschiedenen Ehe abgeleiteten nachehelichen Solidarität; der Grundsatz der Eigenverantwortung des geschiedenen Ehegatten steht dem Wiederaufleben von Anschlussunterhaltsansprüchen entgegen.[2] **3**

§ 1586 Abs. 2 BGB stellt den subsidiären Charakter der Vorschrift dar. Hintergrund ist, dass letztlich die Situation des nochmals geschiedenen Ehegatten in aller Regel am stärksten durch die zuletzt aufgelöste Ehe bzw. Lebenspartnerschaft geprägt wurde. Konsequenterweise haftet somit der Ehegatte der zuletzt aufgelösten Ehe vor dem einer früher aufgelösten Ehe bzw. Lebenspartnerschaft. **4**

B. Anwendungsvoraussetzungen

I. Auflösung der späteren Ehe (Absatz 1 Satz 1)

Die neue Ehe muss aufgelöst sein. Auflösungsgründe sind der Tod des Ehegatten, die Scheidung oder die Aufhebung (§ 1313 BGB).[3] Eine rechtskräftige Todeserklärung führt ebenfalls zum Wiederaufleben der Unterhaltsansprüche. **5**

§ 1586a Abs. 1 BGB findet auch Anwendung, wenn die spätere Ehe nach EheG für nichtig erklärt worden ist, sofern, wie im Regelfall, nach § 26 Abs. 1 EheG Scheidungsfolgen eingetreten sind. Sind jedoch durch die Erklärung eines der Ehegatten die Scheidungsfolgen aufgrund einer Erklärung nach **6**

---

[1] *Brudermüller* In: Palandt, § 1586a Rn. 1.
[2] *Büte*, FuR 2008, 177, 178.
[3] OLG Saarbrücken v. 18.12.1986 - 6 UF 239/84 UE - FamRZ 1987, 1046.

§ 26 Abs. 2 EheG für die Zukunft ausgeschlossen, wird § 1586a BGB ab Wirksamkeit der Erklärung unanwendbar[4]; vielmehr unterliegt der Unterhaltsanspruch gegen den früheren Ehegatten dann keinen Einschränkungen, sondern richtet sich unmittelbar nach den §§ 1569 ff. BGB[5].

II. Kind aus gemeinsamer Ehe

7   Der Berechtigte muss ein Kind aus der gemeinsamen früheren Ehe zu pflegen und zu erziehen haben, d.h. die Voraussetzungen des § 1570 BGB müssen vorliegen bzw. muss nach Beendigung der Betreuung entweder aufgrund des Alters oder aufgrund einer Krankheit eine Erwerbstätigkeit ausscheiden.[6] Das gemeinsame Kind muss pflege- und erziehungsbedürftig sein, wobei unerheblich ist, ob dies schon im Zeitpunkt der Auflösung der späteren Ehe vorliegt oder erst zu einem späteren Zeitpunkt eintritt. Ein Einsatzzeitpunkt ist im Gesetz nicht vorgesehen.

III. Hinderung der Erwerbstätigkeit

8   Die Betreuung des gemeinsamen Kindes aus früherer Ehe muss den Berechtigten an der Ausübung einer Erwerbstätigkeit hindern. Der Eintrittszeitpunkt ist unerheblich. Die gesetzliche Formulierung ist in der Wortwahl „Wiederaufleben" etwas ungenau, da der Anspruch nicht von einer bereits früher erfolgten Inanspruchnahme des Verpflichteten abhängt.[7]

IV. Haftungskollision (Absatz 2)

9   Bei Zusammentreffen von Unterhaltsansprüchen aus mehreren Ehen haftet der Ehegatte der später aufgelösten Ehe vorrangig, § 1586a Abs. 2 Satz 1 BGB.[8] Nach dem Gesetzeswortlaut gilt dies auch uneingeschränkt bei Kindern aus verschiedenen Ehen. Dadurch wird im Interesse einer klaren Regelung die gesamtschuldnerische Haftung mehrerer geschiedener Ehegatten vermieden.[9] Dennoch kann es zu Unbilligkeiten kommen. Insoweit ist nach Fallgruppen zu unterscheiden:

1. Keine Erwerbsaufnahme wegen Kind aus späterer Ehe

10 Sind nach der Auflösung der späteren Ehe Kinder aus mehreren Ehen zu betreuen und wird der betreuende Elternteil an der Aufnahme einer Erwerbstätigkeit allein durch Kinder aus der späteren Ehe gehindert, so kommt nur ein Anspruch gegen den Ehegatten aus der späteren Ehe in Betracht.[10] Ein Ausgleichsanspruch des zweiten Ehegatten ist nicht vorgesehen.

2. Keine Erwerbsaufnahme wegen kumulativer Kinderbetreuung

11 Wird der Berechtigte an einer Erwerbstätigkeit nur kumulativ durch Betreuung für Kinder aus einer früheren und einer oder mehrerer späteren Ehen gehindert, bestimmt sich die Höhe der jeweiligen Unterhaltspflicht proportional zum Betreuungsaufwand der Kinder aus verschiedenen Ehen.[11]

3. Ausgleichsansprüche des früheren Ehegatten

12 Der Ehegatte der früher aufgelösten Ehe haftet, wenn und soweit der Ehegatte der später aufgelösten Ehe Unterhalt nicht schuldet, er mangels Leistungsfähigkeit nur im Billigkeitsrahmen haftet (§ 1581 BGB) oder der Unterhaltsanspruch gegen ihn über § 1579 BGB verwirkt ist[12]. Gleiches gilt bei erschwerter Rechtsverfolgung.[13] Für diesen Fall hat der frühere Ehegatte gegen den vorrangig verpflichteten späteren Ehegatten einen Ausgleichsanspruch, der über eine Analogie zu den Regeln der Geschäftsführung ohne Auftrag, nach den Grundsätzen über den internen Gesamtschuldnerausgleich oder

---

[4] *Maurer* in: MünchKomm-BGB, § 1586a Rn. 3.
[5] *Dieckmann*, FamRZ 1977, 161-172.
[6] Hanseatisches OLG Bremen v. 16.08.1988 - 5 WF 80/88 - juris Rn. 2; OLG Hamm v. 23.12.2003 - 11 WF 181/03 - FamRZ 2004, 98 f.
[7] BGH v. 30.09.1987 - IVb ZR 71/86 - NJW 1988, 557-558.
[8] OLG Hamm v. 16.01.1986 - 4 WF 566/85 - FamRZ 1986, 364 f.
[9] *Brudermüller* in: Palandt, § 1586a Rn. 3; AG Landstuhl v. 24.02.1994 - 1 F 174/93 - NJW-RR 1994, 1352 f.
[10] *Dieckmann*, FamRZ 1977, 161-172.
[11] *Baumann* in: Staudinger, § 1586a Rn. 23.
[12] *Kleffmann* in: Prütting/Wegen/Weinreich, § 1586a Rn. 4.
[13] *Baumann* in: Staudinger, § 1586a Rn. 31; *Maurer* in: MünchKomm-BGB, § 1586a Rn. 11; a.A. *Gernhuber/Coester-Waltjen*, Lehrbuch des Familienrechts, 4. Aufl. 1994, § 30 XIII 4.

über einen familienrechtlichen Ausgleichsanspruch begründet wird.[14] Dies lasse sich aus dem Normzweck des § 1586a Abs. 2 BGB herleiten, wonach vorrangig der spätere Ehegatte haften soll.

V. Praktische Hinweise

Ein über den Unterhaltsanspruch eines Ehegatten für die Zeit ab Scheidung der Ehe geschlossener Prozessvergleich umfasst ohne entsprechenden Parteiwillen nicht den Unterhaltsanspruch, den dieser Ehegatte nach der Scheidung einer neuen Ehe gemäß § 1586a BGB erlangt.[15] Der Unterhaltsanspruch nach wieder aufgelöster Zweitehe gemäß § 1586a BGB weist gegenüber dem durch die Wiederheirat erlöschten Unterhaltsanspruch so erhebliche Unterschiede in der gesetzlichen Ausgestaltung auf, dass materiell-rechtlich von jeweils gesonderten Ansprüchen ausgegangen werden muss, zwischen denen keine Identität besteht.[16] Gegen die Vollstreckung aus einem Alttitel ist unter diesen Voraussetzungen die Vollstreckungsgegenklage gemäß § 767 ZPO zulässig.[17] 13

Unzulässig ist eine negative Feststellungsklage des früheren Ehegatten nur wegen Wiederheirat seines geschiedenen Ehegatten.[18] 14

Der titulierte Anspruch auf Zahlung von nachehelichem Unterhalt lebt unabhängig vom Beteiligtenwillen mit Auflösung der Ehe automatisch wieder auf, sodass aus ihm wieder die Vollstreckung betrieben werden kann.[19] 15

Die Höhe des Unterhaltes richtet sich nach den Lebensverhältnissen in der zweiten Ehe, da der Berechtigte nicht besser gestellt werden soll als er ohne die Beendigung der letzten Verbindung stünde.[20] 16

C. Steuerrechtliche Hinweise

Vgl. hierzu die Steuerrechtl. Hinw. zu §§ 1569 ff. BGB. 17

---

[14] *Baumann* in: Staudinger, § 1586a Rn. 32; vgl. a. *Kleffmann* in: PWW, § 1586a Rn. 5, der eine analoge Anwendung des § 1606 Abs. 3 BGB vorschlägt.
[15] BGH v. 30.09.1987 - IVb ZR 71/86 - NJW 1988, 557-558.
[16] BGH v. 30.09.1987 - IVb ZR 71/86 - NJW 1988, 557-558.
[17] *Brudermüller* in: Palandt, § 1586a BGB Rn. 5.
[18] OLG Karlsruhe v. 19.05.1988 - 16 UF 219/87 - NJW-RR 1989, 969.
[19] OLG Zweibrücken v. 21.07.1986 - 2 UF 187/85 - FamRZ 1986, 907 f.
[20] *Wönne* in: Das neue Unterhltsrecht, § 1586a BGB Rn. 8; *Brudermüller* in: Palandt, § 1586a BGB Rn. 4.

§ 1586b BGB Kein Erlöschen bei Tod des Verpflichteten

(Fassung vom 02.01.2002, gültig ab 01.01.2002)

(1) ¹Mit dem Tod des Verpflichteten geht die Unterhaltspflicht auf den Erben als Nachlassverbindlichkeit über. ²Die Beschränkungen nach § 1581 fallen weg. ³Der Erbe haftet jedoch nicht über einen Betrag hinaus, der dem Pflichtteil entspricht, welcher dem Berechtigten zustände, wenn die Ehe nicht geschieden worden wäre.

(2) Für die Berechnung des Pflichtteils bleiben Besonderheiten auf Grund des Güterstands, in dem die geschiedenen Ehegatten gelebt haben, außer Betracht.

Gliederung

A. Grundlagen 1	VIII. Erb- und/oder Pflichtteilsverzicht 36
B. Praktische Bedeutung 8	D. Rechtsfolgen 38
C. Anwendungsvoraussetzungen 9	I. Art der Unterhaltsgewährung 38
I. Gläubiger 9	II. Nachlassverbindlichkeit 39
II. Schuldner 14	III. Steuern 40
III. Gesetzliche und vertragliche Unterhaltsansprüche 17	E. Prozessuale Hinweise/Verfahrenshinweise 41
IV. Bedarf und Bedürftigkeit des Unterhaltsberechtigten 19	I. Zuständigkeit 41
V. Leistungsfähigkeit des Unterhaltspflichtigen 25	II. Titel gegen den Erblasser 42
VI. Haftungsbeschränkung auf den fiktiven Pflichtteil 27	III. Anhängige Verfahren 49
VII. Berechnung der Haftungsbegrenzung 28	IV. Kein Titel gegen den Erblasser 51
	V. Haftungsbeschränkung 52
	F. Vertragsgestaltung 55
	G. Steuerrechtliche Hinweise 60

A. Grundlagen

1 § 1586b BGB regelt die Pflicht des Erben zur Zahlung von nachehelichem Unterhalt beim Tod des Unterhaltspflichtigen.

2 Während der Verwandtenunterhalt, insbesondere Kindesunterhalt, der Familienunterhalt und der Trennungsunterhalt (mit Ausnahme der Fälle des § 1933 BGB) mit dem Tod des Unterhaltspflichtigen endet (vgl. die §§ 1360a Abs. 3, 1361 Abs. 4, 1615 Abs. 1 BGB), bleibt der Unterhaltsanspruch des geschiedenen oder des nach § 1933 BGB vom Ehegattenerbrecht ausgeschlossenen Ehegatten auch nach dem Tod des Pflichtigen bestehen und geht gemäß § 1586b Abs. 1 Satz 1 BGB auf die Erben des Unterhaltspflichtigen als Nachlassverbindlichkeit über. Ähnlich privilegiert ist die mit dem Erblasser nicht verheiratete Mutter eines gemeinsamen Kindes, in den Grenzen der §§ 1615l ff. BGB.

3 Die Ausnahmestellung des geschiedenen Ehegatten rechtfertigt der Gesetzgeber durch den Wegfall des Ehegattenerbrechts. Durch § 1586b BGB wird dem unterhaltsberechtigten Gatten ein Ersatz dafür gewährt, dass er infolge der Ehescheidung bzw. der Einleitung des Scheidungsverfahrens gemäß § 1933 BGB nicht mehr erbrechtlich am Nachlass seines ehemaligen Ehepartners beteiligt ist.[1]

4 Nachdem allerdings der geschiedene Ehegatte unterhaltsrechtlich nicht besser stehen soll als der verheiratete Ehegatte, ist die Höhe des Unterhalts auf den **fiktiven Pflichtteil** des unterhaltsberechtigten Ehegatten beschränkt. Die Anknüpfung gerade an den Pflichtteil beruht darauf, dass der Verpflichtete bei gescheiterter, aber nicht geschiedener Ehe den Ehegatten vermutlich durch Verfügung von Todes wegen von der Erbfolge ausgeschlossen hätte.[2]

5 Die Unterhaltspflicht des Erben setzt grundsätzlich voraus, dass sich der geschiedene Ehegatte auf einen Unterhaltstatbestand (§§ 1570 ff. BGB) berufen kann und zudem bedürftig ist. Auch nach dem Tod des Erblassers richten sich der Unterhaltsbedarf und die Bedürftigkeit nach den allgemeinen Vorschriften. Dagegen kommt es auf die **Leistungsfähigkeit** des Unterhaltspflichtigen nicht mehr an (§§ 1586b Abs. 1 Satz 2, 1581 BGB). An Stelle der Leistungsfähigkeit tritt die Begrenzung der Unterhaltspflicht auf den fiktiven Pflichtteil des Unterhaltsberechtigten (§ 1586b Abs. 1 Satz 3 BGB) und die Möglichkeit der Haftungsbeschränkung auf den vorhandenen Nachlass (§§ 1975, 1990, 1992, 2059 BGB).

---
[1] BT-Drs. 7/650, S. 151.
[2] BT-Drs. 7/650, S. 151.

Die Vererblichkeit des Geschiedenenunterhalts ist **rechtspolitisch** nicht unumstritten. Eine unterhaltsrechtliche Absicherung des geschiedenen Ehegatten über den Tod des Unterhaltspflichtigen hinaus, durch eine „Beteiligung" am Nachlass des Unterhaltspflichtigen, möglicherweise unter erheblichen Einschränkungen unterhaltsbedürftiger Erben, erscheint überzogen, zumal regelmäßig bereits über das Güterrecht ein vermögensrechtlicher Ausgleich stattgefunden hat, bzw. nach dem Willen der Ehegatten ausgeschlossen wurde. 6

Die Erbfolge hat auf die **Rechtsnatur** des Unterhaltsanspruchs des geschiedenen Ehegatten keinen Einfluss. Der Anspruch bleibt unabhängig des Übergangs der Unterhaltspflicht auf die Erben als Nachlassverbindlichkeit ein familienrechtlicher Unterhaltsanspruch, weshalb auch gegenüber den Erben grundsätzlich die allgemeinen unterhaltsrechtlichen Regeln gelten.[3] 7

B. Praktische Bedeutung

Die praktische Bedeutung ist relativ gering, was auch die geringe Anzahl der Entscheidungen zu § 1586b BGB zeigt. Auch im Rahmen von Unterhaltsvereinbarungen findet man selten Ausführungen zur Unterhaltspflicht nach § 1586b BGB. Dies liegt wohl auch daran, dass die Unterhaltsberechtigung des geschiedenen Ehegatten über den Tod des Unterhaltspflichtigen hinaus eher unbekannt ist. Allgemein wird häufig davon ausgegangen, dass mit dem Tod des Unterhaltspflichtigen auch das Unterhaltsrecht des geschiedenen Ehegatten endet. 8

C. Anwendungsvoraussetzungen

I. Gläubiger

Gläubiger des Anspruchs nach § 1586b BGB ist der von dem Erblasser **geschiedene Ehegatte**, der sich auf einen Unterhaltstatbestand (§§ 1570 ff. BGB) berufen kann und zudem bedürftig ist. § 1586b BGB gilt gemäß § 16 LPartG entsprechend für den „geschiedenen" Lebenspartner des Erblassers und im Rahmen des § 10 Abs. 3 LPartG auch für den getrennt lebenden Lebenspartner. 9

Darüber hinaus ist nach § 1933 Satz 3 BGB i.V.m. § 1586b BGB der von dem Erblasser **getrennt lebende Ehegatte** unterhaltsberechtigt, wenn zum Zeitpunkt des Erbfalls der Erblasser die Scheidung der Ehe beantragt oder ihr zugestimmt hatte, die Voraussetzungen für eine Ehescheidung vorlagen und gegen den Erblasser ein Unterhaltsanspruch nach § 1361 BGB bestand. In diesen Fällen ist der Ehegatte nach Maßgabe der §§ 1569-1586b BGB unterhaltsberechtigt. 10

Weiterhin ist § 1586b BGB anwendbar, wenn zum Zeitpunkt des Erbfalls der Erblasser einen begründeten Antrag auf Eheaufhebung gestellt hatte und mithin der mit dem Erblasser verheiratete Ehegatte sein Ehegattenerbrecht nach § 1933 BGB verloren hatte (vgl. § 1933 Satz 2 BGB). 11

Im Übrigen ist nach § 1318 Abs. 2 BGB i.V.m. § 1586b BGB der **Ehegatte, dessen Ehe mit dem Erblasser rechtskräftig aufgehoben wurde**, unterhaltsberechtigt, sofern er zum Zeitpunkt des Erbfalls gegen den Erblasser einen Unterhaltsanspruch hatte. 12

Dass der Erblasser den geschiedenen Ehegatten auch durch eine Verfügung von Todes wegen bedacht hat, schließt § 1586b BGB nicht aus. Dem Erblasser bleibt es unbenommen, den geschiedenen Ehegatten durch eine Verfügung von Todes wegen oder durch eine schuldrechtliche Vereinbarung zusätzlich zu versorgen.[4] 13

II. Schuldner

Die Unterhaltspflicht des Erblassers geht als Nachlassverbindlichkeit auf den oder die **Erben**, auch Erbeserben über.[5] Mehrere Erben haften grundsätzlich als **Gesamtschuldner** (§ 2058 BGB), im Innenverhältnis entsprechend ihrer Erbteile. Zur Vollstreckung in den noch ungeteilten Nachlass ist ein Beschluss gegen alle Miterben erforderlich.[6] 14

Ist **Testamentsvollstreckung** angeordnet, kann der Anspruch gemäß § 2213 BGB grundsätzlich sowohl gegen den Testamentsvollstrecker als auch gegen den Erben geltend gemacht werden. 15

---

[3] *Graba* in: Erman, § 1586b Rn. 3.
[4] BT-Drs. 7/650, S. 153; *Schindler*, FamRZ 2004, 1527-1533, 1533.
[5] *Graba* in: Erman, § 1586b Rn. 2; *Maurer* in: MünchKomm-BGB, § 1586b Rn. 5.
[6] OLG Koblenz v. 19.05.2009 - 11 UF 762/08 - FamRZ 2009, 821-823.

16 Unabhängig von der speziellen Haftungsbeschränkung auf den fiktiven Pflichtteil gemäß § 1586b Abs. 1 BGB kann der Erbe unter bestimmten erbrechtlichen Voraussetzungen seine Haftung auf den Nachlass beschränken.[7]

III. Gesetzliche und vertragliche Unterhaltsansprüche

17 Die Vorschrift findet Anwendung auf gesetzliche Unterhaltsansprüche und den gesetzlichen Unterhaltsanspruch nur konkretisierende, d.h. unselbständige Unterhaltsvereinbarungen.[8]

18 Streitig ist die Anwendbarkeit des § 1586b BGB auf **selbständige Unterhaltsvereinbarungen**. Von einer selbständigen Unterhaltsverpflichtung ist auszugehen, wenn die Vertragsparteien die Unterhaltspflicht völlig unabhängig der gesetzlichen Bestimmungen regeln wollten. Für die Annahme, die Eheleute hätten bei einer vertraglichen Vereinbarung den nachehelichen Unterhalt völlig von den gesetzlichen Regelungen lösen und einen neuen Schuldgrund schaffen wollen, bedarf es besonderer Anhaltspunkte.[9] Allein der Verzicht auf eine Abänderungsmöglichkeit nach § 239 FamFG reicht hierzu nicht aus.[10] Im Zweifel ist nicht von einer selbständigen Unterhaltsvereinbarung auszugehen.[11] Liegt im Einzelfall eine selbständige Unterhaltsverpflichtung vor, haben die Vertragsparteien bewusst das gesetzliche Unterhaltsrecht und mithin § 1586b BGB durch eine individuelle Vereinbarung ersetzt, so dass dann § 1586b BGB zumindest unmittelbar nicht anwendbar ist.[12] Entscheidend ist dann, ob die Vertragsparteien die Unterhaltsverpflichtung auflösend bedingt auf den Tod des Erblassers vereinbart haben oder ob der vertragliche Anspruch als Nachlassverbindlichkeit auf die Erben übergehen sollte, was im Zweifelsfall mittels Auslegung zu ermitteln ist.[13]

IV. Bedarf und Bedürftigkeit des Unterhaltsberechtigten

19 Grundsätzlich geht die Unterhaltspflicht auf die Erben in dem Umfang über, wie sie bei dem Tod des Unterhaltsschuldners diesem gegenüber bestanden hat.[14]

20 Der Unterhaltsbedarf richtet sich auch im Rahmen des § 1586b BGB nach den ehelichen Lebensverhältnissen (§ 1578 BGB).

21 Auch die Bedürftigkeit des Unterhaltsberechtigten bleibt weiterhin Anspruchsvoraussetzung (§ 1577 BGB).[15] Der Unterhaltsanspruch ist herabzusetzen, wenn sich die Bedürftigkeit des Berechtigten nach dem Erbfall mindert.

22 Einwendungen über § 1579 BGB können grundsätzlich auch von den Erben geltend gemacht werden.[16] Der Erbe kann sich auch erstmals auf § 1579 Nr. 2 BGB berufen, wenn der Unterhaltspflichtige nicht darauf verzichtet hat. Zudem kann sich der Erbe auch auf neue oder weiter fortgeschrittene Umstände, die nach dem Tod des Erblassers eingetreten sind, stützen.[17] Im Rahmen des § 1579 Nr. 3 BGB sind schwere Verfehlungen gegen den Erben auch dann zu beachten, wenn dieser nicht Angehöriger des Verstorbenen ist.[18]

23 Kürzungen können auch zu einer Unterschreitung der Haftungssumme führen, was den Erben zugutekommt.

---

[7] Vgl. §§ 1975, 1990, 1992, 2059 BGB.
[8] *Brudermüller* in: Palandt, § 1586b Rn. 9; OLG Koblenz v. 19.05.2009 - 11 UF 762/08 - FamRZ 2009, 821-823.
[9] BGH v. 04.08.2004 - XII ZB 38/04 - NJW 2004, 2896-2897; OLG Bamberg v. 01.04.1999 - 2 UF 20/99 - MDR 1999, 1139.
[10] OLG Bamberg v. 01.04.1999 - 2 UF 20/99 - MDR 1999, 1139.
[11] OLG Bamberg v. 01.04.1999 - 2 UF 20/99 - MDR 1999, 1139.
[12] Für eine analoge Anwendung: u.a. OLG Düsseldorf v. 19.03.2002 - 24 U 72/01 - FamRZ 2003, 42-45 und *Graba* in: Erman, § 1586b Rn 16. Gegen eine Anwendung: u.a. *Baumann* in: Staudinger, § 1586b Rn. 29 und *Hambitzer*, FamRZ 2001, 201-203, 201 ff.
[13] *Brudermüller* in: Palandt, § 1586b Rn. 9; vgl. auch BGH v. 04.08.2004 - XII ZB 38/04 - NJW 2004, 2896-2897.
[14] OLG Zweibrücken v. 27.10.2006 - 2 UF 58/06 - FamRZ 2007, 1192-1194.
[15] *Brudermüller* in: Palandt, § 1586b Rn 4; *Graba* in: Erman, § 1586b Rn 3; *Haußleiter*, NJW-Spezial 2005, 535-536, 535.
[16] BGH v. 06.11.2002 - XII ZR 259/01 - NJW-RR 2003, 505-506; *Bergschneider*, FamRZ 2003, 1049-1057, 1049 ff.; *Brudermüller* in: Palandt, § 1586b Rn. 8; *Beutler* in: Bamberger/Roth, § 1586b Rn. 5.
[17] BGH v. 28.01.2004 - XII ZR 259/01 - FamRZ 2004, 614-616; *Bergschneider*, FamRZ 2003, 1049-1057, 1049 ff.; *Wilhelm-Lenz*, FPR 2005, 295-299, 295 ff.; *Büttner*, FamRZ 2004, 616-617, 616 f.
[18] *Graba* in: Erman, § 1586b Rn. 3.

Eine nachträgliche zeitliche Begrenzung und/oder Herabsetzung des Unterhaltsanspruchs nach § 1578b BGB ist möglich, sofern der Einwand nicht präkludiert ist, weil der Erblasser bei Errichtung des Titels beispielsweise eine zu diesem Zeitpunkt bereits mögliche zeitliche Begrenzung des Unterhalts versäumt hat.[19]

V. Leistungsfähigkeit des Unterhaltspflichtigen

Auf die Leistungsfähigkeit der Erben und des Erblassers kommt es gemäß § 1586b Abs. 1 Satz 2 BGB nicht an.[20] Insoweit schafft § 1586b Abs. 1 Satz 3 BGB für den Erben einen Ausgleich, wonach die Haftung des Erben auf den Pflichtteil des Ehegatten beschränkt ist, den er hätte beanspruchen können, wenn er zum Zeitpunkt des Erbfalls noch pflichtteilsberechtigt gewesen wäre (sog. fiktiver Pflichtteil). Zudem kann der Erbe unter bestimmten erbrechtlichen Voraussetzungen seine Haftung auf den Nachlass beschränken (vgl. §§ 1975, 1990, 1992, 2059 BGB).

Auch die Beschränkungen des Unterhaltsanspruchs wegen Vorrangs minderjähriger Kinder oder wegen Gleichrangs eines neuen Ehegatten bleiben nun außer Betracht, da deren Unterhaltsanspruch mit dem Tod des Unterhaltsschuldners erlischt und erbrechtlich kompensiert wird.[21]

VI. Haftungsbeschränkung auf den fiktiven Pflichtteil

Die Haftung des Erben ist gemäß § 1586b Abs. 1 Satz 3 BGB auf den fiktiven Pflichtteil des geschiedenen Ehegatten beschränkt. In der Summe kann der Ehegatte gegen den Erben Unterhaltsansprüche nur bis zur Höhe seines Pflichtteils geltend machen, den er hätte beanspruchen können, wenn er zum Zeitpunkt des Erbfalls noch pflichtteilsberechtigt gewesen wäre. Der geschiedene Ehegatte soll im Ergebnis keinesfalls mehr erhalten, als er bei einer Fortführung der Ehe bis zum Tod des Erblassers erhalten hätte.[22]

VII. Berechnung der Haftungsbegrenzung

Die Haftungsgrenze entspricht dem Wert der Pflichtteilsquote am Gesamtnachlass. Zur Bezifferung der Haftungsgrenze sind daher die Pflichtteilsquote und der Wert des Nachlasses zu ermitteln.

Zur **Ermittlung der Pflichtteilsquote** ist auf den Zeitpunkt des Erbfalls abzustellen.[23] Die geschiedene Ehe wird bis zum Tod des Erblassers als fortbestehend fingiert. Mit dieser Fiktion bleibt eine eventuelle Wiederverheiratung des Erblassers unberücksichtigt. Darüber hinaus sind alle anderen Pflichtteilsberechtigten i.S.v. § 2303 BGB zu berücksichtigen, auch Kinder aus weiteren Ehen des Erblassers.[24]

Bei der Bestimmung der Pflichtteilsquote bleiben Besonderheiten auf Grund des Güterstands der geschiedenen Ehegatten unberücksichtigt (§ 1586b Abs. 2 BGB). Lebten die Ehegatten im gesetzlichen Güterstand, ist somit die Haftung auf den so genannten kleinen Pflichtteil beschränkt, d.h. auf die Hälfte des gesetzlichen Erbteils, ohne Berücksichtigung eines Zugewinnausgleichs gemäß § 1931 Abs. 3 BGB i.V.m. § 1371 BGB. Demnach beträgt die Pflichtteilsquote neben Verwandten der ersten Ordnung (Abkömmlinge) 1/8, neben Verwandten der zweiten Ordnung (Eltern etc.) 1/4, neben Großeltern 1/4 bis 7/16 und darüber hinaus 1/2.[25]

Zur **Bestimmung des Nachlasswertes** ist auf den Wert des Vermögens des Unterhaltspflichtigen zum Zeitpunkt seines Todes abzustellen.[26] Der Wert des Nachlasses unter Berücksichtigung der relevanten Verbindlichkeiten ist gemäß § 2311 BGB zu ermitteln.[27]

Bei der Berechnung der Haftungsgrenze sind auch fiktive **Pflichtteilsergänzungsansprüche** gegen den Erben nach § 2325 BGB zu berücksichtigen.[28] Nicht einzubeziehen sind Ansprüche gegen den Be-

---

[19] OLG Koblenz v. 19.05.2009 - 11 UF 762/08 - FamRZ 2009, 821-823; OLG Stuttgart v. 08.01.2009 - 16 UF 204/08 - FamRZ 2009, 788-789.
[20] Vgl. auch *Brudermüller* in: Palandt, § 1586b Rn. 5; OLG Koblenz v. 19.05.2009 - 11 UF 762/08 - FamRZ 2009, 821-823.
[21] *Brudermüller* in: Palandt, § 1586b Rn. 5.
[22] *Brudermüller* in: Palandt, § 1586b Rn. 6.
[23] *Brudermüller* in: Palandt § 1586b Rn. 7.
[24] *Brudermüller* in: Palandt, § 1586b Rn. 7; *Graba* in: Erman, § 1586b Rn. 8.
[25] Vgl. auch *Graba* in: Erman, § 1586b Rn. 8.
[26] *Graba* in: Erman, § 1586b Rn. 8; *Maurer* in: MünchKomm-BGB, § 1586b Rn. 7.
[27] *Graba* in: Erman, § 1586b Rn. 9.
[28] BGH v. 18.07.2007 - XII ZR 64/05- FamRZ 2007, 1800-1802; BGH v. 05.02.2003 - XII ZR 29/00 - FamRZ 2003, 848-856; BGH v. 29.11.2000 - XII ZR 165/98 - BGHZ 146, 114-121; *Schindler*, FamRZ 2004, 1527-1533, 1527 ff.; *Kahlert*, § 1586b BGB in der Rechtspraxis, Diss. 1997, S 155 ff.; *Brudermüller* in: Palandt, § 1586b Rn. 7; *Maurer* in: MünchKomm-BGB, § 1586b Rn. 18.

§ 1586b

schenkten nach § 2329 BGB, da sich § 1586b BGB allein gegen den Erben und nicht auch gegen den Beschenkten richtet.[29]

33 Bei der Berechnung der fiktiven Pflichtteilsergänzungsforderung können sich die Erben nicht auf § 2328 BGB berufen.[30] § 2328 BGB ist auf das Verhältnis zwischen dem Unterhaltsgläubiger und dem pflichtteilsberechtigten Erben nicht anwendbar, da der Unterhaltsanspruch nach § 1586b BGB als Nachlassverbindlichkeit bereits den Wert des Nachlasses zur Berechnung des Pflichtteils des Erben mindert.

34 Dem Unterhaltsberechtigten steht gegenüber dem Erben ein **Auskunftsrecht** bezüglich des Nachlasses und der pflichtteilsergänzungspflichtigen Schenkungen zu.[31] Zwar hat der Erbe im Rechtsstreit zur Ermittlung der Haftungsgrenze den Bestand des Nachlasses darzulegen, doch muss auch darüber hinaus der Unterhaltsgläubiger, insbesondere im Hinblick auf etwaige Schenkungen, in der Lage sein, die seinen Unterhaltsanspruch bestimmenden Umstände selbst zu ermitteln. Streitig sind die Anspruchsgrundlage und mithin auch der Umfang des Auskunftsanspruchs. Denkbar sind die Vorschriften der §§ 242, 1580 und 2314 BGB.[32] Nach diesseitiger Auffassung richtet sich der Auskunftsanspruch nach den familienrechtlichen Vorschriften, also nach § 1580 BGB i.V.m. § 1605 BGB und der Wertermittlungsanspruch nach § 242 BGB, wobei die Kosten der Wertermittlung, wie auch die Unterhaltsforderung selbst, als Nachlassverbindlichkeiten zu behandeln sind.[33] § 1586b BGB beinhaltet einen Unterhaltsanspruch, weshalb vorrangig die familienrechtlichen Auskunftsansprüche heranzuziehen sind. Gegen § 2314 BGB sprechen nicht nur der rein erbrechtliche Charakter dieser Vorschrift, sondern auch die hieraus resultierenden Verpflichtungen. Insbesondere der dort vorgesehene Anspruch auf Vorlage eines amtlichen Nachlassverzeichnisses ist dem Unterhaltsrecht völlig fremd und auch zur Berechnung des Unterhaltsanspruchs nicht geboten, zumal dem Erben die Darlegungs- und Beweislast bezüglich der Haftungsgrenze obliegt.

35 Hinterlässt der Erblasser aus geschiedenen Ehen **mehrere unterhaltsberechtigte Ehegatten**, bestimmt sich die Haftungssumme für den ersten geschiedenen Ehegatten aus dem Wert seiner Pflichtteilsquote am Gesamtnachlass. Für später geschiedene Ehegatten mindert sich der Gesamtnachlass und somit die Haftungssumme jeweils um die Haftungssummen der vorhergehend Berechtigten.[34]

VIII. Erb- und/oder Pflichtteilsverzicht

36 Umstritten ist, ob ein von dem geschiedenen Ehegatten zu Lebzeiten erklärter Erb- und/oder Pflichtteilsverzicht den Unterhaltsanspruch aus § 1586b BGB entfallen lässt. Im Hinblick darauf, dass nach den Vorstellungen des Gesetzgebers § 1586b BGB dem geschiedenen Ehegatten einen Ausgleich für den Verlust seines Ehegattenerbrechtes geben soll[35], erscheint es konsequent, dem geschiedenen Ehegatten, der auf sein Erb- und Pflichtteilsrecht verzichtet hat, einen Unterhaltsanspruch über den Tod des Ehegatten hinaus zu verwehren[36]. Dies auch deshalb, da auch der verheiratete Ehegatte bei einem Erb- und Pflichtteilsverzicht keine Ansprüche am Nachlass seines Ehegatten geltend machen kann.

37 Allerdings ist § 1586b BGB ein familienrechtlicher und kein erbrechtlicher Anspruch. Die Haftungsbeschränkung auf den Pflichtteil ist nur eine Berechnungsmodalität, die an dem familienrechtlichen Charakter der Vorschrift nichts ändert. Bei einem Erb- oder Pflichtteilsverzicht fehlt dem Erklärenden regelmäßig die Vorstellung, hierdurch auch auf einen Unterhaltsanspruch zu verzichten, weshalb nach

---

[29] OLG Koblenz v. 28.08.2002 - 9 UF 745/01 - FamRZ 2003, 261-264; *Brudermüller* in: Palandt, § 1586b 7.; *Maurer* in: MünchKomm-BGB, § 1586b Rn. 18; *Schindler*, ZFE 2007, 453-458, 457; *Klingelhöffer*, ZEV 2001, 179-180, 179 f.; *Frenz*, ZEV 2001, 115, 115; vgl. auch BGH v. 18.07.2007 - XII ZR 64/05 - FamRZ 2007, 1800-1802.

[30] BGH v. 18.07.2007 - XII ZR 64/05 - ZEV 2007, 584-586; *Graba* in: Erman, § 1586b Rn. 10; *Maurer* in: MünchKomm-BGB, § 1586b Rn. 18; *Schindler*, FamRZ 2004, 1527-1533.

[31] AG Bad Homburg v. 31.05.07 - 93 F 12/06 UE - FamRZ 2007, 1771; *Maurer* in: MünchKomm-BGB, § 1586b Rn. 10; *Baumann* in: Staudinger, § 1586b Rn. 72; *Schindler*, FamRZ 2004, 1527-1533, 1528 f.; *Kahlert*, § 1586b BGB in der Rechtspraxis, Diss. 1997, S. 192 f.

[32] Vgl. ausführliche Darstellung des Meinungsstreits bei *Schindler*, FamRZ 2004, 1527-1533, 1528 f.

[33] Vgl. auch *Schindler*, FamRZ 2004, 1527-1533, 1528 f.

[34] *Maurer* in: MünchKomm-BGB, § 1586b Rn. 20.

[35] Vgl. BT-Drs. 7/650, 151 f.

[36] *Dieckmann*, FamRZ 1999, 1029-1035, 1029 ff.; *Bentler* in: Bamberger/Roth, § 1586b Rn. 4; *Maurer* in: MünchKomm-BGB, § 1586b Rn. 6; *Graba* in: Erman, § 1586b Rn. 11.

diesseitiger Auffassung bei einem reinen Erb- und/oder Pflichtteilsverzicht der Unterhaltsanspruch nach § 1586b BGB nicht verloren geht, sofern der Unterhaltsgläubiger nicht ausdrücklich auch auf Unterhalt verzichtet hat.[37]

D. Rechtsfolgen

I. Art der Unterhaltsgewährung

Der Unterhalt ist gemäß § 1585 Abs. 1 BGB monatlich im Voraus durch Zahlung einer Geldrente zu gewähren. Das Gesetz gibt keinen Anspruch auf Zahlung des fiktiven Pflichtteils in einer Summe. Nur ausnahmsweise kann nach § 1585 Abs. 2 BGB eine Abfindung verlangt werden. 38

II. Nachlassverbindlichkeit

Die Unterhaltspflicht geht gemäß § 1586b Abs. 1 Satz 1 BGB als Nachlassverbindlichkeit auf den oder die Erben über. Mehrere Erben haften gemäß den §§ 2058 ff. BGB als Gesamtschuldner. Die Unterhaltsansprüche sind Erblasserschulden und sind damit bei der Berechnung der „echten" Pflichtteilsansprüche vom Nachlasswert in Abzug zu bringen.[38] Hierbei ist m.E. der Unterhaltsanspruch, entsprechend § 2313 Abs. 1 Satz 2 BGB, zunächst in Höhe des fiktiven Pflichtteils als Nachlassverbindlichkeit zu berücksichtigen und bei einem späteren Wegfall der Unterhaltsverpflichtung, vor einem Erreichen der Haftungsgrenze, dieser Vorteil entsprechend § 2313 Abs. 1 Satz 3 BGB auszugleichen. 39

III. Steuern

Als Nachlassverbindlichkeit mindern die Unterhaltszahlungen den Nachlass und sind somit bei der Berechnung der Erbschaftsteuer zu berücksichtigen.[39] Eine Geltendmachung der Unterhaltszahlungen als Sonderausgaben i.S.v. § 10 Abs. 1 Nr. 1 EStG ist allerdings nicht möglich.[40] 40

E. Prozessuale Hinweise/Verfahrenshinweise

I. Zuständigkeit

Streitigkeiten bezüglich der Unterhaltsverpflichtung der Erben sind Familiensachen i.S.v. § 111 Nr. 8 FamFG. Hierfür ausschließlich zuständig ist das Familiengericht (§ 23a Abs. 1 Nr. 1 GVG i.V.m. § 23b Abs. 1 GVG). 41

II. Titel gegen den Erblasser

Zur Durchsetzung des Anspruches des Unterhaltsgläubigers gegen die Erben kann der Unterhaltstitel gegen den Erblasser nach § 120 Abs. 1 FamFG i.V.m. § 727 ZPO gegen die Erben umgeschrieben werden.[41] 42

Muster eines Antrags auf Titelumschreibung nach § 727 ZPO:
... beantrage ich namens und in Vollmacht von ... eine vollstreckbare Ausfertigung des Beschlusses des Amtsgerichts ... vom ... , Az. ..., gegen ... als Erben des am ... verstorbenen Schuldners zu erteilen und zum Zwecke der Zwangsvollstreckung die beiliegende auf den Erblasser als Schuldner lautende vollstreckbare Ausfertigung auf der Schuldnerseite auf den Erben umzuschreiben.

Der gegen den Erblasser bestehende Unterhaltstitel kann auch gegen den Erbeserben umgeschrieben werden.[42] 43

Trotz der Möglichkeit der Umschreibung des Unterhaltstitels nach § 120 Abs. 1 FamFG i.V.m. § 727 ZPO, wird in der Rechtsprechung teilweise die Auffassung vertreten, dass ein Leistungsantrag gegen den Erben unabhängig von der Möglichkeit einer Titelumschreibung zulässig ist.[43] M.E. fehlt einem 44

---

[37] *Grziwotz*, FamRZ 1991, 1258-1259, 1258 f.; *Pentz*, FamRZ 1998, 1344-1346, 1344 ff.; vgl. auch *Brudermüller* in: Palandt, § 1586b Rn. 8.
[38] *Frenz*, ZEV 2001, 115; *Haas* in: Staudinger, § 2311 Rn. 33.
[39] *Baumann* in: Staudinger, § 1586b Rn. 69.
[40] BFH v. 12.11.1997 - X R 83/94 - NJW 1998, 1584.
[41] BGH v. 23.02.2005 - XII ZB 212/04 -; BGH v. 04.08.2004 - XII ZB 38/04 - NJW 2004, 2896-2897; OLG Koblenz v. 15.07.2003 - 11 WF 520/03 - FamRZ 2004, 557; *Maurer* in: MünchKomm-BGB, § 1586b Rn. 25.
[42] OLG Koblenz v. 15.07.2003 - 11 WF 520/03 - FamRZ 2004, 557.
[43] KG v. 21.1.2005 - 13 UF 146/04 - FamRZ 2005, 1759-1761; AG Tempelhof-Kreuzberg v. 29.06.2004 - 133 F 1272/03 - FamRZ 2005, 914-915; OLG Celle v. 14.12.1994 - 21 UF 112/94 - OLGR Celle 1995, 88-90.

solchen Antrag regelmäßig das Rechtsschutzbedürfnis. Auch wenn zu erwarten ist, dass der Erbe gegen die Zwangsvollstreckung aus dem nach § 727 ZPO umgeschriebenen Titel vorgehen wird, liegt zugunsten des Unterhaltsgläubigers bereits ein Unterhaltstitel vor, der eine weitere Titulierung des Unterhaltsanspruchs mittels Leistungsantrag ausschließt.

45 Sofern der Erbe dem Unterhaltsberechtigten zur Klärung der Haftungsgrenze nach § 1586b Abs. 1 Satz 3 BGB und mithin der der Frage, wie lange er noch Unterhalt erwarten kann, keine Auskunft über den Bestand des Nachlasses und der pflichtteilsergänzungspflichtigen Schenkungen erteilt (zum Auskunftsanspruch vgl. Rn. 34), ist der Auskunftsanspruch des Unterhaltsberechtigten mittels Auskunftsantrag gegen den Erben durchzusetzen. Solange nur die Haftungsgrenze klärungsbedürftig ist, ist m.E. auch in diesen Fällen ein Leistungsantrag wegen des bestehenden Titels unzulässig.[44] Liegt ein Unterhaltstitel gegen den Erblasser vor, ist m.E. der Streit über die Haftungsgrenze im Vollstreckungsverfahren auszutragen.

46 Wurde ein zeitlich unbefristeter Unterhaltstitel nach dem Tod des Unterhaltsschuldners nach § 120 Abs. 1 FamFG i.V.m. § 727 ZPO gegen den Erben umgeschrieben (vgl. Rn. 42) und betreibt der Unterhaltsberechtigte hieraus gegen den Erben die Zwangsvollstreckung, kann der Erbe die Haftungsbeschränkung auf den fiktiven Pflichtteil nach § 1586b Abs. 1 Satz 3 BGB durch Vollstreckungsabwehrantrag nach § 120 Abs. 1 FamFG i.V.m. § 767 ZPO geltend machen.[45]

47 Bei einer wesentlichen Änderung der für die Unterhaltsbemessung maßgeblichen Umstände kann im Rahmen der §§ 238, 239 FamFG vom Erben und/oder dem Unterhaltsberechtigten eine Abänderung des Titels verlangt werden. Bei mehreren Erben kann eine Abänderung auch von bzw. gegen einen Miterben allein erhoben werden.[46]

48 Im Rahmen eines Abänderungsverfahrens nach den §§ 238, 239 FamFG kann der Erbe zusätzlich zu den Abänderungsgründen infolge einer wesentlichen Änderung der Verhältnisse auch seine Haftungsbeschränkung auf den fiktiven Pflichtteil geltend machen.[47] Ob das Erreichen der Haftungssumme des § 1586b Abs. 1 Satz 3 BGB isoliert im Abänderungsverfahren nach den §§ 238, 239 FamFG geltend zu machen ist oder ob insoweit die Vollstreckungsabwehrantrag nach § 120 Abs. 1 FamFG i.V.m. § 767 ZPO zu erheben ist, wurde bisher höchstrichterlich nicht entschieden.[48]

III. Anhängige Verfahren

49 War der Unterhaltsanspruch zum Zeitpunkt des Erbfalls als Folgesache anhängig, erledigt sich das Verfahren in der Hauptsache und Folgesache mit dem Tod des Verpflichteten (§ 131 FamFG bzw. §§ 141 Satz 1, 142 Abs. 2 Satz 1 FamFG analog).[49] Der Unterhalt muss somit in einem neuen Verfahren gegen den Erben geltend gemacht werden.

50 War dagegen der Unterhaltsanspruch in einem isolierten Verfahren anhängig, kann das Verfahren gegen den Erben des Unterhaltsschuldners nach § 113 Abs. 1 FamFG i.V.m. §§ 246, 239 ZPO fortgesetzt werden.

IV. Kein Titel gegen den Erblasser

51 Liegt kein Unterhaltstitel gegen den Erblasser vor, kann der Unterhaltsgläubiger seine Ansprüche gegen den Erben mittels Stufenantrag geltend machen.[50] Auf der ersten Stufe wird er Auskunft über den Bestand des Nachlasses verlangen und auf einer nächsten Stufe, soweit eine eidesstattliche Versicherung nicht geboten ist, eine zeitlich befristete Unterhaltsrente. Ohne Kenntnis des Nachlasses und der nach § 2325 BGB pflichtteilsergänzungspflichtigen Schenkungen ist der Unterhaltsgläubiger nicht in der Lage, seinen Unterhaltsanspruch gegen die Erben zu beziffern und für einen bestimmten Zeitraum,

---

[44] A.A. AG Tempelhof-Kreuzberg v. 29.06.2004 - 133 F 1272/03 - FamRZ 2005, 914-915; OLG Celle v. 14.12.1994 - 21 UF 112/94 - OLGR Celle 1995, 88-90.

[45] *Baumann* in: Staudinger, § 1586b Rn. 73; *Maurer* in: MünchKomm-BGB, § 1586b Rn. 26.

[46] OLG Zweibrücken v. 27.10.2006 - 2 UF 58/06- FamRZ 2007, 1192-1194; *Marotzke* in: Staudinger, § 2058, Rn. 52.

[47] BGH v. 29.11.2000 - XII ZR 165/98 - BGHZ 146, 114-121.

[48] BGH v. 29.11.2000 - XII ZR 165/98 - BGHZ 146, 114-121 (Frage ausdrücklich offen gelassen); für Vollstreckungsabwehrantrag: *Baumann* in: Staudinger, § 1586b Rn. 73 und *Maurer* in: MünchKomm-BGB, § 1586b Rn. 26.

[49] *Philippi* in: Zöller, § 131 FamFG Rn. 10.

[50] *Baumann* in: Staudinger, § 1586b Rn. 75; *Kahlert*, § 1586b BGB in der Rechtspraxis, Diss. 1997, S. 192; vgl. ferner Rn. 34.

unter angemessener Berücksichtigung der Haftungsbeschränkung, geltend zu machen, weshalb ihm insoweit auch ein Auskunftsanspruch zuzubilligen ist (vgl. Rn. 34.). Alternativ ist direkt ein Zahlungsantrag, auch ohne exakte Kenntnis über den Nachlass, möglich, wobei dann allerdings der Unterhaltsgläubiger das Risiko trägt, dass sein Antrag auf den Einwand des Erben nach § 1586b Abs. 1 Satz 3 BGB teilweise abgewiesen wird, sofern das Gericht nach einer Prüfung des Haftungsumfangs die Laufzeit des Unterhalts begrenzt (vgl. Rn. 52 zur Frage des Prüfungsumfangs im Erkenntnisverfahren).
Muster eines Stufenantrags der geschiedenen Ehefrau gegen die Witwe des Erblassers:
1. Die Antragsgegnerin wird verpflichtet, der Antragstellerin in Form eines geordneten Bestandsverzeichnisses gemäß § 260 Abs. 1 BGB Auskunft über den Bestand des Nachlasses des am ... verstorbenen ... (Erblassers) zum Stichtag des Erbfalls und Auskunft über sämtliche Schenkungen des Erblassers an Dritte sowie Auskunft über sämtliche Schenkungen und ehebedingte Zuwendungen des Erblassers an die Antragsgegnerin zu erteilen.
2. Für den Fall, dass das Verzeichnis nicht mit der erforderlichen Sorgfalt erstellt sein sollte, wird die Antragsgegnerin weiterhin verpflichtet, an Eides statt zu versichern, dass sie die zu Ziff. 1 geforderten Auskünfte nach bestem Wissen so vollständig angegeben hat, wie sie dazu in der Lage war.
3. Die Antragsgegnerin ist zu verpflichten, an die Antragstellerin ab ... Unterhalt in einer nach Auskunftserteilung zu beziffernden Höhe und Laufzeit zu zahlen.

V. Haftungsbeschränkung

Die Haftungsbeschränkung nach § 1586b Abs. 1 Satz 3 BGB ist von dem Erben gegenüber dem Unterhaltsberechtigten geltend zu machen.[51] Der Erbe hat zur Ermittlung des fiktiven Pflichtteils und mithin der Haftungsgrenze den Bestand des Nachlasses darzulegen und ggf. zu beweisen. Macht der Erbe die Haftungsbeschränkung im Erkenntnisverfahren als Einrede gegen eine zeitlich unbegrenzte Unterhaltsforderung geltend, steht es nach herrschender Meinung im Ermessen des Gerichts, ob es über den Einwand sachlich durch eine zeitliche Begrenzung des Unterhalts nach einer Berechnung des fiktiven Pflichtteils entscheidet oder ob es lediglich den förmlichen Vorbehalt der beschränkten Erbenhaftung nach § 780 ZPO im Beschluss aufnimmt.[52]

52

Sofern das Gericht im Erkenntnisverfahren keine Pflichtteilsberechnung vornimmt und mithin nicht über die Haftungsbeschränkung nach § 1586b Abs. 1 Satz 3 BGB entscheidet, muss sich der Erbe die Beschränkung der Erbenhaftung im Beschluss vorbehalten lassen (§ 780 ZPO), um dann im Vollstreckungsverfahren gemäß §§ 781, 785, 767 ZPO die Haftungsbeschränkung noch geltend machen zu können.[53] Dies gilt entsprechend bei anderen Unterhaltstiteln (§ 795 ZPO). Macht der Erbe die Haftungsbeschränkung im Erkenntnisverfahren geltend, ist die Einrede von Amts wegen zu berücksichtigen, so dass der Vorbehalt der Haftungsbeschränkung nicht eigens beantragt werden muss.[54]

53

Darüber hinaus kann der Erbe unter bestimmten erbrechtlichen Voraussetzungen im Erkenntnisverfahren eine Haftungsbeschränkung auf den Nachlass erreichen.[55]

54

F. Vertragsgestaltung

Ein Verzicht auf den Unterhaltsanspruch nach § 1586b BGB ist unbedenklich, sofern der Verzicht nicht in den Kernbereich des Scheidungsfolgenrechtes eingreift.[56] Hierbei ist m.E. entscheidend auf den Unterhaltstatbestand vor Eintritt des Erbfalls abzustellen. Schuldete der Erblasser nach § 1570 BGB Unterhalt, wird ein Verzicht des Unterhaltsberechtigten auf Unterhalt nach § 1586b BGB m.E. für die Dauer der Betreuungsbedürftigkeit der gemeinsamen Kinder wegen eines Eingriffs in den Kernbereich des Scheidungsfolgenrechts nicht greifen.

55

---

[51] *Maurer* in: MünchKomm-BGB, § 1586b Rn. 14; OLG Koblenz v. 19.05.2009 - 11 UF 762/08 - FamRZ 2009, 821-823; zur Geltendmachung im Verfahren vgl. auch Rn. 46 und Rn. 48.

[52] BGH v. 13.07.1989 - IX ZR 227/87 - FamRZ 1989, 1070-1075 und BGH v. 09.03.1983 - IVa ZR 211/81 - FamRZ 1983, 692-694 (in Fällen der Dürftigkeitseinrede nach § 1990 BGB); OLG Schleswig v. 29.01.1998 - 13 UF 150/96 - OLGR Schleswig 1998, 282-283; AG Tempelhof-Kreuzberg v. 29.06.2004 - 133 F 1272/03 - FamRZ 2005, 914-915; vgl. auch *Schmidt*, JR 1989, 45-48, mit a.A. bei Entscheidungsreife.

[53] BGH v. 09.03.1983 - IVa ZR 211/81 - FamRZ 1983, 692-694; *Graba* in: Erman, § 1586b Rn. 13.

[54] BGH v. 09.03.1983 - IVa ZR 211/81 - FamRZ 1983, 692-694 und BGH v. 02.02.2010 - VI ZR 82/09 - FamRZ 2010, 636-638; OLG Koblenz v. 19.05.2009 - 11 UF 762/08 - FamRZ 2009, 821-823; *Stöber* in: Zöller, § 780 Rn. 10.

[55] Vgl. §§ 1975, 1990, 1992, 2059 BGB und *Stöber* in: Zöller, § 780 Rn. 3

[56] Vgl. BGH v. 11.02.2004 - XII ZR 265/02 - BGHZ 158, 81-110.

56 Bei einem Erb- und/oder Pflichtteilsverzicht sollte ausdrücklich klargestellt werden, ob die Parteien hiermit auch eine Regelung über die Unterhaltspflicht nach § 1586b BGB treffen wollen (vgl. Rn. 36).

57 Treffen die Parteien eine selbständige Unterhaltsvereinbarung, sollte aus dieser Regelung hervorgehen, ob die Unterhaltsverpflichtung auch über den Tod des Unterhaltspflichtigen hinaus gelten soll (vgl. Rn. 18).

58 Bei der Beratung eines Unterhaltspflichtigen bezüglich der Gestaltung einer letztwilligen Verfügung ist der Anspruch des geschiedenen Ehegatten nach § 1586b BGB zu beachten. Sofern zu Lebzeiten des Unterhaltspflichtigen ein Verzicht des Unterhaltsberechtigten, ggf. gegen Zahlung einer Abfindung, nicht in Betracht kommt, kann u.U. ein Geldvermächtnis zugunsten des Unterhaltsberechtigten, verbunden mit der Auflage, dass dieser nach Erfüllung des Vermächtnisses auf seinen Unterhaltsanspruch verzichtet, sinnvoll sein.[57]

59 Ist der Unterhaltspflichtige erneut verheiratet und sein Partner aus dieser Ehe nicht unvermögend, sollte im Hinblick auf § 1586b BGB die Anordnung einer Vor- und Nacherbfolge in Erwägung gezogen werden. Andernfalls würde sich bei einem Vorversterben des aktuellen Partners die Haftungssumme nicht unbeträchtlich erhöhen.[58]

G. Steuerrechtliche Hinweise

60 Vgl. hierzu Rn. 40.

---

[57] Vgl. *Klingelhöffer*, ZEV 1999, 13-14, 13 f.
[58] Vgl. Beispiel bei *Frenz*, ZEV 2001, 115.

Untertitel 3 - Versorgungsausgleich

§ 1587 BGB Verweis auf das Versorgungsausgleichsgesetz

(Fassung vom 03.04.2009, gültig ab 01.09.2009)

Nach Maßgabe des Versorgungsausgleichsgesetzes findet zwischen den geschiedenen Ehegatten ein Ausgleich von im In- oder Ausland bestehenden Anrechten statt, insbesondere aus der gesetzlichen Rentenversicherung, aus anderen Regelsicherungssystemen wie der Beamtenversorgung oder der berufsständischen Versorgung, aus der betrieblichen Altersversorgung oder aus der privaten Alters- und Invaliditätsvorsorge.

Gliederung

A. Grundlagen 1	IV. Anwendung im Beitrittsgebiet 6
I. Kurzcharakteristik 1	V. Auslandsrechtliche Bezüge 8
II. Gesetzgebungsmaterialien 2	C. Gegenstand des Versorgungsausgleiches /
B. Anwendungsbereich 3	im In- und Ausland bestehende Anrechte
I. Scheidung 3	auf eine Versorgung 9
II. Aufhebung einer Ehe 4	D. Verfahrenshinweise 11
III. Aufhebung einer Lebenspartnerschaft ... 5	E. Praktische Bedeutung 14

A. Grundlagen

I. Kurzcharakteristik

Der neue § 1587 BGB hat allein deklaratorische Bedeutung, indem er auf die Anwendung des Versorgungsausgleichsgesetzes verweist, in welchem die Tatbestandsvoraussetzungen für den Versorgungsausgleich geregelt werden. Die Aufzählung der Anrechte entspricht wortgleich jener in § 2 Abs. 1 VersAusglG und hat keine abschließende Bedeutung. **1**

II. Gesetzgebungsmaterialien

BT-Drs. 16/10144, S. 50 f. **2**

B. Anwendungsbereich

I. Scheidung

§ 1587 BGB bestimmt seinem Wortlaut nach, dass der Versorgungsausgleich nur zwischen geschiedenen Ehegatten durchzuführen ist. **3**

II. Aufhebung einer Ehe

Der Anwendungsbereich der Vorschriften über den Versorgungsausgleich wird jedoch durch § 1318 Abs. 3 BGB auch auf die Fälle einer Eheaufhebung erweitert. Ausgenommen sind nur jene Fälle, in denen ein Versorgungsausgleich unter Berücksichtigung der Umstände bei der Eheschließung oder einem Verstoß gegen § 1306 BGB gegenüber einer dritten Person grob unbillig wäre. **4**

III. Aufhebung einer Lebenspartnerschaft

Aufgrund von § 20 Abs. 4 LPartG finden die Bestimmungen des § 1587 BGB und des VersAusglG nach der Aufhebung eingetragener Lebenspartnerschaften entsprechende Anwendung. Ausgenommen hiervon sind nur Lebenspartnerschaften, die vor dem 01.01.2005 begründet wurden und für die die Lebenspartner keine Erklärung gem. § 21 Abs. 4 LPartG über den Versorgungsausgleich abgegeben haben. **5**

IV. Anwendung im Beitrittsgebiet

In den neuen Ländern einschließlich Ost-Berlin gelten die Bestimmungen über den Versorgungsausgleich für seit dem 01.01.1992 geschiedene Ehen (Nr. 1 EinigVtr Anlage I Kap. III B II i.V.m. Art. 234 § 6 EGBGB). Ein Versorgungsausgleich unterbleibt trotzdem nach Art. 234 § 6 Abs. 1 Satz 2 EGBGB **6**

§ 1587

für die Versorgungsanrechte, die Gegenstand oder Grundlage einer vor dem Wirksamwerden des Beitritts geschlossenen wirksamen Vereinbarung oder gerichtlichen Entscheidung über die Vermögensverteilung gewesen sind.

7 Trotz der in Art. 234 § 6 Abs. 1 EGBGB vorgenommenen Begrenzung der Anwendung der Versorgungsausgleichsvorschriften im Beitrittsgebiet auf solche Ehen, die nach dem 01.01.1992 geschieden wurden, kann auch bei vor 1992 geschiedenen Ehen die Durchführung eines Versorgungsausgleichs auf Grund interlokalen Kollisionsrechts geboten sein.[1]

V. Auslandsrechtliche Bezüge

8 Die einschlägige kollisionsrechtliche Norm für den Versorgungsausgleich ist Art. 17 Abs. 3 EGBGB. In dessen seit dem 29.01.2013 geltender Fassung nimmt er Bezug auf die Verordnung (EU) Nr. 1259/2010 (sog. Rom III-Verordnung), welche die nationalen Kollisionsnormen der teilnehmenden Staaten ersetzt. Ein entgegen den Kollisionsregeln rechtskräftig durchgeführter Versorgungsausgleich kann im Wege des Abänderungsverfahrens nach § 51 VersAusglG nicht rückgängig gemacht werden.[2]

C. Gegenstand des Versorgungsausgleiches / im In- und Ausland bestehende Anrechte auf eine Versorgung

9 Bei der Bestimmung des Kreises der in den Versorgungsausgleich einzubeziehenden Rechte hat sich der Gesetzgeber bei der Neufassung des Versorgungsausgleichsrechts vom bisherigen Begriff der Versorgungsaussicht gelöst und hat den zuvor bereits in der Praxis verwendeten Begriff des Anrechtes zum Ausgangspunkt genommen. Der Begriff des Anrechts wird in § 2 Abs. 1 VersAusglG definiert und umfasst Anwartschaften auf Versorgungen und Ansprüche auf laufende Versorgungsleistungen.

10 Die auszugleichenden Rechtspositionen müssen den Zweck haben, der Versorgung wegen Alters oder verminderter Erwerbsfähigkeit zu dienen, andernfalls unterliegen sie dem Zugewinnausgleich. Der Versorgung wegen Alters dienen Anrechte, wenn die zugesagte Versorgungsleistung im Anschluss an die Beendigung des aktiven Berufslebens gewährt wird und das bisherige Erwerbseinkommen ersetzen soll.[3]

D. Verfahrenshinweise

11 Für die ab dem 01.09.2009 eingeleiteten Versorgungsausgleichsverfahren ist das FamFG maßgeblich. Nach Art. 23 VAStrRefG treten die mit der Strukturreform des Versorgungsausgleichs einhergehenden Rechtsänderungen zeitgleich mit dem Gesetz zur Reform des Verfahrens in Familiensachen und in den Angelegenheiten der freiwilligen Gerichtsbarkeit (FGG-ReformG) am 01.09.2009 in Kraft. Gleichzeitig tritt das bisherige Recht des Versorgungsausgleichs, wie es in den §§ 1587-1587p BGB, im Gesetz zur Regelung von Härten im Versorgungsausgleich (VAHRG), im Versorgungsausgleichs-Überleitungsgesetz (VAÜG) und in der Barwert-Verordnung geregelt war, außer Kraft.

12 Für Verfahren, die ab dem 01.09.2009 eingeleitet werden, gilt das neue materielle Recht des VersAusglG. Über den Versorgungsausgleich ist dann nach dem neuen Verfahrensrecht des Gesetzes über das Verfahren in Familiensachen und in den Angelegenheiten der freiwilligen Gerichtsbarkeit (FamFG) zu entscheiden. In Verfahren über den Versorgungsausgleich, die vor dem 01.09.2009 eingeleitet worden sind, ist nach § 48 Abs. 1 VersAusglG das bis dahin geltende materielle Recht und Verfahrensrecht weiterhin anzuwenden. Dies gilt jedoch nicht ausnahmslos. Auch bei Einleitung vor dem 01.09.2009 ist auf diejenigen Verfahren das neue materielle Recht und Verfahrensrecht anzuwenden, die zu diesem Zeitpunkt oder danach ausgesetzt oder zum Ruhen gebracht werden oder – soweit es den Versorgungsausgleich betrifft – die zu diesem Zeitpunkt oder danach vom Verbund abgetrennt werden (§ 48 Abs. 2 VersAusglG, Art. 111 Abs. 4 FGG-ReformG) oder in denen bis zum 31.08.2010 im ersten Rechtszug noch keine Endentscheidung erlassen wurde (§ 48 Abs. 3 VersAusglG, Art. 111 Abs. 5 FGG-ReformG).[4]

---

[1] BGH v. 29.03.2006 - XII ZB 69/03 - NJW 2006, 2034; *Ruland*, Versorgungsausgleich, Rn. 126 ff.
[2] BGH v. 25.05.2005 - XII ZB 185/01 - FamRZ 2005, 1467.
[3] BGH v. 14.03.2007 - XII ZB 36/05 - FamRZ 2007, 889.
[4] *Maurer/Dörr* in: MünchKomm-BGB, 6. Aufl. 2013, § 1587 Rn. 2.

Der Versorgungsausgleich gehört gem. § 137 Abs. 2 Satz 1 FamFG zu den Folgesachen im Scheidungsverfahren. Das Verfahren über den Versorgungsausgleich bei der Scheidung ist vom Familiengericht von Amts wegen einzuleiten. Gleiches gilt für das isolierte Versorgungsausgleichsverfahren bei einer Eheaufhebung oder einer vorangegangenen Scheidung im Ausland. Dagegen bedürfen der schuldrechtliche Versorgungsausgleich nach den §§ 20 ff. VersAusglG sowie die Abänderung von Entscheidungen zur Verfahrenseinleitung eines Antrages (§§ 223, 225 Abs. 2, 227 Abs. 2 FamFG). 13

E. Praktische Bedeutung

§ 1587 BGB hat nach neuem Recht keine praktische Bedeutung, sondern allein deklaratorische Funktion. Hinzuweisen ist darauf, dass mit der Zusammenfassung des Verfahrensrechts in einem einheitlichen Verfahrensgesetz, dem FamFG, auch das Gesetz über Gerichtskosten in Familiensachen (FamGKG) geschaffen wurde. 14

Steuerrechtliche Hinweise zu §§ 1587 ff. BGB

1   Vgl. die Kommentierung zu den steuerrechtlichen Hinweisen zu §§ 6 ff. VersAusglG.

Kostenrechtliche Hinweise zu
§ 1587 BGB Verweis auf das Versorgungsausgleichsgesetz

(Fassung vom 03.04.2009, gültig ab 01.09.2009)

Nach Maßgabe des Versorgungsausgleichsgesetzes findet zwischen den geschiedenen Ehegatten ein Ausgleich von im In- oder Ausland bestehenden Anrechten statt, insbesondere aus der gesetzlichen Rentenversicherung, aus anderen Regelsicherungssystemen wie der Beamtenversorgung oder der berufsständischen Versorgung, aus der betrieblichen Altersversorgung oder aus der privaten Alters- und Invaliditätsvorsorge.

Gliederung

A. Grundlagen 1
B. Besonderheiten 5
I. Angelegenheit 5
II. Gegenstandswert 8
1. Altes Recht bis zum 01.09.2009 8
2. Neues Recht ab dem 01.09.2009 ... 12
  a. Allgemein 12
  b. Jedes Anrecht 16
  c. Mindestwert 21
  d. Dreimonatliches Nettoeinkommen .. 23
  e. Auskunftsansprüche 28
  f. Billigkeit 30
  g. Zeitpunkt der Wertberechnung ... 32
  h. Beschwerdewert bei teilweiser Anfechtung ... 33
  i. Unbillige Werte 34
III. Gebühren 36
1. Einigung über den Versorgungsausgleich ... 36
2. Verzicht bzgl. Versorgungsausgleich löst Einigungsgebühr aus ... 38
3. Außergerichtliche Einigung über den Versorgungsausgleich ... 40
4. Ausschluss des Versorgungsausgleichs ... 42
5. Versorgungsausgleich bei geringer Ehedauer ... 43
IV. Besonderheit: Abweichendes Übergangsrecht ... 45
1. Allgemein 45
2. Verfahrenskostenhilfe 49
C. Arbeitshilfen 51
I. Beispiel/Muster: Versorgungsausgleich – Wert ... 51
II. Beispiel/Muster: Versorgungsausgleich mit Anspruch ohne Ausgleich ... 52
III. Beispiel/Muster: Versorgungsausgleich – Abtrennung ... 53
IV. Beispiel/Muster: Versorgungsausgleich – Abtrennung und Übergangsrecht ... 55
V. Berechnungsprogramme 56
1. Prozesskostenrechner 56
2. RVG-Rechner: 1. Instanz mit Anrechnung der Geschäftsgebühr ... 57
3. RVG-Rechner: Scheidungsfolgenvereinbarung/Einigung auch über nichtanhängige Gegenstände ... 58

A. Grundlagen

Der Versorgungsausgleich kann in zwei Formen geltend gemacht werden. Zum einen als sogenannter öffentlich-rechtlicher Versorgungsausgleich und zum anderen als schuldrechtlicher Versorgungsausgleich. Das Versorgungsausgleichsgesetz differenziert nach 1

- Versorgungsausgleichsansprüchen **bei der Scheidung** (§§ 9-19, 28 VersAusglG) und
- Versorgungsausgleichsansprüchen **nach der Scheidung** (§§ 20-27 VersAusglG).

Diese Unterscheidung ist auch verfahrens- und kostenrechtlich von Bedeutung. Die Verfahren **bei der Scheidung** sind Bestandteil des **Amtsverbunds**. Es ist damit kein besonderer Antrag für ihre Anhängigkeit notwendig - § 137 Abs. 2 Satz 2 FamFG. Damit sind die Werte von Scheidung und Versorgungsausgleich zu addieren, §§ 16 Nr. 4, 22 RVG. 2

Die Verfahren **nach der Scheidung** sind regelmäßig nicht Bestandteil des Verbundes, sie werden isoliert geltend gemacht. Sollen sie ausnahmsweise Bestandteil des Verbundes werden, so ist ein entsprechender Antrag notwendig (§ 223 FamFG). In diesem Fall muss das Gericht die verbleibenden Ansprüche nach der Scheidung ausdrücklich in der Begründung benennen (§ 224 FamFG). Das Gesetz sieht unterschiedliche Werte für die Verfahren **bei** und **nach** der Scheidung vor. 3

Grundsätzlich entsteht eine 1,3 Verfahrens- und eine 1,2 Terminsgebühr Nr. 3100 und 3104 VV RVG. Hierzu gelten für das Versorgungsausgleichsverfahren keine Besonderheiten. Weitere Informationen finden Sie hierzu in den Kostenrechtl. Hinw. in Familiensachen (Teil 7) und den Kostenrechtl, Hinw. in Familiensachen (Teil 8) Rn. 1. 4

Kostenrechtl. Hinw. zu § 1587

B. Besonderheiten

I. Angelegenheit

5 Das ausgesetzte und das wiederaufgenommene Versorgungsausgleichsverfahren bilden grundsätzlich eine Angelegenheit.

6 Hieran ändert sich auch nichts, wenn die Wiederaufnahme mehr als zwei Kalenderjahre nach der Scheidung erfolgt, da das Ausgleichsverfahren nicht erledigt ist im Sinne von § 15 Abs. 5 RVG. Das Verfahren war lediglich ausgesetzt und nicht erledigt.[1]

7 Folgende Versorgungsausgleichsverfahren sind möglich und kostenrechtlich zu beachten:
- Versorgungsausgleich bei der Scheidung im Verbund und isoliert (§§ 9-19 VersAusglG)
- Versorgungsausgleich nach der Scheidung
  - schuldrechtliche Ausgleichszahlungen im Verbund und isoliert (§§ 20-22 VersAusglG)
  - Abfindung (§§ 23-24 VersAusglG)
  - Teilhabe an der Hinterbliebenenversorgung (§§ 25, 26 VersAusglG)
- Versorgungsausgleichsverfahren bei oder nach der Scheidung, die Beschränkung/Wegfall des Versorgungsausgleichs zum Gegenstand haben (§ 27 VersAusglG)
- Abänderungsverfahren (§§ 225-227 FamFG)
- Anpassungsverfahren wegen Unterhalts (§§ 33, 34 VersAusglG)

II. Gegenstandswert

1. Altes Recht bis zum 01.09.2009

8 Das RVG sieht für die Tätigkeit im Versorgungsausgleichsverfahren Festwerte vor. Nach § 23 Abs. 1 RVG, § 49 GKG beträgt der Gegenstandswert 1.000 €, wenn dem Versorgungsausgleich **ausschließlich Anrechte** aus einem öffentlich-rechtlichen Dienstverhältnis oder einem Arbeitsverhältnis mit Anspruch auf Versorgung nach beamtenrechtlichen Grundsätzen, der gesetzlichen Rentenversicherung und der Alterssicherung der Landwirte unterliegen.

9 Auch wenn in dem Versorgungsausgleichsverfahren **nur sonstige**, also nicht in der obigen Aufzählung enthaltene Anrechte geltend gemacht werden, beträgt der Wert 1.000 €.

10 Werden die oben aufgezählten Anrechte **und** die sonstigen Anrechte **nebeneinander** geltend gemacht, so beträgt der Wert 2.000 €.

11 Das Versorgungsausgleichsverfahren ist ein Verfahren der freiwilligen Gerichtsbarkeit. Für den Gegenstandswert ist es jedoch unerheblich, ob das Verfahren im **Verbund** oder **isoliert** geltend gemacht wird, da sich dieser Wert zwar aus unterschiedlichen Vorschriften ergibt, nämlich für den Verbund aus § 49 GKG und für das isolierte Verfahren aus § 99 Abs. 3 KostO, inhaltlich jedoch keine Unterschiede bestehen.

2. Neues Recht ab dem 01.09.2009

a. Allgemein

12 Der Wert ist nun verknüpft mit den Einkommensverhältnissen der Ehegatten und der Anzahl der Anrechte. Dieses System der Anlehnung an die wirtschaftlichen Verhältnisse der Ehegatten entspricht dem der Kindschaftssachen.

13 Es erfolgt keine Differenzierung nach Verfahren im Verbund und isolierten Verfahren. Für alle Verfahren ist allein § 50 FamGKG maßgebend.

14 Dies gilt entsprechend für eingetragene Lebenspartnerschaften (§ 5 FamGKG, §§ 111 Nr. 7, 269 FamFG).

15 Der Wert beträgt für
- Versorgungsausgleichsansprüche **bei der** Scheidung 10% (= öffentlich-rechtliche Ansprüche),
- für Ansprüche **nach der** Scheidung 20% (= schuldrechtliche Ansprüche)

des in drei Monaten erzielten Einkommens der Ehegatten.
Die sogenannten schuldrechtlichen Ansprüche werden vom Gesetzgeber als aufwändiger betrachtet und daher mit einem höheren Wert versehen.

---

[1] KG v. 28.10.2010 - 19 WF 174/10 - FamRZ 2011, 667 = RVGreport 2011, 19; OLG Oldenburg v. 13.01.2011 - 13 WF 166/10 - FamRZ 2011, 665.

b. Jedes Anrecht

Für jedes Anrecht bei der Scheidung wird ein Wert von 10% des dreimonatigen Einkommens der Ehegatten veranschlagt. Es ist daher zunächst die Anzahl der Anrechte zu ermitteln. Anrechte in diesem Sinne sind alle Anrechte, die eine Versorgungsart des Ehegatten darstellen, gleich, ob sie im In- oder Ausland erworben worden sind.[2] Damit ist jedes verfahrensgegenständliche Anrecht zu berücksichtigen. Dies gilt auch dann, wenn es im Ergebnis weder zu einem internen noch zu einem externen Ausgleich dieses Anrechts kommt.[3]

Einschränkend wird vertreten[4], dass für die Bestimmung des Verfahrenswertes Anrechte nicht erheblich sind, wenn eine Einbeziehung von vornherein ausscheidet, weil derartige Anrechte
- nicht dem Versorgungsausgleich unterliegen,
- nicht während der Ehezeit erworben wurden,
- überhaupt nicht erworben worden sind.

Dieser Ansicht ist nicht zu folgen, da sie den Gesetzestext um das Merkmal „auszugleichende" Anrechte erweitert. Dies war aber bewusst nicht die Intention des Gesetzgebers. Ihm ging es um die Verfahrensvereinfachung.[5]

Bestehen Anrechte aus einer **betrieblichen Altersversorgung**, so sind sie nunmehr auch dann Bestandteil des Versorgungsausgleichs, wenn sie auf einer Kapitalleistung basieren (§ 2 Abs. 2 Nr. 3 VersAusglG).[6]

Dies gilt in gleicher Weise für die Anrechte nach der Scheidung gem. §§ 20 ff. VersAusglG mit dem Unterschied, dass nicht 10%, sondern 20% je Anrecht zu berücksichtigen sind.

Ost-West-Anrechte: Die bei einem Träger der gesetzlichen Rentenversicherung erworbenen Anrechte in der allgemeinen Rentenversicherung und in der allgemeinen Rentenversicherung (Ost) sind separate Anrechte, die im Rahmen der Wertfestsetzung nach § 50 Abs. 1 FamGKG gesondert zu berücksichtigen sind.[7]

c. Mindestwert

§ 50 Abs. 1 Satz 2 FamGKG sieht einen Mindestwert von 1.000 € vor. Dieser Mindestwert betrifft den Wert für alle nach Satz 1 der Vorschrift anhängigen Verfahren. Er greift also nur dann, wenn die Summe der Werte für die einzelnen Versorgungsausgleichsansprüche 1.000 € nicht erreicht.

Der Mindestwert von 1.000 € ist die absolute Untergrenze. Diese gilt auch für den Fall der Unbilligkeit nach § 50 Abs. 3 FamGKG, da die Festlegung eines Mindestwertes ansonsten keinen Sinn macht.

d. Dreimonatliches Nettoeinkommen

Für die Wertermittlung ist das in drei Monaten erzielte Nettoeinkommen der Ehegatten maßgebend. Insoweit wird hier der Wortlaut des § 43 Abs. 2 FamGKG wiederholt, der für die Wertermittlung in Ehesachen einschlägig ist. Damit macht der Gesetzgeber klar, dass die Grundsätze für die Wertermittlung in Ehesachen auch hier gelten sollen.

Allerdings bezieht sich der Wortlaut hier eindeutig **nur auf die Einkommensverhältnisse**. Vermögensverhältnisse, Umfang und Bedeutung werden bewusst nicht erwähnt und sind damit hier nicht maßgebend.

Ein gegebenenfalls unbilliger Wert ist über § 50 Abs. 3 FamGKG zu korrigieren.

Bei den Einkommensverhältnissen für den Versorgungsausgleich ist jedoch – im Gegensatz zu den Ehesachen – **kein Abschlag für Unterhaltsleistungen für Kinder** zu machen.[8] Ebenso wenig umfasst das Nettoeinkommen im Sinne des § 50 Abs. 1 FamGKG das staatliche Kindergeld.[9]

Wegen der Einzelheiten zur Berechnung des Nettoeinkommens vgl. die Kostenrechtl. Hinw. zu § 1564 BGB Rn. 26.

---

[2] OLG Bamberg v. 20.12.2010 - 2 UF 245/10 - FamRZ 2011, 1232; *Thiel* in: HK-FamGKG, 2. Aufl. 2014, § 50 Rn. 14.
[3] BT-Drs. 16/11903, S. 126.
[4] So unter anderem: OLG Koblenz v. 02.04.2014 - 13 UF 737/13; OLG Naumburg v. 20.09.2011 - 8 WF 229/11 - AGS 2012, 145.
[5] *Thiel* in: HK-FamGKG, 2. Aufl. 2014, § 50 Rn. 15.
[6] *Thiel* in: HK-FamGKG, 2. Aufl. 2014, § 50 Rn. 12.
[7] So zuletzt: OLG Dresden v. 03.04.2014 - 19 WF 236/14.
[8] OLG Hamm v. 25.07.2011 - II-8 WF 8/11; *Thiel* in: HK-FamGKG, 2. Aufl. 2014, § 50 Rn. 28.
[9] OLG Celle v. 17.12.2013 - 12 WF 92/13 - RVGreport 2014, 164.

e. Auskunftsansprüche

28 Nach § 50 Abs. 2 FamGKG beträgt in Verfahren über einen Auskunftsanspruch oder über die Abtretung von Versorgungsansprüchen der Verfahrenswert 500 €. Es handelt sich um Verfahren nach § 4 VersAusglG (Auskunft) und § 21 VersAusglG (Abtretung).

29 Werden der Auskunftsanspruch und der Versorgungsausgleich selbst in Form eines Stufenverfahrens geltend gemacht, so ist § 38 FamGKG maßgebend. Hiernach gilt der höhere der beiden Werte. Dies ist wegen des Mindestwertes nach Absatz 1 in aller Regel der des Versorgungsausgleichs mit 1.000 €.

f. Billigkeit

30 Ist der nach den Absätzen 1 und 2 bestimmte Wert nach den besonderen Umständen des Einzelfalls unbillig, kann das Gericht einen höheren oder einen niedrigeren Wert festsetzen (§ 50 Abs. 3 FamGKG). Bei der Bewertung der Frage der Unbilligkeit sind insbesondere Umfang, Schwierigkeit und Bedeutung des Verfahrens zu berücksichtigen.

31 Eine Herabsetzung des Wertes unter den Mindestwert von 1.000 € kommt nicht in Frage. Dies würde dem Sinn eines Mindestwerts widersprechen.

g. Zeitpunkt der Wertberechnung

32 Nach zutreffender Ansicht ist für den Versorgungsausgleich auf den Zeitpunkt der Einreichung des Scheidungsantrags abzustellen, da dieser Antrag das Amtsverbundverfahren des Versorgungsausgleichs einleitet.[10] Letztendlich wird damit das Verfahren nicht von Amts wegen initiiert, sondern durch den Scheidungsantrag. Es ist daher richtig, den Zeitpunkt dieser Antragstellung auch als Zeitpunkt für den Versorgungsausgleich anzusehen.

h. Beschwerdewert bei teilweiser Anfechtung

33 Grundsätzlich bestimmt sich der Wert für ein Rechtsmittelverfahren nach der Beschwer. Für die Bemessung des Beschwerdewerts in Versorgungsausgleichssachen gilt jedoch, dass nicht nur die beschwerdegegenständlichen Anrechte, sondern alle Anrechte einzubeziehen sind. Der Versorgungsausgleich ist von Amts wegen zu prüfen. Im Hinblick auf die Bagatellprüfung nach § 18 VersAusglG verbietet sich eine isolierte Betrachtung nur einzelner Anrechte. Es ist eine umfassende Wertung durchzuführen. Damit bestimmt sich der Wert nach dem Wert aller Anrechte.[11] Damit kann der Wert der Beschwerde sogar höher liegen als der Wert der ersten Instanz, wenn die Berücksichtigung eines weiteren Anrechts begehrt wird.[12]

i. Unbillige Werte

34 Unbilligen Ergebnissen kann nach § 50 Abs. 3 FamGKG Rechnung getragen werden. Da es sich um eine Ausnahmeregelung handelt, ist eine restriktive Anwendung geboten.[13]

35 Aufgrund der Bedeutung der Angelegenheit und des mit dem Verfahren verbundenen Aufwandes kann es gerechtfertigt sein, den Verfahrenswert gemäß § 50 Abs. 3 FamGKG zu verdoppeln (hier: Anpassungsverfahren wegen Unterhalts).[14] Der Verfahrenswert kann nur dann ausnahmsweise herabgesetzt werden, wenn der regelrecht ermittelte Wert in keinem angemessenen Verhältnis zum Umfang, zur Schwierigkeit und zur Bedeutung der Sache steht. Ein solcher Ausnahmefall liegt nicht schon dann vor, wenn wegen der Geringfügigkeit der Anrechte vom Ausgleich abgesehen wird.[15]

---

[10] Thiel in: HK-FamGKG, 2. Aufl. 2014, § 50 Rn. 30.
[11] OLG Brandenburg v. 25.11.2013 - 3 UF 75/12; OLG Bamberg v. 20.12.2010 - 2 UF 245/10 - FamRZ 2011, 1232 = RVGreport 2011, 191.
[12] OLG Brandenburg v. 25.11.2013 - 3 UF 75/12.
[13] OLG Hamm v. 03.02.2012 - II-8 WF 174/11, 8 WF 174/11 - FamRZ 2012, 1751 = NJW-Spezial 2012, 294.
[14] OLG Saarbrücken v. 30.05.2012 - 9 WF 37/12 - FamRZ 2013, 148; OLG Schleswig v. 27.10.2011 - 10 WF 178/11 - AGS 2012, 37.
[15] OLG Naumburg v. 13.06.2013 - 3 WF 139/13 - AGS 2013, 413.

III. Gebühren

1. Einigung über den Versorgungsausgleich

Nach § 6 VersAusglG können die Parteien eine Vereinbarung über den Versorgungsausgleich treffen. Allerdings muss das Gericht eine Vereinbarung stets einer Inhalts- und Ausübungskontrolle unterziehen (§ 8 Abs. 1 VersAusglG). Dies hat keine Auswirkungen auf den Gegenstandswert. Maßgebend bleibt der Wert nach § 50 FamGKG. 36

Zudem muss es sich bei der zugrunde liegenden Einigung wegen der Bezugnahme auf § 127a BGB um einen Vergleich im Sinne des § 779 BGB handeln. Es ist also ein gegenseitiges Nachgeben der Parteien erforderlich. Es entsteht im gerichtlichen Verfahren die Einigungsgebühr nach Nr. 1003, 1000 VV RVG mit einem Gebührensatz von 1,0. 37

2. Verzicht bzgl. Versorgungsausgleich löst Einigungsgebühr aus

Wenn zum Zeitpunkt des Abschlusses einer gerichtlichen Vereinbarung mit der die Parteien auf die Durchführung des Versorgungsausgleichs **wechselseitig verzichten**, die **Person des Ausgleichsberechtigten nicht feststeht**, so handelt es sich um eine Vereinbarung im Sinne von Nr. 1000 VV RVG. Es entsteht eine Einigungsgebühr.[16] 38

Bei Vorliegen **nichtaufgeklärter Fehlzeiten** bzgl. des Versorgungsausgleichs stellt ein entsprechender Verzicht auf die Durchführung des Versorgungsausgleichs eine Einigung dar, die für die Parteien eine Einigungsgebühr auslöst.[17] 39

3. Außergerichtliche Einigung über den Versorgungsausgleich

Die Parteien können sich auch außergerichtlich über den Versorgungsausgleich einigen. Eine familiengerichtliche Genehmigung der Einigung ist zur Wirksamkeit nicht mehr erforderlich. Eine Vereinbarung kann unabhängig von der Scheidung getroffen werden (§ 6 VersAusglG). Diese bedarf der notariellen Beurkundung (§ 7 VersAusglG). 40

Allerdings unterliegen auch diese Vereinbarungen trotz der notariellen Beurkundung, der Inhalts- und Ausübungskontrolle durch das Familiengericht nach § 8 Abs. 1 VersAusglG, wenn es zur Scheidung kommt. Es entsteht außergerichtlich eine Geschäftsgebühr Nr. 2300 VV RVG und eine Einigungsgebühr Nr. 1000 VV RVG. 41

4. Ausschluss des Versorgungsausgleichs

Auch wenn die beteiligten Ehegatten eine Vereinbarung geschlossen haben, den den Versorgungsausgleich ausschließt, ist ein Versorgungsausgleichsverfahren von Amts wegen einzuleiten, da deren Wirksamkeit vom Gericht zu überprüfen ist. Für das Verfahren ist ein Verfahrenswert festzusetzen. Dieser bestimmt sich nach § 50 Abs. 1 FamGKG.[18] Für die insoweit entstehenden Gebühren gelten keine Besonderheiten. 42

5. Versorgungsausgleich bei geringer Ehedauer

In einem Versorgungsausgleichsverfahren ist ein Verfahrenswert nach § 50 FamGKG auch dann festzusetzen, wenn ein Antrag nach § 3 Abs. 3 VersAusglG (= Durchführung des Versorgungsausgleichs trotz geringer Ehedauer) nicht gestellt wird. Das Gericht muss wegen § 224 Abs. 3 FamFG eine materiell-rechtliche Feststellung des Familiengerichts zur Nichtdurchführung des Versorgungsausgleichs treffen. Diese Feststellung erwächst in Rechtskraft. 43

Es ist nicht lediglich vom Mindestwert in Höhe von 1.000 € nach § 50 Abs. 1 Satz 2 VersAusglG auszugehen, da eine Ermittlung der ehezeitlichen Anrechte durch das Familiengericht stattgefunden hat. Es ist der Regelwert mit 10% des dreifachen Monatsnettoeinkommens je Anwartschaft festzusetzen.[19] Andere Ansicht OLG Karlsruhe: Für den Fall, dass es nicht zur Einholung von Auskünften kommt, ist der Mindestwert anzusetzen.[20] 44

---

[16] OLG Düsseldorf v. 06.11.2012 - II-10 WF 15/12 - FamRZ 2013, 1422; OLG München v. 12.01.2012 - 11 WF 2265/11 - NJW 2012, 1089 = FamFR 2012, 131 = RVGreport 2012, 103; OLG Hamm v. 28.07.2011 - II-6 WF 100/11 - RVGreport 2011, 424; OLG Karlsruhe v. 28.08.2009 - 16 WF 133/09 - FamRZ 2009, 2111.

[17] OLG Hamm v. 08.02.2008 - 6 WF 390/07.

[18] OLG München v. 31.05.2011 - 12 WF 831/11 - FamRZ 20911, 1813 = RVGreport 2011, 313; OLG Düsseldorf v. 15.06.2010 - II-7 WF 10/10 - FamRZ 2010, 2102 = RVGreport 2010, 397.

[19] OLG Jena v. 24.05.2011 - 1 WF 215/11 - FamRZ 2012, 128 - RVGreport 2011, 314.

[20] OLG Karlsruhe v. 06.12.2010 - 5 WF 234/10 - FamRZ 2011, 668 - JurBüro 2011, 137.

IV. Besonderheit: Abweichendes Übergangsrecht

1. Allgemein

45 Nach dem neuen Recht bildet ein vom Verbund abgetrenntes Verfahren weiterhin eine Angelegenheit mit dem Verbund – § 137 Abs. 5, 2 FamFG. Das Verfahren bleibt Bestandteil des Verbundes und es erfolgt eine letztendlich gemeinsame Abrechnung beider Verfahren.

46 Es gilt für Versorgungsausgleichsverfahren jedoch eine besondere Übergangsregelung anstelle der grundsätzlichen Regelung des § 60 RVG, der allein auf den Zeitpunkt der Auftragserteilung abstellt. Nach § 111 Abs. 4 FGG-ReformG gilt für die Versorgungsausgleichsverfahren folgende Besonderheit: (…)

(4) Abweichend von Absatz 1 Satz 1 sind auf Verfahren über den Versorgungsausgleich, die **am 1. September 2009 vom Verbund abgetrennt sind oder nach dem 1. September 2009 abgetrennt werden**, die nach Inkrafttreten des Gesetzes zur Reform des Verfahrens in Familiensachen und in den Angelegenheiten der freiwilligen Gerichtsbarkeit geltenden Vorschriften anzuwenden. Alle vom Verbund abgetrennten Folgesachen werden im Fall des Satzes 1 als selbständige Familiensachen fortgeführt.

47 Damit gilt folgende Sonderregelung:
Ist das Versorgungsausgleichsverfahren

- vor dem 01.09.2009 vom Verbund abgetrennt worden
- und wird es nach dem 01.09.2009 fortgeführt,

so ist für das Versorgungsausgleichsverfahren – trotz früheren Auftrags – das FamFG anzuwenden, mit der Besonderheit, dass das weitere Verfahren nach dem 01.09.2009 eine selbständige Familiensache im Verhältnis zum Verbund darstellt.[21]

48 Es gilt für das abgetrennte Verfahren das neue Verfahrensrecht.[22] Zudem handelt es sich wegen dieser Sonderregelung bei Scheidung (bzw. den verbliebenen Verbundverfahren) um verschiedene Angelegenheiten, die gesondert abzurechnen sind (vgl. das Beispiel in Rn. 55).[23] Zu beachten ist jedoch, dass nach § 21 Abs. 3 RVG eine Folgesache, die als selbständige Familiensache fortgeführt wird, zusammen mit dem früheren Verfahren dieselbe Angelegenheit bildet. Der Versorgungsausgleich im Verbund bildet daher mit dem später abgetrennten Verbundverfahren eine selbständige Angelegenheit.

2. Verfahrenskostenhilfe

49 Nach Abtrennung des Versorgungsausgleichs handelt es sich in den oben genannten Übergangsfällen bei der Fortsetzung des Verfahrens um eine neue Angelegenheit. Für diese ist erneut Verfahrenskostenhilfe zu beantragen.

50 Handelt es sich nicht um einen Übergangsfall, so handelt es sich bei dem Verbundverfahren und dem abgetrennten Versorgungsausgleich weiterhin um dieselbe Angelegenheit und die Verfahrenskostenhilfebewilligung im Verbund erstreckt sich auch auf das abgetrennte Versorgungsausgleichsverfahren – § 149 FamFG.

C. Arbeitshilfen

I. Beispiel/Muster: Versorgungsausgleich – Wert

51 Das Nettoeinkommen des Ehemannes beträgt 2.000 € mtl.; das der Ehefrau 1.500 € mtl. Geltend gemacht werden im Rahmen der Scheidung Ansprüche aus der gesetzlichen Rentenversicherung beider Ehegatten, der Riester-Rente des Mannes und einer betrieblichen Altersversorgung der Frau.

Dreifaches Monatsnettoeinkommen:	10.500 €
10% hieraus:	1.050 €
Gegenstandswert für vier Ansprüche damit:	4.200 €

---

[21] BGH v. 16.02.2011 - XII ZB 261/10 - NJW 2011, 1141-1143 = FamRZ 2011, 635.
[22] OLG Jena v. 07.06.2010 - 1 UF 82/10 - FamRZ 2010, 1666 = ZFE 2010, 429.
[23] *Schneider*, RVGreport 2011, 2.

II. Beispiel/Muster: Versorgungsausgleich mit Anspruch ohne Ausgleich

Das Nettoeinkommen des Ehemannes beträgt 2.000 € mtl.; das der Ehefrau 1.500 € mtl. Geltend gemacht werden im Rahmen der Scheidung Ansprüche aus der gesetzlichen Rentenversicherung des Mannes, der Riester-Rente des Mannes und einer betrieblichen Altersversorgung der Frau, die allerdings noch verfallbar ist. Der Versorgungsausgleich wird durchgeführt bis auf den Anspruch bzgl. der betrieblichen Altersversorgung. Hier erfolgt keine Teilung. 52

Dreifaches Monatsnettoeinkommen:	10.500 €
10% hieraus:	1.050 €
Gegenstandswert für drei Ansprüche damit:	3.150 €

(Hinweis: obwohl der Versorgungsausgleich für den betrieblichen Anspruch nicht durchgeführt wurde, wird er bei der Wertberechnung berücksichtigt.)

III. Beispiel/Muster: Versorgungsausgleich – Abtrennung

Das Scheidungsverfahren wird zusammen mit dem Versorgungsausgleich im November anhängig gemacht. Das dreifache Monatsnettogehalt der Ehegatten beträgt 12.000 €. Es werden eine gesetzliche Anwartschaft, eine Beamtenpension und eine betriebliche Anwartschaft geltend gemacht. Über die Scheidung wird im Juli des Folgejahres vorab entschieden und die Versorgungsausgleichssache abgetrennt. Es hat ein Termin stattgefunden. Der Versorgungsausgleich wird ein weiteres Jahr später wiederaufgenommen. Es ergeht nach Erörterung ein Beschluss. 53

Hinweis: Es handelt sich bei beiden Verfahren um eine Angelegenheit. Es hat daher letztendlich eine gemeinsame Abrechnung des Verbundverfahrens zu erfolgen – §§ 21 Abs. 3, 15 Abs. 2 RVG. 54

Abrechnung Verbund ohne Versorgungsausgleich bei Fälligkeit des Verbunds im Juli:

	Verfahrensgebühr, Nr. 3100 VV (1,3) Wert: 12.000 €	785,20 €
+	Terminsgebühr, Nr. 3104 VV (1,2) Wert: 12.000 €	724,80 €

Abrechnung Verbund inklusive Versorgungsausgleich Mai 2012:

	Verfahrensgebühr, Nr. 3100 VV (1,3) Wert: 15.600 €	845,00 €
+	Terminsgebühr, Nr. 3104 VV (1,2) Wert: 15.600 €	780,00 €
–	Rechnung 1 aus dem Verbundverfahren (hier nur bzgl. der Gebühren)	1.510,00 €
=		115,00 €

IV. Beispiel/Muster: Versorgungsausgleich – Abtrennung und Übergangsrecht

Das Scheidungsverfahren wird zusammen mit dem Versorgungsausgleich 2007 anhängig gemacht. Das dreifache Monatsnettogehalt der Ehegatten beträgt 12.000 €. Es werden eine gesetzliche Anwartschaft, eine Beamtenpension und eine betriebliche Anwartschaft geltend gemacht. Über die Scheidung wird 2008 vorab entschieden und die Versorgungsausgleichssache (Wert altes Recht: 2.000 €) abgetrennt. Es hat ein Termin stattgefunden. Der Versorgungsausgleich wird 2012 wiederaufgenommen. Es ergeht ein Beschluss nach Erörterung. 55

Verbundverfahren Abrechnung 2008:

	Verfahrensgebühr, Nr. 3100 VV (1,3) Wert: 14.000 €	735,80 €
+	Terminsgebühr, Nr. 3104 VV (1,2) Wert: 14.000 €	679,20 €
+	Pauschale für Post- u. Telekommunikationsdienstleistungen, Nr. 7002 VV	20 €
=		1.435 €
+	19% Umsatzsteuer, Nr. 7008 VV	272,65 €
=		1.707,65 €

Verbundverfahren fiktiv zur Ermittlung des Anrechnungsbetrags ohne Versorgungsausgleich:
Hinweis: Nach § 21 Abs. 3 RVG bildet das Versorgungsausgleichsverfahren vor und nach der Abtrennung weiterhin eine Angelegenheit. Es dürfen daher nach § 15 Abs. 2 RVG alle Gebühren nur einmal verdient werden. Hier sollten allerdings die höheren Gebühren des abgetrennten Verfahrens erhalten bleiben. Daher ist eine Vergleichsberechnung aufzustellen. Es ist die Differenz eines Verbundverfahrens inkl. Versorgungsausgleich (Wert: 14.000 €) und eines Verbundverfahrens ohne Versorgungsausgleich (Wert: 12.000 €) zu ermitteln. Diese Differenz ist im abgetrennten Versorgungsausgleichsverfahren anzurechnen.

Kostenrechtl. Hinw. zu § 1587

Fiktive Berechnung:

	Verfahrensgebühr, Nr. 3100 VV (1,3) Wert: 12.000 €	683,80 €
+	Terminsgebühr, Nr. 3104 VV (1,2) Wert: 12.000 €	631,20 €
+	Pauschale für Post- u. Telekommunikationsdienstleistungen, Nr. 7002 VV	20 €
=		1.335 €
+	19% Umsatzsteuer, Nr. 7008 VV	253,65 €
=		1.588,65 €

Da hier in beiden Verfahren jeweils Verfahrens- und Terminsgebühr entstanden sind, ist der Betrag insgesamt anzurechnen. Anderenfalls hätte ggf. eine differenzierte Anrechnung vorgenommen werden müssen.

Anrechnungsbetrag: 1.707,65 ./. 1.588,65 € = 119 €.

Versorgungsausgleich nach Abtrennung 2012 (Hinweis: alte Gebührenbeträge!):
Der Wert berechnet sich nach § 50 FamGKG aus dem dreifachen Monatseinkommen * Anzahl der Ansprüche * 10%, hier also mit: 12.000 € * 3 * 10% = 3.600 €. Der oben ermittelte Anrechnungsbetrag ist zu berücksichtigen.

	Verfahrensgebühr, Nr. 3100 VV (1,3) Wert: 3.600 €	318,50 €
+	Terminsgebühr, Nr. 3104 VV (1,2) Wert: 3.600 €	294 €
+	Pauschale für Post- u. Telekommunikationsdienstleistungen, Nr. 7002 VV	20 €
−	Anrechnungsbetrag Verbundverfahren	119 €
=		513,50 €
+	19% Umsatzsteuer, Nr. 7008 VV	97,57 €
=		611,07 €

V. Berechnungsprogramme

1. Prozesskostenrechner

56 Mit diesem Berechnungsprogramm können Sie kalkulieren, welche Verfahrenskosten auf Ihren Mandanten zukommen können (mit 2. Instanz, Vergleich, Beweisauslagen, gegnerischem Anwalt): Prozesskostenrechner.

2. RVG-Rechner: 1. Instanz mit Anrechnung der Geschäftsgebühr

57 Mit diesem Berechnungsprogramm können Sie die anwaltliche Vergütung für das außergerichtliche Verfahren (Nr. 2300 VV RVG) und das gerichtliche Verfahren (Nr. 3100, 3104, 1003 VV RVG) berechnen: RVG-Rechner (1. Instanz mit Anrechnung der Geschäftsgebühr).

3. RVG-Rechner: Scheidungsfolgenvereinbarung/Einigung auch über nichtanhängige Gegenstände

58 Mit diesem Berechnungsprogramm können Sie die anwaltlichen Gebühren für eine Scheidungsfolgenvereinbarung (bzw. einen Mehrvergleich) berechnen: RVG-Rechner (Scheidungsfolgenvereinbarung/Einigung auch über nichtanhängige Gegenstände).

Titel 8 - Kirchliche Verpflichtungen
§ 1588 BGB
(Fassung vom 02.01.2002, gültig ab 01.01.2002)

Die kirchlichen Verpflichtungen in Ansehung der Ehe werden durch die Vorschriften dieses Abschnitts nicht berührt.

Die Vorschrift ist nahezu ohne jede praktische Bedeutung. § 1588 BGB bringt zum Ausdruck, dass das BGB nur die bürgerliche Ehe regelt. Verpflichtungen, die für Kirchenmitglieder aufgrund kirchlichen Rechts bestehen, werden durch das Gesetz nicht beeinträchtigt, können aber auch nicht die Vorschriften des bürgerlichen Eherechts in irgendeiner Weise einschränken. Die klare Trennung soll dem staatlichen Schutz von Ehe und Familie dienen.

Nachdem der Gesetzgeber den zwingenden zeitlichen Vorrang der standesamtlichen Eheschließung vor einer religiösen Zeremonie aus § 67 PersStdG gestrichen hat[1], sind kirchliche Trauungen auch vor und unabhängig von einer standesamtlichen Eheschließung zulässig. Für den innerkirchlichen Bereich kann das Kirchenrecht Abweichendes vorsehen.[2]

Die Aufhebung des zeitlichen Vorrangs der standesamtlichen Eheschließung hat den verfassungsrechtlichen Bedenken gegen das bis dahin geltende Verbot einer kirchlichen Handlung vor einer standesamtlichen Eheschließung Rechnung getragen. Gleichzeitig wurden damit kirchliches und staatliches Eheschließungsrecht weiter entkoppelt.[3]

Durch diese Entkoppelung können allerdings in Zukunft insbesondere in solchen Fällen Probleme aufgeworfen werden, in denen ein Paar von der Möglichkeit einer nur religiösen Trauung Gebrauch macht, um sich rechtliche Vorteile zu erhalten, die bei einer standesamtlichen Eheschließung verloren gehen würden.[4] Schwierigkeiten dürfte es auch bereiten, wenn die Rechtsordnung Ehepartnern aufgrund ihrer persönlichen Nähe zueinander eine besondere Rechtsposition zuweist, die Partner aber nicht standesamtlich vermählt, sondern nur kirchlich getraut wurden.[5]

---

[1] Art. 5 PStRG vom 19.02.2007 (BGBl I 2007, 122), vgl. auch BT-Drs. 16/1831.
[2] So sieht die für die Katholische Kirche geltende „Ordnung für kirchliche Trauungen bei fehlender Zivileheschließung" (abgedruckt in FamRZ 2009, 18) nur in besonderen Ausnahmefällen eine kirchliche Eheschließung ohne vorherige standesamtliche Eheschließung vor. Nach evangelischem Verständnis ist die kirchliche Trauung ein Gottesdienst anlässlich einer Eheschließung. Hat keine standesamtliche Eheschließung stattgefunden, fehlt auch der Anlass für den Traugottesdienst. Zur Verfahrensweise in der Evangelischen Kirche: *Heinig*, FamRZ 2010, 81-84; *Heinig*, ZevKR 2010, 20-45.
[3] *Schwab*, FamRZ 2008, 1121-1124; *Schwab*, FamRZ 2009, 1-4,3; *Schüller*, NJW 2008, 2745-2749; *Koch*, StAZ 2010, 129-136.
[4] *Schüller*, NJW 2008, 2745-2749, 2747 ff.
[5] *Schwab*, FamRZ 2008, 1121-1124, 1122 f.

§ 1589

Abschnitt 2 - Verwandtschaft

Titel 1 - Allgemeine Vorschriften

§ 1589 BGB Verwandtschaft

(Fassung vom 02.01.2002, gültig ab 01.01.2002)

(1) [1]Personen, deren eine von der anderen abstammt, sind in gerader Linie verwandt. [2]Personen, die nicht in gerader Linie verwandt sind, aber von derselben dritten Person abstammen, sind in der Seitenlinie verwandt. [3]Der Grad der Verwandtschaft bestimmt sich nach der Zahl der sie vermittelnden Geburten.

(2) (weggefallen)

Gliederung

A. Grundlagen 1	I. Normstruktur 9
I. Kurzcharakteristik 1	II. Verwandtschaft in gerader Linie 12
II. Gesetzgebungsgeschichte 2	III. Verwandtschaft in der Seitenlinie 14
III. Regelungsprinzipien 3	IV. Grad der Verwandtschaft 15
B. Anwendungsvoraussetzungen 9	C. Anwendungsfelder 16

A. Grundlagen

I. Kurzcharakteristik

1 § 1589 BGB ist **reine Definitionsnorm**. Sie beschreibt den Rechtsbegriff „Verwandtschaft" mit den Tatbestandsvarianten „gerade" Linie sowie „ungerade" Linie (Seitenlinie) und bestimmt den Grad der Verwandtschaft.

II. Gesetzgebungsgeschichte

2 § 1589 BGB heutiger Fassung gilt inhaltlich seit dem Inkrafttreten des BGB, ursprünglich als Absatz 1 der Vorschrift. § 1589 Abs. 2 BGB ursprünglicher Fassung schloss Verwandtschaft zwischen dem unehelichen Kind und seinem Vater aus. Absatz 2 ist durch das NEhelG mit Wirkung vom 01.07.1970 aufgehoben worden. Die Kindschaftsrechtsreform 1998 (vgl. die Kommentierung zu § 1592 BGB Rn. 4) hatte keine Auswirkung auf die Norm.

III. Regelungsprinzipien

3 **Verwandtschaft als Rechtsbegriff** ist ein auf unmittelbarer, mittelbarer oder gemeinsamer Abstammung beruhendes, mit Statusfolgen verbundenes Rechtsverhältnis zwischen natürlichen Personen. Verwandtschaftsverhältnisse sind **Dauerrechtsverhältnisse**.[1]

4 Der **rechtliche Begriff** der Verwandtschaft ist **zu unterscheiden** vom gleichlautenden, aber inhaltlich viel weiteren **umgangssprachlichen Begriff**, ebenso von Begriffen wie „Angehörige" (vgl. Art 104 Abs 4 GG), „nahen Angehörigen" (vgl. § 530 BGB), „Familienangehörigen" (vgl. §§ 563 Abs. 2 Satz 3, 573 Abs. 2 Nr. 2, 575 Abs. 1 Nr. 1, 1969 BGB und § 11 Abs. 1 LPartG und „Familie". Auch weitere umgangssprachliche Begriffe wie „Onkel", „Tante", „Cousine", „Vetter" usw. sind der Rechtssprache unbekannt; in rechtlichen Zusammenhängen werden sie im Gesetz ausschließlich wie in § 1589 BGB bezeichnet.

5 **Zentrales Tatbestandsmerkmal** zur Begründung von Verwandtschaft ist die **Abstammung** i.S.d. §§ 1591-1600 BGB (**genetische Verwandtschaft**). Abstammung i.S.v. § 1589 BGB meint die Blutsverwandtschaft, d.h., die Abstammung ist „die durch Blutsbande vermittelte, genetische Verwandtschaft".[2]

6 Genetische Verwandtschaft gibt es in **zwei Tatbestandsvarianten**: Verwandtschaft in **gerader Linie** bei unmittelbarer oder mittelbarer Abstammung voneinander, Verwandtschaft in **ungerader Linie** bei gemeinsamer Abstammung von einer dritten Person.

7 Der **Grad der Verwandtschaft** bestimmt sich **nach der Zahl der sie vermittelnden Geburten.**

---

[1] *Wellenhofer* in: MünchKomm-BGB, 6. Aufl. 2012, § 1589 Rn. 10.
[2] *Diederichsen*, NJW 1998, 1977, 1979.

Das juristische Pendant zur genetischen Verwandtschaft nach § 1589 BGB ist die **rechtliche Verwandtschaft.** Sie kann zum einen begründet werden durch **Adoption,** die der genetischen Verwandtschaft in bestimmtem Umfang gleichgestellt ist (vgl. die Formulierung in § 1308 BGB: „Verwandtschaft ... durch Annahme als Kind"). Hierbei gilt als Grundsatz die Regelung in § 1754 Abs. 1 und 2 BGB, wonach das adoptierte Kind die rechtliche Stellung eines Kindes des Annehmenden erhält und damit im Rechtssinne mit diesem verwandt wird, was sich grundsätzlich auf die Verwandten des Annehmenden sowie diejenigen des Angenommenen erstreckt. Umgekehrt erlöschen grundsätzlich die Verwandtschaftsverhältnisse des angenommenen Kindes und seiner Abkömmlinge zu seinen bisherigen Verwandten (§ 1755 BGB). Ausnahmen gelten bei der Verwandten- und der Stiefkindadoption (§ 1756 BGB) sowie bei der Adoption Volljähriger (§ 1770 BGB). Rechtliche Verwandtschaft ohne genetische Abstammung entsteht zum anderen durch Zeugung von Kindern mittels **künstlicher Befruchtung** mit Spendersamen oder mithilfe einer gespendeten Eizelle (vgl. hierzu auch die Kommentierung zu § 1591 BGB Rn. 9). Dabei führen alle Verfahren der modernen Fortpflanzungstechnik zum Auseinanderfallen von rechtlicher und genetischer Elternschaft mit der Folge „gespaltener Vater- und Mutterschaft".[3]

8

B. Anwendungsvoraussetzungen

I. Normstruktur

Satz 1 definiert **Verwandtschaft in gerader Linie.** 9
Satz 2 definiert **Verwandtschaft in der Seitenlinie.** 10
Satz 3 bestimmt den **Grad der Verwandtschaft.** 11

II. Verwandtschaft in gerader Linie

Nach Satz 1 sind Personen in gerader Linie miteinander verwandt, deren eine von der anderen abstammt. Diese Abstammung ergibt sich hinsichtlich der mütterlichen Seite aus § 1591 BGB, hinsichtlich der väterlichen Seite aus den §§ 1592-1600 BGB. Steht danach die Abstammung fest, ist es zum Vorliegen von Verwandtschaft unerheblich, ob das Kind innerhalb oder außerhalb einer Ehe geboren ist. Die genannten Vorschriften gelten uneingeschränkt für die Abstammung seit der Kindschaftsrechtsreform zum 01.07.1998 geborener Kinder. Zur Rechtslage hinsichtlich vor diesem Zeitpunkt geborener Personen vgl. die Kommentierung zu § 1591 BGB Rn. 3, die Kommentierung zu § 1592 BGB Rn. 4, die Kommentierung zu § 1592 BGB Rn. 39 und die Kommentierung zu § 1592 BGB Rn. 41 f.

12

In **gerader Linie** sind Personen miteinander verwandt, wenn die **eine unmittelbar oder mittelbar von der anderen abstammt** (§ 1589 Satz 1 BGB). Dies trifft zu sowohl für die Vorfahren einer Person, also deren Eltern, Großeltern („Voreltern": § 685 Abs. 2 BGB) als auch ihre Nachkommen („Abkömmlinge", §§ 685 Abs. 2, 1483 ff., 1606, 1609, 1924 ff. BGB). Die aufsteigende gerade Verwandtschaftslinie wird als „Aszendent", die absteigende als „Deszendent" bezeichnet.

13

III. Verwandtschaft in der Seitenlinie

Verwandtschaft in der **Seitenlinie** liegt vor, wenn die betreffenden Personen zwar nicht voneinander abstammen, jedoch beide **von derselben dritten Person** (§ 1589 Satz 2 BGB), also einen gemeinsamen Vorfahren haben. Dies gilt für voll- und halbbürtige Geschwister untereinander, für Kinder einerseits und die Geschwister ihrer Eltern (Onkel/Tante, Neffe/Nichte) sowie deren Abkömmlinge andererseits (Cousins und Cousinen).

14

IV. Grad der Verwandtschaft

Der **Grad** der Verwandtschaft in gerader Linie wie auch in der Seitenlinie wird durch die **Zahl der die Verwandtschaft vermittelnden Geburten,** d.h. der die Verwandtschaft vermittelnden Abstammungsverhältnisse, bestimmt (§ 1589 Satz 3 BGB). Die Ermittlung des Verwandtschaftsgrades erfolgt danach in der Weise, dass die Anzahl der Personen festgestellt wird, welche im Abstammungsgefüge die Verbindung zwischen den beiden betroffenen Verwandten herstellen; hierbei ist von den beiden betroffenen Verwandten nur einer mitzuzählen. Beispiel: Mutter und Tochter sind im ersten Grad miteinander verwandt, Großvater und Enkel im zweiten Grad in gerader Linie. In der Seitenlinie sind Bruder

15

---

[3] *Wellenhofer* in: MünchKomm-BGB, 6. Aufl. 2012, § 1589 Rn. 8.

§ 1589

und Schwester im zweiten Grad miteinander verwandt – einen ersten Grad gibt es in der Seitenlinie nicht –, das Kind und der Bruder des Vaters („Onkel") im dritten Grad, „Vetter" und „Cousine" im vierten Grad usw.

C. Anwendungsfelder

16 Der Rechtsbegriff Verwandtschaft ist im Zivilrecht maßgeblich vor allem als Voraussetzung für **Unterhaltspflichten** nach § 1601 BGB, als Ehe- und Partnerschaftshindernis in § 1307 BGB, § 1 Abs. 2 LPartG und für das gesetzliche Erbrecht nach den §§ 1924-1930 BGB.

17 Darüber hinaus ist die Norm von besonderer praktischer Bedeutung vor allem vor dem Hintergrund etwa bestehender **Zeugnisverweigerungsrechte** (so u.a. in den §§ 52 Abs. 1 Nr. 3, 55, 61, 63, 76 Abs. 1 Satz 1, 95 Abs. 2 Satz 2, 97 Abs. 1 StPO; §§ 383 Abs. 1 Nr. 3, 384 Nr. 1, 2, 385 Abs. 1, 408 Abs. 1 Satz 1 ZPO; § 118 SGG; § 98 VwGO), des Weiteren z.B. für die Ausschließung von der Mitwirkung als Richter (so u.a. in § 18 Abs. 1 Nr. 1 BVerfGG; §§ 41 Nr. 3, 42 ZPO, § 22 Nr. 3 StPO, § 60 Abs. 1 SGG, § 54 Abs. 1 VwGO).

18 **Auslandsbezug:** Vgl. hierzu die Kommentierung zu § 1592 BGB Rn. 58.

§ 1590 BGB Schwägerschaft

(Fassung vom 02.01.2002, gültig ab 01.01.2002)

(1) ¹Die Verwandten eines Ehegatten sind mit dem anderen Ehegatten verschwägert. ²Die Linie und der Grad der Schwägerschaft bestimmen sich nach der Linie und dem Grad der sie vermittelnden Verwandtschaft.

(2) Die Schwägerschaft dauert fort, auch wenn die Ehe, durch die sie begründet wurde, aufgelöst ist.

Gliederung

A. Grundlagen 1
I. Kurzcharakteristik 1
II. Regelungsprinzipien 2
B. Anwendungsvoraussetzungen 4
I. Normstruktur 4
II. Begriff und Linie 7
III. Grad der Schwägerschaft 11
IV. Keine Schwägerschaft 12
C. Anwendungsfelder 13

A. Grundlagen

I. Kurzcharakteristik

§ 1590 BGB ist ebenfalls eine reine Definitionsnorm. Sie beschreibt den Rechtsbegriff „Schwägerschaft" mit den Tatbestandsvarianten „gerade" Linie sowie „ungerade" Linie und bestimmt den Grad der Schwägerschaft. Zu den Begriffen „Linie" und „Grad" vgl. die Kommentierung zu § 1589 BGB Rn. 14 und die Kommentierung zu § 1589 BGB Rn. 16 f.

II. Regelungsprinzipien

Schwägerschaft als **Rechtsbegriff** ist das zwischen einem Ehegatten oder Lebenspartner und den Verwandten des anderen Ehegatten oder Lebenspartners kraft Gesetzes bestehende Rechtsverhältnis. Voraussetzung ist eine wirksame Eheschließung der Ehegatten; ein Verlöbnis reicht nicht aus.[1]

Die **Linie** und der **Grad** der Schwägerschaft folgen der sie vermittelnden Verwandtschaft.

B. Anwendungsvoraussetzungen

I. Normstruktur

Absatz 1 Satz 1 definiert den **Rechtsbegriff Schwägerschaft**.

Absatz 1 Satz 2 bestimmt **Linie** und **Grad** der Schwägerschaft.

Die Norm wird ergänzt durch § 11 Abs. 2 LPartG, der Schwägerschaft aufgrund eingetragener Lebenspartnerschaft wortgleich definiert.

II. Begriff und Linie

Nach **Absatz 1 Satz 1** ist eine Person mit sämtlichen **Verwandten ihres Ehegatten** oder Lebenspartners sowie den Ehegatten oder Lebenspartnern ihrer Verwandten **verschwägert** (§ 1590 Abs. 1 Satz 1 BGB, § 11 Abs. Satz 1 LPartG). Eine einmal entstandene Schwägerschaft bleibt nach **Absatz 2** bestehen, auch wenn die sie begründende Ehe oder Lebenspartnerschaft aufgelöst ist (vgl. § 11 Abs. 2 Satz 3 LPartG).

Nach **Absatz 1 Satz 2 Alt. 1** bestimmt sich die **Linie** nach der Linie der die Schwägerschaft vermittelnden Verwandtschaft (vgl. § 11 Abs. 2 Satz 2 Alt. 1 LPartG). Hierunter fallen z.B. **in gerader Linie** Stiefelternteile und ihre Stiefkinder – nicht aber Stiefgeschwister untereinander –, ebenso Schwiegereltern und Schwiegerkinder. In der **Seitenlinie** sind mit einem Ehegatten oder Lebenspartner verschwägert z.B. die Brüder und Schwestern des anderen Ehegatten oder Lebenspartners.

Die Schwägerschaft umfasst auch einen Teil der sog. **Stiefverwandtschaft:** Der Stiefvater (= der Ehemann der Mutter, der nicht Vater des Kindes ist) ist mit dem Stiefkind verschwägert (da das Stiefkind von der Ehefrau abstammt), ebenso die Stiefmutter mit dem nicht ehelichen Kind ihres Ehemanns.

---

[1] *Wellenhofer* in: MünchKomm-BGB, 6. Auflage 2012, § 1590 Rn. 3.

10 Bei **Stiefgeschwistern** ist zu differenzieren: Sie sind entweder miteinander verwandt, wenn sie einen gemeinsamen Elternteil haben („Halbbruder/-schwester"), oder aber weder verwandt noch verschwägert, wenn sie von verschiedenen Elternpaaren abstammen („Patchworkfamilie").

III. Grad der Schwägerschaft

11 Der **Grad** der Schwägerschaft **wird durch den Grad der die Schwägerschaft vermittelnden Verwandtschaft bestimmt** (§ 1590 Abs. 1 Satz 2 Alt. 2 BGB, § 11 Abs. 2 Satz Alt. 2 LPartG) – vgl. dazu die Kommentierung zu § 1589 BGB Rn. 15.

IV. Keine Schwägerschaft

12 Entgegen dem allg. Sprachgebrauch sind mit einem Ehegatten oder Lebenspartner rechtlich nicht verschwägert die Verwandten des einen Gatten mit den Verwandten des anderen Ehegatten („Schwippschwager/-schwägerin"). Auch die Ehegatten selbst sind weder miteinander verwandt noch verschwägert.

C. Anwendungsfelder

13 Schwägerschaft ist vor allem für den Ausschluss von Amtspersonen (vgl. § 41 Nr. 3 ZPO, § 22 Nr. 3 StPO, § 7 Nr. 3 BeurkG) und für **Zeugnisverweigerungsrechte** (vgl. § 383 Abs. 1 Nr. 3 ZPO, § 52 Abs. 1 Nr. 3 StPO) von Bedeutung. Ein Zeugnisverweigerungsrecht nach § 52 Abs. 1 Nr. 3 StPO steht auch **Stiefenkelkindern** in einem Strafverfahren gegen ihren beschuldigten Stiefgroßelternteil zu. Zwar besteht insoweit keine Verwandtschaft gem. § 1589 BGB, sie sind jedoch in grader Linie im zweiten Grad verschwägert. Diese Schwägerschaft bleibt auch dann bestehen, wenn die sie vermittelnde Ehe durch Tod, Aufhebung oder Scheidung aufgelöst wurde (Absatz 2), selbst wenn der Stiefgroßelternteil später wieder heiratet.[2] Zu den Zeugnisverweigerungsrechten bei bestehender Verwandtschaft vgl. die Kommentierung zu § 1589 BGB Rn. 18.

14 Ein **Ehehindernis** stellt Schwägerschaft seit Einführung des Eheschließungsrechtsgesetzes vom 04.05.1998[3] zum 01.07.1998 **nicht** mehr dar.

---

[2] LG Hamburg v. 18.09.2009 - 619 Qs 71/09 - juris Rn. 4; *Hammermann* in: Erman, BGB, 13. Aufl. 2011, § 1590 Rn. 6.
[3] BGBl I 1998, 833.

Titel 2 - Abstammung

§ 1591 BGB Mutterschaft

(Fassung vom 02.01.2002, gültig ab 01.01.2002)

Mutter eines Kindes ist die Frau, die es geboren hat.

Gliederung

A. Grundlagen	1	D. Rechtsfolgen	13
B. Praktische Bedeutung	4	E. Prozessuale Hinweise	16
C. Anwendungsvoraussetzungen	7	F. Auslandsbezug	22

A. Grundlagen

Das deutsche Abstammungsrecht geht davon aus, dass sich die Abstammung im Rechtssinne an der **biologischen Herkunft eines Kindes** von einer Frau und einem Mann orientiert:[1] Abstammung im Rechtssinne bedeutet demnach die durch die Geburt eines Kindes vermittelte statusrechtliche Zuordnung seiner **Herkunft von einer bestimmten Frau** als Mutter und **von einem bestimmten Mann** als Vater. Die Vorschrift ordnet damit den Personenstand als den für zahlreiche Rechtsverhältnisse maßgebenden Status an. 1

Zwar haben die gesetzlichen Abstammungsregelungen grundsätzlich die Feststellung der biologischen Herkunft zum Ziel, bezwecken aber auch **Rechtsklarheit** für die Allgemeinheit und **Rechtssicherheit** für die beteiligten Personen. Allerdings können heute bedingt durch die Entwicklung der modernen Fortpflanzungsmedizin, z.B. infolge einer Ei- oder Embryonenspende (vgl. hierzu unter Rn. 9 und Rn. 11), genetische Herkunft und rechtliche Abstammung auseinanderfallen; für den Rechtsverkehr maßgeblich ist jedoch allein die Letztere. Für die Mutterschaft folgt dies aus der apodiktischen Formulierung in § 1591 BGB, dass – nur – die Frau, die das Kind geboren hat, Mutter ist; sie kann auch nicht durch abweichende Erklärungen ausgewechselt werden (vgl. Rn. 13).[2] Für die Vaterschaft ergibt sich dies aus den §§ 1594 Abs. 1, 1600d Abs. 5 BGB. Zum statuslosen „biologischen Vater" vgl. die Kommentierung zu § 1600 BGB Rn. 24. 2

§ 1591 BGB regelt die Frage der Abstammung eines Kindes von einer bestimmten Frau als seiner Mutter **(Mutterschaft)**. Bis zur Einführung der aktuellen Fassung der Vorschrift im Rahmen der Kindschaftsrechtsreform am 01.07.1998 kannte das Gesetz keine Regelung der mütterlichen Abstammung. Vielmehr galt der gewohnheitsrechtliche Satz „mater semper certa est",[3] wonach bereits aufgrund der Geburt feststeht, wer die Mutter ist. Mit dem Aufkommen moderner Befruchtungstechniken war die Richtigkeit dieser Aussage jedoch fraglich geworden. Die dadurch hervorgerufene Rechtsunsicherheit ist inzwischen allerdings nicht mehr von praktischer Bedeutung: Zum einen gilt § 1591 BGB in seiner Fassung ab 01.07.1998 auch für vor diesem Zeitpunkt geborene Kinder (vgl. Rn. 24). Zum anderen besteht seit dem 01.04.2008 auch für die Mutter die Möglichkeit, ihre Verwandtschaft mit dem Kind feststellen zu lassen (vgl. die Kommentierung zu § 1598a BGB Rn. 14). 3

B. Praktische Bedeutung

§ 1591 BGB schließt die Anerkennung der Elternschaft der Wunscheltern infolge ausländischer Leihmutterschaft sowohl in verfahrensrechtlicher als auch kollisionsrechtlicher Hinsicht durch den **Ordre-public-Vorbehalt** aus und verweist sie auf eine Adoption des Kindes (vgl. Rn. 10). Die Bedeutung der Norm liegt damit zum einen in der **strikten Verweigerung** abstammungsrechtlicher Anerkennung **jeder Form von manipulierter Mutterschaft**. Zwar verbietet § 1 Embryonenschutzgesetz jede missbräuchliche Anwendung von Fortpflanzungstechniken, wodurch jedoch nicht verhindert werden 4

---

[1] Vgl. § 1591 BGB einerseits und § 1592 BGB andererseits; zum umstrittenen Merkmal der Geschlechtsverschiedenheit der Partner für eine Ehe i.S.v. Art. 13 EGBGB; vgl. *Mäsch* in: jurisPK-BGB, 6. Aufl. 2012, Art. 13 EGBGB Rn. 19.

[2] OLG Koblenz v. 17.07.2009 - 9 WF 532/09 - FamRZ 2010, 481; OLG Celle v. 10.03.2011 - 17 W 48/10 - FamRZ 2011, 1518-1522.

[3] OLG Bremen v. 06.01.1995 - 5 UF 93/94 - juris Rn. 44 - FamRZ 1995, 1291-1293; krit. hierzu *Schewe*, FamRZ 2014, 90.

kann, dass im Einzelfall im Ausland oder auch verbotswidrig im Inland ein Kind auf solchem Wege zur Welt gebracht wird, was zwangsläufig zur abstammungsrechtlichen Frage der Mutterschaft führt. Diese Frage wird durch § 1591 BGB eindeutig geklärt: Gesetzliche Mutter eines Kindes soll ausschließlich die Frau sein und bleiben, die das Kind geboren hat, selbst wenn sie nicht zugleich dessen genetische Mutter ist.[4]

5 Zum anderen ist die Vorschrift von Bedeutung für Findelkinder, „Babyklappenkinder", Pflegekinder und für Fälle der Kindesverwechslung:[5] Hier ist die Feststellung der Mutterschaft (vgl. Rn. 15) gegebenenfalls erst möglich nach Ermittlung der Frau, die das Kind tatsächlich geboren hat. Eine Alternative zur anonymen Babyklappe vermitteln die §§ 25 ff. des Gesetzes zur Vermeidung und Bewältigung von Schwangerschaftskonflikten[6] in der Fassung des Gesetzes zum Ausbau der Hilfen für Schwangere und zur Regelung der **vertraulichen Geburt** vom 28.08.2013[7] seit dem 01.05.2014 schwangeren Frauen in Not, die es ihnen ermöglicht, ihr Kind in einem Krankenhaus oder bei einer Hebamme zur Welt zu bringen und trotzdem vorerst anonym zu bleiben. Zwar werden dabei ihre Personendaten gespeichert, bleiben aber mindestens bis zum 16. Geburtstag des Kindes unter Verschluss. Die vertrauliche Geburt dient damit einerseits dem Schutzbedürfnis von Frauen, die ihre Schwanger- und Mutterschaft geheim halten wollen. Andererseits wird gleichzeitig sichergestellt, dass ihre Kinder später ihre Herkunft erfahren können, wodurch der Entscheidung des BVerfG v. 13.02.2007 (vgl. Rn. 19) Rechnung getragen worden ist.

6 Der gegenwärtige Rechtszustand wird allerdings in der Literatur zum Teil als unbefriedigend und **reformbedürftig** empfunden.[8] Zutreffend kritisiert *Schewe*[9] in einem Plädoyer für die Abschaffung des Verbotes der Eizellenspende in Deutschland, dass einerseits das Auseinanderfallen von rechtlicher und biologischer Vaterschaft (vgl. § 1592 BGB) toleriert werde, eine ebenso „gespaltene Mutterschaft" andererseits nicht, obwohl die austragende Frau zwangsläufig mit dem Kind näher verbunden sei als der Mann, der lediglich einer heterologen Insemination zustimme.

C. Anwendungsvoraussetzungen

7 Einzige und ausschließliche **Voraussetzung** für das Bestehen der **Mutterschaft** einer bestimmten Frau nach § 1591 BGB ist, dass sie **das Kind geboren** hat. Geburt in diesem Sinne ist nicht nur der natürliche Geburtsvorgang, sondern auch die Schnittentbindung (Kaiserschnitt). Gleichgültig ist auch, ob der Geburtsvorgang mit oder ohne Hilfestellung oder Hilfsmittel stattgefunden hat.

8 Für die Mutterschaft der gebärenden Frau ist **ohne Bedeutung**, ob sie **verheiratet** ist oder nicht. Gleichermaßen hat die Geschäftsfähigkeit keine Bedeutung, ebenso wenig die Frage, ob die Mutter in der Lage ist, das Kind zu betreuen.

9 Der Ausschluss jeder anderen als die gebärende Frau als Mutter des Kindes gilt für alle Spielarten der Ersatz- oder Leihmutterschaft, die vom Gesetz unter dem weiten Begriff **„Ersatzmutterschaft"** zusammengefasst sind (vgl. § 13a AdoptionsvermittlungsG): Ist der später gebärenden Frau die befruchtete Eizelle einer anderen Frau eingepflanzt worden (**Embryonenspende**), ist nur Erstere die Mutter (**Leihmutterschaft**). Dasselbe ist dann der Fall, wenn eine von der später Gebärenden stammende Eizelle vorübergehend von einer anderen Frau ausgetragen und Ersterer dann wieder eingepflanzt worden war (**Embryonentransfer**). Ebenso wenig führt zur Mutterschaft der Ehefrau, wenn eine andere Frau aufgrund dahin gehender Vereinbarung mit den Eheleuten nach natürlicher oder künstlicher Befruchtung mit dem Samen des Ehemannes das Kind austrägt und zur Welt bringt (**Ersatzmutterschaft im engeren Sinne**).

---

[4] VG Köln v. 20.02.2013 - 10 K 6710/11 - juris Rn. 27 - NJW 2013, 2617; VG Berlin v. 05.09.2012 - 23 L 283.12 - juris Rn. 8 - FamRZ 2013, 738; vgl. aber KG Berlin v. 01.08.2013 - 1 W 413/12 - IPRax 2014, 72; AG Nürnberg v. 14.12.2009 - UR III 0264/09 - FamRZ 2010, 1579 und AG Friedberg v. 01.03.2013 - 700 F 1142/12 - FamRZ 2013, 1994.

[5] Etwa im Kreißsaal; vgl. dazu *Veit/Hinz*, FamRZ 2010, 505; vgl. auch *Wellenhofer* in: MünchKomm-BGB, 6. Aufl. 2012, § 1591 Rn. 7.

[6] Schwangerschaftskonfliktgesetz – SchKG, BGBl I 1992, 1398.

[7] BGBl I 2013, 3458; hierzu *Helms*, FamRZ 2014, 609.

[8] Vgl. *Benicke*, StAZ 2013, 101-114; *Helms*, StAZ 2013, 114-119; eingehend *Wellenhofer* in: MünchKomm-BGB, 6. Aufl. 2012, § 1591 Rn. 24 ff.

[9] FamRZ 2014, 90, 92.

Die Mutterschaft einer „Ersatzmutter" (vgl. Rn. 9) kann grundsätzlich nur im Wege der **Adoption** auf die Wunschmutter übergehen.[10] Die Adoption führt zum Erlöschen des Verwandtschaftsverhältnisses der gebärenden (§ 1754 BGB) und zur „Mutterschaft" der adoptierenden Frau (§ 1755 BGB). In diesem Zusammenhang können allerdings Probleme z.B. dann entstehen, wenn die Leihmutter sich die Sache später anders überlegt und das von ihr ausgetragene Kind doch nicht an die Wunscheltern herausgibt oder das Kind nicht zur Adoption durch diese freigibt.[11]

10

Die moderne **Reproduktionsmedizin** eröffnet sowohl hetero- als auch homosexuellen Paaren neue Möglichkeiten, um genetisch eigene Kinder zu zeugen und durch eine Leihmutter austragen zu lassen. Durch eine Adoption (vgl. Rn. 10) kann daher die Mutterschaft einer Leihmutter u.U. auch auf einen gleichgeschlechtlichen Lebenspartner übergehen.[12] Im Hinblick auf den offenbar zunehmenden „**Fortpflanzungstourismus**"[13] u.a. in Länder wie die USA, Indien, Südafrika und die Ukraine, der auch von deutschen Wunscheltern immer häufiger nachgefragt wird,[14] wird inzwischen gefordert, der deutsche Gesetzgeber möge die Bestimmungen des Embryonenschutzgesetzes und des § 1591 BGB unter Berücksichtigung des Rechts auf Fortpflanzungsfreiheit gem. Art. 8 EMRK[15] überdenken.[16] Allerdings muss jede Änderung oder Erweiterung des Wirkungsbereichs von § 1591 BGB Bedenken begegnen, da sie zwangsläufig der Absicht des Gesetzgebers zuwiderläuft, dem Kind einen möglichst zweifelsfreien, leicht feststellbaren und dauerhaften Abstammungsstatus zu vermitteln.[17]

11

Abdingbarkeit: Die Vorschrift ist **zwingend**, ihr Regelungsgehalt unterliegt keiner privaten Disposition. Ein Vertrag, der abweichende Vereinbarungen, insbesondere zur verbotenen Leihmutterschaft enthält, ist nach § 138 Abs. 1 BGB[18] sowie nach § 134 BGB, § 1 Embryonenschutzgesetz nichtig.[19]

12

D. Rechtsfolgen

Die Zuordnung von Mutter und Kind gilt kraft Gesetzes unmittelbar. Eine darauf gerichtete Erklärung der Mutter ist nicht erforderlich. Anders als im Falle der Vaterschaft (vgl. § 1592 Nr. 2 BGB) ist die Herbeiführung der rechtlichen Mutterschaft durch ein Anerkenntnis nicht vorgesehen.

13

Rechtlich bestehende Mutterschaft führt zur **Verwandtschaft** im Sinne von § 1589 BGB und damit insbesondere zur elterlichen Sorge nach den §§ 1626-1629 BGB, zur Unterhaltspflicht und -berechtigung nach § 1601 BGB, zum gesetzlichen Erb- und Pflichtteilsrecht nach den §§ 1924-1929, 2303 BGB und zu Zeugnisverweigerungsrechten (§ 383 ZPO, § 52 StPO).

14

Eine spätere Geschlechtsumwandlung der Mutter lässt die bestehende Mutterschaft unberührt.[20]

15

E. Prozessuale Hinweise

Die **Feststellung der Mutterschaft** einer bestimmten Frau bedarf – abgesehen von den Möglichkeiten nach § 1598a BGB (vgl. die Kommentierung zu § 1598a BGB Rn. 5) – grundsätzlich keines besonderen Verfahrens. Nach § 21 Abs. 1 Nr. 4 PStG trägt der Standesbeamte den Vor- und Familiennamen der Mutter aufgrund der gem. §§ 18-20 PStG erfolgten Geburtsanzeige in das **Geburtenregister** ein.

16

---

[10] OLG Düsseldorf v. 26.04.2013 - I-3 Wx 211/12 - FamRZ 2013, 1495; OLG Stuttgart v. 07.02.2012 - 8 W 46/12 - juris Rn. 12 - FamRZ 2012, 1740; nachgehend BVerfG v. 22.08.2012 - 1 BvR 573/12 - NJW-RR 2013, 1 (Nichtannahmebeschluss).

[11] *Wellenhofer* in: MünchKomm-BGB, 6. Aufl. 2012, § 1591 Rn. 11.

[12] Vgl. OLG Düsseldorf v. 26.04.2013 - I-3 Wx 211/12 - FamRZ 2013, 1495; *Mayer*, IPRax 2014, 57.

[13] *Wellenhofer* in: MünchKomm-BGB, 6. Aufl. 2012, § 1591 Rn. 1.

[14] Vgl. *Mayer*, IPRax 2014, 57.

[15] Vgl. hierzu EuGHMR v. 07.03.2006 - 6339/05 - FamRZ 2006, 533 sowie EuGHMR v. 10.04.2007 - 6339/05 - NJW 2008, 2013.

[16] So *Coester-Waltjen*, FF 2013, 48, 50.

[17] So zu Recht *Hammermann* in: Erman, BGB, 13. Aufl. 2011, § 1591 Rn. 2 m.w.N.

[18] OLG Hamm v. 02.12.1985 - 11 W 18/85 - NJW 1986, 781-784.

[19] Vgl. OLG Hamm v. 02.12.1985 - 11 W 18/85 - NJW 1986, 781; LG Freiburg v. 25.03.1987 - 8 O 556/86 - NJW 1987, 1486; *Wellenhofer* in: MünchKomm-BGB, 6. Aufl. 2012, § 1591 Rn. 11; *Schumacher*, FamRZ 1987, 313, 323; *Coester-Waltjen*, FamRZ 1992, 371; zur Anerkennungsfähigkeit eines kalifornischen Urteils über die Feststellung eines Eltern-Kind-Verhältnisses zwischen dem Kind und dem Bestellvater aufgrund eines Leihmutterschaftsvertrages vgl. KG Berlin v. 01.08.2013 - 1 W 413/12 - StAZ 2013, 348; vgl. auch OVG Berlin-Brandenburg v. 06.07.2011 - OVG 5 S 13.11 - juris Rn. 4.

[20] OLG Schleswig v. 25.08.1989 - 13 UF 119/89, 13 WF 123/89 - FamRZ 1990, 433-435; *Wellenhofer* in: MünchKomm-BGB, § 1591 Rn. 4.

§ 1591

Ist die Identität der Mutter aufgrund besonderer Umstände (z.B. Asylbewerberin) nicht durch eine öffentliche Urkunde nachgewiesen, können in den Geburtseintrag die Namen der Mutter und des Kindes aus der Geburtsanzeige mit einem klarstellenden Zusatz des Inhalts übernommen werden, dass die Namen der Mutter und des Kindes ebenso wie die ausländische Staatsangehörigkeit der Mutter nicht festgestellt werden konnten.[21] Die Eintragung im Geburtenregister hat nach § 54 Abs. 1 Satz 1 PStG **Beweiskraft;** dasselbe gilt für die aufgrund des Geburtenregisters ausgestellten Geburts- und Abstammungsurkunden (§ 54 Abs. 2 PStG).

17 Sozusagen als Nebeneffekt einer Leihmutterschaft im Ausland kann die Eintragung der Geburt des Kindes deutscher Ehegatten mit gewöhnlichem Aufenthalt in Deutschland **nicht im Rahmen einer nachträglichen Beurkundung** gem. § 36 Abs. 1 Satz 1 PStG erfolgen, da das Kind die deutsche Staatsangehörigkeit nicht durch seine Geburt von den genetischen Eltern erworben hat und sich seine Abstammung gem. Art. 19 Abs. 1 Satz 1 EGBGB nach deutschem Recht richtet. Mutter des Kindes ist nach § 1591 BGB vielmehr die Leihmutter, sein Vater ist deren Ehemann (§ 1592 Nr. 1 BGB).[22] Ebenso ist die Weigerung des Standesbeamten, ein Kind gem. § 36 PStG als **gemeinschaftliches Kind zweier Partnerinnen** einzutragen, verfassungsrechtlich unbedenklich.[23]

18 Der Nachweis der **Unrichtigkeit des Eintrags der Mutter** bleibt möglich (§ 54 Abs. 3 Satz 1 PStG); die dahin gehende Berichtigung des Geburtenregisters setzt allerdings eine gerichtliche Anordnung gemäß § 48 PStG voraus. Den hierzu erforderlichen Antrag können alle Beteiligten und die Aufsichtsbehörde stellen.[24] **Zuständig** für das Verfahren ist nach § 50 PStG als Sondervorschrift für sachlichen und örtlichen Zuständigkeit[25] das Amtsgericht am Sitz des Landgerichts, dort die Zivilabteilung, nicht etwa das Familiengericht, da Angelegenheiten nach dem PStG im Katalog des § 111 FamFG nicht enthalten sind. Gleichwohl sind auf das Verfahren die Vorschriften des FamFG anzuwenden (§ 51 Abs. 1 PStG).

19 Zweifelte ein Vater an der biologischen Herkunft seines Kindes, so konnte er die Frage der Abstammung gegen den Willen des Kindes bzw. der Kindesmutter bis zum 31.03.2008 nur klären, indem er ein Verfahren zur Anfechtung der Vaterschaft betrieb. Dabei war er stets gezwungen, die Vaterschaft ausdrücklich und positiv zu bestreiten. Um einen angemessenen Ausgleich der betroffenen Grundrechte, insbesondere des **Rechts auf informationelle Selbstbestimmung und Kenntnis der eigenen Abstammung** zu gewährleisten,[26] hat der Gesetzgeber durch den zum 01.04.2008 neu geschaffenen § 1598a BGB (vgl. die Kommentierung zu § 1598a BGB Rn. 1) dem Vater, dem Kind und auch der Mutter die Möglichkeit eröffnet, die Klärung der Abstammung unabhängig vom Anfechtungsverfahren herbeizuführen. Durch die Vorschrift werden Vater, Mutter und Kind entsprechende Mitwirkungsverpflichtungen auferlegt.

20 Seither kann – unbeschadet der Möglichkeit eines Berichtigungsverfahrens nach § 47 PStG – gem. § 169 Nr. 1 FamFG ein **Antrag auf Feststellung des Bestehens oder Nichtbestehens der Mutterschaft** gestellt werden, denn das Feststellungsverfahren dient nicht nur zur Klärung der Vaterschaft, sondern generell zur Feststellung des Bestehens oder Nichtbestehens eines Eltern-Kind-Verhältnisses und damit jedenfalls auch zur Feststellung der Mutterschaft.[27] **Problematisch** ist dabei allerdings, dass § 1598a BGB nur die Überprüfung der genetischen Abstammung von der rechtlichen Mutter, nicht aber positiv die Abstammung von der genetischen Mutter ermöglicht.[28] Die örtliche Zuständigkeit des Familiengerichts für eine solche Abstammungssache richtet sich nach § 170 FamFG. Die gerichtliche Entscheidung wirkt nach Maßgabe des § 184 Abs. 2 FamFG für und gegen alle.

21 Das Recht auf informationelle Selbstbestimmung und Kenntnis der eigenen Abstammung steht einem Kind auch im Falle heterologer Insemination zu.[29] Ein entsprechender **Auskunftsanspruch gegen den**

---

[21] BayObLG v. 16.11.2004 - 1Z BR 84/04 - FamRZ 2005, 827.
[22] OLG Stuttgart v. 07.02.2012 - 8 W 46/12 - FamFR 2012, 166.
[23] BVerfG v. 02.07.2010 - 1 BvR 666/10 - NJW 2011, 988.
[24] BayObLG v. 17.11.1977 - BReg 1 Z 59/77 - StAZ 1978, 37-41.
[25] *Rhein*, Personenstandsgesetz, § 50 Rn. 2.
[26] Vgl. BVerfG v. 13.02.2007 - 1 BvR 421/05 - FamRZ 2007, 441; *Wellenhofer* in: MünchKomm-BGB, 6. Aufl. 2012, § 1591 Rn. 30.
[27] *Wellenhofer* in: MünchKomm-BGB, 6. Aufl. 2012, § 1591 Rn. 31.
[28] *Wellenhofer* in: MünchKomm-BGB, 6. Aufl. 2012, § 1591 Rn. 31; *Hammermann* in: Erman, BGB, 13. Aufl. 2011, § 1591 Rn. 5.
[29] Vgl. BVerfG v. 18.01.1988 - 1 BvR 1589/87 - NJW 1988, 3010 und BVerfG v. 31.01.1989 - 1 BvL 17/87 - NJW 1989, 891-893.

behandelnden Arzt kann sich aus dem Behandlungsvertrag zwischen dem Arzt und den Kindeseltern i.V.m. § 242 BGB ergeben, in dessen Geltungsbereich das Kind im Sinne eines Vertrages zugunsten Dritter (§ 328 Abs. 1 BGB) gleichermaßen als „Vertragsgegenstand" einbezogen ist. Dabei ist jedoch eine Abwägung zwischen dem Auskunftsinteresse des Kindes einerseits und den Interessen des behandelnden Arztes und des Samenspenders an einer Geheimhaltung der Spenderdaten andererseits vorzunehmen. Dem Auskunftsanspruch steht nicht bereits eine gegenteilige Vereinbarung der Vertragsparteien entgegen, die sich im Verhältnis zum ungeborenen Kind als unzulässiger Vertrag zulasten Dritter darstellt.[30]

F. Auslandsbezug

Das **Statut** zur Feststellung des Bestehens eines Eltern-Kind-Verhältnisses – also auch der Mutterschaft – (Abstammungsstatut) ergibt sich aus Art. 19 EGBGB. Für vor dem 01.07.1998 geborene Kinder gelten die alten Regelungen.[31] Erfordert das gegebenenfalls berufene fremde Recht die Anerkennung der Mutterschaft, kann diese im Geburtenregister beurkundet werden (§ 27 Abs. 2 PStG). Kollisionsnorm betreffend die Feststellung des Nichtbestehens der Mutterschaft (Anfechtungsstatut) ist Art. 20 EGBGB.

22

Die **internationale Zuständigkeit** für Anträge auf Feststellung des Bestehens oder Nichtbestehens der Mutterschaft richtet sich mangels vorgehender supranationaler Regelungen nach § 100 FamFG.[32]

23

Übergangsrecht: § 1591 BGB als Norm zur Regelung der mütterlichen Abstammung ist am 01.07.1998 in Kraft getreten. Die Vorschrift **gilt auch für vor dem 01.07.1998 geborene Kinder,** wie sich im Umkehrschluss aus der Übergangsregelung in Art. 224 § 1 EGBGB ergibt, die nur für die Vaterschaft eine abweichende Regelung enthält.

24

---

[30] OLG Hamm v. 06.02.2013 - I-14 U 7/12 - juris Rn. 41 - FamRZ 2013, 637-641, auch zur Unmöglichkeit der Auskunftserteilung.
[31] *Gärtner* in: jurisPK-BGB, 6. Aufl. 2012, Art. 13 EGBGB Rn. 8.
[32] BGH v. 11.05.1994 - XII ZR 7/93 - juris Rn. 5 - LM EGBGB Art 18 Nr. 6 (10/1994).

§ 1592 BGB Vaterschaft

(Fassung vom 17.12.2008, gültig ab 01.09.2009)

Vater eines Kindes ist der Mann,

1. der zum Zeitpunkt der Geburt mit der Mutter des Kindes verheiratet ist,
2. der die Vaterschaft anerkannt hat oder
3. dessen Vaterschaft nach § 1600d oder § 182 Abs. 1 des Gesetzes über das Verfahren in Familiensachen und in den Angelegenheiten der freiwilligen Gerichtsbarkeit gerichtlich festgestellt ist.

Gliederung

A. Grundlagen 1	1. Übersicht Zustimmungserfordernisse 38
I. Kurzcharakteristik 1	2. Altfälle (Anerkennung) 39
II. Gesetzgebungsgeschichte 4	a. Geburt vor dem 01.07.1998, jedoch seit dem
III. Regelungsprinzipien 7	01.07.1970 39
B. Praktische Bedeutung 16	b. Geburt vor dem 01.07.1970 41
C. Anwendungsvoraussetzungen 17	c. Geburt in der DDR 44
I. Normstruktur 17	IV. Gerichtliche Feststellung (Nr. 3) 46
II. Eheliche Geburt (Nr. 1) 24	D. Rechtsfolgen 56
III. Anerkennung (Nr. 2) 34	E. Auslandsbezug 58

A. Grundlagen

I. Kurzcharakteristik

1 § 1592 BGB normiert die Frage der Abstammung eines Kindes von einem bestimmten Mann als seinem Vater (Vaterschaft). Zur Abstammung als Rechtsbegriff vgl. näher die Kommentierung zu § 1591 BGB Rn. 1. Die Abstammung i.S. des BGB meint nicht die biologische Abstammung, sondern bezeichnet einen rechtlichen Status.[1]

2 Wie § 1591 BGB für die Mutter bezweckt § 1592 BGB für den Vater grundsätzlich die Feststellung der biologischen Herkunft des Kindes, aber auch die Schaffung von Rechtsklarheit für die Allgemeinheit und Rechtssicherheit für die beteiligten Personen. Anders als im Fall der Mutter können zwar im Einzelfall genetische Herkunft und rechtliche Vaterschaft auseinanderfallen – rechtserheblich ist aber allein die Letztere. Im Rechtsverkehr kann Vaterschaft erst dann geltend gemacht werden, wenn sie nach einem der in § 1592 BGB **abschließend aufgezählten Tatbestände** feststeht. Ist dies nicht der Fall, hat das Kind im rechtlichen Sinne keinen Vater. Dieser Grundsatz findet seine Ausprägung in den §§ 1594 Abs. 1, 1600d Abs. 4 BGB, wonach Rechtswirkungen anderweitiger Vaterschaft aufgrund wirksamer Anerkennung (Nr. 2) oder gerichtlicher Feststellung (Nr. 3) nur dann geltend gemacht werden können, wenn keine Vaterschaft des Ehemannes der Mutter nach § 1592 Nr. 1 BGB (mehr) besteht.

3 Der Grundsatz des zur Geltendmachung der Vaterschaft notwendigen rechtlichen Feststehens erfährt **Ausnahmen** – vgl. dazu die Kommentierung zu § 1594 BGB Rn. 12.

II. Gesetzgebungsgeschichte

4 § 1592 BGB **gilt in seiner heutigen Fassung seit der am 01.07.1998 in Kraft getretenen Kindschaftsrechtsreform**. Eine Ausnahme besteht lediglich hinsichtlich der in Nr. 3 eingefügten Bezugnahme auf § 182 Abs. 1 FamFG, die infolge des Inkrafttretens des FGG-Reformgesetzes zum 01.09.2009 erforderlich geworden ist. Bis zur Kindschaftsrechtsreform gab es keine einheitliche Norm zur Vaterschaft. Ausgehend von unterschiedlichem Status „ehelicher" und „nicht ehelicher" – bis zum 01.07.1970: „unehelicher" – Kinder war die Ehelichkeit in den §§ 1591-1593 BGB, § 1600 BGB a.F. geregelt, die Abstammung des nicht ehelichen Kindes von seinem Vater in den §§ 1600a-1600o BGB in der seit dem 01.07.1970 geltenden Fassung. Vor dem 01.07.1970 gab es gar keine Verwandtschaft zwischen einem unehelichen Kind und seinem Vater (§ 1589 Abs. 2 BGB damaliger Fassung), demzu-

---

[1] *Hammermann* in: Erman, BGB, 13. Aufl. 2011, § 1592 Rn. 12.

folge auch keine Status begründende Vaterschaftsfeststellung. Inhaltlich unterscheiden sich die früheren Regelungen zur Ehelichkeit eines Kindes (die zugleich das Feststehen der Vaterschaft des Ehemannes der Mutter bedeutete) ebenso wie die früheren Regelungen zur Feststellung der Vaterschaft eines nicht ehelichen Kindes nicht unerheblich vom heutigen Recht. Die konkreten Unterschiede und die einschlägigen Übergangsregelungen sind hinsichtlich aller **vor dem 01.07.1998 Geborenen** nach wie vor von Bedeutung – in den folgenden Kommentierungen wird hierauf jeweils unter „**Altfälle**" im Einzelnen hingewiesen.

Durch Art. 50 Nr. 23 des Gesetzes zur Reform des Verfahrens in Familiensachen und in den Angelegenheiten der freiwilligen Gerichtsbarkeit (FGG-Reformgesetz – FGG-RG) vom 17.12.2008[2] wurde Nr. 3 redaktionell an die ab dem 01.09.2009 geltende Rechtslage angepasst. Materiell-rechtliche Änderungen sind damit nicht verbunden. In verfahrensrechtlicher Hinsicht wird durch § 169 FamFG der Begriff der **Abstammungssache** als Gesetzesbegriff eingeführt, der die bisherigen (in § 151 FamFG neu definierten) Kindschaftssachen gem. § 640 Abs. 1 Nr. 2-4 ZPO a.F. ersetzt und das Verfahren im Gegensatz zur früheren Rechtslage insgesamt den Regeln der **freiwilligen Gerichtsbarkeit** unterwirft. Der Amtsermittlungsgrundsatz wird allerdings durch § 177 FamFG eingeschränkt: In Verfahren auf Feststellung des Bestehens oder Nichtbestehens eines Eltern-Kind-Verhältnisses, insbesondere der Wirksamkeit oder Unwirksamkeit einer Anerkennung der Vaterschaft sowie in Verfahren auf Anfechtung der Vaterschaft hat gem. § 177 Abs. 1 Satz 1 FamFG eine **förmliche Beweisaufnahme** stattzufinden, der Freibeweis ist ausgeschlossen. 5

Abstammungssachen sind **Familiensachen** gem. § 111 Nr. 3 FamFG, die gem. § 23a Abs. 1 Nr. 1 GVG dem Familiengericht zugewiesen sind. Infolge dieser Zuständigkeitsregelungen wurde § 1600e BGB obsolet und daher nach Art. 50 Nr. 25 FGG-RG zum 01.09.2009 aufgehoben. 6

III. Regelungsprinzipien

Das seit dem 01.07.1998 geltende Recht kennt keinen Unterschied zwischen ehelicher und nicht ehelicher Kindschaft. Das Gesetz verwendet diese Begriffe nicht mehr. Damit hat der Gesetzgeber 49 Jahre nach Inkrafttreten des GG den Verfassungsauftrag zur Schaffung gleicher Bedingungen für „uneheliche" und eheliche Kinder (Art. 6 Abs. 5 GG)[3] – zumindest für den Bereich des Statusrechts – umgesetzt. Die in § 1592 Nr. 1 BGB für die Vaterschaft innerhalb einer Ehe geborener Kinder und die in § 1592 Nr. 2 und 3 BGB für die Vaterschaft außerhalb einer Ehe geborener Kinder normierten Voraussetzungen führen zur selben Rechtsfolge: Der Feststellung der rechtlichen **Vaterschaft ohne Statusunterschied**, sie wirkt in allen Fällen des § 1592 BGB für und gegen alle.[4] 7

Bei nach § 1592 Nr. 1 (eheliche Geburt) oder Nr. 2 (Anerkennung) BGB bestehender Vaterschaft kann die Nichtabstammung von diesem Mann nur im Wege **gerichtlicher Anfechtung** nach den §§ 1599 Abs. 1, 1600-1600c BGB – oder rechtsgeschäftlich als scheidungsabhängiger Statuswechsel (vgl. die Kommentierung zu § 1599 BGB Rn. 48) nach § 1599 Abs. 2 BGB – geltend gemacht werden. Erst mit der Rechtskraft des die Nichtabstammung feststellenden Urteils entfallen die Rechtswirkungen der bisher feststehenden Vaterschaft (§ 1599 Abs. 1 BGB). Die Einzelheiten zur gerichtlichen Anfechtung der Vaterschaft sind in den §§ 1599-1600c BGB und den §§ 169 ff. FamFG geregelt. 8

Nach § 1592 Nr. 3 BGB gerichtlich festgestellte Vaterschaft kann nicht im Wege der Anfechtung beseitigt werden (vgl. § 1599 Abs. 1 BGB). Hier kommt nur eine **Wiederaufnahme des Verfahrens** nach den §§ 185, 48 Abs. 2 FamFG, §§ 578-585, 587-591 ZPO in Betracht. 9

Das BVerfG hat mit Entscheidung vom 31.03.1989,[5] später bestätigt und weiterentwickelt durch Entscheidung vom 26.04.1994,[6] das **Recht des Menschen auf Kenntnis der eigenen Abstammung** aus dem allgemeinen Persönlichkeitsrecht nach Art. 2 Abs. 1 GG i.V. m. Art. 1 Abs. 1 GG abgeleitet: Das Recht auf freie Entfaltung der Persönlichkeit und die Menschenwürde sichern einen autonomen Bereich privater Lebensgestaltung, in dem der Einzelne seine Individualität entwickeln und wahren kann. Verständnis und Entfaltung der Individualität sind mit der Kenntnis der für sie konstitutiven Faktoren eng verbunden, zu denen neben anderen auch die Abstammung zählt. Mit gleichem Ergebnis hat der 10

---

[2] BGBl I 2008, 2586.
[3] Vgl. BVerfG v. 05.11.1991 - 1 BvR 1256/89 - NJW 1992, 1747-1749.
[4] *Hammermann* in: Erman, BGB, 13. Aufl. 2011, § 1592 Rn. 7.
[5] BVerfG v. 31.01.1989 - 1 BvL 17/87 - NJW 1989, 891-893.
[6] BVerfG v. 26.04.1994 - 1 BvR 1299/89, 1 BvL 6/90 - NJW 1994, 2475-2477.

§ 1592

EGMR mit Entscheidung vom 13.02.2003[7] das Recht, notwendige Informationen über wesentliche Aspekte der eigenen Identität oder die der Eltern zu erhalten, aus Art. 8 MRK hergeleitet.[8]

11 Lediglich eine Teilfrage zu diesem Bereich ist mit der Kindschaftsrechtsreform 1998 (vgl. Rn. 4) geregelt worden. Das BVerfG hatte es in der Entscheidung vom 26.04.1994[9] als verfassungsrechtlich und rechtspolitisch denkbar angesehen, einem Kind die Möglichkeit zu eröffnen, seine Abstammung ohne Auswirkung auf das Verwandtschaftsverhältnis zu klären.

12 In seiner Entscheidung vom 13.02.2007 hat das BVerfG[10] festgestellt, dass der Gesetzgeber es unter Verletzung des aus Art. 2 Abs. 2 GG i.V. m. Art. 1 Abs. 1 GG abzuleitenden grundrechtlich geschützten Recht eines Mannes auf Kenntnis der Abstammung des ihm rechtlich zugeordneten Kindes unterlassen hat, einen Verfahrensweg zu eröffnen, auf dem das Recht auf Kenntnis der Abstammung in angemessener Weise geltend gemacht werden kann. Dies muss – im Gegensatz zur früheren Rechtslage (vgl. die Kommentierung zu § 1599 BGB Rn. 33 und die Kommentierung zu § 1600 BGB Rn. 42) – auch ohne Statuswirkung möglich sein. Das BVerfG hat dem Gesetzgeber aufgegeben, die Rechtslage bis zum 31.03.2008 durch eine verfahrensrechtliche Regelung in Einklang mit dem Recht auf Kenntnis der Abstammung zu bringen.

13 Diesem Auftrag ist der Gesetzgeber nachgekommen: Am 01.04.2008 ist das **„Gesetz zur Klärung der Vaterschaft unabhängig vom Anfechtungsverfahren"** in Kraft getreten, das den Familienmitgliedern (rechtlicher Vater, Mutter, Kind) einen Anspruch auf Einwilligung in eine genetische Untersuchung zur Klärung der Abstammung und Duldung der Entnahme einer für die Untersuchung geeigneten Probe einräumt (vgl. die Kommentierung zu § 1598a BGB Rn. 1). Dieser Anspruch soll notwendigenfalls in einem familiengerichtlichen Verfahren durchgesetzt werden können. Das Familiengericht hat auf Antrag eine nicht erteilte Einwilligung zu ersetzen und die Duldung der Probenentnahme anzuordnen. Darüber hinaus enthält das Gesetz u.a. Regelungen zur Kindeswohlprüfung (§ 1600 Abs. 5 BGB), zur Fristhemmung im weiterhin möglichen Vaterschaftsanfechtungsverfahren (§ 1600b Abs. 5, 6 BGB) und zu verfahrensrechtlichen Fragen.

14 Ein weiterer Aspekt im Hinblick auf das Recht auf Kenntnis der eigenen Abstammung ist weder durch die Kindschaftsrechtsreform 1998 (vgl. Rn. 4) noch das Gesetz zur Klärung der Vaterschaft unabhängig vom Anfechtungsverfahren geklärt worden. Es handelt sich um die Frage, ob das Kind gegen seine Mutter einen Anspruch auf **Auskunft über die Person des Vaters** hat, wenn diese den Vater verschweigt. Das BVerfG hat einen solchen Anspruch grundsätzlich anerkannt, jedoch zugleich die Gerichte verpflichtet, das ebenfalls durch Art. 2 Abs. 1 GG i.V. m. Art. 1 Abs. 1 GG geschützte Recht der Mutter auf Achtung ihrer Privat- und Intimsphäre zu berücksichtigen; den Interessen des Kindes dürfe nicht ohne konkrete Abwägung der Vorrang vor den Interessen der Mutter eingeräumt werden.[11] Dies bedeutet einzelfallbezogene Entscheidung unter Würdigung aller in Betracht kommenden Gesichtspunkte; einen grundsätzlichen Vorrang der Interessen des Kindes oder derjenigen der Mutter kann es angesichts der Grundrechtskollision nicht geben. Vgl. dazu aus der Rechtsprechung LG Münster[12] und LG Bremen[13], die jeweils den Auskunftsanspruch bejahen. Umstritten ist, ob eine Verurteilung der Mutter zur Auskunftserteilung nach § 95 Abs. 1 Nr. 3 FamFG i.V. m. § 888 Abs. 1, 2 ZPO vollstreckt werden kann[14] oder analog § 888 Abs. 3 ZPO ausgeschlossen ist[15]. Die Zulässigkeit der Vollstreckung ist indes zu bejahen, da die Würdigung der grundrechtlich geschützten Interessen der Mutter bereits im Erkenntnisverfahren stattgefunden hat und ansonsten das Grundrecht des Kindes auf Kenntnis seiner Abstammung leerlaufen würde.

---

[7] EGMR Große Kammer v. 13.02.2003 - 42326/98 - NJW 2003, 2145-2151.

[8] Ebenso der Österreichische Verfassungsgerichtshof: Österreichischer Verfassungsgerichtshof v. 28.06.2003 - G 78/00 - FamRZ 2003, 1915.

[9] BVerfG v. 26.04.1994 - 1 BvR 1299/89, 1 BvL 6/90 - NJW 1994, 2475-2477.

[10] BVerfG v. 13.02.2007 - 1 BvR 421/05 - BVerfGE 117, 202-244.

[11] BVerfG v. 06.05.1997 - 1 BvR 409/90 - LM Art. 2 GrundG Nr. 69a (9/1997).

[12] LG Münster v. 26.08.1998 - 1 S 414/89 - NJW 1999, 726-728.

[13] LG Bremen v. 10.03.1998 - 1 S 518/97 - NJW 1999, 729-730.

[14] OLG Bremen v. 21.07.1999 - 6 W 21/98 - NJW 2000, 963-964 und OLG Hamm v. 16.01.2001 - 14 W 129/99 - NJW 2001, 1870-1871.

[15] LG Münster v. 29.07.1999 - 5 T 198/99 - NJW 1999, 3787-3788.

Vom Recht des Kindes auf Kenntnis seiner Abstammung zu unterscheiden ist die Frage, inwieweit der biologische, aber rechtlich nicht feststehende Vater seine Vaterschaft feststellen lassen kann und inwieweit er Rechte in Bezug auf das Kind hat. Zu dieser Problematik vgl. die Kommentierung zu § 1600 BGB Rn. 24. 15

B. Praktische Bedeutung

Die Bedeutung der Norm liegt vor allem in der aus ihr folgenden **Rechtsklarheit** für die Allgemeinheit, insbesondere für den Rechtsverkehr. Das rechtliche Feststehen von Vaterschaft unter Ausschluss des Einwands möglicherweise abweichender biologischer Herkunft ist eindeutiger und nicht anzuzweifelnder Anknüpfungspunkt für die mit der Vaterschaft verbundenen Rechtsverhältnisse (elterliche Sorge, Umgang, Unterhalt, Erbrecht usw.). Hieraus folgt **Rechtssicherheit** für die Beteiligten und Schutz gewachsener Bindungen zwischen Kind und (rechtlichem) Vater.[16] 16

C. Anwendungsvoraussetzungen

I. Normstruktur

§ 1592 BGB enthält **drei alternative Tatbestände** für das Feststehen rechtlicher Vaterschaft. Diese Alternativen haben unterschiedliche Qualität und stehen untereinander in einer bestimmten Rangfolge: 17

Nr. 1 (eheliche Geburt) ist gesetzliche Vermutung. Bei Vorliegen ihrer Einzelvoraussetzungen steht die Vaterschaft kraft Gesetzes – also ohne rechtsgeschäftliches Handeln oder gerichtliche Entscheidung – fest. Eine sog. „wilde Ehe" war und ist keine nach den Vorschriften des Bürgerlichen Gesetzbuches wirksame Ehe.[17] 18

Vaterschaft nach **Nr. 2 (Anerkennung)** hat wirksame Rechtsgeschäfte, Vaterschaft nach **Nr. 3 (gerichtliche Feststellung)** ein rechtskräftiges Urteil zur Voraussetzung. 19

Gemeinsam ist den Tatbestandsalternativen in Nr. 1 bis 3, dass bei Vorliegen ihrer jeweiligen Einzelvoraussetzungen die **Vaterschaft ohne weitere Formalakte** feststeht; die Eintragung des Vaters im Geburtenregister (§ 21 Abs. 1 Nr. 4 PStG) hat lediglich deklaratorischen Charakter. 20

Vaterschaft aufgrund **Nr. 1 (eheliche Geburt) ist gegenüber Nr. 2 (Anerkennung) und Nr. 3 (gerichtliche Feststellung) vorrangig**, da bei aufgrund Nr. 1 bestehender Vaterschaft weder Anerkennung noch gerichtliche Feststellung möglich sind (§§ 1594 Abs. 2, 1600d Abs. 1 BGB). Dieser Vorrang der ehelichen Geburt gilt auch, wenn eine vorgeburtliche Anerkennung (vgl. die Kommentierung zu § 1594 BGB Rn. 23) erfolgt ist, die Mutter dann aber noch vor der Geburt des Kindes einen anderen Mann heiratet.[18] Nur wenn aufgrund eines Anfechtungsfahrens rechtskräftig festgestellt worden ist, dass der mit der Mutter zum Zeitpunkt der Geburt verheiratete Mann nicht der Vater ist, entfallen die Wirkungen nach Nr. 1 (§ 1599 Abs. 1 BGB), sodass dann die Möglichkeit rechtsgeschäftlicher Anerkennung oder gerichtlicher Feststellung besteht. In gleicher Weise hat **Nr. 2 (Anerkennung) Vorrang vor Nr. 3 (gerichtliche Feststellung)**, da ein Feststellungsantrag grundsätzlich nur möglich ist, wenn keine anderweitige Vaterschaft nach Nr. 1 oder Nr. 2 besteht (§ 1600d Abs. 1 BGB). In Ausnahme dazu führt der mit Doppelwirkung (vgl. die Kommentierung zu § 1600 BGB Rn. 42) versehene Anfechtungsantrag des biologischen Vaters zur gleichzeitigen Feststellung der Vaterschaft des Anfechtenden (§ 1592 Nr. 3 BGB i.V. m. § 182 Abs. 1 FamFG). 21

Zu jeder der drei Tatbestandsalternativen des § 1592 BGB gibt es **ergänzende Vorschriften**. Nr. 1 wird ergänzt um eine Tatbestandserweiterung in § 1593 BGB für den Fall, dass das Kind nach dem Tode des Ehemannes der Mutter geboren wird. In Ergänzung zu Nr. 2 regeln die §§ 1594-1598 BGB Einzelheiten zur Wirksamkeit der Anerkennung. Nr. 3 wird ergänzt durch § 1600d BGB, der die Einzelvoraussetzungen zur gerichtlichen Feststellung der Vaterschaft normiert. 22

Zur Beseitigung von Problemen im Zusammenhang mit **Samenspenden** wird neuerdings gefordert, unter weiteren Voraussetzungen grundsätzlich die Möglichkeit einer außergerichtlichen Vaterschaftszuordnung zu schaffen mit der Begründung, dass das Recht einer von allen Beteiligten gewünschten Deckungsgleichheit von rechtlicher und genetischer Vaterschaft nicht im Wege stehen sollte.[19] Eine 23

---

[16] Zu den in der Praxis vorkommenden Mehrväterkonstellationen vgl. *Heiderhoff*, FamRZ 2008, 1901-1908.
[17] Vgl. OVG Nordrhein-Westfalen v. 26.01.2005 - 19 E 165/04.
[18] AG Bremen v. 20.09.1999 - 48 III 67/1999, 48 III 67/99 - StAZ 2000, 267-268.
[19] Vgl. *Wellenhofer*, FamRZ 2013, 825, 829.

solche Konstruktion begegnet allerdings Bedenken, da sie dem heute bereits bekannten Rechtsmissbrauch im Zusammenhang mit Aufenthaltsrecht und Staatsangehörigkeit weiteren Vorschub leisten würde.

II. Eheliche Geburt (Nr. 1)

24 Nach § 1592 Nr. 1 BGB ist Vater eines Kindes der Mann, der zum Zeitpunkt der Geburt mit der Mutter des Kindes verheiratet ist. Die Vorschrift normiert eine **gesetzliche Vermutung der Vaterschaft des Ehemannes**. Dieser steht nicht entgegen, dass die genetische Herkunft vom Ehemann offenbar unmöglich ist. Unerheblich ist, ob die Zeugung vor oder während der Ehe stattfand. Spätere Auflösung der Ehe durch Tod, Scheidung oder Aufhebung lässt die mit der Geburt des Kindes entstandene Vaterschaft unberührt.

25 Einzige Voraussetzung für die aus Nr. 1 folgende rechtliche Vaterschaft des Ehemannes ist, dass zum **Zeitpunkt der Geburt des Kindes** eine **wirksame Ehe** mit der Mutter besteht. Zur sog. „wilden Ehe" vgl. Rn. 18. Bloßes Getrenntleben der Eheleute steht der Vaterschaft nicht entgegen, ebenso wenig Anhängigkeit oder Rechtshängigkeit des Scheidungs- oder Eheaufhebungsverfahrens.

26 Zur Frage nach der Vaterschaft im Falle einer **Doppelehe** vgl. die Kommentierung zu § 1593 BGB Rn. 14 ff.

27 Ist die Ehe jedoch zum Zeitpunkt der Geburt des Kindes bereits rechtskräftig geschieden oder aufgehoben, greift § 1592 Nr. 1 BGB nicht mehr. Die Geburt des Kindes erst **nach Rechtskraft der Scheidung** oder Eheaufhebung vermittelt keine Abstammung zum bisherigen Ehemann der Mutter. Daher haben Kinder, die nach Rechtskraft der Scheidung oder Eheaufhebung geboren sind, keinen Vater, soweit keine Vaterschaftsfeststellung nach § 1592 Nr. 2 oder Nr. 3 BGB oder nach § 1599 Abs. 2 BGB erfolgt ist (§§ 1594 Abs. 1 und 1600d Abs. 4 BGB).

28 Die Vaterschaft infolge bestehender Ehe tritt kraft Gesetzes bei der Geburt des Kindes ein. Die Vorschrift entfaltet eine **Sperrwirkung** dahin gehend, dass ehebedingte Vaterschaft nur durch die rechtskräftige Feststellung beseitigt werden kann, wonach der Ehemann nicht der Vater des Kindes ist (§ 1599 Abs. 1 BGB). Bis zu diesem Zeitpunkt bleibt die Sperrwirkung bestehen, d. h., die Vaterschaft kraft Ehe geht der später gerichtlich festgestellten Vaterschaft eines anderen Mannes vor.[20] Nach dem Wortlaut von § 1600d Abs. 1 BGB gilt dies auch im Falle der gerichtlichen Feststellung der Vaterschaft eines anderen Mannes. Zur Problematik doppelter Vaterschaft infolge **Doppelehe** vgl. die Kommentierung zu § 1593 BGB Rn. 14.

29 § 1592 Nr. 1 BGB findet auch im Fall einer heterologen **Samenspende** Anwendung: Auch hier wird der mit der Kindesmutter verheiratete Mann mit der Geburt des Kindes kraft Gesetzes dessen rechtlicher Vater mit allen Rechten und Pflichten. Dies gilt vor allem für Unterhalts- und Erbrechte.[21] Zur Frage außergerichtlicher Vaterschaftszuordnung im Zusammenhang mit Samenspenden vgl. auch Rn. 23.

30 Als einzige **Ausnahme** vom Erfordernis der Geburt vor Auflösung der mütterlichen Ehe lässt § 1593 BGB die **Geburt des Kindes innerhalb von 300 Tagen nach dem Tode des Ehemannes** für dessen Vaterschaft genügen. Vgl. dazu die Kommentierung zu § 1593 BGB.

31 Die rechtliche Vaterschaft des Ehemannes kann nur im Wege gerichtlicher **Anfechtung** nach den §§ 1599 Abs. 1, 1600-1600c BGB – vgl. dazu die Kommentierung zu § 1599 BGB – oder rechtsgeschäftlich als scheidungsabhängiger Statuswechsel nach § 1599 Abs. 2 BGB – vgl. dazu die Kommentierung zu § 1599 BGB Rn. 46 ff. – beseitigt werden.

32 **Altfälle (eheliche Geburt)**: Bis zum 30.06.1998 war die Ehelichkeit eines Kindes und damit die Vaterschaft des Ehemannes der Mutter in § 1591 BGB und § 1593 BGB a.F. geregelt. Danach war das Kind – bis zur rechtskräftigen Anfechtung – ehelich, wenn es während der Ehe oder innerhalb von 302 Tagen nach Auflösung oder Nichtigerklärung der Ehe geboren wurde. Dies konnte nur durch rechtskräftige Anfechtung beseitigt werden. Inhaltsgleich zum heutigen Recht war demnach, dass der Mann Vater war, der zum Zeitpunkt der Geburt des Kindes mit der Mutter verheiratet war. Bei Geburt des Kindes nach Auflösung der Ehe war im Unterschied zur heutigen Regelung nicht nur ein nach dem Tode des Ehemannes innerhalb bestimmter Frist, sondern auch ein nach Scheidung, Eheaufhebung oder – damals möglicher – Nichtigerklärung der Ehe innerhalb dieser Frist geborenes Kind ehelich. Diese Frist betrug nach altem Recht 302 Tage – heute nur noch 300 Tage.

---

[20] OLG München v. 31.01.2012 - 31 Wx 495/11 - FamRZ 2012, 1503.
[21] Vgl. *Wellenhofer*, FamRZ 2013, 825, 826.

Die **Übergangsregelung** hierzu findet sich in Art. 224 § 1 Abs. 1 EGBGB. Danach bestehen Abstammungsverhältnisse weiter, die vor der Reform aufgrund des bis dahin geltenden Rechts begründet worden waren. Für ein vor dem 01.07.1998 geborenes Kind verbleibt es somit beim Feststehen der väterlichen Abstammung, wenn es während einer Ehe oder innerhalb von 302 Tagen nach Scheidung oder Eheaufhebung oder Nichtigerklärung der Ehe geboren war.

III. Anerkennung (Nr. 2)

Für ein Kind, das außerhalb einer Ehe geboren ist und dessen Vaterschaft sich auch nicht über § 1593 BGB ergibt, entsteht nach § 1592 Nr. 2 BGB Vaterschaft mit der **Anerkennung durch den in Betracht kommenden Mann**. Die Anerkennung ist einseitige, nicht empfangsbedürftige[22], bedingungs- und zeitbestimmungsfeindliche Willenserklärung (§ 1594 Abs. 3 BGB) und bedarf der öffentlichen Beurkundung (§ 1597 Abs. 1 BGB – vgl. dazu die Kommentierung zu § 1597 BGB Rn. 12). Sie ist schon vor der Geburt des Kindes möglich (§ 1594 Abs. 4 BGB), jedoch grundsätzlich nicht wirksam, solange die Vaterschaft eines anderen Mannes besteht (§ 1594 Abs. 2 BGB).

Nähere Regelungen zur **Anerkennung durch Geschäftsunfähige**, beschränkt Geschäftsfähige oder Betreute finden sich in § 1596 Abs. 1 und 3 BGB. Gewillkürte Vertretung bei der Anerkennung ist ausgeschlossen (§ 1596 Abs. 4 BGB). Im Gegensatz zum früheren Recht verliert die Anerkennung ihre Wirksamkeit nicht nach einer bestimmten Frist (vgl. § 1600e Abs. 3 BGB in seiner bis zum 30.06.1998 geltenden Fassung), jedoch kann die Anerkennung gemäß § 1597 Abs. 3 BGB unter bestimmten Voraussetzungen ein Jahr nach der Beurkundung widerrufen werden (vgl. die Kommentierung zu § 1597 BGB). Kein Wirksamkeitserfordernis ist, dass der anerkennende Mann mit der Mutter zusammenlebt oder mit ihr zusammengelebt oder ihr tatsächlich beigewohnt hat.

Die Anerkennung durch den Mann bedarf zu ihrer Wirksamkeit ausnahmslos der **Zustimmung** der Mutter (§ 1595 Abs. 1 BGB). Falls der Mutter insoweit die elterliche Sorge nicht zusteht, bedarf die Anerkennung zusätzlich der Zustimmung des Kindes (§ 1595 Abs. 2 BGB). Gegebenenfalls sind darüber hinaus Zustimmungserklärungen gesetzlicher Vertreter erforderlich (§ 1596 Abs. 1 Satz 2 und 4, § 1596 Abs. 2 BGB), unter Umständen auch vormundschaftsgerichtliche Genehmigung (§ 1596 Abs. 1 Satz 3 und 4 BGB). Vgl. dazu die nachfolgende Übersicht und vgl. zu den Einzelheiten die Kommentierung zu § 1595 BGB und die Kommentierung zu § 1596 BGB. Ist der **Personenstand der Mutter** zum Zeitpunkt der Geburt aufgrund eigener früherer, wechselnder Angaben zweifelhaft, kann die Eintragung eines Vaterschaftsanerkenntnisses im Geburtenbuch abgelehnt werden.[23]

Insbesondere angesichts sog. kann dies zu Problemen führen, sofern dem alternativ anwendbaren ausländischen Sachrecht eine § 1592 Nr. 2 BGB entsprechende Vorschrift fehlt (wie z. B. dem polnischen Recht). Dabei ist von besonderer Bedeutung, dass die **qualifizierte Vaterschaftsanerkennung** nach § 1599 Abs. 2 BGB aus **zwei Komponenten** besteht: Sie hat nicht nur die Anerkennung der Vaterschaft, sondern auch die Beseitigung einer bestehenden Vaterschaft zur Folge. Damit hängt die Wirksamkeit einer qualifizierten Vaterschaftsanerkennung vor allem davon ab, welche der infrage kommenden Rechtsordnungen anzuwenden ist. Hierzu stellt der BGH auf den Rechtsgedanken des Art. 20 EGBGB ab und gesteht den ursprünglich Verheirateten ein Wahlrecht zu (vgl. die Kommentierung zu Art. 20 EGBGB Rn. 29), das sie auch durch schlüssiges Verhalten z. B. durch Abgabe von Erklärungen zum scheidungsakzessorischen Statuswechsel vor den zuständigen Stellen nach § 1599 Abs. 2 BGB zugunsten des deutschen Rechts ausüben können.[24]

1. Übersicht Zustimmungserfordernisse

Die Anerkennungserklärung des Mannes bedarf folgender Zustimmungen:
- bei beschränkter Geschäftsfähigkeit des minderjährigen Mannes: Zustimmung seines gesetzlichen Vertreters (§ 1596 Abs. 1 Satz 2 i.V. m. Satz 1 BGB);
- bei Geschäftsunfähigkeit des Mannes: Anerkennung durch seinen gesetzlichen Vertreter sowie Genehmigung des Vormundschaftsgerichts (§ 1596 Abs. 1 Satz 3 BGB);
- ausnahmslos: Zustimmung der Mutter (§ 1595 Abs. 1 BGB);

---

[22] *Hammermann* in: Erman, BGB, 13. Aufl. 2011, § 1597 Rn. 3; *Wellenhofer* in: MünchKomm-BGB, 6. Aufl. 2012, § 1596 Rn. 5.
[23] OLG München v. 23.07.2008 - 31 Wx 37/08 - FamRZ 2008, 2227-2228.
[24] BGH v. 23.11.2011 - XII ZR 78/11 - FamRZ 2012, 616-618 m. Anm. *Helms*, FamRZ 2012, 618; *Breuers*, FuR 2013, 125-127, 126.

§ 1592   jurisPK-BGB / Nickel

- bei beschränkter Geschäftsfähigkeit der Mutter: Zustimmung ihres gesetzlichen Vertreters (§ 1596 Abs. 1 Satz 4 i.V. m. Satz 1 und 2 BGB);
- bei Geschäftsunfähigkeit der Mutter: Zustimmung durch ihren gesetzlichen Vertreter sowie Genehmigung des Vormundschaftsgerichts (§ 1596 Abs. 1 Satz 4 i.V. m. Satz 3 BGB);
- bei fehlender Sorge der Mutter: Zustimmung des Kindes (§ 1595 Abs. 2 BGB);
- bei gemäß § 1595 Abs. 2 BGB notwendiger Zustimmung des Kindes, welches geschäftsunfähig oder noch nicht 14 Jahre alt ist: Zustimmung durch seinen gesetzlichen Vertreter (§ 1596 Abs. 2 Satz 1 BGB);
- bei gemäß den §§ 1595 Abs. 2, 1596 Abs. 2 Satz 2 HS. 1 BGB notwendiger persönlicher Zustimmung des Kindes, welches das 14. Lebensjahr vollendet hat: Zustimmung seines gesetzlichen Vertreters (§ 1596 Abs. 2 Satz 2 HS. 2 BGB).

2. Altfälle (Anerkennung)

a. Geburt vor dem 01.07.1998, jedoch seit dem 01.07.1970

39   Bis zum 30.06.1998 war die väterliche Abstammung (vgl. die Kommentierung zu § 1591 BGB Rn. 1) eines nicht ehelichen Kindes geregelt in den §§ 1600a-1600f BGB a.F., welche durch das NEhelG mit Wirkung vom 01.07.1970 eingeführt worden waren. Danach bedurfte die Anerkennung **immer der Zustimmung des Kindes** (§ 1600c Abs. 1 BGB a.F.)**, nicht aber der Mutter**. Von der gesetzlichen Vertretung des Kindes bei der Zustimmung war die Mutter in der Regel ausgeschlossen, da insoweit grundsätzlich[25] kraft Gesetzes Amtspflegschaft des Jugendamts bestand.

40   Die Übergangsregelung hierzu findet sich in Art. 224 § 1 Abs. 1 EGBGB. Danach bestehen Abstammungsverhältnisse, die vor dem 01.07.1998 aufgrund des bis dahin geltenden Rechts begründet wurden, weiter – allerdings nur noch zur Feststellung der Abstammung, nicht mehr zur Begründung des Status als eheliches oder nicht eheliches Kind. **Für ein vor dem 01.07.1998 geborenes Kind verbleibt es** somit auch für die Zukunft **beim Feststehen der väterlichen Abstammung, wenn eine Vaterschaftsanerkennung zwischen dem 01.07.1970 und dem 30.06.1998 ohne Zustimmung der Mutter, jedoch mit Zustimmung des Kindes – vertreten durch das Jugendamt als Amtspfleger – wirksam erfolgt ist.**

b. Geburt vor dem 01.07.1970

41   Vor dem 01.07.1970 gab es keine Verwandtschaft zwischen einem unehelichen Kind und seinem Vater (§ 1589 Abs. 2 BGB a.F.), demzufolge auch keine Status begründende Vaterschaftsfeststellung. Einzige Rechtsbeziehung zwischen Vater und Kind war die Unterhaltspflicht des Vaters (§ 1708 BGB a.F.) – sog. Zahlvaterschaft. Eine „Anerkennung" der Vaterschaft war zwar möglich, hatte aber nur die Klärung der Unterhaltsverpflichtung zum Gegenstand. Eine gerichtliche Feststellung der Vaterschaft gab es nicht, lediglich die Verurteilung zur Unterhaltszahlung.

42   Übergangsregelung ist Art. 12 § 3 NEhelG. Danach hat **ein vor dem 01.07.1970 öffentlich beurkundetes Vaterschaftsanerkenntnis ebenso wie eine rechtskräftige Verurteilung oder vollstreckbare Verpflichtung zur Leistung von Unterhalt an das Kind seit dem 01.07.1970 auch Statuswirkung**: Die Vaterschaft des betroffenen Mannes steht fest.

43   Lediglich für das Erbrecht vor dem 01.07.1949 „unehelich" Geborener ist die Sonderregelung in Art. 12 § 10 Abs. 2 NEhelG zu beachten. Diese erfährt Ausnahmen in Art. 12 § 10a NEhelG und Art. 235 § 1 Abs. 2 EGBGB.

c. Geburt in der DDR

44   Am 01.04.1966 trat das Familiengesetzbuch der DDR in Kraft und löste das bis dahin noch geltende Familienrecht (4. Buch des BGB) ab. Seitdem galten zur Feststellung der Vaterschaft inhaltlich nahezu gleiche Vorschriften wie die seit dem 01.07.1998 geltenden Normen des BGB einschließlich der Übergangsregelung zum früheren Recht. Bis zum 31.03.1966 war die Rechtslage identisch mit derjenigen in der Bundesrepublik vor dem 01.07.1970 (vgl. Rn. 41).

45   Übergangsregelung ist Art. 234 § 7 Abs. 1 und 4 EGBGB. Danach **bleiben die Wirkung einer Anerkennung oder gerichtlichen Feststellung nach dem Recht der DDR sowie einer Zahlvaterschaft alten Rechts bestehen.** Dies gilt auch, wenn der anerkennende Mann seinen Wohnsitz in Westdeutschland hatte.[26]

---

[25] Ausnahmen in § 1707 BGB a.F. und Art. 230 Abs. 1 EGBGB a.F.
[26] OLG Hamm v. 29.09.2003 - 15 W 258/03 - FGPrax 2004, 22-23.

IV. Gerichtliche Feststellung (Nr. 3)

Bei fehlender oder nicht wirksamer Anerkennung eines außerhalb der Ehe geborenen Kindes kann die Vaterschaft gem. § 1592 Nr. 3 BGB gerichtlich festgestellt werden. Der Antrag ist bereits vor der Geburt des Kindes zulässig.[27] Das Verfahren richtet sich grundsätzlich nach den §§ 169 ff. FamFG. Es gelten die Grundsätze des Verfahrens der freiwilligen Gerichtsbarkeit. 46

Sachlich zuständig für Verfahren zur Feststellung der Vaterschaft (Kindschaftssachen) sind nach § 111 Nr. 3 FamFG, § 23a Abs. 1 S 1 Nr. 1 GVG die Familiengerichte. Die **örtliche Zuständigkeit** ergibt sich aus § 170 FamFG. 47

Antrags**befugt** sind der Mann, das Kind, die Mutter und die zuständige Behörde (vgl. die Kommentierung zu § 1600 BGB Rn. 49). Der Antrag des Mannes ist gegen das Kind, der Antrag der Mutter oder des Kindes gegen den Mann und der Antrag der zuständigen Behörde gegen das Kind und dem Vater im Sinne von § 1592 Nr. 2 BGB zu richten. Zu den Besonderheiten des Anfechtungsrechts des biologischen Vaters mit der Status begründenden Doppelwirkung nach § 182 Abs. 1 FamFG vgl. die Kommentierung zu § 1600 BGB Rn. 56. 48

Im Hinblick auf die Antragsbefugnis der Mutter, der damit das Recht zur Feststellung eines Drittrechtsverhältnisses zusteht, gibt es besondere Regelungen zur **Verfahrensbeteiligung**: Nach § 172 FamFG ist die an dem Verfahren nicht beteiligte Mutter oder das nicht beteiligte Kind zur mündlichen Verhandlung zu laden; das Kind oder die Mutter kann dem einen oder anderen Beteiligten beitreten. Zur Vertretung des minderjährigen Kindes vgl. die Kommentierung zu § 1600a BGB Rn. 15 ff. Die Mutter und das Kind können darüber hinaus einem Dritten, der ebenfalls als Vater in Betracht kommt, den Streit verkünden. Die **Mehrheit von Verfahren** regelt seit dem 01.09.2009 § 179 FamFG: Nach dessen Absatz 1 können (nur) Abstammungssachen, die dasselbe Kind betreffen, miteinander verbunden werden; mit einem Verfahren auf Feststellung des Bestehens der Vaterschaft kann eine Unterhaltssache nach § 237 FamFG verbunden werden. Nach Absatz 2 ist im Übrigen die Verbindung von Abstammungssachen miteinander oder mit anderen Verfahren unzulässig. 49

Gem. § 172 Abs. 1 FamFG sind ab dem 01.09.2009 das Kind, die Mutter und der Vater sowie auf Antrag gem. §§ 172 Abs. 2, 176 Abs. 1 Satz 1 FamFG im Fall der Anfechtung nach § 1600 Abs. 1 Nr. 2 und 5 BGB bzw. im Falle der Anfechtung durch den gesetzlichen Vertreter gem. § 1600 Abs. 1 Nr. 4 BGB auch das Jugendamt **zu beteiligen** und damit antragsbefugt. 50

Nach § 26 FamFG gilt für das Feststellungsverfahren der **Untersuchungsgrundsatz** mit der Einschränkung, dass im Anfechtungsverfahren von den beteiligten Personen nicht vorgebrachte Tatsachen nur dann berücksichtigt werden dürfen, wenn sie geeignet sind, dem Fortbestand der Vaterschaft zu dienen oder wenn der die Vaterschaft Anfechtende einer Berücksichtigung nicht widerspricht (§ 177 Abs. 1 FamFG). Daher wird in aller Regel die Einholung von Sachverständigengutachten erforderlich sein. Soweit dazu notwendig, hat jede Person Untersuchungen, insbesondere die Entnahme von Blutproben zu dulden (§ 178 FamFG). Im Übrigen ergibt sich materiell-rechtlich die Vermutung der Vaterschaft aus dem Nachweis der Beiwohnung in der Empfängniszeit, § 1600d Abs. 2 und 3 BGB (vgl. dazu näher die Kommentierung zu § 1600d BGB Rn. 30 und das Berechnungsprogramm zur Ermittlung der Empfängniszeit). 51

Der bei Lebzeiten der Beteiligten **rechtskräftig** gewordene **Feststellungsbeschluss wirkt für und gegen alle** (§ 184 Abs. 2 FamFG). 52

Zur Feststellung der Vaterschaft des die bestehende Vaterschaft eines anderen Mannes anfechtenden biologischen Vaters vgl. die Kommentierung zu § 1600 BGB Rn. 24. 53

Altfälle (gerichtliche Feststellung): Vor dem 01.07.1998 in der Bundesrepublik ergangene Entscheidungen zur Vaterschaftsfeststellung gelten aufgrund ihrer Rechtskraft weiter. Vor dem 03.10.1990 in der DDR ergangene Entscheidungen bleiben nach Art. 234 § 7 Abs. 1 Satz 1 EGBGB weiter wirksam. 54

Mit Wirkung zum 13.07.2013 hat der Gesetzgeber für den biologischen Vater eine weitere Möglichkeit geschaffen, bei noch nicht feststehender leiblicher Vaterschaft im Zwischenverfahren nach § 178 Abs. 2 Satz 1 FamFG eine **inzidente Klärung** der Abstammung im Rahmen eines Umgangs- oder Auskunftsverfahrens nach § 1686a BGB herbeizuführen. Zwar hatte das BVerfG[28] noch ausgeführt, dass auch solche Informationen, aus denen sich Rückschlüsse auf die Abstammung ziehen ließen, durch das Recht auf informationelle Selbstbestimmung geschützt seien. Die zum Zeitpunkt dieser Entscheidung noch fehlende gesetzliche Grundlage liegt jedoch nunmehr vor: Infolge zweier Entscheidun- 55

---

[27] OLG Schleswig v. 15.12.1999 - 13 WF 122/99 - NJW 2000, 1271-1273.
[28] BVerfG v. 23.05.2013 - 1 BvR 2059/12 - juris Rn. 20 - FamRZ 2013, 1195-1198.

gen des EGMR[29] hat der Gesetzgeber durch das Gesetz zur **Stärkung der Rechte des leiblichen, nicht rechtlichen Vaters**[30] § 1686a BGB mit weitreichenden Umgangs-, Auskunfts- und Unterrichtungsrechten eingeführt.[31]

D. Rechtsfolgen

56 Rechtlich bestehende Vaterschaft führt zu **Verwandtschaft** im Sinne des § 1589 BGB und damit insbesondere zur elterlichen Sorge nach den §§ 1626-1629 BGB, zur Unterhaltspflicht und -berechtigung nach § 1601 BGB, zum gesetzlichen Erb- und Pflichtteilsrecht nach den §§ 1924-1929, 2303 BGB und zu Zeugnisverweigerungsrechten (§ 383 ZPO, § 52 StPO). Sie ist Voraussetzung für das Umgangsrecht des Vaters – zu dem an besondere Voraussetzungen geknüpften Umgangsrecht des biologischen Vaters vgl. die Kommentierung zu § 1685 BGB. Auch zum Entstehen gemeinsamer Sorge aufgrund Sorgeerklärungen (§ 1626a Abs. 1 Nr. 1 BGB) muss die Vaterschaft des nicht mit der Mutter verheirateten Mannes feststehen.

57 Vaterschaft besteht ab Geburt des Kindes. Dies ergibt sich bei der gesetzlichen Vaterschaftsvermutung nach § 1592 Nr. 1 BGB – ebenso bei derjenigen nach § 1593 BGB – von selbst. Vaterschaft aufgrund Anerkennung (§ 1592 Nr. 2 BGB) oder gerichtlicher Feststellung (§ 1592 Nr. 3 BGB) kann zwar erst ab Wirksamwerden der Anerkennung bzw. Rechtskraft des Feststellungsurteils geltend gemacht werden, **wirkt** dann aber **auf den Zeitpunkt der Geburt zurück**.[32]

E. Auslandsbezug

58 Das **Statut** zur Feststellung des Bestehens eines Eltern-Kind-Verhältnisses – also auch der Vaterschaft – (Abstammungsstatut) ergibt sich aus Art. 19 EGBGB. Für vor dem 01.07.1998 geborene Kinder gelten Besonderheiten.[33] Zur Form der Anerkennung der Vaterschaft ist vorrangig heranzuziehen Art. 4 des Römischen CIEC-Übereinkommens über die Erweiterung der Zuständigkeit der Behörden, vor denen nicht eheliche Kinder anerkannt werden können, vom 14.09.1961[34], nachrangig[35] Art. 11 Abs. 1 EGBGB. Kollisionsnorm betreffend die Feststellung des Nichtbestehens der Vaterschaft (Anfechtungsstatut) ist Art. 20 EGBGB.

59 Die **internationale Zuständigkeit** für Anträge auf Feststellung des Bestehens oder Nichtbestehens der Vaterschaft richtet sich mangels vorgehender supranationaler Regelungen nach § 100 FamFG.[36] Gehören die Beteiligten eines Anerkennungsverfahrens verschiedenen Staaten an und erfolgt die Anerkennung nach der Geburt des Kindes, ist das **Günstigkeitsprinzip** aus Art. 19 Abs. 1 EGBGB zu beachten.[37]

60 Zur **Anerkennung** im Ausland ergangener Entscheidungen gilt seit dem 01.09.2009 generell § 108 FamFG. Die nach altem Recht vorgenommene Unterscheidung zwischen ZPO-Verfahren und FG-Verfahren (vgl. § 328 Abs. 1 Nr. 1-4 ZPO einerseits und § 16a Nr. 1-4 FGG andererseits) ist mit Einführung des FGG-Reformgesetzes zum 01.09.2009 obsolet geworden. Im Übrigen bestehen bilaterale Abkommen mit einigen Ländern, die die grundsätzliche Anerkennungspflicht mit jeweils unterschiedlichen Einschränkungen enthalten.[38] Für die Praxis sind sie nicht von Bedeutung, da auf das autonome Anerkennungsrecht (§ 108 FamFG) zurückgegriffen werden kann, wenn völkervertragliche Einschränkungen weiter gehen.[39]

---

[29] Vom 21.12.2010 - 20578/07 - NJW 2011, 3565-3568 und 15.09.2011 - 17080/07 - NJW 2012, 2781-2786.
[30] BGBl I 2013, 2176.
[31] Eingehend hierzu *Clausius*, MDR 2013, 685, 686; vgl. auch *Stahmer*, ErbR 2013, 158-159 zu OLG München v. 26.01.2012 - 8 U 2653/11 - Sperrwirkung der Vaterschaftsanerkennung und inzidente Überprüfung der biologischen Abstammung außerhalb des Vaterschaftsanfechtungsverfahrens.
[32] BVerfG v. 18.11.1986 - 1 BvR 1365/84 - juris Rn. 23 - NJW 1987, 1007-1008.
[33] Vgl. dazu *Rausch* in: KKFamR, EGBGB, Art. 19 Rn. 14-18.
[34] BGBl II 1965, 19; Text in: *Böhmer/Finger*, Das gesamte Familienrecht (IntFamR), 7.2 mit Erläuterungen von *Böhmer*.
[35] Vgl. dazu *Rausch* in: KKFamR, EGBGB, Art. 19 Rn. 35.
[36] BGH v. 11.05.1994 - XII ZR 7/93 - juris Rn. 5 - LM FGESGB Art 18 Nr. 6 (10/1994) noch zu § 640a Abs. 2 ZPO.
[37] OLG Hamm v. 07.04.2008 - 15 Wx 8/08 - FamRZ 2009, 126-129 m. krit. Anm. *Henrich*.
[38] Dazu näher *Rausch* in: Böhmer/Finger, Das gesamte Familienrecht (IntFamR), 2 Art. 19 EGBGB Rn. 55.
[39] BGH v. 18.03.1987 - IVb ZR 24/86 - juris Rn. 16 - LM Nr. 10 zu § 261 ZPO.

Kostenrechtliche Hinweise zu § 1592 BGB Vaterschaft

(Fassung vom 17.12.2008, gültig ab 01.09.2009)

Vater eines Kindes ist der Mann,
1. der zum Zeitpunkt der Geburt mit der Mutter des Kindes verheiratet ist,
2. der die Vaterschaft anerkannt hat oder
3. dessen Vaterschaft nach § 1600d oder § 182 Abs. 1 des Gesetzes über das Verfahren in Familiensachen und in den Angelegenheiten der freiwilligen Gerichtsbarkeit gerichtlich festgestellt ist.

Gliederung

A. Grundlagen 1
I. Altes Recht bis zum 01.09.2009 1
II. Neues Recht ab dem 01.09.2009 4
B. Besonderheiten 6
I. Gegenstandswert 6
1. Altes Recht bis zum 01.09.2009 6
2. Neues Recht ab dem 01.09.2009 8
  a. Allgemein 8
  b. Mehrere Kinder 10
  c. Erhöhung des Wertes 11
  d. Mindestunterhalt zusammen mit Vaterschaftsfeststellung 13

II. Vaterschaftsfeststellung und Verfahrenskostenhilfe 16
III. Kostentragungspflicht bei Anfechtung der Vaterschaft 20
C. Arbeitshilfen 21
I. Beispiel/Muster: Feststellung der Vaterschaft und Mindestunterhalt 21
II. Beispiel/Muster: Feststellung der Vaterschaft, Mindestunterhalt und Einigung 22
III. Berechnungsprogramme 23
1. Prozesskostenrechner 23
2. RVG-Rechner: 1. Instanz mit Anrechnung der Geschäftsgebühr 24

A. Grundlagen

I. Altes Recht bis zum 01.09.2009

Nach altem Recht wurde ein Vaterschaftsfeststellungsverfahren als Kindschaftssache bezeichnet. Dieser Begriff ist nach neuem Recht den Verfahren elterlicher Sorge, Umgang und Herausgabe vorbehalten.   **1**

Bei den **Kindschaftssachen** nach altem Recht handelte es sich gem. § 640 Abs. 2 ZPO um ZPO-Verfahren. Hierzu gehörten die folgenden Verfahren: Feststellung des Bestehens/Nichtbestehens eines Eltern-Kind-Verhältnisses, Feststellung der Wirksamkeit oder Unwirksamkeit der Anerkennung einer Vaterschaft, Anfechtung der Vaterschaft, Feststellung des Bestehens/Nichtbestehens der elterlichen Sorge.   **2**

Ausnahme: Das Verfahren nach § 1600e BGB (Verfahren gegen eine verstorbene Person auf Feststellung oder Anfechtung der Vaterschaft) war eine FGG-Sache.   **3**

II. Neues Recht ab dem 01.09.2009

Abstammungssachen sind nach den §§ 111 Nr. 3, 169 FamFG die folgenden Verfahren: **4**
- Feststellung des Bestehens oder Nichtbestehens eines Eltern-Kind-Verhältnisses, insbesondere der Wirksamkeit oder Unwirksamkeit einer Anerkennung der Vaterschaft,
- Ersetzung der Einwilligung in eine genetische Abstammungsuntersuchung und Anordnung der Duldung einer Probeentnahme,
- Einsicht in ein Abstammungsgutachten oder Aushändigung einer Abschrift oder
- Anfechtung der Vaterschaft.

In allen Abstammungssachen entstehen regelmäßig die 1,3 Verfahrensgebühr Nr. 3100 VV RVG (vgl. die Kostenrechtl. Hinw. in Familiensachen (Teil 7) Rn. 1) und die 1,2 Terminsgebühr Nr. 3104 VV RVG (vgl. die Kostenrechtl. Hinw. in Familiensachen (Teil 8) Rn. 1).   **5**

B. Besonderheiten

I. Gegenstandswert

1. Altes Recht bis zum 01.09.2009

6 Der Wert beträgt in **Kindschaftssachen** (§§ 640 ZPO ff. – z.B. Vaterschafts- und Ehelichkeitsverfahren) grundsätzlich 2.000 € gem. § 48 Abs. 3 Satz 3 GKG. Der Wert ist ein Festwert.

7 **Verfahren nach § 1600e BGB**: Der Wert für ein Verfahren gegen eine verstorbene Person auf Feststellung oder Anfechtung der Vaterschaft ergibt sich aus den §§ 97 Abs. 1 Nr. 7, Abs. 2, 30 Abs. 2 KostO. Er beträgt regelmäßig 3.000 €.

2. Neues Recht ab dem 01.09.2009

a. Allgemein

8 Der Wert für die Abstammungssachen nach § 169 Nr. 1 (Vaterschaftsfeststellung) und § 169 Nr. 4 FamFG (Anfechtung der Vaterschaft) bestimmt sich nach § 47 FamGKG. Es handelt sich um einen Festwert von 2.000 €.

9 Für die übrigen Abstammungssachen (Ersetzung der Einwilligung in eine genetische Abstammungsuntersuchung und Anordnung der Duldung einer Probeentnahme, Einsicht in ein Abstammungsgutachten oder Aushändigung einer Abschrift) ist ein Wert von 1.000 € vorgesehen (§ 169 Nr. 2 und 3 FamFG, § 47 FamGKG).

b. Mehrere Kinder

10 Wird die **Vaterschaft bzgl. mehrerer Kinder** in einem Verfahren **angefochten**, so handelt es sich um eine Angelegenheit mit verschiedenen Gegenständen. In diesen Fällen ist der Regelgegenstandswert entsprechend zu vervielfältigen (§ 33 FamGKG).[1]

c. Erhöhung des Wertes

11 Ist der Festwert von 2.000 € nach § 47 Abs. 1 FamGKG nach den besonderen Umständen des Einzelfalls unbillig, kann das Gericht einen höheren oder einen niedrigeren Wert festsetzen (§ 47 Abs. 2 FamGKG).

12 Diese Ermessensregelung soll es ermöglichen, dass es zu unvertretbar hohen oder zu unangemessen niedrigen Kosten kommt. Denkbar wäre eine Erhöhung zum Beispiel, wenn die Feststellung der Abstammung für das Kind wegen der weit überdurchschnittlichen Einkommens- und Vermögensverhältnisse des Vaters von besonderem Interesse ist.[2]

d. Mindestunterhalt zusammen mit Vaterschaftsfeststellung

13 Wird gem. § 237 FamFG zusammen mit der Vaterschaftsfeststellung (§ 169 Nr. 1 FamFG) auch der Mindestunterhalt beantragt, so sind die Werte der beiden Gegenstände gesondert zu bewerten. Für die Vaterschaftsfeststellung gilt nach § 47 FamGKG ein Regelwert von 2.000 €. Für den Unterhalt ist § 51 FamGKG maßgeblich.

14 Allerdings gilt hier die Besonderheit des § 33 Abs. 1 Satz 2 FamGKG. Die Werte werden nicht addiert! Hier ist mit einem **nichtvermögensrechtlichen** Anspruch (Vaterschaft) ein aus ihm hergeleiteter vermögensrechtlicher Anspruch (Unterhalt) verbunden. Deshalb ist **nur der höhere Anspruch** maßgebend[3] (vgl. das Beispiel in Rn. 21).

15 Bei der Ermittlung des Wertes für den Mindestunterhalt ist zu berücksichtigen, dass auch hier die Rückstände nach § 51 Abs. 2 GKG werterhöhend zu berücksichtigen sind.

II. Vaterschaftsfeststellung und Verfahrenskostenhilfe

16 Dem Vater ist im Vaterschaftsfeststellungsverfahren wegen der Bedeutung der Angelegenheit im Rahmen der VKH-Bewilligung von Beginn an auch ein Anwalt beizuordnen.[4]

---

[1] *Schneider/Herget*, Streitwertkommentar, Rn. 3075; OLG Hamburg v. 14.02.2007 - 2 WF 20/07 - FamRZ 2007, 1035; OLG Köln v. 15.03.2005 - 14 WF 40/05 - JurBüro 2005, 542.

[2] BT-Drs. 16/6308, S. 306.

[3] *Türck-Brocker* in: HK-FamGKG, 2. Aufl. 2014, § 47 Rn. 15; OLG Naumburg v. 18.01.2008 - 8 WF 10/08 - FamRZ 2008, 1645.

[4] BGH v. 11.09.2007 - XII ZB 27/07 - ZFE 2008, 68.

Eine Ablehnung der anwaltlichen Beiordnung, weil eine Vertretung in einem Amtsermittlungsverfahren nicht erforderlich sei, ist nicht korrekt. Bereits die existenzielle Bedeutung legt die Beiordnung nahe. Dies gilt erst recht, wenn mit dem Feststellungsverfahren auch ein Verfahren auf Regelunterhaltszahlung verbunden ist. Als Beispiel für die Notwendigkeit der Beiordnung eines Rechtsanwalts führt der BGH aus, dass dem juristischen Laien in aller Regel nicht bekannt ist, dass er die Untersuchung nach § 178 FamFG verweigern kann. 17

Eine Beiordnung ist jedenfalls dann notwendig, wenn die Beteiligten unterschiedliche Ziele verfolgen.[5] 18

Die Beiordnung eines Rechtsanwalts in Abstammungssachen ist regelmäßig erforderlich, weil die Einholung von Sachverständigengutachten erforderlich ist.[6] 19

III. Kostentragungspflicht bei Anfechtung der Vaterschaft

Für die Anfechtung der Vaterschaft gilt bzgl. der Kostentragungspflicht eine Besonderheit. Hat ein Antrag auf Anfechtung der Vaterschaft Erfolg, tragen die Beteiligten, mit Ausnahme des minderjährigen Kindes, die Gerichtskosten zu gleichen Teilen; die Beteiligten tragen ihre außergerichtlichen Kosten selbst – § 183 FamFG. 20

C. Arbeitshilfen

I. Beispiel/Muster: Feststellung der Vaterschaft und Mindestunterhalt

Im Vaterschaftsfeststellungsverfahren wird gleichzeitig auch der Mindestunterhalt der Stufe 2 abzgl. des hälftigen Kindergelds (derzeit: 272 € monatlich)(364,00 € – 92,00 €) verlangt. Die Vaterschaft kann jedoch nicht festgestellt werden. Der Antrag wird abgewiesen. 21
Vorbemerkung: Nach § 33 Abs. 1 Satz 2 FamGKG ist hier grundsätzlich der höhere der beiden Werte zu berücksichtigen. Dies ist hier der zwölffache Unterhaltsbetrag mit 3.264 € im Vergleich zu den 2.000 € aus der Vaterschaftsfeststellung.
Der Unterhaltsanspruch war nicht Gegenstand des Termins, so dass insoweit keine Terminsgebühr entstanden ist.
Rechtsanwaltsvergütung Vaterschaftsfeststellung:

	Verfahrensgebühr, Nr. 3100 VV (1,3); Wert: 3.264 €	327,60 €
+	Terminsgebühr, Nr. 3104 VV (1,2); Wert: 2.000 €	180,00 €

II. Beispiel/Muster: Feststellung der Vaterschaft, Mindestunterhalt und Einigung

Im Vaterschaftsfeststellungsverfahren wird gleichzeitig auch der Mindestunterhalt der Stufe 2 (derzeit: 272 € monatlich) verlangt für den Fall der Vaterschaftsfeststellung. Im Termin wird die Vaterschaft festgestellt. Man einigt sich in einem gerichtlichen Vergleich auf eine höhere monatliche Unterhaltsleistung von insgesamt 150% des Mindestsatzes. 22
Vorbemerkung: Nach § 33 FamGKG ist hier grundsätzlich der höhere der beiden Werte zu berücksichtigen. Dies ist hier der zwölffache Unterhaltsbetrag mit 3.264 € im Vergleich zu den 2.000 € aus der Vaterschaftsfeststellung.
Bei der Einigung handelt es sich um einen sogenannten Mehrvergleich. Der Gegenstand des Mehrvergleichs beträgt 50% des Mindestunterhalts von 272 €, hier also monatlich: 136,00 €. Der Wert für diesen Gegenstand allein beträgt nach § 51 FamGKG (12 * 136,00 €) 1.632 €. Die Gebühren sind unter Berücksichtigung dieses zusätzlichen Gegenstands zu berechnen.
Rechtsanwaltsvergütung Vaterschaftsfeststellung

	Verfahrensgebühr, Nr. 3100 VV (1,3); Wert: 3.264 €	327,60 €
	Verfahrensgebühr, Nr. 3101 VV (0,8); Wert: 1.632 €	66,30 €
	(gekürzt gem. § 15 Abs. 3 um 53,70 €)	
+	Terminsgebühr, Nr. 3104 VV (1,2); Wert: 2.000 €	363,60 €
	Einigungsgebühr, Nr. 1000 VV (1,5) Wert: 1.632 €	202,50 €
	(gekürzt gem. § 15 Abs. 3 um 22,50 €)	
	Einigungsgebühr, Nr. 1003, 1000 VV (1,0) Wert: 3.264 €	252,00 €

---

[5] OLG Schleswig v. 13.20.2010 - 13 WF 134/10 - RVGreport 2011, 155.
[6] OLG Hamm FamRZ 2010, 1363; a.A. OLG Oldenburg v. 05.01.2011 - 11 WF 342/10 - RVGreport 2011, 154.

III. Berechnungsprogramme

1. Prozesskostenrechner

23 Mit diesem Berechnungsprogramm können Sie kalkulieren, welche Verfahrenskosten auf Ihren Mandanten zukommen können (mit 2. Instanz, Vergleich, Beweisauslagen, gegnerischem Anwalt): Prozesskostenrechner.

2. RVG-Rechner: 1. Instanz mit Anrechnung der Geschäftsgebühr

24 Mit diesem Berechnungsprogramm können Sie die anwaltliche Vergütung für das außergerichtliche Verfahren (Nr. 2300 VV RVG) und das gerichtliche Verfahren (Nr. 3100, 3104, 1003 VV RVG) berechnen: RVG-Rechner (1. Instanz mit Anrechnung der Geschäftsgebühr).

§ 1593 BGB Vaterschaft bei Auflösung der Ehe durch Tod
(Fassung vom 02.01.2002, gültig ab 01.01.2002)

[1]§ 1592 Nr. 1 gilt entsprechend, wenn die Ehe durch Tod aufgelöst wurde und innerhalb von 300 Tagen nach der Auflösung ein Kind geboren wird. [2]Steht fest, dass das Kind mehr als 300 Tage vor seiner Geburt empfangen wurde, so ist dieser Zeitraum maßgebend. [3]Wird von einer Frau, die eine weitere Ehe geschlossen hat, ein Kind geboren, das sowohl nach den Sätzen 1 und 2 Kind des früheren Ehemanns als auch nach § 1592 Nr. 1 Kind des neuen Ehemanns wäre, so ist es nur als Kind des neuen Ehemanns anzusehen. [4]Wird die Vaterschaft angefochten und wird rechtskräftig festgestellt, dass der neue Ehemann nicht Vater des Kindes ist, so ist es Kind des früheren Ehemanns.

Gliederung

A. Grundlagen 1	III. Konkurrenz der Vaterschaftsvermutungen
I. Kurzcharakteristik 1	(Satz 3) 12
II. Gesetzgebungsgeschichte 3	IV. Anfechtung der Vaterschaft des neuen Ehe-
III. Regelungsprinzipien 5	mannes (Satz 4) 16
B. Praktische Bedeutung 6	D. Rechtsfolgen 19
C. Anwendungsvoraussetzungen 7	E. Altfälle 21
I. Normstruktur 7	F. Auslandsbezug 23
II. Vaterschaft des verstorbenen Ehemannes (Sätze 1 und 2) 10	

A. Grundlagen

I. Kurzcharakteristik

Während § 1592 Nr. 1 BGB die gesetzliche Vermutung der Vaterschaft (vgl. die Kommentierung zu § 1592 BGB Rn. 1) des von einer verheirateten Frau geborenen Kindes nur dann begründet, wenn die Geburt vor Auflösung der Ehe stattgefunden hat, ergibt sich in Erweiterung dessen aus § 1593 BGB unter besonderen Voraussetzungen die **Vermutung der Vaterschaft des verstorbenen Ehemannes**. 1

Bei Geburt nach Auflösung der Ehe durch rechtskräftige **Scheidung** oder Aufhebung gibt es **keine Vermutung der Vaterschaft des bisherigen Ehemannes**. § 1593 BGB ist hierauf weder direkt noch analog anwendbar. Dies war erklärter Wille des Gesetzgebers der Kindschaftsrechtsreform 1998 (vgl. die Kommentierung zu § 1592 BGB Rn. 4).[1] 2

II. Gesetzgebungsgeschichte

Bis zum 30.06.1998 war die Ehelichkeit eines Kindes und damit die Vaterschaft des Ehemannes der Mutter in § 1591 BGB und § 1593 BGB a.F. geregelt. Danach war das Kind auch dann ehelich, wenn es innerhalb bestimmter Frist nach Auflösung der Ehe geboren wurde. Im Unterschied zur heutigen Regelung galt dies nicht nur bei Geburt nach dem Tode des Ehemannes, sondern auch bei Geburt nach Scheidung, Eheaufhebung oder – damals möglicher – Nichtigerklärung der Ehe. Die Frist betrug 302 Tage. 3

§ 1593 BGB heutiger Fassung beruht auf der Kindschaftsrechtsreform 1998 (vgl. die Kommentierung zu § 1592 BGB Rn. 4) und gilt seit dem 01.07.1998. 4

III. Regelungsprinzipien

Anders als bei Geburt nach Auflösung der mütterlichen Ehe durch Scheidung oder Aufhebung normiert § 1593 BGB **bei Geburt nach** Auflösung der Ehe durch den **Tod des Ehemannes** als Grundsatz die **gesetzliche Vermutung der Vaterschaft des verstorbenen Ehemannes**, wenn die Geburt binnen bestimmter Frist stattgefunden hat. Konkurriert die Vermutung der Vaterschaft des verstorbenen Ehe- 5

---
[1] BT-Drs. 13/4899, S. 52.

§ 1593

mannes mit der Vermutung der Vaterschaft des neuen Ehemannes (§ 1592 Nr. 1 BGB) geht Letztere vor. Bei erfolgreicher Anfechtung der Vaterschaft des neuen Mannes lebt die Vaterschaft des verstorbenen Ehemannes wieder auf.

B. Praktische Bedeutung

6 Für die Praxis bedeutsam ist vor allem die Regelung in Satz 3, die bei Wiederheirat der Mutter nach dem Tode ihres Ehemannes die Anfechtung der Vaterschaft des verstorbenen Ehemannes überflüssig macht, auch wenn das Kind noch innerhalb von 300 Tagen nach Tod des bisherigen Ehemannes geboren wird.

C. Anwendungsvoraussetzungen

I. Normstruktur

7 Die **Sätze 1 und 2** normieren die **grundsätzliche gesetzliche Vermutung der Vaterschaft des verstorbenen Ehemannes**, wenn die Geburt binnen bestimmter Frist nach Auflösung der Ehe durch den Tod des Ehemannes stattgefunden hat.

8 Satz 3 löst die **Konkurrenz der Vermutungen** für die Vaterschaft des verstorbenen Ehemannes (§ 1593 Sätze 1 und 2 BGB) mit derjenigen für die Vaterschaft des neuen Ehemannes (§ 1592 Nr. 1 BGB) zugunsten des Mannes, den die Mutter nach dem Tode des bisherigen Ehemannes geheiratet hat.

9 Satz 4 regelt die **Rechtsfolge erfolgreicher Anfechtung der Vaterschaft des neuen Mannes** dahin gehend, dass die Vermutung der Vaterschaft des verstorbenen Ehemannes wiederauflebt.

II. Vaterschaft des verstorbenen Ehemannes (Sätze 1 und 2)

10 Ist die Ehe der Mutter nicht durch rechtskräftige Scheidung oder Aufhebung, sondern durch Tod des Ehemannes aufgelöst, ist der verstorbene Ehemann der Mutter nach § 1593 Satz 1 BGB Vater eines Kindes, das innerhalb von 300 Tagen nach dem Tode des Ehemannes geboren wird. Die Vorschrift normiert die **gesetzliche Vermutung der Vaterschaft des verstorbenen Ehemannes**. Dieser steht nicht entgegen, dass die genetische Herkunft vom verstorbenen Ehemann offenbar unmöglich ist.

11 Voraussetzungen für die Vermutung sind:
- das Bestehen einer **wirksamen Ehe mit der Mutter zum Zeitpunkt des Todes** des Mannes. Vorheriges Getrenntleben der Eheleute steht der Vaterschaft nicht entgegen, auch nicht die vorherige Anerkennung durch einen anderen Mann, da diese nach § 1594 Abs. 2 BGB – schwebend – unwirksam ist. Ebenso wenig steht Anhängigkeit oder Rechtshängigkeit des Scheidungs- oder Eheaufhebungsverfahrens der Vaterschaft des verstorbenen Ehemannes entgegen. Ist die Ehe zum Zeitpunkt der Geburt des Kindes bereits rechtskräftig geschieden oder aufgehoben, greift § 1593 BGB nicht mehr. Dem unzweifelhaften Tod des Ehemannes steht gleich, wenn er für tot erklärt worden ist (§ 9 Abs. 1 VerschG; als Zeitpunkt maßgeblich ist die gerichtliche Feststellung der Todeszeit (§ 9 Abs. 2, 3 VerschG). Bei unzweifelhaftem Tod, aber unbekannter Todeszeit ist maßgeblich deren gerichtliche Feststellung gemäß §§ 39, 44 VerschG.
- **Geburt innerhalb von 300 Tagen nach dem Tode des Ehemannes** (Satz 1). Bei späterer Geburt ist der verstorbene Ehemann auch dann der Vater, wenn nachgewiesen wird, dass die Empfängnis mehr als 300 Tage vor der Geburt stattgefunden hat. In diesem Fall ist sehr wahrscheinlich, dass der verstorbene Ehemann dieses Kind noch gezeugt hat.[2] Zum Nachweis der **Vaterschaft bei überlanger Tragezeit** (Satz 2) enthält das Gesetz keine besondere Regelung. Das Kind kann nicht mehr dem verstorbenen Mann als gesetzlichen Vater zugeordnet werden, sondern ist vielmehr außerhalb einer Ehe geboren und daher rechtlich ohne Vater. Verfahrensrechtlich stehen **zwei Möglichkeiten** zur Verfügung, um mit Außenwirkung feststellen zu lassen, dass der verstorbene Ehemann der Vater ist, obwohl das Kind nicht innerhalb von 300 Tagen nach seinem Tod geboren wurde: Zum einen besteht die **gerichtliche Vaterschaftsfeststellung** nach den §§ 1600d BGB, §§ 169 ff. FamFG,[3] die bei Rechtskraft für und gegen alle wirkt (§ 184 Abs. 2 FamFG). Zum anderen kann, wenn der Standesbeamte die Eintragung des verstorbenen Ehemannes als Vater im Geburtenbuch ablehnt, **Antrag auf gerichtliche Entscheidung** nach § 49 Abs. 1 PStG gestellt werden[4] – falls mit dessen Eintra-

---

[2] *Wellenhofer* in: MünchKomm-BGB, 6. Aufl. 2012, § 1593 Rn. 2.
[3] *Wellenhofer* in: MünchKomm-BGB, 6. Aufl. 2012, § 1593 Rn. 6.
[4] *Hammermann* in: Erman, BGB, 13. Aufl. 2011, § 1593 Rn. 5.

gung die Änderung des Namens des Kindes verbunden ist, Antrag auf gerichtliche Anordnung der Berichtigung des Geburtenbuchs nach § 48 Abs. 1 PStG.[5] Hierfür zuständig ist das Amtsgericht – nicht das Familiengericht – am Sitz des Landgerichts (§ 50 Abs. 1 PStG). Auf das Verfahren sind die Vorschriften des Gesetzes über das Verfahren in Familiensachen und in den Angelegenheiten der freiwilligen Gerichtsbarkeit anzuwenden (§ 51 Abs. 1 PStG). Die auf eine stattgebende gerichtliche Entscheidung erfolgte Eintragung des verstorbenen Ehemannes als Vater im Geburtenbuch hat nach § 54 PStG Beweiskraft.

III. Konkurrenz der Vaterschaftsvermutungen (Satz 3)

Aus § 1593 Satz 1 BGB folgende Vaterschaft des verstorbenen Ehemannes wird nach § 1593 Satz 3 BGB verdrängt, wenn die Mutter innerhalb von 300 Tagen nach dem Tode des ersten Ehemannes und **vor der Geburt des Kindes wieder geheiratet** hat. In diesem Falle ist **nur der neue Ehemann als Vater anzusehen**. 12

Im Falle der **Wiederheirat** der Mutter erst nach der Geburt des Kindes verbleibt es bei der Vaterschaft des verstorbenen Ehemannes. Diese kann nur im Wege eines Anfechtungsantrags nach den §§ 1599 Abs. 1 BGB, §§ 169, 181 FamFG, Vaterschaft des neuen Ehemannes nur durch anschließende Anerkennung (§ 1592 Nr. 2 BGB) oder gerichtliche Feststellung (§ 1592 Nr. 3 BGB) begründet werden. 13

Gesetzlich nicht geregelt ist der Fall der **Doppelehe**: Die Beurteilung der Rechtslage hängt in solchen Fällen zunächst vom anzuwendenden Recht ab: Ist die Wirksamkeit einer (Zweit- oder Mehr-)Ehe nach deutschem Eherecht zu beurteilen, führt eine Eheschließung unter Verstoß gegen § 1306 BGB nicht ohne weiteres zu deren Nichtigkeit, sondern gem. § 1314 Abs. 1 BGB lediglich zu ihrer Aufhebbarkeit. Solange eine solche Eheaufhebung nicht erfolgt ist, ist eine etwa geschlossene Zweitehe daher als wirksam anzusehen.[6] Enthält etwa anzuwendendes ausländisches Sachrecht vergleichbare Bestimmungen, gilt nichts anderes. 14

Daher wäre das während der Zeit der bigamischen Ehe geborene Kind nach § 1592 Nr. 1 BGB sowohl dem ersten als auch dem zweiten Ehemann zugeordnet.[7] Das Bestehen von mehr als einer rechtlichen Vaterschaft will das Abstammungsrecht jedoch gerade vermeiden.[8] Diesem Ziel würde eine Anwendung von § 1592 Nr. 1 BGB auf beide Ehemänner einer Doppelehe mit kaum noch lösbaren Folgeproblemen zuwiderlaufen. Daher ist die Vaterschaftsvermutung von § 1592 Nr. 1 BGB im Falle einer Doppelehe **analog § 1593 Satz 3 BGB** auf einen der Ehemänner mit der Maßgabe zu beschränken, dass gesetzlicher Vater des in die zweite Ehe geborenen Kindes **allein der spätere zweite Ehemann** ist.[9] 15

IV. Anfechtung der Vaterschaft des neuen Ehemannes (Satz 4)

Bei nach § 1593 Satz 3 BGB feststehender Vaterschaft des neuen Ehemannes kann die Nichtabstammung von diesem Mann im Wege **gerichtlicher Anfechtung** nach den §§ 1599 Abs. 1, 1600-1600c BGB, 169 FamFG geltend gemacht werden. Erst mit der Rechtskraft des die Nichtabstammung feststellenden Beschlusses entfallen die Rechtswirkungen der bisher nach § 1593 Satz 3 BGB feststehenden Vaterschaft (§ 1599 Abs. 1 BGB). Nach § 1593 Satz 4 BGB **lebt damit die bisher durch Satz 3 verdrängte Vaterschaft des verstorbenen Ehemannes nach Satz 1 wieder auf**. Dieser Umstand ist beim Geburtseintrag zu beurkunden (§ 27 Abs. 1 Satz 1 PStG). 16

Die nach § 1593 Satz 4 BGB wieder aufgelebte Vaterschaft des verstorbenen Ehemannes kann ihrerseits nur im Wege gerichtlicher Anfechtung nach den §§ 1599 Abs. 1, 1600-1600c BGB beseitigt werden. Die Mutter sowie das Kind können die Anfechtung betreiben. Für den verstorbenen Ehemann kann ein Anfechtungsantrag nicht erhoben werden; ein Anfechtungsrecht der Eltern des Mannes gibt es seit dem 01.07.1998 nicht mehr (vgl. die Kommentierung zu § 1592 BGB Rn. 4). Lebt der frühere Ehemann noch, was im Falle einer Todeserklärung (vgl. Rn. 11) oder bei Doppelehe (vgl. Rn. 14) in Betracht kommt, kann er natürlich selbst ein gerichtliches Verfahren einleiten. 17

---

[5] OLG Hamm v. 25.01.1965 - 15 W 214/64 - FamRZ 1965, 222.
[6] OLG Jena v. 14.10.2013 - 9 W 366/13 - juris Rn. 31 - FamRZ 2014, 579.
[7] *Wellenhofer* in: MünchKomm-BGB, 6. Aufl. 2012, § 1593 Rn. 16; *Hammermann* in: Erman, BGB, 13. Aufl., § 1593 Rn. 9.
[8] OLG Zweibrücken v. 02.03.2009 - 5 UF 128/08 - juris Rn. 21 - FamRZ 2009, 1923; vgl. § 1593 Satz 3 BGB und § 1594 Abs. 2 BGB.
[9] So OLG Zweibrücken v. 02.03.2009 - 5 UF 128/08 - juris Rn. 21 - FamRZ 2009, 1923; *Hammermann* in: Erman, BGB, 13. Aufl., § 1593 Rn. 9; *Wellenhofer* in: MünchKomm-BGB, 6. Aufl. 2012, § 1593 Rn. 16.

18 Die Rechtsfolge aus § 1593 Satz 4 BGB tritt nur bei gerichtlicher Anfechtung der Vaterschaft des neuen Ehemannes ein. Erfolgt sie jedoch rechtsgeschäftlich als scheidungsabhängiger Statuswechsel nach § 1599 Abs. 2 BGB, wird nicht der verstorbene Ehemann, sondern der anerkennende Dritte mit Rechtskraft des Scheidungsbeschlusses Vater (vgl. dazu näher die Kommentierung zu § 1599 BGB Rn. 46 ff.).

D. Rechtsfolgen

19 Vaterschaft besteht ab Geburt des Kindes. Dies ergibt sich bei der gesetzlichen Vaterschaft des verstorbenen Ehemannes nach § 1593 Satz 1 BGB von selbst. Im Falle des § 1593 Satz 2 BGB wirkt die gerichtliche Feststellung (vgl. Rn. 11) oder gerichtlich angeordnete Eintragung im Geburtenbuch (vgl. Rn. 11) auf den Zeitpunkt der Geburt zurück.[10] **Rückwirkung auf den Zeitpunkt der Geburt** tritt auch bei Wiederheirat der Mutter (§ 1593 Satz 3 BGB) sowie bei Rechtskraft der Anfechtung der Vaterschaft des neuen Ehemannes (§ 1593 Satz 4 BGB) ein.

20 Steht nach § 1593 BGB die Vaterschaft des verstorbenen Ehemannes der Mutter fest, ist das Kind nach diesem erbfähig (§ 1923 Abs. 2 BGB). Ihm steht das gesetzliche **Erb- und Pflichtteilsrecht** zu.

E. Altfälle

21 Die Regelungen zur überlangen Tragezeit, zur Konkurrenz der Vaterschaftsvermutungen und zum Wiederaufleben der Vaterschaft des verstorbenen Ehemannes waren nach dem bis zum 30.06.1998 geltenden Recht (§ 1592 Abs. 2 BGB, § 1600 Abs. 1 und 2 BGB a.F.) inhaltsgleich mit denjenigen des heutigen Rechts (§ 1593 Satz 2 bis 4 BGB). Jedoch betrug die Frist, innerhalb derer das Kind nach dem Tode des Ehemannes der Mutter geboren sein musste, damit Ehelichkeit gegeben war und somit die Vaterschaft des Ehemannes feststand, **302** Tage (§ 1591 BGB, § 1593 BGB a.F.). Diese Frist ist durch die Kindschaftsrechtsreform 1998 (vgl. die Kommentierung zu § 1592 BGB Rn. 4) auf die heute maßgeblichen 300 Tage verkürzt worden.

22 Die Übergangsregelung findet sich in Art. 224 § 1 Abs. 1 EGBGB. Danach bestehen Abstammungsverhältnisse, die vor der Reform aufgrund des bis dahin geltenden Rechts begründet worden waren, weiter. **Für ein vor dem 01.07.1998 geborenes Kind verbleibt es** somit auch für die Zukunft **beim Feststehen der Abstammung vom verstorbenen Ehemann der Mutter, wenn es innerhalb von 302 Tagen nach dessen Tod geboren war.**

F. Auslandsbezug

23 Vgl. hierzu die Kommentierung zu § 1592 BGB Rn. 58.

---

[10] Vgl. BVerfG v. 18.11.1986 - 1 BvR 1365/84 - juris Rn. 23 - NJW 1987, 1007-1008.

§ 1594 BGB Anerkennung der Vaterschaft

(Fassung vom 02.01.2002, gültig ab 01.01.2002)

(1) Die Rechtswirkungen der Anerkennung können, soweit sich nicht aus dem Gesetz anderes ergibt, erst von dem Zeitpunkt an geltend gemacht werden, zu dem die Anerkennung wirksam wird.

(2) Eine Anerkennung der Vaterschaft ist nicht wirksam, solange die Vaterschaft eines anderen Mannes besteht.

(3) Eine Anerkennung unter einer Bedingung oder Zeitbestimmung ist unwirksam.

(4) Die Anerkennung ist schon vor der Geburt des Kindes zulässig.

Gliederung

A. Grundlagen 1	II. Geltendmachung der Vaterschaft (Absatz 1).... 11
I. Kurzcharakteristik 1	III. Sperrwirkung (Absatz 2) 16
II. Gesetzgebungsgeschichte 2	IV. Bedingungsfeindlichkeit (Absatz 3) 21
III. Regelungsprinzipien 3	V. Vorgeburtliche Anerkennung (Absatz 4) 23
B. Praktische Bedeutung 5	D. Rechtsfolgen 27
C. Anwendungsvoraussetzungen 7	E. Altfälle 28
I. Normstruktur 7	F. Auslandsbezug 32

A. Grundlagen

I. Kurzcharakteristik

Die §§ 1594-1598 BGB normieren in Ergänzung zu § 1592 Nr. 2 BGB die Einzelheiten zum Wirksamwerden der Vaterschaftsanerkennung. Hiervon behandeln die Absätze 2 bis 4 in § 1594 BGB die Erklärung des Mannes hinsichtlich Zeitpunkt sowie Verknüpfung mit Bedingung oder Zeitbestimmung. § 1594 Abs. 1 BGB regelt darüber hinaus die Geltendmachung der Vaterschaft eines nicht in der Ehe geborenen Kindes. 1

II. Gesetzgebungsgeschichte

§ 1594 BGB gilt in der heutigen Fassung seit dem 01.07.1998. Bis zur Kindschaftsrechtsreform 1998 (vgl. die Kommentierung zu § 1592 BGB Rn. 4) fanden sich die entsprechenden Regelungen in § 1600a Satz 2 BGB und § 1600b BGB a.F. 2

III. Regelungsprinzipien

Auf **Anerkennung** beruhende Vaterschaft kann **erst ab Wirksamwerden der Anerkennung** geltend gemacht werden. Vor diesem Zeitpunkt gilt das Kind als vaterlos. Eine wirksame Anerkennung wirkt dann aber auf den Zeitpunkt der Geburt zurück.[1] 3

Anerkennung ist bereits **vor der Geburt des Kindes möglich**. Besteht bereits anderweitige Vaterschaft, steht dies der Anerkennung entgegen. Anerkennung kann nicht unter Bedingung oder Zeitbestimmung erklärt werden. 4

B. Praktische Bedeutung

Besonders bedeutsam für die Praxis ist die Möglichkeit der **Anerkennung bereits vor der Geburt**. Damit kommt das Kind nicht vaterlos zur Welt. Voraussetzung ist allerdings, dass ein lebendes Kind geboren wird.[2] Zudem wird u.a. bei ebenfalls vorgeburtlichen **gemeinsamen Sorgeerklärungen** das Entstehen gemeinsamer Sorge mit der Geburt erreicht, sodass keine Amtsvormundschaft (§ 1791c BGB) eintritt. Zudem führt die gemeinsame Sorge z.B. zur Möglichkeit der Namensgebung nach § 1617 BGB. Zu weiteren Erfordernissen der Zustimmung des Kindes vgl. die Kommentierung zu 5

---

[1] Vgl. BVerfG v. 18.11.1986 - 1 DvR 1365/84 juris Rn. 23 - NJW 1987, 1007-1008.
[2] *Hammermann* in: Erman, BGB, 13. Aufl. 2011, § 1594 Rn. 12.

§ 1592 BGB Rn. 14 ff. Zur elterlichen Sorge nicht miteinander verheirateter Eltern vgl. die Kommentierung zu § 1626a BGB. Das Feststehen der Vaterschaft mit der Geburt erspart zudem Probleme mit nachträglicher Geltendmachung von Unterhalt gegenüber dem Vater.

6 Ist die werdende **Mutter noch minderjährig**, ist zur Wirksamkeit der Zustimmungserklärung des Kindes ein **Ergänzungspfleger** zu bestellen.[3] Für das Kind kann das Jugendamt als vorgeburtlicher Beistand (§§ 1712, 1713 Abs. 2 BGB) handeln.

C. Anwendungsvoraussetzungen

I. Normstruktur

7 Absatz 1 normiert die **Rechtsausübungssperre zur Geltendmachung der Vaterschaft** eines nicht in der Ehe geborenen Kindes.
8 Absatz 2 beinhaltet die **Sperrwirkung anderweitiger Vaterschaft**.
9 Absatz 3 enthält das **Verbot von Bedingung und Zeitbestimmung**.
10 Absatz 4 stellt die Möglichkeit der **Anerkennung vor der Geburt** des Kindes zur Verfügung.

II. Geltendmachung der Vaterschaft (Absatz 1)

11 Feststehen der Vaterschaft bedeutet Rechtsklarheit für die Allgemeinheit und Rechtssicherheit für die beteiligten Personen. Da im Einzelfall genetische Herkunft und rechtliche Vaterschaft auseinanderfallen können, ist rechtserheblich nur die Letztere. Deswegen kann, wenn keine Vaterschaft aufgrund ehelicher Geburt (§§ 1592 Nr. 1, 1593 BGB) feststeht, nach § 1594 Abs. 1 BGB Vaterschaft hinsichtlich eines außerehelich geborenen Kindes im Rechtsverkehr grundsätzlich erst dann geltend gemacht werden, wenn die Anerkennung wirksam geworden ist (**Rechtsausübungssperre**). Dazu reicht die bloße Anerkennungserklärung des Mannes nicht. Es müssen vielmehr alle Wirksamkeitsvoraussetzungen nach den §§ 1594 Abs. 2 bis 1597 Abs. 1 BGB erfüllt, insbesondere die notwendigen Zustimmungen (vgl. die Kommentierung zu § 1592 BGB Rn. 38) wirksam erklärt worden sein, oder Heilung (vgl. die Kommentierung zu § 1598 BGB Rn. 13) von Wirksamkeitsmängeln nach § 1598 Abs. 2 BGB eingetreten sein. Ist dies nicht der Fall, hat das Kind im rechtlichen Sinne keinen Vater.

12 Dieser Grundsatz erfährt allerdings **Ausnahmen**: So kann bereits bei Anhängigkeit des Vaterschaftsfeststellungsantrags oder Einreichung eines dahin gehenden Antrags auf Bewilligung von Verfahrenskostenhilfe eine einstweilige Anordnung auf Unterhaltsleistung gegen den mutmaßlichen Vater ergehen (§ 248 FamFG). Nach § 1615o Abs. 1 Satz 1, Abs. 2 BGB können, ohne dass das gerichtliche Feststellungsverfahren betrieben wird und schon vor der Geburt Ansprüche des Kindes auf Unterhalt für die ersten 3 Monate sowie Ansprüche der Mutter auf Unterhalt anlässlich der Geburt (§ 1615l Abs. 1 BGB) im Wege einstweiliger Verfügung auch gegen den nach § 1600d Abs. 2 BGB vermuteten Vater geltend gemacht werden. Zur Adoption bedarf es, wenn keine Vaterschaft nach § 1592 BGB feststeht, der Einwilligung des Mannes, der die Vermutung seiner Vaterschaft nach § 1600d Abs. 2 BGB glaubhaft macht (§ 1747 Abs. 1 Satz 2 BGB). Das Eheverbot der Verwandtschaft in gerader Linie (§ 1307 BGB) gilt auch bei bloß leiblicher Verwandtschaft, und zwar auch dann, wenn diese auf einer **Samenspende** beruht.[4]

13 Soweit keine der vorgenannten Ausnahmen vorliegt, kann das Kind keinen **Unterhalt** gegen den vermeintlichen Vater geltend machen. Jedoch ist der Beginn der Verjährung bis zum Wirksamwerden der Anerkennung aufgeschoben.[5] Danach kann Unterhalt für die Vergangenheit – also ab Geburt des Kindes – gem. § 1613 Abs. 2 Nr. 2a BGB gefordert werden; mangelnder Verzug des Vaters steht dem nicht entgegen. Ebenso ist es dem Kind verwehrt, vor Anerkennung (oder Feststellung) der Vaterschaft die väterlichen Großeltern gem. § 1607 Abs. 2 BGB in Anspruch zu nehmen.[6]

14 Fraglich ist, inwieweit der tatsächliche (biologische) Vater von dem nach § 1592 Nr. 1, 2 oder 3 BGB rechtlich feststehenden (Schein-)Vater, der dem Kind tatsächlich Unterhalt gewährt, trotz Vorliegens der in § 1594 Abs. 1 BGB sowie in § 1600d Abs. 4 BGB normierten Rechtsausübungssperre (vgl. Rn. 11) im Wege des sog. **Scheinvaterregresses** gem. § 1607 Abs. 3 BGB in Anspruch genommen werden kann. Dies ist problematisch, weil der Scheinvater zwar seine Vaterschaft bei Vorliegen der Voraussetzungen nach den §§ 1600-1600c BGB durch Anfechtung beseitigen, jedoch die Feststellung

---

[3] LG Halle v. 05.03.2009 - 2 T 412/08 - FamRZ 2010, 744-745.
[4] *Brudermüller* in: Palandt, BGB, 73. Aufl. 2014, § 1307 Rn. 3.
[5] BGH v. 20.05.1981 - IVb ZR 570/80 - FamRZ 1981, 763-764.
[6] OLG Jena v. 29.10.2009 - 1 WF 258/09 - FamRZ 2010, 746-747.

der Vaterschaft des tatsächlichen Erzeugers mangels Antragsbefugnis (§ 1600d BGB) nicht betreiben kann. Bei dieser Sachlage bleibt ihm die Durchsetzung des Regressanspruchs versperrt, wenn weder das Kind noch die Mutter oder der biologische Vater die Vaterschaft rechtlich klären. Die **Rechtsausübungssperre** wird damit zur Regresssperre. Der BGH hat früher keine rechtfertigenden Gründe dafür gesehen, den **Scheinvaterregress** zuzulassen, bevor die anderweitige Vaterschaft anerkannt oder festgestellt ist.[7]

Es wird allerdings angenommen, dass eine **Ausnahme** dann zuzulassen ist, wenn die Berufung auf die Regresssperre gegen Treu und Glauben verstößt.[8] Dem ist zuzustimmen, wenn der biologische Vater seine Vaterschaft nicht in Abrede stellt und diese durch ein im Anfechtungsverfahren erstattetes Gutachten als praktisch erwiesen bestätigt worden war.[9] Bei solcher Sachlage ist die Berufung des Antragsgegners auf das formale Nichtbestehen seiner Vaterschaft im Regressverfahren treuwidrig und mit § 242 BGB unvereinbar.[10] Auch wenn der biologische Vater den Scheinvater durch böswilliges deliktisches Verhalten – etwa durch unwahre Behauptungen oder kollusives Zusammenwirken mit der Mutter oder dem Kind – daran gehindert hat, die Vaterschaft anzufechten, muss im Hinblick auf den Rechtsgedanken aus § 826 BGB die Regresssperre durchbrochen werden können.[11] Zu weitgehend ist die Auffassung, generell auf das Vorliegen einer unzumutbaren Härte für den Scheinvater abzustellen,[12] da hierbei die Interessenlage des Kindes keine hinreichende Berücksichtigung findet. Zu weitgehend ist allerdings auch die Überlegung, die Vaterschaft inzidenter im Regressverfahren zu klären, wenn sich der mutmaßliche Vater einem vor Einleitung des gerichtlichen Verfahrens angebotenen, für ihn kostenlosen DNA-Test verweigert hat und Interessen des Kindes der Vaterschaftsfeststellung nicht entgegenstehen[13] – angesichts der gesetzlichen Vorgabe in den §§ 1594 Abs. 1 und 1600d Abs. 4 BGB kann der Regressverfahren nicht auch zur Überprüfung der Gründe für die Verweigerung des DNA-Tests und der Interessen des Kindes zur Verfügung stehen, zumal der Untersuchungsgrundsatz für dieses Verfahren nicht gilt.

III. Sperrwirkung (Absatz 2)

Wenn und solange die Vaterschaft eines bestimmten Mannes besteht, kann die Vaterschaft nicht wirksam durch einen anderen Mann anerkannt werden. Dabei ist unerheblich, auf welchem Rechtsgrund (eheliche Geburt: § 1592 Nr. 1, 1593 BGB; gerichtliche Feststellung: § 1592 Nr. 3 BGB; vorangegangene Anerkennung: § 1592 Nr. 2 BGB) die bestehende Vaterschaft beruht. Diese **Anerkennungssperre** führt zur (vorläufigen, vgl. Rn. 17) Unwirksamkeit einer dennoch erklärten Anerkennung. Dies gilt auch für eine vor der Geburt des Kindes erklärte Anerkennung, sofern die Mutter anschließend noch während der Schwangerschaft einen anderen Mann heiratet.[14] Die Vorschrift des § 1598 Abs. 2 BGB, wonach die Anerkennung wirksam ist, wenn seit der Eintragung in ein deutsches Personenstandsbuch fünf Jahre verstrichen sind, ist nicht auf die Anerkennungssperre des § 1594 Abs. 2 BGB anzuwenden.[15]

Die aus § 1594 Abs. 2 BGB folgende Unwirksamkeit wird jedoch mit dem Wegfall der bestehenden Vaterschaft aufgrund rechtskräftiger Anfechtung (§ 1599 Abs. 1 BGB) oder Aufhebungsbeschluss nach Wiederaufnahmeantrag (§ 185 FamFG i. V. m. §§ 580-585, 587-591 ZPO) hinfällig. Die Anerkennung ist demnach lediglich „schwebend" unwirksam.[16] Deshalb ist eine **vorsorgliche Anerken-**

---

[7] BGH v. 08.10.1980 - IVb ZR 535/80 - BGHZ 78, 201-209; BGH v. 17.02.1993 - XII ZR 238/91 - juris Rn. 12 - BGHZ 121, 299-305.
[8] OLG Düsseldorf v. 16.06.1999 - 3 WF 152/99 - FamRZ 2000, 1032-1033; LG Duisburg v. 27.10.1995 - 4 S 455/89 - NJW-RR 1996, 1475; a. A. OLG Celle v. 24.09.1999 - 15 WF 156/99 - NJW-RR 2000, 451-452.
[9] Ebenso BGH v. 16.04.2008 - XII ZR 144/06 - juris Rn. 27 - FamRZ 2008, 1424-1427; zustimmend *Zimmermann* FPR 2008, 327; krit. *Peschel-Gutzeit* FPR 2011, 392; vgl. BGH v. 22.10.2008 - XII ZR 46/07 - juris Rn. 12 - FamRZ 2009, 32 m. zust. Anm. *Wellenhofer*, FamRZ 2009, 34.
[10] OLG Düsseldorf v. 16.06.1999 - 3 WF 152/99 - FamRZ 2000, 1032-1033; LG Halle (Saale) v. 02.07.1998 - 2 S 30/98 - FamRZ 1999, 1295-1296; *Brudermüller* in: Palandt, BGB, 73. Aufl. 2014, § 1607 Rn. 16.
[11] OLG Karlsruhe v. 31.01.2003 - 5 WF 174/02 - FamRZ 2005, 474; *Hammermann* in: Erman, BGB, 13. Aufl. 2011, § 1592 Rn. 32; AG Euskirchen v. 24.05.1989 - 17 C 5/89 - FamRZ 1990, 198-200.
[12] So anscheinend *Huber*, FamRZ 2004, 145-148, 146.
[13] OLG Hamm v. 01.10.2004 - 11 WF 173/04 - ZFE 2005, 34.
[14] AG Bremen v. 20.09.1999 - 48 III 67/99 - StAZ 2000, 267.
[15] OLG Rostock v. 25.01.2008 - 6 W 3/08 - FamRZ 2008, 2226-2227.
[16] BT-Drs. 13/4899, S. 84.

§ 1594

nung, die bei noch bestehender anderweitiger Vaterschaft für den Wegfall dieses Hindernisses abgegeben wird, möglich und wird bei Wegfall der bestehenden Vaterschaft wirksam. Ihr steht § 1594 Abs. 3 BGB nicht entgegen, da der Wegfall des Hindernisses lediglich Rechtsbedingung, nicht aber Bedingung i.S.d. Gesetzes (§ 158 BGB) ist.

18   In **Ausnahme** zu § 1594 Abs. 2 BGB gilt die Sperrwirkung bei noch bestehender Vaterschaft des Ehemannes der Mutter nicht, wenn die Anerkennung während des Verfahrens auf Scheidung der mütterlichen Ehe zum Zwecke des scheidungsabhängigen Statuswechsels (vgl. die Kommentierung zu § 1599 BGB Rn. 48) erklärt wird (§ 1599 Abs. 2 Satz 1 HS. 2 BGB).

19   Beim Vorliegen **mehrerer Anerkennungen** ist für die Sperrwirkung die **zeitliche Priorität** des jeweiligen Wirksamwerdens ausschlaggebend. Besteht Ungewissheit über den Zeitpunkt des Wirksamwerdens, kann dies im Wege eines Feststellungsantrags nach § 169 Nr. 1 HS. 2 FamFG geklärt werden. Eines besonderen Feststellungsinteresses i.S.v. § 256 ZPO bedarf es hierzu nicht.[17]

20   Ein auf Antrag Dritter laufendes Adoptionsverfahren sowie eine gem. § 1752 BGB ausgesprochene **Adoption** entfalten **keine Sperrwirkung** i.S.v. § 1594 Abs. 2 BGB.[18] Denn Adoption begründet nur die Rechtsstellung als Kind des Annehmenden mit den Rechtswirkungen der Verwandtschaft (§ 1754 BGB), nicht aber Vaterschaft (vgl. die Kommentierung zu § 1592 BGB Rn. 1) im eigentlichen Sinne. Nicht zuletzt zur Realisierung des Rechts auf Kenntnis der eigenen Abstammung (vgl. die Kommentierung zu § 1592 BGB Rn. 10) muss die Vaterschaft weiterhin festgestellt werden können.[19]

IV. Bedingungsfeindlichkeit (Absatz 3)

21   Die Anerkennung ist **einseitige Willenserklärung**, die mit **keiner Bedingung oder Zeitbestimmung** i.S.d. §§ 158, 163 BGB verbunden werden darf. Geschieht dies dennoch, ist sie unwirksam (§ 1594 Abs. 3 BGB). Eine bei noch bestehender anderweitiger Vaterschaft für den Wegfall dieses Hindernisses abgegebene vorsorgliche Anerkennung (vgl. Rn. 17) fällt nicht hierunter, da sie lediglich eine Rechtsbedingung, nicht aber eine Bedingung nach § 158 BGB enthält. Schadlos sind darüber hinaus nur deklaratorische, die Anerkennung gegenständlich nicht einschränkende Zusätze, z.B. die Zusatzerklärung eines Ausländers, die Anerkennung solle sich auf die nach deutschem Recht ergebenden Rechtsbeziehungen beschränken.[20]

22   Nicht ganz unproblematisch erweist sich die Vorschrift im Falle der **Samenspende**: Während der mit der Kindesmutter verheiratete Mann gem. § 1592 Nr. 1 BGB kraft Gesetzes bereits mit der Geburt des Kindes dessen rechtlicher Vater wird, erlangt der Unverheiratete die Vaterstellung erst infolge seiner freiwilligen Vaterschaftsanerkennung. Sofern diese Anerkennung der Vaterschaft – aus welchen Gründen auch immer – unterbleibt, ist das mittels Samenspende gezeugte Kind vaterlos. Das Gleiche gilt, wenn die Kindesmutter der Anerkennung durch den Wunschvater später nicht zustimmt.[21] Dieses Problem lässt sich im Vorfeld der Samenspende nicht lösen, da die Vaterschaft zwar bereits während der Schwangerschaft (§ 1594 Abs. 4 BGB), jedoch nicht schon vor der Insemination anerkannt werden kann. Eine Anerkennung der Vaterschaft vor der Insemination unter der Bedingung der Zeugung eines Kindes ist wegen Absatz 3 unwirksam. Zur Lösung dieses Problems wird z.T. ein „Präkonzeptionelles Vaterschaftsanerkennungsrecht" etwa des Inhalts gefordert, dass in den Fällen der heterologen Insemination die Vaterschaftsanerkennung bereits vor der Empfängnis erlaubt wird.[22] Jedenfalls ist der Gesetzgeber aufgerufen, eine Regelung auch für derartige Fälle zu schaffen.

V. Vorgeburtliche Anerkennung (Absatz 4)

23   Nach § 1594 Abs. 4 BGB ist die **Anerkennung** bereits **vor der Geburt** zulässig. Sie wird **mit der Geburt wirksam**, wenn bis zu diesem Zeitpunkt alle Wirksamkeitserfordernisse erfüllt sind; die erforderlichen Zustimmungen (vgl. die Kommentierung zu § 1592 BGB Rn. 38) können ebenfalls vor der Geburt erklärt werden (§ 1595 Abs. 3 BGB). Im Hinblick auf den Vorrang einer Vaterschaft aufgrund ehelicher Geburt (§ 1592 Nr. 1 BGB) ist die vorgeburtliche Anerkennung indes nicht wirksam, wenn

---

[17] Vgl. BGH v. 27.09.1972 - IV ZR 159/71 - NJW 1973, 51.
[18] OLG Celle v. 08.07.1980 - 14 U 201/79 - DAVorm 1980, 940-943; OLG Köln v. 23.03.1977 - 16 W 28/77 - DAVorm 1977, 375.
[19] *Wellenhofer* in: MünchKomm-BGB, 6. Aufl. 2012, § 1594 Rn. 34 m.w.N.
[20] BGH v. 19.03.1975 - IV ZB 28/74 - BGHZ 64, 129-139.
[21] Vgl. *Wellenhofer*, FamRZ 2013, 825, 826; vgl. § 1595 Abs. 1 BGB.
[22] So auch *Wellenhofer*, FamRZ 2013, 825, 829; dagegen *Grziwotz*, FF 2013, 233, 234 m.w.N.

die Mutter noch vor der Geburt des Kindes einen anderen Mann heiratet.[23] Das **Prioritätsprinzip** (vgl. Rn. 19) gilt auch im Falle zweier pränataler Vaterschaftsanerkennungen, d.h., auch insoweit ist die zuerst abgegebene Erklärung maßgebend.[24]

Die Beurkundung der vorgeburtlichen Anerkennungserklärung muss etwa so lauten, dass „die Vaterschaft zu dem aus der gegenwärtigen Schwangerschaft der Frau ... zu erwartenden Kind anerkannt" wird.[25]   24

Die Anerkennung ist auch noch **nach dem Tode des Kindes** möglich.[26]   25

Zum **Widerruf** der Anerkennung vgl. die Kommentierung zu § 1597 BGB.   26

D. Rechtsfolgen

Beim Fehlen von in § 1594 Abs. 2 und 3 BGB geregelten Wirksamkeitsvoraussetzungen ist die Anerkennungserklärung gem. § 1598 Abs. 1 BGB unwirksam. Die Unwirksamkeit wird jedoch geheilt, wenn seit der Eintragung in ein deutsches Personenstandsbuch fünf Jahre verstrichen sind (§ 1598 Abs. 2 BGB; vgl. aber Rn. 16).   27

E. Altfälle

Die Regelungen zur Geltendmachung der Vaterschaft, zur Bedingungsfeindlichkeit und zur vorgeburtlichen Anerkennung waren im bis zum 30.06.1998 geltenden Recht (§ 1600a Satz 2 BGB, § 1600b Abs. 1 und 2 BGB a.F.) inhaltsgleich mit denjenigen des heutigen Rechts (§ 1594 Abs. 1, 3 und 4 BGB). Lediglich zur Sperrwirkung unterscheidet sich das frühere Recht (§ 1600b Abs. 3 BGB a.F.) vom heutigen (§ 1594 Abs. 2 BGB) insoweit, als die Rechtsfolge früher Unwirksamkeit von Beginn an war, heute dagegen lediglich schwebende Unwirksamkeit.   28

Wie sich aus der Übergangsregelung in Art. 224 § 1 Abs. 1 EGBGB ergibt, **bestehen Abstammungsverhältnisse, die vor der Reform aufgrund des bis dahin geltenden Anerkennungsrechts begründet worden waren, nach Inkrafttreten des neuen Rechts (01.07.1998) weiter** – allerdings nur noch zur Feststellung der Abstammung, nicht mehr zur Begründung des Status als eheliches oder nicht eheliches Kind.   29

Wurde die Vaterschaft vor dem 01.07.1998 anerkannt, war die Anerkennung bis dahin aber – z.B. wegen Fehlens der nach § 1600c BGB a.F. notwendigen Zustimmung des Kindes – noch nicht wirksam geworden, richtet sich das Wirksamwerden nach dem bis dahin geltenden Recht.[27] Kann nach diesem – etwa wegen Ablaufs der 6-Monats-Frist in § 1600e Abs. 3 BGB a.F. – Wirksamkeit nicht mehr eintreten oder ist bezüglich eines vor dem 01.07.1998 geborenen Kindes bis zu diesem Zeitpunkt noch gar keine Anerkennung erklärt worden, richtet sich eine nunmehr erfolgende Anerkennung nach neuem Recht.[28]   30

Zur „Anerkennung" vor dem 01.07.1970 vgl. die Kommentierung zu § 1592 BGB Rn. 41.   31

F. Auslandsbezug

Zum anwendbaren Recht vgl. die Kommentierung zu § 1592 BGB Rn. 58.   32

Bei Anerkennung im Ausland reicht zu deren Nachweis die Vorlage der ausländischen Anerkennungsurkunde, sofern die Echtheit feststeht; ob Letzteres der Fall ist, richtet sich nach § 30 Abs. 1, 2 FamFG i.V.m. § 438 ZPO.[29]   33

---

[23] AG Bremen v. 20.09.1999 - 48 III 67/1999, 48 III 67/99 - StAZ 2000, 267-268.
[24] OLG München v. 03.12.2009 - 31 Wx 129/09 - FamRZ 2010, 743.
[25] *Hepting* in: Hepting/Gaaz, Personenstandsrecht, PStG § 29a Rn. 23.
[26] BayObLG München v. 17.07.2000 - 1Z BR 96/00 - NJW-RR 2000, 1602-1603.
[27] BT-Drs. 13/4899, S. 138.
[28] *Brudermüller* in: Palandt, BGB, 73. Aufl. 2014, Art. 224 EGBGB Rn. 3; AG Berlin-Schöneberg v. 08.11.2002 - 70 III 551/02 - StAZ 2003, 175.
[29] OLG Zweibrücken v. 09.12.2003 - 5 UF 110/03 - FamRZ 2004, 729.

§ 1595 BGB Zustimmungsbedürftigkeit der Anerkennung
(Fassung vom 02.01.2002, gültig ab 01.01.2002)

(1) Die Anerkennung bedarf der Zustimmung der Mutter.

(2) Die Anerkennung bedarf auch der Zustimmung des Kindes, wenn der Mutter insoweit die elterliche Sorge nicht zusteht.

(3) Für die Zustimmung gilt § 1594 Abs. 3 und 4 entsprechend.

Gliederung

A. Grundlagen 1	II. Zustimmung der Mutter (Absatz 1) 9
I. Kurzcharakteristik 1	III. Zustimmung des Kindes (Absatz 2) 14
II. Gesetzgebungsgeschichte 2	IV. Bedingungsfeindlichkeit, vorgeburtliche
III. Regelungsprinzipien 3	Zustimmung (Absatz 3) 17
B. Praktische Bedeutung 5	D. Rechtsfolgen 21
C. Anwendungsvoraussetzungen 6	E. Altfälle 22
I. Normstruktur 6	F. Auslandsbezug 25

A. Grundlagen

I. Kurzcharakteristik

1   Die §§ 1594-1598 BGB normieren in Ergänzung zu § 1592 Nr. 2 BGB die Einzelheiten zum Wirksamwerden der Vaterschaftsanerkennung. Hiervon behandelt § 1595 BGB die Erforderlichkeit der Zustimmung der Mutter und ggf. des Kindes, den hierfür möglichen Zeitpunkt und das Verbot der Verknüpfung der Zustimmung mit Bedingung oder Zeitbestimmung.

II. Gesetzgebungsgeschichte

2   § 1595 BGB gilt in der heutigen Fassung seit dem 01.07.1998. Bis zur Kindschaftsrechtsreform 1998 (vgl. die Kommentierung zu § 1592 BGB Rn. 4) fand sich die entsprechende, inhaltlich jedoch abweichende Regelung in § 1600c BGB a.F. (vgl. dazu Rn. 22).

III. Regelungsprinzipien

3   Zum Wirksamwerden der Anerkennung ist die **Zustimmung der Mutter** erforderlich. Falls der Mutter die elterliche Sorge insoweit nicht zusteht, muss auch das **Kind** zustimmen.

4   Zustimmung ist bereits **vor der Geburt des Kindes möglich**. Sie kann nicht unter Bedingung oder Zeitbestimmung erklärt werden.

B. Praktische Bedeutung

5   Ohne Zustimmung der Mutter ist Anerkennung nicht möglich. In der Praxis indes stimmt die Mutter meistens zu. Da ihr zumeist auch die elterliche Sorge zusteht, ist in der Regel eine Zustimmung des Kindes mit ggf. besonderer Beteiligung des Jugendamts oder Familiengerichts entbehrlich.

C. Anwendungsvoraussetzungen

I. Normstruktur

6   Absatz 1 normiert die **Notwendigkeit der Zustimmung der Mutter**.

7   Absatz 2 regelt die besonderen Voraussetzungen, unter denen auch die **Zustimmung des Kindes** erforderlich wird.

8   Absatz 3 enthält das **Verbot von Bedingung und Zeitbestimmung** und stellt die Möglichkeit der **Zustimmung vor der Geburt** des Kindes zur Verfügung.

II. Zustimmung der Mutter (Absatz 1)

§ 1595 Abs. 1 BGB schreibt im Gegensatz zum früheren Recht die Notwendigkeit der Zustimmung der Mutter zur Vaterschaftsanerkennung vor. Die Mutter handelt dabei aus eigenem Recht und nicht als Vertreterin des Kindes. Bei Verweigerung ihrer Zustimmung ist eine **Ersetzung nicht möglich**; dabei ist es gleichgültig, aus welchem Grunde die Mutter nicht zustimmen will. Auch wenn nach § 1595 Abs. 2 BGB – zusätzlich – die Zustimmung des Kindes erforderlich ist, bleibt es bei der Erforderlichkeit der Zustimmung der Mutter.

Diese strikte Regelung macht **Anerkennung ohne Beteiligung der Mutter unmöglich**. Dem Mann ebenso wie dem Kind bleibt dann nur der Weg eines Vaterschaftsfeststellungsverfahrens nach § 1600d BGB, §§ 169 ff. FamFG. Umgekehrt ermöglicht die grundsätzliche Entbehrlichkeit der Zustimmung des Kindes (§ 1595 Abs. 2 BGB) eine Vaterschaft, die auf der alleinigen Zustimmung der Mutter beruht, möglicherweise jedoch den Interessen des Kindes entgegensteht. Gegen diesen Regelungszusammenhang werden **verfassungsrechtliche Bedenken** vorgebracht, die sich vor allem auf das Selbstbestimmungsrecht des Kindes und sein Recht auf Kenntnis der eigenen Abstammung (vgl. die Kommentierung zu § 1592 BGB Rn. 10) stützen;[1] auch wird ein Verstoß gegen das Gebot der Berücksichtigung des Kindeswillens in Art. 12 des UN-Übereinkommens über die Rechte des Kindes vom 20.11.1989[2] gesehen.[3] Diese Bedenken können jedoch letztlich **nicht durchgreifen**, da dem Kind stets die Möglichkeit verbleibt, die Vaterschaft gerichtlich feststellen zu lassen bzw. eine durch Anerkennung entstandene Vaterschaft nach § 1599 Abs. 1 BGB, §§ 169 ff. FamFG anzufechten. Im Hinblick auf die Rückwirkung[4] solcher Statusentscheidungen sind die Rechte des Kindes hinreichend gewahrt.

Die Zustimmungserklärung der Mutter ist **einseitige, nicht empfangsbedürftige Willenserklärung** und muss sich auf die Anerkennung eines bestimmten Mannes beziehen. Weitere Wirksamkeitsvoraussetzungen sind in § 1595 Abs. 3 BGB (Verweisung auf § 1594 Abs. 3 und 4 BGB) sowie in den §§ 1596, 1597 BGB geregelt. Sind diese Voraussetzungen nicht erfüllt, ist die Zustimmung gem. § 1598 Abs. 1 BGB unwirksam, es sei denn, es ist Heilung nach § 1598 Abs. 2 BGB eingetreten (vgl. die Kommentierung zu § 1598 BGB Rn. 13). Auch wenn die Kindesmutter bereits bei der Zustimmung zur Vaterschaftsanerkennung (§ 1595 Abs. 1 BGB) Zweifel an der Vaterschaft hatte, ist ihr späterer Vaterschaftsanfechtungsantrag nicht mutwillig i.S.d. §§ 76 Abs. 1, 114 ZPO.[5]

Zur Entbehrlichkeit persönlicher Zustimmung der Mutter bei deren **Geschäftsunfähigkeit** vgl. die Kommentierung zu § 1596 BGB Rn. 25.

Fraglich ist, ob eine Anerkennung **nach dem Tode der Mutter** wirksam erfolgen kann, ohne dass deren Zustimmung vorliegt. Der historische Gesetzgeber hat dies verneint.[6] Die Frage ist dennoch zu bejahen, da in diesen Fällen stets die Zustimmung des Kindes erforderlich ist (§ 1595 Abs. 2 BGB), was dessen Rechte wahrt und ein hinreichendes Instrument zur Verhinderung willkürlicher Anerkennung darstellt – während die Rechte der Mutter nicht mehr betroffen sein können.[7]

III. Zustimmung des Kindes (Absatz 2)

Zusätzlich zur Zustimmung der Mutter ist die **Zustimmung des Kindes** immer dann **erforderlich, wenn der Mutter insoweit die elterliche Sorge nicht zusteht**. Dies versteht sich von selbst, wenn das Kind volljährig ist. Bei Minderjährigkeit des Kindes ist seine Zustimmung dann notwendig, wenn die elterliche Sorge der Mutter ruht (§ 1675 BGB). Dies ist der Fall bei Geschäftsunfähigkeit oder Minderjährigkeit der Mutter (§ 1673 BGB), bei gerichtlicher Feststellung des Ruhens gem. § 1674 BGB sowie nach Einwilligung der Mutter in die Adoption des Kindes (§ 1751 Abs. 1 Satz 1 BGB). Der Kindesmutter steht die elterliche Sorge auch dann nicht zu, wenn sie gem. §§ 1629 Abs. 2 Satz 1, 1795 BGB von der Vertretung des Kindes ausgeschlossen ist. Dies ist namentlich dann der Fall, wenn der Anneh-

---

[1] *Gaul*, FamRZ 1997, 1441-1466, 1449, 1450; *Brudermüller* in: Palandt, BGB, 73. Aufl. 2014, § 1595 Rn. 1; *Wellenhofer* in: MünchKomm-BGB, 6. Aufl. 2012, § 1595 Rn. 3 m.w.N.; *Hammermann* in: Erman, BGB, 13. Aufl. 2011, § 1595 Rn. 2.

[2] BGBl II 1992, 122; Text vgl. bei *Böhmer/Finger*, Das gesamte Familienrecht (IntFamR), 7.16.

[3] *Wellenhofer* in: MünchKomm-BGB, 6. Aufl. 2012, § 1595 Rn. 3.

[4] BVerfG v. 18.11.1986 - 1 BvR 1365/84 - juris Rn. 23 - NJW 1987, 1007-1008.

[5] OLG Rostock v. 19.01.2007 - 11 WF 9/07 - MDR 2007, 958-959.

[6] BT-Drs. 13/4899, S. 54.

[7] Ebenso *Wellenhofer* in: MünchKomm-BGB, 6. Aufl 2012, § 1595 Rn. 8; *Hammermann* in: Erman, BGB, 13. Aufl. 2011, § 1595 Rn. 8; a. A. LG Koblenz v. 01.08.2002 - 2 T 487/02 - StAZ 2003, 303.

mende der Ehemann der Kindesmutter ist, § 1795 Abs. 1 Nr. 1 BGB analog.[8] Die Sorge steht der Mutter ferner nicht zu, wenn sie ihr gem. § 1666 BGB entzogen wurde. Ein Teilentzug muss den Bereich der Vaterschaftsfeststellung beinhalten, was bei Entzug der Personensorge ohne besondere Einschränkungen regelmäßig anzunehmen ist. Die zusätzliche Zustimmung durch das Kind ist nach alledem nur dort erforderlich, wo die Wahrung der Interessen des Kindes durch die Zustimmung der Mutter nicht als gesichert angesehen werden kann.[9] Dafür besteht nach dem **Tod des Kindes** kein Anlass.[10]

15 Kommt zwar ein Sorgeentzug nach § 1666 BGB nicht in Betracht, ist aber anzunehmen, dass für die Mutter eine erhebliche **Interessenkollision** hinsichtlich der Anerkennung besteht, ist fraglich, ob ihr insoweit die Sorge gem. § 1796 BGB i.V. m. § 1629 Abs. 2 Satz 3 BGB entzogen werden kann. Nach zutreffender h.M.[11] gilt die Einschränkung in § 1629 Abs. 2 Satz 3 HS. 2 BGB nur für die gerichtliche Feststellung der Vaterschaft, sodass hinsichtlich der Zustimmung zur Anerkennung Sorgeentzug nach § 1796 BGB möglich ist. Ist ein dahin gehender Beschluss des Familiengerichts ergangen, bedarf es ebenfalls der Zustimmung des Kindes zur Anerkennung.

16 Mit dem **Tode der Mutter** ist ihre Sorge erloschen, sodass die Zustimmung des Kindes erforderlich ist und das Fehlen ihrer Zustimmung nicht entgegensteht (vgl. Rn. 13).

IV. Bedingungsfeindlichkeit, vorgeburtliche Zustimmung (Absatz 3)

17 Die Zustimmungserklärung ist **einseitige, nicht empfangsbedürftige Willenserklärung**[12] und muss sich auf die Anerkennung eines bestimmten Mannes beziehen. Weitere Wirksamkeitsvoraussetzungen sind in § 1595 Abs. 3 BGB (Verweisung auf § 1594 Abs. 3 und 4 BGB) sowie in den §§ 1596, 1597 BGB geregelt – vgl. insbesondere Einzelheiten zur Zustimmung des gesetzlichen Vertreters in der Kommentierung zu § 1596 BGB Rn. 27. Sind diese Voraussetzungen nicht erfüllt, ist die Zustimmung gem. § 1598 Abs. 1 BGB unwirksam, es sei denn, es ist Heilung nach § 1598 Abs. 2 BGB eingetreten (vgl. die Kommentierung zu § 1598 BGB Rn. 13).

18 Die Zustimmung darf entsprechend § 1594 Abs. 3 BGB mit **keiner Bedingung oder Zeitbestimmung** i.S.d. §§ 158, 163 BGB verbunden werden. Geschieht dies dennoch, ist sie unwirksam. Vgl. im Übrigen die Kommentierung zu § 1594 BGB Rn. 21.

19 Entsprechend § 1594 Abs. 4 BGB ist die **Zustimmung** bereits **vor der Geburt** des Kindes zulässig (vgl. auch die Kommentierung zu § 1594 BGB Rn. 23). Sie kann sowohl vor als auch nach der Beurkundung der Anerkennungserklärung erteilt werden.[13]

20 Die unter Beachtung der Formerfordernisse der §§ 1595 , 1596, 1597 BGB abgegebenen Erklärungen sind unmittelbar ohne weitere Umsetzung von den Behörden anzuerkennen; insbesondere ist keine Beischreibung des Vaters in der Geburtsurkunde erforderlich.[14]

D. Rechtsfolgen

21 Beim Fehlen der nach § 1595 Abs. 1 BGB erforderlichen Zustimmung der Mutter, der nach § 1595 Abs. 2 BGB ggf. erforderlichen Zustimmung des Kindes oder der in § 1595 Abs. 3 BGB i.V. m. § 1594 Abs. 3 BGB geregelten Wirksamkeitsvoraussetzungen ist die Anerkennung gem. § 1598 Abs. 1 BGB unwirksam. Die Unwirksamkeit wird jedoch geheilt, wenn seit der Eintragung in ein deutsches Personenstandsbuch fünf Jahre verstrichen sind (§ 1589 Abs. 2 BGB).

---

[8] Da es sich bei der Annahme des Kindes nicht um ein echtes Rechtsgeschäft handelt; ebenso *Wellenhofer* in: MünchKomm-BGB, 6. Aufl. 2012, § 1795 Rn. 6, 10.

[9] Vgl. BT-Drs. 13/4899 S. 84.

[10] BayObLG v. 17.07.2000 - 1Z BR 57/00 - FamRZ 2001, 1543-1545; *Wellenhofer* in: MünchKomm-BGB, 6. Aufl. 2012, § 1595 Rn. 11 m.w.N.

[11] *Brudermüller* in: Palandt, BGB, 73. Aufl. 2014, § 1629 Rn. 28; *Wellenhofer* in: MünchKomm-BGB, 6. Aufl. 2012, § 1595 Rn. 10; *Hammermann* in: Erman, BGB, 13. Aufl. 2011, § 1595 Rn. 11.

[12] *Wellenhofer* in: MünchKomm-BGB, 6. Aufl. 2012, § 1595 Rn. 6; *Hammermann* in: Erman, BGB, 13. Aufl. 2011, § 1595 Rn. 3.

[13] *Wellenhofer* in: MünchKomm-BGB, 6. Aufl. 2012, § 1595 Rn. 14 m.w.N.

[14] VG Halle v. 22.12.2011 - 1 A 165/10.

E. Altfälle

Das bis zum 30.06.1998 geltende Recht kannte im Unterschied zum heutigen Recht **keine Zustimmung der Mutter**. Vielmehr bedurfte die Anerkennung **immer** der **Zustimmung des Kindes** (§ 1600c Abs. 1 BGB a.F.). Die Mutter war zudem von der gesetzlichen Vertretung des Kindes bei der Zustimmung regelmäßig ausgeschlossen, da insoweit grundsätzlich[15] kraft Gesetzes Amtspflegschaft des Jugendamts bestand.

22

Die Übergangsregelung hierzu findet sich in Art. 224 § 1 Abs. 1 EGBGB. Danach bestehen Abstammungsverhältnisse, die vor dem 01.07.1998 aufgrund des bis dahin geltenden Rechts begründet wurden, weiter – allerdings nur noch zur Feststellung der Abstammung, nicht mehr zur Begründung des Status als eheliches oder nicht eheliches Kind. **Für ein vor dem 01.07.1998 geborenes Kind verbleibt es** somit auch für die Zukunft **beim Feststehen der väterlichen Abstammung, wenn eine Vaterschaftsanerkennung zwischen dem 01.07.1970 und dem 30.06.1998 ohne Zustimmung der Mutter, jedoch mit Zustimmung des Kindes – vertreten durch das Jugendamt als Amtspfleger – wirksam erfolgt ist.**

23

Zur Rechtslage bei vor dem 01.07.1998 abgegebener, jedoch mangels Zustimmung noch nicht wirksam gewordener Anerkennung vgl. die Kommentierung zu § 1594 BGB Rn. 30.

24

F. Auslandsbezug

Zum anwendbaren Recht vgl. die Kommentierung zu § 1592 BGB Rn. 58.

25

---

[15] Ausnahmen in § 1707 BGB a.F. und Art. 230 Abs. 1 EGBGB a.F.

§ 1596 BGB Anerkennung und Zustimmung bei fehlender oder beschränkter Geschäftsfähigkeit

(Fassung vom 17.12.2008, gültig ab 01.09.2009)

(1) ¹Wer in der Geschäftsfähigkeit beschränkt ist, kann nur selbst anerkennen. ²Die Zustimmung des gesetzlichen Vertreters ist erforderlich. ³Für einen Geschäftsunfähigen kann der gesetzliche Vertreter mit Genehmigung des Familiengerichts anerkennen; ist der gesetzliche Vertreter ein Betreuer, ist die Genehmigung des Betreuungsgerichts erforderlich. ⁴Für die Zustimmung der Mutter gelten die Sätze 1 bis 3 entsprechend.

(2) ¹Für ein Kind, das geschäftsunfähig oder noch nicht 14 Jahre alt ist, kann nur der gesetzliche Vertreter der Anerkennung zustimmen. ²Im Übrigen kann ein Kind, das in der Geschäftsfähigkeit beschränkt ist, nur selbst zustimmen; es bedarf hierzu der Zustimmung des gesetzlichen Vertreters.

(3) Ein geschäftsfähiger Betreuter kann nur selbst anerkennen oder zustimmen; § 1903 bleibt unberührt.

(4) Anerkennung und Zustimmung können nicht durch einen Bevollmächtigten erklärt werden.

Gliederung

A. Grundlagen 1	b. Geschäftsunfähiger Vater 20
I. Kurzcharakteristik 1	2. Zustimmungserklärung der Mutter (Absatz 1 Satz 4) 23
II. Gesetzgebungsgeschichte 2	a. Beschränkt geschäftsfähige Mutter 23
III. Regelungsprinzipien 4	b. Geschäftsunfähige Mutter 24
B. Praktische Bedeutung 9	3. Zustimmungserklärung des Kindes (Absatz 2) 27
C. Anwendungsvoraussetzungen 11	
I. Normstruktur 11	a. Geschäftsunfähiges Kind 27
II. Gewillkürte Vertretung (Absatz 4) 16	b. Beschränkt geschäftsfähiges Kind 29
III. Gesetzliche Vertretung (Absätze 1-3) ... 18	4. Betreuung (Absatz 3) 31
1. Anerkennungserklärung des Vaters (Absatz 1 Sätze 1-3) 19	D. Rechtsfolgen 36
a. Beschränkt geschäftsfähiger Vater 19	E. Auslandsbezug 37

A. Grundlagen

I. Kurzcharakteristik

1   Die §§ 1594-1598 BGB normieren in Ergänzung zu § 1592 Nr. 2 BGB die Einzelheiten zum Wirksamwerden der Vaterschaftsanerkennung. Hiervon behandelt § 1596 BGB Fragen der Vertretung bei Anerkennung und Zustimmung, insbesondere bei mangelnder Geschäftsfähigkeit.

II. Gesetzgebungsgeschichte

2   § 1596 BGB gilt in der heutigen Fassung – mit Ausnahme von Absatz 1 Satz 4 – seit dem 01.07.1998. Bis zur Kindschaftsrechtsreform 1998 (vgl. die Kommentierung zu § 1592 BGB Rn. 4) fand sich die Regelung zur Anerkennungserklärung des Mannes und zur Zustimmungserklärung des Kindes inhaltsgleich in § 1600b BGB a.F. Zustimmung der Mutter kannte das frühere Recht nicht. Absatz 1 Satz 4 heutiger Fassung gilt seit dem 12.04.2002.[1]

3   Durch Art. 50 Nr. 24 des Gesetzes zur Reform des Verfahrens in Familiensachen und in den Angelegenheiten der freiwilligen Gerichtsbarkeit (FGG-Reformgesetz – FGG-RG) vom 17.12.2008[2] wurde § 1596 Abs. 1 Satz 3 BGB geändert: Der Begriff des Vormundschaftsgerichts wurde ersetzt durch den

---

[1] Bis dahin verwies Absatz 1 Satz 4 nur auf die vorangehenden Sätze 1 und 2. Das KindRVerbG vom 09.04.2002 (BGBl I 2002, 1239) hat die Verweisung auf Satz 3 erweitert.
[2] BGBl I 2008, 2586.

Begriff des Familiengerichts, außerdem wurde eine Regelung für Betreuer als gesetzliche Vertreter eingefügt. Die Änderungen sind redaktioneller Natur.[3]

III. Regelungsprinzipien

Gewillkürte Vertretung bei Anerkennung und Zustimmung **ist ausgeschlossen** (vgl. Rn. 16).   4

Bei **Geschäftsunfähigkeit** des Mannes oder der Mutter kann der gesetzliche Vertreter mit Genehmigung des Vormundschaftsgerichts für den Mann anerkennen bzw. für die Mutter zustimmen. Für das geschäftsunfähige oder noch nicht 14 Jahre alte Kind kann der gesetzliche Vertreter zustimmen, wobei er der Genehmigung des Vormundschaftsgerichts nicht bedarf.   5

Bei **beschränkter Geschäftsfähigkeit** kann der Mann nur persönlich anerkennen, die Mutter nur persönlich zustimmen; der gesetzliche Vertreter muss dem zustimmen. Gleiches gilt bei einem Kind, welches das 14. Lebensjahr vollendet hat.   6

Bei **Betreuung** kann ein noch Geschäftsfähiger nur persönlich anerkennen oder zustimmen, wobei es der Zustimmung des Betreuers nicht bedarf. Auch bei Bestehen eines dahin gehenden Einwilligungsvorbehalts kann der noch geschäftsfähige Betreute nur persönlich anerkennen bzw. zustimmen; in diesem Falle bedarf es der Einwilligung des Betreuers.   7

Durch Art. 50 Nr. 24 FGG-RG wurde § 1596 Abs. 1 Satz 3 BGB um einen Halbsatz ergänzt, wonach die Genehmigung des Betreuungsgerichts erforderlich ist, wenn ein Betreuer als gesetzlicher Vertreter handelt.   8

B. Praktische Bedeutung

Da die Mutter der Anerkennung stets zustimmen muss, ist die Regelung zur Zustimmung bei mangelnder Geschäftsfähigkeit oder Betreuung der Mutter von besonderer Bedeutung.   9

Steht der Mutter die elterliche Sorge nicht zu, bedarf es der Zustimmung des Kindes, welches häufig noch minderjährig ist. Mit der hierzu normierten Altersgrenze von 14 Jahren findet das Spannungsverhältnis zwischen gesetzlicher Vertretung und eigener Entscheidungsfähigkeit des Minderjährigen seine sachgerechte und praxisrelevante Lösung.   10

C. Anwendungsvoraussetzungen

I. Normstruktur

Absatz 1 Sätze 1-3 behandelt die gesetzliche Vertretung bei der Anerkennungserklärung eines **geschäftsunfähigen oder beschränkt geschäftsfähigen Mannes**.   11

Absatz 1 Satz 4 i.V. m. Sätze 1-3 behandelt die gesetzliche Vertretung bei der Zustimmungserklärung einer **geschäftsunfähigen oder beschränkt geschäftsfähigen Mutter**.   12

Absatz 2 regelt gesetzliche Vertretung und eigene Entscheidungsfähigkeit bei der Zustimmungserklärung des **geschäftsunfähigen oder beschränkt geschäftsfähigen Kindes**.   13

Absatz 3 betrifft Anerkennungs- und Zustimmungserklärungen Volljähriger, die unter **Betreuung** stehen, jedoch noch geschäftsfähig sind.   14

Absatz 4 schließt **gewillkürte Vertretung** bei Anerkennung und Zustimmung aus.   15

II. Gewillkürte Vertretung (Absatz 4)

Bei Anerkennung und Zustimmung ist gewillkürte Stellvertretung, also Vertretung durch einen Bevollmächtigten, **nicht zulässig**. Eine dahin gehende Vollmacht ist gem. § 134 BGB nichtig. Dies gilt auch für die gem. § 180 FamFG im Kindschaftsverfahren in der mündlichen Verhandlung erklärte Anerkennung des Mannes oder Zustimmung der Mutter, die demnach nicht vom Verfahrensbevollmächtigten abgegeben werden können.[4]   16

Die durch einen Vertreter ohne Vertretungsmacht erklärte Anerkennung oder Zustimmung ist unwirksam (§ 1598 Abs. 1 BGB). § 180 Satz 2 BGB ist mangels Empfangsbedürftigkeit der Erklärung von Anerkennung und Zustimmung nicht anwendbar. Ist dennoch die Eintragung der Anerkennung in ein deutsches Personenstandsbuch erfolgt und sind seitdem fünf Jahre verstrichen, tritt Heilung (vgl. die Kommentierung zu § 1598 BGB Rn. 13) der bis dahin unwirksamen Anerkennung ein (§ 1598 Abs. 2 BGB).   17

---

[3] BT-Drs. 16/6308, S. 345.
[4] *Wellenhofer* in: MünchKomm-BGB, 6. Aufl. 2012, § 1596 Rn. 15.

III. Gesetzliche Vertretung (Absätze 1-3)

18 Im Gegensatz zu dem in Absatz 4 normierten Verbot gewillkürter Vertretung kommt, soweit geschäftsunfähige Minderjährige oder Volljährige, beschränkt geschäftsfähige Minderjährige oder betreute Volljährige beteiligt sind, gesetzliche Vertretung in der Erklärung oder als Zustimmung des gesetzlichen Vertreters zur persönlichen Erklärung in Betracht. Die differenzierten Einzelheiten dazu sind – wie nachfolgend erläutert – in den Absätzen 1-3 geregelt.

1. Anerkennungserklärung des Vaters (Absatz 1 Sätze 1-3)

a. Beschränkt geschäftsfähiger Vater

19 Ein Minderjähriger, der das siebente Lebensjahr vollendet hat, ist nach Maßgabe der §§ 107-113 BGB in der Geschäftsfähigkeit beschränkt, § 106 BGB. Ein beschränkt geschäftsfähiger Vater kann **nur persönlich anerkennen** (§ 1596 Abs. 1 Satz 1 BGB). Vertretung in der Erklärung ist nicht zulässig, eine vom gesetzlichen Vertreter des Minderjährigen in dessen Namen abgegebene Anerkennungserklärung ist unwirksam (§ 1589 Abs. 1 BGB). Jedoch bedarf die Anerkennungserklärung der **Zustimmung des gesetzlichen Vertreters,** regelmäßig beider Eltern, § 1629 Abs. 1 BGB; im Falle der Alleinsorge (vgl. die §§ 1671 f., 1678, 1680 f. BGB) ist allein diese Person gesetzlicher Vertreter. Sind beide Elternteile nicht sorgeberechtigt, wird der minderjährige Vater oder die minderjährige Mutter regelmäßig durch einen Vormund oder Pfleger vertreten. Die Zustimmung ist einseitige, nicht empfangsbedürftige Willenserklärung.[5] Im Hinblick auf ihren statusrechtlichen Charakter kann sie nicht mehr angefochten werden.[6] Für die Erklärung der Zustimmung gelten im Übrigen die Wirksamkeitsvoraussetzungen nach § 1597 BGB (vgl. die Kommentierung zu § 1597 BGB). Eine Genehmigung durch das Familiengericht ist nicht erforderlich.[7]

b. Geschäftsunfähiger Vater

20 Geschäftsunfähig ist, wer sich in einem die freie Willensbestimmung ausschließenden Zustand krankhafter Störung der Geistestätigkeit befindet, sofern nicht der Zustand seiner Natur nach ein vorübergehender ist, § 104 Nr. 2 BGB, was auch bei Minderjährigkeit des Mannes der Fall sein kann (vgl. dazu näher die Kommentierung zu § 104 BGB). Die Anwendung von § 104 Nr. 1 BGB scheidet naturgemäß aus. Der geschäftsunfähige Vater kann persönlich nicht wirksam anerkennen (§ 105 Abs. 1 BGB).

21 Für den geschäftsunfähigen Vater kann nur sein **gesetzlicher Vertreter** die Anerkennung erklären; Vertretung in der Erklärung ist hier zulässig (§ 1596 Abs. 1 Satz 1 BGB). Gesetzlicher Vertreter eines **geschäftsunfähigen minderjährigen Vaters** sind seine Eltern oder ein Elternteil, was nach den §§ 1629 Abs. 1 Satz 1, 1626 Abs. 1, 1626a, 1671-1681 BGB zu beurteilen ist. Hat kein Elternteil die Sorge, ist gesetzlicher Vertreter der bestellte Vormund oder ein Pfleger mit dem entsprechendem Wirkungskreis, der ggf. von Amts wegen zu bestellen ist (§§ 1773, 1909 BGB). Gesetzlicher Vertreter eines **geschäftsunfähigen volljährigen Vaters** ist ein Betreuer mit dem entsprechenden Aufgabenkreis, der – falls noch nicht vorhanden – zur Entscheidung über die Frage der Anerkennung von Amts wegen zu bestellen ist (§ 1896 BGB).

22 Die Anerkennungserklärung des gesetzlichen Vertreters des geschäftsunfähigen Vaters bedarf der **gerichtlichen Genehmigung.** Zuständig hierfür ist nach § 1596 Abs. 1 Satz 3 BGB das Familiengericht bzw. das Betreuungsgericht, wenn der gesetzliche Vertreter ein Betreuer ist. Die gerichtliche Genehmigung ist **vor der Anerkennung einzuholen,** eine nachträgliche Genehmigung ist gem. § 1831 BGB unwirksam.[8] Funktionell zuständig ist der Rechtspfleger, weil sich der Richtervorbehalt des § 14 RPflG nicht auf die Genehmigung des Vaterschaftsanerkenntnisses erstreckt.[9]

---

[5] *Wellenhofer* in: MünchKomm-BGB, 6. Aufl. 2012, § 1596 Rn. 3.
[6] KG Berlin v. 13.08.1986 - 18 W 4288/86 - NJW-RR 1987, 388-389.
[7] *Wellenhofer* in: MünchKomm-BGB, 6. Aufl. 2012, § 1596 Rn. 2; *Hammermann* in: Erman, BGB, 13. Aufl. 2011, § 1596 Rn. 3.
[8] *Hammermann* in: Erman, BGB, 13. Aufl. 2011, § 1596 Rn. 8; *Wellenhofer* in: MünchKomm-BGB, 6. Aufl. 2012, § 1596 Rn. 7.
[9] *Wellenhofer* in: MünchKomm-BGB, 6. Aufl. 2012, § 1596 Rn. 8.

2. Zustimmungserklärung der Mutter (Absatz 1 Satz 4)

a. Beschränkt geschäftsfähige Mutter

§ 1596 Abs. 1 Sätze 1-3 BGB gelten gem. Satz 4 für die Zustimmung der Mutter entsprechend. Daher kann auch eine beschränkt geschäftsfähige Mutter nur **persönlich zustimmen** (§ 1596 Abs. 1 Satz 4 i.V.m. Satz 1 BGB), erforderlich ist jedoch die **Zustimmung des gesetzlichen Vertreters**. Zu weiteren Einzelheiten vgl. Rn. 19. 23

b. Geschäftsunfähige Mutter

Die geschäftsunfähige Mutter kann persönlich nicht wirksam zustimmen (§ 105 Abs. 1 BGB). Geschäftsunfähigkeit der Mutter liegt vor, wenn die Voraussetzungen nach § 104 Nr. 2 BGB gegeben sind, was auch bei Minderjährigkeit der Mutter der Fall sein kann (vgl. dazu näher die Kommentierung zu § 104 BGB). 24

Für die geschäftsunfähige Mutter kann ihr **gesetzlicher Vertreter** die Zustimmung erklären; Vertretung in der Erklärung ist hier zulässig (§ 1596 Abs. 1 Satz 4 i.V. m. Satz 1 BGB). Diese Regelung beruht auf einer am 12.04.2002 in Kraft getretenen Gesetzesänderung (vgl. Rn. 2) und ist der einzige Fall, bei dessen Vorliegen zu Lebzeiten der Mutter eine Vaterschaftsanerkennung ohne deren persönliche Zustimmung wirksam erfolgen kann. 25

Zur gesetzlichen Vertretung der Mutter vgl. Rn. 21. Auch der gesetzliche Vertreter der geschäftsunfähigen Mutter bedarf zur Anerkennungserklärung der **Genehmigung des Familiengerichts** bzw. des Vormundschaftsgerichts (vgl. Rn. 22). 26

3. Zustimmungserklärung des Kindes (Absatz 2)

a. Geschäftsunfähiges Kind

Das **geschäftsunfähige** Kind kann persönlich nicht wirksam zustimmen (§ 105 Abs. 1 BGB). Geschäftsunfähig ist das Kind, wenn es noch keine 7 Jahre alt ist (§ 104 Nr. 1 BGB). Bei einem älteren minderjährigen oder volljährigen Kind kommt Geschäftsunfähigkeit nach § 104 Nr. 2 BGB in Betracht (vgl. dazu näher die Kommentierung zu § 104 BGB). 27

Für das geschäftsunfähige **minderjährige Kind** kann sein **gesetzlicher Vertreter** die Zustimmung erklären; Vertretung in der Erklärung ist hier zulässig (§ 1596 Abs. 2 Satz 1 BGB). Gesetzlicher Vertreter des minderjährigen Kindes ist zwar regelmäßig seine Mutter (§ 1626a Abs. 3 BGB). Da jedoch gem. § 1595 Abs. 2 BGB die Zustimmung des Kindes nur dann erforderlich ist, wenn der Mutter die Sorge nicht zusteht, kann sie das Kind bei der Zustimmung nicht vertreten. Sofern lediglich der Bereich der Vaterschaftsfeststellung aus dem Sorgerecht der Mutter ausgenommen ist, muss gem. § 1909 BGB ein Ergänzungspfleger bestellt werden. Gesetzlicher Vertreter ist in diesen Fällen der Vormund oder Pfleger mit dem entsprechendem Wirkungskreis, der ggf. von Amts wegen zu bestellen ist (§§ 1791c, 1773, 1909 BGB), bei vorgeburtlicher Zustimmung das Jugendamt als Beistand, wenn die werdende Mutter die Beistandschaft beantragt (§§ 1712, 1713 Abs. 2 BGB). Bei **Volljährigkeit des Kindes** ist gesetzlicher Vertreter ein **Betreuer** mit dem entsprechenden Aufgabenkreis, der – falls noch nicht vorhanden – zur Entscheidung über die Frage der Zustimmung von Amts wegen zu bestellen ist (§ 1896 BGB). 28

b. Beschränkt geschäftsfähiges Kind

Auch das beschränkt geschäftsfähige Kind im Alter von 7 bis einschließlich 13 Jahren unterliegt nach § 1596 Abs. 2 Satz 1 BGB hinsichtlich der Zustimmung denselben Regeln wie das geschäftsunfähige Kind (vgl. Rn. 27 ff.). 29

Ein Kind, das in der Geschäftsfähigkeit beschränkt, jedoch **bereits 14 Jahre** alt oder älter ist, **kann nur persönlich zustimmen** (§ 1596 Abs. 2 Satz 2 BGB). Vertretung in der Erklärung ist nicht zulässig, eine vom gesetzlichen Vertreter des Minderjährigen in dessen Namen abgegebene Zustimmungserklärung ist unwirksam (§ 1589 Abs. 1 BGB). Jedoch **muss der gesetzliche Vertreter** des Minderjährigen dessen persönlicher Zustimmungserklärung seinerseits **zustimmen**. Diese Zustimmung ist einseitige, nicht empfangsbedürftige Willenserklärung. Im Hinblick auf ihren statusrechtlichen Charakter kann sie nicht mehr angefochten werden. Sie kann sowohl vor als auch nach der Anerkennung erteilt werden.[10] Für die Erklärung der Zustimmung gelten im Übrigen die Wirksamkeitsvoraussetzungen nach § 1597 BGB (vgl. die Kommentierung zu § 1597 BGB). 30

---

[10] *Wellenhofer* in: MünchKomm-BGB, 6. Aufl. 2012, § 1596 Rn. 11.

4. Betreuung (Absatz 3)

31 Die Bestellung eines Betreuers für einen Volljährigen berührt dessen Geschäftsfähigkeit nicht. Ob er geschäftsunfähig ist, richtet sich allein nach § 104 Nr. 2 BGB (vgl. dazu die Kommentierung zu § 104 BGB). Auch die Anordnung eines Einwilligungsvorbehalts führt nicht schlechthin zu beschränkter Geschäftsfähigkeit;[11] es sind lediglich bestimmte Vorschriften des Minderjährigenrechts im Umfang des Einwilligungsvorbehalts entsprechend anwendbar (§ 1903 Abs. 1 Satz 3 BGB).

32 § 1596 Abs. 3 BGB **ist nicht einschlägig, wenn der Betreute** gem. § 104 Nr. 2 BGB **geschäftsunfähig ist.** Für einen Geschäftsunfähigen abzugebende Anerkennungs- oder Zustimmungserklärungen unterfallen § 1596. Abs. 1 Sätze 3, 4, Abs. 2 Satz 1 BGB.

33 **Der geschäftsfähige Betreute kann nur persönlich anerkennen** (§ 1596 Abs. 1 Satz 1 BGB). Vertretung in der Erklärung ist nicht zulässig, eine vom Betreuer im Namen des Betreuten abgegebene Anerkennungs- oder Zustimmungserklärung ist unwirksam (§ 1589 Abs. 1 BGB). Dasselbe gilt, wenn der Betreute den Betreuer hierzu bevollmächtigt hat (§ 1596 Abs. 4 BGB). Eine **Zustimmung des Betreuers** zur persönlichen Anerkennungs- oder Zustimmungserklärung des Betreuten ist **grundsätzlich nicht erforderlich,** es sei denn, es besteht ein Einwilligungsvorbehalt i.S.v. § 1903 BGB, vgl. Absatz 3 HS. 2. Ist dies der Fall, ist die Anerkennungserklärung des Betreuten nur mit Einwilligung, d.h., vorheriger Zustimmung (§ 183 BGB) des Betreuers wirksam.[12]

34 Das Betreuungsgericht hat bei Vorliegen der Voraussetzungen nach § 1903 BGB die Möglichkeit, zur Erklärung der Vaterschaftsanerkennung oder der diese betreffenden Zustimmung einen **Einwilligungsvorbehalt** anzuordnen. Aus § 1596 Abs. 3 HS. 2 BGB und dem Fehlen dieser Willenserklärungen in der Aufzählung vorbehaltsfeindlicher Rechtsgeschäfte in § 1903 Abs. 2 BGB ergibt sich, dass der persönliche Charakter von Anerkennung und Zustimmung der Anordnung eines diesen Geschäftskreis erfassenden Einwilligungsvorbehalts nicht entgegensteht.[13] Ist ein solcher angeordnet, **muss der Betreuer** der persönlichen Anerkennungs- oder Zustimmungserklärung des Betreuten **zustimmen**. Diese Zustimmung ist einseitige, nicht empfangsbedürftige Willenserklärung und wegen §§ 1903 Abs. 1 Satz 3, 111 Satz 1 BGB vor der Erklärung des Betreuten abzugebende Einwilligung.[14] Im Hinblick auf ihren statusrechtlichen Charakter kann auch sie nicht mehr angefochten werden. Für die Erklärung der Zustimmung gelten im Übrigen die Wirksamkeitsvoraussetzungen nach § 1597 BGB (vgl. die Kommentierung zu § 1597 BGB).

35 Ist die **Geschäfts(un)fähigkeit des Betreuten zweifelhaft,** so ändert ein Einwilligungsvorbehalt nichts an den persönlichen Voraussetzungen für die Erklärungen. Vertretung durch den Betreuer ist bei noch gegebener Geschäftsfähigkeit des Betreuten unwirksam; die bloße Zustimmung des Betreuers kann bei Geschäftsunfähigkeit des Betreuten nicht genügen. Hier müsste es zulässig sein, dass der Betreuer der Erklärung des Betreuten förmlich „beitritt" und damit sowohl Vertretung in der Erklärung als auch Zustimmung abdeckt. Dazu müsste vorsorglich die betreuungsgerichtliche Genehmigung eingeholt werden.

D. Rechtsfolgen

36 Liegt eine nach § 1596 Abs. 1-3 BGB erforderliche Zustimmung des gesetzlichen Vertreters nicht vor oder ist die Anerkennung oder Zustimmung unter Verstoß gegen § 1596 Abs. 4 BGB durch einen Bevollmächtigten erklärt worden, ist die Anerkennung gem. § 1598 Abs. 1 BGB unwirksam. Die Unwirksamkeit wird jedoch geheilt, wenn seit der Eintragung in ein deutsches Personenstandsregister fünf Jahre verstrichen sind (§ 1598 Abs. 2 BGB).

E. Auslandsbezug

37 Zum anwendbaren Recht vgl. die Kommentierung zu § 1592 BGB Rn. 58.

38 Ab dem 01.09.2009 ist für die internationale Zuständigkeit deutscher Gerichte in Abstammungssachen § 100 FamFG zu beachten.

---

[11] *Schwab* in: MünchKomm-BGB, 6. Aufl. 2012, § 1903 Rn. 3.
[12] *Wellenhofer* in: MünchKomm-BGB, 6. Aufl. 2012, § 1596 Rn. 13; *Hammermann* in: Erman, BGB, 13. Aufl. 2011, § 1596 Rn. 9.
[13] Vgl. *Hammermann* in: Erman, BGB, 13. Aufl. 2011, § 1596 Rn. 9.
[14] *Wellenhofer* in: MünchKomm-BGB, 6. Aufl. 2012, § 1596 Rn. 13.

§ 1597 BGB Formerfordernisse; Widerruf

(Fassung vom 19.02.2007, gültig ab 01.01.2009)

(1) Anerkennung und Zustimmung müssen öffentlich beurkundet werden.

(2) Beglaubigte Abschriften der Anerkennung und aller Erklärungen, die für die Wirksamkeit der Anerkennung bedeutsam sind, sind dem Vater, der Mutter und dem Kind sowie dem Standesamt zu übersenden.

(3) ¹Der Mann kann die Anerkennung widerrufen, wenn sie ein Jahr nach der Beurkundung noch nicht wirksam geworden ist. ²Für den Widerruf gelten die Absätze 1 und 2 sowie § 1594 Abs. 3 und § 1596 Abs. 1, 3 und 4 entsprechend.

Gliederung

A. Grundlagen 1	II. Form der Erklärungen (Absatz 1) 11
I. Kurzcharakteristik 1	III. Benachrichtigung (Absatz 2) 14
II. Gesetzgebungsgeschichte 3	IV. Widerruf (Absatz 3) 17
III. Regelungsprinzipien 5	D. Rechtsfolgen 21
B. Praktische Bedeutung 7	E. Altfälle 23
C. Anwendungsvoraussetzungen 8	F. Auslandsbezug 25
I. Normstruktur 8	

A. Grundlagen

I. Kurzcharakteristik

Die §§ 1594-1598 BGB normieren in Ergänzung zu § 1592 Nr. 2 BGB die Einzelheiten zum Wirksamwerden der Vaterschaftsanerkennung. Hiervon behandelt § 1597 Abs. 1 BGB die Form der Erklärung von Anerkennung und Zustimmung und Absatz 3 den Widerruf der Anerkennung. **1**

§ 1597 Abs. 2 BGB regelt keine Wirksamkeitsvoraussetzung, sondern Benachrichtigungspflichten bei Beurkundung von Erklärungen zur Vaterschaftsanerkennung und -zustimmung. **2**

II. Gesetzgebungsgeschichte

§ 1597 BGB gilt in der heutigen Fassung seit dem 01.07.1998. Bis zur Kindschaftsrechtsreform 1998 (vgl. die Kommentierung zu § 1592 BGB Rn. 4) fanden sich die Regelungen zur Form im Wesentlichen inhaltsgleich in § 1600e Abs. 1 BGB a.F., zum Widerruf anders geregelt in § 1600e Abs. 3 BGB a.F. und zur Benachrichtigungspflicht inhaltsgleich in § 1600e Abs. 2 BGB a.F. **3**

Die ab dem 01.09.2009 geltende Fassung des § 1597 BGB ersetzt in der bisherigen, im Wesentlichen seit dem 01.07.1998 geltenden Fassung in Absatz 2 die Worte „dem Standesbeamten" durch „dem Standesamt" und trägt damit der Aufgabenbeschreibung in § 1 Abs. 2 und 3 PStG und deren Zuweisung an die Behörde „Standesamt" Rechnung, wonach diese allumfassend für die sich aus Bundesrecht oder Landesrecht ergebenden Aufgaben zuständig ist.[1] Die Anpassung ist redaktioneller Art und ändert die Behördenbezeichnung von „Standesbeamter" in „Standesamt" und trägt so dem Wegfall oder der Ersetzung von Personenstandsbüchern und -urkunden sowie der Änderung ihrer Bezeichnungen Rechnung wie „Familienbuch" oder „Abstammungsurkunde".[2] Die Behörde ist mit ihrer neuen Bezeichnung an die Bezeichnung anderer kommunaler Bereiche wie Jugendamt oder Ordnungsamt angepasst. **4**

III. Regelungsprinzipien

Im Hinblick auf die Status begründende Funktion der Vaterschaftsanerkennung und deren weitreichende Folgen ist **öffentliche Beurkundung** der zur Anerkennung notwendigen Erklärungen vorgeschrieben. Zur Erleichterung dessen ist hierfür nicht nur der Notar zuständig, vielmehr stehen weitere Stellen für die Beurkundung zur Verfügung. Den Urkundspersonen obliegen Benachrichtigungspflichten, die die Information der Beteiligten und die standesamtliche Eintragung der Vaterschaft zum Ziel haben. **5**

---

[1] Vgl. BT-Drs. 16/1831, S. 34.
[2] Vgl. BT-Drs. 16/1831, S. 37.

§ 1597

6 Die Zustimmungsbedürftigkeit der Anerkennung führt zu einem Schwebezustand, solange notwendige Zustimmungen nicht vorliegen. Dem anerkennenden Mann wird es ermöglicht, diesen nach Ablauf eines Jahres durch Widerruf zu beenden.

B. Praktische Bedeutung

7 Die durch § 1597 BGB in Verbindung mit weiteren Vorschriften zur Verfügung stehende Vielzahl von für die Beurkundung zuständigen Stellen bedeutet eine erhebliche Erleichterung für die Beteiligten. In der Praxis wird am häufigsten die Möglichkeit der Beurkundung durch das Jugendamt genutzt.

C. Anwendungsvoraussetzungen

I. Normstruktur

8 Absatz 1 regelt die **Form** der Erklärung von Anerkennung, Zustimmung und Widerruf.
9 Absatz 2 normiert **Benachrichtigungspflichten** der beurkundenden Stelle.
10 Absatz 3 regelt den **Widerruf** der Anerkennungserklärung.

II. Form der Erklärungen (Absatz 1)

11 Die Anerkennungserklärung des Mannes, ihr Widerruf sowie die Erklärung der Zustimmung bedürfen der **öffentlichen Beurkundung** i.S.v. § 128 BGB. Das gilt nicht nur für die Zustimmung der Mutter, sondern für alle notwendigen Zustimmungserklärungen (vgl. die Kommentierung zu § 1592 BGB Rn. 38 ff.), also auch für die ggf. erforderliche Zustimmung des Kindes sowie für notwendige Zustimmungserklärungen gesetzlicher Vertreter.

12 Zur Vornahme der Beurkundung ist eine Vielzahl von Stellen zuständig. Die einzelnen **Beurkundungszuständigkeiten** ergeben sich aus den nachfolgend dargestellten Vorschriften.

13 Die Beurkundung kann wahlweise vorgenommen werden
- von jedem Notar (§ 128 BGB, § 20 Abs. 1 BNotO, § 1 Abs. 1 BeurkG),
- vom Jugendamt (§ 59 Abs. 1 Satz 1 Nr. 1 SGB VIII, § 59 BeurkG),
- von jedem Standesbeamten (§ 44 Abs. 1 PStG, § 58 BeurkG),
- von jedem Amtsgericht (§ 62 Abs. 1 Nr. 1 BeurkG, § 3 Nr. 1 lit. f) RPflG),
- in der mündlichen Verhandlung im Abstammungsverfahren (§ 180 FamFG), wobei es nicht erforderlich ist, dass der Erklärende auch Beteiligter dieses Verfahrens ist,[3]
- im Ausland vom deutschen Konsularbeamten (§§ 2, 10 KonsG).

Dabei ist es zulässig, dasselbe Kind betreffende Erklärungen – Anerkennungserklärung, Zustimmung, Widerruf – bei unterschiedlichen Stellen beurkunden zu lassen.

III. Benachrichtigung (Absatz 2)

14 Zwar müssen die zur Vaterschaftsanerkennung abgegebenen Erklärungen – Anerkennung des Mannes, Zustimmung der Mutter, ggf. Zustimmung des Kindes, Zustimmungen gesetzlicher Vertreter, Widerruf einschließlich eventueller gerichtlicher Genehmigungen – nicht gegenüber den Beteiligten abgegeben werden und sind daher nicht empfangsbedürftig.[4] Die Durchführung der vorgeschriebenen Benachrichtigungen ist daher auch keine Wirksamkeitsvoraussetzung für das Feststehen der Vaterschaft.[5] § 1597 Abs. 2 BGB schreibt jedoch vor, dass sie sowohl dem Standesamt als auch dem Kind, der Mutter und dem anerkennenden Mann in beglaubigter Abschrift (§ 42 BeurkG) übersandt werden müssen. Angesichts der vielen Beurkundungszuständigkeiten (vgl. Rn. 12) kann nur bei **allseitiger Benachrichtigung** sichergestellt sein, dass die Beteiligten Kenntnis vom Zeitpunkt des Wirksamwerdens der Vaterschaft erlangen und die erforderlichen Eintragungen im Geburtenbuch erfolgen.

15 Zur Benachrichtigung verpflichtet ist die jeweils beurkundende Stelle. Zu benachrichtigen sind der anerkennende Mann, die Mutter und das Kind, bei deren Minderjährigkeit oder Geschäftsunfähigkeit der jeweilige gesetzliche Vertreter, darüber hinaus. Zu benachrichtigen ist weiterhin das Standesamt, bei dem die Geburt beurkundet worden ist. Erfolgte die standesamtliche Beurkundung nicht im Inland, ist

---

[3] *Krömer*, StAZ 2004, 49.
[4] *Hammermann* in: Erman, BGB, 13. Aufl. 2011, § 1597 Rn. 5; *Wellenhofer* in: MünchKomm-BGB, 6. Aufl. 2012, § 1597 Rn. 6.
[5] *Wellenhofer* in: MünchKomm-BGB, 6. Aufl. 2012, § 1596 Rn. 6; *Hammermann* in: Erman, BGB, 13. Aufl. 2011, § 1597 Rn. 5a; *Brudermüller* in: Palandt, BGB, 73. Aufl. 2014, § 1597 Rn. 4.

dies das Standesamt I in Berlin (§ 44 Abs. 3 PStG). Sind die Erklärungen vor der Geburt des Kindes beurkundet worden, ist zunächst nur der Mutter eine beglaubigte Abschrift zu übersenden mit der Bitte, zu gegebener Zeit Tag und Ort der Geburt mitzuteilen.[6] Nach der Geburt sind dann die noch ausstehenden Benachrichtigungen nachzuholen.

Die Benachrichtigungspflicht ist **nicht abdingbar**.[7]

16

IV. Widerruf (Absatz 3)

Die Anerkennungserklärung des Mannes führt erst dann zum Feststehen seiner Vaterschaft, wenn alle notwendigen Zustimmungen (vgl. die Kommentierung zu § 1592 BGB Rn. 38) wirksam erklärt worden sind. Ist dies nicht der Fall, kann der Mann nach **Ablauf eines Jahres** die von ihm erklärte Anerkennung widerrufen (§ 1597 Abs. 3 BGB). Die Jahresfrist beginnt mit der Beurkundung der Anerkennung und berechnet sich nach § 188 Abs. 2 BGB. Ihr Ablauf führt nicht zur automatischen Unwirksamkeit der Anerkennung, sondern bedarf einer ausdrücklichen **Widerrufserklärung**. Der Widerruf ist eine einseitige, nicht empfangsbedürftige Willenserklärung, die **öffentlich zu beurkunden** ist.[8] Aufgrund der Verweisung in § 1597 Abs. 3 Satz 2 BGB ist sie bedingungs- und zeitbestimmungsfeindlich (§ 1594 Abs. 3 BGB), kann nicht durch einen Bevollmächtigten erklärt werden (§ 1596 Abs. 4 BGB) und bedarf der öffentlich Beurkundung (§ 1597 Abs. 1 BGB). Bei Minderjährigkeit oder Geschäftsunfähigkeit des Mannes gilt die Regelung in § 1596 Abs. 1 Sätze 1-3 BGB, bei Betreuung diejenige in § 1596 Abs. 3 BGB.

17

Vor Ablauf der Jahresfrist ist der Mann an die abgegebene Anerkennungserklärung gebunden. Eine Anfechtung wegen Willensmängeln oder sonstige Annullierung ist, wie sich aus § 1598 Abs. 1 BGB ergibt, zu keinem Zeitpunkt möglich. **Nach Ablauf der Jahresfrist** ist auch der Widerruf nicht mehr möglich, wenn zwischenzeitlich die Anerkennung wirksam geworden war, weil alle Zustimmungserklärungen vorgelegen haben.[9] Danach besteht nur noch die Möglichkeit gerichtlicher Anfechtung nach §§ 1599 Abs. 1, 1600-1600c BGB.

18

Hat der Mann wirksam widerrufen, verliert auch eine bereits abgegebene Zustimmungserklärung ihre Wirksamkeit.[10] Zur wirksamen Anerkennung müssen dann sowohl die Anerkennungserklärung des Mannes als auch alle erforderlichen Zustimmungserklärungen – erneut – beurkundet werden.

19

§ 1597 Abs. 3 BGB gilt nur für die Anerkennungserklärung des Mannes, nicht für die Zustimmungserklärungen der Mutter und des Kindes oder ihrer gesetzlichen Vertreter.

20

D. Rechtsfolgen

Liegt die nach § 1597 Abs. 1 BGB erforderliche öffentliche Beurkundung nicht vor, ist die Anerkennung gem. § 1598 Abs. 1 BGB unwirksam. Die Unwirksamkeit wird jedoch geheilt, wenn seit der Eintragung in ein deutsches Personenstandsbuch fünf Jahre verstrichen sind (§ 1598 Abs. 2 BGB). Hingegen steht unterlassene Benachrichtigung nach § 1597 Abs. 2 BGB der Wirksamkeit der Anerkennung nicht entgegen.

21

Wirksamer Widerruf der Anerkennung nach § 1597 Abs. 3 BGB hat auch die Unwirksamkeit bereits abgegebener Zustimmungserklärungen zur Folge.

22

E. Altfälle

Nach dem bis zum 30.06.1998 geltenden Recht bedurften nur die Anerkennungserklärung des Mannes und die Zustimmung des Kindes der öffentlichen Beurkundung. Zur Zustimmung gesetzlicher Vertreter reichte öffentliche Beglaubigung (§ 1600b Abs. 1 BGB a.F.). Einen Widerruf der Anerkennung kannte das frühere Recht nicht, vielmehr verlor die Anerkennungserklärung des Mannes kraft Gesetzes nach sechs Monaten ihre Gültigkeit, wenn bis dahin nicht die Zustimmung des Kindes erklärt worden war (§ 1600b Abs. 3 BGB a.F.).

23

---

[6] § 372 Abs. 6 der Dienstanweisung für die Standesbeamten und ihre Aufsichtsbehörden i.d.F. der Bekanntmachung vom 15.08.2007 (BAnz. Nr. 154a vom 17.08.2000).
[7] OLG Hamm v. 31.05.1985 - 15 W 197/84 - NJW-RR 1986, 76-78.
[8] *Wellenhofer* in: MünchKomm-BGB, 6. Aufl. 2012, § 1597 Rn. 11.
[9] OLG Brandenburg v. 25.03.1999 - 9 UF 239/98 - NJW-RR 2000, 741 742.
[10] *Hammermann* in: Erman, BGB, 13. Aufl. 2011, § 1597 Rn. 9.

24 Die Übergangsregelung hierzu findet sich in Art. 224 § 1 Abs. 1 EGBGB. Danach bestehen Abstammungsverhältnisse, die vor dem 01.07.1998 aufgrund des bis dahin geltenden Rechts begründet wurden, weiter – allerdings nur noch zur Feststellung der Abstammung, nicht mehr zur Begründung des Status als eheliches oder nicht eheliches Kind. **Für ein vor dem 01.07.1998 geborenes Kind verbleibt es somit auch für die Zukunft beim Feststehen der väterlichen Abstammung, wenn die Zustimmung eines gesetzlichen Vertreters vor diesem Zeitpunkt nur öffentlich beglaubigt worden war.** Eine vor dem 01.07.1998 erklärte Anerkennung ist sechs Monate nach ihrer Abgabe, spätestens also am 31.12.1998, unwirksam geworden, wenn ihr nicht innerhalb von sechs Monaten zugestimmt worden war.[11]

F. Auslandsbezug

25 Die Zulässigkeit sowie die sonstigen materiellen Wirksamkeitsvoraussetzungen einer Vaterschaftsanerkennung bestimmen sich nach den in Art. 19 Abs. 1 EGBGB geregelten Alternativen.

26 Kollisionsnorm zum selbstständig anzuknüpfenden **Formstatut** ist in seinem Anwendungsbereich vorrangig Art. 4 des Römischen CIEC-Übereinkommens über die Erweiterung der Zuständigkeit der Behörden, vor denen nicht eheliche Kinder anerkannt werden können, vom 14.09.1961.[12] Danach kann jeder Staatsangehörige eines Vertragsstaats[13] in jedem beliebigen Vertragsstaat die Anerkennungserklärung in der Form öffentlich beurkunden lassen, die das **Ortsrecht** vorschreibt. Dies ist in allen anderen Vertragsstaaten anzuerkennen. Nach Art. 5 des Übereinkommens bedürfen Ausfertigungen oder Auszüge aus behördlichen Urkunden über Anerkennungserklärungen im Verhältnis der Vertragsstaaten untereinander keiner Legalisation.

27 Bei Beurkundung in einem nicht zu den Vertragsstaaten des Römischen CIEC-Übereinkommens gehörenden Staat (Drittstaat) sowie für die Anerkennungserklärung des Angehörigen eines Drittstaats gilt Art. 11 Abs. 1 EGBGB. Hierbei stellt sich die Frage, ob bei Anwendbarkeit deutschen materiellen Sachrechts die in § 1597 Abs. 1 BGB vorgeschriebene öffentliche Beurkundung als reine Formvorschrift zu qualifizieren oder wegen der Tragweite der Anerkennungserklärung auch materiell-rechtliche Voraussetzung ist. Wäre Letzteres der Fall, würde die im Ausland erfolgte Beurkundung nur bei Gleichwertigkeit der Urkundsperson anzuerkennen sein, was z. B. für den US-amerikanischen „notary public" zu verneinen wäre.[14] Nach überwiegender Meinung[15] indes ist mit Recht anzunehmen, dass die Vorschrift lediglich Formcharakter hat – ansonsten werden der kollisionsrechtliche Grundsatz der selbstständigen Anknüpfung zur Form sowie das dem Kindesinteresse dienende Günstigkeitsprinzip durch unnötige Formstrenge konterkariert. Die Wahrung der nach Art. 11 Abs. 1 EGBGB alternativ zulässigen **Ortsform** ist daher ausreichend.

---

[11] *Brudermüller* in: Palandt, BGB, 73. Aufl. 2014, Art. 224 EGBGB Rn. 3.
[12] BGBl II 1965, 19; abgedruckt in *Böhmer/Finger*, IntFamR 7. 2 und in *Jayme/Hausmann*, Internationales Privat- und Verfahrensrecht, 11. Aufl. 2002, S. 128.
[13] Vertragsstaaten sind – neben Deutschland – Belgien, Frankreich, Griechenland, Italien, die Niederlande, Portugal, die Schweiz, Spanien und die Türkei.
[14] Vgl. dazu mit weiteren Beispielen *Thorn* in: Palandt, BGB, 73. Aufl. 2014, Art. 11 EGBGB Rn. 7 m.w.N.
[15] OLG Stuttgart FamRZ 1990, 559, 560; OLG Hamm StAZ 1991, 193, 195.

§ 1598 BGB Unwirksamkeit von Anerkennung, Zustimmung und Widerruf

(Fassung vom 19.02.2007, gültig ab 01.01.2009)

(1) Anerkennung, Zustimmung und Widerruf sind nur unwirksam, wenn sie den Erfordernissen der vorstehenden Vorschriften nicht genügen.

(2) Sind seit der Eintragung in ein deutsches Personenstandsregister fünf Jahre verstrichen, so ist die Anerkennung wirksam, auch wenn sie den Erfordernissen der vorstehenden Vorschriften nicht genügt.

Gliederung

A. Grundlagen 1	II. Ursprüngliche Unwirksamkeit (Absatz 1) 9
I. Kurzcharakteristik 1	III. Heilung (Absatz 2) 13
II. Gesetzgebungsgeschichte 2	C. Altfälle 16
III. Regelungsprinzipien 4	D. Verfahrensrechtliche Hinweise 18
B. Anwendungsvoraussetzungen 7	E. Auslandsbezug 19
I. Normstruktur 7	

A. Grundlagen

I. Kurzcharakteristik

Die §§ 1594-1598 BGB normieren in Ergänzung zu § 1592 Nr. 2 BGB die Einzelheiten zum Wirksamwerden der Vaterschaftsanerkennung. Hiervon regelt § 1598 Abs. 1 BGB die ausschließlichen Voraussetzungen für die Unwirksamkeit einer erfolgten Anerkennung oder Zustimmung oder eines erklärten Widerrufs. Absatz 2 behandelt die Heilung einer ursprünglich unwirksamen Anerkennung.

1

II. Gesetzgebungsgeschichte

§ 1598 BGB gilt in der heutigen Fassung seit dem 01.07.1998. Bis zur Kindschaftsrechtsreform 1998 (vgl. die Kommentierung zu § 1592 BGB Rn. 4) war die Unwirksamkeit ähnlich geregelt in § 1600f Abs. 1 BGB a.F., die Heilung inhaltsgleich in § 1600f Abs. 2 BGB a.F.

2

Die ab dem 01.09.2009 geltende Fassung ersetzt in Absatz 2 das „Personenstandsbuch" durch „Personenstandsregister" und trägt damit der Einführung elektronischer Personenstandsregister anstelle der bisherigen Personenstandsbücher – einem Schwerpunkt der Reform – Rechnung.[1] Die Anpassung ist lediglich redaktioneller Art und trägt dem Wegfall oder der Ersetzung von Personenstandsbüchern und -urkunden so wie der Änderung ihrer Bezeichnungen Rechnung.[2]

3

III. Regelungsprinzipien

Die Voraussetzungen zur Wirksamkeit von Anerkennung, Zustimmung und Widerruf finden ihre abschließende Regelung in den §§ 1594 Abs. 2-4, 1595, 1596 und 1597 Abs. 1 und 3 BGB. **Unwirksamkeit** ist daher nur dann gegeben, wenn eines der dort vorgeschriebenen Erfordernisse nicht eingehalten worden ist.

4

Die **ursprüngliche Unwirksamkeit** einer trotz Wirksamkeitsmängeln in ein deutsches Personenstandsbuch eingetragenen Anerkennung wird **nach Ablauf von fünf Jahren** nach der Eintragung **geheilt**.

5

Darüber hinaus kann die Vorschrift auch eine **mittelbare Bedeutung** erzielen für Rechtsverhältnisse, die den Schutzbereich von Art. 6 GG tangieren. So z.B. hinsichtlich der Beantwortung der Frage, ob einem besoldungsberechtigten Beamten gem. § 91 Abs. 1 BBG auf seinen Antrag eine Teilzeitbeschäftigung bewilligt werden kann, weil dabei auch auf „Familienpflichten" Rücksicht zu nehmen ist.[3]

6

---

[1] Vgl. BT-Drs. 16/1831, S. 29.
[2] Vgl. BT-Drs. 16/1831, S. 37.
[3] Vgl. Nr. 4 Abs. 2 der „Rahmenweisung zur Einführung der Telearbeit im Geschäftsbereich des Bundesministeriums der Verteidigung"; dazu VG Trier v. 01.03.2011 - 1 K 1202/10.TR - juris Rn. 18 und 25, insoweit allerdings unentschieden.

B. Anwendungsvoraussetzungen

I. Normstruktur

7 **Absatz 1** bestimmt den Kreis der zur **Unwirksamkeit** der Erklärung von Anerkennung, Zustimmung und Widerruf führenden Mängel.

8 **Absatz 2** regelt die **Heilung** der Anerkennung nach fünfjähriger Eintragung.

II. Ursprüngliche Unwirksamkeit (Absatz 1)

9 Die Frage der Unwirksamkeit einer mängelbehafteten Erklärung von Anerkennung, Zustimmung oder Widerruf findet ihre **spezialgesetzliche Regelung** in § 1598 Abs. 1 BGB. Nur die Verletzung eines der in den §§ 1594 Abs. 2-4, 1595, 1596 und 1597 Abs. 1 und 3 BGB normierten Erfordernisse führt zur Unwirksamkeit der betreffenden Erklärung. Dies gilt für die Anerkennungs- und die Widerrufserklärung des Mannes, für die Zustimmungserklärungen der Mutter und des Kindes sowie für die Zustimmungserklärungen gesetzlicher Vertreter.[4]

10 Zur **Unwirksamkeit einer abgegebenen Erklärung** führt im Einzelnen die
- Anerkennung trotz bestehender anderweitiger Vaterschaft (§ 1594 Abs. 2 BGB); allerdings handelt es sich hierbei um lediglich schwebende Unwirksamkeit, da die vorsorgliche Anerkennung (vgl. die Kommentierung zu § 1594 BGB Rn. 17) zulässig ist,
- Anerkennung ohne die erforderliche Zustimmung der Mutter (§ 1595 Abs. 1 BGB),
- Anerkennung ohne die erforderliche Zustimmung des Kindes (§ 1595 Abs. 2 BGB),
- Anerkennung, Zustimmung oder Widerruf unter einer Bedingung oder Zeitbestimmung (§§ 1594 Abs. 3, 1595 Abs. 3, 1597 Abs. 3 Satz 2 BGB),
- Anerkennung, Zustimmung oder Widerruf durch einen Bevollmächtigten (§§ 1596 Abs. 4, 1597 Abs. 3 Satz 2 BGB),
- Anerkennung, Zustimmung oder Widerruf ohne öffentliche Beurkundung (§ 1597 Abs. 1 und 3 Satz 2 BGB),
- Anerkennung oder Widerruf eines geschäftsunfähigen Mannes durch seinen gesetzlichen Vertreter ohne Genehmigung des Vormundschaftsgerichts bzw. Familiengerichts (vgl. die Kommentierung zu § 1596 BGB Rn. 22) oder durch ihn selbst (§ 1596 Abs. 1 Satz 3 BGB),
- Zustimmung einer geschäftsunfähigen Mutter durch ihren gesetzlichen Vertreter ohne Genehmigung des Vormundschaftsgerichts bzw. Familiengerichts (vgl. die Kommentierung zu § 1596 BGB Rn. 22) oder durch sie selbst (§ 1596 Abs. 1 Satz 4 i.V. m. Satz 3 BGB),
- Zustimmung eines geschäftsunfähigen oder noch nicht 14 Jahre alten Kindes durch das Kind selbst oder nicht durch seinen gesetzlichen Vertreter (§ 1596 Abs. 2 Satz 1 BGB),
- Anerkennung oder Widerruf eines beschränkt geschäftsfähigen Mannes nicht durch ihn persönlich oder ohne Zustimmung seines gesetzlichen Vertreters (§§ 1596 Abs. 1 Sätze 1 und 2, 1597 Abs. 3 Satz 2 BGB),
- Anerkennung oder Widerruf eines geschäftsfähigen betreuten Mannes nicht durch ihn persönlich oder bei Anordnung eines dahin gehenden Einwilligungsvorbehalts ohne Einwilligung des Betreuers (§§ 1596 Abs. 3, 1597 Abs. 3 Satz 2 BGB),
- Zustimmung einer beschränkt geschäftsfähigen Mutter oder eines bereits 14 Jahre alten minderjährigen Kindes nicht persönlich oder ohne Zustimmung des gesetzlichen Vertreters (§ 1596 Abs. 1 Satz 4 i.V. m. Sätzen 1 und 2 BGB, § 1596 Abs. 2 Satz 2 BGB),
- Zustimmung einer geschäftsfähigen betreuten Mutter oder eines geschäftsfähigen betreuten volljährigen Kindes nicht persönlich oder bei Anordnung eines dahin gehenden Einwilligungsvorbehalts ohne Einwilligung des Betreuers (§ 1596 Abs. 3 BGB).

Bei **Unwirksamkeit** auch nur einer der erforderlichen Erklärungen ist die Anerkennung insgesamt unwirksam und es besteht **keine Vaterschaft**.

11 Die **abschließende Aufzählung der Unwirksamkeitsgründe** in § 1598 Abs. 1 BGB hat zur Folge, dass Unwirksamkeit von Anerkennung, Zustimmung oder Widerruf aus anderweitiger Rechtsgrundlage nicht abgeleitet werden kann. Die für die Beteiligten und den Rechtsverkehr notwendige Klarstellung der statusrechtlichen Zuordnung des Kindes zu einem bestimmten Mann als Vater kann sinnvoll nur an objektivierte Sachverhalte angeknüpft werden und lässt daher **keine Nichtigkeit oder Anfechtbarkeit wegen Willensmängeln** (§§ 116-119, 123 BGB), Verbotswidrigkeit (§ 134 BGB) oder Sitten-

---

[4] *Wellenhofer* in: MünchKomm-BGB, 6. Aufl. 2012, § 1598 Rn. 17.

widrigkeit (§ 138 BGB) zu.[5] Selbst die bewusst wahrheitswidrig erklärte Anerkennung der Vaterschaft ist wirksam[6] und führt nicht zum Verlust des Anfechtungsrechts.[7] Die Statuswirkung einer solchen Anerkennung kann nur im Wege gerichtlicher Anfechtung nach §§ 1599 Abs. 1, 1600-1600c BGB beseitigt werden.

Keine Unwirksamkeit der Anerkennung liegt dagegen vor, wenn lediglich gegen die in § 1597 Abs. 2 BGB normierte **Benachrichtigungspflicht** verstoßen wurde[8] oder die in § 29 Abs. 1 PStG vorgeschriebene **Eintragung** eines Randvermerks über die Anerkennung **im Geburtenbuch** nicht erfolgt ist. Die Eintragung im Geburtenbuch hat allerdings Beweiskraft (§ 60 Abs. 1 PStG); dasselbe gilt für die aufgrund des Geburtenbuchs ausgestellten Geburts- und Abstammungsurkunden (§ 66 PStG). Ist die Identität des Vaters aufgrund besonderer Umstände (z. B. Asylbewerber) nicht durch eine öffentliche Urkunde nachgewiesen, kann in den Randvermerk der Name des Vaters aus dem Vaterschaftsanerkenntnis mit einem klarstellenden Zusatz übernommen werden.[9] Die Anerkennung ist nicht deshalb unwirksam, weil der Anerkennende keinen sicheren Nachweis über die von ihm geführten Personalien beibringt.[10]

III. Heilung (Absatz 2)

Ist die Eintragung der Vaterschaft in das Geburtenbuch trotz Vorliegens eines der in § 1598 Abs. 1 BGB normierten Unwirksamkeitsgründe erfolgt, führt dies – zunächst – nicht zur Wirksamkeit der Anerkennung. Sind jedoch fünf Jahre seit der Eintragung verstrichen, tritt **Heilung** der ursprünglichen Unwirksamkeit ein. Dies hat zur Folge, dass die Vaterschaft nunmehr mit Rückwirkung auf den Zeitpunkt der Geburt des Kindes[11] feststeht. Einzige Ausnahme hierzu ist, wenn bei der Eintragung die Anerkennungssperre (vgl. die Kommentierung zu § 1594 BGB Rn. 16) in § 1594 Abs. 1 BGB verletzt worden ist und die anderweitige Vaterschaft noch besteht,[12] denn § 1598 Abs. 2 BGB ist nicht auf die Anerkennungssperre des § 1594 Abs. 2 BGB anzuwenden.[13]

Voraussetzung für die Heilung ist die Eintragung in ein deutsches Personenstandsbuch. Wie sich aus § 29 Abs. 2 PStG i.V. m. § 16 PStG ergibt, ist dies entweder das Geburtenbuch des Standesamts, in dessen Bezirk das Kind im Inland geboren ist, oder bei Geburt im Ausland des Standesamts I in Berlin.

Der Eintragung des mit Zustimmung der Mutter anerkennenden Vaters im Geburtsregister steht nicht entgegen, dass durch **öffentliche Urkunden** nicht belegt werden kann, dass die **Kindesmutter zum Zeitpunkt der Geburt nicht verheiratet** war und deshalb die rechtlich vorrangige Vaterschaft eines anderen Mannes nach § 1592 Nr. 1 BGB nicht ausgeschlossen werden kann. Denn weder für deutsche noch ausländische Staatsbürger sieht das Gesetz eine Verpflichtung vor, im Falle einer Vaterschaftsanerkennung einen Nachweis darüber zu erbringen, dass die Mutter zum Zeitpunkt der Geburt nicht verheiratet war. Gegen eine solche Verpflichtung spricht zudem bereits, dass das Gesetz eine Vaterschaftsanerkennung ausdrücklich schon vor der Geburt erlaubt (§ 1594 Abs. 4 BGB) und bereits zu diesem Zeitpunkt ein Nachweis über eine zum späteren Zeitpunkt der Geburt nicht bestehende Ehe niemals erbracht werden könnte. Besitzt die Mutter eine ausländische Staatsangehörigkeit und stellt ihr Heimatstaat eine Bescheinigung über den Personenstand nicht aus, bestünde für sie auch keine Möglichkeit, durch eine öffentliche Urkunde ihren Status als Ledige nachzuweisen. Außerdem sieht das deutsche Recht ein der Befreiung von dem Ehefähigkeitszeugnis (§ 1309 Abs. 2 BGB) vergleichbares Verfahren für den Fall einer beabsichtigten Vaterschaftsanerkennung nicht vor. Schließlich ist eine Vaterschaftsanerkennung nach § 1598 Abs. 1 BGB nur dann unwirksam, wenn sie den Erfordernissen der vorhergehenden Vorschriften nicht genügt. Daraus ergibt sich, dass grundsätzlich zunächst von der

---

[5] BGH v. 19.12.1984 - IVb ZR 86/82 - juris Rn. 16 - LM Nr. 1 zu § 1600d BGB.
[6] OLG Köln v. 25.10.2001 - 14 UF 106/01 - juris Rn. 19 - NJW 2002, 901-903; OLG Koblenz v. 12.12.2006 - 11 UF 203/06 - FamRZ 2007, 2098.
[7] OLG Naumburg v. 09.01.2008 - 3 WF 3/08 - FamRZ 2008, 2146.
[8] *Brudermüller* in: Palandt, BGB, 73. Aufl. 2014, § 1598 Rn. 4; *Hammermann* in: Erman, BGB, 13. Aufl. 2011, § 1598 Rn. 5.
[9] BayObLG v. 09.11.2004 - 1Z BR 79/04 - FamRZ 2005, 825.
[10] BayObLG v. 16.11.2004 - 1Z BR 87/04 - FamRZ 2005, 826.
[11] BVerfG v. 18.11.1986 - 1 BvR 1365/84 - juris Rn. 23 - NJW 1987, 1007-1008.
[12] Vgl. *Wellenhofer* in: MünchKomm-BGB, 6. Aufl. 2012, § 1598 Rn. 32.
[13] OLG Rostock v. 25.01.2008 - 6 W 3/08 - OLGR Rostock 2008, 382-383.

§ 1598

Wirksamkeit einer formgerecht erklärten Vaterschaftsanerkennung auszugehen ist. Allerdings tritt die Heilungswirkung nach Absatz 2 nicht ein, wenn Unwirksamkeitsgründe vorliegen, die sich aus dem Verhältnis zu einer anderweitig bestehenden Vaterschaft ergeben.[14]

C. Altfälle

16 Nach dem bis zum 30.06.1998 geltenden Recht war die Anerkennung nur unwirksam, wenn sie den Erfordernissen der seinerzeit geltenden Vorschriften zur Wirksamkeit nicht genügte oder wenn nach Anfechtung der Anerkennung gerichtlich festgestellt worden war, dass der Mann nicht der Vater ist (§ 1600e Abs. 1 BGB a.F.). Die erste Alternative entspricht der Regelung in § 1598 Abs. 1 BGB,[15] die zweite Alternative entspricht inhaltlich § 1599 Abs. 1 BGB heutigen Rechts. Sachliche Unterschiede ergeben sich daher nur aus den abweichenden Vorschriften zur Zustimmungsbedürftigkeit (vgl. die Kommentierung zu § 1595 BGB Rn. 22), zur Form (vgl. die Kommentierung zu § 1597 BGB Rn. 23) und zum Unwirksamwerden (vgl. die Kommentierung zu § 1597 BGB Rn. 23) durch Zeitablauf.

17 Die Übergangsregelung hierzu findet sich in Art. 224 § 1 Abs. 1 EGBGB. Danach bestehen Abstammungsverhältnisse, die vor dem 01.07.1998 aufgrund des bis dahin geltenden Rechts begründet wurden, weiter – allerdings nur noch zur Feststellung der Abstammung, nicht mehr zur Begründung des Status als eheliches oder nicht eheliches Kind. Für ein vor der Reform geborenes Kind verbleibt es somit auch für die Zukunft **beim Feststehen der väterlichen Abstammung, wenn die vor dem 01.07.1998 erklärte Anerkennung nach dem damals geltenden Recht wirksam geworden war**. War sie zu diesem Zeitpunkt noch nicht wirksam, ist sie sechs Monate nach ihrer Abgabe, spätestens also am 31.12.1998, unwirksam geworden, wenn die noch fehlende Zustimmung des Kindes nicht innerhalb dieser sechs Monate erklärt worden ist.[16]

D. Verfahrensrechtliche Hinweise

18 Zur Feststellung der Wirksamkeit oder Unwirksamkeit einer Anerkennung stehen verfahrensrechtlich zwei Möglichkeiten zur Verfügung:
- **Feststellungsantrag** beim Familiengericht nach § 169 Nr. 1 FamFG (Abstammungssache),
- **Antrag auf gerichtliche Entscheidung** nach § 49 PStG zur Geltendmachung der Wirksamkeit der Anerkennung, wenn der Standesbeamte die Eintragung der Vaterschaft im Geburtenbuch abgelehnt hat. Hat der Standesbeamte die Eintragung vorgenommen, kann zur Geltendmachung der Unwirksamkeit der Anerkennung Antrag auf gerichtliche Anordnung der Berichtigung des Geburtenbuchs nach § 48 PStG gestellt werden.[17] Zuständig für diese Verfahren ist das Amtsgericht – nicht das Familiengericht – am Sitz des Landgerichts (§ 50 PStG). Es gelten die Vorschriften des FamFG (§ 51 PStG).

E. Auslandsbezug

19 Das **Statut** zur materiellen Wirksamkeit der Anerkennung folgt dem in Art. 19 EGBGB geregelten Abstammungsstatut; für vor dem 01.07.1998 geborene Kinder gelten hierzu Besonderheiten.[18] Zur **Formwirksamkeit** der Anerkennung ist selbstständig anzuknüpfen; hierfür ist maßgeblich als vorrangige Kollisionsnorm Art. 4 des Römischen CIEC-Übereinkommens über die Erweiterung der Zuständigkeit der Behörden, vor denen nicht eheliche Kinder anerkannt werden können, vom 14.09.1961[19], nachrangig[20] Art. 11 Abs. 1 EGBGB.

20 Die **internationale Zuständigkeit** für Anträge auf Feststellung der Wirksamkeit oder Unwirksamkeit einer Anerkennung richtet sich mangels vorgehender supranationaler Regelungen nach § 170 FamFG.[21] Für FG-Verfahren nach §§ 48, 49 PStG ist § 99 FamFG über § 51 PStG anwendbar.

---

[14] OLG Karlsruhe v. 25.07.2013 - 11 Wx 35/13.
[15] BT-Drs. 13/4899, S. 85.
[16] *Brudermüller* in: Palandt, BGB, 73. Aufl. 2014, Art. 224 EGBGB Rn. 3.
[17] Vgl. OLG Hamm v. 25.01.1965 - 15 W 214/64 - FamRZ 1965, 222.
[18] Vgl. dazu *Rausch* in: KKFamR, EGBGB Art. 19 Rn. 14-18.
[19] BGBl II 1965, 19; Text vgl. bei *Böhmer/Finger*, Das gesamte Familienrecht (IntFamR) 7.2 mit Erläuterungen von *Böhmer*.
[20] Vgl. dazu *Rausch* in: KKFamR, EGBGB Art. 19 Rn. 35.
[21] BGH v. 11.05.1994 - XII ZR 7/93 - juris Rn. 5 - LM EGBGB Art. 18 Nr. 6 (10/1994) noch zu § 640a ZPO.

§ 1598a BGB Anspruch auf Einwilligung in eine genetische Untersuchung zur Klärung der leiblichen Abstammung

(Fassung vom 26.03.2008, gültig ab 01.04.2008)

(1) ¹Zur Klärung der leiblichen Abstammung des Kindes können

1. der Vater jeweils von Mutter und Kind,
2. die Mutter jeweils von Vater und Kind und
3. das Kind jeweils von beiden Elternteilen

verlangen, dass diese in eine genetische Abstammungsuntersuchung einwilligen und die Entnahme einer für die Untersuchung geeigneten genetischen Probe dulden. ²Die Probe muss nach den anerkannten Grundsätzen der Wissenschaft entnommen werden.

(2) Auf Antrag eines Klärungsberechtigten hat das Familiengericht eine nicht erteilte Einwilligung zu ersetzen und die Duldung einer Probeentnahme anzuordnen.

(3) Das Gericht setzt das Verfahren aus, wenn und solange die Klärung der leiblichen Abstammung eine erhebliche Beeinträchtigung des Wohls des minderjährigen Kindes begründen würde, die auch unter Berücksichtigung der Belange des Klärungsberechtigten für das Kind unzumutbar wäre.

(4) ¹Wer in eine genetische Abstammungsuntersuchung eingewilligt und eine genetische Probe abgegeben hat, kann von dem Klärungsberechtigten, der eine Abstammungsuntersuchung hat durchführen lassen, Einsicht in das Abstammungsgutachten oder Aushändigung einer Abschrift verlangen. ²Über Streitigkeiten aus dem Anspruch nach Satz 1 entscheidet das Familiengericht.

Gliederung

A. Grundlagen 1	II. Mitwirkungsverpflichtung (Absatz 1) 14
I. Kurzcharakteristik 1	III. Ersetzung der Einwilligung, Duldung der
II. Gesetzgebungsgeschichte 2	Probenentnahme (Absatz 2) 17
III. Literatur 4	IV. Aussetzung des Verfahrens (Absatz 3) 19
IV. Regelungsprinzipien 5	V. Einsichts- und Aushändigungsrecht
B. Praktische Bedeutung 11	(Absatz 4) 24
C. Anwendungsvoraussetzungen 13	D. Verfahren 25
I. Normstruktur 13	E. Rechtsfolgen 28

A. Grundlagen

I. Kurzcharakteristik

§ 1598a BGB regelt wechselseitige Ansprüche zwischen (Schein-)Verwandten, die das **Bestehen oder Nichtbestehen eines Abstammungsverhältnisses** überprüfen wollen. Die Vorschrift dient damit nicht der unmittelbaren Korrektur verwandtschaftlicher Verhältnisse.[1]

1

II. Gesetzgebungsgeschichte

Bis zum 31.03.2008 sah weder das materielle noch das Verfahrensrecht die Verpflichtung für einen Beteiligten vor, an der Feststellung einer Vaterschaft mitzuwirken.[2] Von Zweifeln geplagte Väter ließen daher zunehmend **heimliche Vaterschaftstests** durchführen, die in großer Zahl im Internet z.T. ausgesprochen offensiv angeboten werden.[3] Sofern solche Tests jedoch heimlich veranlasst wurden, erachtet

2

---

[1] Vgl. *Helms*, FamRZ 2008, 1033.
[2] BGH v. 06.12.2006 - XII ZR 97/04 - NJW 2007, 912; *Hammermann*, FamRB 2008, 150
[3] „Papacheck" u.Ä.; vgl. BT-Drs. 16/6561, S. 8; *Helms*, FamRZ 2008, 1033, 1035.

sie der BGH für **rechtswidrig** und ihre Ergebnisse gegen den Willen des Kindes oder dessen gesetzlichen Vertreters für **im Verfahren nicht verwertbar**, noch nicht einmal zur schlüssigen Darlegung von Zweifeln an der Vaterschaft i.S.v. § 1600b BGB,[4] was als ausgesprochen misslich empfunden wurde.[5] Die Richtigkeit der Auffassung des BGH hat das BVerfG in seiner Entscheidung vom 13.02.2007 bestätigt.[6]

3 In seiner Entscheidung hat das BVerfG jedoch dem Gesetzgeber aufgegeben, zur Verwirklichung des Rechts des rechtlichen Vaters auf Kenntnis der Abstammung seines Kindes von ihm[7] bis zum 31.03.2008 ein gesetzliches Verfahren bereitzustellen, in dem die **Abstammung** eines Kindes von seinem rechtlichen Vater **unabhängig von einer Anfechtung der Vaterschaft** geklärt werden kann. Darauf hat der Gesetzgeber mit dem Entwurf des „Gesetzes zur Klärung der Vaterschaft unabhängig vom Anfechtungsverfahren" reagiert.[8] Das Gesetz wurde am 26.03.2008 vom Bundestag beschlossen und ist am 01.04.2008 in Kraft getreten.[9] Durch das Gesetz wurden die §§ 194, 1600b und 1629 BGB geändert sowie § 1598a BGB eingefügt.

III. Literatur

4 *Hammermann*, Das Gesetz zur Klärung der Vaterschaft unabhängig vom Anfechtungsverfahren, FamRB 2008, 150; *Helms*, Das neue Verfahren zur Klärung der leiblichen Abstammung, FamRZ 2008, 1033; *Zimmermann*, Die Feststellung der Vaterschaft unabhängig vom Anfechtungsverfahren, FuR 2008, 323, 374.

IV. Regelungsprinzipien

5 Seither kann die Klärung von Abstammungsverhältnissen vom klärungswilligen (Schein-)Verwandten jederzeit herbeigeführt werden. Im Gegensatz zur Vaterschaftsfeststellung nach den §§ 1599 ff. BGB gelten für die Einleitung eines Verfahrens nach § 1598a BGB **keine besonderen Voraussetzungen**.[10] Insbesondere ist nicht erforderlich, dass der bisherige rechtliche Vater Kenntnis von Umständen erlangt hat, die gegen seine Vaterschaft sprechen. Nach den Vorgaben des Bundesverfassungsgerichts sollte lediglich den **Familienmitgliedern** (d.h. dem rechtlichen Vater, der Mutter und dem Kind) ein Anspruch zur Klärung der Abstammung eingeräumt werden. Deren Klärungsanspruch besteht daher insbesondere auch dann noch, wenn für den betroffenen Berechtigten die Frist zur Vaterschaftsanfechtung bereits verstrichen ist.[11]

6 Ebenfalls **nicht anspruchsberechtigt** ist ein Mann, der nicht Vater i.S.v. § 1592 BGB ist und lediglich herausfinden möchte, ob ein bestimmtes Kind von ihm abstammt, selbst wenn er als potenzieller biologischer Vater in Betracht kommt.[12]

7 Dagegen bestehen **keine verfassungsrechtlichen Bedenken**: Zwar wird der leibliche, aber nicht rechtliche Vater eines Kindes durch Art. 6 Abs. 2 Satz 1 GG auch in seinem Interesse geschützt, die Rechtsstellung als Vater des Kindes einzunehmen, was ihm jedoch nicht auch den Anspruch vermittelt, ihm die Vaterstellung in jedem Fall vorrangig vor dem rechtlichen Vater einzuräumen.[13]

---

[4] BGH v. 12.01.2005 - XII ZR 227/03 - NJW 2005, 497; vgl. hierzu *Rittner/Rittner*, NJW 2005, 945; BGH v. 12.01.2005 - XII ZR 60/03 - FamRZ 2005, 342; vgl. hierzu *Wellenhofer*, FamRZ 2005, 665; BGH v. 01.03.2006 - XII ZR 210/04 - FamRZ 2006, 686 m. Anm. *Wellenhofer*; vgl. aber OLG Koblenz v. 23.02.2006 - 7 UF 457/05 - FamRZ 2006, 808.

[5] *Knoche*, FuR 2005, 348; *Brosius-Gersdorf*, NJW 2007, 806.

[6] BVerfG v. 13.02.2007 - 1 BvR 421/05 - NJW 2007, 753-758 m. Anm. *Klinkhammer*, FF 2007, 128 und *Fröhlich*, FF 2007, 134.

[7] Art. 2 Abs. 1 i.V. m. Art. 1 Abs. 1 GG; vgl. BVerfG v. 09.04.2003 - 1 BvR 1493/96, 1 BvR 1724/01 - NJW 2003, 2151.

[8] BT-Drs. 16/6561 v. 04.10.2007; vgl. *Hammermann*, FamRB 2008, 150.

[9] BGBl I 2008 Teil I Nr. 11 v. 31.03.2008.

[10] *Wellenhofer* in: MünchKomm-BGB, 6. Aufl. 2012, § 1598a Rn. 5.

[11] OLG Karlsruhe v. 08.05.2012 - 2 WF 93/12 - FamRZ 2012, 1734.

[12] OLG Karlsruhe v. 17.07.2009 - 2 UF 49/09 - FamRZ 2010, 221-222; OLG Frankfurt v. 06.05.2009 - 1 UF 68/09 - juris Rn. 4 - ZKJ 2010, 72.

[13] BVerfG v. 13.10.2008 - 1 BvR 1548/03 - FamRZ 2008, 2257-2258; vgl. BGH v. 06.12.2006 - XII ZR 164/04 - FamRZ 2007, 538-542; OLG Celle v. 22.07.2011 - 15 UF 85/11 - FamRZ 2012, 564-567; a.A. *Wellenhofer* in: MünchKomm-BGB, 6. Aufl. 2012, § 1598a Rn. 10 m.w.N.

Besonderen Schutz gewährt das Gesetz dabei dem **Wohl des minderjährigen Kindes**, unter dessen Beachtung von Amts wegen eine vorübergehende Aussetzung des Verfahrens in Betracht zu ziehen ist.[14] Mit Rücksicht auf die zunehmende Bedeutung der heterologen Insemination wird neuerdings gefordert, auch dem Kind gegen den **Samenspender** einen Anspruch auf Einwilligung in eine genetische Untersuchung zur Klärung seiner leiblichen Abstammung einzuräumen oder auch den biologischen Vater gegebenenfalls mit weiteren Voraussetzungen in den Kreis der Klärungsberechtigten aufzunehmen, um auftretende unterhalts- und erbrechtliche Probleme im Zusammenhang mit der Samenspende zu lösen.[15] Hier ist der Gesetzgeber gefordert, rechtliche Klarheit zu schaffen.

Ist das Verfahren abgeschlossen, gibt das Gesetz dem Mitwirkungsverpflichteten ein **Recht auf Einsicht** in das eingeholte Abstammungsgutachten bzw. einen **Anspruch auf Aushändigung einer Abschrift**.

Dieses Recht stellt gewissermaßen die Gegenleistung dafür dar, dass das Gesetz den Anspruchsgegner zur Einwilligung in die Vornahme einer privaten Abstammungsuntersuchung sowie zur Mitwirkung in Form der Duldung der Entnahme einer für die Untersuchung geeigneten genetischen Probe verpflichtet.[16]

B. Praktische Bedeutung

Mit der Regelung des § 1598a BGB hat der Gesetzgeber **erstmals eine Anspruchsgrundlage** geschaffen, die den Eltern eines Kindes sowie dem Kind selbst die Möglichkeit eröffnet, die anderen Beteiligten zur **Klärung leiblicher Abstammungsfragen** mithilfe moderner Gendiagnostik zu verpflichten. Dabei ging die Erwartung des Gesetzgebers dahin, dass das Verfahren mit Abstand am häufigsten von zweifelnden Vätern in Anspruch genommen wird und daher erhebliche praktische Bedeutung erlangen wird.[17] Dies zumindest gewissermaßen als Vorverfahren zum Vaterschaftsanfechtungsverfahren, weil der Mann seinen Anfechtungsantrag regelmäßig erst auf der Grundlage des Gutachtens schlüssig formulieren kann, was dazu beitragen kann, die Zahl der Anfechtungsverfahren zu reduzieren.[18] Zudem kann das erlangte Gutachten herangezogen werden, um in anderen Verfahren inzident eine abweichende genetische Abstammung zu belegen (vgl. dazu die Kommentierung zu § 1599 BGB Rn. 6 ff.).[19]

Allerdings wird die gerichtliche Praxis durch die Einführung des Klärungsverfahrens mit einem zusätzlichen Verfahren belastet. Einfacher wäre gewesen, im Anfechtungsverfahren schlicht auf die Darlegung eines „Anfangsverdachts" zu verzichten.[20]

C. Anwendungsvoraussetzungen

I. Normstruktur

Das Gesetz enthält in Absatz 1 eine **Anspruchsgrundlage für die Mitwirkung** bei Abstammungsgutachten und in Absatz 2 deren **Ersetzung** durch das Familiengericht für den Fall, dass der Mitwirkungsverpflichtete die Einwilligung verweigert. Absatz 3 regelt die Voraussetzungen, unter denen mit Rücksicht auf das Kindeswohl eine **Aussetzung** des Verfahrens in Betracht kommt. Absatz 4 gewährt dem Mitwirkungsverpflichteten im Gegenzug ein **Einsichtsrecht**.

II. Mitwirkungsverpflichtung (Absatz 1)

Absatz 1 Satz 1 bestimmt, dass der Vater jeweils von Mutter und Kind (Nr. 1), die Mutter jeweils von Vater und Kind (Nr. 2) sowie das Kind jeweils von beiden Elternteilen (Nr. 3) die **Einwilligung in eine genetische Abstammungsuntersuchung** verlangen kann und die zur Einwilligung Verpflichteten die **Entnahme einer Probe** zu dulden haben, die für die Untersuchung geeignet ist. Damit ermöglicht die

---

[14] „Wächteramt des Staates"; vgl. BVerfG v. 07.03.1995 - 1 BvR 790/91, 1 BvR 540/92, 1 BvR 866/92 - NJW 1995, 2155.
[15] Vgl. eingehend hierzu *Wellenhofer*, FamRZ 2013, 825, 829 m.w.N.
[16] *Borth*, FPR 2007, 381 ff.
[17] Vgl. BT-Drs. 16/6561, S. 8; *Helms*, FamRZ 2008, 1033, 1036.
[18] Wovon *Horndasch*, ZfF 2007, 404, 409 ausgeht.
[19] *Wellenhofer* in: MünchKomm-BGB, 6. Aufl. 2012, § 1598a Rn. 21.
[20] Ebenso *Helms*, FamRZ 2008, 1033, 1036.

§ 1598a

Vorschrift – über den Wortlaut des Gesetzes v. 26.03.2008 hinaus – auch die **Klärung der Mutterschaft**.[21] Angesichts jedenfalls im Ausland zumindest möglicher Fälle von Ei- und Embryonenspenden (vgl. die Kommentierung zu § 1591 BGB Rn. 11) reicht § 1591 BGB hierzu nämlich nicht mehr aus.

15 Das materielle Recht sieht **keine Begrenzung des Anspruchs** auf Einwilligung vor, d. h., der Anspruch ist niederschwellig ausgestaltet[22], insbesondere weder eine Frist zu seiner Geltendmachung noch eine Verjährungsfrist. Eine allgemeine Grenze findet sich jedoch im Einwand des Rechtsmissbrauchs im Falle unzulässiger Rechtsausübung.[23]

16 Nach Absatz 1 Satz 2 muss die Probe nach den **anerkannten Grundsätzen der Wissenschaft** entnommen werden. Hierfür können z. B. die „Richtlinien der Bundesärztekammer für die Erstattung von Abstammungsgutachten" aus dem Jahr 2002[24] herangezogen werden. Danach soll **in der Regel eine Blutprobe** als Untersuchungsmaterial dienen, da sie optimale Analysemöglichkeiten bietet; in begründeten Ausnahmefällen kann jedoch ein Mundschleimhautabstrich verwendet werden. Außerdem müssen sich die zu untersuchenden Personen unter anderem bei der Probenentnahme durch gültige amtliche Ausweise mit Lichtbild (bei Kindern ggf. Geburtsurkunde) legitimieren, d. h., zur Erfüllung des Anspruchs muss in jedem Fall ein Arzt oder ein Labor aufgesucht werden, von dem die **Identitätsprüfung** vorgenommen und dokumentiert wird. Nicht ausreichend ist es daher, wenn das verpflichtete Familienmitglied sich selbst eine Probe entnimmt und dem Klärungsberechtigten übergibt.[25]

III. Ersetzung der Einwilligung, Duldung der Probenentnahme (Absatz 2)

17 Auf Antrag eines Klärungsberechtigten hat das Familiengericht nach Absatz 2 eine nicht erteilte Einwilligung zu ersetzen und die Duldung der Probenentnahme anzuordnen. Der Antrag kann für das minderjährige Kind nur durch einen **Ergänzungspfleger** gestellt werden, da in einem gerichtlichen Verfahren nach § 1598a BGB weder Vater noch Mutter das Kind vertreten können (vgl. die Kommentierung zu § 1629 BGB Rn. 64 f.).[26] **Der Antrag bedarf keiner besonderen Begründung.** Die Ersetzung erfolgt, wenn der Verpflichtete die Einwilligung verweigert. Im Interesse einer zügigen Abwicklung hat die Ersetzung der Einwilligung die gleiche Wirkung wie die Einwilligung des Betroffenen selbst, was somit zusätzlichen Vollstreckungsaufwand vermeidet.[27] Ein Vollstreckungsverfahren ist demnach nur erforderlich, wenn die Abgabe einer genetischen Probe verweigert wird. Die **Vollstreckung** erfolgt in diesem Fall nach § 96a Abs. 2 FamFG (zwangsweise Vorführung) oder nach allgemeinen Grundsätzen (§ 33 FamFG).

18 Die **Wahl der Untersuchungsmethode und des Anbieters** steht dem Klärungsberechtigten frei, da die Abstammungsuntersuchung von ihm und nicht vom Gericht in Auftrag gegeben wird.[28] Aus demselben Grund befreit die Gewährung von VKH für das Gerichtsverfahren den Anspruchsteller nicht von den Kosten der Untersuchung. Irgendwelche Qualitätsanforderungen für die Untersuchung der genetischen Probe sieht das Gesetz nicht vor. Derartige Regelungen, die sich an die Untersuchungslabore richten müssten, wollte der Gesetzgeber dem Regelungsbereich eines noch zu schaffenden Gendiagnostikgesetzes vorbehalten.[29]

IV. Aussetzung des Verfahrens (Absatz 3)

19 Absatz 3 berechtigt das Gericht zur **Aussetzung des Verfahrens,** wenn und solange die Klärung der leiblichen Abstammung eine erhebliche Beeinträchtigung des Wohls des minderjährigen Kindes begründen würde, die auch unter Berücksichtigung der Belange des Klärungsberechtigten für das Kind unzumutbar wäre.[30] Damit trägt das Gesetz dem vom BVerfG in seiner Entscheidung vom 13.02.2007[31] geforderten Schutz des Kindes in besonderen Lebenslagen und Entwicklungsphasen Rechnung, der

---

[21] Vgl. *Schwab*, FamRZ 2008, 23; *Wellenhofer*, NJW 2008, 1185; *Borth*, FPR 2007, 381.
[22] OLG Schleswig v. 11.03.2011 - 10 WF 53/11 - FamRZ 2011, 1805; OLG München v. 14.06.2011 - 33 UF 772/11 - FamRZ 2011, 1878-1879.
[23] BT-Drs. 16/6561, S. 12; vgl. *Helms*, FamRZ 2008, 1033, 1034.
[24] FamRZ 2002, 1159 f.
[25] Vgl. BT-Drs. 16/6561, S. 13.
[26] Vgl. *Helms*, FamRZ 2008, 1033, 1034.
[27] Vgl. *Helms*, FamRZ 2008, 1033, 1035.
[28] *Helms*, FamRZ 2008, 1033, 1035.
[29] BT-Drs. 16/6561, S. 13.
[30] Vgl. hierzu OLG Schleswig v. 11.03.2011 - 10 WF 53/11 - FamRZ 2011, 1805.
[31] BVerfG v. 13.02.2007 - 1 BvR 421/05 - juris Rn. 70 - FamRZ 2007, 441-448.

u.U. für eine begrenzte Zeit die Eröffnung eines Verfahrens ausschließen kann. Die Vorschrift stellt somit eine **Kindesschutzklausel** dar, die sicherstellen soll, dass das Recht des zweifelnden Antragstellers auf Kenntnis der Abstammung zumindest zeitweise hinter einem besonderen Schutzbedürfnis des Kindes zurücktritt. Allerdings sollte ihre Anwendung auf extreme Ausnahmefälle begrenzt bleiben.[32]

Zwar hat das BVerfG grundsätzlich den Interessen des Klärungsberechtigten den Vorrang vor den gegebenenfalls anderslautenden Interessen des Kindes eingeräumt, jedoch sollen sich in besonderen Ausnahmesituationen entgegenstehende Kindesinteressen durchsetzen können. Der unbestimmte Rechtsbegriff der erheblichen Beeinträchtigung des Kindeswohls soll den **Ausnahmecharakter** des Ausschlussgrundes betonen, worunter nicht bereits die Härte zu verstehen ist, die der Verlust des rechtlichen Vaters ohnehin mit sich bringt. Vielmehr soll die Härteklausel den Fällen Rechnung tragen, in denen das Abstammungsgutachten aufgrund außergewöhnlicher Umstände atypische, besonders schwere Folgen für das Kind auslöst.[33] In Betracht kommen dafür insbesondere psychische und physische Gründe in der Person des Kindes, die dazu führen können, dass das Ergebnis des Gutachtens das Kind außergewöhnlich belastet (z. B. Suizidgefahr oder Gefahr der gravierenden Verschlechterung einer bereits bestehenden schweren Krankheit).[34]

20

Der Anspruch des Klärungsberechtigten wird durch eine Aussetzung nach Absatz 3 nicht endgültig ausgeschlossen. Lediglich soll verhindert werden, dass er zur Unzeit tituliert und durchgesetzt werden kann. Die **Dauer der Aussetzung** ist vom Einzelfall abhängig. Bei ihrer Beurteilung ist insbesondere darauf abzustellen, innerhalb welcher Zeit der jeweilige Aussetzungsgrund wieder entfallen kann. Das Gericht ist gehalten, die Aussetzung entweder von vornherein zu befristen oder den Fortbestand des Aussetzungsgrundes in regelmäßigen Abständen von Amts wegen oder auf Antrag des Klärungsberechtigten zu überprüfen. Ist der Aussetzungsgrund entfallen, hat das Gericht das Verfahren wieder aufzunehmen. Eine **Befristung der Aussetzung** wegen unzumutbarer Beeinträchtigung des Kindeswohls kann insbesondere dann in Betracht kommen, wenn sich ihre Dauer aus einem Gutachten ergibt, das zur Feststellung der Voraussetzungen des § 1598a Abs. 3 BGB eingeholt worden ist.[35]

21

Für eine Aussetzung ist im Gegensatz zu Absatz 2 **kein Antrag** eines Beteiligten auf Aussetzung **erforderlich** (FG-Verfahren!).

22

Gegen die Aussetzung des Verfahrens ist nach dem Inkrafttreten des FGG-Reformgesetzes vom 17.12.2008[36] die **Beschwerde gem. §§ 58 ff. FamFG** zulässig. Hat das erstinstanzliche Gericht das Verfahren trotz Vorliegens von Aussetzungsgründen nicht ausgesetzt, kann auch dies im Rahmen der **Beschwerde gem. §§ 58 ff. FamFG** gegen die Endentscheidung gerügt werden.[37]

23

V. Einsichts- und Aushändigungsrecht (Absatz 4)

Nach Absatz 4 kann derjenige, der in eine genetische Abstammungsuntersuchung eingewilligt und eine genetische Probe abgegeben hat, von dem Klärungsberechtigten, der die Abstammungsuntersuchung hat durchführen lassen, **Einsicht in das Abstammungsgutachten oder Aushändigung einer Abschrift** verlangen. Da sowohl beide Elternteile als auch das Kind verpflichtet sind, in die Abstammungsuntersuchung einzuwilligen und die Entnahme einer Probe zur Durchführung dieser Untersuchung zu dulden, soll ihnen im Gegenzug auch ein Anspruch darauf zustehen, zu erfahren, was die Untersuchung ergeben hat.[38]

24

D. Verfahren

Klärungsverfahren nach § 1598a BGB sind **Abstammungssachen** gem. §§ 169 ff. FamFG mit der Folge, dass das **Familiengericht** gem. §§ 111 Nr. 3 FamFG, 23a Abs. 1 Nr. 2 GVG zuständig ist. Das Verfahren richtet sich nach den FG-Bestimmungen des Ersten Buchs des FamFG, da Abstammungssachen vom Geltungsverbot des § 113 Abs. 1 Satz 1 FamFG nicht erfasst werden.

25

Nach den §§ 58 ff. FamFG findet gegen die im ersten Rechtszug ergangenen Endentscheidungen die **Beschwerde**, unter den Voraussetzungen des § 70 FamFG die **Rechtsbeschwerde** statt.

26

---

[32] Vgl. hierzu *Helms*, FamRZ 2008, 1033, 1036.
[33] OLG Karlsruhe v. 13.03.2012 - 2 WF 39/12 - FamRZ 2012, 1148.
[34] BT-Drs. 16/6561, S. 13.
[35] BT-Drs. 16/6561, S. 13.
[36] BGBl 2008 Teil I Nr. 61 v. 22.12.2008.
[37] BT-Drs. 16/6561, S. 13.
[38] BT-Drs. 16/6561, S. 14.

§ 1598a

27 Gegen Entscheidungen nach § 1598a Abs. 2 des Bürgerlichen Gesetzbuchs steht den in § 1598a Abs. 1 BGB genannten Personen die **Beschwerde** zu, § 184 Abs. 3 FamFG.

E. Rechtsfolgen

28 Die Durchführung der Abstammungsklärung führt für sich genommen noch zu **keinen unmittelbaren Rechtsfolgen** und lässt insbesondere eine bestehende rechtliche Vaterschaft unberührt. Vielmehr obliegt es der Entscheidung der Beteiligten, aus der im Verfahren gewonnenen Erkenntnis fehlender Abstammung des Kindes von seinem rechtlichen Vater Konsequenzen zu ziehen und ein Vaterschaftsanfechtungsverfahren einzuleiten. Dabei haben sie zu beachten, dass die **zweijährige Anfechtungsfrist** gem. § 1600b Abs. 1 BGB jedenfalls mit der Kenntnisnahme des Abstammungsgutachtens zu laufen begonnen hat.

§ 1599 BGB Nichtbestehen der Vaterschaft

(Fassung vom 02.01.2002, gültig ab 01.01.2002)

(1) § 1592 Nr. 1 und 2 und § 1593 gelten nicht, wenn auf Grund einer Anfechtung rechtskräftig festgestellt ist, dass der Mann nicht der Vater des Kindes ist.

(2) ¹§ 1592 Nr. 1 und § 1593 gelten auch nicht, wenn das Kind nach Anhängigkeit eines Scheidungsantrags geboren wird und ein Dritter spätestens bis zum Ablauf eines Jahres nach Rechtskraft des dem Scheidungsantrag stattgebenden Urteils die Vaterschaft anerkennt; § 1594 Abs. 2 ist nicht anzuwenden. ²Neben den nach den §§ 1595 und 1596 notwendigen Erklärungen bedarf die Anerkennung der Zustimmung des Mannes, der im Zeitpunkt der Geburt mit der Mutter des Kindes verheiratet ist; für diese Zustimmung gelten § 1594 Abs. 3 und 4, § 1596 Abs. 1 Satz 1 bis 3, Abs. 3 und 4, § 1597 Abs. 1 und 2 und § 1598 Abs. 1 entsprechend. ³Die Anerkennung wird frühestens mit Rechtskraft des dem Scheidungsantrag stattgebenden Urteils wirksam.

Gliederung

A. Kommentierung zu Absatz 1 1	B. Kommentierung zu Absatz 2 (scheidungsakzessorischer Statuswechsel) 46
I. Grundlagen 1	I. Grundlagen 46
1. Kurzcharakteristik 1	1. Kurzcharakteristik 46
2. Gesetzgebungsgeschichte 2	2. Gesetzgebungsgeschichte 47
3. Regelungsprinzipien 4	3. Regelungsprinzipien 48
II. Praktische Bedeutung 8	II. Praktische Bedeutung 52
III. Anwendungsvoraussetzungen 9	III. Anwendungsvoraussetzungen 53
1. Normstruktur 9	1. Normstruktur 53
2. Sperrwirkung 10	2. Keine Sperrwirkung bestehender Vaterschaft des Ehemannes 56
3. Anfechtungsantrag 23	3. Wirksamkeitsvoraussetzungen 57
4. Gestaltungsbeschluss 31	
IV. Rechtsfolgen 33	IV. Rechtsfolgen 62
V. Altfälle 36	V. Altfälle 66
VI. Verfahrensrechtliche Hinweise 38	VI. Auslandsbezug 67
VII. Auslandsbezug 43	

A. Kommentierung zu Absatz 1

I. Grundlagen

1. Kurzcharakteristik

Die §§ 1592-1598 BGB normieren die Einzelheiten zum Bestehen von Vaterschaft aufgrund ehelicher bzw. nachehelicher Geburt oder Anerkennung der Vaterschaft. Demgegenüber behandelt § 1599 BGB die nachträgliche **Beseitigung** solchermaßen bestehender Vaterschaft, wenn sie mit der genetischen Herkunft nicht übereinstimmt. Dazu ist regelmäßig gerichtliche Anfechtung erforderlich (§ 1599 Abs. 1 BGB), deren Einzelheiten in den §§ 1600-1600c, 1600e BGB geregelt sind. Den Sonderfall des rechtsgeschäftlichen scheidungsabhängigen Statuswechsels normiert § 1599 Abs. 2 BGB. **1**

2. Gesetzgebungsgeschichte

§ 1599 BGB gilt in der heutigen Fassung seit dem 01.07.1998. Bis zur Kindschaftsrechtsreform 1998 (vgl. die Kommentierung zu § 1592 BGB Rn. 4) war die Sperrwirkung bestehender Vaterschaft und ihre Beseitigung durch Anfechtungsklage im Wesentlichen inhaltsgleich mit § 1599 Abs. 1 BGB geregelt in § 1593 BGB a.F. und § 1600f Abs. 1 HS. 2 BGB a.F. **2**

Einen rechtsgeschäftlichen Statuswechsel, wie heute in § 1599 Abs. 2 BGB normiert, gab es vor dem 01.07.1998 nicht. **3**

3. Regelungsprinzipien

Vaterschaft kann, wie sich aus den §§ 1594 Abs. 1, 1600d Abs. 4 BGB ergibt, im Rechtsverkehr nur dann geltend gemacht werden, wenn sie nach einem der in den §§ 1592, 1593 BGB abschließend auf- **4** gezählten Tatbestände feststeht. Umgekehrt kann die Unrichtigkeit einer danach feststehenden Vaterschaft gem. § 1599 Abs. 1 BGB erst dann geltend gemacht werden, wenn auf einen entsprechenden **Anfechtungsantrag** durch rechtskräftigen Gestaltungsbeschluss festgestellt worden ist, dass der bisher feststehende Mann nicht der Vater ist.[1] Der Anfechtungsantrag ist statthaft zur Beseitigung von Vaterschaft, die aufgrund ehelicher bzw. nachehelicher Geburt (§§ 1592 Nr. 1, 1593 BGB) oder infolge Anerkennung (§ 1592 Nr. 2 BGB) besteht. Hingegen kann eine gerichtlich festgestellte Vaterschaft (§ 1592 Nr. 3 BGB) nicht im Wege der Anfechtung beseitigt werden; hier kommt nur eine **Wiederaufnahme** des Verfahrens nach § 185 FamFG i.V. m. den §§ 578-585, 587-591 ZPO in Betracht.[2]

5   Solange kein dem Anfechtungsantrag stattgebender rechtskräftiger Gestaltungsbeschluss vorliegt, kann die bestehende Vaterschaft des Ehemannes oder des Mannes, der wirksam anerkannt hat, nicht infrage gestellt werden, insbesondere nicht im Wege der Inzidentprüfung in anderen Verfahren (**Sperrwirkung bestehender Vaterschaft**).

6   § 1599 Abs. 1 BGB normiert der Anfechtungsantrag in gleicher Weise für Vaterschaft aufgrund ehelicher Geburt wie für Vaterschaft aufgrund Anerkennung. Da das seit dem 01.07.1998 geltende Recht keinen Unterschied zwischen ehelicher und nicht ehelicher Kindschaft kennt, ist der Antrag in beiden Fällen auf die **Anfechtung der Vaterschaft** gerichtet. Eine Anfechtung „der Ehelichkeit" gibt es nicht mehr, ebenso wenig eine Anfechtung „der Anerkennung".[3]

7   Eine Beseitigung der Vaterschaft auf anderem Wege als durch Anfechtungsantrag ist grundsätzlich nicht möglich. Dieser Grundsatz gilt auch für die Vaterschaft des Ehemannes der Mutter, wenn das Kind nach Trennung der Eheleute, aber vor Auflösung der Ehe zur Welt kommt. Hierzu allerdings normiert § 1599 Abs. 2 BGB eine begrenzte Ausnahme für den Fall, dass das Kind erst nach Anhängigkeit des Scheidungsantrags geboren wird. Denn neben dem dann immer noch möglichen Anfechtungsantrag steht seit der Kindschaftsrechtsreform 1998 (vgl. die Kommentierung zu § 1592 BGB Rn. 4) eine einfachere Alternative zur Verfügung: Die Vaterschaft des Ehemannes kann unter den Voraussetzungen des § 1599 Abs. 2 BGB auch rechtsgeschäftlich und ohne gerichtliche Entscheidung im Wege des sog. „**scheidungsabhängigen Statuswechsels**" beseitigt werden – Einzelheiten hierzu in Rn. 46.

II. Praktische Bedeutung

8   Die weitaus meisten Anfechtungsanträge betreffen die **Vaterschaft des Ehemannes** nach § 1592 Nr. 1 BGB, wobei in der Regel auch der Ehemann der Antragsteller ist. Hierbei ist nicht selten Motiv des Antragstellers, durch im Verfahren eingeholte Gutachten Gewissheit über die ihm zweifelhaft gewordene Vaterschaft zu erlangen. Deshalb wird ggf. der Anfechtungsantrag dem scheidungsabhängigen Statuswechsel vorgezogen, weil bei Letzterem keine Klärung der biologischen Herkunft erfolgt. Seit der Einführung von § 1598a BGB besteht daneben jedoch die Möglichkeit, das Abstammungsverhältnis außerhalb eines Anfechtungsverfahrens zu klären.

III. Anwendungsvoraussetzungen

1. Normstruktur

9   § 1599 Abs. 1 BGB normiert die Sperrwirkung bestehender Vaterschaft, eröffnet die Möglichkeit des Anfechtungsantrags und knüpft deren Statuswirkung an die Rechtskraft des Gestaltungsbeschlusses.

2. Sperrwirkung

10 Nach den §§ 1592, 1593 BGB bestehende Vaterschaft erfordert im Interesse der Rechtssicherheit, des Kindeswohls und des Familienfriedens gesicherten **Bestandsschutz**. Dem dient das aus § 1599 Abs. 1 BGB abzuleitende grundsätzliche **Verbot des Bestreitens rechtlich bestehender Vaterschaft**, solange dies nicht durch rechtskräftigen Anfechtungsbeschluss festgestellt ist. Daher entzieht sich in anderen Verfahren als im Anfechtungsverfahren die Fraglichkeit bestehender Vaterschaft grundsätzlich einer Inzidentprüfung. Dies gilt insbesondere für das Bestreiten der Vaterschaft im Unterhaltsverfahren[4] wie auch in Verfahren, die das Erb- und Pflichtteilsrecht zum Gegenstand haben.

---

[1] Vgl. LG Berlin v. 15.02.2011 - 37 O 224/10 - FamRZ 2011, 1308-1309.
[2] *Wellenhofer* in: MünchKomm-BGB, 6. Aufl. 2012, § 1599 Rn. 22.
[3] BGH v. 20.01.1999 - XII ZR 117/97 - juris Rn. 8 - LM BGB § 1592 Nr. 1 (7/1999).
[4] BGH v. 04.05.1966 - IV ZR 40/65 - BGHZ 45, 356-362; BGH v. 26.10.1984 - IVb ZR 36/83 - juris Rn. 11 - LM Nr. 25 zu § 1579 BGB.

Dieser Grundsatz stößt an Grenzen, wenn nicht nur Interessen innerhalb des Vater-Kind-Verhältnisses, sondern auch im Verhältnis des Vaters oder Kindes zu Dritten betroffen sind. Die Praxis wird hierzu mit unterschiedlichen Konstellationen konfrontiert. Die Rechtsprechung versucht, den Interessenwiderstreit durch die Zulassung von **Ausnahmen** zu lösen: 11

In einem Verfahren, das gegen den feststehenden (rechtlichen) Vater gerichtet ist und die Geltendmachung von Kindesunterhalt zum Gegenstand hat, ist der Antragsgegner durch § 1599 Abs. 1 BGB gehindert, ohne vorangegangenes Anfechtungsverfahren seine Vaterschaft zu bestreiten. In diesem Zusammenhang stellt sich die Frage, ob das Kind gegen seinen rechtlichen Vater für die Durchführung dieses Verfahrens auch einen Anspruch auf **Verfahrenskostenvorschuss** geltend machen kann, obschon es gleichzeitig behauptet, dass der Antragsgegner nicht sein Vater sei. Da nur das Vater-Kind-Verhältnis betroffen ist, wird vertreten, dass ein Verfahrenskostenvorschuss verlangt werden könne.[5] Dies widerspricht jedoch dem Grundsatz von Treu und Glauben aus § 242 BGB unter dem Gesichtspunkt des Verbots gegensätzlichen Verhaltens (venire contra factum proprium). Dem Kind kann daher in einem solchen Fall Verfahrenskostenhilfe nicht unter dem Gesichtspunkt eines vorrangigen Anspruchs auf Verfahrenskostenvorschuss verweigert werden.[6] 12

Verfahren, die **Ehegattenunterhalt wegen Kindesbetreuung** zum Gegenstand haben, betreffen zwar mittelbar auch das Vater-Kind-Verhältnis, zunächst aber die Rechtsbeziehungen der Ehegatten, weswegen an eine Ausnahme vom Verbot des Bestreitens rechtlich bestehender Vaterschaft gedacht werden kann. Da jedoch maßgebliche Anspruchsvoraussetzung die Betreuung eines gemeinschaftlichen, also vom Ehemann abstammenden Kindes ist, verbleibt es für den Unterhaltsanspruch seinem Grunde nach bei der dem Schutz des Kindes dienenden Sperrwirkung des § 1599 Abs. 1 BGB.[7] Die abweichende Meinung für den Fall, dass unter den Ehegatten feststeht, dass das Kind nicht vom Ehemann erzeugt worden ist,[8] kann nicht überzeugen, da damit schützenswerte Kindesinteressen gefährdet würden. Anders verhält es sich mit einer eventuellen Versagung oder Begrenzung des Betreuungsunterhalts nach § 1579 Nr. 4, 6, 7 BGB. Da das Gesetz hier ohnehin die Wahrung der Belange des Kindes vorschreibt, ist es gerechtfertigt, den Ehemann vor **unbilliger Inanspruchnahme** zu schützen, wenn die Mutter ihm ein fremdes Kind untergeschoben oder ihn durch falsche Angaben oder Verschweigen der wahren Herkunft des Kindes bewusst oder bedingt vorsätzlich von der Anfechtung der Vaterschaft abgehalten hat.[9] 13

Verpflichtet sich der biologische Vater des Kindes **vertraglich zur Unterhaltsleistung**, steht der Wirksamkeit dessen mangels Beeinträchtigung geschützter Interessen die Sperrwirkung nicht entgegen.[10] 14

Zum **Scheinvaterregress**, bei welchem neben der aus § 1594 Abs. 1 BGB und § 1600d Abs. 4 BGB folgenden Rechtsausübungssperre auch die Sperrwirkung aus § 1599 Abs. 1 BGB in Betracht kommt, vgl. die Kommentierung zu § 1594 BGB Rn. 14. Der biologische Vater kann den Scheinvater nicht wegen dessen Verhaltens im Anfechtungsverfahren auf Schadenersatz in Anspruch nehmen.[11] Dem Scheinvater, der seine durch Anerkenntnis begründete rechtliche Vaterschaft erfolgreich angefochten hat, steht kein Anspruch auf Ersatz der Kosten des Anfechtungsverfahrens gegenüber dem biologischen Vater zu.[12] 15

---

[5] So KG Berlin v. 16.09.1970 - 7 W 10364/70 - NJW 1971, 197 und v. 05.11.1986 - 3 W 5811/86 - FamRZ 1987, 303; OLG Koblenz v. 26.10.1981 - 13 UF 679/81 - FamRZ 1982, 402; AG Elmshorn v. 07.06.1990 - 53 C 242/90 - FamRZ 1991, 841-842; OLG Celle v. 14.03.1994 - 15 W 52/93 - NJW-RR 1995, 6-7; OLG Karlsruhe v. 30.08.1995 - 2 W 5/95 - FamRZ 1996, 872-873 m. Anm. *Gottwald*.

[6] So auch OLG Koblenz v. 15.05.1975 - 6 W 279/75 - FamRZ 1976, 359; KG v. 16.05.1997 - 15 W 217/97 - FamRZ 1998, 761; OLG Koblenz v. 27.02.1998 - 15 W 130/98 - FamRZ 1999, 241; OLG Hamburg v. 21.07.1995 - 14 W 83/94 - FamRZ 1996, 224; OLG Frankfurt FamRZ 1983, 827; *Geimer* in: Zöller, ZPO, 30. Aufl. 2014, § 76 FamFG Rn. 52; *Wellenhofer* in: MünchKomm-BGB, 6. Aufl. 2012, § 1599 Rn. 4.

[7] BGH v. 26.10.1984 - IVb ZR 36/83 - juris Rn. 11 - LM Nr. 25 zu § 1579 BGB.

[8] So OLG Frankfurt v. 17.08.1981 - 5 WF 127/81 - FamRZ 1981, 1063-1064.

[9] BGH v. 26.10.1984 - IVb ZR 36/83 - juris Rn. 12 - LM Nr. 25 zu § 1579 BGB; OLG Oldenburg v. 05.09.1990 - 3 UF 55/90 - FamRZ 1991, 448-450.

[10] BGH v. 14.07.1966 - III ZR 249/64 - BGHZ 46, 56-60.

[11] OLG Jena v. 15.03.2006 - 4 U 159/05 - OLGR Jena 2006, 430-431.

[12] OLG Jena v. 05.08.2005 - 1 UF 55/01 - NJW-RR 2005, 1671.

§ 1599

16 Will der die Scheidung vor Ablauf des Trennungsjahres begehrende Ehemann zur **Darlegung eines Härtegrundes** i.S.v. § 1565 Abs. 2 BGB geltend machen, dass das von der Ehefrau geborene Kind aus einem Ehebruch stammt, kann dem die Sperrwirkung aus § 1599 Abs. 1 BGB nicht entgegenstehen. Die mit der Kindschaftsrechtsreform 1998 erfolgte Einführung des scheidungsabhängigen Statuswechsels (§ 1599 Abs. 2 BGB), der ab Anhängigkeit der Scheidung die Erklärung der Anerkennung durch einen anderen Mann ermöglicht, zeigt, dass der Gesetzgeber die Berücksichtigung außerehelicher Vaterschaft im Rahmen des Scheidungsverfahrens zugelassen hat. Das grundsätzliche Verbot des Bestreitens rechtlich bestehender Vaterschaft kann demnach der Geltendmachung anderweitiger Vaterschaft zur Begründung einer Härte i.S.v. § 1565 Abs. 2 BGB nicht entgegenstehen.[13]

17 Auch ist eine **Durchbrechung der Rechtsausübungssperre** regelmäßig in Betracht zu ziehen, wenn die Nichtabstammung des Kindes vom rechtlichen Vater im Rahmen der Prüfung nach § 1587c BGB zwischen den Parteien unstreitig ist.[14]

18 Die Sperrwirkung des § 1599 Abs. 1 BGB steht auch einem Verfahren nicht entgegen, das die Geltendmachung von **Schadensersatz gegenüber dem Anwalt** wegen Versäumung der Vaterschaftsanfechtung zum Gegenstand hat, weil dieses Verfahren keine schutzbedürftigen Interessen des Kindes berührt.[15] Ebenso ist dem Arzt im **Arzthaftungsprozess** wegen fehlgeschlagener Sterilisation eines Ehegatten nicht der Einwand, das Kind stamme nicht vom Ehemann ab, mit Rücksicht auf § 1599 Abs. 1 BGB verwehrt.[16]

19 Hingegen ist im **Versorgungsausgleichsverfahren** die schlichte Behauptung des Ehemannes, das während der Ehe geborene Kind stamme nicht von ihm, im Hinblick auf die Sperrwirkung des § 1599 Abs. 1 BGB unbeachtlich.[17] Sofern ihm die Ehefrau verschwiegen hat, dass das Kind von einem anderen Mann abstammt, oder geflissentlich beteuert, dass er der Vater des Kindes sei, kann eine **unbillige Härte** i.S.v. § 1587c BGB angenommen werden.[18]

20 Im Hinblick auf das Recht auf Kenntnis der eigenen Abstammung (vgl. die Kommentierung zu § 1592 BGB Rn. 10) stellt sich die Frage, ob das Kind trotz bestehender Vaterschaft des Ehemannes gegen seine Mutter einen Anspruch auf **Auskunft über die Person des wahren (biologischen) Vaters** hat. Das BVerfG hat – unabhängig von der Frage der Sperrwirkung nach § 1599 Abs. 1 BGB – einen solchen Anspruch grundsätzlich anerkannt, jedoch zugleich die Gerichte verpflichtet, das ebenfalls durch Art. 2 Abs. 1 GG i.V. m. Art. 1 Abs. 1 GG geschützte Recht der Mutter auf Achtung ihrer Privat- und Intimsphäre zu berücksichtigen; den Interessen des Kindes dürfe nicht ohne konkrete Abwägung der Vorrang vor den Interessen der Mutter eingeräumt werden.[19] Dies verlangt eine **einzelfallbezogene Entscheidung** unter Würdigung aller in Betracht kommenden Gesichtspunkte; grundsätzlichen Vorrang der Interessen des Kindes oder derjenigen der Mutter kann es angesichts der Grundrechtskollision nicht geben.[20] Müsste die Geltendmachung dieses Anspruchs bei bestehender Vaterschaft des Ehemannes stets an der Sperrwirkung des § 1599 Abs. 1 BGB scheitern, wäre dem Kind generell die Möglichkeit der Vaterschaftsanfechtung und nachfolgender Feststellung des wahren Vaters versperrt. Im Hinblick auf die Grundrechtsqualität des Rechts auf Kenntnis der Abstammung kann dieses Ergebnis nicht richtig sein. Vielmehr wird die Sperrwirkung nur nach denselben Kriterien wie diejenigen zur Abwägung der widerstreitenden Interessen von Mutter und Kind weichen müssen.[21]

21 Vom Recht des Kindes auf Kenntnis seiner Abstammung zu unterscheiden ist die Frage, inwieweit der **biologische – rechtlich nicht feststehende – Vater** seine vermeintliche Vaterschaft feststellen lassen kann, obwohl ein anderer Mann nach den §§ 1592, 1593 BGB als Vater feststeht (zu dieser Problematik vgl. die Kommentierung zu § 1600 BGB Rn. 24).

---

[13] OLG Karlsruhe v. 13.04.2000 - 20 WF 32/00 - juris Rn. 6 - NJW-RR 2000, 1389; vgl. auch OLG Rostock v. 08.03.1993 - 3 WF 18/93 - NJW-RR 1994, 266.

[14] BGH v. 25.06.2008 - XII ZB 163/06 - FamRZ 2008, 1836-1840.

[15] BGH v. 03.11.1978 - IV ZR 199/77 - BGHZ 72, 299-301; BGH v. 19.02.1987 - IX ZR 33/86 - NJW-RR 1988, 898-899.

[16] *Brudermüller* in: Palandt, BGB, 73. Aufl. 2014, § 1600d Rn. 20.

[17] BGH v. 15.12.1982 - IVb ZB 544/80 - LM Nr. 7 zu § 53b FGG.

[18] BGH v. 05.12.1984 - IVb ZR 55/83 - juris Rn. 11 - LM Nr. 43 zu § 1587 BGB; OLG Hamm v. 13.06.1991 - 1 UF 97/91 - NJW 1992, 1515-1516.

[19] BVerfG v. 06.05.1997 - 1 BvR 409/90 - LM Art 2 GrundG Nr. 69a (9/1997).

[20] Vgl. dazu LG Münster v. 26.08.1998 - 1 S 414/89 - NJW 1999, 726-728; LG Bremen v. 10.03.1998 - 1 S 518/97 - NJW 1999, 729-730.

[21] Vgl. *Wellenhofer* in: MünchKomm-BGB, 6. Aufl. 2012, § 1599 Rn. 7.

Ob die Indizwirkung eines bewusst wahrheitswidrig erfolgten Vaterschaftsanerkenntnisses mit der aus 22
§ 1599 Abs. 1 BGB folgenden Sperrwirkung auch für **ausländerrechtliche Ansprüche** gelten kann,
wird in der verwaltungsgerichtlichen Rspr. neuerdings infrage gestellt,[22] wofür jedenfalls bei kollusivem Zusammenwirken mit der Kindesmutter gute Gründe sprechen.

3. Anfechtungsantrag

Die Geltendmachung der Unrichtigkeit rechtlich bestehender Vaterschaft erfordert die Erhebung eines 23
auf Anfechtung der Vaterschaft gerichteten Gestaltungsantrags.[23] Das Verfahren richtet sich nach
den §§ 169 ff. FamFG.

Sachlich **zuständig** für den Antrag zur Anfechtung der Vaterschaft (Abstammungssache) sind nach 24
§ 23a Abs. 1 Nr. 1 GVG, §§ 111 Nr. 3, 169 FamFG die Familiengerichte. Die örtliche Zuständigkeit
ergibt sich aus § 170 FamFG.

Die **Anfechtungsberechtigung** und damit die Antragsbefugnis richtet sich nach § 1600 BGB (vgl. 25
hierzu die Kommentierung zu § 1600 BGB). In § 172 FamFG ist geregelt, welche Personen am Verfahren zu beteiligen sind.

Wer am Abstammungsverfahren zu beteiligen ist, ergibt sich seit dem 01.09.2009 aus § 172 FamFG. 26
In erster Linie sind dies nach dessen Absatz 1 das Kind, die Mutter und der rechtliche Vater (§§ 1592
Nr. 1 und 2, 1593 BGB). Nach § 172 Abs. 2 FamFG ist das Jugendamt im Fall der Anfechtung nach
§ 1600 Abs. 1 Nr. 2 und 5 BGB sowie im Fall einer Anfechtung nach § 1600 Abs. 1 Nr. 4 BGB auf
seinen Antrag hin zu beteiligen, sofern die Anfechtung durch den gesetzlichen Vertreter des Kindes
erfolgt. Der so genannte **biologische Vater**, der nach § 1600 Abs. 1 Nr. 2 BGB an Eides statt versichert, der Mutter während der Empfängniszeit beigewohnt zu haben, ist im Verfahren auf Anfechtung
der Vaterschaft als Antragsteller nach der allgemeinen Regelung des § 7 Abs. 1 FamFG zu beteiligen:
Zwar handelt es sich um ein Verfahren der freiwilligen Gerichtsbarkeit,[24] das jedoch gem. § 171 Abs. 1
FamFG nur auf Antrag eingeleitet wird. Im Anfechtungsverfahren des rechtlichen Vaters, des Kindes
oder der Mutter hingegen muss der potenzielle biologische Vater nicht beteiligt werden, weil die erfolgreiche Vaterschaftsanfechtung nicht seine Rechtsverteidigung in einem späteren Vaterschaftsfeststellungsverfahren verkürzt.[25] Daher sind die insoweit bis zum 31.08.2009 gegebenen Möglichkeiten
der Nebenintervention und der Streitverkündung (§ 640e Abs. 2 Satz 1 ZPO) ersatzlos entfallen. Erfolgt die Anfechtung gem. § 1600 Abs. 1 Nr. 5 BGB durch die Anfechtungsberechtigte, ist auch diese
gem. § 7 Abs. 1 FamFG als Antragstellerin zu beteiligen.

Nähere Regelungen zur Anfechtung bei **mangelnder Geschäftsfähigkeit** oder Betreuung finden sich 27
in § 1600a Abs. 2-5 BGB. Gewillkürte Vertretung bei der Anfechtung ist ausgeschlossen (§ 1600a
Abs. 1 BGB).

Die **Anfechtungsfrist** und die Einzelheiten dazu sind in § 1600b BGB (vgl. Rn. 1) geregelt. 28

Nach § 177 FamFG gilt für das Anfechtungsverfahren der **Untersuchungsgrundsatz** mit gewissen 29
Einschränkungen: Tatsachen, die die Beteiligten nicht vorgetragen haben, dürfen nur dann berücksichtigt werden, wenn sie geeignet sind, dem Fortbestand der Vaterschaft zu dienen und der die Vaterschaft
Anfechtende einer Berücksichtigung nicht widerspricht. Diese gesetzgeberische Absicht (vgl. § 185
Abs. 1 des Referentenentwurfs zum FamFG) gibt allerdings die Fassung des jetzigen § 177 Abs. 1
FamFG nicht zutreffend wieder, weil die die Voraussetzungen, unter denen nicht vorgetragene Tatsachen berücksichtigt werden dürfen, im alternativen Sinn formuliert, obwohl nach wie vor eine kumulative Verbindung gewollt war.[26] Daher wird in aller Regel die Einholung von Sachverständigengutachten erforderlich sein. Soweit dazu notwendig, hat jede Person Untersuchungen, insbesondere die
Entnahme von Blutproben zu dulden (§ 372a ZPO). Im Übrigen besteht materiell-rechtlich die Vermutung der Richtigkeit bestehender Vaterschaft (§ 1600c Abs. 1 BGB); etwas Anderes gilt, wenn die Anfechtung auf Willensmängel bei Erklärung der Anerkennung gestützt wird (§ 1600c Abs. 2 BGB) –
vgl. dazu im Einzelnen die Kommentierung zu § 1600c BGB.

Zu den Anforderungen an die Schlüssigkeit des Anfechtungsantrags vgl. nachfolgend Rn. 39. 30

---

[22] OVG Mannheim v. 03.03.2005 - 13 S 3035/04 - NJW 2005, 1529; anders noch OVG Magdeburg v. 01.10.2004 -
2 M 441/04 - InfAuslR 2006, 56.
[23] BGH v. 20.01.1999 - XII ZR 117/97 - juris Rn. 8 - LM BGB § 1592 Nr. 1 (7/1999).
[24] *Löhnig* in: Bork/Jacobi/Schwab, FamFG, 2. Aufl. 2013, § 171 Rn. 2.
[25] *Stößer* in: Prütting/Helms/Stößer, FamFG, 3. Aufl. 2014, § 172 Rn. 9.
[26] *Stößer* in: Prütting/Helms/Stößer, FamFG, 3. Aufl. 2014, § 177 Rn. 3.

4. Gestaltungsbeschluss

31 Der einem Anfechtungsantrag stattgebende Beschluss (§ 38 FamFG) lautet auf Feststellung, dass – z. B. – der Antragsteller nicht Vater des Antragsgegners ist. Wie sich aus § 1599 Abs. 1 BGB ergibt, hat diese „Feststellung" **Statuswirkung**, da die bisher bestehende Vaterschaft mit der Rechtskraft des Beschlusses entfällt. Der Sache nach handelt es sich daher nicht um einen Feststellungs-, sondern einen Gestaltungsbeschluss.

32 Der bei Lebzeiten der Beteiligten **rechtskräftig** gewordene **Gestaltungsbeschluss wirkt für und gegen alle** (§ 184 Abs. 2 FamFG).

IV. Rechtsfolgen

33 Mit Rechtskraft des dem Anfechtungsantrag stattgebenden Gestaltungsbeschlusses entfällt die bestehende Vaterschaft mit **Rückwirkung** auf den Zeitpunkt der Geburt des Kindes.[27] Grundsätzlich hat das Kind nunmehr keinen Vater; Vaterschaft eines anderen Mannes bedarf der Anerkennung (§ 1592 Nr. 2 BGB) oder gerichtlichen Feststellung (§ 1592 Nr. 3 BGB). Anders verhält es sich, wenn die nach § 1593 Satz 3 BGB bestehende Vaterschaft des neuen Ehemannes der Mutter erfolgreich angefochten worden ist; in diesem Falle ist, wenn das Kind innerhalb von 300 Tagen nach dem Tode des früheren Ehemannes geboren worden war, dieser rückwirkend der Vater (§ 1593 Satz 4 BGB). Zum Sonderfall der Anfechtung durch den biologischen Vater vgl. die Kommentierung zu § 1600 BGB Rn. 36.

34 Hat der bisher feststehende Vater vor dem Wirksamwerden der Anfechtung im Rahmen seiner bis dahin bestehenden gesetzlichen Vertretungsmacht **Rechtsgeschäfte** für das Kind getätigt, fragt sich, inwieweit die Rückwirkung der Anfechtung zur Unwirksamkeit dieser Rechtsgeschäfte führt. Hatte der Vater bei gemeinsamer Sorge zusammen mit der Mutter gehandelt, verbleibt es bei der Wirksamkeit, soweit die Mutter infolge der Rückwirkung gem. § 1626a Abs. 2 BGB allein sorgeberechtigt war. Ist dies nicht der Fall, gelten grundsätzlich die §§ 177, 180 BGB.[28] Dies dürfte jedoch in aller Regel mit dem Schutz des Rechtsverkehrs nicht zu vereinbaren sein, weshalb die Aufrechterhaltung der Wirksamkeit aus dem Rechtsgedanken in den §§ 1698a, 1698b BGB,[29] § 32 FGG geboten ist – es sei denn, der Geschäftsgegner wusste um die Anfechtung der Vaterschaft oder musste von ihr wissen.

35 War der bisher feststehende Vater strafgerichtlich wegen Unterhaltspflichtverletzung verurteilt worden, stellt die erfolgreiche Anfechtung einen Wiederaufnahmegrund i.S. des § 359 Nr. 5 StPO dar.[30]

V. Altfälle

36 Vor dem 01.07.1998 in der Bundesrepublik ergangene Entscheidungen zur Vaterschaftsanfechtung gelten aufgrund ihrer Rechtskraft weiter. Vor dem 03.10.1990 in der DDR ergangene Entscheidungen bleiben nach Art. 234 § 7 Abs. 1 Satz 1 EGBGB weiter wirksam.

37 Liegt bezüglich eines vor dem 01.07.1998 geborenen Kindes keine vor diesem Zeitpunkt ergangene Entscheidung zur Anfechtung der Vaterschaft vor, ist gem. Art. 224 § 1 Abs. 2 EGBGB neues Recht auf die nunmehr durchgeführte Anfechtung anzuwenden.[31]

VI. Verfahrensrechtliche Hinweise

38 Da es seit dem 01.07.1998 keinen Unterschied zwischen ehelicher und nicht ehelicher Kindschaft und daher keine Anfechtung der „Ehelichkeit" oder der „Anerkennung" gibt, lautet der **Antrag** unterschiedslos auf „Feststellung, dass die Antragsgegnerin nicht Kind des Antragstellers ist" oder „der Antragsgegner nicht Vater des Antragstellers ist".

39 Zur **Schlüssigkeit** des Anfechtungsantrags **reicht die bloße Behauptung** des Antragstellers, er **sei nicht der Vater**, was durch Sachverständigengutachten zu beweisen wäre, **nicht aus**. Er muss vielmehr Umstände vortragen, die bei objektiver Betrachtung geeignet sind, Zweifel an der bestehenden Vaterschaft zu wecken und die Möglichkeit anderweitiger Abstammung als nicht ganz fernliegend erscheinen lassen (**Anfangsverdacht**).[32] Dazu genügt es nicht, sich auf anonyme Anrufe zu berufen, durch die man von gegen die Vaterschaft sprechenden Umständen erfahren habe.[33] Auch reicht es für

---

[27] Vgl. BVerfG v. 18.11.1986 - 1 BvR 1365/84 - juris Rn. 23 - NJW 1987, 1007-1008.
[28] *Brudermüller* in: Palandt, BGB, 73. Aufl. 2014, § 1599 Rn. 7.
[29] *Wellenhofer* in: MünchKomm-BGB, 6. Aufl. 2012, § 1599 Rn. 53.
[30] OLG Hamm v. 05.05.2004 - 4 Ss 65/04 - NJW 2004, 2461.
[31] BGH v. 20.01.1999 - XII ZR 117/97 - juris Rn. 9 - LM BGB § 1592 Nr. 1 (7/1999).
[32] BGH v. 22.04.1998 - XII ZR 229/96 - LM BGB § 1591 Nr. 18 (10/1998); ebenso BGH v. 30.10.2002 - XII ZR 345/00 - NJW 2003, 585-586.
[33] OLG Köln v. 06.05.2004 - 14 UF 235/03 - FamRZ 2004, 1987.

sich alleine nicht, dass der Antragsteller die Vaterschaft über andere während der Ehe geborene Kinder bereits erfolgreich angefochten hat; vielmehr müssen über die Verdachtsmomente aus den früheren Verfahren hinaus weitere Umstände vorliegen, die sich auf das betroffene Kind beziehen.[34] Die Mitteilung der Kindesmutter, der rechtliche Vater sei nicht der leibliche, kann ausreichen.[35] Ein **heimlich** – also ohne Zustimmung des Kindes oder seiner allein sorgeberechtigten Mutter – **eingeholtes Abstammungsgutachten** kann einen solchen Anfangsverdacht nicht begründen, weil es im Hinblick auf die Verletzung des allgemeinen Persönlichkeitsrechts des Kindes im Verfahren nicht verwertbar ist.[36] Dies soll nicht gelten, wenn das Gutachten vor Bekanntwerden der einschlägigen Rechtsprechung des BGH ohne Zustimmung des Berechtigten vom Gericht eingeholt worden war.[37] Zu weiteren Einzelheiten vgl. auch die Kommentierung zu § 1598a BGB Rn. 2.

Dazu sieht das „**Gesetz zur Klärung der Vaterschaft unabhängig vom Anfechtungsverfahren**" vom 26.03.2008 vor, den Familienmitgliedern (rechtlicher Vater, Mutter, Kind) einen Anspruch auf Einwilligung in eine genetische Untersuchung zur Klärung der Abstammung und Duldung der Entnahme einer für die Untersuchung geeigneten Probe einzuräumen (zu den Einzelheiten vgl. die Kommentierung zu § 1598a BGB Rn. 1). Dieser Anspruch kann notwendigenfalls in einem familiengerichtlichen Verfahren durchgesetzt werden. Das Familiengericht hat auf Antrag eine nicht erteilte Einwilligung zu ersetzen und die Duldung der Probenentnahme anzuordnen (vgl. dazu die Kommentierung zu § 1598a BGB Rn. 17). **40**

Ist der Anfechtungsantrag des Vaters in einem früheren Verfahren mangels hinreichenden Anfangsverdachts abgewiesen worden, muss er in einem erneuten Anfechtungsverfahren mehr als nur zum selben Lebenssachverhalt vortragen. Ergänzt er sein Vorbringen lediglich um weitere Einzelheiten oder Beweismittel zu diesem Sachverhalt, steht dem neuen Antrag die materielle Rechtskraft des Erstverfahrens entgegen.[38] **41**

Zum Verfahren im Übrigen hinsichtlich Zuständigkeit vgl. Rn. 24, Verfahrensbeteiligung vgl. Rn. 29 und Untersuchungsgrundsatz vgl. Rn. 29. **42**

VII. Auslandsbezug

Kollisionsnorm betreffend die Feststellung des Nichtbestehens der Vaterschaft (**Anfechtungsstatut**) ist Art. 20 EGBGB. **43**

Die **internationale Zuständigkeit** für Anträge auf Feststellung des Nichtbestehens der Vaterschaft richtet sich mangels vorgehender supranationaler Regelungen nach § 100 FamFG. **44**

Die **Anerkennung** im Ausland ergangener Entscheidungen richtet sich nach § 109 FamFG. Die Bestimmung normiert den Grundsatz der automatischen Anerkennung wie bereits § 328 ZPO und – bis zum 31.08.2009 – auch § 16a FGG. In Absatz 2 Satz 1 wird für bestimmte Fälle ein Anerkennungsfeststellungsverfahren eingeführt, das bisher nur für Sonderfälle vorgesehen war. Besondere Verfahren im Sinne von § 108 Abs. 2 Satz 1 HS. 2 FamFG sind z.B. sog. Delibations- oder Exequaturverfahren (Verfahren der Zulassung ausländischer Vollstreckungstitel oder Schiedssprüche zur Zwangsvollstreckung im Inland). **45**

B. Kommentierung zu Absatz 2 (scheidungsakzessorischer Statuswechsel)

I. Grundlagen

1. Kurzcharakteristik

§ 1599 BGB behandelt die nachträgliche Beseitigung bestehender Vaterschaft, wenn sie mit der genetischen Herkunft nicht übereinstimmt. Hierzu ist regelmäßig gerichtliche Anfechtung erforderlich (§ 1599 Abs. 1 BGB). In Ausnahme dazu ermöglicht § 1599 **Abs. 2** BGB für den Fall der **Geburt des** **46**

---

[34] OLG Köln v. 14.04.2005 - 14 WF 29/05 - FamRZ 2006, 54.
[35] OLG Bremen v. 02.03.2012 - 4 WF 20/12 - FamRB 2012, 145-146.
[36] BGH v. 12.01.2005 - XII ZR 227/03 - FamRZ 2005, 340-342; BGH v. 12.01.2005 - XII ZR 60/03 - FamRZ 2005, 342-344; OLG Celle v. 29.10.2003 - 15 UF 84/03 - NJW 2004, 449-451; OLG Koblenz v. 23.02.2006 - 7 UF 45 /05; a.A. OLG Dresden v. 30.09.2004 - 21 UF 70/04 - FamRZ 2005, 1491.
[37] BGH v. 01.03.2006 - XII ZR 210/04 - FamRZ 2006, 686.
[38] BGH v. 30.10.2002 - XII ZR 345/00 - NJW 2003, 585-586.

§ 1599

Kindes nach Anhängigkeit eines Scheidungsantrags die Aufhebung der Vaterschaft des Ehemannes der Mutter unter gleichzeitiger Begründung anderweitiger Vaterschaft durch **rechtsgeschäftlich vereinbarten Statuswechsel**, der mit Rechtskraft der Scheidung wirksam wird.

2. Gesetzgebungsgeschichte

47 § 1599 BGB gilt in seiner heutigen Fassung seit dem 01.07.1998. Bis dahin kannte das Gesetz keinen rechtsgeschäftlich vereinbarten Statuswechsel. Mit der Regelung in § 1599 Abs. 2 BGB hat der Gesetzgeber der Kindschaftsrechtsreform (vgl. die Kommentierung zu § 1592 BGB Rn. 4) Neuland betreten. Ausgehend von der Annahme, dass bei Geburt des Kindes nach Anhängigkeit eines Scheidungsantrags der (Noch-)Ehemann häufig nicht der wirkliche Vater sei, wurde zur Vermeidung kostenträchtiger Anfechtungsverfahren die einfachere Möglichkeit geschaffen, einverständlich und unter Wegfall der bisherigen Vaterschaft die für die Beteiligten feststehende anderweitige Vaterschaft anzuerkennen.[39]

3. Regelungsprinzipien

48 § 1599 Abs. 2 BGB ist **spezialgesetzliche Regelung** zur rechtsgeschäftlichen Begründung von Vaterschaft des wahren Erzeugers unter gleichzeitigem Wegfall der Vaterschaft des Ehemannes der Mutter und ist damit **Ausnahme zu § 1599 Abs. 1 BGB**: Die dort normierte Sperrwirkung steht nicht entgegen, ein Anfechtungsantrag ist nicht erforderlich. Die Vorschrift gilt für den Fall, dass während des Scheidungsverfahrens ein Kind geboren wird, bezüglich dessen allen Beteiligten klar ist, dass es nicht vom Ehemann der Mutter stammt. Ohne vorausgegangenen Anfechtungsantrag kann der wirkliche Vater mit Zustimmung der Mutter – und unter den Voraussetzungen von § 1595 Abs. 2 BGB auch des Kindes – sowie des Ehemannes der Mutter die Vaterschaft anerkennen.

49 Die einverständliche Anerkennung des § 1599 Abs. 2 BGB führt als **scheidungsakzessorischer Statuswechsel** bei Rechtskraft der Scheidung zur Aufhebung der Vaterschaft des Ehemannes und gleichzeitigen Begründung der Vaterschaft des Anerkennenden, sodass das Kind nicht vaterlos wird.

50 Die durch § 1599 Abs. 2 BGB gewährte Möglichkeit, den Statuswechsel rechtsgeschäftlich herbeizuführen, steht dem gerichtlichen Anfechtungsantrag nach § 1599 Abs. 1 BGB nicht entgegen. Diese **steht als Alternative weiterhin zur Verfügung**,[40] was insbesondere dann in Betracht kommt, wenn es dem Anfechtenden darum geht, Gewissheit über die genetische Abstammung zu erlangen. Verfahrenskostenhilfe kann dann nicht wegen Mutwilligkeit verweigert werden, ebenso wenig, wenn das Scheidungsverfahren nicht in absehbarer Zeit abgeschlossen werden kann.[41]

51 Die mit der einverständlichen Anerkennung ohne gerichtliche Kontrolle verbundene zumindest teilweise Freigabe des Status an die rechtsgeschäftliche Privatautonomie sowie die grundsätzliche Nichtbeteiligung des betroffenen Kindes haben zu **Bedenken** geführt.[42] Diese dürften jedoch letztlich nicht begründet sein. Denn bei der einverständlichen Anerkennung verhält es sich nicht anders als beim Normalfall der Anerkennung nach den §§ 1592 Nr. 2, 1594-1597 BGB, bei der das Kind in der Regel auch nicht beteiligt ist und die Mutter und der vermeintliche Vater ohne gerichtliche Kontrolle zusammenwirken – im Falle des § 1599 Abs. 2 BGB kommt darüber hinaus der Ehemann der Mutter als zusätzliche Sicherheitsgewähr hinzu. Des Weiteren ist gerade bei Geburt während des Scheidungsverfahrens die Nichtabstammung vom Ehemann wahrscheinlicher als das Gegenteil, sodass in aller Regel mit dem scheidungsabhängigen Statuswechsel genetische und rechtliche Vaterschaft deckungsgleich werden.

II. Praktische Bedeutung

52 Der praktische Vorteil des rechtsgeschäftlich herbeizuführenden Statuswechsels ist evident. Für die Beteiligten bedeutet er die Vermeidung eines aufwendigen und kostenträchtigen Anfechtungsverfahrens. Die Justiz wird entlastet.

III. Anwendungsvoraussetzungen

1. Normstruktur

53 **Satz 1 HS. 1** und **Satz 3** normieren die **Rechtsfolge** des wirksam herbeigeführten Statuswechsels.

---

[39] BT-Drs. 13/4899, S. 53.
[40] *Gaul*, FamRZ 1997, 1441-1466, 1456.
[41] OLG Karlsruhe v. 10.12.1999 - 2 WF 83/99 - NJWE-FER 2001, 28; OLG Köln v. 30.12.2004 - 14 WF 234/04 - FamRZ 2005, 743.
[42] Insbesondere *Gaul*, FamRZ 1997, 1441-1466, 1448, 1455; *Diederichsen*, NJW 1998, 1977-1991, 1979.

Satz 2 regelt die **Wirksamkeitsvoraussetzungen**. 54
Satz 1 HS. 2 überwindet die **Sperrwirkung** anderweitig bestehender Vaterschaft. 55

2. Keine Sperrwirkung bestehender Vaterschaft des Ehemannes

Nach § 1594 Abs. 2 BGB ist bei bestehender Vaterschaft die Anerkennung durch einen anderen Mann 56
nicht möglich. Die trotzdem erklärte Anerkennung ist bis zur Rechtskraft eines Anfechtungs- oder Aufhebungsbeschlusses schwebend unwirksam (vgl. die Kommentierung zu § 1594 BGB Rn. 17). Ohne Ausnahmeregelung würde diese Sperrwirkung auch für die zum Statuswechsel erforderliche Anerkennung gelten, sodass ein solcher nicht durchführbar wäre. § 1599 Abs. 2 Satz 1 HS. 2 BGB schließt daher für den scheidungsabhängigen Statuswechsel die Anwendbarkeit von § 1594 Abs. 2 BGB aus.

3. Wirksamkeitsvoraussetzungen

Rechtsgeschäftlich vereinbarter Statuswechsel kommt, wie sich aus § 1599 Abs. 2 Satz 1 BGB ergibt, 57
nur bei **Vaterschaft des Ehemannes der Mutter** in Betracht. Diese muss sich aus § 1592 Nr. 1 BGB ergeben, also auf **ehelicher Geburt des Kindes** beruhen. Bei vorehelicher Geburt und Vaterschaft des Ehemannes aufgrund Anerkennung oder gerichtlicher Feststellung ist § 1599 Abs. 2 BGB nicht anwendbar. Anerkannte Vaterschaft kann nur im Wege gerichtlicher Anfechtung (§ 1599 Abs. 1 BGB) beseitigt werden, durch Statusbeschluss festgestellte Vaterschaft nur durch ein Wiederaufnahmeverfahren (§ 185 FamFG).

§ 1599 Abs. 2 BGB gilt, soweit seine Voraussetzungen erfüllbar sind, auch bei **Tod eines Ehegatten** 58
während des Scheidungsverfahrens.[43] Zwar kann es nicht mehr zur Scheidung kommen (§ 619 ZPO), jedoch ist die gleiche Rechtsfolge – Auflösung der Ehe – eingetreten und die Interessenlage, insbesondere geringere Wahrscheinlichkeit genetischer Vaterschaft des Ehemannes, dieselbe.

Seinem Wortlaut nach ermöglicht § 1599 Abs. 2 Satz 1 BGB den scheidungsabhängigen Statuswechsel 59
auch bei **nachehelicher Geburt** i.S.v. § 1593 BGB, wenn also das Kind innerhalb von 300 Tagen – bei überlanger Tragezeit (vgl. die Kommentierung zu § 1593 BGB Rn. 11) auch später – nach dem Tod des Ehemannes der Mutter geboren worden ist. Auf den ersten Blick erscheint dies widersinnig: Nach dem Tod des Ehemannes gibt es kein Scheidungsverfahren, der verstorbene Ehemann kann nicht mehr zustimmen. Dennoch verbleibt bei sinnorientierter Auslegung ein Anwendungsbereich der Vorschrift, und zwar bei **Tod des Ehemannes nach Anhängigkeit des Scheidungsverfahrens** und danach erfolgter Geburt. Da die Zustimmung des Ehemannes konstitutiver und damit unverzichtbarer Bestandteil des rechtsgeschäftlich vereinbarten Statuswechsels ist, bleibt dies allerdings auf den Fall beschränkt, dass der Ehemann vorgeburtlich (§ 1599 Abs. 2 Satz 2 HS. 2 BGB i.V. m. § 1594 Abs. 4 BGB) und noch vor seinem Tode wirksam zugestimmt hat.[44]

Zum Wirksamwerden des Statuswechsels schreibt § 1599 Abs. 2 Satz 2 BGB im Einzelnen vor: 60

- **Geburt nach Anhängigkeit des Scheidungsantrags**. Geburt nach – auch jahrelanger – Trennung, jedoch vor Anhängigkeit der Scheidung reicht nicht. Ebenso wenig reicht Geburt während eines Verfahrens zur Aufhebung der Ehe (§§ 1313-1371 BGB). § 1599 Abs. 2 BGB ist hierauf nicht anwendbar. Dies ergibt sich zunächst aus dem Wortlaut, aber auch aus der völlig unterschiedlichen Ausgangslage: Während Eheaufhebung ihre Begründung in Rechtsmängeln bei der Eheschließung findet, knüpft Scheidung an das spätere Scheitern der Ehe an. Nur bei Letzterem ist in der Regel eine geringere Wahrscheinlichkeit für die tatsächliche Vaterschaft des Ehemannes anzunehmen, wenn das Verfahren zur Auflösung der Ehe eingeleitet wird. Im Hinblick darauf scheidet auch eine analoge Anwendung aus.[45]
- **Geburt vor Rechtskraft der Scheidung**. Bei Geburt nach rechtskräftiger Scheidung gilt der bisherige Ehemann, wie sich aus § 1592 Nr. 1 BGB ergibt, ohnehin nicht als Vater.
- **Anerkennung** der Vaterschaft **durch einen anderen Mann** („Dritter") spätestens bis zum Ablauf **eines Jahres** nach Rechtskraft des Scheidungsbeschlusses. Diese Anerkennung kann bereits während der noch bestehenden Ehe der Mutter erfolgen, die bestehende Vaterschaft des Ehemannes entfaltet keine Sperrwirkung (vgl. Rn. 56). Die Anerkennungserklärung unterliegt im Übrigen den allgemeinen Wirksamkeitsvoraussetzungen nach § 1594 Abs. 3 und 4 BGB (bedingungs- und befristungsfeindlich, vorgeburtlich möglich), § 1596 Abs. 1 Satz 1-3, Abs. 3, Abs. 4 BGB (keine gewillkürte Vertretung, differenzierte Regelung zu gesetzlicher Vertretung – vgl. die Kommentierung zu

---

[43] *Brudermüller* in: Palandt, BGB, 73. Aufl. 2014, § 1599 Rn. 10.
[44] *Hammermann* in: Erman, BGB, 13. Aufl. 2011, § 1599 Rn. 50.
[45] A.A. (Analogie zulässig) AG Hagen v. 27.12.2004 - 8 III 115/04 - FamRZ 2005, 1191.

§ 1596 BGB Rn. 22 – und Betreuung, vgl. die Kommentierung zu § 1596 BGB Rn. 31), § 1597 Abs. 3 BGB (Widerruf; vgl. die Kommentierung zu § 1597 BGB Rn. 17) und § 1597 Abs. 1 BGB (öffentliche Beurkundung einschließlich der erweiterten Beurkundungszuständigkeiten – vgl. die Kommentierung zu § 1597 BGB Rn. 12 –, die allerdings eine Beurkundung im Scheidungsverfahren nicht vorsehen). Ein **Fristenproblem** im Zusammenhang mit der Anerkennungserklärung des Dritten kann sich z.B. dann ergeben, wenn nachträglich festgestellt wird, dass die Zustimmung des Ehemannes formunwirksam ist, weil nicht öffentlich beurkundet erklärt worden ist. Zu weiteren Einzelheiten vgl. die Kommentierung zu § 1597 BGB Rn. 11 f.

- Insoweit war lange Zeit umstritten, ob nur die Erklärung der Anerkennung des Dritten in der Jahresfrist nach § 1599 Abs. 2 Satz 1 BGB erfolgen muss oder ob auch alle diesbezüglichen weiteren Wirksamkeitsvoraussetzungen, namentlich die Zustimmungserklärungen von Mutter und Ehemann, innerhalb der Frist der Jahresfrist zu erfolgen haben.[46] Inzwischen hat der BGH zu Recht entschieden, dass diese Zustimmung anders als die Anerkennung nicht an eine Frist gebunden ist.[47] Zur Beseitigung eines unerwünscht langen Schwebezustandes diene wie bei der Anerkennung im Allgemeinen die Möglichkeit des Widerrufs gemäß § 1597 Abs. 3 BGB.[48] Eine weitergehende Einschränkung als der dem Anerkennenden offen stehende Widerruf der Anerkennung lasse sich dem Gesetz nicht entnehmen.[49]

- **Zustimmung der Mutter** zur Anerkennung. Für diese gelten die allgemeinen Wirksamkeitsvoraussetzungen nach § 1594 Abs. 3 und 4 BGB (bedingungs- und befristungsfeindlich, vorgeburtlich möglich), § 1596 Abs. 1 Satz 4 i.V. m. Satz 1-3, Abs. 3, Abs. 4 BGB (keine gewillkürte Vertretung, differenzierte Regelung zu gesetzlicher Vertretung der Mutter – vgl. die Kommentierung zu § 1596 BGB Rn. 24 – und Betreuung, vgl. die Kommentierung zu § 1596 BGB Rn. 31) und § 1597 Abs. 1 BGB (öffentliche Beurkundung einschließlich der erweiterten Beurkundungszuständigkeiten – vgl. die Kommentierung zu § 1597 BGB Rn. 12 –, die allerdings eine Beurkundung im Scheidungsverfahren nicht vorsehen).

- Falls der Mutter die elterliche Sorge nicht zusteht, ist unter den Voraussetzungen von § 1595 Abs. 2 BGB zusätzlich die **Zustimmung des Kindes** erforderlich – vgl. dazu die Kommentierung zu § 1595 BGB Rn. 14. Hierfür gelten die allgemeinen Wirksamkeitsvoraussetzungen nach § 1594 Abs. 3 und 4 BGB (bedingungs- und befristungsfeindlich, vorgeburtlich möglich), § 1596 Abs. 2 und 4 BGB (keine gewillkürte Vertretung, differenzierte Regelung zur gesetzlichen Vertretung des Kindes; vgl. die Kommentierung zu § 1596 BGB Rn. 27) und § 1597 Abs. 1 BGB (öffentliche Beurkundung einschließlich der erweiterten Beurkundungszuständigkeiten – vgl. die Kommentierung zu § 1597 BGB Rn. 12 –, die allerdings eine Beurkundung im Scheidungsverfahren nicht vorsehen).

- **Zustimmung des Ehemannes** der Mutter – also des Mannes, der aufgrund ehelicher (§ 1592 Nr. 1 BGB) oder nachehelicher (§ 1593 BGB) Geburt als Vater feststeht. Diese besondere Zustimmungserklärung unterliegt über § 1599 Abs. 2 Satz 2 HS. 2 BGB den Wirksamkeitsvoraussetzungen nach § 1594 Abs. 3 und 4 BGB (bedingungs- und befristungsfeindlich, vorgeburtlich möglich), § 1596 Abs. 1 Satz 1-3, Abs. 3, Abs. 4 BGB (keine gewillkürte Vertretung, differenzierte Regelung zu gesetzlicher Vertretung – vgl. die Kommentierung zu § 1596 BGB Rn. 22 – und Betreuung, vgl. die Kommentierung zu § 1596 BGB Rn. 31) und § 1597 Abs. 1 BGB (öffentliche Beurkundung einschließlich der erweiterten Beurkundungszuständigkeiten – vgl. die Kommentierung zu § 1597 BGB Rn. 12 –, die allerdings eine Beurkundung im Scheidungsverfahren nicht vorsehen). Ein Widerruf ist nicht möglich. Die Zustimmungserklärung des Ehemannes kann in wirksamer Form **nur in einem Kindschaftsverfahren, nicht jedoch in einem Scheidungsverfahren** abgegeben werden.[50] Bei der Schaffung des entsprechenden Zusatzes zum früheren § 641c ZPO ging der Gesetzgeber davon aus, dass die Zustimmung auch in der mündlichen Verhandlung einer Kindschaftssache zur Niederschrift des Gerichts erklärt werden könne, wie dies für die anderen Erklärungen bereits vorgesehen war.

---

[46] Eingehend zum Meinungsstand *Wellenhofer*, FamRZ 2013, 946.

[47] BGH v. 27.03.2013 - XII ZB 71/12 - juris Rn.18 - FamRZ 2013, 944; OLG Köln v. 22.09.2010 - 16 Wx 32/10, I-16 Wx 32/10 - FamRZ 2011, 651; *Wellenhofer* in: MünchKomm-BGB, 6. Aufl. 2012, § 1599 Rn. 64; a. A. OLG Stuttgart v. 18.12.2003 - 16 UF 221/03 - FamRZ 2004, 1054; *Brudermüller* in: Palandt, BGB, 73. Aufl. 2014, § 1599 Rn. 11.

[48] Vgl. OLG Köln v. 22.09.2010 - 16 Wx 32/10, I-16 Wx 32/10 - FamRZ 2011, 651, 652; OLG Oldenburg v. 20.08.2010 - 12 W 167/10 - FamRZ 2011, 1076, 1077.

[49] Vgl. BGH v. 27.03.2013 - XII ZB 71/12 - juris Rn. 18 - FamRZ 2013, 944.

[50] BGH v. 27.03.2013 - XII ZB 71/12 - juris Rn. 11 - FamRZ 2013, 944, 946 m. zust. Anm. *Wellenhofer*.

Nach Auffassung des BGH hat kein Grund bestanden, an die Beurkundung der genannten Erklärung andere Anforderungen zu stellen.[51] Insoweit fehle eine planwidrige Regelungslücke.[52] Vielmehr stelle das Gesetz dem zustimmungsbereiten Ehemann neben der Erklärung zur Niederschrift im Abstammungsverfahren und der Beurkundung nach § 62 BeurkG die Erklärung vor dem Standesamt (§ 44 PStG), vor dem Jugendamt (§ 59 Abs. 1 SGB VIII) oder dem Notar (§ 20 Abs. 1 BNotO) zur Verfügung.[53]

Die in § 1599 Abs. 2 Satz 1 HS. 1 BGB normierte **Befristung auf ein Jahr nach Rechtskraft** der Scheidung gilt **nur für die Anerkennungserklärung des Dritten**, nicht aber auch für die Zustimmungserklärungen der Mutter, des Kindes und des Ehemannes.[54] 61

IV. Rechtsfolgen

Der **Statuswechsel**, also der Wegfall der bisher bestehenden Vaterschaft des Ehemannes unter gleichzeitiger Begründung der Vaterschaft des Anerkennenden, tritt **frühestens mit der Rechtskraft des Scheidungsbeschlusses** ein, der die Ehe der Mutter mit dem rechtlichen Vater auflöst. Liegen zu diesem Zeitpunkt noch nicht alle notwendigen Erklärungen wirksam vor, erfolgt der Statuswechsel erst mit dem Wirksamwerden der letzten noch ausstehenden Erklärung. 62

Stirbt ein Ehegatte während des Scheidungsverfahrens, kann es nicht mehr zur Scheidung kommen (§ 619 ZPO), die Ehe ist durch den Tod aufgelöst. Lagen bis zu diesem Zeitpunkt alle notwendigen Erklärungen wirksam vor, tritt der Statuswechsel zugleich mit dem das Scheidungsverfahren beendenden Tod des Ehegatten ein,[55] anderenfalls mit dem Wirksamwerden der letzten notwendigen Erklärung. Wird das Kind erst später geboren und sind die Voraussetzungen zur Vaterschaft des Ehemannes bei nachehelicher Geburt (vgl. Rn. 59) (§ 1593 BGB) gegeben sowie alle nach § 1599 Abs. 2 BGB notwendigen Erklärungen rechtzeitig wirksam geworden, erfolgt kein Statuswechsel; vielmehr ist der Anerkennende dann mit der Geburt des Kindes von Anfang an der Vater.[56] 63

Der Eintritt des Statuswechsels erfolgt mit **Rückwirkung** auf den Zeitpunkt der Geburt des Kindes.[57] Hat der Ehemann vor dem Wirksamwerden des Statuswechsels im Rahmen seiner bis dahin bestehenden gesetzlichen Vertretungsmacht Rechtsgeschäfte für das Kind getätigt, fragt sich, inwieweit die Rückwirkung des Statuswechsels zur Unwirksamkeit dieser Rechtsgeschäfte führt. Bei bisheriger gemeinsamer Sorge und Mitvertretung durch die Mutter verbleibt es bei der Wirksamkeit, da die Mutter infolge der Rückwirkung gem. § 1626a Abs. 2 BGB allein sorgeberechtigt war. Falls das ausnahmsweise nicht der Fall ist, gelten grundsätzlich §§ 177, 180 BGB. Dies dürfte jedoch in der Regel mit dem Schutz des Rechtsverkehrs nicht zu vereinbaren sein, weshalb die Aufrechterhaltung der Wirksamkeit aus dem Rechtsgedanken in den §§ 1698a, 1698b BGB, § 32 FGG geboten ist[58] – es sei denn, der Geschäftsgegner wusste um die Drittanerkennung oder musste von ihr wissen. 64

Wird die nach § 1599 Abs. 2 BGB begründete **Vaterschaft des Dritten erfolgreich angefochten**, stellt sich die Frage, ob die Vaterschaft des Ehemannes wieder auflebt oder das Kind vaterlos wird. § 1599 BGB enthält dazu keine Regelung. Zu denken wäre an analoge Anwendung von § 1593 Satz 4 BGB, was zum Wiederaufleben der Vaterschaft des Ehemannes führen würde.[59] Zwar hat der Gesetzgeber mit Einführung und Ausgestaltung des Statuswechsels erreichen wollen, dass das Kind durch die vereinbarte Drittanerkennung nicht vaterlos wird.[60] Diese Überlegung kann jedoch nur für den mit Einverständnis des Ehemannes durchgeführten Statuswechsel selbst gelten, nicht aber für den späteren Wegfall der Vaterschaft des Anerkennenden. Denn diese beruht auf der ohne Einbeziehung des früheren Ehemannes getroffenen gerichtlichen Feststellung, dass das Kind nicht von dem Dritten abstammt. Damit wird die genetische Vaterschaft des Ehemannes nicht wahrscheinlicher; die automatische Wie- 65

---

51 Vgl. BT-Drs. 13/9416 S. 31.
52 Ausführlich hierzu BGH v. 27.03.2013 - XII ZB 71/12 - juris Rn. 12 ff. - FamRZ 2013, 944.
53 BGH v. 27.03.2013 - XII ZB 71/12 - juris Rn. 17 - FamRZ 2013, 944; vgl. BT-Drs. 13/4899 S. 85.
54 OLG Brandenburg v. 29.04.2011 - 7 Wx 8/11 - FamRZ 2011, 1310; OLG Zweibrücken v. 27.12.1999 - 2 UF 228/99 - NJW-RR 2000, 881-882; *Brudermüller* in: Palandt, BGB, 73. Aufl. 2014, § 1599 Rn. 10; *Pieper* in: KKFamR, § 1599 Rn. 15; a.A. *Wellenhofer* in: MünchKomm-BGB, 6. Aufl. 2012, § 1599 Rn. 64 m.w.N.
55 *Wellenhofer* in: MünchKomm-BGB, 6. Aufl. 2012, § 1599 Rn. 26.
56 *Hammermann* in: Erman, BGB, 13. Aufl. 2011, § 1599 BGB Rn. 50.
57 Vgl. BVerfG v. 18.11.1986 - 1 BvR 1365/84 - juris Rn. 23 - NJW 1987, 1007-1008.
58 Im gleichen Sinne *Brudermüller* in: Palandt, BGB, 73. Aufl. 2014, § 1599 Rn. 11 m.w.N.
59 So *Veit*, FamRZ 1999, 902-908, 906; *Hammermann* in: Erman, BGB, 13. Aufl. 2011, § 1599 Rn. 53 f.
60 BT-Drs. 13/4899, S. 53.

derherstellung seiner rechtlichen Vaterschaft ist mit seinen Interessen nicht vereinbar. Sowohl das Kind als auch der frühere Ehemann – ebenso die Mutter – können nunmehr die gerichtliche Feststellung der Vaterschaft betreiben. Die h.M.[61] nimmt daher zu Recht an, dass die **Vaterschaft des früheren Ehemannes nicht wieder auflebt**.

V. Altfälle

66 Der mit der Kindschaftsrechtsreform 1998 eingeführte scheidungsabhängige Statuswechsel ist **auch für vor dem 01.07.1998 geborene Kinder durchführbar** (Art. 224 § 1 Abs. 3 EGBGB).

VI. Auslandsbezug

67 Das **Statut** zur Feststellung des Bestehens eines Eltern-Kind-Verhältnisses (Abstammungsstatut) ergibt sich aus Art. 19 EGBGB. Dies gilt auch für den einverständlich herbeigeführten Statuswechsel i.S.v. § 1599 Abs. 2 BGB, der nicht als Anfechtung zu qualifizieren ist und daher – im Gegensatz zu § 1599 Abs. 1 BGB – nicht dem Anfechtungsstatut (Art. 20 EGBGB) unterfällt. Für vor dem 01.07.1998 geborene Kinder gelten Besonderheiten.[62]

68 Zur Form der Drittanerkennung ist vorrangig heranzuziehen Art. 4 des Römischen CIEC-Übereinkommens über die Erweiterung der Zuständigkeit der Behörden, vor denen nicht eheliche Kinder anerkannt werden können, vom 14.09.1961[63], nachrangig[64] Art. 11 Abs. 1 EGBGB.

---

[61] *Gaul*, FamRZ 1997, 1441-1466, 1456 und FamRZ 2000, 1461, 1466; *Helms*, FuR 1996, 178, 183; *Wellenhofer* in: MünchKomm-BGB, 6. Aufl. 2012, § 1599 Rn. 68 m. w. N.
[62] Vgl. dazu *Rausch* in: KKFamR, EGBGB Art. 19 Rn. 14-18.
[63] BGBl II 1965, 19; Text vgl. bei *Böhmer/Finger*, Das gesamte Familienrecht (IntFamR) 7.2 mit Erläuterungen von *Böhmer*.
[64] Vgl. dazu *Rausch* in: KKFamR, EGBGB Art. 19 Rn. 12.

§ 1600 BGB Anfechtungsberechtigte

(Fassung vom 13.03.2008, gültig ab 01.06.2008)

(1) Berechtigt, die Vaterschaft anzufechten, sind:

1. der Mann, dessen Vaterschaft nach § 1592 Nr. 1 und 2, § 1593 besteht,
2. der Mann, der an Eides Statt versichert, der Mutter des Kindes während der Empfängniszeit beigewohnt zu haben,
3. die Mutter,
4. das Kind und
5. die zuständige Behörde (anfechtungsberechtigte Behörde) in den Fällen des § 1592 Nr. 2.

(2) Die Anfechtung nach Absatz 1 Nr. 2 setzt voraus, dass zwischen dem Kind und seinem Vater im Sinne von Absatz 1 Nr. 1 keine sozial-familiäre Beziehung besteht oder im Zeitpunkt seines Todes bestanden hat und dass der Anfechtende leiblicher Vater des Kindes ist.

(3) Die Anfechtung nach Absatz 1 Nr. 5 setzt voraus, dass zwischen dem Kind und dem Anerkennenden keine sozial-familiäre Beziehung besteht oder im Zeitpunkt der Anerkennung oder seines Todes bestanden hat und durch die Anerkennung rechtliche Voraussetzungen für die erlaubte Einreise oder den erlaubten Aufenthalt des Kindes oder eines Elternteiles geschaffen werden.

(4) [1]Eine sozial-familiäre Beziehung nach den Absätzen 2 und 3 besteht, wenn der Vater im Sinne von Absatz 1 Nr. 1 zum maßgeblichen Zeitpunkt für das Kind tatsächliche Verantwortung trägt oder getragen hat. [2]Eine Übernahme tatsächlicher Verantwortung liegt in der Regel vor, wenn der Vater im Sinne von Absatz 1 Nr. 1 mit der Mutter des Kindes verheiratet ist oder mit dem Kind längere Zeit in häuslicher Gemeinschaft zusammengelebt hat.

(5) Ist das Kind mit Einwilligung des Mannes und der Mutter durch künstliche Befruchtung mittels Samenspende eines Dritten gezeugt worden, so ist die Anfechtung der Vaterschaft durch den Mann oder die Mutter ausgeschlossen.

(6) [1]Die Landesregierungen werden ermächtigt, die Behörden nach Absatz 1 Nr. 5 durch Rechtsverordnung zu bestimmen. [2]Die Landesregierungen können diese Ermächtigung durch Rechtsverordnung auf die zuständigen obersten Landesbehörden übertragen. [3]Ist eine örtliche Zuständigkeit der Behörde nach diesen Vorschriften nicht begründet, so wird die Zuständigkeit durch den Sitz des Gerichts bestimmt, das für die Klage zuständig ist.

Gliederung

A. Grundlagen 1	2. Biologischer Vater (Absatz 1 Nr. 2) 33
I. Kurzcharakteristik 1	a. Rechtslage bis zum 30.04.2004 33
II. Gesetzgebungsgeschichte 2	b. Rechtslage ab 01.05.2004 34
III. Regelungsprinzipien 11	c. Besondere Anfechtungsvoraussetzungen für
B. Praktische Bedeutung 17	den biologischen Vater (Absätze 2, 4) 36
C. Anwendungsvoraussetzungen 19	III. Künstliche Insemination (Absatz 5) 46
I. Normstruktur 19	IV. Anfechtung durch die Behörde (Absatz 3) 50
II. Kreis der Anfechtungsberechtigten	**D. Rechtsfolgen** 56
(Absatz 1) 24	**E. Anwendungsfelder** 59
1. Mutter, Kind, rechtlicher Vater (Absatz 1	I. Altfälle 59
Nr. 1 und 4) 24	II. Auslandsbezug 61

§ 1600

A. Grundlagen

I. Kurzcharakteristik

1 Die §§ 1600-1600c BGB normieren in Ergänzung zu § 1599 Abs. 1 BGB die Einzelheiten zur Anfechtung der Vaterschaft. Hiervon regelt § 1600 BGB abschließend den Kreis der zur Anfechtung Berechtigten.

II. Gesetzgebungsgeschichte

2 § 1600 BGB gilt in der heutigen Fassung seit dem 01.06.2008. Letzte Änderungen erfolgten durch das „Gesetz zur Klärung der Vaterschaft unabhängig vom Anfechtungsverfahren" vom 26.03.2008 mit Wirkung zum 01.04.2008[1] sowie durch das „Gesetz zur Ergänzung des Rechts zur Anfechtung der Vaterschaft" vom 13.03.2008 mit Wirkung zum 01.06.2008.[2]

3 **Literatur**: *Finger*, Vaterschaftsanfechtung nach § 1600 Abs. 1 Nr. 2, Abs. 2 BGB, FuR 2011, 649; *Helms/Kieninger/Rittner*, Abstammungsrecht in der Praxis, 1. Aufl. 2010; *Löhnig*, Das Gesetz zur Ergänzung des Rechts zur Anfechtung der Vaterschaft, FamRZ 2008, 1130; *Zimmermann*, Das Gesetz zur Ergänzung des Rechts der Anfechtung der Vaterschaft vom 13.03.2008, FuR 2008, 569, 2009, 21.

4 Bis zur Kindschaftsrechtsreform 1998 (vgl. die Kommentierung zu § 1592 BGB Rn. 4) fand sich die entsprechende, inhaltlich erheblich abweichende Regelung in den §§ 1594 Abs. 1, 1595a BGB, § 1596 Abs. 1 BGB a.F. (Anfechtung der Ehelichkeit) und § 1600g BGB a.F. (Anfechtung der Anerkennung). Anfechtung der Ehelichkeit durch die Mutter sowie Anfechtung durch den biologischen Vater (vgl. Rn. 33) kannte das frühere Recht nicht.[3]

5 Seit dem 01.07.1998 beruht die Anfechtungsberechtigung des rechtlichen Vaters, der Mutter und des Kindes auf § 1600 Abs. 1 BGB. Durch Entscheidung des BVerfG vom 09.04.2003[4] ist der Kreis der Anfechtungsberechtigten bei Vorliegen bestimmter Voraussetzungen um den biologischen Vater erweitert worden. Dem entsprechend ist der bisherige Wortlaut des § 1600 Abs. 1 BGB mit Wirkung vom 30.04.2004 durch das „Gesetz zur Änderung der Vorschriften über die Anfechtung der Vaterschaft und das Umgangsrecht von Bezugspersonen des Kindes, zur Registrierung von Vorsorgeverfügungen und zur Einführung von Vordrucken für die Vergütung von Berufsbetreuern" vom 23.04.2004[5] neu gefasst worden.

6 Bereits im November 2004 hatte die Innenministerkonferenz gefordert, „dass ein befristetes **Anfechtungsrecht für einen Träger öffentlicher Belange** bei Vaterschaftsanerkennungen im Bürgerlichen Gesetzbuch geschaffen werden muss".[6] Durch das „Gesetz zur Ergänzung des Rechts zur Anfechtung der Vaterschaft vom 13.03.2008"[7] hat der Gesetzgeber schließlich Absatz 1 Satz 1 redaktionell neu gefasst und mit der neuen Nr. 5 in Fällen des § 1592 Nr. 2 BGB der **anfechtungsberechtigten Behörde**, legal definiert als zuständige Behörde zusätzlich eine Befugnis zur Erhebung eigener Klagen im Vaterschaftsanfechtungsverfahren eingeräumt.[8] Mit der Neuregelung wollte der Gesetzgeber der missbräuchlichen Anerkennung von Vaterschaften entgegenwirken, durch die Staatsbürgerschaft, Aufenthalt und Sozialleistungen zu Unrecht in Anspruch genommen werden. Dies wurde bei der Einführung der Kindschaftsrechtsreform von 1998 versäumt, weil nicht damit gerechnet wurde, dass es namentlich in aufenthaltsrechtlichem Zusammenhang in einem nennenswerten Umfang gegen Zahlung von Geld zur Anerkennung ausländischer Kinder durch deutsche Männer kommen würde, die die Folgen ihres Handelns aufgrund unterhaltsrechtlicher Leistungsunfähigkeit nicht fürchten müssen.[9] In ausländerrechtlicher Hinsicht war die Anerkennung für das Kind in jedem Falle vorteilhaft, weil es die deutsche Staatsangehörigkeit durch die Geburt auch dann erwirbt, wenn der Deutsche tatsächlich nicht der Er-

---

[1] BGBl I 2008 Nr. 11, 441.
[2] BGBl I 2008 Nr. 9, 313.
[3] Vgl. BGH v. 06.12.2006 - XII ZR 164/04 - FamRZ 2007, 538-542.
[4] BVerfG v. 09.04.2003 - 1 BvR 1493/96, 1 BvR 1724/01 - NJW 2003, 2151-2158.
[5] BGBl I 2004, 598.
[6] BT-Drs. 16/3291, S. 9.
[7] BGBl I 2008 Nr. 9 v. 18.03.2008.
[8] Vgl. *Löhnig*, FamRZ 2008, 1130 ff.
[9] Vgl. BT-Drs. 16/3291, S. 9; *Löhnig*, FamRZ 2008, 1130.

zeuger des Kindes ist.[10] Allerdings hat das BVerfG die Regelung in § 1600 Abs. 1 Nr. 5 BGB für **verfassungswidrig** und damit nichtig erklärt (vgl. Rn. 52 ff.).[11]

§ 1600 Abs. 2 BGB heutiger Fassung gilt seit dem 30.04.2004. Das frühere Recht kannte keine entsprechende Regelung.

§ 1600 Abs. 3 BGB wurde ebenfalls durch das „Gesetz zur Ergänzung des Rechts zur Anfechtung der Vaterschaft vom 13.03.2008" zum 01.06.2008 eingefügt und regelt die Voraussetzungen für eine Anfechtung durch die zuständige Behörde. Infolge der Entscheidung des Bundesverfassungsgerichts zur Nichtigkeit der Behördenanfechtung[12] ist die Bestimmung allerdings praktisch bedeutungslos.

Der bisherige § 1600 Abs. 3 BGB wurde in Folge der Rechtsänderung zum 01.06.2008 zu Absatz 4 und in Satz 1 Halbsatz 2 redaktionell neu gefasst.

Der bisherige § 1600 Abs. 4 BGB wurde in Folge der Rechtsänderung zum 01.06.2008 zu Abs. 5 und gilt inhaltlich seit seiner Einführung durch das KindRVerbG mit Wirkung vom 12.04.2002. Bis dahin war die Frage eines Ausschlusses vom Anfechtungsrecht bei künstlicher Insemination gesetzlich nicht geregelt. Die nunmehrige Regelung fand sich bis zum 30.04.2004 wortgleich in Absatz 2 der bis dahin geltenden Fassung des § 1600 BGB.

III. Regelungsprinzipien

Die Vorschrift regelt **abschließend** den **Kreis der zur Anfechtung der Vaterschaft Berechtigten**. Ein Anfechtungsrecht der Eltern des Ehemannes gibt es seit dem 01.07.1998 – Inkrafttreten der Kindschaftsrechtsreform 1998 (vgl. die Kommentierung zu § 1592 BGB Rn. 4) – nicht mehr.

Der **rechtliche Vater**, die **Mutter** und das **Kind** sind stets anfechtungsberechtigt (§ 1600 Abs. 1 Nr. 1, 3 und 4 BGB). Ihr Anfechtungsrecht wird nur durch die Einhaltung der in § 1600b BGB geregelten Anfechtungsfrist beschränkt – vgl. dazu im Einzelnen die Kommentierung zu § 1600b BGB.

Seit dem 30.04.2004 kennt das Gesetz darüber hinaus ein **Anfechtungsrecht des biologischen Vaters** (§ 1600 Abs. 1 Nr. 2 BGB). Insoweit kommt als Anfechtungsberechtigter in Betracht, wer an Eides statt versichert, der Mutter während der Empfängniszeit (vgl. hierzu auch das Berechnungsprogramm zur Ermittlung der Empfängniszeit) beigewohnt zu haben. An die Geltendmachung dieses Anfechtungsrechts sind **zusätzliche Voraussetzungen** geknüpft (§ 1600 Abs. 1 Nr. 2, Abs. 2 und 3 BGB). Als Antragsteller ist der biologische Vater sogenannter Muss-Beteiligter gem. § 7 Abs. 1 FamFG: Zwar handelt es sich um ein Verfahren der freiwilligen Gerichtsbarkeit, jedoch mit der Besonderheit, dass das Verfahren nur auf Antrag eingeleitet wird, § 171 Abs. 1 FamFG. Die von Amts wegen zu beteiligenden weiteren Personen – des Kindes, der Mutter und des rechtlichen Vaters – ergeben sich aus § 172 Abs. 1 FamFG. Während der auf Anfechtung durch den rechtlichen Vater, die Mutter oder das Kind ergehende Gestaltung Beschluss lediglich zum Wegfall der bisher bestehenden Vaterschaft ohne Feststellung anderweitiger Vaterschaft führt, hat der das auf erfolgreiche Anfechtung durch den biologischen Vater ergehende Beschluss darüber hinaus die Wirkung, dass dieser nunmehr als Vater feststeht (§ 184 Abs. 2 FamFG).

Unterlässt der leibliche Vater trotz positiver Kenntnis seiner Vaterschaft die Anfechtung der Ehelichkeit des Kindes, macht er sich dadurch nicht dem Scheinvater gegenüber schadensersatzpflichtig.[13]

Im Hinblick auf die mehreren Personen zustehende Anfechtungsberechtigung gibt es besondere Regelungen zur **Verfahrensbeteiligung**: Über § 7 FamFG hinaus bestimmt § 172 FamFG den Kreis der Personen, die von Amts wegen am Verfahren zu beteiligen sind. In entsprechender Anwendung von § 1795 Abs. 1 Nr. 3 BGB ist auch die allein sorgeberechtigte Mutter von der Vertretung des minderjährigen Kindes ausgeschlossen (vgl. die Kommentierung zu § 1600a BGB Rn. 24). Im Übrigen kann während der Dauer der Rechtshängigkeit eines Anfechtungsverfahrens ein entsprechender Antrag nicht anderweitig anhängig gemacht werden (§ 179 FamFG).

Bei **einverständlicher künstlicher Befruchtung durch Samenspende** (konsentierte heterologe Insemination) – bei Ehepaaren wie bei unverheirateten Paaren – sind die Anfechtung durch den rechtlichen Vater und die Anfechtung durch die Mutter ausgeschlossen (§ 1600 Abs. 5 BGB).[14] Das Anfechtungsrecht des Kindes bleibt unberührt.

---

[10] VG Oldenburg v. 16.04.2008 - 11 A 3178/06. Zum Zweck der Neuregelung vgl. OVG Hamburg v. 24.10.2008 - 5 Bs 196/08 und VGH Mannheim v. 03.03.2005 - 13 S 3035/04 - InfAuslR 2005, 258 ff.

[11] BVerfG v. 17.12.2013 - 1 BvL 6/10 - FamRZ 2014, 449-459 m. Anm. *Helms*.

[12] BVerfG v. 17.12.2013 - 1 BvL 6/10 - FamRZ 2014, 449-459 m. Anm. *Helms*.

[13] LG Saarbrücken v. 15.04.2008 - 9 O 320/07 - FamRZ 2009, 124-126.

[14] Vgl. OLG Hamm v. 02.02.2007 - 9 UF 19/06 - FamRZ 2008, 630.

§ 1600

B. Praktische Bedeutung

17 Soweit ersichtlich hat das seit dem 30.04.2004 eingeführte zusätzliche Anfechtungsrecht des biologischen Vaters keine größere praktische Bedeutung erlangt. Die verfahrens- und materiell-rechtlichen Erschwernisse dieses Rechts und die Notwendigkeit, im Verfahren nicht nur die Nichtabstammung vom bisherigen Vater, sondern auch die Abstammung vom Anfechtenden nachweisbar zu klären, hat dazu geführt, dass Verfahren dieser Art nicht besonders häufig durchgeführt werden. Die bei Geburt des Kindes während des Scheidungsverfahrens bestehende einfachere Möglichkeit des scheidungsabhängigen Statuswechsels (§ 1599 Abs. 2 BGB) macht ohnehin bei allseitigem Einverständnis das schwerfällige Anfechtungsverfahren überflüssig.

18 Die Feststellung seines wahren Vaters ist **für das Kind von überragender Bedeutung**. Daher sind Verfahren gem. §§ 1592 ff. BGB von besonderer Bedeutung im Sinne des § 1628 BGB. Dies betrifft sowohl Vaterschaftsanfechtungs- als auch Vaterschaftsfeststellungsverfahren.[15]

C. Anwendungsvoraussetzungen

I. Normstruktur

19 Absatz 1 normiert abschließend den **Kreis der Anfechtungsberechtigten** und enthält seit dem 01.06.2008 auch eine Anfechtungsmöglichkeit für die zuständige Behörde in den Fällen des § 1592 Nr. 2 BGB.

20 **Absätze 2 und 4** regeln i.V.m. **Absatz 1 Nr. 2** die besonderen Voraussetzungen der **Anfechtung durch den biologischen Vater**.

21 **Absätze 3 und 4** regeln i.V.m. **Absatz 1 Nr. 5** die besonderen Voraussetzungen der Anfechtung durch die zuständige Behörde (mit Wirkung zum 01.06.2008 eingeführt durch das Gesetz zur Ergänzung des Rechts zur Anfechtung der Vaterschaft). Das BVerfG hat allerdings die Regelung in § 1600 Abs. 1 Nr. 5 BGB für verfassungswidrig erklärt (vgl. Rn. 52 ff.).

22 **Absatz 5** beinhaltet den partiellen Ausschluss der Anfechtung bei **künstlicher Insemination**.

23 **Absatz 6** wurde ebenfalls zum 01.06.2008 neu eingeführt und ermächtigt in Satz 1 die Landesregierungen, die zuständige Behörde im Sinne von Absatz 1 Nr. 5 zu bestimmen. Die Vorschrift hat infolge der Entscheidung des Bundesverfassungsgerichts zur Nichtigkeit von Absatz 1 Nr. 5[16] ihre Bedeutung verloren.

II. Kreis der Anfechtungsberechtigten (Absatz 1)

1. Mutter, Kind, rechtlicher Vater (Absatz 1 Nr. 1 und 4)

24 **Anfechtungsberechtigt** ist der nach § 1592 Nr. 1 oder Nr. 2 BGB oder nach § 1593 BGB als Vater im Rechtssinne feststehende Mann. Das Anfechtungsrecht hat also **stets der Mann, der zum Zeitpunkt der Geburt des Kindes mit der Mutter verheiratet war** (§ 1592 Nr. 1 BGB). Ob die Ehe noch besteht, ist unerheblich.

25 Nach dem Wortlaut in § 1600 Abs. 1 Nr. 1 BGB hat auch der Mann das Anfechtungsrecht, dessen rechtliche Vaterschaft auf § 1593 BGB beruht. Dies kann nur für die vorrangige Vaterschaft des neuen Ehemannes nach § 1593 Satz 3 BGB gelten, die auf der Geburt in der neuen Ehe und damit letztlich auf § 1592 Nr. 1 BGB beruht. Für den **verstorbenen Ehemann** hingegen, der nach § 1593 Satz 1, 2 oder 4 BGB als Vater gilt, ist das **höchstpersönliche Anfechtungsrecht mit seinem Tode erloschen**.[17] Den Übergang dieses Gestaltungsrechts auf die Eltern des verstorbenen Mannes, den das frühere Recht kannte, hat der Gesetzgeber als systemwidrige Ausdehnung höchstpersönlicher Belange gewertet und mit der Kindschaftsrechtsreform 1998 bewusst abgeschafft.[18] Stirbt der Ehemann während eines Anfechtungsverfahrens, wird das Verfahren gem. § 181 Satz 1 FamFG nur dann fortgesetzt, wenn dies von einem der Beteiligten binnen Monatsfrist durch Erklärung gegenüber dem Gericht verlangt wird. Geschieht dies nicht, gilt das Verfahren gem. § 181 Satz 2 FamFG in der Hauptsache als erledigt.

---

[15] OLG Brandenburg v. 26.09.2007 - 9 WF 279/07 - OLGR Brandenburg 2008, 416-418.
[16] BVerfG v. 17.12.2013 - 1 BvL 6/10 - FamRZ 2014, 449-459 m. Anm. *Helms*.
[17] *Wellenhofer* in: MünchKomm-BGB, 6. Aufl. 2012, § 1600 Rn. 2.
[18] BT-Drs. 13/4899, S. 55, 86.

Anfechtungsberechtigt ist auch der Mann, der die **Vaterschaft wirksam anerkannt** hat (§ 1592 Nr. 2 BGB). Da das seit dem 01.07.1998 geltende Recht keinen Unterschied zwischen ehelicher und nicht ehelicher Kindschaft kennt, ist Klageziel auch in diesem Falle die Anfechtung der Vaterschaft, nicht der Anerkennung.[19] Auch eine wissentlich falsche Anerkennung der Vaterschaft hat nicht den Verlust des Anfechtungsrechts zur Folge.[20]

Kein Anfechtungsrecht hat der Mann, dessen **Vaterschaft gerichtlich festgestellt** worden ist (§ 1592 Nr. 3 BGB). Gerichtlich festgestellte Vaterschaft kann nicht im Wege der Anfechtung beseitigt werden; hier kommt nur eine Wiederaufnahme des Verfahrens nach § 185 FamFG i.V. m. den §§ 578-585, 587-591 ZPO in Betracht.

Anfechtungsberechtigt ist stets die **Mutter** (§ 1600 Abs. 1 Nr. 3 BGB). Die Mutterschaft muss gem. § 1591 BGB feststehen, die anfechtende Frau muss also das Kind geboren haben. Die lediglich genetische Mutter (vgl. die Kommentierung zu § 1591 BGB Rn. 8), die das Kind nicht selbst geboren hat, hat kein Anfechtungsrecht.

Anfechtungsberechtigt ist in jedem Falle auch das **Kind** (§ 1600 Abs. 1 Nr. 4 BGB). Auf das Alter des Kindes kommt es nicht an. Dem Umstand, den wahren Vater eines Kindes festzustellen, misst die Rechtsprechung eine „überragende Bedeutung" für das Kind bei,[21] weshalb Verfahren, die die Vorschriften über die Vaterschaft gem. den §§ 1592 ff BGB betreffen, Verfahren von besonderer Bedeutung i.S.d. § 1628 BGB darstellen mit der Folge, dass das Familiengericht auf Antrag eines Elternteils die Entscheidungsbefugnis gem. § 1628 BGB hinsichtlich der Durchführung eines Anfechtungsverfahrens hinsichtlich seiner Vaterschaft einem Elternteil übertragen kann.[22] Das volljährige Kind kann nur selbst anfechten (§ 1600a Abs. 1 BGB). Das minderjährige Kind muss gesetzlich vertreten werden (§ 1600a Abs. 3 BGB).

Hinsichtlich der **gesetzlichen Vertretung des Kindes** zur Beantwortung der Frage, ob überhaupt das minderjährige Kind von seinem Anfechtungsrecht Gebrauch machen soll, sind drei Fälle zu unterscheiden:

- Im Falle der **Alleinsorge** (§§ 1626a Abs. 2, 1671 BGB) trifft der allein sorgeberechtigte Elternteil die Entscheidung allein. Dies gilt auch dann, wenn ein Elternteil das Sorgerecht allein ausübt (§§ 1673, 1674 BGB).[23]
- Sind die Eltern **gemeinsam sorgeberechtigt**, ist diese Entscheidung von beiden Eltern einvernehmlich zu treffen (§ 1627 BGB). Von dieser Entscheidung ist kein Elternteil nach §§ 1629 Abs. 2 Satz 1, 1795 BGB per se ausgeschlossen, denn diese Entscheidung ist weder ein Rechtsgeschäft noch Teil des eigentlichen Anfechtungsverfahrens.[24] Gelingt den Eltern eine solche Einigung nicht, ist die Übertragung der alleinigen Entscheidungsbefugnis auf einen Elternteil erforderlich.[25]
- Liegt **keine Einigung** der gemeinsam sorgeberechtigten Eltern vor und ist auch keinem Elternteil die alleinige Entscheidungsbefugnis übertragen worden, reicht die Bestellung eines Ergänzungspflegers zur Beantwortung dieser Frage nicht aus. Denn die Bestellung des Ergänzungspflegers erfolgt durch den Rechtspfleger, wogegen die Herausnahme der Entscheidung über die Ausübung des Anfechtungsrechts aus der Entscheidungshoheit der Eltern eine teilweise Entziehung der elterlichen Sorge nach § 1666 BGB darstellt, die dem Richter vorbehalten ist.[26]

Auch nach dem Inkrafttreten des FamFG ist der leibliche **Vater** im Verfahren der Anfechtung der Vaterschaft von der **gesetzlichen Vertretung** des minderjährigen Kindes generell kraft Gesetz **ausgeschlossen**.[27] Infolge dieses Umstands ist auch die **Mutter** des Kindes von der Vertretung des Kindes ausgeschlossen, und zwar unabhängig davon, ob sie mit dem (rechtlichen) Vater verheiratet ist[28] oder nicht.[29] Denn gem. § 1629 Abs. 1 Satz 2 BGB vertreten gemeinsam sorgeberechtigte Eltern das Kind

---

[19] BGH v. 20.01.1999 - XII ZR 117/97 - juris Rn. 8 - LM BGB § 1592 Nr. 1 (7/1999).
[20] OLG Naumburg v. 09.01.2008 - 3 WF 3/08 - FamRZ 2008, 2146.
[21] Vgl. nur OLG Frankfurt v. 09.10.2006 - 5 WF 175/06 - NJW 2007, 230-231.
[22] OLG Brandenburg v. 26.09.2007 - 9 WF 279/07 - OLGR Brandenburg 2008, 416-418.
[23] Eingehend hierzu *Keuter*, FuR 2013, 249, 252.
[24] Vgl. BGH v. 18.02.2009 - XII ZR 156/07 - juris Rn. 30 - FamRZ 2009, 861-865.
[25] Vgl. BGH v. 18.02.2009 - XII ZR 156/07 - juris Rn. 33 - FamRZ 2009, 861-865; *Keuter*, FuR 2013, 249, 252.
[26] Vgl. BGH v. 18.02.2009 - XII ZR 156/07 - juris Rn. 34 - FamRZ 2009, 861-865; *Keuter*, FuR 2013, 249, 250 m.w.N.
[27] BGH v. 21.03.2012 - XII ZB 510/10 - juris Rn. 12 - FamRZ 2012, 859-862.
[28] Vgl. BGH v. 21.03.2012 - XII ZB 510/10 - juris Rn. 19 - FamRZ 2012, 859-862.
[29] Vgl. OLG Oldenburg v. 27.11.2012 - 13 UF 128/12 - NJW 2013, 397-398; zustimmend *Keuter*, FuR 2013, 249, 251.

stets gemeinschaftlich mit der Folge, dass nur beide Elternteile gemeinsam befugt sind, das Kind zu vertreten. Sofern daher die Vertretungsbefugnis eines Elternteils nach §§ 1629 Abs. 1 Satz 1, 1795 BGB entfällt, erstarkt die Vertretungsbefugnis des anderen Elternteils nicht etwa zu einem Alleinvertretungsrecht; vielmehr ist auch der andere Elternteil von der Vertretung des minderjährigen Kindes ausgeschlossen.[30]

32   Für die Einhaltung der Anfechtungsfrist des § 1600b Abs. 1 BGB kommt es in diesem Fall auf die **Kenntnis des gesetzlichen Vertreters** an. Erlangt dieser zunächst die erforderliche Kenntnis und wird er erst später auch für das Anfechtungsverfahren vertretungsbefugt, weil ihm etwa die elterliche Sorge allein übertragen worden ist, so beginnt die Frist erst mit dem Zeitpunkt, in dem die Vertretungsbefugnis gegeben ist.[31] Wurde die Anfechtungsfrist durch den gesetzlichen Vertreter versäumt, führen ein späterer Wechsel des gesetzlichen Vertreters und dessen Kenntnis nicht zu einem Neubeginn der Anfechtungsfrist.[32]

2. Biologischer Vater (Absatz 1 Nr. 2)

a. Rechtslage bis zum 30.04.2004

33   Nach früherem Recht war der „Erzeuger" des Kindes, also der Mann, der nicht der rechtliche Vater ist, von dem jedoch das Kind genetisch abstammt – sog. biologischer Vater –, von der Anfechtung der bestehenden rechtlichen Vaterschaft eines anderen Mannes völlig ausgeschlossen. Dies war bewusste Entscheidung des Gesetzgebers.[33] Das BVerfG hat mit Entscheidung vom 09.04.2003 festgestellt, dass der Totalausschluss des biologischen Vaters vom Anfechtungsrecht mit seinem durch Art. 6 Abs. 2 Satz 1 GG geschützten Interesse, auch die rechtliche Stellung als Vater einzunehmen, insoweit unvereinbar ist, als § 1600 BGB bisheriger Fassung ihm auch dann das Anfechtungsrecht vorenthielt, wenn die rechtlichen Eltern mit dem Kind gar keine soziale Familie bilden, die ihrerseits nach Art. 6 Abs. 1 GG zu schützen ist.[34] Mit dem Änderungsgesetz vom 23.04.2004 (vgl. Rn. 5) ist der Gesetzgeber dem Auftrag des BVerfG nachgekommen, die Rechtslage bis zum 30.04.2004 mit der Verfassung in Einklang zu bringen.

b. Rechtslage ab 01.05.2004

34   Hierauf beruht das nunmehr in § 1600 Abs. 1 Nr. 2 sowie Abs. 2 und 4 BGB geregelte und **an besondere Voraussetzungen geknüpfte Anfechtungsrecht des biologischen Vaters**. Um zu vermeiden, dass Mutter und Kind „ins Blaue" hinein mit Anfechtungsverfahren überzogen werden, hat der Gesetzgeber einer Vorgabe des BVerfG[35] folgend in § 1600 Abs. 1 Nr. 2 BGB vorgeschrieben, dass **der anfechtende Mann an Eides statt versichern muss, dass er der Mutter in der Empfängniszeit beigewohnt hat** (vgl. hierzu auch das Berechnungsprogramm zur Ermittlung der Empfängniszeit). Die Pflicht zur eidesstattlichen Versicherung ist Verfahrensvoraussetzung; sie dient der Schlüssigkeitsprüfung des Anfechtungsantrags.[36] Gem. § 177 FamFG ist das Gericht verpflichtet, über die leibliche Vaterschaft des Anfechtenden als Tatbestandsvoraussetzung Beweis zu erheben. Die über die reine Feststellung der nicht bestehenden rechtlichen Vaterschaft hinausgehende **Feststellung der leiblichen Vaterschaft** ist erforderlich, um dem rechtskräftigen Beschluss die Feststellungswirkung nach § 182 Abs. 1 FamFG mit den Folgewirkungen nach § 1592 Nr. 3 BGB zukommen lassen zu können. Ziel dieser rechtlichen Ausgestaltung ist, zu verhindern, dass das Kind im Falle der erfolgreichen Anfechtung vaterlos gestellt wird.[37]

35   Im Falle einer Anfechtung durch das Kind, die Mutter oder den nach §§ 1592 Nr. 1 und 2, 1593 BGB als Vater geltenden Mann ist der als biologischer Vater in Betracht kommende Mann **nicht von Amts wegen zu beteiligen** (vgl. § 172 FamFG).

---

[30] Eingehend hierzu *Keuter*, FuR 2013, 249-253.
[31] OLG Brandenburg v. 03.03.2008 - 10 WF 283/07 - FamRZ 2009, 59-60.
[32] OLG Celle v. 04.10.2011 - 15 WF 84/11 - FamRZ 2012, 567-568.
[33] BT-Drs. 13/4899, S. 57, 58.
[34] BVerfG v. 09.04.2003 - 1 BvR 1493/96, 1 BvR 1724/01 - NJW 2003, 2151-2158.
[35] BVerfG v. 09.04.2003 - 1 BvR 1493/96, 1 BvR 1724/01 - juris Rn. 86 - NJW 2003, 2151-2158.
[36] BT-Drs. 15/2253, S. 10.
[37] *Hahn* in: BeckOK BGB, § 1600 Rn. 3.

c. Besondere Anfechtungsvoraussetzungen für den biologischen Vater (Absätze 2, 4)

Aus § 1600 Abs. 2 und 3 BGB ergeben sich als besondere Voraussetzungen für die Begründetheit der Anfechtungsklage des biologischen Vaters:
- keine sozial-familiäre Beziehung zwischen dem Kind und dem rechtlichen Vater (§ 1600 Abs. 2 HS. 1, Abs. 3 BGB),
- Abstammung vom Anfechtenden (§ 1600 Abs. 2 HS. 2 BGB).

Hierbei handelt es sich um **kumulative Tatbestandsvoraussetzungen**. Bei Nichtvorliegen nur einer der Voraussetzungen ist der Anfechtungsantrag nicht begründet und deshalb abzuweisen, sodass es bei der Vaterschaft des bisher als Vater feststehenden Mannes verbleibt. Dies gilt insbesondere **auch dann**, wenn die Beweiserhebung zwar die Nichtabstammung vom rechtlichen Vater, nicht aber die Abstammung vom Anfechtenden ergibt.

aa. Keine sozial-familiäre Beziehung zwischen Kind und rechtlichem Vater

Das verfassungsrechtlich geschützte Interesse des biologischen Vaters, auch die rechtliche Stellung als Vater einzunehmen, findet seine Grenze, soweit der gleichermaßen verfassungsrechtlich garantierte Schutz einer familiären Beziehung zwischen dem Kind und seinen rechtlichen Eltern entgegensteht.[38] Demzufolge ist **Voraussetzung für das Anfechtungsrecht des biologischen Vaters**, dass zwischen dem Kind und seinem rechtlichen Vater keine sozial-familiäre Beziehung besteht (§ 1600 Abs. 2 HS. 1 BGB). Anderenfalls verstößt die Abweisung von Anfechtungsklagen leiblicher oder mutmaßlicher leiblicher Väter nicht gegen Art. 8 EMRK.[39]

Der Begriff **„sozial-familiäre Beziehung"** ist in § 1600 Abs. 4 BGB gesetzlich definiert. Ausgehend vom Wortgebrauch des BVerfG[40] ist hierzu erforderlich, dass der rechtliche Vater **tatsächlich Verantwortung trägt** oder im Zeitpunkt seines Todes getragen hat.[41] Dies ist in der Regel anzunehmen, wenn der rechtliche Vater mit der Mutter verheiratet ist oder mit dem Kind längere Zeit in häuslicher Gemeinschaft zusammengelebt hat. Diese **Regelannahme** schließt einzelfallgerechte Lösungen etwa im Fall einer Scheinehe, bei Getrenntleben der Ehegatten oder bei nur kurzer Zeit zurückliegender Eheschließung nicht aus.[42] Weitere Voraussetzung ist, dass der rechtliche Vater die tatsächliche Verantwortung für das Kind in einer Weise trägt, die auf Dauer angelegt erscheint.[43]

Die sozial-familiäre Beziehung muss gem. Absatz 4 entweder im **Zeitpunkt der Anerkennung** vorgelegen haben oder spätestens im Zeitpunkt der letzten mündlichen Verhandlung bestehen.[44] Sie wird gem. Absatz 4 vermutet, wenn der Vater mit der Kindesmutter **verheiratet** ist oder mit dem Kind **längere Zeit in häuslicher Gemeinschaft** zusammengelebt hat. Zur Widerlegung der Vermutung sind objektive Umstände vorzutragen, die gegen eine sozial-familiäre Beziehung sprechen können. Entsprechendem Vortrag hat das Gericht von Amts wegen nachzugehen.[45] Hat der rechtliche Vater des Kindes eine **soziale Verantwortung** für das Kind erst **lange nach der Geburt** übernommen, kann etwa der gleiche Zeitraum des familiären Zusammenseins nochmals anzusetzen sein, um eine stabile sozial-familiäre Beziehung des Vaters mit seinem Kind anzunehmen.[46] Stellt das Gericht das Vorliegen einer sozial-familiären Beziehung fest, ist es dem (potenziellen) leiblichen Vater auch unter Berücksichtigung der Rechtsprechung des EuGHMR verwehrt, die Vaterschaft anzufechten. Er hat in diesem Fall auch keinen Anspruch auf Einwilligung in eine genetische Untersuchung zur Klärung der leiblichen Abstammung.[47]

---

[38] BVerfG v. 09.04.2003 - 1 BvR 1493/96, 1 BvR 1724/01 - NJW 2003, 2151-2158.
[39] EuGHMR v. 22.03.2012 - Beschwerden Nr. 45071/09 und 23338/09 - FamRZ 2012, 691-692.
[40] Vgl. BVerfG v. 09.04.2003 - 1 BvR 1493/96, 1 BvR 1724/01 - juris Rn. 88 - NJW 2003, 2151-2158.
[41] BVerfG v. 31.08.2004 - 1 BvR 2073/03 - FamRZ 2004, 1705; OLG Stuttgart v. 23.09.2010 - 16 UF 107/10 - FamRZ 2011, 1310 m. Anm. *Adolf-Kapgenoß*, jurisPR-FamR 22/2011, Anm. 4; krit. *Finger*, FuR 2011, 649, 651.
[42] Vgl. BT-Drs. 15/2253, S. 11; zur Darlegungslast vgl. OLG Bremen v. 31.10.2006 - 4 WF 110/06 - OLGR Bremen 2007, 99-100; vgl. zwischenzeitlich auch BGH v. 30.07.2008 - XII ZR 150/06 - NJW 2008, 2985-2987.
[43] BGH v. 06.12.2006 - XII ZR 164/04 - NJW 2007, 1677; OLG Celle v. 08.03.2011 - 15 UF 238/10 - FPR 2011, 407-409.
[44] OLG Oldenburg v. 12.05.2009 - 13 UF 19/09 - FamRZ 2009, 1925-1927; OLG Brandenburg v. 05.09.2011 - 9 UF 134/10 - FamRZ 2012, 44-46.
[45] BGH v. 30.07.2008 - XII ZR 150/06 - FamRZ 2008, 1821-1822; vgl. OLG Oldenburg v. 12.05.2009 - 13 UF 19/09 - FamRZ 2009, 1925-1927.
[46] KG v. 26.03.2012 - 3 WF 1/12 - juris Rn. 4 - FamRZ 2012, 1739-1740.
[47] OLG Nürnberg v. 06.11.2012 - 11 UF 1141/12 - juris Rn. 21 und 25 - FamRZ 2013, 227-228.

§ 1600

41 **Ausnahmsweise** steht allerdings eine vorhandene sozial-familiäre Beziehung des Kindes zu seinem rechtlichen Vater der Befugnis des leiblichen Vaters zur Anfechtung der Vaterschaft nach § 1600 Abs. 2 BGB z. B. dann nicht entgegen, wenn das Kind mit seinem leiblichen Vater und seiner Mutter bereits einen erheblichen Zeitraum zusammengelebt und aufgrund des auch vom rechtlichen Vater gebilligten regelmäßigen Umgangs mit dem leiblichen Vater eine derart enge Bindung zu diesem aufgebaut hat, dass die neue rechtliche Zuordnung zu seinem leiblichen Vater sein Wohl nicht beeinträchtigt.[48]

42 Gerät eine ursprünglich bestehende **sozial-familiäre Beziehung nachträglich in Wegfall**, weil der rechtliche Vater sie beendet – etwa: wenn er sich von der Mutter trennt oder sich von ihr scheiden lässt und die Verbindung zum Kind nicht nur vorübergehend abbricht –, entfällt das Anfechtungshindernis das § 1600 Abs. 2 Alt. 1 BGB. Das Erfordernis der Einhaltung der Anfechtungsfrist nach § 1600b Abs. 1 BGB ist jedoch auch dann zu beachten, was ggf. zum Ausschluss der Anfechtungsmöglichkeit aus diesem Grunde führt (vgl. dazu die Kommentierung zu § 1600b BGB). Das Neuentstehen der Anfechtungsmöglichkeit wegen Wegfalls der sozial-familiären Beziehung ist jedoch ausgeschlossen, wenn eine solche Beziehung positiv festgestellt worden ist. Ein Wiederaufleben des gerichtlich verneinten Anfechtungsrechts ist aus Gründen der Rechtssicherheit nicht möglich.[49] Endet die sozial-familiäre Beziehung durch den **Tod des rechtlichen Vaters**, verbleibt es beim Ausschluss des Anfechtungsrechts des biologischen Vaters (§ 1600 Abs. 2 Alt. 2, Abs. 3 Satz 1 Alt. 2 BGB).

bb. Nichtabstammung vom rechtlichen Vater

43 Zur Feststellung der Nichtabstammung vom rechtlichen Vater vgl. die Kommentierung zu § 1600c BGB.

cc. Abstammung vom Anfechtenden

44 Nach § 1600 Abs. 2 HS. 2 BGB setzt die Anfechtung der bestehenden Vaterschaft durch den biologischen Vater zusätzlich voraus, dass der Anfechtende der leibliche Vater des Kindes ist. Die leibliche Vaterschaft ist Prüfungsgegenstand, auch wenn die Anfechtung als Gestaltungsklage zunächst nur auf den Wegfall der Vaterschaft des rechtlichen Vaters gerichtet ist. Über die leibliche Vaterschaft des Anfechtenden ist **Beweis zu erheben**, um zu klären, ob sie wie vom Kläger behauptet nachgewiesen ist (vgl. dazu die Kommentierung zu § 1600d BGB Rn. 23). Dem rechtskräftigen Anfechtungsbeschluss soll auf diesem Wege die erweiterte Feststellungswirkung nach § 182 FamFG zukommen, wonach gleichzeitig mit dem Wegfall der bisher bestehenden Vaterschaft die Vaterschaft des Anfechtenden begründet wird (gerichtlich festgestellter Statuswechsel). Ziel dieser rechtlichen Ausgestaltung ist es zu verhindern, dass das Kind im Fall der erfolgreichen Anfechtung vaterlos wird.[50]

45 § 1600 BGB normiert ausdrücklich lediglich eine **Berechtigung** zur Vaterschaftsanfechtung; eine **Verpflichtung**[51] war weder vom Gesetzgeber gewollt noch vom Bundesverfassungsgericht verlangt. Trotz positiver Kenntnis seiner Vaterschaft verstößt daher der leibliche Vater durch das bloße Unterlassen einer ihm rechtlich möglich gewordenen Vaterschaftsanfechtung nicht gegen die guten Sitten, weshalb dem Scheinvater kein Schadensersatzanspruch aufgrund vorsätzlicher sittenwidriger Schädigung zusteht.[52]

III. Künstliche Insemination (Absatz 5)

46 Nur in § 1600 Abs. 5 BGB behandelt das Gesetz Probleme der heterologen Insemination.[53] Die Frage, inwieweit eine auf ehelicher Geburt oder Anerkennung beruhende Vaterschaft aufgrund **künstlicher Befruchtung** durch Samenspende **mit Einwilligung des Mannes und der Mutter** (konsentierte heterologe Insemination) zugrunde liegt, angefochten werden kann, war in der Vergangenheit umstritten. Mit dem KindRVerbG, das am 12.04.2002 in Kraft getreten ist, hat der Gesetzgeber eine eindeutige Entscheidung getroffen: Sowohl der rechtliche Vater als auch die Mutter haben **kein Recht zur Anfechtung** (§ 1600 Abs. 5 BGB). Dies gilt auch für Anfechtungsfälle, über die im Zeitpunkt des Inkraft-

---

[48] AG Herford v. 26.10.2007 - 14 F 770/06 - FamRZ 2008, 1270-1271.
[49] BT-Drs. 15/2253, S. 11.
[50] BT-Drs. 15/2253, S. 11.
[51] BVerfG v. 09.04.2003 - 1 BvR 1493/96, 1 BvR 1724/01 - FamRZ 2003, 816-825.
[52] LG Saarbrücken v. 15.04.2008 - 9 O 320/07 - FamRZ 2009, 124-126; vgl. aber BGH v. 15.09.1999 - I ZR 98/97 - NJW-RR 2000, 393-395.
[53] Dazu und zum Inhalt von „Kinderwunschverträgen" vgl. *Grziwotz*, FF 2013, 233.

tretens der Neuregelung (12.04.2002) noch nicht entschieden war.[54] Dabei kommt es nicht darauf an, ob Vater und Mutter bei Vereinbarung der künstlichen Befruchtung miteinander verheiratet waren. Der Samenspender als biologischer Vater kann nicht anfechten, weil er der Mutter nicht „beigewohnt" hat.

Die **Einwilligungserklärung** nach § 1600 Abs. 5 BGB ist eine Willenserklärung, deren objektive und subjektive Voraussetzungen erfüllt sein müssen.[55] Sie ist zudem höchstpersönlicher Natur, die §§ 116 ff. BGB finden Anwendung.[56]

Dennoch erscheint die Anfechtung der Anerkennung im Falle der Samenspende **dann** möglich, wenn sich die Zustimmung der Kindesmutter nachträglich als fehlend oder unwirksam herausstellen sollte, ebenso im Falle unterlassener oder unvollständiger Aufklärung des Samenspenders aus Anlass der Spende.[57]

Das Anfechtungsrecht des Kindes bleibt unberührt.[58]

IV. Anfechtung durch die Behörde (Absatz 3)

In Absatz 3 hatte der Gesetzgeber die Möglichkeit einer Anfechtung durch die zuständige Behörde unter **drei Voraussetzungen** vorgesehen:[59]
- die Vaterschaft muss durch Vaterschaftsanerkennung gem. § 1592 Nr. 2 BGB begründet worden sein, § 1600 Abs. 1 Nr. 5 BGB;
- durch die Anerkennung muss die rechtliche Voraussetzung für eine erlaubte Einreise oder einen erlaubten Aufenthalt des Kindes oder eines Elternteils geschaffen worden sein;
- zwischen dem Kind und dem Anerkennenden darf keine sozial-familiäre Beziehung bestehen oder im Zeitpunkt der Anerkennung oder seines Todes bestanden haben.

Die Anfechtung durch die berechtigte Behörde setzte damit insbesondere voraus, dass durch die Anerkennung die rechtlichen Voraussetzungen für die erlaubte Einreise oder den erlaubten Aufenthalt des Kindes oder eines Elternteiles geschaffen werden. Daraus ergeben sich **drei Fallgruppen**:
- Ein deutscher Staatsangehöriger erkennt die Vaterschaft für das Kind einer unverheirateten ausländischen Mutter an. Infolgedessen erwirbt das Kind die deutsche Staatsangehörigkeit (§ 4 Abs. 1 StAG) und damit insbesondere das Recht zur rechtmäßigen Einreise und zum rechtmäßigen Aufenthalt. Diese Rechte erwirbt damit auch die Kindesmutter (§ 28 Abs. 1 Nr. 3 AufenthG).
- Ein ausländischer Staatsangehöriger mit gesichertem Aufenthaltsstatus erkennt die Vaterschaft für das Kind einer unverheirateten Ausländerin an. Die sich daraus ergebenden Rechtsfolgen sind dieselben.
- Ein ausländischer Staatsangehöriger ohne gesicherten Aufenthaltsstatus erkennt die Vaterschaft für das Kind einer deutschen Staatsangehörigen oder das Kind einer Ausländerin mit rechtlich gefestigtem Aufenthalt an. Ist das Kind deutscher Staatsbürger (§ 4 Abs. 1 oder 3 StAG), kann § 28 Abs. 1 Nr. 3 AufenthG erfüllt sein und dem Mann die Einreise und den Aufenthalt ermöglichen.

In seiner Entscheidung vom 17.12.2013 hat das BVerfG jedoch § 1600 Abs. 1 Nr. 5 BGB für **verfassungswidrig** und damit nichtig erklärt mit der – durchaus überraschenden[60] – Begründung, die Regelung sei als absolut verbotene Entziehung der Staatsangehörigkeit anzusehen (Art. 16 Abs. 1 Satz 1 GG), weil der mit der Behördenanfechtung verbundene Wegfall der Staatsangehörigkeit durch die Betroffenen teils gar nicht, teils nicht in zumutbarer Weise beeinflussbar ist.

Die Anerkennung der Vaterschaft begründe eine vollgültige und mit allen Rechten und Pflichten verbundene Vaterschaft. Dazu sei weder ein biologisches Abstammungsverhältnis erforderlich noch müsse eine sozial-familiäre Beziehung zwischen dem Anerkennenden und dem Kind existieren, was den Betroffenen ermögliche, eine Vaterschaft durch Anerkennung aus beliebigen Motiven herbeizuführen, selbst wenn sie damit rechneten oder sogar wüssten, dass der Anerkennende nicht der biologische Vater des Kindes sei.

---

[54] BGH v. 26.01.2005 - XII ZR 70/03 - FamRZ 2005, 279.
[55] OLG Karlsruhe v. 25.01.2012 - 18 UF 257/11 - FamRZ 2012, 1150-1152; *Hammermann* in: Erman, BGB, 13. Aufl. 2011, § 1600 Rn. 27; *Wellenhofer* in: MünchKomm-BGB, 6. Aufl. 2012, § 1600 Rn. 35; a.A. *Wanitzek*, FamRZ 2003, 730: „willensgetragener Realakt".
[56] *Hammermann* in: Erman, BGB, 13. Aufl. 2011, § 1600 Rn. 34; *Wellenhofer* in: MünchKomm-BGB, 6. Aufl. 2012, § 1600 Rn. 35; vgl. OLG Hamburg v. 23.04.2012 - 12 UF 180/11 - FamRZ 2013, 228-230.
[57] Vgl. *Wellenhofer*, FamRZ 2013, 825, 826.
[58] Zur Absicherung des Samenspenders gegen Ansprüche des Kindes *Schlüter/Taupitz*, AcP 205, 591-644 (2005).
[59] Vgl. *Löhnig*, FamRZ 2008, 1130.
[60] So auch *Helms*, FamRZ 2014, 459.

54 Nach der Rechtsprechung der Verwaltungsgerichte führe eine erfolgreiche Anfechtung der Vaterschaft gem. § 1600 Abs. 1 Nr. 5 BGB für das Kind zum Verlust seiner Staatsangehörigkeit, obwohl dies in der Vorschrift selbst nicht geregelt sei. Dies stelle einen nicht gerechtfertigten Eingriff in Art. 16 Abs. 1 Satz 1 GG dar, der nur dann gerechtfertigt sein könne, wenn die Eltern von der Möglichkeit der Vaterschaftsanerkennung nur Gebrauch machen, um unter Umgehung des Aufenthaltsrechts aufenthaltsrechtliche Vorteile herbeizuführen. Zwar könne sich der Gesetzgeber als Voraussetzungen für die behördliche Anfechtung solcher gerade aufenthaltsrechtlich motivierter Anerkennungen objektiver Merkmale bedienen, die die subjektive Motivlage indizieren. Die dazu heranzuziehenden objektiven Merkmale müssten jedoch zum Nachweis für eine spezifisch ausländerrechtlich veranlasste Vaterschaftsanerkennung hinreichend aussagekräftig sein. Dies sei beim Fehlen einer sozial-familiären Beziehung nicht der Fall, weil die Anforderungen über das praktisch übliche Maß an sozialen Vater-Kind-Kontakten zwischen nicht ehelichen Kindern und ihren Vätern deutlich hinausgehe. Jedenfalls eröffne der generalisierende Schluss vom Fehlen der häuslichen Gemeinschaft auf die aufenthaltsrechtliche Motivlage eine zu weitgehende Anfechtungsmöglichkeit.

55 Gegenwärtig bleibt abzuwarten, ob, wann und wie der Gesetzgeber seinen entsprechend der Entscheidung des BVerfG noch verbliebenen Handlungsspielraum zur Schaffung einer Ersatzregelung nutzen wird.

D. Rechtsfolgen

56 Zur Rückwirkung und den Folgen bei erfolgreicher Anfechtung durch den rechtlichen Vater, die Mutter oder das Kind vgl. die Kommentierung zu § 1599 BGB Rn. 33.

57 Die erfolgreiche **Anfechtung durch den biologischen Vater hat** die erweiterte Feststellungswirkung (**Doppelwirkung**) nach § 182 FamFG. Danach wird gleichzeitig mit dem Wegfall der bisher bestehenden Vaterschaft rückwirkend die Vaterschaft des Anfechtenden begründet (Statuswechsel durch Gestaltungsbeschluss).

58 Infolge der Entscheidung des BVerfG[61] hat der Gesetzgeber durch das „**Gesetz zur Klärung der Vaterschaft unabhängig vom Anfechtungsverfahren**" die Möglichkeit geschaffen, das grundrechtlich geschützte **Recht eines Mannes auf Kenntnis der Abstammung des ihm rechtlich zugeordneten Kindes** auch ohne Statuswirkung verfahrensrechtlich durchzusetzen. § 1598a BGB stellt das dazu erforderliche Instrumentarium bereit (vgl. dazu näher die Kommentierung zu § 1598a BGB Rn. 1).

E. Anwendungsfelder

I. Altfälle

59 Die in § 1600b Abs. 1 BGB geregelte Frist für die Anfechtung durch den biologischen Vater beginnt nicht vor dem 30.04.2004 (Art. 229 § 10 EGBGB). Die in § 1600b Abs. 1a Satz 1 BGB geregelte kenntnisabhängige Jahresfrist für die anfechtungsberechtigte Behörde beginnt nicht vor dem 01.06.2008, Art. 229 § 16 EGBGB. Dies gilt jedoch nicht für die kenntnisunabhängige Fünfjahresfrist, weil der Gesetzgeber in Art. 229 § 16 EGBGB bewusst keine Übergangsregelung vorgesehen hat.[62]

60 Vgl. im Übrigen die Kommentierung zu § 1599 BGB Rn. 36.

II. Auslandsbezug

61 Kollisionsnorm betreffend die Feststellung des Nichtbestehens der bisherigen Vaterschaft (**Anfechtungsstatut**) ist Art. 20 EGBGB. Das Statut zur Feststellung des Bestehens eines Eltern-Kind-Verhältnisses – hier also der leiblichen Vaterschaft des Anfechtenden – (**Abstammungsstatut**) ergibt sich aus Art. 19 EGBGB.

62 Vgl. im Übrigen die Kommentierung zu § 1599 BGB Rn. 43.

---

[61] BVerfG v. 13.02.2007 - 1 BvR 421/05 - FamRZ 2007, 441.
[62] BT-Drs. 16/3291, S. 18.

§ 1600a BGB Persönliche Anfechtung; Anfechtung bei fehlender oder beschränkter Geschäftsfähigkeit

(Fassung vom 23.04.2004, gültig ab 30.04.2004)

(1) Die Anfechtung kann nicht durch einen Bevollmächtigten erfolgen.

(2) ¹Die Anfechtungsberechtigten im Sinne von § 1600 Abs. 1 Nr. 1 bis 3 können die Vaterschaft nur selbst anfechten. ²Dies gilt auch, wenn sie in der Geschäftsfähigkeit beschränkt sind; sie bedürfen hierzu nicht der Zustimmung ihres gesetzlichen Vertreters. ³Sind sie geschäftsunfähig, so kann nur ihr gesetzlicher Vertreter anfechten.

(3) Für ein geschäftsunfähiges oder in der Geschäftsfähigkeit beschränktes Kind kann nur der gesetzliche Vertreter anfechten.

(4) Die Anfechtung durch den gesetzlichen Vertreter ist nur zulässig, wenn sie dem Wohl des Vertretenen dient.

(5) Ein geschäftsfähiger Betreuter kann die Vaterschaft nur selbst anfechten.

Gliederung

A. Grundlagen 1	b. Beschränkt geschäftsfähiger Elternteil 19
I. Kurzcharakteristik 1	2. Anfechtungsantrag des Kindes, Vertretung
II. Gesetzgebungsgeschichte 2	(Absatz 3) 20
III. Regelungsprinzipien 3	a. Volljähriges Kind 20
B. Anwendungsvoraussetzungen 9	b. Minderjähriges Kind 21
I. Normstruktur 9	3. Wohl des Vertretenen (Absatz 4) 29
II. Keine gewillkürte Vertretung (Absatz 1) 14	IV. Betreuung (Absatz 5) 31
III. Gesetzliche Vertretung (Absätze 2-4) 15	C. Rechtsfolgen 33
1. Anfechtungsantrag von Vater oder Mutter	I. Altfälle 34
(Absatz 2) 16	II. Auslandsbezug 35
a. Geschäftsunfähiger Elternteil 16	

A. Grundlagen

I. Kurzcharakteristik

Die §§ 1600-1600c BGB normieren in Ergänzung zu § 1599 Abs. 1 BGB die Einzelheiten zur Anfechtung der Vaterschaft. Hiervon behandelt § 1600a BGB Fragen zur Vertretung bei der Anfechtung, insbesondere bei mangelnder Geschäftsfähigkeit.   **1**

II. Gesetzgebungsgeschichte

§ 1600a BGB gilt in der heutigen Fassung – mit Ausnahme von Absatz 2 Satz 1 – seit dem 01.07.1998. Bis zur Kindschaftsrechtsreform 1998 (vgl. die Kommentierung zu § 1592 BGB Rn. 4) fand sich die entsprechende, inhaltlich zum Teil abweichende Regelung in § 1595 BGB a.F. (Anfechtung der Ehelichkeit) und § 1600k BGB a.F. (Anfechtung der Anerkennung). Anfechtung der Ehelichkeit durch die Mutter kannte das frühere Recht nicht. Anfechtung durch den biologischen Vater (vgl. die Kommentierung zu § 1600 BGB Rn. 24) gibt es erst seit dem 30.04.2004; seit diesem Zeitpunkt gilt Absatz 2 Satz 1 heutiger Fassung.   **2**

III. Regelungsprinzipien

Gewillkürte Vertretung bei der Entscheidung über die Anfechtung der Vaterschaft **ist ausgeschlossen.**   **3**

Bei **Geschäftsunfähigkeit** des Anfechtenden kann der gesetzliche Vertreter anfechten.   **4**

Bei **beschränkter Geschäftsunfähigkeit** können der rechtliche und der biologische Vater sowie die Mutter nur persönlich anfechten; Zustimmung des gesetzlichen Vertreters ist nicht erforderlich. Für das beschränkt geschäftsfähige Kind kann nur der gesetzliche Vertreter anfechten.   **5**

§ 1600a

6 Bei **Betreuung** kann ein noch Geschäftsfähiger nur persönlich anfechten, wobei es der Zustimmung des Betreuers nicht bedarf. Anders als zur Anerkennung der Vaterschaft (§ 1596 Abs. 3 HS. 2 BGB) ist ein Einwilligungsvorbehalt zur Anfechtung der Vaterschaft nicht möglich (§ 1903 Abs. 2 BGB).

7 Soweit ein **gesetzlicher Vertreter** zur Vertretung befugt ist, muss das Verfahrensrecht vorab prüfen, ob der durch ihn gestellte Anfechtungsantrag dem **Wohl des Vertretenen** dient.

8 Eine **formelle Beschwer** als Zulässigkeitsvoraussetzung für ein Rechtsmittel im Abstammungsverfahren ist nicht erforderlich:[1] Eine Wiederaufnahme in Abstammungsverfahren kann auch von dem Beteiligten erhoben werden, der in dem früheren Verfahren obsiegt habe. Dies muss **erst recht** für die Einlegung eines Rechtsmittels in einem Abstammungsverfahren gelten, obwohl in erster Instanz gesiegt wurde. Dafür spricht auch die Parallele zum Scheidungsurteil, wo Gleiches gilt, wenn das Rechtsmittel zur Aufrechterhaltung der Ehe eingelegt wird.[2] Das Abstammungsverfahren weißt Übereinstimmungen mit dem Verfahren in Ehesachen auf und schränkt den Untersuchungsgrundsatz in § 177 FamFG zugunsten der Aufrechterhaltung der Vaterschaft ein, was ebenfalls dafür spricht, auf eine formelle Beschwer bei der Beschwerde in Abstammungsverfahren generell zu verzichten.[3]

B. Anwendungsvoraussetzungen

I. Normstruktur

9 Absatz 1 schließt **gewillkürte Vertretung** in der Anfechtung aus.

10 Absatz 2 regelt die Anfechtung durch den **rechtlichen Vater**, durch den **biologischen Vater** sowie durch die **Mutter**, wenn diese **geschäftsunfähig oder beschränkt geschäftsfähig** sind.

11 Absatz 3 behandelt die gesetzliche Vertretung des **geschäftsunfähigen oder beschränkt geschäftsfähigen Kindes**.

12 Absatz 4 normiert das **Wohl des Vertretenen als Voraussetzung zur gesetzlichen Vertretung** bei der Anfechtung.

13 Absatz 5 betrifft die Anfechtung durch Volljährige, die unter **Betreuung** stehen, jedoch noch geschäftsfähig sind.

II. Keine gewillkürte Vertretung (Absatz 1)

14 Bei der Entscheidung, ob ein Anfechtungsantrag gestellt wird, ist gewillkürte Stellvertretung, d. h. die Vertretung durch einen Bevollmächtigten, nicht zulässig. Der Entschluss zur Anfechtung ist **höchstpersönliche Rechtsausübung**, eine dahin gehende Vollmacht gem. § 134 BGB nichtig. Unberührt bleibt die Möglichkeit, dass der Anfechtende sich zur Antragstellung und im Verfahren eines Verfahrensbevollmächtigten bedient (§ 10 FamFG).

III. Gesetzliche Vertretung (Absätze 2-4)

15 Im Gegensatz zu dem in Absatz 1 normierten Verbot gewillkürter Vertretung kommt bei einer Anfechtung durch geschäftsunfähige oder beschränkt geschäftsfähige Anfechtungsberechtigte eine gesetzliche Vertretung in Betracht. Die differenzierten Einzelheiten dazu sind in den Absätzen 2-4 geregelt.

1. Anfechtungsantrag von Vater oder Mutter (Absatz 2)

a. Geschäftsunfähiger Elternteil

16 Der geschäftsunfähige rechtliche Vater, der geschäftsunfähige biologische Vater wie auch die geschäftsunfähige Mutter können persönlich nicht wirksam über die Anfechtung entscheiden (§ 105 Abs. 1 BGB). Geschäftsunfähigkeit liegt vor, wenn die Voraussetzungen nach § 104 BGB gegeben sind. Dabei kommt – naturgemäß – nur dessen Nr. 2 in Betracht, was auch bei Minderjährigkeit des Anfechtenden der Fall sein kann. Vgl. dazu näher die Kommentierung zu § 104 BGB.

17 Für den Geschäftsunfähigen kann sein **gesetzlicher Vertreter** über die Anfechtung entscheiden; Vertretung im Entschluss ist hier zulässig (§ 1600a Abs. 2 Satz 3 BGB). Bei Volljährigkeit des Anfechtenden ist gesetzlicher Vertreter ein Betreuer mit dem entsprechenden Aufgabenkreis, der – falls noch

---

[1] Das war vor dem 01.09.2009 umstritten; offen gelassen von BGH v. 02.03.1994 - XII ZR 207/92 - FamRZ 1994, 694.

[2] Vgl. BGH v. 11.01.1984 - IVb ZR 41/82 - NJW 1984, 1302 m.w.N.

[3] So zu Recht OLG Hamm v. 13.11.2007 - 9 UF 36/07 - FamRZ 2008, 1646-1648; ebenso *Greger* in: Zöller, ZPO, 30. Aufl. 2014, § 184 FamFG Rn. 4; *Stößer* in: Prütting/Helms, FamFG, 3. Aufl. 2014, § 184 Rn. 12.

nicht vorhanden – zur Entscheidung über die Frage der Anfechtung von Amts wegen zu bestellen ist (§ 1896 BGB). Gesetzlicher Vertreter eines geschäftsunfähigen Minderjährigen sind seine Eltern oder ein Elternteil, was nach den §§ 1629 Abs. 1 Satz 1, 1626 Abs. 1, 1626a, 1671-1681 BGB zu beurteilen ist. Hat kein Elternteil die Sorge, ist gesetzlicher Vertreter der bestellte Vormund oder ein Pfleger mit dementsprechendem Wirkungskreis, der ggf. von Amts wegen zu bestellen ist (§§ 1773, 1909 BGB).

Im Gegensatz zum früheren Recht und anders als bei Anerkennung der Vaterschaft bedarf der gesetzliche Vertreter des Geschäftsunfähigen **keiner gerichtlichen Genehmigung** zur Entscheidung über die Anfechtung und ihre Durchführung. Das Verfahrensgericht hat allerdings zu prüfen, ob der Anfechtungsantrag dem Wohl des Vertretenen (vgl. Rn. 29) dient (§ 1600a Abs. 4 BGB). 18

b. Beschränkt geschäftsfähiger Elternteil

Ist der anfechtende rechtliche oder biologische Vater oder die anfechtende Mutter beschränkt geschäftsfähig (§ 106 BGB), ist keine gesetzliche Vertretung bei der Anfechtung möglich. Der beschränkt geschäftsfähige Elternteil – ebenso der biologische Vater – kann nur **selbst anfechten**; der Zustimmung seines gesetzlichen Vertreters bedarf es nicht (§ 1600a Abs. 2 Satz 1 und 2 BGB). Er ist trotz der beschränkten Geschäftsfähigkeit **verfahrensfähig** (§ 9 Abs. 1 Nr. 2, 3 FamFG). 19

2. Anfechtungsantrag des Kindes, Vertretung (Absatz 3)

a. Volljähriges Kind

Das **volljährige** Kind kann grundsätzlich nur persönlich anfechten. Dies gilt nicht, wenn der Volljährige geschäftsunfähig ist, was das Vorliegen der Voraussetzungen nach § 104 Nr. 2 BGB erfordert – vgl. dazu näher die Kommentierung zu § 104 BGB. Ist dies der Fall, kann nur der gesetzliche Vertreter anfechten. Gesetzlicher Vertreter ist ein Betreuer mit dem entsprechenden Aufgabenkreis, der – falls noch nicht vorhanden – zur Entscheidung über die Frage der Anfechtung von Amts wegen zu bestellen ist (§ 1896 BGB). 20

b. Minderjähriges Kind

aa. Vertretungsausschluss des Vaters

Im Anfechtungsverfahren sind das Kind und der rechtliche Vater stets **Verfahrensbeteiligte**. Deswegen war der sorgeberechtigte Vater jedenfalls bis zum Inkrafttreten des FamFG am 01.09.2009 von der Vertretung des Kindes im Verfahren ausgeschlossen (vgl. die §§ 1629 Abs. 2 Satz 1, 1795 Abs. 1 Nr. 3 BGB),[4] bei gemeinsamer Sorge ebenso die Mutter.[5] Es wurde von Amts wegen ein **Ergänzungspfleger** bestellt (§ 1909 Abs. 1 Satz 1 BGB). 21

Seit **Einführung des FamFG** und der damit verbundenen Umgestaltung des Abstammungsverfahrens vom ZPO-Verfahren (§§ 640 ff. ZPO a.F.) zum **FG-Verfahren** (§§ 169 ff. FamFG) ist umstritten, ob § 1795 BGB auf Abstammungsverfahren weiter anwendbar ist: 22

- Z.T. wird vertreten, dass Abstammungssachen keinen „Rechtsstreit" i.S.v. § 1795 Abs. 1 Nr. 3 BGB mehr darstellen und die am Verfahren beteiligten Eltern aufgrund ihrer Stellung im Verfahren an der gesetzlichen Vertretung des Kindes nicht mehr gehindert sind.[6]
- Z.T. wird angenommen, § 1795 Abs. 1 Nr. 3 BGB sei erweiternd auszulegen und die Eltern damit sowohl im Feststellungsverfahren als auch im Anfechtungsverfahren als Verfahrensbeteiligte analog § 1795 Abs. 2 BGB i.V. m. § 181 BGB stets ausgeschlossen.[7]
- Die inzwischen wohl herrschende Meinung ist demgegenüber der Ansicht, dass sich durch die **Umgestaltung des Verfahrensrechts** an der Vertretungsberechtigung der Eltern **nichts geändert** habe.[8] Denn sowohl die Eltern als auch das Kind seien in Abstammungssachen formell Beteiligte

---

[4] BGH v. 27.03.2002 - XII ZR 203/99 - juris Rn. 23 - NJW 2002, 2109-2112.
[5] BGH v. 14.06.1972 - IV ZR 53/71 - LM Nr. 14 zu § 1594 BGB.
[6] *Helms/Balzer*, ZKJ 2009, 348, 349 f.; *Gutzeit* in: Kaiser/Schnitzler/Friederici, BGB, Familienrecht, 2. Aufl., § 1600a Rn. 7.
[7] *Coester-Waltjen/Hilbig-Lugani* in: MünchKomm-FamFG, 2. Aufl. 2013, § 172 Rn. 33 ff.; *Vogel*, FPR 2011, 353, 354.
[8] So u.a. OLG Hamburg v. 04.06.2010 - 12 UF 224/09 - FamRZ 2010, 1825; KG v. 21.09.2010 - 16 UF 60/10 - FamRZ 2011, 739-740; *Hammermann* in: Erman, BGB, 13. Aufl., § 1600a Rn. 14a; eingehend *Wellenhofer* in: MünchKomm-BGB, 6. Aufl., § 1600a Rn. 10; *Wagenitz* in: MünchKomm-BGB, 6. Aufl., § 1795 Rn. 34; *Löhnig*, FamRZ 2009, 1798, 1799 1; *Stößer* in: Prütting/Helms, FamFG, 3. Aufl. 2014, § 172 Rn. 4 ff.

mit einzelfallabhängig durchaus unterschiedlichen Interessen. Der Begriffstransfer durch das FamFG (vgl. § 113 Abs. 5 FamFG) habe diese Rollen nicht verändert, denn bei dem Verfahren handele es sich immer noch um ein Antragsverfahren (§ 171 FamFG), in dem der Strengbeweis (§ 177 FamFG) gelte und die Entscheidung für und gegen alle wirke (§ 184 Abs. 2 FamFG). Faktisch werde demnach bei der Vaterschaftsanfechtung nach wie vor ein Rechtsstreit geführt.[9]

23 Der **letzteren Auffassung** ist der **Vorzug** zu geben. Der Vater kann nicht gesetzlicher Vertreter des Kindes sein, wenn das Verfahren gerade auf die Beseitigung des zwischen ihm und dem Kind bestehenden Statusverhältnisses abzielt. Auch nach dem Inkrafttreten des FamFG ist die Anfechtung der Vaterschaft durch den abstrakten Interessengegensatz von Kind und rechtlichem Vater gekennzeichnet. Die Beseitigung der rechtlichen Vaterschaft entzieht dem Kind die Grundlage für elementare subjektive Rechte wie Unterhalt und Erbrecht. Mit dieser Argumentation hat sich der **BGH** hinsichtlich der Anfechtung der Vaterschaft durch den rechtlichen Vater nach § 1600 Abs. 1 Nr. 2 BGB dieser Auffassung angeschlossen. Allein durch die Einführung des FamFG ergeben daher sich Änderungen nur für solche Fälle, in denen die gesetzliche Vertretung durch die sorgeberechtigten Eltern und deren Ausschluss nach der Rechtslage vor dem 01.09.2009 maßgeblich von den Besonderheiten des früheren Verfahrensrechts abhängig war.[10] Der Vertretungsausschluss gelte auch bei der Anfechtung durch andere Berechtigte, da er jedenfalls aufgrund der Rechtslage seit 01.09.2009 an das zu beseitigende Statusverhältnis geknüpft sei.[11]

bb. Vertretungsausschluss der Mutter

24 Auch die Mutter ist ebenso wie das Kind im Anfechtungsverfahren stets **Verfahrensbeteiligte** (§ 172 Abs. 1 Nr. 1, 2 FamFG). Im Hinblick auf ihr eigenes Anfechtungsrecht und das Anfechtungsrecht des Kindes ist sie wie das Kind Antragstellerin; das Kind kann allerdings auch Antragsgegner sein. Auch die Interessen von Mutter und Kind können voneinander abweichen. Daher ist in entsprechender Anwendung von § 1795 Abs. 1 Nr. 3 BGB auch die **allein sorgeberechtigte Mutter** (vgl. §§ 1626a Abs. 2, 1671-1681 BGB) von der Vertretung des Kindes im Verfahren **ausgeschlossen**, wenn sie selbst Antragstellerin[12] oder mit dem (rechtlichen) Vater verheiratet ist.[13] Für den Fall des Antrags des Kindes oder des Antrags des Vaters kann im Hinblick auf die Beteiligung der Mutter und die gleichartige Interessenlage nichts Anderes gelten. Es ist also immer ein **Ergänzungspfleger** für die Vertretung im Anfechtungsverfahren zu bestellen, wenn der Vater und/oder die Mutter gesetzliche Vertreter des Kindes ist/sind (§ 1909 Abs. 1 Satz 1 BGB).

cc. Anfechtungsentscheidung

25 Von der Vertretung im Rahmen der Anfechtung im gerichtlichen Verfahren ist die vorausgehende **Entscheidung** darüber, **ob im Namen des Kindes angefochten werden soll,** zu unterscheiden: Ist davon auszugehen, dass Mutter und Vater auch nach Inkrafttreten des FamFG nach den §§ 1629 Abs. 2 Satz 1, 1795 Abs. 1 Nr. 3 bzw. Nr. 1 oder 1795 Abs. 2 i.V.m. § 181 BGB von der Vertretung des Kindes im Abstammungsverfahren ausgeschlossen sein können (vgl. Rn. 23, Rn. 24), ist diese Unterscheidung nach wie vor von Bedeutung.[14] Die Entscheidung über das Ob der Anfechtung ist weder ein Rechtsgeschäft noch eine Verfahrenshandlung, weshalb insoweit weder § 1795 Abs. 1 Nr. 1 BGB noch § 1795 Abs. 1 Nr. 3 BGB – jeweils i.V.m. § 1629 Abs. 2 Satz 1 BGB – entgegensteht. Sie gehört zur Personensorge und steht daher grundsätzlich dem Inhaber der elterlichen Sorge zu;[15] ein gesetzlicher Vertretungsausschluss existiert insoweit nicht. In Betracht kommt lediglich die **Entziehung der Vertretung** gem. § 1796 Abs. 1 BGB i.V. m. § 1629 Abs. 2 Satz 3 BGB; Halbsatz 2 in § 1629 Abs. 2 Satz 3 BGB steht dem nicht entgegen, da das dort normierte Eingriffsverbot nur für die Feststellung der Vaterschaft, nicht aber für deren Anfechtung gilt (vgl. auch Rn. 28).

---

[9] So zu Recht *Wellenhofer* in: MünchKomm-BGB, 6. Aufl. 2012, § 1600a Rn. 10.
[10] BGH v. 21.03.2012 - XII ZB 510/10 - juris Rn. 12 ff. - FamRZ 2012, 859-862.
[11] BGH v. 21.03.2012 - XII ZB 510/10 - juris Rn. 15 ff. - FamRZ 2012, 859-862.
[12] BGH v. 27.03.2002 - XII ZR 203/99 - juris Rn. 25 - NJW 2002, 2109-2112.
[13] BGH v. 21.03.2012 - XII ZB 510/10 - juris Rn. 19 - FamRZ 2012, 859-862.
[14] *Wellenhofer* in: MünchKomm-BGB, 6. Aufl. 2012, § 1600a Rn. 12.
[15] BGH v. 27.11.1974 - IV ZB 42/73 - LM Nr. 1 zu § 1796 BGB; *Wellenhofer* in: MünchKomm-BGB, 6. Aufl. 2012, § 1600a Rn. 12.

Kann das minderjährige Kind nach alledem über das Ob der Anfechtung nicht selbst entscheiden, gilt dies sowohl für das geschäftsunfähige (§ 104 Nr. 1 oder Nr. 2 BGB) als auch das beschränkt geschäftsfähige (§ 106 BGB) Kind, Letzteres selbst dann, wenn es bereits 14 Jahre alt ist. Für das minderjährige Kind kann daher immer nur der **gesetzliche Vertreter** die Anfechtungsentscheidung treffen. 26

Gesetzlicher Vertreter des Kindes sind seine Eltern oder ein Elternteil, was nach den §§ 1629 Abs. 1 Satz 1, 1626 Abs. 1, 1626a Abs. 1 und 2, 1671-1681 BGB zu beurteilen ist. Vertreten die Eltern im Falle **gemeinsamer elterlicher Sorge** das Kind gem. § 1629 Abs. 1 Satz 1 BGB gemeinschaftlich, kann ein Elternteil allein keine Anfechtungsentscheidung für das Kind treffen. In einem solchen Fall ist der Antrag des Kindes als unzulässig abzuweisen.[16] Hat **kein Elternteil die Sorge,** ist gesetzlicher Vertreter der bestellte Vormund oder ein Pfleger mit dementsprechendem Wirkungskreis, der ggf. von Amts wegen zu bestellen ist (§§ 1773, 1909 BGB). 27

Die **Entziehung der Vertretung** für die Entscheidung zur Vaterschaftsanfechtung setzt nach § 1796 Abs. 2 BGB i.V.m. § 1629 Abs. 2 Satz 3 BGB voraus, dass das Kindesinteresse in erheblichem Gegensatz zum Interesse des vertretenden Elternteils – bei gemeinsamer Sorge: der Eltern – steht. Davon ist keineswegs in der Regel auszugehen, wenn der gesetzliche Vertreter keine Anfechtung will. Vielmehr müssen im Einzelfall ernst zu nehmende Anhaltspunkte für eine konkrete Interessenkollision sprechen.[17] Grundsätzlich ist anzunehmen, dass Eltern die Entscheidung zur Vaterschaftsanfechtung nicht eigensüchtig, sondern im Interesse des Kindes treffen. Diesem Interesse kann ggf. durch ein Verbleiben im Familienverband mit dem rechtlichen Vater mehr gedient sein als durch Klärung der wirklichen Abstammung des Kindes. Es müssen daher konkrete Umstände hinzutreten, die den erheblichen Interessengegensatz erkennen lassen.[18] 28

3. Wohl des Vertretenen (Absatz 4)

Will der gesetzliche Vertreter des minderjährigen Kindes oder des geschäftsunfähigen Volljährigen in dessen Vertretung einen Antrag zur Anfechtung der Vaterschaft stellen, ist dies nach § 1600a Abs. 4 BGB nur dann zulässig, wenn die Anfechtung dem Wohl des Vertretenen dient. Im Gegensatz zur Rechtslage vor der Kindschaftsrechtsreform 1998 ist zur Prüfung dessen kein vorgeschaltetes vormundschaftsgerichtliches Genehmigungsverfahren vorgeschrieben. Das Wohl des Vertretenen ist vielmehr als Voraussetzung für die Zulässigkeit des Anfechtungsantrags[19] von dem über die Anfechtung entscheidenden Familiengericht[20] zu prüfen. 29

Maßstab für die Zulassung des Anfechtungsantrags ist das Wohl des gesetzlich vertretenen Antragstellers. Dass die Anfechtung dem dient, ist positiv festzustellen;[21] die Darlegungs- und Beweislast liegt beim Antragsteller.[22] Das Wohl des Vertretenen erfordert, dass die Anfechtung in seinem wohlverstandenen Interesse liegt. Gesichtspunkte zur Entscheidung hierüber sind: 30

- Wahrung des Familienfriedens,[23]
- sozial-familiäre Beziehung des rechtlichen Vaters zum Kind,[24]
- Bereitschaft des rechtlichen Vaters zur tatsächlichen Übernahme der Verantwortung für das Kind,[25]
- Qualität der Beziehungen zwischen Mutter und Kind,[26]
- Kenntnis der eigenen Abstammung als Ziel der Anfechtung,[27]
- Möglichkeit oder Unmöglichkeit anschließender Vaterschaftsfeststellung,[28]

---

[16] OLG Celle v. 25.06.2012 - 15 UF 73/12 - FamRZ 2013, 230; *Keidel/Engelhardt*, FamFG, 18. Aufl. 2014, § 169 Rn. 13.

[17] BayObLG München v. 19.09.1988 - BReg 1 a Z 4/88 - JurBüro 1989, 109.

[18] BGH v. 27.11.1974 - IV ZB 42/73 - LM Nr. 1 zu § 1796 BGB; BayObLG München v. 19.09.1988 - BReg 1 a Z 40/88 - JurBüro 1989, 109.

[19] *Wellenhofer* in: MünchKomm-BGB, 6. Aufl. 2012, § 1600a Rn. 14.

[20] BT-Drs. 13/4899, S. 87.

[21] OLG Celle v. 04.10.2011 - 15 WF 84/11 - FamRZ 2012, 567-568; OLG Schleswig v. 01.03.2002 - 15 WF 32/02 - FamRZ 2003, 51-52; *Brudermüller* in: Palandt, BGB, 73. Aufl. 2014, § 1600a Rn. 10.

[22] OLG Köln v. 20.04.2000 - 14 UF 275/99 - juris Rn. 17 - NJW-RR 2000, 1459-1460.

[23] BT-Drs. 13/4899, S. 87.

[24] Vgl. BVerfG v. 09.04.2003 - 1 BvR 1493/96, 1 BvR 1724/01 - NJW 2003, 2151-2158.

[25] BayObLG München v. 15.04.1996 - 1Z BR 169/95 - BayObLGZ 1996, 90-97.

[26] BT-Drs. 13/4899, S. 87.

[27] BayObLG München v. 15.04.1996 - 1Z BR 169/95 - BayObLGZ 1996, 90-97; OLG Schleswig v. 01.03.2002 - 15 WF 32/02 - FamRZ 2003, 51-52.

[28] BayObLG München v. 23.06.1994 - 1Z BR 40/94 - NJW-RR 1995, 387-388.

- wirtschaftliche, insbesondere unterhaltsrechtliche Gesichtspunkte.[29]

Die Entscheidung ist nach den **konkreten Umständen des Einzelfalles** zu treffen. Bei der hierzu erforderlichen Gesamtwürdigung sind alle Vor- und Nachteile, die sich aus dem Wegfall der bestehenden Vaterschaft ergeben, sorgfältig gegeneinander abzuwägen.[30]

IV. Betreuung (Absatz 5)

31 Die **Bestellung eines Betreuers** für einen Volljährigen berührt dessen **Geschäftsfähigkeit** nicht. Ob er geschäftsunfähig ist, richtet sich allein nach § 104 Nr. 2 BGB – vgl. dazu die Kommentierung zu § 104 BGB. § 1600a Abs. 5 BGB ist nicht einschlägig, wenn der Betreute gem. § 104 Nr. 2 BGB geschäftsunfähig ist. Die Anfechtung für einen Geschäftsunfähigen unterfällt § 1600a Abs. 2 Satz 3, Abs. 3 BGB.

32 Der geschäftsfähige Betreute kann **nur persönlich anfechten** (§ 1600a Abs. 5 BGB). Vertretung ist nicht zulässig, ein vom Betreuer im Namen des Betreuten gestellter Anfechtungsantrag ist abzuweisen. Dasselbe gilt, wenn der Betreute den Betreuer hierzu bevollmächtigt hat (§ 1600a Abs. 1 BGB). Einer Zustimmung des Betreuers zur Anfechtung des Betreuten bedarf es nicht. Ein Einwilligungsvorbehalt kann nicht angeordnet werden (§ 1903 Abs. 2 BGB i.V. m. § 1600a Abs. 2 Satz 2 BGB).

C. Rechtsfolgen

33 Verstöße gegen die Regelungen zur Höchstpersönlichkeit der Anfechtung und zur gesetzlichen Vertretung im Verfahren führen zur **Unzulässigkeit** des Anfechtungsantrags.

I. Altfälle

34 Vgl. hierzu die Kommentierung zu § 1599 BGB Rn. 36.

II. Auslandsbezug

35 Vgl. hierzu die Kommentierung zu § 1599 BGB Rn. 43.

---

[29] BayObLG München v. 15.04.1996 - 1Z BR 169/95 - BayObLGZ 1996, 90-97.
[30] BayObLG München v. 15.04.1996 - 1Z BR 169/95 - juris Rn. 12 - BayObLGZ 1996, 90-97.

§ 1600b BGB Anfechtungsfristen

(Fassung vom 24.09.2009, gültig ab 01.01.2010)

(1) ¹Die Vaterschaft kann binnen zwei Jahren gerichtlich angefochten werden. ²Die Frist beginnt mit dem Zeitpunkt, in dem der Berechtigte von den Umständen erfährt, die gegen die Vaterschaft sprechen; das Vorliegen einer sozial-familiären Beziehung im Sinne von § 1600 Abs. 2 erste Alternative hindert den Lauf der Frist nicht.

(1a) ¹Im Fall des § 1600 Abs. 1 Nr. 5 kann die Vaterschaft binnen eines Jahres gerichtlich angefochten werden. ²Die Frist beginnt, wenn die anfechtungsberechtigte Behörde von den Tatsachen Kenntnis erlangt, die die Annahme rechtfertigen, dass die Voraussetzungen für ihr Anfechtungsrecht vorliegen. ³Die Anfechtung ist spätestens nach Ablauf von fünf Jahren seit der Wirksamkeit der Anerkennung der Vaterschaft für ein im Bundesgebiet geborenes Kind ausgeschlossen; ansonsten spätestens fünf Jahre nach der Einreise des Kindes.

(2) ¹Die Frist beginnt nicht vor der Geburt des Kindes und nicht, bevor die Anerkennung wirksam geworden ist. ²In den Fällen des § 1593 Satz 4 beginnt die Frist nicht vor der Rechtskraft der Entscheidung, durch die festgestellt wird, dass der neue Ehemann der Mutter nicht der Vater des Kindes ist.

(3) ¹Hat der gesetzliche Vertreter eines minderjährigen Kindes die Vaterschaft nicht rechtzeitig angefochten, so kann das Kind nach dem Eintritt der Volljährigkeit selbst anfechten. ²In diesem Fall beginnt die Frist nicht vor Eintritt der Volljährigkeit und nicht vor dem Zeitpunkt, in dem das Kind von den Umständen erfährt, die gegen die Vaterschaft sprechen.

(4) ¹Hat der gesetzliche Vertreter eines Geschäftsunfähigen die Vaterschaft nicht rechtzeitig angefochten, so kann der Anfechtungsberechtigte nach dem Wegfall der Geschäftsunfähigkeit selbst anfechten. ²Absatz 3 Satz 2 gilt entsprechend.

(5) ¹Die Frist wird durch die Einleitung eines Verfahrens nach § 1598a Abs. 2 gehemmt; § 204 Abs. 2 gilt entsprechend. ²Die Frist ist auch gehemmt, solange der Anfechtungsberechtigte widerrechtlich durch Drohung an der Anfechtung gehindert wird. ³Im Übrigen sind § 204 Absatz 1 Nummer 4, 8, 13, 14 und Absatz 2 sowie die §§ 206 und 210 entsprechend anzuwenden.

(6) Erlangt das Kind Kenntnis von Umständen, auf Grund derer die Folgen der Vaterschaft für es unzumutbar werden, so beginnt für das Kind mit diesem Zeitpunkt die Frist des Absatzes 1 Satz 1 erneut.

Gliederung

A. Grundlagen 1	IV. Hinausgeschobener Fristbeginn 24
I. Kurzcharakteristik 1	V. Hemmung der Anfechtungsfrist 28
II. Gesetzgebungsgeschichte 2	VI. Neubeginn der Anfechtungsfrist 31
III. Regelungsprinzipien 3	C. Rechtsfolgen 37
B. Anwendungsvoraussetzungen 10	D. Verfahrensrechtliche Hinweise 38
I. Normstruktur 10	I. Altfälle 39
II. Dauer und Wahrung der Anfechtungsfrist 16	II. Auslandsbezug 40
III. Fristbeginn bei Kenntnis 18	

A. Grundlagen

I. Kurzcharakteristik

Die §§ 1600-1600c BGB normieren in Ergänzung zu § 1599 Abs. 1 BGB die Einzelheiten zur Anfechtung der Vaterschaft. Hiervon behandelt § 1600b BGB die Frist, innerhalb derer die Anfechtung erfolgen muss.

§ 1600b

II. Gesetzgebungsgeschichte

2 § 1600b BGB gilt in der heutigen Fassung seit dem 01.01.2010. Bis zur Kindschaftsrechtsreform 1998 (vgl. die Kommentierung zu § 1592 BGB Rn. 4) fand sich die entsprechende, inhaltlich zum Teil erheblich abweichende Regelung in den §§ 1594, 1595a BGB, § 1596 Abs. 2 BGB a.F. (Anfechtung der Ehelichkeit) und § 1600h BGB, § 1600i BGB a.F. (Anfechtung der Anerkennung). Durch das „Gesetz zur Klärung der Vaterschaft unabhängig vom Anfechtungsverfahren" vom 26.03.2008[1] wurden die bisherigen Absätze 5 und 6 mit Wirkung zum 01.04.2008 vertauscht und dabei der neue Absatz 5 neu gefasst. Durch das „Gesetz zur Ergänzung des Rechts zur Anfechtung der Vaterschaft" vom 13.03.2008[2] wurde Absatz 1a mit Wirkung zum 01.06.2008 neu eingeführt. Eine redaktionelle Anpassung im Verweis auf die Verjährungsvorschriften in Absatz 5 erfolgte zum 01.01.2010.

III. Regelungsprinzipien

3 Vaterschaft kann, wie sich aus §§ 1594 Abs. 1, 1600d Abs. 4 BGB ergibt, im Rechtsverkehr nur dann geltend gemacht werden, wenn sie nach einem der in den §§ 1592, 1593 BGB abschließend aufgezählten Tatbestände feststeht. Dies hat Rechtsklarheit für die Allgemeinheit und Rechtssicherheit für die beteiligten Personen zum Zweck. Die Möglichkeit der Anfechtung durch die nach § 1600 BGB Anfechtungsberechtigten und der daraus resultierende Schwebezustand hinsichtlich des Bestands rechtlicher Vaterschaft beeinträchtigen diesen Zweck. Um dies zu begrenzen, normiert § 1600b BGB eine **Ausschlussfrist** für die Vaterschaftsanfechtung. Die Regelung **dient der Rechtssicherheit, der Wahrung des Rechtsfriedens und der Bestandskraft des Kindschaftsstatus**.[3]

4 Die Anfechtungs**frist** beträgt einheitlich für alle Anfechtungsberechtigte **zwei Jahre**. Die Anfechtungsfrist für die anfechtungsberechtigte Behörde hat der Gesetzgeber gesondert in dem zum 01.06.2008 neu eingefügten Absatz 1a geregelt. Die Regelung hat allerdings ihre Bedeutung verloren, nachdem das BVerfG die Anfechtung durch die Behörde nach § 1600 Abs. 1 Nr. 5 BGB für verfassungswidrig erklärt hat (vgl. hierzu die Kommentierung zu § 1600 BGB Rn. 52 ff.).

5 Den **Fristbeginn** knüpft das Gesetz grundsätzlich an den Zeitpunkt der Kenntnis des Berechtigten von den gegen die bestehende Vaterschaft sprechenden Umständen.

6 Für **Minderjährige und geschäftsunfähige Volljährige** ist der Fristbeginn über den Zeitpunkt der Kenntniserlangung des gesetzlichen Vertreters hinaus bis zum Erreichen unbeschränkter Geschäftsfähigkeit hinausgeschoben. Unabhängig von der Kenntniserlangung des Anfechtungsberechtigten beginnt die Anfechtungsfrist nicht vor der Geburt des Kindes, nicht vor Wirksamwerden der Anerkennung, nicht vor Rechtskraft des Urteils zur Vaterschaftsfeststellung und nicht vor Rechtskraft des Urteils, mit dem festgestellt wird, dass der neue Ehemann der Mutter nicht Vater des innerhalb von 300 Tagen nach dem Tod des früheren Ehemannes geborenen Kindes ist.

7 Unter besonderen Voraussetzungen **beginnt die** bereits **abgelaufene Frist** zur Anfechtung durch das Kind **erneut** zu laufen.

8 Infolge der Neuregelung von Absatz 5 Satz 1 ist der Fristablauf ab dem 01.04.2008 auch bei Einleitung eines Verfahrens nach § 1598a BGB in entsprechender Anwendung von § 204 Abs. 2 BGB **gehemmt**. Aufgrund der Verweisung auf § 204 Abs. 2 BGB endet die Hemmung sechs Monate nach der rechtskräftigen Entscheidung oder anderweitigen Beendigung des Verfahrens. Nach Absatz 5 Satz 2 tritt eine Hemmung auch im Falle widerrechtlicher Drohung sowie nach Absatz 5 Satz 3 im Falle höherer Gewalt und bei Fehlen eines für den Anfechtungsberechtigten notwendigen gesetzlichen Vertreters ein, §§ 206 und 210 BGB analog. Zwar bezieht sich Absatz 5 aufgrund seiner Stellung im Gesetz auch auf die Neuregelung des Absatzes 1a, erfasst dort jedoch lediglich die Jahresfrist und nicht auch die fünfjährige Frist. Dies ergibt sich nicht aus dem Wortlaut des Gesetzes, jedoch aus dem Umstand, was der Gesetzgeber im Interesse des **Vertrauensschutzes** eine absolute Ausschlussfrist festlegen wollte.[4] Diese Zielsetzung ist aber mit der Hemmung einer Höchstfrist nicht vereinbar.[5]

---

[1] BGBl I 2008 Nr. 11, 441.
[2] BGBl I 2008 Nr. 9, 313.
[3] BGH v. 24.03.1999 - XII ZR 190/97 - juris Rn. 15 - LM BGB § 1599 Nr. 4 (10/1999); OLG Brandenburg v. 10.05.2001 - 15 UF 95/00 - FamRZ 2001, 1630-1631.
[4] BT-Drs. 16/3291, S. 15.
[5] So auch *Löhnig*, FamRZ 2008, 1133.

Im Interesse der Rechtssicherheit stellt nur der Fristablauf nach Absatz 1 Satz 1 den **einzigen Ausschlussgrund** für die Anfechtung dar; andere Ausschlusstatbestände gibt es nicht. Im Falle der Anerkennung der Vaterschaft setzt die Anfechtung nicht voraus, dass der Anerkennende erst nach Abgabe seiner Anerkenntniserklärung von gegen seine Vaterschaft sprechenden Umständen erfährt. Daher ist selbst bei einer bewusst falschen Vaterschaftsanerkenntniserklärung die spätere Anfechtung der Vaterschaft zulässig,[6] erst recht also dann, wenn der Anerkennende keine bewusst falsche Anerkenntniserklärung abgegeben hat. Daraus ergibt sich auch, dass **keine Verwirkung** des Anfechtungsrechts eintreten kann.[7]

B. Anwendungsvoraussetzungen

I. Normstruktur

Absatz 1 Satz 1 regelt die **Dauer** der Frist für alle Anfechtungsberechtigten mit Ausnahme der zuständigen Behörde; insoweit findet sich eine Sonderregelung in dem neu eingefügten Absatz 1a.

Absatz 1 Satz 2 stellt für den Fristbeginn auf die **Kenntnis** ab.

Absatz 1a regelt die Fristen für eine **Anfechtung durch die zuständige Behörde** gemäß § 1600 Abs. 1 Nr. 5 BGB. Bis zu einer Neuregelung des Anfechtungsrechts für die zuständige Behörde ist die Vorschrift allerdings bedeutungslos (vgl. Rn. 4; siehe auch die Kommentierung zu § 1600 BGB Rn. 52 ff.).

Die **Absätze 2, 3 und 4** normieren die Fälle kenntnisunabhängig **hinausgeschobenen** Fristbeginns.

Absatz 5 behandelt die **Hemmung** des Fristablaufs insbesondere bei Einleitung eines Verfahrens gem. § 1598a BGB (vgl. die Kommentierung zu § 1598a BGB Rn. 1).

Absatz 6 regelt die besonderen Voraussetzungen zum **Neubeginn** der Anfechtungsfrist für das Kind.

II. Dauer und Wahrung der Anfechtungsfrist

Im Unterschied zu dem vor dem 01.07.1998 geltenden Recht normiert § 1600b Abs. 1 Satz 1 BGB eine für alle Anfechtungstatbestände **einheitliche Frist von zwei Jahren**. Sie gilt unterschiedslos für die Anfechtung durch den rechtlichen Vater, den biologischen Vater, die Mutter und das Kind. Auch nach hinausgeschobenem Fristbeginn sowie nach Neubeginn der Frist (§ 1600b Abs. 2-5 BGB) beträgt sie jeweils zwei Jahre. Sie ist nach den §§ 187 Abs. 1, 188 Abs. 2 und 3 BGB zu berechnen.

Die Frist ist **gewahrt,** wenn der Anfechtungsantrag spätestens am letzten Tag der Frist bei Gericht eingereicht wird.[8] Das Verfahren ist eine **Abstammungssache** gem. §§ 111 Nr. 3, 169 Nr. 4 FamFG. Im Gegensatz zur Rechtslage vor dem 01.09.2009 reicht bereits die **rechtzeitige Einreichung** des Anfechtungsantrags beim Familiengericht; eine förmliche Zustellung oder Bekanntgabe des Antrags an die Beteiligten ist im Antragsverfahren nach dem FamFG nicht mehr erforderlich.[9] Maßgebend ist gem. § 25 Abs. 3 FamFG der Eingang beim **zuständigen Familiengericht.**[10] Zur Fristwahrung reicht unter den Voraussetzungen des § 204 Abs. 1 Nr. 14 BGB auch ein noch am letzten Tag der Frist eingereichter vollständiger, d.h. mit allen erforderlichen Belegen versehener formgerechter Antrag auf Gewährung von **Verfahrenskostenhilfe** grundsätzlich aus (vgl. Rn. 37).[11] Zeichnet sich aber ab, dass vor Ablauf der Anfechtungsfrist mit einer Entscheidung des Gerichts über das VKH-Gesuch nicht zu rechnen

---

[6] OLG Köln v. 25.10.2001 - 14 UF 106/01 - FamRZ 2002, 629.
[7] OLG Nürnberg v. 30.04.2012 - 9 UF 271/12 - FamRZ 2012, 1739.
[8] *Wellenhofer* in: MünchKomm-BGB, 6. Aufl. 2012, § 1600b Rn. 5; *Löhnig* in: Bork/Jacobi/Schwab, FamFG, 2. Aufl. 2013, § 171 Rn. 1.
[9] *Wellenhofer* in: MünchKomm-BGB, 6. Aufl. 2012, § 1600b Rn. 5; *Stößer* in: Prütting/Helms, FamFG, 3. Aufl. 2014, § 171 Rn. 3; *Löhnig* in: Bork/Jacobi/Schwab, FamFG, 2. Aufl. 2013, § 171 Rn. 1 f.
[10] So zu Recht *Stößer* in: Prütting/Helms, FamFG, 3. Aufl. 2014, § 3; *Grandel* in: Musielak/Borth, FamFG, 4. Aufl. 2013, § 171 Rn. 2; wohl auch *Löhnig* in: Bork/Jacobi/Schwab, FamFG, 2. Aufl. 2013, § 171 Rn. 1; a. A. *Wellenhofer* in: MünchKomm-BGB, 6. Aufl. 2012, § 1600b Rn. 5 (Eingang beim unzuständigen Gericht ist ausreichend).
[11] KG Berlin v. 13.02.1978 - 18 W 160/78 - FamRZ 1978, 927; OLG Dresden v. 24.04.2001 - 10 WF 145/01 - FamRZ 2002, 35-36 und v. 27.07.2005 - 20 WF 337/05 - FamRZ 2006, 55; a. A. offenbar OLG Naumburg v. 21.12.2001 - 8 WF 291/01 - OLGR Naumburg 2002, 460; vgl. OLG Celle v. 09.07.1997 - 15 W 31/97 - OLGR Celle 1997, 250-253 (unvollständiges VKH-Gesuch).

ist, muss zusätzlich ein Antrag gem. § 15 Nr. 3 FamGKG eingereicht werden.[12] Vorsicht ist geboten bei der Berücksichtigung von Feiertagen.[13]

III. Fristbeginn bei Kenntnis

18 Die Anfechtungsfrist beginnt, soweit ihr Anlauf nicht nach § 1600 Abs. 2-4 BGB hinausgeschoben wird, mit dem Zeitpunkt, zu dem der Anfechtungsberechtigte von den Umständen erfährt, die gegen die Vaterschaft sprechen. Von diesen Umständen „erfährt" auch derjenige, der sie von Anfang an – etwa bei bewusst unrichtiger Anerkennung – kennt, sodass die Frist bereits zu diesem Zeitpunkt beginnt. Die zum Fristbeginn führende subjektive Kenntnis setzt voraus, dass sie sich auf **Umstände** bezieht, **die es bei objektiver und verständiger Beurteilung möglich erscheinen lassen, dass das Kind nicht von dem als Vater feststehenden Mann gezeugt worden ist**.[14] Es ist demnach zu unterscheiden zwischen den Umständen, d. h. objektiv feststehenden Tatsachen, und den aus diesen abzuleitenden subjektiven Zweifeln an der Vaterschaft.[15] Letztere sind nur dann relevant, wenn sie aus Sicht eines verständigen Betrachters die nicht ganz fernliegende Möglichkeit der Nichtvaterschaft ergeben.[16]

19 Kenntnis i.S.v. § 1600b Abs. 1 Satz 2 BGB setzt somit sowohl das **objektive Wissen** um die für die Nichtvaterschaft sprechenden **Umstände** als auch eine daraus ableitbare Überzeugung von der Nichtvaterschaft voraus. Ausreichend für einen solchen „**Anfangsverdacht**" sind objektive Umstände, wonach aus der Sicht eines verständigen, medizinisch-naturwissenschaftlich nicht vorgebildeten Laien die Vaterschaft ernstlich infrage gestellt ist bzw. die Nichtvaterschaft nicht gänzlich fernliegt.[17] Dazu kann einerseits bereits eine Mitteilung der Kindesmutter ausreichen, wonach der rechtliche Vater nicht der leibliche ist.[18] Andererseits löst die Kenntnis von einem Ehebruch in der gesetzlichen Empfängniszeit nichts ohne weiteres den Lauf der Anfechtungsfrist für den Ehemann aus.[19]

20 Als **Umstände**, die die Vaterschaft ernstlich in Zweifel stellen, kommen in Betracht:
- anderweitiger Geschlechtsverkehr der Mutter während der Empfängniszeit,[20] und zwar auch dann, wenn der Ehemann innerhalb dieser Zeit der Mutter ebenfalls beigewohnt hat und es den Umständen nach nicht ausgeschlossen erscheint, dass das Kind aus dieser Beiwohnung stammt.[21] Der Umstand, dass dabei Kondome benutzt wurden, schließt die Kenntnis von der Möglichkeit der Abstammung des Kindes von dem anderen Mann nicht aus.[22] Bloßer Verdacht oder bloße Gerüchte in dieser Hinsicht reichen nicht; der Anfechtende muss sichere Kenntnis von Tatsachen haben, die bei objektiver Würdigung diesen Schluss zulassen. Jedoch steht die glaubhafte Versicherung der Mutter, der andere Mann sei zeugungsunfähig gewesen,[23] Frist auslösender Kenntnis entgegen,
- ungewöhnlich lange Tragezeit nach Verkehr mit dem rechtlichen Vater,[24]
- ungewöhnlich kurze Tragezeit nach Verkehr mit dem rechtlichen Vater, jedoch keine signifikanten Merkmale mangelnder Reife des Kindes bei der Geburt,[25]
- kein Verkehr des rechtlichen Vaters mit der Mutter während der Empfängniszeit,[26]

---

[12] OLG Dresden v. 24.04.2001 - 10 WF 145/01 - FamRZ 2002, 35-36; OLG Naumburg v. 21.12.2001 - 8 WF 291/01 - OLGR Naumburg 2002, 460.
[13] Vgl. BGH FamRZ 2012, 544.
[14] BGH v. 19.02.1987 - IX ZR 33/86 - NJW-RR 1988, 898-899; BGH v. 14.02.1990 - XII ZR 12/89 - LM Nr. 23 zu § 1594 BGB; OLG Koblenz v. 23.02.2006 - 7 UF 457/05 - NJW 2006, 1742-1744.
[15] OLG Rostock v. 02.06.2003 - 2 UF 14/03 - FamRZ 2004, 479; OLG Köln v. 06.05.2004 - 14 UF 235/03 - NJW-RR 2004, 1081.
[16] OLG Brandenburg v. 11.12.1995 9 W 14/95 - FamRZ 1996, 895; OLG Brandenburg v. 23.10.2003 - 15 UF 33/03 - FamRZ 2004, 480.
[17] OLG Jena v. 20.03.2012 - 1 WF 643/11 - FamRZ 2012, 1737-1739.
[18] OLG Bremen v. 02.03.2012 - 4 WF 20/12 - FamRZ 2012, 1736.
[19] Vgl. OLG Nürnberg v. 30.04.2012 - 9 UF 271/12 - FamRZ 2012, 1739.
[20] OLG Hamm v. 20.04.1999 - 9 WF 7/99 - FamRZ 1999, 1362-1363; OLG Koblenz v. 23.02.2006 - 7 UF 457/05 - NJW 2006, 1742-1744.
[21] OLG Brandenburg v. 30.12.2013 - 3 UF 83/13 - juris Rn. 23; OLG Hamm v. 20.04.1999 - 9 WF 7/99 - FamRZ 1999, 1362-1363.
[22] BGH v. 11.12.2013 - XII ZR 58/12 - FamRZ 2014, 463-464 m. zust. Anm. *Beger-Oelschlegel*, NZFam 2014, 382; a. A. OLG Hamm v. 20.04.1999 - 9 WF 7/99 - FamRZ 1999, 1362-1363.
[23] BGH v. 05.10.1988 - IVb ZR 99/87 - NJW-RR 1989, 194-195.
[24] OLG Brandenburg v. 11.12.1995 - 9 W 14/95 - OLG-NL 1996, 138.
[25] BGH v. 14.02.1990 - XII ZR 12/89 - LM Nr. 23 zu § 1594 BGB.
[26] OLG Hamm v. 18.10.1994 - 29 U 45/94 - NJW-RR 1995, 643-644.

- vom rechtlichen Vater und der Mutter signifikant abweichende Erbmerkmale des Kindes,[27]
- Zeugungsunfähigkeit des rechtlichen Vaters,
- auffallende Ähnlichkeit des Kindes mit (früherem) Freund der Mutter,
- privat veranlasstes abweichendes Abstammungsgutachten[28] – allerdings nur dann, wenn es nicht heimlich eingeholt wurde, weil ein solches im Hinblick auf die Verletzung des allgemeinen Persönlichkeitsrechts des Kindes verfahrensrechtlich nicht verwertbar ist (vgl. die Kommentierung zu § 1599 BGB Rn. 35).

Zur Bestimmung des relevanten Zeitraums (Beginn bis zum Ende der Empfängnis) vgl. auch das Berechnungsprogramm zur Ermittlung der Empfängniszeit.

Ist der **Anfechtungsberechtigte minderjährig oder als Volljähriger geschäftsunfähig**, kommt es nicht auf seine eigene Kenntnis, sondern auf die seines gesetzlichen Vertreters an.[29] Bei gemeinsamer Sorge der Eltern und daraus folgendem Vertretungsausschluss (vgl. die Kommentierung zu § 1600a BGB Rn. 21) beginnt die Frist erst mit der Kenntnis des bestellten Ergänzungspflegers.[30] Hat der gesetzliche Vertreter die Anfechtungsfrist ungenutzt verstreichen lassen, lebt sie nicht wieder auf, wenn ein Anderer zum gesetzlichen Vertreter bestimmt wird.[31] 21

Die Abstammungssachen nach § 169 FamFG unterliegen dem **Amtsermittlungsgrundsatz** nach § 26 FamFG. Dies gilt auch hinsichtlich der **Einhaltung der Anfechtungsfrist** nach § 1600b BGB. Lediglich für Anfechtungsverfahren gem. § 169 Nr. 4 FamFG ist der Amtsermittlungsgrundsatz gem. § 177 Abs. 1 FamFG eingeschränkt, da kein öffentliches Interesse daran besteht, den Status eines ehelichen Kindes oder die Anerkennung einer Vaterschaft zu beseitigen. Von den Beteiligten nicht vorgebrachte Tatsachen sind daher nur insoweit zu berücksichtigen, als sie der Aufrechterhaltung der Vaterschaft zu dienen geeignet sind oder wenn der die Vaterschaft Anfechtende einer Berücksichtigung nicht widerspricht. 22

Der Zeitpunkt der Kenntniserlangung gilt insbesondere auch für die in § 1600 Abs. 1 Nr. 2, Abs. 2 und 3 BGB geregelte Anfechtung durch den **biologischen Vater**. Wie sich aus § 1600b Abs. 1 Satz 2 HS. 2 BGB ergibt, hindert das Vorliegen einer sozial-familiären Beziehung, die der Anfechtung durch den biologischen Vater entgegensteht, den Lauf der Anfechtungsfrist nicht. Besteht zwischen dem rechtlichen Vater und dem Kind eine sozial-familiäre Beziehung i.S.v. § 1600 Abs. 3 BGB, ist die Anfechtung gem. § 1600 Abs. 2 Alt. 1 BGB ausgeschlossen. Fällt die sozial-familiäre Beziehung später wieder weg, weil der rechtliche Vater sie beendet hat, ist zwar dieses Anfechtungshindernis entfallen, das Erfordernis der Einhaltung der Anfechtungsfrist jedoch unverändert zu beachten. Ist die Anfechtungsfrist inzwischen abgelaufen, kann der biologische Vater nicht mehr anfechten. Der damit verbundene endgültige Verlust der Anfechtungsmöglichkeit beruht auf einer eindeutigen Entscheidung des Gesetzgebers, die ihm aus Gründen der Rechtsklarheit (einheitliche Anfechtungsfrist, klarer Fristbeginn) und der weitreichenden Auswirkungen der Abstammung im privaten und öffentlichen Bereich (Erbrecht, Steuerrecht, Sozialrecht etc.) geboten erschien.[32] 23

IV. Hinausgeschobener Fristbeginn

Aus § 1600b Abs. 2-4 BGB ergeben sich bestimmte **Zeitpunkte, vor deren Eintritt die Anfechtungsfrist nicht beginnt** – auch dann nicht, wenn der Anfechtungsberechtigte oder sein gesetzlicher Vertreter schon vorher von den Umständen gewusst hat, die Anlass zu Zweifeln an der Vaterschaft gaben. 24

Dies gilt generell für den Zeitpunkt der **Geburt des Kindes** (§ 1600b Abs. 2 Satz 1 Alt. 1 BGB). Dasselbe gilt für den Zeitpunkt des Wirksamwerdens (vgl. die Kommentierung zu § 1594 BGB Rn. 11) der **Anerkennung der Vaterschaft** (§ 1600b Abs. 2 Satz 1 Alt. 2 BGB). 25

Wird auf den **Anfechtungsantrag** festgestellt, dass der – neue – Ehemann der Mutter nicht Vater des innerhalb von 300 Tagen – oder später bei überlanger Tragezeit (vgl. die Kommentierung zu § 1593 BGB Rn. 11 – nach dem Tod des früheren Ehemannes der Mutter geborenen Kindes ist, steht zugleich 26

---

[27] OLG Hamm v. 27.09.1960 - 8 U 120/60 - NJW 1960, 2244.
[28] OLG Karlsruhe v. 02.07.2002 - 18 UF 251/00 - FamRZ 2003, 52-53.
[29] BayObLG München v. 19.09.1988 - BReg 1 a Z 4/88 - JurBüro 1989, 109.
[30] OLG Köln v. 20.04.2000 - 14 UF 275/99 - NJW-RR 2000, 1459-1460.
[31] OLG Bamberg v. 19.09.1991 - 2 W 6/91 - NJW-RR 1992, 387-388; OLG Celle v. 04.10.2011 - 15 WF 84/11 - FamRZ 2012, 567-568.
[32] BR-Drs. 751/03 (B), S. 4.

der frühere Ehemann als Vater fest (§ 1593 Satz 4 BGB). Die Frist zur Anfechtung dieser Vaterschaft beginnt nicht vor Rechtskraft der Entscheidung, mit der festgestellt wird, dass der neue Ehemann nicht Vater ist (§ 1600b Abs. 2 Satz 2 BGB).

27 Für ein minderjähriges Kind, für einen geschäftsunfähigen Vater, für eine geschäftsunfähige Mutter sowie für ein geschäftsunfähiges volljähriges Kind kann, wie sich aus § 1600a Abs. 2 Satz 3 und Abs. 3 BGB ergibt, nur der gesetzliche Vertreter anfechten. Hat dieser nicht fristgerecht angefochten, steht der infolge der Untätigkeit des Vertreters eingetretene Fristablauf einer persönlichen Anfechtung des volljährig gewordenen Kindes sowie einer persönlichen Anfechtung des wieder geschäftsfähigen sonstigen Anfechtungsberechtigten nicht entgegen. Die Anfechtungsfrist beginnt dann nicht vor **Eintritt der Volljährigkeit bzw. Wegfall der Geschäftsunfähigkeit** (§ 1600b Abs. 3 und 4 BGB).

V. Hemmung der Anfechtungsfrist

28 Der durch das „Gesetz zur Klärung der Vaterschaft unabhängig vom Anfechtungsverfahren" zum 01.04.2008 neu gefasste § 1600b Abs. 5 BGB normiert in bestimmten Fällen die Hemmung der Anfechtungsfrist, nämlich:
- im Falle der **Erhebung einer Antragstellung** gem. § 1598 BGB, vgl. die Kommentierung zu § 1598a BGB Rn. 1 (Absatz 5 Satz 1),
- im Falle **widerrechtlicher Drohung** (Absatz 5 Satz 2),[33] was zur Folge hat, dass der Zeitraum, während dessen der Fristablauf gehemmt ist, in die Anfechtungsfrist nicht eingerechnet wird (§ 209 BGB analog) sowie
- im Falle **höherer Gewalt** bzw. des **Fehlens eines gesetzlichen Vertreters** für ein minderjähriges Kind, Absatz 5 Satz 3 i.V. m. §§ 206 und 210 BGB.

29 Hemmung aufgrund **höherer Gewalt** ist auch gegeben, solange der Berechtigte innerhalb der letzten 6 Monate der Anfechtungsfrist an der Anfechtung gehindert ist. Dies kommt vor allem dann in Betracht, wenn der rechtliche Vater durch unrichtige Sachbehandlung eines Gerichts von der rechtzeitigen Erhebung des Anfechtungsantrags abgehalten wurde – so etwa bei Verzögerung oder Unterlassung der notwendigen Bestellung eines Ergänzungspflegers für das Kind als Antragsgegner.[34] Gleiches gilt, wenn er den Antrag nicht rechtzeitig stellt, weil er der Zusage des Jugendamts vertraut, dieses werde als Ergänzungspfleger des Kindes seinerseits einen Anfechtungsantrag stellen.[35] Hingegen kann höhere Gewalt bei schleppender Bearbeitung eines kurz vor Fristablauf eingereichten **Verfahrenskostenhilfegesuchs** nicht angenommen werden, wenn nicht rechtzeitig und unter Hinweis auf den drohenden Ablauf der Anfechtungsfrist ein Antrag auf Zustellung des Anfechtungsantrags ohne Einzahlung des Gebührenvorschusses gestellt wird (zu weiteren Einzelheiten vgl. Rn. 17).[36]

30 Hatte der Anfechtungsberechtigte als Minderjähriger oder als geschäftsunfähiger Volljähriger **keinen gesetzlichen Vertreter**, sodass Anfechtung nicht möglich war, ist der **Ablauf der Anfechtungsfrist** für die Zeit von sechs Monaten nach Bestellung eines gesetzlichen Vertreters oder Erlangung voller Geschäftsfähigkeit **gehemmt** (Absatz 5 Satz 3 i.V.m. § 210 BGB).

VI. Neubeginn der Anfechtungsfrist

31 Das durch Fristablauf ausgeschlossene **Anfechtungsrecht** kann unter den besonderen Voraussetzungen in § 1600b Abs. 6 BGB **wieder aufleben** und damit die Anfechtungsfrist neu beginnen lassen. Diese Regelung **gilt nur für das Kind**, nicht aber die übrigen Anfechtungsberechtigten. Sie beruht auf der Entscheidung des BVerfG vom 26.04.1994, wonach es mit dem allgemeinen Persönlichkeitsrecht des Kindes nicht vereinbar ist, wenn es von den Umständen, die die Anfechtbarkeit begründen, bei Eintritt der Volljährigkeit keine Kenntnis hat, die Anfechtungsfrist dann aber – so nach früherem Recht – kenntnisunabhängig nach zwei Jahren abläuft und ihm somit eine spätere Klärung seiner Abstammung ausnahmslos verwehrt wird.[37]

32 Die Regelung des Fristbeginns für „das Kind" in § 1600b Abs. 6 BGB **gilt sowohl für das volljährige als auch das noch minderjährige Kind**.[38] Die Regelung ist also nicht nur auf den Fall beschränkt, dass das volljährig gewordene Kind in Kenntnis der Umstände, die nach § 1600b Abs. 1 Satz 2 BGB zum

---

[33] OLG Jena v. 03.09.2008 - 1 UF 172/08 - FamRZ 2009, 705.
[34] BGH v. 15.12.1994 - IX ZR 45/94 - juris Rn. 7 - NJW 1995, 1419-1420.
[35] BGH v. 06.07.1994 - XII ZR 136/93 - LM BGB § 203 Nr. 27 (1/1995).
[36] OLG Dresden v. 24.04.2001 - 10 WF 145/01 - juris Rn. 8 - MDR 2001, 1118.
[37] BVerfG v. 26.04.1994 - 1 BvR 1299/89, 1 BvL 6/90 - NJW 1994, 2475-2477.
[38] *Brudermüller* in: Palandt, BGB, 73. Aufl. 2014, § 1600b Rn. 30.

Beginn der Anfechtungsfrist ausreichen, nicht fristgerecht angefochten hat, später aber von den besonderen Umständen i.S.v. § 1600b Abs. 6 BGB erfährt. Dasselbe gilt vielmehr auch, wenn der gesetzliche Vertreter des noch minderjährigen Kindes die allgemeine Anfechtungsfrist hat verstreichen lassen, jedoch noch vor Eintritt der Volljährigkeit von den besonderen Umständen erfährt. In diesem Fall tritt der Neubeginn zunächst mit der Kenntniserlangung durch den gesetzlichen Vertreter ein. Bei Untätigkeit des gesetzlichen Vertreters ist der Neubeginn für die persönliche Anfechtung durch das volljährig gewordene Kind zudem bis zum Eintritt der Volljährigkeit und eigener Kenntnis des volljährigen Kindes hinausgeschoben (§ 1600b Abs. 3 BGB).

Besondere Voraussetzung für den Neubeginn ist die Kenntnis von Umständen, aufgrund derer die Folgen der Vaterschaft für das Kind unzumutbar werden. Umstände, die die Nichtabstammung selbst betreffen und somit gem. § 1600b Abs. 1 BGB die Anfechtungsfrist auslösen, kommen hierfür nicht in Betracht. Es müssen vielmehr Umstände sein, die die Folgen der Vaterschaft betreffen und diese Folgen unzumutbar machen. 33

Danach kommt eine Unzumutbarkeit insbesondere dann in Betracht, wenn die Mutter des Kindes inzwischen mit dem biologischen Vater des Kindes die Ehe geschlossen hat. Soweit es die Einhaltung der Anfechtungsfrist betrifft, ist hinsichtlich der Unzumutbarkeit ebenfalls auf die Kenntnis des gesetzlichen Vertreters abzustellen.[39] 34

Der Gesetzgeber hat davon abgesehen, die **Unzumutbarkeit der Folgen der Vaterschaft** zu definieren oder bestimmte Gründe aufzuführen. Er ist davon ausgegangen, dass die bis zum 30.06.1998 in § 1596 Abs. 1 BGB a.F. genannten Gründe einen gewissen Anhaltspunkt für die Ausfüllung der Generalklausel geben können.[40] Hierbei handelt es sich um 35

- Tod des rechtlichen Vaters,
- Auflösung der Ehe des rechtlichen Vaters mit der Mutter oder dreijähriges Getrenntleben,
- Eheschließung der Mutter mit dem wirklichen Vater,[41]
- ehrloser oder unsittlicher Lebenswandel des rechtlichen Vaters,
- schwere Verfehlung des rechtlichen Vaters gegen das Kind,
- schwere Erbkrankheit des rechtlichen Vaters.

Lediglich wirtschaftliche Gründe, die mit der Person des Vaters verbunden sind, reichen nicht aus.[42] 36

C. Rechtsfolgen

Ist die **Anfechtungsfrist versäumt, gilt der rechtliche Vater weiterhin als solcher** – selbst dann, wenn seine biologische Vaterschaft nachweislich ausgeschlossen ist. Dies hat der Gesetzgeber aus Gründen der Rechtssicherheit und zum Schutz der Interessen des Kindes bewusst in Kauf genommen.[43] 37

D. Verfahrensrechtliche Hinweise

Vgl. dazu die Kommentierung zu § 1599 BGB Rn. 38. 38

I. Altfälle

Vgl. dazu die Kommentierung zu § 1599 BGB Rn. 36 und die Kommentierung zu § 1600 BGB Rn. 59. 39

II. Auslandsbezug

Vgl. dazu die Kommentierung zu § 1599 BGB Rn. 43. 40

---

[39] OLG Brandenburg v. 03.03.2008 - 10 WF 283/07 - FamRZ 2009, 59-60.
[40] BT-Drs. 13/4899, S. 88.
[41] AG Wiesloch v. 30.10.2003 - 2 F 115/03 - FamRZ 2004, 1309.
[42] *Hammermann* in: Erman, BGB, 13. Aufl. 2011, § 1600b Rn. 39.
[43] OLG Brandenburg v. 10.05.2001 - 15 UF 95/00 - FamRZ 2001, 1630-1631; OLG Hamm v. 18.10.1994 - 29 U 45/94 - NJW-RR 1995, 643-644.

§ 1600c BGB Vaterschaftsvermutung im Anfechtungsverfahren

(Fassung vom 02.01.2002, gültig ab 01.01.2002)

(1) In dem Verfahren auf Anfechtung der Vaterschaft wird vermutet, dass das Kind von dem Mann abstammt, dessen Vaterschaft nach § 1592 Nr. 1 und 2, § 1593 besteht.

(2) Die Vermutung nach Absatz 1 gilt nicht, wenn der Mann, der die Vaterschaft anerkannt hat, die Vaterschaft anficht und seine Anerkennung unter einem Willensmangel nach § 119 Abs. 1, § 123 leidet; in diesem Falle ist § 1600d Abs. 2 und 3 entsprechend anzuwenden.

Gliederung

A. Grundlagen 1	B. Anwendungsvoraussetzungen 7
I. Kurzcharakteristik 1	I. Normstruktur 7
II. Gesetzgebungsgeschichte 2	II. Vaterschaftsvermutung (Absatz 1) 9
III. Regelungsprinzipien 3	III. Ausschluss der Vermutung (Absatz 2) .. 13

A. Grundlagen

I. Kurzcharakteristik

1   Die §§ 1600-1600c BGB normieren in Ergänzung zu § 1599 Abs. 1 BGB die Einzelheiten zur Anfechtung der Vaterschaft. Hiervon behandelt § 1600c BGB Geltung und Ausschluss der Vermutung, dass das Kind von dem bislang aufgrund ehelicher Geburt oder Anerkennung feststehenden Vater abstammt. Hieraus ergibt sich zugleich die **Beweislastverteilung** im Anfechtungsverfahren.

II. Gesetzgebungsgeschichte

2   § 1600c BGB gilt in der heutigen Fassung seit dem 01.07.1998. Bis zur Kindschaftsrechtsreform 1998 (vgl. die Kommentierung zu § 1592 BGB Rn. 4) fand sich die entsprechende, inhaltlich im Wesentlichen gleichartige Regelung in § 1591 BGB a.F. (Anfechtung der Ehelichkeit) und § 1600m BGB a.F. (Anfechtung der Anerkennung).

III. Regelungsprinzipien

3   Aus §§ 1594 Abs. 1, 1600d Abs. 4 BGB ergibt sich, dass die Vaterschaft im Rechtsverkehr nur dann geltend gemacht werden kann, wenn sie nach einem der in den §§ 1592, 1593 BGB abschließend aufgezählten Tatbestände feststeht. Dies hat Rechtsklarheit für die Allgemeinheit und Rechtssicherheit für die beteiligten Personen zum Zweck. Die Möglichkeit der Anfechtung durch die nach § 1600 BGB Anfechtungsberechtigten und der daraus resultierende Schwebezustand hinsichtlich des Bestands rechtlicher Vaterschaft beeinträchtigen diesen Zweck. Um dies zu begrenzen, normiert § 1600c BGB – unbeschadet des im Anfechtungsverfahren geltenden Untersuchungsgrundsatzes – die **grundsätzliche Vermutung der Richtigkeit rechtlich bestehender Vaterschaft**. Zur Schlüssigkeit des Anfechtungsantrags reicht daher die bloße Behauptung, das Kind stamme nicht von seinem rechtlichen Vater ab, nicht aus. Der Antragsteller muss vielmehr Umstände vortragen, die bei objektiver Betrachtung geeignet sind, Zweifel an der bestehenden Vaterschaft zu wecken und die Möglichkeit anderweitiger Abstammung als nicht ganz fernliegend erscheinen lassen (Anfangsverdacht),[1] wobei allerdings an die Anhaltspunkte für solche Umstände keine allzu strengen Anforderungen zu stellen sind.[2] Nur bei in diesem Sinne schlüssigem Antrag ergibt sich die dann vorrangige[3] Verpflichtung des Familiengerichts, amtswegig (§§ 169, 26, 177 FamFG) die biologische Abstammung zu ermitteln. Hierbei gelten die für das Feststellungsverfahren entwickelten Grundsätze zum **direkten Nachweis** (vgl. die Kommentierung zu § 1600d BGB Rn. 24) der **biologischen Abstammung**.

---

[1] BGH v. 22.04.1998 - XII ZR 229/96 - LM BGB § 1591 Nr. 18 (10/1998); ebenso BGH v. 30.10.2002 - XII ZR 345/00 - NJW 2003, 585-586.

[2] OLG Karlsruhe v. 02.02.1989 - 11 W 14/89 - Justiz 1989, 346.

[3] Vgl. *Hammermann* in: Erman, BGB, 13. Aufl. 2011, § 1600c Rn. 4 f.

Die in § 1600c Abs. 1 BGB normierte **Vermutung** der Richtigkeit rechtlich bestehender Vaterschaft wird ansonsten erst dann **relevant**, wenn die Abstammung nach schlüssigem Antragsvortrag und daraufhin von Amts wegen durchgeführter Beweiserhebung durch direkten Nachweis **nicht zweifelsfrei geklärt** werden kann. Konnte die biologische Abstammung durch Sachverständigengutachten zweifelsfrei geklärt werden, steht die Vaterschaft fest und es entfällt jede Prüfung der Vermutung, insbesondere auch deren eventueller Entkräftung nach Absatz 2. Im Hinblick auf den inzwischen erreichten hohen Standard medizinischer Abstammungsbegutachtung hat die Vermutung daher heute nur noch selten praktische Bedeutung.[4] 4

Inhalt der Vermutung in § 1600c Abs. 1 BGB ist die gem. § 169 Nr. 1 FamFG **widerlegbare Annahme**, dass das Kind von dem bislang aufgrund ehelicher Geburt oder Anerkennung feststehenden Vater abstammt. 5

Die Vermutung gilt gem. § 1600c Abs. 2 BGB nicht mehr, wenn die bestehende Vaterschaft auf Anerkennung beruht (§ 1592 Nr. 2 BGB) und der anfechtende rechtliche Vater beweist, dass seine **Anerkennungserklärung** an einem **Erklärungs- oder Inhaltsirrtum** leidet. Dasselbe gilt, wenn die Anerkennung auf arglistiger Täuschung beruht oder unter widerrechtlicher Drohung erklärt wurde. Selbst eine bewusst wahrheitswidrige Vaterschaftsanerkennung ist wirksam; bei ihrer Anfechtung muss die Vaterschaftsvermutung des § 1600c Abs. 2 BGB ausgeräumt werden.[5] 6

B. Anwendungsvoraussetzungen

I. Normstruktur

Absatz 1 normiert die **Vermutung** der Richtigkeit von nach den §§ 1591 Nr. 1 und 2, 1593 BGB feststehender Vaterschaft. 7

Absatz 2 regelt den **Ausschluss der Vermutung** bei Anfechtbarkeit der Anerkennungserklärung. 8

II. Vaterschaftsvermutung (Absatz 1)

Gegenstand der in § 1600c Abs. 1 BGB normierten Vermutung ist Vaterschaft aufgrund ehelicher Geburt (§ 1592 Nr. 1 BGB), aufgrund nachehelicher Geburt unter den Voraussetzungen von § 1593 BGB sowie aufgrund wirksamer Anerkennung (§§ 1592 Nr. 2 BGB, 1594-1598 BGB). 9

Gerichtlich festgestellte Vaterschaft (§ 1592 Nr. 3 BGB) wird von der Vorschrift **nicht erfasst**. Eine dahin gehende Vermutung der Richtigkeit ginge ins Leere, da sich die Verbindlichkeit festgestellter Vaterschaft bereits aus der Rechtskraft des Feststellungsurteils ergibt, das gem. § 184 Abs. 2 FamFG für und gegen alle wirkt und nicht im Wege des Anfechtungsantrags beseitigt werden kann. 10

Inhalt der **Vermutung** ist die Annahme, **dass das Kind auch biologisch von seinem rechtlichen Vater abstammt**. Hierzu kommt es nur auf das Vorliegen der gesetzlichen Voraussetzungen für die angefochtene Vaterschaft (§§ 1592 Nr. 1 und 2, 1593 BGB) an. Unerheblich ist, ob eine Beiwohnung stattgefunden hat. 11

Die Vermutung kann widerlegt werden (§ 292 ZPO). Der **Antragsteller** des Anfechtungsverfahrens trägt die **Beweislast** für die behauptete Nichtabstammung.[6] 12

III. Ausschluss der Vermutung (Absatz 2)

Nach § 1600c Abs. 2 BGB ist die Vermutung der **Vaterschaft des Mannes,** der die **Vaterschaft anerkannt** hat, bei Vorliegen bestimmter Voraussetzungen ausgeschlossen. Dies ist dann der Fall, wenn hinsichtlich seiner Anerkennungserklärung ein Anfechtungsgrund nach § 119 Abs. 1 BGB oder nach § 123 BGB gegeben ist. Zwar kann die Anfechtung selbst nicht wegen Willensmängeln angefochten werden, da sich ihre Unwirksamkeit ausschließlich nach der spezialgesetzlichen Regelung in § 1598 BGB bestimmt.[7] Die Bezugnahme in § 1600c Abs. 2 BGB auf § 119 Abs. 1 BGB und § 123 BGB hat daher nur die Funktion, bei Vorliegen eines Sachverhalts, der an sich zur Anfechtung der Anerkennungserklärung berechtigen würde, die Vaterschaftsvermutung auszuschließen. Die Berufung auf einen solchen Sachverhalt führt also keineswegs zwingend zum Erfolg des Anfechtungsantrags, sie beseitigt nur die Wirkung der Vermutung. Rechtsfolge ist vielmehr nach § 1600c Abs. 2 HS. 2 BGB, dass 13

---

[4] *Wellenhofer* in: MünchKomm-BGB, 6. Aufl. 2012, § 1600c Rn. 2.
[5] OLG Koblenz v. 12.12.2006 - 11 UF 203/06 - FamRZ 2007, 2098.
[6] Zur Beweislage im Fall eineiiger Zwillingsbrüder vgl. OLG Hamm v. 24.06.2008 - 9 UF 132/05 - FamRB 2008, 367.
[7] BGH v. 19.12.1984 - IVb ZR 86/82 - juris Rn. 16 - LM Nr. 1 zu § 1600d BGB.

§ 1600c

nunmehr die in § 1600d Abs. 2 BGB normierte Vermutung der Vaterschaft aus Beiwohnung in der gesetzlichen Empfängniszeit (vgl. die Kommentierung zu § 1600d BGB Rn. 32) sowie ggf. deren Ausschluss nach § 1600d Abs. 3 BGB zur Anwendung kommt (vgl. dazu die Kommentierung zu § 1600d BGB Rn. 30). Zur Bestimmung des relevanten Zeitraums (Beginn bis zum Ende der Empfängnis) vgl. auch das Berechnungsprogramm zur Ermittlung der Empfängniszeit.

14 Als ein die Vermutung nach Absatz 2 ausschließender **Anfechtungsgrund** kommt zum einen ein Erklärungs- oder Inhaltsirrtum nach § 119 Abs. 1 BGB in Betracht. Im Hinblick auf die öffentliche Beurkundung der Anerkennungserklärung (§ 1597 Abs. 1 BGB) dürfte dies kaum praktische Bedeutung haben. Eher ist an widerrechtliche Drohung (§ 123 Abs. 1 Alt. 2 BGB) zu denken, am ehesten an **arglistige Täuschung** (§ 123 Abs. 1 Alt. 1 BGB) durch die Mutter, die dem Anerkennenden stattgefundenen Mehrverkehr (vgl. die Kommentierung zu § 1600d BGB Rn. 31) verschweigt.

15 Einen **Ausschluss der** in §1600c Abs. 1 BGB normierten **Vermutung** gibt es **nicht gegenüber Vaterschaft aus ehelicher Geburt** (§ 1592 Nr. 1 BGB), ebenso wenig gegenüber Vaterschaft aufgrund nachehelicher Geburt i.S.v. § 1593 BGB.

§ 1600d BGB Gerichtliche Feststellung der Vaterschaft

(Fassung vom 02.01.2002, gültig ab 01.01.2002)

(1) Besteht keine Vaterschaft nach § 1592 Nr. 1 und 2, § 1593, so ist die Vaterschaft gerichtlich festzustellen.

(2) ¹Im Verfahren auf gerichtliche Feststellung der Vaterschaft wird als Vater vermutet, wer der Mutter während der Empfängniszeit beigewohnt hat. ²Die Vermutung gilt nicht, wenn schwerwiegende Zweifel an der Vaterschaft bestehen.

(3) ¹Als Empfängniszeit gilt die Zeit von dem 300. bis zu dem 181. Tage vor der Geburt des Kindes, mit Einschluß sowohl des 300. als auch des 181. Tages. ²Steht fest, dass das Kind ausserhalb des Zeitraums des Satzes 1 empfangen worden ist, so gilt dieser abweichende Zeitraum als Empfängniszeit.

(4) Die Rechtswirkungen der Vaterschaft können, soweit sich nicht aus dem Gesetz anderes ergibt, erst vom Zeitpunkt ihrer Feststellung an geltend gemacht werden.

Gliederung

A. Grundlagen 1	III. Feststellungssperre (Absatz 1) 20
I. Kurzcharakteristik 1	IV. Feststellung der Abstammung (Absätze 2
II. Gesetzgebungsgeschichte 2	und 3) 22
III. Regelungsprinzipien 3	D. Rechtsfolgen 35
B. Praktische Bedeutung 9	E. Verfahrensrechtliche Hinweise 37
C. Anwendungsvoraussetzungen 10	I. Altfälle 41
I. Normstruktur 10	II. Auslandsbezug 42
II. Geltendmachung der Vaterschaft (Absatz 4) ... 14	

A. Grundlagen

I. Kurzcharakteristik

§§ 1592 Nr. 1 und 2, 1593-1598 BGB normieren die Einzelheiten zur Begründung von Vaterschaft aufgrund ehelicher bzw. nachehelicher Geburt oder Anerkennung der Vaterschaft. Daneben sieht § 1592 Nr. 3 BGB die **gerichtliche Feststellung der Vaterschaft** vor. § 1600d BGB behandelt deren Voraussetzungen. Die zugehörigen verfahrensrechtlichen Vorschriften sind in den §§ 169 ff. FamFG enthalten. 1

II. Gesetzgebungsgeschichte

§ 1600d BGB gilt in der heutigen Fassung seit dem 01.01.2002. Bis zur Kindschaftsrechtsreform 1998 (vgl. die Kommentierung zu § 1592 BGB Rn. 4) fand sich die Regelung inhaltlich zum Teil abweichend in § 1600n BGB und den §§ 1600o, 1592 BGB a.F. 2

III. Regelungsprinzipien

Eine **Vaterschaft**, die nicht auf ehelicher oder nachehelicher Geburt beruht oder aufgrund wirksamer Anerkennung feststeht, kann **erst ab Rechtskraft** des sie feststellenden **Statusbeschlusses** geltend gemacht werden. Die gerichtliche Feststellung der Vaterschaft wirkt auf den Zeitpunkt der Geburt zurück.¹ 3

Bis zur Rechtskraft des die Vaterschaft feststellenden Beschlusses gilt das Kind als **vaterlos**. Ausnahme hierzu ist der Fall bereits bestehender Vaterschaft und deren Anfechtung durch den biologischen Vater. Diese führt im Hinblick auf die Doppelwirkung (vgl. die Kommentierung zu § 1600 BGB Rn. 42) des der Anfechtung stattgebenden Gestaltungsbeschlusses auch zur gerichtlichen Feststellung der Vaterschaft des Anfechtenden. 4

Bereits bestehende **anderweitige Vaterschaft** steht – außer im Sonderfall zulässiger Anfechtung durch den biologischen Vater – **der gerichtlichen Feststellung entgegen**, solange nicht im Wege eines Anfechtungsantrags das Nichtbestehen der anderweitigen Vaterschaft rechtskräftig festgestellt ist. 5

---

¹ Vgl. BVerfG v. 18.11.1986 - 1 BvR 1365/84 - juris Rn. 23 - NJW 1987, 1007-1008.

§ 1600d

6 Dies gilt insbesondere für eine Vaterschaft nach § 1592 Nr. 1 BGB: Sie tritt kraft Gesetzes bei der Geburt des Kindes ein und kann nur durch die rechtskräftige Feststellung beseitigt werden, dass der Ehemann nicht der Vater des Kindes ist (§ 1599 Abs. 1 BGB). Bis zu dieser Feststellung bleibt die Sperrwirkung des § 1592 Nr. 1 BGB bestehen. Sie entfällt auch nicht durch die gerichtliche Feststellung der Vaterschaft eines anderen Mannes, denn diese ist nach § 1600d Abs. 1 BGB gegenüber der gesetzlichen Vaterschaft nach § 1592 Nr. 1 BGB nachrangig.[2]

7 **Voraussetzung** für die gerichtliche Feststellung der Vaterschaft ist die **biologische Abstammung** des Kindes von dem in Betracht kommenden Mann, die im Feststellungsverfahren von Amts wegen zu ermitteln ist. Für den Fall nicht eindeutigen Nachweises besteht die widerlegbare Vermutung der Vaterschaft des Mannes, der der Mutter innerhalb der gesetzlichen Empfängniszeit beigewohnt hat. Die Empfängniszeit ist in § 1600d Abs. 3 BGB definiert.

8 Das **Feststellungsrecht** ist **unverzichtbar.** Gegenteilige Vereinbarungen oder Anonymitätszusagen gegenüber einem Samenspender stehen dem nicht entgegen. Daher kann das Kind auch im Falle der **Samenspende** seinen biologischen Vater gerichtlich feststellen lassen.[3]

B. Praktische Bedeutung

9 Ein Antrag des Kindes auf Feststellung der Vaterschaft ist das in der Praxis häufigste Statusverfahren. Sie wird zumeist vom Jugendamt als Beistand (§ 1712 Abs. 1 Nr. 1 BGB) betrieben.

C. Anwendungsvoraussetzungen

I. Normstruktur

10 **Absatz 1** beinhaltet die **Sperrwirkung anderweitiger Vaterschaft** (Feststellungssperre).
11 **Absatz 2** normiert die **Vermutung** der Vaterschaft nach Beiwohnung in der gesetzlichen Empfängniszeit.
12 **Absatz 3** definiert die **gesetzliche Empfängniszeit.** Sie wurde aufgrund europäischer Rechtsvereinheitlichung von 302 auf 300 Tagen verkürzt.[4]
13 **Absatz 4** regelt die **Rechtsausübungssperre zur Geltendmachung der Vaterschaft** eines nicht in der Ehe geborenen Kindes, dessen Vaterschaft nicht wirksam anerkannt oder gerichtlich festgestellt worden ist.

II. Geltendmachung der Vaterschaft (Absatz 4)

14 Feststehen der Vaterschaft bedeutet Rechtsklarheit für die Allgemeinheit und Rechtssicherheit für die beteiligten Personen. Deswegen kann, wenn keine Vaterschaft aufgrund ehelicher Geburt (§§ 1592 Nr. 1, 1593 BGB) oder aufgrund wirksamer Anerkennung (§ 1592 Nr. 2 BGB i.V. m. den §§ 1594-1598 BGB) feststeht, die Vaterschaft hinsichtlich des betroffenen Kindes im Rechtsverkehr nach § 1600d Abs. 4 BGB grundsätzlich erst dann geltend gemacht werden, wenn sie durch gerichtliche Feststellung geklärt worden ist **(Rechtsausübungssperre).** Dazu ist Rechtskraft der die Vaterschaft feststellenden Statusentscheidung erforderlich.

15 Dieser Grundsatz erfährt allerdings **Ausnahmen:** So kann bereits bei Anhängigkeit des Vaterschaftsfeststellungsantrags oder Einreichung eines dahin gehenden Antrags auf Bewilligung von Verfahrenskostenhilfe eine einstweilige Anordnung auf Unterhaltsleistung gegen den mutmaßlichen Vater ergehen (§ 248 FamFG). Nach § 1615o Abs. 1 Satz 1, Abs. 2 BGB können, ohne dass das Feststellungsverfahren betrieben wird, und schon vor der Geburt Ansprüche des Kindes auf Unterhalt für die ersten 3 Monate sowie Ansprüche der Mutter auf Unterhalt anlässlich der Geburt (§ 1615l Abs. 1 BGB) im Wege einstweiliger Verfügung auch gegen den nach § 1600d Abs. 2 BGB vermuteten Vater geltend gemacht werden. Zur Adoption bedarf es, wenn keine Vaterschaft nach § 1592 BGB feststeht, der Einwilligung auch des Mannes, der die Vermutung seiner Vaterschaft nach § 1600d Abs. 2 BGB glaubhaft macht (§ 1747 Abs. 1 Satz 2 BGB). Das **Eheverbot** der Verwandtschaft in gerader Linie (§ 1307 BGB) gilt auch bei bloß leiblicher Verwandtschaft.[5]

---

[2] OLG München v. 31.01.2012 - 31 Wx 495/11 - FamRZ 2012, 1503-1504.
[3] Vgl. *Wellenhofer*, FamRZ 2013, 825, 827; *Grziwotz*, FF 2013, 233, 236 f.
[4] *Bürge*, JuS 2003, 325.
[5] *Brudermüller* in: Palandt, BGB, 73. Aufl. 2014, § 1307 Rn. 3.

Im **Regressverfahren des Scheinvaters** gegen den mutmaßlichen Erzeuger des Kindes kann die Rechtsausübungssperre in besonders gelagerten Einzelfällen mit der Folge durchbrochen werden, dass die Vaterschaft des Antragsgegners inzident festgestellt werden kann.[6]

Soweit keine der vorgenannten Ausnahmen vorliegt, kann das Kind keinen **Unterhalt** gegen den vermeintlichen Vater geltend machen.[7] Jedoch ist der Beginn der Verjährung bis zur Rechtskraft der Vaterschaftsfeststellung aufgeschoben.[8] Danach kann Unterhalt für die Vergangenheit – also ab Geburt des Kindes – gem. § 1613 Abs. 2 Nr. 2 a) BGB gefordert werden; mangelnder Verzug des Vaters steht dem nicht entgegen.

Unterhaltsansprüche des Kindes gegen seinen wirklichen Vater gehen grundsätzlich auf den Scheinvater über, soweit dieser Unterhalt gewährt hat, gemäß § 1607 Abs. 3 Satz 2 BGB über. Eine Inanspruchnahme des wirklichen Vaters durch den Scheinvater ist gemäß § 1600d Abs. 4 BGB aber erst möglich, wenn die Vaterschaft in dem Verfahren gemäß § 169 Nr. 1 FamFG festgestellt worden ist.[9] Darüber hinaus kommt ein Scheinvaterregress dann in Betracht, wenn die bisherige rechtliche Vaterschaft durch erfolgreiche Anfechtung des biologischen Vaters weggefallen ist (vgl. die Kommentierung zu § 1594 BGB Rn. 14).

Solange keine rechtskräftige, die Vaterschaft feststellende Entscheidung vorliegt, hat das Kind **im rechtlichen Sinne keinen Vater**. **Ausnahme** hierzu ist der Fall bereits bestehender Vaterschaft und deren Anfechtung durch den biologischen Vater nach § 1600 Abs. 1 Nr. 2, Abs. 2 und 3 BGB. Dessen Anfechtungsantrag führt im Hinblick auf die aus § 182 Abs. 1 FamFG folgende Doppelwirkung des der Anfechtung stattgebenden Gestaltungsbeschlusses sowohl zum Wegfall der bisher bestehenden Vaterschaft als auch zur gerichtlichen Feststellung der Vaterschaft des Anfechtenden – vgl. dazu die Kommentierung zu § 1600 BGB Rn. 24 sowie die Kommentierung zu § 1600 BGB Rn. 42.

III. Feststellungssperre (Absatz 1)

Wenn und **solange bereits Vaterschaft** eines bestimmten Mannes aufgrund ehelicher Geburt (§§ 1592 Nr. 1, 1593 BGB) oder aufgrund vorangegangener Anerkennung (§ 1592 Nr. 2 BGB) **besteht, kann anderweitige Vaterschaft nicht gerichtlich festgestellt** werden (§ 1600d Abs. 1 BGB). Die Erhebung eines Feststellungsantrags ist dann erst möglich, wenn die bestehende Vaterschaft nach durchgeführtem Anfechtungsverfahren durch rechtskräftigen Gestaltungsbeschluss weggefallen ist (§ 1599 Abs. 1 BGB).

Diese **Sperrwirkung** gilt nicht für den in § 1600 Abs. 1 Nr. 2, Abs. 2 und 3 BGB speziell geregelten Anfechtungsantrag des biologischen Vaters (vgl. die Kommentierung zu § 1600 BGB Rn. 24). Dessen Anfechtungsantrag führt nach § 182 Abs. 1 FamFG zugleich zur gerichtlichen Feststellung der Vaterschaft des Anfechtenden; damit ist sie der Sache nach auch ein Feststellungsantrag, unterfällt jedoch nicht der Regelung in § 1600d Abs. 1 BGB.

IV. Feststellung der Abstammung (Absätze 2 und 3)

Die **materielle Voraussetzung** zur Feststellung der Vaterschaft ist im Wortlaut des Gesetzes nicht enthalten – im Gegensatz zum früheren, vor dem 01.07.1998 geltenden Recht, wonach der Mann als Vater festzustellen war, „der das Kind gezeugt hat" (§ 1600n Abs. 1 BGB a.F.). Die Herausnahme dieses Tatbestandsmerkmals ist jedoch nicht bewusst erfolgt. Vielmehr ging der historische Gesetzgeber explizit davon aus, dass § 1600d BGB n.F. der Vorgängernorm – § 1600n Abs. 1 BGB a.F. – entspricht.[10] Unumstritten ist nach wie vor einzige Voraussetzung die **biologische** (genetische) **Abstammung** des Kindes von dem betroffenen Mann.[11] Dies erfordert die Zeugung des Kindes durch Befruchtung der mütterlichen Eizelle mit dem Samen des Mannes, wobei es nicht darauf ankommt, ob sie im Wege der Beiwohnung oder auf anderem Wege (Insemination) erfolgt ist.[12]

---

[6] BGH v. 16.04.2008 - XII ZR 144/06 - FamRZ 2008, 1424-1427.
[7] BGH v. 10.03.2004 - XII ZR 123/01 - NJW 2004, 1735.
[8] BGH v. 20.05.1981 - IVb ZR 570/80 - FamRZ 1981, 763-764.
[9] OLG Hamm v. 14.02.2007 - 11 UF 210/06 - FamRZ 2007, 1764-1766.
[10] BT-Drs. 13/4899, S. 88; diese Gesetzestechnik zu Recht kritisierend *Gaul*, FamRZ 1997, 1441-1466, 1453.
[11] BayObLG München v. 21.04.1999 - 1Z BR 124/98 - juris Rn. 24 - DAVorm 1999, 636-640.
[12] *Brudermüller* in: Palandt, BGB, 73. Aufl. 2014, § 1600d Rn. 10; *Wellenhofer* in: MünchKomm-BGB, 6. Aufl. 2012, § 1600d Rn. 3.

23 Nach § 26 FamFG gilt im Feststellungsverfahren der **Untersuchungsgrundsatz**. Dies bedeutet den **Vorrang direkten Nachweises der biologischen Abstammung durch amtswegig durchgeführte Beweiserhebung**. Die in § 1600d Abs. 2 BGB normierte Vaterschaftsvermutung – Beiwohnung in der gesetzlichen Empfängniszeit – ist demgegenüber nachrangig.[13] Es ist also ausnahmslos zunächst zu ermitteln, ob die Abstammung durch direkten Nachweis zweifelsfrei geklärt werden kann. Ist dies der Fall, steht die Vaterschaft fest und es entfällt jede Prüfung der Vermutung, insbesondere auch deren eventueller Entkräftung nach Absatz 2 Satz 2 (z.B. im Hinblick auf Geschlechtsverkehr der Mutter mit mehreren Männern).

24 Zum direkten Nachweis der biologischen Abstammung ist in aller Regel die Einholung eines medizinischen **Sachverständigengutachten**s erforderlich.[14] Soweit dazu notwendig, hat jede Person Untersuchungen, insbesondere die Entnahme von Blutproben zu dulden (§ 178 FamFG).

25 Als nach heutigem Stand **anzuerkennende Gutachten** sind anzusehen:
- Blutgruppengutachten,
- HLA-Gutachten,[15]
- DNA-Gutachten,[16]
- biostatistische Gutachten.[17]

26 Sie müssen unter Beachtung der Richtlinien des Robert-Koch-Instituts erstellt werden. Bei nicht hinreichend überzeugendem Ergebnis nur eines dieser Gutachten ist zur Abklärung ein ergänzendes – ggf. mehrere – Gutachten einzuholen. Eine durch ein humangenetisches DNA-Abstammungsgutachten festgestellte Wahrscheinlichkeit der Vaterschaft von 99,99998% erbringt angesichts eines männlichen Bevölkerungsanteils von gut 23 Millionen Personen zwischen 20 und 60 Jahren in der Bundesrepublik Deutschland einen Grad an Gewissheit, dass ernsthafte, eine weitere Beweisaufnahme fordernde Zweifel nicht mehr bestehen.[18] Auch eine **Wahrscheinlichkeit** von 99,91% reicht zum Nachweis der Vaterschaft aus, selbst wenn der Antragsgegner behauptet, die Mutter habe während der gesetzlichen Empfängniszeit als Prostituierte gearbeitet.[19]

27 **Ausnahmsweise** ist eine Vaterschaftsfeststellung auch ohne Gutachten möglich, und zwar dann, wenn der als nicht ehelicher Vater in Anspruch genommene Mann unberechtigt die Blutentnahme zum Zwecke der serologischen Begutachtung verweigert und wegen seines Aufenthalts im Ausland eine zwangsweise Blutentnahme nicht durchführbar ist. Nach erfolgloser Belehrung und Fristsetzung kann er so behandelt werden, als wäre die Begutachtung erfolgt und hätte keine schwerwiegenden Zweifel an seiner Vaterschaft begründet.[20]

28 Die in § 1600d Abs. 2 BGB normierte **Vermutung** kommt wegen ihres Nachrangs gegenüber dem direkten Nachweis der Abstammung nur in Betracht, wenn die Begutachtung wegen nicht zu beschaffenden Untersuchungsmaterials (Blutprobe, Gewebeprobe, Speichelprobe) oder außergewöhnlicher Umstände unmöglich ist oder zu keinem überzeugenden Ergebnis führt. Dies hat heute **nur noch selten praktische Bedeutung**.[21]

29 Bereits derjenige, der als Vater vermutet wird, ist zur **Erteilung von Auskünften** über sein Einkommen zum Zweck der Berechnung von **Unterhalt** verpflichtet. Kommt er dieser Verpflichtung nicht nach, können ihm die Kosten des Unterhaltsverfahrens unabhängig von dessen Ausgang analog § 243 Abs. 1 Satz 2 Nr. 2 FamFG auferlegt werden.[22]

30 Die Vermutung hat zur Voraussetzung, dass der betroffene Mann der Mutter in der gesetzlichen Empfängniszeit beigewohnt hat. **Beiwohnung** bedeutet die gegenseitige Berührung der beiden Geschlechtsteile, wobei ein „normaler" Vollzug des Geschlechtsverkehrs nicht erforderlich ist.[23] Es

---

[13] BayObLG München v. 21.04.1999 - 1Z BR 124/98 - DAVorm 1999, 636-640.
[14] BayObLG München v. 21.04.1999 - 1Z BR 124/98 - juris Rn. 29 - DAVorm 1999, 636-640.
[15] OLG Karlsruhe v. 14.03.1980 - 14 U 216/78 - OLGZ 1980, 384-386.
[16] BGH v. 24.10.1990 - XII ZR 92/89 - LM Nr. 17 zu § 1591 BGB; zum Beweiswert eines DNA-Gutachtens im Hinblick auf biostatistische Werte aus afrikanischen Populationen vgl. OLG Hamm v. 02.09.2003 - 9 UF 98/00 - FamRZ 2004, 897.
[17] BGH v. 12.01.1994 - XII ZR 155/92 - juris Rn. 15 - LM BGB § 1600o Nr. 26 (6/1994).
[18] Jedenfalls in den Fällen, in denen keine Hinweise darauf vorliegen, dass die potenzielle Väter verschiedenen Ethnien angehören: OLG Stuttgart v. 30.06.2011 - 17 UF 53/11 - FamRZ 2011, 1879.
[19] OLG Karlsruhe v. 04.03.1999 - 2 UF 225/98 - NJWE-FER 1999, 252.
[20] BGH v. 09.04.1986 - IVb ZR 27/85 - FamRZ 1986, 663.
[21] BT-Drs. 13/4899, S. 88.
[22] OLG Frankfurt v. 04.03.2008 - 5 WF 36/08 - FamRZ 2008, 1643-1645.
[23] OLG Celle v. 16.02.1990 - 15 U 13/89 - NJW 1990, 2942.

kommt auch nicht darauf an, ob die Beiwohnung freiwillig oder willentlich erfolgt ist.[24] Künstliche Insemination hingegen ist keine Beiwohnung, hier muss der Nachweis der Zeugung direkt geführt werden.[25]

Die Vermutung der Empfängnis durch Beiwohnung ist **widerlegt**, wenn schwerwiegende Zweifel an der Vaterschaft bestehen (§ 1600d Abs. 2 Satz 2 BGB). Dies kommt in Betracht, wenn nachgewiesen wird, dass die Mutter in der gesetzlichen Empfängniszeit auch mit einem oder mehreren anderen Männern geschlechtlich verkehrt hat (Mehrverkehr), allerdings nur dann, wenn dieser Verkehr erhebliche Zweifel an der Vaterschaft des in Anspruch Genommenen begründet.[26] Gleiches gilt für erwiesene Zeugungsfähigkeit des Mannes während des fraglichen Zeitraums.[27]

31

§ 1600d Abs. 3 BGB definiert den Begriff **„gesetzliche Empfängniszeit"**, der für die Vermutung nach Absatz 2, aber auch für § 1600 Abs. 1 Nr. 2 BGB, für § 1600c Abs. 2 BGB, für § 1615o Abs. 1 Satz 1 BGB und für § 1747 Abs. 1 Satz 2 BGB relevant ist. Danach ist gesetzliche Empfängniszeit der Zeitraum vom – jeweils eingeschlossen – 300. bis zum 181. Tag vor der Geburt des Kindes. Sie kann anhand nachfolgender **Tabelle** berechnet werden:

32

Geburtstag	Empfängniszeit	
	vom	bis
1. Januar	7. März	4. Juli
1. Februar	7. April	4. August
1. März	5. Mai	1. September
1. April	5. Juni	2. Oktober
1. Mai	5. Juli	1. November
1. Juni	5. August	2. Dezember
1. Juli	4. September	1. Januar
1. August	5. Oktober	1. Februar
1. September	5. November	4. März
1. Oktober	5. Dezember	3. April
1. November	5. Januar	4. Mai
1. Dezember	4. Februar	3. Juni

In der Tabelle ist die aus Geburt am jeweiligen Monatsersten eines **Normaljahres** abzuleitende Empfängniszeit angegeben. Die übrigen Tage sind durch das Fortzählen in der jeweiligen Spalte des Geburtsmonats zu ermitteln. In Schaltjahren tritt bei einer Geburt, die vor dem 01.03. liegt, keine Änderung ein. Fällt diese in die Zeit vom 01.03. bis einschließlich 28.08., so ist dem Anfangs- und Endtag in der Tabelle jeweils ein Tag, bei der Geburt vom 29.08. bis einschließlich 27.12. nur dem Anfangstag ein Tag zuzuzählen. Bei der Geburt am 29.02. ist der Zeitraum der Empfängnis vom 05.05. bis 01.09. (vgl. hierzu auch das Berechnungsprogramm zur Ermittlung der Empfängniszeit).

33

Der konkrete **Nachweis kürzerer oder längerer Tragezeit ist möglich** (Absatz 3 Satz 2). Die gesetzliche Empfängniszeit kann jedoch nicht durch eine „biologische" Empfängniszeit ersetzt werden.[28]

34

D. Rechtsfolgen

Gerichtlich festgestellte **Vaterschaft führt zu Verwandtschaft** im Sinne des § 1589 BGB und damit insbesondere zur Unterhaltspflicht und -berechtigung nach § 1601 BGB, zum gesetzlichen Erb- und Pflichtteilsrecht nach den §§ 1924-1929, 2303 BGB und zu Zeugnisverweigerungsrechten (§ 383 ZPO, § 52 StPO). Sie ist Voraussetzung für das Umgangsrecht des Vaters – zu dem an besondere Voraussetzungen geknüpften Umgangsrecht des biologischen Vaters vgl. die Kommentierung zu § 1685 BGB. Auch zum Entstehen gemeinsamer Sorge aufgrund Sorgeerklärungen (§ 1626a Abs. 1 Nr. 1 BGB) muss die Vaterschaft des nicht mit der Mutter verheirateten Mannes feststehen.

35

---

[24] *Wellenhofer* in: MünchKomm-BGB, 6. Aufl. 2012, § 1600d Rn. 97.
[25] *Brudermüller* in: Palandt, BGB, 73. Aufl. 2014, § 1600o Rn. 12.
[26] BGH v. 07.06.1989 - IVb ZR 65/88 - LM Nr. 21 zu § 1600o BGB.
[27] Vgl. *Brudermüller* in: Palandt, BGB, 73. Aufl. 2014, § 1600d Rn. 13 m.w.N.
[28] OLG Köln v. 04.08.2005 - 14 WF 120/05 - FamRZ 2006, 55.

§ 1600d

36 Vaterschaft besteht ab Geburt des Kindes. Dies ergibt sich bei der gesetzlichen Vaterschaftsvermutung nach § 1592 Nr. 1 BGB – ebenso bei derjenigen nach § 1593 BGB – von selbst. Vaterschaft aufgrund gerichtlicher Feststellung kann zwar erst ab Rechtskraft des Feststellungsbeschlusses geltend gemacht werden, **wirkt** dann aber **auf den Zeitpunkt der Geburt zurück**.[29]

E. Verfahrensrechtliche Hinweise

37 Zur Zulässigkeit des Vaterschaftsfeststellungsantrags **bedarf es keines besonderen Feststellungsinteresses** im Sinne des § 256 ZPO.[30] Ein Verfahrenskostenhilfegesuch ist auch dann nicht mutwillig i.S.v. § 76 Abs. 1 FamFG, § 114 ZPO, wenn sich der mutmaßliche Vater über ein Jahr Zeit lässt, die Vaterschaft anzuerkennen.[31] Ein Gegenantrag, der gegen einen Vaterschaftsfeststellungsantrag erhoben wird, muss selbst Abstammungssache gem. § 169 FamFG sein.[32]

38 Ein Antrag auf Feststellung der Vaterschaft **kann bereits vor der Geburt des Kindes gestellt werden**.[33]

39 Gerichtlich festgestellte Vaterschaft kann nicht im Wege des Anfechtungsantrags (§ 1599 Abs. 1 BGB) beseitigt werden. Hier kommt nur eine Wiederaufnahme des Verfahrens gem. §§ 185, 48 Abs. 2 FamFG i.V. m. den §§ 578-585, 587-591 ZPO in Betracht. Diese Regelung ist verfassungskonform.[34]

40 Bei einem Vaterschaftsfeststellungsverfahren – Abstammungssache gem. § 169 FamFG – handelt es sich um ein Verfahren der freiwilligen Gerichtsbarkeit, über dessen **Kosten** das Gericht nach billigem Ermessen zu entscheiden hat, § 81 Abs. 1 Satz 1 FamFG. Bei einem erfolgreichen Feststellungsantrag des Kindes entspricht es nicht billigem Ermessen, dem Kindesvater allein aufgrund seines Unterliegens die gesamten Verfahrenskosten aufzuerlegen, wenn dieser aufgrund durch die Kindesmutter eingeräumten Mehrverkehrs während der gesetzlichen Empfängniszeit berechtigte Zweifel an seiner Vaterschaft hatte.[35]

I. Altfälle

41 Vor dem 01.07.1998 in der Bundesrepublik ergangene Entscheidungen zur Vaterschaftsfeststellung gelten aufgrund ihrer Rechtskraft weiter. Vor dem 03.10.1990 in der DDR ergangene Entscheidungen bleiben nach Art. 234 § 7 Abs. 1 Satz 1 EGBGB weiter wirksam.

II. Auslandsbezug

42 Das **Statut** zur Feststellung des Bestehens eines Eltern-Kind-Verhältnisses – also auch der Vaterschaft – (Abstammungsstatut) ergibt sich aus Art. 19 EGBGB. Für vor dem 01.07.1998 geborene Kinder gelten Besonderheiten.[36]

43 Die **internationale Zuständigkeit** für Anträge auf Feststellung der Vaterschaft richtet sich mangels vorgehender supranationaler Regelungen nach § 100 FamFG.[37] Die Abstammungssachen sind einheitlich als FG-Verfahren ausgestaltet.

44 Im Ausland ergangene Entscheidungen (mit Ausnahme der Entscheidungen in Ehesachen) werden gem. § 108 Abs. 1 FamFG **automatisch anerkannt**, ohne dass es hierfür eines besonderen Verfahrens bedarf. Der Grundsatz der automatischen Anerkennung war bereits vor Inkrafttreten des FGG-Reformgesetzes in § 328 ZPO und § 16a FGG normiert. Durch § 108 Abs. 2 Satz 1 FamFG hat der Gesetzgeber für Entscheidungen mit nichtvermögensrechtlichen Inhalten die Möglichkeit der Beantragung einer Entscheidung über die Anerkennung oder Nichtanerkennung neu eingeführt. Im Übrigen bestehen bilaterale Abkommen mit einigen Ländern, die die grundsätzliche Anerkennungspflicht mit jeweils unterschiedlichen Einschränkungen enthalten.[38] Für die Praxis sind sie nicht von Bedeutung, da auf das autonome Anerkennungsrecht (§ 108 FamFG) zurückgegriffen werden kann, wenn völkervertragliche Einschränkungen weiter gehen.[39]

---

[29] BVerfG v. 18.11.1986 - 1 BvR 1365/84 - juris Rn. 23 - NJW 1987, 1007-1008.
[30] BGH v. 27.09.1972 - IV ZR 159/71 - NJW 1973, 51.
[31] OLG Hamm v. 12.08.2003 - 9 WF 118/03 - FamRZ 2004, 549.
[32] OLG Brandenburg v. 22.10.2002 - 10 UF 145/02 - FamRZ 2004, 471.
[33] OLG Schleswig v. 15.12.1999 - 13 WF 122/99 - NJW 2000, 1271-1273.
[34] BGH v. 18.09.2003 - XII ZR 62/01 - juris Rn. 33 - NJW 2003, 3708-3711.
[35] BGH v. 19.02.2014 - XII ZB 15/13 - juris Rn. 17 - FamRZ 2014, 744-746.
[36] Vgl. dazu *Rausch* in: KKFamR, EGBGB Art. 19 Rn. 14-18.
[37] BGH v. 11.05.1994 - XII ZR 7/93 - juris Rn. 5 - LM EGBGB Art 18 Nr. 6 (10/1994).
[38] Dazu näher *Rausch* in: Böhmer/Finger, Das gesamte Familienrecht (IntFamR), 2 Art. 19 EGBGB Rn. 55.
[39] BGH v. 18.03.1987 - IVb ZR 24/86 - juris Rn. 16 - LM Nr. 10 zu § 261 ZPO.

Titel 3 - Unterhaltspflicht
Untertitel 1 - Allgemeine Vorschriften
§ 1601 BGB Unterhaltsverpflichtete

(Fassung vom 02.01.2002, gültig ab 01.01.2002)

Verwandte in gerader Linie sind verpflichtet, einander Unterhalt zu gewähren.

Gliederung

A. Grundlagen 1	II. Besonderheiten beim Elternunterhalt 7
B. Anwendungsvoraussetzungen 2	C. Verfahrensrechtliche Hinweise 9
I. Allgemeine Grundsätze 2	

A. Grundlagen

Die Vorschrift enthält die **Grundnorm für den Verwandtenunterhalt** und ordnet an, dass Verwandte in gerader Linie einander zur Unterhaltsleistung verpflichtet sind. Darin steckt auch eine Begrenzung auf bestimmte Verwandte. 1

B. Anwendungsvoraussetzungen

I. Allgemeine Grundsätze

Voraussetzung des Unterhaltsanspruchs ist, dass die Anspruchsteller und Anspruchsgegner in gerader Linie **verwandt** sind, also voneinander abstammen (§ 1589 BGB). Diese Voraussetzung liegt auch vor, wenn die Verwandtschaft durch Annahme begründet worden ist (§§ 1741 ff. BGB). 2

Daher müssen nicht nur **Eltern ihren Kindern** Unterhalt leisten, sondern umgekehrt auch **Kinder ihren Eltern** (vgl. Rn. 7). Der Grad der Verwandtschaft ist erst bei der Rangfolge bedeutsam. Daher können auch Urgroßeltern für ihre Urenkel unterhaltspflichtig sein. 3

Kein Unterhaltsanspruch besteht zwischen Verwandten in der Seitenlinie, also zwischen Geschwistern, gegenüber Stiefeltern oder Stiefkindern und Schwägern. 4

Die Unterhaltstatbestände des Verwandtenunterhaltes sind **zeitlich nicht beschränkt**. Der Unterhaltsanspruch endet dann, wenn keine Bedürftigkeit mehr gegeben ist. Regelmäßig endet die Unterhaltspflicht der Eltern ihren Kindern gegenüber mit der Ermöglichung der Ausbildung zu einem angemessenen Beruf (§ 1610 Abs. 2 BGB). Allerdings kann der Unterhaltsanspruch eines volljährigen Kindes wiederaufleben, wenn etwa die Bedürftigkeit nach erfolgreicher Ausbildung und Tätigkeit im erlernten Beruf infolge einer krankheitsbedingten Erwerbsunfähigkeit eintritt.[1] Die Unterhaltspflicht des Verwandten kann nach § 1611 Abs. 1 BGB entfallen **(Verwirkung)**. Zur Verwirkung von Unterhaltsrückständen vgl. die Kommentierung zu § 1613 BGB Rn. 283. 5

Im Zusammenhang mit **Samenspenden** und heterologer Insemination treten besondere Fragestellungen auf.[2] 6

II. Besonderheiten beim Elternunterhalt

Das Gesetz sieht auch vor, dass **erwachsene Kinder** im Falle der Bedürftigkeit für den Unterhalt der eigenen Eltern aufkommen müssen (sog. **Elternunterhalt** bzw. Aszendentenunterhalt). In der Praxis wird dies relevant, wenn ein oder beide Elternteile ins Altersheim oder Pflegeheim kommen und Rente oder Pension zusammen mit den Leistungen der Pflegeversicherung nicht zur Deckung der Heimkosten reichen. Dann tritt der Sozialhilfeträger ein und versucht sodann, von den Kindern der Heiminsassen mit Hilfe des übergeleiteten Unterhaltsanspruches die verbliebenen Kosten zumindest teilweise wieder einzutreiben. 7

---

[1] BGH v. 18.01.2012 - XII ZR 15/10 - FamRZ 2012, 530; BGH v. 18.07.2012 - XII ZR 91/10 - FamRZ 2012, 1553 mit Anm. *Hauß*, FamRZ 2012, 1628.

[2] Vgl. *Wehrstedt*, FPR 2011, 400-404 und *Taupitz*, ZRP 2011, 161-163; zum Anspruch auf Unterhaltsleistungen nach dem Unterhaltsvorschussgesetz BVerwG v. 16.05.2013 - 5 C 28/12 - NJW 2013, 2775-2778.

8   Wie bei allen anderen Unterhaltsansprüchen setzt auch der Anspruch auf Elternunterhalt einen entsprechenden **Bedarf** des anspruchstellenden Elternteils voraus sowie dessen **Bedürftigkeit** und die **Leistungsfähigkeit** des unterhaltspflichtigen Kindes. Vgl.
- zum Bedarf die Kommentierung zu § 1610 BGB Rn. 396,
- zur Bedürftigkeit die Kommentierung zu § 1602 BGB Rn. 130,
- zur Leistungsfähigkeit die Kommentierung zu § 1603 BGB.

Mehrere Kinder (**Geschwister**) haften gem. § 1606 Abs. 3 Satz 1 BGB anteilig nach ihren Erwerbs- und Vermögensverhältnissen (vgl. die Kommentierung zu § 1606 BGB Rn. 115).

C. Verfahrensrechtliche Hinweise

9   Für Unterhaltsstreitigkeiten sind die Familiengerichte zuständig – § 112 Nr. 1 FamFG i.V.m. § 231 ff. FamFG. Es besteht **Anwaltszwang** (§ 114 FamFG).

10 Die Prüfung eines Unterhaltsanspruches kann anhand der Fragen der folgenden **Checkliste** erfolgen:
- 1. Stufe: Welcher **Unterhaltstatbestand** ist anzuwenden?
- 2. Stufe: Wie hoch ist der **Unterhaltsbedarf** des Anspruchstellers?
- 3. Stufe: Wie hoch ist seine **Bedürftigkeit** nach Abzug seines eigenen Einkommens und ggf. anzurechnenden Vermögens?
- 4. Stufe: Ist der Unterhaltsverpflichtete (ggf. nach Abzug anderweitiger Unterhaltsverpflichtungen) **leistungsfähig** in dieser Höhe?
- 5. Stufe: Ist ggf. eine **Angemessenheitskontrolle** durchzuführen?
- 6. Stufe: Ist der Unterhalt in der Höhe **begrenzt**, zeitlich **eingeschränkt** oder gar vollständig **ausgeschlossen**?
- 7. Stufe: Ist der Anspruchsteller noch Inhaber der Ansprüche und berechtigt, sie geltend zu machen oder sind die **Ansprüche** auf einen anderen Berechtigten **übergegangen**?

11 Eine **Freistellungsvereinbarung** über den Kindesunterhalt, die zwischen den getrennt lebenden Eltern getroffen worden ist, beseitigt nicht das **Rechtsschutzbedürfnis** der Kinder an der Verpflichtung des freigestellten Elternteils. Der Unterhaltsanspruch der Kinder bleibt von einer solchen Vereinbarung unberührt. Ein Zahlungsantrag des zur Freistellung verpflichteten Ehegatten in gesetzlicher Verfahrensstandschaft für die Kinder gegen den anderen Ehegatten auf Zahlung des Kinderunterhalts ist deshalb nicht ausgeschlossen,[3] denn derartige Regelungen sind **nur im Innenverhältnis zwischen den Eltern** bindend (vgl. auch die Kommentierung zu § 1614 BGB Rn. 25).

12 Das Unterhaltsverfahren kann gem. § 237 FamFG als **selbständiges Verfahren** betrieben werden. Eine **Verbindung mit dem Abstammungsverfahren** ist möglich. Auch bei einer derartigen Verbindung bleibt das Verfahren gem. § 237 FamFG eine Unterhaltssache, auf die die hierfür geltenden Verfahrensvorschriften anzuwenden sind und nicht etwa diejenigen des Abstammungsverfahrens. Dabei gilt die Einschränkung des § 237 Abs. 3 FamFG nur so lange, wie die Voraussetzungen des § 1592 Nr. 1 und 2 BGB sowie § 1593 BGB nicht vorliegen, also die Vaterschaft nicht feststeht.[4]

---

[3] OLG Stuttgart v. 08.02.2006 - 18 WF 257/05 - FamRZ 2006, 866.
[4] OLG Hamm v. 11.05.2011 - II-8 UF 257/10 - FamRZ 2012, 146.

Steuerrechtliche Hinweise zu §§ 1601 ff. BGB

Gliederung

A. Grundlagen 1
B. Kindergeld und Kinderfreibetrag 2
I. Anspruchsberechtigung 4
II. Berücksichtigungsfähige Kinder 15
1. Kinder im einkommensteuerrechtlichen Sinne 16
2. In Deutschland oder der EU lebende Kinder 19
3. Minderjährige Kinder 22
4. Volljährige Kinder 23
a. Arbeitslose Kinder unter 21 Jahren (§ 32 Abs. 4 Nr. 1 EStG) 25
b. Auszubildende und Studenten unter 25 Jahren (§ 32 Abs. 4 Nr. 2 EStG) 30
c. Eingeschränkte Berücksichtigung nach Abschluss einer beruflichen Erstausbildung ab dem Veranlagungszeitraum 2012 40
d. Wegfall des Jahresgrenzbetrages ab dem Veranlagungszeitraum 2012 47
e. Jahresgrenzbetrag für Auszubildende, Studierende und Arbeitsuchende bis zum Veranlagungszeitraum 2011 49
f. Behinderte unter 25 Jahren (§ 32 Abs. 4 Nr. 3 EStG) 60
g. Wehr- oder Zivildienstleistende 67
III. Höhe des Kindergeldes, Leistungszeitraum 69
IV. Verhältnis von Kindergeld und (Kinder-)Freibeträgen 72
V. Verfahrenshinweise 76
1. Antragserfordernis, Rechtsschutz 76
2. Aufhebung und Änderung der Kindergeldfestsetzung 78
3. Mitwirkungspflichten 81
4. Pfändungsschutz 83

VI. Weitere Auswirkungen 84
C. Ausbildungsfreibetrag bzw. Aufwendungen für Unterhalt und Berufsausbildung Dritter 85
I. Abzugsfähigkeit von Aufwendungen für Unterhalt und/oder Berufsausbildung (§ 33a Abs. 1 EStG) 85
II. Ausbildungsfreibetrag (§ 33a Abs. 2 EStG) 86
D. Entlastungsbetrag für Alleinerziehende 91
I. Entlastungsbetrag anstelle des Haushaltsfreibetrages 91
II. Voraussetzungen des Entlastungsbetrages 92
III. Höhe des Entlastungsbetrages 96
IV. Weitere Hinweise 97
E. Kinderbetreuungskosten 98
I. Gesetzliche Entwicklungen hin zu einer Berücksichtigung der Kinderbetreuungskosten 98
II. Berücksichtigung der Kinderbetreuungskosten ab dem Veranlagungszeitraum 2012 99
1. Anspruchsvoraussetzungen 100
2. Deckelung der abzugsfähigen Kosten 104
3. Berücksichtigungsfähige Kosten 106
4. Nachweis, Aufteilung auf beide Elternteile 111
III. Kinderbetreuungskosten bis zum Veranlagungszeitraum 2011 einschließlich 115
1. Erwerbsbedingte Kinderbetreuungskosten (§ 9c Abs. 1 EStG) 115
a. Erwerbstätigkeit beider Elternteile 115
b. Erwerbstätigkeit nur eines Elternteils 119
2. Nicht erwerbsbedingte Betreuung (§ 9c Abs. 2 EStG) 122
IV. Tabellarische Übersicht bis 2011 123

A. Grundlagen

Die Leistungsfähigkeit von Familien mit Kindern wird durch die aufgrund des geschuldeten Unterhaltes, der Betreuung und der Erziehung von Kindern entstehenden finanziellen Lasten im Vergleich zu kinderlosen Bürgern gemindert. Art. 6 Abs. 1 GG allerdings verpflichtet den Staat zum Schutze und zur Förderung von Familien. Dem ist der Gesetzgeber für den Bereich des Einkommensteuerrechts in verschiedener Hinsicht nachgekommen.

B. Kindergeld und Kinderfreibetrag

Zentrale Vorschrift des Einkommensteuerrechts mit Blick auf Kindergeld und Kinderfreibeträge ist § 31 Satz 1 EStG. Dieser bestimmt, dass die steuerliche Freistellung eines Einkommensbetrags in Höhe des Existenzminimums eines Kindes entweder durch Auszahlung des Kindergeldes oder durch Gewährung eines Kinderfreibetrages sowie eines Freibetrages für den Betreuungs-, Erziehungs- und Ausbildungsbedarf des Kindes bewirkt wird.

Seit 1996 ist das Kindergeldrecht in das EStG eingebunden. Das **Bundeskindergeldgesetz** regelt daher nur noch die Kindergeldzahlung an diejenigen Eltern, die keinen Anspruch auf einen steuerlichen Familienlastenausgleich haben, weil sie nicht unbeschränkt einkommensteuerpflichtig sind.

Steuerrechtl. Hinw. zu §§ 1601 ff. BGB

jurisPK-BGB / B. Hamdan/M. Hamdan

I. Anspruchsberechtigung

4 Anspruch auf die Gewährung von Kindergeld[1] haben im Regelfall die **Eltern**, nicht das Kind selbst.[2] Lediglich ausnahmsweise ist eine Auszahlung an das Kind selbst, nämlich bei Verletzung der Unterhaltspflicht durch den Kindergeldberechtigten, möglich (§ 74 Abs. 1 Satz 1 EStG).

5 Gemäß § 62 Abs. 1 EStG muss die das Kindergeld beantragende Person in Deutschland **unbeschränkt einkommensteuerpflichtig** sein, d.h. ihren Wohnsitz (§ 8 AO 1977) oder ihren gewöhnlichen Aufenthalt (§ 9 AO 1977) in Deutschland haben oder im Ausland wohnen, aber nach § 1 Abs. 2-3 EStG unbeschränkt einkommensteuerpflichtig sein bzw. so behandelt werden. Ob die für die Gewährung von Kindergeld zuständige Familienkasse an die Feststellungen des Finanzamtes zur unbeschränkten Steuerpflicht gebunden ist, ist umstritten. In der Dienstanweisung zur Durchführung des Familienleistungsausgleichs wird dies bejaht.[3] Nach neuerer Auffassung ist eine solche Bindungswirkung abzulehnen, da es sich bei der Einkommensteuerfestsetzung und der Kindergeldfestsetzung um unterschiedliche Verfahren handelt.[4] Die unbeschränkte Einkommensteuerpflicht eines Arbeitnehmers kann beispielsweise durch die Vorlage einer Lohnabrechnung nachgewiesen werden.[5]

6 Die Gewährung von Kindergeld ist damit **unabhängig von der Staatsbürgerschaft**. In der Bundesrepublik dauerhaft lebende **Ausländer** haben daher ebenfalls gem. § 62 Abs. 2 EStG einen Anspruch auf Gewährung von Kindergeld, sofern sie

- eine unbefristete Niederlassungserlaubnis (z.B. nach den §§ 9, 18b, 19, 19a Abs. 6, 23 Abs. 2, 26 Abs. 3 und 4, 28 Abs. 2, 31 Abs. 3, 35 oder 38 Abs. 1 Satz 1 Nr. 1 AufenthG),
- eine befristete Aufenthaltserlaubnis zum Zwecke der Erwerbstätigkeit (§ 7 AufenthG),
- oder eine nach § 23 Abs. 1 AufenthG wegen eines Krieges in ihrem Heimatland oder nach den §§ 23a, 24, 25 Abs. 3-5 AufenthG erteilte Aufenthaltserlaubnis besitzen und sich seit mindestens drei Jahren rechtmäßig, gestattet oder geduldet im Bundesgebiet aufhalten und im Bundesgebiet berechtigt erwerbstätig sind, laufende Geldleistungen nach dem Dritten Buch Sozialgesetzbuch beziehen oder Elternzeit in Anspruch nehmen.

7 Im letzteren Fall müssen alle drei Voraussetzungen kumulativ gegeben sein. Kleinste Unterbrechungen im Aufenthaltsstatus eines Ausländers führen im Fall des § 62 Abs. 2 Satz 1 Nr. 3 lit. a EStG nicht dazu, dass die dreijährige Wartefrist für den Bezug von Kindergeld von neuem zu laufen beginnt.[6] Ist eine irakische Staatsangehörige aufgrund eines **krankheitsbedingten Abschiebeverbots** nach § 60 Abs. 7 Satz 1 AufenthG im Besitz einer Aufenthaltserlaubnis nach § 25 Abs. 3 AufenthG bei nicht gestatteter Erwerbstätigkeit, so ist der Anspruch auf Kindergeld folglich ausgeschlossen.[7]

8 Ausgenommen hiervon sind allerdings Staatsangehörige des Europäischen Wirtschaftsraumes (EWR) sowie ggf. Angehörige bestimmter Staaten, mit denen ein Abkommen über Soziale Sicherheit besteht.[8] Vor dem Hintergrund des Beschlusses des BVerfG zur Ungleichbehandlung von Ausländern mit minderem Aufenthaltsstatus bei der Gewährung von Kindergeld[9] ist eine Änderung des § 62 Abs. 2 EStG geplant.[10]

9 Allerdings sagt die grundsätzliche Anspruchsberechtigung noch nichts darüber aus, an wen das Kindergeld schließlich ausgezahlt wird. Gem. § 64 Abs. 1 EStG erfolgt die Auszahlung des Kindergeldes nur an einen der Berechtigten; eine **Aufteilung des Kindergeldes** ist also **nicht möglich**. Im Falle eines gemeinsamen Haushaltes der Berechtigten haben diese den **Zahlungsempfänger** durch widerrufliche Erklärung gegenüber der Familienkasse zu bestimmen; andernfalls wird diese Bestimmung durch

---

[1] Zusammenfassende Informationen zu diesem Thema sind auf der Homepage des Bundesamtes für zentrale Dienste und offene Vermögensfragen (www.bzst.de, abgerufen am 29.01.2013) veröffentlicht. Weiterführend ist darüber hinaus die Dienstanweisung zur Durchführung des Familienleistungsausgleichs (DA-FamEStG) von 2013, sie ist auf der genannten Homepage abrufbar.

[2] *Bergkemper*, FPR 2003, 44-49, 49.

[3] DA-FamEStG 62.2.3 Satz 1.

[4] BFH v. 20.11.2008 - III R 53/05 - BFH/NV 2009, 564; FG Baden-Württemberg v. 09.02.2010 - 4 K 5221/08 - juris Rn. 33 - StE 2010, 214; FG München v. 20.05.2009 - 10 K 1995/08 - juris Rn. 22.

[5] DA-FamEStG 62.2.3 Satz 5.

[6] FG München v. 23.02.2010 - 12 K 2218/09 - juris Rn. 19.

[7] FG München v. 29.09.2009 - 10 K 3963/08 - juris Rn. 12.

[8] DA-FamEStG 62.3.5; hier sind die einzelnen Staaten des EWR sowie die Vertragsstaaten auch genannt.

[9] BVerfG v. 06.07.2004 - 1 BvL 4/97 - BVerfGE 111, 160-176.

[10] Gesetz zur Anspruchsberechtigung von Ausländern wegen Kindergeld, Erziehungsgeld und Unterhaltsvorschuss (BT-Drs. 16/1368).

das Vormundschaftsgericht getroffen (§ 64 Abs. 2 Sätze 2 und 3 EStG). Regelmäßig ist diese Erklärung im Antrag auf Kindergeld enthalten: „Ich bin damit einverstanden, dass an den Antragsteller/die Antragstellerin das Kindergeld gezahlt wird."

Leben die Berechtigten getrennt, gilt das sog. **Obhutsprinzip**, § 64 Abs. 2 Satz 1 EStG, d.h. Kindergeld wird demjenigen Elternteil ausgezahlt, der das Kind in seinen Haushalt aufgenommen hat.[11] Die Haushaltszugehörigkeit eines Kindes ist dort zu bejahen, wo es wohnt, versorgt und betreut wird.[12] Nach höchstrichterlicher Rechtsprechung setzt sich der Begriff der **Haushaltsaufnahme** i.S.d. § 32 Abs. 1 Nr. 2 EStG aus **örtlichen** (Aufnahme in die Familiengemeinschaft mit einem dort begründeten Betreuungs- und Erziehungsverhältnis), **materiellen** (Versorgung, Unterhaltsgewährung) **und immateriellen** (Fürsorge, Betreuung) **Merkmalen** zusammen, die zwar je nach Einzelfall unterschiedlich ausgeprägt sein können, aber alle gegeben sein müssen.[13] Aus diesem Grund können Sorgerechtsregelung oder die Eintragung in ein Melderegister eine Haushaltszugehörigkeit nur indizieren.

Bei **mehrfacher Haushaltsaufnahme** eines Kindes, d.h. in den Fällen, in denen das Kind sich in einem annähernd gleichen Umfang bei beiden Elternteilen aufhält, können die Eltern den Berechtigten bestimmen; § 64 Abs. 2 Sätze 2-4 EStG ist hierbei analog anzuwenden.[14] Eine vor der Trennung getroffene Bestimmung des Berechtigten bleibt wirksam, bis sie von einem Berechtigten widerrufen wird.[15] Das Kindergeld wird auch dann vorrangig dem Elternteil ausgezahlt, wenn die Kinder im Haus der Großeltern gemeinsam von einem Elternteil und den Großeltern unterhaltenen Familienhaushalt leben und der Elternteil aufgrund einer Berufstätigkeit noch eine weitere Nebenwohnung hat, die Kinder jedoch in regelmäßigen Abständen besucht. In diesem Fall des **gemeinsam unterhaltenen Haushalts** kommt es nicht darauf an, wer von mehreren Personen im selben Haushalt die umfangreicheren, intensiveren oder etwa qualitativ hochwertigeren Betreuungsleistungen erbringt.[16]

Bei einer **Kindesentziehung** steht der Kindergeldanspruch demjenigen Elternteil zu, in dessen Obhut sich das Kind vor der Entziehung befand, wenn dieser Elternteil umgehend rechtliche Schritte für die Rückführung des Kindes einleitet. Unerheblich ist dabei sowohl, ob das Kind ins **Ausland** verbracht wird oder im **Inland** verbleibt, sowie die spätere Übertragung des Sorgerechts auf den entziehenden Elternteil, da diese Entscheidung steuerrechtlich keine Rückwirkung entfaltet.[17]

Ein für eine **mehrfache Haushaltsaufnahme** erforderlicher zeitlich bedeutsamer Umfang liegt nach der Rechtsprechung des BFH **nicht** vor, wenn die Aufenthalte des Kindes nur Ferien- oder Besuchscharakter haben; dies ist gegeben, wenn das Kind nur jedes zweite oder dritte Wochenende sowie einige Tage während der Schulferien bei einem Elternteil verbringt.[18]

Zugunsten des barunterhaltspflichtigen Elternteils, in dessen Haushalt das Kind nicht lebt, ist ein Ausgleich über die **Anrechnungsbestimmung** des § 1612b BGB (zu Einzelheiten vgl. die Kommentierung zu § 1612b BGB) vorgesehen.

II. Berücksichtigungsfähige Kinder

§ 63 EStG i.V.m. § 32 EStG regelt, für welche Kinder Kindergeld bezogen werden kann.

1. Kinder im einkommensteuerrechtlichen Sinne

Gem. § 32 Abs. 1 Nr. 1 EStG sind Kinder im einkommensteuerrechtlichen Sinne die im **ersten Grad mit dem Steuerpflichtigen verwandten Kinder**. Die Vorschrift knüpft dabei an die bürgerlich-rechtlichen Vorschriften an. Gem. § 1589 Satz 1 BGB sind Personen, bei denen eine von der anderen abstammt, in gerader Linie miteinander verwandt. Erkennt der leibliche Vater die Vaterschaft während des finanzgerichtlichen Verfahrens an, ist er rückwirkend im ersten Grad mit dem Kind verwandt; dies hat das Finanzgericht bei seiner Entscheidung über von dem Vater angefochtenen Einkommensteuer-

---

[11] Verfassungsrechtliche Bedenken bestehen gegen dieses Obhutsprinzip nicht, BFH v. 14.12.2004 - VIII R 106/03 - juris Rn. 22 - FamRZ 2005, 618-621; *Steinhauff*, jurisPR-SteuerR 20/2005, Anm. 3.
[12] BFH v. 20.06.2001 - VI R 224/98 - juris Rn. 12 - FPR 2002, 109 f.
[13] BFH v. 14.01.2011 - III B 96/09 - juris Rn. 19 - BFH/NV 2011, 788-790.
[14] BFH v. 23.03.2005 - III R 91/03 - juris Rn. 14 - NJW 2005, 2175-2176; *Dürr*, jurisPR-SteuerR 27/2005, Anm. 4.
[15] BFH v. 23.03.2005 - III R 91/03 - juris Rn. 16 - NJW 2005, 2175-2176.
[16] FG Leipzig v. 18.05.2011 - 6 K 1169/08 - juris Rn. 19.
[17] FG Baden-Württemberg v. 16.08.2005 - 14 K 221/03 - juris Rn. 20 - EFG 2007, 778.
[18] BFH v. 14.05.2007 - III B 191/05 - juris Rn. 13 und 14 - BFH/NV 2007, 1505-1506.

bescheide zu berücksichtigen und die kindbedingten Steuervorteile zu gewähren.[19] Auch im Hinblick auf schon bestandskräftige Steuerbescheide hat der Steuerpflichtige einen Anspruch auf Korrektur, da die **Vaterschaftsanerkennung** ein Ereignis i.S.v. § 175 Abs. 1 Satz 1 Nr. 2 AO 1977 ist, dem steuerliche Wirkung für die Vergangenheit zukommt.[20]

17 Darüber hinaus kann Kindergeld auch für **Pflegekinder** bezogen werden (§ 32 Abs. 1 Nr. 2 EStG). Schließlich sind auch **Stief- und Enkelkinder** berücksichtigungsfähig, sofern diese in den Haushalt des Berechtigten aufgenommen worden sind (§ 63 Abs. 1 Satz 1 EStG), d.h. dort materiell versorgt werden und betreut werden.

18 Entgegen der früheren Rechtsprechung[21] wird ein Kindergeldanspruch nunmehr auch gewährt, wenn ein eingetragener Lebenspartner in seinen Haushalt die Kinder seines eingetragenen Lebenspartners aufnimmt.[22]

2. In Deutschland oder der EU lebende Kinder

19 Voraussetzung ist weiterhin grds., dass das Kind seinen Wohnsitz oder gewöhnlichen Aufenthalt im Inland oder in einem Mitgliedstaat der EU hat (§ 63 Abs. 1 Satz 3 EStG).

20 Ein **Studienaufenthalt im außereuropäischen Ausland** schließt einen Anspruch auf Kindergeld jedoch nicht zwingend aus. Zwar reicht allein die Rückkehrabsicht bei einem zeitlich beschränkten und der Berufsausbildung dienenden Auslandsaufenthalt nicht aus. Der Inlandswohnsitz kann aber dann bejaht werden, wenn das Kind entweder seinen Lebensmittelpunkt weiterhin am bisherigen Wohnort hat oder es zwar keinen einheitlichen Lebensmittelpunkt mehr hat, aber nunmehr über zwei Schwerpunkte der Lebensverhältnisse, d.h. zwei Wohnsitze, verfügt, von denen einer am bisherigen Wohnort liegt.[23] Die Feststellungslast hierfür trägt der Kindergeldberechtigte.

21 Der **steuerrechtliche Wohnsitzbegriff** knüpft an die tatsächlichen Verhältnisse an. Bei der Beurteilung kommt es vor allem auf das **Lebensalter des Kindes, dessen Anpassung an die deutschen Lebensverhältnisse, die Dauer des Auslandsaufenthaltes, die Art der Unterbringung im Ausbildungsland und Verfügbarkeit von Wohnraum im inländischen Elternhaus** an.[24] Jedenfalls bei einem auf acht bis neun Jahre angelegten Aufenthalt eines minderjährigen Kindes im Ausland kann nicht mehr von einem nur vorübergehenden Auslandsaufenthalt gesprochen werden.[25] Im Fall eines Kind, das seit seinem 12. Lebensjahr ein **Internat in Jordanien** besucht und nur die Schulferien mit seinen Eltern verbringt, hat das Gericht das für eine Beibehaltung eines Wohnsitzes notwendige subjektive Tatbestandsmerkmal mit der Begründung abgelehnt, ein Kind in dem genannten Alter brauche in besonderem Maße eine Bezugsperson, die sich räumlicher in erreichbarer Nähe befinden müsse.[26] In einer solchen Konstellation reichen **Aufenthalte in der elterlichen Wohnung während der nicht einmal drei Monate dauernden Schulferien** nicht aus, um einen Inlandswohnsitz anzunehmen, da sie eher Besuchscharakter hätten.[27] **Gemeinsame Ferien mit den Eltern außerhalb von Deutschland** sind hierbei nicht zu berücksichtigen.[28]

3. Minderjährige Kinder

22 Unter den zuvor genannten Voraussetzungen sind minderjährige Kinder berücksichtigungsfähig, ohne dass weitere Einschränkungen zu beachten sind.

---

[19] BFH v. 28.07.2005 - III R 68/04 - juris Rn. 22 - NJW 2006, 1695-1696; *Friederici*, jurisPR-FamR 1/2006, Anm. 6.
[20] BFH v. 28.07.2005 - III R 68/04 - juris Rn. 23 - NJW 2006, 1695-1696.
[21] BFH v. 21.04.2006 - III B 153/05 - juris Rn. 15 - BFH/NV 2006, 1644-1645.
[22] BFH v. 08.08.2013 - VI R 76/12 - juris Rn. 7 - BFHE 242, 362, BStBl II 2014, 36; *Christ*, jurisPR-FamR 2/2014, Anm. 8.
[23] BFH v. 23.11.2000 - VI R 107/99 - juris Rn. 17 - NJWE-FER 2001, 164-167.
[24] FG Baden-Württemberg v. 29.08.2006 - 14 K 239/04 - juris Rn. 16 - EFG 2007, 202-204, 203.
[25] FG Baden-Württemberg v. 29.08.2006 - 14 K 239/04 - juris Rn. 19 - EFG 2007, 202-204, 203.
[26] FG Baden-Württemberg v. 29.08.2006 - 14 K 239/04 - juris Rn. 18 - EFG 2007, 202-204, 203.
[27] FG Baden-Württemberg v. 29.08.2006 - 14 K 239/04 - juris Rn. 20 - EFG 2007, 202-204, 203.
[28] FG Baden-Württemberg v. 29.08.2006 - 14 K 239/04 - juris Rn. 20 - EFG 2007, 202-204, 203.

4. Volljährige Kinder

§ 32 Abs. 4 Satz 1 EStG ist aus dem Gesamtzusammenhang der Regelung dahingehend auszulegen, dass der Kindergeldanspruch für über 18 Jahre alte Kinder eine typische Unterhaltssituation seitens der Eltern voraussetzt.[29] Eine solche typische Unterhaltssituation besteht nach einer **Eheschließung des Kindes** grundsätzlich nicht mehr, da dann in erster Linie der Ehegatte dem Kind zum Unterhalt verpflichtet ist (§ 1608 Satz 1 BGB). Ausgenommen ist lediglich der Fall, dass das Einkommen des Ehepartners so gering ist, dass er zum (vollständigen) Unterhalt nicht in der Lage ist, das Kind ebenfalls nicht über ausreichende eigene Einkünfte verfügt und die Eltern deshalb weiterhin für das Kind aufkommen müssen.[30] Ein solcher Mangelfall ist bei kinderlosen Ehen anzunehmen, wenn die eigenen Einkünfte und Bezüge des Kindes einschließlich der Unterhaltsleistungen des Ehepartners unterhalb des steuerrechtlichen Existenzminimums liegen, das dem – am Existenzminimum eines Erwachsenen ausgerichteten – Jahresgrenzbetrag in § 32 Abs. 4 Satz 2 EStG entspricht.[31] Der Kindergeldberechtigte hat im Falle der Eheschließung des Kindes das Vorliegen der Voraussetzungen eines sog. Mangelfalles substantiiert darzulegen und nachzuweisen.[32]

Auch für **ledige, volljährige Kinder** ergeben sich Einschränkungen aus § 32 Abs. 4 EStG. In diesem Fall kann nur unter folgenden – abschließend aufgelisteten – Voraussetzungen Kindergeld bezogen werden:

a. Arbeitslose Kinder unter 21 Jahren (§ 32 Abs. 4 Nr. 1 EStG)

Berücksichtigungsfähig sind zum einen Kinder über 18 und unter 21 Jahren, wenn sie nicht in einem Beschäftigungsverhältnis stehen und bei einer Agentur für Arbeit im Inland als **arbeitsuchend** gemeldet sind (§ 32 Abs. 4 Satz 1 Nr. 1 EStG).

Der Status des Arbeitslosen allein ist indes nicht ausreichend; erforderlich sind darüber hinaus gem. § 119 Abs. 1 Nr. 1 SGB III entsprechende Eigenbemühungen des Arbeitslosen sowie seine Verfügbarkeit für die Vermittlungsbemühungen nach § 119 Abs. 1 Nr. 3 SGB III.[33] Dies ist dann nicht der Fall, wenn die Agentur die Arbeitsvermittlung nach § 38 Abs. 4 Satz 2 SGB III eingestellt hat, weil das Kind einer Einladung zu einem Termin ohne Angabe von Gründen nicht gefolgt war und sich auch nicht innerhalb von drei Monaten seit seiner Meldung als arbeitsuchend bei der Agentur für Arbeit gemeldet hatte.[34] Andererseits schließt eine **geringfügige Beschäftigung** i.S.v. § 8 SGB IV oder eine Maßnahme nach § 16 Abs. 2 SGB II, bei denen kein übliches Arbeitsentgelt, sondern neben der Hilfe zum Lebensunterhalt eine angemessene Entschädigung für Mehraufwendungen des Hilfeempfängers gewährt wird, die Berücksichtigung für den Kindergeldanspruch grds. nicht aus.

Endet die Arbeitsvermittlungspflicht der Agentur für Arbeit gem. § 38 Abs. 4 Satz 2 SGB III, ist ein Kind auch nicht mehr arbeitsuchend gemeldet, mit der Folge, dass ab dem Folgemonat der Kindergeldanspruch entfällt.[35] Unerheblich ist, ob die Arbeitsagentur dem Kindergeldberechtigten oder dem Kind mitteilt, dass das Kind nicht mehr als arbeitsuchend registriert ist.[36]

Dem Fehlen der Bescheinigung über die Registrierung als Arbeitsuchender kommt nach neuerer höchstrichterlicher Rechtsprechung keine (echte) Tatbestandswirkung zu.[37] Entscheidend ist vielmehr, ob sich das Kind im konkreten Fall tatsächlich bei der Arbeitsvermittlung als Arbeitsuchender gemeldet bzw. diese Meldung alle drei Monate erneuert hat und damit seine kindergeldrechtlichen Mitwirkungspflichten wahrgenommen hat.[38]

---

[29] FG München v. 16.12.2009 - 10 K 4095/08 - juris Rn. 16.
[30] BFH v. 19.4.2007 - III R 65/06 - BStBl II 2008, 756.
[31] BFH v. 19.04.2007 - III R 65/06 - BStBl II 2008, 756.
[32] FG München v. 16.12.2009 - 10 K 4095/08 - juris Rn. 17.
[33] FG Münster v. 27.07.2005 - 10 K 5038/04 Kg - juris Rn. 13 - EFG 2006, 684; *Harms*, jurisPR-FamR 7/2006, Anm. 6.
[34] FG Köln v. 19.10.2005 - 4 K 2103/04 - juris Rn. 35 - EFG 2006, 829-830; FG Münster v. 27.07.2005 - 10 K 5038/04 Kg - juris Rn. 13 - EFG 2006, 684.
[35] BFH v. 19.06.2008 - III R 68/05 - BFH/NV 2008, 1610.
[36] FG München v. 11.01.2010 - 10 K 3519/08 - juris Rn. 17.
[37] BFH v. 25.09.2008 - III R 91/07 - BFH/NV 2009, 450.
[38] FG München v. 11.01.2010 - 10 K 3519/08 - juris Rn. 15.

Steuerrechtl. Hinw. zu §§ 1601 ff. BGB

29 Ausreichend ist die Meldung eines arbeitsuchenden Kindes bei einem **privaten Arbeitsvermittler**, der als Beliehener einer Agentur für Arbeit gleichzustellen ist.[39] Zu Recht hat die Rechtsprechung in einem Verfahren auf Aussetzung der Vollziehung solche privaten Arbeitsvermittler, derer sich die Agenturen für Arbeit zur Erfüllung ihrer staatlichen Aufgaben bedienen, den Agenturen für Arbeit gleichgestellt.

b. Auszubildende und Studenten unter 25 Jahren (§ 32 Abs. 4 Nr. 2 EStG)

30 Gem. § 32 Abs. 4 Satz 1 Nr. 2 lit. a EStG können Kinder berücksichtigt werden, die das 18., aber **noch nicht das 25. Lebensjahr vollendet haben**, wenn sie sich in der Berufsausbildung befinden.

31 Durch das **Steueränderungsgesetz 2007** wurde diese Altersgrenze von 27 auf das noch nicht vollendete 25. Lebensjahr abgesenkt worden. Danach endet der Anspruch bei den Geburtenjahrgängen ab 1983 mit Vollendung des 25. Lebensjahres. Für die vor 1982 geborenen Kinder bleibt es bei der jetzigen Gesetzeslage; für Kinder, die im Veranlagungszeitraum 2006 das 24. Lebensjahr vollenden, also im Jahre 1982 geboren wurden, endet der Anspruch mit Vollendung des 26. Lebensjahres.

32 In **Berufsausbildung** befindet sich, wer sein Berufsziel noch nicht erreicht hat, sich aber ernsthaft und nachhaltig darauf vorbereitet; dieser Vorbereitung dienen alle Maßnahmen, bei denen Kenntnisse, Fähigkeiten und Erfahrungen erworben werden, die als Grundlagen für die Ausübung des angestrebten Berufs geeignet sind.[40] Der Begriff der Ausbildung für einen Beruf i.S.v. § 32 Abs. 4 Satz 1 Nr. 2 lit. a EStG ist weiter als der Begriff der Berufsausbildung i.S.v. § 10 Abs. 1 Nr. 7 EStG; die dort bedeutsame Abgrenzung zwischen Ausbildungs- und Fortbildungskosten ist für § 32 EStG nicht maßgeblich.[41] Berufsausbildung im Sinne dieser Vorschrift meint nur einen den Besuch von Allgemeinwissen vermittelnden Schulen, von Fachschulen und Hochschulen sowie die Ausbildung in einem berufsbezogenen Ausbildungsverhältnis. Kindern muss ferner aber auch zugebilligt werden, zur Vervollkommnung und Abrundung von Wissen und Fähigkeiten auch Maßnahmen **außerhalb eines fest umschriebenen Bildungsgangs** zu ergreifen. Unter den Begriff der Berufsausbildung fallen daher alle Maßnahmen, bei denen es sich um den Erwerb von Kenntnissen, Fähigkeiten und Erfahrungen handelt, die als Grundlage für die Ausübung des angestrebten Berufes geeignet sind, unabhängig davon, ob sie in einer Studien- oder Ausbildungsordnung vorgeschrieben sind oder – mangels solcher Regelungen – jedenfalls dem Erwerb von Kenntnissen und Fähigkeiten dienen, die für den angestrebten Beruf zwingend notwendig sind. Dies ist beispielsweise bei einem theologisch-sozialen Lehrgang von 11 Monaten (sog. **Esra-Training**) zu bejahen.[42]

33 Als Berufsausbildung in diesem Sinne wird bspw. qualifiziert:
- die **Promotion**[43],
- der Vorbereitungsdienst der **Lehramts-und Rechtsreferendare**,
- der Vorbereitungsdienst der **Beamtenanwärter**,
- die in Berufen des Sozialwesens und der nichtärztlichen medizinischen Hilfstätigkeiten im Anschluss an die schulische Ausbildung zu leistenden Berufspraktika, die Voraussetzung für die staatliche Anerkennung in dem ausgebildeten Beruf und die Berufsausübung sind,
- eine Berufsausbildung während des **Strafvollzugs**,
- die der Ausbildung zum **Ordensgeistlichen** bzw. der Tätigkeit als Laienbruder oder Ordensschwester vorangehende Zeit eines Postulats oder Noviziats,
- die Unterweisung in einem Anlernverhältnis, wenn ihr ein Ausbildungsplan zugrunde liegt, sie auf qualifizierte Tätigkeiten ausgerichtet ist und nicht den Charakter einer Arbeitsleistung gegen Entgelt hat; dies wird insbesondere anzunehmen sein, wenn der Anlernling für die übliche Dauer einer Berufsausbildung für einen Beruf ausgebildet wird, der früher als Ausbildungsberuf anerkannt war,
- die nach einem vor dem 01.10.2004 beendeten Medizinstudium abgeleistete Tätigkeit als **Arzt im Praktikum**; ab dem 01.10.2004 endet die Ausbildung zum Arzt mit dem Bestehen der Ärztlichen Prüfung,
- die Berufsausbildung eines Soldaten auf Zeit als **Offiziersanwärter** bzw. Unteroffiziersanwärter, die Berufsausbildung endet mit der Ernennung zum Leutnant bzw. Unteroffizier, die Ernennung zum Leutnant erfolgt i.d.R. nach drei, die Ernennung zum Unteroffizier nach einem Jahr,
- Einstiegsqualifizierungen im Sinne des § 235b SGB III i.V.m. § 16 SGB II,

---

[39] FG des Landes Brandenburg v. 22.09.2006 - 6 V 1413/06 - juris Rn. 12 - EFG 2007, 201-202, 202.
[40] BFH v. 21.01.2010 - III R 68/08 - juris Rn. 9 - BFH/NV 2010, 872-873.
[41] BFH v. 04.03.2010 - III R 23/08 - juris Rn. 12.
[42] FG Baden-Württemberg v. 15.02.2010 - 4 K 361/09 - juris Rn. 27.
[43] BFH v. 09.06.1999 - VI R 92/98 - juris Rn. 14 - BStBl 1999 II, 708.

- ein **Au-Pair-Aufenthalt**; dieser wird von der Rechtsprechung als Ausbildung angesehen, auch wenn er nicht als Vorbereitungsmaßnahme in einer Studien- oder Ausbildungsordnung vorgeschrieben ist, sofern er von einem Sprachunterricht von mindestens zehn Wochenstunden begleitet wird[44].

Die Ausbildungsmaßnahme braucht Zeit und Arbeitskraft des Kindes nicht überwiegend in Anspruch zu nehmen,[45] so dass auch ein **berufsbegleitendes Fachhochschulstudium** als Berufsausbildung anerkannt werden kann, sofern es ernsthaft und nachhaltig betrieben wird.[46] Auch der Besuch eines **Weiterbildungskollegs/Abendgymnasiums** mit dem Ziel, einen höheren Schulabschluss zu erlangen, kann sowohl in Form von Vollzeit- als auch in Form von Teilzeitunterricht mit wöchentlich 20 Unterrichtsstunden als Berufsausbildung i.S. des § 32 Abs. 4 Satz 1 Nr. 2 lit. a EStG beurteilt werden.[47] Der **Zivildienst** stellt keine Berufsausbildung dar, da er im Regelfall nicht der Vorbereitung auf einen konkret angestrebten Beruf dient.[48]

34

Bei einer Berufsausbildung ist das Berufsziel erst mit dem Bestehen der Prüfung, spätestens mit der Bekanntgabe des Prüfungsergebnisses erreicht; dementsprechend **endet ein Universitätsstudium** regelmäßig mit der Bekanntgabe des Prüfungsergebnisses, frühestens mit der letzten Prüfungshandlung, außer wenn es vorher abgebrochen oder nicht mehr ernsthaft weiter betrieben wird.[49]

35

Eine Berücksichtigung ist ferner auch dann möglich, wenn sich das Kind in einer **Übergangszeit zwischen zwei Ausbildungsabschnitten** von höchstens vier Monaten[50] befindet (§ 32 Abs. 4 Satz 1 Nr. 2 lit. b EStG) oder wenn eine Berufsausbildung mangels Ausbildungsplatz entweder gar nicht begonnen oder nicht fortgesetzt werden kann (§ 32 Abs. 4 Satz 1 Nr. 2 lit. c EStG). Im Falle des § 32 Abs. 4 Satz 1 Nr. 2 lit. c EStG obliegt es dem Kindergeldberechtigten[51], die **ernsthaften Bemühungen** des Kindes u**m einen Ausbildungsplatz** durch eine Registrierung bei dem zuständigen Leistungsträger oder aber durch individuelle eigene Bemühungen um den Erhalt eines Ausbildungsplatzes[52] nachzuweisen. Hierzu können der Familienkasse etwa Kopien von schriftlichen Bewerbungen, Zwischennachrichten oder Ablehnungen, einer schriftlichen Bewerbung bei der zentralen Vergabestelle von Studienplätzen oder einer schriftlichen Zusage einer Ausbildungsstelle zum nächstmöglichen Ausbildungsbeginn eingereicht werden.[53] Der BFH hat zudem für die Klärung der Frage, ob für den Nachweis des ernsthaften Bemühens um einen Ausbildungsplatz die Meldung als Ausbildungsplatzsuchender bei der Agentur für Arbeit (§ 38 Abs. 1 i.V.m. Abs. 3 SGB III) ausreicht, Prozesskostenhilfe gewährt.[54]

36

Nach § 32 Abs. 4 Nr. 2 lit. d EStG kann ein Kind, das das 18. Lebensjahr vollendet hat, auch dann bei der Gewährung von Kindergeld berücksichtigt werden, wenn es noch nicht das 27. Lebensjahr vollendet hat und u.a. ein **freiwilliges soziales Jahr** i.S.d. Gesetzes zur Förderung eines freiwilliges sozialen Jahres leistet. Hierzu zählt jedoch nicht das Programm „**Live and Work in Australia**", da es den Vorgaben des Gesetzes zur Förderung eines freiwilligen sozialen Jahres nicht genügt.[55] Darauf, dass die Agenturen für Arbeit in der Vergangenheit in vergleichbaren Fällen unabhängig vom Sitz des Trägers möglicherweise Kindergeld gewährt haben, kann sich der Antragsteller nicht berufen, da Art. 3 Abs. 1 GG lediglich eine Gleichheit im Recht fordert, es eine Gleichheit im Unrecht aber nicht geben kann.[56]

37

Keine Berücksichtigung findet ein Kind, das sich wegen **Kindesbetreuung** nicht um einen Ausbildungsplatz bemüht. Hingegen ist eine Berücksichtigung möglich, wenn das Kind infolge Erkrankung oder wegen eines Beschäftigungsverbots nach den §§ 3, 6 MuSchG daran gehindert ist, seine Berufsausbildung zu beginnen oder fortzusetzen. In diesem Fall muss allerdings der Familienkasse glaubhaft gemacht werden, dass das Kind die Ausbildung zum frühestmöglichen Zeitpunkt beginnen oder fort-

38

---

[44] FG Nürnberg v. 14.12.2009 - 7 K 364/2008 - juris Rn. 22.
[45] Ständige Rechtsprechung, BFH v. 02.04.2009 - III R 85/08 - BFHE 224, 546.
[46] BFH v. 21.01.2010 - III R 62/08 - juris Rn. 12 - BFH/NV 2010, 871-872.
[47] BFH v. 21.01.2010 - III R 68/08 - juris Rn. 10 - BFH/NV 2010, 872-873.
[48] BFH v. 17.02.2010 - III B 64/09 - juris Rn. 7 - BFH/NV 2010, 883.
[49] BFH v. 26.04.2011 - III B 191/10 - juris Rn. 7.
[50] Die Vier-Monats-Frist ist nicht taggenau zu berechnen, sondern umfasst vier volle Kalendermonate (BFH v. 23.02.2006 - III R 82/03 - juris Rn. 13 - DStR 2006, 940-942).
[51] BFH v. 24.01.2008 - III B 33/07 - juris Rn. 7 - BFH/NV 2008, 786-787.
[52] FG des Saarlandes v. 11.03.2008 - 2 K 1603/07 - juris Rn. 12 - StE 2008, 378.
[53] FG Rheinland-Pfalz v. 21.10.2005 - 3 K 1593/04 - juris Rn. 18 - DStRE 2006, 663-664.
[54] BFH v. 21.04.2006 - III S 31/05 (PKH) - juris Rn. 2 - BFH/NV 2006, 1467.
[55] FG Niedersachsen v. 13.10.2005 - 14 K 364/03 - juris Rn. 12 - DStRE 2007, 750-751.
[56] FG Niedersachsen v. 13.10.2005 - 14 K 364/03 - juris Rn. 14 - DStRE 2007, 750-751.

setzen will. Von einem Kind darf daher erwartet werden, dass es sich sowohl in der Zeit bis zum Beginn des **Mutterschutzes** als auch während dieser Zeit, jedenfalls aber im unmittelbaren Anschluss an das Ende des Mutterschutzes, ernsthaft um eine Ausbildungsstelle bemüht.[57]

39 Hat ein Kind einen Ausbildungsplatz und ist ausbildungswillig, aus objektiven Gründen aber zeitweise nicht in der Lage, die Ausbildung fortzusetzen, ist es einem Kind gleichzustellen, das sich ernsthaft um einen Ausbildungsplatz bemüht, einen solchen aber nicht findet und deshalb nach § 32 Abs. 4 Satz 1 Nr. 2 lit. c EStG berücksichtigt wird. Dies gilt auch für den Fall, dass das Kind in Untersuchungshaft genommen wird oder wegen eines laufenden Strafverfahrens im Ausland nicht ausreisen darf und deshalb eine begonnene Ausbildung nicht fortsetzen kann.[58] Auf die Frage, ob das Kind die ihm zur Last gelegten Straftaten tatsächlich begangen hat, kommt es hierbei nicht an.

c. Eingeschränkte Berücksichtigung nach Abschluss einer beruflichen Erstausbildung ab dem Veranlagungszeitraum 2012

40 Ab **dem Veranlagungszeitraum 2012**[59] werden Kinder gem. § 32 Abs. 4 Sätze 2 und 3 EStG **nach Abschluss einer beruflichen Erstausbildung nur** noch berücksichtigt, wenn sie entweder überhaupt **keiner Tätigkeit** nachgehen oder wenn es sich um eine sog. **unschädliche Tätigkeit** handelt.

41 Von einer **erstmaligen Berufsausbildung** ist auszugehen, wenn ihr keine andere abgeschlossene Berufsausbildung beziehungsweise kein abgeschlossenes berufsqualifizierendes Hochschulstudium vorausgegangen ist. Wird ein Kind indes ohne entsprechende Berufsausbildung in einem Beruf tätig und führt es die zugehörige Berufsausbildung nachfolgend durch (**nachgeholte Berufsausbildung**), ist diese als erstmalige Berufsausbildung zu qualifizieren.[60]

42 Auch bei einem **Studium** muss es sich um eine Erstausbildung handeln, d.h. es darf ihm kein anderes durch einen berufsqualifizierenden Abschluss beendetes Studium bzw. keine andere abgeschlossene nichtakademische Berufsausbildung vorangegangen sein. Dies gilt auch in den Fällen, in denen während eines Studiums eine Berufsausbildung erst abgeschlossen wird, unabhängig davon, ob die beiden Ausbildungen sich inhaltlich ergänzen.[61]

43 Unter dem Begriff **Erwerbstätigkeit** sind dabei nicht nur eine nichtselbständige Tätigkeit zu verstehen, sondern auch land- und forstwirtschaftliche, gewerbliche und selbständige Tätigkeiten.[62] Die Verwaltung eigenen Vermögens ist demgegenüber keine Erwerbstätigkeit.[63]

44 Hingegen ist ein **Ausbildungsdienstverhältnis**, bei dem die Ausbildungsmaßnahme Gegenstand des Dienstverhältnisses ist wie etwa bei den Berufsausbildungsverhältnissen gemäß §§ 1 Abs. 3; 4-52 BBiG (Finanzanwärtern, Referendaren, Lehramtsanwärtern etc.), gem. § 32 Abs. 4 Satz 3 EStG **unschädlich**.

45 Eine nach § 32 Abs. 4 Satz 3 EStG ebenfalls **unschädliche Erwerbstätigkeit** liegt dann vor, wenn die regelmäßige wöchentliche Arbeitszeit insgesamt nicht mehr als 20 Stunden beträgt. Hierbei ist von der individuell vertraglich vereinbarten Arbeitszeit auszugehen. Eine vorübergehende (höchstens 2 Monate andauernde) Ausweitung der Beschäftigung auf mehr als 20 Stunden ist unbeachtlich, wenn während des Zeitraumes innerhalb eines Kalenderjahres, in dem einer der Grundtatbestände des § 32 Abs. 4 Satz 1 Nr. 2 EStG erfüllt ist, die durchschnittliche wöchentliche Arbeitszeit nicht mehr als 20 Stunden beträgt.[64]

46 Dem gleichzustellen sind geringfügige Beschäftigungen im Sinne der §§ 8 und 8a SGB IV, wenn das Arbeitsentgelt aus dieser Beschäftigung regelmäßig im Monat 450 € nicht überschreitet (**geringfügig entlohnte Beschäftigung**) oder wenn das Entgelt zwar 450 € im Monat übersteigt, die Beschäftigung aber innerhalb eines Kalenderjahres auf längstens zwei Monate oder 50 Arbeitstage nach ihrer Eigenart begrenzt zu sein pflegt oder im Voraus vertraglich begrenzt ist (**kurzfristige Beschäftigung**).[65] Wie-

---

[57] FG Rheinland-Pfalz v. 21.10.2005 - 3 K 1593/04 - juris Rn. 19 - DStRE 2006, 663-664.
[58] BFH v. 20.07.2006 - III R 69/04 - juris Rn. 15 - BFH/NV 2006, 2067-2068.
[59] Vgl. im Einzelnen hierzu auch: BMF-Schreiben zu § 32 Abs. 4 EStG, BMF v. 07.12.2011 - IV C 4 - S 2282/07/0001-01, BStBl I 2011, 1243.
[60] BMF v. 07.12.2011 - IV C 4 - S 2282/07/0001-01, BStBl I 2011, 1243 Rn. 6.
[61] BMF v. 07.12.2011 - IV C 4 - S 2282/07/0001-01, BStBl I 2011, 1243 Rn. 9.
[62] BMF v. 07.12.2011 - IV C 4 - S 2282/07/0001-01, BStBl I 2011, 1243 Rn. 23.
[63] *Selder* in: Blümich, EStG, § 32 Rn. 82.
[64] BMF v. 07.12.2011 - IV C 4 - S 2282/07/0001-01, BStBl I 2011, 1243 Rn. 24.
[65] § 32 Abs. 4 Satz 3 EStG.

derum ausgenommen sind von den geringfügig entlohnten Beschäftigungen die Fälle, in denen gleichzeitig mehrere geringfügige Beschäftigungsverhältnisse bestehen und das Entgelt hieraus insgesamt mehr als 450 € beträgt.[66]

d. Wegfall des Jahresgrenzbetrages ab dem Veranlagungszeitraum 2012

Das Steuervereinfachungsgesetz 2011[67] führt **ab dem Veranlagungszeitraum 2012** zu einem **vollständigen Wegfall** der (unten erläuterten) Einkünfte- und Bezügegrenze. Ein volljähriges Kind, das einen der Tatbestände des § 32 Abs. 4 Satz 1 Nr. 2 lit. a-d erfüllt und noch keine Erstausbildung abgeschlossen hat, wird nunmehr bis zur Vollendung seines 25. Lebensjahres **ohne weitere Voraussetzungen** berücksichtigt. Damit kann ein Kind nunmehr auch einer Erwerbstätigkeit nachgehen, solange deren Umfang nicht seine Ausbildung bzw. seine Ausbildungsplatzsuche berührt. 47

Hierfür gilt das sog. **Monatsprinzip**, so dass es ausreicht, wenn die Voraussetzungen für die Berücksichtigung des Kindes an **einem Tag des Monats** erfüllt sind. 48

e. Jahresgrenzbetrag für Auszubildende, Studierende und Arbeitsuchende bis zum Veranlagungszeitraum 2011

Bis zum Veranlagungszeitraum 2011 durften in den Fällen des § 32 Abs. 4 Satz 1 Nr. 1 und 2 EStG die eigenen Einkünfte und Bezüge des Kindes, die zur Bestreitung des Unterhalts oder der Berufsausbildung bestimmt oder geeignet sind, den **Jahresgrenzbetrag** – von zuletzt 8.004 € – nicht überschreiten (§ 32 Abs. 4 Satz 2 EStG). Hierbei handelte es sich um eine sog. **Freigrenze**[68], d.h. bei Überschreitung des Grenzbetrage entfiel der Anspruch auf Kindergeld bzw. auf die Kinderfreibeträge für das gesamte Kalenderjahr. 49

Bei einer nur geringfügigen Überschreitung des Jahresgrenzbetrages hielt die Rechtsprechung eine verfassungskonforme Auslegung des § 32 Abs. 4 Satz 2 EStG für geboten, nach der der Kinderfreibetrag um den Betrag zu kürzen war, um den die Einkünfte und Bezüge des Kindes den jeweils maßgeblichen Grenzbetrag übersteigen.[69] Unter Anwendung des der gesetzlichen Regelung zugrunde liegenden Grenzsteuersatzes von 31,82% sei auch beim Kindergeld eine Kürzung geboten. Die sich nach herrschender Meinung aus § 32 Abs. 4 Satz 2 EStG ergebende Fallbeilwirkung, wonach die Überschreitung des Grenzbetrages nur um 1 € zur völligen Versagung des Kinderfreibetrages und des Kindergeldes führte, war nach dieser Ansicht nicht mit Art. 3 Abs. 1 GG vereinbar.[70] 50

Der Begriff der **Einkünfte** deckte sich mit dem Einkünftebegriff in **§ 2 Abs. 2 EStG**. Die vom Arbeitslohn einbehaltene **Lohnsteuer und der Solidaritätszuschlag** waren bei der Prüfung des Grenzbetrages **nicht abzuziehen**.[71] Zwar stand dem Kind der Arbeitslohn zum Zeitpunkt der Auszahlung in Höhe der einbehaltenen Lohnsteuer nicht für den Unterhalt oder die Ausbildung zur Verfügung; sie wurde aber anders als die Sozialversicherung erstattet, wenn das zu versteuernde Einkommen den Grundfreibetrag nicht überstieg, was in der Regel gegeben war, wenn die Einkünfte des Kindes nicht höher waren als der Jahresgrenzbetrag.[72] 51

Die Höhe der Einkünfte ergab sich mithin aus der **Differenz zwischen Einnahmen und Betriebsausgaben bzw. Werbungskosten**; außer Betracht blieben hingegen Sonderausgaben und außergewöhnliche Belastungen. Mangels einer entsprechenden Regelung war der Einkommensteuerbescheid des Kindes allerdings kein Grundlagenbescheid für die Kindergeldfestsetzung i.S.v. § 171 Abs. 10 AO 1977, so dass die Familienkassen befugt waren, angegebene Betriebsausgaben oder Werbungskosten nachzuprüfen.[73] 52

---

[66] BMF v. 07.12.2011 - IV C 4 - S 2282/07/0001-01, BStBl I 2011, 1243 Rn. 26.
[67] BGBl I 2011, 2131.
[68] Die Ausgestaltung des Grenzbetrages nach § 32 Abs. 4 Satz 2 EStG als Freigrenze ist verfassungsrechtlich nicht zu beanstanden (BFH v. 29.05.2008 - III R 54/06 - BFH/NV 2008, 1821 m.w.N.).
[69] FG Niedersachsen v. 23.02.2006 - 1 K 76/04 - juris Rn. 25 - DStRE 2006, 1324-1326.
[70] FG Niedersachsen v. 23.02.2006 - 1 K 76/04 - juris Rn. 18 - DStRE 2006, 1324-1326.
[71] FG Berlin-Brandenburg v. 15.09.2009 - 10 K 10272/07 - juris Rn. 15.
[72] FG Berlin-Brandenburg v. 15.09.2009 - 10 K 10272/07 - juris Rn. 15.
[73] FG Köln v. 24.03.2006 - 10 K 312/05 - juris Rn. 14 - EFG 2006, 1256-1257; BFH v. 27.02.2006 - III B 4/05 - juris Rn. 8 - BFH/NV 2006, 1055-1056; *Bauhaus*, AO-StB 2006, 141.

53 Seit einigen Jahren wurde allerdings der Abzug **besonderer Ausbildungskosten**, wie etwa Aufwendungen für Bücher oder Studiengebühren zugelassen (§ 32 Abs. 4 Satz 5 EStG), dies galt unabhängig davon, ob sie durch Einkünfte oder Bezüge finanziert wurden.[74] Auch **Semestergebühren** fielen entgegen der Auffassung der Finanzverwaltung unter diese besonderen Ausbildungskosten, da sie ausbildungsbedingt entstanden.[75]

54 Nach der im Jahre 2005 ergangenen Entscheidung des BVerfG, nach der § 32 Abs. 4 Satz 2 EStG verfassungskonform dahin gehend auszulegen war, dass nur diejenigen Einkünfte und Bezüge in die Bemessungsgröße des § 32 Abs. 4 Satz 2 EStG einfließen dürfen, die zur Bestreitung des Unterhalts oder der Berufsausbildung bestimmt oder geeignet sind,[76] konnten nun allerdings auch **Sozialversicherungsbeiträge** abgezogen werden. Hierbei war allerdings zwingend zu differenzieren: Berücksichtigt wurden nämlich nur die **Beiträge zur gesetzlichen Kranken- und Pflegeversicherung** bzw. **derartige private Beiträge**, soweit diese die gesetzliche Mindestvorsorge ermöglichten.[77] Hingegen waren die Einkünfte des Kindes nicht um Aufwendungen für eine Zusatzkrankenversicherung zu kürzen, die über eine gesetzliche Versicherung hinausgingen, da derartige Beiträge auf einer freien Einkommensverwendung des Kindes beruhten.[78] Ebenso wenig konnten Aufwendungen für eine **Lebensversicherung oder Altersvorsorge** wie etwa Beiträge zur **Zusatzversorgungskasse VBL** mindernd angesetzt werden, da sie im Unterschied zu Krankenversicherungsaufwendungen nicht der aktuellen Existenzsicherung des Kindes, sondern als besonders geartete und gesicherte Sparleistungen der Vorsorge für künftige Zeiten dienten.[79]

55 Im Gegensatz zu den Einkünften waren **Bezüge** solche Einnahmen, die zwar nicht bei der steuerlichen Einkunftsermittlung erfasst wurden, aber dennoch zur Bestreitung des Unterhalts oder der Berufsausbildung des Kindes bestimmt oder geeignet waren. Daher waren beispielsweise auch Ausbildungsbeihilfen wie BAföG, Stipendien, Wohngeld bei der Berechnung des Jahresgrenzbetrages zu berücksichtigen.

56 **Erbschaften** waren dann nicht als Bezüge i.S.v. § 32 Abs. 4 Satz 2 EStG zu qualifizieren, wenn sie aus sich heraus dazu bestimmt waren, der Kapitalanlage bzw. der Altersvorsorge zu dienen, und nicht dazu, zur Bestreitung des Unterhalts eingesetzt zu werden.[80] Dies war etwa zu bejahen bei Aktienpaketen, Lebensversicherungen und Bausparverträgen; hingegen waren aus der Vermietung einer geerbten Wohnung erzielte Einnahmen sowie kurzfristig verfügbare Mittel auf Girokonten und Sparbüchern und geerbtes Bargeld durchaus geeignet, um damit den Unterhalt zu bestreiten.[81] Ebenso wie freiwillige Zuwendungen unter Lebenden zählten jedoch auch Erbschaften von unterhaltsverpflichteten, grundsätzlich kindergeldberechtigten Personen nicht zu den anzurechnenden Bezügen.[82]

57 Für die Frage, welche Einkünfte und Bezüge ein Kind hatte, war bei Überschusseinkünften oder Bezügen auf die im Veranlagungszeitraum zugeflossenen Beträge, bei Gewinneinkünften auf die Zuordnung zum Veranlagungszeitraum nach allgemeinen Grundsätzen abzustellen.[83] Für jeden Monat, in dem die Voraussetzungen des § 32 Abs. 4 Nr. 1 oder 2 EStG nicht vorlagen (sog. **Kürzungsmonat**), ermäßigte sich der maßgebliche Jahresgrenzbetrag um ein Zwölftel (§ 32 Abs. 4 Satz 7 EStG); spiegelbildlich dazu blieben auch die Einkünfte und Bezüge außer Betracht, die für diesen Zeitraum anfielen (§ 32 Abs. 4 Satz 8 EStG). Die zeitliche Aufteilung der Einkünfte und Bezüge im Hinblick auf die Kürzungsmonate war von der wirtschaftlichen Zuordnung der Einkünfte und Bezüge abhängig.[84] Sonderzuwendungen wie etwa Weihnachts- oder Urlaubsgeld waren mithin grds. auf den Lohnzahlungszeitraum zeitanteilig zu verteilen.[85] Vollumfängliche Anrechnungsfreiheit war ausnahmsweise nur dann gegeben, wenn die Sonderzuwendung während der Kürzungsmonate gezahlt wird.

---

[74] BFH v. 14.11.2000 - VI R 62/97 - juris Rn. 25 - NJW 2001, 1301-1304; einige Beispiele nennen auch *Wernitznig/Graf v. Lutzburg*, FPR 2003, 50-53, 52.
[75] FG Düsseldorf v. 16.04.2008 - 9 K 4245/07 Kg - juris Rn. 9 - SozSichplus 2008, Nr. 8, 8.
[76] BVerfG v. 11.01.2005 - 2 BvR 167/02 - juris Rn. 49 - NJW 2005, 1923-1927.
[77] BFH v. 29.05.2008 - III R 54/06 - BFH/NV 2008, 1821.
[78] BFH v. 26.09.2007 - III R 4/07 - BFH/NV 2008, 434.
[79] FG Berlin-Brandenburg v. 15.09.2009 - 10 K 10272/07 - juris Rn. 16.
[80] Niedersächsisches Finanzgericht v. 04.03.2010 - 10 K 128/08 - juris Rn. 19.
[81] Niedersächsisches Finanzgericht v. 04.03.2010 - 10 K 128/08 - juris Rn. 19 f.
[82] Niedersächsisches Finanzgericht v. 04.03.2010 - 10 K 128/08 - juris Rn. 23.
[83] *Loschelder* in: Schmidt, EStG, § 32 Rn. 55.
[84] BFH v. 11.12.2001 - VI R 108/99 - juris Rn. 7 - DStRE 2002, 427.
[85] BFH v. 11.12.2001 - VI R 108/99 - juris Rn. 8 - DStRE 2002, 427.

Als ungeschriebenes Tatbestandsmerkmal verlangte der BFH bei volljährigen Kindern darüber hinaus eine **typische Unterhaltssituation**.[86] Diese lag grds. nach Eheschließung des Kindes nicht mehr vor, da ab diesem Zeitpunkt dem Kind in erster Linie der Ehepartner zum Unterhalt verpflichtet ist (§ 1608 Satz 1 BGB i.V.m. den §§ 1360, 1360a BGB). Eine Ausnahme galt jedoch im sog. **Mangelfall**, d.h. wenn das Einkommen des Ehepartners so gering war, dass er zum (vollständigen) Unterhalt nicht in der Lage war, das Kind ebenfalls nicht über ausreichende eigene Einkünfte verfügte und die Eltern deshalb weiterhin für das Kind aufkommen mussten.[87] Bei kinderlosen Ehen war von einem solchen Mangelfall auszugehen, wenn die eigenen Einkünfte und Bezüge des Kindes einschließlich der Unterhaltsleistungen des Ehepartners unterhalb des steuerrechtlichen Existenzminimums lagen, das dem am Existenzminimum eines Erwachsenen ausgerichteten Jahresgrenzbetrag in § 32 Abs. 4 Satz 2 EStG entsprach.[88] Der BFH unterstellte dabei, dass sich Ehegatten ihr verfügbares Einkommen teilen, wenn das Kind auch über eigene Mittel verfügt. In diesem Fall waren Unterhaltsleistungen in Höhe der Hälfte der Differenz zwischen den Einkünften des unterhaltsverpflichteten Ehepartners und den geringeren eigenen Mitteln des Kindes anzunehmen, sofern dem Ehepartner ein verfügbares Einkommen in Höhe des steuerrechtlichen Existenzminimums verblieb.[89]

58

Überschritten die Einkünfte und Bezüge des Kindes den Jahresgrenzbetrag entgegen der Prognose der Familienkasse oder unterschritten sie wider Erwarten diesen Betrag, konnte die Kindergeldfestsetzung auch nach Ablauf des Kalenderjahres gem. § 70 Abs. 4 EStG geändert oder aufgehoben werden. Die **Korrekturmöglichkeit**, die durch das Zweite Gesetz zur Familienförderung vom 16.08.2001 eingeführt wurde, war erforderlich, weil das Kindergeld im Laufe des Kalenderjahres monatlich gezahlt wird, ein Anspruch darauf aber grundsätzlich nur bestand, wenn die Einkünfte und Bezüge des Kindes einen bestimmten Jahresbetrag nicht überschritten. Einer Korrektur vor Ablauf des Kalenderjahres stand diese Vorschrift allerdings nicht entgegen.[90]

59

f. Behinderte unter 25 Jahren (§ 32 Abs. 4 Nr. 3 EStG)

Behinderte Kinder sind **ohne Altersgrenze** zu berücksichtigen. Erforderlich ist allerdings, dass die geistige, körperliche oder seelische **Behinderung**[91] vor der Vollendung des 27. Lebensjahres bzw. nach In-Kraft-Treten des Steueränderungsgesetzes 2007 vor Vollendung des 25. Lebensjahres eingetreten ist. Nicht zu den Behinderungen zählen Krankheiten, deren Verlauf sich auf eine im Voraus abschätzbare Dauer beschränkt, insbesondere akute Erkrankungen.[92] Hingegen können **Suchtkrankheiten** wie Drogenabhängigkeit oder Alkoholismus eine Behinderung i.S.d. Vorschrift darstellen.[93]

60

Der **Nachweis einer Behinderung** kann – für die Finanzverwaltung bindend – erbracht werden:[94]
- bei einer Behinderung von mindestens 50% durch einen Ausweis nach SGB IX oder durch einen Bescheid der für die Durchführung des Bundesversorgungsgesetzes zuständigen Behörde;
- bei einer Behinderung von weniger als 50%, aber mindestens 25% durch eine Bescheinigung der für die Durchführung des Bundesversorgungsgesetzes zuständigen Behörde auf Grund eines Feststellungsbescheids nach § 69 Abs. 1 SGB IX oder wenn dem Kind wegen seiner Behinderung nach den gesetzlichen Vorschriften Renten oder andere laufende Bezüge zustehen, durch den Rentenbescheid oder einen entsprechenden Bescheid;
- bei einer Einstufung als schwerstpflegebedürftige Person in Pflegestufe III nach SGB XI, dem Bundessozialhilfegesetz oder diesen entsprechenden Bestimmungen durch den entsprechenden Bescheid;
- in Form einer Bescheinigung bzw. eines Zeugnisses des behandelnden Arztes oder eines ärztlichen Gutachtens;
- bei einem Kind, das wegen seiner Behinderung bereits länger als ein Jahr in einer Kranken- oder Pflegeanstalt untergebracht ist, durch eine Bestätigung des für die Anstalt zuständigen Arztes hierüber; diese Bescheinigung muss alle fünf Jahre erneuert werden.

61

---

[86] BFH v. 19.04.2007 - III R 65/06 - juris Rn. 16 - BFHE 218, 70.
[87] BFH v. 19.04.2007 - III R 65/06 - juris Rn. 17 - BFHE 218, 70.
[88] BFH v. 19.04.2007 - III R 65/06 - juris Rn. 18 - BFHE 218, 70.
[89] BFH v. 19.04.2007 - III R 65/06 - juris Rn. 21 - BFHE 218, 70.
[90] BFH v. 15.12.2005 - III R 82/04 - juris Rn. 15 - DStRE 2006, 523-525.
[91] FG Nürnberg v. 13.06.2002 - VII 290/2000 - juris Rn. 24 - FR 2004, 95-98.
[92] DA-FamEStG 63.3.6.1 Abs. 1 S. 3.
[93] BFH v. 16.04.2002 - VIII R 62/99 - juris. Rn. 21 - DStRE 2002, 882-884.
[94] DA-FamEStG 63.3.6.2.

62 Die Unrichtigkeit einer solchen Bescheinigung kann nicht im finanzgerichtlichen Verfahren geltend gemacht werden; handelt es sich um einen Bescheid einer öffentlichen Behörde, so muss dieser auf dem Verwaltungsrechtsweg angefochten werden.[95]

63 Zudem muss das Kind aufgrund seiner Behinderung **außerstande sein, sich selbst zu unterhalten**. Dem Kind muss es demnach objektiv unmöglich sein, seinen Lebensunterhalt durch eigene Erwerbstätigkeit zu bestreiten. Dies ist der Fall, wenn die Behinderung einer Erwerbstätigkeit entgegensteht und das Kind über keine anderen Einkünfte und Bezüge verfügt.[96]

64 Die **Ursächlichkeit der Behinderung** für die Unfähigkeit des Kindes zur Ausübung einer Erwerbstätigkeit kann dabei grds. angenommen werden,

- wenn im Ausweis über die Eigenschaft als schwerbehinderter Mensch oder im Feststellungsbescheid das Merkmal „H" (hilflos) eingetragen ist,
- wenn eine mindestens 50%ige Behinderung vorliegt und besondere Umstände hinzutreten, aufgrund derer eine Erwerbstätigkeit unter den üblichen Bedingungen des allgemeinen Arbeitsmarktes ausgeschlossen erscheint (z.B. Unterbringung in einer Werkstatt für behinderte Menschen), oder
- wenn eine dem Merkzeichen „H" entsprechende Einstufung als Schwerstpflegebedürftiger in Pflegestufe III nach SGB XI, BSHG oder diesen entsprechenden Bestimmungen gegeben ist.[97]

65 Der für diese Frage entscheidende existentielle Lebensbedarf des behinderten Kindes errechnet sich aus einem allgemeinen Lebensbedarf in Höhe des Grenzbetrages nach § 32 Abs. 4 Satz 2 EStG und dem individuellen behinderungsbedingten Mehrbedarf.[98] Diesem sind die kindeseigenen Mittel gegenüberzustellen, die sich aus dem verfügbaren Einkommen und den Leistungen Dritter, nicht jedoch aus dem Vermögen des Kindes,[99] zusammensetzen.

66 Vereinfachend gilt nach der Finanzverwaltung[100]:

- Hat ein **vollstationär untergebrachtes behindertes Kind** außer Eingliederungshilfe einschließlich Taschengeld kein weiteres verfügbares Einkommen, so reichen seine eigenen Mittel nicht aus sich selbst zu unterhalten.
- Gleiches gilt, wenn für ein Kind in anderer Form **Eingliederungshilfe** geleistet wird, z.B. eine Betreuung in einer Werkstatt für behinderte Menschen bei täglicher Rückkehr in den elterlichen Haushalt, und das Kind außer Taschengeld und Arbeitsentgelt kein weiteres verfügbares Einkommen hat.

g. Wehr- oder Zivildienstleistende

67 Da weder der Grundwehrdienst noch der Zivildienst in § 32 Abs. 4 EStG genannt sind, kann für Kinder, die diese Dienste ableisten, kein Kindergeld beansprucht werden. Hierin liegt auch kein Verstoß gegen den Gleichheitssatz des Art. 3 Abs. 1 GG, da solche Kinder eine einheitliche und umfängliche Besoldung erhalten und der Gesetzgeber typisierend davon ausgehen durfte, dass den betreffenden Eltern regelmäßig keine Unterhaltsaufwendungen entstehen, die im Rahmen des Familienleistungsausgleichs nach den §§ 31 f., 62 ff. EStG berücksichtigt werden sollen.[101]

68 Allerdings wird der Zeitraum des Wehr- oder Zivildienstes auf die Altersgrenze angerechnet (§ 32 Abs. 5 EStG), wenn ein Kind nach Ablauf des Wehr- oder Zivildienstes wieder die Voraussetzungen für die Berücksichtigung erfüllt.

III. Höhe des Kindergeldes, Leistungszeitraum

69 Die Höhe des Kindergeldes ist abhängig von der Anzahl der Kinder. Berücksichtigt werden dabei sowohl die **Zahlkinder**, für die dem Berechtigten Kindergeld ausgezahlt wird, als auch die sog. **Zählkinder**, für die der Berechtigte deshalb kein Kindergeld erhält, weil es einem anderen vorrangig zusteht.[102]

---

[95] BVerwG v. 03.12.1976 - VII C 75.74 - BStBl II 1977, 300-302.
[96] BFH v. 15.10.1999 - VI R 40/98 - juris Rn. 11 - NJW 2000, 1356-1358.
[97] DA-FamEStG 63.3.6.3 Abs. 2 S. 1 und 2.
[98] BFH v. 15.10.1999 - VI R 40/98 - juris Rn. 15 - NJW 2000, 1356-1358.
[99] BFH v. 19.08.2002 - VIII R 17/02 - juris Rn. 19 - DStRE 2002, 1503-1506.
[100] DA-FamEStG 63.3.6.4 Abs. 7.
[101] BFH v. 17.02.2010 - III B 64/09 - juris Rn. 5 - BFH/NV 2010, 883.
[102] Bei einer Vaterschaftsanerkennung kann das nichteheliche Kind auch rückwirkend bei seinem leiblichen Vater als Zählkind berücksichtigt werden, BFH v. 28.07.2005 - III R 68/04 - juris Rn. 26 - NJW 2006, 1695-1696.

Gem. § 66 Abs. 1 EStG werden für erste und zweite Kinder jeweils **184 €**, für dritte Kinder 190 € und für das vierte und jedes weitere Kind jeweils 215 € gewährt. Darüber hinaus wird für jedes Kind, für das im Kalenderjahr 2009 mindestens für einen Kalendermonat ein Anspruch auf Kindergeld besteht, für das Kalenderjahr 2009 ein Einmalbetrag in Höhe von 100 € gezahlt. Dem in Art. 20 Abs. 1 GG verankerten Sozialstaatsprinzip i.V.m. Art. 6 GG ist im Übrigen kein Gebot zu entnehmen, Kindergeld in einer bestimmten Höhe zu gewähren.[103]

Die Gewährung des Kindergeldes erfolgt nach den § 66 Abs. 2 EStG **monatlich**. Anspruch auf Kindergeld besteht für jeden Monat, in dem wenigstens an einem Tage die Anspruchsvoraussetzungen vorgelegen haben.

IV. Verhältnis von Kindergeld und (Kinder-)Freibeträgen

Anstelle des Kindergeldes – eine Wahlmöglichkeit zwischen dem Kindergeld und den Freibeträgen besteht für anspruchsberechtigte Eltern nicht – kann die Mehrbelastung von Familien mit Kindern durch die sog. **Kinderfreibeträge** berücksichtigt werden. Gem. § 32 Abs. 6 Satz 1 EStG betragen diese für jedes zu berücksichtigende Kind 2.184 € für das sächliche Existenzminimum des Kindes (Kinderfreibetrag) sowie 1.320 € für den Betreuungs- und Erziehungs- oder Ausbildungsbedarf des Kindes. Eine Verdopplung der beiden Beträge tritt bei einer Zusammenveranlagung von Ehegatten ein, sofern das Kind zu beiden in einem Kindschaftsverhältnis steht (§ 32 Abs. 6 Satz 2 EStG). Die doppelten Beträge stehen einem Steuerpflichtigen auch dann zu, wenn er allein das Kind angenommen hat oder das Kind nur zu ihm in einem Pflegekindschaftsverhältnis steht oder der andere Elternteil verstorben oder nicht unbeschränkt einkommensteuerpflichtig ist (§ 32 Abs. 6 Satz 3 EStG). Unabhängig von der Haushaltszugehörigkeit des Kindes stehen die Freibeträge beiden Elternteilen zu.

Während des laufenden Kalenderjahres wird stets das monatliche Kindergeld als Steuervergütung ausgezahlt (§ 31 Satz 3 EStG). Im Rahmen der Einkommensteuerveranlagung erfolgt dann die sog. Günstigerprüfung durch das Finanzamt. Dieses prüft dabei von Amts wegen, ob eine Gewährung der Freibeträge günstiger wäre als das ausgezahlte Kindergeld. Wenn dies der Fall ist, werden die Freibeträge gewährt und das Kindergeld der tariflichen Einkommensteuer hinzugerechnet (§ 31 Satz 4 EStG).[104] Bei nicht zusammen veranlagten Eltern wird bei der Günstigerprüfung gem. § 31 Satz 4 EStG der Kindergeldanspruch im Umfang des Kinderfreibetrages angesetzt. Da beiden Elternteilen regelmäßig die gleichen Kinderfreibeträge zustehen, wird mithin grds. das halbe Kindergeld in die Günstigerprüfung eingestellt. Dies gilt unabhängig davon, an wen das (ungeteilte) Kindergeld gezahlt wurde; entscheidend ist allein der Anspruch des Steuerpflichtigen auf Kindergeld nach § 62 EStG.[105]

Allerdings kann der Kinderfreibetrag unter den Voraussetzungen des § 32 Abs. 6 Satz 6 HS. 1 EStG auf ein Elternteil **übertragen** werden. Erforderlich hierfür ist zunächst, dass nur dieser Elternteil seiner Unterhaltspflicht gegenüber dem Kind für das Kalenderjahr im Wesentlichen, d.h. zu mindestens 75%[106], nachkommt, nicht jedoch der andere Elternteil. Eine Übertragung ist also ausgeschlossen, wenn der andere, das Kind nicht betreuende Elternteil mangels Leistungsfähigkeit keinen Unterhalt schuldet und daher seine Unterhaltspflicht nicht verletzt.[107] Des Weiteren dürfen die unbeschränkt steuerpflichtigen Eltern nicht der Ehegattenbesteuerung (§ 26 Abs. 1 Satz 1 EStG) unterliegen; eine Übertragung ist also nur möglich bei dauernd getrennt lebenden oder geschiedenen Ehegatten sowie bei Eltern nicht ehelicher Kinder. Schließlich muss die Übertragung beantragt werden. Einer Zustimmung des anderen Elternteils bedarf es hierfür nicht. Der Antrag muss formlos gegenüber dem Wohnsitz-Finanzamt erfolgen;[108] die bloße Erklärung gegenüber der Familienkasse hingegen ist für das Finanzamt nicht bindend. In der Regel geschieht dies durch Erklärung in der Anlage Kind der Einkommensteuererklärung. In dem Antrag sind die konkrete Höhe der Unterhaltsverpflichtung des anderen Elternteils sowie seine tatsächlichen Unterhaltsleistungen z.B. durch das Scheidungsurteil oder Zahlungsbelege nachzuweisen.

Wird der Kinderfreibetrag übertragen, geht damit auch stets der Freibetrag für den Betreuungs- und Erziehungs- oder Ausbildungsbedarf über. Letzterer kann jedoch bei minderjährigen Kindern auch losgelöst vom Kinderfreibetrag nach § 32 Abs. 6 Satz 6 HS. 2 EStG auf den Elternteil übertragen werden,

---

[103] BFH v. 24.02.2010 - III B 105/09 - juris Rn. 4 - BFH/NV 2010, 884.
[104] Mehrere Beispielsrechnungen hierzu finden sich bei *Tischler*, FPR 2002, 36-40, 37.
[105] *Selder* in: Blümich, EStG, § 31 Rn. 46.
[106] *Selder* in: Blümich, EStG, § 32 Rn. 139.
[107] BFH v. 08.12.2009 - III B 227/08 - juris Rn. 6 - BFH/NV 2010, 639-640.
[108] *Selder* in: Blümich, EStG, § 32 Rn. 135.

in dessen Wohnung das Kind nicht gemeldet ist. Der Übergang der Freibeträge führt darüber hinaus zu dem Verlust der weiteren kinderbedingten Entlastungswirkungen für den übertragenden Elternteil.

V. Verfahrenshinweise

1. Antragserfordernis, Rechtsschutz

76 Kindergeld wird nach § 67 EStG nur auf **schriftlichen Antrag** gewährt. Dieser ist bei der zuständigen Familienkasse, d.h. den Agenturen für Arbeit bzw. bei Angehörigen des öffentlichen Dienstes beim Dienstherrn (§ 70 EStG) einzureichen. Ein erneuter Antrag ist nach Vollendung des 18. Lebensjahres erforderlich, wenn weiterhin Kindergeld bezogen werden soll. Der Zeitpunkt der Antragstellung ist nicht entscheidend, da das Kindergeld auch rückwirkend gewährt wird, sofern die vierjährige Festsetzungsverjährungsfrist des § 169 Abs. 2 Nr. 2 AO 1977 nicht abgelaufen ist.[109]

77 Die **Festsetzung des Kindergeldes** ist ein von dem Einkommensteuerbescheid unabhängiger Verwaltungsakt mit Dauerwirkung (§ 70 EStG), gegen den im Wege des Einspruchs nach § 347 Abs. 1 Nr. 1 AO 1977 vorzugehen ist.

2. Aufhebung und Änderung der Kindergeldfestsetzung

78 **Änderungen** einer schon bestandskräftigen Kindergeldfestsetzung sind nach überwiegender Ansicht unter den Voraussetzungen einer der Korrekturnormen der §§ 172 ff. AO 1977 möglich.[110] Daneben enthalten § 70 Abs. 2 und 3 AO 1977 Sonderregelungen, die dem Charakter der Festsetzung als Dauerverwaltungsakt Rechnung tragen.

79 Die rechtmäßige (teilweise) Aufhebung einer Kindergeldfestsetzung führt zum Wegfall des rechtlichen Grundes für die Zahlung, so dass zu viel gezahltes Kindergeld zu **erstatten** ist (§ 37 Abs. 2 AO 1977).[111] Das Vertrauen des Kindergeldberechtigten auf das Behaltendürfen des im laufenden Kalenderjahr monatlich als Steuervergütung gezahlten Kindergeldes (§ 31 Satz 3 EStG) ist dabei nicht geschützt.[112] Auch auf einen Wegfall der Bereicherung gem. § 818 Abs. 3 BGB kann sich der Leistungsempfänger ebenfalls nicht berufen.[113] Nach dem Tode des Kindergeldberechtigten weitergezahltes Kindergeld kann ferner nach § 37 Abs. 2 AO zurückgefordert werden, ohne dass es einer Aufhebung des Bescheids gegenüber den Erben bedarf.[114] Eine **Verwirkung des Rückforderungsanspruches** der Familienkasse kommt nicht schon allein deshalb in Betracht, wenn das Kindergeld trotz Fehlens oder Wegfalls der Anspruchsvoraussetzungen weitergezahlt worden ist; vielmehr ist bei einem Massenverfahren wie dem Kindergeldrecht ein besonders eindeutiges Verhalten der Familienkasse zu fordern, dem entnommen werden kann, dass diese auch unter Berücksichtigung veränderter Umstände von einem Fortbestehen des Kindergeldanspruchs ausgeht und ein anderer Eindruck bei dem Kindergeldempfänger ausgeschlossen ist.[115]

80 Der Erstattungsanspruch der Familienkasse wird schließlich nicht durch eine zivilrechtliche **Unterhaltsregelung** zwischen den Eltern berührt.[116] Lediglich bei den sog. **Weiterleitungsfällen** kann der **Rückforderungs**anspruch gegenüber dem nachrangig Berechtigten und der Kindergeldanspruch des vorrangig Berechtigten als erloschen behandelt werden, wenn Letzterer bescheinigt, das Kindergeld durch Weiterleitung erhalten zu haben, und er seinen Anspruch auf Auszahlung von Kindergeld insoweit als erfüllt anerkennt.[117]

---

[109] Eine Ausnahme gilt hier indes für Ausländer; die Erteilung des Aufenthaltstitels begründet keinen rückwirkenden Anspruch.

[110] BFH v. 14.05.2002 - VIII R 67/01 - juris Rn. 20 - BFH/NV 2002, 1294 f.

[111] FG Münster v. 17.11.2000 - 8 K 6652/98 Kg - juris Rn. 24 - EFG 2003, 472-473; BFH v. 29.01.2003 - VIII R 64/01 - juris Rn. 13 - BFH/NV 2003, 905-906.

[112] BFH v. 16.04.2002 - VIII R 62/99 - juris Rn. 24 - DStRE 2002, 882-884.

[113] BFH v. 09.12.2005 - III B 194/04 - juris Rn. 8 - BFH/NV 2006, 722-723.

[114] Niedersächsisches FG v. 13.01.2010 - 16 K 337/09 - juris Rn. 17.

[115] FG München v. 15.10.2009 - 10 K 2385/09 - juris Rn. 24.

[116] BFH v. 30.06.2000 - VI B 93/99 - juris Rn. 10 - BFH/NV 2001, 33-34.

[117] BFH v. 29.01.2003 - VIII R 64/01 - juris Rn. 17 - BFH/NV 2003, 905-906; vgl. hierzu auch: *Hußmann*, FPR 2003, 65-68, 67; offen gelassen hat die Rspr. weiterhin die rechtliche Qualifizierung dieses Verzichts entweder als erlassähnliche Billigkeitsentscheidung der Verwaltung gemäß den §§ 163, 227 AO 1977, die nur einer eingeschränkten gerichtlichen Kontrolle unterliegt und die grundsätzlich nur auf Ermessensfehler überprüft werden kann, oder als Verrechnungsvertrag (BFH v. 11.03.2003 - VIII R 77/01 - juris Rn. 17 - BFH/NV 2004, 14-15).

3. Mitwirkungspflichten

Mit Blick auf die Gewährung von Kindergeld, aber auch nach erfolgter Gewährung bestehen **besondere Mitwirkungspflichten**. So hat der Antragsteller bzw. Kindergeldempfänger gem. § 68 EStG Änderungen in den Verhältnissen, die für den Anspruch auf Kindergeld erheblich sind, oder über die im Zusammenhang mit der Steuervergütung Erklärungen abgegeben worden sind, der zuständigen[118] Familienkasse mitzuteilen (§ 68 Abs. 1 Satz 1 EStG). Dies betrifft etwa den Haushaltswechsel eines Kindes.[119] Kinder über 18 Jahre sind auf Verlangen der Familienkasse verpflichtet, die zur Feststellung des Sachverhalts notwendigen Auskünfte zu erteilen und die erforderlichen Nachweise vorzulegen (§ 68 Abs. 1 Satz 2 EStG). Zudem kann die Familienkasse von dem Arbeitgeber bzw. dem Ausbildenden eines über 18 Jahre alten Kindes eine Bescheinigung über den Arbeitslohn bzw. die Ausbildungsvergütung sowie über den auf der Lohnsteuerkarte eingetragenen Freibetrag verlangen, soweit dies zur Entscheidung über den Kindergeldanspruch erforderlich ist (§ 68 Abs. 2 EStG).

81

Wird gegen eine solche Mitteilungspflicht verstoßen, kann dies eine **Straftat** im Sinne von § 370 Abs. 1 Nr. 2 AO 1977 oder gemäß § 378 Abs. 1 AO 1977 i.V.m. § 370 Abs. 1 Nr. 2 AO 1977 eine **Ordnungswidrigkeit** darstellen. Bei einer unrichtigen Ausstellung der geforderten Bescheinigung durch den Arbeitgeber eines volljährigen Kindes kann nach § 379 Abs. 1 Nr. 1 AO 1977 eine Ordnungswidrigkeit gegeben sein, auch wenn aufgrund dieser Bescheinigung keine Überzahlung an Kindergeld eingetreten sein sollte.

82

4. Pfändungsschutz

Schon nach derzeit geltender Rechtslage genießt das Kindergeld einen besonderen Pfändungsschutz: Gem. § 76 EStG ist eine Pfändung des in der Regel den Eltern zustehenden Kindergeldes nur wegen gesetzlicher Unterhaltsansprüche eines Kindes möglich. Wird Kindergeld auf das Konto des Berechtigten oder in den Fällen des § 74 Abs. 1 Sätze 1-3 EStG bzw. § 76 EStG auf das Konto des Kindes bei einem Geldinstitut überwiesen, ist die Forderung, die durch die Gutschrift entsteht, gem. § 76a Abs. 1 Satz 1 EStG für die **Dauer von sieben Tagen** seit der Gutschrift der Überweisung **unpfändbar** Die Finanzbehörden können den Kindergeldanspruch nicht pfänden (§ 319 AO 1977 i.V.m. § 76 EStG).

83

VI. Weitere Auswirkungen

Von der Gewährung von Kindergeld oder der Freibeträge des § 32 Abs. 6 EStG abhängig sind auch verschiedene andere kinderbedingte Steuerentlastungen, beispielsweise der Entlastungsbetrag für Alleinerziehende (§ 24b EStG), die Höhe der zumutbaren Belastung bei § 33 Abs. 3 EStG, der Ausbildungsfreibetrag nach § 33a Abs. 2 EStG sowie die Übertragung des dem Kind zustehenden Behinderten- oder Hinterbliebenenpauschbetrages (§ 33b Abs. 5 EStG).

84

C. Ausbildungsfreibetrag bzw. Aufwendungen für Unterhalt und Berufsausbildung Dritter

I. Abzugsfähigkeit von Aufwendungen für Unterhalt und/oder Berufsausbildung (§ 33a Abs. 1 EStG)

§ 33a Abs. 1 EStG ermöglicht die Berücksichtigung von Aufwendungen für den Unterhalt und eine etwaige Berufsausbildung einer dem Steuerpflichtigen gegenüber gesetzlich unterhaltsberechtigten Person bis maximal 8.354 € im Kalenderjahr. Diese Aufwendungen können jedoch nur dann von dem Gesamtbetrag der Einkünfte abgezogen werden, wenn weder der Steuerpflichtige noch eine andere Person Anspruch auf den Kinderfreibetrag gem. § 32 Abs. 6 EStG bzw. auf Kindergeld hat und die unterhaltene Person kein oder nur ein geringes Vermögen besitzt.[120]

85

II. Ausbildungsfreibetrag (§ 33a Abs. 2 EStG)

Aufwendungen für die Berufsausbildung eines auswärtig untergebrachten und volljährigen Kindes[121], für das der Steuerpflichtige Anspruch auf Kindergeld oder die Freibeträge nach § 32 Abs. 6 EStG hat, werden durch den Freibetrag des § 33a Abs. 2 EStG steuerlich berücksichtigt.

86

---

[118] DA-FamEStG 68.1 Sätze 2 und 3.
[119] BFH v. 29.01.2003 - VIII R 64/01 - juris Rn. 14 - BFH/NV 2003, 905-906.
[120] Hauptanwendungsfall dieser Regelung ist der Unterhalt von Angehörigen im Ausland, vgl. dazu BMF-Schreiben v. 15.09.1997, BStBl I, 826.
[121] Dieser sog. Ausbildungs-Sonderbedarfsfreibetrag findet seit dem Veranlagungszeitraum 2002 Anwendung und hat den früheren allgemeinen Ausbildungsfreibetrag, der bis einschließlich Veranlagungszeitraum 2001 galt, abgelöst.

87 Zur **Berufsausbildung** gehört dabei auch die gesamte Schulausbildung[122] sowie auch die unterrichts- und vorlesungsfreie Zeit sowie unvermeidliche kurzfristige Unterbrechungen der Ausbildung, wie z.B. durch Krankheit.[123] Die erforderliche **auswärtige Unterbringung** des Kindes ist bei einer räumlichen und hauswirtschaftlichen Ausgliederung von gewisser Dauer gegeben.[124]

88 Sind diese Voraussetzungen erfüllt, gewährt das Gesetz einen **Pauschbetrag in Höhe von 924 €**. Der Nachweis einzelner Kosten ist mithin entbehrlich; allerdings führen auch höhere Kosten nicht zu einem höheren Freibetrag.

89 **Eigene Einkünfte des Kindes** über 1.848 € im Kalenderjahr sowie die von dem Kind als **Ausbildungshilfe** bezogenen öffentlichen Zuschüsse wie etwa Zuschüsse nach dem BAföG oder von Stiftungen der politischen Parteien führten bis zum Veranlagungszeitraum 2011 zu einer Reduzierung des Freibetrages in Höhe dieser Einkünfte oder Zuschüsse. **Ab dem Veranlagungszeitraum 2012 entfällt die Anrechnung eigener Einkünfte und Bezüge des Kindes**. Die Minderung bei einer Ausbildung des Kindes im Ausland bleibt jedoch weiterhin bestehen (§ 33a Abs. 2 Satz 2 EStG).

90 Ein Abzug dieses Freibetrages ist gem. § 33a Abs. 2 Satz 3 EStG stets nur einmal möglich; dies gilt auch dann, wenn mehrere Steuerpflichtige die Voraussetzungen erfüllen. Zusammenveranlagte Eltern erhalten den Freibetrag gemeinsam, in allen anderen Fällen steht jedem Elternteil der hälftige Betrag zu (§ 33a Abs. 2 Satz 4 EStG), sofern nicht eine andere Aufteilung gemeinsam beantragt wird (§ 33a Abs. 2 Satz 5 EStG).

D. Entlastungsbetrag für Alleinerziehende

I. Entlastungsbetrag anstelle des Haushaltsfreibetrages

91 Alleinerziehenden steht neben dem Kindergeld bzw. neben den Freibeträgen für Kinder des § 32 Abs. 6 EStG ein weiterer Entlastungsbetrag zu.[125] Gem. § 24b EStG können unbeschränkt steuerpflichtige Alleinerziehende die bei ihnen auftretenden Mehrbelastungen pauschal in Höhe von 1.308 € von der Summe der Einkünfte abziehen. Damit hat dieser Entlastungsbetrag zum 01.01.2004 den vom BVerfG als verfassungswidrig qualifizierten sog. **Haushaltsfreibetrag** abgelöst.

II. Voraussetzungen des Entlastungsbetrages

92 Erforderlich ist zunächst, dass der Steuerpflichtige alleinstehend ist und dass zu seinem Haushalt mindestens ein Kind gehört, für das ihm ein Freibetrag nach § 32 Abs. 6 EStG oder Kindergeld zusteht. Anspruchsberechtigt sind dabei nur **„echte" Alleinerziehende**[126]. Hierunter fallen alle Steuerpflichtigen, die **nicht** die Voraussetzungen für eine **Ehegattenveranlagung** nach § 26 Abs. 1 EStG, d.h. eine gültige Ehe, kein dauerndes Getrenntleben, unbeschränkte Steuerpflicht beider Ehegatten,[127] erfüllen oder verwitwet sind. Die Voraussetzungen der Ehegattenveranlagung dürfen zu keinem Zeitpunkt des Veranlagungszeitraums vorgelegen haben, d.h. auch eine Heirat im Dezember eines Jahres schließt den Anspruch auf den Entlastungsbetrag aus.

93 Strittig ist, ob gem. § 24b Abs. 1 Satz 2 EStG eine unstreitig **unzutreffende Wohnsitzmeldung** eine **unwiderlegliche Vermutung der Haushaltszugehörigkeit** begründet. Das Niedersächsische Finanzgericht hat dies jüngst abgelehnt[128], das Revisionsverfahren ist beim BFH anhängig[129].

94 Ferner darf **keine Haushaltsgemeinschaft**, d.h. kein gemeinsames Wirtschaften in einen Topf, mit einer anderen volljährigen Person vorliegen. Ausgenommen hiervon sind lediglich Haushaltsgemeinschaften mit einem volljährigen Kind, für das der Steuerpflichtige Anspruch auf einen Freibetrag oder Kindergeld hat (etwa, weil es in Berufsausbildung ist) oder das den gesetzlichen Grundwehrdienst oder

---

[122] BFH v. 17.04.1997 - III B 216/96 - NJWE-FER 1997, 237-238.
[123] K. Heger in: Blümich, EStG, § 33a Rn. 300.
[124] Zu den Einzelheiten vgl. K. Heger in: Blümich, EStG, § 33a Rn. 308 ff.
[125] Weitere Darstellungen der Voraussetzungen finden sich bei: Quernheim/Hamdan, ZFE 2006, 208-212; Ross, DStZ 2004, 437-442; Horvath, Steuer & Studium 2005, 283-285; Plenker, DB 2004, 156-159.
[126] Zur Verfassungsmäßigkeit dieser Einschränkung: BFH v. 19.10.2006 - III R 4/05 - juris Rn. 11 - BFHE 215, 217; Grube, jurisPR-SteuerR 14/2007, Anm. 3.
[127] Vgl. hierzu auch: Quernheim/Hamdan, ZFE 2006, 7-10, 7.
[128] Niedersächsisches Finanzgericht v. 23.01.2013 - 3 K 12326/12 - juris Rn. 17 - DStRE 2014, 205-206.
[129] BFH, Az.: III R 9/13.

Zivildienst oder einen diesen gleichgestellten Dienst ableistet (§ 24b Abs. 2 Satz 1 EStG). Dieser Ausschlusstatbestand des § 24b Abs. 2 Satz 1 EStG wirft nach höchstrichterlicher Rechtsprechung **keine verfassungsrechtlichen Bedenken** auf.[130]

Nach dem Wortlaut der Vorschrift ist eine anspruchsausschließende Haushaltsgemeinschaft schon im Falle einer **Wohngemeinschaft** zu bejahen, sofern ein gemeinsames Wirtschaften bei Unterkunft und Verpflegung vorliegt. Eine Haushaltsgemeinschaft wird dabei widerlegbar vermutet, wenn eine andere Person in der Wohnung des Steuerpflichtigen mit Haupt- oder Nebenwohnsitz gemeldet ist (§ 24b Abs. 2 Satz 2 EStG). Lebt der alleinerziehende Steuerpflichtige mit einer anderen Person in einer **eheähnlichen Gemeinschaft** oder **eingetragenen Lebenspartnerschaft**, so vermutet das Gesetz unwiderlegbar, dass es sich nicht um einen alleinerziehenden Steuerpflichtigen handelt (§ 24b Abs. 2 Satz 3 EStG).

III. Höhe des Entlastungsbetrages

Bei dem Entlastungsbetrag handelt es sich um einen **Pauschbetrag** in Höhe von 1.308 €, der von der Summe der Einkünfte abgezogen wird. Im Gegensatz zum Kindergeld vervielfältigt sich dieser allerdings nicht mit steigender Anzahl der Kinder.[131] Haben die Anspruchsvoraussetzungen in einem Kalenderjahr nicht vollständig vorgelegen, ermäßigt sich der Anspruch gem. § 24b Abs. 3 EStG entsprechend. Eine Ausnahme hiervon besteht jedoch für das Jahr der Heirat oder Trennung von Ehegatten, da hier der Anspruch für das gesamte Jahr entfällt.

IV. Weitere Hinweise

Beim Lohnsteuerabzug wird der Entlastungsbetrag durch die Steuerklasse II berücksichtigt (§ 38b Satz 2 Nr. 2 EStG). Die entsprechende Eintragung muss bis zum 30.11. eines jeden Jahres bei der Gemeinde bzw. – in einigen Sonderfällen – beim Finanzamt beantragt werden. Geschieht dies, erfolgt die Eintragung mit Rückwirkung (§ 39 Abs. 5 Satz 1 und 2 EStG).

E. Kinderbetreuungskosten

I. Gesetzliche Entwicklungen hin zu einer Berücksichtigung der Kinderbetreuungskosten

Nach früher geltendem Recht war eine Abzugsfähigkeit von Kinderbetreuungskosten lediglich nach Maßgabe der §§ 32 Abs. 6, 33c EStG a.F. in engem Maße möglich. Durch das im Frühjahr 2006 verabschiedete Gesetz zur steuerlichen Förderung von Wachstum und Beschäftigung[132] gelten seit dem **Veranlagungszeitraum 2006** allerdings neue Regelungen. Die zunächst eingeführten §§ 4f, 10 Abs. 1 Nr. 5 und 8 EStG wurden **ab dem Veranlagungszeitraum 2009** zum besseren Verständnis weitgehend einheitlich in **§ 9c EStG** gebündelt, wobei § 9 Abs. 5 Satz 1 EStG für die Überschusseinkünfte auf § 9c Abs. 1 und 3 EStG verwies. § **9c Abs. 1 EStG** regelte dabei die Berücksichtigung **erwerbsbedingter Betreuungskosten**, § 9c Abs. 2 EStG die zwangsläufig entstandener **privater Betreuungskosten**. § 9c Abs. 3 EStG beinhaltete **Abzugsbeschränkungen und Verfahrensregelungen**, die für beide vorstehenden Absätze Geltung hatten. Unabhängig von der Erwerbstätigkeit und dem Familienstand der Eltern existiert weiterhin der typisierende Freibetrag in Höhe von 1.320 € (bzw. 2.640 €) des § 32 Abs. 6 EStG, der allerdings nur alternativ zum Kindergeld gewährt wird. Der frühere § 33c EStG wurde jedoch aufgehoben. Stattdessen wird bei der steuerlichen Berücksichtigung der Betreuungskosten nun nach der Erwerbstätigkeit sowie dem Familienstand der Eltern und nach dem Alter des Kindes differenziert.

II. Berücksichtigung der Kinderbetreuungskosten ab dem Veranlagungszeitraum 2012

Ab dem Veranlagungszeitrum 2012 ist die bislang geltende Trennung in Betriebsausgaben, Werbungskosten und Sonderaufgaben aufgehoben. Die Unterscheidung in erwerbsbedingte und private Betreuungskosten entfällt; nunmehr gilt vielmehr ein **einheitlicher vereinfachter Abzug als Sonderausgaben gem. § 10 Abs. 1 Nr. 5 EStG**. Es entfallen damit alle persönlichen Anspruchsvoraussetzungen der Eltern wie etwa die Erwerbstätigkeit sowie die bislang erforderliche Kausalitätsprüfung zwischen Er-

---

[130] BFH v. 10.05.2007 - III B 6/07 - juris Rn. 6 - BFH/NV 2007, 1647; vgl. hierzu auch: *Nöcker*, jurisPR-SteuerR 18/2008, Anm. 6.
[131] *Selder* in: Blümich, EStG, § 24b Rn. 6.
[132] BT-Drs. 16/643 vom 14.02.2006, zu den Modifikationen vgl. BR-Drs. 198/06 vom 17.03.2006.

werbstätigkeit und dem Anfall von Kinderbetreuungskosten. Im Übrigen ist der Umfang der Erstattung unverändert geblieben.

1. Anspruchsvoraussetzungen

100 Eltern können nunmehr 2/3 der Betreuungskosten pro Kind und maximal 4.000 € pro Jahr als Sonderausgaben von der Steuer absetzen. Diese Steuerbegünstigung gilt für alle Kinder bis zum Lebensalter **von 14 Jahren** sowie bei **behinderten Kindern** zeitlich unbegrenzt, sofern die Behinderung vor dem 25. Lebensjahr eingetreten ist.

101 Die Betreuung muss sich auf ein **zum Haushalt des Steuerpflichtigen gehörendes Kind** – leibliches Kind, Pflege- oder Adoptivkind – erstrecken. Unerheblich ist in diesem Zusammenhang, ob ein Anspruch auf Kindergeld oder die Kinderfreibeträge besteht. Allerdings sind bei Großeltern lebende Kinder vom Anwendungsbereich der Vorschrift selbst dann ausgeschlossen.[133]

102 Das Kind muss ferner **dauerhaft in der Wohnung des Steuerpflichtigen leben** oder sich mit dessen Einwilligung vorübergehend außerhalb der Wohnung aufhalten (bspw. zu Ausbildungszwecken). Die Meldung des Kindes kann ein Indiz sein; entscheidend sind jedoch die tatsächlichen Verhältnisse.

103 Waren die genannten Voraussetzungen gegeben, konnten die Betreuungskosten als Betriebsausgaben bzw. als Werbungskosten für Kinder im Alter **zwischen 0 und 14 Jahren** und über dieses Alter hinaus nur bei behinderten Kindern abgezogen werden, wenn die körperliche, geistige oder seelische Behinderung vor Vollendung des 25. Lebensjahres eingetreten ist. Vollendet das Kind im fraglichen Veranlagungszeitraum das 14. Lebensjahr, sind – bis zum Höchstbetrag – alle Aufwendungen zu berücksichtigen.[134]

2. Deckelung der abzugsfähigen Kosten

104 Allerdings sind die abzugsfähigen Aufwendungen **auf zwei Drittel der Aufwendungen, maximal jedoch 4.000 € je Kind und Jahr, gedeckelt**. Dies gilt auch bei mehrfacher – gleichzeitig oder nacheinander vorliegender – Haushaltszugehörigkeit des Kindes. Hingegen ist eine Kürzung unzulässig, wenn die Voraussetzungen nur für einen Teil des Veranlagungszeitraums vorliegen, da es sich bei dem Höchstbetrag um einen Jahresbetrag handelt.

105 Ob die Deckelung **verfassungsgemäß** ist, ist zweifelhaft. Von der finanzgerichtlichen Rechtsprechung wurde die Deckelung des abzugsfähigen Betrages auf zwei Drittel der Aufwendungen als verfassungsgemäß angesehen.[135] Dies wird insbesondere mit dem gesetzgeberischen Entscheidungsspielraum bezüglich der in den Vordergrund gestellten privaten Mitveranlassung sowie mit der weiteren steuerlichen Entlastung in Form des Freibetrags nach § 32 Abs. 6 EStG begründet.[136]

3. Berücksichtigungsfähige Kosten

106 Abzugsfähig sind alle Aufwendungen für Betreuungsdienstleistungen, d.h. **Aufwendungen in Geld oder Geldeswert**, nicht jedoch das verringerte Einkommen aufgrund einer Reduzierung der eigenen Arbeitszeit.[137] Dienstleistung i.S.v. § 9c EStG erfasst jede Tätigkeit eines Dritten, die aufgrund zivilrechtlicher oder öffentlich-rechtlicher Verpflichtungen, nicht jedoch aufgrund familienrechtlicher Grundlage erbracht wird. Mithin können eigene Leistungen des Steuerpflichtigen (etwa eigene Fahrtkosten der Eltern[138]) ebenso wenig in Abzug gebracht werden wie **Leistungen eines Angehörigen**, zu dem das Kind in einem Kindschaftsverhältnis steht. Auf der anderen Seite steht die entgeltliche Betreuung durch einen (entfernteren) Angehörigen der Abzugsfähigkeit nicht an sich entgegen; erforderlich ist hingegen, dass die zwischen den Beteiligten getroffene Abrede dem entspricht, was zwischen fremden Dritten üblich ist, und diese tatsächlich umgesetzt wird.

107 Gegenstand der Betreuung muss eine **behütende und beaufsichtigende Betreuung** sein. Dabei ist unerheblich, ob die Kinderbetreuung **im eigenen Haushalt oder außerhalb** sichergestellt wird.[139] Babysitter,

---

[133] *Hutter* in: Blümich, EStG, § 10 Rn. 348.
[134] *Hutter* in: Blümich, EStG, § 10 Rn. 354.
[135] BFH v. 09.02.2012 - III R 67/09 - juris Rn. 9 - DStR 2012, 1220-1222; Sächsisches Finanzgericht v. 19.08.2009 - 2 K 1038/09 - juris Rn. 25; ob auch die betragsmäßige Deckelung von 4.000 € verfassungsgemäß ist, konnte das Gericht mangels Erreichen des Grenzbetrags offenlassen; Hessisches Finanzgericht v. 14.01.2010 - 8 K 2151/07 - juris Rn. 14 - StE 2010, 212 allerdings ohne weitere Begründung.
[136] Sächsisches Finanzgericht v. 19.08.2009 - 2 K 1038/09 - juris Rn. 28.
[137] *Hutter* in: Blümich, EStG, § 10 Rn. 342.
[138] FG Niedersachsen v. 02.06.2006 - 11 K 11673/03 - juris Rn. 16 - EFG 2006, 1844.
[139] BT-Drs. 16/643 vom 14.02.2006, S. 9.

Tagesmütter, Kinderfrau fallen damit ebenso in den Anwendungsbereich der Regelung wie Kindergärten, -horte oder Kindertagesstätten. Auch die Aufwendungen für eine **Au-pair-Kraft** fallen hierunter, soweit das Au-pair Kinder betreut.[140] Aufwendungen für die Verpflegung eines Kindes werden hingegen nicht erfasst; eine Ausnahme gilt hier nur für geringfügige Tagesstätten-Verpflegungskosten.[141]

Wird Kindern in einem Kindergarten durch eine (zusätzliche) **Sprachassistentin** die französische Sprache anlässlich der Betreuung beim Spielen beigebracht, handelt es sich um abzugsfähigen Betreuungsaufwand. Da die Vermittlung der französischen Sprache in der Kita gesetzlicher Bestandteil des Kindergartenauftrages nach § 22 Abs. 3 SGB VIII ist, entfällt zudem eine Aufteilung der geltend gemachten Aufwendungen in einen abzugsfähigen und einen nicht abzugsfähigen Teil nach § 12 Nr. 1 EStG.[142] **108**

Der BFH hat nunmehr betont, dass Kosten, die aufgewandt wurden, um in den Genuss eines **günstigeren Betreuungsschlüssels** zu kommen, unproblematisch erfasst werden.[143] **109**

Nicht abzugsfähig sind Aufwendungen für Unterricht, für die Vermittlung besonderer Fähigkeiten sowie für sportliche und andere Freizeitbeschäftigungen (§ 10 Abs. 1 Nr. 5 Satz 2 EStG). Die Kosten für Nachhilfeunterricht, Klassenfahrten, Musikunterricht oder für die Mitgliedschaft in Sportvereinen können damit steuerlich nicht geltend gemacht werden.[144] Unschädlich ist hingegen, wenn eine Betreuungsperson auch bei den regulären Schulaufgaben hilft, solange die Betreuung Hauptgegenstand der Dienstleistung ist.[145] Gemischte Aufwendungen sind – ggf. im Schätzungswege – aufzuteilen. **110**

4. Nachweis, Aufteilung auf beide Elternteile

Voraussetzung für die Abzugsfähigkeit ist stets, dass der Steuerpflichtige für die Aufwendungen eine **Rechnung** erhalten hat und die **Zahlung auf das Konto** des Erbringers der Leistung erfolgt ist. Mit diesem in den (§ 10 Abs. 1 Nr. 5 Satz 4 EStG festgelegten Erfordernis will der Gesetzgeber Schwarzarbeit vorbeugen. Es muss sich jedoch nicht um eine Rechnung i.S.d. UStG handeln; auch ein Vertrag, ein Gebührenbescheid (etwa für den Kindergarten) oder eine Quittung genügen.[146] Die zwingend unbar entgoltene Betreuungsleistung kann bspw. durch Vorlage eines Kontoauszugs nachgewiesen werden.[147] Die Abhängigkeit der Erstattung von dem entsprechenden Nachweis ist verfassungsgemäß.[148] **111**

Kinderbetreuungskosten können zudem auf der **Lohnsteuerkarte** (§ 39a EStG) als Freibetrag eingetragen werden. **112**

Haben **beide Elternteile**, unabhängig davon, ob sie verheiratet sind oder nicht, Aufwendungen für die Kinderbetreuung getragen, so ist der Betrag grds. bei den Eltern **je zur Hälfte** zu berücksichtigen. Allerdings sind die Eltern nach dem Willen des Gesetzgebers auch berechtigt, eine andere Aufteilung zu wählen.[149] Erforderlich ist lediglich, dass bei dem den Abzug begehrenden Elternteil Kinderbetreuungskosten entstanden sind. Hierfür ist jedoch keinesfalls der Abfluss vom Konto eines Elternteils isoliert zu betrachten.[150] Gem. dem Prinzip der Besteuerung nach der individuellen Leistungsfähigkeit sind die Aufwendungen vielmehr demjenigen zuzurechnen, dessen Leistungsfähigkeit durch die Aufwendungen gemindert ist, ohne dass es auf die Mittelherkunft ankommt. Entscheidend für die Frage, ob ein Steuerpflichtiger Aufwendungen getragen hat, ist demnach, dass seine wirtschaftliche Leistungsfähigkeit durch die Aufwendungen gemindert ist. Selbst wenn lediglich das Konto des einen Elternteils belastet wird, reicht es für die (vollständige) Abzugsfähigkeit beim anderen Elternteil aus, dass beide „aus einem Topf" gewirtschaftet und Ausgaben für das gemeinsame Kind getätigt haben.[151] **113**

Ebenso **unerheblich** für die Abzugsfähigkeit ist, welcher der beiden Elternteile den **Betreuungsvertrag** geschlossen hat, da § 10 Abs. 1 Nr. 5 EStG keine derartige Tatbestandsvoraussetzung aufstellt.[152] **114**

---

[140] Hessisches FG v. 22.01.2009 - 7 K 563/04 - juris Rn. 28 - EFG 2009, 1036-1038.
[141] BMF-Schreiben v. 19.01.2007 - IV C 4-S 2221-2/07 - BStBl I 2007, 184 Rn. 5.
[142] Sächsisches Finanzgericht v. 06.04.2011 - 2 K 1522/10 - juris Rn. 17.
[143] BFH v. 19.04.2012 - III R 29/11 - juris Rn. 12 - DStR 2012, 2055-2057.
[144] BT-Drs. 16/643 vom 14.02.2006, S. 9.
[145] *Hutter* in: Blümich, EStG, § 10 Rn. 346.
[146] BMF-Schreiben v. 19.01.2007 - IV C 4-S 2221-2/07 - BStBl I 2007, 184 Rn. 20 ff. und 37.
[147] BMF-Schreiben v. 19.01.2007 - IV C 4-S 2221-2/07 - BStBl I 2007, 184 Rn. 22.
[148] BFH v. 08.05.2012 - III B 2/11 - juris Rn. 7 - BFH/NV 2012, 1305-1307.
[149] BT-Drs. 16/643, S. 9.
[150] Thüringisches FG v. 27.05.2009 - 2 K 211/08 - juris Rn. 12 - EFG 2009, 1376-1377.
[151] Thüringisches FG v. 27.05.2009 - 2 K 211/08 - juris Rn. 13 - EFG 2009, 1376-1377.
[152] Thüringisches FG v. 27.05.2009 - 2 K 211/08 - juris Rn. 15 - EFG 2009, 1376-1377.

Steuerrechtl. Hinw. zu §§ 1601 ff. BGB jurisPK-BGB / B. Hamdan/M. Hamdan

Der BFH hat jetzt jedoch klargestellt, dass Kinderbetreuungskosten nur von demjenigen abgezogen werden können, der sie getragen hat. Dabei stellt er klar, dass wenn im Falle von zusammen lebenden, nicht miteinander verheirateten Eltern nur ein Elternteil den Vertrag mit der Kindertagesstätte abschließt und das Entgelt von seinem Konto zahlt, dies dem anderen Elternteil weder vollständig noch anteilig unter dem Gesichtspunkt des abgekürzten Zahlungs- oder Vertragswegs als von ihm getragener Aufwand zugerechnet werden kann.[153]

III. Kinderbetreuungskosten bis zum Veranlagungszeitraum 2011 einschließlich

1. Erwerbsbedingte Kinderbetreuungskosten (§ 9c Abs. 1 EStG)

a. Erwerbstätigkeit beider Elternteile

115   Die steuerliche Berücksichtigung der Kinderbetreuungskosten wie Betriebsausgaben war an die **Erwerbstätigkeit der Eltern** geknüpft, d.h. bei Alleinerziehenden musste dieser Elternteil, **bei zusammenlebenden Eltern müssen beide erwerbstätig sein** (§ 9c Abs. 1 Satz 2 EStG, bei lediglich einem erwerbstätigen Elternteil vgl. Rn. 119). Hierbei kam es lediglich auf das Zusammenleben, nicht jedoch auf Heirat oder eine Zusammenveranlagung an. Gleiches galt gem. § 9 Abs. 5 Satz 1 EStG auch für die sog. Überschusseinkünfte (§ 2 Abs. 1 Nr. 2 EStG), also insbesondere die Einkünfte aus nichtselbständiger Arbeit. Unerheblich war dabei, ob der Steuerpflichtige seine **Werbungskosten** konkret nachgewiesen oder den Arbeitnehmer-Pauschbetrag in Anspruch genommen hat. Auch im letzteren Fall konnten die tatsächlich entstandenen Kinderbetreuungskosten abgezogen werden (§ 9a Satz 1 Nr. 1 lit. a letzter HS. EStG).

116   **Erwerbstätigkeit** war gegeben, wenn der Steuerpflichtige einer auf die Erzielung von Einkünften gerichteten Beschäftigung nachgeht. Auf die Dauer der Tätigkeit kam es grds. nicht an. Der Gesetzeswortlaut des § 9c Abs. 1 Satz 1 EStG verlangte lediglich eine **Kausalität zwischen Erwerbstätigkeit und dem Anfall von Kinderbetreuungskosten**. Hierfür genügte jedoch ein tatsächlicher und wirtschaftlich objektiver Zusammenhang mit der Erwerbstätigkeit des Steuerpflichtigen.[154] Auch auf die Angemessenheit kam es nicht an; der Steuerpflichtige musste sich daher insbesondere nicht darauf verweisen lassen, dass der andere Elternteil oder die Großeltern die Betreuung evtl. sogar unentgeltlich hätten übernehmen können.

117   Als Erwerbstätigkeit waren somit anzusehen:
- Selbständige und nichtselbständige Tätigkeiten,
- Minijobs und nicht-sozialversicherungspflichtige Tätigkeiten,
- Heim-/Nachtarbeit,
- Beschäftigungsverbote bei fortbestehendem Arbeitsverhältnis (MuSchG),
- Auch im Fall von Arbeitslosigkeit oder Unterbrechungen wegen Krankheit oder Urlaub bis zu 4 Monaten wurde weiter von einer Erwerbstätigkeit ausgegangen; dauerte die Unterbrechung hingegen länger, musste geprüft werden, ob die Erwerbstätigkeit noch als ursächlich für den Betreuungsaufwand angesehen werden kann.[155]

118   **Keine Erwerbstätigkeit** war hingegen gegeben bei Vermögensverwaltung; die Erzielung von Einkünften aus Vermietung und Verpachtung, Kapitalvermögen oder Renten genügte wohl nicht.[156]

b. Erwerbstätigkeit nur eines Elternteils

119   War **bei zusammenlebenden Eltern nur ein Elternteil erwerbstätig**, kam ein Abzug als Betriebsausgaben (§ 9c Abs. 1 Satz 1 EStG) bzw. Werbungskosten (§§ 9 Abs. 5 Satz 1, 9c Abs. 1 Satz 1 EStG) nicht in Betracht (§ 9c Abs. 1 Satz 2 EStG). Stattdessen war hier **§ 9c Abs. 2 Satz 4 EStG und § 35a EStG** einschlägig:

120   Für **Kinder zwischen 3 und 6 Jahren (Vorschulkinder)** konnten Betreuungsaufwendungen ohne weitere Voraussetzungen in Höhe von zwei Dritteln der Aufwendungen, höchstens 4.000 € je Kind, als Sonderausgaben abgezogen werden (§ 9c Abs. 2 Satz 4 EStG).

121   Betreuungskosten für jüngere oder ältere Kinder konnten sich hingegen lediglich als sog. **haushaltsnahe Dienstleistungen** mindernd auswirken, wenn das Kind im eigenen Haushalt betreut wird, es sich

---

[153] BFH v. 25.11.2010 - III R 79/09 - juris Rn. 15 - DStR 2011, 560-563; vgl. auch *Selder*, jurisPR-SteuerR 18/2011, Anm. 2.
[154] *Loschelder* in: Schmidt, EStG, § 9c Rn. 15.
[155] *Loschelder* in: Schmidt, EStG, § 9c Rn. 8.
[156] In diesem Sinne auch: *Loschelder* in: Schmidt, EStG, § 9c Rn. 8.

dabei jedoch nicht um ein geringfügiges Beschäftigungsverhältnis handelt (also 400 € pro Monat). Hier wurden 20% der Kinderbetreuungskosten – höchstens aber 4.000 € – als Abzug von der Steuerschuld berücksichtigt (§ 35a Abs. 2 Satz 1 EStG). Handelte es sich bei der Kinderbetreuung um eine **geringfügige Beschäftigung** im Privathaushalt, so konnten 20% der Kosten, höchstens 510 €, von der Steuerschuld abgezogen werden.

2. Nicht erwerbsbedingte Betreuung (§ 9c Abs. 2 EStG)

§ 9c Abs. 2 EStG erfasste die Fälle, in denen sich beide Eltern in Ausbildung befanden, behindert oder krank waren, und setzte somit eine persönliche Zwangslage des Steuerpflichtigen voraus. Die Aufzählung war insoweit abschließend.[157] In den sog. „Mischfällen", in denen **ein Elternteil erwerbstätig** war und der **andere Elternteil sich in Ausbildung befand**, körperlich, geistig oder seelisch behindert oder krank war, sowie in den Fällen, in denen sich der alleinerziehende Elternteil in Ausbildung befand, körperlich, geistig oder seelisch behindert oder krank war, sah § 9c Abs. 2 Sätze 1 und 3 EStG einen Sonderausgabenabzug in Höhe von zwei Dritteln der Kinderbetreuungskosten, höchstens 4.000 € je Kind, für Kinder bis zu einem Alter von 14 Jahren vor. Eine zusätzliche Berücksichtigung der Aufwendungen im Wege der haushaltsnahen Kinderbetreuung war daneben allerdings ausgeschlossen (§ 35a Abs. 5 Satz 1 EStG).

122

IV. Tabellarische Übersicht bis 2011

Tabellarische Übersicht[158]

123

Eltern zu 100% erwerbstätig (beide Eltern erwerbstätig bzw. alleinerziehende Person erwerbstätig)	Nur ein Elternteil erwerbstätig (Alleinverdiener-Eltern)	Alleinerziehender Elternteil krank/behindert/in Ausbildung oder - Beide Elternteile krank/behindert/in Ausbildung oder - sog. „Mischfälle", d.h. ein Elternteil erwerbstätig und der andere Elternteil krank/behindert/in Ausbildung	Nur ein Elternteil erwerbstätig (Alleinverdiener-Eltern)
Kind zwischen 0 und 14 Jahren oder vor Vollendung des 25. Lebensjahres körperlich/geistig oder seelisch behindert	Kind zwischen 3 und 6 Jahren	Kind zwischen 0 und 14 Jahren oder vor Vollendung des 25. Lebensjahres körperlich/geistig oder seelisch behindert	Kind entweder von 0 bis 3 bzw. von 6 bis 14 Jahren
Abzug der Kinderbetreuungskosten als Betriebsausgaben bzw. Werbungskosten gem. den §§ 9c Abs. 1 Satz 2, 9 Abs. 5 Satz 1 EStG	Abzug der Kinderbetreuungskosten als Sonderausgaben gem. § 9c Abs. 2 Satz 4 EStG	Abzug der Kinderbetreuungskosten als Sonderausgaben gem. § 9c Abs. 2 Sätze 1 und 3 EStG	Kein Abzug als Betriebsausgaben, Werbungskosten oder Sonderausgaben
zwei Drittel der Aufwendungen für die Kinderbetreuung höchstens 4.000 € pro Kind und Jahr			
keine zusätzliche Berücksichtigung der Aufwendungen für haushaltsnahe Kinderbetreuung gem. § 35a EStG			Steuerermäßigung bei haushaltsnaher Dienstleistung gem. § 35a Abs. 2 Satz 1 EStG

---

[157] *Loschelder* in: Schmidt, EStG, § 9c Rn. 23.
[158] Es handelt sich dabei freilich nur um eine vereinfachte Übersicht, die es unternimmt, die gängigsten Fälle zu berücksichtigen.

Kostenrechtliche Hinweise zu § 1601 BGB Unterhaltsverpflichtete

(Fassung vom 02.01.2002, gültig ab 01.01.2002)

Verwandte in gerader Linie sind verpflichtet, einander Unterhalt zu gewähren.

Gliederung

A. Grundlagen 1
B. Besonderheiten 5
   I. Mindestunterhalt 5
   II. Erhöhung des Mindestbetrags um einen bestimmten Prozentsatz 10
   III. Vereinfachtes Verfahren 12
      1. Verschiedene Angelegenheiten 12
      2. Vereinfachtes Verfahren – Gegenstandswert 15
      3. Kindergeld, Rückstände 16
      4. Abänderung im vereinfachten Verfahren 17
   IV. Negatives Feststellungsverfahren 18
   V. Vaterschaftsfeststellung und Geltendmachung von Unterhalt 20
   VI. Bestimmung des Kindergeldanspruchsberechtigten 21
C. Arbeitshilfen 24
   I. Beispiele/Muster 24
      1. Beispielsfall: Vereinfachtes Unterhaltsfestsetzungsverfahren 24
      2. Beispielsfall: Vaterschaftsfeststellung und Kindesunterhalt 25
      3. Beispielsfall: Feststellung der Vaterschaft, Mindestunterhalt und Einigung 26
   II. Berechnungsprogramme 30
      1. Prozesskostenrechner 30
      2. RVG-Rechner 31

A. Grundlagen

1 Für den **Kindesunterhalt** gelten kostenrechtlich dieselben Aussagen wie für den **Ehegattenunterhalt**. Eine Differenzierung aus kostenrechtlicher Hinsicht ist damit nicht sinnvoll.

2 Es wird daher auf die Kostenrechtl. Hinw. zu § 1569 BGB verwiesen.

3 Das Verfahren bezüglich des Verwandtenunterhalts – hier insbesondere des Kindesunterhalts – ist ein familienrechtliches Verfahren nach § 111 Nr. 8 FamFG. Es sind in kostenrechtlicher Hinsicht keine Unterschiede zu beachten bei der Geltendmachung im Verbund oder als isoliertes Verfahren. Es gelten jeweils die Vorschriften des FamGKG, wobei die einzelnen Gegenstände im Verbund natürlich zu addieren sind.

4 Es gelten im gerichtlichen Verfahren grundsätzlich die Gebühren des dritten Abschnitts. In der Regel ist dies die Verfahrensgebühr Nr. 3100 VV RVG (vgl. die Kostenrechtl. Hinw. in Familiensachen (Teil 7)) und die Terminsgebühr Nr. 3104 VV RVG (vgl. die Kostenrechtl. Hinw. in Familiensachen (Teil 8)). Im Rahmen der außergerichtlichen Vertretung gilt die Nr. 2300 VV RVG.

B. Besonderheiten

I. Mindestunterhalt

5 Wird der **Mindestunterhalt** nach den §§ 1612a ff. BGB geltend gemacht, so ist nicht der Wert der folgenden zwölf Monate entscheidend, sondern der zwölffache Wert des Monats der Antragstellung. Maßgebend ist also der zwölffache Mindestunterhalt zum Zeitpunkt der Antragstellung (§ 51 Abs. 1 FamGKG).

6 **Beispiel Mindestunterhalt:**
Das Kind beantragt am 01.01., den Vater zur Zahlung von 110% des Mindestunterhalts nach der jeweiligen Stufe zu verurteilen. Auch wenn für das Kind drei Monate nach der Antragstellung ein Wechsel der Altersstufe erfolgt, hat dies keine Auswirkungen auf den Wert.

7 Die gemäß § 1612b BGB anzurechnenden **Kindergeldbeträge** sind hierbei von dem geltend gemachten Mindestunterhalt abzuziehen.[1]

8 Wird im Mindestunterhaltsunterverfahren beantragt, die bereits titulierte Unterhaltsrente um einen **bestimmten Prozentsatz** herauf- oder herabzusetzen, liegt ein beziffeter Antrag gem. § 51 Abs. 1 FamGKG vor. Hier berechnet sich der Wert nach dem zwölffachen Betrag der Differenz des kapitali-

---

[1] *Schneider* in: HK-FamGKG, 2. Aufl. 2014, § 51 Rn. 109; OLG Oldenburg v. 22.02.2007 - 11 UFH 6/06 - NdsRpfl 2007, 332; OLG München v. 09.11.2004 - 12 WF 1676/04 - AGS 2005, 165.

sierten monatlichen Unterhalts. Rückstände sind auch bei Mindestunterhaltsverfahren zu berücksichtigen.

Beachte: Wird gleichzeitig auf **Vaterschaftsfeststellung** geklagt, so ist der höhere der beiden Werte maßgebend (§ 33 Abs. 1 Satz 3 FamGKG). 9

II. Erhöhung des Mindestbetrags um einen bestimmten Prozentsatz

Wird im vereinfachten Verfahren ein Prozentsatz über oder unter 100% des Regelbetrages geltend gemacht, so richtet sich der Gegenstandswert nach dem konkret geforderten Prozentsatz des Mindestunterhalts der aktuellen Altersstufe.[2] 10

Wird im Mindestunterhaltsunterverfahren beantragt, die bereits titulierte Unterhaltsrente um einen **bestimmten Prozentsatz** herauf- oder herabzusetzen, liegt ein beziffeter Antrag gem. § 51 Abs. 1 FamGKG vor. Hier berechnet sich der Wert nach dem zwölffachen Betrag des kapitalisierten monatlichen Differenzbetrags. Rückstände sind auch bei Verfahren nach der **RegelbetragsVO** zu berücksichtigen. 11

III. Vereinfachtes Verfahren

1. Verschiedene Angelegenheiten

Das vereinfachte Unterhaltsverfahren und das ggf. folgende streitige Verfahren sind verschiedene Angelegenheiten, § 17 Nr. 3 RVG. Es können daher in beiden Verfahren die vollen Gebühren nach dem dritten Abschnitt abgerechnet werden. 12

Allerdings ist nach Nr. 3100 Abs. 1 VV RVG die Verfahrensgebühr für das vereinfachte Verfahren auf die folgende Verfahrensgebühr für ein streitiges Verfahren anzurechnen (vgl. Rn. 24). 13

Das gleiche gilt nach der Nr. 3104 Abs. 4 VV RVG auch für eine Terminsgebühr, die im vereinfachten Unterhaltsverfahren entstanden ist. Sie ist auf eine Terminsgebühr des nachfolgenden Rechtsstreits anzurechnen. 14

2. Vereinfachtes Verfahren – Gegenstandswert

Maßgeblich sind auch für das vereinfachte Verfahren zur Festsetzung des Unterhalts Minderjähriger nach den §§ 249 ff. FamFG die üblichen Wertvorschriften für den Unterhalt. Dies ergibt sich aus § 51 Abs. 2 Satz 2 FamGKG. 15

3. Kindergeld, Rückstände

Der Gegenstandswert in Kindesunterhaltsverfahren errechnet sich im vereinfachten Unterhaltsverfahren nach dem Jahreswert des Monatsbetrages des Unterhalts. Maßgeblich sind der Mindestbetrag und die Altersstufe zum Zeitpunkt der Antragseinreichung, abzüglich des anrechenbaren Kindergeldes. Hinzuzurechnen sind die rückständigen Unterhaltsansprüche einschließlich des Rückstandes für den Monat der Antragseinreichung.[3] 16

4. Abänderung im vereinfachten Verfahren

Der Gesetzgeber hat das Verfahren zur Abänderung im vereinfachten Verfahren nach § 655 ZPO ersatzlos wegfallen lassen. Die entsprechende Gebühr Nr. 3331 VV RVG – eine 0,5-fache Gebühr für die Tätigkeit im Verfahren über einen Antrag auf Abänderung im vereinfachten Verfahren – ist dementsprechend aufgehoben worden. 17

IV. Negatives Feststellungsverfahren

Bei dem Verfahren auf Zahlung von Unterhalt und dem diesbezüglichen negativen Feststellungsverfahren handelt sich um denselben Gegenstand. Der Wert des negativen Feststellungsverfahrens errechnet sich nach dem Jahreswert des Unterhalts. Rückstände werden bei der Gegenstandswertberechnung nicht berücksichtigt. 18

Da es sich um denselben Gegenstand handelt, ist der Wert des höheren Gegenstands maßgebend (§ 33 Abs. 1 Satz 3 FamGKG). 19

---

[2] OLG Karlsruhe v. 07.03.2000 - 5 UF 16/00 - RenoR 2001, 30-31.
[3] OLG Brandenburg v. 20.08.2002 - 10 WF 42/02 - FamRZ 2004, 962-963; OLG Köln v. 26.11.2001 - 14 WF 136/01 - FamRZ 2002, 684-685.

V. Vaterschaftsfeststellung und Geltendmachung von Unterhalt

20 Werden Verfahren auf Vaterschaftsfeststellung und Kindesunterhalt miteinander verbunden, so ist gemäß § 33 Abs. 1 FamGKG der **höhere der beiden Werte maßgebend**, weil hier der vermögensrechtliche Anspruch (Unterhalt) aus dem nichtvermögensrechtlichen Anspruch (Vaterschaft) abgeleitet wird. Gem. § 237 FamGKG können das Verfahren zur Vaterschaftsfeststellung und das Unterhaltsverfahren verbunden werden. Dies allerdings nur soweit der Mindestunterhalt verlangt wird. Es gilt der höhere der beiden Werte. Dies ist regelmäßig der Wert des Unterhaltsverfahrens.[4]

VI. Bestimmung des Kindergeldanspruchsberechtigten

21 Unterhaltssachen sind nach § 231 Abs. 2 FamFG auch Verfahren nach § 3 Abs. 2 Satz 3 des **Bundeskindergeldgesetzes** und § 64 Abs. 2 Satz 3 des **Einkommensteuergesetzes**. Können sich die Beteiligten nicht über den Empfangsberechtigten des Kindergeldes einigen, so bestimmt das Familiengericht auf Antrag den Berechtigten. Hierbei handelt es sich nicht um Familienstreitsachen, da § 113 FamFG nur auf § 231 Abs. 1 FamFG verweist.

22 Für diese gelten besondere Wertvorschriften. In diesen Unterhaltssachen, die nicht Familienstreitsachen sind, beträgt der Wert nach § 51 Abs. 3 FamGKG 500 €.

23 Auch hier kann der Wert, wenn er nach den besonderen Umständen des Einzelfalls unbillig ist, durch das Gericht erhöht werden.

C. Arbeitshilfen

I. Beispiele/Muster

1. Beispielsfall: Vereinfachtes Unterhaltsfestsetzungsverfahren

24 Das vereinfachte Festsetzungsverfahren nach § 249 FamFG wird durchgeführt. Der Unterhaltsschuldner erhebt Einwendungen. Das streitige Verfahren wird durchgeführt. Nach Termin ergeht Urteil. Der Gegenstandswert wird (fiktiv) festgesetzt auf 3.000 €.

Rechtsanwaltsvergütung Vereinfachtes Festsetzungsverfahren

Verfahrensgebühr, Nr. 3100 VV (1,3); Wert: 3.000 €	261,30 €

Rechtsanwaltsvergütung Streitiges Verfahren

Verfahrensgebühr, Nr. 3100 VV (1,3); Wert: 3.000 € über 261,30 €	
Anrechnung gem. Nr. 3100 VV RVG Anm. Abs. 1 von 261,30 €	0 €
+ Terminsgebühr, Nr. 3104 VV (1,2); Wert: 3.000 €	241,20 €

2. Beispielsfall: Vaterschaftsfeststellung und Kindesunterhalt

25 Im Vaterschaftsfeststellungsverfahren wird gleichzeitig auch 150% des Mindestunterhalts der Stufe 2 verlangt für den Fall der Vaterschaftsfeststellung.
Die Vaterschaft kann jedoch nicht festgestellt werden. Der Antrag wird abgewiesen.

Rechtsanwaltsvergütung Vaterschaftsfeststellung

Verfahrensgebühr, Nr. 3100 VV (1,3); Wert: 2.000 €	195,00 €
+ Terminsgebühr, Nr. 3104 VV (1,2); Wert: 2.000 €	180,00 €

Anmerkungen: Nach § 33 Abs. 1 Satz 3 GKG ist hier grundsätzlich der höhere der beiden Werte zu berücksichtigen. Dies wäre hier der zwölffache Unterhaltsbetrag der Stufe 2 im Vergleich zu den 2.000 € aus der Vaterschaftsfeststellung. Da hier Antrag auf Zahlung des Mindestunterhalts jedoch nur bedingt geltend gemacht wird und die entsprechende Bedingung nicht eingetreten ist, bleibt der Wert des Mindestunterhalts hier gänzlich unberücksichtigt.

3. Beispielsfall: Feststellung der Vaterschaft, Mindestunterhalt und Einigung

26 Im Vaterschaftsfeststellungsverfahren wird gleichzeitig auch der Mindestunterhalt der Stufe 2 (derzeit: 272 € monatlich) verlangt für den Fall der Vaterschaftsfeststellung. Im Termin wird die Vaterschaft festgestellt. Man einigt sich in einem gerichtlichen Vergleich auf eine höhere monatliche Unterhaltsleistung von insgesamt 150% des Mindestsatzes.

---

[4] OLG Naumburg v. 18.01.2008 - 8 WF 10/08 - FamRZ 2008, 1645.

Vorbemerkung: Nach § 33 FamGKG ist hier grundsätzlich der höhere der beiden Werte zu berücksichtigen. Dies ist hier der zwölffache Unterhaltsbetrag mit 3.264 € im Vergleich zu den 2.000 € aus der Vaterschaftsfeststellung.

Bei der Einigung handelt es sich um einen sogenannten Mehrvergleich. Der Gegenstand des Mehrvergleichs beträgt 50% des Mindestunterhalts von 272 €, hier also monatlich: 136,00 €. Der Wert für diesen Gegenstand allein beträgt nach § 51 FamGKG (12 * 136,00 €) 1.632 €. Die Gebühren sind unter Berücksichtigung dieses zusätzlichen Gegenstands zu berechnen.

Rechtsanwaltsvergütung Vaterschaftsfeststellung

	Verfahrensgebühr, Nr. 3100 VV (1,3); Wert: 3.264 €	327,60 €
	Verfahrensgebühr, Nr. 3101 VV (0,8); Wert: 1.632 € (gekürzt gem. § 15 Abs. 3 um 53,70 €)	66,30 €
+	Terminsgebühr, Nr. 3104 VV (1,2); Wert: 2.000 €	363,60 €
	Einigungsgebühr, Nr. 1000 VV (1,5) Wert: 1.632 € (gekürzt gem. § 15 Abs. 3 um 22,50 €)	202,50 €
	Einigungsgebühr, Nr. 1003, 1000 VV (1,0) Wert: 3.264 €	252,00 €

II. Berechnungsprogramme

1. Prozesskostenrechner

Mit diesem Berechnungsprogramm können Sie kalkulieren, welche Prozesskosten auf Ihren Mandanten zukommen können (mit 2. Instanz, Vergleich, Beweisauslagen, gegnerischem Anwalt): Prozesskostenrechner.

2. RVG-Rechner

Mit diesem Berechnungsprogramm können Sie die anwaltliche Vergütung für das außergerichtliche Verfahren (Nr. 2300 VV RVG) und das gerichtliche Verfahren (Nr. 3100, 3104, 1003 VV RVG) berechnen: RVG-Rechner (1. Instanz mit Anrechnung der Geschäftsgebühr).

Vollstreckungsrechtliche Hinweise zu § 1601 BGB Unterhaltsverpflichtete

(Fassung vom 02.01.2002, gültig ab 01.01.2002)

Verwandte in gerader Linie sind verpflichtet, einander Unterhalt zu gewähren.

Gliederung

A. Grundlagen 1
B. Anwendungsvoraussetzungen 4
C. Besonderheiten 7
  I. Angaben zur absichtlichen Entziehung 7
  II. Keine Besserstellung durch Unterhalts-
      pfändung 12
  III. Bemessung des pfandfreien Betrags 13
    1. Beschränkte Pfändbarkeit von Sonderzuwen-
       dungen 13
    2. Notwendiger Unterhalt 15
  IV. Zusammentreffen von Pfändungsgläubiger
      mit anderen unterhaltsberechtigten Personen 18
V. Übergegangene Unterhaltsansprüche
    (Sozialamt/Unterhaltsvorschusskasse) 21
VI. Unterhaltsforderung und Kontopfändung 22
VII. Wechsel der Steuerklasse nach Pfändung 27
D. Beispiele/Muster 28
  I. Beispiel: Erwerbstätiger Schuldner, Unterhalts-
     pfändung nach § 850d ZPO durch ein Kind 28
  II. Beispiele: Rangfolge mehrerer Unterhalts-
      berechtigter 31
E. Prozesskostenhilfe in der Zwangsvoll-
   streckung 39
F. Die Unterhaltsforderung im Insolvenz-
   verfahren 40

A. Grundlagen

1 Einem Unterhaltsgläubiger steht bei einer Einkommenspfändung das Wahlrecht zu, eine „normale" Pfändung nach § 850c ZPO oder eine Vorrechtspfändung nach § 850d ZPO zu betreiben.

2 Das Pfändungsvorrecht des § 850d ZPO wird jedoch nur auf ausdrücklichen oder konkludenten Antrag ausgesprochen.

3 Da das Pfändungsverfahren nach § 850c ZPO keine Besonderheit bildet, wird im Folgenden lediglich der Fall des § 850d ZPO erläutert.

B. Anwendungsvoraussetzungen

4 Die Anwendung nach § 850d ZPO setzt voraus, dass es sich um **Unterhaltsansprüche** handelt, die **kraft Gesetzes** gegen den Schuldner bestehen.

5 Für die Pfändung wegen rückständiger Unterhaltsansprüche, die **länger als ein Jahr** vor dem Antrag auf Erlass des Pfändungsbeschlusses fällig geworden sind, gilt § 850d ZPO nicht, wenn nicht anzunehmen ist, dass der Schuldner sich seiner **Zahlungspflicht absichtlich entzogen** hat.

6 § 850d ZPO berücksichtigt damit **nur gesetzliche Unterhaltspflichten** und nicht freiwillige oder vertragliche. § 850d ZPO stellt nicht darauf ab, durch welche Titelart der Anspruch tituliert wurde, sondern stellt lediglich klar, dass es sich bei dem Unterhaltsanspruch selbst um einen gesetzlichen Anspruch handeln muss.

C. Besonderheiten

I. Angaben zur absichtlichen Entziehung

7 Für die Anwendung des § 850d Abs. 1 Satz 4 ZPO müssen die Unterhaltsrückstände länger als ein Jahr vor dem Antrag auf Erlass des Pfändungs- und Überweisungsbeschlusses fällig geworden sein.

8 „Absichtlich entzogen" im Sinne des § 850d ZPO hat sich ein Schuldner seiner Zahlungsverpflichtung dann, wenn er durch ein zweckgerichtetes Verhalten (auch Unterlassen) die **zeitnahe Realisierung der Unterhaltsschuld** verhindert oder zumindest **wesentlich erschwert** hat.

9 Der Gläubiger braucht jedoch lediglich bei der Beantragung des Pfändungs- und Überweisungsbeschlusses vortragen, dass sich der Schuldner der Unterhaltspflicht absichtlich entzogen hat. Der BGH hat dazu festgelegt:[1] „Erfasst die erweiterte Pfändung wegen gesetzlicher Unterhaltsansprüche überjährige Rückstände, trägt der Schuldner die Darlegungs- und Beweislast dafür, dass er sich seiner Zahlungspflicht nicht absichtlich entzogen hat."

---

[1] BGH v. 21.12.2004 - IXa ZB 273/03 - Rpfleger 2005, 204.

Die Anordnung der Bevorrechtigung älterer Unterhaltsrückstände im Sinne von § 850d Abs. 1 Satz 4 ZPO ist auch nachträglich zulässig.[2]

Im Ergebnis hat also der Gläubiger bei einer Pfändung nach § 850d ZPO immer zusätzlich folgende Angaben zu machen:
- Anzahl weiterer Unterhaltspflichten die der Schuldner erbringt (eventuell deren Rangklasse nach § 850d Abs. 2 ZPO i.V.m. § 1609 BGB und § 16 LPartG),
- Angabe, dass sich der Schuldner absichtlich seiner Unterhaltspflicht entzogen hat, wenn überjährige Unterhaltsrückstände geltend gemacht werden.

II. Keine Besserstellung durch Unterhaltspfändung

Der dem Schuldner nach § 850d ZPO verbleibende Teil des Arbeitseinkommens darf den Betrag nicht übersteigen, der ihm nach den Vorschriften des § 850c ZPO gegenüber nicht bevorrechtigten Gläubigern zu verbleiben hätte. Damit ist ausgeschlossen, dass sich die Anwendung des § 850d ZPO, die für den Gläubiger ja ein Vorteil sein soll, nachteilig für diesen auswirkt.

III. Bemessung des pfandfreien Betrags

1. Beschränkte Pfändbarkeit von Sonderzuwendungen

Beachte: Das Arbeitseinkommen des Schuldners und die in § 850a Nr. 1, 2 und 4 ZPO genannten pfandfreien Beträge sind für den Unterhaltsgläubiger nach § 850d ZPO ohne die Beschränkungen des § 850c ZPO pfändbar.

Allerdings muss dem Schuldner von den pfandfreien Beträgen nach § 850a Nr. 1 (Einkommen aus Mehrarbeitsstunden), Nr. 2 (Urlaubs- und Treuegeld, Zuwendungen wegen besonderer Betriebsereignisse) und Nr. 4 (Teile der Weihnachtsvergütung) ZPO mindestens die Hälfte verbleiben.

2. Notwendiger Unterhalt

Gemäß § 850d Abs. 1 ZPO ist dem Schuldner so viel zu belassen, wie er für seinen eigenen notwendigen Unterhalt bedarf. Der Umfang des „notwendigen" Unterhaltes ist gesetzlich nicht festgelegt.

Der notwendige Unterhalt im Sinne des § 850d Abs. 1 ZPO ist in der Rechtsprechung nach unten begrenzt durch das **Existenzminimum nach dem SGB**, bei erwerbstätigen Schuldnern unter Berücksichtigung eines Mehrbedarfs zur Abdeckung berufsbedingter Kosten und zur Aufrechterhaltung eines Arbeitsanreizes.[3]

Will man nun also den pfändungsfreien Betrag für den Schuldner ermitteln, ist im Regelfall also zu entscheiden, welchen fiktiven Anspruch dieser an Arbeitslosengeld II hätte.

IV. Zusammentreffen von Pfändungsgläubiger mit anderen unterhaltsberechtigten Personen

In § 850d Abs. 2 ZPO i.V.m. § 1609 BGB und § 16 LPartG ist die Rangfolge der unterhaltsberechtigten Personen geregelt.

„(2) § 850d Abs. 2 ZPO
Mehrere nach Absatz 1 Berechtigte sind mit ihren Ansprüchen in der Reihenfolge nach § 1609 des Bürgerlichen Gesetzbuchs und § 16 des Lebenspartnerschaftsgesetzes zu berücksichtigen, wobei mehrere gleich nahe Berechtigte untereinander den gleichen Rang haben.

§ 1609 BGB
Sind mehrere Unterhaltsberechtigte vorhanden und ist der Unterhaltspflichtige außerstande, allen Unterhalt zu gewähren, gilt folgende Rangfolge:
1. minderjährige unverheiratete Kinder und Kinder im Sinne des § 1603 Abs. 2 Satz 2,
2. Elternteile, die wegen der Betreuung eines Kindes unterhaltsberechtigt sind oder im Fall einer Scheidung wären, sowie Ehegatten und geschiedene Ehegatten bei einer Ehe von langer Dauer; bei der Feststellung einer Ehe von langer Dauer sind auch Nachteile im Sinne des § 1578b Abs. 1 Sätze 2 und 3 zu berücksichtigen,
3. Ehegatten und geschiedene Ehegatten, die nicht unter Nummer 2 fallen,
4. Kinder, die nicht unter Nummer 1 fallen,
5. ..."

---

[2] LG Konstanz v. 13.06.2003 - 62 T 55/03 - Rpfleger 2003, 677.
[3] BGH v. 18.07.2003 - IXa ZB 151/03 - BGHZ 156, 30-38.

19 Trifft z.B. ein Pfändungsgläubiger (minderjähriges Kind) aus der Rangklasse der Nr. 1 des § 1609 BGB mit einem volljährigen Kind aus der Rangklasse der Nr. 4 zusammen, ist das volljährige Kind nachrangig.

20 Auch gegenüber dem volljährigen Kind kann der Schuldner noch gesteigert unterhaltspflichtig sein, wenn die Voraussetzungen des § 1603 Abs. 2 BGB gegeben sind, so dass dieses „Kind" noch in die Rangklasse Nr. 1 des § 1609 BGB fallen kann.

V. Übergegangene Unterhaltsansprüche (Sozialamt/Unterhaltsvorschusskasse)

21 Wenn ein „Dritter", nämlich z.B. Sozialamt/Unterhaltsvorschusskasse, an Stelle des Unterhaltsschuldners geleistet hat, kommt das Vorrecht des § 850d ZPO auch dem Ersatzanspruch des „Dritten" zu. Der übergegangene Anspruch darf aber nicht zum Nachteil des eigentlichen Unterhaltsberechtigten, zumindest soweit es den laufenden Unterhalt betrifft, geltend gemacht werden. In einem solchen (Mangel-)Fall kann zumeist erst im Erinnerungsverfahren entschieden werden, ob der Dritte den Übergang bzgl. des Unterhalts geltend machen kann.

VI. Unterhaltsforderung und Kontopfändung

22 Bei der Kontopfändung ist die Vorauspfändung künftiger Kontoguthaben wegen künftig fällig werdender Unterhaltsansprüche ebenfalls zulässig.[4] Im Übrigen ergeben sich keine vollstreckungsrechtlichen Besonderheiten.

23 Ab dem 01.07.2010 sind jedoch auch die Angaben der weiteren Unterhaltspflichten des Schuldners (Ehegatte, weitere Kinder, Alter der Kinder) und ob der Schuldner derzeit seinen laufenden Unterhaltsverpflichtungen nachkommt, bei einer Kontopfändung von wesentlicher Bedeutung, da im Rahmen einer Umstellung des Schuldners auf ein sog. P-Konto (Pfändungsschutzkonto) der übliche Selbstbehalt eines P-Kontos (vgl. § 850k Abs. 1 und 2 ZPO) gekürzt werden kann (§ 850k Abs. 3 ZPO). Auch muss im Rahmen der Kontopfändung nun angegeben werden, ob der Schuldner arbeitet oder nicht, da eventuell bei der Berechnung des Selbstbehaltes ein Bonus als Arbeitsanreiz zu berücksichtigen ist (vgl. Rn. 16).

24 Es empfiehlt sich also, als Gläubiger einer Unterhaltsforderung in den Antrag einer Kontopfändung folgende Formulierung aufzunehmen:
„Gem. § 850k Abs. 3 ZPO wird der pfandfreie Betrag im Rahmen dieses Pfändungs- und Überweisungsbeschlusses auf monatlich XXX € zzgl. XXX der darüber hinausgehenden Gutschriften (dieser Passus ist erforderlich, wenn weitere gleichrangige Unterhaltspflichten bestehen, die der Schuldner bedient) bestimmt."

25 Wird bei einer Kontopfändung nicht ausdrücklich der Selbstbehalt mit dem Pfändungs- und Überweisungsbeschluss bestimmt und handelt es sich um ein Pfändungsschutzkonto (P-Konto), gilt auch für diese Pfändung der Pfändungsschutz nach § 850k Abs. 1 und 2 ZPO mit dem jeweils geltenden Sockelbetrag nach § 850c Abs. 1 ZPO. Es ist derzeit noch umstritten, ob bei einer Kontopfändung wegen einer Unterhaltsforderung das Gericht von Amts wegen einen anderweitigen Sockelbetrag nach § 850k Abs. 3 ZPO zu bestimmen hat oder der Gläubiger hierzu einen konkreten Antrag stellen muss. Der Wortlaut des § 850k Abs. 3 ZPO setzt für eine anderweitige Bestimmung des Sockelbetrages durch das Gericht keinen konkreten Antrag voraus, jedoch empfiehlt sich, die o.g. Formulierung um einen Streitfall zu vermeiden.

26 Die Bestimmung des Selbstbehaltes nach § 850k Abs. 3 ZPO kann auch nachträglich (bei einer bereits bestehenden Kontopfändung) erfolgen.

VII. Wechsel der Steuerklasse nach Pfändung

27 Nicht selten wechselt der Schuldner nach der Anbringung einer Pfändung von Arbeitseinkommen (in der Praxis häufig bei Unterhaltspfändungen) in eine schlechtere Steuerklasse und dessen (neuer) Ehepartner in eine günstigere. Das Vollstreckungsgericht kann anordnen, dass ein Schuldner sich so behandeln lassen muss, als wenn er in einer bestimmten Steuerklasse wäre. Die hierzu entstandenen Rechtsprechungsgrundsätze besagen jedoch, dass der Gläubiger unter Angabe konkreter Tatsachen glaubhaft machen muss, dass der Schuldner nach der Pfändung ohne sachlichen Grund mit Manipulationsabsicht zum Nachteil des Gläubigers die für den Gläubiger ungünstigere Steuerkasse gewählt hat.[5]

---

[4] BGH v. 31.10.2003 - IXa ZB 200/03 - Rpfleger 2004, 169.
[5] LG Münster v. 29.01.2003 - 5 T 1191/02 - Rpfleger 2003, 254.

D. Beispiele/Muster

I. Beispiel: Erwerbstätiger Schuldner, Unterhaltspfändung nach § 850d ZPO durch ein Kind

Der Schuldner ist erwerbstätig und hat ein unterhaltsberechtigtes minderjähriges Kind, welches das Pfändungsvorrecht nach § 850d ZPO geltend macht. In diesem Fall berechnet sich der pfändungsfreie Betrag wie folgt:

- **Regelsatz für den Haushaltsvorstand**: 1 Person mit 347 €. Der Bundestag hat am 17.02.2006 in zweiter und dritter Lesung das zweite Gesetz zur Änderung des SGB II beschlossen, danach gilt ab dem 01.07.2006 einheitlich in West- und Ostdeutschland der Regelsatz von 345 € für den Haushaltsvorstand. Der Regelsatz wurde inzwischen auf 391 € erhöht.
- **Besonderer Mehrbedarf (Erhöhung Regelsatz d. Haushaltsvorstands)**: Mehrbedarf wegen Erwerbstätigkeit: In der Rechtsprechung ist nach der überwiegenden Meinung der Erwerbstätigenzuschlag nicht nach § 11b Abs. 3 SGB II und damit nicht konkret zu ermitteln, sondern mit einem pauschalen Zuschlag abzugelten. Dies gilt auch dann, wenn der Schuldner im Rahmen der ergänzenden Sozialhilfe einen höheren Erwerbstätigenfreibetrag erhält.[6] In der Rechtsprechung wird häufig 25% des Regelsatzes = 97,75 € angenommen, um dem berufstätigen Schuldner einen Anreiz zur Weiterführung der Arbeit zu geben. Dies entspricht der heute gängigen Praxis und dürfte nach der Neufassung des § 850f Abs. 1a ZPO auch keinen rechtlichen Bedenken mehr begegnen.[7] Die Berechnung nach der konkreten Methode nach § 11b SGB II ergibt z.B. bei 1200 € Bruttomonatseinkommen einen Mehrbedarf von 300 € (= 100 € + 0,2 * 900 € + 0,1 * 200 €), vgl. § 11b Abs. 2 Satz 1 und Abs. 3 SGB II (Mindermeinung).
- **Mietkosten inkl. Nebenkosten**: Für die Betrachtung der Wohnkosten des Schuldners müssen ebenfalls die Berechnungsgrundsätze des SGB herangezogen werden. Gem. § 22 SGB II sind Leistungen für Unterkunft und Heizung in Höhe der tatsächlichen Aufwendungen zu berücksichtigen, **soweit diese angemessen sind**. Die Angemessenheit von Unterkunftskosten ist danach zu beurteilen, ob die Kosten sich im Rahmen dessen halten, was bei Wohnungen ortsüblich erwartet werden muss. Der Unterkunftsbedarf des Schuldners kann daher grundsätzlich durch Wohnungen befriedigt werden, die sich von ihrem Mietpreis her im unteren Bereich der für vergleichbare Wohnungen am Wohnort des Schuldners marktüblichen Wohnungsmieten bewegen.
- Um entsprechende Vergleiche anstellen zu können, ist zunächst der Wohnbedarf nach den individuellen Verhältnissen des Einzelfalles zu bemessen. Dies sind für eine Person ca. 45 qm.
- Als zweiter Schritt zur Bestimmung der Angemessenheitsgrenze sind die am Wohnort des Schuldners im unteren Bereich marktüblichen Wohnungsmieten festzustellen.
- Unter Berücksichtigung der Grundsätze und Strukturprinzipien der Grundsicherung kann der ermittelte Wohnraum durch Wohnungen in einfacher Lage und einfacher Ausstattung gedeckt werden. Nach Lage auf dem örtlichen Wohnungsmarkt ist, je nach Ausgestaltung des örtlichen Mietspiegels, eine Grenze der Angemessenheit zu bestimmen. Die Angemessenheitsgrenze orientiert sich an dem notwendigen Wohnraumbedarf von Personengruppen mit niedrigem Einkommen. Die angemessenen Wohnkosten können damit von Ort zu Ort schwanken und im Rahmen einer allgemeinen Darstellung nicht festgelegt werden.
- Bewohnt jemand ein Eigenheim oder eine Eigentumswohnung, gehören zu den Kosten der Unterkunft auch die damit verbundenen Belastungen (zum Beispiel Schuldzinsen für Hypotheken, Grundsteuer, Wohngebäudeversicherung, Erbbauzins, Nebenkosten wie bei Mietwohnungen), jedoch nicht die Tilgungsraten.
- **Heizkosten**: Der angemessene Umfang des Heizbedarfs richtet sich nach der Anzahl der zu beheizenden Räume (Wohnfläche). Bei einer Wohnung mit einem Ein-Personen-Haushalt ist eine zu beheizende Wohnfläche von ca. 30 qm zu Grunde zu legen.
- Angemessene **Kosten für Fahrten zur Arbeitsstätte** und **Kosten für Arbeitsmittel**. Allgemein sei bei diesen Kosten darauf hingewiesen, dass die Belastungen außergewöhnlich und damit über die übliche Belastung hinausgehend sein müssen. Angelehnt an sozialhilferechtliche Ausführungsver-

---

[6] LG Münster v. 29.05.2009 - 5 T 18/09.
[7] KG Berlin v. 03.02.1994 - 1 W 6713/93 - Rpfleger 1994, 373 und OLG Frankfurt v. 13.07.1999 - 26 W 52/99 - NJW-RR 2000, 220.

ordnungen (VO zu § 82 SGB XII) wird von den Gerichten häufig, wie bei der Prozesskostenhilfe, ein Betrag von 5,20 € pro Entfernungskilometer und Monat angesetzt (beschränkt auf max. 40 km), jedoch sind hier auch Pauschalen denkbar.
- **Sonstiges** je nach Einzelfall.

Addiert man nun die Positionen von Ziffer 1 bis 6, erhält man so den pfandfreien Betrag nach § 850d ZPO für den Schuldner.

29 **Keine Berücksichtigung** können weitere Ausgaben des Schuldners für **Kreditraten**, **private Altersvorsorge** oder **höhere Mietkosten** finden; das Vollstreckungsgericht kann lediglich bei besonderen Ausgaben, z.B. für Fahrtkosten zur Arbeitsstätte oder Krankheitskosten, eine Anhebung des pfandfreien Betrages vornehmen.

30 **Vermögenswirksame Leistungen**, die der Arbeitgeber direkt vom Gehalt des Schuldners einbehält, können ebenfalls nicht zu einer Anhebung des pfandfreien Betrages führen, da diese rechtlich Sparbeträge des Schuldners sind.

II. Beispiele: Rangfolge mehrerer Unterhaltsberechtigter

31 **Beispiel 1**: Das minderjährige Kind a) (aus § 1609 Nr. 1 BGB) ist Pfändungsgläubiger. Bei dem Schuldner wohnt das volljährige Kind c) (aus § 1609 Nr. 4 BGB). Für den Schuldner verbleibt nur der pfandfreie Betrag, als wenn er keine weiteren Unterhaltspflichten hätte, da das Kind c) nachrangig zu dem Kind a) ist. Treffen zwei Unterhaltsberechtigte aus der gleichen Rangklasse aufeinander, so müssen diese sich den pfändbaren Betrag teilen.

32 **Beispiel 2**: Das minderjährige Kind a) ist Pfändungsgläubiger. Bei dem Schuldner wohnt das minderjährige Kind b). Weitere Unterhaltspflichten bestehen nicht. Der Selbstbehalt für den Schuldner wird ermittelt. Als Basis für die Berechnung gilt hier, wie oben beschrieben, die fiktive SGB-Leistung. Die fiktive SGB-Leistung ist anhand eines Ein-Personen-Haushalts zu ermitteln. Nehmen wir an, der ermittelte Betrag würde 780 € betragen, so würde es im Pfändungs- und Überweisungsbeschluss wie folgt lauten:
„Dem Schuldner haben zu verbleiben: 780 € monatlich zzgl. ½ des Nettomehrbetrages."
Damit ist im Ergebnis für den Pfändungsgläubiger ½ des Nettomehrbetrages pfändbar. Die höheren Wohnkosten, Lebenshaltungskosten, ..., da der Schuldner vorliegend ja einen 2-Personenhaushalt (Schuldner + Kind) führt, sind aus dem ihm zuerkannten ½ des Nettomehrbetrages zu bestreiten. Im Ergebnis müssen sich also die Unterhaltsgläubiger den Nettomehrbetrag teilen.
Wichtig: Für den Schuldner sind nur die Unterhaltspflichten zu berücksichtigen, für die dieser tatsächlich Unterhalt (Geld/Naturalleistung) erbringt (freiwillig oder auch durch Pfändung).

33 **Hinweis** (Verteilung bei unterschiedlichem Unterhaltsbedarf): Bei gleichrangiger Berechtigung von Unterhaltsberechtigten kann das den eigenen Unterhalt des Schuldners übersteigende (Netto-)Einkommen auf die Gleichberechtigten nach dem Verhältnis ihres Unterhaltsbedarfs aufgeteilt werden. Eine solche Aufteilung kann direkt bei der Pfändung oder auch nachträglich beantragt werden.

34 **Hinweis** (Verteilung nach Kopfteilen): Neben der oben beschriebenen Verteilung bei unterschiedlichem Unterhaltsbedarf wird häufig in der Praxis das den eigenen Unterhalt des Schuldners übersteigende (Netto-)Einkommen auf die Gleichberechtigten nach Kopfteilen aufgeteilt – wie im obigen Beispiel 2 –, da oftmals der tatsächliche Unterhaltsbedarf nicht bekannt ist.

35 **Beispiel 3**: Das volljährige Kind a) ist Pfändungsgläubiger. Bei dem Schuldner wohnt das minderjährige Kind b). Weitere Unterhaltspflichten bestehen nicht. In diesem Fall kommt zum Selbstbehalt des Schuldners noch der Selbstbehalt des minderjährigen Kindes hinzu, da dieses in der Rangklasse vor dem Pfändungsgläubiger steht. Der Bedarf des minderjährigen Kindes bestimmt sich wie folgt:
Erbringt der Schuldner z.B. für das minderjährige Kind eine durch ein Gericht festgelegte Unterhaltspflicht in Geld, so kann diese auf den Selbstbehalt des Schuldners addiert werden.
Im obigen Beispiel können auch die Grundsätze aus dem SGB Anwendung finden (Stand: 01.01.2014):
- Haushaltsangehörige, die jünger als 6 Jahre alt sind, mit 229 €,
- Haushaltsangehörige, die im Alter zwischen 6 und 13 Jahre sind, mit 261 €,
- Haushaltsangehörige, die im Alter zwischen 14 und 17 Jahre sind, mit 296 €,
- 18-24-jährige Mitglieder der Bedarfsgemeinschaft im Haushalt der Eltern, mit 313 €.

Zu beachten ist auch, dass im Beispielsfall die Miet- und Nebenkosten für einen Zwei-Personen-Haushalt berücksichtigungsfähig sind.
Im Durchschnitt können die folgenden qm-Zahlen einer Wohnung als angemessen angesehen werden (für den Wohnbedarf eines Schuldners kann von den Wohnflächengrenzen in den jeweiligen Verwal-

tungsvorschriften der Bundesländer zum WoBindG ausgegangen werden). In der Regel bewegen sich die Größen in den folgenden Bereichen:

- 1 Person: circa 45-50 qm,
- 2 Personen: 2 Wohnräume, circa 60 qm,
- 3 Personen: 3 Wohnräume, circa 75 qm,
- 4 Personen: 4 Wohnräume, circa 85-90 qm,
- sowie für jedes weitere Familienmitglied circa 10 qm oder 1 Wohnraum mehr.

Beispiel 4: Häufiger Praxisfall ist das Zusammentreffen zwischen **minderjährigen Kindern** aus erster Ehe und der **zweiten Ehefrau**, die beim Schuldner lebt.

Bis zum 31.12.2007 galt:
Dem in dieser Weise in § 850d Abs. 2a ZPO gekennzeichneten Rangverhältnis zwischen dem geschiedenen und dem neuen Ehegatten kann bei Vorhandensein minderjähriger unverheirateter Kinder nur dadurch Rechnung getragen werden, dass der Anwendungsbereich des § 1609 Abs. 2 Satz 1 BGB bei einer Kollision mit der Rangregel des § 1582 BGB in Mangelfällen dahin eingeschränkt wird, dass der in § 1609 Abs. 2 Satz 1 BGB angeordnete Gleichrang mit „dem Ehegatten" nur für den nach § 1582 BGB privilegierten geschiedenen, und nicht auch für den (relativ) nachrangigen neuen Ehegatten gilt. Dass die zweite Ehefrau den gleichen Rang wie die minderjährigen Kinder des Schuldners aus erster Ehe haben soll, lässt sich nicht herleiten. Ein derartiges Verständnis des § 1582 BGB ließe sich mit dem Grundprinzip des § 1609 Abs. 1 und Abs. 2 Satz 1 BGB nicht vereinbaren, nach welchem den minderjährigen unverheirateten Kindern stets der erste Unterhaltsrang zukommen soll. Bei der Bemessung des notwendigen Unterhalts des Schuldners nach § 850d ZPO kann daher eine nach § 1609 Abs. 2 Satz 1 BGB gegenüber den pfändenden erstehelichen Kindern nachrangige zweite Ehefrau nicht berücksichtigt werden.[8]

Seit dem 01.01.2008 gilt: Seit der Neufassung des § 850d ZPO durch das Gesetz zur Änderung des Unterhaltsrechts vom 21.12.2007 m.W.v. 01.01.2008 stellt dieser Fall keine besondere Schwierigkeit mehr dar, da den minderjährigen Kindern durch den § 1609 Nr. 1 BGB immer der erste Rang zugeordnet wird.

E. Prozesskostenhilfe in der Zwangsvollstreckung

Im Zwangsvollstreckungsverfahren ist die Vertretung durch Anwälte nicht vorgeschrieben. In diesem Verfahren kann dem Gläubiger ein Rechtsanwalt deshalb nur dann beigeordnet werden, wenn dieses zur Wahrnehmung seiner Rechte erforderlich ist, § 121 Abs. 2 ZPO. Nach der Rechtsprechung des BGH ist auch bei einer Unterhaltsvollstreckung im Einzelfall zu prüfen, ob die Beiordnung eines Rechtsanwalts nach § 121 Abs. 2 ZPO erforderlich erscheint. Demnach hängt die Notwendigkeit der Beiordnung einerseits von der Schwierigkeit der im konkreten Fall zu bewältigenden Rechtsmaterie und andererseits von den persönlichen Fähigkeiten und Kenntnissen gerade des Antragstellers ab.[9]

F. Die Unterhaltsforderung im Insolvenzverfahren

Wenn über das Vermögen des Unterhaltsschuldners das Insolvenzverfahren eröffnet wird, sind sämtliche Unterhaltsrückstände, die bis zum Zeitpunkt der Eröffnung des Insolvenzverfahrens fällig geworden sind, Insolvenzforderungen und müssen/können vom Unterhaltsberechtigten bzw. dessen Vertreter als Forderungen beim Insolvenzverwalter angemeldet werden. Die Unterhaltsrückstände werden damit als normale Tabellenforderung nur mit einer entsprechenden Quote durch den Insolvenzverwalter befriedigt. Der Unterhaltsgläubiger wird damit hinsichtlich seiner rückständigen Unterhaltsforderung zum Insolvenzgläubiger.[10] Wird dem Unterhaltsschuldner am Ende des Insolvenzverfahrens die Restschuldbefreiung erteilt und wurde nicht in der Insolvenztabelle festgestellt, dass es sich bei der Verbindlichkeit des Schuldners um eine aus einer vorsätzlich begangenen unerlaubten Handlung handelt, können diese Unterhaltsrückstände nicht mehr vom Schuldner gefordert werden. Die Forderung unterliegt damit der Restschuldbefreiung!

---

[8] OLG Köln v. 11.03.1992 - 2 W 16/92 - FamRZ 1992, 845.
[9] BGH v. 18.07.2003 - IXa ZB 124/03 - NJW 2003, 3136; BGH v. 25.09.2003 - IXa ZB 192/03 - FamRZ 2003, 1921.
[10] Vgl. *Eickmann* in: HK-InsO, 4. Aufl., § 40 InsO Rn. 1 und § 89 InsO Rn. 3.

41 Ab dem 01.07.2014 unterliegen Verbindlichkeiten aus rückständigem gesetzlichem Unterhalt nicht mehr der Restschuldbefreiung, wenn der Schuldner diesen vorsätzlich pflichtwidrig nicht gewährt hat. Es wird daher bei der zukünftigen Titulierung von Unterhaltsrückständen gezielt darauf zu achten sein, dass auch die vorsätzlich pflichtwidrige Nichterfüllung durch den Schuldner möglichst mit tituliert wird.

42 Die Unterhaltsforderungen, die nach Eröffnung des Insolvenzverfahrens fällig werden, sind keine Insolvenzforderungen im Sinne des § 38 InsO, da sie zur Zeit der Eröffnung des Insolvenzverfahrens noch keinen begründeten Vermögensanspruch gegen den Schuldner darstellen. Im Gegensatz zu den oben genannten rückständigen Unterhaltsansprüchen sind diese neuen Unterhaltsforderungen nicht von der Restschuldbefreiung erfasst. Eine Durchsetzung des Unterhaltsanspruchs für die Zeit nach der Insolvenzeröffnung ist jedoch nur eingeschränkt möglich, da das Vollstreckungsverbot nach § 89 InsO auch für die sogenannten „Neugläubiger" (also Gläubiger deren Forderung erst nach Insolvenzeröffnung begründet wird) gilt. § 89 Abs. 2 InsO regelt jedoch, dass in den Teil der Bezüge des Schuldners, der für andere Gläubiger nicht pfändbar ist, eine Vollstreckung eines Unterhaltsgläubigers (wegen seiner nach Eröffnung fälligen Unterhaltsforderungen) möglich ist. Vereinfacht ausgedrückt bedeutet dies, dass der Teil des Einkommens des Schuldners der nach § 850c ZPO pfändbar ist, für die Insolvenzmasse reserviert ist und der Differenzbetrag zwischen § 850d ZPO und § 850c ZPO für den Unterhaltsgläubiger pfändbar ist.[11]

43 In der Praxis empfiehlt es sich für den Unterhaltsgläubiger in den Vordruck für den Erlass eines Pfändungs- und Überweisungsbeschlusses bei einem Insolvenzschuldner folgende Formulierung aufzunehmen/vorzugeben:
„Es wird angeordnet, dass sich die Pfändung nur auf den Teil der Bezüge bezieht, der für andere Gläubiger nicht pfändbar ist. Somit bezieht sich die Pfändung gem. § 850 d ZPO nur auf den Differenzbetrag zwischen ... € (hier wäre der pfandfreie Betrag nach § 850d ZPO einzutragen) monatlich und dem unpfändbaren Betrag gem. § 850c ZPO."

44 Während der Restschuldbefreiungsphase ist der Schuldner nicht mehr vor der Vollstreckung der sog. „Neugläubiger" (also der Unterhaltsforderung ab Insolvenzeröffnung) geschützt. Zwangsvollstreckungen für einzelne Insolvenzgläubiger in das Vermögen des Schuldners sind während der Laufzeit der Abtretungserklärung jedoch weiterhin nicht zulässig, so dass die zum Zeitpunkt der Insolvenzeröffnung rückständige Unterhaltsforderung nicht vollstreckt werden kann. Der Unterhaltsgläubiger kann jedoch nun seine Unterhaltsforderung, die nach der Insolvenzeröffnung entstanden/fällig geworden ist, vollstrecken.Der Drittschuldner hat hier jedoch das Rangverhältnis zwischen der Abtretungserklärung gemäß § 287 Abs. 2 InsO und einem neuen Pfändungs- und Überweisungsbeschluss zu beachten. Da von der Abtretungserklärung im Insolvenzverfahren der Differenzbetrag zwischen den Beträgen nach § 850d ZPO und § 850c ZPO ebenfalls nicht umfasst ist, ist es für einen Unterhaltsgläubiger während der Restschuldbefreiungsphase des Unterhaltsschuldners möglich, einen „normalen" Pfändungs- und Überweisungsbeschluss nach § 850d ZPO zu bewirken.

---

[11] BGH v. 15.11.2007 - IX ZB 226/05 - FamRZ 2008, 257-258, BGH v. 20.12.2007 - IX ZB 280/04 - FamRZ 2008, 684.

§ 1602 BGB Bedürftigkeit

(Fassung vom 02.01.2002, gültig ab 01.01.2002)

(1) Unterhaltsberechtigt ist nur, wer außerstande ist, sich selbst zu unterhalten.

(2) Ein minderjähriges unverheiratetes Kind kann von seinen Eltern, auch wenn es Vermögen hat, die Gewährung des Unterhalts insoweit verlangen, als die Einkünfte seines Vermögens und der Ertrag seiner Arbeit zum Unterhalt nicht ausreichen.

Gliederung

A. Grundlagen ... 1	c. Wohngeld ... 170
B. Anwendungsvoraussetzungen ... 19	2. Fiktives Einkommen ... 171
I. Einkommen ... 19	3. Vermögen des unterhaltsberechtigten Elternteils ... 179
1. Tatsächliches Einkommen ... 23	a. Vermögenserträge ... 180
a. Ausbildungsvergütung ... 24	b. Vermögensstamm ... 182
b. Arbeitseinkünfte eines Studenten ... 29	c. Vermögensstamm (Kapital) ... 215
c. Arbeitseinkünfte eines Schülers ... 39	C. Prozessuale Hinweise/Verfahrenshinweise ... 220
d. BAföG-Leistungen ... 40	I. Darlegungs- und Beweislast ... 220
e. Sonstige Einkünfte ... 49	II. Vertretung des Kindes ... 224
2. Erzielbares Einkommen ... 51	1. Verfahrensstandschaft gem. § 1629 Abs. 2 Satz 2 BGB ... 224
a. Erwerbsobliegenheit eines Kindes ... 51	2. Obhutswechsel des Kindes ... 227
b. Hypothetisches Einkommen in anderen Fällen/BAföG ... 74	III. Eintritt der Volljährigkeit des Kindes ... 230
c. Studiendarlehen ... 87	1. Zeitliche Wirkung eines Titels über Kindesunterhalt ... 230
3. Abzüge vom Einkommen ... 90	2. Berechtigung zur Vollstreckung aus einem Unterhaltstitel ... 232
4. Anrechenbare Sozialleistungen ... 94	3. Auswirkungen auf ein laufendes Unterhaltsverfahren ... 233
a. Leistungen nach SGB II ... 95	4. Abänderungsverfahren gegen Unterhaltstitel aus der Zeit der Minderjährigkeit ... 234
b. Erziehungsgeld/Elterngeld ... 110	
c. Betreuungsgeld ... 111	5. Berufsrechtliche Frage eines Interessenkonfliktes des Anwalts ... 238
d. Kinderbonus ... 114	6. Verfahrenskostenhilfe ... 239
e. Unterhaltsvorschussleistungen ... 115	7. Verjährung ... 241
5. Freiwilliges Soziales Jahr ... 116	IV. Auslandsfälle ... 242
II. Vermögen ... 117	D. Steuerrechtliche Hinweise ... 252
1. Anrechnung des Wohnvorteils ... 120	
2. Verwertung der Vermögenssubstanz ... 123	
III. Bedürftigkeit beim Elternunterhalt ... 130	
1. Tatsächliches Einkommen ... 136	
a. Eigenes Erwerbseinkommen ... 136	
b. Sozialleistungen ... 138	

A. Grundlagen

Unterhaltsberechtigt ist nur, wer außerstande ist, sich selbst zu unterhalten. Daraus folgt im Grundsatz ein lebenslanger Unterhaltsanspruch.[1] **1**

Auch im Verwandtenunterhalt gilt das Prinzip der **Eigenverantwortung**. Im Rahmen der eigenen Möglichkeiten und mit zumutbaren Anstrengungen muss daher der eigene Lebensbedarf sichergestellt werden. Erst wenn dies nicht möglich ist, kann ein Verwandter auf Unterhaltszahlungen in Anspruch genommen werden. Die **Bedürftigkeit** ist folglich Grundvoraussetzung für den eigenen Unterhaltsanspruch. Nur wer sich weder aus eigenem Einkommen noch aus eigenem Vermögen angemessen unterhalten kann, ist selbst bedürftig. § 1602 Abs. 2 BGB schränkt die Anrechnung des Vermögens für minderjährige unverheiratete Kinder ein. **2**

Wird der Bedarf eines Unterhaltsberechtigten auf andere Weise gedeckt, vermindert sich sein Anspruch entsprechend. So ist beim Ehegattenunterhalt anerkannt, dass der **Synergieeffekt** aufgrund des Zusammenlebens mit einem anderen Partner unterhaltsrechtliche Bedeutung haben kann. Dies kann **3**

---

[1] Zu den rechtspolitischen Überlegungen, auch hier – wie beim Ehegattenunterhalt – eine gesetzliche Befristung einzuführen, ausführlich *Götz*, Unterhalt für volljährige Kinder, 2007, S. 165 ff.

§ 1602

sich einmal auf die **Bedürftigkeit** des Unterhaltsberechtigten auswirken, aber auch – über die Herabsetzung des Selbstbehaltes – die **Leistungsfähigkeit** des Unterhaltspflichtigen erhöhen (vgl. die Kommentierung zu § 1603 BGB Rn. 269).

4   Erforderlich ist allerdings, dass der jeweilige **Partner** ausreichend **leistungsfähig** ist.[2]

5   Dabei wird unterstellt, dass durch ein Zusammenleben eine – vom Gericht zu schätzende – Ersparnis der Haushaltskosten eintritt. Der Beteiligte, zu dessen Lasten diese Anrechnung erfolgt, kann im Einzelfall **darlegen und ggf. beweisen**, dass **keine konkrete Ersparnis** eintritt.[3]

6   Eine solche Anrechnung ist nicht nur bei Zusammenleben mit einem (neuen) Partner möglich, sondern auch bei einer Haushaltsgemeinschaft mit leistungsfähigem volljährigem Kind.[4]

7   Lebt ein volljähriges unterhaltsberechtigtes Kind mit einem Freund zusammen, der über hinreichendes Einkommen verfügt, so ist davon auszugehen, dass damit auch der Unterhaltsbedarf des Kindes teilweise mit abgedeckt worden ist. Das OLG Naumburg[5] rechnet hier auf den ungedeckten Unterhaltsbedarf des Kindes eine **Haushaltsersparnis** an (vgl. auch die Kommentierung zu § 1610 BGB Rn. 279 f.).

8   In der Überlassung eines Teils der **Wohnung** an ein mit der Mutter zusammenlebendes Kind wird teilweise die Leistung von **Naturalunterhalt** gesehen, der insoweit von der Barunterhaltspflicht befreit.[6] Dagegen geht das OLG Hamm davon aus, dass das mietfreie Wohnen in der Wohnung eines leistungsfähigen Elternteils nicht den Bedarf eines Kindes nach der 4. Altersstufe der Düsseldorfer Tabelle kürzt. Der die Unterkunft gewährende Elternteil kann jedoch vom Volljährigen für diese Naturalleistung Kostgeld verlangen und mit seinem anteiligen Unterhaltsanspruch verrechnen.[7]

9   In einem Fall, in dem das volljährige Kind im Hause der Großmutter lebt, die über kein eigenes Einkommen verfügt, hat das OLG Hamm eine solche Anrechnung abgelehnt.[8] Der Bedarf des volljährigen Kindes wurde mit 670 € – also dem Satz für ein Kind mit einem eigenen Hausstand – festgesetzt (vgl. dazu die Kommentierung zu § 1610 BGB Rn. 75).

10 **Leistungen eines Dritten an den Unterhaltsberechtigten**, die an sich geeignet wären, dessen Unterhalt zu decken, führen im Verhältnis zum Unterhaltsverpflichteten nur dann zu einer Minderung seiner Bedürftigkeit, wenn der Dritte damit zugleich bezweckt, den Unterhaltsverpflichteten zu entlasten. Geht sein Wille dagegen dahin, nur den Begünstigten selbst zu unterstützen, berührt dies dessen Bedürftigkeit im Verhältnis zum Unterhaltsverpflichteten im Allgemeinen nicht.[9] *Hollinger* betont in seiner Anmerkung[10] die Notwendigkeit, sorgfältig zwischen Bedarf und Bedürftigkeit zu trennen. Der Unterhaltspflichtige werde immer die bedarfsdeckende **Berücksichtigung freiwilliger Leistungen Dritter** einfordern. Sie dienen allerdings regelmäßig nicht seiner Entlastung, sondern führen zur gewollten Besserstellung des Begünstigten und schmälern den Bedarf nicht. Es ist aber zu prüfen, ob sich aus den gesamten Umständen nicht Anhaltspunkte dafür ergeben, dass eine Entlastung des unterhaltspflichtigen Elternteils gewollt ist. Dafür könnten ein besonderes Näheverhältnis zum Unterhaltspflichtigen und ein deutliches Einkommensgefälle sprechen.[11]

11 Auch bei Zahlungen des leiblichen Vaters an ein Kind, dessen Ehelichkeit nicht angefochten ist, ist nicht davon auszugehen, dass dadurch der rechtliche Vater entlastet werden soll. Folglich sind entsprechende Leistungen bei der Bemessung der Bedürftigkeit des Antragsgegners außer Betracht zu lassen.[12]

---

[2] Vgl. *Maurer*, FamRZ 2008, 975, 978; OLG Hamm v. 26.10.2005 - 11 UF 83/05 - FamRZ 2006, 809; OLG Dresden v. 29.09.2008 - 24 UF 450/07 - FamRZ 2009, 1497; OLG Hamm v. 14.08.2009 - 13 UF 83/09 - FamRZ 2010, 383, 384; OLG Hamm v. 17.12.2009 - II-3 UF 72/09 - FamRZ 2010, 985.

[3] Vgl. BGH v. 09.01.2008 - XII ZR 170/05 - FamRZ 2008, 594; BGH v. 17.03.2010 - XII ZR 204/08 - FamRZ 2010, 802 mit Anm. *Viefhues* = NJW 2010, 1665.

[4] Vgl. OLG Hamm v. 09.06.2011 - II-6 UF 47/11 - NJW 2011, 3310.

[5] Vgl. OLG Naumburg v. 12.07.2012 - 8 UF 103/12 - FamFR 2013, 9.

[6] *Born*, FamRZ 2013, 194; vgl. auch BGH v. 31.10.2012 - XII ZR 30/10 - FamRZ 2013, 191.

[7] OLG Hamm v. 07.10.2013 - 8 UF 213/12; vgl. auch *Wendl/Dose-Gerhardt*, Unterhaltsrecht, 8. Aufl., § 1 Rn. 576.

[8] Vgl. OLG Hamm v. 28.05.2013 - 2 WF 98/13 - FuR 2013, 598.

[9] OLG Hamm v. 20.11.2013 - 2 WF 190/13 - MDR 2014, 229.

[10] *Hollinger*, AnwZert FamR 17/2013, Anm. 1 zum Beschluss des OLG Hamm v. 28.05.2013 - 2 WF 98/13 - FamRZ 2014, 222.

[11] *Hollinger*, AnwZert FamR 17/2013, Anm. 1.

[12] OLG Hamm v. 20.11.2013 - 2 WF 190/13 - MDR 2014, 229.

Wird nur der **Mindestbedarf** geltend gemacht, ist ein besonderer **Nachweis** der Bedürftigkeit in dieser Höhe nicht notwendig.[13] 12

Die Bedürftigkeit muss in dem **Zeitraum** vorliegen, für den Unterhalt verlangt wird. Lediglich beim Sonderbedarf nach § 1613 Abs. 2 Nr. 1 BGB kommt es auf die Bedürftigkeit im Zeitpunkt der Entstehung an. Zum Grundsatz der **Gleichzeitigkeit von Unterhaltsbedürftigkeit und Leistungsfähigkeit** vgl. die Kommentierung zu § 1603 BGB Rn. 6. 13

Ein Unterhaltsanspruch besteht nicht während der Zeiten, in denen **Unterhalt in Natur geleistet** wird, weil die unterhaltspflichtigen Kindeseltern mit dem Kind in einem Haushalt zusammengelebt haben. Für diesen Zeitraum erlischt sogar ein titulierter Unterhaltsanspruch.[14] Dies gilt allerdings nicht für die Zeiten von Umgangskontakten (vgl. die Kommentierung zu § 1610 BGB Rn. 150 m.w.N.) 14

Ist das Kind **im Heim untergebracht**, besteht keine Bedürftigkeit mehr, da der Bedarf gedeckt ist. Wem der Anspruch auf Jugendhilfe zusteht, hat hierauf keinen Einfluss.[15] Der Übergang des Anspruchs eines behinderten Kindes auf den Sozialhilfeträger befreit nicht von der Pflicht zur Darlegung der Bedürftigkeit.[16] 15

Ein im **Wachkoma** liegendes unterhaltsberechtigtes volljähriges Kind muss seinen Bedarf im Einzelnen konkret dartun, andernfalls wird Unterhalt pauschal nach den Leitlinien für ein volljähriges unterhaltsberechtigtes Kind zugesprochen. Weiterer Mehrbedarf kann nur zugesprochen werden, wenn dieser offensichtlich über die ersparten Aufwendungen im Grundbedarf hinausgeht.[17] 16

Die Unterhaltspflicht des rechtlichen Vaters besteht auch dann, wenn **unter den Beteiligten unstreitig, dass er nicht der leibliche Vater ist**. Denn Vaterschaftstatbestände gelten mit Wirkung für und gegen alle. Man kann sich nur und erst dann auf die Vaterschaft eines anderen Mannes berufen, wenn die Tatbestände des § 1592 Nr. 1 und 2 BGB aufgrund einer wirksamen Anfechtung beseitigt sind.[18] 17

Besteht ein **Unterhaltstitel**, kann der rechtliche Vater sind nicht darauf berufen, er sei nach Treu und Glauben nicht mehr zu Unterhaltszahlungen verpflichtet, weil er nicht der leibliche Vater des Antragsgegners sei.[19] 18

B. Anwendungsvoraussetzungen

I. Einkommen

Eigene **Einkünfte**, die unterhaltsrechtlich anzurechnen sind, **mindern die Bedürftigkeit des Unterhaltsberechtigten**. 19

Einkünfte des **volljährigen Kindes** werden dabei in vollem Umfang bedarfsmindernd angerechnet, eigene Einkünfte des **minderjährigen Kindes** auf den zu leistenden Barunterhalt nur zur Hälfte. 20

Als **unterhaltsrechtlich relevantes Einkommen** sind alle Einkünfte heranzuziehen, gleich welcher Art diese Einkünfte sind und aus welchem Anlass sie erzielt werden. Für die Ermittlung des maßgeblichen Einkommens gelten bei dem Unterhaltsberechtigten die gleichen Grundsätze wie bei dem Unterhaltspflichtigen. Es kann daher auf die Ausführungen zur Einkommensermittlung beim Unterhaltspflichtigen verwiesen werden (vgl. die Kommentierung zu § 1577 BGB. und die Kommentierung zu § 1581 BGB). 21

Schulden des Unterhaltsberechtigten führen grundsätzlich nicht zu einer Bedarfserhöhung. 22

1. Tatsächliches Einkommen

Mittel, die dem Unterhaltsberechtigten zur Deckung des allgemeinen Lebensbedarfs zur Verfügung stehen, sind heranzuziehen. Die Bedürftigkeit entfällt, soweit tatsächlich **eigenes anrechenbares Einkommen** erzielt wird. 23

---

[13] So nach früherem Unterhaltsrecht für die Forderung des Kindes nach 100% der Regelbedarfsverordnung vgl. BGH v. 06.02.2002 - XII ZR 20/00 - FamRZ 2002, 536; OLG München v. 24.08.2005 - 4 UF 282/05.
[14] OLG Hamm v. 08.09.2006 - 10 WF 148/06 - FamRZ 2007, 159.
[15] OLG Naumburg v. 25.10.2007 – 8 UF 77/07 – OLGR Naumburg 2008, 416.
[16] OLG Brandenburg v. 23.07.2009 - 9 UF 61/08 - FamRZ 2010, 302.
[17] OLG Dresden v. 03.09.2010 - 23 UF 0273/10 - FamRZ 2011, 648.
[18] OLG Hamm v. 20.11.2013 - 2 WF 190/13.
[19] Vgl. auch OLG Hamm v. 18.02.2013 - II-8 WF 13/13 - FamFR 2013, 395.

a. Ausbildungsvergütung

24 Die **Ausbildungsvergütung** mindert in voller Höhe den Bedarf nach Abzug eines Freibetrages. Dies gilt auch für Erstattungen für ausbildungsbedingte Kosten wie eine vom Arbeitgeber gezahlte Pendlerpauschale.[20]

25 Umstritten ist die Behandlung des **ersten Monats der Ausbildung**, wenn die Vergütung erst später gezahlt wird.

26 Nach zutreffender Ansicht entfällt oder reduziert sich der Kindesunterhaltsanspruch eines Minderjährigen, der eine Ausbildung aufnimmt, gegenüber dem barunterhaltspflichtigen Elternteil **für den gesamten Monat** nach der Auslegung des § 1602 Abs. 1 BGB ab dem Beginn desjenigen Monats, in dessen Verlauf **die erste Ausbildungsvergütung tatsächlich ausgezahlt** wird. Auf den Zeitpunkt des Abschlusses des Ausbildungsvertrages oder Beginns der Arbeitsaufnahme kommt es demgegenüber nicht entscheidend an.[21]

27 Wird die erste **Ausbildungsvergütung** dem minderjährigen Kind **noch im Verlaufe des ersten Ausbildungsmonats ausgezahlt**, entfällt in deren Höhe – ggf. abzgl. ausbildungsbedingten Aufwandes – sein Kindesunterhaltsbedarf für den gesamten Monat. Nur dann, wenn die erste Monatsvergütung erst im Folgemonat – etwa bei dem üblichen Ausbildungsbeginn zum 01.08. also erst im Verlaufe des Monats September – ausgezahlt wird, besteht der Kindesunterhaltsbedarf im Monat der Arbeitsaufnahme noch in voller Höhe.[22]

28 Sofern also die Ausbildungsvergütung noch im August (nachschüssig) ausgezahlt worden ist, steht sie nach dem **„In-Prinzip"** faktisch auch noch im Monat August zur Verfügung, so dass für diesen Monat der Bedarf entsprechend gedeckt worden ist.[23]

b. Arbeitseinkünfte eines Studenten

29 Einkünfte eines **Studenten** aus Arbeit in den **Semesterferien** oder **neben dem Studium** sind Einkommen aus **überobligationsmäßiger Tätigkeit**,[24] da grds. keine Erwerbsobliegenheit besteht (zu Ausnahmen vgl. Rn. 60).

30 Einen Studenten trifft **neben dem Studium** in der Regel keine Erwerbsobliegenheit, da er sich auch im Interesse des Unterhaltspflichtigen mit ganzer Kraft sowie dem gehörigen Fleiß und der gebotenen Zielstrebigkeit dem Studium widmen soll, um dieses innerhalb angemessener und üblicher Dauer zu beenden (vgl. hierzu die Kommentierung zu § 1610 BGB Rn. 297).

31 Hat das unterhaltsberechtigte volljährige Kind vor Beginn des Studiums **eine Ausbildung absolviert**, weil z.B. ein Studienplatz erst mit Verzögerung zugeteilt worden ist, so stellt sich die Frage, ob neben dem Studium weitergearbeitet werden muss und in welchem Umfang das erzielte Einkommen unterhaltsrechtlich angerechnet werden kann. Das OLG Hamm sieht eine solche – tatsächlich ausgeübte – Tätigkeit als überobligatorisch an. Unter Anwendung des Prüfungsmaßstabes des § 1577 Abs. 2 BGB wird ein Drittel des Einkommens als anrechnungsfrei angesehen.[25]

32 Die **Semesterferien** dienen neben der notwendigen Erholung der Wiederholung und Vertiefung des Stoffes, soweit sie nicht ohnehin durch studienbedingte Arbeiten (Hausarbeiten) ausgefüllt sind. Bei der Anrechnung von Einkünften eines Studenten ist zudem zu berücksichtigen, dass der Zuverdienst bei fortschreitendem Studium geringer werden kann, wenn dieses den bisherigen Arbeitseinsatz nicht mehr erwarten lässt.[26]

33 Übt ein Student gleichwohl eine (Neben-)Erwerbstätigkeit aus, so kann die Anrechenbarkeit solcher Einkünfte aus unzumutbarer Tätigkeit nach dem Rechtsgedanken des § 1577 Abs. 2 BGB erfolgen.[27] Danach bleiben Einkünfte anrechnungsfrei,[28] soweit der Unterhaltsverpflichtete nicht den vollen Unterhalt leistet (§ 1577 Abs. 2 Satz 1 BGB). Darüber hinaus kommt eine Anrechnung insoweit in Be-

---

[20] OLG Brandenburg v. 31.07.2007 - 9 UF 108/07 - ZFE 2008, 30.
[21] OLG Hamm v. 08.01.2013 - 3 UF 245/12 - FamRZ 2013, 1812; vgl. auch *Nickel*, FamRZ 2006, 887; a.A. AG Weiden v. 13.04.2005 - 1 F 731/04 - FamRZ 2006, 565.
[22] OLG Hamm v. 08.01.2013 - 3 UF 245/12 - FamRZ 2013, 1812.
[23] OLG Hamm v. 08.01.2013 - 3 UF 245/12 - FamRZ 2013, 1812, dazu *Liceni-Kierstein*, FamRB 2013, 239.
[24] BGH v. 25.01.1995 - XII ZR 240/93 - FamRZ 1995, 475.
[25] OLG Hamm v. 12.03.2012 - 4 UF 232/11 - FuR 2012, 669.
[26] Vgl. OLG Hamm v. 10.09.2012 - 14 UF 165/12 - FF 2012, 459-461; *Reinken*, FPR 2013, 128, 129.
[27] OLG Jena v. 10.10.2008 - 1 UF 121/08 - OLGR Jena 2009, 463-464; OLG Hamm v. 12.12.1996 - 4 UF 291/96 - NJW-RR 1997, 705-706; OLG Koblenz v. 12.06.1995 - 13 UF 671/94 - FamRZ 1996, 382-384; OLG Koblenz v. 13.02.1989 - 13 UF 682/88 - FamRZ 1989, 1219.
[28] OLG Naumburg v 12.07.2012 - 8 UF 103/12 - FamFR 2013, 9.

tracht, als dies unter Berücksichtigung der beiderseitigen wirtschaftlichen Verhältnisse der Billigkeit entspricht (§ 1577 Abs. 2 Satz 2 BGB). Die besonderen Umstände des Einzelfalls sind hierbei von entscheidender Bedeutung.[29]

Relevant sind hier vor allem die beiderseitigen wirtschaftlichen Verhältnisse. Hierzu gehören bei Studenten auch der konkrete Lebensaufwand und die Höhe des Unterhaltsbedarfs. Auch ist die Größenordnung der Nebeneinkünfte zu berücksichtigen. Für die Anrechnung überobligatorischer Nebeneinkünfte des Studenten auf seinen Unterhaltsbedarf gegenüber einem Elternteil kann sprechen, wenn der Student noch zuhause (bei dem anderen Elternteil) wohnt und dadurch einen im Zweifel geringeren Lebenshaltungsaufwand hat als ein Student mit eigenem Studienortwohnsitz.[30] 34

Von Bedeutung kann auch sein, wenn der unterhaltspflichtige Elternteil den Unterhalt lediglich unter Vorhalt gezahlt hat, so dass der Student jederzeit damit rechnen musste, dass die Unterhaltszahlungen eingestellt werden. 35

Für die Anrechnung von **Nebeneinkünften eines Studenten** spricht es, wenn die Nebentätigkeit einen so erheblichen Umfang annimmt, dass sie den Studienfortschritt beeinträchtigt und der Unterhaltspflichtige deshalb eine zeitliche Verlängerung seiner Zahlungspflicht befürchten muss.[31] 36

Zudem ist zu prüfen, ob zusätzlicher studienbedingter Mehraufwand vorliegt, der durch diese zusätzlichen Einkünfte abgedeckt wird.[32] 37

Ratsam ist, vor Aufnahme einer Nebentätigkeit den bzw. die Barunterhaltspflichtigen **über den Verwendungszweck der damit erzielten Einkünfte zu informieren**.[33] Wird die Nebentätigkeit aufgenommen, um Zusatzbedarf abzudecken, für den die Eltern nicht haften, wie z.B. für den Erwerb des Führerscheins, den Erwerb bzw. Unterhalt eines Kraftfahrzeugs, Rücklagenbildung für die Mehrkosten eines später beabsichtigten Auslandsstudiums, die Finanzierung eines kostspieligen Hobbys, dürfte die Billigkeitsprüfung in der Regel dazu führen, dass die Einkünfte aus einer Nebentätigkeit nicht anzurechnen sind. 38

c. Arbeitseinkünfte eines Schülers

Auch Einkünfte aus **Schülerarbeit** stammen aus überobligationsmäßiger Tätigkeit, denn einen Schüler trifft neben dem Schulbesuch generell keine Erwerbsobliegenheit.[34] Auch wenn sich der Schüler mit den Einkünften „Luxuswünsche" (Auto, Motorrad) erfüllt, erfordert die Billigkeit die teilweise Anrechnung erst dann, wenn der Unterhaltspflichtige darlegt und beweist, dass ihn die Unterhaltspflicht hart trifft, ihm unterhaltsbezogene Vorteile (Kindergeld, Kindergeldanteil im Ortszuschlag) verloren gehen oder der Unterhaltszeitraum sich verlängert.[35] Einkünfte des Kindes in einer Größenordnung, die nicht nur seinen eigenen Bedarf decken, sondern sogar das dem Unterhaltspflichtigen verbleibende Einkommen übersteigen, können dagegen bedarfsmindernd angerechnet werden.[36] 39

d. BAföG-Leistungen

BAföG-Leistungen, die das Kind tatsächlich bezieht, sind unterhaltsrechtliches Einkommen und mindern dessen Bedürftigkeit, soweit sie als **Regelleistungen** bezogen werden.[37] Der Unterhaltspflichtige ist gehalten, diese Leistungen in Anspruch zu nehmen, andernfalls erfolgt eine fiktive Anrechnung (vgl. dazu Rn. 74). 40

Das gilt auch, wenn die Förderung nur **darlehensweise** (50% der Förderung gemäß § 17 Abs. 2 BAföG) und unverzinslich erfolgt, da BAföG-Darlehen wegen ihrer Zinsfreiheit, den Rückzahlungsmodalitäten und den Teilerlassmöglichkeiten so günstig sind, dass es dem Studenten angesichts seiner Zukunftsperspektiven zumutbar ist, sie zur Entlastung der Eltern, die schon erhebliche Leistungen für das Kind erbracht haben, in Anspruch zu nehmen.[38] 41

---

[29] Vgl. BGH v. 12.01.2011 - XII ZR 83/08 - FamRZ 2011, 454.
[30] OLG Hamm v. 10.09.2012 - 14 UF 165/12, II-14 UF 165/12 - FF 2012, 459-461.
[31] Vgl. OLG Hamm v. 10.09.2012 - 14 UF 165/12, II-14 UF 165/12 - FF 2012, 459-461.
[32] OLG Jena v. 10.10.2008 - 1 UF 121/08 - FamRZ 2009, 1416.
[33] Vgl. *Kofler*, FamFR 2012, 519.
[34] OLG Köln v. 25.01.1996 - 14 WF 11/96 - NJW-RR 1996, 707-708.
[35] OLG Zweibrücken v. 10.08.2000 - 6 UF 24/00 - DAVorm 2000, 914-918; *Oelkers*, FuR 1997, 134.
[36] OLG Celle v. 09.10.2000 - 19 UF 120/00 - FamRZ 2001, 1640-1641.
[37] OLG Hamm v. 27.09.2013 - 2 WF 161/13 - FamFR 2013, 536; OLG Naumburg v 12.07.2012 - 8 UF 103/12 - FamFR 2013, 9.
[38] OLG Hamm v. 27.09.2013 - 2 WF 161/13 - FamFR 2013, 536; OLG Jena v. 10.10.2008 - 1 UF 121/08 - ZFE 2009, 351.

42 Soweit die Ausbildungsförderung zur Hälfte als Darlehen gewährt wird, ist das Darlehen unverzinslich und in monatlichen Raten von mindestens 105 €, beginnend mit dem 5. Jahr nach dem Ende der Förderung, zu tilgen, § 18 Abs. 3 BAföG. Auf Antrag kann der Schuldner von der Rückzahlung ganz oder teilweise freigestellt werden; auch besteht bei guten Leistungen in der Abschlussprüfung die Möglichkeit des Teilerlasses, §§ 18a, 18b BAföG. Letztlich ist das Darlehen auch nur bis zu einem Höchstbetrag von 10.000 € zurückzuzahlen.

43 Dagegen entspricht ein bei einer weiteren Ausbildung und bei Überschreiten der Förderungshöchstdauer gewährtes **verzinsliches Bankdarlehen nach § 17 Abs. 3 BAföG** im Wesentlichen einem Kredit, der auf dem freien Markt aufgenommen werden kann, ist daher **kein Einkommen** im Sinne des Unterhaltsrechts und nicht auf den Unterhaltsanspruch anzurechnen.[39]

44 Wird die BAföG-Leistung dagegen als **Vorausleistung** gewährt, weil ein Elternteil den nach den Bestimmungen des BAföG errechneten Unterhaltsbetrag nicht zahlt (§ 36 Abs. 1 BAföG), so ist sie kein unterhaltsrechtliches Einkommen und auch nicht auf den Unterhaltsanspruch anzurechnen. Vorausleistungen werden nur **subsidiär** gewährt und können nach ihrem Übergang gemäß § 37 BAföG von dem Unterhaltspflichtigen zurückgefordert werden.[40]

45 Ist bei der Bewilligung von Ausbildungsförderung in der Form von Vorausleistungen die Höhe des von den Eltern des in der Ausbildung befindlichen unterhaltsberechtigten Kindes einzusetzenden Einkommens streitig, so hat das Familiengericht die Rechtmäßigkeit der von der zuständigen Behörde durchgeführten Einkommensermittlung in vollem Umfang zu überprüfen.[41]

46 Steht bei der Einkommensermittlung die Anerkennung eines Härtefreibetrages im Ermessen der Behörde, so hat das Familiengericht auch zu überprüfen, ob nur die Anerkennung des Freibetrages ermessensfehlerfrei ist, und diesen ggf. abweichend vom ergangenen Bewilligungsbescheid in seine Berechnung einzubeziehen.[42]

47 Der Unterhaltspflichtige ist für eine Begrenzung des Anspruchsübergangs darlegungs- und beweispflichtig. Soweit es ihm nicht gelingt, die Voraussetzungen für eine Ermessensreduzierung hinsichtlich des Härtefreibetrages darzulegen, ist von der Rechtmäßigkeit der behördlichen Bewilligung und dem darin zugrunde gelegten einsetzbaren Elterneinkommen auszugehen.[43]

48 Zu den Auswirkungen des Anspruchsübergangs bei Bafög-Vorausleistungen an das unterhaltsberechtigte Kind vgl. auch die Kommentierung zu § 1610 BGB Rn. 555.

e. Sonstige Einkünfte

49 Auch **staatliche Sozialleistungen** (vgl. Rn. 94) sind anzurechnen.

50 Das gilt jedoch nicht für **freiwillige Leistungen Dritter**, die im Regelfall nicht den Unterhaltspflichtigen entlasten sollen (zu Leistungen einer Ausbildungsversicherung vgl. Rn. 126). Die einem Studenten gezahlte **Eigenheimzulage** ist jedenfalls dann als bedarfsdeckendes Einkommen in vollem Umfang zu berücksichtigen, wenn er keine Hauslasten trägt, zu deren Bedienung die Eigenheimzulage verwandt werden müsste.[44]

2. Erzielbares Einkommen

a. Erwerbsobliegenheit eines Kindes

51 Bei Bestehen eines Anspruchs auf Ausbildungsunterhalt nach § 1610 Abs. 2 BGB kann eine Obliegenheit des Kindes zur Ausübung einer Erwerbstätigkeit erst entstehen, wenn es **die schulische oder berufliche Ausbildung beendet oder abgebrochen** hat (vgl. dazu die Kommentierung zu § 1610 BGB Rn. 124).

52 Bei Verletzung einer solchen Obliegenheit kann dem Kind ein entsprechendes hypothetisches Einkommen angerechnet werden.

---

[39] OLG Karlsruhe v. 24.02.2011 - 2 UF 45/09 - FamRZ 2011, 1303.
[40] BGH v. 29.06.2011 - XII ZR 127/09 - juris Rn. 26 - NJW 2011, 2884 = FamRZ 2011, 1560 mit Anm. *Norpoth*; OLG Brandenburg v. 10.07.2007 - 10 UF 51/07 - FuR 2007, 570-573.
[41] BGH v. 17.07.2013 - XII ZR 49/12 - FamRZ 2013, 1644.
[42] BGH v. 17.07.2013 - XII ZR 49/12 - juris Rn. 20 - FamRZ 2013, 1644.
[43] BGH v. 17.07.2013 - XII ZR 49/12 - juris Rn. 23 - FamRZ 2013, 1644.
[44] OLG Hamm v. 09.05.2006 - 1 UF 281/05 - ZFE 2006, 276-277.

aa. Erwerbsobliegenheit eines minderjährigen Kindes

Eine **Erwerbsobliegenheit** des **minderjährigen Kindes** besteht nur in engen Grenzen.[45]   53

Ob ein arbeitsfähiges **minderjähriges Kind**, das sich nicht in Ausbildung befindet, seinen Unterhaltsbedarf durch **Erwerbstätigkeit** selbst decken muss, ist umstritten.[46]   54

In älteren Entscheidungen wird dies verneint unter Hinweis auf § 1611 Abs. 2 BGB. Ein minderjähriges Kind, das sich nicht um eine Ausbildungsstelle bemüht, verletze damit zwar seine Erwerbsobliegenheit, dies führe aber nicht zur Anrechnung fiktiver Einkünfte.[47]   55

Es geht jedoch nicht um die – auch für die Zukunft geltende – Verwirkung eines Unterhaltsanspruches, sondern um die aktuelle Bedürftigkeit. Die Unterhaltpflicht gegenüber minderjährigen Kindern ist Ausfluss der **familieninternen Solidarität**, die aber keine Einbahnstraße ist, sondern in einem Gegenseitigkeitsverhältnis steht. Auch Kinder müssen die notwendigen und ihnen persönlich zuzumutenden Schritte unternehmen, im Laufe der Jahre wirtschaftlich auf eigene Beine zu kommen. Andernfalls sind ihnen – angepasst an die allgemeinen unterhaltsrechtlichen Grundsätze – ihrem Alter entsprechende **erzielbare hypothetische Einkünfte** anzurechnen.   56

Daher bestehen keine grundsätzlichen Bedenken, einem minderjährigen Kind eine Obliegenheit zum Erwerb aufzuerlegen.[48] Entsprechendes gilt, wenn ein Jugendlicher seine Ausbildung aus eigenem Antrieb abgebrochen hat, kurz vor der Volljährigkeit steht und er zudem keinerlei Bemühungen dargelegt hat, seinen Unterhaltsbedarf selbst zu decken.[49] So wird einem 16 Jahre alten Kind zumindest eine Teilerwerbstätigkeit von 10 Stunden pro Woche zugemutet.[50]   57

Absolviert das minderjährige Kind nur eine **Teilzeitausbildung**, so ist es nicht vollständig von einer Erwerbsobliegenheit freigestellt. Neben dem Besuch eines VHS-Kurses zur Erlangung des mittleren Schulabschlusses, der an drei Wochentagen für jeweils drei Stunden stattfindet, kann das Kind seinen Bedarf teilweise durch **eine geringfügige Erwerbstätigkeit** decken.[51]   58

Wegen der Gleichwertigkeit von Bar- und Betreuungsunterhalt beim minderjährigen Kind kommt die Anrechnung eines solchen fiktiven Einkommens aber dem barunterhaltspflichtigen Elternteil nur zur Hälfte zugute, so dass die Anrechnung nicht zu einem völligen Wegfall des Unterhaltsanspruches führen muss.   59

bb. Erwerbsobliegenheit eines volljährigen Kindes

Einigkeit besteht, dass das **volljährige Kind**, das sich nicht in der Ausbildung befindet, wie jeder Erwachsene **für sich selbst verantwortlich ist**. Dann müssen volljährige Kinder durch Erwerbstätigkeit ihren Lebensunterhalt sicherstellen. Ihre Erwerbsobliegenheit geht weiter als die von Ehegatten im Verhältnis zueinander. Es gelten ähnlich strenge Maßstäbe wie für Eltern im Verhältnis zu minderjährigen Kindern.[52] Deshalb muss ein volljähriges Kind auch berufsfremde Tätigkeiten und Arbeiten unterhalb seiner gewohnten Lebensstellung aufnehmen, um seinen Lebensunterhalt sicherzustellen.[53]   60

Auch bei Teilnahme des volljährigen Kindes an einem **Volkshochschulkurs zur Erlangung des Abschlusses des 10. Hauptschuljahres** verbleibt diesem genügend Zeit, um seinen Lebensunterhalt durch eine **Geringverdienertätigkeit** selbst sicherzustellen.[54]   61

---

[45] Ausführlich *Walter*, ZFE 2008, 168 m.w.N.
[46] So OLG Düsseldorf v. 09.08.1989 - 5 UF 4/89 - NJW 1990, 1798; OLG Karlsruhe v. 26.11.1987 - 16 UF 58/87 - FamRZ 1988, 758.
[47] OLG Stuttgart v. 10.05.1996 - 17 UF 159/96 - FamRZ 1997, 447-448; OLG Hamburg v. 22.12.1994 - 15 WF 205/94 - FamRZ 1995, 959; OLG Frankfurt v. 04.06.2009 - 2 UF 328/08 - NJW 2009, 3105.
[48] OLG Düsseldorf v. 17.06.2010 - II-8 WF 117/10 - FamRZ 2010, 208; OLG Rostock v. 18.10.2006 - 10 WF 103/06 - FamRZ 2007, 1267; OLG Stuttgart v. 20.03.2008 - 15 UF 28/08 - OLGR Stuttgart 2009, 284-285; OLG Brandenburg v. 23.08.2004 - 9 WF 157/04 - JAmt 2004, 504-505 = FamRZ 2005, 2094 (LS.), vgl. auch *Walter*, ZFE 2008, 168 und *Götz*, Unterhalt volljähriger Kinder, 2007, S. 74 ff.
[49] OLG Köln v. 04.08.2005 - 26 WF 135/05 - FuR 2005, 570.
[50] OLG Düsseldorf v. 03.03.1999 - 3 WF 187/98 - FamRZ 2000, 442, 443.
[51] OLG Düsseldorf v. 17.06.2010 - II-8 WF 117/10, 8 WF 117/10 - FamRZ 2010, 2082.
[52] OLG Frankfurt v. 21.09.2005 - 2 UF 157/04 - FamRZ 2006, 566.
[53] OLG Oldenburg v. 12.02.1991 - 12 UF 136/90 - NJW-RR 1992, 261-262; OLG Hamm v. 20.04.1990 - 12 UF 430/89 - NJW-RR 1991, 580-581.
[54] OLG Köln v. 16.08.2005 - 26 WF 151/05 - FamRZ 2006, 504.

§ 1602

62 Wenn der Jugendliche eine **Ausbildung** aus eigenem Antrieb **abgebrochen** hat, kurz vor der Volljährigkeit steht und auch nicht absehbar ist, ob und wann er gegebenenfalls zur Ableistung des Wehrdienstes herangezogen wird und er zudem keinerlei Bemühungen dargelegt hat, seinen Unterhaltsbedarf selbst zu decken, ist von einer Erwerbsobliegenheit mit der Folge der Anrechnung hypothetischer Einkünfte auszugehen.[55]

63 Besucht das Kind dagegen noch die **allgemeinbildende Schule**, steht seine Unterhaltsbedürftigkeit nach den §§ 1602, 1610 Abs. 2 BGB außer Frage.[56]

64 a) **Student/Studentin:** Einen **Studenten** trifft jedoch neben dem Studium in der Regel **keine Erwerbsobliegenheit** (vgl. Rn. 31 zu der Fallgestaltung, dass tatsächlich Einkommen bezogen wird). Eine andere Betrachtung ist nur dann angebracht, wenn es sich z.B. um Studiums begleitende Praktika oder sonstige studiumsfördernde Nebenarbeit im Studienfach handelt.[57] Ist die Nebentätigkeit überobligatorisch, kann der Student sie **jederzeit aufgeben**. Erzielt er die Einkünfte auch weiterhin, ist über deren **Anrechnung** im Rahmen der **Billigkeit** zu entscheiden (§§ 1577 Abs. 2, 242 BGB; vgl. Rn. 29 ff.).

65 b) **Übergangszeit** zwischen Ausbildungsabschnitten: Oftmals schließen die einzelnen **Schul- und Ausbildungsabschnitte** nicht nahtlos aneinander an, sondern es treten **zeitliche Lücken** auf. Hier ist noch nicht abschließend geklärt, wie diese Lücken unterhaltsrechtlich zu behandeln sind. Dazu einige Beispiele aus der Rechtsprechung:
* OLG Düsseldorf: Während der Wartezeit **bis zur Aufnahme in eine weiterführende Schule** muss ein volljähriges Kind seinen notwendigen Lebensbedarf durch Aufnahme einer Erwerbstätigkeit decken, und zwar auch dann, wenn sein Aufnahmeantrag abgelehnt worden ist und die Ablehnung angefochten werden soll. Die Erwerbsobliegenheit beginnt mit Erhalt des Ablehnungsbescheides; gleichzeitig endet der Anspruch auf Ausbildungsunterhalt.[58]
* OLG Zweibrücken: Zwischen einzelnen Ausbildungsabschnitten ist das volljährige Kind gehalten, seinen Unterhalt selbst sicherzustellen (Ende **Zivildienst**, Beginn Studium, Ende **Pflichtpraktikum**, Beginn Ausbildung).[59]
* OLG Hamm: In der Zeit zwischen **Abitur** und **Studienbeginn** besteht keine **Erwerbsobliegenheit** des Kindes.[60]

66 Wenn der Jugendliche jedoch seine **Ausbildung** aus eigenem Antrieb **abgebrochen** hat, und er keinerlei Bemühungen dargelegt hat, seinen Unterhaltsbedarf selbst zu decken, ist von einer Erwerbsobliegenheit mit der Folge der Anrechnung hypothetischer Einkünfte auszugehen.[61]

67 c) **Schwangerschaft des Kindes:** Bedürftigkeit der (volljährigen) Tochter kann auch aufgrund eigener **Schwangerschaft** eintreten.[62] Die Schwangerschaft begründet keine Verwirkung gem. § 1611 BGB[63] (vgl. die Kommentierung zu § 1611 BGB Rn. 17).

68 Auch die **volljährige, unverheiratete Mutter** eines Kindes trifft aber eine eigene **gesteigerte Erwerbsobliegenheit** gegenüber ihrem Kind (§ 1603 Abs. 2 BGB).

69 Vorrangig haftet allerdings der Vater des Kindes (vgl. § 1615l BGB) Die Kindesmutter ist gehalten, zu versuchen, vom Kindesvater Unterhalt zu erlangen, selbst wenn dem Kindesvater nur fiktive Erwerbseinkünfte zuzurechnen sind, wenn nur der Versuch nicht von vornherein aussichtslos ist.[64]

70 Lebt das volljährige unterhaltsberechtigte Kind mit einem Partner zusammen, kann sich die Frage der **Herabsetzung des Bedarfes** stellen.[65]

---

[55] OLG Köln v. 04.08.2005 - 26 WF 135/05 - FuR 2005, 570; vgl. auch OLG Brandenburg v. 23.08.2004 - 9 WF 157/04 - FamRZ 2005, 2094.

[56] BGH v. 12.01.2011 - XII ZR 83/08 - NJW 2011, 670.

[57] OLG Jena v. 10.10.2008 - 1 UF 121/08 - FamRZ 2009, 1416.

[58] OLG Düsseldorf v. 03.05.2005 - 5 UF 85/05 - FamRZ 2006, 59; vgl. auch OLG Düsseldorf v. 03.03.1999 - 3 WF 187/98 - FamRZ 2000, 442.

[59] OLG Zweibrücken v. 12.05.2006 - 2 WF 87/06 - OLGR Zweibrücken 2006, 916-918.

[60] OLG Hamm v. 21.12.2005 - 11 UF 218/05 - ZFE 2006, 193.

[61] OLG Köln v. 04.08.2005 - 26 WF 135/05 - FuR 2005, 570; vgl. auch OLG Brandenburg v. 23.08.2004 - 9 WF 157/04 - FamRZ 2005, 2094.

[62] OLG Frankfurt v. 04.06.2009 - 2 UF 328/08 - NJW 2009, 3105.

[63] BGH v. 29.06.2011 - XII ZR 127/09 - FamRZ 2011, 1560 mit Anm. *Norpoth*; NJW 2011, 2884 mit Anm. *Born*; Anm. *Viefhues*, FF 2011, 412; vgl. auch OLG Koblenz v. 13.10.2003 - 13 WF 689/03 - FamRZ 2004, 1892.

[64] OLG Düsseldorf v. 27.02.1989 - 2 UF 123/88 - FamRZ 1989, 1226-1228.

[65] OLG Frankfurt v. 04.06.2009 - 2 UF 328/08 - NJW 2009, 3105.

Beruft sich der Unterhaltspflichtige auf **bedürftigkeitsmindernde Umstände** wie die Versorgung des unterhaltsberechtigten studierenden volljährigen Kindes durch seinen nichtehelichen Lebenspartner ist **substantiierter Sachvortrag erforderlich**. Zwar ist grundsätzlich das unterhaltsberechtigte Kind darlegungs- und beweispflichtig dafür, dass, warum und in welchem Umfang es bedürftig ist. Hat das Kind aber die negative Tatsache vorgetragen, von seinem Partner weder versorgt noch finanziell unterstützt zu werden, so muss der Unterhaltspflichtige, will er eine solche bei Studenten nicht unübliche Konstellation in Abrede stellen, seine Annahme mit Tatsachen untermauern und konkret darlegen.[66] 71

Der Unterhaltspflichtige kann aber nicht nur pauschal behaupten, von einer häuslichen Gemeinschaft des Kindes mit einer dritten Person sei auszugehen, weil es trotz seiner beschränkten finanziellen Mittel nicht mehr beim anderen Elternteil wohne.[67] 72

Gegenüber einer volljährigen Tochter besteht keine Unterhaltsverpflichtung (mehr), wenn sie ihr **Kind** aufgrund des Entzuges des Aufenthaltsbestimmungsrechts mit der Folge der Fremdunterbringung **nicht mehr betreut**.[68] 73

b. Hypothetisches Einkommen in anderen Fällen/BAföG

Das Kind muss grundsätzlich staatliche Unterstützungsleistungen in Anspruch nehmen, um die unterhaltspflichtigen Eltern zu entlasten. Dem volljährigen studierenden Kind ist die Inanspruchnahme von BAföG zumutbar, und zwar auch in Form von Darlehen (vgl. Rn. 41).[69] Unterlässt das Kind bewusst, einen solchen zumutbaren Antrag zu stellen, wird ein **fiktives Einkommen in Höhe der BAföG-Leistungen** angerechnet.[70] 74

In der Regel ist einem Studierenden die Inanspruchnahme von BAföG **zumutbar**. 75

Bei dieser **Zumutbarkeitsprüfung** sind die beiderseitigen Interessen zu berücksichtigen. Hierbei gelten die Eltern nach dem System der Einkommens- und Vermögensanrechnung (§§ 21 ff. und 26 ff. BAföG) in Höhe der als Ausbildungsförderung in Betracht kommenden Darlehensbeträge als nicht leistungsverpflichtet, so dass nicht davon ausgegangen werden könne, dass ihnen die Unterhaltsgewährung leicht fällt.[71] 76

Außerdem haben sie im Allgemeinen ihre Kinder bereits über die übliche Ausbildungszeit hinaus bis zur Erlangung der Hochschulreife unterhalten.[72] 77

Das **Vorliegen besonderer Umstände** müsste – als Abweichung vom Regelfall – der Studierende behaupten und nachweisen. Das Argument des Kindes, es wolle nicht zu Beginn seines Berufslebens mit einem Darlehen – von maximal 10.000 € – belastet sein, genügt dem OLG Hamm nicht zur Begründung der Unzumutbarkeit der Inanspruchnahme entsprechender Leistungen nach dem BAföG.[73] 78

Da das Unterhalt verlangende Kind für seine Bedürftigkeit und nicht umgekehrt der Elternteil für das Fehlen der Bedürftigkeit darlegungs- und beweisbelastet ist,[74] ist es **Sache des Kindes, darzutun und zu belegen, dass bei rechtzeitiger Antragstellung keine Ausbildungsförderung gewährt worden wäre**. 79

Solange ein solcher Antrag der Antragstellerin auf BAföG-Leistungen **nicht von vornherein aussichtslos** ist, ist diese Antragstellung auch zumutbar.[75] 80

Ist die Zumutbarkeit der Inanspruchnahme von Leistungen nach dem BAföG zu bejahen, muss das Unterhalt verlangende Kind sich, wenn es bewusst unterlassen hat, einen BAföG-Antrag zu stellen, **ein fiktives Einkommen in Höhe der BAföG-Leistungen** anrechnen lassen.[76] 81

---

[66] OLG Hamm v. 12.03.2012 - 4 UF 232/11 - FuR 2012, 669.
[67] OLG Koblenz v. 28.03.2012 - 13 UF 1081/11 - FamFR 2013, 105.
[68] OLG Frankfurt v. 21.09.2005 - 2 UF 157/04 - FamRZ 2006, 566.
[69] OLG Hamm v. 27.09.2013 - 2 WF 161/13 - FamFR 2013, 536.
[70] OLG Schleswig v. 24.08.2005 - 15 UF 75/05 - FamRZ 2006, 571.
[71] OLG Hamm v. 27.09.2013 - 2 WF 161/13 - FamFR 2013, 536; vgl. OLG Schleswig, v. 24.08.2005 - 15 UF 75/05 - FamRZ 2006, 571.
[72] Vgl. OLG Schleswig v. 24.08.2005 - 15 UF 75/05 - FamRZ 2006, 571.
[73] OLG Hamm v. 27.09.2013 - 2 WF 161/13 - FamFR 2013, 536.
[74] OLG Hamm v. 27.09.2013 - 2 WF 161/13 - FamFR 2013, 536; OLG Karlsruhe v. 10.02.2009 - 2 WF 6/09 - NJW-RR 2010, 8.
[75] OLG Hamm v. 27.09.2013 - 2 WF 161/13 - FamFR 2013, 536.
[76] OLG Hamm v. 27.09.2013 - 2 WF 161/13 - FamFR 2013, 536; OLG Karlsruhe v. 10.02.2009 - 2 WF 6/09 - NJW-RR 2010, 8.

82 Ein Antrag muss dann nicht gestellt werden, wenn **offensichtlich kein Anspruch besteht,** etwa weil ein Anspruch auf elternabhängiges BAföG bereits am hohen Einkommen der Eltern scheitert und auch die Voraussetzungen für eine elternunabhängige Förderung (§ 11 Abs. 3 Satz 1 Nr. 4 BAföG – dreijährige Ausbildung und drei Jahre Berufstätigkeit bzw. bei kürzerer Ausbildung entsprechend längere Berufstätigkeit) nicht vorliegen.[77]

83 Der **Unterhaltsberechtigte** sollte den pflichtigen Elternteil auf Grund des Gegenseitigkeitsprinzips über den ergehenden Bescheid informieren. Ergeben sich Anhaltspunkte für eine Rechtswidrigkeit des Bescheids, ist entweder ein Rechtsmittel einzulegen oder nach Ablauf der Widerspruchsfrist ein Abänderungsantrag zu stellen, um die Anrechnung fiktiver Einkünfte zu vermeiden.

84 Die **unterhaltsverpflichteten Eltern** müssen für die Einkommensanrechnung ordnungsgemäß Auskunft erteilen. Ein ergehender Bescheid sollte auch von ihnen geprüft werden und bei Zweifeln die Einlegung eines Rechtsmittels angemahnt und unterstützt oder das Kind zu einem Abänderungsantrag aufgefordert werden.

85 Ändert sich die finanzielle Situation der Eltern, kann das Kind auch verpflichtet sein, die Abänderung eines zunächst ablehnenden BAföG-Bescheides zu beantragen.[78]

86 Zu erhaltenen BAföG-Leistungen vgl. Rn. 40.

c. Studiendarlehen

87 Einem volljährigen, nicht BAföG-berechtigten Studenten, der von seinen leistungsfähigen Eltern Unterhalt erhält, obliegt dagegen in der Regel nicht die Verpflichtung, ein sogenanntes **Bildungsdarlehen** aufzunehmen. Die Rechtsprechung hinsichtlich der Verpflichtung zur Aufnahme eines BAföG-Darlehens lässt sich auf ein Bildungsdarlehen nicht übertragen.[79]

88 Bei **Studiengebühren** hat das OLG Celle die Obliegenheit des Kindes bejaht, ein **zinsfreies Darlehen** in Anspruch zu nehmen (so z.B. gem. § 11a Abs. 1 Satz 2 Niedersächsisches. HochschulG). Diese Gebühren erhöhen nicht den Bedarf des Studenten, weil dieser – ähnlich wie im Falle des BAföG – gehalten ist, zunächst staatliche Hilfen in Anspruch zu nehmen.[80]

89 Zur Einstufung von Studiengebühren, Semestergebühren usw. als Mehrbedarf oder Bestandteil des normalen Bedarfes vgl. die Kommentierung zu § 1613 BGB Rn. 204.

3. Abzüge vom Einkommen

90 Zu berücksichtigen sind neben den gesetzlichen Abzügen wie Steuern, Sozialversicherungsbeiträgen usw. auch weitere Aufwendungen, die das Einkommen schmälern. So ist die Erwerbstätigkeit regelmäßig mit **berufsbedingten Aufwendungen** verbunden, die das Einkommen teilweise aufzehren. Einige Oberlandesgerichte nehmen hier einen pauschalen Abzug von i.d.R. 5% des Einkommens vor, während andere den konkreten Nachweis von Aufwendungen verlangen.

91 Speziell bei unterhaltsberechtigten Kindern, die sich noch in der Ausbildung befinden, mindern Kosten der Beschaffung von Ausbildungsgerät, Fahrten zur Berufsschule und zur Ausbildungsstelle die Ausbildungsvergütung und verringern damit das verfügbare Einkommen. In den Unterhaltsleitlinien der Oberlandesgerichte wird im Regelfall eine pauschale Kürzung der Ausbildungsvergütung um einen **ausbildungsbedingten Mehrbedarf** vorgenommen.

92 Seine Rechtfertigung findet solcher ausbildungsbedingter Mehrbedarf neben sonstigen berufsbedingten Aufwendungen in einem **Arbeitsanreiz** und in der **Notwendigkeit der Anschaffung von Büchern, sonstigen Lernmitteln und Einrichtungsgegenständen**, die bei einem Arbeitnehmer normalerweise nicht anfallen bzw. durch steuerliche Absetzung einen gewissen Ausgleich finden. Eine Verrechnung mit Fahrtkosten findet daher nicht statt.[81]

93 Nach der Düsseldorfer Tabelle (Anm. A.8, vgl. die Anlage 3 zu § 1610 BGB) sind hierfür folgende monatliche **Abzugsbeträge** vorgesehen:
- seit 01.07.2003: 85 €,
- seit 01.07.2005: 90 €.

Die ab 01.01.2009, ab 01.01.2010 und ab 01.01.2013 geltenden Düsseldorfer Tabellen haben diese Werte unverändert übernommen (vgl. die Anlage 2 zu § 1610 BGB).

---

[77] OLG Hamm v. 12.03.2012 - 4 UF 232/11 - FuR 2012, 669.
[78] OLG Karlsruhe v. 10.02.2009 - 2 WF 6/09 - OLG Report Karlsruhe 2009, 280.
[79] OLG Bremen v. 10.09.2012 - 4 UF 94/12 - FamRZ 2013, 1050.
[80] OLG Celle v. 17.09.2012 - 19 UF 160/12 - FamFR 2012, 517.
[81] OLG Köln v. 30.01.2013 - 4 UF 218/12 - FamRZ 2013, 1406.

4. Anrechenbare Sozialleistungen

Sozialleistungen des Staates sind unabhängig von ihrer Zweckbestimmung grundsätzlich unterhaltsrechtliches **Einkommen**, soweit sie geeignet sind, den allgemeinen Lebensbedarf des Leistungsempfängers zu decken.[82]

a. Leistungen nach SGB II

Der Geltendmachung des Unterhaltsanspruchs steht jedoch nicht entgegen, dass das unterhaltsberechtigte Kind im Anspruchszeitraum **Leistungen nach dem SGB II** bezogen hat, denn ein Anspruchsübergang auf den Träger der öffentlichen Leistung ist gem. § 33 Abs. 2 Satz 3 SGB II ausgeschlossen.[83]

Nach dieser Vorschrift gehen Ansprüche insbesondere dann nicht auf den Träger der Grundhilfe über, wenn und soweit sie nicht auf einem nach den §§ 11 und 12 SGB II zu berücksichtigenden Einkommen des Unterhaltsverpflichteten beruhen. Die Höhe des dem Kind zustehenden Unterhaltsanspruchs errechnet sich ausschließlich auf der Grundlage fiktiven Einkommens des Antragsgegners, denn er ist arbeitslos und unter Berücksichtigung seines Selbstbehalts nicht in der Lage, von den von ihm bezogenen Leistungen zur Sicherung seines Lebensunterhalts Kindesunterhalt zu zahlen. Fiktive Einkünfte stellen kein Einkommen im Sinne der §§ 11 und 12 SGB II dar.[84]

Gemäß § 33 Abs. 1 SGB II in der bis Ende 2008 geltenden Fassung findet ein Anspruchsübergang nur insoweit statt, als der Unterhaltsberechtigte Leistungen nach dem SGB II empfangen hat. § 33 Abs. 1 Satz 2 SGB II in der seit Anfang 2009 geltenden Fassung, wonach ein Anspruch auch übergeht, soweit Kinder unter Berücksichtigung von Kindergeld keine Leistungen empfangen haben und bei rechtzeitiger Leistung des anderen keine oder geringere Leistungen an die Mitglieder der Haushaltsgemeinschaft erbracht worden wären, gilt nicht für Leistungen nach dem SGB II, die vor Inkrafttreten der Neuregelung erbracht worden sind.[85]

Nach § 33 Abs. 1 Satz 2 SGB II in der seit dem 01.01.2009 geltenden Fassung findet ein Anspruchsübergang auch statt, soweit Kinder unter Berücksichtigung von Kindergeld nach § 11 Abs. 1 Satz 4 SGB II keine Leistungen empfangen haben und bei rechtzeitiger Leistung des Anderen keine oder geringere Leistungen an die Mitglieder der Haushaltsgemeinschaft erbracht worden wären. Mit dieser Regelung wollte der Gesetzgeber eine Regelungslücke schließen. Nach § 33 Abs. 1 Satz 2 SGB II tritt nach der Begründung des Gesetzentwurfs auch dann ein Anspruchsübergang ein, wenn ein Kind als Anspruchsinhaber aufgrund eigenen Einkommens und Anrechnung des bei ihm zur Sicherung des Lebensunterhalts benötigten Kindergeldes trotz ausbleibender Leistungserfüllung nicht hilfebedürftig ist.[86] Nach bisheriger Rechtslage wäre der Schuldner privilegiert, wenn Leistungsempfänger und Anspruchsinhaber nicht identisch seien und damit kein Anspruchsübergang eintreten könne. Dementsprechend hätte der Leistungsträger höhere Aufwendungen zu tragen, da bei rechtzeitiger Leistung das Kindergeld zumindest teilweise den Bedarf anderer Mitglieder der Haushaltsgemeinschaft gedeckt hätte.[87]

Nach der seit dem 01.01.2009 geltenden Fassung des § 33 Abs. 1 Sätze 1 und 2 SGB II ist nicht mehr allein maßgebend, in welcher Höhe dem ursprünglichen Inhaber des Unterhaltsanspruchs wegen ausgebliebener Unterhaltszahlungen tatsächlich Leistungen nach dem Sozialgesetzbuch II gewährt worden sind. Ein Anspruchsübergang findet vielmehr auch statt, soweit Kinder unter Berücksichtigung von Kindergeld nach § 11 Abs. 1 Satz 4 SGB II keine Leistungen empfangen haben, Mitgliedern der Haushaltsgemeinschaft aufgrund der Nichterfüllung der Unterhaltsforderung des Kindes aber höhere Leistungen zur Sicherung des Lebensunterhalts erbracht worden sind. **Die Regelung, der ersichtlich fiskalische Interessen zugrunde liegen, stellt mithin eine Ausnahme von dem Grundsatz der Personenidentität zwischen dem ursprünglichen Inhaber des Unterhaltsanspruchs und dem Hilfeempfänger dar.**

Zum einen ist Voraussetzung für den Anspruchsübergang nach § 33 Abs. 1 Satz 2 SGB II zunächst, dass das für das Kind gezahlte **Kindergeld** oder ein Teil hiervon nicht gemäß § 11 Abs. 1 Satz 1 SGB II bei dem Kindergeldberechtigten als Einkommen berücksichtigt werden konnte, sondern gemäß § 11 Abs. 1 Satz 4 SGB II dem Kind als Einkommen zuzurechnen war, weil es zur Sicherung des Le-

---

[82] BGH v. 23.03.1983 - IVb ZR 358/81 - NJW 1983, 1481.
[83] OLG Hamm v. 27.05.2010 - II-2 UF 8/10 - NJW-RR 2010, 1637 – ZFE 2011, 233.
[84] OLG Hamm v. 27.05.2010 - II-2 UF 8/10.
[85] BGH v. 01.12.2010 - XII ZR 19/09 - FamRZ 2011, 197.
[86] BGH v. 11.01.2012 - XII ZR 22/10 - FamRZ 2012, 56.
[87] BT-Drs. 16/10810, S. 49; BGH v. 11.01.2012 - XII ZR 22/10 - FamRZ 2012, 956.

bensunterhalts – mit Ausnahme der Bedarfe nach § 28 SGB II – benötigt wurde. Erforderlich ist weiterhin, dass das **Kind Mitglied einer Haushaltsgemeinschaft ist** und bei rechtzeitiger Leistung des Dritten keine oder geringere Leistungen an die anderen Mitglieder der Haushaltsgemeinschaft erbracht worden wären, weil ihnen das Kindergeld als Einkommen zugerechnet worden wäre.[88]

101 Der BGH hat die Streitfrage offen gelassen, ob der Anspruchsübergang der Höhe nach auf den Kindergeldbetrag beschränkt ist.

102 In die im Rahmen der Prüfung eines Anspruchsüberganges nach § 33 Abs. 2 Satz 3 SGB II anzustellende grundsicherungsrechtliche Vergleichsberechnung sind unabhängig vom Bestehen oder vom Rang bürgerlich-rechtlicher Unterhaltspflichten **auch die Angehörigen der Bedarfsgemeinschaft einzubeziehen, in der die unterhaltspflichtige Person lebt**.[89]

103 Nach § 33 Abs. 1 Satz 1 SGB II geht der Unterhaltsanspruch bis zur Höhe der geleisteten Aufwendungen auf die Träger der Leistungen zur Sicherung des Lebensunterhalts über, wenn bei rechtzeitiger Leistung eines anderen diese Leistungen nicht erbracht worden wären. Der Anspruchsübergang nach dieser Vorschrift ist gemäß § 33 Abs. 2 Satz 3 SGB II ausgeschlossen, wenn und soweit Einkommen und Vermögen der unterhaltsverpflichteten Person das nach den §§ 11 bis 12 SGB II zu berücksichtigende Einkommen und Vermögen nicht übersteigen. Durch diese Vorschrift soll der Unterhaltspflichtige in gleicher Weise wie der Leistungsempfänger geschützt werden.

104 Bei der von **Amts wegen anzustellenden grundsicherungsrechtlichen Vergleichsberechnung** ist zu ermitteln, wie hoch der hypothetische Bedarf des Unterhaltspflichtigen auf Leistungen nach dem SGB II wäre und diesem Bedarf anschließend das nach den §§ 11 ff. SGB II zu berücksichtigende und zu bereinigende Einkommen gegenüberzustellen. Nur wenn und soweit das Einkommen den Bedarf übersteigt, kann ein Unterhaltsanspruch gegen den Unterhaltspflichtigen auf den Träger der Grundsicherung übergehen.

105 Es ist **umstritten**, wie im Rahmen einer grundsicherungsrechtlichen Vergleichsberechnung zu verfahren ist, **wenn die unterhaltspflichtige Person in einer Bedarfsgemeinschaft im Sinne von § 7 Abs. 3 SGB II lebt**. Teilweise wird selbst beim Bestehen einer Bedarfsgemeinschaft allein auf den Bedarf des Unterhaltspflichtigen abgestellt.

106 Würde daher bei der Vergleichsberechnung nur auf den sozialrechtlichen Bedarf des Unterhaltspflichtigen abgestellt werden, könnte dies zur Folge haben, dass der Unterhaltspflichtige aufgrund des zu leistenden Unterhalts aus seinem Einkommen und Vermögen nicht mehr den gesamten Bedarf der Bedarfsgemeinschaft decken kann, wegen § 9 Abs. 2 Satz 3 SGB II als Hilfebedürftiger behandelt wird und einen eigenen Leistungsanspruch gegen den Träger der Grundsicherung erwirbt.[90] § 33 Abs. 2 Satz 3 SGB II will indessen den Eintritt von Hilfebedürftigkeit des Unterhaltspflichtigen gerade vermeiden, zumal diese Hilfebedürftigkeit auch Bedeutung für eine mögliche Erbenhaftung (§ 35 SGB II) sowie für die Frage hat, wer Schuldner einer Erstattungsforderung bei unrechtmäßig gewährten Leistungen ist.[91]

107 Die **Einbeziehung der Angehörigen der Bedarfsgemeinschaft** in die grundsicherungsrechtliche Vergleichsberechnung entspricht auch dem – im Wortlaut des § 33 Abs. 2 Satz 3 SGB II allerdings nur unvollkommen zum Ausdruck gekommenen – **Willen des Gesetzgebers**.[92]

108 Nach *Conradis*[93] ist auch soweit der Unterhaltspflichtige und die Mitglieder der Bedarfsgemeinschaft keine Leistungen nach dem SGB II beziehen, weil das Einkommen den Bedarf übersteigt, bei einer Inanspruchnahme durch das Jobcenter zu prüfen, ob durch die Geltendmachung des Unterhalts die Hilfebedürftigkeit eintreten würde. Möglich sei dies auch in Höhe nur eines Teilbetrags des geltend gemachten Unterhalts. Bei der Berechnung nach dem SGB II ist dabei zu beachten, dass die Absetzbeträge nach § 11b SGB II relativ hoch sind und in der Regel die Absetzmöglichkeiten nach dem Unterhaltsrecht überschreiten. So werde z.B. bei einem Bruttoeinkommen von 1.200 € bereits ein Betrag von mindestens 300 € nach § 11b SGB II abgesetzt.

---

[88] BGH v. 11.01.2012 - XII ZR 22/10 - FamRZ 2012, 956.
[89] BGH v. 23.10.2013 - XII ZB 570/12 - FamRZ 2013, 1962.
[90] Vgl. BGH v. 23.10.2013 - XII ZB 570/12.
[91] *Sonnhoff* in: jurisPK-SGB II, 3. Aufl., § 9 Rn. 60.
[92] BGH v. 23.10. 2013 - XII ZB 570/12 - FamRZ 2013, 1962.
[93] *Conradis*, FamFR 2013, 535.

Wird ein solcher Unterhaltspflichtiger, dessen Einkommen nur wenig über dem Bedarf nach dem SGB II liegt, zu einer Unterhaltszahlung verpflichtet, können nach § 11b Abs. 1 Nr. 7 SGB II die Unterhaltszahlungen vom Einkommen abgesetzt werden, so dass damit eine Hilfebedürftigkeit nach dem SGB II und Zahlung von Leistungen durch das Jobcenter in Betracht kommen.[94]

b. Erziehungsgeld/Elterngeld

Erziehungsgeld (**Elterngeld**), das an ein Kind wegen der Betreuung eines eigenen Kindes gezahlt wird, ist gem. § 9 BErzGG nicht als Einkommen des Kindes anzurechnen.[95]

c. Betreuungsgeld

Betreuungsgeld[96] wird rückwirkend nur für die letzten **drei Monate** vor Beginn des Monats geleistet, in dem der Antrag auf die jeweilige Leistung eingegangen ist. Es soll die Vorschulische Betreuung von Kindern durch ihre Eltern finanziell unterstützen. Das Betreuungsgeld bleibt bei anderen Sozialleistungen an die Eltern, deren Zahlung von anderen Einkommen abhängig ist, als Einkommen unberücksichtigt, **§ 10 BEEG**. Für Streitigkeiten über den Bezug des Betreuungsgeldes sind die Sozialgerichte zuständig, § 13 BEEG. § 11 BEEG enthält eine Sonderregelung für Unterhaltspflichten.

Bei dem Betreuungsgeld bis zur Grenze von 300 € mtl. handelt es sich um kein Erwerbseinkommen. Für die unterhaltsrechtliche Behandlung folgt daraus, dass keine berufsbedingten Aufwendungen anfallen, dem bezugsberechtigten Elternteil kein Erwerbstätigenbonus zusteht und sich der jeweilige Selbstbehalt nach demjenigen eines Nichterwerbstätigen richtet (aktuell 800 €). Allein die Möglichkeit, Betreuungsgeld zu beziehen, ändert nichts an dem Bestehen der unterhaltsrechtlichen Erwerbsobliegenheiten.

Nach § 11 Satz 1 BEEG werden Unterhaltsverpflichtungen durch die Zahlung des Betreuungsgeldes nur insoweit berührt, als es 300 € monatlich übersteigt. Bei Mehrlingsgeburten kommen 300 € je weiterem Kind hinzu, § 11 Satz 3 BEEG.[97]

d. Kinderbonus

Der aufgrund des Gesetzes zur Sicherung von Beschäftigung und Stabilität in Deutschland vom 02.03.2009 einmal gezahlte **Kinderbonus** von 100 € als Kindergeldleistung ist mit dem hälftigen Betrag auf den geschuldeten Unterhaltsbedarf des Kindes anzurechnen.[98] Eine Abzweigung an den Sozialleistungsträger ist nicht zulässig.[99]

e. Unterhaltsvorschussleistungen

Unterhaltsvorschussleistungen sind im Verhältnis zu den **Großeltern** anzurechnendes Einkommen des Kindes und mindern dessen Bedürftigkeit. Das gilt sowohl für bereits gezahlten als auch für noch zu gewährenden Vorschuss.[100]

5. Freiwilliges Soziales Jahr

Ist ein **Freiwilliges Soziales Jahr** nicht Voraussetzung für ein Studium bzw. für eine Ausbildung, besteht ebenfalls während dieses Zeitraums kein Unterhaltsanspruch.[101] Jedenfalls sind die während dieser Zeit erzielten **Einkünfte** voll als **bedarfsdeckend** anzurechnen[102] (vgl. die Kommentierung zu § 1610 BGB Rn. 116 ff.).

---

[94] *Conradis*, FamFR 2013, 535.
[95] OLG Frankfurt v. 04.06.2009 - 2 UF 328/08 - NJW 2009, 3105; OLG Düsseldorf v. 27.02.1989 - 2 UF 123/88 - FamRZ 1989, 1226; zur Frage der Nichtanrechnung des Sockelbetrages (§ 11 Satz 4 BEEG) in Höhe von 300 € *Justin*, FamRZ 2011, 433.
[96] Ausführlich *Götsche*, FamRB 2013, 335, 336.
[97] vgl. *Götsche*, FamRB 2013, 335, 337 mit einzelnen Berechnungsbeispielen.
[98] Vgl. OLG Brandenburg v. 06.12.2011 - 10 UF 253/10 - NZS 2012, 471-473; ausführlich *Günther*, FamFR 2012, 77.
[99] BFH v. 27.09.2012 - III R 2/11.
[100] OLG Dresden v. 18.09.2009 - 20 UF 331/09 - FamRZ 2010, 73.
[101] OLG Naumburg v. 10.05.2007 - 4 UF 94/07 - NJW-RR 2007, 1380.
[102] OLG Stuttgart v. 06.11.2006 - 15 WF 275/06 - FamRZ 2007, 1353; ausführlich *Zimmermann*, FuR 2013, 14, 17 f.

II. Vermögen

117 Der Unterhaltsbedarf kann auch durch **Vermögen des Unterhaltsberechtigten** gedeckt werden. Dabei ist zwischen den **Vermögenserträgen** (Zinsen, Dividenden usw.) und dem **Vermögensstamm** zu unterscheiden.

118 Zur Frage, ob auch früher vorhandenes und verschenktes oder erzielbares zukünftiges Vermögen unterhaltsrechtliche Bedeutung haben kann, vgl. Rn. 193.

119 Aus § 1602 Abs. 2 BGB und § 1603 Abs. 2 Satz 3 BGB ist abzuleiten, dass **auch minderjährige Kinder** ihre **Einkünfte aus einem Vermögen** zur Minderung ihrer Bedürftigkeit einzusetzen haben. Ein Unterhaltsgläubiger ist auch verpflichtet, eine Forderung einzuziehen, die er in zumutbarer Weise einziehen könnte.[103] Zum Vermögen zählen auch **Zinseinkünfte** und **Mieterträge** aus der Vermietung einer eigenen Wohnung.

1. Anrechnung des Wohnvorteils

120 Auch der Vorteil des eigenen mietfreien Wohnens stellt einen Vermögenswert dar.[104]

121 Auch wenn der in der Wohnung verbliebene Ehegatte in dieser Wohnung zusammen mit einem oder mehreren gemeinsamen Kindern lebt, wird in der Praxis der **Wohnvorteil** regelmäßig nur über den **Ehegattenunterhalt** berücksichtigt. Der BGH hat diese Vorgehensweise beanstandet und betont, **das mietfreie Wohnen komme auch dem gemeinsamen Kind zugute.** Der **mit dem Kind zusammenlebende Unterhaltspflichtige** leiste insoweit Naturalunterhalt, der ihn von der Unterhaltspflicht gegenüber dem Sohn teilweise befreit. **Dieser Umstand sei im Rahmen der Festlegung des angemessenen Wohnwerts zu berücksichtigen.**[105]

122 Vorgeschlagen wird, in diesen Fällen einen bereits um den Wohnbedarf der Kinder gekürzten Unterhaltsanspruch vom Einkommen des Pflichtigen abzuziehen. Der Wohnbedarf eines Kindes solle mit 20% des Tabellenbetrages aus der Düsseldorfer Tabelle veranschlagt werden.[106]

2. Verwertung der Vermögenssubstanz

123 Nur **das volljährige Kind** muss auch die **Substanz** seines Vermögens einsetzen. Dabei ist das anzurechnende Vermögen im ersten Schritt um einen **Schonbetrag** (vgl. Rn. 124) zu bereinigen, der etwa in Anlehnung an den „Notgroschen" des Sozialhilferechts festzusetzen ist.[107] Der verbleibende Betrag ist dann nach **Zumutbarkeit** anzurechnen. Dabei wird die Grenze der Unzumutbarkeit etwas enger als bei § 1577 Abs. 3 BGB zu ziehen sein, angenähert etwa dem Begriff der groben Unbilligkeit. Im Rahmen einer umfassenden Zumutbarkeitsabwägung sind alle bedeutsamen Umstände und insbesondere auch die Lage des Unterhaltsverpflichteten und speziell dessen wirtschaftliche Belastungen zu berücksichtigen.[108]

124 Dem volljährigen Kind wird daher ein **Notgroschen** zugebilligt, wenn nicht aufseiten des Verpflichteten **enge wirtschaftliche Verhältnisse** vorliegen. Da das volljährige Kind in der Regel erwerbsfähig i.S.d. § 8 Abs. Abs. 1 SGB II ist und deshalb nur Grundsicherung für Arbeitsuchende, nicht aber Hilfe zum Lebensunterhalt nach dem SGB II beziehen könnte (§ 5 Abs. 2 Satz 1 SGB II), berechne sich die Höhe des Notgroschens nicht nach den Schonbeträgen des Sozialhilferechts, sondern nach denjenigen des SGB II. Das Schonvermögen belaufe sich danach nach § 12 Abs. 2 Nr. 1 SGB II **auf jeweils 150 € je vollendetes Lebensjahr, mindestens aber 1.300 €**, hier also auf 3.100 €.[109]

125 Dabei wurde dem Volljährige rund 2.000 € aus seinem Sparvermögen zum **Erwerb des Führerscheins** anrechnungsfrei belassen.[110]

---

[103] BGH v. 05.11.1997 - XII ZR 20/96 - FamRZ 1998, 367.
[104] OLG Koblenz v. 17.04.2002 - 9 UF 561/01 - OLGR Koblenz 2002, 323-324.
[105] BGH v. 31.10.2012 - XII ZR 30/10 - NJW 2013, 461 = FamRZ 2013, 191 mit Anm. *Born* = FuR 2013, 161.
[106] *Thormeyer*, FamRB 2013, 39.
[107] BGH v. 05.11.1997 - XII ZR 20/96 - FamRZ 1998, 367; OLG Düsseldorf v. 26.03.1990 - 7 UF 220/89 - FamRZ 1990, 1137.
[108] BGH v. 05.11.1997 - XII ZR 20/96 - FamRZ 1998, 367; OLG Frankfurt v. 04.07.2006 - 5 WF 89/06 - OLGR Frankfurt 2007, 285-286.
[109] OLG Karlsruhe v. 09.12.2011 - 16 UF 212/10 - FamRZ 2012, 1573, 1575.
[110] OLG Karlsruhe v. 09.12.2011 - 16 UF 212/10 - FamRZ 2012, 1573, 1575.

Auf den Anspruch auf Ausbildungsunterhalt muss sich das volljährige Kind eine erhaltene **Ausbil-** 126
dungsversicherung als eigenes Vermögen ohne Schonbetrag anrechnen lassen.[111] Das Gleiche gilt
auch für Leistungen aus einem **Ausbildungsfonds**, und zwar auch dann, wenn dem Kind daraus direkt
kein Leistungsanspruch zusteht.[112]

Ein in Ausbildung befindliches volljähriges Kind ist nicht unter allen Umständen gehalten, zumutbar 127
verwertbares Vermögen vollständig zu verbrauchen, ehe es von einem Elternteil Unterhalt in Anspruch
nehmen kann. Hierzu bedarf es einer umfassenden Gesamtabwägung, die regelmäßig nicht im Prozesskostenhilfeprüfungsverfahren durchgeführt werden kann.[113]

Hierbei ist insbesondere der **Zweck einer Vermögenszuwendung** zu beachten. War z.B. ein Ver- 128
mächtnis oder ein Sparguthaben gerade dazu zugewandt worden, die Ausbildung des Kindes zu sichern, ist es unter Zumutbarkeitsgesichtspunkten nicht ausgeschlossen, die für den eigenen Unterhalt
einzusetzenden Mittel auf ihre voraussichtliche Ausbildungsdauer umzulegen.[114]

Verfügt das Kind über ein Sparvermögen von 15.000 € und werden für den Unterhalt in den nächsten 129
zwei Jahren rund 4.000 € benötigt, so ist es dem Kind zuzumuten, diesen Vermögensstamm zu verwerten.[115]

III. Bedürftigkeit beim Elternunterhalt

Auch beim Elternunterhalt gilt der Grundsatz, dass Unterhaltsbedürftigkeit nur besteht, soweit eigene 130
Einkünfte und Bezüge sowie eigenes Vermögen des Unterhaltsberechtigten zu seiner Bedarfsdeckung
nicht ausreichen. Daher ist auch hier **Einkommen jeder Art** auf den Bedarf **anzurechnen**.[116]

Vgl. auch zum **Bedarf beim Elternunterhalt** die Kommentierung zu § 1610 BGB Rn. 396 und zur 131
Leistungsfähigkeit die Kommentierung zu § 1603 BGB.

Leben Eltern in einem Alten- und Pflegeheim, wird der Bedarf im Wesentlichen durch die **Heim- und** 132
Pflegekosten sowie ein angemessenes **Taschengeld** bestimmt.[117] Wird die Notwendigkeit der Kosten
vom Unterhaltspflichtigen durch **substantiiertes Bestreiten in** Abrede gestellt, **muss der Anspruchsteller**, der für den angemessenen Lebensbedarf nach § 1610 Abs. 1 BGB die **Darlegungs- und Beweislast** trägt, die **Notwendigkeit der Kosten** beweisen.

Die **Unterhaltsbedürftigkeit** eines Heimbewohners **scheidet** also **aus**, wenn sein **Einkommen** (Rente 133
und Pflegegeld) ausreicht, den eigenen **Bedarf** zu decken.[118]

Werden Einkommensmöglichkeiten nicht genutzt, ist der Betrag fiktiv bedarfsmindernd einzustellen. 134
Die Annahme eines fiktiven Arbeitseinkommens scheidet bei Pflegebedürftigkeit aus.

Auch bei einem im Heim lebenden Ehemann ist ggf. der Anspruch seines Ehegatten auf (Familien-)Un- 135
terhalt zu berücksichtigen. Hier kann die Verpflichtung gegeben sein, hierfür Vermögen einzusetzen.[119]

1. Tatsächliches Einkommen

a. Eigenes Erwerbseinkommen

Eigenes **Erwerbseinkommen** des Unterhalt beanspruchenden Elternteils ist anzurechnen. Hierzu kann 136
auf die Kommentierung zu § 1577 BGB Rn. 10 verwiesen werden.

Berufsbedingte Aufwendungen sind auch, wenn nach Sozialhilferecht eine pauschale Berücksichti- 137
gung erfolgt (§ 82 SGB XII), nur abzuziehen, wenn Anhaltspunkte dafür vorgetragen werden, dass solche Aufwendungen tatsächlich entstanden sind.[120]

---

[111] OLG Frankfurt v. 02.01.2003 - 5 WF 160/02 - OLGR Frankfurt 2003, 304-305.
[112] OLG Frankfurt v. 02.06.1992 - 3 UF 23/92 - FamRZ 1993, 98-99.
[113] OLG Frankfurt v. 04.07.2006 - 5 WF 89/06 - OLGR Frankfurt 2007, 285-286.
[114] BGH v. 05.11.1997 - XII ZR 20/96 - FamRZ 1998, 367-370; OLG Düsseldorf v. 26.03.1990 - 7 UF 220/89 -
  FamRZ 1990, 1137; Frage der Zumutbarkeit der Veräußerung eines von den Großeltern geschenkten Pkws vgl.
  OLG Frankfurt v. 04.07.2006 - 5 WF 89/06 - OLGR Frankfurt 2007, 285-286.
[115] OLG Hamm v. 11.08.2006 - 11 UF 25/06 - NJW 2007, 1217-1218.
[116] Ausführlich *Mleczko*, FPR 2003, 616-623.
[117] Vgl. BGH v. 21.11.2012 - XII ZR 150/10; BGH v. 23.10.2002 - XII ZR 266/99 - FamRZ 2002, 1698, 1700; BGH
  v. 25.06.2003 - XII ZR 63/00 - FamRZ 2004, 186, 187; *Engels*, FF 2013, 973, 974, *Hauß*, FamRZ 2013, 206-207.
[118] BGH v. 07.07.2004 - XII ZR 272/02 - FamRZ 2004, 1370-1372 mit Anmerkung *Schürmann*; OLG Oldenburg v.
  25.10.2012 - 14 UF 82/12 - FamRZ 2013, 1143 m.w.N.
[119] OLG Nürnberg v. 20.08.2007 - 10 UF 662/07 - FamRZ 2008, 788.
[120] BGH v. 19.02.2003 - XII ZR 67/00 - FamRZ 2003, 860, 862.

b. Sozialleistungen

aa. Renten

138 Auch die vom Unterhaltsberechtigten bezogenen – privaten und öffentlichen – **Renten** mindern seine Bedürftigkeit.[121]

139 Auch an den Unterhaltsberechtigten bezahlte **Leistungen für Kindererziehung gemäß §§ 294 ff. SGB VI** sind als Einkommen anzurechnen.[122] Anrechnungsfreiheit betrifft lediglich die zu gewährende Sozialleistungen und gilt nicht für die Unterhaltspflicht nach bürgerlichem Recht.

bb. Leistungen der Pflegeversicherung

140 Etwaige Leistungen – auch der privaten – **Pflegeversicherung** sind gleichermaßen zu berücksichtigen.[123] Diese Leistungen der Pflegeversicherung mindern den Bedarf.

141 Versäumt ein Betreuer oder eine Sozialbehörde, nach Beendigung der Erwerbstätigkeit in einer Behinderteneinrichtung auf eine **Beibehaltung des Versicherungsschutzes in der gesetzlichen Kranken- und Pflegeversicherung** hinzuwirken, so dass bei Eintritt der Pflegebedürftigkeit keine Zahlungen aus der Pflegekasse erbracht werden, so kann sich dies nicht zu Lasten eines seinen Eltern unterhaltspflichtigen Kindes auswirken. Es ist dann **fiktiv** das sonst gewährte **Pflegegeld** anzurechnen.[124]

142 Die monatlichen **Leistungen der Pflegeversicherung** richten sich nach der jeweiligen Pflegestufe.

143 Nehmen die Pflegebedürftigen die Pflegeleistungen im ambulanten Bereich – also zu Hause – in Anspruch, erhalten sie Pflegegeld in Höhe von 120 € in Pflegestufe 0 (nur bei Demenz), in Höhe von 235 € (bei Demenz 305 €) in der Pflegestufe I, 440 € (bei Demenz 525 €) in der Pflegestufe II oder 700 € in der Pflegestufe III.

144 Die Hilfeleistungen können auch von professionellen Pflegediensten (z.B. Sozialstationen) ausgeführt werden, deren Einsatz von den Pflegekassen als so genannte Pflegesachleistung bezahlt wird. Dafür stehen in der Pflegestufe 0 (nur bei Demenz) 225 €, in der Pflegestufe I 450 € (bei Demenz 665 €), in der Pflegestufe II 1.100 € (bei Demenz 1.250 €) und in der Pflegestufe III 1.550 € zur Verfügung. Besonders schwer pflegebedürftige Menschen (sogenannte Härtefälle) können bis zu 1.918 € monatlich erhalten.

145 Wenn die häusliche Pflege nicht ausreicht, kann die Pflege auch in teil- oder vollstationären Einrichtungen erfolgen. In der vollstationären Pflege werden für Grund- und Behandlungspflege sowie hauswirtschaftliche Versorgung in Pflegestufe I 1.023 €, in Pflegestufe II 1.279 €, in Pflegestufe III 1.550 € und in Härtefällen 1.918 € gezahlt. Unterkunft und Verpflegung muss der Heimbewohner aus eigenen Mitteln finanzieren.

cc. Leistungen der Grundsicherung

146 a) **Voraussetzungen der Grundsicherung:** Hilfebedürftige Personen, die die Altersgrenze erreicht haben oder wegen einer bestehenden Erwerbsminderung auf Dauer ihren Lebensunterhalt nicht aus eigener Erwerbstätigkeit bestreiten können, haben Anspruch auf **Leistungen der Grundsicherung** im Alter und bei Erwerbsminderung nach dem Vierten Kapitel des Zwölften Buches Sozialgesetzbuch (SGB XII).[125]

147 Die Grundsicherung im Alter und bei Erwerbsminderung tritt an die Stelle der Hilfe zum Lebensunterhalt, wenn entweder aus Altersgründen nicht mehr erwartet werden kann, dass die materielle Notlage einer Person durch Ausübung einer Erwerbstätigkeit überwunden wird, oder dies aus gesundheitlichen Gründen dauerhaft nicht möglich ist.

148 Anspruch auf Grundsicherung im Alter und bei Erwerbsminderung haben
- Personen, die die Altersgrenze erreicht haben und
- Personen, die das 18. Lebensjahr vollendet haben und dauerhaft voll erwerbsgemindert sind, sofern sie ihren notwendigen Lebensunterhalt nicht ausreichend oder überhaupt nicht aus eigenen Kräften und Mitteln, insbesondere aus ihrem Einkommen und Vermögen, sicherstellen können.

---

[121] BGH v. 07.07.2004 - XII ZR 272/02 - FamRZ 2004, 1370-1372 mit Anmerkung *Schürmann*.
[122] Vgl. BGH v. 21.11.2012 - XII ZR 150/10 - FamRZ 2013, 203.
[123] *Büttner*, FamRZ 1995, 193-199, 193; *Büttner*, FamRZ 2000, 596-598, 596; *Brudermüller*, NJW 2004, 633-640, 634; *Klinkhammer*, FPR 2003, 640-647, 640; *Herr*, FamRZ 2005, 1021, 1022.
[124] OLG Oldenburg v. 25.10.2012 - 14 UF 82/12 - FamRZ 2013, 1143.
[125] Umfassend *Mleczko*, FuR 2013, 122.

Leistungen der Grundsicherung im Alter und bei Erwerbsminderung setzen also voraus, dass **Bedürftigkeit** vorliegt. 149

Personen, die das 18. Lebensjahr, aber noch nicht ein der Regelaltersgrenze in der gesetzlichen Rentenversicherung entsprechendes Lebensalter erreicht haben, erhalten ebenso Leistungen der Grundsicherung im Alter und bei Erwerbsminderung, wenn sie **aus medizinischen Gründen dauerhaft voll erwerbsgemindert** sind. 150

Eine dauerhafte volle Erwerbsminderung liegt immer dann vor, wenn das Leistungsvermögen wegen Krankheit oder Behinderung vermindert ist, so dass man auf nicht absehbare Zeit außerstande ist, unter den üblichen Bedingungen des allgemeinen Arbeitsmarktes mindestens drei Stunden täglich erwerbstätig zu sein. Von der Dauerhaftigkeit ist auszugehen, wenn unwahrscheinlich ist, dass die Minderung der Erwerbsfähigkeit behoben werden kann. 151

Ein volljähriges Kind hat dann keinen Anspruch auf Grundsicherungsleistungen wegen Erwerbsminderung, wenn mindestens einer der beiden Elternteile ein Gesamteinkommen von über 100.000 € jährlich hat. Die Einkommen der Eltern werden nicht zusammengerechnet.[126] 152

b) Auswirkungen der Grundsicherung auf den Unterhaltsanspruch: Die **Grundsicherung** dient zwar nicht der Entlastung des unterhaltspflichtigen Kindes, ist aber im Gegensatz zur Sozialhilfe **nicht subsidiär**.[127] 153

Leistungen der Grundsicherung sind **unter den Voraussetzungen des § 43 Abs. 2 Satz 1 SGB XII** auf den Unterhaltsbedarf eines Leistungsempfängers **anzurechnen**.[128] In diesem Fall sind Grundsicherungsleistungen nicht nachrangig, sondern als Einkommen anzusehen und reduzieren den unterhaltsrechtlichen Bedarf des Leistungsempfängers, ohne dass es darauf ankommt, ob sie zu Recht oder zu Unrecht bewilligt worden sind. Ist die Einkommensgrenze von 100.000 € nicht überschritten, wird der **Unterhaltsbedarf** eines voll erwerbsgeminderten volljährigen Kindes **vorrangig durch die Grundsicherung** im Alter und bei Erwerbsminderung **gedeckt**, die als Einkommen im Sinne des Unterhaltsrechts gilt und in ihrem Umfang die Unterhaltspflicht der Eltern zum Erlöschen bringt.[129] 154

Zwar sind Leistungen aus der gesetzlichen **Pflegeversicherung** oder der **Grundsicherung** im Alter (§§ 41 ff. SGB XII) bedarfsdeckend in Anspruch zu nehmen. Dabei setzt sich die Grundsicherung aus dem Regelbedarf von zurzeit 382 € und den Aufwendungen für Unterkunft und Heizung zusammen. Die Kosten einer Heimunterbringung erreicht die Grundsicherung nicht, weil die Kosten für Unterbringung und Heizung begrenzt sind durch die durchschnittlichen angemessenen tatsächlichen Aufwendungen für die Warmmiete eines Einpersonenhaushalts im Bereich des jeweils zuständigen Sozialhilfeträgers (§ 42 Nr. 4 SGB XII). **Im Fall der Heimunterbringung kann die Grundsicherung damit nur zu einer teilweisen Bedarfsdeckung führen.**[130] 155

Da Grundsicherungsleistungen unterhaltsrechtlich Einkommen sind, besteht die **unterhaltsrechtliche Obliegenheit des Unterhaltsgläubigers,** in einem solchen Fall Grundsicherungsleistungen in Anspruch zu nehmen.[131] 156

Das OLG Düsseldorf[132] befasst sich in einem Abänderungsverfahren gegen einen Vergleich, in dem die Frage der **Bedarfsdeckung durch Grundsicherungsleistungen im Vorverfahren schlichtweg „übersehen" wurde,** so dass sich das Sozialamt bislang darauf berufen kann, dass mit dem dort titulierten Unterhalt ein eigenes Einkommen des Antragsgegners vorhanden ist. Das Verfahren vor dem Sozialgericht ist noch nicht abgeschlossen. Das OLG lehnt es ab, **dem Unterhaltsberechtigten, der mit der entsprechenden Antragstellung seine unterhaltsrechtliche Obliegenheit gegenüber dem Antragsteller erfüllt hat, fiktiv Grundsicherungsleistungen zuzurechnen.**[133] 157

Wenn **ein Unterhaltsverhältnis gemäß § 43 Abs. 2 SGB XII vorliegt, ist der Anspruch auf** Grundsicherung nämlich vorrangig und es besteht kein anzuerkennendes Interesse des Unterhaltsberechtigten, den Anspruch auf Grundsicherung nicht geltend zu machen.[134] 158

---

[126] BSG v. 25.04.2013 - B 8 SO 21/11 R - FamRZ 2014, 385.
[127] *Herr*, FamRZ 2005, 1021, 1022.
[128] Vgl. BGH v. 20.12.2006 - XII ZR 84/04 - FamRZ 2007, 1158.
[129] Vgl. OLG Düsseldorf v. 31.01.2012 - I-24 U 39/11 - FamFR 2012, 192; vgl. BSG v. 08.02.2007 - B 9b SO 5/06 R - NJW 2008, 395, 397 = FamRZ 2008, 51 m.w.N.
[130] *Weinreich*, FuR 2013, 509, 511.
[131] OLG Düsseldorf v. 31.01.2012 - I-24 U 39/11 - FamFR 2012, 192 m.w.N.; OLG Naumburg v. 25.06.2008 - 4 WF 42/08 - ZFE 2009, 114.
[132] OLG Düsseldorf v. 19.02.2014 - II-8 UF 236/13.
[133] Vgl. *Scholz*, FamRZ 2007, 1161.
[134] OLG Frankfurt v. 23.01.2008 - 5 UF 146/07.

159	Gerade bei erwerbsunfähigen volljährigen Kindern entspricht es in Anbetracht der Unterhaltsleistungen, die die Eltern diesem bis zu dessen Volljährigkeit und ggf. darüber hinaus erbracht haben, vielmehr der allgemeinen Pflicht zur Rücksichtnahme und Loyalität, wenn das volljährige Kind darauf verwiesen wird, vorrangig die Grundsicherung in Anspruch zu nehmen.[135]
160	Weigert sich der Unterhaltsgläubiger, Grundsicherungsleistungen zu beantragen, ist die ihm zustehende Grundsicherung als **fiktives Einkommen** auf den Unterhaltsanspruch anzurechnen.[136]
161	Eine Bedürftigkeit besteht nur noch in Höhe des dann (ggf. fiktiv) noch ungedeckten Bedarfes.[137] Diese Ansprüche müssen notfalls durch einen zu bestellenden Betreuer oder den Sozialhilfeträger geltend gemacht werden.[138] In Fällen, in denen die Grundsicherung auf den Unterhaltsbedarf des Bedürftigen anzurechnen ist (hier bei einem **volljährigen erwerbsunfähigen Kind**), hat der Rechtsanwalt den unterhaltspflichtigen Mandanten darüber zu beraten, dass seine dennoch erfolgenden Leistungen überobligatorisch sind **(Haftungsfalle!)**.[139]
162	Dagegen sind **tatsächlich erbrachte Unterhaltsleistungen** – anders als bloße Unterhaltsansprüche – auf den Grundsicherungsbedarf anzurechnen. Sie gehören demnach zum Einkommen des Grundsicherungsberechtigten, selbst wenn das Einkommen des Unterhaltsverpflichteten die Einkommensgrenze des § 43 Abs. 2 Satz 1 SGB XII unterschreitet. **Der Nachrang gilt also nur für Unterhaltsansprüche, nicht aber für bereits geleistete Unterhaltszahlungen.**[140]
163	Unterstützt ein Unterhaltsschuldner den zur Inanspruchnahme von Grundsicherungsleistungen berechtigten Unterhaltsgläubiger zunächst freiwillig, steht es ihm frei, seine Zahlungen jederzeit einzustellen und den Unterhaltsschuldner aufzufordern, die Grundsicherung im Alter und bei Erwerbsminderung in Anspruch zu nehmen.[141]
164	Unterstützt er den Leistungsberechtigten in einem solchen Fall bis zur Bewilligung der Grundsicherungsleistungen weiter, sollte er klarstellen, dass er weitere Unterhaltsleistungen nur unter Vorbehalt erbringt.[142]
165	Ist der Unterhalt bereits tituliert und **entsteht ein Anspruch auf Grundsicherung** – weil z.B. das **minderjährige erwerbsunfähige Kind volljährig wird** – und werden dadurch die Voraussetzungen des § 41 SGB XII erfüllt, kann der Unterhaltsschuldner den Unterhaltsberechtigten ebenfalls auf die Inanspruchnahme von Grundsicherung verweisen, wobei er ebenfalls klarstellen sollte, dass künftige Zahlungen nur unter Vorbehalt erfolgen.[143]
166	Bei einem auf Abänderung eines **gerichtlichen Unterhaltstitels** gerichteten Abänderungsantrag[144] ist zu beachten, dass die Herabsetzung des titulierten Unterhaltes erst ab Zustellung des Abänderungsantrags (§ 238 Abs. 3 Satz 1 FamFG) erfolgen kann, es sei denn, die Voraussetzungen des § 1613 BGB sind gegeben. Um sicher zu verhindern, dass weitere Zahlungen als bedarfsdeckendes Einkommen des Leistungsberechtigten vereinnahmt werden, kann und **sollte er zugleich die Einstellung der Zwangsvollstreckung beantragen**.
167	c) Auswirkungen von Unterhaltsleistungen auf die Grundsicherung: Leistungen der Grundsicherung sind unter den Voraussetzungen des § 43 Abs. 2 Satz 1 SGB XII auf den Unterhaltsbedarf eines Leistungsempfängers anzurechnen. **Unterhaltsleistungen** mindern – anders als bloße **Unterhaltsansprüche** – allerdings den Anspruch auf Grundsicherungsleistungen.[145]

---

[135] OLG Düsseldorf v. 31.01.2012 - I-24 U 39/11 - FamFR 2012, 192 m.w.N.; OLG Hamm v. 30.01.2004 - 11 WF 207/03 - NJW 2004, 1604 = FamRZ 2004, 1807; OLG Naumburg v. 25.06.2008 - 4 WF 42/08 - FamRZ 2009, 701.

[136] Vgl. OLG Düsseldorf v. 31.01.2012 - I-24 U 39/11 - FamFR 2012, 192 m.w.N.; OLG Hamm v. 30.01.2004 - 11 WF 207/03 - NJW 2004, 1604 = FamRZ 2004, 1807; OLG Nürnberg v. 21.04.2004 - 11 UF 2470/03 - FamRZ 2004, 1988; OLG Brandenburg v. 02.01.2007 - 9 UF 159/06 - FamRZ 2008, 174; OLG Brandenburg v. 11.03.2004 - 10 UF 176/03 - FamRB 2004, 287 [Leitsatz]; *Scholz*, FamRZ 2007, 1160, 1161.

[137] OLG Bremen v. 11.11.2004 - 5 UF 40/04 - FamRZ 2005, 801; *Kleffmann*, FuR 2006, 97, 99.

[138] Vgl. OLG Oldenburg v. 25.10.2012 - 14 UF 82/12 - FamRZ 2013, 1143.

[139] Vgl. OLG Düsseldorf v. 31.01.2012 - I-24 U 39/11 - FamFR 2012, 192; ausführlich *Mleczko*, FuR 2013, 122.

[140] Vgl. OLG Düsseldorf v. 31.01.2012 - I-24 U 39/11 - FamFR 2012, 192; *Kieninger*, jurisPR-FamR 27/2008, Anm. 4.

[141] Vgl. OLG Düsseldorf v. 31.01.2012 - I-24 U 39/11 - FamFR 2012, 192 m.w.N.; *Wendl/Klinkhammer*, Das Unterhaltsrecht in der familienrichterlichen Praxis, § 8 Rn. 162.

[142] Vgl. *Wendl/Klinkhammer*, Das Unterhaltsrecht in der familienrichterlichen Praxis, § 8 Rn. 162.

[143] *Scholz*, FamRZ 2007, 1160, 1161.

[144] OLG Düsseldorf v. 31.01.2012 - I-24 U 39/11 - FamFR 2012, 192 m.w.N.

[145] BGH v. 20.12.2006 - XII ZR 84/04 - FamRZ 2007, 1158 mit Anm. *Scholz*.

Andere Sozialleistungen können anrechenbar sein, z.B. Kindererziehungsleistungen für Mütter, der Absetzungsbetrag vom Kindergeld, Grundrente nach BVG, Schmerzensgeldrente, Erziehungsgeld, Blindengeld nach den Landesblindengesetzen.[146] 168

Leistungen für Kindererziehung an Mütter der Geburtsjahrgänge vor 1921 (§§ 294 ff. SGB VI) gehören zum unterhaltsrelevanten Einkommen der Berechtigten. Die Anrechnungsfreiheit nach § 299 SGB VI betrifft nur den Bezug von einkommensabhängigen Sozialleistungen.[147] 169

c. Wohngeld

Ebenfalls anzurechnen ist **Wohngeld**, wobei allerdings zunächst ein erhöhter Wohnkostenbedarf abzuziehen ist und nur der für dessen Ausgleich nicht verbrauchte Teilbetrag als Einkommen berücksichtigt werden kann.[148] 170

2. Fiktives Einkommen

Auch erzielbares **(hypothetisches) Einkommen** kann relevant sein. 171

Bei einem **Elternteil**, der das **Rentenalter noch nicht erreicht hat**, ist der Anspruch nur dann schlüssig begründet, wenn dargelegt wird, weshalb der Elternteil seinen Bedarf nicht aus **eigener Erwerbstätigkeit** oder **nicht subsidiären Sozialleistungen** decken kann. Der Umfang dieser Erwerbsverpflichtung beurteilt sich nach einem ähnlichen Maßstab, wie er für die Unterhaltspflicht gegenüber minderjährigen Kindern gilt. Es reicht daher nicht aus, dass der Elternteil nach jahrzehntelanger Erwerbslosigkeit (und Sozialhilfebezug) nunmehr ein Alter erreicht hat, in dem er auf dem allgemeinen Arbeitsmarkt erfahrungsgemäß keine Beschäftigung mehr zu finden vermag.[149] 172

Weigert sich der Unterhaltsgläubiger, **Grundsicherungsleistungen** zu beantragen, ist die ihm zustehende Grundsicherung als **fiktives Einkommen** auf den Unterhaltsanspruch anzurechnen.[150] 173

Versäumt ein Betreuer oder eine Sozialbehörde, nach Beendigung der Erwerbstätigkeit in einer Behinderteneinrichtung auf eine **Beibehaltung des Versicherungsschutzes in der gesetzlichen Kranken- und Pflegeversicherung** hinzuwirken, so dass bei Eintritt der Pflegebedürftigkeit keine Zahlungen aus der Pflegekasse erbracht werden, so kann sich dies nicht zu Lasten eines seinen Eltern unterhaltspflichtigen Kindes auswirken. Es ist dann **fiktiv** das sonst gewährte **Pflegegeld** anzurechnen.[151] 174

Auch **Unterhaltsforderungen** des anspruchstellenden Elternteils gegen seinen getrennt lebenden oder geschiedenen **Ehegatten** sind anzurechnen. Da die Kinder nur ersatzweise nach dem Ehegatten des anspruchstellenden Elternteils haften (§ 1608 Satz 1 BGB), muss dieser **zunächst seinen Ehegatten auf Zahlung in Anspruch nehmen**. Nur wenn der Ehegatte nicht oder nur teilweise leistungsfähig ist, greift die Ersatzhaftung der Kinder (§§ 1608 Satz 2, 1584 Satz 2 i.V.m. § 1607 Abs. 2 und 4 BGB). 175

Wenn sich der Anspruch gegen den Ehegatten nur unter erheblichen Schwierigkeiten durchsetzen lässt, können die Kinder zuvor in Anspruch genommen werden; auf diese geht dann der Anspruch gegen den Ehegatten kraft Gesetzes über (§ 1607 Abs. 2 Satz 2 BGB in entsprechender Anwendung). Sie können dann im eigenen Namen Rückgriff beim Ehegatten nehmen und auf Zahlung des von ihnen verauslagten Unterhalts klagen.[152] 176

Den Bedarf mindern auch **Sach- und Dienstleistungen**, auf die die Eltern einen Rechtsanspruch haben. Vielfach haben die Eltern ihre Immobilie gegen die Vereinbarung von Pflegeleistungen übertragen.[153] Die Vereinbarung ist dahingehend auszulegen, dass sie auch die Stellung von Sachleistungen beinhaltet.[154] 177

---

[146] *Klatt*, Schnittstellen zwischen Familienrecht und Sozialrecht, 2005, Rn. 84.
[147] *Schürmann*, jurisPR-FamR 6/2013, Anm. 5.
[148] BGH v. 19.02.2003 - XII ZR 67/00 - NJW 2003, 1660-1665; *Ehinger*, NJW 2008, 2465, 2466.
[149] OLG Oldenburg v. 21.02.2006 - 12 UF 130/05 - NdsRpfl 2006, 190-191.
[150] Vgl. OLG Düsseldorf v. 31.01.2012 - I-24 U 39/11 - FamFR 2012, 192 m.w.N.; OLG Hamm v. 30.01.2004 - 11 WF 207/03 - NJW 2004, 1604 = FamRZ 2004, 1807; OLG Nürnberg v. 21.04.2004 - 11 UF 2470/03 - FamRZ 2004, 1988; OLG Brandenburg v. 02.01.2007 - 9 UF 159/06 - FamRZ 2008, 174; OLG Brandenburg v. 11.03.2004 - 10 UF 176/03 - FamRZ 2004, 287 [Leitsatz], *Scholz*, FamRZ 2007, 1160, 1161.
[151] OLG Oldenburg v. 25.10.2012 - 14 UF 82/12 - FamRZ 2013, 1143.
[152] *Ehinger*, NJW 2008, 2465, 2467.
[153] Vgl. *Weinreich*, FuR 2013, 509, 511.
[154] Vgl. *Hauß*, FamRB 2010, 275.

178 Die Übernahme der **Pflegeverpflichtung** selbst wird allerdings zumeist dahingehend zu verstehen sein, dass sie im Fall einer Heimunterbringung **entfällt** und nicht durch einen Zahlungsanspruch ersetzt wird.[155]

3. Vermögen des unterhaltsberechtigten Elternteils

179 Von großer praktischer Bedeutung ist für die Prüfung der Bedürftigkeit des Elternteils dessen eigenes Vermögen.

a. Vermögenserträge

180 **Erträge** aus dem Vermögen (Zinsen, Dividenden, Mieteinkünfte usw.) sind **Einkommen** und daher immer voll einzusetzen (vgl. Rn. 117 ff.).[156]

181 Auch hier gelten die allgemeinen Grundsätze zum – möglichst nutzbringenden – Einsatz des eigenen Vermögens. Nachteilige Vermögenstransaktionen können daher auch zur unterhaltsrechtlichen Anrechnung fiktiver Einkünfte führen.[157]

b. Vermögensstamm

aa. Verwertungsobliegenheit

182 Eigenes Vermögen ist vorrangig zu verwerten, bevor andere Personen auf Unterhalt in Anspruch genommen werden.

183 Zu dieser Verwertungsobliegenheit gehört auch, einen zeitweise nicht realisierbaren Vermögensanspruch als **Banksicherheit** zur Erlangung eines Krediten zu nutzen, um aus dessen Mitteln den Lebensbedarf zu bestreiten. Dabei ist auch die Teilhabe an einer **Erbengemeinschaft** aktuelles Vermögen, das zu verwerten ist – ggf. als Kreditunterlage. Gehen die Eltern ins Pflegeheim, besteht kein Grund mehr, die bisherige Wohnung weiter zu behalten.[158]

bb. Vorhandenes Vermögen

184 Zunächst ist das **Vorhandensein von Vermögen** zu prüfen, das im Regelfall die Bedürftigkeit verringert und zu verwerten ist, soweit dies zumutbar ist.

185 **a) Eigentumswohnung/Haus:** Das eigene Haus bzw. die Eigentumswohnung sind Vermögen. Solange aber noch ein Elternteil im Haus lebt, scheitert die unterhaltsrechtliche Berücksichtigung an der Unzumutbarkeit der Verwertung.[159]

186 **b) Altenteile, Wohnrechte:** Auch Ersatzansprüche aus wegen der Altenheimsunterbringung nicht mehr genutzten **Altenteilen, Wohnrechten** sind Vermögen.

187 Bei Unterbringung im Pflegeheim kann der Berechtigte aufgrund seiner Pflegebedürftigkeit das **Wohnrecht nicht weiter ausüben (Ausübungshindernis, Nutzungshindernis)**.

188 Jedoch erlischt das Wohnrecht nicht durch ein in der Person des Berechtigten liegendes Ausübungshindernis, selbst wenn dieses Hindernis auf Dauer bestehen bleibt.[160]

189 Die Begründung einer Zahlungspflicht des Verpflichteten im Wege der Vertragsanpassung nach den Grundsätzen der Störung der Geschäftsgrundlage kommt nur in Betracht, wenn der Heimaufenthalt auf Dauer erforderlich ist und die Vertragsschließenden nicht mit dem Eintritt dieses Umstands gerechnet haben; fehlen diese Voraussetzungen, kann die ergänzende Vertragsauslegung einen Geldanspruch des Berechtigten begründen.[161] Auch wenn der Berechtigte eines vertraglich eingeräumten lebenslänglichen freien Wohnungsrechts in einem Pflegeheim untergebracht wird, hat er deshalb keinen Anspruch auf Zahlung einer monatlichen Geldrente.[162]

---

[155] Vgl. *Weinreich*, FuR 2013, 509, 511.
[156] *Herr*, FamRZ 2005, 1021, 1022.
[157] Vgl. OLG Oldenburg v. 25.10.2012 - 14 UF 82/12 - FamRZ 2013, 1143.
[158] BGH v. 23.11.2005 - XII ZR 155/03 - FamRZ 2006, 935, 937 m. Anm. *Hauß*.
[159] BGH v. 23.11.2005 - XII ZR 155/03 - FamRZ 2006, 935, 937 m. Anm. *Hauß*.
[160] BGH v. 19.01.2007 - V ZR 163/06 - FamRZ 2007, 632. Zu den Folgen einer unentgeltlichen Aufgabe des Wohnrechts vgl. OLG Nürnberg v. 22.07.2013 - 4 U 1571/12 - FamFR 2013, 406 mit Anm. *Braeuer* und BGH v. 25.01.2012 - XII ZB 479/11 - NJW 2012, 1956.
[161] BGH v. 19.01.2007 - V ZR 163/06 - FamRZ 2007, 632; OLG Oldenburg v. 11.10.2007 - 14 U 86/07 - FamRZ 2008, 1073.
[162] OLG Oldenburg v. 11.10.2007 - 14 U 86/07 - FamRZ 2008, 1073.

Für den das Wohnrecht Einräumenden auf der anderen Seite besteht auch kein Zwang zur Vermietung der Wohnung, nachdem der Berechtigte ins Pflegeheim umgezogen ist.[163]   **190**

Entsprechendes gilt auch bei nicht mehr genutzten **Hege- und Pflegeversprechen**.   **191**

Den Bedarf mindern auch **Sach- und Dienstleistungen**, auf die die Eltern einen Rechtsanspruch haben. Vielfach haben die Eltern ihre Immobilie gegen die Vereinbarung von Pflegeleistungen übertragen.[164] Die Vereinbarung ist dahingehend auszulegen, dass sie auch die Stellung von Sachleistungen beinhaltet.[165] Die Übernahme der **Pflegeverpflichtung** selbst wird allerdings zumeist dahingehend zu verstehen sein, dass sie im Fall einer Heimunterbringung **entfällt** und nicht durch einen Zahlungsanspruch ersetzt wird.[166] Auch wenn der Berechtigte eines vertraglich eingeräumten lebenslänglichen freien Wohnungsrechts in einem Pflegeheim untergebracht wird, hat er deshalb keinen Anspruch auf Zahlung einer monatlichen Geldrente.[167] Kann der Übernehmer die in einem Übergabevertrag vereinbarte Verpflichtung zur umfassenden Pflege des Übergebers wegen dessen medizinisch notwendiger Unterbringung in einem Pflegeheim nicht mehr erfüllen, muss er ohne entsprechende Abrede die Kosten der Heimunterbringung nicht tragen; wohl aber muss er sich an ihnen in Höhe seiner **ersparten Aufwendungen** beteiligen.[168]   **192**

cc. Fiktives Vermögen

In bestimmten Fallkonstellationen kann auch **fiktives Vermögen** von Bedeutung sein. So kann auch für den Berechtigten eine **unterhaltsrechtliche Obliegenheit zur** Geltendmachung **eines Pflichtteilsanspruchs bestehen**.[169] Wird diese Obliegenheit bejaht, so ist der Pflichtteilsberechtigte lediglich **fiktiv so zu behandeln, als habe er den Anspruch geltend gemacht**.[170] Es besteht jedoch kein einklagbarer Anspruch auf Geltendmachung eines Pflichtteilsanspruchs.   **193**

Zum Vermögen gehören auch Rückforderungsansprüche aus **Schenkungsrecht** nach den §§ 528, 529 BGB,[171] so dass Fällen des Sozialmissbrauchs entgegengewirkt werden kann[172]. Es obliegt den Eltern, diese zu realisieren. Ist der Beschenkte verstorben, haften dessen Erben.   **194**

Damit sind keineswegs nur vorrangige Unterhaltsansprüche gegen den Ehegatten gemeint, sondern z.B. auch **Rückforderungsansprüche** des hilfebedürftigen Elternteils wegen früher vorgenommener **Schenkungen** aus § 528 BGB.[173] Auch bei einem **Schenkungsrückgewähranspruch** aus § 528 Abs. 1 BGB ist von ausreichendem verwertbarem Vermögen auszugehen. Dieser Anspruch gehört zum einzusetzenden Vermögen.[174]   **195**

Eltern übertragen häufig Grundbesitz bereits zu Lebzeiten auf ihre Kinder, um Erbschaftssteuern zu vermeiden. Bei Sozialhilfebedürftigkeit des Elternteils bestehen in diesen Fällen, sofern die Übertragung nicht länger als 10 Jahre zurückliegt, Rückforderungsansprüche aus § 528 BGB wegen Verarmung des Schenkers.[175] Die Notwendigkeit der Inanspruchnahme von Sozialhilfeleistungen bedeutet unstreitig Verarmung im Sinne dieser Bestimmung.   **196**

---

[163] OLG Oldenburg v. 11.10.2007 - 14 U 86/07 - FamRZ 2008, 1073.
[164] Vgl. *Weinreich*, FuR 2013, 509, 511.
[165] Vgl. *Hauß*, FamRB 2010, 275.
[166] Vgl. *Weinreich*, FuR 2013, 509, 511.
[167] OLG Oldenburg v. 11.10.2007 - 14 U 86/07 - ErbR 2008, 27-29.
[168] BGH v. 21.09.2001 - V ZR 14/01 - FamRZ 2002, 1178. Zu den einzelnen landesrechtlichen Vorschriften vgl. *Edenhofer* in: Palandt, BGB, 63. Aufl. 2004, Art. 96 EGBGB Rn. 5.
[169] BGH v. 21.04.1993 - XII ZR 248/91 - FamRZ 1993, 1065, 1066; BGH v. 07.07.1982 - IVb ZR 738/80 - FamRZ 1982, 996, 997 f.
[170] Vgl. BGH v. 28.11.2012 - XII ZR 19/10 - NJW 2013, 530 für den Unterhaltspflichtigen.
[171] *Herr*, FamRZ 2005, 1021, 1022.
[172] Vgl. *Sefrin* in: jurisPK-BGB, 6. Aufl. 2012, § 528.
[173] *Ehinger*, NJW 2008, 2465, 2466; zur vorzeitigen unentgeltlichen Vermögensübertragung vgl. *Hauß*, Elternunterhalt – Grundlagen und anwaltliche Strategien, 2008, Rn. 445 ff., ausführlich zu den Fragen der Rückforderung wegen Verarmung des Schenkers beim Elternunterhalt *Wedemann*, NJW 2011, 571.
[174] Oberlandesgericht Schleswig v. 19.01.2009 - 15 UF 187/07 - SchlHA 2009, 271-273; *Wendl/Pauling*, Das Unterhaltsrecht in der familienrichterlichen Praxis, 7. Aufl., § 2 Rn. 631 f. m.w.N.
[175] Vgl. *Sefrin* in: jurisPK-BGB, 6. Aufl. 2012, § 528.

197 Dann besteht ein Anspruch auf Herausgabe des Geschenkes nach den Vorschriften über die Herausgabe einer ungerechtfertigten Bereicherung gegen die beschenkten Personen. Ein solcher Anspruch des Schenkers kann vom Sozialhilfeträger gemäß § 93 SGB XII bis zur Höhe der Aufwendungen für den Schenker übergeleitet und geltend gemacht werden.[176]

198 Allerdings ist nach § 529 Abs. 1 BGB der Anspruch ausgeschlossen, wenn zur Zeit des Eintritts der Bedürftigkeit seit der Leistung des geschenkten Gegenstandes zehn Jahre verstrichen sind. Jedoch enthält § 529 BGB eine **rechtshemmende Einrede**, so dass es dem Beschenkten überlassen ist, sie geltend zu machen.[177] Der genaue Zeitpunkt der Bedürftigkeit kann daher vielfach dahinstehen, wenn nicht ersichtlich ist, dass Schenkungsrückgewähransprüche des bedürftigen Elternteils gegenüber der beschenkten Person geltend gemacht wurden.

199 Auch der **Verzicht auf mögliche erbrechtliche Ansprüche des Unterhaltsberechtigten** könnte in diesem Zusammenhang von Bedeutung sein. Jedoch ist der **Pflichtteilsverzicht** eines – behinderten – Unterhaltsberechtigten nicht sittenwidrig – ebenso wie ein Testament, in dem die Eltern des Unterhaltsberechtigten erbrechtliche Regelungen zu dessen Nachteil getroffen haben.[178]

200 Der BGH geht davon aus, dass die Rechtsprechung zur Sittenwidrigkeit von Unterhaltsverzichten in Eheverträgen nicht auf Pflichtteilsverzichtsverträge übertragbar ist. Hier sei vor allem entscheidend, dass das Pflichtteilsrecht allenfalls mit dem Anspruch auf Kindesunterhalt gegenüber den Eltern vergleichbar sei, der seinerseits aufgrund des Grundsatzes des Familienlastenausgleichs nur in sehr eingeschränktem Maß übergeleitet werden kann (§§ 19 Abs. 3, 92, 94 Abs. 2 SGB XII). Wäre der Pflichtteilsverzicht unwirksam, könnte der Sozialhilfeträger über den Pflichtteil in weiterem Umfang gegen den früheren Unterhaltsschuldner vorgehen als zuvor. Bei einem wirksamen und rechtlich nicht zu beanstandenden Pflichtteilsverzicht kann folglich der Pflichtteilsanspruch in einschlägigen Fällen nicht als – potentielles – Vermögen des unterhaltsberechtigten Verwandten unterhaltsrechtliche Bedeutung erlangen.[179]

dd. Geschütztes Vermögen/Schonvermögen

201 Beim **Stamm des Vermögens** ist für die Frage der Verwertung eine strenge Zumutbarkeitsabwägung durchzuführen. Bis auf ein Schonvermögen analog § 90 SGB XII, DVO zu § 90 Abs. 2 Nr. 9 SGB XII ist das gesamte Vermögen einzusetzen.[180]

202 Unangetastet bleibt das sog. **Schonvermögen**, das als Notfallreserve dient und das Kind vor der Inanspruchnahme wegen Sonderbedarfs oder vor der Belastung mit späteren Beerdigungskosten bewahren kann.[181]

203 Das eigene **Familienheim** ist nur dann nicht zu verwerten, wenn es noch von den Eltern oder einem Elternteil bzw. im Fall der Wiederheirat vom Ehegatten des Elternteils bewohnt wird.[182] Lebt noch ein Elternteil in der Wohnung, so kann er die Veräußerung durch Verweigerung der nach § 1365 Abs. 1 Satz 1 BGB in der Regel erforderlichen Genehmigung erschweren oder unmöglich machen.[183]

204 Gehen die Eltern ins Pflegeheim, besteht kein Grund mehr, die bisherige Wohnung weiter zu behalten.[184] Allerdings ist im Hinblick auf die Höhe der noch bestehenden Darlehensbelastungen und den erzielbaren Verkaufspreis zu überprüfen, ob die Veräußerung des Familienheims wirtschaftlich sinnvoll und zumutbar ist. Jedoch reduziert nicht jedes Vermögen die Bedürftigkeit. Denn dem Elternteil steht ein gewisser **anrechnungsfreier Notgroschen** zur Verfügung, der seine Bedürftigkeit nicht beseitigt. Die Höhe wird vom BGH mit mindestens dem Freibetrag im Sinne der Sozialhilfegesetze angenommen.[185]

205 Dieser **Notgroschen** beträgt nach § 1 der VO zur Durchführung von § 90 Abs. 2 Nr. 9 SGB XII
- **1.600 €** bei der Hilfe zum Lebensunterhalt und

---

[176] OLG Schleswig v. 19.01.2009 - 15 UF 187/07 - SchlHA 2009, 271-273; *Wendl/Pauling*, Das Unterhaltsrecht in der familienrichterlichen Praxis, 7. Aufl., § 2 Rn. 633.
[177] OLG Schleswig v. 19.01.2009 - 15 UF 187/07 - SchlHA 2009, 271-273.
[178] BGH v. 19.01.2011 - IV ZR 7/10 - NJW 2011, 1586.
[179] BGH v. 19.01.2011 - IV ZR 7/10 - NJW 2011, 1586.
[180] *Ehinger*, NJW 2008, 2465, 2466.
[181] BGH v. 17.12.2003 - XII ZR 224/00 - FamRZ 2004, 370, 371.
[182] *Brudermüller*, NJW 2004, 633, 635.
[183] *Weinreich*, FuR 2013, 509, 511
[184] BGH v. 23.11.2005 - XII ZR 155/03 - FamRZ 2006, 935, 937 m. Anm. *Hauß*.
[185] BGH v. 25.06.2003 - XII ZR 63/00 - FamRZ 2004, 186.

- **2.600 €** im Fall der Vollendung des 60. Lebensjahres und
- **2.600 €** bei der Erbringung von Pflegeleistungen.

Nach § 90 SGB XII gilt als – von der Verwertungspflicht ausgenommenes – **Schonvermögen** u.a.: 206
- Vermögen, das aus öffentlichen Mitteln zum Aufbau oder zur Sicherung einer Lebensgrundlage oder zur Gründung eines Hausstandes erbracht wird;
- Vorsorgekapital, soweit dies im Rahmen der steuerlichen Förderungsgrenzen aufgebaut wurde;
- Vermögen zur Anschaffung einer behinderten- bzw. pflegegerechten Wohnung;
- Vermögen zur Anschaffung eines selbst genutzten Hausgrundstücks und
- kleinere Barbeträge oder sonstige Geldwerte (§ 90 Abs. 2 Nr. 9 SGB XII).

Von der Verpflichtung zum vollständigen Verzehr des Vermögens (mit Ausnahme des Schonbetrages) 207 ausgenommen ist nur eine **zweckgebundene Rücklage für Bestattungs- und Grabpflegekosten.** Wird Geld in angemessener Höhe etwa als Treuhandvermögen oder in einem Beerdigungs- und Grabpflegevertrag angelegt, können der Unterhaltsberechtigte und auch der Träger der Sozialhilfe nicht dessen Verzehr verlangen.[186]

Betroffen sind auch Ersatzansprüche wegen der aus Altenheimunterbringung nicht mehr genutzten **Altenteilen, Wohnrechten.** 208

Bei Unterbringung im Pflegeheim kann der Berechtigte aufgrund seiner Pflegebedürftigkeit das 209 **Wohnrecht nicht weiter ausüben (Ausübungshindernis, Nutzungshindernis).**

Jedoch erlischt das Wohnrecht nicht durch ein in der Person des Berechtigten liegendes Ausübungshindernis, selbst wenn dieses Hindernis auf Dauer bestehen bleibt.[187] 210

Die Begründung einer Zahlungspflicht des Verpflichteten im Wege der Vertragsanpassung nach den 211 Grundsätzen der Störung der Geschäftsgrundlage kommt nur in Betracht, wenn der Heimaufenthalt auf Dauer erforderlich ist und die Vertragsschließenden nicht mit dem Eintritt dieses Umstands gerechnet haben; fehlen diese Voraussetzungen, kann die ergänzende Vertragsauslegung einen Geldanspruch des Berechtigten begründen.[188] Auch wenn der Berechtigte eines vertraglich eingeräumten lebenslänglichen freien Wohnungsrechts in einem Pflegeheim untergebracht wird, hat er deshalb keinen Anspruch auf Zahlung einer monatlichen Geldrente.[189]

Für das Wohnrecht Einräumenden auf der anderen Seite besteht auch kein Zwang zur Vermietung 212 der Wohnung, nachdem der Berechtigte ins Pflegeheim umgezogen ist.[190]

Entsprechendes gilt auch bei nicht mehr genutzten **Hege- und Pflegeversprechen.** 213

Den Bedarf mindern auch **Sach- und Dienstleistungen**, auf die die Eltern einen Rechtsanspruch haben. 214 Vielfach haben die Eltern ihre Immobilie gegen die Vereinbarung von Pflegeleistungen übertragen.[191] Die Vereinbarung ist dahingehend auszulegen, dass sie auch die Stellung von Sachleistungen beinhaltet.[192]

c. Vermögensstamm (Kapital)

Beim **Stamm des Vermögens** ist eine strenge Zumutbarkeitsabwägung durchzuführen. Bis auf ein 215 Schonvermögen analog § 90 SGB XII, DVO zu § 90 Abs. 2 Nr. 9 SGB XII ist das gesamte Vermögen einzusetzen.[193] Unangetastet bleibt das sog. Schonvermögen, das als Notfallreserve dient und das Kind vor der Inanspruchnahme wegen Sonderbedarfs oder vor der Belastung mit späteren Beerdigungskosten bewahren kann.[194]

---

[186] *Hauß*, FamRZ 2006, 937, 938 m.w.N.
[187] BGH v. 19.01.2007 - V ZR 163/06 - FamRZ 2007, 632. Zu den Folgen einer unentgeltlichen Aufgabe des Wohnrechts vgl. OLG Nürnberg v. 22.07.2013 - 4 U 1571/12 - FamFR 2013, 406 mit Anm. *Braeuer* und BGH v. 25.01.2012 - XII ZB 479/11 - NJW 2012, 1956.
[188] BGH v. 19.01.2007 - V ZR 163/06 - FamRZ 2007, 632; OLG Oldenburg v. 11.10.2007 - 14 U 86/07 - FamRZ 2008, 1073.
[189] OLG Oldenburg v. 11.10.2007 - 14 U 86/07 - FamRZ 2008, 1073.
[190] OLG Oldenburg v. 11.10.2007 - 14 U 86/07 - FamRZ 2008, 1073.
[191] Vgl. *Weinreich*, FuR 2013, 509, 511.
[192] Vgl. *Hauß*, FamRB 2010, 275.
[193] *Ehinger*, NJW 2008, 2465, 2466.
[194] BGH v. 17.12.2003 - XII ZR 224/00 - FamRZ 2004, 370, 371.

216 Das eigene **Familienheim** ist nur dann nicht zu verwerten, wenn es noch von den Eltern oder einem Elternteil bzw. im Fall der Wiederheirat vom Ehegatten des Elternteils bewohnt wird.[195] Lebt noch ein Elternteil in der Wohnung, so kann er die Veräußerung durch Verweigerung der nach § 1365 Abs. 1 Satz 1 BGB in der Regel erforderlichen Genehmigung erschweren oder unmöglich machen.[196]

217 Gehen die Eltern ins Pflegeheim, besteht kein Grund mehr, die bisherige Wohnung weiter zu behalten.[197] Allerdings ist im Hinblick auf die Höhe der noch bestehenden Darlehensbelastungen und den erzielbaren Verkaufspreis zu überprüfen, ob die Veräußerung des Familienheims wirtschaftlich sinnvoll und zumutbar ist.

218 Zum Vermögen gehören auch Rückforderungsansprüche aus **Schenkungsrecht** nach den §§ 528, 529 BGB,[198] so dass Fällen des Sozialmissbrauchs entgegengewirkt werden kann[199]. Es obliegt den Eltern, diese zu realisieren. Ist der Beschenkte verstorben, haften dessen Erben.

219 Vgl. auch zum **Bedarf beim Elternunterhalt** die Kommentierung zu § 1610 BGB Rn. 396 und zur **Leistungsfähigkeit** die Kommentierung zu § 1603 BGB.

C. Prozessuale Hinweise/Verfahrenshinweise

I. Darlegungs- und Beweislast

220 Der **Anspruchsteller** trägt für den Unterhaltszeitraum die **Darlegungs- und Beweislast** für seine Bedürftigkeit. Er muss darlegen und beweisen, dass ihm weder anrechenbare Einkünfte noch verwertbares Vermögen zur Verfügung stehen. Im Rahmen des Absatzes 2 muss er auch **darlegen** und **beweisen**, dass der Ertrag des Vermögens und die Einkünfte aus einer zumutbaren Erwerbstätigkeit zum Unterhalt nicht ausreichen. Diese Verteilung der Darlegungs- und Beweislast gilt auch bei gesetzlichem Forderungsübergang.[200]

221 Ist der Unterhaltsanspruch eines behinderten volljährigen Kindes auf den **Sozialhilfeträger** übergegangen, muss dieser dessen Hilfsbedürftigkeit darlegen und ggf. mitteilen, ob und in welchem Umfang der Hilfsbedürftige eigenes Einkommen (Erwerbsunfähigkeitsrente, Einkünfte für die Tätigkeit in der Behindertenwerkstatt usw.) erzielt.[201]

222 Das studierende Kind muss ggf. darlegen, dass ihm kein Anspruch auf BAföG- Leistungen zusteht (vgl. Rn. 40).[202]

223 **Mit Eintritt der Volljährigkeit trägt das Kind die Darlegungs- und Beweislast** für das Fortbestehen seines Unterhaltsanspruchs und für den Umfang der Mithaftung des anderen Elternteils, und zwar auch in einem vom unterhaltspflichtigen Elternteil eingeleiteten Abänderungsverfahren (vgl. dazu die Kommentierung zu § 1606 BGB).

II. Vertretung des Kindes

1. Verfahrensstandschaft gem. § 1629 Abs. 2 Satz 2 BGB

224 Bei Streitigkeiten über den Unterhalt minderjähriger Kinder ist **§ 1629 BGB zu beachten**. Leben die Eltern des Kindes getrennt, dann hat nach § 1629 Abs. 2 Satz 2 BGB derjenige Elternteil, der das Kind in seiner Obhut hat, im Wege der **Verfahrensstandschaft** die Ansprüche im eigenen Namen geltend zu machen (zu Einzelheiten vgl. die Kommentierung zu § 1629 BGB).

225 Diese bestehende Verfahrensstandschaft nach § 1629 Abs. 3 Satz 1 BGB besteht **über die Scheidung hinaus** noch fort,[203] entfällt aber **mit Eintritt der Volljährigkeit des Kindes, und zwar auch hinsichtlich des Unterhalts für die Vergangenheit.**[204]

---

[195] *Brudermüller*, NJW 2004, 633, 635.
[196] *Weinreich*, FuR 2013, 509, 511.
[197] BGH v. 23.11.2005 - XII ZR 155/03 - FamRZ 2006, 935, 937 m. Anm. *Hauß*.
[198] *Herr*, FamRZ 2005, 1021, 1022.
[199] Vgl. *Sefrin* in: jurisPK-BGB, 6. Aufl. 2012, § 528 und Rn. 208.
[200] Vgl. OLG Naumburg v. 12.07.2012 - 8 UF 103/12 m.w.N.; vgl. auch BGH v. 23.10.2002 - XII ZR 266/99 - NJW 2003, 128, 129.
[201] OLG Brandenburg v. 23.07.2009 - 9 UF 61/08 - FamRZ 2010, 302.
[202] OLG Hamm v. 27.09.2013 - 2 WF 161/13 - FamFR 2013, 536.
[203] BGH v. 19.06.2013 - XII ZB 39/11 - FamRZ 2013, 1378; BGH v. 15.11.1989 - IVb ZR 3/89 - FamRZ 1990, 283, 284.
[204] BGH v. 19.06.2013 - XII ZB 39/11 - FamRZ 2013, 1378; BGH v. 23.02.1983 - IVb ZR 359/81 - FamRZ 1983, 474, 475.

Endet die gesetzliche Verfahrensstandschaft eines Elternteils nach § 1629 Abs. 3 BGB mit Eintritt der Volljährigkeit des Kindes, **so kann das Kind als Antragsteller in das Verfahren nur im Wege des gewillkürten Beteiligtenwechsels eintreten**. Dieser ist nicht von der Zustimmung des Antragsgegners abhängig.[205] 226

2. Obhutswechsel des Kindes

Wechselt ein Kind während des Verfahrens über seinen Unterhalt in die Obhut des Unterhaltsverpflichteten, endet die Vertretungsbefugnis des bisher die Obhut ausübenden Elternteils mit Rückwirkung. Damit wird der Antrag unzulässig. Der bisher vertretungsbefugte Elternteil kann der Kostentragungspflicht durch eine Erledigungserklärung entgehen.[206] 227

Entfällt die Verfahrensstandschaft aufgrund der **Entziehung des Sorgerechts**, so ist ein **Vollstreckungsgegenverfahren** zulässig.[207] 228

Spieker[208] verweist darauf, dass der Wegfall der Prozessstandschaft während der Minderjährigkeit des Kindes nicht zu verwechseln sei mit dem Wegfall der Prozessstandschaft durch Eintritt der Volljährigkeit des Kindes. Zudem sei die geänderte Rechtsauffassung des BGH[209] zur Wirkung des Eintritts der Volljährigkeit des Kindes von Bedeutung (vgl. Rn. 230). Danach kann mit Eintritt der Volljährigkeit des Kindes dieses als Antragsteller in das Verfahren nur im Wege des gewillkürten Beteiligtenwechsels eintreten; dieser ist nicht von der Zustimmung des Antragsgegners abhängig. Der Eintritt kraft Rechtsnachfolge ist also zukünftig ausgeschlossen. 229

III. Eintritt der Volljährigkeit des Kindes

1. Zeitliche Wirkung eines Titels über Kindesunterhalt

Ein **zur Zeit der Minderjährigkeit des Kindes erlangter Titel** gilt auch nach Eintritt der Volljährigkeit fort. Denn der Unterhaltsanspruch des minderjährigen Kindes ist mit dem des volljährigen identisch.[210] (vgl. die Kommentierung zu § 1629 BGB Rn. 85).[211] Die zivilprozessrechtliche Vorschrift über die Zwangsvollstreckung aus Unterhaltstiteln trotz weggefallener Minderjährigkeit ändert hieran nichts.[212] Dies soll sogar bei Heirat des Kindes gelten.[213] 230

Ein minderjähriges Kind hat **Anspruch auf unbefristete Festsetzung seines** Unterhaltsanspruchs; eine zeitliche Begrenzung bis zur Volljährigkeit des Kindes ist gesetzlich nicht vorgesehen. 231

2. Berechtigung zur Vollstreckung aus einem Unterhaltstitel

Nach Volljährigkeit des Kindes darf der Elternteil, der im eigenen Namen den Titel über Kindesunterhalt erlangt hat, daraus nicht mehr vollstrecken. Der Titel muss daher auf das volljährige Kind umgeschrieben werden. Vollstreckt der Elternteil dennoch, ist ein Vollstreckungsgegenantrag zulässig und begründet. Teilweise wird auch die Erinnerung nach § 766 ZPO gegen die Erteilung der Vollstreckungsklausel als zulässig angesehen.[214] 232

---

[205] BGH v. 19.06.2013 - XII ZB 39/11 - FamRZ 2013, 1378; BGH v. 23.02.1983 - IVb ZR 359/81 - FamRZ 1983, 474, 475.
[206] OLG Köln v. 04.12.2012 - 4 UF 158/12 - FamFR 2013, 92; OLG Rostock v. 14.01.2012 - 10 UF 146/11 - NJW 2012, 942 = FamRZ 2012, 890; dazu *Spieker*, FamFR 2013, 402.
[207] OLG Jena v. 07.01.2013 - 1 WF 410/12 - FuR 2013, 665.
[208] *Spieker*, FamFR 2013, 402.
[209] BGH v. 19.06.2013 - XII ZB 39/11 - NJW 2013, 2595 mit Anm. *Schürmann*, FamFR 2013, 366.
[210] BGH v. 02.03.1994 - XII ZR 215/92 - FamRZ 1994, 696, 697; *Pütz*, FamRZ 2006, 1558 m.w.N.
[211] BGH v. 02.03.1994 - XII ZR 215/92 - FamRZ 1994, 696, 697; OLG Koblenz v. 09.11.2006 - 7 WF 1042/06; *Götsche*, jurisPR-FamR 4/2007, Anm. 4; OLG Saarbrücken v. 09.03.2007 - 9 WF 19/07 - FamRZ 2007, 1829; ausführlich *Viefhues*, FF 2008, 294 ff.; *Pütz*, FamRZ 2006, 1558 m.w.N.; *Soyka*, Berechnung des Volljährigenunterhalts, Rn. 226; *Götsche*, ZFE 2007, 207, 215 m.w.N.
[212] OLG Brandenburg v. 24.07.2008 - 9 UF 132/07 - FamRZ 2009, 886.
[213] OLG Koblenz v. 09.11.2006 - 7 WF 1042/06 - ZFE 2007, 154.
[214] OLG Naumburg v. 25.09.2006 - 14 WF 158/06 - OLGR Naumburg 2007, 248-249; OLG Koblenz v. 06.02.2007 - 11 WF 1211/06 - OLGR Koblenz 2007, 666-667 mit Anm. *Giers*, jurisPR-FamR 21/2007, Anm. 5 m.w.N.

§ 1602

3. Auswirkungen auf ein laufendes Unterhaltsverfahren

233 Nach Eintritt der Volljährigkeit kann das Kind als Antragsteller in das Verfahren nur im Wege des gewillkürten Beteiligtenwechsels eintreten; dieser ist nicht von der Zustimmung des Antragsgegners abhängig.[215] Der Eintritt kraft Rechtsnachfolge ist zukünftig ausgeschlossen.

4. Abänderungsverfahren gegen Unterhaltstitel aus der Zeit der Minderjährigkeit

234 Der Unterhaltspflichtige kann im Wege des **Abänderungsverfahrens** nach den §§ 238, 239 FamFG gegen den Titel vorgehen,[216] nicht aber mit dem Vollstreckungsgegenantrag nach § 767 ZPO. Die wesentliche Änderung der für die Unterhaltsbestimmung maßgeblichen Umstände liegt bereits im Eintritt der Volljährigkeit und den damit eintretenden erhöhten Anforderungen, selbst für den eigenen Unterhalt aufzukommen, sowie der nunmehr gemäß § 1606 Abs. 3 Satz 1 BGB bestehenden anteiligen Mithaftung des anderen Elternteils für den Barunterhalt.[217] Zur Möglichkeit von Vollstreckungsabwehranträgen und Abänderungsverfahren vgl. auch die Kommentierung zu § 1610 BGB Rn. 496.

235 Das OLG Hamm sieht den – in der Vergangenheit liegenden – Wegfall der Bedürftigkeit des Unterhaltsberechtigten als eine Einwendung gegen den titulierten Anspruch im Sinne des § 767 Abs. 1 und 2 ZPO an, der zu einem **Vollstreckungsabwehrantrag** nach § 113 Abs. 1 Satz 2 FamFG, § 767 Abs. 1 ZPO berechtigt.[218]

236 *Graba*[219] sieht in dieser Situation den **Abänderungsantrag** als allein statthaften Rechtsbehelf an. Auch wenn bei einer Jugendamtsurkunde, bei der nach § 239 FamFG in Verbindung mit dem materiellen Recht, anders als bei einer Entscheidung nach § 238 FamFG, eine rückwirkende Abänderung uneingeschränkt möglich ist und sich deswegen die Abgrenzung zwischen Abänderungsantrag und Vollstreckungsgegenantrag insoweit nicht auswirkt, ist wegen der Ausschließlichkeit der Rechtsbehelfe[220] auch bei nicht rechtskraftfähigen Titeln in einem Fall wie dem vorliegenden, der Abänderungsantrag der allein statthafte Rechtsbehelf.

237 Mit Eintritt der Volljährigkeit hat **Kind die Darlegungs- und Beweislast** für das Fortbestehen seines Unterhaltsanspruchs und für den Umfang der Mithaftung des anderen Elternteils (vgl. Rn. 223 und Rn. 234).

5. Berufsrechtliche Frage eines Interessenkonfliktes des Anwalts

238 Zur berufsrechtlichen Frage eines Interessenkonfliktes des Anwaltes, der gleichzeitig das Kind und einen Elternteil vertritt, vgl. die Kommentierung zu § 1610 BGB Rn. 602.[221]

6. Verfahrenskostenhilfe

239 Macht ein minderjähriges Kind vertreten durch einen sorgeberechtigten Elternteil Unterhaltsansprüche geltend, so sind im Rahmen der Prüfung eines **Verfahrenskostenhilfeantrags** bei Ermittlung der Bedürftigkeit allein die **wirtschaftlichen Verhältnisse des Kindes** maßgeblich. Auf die Einkommens- und Vermögensverhältnisse des das Kind vertretenden Elternteils kommt es nur für die Frage an, ob dem Kind gegen diesen Elternteil ein unterhaltsrechtlicher Anspruch auf Verfahrenskostenvorschuss zusteht.[222]

240 *Huber* weist in seiner Anmerkung darauf hin, dass ein Anspruch auf **Verfahrenskostenvorschuss gegen beide Eltern** in Betracht kommt, der jedoch ohne große Schwierigkeiten alsbald realisierbar sein muss. Dies bedeutet, dass ein solcher Anspruch offenkundig bestehen und leicht durchsetzbar sein muss. Sind beide Elternteile leistungsfähig, besteht für den Anspruch auf Kostenvorschuss gem. § 1606 Abs. 3 Satz 1 BGB eine anteilige Elternhaftung. Die Eltern haften daher nicht als Gesamtschuldner, sondern als Teilschuldner für den Kostenvorschuss. In den meisten Fällen, in denen beide Elternteile leistungsfähig oder die Einkommensverhältnisse des Antragsgegners nicht genau bekannt sind, sei dem minderjährigen Kind nicht zumutbar, einen solchen Anspruch geltend zu machen.[223]

---

[215] BGH v. 19.06.2013 - XII ZB 39/11 - NJW 2013, 2595 mit Anm. *Schürmann* = FamFR 2013, 366; *Spieker*, FamFR 2013, 402.
[216] *Graba*, FamFR 2013, 145.
[217] OLG Koblenz v. 09.11.2006 - 7 WF 1042/06 - FuR 2007, 42-43.
[218] OLG Hamm v. 08.01.2013 - 3 UF 245/12.
[219] *Graba*, FamFR 2013, 145.
[220] BGH v. 08.06.2005 - XII ZR 294/02 - NJW 2005, 2313.
[221] Vgl. auch *Viefhues*, FuR 2014, 65; *Stein*, FamFR 2013 532, 533.
[222] OLG Hamm v. 27.11.2012 - II-6 WF 260/12, 6 WF 260/12 - FamFR 2013, 88.
[223] *Huber*, FamFR 2013, 88.

7. Verjährung

Zur (hier: dreißigjährigen) Verjährungsfrist für Unterhaltsforderungen aus einem vollstreckbaren Unterhaltsabfindungsvergleich vgl. BGH v. 09.07.2014.[224] 241

IV. Auslandsfälle

Für die Ermittlung des Bedarfs eines im Ausland lebenden Kindes ist eine Kaufkraftbereinigung erforderlich. Diese kann einschließlich der Berücksichtigung der Währungsparitäten anhand der vom Statistischen Amt der Europäischen Union (Eurostat) ermittelten „vergleichenden Preisniveaus des Endverbrauchs der privaten Haushalte einschließlich indirekter Steuern" erfolgen. Das danach umgerechnete Einkommen bestimmt den Bedarf des unterhaltsberechtigten Kindes.[225] 242

Bei der Ermessensausübung für die Bestimmung des **Bedarfs eines im Ausland lebenden minderjährigen Kindes** können die Sätze der Düsseldorfer Tabelle nicht unverändert übernommen werden, da diese Sätze die Lebensverhältnisse in Deutschland und nicht im Ausland widerspiegeln. Zunächst sind daher die Lebensverhältnisse in dem jeweiligen Land und in Deutschland in Relation zu setzen.[226] 243

Die in der Vergangenheit vorgenommene Korrektur des Bedarfs an Hand der so genannten **Verbrauchergeldparitäten** ist aufgrund der Einstellung dieser Statistik nicht mehr möglich.[227] 244

Eine andere Methode ist die vom Amtsgericht herangezogene **Ländergruppeneinteilung** des Bundesfinanzministeriums.[228] Deren eigentliche Zweckbestimmung ist allerdings nicht die Regelung der Unterhaltshöhe, sondern die steuerliche Behandlung von Auslandssachverhalten nach den §§ 32, 33a EStG. 245

Eine weitere Anpassungsmethode stellen die vom Statistischen Bundesamt berechneten so genannten **Teuerungsziffern** dar, anhand derer der Kaufkraftausgleich für im Ausland tätige Beamte und Soldaten berechnet wird, weshalb sie das Verbrauchsverhalten eines repräsentativen deutschen Haushalts mit höherem Einkommen widerspiegeln. Die Teuerungsziffern geben den Prozentsatz an, um den die Lebenshaltungskosten an einem ausländischen Dienstort von den Lebenshaltungskosten in Berlin abweichen. 246

Weiter wird auf **internationale Statistiken über Kaufkraftparitäten** zurückgegriffen, die – anders als die frühere Verbrauchergeldparität des Statistischen Bundesamts – zwar nicht auf das Verbrauchsverhalten eines repräsentativen deutschen Haushalts zugeschnitten sind, für Zwecke der Unterhaltsanpassung aber durchaus geeignet sein können. Zu nennen ist hier insbesondere der Index von Eurostat.[229] 247

Für ein **in der Türkei lebendes Kind** lehnt das OLG Stuttgart die Anwendung der **Ländergruppeneinteilung** (vgl. Rn. 243) ab, soweit die dortigen Lebenshaltungskosten unabhängig vom jeweiligen Wohnort der Kinder im Verhältnis zu Deutschland pauschalierend halbiert werden, da dies die aktuellen Realitäten, zumindest bezogen auf eine türkische Großstadt, nicht widerspiegelt. In den türkischen Großstädten ist der Bedarf vergleichbar mit demjenigen in Deutschland.[230] 248

Ein Vater, der sich zur Zahlung von Kindesunterhalt an seine **Kinder** in Höhe von 100% des Regelbetrags verpflichtet hat, kann folglich nach **deren Umzug in die Türkei** keine Abänderung in Form hälftiger Minderung verlangen, weil sich der Bedarf entsprechend der Ländergruppeneinteilung des Bundesfinanzministeriums auf die Hälfte des inländischen Unterhaltsbedarfs verringert habe. Denn nach dem insoweit wegen des ständigen Aufenthalts anzuwendenden türkischen Rechts wird der Bedarf eines Kindes gemäß Art. 330 türkZGB unter Berücksichtigung der Bedürfnisse des Kindes sowie der Lebensbedingungen und Leistungsfähigkeit der Eltern bestimmt. Da in der Türkei selbst keine Unterhaltstabellen bestehen, wird der Unterhalt vom Gericht nach freiem Ermessen unter besonderer Berücksichtigung der konkreten Lebensverhältnisse festgesetzt. Die Ländergruppeneinteilung spiegelt aber nicht den tatsächlichen Bedarf wider. Denn dieser variiert je nach den Lebensumständen.[231] 249

---

[224] BGH v. 09.07.2014 - XII ZB 719/12 - NJW 2014, 2637.
[225] OLG Oldenburg v. 19.10.2012 - 11 UF 55/12 - FamRZ 2013, 891.
[226] OLG Stuttgart v. 20.01.2014 - 17 WF 229/13 - FamRZ 2014, 850.
[227] *Unger*, FPR 2013, 19, 21; *Motzer*, FamRBint 2010, 93.
[228] OLG Brandenburg v. 13.09.2012 - 9 UF 220/11 - FamFR 2012, 551.
[229] *Unger*, FPR 2013, 19, 23; vgl. für die Schweiz OLG Oldenburg v. 19.10.2012 - 11 UF 55/12 - FamRZ 2013, 891.
[230] OLG Stuttgart v. 20.01.2014 - 17 WF 229/13 - FamRZ 2014, 850.
[231] OLG Stuttgart v. 20.01.2014 - 17 WF 229/13 - FamRZ 2014, 850.

250 Zudem fallen für die Kinder im Vergleich zu Deutschland **höhere Aufwendungen**, insbesondere für die Schule, an, die einen höheren Bedarf begründen können.[232]

251 Zudem seien, soweit bei der Bemessung des Kindesunterhalts im Rahmen der Ermessensausübung auf die Düsseldorfer Tabelle zurückgegriffen wird, die **Tabellenbeträge** und nicht die Zahlbeträge zu berücksichtigen, wenn im Ausland für die Kinder kein Kindergeld bezogen wird.[233]

D. Steuerrechtliche Hinweise

252 Vgl. hierzu die Steuerrechtl. Hinw. zu §§ 1601 ff. BGB ff.

---

[232] OLG Stuttgart v. 20.01.2014 - 17 WF 229/13 - FamRZ 2014, 850; *Savas*, FPR 2013, 101; *Motzer* in: Motzer/Kugler/Grabow, Kinder aus Migrationsfamilien in der Rechtspraxis, 2. Aufl. Rn. 304; OLG Hamm v. 13.06.1995 - 1 UF 95/95 - FamRZ 1996, 49.

[233] OLG Stuttgart v. 20.01.2014 - 17 WF 229/13 - FamRZ 2014, 850; *Savas*, FPR 2013, 101.

§ 1603 BGB Leistungsfähigkeit

(Fassung vom 02.01.2002, gültig ab 01.01.2002)

(1) Unterhaltspflichtig ist nicht, wer bei Berücksichtigung seiner sonstigen Verpflichtungen außerstande ist, ohne Gefährdung seines angemessenen Unterhalts den Unterhalt zu gewähren.

(2) ¹Befinden sich Eltern in dieser Lage, so sind sie ihren minderjährigen unverheirateten Kindern gegenüber verpflichtet, alle verfügbaren Mittel zu ihrem und der Kinder Unterhalt gleichmäßig zu verwenden. ²Den minderjährigen unverheirateten Kindern stehen volljährige unverheiratete Kinder bis zur Vollendung des 21. Lebensjahres gleich, solange sie im Haushalt der Eltern oder eines Elternteils leben und sich in der allgemeinen Schulausbildung befinden. ³Diese Verpflichtung tritt nicht ein, wenn ein anderer unterhaltspflichtiger Verwandter vorhanden ist; sie tritt auch nicht ein gegenüber einem Kind, dessen Unterhalt aus dem Stamme seines Vermögens bestritten werden kann.

Gliederung

A. Grundlagen 1	4. Weitere Anwendungsfälle 174
B. Anwendungsvoraussetzungen 16	5. Verfahrensrechtliche Aspekte 179
I. Tatsächliches Einkommen des Unterhaltspflichtigen 20	IV. Einsatz des Vermögens 181
1. Einkünfte aus überobligatorischer Tätigkeit 25	1. Obliegenheit zur Nutzung des Vermögens 181
2. Auslandsverwendungszuschlag 32	2. Obliegenheit zur Verwertung der Vermögenssubstanz 183
3. Andere Einkommenszuschläge 38	3. Vorwerfbarer Verbrauch vorhandenen Vermögens 188
4. Dienstwagen/Firmenwagen 40	4. Fiktives Vermögen 193
5. Einkünfte aus selbständiger Tätigkeit 46	5. Bedeutung der Betreuung des Kindes 197
6. Schwarzarbeit/sittenwidrige Tätigkeit 48	V. Wohnvorteil 205
7. Einkünfte durch Unterhaltszahlungen 55	1. Wohnvorteil und Leistungsfähigkeit des Unterhaltspflichtigen 205
8. Neue Partnerschaft/gemeinsame Haushaltsführung/Synergieeffekt 57	2. Wohnvorteil als Naturalleistung des Unterhaltspflichtigen 222
9. Steuern/Steuervorteile 60	VI. Selbstbehalt 228
a. Wahl der Steuerklasse 62	1. Differenzierung bezogen auf den Unterhaltspflichtigen 238
b. Steuervorteile/Freibeträge 65	2. Differenzierung bezogen auf den Unterhaltsberechtigten 242
c. Behandlung von Steuervorauszahlungen und Steuernachzahlungen – In-Prinzip 69	3. Eigenbedarf des Unterhaltsberechtigten 248
d. Ausnahmen vom In-Prinzip – Für-Prinzip 76	4. Werte der Düsseldorfer Tabelle für den Selbstbehalt seit 2013 253
10. Einkünfte durch Sozialleistungen 78	5. Erhöhung des Selbstbehaltes/erhöhte Wohnkosten 254
II. Relevante Abzugspositionen 82	6. Herabsetzung des Selbstbehaltes 266
1. Steuern, Sozialversicherungsbeiträge 83	a. Mietanteil/verminderte Wohnkosten 267
2. Pauschaler Abzug von berufsbedingten Aufwendungen 85	b. Zusammenleben mit einem neuen Partner 269
3. Fahrtkosten 87	7. Weitere Besonderheiten 280
4. Ergänzende Altersvorsorge 101	VII. Die sog. Hausmann-/Hausfrau-Rechtsprechung 293
a. Umfang der anerkennungsfähigen Aufwendungen 102	1. Billigung der Übernahme der Rolle als Hausmann/Hausfrau 299
b. Einschränkungen 108	2. Unterhaltsbeitrag des Hausmannes bzw. der Hausfrau 308
5. Abzug von Schulden 118	a. Hypothetische Einkünfte durch zumutbare Erwerbstätigkeit 312
6. Weitere Abzugsposten 133	b. Anspruch auf Familienunterhalt 324
III. Erzielbares (hypothetisches) Einkommen (Erwerbsobliegenheit) 140	
1. Höhe des anzusetzenden hypothetischen Einkommens 148	
2. Fiktiver Abzug berufsbedingter Aufwendungen 166	
3. Leistungsfähigkeit eines Strafgefangenen 167	

§ 1603

c. Sonstige tatsächliche Einkünfte 335
3. Ergebniskontrolle 337
VIII. Mangelfall 339
1. Fallbeispiel 1 343
2. Fallbeispiel 2 351
3. Fallbeispiel 3 358
IX. Gesteigerte Unterhaltspflicht nach Absatz 2
    Satz 1 362
1. Genereller Umfang der Erwerbstätigkeit bei
    verschärfter Haftung 368
    a. Arbeitslosigkeit 371
    b. Gesundheitliche Einschränkungen 375
    c. Geringerer Verdienst 379
    d. Überobligatorische Tätigkeit 383
2. Erzielbares Einkommen 392
3. Schürmann-Tabellen als Arbeitshilfen 412
4. Übersicht/Fallbeispiele zum erzielbaren
    Einkommen 417
    a. Hilfsarbeitertätigkeiten/ungelernte Arbeiten 419
    b. Mindestlöhne 435
    c. Einzelne Berufe 437
5. Beginn der verschärften Obliegenheiten 471
6. Erwerbsobliegenheit trotz Kindesbetreuung 477
7. Arbeitslosigkeit 493
    a. Verlust der Arbeitsstelle 500
    b. Zumutbare Tätigkeit 535
    c. Obliegenheiten des Arbeitslosen/Bewerbungs-
       bemühungen 550
    d. Fehlende reale Beschäftigungschance 612
    e. Dauer der Anrechnung fiktiven Einkom-
       mens 645
8. Obliegenheit zum Wechsel des Arbeits-
    platzes 649
9. Obliegenheit zum Ortswechsel bei vorhan-
    dener Arbeitsstelle 657
    a. Zu geringes erzieltes Einkommen 657
    b. Zu hohe Fahrtkosten 665
10. Obliegenheitsverletzung bei Wechsel des
    Arbeitsplatzes 667
11. Obliegenheitsverletzung bei Neuaufnahme
    eines Arbeitsplatzes 671
    a. Arbeitsaufnahme nach nicht vorwerfbarem
       Verlust der Arbeitsstelle 674
    b. Arbeitsaufnahme nach vorwerfbarem
       Verlust der Arbeitsstelle 681
12. Ausbildung, Umschulung und Weiter-
    bildung des Unterhaltspflichtigen 688
    a. Der Unterhaltspflichtige hat keine Arbeits-
       stelle 691
    b. Der Unterhaltspflichtige erzielt durch seine
       Ausbildung vermindertes Einkommen 696
13. Obliegenheit zur Aufnahme einer selbstän-
    digen Tätigkeit 729
14. Eigenmächtige Aufnahme einer selbstän-
    digen Tätigkeit 730
15. Obliegenheit zur Aufgabe einer ausgeübten
    selbständigen Tätigkeit 732
16. Obliegenheit zur Ausübung einer Neben-
    tätigkeit 743

a. Die Obliegenheit zur Ausübung einer Nebentätigkeit im Unterhaltsrecht 743
b. Eine Nebentätigkeit wird tatsächlich aus-
   geübt 744
c. Es wird tatsächlich keine Nebentätigkeit aus-
   geübt 751
d. Arbeitslosigkeit und Nebenerwerbs-
   einkünfte 785
e. Darlegungs- und Beweislast 794
17. Erwerbsunfähigkeit/Berufsunfähigkeit 802
18. Altersteilzeit und Vorruhestand 809
a. Verletzung der unterhaltsrechtlichen Erwerbsobliegenheit 810
b. Ausnahmen 816
19. Darlehens- und Schuldverpflichtungen 829
20. Verbraucherinsolvenz 849
a. Rechtsfolgen der Eröffnung des Insolvenzverfahrens 855
b. Unterhaltsrechtliche Obliegenheit zur Ein-
   leitung der Verbraucherinsolvenz 886
c. Anwendungsbereich 890
X. Ausnahmen von der gesteigerten Unterhaltspflicht der Eltern (Absatz 2 Satz 3) 901
1. Vorhandensein eines anderen unterhaltspflichtigen Verwandten 904
a. Betreuender Elternteil als anderer unterhaltspflichtiger Verwandter 905
b. Voraussetzungen auf Seiten des betreuenden
   Elternteils 911
c. Voraussetzungen beim barunterhaltspflich-
   tigen Elternteil 916
d. Einkommensdifferenz 918
e. Bemessung des Bedarfs des Kindes 932
f. Großeltern als andere unterhaltspflichtige
   Verwandte 933
g. Verfahrensrechtliche Behandlung/Darlegungs-
   und Beweislast 943
2. Kind mit eigenem Vermögen 947
XI. Privilegierte volljährige Kinder (Absatz 2
    Satz 2) 948
1. Haushalt der Eltern 954
2. Allgemeine Schulausbildung 957
XII. Verfahrensfragen 960
XIII. Beiderseitige Barunterhaltspflicht der
      Eltern 961
XIV. Leistungsfähigkeit beim Elternunterhalt 964
1. Grundsätze 964
2. Einkommensermittlung beim Elternunterhalt ... 972
a. Berücksichtigung des tatsächlichen Einkom-
   mens 975
b. Steuern beim Elternunterhalt 982
c. Aufwendungen für die eigene Kranken-
   vorsorge 986
d. Hypothetisches Einkommen/Erwerbs-
   obliegenheit 988
e. Unterhaltspflichtige Kinder ohne eigenes
   Einkommen 994
f. Wohnvorteil 995
g. Einkommen des Schwiegerkindes 1007

h. Familienunterhalt als zusätzliche „Einkommensposition" 1011
i. Beispiele zur Berechnungsweise des Familienunterhaltes 1021
j. Unterhaltspflichtiges Kind mit geringeren Einkünften als sein Ehegatte 1026
k. Taschengeldanspruch 1034
l. Beispiele zur Berechnungsweise des Taschengeldanspruchs 1042
m. Erhöhung des Einkommens durch Ersparnisse aufgrund des Zusammenlebens mit dem anderen Ehegatten (Synergieeffekt) 1048
n. Beispiele zur Berechnungsweise der Haushaltsersparnis 1055
o. Altersteilzeit/Vorruhestand beim Elternunterhalt 1080
p. Aufwendungen für die eigene Altersvorsorge 1090
q. Behandlung von Schulden 1132
r. Vermögensbildung/allgemeine Rücklagen 1151
s. Weitere unterhaltsrechtlich relevante Abzugspositionen 1153
t. Vollständiger Verbrauch des Einkommens für den eigenen Unterhalt 1161
3. Vermögenseinsatz/Verwertung der Rücklagen für die Altersvorsorge 1163
a. Grundsätzliche Pflicht zum Vermögenseinsatz 1163
b. Zusätzliche Rücklage zur Altersvorsorge 1169
c. Regeln für die Verwertung des angesparten Altersvorsorgekapitals 1172
d. Berechnung des maximal unterhaltsrechtlich geschützten Höchstbetrags des Altersvorsorgevermögens 1174
e. Zusätzliches Immobilienvermögen 1194
f. Zeitpunkt des Einsatzes des angesparten Altersvorsorgevermögens 1196
g. Verwertung sonstigen Vermögens 1213
4. Vorrangige Unterhaltsverpflichtungen gegenüber Dritten 1235

a. Kindesunterhalt 1236
b. Unterhalt des getrennt lebenden oder geschiedenen Ehegatten 1238
c. Vertragliche Unterhaltsansprüche 1253
d. Berechnungsbeispiele 1255
5. Selbstbehalt beim Elternunterhalt 1269
a. Eigener Selbstbehalt des elternunterhaltspflichtigen Kindes 1271
b. Selbstbehalt des Ehegatten des elternunterhaltspflichtigen Kindes 1277
c. Deckung des Selbstbehalts des elternunterhaltspflichtigen Kindes durch den Familienunterhalt 1279
6. Checkliste für die Berechnung des Elternunterhaltes: 1285
7. Darlegungs- und Beweislast beim Elternunterhalt 1286
8. Steuerliche Behandlung des Elternunterhalts 1292
9. Haftungsrechtliche Pflichten des Anwalts 1294
C. Verfahrensrechtliche Hinweise 1300
I. Gerichtszuständigkeit (§ 232 FamFG) 1302
II. Zulässigkeit dynamischer Titel 1305
III. Zulässigkeit des vereinfachten Verfahrens 1307
IV. Darlegungs- und Beweislast 1308
1. Darlegungs- und Beweislast im Abänderungsverfahren – Grundsätzliche Verteilung 1313
2. Festsetzung aufgrund fiktiven Einkommens 1317
3. Festsetzung im vereinfachten Verfahren 1320
V. Bindungswirkung einseitiger Titel 1323
VI. Titel aus der Zeit der Minderjährigkeit 1333
VII. Freiwillige Zahlungen 1334
VIII. Sonstige Gesichtspunkte 1338
IX. Verfahrenskostenhilfe 1347
D. Steuerrechtliche Hinweise 1355

A. Grundlagen

Die Vorschrift betrifft die **Leistungsfähigkeit** des Unterhaltspflichtigen und regelt, unter welchen Voraussetzungen ein Verwandter von seiner grundsätzlichen Verpflichtung, unterhaltsbedürftigen Verwandten Unterhalt zu leisten, befreit ist. Die Norm gilt für den Verwandten- und Kindesunterhalt. **1**

Die Leistungsfähigkeit des Unterhaltspflichtigen ist nach § 1603 BGB zu beurteilen und wird durch eine sozialrechtliche Vorschrift über die Anrechnungsfreiheit bestimmter Einkommensbestandteile nicht erweitert.[1] **2**

Die Leistungsfähigkeit des Unterhaltspflichtigen ist auch dann als Grenze zu beachten, wenn nach einem Obhutswechsel des Kindes zum anderen Elternteil ein **familienrechtlicher Ausgleichsanspruch** geltend gemacht wird.[2] **3**

Die Leistungsfähigkeit ist neben der **Bedürftigkeit des Unterhaltsberechtigten** (vgl. dazu § 1602 BGB) weitere Voraussetzung eines Unterhaltsanspruchs. Auch wenn der Unterhaltsberechtigte bedürftig ist, besteht der Unterhaltsanspruch demnach nur, soweit der Unterhaltspflichtige leistungsfähig ist. **4**

---

[1] OLG Hamm v. 18.09.2012 - 2 UF 117/12 - FuR 2013, 224.
[2] OLG Hamm v. 16.12.2010 - II-2 WF 279/10 - FamRZ 2011, 1407.

5 Wohnen Unterhaltspflichtiger und Unterhaltsberechtigter in verschiedenen OLG-Bezirken, ist bei der Anwendung der jeweiligen Leitlinien hinsichtlich der **Leistungsfähigkeit** auf den **Wohnort des Pflichtigen** und hinsichtlich des **Bedarfes** auf den **Wohnort des Berechtigten** abzustellen.[3]

6 Dabei ist der **Grundsatz der Gleichzeitigkeit (Kongruenz) von Unterhaltsbedürftigkeit und Leistungsfähigkeit** zu beachten.[4] Die Leistungsfähigkeit muss in dem Zeitraum bestanden haben, für den aufgrund der Bedürftigkeit Unterhalt verlangt wird. Wenn der Unterhaltspflichtige – sei es durch einen Lottogewinn oder eine Erbschaft – erst nach Wegfall der Unterhaltsbedürftigkeit leistungsfähig wird, hat dies keine Rückwirkung auf verstrichene Zeiträume.[5]

7 Daher ist regelmäßig auf die Einkommenssituation abzustellen, die in der Zeit gegeben war, für die der Unterhalt verlangt wird. Die Leistungsfähigkeit eines Unterhaltspflichtigen ist für zurückliegende Unterhaltszeiträume grundsätzlich nach den in dieser Zeit tatsächlich erzielten Einkünften zu bestimmen. Aus Vereinfachungsgründen können u.U. Jahresdurchschnittsbeträge gebildet werden.[6]

8 Bei einer Verbesserung der Einkommensverhältnisse infolge der Aufnahme einer Erwerbstätigkeit erhöht sich die Leistungsfähigkeit ab dem Monat, in dem das (höhere) Einkommen erzielt wird, und vermindert sich, sobald es wieder wegfällt. Eine Umrechnung dieses Einkommens auf einen (niedrigeren) Jahresdurchschnittsbetrag kommt unter diesen Umständen nicht in Betracht.[7]

9 Liegen für bestimmte Unterhaltszeiträume aber noch keine aktuellen Einkommensbelege vor, wird deshalb das Einkommen aus dem Vorjahr fortgeschrieben, allerdings unter Berücksichtigung eines eingetretenen Steuerklassenwechsels und ggf. des verringerten Kinderfreibetrages.[8]

10 So hat der BGH beanstandet, dass das OLG den Nettobetrag des unterhaltsrechtlich relevanten Einkommens für Unterhaltsverpflichtungen aus den Jahren 2008, 2009 und 2010 unter Heranziehung der seit dem 2011 geltenden **Steuern** und **Beitragssätze** ermittelt hat. Auch sind jeweils die in diesen Jahren gültigen **Selbstbehaltssätze** anzusetzen.[9]

11 Speziell beim Elternunterhalt sollte die **Kongruenz von Bedürftigkeit und** Leistungsfähigkeit sorgfältig im Auge behalten werden. Denn hier können sich vielschichtige Veränderungen der Leistungsfähigkeit ergeben – so z.B. durch einen Arbeitsplatzverlust, die Trennung von Ehegatten, die Geburt weiterer Kinder, die Aufnahme, den Abschluss oder den Abbruch der Berufsausbildung eines Kindes.[10]

12 Etwas anderes gilt dann, wenn aus dem laufenden Einkommen mit ausreichender Sicherheit auf die Zukunft geschlossen werden kann. So hat das OLG Hamm eine vom Unterhaltspflichtigen Anfang des laufenden Jahres erhaltene deutliche Gehaltserhöhung berücksichtigt und **auf das zu erwartende Jahreseinkommen des laufenden Jahres** abgestellt, da der Unterhaltspflichtige Sonderzahlungen nach den vorliegenden Unterlagen immer in der ersten Jahreshälfte erhalten hatte und daher das Einkommen des ersten laufenden Halbjahres für die restlichen Monate fortgeschrieben werden konnte, um ein realistisches Jahreseinkommen zu ermitteln.[11]

13 Besteht also mangels Leistungsfähigkeit zu einem bestimmten Zeitpunkt kein durchsetzbarer Unterhaltsanspruch, darf der vom BVerfG vorgegebene Grundsatz von gleichzeitiger Leistungsfähigkeit und Bedürftigkeit auch nicht dadurch unterlaufen werden, dass dem Unterhaltspflichtigen aktuell von dem Sozialhilfeträger ein Darlehen gewährt wird, das von erst später verfügbaren Vermögensmitteln zurückgezahlt werden soll.[12]

---

[3] OLG Brandenburg v. 31.07.2007 - 9 UF 108/07; OLG Hamm v. 14.02.2006 - 1 WF 2/06 - FamRZ 2006, 1299.

[4] BVerfG v. 07.06.2005 - 1 BvR 1508/96 - FamRZ 2005, 1051 m. Anm. *Klinkhammer*, FamRZ 2005, 1055 und *Graba*, FamRZ 2005, 1149. BGH v. 07.08.2013 - XII ZB 269/12 - FamRZ 2013, 1554; dazu *Viefhues*, jM 2014, 134; OLG Dresden v. 15.01.2014 - 20 WF 12/14 - NZFam 2014, 378.

[5] *Klinkhammer*, FamRZ 2005, 1055, 1056.

[6] OLG Dresden v. 15.01.2014 - 20 WF 12/14 - NZFam 2014, 378.

[7] OLG Dresden v. 15.01.2014 - 20 WF 12/14 - NZFam 2014, 378.

[8] OLG Hamm v. 20.12.2012 - 4 UF 143/12 - FamFR 2013, 79.

[9] BGH v. 07.08.2013 - XII ZB 269/12 - FamRZ 2013, 1554; dazu *Viefhues*, jM 2014, 134.

[10] *Hauß*, FamRB 2013, 207.

[11] OLG Hamm v. 20.12.2012 - 4 UF 143/12 - FamFR 2013, 79.

[12] KG Berlin v. 11.01.2011 - 13 UF 199/10 - FuR 2011, 329; der BGH hat mit seiner Entscheidung v. 20.03.2013 - XII ZB 81/11 - FamRZ 2013, 1022 die Rechtsbeschwerde zurückgewiesen.

Dem Anspruch des Sozialhilfeträgers auf Rückzahlung des Darlehens kann der Einwand des rechtsmissbräuchlichen Verhaltens entgegengesetzt werden.[13] Wurde zur Absicherung dieses Darlehensanspruches ein Grundpfandrecht bestellt, besteht aus der der Grundschuldbestellung zu Grunde liegenden Sicherungsvereinbarung ein Anspruch auf Abgabe einer grundbuchrechtlichen Löschungsbewilligung.[14]

Soweit Unterhaltsforderungen eines Sozialhilfeträgers befriedigt worden sind, die auf falschen Berechnungen oder falscher Auslegung der Rechtslage erhoben worden sind, kommt immer ein **bereicherungsrechtlicher Anspruch** des Kindes in Betracht.[15]

B. Anwendungsvoraussetzungen

Leistungsfähigkeit setzt voraus, dass der Pflichtige in der Lage sein muss, außer seinen **eigenen Bedürfnissen** und der Erfüllung unterhaltsrechtlich relevanter Verpflichtungen mit den tatsächlich verfügbaren oder zumutbar erzielbaren Geldmitteln auch den anerkennenswerten **Bedarf des Berechtigten** zu befriedigen. § 1603 Abs. 1 BGB verlangt vom Unterhaltspflichtigen, sein Einkommen und sein Vermögen bis zur Grenze des eigenen angemessenen Unterhalts einzusetzen. Für Unterhaltszwecke steht das den maßgeblichen Selbstbehalt übersteigende tatsächlich verfügbare Einkommen zur Verfügung. Reicht das Einkommen des Pflichtigen hierzu nicht aus, liegt ein **Mangelfall** vor (vgl. dazu Rn. 339).

Gegenüber **minderjährigen unverheirateten Kindern** und den sog. **privilegierten volljährigen Kindern** gelten noch weitergehende **Besonderheiten** (§ 1603 Abs. 2 Satz 1 BGB; vgl. dazu Rn. 362).

Im Falle der **Ersatzhaftung von Großeltern** bemisst sich der Umfang der Unterhaltspflicht nicht nach der Leistungsfähigkeit der Großeltern, sondern nach dem Bedarf der Enkel, der sich in der Regel aus den Einkommens- und Vermögensverhältnissen der Eltern ergibt.[16] Vgl. dazu die Kommentierung zu § 1607 BGB Rn. 32 ff.; zu Besonderheiten beim **Elternunterhalt** vgl. Rn. 965 ff.

Die **maßgeblichen Faktoren** für die Leistungsfähigkeit sind demnach
- die **finanziellen Mittel**, über die der Verpflichtete verfügt oder die er sich bei zumutbarem Einsatz verschaffen könnte,
- die **sonstigen finanziellen Verpflichtungen** des Unterhaltsschuldners (hierzu gehören sowohl seine weiteren Unterhaltspflichten gegenüber vorrangig Berechtigten als auch sonst unterhaltsrechtlich anzuerkennende Schulden) und
- die Höhe des anzuerkennenden **eigenen Bedarfes des Unterhaltspflichtigen** (Selbstbehalt).

I. Tatsächliches Einkommen des Unterhaltspflichtigen

Als **unterhaltsrechtlich relevantes Einkommen** sind alle Einkünfte heranzuziehen, die dem Unterhaltspflichtigen zufließen, gleich welcher Art diese Einkünfte sind und aus welchem Anlass sie erzielt werden. Es kann daher auf die allgemeinen Ausführungen zur Einkommensermittlung des Unterhaltspflichtigen verwiesen werden (vgl. die Kommentierung zu § 1581 BGB Rn. 14 ff.).

Sonderzahlungen wie eine einmalige Jubiläumszahlung sind i.d.R. nur dem jeweiligen Jahreszeitraum zuzuordnen und können nicht den folgenden Jahreszeiträumen zugeordnet werden.[17]

Hierzu gehören auch Einkünfte aus vorhandenem Kapital. Jedoch können **Kapitaleinkünfte aus einem bereits angesparten Altersvorsorgevermögen** in aller Regel nicht dem Einkommen hinzugerechnet werden, weil die Zinsen **Bestandteil des geschützten Altersvorsorgeschonvermögens** sind.[18]

Hat der Verfahrensgegner z.B. Angaben zu dessen Einkünften gemacht und auf Widersprüchlichkeiten/Unklarheiten im Vortrag der darlegungs- und beweisbelasteten Beteiligten ausdrücklich hingewiesen, so müsste diese den Vortrag der Gegenseite zu ihren Einkünften **substantiiert (d.h. unter Darlegung der für das Gegenteil sprechenden Tatsachen und Umstände) bestreiten**.[19]

---

[13] BGH v. 20.03.2013 - XII ZB 81/11 - FamRZ 2013, 1022 mit Anm. *Maurer*, FamRZ 2013, 1026.
[14] BGH v. 20.03.2013 - XII ZB 81/11 - FamRZ 2013, 1022.
[15] OLG Hamm v. 09.05.2011 - 8 WF 211/10.
[16] OLG Köln v. 23.07.2003 - 4 WF 74/03 - FamRZ 2005, 58; OLG Karlsruhe v. 26.10.2000 - 2 WF 70/00 - FamRZ 2001, 782; ausführlich *Reinken*, ZFE 2006, 4.
[17] OLG Stuttgart v. 06.08.2013 - 17 WF 152/13 - FamRZ 2014, 781; differenzierend *Borth*, FamRZ 2014, 781.
[18] *Thormeyer*, FamRB 2013, 27 unter Hinweis auf BGH v. 30.08.2006 - XII ZR 98/04 - FamRZ 2006, 1511 = FamRB 2006, 327; OLG Düsseldorf v. 14.01.2009 - II-8 UF 172/08 - FamRZ 2009, 1077.
[19] OLG Hamm v. 21.11.2012 - II-8 UF 14/12 - NJW 2013, 1541.

24 Der erwerbspflichtige Beteiligte, der seine Einkünfte in Abrede stellt, kann auch nicht erwarten, in jedem Fall durch einen **gesonderten gerichtlichen Hinweis** zu weiteren Darlegungen aufgefordert zu werden. Ein gerichtlicher Hinweis gem. § 113 Abs. 1 Satz 2 FamFG, § 139 Abs. 2 ZPO ist auch in der Beschwerdeinstanz nicht erforderlich, wenn der betreffende Gesichtspunkt zentraler Angriffspunkt der Beschwerde war.[20] Wenn ein Beteiligter durch eingehenden und von ihm erfassten Vortrag der Gegenpartei zutreffend über die Sach- und Rechtslage unterrichtet war, bedarf es keines erneuten gerichtlichen Hinweises.[21]

1. Einkünfte aus überobligatorischer Tätigkeit

25 Das vom Unterhaltspflichtigen tatsächlich erzielte Einkommen ist aber auch beim **Verwandtenunterhalt** (§ 1601 BGB) nur eingeschränkt zu berücksichtigen, wenn es auf einer überobligatorischen Tätigkeit beruht und eine vollständige Heranziehung des Einkommens zu Unterhaltszwecken gegen Treu und Glauben nach § 242 BGB verstieße;[22] zu Ausnahmen bei der verschärften Haftung gem. § 1603 Abs. 2 BGB vgl. Rn. 901 f.

26 In der Praxis wird oft über die Anrechenbarkeit von **Einkünften aus überobligatorischer Tätigkeit** gestritten.

27 Eine Tätigkeit ist dann überobligatorisch, wenn für sie keine Erwerbsobliegenheit besteht und folglich die Person, die sie ausübt, aus unterhaltsrechtlichen Gründen nicht daran gehindert ist, sie jederzeit zu beenden.[23]

28 Die Erwerbstätigkeit eines Unterhaltspflichtigen kann zudem auch dann als ganz oder teilweise überobligatorisch eingestuft werden, **wenn die Ausübung der Erwerbstätigkeit mit an sich unzumutbaren gesundheitlichen Belastungen verbunden ist** (vgl. die Kommentierung zu § 1578 BGB Rn. 9).[24]

29 Ab Erreichen der **allgemeinen Altersgrenze** von 65 Jahren kann von einem Altersrente beziehenden Unterhaltsschuldner keine Erwerbstätigkeit mehr erwartet werden.[25] Die Erwerbsobliegenheit endet mit Erreichen der Regelaltersgrenze. Durch die entsprechenden gesetzlichen Bestimmungen legt die Rechtsordnung den Rahmen für die Erwerbsbiografie des Einzelnen fest. Solange die gesetzlichen Regelungen dabei nicht offensichtlich auf berufsbezogenen Besonderheiten beruhen[26] oder ansonsten von der wirklichen Erwerbsfähigkeit des Einzelnen abweichen,[27] können sie als Maßstab auch für das Unterhaltsrecht herangezogen werden.

30 Wird über die Vollendung des 65. Lebensjahres hinaus jedoch eine Erwerbstätigkeit tatsächlich ausgeübt, so handelt es sich daher regelmäßig um eine sog. überobligatorische Tätigkeit. Das Einkommen daraus ist folglich nach den allgemeinen unterhaltsrechtlichen Grundsätzen von Treu und Glauben unter Berücksichtigung der besonderen Umstände des Einzelfalls anzurechnen.

31 Eine vollständige Heranziehung von Einkommen aus einer – gemessen an § 1603 Abs. 1 BGB – überobligatorischen Erwerbstätigkeit ist regelmäßig nur dann angezeigt, wenn der Unterhaltspflichtige einer **gesteigerten Unterhaltspflicht nach § 1603 Abs. 2 Satz 1 BGB unterliegt**.[28]

2. Auslandsverwendungszuschlag

32 Der **Auslandsverwendungszuschlag**, den ein in Afghanistan eingesetzter Berufssoldat bezieht, ist nicht in voller Höhe zum unterhaltsrechtlich maßgebenden Einkommen zu rechnen. Unter Würdigung der Umstände des Einzelfalls ist zu entscheiden, in welchem Umfang der Zuschlag für den Unterhalt heranzuziehen ist.[29]

---

[20] BGH v. 19.08.2010 - VII ZR 113/09 - NJW 2010, 3089.
[21] OLG Hamm v. 21.11.2012 - II-8 UF 14/12 - NJW 2013, 1541.
[22] Vgl. BGH v. 10.07.2013 - XII ZB 297/12 - FamRZ 2013, 1558; BGH v. 12.01.2011 - XII ZR 83/08 - juris Rn. 53 - FamRZ 2011, 454.
[23] Vgl. BGH v. 10.07.2013 - XII ZB 297/12 - FamRZ 2013, 1558.
[24] Vgl. BGH v. 10.07.2013 - XII ZB 297/12 - FamRZ 2013, 1558 m.w.N.
[25] BGH v. 12.01.2011 - XII ZR 83/08 - FamRZ 2011, 454; OLG Köln v. 04.12.2007 - 4 WF 189/07 - FamRZ 2008, 1276.
[26] Vgl. BGH v. 15.10.2003 - XII ZR 65/01 - FamRZ 2004, 254: Strahlflugzeugführer.
[27] Vgl. BGH v. 03.02.1999 - XII ZR 146/97 - FamRZ 1999, 708, 710: vorgezogene Altersrente für Frauen.
[28] BGH v. 10.07.2013 - XII ZB 297/12 m.w.N.; BGH v. 12.01.2011 - XII ZR 83/08 - juris Rn. 54 - FamRZ 2011, 454.
[29] BGH v. 18.04.2012 - XII ZR 73/10 - NJW 2012, 2190.

Das OLG Frankfurt stellt maßgeblich auf die **Beschwerlichkeit und Gefährlichkeit des Auslandseinsatzes** ab und differenziert zwischen Friedenseinsätzen und echten Kampfeinsätzen. Beim Afghanistaneinsatz sei die Anrechnung mit 1/3 angemessen.[30]

Der **Auslandsverwendungszuschlag** eines zum Minderjährigenunterhalt verpflichteten Kriminalbeamten, der in einem Krisengebiet eingesetzt wird, ist nicht in voller Höhe zum unterhaltsrechtlich maßgebenden Einkommen zu rechnen. Bei der Höhe des anrechnungsfreien Einkommens kommt es entscheidend auf die Gefährlichkeit des Einsatzes an.[31]

Bei der Prüfung der Frage, welche Gefährlichkeit des Einsatzes anzunehmen ist, ist eine an der **Einstufung der Dienstbehörde** (vgl. § 3 Abs. 1 Auslandsverwendungszuschlagsverordnung) orientierte, generalisierte und typisierende Betrachtungsweise angezeigt. Daher kann der Auslandsverwendungszuschlag zu einem Drittel zum unterhaltsrechtlich maßgeblichen Einkommen gerechnet werden, soweit der Beamte in Afghanistan, dagegen zur Hälfte, soweit er im Kosovo eingesetzt ist.[32]

Mehraufwendungen für einen doppelten Haushalt sind unterhaltsrechtlich nur abziehbar, wenn sowohl die Begründung als auch die Aufrechterhaltung einer doppelten Haushaltsführung beruflich notwendig ist und ein Umzug an den Beschäftigungsort nicht möglich oder nicht zumutbar ist; bei getrenntlebenden oder geschiedenen Ehegatten setzt eine Berücksichtigung in der Regel voraus, dass die Kosten niedrig sind und besondere persönliche Gründe die doppelte Haushaltsführung gerechtfertigt erscheinen lassen.[33]

Ein **Mehraufwand für die doppelte Haushaltsführung** ist dann durch den **Auslandsverwendungszuschlag** abgedeckt, wenn die Miete angesichts der Höhe des (gemäß 1.) anrechnungsfreien Zuschlags nicht erheblich ins Gewicht fällt.[34] Hat der Beteiligte keine bezifferten Wohnkosten – also doppelte Kosten – im Ausland nachgewiesen, so scheitert die Anerkennung von Kosten doppelter Haushaltsführung, ohne dass es zusätzlich darauf ankommt, ob es dem Beklagten zumutbar wäre, diese Kosten aus dem anrechnungsfrei belassenen Teil der Auslandszulagen zu bezahlen.

3. Andere Einkommenszuschläge

Auch bei anderen Zuschlägen geht die Rechtsprechung davon aus, dass deren volle Anrechnung gegen den Grundsatz von Treu und Glauben verstoßen kann. So sind **Zuschläge für Nacht- oder Feiertagsarbeit** nur dann vollständig anzurechnen, wenn sie berufstypisch sind und nur in geringem Umfang anfallen. Übersteigen sie jedoch das übliche Maß, muss dem Unterhaltspflichtigen ein anrechnungsfreier Anteil verbleiben, der dazu dient, ihm einen Ausgleich für die aufwendigere Freizeit- und Erholungsgestaltung zu ermöglichen und auch Anreiz sein soll, die überdurchschnittliche Belastung weiterhin durchzustehen.

Auch andere **Sachbezüge**, d.h. zusätzliche Leistungen des Arbeitgebers, die in einem geldwerten Vorteil bestehen, sind als Einkommen zu berücksichtigen – so z.B. ein **Heizkostenvorteil**.[35] Die Bewertung der Sachbezüge erfolgt mit dem Betrag, der am Verbrauchsort für eine vergleichbare Ware oder Leistung üblicherweise zu zahlen ist. Dieser Wert ist nach § 287 ZPO zu schätzen. Anzurechnen ist die durch die Sachzuwendung eingetretene Ersparnis. Für die Anrechnung von Sachbezügen kommt es zunächst darauf an, ob ein tatsächlich entstandener beruflicher Mehraufwand abgegolten werden soll. Wird ein beruflicher Mehraufwand durch zusätzliche Sachleistungen ausgeglichen, sind die Sachleistungen unterhaltsrechtlich ebenso wenig zu bewerten wie der Aufwand. Handelt es sich jedoch um zusätzliche Leistungen ohne beruflichen Mehraufwand, sind sie grundsätzlich dem Einkommen hinzuzurechnen.

4. Dienstwagen/Firmenwagen

Wird einem Arbeitnehmer ein **Dienstwagen** auch zur privaten Nutzung zur Verfügung gestellt, stellt dies einen Sachbezug dar, der grundsätzlich auch das unterhaltspflichtige Einkommen erhöht.[36]

---

[30] OLG Frankfurt v. 07.12.2012 - 2 UF 223/09 - NJW 2013, 1686.
[31] OLG Dresden v. 10.10.2013 - 22 UF 818/12.
[32] OLG Dresden v. 10.10.2013 - 22 UF 818/12.
[33] OLG Dresden v. 10.10.2013 - 22 UF 818/12; *Wendl/Dose*, Das Unterhaltsrecht in der familienrichterlichen Praxis, 8. Aufl., § 1 Rn. 143.
[34] OLG Dresden v. 10.10.2013 - 22 UF 818/12.
[35] OLG Hamm v. 07.10.2013 - 8 UF 213/12 - NZFam 2014, 471.
[36] OLG Brandenburg v. 02.09.2013 - 13 UF 136/12 - FamFR 2013, 485.

41 Teilweise wird gefordert, dass eigene Aufwendungen erspart werden müssen.[37] Dann scheidet eine Anrechnung aus, wenn er einen **Dienstwagen** nutzt, sich aber kein eigenes Fahrzeug anschaffen würde.

42 Bei der Bewertung des Vorteils werden z.T. die hierfür steuerlich in Ansatz gebrachten Beträge als Anhaltspunkt angesehen.[38] Die Gegenansicht lehnt dies ab, weil dieser Wert auf einer dem Steuerpflichtigen günstigen Pauschalierung beruht, damit auf keinen Fall mehr als der tatsächliche Wert besteuert wird. Für die Unterhaltsberechnung sei der **Betrag anzusetzen, der am Markt für Anschaffung und Unterhaltung des Fahrzeugs zu zahlen wäre**.[39] Eine Schätzung erfolgt anhand der Fahrzeugnutzung (§ 113 Abs. 1 FamFG, § 287 Abs. 1 ZPO) anhand der **Autokosten-Tabelle des ADAC** (www.adac.de/ infotestrat/autodatenbank/autokosten/autokosten-rechner/default.aspx, abgerufen am 03.09.2014).

43 Unerheblich sei der Einwand, das Fahrzeug werde nur für den Arbeitsweg und aus beruflichen Anlässen genutzt, da noch ein privater Pkw vorhanden sei. Daraus sei zu schließen, es bestehe auch ein privater, nicht nur beruflich veranlasster Bedarf, einen Pkw zu nutzen. Der von seinem Arbeitgeber überlassene Pkw ist geeignet, diesen Bedarf zu befriedigen. Der Unterhaltspflichtige handele wirtschaftlich unvernünftig, wenn er einen weiteren Pkw hält, statt den überlassenen Pkw auch privat zu nutzen. Zwar dürfe er sich so verhalten, aber wirtschaftlich unvernünftiges Verhalten dürfe nicht zu Lasten des für den Kindesunterhalt einzusetzenden Einkommens berücksichtigt werden.[40]

44 Wird einem Arbeitnehmer ein Dienstwagen auch zur privaten Nutzung zur Verfügung gestellt, erhöht sich grundsätzlich sein unterhaltspflichtiges Einkommen, soweit er eigene Aufwendungen für die Unterhaltung eines Pkws erspart. Die hierfür steuerlich in Ansatz gebrachten Beträge bieten einen Anhaltspunkt für die Bewertung des geldwerten Vorteils.[41]

45 Da sich aus dieser Entscheidung nicht ergibt, ob ein Abzug berufsbedingter Aufwendungen auch scheitert, wenn der Pflichtige die Benzinkosten selbst trägt, solle in diesen Fällen stets umfassend vorgetragen werden, welche Aufwendungen tatsächlich erspart werden, welchen Anteil die Privatnutzung an der Gesamtnutzung hat und ob daneben nicht andere berufsbedingte Aufwendungen einen Abzug rechtfertigen.[42]

5. Einkünfte aus selbständiger Tätigkeit

46 Bei **Einkünften aus selbständiger Tätigkeit** ist zur Ermittlung der Leistungsfähigkeit des unterhaltsverpflichteten Ehegatten ein möglichst zeitnaher **Drei-Jahres-Durchschnitt** zu bilden. Dabei ist auf die um Steuern und Krankenversicherungsbeiträge bereinigten Nettoeinkünfte abzustellen. Diese sind entsprechend den jeweiligen Gewinn- und Verlustrechnungen sowie den Einkommensteuerbescheiden zu ermitteln, wobei jeweils eine fiktive Steuerlast aus den so festgestellten unterhaltsrechtlich relevanten zu versteuernden Einkünften ermittelt wird und den jeweiligen Jahren nach dem Für-Prinzip zuzuordnen sind, da nur auf diese Weise eine hinreichend verlässliche Einkommensermittlung möglich erscheint.[43]

47 Gewinnausschüttungen **aus einer Unternehmensbeteiligung** sind unterhaltspflichtiges Einkommen, wobei ein **Durchschnittsbetrag** aus den Ausschüttungen von drei Jahren zu bilden ist.[44]

6. Schwarzarbeit/sittenwidrige Tätigkeit

48 Tatsächlich erzielte Einkünfte aus Schwarzarbeit oder sittenwidriger Tätigkeit sind anzurechnen, denn auch wenn diese zwar in rechtswidriger Weise erzielt werden, kann der durch diese Tätigkeit Geschädigte den Lohn der „Schwarzarbeit" in der Regel nicht herausverlangen.[45]

49 Beruft sich der Berechtigte auf Einkünfte des Pflichtigen aus **Schwarzarbeit** und bringt hierzu detaillierten Sachvortrag sowie Beweisantritte, so genügt er seiner Obliegenheit zur Darlegung konkreter Anhaltspunkte dafür, dass der Pflichtige tatsächlich über weitergehende Einkünfte in einem Umfang verfügt. Bei der Bemessung des fiktiven Einkommens könne durchaus auf die bisher schwarz verdien-

---

[37] OLG Hamm v. 17.01.2013 - 2 UF 53/12 - FamFR 2013, 132; dazu *Schramm*, NJW-Spezial 2014, 100 und *Höhler-Heun*, FamFR 2013, 132; vgl. auch *Niepmann/Schwamb*, NJW 2013, 2719, 2721 Fn. 36.
[38] OLG Hamm v. 17.01.2013 - 2 UF 53/12 - FamFR 2013, 132.
[39] OLG Brandenburg v. 02.09.2013 - 13 UF 136/12 - FamFR 2013, 485.
[40] OLG Brandenburg v. 02.09.2013 - 13 UF 136/12 - FamFR 2013, 485.
[41] OLG Hamm v. 10.12.2013 - 2 UF 216/12 - NJW-Spezial 2014, 100.
[42] *Schramm*, NJW-Spezial 2014, 100.
[43] OLG Saarbrücken v. 07.03.2013 - 6 UF 63/12.
[44] BayVerfGH v. 14.09.2012 - Vf. 29-VI-12 - FamRZ 2013, 1131.
[45] *Röttgen*, FamRZ 2013, 1746.

ten Einkünfte zurückgegriffen werden, weil der Pflichtige hinreichend deutlich habe erkennen lassen, dass er auch trotz fehlender abgeschlossener Berufsausbildung offenkundig in der Lage sei, einen solchen (Brutto-)Verdienst zu erzielen.[46] Werden die erforderlichen Angaben erst im Rechtsmittelverfahren vorgebracht, muss mit der Auferlegung von Kosten gerechnet werden (Rechtsgedanke des § 97 Abs. 2 ZPO).[47]

Unterhaltsrechtlich unbeachtlich sind lediglich solche Einkünfte, die **durch Straftaten erzielt werden**, bei denen die erlangten Einkünfte oder Vorteile den Tatopfern gemäß § 73 Abs. 1 Satz 2 StGB zustehen und bei denen das Verbot, gegen das der Erwerb verstößt, darauf abzielt, eine Aneignung oder eine Vermögensmehrung zu unterbinden. Dies ist bei den Strafnormen zum Schutz von Eigentum und Vermögen wie Diebstahl oder Raub der Fall.[48]   50

Wird die **„Schwarzarbeit" eingestellt**, so können fiktive Einkünfte hieraus nicht in Ansatz gebracht werden. Aus einer **tatsächlich ausgeübten Schwarzarbeit** kann auf den Umfang möglicher Erwerbstätigkeiten geschlossen werden.[49] Das OLG Brandenburg schließt aus einer **tatsächlich ausgeübten Schwarzarbeit** auf den Umfang möglicher Erwerbstätigkeiten; entsprechend kann in diesem Umfang eine legale Nebentätigkeit zugemutet werden.[50]   51

Wenn eine unterhaltspflichtige Mutter eine **legale Erwerbstätigkeit als Prostituierte** ausübt und daraus Einkünfte erzielt, so sind diese zur Erfüllung ihrer Barunterhaltspicht heranzuziehen.[51] Denn die freiwillig ausgeübte Prostitution ist – anders als die „Schwarzarbeit", eine legale Tätigkeit,[52] die Gegenstand eines sozialversicherungspichtigen Beschäftigungsverhältnisses sein kann.   52

Daran ändert die Tatsache nichts, dass die Tätigkeit als Prostituierte jederzeit aufgegeben werden kann und die unterhaltspflichtige Mutter auch nicht dazu gezwungen werden darf, der Prostitution nachzugehen, und zwar auch nicht indirekt im Rahmen der unterhaltsrechtlichen Erwerbsobliegenheit.[53]   53

Das OLG Köln schätzt die Höhe der **Einkünfte einer Prostituierten** bei 20 Arbeitstagen im Monat und einem Tageseinkommen von 180 € brutto auf **mindestens 3.600 € brutto**.[54]   54

7. Einkünfte durch Unterhaltszahlungen

Auch **Unterhaltsleistungen**, die der Unterhaltspflichtige erhält, sind seinem Einkommen zuzurechnen und können bei der Ermittlung seiner Leistungsfähigkeit berücksichtigt werden.[55] Dies setzt aber voraus, dass der zur Zahlung von Kindesunterhalt Verpflichtete über eigenes Erwerbseinkommen verfügt und jedenfalls mit den zusätzlichen Unterhaltsleistungen seinen Mindestbedarf – soweit es um den Barunterhalt minderjähriger Kinder geht – decken kann, also ein überschießender Anteil des Erwerbseinkommens für den Kindesunterhalt noch zur Verfügung steht.[56]   55

Entsprechend sind auch **Unterhaltsforderungen** anzurechnen, die das unterhaltspflichtige Kind gegen seinen getrennt lebenden (§ 1361 BGB) oder geschiedenen Ehegatten (§§ 1569 ff. BGB) hat.   56

8. Neue Partnerschaft/gemeinsame Haushaltsführung/Synergieeffekt

Die durch die **gemeinsame Haushaltsführung** mit einem neuen Partner erfahrungsgemäß eintretende **Ersparnis (Synergieeffekt)** wird im Regelfall bei der Herabsetzung des Selbstbehaltes relevant (vgl. Rn. 269). Denkbar ist aber auch, diese Überlegungen zur Erhöhung des Einkommens heranzuziehen.[57]   57

---

[46] OLG Brandenburg v. 26.07.2012 - 9 UF 292/11 - FamRZ 2013, 631 = NJW 2012, 3186.
[47] OLG Brandenburg v. 26.07.2012 - 9 UF 292/11 - FamRZ 2013, 631 = NJW 2012, 3186.
[48] *Röttgen*, FamRZ 2013, 1746.
[49] OLG Brandenburg v. 26.07.2012 - 9 UF 292/11 - FamRZ 2013, 631 = NJW 2012, 3186; OLG Köln v. 06.05.2013 - II-12 WF 31/13 - FamRZ 2013, 1745.
[50] *Röttgen*, FamRZ 2013, 1746.
[51] OLG Köln v. 06.05.2013 - II-12 WF 31/13 - FamRZ 2013, 1745.
[52] Gesetz zur Regelung der Rechtsverhältnisse der Prostituierten zum 01.01.2002 (ProstG).
[53] OLG Köln v. 06.05.2013 - II-12 WF 31/13 - FamRZ 2013, 1745, anders noch AG Königswinter v. 03.03.2013 - 71 F 40/13; AG Viechtach v. 21.03.1990 - F 258/89 - FamRZ 1990, 1139.
[54] OLG Köln v. 06.05.2013 - II-12 WF 31/13 - FamRZ 2013, 1745.
[55] BGH v. 12.12.2012 - XII ZR 43/11 - NJW 2013, 686 = FamRZ 2013, 363 für den Fall des Elternunterhaltes; BGH v. 06.11.1985 - IVb ZR 69/84 - FamRZ 1986, 153.
[56] BGH v. 12.12.2012 - XII ZR 43/11 - NJW 2013, 686 = FamRZ 2013, 363 für den Fall des Elternunterhaltes; OLG Köln v. 28.08.2009 - 4 WF 109/09 - FamRZ 2010, 130; vgl. auch *Gutdeutsch*, NJW 2009, 945.
[57] BGH v. 19.02.2003 - XII ZR 67/00 - FamRZ 2003, 860, 866. OLG Naumburg v. 28.01.2010 - 8 UF 160/09 - juris Rn. 69.

58 Dies führt aber nicht zu einem höheren Bedarf des unterhaltsberechtigten Kindes, sondern darf nur im Rahmen der **Leistungsfähigkeit** des Unterhaltspflichtigen berücksichtigt werden.[58] Übersteigt das Einkommen des Lebensgefährten aber den Betrag nicht, der bei Ehegatten dem Selbstbehalt entspricht, ist eine Haushaltsersparnis deshalb nicht gesondert zu berücksichtigen.[59]

59 Ein leistungsfähiger Partner im vorstehenden Sinne kann nicht nur ein Lebenspartner sein, vielmehr kommen hier auch **volljährige Kinder** in Betracht, weil bei einer **häuslichen Gemeinschaft eines Elternteils mit einem volljährigen Kind** die Synergieeffekte des gemeinschaftlichen Wirtschaftens in gleicher Weise eintreten wie bei einer Wohngemeinschaft mit einem Lebenspartner.[60] Besteht die häusliche Gemeinschaft aus drei leistungsfähigen Personen, kann der geldwerte Vorteil mit 30% des Eigenbedarfs bemessen werden, von dem jeder Person der Gemeinschaft 10% zuzurechnen sind.[61]

9. Steuern/Steuervorteile

60 Das **steuerlich** maßgebliche Einkommen ist nicht mit dem **unterhaltsrechtlich** relevanten Einkommen identisch. Wer sich auf sein steuerliches Einkommen beruft, um eine eingeschränkte Leistungsfähigkeit geltend zu machen, muss seine Einnahmen und Ausgaben so darlegen, dass die nur steuerlich beachtlichen Aufwendungen von den unterhaltsrechtlich erheblichen Aufwendungen abgrenzbar sind.[62] Zur Darlegungslast vgl. auch Rn. 1308.

61 Wird die **Obliegenheit** verletzt, **alle gesetzlichen Möglichkeiten zur Steuerentlastung auszuschöpfen**, so ist eine fiktive Berechnung vorzunehmen. Die erzielbare Steuerentlastung kann aus den anfallenden Steuern für das laufende Einkommen prognostiziert werden, es sei denn, bestimmte Einkünfte können in der Zukunft nicht weiter zugerechnet werden.[63]

a. Wahl der Steuerklasse

62 Der Unterhaltsverpflichtete ist aus unterhaltsrechtlicher Sicht grundsätzlich gehalten, die ihm **günstigste Steuerklasse** zu wählen, soweit keine erkennbaren Gründe für eine andere Wahl der Steuerklasse vorliegen.[64] Dies kann dann gegeben sein, wenn der Unterhaltsverpflichtete wieder verheiratet ist und seine neue Ehefrau ebenfalls berufstätig ist. Darlegungs- und beweispflichtig für solche Umstände ist der Unterhaltsschuldner.[65]

63 Hat ein seinem Elternteil Unterhaltspflichtiger im Verhältnis zu seinem Ehegatten die **ungünstigere Steuerklasse** (Klasse V) gewählt, ist diese Verschiebung der Steuerbelastung durch einen tatrichterlich zu schätzenden Abschlag zu korrigieren.[66] Denn generell besteht die Obliegenheit von Unterhaltspflichtigen, ihre Liquidität auch durch die Steuerklassenwahl so günstig wie möglich zu gestalten.

64 Ist der Unterhaltspflichtige zu einer mit seinem Ehegatten getroffenen Wahl einer bestimmten Steuerklasse unterhaltsrechtlich nicht berechtigt, dann ist – wenn seine Ehefrau ebenfalls vollschichtig erwerbstätig ist – fiktiv von einer Versteuerung nach Steuerklasse V auszugehen.[67]

b. Steuervorteile/Freibeträge

65 Das unterhaltsberechtigte Kind nimmt auch an **Verbesserungen der Einkommenssituation** des unterhaltspflichtigen Elternteils teil. Dies gilt insbesondere auch bei einer **Einkommensverbesserung durch Wiederverheiratung aufgrund der günstigeren Steuerklasse**. Die Unterhaltsansprüche der Kinder orientieren sich an der aktuellen steuerlichen Situation des unterhaltspflichtigen Elternteils.[68] Der aus einer neuen Ehe des Unterhaltspflichtigen resultierende **Splittingvorteil (besser: Splitting-**

---

[58] OLG Brandenburg v. 17.01.2013 - 9 UF 130/12 - FamRZ 2013, 1405 m.w.N.
[59] BGH v. 17.10.2012 - XII ZR 17/11 - FamRZ 2013, 868.
[60] OLG Hamm v. 09.06.2011 - II-6 UF 47/11 - NJW 2011, 3310; *Reinken*, FPR 2013, 128, 132.
[61] OLG Hamm v. 09.06.2011 - II-6 UF 47/11 - NJW 2011, 3310.
[62] OLG Hamm v. 21.11.2012 - II-8 UF 14/12 - NJW 2013, 1541.
[63] OLG Brandenburg v. 13.03.2014 - 9 UF 106/13.
[64] Dieser Grundsatz des Unterhaltsrechts gilt auch in anderen Rechtsgebieten, vgl. BVerwG v. 10.11.2011 - 5 C 22/11.
[65] OLG Köln v. 15.09.2011 - II-4 WF 166/11 - FamFR 2011, 540.
[66] BGH v. 14.01.2004 - XII ZR 149/01 - FamRZ 2004, 443; *Lindemann-Hinz*, jurisPR-FamR 5/2004, Anm. 1.
[67] OLG Hamm v. 20.04.2011 - II-8 UF 103/10, 8 UF 103/10 - FuR 2012, 266.
[68] BGH v. 02.06.2010 - XII ZR 160/08 - FamRZ 2010, 1318; BGH v. 11.05.2005 - XII ZR 211/02 - FamRZ 2005, 1817; OLG Köln v. 30.09.2004 - 10 UF 81/04 - FamRZ 2005, 650; OLG München v. 19.04.2004 - 4 WF 137/04 - FamRZ 2004, 1892; *Viefhues*, ZFE 2007, 444; *Viefhues*, FPR 2008, 74.

effekt)[69] ist sowohl bei der Bemessung des Unterhaltsbedarfs minderjähriger Kinder gemäß § 1610 Abs. 1 BGB als auch bei der Beurteilung der Leistungsfähigkeit des Unterhaltspflichtigen i.S.v. § 1603 Abs. 2 BGB zu berücksichtigen ist, soweit er auf seinem alleinigen Einkommen beruht.[70]

Nur dann, wenn der **Ehegatte des Unterhaltspflichtigen eigene steuerpflichtige Einkünfte** bezieht, ist der Splittingvorteil – insoweit zum Nachteil des Kindes – auf den Unterhaltspflichtigen und seinen Ehegatten zu verteilen, allerdings nicht nach einem Halbteilungsmaßstab, sondern nach dem Maßstab einer fiktiven Einzelveranlagung beider Ehegatten.[71]

66

Jedoch fließt der **Splittingvorteil** aus der neuen Ehe nicht auch in die Bemessung des Bedarfs des geschiedenen Ehegatten ein.[72] Für die **Bedarfsbemessung** wird die Steuerbelastung des Unterhaltspflichtigen fiktiv der Grundtabelle (Steuerklasse I) entnommen.[73] Fließen dem Unterhaltspflichtigen **Realsplittingvorteile** aus der zweiten Ehe zu, müssen diese dem Unterhaltspflichtigen zur Deckung des Bedarfs der zweiten Ehefrau verbleiben.[74] Bei der Berechnung des Bedarfes der geschiedenen Frau muss der **Kindesunterhalt** bei Wiederverheiratung des Vaters jedoch nicht in der tatsächlichen Höhe (die sich nach seinem Einkommen auf der Basis von Steuerklasse 3 errechnet), sondern fiktiv auf der Basis seines nach Steuerklasse 1 bemessenen Einkommens abgezogen werden.[75]

67

Zu **Kindergeld und Kinderfreibetrag**, zum **Ausbildungsfreibetrag** und zur steuerlichen Abzugsfähigkeit von **Unterhaltsleistungen** sowie zur steuerlichen Bedeutung von **Kinderbetreuungskosten** vgl. die Steuerrechtl. Hinw. zu §§ 1601 ff. BGB.

68

c. Behandlung von Steuervorauszahlungen und Steuernachzahlungen – In-Prinzip

Regelmäßig sind die sich aus den jeweiligen **Steuerbescheiden** ergebenden Belastungen auch unterhaltsrechtlich zu berücksichtigen.

69

Regelmäßig werden **Steuervorauszahlungen** auferlegt, die von den Einkünften des Steuerpflichtigen im vorangegangenen Veranlagungszeitraum abhängig sind. Allerdings sind die Einkommensverhältnisse des vorangehenden Veranlagungszeitraums wegen der bei Selbständigen häufig anzutreffenden Einnahmeschwankungen oft nicht ausreichend aussagekräftig für die aktuelle steuerliche Belastung im jeweils laufenden Zeitraum. Liegen die Vorauszahlungen zu niedrig, läuft der Unterhaltspflichtige, der Einkünfte aus selbständiger Tätigkeit erzielt, daher Gefahr, dass bei der Unterhaltsberechnung zu geringe Steuerbelastungen berücksichtigt werden. Es ist daher ratsam, im Fall der Inanspruchnahme auf Unterhalt in jedem Fall dafür zu sorgen, die steuerliche Belastung mit Vorauszahlungen seinen tatsächlichen aktuellen Einkünften anzupassen und ggf. die Vorauszahlungen aufzustocken.

70

Auf der anderen Seite werden auch **Steuernachzahlungen** verlangt, die im laufenden Jahr erbracht werden, aber für einen Zeitraum in der Vergangenheit geschuldet werden.

71

Regelmäßig werden die steuerlichen Belastungen nach dem sog. **In-Prinzip** verrechnet. Unterhaltsrechtlich zählt also der Zeitraum, in dem die Steuerzahlung tatsächlich geleistet wird. Derartige Zahlungen werden auf einen angemessenen Zeitraum – i.d.R. auf das laufende Jahr – verteilt, weil sie dem Unterhaltsschuldner in der Zeit, für welche sie gezahlt werden, tatsächlich nicht zur Verfügung gestanden haben.[76]

72

---

[69] Vgl. BGH v. 30.07.2008 - XII ZR 177/06 - FamRZ 2008, 1911; BGH v. 18.11.2009 - XII ZR 65/09 - FamRZ 2010, 111 mit Anm. *Herrler*; *Kemper*, FuR 2009, 372, 374; OLG Brandenburg v. 08.12.2009 - 10 UF 17/05; ausführlich zur Problematik mit Rechenbeispielen *Bißmaier-Tietz*, FamRZ 2009, 145.

[70] BGH v. 10.07.2013 - XII ZB 298/12 m.w.N - FamRZ 2013, 1563; BGH v. 02.06.2010 - XII ZR 160/08 - juris Rn. 18 ff. - FamRZ 2010, 1318; BGH v. 17.09.2008 - XII ZR 72/06 - FamRZ 2008, 2189.

[71] Vgl. BGH v. 10.07.2013 - XII ZB 298/12 m.w.N - FamRZ 2013, 1563.

[72] BGH v. 07.12.2011 - XII ZR 151/09 - juris Rn. 26 - FamRZ 2012, 281; BGH v. 13.01.2010 - XII ZR 123/08 - juris Rn. 26 -FamRZ 2010, 444 und BGH v. 30.03.2011 - XII ZR 3/09 - FamRZ 2011, 791 = NJW 2011, 1582 mit Anm. *Maurer*; OLG Düsseldorf v. 26.05.2011 - II-7 UF 1/11, 7 UF 1/11 - NJW 2011, 3457; OLG Zweibrücken v. 28.10.2011- 2 UF 68/11.

[73] BGH v. 07.12.2011 - XII ZR 151/09 - juris Rn. 26 - FamRZ 2012, 281; BGH v. 14.04.2010 - XII ZR 89/08 - NJW 2010, 2056 mit Anm. *Born*.

[74] OLG Düsseldorf v. 26.05.2011 - 7 UF 1/11 - NJW 2011, 3457; OLG Zweibrücken v. 28.10.2011 - 2 UF 68/11.

[75] BGH v. 23.05.2007 - XII ZR 245/04 - FamRZ 2007, 1232 mit Anm. *Maurer* = NJW 2007, 2628 mit Anm. *Ehinger*; ausführlich *Viefhues*, ZFE 2007, 444.

[76] OLG Hamm v. 10.12.2013 - 2 UF 216/12; vgl. BGH v. 14.02.1990 - XII ZR 51/89 - FamRZ 1990, 981; OLG Brandenburg v. 10.05.2012 - 10 UF 227/10 - FamFR 2012, 320.

73 Entsprechendes gilt auch für **Steuerrückzahlungen**, die der Empfänger aufgrund in der Vergangenheit zu viel geleisteter Steuern erhält.

74 Erfolgt eine **Steuerrückzahlung** allerdings aufgrund von **Aufwendungen, die unterhaltsrechtlich keine Berücksichtigung** finden, kann für die weitere Unterhaltsberechnung nicht der tatsächlich geleistete Rückzahlungsbetrag herangezogen werden. Denn die erzielte Steuerersparnis bleibt außer Betracht, weil sie ohne die Aufwendungen nicht einträte. Hier ist eine **fiktive Steuerberechnung** vorzunehmen.[77]

75 Fraglich ist, ob eine aus laufenden Einkünften vorgenommene Ansparung auf eine mögliche **Steuernachzahlung** unterhaltsrechtlich akzeptiert werden wird. Dies wird nur dann der Fall sein, wenn die Ansparung tatsächlich für anstehende Steuernachzahlungen benötigt werden wird. Durch einen Antrag auf Heraufsetzung seiner Steuervorauszahlungen kann sich der Steuerpflichtige eine rechtlich gesicherte Position hinsichtlich dieser Abzüge verschaffen.

d. Ausnahmen vom In-Prinzip – Für-Prinzip

76 Jedoch sind Ausnahmen vom In-Prinzip denkbar, das kein starres Dogma ist.[78] Zwar ist grundsätzlich von den tatsächlich erzielten Einkünften auszugehen und deswegen ist auch die Steuerlast in ihrer jeweils realen Höhe maßgebend, und zwar unabhängig davon, ob sie im konkreten Fall seit der Trennung gestiegen oder gesunken ist und ob das auf einem gesetzlich vorgeschriebenen Wechsel der Steuerklasse oder auf einer Änderung des Steuertarifs beruht.[79] Allerdings können ausnahmsweise Berichtigungen der tatsächlichen, durch Steuerbescheid oder Lohnabrechnung nachgewiesenen Nettoeinkünfte in besonders gelagerten Fällen zugelassen werden, wenn etwa nicht prägende Einkünfte geflossen sind[80] oder steuerliche Vergünstigungen vorliegen, die dem Unterhaltsberechtigten nicht zugutekommen dürfen,[81] Steuervorteile obliegenheitswidrig nicht realisiert worden[82] oder wegen Verletzung der Erwerbsobliegenheit fiktive Einkünfte oder Mehreinkünfte zu berücksichtigen sind[83] oder steuermindernde Aufwendungen als unterhaltsrechtlich irrelevant dem Einkommen zugerechnet werden.[84]

77 Auch wäre eine Umlegung nach dem Für-Prinzip dann denkbar, wenn die Steuernachzahlung aus einem längeren Zeitraum erwachsen wäre, so dass etwa die zusätzliche Liquidität in diesem Zeitraum der Unterhaltsberechtigten bereits anderweitig – nämlich durch Erhöhung ihres Unterhaltsanspruchs für diesen Zeitraum – zugutegekommen wäre.[85]

10. Einkünfte durch Sozialleistungen

78 Der sogenannte **Kinderzuschlag** (§ 6a BKGG) wird vom OLG Brandenburg aus unterhaltsrechtlicher Sicht als Einkommen der Eltern angesehen.[86] Diesen Kinderzuschlag erhalten Eltern, die zwar ihren eigenen sozialrechtlichen Bedarf, nicht aber den ihrer minderjährigen Kinder decken können. Grundlage dessen ist, dass zusammenlebende Eltern und Kinder eine Bedarfsgemeinschaft bilden (§ 7 Abs. 3 Nr. 2 SGB II), weshalb allein die Hilfebedürftigkeit des oder der Kinder die Hilfebedürftigkeit auch der Eltern im Sinne des SGB II auslösen würde (§ 9 Abs. 2 Satz 3 SGB II). Folge dessen wäre insbesondere, dass dem Kind ein Anspruch auf Sozialgeld (§ 23 SGB II) zustünde. Um damit einen Bezug der gesamten Familie nach dem SGB II zu vermeiden, wird der sogenannte Kinderzuschlag gezahlt.[87]

79 Dagegen geht das OLG Düsseldorf davon aus, dass der Kinderzuschlag nach § 6a BKGG in Höhe von monatlich 280 € die Leistungsfähigkeit nicht erhöht. Der Zuschlag dient (zunächst) der Deckung des Unterhaltsbedarfs der Kinder, die mit dem Antragsteller in einem Haushalt leben und für die der Zu-

---

[77] Vgl. BGH v. 30.01.2013 - XII ZR 158/10 - FamRZ 2013, 616 mit Anm. *Finke*, FamRZ 2013, 618.
[78] Vgl. BGH v. 23.05.2007 - XII ZR 245/04 - FamRZ 2007, 1232; OLG Saarbrücken v. 07.03.2013 - 6 UF 63/12; OLG Hamm v. 10.12.2013 - 2 UF 216/12 - NJW-Spezial 2014, 100.
[79] OLG Hamm v. 10.12.2013 - 2 UF 216/12 - NJW-Spezial 2014, 100.
[80] Vgl. BGH v. 14.02.1990 - XII ZR 51/89 - FamRZ 1990, 981.
[81] Vgl. BGH v. 11.05.2005 - XII ZR 211/02 - FamRZ 2005, 1817.
[82] Vgl. BGH v. 29.04.1998 - XII ZR 266/96 - FamRZ 1998, 953.
[83] Vgl. BGH v. 29.04.1998 - XII ZR 266/96 - FamRZ 1998, 953.
[84] Vgl. BGH v. 18.03.1992 - XII ZR 23/91 - FamRZ 1992, 1045.
[85] OLG Hamm v. 10.12.2013 - 2 UF 216/12; vgl. BGH v. 21.09.2011 - XII ZR 121/09 - FamRZ 2011, 1851.
[86] OLG Brandenburg v. 04.03.2013 - 9 UF 188/12 - FamFR 2013, 332.
[87] *Schmidt*, FuR 2005, 290, 295; *Hauß*, FamRB 2005, 146; *Klinkhammer*, FamRZ 2004, 1909, 1912; vgl. bereits zum früheren Rechtszustand des § 11a BKGG OLG Hamburg v. 14.01.2004 - 12 UF 23/03 - FamRZ 2004, 1809.

schlag gewährt wird.[88] Bezieht ein minderjähriges Kind **Halbwaisenrente**, so hat es gegenüber dem nicht betreuenden Elternteil einen Barunterhaltsanspruch in Höhe des einfachen Tabellensatzes der Düsseldorfer Tabelle zuzüglich konkreter Betreuungskosten.[89]

Für die Fälle, in denen ein Kind **Halbwaisenrente** bezieht, aber **weiterhin bei der Mutter lebt**, hat der BGH in einem Fall eine Klarstellung getroffen, in dem es um das Einkommen dieses betreuenden Elternteils geht, der auch einem volljährigen Kind gegenüber zu anteiligen Unterhaltsleistungen verpflichtet ist.[90] 80

Die Mutter schuldet diesem Kind Bar- und Betreuungsunterhalt. Da der Vater des Kindes verstorben ist, hat der überlebende Elternteil für den vollen Bedarf des Kindes, d.h. für den Bar- und den Betreuungsunterhalt, aufzukommen. Anders als in den Fällen, in denen der überlebende Elternteil das Kind nicht selbst betreut,[91] bedarf es zur Berücksichtigung der **Halbwaisenrente** bei der vorliegenden Fallgestaltung keiner Bewertung der Betreuungsleistung. Der Unterhaltsanspruch richtet sich in Höhe des vollen Bedarfs gegen den überlebenden Elternteil, so dass diesem auch die Minderung der Unterhaltsbedürftigkeit durch die **Waisenrente** in voller Höhe zugutekommt.[92] Da Betreuung und Barunterhalt in der Regel als gleichwertig anzusehen sind (§ 1606 Abs. 3 Satz 2 BGB), mindert die Rente jeden Unterhaltsteil zu ½. Sie ist deshalb für die Zeit der Minderjährigkeit des Kindes nicht in voller Höhe, sondern lediglich zur Hälfte auf den Barunterhalt und mit der anderen Hälfte auf den Betreuungsunterhalt anzurechnen.[93] 81

II. Relevante Abzugspositionen

Die **unterhaltsrechtlich relevanten Abzüge werden nicht immer im gleich**en Maße wie beim Ehegattenunterhalt anerkannt (vgl. dazu die Kommentierung zu § 1361 BGB Rn. 301 ff.). 82

1. Steuern, Sozialversicherungsbeiträge

Die normalen Abzüge wie Steuern, Sozialversicherungsbeiträge usw. sind auch beim Kindesunterhalt beachtlich. Auch bei Wiederverheiratung des Unterhaltspflichtigen ist beim Kindesunterhalt stets das tatsächlich vorhandene Einkommen und damit auch die tatsächlich gegebene Steuerlast einschließlich aller Steuervorteile anzusetzen[94] (vgl. Rn. 60). **Säumnis- und Verspätungszuschläge auf Steuern** sind nicht abzuziehen. Die Folgen der Nachlässigkeit, Steuererklärung zu spät abgegeben zu haben oder fällige Zahlungen zu spät entrichtet zu haben, hat der Unterhaltspflichtige allein zu tragen; er kann sie nicht mit den unterhaltsberechtigten Kindern teilen.[95] 83

Werden die Kosten der – grundsätzlich einkommensmindernd zu berücksichtigenden – privaten Kranken- und Pflegeversicherung bestritten, müssen die **Zahlungen für jeden einzelnen Monat** nachgewiesen werden.[96] 84

2. Pauschaler Abzug von berufsbedingten Aufwendungen

Auch berufsbedingte Aufwendungen – vor allem **Fahrtkosten** für den Weg zur Arbeit – sind abzuziehen. Vielfach werden nach den Leitlinien hier pauschale Abzüge – z.B. von 5% des Einkommens – anerkannt. 85

Das OLG Brandenburg stellt aber klar, dass der Abzug einer solchen Pauschale nur dann gerechtfertigt ist, wenn überhaupt berufsbedingte Aufwendungen konkret angeführt sind oder jedenfalls entsprechende Anhaltspunkte dafür vorliegen. Weist die Verdienstbescheinigung einen im selben Ort ansässigen Arbeitgeber aus, so drängt sich die Notwendigkeit von berufsbedingten Fahrtkosten nicht auf, sondern muss konkret dargetan werden.[97] 86

---

[88] OLG Düsseldorf v. 19.08.2013 - 1 WF 310/11 - JAmt 2013, 659.
[89] OLG Stuttgart v. 12.05.2005 - 11 UF 307/04 - NJW-RR 2005, 1528-1529.
[90] BGH v. 21.01.2009 - XII ZR 54/06 - FamRZ 2009, 762 = FPR 2009, 242 mit Anm. *Peschel-Gutzeit*.
[91] Vgl. BGH v. 30.08.2006 - XII ZR 138/04 - FamRZ 2006, 1597, 1598.
[92] BGH v. 17.09.1980 - IVb ZR 552/80 - FamRZ 1980, 1109, 1111.
[93] BGH v 21.01.2009 - XII ZR 54/06 - FamRZ 2009, 762 = FPR 2009, 242 mit Anm. *Peschel-Gutzeit*; OLG Brandenburg v. 08.12.2009 - 10 UF 17/05.
[94] Vgl. BGH v. 11.05.2005 - XII ZR 211/02 - FamRZ 2005, 1817; OLG Brandenburg v. 08.12.2009 - 10 UF 17/05 - juris Rn. 81.
[95] OLG Brandenburg v. 02.09.2013 - 13 UF 136/12 - FamRZ 2013, 1405.
[96] OLG Hamm v. 21.11.2012 - II-8 UF 14/12 - NJW 2013, 1541.
[97] OLG Brandenburg v. 17.01.2013 - 9 UF 130/12 - FamRZ 2013, 1405.

3. Fahrtkosten

87 Ist Mindestunterhalt zu leisten, gelten auch hinsichtlich der anzuerkennenden Fahrtkosten noch strengere Maßstäbe als beim Ehegattenunterhalt.

88 Der Unterhaltsschuldner muss sämtliche Möglichkeiten ausschöpfen, um unnötige Ausgaben zu vermeiden. Unter diesem Blickwinkel kann auch die Fahrt zur Arbeit mit dem eigenen Pkw als vermeidbar angesehen werden. Auch wenn bei Fahrt mit dem eigenen Pkw deutlich weniger Zeit benötigt wird, kann die Nutzung öffentlicher Verkehrsmittel zumutbar sein. Der Unterhaltspflichtige wird hierdurch in erheblichem Umfang leistungsfähiger, den Mindestbedarf seines minderjährigen Kindes abzudecken. Umgekehrt stehen schützenswerte Interessen des Antragstellers nicht entgegen. Insbesondere ist nicht ersichtlich, weshalb die Allgemeinheit (in Form der UVG-Kasse, der ARGE etc.) die andernfalls gewonnene Freizeit des Antragstellers finanzieren sollte.[98]

89 Das OLG Celle betont, dass grundsätzlich die **Anschaffungskosten** eines Pkws mit der entsprechend § 5 Abs. 1 Nr. 2 Satz 1 Nr. 2 JVEG zu bemessenden Kilometerpauschale von 0,30 € je gefahrenem Kilometer abgegolten sind.[99] Das gilt sowohl für einen zur **Finanzierung** des Fahrzeugs aufgenommenen **Kredit** als auch für **Leasingraten**.[100] Diese **Pauschale** deckt sowohl die reinen **Betriebskosten** (Öl, Reifen, Wartung, Reparaturkosten, Steuern, Versicherung) als auch die **Anschaffungskosten**, die Finanzierungskosten bei einem aufgenommenen Kredit und auch eventuell Leasingraten ab.[101]

90 Jedoch kann die Kilometerpauschale bei Fahrtstrecken von **mehr als 30 km einfacher Entfernung** reduziert werden. Insbesondere angesichts der allgemein gestiegenen Betriebskosten von Pkws lehnt das OLG Celle jedoch eine Herabsetzung des Kilometersatzes bereits ab einer einfachen Strecke von 10 km ab.[102] Im Regelfall sei eine Herabsetzung ab dem 31. Entfernungskilometer **auf 0,20 € je km** angemessen.[103]

91 **Einkommensteuererstattungen**, die sich durch die steuerliche Geltendmachung der Fahrtkosten ergeben können, sind gegenzurechnen.[104]

92 Andererseits ist gegenläufig zu beachten, dass die **Wegstrecke zur Arbeitsstätte** gemäß § 9 Abs. 1 Nr. 4 Satz 2 EStG mit 0,30 € je Entfernungskilometer **steuerlich abgesetzt** und als **Freibetrag** bereits bei der Bemessung der monatlichen Lohnsteuern geltend gemacht werden kann. **Abzuziehen** ist dabei allerdings wiederum die dem Steuerzahlungspflichtigen gemäß der mit Wirkung ab dem 01.11.2011 in Kraft getretenen Vorschrift des § 9a Satz 1 Nr. 1 lit. a EStG ohnehin zugutekommende **Werbungskostenpauschale** von 1.000 €, also in der Höhe von 1.310 € im Jahr und von 109,17 € im Monat.[105]

93 Für die Praxis ist hier zudem weiter zu differenzieren. Denn Steuervorteile, die auf solchen **Aufwendungen beruhen, die unterhaltsrechtlich keine Berücksichtigung** finden, dürfen für die weitere Unterhaltsberechnung ebenfalls nicht berücksichtigt werden. Es kann daher nicht die auf dem vollen Abzug des Freibetrages für die gesamte Fahrstrecke basierende tatsächlich erhaltene Steuerrückzahlung herangezogen werden. Stattdessen muss eine fiktive Steuerberechnung auf der Basis nur der – niedrigeren – auch unterhaltsrechtlich anerkannten Abzüge vorgenommen werden.

94 **Fahrtkosten**, die nahezu die Hälfte des Nettoeinkommens umfassen, sind unterhaltsrechtlich nicht hinnehmbar.[106]

95 In Sonderfällen wurden dagegen Fahrtkosten in Höhe von rund 32% des Erwerbseinkommens[107] oder gar 45%[108] anerkannt.

96 Bei unterhaltsrechtlich nicht akzeptablen Fahrtkosten wird die Obliegenheit des Unterhaltspflichtigen abgeleitet, entweder **öffentliche Verkehrsmittel zu nutzen** oder sogar den **Wohnort zu wechseln** oder eine neue, näher gelegene Arbeitsstelle zu suchen, soweit ihm dies jeweils zumutbar ist.[109] Grundsätzlich bestehe die Verpflichtung, für Fahrten zwischen Wohn- und Arbeitsstätte die billigeren öffent-

---

[98] OLG Karlsruhe v. 18.03.2010 - 5 WF 17/10 - FamRZ 2010, 1345.
[99] OLG Celle v. 14.02.2013 - 10 WF 46/13 - FamFR 2013, 201.
[100] Vgl. dazu BGH v. 01.03.2006 - XII ZR 157/03 - FamRZ 2006, 846.
[101] Vgl. *Heiß*, FamFR 2013, 201.
[102] OLG Celle v. 14.02.2013 - 10 WF 46/13 - FamFR 2013, 201.
[103] Ebenso OLG Köln v. 10.01.2013 - 4 UF 164/12.
[104] OLG Celle v. 14.02.2013 - 10 WF 46/13 - FamFR 2013, 201.
[105] OLG Köln v. 10.01.2013 - 4 UF 164/12 - FuR 2013, 345.
[106] OLG Brandenburg v. 01.08.2006 - 10 UF 203/05 - OLGR Brandenburg 2007, 132.
[107] OLG Naumburg v. 26.04.2007 - 3 UF 26/07 - OLGR Naumburg 2007, 908.
[108] OLG Brandenburg v. 16.10.2012 - 10 UF 10/12 - FamFR 2012, 535.
[109] OLG Brandenburg v. 01.08.2006 - 10 UF 203/05 - OLGR Brandenburg 2007, 132.

lichen Verkehrsmittel zu benutzen. Ausnahmen hiervon müssen im Einzelnen dargelegt werden.[110] Auch aus der Tatsache, dass der Unterhaltspflichtige an **verschiedenen Einsatzorten** arbeitet, folgt nach der Rechtsprechung nicht zwingend die Abzugsfähigkeit der vollen bei Nutzung des eigenen Pkws angefallenen Fahrtkosten. Erforderlich ist die konkrete Darlegung, dass der Unterhaltspflichtige bei seinen Fahrten zwischen Wohnung und jeweiligem Einsatzort auf die Nutzung des eigenen Pkws angewiesen war.[111]

Der Ersatz von **Kraftfahrzeugkosten** kann nur verlangt werden, wenn die Arbeitsstätte mit öffentlichen Verkehrsmitteln nicht oder nicht in zumutbarer Weise erlangt werden kann. Wenn eine solche Notwendigkeit sich aus den Umständen ergibt, sind die Kosten der Benutzung der Fahrt mit dem eigenen Pkw abzugsfähig. Wird der Unterhaltspflichtige ausweislich der vorgelegten Gehaltsabrechnungen im **Schichtbetrieb** eingesetzt und leistet **Spät- und Nachtschichten** sowie **Sonntagsarbeit**, ist er offensichtlich auf seinen Privat-Pkw angewiesen, um seine Arbeitsstelle zu erreichen.[112] 97

Auch bei hohen Fahrtkosten durch die Nutzung eines Kraftfahrzeugs könne kein Verweis auf öffentliche Verkehrsmittel erfolgen, wenn die Nutzung der öffentlichen Verkehrsmittel zu einer erheblich längeren Fahrtzeit führt und das mehrfache Umsteigen die Gefahr von Verspätungen und damit eines unpünktlichen Erscheinens am Ausbildungsort mit sich bringt.[113] 98

Fehlt ein solcher konkreter Sachvortrag, sind im Hinblick auf die auswärtigen Einsatzorte die mit seiner Erwerbstätigkeit verbundenen berufsbedingten Aufwendungen des Unterhaltspflichtigen lediglich mit den **Kosten des öffentlichen Verkehrsmittels** in Abzug zu bringen.[114] 99

Kann der Unterhaltspflichtige aufgrund eingeschränkter Leistungsfähigkeit nur etwa ein Drittel des gesetzlichen Mindestunterhalts zahlen, können **erhöhte Fahrtkosten des Unterhaltspflichtigen zur Arbeitsstätte**, die nur dadurch entstanden sind, dass er zu seiner neuen Lebenspartnerin gezogen ist, nur nach einer umfassenden Abwägung aller maßgeblichen Gesichtspunkte als Abzugsposten anzuerkennen sein.[115] 100

4. Ergänzende Altersvorsorge

Auch eine **ergänzende Altersvorsorge** ist grundsätzlich beim Kindesunterhalt zu berücksichtigen.[116] 101

a. Umfang der anerkennungsfähigen Aufwendungen

Neben den Aufwendungen für die normale Altersversorgung in Höhe von **ca. 20% des Bruttoeinkommens**[117] werden zusätzliche Aufwendungen in Höhe von **4% des Bruttoeinkommens** für eine zusätzliche Altersversorgung anerkannt. Insgesamt sind damit einem abhängig Beschäftigten, dessen Einkommen über der Beitragsbemessungsgrenze liegt, ebenso wie einem selbständig berufstätigen Unterhaltsschuldner Aufwendungen in Höhe von insgesamt 24% des (gesamten) Bruttoeinkommens als Altersvorsorge zuzubilligen.[118] 102

Dabei kann diese Absicherung sowohl durch zusätzliche private Versicherungen (Riester-Rente,[119] Lebensversicherung auf Kapital- oder Rentenbasis), aber auch durch andere Anlageformen wie die eigene Wohnung oder auch nur ein Sparbuch erfolgen. Es kann heute als sicher gelten, dass die primäre Vorsorge für die Altersversorgung künftig nicht mehr ausreichen wird, so dass dem Unterhaltspflichtigen 103

---

[110] OLG Brandenburg v. 19.07.2011 - 10 UF 20/11 - FamFR 2011, 393.
[111] OLG Brandenburg v. 19.07.2011 - 10 UF 20/11 - FamFR 2011, 393.
[112] OLG Jena v. 17.08.2012 - 1 UF 219/12 - FuR 2013, 174.
[113] OLG Köln v. 30.01.2013 - 4 UF 218/12 - FamFR 2013, 203.
[114] OLG Brandenburg v. 19.07.2011 - 10 UF 20/11 - FamFR 2011, 393.
[115] KG Berlin v. 21.08.2013 - 17 UF 102/13; ebenso OLG Köln v. 15.08.2006 - 4 UF 19/06 - FamRZ 2006, 1760; anders wohl OLG Karlsruhe v. 02.03.2006 - 18 WF 4/06 - FamRZ 2006, 1147; OLG Köln v. 10.01.2013 - II-4 UF 164/12, 4 UF 164/12 - FuR 2013, 345; OLG Saarbrücken v. 17.11.2011 - 6 UF 110/11 - FamRZ 2012, 797.
[116] OLG Brandenburg v. 12.09.2006 - 10 UF 96/06 - FuR 2006, 523; OLG Brandenburg v. 08.03.2006 - 9 UF 229/05 - FamRZ 2006, 1396, 1398; OLG Stuttgart v. 17.07.2006 - 16 WF 159/06 - FamRZ 2006, 1850; *Borth*, FPR 2004, 549, 552.
[117] BGH v. 19.02.2003 - XII ZR 67/00 - NJW 2003, 1660-1665; vgl. BGH v. 30.01.2013 - XII ZR 158/10 - FamRZ 2013, 616 mit Anm. *Finke*, FamRZ 2013, 618.
[118] OLG Koblenz v. 15.04.2010 - 11 UF 506/09 - FamRZ 2010, 2079 (LS).
[119] BGH v. 11.05.2005 - XII ZR 211/02 - FamRZ 2005, 1817 mit Anm. *Büttner*; OLG Brandenburg v. 08.03.2006 - 9 UF 229/05 - FamRZ 2006, 1396, 1397; ausführlich *Griesche*, FPR 2006, 337.

insoweit geeignete Vorkehrungen zuzubilligen sind, um nicht seinerseits später seine eigenen Kinder auf Unterhalt in Anspruch nehmen zu müssen.[120] Beiträge, die der Unterhaltspflichtige in eine betriebliche Altersversorgung (**Pensionskasse**) zahlt, sind auf diese Obergrenze anzurechnen.[121]

104 Auch die **Entschuldung von Immobilien** ist unterhaltsrechtlich als besondere Form der zusätzlichen Altersversorgung zu berücksichtigen ist. Sowohl dem **Unterhaltsberechtigten** als auch dem **Unterhaltspflichtigen** sei grundsätzlich zuzubilligen, in angemessenem Umfang zusätzlichen Vorsorgeaufwand zu betreiben. Dementsprechend muss beiden die Möglichkeit eröffnet sein, diesen Umstand in die Unterhaltsbemessung einfließen zu lassen. Dabei ist es unerheblich, in welcher Weise die zusätzliche Altersvorsorge erfolgt. Auch wenn durch die Entschuldung von Immobilien weiteres Vermögen mit dem Ziel der Erlangung von Einkünften aus Vermietung und Verpachtung gebildet wird, ist dies grundsätzlich als besondere Form der zusätzlichen Altersversorgung berücksichtigungsfähig.[122]

105 Absetzbare Vorsorgeaufwendungen können auch Beiträge zu einer **Risikolebensversicherung** sein, die zur Absicherung einer Hausfinanzierung abgeschlossen wurde, die die Unterhaltszahlungen oder den Ausfall der Arbeitskraft absichern soll.[123]

106 Nicht berücksichtigungsfähig ist die **Anlage eines bloßen jederzeit frei verfügbaren Sparvermögens**.[124]

107 Bei der Altersvorsorge sind jedoch **keine fiktiven Abzüge zulässig**.[125] Auch wenn der Unterhaltspflichtige die entsprechenden Verträge ruhend gestellt hat, können für diesen Zeitraum keine **Altersvorsorgeaufwendungen** als einkommensmindernd berücksichtigt werden.[126]

b. Einschränkungen

108 Einschränkungen können in wirtschaftlich engen Verhältnissen gelten. Dies ist insbesondere dann der Fall, wenn durch den Abzug der privaten Altersvorsorgebeiträge der Mindestunterhalt minderjähriger Kinder gefährdet wäre[127] oder bei privilegiert Volljährigen der Unterhalt der Altersstufe 4 nach der untersten Einkommensgruppe.

109 Eine Anrechnung des zusätzlichen Altersvorsorgebetrages kann ausgeschlossen sein, wenn bei Abzug der privaten Altersvorsorge der Mindestunterhalt nicht gesichert werden kann. Ein Betrag von maximal 4% des Bruttoeinkommens für eine zusätzliche Altersversorgung im Verhältnis zum sonstigen Einkommen des Unterhaltsschuldners angemessen sein und kann nicht angesetzt werden, wenn der notwendige Bedarf des Unterhaltsberechtigten nicht gedeckt ist.[128]

110 Die besonderen Anforderungen, die an gesteigert unterhaltspflichtige Eltern gestellt werden, betreffen aber nicht nur die Ausnutzung der Arbeitskraft, sondern auch einen eventuellen **Verzicht, der ihnen bei ihren Ausgaben zuzumuten** ist. Ob eine bestehende Verpflichtung unterhaltsrechtlich als abzugsfähig anzuerkennen ist, muss deshalb im Einzelfall unter umfassender Interessenabwägung beurteilt werden. Dabei kommt es insbesondere auf den **Zweck der Verbindlichkeit**, den Zeitpunkt und die Art ihrer Entstehung, die Kenntnis des Unterhaltspflichtigen von Grund und Höhe der Unterhaltsschuld und andere Umstände an.[129]

---

[120] *Brudermüller*, NJW 2004, 633-640, 635.
[121] OLG Köln v. 06.08.2010 - 25 UF 55/10.
[122] BGH v. 11.01.2012 - XII ZR 22/10 - FamRZ 2012, 56.
[123] OLG Hamm v. 20.12.2012 - II-4 UF 143/12, 4 UF 143/12 - FamRZ 2013, 959; *Niepmann/Schwamb*, NJW 2013, 2719, 2722.
[124] OLG Brandenburg v. 07.05.2013 - 10 UF 1/13 - NJW 2014, 323.
[125] BGH v. 22.11.2006 - XII ZR 24/04 - FamRZ 2007, 193 mit Anm. *Borth*.
[126] OLG Düsseldorf v. 28.02.2012 - II-1 UF 306/11, 1 UF 306/11 - FamFR 2013, 83.
[127] Vgl. OLG Brandenburg v. 25.10.2010 - 9 UF 78/10 - FuR 2006, 523 = FamRZ 2006, 1396, 1398; OLG Stuttgart v. 17.07.2006 - 16 WF 159/06 - FamRZ 2006, 1850; OLG Saarbrücken v. 08.02.2011 - 9 WF 123/10; OLG Düsseldorf v. 02.05.2006 - II-9 UF 19/06 - FamRZ 2006, 1685; OLG Brandenburg v. 08.03.2006 - 9 UF 229/05 - FamRZ 2006, 1396, 1397; *Borth*, FPR 2004, 549, 552; *Bergschneider*, FamRZ 2003, 1609, 1615; a.A. *Büttner*, FamRZ 2004, 1918, 1920; *Gerken*, FamRZ 2003, 745; *Griesche*, FPR 2006, 337, 340.
[128] OLG Brandenburg v. 13.01.2009 - 10 UF 132/08.
[129] Vgl. BGH v. 30.01.2013 - XII ZR 158/10 - FamRZ 2013, 616 mit Anm. *Finke*, FamRZ 2013, 618; BGH v. 18.03.1992 - XII ZR 1/91 - FamRZ 1992, 797, 798 und BGH v. 09.05.1984 - IVb ZR 74/82 - FamRZ 1984, 657, 658.

Dagegen ist es nach Ansicht des KG Berlin dem Unterhaltspflichtigen nicht zumutbar, auf den Aufbau einer **zusätzlichen Altersvorsorge** in Form einer betrieblichen Direktversicherung zu verzichten, solange der hierfür aufgewandte Betrag 4% des Gesamtbruttoeinkommens nicht übersteigt, auch wenn die Leistungsfähigkeit des Unterhaltsschuldners so weit eingeschränkt ist, dass er den Mindestbedarf für seine vier minderjährigen Kinder nicht sicherstellen kann.[130]

Im Rahmen der vorzunehmenden **Interessenabwägung** ist die wesentliche Aufgabe des barunterhaltspflichtigen Elternteils **vorrangig**, das **Existenzminimum seines minderjährigen Kindes** sicherzustellen. Denn dem Kind ist – anders als einem Erwachsenen – wegen seines Alters von vornherein die Möglichkeit verschlossen, durch eigene Anstrengungen zur Deckung seines notwendigen Lebensbedarfs beizutragen.[131]

Auf der anderen Seite ist die **zusätzliche Altersversorgung des Unterhaltspflichtigen nicht vergleichbar dringlich**. Konkret abgestellt hat der BGH darauf, ob der Unterhaltspflichtige Gefahr läuft, im Alter sein Existenzminimum nicht decken zu können, ob er in der Vergangenheit bereits zusätzlich für sein Alter vorgesorgt hat und ob er aufgrund seines Lebensalters diese Vorsorge auch dann noch weiter fortsetzen kann, wenn die gesteigerte Unterhaltspflicht nicht mehr besteht.

Zudem handelte es sich bei der konkreten Altersversorgung um eine **kapitalbildende Lebensversicherung**, die ohne Schwierigkeiten für einige Zeit ruhend gestellt werden kann. Gegenteiliges ist jedenfalls nicht festgestellt worden. Weil bei dieser Sachlage die Interessen des Kindes gewichtiger sind als diejenigen des Elternteils, kann eine zusätzliche Altersversorgung des gesteigert unterhaltspflichtigen Elternteils, der zur Zahlung des Mindestunterhalts für sein minderjähriges Kind nicht in der Lage ist, nicht anerkannt werden.[132]

Im Rahmen der Unterhaltspflicht gegenüber minderjährigen unverheirateten Kindern kommt es allerdings neben dem Zweck der in Rede stehenden Verbindlichkeit gerade auch auf den Zeitpunkt und die Art ihrer Entstehung, die Kenntnis des Unterhaltsverpflichteten von Grund und Höhe seiner Unterhaltsschuld und andere Umstände an. Hier muss im Einzelfall eine umfassende Gesamtabwägung erfolgen.[133] Unter den hier gegebenen Umständen kann danach die erst im Verlauf dieses Verfahrens im Dezember 2012 begonnene Anlage eines bloßen Sparvermögens unterhaltsrechtlich nicht anerkannt werden.

Zwar erreichten im entschiedenen Fall die bisherigen tatsächlichen Vorsorgeaufwendungen des Antragsgegners (in Form der betrieblichen Altersvorsorge sowie durch eine private Versicherung) diese Grenze nicht. Es könne aber nicht unberücksichtigt bleiben, dass der jetzt also 40 Jahre alte Antragsgegner sowohl während der Ehezeit als auch nach der im August 2010 **erfolgten Trennung der Beteiligten trotz gleichbleibender Einkünfte und des Wissens um die Notwendigkeit, in angemessener Weise Vorsorge für sein Alter zu treffen, keine weitergehenden Altersvorsorgemaßnahmen getroffen hat**.[134]

Auch Zahlungen für eine **private Krankenzusatzversicherung** sind i.d.R. nicht abzugsfähig, da es nicht um die Gewährleistung des für die Existenz unbedingt Notwendigen geht.[135]

5. Abzug von Schulden

Unterhaltsansprüchen kommt **kein allgemeiner Vorrang vor anderen Verbindlichkeiten** des Unterhaltspflichtigen zu.[136]

Jedoch dürfen diese Verbindlichkeiten auch nicht ohne Rücksicht auf die Unterhaltsinteressen getilgt werden. Ein Ausgleich der Belange von Unterhaltsgläubiger, Unterhaltsschuldner und Drittgläubiger ist vorzunehmen. Nur im Rahmen einer **umfassenden Interessenabwägung** nach billigem Ermessen kann entschieden werden, ob eine Verbindlichkeit im Einzelfall zu berücksichtigen ist. Dabei sind insbesondere der Zweck der Verbindlichkeiten, der Zeitpunkt und die Art ihrer Entstehung, die Dringlich-

---

[130] KG Berlin v. 31.07.2008 - 16 UF 189/07 - KGR Berlin 2009, 299-300 = FuR 2009, 116.
[131] BGH v. 30.01.2013 - XII ZR 158/10 - FamRZ 2013, 616 mit Anm. *Finke*, FamRZ 2013, 618; BGH v. 15.11.1995 - XII ZR 231/94 - FamRZ 1996, 345, 346 f. m.w.N.
[132] Vgl. BGH v. 30.01.2013 - XII ZR 158/10 - FamRZ 2013, 616 m.w.N. mit Anm. *Finke*, FamRZ 2013, 618; OLG Düsseldorf v. 02.05.2006 - II-9 UF 19/06, 9 UF 19/06 - FamRZ 2006, 1685, 1686.
[133] Vgl. BGH v. 30.01.2013 - XII ZR 158/10 - FamRZ 2013, 616 mit Anm. *Finke*, FamRZ 2013, 618.
[134] Vgl. OLG Brandenburg v. 07.05.2013 - 10 UF 1/13 - NJW 2014, 323.
[135] BGH v. 30.01.2013 - XII ZR 158/10 - FamRZ 2013, 616 mit Anm. *Finke*, FamRZ 2013, 618; OLG Brandenburg v. 16.09.2013 - 15 UF 96/13 - FF 2014, 27-30 m.w.N.
[136] BGH v. 10.07.2013 - XII ZB 297/12 - FamRZ 2013, 1558; dazu *Soyka*, FuR 2013, 653.

§ 1603

keit der beiderseitigen Bedürfnisse, die Kenntnis des Unterhaltsschuldners von Grund und Höhe der Unterhaltsschuld und seine Möglichkeiten von Bedeutung, die Leistungsfähigkeit ganz oder teilweise wiederherzustellen.[137]

120 Schulden, die zu einem **Zeitpunkt** aufgenommen werden, in dem schon **Kenntnis von der Unterhaltsverpflichtung** besteht, können nur dann berücksichtigt werden, wenn sie unausweichlich notwendige und nicht durch anderweitige Mittel finanzierbare Anschaffungen oder Dienstleistungen betreffen.[138]

121 Auch bei einem – durch sachliche Gründe bedingten – **Wohnungswechsel** ist nur ein **maßvoller Finanzierungsbedarf** unterhaltsrechtlich anzuerkennen. Zu prüfen ist auch, ob die Raten auf einen entsprechenden Kredit angesichts nicht beengter Einkommensverhältnisse des Unterhaltspflichtigen noch zu den – aus dem Selbstbehalt und dem darüber hinaus verfügbaren Einkommen zu tragenden – Kosten der allgemeinen Lebensführung gerechnet werden könnten und demnach unterhaltsrechtlich nicht gesondert abgezogen werden dürfen.[139]

122 Werden **allgemeine Lebenshaltungskosten** durch Kredit finanziert oder ist die Überziehung des Girokontos im Wesentlichen durch unangepasstes Konsumverhalten in der Vergangenheit verursacht worden, so spricht allein dies im Einzelfall nach Ansicht des BGH noch nicht gegen die unterhaltsrechtliche Relevanz dieser Verbindlichkeiten.[140]

123 Richtig ist, dass Überziehungskredite oder sonstige Konsumkredite, die in Kenntnis der Unterhaltspflicht deswegen aufgenommen worden sind, weil der Unterhaltspflichtige mit den ihm zur Verfügung stehenden Mitteln zur Bestreitung seiner allgemeinen Lebenshaltungskosten nicht auskommt, unterhaltsrechtlich grundsätzlich nicht berücksichtigt werden können. Denn der Unterhaltsberechtigte muss es nicht hinnehmen, dass sein laufender Unterhalt reduziert werden soll, weil von dem Unterhaltspflichtigen in der Vergangenheit mehr konsumiert als verdient wurde.

124 Von gewichtiger Bedeutung für die Berücksichtigungsfähigkeit von Verbindlichkeiten ist auch in diesem Zusammenhang allerdings, **ob die Schulden zu einem Zeitpunkt entstanden sind, als der Unterhaltspflichtige mit seiner Inanspruchnahme (noch) nicht rechnen musste**. Musste der Unterhaltspflichtige in dem Zeitpunkt der Kreditaufnahme bzw. der Kontoüberziehung noch nicht davon ausgehen, auf absehbare Zeit barunterhaltspflichtig zu werden, sei es nicht ohne weiteres gerechtfertigt, die unterhaltsrechtliche Berücksichtigung angemessener Zins- und Tilgungsraten zur Rückführung dieses Dispositionskredites allein mit Blick auf eine mögliche Vermeidbarkeit der Kontenüberziehung zu versagen.[141]

125 Belastungen, die die wirtschaftlichen Möglichkeiten schon während des Zusammenlebens in der äußerlich noch intakten Familie bestimmt haben, müssen sich die Kinder in aller Regel auch zur Berechnung des Barunterhalts entgegenhalten lassen.[142]

126 Diese Klarstellungen des BGH machen deutlich, dass allein eine pauschale Argumentation mit der vermeintlichen Nichtanrechenbarkeit von Kreditbelastungen im gerichtlichen Verfahren oftmals zu kurz greift. Der Verfahrensbeteiligte, der sich auf die unterhaltsrechtliche Berücksichtigung von Schuldenbelastungen beruft, **muss substantiierte Darlegungen** zu den oben beschriebenen Umständen bringen, **um eine Anrechnung im Rahmen der Einzelfallentscheidung zu erreichen**.

127 Daraus folgt aber nicht, dass der Unterhaltspflichtige von seinen Kindern beanspruchen könnte, seinen Lebensstandard trotz der Unterhaltspflicht uneingeschränkt zu erhalten. Er muss sich darauf einstellen, dem Kindesunterhalt künftig den Vorrang einzuräumen. Dies gilt auch in höheren Einkommensgruppen, nicht nur bei der Gewährung des Mindestunterhalts.[143]

128 Der BGH betont, dass zwar regelmäßig eine **Unterschreitung des Mindestunterhalts** wegen anderer Verbindlichkeiten nicht zugelassen wird. Schulden können aber – ausnahmsweise – berücksichtigt werden, wenn und soweit dem Unterhaltsschuldner wegen Grund und Höhe seiner anderweitigen

---

[137] BGH v. 10.07.2013 - XII ZB 297/12 - FamRZ 2013, 1558; OLG Brandenburg v. 02.09.2013 - 13 UF 136/12 - FamFR 2013, 485.
[138] BGH v. 10.07.2013 - XII ZB 297/12 - FamRZ 2013, 1558.
[139] BGH v. 10.07.2013 - XII ZB 297/12 - FamRZ 2013, 1558.
[140] BGH v. 10.07.2013 - XII ZB 297/12 - FamRZ 2013, 1558.
[141] BGH v. 10.07.2013 - XII ZB 297/12 - FamRZ 2013, 1558.
[142] OLG Brandenburg v. 02.09.2013 - 13 UF 136/12 - FamFR 2013, 485.
[143] OLG Brandenburg v. 02.09.2013 - 13 UF 136/12 - FamFR 2013, 485.

Schulden die Berufung auf diese Verpflichtungen nicht nach Treu und Glauben versagt ist und ihm deshalb billigerweise nicht abverlangt werden kann, ohne Bedienung der anderen Schulden weiterhin Unterhalt in Höhe des vollen Bedarfs der Kinder zu leisten.[144]

Auch hier besteht die Notwendigkeit eines Ausgleichs der Belange von Unterhaltsgläubiger, Unterhaltsschuldner und Drittgläubiger. In Fällen, in denen der Mindestbedarf Unterhaltsberechtigter beeinträchtigt würde, sind insbesondere der Zweck der daneben eingegangenen Verpflichtungen, der Zeitpunkt und die Art ihrer Entstehung, die Dringlichkeit der beiderseitigen Bedürfnisse, die Kenntnis des Unterhaltsschuldners von Grund und Höhe der Unterhaltsschuld und seine Möglichkeiten bedeutsam, die Leistungsfähigkeit in zumutbarer Weise wiederherzustellen.[145]

129

Beim Verwandtenunterhalt der §§ 1601 ff. BGB wird allerdings der Umstand, dass Verbindlichkeiten im Einverständnis mit dem Ehegatten und im Zuge der gemeinsamen Lebensführung eingegangen worden sind, nicht in gleichem Maße Bedeutung gewinnen können wie gegenüber dem – früheren – Ehegatten.

130

Der BGH wägt ab, dass einerseits der Mindestunterhalt des Kindes unterschritten wird, andererseits die Verbindlichkeiten im Interesse der Familie zur Finanzierung des Eigenheims eingegangen wurden. Jedenfalls ein Anwachsen der Verschuldung durch Zinsen, das Folge des Nichtbedienens der Darlehen wäre, braucht der Unterhaltspflichtige deshalb grundsätzlich nicht hinzunehmen.[146]

131

Da jedoch das Haus verkauft werden sollte, besteht die Möglichkeit, Kredite wegen der bestehenden Veräußerungsabsicht vom Kreditinstitut tilgungsfrei stellen zu lassen.[147] Konkrete Bemühungen muss der Unterhaltspflichtige vortragen.

132

6. Weitere Abzugsposten

Mehraufwendungen für einen doppelten Haushalt sind unterhaltsrechtlich nur abziehbar, wenn sowohl die Begründung als auch die Aufrechterhaltung einer doppelten Haushaltsführung **beruflich notwendig** ist und ein Umzug an den Beschäftigungsort nicht möglich oder nicht zumutbar ist; bei getrenntlebenden oder geschiedenen Ehegatten setzt eine Berücksichtigung in der Regel voraus, dass die Kosten niedrig sind und besondere persönliche Gründe die doppelte Haushaltsführung gerechtfertigt erscheinen lassen.[148]

133

Das OLG Düsseldorf hat im **Mangelfall** gegenüber dem Unterhaltsanspruch minderjähriger Kinder die Abzugsfähigkeit von **Gewerkschaftsbeiträgen** verneint.[149] Dem stehe Art. 9 GG nicht entgegen, denn dieses Grundrecht steht in Wechselwirkung mit den Art. 2 Abs. 1, 6 Abs. 1 GG, die zugunsten der minderjährigen Kinder zu berücksichtigen sind. Vorrang hat die Notwendigkeit der Wahrung des Existenzminimums der Kinder des Unterhaltspflichtigen.[150]

134

Anlässlich der **Trennung und Scheidung entstandene Anwaltskosten und Gerichtskosten** sind nicht abzuziehen, da sonst der Unterhaltsberechtigte über den Unterhalt das von ihm betriebene oder gegen ihn gerichtete Verfahren mitfinanzieren müsste. Beim **Kindesunterhalt** scheidet die Abzugsfähigkeit von Verfahrenskostenhilferaten schlechterdings aus, weil die Raten in der Höhe von dem an das Kind zu zahlenden Unterhalt abhängig sind.[151]

135

Geldstrafen und Geldbußen können u.U. abzugsfähig sein.[152]

136

Der Unterhaltspflichtige kann bei eingeschränkter Leistungsfähigkeit Aufwendungen für eine **private Unfallversicherung** nicht von dem unterhaltsrechtlich relevanten Einkommen abziehen, soweit der Mindestunterhalt i.S.d. § 1612a Abs. 1 BGB nicht gewahrt ist.[153]

137

---

[144] BGH v. 19.03.2014 - XII ZB 367/12 - NJW 2014, 1531; BGH v. 30.01.2013 - XII ZR 158/10 - juris Rn. 20 - FamRZ 2013, 616.

[145] BGH v. 19.03.2014 - XII ZB 367/12 - NJW 2014, 1531.

[146] BGH v. 19.03.2014 - XII ZB 367/12 - NJW 2014, 1531.

[147] BGH v. 19.03.2014 - XII ZB 367/12 - NJW 2014, 1531.

[148] OLG Dresden v. 10.10.2013 - 22 UF 818/12; *Wendl/Dose*, Das Unterhaltsrecht in der familienrichterlichen Praxis, 8. Aufl., § 1 Rn. 143.

[149] OLG Düsseldorf v. 25.04.2005 - II-2 UF 225/04 - FamRZ 2005, 2016.

[150] Anders OLG Braunschweig v. 20.10.2000 - 1 WF 96/00 - FamRZ 2001, 626; OLG Hamm v. 24.04.1997 - 1 UF 444/96 - FamRZ 1998, 848; OLG Schleswig. v. 23.10.1986 - 15 WF 122/86, 15 WF 128/86 - FamRZ 1987, 93.

[151] OLG Köln v. 30.01.2013 - 4 UF 218/12.

[152] Vgl. BGH v. 07.08.2013 - XII ZB 269/12 - juris Rn. 33 m.w.N. - FamRZ 2013, 1554.

[153] OLG Schleswig v. 04.01.2012 - 10 WF 254/11 - FamRZ 2012, 1573; OLG Brandenburg v. 16.09.2013 - 15 UF 96/13 - FF 2014, 27-30 m.w.N.

138 Solange das Existenzminimum des minderjährigen Kindes nicht gesichert ist, müssen Aufwendungen des gesteigert unterhaltspflichtigen Elternteils, die nicht zwingend erforderlich sind, zurückstehen. Daher kann auch eine private **Krankenzusatzversicherung** unterhaltsrechtlich nicht berücksichtigt werden.[154] Dem Unterhaltspflichtigen ist zuzumuten, sich mit den Leistungen der gesetzlichen Krankenversicherung zu begnügen.[155]

139 Zur Darlegung der Leistungsunfähigkeit des Unterhaltsschuldners gehört auch die eingewandte **Unterhaltsbedürftigkeit einer gem. § 1609 Nr. 3 BGB vorrangig berechtigten Ehefrau**. Damit muss der Unterhaltspflichtige diejenigen Umstände darlegen und beweisen, die einen Unterhaltsanspruch seiner Ehefrau gegen ihn begründen. Der bloße Vortrag, dass seine Ehefrau kein laufendes Einkommen bezieht, reicht für die Feststellung der Unterhaltsbedürftigkeit und für die Bemessung des Bedarfs der Ehefrau des Unterhaltspflichtigen nicht aus, wenn dies von der Unterhaltsberechtigten bestritten wird.[156]

III. Erzielbares (hypothetisches) Einkommen (Erwerbsobliegenheit)

140 Hat der Unterhaltspflichtige seine Obliegenheit, einer Erwerbstätigkeit nachzugehen und Einkommen zu erzielen, nicht oder nicht ausreichend erfüllt,[157] kann für den geschuldeten Unterhalt auf ein erzielbares, **hypothetisches (fiktives) Einkommen** abgestellt werden. Besondere praktische Bedeutung hat dies im Rahmen der verschärften Unterhaltsverpflichtung gegenüber minderjährigen Kindern gem. § 1603 Abs. 2 BGB. Zur Erwerbsobliegenheit **beim gesteigerten Unterhalt** gem. § 1603 Abs. 2 Satz 1 BGB vgl. Rn. 362 ff.[158]

141 Eine solche Anknüpfung an fiktive Einkünfte ist **verfassungsrechtlich nicht zu beanstanden**.[159] Denn die Leistungsfähigkeit eines Unterhaltspflichtigen wird also nicht allein durch sein tatsächlich vorhandenes Einkommen bestimmt, sondern auch durch seine Erwerbsfähigkeit und seine Erwerbsmöglichkeiten.

142 Es muss aber feststehen, dass **subjektiv ausreichende Erwerbsbemühungen des Unterhaltsschuldners fehlen**.

143 Obwohl die Leistungsfähigkeit an sich zur Begründung des Anspruchs gehört, hat das Gesetz (§ 1603 Abs. 1 BGB) die **Darlegungs- und Beweislast** aus Zweckmäßigkeitsgründen umgekehrt mit der Folge, dass den Unterhaltsschuldner die Darlegungs- und Beweislast **für eine von ihm behauptete Leistungsunfähigkeit** trifft. Dies gilt auch dann, wenn der Unterhalt nicht vom Pflichtigen, sondern aus übergegangenem Recht von öffentlichen Leistungsträgern geltend gemacht wird.[160]

144 Macht der Unterhaltspflichtige geltend, er könne den Unterhaltsbedarf des Unterhaltsberechtigten ohne Gefährdung des eigenen angemessenen Lebensbedarfs nicht bestreiten, hat er die Voraussetzungen einer unterhaltsrechtlich relevanten **Einschränkung seiner Leistungsfähigkeit darzulegen und zu beweisen**.[161]

145 Beruft sich der Unterhaltspflichtige auf eine eingeschränkte oder fehlende Leistungsfähigkeit, muss er **zunächst die seine Lebensstellung bestimmenden Tatsachen** wie Alter, Familienstand, Höhe seines Vermögens und Einkommens nebst Verbindlichkeiten, Werbungskosten, Aufwendungen, Betriebsausgaben und sonstige einkommensmindernde Abzugsposten vortragen und ggf. beweisen.[162]

---

[154] BGH v. 30.01.2013 - XII ZR 158/10 - FamRZ 2013, 616 mit Anm. *Finke*, FamRZ 2013, 618; OLG Brandenburg v. 16.09.2013 - 15 UF 96/13 - FF 2014, 27-30 m.w.N.

[155] Vgl. BGH v. 30.01.2013 - XII ZR 158/10 - FamRZ 2013, 616.

[156] OLG Hamm v. 24.06.2011 - 2 WF 146/11 - FamRB 2011, 270-271.

[157] Zu den Zusammenhängen zwischen Existenzsicherungs- und Familienrecht und den unterschiedlich ausgestalteten Erwerbsobliegenheiten in beiden Rechtsbereichen vgl. *Behrend*, jM 2014, 22.

[158] Ausführlich zur Frage, ob ein Recht auf Ausbildung eines Elternteils zu Lasten seiner Unterhaltspflicht gegenüber minderjährigen Kindern besteht, *Grün*, FPR 2008, 370.

[159] BVerfG v. 18.06.2012 - 1 BvR 774/10 - NJW 2012, 2420; BVerfG v. 18.06.2012 - 1 BvR 1530/11, 1 BvR 2867/11 - BVerfGE 68, 256, 270; BVerfG v. 13.07.2005 - 1 BvR 175/05 - FamRZ 2005, 1893; zuletzt BVerfG v. 29.10.2009 - 1 BvR 443/09 - FamRZ 2010, 183 m.w.N.

[160] OLG Hamm v. 21.11.2012 - II-8 UF 14/12 - NJW 2013, 1541.

[161] OLG Hamm v. 21.11.2012 - II-8 UF 14/12 - NJW 2013, 1541 mit Verweis auf BGH v. 23.06.2010 - XII ZR 170/08 - FamRZ 2010, 1418, 1419; BGH v. 16.07.2008 - XII ZR 109/05 - FamRZ 2008, 1739, 1744.

[162] OLG Hamm v. 21.11.2012 - II-8 UF 14/12 - NJW 2013, 1541.

Auch die genauen Umstände zu **einkommensmindernden Verbindlichkeiten** muss der Unterhaltspflichtige vortragen, soweit er die von ihm eingegangenen Verbindlichkeiten unterhaltsrechtlich absetzen will.[163]

146

Beruft er sich dabei auf ein **unzureichendes steuerpflichtiges Einkommen**, braucht er zwar nicht sämtliche Belege vorzulegen, durch die gegenüber der Steuerbehörde die behaupteten steuerrelevanten Aufwendungen glaubhaft zu machen sind. Er muss jedoch seine Einnahmen und die behaupteten Aufwendungen im Einzelnen so darstellen, dass die allein steuerlich beachtlichen Aufwendungen von solchen, die unterhaltsrechtlich von Bedeutung sind, abgegrenzt werden können. Die allein ziffernmäßige Aneinanderreihung einzelner Kostenarten genügt diesen Anforderungen nicht.[164]

147

1. Höhe des anzusetzenden hypothetischen Einkommens

Die Zurechnung hypothetischer Einkünfte setzt zudem voraus, dass die zur Erfüllung der Unterhaltspflichten erforderlichen **Einkünfte** für den Verpflichteten **objektiv überhaupt erzielbar sind.** Dies hängt von seinen persönlichen Voraussetzungen wie beispielsweise Alter, beruflicher Qualifikation, Erwerbsbiographie und Gesundheitszustand und dem Vorhandensein entsprechender Arbeitsstellen ab.[165] Ohne ausreichende konkret-einzelfallbezogene Feststellungen darf nicht von einem – relativ hohen – erzielbaren Einkommen ausgegangen werden.

148

Bei seiner Entscheidung muss das Gericht darlegen, auf welcher Grundlage es annimmt, der Unterhaltspflichtige könne angesichts seiner **konkreten persönlichen Umstände** – insbesondere seines Gesundheitszustandes – eine entsprechende Tätigkeit mit dem vom Gericht angesetzten **Bruttoverdienst erzielen.**[166]

149

Das BVerfG verlangt die gründliche Prüfung des vorgetragenen Sachverhaltes, aber keine Ermittlung von Amts wegen. Die **Darlegungs- und Beweislast** für seine mangelhafte Leistungsfähigkeit[167] und damit seine erzielbaren Einkünfte liegt weiterhin beim **Unterhaltspflichtigen!**[168]

150

Dies bezieht sich einmal bereits auf die Behauptung, er erziele kein Einkommen. Denn in erster Linie ist auf die **tatsächlich erzielten Einkünfte** abzustellen. Der Unterhaltspflichtige muss also substantiierte Ausführungen zu seinem vorhandenen Einkommen, seinem Vermögen und ggf. sonstigen für seine Leistungsfähigkeit maßgeblichen Umständen machen.[169] Geschieht dies nicht, ist die Behauptung mangelnder tatsächlicher Leistungsfähigkeit unsubstantiiert und daher unbeachtlich.[170]

151

Erst wenn seine tatsächliche Leistungsunfähigkeit nach diesen Maßstäben feststeht, ist die **fiktive Leistungsfähigkeit** überhaupt zu prüfen.[171]

152

Im gerichtlichen Verfahren ist daher der arbeitslose Unterhaltspflichtige auch weiterhin gehalten, sowohl seine **nachhaltigen Bemühungen um den Erhalt eines Arbeitsplatzes** darzulegen als auch substantiierten Sachvortrag hinsichtlich aller **Einschränkungen seiner Leistungsfähigkeit** zu bringen. Er darf sich dabei nicht auf allgemein gehaltene Formeln beschränken, wie auf den pauschalen Vortrag, er sei nicht vermittelbar, sondern muss detailliert unter Beweisantritt seinen beruflichen Werdegang der letzten Jahre nachzeichnen.

153

Wer sich gegenüber seiner Erwerbsobliegenheit auf eine krankheitsbedingte Einschränkung seiner Erwerbsfähigkeit **berufen** will, muss grundsätzlich Art und Umfang der behaupteten gesundheitlichen Beeinträchtigungen oder Leiden angeben, und er hat ferner darzulegen, inwieweit die behaupteten gesundheitlichen **Störungen sich auf die Erwerbsfähigkeit auswirken.**[172]

154

---

[163] BGH v. 18.03.1992 - XII ZR 1/91 - FamRZ 1992, 797, 798; BGH v. 15.11.1989 - IVb ZR 3/89 - FamRZ 1990, 283, 287.
[164] OLG Hamm v. 21.11.2012 - II-8 UF 14/12 - NJW 2013, 1541.
[165] BVerfG v. 18.06.2012 - 1 BvR 774/10 - NJW 2012, 2420; BVerfG v. 18.06.2012 - 1 BvR 2867/11 - JAmt 2012, 417-419 = FamRZ 2012, 1283; BVerfG v. 29.10.2009 - 1 BvR 443/09 - FamRZ 2010, 183 m.w.N.; BGH v. 30.07.2008 - XII ZR 126/06 - juris Rn. 22.
[166] BVerfG v. 15.02.2010 - 1 BvR 2236/09 - FamRZ 2010, 626 mit Anm. *Borth.*
[167] *Lüder*, FamFR 2012, 409, 410.
[168] *Soyka*, FuR 2012, 537, dazu ausführlich *Viefhues*, FF 2012, 481.
[169] *Götsche*, FamRB 2012, 266, 267 f.
[170] OLG Brandenburg v. 23.12.2010 - 9 UF 79/10 - FamRZ 2011, 733.
[171] *Götsche*, FamRB 2012, 266, 267 f.
[172] Vgl. BGH v. 10.07.2013 - XII ZB 297/12 - FamRZ 2013, 1558; *Schürmann*, jurisPR-FamR 16/2012, Anm. 1.

§ 1603

155 Bei gesundheitlichen Einschränkungen ist auch die Obliegenheit zu Wiederherstellung der Arbeitsfähigkeit zu beachten.[173] Es muss also, wenn eine solche Genesung nicht gänzlich ausgeschlossen ist, genau dargelegt werden, welche Schritte in dieser Richtung unternommen worden sind und warum keine Besserung eingetreten ist.

156 Auch eine diagnostizierte **krankheitsbedingte Arbeitsunfähigkeit** beseitigt folglich nicht vollständig die Erwerbsobliegenheit. So ist z.B. bei einer psychischen Erkrankung vom Unterhaltspflichtigen zu fordern, dass zumutbare medizinische Behandlungen zur Wiederherstellung der Arbeitsfähigkeit unternommen werden.[174] Wird dies unterlassen, so kann ein erzielbares Einkommen fiktiv angerechnet werden.

157 Dies gilt auch für eine **Alkoholerkrankung**. Wenn nicht dargetan wird, welche Maßnahmen nach einer **Therapie** ergriffen worden sind, um einem Rückfall entgegenzuwirken, ist von einem unterhaltsrechtlich vorwerfbaren Verhalten auszugehen.[175] Darüber hinaus ist immer zu prüfen, ob bei einer Beschäftigung, die fiktiv unterstellt werden kann, nicht im Falle einer erneuten Erkrankung Lohnfortzahlung geleistet werden würde.

158 Wenn der Unterhaltsschuldner an Arbeitsförderungsmaßnahmen oder anderen Qualifizierungsmaßnahmen teilnimmt, empfiehlt es sich, die in diesem Zusammenhang ergangenen Bescheide und evtl. vorliegende Untersuchungsergebnisse sogleich mit vorzulegen.[176] Kann der Unterhaltspflichtige den Beweis der Unzumutbarkeit seiner Erwerbstätigkeit nicht führen, so muss er mit der Zurechnung fiktiver Einkünfte rechnen.[177]

159 Nach den Vorgaben des BVerfG muss dann konkret – aber aufgrund des vorgetragenen Sachverhaltes – geprüft werden, ob der hier in Anspruch genommene Unterhaltspflichtige die in Betracht zu ziehende Tätigkeit überhaupt ausüben kann. Seine bisherige Erwerbsbiographie ist für diese Frage von erheblicher Bedeutung. Wer seinen erlernten Beruf nie oder seit einigen Jahren nicht mehr ausgeübt hat, wird ohne vorbereitende und qualifizierende Maßnahmen – zu denen er allerdings verpflichtet ist – nur schwer eine Anstellung finden. Die Darlegungslast erstreckt sich auch auf diese Gesichtspunkte.

160 Aufgrund seiner weiterhin bestehenden Darlegungs- und Beweislast kann der nicht erwerbstätige Unterhaltspflichtige sich nicht darauf zurückziehen, lediglich zu behaupten, er könne ja keine (ausreichend hoch bezahlte) Arbeit bekommen. Es ist weder Aufgabe des Gerichts noch der Unterhaltsberechtigten, die Höhe erzielbarer Einkünfte nachzuweisen; vielmehr ist es Sache des Unterhaltspflichtigen, dies im Einzelnen darzutun.[178] Zumindest ist von ihm ein nachvollziehbarer und belegter Vortrag zur Höhe des erzielbaren Mindestlohns in einer für ihn in Betracht kommenden Branche zu fordern.[179] Erst damit hat er überhaupt das Gericht in die Lage versetzt, zu überprüfen, ob dieser Sachvortrag tatsächlich den Gegebenheiten auf dem (für den Unterhaltspflichtigen in Betracht kommenden) Arbeitsmarkt widerspricht.

161 Bei – vorwerfbarer – Arbeitslosigkeit ist in erster Linie darauf abzustellen, was der Unterhaltspflichtige in der Zeit **vor seiner Arbeitslosigkeit verdient hat**.[180]

162 Vielfach wird ein fiktives Einkommens beim Unterhaltspflichtigen aber nicht bereits mit Beginn des betroffenen Unterhaltszeitraums bejaht, sondern erst dann angenommen, wenn er in Verzug gesetzt worden und die ihm zuzubilligende angemessene **Übergangszeit** abgelaufen ist.[181]

163 Nach einer Phase der Arbeitslosigkeit ist es unter solchen Umständen unterhaltsrechtlich nicht vorzuwerfen, wenn auf andere Tätigkeitsbereiche ausgewichen wird. Das dann nur erzielte geringere Einkommen müssen auch die Unterhaltsberechtigten hinnehmen.[182]

---

[173] *Wendl/Dose*, Unterhaltsrecht, 2011, § 1 Rn. 789.
[174] OLG Köln v. 05.08.2008 - 4 WF 90/08 - FamRZ 2009, 887.
[175] OLG Saarbrücken v. 07.08.2009 - 6 UFH 58/09 - FuR 2010, 327; vgl. auch KG Berlin v. 16.02.2001 - 18 UF 4043/00 - FamRZ 2001, 1617; OLG Bamberg v. 11.03.1997 - 7 UF 50/96 - FamRZ 1998, 370.
[176] *Schürmann*, jurisPR-FamR 16/2012, Anm. 1.
[177] *Lüder*, FamFR 2012, 409, 410.
[178] So zutreffend *Götsche*, FamRB 2012, 266, 267 f.
[179] So auch das BVerfG v. 18.06.2012 - 1 BvR 2867/11; vgl. näher BVerfG v. 11.03.2010 - 1 BvR 3031/08 - FamRZ 2010, 793.
[180] OLG Brandenburg v. 06.02.2007 - 10 UF 157/06 - NJW 2008, 81, 82.
[181] OLG Brandenburg v. 24.05.2007 - 9 UF 148/06 unter Bezugnahme auf OLG Hamm v. 12.04.2002 - 11 WF 1/02 - FamRZ 2003, 177.
[182] *Schürmann*, jurisPR-FamR 16/2012, Anm. 1.

Ist der Unterhaltspflichtige nach Arbeitslosigkeit wieder in vollem Umfang erwerbstätig, so kann ihm ein höheres erzielbares Einkommen nur dann fiktiv angerechnet werden, wenn eindeutige Hinweise darauf bestehen, dass er ein konkretes besseres Angebot ausgeschlagen hat.[183]   **164**

Ist ein fiktives Einkommen zuzurechnen, dann führt eine vorübergehende **Erkrankung**, die geraume Zeit nach der fingierten Arbeitsaufnahme eintritt, zur Zurechnung fiktiver Lohnfortzahlung und anschließend fiktiven Krankengeldbezugs.[184] Allerdings kann der Vorwurf der Leichtfertigkeit bei der Herbeiführung der Leistungsunfähigkeit infolge einer Alkoholerkrankung fraglich sein, wenn die Fähigkeit des Bedürftigen, entsprechend seiner Einsicht in die Notwendigkeit einer Therapie zu handeln, suchtbedingt wesentlich eingeschränkt ist.[185] Wird **Krankengeld** des Unterhaltspflichtigen bei der Bedarfsbemessung zugrunde gelegt, ist dieses weder um pauschale berufsbedingte Kosten noch einen Erwerbstätigenbonus zu kürzen.[186]   **165**

2. Fiktiver Abzug berufsbedingter Aufwendungen

Wird ein fiktives Einkommen aus einer hypothetischen Arbeitsstelle angerechnet, ist – auch soweit es um die Sicherung des Mindestunterhalts für minderjährige Kinder geht – regelmäßig ein **pauschaler Abzug für berufsbedingten Aufwand** vorzunehmen;[187] auch **fiktive Fahrtkosten** können geltend gemacht werden.[188] Die Pauschale ist hier zu akzeptieren, da der Pflichtige bei Zurechnung eines Einkommens aus einer hypothetischen Arbeitsstelle nicht konkret zu dem berufsbedingten Aufwand aus der ihm unterstellten Beschäftigung vortragen kann.[189]   **166**

3. Leistungsfähigkeit eines Strafgefangenen

Ein Unterhaltsschuldner, der in **Strafhaft** einsitzt, kann sich grundsätzlich auf seine Leistungsunfähigkeit berufen.[190] Dies gilt nach Treu und Glauben nur dann nicht, wenn die Straftat auf einem Fehlverhalten beruht, das sich gerade auf die Unterhaltspflicht gegenüber dem Unterhaltsgläubiger bezieht.[191]   **167**

Allerdings ist der notwendige **Selbstbehalt** eines Unterhaltsschuldners insoweit zu bereinigen, als er während seines Aufenthalts in der JVA sowohl kostenfrei wohnt als auch kostenfrei verpflegt wird.[192]   **168**

Für den Unterhalt steht jedoch das **Einkommen** zur Verfügung, das der **Strafgefangene** in der Justizvollzugsanstalt bezieht und das über dem Selbstbehalt eines Strafgefangenen liegt oder durch eine unterhaltsrechtlich verbindliche konkrete Zweckbestimmung der Einbeziehung in die Unterhaltsbemessung nicht entzogen ist.[193]   **169**

Dabei ist zu unterscheiden zwischen dem **Eigengeld** und dem **Hausgeld**.   **170**

Das durch Arbeit erzielte **Hausgeld** ist dem Strafgefangenen zum Zwecke des Einkaufs von Nahrungs- und Genussmitteln, von Körperpflegemitteln oder zur Bezahlung von Postgebühren zu belassen. Es übersteigt auch unter Berücksichtigung der freien Unterkunft, Verpflegung, Bekleidung und Gesundheitsfürsorge nicht den Mindestbedarf der notwendigen Ausgaben und ist ihm unter Berücksichtigung des Resozialisierungsgedankens auch bei gesteigerter Unterhaltspflicht nach § 1603 Abs. 2 Satz 1 BGB zu belassen.[194] Umgekehrt deckt das Hausgeld im Zusammenhang mit den sonstigen Leistungen wie Unterkunft und Versorgung den Unterhaltsbedarf des inhaftierten Beklagten. Darüber hinaus be-   **171**

---

[183] *Soyka*, FuR 2012, 537.
[184] OLG Hamm v. 12.06.2007 - 3 UF 23/07 - FuR 2007, 583-585.
[185] OLG Frankfurt v. 14.11.2007 - 7 WF 3/07 - FF 2008, 38.
[186] BGH v. 19.11.2008 - XII ZR 129/06 - FamRZ 2009, 307; zum Selbstbehalt bei Erhalt von Krankengeld vgl. DIJuF-Rechtsgutachten v. 05.11.2012, U 2.810 Dl, JAmt 2013, 32.
[187] OLG Celle v. 20.03.2013 - 10 UF 33/13 - FamRZ 2013, 1752.
[188] OLG Schleswig v. 23.12.2013 - 15 UF 100/13; OLG Bremen v. 18.12.2008 - 5 WF 100/08 - FamRZ 2009, 889-890.
[189] OLG Celle v. 20.03.2013 - 10 UF 33/13 - FamRZ 2013, 1752.
[190] OLG Naumburg v. 27.08.2009 - 4 UF 24/08 - FamRZ 2010, 572.
[191] BGH v. 20.02.2002 - XII ZR 104/00 - FamRZ 2002, 813; BGH v. 09.06.1982 - IVb ZR 704/80 - FamRZ 1982, 913 ff.; OLG Naumburg v. 27.08.2009 - 4 UF 24/08; OLG München v. 16.06.2009 - 4 UF 350/08 - FamRZ 2010, 127-128.
[192] OLG Hamm v. 26.10.2010 - II-2 UF 55/10.
[193] OLG München v. 16.06.2009 - 4 UF 350/08 - FamRZ 2010, 127-128.
[194] OLG München v. 16.06.2009 - 4 UF 350/08 - FamRZ 2010, 127-128; *Wendl/Dose*, Das Unterhaltsrecht in der familienrechtlichen Praxis, 7. Aufl., § 1 Rn. 485 m.w.N.

§ 1603

steht kein weiterer Unterhaltsbedarf. Verfügt ein Inhaftierter jedoch neben Hausgeldzahlungen über weitergehende Ansprüche, um seinen eigenen Bedarf zu befriedigen, ist auch das Hausgeld für seine Unterhaltsverpflichtungen zu verwenden.[195]

172 Damit ist jedoch der notwendige Selbstbehalt gedeckt, so dass das dieses das Hausgeld übersteigende Arbeitsentgelt für Unterhaltszwecke zu verwenden ist. Dieses sog. **Eigengeld** erhält der Strafgefangene zur eigenen Verwendung; es steht zur Deckung des Unterhaltsanspruches zur Verfügung.[196]

173 Soweit jedoch dieses Eigengeld für einen bestimmten Zeitraum als **Überbrückungsgeld** anzusparen war, steht es jedoch für Unterhaltszwecke nicht zur Verfügung. Zwar wird es aus den Bezügen des Inhaftierten während seiner Zeit im Strafvollzug gebildet, aber erst bei der Entlassung ausgezahlt.[197] Das Überbrückungsgeld dient dem Gefangenen und seiner Familie als Unterhalt in den ersten vier Wochen nach seiner Haftentlassung. Da er erst nach seiner Entlassung über dieses Geld verfügen kann, steht es auch unterhaltsrechtlich frühestens erst ab diesem Zeitpunkt zur Verfügung. Für laufenden, während der Haft verlangten Unterhalt ist das Überbrückungsgeld mithin nicht verfügbar.[198]

4. Weitere Anwendungsfälle

174 Ein hypothetisches Einkommen kann auch angesetzt werden, wenn **in zu geringem Umfang** gearbeitet wird.[199] Eine **Reduzierung der Wochenarbeitszeit** des Unterhaltspflichtigen kann unterhaltsrechtlich nur dann zu beachten sein, wenn sie zur Verbesserung oder jedenfalls Erhaltung der Einkommenssituation einer neuen Familie erforderlich ist.[200] Da von einer unverändert gültigen **Regelarbeitszeit von 40 Stunden wöchentlich** auszugehen ist, werden durch eine geringere Erwerbstätigkeit nicht die unterhaltsrechtlichen Obliegenheiten erfüllt.[201]

175 Ist der unterhaltspflichtige Elternteil wegen der Betreuung eines Kindes aus einer neuen Beziehung an der Erwerbstätigkeit gehindert, liegt ein sog. Hausmann-/Hausfrau-Fall vor (vgl. dazu Rn. 293).

176 **Überstunden**, die der Unterhaltsschuldner durch **Freizeitausgleich** abgelten lässt, stellen eine zumutbare und mit relativ geringem Aufwand zu realisierende zusätzliche Erwerbsquelle dar.[202] Sind in einem Berufszweig **Überstunden weitestgehend üblich** – so z.B. im Gastronomiegewerbe – können diese auch bei **hypothetischen Einkünften** eines nach § 1603 Abs. 2 BGB verschärft haftenden Unterhaltspflichtigen angesetzt werden.[203]

177 **Beispiele** aus der Rechtsprechung zur Höhe des erzielbaren Einkommens: vgl. Rn. 392.

178 Ein türkischer Unterhaltsschuldner kann sich mit Erfolg darauf berufen, nach seiner **Ausweisung** aus der Bundesrepublik Deutschland und Rückkehr in die Türkei im Hinblick auf die dort bestehenden geringen Erwerbsmöglichkeiten (hohe Arbeitslosenquote) nicht mehr in der Lage zu sein, ein Einkommen zu erzielen, das sein Existenzminimum übersteigt und den Unterhaltsbedarf seines Kindes deckt. Dies gilt jedenfalls dann, wenn er über keine Berufsausbildung verfügt.[204] Zur Frage des Eigenbedarfes in **Auslandsfällen** vgl. Rn. 282.

5. Verfahrensrechtliche Aspekte

179 Die **Abänderung** einer wegen **mutwilliger Aufgabe einer gut bezahlten Arbeitsstelle** auf fiktiver Grundlage ergangenen gerichtlichen Entscheidung über den **Unterhalt** ist nicht bereits mit der Behauptung zulässig, der Abänderungsbegehrende genüge inzwischen seiner Erwerbsobliegenheit, verdiene aber weniger als zuvor. Erforderlich ist vielmehr, dass der die Abänderung begehrende Unterhaltspflichtige im Abänderungsverfahren gem. §§ 238, 239 FamFG geltend macht, er hätte die frühere Arbeitsstelle inzwischen aus anderen Gründen verloren.[205]

---

[195] OLG Hamm v. 26.10.2010 - II-2 UF 55/10; OLG Hamm v. 14.01.2004 - 11 UF 89/03.
[196] OLG München v. 16.06.2009 - 4 UF 350/08 - FamRZ 2010, 127-128.
[197] OLG Hamm v. 26.10.2010 - II-2 UF 55/10 - FamFR 2011, 32.
[198] OLG München v. 16.06.2009 - 4 UF 350/08 - FamRZ 2010, 127-128.
[199] OLG Nürnberg v. 04.10.2004 - 11 WF 2713/04 - NJW-RR 2005, 776-777.
[200] OLG Hamburg v. 27.11.2006 - 10 UF 40/06 - OLGR Hamburg 2007, 225-226.
[201] OLG Celle v. 20.03.2013 - 10 UF 33/13 - FamRZ 2013, 1752.
[202] AG Garmisch-Partenkirchen v. 07.07.2008 - 1 F 59/08.
[203] Vgl. KG Berlin v. 11.04.2011 - 17 UF 45/11.
[204] OLG Hamm v. 20.12.2004 - 8 UF 122/03 - FamRZ 2005, 1118; zur Frage, ob ein Recht auf Ausbildung eines Elternteils zu Lasten seiner Unterhaltspflicht gegenüber minderjährigen Kindern besteht, vgl. *Grün*, FPR 2008, 370.
[205] BGH v. 20.02.2008 - XII ZR 101/05 - FamRZ 2008, 872 mit Anm. *Hoppenz*.

Ein Unterhalt begehrender Beteiligter, der die Höhe des Einkommens des Anspruchsgegners nicht kennt, handelt allerdings **mutwillig** im Sinne von § 113 Abs. 1 FamFG in Verbindung mit § 114 Satz 1 ZPO, wenn er Verfahrenskostenhilfe für einen Antrag auf Zahlung des **höchsten denkbaren Unterhaltsbetrages** begehrt, ohne – unter zunächst vorsichtiger Schätzung der Höhe des Unterhaltsanspruchs – im Wege des Stufenantrags zunächst einen Anspruch auf Auskunftserteilung geltend zu machen.[206] 180

IV. Einsatz des Vermögens

1. Obliegenheit zur Nutzung des Vermögens

Den Unterhaltspflichtigen trifft die Obliegenheit, Vermögen in üblicher, sicherer Weise **ertragreich anzulegen**, wenn sonst Unterhaltsmittel fehlen.[207] Die Partei kann etwa gehalten sein, ertragloses Vermögen, etwa eine Münzsammlung, in eine Erträge liefernde Anlageform **umzuschichten**.[208] Die tatsächliche Anlage des Vermögens muss sich aber als eindeutig unwirtschaftlich darstellen.[209] Kapital ist **verzinslich** anzulegen. Geschieht dies nicht, sind der Unterhaltspartei die **zumutbar erzielbaren Kapitaleinkünfte**, abzüglich damit etwaiger verbundener Kosten und Steuern, anzurechnen.[210] 181

Eine mit besonderen Risiken behaftete Anlage, etwa in fremder Währung, kann grundsätzlich nicht verlangt werden, auch wenn damit eine höhere Rendite erwartet werden kann. Eine Partei kann zwar gehalten sein, ihr eindeutig unwirtschaftlich angelegtes Vermögen umzuschichten, um eine höhere Rendite zu erzielen; dabei ist dem Vermögensinhaber aber ein gewisser Entscheidungsspielraum zuzugestehen.[211] 182

2. Obliegenheit zur Verwertung der Vermögenssubstanz

Auch die **Vermögenssubstanz** ist für den Unterhalt von Bedeutung. 183

Nicht unterhaltspflichtig ist lediglich, wer bei Berücksichtigung seiner sonstigen Verpflichtungen außerstande ist, ohne Gefährdung seines eigenen angemessenen Unterhalts den Unterhalt zu gewähren. Hierzu außerstande ist jedoch nicht, wer über verwertbares Vermögen verfügt.[212] 184

Eine Verwertung **des Vermögensstamms** kann aber nicht verlangt werden, wenn sie den Unterhaltsschuldner von fortlaufenden Einkünften abschneiden würde, die er zur Erfüllung weiterer Unterhaltsansprüche oder anderer berücksichtigungswürdiger Verbindlichkeiten oder zur Bestreitung seines eigenen Unterhalts benötigt.[213] So ist der Unterhaltspflichtige nicht gehalten, seinen eigenen angemessenen Unterhalt einschließlich einer **angemessenen Altersvorsorge** zu gefährden.[214] Dies wird besonders beim Elternunterhalt praxisrelevant.[215] Allgemein braucht der Schuldner den Stamm seines Vermögens nicht zu verwerten, wenn dies für ihn mit einem wirtschaftlich nicht mehr vertretbaren Nachteil verbunden wäre. 185

Besondere Billigkeitskriterien, wie sie in § 1581 Satz 2 BGB für den Ehegattenunterhalt geregelt sind, sind in § 1603 Abs. 1 BGB nicht vorgesehen.[216] 186

---

[206] OLG Hamburg v. 26.08.2013 - 7 WF 77/13 - FuR 2013, 722.
[207] BGH v. 04.11.1987 - IVb ZR 81/86 - FamRZ 1988, 145, 149 = NJW-RR 1988, 514; BGH v. 22.10.1997 - XII ZR 12/96 - FamRZ 1998, 87, 89; OLG Hamm v. 25.02.1998 - 12 UF 182/97 - FamRZ 1999, 233, 235 jeweils zum Wohnvorteil; *Kalthoener/Büttner/Niepmann*, Die Rechtsprechung zur Höhe des Unterhalts, 10. Aufl. 2008, Rn. 681.
[208] BGH v. 19.02.1986 - IVb ZR 16/85 - FamRZ 1986, 439, 440.
[209] BGH v. 22.10.1997 - XII ZR 12/96 - FamRZ 1998, 87; BGH v. 01.12.2004 - XII ZR 75/02 - FamRZ 2005, 1159.
[210] BGH v. 04.11.1987 - IVb ZR 81/86 - FamRZ 1988, 145, 149 = NJW-RR 1988, 514.
[211] BGH v. 22.10.1997 - XII ZR 12/96 - FamRZ 1998, 87; OLG Düsseldorf v. 09.02.1996 - 6 UF 38/95 - FamRZ 1996, 1418.
[212] BGH v. 21.11.2012 - XII ZR 150/10 - NJW 2013, 301 = FamRZ 2013, 203 mit Anm. *Hauß* m.w.N.; BGH v. 23.10.1985 - IVb ZR 52/84 - FamRZ 1986, 48 = NJW-RR 1986, 66; BGH v. 02.11.1988 - IVb ZR 7/88 - FamRZ 1989, 170 = NJW 1989, 254; BGH v. 05.11.1997 - XII ZR 20/96 - FamRZ 1998, 367 = NJW 1998, 978; BGH v. 07.11.1979 - IV ZR 96/78 - FamRZ 1980, 43 = NJW 1980, 340; BGH v. 21.04.2004 - XII ZR 326/01 - FamRZ 2004, 1184 = NJW 2004, 2306.
[213] OLG Köln v. 12.06.2002 - 27 UF 194/01 - FamRZ 2003, 470; OLG Koblenz v. 01.09.1999 - 9 UF 63/99 - NJW-RR 2000, 293 = FamRZ 2000, 1176 (LS).
[214] BGH v. 30.08.2006 - XII ZR 98/04 - FamRZ 2006, 1511 ff.; vgl. auch BGH v. 21.04.2004 - XII ZR 326/01 - FamRZ 2004, 1184.
[215] Vgl. BGH v. 21.11.2012 - XII ZR 150/10 - NJW 2013, 301 = FamRZ 2013, 203 mit Anm. *Hauß*.
[216] BGH v. 21.11.2012 - XII ZR 150/10 - NJW 2013, 301 = FamRZ 2013, 203 mit Anm. *Hauß*.

187	Auch die **Verwertung einer Immobilie** ist zumutbar, wenn der Verkauf rechtlich und tatsächlich möglich ist.[217]

3. Vorwerfbarer Verbrauch vorhandenen Vermögens

188	Auch der **Verbrauch vorhandenen Vermögens** wird von den Gerichten sehr kritisch gesehen. Ein Unterhaltspflichtiger ist zur gebotenen Sicherung des Mindestunterhalts seines Kindes verpflichtet und muss äußerst schonend mit einem Vermögensbetrag umgehen. Er muss im Einzelnen darstellen, welche konkreten Gegenstände für welchen Preis zwingend angeschafft werden mussten. Andernfalls kann von der aus unterhaltsrechtlicher Sicht vorwerfbarer Verschwendung des Geldes ausgegangen werden.[218]
189	Noch nicht abschließend geklärt ist die Frage nach dem **Maßstab der Vorwerfbarkeit**.
190	Da für den Unterhaltsberechtigten hier auf den Maßstab des § 1579 Nr. 5 BGB (schwerwiegende Verletzung der Vermögensinteressen) abgestellt wird und die unterhaltsrechtlichen Obliegenheiten auf Seiten des Berechtigten und des Verpflichteten gleich festzulegen sind, soll dieser Maßstab auch für den Unterhaltspflichtigen gelten.
191	Strengere Regeln über den Verbrauch des Vermögens lassen sich aber jedenfalls beim **Mindestunterhalt für minderjährige Kinder** aufstellen, denn dort hat der Unterhaltsschuldner jedenfalls alles zu unterlassen, was seine Leistungsfähigkeit vermeidbar gefährdet (§ 1603 Abs. 2 BGB).[219]
192	**Verbraucht** der Unterhaltspflichtige aus unterhaltsrechtlich nicht zu billigenden Umständen Vermögen, so **können hypothetische Vermögenserträge** angerechnet werden, um zumindest das Existenzminimum der Unterhaltsberechtigten zu sichern.[220]

4. Fiktives Vermögen

193	In bestimmten Fallkonstellationen kann auch **fiktives Vermögen** von Bedeutung sein.
194	Es kann eine **unterhaltsrechtliche Obliegenheit zur Geltendmachung eines Pflichtteilsanspruchs bestehen**,[221] jedoch kein einklagbarer Anspruch auf Geltendmachung eines Pflichtteilsanspruchs.[222]
195	Wird diese Obliegenheit verletzt, so ist der Pflichtteilsberechtigte lediglich **fiktiv so zu behandeln, als habe er den Anspruch geltend gemacht.**[223] Dann kann ein für seine minderjährigen Kinder unterhaltspflichtiger Elternteil mit Rücksicht auf einen Pflichtteilsanspruch als leistungsfähig behandelt und zur Zahlung von Kindesunterhalt verpflichtet werden.
196	Hat der Unterhaltspflichtige zu einem Zeitpunkt, als die Unterhaltspflicht noch nicht bestand, gegenüber seinen Eltern auf das Pflichtteilsrecht verzichtet, scheitert eine Obliegenheit zum Widerruf des Verzichts daran, dass hierin keine Schenkung i.S.d. § 516 BGB liegt, sondern lediglich auf die Geltendmachung eines künftig noch anfallenden Erbschaftsrechts verzichtet wird. Damit sind auch die §§ 528, 529 BGB nicht anzuwenden.[224]

5. Bedeutung der Betreuung des Kindes

197	Der ein **minderjähriges** Kind **betreuende Elternteil** ist, auch wenn er über eigenes Einkommen verfügt, grundsätzlich **nicht zum Barunterhalt** für dieses Kind **verpflichtet**. Ausnahmen können sich über die Regelung des § 1603 Abs. 2 Satz 3 BGB ergeben (vgl. dazu Rn. 901).
198	Auch die zeitweise Betreuung des Kindes durch den barunterhaltspflichtigen Elternteil ändert an dieser grundsätzlichen Haftungsverteilung nichts;[225] es bleibt bei der alleinigen Barunterhaltspflicht dieses Elternteils (vgl. die Kommentierung zu § 1610 BGB Rn. 150) auch zur Abgrenzung zum **echten Wechselmodell** (vgl. die Kommentierung zu § 1610 BGB Rn. 27). Selbst ein einjähriger Auslandsauf-

---

[217] OLG Köln v. 19.03.2010 - 10 UF 50/09 - FamRZ 2010, 1345 (LS.).
[218] OLG Brandenburg v. 24.03.2011 - 9 UF 117/10 - FamFR 2011, 223.
[219] Vgl. auch *Hoffmann*, FamRB 2012, 515.
[220] OLG Köln v. 14.07.2005 - 4 WF 103/05 - FamRZ 2006, 809.
[221] Vgl. BGH v. 07.07.1982 - IVb ZR 738/80 - NJW 1982, 2771 (Ehegattenunterhalt) und AG Wuppertal v. 14.08.2002 - 67 F 267/01 - FamRZ 1982, 966 (Minderjährigenunterhalt); KG Berlin v. 03.12.2013 -18 UF 166/12 - FamRZ 2014, 1030.
[222] Vgl. BGH v. 28.11.2012 - XII ZR 19/10 - FamRZ 2013, 278; vgl. auch BVerfG v. 14.11.1984 - 1 BvR 14/82, 1 BvR 1642/82 - FamRZ 1985, 143, 145 - mittelbarer Zwang zur Berufstätigkeit.
[223] Vgl. BGH v. 28.11.2012 - XII ZR 19/10 mit krit. Anm. *Maurer*, FamRZ 2013, 280.
[224] KG Berlin v. 03.12.2013 - 18 UF 166/12 - FamRZ 2014, 1030.
[225] BGH v. 12.03.2014 - XII ZB 234/13 - FamRZ 2014, 917.

enthalt des minderjährigen unterhaltsberechtigten Kindes lässt die Betreuungsleistungen der Kindesmutter nicht zeitweise entfallen. Sie werden durch Kommunikation und Fürsorge erbracht.[226]

Zur **Unterhaltsberechnung beim Wechselmodell** vgl. die Kommentierung zu § 1612 BGB Rn. 14 ff. 199

Auch im Mangelfall findet **keine Monetarisierung** der Betreuungsleistung eines Elternteils statt. Folglich sind im Mangelfall alle gleichrangigen barunterhaltsberechtigten minderjährigen Kinder des Unterhaltsschuldners gleichmäßig zu berücksichtigen, auch wenn dieser Elternteil einem bei ihm wohnenden Kind **neben der Betreuung zusätzlich auch noch Barunterhalt leistet**, weil der andere Elternteil keinen Unterhalt zahlt. Dies gilt auch dann, wenn infolge der dadurch notwendig werdenden Mangelfallberechnung der mit ihm in einem Haushalt zusammenlebende Sohn sozialhilfebedürftig würde.[227] 200

Dagegen sind bei volljährigen Kindern grundsätzlich beide Eltern unterhaltspflichtig (Einzelheiten vgl. die Kommentierung zu § 1606 BGB Rn. 29 f.). 201

Besondere Fragestellungen ergeben sich dann, wenn der barunterhaltspflichtige Elternteil selbst ein Kind betreut. 202

Bei der Frage der **Erwerbsobliegenheit** des Elternteils, der ein minderjähriges Kind betreut, können im Rahmen des Unterhaltsanspruches eines nicht von ihm betreuten Kindes nicht ohne weiteres die beim Ehegattenunterhalt geltenden Grundsätze angewandt werden (vgl. dazu die Kommentierung zu § 1361 BGB Rn. 532 f. zum Trennungsunterhalt und die Kommentierung zu § 1570 BGB Rn. 71 ff. beim Nachscheidungsunterhalt). Auch hier gilt gegenüber dem anderen, nicht von ihm betreuten Kind die erhöhte Erwerbspflicht aus § 1603 Abs. 2 BGB. In entsprechender Anwendung des § 1615l Abs. 2 Satz 2 BGB muss daher spätestens ab dem dritten Lebensjahr des von ihm betreuten Kindes eine Ganztagstätigkeit verlangt werden.[228] Das OLG Rostock verlangt ebenfalls eine vollschichtige Erwerbstätigkeit des betreuenden Elternteils, geht dabei zwar von überobligatorischen Einkünften aus, will den Verdienst hieraus aber – ggf. nach Abzug eines Betreuungsbonus – voll anrechnen.[229] 203

Ist die betreuende Person **einem weiteren Kind unterhaltspflichtig**, so darf nach Ansicht des OLG Hamm für die bloße Betreuung des Kindes kein Abzug vom Einkommen des Betreuenden vorgenommen werden, weil durch die Betreuung die wirtschaftliche Leistungsfähigkeit nicht beeinträchtigt wird. Werden aber minderjährige Kinder bei **Geschwistertrennung** jeweils von einem Elternteil betreut und ist nur ein Elternteil leistungsfähig, so ist auch diesem Elternteil ein Betrag für den von ihm neben der Betreuung geleisteten Barunterhalt anzurechnen. Daher wird dessen für Unterhaltszwecke zur Verfügung stehendes bereinigtes Einkommen abzüglich seines notwendigen Selbstbehalts unter den Geschwistern aufgeteilt, wobei die zum Mangelfall entwickelten Grundsätze entsprechend angewendet werden. Es ist folglich eine Aufteilung der Verteilungsmasse im Verhältnis der Einsatzbeträge für die Kinder vorzunehmen, also im Verhältnis von 135% des Eingangsbetrags der jeweiligen Altersstufe der Düsseldorfer Tabelle.[230] 204

V. Wohnvorteil

1. Wohnvorteil und Leistungsfähigkeit des Unterhaltspflichtigen

Der Vorteil einer mietfreien Wohnung im eigenen Haus oder der eigenen Eigentumswohnung wird bei der Unterhaltsberechnung regelmäßig als **geldwerter Vorteil** bei der Einkommensberechnung berücksichtigt. Voraussetzung für die Anrechnung ist aber, dass dem Unterhaltspflichtigen überhaupt finanzielle Mittel zur Verfügung stehen. Folglich kann einer Hausfrau, die kein eigenes Einkommen hat, aus einem vorhandenen Wohnvorteil keine Unterhaltsverpflichtung auferlegt werden.[231] 205

Hat der **Unterhaltspflichtige** diesen Vorteil, so erhöht dieser sein unterhaltsrechtlich relevantes Einkommen. 206

Ein Wohnvorteil ist dann nicht oder nur eingeschränkt anzurechnen, wenn er durch einen Dritten, wie z.B. die Eltern des Unterhaltspflichtigen, finanziert wird.[232] In diesen Fällen ist aber die durch die **gemeinsame Haushaltsführung eintretende Ersparnis (Synergieeffekt)** zu beachten.[233] 207

---

[226] OLG Braunschweig v. 21.02.2007 - 1 UF 93/06 - FamRZ 2007, 2004.
[227] OLG Saarland v. 11.01.2012 - 6 WF 1/12 - FamFR 2012, 105.
[228] OLG München v. 29.11.2004 - 16 UF 1348/04 - OLGR München 2005, 73-74.
[229] OLG Rostock v. 06.10.2004 - 10 UF 33/04 - FamRZ 2005, 1004-1005.
[230] OLG Hamm v. 10.02.2005 - 4 UF 79/04 - OLGR Hamm 2005, 269-271.
[231] BGH v. 12.12.2012 - XII ZR 43/11 - FamRZ 2013, 363.
[232] OLG Schleswig v. 23.12.2013 - 15 UF 100/13; OLG Brandenburg v. 26.09.2013 - 3 WF 101/13 - NJW 2014, 1248.
[233] OLG Brandenburg v. 26.09.2013 - 3 WF 101/13 - NJW 2014, 1248.

§ 1603

208 Kann die Höhe des Wohnvorteils nicht genau bestimmt werden, so geht dies zu Lasten des hierfür darlegungs- und beweisbelasteten Unterhaltspflichtigen.[234]

209 Der Wohnwert ist beim Kindesunterhalt grundsätzlich mit der bei einer **Fremdvermietung** erzielbaren (höheren) **objektiven Marktmiete** zu bemessen;[235] ggf. können auch fiktive Einkünfte angesetzt werden.[236]

210 Der BGH hat jedoch einen (niedrigeren) Wohnwert in Höhe der ersparten angemessenen Miete akzeptiert, weil eine **Weitervermietung** angesichts der nachgewiesenen Absicht, die Immobilie zu verkaufen, **wirtschaftlich nicht zumutet** werden konnte.

211 Die Höhe des Wohnwerts ist auch dann mit der bei einer Fremdvermietung erzielbaren objektiven Marktmiete, also dem sog. objektiven Wohnwert, zu bemessen, wenn der **Unterhaltspflichtige zusammen mit seiner neuen Ehefrau und deren Familie in der Wohnung lebt**.[237]

212 Denn durch die Mitbenutzung des in seinem Alleineigentum stehenden Hauses gewährt er diesen Personen im Ergebnis (Familien- und Kindes-)Unterhalt. Die neue Ehefrau ist den Kindern gegenüber jedoch gemäß § 1609 BGB unterhaltsrechtlich nachrangig. Damit müssen die Kinder sich Unterhaltsleistungen an die neue Ehefrau jedenfalls so lange nicht entgegenhalten lassen, als ihr Mindestunterhalt nicht gesichert ist.

213 Würde man dagegen bei Wohnwert, der dem Unterhaltspflichtigen entgegengehalten wird, denjenigen Anteil herausnehmen, der auf die Mitbenutzung durch seine Ehefrau entfällt, liefe dies auf eine mittelbare Berücksichtigung von Unterhaltsleistungen an diese zu Lasten der Antragsteller hinaus. Damit wäre aber die **gesetzliche Regelung des § 1609 BGB umgangen**.[238]

214 Daran ändert sich auch nichts nach der **Trennung des Unterhaltspflichtigen von seiner neuen Ehefrau**. Zwar können im Einzelfall besondere Umstände es rechtfertigen, auch im Rahmen des Kindesunterhalts lediglich den am geänderten Wohnbedarf des Unterhaltspflichtigen angelehnten sog. angemessenen Wohnwert heranzuziehen.[239] Ein solcher Sonderfall, in welchem eine Fremdvermietung nicht zumutbar sein kann, lässt sich nicht durch den bloßen Wegfall des erhöhten Wohnraumbedarfs für die neue Familie begründen.[240]

215 Götz[241] weist in ihrer Anmerkung zur Entscheidung des BGH vom 19.03.2014 darauf hin, dass auch eine **Vermietung** der Wohnung **nur mit Zustimmung des anderen Miteigentümer-Ehegatten** möglich ist.

216 Betont wird weiter, dass die Entscheidung keine Klarstellung dazu enthält, ob beim **Kindesunterhalt, der bis zum endgültigen Scheitern der Ehe geltend geleistet wird**, vom angemessenen oder vom objektiven Mietwert ausgegangen werden soll. Teilweise wird hier der angemessene Wohnwert, der im Rahmen des Trennungsunterhaltes bis zum endgültigen Scheitern der Ehe maßgebend ist, auch im Rahmen des Unterhalts für eheliche Kinder anzusetzen sein. Konsequenz dieser Ansicht ist, dass dann Kinder aus einer nichtehelichen Beziehung klar im Vorteil wären.[242]

217 Der BGH habe bereits entschieden, dass bestimmte nicht den Verwandtenunterhalt betreffende Grundentscheidungen des Gesetzgebers auch in den Verwandtenunterhalt ausstrahlen. Dieser Gedanke erscheine übertragbar: Wenn vor dem endgültigen Scheitern der Ehe mit Rücksicht auf die Möglichkeit der Wiederherstellung der ehelichen Lebensgemeinschaft **die Verwertung der Familienwohnung im Verhältnis zum Ehegatten nicht zumutbar ist**, dann müsse dies auch im Verhältnis zu unterhaltsberechtigten Kindern gelten und zwar zu allen, gleich ob ehelich oder nichtehelich, minderjährig oder volljährig.[243]

---

[234] OLG Brandenburg v. 07.01.2010 - 9 UF 127/08 - ZFE 2010, 154.
[235] BGH v. 19.03.2014 - XII ZB 367/12 - NJW 2014, 1531 = FamRZ 2014, 923 mit Anm. *Götz*, FamRZ 2014, 926; BGH v. 10.07.2013 - XII ZB 298/12 - juris Rn. 16 - FamRZ 2013, 1563.
[236] BGH v. 30.01.2013 - XII ZR 158/10 - juris Rn. 18 m.w.N. - FamRZ 2013, 616 mit Anm. *Finke*, FamRZ 2013, 618.
[237] OLG Koblenz v. 14.05.2014 - 13 UF 107/14.
[238] OLG Koblenz v. 14.05.2014 - 13 UF 107/14.
[239] Vgl. BGH v. 19.03.2014 - XII ZB 367/12 - juris Rn. 19 - FamRZ 2014, 923.
[240] OLG Koblenz v. 14.05.2014 - 13 UF 107/14.
[241] *Götz*, FamRZ 2014, 926.
[242] *Götz*, FamRZ 2014, 926.
[243] *Götz*, FamRZ 2014, 926.

Noch nicht eindeutig geklärt ist, ob die **objektive Marktmiete** auch beim Unterhalt des **volljährigen** 218
Kindes anzusetzen ist. Im Hinblick auf die schwächere unterhaltsrechtliche Stellung des volljährigen
Kindes wird in Anlehnung an die Vorgehensweise beim Elternunterhalt[244] nicht der objektive Mietwert, sondern nur der **ersparte angemessene Mietaufwand** angesetzt.[245]
In Abzug zu bringen sind aber die regelmäßigen Belastungen, die mit der Wohnung verbunden sind. 219
Liegen die Voraussetzungen vor, unter denen nach der Rechtsprechung des BGH[246] beim Ehegatten- 220
unterhalt Tilgungsleistungen auf ein Hausdarlehen nicht mehr einkommensmindernd zu berücksichtigen wären, so gilt dies grundsätzlich auch für den Kindesunterhalt.[247] Haben sich die Eltern durch notariellen Vertrag abschließend vermögensrechtlich auseinandergesetzt, besteht auch keine Veranlassung, hiervon abweichend beim Kindesunterhalt von anderen Grundsätzen auszugehen und die gesamten Darlehenslasten einkommensmindernd zu berücksichtigen.
Beim **Wohnvorteil** ist der in bestehenden Darlehensverbindlichkeiten enthaltene **Tilgungsanteil** zu- 221
mindest dann nicht zu berücksichtigen, wenn es um den Mindestunterhaltsanspruch eines Kindes geht.
Einen negativen Wohnvorteil – **also höhere Belastungen** als Vorteile – kann der Unterhaltsverpflichtete dem Mindestunterhaltsanspruch des Kindes nicht entgegenhalten, da er insoweit kundtut, über
seine Verhältnisse zu leben.[248]

2. Wohnvorteil als Naturalleistung des Unterhaltspflichtigen

In der Praxis verbleibt aber vielfach der unterhaltsberechtigte Ehegatte mit den Kindern in der bisheri- 222
gen Ehewohnung, so dass sich die Frage stellt, ob und ggf. wie dieser Vorteil auf Seiten der **Unterhaltsberechtigten** in Ansatz zu bringen ist (vgl. hierzu die Kommentierung zu § 1610 BGB Rn. 162
und die Kommentierung zu § 1361 BGB Rn. 454 zum Ehegattenunterhalt während der Trennung).
Trägt der auf Barunterhalt in Anspruch genommene Elternteil die **Wohnkosten der Kinder**, indem er 223
Darlehen abträgt, deren Aufnahme der Anschaffung ihres Wohngrundstücks diente, kürzt das OLG
Brandenburg den Barunterhalt. Insoweit leistet der die Wohnkosten tragende Unterhaltspflichtige **Naturalunterhalt durch das Gewähren der Wohnung**.
Die Kürzung des Barunterhalts kann dadurch bewirkt werden, dass die Wohnkosten vom Einkommen des 224
Unterhaltspflichtigen abgezogen werden, so dass sich aus der so verminderten Leistungsfähigkeit ein geringerer Unterhaltsbetrag ergibt. Nach dieser Methode können allerdings die Darlehensraten nur in der
Höhe vom Einkommen abgezogen werden, in der der Barunterhaltspflichtige sie gezahlt hat. Um diesen
Betrag steht ihm sein Einkommen nicht zur Verfügung, weil er Wohnkosten der Kinder trägt. Dass die
Mutter der Antragsteller dem Antragsgegner einen Anteil – eventuell die Hälfte – zu erstatten hat, wirkt
sich auf die Leistungsfähigkeit erst aus, wenn der Antragsgegner diese Erstattung tatsächlich erhält.[249]
Überlässt der Unterhaltspflichtige die Wohnung der Ehefrau und den Kindern, wird in der Praxis die 225
Verrechnung nur über den Ehegattenunterhalt vorgenommen. Das OLG Hamm neigt dazu, beim Verwandtenunterhalt den **Wohnwert nach Köpfen zu verteilen**, wenn mehrere Familienangehörige das
Eigenheim bewohnen, und zwar auch dann, wenn das Haus im Alleineigentum des nicht unterhaltspflichtigen Ehegatten steht.[250]
Der Unterhaltsverpflichtete kann sich jedenfalls dann nicht darauf berufen, den Kindesunterhalt durch 226
Naturalunterhalt gedeckt zu haben, indem er den Berechtigten **unentgeltliches Wohnen** in dem in seinem Miteigentum stehenden Haus ermöglicht habe, wenn in einer Scheidungsfolgenregelung nicht
vereinbart wurde, dass der Wohnvorteil auf den Kindesunterhalt angerechnet werden sollte.[251]
Der Unterhaltspflichtige kann sich auch nicht darauf berufen, für die Durchführung der Umgangskon- 227
takte Wohnraum für das Kind vorhalten zu müssen, wenn dies erkennbar gegen seine vorrangige Verpflichtung zur Sicherung des Existenzminimums seines Kindes verstößt.[252]

---

[244] Dazu BGH v. 19.03.2003 - XII ZR 123/00 - FamRZ 2003, 1179, 1180 f.
[245] *Liceni-Kierstein*, FamRB 2013, 305; *Schwonberg* in: Eschenbruch/Schürmann/Menne, Unterhaltsprozess, 2013, Kap. 2 Rn. 1009.
[246] BGH v. 05.03.2008 - XII ZR 22/06 - NJW 2008, 1946 = FamRZ 2008, 963.
[247] OLG Saarbrücken v. 17.12.2009 - 6 WF 123/09 - FamRZ 2010, 1344.
[248] OLG Brandenburg v. 25.10.2010 - 9 UF 78/10 - ZFE 2011, 269.
[249] OLG Brandenburg v. 02.09.2013 13 UF 136/12 - FamFR 2013, 485.
[250] OLG Hamm v. 21.11.2012 - II-8 UF 14/12; vgl. auch BGH v. 31.10.2012 - XII ZR 30/10; vgl. die Kommentierung zu § 1361 BGB Rn. 492 f. und OLG Köln v. 05.07.2001 - 14 UF 13/01 - FamRZ 2002, 572.
[251] OLG Köln v. 19.03.2010 - 10 UF 50/09 - FamRZ 2010, 1345 (LS.).
[252] OLG Brandenburg v. 25.10.2010 - 9 UF 78/10 - ZFE 2011, 269.

VI. Selbstbehalt

228 Dem Unterhaltspflichtigen müssen die Mittel verbleiben, die er unter Berücksichtigung seiner sonstigen Verpflichtungen zur **Sicherstellung seines angemessenen Unterhalts** benötigt (**Selbstbehalt, Eigenbedarf**).[253] Denn der Unterhaltspflichtige ist nicht gehalten, zur Erfüllung des Unterhaltsanspruches sein Existenzminimum anzugreifen.[254]

229 Auch im Rahmen der Leistungsfähigkeit des Unterhaltspflichtigen ist der Grundsatz zu beachten, dass die **Unterhaltspflicht** im Hinblick auf seine allgemeine Handlungsfreiheit nach Art. 2 Abs. 1 GG **nicht unverhältnismäßig und unzumutbar** sein darf. Soweit dieser Grundsatz nicht bereits – wie beim Ehegattenunterhalt – bei der Bemessung des Unterhaltsbedarfs nach den ehelichen Lebensverhältnissen berücksichtigt wurde, ist er jedenfalls bei der Prüfung der Leistungsfähigkeit im Rahmen des § 1581 BGB zu beachten, da der eigene angemessene Unterhalt nicht geringer sein darf als der an den Unterhaltsberechtigten zu leistende Betrag.[255]

230 Der Selbstbehalt ist als der Betrag definiert, der dem Unterhaltspflichtigen nach Abzug aller unterhaltsrechtlich anzuerkennenden Verpflichtungen einschließlich der vor- und gleichrangigen Unterhaltsverpflichtungen verbleiben soll, um seinen eigenen notwendigen Mindestbedarf sicherzustellen. Wird der Selbstbehalt unterschritten, liegt ein Mangelfall (vgl. Rn. 362) vor.

231 **Welcher Betrag** dem Unterhaltspflichtigen zur Sicherstellung seines Existenzminimums als **Selbstbehalt** zu belassen ist, ist anders als der Mindestunterhalt Minderjähriger nicht gesetzlich festgelegt. Das BVerfG hat in seiner Hartz-IV-Entscheidung[256] klargestellt, dass das Existenzminimum am Bedarf einer Person orientiert ist. Auch der Selbstbehalt des Unterhaltspflichtigen ist also zunächst und insoweit eine reine **Bedarfsgröße**.[257] Sozialleistungen, die über die Bedarfsdeckung hinausgehen, oder aber Einkommensfreibeträge, die der Unterhaltspflichtige nicht benötigt, um seinen existenznotwendigen Bedarf zu decken, zählen also nicht zum – unterhaltsrechtlich relevanten – Existenzminimum und sind damit auch verfügbare Mittel i.S.v. § 1603 Abs. 2 BGB.[258]

232 Der Selbstbehalt muss nach der Rechtsprechung des BGH dem Existenzminimum entsprechen und darf maßvoll über den Sozialhilfesätzen veranschlagt werden.[259] Eine eigenständige unterhaltsrechtliche Bestimmung des Existenzminimums ist nicht vorhanden; daher muss auf das sozial- und steuerrechtliche Existenzminimum zurückgegriffen werden.

233 Der Selbstbehalt eines Unterhaltspflichtigen kann um die durch eine gemeinsame Haushaltsführung eintretende Ersparnis, höchstens jedoch bis auf sein Existenzminimum nach sozialhilferechtlichen Grundsätzen herabgesetzt werden.[260] Zur Herabsetzung des Selbstbehaltes vgl. Rn. 266.

234 Die **Darlegungs- und Beweislast** erstreckt sich auch auf die Frage, in welcher Höhe dem Unterhaltspflichtigen ein Selbstbehalt zusteht.[261] Dies gilt auch dann, wenn der Unterhalt aus übergeleitetem Recht, z.B. von öffentlichen Einrichtungen, geltend gemacht wird.[262]

235 Dabei wird kein einheitlicher Selbstbehalt definiert. Vielmehr ist es **abhängig** von der **Person des Unterhaltsberechtigten und des Unterhaltspflichtigen**, welcher Selbstbehaltsbetrag dem Unterhaltspflichtigen zuerkannt wird.

236 Die **Unterhaltstabellen** und Leitlinien der Oberlandesgerichte sehen teilweise einheitliche **Selbstbehaltsätze** vor, der BGH betont jedoch eine Differenzierung bei den Selbstbehaltsätzen.[263]

---

[253] Ausführlich *Heistermann*, FamRZ 2006, 742; vgl. auch *Büttner*, FPR 2008, 83-86.
[254] BGH v. 11.07.1984 - IVb ZR 24/83 - FamRZ 1984, 1000 m.w.N.; *Klinkhammer*, FamRZ 2010, 845, 847.
[255] BGH v. 07.12.2011 - XII ZR 151/09 m.w.N.
[256] BVerfG v. 09.02.2010 - 1 BvL 1/90, 3/90, 4/90 - FamRZ 2010, 429 mit Anm. *Schürmann*.
[257] *Klinkhammer*, FamRZ 2010, 845, 847.
[258] BGH v. 17.09.2008 - XII ZR 72/06 - FamRZ 2008, 2189, 2191; *Klinkhammer*, FamRZ 2007, 85; *Klinkhammer*, FamRZ 2010, 845, 847.
[259] BGH v. 11.07.1984 - IVb ZR 24/83 - FamRZ 1984, 1000.
[260] BGH v. 09.01.2008 - XII ZR 170/05 - FamRZ 2008, 594 m. Anm. *Borth* und FamRZ 2008, 778 m. Anm. *Weychardt*.
[261] Vgl. AG Ludwigslust v. 13.01.2005 - 5 F 69/03 - FamRZ 2005, 1262.
[262] BGH v. 27.11.2002 - XII ZR 295/00 - NJW 2003, 969-970; BGH v. 06.02.2002 - XII ZR 20/00 - BGHZ 150, 12-31.
[263] BGH v. 15.03.2006 - XII ZR 30/04 - FamRZ 2006, 683 mit Anm. *Büttner* = FamRZ 2006, 765; BGH v. 15.12.2004 - XII ZR 26/03 - NJW 2005, 502 und BGH v. 01.12.2004 - XII ZR 3/03 - NJW 2005, 500.

Auch die Empfehlungen des Vorstands des Deutschen Familiengerichtstags 2011[264] betonen, dass Selbstbehaltsätze als Arbeitshilfe dienen und sie ggf. an individuelle, bei der Pauschalierung nicht berücksichtigte Umstände anzupassen sind. 237

1. Differenzierung bezogen auf den Unterhaltspflichtigen

Zwischen einem **erwerbstätigen** und einem **nicht erwerbstätigen Unterhaltspflichtigen** ist grundsätzlich zu unterscheiden, da bei der Ausübung einer beruflichen Tätigkeit ein höherer Aufwand anfällt[265] (sog **Erwerbsanreiz**).[266] Sind dem Unterhaltspflichtigen eine Rente wegen teilweiser Berufsunfähigkeit und ein in etwa gleich hohes (fiktives) Erwerbseinkommen zuzurechnen, so kann ein Zwischenbetrag festgesetzt werden.[267] 238

Das OLG Brandenburg lehnt eine Erhöhung des für einen Nichterwerbstätigen festgelegten Selbstbehaltes ab, wenn dem Unterhaltspflichtigen neben der Erwerbsunfähigkeitsrente ein **(fiktiver) Nebenverdienst** zugerechnet wird.[268] 239

Bei einem **Umschüler** kommt es auf die Umstände des Einzelfalles an und dabei vor allem auf den Umfang und das Ziel der Umschulungsmaßnahme. Umfasst die Maßnahme 35 Wochenstunden Unterricht und dient sie dem Zweck der Wiedereingliederung in das Berufsleben, so ist dem Umschüler der gleiche Selbstbehalt zu belassen wie einem erwerbstätigen Unterhaltspflichtigen.[269] Einem Umschüler, der einem vollschichtig Erwerbstätigen gleichzustellen ist, steht unterhaltsrechtlich ein gleich hoher Selbstbehalt zu.[270] Nimmt der Unterhaltsschuldner in einer Transfergesellschaft nur vereinzelt an Fortbildungsmaßnahmen teil, so kann ihm gegenüber minderjährigen Kindern nur der notwendige Selbstbehalt für nicht Erwerbstätige zugebilligt werden.[271] 240

Bei **Ersatzhaftung der Großeltern** können diese sich auf die erhöhten Selbstbehaltsätze, die im Elternunterhalt gelten, berufen.[272] Zudem kann ebenfalls der Selbstbehalt ggf. um einen Mehrbetrag zu erhöhen sein, weil die Großeltern in der angestammten Wohnung verbleiben dürfen, um nicht im Alter noch umziehen zu müssen.[273] 241

2. Differenzierung bezogen auf den Unterhaltsberechtigten

Der **notwendige Selbstbehalt** (kleine Selbstbehalt) wird dem Unterhaltspflichtigen zugebilligt, wenn er Unterhaltsansprüchen **minderjähriger** unverheirateter und ihnen nach § 1603 Abs. 2 Satz 2 BGB gleichgestellten privilegierten volljährigen Kindern (vgl. Rn. 949) gegenüber unterhaltspflichtig ist. Dieser notwendige Selbstbehalt bildet die absolute Untergrenze dessen, was eine Person auch in einfachsten Verhältnissen für den eigenen Unterhalt benötigt. Er liegt etwas höher als die Bedarfssätze der Sozialhilfe. Der **angemessene Selbstbehalt** (großer Selbstbehalt) gilt in der Regel gegenüber den Unterhaltsansprüchen von **volljährigen**, nicht nach Absatz 2 Satz 2 privilegierten **Kindern** und anderen Verwandten (**Eltern**). 242

Der Ansatz des **notwendigen Selbstbehaltes** gegenüber minderjährigen Kindern rechtfertigt sich aus der **gesteigerten Unterhaltspflicht** gem. § 1603 Abs. 2 Satz 1 BGB. Diese gesteigerte Unterhaltspflicht gegenüber Minderjährigen und privilegiert volljährigen Kindern entfällt nach § 1603 Abs. 2 Satz 3 BGB aber dann, wenn **ein anderer leistungsfähiger Verwandter** vorhanden ist. In solchen Fällen ist zunächst lediglich eine Leistungsfähigkeit unter Berücksichtigung des **angemessenen Selbstbehalts** nach § 1603 Abs. 1 BGB zu berücksichtigen.[274] 243

---

[264] Deutscher Familiengerichtstag 2011, FamRZ 2011, 1923.
[265] BGH v. 09.01.2008 - XII ZR 170/05 - FamRZ 2008, 594 mit Anm. *Borth* und krit. Anm. *Weychardt*, FamRZ 2008, 778, *Graba*, FPR 2008, 176-177, NJW 2008, 1373 mit Anm. *Born*, kritisch *Schwamb*, FF 2008, 160.
[266] BGH v. 16.12.2009 - XII ZR 50/08 - FamRZ 2010, 357, 360 f.
[267] Vgl. OLG Nürnberg v. 23.05.2012 - 7 UF 159/12.
[268] OLG Brandenburg v. 13.03.2014 - 9 UF 106/13.
[269] OLG Hamm v. 05.04.2005 - 2 WF 74/05 - FamRZ 2005, 2015.
[270] OLG Dresden v. 22.03.2006 - 20 UF 60/06 - FamRZ 2006, 1703.
[271] AG Flensburg v. 18.08.2009 - 92 F 116/09.
[272] BGH v. 03.05.2006 - XII ZR 35/04 - FamRZ 2006, 1099.
[273] BGH v. 20.12.2006 - XII ZR 137/04 - FamRZ 2007, 375.
[274] BGH v. 04.05.2011 - XII ZR 70/09 - FamRZ 2011, 1041 = NJW 2011, 1875.

§ 1603

244 Dies gilt immer dann, wenn beide Elternteile barunterhaltspflichtig sind, insbesondere also gegenüber privilegiert volljährigen Kindern nach § 1603 Abs. 2 Satz 2 BGB,[275] aber auch dann, wenn beide Eltern ihren minderjährigen Kindern Barunterhalt schulden, wie dies beim echten Wechselmodell[276] oder dann der Fall ist, wenn beide Eltern für einen Mehrbedarf des Kindes, etwa den Kindergartenbeitrag, haften.[277]

245 Gegenüber einem Anspruch auf **Ehegattenunterhalt** gilt ein höherer Selbstbehalt (vgl. die Kommentierung zu § 1361 BGB Rn. 388).[278] Diese unterschiedlichen Selbstbehaltssätze sind bei der **Mangelfallberechnung** zu beachten (vgl. Rn. 362 ff.). Zum Selbstbehalt beim **Elternunterhalt** vgl. Rn. 1269.

246 Der BGH beanstandet nicht, wenn dem Unterhaltspflichtigen und seiner Ehefrau beim Volljährigenunterhalt im Regelfall ein **Familienselbstbehalt** zugebilligt werde, wie ihn die Düsseldorfer Tabelle und die unterhaltsrechtlichen Leitlinien für den **Elternunterhalt** vorsehen. Maßgeblich sei, dass der Unterhaltspflichtige nach der zwischenzeitlich eingetretenen wirtschaftlichen Selbstständigkeit seines volljährigen Kindes mit keiner weiteren Unterhaltspflicht für diesen zu rechnen brauchte und sein Vertrauen hierauf deswegen – wie beim Elternunterhalt – besonders schutzwürdig ist.[279]

247 Ein Kind, das die Phase **vor seiner Erstausbildung** durch **Berufsorientierungspraktika** oder ähnliche Tätigkeiten überbrückt, ist jedoch **noch nicht wirtschaftlich selbstständig** im vorbezeichneten Sinne.[280]

3. Eigenbedarf des Unterhaltsberechtigten

248 Auch auf Seiten des Unterhaltsberechtigten wird mit bestimmten Mindestsätzen gearbeitet, die hier allerdings nicht als Selbstbehalt, sondern als Eigenbedarf bezeichnet werden. Ihnen liegt aber die gleiche Überlegung zugrunde, dass jeder Person ein Mindestbetrag zur Sicherung der lebensnotwendigen Kosten verbleiben muss.

249 Der Mindestunterhalt minderjähriger **Kinder** ist jetzt in § 1612a BGB in Anlehnung an das sächliche **Existenzminimum im Steuerrecht** gesetzlich definiert.[281] Auch beim Ehegattenunterhalt und beim Unterhalt des kinderbetreuenden nichtehelichen Mutter aus § 1615l BGB geht der BGH inzwischen von einem **Mindestbedarf** in Höhe des Existenzminimums aus.[282]

250 Das Existenzminimum des Unterhaltsberechtigten ist ebenso zu bemessen wie das des Unterhaltspflichtigen.[283] Daher bietet sich ein Rückgriff auf die Düsseldorfer Tabelle an, wie ihn der BGH auch durchgeführt hat,[284] allerdings beschränkt auf den Bedarf (**ohne Erwerbsanreiz**). Denn die Situation des Unterhaltsberechtigten ist mit derjenigen des Unterhaltspflichtigen nicht vergleichbar, sodass ein Zuschlag zum Erwerbsanreiz nicht anzuerkennen ist.[285]

251 In den Tabellen wird jedoch noch zwischen dem notwendigen Eigenbedarf eines **Erwerbstätigen** und eines **Nicht-Erwerbstätigen** unterschieden.

252 Soweit der Unterhaltsberechtigte einem neuen Partner den Haushalt führt und dennoch ein Unterhaltsanspruch besteht, wird auch hier der Selbstbehaltsbetrag für einen Nicht-Erwerbstätigen in Ansatz gebracht,[286] denn die Haushaltsführung für einen neuen Partner ist nicht mit einer vollschichtigen Erwerbstätigkeit gleichzustellen.

---

[275] BGH v. 12.01.2011 - XII ZR 83/08 - juris Rn. 33 ff. - FamRZ 2011, 454.
[276] BGH v. 21.12.2005 - XII ZR 126/03 - juris Rn 14 ff. - FamRZ 2006, 1015.
[277] BGH v. 26.11.2008 - XII ZR 65/07 - juris Rn. 32 - FamRZ 2009, 962.
[278] BGH v. 15.03.2006 - XII ZR 30/04 - FamRZ 2006, 683 mit Anm. *Büttner*.
[279] BGH v. 18.07.2012 - XII ZR 91/10 - FamRZ 2012, 1553.
[280] Vgl. BGH v. 03.07.2013 - XII ZB 220/12 - FamRZ 2013, 1375.
[281] Zum Existenzminimum nach den §§ 20, 28 SGB II vgl. BVerfG v. 09.02.2010 - 1 BvL 1/09, 1 BvL 3/09, 1 BvL 4/09 - FamRZ 2010, 429 mit Anm. *Schürmann*.
[282] BGH v. 17.03.2010 - XII ZR 204/08; BGH v. 13.01.2010 - XII ZR 123/08 - FamRZ 2010, 444 = NJW 2010, 1138 = FF 2010, 204 mit Anm. *Schumann*; BGH v. 16.12.2009 - XII ZR 50/08 - FamRZ 2010, 357 mit Anm. *Maier* = NJW 2010, 937 mit Anm. *Hoppenz*; *Graba*, FF 2010, 150; BGH v. 17.02.2010 - XII ZR 140/08 - FamRZ 2010, 629.
[283] *Klinkhammer*, FamRZ 2010, 845, 848.
[284] BGH v. 16.12.2009 - XII ZR 50/08 - FamRZ 2010, 357, 361.
[285] *Klinkhammer*, FamRZ 2010, 845, 848.
[286] OLG Hamm v. 30.06.2006 - 11 UF 10/06 - FamRZ 2006, 1538, 1539.

4. Werte der Düsseldorfer Tabelle für den Selbstbehalt seit 2013

Nach der Düsseldorfer Tabelle gelten (seit 01.01.2013 unverändert) die folgenden Selbstbehaltssätze, in denen jeweils auch Anteile für Unterkunft (Miete einschließlich umlagefähiger Nebenkosten und Heizung) enthalten sind:

Selbstbehalt des Unterhaltspflichtigen	
Gegenüber Unterhaltsprüchen des minderjährigen und des privilegierten volljährigen Kindes	
Selbstbehalt des nicht erwerbstätigen Unterhaltspflichtigen	800 €
Selbstbehalt des erwerbstätigen Unterhaltspflichtigen	1.000 €
Gegenüber Unterhaltsprüchen des (getrennt lebenden oder geschiedenen) Ehegatten	1.100 €
Eigenbedarf des Unterhaltsberechtigten	
Eigenbedarf (Existenzminimum) des (getrennt lebenden oder geschiedenen) unterhaltsberechtigten Ehegatten	
falls erwerbstätig	1.000 €
falls nicht erwerbstätig	700 €
Eigenbedarf des Ehegatten des Unterhaltspflichtigen	
Getrennt lebender oder geschiedener Ehegatte	
gegenüber einem nachrangigen geschiedenen Ehegatten	1.100 €
gegenüber nicht privilegierten volljährigen Kindern	1.200 €
Im gleichen Haushalt lebender Ehegatte	
gegenüber einem nachrangigen geschiedenen Ehegatten	880 €
gegenüber nicht privilegierten volljährigen Kindern	960 €
Elternunterhalt	
angemessener Selbstbehalt des Unterhaltspflichtigen (incl. 450 € Warmmiete)	1.600 € (zzgl. 50% des darüber hinausgehenden Einkommens, bei Vorteilen des Zusammenlebens in der Regel 45% des darüber hinausgehenden Einkommens)
angemessener Bedarf seines Ehegatten (einschließlich 350 € Warmmiete) mindestens	1.280 €
Unterhaltsanspruch des nichtehelichen Elternteils (§ 1615l BGB)	
Bedarf des Unterhaltsberechtigten mindestens	800 €
Selbstbehalt des Pflichtigen i.d.R. (einschließlich 400 € Warmmiete)	1.100 €

Für das **Jahr 2015** sind die folgenden Selbstbehaltssätze angekündigt:

	Selbstbehalt	Darin enthalten Kosten des Wohnens
Notwendiger Selbstbehalt nicht Erwerbstätiger	880,00 €	380,00 €
Notwendiger Selbstbehalt Erwerbstätiger	1.080,00 €	380,00 €
billiger Selbstbehalt (gegenüber Ehefrau)	1.200,00 €	430,00 €
angemessener Selbstbehalt (gegenüber volljährigen Kindern in der Ausbildung)	1.300,00 €	480,00 €
Sockelselbstbehalt im Verhältnis zu Eltern, Enkeln	1.800,00 €	480,00 €
Familiensockelselbstbehalt im Verhältnis zu Eltern, Enkeln, volljährigen Kindern	3.240,00 €	860,00 €

5. Erhöhung des Selbstbehaltes/erhöhte Wohnkosten

Der Selbstbehalt kann angemessen **erhöht** werden, wenn der Pflichtige für die Deckung seines **Wohnbedarfs dauerhaft unvermeidbare Mehrkosten in erheblichen Umfang** aufbringen muss, wenn der **ausgewiesene Mietanteil** im Einzelfall erheblich überschritten wird und dies nicht vermeidbar war.[287]

---

[287] OLG Schleswig v. 20.12.2013 - 15 WF 414/13 - NZFam 2014, 425.

§ 1603

255 Kritisiert wird, dass eine **Erhöhung des Selbstbehalts wegen erhöhter Wohnkosten** eine auf den konkreten Einzelfall gerichtete mögliche und im Ergebnis eher schwer erzielbare Modifikation darstellt.[288] Der Unterhaltsschuldner müsse sehr viele Einzelfallumstände anführen (z.B. Auseinandersetzung mit den konkreten Einsparmöglichkeiten; Häufigkeit des Umgangs; Höhe etwaiger Umzugskosten; Anzahl, Alter und individuelle Bedürfnisse der Kinder; etwaige besondere Lebensumstände des Unterhaltspflichtigen; Zeitpunkt der Anmietung; konkrete Situation auf dem örtlichen Wohnungsmarkt, Anspruch auf staatliches Wohngeld; Art und Höhe der Unterhaltsschuld). Nicht zu unterschätzen sei auch, dass der Verfahrensgegner ebenfalls die Möglichkeit hat, Angebote für preisgünstigeren Wohnraum, etwa im Wege einer Internetrecherche, aufzuzeigen, um etwaigen Vortrag zu widerlegen.

256 Als Maßstab, an denen sich eine im konkreten Einzelfall als erforderlich erweisende Modifikation auszurichten hat, werden dabei in erster Linie die Unvermeidbarkeit erhöhter Wohnkosten, beispielsweise in besonders teuren städtischen Ballungsräumen genannt; die Erheblichkeit der Abweichung von den Tabellenansätzen und deren Dauerhaftigkeit, also die Frage nach den Möglichkeiten, auf hohe Wohnkosten zu reagieren.[289]

257 Auch wenn keine Umstände vorgetragen wurden, dass die im Selbstbehalt enthaltenen Wohnkosten vom Unterhaltspflichtigen nach den Umständen unvermeidbar überschritten wurden, kann **ausnahmsweise der Selbstbehalt erhöht werden,** wenn der Unterhaltspflichtige SGB II-Leistungen bezieht, in denen auch erhöhte Wohnkosten anerkannt wurden. Hier wäre es nach Auffassung des OLG Hamm unbillig, auf der einen Seite seine tatsächlichen Wohnkosten fiktiv zu mindern, indem der Selbstbehalt nicht erhöht wird, ohne auf der anderen Seite zu berücksichtigen, dass die SGB II-Leistungen gerade auch auf seinen tatsächlichen (hohen) Wohnkosten beruhen. Würde er eine günstigere Wohnung beziehen, deren Kosten die im Selbstbehalt enthaltenen Wohnkosten nicht übersteigen, so würden sich die SGB II-Leistungen auf einen Betrag unterhalb des Selbstbehaltes verringern.[290]

258 Die tatsächliche Überschreitung des in den Tabellenbeträgen ausgewiesenen Betrages für Warmmiete muss **erheblich und unvermeidbar** sein, wobei der Unterhaltsschuldner gehalten ist, sich um eine preisgünstigere Wohnung zu bemühen und Wohnkosten durch die Inanspruchnahme von Wohngeld zu senken. Er hat **darzulegen und zu beweisen**, dass er dieser Obliegenheit nachgekommen ist. Der Verweis auf einen Mietspiegel ersetzt keinen konkreten Vortrag.[291]

259 Jedoch scheidet die **Berufung auf eigenes Fehlverhalten** aus, so z.B. wenn der Unterhaltspflichtige sich darauf beruft, dass er nach häuslicher Gewalt aufgrund eines polizeilichen Platzverweises die eheliche Wohnung verlassen musste und es ihm deshalb nicht möglich gewesen sei, in dem eigentlich gebotenen Maße nach einer günstigen Wohnung zu suchen.

260 Es gelten die gleichen Grundsätze, die für die Berücksichtigungsfähigkeit von Schulden des Unterhaltspflichtigen bei der Ermittlung seiner unterhaltsrechtlichen Leistungsfähigkeit anerkannt sind. Folglich sei eine **umfassende Interessenabwägung** vorzunehmen. Dabei müsse das Interesse des minderjährigen Kindes an angemessenen Unterhaltszahlungen abgewogen werden mit den Wohnbedürfnissen des Unterhaltspflichtigen. Regelmäßig sei ein erhöhter Wohnbedarf auch nur als **Übergangslösung** unterhaltsrechtlich anzuerkennen.[292] Die gesetzlichen **Kündigungsfristen** für die Wohnung sind zu beachten.[293]

261 Auch wer minderjährigen Kindern gegenüber unterhaltspflichtig ist, soll auch bei hohen Mietkosten **während des Trennungsjahres nicht verpflichtet sein, die Ehewohnung zu kündigen,** damit der Mindestunterhalt sichergestellt ist. Er könne sich auf einen erhöhten Selbstbehalt berufen.[294] Denn in der **Anfangsphase der Trennung** sei nicht hinreichend sicher voraussehbar, ob die Ehe geschieden wird, **so dass es grundsätzlich sachgerecht erscheint, den bisherigen räumlichen Bereich der Fa**milie zunächst weiter zu erhalten.[295]

---

[288] *Schuldei*, NZFam 2014, 425.
[289] KG Berlin v. 24.02.2012 - 17 WF 25/12 - FuR 2012, 490.
[290] OLG Hamm v. 09.10.2013 - 8 WF 184/13.
[291] OLG Schleswig v. 20.12.2013 - 15 WF 414/13.
[292] KG Berlin v. 24.02.2012 - 17 WF 25/12 - FuR 2012, 490; OLG Köln v. 30.07.2012 - 4 UF 49/12 - FamFR 2012, 439.
[293] OLG Köln v. 19.07.2013 - 10 WF 65/13 - FF 2013, 417 = FamFR 2013, 464.
[294] OLG Köln v. 19.07.2013 - 10 WF 65/13 - FF 2013, 417 = FamFR 2013, 464.
[295] OLG Köln v. 19.07.2013 - 10 WF 65/13 - FF 2013, 417 = FamFR 2013, 464.

Generell ergeben sich **weitere Einschränkungen aus § 1603 Abs. 2 BGB. Vom gesteigert Unter- 262
haltspflichtigen** ist zu erwarten, sich in seinen Wohnbedürfnissen im Interesse der minderjährigen
Kinder sowohl **hinsichtlich der Lage der Wohn**ung als auch deren Größe einzuschränken.[296]

Die Bindung des Unterhaltspflichtigen zu seinen Kindern hindert eine weitere räumliche Entfernung 263
nicht, wenn ein **Umgang** lediglich alle 14 Tage am Wochenende und in den Ferien stattfindet.[297]

Auch **Besuche der Kinder im Rahmen des Umgangs** erfordern keine höheren Wohnkosten. Im Man- 264
gelfall ist den Kindern besser gedient, wenn ihnen weitere finanzielle Mittel für ihren Lebensunterhalt
zur Verfügung stehen als ein eigenes Zimmer bei Umgangskontakten. Den Kindern wäre Umgang ohne
eigenes Zimmer zuzumuten.[298]

Bei geringen **Wohnkosten** kann jedoch keine entsprechende **Reduzierung des Selbstbehalts** ange- 265
nommen werden.[299] Kommt dem Unt**erhaltspfl**ichtigen das anteilige Kindergeld gem. § 1612b Abs. 5
BGB nicht voll zugute, können nach der Rechtsprechung des BGH die angemessenen **Kosten** der Ausübung des **Umgangsrechts** zu einer maßvollen Erhöhung des Selbstbehalts führen (vgl. ausführlich
dazu die Kommentierung zu § 1610 BGB Rn. 166).[300]

6. Herabsetzung des Selbstbehaltes

In bestimmten Fällen kann aber eine Unterhaltspflicht bestehen, obwohl der ursprüngliche notwendige 266
Selbstbehalt unterschritten ist. Der Selbstbehalt kann also auch **herabgesetzt** werden.

a. Mietanteil/verminderte Wohnkosten

Die Herabsetzung des Selbstbehaltes kommt **nicht** in Betracht, wenn der Pflichtige preisgünstiger 267
wohnt als es den in den Mindestselbstbehaltssätzen der Tabellen eingearbeiteten Beträgen für die
Warmmiete entspricht.[301] Denn es unterliegt grundsätzlich der freien Disposition des Unterhaltspflichtigen, wie er die ihm zu belassenden ohnehin knappen Mittel nutzt. Ihm ist es deshalb nicht verwehrt, seine Bedürfnisse anders als in den Unterhaltstabellen vorgesehen zu gewichten und sich z.B.
mit einer preiswerteren Wohnung zu begnügen, um zusätzliche Mittel für andere Zwecke, etwa für Bekleidung, Urlaubsreisen oder kulturelle Interessen, einsetzen zu können.[302]

Der Selbstbehalt bleibt auch dann unverändert, wenn der Bedarf ganz oder teilweise **durch Verwandte** 268
gedeckt wird. Lebt der Unterhaltspflichtige mietfrei im Haus seiner **Eltern** und wird er zudem im elterlichen Haushalt verköstigt, so erhöht sich dadurch nicht sein Einkommen, denn es handelt sich um
eine Zuwendung aus dem Familienkreis. Bei solchen Leistungen spricht die tatsächliche Vermutung
dafür, dass sie allein dem begünstigten Familienangehörigen zugutekommen sollen.[303] Daher führt
mietfreies Wohnen des Unterhaltspflichtigen bei seinen Eltern jedenfalls dann nicht zur Kürzung des
Selbstbehaltes, wenn von einer nachhaltigen Senkung der Kosten der eigenen Lebenshaltung nicht ausgegangen werden kann[304] (vgl. Rn. 205).

---

[296] OLG Schleswig v. 20.12.2013 - 15 WF 414/13.
[297] OLG Schleswig v. 20.12.2013 - 15 WF 414/13.
[298] OLG Schleswig v. 20.12.2013 - 15 WF 414/13.
[299] BGH v. 25.06.2003 - XII ZR 63/00 - NJW-RR 2004, 217-220; OLG Frankfurt v. 29.09.1994 - 6 UF 198/93 -
FamRZ 1995, 735; OLG Frankfurt v. 18.01.1999 - 15 W 140/98 - EzFamR aktuell 1999, 173; *Scholz* in:
Wendl/Staudigl, Das Unterhaltsrecht in der familienrichterlichen Praxis, 6. Aufl. 2004, § 2 Rn. 270; dagegen für
eine Reduzierung im Mangelfall OLG Dresden v. 11.03.1999 - 10 UF 722/98 - NJW-RR 1999, 1164.
[300] BGH v. 23.02.2005 - XII ZR 56/02 - NJW 2005, 1493-1495.
[301] BGH v. 25.06.2003 - XII ZR 63/00 - NJW-RR 2004, 217-220 und BGH v. 08.06.2005 - XII ZR 75/04; OLG
Braunschweig v. 18.10.2012 - 1 UF 158/12 - FamRZ 2013, 1404; OLG Hamm v. 26.10.2005 - 11 UF 83/05 -
FamRZ 2006, 809.
[302] BGH v. 23.08.2006 - XII ZR 26/04 - FamRZ 2006, 1664 mit zust. Anm. *Schürmann*; OLG Braunschweig v.
18.10.2012 - 1 UF 158/12 - FamRZ 2013, 1404; OLG Hamm v. 17.11.2005 - 6 UF 145/04 - FamRZ 2006,
952-953; OLG Karlsruhe v. 13.09.2005 - 16 (20) UF 76/05 - FamRZ 2005, 2091; OLG Hamm v. 04.03.2003 -
9 UF 281/02 - FamRZ 2003, 1214, anders OLG Brandenburg v. 23.12.2010 - 9 UF 79/10 - FamFR 2011, 31; OLG
Köln v. 11.09.2009 - 4 WF 130/09 - FamRZ 2010, 130; OLG Hamm v. 28.04.2009 - II-13 UF 2/09, 13 UF 2/09
- NJW 2009, 3446.
[303] OLG Frankfurt v. 18.06.2007 - 2 WF 210/07 - OLGR Frankfurt 2007, 787.
[304] OLG Hamm v. 22.02.2007 - 3 UF 250/06 - FamRZ 2007, 1124.

§ 1603

b. Zusammenleben mit einem neuen Partner

aa. Ersparnis durch gemeinsame Haushaltsführung (Synergieeffekt)

269 Der notwendige Selbstbehalt ist der Betrag, den der Unterhaltspflichtige benötigt, um seinen eigenen notwendigen Mindestbedarf sicherzustellen. Wird aber dieser **Bedarf auf andere Weise sichergestellt**, steht der Selbstbehalt der Zahlungspflicht für Unterhalt nicht entgegen. Dies kann der Fall sein, wenn der Unterhaltspflichtige mit einem neuen Partner zusammenlebt und es deshalb zu einer **Ersparnis durch die gemeinsame Haushaltsführung** kommt („Synergieeffekt").[305]

270 Der Selbstbehalt eines Unterhaltspflichtigen kann um die **durch eine gemeinsame Haushaltsführung eintretende Ersparnis**, höchstens jedoch bis auf sein Existenzminimum nach sozialhilferechtlichen Grundsätzen herabgesetzt werden,[306] und zwar unabhängig von der Frage, ob die Partner verheiratet sind. Abgestellt wird nicht auf die bestehenden Ansprüche, sondern auf den **Synergieeffekt**, der sich normalerweise rein faktisch beim Zusammenleben zweier Personen ergibt. Entscheidend ist demnach, ob der Unterhaltsschuldner wegen des Synergieeffekts objektiv betrachtet ohne Einbußen günstiger lebt und seinen Lebensstandard mit geringeren Mitteln aufrechterhalten kann als ein allein lebender Unterhaltsschuldner.[307]

271 **Synergieeffekte** durch das Zusammenleben des Unterhaltspflichtigen in einer neuen Ehe sind auch zu nutzen, soweit im Rahmen der Leistungsfähigkeitsprüfung gegenüber einem geschiedenen und einem gleichrangigen neuen Ehegatten bei der Billigkeitsabwägung eine **Dreiteilung** des vorhandenen Einkommens erfolgt.[308]

272 Jedoch kann ein solcher Vorteil nicht in Ansatz gebracht werden, wenn der Lebensgefährte über kein ausreichendes Einkommen verfügt, um seinen eigenen Bedarf sicherzustellen.[309] Denn eine gemeinsame Haushaltsführung kann dem Unterhaltspflichtigen nur dann Kosten ersparen, wenn auch der Lebensgefährte über ausreichende Einkünfte, und sei es nur aus eigenem Sozialhilfebezug, verfügt, um sich an den Kosten der Lebensführung zu beteiligen.[310] Übersteigt das Einkommen des Lebensgefährten den Betrag nicht, der bei Ehegatten dem Selbstbehalt entspricht, ist eine Haushaltsersparnis deshalb nicht gesondert zu berücksichtigen.[311]

273 Eine etwa bestehende **unzureichende eigene Fähigkeit der Lebenspartnerin** des Unterhaltspflichtigen, zu den gemeinsamen Kosten für Wohnung und allgemeine Lebensführung angemessen beitragen zu können, was einer Reduzierung des notwendigen Selbstbehalts im Einzelfall entgegenstehen könnte, muss vom dafür **darlegungs- und beweispflichtigen Unterhaltspflichtigen** (substantiiert) vorgetragen werden.[312]

274 Auch kann der **Unterhaltspflichtige** im Einzelfall **darlegen und ggf. beweisen**, dass trotz des Zusammenlebens **keine konkrete Ersparnis** eintritt.[313]

275 Der Unterhaltspflichtige trägt die volle **Darlegungs- und Beweislast** dafür, dass keine Ersparnis anfällt, etwas weil der neue Partner nicht leistungsfähig ist.[314]

---

[305] BGH v. 09.01.2008 - XII ZR 170/05 - FamRZ 2008, 594 mit Anm. *Borth* und krit. Anm. *Weychardt* = FamRZ 2008, 778 = *Graba*, FPR 2008, 176-177 = NJW 2008, 1377 mit Anm. *Born* = kritisch *Schwamb*, FF 2008, 160; BGH v. 06.02.2008 - XII ZR 14/06 - FamRZ 2008, 968 mit Anm. *Maurer*.

[306] BGH v. 09.01.2008 - XII ZR 170/05 - FamRZ 2008, 594 mit Anm. *Borth* und krit. Anm. *Weychardt* = FamRZ 2008, 778 = FPR 2008, 176 m. Anm. *Graba*; anders beim Elternunterhalt BGH v. 25.06.2003 - XII ZR 63/00 - FamRZ 2004, 186 mit Anm. *Schürmann*; kritisch *Schwamb*, FF 2008, 160 und *Maurer*, FamRZ 2008, 975, 978.

[307] OLG Karlsruhe v. 04.08.2008 - 2 UF 31/08 - NJW 2008, 3290.

[308] BGH v. 19.03.2014 - XII ZB 19/13 - FamRZ 2014, 912 mit Anm. *Borth*, FamRZ 2014, 915 und *Graba*, NJW 2014, 1593.

[309] BGH v. 17.10.2012 - XII ZR 17/11 - NJW 2013, 1305 = FamRZ 2013, 868 mit Anm. *Hauß*; BGH v. 17.03.2010 - XII ZR 204/08 - FamRZ 2010, 802; BGH v. 09.01.2008 - XII ZR 170/05 - FamRZ 2008, 594; OLG Hamm v. 26.10.2005 - 11 UF 83/05 - FamRZ 2006, 809; vgl. auch BGH v. 12.04.2006 - XII ZR 31/04 - FamRZ 2006, 1010 mit Anm. *Borth*; *Maurer*, FamRZ 2008, 975, 978; OLG Nürnberg v. 05.12.2005 - 10 UF 826/05 - ZFE 2006, 116; vgl. *Thormeyer*, FamRB 2013, 133, 134.

[310] BGH v. 09.01.2008 - XII ZR 170/05 - FamRZ 2008, 594 mit Anm. *Borth* = FamRZ 2008, 778 m. Anm. *Weychardt* = FPR 2008, 176 m. Anm. *Graba*; OLG Dresden v. 29.09.2008 - 24 UF 450/07 - FamRZ 2009, 1497 [LS]; OLG Hamm v. 14.08.2009 - 13 UF 83/09 - FamRZ 2010, 383-384.

[311] BGH v. 17.10.2012 - XII ZR 17/11 - FamRZ 2013, 868.

[312] OLG Brandenburg v. 13.03.2014 - 9 UF 106/13.

[313] BGH v. 09.01.2008 - XII ZR 170/05 - FamRZ 2008, 594; BGH v. 17.03.2010 - XII ZR 204/08.

[314] BGH v. 17.03.2010 - XII ZR 204/08 - FamRZ 2010, 802.

bb. Höhe der Anrechnung

Der auftretende „Synergieeffekt" ist – in der Regel hälftig[315] – auf die zusammenlebenden Partner zu verteilen.[316] Denn die Vorteile durch gemeinsame Haushaltsführung müssen allen Mitgliedern der Bedarfsgemeinschaft zugerechnet werden.[317] Der maßgebliche Betrag kann im gerichtlichen Verfahren gem. § 113 FamFG, § 287 ZPO **geschätzt** werden.[318] Hierzu ist allerdings ausreichender **Sachvortrag** erforderlich. 276

Der BGH hat bestätigt, die durch **Synergieeffekte** eintretende **Haushaltsersparnis** der Höhe nach mit 10% anzusetzen.[319] 277

Die **Darlegungs- und Beweislast** des Unterhaltsschuldners für seine Leistungsunfähigkeit bezieht sich auch auf die Frage, in welcher Höhe ihm ein Selbstbehalt zusteht.[320] 278

Besteht eine tatsächliche Lebensgemeinschaft, hat der **Unterhaltspflichtige** darzulegen und zu beweisen, dass der Partner keine Leistungen zum gemeinsamen Lebensunterhalt beiträgt und keine Ersparnisse durch das gemeinsame Wirtschaften eintreten.[321] Der Unterhaltspflichtige trägt also auch die volle **Darlegungs- und Beweislast** dafür, dass der neue Partner nicht leistungsfähig ist.[322] 279

7. Weitere Besonderheiten

Für den Unterhaltsanspruch ist nach Art. 18 Abs. 1 EGBGB deutsches Recht maßgeblich. Dabei sind auch die weiteren Unterhaltspflichten des Verpflichteten und sein Selbstbehalt zu berücksichtigen. Die hierfür einzusetzenden Beträge müssen sich nach Art. 18 Abs. 7 EGBGB an den **konkreten wirtschaftlichen Bedürfnissen des Unterhaltsberechtigten und den konkreten Verhältnissen des Unterhaltsverpflichteten** orientieren. Das bedingt einen Kaufkraftvergleich, wenn beide Parteien in unterschiedlichen Ländern wohnen. 280

In **Fällen mit Auslandbezug** kann die Düsseldorfer Tabelle grundsätzlich herangezogen werden, um Bedarf und Leistungsfähigkeit zu ermitteln. Im Verhältnis zu Staaten, die sich an der Kaufkraftparitätenermittlung durch Eurostat beteiligen, ist auf den in der Statistik enthaltenen Preisniveauindex abzustellen.[323] 281

---

[315] Vgl. BGH v. 09.01.2008 - XII ZR 170/05 - FamRZ 2008, 594 mit Anm. *Borth* = FamRZ 2008, 778 m. Anm. *Weychardt* = FPR 2008, 176 m. Anm. *Graba*.

[316] OLG Stuttgart v. 08.04.2004 - 16 UF 25/04 - FamRZ 2005, 54 und OLG Hamm v. 24.03.2004 - 11 UF 48/04 - FamRZ 2005, 53; vgl. auch BGH v. 21.01.2009 - XII ZR 54/06 - FamRZ 2009, 762 = FPR 2009, 242 mit Anm. *Peschel-Gutzeit*.

[317] *Schürmann*, FF 2005, 157, 159.

[318] Vgl. die stark kasuistische Rspr.: OLG Nürnberg v. 23.05.2012 - 7 UF 159/12; OLG München v. 10.10.2003 - 30 UF 285/03 - FamRZ 2004, 485; OLG Rostock v. 06.10.2004 - 10 UF 33/04 - FamRZ 2005, 1004-1005; OLG Brandenburg v. 05.03.2007 - 10 WF 13/07 - ZFE 2007, 271; OLG Brandenburg v. 06.02.2007 - 10 UF 157/06 - NJW 2008, 81, 82; OLG Brandenburg v. 08.12.2009 - 10 UF 17/05; OLG Brandenburg v. 01.08.2006 - 10 UF 203/05 - OLGR Brandenburg 2007, 132; OLG Nürnberg v. 24.06.2004 - 7 UF 441/04 - ZFE 2005, 99; OLG Dresden v. 15.03.2007 - 21 UF 518/06 - FamRZ 2007, 1477; OLG Hamm v. 08.01.2003 - 8 WF 296/02 - FamRZ 2003, 1210; OLG Hamm v. 14.10.2003 - 11 WF 171/03 - FamRZ 2004, 1036; OLG Hamm v. 24.03.2004 - 11 UF 48/04 - FamRZ 2005, 53; OLG Hamm v. 25.10.2005 - 2 WF 380/05 - FamRZ 2006, 888; OLG Düsseldorf v. 08.03.2006 - II-8 WF 3/06 - FamRZ 2006, 1701; OLG Koblenz v. 09.07.2007 - 13 UF 299/07 - FamRZ 2008, 173; OLG Düsseldorf v. 07.12.2006 - 9 UF 67/06 - FamRZ 2007, 1039, 1041; OLG Hamm v. 01.02.2010 - 4 UF 151/09 - FamRZ 2010, 1452; OLG Brandenburg v. 14.12.2010 - 10 UF 131/10; OLG Nürnberg v. 05.12.2005 - 10 UF 826/05 - ZFE 2006, 116; *Soyka*, FuR 2004, 1, 8; *Schürmann*, FF 2005, 157, 159; *Schael*, FuR 2006, 6.

[319] Vgl. BGH v. 19.03.2014 - XII ZB 19/13 - FamRZ 2014, 912 mit Anm. *Borth*, FamRZ 2014, 915 und *Graba*, NJW 2014, 1593; BGH v. 30.01.2013 - XII ZR 158/10 - juris Rn. 44 f. - FamRZ 2010, 1535; OLG Brandenburg v. 13.03.2014 - 9 UF 106/13.

[320] AG Ludwigslust v. 13.01.2005 - 5 F 69/03 - FamRZ 2005, 1262.

[321] BGH v. 09.01.2008 - XII ZR 170/05 - FamRZ 2008, 594 mit Anm. *Borth* = FamRZ 2008, 778 m. Anm. *Weychardt* = FPR 2008, 176 m. Anm. *Graba*; *Heistermann*, FamRZ 2006, 742, 743.

[322] BGH v. 17.03.2010 - XII ZR 204/08 - FamRZ 2010, 802.

[323] Empfehlungen des Vorstands des Deutschen Familiengerichtstags 2011 - FamRZ 2011, 1923.

§ 1603

282 Wenn der **Unterhaltsschuldner** im **Ausland** lebt, ist bei der **Bedarfsberechnung** für den **Berechtigten** das gegebenenfalls tiefere oder höhere Niveau der dortigen Lebenshaltungskosten zu berücksichtigen.[324] Die Kaufkraftbereinigung beim Wohnsitz des Unterhaltpflichtigen im Ausland ist also erst beim Bedarf des Unterhaltsberechtigten vorzunehmen (vgl. auch die Kommentierung zu § 1606 BGB Rn. 22 ff.).[325]

283 Die erforderliche **Kaufkraftbereinigung** von in der Schweiz erzieltem Einkommen kann einschließlich der Berücksichtigung der Währungsparitäten anhand des vom Statistischen Amt der Europäischen Union (**Eurostat**) ermittelten „vergleichenden Preisniveaus des Endverbrauchs der privaten Haushalte einschließlich indirekter Steuern" erfolgen.[326] Aus dem so umgerechneten Einkommen bestimmt sich der Bedarf des unterhaltsberechtigten Kindes (vgl. dazu die Kommentierung zu § 1610 BGB Rn. 7).

284 Macht **ein in den USA lebender Unterhaltsschuldner** geltend, auf Grund des bestehenden Kaufkraftgefälles in den USA sei der ihm zu belassende Selbstbehalt zu erhöhen, ist dieser Vortrag unsubstantiiert, da es auf den Bundesstaat, in dem der Unterhaltsschuldner lebt und arbeitet und nicht auf die USA als solche ankommt[327].

285 Der BGH hat es ablehnt, einem in den **Niederlanden** lebenden Unterhaltspflichtigen einen höheren Selbstbehalt zuzugestehen.[328] Jedenfalls wenn sich die Kaufkraft des Euro in den einzelnen Staaten nur geringfügig unterscheidet (nur um 4,4% erhöhte Lebenshaltungskosten für die Niederlande), sei ein Kaufkraftausgleich regelmäßig nicht geboten.

286 Im Vergleich zwischen **London** und Frankfurt am Main ist das in London erzielte durchschnittliche Nettoeinkommen um 33,4% herabzusetzen.[329]

287 Der Eigenbedarf eines **in der Türkei** lebenden **Unterhaltspflichtigen** ist mit einer Ersparnis von rund 1/3 gegenüber einem in Deutschland lebenden Unterhaltspflichtigen an die Lebensverhältnisse im Ausland anzupassen.[330]

288 Dass der **Unterhaltspflichtige** in **Belgien** lebt, erfordert angesichts des nur geringfügigen Kaufkraftunterschiedes zwischen Deutschland und Belgien nicht, andere Beträge in die Berechnung einzusetzen, als in der Düsseldorfer Tabelle vorgesehen.[331]

289 Das OLG Hamm stellt bei einem Unterhaltsanspruch eines in **China** geborenen Kindes darauf ab, dass sowohl der Unterhaltsberechtigte als auch der Unterhaltspflichtige Deutsche sind und der Unterhaltspflichtige seinen gewöhnlichen Aufenthalt in der Bundesrepublik Deutschland hat, da er eine eindeutige Rückkehrabsicht nach Deutschland habe. Dann sei der anzusetzende Unterhaltsbetrag nach deutschem Recht zu berechnen.[332]

290 Ausgehend von den Unterhaltsbeträgen der Düsseldorfer Tabelle ist der Bedarf eines in **Paraguay** lebenden Kindes unter Berücksichtigung der Verbrauchergeldparität und des Wechselkurses derart an die dortigen Lebensverhältnisse anzupassen, dass dem Kind dort ein Betrag zur Verfügung steht, dessen Kaufkraft dem deutschen Tabellenunterhalt entspricht.[333]

291 Allein der Umstand, dass der **Unterhaltsschuldner in Polen** lebt, führt nicht zur Mutwilligkeit einer Klage auf Zahlung des Mindestunterhalts.[334]

292 Das DIJuF-Rechtsgutachten v. 18.08.2011 befasst sich intensiv mit den unterhaltsrechtlichen Fragen, die während eines **Auslandsaufenthaltes** des Kindes auftreten.[335]

---

[324] Ausführlich *E. Unger/M. Unger*, FPR 2013, 19-23; zur steuerlichen Berücksichtigung von Unterhaltszahlungen ins Ausland vgl. *Kemper*, FPR 2013, 23-27.
[325] OLG Brandenburg v. 11.10.2007 - 10 UF 47/07 - FamRZ 2008, 1279-1280 m.w.N.
[326] OLG Oldenburg v. 19.10.2012 - 11 UF 55/12 - FamRZ 2013, 891.
[327] OLG Brandenburg v. 10.12.2013 - 10 UF 125/13.
[328] Vgl. BGH v. 03.07.2013 - XII ZB 220/12 - FamRZ 2013, 1375.
[329] AG Frankfurt v. 04.02.2004 - 35 F 4185/03 - 55, 35 F 4185/03 - FamRZ 2005, 1924.
[330] OLG Hamm v. 24.05.2005 - 2 UF 509/04 - FamRZ 2006, 124.
[331] OLG Hamm v. 21.08.2006 - 6 WF 221/06 - FamRZ 2007, 152-153.
[332] OLG Hamm v. 29.06.2009 - II-6 UF 225/08 - FamRZ 2009, 2009.
[333] AG Ludwigslust v. 21.09.2009 - 5 F 98/09 - FamRZ 2010, 737 (LS).
[334] OLG Oldenburg v. 29.06.2010 - 13 WF 92/10 - FamRZ 2010, 2095.
[335] Abgedruckt in JAmt 2011, 463-467.

VII. Die sog. Hausmann-/Hausfrau-Rechtsprechung

In der Praxis stellt sich vielfach das Problem, dass ein Elternteil in einer **neuen Ehe** die Rolle als **Hausfrau oder Hausmann** ohne Arbeits- und Vermögenseinkommen übernimmt. Gegenüber dem Anspruch seiner Kinder beruft er sich auf Leistungsunfähigkeit. Sind aus der neuen Ehe **keine betreuungsbedürftigen Kinder** hervorgegangen, so kann sich der unterhaltspflichtige Elternteil gegenüber den minderjährigen Kindern aus der früheren Ehe regelmäßig nicht auf eine Einschränkung seiner Leistungsfähigkeit durch die **Rollenwahl** der Haushaltsführung berufen.[336] Vielmehr muss er sich ggf. fiktive Einkünfte zurechnen lassen, aus denen die Unterhaltspflicht gegenüber seinem Kind zu erfüllen ist. Dies gilt auch dann, wenn der Unterhaltspflichtige in einer nichtehelichen Beziehung lebt. 293

Betreut der Unterhaltspflichtige ein **Kind aus einer neuen Beziehung**, kann er ebenfalls gegenüber dem Unterhaltsverlangen des Kindes aus erster Ehe nicht ohne weiteres auf mangelnde Leistungsfähigkeit verweisen. Denn dies würde gegen den Gleichrang der Kinder aus der früheren Ehe und der neuen Beziehung (§ 1609 BGB) verstoßen. Trotz neuer Eheschließung bleibt ein Elternteil einem minderjährigen Kind aus erster Ehe, das vom anderen Elternteil betreut wird, barunterhaltspflichtig, auch wenn er im Einvernehmen mit dem neuen Partner die Haushaltsführung und ggf. die Kindesbetreuung übernimmt. Dies hat der Bundesgerichtshof in der sog. **Hausmann-/Hausfrauenrechtsprechung** herausgearbeitet.[337] Inzwischen gilt dies nicht nur bei einer neuen Eheschließung, sondern auch bei einer Haushaltsführung in einer nichtehelichen Lebensgemeinschaft.[338] 294

Der geschiedene Elternteil ist einem minderjährigen Kind gegenüber auch dann unterhaltspflichtig, wenn er **drei minderjährige Kinder (davon eines im Säuglingsalter) aus seiner neuen Verbindung betreut** und der Bezugszeitraum des Erziehungs- oder Elterngeldes ausgelaufen ist; die Unterhaltspflicht steht seiner Erwerbsobliegenheit im Hinblick auf den unterhaltsrechtlichen Gleichrang aller seiner minderjährigen Kinder nicht entgegen.[339] 295

Dem Betreuungsbedarf der Kinder aus der neuen Verbindung während der stundenweisen, erwerbsbedingten Abwesenheit der Mutter kann Rechnung getragen werden. Der neue Ehegatte hat nämlich im Rahmen der ehelichen Aufgabenverteilung und im Verhältnis zu den Kindern aus früherer Verbindung keinen Anspruch darauf, dass die Kindesmutter unter Verzicht auf jegliche Erwerbstätigkeit die Haushaltsführung und Kindesbetreuung allein übernimmt. Er ist vielmehr gehalten, der Unterhaltspflichtigen durch Übernahme häuslicher Pflichten den zeitlichen Spielraum zu verschaffen, den sie zur **Erwirtschaftung des Mindestunterhalts für ihr anderes minderjähriges Kind** benötigt.[340] 296

Ist das Auskommen durch den **Familienunterhaltsanspruch** gegen den Ehegatten gedeckt, genügt ein erzieltes **Einkommen aus geringfügiger Beschäftigung**, um den Kindesunterhalt zu befriedigen. Ein solches Einkommen kann auf dem Arbeitsmarkt auch als ungelernte Kraft – beispielsweise durch Putztätigkeiten, häusliche Lohnarbeiten etc. – erwirtschaftet werden.[341] 297

Folglich darf sich der barunterhaltspflichtige Ehegatte nicht ohne weiteres auf die Betreuung und Versorgung der Angehörigen aus der neuen Familie beschränken, sondern muss in gleicher Weise auch für die minderjährigen und privilegiert volljährigen Kinder aus der ersten Ehe sorgen. Auch sein neuer Ehegatte muss nach § 1356 Abs. 2 BGB auf die bestehenden Unterhaltspflichten seines Ehegatten Rücksicht nehmen und ggf. dessen dadurch bedingte verminderte Mithilfe im Haushalt und seine arbeitsbedingte Abwesenheit hinnehmen.[342] Bei der Aufgabenverteilung in der neuen Ehe muss die beiderseits bekannte Unterhaltslast gegenüber Kindern aus früheren Ehen berücksichtigt werden.[343] 298

1. Billigung der Übernahme der Rolle als Hausmann/Hausfrau

Die Beschränkung auf die Rolle des Hausmanns bzw. der Hausfrau kann daher allenfalls unter engen Voraussetzungen unterhaltsrechtlich akzeptiert werden. Denn die Kinder aus der geschiedenen Ehe müssen die mit der **Rollenwahl** verbundene Reduzierung der Einkünfte und damit ihres Unterhalts nur 299

---

[336] BGH v. 18.10.2000 - XII ZR 191/98 - NJW-RR 2001, 361-363.
[337] Grundlegend BGH v. 07.11.1979 - IV ZR 96/78 - BGHZ 75, 272-279; BGH v. 12.04.2006 - XII ZR 31/04 - FamRZ 2006, 1010 mit Anm. *Borth*; BGH v. 05.10.2006 - XII ZR 197/02 - FamRZ 2006, 1827.
[338] BGH v. 21.02.2001 - XII ZR 308/98 - BGHZ 147, 19-28 = FamRZ 2001, 614 - 617.
[339] OLG Celle v. 17.12.2012 - 12 WF 258/12 - FamRZ 2013, 1140.
[340] OLG Celle v. 17.12.2012 - 12 WF 258/12 - FamRZ 2013, 1140.
[341] OLG Celle v. 17.12.2012 - 12 WF 258/12 - FamRZ 2013, 1140.
[342] BGH v. 13.03.1996 - XII ZR 2/95 - FamRZ 1996, 796.
[343] BGH v. 12.04.2006 - XII ZR 31/04 - FamRZ 2006, 1010 mit Anm. *Borth*.

§ 1603

dann hinnehmen, wenn das Interesse des Unterhaltpflichtigen und seiner neuen Familie an der gewählten Rollenverteilung ihr eigenes Interesse an der Beibehaltung der bisherigen Unterhaltssicherung deutlich überwiegt.

300 Dabei ist einmal zu prüfen, ob es **anerkennenswerte Gründe** für die in der neuen Beziehung getroffene **Rollenwahl** mit der Übernahme der Hausfrauen- bzw. Hausmanntätigkeit des aus seiner ersten Ehe unterhaltpflichtigen Partners gibt. Dabei gilt für die Frage, ob die Rollenwahl gerechtfertigt ist, ein strenger, auf enge Ausnahmefälle begrenzter Maßstab, der einen wesentlichen, den Verzicht auf die Aufgabenverteilung unzumutbar machenden Vorteil für die neue Familie voraussetzt.[344]

301 **Grundvoraussetzung** ist dabei die **Betreuung kleiner Kinder** aus der neuen Beziehung[345]; ohne Kinder kann diese Rollenwahl unterhaltsrechtlich nicht akzeptiert werden. Es entspricht der gewandelten sozialen Wirklichkeit, dass normalerweise ein Ehepartner nur dann auf eine eigene Erwerbstätigkeit verzichtet, wenn dies wegen der Betreuung minderjähriger Kinder notwendig ist.

302 Die Verschärfung der unterhaltsrechtlichen Erwerbsobliegenheiten durch das neue Unterhaltsrecht dürfte auch hier zu strengeren Anforderungen führen. Grundsätzlich ist daher auch für den Fall einer unterhaltsrechtlich zu akzeptierenden Übernahme der Betreuung eines Kindes in der neuen Ehe die Unterhaltsverpflichtete zur Übernahme einer Nebentätigkeit verpflichtet. Das AG Flensburg sieht bei der Betreuung eines 8-jährigen Kindes aus der neuen Ehe die Aufnahme einer Erwerbstätigkeit in einem zeitlichen Umfang von 30 Stunden wöchentlich als zumutbar an.[346]

303 Allein der Wunsch des Unterhaltspflichtigen nach einer intensiveren Kindesbeziehung ist als solcher jedoch nicht ausreichend. Zusätzlich müssen noch weitere Gründe hinzutreten, wie z.B. das **wesentlich höhere Einkommen des berufstätigen Partners**[347] oder die fehlende Möglichkeit einer – auch nur zeitweisen – Kinderbetreuung durch Dritte.

304 Ein seinen Kindern aus erster Ehe barunterhaltspflichtiger Elternteil darf aus unterhaltsrechtlicher Sicht in einer neuen Ehe nur dann die Haushaltsführung und Kindesbetreuung übernehmen, wenn wirtschaftliche Gesichtspunkte oder sonstige Gründe von gleichem Gewicht, die einen erkennbaren Vorteil für die neue Familie mit sich bringen, im Einzelfall den Rollentausch rechtfertigen. Denn die Kinder aus erster Ehe müssen eine Einbuße ihrer Unterhaltsansprüche nur dann hinnehmen, wenn das Interesse des Unterhaltspflichtigen und seiner neuen Familie an der Aufgabenverteilung ihr eigenes Interesse an der Beibehaltung der bisherigen Unterhaltssicherung deutlich überwiegt. Nur in solchen Fällen ist auch der neue Ehegatte nicht verpflichtet, insoweit auf die Unterhaltspflicht seines Partners außerhalb der Ehe Rücksicht zu nehmen, zum Nachteil seiner Familie auf eine eigene Erwerbstätigkeit zu verzichten und stattdessen die Kinderbetreuung zu übernehmen.[348]

305 Dagegen erachtet das OLG Oldenburg[349] die Übernahme von Haushaltsführung und Kinderbetreuung durch einen zuvor erwerbstätigen Ehegatten auch dann als billigenswert, wenn der jetzige Lebenspartner über ein **etwa gleich hohes Einkommen verfügt**. Das Interesse des anderen Partners an einer Beibehaltung seiner beruflichen Tätigkeit sei nicht geringer zu bewerten als das Unterhaltsinteresse des geschiedenen Ehegatten auf Zahlung von Unterhalt. Dabei wird aber übersehen, dass die Lebensverhältnisse in der neuen Ehe bzw. Partnerschaft von Anfang an durch die bestehende Unterhaltsverpflichtung gegenüber dem Kind aus der früheren Ehe geprägt wurden und sich dies als Einschränkung des Rechts des neuen Partners bzw. Ehegatten aus Ausübung seines Berufes darstellt.[350]

306 Neben **wirtschaftlichen Gesichtspunkten** können auch **sonstige Gründe**, die einen erkennbaren Vorteil für die neue Familie mit sich bringen, im Einzelfall einen Rollentausch rechtfertigen, wenn sie von einem solchen Gewicht sind, dass das Interesse des Unterhaltspflichtigen und seiner neuen Familie an der gewählten Aufgabenverteilung dasjenige der Unterhaltsgläubiger aus der alten Familie an der Beibehaltung der bisherigen Unterhaltssicherung deutlich überwiegt.[351] Diese Gründe muss der Unterhaltspflichtige darlegen und ggf. nachweisen.[352] Unterhaltsrechtlich akzeptiert werden kann die Rollen-

---

[344] BGH v. 21.02.2001 - XII ZR 308/98 - BGHZ 147, 19-28.
[345] BGH v. 18.10.2000 - XII ZR 191/98 - NJW-RR 2001, 361-363.
[346] AG Flensburg v. 15.01.2008 - 92 F 175/07 UV.
[347] BGH v. 13.03.1996 - XII ZR 2/95 - FamRZ 1996, 796; BGH v. 12.04.2006 - XII ZR 31/04 - FamRZ 2006, 1010 mit Anm. *Borth*.
[348] BGH v. 05.10.2006 - XII ZR 197/02 - FamRZ 2006, 1827 mit Anm. *Strohal*.
[349] OLG Oldenburg v. 02.11.2004 - 12 UF 66/04 - FamRZ 2005, 1179.
[350] *Kleffmann*, FuR 2006, 97, 102; BGH v. 12.04.2006 - XII ZR 31/04 - FamRZ 2006, 1010 mit Anm. *Borth*.
[351] BGH v. 13.03.1996 - XII ZR 2/95 - FamRZ 1996, 796.
[352] BGH v. 13.03.1996 - XII ZR 2/95 - FamRZ 1996, 796.

wahl auch dann, wenn **in der früheren** Ehe der nunmehr betreuende Ehegatte ebenfalls die **Betreuung der Kinder** übernommen hatte, folglich also **kein Rollenwechsel** erfolgt ist.[353] Hatte der Unterhaltspflichtige früher den Familienunterhalt jedoch durch Erwerbstätigkeit sichergestellt, wurde also in der neuen Beziehung ein **Rollentausch** vorgenommen, gelten deutlich strengere Maßstäbe. Denn es ist fraglich, ob es hierfür ausreichen kann, dass die andere Rollenverteilung zu einer wesentlich günstigeren Einkommenssituation der neuen Familie führt. Die Möglichkeit, in der neuen Ehe durch den Rollentausch eine Erhöhung des wirtschaftlichen Lebensstandards und eine Verbesserung der eigenen Lebensqualität zu erreichen, kann jedenfalls dann nicht mehr ohne weiteres als Rechtfertigung dienen, wenn sie gleichzeitig dazu führt, dass sich der Unterhaltspflichtige gegenüber dem Berechtigten auf seine damit einhergehende Leistungsunfähigkeit berufen und damit dessen bisherigen Lebensstandard verschlechtern kann.[354] Es ist dann zu erwägen, ob der Unterhaltspflichtige nicht – ähnlich wie im Fall eines zulässigen Berufswechsels – zumutbare Vorsorgemaßnahmen zur Sicherstellung des Unterhalts des Berechtigten etwa durch Bildung von Rücklagen oder Aufnahme eines Kredits treffen muss.[355]

Reichen die Gründe für die getätigte Rollenwahl nicht aus, ist dem – in der früheren Ehe erwerbstätig gewesenen – Unterhaltspflichtigen weiterhin eine Vollerwerbstätigkeit zuzumuten; er gilt in diesem Umfang als leistungsfähig und ist in entsprechendem Umfang zu Unterhaltszahlungen verpflichtet. 307

2. Unterhaltsbeitrag des Hausmannes bzw. der Hausfrau

Kann die **Rollenwahl gebilligt** werden, muss der Pflichtige gleichwohl zum Unterhalt der Berechtigten aus der ersten Ehe, insbesondere der minderjährigen Kinder, beitragen. 308

Als **Anknüpfungspunkte** für die unterhaltsrechtliche Leistungsfähigkeit des pflichtigen Elternteils kommen in Betracht: 309
- das Haushaltsgeld bzw. Wirtschaftsgeld,
- das Taschengeld,
- (hypothetische) Einkünfte und
- der Anspruch auf Familienunterhalt nach § 1360 BGB sowie
- sonstige tatsächliche Einkünfte.

Das **Haushalts- oder Wirtschaftsgeld** erhält der Unterhaltspflichtige von seinem neuen Ehegatten treuhänderisch zur Verwendung für die Bedürfnisse der neuen Familie und kann daher nicht für den Unterhalt der minderjährigen Kinder aus erster Ehe eingesetzt werden.[356] Er ist jedoch gehalten, sein **Taschengeld** für den Barunterhalt zu verwenden.[357] Das **Taschengeld** als Bestandteil des Familienunterhalts nach den §§ 1360, 1360a BGB ist zwar der Geldbetrag, der dem Ehegatten die Befriedigung seiner persönlichen Bedürfnisse nach eigenem Gutdünken und freier Wahl unabhängig von einer Mitsprache des anderen Ehegatten ermöglichen soll. Es dient daher zunächst dem Zweck, die notwendigen Bedürfnisse des Unterhaltspflichtigen und damit seinen auch gegenüber den minderjährigen Kindern zu wahrenden notwendigen Selbstbehalt sicherzustellen. Erlangt der unterhaltspflichtige Elternteil allerdings von seinem neuen Ehegatten Unterhalt, der über den gegenüber seinen minderjährigen Kindern aus erster Ehe zu wahrenden notwendigen Selbstbehalt hinausgeht, kann auch auf das Taschengeld zugegriffen werden.[358] 310

Der Taschengeldanspruch beträgt aber in aller Regel aber lediglich 5-7% des zur Verfügung stehenden Nettoeinkommens der Eheleute[359] und reicht daher regelmäßig nicht aus, den Kindesunterhalt zu decken. 311

---

[353] BGH v. 12.04.2006 - XII ZR 31/04 - FamRZ 2006, 1010 mit Anm. *Borth*.
[354] BGH v. 13.03.1996 - XII ZR 2/95 - FamRZ 1996, 796.
[355] BGH v. 04.11.1987 - IVb ZR 81/86 - FamRZ 1988, 145; BGH v. 13.03.1996 - XII ZR 2/95 - FamRZ 1996, 796.
[356] BGH v. 19.03.1986 - IVb ZR 18/85 - FamRZ 1986, 668; BGH v. 22.02.1995 - XII ZR 80/94 - FamRZ 1995, 537.
[357] BGH v. 15.10.2003 - XII ZR 122/00 - NJW 2004, 674-677; BGH v. 19.03.1986 - IVb ZR 18/85 - FamRZ 1986, 668; BGH v. 18.10.2000 - XII ZR 191/98 - NJW-RR 2001, 361-363; OLG Köln v. 30.07.2012 - 4 UF 49/12 - FamFR 2012, 439.
[358] BGH v. 05.10.2006 - XII ZR 197/02 - FamRZ 2006, 1827 mit Anm. *Strohal*; zum Taschengeldanspruch beim Elternunterhalt vgl. BGH v. 12.12.2012 - XII ZR 43/11 - NJW 2013, 686 = FamRZ 2013, 363 mit Anm. *Thormeyer*; *Dose*, FamRZ 2013, 993, 1000; OLG Braunschweig v. 16.07.2013 - 2 UF 161/09.
[359] BGH v. 21.01.1998 - XII ZR 140/96 - FamRZ 1998, 608; OLG Celle v. 12.05.1998 - 18 UF 236/97 - OLGR Celle 1998, 227-229.

a. Hypothetische Einkünfte durch zumutbare Erwerbstätigkeit

312 Die Leistungsfähigkeit des wiederverheirateten Elternteils wird insoweit – neben vorhandenen Einkünften – durch seine **Erwerbsfähigkeit** bestimmt. Die Betreuung minderjähriger Kinder durch den barunterhaltspflichtigen Elternteil schränkt grundsätzlich dessen Erwerbsobliegenheit gegenüber anderen minderjährigen Kindern nicht ein.[360] Daher muss ein Elternteil trotz der ihm obliegenden Betreuung von Kindern aus einer neuen Ehe einer Erwerbstätigkeit nachgehen.[361]

313 Dabei richtet sich der Umfang der Erwerbsobliegenheit maßgeblich nach den bestehenden Unterhaltspflichten ohne Berücksichtigung des eigenen Unterhaltsbedarfs, wenn und soweit der Eigenbedarf des haushaltsführenden Ehegatten durch den Unterhalt gesichert ist, den ihm sein Ehegatte nach Maßgabe der §§ 1360, 1360a BGB schuldet.[362] Der BGH hat in seinen ersten Entscheidungen zu dieser Problematik auf eine Obliegenheit zur **Nebentätigkeit** abgestellt. Der unterhaltspflichtige Ehegatte muss im Allgemeinen seine häusliche Tätigkeit in der neuen Ehe auf das unbedingt notwendige Maß beschränken und **wenigstens** eine **Nebentätigkeit** aufnehmen, um auch zum Unterhalt der gleichrangig Unterhaltsberechtigten aus seiner ersten Ehe beitragen zu können.[363] Bei der Zumutbarkeit einer Erwerbstätigkeit wurden dabei strengere Anforderungen an den Unterhaltspflichtigen aufgestellt als im Rahmen des Ehegattenunterhaltes. Der neue Partner ist dabei gehalten, den Unterhaltspflichtigen bei der Kindesbetreuung nach Kräften zu entlasten und ihm so eine zeitweise Erwerbstätigkeit zu ermöglichen.[364] Durch eine Nebentätigkeit wird allerdings in aller Regel nur ein Einkommen erzielt werden können, das unterhalb des **notwendigen Selbstbehaltes** des Unterhaltspflichtigen liegt. Hier greift aber die oben beschriebene Herabsetzung des Selbstbehalts (vgl. Rn. 266 ff.). Soweit der eigene Unterhalt also über den Familienunterhalt durch das Einkommen des Ehegatten **vollständig gesichert** ist,[365] hat der wieder verheiratete Elternteil sein Arbeitseinkommen auch über die Grenze des eigenen Selbstbehalts hinaus zur Erfüllung der Unterhaltspflicht gegenüber den Kindern zu verwenden.[366]

314 Der neue Ehegatte kann seinen Beitrag zum Familienunterhalt im Verhältnis zu dem barunterhaltspflichtigen Beklagten nicht unter Hinweis darauf verweigern, er sei ohne Gefährdung seines Eigenbedarfs zu Unterhaltsleistungen nicht in der Lage. Dieser Gedanke lässt sich jedoch nicht in gleicher Weise auf Unterhaltspflichten übertragen, die nur einen der Ehegatten treffen. Anderenfalls würde der den erstehelich geborenen Kindern nicht unterhaltspflichtige zweite Ehegatte über seine Verpflichtung zum Familienunterhalt mittelbar stets auch den Unterhalt dieser Kinder sichern. Daher muss ihm in solchen Fällen bei der Bemessung des Familienunterhalts jedenfalls der – höhere – Ehegattenselbstbehalt verbleiben, denn der neue Ehegatte ist nicht den aus erster Ehe hervorgegangenen Kindern seines Ehegatten, sondern nur diesem selbst unterhaltspflichtig.[367]

315 Im Hinblick auf die gesteigerte Unterhaltspflicht sind auch gesteigerte Anforderungen an die Ausnutzung der Arbeitskraft zu stellen, um zumindest den Unterhalt nach der ersten Gruppe der Düsseldorfer Tabelle[368] und damit den Regelbetrag[369] bzw. den gesetzlich definierten **Mindestbedarf** nach neuem Unterhaltsrecht sicherzustellen.

---

[360] OLG München v. 29.11.2004 - 16 UF 1348/04 - OLGR München 2005, 73-74; OLG Bremen v. 19.07.2004 - 4 WF 68/04 - OLGR Bremen 2004, 468-469; OLG Brandenburg v. 11.12.2003 - 9 UF 118/03 - FamRZ 2005, 233; OLG Bremen v. 19.07.2004 - 4 WF 68/04 - FamRZ 2005, 647.

[361] OLG Koblenz v. 23.12.2004 - 7 UF 768/04 - OLGR Koblenz 2005, 403-405.

[362] BGH v. 12.11.2003 - XII ZR 111/01 - FamRZ 2004, 364; BGH v. 12.04.2006 - XII ZR 31/04 - FamRZ 2006, 1010 mit Anm. *Borth*.

[363] BGH v. 21.02.2001 - XII ZR 308/98 - BGHZ 147, 19-28; BGH v. 13.03.1996 - XII ZR 2/95 - FamRZ 1996, 796; BGH v. 18.10.2000 - XII ZR 191/98 - NJW-RR 2001, 361-363; BGH v. 12.04.2006 - XII ZR 31/04 - FamRZ 2006, 1010 mit Anm. *Borth*.

[364] BGH v. 13.03.1996 - XII ZR 2/95 - FamRZ 1996, 796; BGH v. 21.02.2001 - XII ZR 308/98 - BGHZ 147, 19-28; für den nichtehelichen Lebensgefährten OLG Hamm v. 26.08.2002 - 6 UF 7/02 - FamRZ 2003, 1204-1205.

[365] BGH v. 15.03.2006 - XII ZR 30/04 - NJW 2006, 1654 = FamRZ 2006, 683; BGH v. 12.04.2006 - XII ZR 31/04 - FamRZ 2006, 1010 mit Anm. *Borth*; BGH v. 12.11.2003 - XII ZR 111/01 - FamRZ 2004, 364; OLG Koblenz v. 06.08.2003 - 9 UF 187/03 - FamRZ 2004, 300-301.

[366] BGH v. 19.11.1997 - XII ZR 1/96 - NJW-RR 1998, 505-507; BGH v. 20.03.2002 - XII ZR 216/00 - NJW 2002, 1646-1647; BGH v. 12.04.2006 - XII ZR 31/04 - FamRZ 2006, 1010 mit Anm. *Borth*.

[367] BGH v. 05.10.2006 - XII ZR 197/02 - FamRZ 2006, 1827 mit Anm. *Strohal*.

[368] OLG Bremen v. 19.07.2004 - 4 WF 68/04 - FamRZ 2005, 647.

[369] OLG Brandenburg v. 11.12.2003 - 9 UF 118/03 - FamRZ 2005, 233.

§ 1603

Bei der Festlegung des **konkreten Umfangs der Erwerbsobliegenheit** ist – entsprechend der früheren Rechtsprechung zum Altersphasenmodell beim Ehegattenunterhalt nach § 1570 BGB – auf das **Alter des betreuten Kindes** abgestellt worden. Während der **ersten zwei Jahre seit der Geburt** des Kindes wurde neben der Betreuung des Kleinkindes aus der neuen Ehe keine Obliegenheit angenommen, eine **Nebenerwerbstätigkeit** auszuüben.[370] 316

Während damals beim Ehegattenunterhalt eine vollschichtige Erwerbsobliegenheit mit 15 Jahren einsetzte, konnte allerdings bei gesteigerter Unterhaltspflicht gegenüber einem minderjährigen Kind zu einem wesentlich früheren Zeitpunkt von einer Obliegenheit zur Vollzeiterwerbstätigkeit ausgegangen werden. Das OLG Bremen[371] bejahte eine **volle Erwerbspflicht** jedenfalls, wenn ein gut 12 Jahre altes Kind betreut wurde und ging von einem erzielbaren Nettoeinkommen von knapp 1.200 € aus. 317

Ein anderer – weitergehender – Ansatz ist, darauf abzustellen, dass der Unterhaltspflichtige gehalten ist, durch **Fremdbetreuung** des von ihm betreuten Kindes die Möglichkeit einer eigenen ausreichenden Erwerbstätigkeit **sicherzustellen**.[372] Dieser Lösungsansatz entspricht der durch das **neue Unterhaltsrecht** eingetretenen Verschärfung der Erwerbsobliegenheiten eines kindesbetreuenden Elternteils gem. den §§ 1570 und 1615l BGB (vgl. dazu die Kommentierung zu § 1615l BGB Rn. 28 ff.). 318

Die Betreuung eines **Kleinkindes aus einer neuen Beziehung** steht dann der Verpflichtung zu einer Erwerbstätigkeit nicht entgegen. Denn auch der nichteheliche Vater ist verpflichtet, die Kindesmutter durch Betreuung des Kindes zu entlasten.[373] Hat eine Kindesmutter neu geheiratet oder lebt sie in einer neuen Lebensgemeinschaft und sind Kinder aus der neuen Verbindung hervorgegangen, muss sie, wenn sie in erster Ehe den Familienunterhalt gesichert hat, auch in der neuen Ehe bzw. Lebensgemeinschaft auf die Belange der Unterhaltsberechtigten Rücksicht nehmen. Ist ein neuer Partner erwerbslos, kann angenommen werden, dass er Haushaltsführung und Kinderbetreuung übernehmen kann und auch muss.[374] 319

Die **Darlegungs- und Beweislast** für die Unmöglichkeit der Fremdbetreuung trägt der Unterhaltspflichtige.[375] 320

Entsprechend weit ging bereits nach bisherigem Recht das OLG München.[376] Betreut die Mutter in der neuen Beziehung ein über 3 Jahre altes Kind, so entlastet sie diese Betreuungstätigkeit im Regelfall nicht von ihrer Barunterhaltspflicht gegenüber zwei nicht bei ihr lebenden Kindern. Ihre volle Erwerbsobliegenheit kann nur unter ganz besonderen Umständen verneint werden, wenn z.B. eine Fremdbetreuung – etwa in einem Ganztagskindergarten – nicht möglich ist. Dies muss von ihr konkret dargelegt und ggf. bewiesen werden. Die Altersgrenze von 3 Jahren wird dabei in Anlehnung an die Regelung des § 1615l BGB gezogen, nach der spätestens ab dem 3. Lebensjahr des Kindes eine Ganztagstätigkeit der Mutter verlangt wird. 321

Einschränkungen wurden dabei jedoch dann anerkannt, wenn bei der Betreuung der Kinder aus der zweiten Ehe besondere Belastungen aufgrund einer **Schwerbehinderung der Kinder** auftreten.[377] 322

Diese Grundsätze gelten auch dann, wenn es sich um **Geschwisterkinder** handelt.[378] Zwar kann in Fällen, in denen minderjährige Geschwister getrennt bei jeweils einem Elternteil leben, das Erwerbseinkommen eines unterhaltspflichtigen Elternteils im Hinblick auf die Kindesbetreuung als Einkommen aus unzumutbarer Erwerbstätigkeit anzusehen und deshalb nur teilweise anzurechnen sein. Hat das vom Unterhaltspflichtigen betreute Geschwisterkind die oben dargestellte Altersgrenze überschritten, ist die Aufnahme einer Ganztagstätigkeit im Verhältnis zum unterhaltsberechtigten Kind zumutbar.[379] 323

---

[370] BGH v. 12.04.2006 - XII ZR 31/04 - FamRZ 2006, 1010 mit Anm. *Borth*.
[371] OLG Bremen v. 19.07.2004 - 4 WF 68/04 - FamRZ 2005, 647.
[372] OLG Brandenburg v. 11.12.2003 - 9 UF 118/03 - FamRZ 2005, 233; OLG München v. 29.11.2004 - 16 UF 1348/04 - FamRZ 2005, 1112.
[373] OLG Schleswig v. 09.03.2006 - 13 UF 25/05 - OLGR Schleswig 2006, 437-438.
[374] OLG Brandenburg v. 22.07.2008 - 10 WF 40/08 - juris Rn. 4.
[375] OLG München v. 29.11.2004 - 16 UF 1348/04 - FamRZ 2005, 1112.
[376] OLG München v. 29.11.2004 - 16 UF 1348/04 - FamRZ 2005, 1112.
[377] OLG Koblenz v. 23.12.2004 - 7 UF 768/04 - OLGR Koblenz 2005, 403-405.
[378] OLG Brandenburg v. 11.12.2003 - 9 UF 118/03 - FamRZ 2005, 233; OLG Bremen v. 19.07.2004 - 4 WF 68/04 - FamRZ 2005, 647.
[379] OLG Bremen v. 19.07.2004 - 4 WF 68/04 - FamRZ 2005, 647; OLG Hamm v. 03.05.2002 - 13 UF 118/01 - FamRZ 2003, 179.

b. Anspruch auf Familienunterhalt

324 Ist kein ausreichendes tatsächliches oder hypothetisches Einkommen zur Begründung der unterhaltsrechtlichen Leistungsfähigkeit vorhanden, kann als Basis für einen Unterhaltsanspruch des minderjährigen Kindes auch der **Anspruch des unterhaltspflichtigen Elternteils gegen seinen neuen Ehepartner auf Familienunterhalt** nach § 1360 BGB herangezogen werden.

325 Dabei ist dieser Unterhaltsanspruch bei der Beurteilung der Leistungsfähigkeit nicht erst im Rahmen einer erweiterten Leistungspflicht nach § 1603 Abs. 2 BGB zu berücksichtigen, sondern auch schon bei der Beurteilung der Leistungsfähigkeit im Rahmen des § 1603 Abs. 1 BGB.[380] Das bereinigte Einkommen beider Eheleute ist zusammenzurechnen; der Anspruch auf Familienunterhalt beläuft sich auf die Hälfte dieses Gesamteinkommens.[381]

326 Bei der Bemessung des Familienunterhalts gilt uneingeschränkt der **Halbteilungsgrundsatz**, so dass **kein Erwerbstätigenbonus** in Abzug gebracht werden darf.[382]

327 Da aber der neue Ehepartner des unterhaltspflichtigen Ehegatten nicht gesteigert unterhaltspflichtig ist, muss auch im Rahmen des geschuldeten Familienunterhalts sein **Ehegattenselbstbehalt** berücksichtigt werden.[383] Der BGH hat allerdings noch offen gelassen, ob dem neuen Ehegatten in solchen Fällen stets der volle Ehegattenselbstbehalt verbleiben muss.[384]

328 In seiner Entscheidung vom 21.01.2009[385] hat der BGH beanstandet, das Berufungsgericht habe nicht konsequent beachtet, dass eine **Herabsetzung** unter dem Gesichtspunkt der **Haushaltsersparnis** nicht nur hinsichtlich des **Selbstbehalts** des unterhaltspflichtigen Vaters in Betracht kommt, sondern ebenfalls bezüglich des Bedarfs seiner Ehefrau. Es habe zwar ausgeführt, die Haushaltsersparnis setze der Senat grundsätzlich mit 25% an, wobei eine gleichmäßige Aufteilung auf die beiden den gemeinsamen Haushalt führenden Partner gerechtfertigt sei, so dass auf jeden von ihnen 12,5% entfielen. Umgesetzt habe es diese Erwägung jedoch nur zum Teil, nämlich in Form einer Reduzierung des Selbstbehalts des Beklagten um 12,5%. Die weitere tatrichterlich für angemessen erachtete Ersparnis wirkt sich zu Lasten des Bedarfs der Ehefrau des Beklagten aus, der entsprechend zu kürzen ist.[386]

329 In diesem Zusammenhang hat der BGH in mehreren Entscheidungen auch zu der Frage Stellung genommen, ob für den **neuen Ehegatten eine Obliegenheit zur Erwerbstätigkeit** besteht. Gemäß § 1360 BGB sind beide Ehegatten verpflichtet, die Familie durch ihre Arbeit und mit ihrem Vermögen angemessen zu unterhalten. Dabei steht es den Ehegatten frei, ihre Ehe so zu führen, dass ein Partner allein einer Berufstätigkeit nachgeht und der andere sich der Familienarbeit widmet, ebenso wie sie sich dafür entscheiden können, beide einen Beruf ganz oder teilweise auszuüben und sich die Hausarbeit und Kinderbetreuung zu teilen oder diese durch Dritte ausführen zu lassen.[387]

330 Bei der Frage der Anspruchskonkurrenz mehrerer unterhaltsberechtigter Ehegatten hat der BGH im Rahmen seiner Rechtsprechung von den wandelbaren ehelichen Lebensverhältnissen den Anspruch des – nicht erwerbstätigen – jetzigen Ehegatten auf Familienunterhalt mit dem fiktiven Betrag seines Unterhaltsbedarfs als getrennt lebender oder geschiedener Ehegatten angesetzt.[388] **Damit fingierte der BGH für die Unterhaltsberechnung de facto eine Scheidung der neuen Ehe!**

331 Zwar ist die vom BGH entwickelte Rechtsprechung zu den „wandelbaren ehelichen Lebensverhältnissen" für verfassungswidrig erklärt worden[389] (vgl. dazu die Kommentierung zu § 1361 BGB Rn. 38). Jedoch hält der BGH an der vorgenannten Berechnungsweise fest. Weil der Unterhaltsanspruch des

---

[380] BGH v. 20.03.2002 - XII ZR 216/00 - NJW 2002, 1646-1647; BGH v. 29.10.2003 - XII ZR 115/01 - NJW 2003, 3770-3772.
[381] BGH v. 20.03.2002 - XII ZR 216/00 - NJW 2002, 1646-1647.
[382] BGH v. 12.12.2012 - XII ZR 43/11 - FamRZ 2013, 363; BGH v. 14.01.2004 - XII ZR 149/01 - FamRZ 2004, 792, 794; BGH v. 20.03.2002 - XII ZR 216/00 - FamRZ 2002, 742.
[383] BGH v. 12.04.2006 - XII ZR 31/04 - FamRZ 2006, 1010 mit Anm. *Borth*.
[384] Dazu BGH v. 15.03.2006 - XII ZR 30/04 - NJW 2006, 1654 = FamRZ 2006, 683.
[385] BGH v. 21.01.2009 - XII ZR 54/06 - FamRZ 2009, 762 = FPR 2009, 242 mit Anm. *Peschel-Gutzeit*.
[386] Vgl. BGH v. 09.01.2008 - XII ZR 170/05 - juris Rn. 34 - FamRZ 2008, 594; OLG Hamm v. 24.03.2004 - 11 UF 48/04 - FamRZ 2005, 53.
[387] BGH v. 21.01.2009 - XII ZR 54/06 - FamRZ 2009, 762 = FPR 2009, 242 mit Anm. *Peschel-Gutzeit*; BGH v. 15.10.2003 - XII ZR 122/00 - FamRZ 2004, 366, 369.
[388] BGH v. 14.04.2010 - XII ZR 89/08 - NJW 2010, 2056; BGH v. 25.04.2007 - XII ZR 189/04 - FamRZ 2007, 1081, 1083; BGH v. 18.11.2009 - XII ZR 65/09 - FamRZ 2010, 111.
[389] BVerfG v. 25.01.2011 - 1 BvR 918/10 - NJW 2011, 836 = FamRZ 2011, 437; kritisch dazu *Münch*, FamRB 2011, 90; *Hauß*, FamRB 2011, 94.

neuen Ehegatten im Rahmen der Unterhaltskonkurrenz mit dem geschiedenen Ehegatten nach den §§ 1581, 1609 Nr. 2 BGB als hypothetischer nachehelicher Unterhalt zu bemessen sei, **müsse dann ein von ihm erzielbares Einkommen berücksichtigt werden**.[390] Geklärt werden müsse daher im entschiedenen Fall, in welchem Umfang ein Erwerbseinkommen der neuen Ehefrau des Klägers zurechenbar ist, obwohl diese im Hinblick auf das Alter des gemeinsamen Kindes und den Kindergartenbesuch jedenfalls zu einer teilschichtigen Erwerbstätigkeit in der Lage wäre.[391]

Gilt dies aber schon beim Ehegattenunterhalt, so muss erst recht beim Unterhalt des minderjährigen Kindes gelten, dass die Gestaltung der jetzigen Ehe keinen nachteiligen Einfluss auf den – zudem vorrangigen – Kindesunterhalt haben darf. Die Mitwirkung an einer solchen Gestaltung kann einem Ehegatten jedenfalls im Verhältnis zu seinen unterhaltsberechtigten **minderjährigen** Kindern aus einer früheren Ehe nach Treu und Glauben unter Umständen verwehrt sein.[392] 332

Dagegen ist der neue Ehegatte im Verhältnis zu **volljährigen** Kindern nicht verpflichtet, einer Erwerbstätigkeit nachzugehen, damit ihr gegenüber weniger Unterhalt zu leisten ist und für den Kindesunterhalt weitergehende Zahlungen erbracht werden können. Es muss bei der uneingeschränkten Dispositionsfreiheit im Rahmen der Ausgestaltung der ehelichen Lebensverhältnisse der neuen Ehe bleiben. Da die Ehegatten ihre persönliche und wirtschaftliche Lebensführung frei bestimmen können, steht es ihnen grundsätzlich auch frei, Vereinbarungen über die innerfamiliäre Arbeitsteilung zu treffen, die die Kinderbetreuung und Haushaltsführung durch einen Ehegatten selbst dann vorsehen, wenn es sich nicht um gemeinsame Kinder handelt.[393] 333

Allerdings kann er auf diesen geschuldeten Familienunterhalt direkt nur bis zur Höhe des **Taschengeldes** für die Unterhaltsansprüche seiner minderjährigen Kinder aus erster Ehe herangezogen werden. Nur in diesem Umfang führt der Anspruch auf Familienunterhalt zu einem eigenen Einkommen des unterhaltspflichtigen Ehegatten, welches neben seinen Einkünften aus der **Teilzeiterwerbstätigkeit** für den Unterhalt seiner minderjährigen Kinder aus erster Ehe eingesetzt werden kann, sofern sein eigener notwendiger Selbstbehalt durch den übrigen Anspruch auf Familienunterhalt gesichert ist.[394] 334

c. Sonstige tatsächliche Einkünfte

Bezieht der barunterhaltspflichtige verheiratete Elternteil **Unterhaltsgeld** vom Arbeitsamt, muss dieses – soweit der eigene notwendige Bedarf durch den Anspruch auf Familienunterhalt gesichert ist – zur Deckung des Mindestbedarfs des Kindes eingesetzt werden.[395] 335

Auch **Erziehungsgeld** nach § 9 Satz 2 BErzGG ist als Einkommen des Unterhaltspflichtigen gegenüber dem Unterhaltsanspruch minderjähriger Kinder zu berücksichtigen, aber ebenfalls nur einzusetzen, wenn und soweit dessen eigener (hier: notwendiger) Selbstbehalt sichergestellt ist.[396] Das an die **zweite Ehefrau** des seinen Kindern aus erster Ehe unterhaltspflichtigen Schuldners ausgezahlte Erziehungsgeld berührt dessen Unterhaltspflicht auch dann nicht, wenn der Anspruch der zweiten Ehefrau auf Familienunterhalt mit dem Kindesunterhalt gleichrangig ist und sich im absoluten Mangelfall deshalb auf die Quote des geschuldeten Kindesunterhalts auswirkt.[397] 336

3. Ergebniskontrolle

Hat ein **Rollenwechsel** stattgefunden, ist zusätzlich eine **Ergebniskontrolle** erforderlich. Die Erwerbsobliegenheit des wiederverheirateten Elternteils geht nämlich nicht weiter, als wenn der Elternteil in der neuen Ehe nicht die Rolle des Hausmannes oder der Hausfrau übernommen hätte, sondern vollschichtig erwerbstätig geblieben wäre.[398] Dagegen kommt eine Kontrollberechnung anhand des bei ei- 337

---

[390] BGH v. 07.12.2011 - XII ZR 151/09 - juris Rn. 49 - FamRZ 2012, 281.
[391] BGH v. 07.12.2011 - XII ZR 151/09 - juris Rn. 52 - FamRZ 2012, 281.
[392] BGH v. 25.04.2007 - XII ZR 189/04 - FamRZ 2007, 1081, 1082.
[393] BGH v. 21.01.2009 - XII ZR 54/06 - FamRZ 2009, 762 = FPR 2009, 242 mit Anm. *Peschel-Gutzeit*.
[394] BGH v. 05.10.2006 - XII ZR 197/02 - FamRZ 2006, 1827 mit Anm. *Strohal*.
[395] OLG Zweibrücken v. 20.01.1998 - 5 UF 159/96 - OLGR Zweibrücken 1998, 363-364.
[396] BGH v. 12.04.2006 - XII ZR 31/04 - FamRZ 2006, 1010 mit Anm. *Borth*; zu den Voraussetzungen des Bezugs von luxemburgischem Erziehungsgeld sowie dem anrechnungsfreien Hinzuerwerb bei Bezug von luxemburgischem Erziehungsgeld vgl. OLG Koblenz v. 29.11.2013 - 13 WF 1089/13.
[397] BGH v. 21.06.2006 - XII ZR 147/04 - FamRZ 2006, 1182 mit Anm. *Luthin*.
[398] BGH v. 11.02.1987 - IVb ZR 81/85 - NJW 1987, 1549-1551; BGH v. 13.03.1996 - XII ZR 2/95 - FamRZ 1996, 796.

nem hypothetischen Rollentausch erzielbaren Erwerbseinkommens nicht in Betracht, wenn ein solcher Rollentausch tatsächlich nicht stattgefunden hat, weil die Ehefrau wie schon zuvor in ihrer ersten Ehe die Führung des Haushalts und die Betreuung der Kinder übernommen hat.[399]

338 Der durch die Kontrollberechnung ermittelte Unterhaltsanspruch ist jedoch nur der Mindestbetrag des geschuldeten Unterhaltes. Eine solche Kontrollrechnung ist daher inzwischen nicht mehr immer notwendig. Im Falle eines berechtigten Rollentausches ist die Unterhaltspflicht gegenüber den Kindern aus erster Ehe auf der Grundlage einer Nebenerwerbstätigkeit und des Taschengeldanspruchs daher nicht mehr durch einen fiktiven Unterhaltsanspruch begrenzt, der sich ergäbe, wenn der barunterhaltspflichtige Elternteil auch in seiner neuen Ehe vollzeiterwerbstätig wäre und von solchen Einkünften seinen eigenen Selbstbehalt sowie alle weiteren gleichrangigen Unterhaltsansprüche abdecken müsste.[400] Im vom BGH entschiedenen Fall hätte der unterhaltspflichtige Vater nach seinen Verhältnissen ein Einkommen aus Vollzeittätigkeit nur in begrenzter Höhe erzielen können. Bei der Kontrollberechnung auf der Grundlage seines fiktiven Erwerbseinkommens hätten sich über eine Mangelfallberechnung für die klagenden Kinder aus erster Ehe jedoch deutlich geringere Unterhaltsansprüche ergeben. Dagegen konnten die tatsächlich für diese Kinder zur Verfügung stehenden Einkünfte aus einer zumutbaren Nebentätigkeit und seinem Taschengeldanspruch in vollem Umfang für den Kindesunterhalt eingesetzt werden, da der Unterhaltsbedarf des Vaters seinerseits durch den Familienunterhaltsanspruch gegen die jetzige Ehefrau gesichert war. In dieser Fallkonstellation findet nach der neuen Rechtsprechung des BGH keine Begrenzung durch die Kontrollberechnung statt, da der durch die Kontrollberechnung ermittelte Unterhaltsanspruch nur den Mindestbetrag darstellt. Der tatsächlich geschuldete Unterhaltsbetrag kann darüber hinausgehen und dazu führen, dass alle nach der Hausmann-Rechtsprechung zu berücksichtigenden Mittel, wie das Einkommen aus einer zumutbaren Nebentätigkeit und der Taschengeldanspruch, in der neuen Ehe insgesamt einzusetzen sind.

VIII. Mangelfall

339 Wird der Selbstbehalt (vgl. Rn. 228) des Unterhaltspflichtigen nach Abzug aller unterhaltsrechtlich anzuerkennenden Verpflichtungen einschließlich der vor- und gleichrangigen Unterhaltsverpflichtungen unterschritten, liegt ein **Mangelfall** vor (vgl. dazu auch die Kommentierung zu § 1581 BGB Rn. 3 und die Kommentierung zu § 1581 BGB Rn. 70 f.).

340 Bei einer aktuell vorzunehmenden Mangelfallberechnung sind auch die **Unterhaltsansprüche anderer Berechtigter** durch eine Neuberechnung festzulegen. **Unterhaltsansprüche mehrerer Berechtigter** sind grundsätzlich so zu beurteilen wie bei gleichzeitiger Entscheidung über alle Ansprüche. Das gilt auch, wenn die Berechtigten gleichen Rang haben. Auf bereits bestehende Titel ist nicht abzustellen.[401]

341 Bei der Mangelfallberechnung sind die unterschiedlichen Selbstbehaltssätze gegenüber den Unterhaltsansprüchen der privilegierten Kinder und des Ehegatten zu berücksichtigen[402] (vgl. die Kommentierung zu § 1361 BGB Rn. 397 und Rn. 228 ff.).

342 Die Mangelfallberechnung soll anhand einiger **Berechnungsbeispiele** veranschaulicht werden.[403]

1. Fallbeispiel 1

343 Der geschiedene Ehemann verfügt über ein bereinigtes Nettoeinkommen von mtl. 2.350 € Aus der Ehe sind 2 Kinder im Alter von 13 Jahren und 7 Jahren hervorgegangen.

344 Der Kindesunterhalt beläuft sich nach der ab 01.01.2011 unverändert geltenden Düsseldorfer Tabelle (Einkommensgruppe 4) auf folgende Beträge:
Kind 1 (Altersstufe 3): 490 € abzgl. Kindergeldanteil von 92 € = 398 €
Kind 2 (Altersstufe 2): 419 € abzgl. Kindergeldanteil von 92 € = 327 €

bereinigtes Nettoeinkommen	2.350 €
– Kind 1 Tabellenbetrag (490 €) abzgl. Kindergeldanteil (92 €)	398 €
– Kind 2 Tabellenbetrag (419 €) abzgl. Kindergeldanteil (92 €)	327 €

---

[399] BGH v. 12.11.2003 - XII ZR 111/01 - FamRZ 2004, 364.
[400] BGH v. 05.10.2006 - XII ZR 197/02 - FamRZ 2006, 1827 mit Anm. *Strohal*.
[401] OLG Brandenburg v. 29.11.2006 - 10 WF 255/06 - ZFE 2008, 193; OLG Brandenburg v. 14.12.2010 - 10 UF 131/10.
[402] BGH v. 15.03.2006 - XII ZR 30/04 - NJW 2006, 1654 = FamRZ 2006, 683 mit krit. Anmerkung *Büttner*, FamRZ 2006, 765 und krit. Anmerkung *Borth*, FamRZ 2005, 852.
[403] Weitere Berechnungsbeispiele bieten *Klinkhammer*, FamRZ 2008, 193; *Mleczko*, ZFE 2008, 4; *Reinken*, FPR 2008, 9; *Vossenkämper*, FamRZ 2008, 201.

=	1.625 €
− Selbstbehalt gegenüber minderjährigen Kindern	1.000 €
= Rest über Selbstbehalt	625 €

Dem Ehemann verbleiben nach Abzug dieser Zahlbeträge[404] 1.625 €. Sein Selbstbehalt gegenüber minderjährigen Kindern von 1.000 € monatlich ist gewahrt. Er kann daher den **Kindesunterhalt** in vollem Umfang decken. 345

Gegenüber einem bestehenden Unterhaltsanspruch der geschiedenen Ehefrau beträgt sein Selbstbehalt 1.100 €, so dass die Ehefrau lediglich 425 € monatlich verlangen kann. 346

Jedoch basiert seit 01.01.2010 die Düsseldorfer Tabelle auf der Unterhaltspflicht gegenüber nur 2 Berechtigten, und zwar ohne Rücksicht auf deren Rang. Bei einer höheren oder geringeren Anzahl von Berechtigten können Zu- oder Abschläge durch **Eingruppierung in eine höhere oder niedrigere Einkommensgruppe** vorgenommen werden. 347

Wendet man dies auf das Fallbeispiel an, so ergibt sich folgende **Alternativberechnung**: 348

bereinigtes Nettoeinkommen	2.350 €
− Kind 1 Tabellenbetrag (469 €) abzgl. Kindergeldanteil (92 €)	377 €
− Kind 2 Tabellenbetrag (401 €) abzgl. Kindergeldanteil (92 €)	309 €
=	1.664 €
− Selbstbehalt gegenüber minderjährigen Kindern	1.000 €
= Rest über Selbstbehalt	664 €

Zur Deckung eines Unterhaltsanspruches der Ehefrau stünden bei Wahrung des Selbstbehaltes von 1.100 € dann 564 € zur Verfügung. 349
Die Restfamilie (Ehefrau + Kinder) verfügt über

		Ausgangsberechnung	Alternative
	Kindesunterhalt K1	398 €	377 €
+	Kindergeld	184 €	184 €
+	Kindesunterhalt K2	327 €	309 €
+	Kindergeld	184 €	184 €
+	Ehegattenunterhalt	525 €	564 €
=	gesamt	1.618 €	1.618 €

Das Beispiel zeigt, dass die Herabstufung lediglich zu einer internen Verschiebung des Unterhalts zwischen Ehefrau und Kindern führt. 350

Unter Berücksichtigung der ab **01.01.2015** geltenden Selbstbehaltwerte (vgl. Rn. 253.1) ergibt sich folgende Berechnung: Für den Kindesunterhalt ergeben sich nach der (insoweit auch zum 01.01.2015 nicht veränderten Düsseldorfer Tabelle) bei Einkommensgruppe 4 folgende Beträge: 350.1
Kind 1 (Altersstufe 3): 490 € abzgl. Kindergeldanteil von 92 € = 398 €
Kind 2 (Altersstufe 2): 419 € abzgl. Kindergeldanteil von 92 € = 327 €

bereinigtes Nettoeinkommen	2.350 €
− Kind 1 Tabellenbetrag (490 €) abzgl. Kindergeldanteil (92 €)	398 €
− Kind 2 Tabellenbetrag (419 €) abzgl. Kindergeldanteil (92 €)	327 €
= verbleiben	1.625 €
− Selbstbehalt gegenüber minderjährigen Kindern	1.080 €
= Rest über Selbstbehalt gg. Kindern	545 €

Der Kindesunterhalt kann voll gedeckt werden.
Der Selbstbehalt gegenüber der Ehefrau beträgt jetzt 1.200 €, so dass die Ehefrau nur Unterhalt in Höhe von maximal 425 € verlangen kann.

---

[404] BGH v. 14.04.2010 - XII ZR 89/08; BGH v. 17.03.2010 - XII ZR 204/08; BGH v. 27.05.2009 - XII ZR 78/08 - FamRZ 2009, 1300; BGH v. 24.06.2009 - XII ZR 161/08 - juris Rn. 22 ff. - FamRZ 2009, 1477; BGH v. 05.03.2008 - XII ZR 22/06 - FamRZ 2008, 963; BGH v. 27.05.2009 - XII ZR 78/08 - FamRZ 2009, 1300 mit Anm. *Schürmann* = NJW 2009, 2523 mit Anm. *Born*; *Maurer*, FF 2009, 423; BGH v. 17.06.2009 - XII ZR 102/08 - FamRZ 2009, 1391 = NJW 2009, 2592 mit Anm. *Wever*; BGH v. 24.06.2009 - XII ZR 161/08 - FamRZ 2009, 1477.

§ 1603

350.2 Stuft man die Kinder in der Düsseldorfer Tabelle herab, ergibt sich folgende **Alternativberechnung**:

bereinigtes Nettoeinkommen	2.350 €
− Kind 1 Tabellenbetrag (469 €) abzgl. Kindergeldanteil (92 €)	377 €
− Kind 2 Tabellenbetrag (401 €) abzgl. Kindergeldanteil (92 €)	309 €
= verbleiben	1.664 €
− Selbstbehalt gegenüber minderjährigen Kindern	1.080 €
= Rest über Selbstbehalt	584 €

350.3 Zur Deckung eines Unterhaltsanspruches der Ehefrau stünden bei Wahrung des Selbstbehaltes von 1.200 € dann 464 € zur Verfügung.
Die Restfamilie (Ehefrau + Kinder) verfügt über

		Ausgangsberechnung	Alternative
	Kindesunterhalt K1	398 €	377 €
+	Kindergeld	184 €	184 €
+	Kindesunterhalt K2	327 €	309 €
+	Kindergeld	184 €	184 €
+	Ehegattenunterhalt	425 €	464 €
=	gesamt	1.518 €	1.518 €

Die Herabstufung führt lediglich zu einer internen Verschiebung zum Nachteil des Kindesunterhaltes, der sich um 21 € bzw. 18 € vermindert, während der Ehegattenunterhalt um 39 € höher ausfällt.

2. Fallbeispiel 2

351 Der geschiedene Ehemann verfügt über ein bereinigtes Nettoeinkommen von mtl. 1.650 €. Aus der Ehe sind 3 Kinder im Alter von 11 Jahren, 5 Jahren und 2 Jahren hervorgegangen.
Der Kindesunterhalt beläuft sich nach Einkommensgruppe 2 auf folgende Beträge:
Kind 1 (Altersstufe 3): 426 € abzgl. Kindergeldanteil von 92 € = 334 €
Kind 2 (Altersstufe 2): 364 € abzgl. Kindergeldanteil von 92 € = 272 €
Kind 3 (Altersstufe 1): 317 € abzgl. Kindergeldanteil von 95 € = 225 €

bereinigtes Nettoeinkommen	1.650 €
− Kind 1 Tabellenbetrag (426 €) abzgl. Kindergeldanteil (92 €)	334 €
− Kind 2 Tabellenbetrag (364 €) abzgl. Kindergeldanteil (92 €)	272 €
− Kind 3 Tabellenbetrag (317 €) abzgl. Kindergeldanteil (95 €)	225 €
= verbleiben	819 €
− Selbstbehalt gegenüber minderjährigen Kindern	1.000 €
= Rest über Selbstbehalt	181 €

352 Dem Ehemann verbleiben nach Abzug dieser Zahlbeträge jedoch nur 819 €. Sein Selbstbehalt gegenüber minderjährigen Kindern von 1.000 € monatlich ist daher nicht gewahrt. Er kann den Kindesunterhalt nicht in vollem Umfang decken.

353 Folglich ist eine **Mangelfallberechnung** – beschränkt auf den Bereich des Kindesunterhaltes – vorzunehmen. Für den – nachrangigen – Ehegattenunterhalt steht kein Geld mehr zur Verfügung.

354 In der ersten Stufe ist die **Verteilungsmasse** zu errechnen:

ber. Einkommen	1.650 €
− Selbstbehalt	1.000 €
= Verteilungsmasse	650 €

355 In der zweiten Stufe ist aus den Einsatzbeträgen (den Zahlbeträgen für den Kindesunterhalt) der jeweilige **Anteil** zu berechnen:

		Zahlbetrag	Anteile
	Kind 1	334 €	40,19%
+	Kind 2	272 €	32,73%
+	Kind 3	225 €	27,08%
=		831 €	100%

Der BGH hat klargestellt, dass auch als **Einsatzbeträge** der Unterhaltsansprüche die **Zahlbeträge** anzusetzen sind, nicht die höheren Tabellenbeträge. Da im Mangelfall die Unterhaltsansprüche nur insoweit einzustellen sind, als der Bedarf des Unterhaltsberechtigten nicht anderweitig gedeckt ist, ergibt sich bereits zwingend aus der Regelung selbst, dass der Kindesunterhalt mit den Zahlbeträgen, also dem noch verbleibenden Bedarf, in die Mangelfallberechnung einzustellen ist.[405] 356

In der dritten Stufe muss mit Hilfe dieses Prozentsatzes aus der Verteilungsmasse von hier 650 € der letztlich zu zahlende **Unterhaltsbetrag** ermittelt werden: 357

	Kind 1	261,25 €
+	Kind 2	212,76 €
+	Kind 3	175,99 €
=		650 €

Ab **01.01.2015** ist der Selbstbehalt gegenüber minderjährigen Kindern auf 1.080 € heraufgesetzt worden. Dadurch vermindert sich die Verteilungsmasse, die für den Kindesunterhalt zur Verfügung steht, in dem Beispiel auf 570 €. 357.1
Zu zahlen sind danach folgende Beträge:

	Kind 1	229,10 €
+	Kind 2	186,57 €
+	Kind 3	154,33 €
=		570 €

3. Fallbeispiel 3

Der geschiedene Ehemann verfügt über ein bereinigtes Nettoeinkommen von mtl. 1.850 €. Aus der Ehe sind 3 Kinder im Alter von 14 Jahren, 7 Jahren und 2 Jahren hervorgegangen. 358

	Einkommen Ehemann	Einkommensgruppe 2	1.895 €
–	Kindesunterhalt K1 (Altersstufe 3)	(448 € - 92 €)	356 €
–	Kindesunterhalt K2 (Altersstufe 2)	(383 € - 92 €)	291 €
–	Kindesunterhalt K3 (Altersstufe 1)	(333 € - 95 €)	238 €
=			1.010 €
–	Selbstbehalt gg. minderjährigen Kindern		950 €
=	Rest über Selbstbehalt		10 €

Der Selbstbehalt gegenüber dem Ehegatten von 1.100 € ist zu wahren, so dass kein Unterhaltsanspruch der Ehefrau mehr erfüllt werden kann. 359
Die Restfamilie (Ehefrau + Kinder) verfügt über

	Kindesunterhalt K1	356 €
+	Kindergeld	184 €
+	Kindesunterhalt K2	291 €
+	Kindergeld	184 €
+	Kindesunterhalt K3	238 €
+	Kindergeld	190 €
+	Ehegattenunterhalt	0 €
=		1.443 €

Nimmt man nur die Herabstufung auf die Einkommensstufe 1 vor, so ergeben sich folgende Zahlen: 360

	Einkommen Ehemann	Einkommensgruppe 1	1.895 €
–	Kindesunterhalt K1 (Altersstufe 3)	(426 € - 92 €)	334 €
–	Kindesunterhalt K2 (Altersstufe 2)	(364 € - 92 €)	272 €
–	Kindesunterhalt K3 (Altersstufe 1)	(317 € - 95 €)	222 €
=			1.067 €
–	Selbstbehalt gg. minderjährigen Kindern		1.000 €
=	Rest über Selbstbehalt		67 €

---

[405] BGH v. 02.06.2010 - XII ZR 160/08 - FamRZ 2010, 1318.

§ 1603   jurisPK-BGB / Viefhues

Die Restfamilie (Ehefrau + Kinder) verfügt über

	Kindesunterhalt K1	334 €
+	Kindergeld	184 €
+	Kindesunterhalt K2	272 €
+	Kindergeld	184 €
+	Kindesunterhalt K3	222 €
+	Kindergeld	190 €
+	Ehegattenunterhalt	0 €
=		1.386 €

361 Auch bei dieser Berechnung ist der Selbstbehalt gegenüber dem Ehegatten nicht gewahrt, so dass kein Ehegattenunterhalt gezahlt werden kann. In diesem Beispiel führt die Herabstufung lediglich zu einer Verminderung des Kindesunterhaltes, ohne dass auf der anderen Seite zum Ausgleich eine Erhöhung des Ehegattenunterhaltes eingreift. Insgesamt stehen der Restfamilie 57 € weniger zur Verfügung!

361.1 Durch den **ab 01.01.2015** auf 1.080 € erhöhten Wert für den Selbstbehalt gegenüber minderjährigen Kindern ergeben sich Veränderungen, die in den nachfolgenden Berechnungsbeispielen verdeutlicht werden. Der geschiedene Ehemann verfügt über ein bereinigtes Nettoeinkommen von mtl. 2.050 €. Aus der Ehe sind 3 Kinder im Alter von 14 Jahren, 7 Jahren und 2 Jahren hervorgegangen.

	Einkommen Ehemann	Einkommensgruppe 3	2.050 €
–	Kindesunterhalt K1 (Altersstufe 3)	(469 € - 92 €)	377 €
–	Kindesunterhalt K2 (Altersstufe 2)	(401 € - 92 €)	309 €
–	Kindesunterhalt K3 (Altersstufe 1)	(349 € - 95 €)	254 €
=			1.110 €
–	Selbstbehalt gg. minderjährigen Kindern		1.080 €
=	Rest über Selbstbehalt		30 €

361.2 Der Selbstbehalt gegenüber dem Ehegatten von 1.200 € ist zu wahren, so dass kein Unterhaltsanspruch der Ehefrau mehr erfüllt werden kann.
Die Restfamilie (Ehefrau + Kinder) verfügt über

	Ehefrau F1 mit K1, K2 und K3 erhält	
	Kindesunterhalt K1	377 €
+	Kindergeld	184 €
+	Kindesunterhalt K2	309 €
+	Kindergeld	184 €
+	Kindesunterhalt K3	257 €
+	Kindergeld	184 €
+	Ehegattenunterhalt	0 €
=		1.495 €

361.3 Dem geschiedenen Ehemann verbleiben

	Einkommen	2.050 €
-	Kindesunterhalt (Zahlbetrag)	377 €
-	Kindesunterhalt (Zahlbetrag)	309 €
-	Kindesunterhalt (Zahlbetrag)	257 €
-	Ehegattenunterhalt	0 €
=		1.107 €

361.4 Eine **Herabstufung** in der Düsseldorfer Tabelle führt zu folgenden Veränderungen:

	Einkommen Ehemann	Einkommensgruppe 2	**2.050 €**
–	Kindesunterhalt K1 (Altersstufe 3)	(448 € - 92 €)	356 €
–	Kindesunterhalt K2 (Altersstufe 2)	(383 € - 92 €)	291 €
–	Kindesunterhalt K3 (Altersstufe 1)	(333 € - 95 €)	238 €
=			1.065 €
–	Selbstbehalt gg. minderjährigen Kindern		1.080 €
=	Rest über Selbstbehalt		85 €

Die Restfamilie (Ehefrau + Kinder) verfügt bei Herabstufung über   361.5

	Ehefrau F1 mit K1, K2 und K3 erhält	
	Kindesunterhalt K1	356 €
+	Kindergeld	184 €
+	Kindesunterhalt K2	291 €
+	Kindergeld	184 €
+	Kindesunterhalt K3	238 €
+	Kindergeld	184 €
+	Ehegattenunterhalt	0 €
=		**1.437 €**

Dem geschiedenen Ehemann verbleiben im Falle der Herabstufung   361.6

	Einkommen	2.050 €
-	Kindesunterhalt (Zahlbetrag)	356 €
-	Kindesunterhalt (Zahlbetrag)	291 €
-	Kindesunterhalt (Zahlbetrag)	238 €
-	Ehegattenunterhalt	0 €
=		**1.165 €**

Die geänderte Einstufung in die Düsseldorfer Tabelle führt bei dieser Fallgestaltung zu Verschlechterung der Einkünfte der Restfamilie um 55 €, während der geschiedene Ehemann und kindesunterhaltspflichtige Vater 55 € weniger zu zahlen hat.

IX. Gesteigerte Unterhaltspflicht nach Absatz 2 Satz 1

Nach dieser Vorschrift trifft Eltern im Verhältnis zu ihren **gemeinsamen minderjährigen unverheirateten Kindern** eine gesteigerte Unterhaltspflicht. Sie sind verpflichtet, alle verfügbaren Mittel zu ihrem und der Kinder Unterhalt gleichmäßig zu verwenden. 362

Jedoch ist der Unterhaltspflichtige nicht gehalten, zur Erfüllung des Unterhaltsanspruches sein Existenzminimum anzugreifen.[406] Die Verwendung „aller verfügbarer Mittel" im Sinne des § 1603 Abs. 2 BGB bedeutet also konkret **„aller über das Existenzminimum hinaus verfügbarer Mittel".**[407] 363

Diese gesteigerte Unterhaltspflicht gilt auch gegenüber den sog. **privilegierten volljährigen Kindern** (vgl. Rn. 949) nach § 1603 Abs. 2 Satz 2 BGB. 364

Jedoch gilt die gesteigerte Unterhaltspflicht gegenüber minderjährigen Kindern gemäß § 1603 Abs. 2 BGB nur für den Fall, dass der Unterhaltspflichtige zur Leistung des Unterhaltes ohne Gefährdung seines angemessenen Unterhalts außerstande ist. Wenn der Unterhaltspflichtige über ein Einkommen verfügt, bei dem der Unterhaltsbedarf des minderjährigen Kindes mit 160% des Regelbetrages bemessen wird, dann besteht für ihn rechtlich keine Verpflichtung, darüber hinaus seine Arbeitskraft noch einzusetzen und sein Einkommen zu erhöhen, um seinen minderjährigen Kindern eine noch bessere Lebensstellung zu verschaffen[408] (Einzelheiten vgl. Rn. 901 ff.). 365

Schuldet einem minderjährigen Kind neben dem vorrangig Unterhaltspflichtigen ausnahmsweise auch ein anderer leistungsfähiger Verwandter Barunterhalt, lässt dies nach § 1603 Abs. 2 Satz 3 BGB lediglich die gesteigerte Unterhaltspflicht des vorrangig Unterhaltspflichtigen, nicht aber dessen allgemeine Unterhaltspflicht unter Wahrung seines angemessenen Selbstbehalts entfallen.[409] 366

Macht der grundsätzlich allein barunterhaltspflichtige Elternteil den Ausnahmefall geltend, dass der betreuende Elternteil nicht nur den (nach § 1606 Abs. 3 Satz 2 BGB gleichwertigen) Betreuungs-, sondern darüber hinaus auch den Barunterhalt leisten solle, **muss der barunterhaltspflichtige Elternteil konkret darlegen und nachweisen**, dass die Einkommens- und Vermögensverhältnisse des betreuenden Elternteils sowie die sonstigen Umstände dessen – zumindest teilweise – Heranziehung zum Barunterhalt rechtfertigen.[410] 367

---

[406] BGH v. 11.07.1984 - IVb ZR 24/83 - FamRZ 1984, 1000 m.w.N.
[407] *Klinkhammer*, FamRZ 2010, 845, 847.
[408] KG Berlin 13.08.2010 - 3 WF 296/07 - FamFR 2010, 420.
[409] BGH v. 31.10.2007 - XII ZR 112/05 - FamRZ 2008, 137.
[410] OLG Brandenburg v. 13.03.2014 - 9 UF 106/13.

1. Genereller Umfang der Erwerbstätigkeit bei verschärfter Haftung

368 Die gesteigerte Unterhaltspflicht führt folglich dazu, dass auch an die **Erwerbsobliegenheit** des Unterhaltspflichtigen **besonders strenge Anforderungen** zu stellen sind. Im Verhältnis zum minderjährigen unterhaltsberechtigten Kind besteht also eine verschärfte Erwerbsobliegenheit, die sich sowohl auf eine **vollschichtige Erwerbstätigkeit**[411] erstreckt als auch eine **zusätzliche Nebentätigkeit** umfassen kann und es ihm ermöglicht, nicht nur den Mindestbedarf, sondern auch den angemessenen Unterhalt der Kinder sicherzustellen.[412]

369 Ein Verstoß gegen diese Obliegenheit führt zur Anrechnung **hypothetischer Einkünfte**. Allerdings rechtfertigt allein die grundsätzliche Möglichkeit der Ausübung einer **Erwerbstätigkeit** noch nicht die Zurechnung eines entsprechenden Verdienstes. Voraussetzung ist einmal, dass **subjektive Erwerbsbemühungen des Unterhaltsschuldners** fehlen. Zum anderen müssen die zur Erfüllung der Unterhaltspflichten erforderlichen Einkünfte **für den Verpflichteten objektiv überhaupt erzielbar sein**, was von seinen persönlichen Voraussetzungen wie beispielsweise Alter, beruflicher Qualifikation, Erwerbsbiografie und Gesundheitszustand sowie dem Vorhandensein entsprechender Arbeitsstellen abhängt.[413]

370 Bei den Erwerbsobliegenheiten **männlicher** und **weiblicher** Unterhaltspflichtiger bestehen keine Unterschiede, und zwar auch hinsichtlich der Obliegenheit zur Aufnahme einer Nebentätigkeit.[414]

a. Arbeitslosigkeit

371 Bei Arbeitslosigkeit muss der verschärft Unterhaltspflichtige alles Zumutbare unternehmen, um durch Finden eines Arbeitsplatzes seine Leistungsfähigkeit wiederherzustellen (vgl. Rn. 550 f.). Der bloße Hinweis auf den Bezug von Arbeitslosengeld II reicht ebenso wenig aus wie die Meldung bei der Arbeitsagentur.[415]

372 Eine nicht betreuende Kindesmutter muss im Rahmen der gesteigerten Unterhaltsobliegenheit zusätzliche Zugeständnisse bei den Arbeitsmodalitäten machen und zum Beispiel bereit sein, auch zu ungünstigen Zeiten – wie nachts, in den frühen Morgenstunden sowie am Wochenende – zu arbeiten. Die gesteigerte Arbeitspflicht verlangt eine Tätigkeit, deren Zeitaufwand dem einer vollschichtigen Erwerbstätigkeit entspricht. Arbeitslosigkeit zwingt zu besonderen intensiven Bemühungen um einen Arbeitsplatz, für die die Zeit aufzuwenden sein kann, die ein Erwerbstätiger für seinen Beruf aufbringt.[416]

373 Daraus ergeben sich auch Besonderheiten hinsichtlich der **Darlegungslast**. Wird für ein Kind lediglich der **Mindestunterhalt** bzw. nach Anrechnung der bezogenen Leistungen nach dem UVG sogar nur ein darunter liegender Betrag gefordert, ist der Bedarf des Kindes nicht näher darzulegen. Vielmehr ist es Sache des **Unterhaltspflichtigen**, im Rahmen seiner gesteigerten Erwerbsobliegenheit seine fehlende bzw. eingeschränkte Leistungsfähigkeit **darzulegen und zu beweisen**.[417] Auch der bloße Hinweis auf den Bezug von Arbeitslosengeld II genügt nicht.[418] Die strenge obergerichtliche Rechtsprechung beruft sich auf einen Erfahrungssatz, dass jeder Unterhaltsschuldner zur Zahlung eines Mindestunterhalts für sein minderjähriges Kind in der Lage sei.[419]

374 Wenn das minderjährige Kind lediglich den **Mindestbedarf** gerichtlich geltend macht, ist es demnach nach überwiegender Ansicht von seiner ansonsten im Unterhaltsrecht bestehenden Darlegungslast hinsichtlich des eigenen Bedarfes und der Leistungsfähigkeit des Unterhaltsverpflichteten befreit.[420] Der Unterhaltsverpflichtete muss dann seinerseits darlegen und ggf. beweisen, dass er diesen Mindestun-

---

[411] OLG Brandenburg v. 19.04.2011 - 10 UF 89/10 - juris Rn. 26 unter Hinweis auf BGH v. 03.12.2008 - XII ZR 182/06 - FamRZ 2009, 314.

[412] BGH v. 31.05.2000 - XII ZR 119/98 - NJW-RR 2000, 1385-1387.

[413] BGH v. 22.01.2014 - XII ZR 185/12 - juris Rn. 9 - FamRZ 2014, 637; OLG Brandenburg v. 20.02.2014 - 9 UF 106/13 unter Hinweis auf BVerfG v. 11.03.2010 - 1 BvR 3031/08 - juris Rn. 15 - FamRZ 2010, 793.

[414] OLG Köln v. 21.11.2006 - 4 WF 159/06 - JMBl NW 2007, 151-152.

[415] OLG Brandenburg v. 19.04.2011 - 10 UF 89/10; OLG Saarbrücken v. 28.04.2010 - 9 WF 41/10; AG Flensburg v. 19.03.2012 - 92 F 228/11 - FamRZ 2012, 1910, zum schwächeren Anspruch auf Ehegattenunterhalt BGH v. 18.01.2012 - XII ZR 178/09 - NJW 2012, 1144; KG Berlin v. 02.10.2012 - 13 UF 174/11 - FamRZ 2013, 1047.

[416] AG Flensburg v. 08.02.2013 - 92 F 178/11.

[417] OLG Hamm v. 01.06.2005 - 11 UF 34/05 - OLGR Hamm 2005, 631-633; OLG Brandenburg v. 18.05.2006 - 9 UF 238/05 - NJW 2006, 3286.

[418] OLG Brandenburg v. 17.03.2005 - 9 UF 148/04 - NJW-RR 2005, 949-951; *Kleffmann*, FuR 2006, 97, 101.

[419] OLG Schleswig v. 10.12.2004 - 10 UF 251/04 - FamRZ 2005, 1109-1110; KG Berlin v. 27.09.1999 - 3 WF 7892/99 - FamRZ 2000, 1174 und OLG Köln v. 17.06.1999 - 14 WF 72/99 - FamRZ 2000, 310.

[420] OLG Schleswig v. 31.05.2006 - 12 UF 65/05 - OLGR Schleswig 2006, 675.

terhalt nicht zahlen kann. Verbleibende Unklarheiten gehen dabei zu seinem Nachteil. Hierzu muss er seine tatsächlichen Einkommens- und Vermögensverhältnissen eingehend darstellen. Wenn sich daraus seine tatsächliche Leistungsunfähigkeit ergibt, muss er weiterhin zu seinen Erwerbsbemühungen umfassend vortragen. Dabei kommt es nicht nur auf vollschichtige Tätigkeiten, sondern auch auf Nebentätigkeiten an.

b. Gesundheitliche Einschränkungen

Wer sich gegenüber seiner Erwerbsobliegenheit auf eine krankheitsbedingte Einschränkung seiner Erwerbsfähigkeit **berufen** will, muss gerade bei verschärfter Haftung Art und Umfang der behaupteten gesundheitlichen Beeinträchtigungen oder Leiden angeben, und er hat ferner darzulegen, inwieweit die behaupteten gesundheitlichen **Störungen sich auf die Erwerbsfähigkeit auswirken**.[421]   375

Auch eine diagnostizierte krankheitsbedingte **Arbeitsunfähigkeit** beseitigt folglich nicht vollständig die Erwerbsobliegenheit. Auch das Auslassen von Therapiemaßnahmen zur Verbesserung der Erwerbsfähigkeit kann zu einem Obliegenheitsverstoß mit der Folge einer Zurechnung entsprechend höherer fiktiver Einkünfte führen.[422]   376

So ist z.B. bei einer psychischen Erkrankung vom Unterhaltspflichtigen zu fordern, dass zumutbare medizinische Behandlungen zur Wiederherstellung der Arbeitsfähigkeit unternommen werden.[423] Wird dies unterlassen, so kann ein erzielbares Einkommen fiktiv angerechnet werden.   377

Dies gilt auch für eine **Alkoholerkrankung**. Wenn nicht dargetan wird, welche Maßnahmen nach einer **Therapie** ergriffen worden sind, um einem Rückfall entgegenzuwirken, ist von einem unterhaltsrechtlich vorwerfbaren Verhalten auszugehen.[424] Darüber hinaus ist immer zu prüfen, ob bei einer Beschäftigung, die fiktiv unterstellt werden kann, nicht im Falle einer erneuten Erkrankung Lohnfortzahlung geleistet werden würde.   378

c. Geringerer Verdienst

Umstritten ist die Behandlung der Fälle, in denen der Unterhaltspflichtige eine **vollschichtige Erwerbstätigkeit in seinem erlernten Beruf** ausübt, aber weniger als üblich verdient.   379

Nach einer Ansicht erfüllt der Unterhaltspflichtige damit in der Regel seine Erwerbsobliegenheit vollständig und ausreichend und ist – selbst wenn er den Unterhalt in Höhe des Regelbetrages nicht zahlen kann – nicht gehalten, eine besser bezahlte Arbeit zu suchen.[425] Insbesondere dann, wenn der Unterhaltsschuldner nicht (mehr) arbeitslos ist, sondern einer Erwerbstätigkeit nachgeht, bedarf es der Feststellung besonderer Umstände, die es rechtfertigen, unter dem Gesichtspunkt des bestmöglichen Einsatzes der Arbeitskraft von einem höheren als dem tatsächlich erzielten Einkommen auszugehen.[426]   380

Dagegen rechnet das OLG Naumburg dem Unterhaltspflichtigen fiktiv Tariflohn an, wenn er in seinem erlernten Beruf bei vollschichtiger Tätigkeit untertariflich bezahlt wird.[427]   381

Nach Ansicht des OLG Hamm ist der baruntherhaltspflichtige Elternteil, der nach – durch betriebliche Umstrukturierungen bedingtem – Abschluss eines neuen Arbeitsvertrages bei demselben Arbeitgeber zu deutlich ungünstigeren Bedingungen tätig ist, verpflichtet, sich unverzüglich um eine besser bezahlte Arbeitsstelle bzw. die Möglichkeit der Aufnahme einer Nebentätigkeit zu bemühen. Hierbei ist ihm allerdings nach Kenntniserlangung von den geänderten Rahmenbedingungen eine Orientierungs- und Bewerbungsfrist zuzubilligen, die der Senat mit bis zu sechs Monaten bemisst.[428]   382

d. Überobligatorische Tätigkeit

Eine vollständige Heranziehung von Einkommen aus einer – gemessen an § 1603 Abs. 1 BGB – überobligatorischen Erwerbstätigkeit ist regelmäßig nur dann angezeigt, wenn der Unterhaltspflichtige einer **gesteigerten Unterhaltspflicht nach § 1603 Abs. 2 Satz 1 BGB unterliegt**.[429] Demnach ist auch   383

---

[421] Vgl. BGH v. 10.07.2013 - XII ZB 297/12.
[422] OLG Brandenburg v. 13.03.2014 - 9 UF 106/13.
[423] OLG Köln v. 05.08.2008 - 4 WF 90/08 - FamRZ 2009, 887.
[424] OLG Saarbrücken v. 07.08.2009 - 6 UFH 58/09 - FuR 2010, 327; vgl. auch KG Berlin v. 16.02.2001 - 18 UF 4043/00 - FamRZ 2001, 1617; OLG Bamberg v. 11.03.1997 - 7 UF 50/96 - FamRZ 1998, 370.
[425] OLG Hamburg v. 13.09.2005 - 10 UF 6/05 - FamRZ 2006, 503.
[426] OLG Brandenburg v. 17.11.2009 - 10 UF 49/09.
[427] OLG Naumburg v. 20.12.2007 - 3 UF 254/07 - FamRZ 2008, 1277 mit krit. Anm. *Nagel*; vgl. auch OLG Dresden v. 23.07.2007 - 20 UF 444/07 - FamRZ 2008, 173.
[428] OLG Hamm v. 12.04.2002 - 11 WF 1/02 - FamRZ 2003, 177.
[429] BGH v. 10.07.2013 - XII ZB 297/12 m.w.N.; BGH v. 12.01.2011 - XII ZR 83/08 - juris Rn. 54 - FamRZ 2011, 454.

§ 1603

das Einkommen aus einer nach dem Maßstab des § 1603 Abs. 1 BGB unzumutbaren Erwerbstätigkeit in vollem Umfang für den Kindesunterhalt einzusetzen, wenn anderenfalls der Mindestunterhalt nach § 1612a Abs. 1 BGB gefährdet wäre, welcher der ersten Einkommensgruppe der Düsseldorfer Tabelle entspricht.

384 **Überobligatorisch ist eine Tätigkeit** dann, wenn für sie keine Erwerbsobliegenheit besteht und deshalb derjenige, der sie ausübt, unterhaltsrechtlich nicht daran gehindert ist, sie jederzeit zu beenden[430] (vgl. Rn. 25).

385 In welchem Umfang ein Einkommen aus überobligatorischer Tätigkeit für den Unterhalt heranzuziehen ist, ist aufgrund einer umfassenden **Würdigung der Einzelfallumstände** zu entscheiden, die insbesondere der Überobligationsmäßigkeit der Tätigkeit und den Besonderheiten des Unterhaltsverhältnisses angemessen Rechnung trägt. Dabei wird beim Unterhalt für minderjährige oder privilegiert volljährige Kinder eine (zumindest teilweise) Anrechnung überobligatorisch erzielten Einkommens des Pflichtigen eher in Betracht kommen als beim Unterhalt für Ehegatten oder sonstige Verwandte.[431]

386 Wer einem minderjährigen Kind gegenüber zu Unterhalt verpflichtet ist, muss **darlegen und beweisen**, dass er nicht leistungsfähig ist. Diese Obliegenheit findet ihre Grenze allein in der Unmöglichkeit. Gelingt ihm diese Darlegung nicht, muss er sich so behandeln lassen, als ob er über ein solches Einkommen verfügt.

387 Damit trägt der Unterhaltsverpflichtete die volle **Darlegungs- und Beweislast** für die ordnungsgemäße Erfüllung sämtlicher unterhaltsrechtlicher Obliegenheiten und damit auch für die Behauptung fehlender realer **Beschäftigungschancen**.[432] Nicht ausreichend sind allgemeine Hinweise auf die schlechte Arbeitsmarktlage oder persönliche Umstände des Unterhaltspflichtigen, da ein Erfahrungssatz, dass wegen des Vorliegens insoweit ungünstiger Bedingungen ein Arbeitsplatz nicht gefunden werden kann, nicht existiert. Sogar die pauschale Behauptung, aufgrund von Analphabetismus und einer fehlenden Fahrerlaubnis ein ausreichendes Einkommen nicht erzielen zu können, wird vereinzelt als nicht ausreichend angesehen.[433]

388 Auch der Verweis auf **Bezug von Sozialleitungen** und die Vorlage entsprechender Bewilligungsbescheide über Leistungen nach dem SGB II reicht im Regelfall nicht aus. Vielmehr sind auch die im Zusammenhang damit stehenden Antragsunterlagen einzureichen bzw. ein umfassenderer Sachvortrag abzuleisten. Die Anforderungen an die allgemeine und gesteigerte Erwerbsobliegenheit werden durch das SGB II (wie auch durch das sonstige Sozialrecht) nicht berührt. Wegen der Unterschiedlichkeit der Bedürftigkeit im Rahmen der Bewilligung von Leistungen nach dem SGB II und der Leistungsunfähigkeit im Rahmen des Unterhaltsrechtes – gerade bei Geltendmachung von Mindestunterhaltsansprüchen – ist ein umfassender Vortrag, der über die Anforderungen des Sozialrechtes hinausgeht, im Unterhaltsrecht zu fordern. Insbesondere der bloße Hinweis auf den Bezug von Arbeitslosengeld II ist nicht ausreichend, um der Darlegungslast zu genügen.[434]

389 Ein allgemeiner Erfahrungssatz, dass wegen hoher Arbeitslosigkeit, mangelnder Ausbildung, fortgeschrittenen Alters oder sonstiger ungünstiger Bedingungen trotz gehöriger Bemühungen keine Beschäftigungsmöglichkeit besteht, existiert nicht. Auch ältere Arbeitnehmer sind – trotz schwieriger allgemeiner wirtschaftlicher Lage – von ihrer Darlegungslast nicht befreit, da die Sicherstellung des Minderjährigenunterhalts (Mindestbedarf) im Familienrecht absolute Priorität genießt. **Zweifel** daran, dass bei angemessenen Bemühungen eine Beschäftigungschance von vornherein auszuschließen ist, gehen daher **zu Lasten des Unterhaltsverpflichteten**.[435]

---

[430] Vgl. BGH v. 10.07.2013 - XII ZB 297/12.
[431] Vgl. BGH v. 10.07.2013 - XII ZB 297/12 m.w.N.
[432] OLG Karlsruhe v. 11.04.2006 - 16 UF 36/06 - FamRZ 2006, 1295.
[433] OLG Brandenburg v. 13.12.2006 - 9 WF 371/06 - ZFE 2007, 192-193; kritisch *Viefhues*, FuR 2007, 241 ff. und *Viefhues*, FuR 2007, 297 ff.
[434] OLG Brandenburg v. 24.03.2011 - 9 UF 117/10 - FamFR 2011, 223; OLG Brandenburg v. 07.02.2008 - 9 UF 157/07 - FamRZ 2008, 2304; OLG Brandenburg v. 26.07.2006 - 9 UF 69/06 - FamRZ 2007, 72, 73; OLG Brandenburg v. 17.03.2005 - 9 UF 148/04 - NJW-RR 2005, 949.
[435] OLG Saarbrücken v. 07.10.2009 - 9 WF 113/09 - ZFE 2010, 235; OLG Saarbrücken v. 17.10.2008 - 9 WF 89/08; OLG Saarbrücken v. 28.05.2009 - 9 WF 53/09; OLG Brandenburg v. 24.01.2008 - 9 WF 364/07 - ZFE 2008, 231; *Kalthoener/Büttner/Niepmann*, Rechtsprechung zur Höhe des Unterhalts, 10. Aufl., S. 708 ff. m.w.N.

Unter bestimmten Umständen hat aber auch ein unterhaltsberechtigtes minderjähriges Kind an den **finanziellen Verschlechterungen**, die sich aus dem Wechsel oder der freiwilligen Aufgabe eines Arbeitsplatzes ergeben, Anteil. So darf der Unterhaltspflichtige seine bisherige Arbeit, die er aus gesundheitlichen Gründen nicht mehr ausüben kann, zumindest dann aufgeben, wenn er weiterhin den Mindestbedarf des Kindes sicherstellen kann.[436]

Auch die Eigenbedarfswerte für den Ehegatten des Unterhaltsberechtigten sind zum 01.01.2015 neu festgelegt worden:

1) notwendiger Eigenbedarf des vom unterhaltsberechtigten Ehegatten getrennt lebenden oder geschiedenen Ehegatten (unabhängig von seiner Erwerbstätigkeit)
   - gegenüber einem nachrangigen geschiedenen Ehegatten 1.200 € (vorher 1.100 €)
   - gegenüber nicht privilegierten volljährigen Kindern 1.300 € (vorher 1.200 €)
   - gegenüber Eltern des Unterhaltspflichtigen 1.800 € (vorher 1.600 €)
2) notwendiger Eigenbedarf des mit dem unterhaltsberechtigten Ehegatten in einem gemeinsamen Haushalt lebenden Ehegatten (unabhängig von seiner Erwerbstätigkeit)
   - gegenüber einem nachrangigen geschiedenen Ehegatten 960 € (vorher 880 €)
   - gegenüber nicht privilegierten volljährigen Kindern 1.040 € (vorher 960 €)
   - gegenüber Eltern des Unterhaltspflichtigen 1.440 € (vorher 1.280 €).

Die verschärfte Haftung geht nicht so weit, vom haushaltsführenden Ehegatten aus **zweiter Ehe des unterhaltspflichtigen Vaters** zu verlangen, eine Erwerbstätigkeit aufzunehmen, um die Leistungsfähigkeit seines unterhaltspflichtigen Ehegatten zugunsten des minderjährigen Kindes aus erster Ehe zu erhöhen.[437]

2. Erzielbares Einkommen

In der Praxis kommt der Frage, wie hoch das vom verschärft haftenden Unterhaltspflichtigen **erzielbare Einkommen** ist, eine besonders große Bedeutung zu. Bei einem fiktiv anzusetzenden Nettoeinkommen sind auch **fiktive berufsbedingte Aufwendungen abzusetzen**.[438]

Aus der Verletzung der Erwerbsobliegenheit folgt nicht zwingend die Leistungsfähigkeit zur Zahlung des Mindestunterhalts. Vielmehr muss konkret festgestellt werden, welches Einkommen der Unterhaltspflichtige nach seiner beruflichen Vorbildung erzielen kann.[439]

Neben der Orientierung an der beruflichen Qualifikation kann sich das fiktiv festzusetzende Einkommen auch an dem **während einer früheren Erwerbstätigkeit erzielten Einkommen** orientieren, und zwar auch dann, wenn dieses Einkommen nur zeitweise erzielt worden ist. Der Unterhaltspflichtige hat dann darzulegen, warum er dieses Einkommen aktuell nicht erzielen kann.[440]

Im Hinblick auf die **Darlegungslast des Unterhaltspflichtigen** darf sich dieser aber nicht darauf beschränken, seine Leistungsfähigkeiten zu bestreiten.

Vielmehr sollte er – zumindest hilfsweise – seine beruflichen Voraussetzungen konkret darlegen und dabei sein erzielbares Einkommen sowie den sich daraus ergebenden Unterhaltsbetrag detailliert errechnen.[441] Die Frage, welcher (erzielbare) Stundenlohn für gesunde ungelernte Beschäftigte erreichbar ist, wird von der Rechtsprechung teilweise sehr unterschiedlich behandelt. Daher bieten die einschlägigen Fälle ein breites Spektrum für die Argumentation des anwaltlichen Beraters, bei der neben den persönlichen Aspekten speziell auch auf die Besonderheiten der regionalen Situation einzugehen ist.

Fehlt ein substantiierter Sachvortrag des Unterhaltspflichtigen, dann neigen die Gerichte oft dazu, die erzielbaren Einkünfte nach strengen Maßstäben zu **schätzen**, ohne dazu immer verfügbare Informationen heranzuziehen. Dabei liegen die zugrunde gelegten Stundenlöhne vielfach deutlich über denjenigen Beträgen, die tatsächlich in den entsprechenden Berufen gezahlt werden.

---

[436] BGH v. 09.07.2003 - XII ZR 83/00 - NJW 2003, 3122-3124.
[437] OLG Hamm v. 23.05.2005 - 4 WF 108/05 - ZFE 2005, 409.
[438] BVerfG v. 18.06.2012 - 1 BvR 774/10; BVerfG v. 15.02.2010 - 1 BvR 2236/09 - juris Rn. 21; BVerfG v. 11.03.2010 - 1 BvR 3031/08 - juris Rn. 18.
[439] OLG Karlsruhe v. 04.12.2007 - 16 UF 179/07 - ZKJ 2008, 82-83; OLG Frankfurt v. 14.11.2007 - 7 WF 3/07 - FF 2008, 38.
[440] OLG Köln v. 30.07.2012 - 4 UF 49/12 - FamFR 2012, 439.
[441] Vgl. *Viefhues*, FuR 2007, 297 ff.

§ 1603

398 Nach der **Empfehlung des Arbeitskreises 13 des Deutschen Familiengerichtstages 2011** kann die Höhe des erzielbaren Arbeitseinkommens nicht nur auf der Grundlage amtlicher Einkommensstatistiken oder tarifvertraglich vereinbarter Stundenlöhne geschätzt werden, wenn die am Wohnort des Unterhaltsberechtigten tatsächlich gezahlten Löhne erheblich davon abweichen; dabei ist die persönliche Situation des Unterhaltspflichtigen zu berücksichtigen (z.B. Ausbildung, Alter).[442]

399 Anhaltspunkte für das tatsächlich erzielbare Einkommen liefern das Internet-Tarifarchiv der

400 Die Gerichte nehmen verstärkt in ihren Entscheidungen Bezug auf **im Internet verfügbare Informationen über erzielbare Einkünfte**[443], wie z.B.:
- www.tarifregister.nrw.de/index.php (mit zahlreichen Links),
- www.boeckler.de/index_wsi_tarifarchiv.htm,
- www.lohnspiegel.de,
- www.nettolohn.de,
- http://oeffentlicher-dienst.info/tvoed/ (Tarifverträge im öffentlichen Dienst),
- www.rechtsrat.ws/tarif/index.htm,
- http://www.gehaltsvergleich.com/vergleich-8617,bundesland,DE-NW,Nordrhein-Westfalen.html[444],
- das gemeinsame Tarifregister Berlin-Brandenburg (www.berlin.de/sen/arbeit/tarifregister/index.html),
- www.berlin.de/sen/arbeit/tarifregister/ (Mindestlöhne, Niedrigentgelte, Tarifinformationen für Berlin und Brandenburg),
- http://arbeit.sachsen.de/894.html.[445]

401 Aufschlussreich sind auch Zusammenstellungen über **tarifliche Niedriglöhne** mit Bruttoeinkommen zwischen 1.300 € (NRW) und 1.400 € (Berlin/Brandenburg).[446] Dies entspricht derzeit einem Nettoeinkommen zwischen 965 € und 1.025 €.

402 In der Rechtsprechung findet sich vielfach die Formulierung, es gelte der **Erfahrungssatz**, dass jeder Unterhaltsschuldner **zur Zahlung eines Mindestunterhalts für sein minderjähriges Kind in der Lage sei.**[447] Reichen die tatsächlichen Einkünfte zur Zahlung des Kindesunterhaltes nicht aus, wird die unterhaltsrechtliche Obliegenheit betont, die Arbeitsfähigkeit in bestmöglicher Weise einzusetzen und eine mögliche Erwerbstätigkeit auszuüben. Daraus leitet die Rechtsprechung bei fehlender Darlegung, diesen Anforderungen genügt zu haben, fiktiv ein Einkommen her, welches die Zahlung des Mindestkindesunterhalts ermöglicht.[448] Wer sich dagegen mit Erfolg auf eine tatsächliche Leistungsunfähigkeit zur Zahlung eines Kindesunterhaltes berufen will, muss seine Einkommens- und Vermögensverhältnisse ausreichend darlegen und dies durch Vorlage der Verdienstbescheinigungen eines Jahreszeitraums sowie des Einkommensteuerbescheides untermauern.[449]

403 Noch weiter geht z.B. das OLG Brandenburg mit der Feststellung, bei bestehender Erwerbsobliegenheit sei der Unterhaltspflichtige sogar in der Lage, den **Mindestunterhalt für bis zu zwei Kinder** zu decken.[450] Dies ist aber angesichts der Höhe des Unterhaltes sehr zweifelhaft, wenn man die niedrigen Reallöhne bedenkt. Die Verletzung der Erwerbsobliegenheit darf daher nicht mit Leistungsfähigkeit in

---

[442] FamRZ 2011, 1923.
[443] Vgl. BGH v. 26.03.2014 - XII ZB 214/13 - FamRZ 2014, 1007; OLG Naumburg v. 28.02.2013 - 8 UF 181/12 - FamRZ 2014, 133, vgl. auch OLG Karlsruhe v. 28.04.2014 - 2 UF 238/13 - JAmt 2014, 341; OLG Karlsruhe v. 21.02.2011 - 2 UF 21/10 - NJW-RR 2011, 655; OLG Hamm v. 14.09.2011 - 5 UF 45/11 - FPR 2012, 233; KG Berlin v. 11.04.2011 - 17 UF 45/11; OLG Brandenburg v. 29.07.2008 - 10 UF 195/07 - ZFE 2008, 428; OLG Stuttgart v. 23.12.2008 - 17 UF 180/08 - FamRZ 2009, 785; OLG Stuttgart v. 15.09.2009 - 17 UF 128/09 - FamFR 2009, 87 = FuR 2010, 52 = FamRZ 2010, 217 = NJW 2010, 2361; OLG Karlsruhe v. 21.02.2011 - 2 UF 21/10; vgl. OLG Saarbrücken v. 02.03.2011 - 9 UF 89/10; *Schürmann*, FuR 2011, 187, 192.
[444] OLG Hamm v. 19.12.2013 - 2 UF 150/13 - FamRB 2014, 138.
[445] Alle Webseiten abgerufen am 10.09.2014.
[446] Vgl. *Schürmann*, FuR 2011, 187, 192.
[447] OLG Schleswig v. 10.12.2004 - 10 UF 251/04 - FamRZ 2005, 1109; KG Berlin v. 27.09.1999 - 3 WF 7892/99 - FamRZ 2000, 1174; OLG Köln v. 17.06.1999 - 14 WF 72/99 - FamRZ 2000, 310; OLG Karlsruhe v. 23.11.2007 - 5 UF 10/07 - JAmt 2008, 170-172 unter Hinweis auf BGH v. 06.02.2002 - XII ZR 20/00 - FamRZ 2002, 536.
[448] OLG Brandenburg v. 07.02.2008 - 9 WF 27/08 - juris Rn. 12.
[449] OLG Brandenburg v. 07.02.2008 - 9 WF 27/08 - juris Rn. 6, 9.
[450] OLG Brandenburg v. 13.12.2006 - 9 WF 371/06 - ZFE 2007, 192-193; *Löffler*, jurisPR-FamR 8/2007, Anm. 5.

beliebiger Höhe gleichgesetzt werden. Der Anwalt des Unterhaltpflichtigen muss daher in seiner Verteidigungsstrategie immer auch konkret darlegen, welche Erwerbstätigkeit sein Mandant nach seiner beruflichen Vorbildung nur ausüben kann und welche Einkünfte dabei nur erzielt werden können.

Eine solche weitreichende Bewertung ist aber mit den strengen Vorgaben des Bundesverfassungsgerichtes nicht vereinbar.[451] **404**

Dem Unterhaltsschuldner muss für die Anrechnung eines fiktiven Einkommens ein „verantwortungsloses, **zumindest leichtfertiges unterhaltsbezogenes Fehlverhalten**" vorzuwerfen sein. Mit dieser von der Rechtsprechung entwickelten Formel ist es nicht zu vereinbaren, wenn ohne nähere Prüfung ein unzureichendes Einkommen durch einen fiktiven Verdienst ersetzt wird.[452] Die bisweilen im Rahmen einer gesteigerten Unterhaltspflicht bemühte **Vermutung, Kindesunterhalt sei in jedem Fall aufzubringen**, findet in der Rechtsprechung des BGH und des Bundesverfassungsgerichts **keine Grundlage**; zudem entspricht sie nicht der Realität. Daher entbindet auch die nach § 1603 Abs. 2 BGB gesteigerte Unterhaltspflicht nicht von der Notwendigkeit, die **Voraussetzungen im Einzelfall konkret zu prüfen**, nämlich ein vorwerfbares **Fehlverhalten** des Erwerbspflichtigen und dessen **Kausalität** für das fehlende Einkommen. **405**

Zwar ist es grundsätzlich erlaubt, fiktiv erzielbare Einkünfte zu berücksichtigen. Doch darf von dem Unterhaltpflichtigen auch im Rahmen seiner gegenüber minderjährigen Kindern gesteigerten Erwerbsobliegenheit nichts Unmögliches verlangt werden. Handelt es sich um einen Unterhaltpflichtigen ohne Ausbildung und dazu um einen Suchtkranken, dürfen **keine unrealistischen fiktiven Stundenlöhne** zugrunde gelegt werden.[453] **406**

Der Ansatz fiktiver Einkünfte setzt einmal voraus, dass Erwerbsbemühungen des Unterhaltsschuldners fehlen, zum anderen ist aber auch zwingend erforderlich, dass die erforderlichen Einkünfte für den Verpflichteten objektiv überhaupt erzielbar sind. Abhängig ist dies u.a. von seinen persönlichen Voraussetzungen sowie vom Vorhandensein entsprechender Arbeitsstellen.[454] **407**

Das **BVerfG** rügt konkret die Annahme des Oberlandesgerichts, der Unterhaltsschuldner könne bei entsprechender Anstrengung eine Arbeit finden, mit welcher er einen Bruttolohn von 10 € bis 11 € die Stunde oder gegebenenfalls bei zusätzlichen Einkünften aus einer Nebentätigkeit ein Einkommen von mindestens 1.200 € monatlich erzielen könne, so dass er den geltend gemachten Mindestunterhalt auch unter Berücksichtigung von Umgangskosten leisten könne. Aus den angegriffenen Entscheidungen gehe nicht hervor, dass die Gerichte sich mit dem zum Zeitpunkt ihrer Entscheidungen mit einer Aushilfstätigkeit erzielbaren Einkommen, insbesondere den aktuellen Mindestlöhnen der verschiedenen Branchen, auseinandergesetzt haben.[455] **408**

Es bedürfe einer **konkreten Prüfung**, ob der Unterhaltpflichtige in Anbetracht seiner Ausbildung und seines beruflichen Werdegangs sowie im Hinblick auf sein Alter und seine krankheitsbedingten Einschränkungen unter Berücksichtigung der tatsächlichen Gegebenheiten am Arbeitsmarkt in der Lage ist, ein Einkommen in der errechneten Höhe zu erzielen. Es dürfe nicht allein von den fehlenden Bemühungen des Beschwerdeführers um eine Erwerbstätigkeit auf seine volle Leistungsfähigkeit in Höhe des titulierten Kindesunterhalts geschlossen werden.[456] **409**

Bei seiner Entscheidung muss das Gericht daher immer auch konkrete Ausführungen machen, auf welcher Grundlage es annimmt, der Unterhaltpflichtige könne angesichts seiner konkreten persönlichen Umstände – insbesondere seines Gesundheitszustandes – entsprechende Tätigkeit mit dem vom Gericht angesetzten Bruttoverdienst erzielen.[457] **410**

Dies ändert allerdings nichts daran, dass der **Unterhaltpflichtige**, der sich auf mangelnde Leistungsfähigkeit berufen will, dies substantiiert **darlegen und ggf. beweisen muss**.[458] **411**

---

[451] Vgl. BVerfG v. 29.10.2009 - 1 BvR 443/09 - FamRZ 2010, 183; BVerfG v. 15.02.2010 - 1 BvR 2236/09.
[452] *Schürmann*, FuR 2011, 187, 189.
[453] BVerfG v. 11.03.2010 - 1 BvR 3031/08 - FamRZ 2010, 793.
[454] BVerfG v. 15.02.2010 - 1 BvR 2236/09 - FamRZ 2010, 626 mit Anm. *Borth*.
[455] BVerfG v. 11.03.2010 - 1 BvR 3031/08 - FamRZ 2010, 793.
[456] BVerfG v. 18.06.2012 - 1 BvR 2867/11 und 1 BvR 1530/11.
[457] BVerfG v. 15.02.2010 - 1 BvR 2236/09 - FamRZ 2010, 793 = FuR 2010, 333.
[458] *Viefhues*, FF 2012, 481.

§ 1603

3. Schürmann-Tabellen als Arbeitshilfen

412 Die nachfolgende, von *Schürmann* zusammengestellte **Arbeitshilfe**[459] macht deutlich, dass die These, jeder Unterhaltspflichtige sei zur Zahlung des Mindestunterhalts in der Lage, vielfach bezweifelt werden kann.

413 Die Tabelle listet in den einzelnen Spalten die Unterhaltsbeträge (in €) auf, die bei einem, zwei oder drei Kindern geschuldet werden – und zwar differenziert nach den unterschiedlichen Altersstufen. Sie ermöglicht eine Schätzung des zur Leistung des Mindestunterhalts für bis zu 3 minderjährige Kinder erforderlichen Einkommens. Der tatsächliche Nettoverdienst ist von der Höhe der individuell unterschiedlichen Sozialabgaben und Vorsorgeaufwendungen abhängig.

414 In der ersten Spalte der Rubrik „Einkommen" wird das bereinigte Nettoeinkommen aufgeführt, über das der Unterhaltspflichtige verfügen muss, um nach Abzug von 5% berufsbedingten Aufwendungen und unter Wahrung seines Selbstbehaltes von 900 € den geschuldeten Kindesunterhalt zahlen zu können.

415 In der nächsten Spalte wird der Bruttobetrag (gerundet) aufgeführt, der verdient werden muss, um das entsprechende Nettoeinkommen zu erhalten (Monatsbetrag brutto für Alleinstehende (Lohnsteuerabzug StKl. I/anteilige Kinderfreibeträge; Kirchensteuer, Rentenversicherung 19,9%; Arbeitslosenversicherung 2,8%, Krankenversicherung 15,5% (14,6% + 0,9%), Pflegeversicherung 1,95%).

416 Die letzte Spalte führt den dazu passenden Stundenlohn (gerundet) auf bei 172 Arbeitsstunden im Monat – dies entspricht einer 40-Stunden Woche.

Das zur Leistung des Mindestunterhalts erforderliche Einkommen 2014:

Altersstufe	Kinder			Einkommen			
	1 Kind			Summe	Bereinigt Netto	Monat brutto ca.	Stundenlohn ca.
1	225			225	**1.225**	1.850	10,80
2	272			272	**1.272**	1.945	11,30
3	334			334	**1.334**	2.065	12,00
	2 Kinder						
1/1	225	225		450	**1.450**	2.280	13,30
1/2	225	272		497	**1.497**	2.375	13,80
1/3	225	334		559	**1.559**	2.500	14,50
2/2	272	272		544	**1.544**	2.470	14,40
2/3	272	334		606	**1.606**	2.595	15,10
3/3	334	334		668	**1.668**	2.725	15,80
	3 Kinder						
1/1/1	222	225	225	672	**1.672**	2.710	15,80
1/1/2	222	225	272	719	**1.719**	2.805	16,30
1/1/3	222	225	334	781	**1.781**	2.940	17,10
1/2/2	222	272	272	766	**1.766**	2.910	16,90
1/2/3	222	272	334	828	**1.828**	3.035	17,60
1/3/3	222	334	334	890	**1.890**	3.170	18,40
2/2/2	269	272	272	813	**1.813**	3.005	17,50
2/2/3	269	272	334	875	**1.875**	3.140	18,30
2/3/3	269	334	334	937	**1.937**	3.270	19,00
3/3/3	331	334	334	999	**1.999**	3.410	19,80

2. Brutto/Nettolohntabelle – Monat 2014

(auf folgenden Annahmen beruhende Berechnung: Solidarzuschlag 5,5%; Kirchensteuer 9%; Krankenversicherung15,5% (AN-Anteil 7,3% + 0,9%); Pflegeversicherung 2,05%; Rentenversicherung 18,9%; Arbeitslosenversicherung 3,0%; keine Freibeträge)

Nettolohn	Bruttolohn StKl. I/IV		Bruttolohn StKl. III		Bruttolohn StKl. V	
	aBL	nBL	aBL	nBL	aBL	nBL
500	592		592		701	

---

[459] *Schürmann*, FUR 2008, 234.

3. Brutto-/Nettolohntabelle – Jahr 2014

(auf folgenden Annahmen beruhende Berechnung: Solidarzuschlag 5,5%; Kirchensteuer 9%; Krankenversicherung 15,5% (AN-Anteil 7,3% + 0,9%); Pflegeversicherung 2,05%; Rentenversicherung 18,9%; Arbeitslosenversicherung 3,0%; keine Freibeträge)

Nettolohn	Bruttolohn StKl. I/IV		Bruttolohn StKl. III		Bruttolohn StKl. V	
	aBL	nBL	aBL	nBL	aBL	nBL
600	737		737		876	
700	877		877		1.031	
800	1.013		1.002		1.242	
900	1.168		1.127		1.520	
1.000	1.330		1.253		1.786	
1.100	1.514		1.378		2.006	
1.200	1.708		1.503		2.235	
1.300	1.895		1.628		2.474	
1.400	2.081		1.754		2.731	
1.500	2.271		1.896		2.990	
1.600	2.463		2.049		3.249	
1.700	2.660		2.210		3.509	
1.800	2.860		2.376		3.765	
1.900	3.063		2.548		4.027	
2.000	3.271		2.727		4.260	
2.100	3.483		2.919		4.489	
2.200	3.700		3.104		4.719	
2.300	3.921		3.285		4.949	
2.400	4.137		3.468		5.179	5.150
2.500	4.343		3.652		5.409	5.343
2.600	4.544		3.838		5.639	5.535
2.700	4.771		4.025		5.868	5.728
2.800	4.994		4.196		6.074	5.921
2.900	5.220	5.187	4.365		6.267	6.113
3.000	5.452	5.379	4.536		6.460	6.306
3.100	5.682	5.572	4.708		6.652	6.498
3.200	5.912	5.764	4.882		6.845	6.691
3.300	6.110	5.957	5.057	5.049	7.038	6.884
3.400	6.303	6.150	5.234	5.201	7.230	7.076
3.500	6.496	6.342	5.412	5.354	7.423	7.269
3.600	6.689	6.535	5.592	5.509	7.615	7.462
3.700	6.881	6.728	5.774	5.664	7.808	7.654
3.800	7.074	6.920	5.956	5.821	8.001	7.847
3.900	7.266	7.113	6.115	5.979	8.193	8.040
4.000	7.459	7.306	6.275	6.138	8.386	8.232

Nettolohn	Bruttolohn StKl. I/IV		Bruttolohn StKl. III		Bruttolohn StKl. V	
	aBL	nBL	aBL	nBL	aBL	nBL
6.000	7.104		7.104		8.408	
7.000	8.549		8.549		10.197	
8.000	9.995		9.995		11.740	
9.000	11.275		11.275		13.406	
10.000	12.769		12.527		15.915	
11.000	14.330		13.780		18.833	
12.000	15.957		15.033		21.436	
13.000	17.778		16.286		23.706	
14.000	19.732		17.538		25.893	
15.000	21.628		18.791		28.250	
16.000	23.476		20.044		30.710	
17.000	25.350		21.297		33.288	

18.000	27.278		22.762		35.880	
19.000	29.175		24.283		38.473	
20.000	31.129		25.863		41.067	
21.000	33.112		27.509		43.659	
22.000	35.127		29.196		46.250	
23.000	37.173		30.932		48.816	
24.000	39.253		32.720		51.115	
25.000	41.369		34.652		53.411	
26.000	43.523		36.527		55.713	
27.000	45.715		38.334		58.010	
28.000	47.949		40.154		60.308	60.259
29.000	50.047		41.984		62.609	62.186
30.000	52.114		43.824		64.906	64.111
32.500	57.472		48.482		70.653	68.927
35.000	63.129	62.624	52.722		75.589	73.744
37.500	68.876	67.440	57.016		80.406	78.560
40.000	74.100	72.255	61.392	61.198	85.220	83.377
42.500	78.917	77.072	65.845	65.026	90.038	88.192
45.000	83.732	81.887	70.383	68.912	94.853	93.008
47.500	88.548	86.704	74.497	72.864	99.669	97.823
50.000	93.366	91.520	78.530	76.880	104.485	102.640

4. Übersicht/Fallbeispiele zum erzielbaren Einkommen

417 In der gerichtlichen Praxis sind in diesem Zusammenhang eine **Vielzahl von Entscheidungen** ergangen. Diese sehr kasuistische Rechtsprechung, die nicht immer die verfassungsrechtlichen Vorgaben vollständig beachtet (vgl. Rn. 408), kann hier nur zum Teil dargestellt werden.[460]

418 Zusätzlich sei im Falle einer gesteigerten Erwerbsobliegenheit bei dem so ermittelten fiktiven Durchschnittslohn für den Kindesunterhalt **ein Zuschlag von 10% hinzuzurechnen**, um das fiktive Einkommen zu ermitteln, da sich der Unterhaltsschuldner in diesem Fall auch um Stellen zu bemühen hat, in denen die Vergütung über den Durchschnittslohn hinausgeht.[461]

a. Hilfsarbeitertätigkeiten/ungelernte Arbeiten

419 In den meisten Fällen kommt mangels einer Ausbildung oder zumindest ausreichender beruflicher Vorkenntnisse lediglich eine – hypothetische – ungelernte Tätigkeit in Betracht.

420 Hier greifen die Gerichte bei ihren Festlegungen auf amtliche Auskünfte, Regelungen über Mindestlöhne[462] oder die im Internet verfügbaren Tarifarchive zurück.

421 Das OLG Naumburg[463] geht auf der Basis einer Auskunft des Ministeriums für Wirtschaft und Arbeit vom 15.03.2006 bei einem ungelernten Arbeitnehmer von einem erzielbaren **Stundenlohn von 8,80 €** und damit von mindestens **1.000 € monatlichem Einkommen** aus, das noch um Einkünfte aus einer Nebentätigkeit erhöht worden ist (vgl. dazu Rn. 743 ff.).

422 Das OLG Karlsruhe geht von einem Bruttostundenlohn für eine Hilfstätigkeit von 9 € und 174 monatlichen Arbeitsstunden aus, so dass sich ein erzielbares Bruttoeinkommen in Höhe von 1.566 € bzw. 1.077 € netto monatlich ergibt. Abzüglich 5% berufsbedingter Aufwendungen (54 €) sowie eines Selbstbehaltes in Höhe von 890 € bzw. 900 € (ab 01.07.2007) steht demnach für Unterhaltszwecke ein einzusetzender Betrag in Höhe von 133 bzw. 123 € zur Verfügung. Eine weitergehende Leistungsfähigkeit wird verneint.[464]

---

[460] Vgl. auch *Kleffmann* in: Prütting/Wegen/Weinreich, BGB, 3. Aufl. 2008, vor § 1577 Rn. 33 m.w.N.
[461] OLG Naumburg v. 28.02.2013 - 8 UF 181/12 - FamRZ 2014, 133.
[462] Zu den Anforderungen zur Feststellung von Mindestlöhnen vgl. auch BVerfG v. 29.10.2009 - 1 BvR 443/09 - FamRZ 2010, 183; BVerfG v. 15.02.2010 - 1 BvR 2236/09 - FamRZ 2010, 626, m. Anm. *Borth* und BGH v. 03.12.2008 - XII ZR 182/06 - FamRZ 2009, 314; BGH v. 20.02.2008 - XII ZR 101/05 - FamRZ 2008, 872.
[463] OLG Naumburg v. 17.08.2006 - 4 UF 10/06 - OLGR Naumburg 2007, 232.
[464] OLG Karlsruhe v. 04.12.2007 - 16 UF 179/07 - ZKJ 2008, 82-83.

Das OLG Brandenburg hat einem im Jahr 1964 geborenen Unterhaltspflichtigen unter Berücksichtigung seiner beruflichen Erfahrungen und insbesondere der vom Arbeitsamt geförderten Ausbildung als **Bauhelfer** sowie der berufspraktischen Weiterbildung und mit Blick auf sein unstreitig uneingeschränktes gesundheitliches Leistungsvermögen für das Jahr 2008 einen auf dem allgemeinen Arbeitsmarkt erzielbaren durchschnittlichen Bruttostundenlohn von mindestens 9 € bzw. 9,25 € angerechnet.[465] Auf der Grundlage einer vollschichtigen Arbeit und Steuerklasse I/1,0 KFB unter Berücksichtigung der gesetzlichen Abzüge hätte ein bereinigtes Nettoeinkommen zwischen rund 1.019 € und 1.069 € monatlich zur Verfügung gestanden. 423

Das OLG Frankfurt betont, dass es die **Arbeitsmarktverhältnisse** als zweifelhaft erscheinen lassen, ob ein Unterhaltspflichtiger bei genügender Anstrengung Unterhaltspflichten überhaupt noch erfüllen kann, wenn er **keine qualifizierte Ausbildung** hat. Daher könne auch bei gesteigerter Erwerbsobliegenheit gegenüber einem minderjährigen Kind ein **fiktives Einkommen** nur in der **Höhe** unterstellt werden, wie es nach der persönlichen Erwerbsbiografie und einer fehlenden beruflichen Qualifikation aufgrund objektiv feststellbarer Voraussetzungen überhaupt erreichbar ist. Die Annahme eines Stundenlohns, der deutlich über den aktuellen Mindestlöhnen liege, bedarf daher einer besonderen Feststellung durch das Gericht.[466] 424

Weitere Entscheidungen: 425
- OLG Stuttgart, ungelernter Hilfsarbeiter: Stundenlohn 9 € brutto[467];
- OLG Nürnberg: ungelernten Arbeiter: Stundenlohn 7 bis 7,30 € brutto[468];
- AG Ratzeburg: ungelernter Helfer im Maler- und Lackiererhandwerk Stundenlohn 7 €[469];
- Sachsen: **ungelernte Hilfsarbeiter**, von Zeitarbeitsfirmen beschäftigt: nicht mehr als 1.000 € netto mtl.[470]

Bei weiblichen Arbeitnehmern sind regelmäßig noch geringere Einkünfte erzielbar. 426

Bei einer ungelernten **Arbeiterin** setzt das OLG Zweibrücken einen Stundenlohn von 8 € brutto an.[471] 427

Das OLG Bremen geht davon aus, dass eine **Frau ohne Berufsausbildung** auch unter Berücksichtigung von gesundheitlichen Beeinträchtigungen z.B. als Verkäuferin oder im Bereich der Nachbarschaftshilfe bei einem Bruttostundenlohn von 7,25 € und 38,5 Std.-Woche monatlich (gerundet) 900 € verdienen könnte. Nach Abzug der berufsbedingten Aufwendungen in Höhe von 40 € monatlich verbleibt ein anrechenbares Einkommen von 860 €.[472] 428

Für **ungelernte weibliche Arbeitnehmer** ist nach Ansicht des AG Flensburg bei entsprechenden Erwerbsbemühungen ein Stundenlohn von maximal 6,50 € erzielbar. Dies bedeutet aber, dass unter Berücksichtigung der Lohnsteuerklasse I, den üblichen sozialversicherungsrechtlichen Abzügen und einer 40-Stunden-Woche kein Einkommen erzielbar ist, welches den notwendigen Selbstbehalt in Höhe von 900 € (Leitlinien OLG Schleswig Stand 01.07.2007) übersteigt.[473] 429

Kann der Unterhaltspflichtige aufgrund seiner fehlenden beruflichen Qualifikation lediglich als **ungelernte Hilfskraft** erwerbstätig werden, so ist nach Ansicht des OLG Hamm zudem zu berücksichtigen, dass Einstellungen hier in aller Regel lediglich in **befristeten Arbeitsverhältnissen** erfolgen. Folglich sei für mindestens 2 Monate im Jahr Arbeitslosigkeit unvermeidbar. Daher sei vom fiktiv anzusetzenden Einkommen ein **Abschlag von 10%** vorzunehmen.[474] Für ungelernte Arbeitskräfte ohne Berufserfahrung kann lediglich ein Stundenlohn von 9 € angesetzt werden.[475] Bei fehlender Berufsausbildung und einer Schwerbehinderung des arbeitslosen Unterhaltspflichtigen kann von einem erzielbaren Stundenlohn in Höhe von 7 € brutto ausgegangen werden.[476] 430

---

[465] OLG Brandenburg v. 03.08.2010 - 10 UF 32/10.
[466] OLG Frankfurt v. 21.04.2010 - 5 UF 253/09.
[467] OLG Stuttgart v. 05.02.2008 - 18 UF 225/07 - FamRZ 2008, 1653.
[468] OLG Nürnberg v. 28.07.2009 - 9 UF 215/09 - FuR 2010, 51.
[469] AG Ratzeburg v. 04.10.2007 - 9 F 132/06 - FamRZ 2008, 435.
[470] OLG Dresden v. 21.10.2009 - 24 UF 342/09 - FuR 2010, 110.
[471] OLG Zweibrücken v. 16.11.2007 - 2 UF 50/07 - ZFE 2008, 357.
[472] OLG Bremen v. 10.04.2008 - 4 UF 6/08 - FamRZ 2008, 1957.
[473] AG Flensburg v. 15.01.2008 - 92 F 175/07 UV.
[474] OLG Hamm v. 22.11.2005 - 7 WF 193/05 - FamRZ 2006, 726.
[475] OLG Hamm v. 17.05.2005 - 6 UF 145/04 - FamRZ 2006, 952-953.
[476] OLG Karlsruhe v. 04.03.2005 - 18 UF 231/03 - FamRZ 2005, 1855-1858.

431 Für einen **ungelernten Helfer** im Maler- und Lackiererhandwerk wird ein Stundenlohn von **7 €** angesetzt.[477] Das OLG Hamm rechnet einer ungelernten Erwerbstätigen fiktive Einkünfte in Höhe von 10 € brutto/Stunde bzw. 950 € netto/Monat zu. Es bestehe heute ein ständig steigender Bedarf an ungelernten Arbeitskräften im Bereich der Betreuung und Pflege älterer Menschen

432 Einer **teilweise erwerbspflichtigen kindesbetreuenden Ehefrau** hat das OLG Brandenburg ein fiktives bereinigtes Nettoeinkommen aus halbschichtiger Tätigkeit von rund 500 € angerechnet. Mit Rücksicht auf absolvierte Computerkurse, eine Ausbildung zur Rettungssanitäterin sowie eine frühere Ausbildung zur Schreinerin könne sie auf Anlernberufe im Bürobereich und auf Tätigkeiten als Verkäuferin verwiesen werden; hier sei ein Bruttostundenlohn von 7 € erzielbar.[478]

433 Das OLG Brandenburg geht unter Hinweis auf deren **beruflichen Lebensweg** (Berufsausbildung zur Schwimmmeisterin, Tätigkeit als Rettungsschwimmerin bei den Bäderbetrieben, Anmeldung eines Gewerbes als Nageldesignerin) davon aus, dass die eingeschränkt Erwerbspflichtige, die sich in der Vergangenheit durchaus **flexibel auf dem Arbeitsmarkt** gezeigt habe, daher bei gehörigen Bemühungen auch jetzt eine Teilzeitbeschäftigung mit einem Umfang **von zehn Stunden wöchentlich** finden könnte.[479] Bei einem **erzielbaren Bruttostundenlohn jedenfalls von 7 €** käme sie zu einem monatlichen Bruttoeinkommen von **rund 300 €**. Da es sich um eine geringfügige Beschäftigung nach § 8 Abs. 1 SGB IV handele, bei der eine Sozialversicherungspflicht entfiele (§ 27 Abs. 2 Satz 1 SGB III, § 7 Abs. 1 Satz 1 SGB V, § 5 Abs. 2 Satz 1 Nr. 1 SGB VI, § 20 Abs. 1 Satz 1 SGB XI), sei das fiktive Einkommen von 300 € auch **netto** anzusetzen.

434 Das OLG Brandenburg setzt bei einer unterhaltspflichtigen 33 Jahre alten Frau im Hinblick auf die **fehlende Berufsausbildung** und die geringe Berufserfahrung, die ausschließlich im Niedriglohnbereich gesammelt wurde, **ein anrechenbares Einkommen von rund 1.000 €** an, da ihr lediglich Einkünfte aus einer **ungelernten Tätigkeit**, etwa als Hausmeisterin, Putzhilfe oder Verkäuferin, zugerechnet werden können.[480]

b. Mindestlöhne

435 Bei einzelnen Berufen sind die aktuell geltenden **Mindestlöhne** zu beachten.[481]

436 Das OLG Frankfurt[482] verweist darauf, dass im unteren Lohnbereich gelernter Arbeitskräfte heute **Mindestlöhne** durch Tarifvertrag und Rechtsverordnung garantiert sind, die im Bereich eines Stundenlohns von **10 €** liegen. Mit der Dritten Verordnung über zwingende Arbeitsbedingungen im **Maler- und Lackiererhandwerk** vom 31.08.2005[483] betrage der Mindestlohn für Fachkräfte im Bundesgebiet ohne die Beitrittsländer **10,73 €** und für ungelernte Kräfte **7,85 €**. Nach dem Lohn- und Gehaltstarifvertrag für das Wach- und Sicherheitsgewerbe in Hessen[484] betrage der Mindestlohn für **Sicherheitsmitarbeiter im Revierwachdienst 7 €**. Dieser Mindestlohn gelte ausdrücklich nicht für **Aushilfskräfte** gemäß § 8 Abs. 1 Nr. 1 SGB IV. Im **Baugewerbe** belaufe sich der Mindestlohn für ungelernte Kräfte nach der 5. Verordnung über zwingende Arbeitsbedingungen im Baugewerbe ab dem 01.09.2005 (www.bmas.bund.de, abgerufen am 04.09.2014) für ungelernte Arbeitnehmer (Lohngruppe 1) zwar auf **10,20 €**, jedoch werden zurzeit im Baugewerbe keine ungelernten Arbeiter ohne Bauberufserfahrung überhaupt eingestellt, weil in diesem Bereich ausländische Arbeitskräfte (oft mit Unterschreitung der Mindestbedingungen) den Arbeitsmarkt beherrschen, die auch Berufserfahrung aufweisen.

c. Einzelne Berufe

437 Das OLG Brandenburg geht bei einer **Fachverkäuferin für Fleisch- und Wurstwaren** bei einem **Stundenlohn von 7,10 €** unter Berücksichtigung von Zuschlägen bei Vollzeitbeschäftigung von einem erzielbaren Einkommen von nicht mehr als 1.230 € brutto aus. Angesichts der Arbeitsbelastung könne **keine Nebentätigkeitsobliegenheit** angenommen werden.[485]

---

[477] AG Ratzeburg v. 04.10.2007 - 9 F 132/06 - FamRZ 2008, 435.
[478] OLG Brandenburg v. 03.06.2010 - 10 UF 69/09 - FamFR 2010, 297
[479] OLG Brandenburg v. 22.03.2011 - 10 UF 85/09 - FamFR 2011, 224.
[480] OLG Brandenburg v. 16.10.2012 - 10 UF 10/12 - FamRZ 2013, 1137.
[481] Zu den Anforderungen zur Feststellung von Mindestlöhnen vgl. auch BVerfG v. 29.10.2009 - 1 BvR 443/09 - FamRZ 2010, 183; BVerfG v. 15.02.2010 - 1 BvR 2236/09 - FamRZ 2010, 626, m. Anm. *Borth* und BGH v. 03.12.2008 - XII ZR 182/06 - FamRZ 2009, 314; BGH v. 20.02.2008 - XII ZR 101/05 - FamRZ 2008, 872.
[482] OLG Frankfurt v. 29.09.2006 - 5 UF 171/06 - NJW 2007, 382-383.
[483] BAnz Nr. 178 vom 20.09.2005.
[484] HN LTV GTV Bew 01.08.2003 - 31.07.2004.
[485] OLG Brandenburg v. 14.01.2009 - 13 WF 128/08 - ZFE 2009, 431.

Das OLG Schleswig verweist darauf, dass im **Einzelhandel** Tätigkeiten häufig unter Tarif entlohnt werden und daher auch bei einer Vollzeittätigkeit nur monatlich 750 € netto angesetzt werden können.[486] 438

Bei einer Frau mit abgeschlossener **Berufsausbildung zur Kauffrau** im Einzelhandel setzt das OLG Saarbrücken ein Einkommen von 1.650 € brutto an.[487] 439

Das OLG Nürnberg setzt bei der Berechnung des Unterhalts bei einem **Karosseriebauer** in Sachsen ein erzielbares Einkommen von 1.638 € brutto an.[488] Dies errechnet sich aus einer zumutbaren und möglichen abhängigen Tätigkeit von 42 Stunden pro Woche. Bei einem ab 2008 erzielbaren Stundenlohn von 9 € beliefe sich der maßgebliche Bruttoverdienst auf monatlich rund 1.638 €, was nach Abzug der Sozialversicherungsbeiträge – Steuern fielen bei Lohnsteuerklasse 3/3 nicht an – einem Nettoverdienst von monatlich rund 1.302 € entspricht. 440

Einem **Taxifahrer** sind nach Ansicht des AG Meldorf[489] mehr als 40 Stunden pro Woche unterhaltsrechtlich zumutbar, da es sich um eine körperlich und geistig ausgesprochen leichte Tätigkeit handelt. In der Branche üblich und zumutbar sind mindestens zwei Nachtschichten à zwölf Stunden und weitere drei Tagschichten à acht Stunden, insgesamt 48 Stunden die Woche. Unter Berücksichtigung von zwei Tagen Urlaub pro Monat ergibt dies 192 Stunden pro Monat. Für Krankheit zieht das Gericht noch einmal durchschnittlich zwölf Stunden pro Monat ab, so dass 180 Stunden verbleiben. Netto könne der Unterhaltsschuldner bei Hochrechnung aus seiner Gehaltsbescheinigung ohne Kirchensteuer bei Steuerklasse III **1.081,81 €**, bei IV **984,61 €** verdienen. Das zusätzliche **Trinkgeld** schätzt das Gericht auf 162 € (180 Stunden im Monat, pro Stunde durchschnittlich drei Fahrgäste mit je 0,30 € Trinkgeld). 441

In einem Fall, in dem jeglicher Nachweis über konkrete Stellenbewerbungen fehlte, hat das KG einer **arbeitslosen gelernten Köchin**, die ihren minderjährigen Kindern zum Unterhalt verpflichtet ist, einen erzielbaren Brutto-Stundenlohn in Höhe von **10 €** zugerechnet, auch wenn im Einzelfall untertariflich bezahlt werden sollte.[490] 442

Das KG Berlin geht von einem erzielbaren Einkommen im **Gastronomiegewerbe** – trotz nicht vollständig abgeschlossener Ausbildung – unter Einbeziehung von Überstunden 1.600 € mtl. brutto aus.[491] 443

Im Hinblick auf eine abgeschlossene Meisterausbildung und eine mehrjährige Tätigkeit als **Malermeister** geht das OLG Brandenburg von einem erzielbaren **Bruttolohn von 2.059 € monatlich** im Maler- und Lackiererhandwerk im Land Brandenburg aus.[492] 444

Das OLG Celle errechnet für einen **Gebäudereiniger** ein Monatsbrutto von 1.490,58 € und daraus ein Nettoeinkommen bei Zugrundelegung von LSt-Kl. I/0,5 von 1.086,05 €.[493] 445

Das OLG Karlsruhe geht im Rahmen eines Unterhaltsanspruches gem. § 1615l BGB bei einer **teilweise erwerbspflichtigen Mutter mit abgebrochenem Studium** davon aus, dass diese infolge ihrer Vorbildung und des bisher absolvierten Studiums eine Arbeitsstelle z.B. im Lektorat bei einem Verlag, als Mitarbeiterin in der Verwaltung einer Hochschule, bei einer Privatschule oder bei einer gemeinnützigen Organisation zumindest mit einem Stundenlohn von 10 € brutto finden kann und im Rahmen einer Teilzeittätigkeit von 25 Wochenstunden ein Bruttoentgelt von 1.100 € erzielen könne. Bei Lohnsteuerklasse 1 und einem halben Kinderfreibetrag fallen 19,66 € Steuern, 103,95 € Rentenversicherung, 16,50 € Arbeitslosenversicherung, 11,28 € Pflegeversicherung und 90,20 € Krankenversicherung an, sodass sich ein Nettoeinkommen von 858,41 € errechnet.[494] 446

aa. Tätigkeiten bei Zeitarbeitsfirmen

Steht dem Unterhaltspflichtigen realistischerweise allenfalls eine Tätigkeit in einer **Zeitarbeitsfirma** offen, kann ein Ungelernter, der bereits längerer Zeit keiner Erwerbstätigkeit nachgegangen ist, selbst unter günstigsten Umständen einen Bruttostundenlohn von maximal 7,50 € erzielen. Bei einer vollschichtigen Erwerbstätigkeit mit 173,9 Stunden im Monat ergibt das zwar einen monatlichen Bruttolohn von 1 304,25 €, was netto bei Steuerklasse I und 1 Kinderfreibetrag einem Betrag von 961,88 € 447

---

[486] OLG Schleswig v. 24.04.2007 - 8 UF 200/06 - FamRZ 2008, 64.
[487] OLG Saarbrücken v. 07.08.2009 - 6 UFH 58/09 - FuR 2010, 327.
[488] OLG Nürnberg v. 18.06.2009 - 10 UF 1536/08 - ZFE 2010, 474.
[489] AG Meldorf v. 16.12.2005 - 16 F 122/04 - FamRZ 2006, 1295 (Leitsatz).
[490] KG Berlin v. 21.11.2006 - 17 UF 104/06 - FamRZ 2007, 1121.
[491] KG Berlin v. 11.04.2011 - 17 UF 45/11 - FamRZ 2011, 1798.
[492] OLG Brandenburg v. 19.04.2011 - 10 UF 89/10 - juris Rn. 29.
[493] OLG Celle v. 20.03.2013 - 10 UF 33/13 - FamRZ 2013, 1752.
[494] OLG Karlsruhe v. 28.04.2014 - 2 UF 238/13 - JAmt 2014, 341.

entspricht. Da jedoch Zeitarbeitsfirmen – sofern sie heutzutage bei Neueinstellungen überhaupt noch Vollzeitstellen anbieten – grundsätzlich **nicht die volle erbrachte Stundenzahl vergüten**, sondern anteilige Zeitkonten führen, besteht faktisch keine Möglichkeit, tatsächlich für einen Nettolohn von mehr als 900 € tätig sein zu können.[495]

448 Allerdings ist die bisherige Tätigkeit eines Unterhaltsschuldners im Rahmen von untertariflich entlohnten Zeitarbeitsverhältnissen kein hinreichendes Indiz dafür, dass es ihm bei ausreichenden Erwerbsbemühungen nicht gelingen kann, eine besser bezahlte Stelle auf dem Arbeitsmarkt zu finden. Dazu müssen weitere Umstände hinzutreten, die die Annahme rechtfertigen, dass er auch bei Erfüllung seiner Erwerbsobliegenheit nicht in der Lage ist, eine tariflich entlohnte Festanstellung auf dem allgemeinen Arbeitsmarkt zu erhalten.[496]

449 Solche Umstände hat müssen konkret vorgetragen werden. Insbesondere steht eine **lange Arbeitslosigkeit** einer Festanstellung auf dem allgemeinen Arbeitsmarkt nicht entgegen. Die Dauer der Arbeitslosigkeit wirkt sich in der Regel dann nachteilig auf eine Neuanstellung aus, wenn es sich um qualifizierte Tätigkeiten handelt, die eine kontinuierliche Weiterbildung oder ein besonderes Maß an Berufserfahrung voraussetzen. Stehen jedoch angesichts des Ausbildungsstandes ausschließlich Arbeiten im ungelernten Bereich zur Verfügung, für die weder eine Weiterbildung noch ein besonderes Maß an Berufserfahrung vorausgesetzt wird, stellt alleine die Dauer der Arbeitslosigkeit keinen maßgeblichen Gesichtspunkt für die Höhe des erzielbaren Einkommens auf dem allgemeinen Arbeitsmarkt dar.[497]

450 **Ungelernte Hilfsarbeiter**, die von Zeitarbeitsfirmen beschäftigt werden, können in Sachsen nicht mehr als 1.000 € netto verdienen.[498]

bb. Ausländer/Sprachprobleme

451 Es gibt eine Reihe von Entscheidungen über Unterhaltspflichtige, die über keine Berufsausbildung verfügen und Probleme mit der deutschen Sprache haben. Zu beachten ist dabei aber immer auch die unterhaltsrechtliche Obliegenheit, diese Defizite abzubauen und ggf. Sprachkurse zur Verbesserung der Kenntnisse zu besuchen.[499]

452 Unzureichende Sprachkenntnisse können den Unterhaltspflichtigen in einem größeren Zeitabstand vom Beginn seiner Unterhaltspflicht nicht mehr ohne weiteres entlasten, denn die Obliegenheit des Unterhaltspflichtigen, fehlende Sprachkenntnisse auszugleichen, können bereits mit der Geburt seines Kindes und damit dem Beginn seiner Unterhaltspflicht einsetzen.[500]

453 *Niepmann*[501] stellt in ihrer Anmerkung zum Beschluss des BGH vom 22.01.2014[502] klar, dass damit persönliche Hindernisse wie eine fehlende Ausbildung oder unzureichende Sprachkenntnisse sowie die bisherige berufliche Entwicklung keinerlei Indizwirkung für die Frage nach dem Vorhandensein einer realen Beschäftigungschance haben. Den Nachweis einer fehlenden Beschäftigungschance kann der Unterhaltsschuldner nur durch den Nachweis hinreichender Erwerbsbemühungen führen.[503]

454 Das OLG Hamm hat bei einem 34 Jahre alten ausländischen Unterhaltspflichtigen, der seit 1997 in Deutschland lebt, daher **keine Einschränkung der Erwerbsobliegenheit** anerkannt.[504] Ihm wurden bei einem erzielbaren Stundenlohn von 9,88 € brutto und einer (vollschichtigen) Arbeitszeit von durchschnittlich rund 174 Arbeitsstunden im Monat unter Berücksichtigung der Steuerklasse 1 und des entsprechenden Kinderfreibetrages monatlich 1.207,32 € angerechnet.

455 Das OLG Naumburg verlangt von einem Unterhaltspflichtigen mit gesteigerter Erwerbsobliegenheit die deutsche Sprache und einen zumindest Facharbeiterberuf zu erlernen, der es ihm ermöglicht, mindestens 1.200 € monatlich zu erzielen.[505]

---

[495] OLG Hamm v. 14.08.2009 - 13 UF 83/09 - FamRZ 2010, 383-384.
[496] OLG Hamm v. 27.05.2010 - II-2 UF 8/10 - FamRZ 2010, 1740.
[497] OLG Hamm v. 27.05.2010 - II-2 UF 8/10 - ZFE 2011, 233.
[498] OLG Dresden v. 21.10.2009 - 24 UF 342/09 - FuR 2010, 110.
[499] OLG Hamm v. 27.05.2010 - II-2 UF 8/10 - ZFE 2011, 233; vgl. auch OLG Hamm v. 21.01.2002 - 6 UF 157/01 - FamRZ 2002, 1427, 1428.
[500] BGH v. 22.01.2014 - XII ZB 185/12 - FamRZ 2014, 637; OLG Naumburg v. 29.07.2008 - 3 WF 194/08 (PKH), 3 WF 194/08 - ZFE 2009, 477.
[501] *Niepmann*, FF 2014, 256.
[502] BGH v. 22.01.2014 - XII ZB 185/12 - FamRZ 2014, 637.
[503] *Niepmann*, FF 2014, 256; vgl. auch *Born*, NJW 2014, 933, 934.
[504] OLG Hamm v. 27.05.2010 - II-2 UF 8/10 - ZFE 2011, 233; vgl. auch OLG Hamm v. 21.01.2002 - 6 UF 157/01 - FamRZ 2002, 1427, 1428.
[505] OLG Naumburg v. 29.07.2008 - 3 WF 194/08 (PKH), 3 WF 194/08 - ZFE 2009, 477.

Einem uneingeschränkt arbeitsfähigen Ausländer sei es möglich, als ungelernte Kraft im Raum Schleswig-Holstein und Hamburg jedenfalls **1.000 € netto monatlich** zu verdienen.[506]

456

Das OLG Bremen geht von einem erzielbaren Stundenlohn von 8 € aus und errechnet bei einer Erwerbsverpflichtung von insgesamt **45 Stunden** in der Woche ein Gesamtbruttoeinkommen von 1.558,80 € und Netto bei Steuerklasse III/3 von 1.225,23 € und bei Steuerklasse I/1,5 von 1.083,07 €.[507]

457

In einer anderen Entscheidung hat das OLG Bremen einen Stundenlohn von **8,15 €** akzeptiert. Solange der Unterhaltspflichtige nicht nachweise, dass er trotz nachhaltiger und intensiver Erwerbsbemühungen keine Tätigkeit gefunden hat, die mit einem geringeren Stundenlohn vergütet wird, müsse er sich diesen Stundenlohn für eine Vollzeittätigkeit fiktiv zurechnen lassen. Bei einem Bruttostundenlohn von 8,15 € und einer Wochenarbeitszeit von 40 Stunden beträgt dann das zu erzielende Bruttoeinkommen (8,15 € x 40 Std. x 4,33 Wochen =) 1.411,58 €, was einem **Nettoeinkommen von ca. 1.026 €** entspricht, von dem noch die Fahrtkosten abzuziehen sind.[508]

458

Das BVerfG hat bei einem aus **Ghana** stammenden und der **deutschen Sprache nur begrenzt mächtigen Unterhaltspflichtigen**, der als **Küchenhilfe** tatsächlich einen Nettoverdienst von rund 1.027 € monatlich erzielt, den Ansatz eines fiktiven Stundenlohns von 10 € beanstandet. Eine solche Feststellung sei ohne nähere Begründung und ohne die eigene Sachkunde näher darzulegen nicht möglich. Zudem müsse sich das Gericht an den persönlichen Voraussetzungen und Möglichkeiten des Beschwerdeführers und an den tatsächlichen Gegebenheiten am Arbeitsmarkt orientieren und sich insbesondere mit dem derzeit für eine ungelernte Kraft erzielbaren Lohn bzw. den aktuellen Mindestlöhnen der verschiedenen Branchen auseinandersetzen).[509]

459

Bei einem Unterhaltspflichtigen **ohne gesicherten ausländerrechtlichen Status** hat das OLG Stuttgart 7 € berücksichtigt.[510]

460

cc. Behinderungen

Ein **Schwerbehinderter** kann ohne Berufsausbildung einen Stundenlohn in Höhe von 7 € brutto erzielen.[511]

461

dd. Mindesteinkommen ohne konkrete Angaben zum beruflichen Umfeld

Das OLG Düsseldorf[512] kommt bei einem **erzielbaren Stundenlohn von 10 €** zu einem monatlichen Bruttoeinkommen von 1.640 € und bei Steuerklasse I mit 0,5 Kinderfreibeträgen zu rund 1.100 € monatlichem Nettoeinkommen.

462

Auch das OLG Hamm legt einen Stundenlohn von **10 €** zugrunde,[513] in einer anderen Entscheidung wurden 1.580 € Monatsbrutto entsprechend etwa **9,10 €** angesetzt.[514] Eine weitere Entscheidung des OLG Hamm nimmt einen Stundenlohn von **9 €** an.[515]

463

Das OLG Köln geht von mindestens **1.100 € netto monatlich** aus entsprechend **ca. 9,40 € brutto**.[516]

464

Das OLG Brandenburg errechnet ein bereinigtes Monatseinkommen von 1.125 €; dies entspricht etwa **9,70 €** brutto bei einer 40-Stunden-Woche und Steuerklasse I und 0,5 Kinderfreibeträgen.[517]

465

Im Fall des Kammergerichts wurden nur **7,65 €** Stundenlohn angesetzt.[518]

466

Das AG Flensburg sieht einen Stundenlohn von **8 €** als erzielbar an und errechnet daraus bei Lohnsteuerklasse I, den üblichen sozialversicherungsrechtlichen Abzügen bei einer 40-Stunden-Woche ein erzielbares Nettoeinkommen von 1.000 € monatlich.[519]

467

---

[506] OLG Schleswig v. 14.11.2006 - 15 WF 292/06 - SchlHA 2008, 60.
[507] OLG Bremen v. 18.12.2008 - 5 WF 100/08 - FamRZ 2009, 889-890.
[508] OLG Bremen v. 02.11.2009 - 4 WF 108/09 - FamRZ 2010, 574.
[509] BVerfG v. 18.06.2012 - 1 BvR 774/10 - NJW 2012, 2420.
[510] OLG Stuttgart v. 18.09.2006 - 16 UF 156/06 - OLGR Stuttgart 2007, 212-213.
[511] OLG Karlsruhe v. 04.03.2005 - 18 UF 231/03 - FamRZ 2005, 1855-1858.
[512] OLG Düsseldorf v. 19.04.2006 - II-6 WF 112/05 - OLGReport Düsseldorf 2006, 766.
[513] OLG Hamm v. 23.11.2004 - 7 WF 207/04 - FamRZ 2005, 803.
[514] OLG Hamm v. 13.04.2005 - 11 WF 41/05.
[515] OLG Hamm v. 08.01.2003 - 8 WF 296/02 - FamRZ 2003, 1210.
[516] OLG Köln v. 11.04.2003 - 4 WF 31/03.
[517] OLG Brandenburg v. 19.12.2002 - 10 UF 188/02 - FamRZ 2004, 396.
[518] KG Berlin v. 13.10.2004 - 3 UF 57/04 - FuR 2005, 454.
[519] AG Flensburg v. 15.12.2005 - 92 F 228/05 - FamRZ 2006, 1293.

468 Auch das BVerfG hat die pauschale Annahme kritisiert, bei einer Aushilfstätigkeit könne ein **Nettoeinkommen** von monatlich **1.300 €** erwirtschaftet werden. Ein entsprechender Bruttoverdienst von rund 2.000 € mtl. entsprechend einem **Bruttostundenlohn** von rund **11,75 €** sei mit Blick auf die aktuellen Verhältnisse auf dem Arbeitsmarkt nicht realistisch.[520]

469 Das OLG Hamburg hat bei einem ungelernten Unterhaltspflichtigen ein fiktives Nettoeinkommen von monatlich 1.800 € als unrealistisch bezeichnet und einen dahingehenden Prozesskostenhilfeantrag, der ein entsprechendes Einkommen zugrunde legt, als mutwillig abgelehnt. Dem dahingehenden Antrag auf Einholung eines Sachverständigengutachtens wurde nicht gefolgt. Dabei wurde auch eine mögliche Nebentätigkeitsobliegenheit des Unterhaltspflichtigen einbezogen und berücksichtigt, dass der Unterhaltspflichtige vor dem Verlust seiner Arbeitsstelle im Jahre 2005 ein entsprechend hohes Einkommen erzielt hatte.[521]

470 Das BVerfG[522] hat die **pauschale Annahme als überspannt** bezeichnet, dem Unterhaltspflichtigen werde nicht der Beweis gelingen, dass er bei entsprechenden Bemühungen um eine Aushilfstätigkeit, also letztlich als ungelernte Kraft, in der Lage sei, ein **Nettoeinkommen** in Höhe von **monatlich 1.300 €** zu erwirtschaften. Bei Steuerklasse I ohne persönliche Freibeträge (1/2 Kinderfreibetrag) und den üblichen Abzügen für Steuern und Sozialversicherung müsste er hierfür einen Bruttoverdienst von rund 2.000 € im Monat erzielen. Bei einer regulären Arbeitszeit von 170 Arbeitsstunden im Monat müsste der Beschwerdeführer also einen Bruttostundenlohn in Höhe von **rund 11,75 €** erhalten. Dies sei mit Blick auf die aktuellen Verhältnisse auf dem Arbeitsmarkt nicht realistisch[523] (vgl. auch Rn. 148 f., Rn. 392 f.).

5. Beginn der verschärften Obliegenheiten

471 Die verschärfte Erwerbsobliegenheit beginnt Eintritt der Barunterhaltspflicht.[524]

472 Hat der Unterhaltspflichtige davon keine Kenntnis, ist auf den Zeitpunkt der Kenntnisnahme abzustellen. Es kommt also z.B. auf den Zeitpunkt an, an dem er erfährt, dass er Vater des Kindes ist. Diese Frage ist auch dann praktisch relevant, wenn die Barunterhaltspflicht durch einen Aufenthaltswechsel des Kindes ausgelöst wird.

473 Eine nach den konkreten Umständen des Falles zu bemessende Übergangsfrist kann ihm zuzubilligen sein. Regelmäßig wird ein Zeitraum von **drei bis sechs Monaten** als ausreichend für das Auffinden einer entsprechenden Arbeitsmöglichkeit angesehen.

474 Vielfach wird ein fiktives Einkommen beim Unterhaltspflichtigen nicht bereits mit Beginn des betroffenen Unterhaltszeitraums bejaht, sondern erst dann angenommen, wenn er in Verzug gesetzt bzw. gem. § 1613 BGB zur Auskunft aufgefordert worden ist.[525]

475 Für den Beginn einer Erwerbsobliegenheit bedarf es jedoch **keines Verzuges**; es reicht aus, wenn die objektiven Gegebenheiten für eine Erwerbsobliegenheit vorhanden und dem Unterhaltspflichtigen die objektiven Rahmenbedingungen bekannt sind.[526]

476 Die Obliegenheit eines Unterhaltspflichtigen, zur Erfüllung seiner gesteigerten Unterhaltspflicht gegenüber einem minderjährigen Kind sich um eine Erwerbstätigkeit zur Erzielung höherer Einkünfte zu bemühen, beginnt nicht erst mit Eintritt des Verzugs zur Leistung von Kindesunterhalt, sondern bereits zu einem Zeitpunkt, zu dem der Unterhaltspflichtige mit seiner Inanspruchnahme hat ernsthaft rechnen müssen.[527]

6. Erwerbsobliegenheit trotz Kindesbetreuung

477 Die gesteigerte Erwerbsobliegenheit zur Sicherstellung des Existenzminimums des bei dem anderen Elternteil lebenden minderjährigen Kindes gilt auch im Falle eigener Kindesbetreuung grundsätzlich uneingeschränkt.[528] Die Eltern sind also verpflichtet, alle zumutbaren Erwerbsmöglichkeiten auszu-

---

[520] BVerfG v. 29.10.2009 - 1 BvR 443/09 - FamRZ 2010, 183.
[521] OLG Hamburg v. 28.01.2010 - 10 WF 97/09.
[522] BVerfG v. 29.10.2009 - 1 BvR 443/09 - FamRZ 2010, 183.
[523] Vgl. auch BVerfG v. 18.06.2012 - 1 BvR 774/10; BVerfG v. 15.02.2010 - 1 BvR 2236/09 - juris Rn. 21; BVerfG v. 11.03.2010 - 1 BvR 3031/08 - juris Rn. 18.
[524] OLG Brandenburg v. 02.04.2013 - 13 WF 54/13 - FuR 2013, 661-662.
[525] OLG Brandenburg v. 16.10.2012 - 10 UF 10/12 - FamRZ 2013, 1137; OLG Brandenburg v. 24.05.2007 - 9 UF 148/06 unter Bezugnahme auf OLG Hamm v. 12.04.2002 - 11 WF 1/02 - FamRZ 2003, 177.
[526] OLG München v. 24.08.2005 - 4 UF 282/05; OLG Brandenburg v. 03.08.2010 - 10 UF 32/10.
[527] KG Berlin v. 03.12.2013 - 18 UF 166/12 - FamRZ 2014, 1030
[528] OLG Hamm v. 30.06.2006 - 11 WF 170/06 - FamRZ 2007, 73.

schöpfen[529], jedoch ist stets der Grundsatz der Verhältnismäßigkeit zu wahren.[530] Dabei kommt auch eine **Erhöhung der Erwerbsobliegenheit trotz Kinderbetreuung** in Betracht.[531]

Zu beachten sind dabei auch die strengen Anforderungen an die Erwerbstätigkeit beim Ehegattenunterhalt gem. § 1570 BGB. Die dort verlangte Erwerbstätigkeit des betreuenden Elternteils kann im Rahmen der – strengeren – Haftung aus § 1603 Abs. 2 BGB mindestens verlangt werden. Entscheidungen zu diesem Themenbereich aus dem Zeitraum der Geltung des alten Unterhaltsrechts[532] können daher hier nicht ohne weiteres weiter zugrunde gelegt werden.

Dabei ist jedoch u.U. eine Übergangsfrist bei entstehender Erwerbsobliegenheit einer kinderbetreuenden Elternteils zu beachten.[533]

Ein **Verzicht auf den Kindesunterhalt** ist für die Zukunft nicht möglich (§ 1614 Abs. 1 BGB).

Bei einer Unterschreitung des Kindesunterhaltes um mehr als 20% ist im Einzelfall zu prüfen, ob ein Verzicht vorliegt.[534]

Die Eltern können aber im Innenverhältnis eine Vereinbarung treffen, wonach nur einer von ihnen für den Barunterhalt aufzukommen hat.[535]

Bezieht der unterhaltspflichtige Elternteil **Elterngeld**[536], so ergeben sich einige noch ungeklärte unterhaltsrechtliche Fragestellungen.

Das von einem barunterhaltspflichtigen Elternteil aufgrund der Betreuung eines weiteren Kindes bezogene **Elterngeld** ist in vollem Umfang für Unterhaltszwecke einzusetzen. Der Schutz eines **Sockelbetrages** von 300 € gilt gemäß § 11 Satz 4 BEEG nicht unter anderem in den Fällen des § 1603 Abs. 2 BGB.[537]

Auszugehen ist vom **tatsächlichen Elterngeld**. Wenn die Höhe des Elterngeldes auf einer nur teilschichtigen Erwerbstätigkeit beruht, stellt sich die Frage einer fiktiven Anrechnung. Hat die Unterhaltspflichtige mit ihrer vorangegangenen nicht vollschichtigen Tätigkeit ihrer gesteigerten Erwerbsobliegenheit gemäß § 1603 Abs. 2 BGB nicht genügt, ist die fiktive Anrechnung geboten.

Anders sei dies u.U. aus verfahrensrechtlichen Gründen zu sehen, wenn z.B. die nur teilschichtige frühere Tätigkeit **Basis eines Unterhaltsvergleiches** gewesen ist.[538]

Das OLG Brandenburg zieht den Beitrag der Unterhaltspflichtigen zur **privaten Krankenversicherung** ab.[539]

Beantragt der Elterngeld beziehende Unterhaltspflichtige, den **Auszahlungszeitraum um 6 Monate zu verlängern**, so führt dies nach dem Bundeselterngeld- und Elternzeitgesetz zu einer **Halbierung der Zahlbeträge**. Die unterhaltsrechtlichen Auswirkungen sind umstritten.

Zwar steht der Elterngeldberechtigten diese Wahlmöglichkeit nach dem Bundeselterngeldgesetz zu. Die Wahl der Verlängerung des Auszahlungszeitraumes könne sich jedoch nicht zum Nachteil des minderjährigen Kindes auswirken. Vielmehr sei diese Wahl **unterhaltsrechtlich als vorwerfbar** einzustufen, so dass weiterhin der **volle Betrag des Elterngeldes fiktiv** zuzurechnen ist.[540]

Dagegen geht das OLG Frankfurt davon aus, dass es mit dem Sinn und Zweck der gesetzlichen Möglichkeit, den Bezugszeitraum für das Elterngeld auf 24 Monate zu strecken, nicht vereinbar ist, hier eine Obliegenheitsverletzung des unterhaltspflichtigen Elternteils anzunehmen und fiktiv das volle Elterngeld anzurechnen.[541]

---

[529] BGH v. 15.12.1993 - XII ZR 172/92 - FamRZ 1994, 372, OLG Zweibrücken v. 20.01.1998 - 5 UF 159/96 - OLGR Zweibrücken 1998, 363-364.
[530] BVerfG v. 05.03.2003 - 1 BvR 752/02 - FamRZ 2003, 661-662.
[531] OLG Hamm v. 11.04.2003 - 11 UF 287/02 - NJW-RR 2003, 1160-1161.
[532] Z.B. OLG Hamm v. 09.02.2007 - 10 UF 126/06 - FF 2007, 268 mit Anm. *Bömelburg*.
[533] OLG Jena v. 29.08.2011 - 1 UF 324/11 - FamRZ 2012, 641 und OLG Saarbrücken v. 02.03.2011 - 9 UF 89/10 Übergangsfrist von sechs Monaten.
[534] OLG Jena v. 24.10.2013 - 1 UF 353/13 - FamRZ 2014, 1032; zur Abgrenzung einer Modifizierungen des gesetzlichen Unterhalts von der Vereinbarung rein vertragliche Unterhaltsansprüche vgl. BGH v. 19.03.2014 - XII ZB 19/13 - FamRZ 2014, 912; *Graba*, NJW 2014, 1593.
[535] OLG Hamm v. 30.06.2006 - 11 WF 170/06 - FamRZ 2007, 73.
[536] *Pernice-Warnke* (FamRZ 2014, 263) befasst sich mit Elterngeld und Betreuungsgeld im Spannungsfeld zwischen verfassungsrechtlichem Familienschutz und Gleichberechtigung.
[537] OLG Brandenburg v. 26.09.2013 - 3 WF 101/13.
[538] OLG Brandenburg v. 26.09.2013 - 3 WF 101/13.
[539] OLG Brandenburg v. 26.09.2013 - 3 WF 101/13.
[540] OLG Bamberg v. 13.04.2011 - 7 UF 17/11 - FamRZ 2011, 1302.
[541] OLG Frankfurt v. 02.10.2013 - 2 UF 443/12.

§ 1603

491 *Götsche*[542] erläutert die wesentlichen Voraussetzungen für den Bezug von Betreuungsgeld und geht auf die unterhaltsrechtliche Bedeutung ein.[543] Er stellt eine ähnliche Problemlage wie beim Bezug des Elterngeldes fest. Für die Berücksichtigung als unterhaltsrechtliches Einkommen weist er auf die Geltung der Ausnahmeregelung des § 11 Satz 4 BEEG hin.

492 Bei bestehender Barunterhaltspflicht gegenüber einem minderjährigen Kind ist zu prüfen, ob aufgrund der Einkünfte des neuen Ehegatten der notwendige Selbstbehalt des verschärft barunterhaltspflichtigen Elternteils durch den Anspruch auf Familienunterhalt gedeckt wird. Ist dies der Fall, kann das Betreuungsgeld zur Deckung dieses Unterhaltsanspruchs herangezogen werden.[544]

7. Arbeitslosigkeit

493 Arbeitslosigkeit entlastet den Unterhaltspflichtigen im Regelfall nicht von seiner unterhaltsrechtlichen Leistungspflicht.[545] In der Praxis dient dann bei der Unterhaltsberechnung nicht das tatsächliche, sondern ein **fiktives (hypothetisches) Einkommen** als Anknüpfungspunkt. Das betrifft den **Unterhaltspflichtigen**, vielfach aber auch den **Unterhaltsberechtigten**, für den die gleichen Prinzipien gelten, soweit eine Erwerbsobliegenheit besteht.[546]

494 Grundsätzlich besteht eine Erwerbsobliegenheit eines Unterhaltspflichtigen, wobei im Falle der Unterhaltspflicht gegenüber minderjährigen Kindern gem. § 1603 Abs. 2 BGB besonders strenge Maßstäbe gelten[547].

495 Angeknüpft wird dabei an die **Verletzung einer Erwerbsobliegenheit**. Dabei kommt es auf folgende Aspekte an:
- **Besteht** eine **Erwerbsobliegenheit** – ggf. in welchem Umfang? Dabei kann es gehen um
    - den Verlust der bisherigen Arbeitsstelle,
    - die nicht ausreichende Bemühung um eine neue Arbeitsstelle.
- Ist diese **Erwerbsobliegenheit verletzt**?
- Welche **konkreten Auswirkungen** hat dies?
- Welches erzielbare Einkommen kann angerechnet werden?
- Ab wann und für wie lange ist dieses Einkommen erzielbar?

496 Folglich bieten sich bei Arbeitslosigkeit des Erwerbspflichtigen zwei unterschiedliche, getrennt zu betrachtende Anknüpfungsmöglichkeiten an:
- zuerst der **Verlust** der bisherigen Arbeitsstelle und dann
- die **nicht ausreichende Bemühung um eine neue Arbeitsstelle**.

497 **Zeitlich zu differenzieren** ist auch dann, wenn sich aus anderen Gründen die äußeren Rahmenbedingungen für die Erwerbsobliegenheit ändern. War z.B. die Unterhaltsverpflichtung vor der Trennung im Familienverbund einvernehmlich anders ausgestaltet (wie etwa durch aktive Mitbetreuung des Kindes), so ist eine Übergangszeit für die erforderliche Anpassung an die Barunterhaltspflicht und die damit verbundene volle Erwerbsobliegenheit zu gewähren.

498 Bei der Bemessung der **Länge der Bewerbungsfrist** berücksichtigt das OLG Hamm z.B., dass einem ausländischen Unterhaltspflichtigen Gelegenheit gegeben werden muss, sich ausreichende Kenntnisse der deutschen Sprache anzueignen bzw. seine bisherigen **Sprachkenntnisse** durch Inanspruchnahme geeigneter Sprachkurse zu verbessern. Dabei wurde im konkreten Fall ein Zeitraum von 9 Monaten (ab dem Zeitpunkt der Trennung der Eheleute und der damit verbundenen Beendigung des bisherigen Modells der Kinderbetreuung) für angemessen, aber auch für ausreichend angesehen.[548]

499 Die **Darlegungs- und Beweislast** trägt immer **der Erwerbspflichtige**, also derjenige, dessen Erwerbspflicht im Streit steht. Folglich trägt sie
- der Unterhaltspflichtige, wenn es um die Erwerbsobliegenheit des Unterhaltspflichtigen geht, und
- die Unterhaltsberechtigte, wenn deren Erwerbsobliegenheit zu prüfen ist.[549]

---

[542] *Götsche*, FamRB 2013, 335.
[543] Vgl. auch *Borth*, FamRZ 2014, 801.
[544] Vgl. auch *Borth*, FamRZ 2014, 801.
[545] BGH v. 31.05.2000 - XII ZR 119/98 - FamRZ 2000, 1358; BGH v. 15.11.1995 - XII ZR 231/94 - FamRZ 1996, 345.
[546] BGH v. 15.12.1993 - XII ZR 172/92 - FamRZ 1994, 372, 374.
[547] BGH v. 31.05.2000 - XII ZR 119/98 - FamRZ 2000, 1358.
[548] OLG Hamm v. 27.05.2010 - II-2 UF 8/10 - ZFE 2011, 233.
[549] BGH v. 15.12.1993 - XII ZR 172/92 - FamRZ 1994, 372, 373; OLG Hamm v. 14.01.1998 - 12 UF 210/97 - FamRZ 1998, 982.

a. Verlust der Arbeitsstelle

Der Verlust der Arbeitsstelle ist nur dann unterhaltsrechtlich unbeachtlich, wenn der Unterhaltspflichtige ihn verantwortungslos oder zumindest **unterhaltsbezogen leichtfertig** herbeigeführt hat. Andernfalls kann allein darauf gestützt kein hypothetisches Einkommen angerechnet werden. 500

aa. Eigene Kündigung des Unterhaltpflichtigen

Die besonderen Anforderungen, die an die verstärkte Erwerbsobliegenheit gesteigert unterhaltspflichtiger Eltern gestellt werden, legen dem barunterhaltspflichtigen Elternteil im Verhältnis zu seinem minderjährigen Kind **auch bei der Aufgabe einer bestehenden Erwerbstätigkeit** Beschränkungen auf. Führt der unterhaltspflichtige Elternteil den Verlust einer Arbeitsstelle und daraus resultierend den Wegfall oder eine Einschränkung seiner Leistungsfähigkeit schuldhaft herbei, so kann dies im Verhältnis zu seinen minderjährigen Kindern ein verantwortungsloses Verhalten darstellen. Darin kann ein schwerwiegender Grund liegen, so dass dem Unterhaltspflichtigen die Berufung auf das Fehlen oder die Einschränkung seiner Leistungsfähigkeit nach Treu und Glauben zu versagen ist.[550] 501

Die **eigene Kündigung** durch den Arbeitnehmer mit nachfolgender Arbeitslosigkeit ist unterhaltrechtlich vorwerfbar und damit nicht zu berücksichtigen.[551] Von einem Verstoß gegen die Erwerbsobliegenheit ist daher regelmäßig auszugehen, wenn der Verpflichtete sein **Arbeitsverhältnis unbegründet kündigt**.[552] Dem Antragsgegner ist weiterhin fiktiv sein bisheriges Erwerbseinkommen zuzurechnen.[553] Dies gilt auch dann, wenn zu diesem Zeitpunkt der Antragsgegner zwar eine neue Arbeitsstelle angetreten hat, diese allerdings schlechter dotiert wird. Daher ist weiterhin fiktiv das vor der Eigenkündigung erzielte Erwerbseinkommen zuzurechnen.[554] 502

Etwas anderes kann allenfalls dann gelten, wenn eine hinreichend sichere Aussicht auf einen im Wesentlichen gleichwertigen Arbeitsplatz nicht besteht. 503

Der Wunsch des Kindesvaters nach verstärkten Umgangskontakten berechtigt ihn nicht zur **Aufgabe seiner gut bezahlten Tätigkeit im EU-Ausland** (hier: Dänemark), wenn dies zur dauerhaften Einschränkung seiner Leistungsfähigkeit führt. Auch **während der intakten Ehe** hat der Vater im Ausland gearbeitet und seine Kontakte mit den Kindern auf seine freien Tage bzw. auf das Wochenende beschränkt. Zur Sicherung des Existenzminimums der Kinder muss eine entsprechende Handhabung auch nach der Trennung der Kindeseltern hingenommen werden.[555] 504

Gibt ein Unterhaltsverpflichteter seine **Arbeitsstelle mutwillig auf**, muss er sich grundsätzlich so behandeln lassen, als ob er das bis dahin erzielte Einkommen weiterhin hätte. Dabei kommt es nicht darauf an, ob der Unterhaltsverpflichtete bei einer Wiederaufnahme der Erwerbstätigkeit in seinem erlernten Beruf nur noch weitaus geringere Einkünfte erzielen könnte, weil seine ehemalige Position auf besonderen Umständen beruhte.[556] 505

Sind die eingetretene Arbeitslosigkeit und die spätere Einkommensreduzierung infolge einer neu angetretenen Arbeitsstelle nicht unverschuldet, weil der Unterhaltspflichtige das vorherige **Arbeitsverhältnis selbst aufgelöst** hat, ist die nunmehrige Leistungsunfähigkeit schuldhaft herbeigeführt worden. Die Leistungsfähigkeit des Unterhaltspflichtigen bemisst sich daher fiktiv nach dem Einkommen, welches dieser bei der freiwillig aufgegebenen Arbeitsstelle erzielt hat.[557] 506

Wurde der Schuldner bei der Festsetzung des Unterhaltes **fiktiv** so behandelt, als ob er den Arbeitsplatz noch hätte, kann im Abänderungsverfahren nur eingewandt werden, dass er den Arbeitsplatz inzwischen aus anderen Gründen verloren hätte.[558] 507

---

[550] OLG Brandenburg v. 10.03.2014 - 3 UF 67/13; *Wendl/Klinkhammer*, Das Unterhaltsrecht in der familienrichterlichen Praxis, 8. Aufl., § 2 Rn. 372.

[551] BGH v. 09.07.2003 - XII ZR 83/00 - FamRZ 2003, 1471 mit Anm. *Luthin*; vgl. OLG Stuttgart v. 02.07.2007 - 18 UF 105/07 - FamRZ 2007, 1908-1909.

[552] OLG Brandenburg v. 25.01.2013 - 3 WF 3/13 - FamFR 2013, 443: Aufgabe der Tätigkeit als verbeamteter Lehrer; OLG Nürnberg v. 18.06.2009 - 10 UF 1536/08 - ZFE 2010, 474; zur Aufgabe der Arbeitsstelle aufgrund des Wohnsitzwechsels ins Ausland vgl. OLG Hamm v. 20.03.2013 - 8 UF 211/12 - NJW 2013, 3377.

[553] Vgl. OLG Hamm v. 11.09.2013 - II-2 WF 145/13, 2 WF 145/13 - FF 2014, 168 = FamRZ 2014, 410(LS).

[554] OLG Koblenz v. 14.05.2014 - 13 UF 107/14.

[555] OLG Brandenburg v. 10.03.2014 - 3 UF 67/13.

[556] OLG Saarbrücken v. 04.03.2010 - 6 UF 95/09 - FamFR 2010, 250.

[557] OLG Köln v. 23.04.2010 - 4 WF 58/10 - juris Rn. 2.

[558] Vgl. OLG Hamm v. 20.03.2013 - 8 UF 211/12 unter Hinweis auf BGH v. 20.02.2008 - XII ZR 101/05 - FamRZ 2008, 872.

508 Ein einem Kind gegenüber Unterhaltsverpflichteter hat **darzulegen** und zu beweisen, warum er angeblich wegen unzumutbarer Bedingungen seinen Arbeitsplatz aufgegeben hat.[559] Allein die Behauptung eines krankheitsbedingten Ausfalles bzw. einer gesundheitlichen Einschränkung ist unsubstantiiert und damit unbeachtlich.[560]

bb. Kündigung durch den Arbeitgeber

509 a) **Unterhaltsrechtliche Vorwerfbarkeit im Zeitpunkt des Arbeitsplatzverlustes**: Erfolgt jedoch die **Kündigung durch den Arbeitgeber**, ist dies in aller Regel unterhaltsrechtlich hinzunehmen. Der Arbeitsplatzverlust aufgrund **Auftragsmangels**,[561] der **Firmenschließung** oder der **Insolvenz** des Arbeitgebers ist nicht vorwerfbar. Aus dem Verlust der Arbeitsstelle kann daher kein unterhaltsrechtlicher Vorwurf hergeleitet werden. Daher müssen sich auch die Unterhaltsansprüche für eine Übergangszeit an dem verringerten Einkommen orientieren.

510 **Arbeitsrechtlich relevantes Fehlverhalten** ändert daran nichts.

511 Allerdings fordert die Rechtsprechung bei einer unberechtigten **betriebsbedingten** Kündigung oder bei einer Kündigung aus persönlichen Gründen – z.B. **krankheitsbedingt** – u.U. **arbeitsrechtliche Maßnahmen**.[562]

512 Will man daraus aber ein unterhaltsrechtlich relevantes Fehlverhalten herleiten, muss dargelegt werden, dass eine etwaige Kündigungsschutzklage aller Voraussicht nach auch Erfolg gehabt und der Unterhaltspflichtige damit seinen Arbeitsplatz behalten bzw. wiedererhalten hätte.[563]

513 In der Realität führen **arbeitsgerichtliche Maßnahmen** nur äußerst selten zu einer Wiedereinstellung, sondern lediglich dazu, dass eine **Abfindung** bezahlt wird.

514 b) **Unterhaltsrechtliche Behandlung einer Abfindung**: Dann stellt sich die Anschlussfrage, was von dieser Abfindung nach Abzug der gesetzlichen Belastungen[564] übrig bleibt, wie sich die Abfindung auf die Höhe der Arbeitslosenunterstützung auswirkt – hier ist zu denken ist an eine Kürzung oder eine evtl. Sperre; vgl. die Kommentierung zu § 1361 BGB Rn. 381.

515 Abfindungen sind ebenfalls Einkünfte und auf einen längeren Zeitraum zu verteilen. Im Rahmen der gesteigerten Unterhaltsverpflichtung gemäß § 1603 Abs. 2 Satz 1 BGB gelten **besonders strenge Anforderungen**.

516 Bei der **Schätzung** des für den Unterhalt des minderjährigen Kindes und den eigenen Unterhalt des Pflichtigen benötigten Betrages wird z.B. die Dauer der bisherigen Arbeitslosigkeit und die Höhe des jetzt erzielten Einkommens berücksichtigt sowie die Tatsache, dass er ein befristetes und damit unsicheres Arbeitsverhältnis hat. Auch wird auf den Wegfall der zusätzlichen betrieblichen Altersversorgung abgestellt.[565]

517 Die Abfindung ist im Rahmen einer sparsamen Wirtschaftsführung zu verwenden, um den nach den früheren ehelichen Lebensverhältnissen bemessenen Unterhaltsbedarf aller zu decken.[566] Der Unterhaltspflichtige darf die Abfindung nicht für sich verbrauchen. Er darf allenfalls unbedingt notwendige Anschaffungen daraus finanzieren.

518 Bei beengten wirtschaftlichen Verhältnissen muss der Verpflichtete die Abfindung nicht vollständig einsetzen, wenn ihm selbst nur ein Betrag in Höhe des notwendigen Selbstbehalts verbleibt.[567] Ein Erwerbstätigenbonus ist von der Abfindung nicht abzuziehen.

519 Sie ist Ersatz des fortgefallenen Arbeitseinkommens, dient nicht dazu, Schulden zu tilgen.[568] Der Unterhaltspflichtige ist auch verpflichtet, bei Zugriff anderer Gläubiger auf die Abfindung einen Vollstreckungsschutzantrag gemäß § 850i ZPO zu stellen.[569]

---

[559] OLG Brandenburg v. 25.03.2010 - 9 UF 17/09; OLG Hamm v. 30.07.2007 - 8 UF 90/07.
[560] OLG Brandenburg v. 25.03.2010 - 9 UF 17/09.
[561] OLG Hamm v. 20.04.2011 - 8 UF 103/10 - FuR 2012, 266.
[562] OLG Hamm v. 21.01.2002 - 6 UF 157/01 - FamRZ 2002, 1427.
[563] OLG Koblenz v. 03.11.2010 - 2 Ss 184/10 - FamFR 2011, 80.
[564] *Schürmann* in: AnwKomm, § 1577 Vorbem. 66.
[565] OLG Karlsruhe v. 24.10.2013 - 2 UF 213/12 - NJW 2014, 1311.
[566] OLG Karlsruhe v. 24.10.2013 - 2 UF 213/12 - NJW 2014, 1311.
[567] BGH v. 26.04.1989 - IVb ZR 64/88 - FamRZ 1990, 269.
[568] BGH v. 13.04.2005 - XII ZR 48/02 - FamRZ 2005, 967; AG Flensburg v. 18.08.2009 - 92 F 116/09 - FamRZ 2010, 128.
[569] AG Flensburg v. 18.08.2009 - 92 F 116/09 - FamRZ 2010, 128.

Die Abfindung ist zeitlich so zu verteilen, dass der angemessene Bedarf des Berechtigten und des Verpflichteten in bisheriger Höhe sichergestellt wird.[570] Bei der Beurteilung des Umlegungszeitraums spielen die Kriterien Höhe der Abfindung, Prognose der Beschäftigungschance des Unterhaltspflichtigen und Interessen des Unterhaltsberechtigten eine Rolle. 520

Sind die Beschäftigungschancen schlecht, ist es gerechtfertigt, die Abfindung über einen längeren Zeitraum von etwa drei bis vier Jahren umzurechnen. Wird sie zeitnah zu seinem Renteneintritt ausgezahlt, sollte sie bis zum Rentenbeginn umgelegt werden.[571] 521

Der Verteilungszeitraum kann dazu führen, dass der Unterhalt sofort gekürzt wird. Dem Unterhaltsberechtigten dient es, wenn der Unterhalt zwar sofort gekürzt, ihm aber über einen längeren Zeitraum gezahlt wird. 522

Nach Verbrauch der Abfindung wird der Unterhalt an die veränderten Verhältnisse angepasst.[572] 523

Unter Beachtung dieser Grundsätze lässt sich folglich auch bei nicht vorwerfbar eingetretener Arbeitslosigkeit vielfach **für einen bestimmten Zeitraum ein Einkommen in bisheriger Höhe begründen**.[573] 524

Die Anrechnung der Abfindung beseitigt nicht die Erwerbsobliegenheit. 525

Wechseln sich Zeiten der Arbeitslosigkeit mit Zeiten der Erwerbstätigkeit ab, ist kein Durchschnittseinkommen über den Gesamtzeitraum zu bilden, sondern **zeitabschnittsweise zu rechnen**.[574] Etwas anderes gilt, wenn regelmäßig feste Zeiten der Arbeitslosigkeit auftreten, wie z.B. im Baugewerbe.[575] 526

c) **Unterhaltsrechtliche Vorwerfbarkeit zu einem späteren Zeitpunkt**: Die – unverschuldete – Arbeitslosigkeit löst aber die Obliegenheit aus, sich intensiv um eine neue Arbeitsstelle zu bewerben. Nur während einer Übergangsfrist wird das verringerte Einkommen des arbeitslos gewordenen Unterhaltspflichtigen akzeptiert. Nach Ablauf der Übergangsfrist wird der unterhaltsrechtliche Vorwurf darauf gestützt, dass keine neue Arbeitsstelle gefunden wurde (zu den Bewerbungsobliegenheiten vgl. Rn. 550). Aufgrund der Verletzung dieser Obliegenheit wird dann ein fiktives Einkommen – i.d.R. in Höhe des früher bezogenen Gehaltes – für die Berechnung des Unterhaltes angesetzt. 527

d) **Länge der Übergangsfrist**: Die **Länge der Übergangsfrist** (Orientierungs- und Bewerbungsfrist) hängt von den Umständen des Einzelfalles ab:[576] 528
- OLG Brandenburg[577]: 6 Monate,
- OLG Hamm[578]: 6 Monate,
- OLG Düsseldorf[579]: 5½ Monate.

Die Übergangsfrist **beginnt** bereits mit der **Kenntniserlangung** von den geänderten Rahmenbedingungen,[580] nicht erst am ersten Tag der Arbeitslosigkeit. Dies kann im Falle des Kindesunterhaltes die Kündigung sein, möglicherweise aber auch schon ein früherer Zeitpunkt, wie die Kenntnis von einer bevorstehenden Firmenschließung. Vereinzelt wird auch auf die verzugsbegründende Aufforderung zur Zahlung von Kindesunterhalt nach der Trennung der Eheleute abgestellt.[581] 529

Bei einem **auslaufenden Zeitarbeitsverhältnis** wird der Unterhaltspflichtige rechtzeitige Erwerbsbemühungen anstellen müssen, um nahtlos in eine gleichwertige Beschäftigung wechseln zu können.[582] 530

---

[570] BGH v. 14.01.1987 - IVb ZR 89/85 - FamRZ 1987, 359.
[571] OLG Karlsruhe v. 12.10.2000 - 2 UF 214/99 - FamRZ 01,1615.
[572] BGH 19.12.1989 - IVb ZR 9/89 - FamRZ 1990, 269.
[573] BGH v. 28.03.2007 - XII ZR 163/04 - NJW 2007, 2249 mit Anm. *Born* = FamRZ 2007, 983 mit Anm. *Schürmann*; vgl. auch OLG Hamm v. 22.02.2007 - 3 UF 250/06 - FamRZ 2007, 1124, 1125; OLG Hamm v. 12.04.2002 - 11 WF 1/02 - FamRZ 2003, 177.
[574] BGH v. 09.01.2008 - XII ZR 170/05 - FamRZ 2008, 594 mit Anm. *Borth* = FamRZ 2008, 778 m. Anm. *Weychardt*.
[575] OLG Koblenz v. 31.05.2007 - 13 UF 113/07 - FamRZ 2008, 280.
[576] Vgl. auch OLG Jena v. 29.08.2011 - 1 UF 324/11 - FamRZ 2012, 641 und OLG Saarbrücken v. 02.03.2011 - 9 UF 89/10 - Übergangsfrist von sechs Monaten bei entstehender Erwerbsobliegenheit einer kinderbetreuenden Elternteils.
[577] OLG Brandenburg v. 13.11.2007 - 10 UF 88/07 - ZFE 2008, 191.
[578] OLG Hamm v. 12.04.2002 - 11 WF 1/02 - FamRZ 2003, 177.
[579] OLG Düsseldorf v. 27.06.1990 - 5 UF 8/90 - FamRZ 1991, 193.
[580] OLG Hamm v. 12.04.2002 - 11 WF 1/02 - FamRZ 2003, 177.
[581] So OLG Brandenburg v. 13.11.2007 - 10 UF 88/07 - ZFE 2008, 191.
[582] OLG Köln v. 20.01.2012 - 4 WF 216/11 - FuR 2012, 670.

531 Auch nach dem Scheitern einer Berufsausbildung besteht die Obliegenheit, sich zeitnah um einen Arbeitsplatz zu bemühen. Das OLG Brandenburg billigt hier eine Übergangsfrist von 2 Monaten zu.[583]

532 Liegt der Einsatzzeitpunkt für den Beginn einer Erwerbsobliegenheit noch in der Zukunft, ist dieser Umstand aber bereits abzusehen, werden bereits etwa **sechs Monate vor dem vorherzusehenden Einsatzzeitpunkt der Erwerbsobliegenheit** beginnende Bemühungen um eine Beschäftigung verlangt.[584]

533 Bei der Bemessung der **Übergangsfrist** kann auch berücksichtigt werden, dass der Unterhaltspflichtige nach dem Verlust seiner Arbeitsstelle zeitnah eine für seinen Beruf erforderlich **Qualifizierungsmaßnahme** absolviert und sich danach erneut eine Zeitspanne bis zur Aufnahme einer Erwerbstätigkeit ergibt. So hat das OLG Hamm – allerdings in einem Fall zum Ehegattenunterhalt – eine **Übergangszeit von insgesamt 13 Monaten anerkannt** und dem Unterhaltspflichtigen während dieser Zeit kein fiktives Erwerbseinkommen wegen Verletzung seiner Erwerbsobliegenheit zugerechnet.[585]

534 Diese Übergangsfrist ist **auch** dann zu beachten, wenn dem Pflichtigen anschließend eine **Verletzung seiner Obliegenheiten**, sich um eine neue Stelle zu bemühen, entgegengehalten werden kann,[586] er sich also nicht ausreichend um eine neue Stelle beworben hat.

b. Zumutbare Tätigkeit

535 Der Erwerbspflichtige muss sich für jede zumutbare Tätigkeit bewerben. An die Art der Erwerbstätigkeit darf der Unterhaltspflichtige keine zu hohen Ansprüche stellen. Es sind also auch Tätigkeiten in dem nicht erlernten Beruf zu verrichten. Er kann auch zu einem **Berufswechsel** verpflichtet sein.[587] Bei verschärfter Unterhaltspflicht müssen ggf. auch **Aushilfs- und Gelegenheitsjobs** gesucht werden.[588] Einem arbeitslosen Unterhaltspflichtigen wird daher zugemutet, sich um jede Art von Tätigkeit zu bemühen und auch Arbeiten für ungelernte Kräfte, Arbeiten zu ungünstigen Zeiten oder zu wenig attraktiven Arbeitsbedingungen anzunehmen.[589]

536 Die in einer Eingliederungsvereinbarung festgelegten Bemühungen und deren praktische Umsetzung durch den unterhaltspflichtigen SGB II-Bezieher können bei der Konkretisierung der Erwerbsbemühungen durch Auflistung der Bewerbungen sowie eines nachprüfbaren Vortrages der im Einzelnen berufsspezifisch unternommenen Schritte ergänzend herangezogen werden.[590]

537 Ein **Sonderschulabsolvent** ist gegenüber seinen Kindern unter Zurechnung eines fiktiven Einkommens auf der Grundlage des nach seinem Ausbildungsstand (hier: **Bauhelfer**) erzielbaren Bruttostundenlohns abzüglich einer berufsbedingten Aufwendungspauschale unterhaltsverpflichtet, da Unterhaltspflichtige grundsätzlich gehalten sind, sich um jede Art von Tätigkeit, auch eine solche unterhalb ihres Ausbildungsniveaus oder entgegen den eigenen Neigungen, zu bemühen. Hierzu zählen Arbeiten für ungelernte Kräfte ebenso wie Arbeiten zu ungünstigen Zeiten oder zu wenig attraktiven Arbeitsbedingungen. Tatsächlich nicht vorhandene Leistungsfähigkeit kann diesen Anforderungen nur dann entgegengehalten werden, wenn insoweit nachgewiesen wird, dass eine vergleichbare Anstellung trotz intensiver Bemühungen nicht gefunden werden konnte.[591]

538 Der BGH hat in einem Fall, in dem es um die Erwerbsobliegenheit einer unterhaltsberechtigten 54 Jahre alten geschiedenen Ehefrau geht, die bislang lediglich im Gewerbebetrieb des Ehemannes tätig war, eine Tätigkeit als Verkäuferin, eine gehobene Tätigkeiten im Einzelhandel, z.B. in einem ge-

---

[583] OLG Brandenburg v. 24.04.2012 - 9 UF 292/11 - FamRZ 2013, 631; zur – deutlich länger bemessenen – Übergangszeit bei der entsprechenden Obliegenheit auf Seiten des Unterhaltsberechtigten vgl. die Kommentierung zu § 1610 BGB Rn. 124.
[584] OLG Saarbrücken v. 02.03.2011 - 9 UF 89/10.
[585] OLG Hamm v. 20.04.2011 - 8 UF 103/10 - FuR 2012, 266.
[586] *Eschenbruch/Mittendorf*, Unterhaltsprozess, Rn. 6337; OLG Brandenburg v. 13.11.2007 - 10 UF 88/07 - ZFE 2008, 191.
[587] BGH v. 15.12.1993 - XII ZR 172/92 - FamRZ 1994, 372; BGH v. 09.07.2003 - XII ZR 83/00 - NJW 2003, 3122-3124; OLG Hamm v. 23.11.1994 - 10 UF 144/94 - NJW-RR 1995, 324-325; OLG Jena v. 09.01.2003 - 1 UF 394/00 - OLGR Jena 2003, 421-422.
[588] BGH v. 15.12.1993 - XII ZR 172/92 - FamRZ 1994, 372; BGH v. 31.05.2000 - XII ZR 119/98 - NJW-RR 2000, 1385-1387.
[589] OLG Saarbrücken v. 17.10.2008 - 9 WF 89/08 - FuR 2009, 287.
[590] *Behrend*, jM 2014, 22.
[591] OLG Brandenburg v. 03.08.2010 - 10 UF 32/10.

hobenen Damenbekleidungsgeschäft oder in einer „kosmetischen Abteilung" und auch im Bürobereich als nicht unangemessen angesehen.[592] Diese Überlegungen haben auch im Rahmen der – deutlich strengeren – Erwerbsobliegenheiten des § 1603 Abs. 2 BGB Bedeutung

Diese Rechtsprechung hat auch das **Bundesverfassungsgericht** bestätigt und ausgeführt, dass einen Unterhaltpflichtigen bei – auch unverschuldetem – Arbeitsplatzverlust unterhaltsrechtlich die **Obliegenheit** trifft, sich ausreichend um eine neue Arbeit zu bemühen. Ein Unterhaltspflichtiger muss seine Arbeitskraft entsprechend seiner Vorbildung, seinen Fähigkeiten und der Arbeitsmarktlage bestmöglich einsetzen. Minderjährigen Kindern gegenüber ist er danach verpflichtet, alle zumutbaren Erwerbsmöglichkeiten auszuschöpfen und auch Aushilfstätigkeiten anzunehmen.[593] 539

Bei einer solchen Aushilfstätigkeit könne aber **kein Nettoeinkommen** in Höhe von monatlich **1.300 €** (entsprechend **2.000 € brutto**, Stundenlohn **11,75 €**) angenommen werden.[594] 540

Wer minderjährigen Kindern gegenüber unterhaltspflichtig ist, muss sich auch bei **Zeitarbeitsfirmen** oder **privaten Arbeitsvermittlern** bewerben. Zur Sicherstellung des Mindestunterhalts muss er sich auch auf Stellen bewerben, die **unterhalb seines Ausbildungsniveaus** liegen. Dies gilt auch dann, wenn er dort weniger verdient als in seiner alten Arbeitsstelle, soweit er mit dem niedrigeren Einkommen den Mindestunterhalt zahlen könne.[595] 541

Auch ein Unterhaltsschuldner, der eine **langjährige Haftstrafe** verbüßt hat, ist nicht leistungsunfähig. Er muss sich in erster Linie und umfassend auf angebotene Stellen für Aushilfskräfte und Hilfsarbeiter bewerben, auch wenn er in der Haft zwar als Elektroniker für Betriebstechnik ausgebildet worden ist, aber über keinerlei praktische berufliche Erfahrung verfügt. Dabei hat er bei der Suche nach einer Arbeitsstelle auch die Hilfe von Einrichtungen zu nutzen, die sich um die berufliche und soziale Re-Integration von ehemaligen Häftlingen kümmern.[596] 542

Zur Leistungsfähigkeit eines Unterhaltsschuldners während der **Strafhaft** vgl. Rn. 167 ff. 543

Wird ein Verstoß gegen die gesteigerte Erwerbsobliegenheit bejaht, so besteht eine Verpflichtung zur Aufnahme einer geringfügig entlohnten **Nebentätigkeit** des Arbeitsuchenden. Aufgrund der strengen Anforderungen der herrschenden Rechtsprechung (vgl. Rn. 743) sind bei gehörigen Erwerbsbemühungen erzielbare Nebeneinkünfte zu bejahen. 544

Der Bezug von **Arbeitslosengeld II** ist nach Ansicht des OLG Brandenburg ein **Indiz für die bestehende Erwerbsfähigkeit** und spricht daher gegen eine Behauptung der völligen Erwerbsunfähigkeit. Denn eine wesentliche Anspruchsvoraussetzung für den Bezug von Arbeitslosengeld II ist die Erwerbsfähigkeit der Bezugsperson (vgl. § 7 Abs. 1 Satz 1 Nr. 2 SGB II). Erwerbsfähig in diesem Sinne ist, wer zumindest drei Stunden täglicher Arbeit leisten kann (§ 8 Abs. 1 SGB II). Beruft sich der Unterhaltsverpflichtete auf vollständige Leistungsunfähigkeit, steht dies im Widerspruch zu seinen bei Beantragung von Hartz-IV-Leistungen gemachten Angaben.[597] 545

Die Beschäftigung eines Unterhaltspflichtigen in einer **Arbeitsgelegenheit gegen Entgelt nach § 16d SGB II** stellt eine Maßnahme dar, die mit der Zielsetzung der Heranführung an den Arbeitsmarkt stattfindet. Im Rahmen der gesteigerten Erwerbsobliegenheit gemäß § 1603 Abs. 2 Satz 1 BGB geht jedoch eine vollschichtige Arbeit auf dem freien Arbeitsmarkt einer öffentlich geförderten und bezahlten Beschäftigung nach § 16d SGB II vor.[598] 546

Nimmt der Erwerbspflichtige eine neue Tätigkeit an und erzielt hierdurch geringere Einkünfte als die bislang hypothetisch angesetzten Einkünfte, so kann ihm dies nur zum Vorwurf gemacht werden, wenn er mit der Aufnahme dieser neuen Tätigkeit (erneut) eine unterhaltsrechtliche Obliegenheit verletzt (vgl. Rn. 729). 547

Auch bei **Arbeitslosen**, die **ALG II** beziehen, kann nach Ansicht des OLG Koblenz beim Kindesunterhalt eine **Obliegenheit zur Nebentätigkeit** bestehen. Denn zusätzliches Einkommen, das zur Erfüllung titulierter Unterhaltsansprüche Minderjähriger tatsächlich eingesetzt wird, bleibe bei der Berechnung des ALG II über die in § 30 SGB II definierten Freibeträge anrechnungsfrei.[599] Dies entspreche 548

---

[592] BGH v. 18.01.2012 - XII ZR 178/09 - FamRZ 2012, 517.
[593] BVerfG v. 29.10.2009 - 1 BvR 443/09 - FamRZ 2010, 183.
[594] BVerfG v. 29.10.2009 - 1 BvR 443/09 - FamRZ 2010, 183.
[595] OLG Köln v. 29.01.2010 - 4 WF 6/10 - FamFR 2010, 152.
[596] OLG Köln v. 24.03.2009 - 4 UF 165/08 - FamRZ 2009, 1920.
[597] OLG Brandenburg v. 26.07.2006 - 9 UF 69/06 - FamRZ 2007, 72-73.
[598] OLG Brandenburg v. 15.02.2011 - 10 UF 106/10 - FamFR 2011, 176.
[599] OLG Koblenz v. 06.02.2006 - 7 WF 107/06 - ZFE 2006, 236; vgl. auch OLG Brandenburg v. 01.11.2007 - 9 UF 58/07 - ZFE 2008, 69-70 = *Schürmann*, ZFE 2008, 57.

der aktuellen Fassung des § 11 Abs. 2 Nr. 7 SGB II. Nebeneinkünfte bleiben danach ohne Auswirkungen bei der Berechnung des Arbeitslosengelds II, soweit sie titulierten Unterhaltsansprüchen minderjähriger Kinder zugutekommen.

549 Erzielt der Unterhaltsschuldner neben Leistungen nach dem SGB II Einkünfte aus einer geringfügigen Beschäftigung oder sind ihm solche fiktiv zuzurechnen, so ist der Unterhaltsschuldner insoweit als leistungsfähig anzusehen, als sein Gesamteinkommen unter Einschluss der Leistungen nach dem SGB II über dem Selbstbehalt liegt. Seine Leistungsfähigkeit bemisst sich danach, welches Einkommen ihm nach Anwendung der Anrechnungsvorschriften der §§ 11 Abs. 2, 30 SGB II verbleibt. Als Freibetrag i.S.v. § 11 Abs. 2 SGB II aus einem erst zu schaffenden Titel kann nur ein Betrag eingesetzt werden, der der nach unterhaltsrechtlichen Kriterien zu ermittelnden Leistungsfähigkeit aus den zusammengerechneten Einkünften – unter Berücksichtigung der übrigen Freibeträge – entspricht.[600] Auch nach Eröffnung eines **Verbraucherinsolvenzverfahrens** über das Vermögen des Unterhaltspflichtigen (vgl. Rn. 850) ist dieser gehalten, alle zumutbaren Anstrengungen zu unternehmen, um den Regelunterhalt seiner minderjährigen Kinder sicherzustellen.[601]

c. Obliegenheiten des Arbeitslosen/Bewerbungsbemühungen

550 Der Unterhaltspflichtige ist seinem minderjährigen Kind gegenüber verpflichtet, sich besonders **intensiv um eine Erwerbstätigkeit zu bemühen**. Verlangt werden auch bei **unverschuldeter Arbeitslosigkeit** alle zumutbaren Anstrengungen, um durch sofortige Wiederaufnahme einer Erwerbstätigkeit oder notfalls ergänzender Nebenerwerbstätigkeit die Leistungsfähigkeit sofort wiederherzustellen. Dabei gelten **strenge Anforderungen**. Hier werden intensive, ausreichende und angemessene **Bemühungen** verlangt. Im gerichtlichen Verfahren müssen die **Erwerbsbemühungen substantiiert dargelegt werden**, wobei ggf. entsprechende **Unterlagen** vorzulegen sind.

551 Der Erwerbspflichtige trägt im Verfahren die **uneingeschränkte Darlegungs- und Beweislast** für seine Bemühungen und muss in nachprüfbarer Weise vortragen, welche Schritte und in welchem zeitlichen Abstand er im Einzelnen in dieser Richtung unternommen hat. Die Beweiserleichterung nach § 287 Abs. 2 ZPO kommt ihm nicht zugute.[602]

552 Erwartet werden intensive und konkrete Eigenbemühungen in Form der regelmäßigen wöchentlichen Lektüre der örtlichen Zeitungen und sonstiger Werbeträger sowie die Bewerbung auf alle Annoncen, die für Stellensuchende in Betracht kommen und einen für den Erwerber günstigen Tätigkeitsbereich haben. Je nach den Umständen des Falles sind auch Eigeninserate erforderlich. Blindbewerbungen, also solche, die abgegeben werden, ohne Anhaltspunkte dafür, dass der Arbeitgeber überhaupt eine Arbeitskraft sucht, sind allein zum Nachweis ordnungsgemäßer Arbeitsplatzsuche nicht ausreichend. Bewerbungsschreiben dürfen auch nicht so abgefasst sein, dass sie den Eindruck der mangelnden Eignung oder Arbeitsunlust erwecken. Sie müssen vielmehr erkennen lassen, welchen konkreten Bezug der Bewerber zur angebotenen Stelle hat, und gegebenenfalls auf eine absolvierte Ausbildung hinweisen.[603]

553 Jedoch führt die **unzureichende Arbeitssuche nicht zwingend zur Anrechnung eines – vollen – fiktiven Einkommens** (zur realen Beschäftigungschance vgl. Rn. 612 ff.).

554 Die Meldung bei der **Arbeitsagentur** ist erforderlich, aber keinesfalls ausreichend. Zur Erfüllung der Erwerbsobliegenheiten reicht auch nicht aus, wenn der Unterhaltspflichtige sich auf die ihm **vom zuständigen Jobcenter unterbreiteten Stellenangebote** beworben hat.[604] Erforderlich sind eigene Meldungen auf Stellenanzeigen sowie schriftliche **Bewerbungen**, die auch nachzuweisen sind (vgl. Rn. 592).

555 Bei qualifizierten Berufen können auch **eigene Anzeigen** des Arbeitspflichtigen geboten sein.

556 Bewerbungen „**ins Blaue**" hinein sind unzureichend.[605]

557 Der Unterhaltspflichtige wird durch sog. „**Blindbewerbungen**" seiner gesteigerten Erwerbsobliegenheit nicht gerecht, also wenn es sich um solche Bewerbungen handelt, die abgegeben werden ohne Anhaltspunkte dafür, dass der Arbeitgeber überhaupt eine Arbeitskraft sucht.

---

[600] KG Berlin v. 01.10.2010 - 13 UF 91/10 - FamRZ 2011, 1302.
[601] OLG Koblenz v. 20.09.2004 - 7 WF 567/04 - FamRZ 2005, 650.
[602] BGH v. 21.09.2011 - XII ZR 121/09 - FamRZ 2011, 1851.
[603] OLG Saarbrücken v. 02.03.2011 - 9 UF 89/10 unter Hinweis auf BGH v. 30.07.2008 - XII ZR 126/06 - FamRZ 2008, 2104, m.w.N.
[604] BGH v. 22.01.2014 - XII ZB 185/12 - FamRZ 2014, 637.
[605] OLG Saarbrücken v. 02.03.2011 - 9 UF 89/10; OLG Brandenburg v. 15.02.2011 - 10 UF 106/10 - FamFR 2011, 176.

Dies gilt erst recht, wenn die vorgetragenen Bewerbungsbemühungen deutlich zu spät einsetzen und viele Schreiben so abgefasst sind, dass sie für den Adressaten **Zweifel an der Ernsthaftigkeit der Arbeitsplatzsuche** des Unterhaltsverpflichteten aufkommen lassen[606] (vgl. dazu Rn. 583 ff.). 558

Auch an die **Intensität der Arbeitsuche** werden hohe Anforderungen gestellt: mindestens eine Bewerbung **pro Woche** kann erwartet werden.[607] Einige Gerichte fordern eine eigenständige Arbeitssuche **im Umfang einer Vollzeitbeschäftigung**.[608] Bei längerer Arbeitslosigkeit müssen intensive **Bemühungen über den gesamten Zeitraum** dargelegt werden.[609] 559

Für die Suche nach Arbeit selbst ist die Zeit aufzuwenden, die erforderlich ist, alle in Betracht kommenden Stellen zu erfassen, sich darauf zu bewerben und Vorstellungsgespräche wahrzunehmen. Dies wird bei Arbeitslosen in aller Regel dem **Zeitaufwand eines vollschichtigen Erwerbstätigen** entsprechen, wohingegen bei Erwerbstätigen geringere Anforderungen zu stellen sein können. Hierbei sind je nach Lage des Einzelfalles 20-30 Bewerbungen pro Monat zumutbar.[610] 560

Die vorgetragenen und belegten Bewerbungsbemühungen müssen eine **ausreichende Nachhaltigkeit** aufweisen. Dies ist nicht der Fall, wenn sie von ihrer Zahl her diskontinuierlich sind und **große zeitliche Lücken** aufweisen.[611] Erforderlich ist eine **schriftsätzliche Aufbereitung der Bewerbungsbemühungen**; die Vorlage einer CD oder einer bloßen Auflistungen von Bewerbungsschreiben genügt den Anforderungen nicht. Voraussetzung für die Prüfung der Beachtlichkeit ausreichender, aber erfolglos gebliebener Erwerbsbemühungen ist, dass nach Art und Umfang qualifizierte Bewerbungsschreiben verfasst worden sind. Auch müssen sich die Bewerbungen auf den gesamten unterhaltsrechtlich relevanten Zeitraum erstrecken.[612] Zudem müssen Gründe vorgetragen werden, warum solche qualifizierten Erwerbsbemühungen nicht zum Erfolg geführt haben. 561

In einer Entscheidung zum Ehegattenunterhalt hat der BGH[613] noch einmal deutlich gemacht, dass die **Anzahl der Bewerbungen** nur ein **Indiz** für die geschuldeten Arbeitsbemühungen sein kann, nicht aber deren alleiniges Merkmal. Vielmehr kann auch bei nachgewiesenen Bewerbungen in großer Zahl die **Arbeitsmotivation nur eine vorgeschobene sein**, während andererseits bei realistischer Einschätzung der Arbeitsmarktlage auch Bewerbungen in geringerer Zahl ausreichend sein können, wenn etwa **nur geringe Chancen für einen Wiedereintritt in das betreffende Berufsfeld** bestehen.[614] 562

Der Arbeitslose muss auch seine Chancen auf dem Arbeitsmarkt aktiv steigern. So ist ein Langzeitarbeitsloser gehalten, **berufsfördernde Maßnahmen** mitzumachen und den Beruf zu wechseln.[615] Dabei besteht bereits während einer laufenden Umschulung die Obliegenheit, sich um einen Arbeitsplatz zu bemühen.[616] 563

Soweit dies zur Wiederherstellung der vollen Arbeitsfähigkeit erforderlich ist, ist der gesteigert Unterhaltspflichtige gehalten, sich in **medizinische bzw. therapeutische Behandlung** zu begeben.[617] 564

Noch nicht abschließend geklärt ist die Frage, ob ein Verstoß gegen die Erwerbsobliegenheit für die Zeit zu verneinen ist, während der die **Abfindung** auf das Arbeitslosengeld angerechnet wird und so de facto ein gleich hohes Einkommen wie bisher erzielt wird.[618] 565

Voraussetzung einer Zurechnung fiktiver Einkünfte ist in allen Fällen, dass der Unterhaltspflichtige die **ihm subjektiv zumutbaren Anstrengungen**, eine angemessene Erwerbstätigkeit zu finden, nicht oder **nicht ausreichend unternommen** hat und zudem feststeht oder zumindest **nicht auszuschließen ist**, 566

---

[606] OLG Brandenburg v. 25.11.2008 - 10 UF 99/08.
[607] Vgl. OLG Stuttgart v. 02.07.2007 - 18 UF 105/07 - FamRZ 2007, 1908-1909.
[608] OLG Naumburg v. 17.02.2005 - 14 UF 182/04 - FamRZ 2005, 2089.
[609] OLG Koblenz v. 06.02.2006 - 7 WF 107/06 - FamRZ 2006, 1296 = ZFE 2006, 236.
[610] OLG Saarbrücken v. 02.03.2011 - 9 UF 89/10.
[611] OLG Saarbrücken v. 02.03.2011 - 9 UF 89/10.
[612] OLG Köln v. 30.07.2012 - 4 UF 49/12 - FamFR 2012, 439.
[613] BGH v. 21.09.2011 - XII ZR 121/09.
[614] Vgl. OLG Hamm v. 03.03.2010 - II-5 UF 145/09, 5 UF 145/09 - FamRZ 2010, 1914 für eine Textilverkäuferin.
[615] OLG Hamm v. 23.11.1994 - 10 UF 144/94 - FamRZ 1995, 438.
[616] BGH v. 17.03.1999 - XII ZR 139/97 - FamRZ 1999, 843; OLG Dresden v. 11.12.2002 - 10 UF 676/02, 10 UF 0676/02 - NJW-RR 2003, 512; OLG Brandenburg v. 23.07.2003 - 9 UF 111/03 - ZFE 2004, 152; OLG Jena v. 11.03.2005 - 1 UF 391/04 - ZFE 2005, 250; kritisch *Büttner*, NJW 2003, 2497.
[617] OLG Karlsruhe v. 17.11.2010 - 5 WF 159/10 - ZKJ 2011, 48.
[618] Vgl. OLG Hamm v. 17.01.2007 - 11 UF 84/06 - FuR 2007, 235 mit ablehnender Anmerkung *Soyka*.

dass bei genügenden Bemühungen eine **reale Beschäftigungschance** (vgl. dazu Rn. 612) bestanden hätte.[619]

567 Hat der Unterhaltspflichtige eine **Änderungskündigung** ausgeschlagen und damit den Verlust des Arbeitsplatzes herbeigeführt, so stellt sich die Frage, ob das bisherige Einkommen überhaupt noch erzielbar gewesen wäre oder ob der Unterhaltsberechtigte sich nicht eine entsprechende Einkommensreduzierung entgegenhalten lassen muss.[620]

568 Dabei ist selbst in höherem Alter eine – zumindest teilweise – Erwerbsobliegenheit nicht ausgeschlossen.[621]

569 **Bewerbungsschreiben** dürfen auch nicht so abgefasst sein, dass sie den Eindruck der mangelnden Eignung oder Arbeitsunlust erwecken. Sie müssen vielmehr erkennen lassen, welchen konkreten Bezug der Bewerber zur angebotenen Stelle hat, und gegebenenfalls auf eine absolvierte Ausbildung hinweisen.[622]

aa. Zeitpunkt und zeitlicher Rahmen der Bewerbungen

570 Die Bewerbungen müssen **bereits bei der Kenntnis vom Verlust des Arbeitsplatzes** einsetzen, nicht erst nach dem Auslaufen des Arbeitsverhältnisses.[623] Aus dem Gesichtspunkt der allgemeinen Erwerbsobliegenheit ist nämlich der Unterhaltspflichtige gehalten, sich um einen neuen Arbeitsplatz zu bemühen, sobald ihm die Kündigung des Arbeitsplatzes bekannt wird. Setzen die Bemühungen erst mit dem Ablauf der Kündigungsfrist oder mit der tatsächlichen Beendigung des Arbeitsverhältnisses ein, so kommen sie schon zu spät.

571 Die ggf. zuzubilligende Übergangsfrist (vgl. Rn. 528), innerhalb derer diese Bemühungen zum Erfolg führen müssen, **beginnt** mit der **Kenntniserlangung** von den geänderten Rahmenbedingungen,[624] also mit der Kündigung oder – bei Entstehung einer Erwerbsobliegenheit – mit der Kenntnis von den hierfür maßgeblichen Gründen.

572 Dabei kommt es nicht auf den Zeitraum an, für den Unterhalt geltend gemacht wird. Die Frage der Erwerbsobliegenheit stellt sich unabhängig von den Voraussetzungen eines Verzuges nach objektiven Kriterien. Sind dem Unterhaltspflichtigen die objektiven Rahmenbedingungen bekannt – wie z.B. die Tatsache, dass er minderjährige Kinder hat und demgemäß gem. § 1603 Abs. 2 BGB verschärft für deren Unterhalt haftet, so löst dies die Erwerbsobliegenheit aus. Der Unterhaltspflichtige muss demnach bereits zu diesem Zeitpunkt mit seinen Bemühungen um eine Arbeitsstelle beginnen und kann sich später nicht darauf berufen, die Übergangszeit sei zu kurz[625] (vgl. auch Rn. 829).

573 Der Unterhaltspflichtige darf auch nicht abwarten, bis die Sicherstellung des Unterhalts des Kindes durch öffentliche Sozialleistungen wie z.B. UVG-Leistungen ausläuft. Vielmehr muss er mit Blick auf seine gesteigerte Unterhaltsverpflichtung schon frühzeitig nach einer vollschichtigen Arbeit suchen. Für die Frage der realen Beschäftigungschance ist daher darauf abzustellen, ob eine solche bestanden hätte, wenn der Antragsgegner von Anfang an seiner bestehenden gesteigerten Erwerbsobliegenheit genügt hätte.[626]

574 Bei längerer Arbeitslosigkeit müssen intensive **Bemühungen über den gesamten Zeitraum** dargelegt werden.[627] Nicht ausreichend ist, wenn die Bewerbungen **unter „Verfahrensdruck"** gefertigt wurden.[628]

---

[619] BVerfG v. 29.12.2005 - 1 BvR 2076/03 - FamRZ 2006, 469, 470; BGH v. 29.10.1986 - IVb ZR 82/85 - FamRZ 1987, 144, 144; BGH v. 06.07.2005 - XII ZR 145/03 - FamRZ 2005, 1897, 1898; BGH v. 15.10.2003 - XII ZR 65/01 - FamRZ 2004, 254 mit Anm. *Borth*, FamRZ 2004, 360; BGH v. 09.07.2003 - XII ZR 83/00 - FamRZ 2003, 1471; ausführlich *Reinken*, FPR 2007, 319.
[620] *Soyka*, FuR 2007, 237.
[621] OLG Saarbrücken v. 16.05.2007 - 9 UF 77/06 - ZFE 2007 (Heft 10).
[622] OLG Saarbrücken v. 02.03.2011 - 9 UF 89/10 unter Hinweis auf BGH v. 30.07.2008 - XII ZR 126/06 - FamRZ 2008, 2104, m.w.N.
[623] *Büttner*, FF 2003, 192; AG Ludwigslust v. 18.11.2004 - 5 F 215/03 - FamRZ 2005, 1114-1117.
[624] OLG Hamm v. 12.04.2002 - 11 WF 1/02 - FamRZ 2003, 177.
[625] Vgl. auch OLG Brandenburg v. 03.08.2010 - 10 UF 32/10.
[626] OLG Brandenburg v. 15.02.2011 - 10 UF 106/10 - FamFR 2011, 176.
[627] OLG Koblenz v. 06.02.2006 - 7 WF 107/06 - OLGR Koblenz 2006, 546.
[628] OLG Naumburg v. 28.02.2013 - 8 UF 181/12 - FamRZ 2014, 133.

bb. Intensität der Bemühungen

Erwartet werden **konkrete Eigenbemühungen** in Form der regelmäßigen wöchentlichen Lektüre der örtlichen Zeitungen sowie die Bewerbung auf alle Annoncen, die für Stellensuchende in Betracht kommen.[629]

Auch an die **Intensität der Bemühungen** stellt die Rechtsprechung hohe Anforderungen. Mindestens eine Bewerbung pro Woche kann erwartet werden. Einige Gerichte fordern eine eigenständige Arbeitssuche im Umfang einer Vollzeitbeschäftigung. Ein arbeitsloser Unterhaltsschuldner muss demnach für die Suche nach Arbeit etwa die Zeit aufwenden, die ein Erwerbstätiger für die Ausübung seines Berufs braucht.[630] Ist der Unterhaltspflichtige allerdings in Vollzeit erwerbstätig und wird ihm nur vorgeworfen, eine zu gering bezahlte Tätigkeit auszuüben, müssen zeitliche Abstriche bei den Anforderungen an seine weiteren Bemühungen um eine besser bezahlte Stelle gemacht werden. Denn wer bereits in Vollzeit beschäftigt ist, dem stehen für Bewerbungsbemühungen nur die Zeiten nach Feierabend, an Wochenenden oder im Urlaub zur Verfügung.[631]

Wenn es um die Sicherstellung des Unterhalts für ein minderjähriges Kind geht, sind jedenfalls 20 bis 30 Bewerbungen pro Monat nicht unzumutbar,[632] die konkret auf die entsprechenden Stellenangebote zugeschnitten sein müssen.[633] Der arbeitslose Unterhaltspflichtige muss das Absenden einer entsprechenden Zahl von ernsthaften Bewerbungen im Monat **substantiiert darlegen**, um seiner gesteigerten Erwerbsverpflichtung nachzukommen. Dabei muss es sich nachvollziehbar um ernsthafte Erwerbsbemühungen handeln.[634]

Das OLG Köln lässt 75 Bewerbungsschreiben in einem Zeitraum von Ende April 2009 bis Mitte November 2009, monatsdurchschnittlich also 11,5, nicht ausreichen.[635]

Der Erwerbsobliegenheit wurde nicht hinreichend nachgekommen, wenn die vorgelegten Bewerbungen zur Erfüllung der unterhaltsrechtlichen Erwerbsobliegenheit weder quantitativ noch qualitativ ausreichen. Rund 40 Bewerbungen für einen Zeitraum von über 6 Monaten reichen quantitativ bei weitem nicht aus. Auch müssen alle Tätigkeitsbereiche, in denen erheblicher Bedarf an Arbeitskräften besteht und in denen eine Erwerbstätigkeit der betroffenen Person möglich ist, in die Bewerbungsbemühungen einbezogen werden. Mangels hinreichender Erwerbsbemühungen ist Einkommen fiktiv zuzurechnen.[636] Durchschnittlich **zwei Bewerbungen im Monat** reichen zum Nachweis gehöriger Erwerbsbemühungen jedenfalls nicht aus, so dass ggf. ein fiktives Einkommen zuzurechnen ist.[637]

Auch die Tatsache, dass von der Arbeitsverwaltung **Bewerbungskosten** nur in begrenztem Umfang (von Höhe von 260 € jährlich gem. § 46 Abs. 1 SGB III) übernommen werden, hat nach der Rechtsprechung nicht zur Folge, dass vom Unterhaltsschuldner nur 4 bis 5 Bewerbungen monatlich verlangt werden könnten. Vielmehr bleibt es bei der Obliegenheit, monatlich 20 bis 30 Bewerbungen abzugeben und praktisch die gesamte Zeit, die ein vollschichtig Erwerbstätiger berufstätig wäre, für die Arbeitsplatzsuche einzusetzen.[638]

Andere Gerichte stellen entscheidend nicht auf die Zahl der Bewerbungen, sondern auf deren **Ernsthaftigkeit** ab als maßgebend für die Frage ausreichender Bemühungen um einen neuen Arbeitsplatz.[639]

Die Bemühungen müssen in der gleichen erforderlichen Intensität **über den gesamten Zeitraum** dargelegt werden.[640]

---

[629] OLG Koblenz v. 19.09.2005 - 13 UF 337/05 - NJW-RR 2005, 1675-1677.
[630] OLG Köln v. 29.01.2010 - 4 WF 6/10; OLG Naumburg v. 17.02.2005 - 14 UF 182/04 - FamRZ 2005, 2089; OLG Hamm v. 18.03.1994 - 12 UF 349/93 - FamRZ 1994, 1115; OLG Saarbrücken v. 17.10.2008 - 9 WF 89/08.
[631] *Bißmaier*, FamRB 2013, 350.
[632] OLG Hamm v. 07.02.2003 - 9 UF 314/01 - FamRZ 2004, 298; OLG Naumburg v. 17.02.2005 - 14 UF 182/04 - FamRZ 2005, 2089.
[633] OLG Naumburg v. 17.02.2005 - 14 UF 182/04 - FamRZ 2005, 2089.
[634] OLG Brandenburg v. 06.08.2007 - 9 WF 173/07 - ZFE 2007, 430.
[635] OLG Köln v. 29.01.2010 - II-4 WF 6/10, 4 W 6/10.
[636] OLG Köln v. 30.03.2011 - 4 WF 51/11 - NJW-Spezial 2011, 484.
[637] OLG Brandenburg v. 22.02.2011 - 10 UF 170/10 - juris Rn. 21.
[638] OLG Brandenburg v. 28.02.2006 - 10 UF 133/05 - FamRZ 2006, 1701.
[639] OLG Dresden v. 15.01.1997 - 10 UF 485/96 - FamRZ 1997, 836.
[640] OLG Koblenz v. 06.02.2006 - 7 WF 107/06 - OLGR Koblenz 2006, 546.

§ 1603

cc. Form und Inhalt der Bewerbungen

583 Auch auf den **Inhalt der Bewerbung** kommt es an: sie muss ausreichend konkret und darf nicht abschreckend sein.

584 Zu den Obliegenheiten eines Arbeitsuchenden, der mehrere Jahre dem Erwerbsleben fern gewesen ist, gehört es auch, sich hinsichtlich der **gängigen Bewerbungsstandards** ausreichend zu informieren. Subjektive Fehleinschätzungen entlasten den Erwerbspflichtigen nicht. Notwendige Kenntnisse und Fertigkeiten in diesem Bereich werden nicht nur von den Arbeitsagenturen vermittelt, sondern können auch problemlos im Internet abgerufen werden.[641]

585 Den Anforderungen genügt nicht, wer lediglich computermäßig gefertigte „Blindbewerbungen" vorlegen kann, deren Erstellung offensichtlich nur einen minimalen zeitlichen Aufwand erfordert und die nicht auf eine konkrete Stelle bezogen sind.[642]

586 **Handschriftliche Bewerbungen auf kariertem Papier** ohne beigefügten Lebenslauf werden nicht als ernsthafte Bewerbungen anerkannt.[643] Auch bei einfachen Arbeitsplätzen sind Bewerbungen grundsätzlich in **schriftlicher Form** abzufassen und so zu gestalten, dass sie geeignet sind, den Empfänger von der Ernsthaftigkeit der Bewerbung und der Eignung des Bewerbers zu überzeugen.[644]

587 Keine ausreichenden Bewerbungsbemühungen liegen vor, wenn diese deutlich zu spät einsetzen und viele Schreiben so abgefasst sind, dass sie für den Adressaten **Zweifel an der Ernsthaftigkeit der Arbeitsplatzsuche** des Unterhaltsverpflichteten aufkommen lassen.[645] **Nichtssagende Bewerbungen** ohne nähere Angaben zur eigenen Person sowie zu den persönlichen Fähigkeiten und Fertigkeiten im Hinblick auf die konkrete Stelle genügen den Anforderungen nicht. Blindbewerbungen, die abgegeben werden, ohne Anhaltspunkte dafür, dass der Arbeitgeber überhaupt eine Arbeitskraft sucht, reichen nicht aus.[646]

588 Wenn die **Bewerbung** unübersehbare **Schreibfehler** und grammatische Fehler enthält, dabei eine **jahrzehntelange Berufsunterbrechung betont** wird und sich zudem auf Stellen bezieht, deren zwingende Qualifikationsvoraussetzungen nicht erfüllt werden, ist abzusehen, dass diese beim potentiellen Arbeitgeber bereits im ersten Durchgang der Bewerbungsdurchsicht aussortiert wird. Mit einer solchen Bewerbung wird den Erwerbsobliegenheiten nicht genügt.[647]

589 Handelt es sich erkennbar bei den vorgetragenen Bemühungen um eine Beschäftigung nach Form und Inhalt der vorgelegten Bewerbungsschreiben sowie der Ablehnungsschreiben **um bloße formularmäßige Blindbewerbungen**, so kann die Quantität („Vielzahl") der Blindbewerbungen die Qualität ordnungsgemäßer Bewerbungen nicht ersetzen.[648]

590 **Mündliche/telefonische Bewerbungen** sind in der Praxis problematisch, da sie nicht immer nachgewiesen werden können.

591 Auch bei **Initiativbewerbungen** reicht in aller Regel eine telefonische Kontaktaufnahme nicht aus, sondern es ist zu verlangen, dass dies mindestens per E-Mail oder per Telefax mit einem ordentlichen, für den künftigen Mitarbeiter werbenden Anschreiben erfolgt und entsprechend nachgewiesen wird. Zudem sind die Angebote, auf die sich der Unterhaltspflichtige beworben haben will – also beispielsweise Annoncen aus den entsprechenden Fachzeitschriften oder Stellenausschreibungen im Internet – in Kopie vorzulegen, um die Ernsthaftigkeit seiner Bemühungen nachvollziehbar zu machen.[649]

dd. Nachweis der Bewerbungen

592 Die unternommenen Anstrengungen müssen im Unterhaltsprozess **detailliert** und umfassend durch eine **chronologisch geordnete und durchnummerierte Aufstellung** der Bewerbungen nebst dazugehörigen Unterlagen **dokumentiert** werden.[650]

593 Dem Umfang nach sind 20 bis 30 Bewerbungen monatlich gefordert, die konkret auf die entsprechenden Stellenangebote zugeschnitten sein müssen.[651]

---

[641] OLG Saarbrücken v. 02.03.2011 - 9 UF 89/10.
[642] OLG Hamm v. 07.02.2003 - 9 UF 314/01 - FamRZ 2004, 298.
[643] OLG Brandenburg v. 25.03.2004 - 9 UF 139/03 - FamRZ 2005, 210.
[644] AG Velbert v. 26.04.2007 - 2 F 371/06 - FamRZ 2007, 1907.
[645] OLG Brandenburg v. 25.11.2008 - 10 UF 99/08.
[646] OLG Brandenburg v. 15.02.2011 - 10 UF 106/10 - FamFR 2011, 176.
[647] OLG Hamm v. 02.03.2012 - 13 UF 169/11 - FamFR 2012, 204.
[648] OLG Saarbrücken v. 02.03.2011 - 9 UF 89/10.
[649] KG Berlin v. 16.04.2013 -17 UF 8/13 - FamFR 2013, 346.
[650] OLG Naumburg v. 17.02.2005 - 14 UF 182/04 - FamRZ 2005, 2089.
[651] OLG Naumburg v. 17.02.2005 - 14 UF 182/04 - FamRZ 2005, 2089.

ee. Örtlicher Bereich der Arbeitssuche

Dabei darf sich der Unterhaltsschuldner nach der strengen obergerichtlichen Rechtsprechung nicht nur in der näheren **Umgebung** seines Wohnortes bewerben, sondern muss zumindest auch überregional ausgerichtet sein.[652] Auch wenn der Unterhaltpflichtige über kein eigenes Fahrzeug verfügt, muss er das breitere Stellenangebot einer Großstadt oder des Umlandes nutzen. Dabei sind ihm auch **längere Anfahrtswege** mit öffentlichen Verkehrsmitteln zuzumuten.[653] Auch die Benutzung eines Fahrrades kann zumutbar sein.[654] 594

Der **örtliche Bereich**, in dem die Arbeitssuche betrieben werden muss, richtet sich nach den anerkennenswerten örtlichen Bindungen und kann sich u.U. auf **ganz Deutschland** erstrecken. Die Rechtsprechung ist hier nicht einheitlich. Einerseits wird eine Verpflichtung eines Unterhaltsschuldners aus den neuen Bundesländern zur Arbeitssuche in den alten Bundesländern verneint.[655] 595

Andere Gerichte verlangen die Erwerbsbemühungen jedenfalls nach einiger Zeit auf das großräumige Umfeld, das gesamte **Bundesland** und schließlich auch auf Erfolg versprechende Bereiche im **ganzen Bundesgebiet** zu erstrecken.[656] Vereinzelt wird sogar verlangt, sich im **gesamten deutschsprachigen Bereich** zu bewerben, also ggf. auch bei Zeitarbeitsfirmen in Österreich.[657] 596

Von einem gesteigert Unterhaltpflichtigen mit dem Studienabschluss „Bohrtechnik" einer Bergbauakademie und Berufserfahrung im internationalen Erdölexplorationsgeschäft kann auch erwartet werden, dass er eine von ihm bislang tatsächlich ausgeübte Berufstätigkeit grundsätzlich auch dann im bisherigen Umfang und Ausmaß fortführt, wenn er dieser im **Ausland** und in **gefährlichen Regionen der Welt** nachgehen muss.[658] 597

Aufgrund der gemäß § 1603 Abs. 2 Satz 1 BGB bestehenden erhöhten Unterhaltspflicht obliegt dem Unterhaltpflichtigen eine gesteigerte Ausnutzung seiner Erwerbskraft, die es ihm ermöglicht, jedenfalls den Unterhaltsbedarf in Höhe des Mindestbedarfes sicherzustellen. Daher hat die Rechtsprechung vielfach die Obliegenheit zu einem **Ortswechsel bejaht**,[659] um nach einem Umzug an einen anderen Wohnort eine **Erwerbstätigkeit zu finden**. 598

Dabei sind allerdings auch die **berechtigten Interessen des Unterhaltpflichtigen** zu beachten. Anerkennenswerte Bindungen sind dabei z.B. die Gebundenheit der übrigen Familienmitglieder, die Wohnung der Eltern, das eigene Haus. Je jünger der Unterhaltpflichtige, desto geringer sind entsprechende Bindungen anzuerkennen. Schützenswerte familiäre Bindungen sind aber zu respektieren.[660] 599

Zu prüfen ist dabei im Einzelfall, ob ein Umzug unter Berücksichtigung seiner **persönlichen Bindungen**, insbesondere seines **Umgangsrechts** mit seinen Kindern, sowie der Kosten der Ausübung dieses Umgangsrechts und der **Umzugskosten** zumutbar ist[661] (zu den Kosten des Umgangsrechts vgl. die Kommentierung zu § 1610 BGB Rn. 166 ff.).

Erwerbsbemühungen sind im Radius von jedenfalls 100 km um den jetzigen Wohnort des Unterhaltpflichtigen in der Nähe der Kinder zumutbar, weil den 12- bzw. 14-jährigen Kindern zumutbar ist, zu den Umgangskontakten in diesem Bereich selber anzureisen.[662] 600

Das OLG Nürnberg hat eine Umzugsobliegenheit verneint, da der arbeitslose Unterhaltpflichtige selbst eines 16 Jahre alten Sohn betreut.[663] 601

In der Praxis haben vor allem die durch eine weiter entfernt liegende Arbeitsstelle ausgelösten **Fahrtkosten** Bedeutung. Wird eine weiter vom Wohnort entfernt gelegene Arbeitsstelle angenommen, stehen regelmäßig die **Fahrtkosten** mit dem eigenen Auto **in keinem Verhältnis zum Nettoeinkommen**. Hier ist eine **wirtschaftliche Betrachtungsweise** geboten. 602

---

[652] OLG Naumburg v. 28.02.2013 - 8 UF 181/12 - FamRZ 2014, 133
[653] OLG Hamm v. 07.02.2003 - 9 UF 314/01 - FamRZ 2004, 298.
[654] OLG Stuttgart v. 12.11.2007 - 15 WF 229/07 - FPR 2008, 184.
[655] OLG Frankfurt v. 13.07.2005 - 2 UF 13/05 - FuR 2005, 459 = FamRZ 2005, 2090 = ZFE 2006, 114.
[656] OLG Brandenburg v. 13.12.2006 - 9 WF 371/06 - ZFE 2007, 192; OLG Naumburg v. 11.11.2008 - 3 UF 39/08.
[657] OLG Dresden v. 23.07.2007 - 20 UF 444/07 - FamRZ 2008, 173.
[658] KG Berlin v. 16.04.2013 - 17 UF 8/13 - FamFR 2013, 346.
[659] BGH v. 09.07.1980 - IVb ZR 529/80 - FamRZ 1980, 1113, 1114; BGH v. 15.12.1993 - XII ZR 172/92 - FamRZ 1994, 372.
[660] BVerfG v. 29.12.2005 - 1 BvR 2076/03 - FamRZ 2006, 469 = NJW 2006, 2317 = ZFE 2006, 151; BVerfG v. 14.12.2006 - 1 BvR 2236/06 - FamRZ 2007, 273 = FuR 2007, 76 mit Anm. *Soyka* = FF 2007, 48 – ZFE 2007, 111; *Schürmann*, jurisPR-FamR 3/2007, Anm. 1.
[661] Vgl. BVerfG v. 14.12.2006 - 1 BvR 2236/06 - FamRZ 2007, 273, 274.
[662] OLG Schleswig v. 12.05.2010 - 10 UF 243/09.
[663] OLG Nürnberg v. 28.07.2009 - 9 UF 215/09 - FuR 2010, 51.

§ 1603

603 So hat das OLG Schleswig von einem Unterhaltspflichtigen verlangt, nach dem Verkauf des gemeinsamen Hauses möglichst in die Nähe seiner Arbeitsstelle zu ziehen und mit dieser Begründung die anerkennungsfähigen Fahrtkosten beschränkt.[664]

604 Nach dem Vorschlag des Arbeitskreises 13 des Deutschen Familiengerichtstages 2011[665] sind bei der Entscheidung über eine Umzugsobliegenheit der Unterhaltspflichtigen zu berücksichtigen:
- eine unzumutbare Erschwerung des Umgangs,
- wirtschaftliche Gesichtspunkte (z.B.: Umgangskosten, Umzugskosten, Sicherheit des neuen Arbeitsplatzes),
- seine sozialen Bindungen.

605 Das OLG Saarbrücken betont, dass der gegenüber einem minderjährigen Kind Unterhaltspflichtige gehalten ist, alle Erwerbsobliegenheiten und auch einschneidende Veränderungen in seiner Lebensgestaltung in Kauf zu nehmen. Daraus wird der Schluss gezogen, dass zur Führung einer **Wochenendehe** bedingende Fahrtkosten bei der Bemessung des zur Verfügung stehenden Einkommens keine Berücksichtigung finden können.[666]

606 Ein Ortswechsel in eine andere Region kann deshalb nicht zumutbar sein, weil die neue Ehefrau eine Arbeit hat und ein gemeinsames Kind beim Unterhaltspflichtigen lebt.[667] Ein Unterhaltsschuldner, der aus den neuen Bundesländern kommend in den alten Bundesländern eine besser bezahlte Arbeitsstelle innehatte, verstößt auch nicht gegen seine Erwerbsobliegenheit, wenn er nach dem Verlust dieser Stelle eine **neue, schlechter bezahlte Arbeit** in seinem Heimatort **in den neuen Ländern** annimmt, sofern diese Arbeitsstelle in etwa seinem beruflichen Werdegang, seinen beruflichen Fähigkeiten und auch die Bezahlung angemessen ist.[668]

607 Gibt jedoch ein nach § 1603 Abs. 2 BGB gesteigert Unterhaltspflichtiger einen **sicheren Arbeitsplatz mit gutem Einkommen in den alten Bundesländern auf**, um wieder in die neuen Bundesländer zurückzukehren, findet eine daraus resultierende mangelnde Leistungsfähigkeit unterhaltsrechtlich keine Berücksichtigung.[669]

608 Der BGH hat in einer Entscheidung, die den Unterhaltsanspruch eines **volljährigen Kindes** betrifft, Ausführungen zur Umzugsobliegenheit des unterhaltspflichtigen Vaters gemacht und diese vor allem aus wirtschaftlichen Gründen verneint. Es wurden hohe Fahrtkosten zwischen dem vorhandenen Wohnort und der auswärtigen Arbeitsstelle anerkannt und eine Verpflichtung zum Wohnortwechsel mit seiner Familie oder zur Anmietung eines Zimmers am Arbeitsort verneint.[670]

609 Dies hat der BGH mit den nicht unerheblichen Kosten einer doppelten Haushaltsführung begründet und insbesondere darauf verwiesen, dass neben den eigentlichen Wohnkosten zumindest einmal pro Woche Fahrtkosten zum Hauptwohnsitz anfallen. Der BGH verweist zudem auf die geringere Ersparnis, die sich im Vergleich zu den tatsächlichen Fahrtkosten ergibt, aber auch die weiteren Nachteile, nämlich die Trennung des Unterhaltspflichtigen von seiner Familie während der Woche, und stellt insgesamt auf die Zumutbarkeit ab. Ein Umzug könne von ihm ebenfalls nicht erwartet werden, da er mit seiner Familie in dem Elternhaus seiner Ehefrau lebt. Diese Immobilie aufgeben zu müssen, allein um einen finanziellen Engpass während der restlichen Ausbildungsdauer der Klägerin zu überbrücken, wäre unangemessen. Es wird bei dieser Abwägung also auch der Zeitraum einer noch bestehenden Unterhaltsverpflichtung im Verhältnis zu den Kosten eines Wohnortwechsels berücksichtigt.

610 Eine **Obliegenheit zum Wohnortwechsel** kann daher auch bei einem arbeitslosen Unterhaltspflichtigen **nicht generell bejaht** werden und bedarf im Einzelfall einer ausreichenden Begründung.

611 Das OLG Brandenburg hat inzwischen eine restriktivere Einschätzung vorgenommen und entschieden, dass der Unterhaltspflichtige, der bei einer vollschichtigen Erwerbstätigkeit ein normal hohes Einkommen erzielt, nicht gehalten ist, sich um eine auswärtige oder gar im Ausland liegende Arbeitsstelle zu bemühen.[671]

---

[664] OLG Schleswig v. 13.04.2012 - 10 UF 324/11 - FuR 2012, 671
[665] Borth, FamRZ 2011, 1923.
[666] OLG Saarbrücken v. 06.10.2008 - 9 WF 8/08.
[667] OLG Hamm v. 19.11.1997 - 8 UF 296/97 - NJW-RR 1998, 1084-1085.
[668] OLG Brandenburg v. 20.03.1997 - 9 UF 194/96 - OLGR Brandenburg 1997, 201-203.
[669] OLG Dresden v. 23.04.1997 - 10 WF 64/97 - FamRZ 1998, 979.
[670] BGH v. 21.01.2009 - XII ZR 54/06 - FamRZ 2009, 762 = FPR 2009, 242.
[671] OLG Brandenburg v. 23.09.2010 - 10 UF 30/10 - ZFE 2011, 106-107.

d. Fehlende reale Beschäftigungschance

Auch wenn der Unterhaltpflichtige zu keiner Zeit irgendwelche Bemühungen entfaltet, ein reguläres Beschäftigungsverhältnis zu begründen, scheidet die Zurechnung aus, wenn tatsächlich keine realistische Beschäftigungschance im entsprechenden Umfang besteht.[672] 612

Für die Feststellung, dass für einen Unterhaltsschuldner keine reale Beschäftigungschance bestehe, sind insbesondere im Bereich der gesteigerten Unterhaltspflicht nach § 1603 Abs. 2 BGB **strenge Maßstäbe** anzulegen. Für gesunde Arbeitnehmer im mittleren Erwerbsalter wird auch in Zeiten hoher Arbeitslosigkeit regelmäßig kein Erfahrungssatz dahin gebildet werden können, dass sie nicht in eine vollschichtige Tätigkeit zu vermitteln seien.[673] 613

Ist der tatsächlich oder vermeintlich nicht leistungsfähige Schuldner gesund und im vermittelbaren Alter, hat er konkrete Erwerbsbemühungen darzulegen. Allein deren Scheitern lässt den Rückschluss auf das Fehlen einer realen Beschäftigungschance zu.[674] 614

Die **Darlegungs- und Beweislast** für seine mangelnde Leistungsfähigkeit liegt beim Unterhaltpflichtigen; dies gilt auch für das Fehlen einer realen Beschäftigungschance.[675] 615

Daher vermag die **bloße pauschale Behauptung** der Erwerbspflichtigen, die Aufnahme einer unterhaltssichernden Tätigkeit sei ihr mit Blick auf ihren jahrelangen Ausstieg aus dem Berufsleben, ihre gesundheitliche Beeinträchtigung sowie die derzeitige Arbeitsmarktlage nicht möglich, substantiiertes Vorbringen nicht ersetzen.[676] Damit verbundene Beweisantritte laufen auf einen reinen (unzulässigen) **Ausforschungsbeweis** hinaus. 616

Für den Schuldner besonders gefährlich ist, dass es ausreicht, wenn **nicht auszuschließen ist**, dass bei ausreichenden Bemühungen eine reale Beschäftigungschance bestanden hätte.[677] 617

Ist sein Bemühen nicht ausreichend, muss er in einem zweiten Schritt im Einzelnen darlegen, wie hoch sein fiktives Einkommen wäre und ob dieses unter Berücksichtigung des Mindestselbstbehalts Unterhaltszahlungen zulässt.[678] 618

Auf die hohe **Arbeitslosenquote** allein kann sich ein Unterhaltspflichtiger nicht berufen.[679] Allerdings müssen die anzurechnenden Einkünfte unter Berücksichtigung der Arbeitsmarktlage und der persönlichen Erwerbsbiographie realistischerweise erzielbar sein und folglich für den Schuldner eine **reale Beschäftigungschance** bestehen.[680] 619

Auch eine **lange Arbeitslosigkeit** steht einer Festanstellung auf dem allgemeinen Arbeitsmarkt nicht generell entgegen. Die Dauer der Arbeitslosigkeit wirkt sich in der Regel dann nachteilig auf eine Neuanstellung aus, wenn es sich um qualifizierte Tätigkeiten handelt, die eine kontinuierliche Weiterbildung oder ein besonderes Maß an Berufserfahrung voraussetzen. Stehen angesichts des Ausbildungsstandes ausschließlich Arbeiten im ungelernten Bereich zur Verfügung, für die weder eine Weiterbildung noch ein besonderes Maß an Berufserfahrung vorausgesetzt wird, stellt alleine die Dauer der Arbeitslosigkeit keinen maßgeblichen Gesichtspunkt für die Höhe des erzielbaren Einkommens auf dem allgemeinen Arbeitsmarkt dar.[681] 620

Von einer realen Chance auf dem Arbeitsmarkt ist grundsätzlich auch für **ungelernte oder angelernte Frauen** auszugehen. Denn es gibt keinen allgemeinen Erfahrungssatz, dass wegen hoher Arbeitslosigkeit, mangelnder Ausbildung oder sonstiger ungünstiger Bedingungen von vornherein keine oder nur teilschichtige Beschäftigungsmöglichkeiten bestehen.[682] 621

---

[672] OLG Brandenburg v. 13.03.2014 - 9 UF 106/13.
[673] BGH v. 22.01.2014 - XII ZB 185/12 - FamRZ 2014, 637; BGH v. 18.01.2012 - XII ZR 178/09 - FamRZ 2012, 517; BGH v. 21.09.2011 - XII ZR 121/09 - FamRZ 2011, 1851 Rn. 15 m.w.N.
[674] *Niepmann*, FF 2014, 256.
[675] BGH v. 22.01.2014 - XII ZB 185/12 - FamRZ 2014, 637.
[676] OLG Saarbrücken v. 02.03.2011 - 9 UF 89/10 unter Hinweis auf BGH v. 04.07.2007 - XII ZR 141/05 - FamRZ 2007, 1532; OLG München v. 30.10.2007 - 4 UF 105/07 - NJW-RR 2008, 524.
[677] *Born*, NJW 2014, 933, 934.
[678] *Niepmann*, FF 2014, 256.
[679] Vgl. auch OLG Köln v. 06.02.1998 - 4 WF 294/97 - NJWE-FER 1999, 84, 85 und OLG Brandenburg v. 29.06.2000 - 9 UF 309/99 - NJWE-FER 2001, 70 ff.; arbeitslosenfreundlicher KG Berlin v. 08.01.2003 - 3 UF 213/02 - FamRZ 2003, 1208.
[680] OLG Hamm v. 26.03.2004 - 7 UF 253/03 - FamRZ 2005, 35; OLG Celle v. 18.06.2004 - 18 UF 39/04 - FamRZ 2005, 648, 649.
[681] OLG Hamm v. 27.05.2010 - II-2 UF 8/10 - ZFE 2011, 233.
[682] OLG Hamm v. 17.12.2009 - II-3 UF 72/09 - FamRZ 2010, 985-98.

§ 1603

622 Auch ist nicht einmal bei einem (gesteigert) Unterhaltpflichtigen, der kaum lesen und schreiben kann und gegen ein Taschengeld sowie freie Kost und Logis im Zirkus seiner Familie arbeitet, nicht von vorneherein von jeglichen fehlenden Erwerbschancen und damit von völliger unterhaltsrechtlicher Leistungsunfähigkeit auszugehen.[683]

623 Fehlende ausreichende Erwerbsbemühungen indizieren zudem die **reale Beschäftigungschance**.[684]

624 Auch in Zeiten hoher Arbeitslosigkeit lässt sich nur dann feststellen, ob für den Unterhaltsverpflichteten, wie behauptet, keine Chancen mehr auf dem Arbeitsmarkt bestehen, wenn er die an ihn zu stellenden strengen Anforderungen an eine intensive Arbeitsplatzsuche erfüllt hat.[685]

625 Zurückhaltender argumentiert der BGH, allerdings in einem Fall, in dem es um die Erwerbsobliegenheit einer unterhaltsberechtigten geschiedenen Ehefrau geht. **Die mangelhafte Arbeitssuche müsse für die Arbeitslosigkeit auch ursächlich sein.** Eine Ursächlichkeit bestehe nicht, wenn nach den tatsächlichen Gegebenheiten des Arbeitsmarktes sowie den persönlichen Eigenschaften und Fähigkeiten des Unterhalt begehrenden Ehegatten für ihn keine reale Beschäftigungschance bestanden hat.[686]

626 Allerdings müsse sich der Erwerbspflichtige unter Einsatz aller zumutbaren und möglichen Mittel nachhaltig bemüht haben, eine angemessene Tätigkeit zu finden.

627 Die **Darlegungs- und Beweislast** trägt der **Erwerbspflichtige**.[687] Er muss in nachprüfbarer Weise vortragen, welche Schritte in welchem zeitlichen Abstand er unternommen hat. Die Beweiserleichterung nach § 287 Abs. 2 ZPO komme ihm nicht zugute.[688] Das Risiko, dass sich insbesondere bei mangelnden Erwerbsbemühungen das Fehlen einer realen Beschäftigungschance nur schwer feststellen lässt, trägt der Erwerbspflichtige.

628 Der bloße Hinweis auf die schlechte Arbeitsmarktlage und die eigene Chancenlosigkeit einer Bewerbung ist unzureichend und auch einer Beweisaufnahme nicht zugänglich.[689] Allein die Feststellung, dass der Unterhaltspflichtige über keine Berufsausbildung verfügt, rechtfertigt noch nicht die Schlussfolgerung auf eine fehlende Erwerbsmöglichkeit. Dies gilt auch bei **mangelhaften deutschen Sprachkenntnissen**.[690]

629 Ein allgemeiner Erfahrungssatz, dass wegen hoher Arbeitslosigkeit, mangelnder oder ungenügender Ausbildung, fortgeschrittenen Alters oder sonstiger ungünstiger Bedingungen trotz gehöriger Bemühungen keine Beschäftigungsmöglichkeit besteht, existiert nicht.[691]

630 Auch die bisherige Tätigkeit des Unterhaltsschuldners, etwa im Rahmen von **Zeitarbeitsverhältnissen,** ist noch kein hinreichendes Indiz dafür, dass es ihm nicht gelingen kann, eine besser bezahlte Stelle zu finden. Das gilt auch dann, wenn der Unterhaltspflichtige überwiegend im Rahmen von geringfügigen Beschäftigungsverhältnissen im Sinne von § 8 Abs. 1 SGB IV gearbeitet hat.[692]

631 **Die rein pauschale Behauptung einer alters- und gesundheitsbedingten Unvermittelbarkeit** auf dem allgemeinen Arbeitsmarkt genügt nicht diesen Substantiierungspflichten. Der damit verbundene Antrag auf Einholung eines Sachverständigengutachtens läuft folglich auf einen reinen Ausforschungsbeweis hinaus, weshalb **ein Gutachten zur realen Beschäftigungschance nicht einzuholen ist**.[693] Die tägliche Praxis zeigt zudem, dass bei ernsthafter Suche auch solche Menschen eine Arbeitsstelle bekommen können, für die man geneigt war, ganz allgemein von ihrer Unvermittelbarkeit auszugehen.[694]

---

[683] KG Berlin v. 25.03.2010 - 17 WF 66/10 - ZKJ 2010, 290.

[684] *Büttner/Niepmann*, NJW 2005, 2352, 2357 m.w.N.; OLG Frankfurt v. 21.09.2005 - 2 UF 157/04 - FamRZ 2006, 566; OLG Hamm v. 21.01.2002 - 6 UF 157/01 - FamRZ 2002, 1427; vgl. aber auch KG Berlin v. 08.01.2003 - 3 UF 213/02 - FamRZ 2003, 1208, das weitaus stärker auf die Realitäten auf dem Arbeitsmarkt in Deutschland abstellt.

[685] OLG Brandenburg v. 03.08.2010 - 10 UF 32/10.

[686] BGH v. 18.01.2012 - XII ZR 178/09 - FamRZ 2012, 517; BGH v. 21.09.2011 - XII ZR 121/09 - juris Rn. 13 m.w.N. - FamRZ 2011, 1851.

[687] BGH v. 22.01.2014 - XII ZB 185/12 - FamRZ 2014, 637.

[688] BGH v. 18.01.2012 - XII ZR 178/09 - FamRZ 2012, 517.

[689] KG Berlin v. 28.03.2007 - 13 WF 23/07 - FamRZ 2007, 1469, 1470.

[690] BGH v. 22.01.2014 - XII ZB 185/12 - FamRZ 2014, 637.

[691] OLG Brandenburg v. 03.08.2010 - 10 UF 32/10.

[692] BGH v. 22.01.2014 - XII ZB 185/12 - FamRZ 2014, 637.

[693] BGH v. 04.07.2007 - XII ZR 141/05 - juris Rn. 36 - FamRZ 2007, 1532.

[694] OLG Brandenburg v. 22.03.2011 - 10 UF 85/09 - FamFR 2011, 224 unter Hinweis auf *Maurer*, Anmerkung zu BGH v. 04.07.2007 - XII ZR 141/05 - FamRZ 2007, 1532-1538, 1538-1540.

632 Allein durch einen Rückgriff auf das **Lebensalter** des Erwerbspflichtigen von über 50 Jahren **nicht generell belegt werden, dass für ihn keine realistische Erwerbschance bestehe**. Vielmehr kommt es auch insofern vorwiegend auf die **individuellen Verhältnisse** an, die vom Familiengericht aufgrund des – ggf. beweisbedürftigen – Parteivortrags und der offenkundigen Umstände umfassend zu würdigen sind.[695]

633 Daher können die fehlende reale Anstellungschance und die fehlende objektive Möglichkeit, eine Arbeit zu finden, unter den besonderen Umständen des konkreten Falles in der Praxis durch die nachhaltigen, umfangreichen, letztendlich vergeblichen Bemühungen belegt werden,[696] auch wenn hieran besonders hohe Anforderungen gestellt werden. Die Darlegungs- und Beweislast für die Behauptung fehlender realer Beschäftigungschancen trägt der Erwerbspflichtige.[697] Dabei kann das Gericht bei der Entscheidung das Alter des Erwerbspflichtigen und den von ihm gewonnenen **persönlichen Eindruck** einbeziehen.[698]

634 Je detaillierter die konkreten Verhältnisse auf dem Arbeitsmarkt und die speziellen persönlichen Umstände des Arbeitslosen dargestellt werden, desto größer ist die Chance, mit seinem Sachvortrag, aus Alters- oder Gesundheitsgründen keine Arbeitsstelle mehr zu bekommen, durchzudringen.[699] Rein pauschale Ausführungen reichen hier aber auf keinen Fall![700]

635 Ein ganz starkes Indiz für die fehlende reale Beschäftigungschance sieht das OLG Brandenburg in dem Umstand, dass der Rentenversicherungsträger eine Rente wegen voller Erwerbsminderung aus arbeitsmarktpolitischen Gründen leistet und dies zuletzt mit einem aktuellen Rentenbescheid zeitnah bestätigt hat. Der Rentenversicherungsträger dokumentiert damit, dass mit Blick auf die derzeit herrschenden Verhältnisse auf dem Arbeitsmarkt eine Vermittlung des gesundheitlich erheblich eingeschränkten Antragstellers in eine reguläre Beschäftigung nicht ernsthaft erwartet werden kann. Ein Erfahrungssatz dahin, dass die Versorgungsträger bei der Zuerkennung solcher Erwerbsunfähigkeitsrenten aus arbeitsmarktpolitischen Gründen etwa zu großzügige Maßstäbe anlegten, bestehe nicht.[701]

636 Das schließt allerdings realistische Beschäftigungschancen für den Unterhaltspflichtigen **außerhalb eines regulären Teilzeitarbeitsverhältnisses**, nämlich im Rahmen einer Nebentätigkeit, nicht aus.[702] Da es aber im Bereich der Nebentätigkeiten keine Lohnfortzahlung gibt und deshalb in Zeiten tatsächlich bestehender Arbeitsunfähigkeit keine Einkünfte erzielt werden können, kann für diese Zeiten kein fiktives (Neben-)Erwerbseinkommen zugerechnet werden.[703]

637 Im Internet kann sich auch der beratende Anwalt einen Überblick über das aktuelle Jobangebot verschaffen. Eine Einstiegsadresse hierzu ist das Portal der Agentur für Arbeit http://jobboerse.arbeitsagentur.de (abgerufen am 04.09.2014).

638 Bei der Erwerbsobliegenheit spielt der **Beginn der Erwerbspflicht** eine große Rolle. Bestand eine Erwerbsobliegenheit bereits in der Vergangenheit, dann wird die reale Beschäftigungschance nicht allein nach den gegenwärtigen Verhältnissen zu beurteilen sein. Vielmehr ist auch auf den Zeitpunkt abzustellen, in dem die Erwerbsobliegenheit entstanden ist. In der Praxis haben sich die Erwerbschancen durch fortgeschrittenes Alter und das Fehlen ausreichender beruflicher Erfahrungen oft erheblich verschlechtert; damit haben gegenwärtige Bemühungen um einen Arbeitsplatz schlechtere Chancen.[704]

639 Den **rechtlichen** Bezugspunkt bildet daher u.U. schon eine vor Jahren **einsetzende Erwerbsobliegenheit**.[705] Der Unterhaltsberechtigte muss sich dann so behandeln lassen, als habe er seiner – ggf. zunächst nur eine Teilzeittätigkeit umfassenden – Erwerbspflicht damals genügt, so dass nunmehr allenfalls noch eine Ausweitung der Arbeit in Frage steht.

---

[695] BGH v. 21.09.2011 - XII ZR 121/09; BGH v. 15.11.1995 - XII ZR 231/94 - FamRZ 1996, 345, 346.
[696] OLG Karlsruhe v. 06.03.2003 - 16 UF 145/02; OLG Karlsruhe v. 15.07.2004 - 16 UF 238/03 - FamRZ 2004, 1789; vgl. auch OLG Köln v. 06.02.1998 - 4 WF 294/97 - NJWE-FER 1999, 84, 85 und OLG Brandenburg v. 29.06.2000 - 9 UF 309/99 - NJWE-FER 2001, 70 ff.; arbeitslosenfreundlicher KG Berlin v. 08.01.2003 - 3 UF 213/02 - FamRZ 2003, 1208.
[697] OLG Brandenburg v. 13.12.2006 - 9 WF 371/06 - ZFE 2007, 192-193; *Löffler*, jurisPR-FamR 8/2007, Anm. 5.
[698] BGH v. 19.06.2013 - XII ZB 39/11 - NJW 2013, 2595-2597 = FamRZ 2013, 1378.
[699] Instruktiv OLG Hamm v. 23.10.2006 - 6 UF 202/05 - FamRZ 2007, 1328.
[700] Vgl. OLG Stuttgart v. 02.07.2007 - 18 UF 105/07 - FamRZ 2007, 1908.
[701] OLG Brandenburg v. 13.03.2014 - 9 UF 106/13.
[702] OLG Brandenburg v. 13.03.2014 - 9 UF 106/13.
[703] OLG Brandenburg v. 13.03.2014 - 9 UF 106/13.
[704] Ausführlich *Schürmann*, FuR 2011, 187, 191 m.w.N.
[705] BGH v. 30.07.2008 - XII ZR 126/06 - FamRZ 2008, 2104, 2105; *Schürmann*, FuR 2011, 187, 191.

640 Bestand anfangs nur die **Pflicht zu einer geringfügigen Beschäftigung oder Teilzeitarbeit**, so musste diese zum damaligen Zeitpunkt erfüllt werden. Dies hat zugleich Konsequenzen für eine nach einiger Zeit erwartete Ausweitung der Tätigkeit, da in späteren Jahren entsprechende (fiktive) Berufserfahrungen und (fiktive) Kontakte zur Arbeitswelt die Aufnahme einer vollschichtigen Tätigkeit spürbar begünstigen. Setzt erst später die Pflicht zur vollschichtigen Tätigkeit ein, sind die Beschäftigungschancen nach der schon länger – fiktiv – ausgeübten Tätigkeit zu beurteilen.[706] Diese wären aus einer gesicherten Stellung mit ausreichender Berufserfahrung sehr viel größer gewesen.

641 War jedoch in der Vergangenheit bereits eine **vollschichtige Erwerbsobliegenheit** gegeben, so sind auch die damit verbundenen **sozialen Absicherungen** zu beachten. Durch eine fiktive Mitgliedschaft in der gesetzlichen Krankenversicherung entfällt der Anspruch auf Krankenvorsorgeunterhalt;[707] neben dem Erwerb weiterer Anwartschaften können auch rentenrechtliche Wartezeiten erfüllt werden. Die Folgen reichen bis zu einem nachhaltig gesicherten Arbeitsplatz i.S.d. § 1573 Abs. 4 BGB.[708]

642 Auch wenn es z.B. um eine weitere **Zusatzbeschäftigung (Nebentätigkeit)** geht, müssen die persönlichen Eigenschaften des Pflichtigen (seine Ausbildung, die Art der Berufstätigkeit und Berufserfahrung) substantiiert dargetan werden, um klären zu können, ob für ihn eine reale Beschäftigungschance im Rahmen eines zusätzlichen Arbeitsverhältnisses bestanden hätte.[709]

643 Einem Kindesunterhaltspflichtigen mittleren Alters, der von SGB-II-Leistungen lebt, können trotz Erwerbsobliegenheit keine fiktiv höheren Einkünfte zugerechnet werden, wenn er keine Chancen auf dem Arbeitsmarkt hat und eine selbstständige Erwerbstätigkeit mangels Kreditwürdigkeit und der fehlenden Voraussetzung für etwa erforderliche Konzessionen von vornherein ausscheidet. Dies gilt insbesondere im Fall bestehender Insolvenz und eines laufenden Strafverfahrens, das die Verhängung einer Haftstrafe erwarten lässt.[710]

644 Reichen die Bewerbungsbemühungen zu einem bestimmten Zeitpunkt aus oder besteht zu einem späteren Zeitpunkt keine reale Beschäftigungschance mehr, sind die Voraussetzungen für die Zurechnung fiktiver Einkünfte entfallen.[711]

e. Dauer der Anrechnung fiktiven Einkommens

645 Selbst dann, wenn aufgrund eines hypothetischen Einkommens Unterhalt festgesetzt worden ist, muss dies nicht auf alle Ewigkeit so sein. Denn anerkannt ist, dass eine Einkommensfiktion auf unabsehbare Zeit nicht angenommen werden kann, da im Arbeitsleben gewisse Veränderungen, auch der Verlust des Arbeitsplatzes, immer eintreten können. Deshalb ist es nicht zulässig, ein einmal erzieltes Einkommen unbeschränkt und ungeprüft fortzuschreiben.[712]

646 Vielmehr kann ein fiktives Einkommen nur so lange angerechnet werden, wie sich die maßgeblichen Umstände, die nach § 242 BGB zur Bejahung eines fiktiven Einkommens geführt haben, nicht wesentlich ändern.[713]

647 Die Zurechnung eines fiktiven, also tatsächlich nicht erzielten Einkommens, erfolgt daher nur solange, wie sich der Unterhaltsschuldner nicht hinreichend um einen neuen Arbeitsplatz bemüht.[714] Die Wirkung der Fiktion kann also vom Erwerbspflichtigen zu einem späteren Zeitpunkt dadurch beendet werden, dass er zwischenzeitliche ausreichende Erwerbsbemühungen darlegt. Reichen die Bewerbungsbemühungen zu einem bestimmten Zeitpunkt aus, sind folglich die Voraussetzungen für die Zurechnung fiktiver Einkünfte entfallen.[715] Die Wirkung der Fiktion endet jedoch nicht automatisch nach einem be-

---

[706] BGH v. 30.07.2008 - XII ZR 126/06 - FamRZ 2008, 2104; *Schürmann*, FuR 2011, 187, 194.

[707] OLG Hamm v. 26.03.2004 - 7 UF 253/03 - FamRZ 2005, 35; OLG Brandenburg v. 23.08.2007 - 9 UF 115/05 - FamRZ 2008, 789.

[708] OLG Brandenburg v. 23.08.2007 - 9 UF 115/05 - FamRZ 2008, 789; *Schürmann*, FuR 2011, 187, 194.

[709] BGH v. 28.02.2007 - XII ZR 161/04 - NJW 2007, 1882.

[710] OLG Celle v. 14.08.2009 - 21 UF 67/09 - FamRZ 2010, 128.

[711] *Soyka*, FuR 2006, 571.

[712] OLG Hamm v. 23.10.2006 - 6 UF 202/05 - FamRZ 2007, 1328; *Kalthoener/Büttner/Niepmann*, Die Rechtsprechung zur Höhe des Unterhalts, 10. Aufl., Rn. 635, m.w.N.; vgl. aber auch BGH v. 20.02.2008 - XII ZR 101/05 - FamRZ 2008, 872 mit Anm. *Hoppenz*; ausführlich zu den Fragen, ob und ggf. wie lange der Unterhaltspflichtige an den fiktiven Einkünften festgehalten werden kann, und den sich dabei in der Praxis ergebenden prozessualen Problemen *Reinken*, ZFE 2008, 411 und *Wohlgemuth*, FamRZ 2008, 2081; vgl. auch *Born*, NJW 2008, 1527.

[713] *Wendl/Dose*, Das Unterhaltsrecht in der familienrichterlichen Praxis, 8. Aufl., § 1 Rn. 796, m.w.N.

[714] OLG Frankfurt v. 19.07.2007 - 5 WF 131/07 - NJW-Spezial 2008, 132.

[715] *Soyka*, FuR 2006, 571.

stimmten Zeitablauf. Wird dem Unterhaltspflichtigen fiktiv eine Erwerbstätigkeit zugerechnet und erleidet er innerhalb der fiktiven Probezeit von sechs Monaten einen Unfall, der zu einer mehrmonatigen Arbeitsunfähigkeit führt, dann ist davon auszugehen, dass der fiktive Arbeitgeber das Arbeitsverhältnis ohne Angabe von Gründen mit einer Frist von zwei Wochen gem. § 622 Abs. 3 BGB gekündigt hätte, so dass die **Einkommensfiktion** ab diesem Zeitpunkt **beendet** ist.[716]

Im Abänderungsverfahren muss der die Herabsetzung des titulierten Unterhalts begehrende Unterhaltspflichtige darlegen, dass nach einem früheren unverschuldeten Arbeitsplatzverlust der Umstand seiner Arbeitslosigkeit auch heute noch unterhaltsrechtlich beachtenswert ist. Dabei kommt es nicht darauf an, ob der damalige Verlust der Arbeitsstelle unverschuldet erfolgte. Entscheidend ist vielmehr, ob der Unterhaltspflichtige alle Anstrengungen unternommen hat, um eine neue Arbeitsstelle zu finden.[717] 648

8. Obliegenheit zum Wechsel des Arbeitsplatzes

Der verschärft unterhaltspflichtige Elternteil kann in zumutbaren Grenzen zum **Arbeitsplatzwechsel**[718] verpflichtet sein, wenn er auf diese Weise in die Lage versetzt wird, ein höheres Einkommen zu erzielen und so Kindesunterhalt zu leisten. 649

Wenn der Unterhaltspflichtige **eine unzureichend vergütete Erwerbstätigkeit** ausübt und sich nicht um eine besser bezahlte Anstellung bemüht, können fiktive Einkünfte aus einer vollschichtigen Erwerbstätigkeit angerechnet werden.[719] Ggf. ist eine Übergangszeit einzuräumen, vgl. Rn. 471. 650

Wird lediglich eine **Teilzeittätigkeit** ausgeübt, so besteht grundsätzlich eine Obliegenheit, sich im Rahmen der Erwerbsobliegenheit um eine Vollzeitstelle zu bemühen. Der BGH bejaht die Obliegenheit, auch eine sichere Teilzeittätigkeit aufzugeben, um einer geschuldeten vollschichtigen Erwerbsobliegenheit nachzukommen.[720] Zumindest müsse der Erwerbspflichtige ergänzend zu seiner fortgesetzten teilschichtigen Tätigkeit eine weitere Teilzeittätigkeit aufnehmen, um den zeitlichen Anforderungen an seine Erwerbstätigkeit voll zu genügen.[721] Allerdings kann in diesem Fall das zusammengerechnete Einkommen aus diesen beiden Tätigkeiten etwas niedriger liegen als bei einer vollschichtigen Haupttätigkeit. 651

Dies gilt auch für einen Schuldner im Insolvenzverfahren.[722] 652

Auch kann die Obliegenheit bestehen, zwei Teilzeitstellen aufzugeben und eine Vollzeiterwerbstätigkeit aufzunehmen.[723] 653

Hat der Unterhaltspflichtige **eine sichere Vollzeittätigkeit mit einem geringeren Einkommen**, so ist die **Sicherheit dieses Arbeitsplatzes** mit den schutzwürdigen Belangen des Unterhaltsberechtigten abzuwägen, die Veranlassung geben können, einen neuen Arbeitsplatz mit einem höheren Einkommen zu suchen bzw. anzunehmen, auch wenn dieser Wechsel **Risiken** mit sich bringt (**Probezeit!**). Hier kommt es auf die gesamten Umstände des Einzelfalles an; ausreichender anwaltlicher Sachvortrag ist unverzichtbar. 654

Die Tatsache, dass der Unterhaltspflichtige einer **Erwerbstätigkeit** nachgeht, die trotz einer Vollzeittätigkeit **nicht genügend einbringt**, wie z.B. eine geringfügige Beschäftigung im elterlichen Betrieb oder eine nur befristete Beschäftigung in einem Geschäft für Tabakwaren, wird nicht als hinreichendes Indiz dafür anerkannt, dass sich der Unterhaltspflichtige genügend bemüht hat, eine Beschäftigung zu finden, die – sei es auch durch weitere Nebentätigkeiten – die Erfüllung der Unterhaltspflicht unter Berücksichtigung eines Selbstbehalts sicherstellt. Etwaige **Bemühungen um eine besser bezahlte Arbeit** sind konkret vorzutragen, um der Darlegungslast zu genügen.[724] 655

---

[716] OLG Hamm v. 24.05.2006 - 11 UF 237/05 - FamRZ 2006, 1758.
[717] OLG Köln v. 30.07.2012 - 4 UF 49/12 - FamFR 2012, 439.
[718] OLG Frankfurt v. 15.04.2003 - 3 UF 160/02 - FamRZ 2003, 298-299.
[719] OLG Brandenburg v. 16.10.2012 - 10 UF 10/12 - FamFR 2012, 535.
[720] BGH v. 11.07.2012 - XII ZR 73/10 - FamRZ 2012, 1201.
[721] BGH v. 11.07.2012 - XII ZR 73/10 - FamRZ 2012, 1201; vgl. auch OLG Brandenburg v. 29.03.2007 - 9 WF 34/07; OLG Köln v. 11.04.2003 - 4 WF 31/03.
[722] BGH v. 14.01.2010 - IX ZB 242/06 - FamRZ 2010, 639.
[723] OLG Hamm v. 11.07.2011 - II-8 UF 175/10 - FuR 2012, 102-103.
[724] OLG Brandenburg v. 16.10.2012 - 10 UF 10/12 - FamFR 2012, 535; OLG Brandenburg v. 06.08.2007 - 9 WF 173/07 - ZFE 2007, 430; OLG Stuttgart v. 09.08.2011 - 18 WF 130/11, 18 WF 130/11 - FamFR 2011, 464; AG Garmisch-Partenkirchen v. 26.05.2008 - 1 F 262/07.

656 Maßgeblich ist dabei, in welchem zeitlichen Umfang der Unterhaltspflichtige tätig ist und wie groß der Einkommensunterschied zu der möglichen besser bezahlten Tätigkeit ausfällt. Dabei ist gerade beim Kindesunterhalt zu beachten, dass sich aufgrund der **Einkommensstufen** der Düsseldorfer Tabelle vielfach geringere **Einkommenssteigerungen nicht auf die Höhe des Kindesunterhaltes auswirken** – es sei denn, ein **Mangelfall** liegt vor und der Unterhaltspflichtige muss konkret den über seinem Selbstbehalt liegenden Betrag als Unterhalt abführen.

9. Obliegenheit zum Ortswechsel bei vorhandener Arbeitsstelle

a. Zu geringes erzieltes Einkommen

657 Wenn der Unterhaltspflichtige bei vollschichtiger Erwerbstätigkeit **ein zu geringes Einkommen** erzielt, stellt sich auch die Frage nach einem **Ortswechsel**, soweit er nach einem Umzug an einen anderen Wohnort eine besser bezahlte **Erwerbstätigkeit finden kann**, vgl. Rn. 594.

658 In diesem Zusammenhang ist eine **wirtschaftliche Betrachtungsweise** geboten. Führt der geforderte Wohnortwechsel nur zu einem wenig erhöhten Einkommen und damit – soweit überhaupt eine Einkommensstufe der Düsseldorfer Tabelle überschritten wird – zu kaum höherem monatlichen Unterhalt und wird die Unterhaltsverpflichtung gegenüber dem minderjährigen Kind nur noch über einen relativ geringen Zeitraum fortbestehen, stehen die so errechneten Vorteile u.U. in keinem Verhältnis zu den ausgelösten Kosten (z.B. Wohnortwechsel, laufende erhöhte Umgangskosten).

659 Das **Bundesverfassungsgericht** hat mehrfach klargestellt, dass die von der obergerichtlichen Rechtsprechung teilweise extrem ausgeweiteten Anforderungen an die Erwerbsobliegenheit unterhaltspflichtiger Elternteile auch im Rahmen der verschärften Haftung nach § 1603 BGB verfassungsrechtlich nicht haltbar sind.[725] Es bedarf besonderer Begründung, dass der Unterhaltspflichtige eine **gleich oder besser dotierte Arbeitsstelle finden könnte** angesichts des Umstands, dass er für seine jetzige Arbeitsstelle einen weiten Anfahrtsweg und zeitlich ungünstige Arbeitsbedingungen in Kauf nimmt. Wird auf **Erwerbsmöglichkeiten im gesamten Bundesgebiet** abgestellt, so sind – unabhängig von der Frage, ob ein Umzug aufgrund der persönlichen Bindungen zumutbar wäre – die dabei anfallenden Umzugskosten als ein die Leistungsfähigkeit mindernder Umstand in Betracht zu ziehen. Auch ist im Rahmen der Zumutbarkeitsprüfung gegeneinander abzuwägen, wie hoch einerseits die Unterhaltsverpflichtung ist und wie lange sie voraussichtlich bestehen wird, und andererseits die Kosten des Umzuges sowie die Belastungen des Unterhaltspflichtigen und seiner Familie. Auch die Tatsache, dass der Pflichtige kostengünstig im eigenen Haus wohnt, ist bei der Frage eines Umzuges von Bedeutung.

660 Hierbei ist zudem auch den anerkennenswerten örtlichen Bindungen des Unterhaltspflichtigen und seinen sonstigen **schützenswerten persönlichen Belange** Rechnung zu tragen. Anerkennenswerte familiäre Bindungen sind folglich ebenso zu respektieren wie **wirtschaftliche Aspekte** (z.B. Bindungen durch ein noch nicht abbezahltes Eigenheim, Kosten des Umzugs, Wohnungsmehrkosten am neuen Wohnort). Besondere Bedeutung kommt dabei dem Umgangsrecht des Unterhaltspflichtigen zu. Denn sein **Recht auf Umgang mit dem Kind** ist hier als verfassungsrechtlich geschütztes Rechtsgut zu beachten. Dies gilt insbesondere dann, wenn aufgrund eines Ortswechsels ein erhöhter zeitlicher und finanzieller Aufwand beim Umgangsrecht anfallen wird, der seinerseits unterhaltsrechtliche Auswirkungen nach sich ziehen wird (vgl. dazu die Kommentierung zu § 1610 BGB Rn. 166).

661 Eine **Obliegenheit zum Wohnortwechsel** kann daher **bei einem erwerbstätigen Unterhaltspflichtigen** weitaus schwerer bejaht werden und bedarf im Einzelfall einer ausreichenden Begründung. Im konkreten Fall hat daher der darlegungspflichtige Unterhaltsschuldner im Einzelnen vorzutragen, welche Gesichtspunkte gegen einen Ortswechsel sprechen. Für die vorzunehmende Abwägung kommt es auch darauf an, welche **Kosten einerseits mit dem Umzug verbunden wären** und **welche Vorteile das unterhaltsberechtigte Kind daraus erzielen würde**. Führt das nach dem Umzug erzielbare höhere Einkommen nur zu einer geringen Erhöhung des Kindesunterhaltes und wäre dieses aufgrund des Alters des Kindes nur noch eine kurze Zeit zu zahlen, dann wäre ein mit hohen Kosten verbundener Umzug nicht zumutbar.

662 Familiengerichte in den neuen Bundesländern stellen teilweise recht rigorose Anforderungen hinsichtlich der Obliegenheit Unterhaltspflichtiger, eine – besser bezahlte – Erwerbstätigkeit nach einem **Ortswechsel in die alten Bundesländer** aufzunehmen. Übt der Unterhaltsschuldner jedoch eine angemessene Tätigkeit in den neuen Bundesländern aus, kann von ihm nicht verlangt werden, eine entsprechende Tätig-

---

[725] BVerfG v. 14.12.2006 - 1 BvR 2236/06 - FamRZ 2007, 273-274.

keit in den alten Bundesländern zu suchen, um einen höheren Unterhalt leisten zu können.⁷²⁶ Entsprechendes gilt auch dann, wenn ein Ortswechsel (vgl. auch Rn. 594 ff.) in eine andere Region deshalb nicht zumutbar ist, weil die neue Ehefrau eine Arbeit hat und ein gemeinsames Kind bei ihm lebt.⁷²⁷

Ein Unterhaltsschuldner, der aus den neuen Bundesländern kommend in den alten Bundesländern eine besser bezahlte Arbeitsstelle innehatte, verstößt auch nicht gegen seine Erwerbsobliegenheit, wenn er nach dem Verlust dieser Stelle eine **neue, schlechter bezahlte Arbeit** in seinem Heimatort **in den neuen Ländern annimmt**, sofern diese Arbeitsstelle in etwa seinem beruflichen Werdegang, seinen beruflichen Fähigkeiten entspricht und auch die Bezahlung angemessen ist.⁷²⁸ 663

Wenn umgekehrt ein nach § 1603 Abs. 2 BGB gesteigert Unterhaltspflichtiger einen **sicheren Arbeitsplatz mit gutem Einkommen in den alten Bundesländern aufgibt**, um wieder in die neuen Bundesländer zurückzukehren, findet eine daraus resultierende mangelnde Leistungsfähigkeit unterhaltsrechtlich keine Berücksichtigung.⁷²⁹ 664

b. Zu hohe Fahrtkosten

Eine Obliegenheit zum Wohnortwechsel wird auch dann diskutiert, wenn **erhebliche Fahrtkosten für die Fahrten zwischen Wohnort und Arbeitsstelle** des Unterhaltsschuldners anfallen.⁷³⁰ 665

Auf der anderen Seite kann der **Umzug** eines nach § 1603 Abs. 2 BGB gesteigert Unterhaltspflichtigen zu seiner – mit ihm nicht verheirateten – neuen Lebensgefährtin jedenfalls dann unterhaltsrechtlich nicht gebilligt werden, wenn er ihn außerstande setzt, den Mindestunterhalt für sein aus einer früheren Beziehung hervorgegangenes Kind zu zahlen.⁷³¹ 666

10. Obliegenheitsverletzung bei Wechsel des Arbeitsplatzes

Der **freiwillige Wechsel** der Arbeitsstelle darf nicht dazu führen, dass ein geringeres Einkommen erzielt wird und nur noch geringerer Unterhalt gezahlt werden kann. 667

Kann allerdings der Unterhaltspflichtige darlegen und ggf. beweisen, dass der Wechsel des Arbeitsplatzes nicht mutwillig zur Verkürzung der Unterhaltspflicht erfolgte, sondern vom Arbeitgeber ausging und vom Unterhaltspflichtigen hinzunehmen war, kann nicht das bisherige Einkommen weiter hypothetisch angerechnet werden.⁷³² 668

Ist ein Unterhaltsschuldner aber von seinem früheren Arbeitgeber wiederholt zum Sommer entlassen und zum Winter wieder eingestellt worden, ist es nachvollziehbar und unterhaltsrechtlich nicht zu beanstanden, dass er dieses Beschäftigungsverhältnis nicht auf Dauer aufrechterhalten wollte und nach einer Kündigung nicht auf die Wiedereinstellung gewartet hat.⁷³³ Dann ist ggf. unterhaltsrechtlich hinzunehmen, wenn der Unterhaltspflichtige eine Festanstellung ohne solche Unterbrechungen annimmt, dort aber weniger verdient. 669

Der **Umzug** eines nach § 1603 Abs. 2 BGB gesteigert Unterhaltspflichtigen zu seiner – mit ihm nicht verheirateten – neuen Lebensgefährtin kann jedenfalls dann unterhaltsrechtlich nicht gebilligt werden, wenn er ihn außerstande setzt, den Mindestunterhalt für sein aus einer früheren Beziehung hervorgegangenes Kind zu zahlen.⁷³⁴ 670

11. Obliegenheitsverletzung bei Neuaufnahme eines Arbeitsplatzes

Ausgangspunkt der Prüfung ist hier, ob die gefundene Beschäftigung den bisherigen beruflichen Möglichkeiten entspricht. Ist dies nicht der Fall, wird daraus oft eine unterhaltsrechtliche Obliegenheitsverletzung abgeleitet. 671

---

⁷²⁶ OLG Frankfurt v. 16.12.2004 - 2 WF 433/04 - OLGR Frankfurt 2005, 300-301; OLG Dresden v. 15.01.1997 - 10 UF 485/96 - FamRZ 1997, 836.
⁷²⁷ OLG Hamm v. 19.11.1997 - 8 UF 296/97 - NJW-RR 1998, 1084-1085.
⁷²⁸ OLG Brandenburg v. 20.03.1997 - 9 UF 194/96 - OLGR Brandenburg 1997, 201-203.
⁷²⁹ OLG Dresden v. 23.04.1997 - 10 WF 64/97 - FamRZ 1998, 979.
⁷³⁰ OLG Brandenburg v. 17.11.2009 - 10 UF 49/09; OLG Brandenburg v. 01.08.2006 - 10 UF 203/05 - OLGR Brandenburg 2007, 132; OLG Brandenburg v. 09.11.2010 - 10 UF 3/10; OLG Brandenburg v. 01.08.2006 - 10 UF 203/05 - OLGR Brandenburg 2007, 132.
⁷³¹ OLG Saarbrücken v. 17.11.2011 - 6 UF 110/11 - FamRZ 2012, 797.
⁷³² Vgl. OLG Karlsruhe v. 22.10.2010 - 5 UF 42/09. FamRZ 2011, 818
⁷³³ OLG Brandenburg v. 09.11.2010 - 10 UF 3/10.
⁷³⁴ OLG Saarbrücken v. 17.11.2011 - 6 UF 110/11 - FamRZ 2012, 797.

§ 1603

672 Denn grundsätzlich muss ein Barunterhaltspflichtiger seine Arbeitskraft bestmöglich einsetzen. Er kann nicht die nächste angebotene Arbeitsstelle annehmen, wenn er damit deutlich hinter seinen Fähigkeiten verbleibt. Erst dann, wenn er trotz nachgewiesener intensiver Bemühungen eine seinem beruflichen Können entsprechende Arbeitsstelle nicht zu erhalten vermag, kann und muss er sich auch zunächst mit einem geringer dotierten, seinen beruflichen Fähigkeiten nicht entsprechenden Arbeitsplatz zufrieden geben und diesen annehmen.[735]

673 Allerdings muss hier näher differenziert werden:

a. Arbeitsaufnahme nach nicht vorwerfbarem Verlust der Arbeitsstelle

674 Hat der Unterhaltspflichtige nach einer Phase der durch äußere Umstände und damit **nicht vorwerfbar ausgelösten Arbeitslosigkeit** aber eine **neue Arbeitsstelle** gefunden, in der er ein **geringeres Einkommen** als bei seiner bisherigen Arbeitsstelle erzielt, die er unverschuldet verloren hat, so stellt sich die Frage, ob sein tatsächlich erzieltes Einkommen Maßstab für die Unterhaltsberechnung ist oder das bisherige Einkommen als erzielbares hypothetisches Einkommen angesetzt werden kann.

675 Dabei ist einmal das Interesse des unterhaltsberechtigten Kindes an möglichst hohen Einkünften des Unterhaltspflichtigen zu wahren, andererseits aber auch das schutzwürdige Interesse des Unterhaltspflichtigen an einem neuen Arbeitsplatz. Vom Unterhaltspflichtigen kann grundsätzlich nicht verlangt werden, weiter arbeitslos zu bleiben und auf eine besser bezahlte Arbeit zu warten.

676 Zu beachten ist dabei aber, dass sowohl von der Arbeitsagentur als auch nach unterhaltsrechtlichen Grundsätzen gerade bei verschärfter Erwerbsobliegenheit die **Annahme auch einer unter dem bisherigen beruflichen Niveau liegenden Arbeitsstelle verlangt** wird. Dann ist es aber **widersprüchlich**, aus der Annahme einer solchen Tätigkeit, die naturgemäß mit geringerem Einkommen verbunden ist, gleichzeitig eine unterhaltsrechtliche Obliegenheitsverletzung herzuleiten. Wenn der Unterhaltsschuldner nicht mehr arbeitslos ist, sondern einer Erwerbstätigkeit nachgeht, sind besondere Umstände erforderlich, um unter dem Gesichtspunkt des bestmöglichen Einsatzes der Arbeitskraft von einem **höheren fiktiven Einkommen als tatsächlich erzielt** auszugehen.[736]

677 In der Praxis wird man sich auch immer vor Augen führen müssen, was **bei einer intakten Ehe** gelten würde. Der arbeitslose Ernährer der Familie wäre schon nach den Vorgaben des Arbeitslosenrechts gehalten, ggf. auch eine geringer qualifizierte Tätigkeit mit einem geringeren Einkommen anzunehmen. Die Konsequenzen träfen aber immer die gesamte Familie. Im Regelfall wäre die gesamte Familie aber froh, nach einer Durststrecke der Arbeitslosigkeit wieder über ein regelmäßiges Einkommen zu verfügen, und man würde selbstverständlich die Einkommenseinbußen gemeinsam hinnehmen. Warum dies bei einer gescheiterten Ehe generell anders sein soll, ist nicht einzusehen. Auch hier müssen sich alle Unterhaltsberechtigten auch negative Einkommensveränderungen des Unterhaltspflichtigen entgegenhalten lassen, soweit diesem nicht ausnahmsweise ein vorwerfbares Verhalten entgegengehalten werden kann. Die einseitige Verlagerung derartiger – früher gemeinsam getragener – Risiken auf den Unterhaltspflichtigen ist daher nicht hinzunehmen.

678 Eine Obliegenheitsverletzung lässt sich daher allenfalls damit begründen, dass trotz der neuen Arbeitsstelle **weiterhin eine Bewerbungspflicht** besteht, der der Betreffende aber neben seiner vollschichtigen Berufstätigkeit nur in sehr begrenztem Umfang nachkommen kann. Keinesfalls dürfen Bewerbungen, die neben einer bereits laufenden Berufstätigkeit durchgeführt werden müssen, dazu führen, das laufende Arbeitsverhältnis (Probezeit!) zu gefährden – etwa durch Abwesenheiten zu weiteren Vorstellungsterminen.

679 Hat ein Unterhaltsschuldner seinen Arbeitsplatz unverschuldet verloren, kann ihm bei nicht ausreichenden Erwerbsbemühungen das früher erzielte Einkommen zudem nur dann fiktiv weiter zugerechnet werden, wenn sich an den tatsächlichen Verhältnissen im Übrigen nichts Wesentliches geändert hat. In einem solchen Fall ist aber stets zu prüfen, ob aufgrund der tatsächlichen Umstände weiterhin davon ausgegangen werden kann, dass der Unterhaltsschuldner in einem neuen Arbeitsverhältnis ein ebenso hohes Einkommen wie zuvor zu erzielen vermag.[737]

---

[735] OLG Düsseldorf v. 02.12.2005 - II-3 UF 174/05 - FamRZ 2006, 1871.
[736] OLG Brandenburg v. 15.12.2005 - 10 WF 287/05 - FamRZ 2006, 1701.
[737] OLG Brandenburg v. 15.12.2005 - 10 WF 287/05 - FamRZ 2006, 1701.

Unterhaltsrechtlich ist es auch nicht vorwerfbar, wenn der Barunterhaltspflichtige einen **ungekündigten Arbeitsplatz aufgibt**, um eine interessantere, **besser bezahlte Stelle** anzutreten. Wenn der Unterhaltspflichtige dann nach Jahren und mehreren Fremdkündigungen weniger verdient als zuvor an dem Arbeitsplatz, den er freiwillig aufgegeben hatte, führt das nicht dazu, dass ihm jenes früher erzielte Einkommen fiktiv zuzurechnen ist.[738]

b. Arbeitsaufnahme nach vorwerfbarem Verlust der Arbeitsstelle

Ist eine **leichtfertige Aufgabe des Arbeitsplatzes** festgestellt worden, wird der Fortbestand dieses Arbeitsverhältnisses fingiert und dementsprechend auch ein fiktives Einkommen in Höhe der bisherigen Bezüge angerechnet.

Für eine spätere **Abänderung** eines darauf gestützten Titels genügt es nicht, wenn der Unterhaltspflichtige später eine geringer bezahlte Arbeit erhalten hat. Vielmehr muss dieser darlegen, dass er seinen früheren Arbeitsplatz inzwischen aus anderen Gründen – gesundheitliche Einschränkungen, Insolvenz des früheren Arbeitgebers – verloren hätte.[739]

Beruht die Zurechnung des fiktiven Einkommens hingegen auf **unzureichenden** Erwerbsbemühungen, führt der Erhalt einer angemessenen, aber schlechter bezahlten Arbeit zu einer Korrektur der Entscheidung im Rahmen eines gerichtlichen **Abänderungsverfahrens**. Denn die ursprüngliche Prognose über die Höhe des erzielbaren Einkommens ist durch die eingetretene Lebenswirklichkeit überholt worden.[740] Erleidet z.B. der Unterhaltsschuldner innerhalb von 6 Monaten einen Unfall, der zu einer längeren Arbeitsunfähigkeit führt, ist ebenfalls die Fiktion zu beenden, da von einer Kündigung innerhalb der Probezeit auszugehen ist.[741]

Entsprechendes gilt auch dann, wenn die nach Verlust der Arbeitsstelle aufgenommenen **Erwerbsbemühungen nachgewiesen erfolglos geblieben sind**. Angesichts der laufenden Veränderungen auf dem Arbeitsmarkt kann ein Schuldner nicht dauerhaft als leistungsfähig behandelt werden.[742]

Nach der **Empfehlung des Arbeitskreises 13 des Deutschen Familiengerichtstages 2011**[743] ist eine Verringerung des Einkommens zu akzeptieren, wenn sie unterhaltsrechtlich nicht vorwerfbar ist. Relevant sein können z.B.:
- gesundheitliche Erfordernisse,
- Wiederaufnahme der Arbeit nach Arbeitslosigkeit,
- Abwendung der Arbeitslosigkeit,
- Gesichtspunkte des Umgangsrechts.

So darf ein ausgebildeter Kfz-Mechaniker sich im Hinblick auf seine Unterhaltsverpflichtung und daraus resultierender Verpflichtung zu angemessenen Erwerbsbemühungen nicht mit der Beschäftigung bei einer Leiharbeitsfirma zufrieden geben.[744]

Könne ein Unterhaltspflichtiger trotz 35-Stunden-Woche im flexiblen Schichtsystem nicht seiner Unterhaltspflicht nachkommen, müsse er sich um eine andere Beschäftigung mit besserer Bezahlung bemühen. Ihm sei dabei zuzumuten, einer neuen Beschäftigung nachzugehen, die mit einer Nebentätigkeit kompatibel ist, seine Fähigkeiten anders als im ausgeübten Beruf einzusetzen oder eine Arbeit anzunehmen, die nicht in unmittelbarer Umgebung seines Wohnortes ist. Sogar eine bis zu zweistündige Fahrt zur Arbeit könne im Interesse der Unterhaltsberechtigten zumutbar sein.[745]

12. Ausbildung, Umschulung und Weiterbildung des Unterhaltspflichtigen

Zu differenzieren sind hier die Fallgestaltungen
1) der Unterhaltspflichtige **hat keine Arbeitsstelle**; dann geht es um die Frage seiner unterhaltsrechtlichen Fortbildungsobliegenheit.
2) Der Unterhaltspflichtige **hat eine Arbeitsstelle**, möchte aber eine Ausbildung absolvieren, um später ein höheres Einkommen zu erreichen, erzielt aber während der Zeit der Ausbildung kein oder nur ein geringeres Einkommen.

---

[738] OLG Dresden v. 06.11.2009 - 24 UF 0334/09 - FamRZ 2010, 575.
[739] BGH v. 20.02.2008 - XII ZR 101/05 - FamRZ 2008, 872 m. Anm. Hoppenz, Schürmann, FuR 2011, 187, 194.
[740] *Schürmann*, FuR 2011, 187, 194.
[741] OLG Hamm v. 24.05.2006 - 11 UF 237/05 - FamRZ 2006, 1758.
[742] *Schürmann*, FuR 2011, 187, 194 m.w.N.
[743] FamRZ 2011, 1923.
[744] OLG Schleswig v. 19.03.2007 - 15 WF 42/07 - SchlHA 2008, 124.
[745] OLG Brandenburg v. 26.03.2007 - 9 WF 35/07 - FamRZ 2007, 1336-1337.

689 Ist der unterhaltspflichtige Elternteil Student, der lediglich im Rahmen des ihm zu belassenden Selbstbehalts seinen eigenen Lebensunterhalt durch **Aushilfstätigkeiten** finanziert, so ist genau zu prüfen, ob das Recht seines Kindes auf Unterhalt Vorrang vor seinem Interesse hat, durch das Studium erstmals eine abgeschlossene Berufsausbildung zu erlangen.[746] Auch der BGH verlangt eine konkrete Einzelfallprüfung. Zu prüfen ist insbesondere, warum der Unterhaltspflichtige gerade jetzt seine Erstausbildung durchführt und wie sich dies langfristig auf seine Leistungsfähigkeit für den Kindesunterhalt auswirkt (vgl. Rn. 703 ff.).[747]

690 Verfügt der Unterhaltspflichtige noch über keine abgeschlossene Berufsausbildung, so müsse ihm auch nach einer gescheiterten Ausbildung das Recht zugestanden werden, eine Erstausbildung zu absolvieren, die letztlich auch dem unterhaltsberechtigten Kind zugutekommt. Wird auch diese Ausbildung nicht erfolgreich abgeschlossen, könne ihm das nicht rückwirkend zum Nachteil gereichen, wenn Teile erfolgreich absolviert wurden, dieser neuerliche Versuch einer beruflichen Qualifikation also nicht etwa von vornherein zum Scheitern verurteilt war.[748]

a. Der Unterhaltspflichtige hat keine Arbeitsstelle

691 Der Arbeitslose muss auch seine Chancen auf dem Arbeitsmarkt aktiv steigern. So ist ein Langzeitarbeitsloser gehalten, **berufsfördernde Maßnahmen** mitzumachen und den Beruf zu wechseln.[749] Dabei besteht bereits während einer laufenden Umschulung durchgängig die Obliegenheit, sich um einen Arbeitsplatz zu bemühen;[750] er muss sich daher neben seiner Fortbildung weiterhin regelmäßig in angemessenem zeitlichem Umfang bewerben. Jedoch besteht in der Regel während einer laufenden Umschulungsmaßnahme **keine Pflicht** zur weiteren Erwerbstätigkeit etwa durch Nebentätigkeit.[751]

692 Fiktive Einkünfte sind einem Unterhaltsschuldner, der seinen Arbeitsplatz aufgrund einer Betriebseinstellung durch den Arbeitgeber verloren hat, jedoch dann nicht zuzurechnen, wenn der Unterhaltsschuldner in einem Bereich tätig ist, in dem der Wettbewerb auf dem Arbeitsmarkt besonders hart und die Verdienstmöglichkeiten entsprechend eingeschränkt sind (hier: Fernfahrer), er deshalb keine Rücklagen zur Überbrückung der Zeit der Arbeitslosigkeit bilden konnte und er im Hinblick auf die ihm erteilte Arbeitsplatzzusage eine von der Bundesanstalt für Arbeit geförderte Weiterbildungsmaßnahme absolviert und nach deren erfolgreichem Abschluss wieder eine Erwerbstätigkeit aufnimmt.[752]

693 **Unzureichende Sprachkenntnisse** können den Unterhaltspflichtigen in einem größeren Zeitabstand vom Beginn seiner Unterhaltspflicht nicht mehr ohne weiteres entlasten.[753]

694 Konkret bedeutet dies, dass der Unterhaltspflichtige sich sehr bald nach der Geburt seines Kindes um die Verbesserung seiner Sprachkenntnisse bemühen muss.[754]

695 Auch die bisherige Tätigkeit des Unterhaltsschuldners, etwa im Rahmen von Zeitarbeitsverhältnissen, ist noch kein hinreichendes Indiz dafür, dass es ihm nicht gelingen kann, eine besser bezahlte Stelle zu finden. Das gilt auch dann, wenn der Unterhaltspflichtige überwiegend im Rahmen von geringfügigen Beschäftigungsverhältnissen im Sinne von § 8 Abs. 1 SGB IV gearbeitet hat.[755]

b. Der Unterhaltspflichtige erzielt durch seine Ausbildung vermindertes Einkommen

696 Versucht der Unterhaltspflichtige, durch eine Umschulungsmaßnahme oder Fortbildung seine Chancen auf dem Arbeitsmarkt zu steigern, erzielt er während dieser Zeit **keine oder nur geringere Einkünfte**. Dann stellt sich die Frage, ob er nach seinem bisherigen (hypothetischen) Einkommen zum Unterhalt verpflichtet bleibt.

---

[746] OLG Zweibrücken v. 25.11.2010 - 6 UF 72/10 - FamRZ 2011, 733 (LS).
[747] BGH v. 04.05.2011 - XII ZR 70/09 - FamRZ 2011, 1041 = NJW 2011, 1875.
[748] OLG Brandenburg v. 24.04.2012 - 9 UF 292/11 - FamRZ 2013, 631.
[749] OLG Hamm v. 23.11.1994 - 10 UF 144/94 - FamRZ 1995, 438.
[750] BGH v. 17.03.1999 - XII ZR 139/97 - FamRZ 1999, 843; OLG Dresden v. 11.12.2002 - 10 UF 676/02, 10 UF 0676/02 - NJW-RR 2003, 512; OLG Brandenburg v. 23.07.2003 - 9 UF 111/03 - ZFE 2004, 152; kritisch *Büttner*, NJW 2003, 2492, 2497.
[751] OLG Dresden v. 15.01.1997 - 10 UF 485/96 - FamRZ 1997, 836.
[752] OLG Karlsruhe v. 12.10.2009 - 16 WF 183/09 - ZKJ 2010, 33.
[753] BGH v. 22.01.2014 - XII ZB 185/12 - FamRZ 2014, 637; OLG Naumburg v. 29.07.2008 - 3 WF 194/08 (PKH), 3 WF 194/08 - ZFE 2009, 477.
[754] *Wolf*, FamRZ 2014, 639; *Born*, NJW 2014, 933, 934.
[755] BGH v. 22.01.2014 - XII ZB 185/12 - FamRZ 2014, 637.

Grundsätzlich tritt nach der Rechtsprechung des BGH[756] das Interesse eines unterhaltspflichtigen Elternteils, bei Reduzierung seiner bestehenden Erwerbsmöglichkeiten eine Aus- oder Weiterbildung aufzunehmen und während dieser Zeit keine Erwerbstätigkeit auszuüben, hinter dem Unterhaltsinteresse seiner Kinder zurück. Damit haben im Regelfall die **Unterhaltsinteressen des Kindes Vorrang**. 697

Dies gilt vor allem dann, wenn der Pflichtige bereits über eine Berufsausbildung verfügt, die ihm die Erwerbsmöglichkeit in dem erlernten Beruf und so eine ausreichende Lebensgrundlage bietet, aber auch dann, wenn sich der Unterhaltsschuldner in der Vergangenheit auf die Ausübung ungelernter Tätigkeiten beschränkt hat und kein Anlass besteht, eine Ausbildung zu beginnen, um die eigenen Arbeits- und Verdienstchancen zu verbessern.[757] 698

Etwas anderes kann dann gelten können, wenn es sich um eine **erstmalige abgeschlossene Berufsausbildung** handelt, da die Erlangung einer angemessenen Vorbildung zu einem Beruf zum eigenen Lebensbedarf des Unterhaltspflichtigen gehört. Denn einer solchen **Erstausbildung des Unterhaltspflichtigen** kann je nach Lage des Einzelfalls auch gegenüber der Obliegenheit zur Ausübung einer Erwerbstätigkeit zur Sicherstellung des Kindesunterhalts der Vorrang einzuräumen sein, da die Erlangung einer angemessenen Vorbildung zu einem Beruf zum eigenen Lebensbedarf des Unterhaltspflichtigen gehört, den er grundsätzlich vorrangig befriedigen darf. 699

Hinzu kommt, dass der Erwerb einer abgeschlossenen Berufsausbildung den Unterhaltspflichtigen in die Lage versetzen wird, den Kindesunterhalt dauerhaft und in betragsmäßig deutlich größerem Umfang zu sichern als dies bislang durch die Erwerbstätigkeit als ungelernte Kraft möglich war.[758] Daher kann sich der Unterhaltsschuldner auch gegenüber seinem minderjährigen Kind während einer Qualifizierungsmaßnahme dann auf Leistungsunfähigkeit berufen, wenn er über keinerlei abgeschlossene Berufsausbildung verfügt und zu keinem Zeitpunkt erwerbstätig war.[759] 700

Auch der BGH betont, dass der unterhaltspflichtige Elternteil grundsätzlich alle verfügbaren Mittel zu seinem und der Kinder Unterhalt gleichmäßig verwenden muss (so genannte gesteigerte Unterhaltspflicht gem. § 1603 Abs. 2 Satz 2 BGB). Die **eigene Aus- oder Weiterbildung** des Unterhaltspflichtigen steht durchweg hinter dem Unterhaltsinteresse eines Kindes zurück. Anders liegen die Dinge bei einer **Erstausbildung**. Einer solchen Erstausbildung ist regelmäßig auch gegenüber der gesteigerten Unterhaltspflicht aus § 1603 Abs. 2 Satz 1 BGB der Vorrang einzuräumen. Denn die Erlangung einer angemessenen Vorbildung zu einem Beruf gehört zum eigenen Lebensbedarf des Unterhaltspflichtigen, den dieser grundsätzlich befriedigen darf. Die Erstausbildung gehört folglich zum eigenen Lebensbedarf des Unterhaltspflichtigen, den dieser in aller Regel auch bei gesteigerter Unterhaltspflicht gegenüber minderjährigen Kindern vorrangig befriedigen darf.[760] 701

Allerdings treffen den Unterhaltspflichtigen in diesem Fall auch **eigene Obliegenheiten**. Er ist gehalten, die Ausbildung planvoll, zielstrebig und mit dem notwendigen Ernst und Fleiß voranzutreiben, um unnötige Ausbildungsverzögerungen zu vermeiden. Dem Unterhaltspflichtigen obliegt insoweit ein identisches Pflichtenprogramm wie etwa einem volljährigen Unterhaltsberechtigten, der von seinen Eltern Ausbildungsunterhalt begehrt.[761] 702

Es ist immer eine konkrete **Einzelfallprüfung** vorzunehmen. Zu prüfen ist insbesondere, warum der Unterhaltspflichtige gerade jetzt seine Erstausbildung durchführt und wie sich dies langfristig auf seine Leistungsfähigkeit für den Kindesunterhalt auswirkt.[762] 703

Der **Abschluss einer Erstausbildung** des Unterhaltspflichtigen hat zwar grundsätzlich Vorrang vor einer kurzfristigen Sicherstellung des Unterhalts des Berechtigten. Denn der Erwerb einer beruflichen Qualifikation durch den Unterhaltsberechtigten liegt im wohlverstandenen eigenen Interesse des Unterhaltsberechtigten, da eine abgeschlossene Berufsausbildung eine weitaus bessere Gewähr für eine nachhaltige Sicherung des Kindesunterhalts bietet, als wenn der Pflichtige gezwungen wäre, den notwendigen Unterhalt durch ungelernte Tätigkeiten oder Gelegenheitsarbeit zu erwirtschaften.[763] 704

---

[756] BGH v. 15.12.1993 - XII ZR 172/92 - FamRZ 1994, 372.
[757] OLG Saarbrücken v. 28.05.2009 - 9 WF 53/09; AG Gummersbach v. 24.03.2009 - 22 F 345/08.
[758] OLG Hamm v. 01.06.2005 - 11 UF 34/05 - OLGR Hamm 2005, 631-633; OLG Jena v. 10.11.2004 - 1 WF 365/02 - FamRZ 2005, 1110-1111.
[759] OLG Jena v. 10.11.2004 - 1 WF 365/02 - FamRZ 2005, 1110-1111.
[760] BGH v. 04.05.2011 - XII ZR 70/09 - FamRZ 2011, 1041 = NJW 2011, 1875 im Anschluss an das Senatsurteil des BGH v. 15.12.1993 - XII ZR 172/92 - FamRZ 1994, 372.
[761] KG Berlin v. 11.04.2011 - 17 UF 45/11 - FamRZ 2011, 1798.
[762] BGH v. 04.05.2011 - XII ZR 70/09 - FamRZ 2011, 1041 = NJW 2011, 1875 = FF 2011, 388 m. Anm. *Menne*; instruktiv OLG Zweibrücken v. 25.11.2010 - 6 UF 72/10.
[763] KG Berlin v. 11.04.2011 - 17 UF 45/11 - FamRZ 2011, 1798.

705 Erforderlich ist jedoch die substantiierte **Darlegung**, dass der Unterhaltspflichtige mit dem bei seiner bislang vorhandenen Berufsausbildung tatsächlich erzielten Einkommen keinen ausreichenden Unterhalt zahlen kann und er es nicht mutwillig unterlassen hat, höhere Einkünfte zu erzielen.

706 Bei der Frage, ob die **Aufnahme einer ersten Berufsausbildung** durch einen bereits Unterhaltspflichtigen ein unterhaltsbezogenes Fehlverhalten darstellt, haben u.a. folgende Gesichtspunkte Relevanz:[764]

707
- das Alter des Unterhaltspflichtigen bei Eheschließung bzw. Geburt der Kinder,
- der schulische und berufliche Werdegang des Unterhaltspflichtigen,
- die Gründe und Umstände bei Aufnahme der Ausbildung,
- die konkrete Aussicht auf eine zukünftige Verbesserung seiner Erwerbsmöglichkeiten und damit langfristig seiner Leistungsfähigkeit für den Kindesunterhalt.

708 Im Einzelfall sollte zudem sehr genau geprüft werden, wie lange die angestrebte Ausbildung dauert und für welche **Zeiträume** damit kein Unterhalt gezahlt werden kann. Ist bei dieser Prüfung abzusehen, dass der Unterhaltsberechtigte dann aufgrund seines Alters keinen oder nur noch für geringe Zeiträume Unterhalt beziehen wird, wirkt sich die Ausbildung des Unterhaltspflichtigen kaum noch auf seinen Unterhalt aus. In diesem Fall dient die Ausbildung allein den Interessen des Unterhaltspflichtigen.

709 Bei **Nichtbestehen der Abschlussprüfung** ist fraglich, ob der Unterhaltspflichtige sich auch weiterhin auf die unterhaltsrechtliche Privilegierung einer Erstausbildung berufen kann oder ob mit dem endgültigen Nichtbestehen der Prüfung die allgemeinen unterhaltsrechtlichen Grundsätze und damit seine gesteigerten Unterhaltspflichten (§ 1603 Abs. 2 BGB) wieder aufleben.[765]

710 Hier muss der Unterhaltspflichtige die Gründe für das Nichtbestehen der Abschlussprüfung umfassend darlegen. Eine weitere Privilegierung der Erstausbildung kann nur dann in Betracht kommen, wenn es hierfür zwingende, unabweisbare Gründe gibt, die auch vor dem Hintergrund der gesteigerten Unterhaltspflicht Bestand haben.[766]

711 Die **Darlegungs- und Beweislast** liegt – in entsprechender Anwendung der diesbezüglichen Grundsätze beim Ausbildungsunterhalt[767] – beim **Unterhaltspflichtigen**.[768]

712 Vom Unterhaltspflichtigen ist konkret darzulegen, aufgrund welcher Umständen die Ausbildung im Einzelnen scheiterte und ab welchem Zeitpunkt sich ggf. ein Scheitern abzeichnete, welche Teilleistungen von ihm erbracht wurden und wie seine Schul- und Arbeitszeugnisse sowie seine sonstigen betrieblichen und schulischen Beurteilungen ausgefallen sind. Denn nur auf diese Weise kann das Gericht feststellen, ob tatsächlich ein Scheitern in der Prüfungssituation vorliegt oder nicht bereits ein völliges „Hinschmeißen der Ausbildung" bzw. ein bewusster Abbruch der Ausbildung unmittelbar vor deren planmäßigem Ende. Auch ist zu prüfen, ob eine Prüfung ggf. wiederholt werden kann.[769]

713 Hat der Unterhaltspflichtige eine **abgeschlossene Ausbildung** z.B. zum Netzwerktechniker und sich nach Beendigung seiner Lehre und nach seinem Zivildienst nicht um eine Stelle in seinem erlernten Beruf bemüht, sondern ein **Studium aufgenommen**, entlastet ihn dies bei gesteigerter Erwerbsobliegenheit gegenüber einem minderjährigen Kind nicht von seiner Unterhaltspflicht.[770]

714 *Liceni-Kierstein*[771] **kritisiert** in Ihrer Anmerkung, dass diese Rechtsprechung zu Eingriffen in die verfassungsrechtlich geschützte Freiheit der Berufswahl (Art. 12 Abs. 1 GG) führe, wenn der unterhaltspflichtige Elternteil sein **Berufsziel nur im Rahmen eines gestuften Ausbildungsgangs** erreichen könne. Dies sei nicht nur in Fällen denkbar, in denen eine praktische Ausbildung Voraussetzung für den Beginn eines (Wunsch-)Studiums ist, sondern auch im Rahmen der sog. konsekutiven Master-Studiengänge, in denen das Master-Studium auf dem berufsqualifizierenden Abschluss des Bachelor-Studiums aufbaut.[772]

715 Bei der Antragsabweisung sei die erste Instanz einen anderen Weg als das OLG gegangen mit der Begründung, der Lebensbedarf des Antragsgegners sei durch die nach dem BAföG bezogenen Leistungen größtenteils gedeckt. Daher müsse er seine Nebeneinkünfte für den Kindesunterhalt einsetzen. An die-

---

[764] Vgl. *Liceni-Kierstein*, FamRB 2011, 205.
[765] KG Berlin v. 11.04.2011 - 17 UF 45/11 - FamRZ 2011, 1798.
[766] KG Berlin v. 11.04.2011 - 17 UF 45/11 - FamRZ 2011, 1798.
[767] Vgl. OLG Hamm v. 21.04.1997 - 4 UF 441/96 - FamRZ 1998, 767.
[768] KG Berlin v. 11.04.2011 - 17 UF 45/11 - FamRZ 2011, 1798.
[769] KG Berlin v. 11.04.2011 - 17 UF 45/11 - FamRZ 2011, 1798.
[770] OLG München v. 28.09.2011 - 12 UF 129/11 - NJW 2012, 84 = FamRZ 2012, 795.
[771] *Liceni-Kierstein*, FamRB 2011, 37.
[772] Vgl. zu den Einzelheiten *Liceni-Kierstein*, FamRZ 2011, 526; *Wendl/Scholz*, Das Unterhaltsrecht in der familienrichterlichen Praxis, 8. Aufl., § 2 Rn. 82.

ser Stelle zeige sich eine Divergenz zwischen dem eigenen Unterhaltsbedarf des Antragsgegners als Student von (heute) 670 € einerseits und seinem notwendigen Selbstbehalt als unterhaltspflichtiger Vater i.H.v. 770 € (für Nichterwerbstätige) bzw. 950 € (für Erwerbstätige) andererseits. Bei diesem Ansatz stelle sich die Frage nach der Billigkeitskürzung des notwendigen Selbstbehaltes eines unterhaltspflichtigen Studenten.[773]

Verfügt der Unterhaltspflichtige jedoch bereits über eine Berufsausbildung, die die Sicherstellung des Mindestunterhalts ermöglicht, muss eine **Zweitausbildung** oder **Weiterbildung** des Unterhaltspflichtigen daher hinter dem Unterhaltsinteresse jedenfalls minderjähriger unverheirateter Kinder zurückstehen.[774] Auch eine bereits begonnene Zweitausbildung ist im Interesse des Unterhaltsberechtigten aufzugeben, es sei denn, sie ist schon weit fortgeschritten und nach verhältnismäßig kurzer Zeit beendet[775] (vgl. die Kommentierung zu § 1610 BGB). 716

Nimmt der Unterhaltspflichtige nach Abschluss einer Lehre sein Studium auf, obwohl er zu diesem Zeitpunkt bereits wusste, dass er Vater eines Kindes ist, demgegenüber er eine gesteigerte Erwerbsobliegenheit hat, kann von ihm der **Abbruch dieser bereits begonnenen Ausbildung** verlangt werden, selbst wenn diese seiner früheren Lebensplanung entsprach.[776] Dies gilt umso mehr, als er bereits vor Aufnahme des Studiums auf seine Zahlungsverpflichtung hingewiesen worden ist. 717

Das OLG Hamm befasst sich mit einem Unterhaltspflichtigen, der nach einer bereits abgeschlossenen zweijährigen Ausbildung zum Kfz-Servicetechniker eine weitere Ausbildung absolviert. Es spreche Einiges dafür, dass die abgeschlossene Ausbildung nur **eine Zwischenstufe zur Erlangung des Berufs** eines Kfz-Mechatronikers und nicht eine lediglich sinnvolle, wenngleich nicht notwendige Weiterbildung sei. Allerdings handele es sich **nicht um die erste Berufsausbildung des Antragsgegners**, der auch nicht mehr in einem **Alter sei, in dem noch nach der ersten beruflichen Orientierung gesucht wird**. Auf der anderen Seite sei zu berücksichtigen, dass er seine bisherige Ausbildung zwar nach der Geburt des unterhaltsberechtigten Kindes begonnen hatte, **dass aber diese typischerweise mittelfristig geplante Entscheidung im Zweifel von dessen Mutter, von der er damals noch nicht getrennt lebte, möglicherweise in der Erwartung künftiger besserer Einkünfte mitgetragen wurde und dies ein gewisses Vertrauen in den Fortbestand dieser Haltung begründete**. Bei fortdauernder Lebensgemeinschaft wäre das unterhaltsberechtigte Kind während der Dauer der Ausbildung jedenfalls nicht vom Antragsgegner unterhalten worden, sondern auf Sozialleistungen angewiesen gewesen, ohne dass deswegen auch nur ein Regress möglich gewesen wäre.[777] 718

Auch das OLG München sieht keine Vorwerfbarkeit im Verhalten des Unterhaltspflichtigen, wenn eine Erwerbstätigkeit nicht zum Zweck einer Zweitausbildung oder der Weiterbildung, sondern **zu Gunsten einer erstmaligen Berufsausbildung** aufgegeben wird, da einer solchen Erstausbildung regelmäßig auch gegenüber der gesteigerten Unterhaltspflicht aus § 1603 Abs. 2 Satz 1 BGB der Vorrang einzuräumen ist.[778] 719

Im konkreten Fall hatte der Unterhaltspflichtige das Gymnasium nach dem Nichtbestehen der 11. Klasse verlassen und danach in dem von seiner Mutter betriebenen Reformhaus in abgekürzter Lehrzeit den Beruf des Einzelhandelskaufmanns erlernt, so dass er über eine abgeschlossene Berufsausbildung verfügte. Er hatte diesen Beruf jedoch nie ausgeübt. Zeitweise war er krankheitsbedingt arbeitsunfähig, danach besuchte die Berufsoberschule. Nach dem Erwerb der Fachhochschulreife (Notendurchschnitt 2,4) hatte er – wie beabsichtigt – im Herbst 2009 das Studium „Informationsmanagement und Unternehmenskommunikation (IMU)" an der Fachhochschule aufgenommen. 720

Daher befinde er sich in einer **einheitlichen (mehrstufigen) Ausbildung**, der gegenüber der gesteigerten Unterhaltspflicht aus § 1603 Abs. 2 Satz 1 BGB für seine beiden Kinder grundsätzlich der Vorrang einzuräumen ist. Zwar liege kein einheitlicher Ausbildungsweg Abitur-Lehre-Studium vor, den der Bundesgerichtshof unterhaltsrechtlich als eine mehrstufige Ausbildung gewertet hat, wenn die einzelnen Abschnitte in einem sachlichen und zeitlichen Zusammenhang stehen.[779] Seine nachfolgende Aus- 721

---

[773] *Liceni-Kierstein*, FamRB 2011, 37, 38.
[774] OLG Brandenburg v. 06.11.2007 - 10 WF 256/07 unter Hinweis auf BGH v. 08.04.1981 - IVb ZR 566/80 - FamRZ 1981, 539, 540; AG Gummersbach v. 24.03.2009 - 22 F 345/08.
[775] BGH v. 22.12.1982 - IVb ZR 320/81 - FamRZ 1983, 140, 141.
[776] OLG München v. 28.09.2011 - 12 UF 129/11- FamRZ 2012, 795; *Grün*, FPR 2008, 370/371; OLG Bremen v. 19.07.2006 - 4 UF 44/06 - FamRZ 2007, 74 m.w.N.
[777] OLG Hamm v. 20.12.2011 - II-1 WF 384/11 - FuR 2012, 200.
[778] OLG München v. 31.07.2012 - 30 UF 220/12 - NJW 2012, 3519.
[779] Vgl. BGH v. 17.05.2006 - XII ZR 54/04 - FamRZ 2006, 1100, 1102.

§ 1603

bildung zum Einzelhandelskaufmann hatte er von vorneherein nicht mit dem Ziel absolviert, diesen Beruf auszuüben, sondern um hierdurch mittels einer abgeschlossenen Berufsausbildung durch den Besuch der Berufsoberschule die Möglichkeit zu erhalten, auf diesem Bildungsweg die fachgebundene oder die allgemeine Hochschulreife zu erwerben. Nachdem er die Fachhochschulreife erworben hatte, studiert er seither an der Fachhochschule.[780]

722 Auch wenn der Bundesgerichtshof beim Ausbildungsgang (Real-)Schule, Lehre, Fachoberschule/Berufsoberschule, Fachhochschule in der Regel die Einheitlichkeit der Ausbildung verneint,[781] liegen hier nach Ansicht des OLG München auf Seiten des Unterhaltspflichtigen diejenigen Voraussetzungen vor, die ein **Abweichen vom Regelfall** rechtfertigen. Der Bundesgerichtshof gehe ausnahmsweise dann von einer „einheitlichen Ausbildung" aus, wenn von Anfang an die Absicht geäußert worden ist, nach der Lehre die Fachoberschule – dies muss auch für den Besuch der Berufsoberschule gelten – zu besuchen und anschließend zu studieren. Dies gelte insbesondere, wenn sich in der schulischen Entwicklung oder in der Lehre eine deutliche Begabung zeigt.[782]

723 Das OLG München betont im Rahmen der vorzunehmenden Interessenabwägung zudem, dass der Unterhaltspflichtige durch den im nächsten Jahr anstehenden **Abschluss des Fachhochschulstudiums seine Leistungsfähigkeit bezüglich des Kindesunterhalts nachhaltig wird steigern können**.[783]

724 Liegt keine Erstausbildung mit dem Ziel vor, erstmals einen Berufsabschluss zu erlangen, sondern eine **Zweitausbildung**, wenn er zuvor in seinem erlernten Beruf eine Weiterbildung von 1 Jahr und 9 Monaten erhalten hat, dann kann sich der Unterhaltsschuldner auch für die Dauer einer vom Arbeitsamt bewilligten **Umschulung** gegenüber minderjährigen Kindern nicht auf Leistungsunfähigkeit berufen.[784] Das Interesse des nach § 1603 BGB haftenden Unterhaltsschuldners an einer **Umschulung** hat grundsätzlich solange hinter dem Unterhaltsinteresse der minderjährigen Kinder zurückzutreten, wie der Unterhaltspflichtige über eine Berufsausbildung verfügt und er auf Grund von Erwerbsmöglichkeiten im erlernten oder ausgeübten Beruf eine ausreichende Lebensgrundlage hat.[785]

725 Wird **nach einer Lehre ein Studium begonnen**, so wird dies vom OLG München auch dann nicht als Erstausbildung akzeptiert, wenn sich der Unterhaltspflichtige darauf beruft, dass er die Lehre nur zur Vorbereitung auf sein Studium absolviert hat und er wegen der Lehre das Studium verkürzen konnte. Zwar sei nach der Rechtsprechung des BGH eine einheitliche Ausbildung auch bei einem Werdegang **Schule-Lehre-Studium** zu bejahen, soweit ein enger fachlicher und zeitlicher Zusammenhang gegeben ist (vgl. die Nachweise in der Kommentierung zu § 1610 BGB Rn. 368 f.), sodass ein Kind gegenüber seinen Eltern in diesem Fall einen Anspruch auf angemessenen Ausbildungsunterhalt hat. In diesen Fällen aber haben die Eltern gegenüber dem Kind keine gesteigerte Erwerbsobliegenheit, so dass diese Grundsätze bei Unterhaltspflichten gegenüber minderjährigen Kindern nicht anzuwenden seien.[786]

726 Eine gesteigert Unterhaltspflichtige, die über eine abgeschlossene Berufsausbildung verfügt, ist nicht berechtigt, zu Lasten der unterhaltsberechtigten Kinder ein mit 38 Jahren immer noch nicht beendetes Studium zu beenden, sondern muss ggf. ihr Studium unterbrechen und eine Erwerbstätigkeit aufnehmen.[787]

727 Dagegen hat das AG Bremen einen – ungelernten – **Unterhaltsverpflichteten für die Dauer einer Umschulung von seiner Leistungspflicht befreit**. Dies gelte insbesondere dann, wenn die Umschulung ganztägig stattfindet und der Unterhaltsverpflichtete danach noch Zeit zum Lernen, für Prüfungsvorbereitungen und die Ableistung von Praktika aufwenden muss. Dabei könne es ihm auch nicht zugemutet werden, durch eine Nebentätigkeit Einkünfte zu erzielen. Jedoch könne die Leistungsunfähigkeit nur für die Dauer der Ausbildung angenommen werden, nicht jedoch für eine unbegrenzte Zeit darüber hinaus.[788]

---

[780] OLG München v. 31.07.2012 - 30 UF 220/12 - NJW 2012, 3519.
[781] Vgl. BGH v. 17.05.2006 - XII ZR 54/04 - FamRZ 2006, 1100, 1101.
[782] OLG München v. 31.07.2012 - 30 UF 220/12 - NJW 2012, 3519.
[783] OLG München v. 31.07.2012 - 30 UF 220/12 - NJW 2012, 3519.
[784] OLG Jena v. 11.03.2005 - 1 UF 391/04 - ZFE 2005, 250.
[785] OLG Brandenburg v. 23.07.2003 - 9 UF 111/03 - FuR 2004, 38-41.
[786] OLG München v. 28.09.2011 - 12 UF 129/11 - NJW 2012, 84 = FamRZ 2012, 795.
[787] OLG Hamm v. 15.12.2006 - 7 WF 217/06 - FamRZ 2007, 1122.
[788] AG Bremen v. 22.10.2009 - 61 F 798/08 UK.

Bei ausländischen Erwerbslosen sind ausreichende **Bemühungen um den Erwerb deutscher Sprachkenntnisse** zu fordern.[789] Bei türkischen Ausländern, die keine ausreichenden Deutschkenntnisse besitzen, kann zudem verlangt werden, dass sie sich bei türkischen Arbeitgebern bewerben.[790]

13. Obliegenheit zur Aufnahme einer selbständigen Tätigkeit

Ist der gesteigert Unterhaltspflichtige für eine abhängige Tätigkeit nicht mehr vermittelbar, so wird z.T. verlangt, dass er die **Aufnahme eines selbständigen Gewerbes** in Betracht zieht.[791] Dies wird man aber nur verlangen könne, wenn hinreichend konkrete Aussichten bestehen, in einer selbständigen Tätigkeit ausreichende Einkünfte zu erzielen. Zu bedenken ist dabei auch, dass regelmäßig bei der Aufnahme einer selbständigen Tätigkeit erst einmal ein längerer Zeitraum mit nur geringen Einkünften zu erwarten ist, also die unterhaltsrechtliche Leistungsfähigkeit nur mit größerem zeitlichem Abstand eintreten wird.

14. Eigenmächtige Aufnahme einer selbständigen Tätigkeit

Zwar muss die Wahl selbständiger Berufsausübung im Hinblick auf das Grundrecht freier Berufswahl grundsätzlich respektiert werden; dieses gilt aber nur, wenn nach den Umständen **eine dauerhafte Verschlechterung der Leistungsfähigkeit nicht zu erwarten ist**. Nimmt ein abhängig Beschäftigter eine selbstständige Tätigkeit auf, ohne zuvor gesichert zu haben, auch weiterhin den Unterhalt für die Ehefrau und die minderjährigen Kinder zahlen zu können, kann er sich auf seine mangelnde Leistungsfähigkeit nicht berufen, wenn ihm für den Schritt in die Selbstständigkeit erkennbar weder öffentliche Mittel noch Kredite noch eigene Rücklagen zur Verfügung standen, die es ihm ermöglichten, für eine gewisse Übergangszeit bis zum Eintritt der erwarteten Gewinne den Unterhalt weiter sicherstellen zu können. Seine Leistungsfähigkeit ist dann nach seinem letzten Bruttoeinkommen zu bemessen.[792] Der Wechsel von einer nichtselbständigen Tätigkeit in die Selbständigkeit mit einhergehenden Einkommensminderungen ist mithin unterhaltsrechtlich regelmäßig unbeachtlich.[793]

Ein Unterhaltsschuldner ist also in der Regel verpflichtet, **Vorsorge für seine Unterhaltspflichten zu treffen**, wie z.B. durch Ansparen oder Kreditaufnahme. Er muss dafür sorgen, dass die Unterhaltsleistungen trotz des Berufswechsels zumindest für eine Übergangszeit gesichert bleiben, deren Dauer mit zwei bis drei Jahren anzusetzen ist.[794] Der Arbeitskreis 13 des Deutschen Familiengerichtstages 2011 hat vorgeschlagen, dem Unterhaltspflichtigen eine Übergangszeit von ein bis zwei Jahren einzuräumen, wenn die Aufnahme einer selbständigen Tätigkeit keinen Verstoß gegen die Erwerbsobliegenheit darstellt.

15. Obliegenheit zur Aufgabe einer ausgeübten selbständigen Tätigkeit

In der Praxis häufiger und in der obergerichtlichen Rechtsprechung anerkannt ist der umgekehrte Fall, bei nicht ausreichenden Einkünften aus selbständiger Tätigkeit eine **Obliegenheit zu deren Aufgabe und zur Aufnahme einer abhängigen Tätigkeit** des Selbständigen zu bejahen. Die Unterhaltsverpflichtung wird dem minderjährigen Kind gegenüber nach entsprechenden hypothetischen Einkünften berechnet, die der Unterhaltspflichtige nach seinen beruflichen Vorkenntnissen, Fähigkeiten und Erfahrungen bei vollschichtigem Einsatz erzielen kann. Diese Einkünfte können ggf. nach § 113 FamFG i.V.m. § 287 ZPO geschätzt werden[795]. Hat sich die Einkommenssituation eines **Selbstständigen** verschlechtert, ist ihm jedoch ein gewisser Zeitraum zuzubilligen, um den Einkommensrückgang in seiner bisherigen Tätigkeit wieder auszugleichen.[796]

Bei Selbstständigen ist in erster Linie das **tatsächlich erzielte bereinigte Nettoeinkommen** maßgeblich, das in der Regel aus dem **Durchschnitt der letzten drei Jahre** errechnet wird. Da es beim laufenden Unterhalt um eine Prognose der künftigen Einkommensverhältnisse geht, sind möglichst reali-

---

[789] BGH v. 22.01.2014 - XII ZB 185/12 - FamRZ 2014, 637; OLG Naumburg v. 29.07.2008 - 3 WF 194/08 - PKH - ZFE 2009, 477.
[790] OLG Schleswig v. 14.11.2006 - 15 WF 292/06 - SchlHA 2008, 60.
[791] AG Ludwigslust v. 29.12.2004 - 5 F 31/04 - FamRZ 2005, 1111-1112.
[792] OLG Köln v. 14.02.2006 - 4 UF 172/05 - JMBl NW 2006, 213.
[793] OLG Brandenburg v. 06.12.2007 - 9 UF 38/07 - juris Rn. 31.
[794] OLG Brandenburg v. 30.03.2007 - 10 WF 270/07.
[795] OLG Hamm v. 24.03.1995 - 12 UF 353/94 - NJW-RR 1995, 1283; OLG Zweibrücken v. 27.11.1991 - 2 UF 115/91 - NJW 1992, 1902-1905; OLG Frankfurt v. 13.07.2004 - 2 UF 207/04 - FamRZ 2005, 803.
[796] OLG Düsseldorf v. 28.02.2012 - II-1 UF 306/11, 1 UF 306/11 - juris Rn. 19 - FamFR 2013, 83.

§ 1603

tätsnahe Einkommensverhältnisse zu ermitteln, d.h. bei längerer Verfahrensdauer ist das Einkommen zu aktualisieren.[797] Für die Vergangenheit sind die in diesem aktuellen Zeitraum erzielten Einkünfte maßgebend, wobei bei mehrjährigem Unterhaltsrückstand ein Mehrjahresschnitt gebildet werden kann.[798] Reicht dieses reale erzielte Einkommen nicht aus, den Unterhalt des Kindes sicherzustellen, stellt sich die Frage einer Obliegenheitsverletzung.

734 Eine solche **Obliegenheit zur Aufgabe der selbständigen Tätigkeit** besteht **bei schlechter Auftragslage** sogar dann, wenn der Entschluss zur Aufnahme dieser selbständigen Tätigkeit gemeinsam mit dem anderen Elternteil gefasst worden ist.[799] Hat ein Kindesunterhaltsschuldner über einen Zeitraum von rund zehn Jahren durch seine selbständige Tätigkeit keine bzw. nur geringfügige Einkünfte erzielt, muss er sich fiktives Einkommen aus abhängiger Tätigkeit zurechnen lassen.[800]

735 So ist ein Anwalt, wenn nach seinem nachgewiesenen Einkommen keine Unterhaltszahlung möglich ist, ggf. verpflichtet, seine freiberufliche Tätigkeit aufzugeben und im Anstellungsverhältnis zu arbeiten, und er muss auch den Nachweis durch Vorlage der Bewerbungsbelege erbringen, dass ihm eine andere oder ergänzende Tätigkeit nicht zur Verfügung steht.[801]

736 Jedoch kann die Aufgabe einer seit vielen Jahren ausgeübten selbständigen Tätigkeit, die zusammen mit anderen Einkünften das Existenzminimum sichert, angesichts des Alters, der Ausbildung, der bisherigen beruflichen Tätigkeit des Erwerbspflichtigen und der Lage auf dem Arbeitsmarkt jedenfalls im Hinblick darauf unzumutbar sein, dass **nur für wenige Monate Unterhalt verlangt wird**.[802]

737 Ist der Unterhaltspflichtige seit sieben Jahren selbständig tätig und verdient bei vollschichtigem Einsatz nur 600 € netto im Monat, lässt dies nur den Schluss zu, dass die selbständige Tätigkeit entweder nicht lukrativ ist, weil das Einkommen in keinem Verhältnis zu dem Arbeitsaufwand steht und es sich insoweit als „Liebhaberei" darstellt, oder aber tatsächlich höhere Einkünfte erzielt werden. Der Unterhaltspflichtige kann sich gegenüber seinem minderjährigen Kind nicht darauf berufen, eine solche **völlig unwirtschaftliche Tätigkeit** zu seinen Lasten fortsetzen zu wollen.[803]

738 Ist der Unterhaltspflichtige seit Jahren selbständig tätig und erzielt er bei vollschichtigem Einsatz aus seiner selbständigen Tätigkeit nur ein monatliches Nettoeinkommen von rund 1.000 €, dann lässt dies nur den Schluss zu, dass die selbständige Tätigkeit entweder nicht lukrativ ist, weil **das Einkommen in keinem Verhältnis zu dem Arbeitsaufwand steht**, oder aber tatsächlich höhere Einkünfte erzielt werden. Dann kann sich der Unterhaltspflichtige gegenüber seinem minderjährigen Kind nicht darauf berufen, eine solche völlig unwirtschaftliche Tätigkeit zu seinen Lasten fortsetzen zu wollen. Bei selbständiger Tätigkeit über einen längeren Zeitraum bei Erzielung eines Einkommens, das den Kindesunterhalt nicht sichert, muss er sich deshalb unterhaltsrechtlich darauf verweisen lassen, seine Selbständigkeit aufzugeben und eine besser bezahlte abhängige Erwerbstätigkeit aufzunehmen.[804]

739 Ein vierzigjähriger gelernter Tischler, der aus selbständiger Tätigkeit (Hausmeisterservice) nicht den Mindestunterhalt für die Kinder aus seiner geschiedenen Ehe erwirtschaften kann, ist gehalten, sich nachhaltig um eine **besser bezahlte Tätigkeit** zu bemühen, oder aber unter Beibehaltung seiner derzeit ausgeübten selbständigen Tätigkeit die „Unterdeckung" aus dieser Tätigkeit durch eine **Nebentätigkeit** auf Mini-Job-Basis auszugleichen. Diese Bemühungen können sich auf den Radius von jedenfalls 100 km um seinen jetzigen Wohnort in der Nähe der Kinder erstrecken, weil den 12- bzw. 14-jährigen Kindern zumutbar ist, zu den Umgangskontakten in diesem Bereich selber anzureisen.[805]

740 Jedenfalls kann bei einem **Selbständigen** keine unverschuldete Leistungsunfähigkeit bejaht werden, wenn sich frühzeitig abgezeichnet hatte, dass Überschuldung droht, die zur Eröffnung eines Insolvenzverfahrens führt.[806] Allerdings kann sich ein unterhaltspflichtiger Kindesvater nicht auf die Insolvenz seiner GmbH berufen. Denn die Insolvenz der Kapitalgesellschaft kann seine eigene Leistungsfähigkeit nicht berühren.[807]

---

[797] BGH v. 21.06.2006 - XII ZR 147/04 - FamRZ 2006, 1182.
[798] BGH v. 04.07.2007 - XII ZR 141/05 - FamRZ 2007, 1532; OLG Karlsruhe v. 24.02.2011 - 2 UF 45/09 - FamRZ 2011, 1303.
[799] OLG Brandenburg v. 09.04.2009 - 9 WF 184/08 - FuR 2009, 464.
[800] OLG Brandenburg v. 13.01.2009 - 10 UF 132/08.
[801] OLG Naumburg v. 01.02.2008 - 8 WF 16/08 - OLGR Naumburg 2008, 657 = ZFE 2008, 432.
[802] OLG Brandenburg v. 14.07.2009 - 10 UF 192/08 - FamRZ 2010, 299.
[803] OLG Koblenz v. 04.06.2009 - 7 WF 452/09 - FamRZ 2009, 1921.
[804] OLG Saarbrücken v. 28.04.2010 - 9 WF 41/10.
[805] OLG Schleswig v. 12.05.2010 - 10 UF 243/09 - FamFR 2010, 371.
[806] OLG Köln v. 15.04.2005 - 4 UF 20/05 - FamRZ 2005, 1584-1585.
[807] OLG Naumburg v. 11.01.2010 - 8 WF 175/09.

Zusammenfassend kann für die anwaltliche Praxis festgehalten werden, dass man mit dem Einwand 741
völliger Leistungsunfähigkeit gegenüber dem Unterhaltsanspruch minderjähriger Kinder regelmäßig
keinen Erfolg hat. Wer sich im Unterhaltsverfahren darauf beruft, eine wenig lukrative selbständige
Tätigkeit auszuüben, muss sich ggf. unterhaltsrechtlich darauf verweisen lassen, diese wenig ertragreiche und damit wirtschaftlich sinnlose Selbständigkeit aufzugeben und eine besser bezahlte abhängige
Erwerbstätigkeit aufzunehmen. Übertreibungen bei der Darlegung der schlechten wirtschaftlichen Situation des Selbständigen können daher leicht kontraproduktiv werden.

Der anwaltliche Berater des unterhaltsberechtigten Kindes sollte in derartigen Fällen möglichst von 742
Anfang an darlegen, welchen Beruf der Unterhaltspflichtige gelernt hat und welches Einkommen dort
erzielt werden kann, um dem Gericht eine entsprechende **Schätzung nach § 113 FamFG, § 287 ZPO**
zu ermöglichen. Die erforderlichen Angaben zum erzielbaren Einkommen findet man im Internet (vgl.
Rn. 399 ff.).

16. Obliegenheit zur Ausübung einer Nebentätigkeit

a. Die Obliegenheit zur Ausübung einer Nebentätigkeit im Unterhaltsrecht

Geht es in unterhaltsrechtlichen Auseinandersetzungen um Einkünfte aus Nebentätigkeit – also aus einer Tätigkeit neben der hauptberuflichen Erwerbstätigkeit –, so sind zwei Fallvarianten zu unterscheiden: 743

- Es wird tatsächlich eine **Nebentätigkeit ausgeübt** – dann dreht sich der Streit über die Anrechenbarkeit der dadurch erzielten Erwerbseinkünfte.
- Es wird tatsächlich **keine Nebentätigkeit ausgeübt** – dann geht es um die Frage, ob und ggf. in welchem Umfang eine entsprechende Verpflichtung besteht, ob diese verletzt worden ist und ob daraus – ggf. in welcher Höhe – ein fiktives Einkommen angerechnet werden kann.

b. Eine Nebentätigkeit wird tatsächlich ausgeübt

Wird eine Nebentätigkeit ausgeübt, so werden daraus **Einkünfte** erzielt, die – nach Abzug von Steuern 744
und Sozialasten – unterhaltsrechtlich **voll als Einkommen** anzurechnen sind.

Jedoch könnte es sich bei den daraus erzielten Erwerbseinkünften um solche aus **unzumutbarer** 745
(überobligatorischer) Tätigkeit handeln. Dies ist dann der Fall, wenn keine Verpflichtung zu dieser
Tätigkeit besteht. Wird diese Frage bejaht, kann die betreffende Person zwar jederzeit diese Tätigkeit
einstellen. Wird sie aber weiter ausgeübt, bedeutet die Einstufung als überobligatorisch nicht automatisch, dass die Einkünfte für die Unterhaltsberechnung vollständig außer Ansatz bleiben.

Der BGH[808] hat klargestellt, dass 746

- sich die Frage des überobligatorischen Arbeitseinsatzes beim Berechtigten und Pflichtigen gleichermaßen stellt,
- die Anrechnung des daraus erzielten Einkommens streng einzelfallbezogen erfolgen muss und
- die Anrechnung bereits den Bedarf berührt – und zwar sowohl den des Ehegatten als auch den des Kindes.

Für die Behandlung überobligatorischer Einkünfte 747

- ist eine ausdrückliche gesetzliche Regelung nur für den Berechtigten vorhanden (§ 1577 Abs. 2 Satz 2 BGB),
- für den Pflichtigen wird dagegen eine Billigkeitsprüfung nach Treu und Glauben (§ 242 BGB) vorgenommen.

Die **Überobligationsmäßigkeit** (Unzumutbarkeit) einer Erwerbstätigkeit führt folglich nicht zwingend dazu, dass das daraus erzielte Einkommen für die Unterhaltsbemessung außer Betracht zu lassen ist. Vielmehr ist nach den Grundsätzen von **Treu und Glauben** aufgrund der konkreten **Umstände des Einzelfalls** zu beurteilen, in welchem Umfang das Einkommen aus überobligatorischer Tätigkeit für den Unterhalt **anzurechnen** ist. 748

Geht der Unterhaltsschuldner dagegen bereits einer Nebenbeschäftigung nach, **erzielt er also tatsächliche Mehreinnahmen**, besteht eine Vermutung dafür, dass die zusätzliche Arbeit auch zumutbar ist.[809] 749

---

[808] BGH v. 12.01.2011 - XII ZR 83/08 - NJW 2011, 670 mit Anm. *Born* = FamRZ 2011, 454 mit Anm. *Finke*; vgl. auch BGH v. 18.04.2012 - XII ZR 73/10 - NJW 2012, 2190 = FamRZ 2012, 1201 = FF 2012, 359 mit Anm. *Finke*.
[809] BVerfG v. 05.03.2003 - 1 BvR 752/02 - FamRZ 2003, 661-662.

750 Wurde eine bestimmte Nebentätigkeit in der Vergangenheit ständig ausgeübt, so ist auch eine vollständige Anrechnung im Rahmen der Bemessung der Leistungsfähigkeit möglich, wenn die ausgeübte Tätigkeit den Pflichtigen weder in zeitlicher noch in physischer Hinsicht unangemessen belastet.[810] Wurde sie also bereits über einen längeren Zeitraum ausgeübt, z.B. um Schulden zu tilgen, kann sie in aller Regel nicht mehr als überobligatorisch angesehen werden.

c. Es wird tatsächlich keine Nebentätigkeit ausgeübt

751 Wird keine Nebentätigkeit ausgeübt, sind in der Praxis im Einzelfall folgende Fragen zu beantworten:
- Ist die betreffende Person – und ggf. in welchem Umfang – verpflichtet, eine – konkret umrissene – Nebenerwerbstätigkeit auszuüben (**Nebentätigkeitsobliegenheit**)?
- Ist diese Nebentätigkeitsobliegenheit verletzt worden?
- Kann daraus – ggf. in welcher Höhe – ein fiktives Einkommen angerechnet werden?

752 Diese Fallgestaltung ist in der Praxis häufig; die Rechtsprechung ist hier von einer starken und teilweise unübersichtlichen Kasuistik geprägt.

aa. Anwendungsbereich der Nebentätigkeitsobliegenheit

753 Diese grundsätzliche Obliegenheit zur Nebentätigkeit wird aus der verschärften Haftung gegenüber **minderjährigen Kindern** aus § 1603 Abs. 2 BGB hergeleitet. Eine solche Obliegenheit des verschärft Unterhaltspflichtigen zur Ausübung auch einer **Nebentätigkeit** hat das BVerfG vielfach bestätigt.[811]

754 Sie besteht grundsätzlich **nicht** beim **Ehegattenunterhalt**.[812] Lediglich bei Unterhaltspflichtigen im Vorruhestand wurde auch beim Ehegattenunterhalt eine Obliegenheit zur Nebentätigkeit bejaht, um durch diesen Zusatzverdienst das bisherige Einkommensniveau wieder zu erreichen.[813] Ebenso ist beim Unterhalt für **volljährige Kinder** und beim **Elternunterhalt** keine Nebentätigkeit geschuldet.

bb. Persönliche Voraussetzungen beim Unterhaltspflichtigen

755 Die erste relevante Frage ist, ob der Unterhaltspflichtige aufgrund seiner persönlichen Verhältnisse – insbesondere seinen beruflichen Kenntnisse und Möglichkeiten – eine Nebentätigkeit ausüben kann.

756 Im gerichtlichen Verfahren muss ganz konkret mit substantiierten Sachverhaltsangaben dargelegt werden, ob und in welchem Umfang dem Unterhaltspflichtigen die Aufnahme einer Nebentätigkeit zumutbar ist. Der Unterhaltspflichtige muss daher in einschlägigen Fällen der verschärften Haftung gegenüber Minderjährigen gem. § 1603 Abs. 2 BGB intensiv seine bisherige Erwerbsbiographie sowie seine aktuellen Lebens- und Arbeitsverhältnisse vortragen.

757 Dabei sind im Rahmen der Billigkeitsentscheidung **abzuwägen**
- auf Seiten des **Unterhaltspflichtigen** die besondere Lebens- und Arbeitssituation sowie seine Gesamtbelastung
- gegen die Bedarfslage des **Unterhaltsberechtigten** andererseits.

758 Das BVerfG hat mehrfach klargestellt, eine über die tatsächlich ausgeübte Vollzeiterwerbstätigkeit hinausgehende Obliegenheit des Unterhaltspflichtigen zur Erzielung von Einkommen, das ihm sodann bei der Unterhaltsberechung fiktiv zugerechnet wird, könne nur angenommen werden, wenn und soweit ihm die Aufnahme einer weiteren Erwerbstätigkeit unter Berücksichtigung der Umstände des Einzelfalls **zumutbar** ist und **ihn nicht unverhältnismäßig belastet**.[814]

759 a) **Nebentätigkeit bei vollschichtig ausgeübter Haupttätigkeit**: Eher vereinzelt wird dabei die Obliegenheit zu einer **Nebentätigkeit neben einer vollschichtigen Erwerbstätigkeit** generell abgelehnt.[815]

---

[810] Vgl. OLG Köln v. 17.04.2012 - II-4 UF 277/11 - FamFR 2012, 273
[811] Zuletzt durch BVerfG v. 18.06.2012 - 1 BvR 774/10 - NJW 2012, 2420; ausführlich *Soyka*, FuR 2012, 537.
[812] Weitergehend OLG Düsseldorf v. 15.12.2005 - II-7 UF 107/05, 7 UF 107/05 - ZFE 2006, 394, das eine solche Obliegenheit bereits im Rahmen des § 1361 BGB beim Berechtigten bejaht.
[813] BGH v. 03.02.1999 - XII ZR 146/97 - FamRZ 1999, 708 und OLG Koblenz v. 22.10.2003 - 9 UF 175/03 - FamRZ 2004, 1573 für den Fall des Ehegattenunterhaltes; OLG Saarbrücken v. 28.10.2004 - 6 WF 75/04 - ZFE 2005, 101 für den Fall des Kindesunterhaltes; vgl. auch OLG Schleswig v. 15.02.2007 - 10 WF 28/07 - FamRZ 2007, 1905.
[814] BVerfG v. 18.06.2012 - 1 BvR 774/10 - NJW 2012, 2420; BVerfG v. 14.11.1984 - 1 BvR 14/82, 1 BvR 1642/82 - BVerfGE 68, 256, 267; BVerfG v. 05.03.2003 - 1 BvR 752/02 - juris Rn. 10.
[815] So z.B. OLG Hamm v. 25.05.2011 - 8 UF 6/11, II-8 UF 6/11 - FamFR 2011, 513.

Eine generelle Ablehnung jeglicher Nebentätigkeit berücksichtigt aber nicht die besonderen Anforderungen, die sich an die Erwerbspflicht aus der **gesteigerten Haftung gem. § 1603 Abs. 2 Satz 1 BGB** ergeben. Abzustellen ist auf den konkreten Einzelfall.

Dabei sind im Rahmen der objektiven Zumutbarkeit die Grenzen des Arbeitszeitgesetzes zu beachten.[816] Nach § 3 ArbZG darf die werktägige Arbeitszeit der Arbeitnehmer grundsätzlich acht Stunden nicht überschreiten. Nach § 9 Abs. 1 ArbZG dürfen Arbeitnehmer an Sonn- und gesetzlichen Feiertagen grundsätzlich nicht beschäftigt werden. Damit ist die **wöchentliche Arbeitszeit regelmäßig auf 48 Stunden begrenzt** (sechs Tage mal acht Stunden), wobei nach § 2 ArbZG die Arbeitszeiten bei verschiedenen Arbeitgebern zusammenzurechnen sind. Mit diesen Vorschriften ist aus objektiver Sicht die Obergrenze der zumutbaren Erwerbstätigkeit auch für die Fälle vorgegeben, in denen der Unterhaltspflichtige nach § 1603 Abs. 2 Sätze 1 und 2 BGB gesteigert unterhaltspflichtig ist.[817]

Das OLG Karlsruhe[818] hat gem. §§ 3, 6 ArbZG eine monatliche Arbeitszeit von maximal 188 Stunden verlangt, die wie folgt errechnet wird: 365 Tage – 52 Sonntage – 24 Urlaubstage – 7 Feiertage (Durchschnittswert) = 282 Arbeitstage, d.h. monatlich 23,5 Arbeitstage. Zulässig ist eine durchschnittliche werktägliche (§ 3 Abs. 2 BUrlG) **Arbeitszeit von 8 Stunden** (§ 3 ArbZG), d.h. **monatlich 188 Stunden**. Da die vollschichtige Tätigkeit mit gerundet 174 Stunden anzusetzen ist, könne zusätzlich vom Pflichtigen in den durch das ArbZG vorgesehenen Begrenzungen eine **Nebentätigkeit von durchschnittlich 14 Stunden im Monat** verlangt werden.

Daraus ist allerdings lediglich die **zeitliche Obergrenze für die gesamte Erwerbstätigkeit von 48 Wochenstunden** abzuleiten, nicht aber eine generelle Unzulässigkeit von Sonntags- und Feiertagsarbeit.[819] Denn § 10 ArbZG erlaubt eine Vielzahl von Ausnahmen vom Sonn- und Feiertagsverbot, die auch für Nebentätigkeiten einschlägig sein können. Es ist aber immer konkret zu prüfen, ob und in welchem Umfang dem Unterhaltspflichtigen unter Abwägung seiner von ihm darzulegenden besonderen Lebens- und Arbeitszeitsituation einerseits und der Bedarfslage des Kindes oder der Kinder andererseits die Ausübung einer Nebentätigkeit zugemutet werden kann.

Auch **einem weiblichen unterhaltsverpflichteten Elternteil** kann nach den gleichen Grundsätzen durchaus zugemutet werden, **bis zu 48 Stunden pro Woche** zu arbeiten.[820]

b) Persönliche Rahmenbedingungen: Maßgebliche persönliche Rahmenbedingung ist die konkrete **Belastung des Unterhaltspflichtigen durch seinen Hauptberuf** im Einzelfall, die von ihm dargelegt werden muss.

Hierbei kommt es auf die Art der **Tätigkeit im Hauptberuf** an und die sich daraus ergebende Belastung. Hier sind Faktoren wie der **zeitliche Einsatz, Schwere der Arbeit, Nacht-, Schicht- oder Wechseldienst, Sonn- und Feiertagsarbeit, Wochenenddienste**, insgesamt der **Zeitaufwand für den Hauptberuf** von Bedeutung[821] sowie die damit verbundene **gesundheitliche bzw. psychische Belastung**.[822]

---

[816] BVerfG v. 18.06.2012 - 1 BvR 774/10 - NJW 2012, 2420; BGH v. 04.05.2011 - XII ZR 70/09 - FamRZ 2011, 1041 = NJW 2011, 1875; OLG Köln v. 26.09.2006 - 4 UF 70/06 - NJW 2007, 444-446.

[817] BGH v. 04.05.2011 - XII ZR 70/09 - FamRZ 2011, 1041 = NJW 2011, 1875; BGH v. 03.12.2008 - XII ZR 182/06 - FamRZ 2009, 315 = FPR 2009, 124 mit Anm. *Schmitz* = FuR 2009, 162 mit Anm. *Soyka*; BGH v. 20.02.2008 - XII ZR 101/05 - FamRZ 2008, 872 mit Anm. *Hoppenz*; BGH v. 03.12.2008 - XII ZR 182/06 - FamRZ 2009, 314; OLG Köln v. 28.07.2008 - 4 WF 78/08 - FPR 2008, 587 mit Anm. *Born*; OLG Naumburg v. 03.06.2009 - 3 WF 121/09 - FamRZ 2010, 127; OLG Brandenburg v. 29.01.2009 - 13 WF 29/08 - FuR 2009, 279; vgl. auch OLG Köln v. 11.08.2011 - 4 WF 122/11 - FamFR 2011, 490; OLG Stuttgart v. 09.08.2011 - 18 WF 130/11 - FamFR 2011, 464; OLG Saarbrücken v. 07.08.2009 - 6 UFH 58/09 - FuR 2010, 327; OLG Brandenburg v. 05.03.2007 - 10 WF 13/07 - ZFE 2007, 271; OLG Stuttgart v. 21.11.2006 - 15 WF 283/06 - FamRZ 2007, 1763; vgl. auch AG Rinteln v. 18.10.2006 - 4 F 173/06 UK - FamRZ 2007, 1120; OLG Celle v. 17.05.2001 - 12 WF 103/01 - FamRZ 2002, 694; KG Berlin v. 08.01.2003 - 3 UF 213/02 - FamRZ 2003, 1208-1210.

[818] OLG Karlsruhe v. 31.01.2007 - 2 WF 5/07 - FamRZ 2007, 1123.

[819] So aber wohl *Griesche*, FamFR 2011, 393.

[820] OLG Köln v. 21.11.2006 - 4 WF 159/06 - FamRZ 2007, 1475.

[821] Sehr weitgehend OLG Hamm v. 10.09.2003 - 8 WF 261/03 - FamRZ 2004, 299.

[822] OLG Schleswig v. 03.07.2006 - 10 WF 93/06 - FamRZ 2006, 1705.

767 Bei Tätigkeit im **Schichtdienst** ist die Obliegenheit zu einer Nebentätigkeit daher regelmäßig zu verneinen,[823] ebenso fehlt es an der Zumutbarkeit, wenn im Rahmen der Hauptbeschäftigung bereits an **Samstagen sowie Sonn- und Feiertagen** gearbeitet wird.[824]

768 Auch wenn eine Tätigkeit mit Schichtdienst und Auswärtseinsätzen nur fiktiv zugrunde gelegt wird, kann ein weiteres fiktives Einkommen aus einer zusätzlichen Nebenbeschäftigung nicht zugerechnet werden.[825]

769 Hier spielen auch die **Fahrtzeiten** von und zur Arbeit eine Rolle,[826] die der Unterhaltspflichtige zur Ausübung seines Hauptberufes, aber ggf. auch im Rahmen der Nebentätigkeit aufbringen muss. Bei einer vollschichtigen Erwerbstätigkeit und einer zusätzlichen arbeitstäglichen Fahrtzeit von mehr als zwei Stunden Fahrtzeit mit öffentlichen Verkehrsmitteln wird eine Nebentätigkeitsobliegenheit verneint.[827] Auch die **Fahrtkosten** haben bei der Billigkeitsabwägung Bedeutung.[828]

770 Von einem Unterhaltspflichtigen, der eine Berufstätigkeit von weniger als **40 Stunden wöchentlich** ausübt, kann grundsätzlich eine Nebentätigkeit verlangt werden.[829] Dies gilt auch bei Zeiten mit Bezug von Kurzarbeitergeld.[830]

771 Auch bei einem Unterhaltspflichtigen, der an einer **Umschulung** teilnimmt, besteht die Verpflichtung zu einer geringfügigen Nebentätigkeit.[831]

772 Die Fragen der persönlichen Belastung sind auch zu beachten, wenn lediglich **fiktive Einkünfte aus einer vollschichtigen körperlich stark belastenden Tätigkeit** im Schichtdienst im Bereich der Altenpflege zugerechnet werden.[832]

773 Auch ein Unterhaltspflichtiger, der nicht aus gesundheitlichen Gründen in vollem Umfange erwerbsunfähig, sondern – wenn auch mit nicht unerheblichen Einschränkungen – durchaus fähig und in der Lage ist, eine Erwerbstätigkeit auszuüben, muss eine Nebentätigkeit ausüben.[833]

cc. Zumutbarkeitskriterien

774 Auf folgende **Kriterien** wird bei Prüfung der individuellen **Zumutbarkeit** einer zusätzlichen (am Wochenende oder am Abend auszuübenden) Tätigkeit insbesondere abzustellen sein:
Vorhandene Belastung durch den Hauptberuf:
- tatsächlich anfallende Überstunden,
- wechselnde Arbeitszeiten (Schichtdienst[834]),
- lange Fahrzeiten im Rahmen der bestehenden Erwerbstätigkeit (Montagetätigkeit),
- Fahrzeiten zur Arbeitsstelle.

Gesichtspunkte zur Nebentätigkeit:
- **Art der möglichen Nebentätigkeit:**
  - erforderliche Ausbildung, Vorkenntnisse, Fähigkeiten,
  - konkrete Voraussetzungen beim Unterhaltspflichtigen (objektive berufliche Voraussetzungen, Kenntnisse, Fähigkeiten, berufliche Vorbildung, persönliche Einsatzmöglichkeiten),
- **Verfügbarkeit** von einschlägigen Nebentätigkeiten auf dem Arbeitsmarkt,

---

[823] OLG Dresden v. 15.12.2006 - 23 UF 585/06 - FamRZ 2007, 1476, 1477; OLG Saarbrücken v. 08.02.2011 - 9 WF 123/10 - ZFE 2011, 273.
[824] OLG Nürnberg v. 16.03.2010 - 10 UF 1612/09; OLG Nürnberg v. 12.12.2001 - 10 UF 3278/01 - FamRZ 2002, 1426; OLG Naumburg v. 21.12.2006 - 4 WF 45/06.
[825] OLG Koblenz v. 14.05.2014 - 13 UF 107/14.
[826] BGH v. 03.12.2008 - XII ZR 182/06 - FamRZ 2009, 314.
[827] OLG Hamburg v. 13.09.2005 - 10 UF 6/05 - FamRZ 2006, 503.
[828] OLG Brandenburg v. 07.06.2007 - 10 WF 144/07 - ZFE 2007, 393.
[829] BGH v. 03.12.2008 - XII ZR 182/06 - FamRZ 2009, 315 = FPR 2009, 124 mit Anm. *Schmitz* = FuR 2009, 162 mit Anm. *Soyka*; vgl. auch BGH v. 11.07.2012 - XII ZR 72/10 - FamRZ 2012, 1483; OLG Köln v. 11.08.2011 - 4 WF 122/11 - FamFR 2011, 490; OLG Brandenburg v. 19.07.2011 - 10 UF 20/11 - FamFR 2011, 393 unter Hinweis auf BGH v. 04.05.2011 - XII ZR 70/09 - FamRZ 2011, 1041 = NJW 2011, 1875.
[830] OLG Brandenburg v. 19.07.2011 - 10 UF 20/11 - FamFR 2011, 393.
[831] OLG Köln v. 19.07.2013, 10 WF 65/13, FF 2013, 417 = FamFR 2013, 464.
[832] AG Flensburg v. 08.02.2013 - 92 F 178/11; vgl. OLG Hamm v. 28.10.2011 - II-8 WF 160/11, 8 WF 160/11 - FamRZ 2012, 993.
[833] OLG Brandenburg v. 13.03.2014 - 9 UF 106/13.
[834] OLG Nürnberg v. 16.03.2010 - 10 UF 1612/09 - ZFE 2011, 153.

- **ausgelöste Belastungen durch die Nebentätigkeit:**
  - zeitlicher Aufwand,
  - Koordination mit den Zeiten des Hauptberufes,
  - Zeitaufwand für die Fahrten zur Nebentätigkeit,
  - körperliche Belastung,
  - psychische Belastung,
  - Fahrtkosten,
- **weitere persönliche Gesichtspunkte:**
  - gesundheitliche Aspekte,
  - Notwendigkeit regelmäßiger **Freizeit als Erholungszeiten,**
  - zeitlicher Umfang des **Umgangs** mit seinen Kindern[835],
  - besondere Kosten des Umgangsrechts[836],
  - Übernahme von Erziehung- und Betreuungsaufgaben gg. seinen Kindern[837], auch in seiner neuen Familie[838],
  - zeitlicher Aufwand für die Eigenversorgung,
  - die Belastung durch die **eigene Haushaltstätigkeit.**

dd. Nebentätigkeitsgenehmigung

Der Aufnahme einer solchen Nebentätigkeit dürfen keine rechtlichen Hindernisse entgegenstehen. Es ist zu beachten, dass Nebentätigkeiten in aller Regel der Zustimmung des Arbeitgebers (**Nebentätigkeitsgenehmigung**) bedürfen.[839] Auch (zulässige) Konkurrenzklauseln im Arbeitsvertrag können die konkreten Möglichkeiten einer Nebentätigkeit einschränken.[840] Über ein Verbot kann sich der Pflichtige nicht ohne Risiken für das Arbeitsverhältnis hinwegsetzen. Die verstärkte Erwerbsobliegenheit nach § 1603 Abs. 2 BGB darf aber weder rechtlich noch tatsächlich wegen übergroßer Belastung des Arbeitnehmers zu einer Gefährdung des Hauptarbeitsverhältnisses führen.

In Unterhaltsrechtsstreitigkeiten reicht allerdings die Behauptung des Unterhaltspflichtigen, keine Nebentätigkeit genehmigt zu bekommen, nicht aus.

Er muss zumindest eine entsprechende Regelung in seinem Arbeitsvertrag nachweisen.

Existiert kein Verbot durch ein solche individuelle vertraglich fixierte Regelung, muss er sich ganz konkret und ernsthaft bei seinem Arbeitgeber mit einer plausiblen Begründung um eine Genehmigung einer Nebentätigkeit bemühen bzw. bei einer Verweigerung um eine nachprüfbare Begründung bemühen. Dies muss im Unterhaltsprozess dargetan werden.

Der Arbeitgeber hat ein schützenswertes Interesse daran, dass sein Arbeitnehmer ausgeruht, konzentriert und belastbar seiner geschuldeten Arbeitstätigkeit nachgeht. Der Arbeitgeber darf eine Nebentätigkeit also verweigern, wenn Unternehmensinteressen entgegenstehen.[841] Aber auch der Arbeitnehmer hat ein rechtlich geschütztes Interesse daran, dass der Arbeitgeber ihm im Rahmen dieser Grenzen die Möglichkeiten gibt, zusätzlich Einkünfte zu erzielen.

Lehnt der Arbeitgeber dies nach Prüfung ab und weist dies der Unterhaltspflichtige im Unterhaltsverfahren nach, so ist fraglich, ob vom Unterhaltspflichtigen arbeitsrechtliche Maßnahmen gegen diese Ablehnung verlangt werden können.

Eine Pflicht, gegen die Ablehnung vorzugehen[842], wird man nur dann bejahen können, wenn die Verweigerung offensichtlich sachwidrig erfolgt ist. Angesichts der Situation auf dem Arbeitsmarkt kann – auch im wohlverstandenen Interesse des Unterhaltsberechtigten an einer langfristigen Sicherung seines Anspruchs – daher auch nicht generell verlangt werden, gegen die Verweigerung der Nebentätigkeitsgenehmigung zu klagen.[843]

---

[835] BGH v. 03.12.2008 - XII ZR 182/06 - FamRZ 2009, 314; OLG Nürnberg v. 12.12.2001 - 10 UF 3278/01 - FamRZ 2002, 1426.

[836] BVerfG v. 11.03.2010 - 1 BvR 3031/08 - FamRZ 2010, 793.

[837] OLG Bremen v. 02.11.2009 - 4 WF 108/09 - FamRZ 2010, 574.

[838] OLG Nürnberg v. 16.03.2010 - 10 UF 1612/09 - ZFE 2011, 153; OLG Köln v. 28.09.2011 - IV ZR 250/10 - FamRZ 2012, 314.

[839] OLG Hamburg v. 13.09.2002 - 10 UF 52/01 - FamRZ 2003, 1205-1206.

[840] Vgl. OLG Dresden v. 15.03.2007 - 21 UF 518/06 - ZFE 2007, 271 = FamRZ 2007, 1477.

[841] OLG Naumburg v. 03.06.2009 - 3 WF 121/09 - FamRZ 2010, 127.

[842] Vgl. OLG Hamburg v. 13.09.2002 - 10 UF 52/01 - FamRZ 2003, 1206 u. *Christl*, FamRZ 2003, 125, 1239.

[843] Vgl. OLG Hamm v. 08.07.2004 - 2 WF 307/04 - FamRZ 2005, 649; OLG Hamburg v. 13.09.2005 - 10 UF 6/05 - FamRZ 2006, 503. Vgl. auch OLG Köln v. 12.05.2011- II-27 WF 37/11, 27 WF 37/11 - FamRZ 2012, 314.

§ 1603

ee. Konkret erzielbares Einkommen aus dieser Nebentätigkeit

782 Die Verletzung einer unterhaltsrechtlichen Erwerbsobliegenheit eröffnet den Weg zur Anrechnung fiktiver Einkünfte. Doch darf von dem Unterhaltspflichtigen auch im Rahmen seiner gegenüber minderjährigen Kindern gesteigerten Erwerbsobliegenheit nichts Unmögliches verlangt werden. Daher dürfen auch **keine unrealistischen fiktiven Stundenlöhne** zugrunde gelegt werden.[844]

783 Nach den Vorgaben des BGH[845] ist es zudem erforderlich, die Einkünfte aus der Nebentätigkeit nach **Stundenlohn** und **Zeitaufwand** konkret zu berechnen. Zu berücksichtigen ist dabei auch, dass nur die Geringverdienertätigkeit steuerfrei ist und bei höheren Einkünften **Steuern** und **Sozialabgaben** anfallen. Auch berufsbedingter Aufwand (Wegekosten) sind ggf. abzuziehen.[846]

784 Da es im Bereich der Nebentätigkeiten keine Lohnfortzahlung gibt und deshalb in **Zeiten tatsächlich bestehender Arbeitsunfähigkeit** keine Einkünfte erzielt werden können, kann für diese Zeiten kein fiktives (Neben-)Erwerbseinkommen zugerechnet werden.[847]

d. Arbeitslosigkeit und Nebenerwerbseinkünfte

785 Von einzelnen Oberlandesgerichten wurde dem Unterhaltspflichtigen, der leistungsberechtigt für die Grundsicherung für Arbeitsuchende ist, die **unterhaltsrechtliche Obliegenheit** auferlegt, eine Nebentätigkeit auszuüben und zugleich einen **Titel errichten zu lassen**, damit ihm das diesbezügliche Einkommen zur Unterhaltszahlung verbleibe.[848]

786 Dem **folgt der BGH ausdrücklich nicht** und betont, dass durch die Titulierung des Unterhalts und den dadurch ermöglichten Abzug nach § 11b Abs. 1 Satz 1 Nr. 7 SGB II die unterhaltsrechtliche Leistungsfähigkeit nicht erhöht werden kann.[849]

787 Zunächst muss geklärt werden, welches **Einkommen dem Unterhaltspflichtigen nach unterhaltsrechtlichen Grundsätzen** zur Verfügung steht. Zur Vermeidung eines Zirkelschlusses kann dies nur ohne Berücksichtigung einer wegen des Unterhalts erhöhten Sozialleistung durchgeführt werden.[850] Die sozialgesetzliche Regelung setzt voraus, dass der bestehende Unterhaltstitel nach bürgerlichem Recht ermittelt worden ist und bestimmt zugleich, dass sowohl die zuständigen Behörden als auch die Sozialgerichte die Unterhaltshöhe grundsätzlich nicht zu überprüfen haben. Diese beschränken sich auf die Überprüfung, ob der titulierte Unterhalt tatsächlich gezahlt wird.[851]

788 Daher ist der **Unterhalt allein nach den §§ 1601 ff. BGB zu ermitteln, bevor die Sozialleistungsbedürftigkeit des Unterhaltspflichtigen festgestellt wird**. Es ist also nicht zulässig, für die unterhaltsrechtliche Leistungsfähigkeit den möglichen Bezug von Sozialleistungen unter Berücksichtigung eines nach zivilrechtlichen Kriterien unzutreffend bemessenen oder inzwischen durch die tatsächliche Entwicklung überholten Unterhaltstitels zu ermitteln.

789 Dieselben Grundsätze gelten **auch in Abänderungsverfahren**.[852]

---

[844] BVerfG v. 11.03.2010 - 1 BvR 3031/08 - FamRZ 2010, 793; zu den Anforderungen zur Feststellung von Mindestlöhnen im Rahmen des § 1603 Abs. 2 BGB vgl. auch BVerfG v. 11.03.2010 - 1 BvR 3031/08 - FamRZ 2010, 793, BVerfG v. 29.10.2009 - 1 BvR 443/09 - FamRZ 2010, 183 und BGH v. 03.12.2008 - XII ZR 182/06 - FamRZ 2009, 314; BGH v. 20.02.2008 - XII ZR 101/05 - FamRZ 2008, 872; vgl. auch *Viefhues*, FF 2012, 481; vgl. OLG Düsseldorf v. 28.02.2012 - II-1 UF 306/11, 1 UF 306/11 - juris Rn. 17 - FamFR 2013, 83: fiktiv 200 €.

[845] BGH v. 03.12.2008 - XII ZR 182/06 - FamRZ 2009, 314 = FuR 2009, 162.

[846] OLG Karlsruhe v. 31.01.2007 - 2 WF 5/07 - FamRZ 2007, 1123.

[847] OLG Brandenburg v. 13.03.2014 - 9 UF 106/13.

[848] Vgl. OLG Brandenburg v. 18.05.2006 - 9 UF 238/05 - FamRZ 2006, 1297, 1299; OLG Brandenburg v. 06.02.2007 - 10 UF 157/06 - FamRZ 2007, 1905, 1906; OLG Brandenburg v. 07.02.2008 - 9 UF 157/07 - FamRZ 2008, 2304, 2306 m.w.N.; OLG Brandenburg v. 08.02.2008 - 13 UF 6/07 - NJW 2008, 3366, 3368; OLG Schleswig v. 26.05.2009 - 12 WF 188/08 - NJW-RR 2010, 221, 222; KG Berlin v. 01.10.2010 - 13 UF 91/10 - FamRZ 2011, 1302.

[849] Vgl. BGH v. 19.06.2013 - XII ZB 39/11 - FamRZ 2013, 1378; BGH v. 22.01.2014 - XII ZB 185/12 - FamRZ 2014, 637; ebenso OLG Hamm v. 28.04.2009 - II-13 UF 2/09, 13 UF 2/09 - FamRZ 2010, 570, 571 f.; OLG Düsseldorf v. 09.06.2010 - II-8 UF 46/10, 8 UF 46/10 - FamRZ 2010, 1740, 1741; vgl. auch *Streicher*, FamRZ 2013, 1565; *Schürmann*, jurisPR-FamR 3/2014, Anm. 3

[850] Vgl. BGH v. 19.06.2013 - XII ZB 39/11 - FamRZ 2013, 1378.

[851] Vgl. BSG v. 30.09.2008 - B 4 AS 57/07 R - FEVS 60, 392, 395; BSG v. 09.11.2010 - B 4 AS 78/10 R - juris Rn. 13 - FamRZ 2011, 810.

[852] Vgl. BSG v. 30.09.2008 - B 4 AS 57/07 R - FEVS 60, 392, 395; BSG v. 09.11.2010 - B 4 AS 78/10 R - juris Rn. 13 - FamRZ 2011, 810.

Dem Erfolg eines Abänderungsverlangens steht nicht entgegen, dass das Jobcenter zunächst noch den gezahlten Unterhalt vom Einkommen absetzt und deshalb höhere Leistungen erbringt. Bis zu welchem Betrag noch Unterhalt geleistet werden kann, ohne dass Hilfebedürftigkeit nach den sozialrechtlichen Maßstäben eintritt, ist ggf. durch eine sozialrechtliche Vergleichsberechnung festzustellen.[853]

Der Verfahrensbevollmächtigte des Unterhaltsschuldners hat ggf. auf eine Aussetzung der Vollstreckung hinzuwirken. Diese Erwägungen gelten nur, sofern dem Pflichtigen keine Verletzung der Erwerbspflichten anzulasten ist. Sie gelten auch nur für den Unterhaltsschuldner selbst. Lebt dieser mit weiteren Personen in einer Bedarfs- oder Haushaltsgemeinschaft, denen gegenüber er nur nachrangig oder gar nicht unterhaltsverpflichtet ist, ist seine Leistungsfähigkeit ohne deren Bedarf festzustellen. In diesen Fällen gewährleistet der nach § 11b Abs. 1 Satz 1 Nr. 7 SGB II vorzunehmende Abzug des Unterhalts vom Einkommen, dass der Bedarf der Gemeinschaft notfalls durch öffentliche Hilfen gesichert werden kann.[854]

Schneider[855] verweist darauf, dass die Entscheidung des BGH v. 23.10.2013[856] auch in den Fällen Bedeutung hat, in denen **Unterhaltsberechtigte Leistungen nach dem SGB II beziehen und rückständigen Unterhalt fordern**. Es dürfe dabei nicht vorschnell von einem Anspruchsübergang nach § 33 Abs. 1 SGB II ausgegangen werden.

Der familienrechtliche Berater müsse **bei engen Einkommens- und Vermögensverhältnissen** des Unterhaltspflichtigen zur Klärung der Aktivlegitimation eine **sozialrechtliche Vergleichsberechnung** vornehmen und die hierzu erforderlichen Tatsachen vortragen. Hierbei hat er zunächst den sozialrechtlichen Bedarf des Unterhaltspflichtigen bzw. den Bedarf der Bedarfsgemeinschaft, in der er lebt, gem. §§ 20 ff. SGB II (Regelbedarf, Bedarf für Unterkunft und Heizung und evtl. Mehrbedarfe) zu ermitteln. Dann muss er die um die Freibeträge bereinigte Einkünfte der einzelnen Mitglieder der Bedarfsgemeinschaft gem. §§ 11 ff. SGB II feststellen und diese horizontal auf alle Mitglieder der Bedarfsgemeinschaft verteilen. Erst aufgrund dieser sozialrechtlichen Vergleichsberechnung aller mit dem Unterhaltspflichtigen in einer Bedarfsgemeinschaft lebenden Personen kann festgestellt werden, ob ein Anspruchsübergang nach § 33 Abs. 2 Satz 3 SGB II ausgeschlossen ist.[857]

e. Darlegungs- und Beweislast

Der **Unterhaltspflichtige** trägt die **Darlegungs- und Beweislast**, und zwar auch hinsichtlich der Unzumutbarkeit einer bestimmten Nebentätigkeit und der fehlenden Verfügbarkeit zumutbarer Tätigkeiten.[858]

Der **Unterhaltspflichtige muss in diesem Zusammenhang substantiiert darlegen**, dass und aus welchen Gründen ihm die Aufnahme einer Nebentätigkeit unter Abwägung seiner besonderen Lebens- und Arbeitssituation sowie seiner Gesundheit nicht zuzumuten ist. Er dürfe sich nicht auf die Äußerung beschränken, mit der allgemeinen Arbeitszeitverkürzung sei generell eine Intensivierung der Arbeitsleistung verbunden, denn damit hat er keine besonderen, in seiner Person liegenden, der Ausübung einer Nebentätigkeit entgegenstehenden Gründe vorgebracht.[859]

Im gerichtlichen Verfahren ist daher der nicht erwerbstätige Unterhaltspflichtige gehalten, sowohl seine **nachhaltigen Bemühungen um den Erhalt eines Arbeitsplatzes** darzulegen als auch substantiierten Sachvortrag hinsichtlich aller **Einschränkungen seiner Leistungsfähigkeit** zu bringen. Denn die beim Unterhaltspflichtigen liegende Darlegungs- und Beweislast für alle die Leistungsfähigkeit mindernden Umstände umfasst auch die unternommenen **Anstrengungen zu einer Erwerbstätigkeit einschließlich einer Nebentätigkeit**. Diese müssen konkretisiert werden durch eine Auflistung der Bewerbungen sowie des nachprüfbaren Vortrages der im Einzelnen berufsspezifisch unternommenen Schritte. Er trägt auch für die Erfolglosigkeit seiner Bemühungen die Darlegungs- und Beweislast.[860]

---

[853] *Schürmann*, jurisPR-FamR 3/2014, Anm. 3.
[854] *Schürmann*, jurisPR-FamR 3/2014, Anm. 3.
[855] *Schneider*, FamRB 2014, 88, 89.
[856] BGH v. 23.10.2013 - XII ZB 570/12 - FamRZ 2013, 1962.
[857] *Schneider*, FamRB 2014, 88, 89.
[858] BVerfG v. 18.06.2012 - 1 BvR 774/10 - NJW 2012, 2420; BVerfG v. 14.11.1984 - 1 BvR 14/82, 1 BvR 1642/82 - BVerfGE 68, 256, 270; BVerfG v. 05.03.2003 - 1 BvR 752/02 - juris Rn. 12.
[859] BVerfG v. 18.06.2012 - 1 BvR 774/10 - NJW 2012, 2420.
[860] OLG Schleswig v. 23.12.2013 - 15 UF 100/13.

§ 1603

797 Er darf sich dabei nicht auf allgemein gehaltene Formeln beschränken, wie auf den pauschalen Vortrag, er sei nicht vermittelbar, sondern muss detailliert unter Beweisantritt seinen beruflichen Werdegang der letzten Jahre nachzeichnen.

798 Beruft er sich auf persönliche Einschränkungen, z.B. gesundheitlicher Art, so muss er auch deren Auswirkungen auf eine mögliche Berufsausübung dezidert begründen.[861] Bei gesundheitlichen Einschränkungen ist auch die Obliegenheit zu Wiederherstellung der Arbeitsfähigkeit zu beachten.[862] Es muss also, wenn eine solche Genesung nicht gänzlich ausgeschlossen ist, genau dargelegt werden, welche Schritte in dieser Richtung unternommen worden sind und warum keine Besserung eingetreten ist.

799 Kann der Unterhaltspflichtige den Beweis der Unzumutbarkeit seiner Erwerbstätigkeit nicht führen, so muss er mit der Zurechnung fiktiver Einkünfte rechnen.[863]

800 Nach den Vorgaben des BVerfG[864] muss dann konkret – aber aufgrund des vorgetragenen Sachverhaltes – geprüft werden, ob der hier in Anspruch genommene Unterhaltspflichtige die in Betracht zu ziehende Tätigkeit überhaupt ausüben kann. Seine bisherige Erwerbsbiographie ist für diese Frage von erheblicher Bedeutung. Die Darlegungslast erstreckt sich auch auf diese Gesichtspunkte.

801 Aufgrund seiner weiterhin bestehenden Darlegungs- und Beweislast kann der nicht erwerbstätige Unterhaltspflichtige sich nicht darauf zurückziehen, lediglich zu behaupten, er könne ja keine (ausreichend hoch bezahlte) Arbeit bekommen. Es ist weder Aufgabe des Gerichts noch der Unterhaltsberechtigten, die Höhe erzielbarer Einkünfte nachweisen; vielmehr ist es Sache des Unterhaltspflichtigen, dies im Einzelnen darzutun.[865] Erst damit hat er überhaupt das Gericht in die Lage versetzt, zu überprüfen, ob dieser Sachvortrag tatsächlich den Gegebenheiten auf dem (für den Unterhaltspflichtigen in Betracht kommenden) Arbeitsmarkt widerspricht.

17. Erwerbsunfähigkeit/Berufsunfähigkeit

802 Auch ein **Berufsunfähiger**, der lediglich eine Berufsunfähigkeitsrente bezieht, ist verpflichtet, zur Erfüllung seiner Unterhaltspflicht gegenüber minderjährigen Kindern eine **leichte Erwerbstätigkeit** auszuüben.[866] Der Bezug einer Rente gebietet nicht zwingend den Schluss, dass der Rentenbezieher nicht in der Lage ist, leichte Tätigkeiten auszuüben.[867] Insbesondere ergibt sich dies nicht aus der gesetzlichen Regelung der Berufsunfähigkeitsrente. Eine Rente wegen Berufsunfähigkeit wird gezahlt, wenn die Erwerbsfähigkeit des Versicherten aufgrund einer Erkrankung oder Behinderung so sehr gemindert ist, dass er in seinem erlernten Beruf nur noch weniger als die Hälfte dessen verdienen kann, was ein vergleichbarer gesunder Mensch verdienen könnte.

803 Auch der Bezug einer **Erwerbsminderungsrente (Erwerbsunfähigkeitsrente)** genügt nicht zum Nachweis der völligen Erwerbsunfähigkeit. Denn rentenrechtlich liegt bereits eine volle Erwerbsminderung, wenn Versicherte wegen Krankheit oder Behinderung unter den üblichen Bedingungen des allgemeinen Arbeitsmarktes auf nicht absehbare Zeit nur noch weniger als drei Stunden täglich im Rahmen einer Fünf-Tage-Woche erwerbstätig sein können. Damit bleibt aber aus unterhaltsrechtlicher Sicht noch eine – geringe – Erwerbstätigkeit möglich.

804 Auch die Leistungen aus einer **privaten Berufsunfähigkeits-Zusatzrente** müssen bei der Unterhaltsberechnung dem zugrunde zu legenden Einkommen hinzugerechnet werden. Damit unterscheidet sich die der Einkommenssicherung dienende private Zusatzversicherung von Sozialleistungen, die für einen Körper- oder Gesundheitsschaden gewährt werden.[868]

805 Vertreten wird, zusätzliche Aufwendungen, die für die Heilung oder Linderung von gesundheitlichen Beschwerden erbracht werden, als **Aufgabe der Krankenversicherung** zu betrachten und nicht von den allein der Einkommenssicherung dienenden Leistungen der privaten Zusatzversicherung in Abzug zu bringen.[869]

---

[861] *Schürmann*, jurisPR-FamR 16/2012, Anm. 1.
[862] *Wendl/Dose*, Unterhaltsrecht, 2011, § 1 Rn. 789.
[863] *Lüder*, FamFR 2012, 409, 410.
[864] BVerfG v. 18.06.2012 - 1 BvR 774/10 - NJW 2012, 2420; BVerfG v. 18.06.2012 - 1 BvR 1530/11 - FamRZ 2012, 1283; BVerfG v. 18.06.2012 - 1 BvR 2867/11 - JAmt 2012, 417-41.
[865] So zutreffend *Götsche*, FamRB 2012, 266, 267 f.
[866] OLG Jena v. 23.02.2006 - 1 UF 218/05 - FamRZ 2006, 1299.
[867] OLG Düsseldorf v. 21.02.2001 - 9 WF 12/01 - FamRZ 2001, 1477.
[868] DIJuF-Rechtsgutachten 24.07.2012, U 2.100, Dl JAmt 2012, 526-528.
[869] DIJuF-Rechtsgutachten 24.07.2012, U 2.100, Dl JAmt 2012, 526-528.

Der Unterhaltspflichtige genügt bei Verschweigen der Leistungen aus der Zusatzversicherung seinen Auskunftsobliegenheiten nicht, so dass den Unterhaltsberechtigten ein Schadensersatzanspruch zusteht und sie die rückständige Unterhaltsdifferenz geltend machen können.[870] Ein Schadensersatzanspruch kann rückwirkend auch ohne Verzug durchgesetzt werden. 806

Für die Leistungsunfähigkeit eines Unterhaltsschuldners reicht der Nachweis über die **Berufsunfähigkeit** allein nicht aus, wenn dieser lediglich eine **Erwerbstätigkeit in dem bis dahin ausgeübten Beruf ausschließt**. Gegenüber einem minderjährigen Unterhaltsberechtigten trifft den Verpflichteten eine gesteigerte Erwerbspflicht, aufgrund derer vom Verpflichteten ein besonderer Einsatz bei der Erwerbstätigkeit und bei den Bemühungen um eine Erwerbstätigkeit im Fall der Arbeitslosigkeit erwartet wird. Er muss sich also auch um die Aufnahme einer ihm nach dem Gutachten durchaus möglichen Erwerbstätigkeit in einem anderen Berufsfeld, sei es in dem von ihm im Wege der Fortbildung erlernten, sei es in einem anderen, bemühen. Zudem kommt die Ausübung einer Nebentätigkeit in Betracht.[871] 807

Leistet der Rentenversicherungsträger eine **Rente wegen voller Erwerbsminderung aus arbeitsmarktpolitischen Gründen**, so ist dies zwar ein starkes Indiz **für eine fehlende realistische Beschäftigungschance im regulären Arbeitsmarkt**. Das schließt allerdings realistische Beschäftigungschancen für den Unterhaltspflichtigen **außerhalb eines regulären Teilzeitarbeitsverhältnisses**, nämlich im Rahmen einer Nebentätigkeit, nicht aus.[872] 808

18. Altersteilzeit und Vorruhestand

Für die Bemessung von unterhaltsrechtlicher **Leistungsfähigkeit** und **Bedürftigkeit** sind Vorruhestand und Altersteilzeit in zweifacher Hinsicht von Bedeutung: 809

- Während der Phase **bis zum regulären Rentenalter** wird das Einkommen durch den Bezug der niedrigeren Rente im Vergleich zum bisherigen vollen Erwerbseinkommen reduziert.
- Aber auch für die Zeit **ab dem regulären Renteneintritt** kann sich aus der vorzeitigen Inanspruchnahme der Rente eine Reduzierung des dann gezahlten Ruhegehaltes bzw. Renteneinkommens ergeben. Hat das Gericht dem Unterhaltspflichtigen im Vorprozess ein fiktives Einkommen aus vollschichtiger Tätigkeit zugerechnet, weil dieser unterhaltsrechtlich leichtfertig Altersteilzeit in Anspruch genommen hat, so ist – wenn und soweit ihm dadurch Rentennachteile entstehen, die nicht durch versorgungswirksame Entschädigungen des Arbeitgebers kompensiert werden – dem Unterhaltspflichtigen im Abänderungsverfahren ab Erreichen der Regelaltersgrenze für den Bezug von Altersrente fiktiv ein Renteneinkommen in der Höhe zuzuschreiben, in der er es bezöge, hätte er nicht Altersteilzeit in Anspruch genommen.[873]

a. Verletzung der unterhaltsrechtlichen Erwerbsobliegenheit

Die unterhaltsrechtliche Erwerbsobliegenheit endet erst mit Erreichen der allgemeinen Regelaltersgrenzen nach den §§ 35, 235 SGB VI bzw. § 51 BBG.[874] Durch diese gesetzlichen Bestimmungen legt die Rechtsordnung den Rahmen für die Erwerbsbiografie des Einzelnen fest. Solange die gesetzlichen Regelungen dabei nicht offensichtlich auf berufsbezogenen Besonderheiten beruhen[875] oder ansonsten von der wirklichen Erwerbsfähigkeit des Einzelnen abweichen,[876] können sie als Maßstab auch für das Unterhaltsrecht herangezogen werden. 810

Die gesetzliche **Regelaltersgrenze** gilt nicht nur für den Unterhaltsberechtigten, sondern auch für den Unterhaltspflichtigen.[877] 811

Auch hier gilt der unterhaltsrechtliche Grundsatz, dass eine **selbst herbeigeführte Verminderung der Leistungsfähigkeit** nach Treu und Glauben unbeachtlich ist, wenn die betreffende Person **unterhaltsrechtlich verantwortungslos** oder zumindest **leichtfertig** gehandelt hat. Die den Regelungen über flexible Altersgrenzen zugrunde liegenden sozialpolitischen oder arbeitsmarktorientierten Erwägungen 812

---

[870] DIJuF-Rechtsgutachten 24.07.2012, U 2.100, Dl JAmt 2012, 526-528.
[871] OLG Brandenburg v. 26.03.2010 - 13 WF 41/08.
[872] OLG Brandenburg v. 13.03.2014 - 9 UF 106/13.
[873] OLG Saarbrücken v. 17.02.2011 - 6 UF 114/10 - FamFR 2011, 153.
[874] BGH v. 11.07.2012 - XII ZR 72/10 - FamRZ 2012, 1483.
[875] Vgl. etwa BGH v. 15.10.2003 - XII ZR 65/01 - FamRZ 2004, 254: Strahlflugzeugführer.
[876] Vgl. BGH v. 03.02.1999 - XII ZR 146/97 - FamRZ 1999, 708, 710: vorgezogene Altersrente für Frauen.
[877] BGH v. 12.01.2011 - XII ZR 83/08 - FamRZ 2011, 454; BGH v. 11.07.2012 - XII ZR 72/10 - FamRZ 2012, 1483.

§ 1603

bieten keinen zur Beurteilung der **unterhaltsrechtlichen Erwerbsobliegenheit** geeigneten Maßstab. Regelmäßig liegt daher eine unterhaltsrechtliche Obliegenheitsverletzung vor mit der Folge des Ansatzes der bisherigen höheren Einkünfte.[878]

813 Beruhen Einkommensminderungen auf einer Verletzung der Erwerbsobliegenheit des Unterhaltspflichtigen oder sind sie durch dessen freiwillige berufliche oder wirtschaftliche Dispositionen veranlasst und hätten sie von diesem durch zumutbare Vorsorge aufgefangen werden können, bleiben sie deswegen unberücksichtigt. Folge daraus ist, dass stattdessen **fiktive Einkünfte** in Höhe des bisherigen Einkommens anzusetzen sind.[879]

814 Nach diesen Maßstäben der **unterhaltsbezogenen Mutwilligkeit oder Leichtfertigkeit** ist auch die Frage zu beurteilen, ob der Unterhaltspflichtige sein Einkommen durch die Inanspruchnahme von **Altersteilzeit oder von Vorruhestandsregelungen** reduzieren darf.[880]

815 Für die familienrechtliche Praxis bedeutsam sind allerdings die möglichen Ausnahmen, denn eine Obliegenheitsverletzung muss immer aufgrund einer **umfassenden Interessenabwägung** unter Gesamtwürdigung aller Umstände des Einzelfalles nach Abwägung der Belange des Berechtigten und des Verpflichteten festgestellt werden. Hierzu ist aber in der Praxis ein ausreichend substantiierter **anwaltlicher Sachvortrag** erforderlich, der ggf. auch bewiesen werden muss. Es kann eine Reihe von **Ausnahmen** vom Grundsatz gegeben sein.

b. Ausnahmen

816 Bei **Altersteilzeit** wird **eine unterhaltsbezogene Mutwilligkeit** regelmäßig **nicht vorliegen**, wenn der Bedarf des Unterhaltsberechtigten schon durch eigene Einkünfte und einen gegebenenfalls fortbestehenden Unterhaltsanspruch auf einem relativ hohen Niveau **sichergestellt** ist. Im Übrigen wird die Vereinbarung von Altersteilzeit dann gerechtfertigt sein, wenn sich der Unterhaltspflichtige dafür auf **betriebliche, persönliche oder gesundheitliche Gründe** berufen kann, die bei einer Gesamtabwägung aller Umstände eine mit der Reduzierung seines Einkommens verbundene Einschränkung seiner Erwerbstätigkeit auch gegenüber dem Unterhaltsberechtigten als angemessen erscheinen lässt.[881]

817 Macht der unterhaltspflichtige Ehegatte von der Möglichkeit Gebrauch, nach den Bestimmungen zur **flexiblen Altersgrenze** vorzeitig die Altersrente zu beziehen, so liegt hierin in der Regel ein leichtfertiges Verhalten, wenn der vorzeitige Bezug der Versorgung weder aus gesundheitlichen noch betrieblichen Gründen geboten war oder nicht der gemeinsamen Lebensplanung der Ehegatten entsprach.[882]

818 Eine Obliegenheitsverletzung kann ausscheiden, wenn der Arbeitgeber das Arbeitsverhältnis in zulässiger Weise ohnehin beendet hätte und der Arbeitnehmer nur durch „**Flucht in die Rente**" der **Kündigung zuvorgekommen** ist, da nicht zu erwarten ist, dass er auf dem Arbeitsmarkt eine seiner bisherigen Tätigkeit entsprechende Arbeitsstelle finden wird.[883]

819 Ähnliche Maßstäbe gelten auch für Vereinbarungen, durch die ein Unterhaltspflichtiger seinen Arbeitsplatz wegen der Möglichkeit des Zugangs zu einem vorgezogenen Altersruhegeld bereits vor dem Erreichen der Regelaltersgrenze aufgibt (**Vorruhestand**). In diesen Fällen kann es auch darauf ankommen, inwieweit es dem Unterhaltspflichtigen möglich ist, das **Niveau seines bisherigen Erwerbseinkommens** über seine Frühpensionierung hinaus durch eine andere berufliche Tätigkeit oder durch die Umlage einer Entschädigung für den Verlust seines Arbeitsplatzes (Abfindung) bis zum Erreichen der für ihn maßgeblichen Regelaltersgrenze **zu halten**.[884]

820 Hierzu sind jedoch **konkrete Feststellungen** des Gerichts und zuvor ausreichende **Sachverhaltsangaben** der Verfahrensbeteiligten erforderlich. Zwar könne eine mit dem Eintritt in die Altersteilzeit verbundene **lediglich geringe Nettoeinkommenseinbuße** als Indiz gegen die unterhaltsbezogene Mut-

---

[878] OLG Koblenz v. 22.10.2003 - 9 UF 175/03 - FamRZ 2004, 1573; OLG Koblenz v. 15.09.2011 - 7 UF 60/11 - juris Rn. 19 - FamFR 2012, 60; OLG Hamm v. 15.10.2004 - 11 UF 22/04 - NJW 2004, 161 = ZFE 2005, 97; OLG Saarbrücken v. 28.10.2004 - 6 WF 75/04 - ZFE 2005, 101; *Viefhues*, FF 2006, 103.

[879] BGH v. 11.07.2012 - XII ZR 72/10 - FamRZ 2012, 1483.

[880] Ausführlich *Viefhues*, FF 2006, 103.

[881] BGH v. 11.07.2012 - XII ZR 72/10 - FamRZ 2012, 1483.

[882] OLG Saarbrücken v. 05.08.2010 - 6 UF 138/09 - FamRZ 2011, 647.

[883] OLG Hamm v. 15.10.2004 - 11 UF 22/04 - NJW 2004, 161 = ZFE 2005, 97; OLG Hamm v. 12.04.2000 - 12 UF 149/99 - OLGR Hamm 2000, 292 = NJW-RR 2001, 433; OLG Koblenz v. 22.10.2003 - 9 UF 175/03 - FamRZ 2004, 1573.

[884] Vgl. dazu OLG Bamberg v. 19.08.2009 - 7 UF 238/08 - FamRZ 2010, 381 (LS).

willigkeit einer Altersteilzeitvereinbarung gewertet werden.[885] Dies gilt umso mehr, als sich der Unterhaltsberechtigte in der passiven Phase der Altersteilzeit **keine berufsbedingten Aufwendungen** und **keinen Erwerbstätigenbonus** mehr entgegenhalten lassen muss.

Jedoch müssen auch die **langfristigen Auswirkungen** der Einkommenseinbußen auf die **später gezahlte Rente** berücksichtigt werden, sofern dieser Zeitraum noch für Unterhaltsansprüche relevant wird. Denn die später bezogene Altersrente verringert sich aufgrund der vorzeitigen Beendigung des Erwerbslebens. Hier kann im Einzelfall durch eine in der Ruhestandsregelung vorgesehene Entschädigung eine Kompensation eintreten. Ist dies nicht oder in nicht ausreichendem Umfang der Fall und werden so die Einkommenseinbußen **nur in geringem Umfange kompensiert**, werden mögliche Unterhaltsinteressen des Unterhaltsberechtigten für den Zeitraum nach dem regulären Ruhestand in weitaus stärkerem Umfang berührt.[886]

Werden bezogene Altersrente und Erwerbseinkommen kumulativ berücksichtigt, so darf dies nicht dazu führen, dass durch dieses zusammengerechnete Einkommen ein Bedarf entsteht, der auf einem Niveau liegt, welches vom Sinn und Zweck der in § 1578 Abs. 1 Satz 1 BGB angeordneten Teilhabe am ehelichen Lebensstandard nicht mehr gedeckt wäre.[887]

Wird tatsächlich erzieltes Erwerbseinkommen aus den vorgenannten Gründen – ganz oder teilweise – nicht berücksichtigt, sind auch die auf diesen Einkommensteil entfallenden **Steuern** und **Sozialabgaben** aus der Unterhaltsberechnung auszuscheiden. Hier ist detaillierter Sachvortrag erforderlich.

Das Oberlandesgericht Bamberg hat ein unterhaltsbezogen mindestens leichtfertiges Verhalten verneint, weil die **Bedürftige selbst auch nur eingeschränkt erwerbstätig ist** und es sich um ein wirtschaftlich günstiges Modell handelt, bei dem der **Einkommensverlust** im Verhältnis zum vormaligen Einkommen nicht einmal 20% beträgt, also **in keinem Verhältnis zu der um 50% ermäßigten Arbeitszeit steht**.[888]

Das Gleiche gilt, wenn der Betreffende an seine Arbeitsfähigkeit belastenden **gesundheitlichen Beeinträchtigungen** leidet und aus diesem Grunde aus dem aktiven Erwerbsleben ausscheidet. Es muss jedoch ein unterhaltsrechtlich bedeutsamer Krankheitszustand vorliegen, der aus medizinischen Gründen eine geringere berufliche Belastung notwendig macht. Zum anderen muss gerade diese medizinische Notwendigkeit durch die Altersteilzeit oder den Vorruhestand aufgefangen werden. Eine Altersteilzeit muss also letztlich das schlimmere Übel, nämlich die Arbeitslosigkeit im Alter als Folge der Krankheit verhindern. In diesem Fall ist die tatsächliche Reduzierung der Einkünfte unterhaltsrechtlich anzuerkennen.[889] Einschränkungen können wiederum umgekehrt gelten, wenn trotz eines gesundheitlich bedingten verminderten Arbeitseinsatzes ein Anspruch auf volle Bezüge besteht.[890]

Bei **besonderen Altersgrenzen** aus **persönlichen Gründen** (z.B. Schwerbehinderte) oder **beruflichen Gründen** (z.B. Polizei, Feuerwehr, Vollzugsdienst der Justiz, Fluglotsen, Soldaten, Bergleuten) hängt das vorzeitige Ausscheiden aus dem aktiven Berufsleben nicht vom Willen der betreffenden Person ab, so dass darin allein kein unterhaltsrechtlich vorwerfbares Verhalten liegt. Allerdings lässt das Erreichen dieser besonderen Altersgrenze die Erwerbsobliegenheit nicht ohne weiteres entfallen. Bei einem mit 41 Jahren pensionierten, aber voll erwerbsfähigen Flugzeugführer hat der BGH eine Obliegenheitsverletzung bejaht, wenn dieser sich mit seinen Versorgungsbezügen begnügte.[891] Entscheidend ist hier, ob in der konkreten Situation noch eine anderweitige Erwerbstätigkeit der vorzeitig in Ruhestand gegangenen Person möglich ist. Dies hängt ab von seiner beruflichen Vorbildung und seinen Fähigkeiten, aber auch von dem konkreten gesundheitlichen Zustand.

---

[885] Vgl. BGH v. 11.07.2012 - XII ZR 72/10 - FamRZ 2012, 1483; vgl. OLG Bamberg v. 19.08.2009 - 7 UF 238/08; KG Berlin v. 17.06.2005 - 25 UF 101/04.

[886] BGH v. 11.07.2012 - XII ZR 72/10 - FamRZ 2012, 1483.

[887] BGH v. 12.01.2011 - XII ZR 83/08 - BGH NJW 2011, 670 mit Anm. *Born* = FamRZ 2011, 454 mit Anm. *Fink*; vgl. auch OLG Karlsruhe v. 24.02.2011 - 2 UF 45/09 - FamRZ 2011, 1303.

[888] OLG Bamberg v. 19.08.2009 - 7 UF 238/08 - FamRZ 2010, 381 (LS).

[889] OLG Koblenz v. 22.10.2003 - 9 UF 175/03 - FamRZ 2004, 1573; OLG Koblenz v. 12.12.2003 - 13 WF 836/03 - NJW-RR 2004, 938; OLG Köln v. 26.09.2002 - 14 UF 133/01 - FamRZ 2003, 601, 602; OLG Hamm v. 16.01.2001 - 13 UF 582/99 - FamRZ 2001, 1476; OLG Hamm v. 12.04.2000 - 12 UF 149/99 - NJW-RR 2001, 433 f., 434 = FamRZ 2001, 482; OLG Hamm v. 03.11.1998 - 2 WF 418/98 - FamRZ 1999, 1078.

[890] LG Itzehoe v. 22.01.1997 - 4 T 123/96 - FamRZ 1998, 256.

[891] BGH v. 15.10.2003 - XII ZR 65/01 - FamRZ 2004, 254, 255 mit Anm. *Borth*.

§ 1603

828 Hat das Gericht dem Unterhaltspflichtigen im Vorprozess ein fiktives Einkommen aus vollschichtiger Tätigkeit zugerechnet, weil dieser unterhaltsrechtlich leichtfertig Altersteilzeit in Anspruch genommen hat, so ist – wenn und soweit ihm dadurch Rentennachteile entstehen, die nicht durch versorgungswirksame Entschädigungen des Arbeitgebers kompensiert werden – dem Unterhaltspflichtigen im Abänderungsverfahren ab Erreichen der Regelaltersgrenze für den Bezug von Altersrente fiktiv ein Renteneinkommen in der Höhe zuzuschreiben, in der es bezöge, hätte er nicht Altersteilzeit in Anspruch genommen.[892]

19. Darlehens- und Schuldverpflichtungen

829 Die Leistungsfähigkeit des Unterhaltspflichtigen kann durch **Schuldverpflichtungen** begrenzt oder sogar ausgeschlossen sein. Grundsätzlich gilt der Abzug von Schulden auch bei der Unterhaltspflicht gegenüber minderjährigen Kindern, denn diese leiten ihre Lebensstellung von den Eltern ab bzw. nach Trennung der Eltern vom barunterhaltspflichtigen Elternteil.[893] Ist der Elternteil mit Verbindlichkeiten belastet, beeinträchtigt dies auch die Lebensstellung des Kindes.[894] Das minderjährige Kind nimmt daher grundsätzlich an dem wirtschaftlich geminderten Lebensstandard teil, wenn der Unterhaltsverpflichtete Schulden zu tilgen hat und nur über entsprechend geringere Einkünfte verfügen kann. Sein Bedarf macht also jeden Wechsel der elterlichen Lebensstellung mit.[895]

830 Liegen die Voraussetzungen vor, unter denen nach der Rechtsprechung des BGH[896] beim Ehegattenunterhalt Tilgungsleistungen auf ein Hausdarlehen nicht mehr einkommensmindernd zu berücksichtigen wären, so gilt dies grundsätzlich auch für den Kindesunterhalt.[897] Da es beim Kindesunterhalt immer auf das aktuelle, tatsächlich verfügbare Einkommen ankommt, gilt dies **auch für nach der Trennung oder Scheidung aufgenommene Belastungen**.[898] Auf die Ehebedingtheit der Schulden kommt es mithin nicht an. Damit wird bereits deutlich, dass hinsichtlich der Berücksichtigung von Schulden beim Minderjährigenunterhalt andere Maßstäbe gelten können als beim Ehegattenunterhalt (vgl. dazu die Kommentierung zu § 1361 BGB Rn. 304 ff.).[899]

831 Werden **Großeltern** im Wege der **Ersatzhaftung** auf Kindesunterhalt in Anspruch genommen, so können Kreditraten als abzugsfähig anerkannt werden, wenn und soweit sie sich in einer im Verhältnis zu den vorhandenen Einkünften angemessenen Höhe halten und die Verpflichtung bereits eingegangen wurde, als der Unterhaltspflichtige noch nicht damit zu rechnen brauchte, auf Unterhalt in Anspruch genommen zu werden.[900]

832 Aber auch hinsichtlich der **Anerkennungsfähigkeit** der regelmäßigen Raten bestehen Unterschiede. Abzugsfähig sind nicht von vorneherein sämtliche Schulden, die der Unterhaltsverpflichtete zu tilgen hat, sondern nur die unterhaltsrechtlich „berücksichtigungsfähigen" Verbindlichkeiten. Dabei ist ein **strenger Maßstab** anzulegen. Ob und wieweit dieses Merkmal im Einzelfall erfüllt ist, ist unter **umfassender Interessenabwägung** zu beurteilen, wobei es insbesondere auf den Zweck der Verbindlichkeiten, den Zeitpunkt und die Art ihrer Entstehung, die Kenntnis des Unterhaltsverpflichteten von Grund und Höhe der Unterhaltsschuld und auf andere Umstände ankommt.[901] Die vorzunehmende „umfassende Interessenabwägung" der Belange aller Gläubiger ist immer dann besonders problematisch, wenn die kreditgebende Bank auf der vollen Monatsrate besteht.[902]

833 Soweit **Darlehensverbindlichkeiten aus der Zeit des Zusammenlebens der Eltern** des Kindes stammen, sind diese in **Höhe der seinerzeit vereinbarten monatlichen Kreditraten** einkommensmindernd zu berücksichtigen. Bei einer **späteren Aufstockung** des Krediters muss deren Notwendigkeit besonders dargelegt werden. Das OLG Brandenburg verweist darauf, dass der Unterhaltspflichtige den

---

[892] OLG Saarbrücken v. 17.02.2011 - 6 UF 114/10 - FamFR 2011, 153.
[893] BGH v. 06.02.2002 - XII ZR 20/00 - BGHZ 150, 12-31; BGH v. 09.01.2002 - XII ZR 34/00 - NJW 2002, 2026-2029; OLG Nürnberg v. 16.03.2010 - 10 UF 1612/09 - ZFE 2011, 153.
[894] BGH v. 25.10.1995 - XII ZR 247/94 - NJW-RR 1996, 321-323.
[895] *Hoppenz*, FPR 2006, 97, 100.
[896] BGH v. 05.03.2008 - XII ZR 22/06 - FamRZ 2008, 963.
[897] OLG Saarbrücken v. 17.12.2009 - 6 WF 123/09 - FamRZ 2010, 1344.
[898] OLG Köln v. 06.02.2006 - 4 WF 192/05 - ZFE 2006, 196.
[899] *Hoppenz*, FPR 2006, 97, 100.
[900] BGH v. 20.12.2006 - XII ZR 137/04 - FamRZ 2007, 375.
[901] BGH v. 06.02.2002 - XII ZR 20/00 - BGHZ 150, 12-31; OLG Nürnberg v. 30.05.2003 - 11 UF 850/03 - NJW 2003, 3138-3139; zur Darlegungslast vgl. OLG Brandenburg v. 01.04.2003 - 10 UF 220/02 - NJW-RR 2003, 1514.
[902] *Born*, FamRZ 2001, 441.

bestehenden Kredit angesichts seiner ohnehin eingeschränkten Leistungsfähigkeit und seiner Barunterhaltspflicht gegenüber zwei minderjährigen Kindern nach der Trennung insbesondere nicht zur **Finanzierung einer neuen Wohnungseinrichtung** erhöhen durfte. Stattdessen hätte er ein Hausratsteilungsverfahren durchführen oder sich um preiswerte gebrauchte Möbel kümmern können.[903]

Insbesondere dann, wenn das Ende der Unterhaltsbelastung abzusehen ist (wie bei der Unterhaltsverpflichtung gegenüber einem Jugendlichen oder gegenüber einem bereits volljährigen, in der Ausbildung befindlichen Kind), bestehen gute Gründe, vom Unterhaltspflichtigen eine **Streckung seiner Tilgungsleistungen** zu verlangen.[904] 834

Zu bedenken ist aber, dass zu einer Herabsetzung der Tilgungsraten immer das **Einverständnis der kreditgebenden Bank** erforderlich ist. Um im gerichtlichen Verfahren der Argumentation zu begegnen, man könne die Raten herabsetzen, sollte der Unterhaltsschuldner schon im eigenen Interesse frühzeitig mit seiner Bank Kontakt aufnehmen und die Möglichkeiten einer Herabsetzung der Monatsraten ausloten. Lehnt die Bank von vorneherein ab, sollte man sich dies entsprechend bescheinigen lassen und dem Gericht vorlegen (vgl. auch Rn. 832). Falls durch die Änderung der Darlehensmodalitäten Mehrkosten anfallen, können diese unterhaltsrechtlich in Ansatz gebracht werden. 835

Geht es dabei um Schulden für die Anschaffung eines **Pkws**, so ist zu beachten, dass die Anschaffungskosten vielfach nach den Unterhaltsleitlinien der Oberlandesgerichte (Ziffer 10.2.2) bereits in den Kosten der – anderweitig berücksichtigten – berufsbedingten Nutzung eines Kraftfahrzeugs enthalten sind. Mit diesem Satz sind aber regelmäßig sämtliche Kosten des Fahrzeuges einschließlich der Anschaffungskosten und evtl. Kreditkosten abgegolten.[905] 836

Diese Grundsätze gelten auch beim **Elternunterhalt**.[906] 837

Der BGH verlangt umfassende **Interessenabwägung** bei der Abzugsfähigkeit von **Kreditraten für den Kauf eines Pkws**. Beanstandet wurde die fehlende Feststellung, ob der Pkw aus beruflichen Gründen benötigt werde. Da es um den Mindestunterhalt der Kinder geht, könne ihm nicht zugestanden werden, Kreditverbindlichkeiten ohne Rücksicht auf die Belange der Unterhaltsberechtigten zu tilgen. Falls er auf die Nutzung eines Fahrzeugs nicht angewiesen sein sollte, obliegt es ihm, dieses zu veräußern. Andernfalls wären seine Fahrtkosten nach Maßgabe der Leitlinien in der Weise zu bemessen, dass damit auch anteilige Finanzierungskosten abgedeckt werden.[907] 838

Zu prüfen ist dabei auch, ob anderweitige Erstattungen für die Fahrtkosten gezahlt werden. Erhält der Unterhaltspflichtige für die berufliche Nutzung seines privateigenen Pkw Erstattung in einer Größenordnung, die den Höchstsatz nach Nr. 10.2.2 Abs. 4 Satz 2 der Leitlinien erreicht oder übersteigt, kann er den für die Anschaffung dieses Pkw aufgenommenen Kredit nicht von seinem Einkommen in Abzug bringen.[908] 839

In die Abwägung miteinzubeziehen sind auch die Möglichkeiten des Unterhaltsschuldners, seine **Leistungsfähigkeit in zumutbarer Weise ganz oder teilweise wiederherzustellen,** sowie gegebenenfalls schutzwürdige Belange des Drittgläubigers. Im Hinblick auf die nach § 1603 Abs. 2 Satz 1 BGB verschärfte Haftung für den Unterhalt minderjähriger unverheirateter Kinder ist zusätzlich zu beachten, dass diesen Kindern jede Möglichkeit fehlt, durch eigene Anstrengungen zur Deckung ihres notwendigen Unterhaltsbedarfs beizutragen. Teilweise wird ausgeführt, auf Kreditverbindlichkeiten, die der Unterhaltsschuldner in Kenntnis seiner Barunterhaltspflicht eingegangen ist, könne er sich im Regelfall nicht berufen.[909] 840

Der BGH hat betont, dass die besonderen Anforderungen, die an gesteigert unterhaltspflichtige Eltern gestellt werden, nicht nur die Ausnutzung der Arbeitskraft betreffen, sondern auch einen eventuellen **Verzicht, der ihnen bei ihren Ausgaben zuzumuten** ist. Ob eine bestehende Verpflichtung unterhaltsrechtlich als abzugsfähig anzuerkennen ist, muss deshalb im Einzelfall unter umfassender Interessenabwägung beurteilt werden. Dabei kommt es insbesondere auf den Zweck der **Verbindlichkeit**, den Zeitpunkt und die Art ihrer Entstehung, die Kenntnis des Unterhaltspflichtigen von Grund und Höhe der Unterhaltsschuld und andere Umstände an.[910] 841

---

[903] OLG Brandenburg v. 19.07.2011 - 10 UF 20/11 - FamFR 2011, 3939.
[904] Vgl. OLG Rostock v. 26.03.2009 - 10 UF 168/08 - FamRZ 2009, 1923.
[905] OLG Hamm v. 19.07.2000 - 6 UF 296/99 - FamRZ 2000, 1367; OLG Hamm v. 20.06.1997 - 11 UF 189/96 - FamRZ 1998, 561.
[906] OLG Hamm v. 29.10.2012 - 9 UF 64/12, bestätigt durch BGH v. 05.02.2014 - XII ZB 25/13.
[907] BGH v. 19.03.2014 - XII ZB 367/12 - NJW 2014, 1531 = FamRZ 2014, 923.
[908] OLG Frankfurt v. 07.07.2006 - 2 WF 146/06 - OLGR Frankfurt 2007, 131.
[909] OLG Koblenz v. 28.12.2004 - 11 UF 825/03 - OLGR Koblenz 2005, 871-872.
[910] BGH v. 30.01.2013 - XII ZR 158/10 - FamRZ 2013, 616 mit Anm. *Finke*, FamRZ 2013, 618; BGH v. 18.03.1992 - XII ZR 1/91 - FamRZ 1992, 797, 798 und BGH v. 09.05.1984 - IVb ZR 74/82 - FamRZ 1984, 657, 658.

§ 1603

842 Bei der vorzunehmenden **Interessenabwägung** ist die wesentliche Aufgabe des barunterhaltspflichtigen Elternteils **vorrangig**, das **Existenzminimum seines minderjährigen Kindes** sicherzustellen. Denn das Kind hat – anders als ein Erwachsener – wegen seines Alters von vornherein die Möglichkeit verschlossen, durch eigene Anstrengungen zur Deckung seines notwendigen Lebensbedarfs beizutragen.[911] Auf Schulden, die **leichtfertig**, für **luxuriöse Zwecke** oder **ohne verständigen Grund** eingegangen worden sind, kann sich der Unterhaltsverpflichtete dem minderjährigen Kind gegenüber grundsätzlich nicht berufen.[912] Prinzipiell sollte sichergestellt sein, dass wenigstens der **Unterhalt in Höhe des Mindestbedarfes** (der untersten Stufe der Düsseldorfer Tabelle) **sichergestellt** ist. Ausnahmen können allenfalls dann gelten, wenn der Unterhaltspflichtige andernfalls nicht einmal die regelmäßige Zinsbelastung abdecken, jedenfalls aber nicht seine Schuldverpflichtungen tilgen könnte.[913] Dann würde die Nichtberücksichtigung der Schulden zu einer ständig weiter wachsenden Verschuldung des Unterhaltspflichtigen führen.

843 Verlangt das minderjährige Kind den Mindestunterhalt, kann der barunterhaltspflichtige Vater nicht alle **ehelichen Schulden** einkommensmindernd geltend machen, wohl aber, wenn das Kind mehr als den Mindestunterhalt verlangt.[914]

844 Da minderjährige Kinder ihre Lebensstellung von den unterhaltspflichtigen Eltern – nach Trennung der Eltern vom barunterhaltspflichtigen Elternteil – ableiten, ist es auch dann nicht von vorneherein ausgeschlossen, eine Schuldentilgung durch den Verpflichteten zu berücksichtigen, wenn der Mindestunterhalt des Kindes nicht gesichert ist.[915] Vielmehr ist eine Abwägung nach den Umständen des Einzelfalles vorzunehmen, wobei die Interessen des Unterhaltsschuldners, des Drittgläubigers und des Unterhaltsgläubigers angemessen zu berücksichtigen sind. Ist das Darlehen überwiegend für die Anschaffung von Einrichtungsgegenständen verwendet worden, welche nach dem Auszug des Unterhaltspflichtigen in der Ehewohnung verblieben sind und damit auch den dort weiterhin wohnenden unterhaltsberechtigten Kindern zugutekommen, sind anteilige Darlehensraten einkommensmindernd zu berücksichtigen.

845 Bei fehlender Sicherstellung des Mindestunterhalts für die minderjährigen Kinder bleiben die Tilgungsanteile der Finanzierungslasten eines Hauses außer Ansatz.[916]

846 Für die Berücksichtigungsfähigkeit der Schulden ist der Unterhaltspflichtige **darlegungs- und beweispflichtig**.[917] Daher hat er gegenüber einem Anspruch des minderjährigen Kindes auf Mindestunterhalt darzulegen und ggf. zu beweisen, dass es ihm nicht gelungen ist, durch Verhandlungen mit den Gläubigern eine Herabsetzung der Darlehensbelastungen zu erreichen.[918] Der Unterhaltspflichtige ist ggf. sogar dann gehalten, vorrangig den Kindesunterhalt sicherzustellen, wenn durch die Reduzierung der Kreditraten die Gefahr der Zwangsversteigerung des Hauses droht.[919]

847 Der für seine Leistungsfähigkeit darlegungs- und beweispflichtige Unterhaltspflichtige muss auch zu **konkreten Bemühungen um eine Minderung der aktuellen Belastung** im Wege der Stundung oder Streckung der Raten bzw. Aussetzung der Tilgung vortragen.[920]

---

[911] Vgl. BGH v. 30.01.2013 - XII ZR 158/10 - FamRZ 2013, 616 mit Anm. *Finke*, FamRZ 2013, 618; BGH v. 15.11.1995 - XII ZR 231/94 - FamRZ 1996, 345, 346 f. m.w.N.

[912] BGH v. 25.10.1995 - XII ZR 247/94 - NJW-RR 1996, 321-323; BGH v. 25.01.1984 - IVb ZR 43/82 - LM Nr. 3 zu § 1581 BGB; BGH v. 25.11.1981 - IVb ZR 611/80 - LM FamRZ 1982, 157; BGH v. 18.03.1992 - XII ZR 1/91 - LM BGB § 1603 Nr. 43 (9/1992); OLG Köln v. 06.02.2006 - 4 WF 192/05 - ZFE 2006, 196.

[913] BGH v. 11.12.1985 - IVb ZR 80/84 - LM Nr. 30 zu § 1603 BGB; OLG Bremen v. 13.12.1996 - 5 WF 125/96 - FamRZ 1997, 1418-1419; OLG Hamm v. 27.10.1995 - 12 UF 493/94 - OLGR Hamm 1996, 42-44; OLG Hamm v. 28.02.2003 - 11 UF 220/02 - OLGR Hamm 2003, 256-259.

[914] OLG Dresden v. 06.11.2009 - 24 UF 0334/09 - FamRZ 2010, 575.

[915] OLG Nürnberg v. 16.03.2010 - 10 UF 1612/09 - ZFE 2011, 153.

[916] OLG Schleswig v. 13.04.2012 - 10 UF 324/11 m.w.N.; OLG Brandenburg v. 25.10.2010 - 9 UF 78/10 - ZFE 2011, 269 f.

[917] BGH v. 15.11.1989 - IVb ZR 3/89 - BGHZ 109, 211-214; OLG Köln v. 06.02.2006 - 4 WF 192/05 - ZFE 2006, 196.

[918] OLG Schleswig v. 10.12.2004 - 10 UF 251/04 - FamRZ 2005, 1109-1110; OLG Frankfurt v. 13.07.2004 - 2 UF 207/04 - FamRZ 2005, 803.

[919] OLG Celle v. 14.01.2005 - 21 UF 65/04 - FamRZ 2005, 1504.

[920] BGH v. 19.03.2014 - XII ZB 367/12.

Ist bei der Bemessung des Kindesunterhalts eine vom Unterhaltsschuldner getragene Gesamtschuld berücksichtigt worden, so kann darin regelmäßig keine anderweitige Bestimmung gesehen werden, die Ausgleichsansprüche zwischen den Ehegatten nach § 426 Abs. 1 Satz 1 BGB ausschließt.[921]   848

20. Verbraucherinsolvenz

Die monatliche Schuldenbelastung kann möglicherweise dadurch verringert werden, dass sich der Unterhaltsschuldner seinen Drittgläubigern gegenüber auf die Pfändungsfreigrenzen beruft und ein Verfahren der **Verbraucherinsolvenz** mit der späteren Restschuldbefreiung einleitet, um sich so mit Wirkungen für die Zukunft von Verbindlichkeiten aus der Vergangenheit zu befreien.[922]   849

Die Rechtsprechung bejaht bei der verschärften Haftung gem. § 1603 BGB eine gesteigerte Leistungspflicht mit der **unterhaltsrechtlichen Obliegenheit zur Verbraucherinsolvenz**. Der Unterhaltsschuldner muss Verbraucherinsolvenz einleiten, wenn dies gesetzlich zulässig ist und er so dem laufenden Unterhalt seiner minderjährigen Kinder Vorrang vor sonstigen Verbindlichkeiten verschaffen kann. Dies gilt nicht, wenn der Unterhaltsschuldner Umstände vorträgt und ggf. beweist, die diese Obliegenheit im Einzelfall unzumutbar machen.[923]   850

Bereits die Eröffnung eines Verbraucherinsolvenzverfahrens kann sich erheblich auf die Leistungsfähigkeit des Unterhaltsschuldners auswirken und damit für die Zukunft zu einer **Besserstellung der Unterhaltsgläubiger** insbesondere im Mangelfall führen.   851

Das laufende Einkommen gehört nämlich nur insoweit zur Insolvenzmasse als es den Pfändungsfreibetrag des § 850c Abs. 1 ZPO übersteigt (vgl. hierzu auch das Berechnungsprogramm zur Ermittlung des Pfändungsfreibetrages). Abzuführen hat der Schuldner lediglich seine pfändbaren Forderungen auf Bezüge aus einem Dienstverhältnis (§ 287 Abs. 2 InsO). Ein Unterhaltsgläubiger ist jedoch gegenüber anderen Insolvenzgläubigern hinsichtlich der Vollstreckung begünstigt. Er kann in den Vorrechtsbereich nach § 850d ZPO vollstrecken, wenn sich unmittelbar aus dem Vollstreckungstitel ergibt, dass ein Unterhaltsanspruch der in § 850d Abs. 1 ZPO bezeichneten Art vorliegt. Die Vollstreckung ist also in den Teil des Arbeitseinkommens möglich, auf das der Unterhaltsgläubiger wegen § 850d ZPO in weiterem Umfang zugreifen kann als die Insolvenzgläubiger. Es handelt sich hierbei um den Differenzbetrag zwischen der Pfändungsfreigrenze des § 850c ZPO und dem notwendigen Selbstbehalt des Schuldners nach § 850d Abs. 1 Satz 2 ZPO.   852

Im Gegenzug muss der Schuldner sein pfändbares Einkommen an einen Treuhänder abtreten (§ 287 Abs. 2 InsO). Über dieses zur Masse gehörende Vermögen kann er nicht mehr nach Belieben verfügen, die Bevorzugung einzelner Gläubiger ist ihm untersagt (vgl. § 295 Abs. 1 Nr. 4 InsO). Unterhaltsrechtlich beschränkt sich seine Leistungsfähigkeit daher auf den sich aus § 850d ZPO ergebenden Vorrechtsbereich.   853

Für die im Verbraucherinsolvenzverfahren nach § 305 Abs.1 InsO zu stellenden Anträge und für die vorzulegenden Bescheinigungen dürfen nur noch die amtlichen Vordrucke verwendet werden. Das Bundesjustizministerium hat auf seiner Website www.bmj.bund.de (abgerufen am 08.09.2014) unter der Rubrik Service die maßgebenden Formulare und Anträge zum Herunterladen bereitgestellt. Ferner erhält der Nutzer dort weitere Informationen zum Ablauf des Insolvenzverfahrens.   854

a. Rechtsfolgen der Eröffnung des Insolvenzverfahrens

Dabei sind die unterschiedlichen Wirkungen der Eröffnung des Insolvenzverfahrens zu beachten:[924]   855

---

[921] BGH v. 26.09.2007 - XII ZR 90/05 - FamRZ 2008, 602.
[922] *Ortner*, ZFE 2005, 303; *Ortner*, FPR 2006, 87; *Melchers*, FamRZ 2001, 1509-1510; *Melchers*, ZFE 2004, 36-40; *Melchers*, FPR 2006, 66; *Uhlenbruck*, FamRZ 1998, 1473-1477; *Krause*, FamRZ 2005, 1725-1727; *Seier/Seier*, ZFE 2003, 260-264; *Weisbrodt*, FamRZ 2003, 1240-1245; *Krause*, FamRZ 2005, 1725-1727; *Vallender*, FPR 2006, 71; zu den Rechtsfolgen der Versagung der Restschuldbefreiung vgl. *Hohloch*, FPR 2006, 77; *Niepmann*, FPR 2006, 91; *Rauscher*, JR 2009, 63-67; *Tomforr/Carlberg*, FPR 2008, 107-111; *Wohlgemuth*, FF 2005, 255; *Hauß*, FamRZ 2006, 306; *Wohlgemuth*, FF 2006, 61.
[923] BGH v. 23.02.2005 - XII ZR 114/03 - FamRZ 2005, 608; OLG Stuttgart v. 24.04.2003 - 16 UF 268/02 - FamRZ 2003, 1216; BGH v. 12.12.2007 - XII ZR 23/06 - FamRZ 2008, 497-500; *Melchers*, NJW 2008, 806-808.
[924] Ausführlich *Ortner*, ZFE 2005, 303.

aa. Unterhaltsrückstände

856 Bis zur Eröffnung des Verfahrens **aufgelaufene Unterhaltsrückstände** fallen in die **Insolvenzmasse** (§ 35 InsO), so dass eine Einzelvollstreckung ausscheidet (§ 89 Abs. 1 InsO).[925] Familienrechtliche Unterhaltsansprüche, die bis zur Eröffnung des Insolvenzverfahrens fällig geworden waren (**Unterhaltsrückstände**), sind als **normale Insolvenzforderungen** (vgl. § 40 InsO) beim Insolvenzverwalter zur Eintragung in die Tabelle (§§ 174, 175 InsO) anzumelden.[926] Sie werden nach Maßgabe eines außergerichtlichen bzw. eines gerichtlichen Schuldenbereinigungsplanes, anderenfalls nach allgemeinen Vorschriften (§ 36 Abs. 1 InsO, §§ 850 ff. ZPO), nur noch zu einer geringen **Quote** befriedigt bzw. im Regelfall nicht befriedigt.[927] Sie erlöschen im Falle einer späteren **Restschuldbefreiung** (§ 287 InsO).[928] Dies betrifft **alle bis zur Eröffnung fällig gewordenen Unterhaltsforderungen** (§§ 38, 40 InsO).

857 a) **Deliktische Forderung i.S.d. § 302 Nr. 1 InsO:** Das Vollstreckungsprivileg des § 89 Abs. 2 Satz 2 InsO kommt den Forderungen auf **rückständigen Unterhalt** nicht zugute, da diese regelmäßig **nicht als deliktische Forderungen** i.S.d. § 302 Nr. 1 InsO einzustufen sind.[929]

858 Bei titulierten Ansprüchen auf Zahlung von **Kindesunterhalt** kann nur dann der Vorwurf einer **vorsätzlichen unerlaubten Handlung** i.S.v. § 302 InsO mit dem Ziel dieses Privilegs durchgesetzt werden, wenn vom Anspruchsteller dargelegt und ggf. bewiesen ist, dass der Unterhaltsschuldner sich **nachträglich** der Erfüllung seiner – titulierten – Unterhaltsverpflichtung entzogen hat, obwohl er in der Lage war, den titulierten Unterhalt zu leisten, so dass ihm dadurch ein Schaden in Höhe der geltend gemachten rückständigen Unterhaltsforderung entstanden ist.[930]

859 Die Annahme, der Pflichtige habe sich seiner **Unterhaltspflicht entzogen i.S.d. § 170 StGB**, bedarf einer besonderen Begründung.[931] Die Verletzung der Unterhaltspflicht setzt das materiell-rechtliche Bestehen einer Unterhaltspflicht voraus. Bestand eine solche Pflicht und ist sie **nachträglich weggefallen**, kommt eine Verletzung der Unterhaltspflicht auch dann nicht in Betracht, wenn die Höhe des geschuldeten Unterhalts rechtskräftig tituliert ist.

860 Erforderlich ist hierzu der **konkrete Sachvortrag**, aus dem sich ergibt, in welchem konkreten Zeitraum er seine Unterhaltspflicht verletzt haben soll. Zudem sind **Angaben zum Einkommen des Pflichtigen** zu machen, aus welchen auf seine Leistungsfähigkeit geschlossen werden könnte. Allein die Berufung darauf, der Pflichtige habe seine Erwerbsbemühungen in einem nicht näher genannten Zeitraum nicht dargelegt, reicht nicht aus, um dessen Leistungsfähigkeit in einer bestimmten Höhe fingieren zu können. Erforderlich sind konkrete Angaben zu den Umständen, aus denen sich eine Erwerbsobliegenheit des Antragsgegners ergibt (z.B. Arbeitslosigkeit über einen längeren Zeitraum), sowie ein nachvollziehbarer Sachvortrag zur Höhe der erzielbaren Einkünfte.[932]

861 Außerdem muss der dadurch **entstandene Schaden** in Höhe der geltend gemachten rückständigen Unterhaltsforderung konkretisiert werden.[933]

862 Zudem muss **Vorsatz** gegeben sein. Steht der objektive Tatbestand einer Unterhaltspflichtverletzung fest, obliegt es dem Unterhaltspflichtigen als **Schuldner** der Forderung – von den Berechtigten zu widerlegende – Tatsachen vorzutragen, die die Annahme rechtfertigen, dass er **nicht vorsätzlich gehandelt** hat.[934]

---

[925] BGH v. 15.11.2007 - IX ZB 226/05 - FamRZ 2008, 257, 258.
[926] OLG Jena v. 29.08.2011 - 1 UF 324/11 - FamRZ 2012, 641.
[927] *Krause*, FamRZ 2005, 1725, 1227; *Schürmann*, FamRZ 2005, 887; *Melchers*, FamRZ 2003, 1769.
[928] BGH v. 23.02.2005 - XII ZR 114/03 - FamRZ 2005, 608 m. Anm. *Schürmann*, FamRZ 2005, 887; OLG Koblenz v. 20.12.2000 - 9 WF 646/00 - FamRZ 2002, 31.
[929] BGH v. 15.11.2007 - IX ZB 226/05 - FamRZ 2008, 257, 258; a.A. wohl *Melchers*, NJW 2008, 806, 807. Mit der Frage der Restschuldbefreiung für „deliktische" Unterhaltsrückstände befasst sich *Janlewing*, FamRB 2012, 155.
[930] OLG Hamm v. 07.07.2011 - 2 WF 286/10 - FamFR 2011, 416; OLG Hamm v. 22.06.2010 - 13 UF 252/09 - FamFR 2011, 10.
[931] Vgl. OLG Hamm v. 07.09.2006 - 4 Ss 373/06 - FamRZ 2007, 1199; OLG Celle v. 19.04.2011 - 32 Ss 37/11 - FamFR 2011, 418.
[932] OLG Hamm v. 07.07.2011 - 2 WF 286/10 - FamFR 2011, 416.
[933] OLG Hamm v. 07.07.2011 - 2 WF 286/10 - FamFR 2011, 416.
[934] OLG Hamm v. 07.07.2011 - 2 WF 286/10 - FamFR 2011, 416; zur sog. „sekundären Darlegungslast"; vgl. OLG Düsseldorf v. 17.10.2006 - II-3 WF 192/06 - juris Rn. 2 f.

Da es sich bei dem Tatbestandsmerkmal „vorsätzlich" im Sinne von § 302 Nr. 1 InsO um eine **innere** **Tatsache** handelt, lässt sich regelmäßig nur indirekt aus dem zutage getretenen Verhalten des Schuldners erschließen, ob er sich seiner Zahlungspflicht absichtlich entzogen hat. Der Insolvenzschuldner, der den Vorsatz im Sinne von § 302 Nr. 1 InsO ausschließen will, muss demgemäß Tatsachen vortragen, die die Annahme rechtfertigen, dass er seine Unterhaltspflicht nicht vorsätzlich verletzt hat. Dabei hängt es von den Umständen des Einzelfalles ab, in welchem Maße der Insolvenzschuldner sein Vorbringen durch die Darlegung konkreter Einzeltatsachen substantiieren muss. Dazu reicht es nicht aus, allein einen Anspruch aus unerlaubter Handlung in Abrede zu stellen, ohne dies weiter zu begründen.[935]

863

Das OLG Celle bejaht die deliktische Haftung des Unterhaltsschuldners aus § 823 Abs. 2 BGB, § 170 StGB, der sein in deutlich mehr als ausreichender Höhe tatsächlich an ihn ausgezahltes Einkommen nicht für den bereits gerichtlich geltend gemachten Mindestunterhalt seiner minderjährigen Kinder einsetzt, sondern aus freien Stücken zu erheblichen Leistungen auf Darlehen für eine nach eigener Erkenntnis in keinem Fall haltbare, bereits zum Verkauf stehende und nicht mehr selbst bewohnte Immobilie statt für den bereits gerichtlich geltend gemachten Mindestunterhalt seiner minderjährigen Kinder verwendet.[936]

864

b) Verfahrensfragen: Dabei trifft den Gläubiger der Forderung – also den Unterhaltsberechtigten – **die volle Darlegungs- und Beweislast** für die Feststellung einer nachträglichen Erfüllung des Tatbestandes der unerlaubten Handlung wegen Verletzung der Unterhaltspflicht (§ 823 Abs. 2 BGB, § 170 StGB).[937] Es muss dazu im Einzelnen dargelegt und ggf. unter Beweis gestellt werden, dass sich der Pflichtige **vorsätzlich** seiner Unterhaltspflicht entzogen hat, obwohl er in der Lage war, den titulierten Unterhalt zu leisten.[938]

865

Er genügt dieser Darlegungslast nicht, wenn er lediglich auf die Titulierung des Unterhaltsanspruchs oder darauf verweist, dass dieser Unterhaltsanspruch zur Insolvenztabelle festgestellt ist. Vielmehr muss er **sämtliche Voraussetzungen eines Unterhaltsanspruchs darlegen und gegebenenfalls beweisen**.

866

Soweit die Verletzung der Unterhaltsverpflichtung mit nicht ausreichenden Bemühungen zur Sicherstellung des Unterhalts begründet wird, muss der **Unterhaltsberechtigte** nicht nur zu seinem Bedarf und seiner Bedürftigkeit sowie zur Leistungsfähigkeit des Unterhaltsschuldners vortragen, sondern darüber hinaus auch dazu, inwieweit **keine ausreichenden Bemühungen** erfolgt sind und **welches Einkommen der Unterhaltsschuldner hätte erzielen können**.[939]

867

Beantragt ein Unterhaltsgläubiger, der über einen vollstreckbaren Unterhaltstitel verfügt, gegen den Unterhaltsschuldner, über dessen Vermögen das Insolvenzverfahren eröffnet worden ist, auf **Feststellung** des Bestehens eines Anspruches aus **unerlaubter Handlung** wegen Nichtzahlung des Unterhalts, fehlt es, wenn der Unterhaltsschuldner diesem Anspruch widersprochen hat, nicht an einem rechtlichen Interesse an der Feststellung.[940]

868

Der **Feststellungsantrag** des **Unterhaltsberechtigten** ist **unabhängig von einem negativen Feststellungsverfahren des Unterhaltspflichtigen** zulässig.[941]

869

Der Schuldner kann seinen Widerspruch gegen den angemeldeten, nicht titulierten Rechtsgrund der vorsätzlich begangenen unerlaubten Handlung bereits vor Aufhebung des Insolvenzverfahrens mit der negativen Feststellungsklage gegen den Gläubiger weiter verfolgen.[942]

870

Widerspricht der Schuldner dem angemeldeten Rechtsgrund der vorsätzlich begangenen unerlaubten Handlung, kann der Gläubiger bereits während des laufenden Insolvenzverfahrens Klage auf Feststellung dieses Rechtsgrundes erheben. Das Feststellungsinteresse folgt aus dem Widerspruch als solchem. Nach Anmeldung zur Tabelle und Widerspruch des Schuldners ist früher oder später Streit darüber zu erwarten, ob die betroffene Forderung nach § 302 Nr. 1 InsO von der Restschuldbefreiung ausgenommen ist. Es besteht kein sachlicher Grund dafür, diesen Streit auf die Zeit nach der Erteilung der Rest-

871

---

[935] KG Berlin v. 30.08.2011 - 18 WF 93/11 - NJW-Spezial 2011, 676.
[936] OLG Celle v. 07.05.2012 - 10 WF 385/10 - FamRZ 2012, 1838.
[937] OLG Hamm v. 13.04.2014 - 6 UF 150/13.
[938] OLG Hamm v. 07.07.2011 - 2 WF 286/10 - FamFR 2011, 416.
[939] OLG Hamm v. 13.04.2014 - 6 UF 150/13.
[940] KG Berlin v. 30.08.2011 - 18 WF 93/11 - NJW-Spezial 2011, 676 im Anschluss an BGH v. 02.12.2010 - IX ZR 41/10 - MDR 2011, 130 ff.
[941] KG Berlin v. 30.08.2011 - 18 WF 93/11 - NJW-Spezial 2011, 676; OLG Hamm v. 07.07.2011 - 2 WF 286/10.
[942] BGH v. 10.10.2013 - IX ZR 30/13 - ZInsO 2013, 2206 = ZIP 2013, 2265.

§ 1603

schuldbefreiung zu verschieben, im Ergebnis also die Austragung des Streits einer Vollstreckungsgegenklage des Schuldners nach § 767 ZPO zu überlassen.[943]

872 Ebenso wie der Gläubiger ein rechtlich anerkennenswertes Interesse an der Feststellung hat, dass seine Forderung nach § 302 Nr. 1 InsO von der Restschuldbefreiung ausgenommen ist, hat der Schuldner ein Interesse an der Feststellung, dass dies nicht der Fall ist. Dass diese Feststellung „alsbald", also bereits vor der Erteilung der Restschuldbefreiung getroffen wird, liegt typischerweise ebenso im Interesse des Schuldners wie des Gläubigers.[944]

873 Zwar ist der Widerspruch gegen die Anmeldung gegenüber der Feststellungsklage der einfachere, schnellere und kostengünstigere Weg, er bietet jedoch nicht den gleichen effektiven Rechtsschutz.[945]

874 Für das Verfahren eines Unterhaltsgläubigers auf Feststellung, dass ihm der titulierte Unterhaltsanspruch gegen den Unterhaltsschuldner auch aus unerlaubter Handlung gemäß § 823 Abs. 2 BGB i.V.m. § 170 StGB zusteht, ist kraft Sachzusammenhangs mit dem Unterhaltsanspruch das **Familiengericht** sachlich zuständig.[946]

875 Die **örtliche Zuständigkeit** folgt aus einer entsprechenden Anwendung des § 232 Abs. 1 Nr. 2 FamFG. Sieht man den Anspruch gemäß § 823 Abs. 2 BGB in Verbindung mit § 170 StGB als im sachlichen Zusammenhang mit einem Unterhaltsanspruch gemäß § 231 Abs. 1 Nr. 1 FamFG stehend an,[947] hat dies zur Konsequenz, dass auch die weiteren Vorschriften der §§ 231 ff. FamFG entsprechende Anwendung finden. Maßgeblich für die örtliche Zuständigkeit ist damit der gewöhnliche Aufenthalt der Antragsteller.[948]

876 Bei titulierten Ansprüchen auf Zahlung von Kindesunterhalt kann nur dann der Vorwurf einer **vorsätzlichen unerlaubten Handlung** i.S.v. § 302 InsO mit dem Ziel dieses Privilegs durchgesetzt werden, wenn vom Anspruchsteller dargelegt und ggf. bewiesen ist, dass der Unterhaltsschuldner sich **nachträglich** der Erfüllung seiner – titulierten – Unterhaltsverpflichtung entzogen hat, obwohl er in der Lage war, den titulierten Unterhalt zu leisten, so dass ihm dadurch ein Schaden in Höhe der geltend gemachten rückständigen Unterhaltsforderung entstanden ist.[949]

877 c) **Auswirkungen:** Das Verbot des § 89 Abs. 1 InsO umfasst auch die Vollstreckung in künftige, nach der Verfahrensbeendigung fällig werdende Bezüge des Schuldners. Eine Ausnahme gilt gem. § 89 Abs. 2 InsO nur für Neugläubiger von Unterhaltsansprüchen, nicht aber für Unterhaltsansprüche, die am Insolvenzverfahren teilnehmen.[950]

878 Dies sollte in der anwaltlichen Beratung bei den Abwägungsüberlegungen beachtet werden. Für den **Unterhaltsberechtigten** können sich daraus erhebliche Nachteile ergeben, wenn bereits titulierte **eigene Ansprüche** auf rückständigen Unterhalt infolge der Insolvenz wertlos werden. Auch können die Ansprüche von **Geschwisterkindern** oder des **Ehegatten** dadurch zunichte gemacht werden.

879 Dem **Unterhaltspflichtigen** bietet die Insolvenz damit die Möglichkeit, sich auch von Unterhaltsrückständen zu befreien. Dies betrifft auch auf Träger öffentlicher Leistungen übergegangene Ansprüche.[951] Das aber ist Folge der vom Gesetzgeber geschaffenen Verbraucherinsolvenz und daher von allen Beteiligten hinzunehmen.[952]

880 **Nach rechtskräftiger Restschuldbefreiung** haben die Gläubiger rückständiger Unterhaltsforderungen kein Nachforderungsrecht. Ausnahmen bestehen bei Forderungen aus unerlaubten Handlungen (§§ 302 Nr. 1, 201 InsO). Gelingt es, die Nichtzahlung von Unterhalt als unerlaubte Handlung gem. §§ 823, 826 BGB darzustellen, können diese Forderungen weiter geltend gemacht werden. Voraussetzung ist aber eine entsprechende Anmeldung zur Insolvenztabelle gem. § 174 Abs. 2 InsO. Vor der Entscheidung über die Restschuldbefreiung müssen dem Insolvenzgericht daher Versagungsgründe mitgeteilt werden. Innerhalb eines Jahres nach rechtskräftiger Entscheidung kann gem. § 301 InsO der Widerruf der Restschuldbefreiung beantragt werden.

---

[943] BGH v. 10.10.2013 - IX ZR 30/13 - ZInsO 2013, 2206 = ZIP 2013, 2265; BGH v. 02.12.2010 - IX ZR 247/09 - BGHZ 187, 337.
[944] BGH v. 10.10.2013 - IX ZR 30/13 - ZInsO 2013, 2206 = ZIP 2013, 2265.
[945] BGH v. 10.10.2013 - IX ZR 30/13 - ZInsO 2013, 2206 = ZIP 2013, 2265.
[946] KG Berlin v. 30.08.2011 - 18 WF 93/11 - NJW-Spezial 2011, 676.
[947] Vgl. OLG Celle v. 07.05.2012 - 10 WF 385/10 - FamRZ 2012, 1838.
[948] KG Berlin v. 30.08.2011 - 18 WF 93/11 - NJW-Spezial 2011, 676.
[949] OLG Hamm v. 07.07.2011 - 2 WF 286/10 - FamFR 2011, 416; OLG Hamm v. 22.06.2010 - 13 UF 252/09.
[950] BGH v. 11.09.2007 - VIII ZB 114/05 - FamRZ 2008, 142 m.w.N.
[951] BGH v. 23.02.2005 - XII ZR 114/03 - FamRZ 2005, 608 = FamRZ 2005, 887 m. Anm. *Schürmann*.
[952] BGH v. 23.02.2005 - XII ZR 114/03 - FamRZ 2005, 608 = FamRZ 2005, 887 m. Anm. *Schürmann*.

bb. Zukünftiger laufender Unterhalt

Unterhaltsforderungen entstehen zu jedem Zeitpunkt neu, in dem ihre Voraussetzungen vorliegen, und werden monatlich im Voraus fällig, § 1612 Abs. 3 Satz 1 BGB. Unterhaltsforderungen, die **nach der Eröffnung des Insolvenzverfahrens** entstehen, werden daher nicht vom Insolvenzverfahren erfasst.[953] Die Eröffnung eines Insolvenzverfahrens hat folglich auf die zukünftigen Unterhaltsverpflichtungen, die ab dem Monatsersten, der auf die Eröffnung folgt, fällig werden, keinen Einfluss. Die mit der Verbraucherinsolvenz gewollte Besserstellung des Schuldners erschöpft sich darin, ihn von alten Schulden zu befreien, nicht ihn wegen laufender Unterhaltsverpflichtungen noch besser zu stellen.[954]

881

Als Folge der Einleitung des Insolvenzverfahrens sind jedoch unterhaltsrechtlich nicht mehr die – mit den erheblichen Verbindlichkeiten belasteten – vollen Erwerbseinkünfte des Unterhaltsschuldners zu berücksichtigen, sondern nur noch die ihm in der Insolvenz für den eigenen Unterhalt und für die Ansprüche anderer Unterhaltsberechtigter nach Ermessen der Gläubigerversammlung bzw. des Insolvenzverwalters **gewährten Beträge** (§ 100 InsO).[955] Von diesen unterhaltsrechtlich zu berücksichtigenden Einkünften des Klägers sind keine **weiteren Vorsorgeaufwendungen** und auch **keine Fahrtkosten** abzusetzen.[956]

882

Die Eröffnung eines Verbraucherinsolvenzverfahrens über das Vermögen des Unterhaltspflichtigen ändert nichts an seiner **Obliegenheit**, alle zumutbaren Anstrengungen zu unternehmen, um den Regelunterhalt seiner minderjährigen Kinder sicherzustellen, insbesondere sich im Falle der Arbeitslosigkeit um eine Arbeitsstelle zu bemühen.[957]

883

cc. Verfahrensrechtliche Auswirkungen der Verbraucherinsolvenz

Ein bereits rechtshängiger **Prozess wird unterbrochen** (§ 240 ZPO). In der Praxis empfiehlt es sich in diesem Fall, die Entscheidung über die bis zur Eröffnung des Verfahrens aufgelaufenen Unterhaltsansprüche (Rückstände) gem. § 145 ZPO **abzutrennen**.[958]

884

Allerdings unterbricht die Eröffnung des Insolvenzverfahrens nicht das Verfahren über **künftigen Unterhalt**.[959] Über den nicht von der Verfahrensunterbrechung erfassten Teil des Rechtsstreits ist durch Teilurteil zu entscheiden.[960]

885

b. Unterhaltsrechtliche Obliegenheit zur Einleitung der Verbraucherinsolvenz

Die Rechtsprechung bejaht inzwischen eine **unterhaltsrechtliche Obliegenheit zur Verbraucherinsolvenz**.[961]

886

---

[953] BGH v. 30.03.2011 - XII ZR 3/09 - FamRZ 2011, 791; BGH v. 31.10.2007 - XII ZR 112/05 - juris Rn. 21 ff. - FamRZ 2008, 137; OLG Nürnberg v. 04.10.2004 - 11 WF 2713/04 - FamRZ 2005, 1761; *Melchers*, FamRZ 2003, 1769.
[954] OLG Koblenz v. 20.09.2004 - 7 WF 567/04 - FamRZ 2005, 650.
[955] Vgl. BGH v. 31.10.2007 - XII ZR 112/05 - FamRZ 2008, 137-140 - Absatz 24.
[956] BGH v. 31.10.2007 - XII ZR 112/05 - FamRZ 2008, 137-140 - Absatz 31.
[957] OLG Koblenz v. 20.09.2004 - 7 WF 567/04 - FamRZ 2005, 650.
[958] *Ortner*, FPR 2006, 87, 88.
[959] OLG Hamm v. 09.06.2004 - 11 UF 184/02 - FamRZ 2005, 279; OLG Brandenburg v. 13.09.2007 - 9 WF 268/07 - FamRZ 2008, 286.
[960] OLG Hamm v. 09.06.2004 - 11 UF 184/02 - FamRZ 2005, 279.
[961] BGH v. 23.02.2005 - XII ZR 114/03 - FamRZ 2005, 608 = FamRZ 2005, 887 m. Anm. *Schürmann*; BGH v. 12.12.2007 - XII ZR 23/06 - FamRZ 2008, 497 mit Anm. *Hauß*; OLG Stuttgart v. 24.04.2003 - 16 UF 268/02 - FamRZ 2003, 1216; OLG Hamm v. 31.05.2000 - 8 UF 558/99 - NJW-RR 2001, 220-221; OLG Stuttgart v. 24.04.2003 - 16 UF 268/02 - ZInsO 2003, 622-625; AG Nordenham v. 16.01.2002 - 4 F 260/01 UEUK, 4 F 260/01 - FamRZ 2002, 896-897; OLG Dresden v. 10.01.2003 - 10 UF 684/02 - MDR 2003, 575-576; OLG Koblenz v. 15.05.2002 - 9 UF 440/01 - FamRZ 2003, 1217; *Schürmann*, FamRZ 2003, 1030-1033; *Melchers*, FamRZ 2003, 1033-1035; *Büttner/Niepmann*, NJW 2003, 2492-2502, 2498; *Niepmann*, MDR 2005, 785; *Krause*, FamRZ 2005, 1725; *Niepmann*, FPR 2006, 91; *Ortner*, FPR 2006, 87; a.A. OLG Düsseldorf v. 25.10.2003 - 4 UF 95/02 - OLGR Düsseldorf 2003, 30-32; OLG Naumburg v. 05.03.2003 - 8 WF 202/02 - FamRZ 2003, 1215-1216; OLG Stuttgart v. 17.09.2001 - 16 UF 383/01 - FamRZ 2002, 982; OLG Naumburg v. 05.03.2003 - 8 WF 202/02 - FamRZ 2003, 1215; *Born*, FamRZ 2001, 441-443; *Wohlgemut*, FF 2004, 9-13; differenzierend OLG Celle v. 04.07.2001 - 21 UF 7/01 - FamRZ 2002, 887; OLG Hamm v. 31.05.2000 - 8 UF 558/99 - FamRZ 2001, 441 mit Anm. *Born*; *Büttner*, NJW 2003, 2492, 2498; *Hoppenz*, FF 2003, 158; *Kleffmann*, FuR 2004, 1, 15.

§ 1603

887 Der BGH macht in seiner Entscheidung aber auch deutlich, dass es einer **sorgfältigen Abwägung** der Umstände des Einzelfalles bedarf, bevor eine unterhaltsrechtliche Obliegenheit zur Einleitung der Verbraucherinsolvenz bejaht werden kann.

888 Ist danach ein Verbraucherinsolvenzverfahren zulässig und geeignet, den Unterhaltsansprüchen minderjähriger oder ihnen gleichgestellter Kinder Vorrang vor sonstigen Verbindlichkeiten des Unterhaltsschuldners einzuräumen, so trifft den Unterhaltsschuldner eine Obliegenheit zur Einleitung des Verfahrens, wenn er nicht Umstände vorträgt, die eine Antragspflicht im konkreten Einzelfall als unzumutbar darstellen.[962]

889 Eine Obliegenheit des Antragsgegners zur Einleitung der Verbraucherinsolvenz trifft den Unterhaltsschuldner grundsätzlich, wenn das Insolvenzverfahren zulässig und geeignet ist, den laufenden Unterhalt seiner minderjährigen Kinder dadurch sicherzustellen, dass ihm Vorrang vor sonstigen Verbindlichkeiten eingeräumt wird.[963] Es ist jedoch eine **Abwägung der Vorteile einer Einleitung des Insolvenzverfahrens mit dessen Nachteilen** geboten. Der BGH hat eine solche Obliegenheit in einem Fall abgelehnt, in dem es um Kredite für die frühere Ehewohnung und um die Bewältigung eines bis zur Veräußerung des Hauses bestehenden finanziellen Engpasses ging. Die danach verbleibenden Verbindlichkeiten könne der Unterhaltspflichtige angesichts seines Einkommens in angemessener Zeit zurückführen. Bei dieser Sachlage überwiegen die Nachteile einer Verbraucherinsolvenz, nämlich die Einschränkungen der wirtschaftlichen Selbständigkeit des Antragsgegners, die hierdurch erreichbaren Vorteile.[964]

c. Anwendungsbereich

890 Diese Obliegenheit ist hergeleitet worden aus der gesteigerten Leistungspflicht gem. § 1603 Abs. 2 Satz 1 BGB beim Unterhaltspruch **minderjähriger Kinder**,[965] so dass die dargestellten Grundsätze auf andere Unterhaltsansprüche nicht anzuwenden sind. Dennoch wurde vereinzelt eine solche Obliegenheit auch beim **Ehegattenunterhalt** bejaht;[966] dies hat der BGH aber zwischenzeitlich abgelehnt.[967] (vgl. dazu die Kommentierung zu § 1361 BGB). Es besteht auch keine Obliegenheit zur Einleitung eines Verbraucherinsolvenzverfahrens beim Unterhaltsanspruch des **volljährigen Kindes**[968] der **unverheirateten Mutter gem.** § 1615l BGB.[969]

aa. Voraussetzungen

891 Der Unterhaltsschuldner muss Verbraucherinsolvenz einleiten, wenn dies gesetzlich zulässig ist und er so dem laufenden Unterhalt seiner minderjährigen Kinder Vorrang vor sonstigen Verbindlichkeiten verschaffen kann. Dies gilt nicht, wenn der Unterhaltsschuldner Umstände vorträgt und ggf. beweist, die diese Obliegenheit im Einzelfall unzumutbar machen.[970]

892 Das Kind muss sich dazu lediglich bedarfsbezogen auf den **Regelbetrag** berufen.[971] Dann muss der Unterhaltspflichtige im Rahmen der Prüfung seiner Leistungsfähigkeit darlegen, dass und aus welchen Gründen eine Obliegenheit zur leistungsbegründenden oder leistungssteigernden Einleitung einer Verbraucherinsolvenz nicht besteht oder unzumutbar ist.[972]

893 Dabei kann in der **anwaltlichen Beratungspraxis** nach folgender **Checkliste** vorgegangen werden:[973]

---

[962] AG Garmisch-Partenkirchen v. 08.10.2007 - 1 F 308/06.
[963] BGH v. 23.02.2005 - XII ZR 114/03 - FamRZ 2005, 608, 609 ff.
[964] BGH v. 19.03.2014 - XII ZB 367/12 - FamRZ 2014, 728.
[965] BGH v. 23.02.2005 - XII ZR 114/03 - FamRZ 2005, 608 = FamRZ 2005, 887 m. Anm. *Schürmann*.
[966] Vgl. OLG Koblenz v. 12.01.2004 - 13 UF 666/03 - FamRZ 2004, 823; ablehnend OLG Celle v. 09.02.2006 - 19 UF 209/05 - OLGReport Celle 2006, 245.
[967] BGH v. 12.12.2007 - XII ZR 23/06 - FamRZ 2008, 497 mit Anm. *Hauß*.
[968] *Krause*, FamRZ 2005, 1725, 1227.
[969] OLG Koblenz v. 21.07.2005 - 7 UF 773/04 - ZFE 2005, 410.
[970] BGH v. 23.02.2005 - XII ZR 114/03 - FamRZ 2005, 608; OLG Stuttgart v. 24.04.2003 - 16 UF 268/02 - FamRZ 2003, 1216; *Ortner*, ZFE 2005, 303; *Melchers*, FamRZ 2001, 1509-1510; *Melchers*, ZFE 2004, 36-40; *Uhlenbruck*, FamRZ 1998, 1473-1477; *Krause*, FamRZ 2005, 1725-1727; *Seier/Seier*, ZFE 2003, 260-264; *Weisbrodt*, FamRZ 2003, 1240-1245; *Krause*, FamRZ 2005, 1725-1727; *Wohlgemuth*, FamRZ 2006, 308; *Graba*, FamRZ 2006, 297; *Hauß*, FamRZ 2006, 306; *Wohlgemuth*, FamRZ 2005, 2035.
[971] BGH v. 06.02.2002 - XII ZR 20/00 - FamRZ 2002, 536.
[972] BGH v. 23.02.2005 - XII ZR 114/03 - FamRZ 2005, 608.
[973] Vgl. *Ortner*, ZFE 2005, 303, 308.

- Es besteht eine **gesteigerte Unterhaltspflicht** gegenüber minderjährigen unverheirateten Kindern nach § 1603 Abs. 2 BGB.
- Die fraglichen Schuldenbelastungen sind unterhaltsrechtlich von Bedeutung.
  - Es liegen die Voraussetzungen eines Mangelfalles vor.
  - Die Leistungsfähigkeit des Unterhaltspflichtigen würde sich durch die Berufung auf die Pfändungsfreigrenze messbar erhöhen.
- Die **Voraussetzungen** für eine Verbraucherinsolvenz mit Restschuldbefreiungsmöglichkeit liegen vor.
  - Es besteht ein Eröffnungsgrund, §§ 16 ff. InsO: bereits eingetretene oder drohende Zahlungsunfähigkeit.
  - Es bestehen keine durchgreifenden Gründe gegen eine spätere Restschuldbefreiung nach Maßgabe der §§ 286 ff. InsO.
- Die Antragspflicht ist im konkreten Einzelfall nicht unzumutbar:
  - Wegen der zu erwartenden Kosten des Insolvenzverfahrens (Mindestvergütung für Treuhänder oder Stundung, §§ 298, 4a InsO). Mit der Eröffnung des Verbraucherinsolvenzverfahrens entstehen nicht unerhebliche Kosten. Die Stundung der Kosten des Insolvenzverfahrens gem. §§ 4a-4d InsO hat keine Auswirkungen auf das Bestehen der Kostenforderung selbst. Nach Erteilung der Restschuldbefreiung sieht die InsO vor, dass der Schuldner die Verfahrenskosten bezahlt, sofern diese nicht gem. § 4b InsO erneut gestundet oder in Monatsraten festgesetzt werden, was eine zusätzliche finanzielle Belastung am Ende des Verfahrens bedeutet. Vor Einleitung eines Verbraucherinsolvenzverfahrens ist daher zu prüfen, ob die Voraussetzungen einer Stundung der Verfahrenskosten vorliegen. Auch kann eine Stundung wieder aufgehoben werden (§ 4c InsO).
  - Wegen der Einschränkung der wirtschaftlichen Selbständigkeit durch Bestellung eines Treuhänders im Insolvenzverfahren gem. §§ 313 Abs. 1, 292 InsO oder
  - Wegen der Dauer des Insolvenzverfahrens gemessen an der Dauer der Kreditbelastung im Vergleich zur Dauer der voraussichtlichen Unterhaltspflicht gegenüber minderjährigem Kind.
- Es erfolgen keine erheblichen Einschnitte in die Rechte anderer Gläubiger. Der BGH verweist allerdings ausdrücklich darauf, dass die Auswirkungen auf Unterhaltsrückstände (mit der Restschuldbefreiung drohender Anspruchsverlust) der Begründung einer unterhaltsrechtlichen Obliegenheit nicht entgegenstehen.[974]

bb. Einzelfälle

Von einer **nachhaltigen Verschuldung** ist auszugehen, wenn die Verbindlichkeiten im Verhältnis zum Einkommen unangemessen hoch sind und/oder sich über einen langen Zeitraum erstrecken[975], z.B. bei 785 € mtl. Darlehensbelastungen bei 1.825 € bereinigtem Einkommen. 894

Das OLG Nürnberg[976] verneint diese Obliegenheit bei nicht allzu hohen Schulden und – vor allem – einer **gesamtschuldnerischen Mithaftung des anderen Elternteils**. Denn eine Restschuldbefreiung des einen Elternteils würde die Verpflichtung des anderen Elternteils nicht beseitigen und damit die wirtschaftliche Situation auch der Kinder nicht verbessern. 895

Nach OLG Oldenburg[977] muss der Unterhaltsschuldner keinen Insolvenzantrag stellen, wenn er dadurch seine Arbeitsstelle gefährden würde, weil ihm der Kredit für das beruflich benötigte Fahrzeug gekündigt würde. 896

Die unterhaltsrechtliche Obliegenheit zur Einleitung der Verbraucherinsolvenz entfällt nach Ansicht des OLG Hamm, wenn es dem Unterhaltsschuldner gelungen ist, sämtliche relevanten Schulden mit einem **neuen, langfristig angelegten und in vertretbaren Raten abzutragenden Kredit abzulösen**.[978] Die für diesen Kredit aufzubringenden Raten sind jedenfalls dann in voller Höhe vom Nettoeinkommen des Unterhaltsschuldners abzusetzen, wenn die berechtigten Unterhaltsgläubiger dadurch nicht schlechter stehen als im Fall der Verbraucherinsolvenz. 897

---

[974] *Schürmann*, FamRZ 2005, 887.
[975] OLG Koblenz v. 12.01.2004 - 13 UF 666/03 - NJW 2004, 1256; OLG Dresden v. 10.01.2003 - 10 UF 684/02 - FamRZ 2003, 1028; OLG Stuttgart v. 24.04.2003 - 16 UF 268/02 - FamRZ 2003, 1216.
[976] OLG Nürnberg v. 24.06.2004 - 7 UF 441/04 - ZFE 2005, 99.
[977] OLG Oldenburg v. 07.03.2006 - 12 UF 154/05 - ZFE 2006, 278.
[978] OLG Hamm v. 10.11.2006 - 11 UF 145/06 - NJW-RR 2007, 866-867.

§ 1603

898 Von der Unzumutbarkeit der Verbraucherinsolvenz wird auch ausgegangen, wenn die Restlaufzeit des Kredites erheblich kürzer ist als die voraussichtliche Dauer eines Verbraucherinsolvenzverfahrens und die begründete Aussicht besteht, dass der Unterhaltsschuldner in absehbarer Zeit sein Einkommen so steigern kann, um zur Zahlung des Regelunterhaltes in der Lage zu sein.[979]

899 Nach Ansicht des OLG Celle besteht für einen Unterhaltsschuldner die Obliegenheit zur Einleitung eines Verbraucherinsolvenzverfahrens, wenn die Zahlung von Kindesunterhalt für minderjährige Kinder im Hinblick auf eine nachhaltige und unangemessen hohe Verschuldung gefährdet ist. Hieran partizipiert auch der die minderjährigen Kinder betreuende Ehegatte. Es ist dem Unterhaltsschuldner bei seiner Entscheidung zur Einleitung eines solchen Verfahrens allerdings auch eine angemessene Übergangszeit zuzubilligen.[980]

900 Auch das OLG Brandenburg bejaht beim Unterhaltsschuldner grundsätzlich eine Obliegenheit zur Einleitung der Verbraucherinsolvenz, wenn dieses Verfahren zulässig und geeignet ist, den laufenden Unterhalt seiner minderjährigen Kinder dadurch sicherzustellen, dass ihm Vorrang vor sonstigen Verbindlichkeiten eingeräumt wird.[981] Leitet er ein zumutbares Verfahren nicht ein, führt dies zur fiktiven Nichtberücksichtigung der Schulden.[982]

X. Ausnahmen von der gesteigerten Unterhaltspflicht der Eltern (Absatz 2 Satz 3)

901 Die gesteigerte Unterhaltspflicht tritt nicht ein, wenn
- ein anderer unterhaltspflichtiger Verwandter vorhanden ist oder
- sich das Kind **aus dem eigenen Vermögen** unterhalten kann.

902 Zwar sind die Eltern ihren minderjährigen Kindern gegenüber nach § 1603 Abs. 2 Satz 1 BGB gesteigert unterhaltspflichtig mit der Folge, dass ihnen insoweit grundsätzlich lediglich der **notwendige Selbstbehalt** belassen wird. Diese **gesteigerte Unterhaltspflicht** gegenüber Minderjährigen und privilegiert volljährigen Kindern **entfällt** nach § 1603 Abs. 2 Satz 3 BGB aber dann, **wenn ein anderer leistungsfähiger Verwandter vorhanden ist**. In solchen Fällen ist zunächst lediglich eine Leistungsfähigkeit unter Berücksichtigung des **angemessenen Selbstbehalts** nach § 1603 Abs. 1 BGB zu berücksichtigen.

903 Ohne entsprechenden **Sachvortrag** findet eine Prüfung nach § 1603 Abs. 2 Satz 3 BGB nicht statt[983] (vgl. Rn. 948).

1. Vorhandensein eines anderen unterhaltspflichtigen Verwandten

904 Die Norm lässt die verschärfte Unterhaltsverpflichtung des Barunterhaltsschuldners entfallen, wenn andere leistungsfähige Verwandte vorhanden sind. Die Prüfung dieser **Subsidiaritätsklausel** setzt Feststellungen zur Leistungsfähigkeit anderer – auch nachrangiger – Verwandter voraus.[984]

a. Betreuender Elternteil als anderer unterhaltspflichtiger Verwandter

905 Auch **der** grundsätzlich nach § 1606 Abs. 3 Satz 2 BGB **nicht barunterhaltspflichtige betreuende Elternteil** kommt als anderer unterhaltspflichtiger Verwandter i.S.d. § 1603 Abs. 2 Satz 3 BGB in Betracht, wenn dieser in der Lage ist, unter Berücksichtigung seiner sonstigen Verpflichtungen neben der Betreuung des Kindes auch dessen Barunterhalt ohne Gefährdung des eigenen angemessenen Selbstbehaltes aufzubringen.[985] Denn der Grundsatz der Gleichwertigkeit von Barunterhalt und Betreuung gilt nicht uneingeschränkt, insbesondere dann nicht, wenn die Vermögens- und Einkommensverhältnisse des betreuenden Elternteils deutlich günstiger sind als die des anderen Elternteils.[986]

---

[979] AG Flensburg v. 24.01.2007 - 92 F 80/06 UK - FamRZ 2007, 1344-1345.
[980] OLG Celle v. 17.11.2006 - 12 UF 59/06 - FamRZ 2007, 1020.
[981] OLG Brandenburg v. 03.06.2008 - 10 UF 207/07.
[982] OLG Brandenburg v. 09.04.2009 - 9 UF 202/07 - FamRZ 2009, 2098 (LS).
[983] *Finke*, Unterhaltsrecht 2004, § 6 Rn. 85.
[984] *Klein* in: FAKomm-FamR, § 1603 Rn. 72.
[985] BGH v. 10.07.2013 - XII ZB 297/12 - FamRZ 2013, 1558; BGH v. 19.11.1997 - XII ZR 1/96 - FamRZ 1998, 286; BGH v. 07.11.1990 - XII ZR 123/89 - FamRZ 1991, 182; OLG Stuttgart v. 08.04.2004 - 16 UF 25/04 - FamRZ 2005, 54.
[986] BGH v. 04.05.2011 - XII ZR 70/09 - FamRZ 2011, 1041 = NJW 2011, 1875 im Anschluss an BGH v. 31.10.2007 - XII ZR 112/05 - FamRZ 2008, 137.

Dann kann dem barunterhaltspflichtigen Elternteil der angemessene Selbstbehalt belassen bleiben, wenn der Kindesunterhalt von dem betreuenden Elternteil unter Wahrung dessen angemessenen Selbstbehalts gezahlt werden kann und ohne seine Beteiligung an der Barunterhaltspflicht ein erhebliches finanzielles Ungleichgewicht zwischen den Eltern entstünde. 906

Um die Regel der Gleichwertigkeit von Bar- und Betreuungsunterhalt (§ 1606 Abs. 3 Satz 2 BGB) dabei nicht ins Leere laufen zu lassen, setzt die anteilige oder vollständige Haftung des betreuenden Elternteils für den Barunterhalt des minderjährigen Kindes jedoch zusätzlich voraus, dass ohne die Beteiligung des betreuenden Elternteils am Barunterhalt ein **erhebliches finanzielles Ungleichgewicht** zwischen den Eltern entstehen würde (vgl. zur Einkommensdifferenz Rn. 918).[987] 907

Nach diesen Maßstäben kann die **Barunterhaltspflicht des nicht betreuenden Elternteils entfallen oder sich ermäßigen, wenn er zur Unterhaltszahlung nicht ohne Beeinträchtigung seines eigenen angemessenen Unterhalts in der Lage wäre**. Kann der barunterhaltspflichtige Elternteil demgegenüber auch bei Zahlung des vollen Kindesunterhalts seinen angemessenen Selbstbehalt noch verteidigen, wird eine vollständige oder anteilige Haftung des betreuenden Elternteils für die Aufbringung des Barunterhalts nur in wenigen, besonderen Ausnahmefällen in Betracht kommen.[988] 908

Dies kann zu der Fallgestaltung führen, dass der betreuende Elternteil auch (ganz oder teilweise) die Barunterhaltspflicht übernehmen muss, weil der andere Elternteil sich auf seinen eigenen Unterhalt (Selbstbehalt) beruft. 909

Dies gilt immer dann, wenn **beide Elternteile barunterhaltspflichtig** sind, insbesondere also **gegenüber privilegiert volljährigen Kindern** nach § 1603 Abs. 2 Satz 2 BGB,[989] aber auch dann, wenn beide Eltern ihren minderjährigen Kindern Barunterhalt schulden, wie dies beim **echten Wechselmodell**[990] oder dann der Fall ist, **wenn beide Eltern für einen Mehrbedarf des Kindes, etwa den Kindergartenbeitrag, haften**.[991] 910

b. Voraussetzungen auf Seiten des betreuenden Elternteils

Der Wortlaut des Gesetzes verlangt lediglich das Vorhandensein eines anderen unterhaltspflichtigen Verwandten. Für den Fall der Haftung des betreuenden Elternteils ist dies dahingehend konkretisiert worden, dass dieser ohne Gefährdung seines angemessenen Unterhalts auch Barunterhalt leisten können muss.[992] Diesem Elternteil muss folglich nicht nur der notwendige, sondern der **angemessene Selbstbehalt** verbleiben. 911

Der angemessene Selbstbehalt wird in den **Unterhaltsleitlinien der Oberlandesgerichte** in Ziffer 21.3.1. geregelt gegenüber dem Unterhaltsanspruch eines volljährigen Kindes und in Ziffer 21.3.2. für den Elternunterhalt und dabei auch unterschiedlich festgesetzt, während 21.4 den im Rahmen des Ehegattenunterhaltes zu berücksichtigenden Selbstbehalt betrifft. Auch unterscheiden sich die Werte zwischen den einzelnen Oberlandesgerichten.[993] Eine Festsetzung für den Fall des § 1603 Abs. 2 Satz 3 BGB enthalten diese Leitlinien nicht. Es erscheint aber angemessen, den gegenüber dem Unterhaltsanspruch eines volljährigen Kindes geltenden Betrag auch hier anzusetzen. 912

Zu klären ist dabei allerdings ggf. die Vorfrage, in welchem Umfang von seinem Einkommen ein Abzug deshalb vorzunehmen ist, weil er auch die Betreuung des Kindes übernimmt[994] (zum gleichgelagerten Problem beim Ehegattenunterhalt vgl. die Kommentierung zu § 1361 BGB Rn. 405). Praktisch nähert sich dieser Ansatz damit auch der Berücksichtigung konkreter Betreuungsaufwendungen an. 913

---

[987] Vgl. BGH v. 10.07.2013 - XII ZB 297/12 - FamRZ 2013, 1558; BGH v. 04.05.2011 - XII ZR 70/09 - juris Rn. 41 f. - FamRZ 2011, 1041; vgl. auch BGH v. 31.10.2007 - XII ZR 112/05 - FamRZ 2008, 137.

[988] BGH v. 10.07.2013 - XII ZB 297/12 - FamRZ 2013, 1558.

[989] BGH v. 12.01.2011 - XII ZR 83/08 - juris Rn. 33 ff. - FamRZ 2011, 454.

[990] BGH v. 21.12.2005 - XII ZR 126/03 - juris Rn. 14 ff. - FamRZ 2006, 1015.

[991] BGH v. 26.11.2008 - XII ZR 65/07 - juris Rn. 32 - FamRZ 2009, 962.

[992] BGH v. 19.11.1997 - XII ZR 1/96 - FamRZ 1998, 286; BGH v. 07.11.1990 - XII ZR 123/89 - FamRZ 1991, 182.

[993] Eine tabellarische Übersicht über die bis zum 30.06.2005 geltenden Werte gibt *Schürmann*, FamRZ 2005, 490, 500.

[994] Zum Problem *Kunigk*, FamRZ 2002, 923; *Stocker*, ZFE 2003, 38; *Duderstadt*, FamRZ 2003, 70; *Born*, FamRZ 1997, 129.

§ 1603

Zum einen kann die Erwerbstätigkeit des betreuenden Elternteils als **überobligatorisch** eingestuft werden.[995] Die Darlegungslast trägt der betreuende Elternteil.[996]

914 Rechtsfolge dieser Einstufung ist nicht, dass die Einkünfte generell anrechnungsfrei bleiben. Vielmehr ist eine **einzelfallbezogene Abwägung** vorzunehmen. Dabei ist insbesondere maßgebend, wie etwa die Kinderbetreuung mit den konkreten Arbeitszeiten unter Berücksichtigung erforderlicher Fahrzeiten zu vereinbaren ist und ob und gegebenenfalls zu welchen Zeiten die Kinder infolge eines Kindergarten- oder Schulbesuchs der Betreuung nicht bedürfen.[997]

915 Unproblematisch ist der **Abzug des konkreten nachgewiesenen zusätzlichen** Betreuungsaufwandes, den der Erwerbstätige z.B. durch Kinderhort, Kinderfrau, Kosten eines Internats hat.[998] Hier stellt sich allerdings die Frage, ob derartige Kosten zum Bedarf **des Kindes** zu rechnen oder als „**berufsbedingte Aufwendungen**" des erwerbstätigen Ehegatten anzuerkennen sind (vgl. dazu die Kommentierung zu § 1610 BGB Rn. 226). Vertreten wird auch, einen zusätzlichen pauschalen **Betreuungsbonus** abzuziehen.[999] Dies lässt der BGH aber nur dann zu, wenn sich die Betreuung zwar ohne konkreten Kostenaufwand, jedoch nur unter besonderen Erschwernissen bewerkstelligen lässt.[1000] Dabei wird teilweise der Bonus zusätzlich zu den konkret angefallenen Kosten angerechnet.[1001] Praktikabel ist der Ansatz, bei der Berechnung des Einkommens des betreuenden Elternteils für den Ehegattenunterhalt den nach seinem Einkommen bemessenen **doppelten Tabellenbetrag** abzuziehen.[1002] Dies entspricht auch der grundsätzlichen Gleichwertigkeit von Bar- und Betreuungsunterhalt[1003] (vgl. die Kommentierung zu § 1361 BGB Rn. 405 ff.).

c. Voraussetzungen beim barunterhaltspflichtigen Elternteil

916 Der angemessene Selbstbehalt des Barunterhaltspflichtigen muss unterschritten sein. Ist der angemessene Selbstbehalt des Barunterhaltspflichtigen nach dem Abzug der Unterhaltsleistung noch gewahrt, greift § 1603 Abs. 2 Satz 3 BGB nicht ein.

917 Voraussetzung ist also, dass durch die Zahlung des Unterhaltes sein angemessener Selbstbehalt – zumindest teilweise – unterschritten würde. Jedoch muss der vorrangig unterhaltspflichtige Elternteil hinreichend darlegen, dass der andere Elternteil, der das Kind betreut, nach § 1603 Abs. 2 Satz 3 BGB i.V.m. § 1606 Abs. 3 Satz 2 BGB als anderer unterhaltspflichtiger Verwandter in Betracht kommt. Dazu müssten substantiiert die Einkommens- und Vermögensverhältnisse des betreuenden Elternteils dargelegt werden. Zudem können **auf Seiten des vorrangig unterhaltspflichtigen Elternteils** zur Feststellung eines wirtschaftlichen Ungleichgewichts auch **fiktive Einkünfte** einbezogen werden. Die Berufung auf eine vom betreuenden Elternteil gemachte Erbschaft reicht nicht aus.[1004]

---

[995] *Borth* in: Schwab, Handbuch des Scheidungsrechts, 5. Aufl. 2004, Teil V Rn. 147; *Erdrich* in: Scholz-Stein, Teil I, Rn. 150; *Finke*, Unterhaltsrecht 2004, § 6 Rn. 81; *Hülsmann* in: Hoppenz, Familiensachen, § 1603 BGB Rn. 30; BGH v. 29.11.2000 - XII ZR 212/98 - FamRZ 2001, 350 und OLG Hamm v. 24.09.1993 - 7 UF 241/93 - FamRZ 1994, 1036 (jeweils zum Ehegattenunterhalt).

[996] *Saathoff* in: AnwK-BGB, § 1603 Rn. 24.

[997] BGH v. 15.12.2004 - XII ZR 121/03 - NJW 2005, 818 = FamRZ 2005, 442 m. Anm. *Schilling*; BGH v. 13.04.2005 - XII ZR 48/02 - FamRZ 2005, 967, 970; BGH v. 01.03.2006 - XII ZR 157/03 - FamRZ 2006, 846-849.

[998] BGH v. 15.06.1983 - IVb ZR 394/81; BGH v. 19.05.1982 - IVb ZR 702/80 - FamRZ 1982, 779-781; BGH v. 07.11.1990 - XII ZR 123/89 - FamRZ 1991, 182; OLG Hamm v. 18.01.1995 - 10 UF 248/94 - FamRZ 1995, 1418; OLG Köln v. 05.04.1995 - 26 UF 201/94 - FamRZ 1995, 1582; OLG Celle v. 18.12.2003 - 17 UF 108/03 - FamRZ 2004, 1380; *Finke*, Unterhaltsrecht 2004, § 6 Rn. 83.

[999] BGH v. 29.06.1983 - IVb ZR 379/81; BGH v. 23.04.1986 - IVb ZR 30/85 - FamRZ 1986, 790, 791; BGH v. 13.04.1988 - IVb ZR 49/87 - FamRZ 1988, 1039, 10; BGH v. 29.11.2000 - XII ZR 212/98 - FamRZ 2001, 350, 352; BGH v. 23.04.1986 - IVb ZR 30/85 - FamRZ 1986, 790; OLG Hamm v. 11.05.1998 - 6 WF 481/97 - FamRZ 1998, 1586; OLG Zweibrücken v. 14.07.1998 - 5 UF 91/97 - FamRZ 1999, 852 m.w.N.; OLG Köln v. 06.08.2001 - 14 WF 107/01 - FamRZ 2002, 463; *Büttner/Niepmann*, NJW 2001, 2215, 2224; *Borth* in: Schwab, Handbuch des Scheidungsrechts, 5. Aufl. 2004, Teil V Rn. 147.

[1000] BGH v. 07.11.1990 - XII ZR 123/89 - FamRZ 1991, 182.

[1001] OLG Celle v. 18.12.2003 - 17 UF 108/03 - FamRZ 2004, 1380; OLG Köln v. 06.08.2001 - 14 WF 107/01 - FamRZ 2002, 463.

[1002] OLG Hamm v. 26.09.1997 - 13 UF 102/97 - FamRZ 1998, 1588 mit zust. Anm. *Born*.

[1003] *Stocker*, ZFE 2003, 38.

[1004] OLG Koblenz v. 04.06.2009 - 7 WF 452/09 - FamRZ 2009, 1921.

d. Einkommensdifferenz

Die für die Praxis entscheidende Frage ist, wie groß die **Differenz der Einkommen der beiden Elternteile** sein muss, damit diese Ausnahmeregelung zugunsten des barunterhaltspflichtigen Elternteils eingreift. Wie hoch diese **Einkommensdifferenz** sein muss, ist noch nicht abschließend geklärt.[1005] 918

Um die Regel der Gleichwertigkeit von Bar- und Betreuungsunterhalt (§ 1606 Abs. 3 Satz 2 BGB) dabei nicht ins Leere laufen zu lassen, setzt die anteilige oder vollständige Haftung des betreuenden Elternteils für den Barunterhalt des minderjährigen Kindes zusätzlich voraus, dass ohne die Beteiligung des betreuenden Elternteils am Barunterhalt ein **erhebliches finanzielles Ungleichgewicht** zwischen den Eltern entstehen würde.[1006] 919

Die Barunterhaltspflicht des nicht betreuenden Elternteils kann demnach entfallen oder sich ermäßigen, wenn der barunterhaltspflichtige Elternteil zur Unterhaltszahlung nicht ohne Beeinträchtigung seines eigenen angemessenen Unterhalts in der Lage wäre. Kann der barunterhaltspflichtige Elternteil dagegen auch bei Zahlung des vollen Kindesunterhalts seinen eigenen angemessenen Selbstbehalt noch wahren, wird eine vollständige oder anteilige Haftung des betreuenden Elternteils für die Aufbringung des Barunterhalts nur in wenigen, besonderen Ausnahmefällen in Betracht kommen. 920

Wann ein solcher Ausnahmefall vorliegt, kann nicht schematisch durch die Gegenüberstellung der beiderseitigen – aufseiten des barunterhaltspflichtigen Elternteils gegebenenfalls auch fiktiven – Nettoeinkünfte beurteilt werden. Vielmehr ist die beiderseitige unterhaltsrechtliche Belastung der Elternteile im Rahmen einer umfassenden Billigkeitsabwägung angemessen zu würdigen.[1007] 921

Aufseiten des **barunterhaltspflichtigen Elternteils** kann daher insbesondere berücksichtigt werden, ob sein eigener Unterhalt in neuer Lebensgemeinschaft gesichert ist. 922

Demgegenüber wird es aufseiten des **betreuenden Elternteils** vor allem darauf ankommen, inwieweit dieser aufgrund der **individuellen Verhältnisse** durch die Übernahme der Kindesbetreuung neben der Ausübung seiner Erwerbstätigkeit belastet wird. Im Rahmen der **Gesamtbetrachtung** kann daneben aber auch die Belastung des betreuenden Elternteils mit anderen – gegebenenfalls auch nachrangigen – **Unterhaltspflichten** von Bedeutung sein. Berücksichtigt werden darf daher, dass der betreuende Elternteil gegenüber seinem Ehegatten unterhaltspflichtig ist.[1008] 923

Daneben ist zugunsten eines wirtschaftlich besser gestellten betreuenden Elternteils zu bedenken, dass das **minderjährige Kind faktisch auch dessen gehobene Lebensverhältnisse teilt**; ein dadurch erzeugter zusätzlicher Barbedarf des Kindes muss von vornherein allein durch den betreuenden Elternteil befriedigt werden.[1009] 924

Keine Berücksichtigung finden kann allerdings der Umstand, dass die Eltern des Kindes **niemals verheiratet waren**; dies kann einer Entlastung des an sich barunterhaltspflichtigen Elternteils nicht entgegenstehen. Bei der Frage, ob ohne eine Beteiligung des betreuenden Elternteils an der Aufbringung des Barunterhalts ein erhebliches finanzielles Ungleichgewicht zwischen den Eltern entstehen würde, geht es in erster Linie um die gerechte Aufteilung der aus der elterlichen Verantwortung herrührenden Belastungen beider Elternteile. Sie ist deshalb unabhängig davon zu beantworten, ob es sich um Eltern eines nichtehelich geborenen Kindes oder um getrennt lebende bzw. geschiedene Eltern handelt. 925

Wenn der betreuende Elternteil etwa über das **Dreifache der unterhaltsrelevanten Nettoeinkünfte** des an sich barunterhaltspflichtigen Elternteils verfügt, nähert sich die Einkommensdifferenz einer Grenze, an der es unter gewöhnlichen Umständen der Billigkeit entsprechen kann, den betreuenden Elternteil auch den Barunterhalt für das Kind in voller Höhe aufbringen zu lassen.[1010] 926

[1005] OLG Brandenburg v. 12.06.2012 - 10 UF 344/11 - FamFR 2012, 344; OLG Naumburg v. 02.08.2012 - 8 UF 102/12 - FamFR 2013, 8; OLG Brandenburg v. 17.01.2006 - 10 UF 91/05 - FamRZ 2006, 1780; OLG Brandenburg v. 15.02.2011 - 10 UF 106/10 - FamFR 2011, 176; *Büttner*, FamRZ 2002, 743.
[1006] BGH v. 10.07.2013 - XII ZB 297/12 - FamRZ 2013, 1558; *Maurer*, FamRZ 2013, 1562.
[1007] BGH v. 10.07.2013 - XII ZB 297/12 - FamRZ 2013, 1558.
[1008] BGH v. 10.07.2013 - XII ZB 297/12 - FamRZ 2013, 1558.
[1009] BGH v. 10.07.2013 - XII ZB 297/12 - FamRZ 2013, 1558; zur Berechnungsweise vgl. *Gutdeutsch*, FamRZ 2006, 1724, 1727; *Scholz*, FamRZ 2006, 1728, 1730.
[1010] BGH v. 10.07.2013 - XII ZB 297/12 - FamRZ 2013, 1558 unter Hinweis auf OLG des Landes Sachsen-Anhalt v. 02.08.2012 - 8 UF 102/12 - FamRZ 2013, 796; OLG Brandenburg v. 12.06.2012 - 10 UF 344/11 - JAmt 2012, 610, 611 f.; OLG Celle v. 02.10.2008 - 17 UF 97/08 - NJW 2009, 521, 523.

§ 1603

927 Unterhalb dieser Schwelle wird auch bei einer erheblichen Einkommensdifferenz eine **vollständige Enthaftung** des an sich barunterhaltspflichtigen Elternteils häufig ausscheiden. In welchem Umfang der nicht betreuende Elternteil in solchen Fällen bei der Aufbringung des Barunterhalts[1011] ausnahmsweise entlastet werden kann, ist im Einzelfall unter Berücksichtigung der vorstehenden Gesichtspunkte zu prüfen.[1012]

928 Der BGH billigt, im rechnerischen Ausgangspunkt auf den **Verteilungsmaßstab der elterlichen Einkommens- und Vermögensverhältnisse** (§ 1606 Abs. 3 Satz 1 BGB) zurückzugreifen.[1013]

929 Zusammenfassen lässt sich die Rechtsprechung des BGH wie folgt:[1014]
- Ist der angemessene Selbstbehalt des nichtbetreuenden Elternteils gewahrt, kommt eine Mithaftung des betreuenden Elternteils „nur in wenigen, besonderen Ausnahmefällen" in Betracht. Andernfalls bleibt es bei der alleinigen Haftung des nichtbetreuenden Elternteils für den Barunterhalt.
- **Übersteigt** das Einkommen des betreuenden Elternteils das des nichtbetreuenden **um das Dreifache**, entspricht es regelmäßig der Billigkeit, dass er auch den vollen Barunterhalt trägt. Ausnahmen werden bei hohen Einkünften auch des nichtbetreuenden Elternteils zu machen sein.
- **Unterschreitet** die Einkommensdifferenz das **Dreifache**, haftet der nicht betreuende Elternteil für den Barbedarf in der Regel allein und in voller Höhe, soweit sein angemessener Selbstbehalt gewahrt ist.[1015]

930 Zu beachten ist, dass der Unterhaltsbedarf des Minderjährigen auch bei einer gemeinsamen Haftung beider Eltern im Rahmen des § 1603 Abs. 2 Satz 3 BGB nicht – wie beim Volljährigenunterhalt – von der Summe der Einkünfte beider Eltern abzuleiten ist, sondern weiterhin von denjenigen des vorrangig barunterhaltspflichtigen Elternteils.

931 Der barunterhaltspflichtige Elternteil trägt grundsätzlich auch die **Darlegungs- und Beweislast**, wenn er sich abweichend von der Regel des § 1606 Abs. 3 Satz 2 BGB darauf beruft, dass die Einkommensverhältnisse des betreuenden Elternteils dessen (teilweise oder sogar vollständige) Heranziehung zum Barunterhalt rechtfertigen. Der Betreuende ist jedoch nicht jeder Darlegungslast enthoben, sondern ihn trifft eine sekundäre Darlegungslast im Hinblick auf seine Einkommens- und Vermögensverhältnis.[1016]

e. Bemessung des Bedarfs des Kindes

932 Bei der Ersatzhaftung nach § 1603 Abs. 2 Satz 3 BGB richtet sich der Bedarf des Kindes nach dem **Einkommen des primär haftenden Barunterhaltspflichtigen**.[1017]

f. Großeltern als andere unterhaltspflichtige Verwandte

933 Auch die **Großeltern des Kindes** können andere leistungsfähige Verwandte sein,[1018] wenn beide Eltern nicht ausreichend leistungsfähig sind (vgl. die Kommentierung zu § 1607 BGB Rn. 19 ff. m.w.N.).

934 Alle 4 Großeltern haften nicht als Gesamtschuldner, sondern anteilig als Teilschuldner. Nimmt das Kind also ein Großelternteil in Anspruch, gehört zum schlüssigen Vortrag auch die Darlegung zu Haftungsquote dieses Großelternteils und damit der Einkommenssituation aller anderen Großelternteile (vgl. die Kommentierung zu § 1607 BGB Rn. 41 ff. m.w.N.).

935 Zu einem schlüssigen Klagevortrag bei der Inanspruchnahme der Großeltern gehört daher die Darlegung der Leistungsunfähigkeit der vorrangig zum Kindesunterhalt verpflichteten Kindeseltern.[1019]

936 Jedoch kommt eine Unterhaltspflicht eines Großelternteils, der gemäß § 1606 Abs. 2 BGB nachrangig nach den Eltern des Kindes haftet, erst dann in Betracht, **wenn beide Elternteile im Sinne des § 1603 Abs. 1 BGB leistungsunfähig sind**.[1020] Dabei gilt im Verhältnis der vorrangig haftenden Eltern zu den

---

[1011] *Liceni-Kierstein*, FamRB 2013, 384.
[1012] BGH v. 10.07.2013 - XII ZB 297/12 - FamRZ 2013, 1558.
[1013] BGH v. 10.07.2013 - XII ZB 297/12 - FamRZ 2013, 1558.
[1014] *Maurer*, FamRZ 2013, 1562.
[1015] Vgl. auch OLG Schleswig v. 23.12.2013 - 15 UF 100/13; AG Flensburg v. 08.02.2013 - juris Rn. 61 - 92 F 178/11.
[1016] *Liceni-Kierstein*, FamRB 2013, 384 unter Hinweis auf BGH V. 28.01.1981 - IVb ZR 573/80 - FamRZ 1981, 347.
[1017] A.A. OLG Stuttgart v. 08.04.2004 - 16 UF 25/04 - FamRZ 2005, 54, das den Bedarf des Kindes in diesem Fall nach den zusammengerechneten Einkünften beider Eltern bemisst.
[1018] OLG München v. 31.07.2012 - 30 UF 220/12 - NJW 2012, 3519 unter Hinweis auf *Norpoth*, FamFR 2011, 289 ff.; *Ruetten*, FamFR 2011, 510; *Graba*, NJW 2011, 1854.
[1019] OLG Jena v. 29.10.2009 - 1 WF 258/09 - FamRZ 2010, 746.
[1020] Vgl. OLG Hamm v. 25.10.2012 - 6 WF 232/12 - FamRZ 2013, 899.

nachrangig haftenden Großeltern – anders als im Verhältnis der Eltern untereinander – die Regelung des § 1603 Abs. 3 Satz 2 BGB nicht. Folglich kann auch der betreuende Elternteil gegenüber den Großeltern für den Barunterhalt leistungsfähig sein.[1021] Auf die **Großeltern** kann erst dann zurückgegriffen werden, **wenn auch der betreuende Elternteil Leistungsunfähigkeit** nachgewiesen hat.[1022]

Danach genügt zur Begründung einer Ersatzhaftung der Großeltern nicht, dass (nur) der barunterhaltspflichtige Elternteil nicht oder nur eingeschränkt leistungsfähig ist. Vielmehr muss hinzukommen, dass **dem betreuenden Elternteil die Aufnahme einer Erwerbstätigkeit aus Gründen des Kindeswohls nicht zumutbar** ist. Das OLG Hamm hat in einem Fall, in dem die Kindesmutter drei minderjährige Kinder zu betreuen hat, die Aufnahme einer über den Umfang einer geringfügigen Beschäftigung hinausgehenden, **mindestens halbschichtigen Erwerbstätigkeit zur Sicherstellung des Barunterhalts des Kindes für möglich** gehalten.[1023] 937

Der Unterhaltsbegehrende muss auch die von dem in Anspruch genommenen Großelternteil begehrte **Unterhaltsquote** darlegen, denn alle Großeltern haften anteilig. Dabei steht ihnen der gleiche Selbstbehalt wie im Elternunterhalt zu.[1024] Die Unterhaltsquote muss durch Vortrag der Einkommens- und Vermögensverhältnisse für jeden Großelternteil genau dokumentiert werden.[1025] 938

Zudem ist die Höhe des Enkelunterhalts auf den Mindestbedarf beschränkt (§ 1610 Abs. 1 BGB).[1026] 939

Der Abzug der vollständigen Darlehensraten einschließlich des **Tilgungsanteils** jedenfalls dann zulässig, wenn und soweit sich die Verbindlichkeiten und die hieraus resultierenden Annuitäten in einer im Verhältnis zu den vorhandenen Einkünften angemessenen Höhe halten und die Verpflichtungen bereits zu einer Zeit eingegangen wurden, als der Unterhaltspflichtige noch nicht damit zu rechnen brauchte, für den Unterhalt seiner Eltern aufkommen zu müssen.[1027] Maßgebend dafür war die Erwägung, dass der Unterhaltspflichtige andernfalls gezwungen sein könnte, das Familienheim zu verwerten, was ihm im Verhältnis zu seinen Eltern nicht obliegt. 940

Im Falle der Inanspruchnahme eines **Großelternteils** auf Zahlung an Verwandtenunterhalt an seinen Enkel können bei der Bemessung des Wohnvorteils die vollständigen Darlehensraten einschließlich des **Tilgungsanteils** abgezogen werden.[1028] 941

In der Praxis wählen viele Enkel den Weg über die **Sozialhilfe** oder die **Unterhaltsvorschusskasse**. Auf den Sozialhilfeträger geht ein Unterhaltsanspruch des Enkelkindes gegen die Großeltern nach § 94 Abs. 1 Satz 3 SGB XII nicht über.[1029] 942

g. Verfahrensrechtliche Behandlung/Darlegungs- und Beweislast

Verfahrensrechtlich stellt der Einwand, ein anderer leistungsfähiger Verwandter sei vorhanden, eine **rechtshindernde Einrede** dar. Denn damit entfällt die gesteigerte Unterhaltspflicht mit der Folge, dass die Leistungsfähigkeit des nicht betreuenden Elternteils ganz oder teilweise ausgeschlossen wird.[1030] 943

Der nicht betreuende, eigentlich barunterhaltspflichtige Elternteil muss entsprechende Tatsachen **vortragen** und ggf. **nachweisen**. Er trägt die Darlegungslast für die Einkommensverhältnisse des anderen Verwandten.[1031] Ohne entsprechenden **Sachvortrag** findet eine Prüfung nach § 1603 Abs. 2 Satz 3 BGB nicht statt.[1032] 944

Handelt es sich um den betreuenden Elternteil, der im Unterhaltsverfahren als gesetzlicher Vertreter des Kindes oder sogar in Verfahrensstandschaft agiert, kommt auch in Betracht, diesem eine sekundäre Darlegungslast aufzuerlegen – ähnlich wie bei den ehebedingten Nachteilen in § 1578b BGB.[1033] 945

[1021] So auch OLG Jena v. 10.12.2008 - 2 WF 449/08 - FamRZ 2009, 1498.
[1022] So auch OLG Jena v. 10.12.2008 - 2 WF 449/08 - FamRZ 2009, 1498.
[1023] Vgl. OLG Hamm v. 25.10.2012 - 6 WF 232/12 - FamRZ 2013, 899; das OLG Hamm verweist irrtümlich auf § 1603 Abs. 3 Satz 2 BGB, zutreffend ist § 1603 Abs. 2 Satz 3 BGB.
[1024] BGH v. 18.01.2012 - XII ZR 15/10 - FamRZ 2012, 530.
[1025] *Hauß*, FamRB 2013, 102.
[1026] Vgl. *Hauß*, FamRB 2013, 102.
[1027] BGH v. 19.03.2003 - XII ZR 123/00 - BGHZ 154, 247 = FamRZ 2003, 1179.
[1028] BGH v. 08.06.2005 - XII ZR 75/04 - FamRZ 2006, 26 = NJW 2006, 142.
[1029] *Hauß*, FamRB 2013, 102.
[1030] *Hauß*, FamRB 2013, 102; OLG Karlsruhe v. 22.11.2001 - 16 WF 112/01 - FPR 2003, 28.
[1031] OLG Karlsruhe v. 22.11.2001 - 16 WF 112/01 - FPR 2003, 28.
[1032] *Finke*, Unterhaltsrecht 2004, § 6 Rn. 85.
[1033] *Norpoth*, FamFR 2011, 289.

946 Es bestehen **wechselseitige Auskunftsverpflichtungen der Eltern aus § 242 BGB**, wenn Anhaltspunkte dafür bestehen, dass gem. § 1603 Abs. 2 Satz 3 BGB ausnahmsweise auch der betreuende Elternteil Barunterhalt leisten muss.[1034] (vgl. auch die Kommentierung zu § 1605 BGB Rn. 37 ff.).

2. Kind mit eigenem Vermögen

947 Gesteigert unterhaltspflichtig sind die Eltern ebenfalls nicht, wenn sich das Kind **aus dem eigenen Vermögen** unterhalten kann, also nicht bedürftig ist. Grundsätzlich muss das minderjährige Kind den Stamm des Vermögens nicht angreifen (vgl. § 1602 Abs. 2 BGB). Eine Ausnahme macht das Gesetz dann, wenn die Eltern nicht leistungsfähig sind. Dann ist der Zugriff auf das Kindesvermögens statthaft; allerdings sind unwirtschaftliche Maßnahmen nicht zulässig. Die Eltern, die sich auf diese Ausnahmevorschrift berufen, haben die **Darlegungs- und Beweislast**, dass das Vermögen zur Deckung des Unterhaltes ausreicht.

XI. Privilegierte volljährige Kinder (Absatz 2 Satz 2)

948 Die sog. privilegierten volljährigen Kinder werden den **minderjährigen Kindern gleichgestellt**. Diese Regelung war Konsequenz der Herabsetzung des Volljährigkeitsalters auf 18 Jahre, denn vielfach sind auch die jetzt volljährigen Kinder in diesem Alter noch in einer Schulausbildung und leben zuhause bei den Eltern. Gäbe es diese Regelung nicht, wären sie aber aufgrund ihrer Volljährigkeit unterhaltsrechtlich schlechtergestellt.[1035] Zur gerichtlichen Zuständigkeit bei Unterhaltsverfahren vgl. Rn. 1302.

949 Zu beachten ist, dass gegenüber diesen privilegierten volljährigen Kindern **beide Eltern barunterhaltspflichtig** sind.[1036]

950 Es erfolgt auch keine Gleichbehandlung privilegierter volljähriger Kinder mit minderjährigen Kindern im **Vollstreckungsrecht** im Rahmen des § 850d ZPO.[1037]

951 Bei der Bemessung der **Pfändungsfreigrenze** gemäß § 850c ZPO sind **Stiefkinder** nicht zu berücksichtigen, denn gegenüber Stiefkindern besteht keine gesetzliche Unterhaltspflicht. Es besteht keine Pflicht zum Verwandtenunterhalt gemäß 1601 BGB, weil der Stiefvater (hier Schuldner) mit seinen Stiefkindern nach **Maßgabe von § 1589 BGB** nicht verwandt ist. **Auch eine** Familienunterhaltspflicht nach §§ 1360, 1360a BGB besteht nicht.[1038]

952 Trifft ein privilegiertes volljähriges Kind mit einem minderjährigen Kind zusammen, errechnet das OLG Stuttgart auch im Mangelfall die anteilige Haftung für das privilegierte volljährige Kind ohne Vorwegabzug des den minderjährigen Kindern geschuldeten Unterhalts.[1039]

953 Die verschärfte unterhaltsrechtliche Haftung gegenüber Kindern im Alter zwischen 18 und 21 Jahren setzt voraus, dass diese Kinder noch im **Haushalt der Eltern** oder eines Elternteils leben (und sich in der **allgemeinen Schulausbildung** befinden).

1. Haushalt der Eltern

954 Nach dem Gesetzeswortlaut ist erforderlich, dass das Kind noch im **Haushalt der Eltern** bzw. eines **Elternteils** lebt. Ob ein Kind, das bei den **Großeltern** lebt, als privilegiertes Kind angesehen werden kann, ist umstritten. Das OLG Dresden bejaht dies in einem Sonderfall.[1040] Die Gegenansicht sieht dagegen die Privilegierung volljähriger Kinder gem. §§ 1603 Abs. 2 Satz 2, 1609 BGB als abschließende

---

[1034] OLG Karlsruhe v. 22.11.2001 - 16 WF 112/01 - FPR 2003, 28; *Liceni-Kierstein*, FamRB 2013, 175, 176; *Wendl/Dose*, Das Unterhaltsrecht in der familienrichterlichen Praxis, 8. Aufl., § 1 Rn. 1161.

[1035] Kritisch zur Vorschrift *Häußermann*, FF 2002, 196-202.

[1036] BGH v. 12.01.2011 - XII ZR 83/08; BGH v. 31.10.2007 - XII ZR 112/05 - juris Rn. 19, 43 - FamRZ 2008, 137; BGH v. 09.01.2002 - XII ZR 34/00 - NJW 2002, 2026-2029; OLG Dresden v. 27.10.1998 - 10 ARf 34/98 - NJW 1999, 797-798; OLG Karlsruhe v. 24.02.1998 - 18 UF 114/97 - FamRZ 1999, 45-46; OLG Düsseldorf v. 22.01.1999 - 3 WF 231/98 - AnwBl 1999, 296; OLG Hamm v. 25.02.2000 - 12 UF 166/99 - OLGR Hamm 2000, 159-161; OLG Bremen v. 15.10.1998 - 5 WF 99/98 - OLGR Bremen 1999, 48; a.A. OLG Naumburg v. 16.08.1999 - 8 UF 248/98 - FamRZ 2001, 371; OLG Rostock v. 19.09.2001 - 10 UF 304/00 - FamRZ 2002, 696-697.

[1037] BGH v. 09.05.2003 - IXa ZB 73/03 - NJW 2003, 2832-2833.

[1038] Vgl. LG Mosbach v. 23.03.2012 - 5 T 31/12 - ZInsO 2012, 799-800.

[1039] OLG Stuttgart v. 07.03.2012 - 11 UF 331/11 - FamRZ 2012, 1573; vgl. OLG Stuttgart v. 06.04.2006 - 17 WF 57/06 - FamRZ 2007, 75.

[1040] OLG Dresden v. 12.09.2001 - 20 WF 0592/01, 20 WF 592/01 - NJWE-FER 2001, 309-310.

gesetzliche Regelung an, die grundsätzlich nicht erweitert werden darf. Dies deshalb, weil mit der Privilegierung nur bestimmte volljährige Kinder – innerhalb einer bestimmten Lebenssituation – den minderjährigen Kindern – ausnahmsweise – gleichgestellt werden. Die Erweiterung einer solchen Ausnahmeregelung sei grundsätzlich Aufgabe des Gesetzgebers. Daher komme eine Ausweitung auf **Kinder, die bei den Großeltern leben**, nicht in Betracht.[1041]

Auch eine analoge Anwendung auf Kinder, die bei nahen Verwandten leben, wird abgelehnt.[1042]

Die Vorschrift des § 1603 Abs. 2 Satz 2 BGB ist auch nicht anwendbar, wenn das Kind nach dem Tode der Eltern in einer eigenen Wohnung lebt.[1043] Ob ein volljähriges Kind, das ein **Internat** besucht, noch als privilegiertes Kind anzusehen ist, ist umstritten und darf daher jedenfalls nicht im Prozesskostenhilfeverfahren entschieden werden.[1044]

2. Allgemeine Schulausbildung

Der BGH[1045] hat die Kriterien für **eine allgemeine Schulausbildung** nach 3 Faktoren eingegrenzt:

- Nach dem **Ausbildungsziel**: Der Schulbesuch muss auf den Erwerb eines allgemeinen Schulabschlusses zielen, der Zugangsvoraussetzung für die Aufnahme einer Berufsausbildung oder den Besuch einer Hochschule oder Fachhochschule ist. Dies ist bei einem Hauptschulabschluss, dem Realschulabschluss und den verschiedenen Formen der Hochschulreife immer der Fall.
- Nach der **zeitlichen Beanspruchung des Schülers**: Die Schulausbildung muss die Zeit und die Arbeitskraft des Kindes voll oder zumindest überwiegend in Anspruch nehmen. Eine Erwerbstätigkeit, durch die der Schüler seinen Lebensunterhalt verdienen könnte, darf neben der Schulausbildung also nicht möglich sein.
- Nach der **Organisationsstruktur** der Schule: Die Schulausbildung setzt die Teilnahme an einem kontrollierten Unterricht voraus; die Teilnahme darf nicht der freien Entscheidung des Schülers überlassen bleiben.

Unerheblich ist, ob die Schulausbildung ununterbrochen fortgeführt worden ist. Hat der Schüler also zeitweise mit der allgemeinen Schulausbildung ausgesetzt, so beseitigt dies den Schutz des § 1603 BGB nicht.

Einzelfälle aus der – durchaus differierenden – Rechtsprechung:

- Die allgemeine Schulausbildung umfasst den Besuch von **weiterführenden allgemeinbildenden Schulen und Berufsfachschulen** einschließlich der Klassen aller Formen der beruflichen Grundbildung ab Klasse 10 sowie von Fach- und Fachoberschulklassen, deren Besuch eine abgeschlossene Berufsausbildung nicht voraussetzt.[1046]
- Privilegiert ist auch ein volljähriges Kind, das nach Abbruch der Erstausbildung den **Hauptschulabschluss** nachholt.[1047]
- Ob der Besucher einer **Förderschule** noch zu den privilegierten Volljährigen gem. § 1603 Abs. 2 BGB gehört, ist insbesondere anhand der erreichbaren Schulabschlüsse zu prüfen.[1048]
- Der Besuch eines **Volkshochschulkurses zur Erlangung des Realschulabschlusses** zählt auch dann zur allgemeinen Schulausbildung, wenn bereits ein Hauptschulabschluss vorliegt und die Schule in der Tages- und Abendform als Erwachsenenschule besucht wird.[1049]
- Ein einjähriger **Berufsorientierungslehrgang** nach Abschluss der Schulausbildung und einer abgebrochenen Lehre ist nicht als Fortsetzung der allgemeinen Schulausbildung anzusehen, so dass ein Unterhaltsanspruch des Kindes nach § 1603 Abs. 2 BGB nicht in Betracht kommt.[1050]

[1041] OLG Hamm v. 16.02.2005 - 11 WF 43/05 - OLGR Hamm 2005, 607-608.
[1042] OLG Stuttgart v. 03.03.2006 - 18 WF 40/06 - FamRZ 2006, 1706; AG Heidenheim v. 26.05.2006 - 2 F 897/05 - FamRZ 2006, 1707.
[1043] AG Neuwied v. 06.09.2007 - 19 F 247/07 - FamRZ 2008, 437.
[1044] OLG Brandenburg v. 26.04.2004 - 10 WF 58/04 - OLG-NL 2005, 259-260.
[1045] BGH v. 10.05.2001 - XII ZR 108/99 - FamRZ 2001, 1068; BGH v. 09.01.2002 - XII ZR 34/00 - NJW 2002, 2026-2029.
[1046] OLG Zweibrücken v. 04.09.2000 - 5 WF 66/00 - OLGR Zweibrücken 2001, 15.
[1047] OLG Jena v. 10.12.2004 - 1 UF 122/03 - OLG-NL 2005, 110-114.
[1048] OLG Brandenburg v. 29.11.2006 - 10 WF 255/06 - ZFE 2008, 193.
[1049] OLG Brandenburg v. 04.07.2007 - 9 WF 159/07 - FamRZ 2008, 177.
[1050] OLG Hamm v. 19.07.2002 - 11 UF 432/01 - FamRZ 2003, 1025-1027.

- Das OLG Köln stuft das **Berufsorientierungsjahr** als „allgemeine Schulausbildung" im Sinne von § 1603 Abs. 2 Satz 2 BGB ein, da es der Vorbereitung auf die Aufnahme einer Berufsausbildung dient und Kenntnisse und Fertigkeiten aus mehreren Berufsfeldern vermittelt.[1051]
- Der Besuch eines **Berufskollegs** mit dem Ziel, die Fachoberschule mit Qualifikation zu erreichen, um anschließend die höhere Handelsschule zu besuchen, erfüllt die Voraussetzungen einer allgemeinen Schulausbildung.[1052]
- Der Besuch einer **Berufsfachschule** gehört zur allgemeinen Schulausbildung.[1053]
- Bei dem Besuch einer **höheren Berufsfachschule** mit der Fachrichtung Betriebswirtschaft handelt es sich nicht um eine allgemeine Schulausbildung.[1054]
- Der Besuch einer **einjährigen Berufsfachschule** ist nach Ansicht des OLG Naumburg als allgemeiner Schulbesuch i.S.d. § 1603 Abs. 2 Satz 2 BGB zu werten, wenn der Unterhaltsberechtigte nicht über einen Hauptschulabschluss verfügt und diesen durch den Besuch der Berufsfachschule erreichen kann.[1055]
- Ein volljähriges Kind, das das schulische **Berufsgrundbildungsjahr** absolviert, befindet sich jedenfalls dann in der allgemeinen Schulausbildung im Sinne von § 1603 Abs. 2 Satz 2 BGB, wenn es den – bisher nicht erzielten – Hauptschulabschluss erwerben kann.[1056]
- Die Ausbildung zum **staatlich geprüften Wirtschaftsassistenten**, Fachrichtung Umweltschutz, an einer Berufsfachschule ist, auch wenn damit zugleich die Fachhochschulreife vermittelt wird, **nicht** Teil der allgemeinen Schulbildung i.S.d. § 1603 Abs. 2 Satz 2 BGB.[1057]
- Der Besuch des **Berufskollegs für Praktikantinnen und Praktikanten** und der **Fachschule für Sozialpädagogik** in Baden-Württemberg zählt nicht zur allgemeinen Schulausbildung i.S.d. § 1603 Abs. 2 Satz 2 BGB. Es fehlt sowohl für das Berufskolleg für Praktikantinnen und Praktikanten, als auch für die Fachschule für Sozialpädagogik an dem Ziel des Erwerbs eines allgemeinen Schulabschlusses als Zugangsvoraussetzung für die Aufnahme einer Berufsausbildung oder dem Besuch einer Hochschule oder Fachhochschule.[1058]

XII. Verfahrensfragen

960 Der während der Minderjährigkeit entstandene Titel endet nicht automatisch bei Volljährigkeit des Kindes (vgl. die Kommentierung zu § 1610 BGB Rn. 478). Die Tatsache der Volljährigkeit führt aber grundsätzlich zu einer Verlagerung der Darlegungs- und Beweislast auf das volljährige Kind, das das Fortbestehen des Unterhaltsanspruchs und damit seine Bedürftigkeit darlegen muss.[1059] Das Kind muss daher nach h.M. zu seiner Ausbildung und zu einem möglichen Unterhaltsanspruch gegen den anderen Elternteil vortragen und diese Tatsachen ggf. beweisen.[1060] Dies soll allerdings nur gelten, wenn das Kind sich nicht mehr in der allgemeinen Schulbildung befindet.[1061] Damit stehen die privilegierten volljährigen Kinder (§ 1603 Abs. 2 Satz 2 BGB) auch hinsichtlich der **Darlegungs- und Beweislast** noch den minderjährigen Kindern gleich, bei denen der Unterhaltspflichtige die Beweislast trägt.

XIII. Beiderseitige Barunterhaltspflicht der Eltern

961 Grundsätzlich sind **gegenüber volljährigen Kindern** beide Elternteile barunterhaltspflichtig, und zwar auch gegenüber den privilegierten volljährigen Kindern gem. § 1603 Abs. 2 Satz 2 BGB. Zur Berechnungsweise des Unterhaltes der beiden Elternteile vgl. die Kommentierung zu § 1606 BGB Rn. 71.

[1051] Vgl. OLG Köln v. 20.04.2012 - II-25 WF 64/12, 25 WF 64/12 - NJW 2012, 2364.
[1052] OLG Köln v. 17.05.2002 - 25 UF 269/01 - FamRZ 2003, 179.
[1053] OLG Dresden v. 03.03.2003 - 10 WF 122/03 - OLGR Dresden 2004, 17-18.
[1054] OLG Koblenz v. 12.02.2001 - 11 WF 58/01 - NJWE-FER 2001, 176.
[1055] OLG Naumburg v. 02.10.2008 - 4 WF 44/08 - FamRZ 2009, 1226 (LS).
[1056] OLG Celle v. 06.08.2003 - 15 UF 14/03 - OLGR Celle 2003, 448-449.
[1057] OLG Dresden v. 01.09.2004 - 21 UF 515/04 - OLG-NL 2005, 90-91.
[1058] Vgl. OLG Stuttgart v. 18.10.2012 - 18 WF 229/12 - FuR 2013, 176.
[1059] OLG Koblenz v. 09.11.2006 - 7 WF 1042/06 - ZFE 2007, 154.
[1060] Vgl. auch KG v. 08.12.1993 - 16 WF 7542/93 - FamRZ 1994, 765.
[1061] So wohl *Wohlgemuth* in: Eschenbruch-Klinkhammer, Unterhaltsprozess, 2006, Rn. 3242; *Schumacher* in: Luthin, Handbuch des Unterhaltsrechts, Rn. 3212 m.w.N.

Bei **minderjährigen Kindern** kann eine Beteiligung des betreuenden Elternteils am Barunterhalt im Ausnahmefall in Betracht kommen, wenn sein Einkommen das des anderen Elternteils nachhaltig und deutlich übersteigt. Ein solches erhebliches finanzielles Ungleichgewicht liegt noch nicht bei einem um rund 20% höheren Einkommen des betreuenden Elternteils vor.[1062]

Fällt unterhaltsrechtlicher **Mehrbedarf** an (zum Begriff vgl. die Kommentierung zu § 1610 BGB Rn. 254 und die Kommentierung zu § 1613 BGB Rn. 154), so ist zwar ein Teil der Kosten bereits aus dem laufenden Kindesunterhalt zu decken. Den Rest haben aber beide Eltern anteilig aufzubringen, wenn sie über Einkommen verfügen. Der betreuende Elternteil wird hierbei durch seine Betreuungstätigkeit nicht von einer anteiligen Zahlungspflicht befreit.[1063]

XIV. Leistungsfähigkeit beim Elternunterhalt

1. Grundsätze

Auch beim **Elternunterhalt**[1064] gilt der allgemeine Grundsatz, dass nur unterhaltspflichtig ist, wer bei Berücksichtigung seiner sonstigen Verpflichtungen außer Stande ist, ohne Gefährdung seines angemessenen Unterhalts den Unterhalt zu gewähren. Damit wird dem Unterhaltspflichtigen **vorrangig die Sicherung seines eigenen angemessenen Unterhalts** ermöglicht.[1065]

Das unterhaltspflichtige Kind ist auch beim Elternunterhalt nach allgemeinen Grundsätzen gehalten, **alle für eine Einschränkung seiner Leistungsfähigkeit erheblichen Tatsachen vorzutragen**. Daher muss es neben seinem eigenen Einkommen auch das Einkommen der anderen Familienmitglieder, den vollständigen Bedarf der Familie und seinen eigenen Beitrag dazu substantiiert darlegen, wenn es einen über die pauschalen Mindestsätze hinausgehenden Verbrauch geltend machen und eine Begrenzung seiner Leistungsfähigkeit nach Maßgabe pauschaler Mindestsätze für den Selbstbehalt vermeiden will.[1066]

Besonders beim Elternunterhalt ist auf die **Kongruenz (Gleichzeitigkeit) von Bedürftigkeit und Leistungsfähigkeit** zu achten (vgl. dazu Rn. 6).

Zu beachten ist auch die **anteilige Mithaftung der Geschwister** (vgl. die Kommentierung zu § 1606 BGB Rn. 115 ff.). Um die korrekten Anteile feststellen zu können, muss ggf. auch bei den mithaftenden Geschwistern eine vollständige Unterhaltsberechnung erfolgen, in die auch die Einkommen der jeweiligen Ehepartner und der Familienselbstbehalt einzubeziehen sind (vgl. dazu Rn. 1015 ff.).[1067]

Die zur angemessenen Deckung des seiner Lebensstellung entsprechenden allgemeinen Bedarfs benötigten Mittel sollen dem unterhaltspflichtigen Kind verbleiben.

Das BVerfG[1068] hat betont, dass der Gesetzgeber nicht nur dem Elternunterhalt gegenüber dem Kindesunterhalt **nachrangiges Gewicht** verliehen (§ 1609 BGB), sondern auch den **Umfang der Verpflichtung** deutlich gegenüber der Pflicht zur Gewährung von Kindesunterhalt **eingeschränkt** hat (§ 1603 Abs. 1 BGB). Die nachrangige Behandlung des Elternunterhalts entspricht der grundlegend anderen Lebenssituation, in der die Unterhaltspflicht jeweils zum Tragen kommt.

Bei der Pflicht zum Elternunterhalt ist dies meist dann der Fall, wenn die Kinder längst eigene Familien gegründet haben, sich Unterhaltsansprüchen ihrer eigenen Kinder und Ehegatten ausgesetzt sehen sowie für sich selbst und für die eigene Altersabsicherung zu sorgen haben. Dazu tritt nun ein Unterhaltsbedarf eines oder beider Elternteile im Alter hinzu, der mit deren Einkommen, insbesondere ihrer Rente, vor allem im Pflegefall nicht abgedeckt werden kann. Diesen sich kumulierenden Anforderungen hat der Gesetzgeber Rechnung getragen, indem er sichergestellt hat, dass dem Kind ein seinen Le-

---

[1062] OLG Hamm v. 02.05.2003 - 11 UF 218/02 - NJW-RR 2003, 1161-1162.
[1063] OLG Düsseldorf v. 08.07.2005 - II-3 UF 21/05, 3 UF 21/05 - ZFE 2005, 369-370.
[1064] Grundlegend BGH v. 23.10.2002 - XII ZR 266/99 - BGHZ 152, 217-233; *Menter*, FamRZ 1997, 919-924; *Niemann/Renn*, FamRZ 1994, 473-477; *Schibel*, NJW 1998, 3449-3454; *Stoffregen*, FamRZ 1996, 1496-1497; *Brudermüller*, NJW 2004, 633-640; *Viefhues*, ZAP Fach 11, 657-664; *Schürmann*, FamRZ 2004, 189-192; *Born*, FamRB 2003, 295-302; *Ehinger*, FPR 2003, 623-630; *Ehinger*, NJW 2008, 2465.
[1065] Ausführlich *Dose*, FamRZ 2013, 993, 996 und *Viefhues*, FuR 2013, 367.
[1066] OLG Hamm v. 21.11.2012 - II-8 UF 14/12; OLG Karlsruhe v. 07.07.2005 - 16 UF 30/05 - NJW-RR 2006, 361, 363; *Schürmann*, FamRZ 2004, 446, 449.
[1067] Anschaulich BGH v. 28.07.2010 - XII ZR 140/07 - juris Rn. 50 ff. - NJW 2010, 3161.
[1068] BVerfG v. 07.06.2005 - 1 BvR 1508/96 - NJW 2005, 1927-1931 = FamRZ 2005, 1055 m. Anm. *Klinkhammer* = *Graba*, FamRZ 2005, 1149-1150 = *Mleczko*, ZFE 2005, 260.

§ 1603

bensumständen entsprechender eigener Unterhalt verbleibt. Dabei ist zu berücksichtigen, dass der Unterhaltspflichtige nach der Rechtsprechung des BGH grundsätzlich keine spürbare und dauerhafte Senkung seines Lebensstandards hinzunehmen braucht.[1069]

971 Vgl. auch zum **Bedarf** die Kommentierung zu § 1610 BGB Rn. 395 und zur **Bedürftigkeit** die Kommentierung zu § 1602 BGB Rn. 130.

2. Einkommensermittlung beim Elternunterhalt

972 Im Elternunterhalt gelten die **allgemeinen Grundsätze der Einkommensermittlung**. Auszugehen ist dabei nach dem **Zuflussprinzip** von den dem Unterhaltspflichtigen – und u.U. seinem Ehegatten – zufließenden, um Steuern und Sozialabgaben bereinigten Einkünften.[1070]

973 Zur Bemessung des Elternunterhalts ist das unterhaltsrelevante Einkommen zunächst um den (aus Unterhaltstabellen zu entnehmenden) **Mindestselbstbehalt** gegenüber Eltern zu kürzen; von dem verbleibenden Betrag **steht lediglich die Hälfte für Unterhaltszwecke der Eltern zur Verfügung**, während dem Pflichtigen die andere Hälfte des Differenzbetrages zur freien Verfügung verbleiben muss.[1071]

974 Betreuen Kinder ihre pflegebedürftigen Eltern, indem sie laufend selbst erhebliche **Pflegeleistungen erbringen**, kann deshalb die Verpflichtung zu weiteren Unterhaltszahlungen entfallen.[1072] Ein rein pauschales Abstellen auf das Einkommen des unterhaltspflichtigen Kindes sei daher abzulehnen.

a. Berücksichtigung des tatsächlichen Einkommens

975 Es gelten die **allgemeinen Grundsätze der Leistungsfähigkeit** bei der Ermittlung des verfügbaren Einkommens des Unterhaltspflichtigen (vgl. Rn. 16 ff.).

976 Allerdings können sich aus der gesetzlichen Schwäche und dem Nachrang des Elternunterhaltes Besonderheiten zugunsten des unterhaltspflichtigen Kindes ergeben.[1073]

977 Grundsätzlich sind auch Einkünfte aus **überobligatorischer Tätigkeit** – wie z.B. Überstundenvergütungen – anzusetzen, da sich Verwandtenunterhalt in aller Regel nach den tatsächlichen Einkünften richtet.[1074] Das bedeutet aber nicht zwingend die vollständige Anrechnung; hierüber ist nach Treu und Glauben (§ 242 BGB) zu entscheiden.[1075] Auch kann eine überobligatorische Tätigkeit jederzeit aufgegeben werden.[1076]

978 Besteht ein Anspruch auf **Taschengeld**, so ist dieser auch beim **Elternunterhalt** teilweise einzusetzen[1077] (vgl. Rn. 1034).

979 Zum Einkommen gehören auch **Vermögens- und Kapitalerträge**. Soweit sich aus dem Vermögen Erträge ergeben wie Mieten oder Zinsen, sind diese grundsätzlich als Einkünfte in die Berechnung der Leistungsfähigkeit einzubeziehen.[1078] Dabei ist allerdings zu fragen, ob die aus einem Altersschonvermögen stammenden Erträge nicht auch – in zulässiger Weise – diesem Schonvermögen zugeschlagen werden dürfen, damit dem Verbrauch nicht zur Verfügung stehen und somit für die Einkommensfeststellung außer Ansatz bleiben müssen.[1079] Vermögen, das vom unterhaltspflichtigen Kind zur eigenen Altersvorsorge angespart worden ist, ist nicht einzusetzen (zur Berechnungsweise vgl. Rn. 1174 f.).

980 Auch **gezahlter Barunterhalt** ist Einkommen, denn er tritt an die Stelle sonstiger Erwerbseinkünfte und ist daher in gleicher Weise im Rahmen der unterhaltsrechtlichen Leistungsfähigkeit zu berücksichtigen.

[1069]BGH v. 28.07.2010 - XII ZR 140/07 - NJW 2010, 3161.
[1070]BGH v. 25.06.2003 - XII ZR 63/00 - FamRZ 2004, 186.
[1071]BGH v. 23.10.2002 - XII ZR 266/99 - FamRZ 2002, 1698; BGH v. 15.10.2003 - XII ZR 122/00 - FamRZ 2004, 366 mit Anm. *Strohal*; BGH v. 25.06.2003 - XII ZR 63/00 - FamRZ 2004, 186-189; BGH v. 25.06.2003 - XII ZR 63/00 - FamRZ 2004, 186 m. Anm. *Schürmann*; *Brudermüller*, NJW 2004, 633-640, 635.
[1072]OLG Oldenburg v. 14.01.2010 - 14 UF 134/09 - NJW 2010, 1293 = FUR 2010, 232.
[1073]*Ehinger*, NJW 2008, 2465, 2470.
[1074]*Hauß*, Elternunterhalt – Grundlagen und anwaltliche Strategien, 2012, Rn. 215 ff.
[1075]Vgl. zum – wesentlich stärker ausgestalteten – Ehegattenunterhalt BGH v. 13.04.2005 - XII ZR 273/02 - FamRZ 2005, 1154 mit Anm. *Gerhardt*; BGH v. 01.03.2006 - XII ZR 157/03.
[1076]BGH v. 01.03.2006 - XII ZR 157/03 - FamRZ 2006, 846-849.
[1077]BGH v. 12.12.2012 - XII ZR 43/11 - NJW 2013, 686 = FamRZ 2013, 363 mit Anm. *Thormeyer*.
[1078]*Engels*, FF 2013, 973, 975.
[1079]Vgl. OLG Düsseldorf v. 14.01.2009 - II-8 UF 172/08, 8 UF 172/08 - FamRZ 2009, 1077; *Hauß*, Elternunterhalt, Rn. 115 ff.

Der Anspruch des in einer intakten Familie lebenden unterhaltspflichtigen Kind auf **Familienunterhalt** ist lediglich als Teilhabeanspruch, aber nicht als Zahlungsanspruch ausgestaltet (vgl. Rn. 1011). Bei Konkurrenz mit anderen Ansprüchen kann dieser Anspruch **der Höhe nach jedoch wie ein Anspruch auf Trennungsunterhalt oder nachehelicher Unterhaltsanspruch** zu behandeln sein.[1080]

b. Steuern beim Elternunterhalt

Steuern sind – wie bei jeder Unterhaltsberechnung – vom Einkommen des Unterhaltspflichtigen vorab leistungsmindernd abzuziehen. Dies gilt bei Einkünften aus abhängiger Beschäftigung für die **Lohnsteuern** und bei abhängiger Beschäftigung für die **Einkommensteuervorauszahlungen**.[1081]

Das **steuerlich** maßgebliche Einkommen ist nicht mit dem **unterhaltsrechtlich** relevanten Einkommen identisch. Wer sich auf sein steuerliches Einkommen beruft, um eine eingeschränkte Leistungsfähigkeit geltend zu machen, muss seine Einnahmen und Ausgaben so darlegen, dass die nur steuerlich beachtlichen Aufwendungen von den unterhaltsrechtlich erheblichen Aufwendungen abgrenzbar sind[1082] (zur Darlegungslast vgl. Rn. 1286).

Hat ein seinem Elternteil Unterhaltspflichtiger im Verhältnis zu seinem Ehegatten die **ungünstigere Steuerklasse** (Klasse V) gewählt, ist diese Verschiebung der Steuerbelastung durch einen tatrichterlich zu schätzenden Abschlag zu korrigieren.[1083] Denn generell besteht die Obliegenheit von Unterhaltspflichtigen, ihre Liquidität auch durch die Steuerklassenwahl so günstig wie möglich zu gestalten (vgl. Rn. 62).

Allerdings sind hier speziell im Bereich des Elternunterhaltes Einschränkungen dieses Grundsatzes denkbar. Es kann für die Ehegatten gute und sachgerechte Gründe geben, die sie veranlassen können, eine auf den ersten Blick ungünstige Steuerklassenwahl zu treffen. Zu denken ist einmal an sozialrechtliche Gründe (z.B. Leistungsbemessung beim Arbeitslosengeld im Fall einer bevorstehenden Arbeitslosigkeit), aber auch innerfamiliäre Gründe. Daher kann ohne Vorliegen besonderer Gründe eine Korrektur der Steuerklasse durch Zurechnung fiktiver Einkünfte lediglich von Steuerklasse 5/3 auf 4/4 verlangt werden, nicht jedoch von Steuerklasse 5/3 auf Steuerklasse 3/5 oder von Steuerklasse 4/4 auf Steuerklasse 3/5.

c. Aufwendungen für die eigene Krankenvorsorge

Die Kosten für seine **Krankenversicherung**, seine **Pflegeversicherung** seine **Berufsunfähigkeitsversicherung** und die **Krankenhaustagegeldversicherung** kann der Unterhaltspflichtige absetzen. Diese Beiträge dienen der Sicherung des Erwerbseinkommens im Falle von Krankheit oder Arbeitslosigkeit, ohne dass dadurch zu Lasten der Unterhaltsberechtigten eigenes Vermögen gebildet wird. Die Kosten für diese reinen Risikoversicherungen sind deswegen als **Kosten zur Erhaltung des Arbeitseinkommens** zu berücksichtigen.[1084]

Ohne einen **Zahlungsnachweis** kann der Krankenversicherungsbeitrag allerdings nicht einkommensmindernd berücksichtigt werden; die Vorlage nur des Krankenversicherungsscheins reicht nicht aus.[1085]

d. Hypothetisches Einkommen/Erwerbsobliegenheit

Angesichts der Schwäche des Elternunterhaltes ist eine **Obliegenheit**, zur Finanzierung der Ansprüche eines bedürftigen Elternteiles eine **Erwerbstätigkeit aufzunehmen**, zu **verneinen**. Der Elternunterhalt realisiert sich zudem in einem Lebensalter des Kindes, in dem seine Lebensplanungen auch in wirtschaftlicher Hinsicht weitestgehend abgeschlossen sind. Die vom Kind in seiner Ehe getroffene Rollenverteilung ist hinzunehmen. Die Aufnahme einer Erwerbstätigkeit ist daher in aller Regel nicht mehr zumutbar.[1086]

[1080] BGH v. 12.12.2012 - XII ZR 43/11 - juris Rn. 33 - NJW 2013, 686 = FamRZ 2013, 363; BGH v. 19.02.2003 - XII ZR 67/00 - FamRZ 2003, 860, 865; BGH v. 20.03.2002 - XII ZR 216/00 - FamRZ 2002, 742.
[1081] BGH v. 16.06.1982 - IVb ZR 727/80 - FamRZ 1983, 152.
[1082] OLG Hamm v. 21.11.2012 - II-8 UF 14/12 - NJW 2013, 1541.
[1083] BGH v. 14.01.2004 - XII ZR 69/01 - FamRZ 2004, 443; Lindemann-Hinz, jurisPR-FamR 5/2004, Anm. 1.
[1084] BGH v. 27.05.2009 - XII ZR 111/08 - FamRZ 2009, 1207.
[1085] OLG Koblenz v. 26.05.2010 - 13 UF 457/09; OLG Koblenz v. 26.05.2010 - 13 UF 457/09.
[1086] OLG Koblenz, v. 21.3. 2012 - 13 UF 990/11 FamFR 2013 106; Ausführlich Hauß, Elternunterhalt – Grundlagen und anwaltliche Strategien, 2012, Rn. 415 ff.; OLG Köln v. 05.07.2001 - 14 UF 13/01 - FamRZ 2002, 572.

§ 1603

989 Dies gilt auch hinsichtlich der **Aufnahme einer Nebentätigkeit**. Auch hier ist es dem Unterhaltspflichtigen in aller Regel nicht mehr zuzumuten, seine getroffene Lebensentscheidung zu ändern, um den Unterhalt sicherzustellen. Zudem wird die Nebentätigkeitsobliegenheit aus der verschärften Haftung des § 1603 Abs. 2 BGB hergeleitet, die gegenüber den Eltern nicht gilt.

990 Etwas anderes gilt aber dann, wenn bereits eine **Erwerbstätigkeit ausgeübt** wird. Zwar darf eine überobligatorische Tätigkeit jederzeit aufgegeben werden.[1087] Das Entstehen einer Unterhaltspflicht macht aber eine bereits ausgeübte Erwerbstätigkeit nicht überobligatorisch.[1088] Eine spürbare Senkung des Einkommensniveaus durch Aufgabe einer bisher ausgeübten Erwerbstätigkeit gerade angesichts der Inanspruchnahme auf Elternunterhalt muss der Unterhaltsberechtigte nicht hinnehmen.[1089]

991 Die Berücksichtigung **fiktiven Einkommens** ist jedoch auch beim Elternunterhalt nicht ausgeschlossen. Allerdings ist die Zumutbarkeitsschwelle für die Berücksichtigung fiktiver Einkünfte wegen Verletzung einer Erwerbsobliegenheit hoch anzusetzen. Die Schwelle, ab der eine unterhaltsrechtlich leichtfertige Verringerung des Einkommens anzunehmen ist, ist gegenüber dem Ehegatten- und erst recht dem Kindesunterhalt erhöht. Gleichwohl ist das unterhaltspflichtige Kind nicht zur Aufgabe einer bereits ausgeübten Erwerbstätigkeit ohne zwingenden Grund berechtigt, um sich so vor der angekündigten drohenden Inanspruchnahme von Elternunterhalt zu schützen.

992 So ist auch der **unbezahlte Urlaub** unterhaltsrechtlich nicht zu berücksichtigen – zumindest dann, wenn er erstmals nach der Rechtswahrungsanzeige genommen wird und zwingende Gründe für den unbezahlten Urlaub nicht ersichtlich sind.[1090]

993 Beruft sich der Unterhaltspflichtige auf eine **krankheitsbedingte Erwerbsunfähigkeit**, trifft ihn die Darlegungs- und Beweislast.[1091] Er muss im Einzelnen die Krankheiten, an denen er leidet, angeben und vortragen, ob und inwiefern sich diese auf seine Erwerbsfähigkeit auswirken. Hierzu muss er Art und Umfang seiner gesundheitlichen Beeinträchtigungen oder Leiden darlegen.[1092] Seine entsprechende gesundheitliche Situation zu dem in Frage kommenden Einsatzzeitpunkt muss vorgetragen werden.[1093]

e. Unterhaltspflichtige Kinder ohne eigenes Einkommen

994 Nicht selten macht das Sozialamt gegen ein nicht erwerbstätiges, verheiratetes Kind eines pflegebedürftigen Elternteils übergeleitete Unterhaltsansprüche geltend. Hat das unterhaltspflichtige Kind kein oder nur geringes Einkommen, wird versucht, die unterhaltsrechtliche Leistungsfähigkeit auf andere Weise zu begründen. Zur Begründung der unterhaltsrechtlichen Leistungsfähigkeit dieses Kindes wird dabei argumentiert[1094]

- mit dem Familienunterhalt als Einkommensposition (sog. „Schwiegerkinderhaftung") (vgl. dazu Rn. 1007),
- mit dem Wohnvorteil aufgrund des unentgeltlichen Wohnens beim Ehegatten (vgl. dazu Rn. 966),
- mit dem Taschengeldanspruch des Kindes gegen seinen Ehegatten (vgl. dazu Rn. 1044).

f. Wohnvorteil

aa. Wohnvorteil grundsätzlich anrechenbar

995 Der Vorteil des Wohnens im eigenen Haus **(Wohnvorteil)** ist auch beim Elternunterhalt zu berücksichtigen. Der **Wohnvorteil** ist also auch beim Elternunterhalt **dem Einkommen hinzuzurechnen** und nicht ausschließlich im Rahmen des Selbstbehalts zu berücksichtigen. Es besteht kein Grund dafür, den Wohnvorteil im Rahmen der verschiedenen Unterhaltsansprüche – beim Ehegatten- und Kindesunterhalt einerseits und beim Elternunterhalt andererseits – dem Grunde nach in unterschiedlicher Weise zu berücksichtigen[1095] (zum Wohnvorteil vgl. die Kommentierung zu § 1610 BGB Rn. 162 und die Kommentierung zu § 1361 BGB Rn. 454).

[1087] BGH v. 01.03.2006 - XII ZR 157/03 - FamRZ 2006, 846-849.
[1088] *Hauß*, Elternunterhalt – Grundlagen und anwaltliche Strategien, 2008, Rn. 239.
[1089] BGH v. 19.03.2003 - XII ZR 123/00 - FamRZ 2003, 1179.
[1090] OLG Karlsruhe v. 28.07.2010 - 16 UF 65/10 - Rn. 113 - FamRZ 2010, 2082 (LS).
[1091] BGH v. 06.07.2005 - XII ZR 145/03 - FamRZ 2005, 1897.
[1092] BGH v. 27.06.2001 - XII ZR 135/99 - FamRZ 2001, 1291; BGH v. 25.10.2006 - XII ZR 190/03 - FamRZ 2007, 200.
[1093] OLG Karlsruhe v. 28.07.2010 - 16 UF 65/10 - juris Rn. 124.
[1094] Dazu BGH v. 12.12.2012 - XII ZR 43/11 - NJW 2013, 686 = FamRZ 2013, 363.
[1095] BGH v. 05.02.2014 - XII ZB 25/13.

bb. Höhe der Anrechnung

Die Anrechnung erfolgt mit dem **angemessenen Wohnwert**, der sich nach der Miete richtet, die der Unterhaltspflichtige für eine **seinen Bedürfnissen angemessene Wohnung** zahlen müsste.[1096] Dies gilt auch dann, wenn das Haus zusammen mit einem Partner bewohnt wird.[1097] Der **angemessene Wohnvorteil** im Elternunterhalt ist nicht nach der tatsächlich genutzten Wohnfläche zu bemessen, sondern ergibt sich aus der für die unterhaltspflichtige Person **angemessenen Wohnfläche**, die mit dem am Wohnort **üblichen Mietzins** zu multiplizieren ist,[1098] also auf der Grundlage der unter den gegebenen Verhältnissen **ersparten Miete** zu bemessen ist.[1099]

Beim **Wohnvorteil** hat der BGH[1100] die von der Vorinstanz[1101] angesetzte **angemessene Wohnfläche** von 60 qm und einem **ortsüblichen Mietzins** von 8,50 € pro qm nicht beanstandet. Die durchschnittliche Wohnfläche pro Person liegt jedoch nur etwa bei 50 qm, so dass sich auch ein niedrigerer Wohnvorteil rechtfertigen lässt.[1102]

Unzutreffend ist die in der Praxis nicht selten anzutreffende Vorgehensweise, den Wohnvorteil aus der Multiplikation der vorhandenen Wohnfläche der genutzten Immobilie mit dem aus dem Mietspiegel entnommenen Quadratmeterpreis zu bemessen.[1103]

Steht die Wohnung im Miteigentum der Ehegatten, ist der Wohnvorteil nach Maßstab der ersparten Miete beiden Partnern zur Hälfte anzurechnen.[1104]

Soweit bei einer Gegenüberstellung der ersparten Wohnkosten und der zu berücksichtigenden Belastungen der Nutzungswert eines Eigenheims den Aufwand übersteigt, ist die Differenz zwischen den beiden Beträgen dem Einkommen des Unterhaltspflichtigen zuzurechnen.[1105]

Eine bezogene **Eigenheimzulage** ist bei der Bemessung des Wohnwertes ebenso zu berücksichtigen wie die **Zins- und Tilgungsleistungen**.[1106]

Der Abzug der vollständigen Darlehensraten einschließlich des **Tilgungsanteils** ist jedenfalls dann zulässig, wenn und soweit sich die Verbindlichkeiten und die hieraus resultierenden Annuitäten in einer im Verhältnis zu den vorhandenen Einkünften angemessenen Höhe halten und die Verpflichtungen bereits zu einer Zeit eingegangen wurden, als der Unterhaltspflichtige noch nicht damit zu rechnen brauchte, für den Unterhalt seiner Eltern aufkommen zu müssen.[1107] Maßgebend dafür war die Erwägung, dass der Unterhaltspflichtige andernfalls gezwungen sein könnte, das Familienheim zu verwerten, was ihm im Verhältnis zu seinen Eltern nicht obliegt.[1108]

Auch die im Hausgeld enthaltenen monatlichen **Kosten für Instandhaltung** und entsprechende Rücklagen sind in Abzug zu bringen.[1109]

Die Entscheidung des OLG Düsseldorf v. 21.06.2012[1110] bietet eine nachvollziehbare Berechnungsmethode für die Bemessung des Wohnvorteils. Herausgestellt wird darin, dass dabei sämtliche – auch verbrauchsabhängige – Nebenkosten der Immobilie zu berücksichtigen sind. Damit steigert das Wohnen in der eigenen Immobilie (Wohnvorteil) die Leistungsfähigkeit des elternunterhaltspflichtigen Kindes nur insoweit, als die „Kosten des Wohnens", die sich aus Zins- und Tilgungsleistungen, Heiz- und Verbrauchskosten, Grundsteuern, Versicherungs- und sonstigen Nebenkosten zusammensetzen, die im Selbstbehalt enthaltenen „Kosten des Wohnens" unterschreiten.

[1096] BGH v. 17.10.2012 - XII ZR 17/11 - FamRZ 2013, 868; BGH v. 19.03.2003 - XII ZR 123/00 - FamRZ 2003, 1179.
[1097] OLG Hamm v. 06.08.2009 - 2 UF 241/08 - FamRZ 2010, 303.
[1098] BGH v. 17.10.2012 - XII ZR 17/11 - FamRZ 2013, 868; *Hauß*, FamRZ 2013, 870.
[1099] BGH v. 07.08.2013 - XII ZB 269/12 - FamRZ 2003, 1179.
[1100] BGH v. 17.10.2012 - XII ZR 17/11 - FamRZ 2013, 868.
[1101] OLG Düsseldorf v. 27.02.2011 - II-7 UF 99/10, 7 UF 99/10 - FamRZ 2011, 1657.
[1102] *Hauß*, FamRZ 2013, 870.
[1103] *Thormeyer*, FamRB 2012, 270.
[1104] BGH v. 28.07.2010 - XII ZR 140/07 - juris Rn. 29 - NJW 2010, 3161.
[1105] BGH v. 07.08.2013 - XII ZB 269/12 - BGHZ 154, 247 = FamRZ 2003, 1179, 1180 m.w.N.
[1106] BGH v. 17.10.2012 - XII ZR 17/11 - FamRZ 2013, 868.
[1107] BGH v. 19.03.2003 - XII ZR 123/00 - BGHZ 154, 247-259.
[1108] BGH v. 08.06.2005 - XII ZR 75/04.
[1109] BGH v. 05.02.2014 - XII ZB 25/13 - FamRZ 2014, 538.
[1110] OLG Düsseldorf v. 21.06.2012 - II-9 UF 190/11 - FamRB 2012, 270 mit Anm. *Thormeyer*.

1005 Allerdings dürfte ein selbstgenutztes Hausgrundstück nicht als allein ausreichende angemessene Altersvorsorge angesehen werden, zumal es in der Regel auch als Altersversorgung des Partners dient. Jedenfalls dann, wenn die im Miteigentum der Ehegatten stehende Eigentumswohnung nur eine geringe Größe hat, stellt sie allein keine ausreichende Altersversorgung dar.[1111]

cc. Wohnvorteil eines Unterhaltspflichtigen ohne eigenes Einkommen

1006 Der Wohnvorteil ist jedoch nur ein Rechenposten; aus dem Wohnvorteil alleine kann daher kein Unterhalt gezahlt werden. Ist das unterhaltspflichtige Kind **Hausfrau ohne eigenes Einkommen**, so stehen daher aus dem Wohnvorteil keine Mittel zur Verfügung, die für den Unterhalt eingesetzt werden könnten.[1112]

g. Einkommen des Schwiegerkindes

1007 Der Ehegatte des unterhaltspflichtigen Kindes ist an der Unterhaltsverpflichtung gegenüber dessen Eltern nicht beteiligt. **Eine Unterhaltsverpflichtung von Schwiegerkindern ihren Schwiegereltern gegenüber besteht nicht**. Folglich kann ist das Schwiegerkind über sein Einkommen und Vermögen frei verfügen, ungeachtet der unterhaltsrechtlichen Haftung seines Ehegatten gegenüber dessen Eltern.

1008 Eine Begrenzung kann sich nur aus der familienrechtlichen Beziehung zum eigenen Ehepartner ergeben. Daher kann der Ehegatte des unterhaltspflichtigen Kindes trotz dessen Unterhaltspflicht seinen Eltern gegenüber sein Einkommen ohne jede Einschränkung verwenden und auch auf eine Erwerbstätigkeit vollständig verzichten, also kein Einkommen erzielen. Dem erwerbstätigen und damit Einkommen erzielenden Ehegatten kann nicht verwehrt werden, gegebenenfalls auch sein ganzes Einkommen vermögensbildend zu verwenden.

1009 Beim **Schwiegerkind** ist der **Betrag** der Altersvorsorge zu berücksichtigen, der **tatsächlich hierfür aufgewandt** wird. Die Begrenzung auf 5% des Bruttoeinkommens gilt lediglich für den Unterhaltspflichtigen.[1113] Eine Ausnahme kann nur dann gemacht werden, wenn dieser Betrag im Verhältnis zu dessen Einkommens- und Vermögensverhältnissen aus Sicht eines vernünftigen Betrachters unangemessen wäre.[1114]

1010 Auch kann Altersvorsorgevermögen des Ehegatten des Unterhaltspflichtigen – wie auch sonstiges Vermögen – in beliebiger Höhe vorhanden sein, ohne dass es zum Zweck der Befriedigung des Unterhaltsanspruchs von Schwiegereltern aufgezehrt werden müsste.[1115]

h. Familienunterhalt als zusätzliche „Einkommensposition"

1011 Jedoch kann eine tatsächliche Liquidität des Schwiegerkindes, die in den Familienkonsum einfließt, auch unterhaltsrechtlich für den Elternunterhalt eine Rolle spielen,[1116] nämlich über den „**Familienunterhalt**".

1012 Erzielt der seinen Eltern gegenüber unterhaltspflichtige Ehegatte kein ausreichendes, seinen Selbstbehalt übersteigendes Einkommen, so ist eine Herabsetzung dieses Selbstbehaltes möglich, wenn ein Teil seines Bedarfes über den Familienunterhalt vom anderen Ehegatten sichergestellt werde. Bei einem mit seinem Gatten zusammenlebenden elternunterhaltspflichtigen Kind kann daher im Hinblick auf den Familienunterhalt für seine Leistungsfähigkeit auch das Einkommen des Ehegatten von Bedeutung sein.

1013 Wenn also der Familienunterhalt allein aus den Mitteln des Ehegatten sichergestellt werden kann, könnten die Einkünfte des auf Elternunterhalt in Anspruch genommenen Kindes in vollem Umfang für den Unterhalt seines bedürftigen Elternteils herangezogen werden.[1117]

1014 Allerdings ist bei der Bemessung des Elternunterhaltes auch der **Familienselbstbehalt** zu berücksichtigen.[1118]

[1111] Vgl. BGH v. 28.07.2010 - XII ZR 140/07 - juris Rn. 27 - NJW 2010, 3161.
[1112] BGH v. 12.12.2012 - XII ZR 43/11 - FamRZ 2013, 361 = NJW 2013, 686.
[1113] BGH v. 12.12.2012 - XII ZR 43/11 - FamRZ 2013, 361 = NJW 2013, 686.
[1114] Vgl. *Mleczko*, NJW 2013, 691.
[1115] *Hauß*, FamRB 2010, 275, 281.
[1116] OLG Hamm v. 27.11.2007 - 11 UF 50/07 - FamRZ 2008, 1881.
[1117] OLG Koblenz v. 21.03.2012 - 13 UF 990/11 - FamFR 2013 106.
[1118] Zur Bedeutung des Familienselbstbehaltes beim Elternunterhalt vgl. auch *Jüdt*, FuR 2013, 62 mit weiteren Berechnungsbeispielen.

Unter **Familienunterhalt** versteht man den nach den §§ 1360 ff. BGB geschuldeten Unterhalt bei bestehender ehelicher Lebensgemeinschaft. Wird der Selbstbehalt des elternunterhaltpflichtigen Kindes ganz oder teilweise durch den Familienunterhalt gedeckt, kann das Kind auch noch auf Elternunterhalt in Anspruch genommen werden, wenn sein Einkommen unterhalb des Selbstbehaltssatzes liegt (vgl. Rn. 1271). 1015

Der Anspruch auf Familienunterhalt ist aber nicht auf Gewährung einer Geldrente gerichtet.[1119] 1016

Erzielen beide Ehegatten Einkommen, ist mangels Vorliegens anderweitiger Vereinbarungen davon auszugehen, dass sie zum Familienunterhalt anteilig entsprechend der Höhe ihrer Einkünfte beitragen.[1120] 1017

Bei der Bemessung des Familienunterhalts wird **kein Erwerbstätigenbonus** abgezogen, da uneingeschränkt der **Halbteilungsgrundsatz** gilt.[1121] 1018

Ist das unterhaltpflichtige Kind nicht verheiratet, steht ihm gegen seinen **Lebensgefährten kein Anspruch auf Familienunterhalt** zu. Daher ist dann lediglich von den eigenen Einkünften unter Einbeziehung eines Wohnvorteils[1122] in Höhe einer ersparten angemessenen Miete auszugehen (vgl. Rn. 211).[1123] 1019

Bei der unterhaltsrechtlichen Bewertung der Leistungsfähigkeit wird das Einkommen des Unterhaltspflichtigen teilweise um die **Ersparnis** erhöht, **die aus der gemeinsamen Haushaltsführung mit dem Ehegatten (Synergieeffekt)** abgeleitet wird[1124] (Einzelheiten vgl. Rn. 1048 ff.). 1020

i. Beispiele zur Berechnungsweise des Familienunterhaltes

Die Berechnungsweise[1125] lässt sich anhand der nachfolgenden Beispiele erläutern: 1021
Beispiel 1: 1022

	Einkommen des elternunterhaltpflichtigen Ehegatten	2.300 €
+	Einkommen des anderen Ehegatten	3.800 €
=	Gesamtbedarf	6.100 €

Der Anteil des elternunterhaltpflichtigen Ehegatten beträgt 37,7%.

	Selbstbehalt für Unterhaltspflichtigen	1.500 €
+	Selbstbehalt für den mit ihm zusammenlebenden Gatten	1.200 €
=	gesamt	2.700 €
	Resteinkommen	3.400 €
−	Haushaltsersparnis (Synergieeffekt; 10% des Resteinkommens)	340 €
=	Familieneinkommen	3.060 €
	Hälfte des den Familienselbstbehalt übersteigenden Einkommens (3.060 €/2)	1.530 €
+	Selbstbehalt	2.700 €
=	individueller Familienselbstbehalt (2.700 + 1.530)	4.230 €
	Einkommen des unterhaltpflichtigen Ehegatten	2.300 €
−	vom Unterhaltspflichtigen zu deckender Familienselbstbehalt (4.230 € * 37,7%)	1.594,92 €
=	für den Elternunterhalt einzusetzen	705 €

1023

[1119] BGH v. 12.12.2012 - XII ZR 43/11 - FamRZ 2013, 363.
[1120] *Hauß*, Elternunterhalt – Grundlagen und anwaltliche Strategien, 2008, Rn. 180 m.w.N.
[1121] BGH v. 12.12.2012 - XII ZR 43/11; BGH v. 14.01.2004 - XII ZR 149/01 - FamRZ 2004, 792, 794; BGH v. 20.03.2002 - XII ZR 216/00 - FamRZ 2002, 742; vgl. auch OLG Koblenz v. 21.03.2012 - 13 UF 990/11 - FamFR 2013 106.
[1122] Einschränkend zur Anrechnung eines Wohnvorteils bei Zusammenleben mit einem Partner OLG Brandenburg v. 26.09.2013 - 3 WF 101/13.
[1123] OLG Celle v. 02.11.2010 - 10 UF 176/10 - juris Rn. 34.
[1124] BGH v. 28.07.2010 - XII ZR 140/07; BGH v. 14.01.2004 - XII ZR 149/01 - FamRZ 2004, 792, 793.
[1125] Vgl. BGH v. 28.07.2010 - XII ZR 140/07 - FamRZ 2010, 1535.

1024 Beispiel 2:

	Einkommen des elternunterhaltspflichtigen Ehegatten	3.500 €
+	Einkommen des anderen Ehegatten	600 €
=	Gesamtbedarf	4.100 €
	Der Anteil des elternunterhaltspflichtigen Ehegatten beträgt 85,37%.	
	Selbstbehalt für Unterhaltspflichtigen	1.500 €
+	Selbstbehalt für den mit ihm zusammenlebenden Gatten	1.200 €
=	gesamt	2.700 €

1025

	Resteinkommen	1.400 €
−	Haushaltsersparnis (10% des Resteinkommens)	140 €
=	Familieneinkommen	1.260 €
	Hälfte des den Familienselbstbehalt übersteigenden Einkommens (1.260 €/2)	630 €
+	Selbstbehalt	2.700 €
=	individueller Familienselbstbehalt (2.700 + 630)	3.330 €
	Einkommen des unterhaltspflichtigen Ehegatten	2.300 €
−	vom Unterhaltspflichtigen zu deckender Familienselbstbehalt (3.330 € * 85,37%)	2.842,68 €
=	für den Elternunterhalt einzusetzen	657 €

j. Unterhaltspflichtiges Kind mit geringeren Einkünften als sein Ehegatte

1026 Die Frage, ob die Leistungsfähigkeit auch in Fällen, in denen das unterhaltspflichtige Kind geringere Einkünfte erzielt als sein Ehegatte, auf diese Weise (wie Beispiel 5) bemessen werden kann, ist allerdings umstritten.

1027 Der BGH hatte bislang die Fallgestaltungen entschieden, in denen der verheiratete Unterhaltspflichtige bei der Inanspruchnahme auf Elternunterhalt entweder anders als sein Ehegatte über kein Einkommen[1126] oder über ein höheres Einkommen als sein Ehegatte[1127] verfügt.

1028 Nach der überwiegend vertretenen Auffassung kann das Berechnungsschema auch auf Fallgestaltungen übertragen werden, in denen der verheiratete Unterhaltspflichtige bei der Inanspruchnahme auf Elternunterhalt über ein geringeres Einkommen verfügt als sein Ehegatte.[1128] Von Teilen des Schrifttums wird diese Berechnungsmethode insgesamt abgelehnt.[1129]

1029 Der BGH stellt klar, dass die Anwendung dieses Berechnungsschemas auch in der Regel sachgerecht ist in Fällen, in denen das unterhaltspflichtige Kind über ein geringeres Einkommen als sein Ehegatte verfügt.[1130] Eine einheitliche Berechnungsmethode für alle Fälle trägt schließlich auch einem berechtigten Anliegen der Praxis Rechnung.

1030 Die Ermittlung des individuellen Familienbedarfs stellt sicher, dass der Elternunterhalt nur aus dem Einkommen des Unterhaltspflichtigen gespeist wird. Eine verdeckte Haftung des besserverdienenden Schwiegerkindes ist damit ausgeschlossen. Dem unterhaltspflichtigen Kind verbleibt der Anteil, den es zum Familienbedarf beizutragen hat; nur sein darüber hinausgehendes Einkommen ist für den Elternunterhalt einzusetzen. Damit ist auch gewährleistet, dass sein Ehegatte bei Inanspruchnahme auf Elternunterhalt keine weiteren Leistungen erbringen muss, um den Lebensstandard der Familie aufrechtzuerhalten. Mit dieser Berechnungsweise wird zudem der Haushaltsersparnis, die erfahrungsgemäß mit zunehmendem Einkommen steigt, hinreichend Rechnung getragen.[1131]

[1126] BGH v. 12.12.2012 - XII ZR 43/11 - FamRZ 2013, 363.

[1127] BGH v. 28.07.2010 - XII ZR 140/07 - FamRZ 2010, 1535.

[1128] OLG Koblenz v. 21.03.2012 - 13 UF 990/11 - juris Rn. 30; *Gutdeutsch*, FamRZ 2011, 77, 80; *Wendl/Wönne*, Das Unterhaltsrecht in der familienrichterlichen Praxis, 8. Aufl. § 2 Rn. 965 a.E.; *Koch/Wellenhofer*, Handbuch des Unterhaltsrechts, 12. Aufl. Rn. 5047; *Schulz/Hauß/Pauling*, Familienrecht, 2. Aufl. § 1603 Rn. 60.

[1129] *Wohlgemuth*, FamRZ 2011, 341, 344; *Günther*, FamFR 2010, 433, 435; vgl. auch *Hilbig-Lugani* in: Eschenbruch/Schürmann/Menne, Der Unterhaltsprozess, 6. Aufl. Kap. 2 Rn. 1367 ff.

[1130] BGH v. 05.02.2014 - XII ZB 25/13 - FamRZ 2014, 538.

[1131] Vgl. BGH v. 28.07.2010 - XII ZR 140/07 - juris Rn. 43 - FamRZ 2010, 1535.

Zwar kann der dem unterhaltspflichtigen Kind zu belassende anteilige individuelle Familienbedarf durch dessen proportionale Anbindung an das Einkommen geringer sein als der Betrag, der einem alleinstehenden unterhaltspflichtigen Kind verbleiben müsste. Bei gleich hohem Einkommen hat ein alleinstehender Unterhaltspflichtiger – auch bei einem fiktiven Abzug von 10% seines Selbstbehalts wegen Haushaltsersparnis – weniger für den Elternunterhalt aufzubringen als ein verheiratetes Kind. Dieses Ergebnis findet seine Rechtfertigung indes in der zusätzlichen Absicherung des unterhaltspflichtigen Kindes durch den Familienunterhalt.[1132]

Wenn dem unterhaltspflichtigen Kind von seinem Einkommen ein entsprechender Anteil des individuellen Familienbedarfs verbleibt, ist nicht zusätzlich noch ein Taschengeld in Höhe von 5 bis 7% des Familienselbstbehalts geschützt. Denn durch diesen Anteil sind auch die persönlichen Bedürfnisse abgedeckt. Nur bei einem unterhalb von 5 bis 7% des Familieneinkommens liegenden Einkommen des Unterhaltspflichtigen ist auch das Taschengeld einzusetzen[1133] und demgemäß der insoweit bestehende Selbstbehalt zu beachten.[1134]

Nach der Rspr. des BGH kommt es letztlich nicht darauf an, ob das Kind mit dem höheren oder das Kind mit dem niedrigeren Einkommen in Anspruch genommen wird. Es wird immer zuerst das einzusetzende Einkommen ermittelt; in einem zweiten Schritt haftet das Kind anteilig mit seinem Anteil am Gesamteinkommen.[1135]

k. Taschengeldanspruch

Zwar ist der Anspruch auf Familienunterhalt lediglich ein Teilhabeanspruch, kein Zahlungsanspruch. Eine Ausnahme gilt jedoch für den Anspruch auf Taschengeld. Dieser Anspruch ist zwar Teil des Familienunterhaltes (wird also nicht zusätzlich geschuldet), richtet sich aber auf Zahlung eines Geldbetrages und orientiert sich an der Höhe des Familienunterhaltes.[1136]

Das **Taschengeld** richtet sich – wie der Familienunterhalt – hinsichtlich seiner Höhe nach den bestehenden Einkommens- und Vermögensverhältnissen der Ehegatten. In der Rechtsprechung wird üblicherweise eine Quote von 5 bis 7% des zur Verfügung stehenden Nettoeinkommens angenommen.[1137]

Um den Anspruch berechnen zu können, muss daher zuvor der Anspruch auf Familienunterhalt betragsmäßig festgelegt werden. Bei Konkurrenz mit anderen Ansprüchen ist dieser Anspruch **der Höhe nach wie ein Anspruch auf Trennungs- oder nachehelicher Unterhaltsanspruch** zu behandeln.[1138]

Um den Familienunterhalt des unterhaltspflichtigen Kindes berechnen zu können, muss das Einkommen dessen Ehegatten nach den allgemeinen unterhaltsrechtlichen Grundsätzen genau ermittelt werden. Der Anspruch auf Familienunterhalt richtet sich auf die Hälfte des Familieneinkommens. Aus der für den Lebensunterhalt nicht zur Verfügung stehenden Sparrate (**Vermögensbildung**) ist kein Familienunterhalt zu zahlen.[1139]

Grundsätzlich ist auch das Taschengeld eines Ehegatten für den Elternunterhalt einzusetzen. Dies gilt allerdings nicht in Höhe eines Betrages von 5 bis 7% des Mindestselbstbehalts sowie in Höhe etwa der Hälfte des darüber hinausgehenden Taschengeldes.[1140]

Denn jedem Unterhaltspflichtigen sollen grundsätzlich die Mittel verbleiben, die er zur Deckung des seiner Lebensstellung entsprechenden allgemeinen Bedarfs benötigt. Dieser Betrag ist anhand der konkreten Umstände des Einzelfalls und unter Berücksichtigung der besonderen Lebensverhältnisse, die bei der Inanspruchnahme auf Elternunterhalt vorliegen, zu ermitteln. Von diesem den Freibetrag übersteigenden Einkommen ist zudem dem unterhaltpflichtigen Kind ein weiterer Anteil zusätzlich zu belassen. Dabei könne bei der Ermittlung des für den Elternunterhalt einzusetzenden Einkommens allein

---

[1132] BGH v. 05.02.2014 - XII ZB 25/13 - FamRZ 2014, 538.
[1133] BGH v. 05.02.2014 - XII ZB 25/13 - FamRZ 2014, 538.
[1134] Vgl. dazu BGH v. 12.12.2012 - XII ZR 43/11 - FamRZ 2013, 363; so auch *Dose*, FamRZ 2013, 993,1000.
[1135] *Seiler*, FamRZ 2014, 636 Anm. zu BGH v. 05.02.2014 - XII ZB 25/13 - FamRZ 2014, 538.
[1136] BGH v. 12.12.2012 - XII ZR 43/11 - FamRZ 2013, 363.
[1137] Vgl. auch OLG Köln v. 30.07.2012 - 4 UF 49/12 - FamFR 2012, 439; OLG Braunschweig v. 16.07.2013 - 2 UF 161/09; kritisch *Gühlstorf*, ZfF 2013, 128.
[1138] BGH v. 12.12.2012 - XII ZR 43/11 - juris Rn. 33 - NJW 2013, 686 = FamRZ 2013, 363; BGH v. 19.02.2003 - XII ZR 67/00 - FamRZ 2003, 860, 865; BGH v. 20.03.2002 - XII ZR 216/00 - FamRZ 2002, 742.
[1139] BGH v. 12.12.2012 - XII ZR 43/11 - NJW 2013, 686 = FamRZ 2013, 363.
[1140] BGH v 12.12.2012 - XII ZR 43/11 - FamRZ 2013, 363.

auf einen etwa hälftigen Anteil des Betrages abgestellt werden, der den an sich vorgesehenen Mindestselbstbehalt übersteigt. Hiermit sei aber nicht vereinbar, wenn die Beklagte fast in Höhe des gesamten, ihren Selbstbehalt übersteigenden Betrages des Einkommens Unterhalt leisten soll.[1141]

1040 Jedoch muss das Taschengeld nicht vollständig für den Elternunterhalt eingesetzt werden. Zu berücksichtigen ist auch hier der Selbstbehalt des Unterhaltspflichtigen gegenüber der Inanspruchnahme auf Elternunterhalt. Ein darin enthaltenes Taschengeld ist ebenfalls in Höhe von 5-7% geschütztes Einkommen.[1142] Bei einem Selbstbehalt in Höhe von 1.600 € den Eltern gegenüber (seit 01.01.2013) ergibt sich damit ein **geschützter Taschengeldanteil von 80-112 € monatlich**.

1041 Darüber hinaus hat der BGH festgelegt, dass von dem diesen Selbstbehalt übersteigenden Betrag dem Unterhaltspflichtigen die Hälfte verbleiben muss und er nur etwa die Hälfte des Mindestselbstbehalt übersteigenden Einkommens für den Elternunterhalt einzusetzen hat.[1143] Dementsprechend muss dem Unterhaltspflichtigen auch etwa die Hälfte des den Sockelbetrag als Mindesttaschengeld übersteigenden Taschengeldes verbleiben. Nur in Höhe des restlichen Betrages komme eine Verpflichtung zur Zahlung von Elternunterhalt in Betracht.[1144]

l. Beispiele zur Berechnungsweise des Taschengeldanspruchs

1042 **Berechnungsbeispiel:**[1145]
Das verheiratete, unterhaltspflichtige Kind hat kein eigenes Einkommen.

	bereinigtes Einkommen des Ehepartners	4.000 €
	Familienunterhalt davon 1/2	2.000 €
	davon Taschengeldanspruch in bar 6%	120 €
–	im Selbstbehalt enthaltenes Mindesttaschengeld (6% von 1.600 €)	96 €
=	verbleiben	24 €
	davon steht für den Elternunterhalt die Hälfte zur Verfügung, also	12 €

1043 Daraus lässt sich folgende Formel für die Berechnung der Leistungsfähigkeit des einkommenslosen Kindes ableiten:[1146]
(Familieneinkommen − Familienselbstbehalt) x 5%/2
oder
(Familieneinkommen − Familienselbstbehalt) x 6%/2
oder
(Familieneinkommen − Familienselbstbehalt) x 7%/2
Die Prozentzahl bezieht sich auf die Höhe des Taschengeldanspruchs, der zwischen 5% und 7% des Familieneinkommens beträgt.

1044 *Dose*[1147] stellt klar,[1148] dass sich in der Berechnung des BGH[1149] eine offensichtliche Unrichtigkeit eingeschlichen habe.[1150] Soweit der Taschengeldselbstbehalt dort[1151] aus einem Betrag von 5-7% des **persönlichen Mindestbedarfs** gegenüber dem Elternunterhalt von zurzeit 1.600 € errechnet wurde, beruhe dies auf einem **offensichtlichen Versehen**.

1045 Der BGH hat vielmehr auf der Grundlage der insoweit stets zu beachtenden individuellen Verhältnisse einen Mindestbedarf bestimmt, der dem unterhaltspflichtigen Kind von seinem Taschengeld zu verbleiben hat. Weil den Ehegatten gegenüber dem Elternunterhalt stets vom Familieneinkommen ein Be-

---

[1141] BGH v. 12.12.2012 - XII ZR 43/11 - NJW 2013, 686 = FamRZ 2013, 363.

[1142] BGH v. 12.12.2012 - XII ZR 43/11 - FamRZ 2013, 361 = NJW 2013, 686; dazu *Günther*, FamFR 2013, 392; *Stein*, FamFR 2013, 97.

[1143] BGH v. 21.04.2004 - XII ZR 326/01 - FamRZ 2004, 1184, 1187 und BGHZ 154, 247, 258 f. = FamRZ 2003, 1179, 1182.

[1144] BGH v. 12.12.2012 - XII ZR 43/11 - FamRZ 2013, 361 = NJW 2013, 686.

[1145] *Mleczko*, NJW 2013, 691 in seiner Anmerkung zur Entscheidung des BGH v. 12.12.2012 - XII ZR 43/11 - FamRZ 2013, 361 = NJW 2013, 686.

[1146] *Hauß*, FamRB 2013, 70, 71.

[1147] Vorsitzender des XII. Senates des BGH.

[1148] *Dose*, FamRZ 2013, 993, 1000 Fn. 57.

[1149] BGH v. 12.12.2012 - XII ZR 43/11 - FamRZ 2013, 361 = NJW 2013, 686.

[1150] Vgl. auch OLG Braunschweig v. 16.07.2013 - 2 UF 161/09 - FamRZ 2014, 481.

[1151] BGH v. 12.12.2012 - XII ZR 43/11 - juris Rn. 46 ff. - FamRZ 2013, 361 = NJW 2013, 686.

trag in Höhe des Familienmindestselbstbehalts (zurzeit 2.880 €) verbleiben muss, verbleibt dem unterhaltspflichtigen Kind von seinem Taschengeld, das sich auf 5-7% des Gesamtfamilieneinkommens beläuft, entsprechend ein Betrag von **5-7% des Familienmindestselbstbehalts**.

Beispiel 1:[1152] 1046

Einkommen des Ehemannes	2.880 €
Einkommen der unterhaltsberechtigten Ehefrau	0 €
a) Unterhaltspflicht des Ehemannes für **seinen Elternteil**:	
2.880 € (Einkommen) – 2.880 € (Familienmindestselbstbehalt) =	0 €
b) Unterhaltspflicht der Ehefrau für **ihren Elternteil**:	
2.880 € (Familieneinkommen) * 5% (Taschengeld)	144 €
– 2.880 € (Familienmindestselbstbehalt) * 5%	144 €
= Unterhaltsanspruch	0 €

Beispiel 2: 1047

Einkommen des Ehemannes	5.000 €
Einkommen der unterhaltsberechtigten Ehefrau	0 €
a) Unterhaltspflicht des Ehemannes für **seinen Elternteil**:	
5.000 € (Einkommen) - [2.880 € + 954 € =] 3.834 € (individueller Familienselbstbehalt)	
= Unterhaltspflicht	1.166 €
b) Unterhaltspflicht der Ehefrau für **ihren Elternteil**:	
5.000 € (Familieneinkommen) * 5% (Taschengeld) =	250 €
– 2.880 € (Familienmindestselbstbehalt) * 5%	144 €
= Differenz	106 €
davon Unterhalt (1/2)	53 €
oder: (5.000 €-2.880 €) = 2.120 € * 5 % = 106 €/2	53 €

m. Erhöhung des Einkommens durch Ersparnisse aufgrund des Zusammenlebens mit dem anderen Ehegatten (Synergieeffekt)

Bei der unterhaltsrechtlichen Bewertung der Leistungsfähigkeit wird das Einkommen des unterhaltspflichtigen Kindes teilweise um die **Ersparnis** erhöht, **die aus der gemeinsamen Haushaltsführung (Synergieeffekt) mit dem Ehegatten**[1153] oder einem nichtehelichen Partner[1154] abgeleitet wird. Auch bei der Unterhaltsbemessung des Elternunterhaltes ist die durch die gemeinsame Haushaltsführung des unterhaltspflichtigen Kindes mit seinem Ehegatten eintretende Ersparnis zu berücksichtigen, die mit wachsendem Lebensstandard in der Regel steigt[1155] (vgl. Rn. 269). 1048

Voraussetzung der Anrechnung ist immer, dass der Partner wirtschaftlich in der Lage ist, sich an den gemeinsamen Kosten zu beteiligen.[1156] 1049

Im Falle der Inanspruchnahme auf Elternunterhalt eines verheirateten Unterhaltsschuldners wird dieser Haushaltsersparnis in Höhe eines dem Selbstbehalt entsprechenden Teilbetrages des Familieneinkommens bereits durch die unterschiedlichen Selbstbehaltssätze der Ehegatten Rechnung getragen.[1157] Nur bezogen auf das den **Familienselbstbehalt übersteigende Einkommen** ist die Haushaltsersparnis zusätzlich zu berücksichtigen und mit 10% dieses Mehreinkommens zu bemessen.[1158] 1050

Die Grundsätze der **Synergie und Haushaltsersparnis** sind auf die **Lebensverhältnisse nichtehelicher Partner** zu übertragen, auch wenn ihnen kein Familienselbstbehalt zukommt. Denn auch nichtehelichen Partnern ist gegenüber der Inanspruchnahme auf Elternunterhalt zuzugestehen, ihre Lebensstellung aufrechtzuerhalten.[1159] 1051

[1152] *Dose*, FamRZ 2013, 993, 1000.
[1153] BGH v. 09.01.2008 - XII ZR 170/05 - juris Rn. 36 f. - FamRZ 2008, 595.
[1154] BGH v. 17.10.2012 - XII ZR 17/11; BGH v. 28.07.2010 - XII ZR 140/07 - FamRZ 2010, 1535; vgl. *Mleczko*, jurisPR-FamR 16/2013, Anm. 3.
[1155] BGH v. 28.07.2010 - XII ZR 140/07 - FamRZ 2010, 1535; BGH v. 14.01.2004 - XII ZR 149/01 - FamRZ 2004, 792, 793.
[1156] OLG Hamm v. 27.11.2007 - 1 UF 50/07 - FamRZ 2008, 1881.
[1157] BGH v. 17.10.2012 - XII ZR 17/11 - FamRZ 2013, 868.
[1158] BGH v. 28.07.2010 - XII ZR 140/07 - juris Rn. 43 ff. - FamRZ 2010, 1535.
[1159] BGH v. 23.10.2002 - XII ZR 266/99 - BGHZ 152, 217 = FamRZ 2002, 1698, 1700 f. für den Unterhaltsschuldner.

1052 Übersteigt das Einkommen des Lebensgefährten den Betrag nicht, der bei Ehegatten dem Selbstbehalt entspricht, ist eine Haushaltsersparnis deshalb nicht gesondert zu berücksichtigen.[1160]

1053 Der Träger der Sozialhilfe unterstellt häufig Ersparnisse einer gemeinsamen Haushaltsführung als leistungserhöhend, ohne die wirtschaftliche Situation des nichtehelichen Partners konkret zu berücksichtigen. Daher müsse der Unterhaltspflichtige im Streitfall konkret zu den Einkommensverhältnissen seines Partners vortragen und diese ggf. belegen, um darzulegen, dass aufgrund der tatsächlichen Einkommenssituation keine Ersparnis aufgrund einer gemeinsamen Haushaltsführung gegeben ist. Da der nichteheliche Partner außerhalb der Unterhaltsbeziehung steht, er sich also auch nicht zugunsten seines Partners einschränken muss, sind zudem von dessen Einkommen sämtliche Verbindlichkeiten und Belastungen einkommensmindernd in Abzug zu bringen.[1161]

1054 Diese Ersparnis soll allerdings dann nicht anzurechnen sein, wenn lediglich Mindestbedarfssätze heranzuziehen sind.[1162]

n. Beispiele zur Berechnungsweise der Haushaltsersparnis

1055 Die genaue **Berechnungsweise** ist umstritten.

1056 Das OLG Düsseldorf[1163] vermindert das bereinigte Gesamteinkommen der Eheleute zunächst um die Ersparnisse des gemeinsamen Zusammenlebens (sog. Haushaltsersparnis). Hierzu wird das Gesamteinkommen um 14% gekürzt. Dies entspricht dem Verhältnis der Differenz der einzelnen Selbstbehalte (1.400 € – 1.050 € = 350 €) zu dem Mindestselbstbehalt der Eheleute (2.450 €). Das hiernach verbleibende Einkommen wird hälftig auf beide Ehegatten verteilt. Für die Beurteilung der Leistungsfähigkeit müsse dann die Haushaltsersparnis (14% des Gesamteinkommens) im Verhältnis des Einkommens des Unterhaltsschuldners zum Gesamteinkommen der Eheleute der Hälfte des Unterhaltsschuldners zugerechnet werden. Das Ergebnis wird dann um den Mindestselbstbehalt (1.400 €) bereinigt. Die Hälfte des Überschusses ist als Zahlbetrag für den Elternunterhalt zu verwenden.

1057 Das OLG Hamm[1164] bildet zur weiteren Berechnung des Elternunterhalts aus dem bereinigten Nettoeinkommen der Eheleute deren Gesamteinkommen und bringt davon den Mindestselbstbehalt für Eheleute in Höhe der einschlägigen unterhaltsrechtlichen Leitlinien in Abzug. Daraus wird der angemessene Familienunterhalt (auch individueller Selbstbehalt genannt) festgelegt, indem die Hälfte des verbleibenden Betrages dem Mindestselbstbehalt der Eheleute hinzugerechnet wird. Der Unterhaltsschuldner habe zu dem so berechneten angemessenen Familieneinkommen entsprechend dem Verhältnis der beidseitigen Einkommen beizutragen. Nach Abzug des Anteils des Unterhaltsschuldners zum Familienunterhalt vom bereinigten Einkommen des Pflichtigen ergibt sich der für den Elternunterhalt maßgebliche Zahlbetrag. Der BGH hat diese Berechnungsweise kritisiert (vgl. Rn. 1059).[1165]

1058 Gegen die Berechnungsmethode des OLG Düsseldorf wird vorgebracht, dass dieser Rechenweg die Vorteile des Zusammenlebens der Eheleute nur ungenügend berücksichtige. Dadurch, dass das bereinigte Einkommen des Unterhaltsschuldners durch den ungekürzten Selbstbehalt und nicht um den gemittelten Selbstbehalt verringert wird, werde letztendlich der Vorteil des Zusammenlebens bei der Beurteilung der Leistungsfähigkeit des Unterhaltsschuldners ausgeklammert.

1059 Der BGH hat die Berechnungsweise des OLG Düsseldorf – jedenfalls für Einkünfte in der Größenordnung bei einem Familieneinkommen von rund 2.900 € bzw. von rund 2.600 € – als nicht angemessen bezeichnet[1166] und dies umfangreich begründet.

1060 Diesem Berechnungsweg ist zudem entgegengehalten worden, dass sich eine deutlich geringere Leistungsfähigkeit ergebe, als wenn nur die in den unterschiedlichen Selbstbehaltsbeträgen zum Ausdruck kommende Haushaltsersparnis berücksichtigt werde. Die Leistungsfähigkeit müsse aber höher sein, weil der Vorteil des Zusammenlebens als linear ansteigend beurteilt werde.[1167] Die Haushaltsersparnis in den Einkommensbereichen, die nur geringfügig oberhalb des Familienselbstbehalts liegen, werde nicht oder nicht hinreichend berücksichtigt und die Unterhaltspflicht setze deshalb zu spät ein. Die Me-

---

[1160] BGH v. 17.10.2012 - XII ZR 17/11 - FamRZ 2013, 868.
[1161] Vgl. Mleczko, jurisPR-FamR 16/2013, Anm. 3.
[1162] BGH v. 19.03.2003 - XII ZR 123/00 - FamRZ 2003, 1179.
[1163] OLG Düsseldorf v. 08.02.2007 - 9 UF 72/06 - FamRZ 2007, 1684; vgl. auch Scholz, FamRZ 2004, 1829 ff.
[1164] OLG Hamm v. 23.11.2007 - 13 UF 134/07 - ZFE 2008, 162.
[1165] BGH v. 28.07.2010 - XII ZR 140/07 - juris Rn. 43 - NJW 2010, 3161.
[1166] BGH v. 28.07.2010 - XII ZR 140/07 - juris Rn. 32 ff. - NJW 2010, 3161.
[1167] OLG Hamm v. 23.11.2007 - 13 UF 134/07 - FamRZ 2008, 1650, 1651 f.

thode gelange bei gleich hohen Einkünften der Ehegatten zu einem Elternunterhaltsanspruch, der dem gegenüber einem allein stehenden Unterhaltspflichtigen mit gleichem Einkommen entspreche, obwohl dem Alleinstehenden keine Haushaltsersparnis zugutekomme.[1168]

Dem schließt sich der BGH an. Ließe man die erhöhte Haushaltsersparnis außer Betracht, ergäbe sich ein deutlich höherer Unterhalt. Daraus folgt, dass die Haushaltsersparnis, durch die gerade eine Entlastung eintritt, nicht ihrer Bedeutung entsprechend berücksichtigt worden ist. **1061**

Wie das Berechnungsbeispiel verdeutlicht, hätten sich ohne die Haushaltsersparnis, die über die Differenz der Selbstbehaltsbeträge hinausgeht, deutlich höhere für den Unterhalt einzusetzende Beträge ergeben. Daher liegt keine angemessene Verteilung der für den Unterhalt zur Verfügung stehenden Mittel vor. Denn als angemessen kann eine Verteilung nur dann angesehen werden, wenn sie die durch die gemeinsame Haushaltsführung der Ehegatten eintretende Ersparnis, die mit wachsendem Lebensstandard regelmäßig steigt, in einer Weise berücksichtigt, dass hieraus auch eine höhere Leistungsfähigkeit des Unterhaltspflichtigen folgt.[1169] **1062**

Beim **Elternunterhalt** ist bei einem verheirateten Unterhaltspflichtigen für die Frage der Leistungsfähigkeit **der individuelle Familienselbstbehalt maßgeblich**, da ein verheiratetes unterhaltspflichtiges Kind Unterhalt entweder aus seinem nicht nur geringfügigen Taschengeldanspruch gegen seinen Ehegatten oder aus etwaig vorhandenen eigenen Einkünften schuldet. Eigene Einkünfte stehen dann für Unterhaltszwecke zur Verfügung, wenn sie nicht für den Barunterhalt der Familie benötigt werden, weil das auf Elternunterhalt in Anspruch genommene Kind seine eigene Unterhaltspflicht gegenüber dem Ehepartner durch Übernahme der Haushaltsführung erfüllt und auf Grund des durch den gut verdienenden anderen Ehegatten zu leistenden Familienunterhalts bereits angemessen versorgt ist.[1170] **1063**

Der **Familienselbstbehalt**[1171] errechnet sich aus dem Selbstbehalt des zum Elternunterhalt verpflichteten Kindes und seines Ehegatten. **1064**

	bis einschließlich 2012	ab 01.01.2013
Selbstbehalt des zum Elternunterhalt verpflichteten Kindes	1.500 €	1.600 €
Selbstbehalt des Ehegatten	1.200 €	1.280 €
Familienselbstbehalt	**2.700 €**	**2.880 €**

Verfügt der Unterhaltspflichtige über höhere Einkünfte als sein Ehegatte, ist die Leistungsfähigkeit nach den Vorgaben des BGH[1172] wie folgt zu ermitteln: **1065**

Von dem **Familieneinkommen** (dem zusammengerechneten Einkommen der Ehegatten) wird der **Familienselbstbehalt** in Abzug gebracht. Das verbleibende Einkommen wird zur Ermittlung des für den individuellen Familienbedarf benötigten Betrages um eine in der Regel mit 10% zu bemessende **Haushaltsersparnis** vermindert (vgl. dazu Rn. 1055). Die **Hälfte** des sich danach ergebenden Betrages kommt zuzüglich des Familienselbstbehalts dem **Familienunterhalt** zugute. Zu dem so bemessenen individuellen Familienbedarf hat der Unterhaltspflichtige entsprechend dem Verhältnis der Einkünfte der Ehegatten beizutragen. **1066**

Unter Berücksichtigung der **Selbstbehaltswerte ab 01.01.2013** ergibt sich folgende Berechnung: **1067**

	Einkommen des Unterhaltspflichtigen	3.000 €
+	Einkommen des Ehegatten	1.000 €
=	Familieneinkommen	4.000 €
−	Familienselbstbehalt	2.880 €
=		1.120 €
−	10% Haushaltsersparnis	112 €
=		1.008 €

[1168] BGH v. 28.07.2010 - XII ZR 140/07 - juris Rn. 35 m.w.N. - NJW 2010, 3161 = FamRZ 2011, 341-345 mit Anm. *Wohlgemuth*.

[1169] BGH v. 28.07.2010 - XII ZR 140/07 - juris Rn. 37 - NJW 2010, 3161 = FamRZ 2011, 341-345 mit Anm. *Wohlgemuth*.

[1170] OLG Hamm v. 21.11.2012 - II-8 UF 14/12 m.w.N.

[1171] Zur Bedeutung des Familienselbstbehaltes beim Elternunterhalt vgl. auch *Jüdt*, FuR 2013, 62 mit weiteren Berechnungsbeispielen.

[1172] BGH v. 28.07.2010 - XII ZR 140/07 - juris Rn. 40 f. - NJW 2010, 3161 = FamRZ 2011, 341-345 mit Anm. *Wohlgemuth*.

§ 1603 jurisPK-BGB / Viefhues

	Hälfte des den Familienselbstbehalt übersteigender Betrag (1.008/2)	504 €
+	Familienselbstbehalt	2.880 €
=	individueller Familienselbstbehalt (2.880 + 504)	3.384 €
	Einkommen des unterhaltspflichtigen Ehegatten	3.000 €
−	vom Unterhaltspflichtigen zu deckender Familienselbstbehalt (3.384 € * 75 %)	2.538 €
=	für den Elternunterhalt einzusetzen	462 €

1068 Nach *Dose*[1173] ist der nach Abzug des individuellen Familienselbstbehalts verbleibende Betrag (hier 462 €) allerdings in voller Höhe für den Elternunterhalts einzusetzen. Denn die grundsätzliche Beschränkung der Unterhaltspflicht auf einen nur hälftigen Anteil aus dem Mindestselbstbehalt übersteigenden Einkommen ist bereits bei der Bemessung des individuellen Familienselbstbehalts durch Aufstockung des Familienmindestselbstbehalts berücksichtigt worden.

1069 Für den Elternunterhalt kann der Unterhaltspflichtige die Differenz zwischen seinem Einkommen und seinem Anteil am Familienunterhalt einsetzen. Nach der **ab 01.01.2013** geltenden Düsseldorfer Tabelle betragen die Selbstbehaltswerte jetzt 1.600 € und 1.200 €, die rechnerische Differenz beläuft sich damit auf 400 €.

1070 Nach diesen Vorgaben ergibt sich der Unterhalt in dem Rechenbeispiel wie folgt:

	Einkommen des Unterhaltspflichtigen	3.000 €
+	Einkommen der unterhaltsberechtigten Ehefrau	1.000 €
=	Familieneinkommen	4.000 €
−	Familienselbstbehalt	2.700 €
=		1.300 €
−	10% Haushaltsersparnis	130 €
=		1.170 €
	Hälfte des den Familien-Selbstbehalt übersteigenden Einkommens (1.170 € /2)	585 €
+	Selbstbehalt	2.700 €
=	individueller Familienselbstbehalt	3.285 €
	Einkommen des unterhaltspflichtigen Ehegatten	3.000 €
−	vom Unterhaltspflichtigen zu deckender Familienselbstbehalt (3.285 € * 75%)	2.463,75 €
=	für den Elternunterhalt einzusetzen	536 €

1071 Weiteres Beispiel mit den Werten für 2013:[1174]

	Einkommen des unterhaltspflichtigen Kindes	3.000 €
+	Einkommen der unterhaltsberechtigten Ehefrau des Kindes	1.000 €
=	Familieneinkommen	4.000 €
−	Familienselbstbehalt (2013)	2.880 €
=		1.120 €
−	10% Haushaltsersparnis	112 €
=		1.008 €
	davon verbleibt den Ehegatten zusätzlich ½	504 €
+	der den Ehegatten verbleibende Familienselbstbehalt (vgl. Rn. 1063)	2.880 €
=	individueller Familienselbstbehalt	3.384 €
	Der Anteil des unterhaltspflichtigen Kindes davon beläuft sich auf 75% (Verhältnis von 3.000 € Einkommen zu 1.000 € Einkommen)	
	Der Anteil des unterhaltspflichtigen Kindes beträgt damit	2.538 €
	Einkommen des unterhaltspflichtigen Kindes	3.000 €
−	dessen Anteil am Familienselbstbehalt	2.538 €
=	Leistungsfähigkeit für den Elternunterhalt in Höhe von	462 €

[1173] *Dose*, FamRZ 2014, 993, 999 unter Hinweis auf BGH v. 28.07.2010 - XII ZR 140/07 - juris Rn. 41 f. - FamRZ 2010, 1535.
[1174] *Dose*, FamRZ 2014, 993, 999; vgl. auch *Mleczko*, NJW 2013, 691.

Der **Familienselbstbehalt** errechnet sich aus dem für beide Ehegatten geltenden – und damit doppelten – Selbstbehalt gegenüber dem Elternunterhalt. Im Jahr 2013 beläuft er sich damit auf (1.600 € x 2 =) 3.200 € – 320 € (10%) = **2.880 €**. 1072

Der **individuelle Familienbedarf** kann vereinfachend auch durch Addition des Familienselbstbehaltes (im Jahre 2013 ein Betrag von 2.880 €) mit einem Betrag in Höhe von 45% des diesen Familienselbstbehalts übersteigenden Gesamteinkommens des Ehegatten errechnet werden.[1175] Im Beispiel ergibt dies 45% von 1.120 € = 504 €. 1073

Aufgrund der erhöhten Selbstbehaltssätze ab 01.01.2014 ergibt sich folgendes Berechnungsbeispiel: 1073.1

	Einkommen Unterhaltspflichtiger	2.700 €
+	Einkommen Ehegatte	1.300 €
=	Familieneinkommen	4.000 €
–	Familienselbstbehalt	3.240 €
=		760 €
–	10% Haushaltsersparnis	76 €
=		684 €
	Hälfte des den Familien-Selbstbehalt übersteigender Betrag	342 €
+	Familienselbstbehalt	3.240 €
=	individueller Familienselbstbehalt	3.582 €
	Einkommen des unterhaltspflichtigen Ehegatten	2.700 €
–	vom Unterhaltspflichtigen zu deckender Familienselbstbehalt	2.417,85 €
=	für den Elternunterhalt einzusetzen	282,15 €

Beispiel 4: 1074

	Einkommen des unterhaltspflichtigen Kindes	4.500 €
+	Einkommen der unterhaltsberechtigten Ehefrau des Kindes	2.000 €
=	Familieneinkommen	6.500 €
–	Familienselbstbehalt (2013)	2.880 €
=		3.620 €
–	10% Haushaltsersparnis	362 €
=		3.258 €
	davon verbleibt den Ehegatten zusätzlich ½	1.629 €
+	der den Ehegatten verbleibende Familienselbstbehalt (vgl. Rn. 1063)	2.880 €
=	individueller Familienselbstbehalt	4.509 €
	Der Anteil des unterhaltspflichtigen Kindes davon beläuft sich auf 69% (Verhältnis seines Einkommens zum Gesamteinkommen)	
	Der Anteil des unterhaltspflichtigen Kindes beträgt damit	3.121,62 €
	Einkommen des unterhaltspflichtigen Kindes	4.500 €
–	dessen Anteil am Familienselbstbehalt	3.121,62 €
=	Leistungsfähigkeit für den Elternunterhalt in Höhe von	1.378,38 €

Beispiel 5: 1075

	Einkommen des unterhaltspflichtigen Kindes	1.600 €
+	Einkommen der unterhaltsberechtigten Ehefrau des Kindes	2.700 €
=	Familieneinkommen	4.300 €
–	Familienselbstbehalt (2013)	2.880 €
=		1.420 €
–	10% Haushaltsersparnis	142 €
=		1.278 €
	davon verbleibt den Ehegatten zusätzlich ½	639 €
+	der den Ehegatten verbleibende Familienselbstbehalt (vgl. Rn. 1063)	2.880 €
=	Individueller Familienselbstbehalt	3.519 €
	Der Anteil des unterhaltspflichtigen Kindes davon beläuft sich auf 37% (Verhältnis seines Einkommens zum Gesamteinkommen)	

[1175] Vgl. BGH v. 28.07.2010 - XII ZR 140/07 - juris Rn. 41 ff. - FamRZ 2010, 1535.

§ 1603

Der Anteil des unterhaltspflichtigen Kindes beträgt damit	1.309,40 €
Einkommen des unterhaltspflichtigen Kindes	1.600 €
− dessen Anteil am Familienselbstbehalt	1.309,40 €
= Leistungsfähigkeit für den Elternunterhalt in Höhe von	290,60 €

1076 Durch die Ermittlung der Haushaltsersparnis bezogen auf das den Familienselbstbehalt übersteigende Einkommen der Ehegatten kann nach Einschätzung des BGH gewährleistet werden, dass die mit zunehmenden Einkünften ansteigende Ersparnis bei der Unterhaltsberechnung erfasst wird. In Höhe des Teilbetrages des Familieneinkommens, der dem Familienselbstbehalt entspricht, wird der Haushaltsersparnis bereits durch die unterschiedlichen Selbstbehaltssätze der Ehegatten Rechnung getragen (gemäß Düsseldorfer Tabelle 1.500 € und 1.150 €; Differenz 350 €).

1077 Dagegen ist es wenig praktikabel, die Berücksichtigung einer Haushaltsersparnis, die die Differenz zwischen den Selbstbehaltsbeträgen übersteigt, von der konkreten Darlegung im Einzelfall abhängig zu machen.[1176] Zudem wächst nach der Lebenserfahrung mit einem steigenden Einkommen auch die Haushaltsersparnis. Die Bemessung der **Haushaltsersparnis** leitet der BGH nicht aus dem Verhältnis der unterschiedlichen Selbstbehaltsbeträge ab. Dieses Verhältnis kann zum einen Veränderungen unterliegen; zum anderen erscheint es in seiner Aussagekraft hinsichtlich des Umfangs der Haushaltsersparnis, die wegen des den Familienselbstbehalt übersteigenden Einkommens eintritt, nicht zwingend. Naheliegend ist es vielmehr, in Anlehnung an die Regelungen im Sozialrecht auf eine Haushaltsersparnis von 10% abzustellen.[1177]

1078 Das OLG Celle zeigt in seiner Entscheidung v. 02.11.2010[1178] den konkreten **Berechnungsweg** auch unter Berücksichtigung der Mithaftung von **Geschwistern** nachvollziehbar auf. Dabei wird klargestellt, dass der Halbschwester des Unterhaltspflichtigen, da sie nicht verheiratet ist, gegen ihren **Lebensgefährten kein Anspruch auf** Familienunterhalt zusteht. Daher ist hier lediglich von ihren eigenen Einkünften unter Einbeziehung eines Wohnvorteils in Höhe einer ersparten angemessenen Miete auszugehen.

1079 Allerdings hat der BGH die Anrechnung eines Wohnvorteils bei einer **unterhaltspflichtigen Hausfrau, die über kein eigenes Einkommen verfügt**, abgelehnt; vgl. Rn. 1007.[1179]

o. Altersteilzeit/Vorruhestand beim Elternunterhalt

1080 Es gilt der unterhaltsrechtliche Grundsatz, dass eine **selbst herbeigeführte Verminderung der Leistungsfähigkeit** nach Treu und Glauben unbeachtlich ist, wenn die betreffende Person unterhaltsrechtlich verantwortungslos oder zumindest leichtfertig gehandelt hat. Die den Regelungen über flexible Altersgrenzen zugrunde liegenden sozialpolitischen oder arbeitsmarktorientierten Erwägungen bieten keinen zur Beurteilung der unterhaltsrechtlichen Erwerbsobliegenheit geeigneten Maßstab (vgl. Rn. 1123).

1081 Allerdings ist zu bedenken, dass die maßgeblichen Entscheidungen zu dieser Fragestellung im Bereich des Kindes- oder Ehegattenunterhaltes getroffen worden sind und dort verstärkte Erwerbsobliegenheiten eines Unterhaltspflichtigen bestehen. Daher kann nur dann von einer unterhaltsrechtlichen Vorwerfbarkeit bei der Inanspruchnahme von Vorruhestand oder Altersteilzeit gesprochen werden, wenn im Rahmen des Elternunterhaltes eine Erwerbsobliegenheit des Unterhaltspflichtigen gegenüber dem unterhaltsbedürftigen Elternteil anzunehmen wäre.

1082 In aller Regel erfolgt jedoch die Inanspruchnahme auf Elternunterhalt erst zu einem Zeitpunkt, zu dem sich der konkrete Lebensentwurf des Unterhaltspflichtigen bereits verwirklicht hat. Dann kann eine Verpflichtung des Unterhaltspflichtigen, diesen konkreten Lebensentwurf zugunsten seiner Eltern zu ändern, nicht angenommen werden. Andernfalls würde seiner Entscheidung in unzulässiger Weise nachträglich die Grundlage entzogen.[1180]

1083 Ist also bereits **vor Entstehung des Anspruches auf Elternunterhalt** die Basis für die Altersteilzeit bzw. den Vorruhestand gelegt worden, so kann darin keine unterhaltsrechtliche Vorwerfbarkeit gese-

---

[1176]So OLG Hamm v. 23.11.2007 - 13 UF 134/07 - FamRZ 2008, 1650, 1651; vgl. Rn. 1057.
[1177]BGH v. 28.07.2010 - XII ZR 140/07 - juris Rn. 44 f. - NJW 2010, 3161.
[1178]OLG Celle v. 02.11.2010 - 10 UF 176/10 - juris Rn. 25 ff. - FamRZ 2011, 984-985.
[1179]BGH v. 12.12.2012 - XII ZR 43/11 - FamRZ 2013, 361 = NJW 2013, 686.
[1180]OLG Düsseldorf v. 21.06.2012 - II-9 UF 190/11 - FamRZ 2012, 1651.

hen werden.[1181] Denn der Unterhaltpflichtige braucht keine spürbare oder dauerhafte Senkung seines Lebensstandards hinnehmen, sofern er nicht im Luxus lebt.[1182]

Wenn also bereits zum Zeitpunkt der Inanspruchnahme auf Unterhalt ein Altersteilzeitvertrag geschlossen war oder die Altersteilzeit bereits begonnen hat, ist die vom Unterhaltpflichtigen getroffene Lebensentscheidung vom Unterhaltsberechtigten – und damit auch vom Träger der Sozialhilfe – zu akzeptieren. Die Leistungsfähigkeit ist also durch die Altersteilzeiteinkünfte beschränkt. Es besteht keine Verpflichtung zur Ausweitung der Erwerbstätigkeit; auch nicht zur Aufnahme einer geringfügigen Tätigkeit. 1084

Wenn der Unterhaltpflichtige zum Zeitpunkt der Inanspruchnahme auf Elternunterhalt dagegen weder eine vertragliche Regelung hinsichtlich seiner zukünftigen Altersteilzeit getroffen noch nachweisbar eine Altersteilzeit in anderer Weise vorbereitet hat, ist eine andere Situation gegeben. 1085

Jedoch ist auch in diesen Fällen die Altersteilzeit oder der Vorruhestand nur dann unterhaltsrechtlich unbeachtlich, wenn darin zumindest eine unterhaltsrechtliche Leichtfertigkeit liegt, wenn also diese Wahl in erster Linie erfolgt, um den Unterhaltsanspruch zu torpedieren. Sachlich begründete Entscheidungsmotive muss auch der unterhaltsberechtigte Elternteil hinnehmen.[1183] 1086

Wenn der Pflichtige ohne Verstoß gegen seine Erwerbsobliegenheit sein Arbeitsverhältnis bereits **vor Erreichen der gesetzlichen Altersgrenze** beendet hat, ist auch der Abzug einer zusätzlichen Altersvorsorge in Höhe von 5% des Bruttoeinkommens noch zu billigen. Denn mit dem Vorruhestand verliert er die Möglichkeit des weitergehenden Aufbaus seiner primären Altersvorsorge, so dass ihm bis zum Erreichen der Regelaltersgrenze der Ausbau seiner sekundären Altersvorsorge zusteht.[1184] Dies gilt selbst dann, wenn bereits eine kleinere, schuldenfreie Eigentumswohnung vorhanden ist. 1087

Ein erhöhter Vorsorgebedarf kann sich auch aus einer **erheblichen Versorgungslücke** beim Ehegatten des Pflichtigen ergeben. Liegt das Einkommen des Kindes über der Beitragsbemessungsgrenze der gesetzlichen Rentenversicherung, ist es berechtigt, in Höhe von 25% des darüber hinausgehenden Betrags sekundäre Altersvorsorge zu betreiben. 1088

Seit dem **01.01.2014** beträgt die Beitragsbemessungsgrenze in der allgemeinen Rentenversicherung in den alten Bundesländern 5.950 € und in den neuen Bundesländern 5.000 €. 1089

p. Aufwendungen für die eigene Altersvorsorge

Der Unterhaltspflichtige darf laufende **Vorsorge für sein eigenes Alter** treffen. 1090

aa. Höhe der Aufwendungen für die Altersvorsorge

In Anlehnung an die Beitragssätze zur gesetzlichen Rentenversicherung wird ein Anteil von **ca. 20% des Bruttoeinkommens** für die Basis-Altersversorgung akzeptiert.[1185] 1091

Zum **01.01.2013** wurde der **Beitragssatz** in der Rentenversicherung um 0,7 Prozentpunkte von 19,6% auf 18,9% herabgesetzt. 1092

Dementsprechend hat der BGH[1186] beim Elternunterhalt einen Betrag von **weiteren 5% des Bruttoeinkommens** als angemessenen Aufwand für eine zusätzliche Altersversorgung akzeptiert.[1187] Es kommt nicht darauf an, ob bereits in der Vergangenheit Beiträge für eine solche Altersvorsorge gezahlt wurden.[1188] 1093

Bei der Altersvorsorge sind jedoch **keine fiktiven Abzüge zulässig**[1189] – vgl. Rn. 107. 1094

[1181] *Hauß*, Elternunterhalt – Grundlagen und anwaltliche Strategien, 2012, Rn. 160.
[1182] BGH v. 23.10.2002 - XII ZR 266/99 - FamRZ 2002, 1698.
[1183] *Hauß*, Elternunterhalt – Grundlagen und anwaltliche Strategien, 2012, Rn. 161.
[1184] *Kasenbacher*, NJW-Spezial 2011, 4 unter Hinweis auf BGH v. 28.07.2010 - XII ZR 140/07 - NJW 2010, 3161.
[1185] BGH v. 19.02.2003 - XII ZR 67/00 - FamRZ 2003, 860 = NJW 2003, 1660-1665.
[1186] BGH v. 07.08.2013 - XII ZB 269/12; BGH v. 17.10.2012 - XII ZR 17/11 - juris Rn. 17 - FamRZ 2013, 868; BGH v. 28.07.2010 - XII ZR 140/07 - juris Rn. 25 ff. - BGHZ 186, 350 = FamRZ 2010, 1535 und BGH v. 30.08.2006 - XII ZR 98/04 - BGHZ 169, 59 = FamRZ 2006, 1511, 1514; BGH v. 14.01.2004 - XII ZR 149/01 - FamRZ 2004, 792; *Viefhues*, jurisPR-BGHZivilR 22/2004, Anm. 6.
[1187] BGH v. 17.10.2012 - XII ZR 17/11 - juris Rn. 17 - FamRZ 2013, 868; BGH v. 19.02.2003 - XII ZR 67/00 - FamRZ 2003, 860; BGH v. 30.08.2006 - XII ZR 98/04 - FamRZ 2006, 1511.
[1188] BGH v. 27.05.2009 - XII ZR 111/08 - FamRZ 2009, 1207.
[1189] BGH v. 22.11.2006 - XII ZR 24/04 - FamRZ 2007, 193 mit Anm. *Borth*.

1095 Ob neben dem Bruttoeinkommen aus der gesamten **Erwerbstätigkeit** auch **andere Einkünfte**, z.B. aus Vermietung oder anderem Kapitaleinsatz, zugrunde gelegt werden können (und damit einen höheren Abzug ermöglichen), ist noch nicht geklärt.[1190]

1096 Werden bereits Beiträge in eine **Pensionskasse** (betriebliche Altersversorgung) gezahlt, so sind diese auf diese Obergrenze anzurechnen. Die Tatsache, dass der Versicherte diese Beiträge als Arbeitnehmer zwangsweise entrichten muss, ändert daran nichts.[1191]

1097 Der BGH hat klargestellt, dass die Begrenzung auf 5% des Bruttoeinkommens lediglich für den Unterhaltspflichtigen gilt. Dagegen ist beim **Schwiegerkind** der **Betrag** zu berücksichtigen, der **tatsächlich für dessen Altersvorsorge aufgewandt** wird.[1192] Eine Ausnahme kann nur dann gemacht werden, wenn dieser Betrag im Verhältnis zu dessen Einkommens- und Vermögensverhältnissen aus Sicht eines vernünftigen Betrachters unangemessen wäre.[1193]

bb. Art der Vorsorgeaufwendungen

1098 Da die gesetzlichen Rentenversicherungen und Pensionen erkennbar nicht mehr ausreichen, den angemessenen Lebensstandard auch im Alter zu sichern, müssen auch Formen der **zusätzlichen Absicherung** Berücksichtigung finden. Dabei kann diese Absicherung sowohl durch zusätzliche private Versicherungen (Riester-Rente, Lebensversicherung auf Kapital- oder Rentenbasis), aber auch durch andere Anlageformen wie die eigene Wohnung oder auch nur ein Sparbuch erfolgen. Es kann heute als sicher gelten, dass die primäre Vorsorge für die Altersversorgung künftig nicht mehr ausreichen wird, so dass dem Unterhaltspflichtigen insoweit geeignete Vorkehrungen zuzubilligen sind, um nicht seinerseits später seine eigenen Kinder auf Unterhalt in Anspruch nehmen zu müssen.[1194]

1099 Die zusätzliche Altersvorsorge kann auch in Form der **Tilgung von Belastungen einer Eigentumswohnung** erbracht werden.

1100 Die Altersvorsorgerücklage von 5% des sozialversicherungspflichtigen Einkommens[1195] kann aber auch **neben den Tilgungsraten für die selbst bewohnte Immobilie** gebildet werden[1196]

1101 Diese Rechtsprechung hat der BGH erneut bestätigt und betont, dass beim unterhaltspflichtigen Kind anders als beim unterhaltsberechtigten Elternteil in der Regel noch länger die Notwendigkeit besteht, sich und seine Familie gegen die Unwägbarkeiten des Lebens abzusichern und für die Zukunft vorzusorgen. Dies gilt gerade auch für die Notwendigkeit, neben einer bestehenden gesetzlichen Rentenversicherung oder Beamtenversorgung zusätzlich private Vorsorge zu treffen.[1197]

1102 Besonderheiten bestehen aber dann, wenn das unterhaltspflichtige Kind bereits aus dem Erwerbsleben ausgeschieden ist. Denn regelmäßig ist mit dem Eintritt in das Rentenalter der Lebensabschnitt erreicht, für den mit Rücksicht auf die sinkenden Einkünfte Vorsorge getroffen worden ist. Wenn ein nicht selbständig Erwerbstätiger mit Erreichen der gesetzlichen Altersgrenze in den Ruhestand tritt, kann im Regelfall nicht davon ausgegangen werden, dass er weiterhin berechtigt ist, trotzdem zu Lasten der unterhaltsrechtlichen Leistungsfähigkeit weiterhin Versorgungsrücklagen zu bilden.[1198]

1103 Hat jedoch der Unterhaltspflichtige seine Erwerbstätigkeit zu einem früheren Zeitpunkt beendet, ohne dass ihm hierdurch ein Verstoß gegen eine Erwerbsobliegenheit anzulasten ist (vgl. dazu Rn. 1123 ff. und Rn. 1080 ff.), gilt dies nicht. In dem vom BGH entschiedenen Fall konnte der Unterhaltspflichtige nach seinem Ausscheiden aus dem Dienstverhältnis keine weiter gehende primäre Altersversorgung erlangen. Dann könne ihm aber nicht verwehrt werden, jedenfalls seine zusätzliche Altersvorsorge bis zum Erreichen der gesetzlichen Altersgrenze auszubauen. Zudem sei bei der Ehefrau des Unterhaltspflichtigen eine erhebliche Versorgungslücke vorhanden, die einen zusätzlichen Vorsorgebedarf verdeutlicht.[1199]

[1190]Vgl. OLG Hamm v. 17.10.2013 - 4 UF 161/11 - FamRZ 2014, 777 m.w.N.
[1191]OLG Köln v. 06.08.2010 - 25 UF 55/10.
[1192]BGH v. 12.12.2012 - XII ZR 43/11 - FamRZ 2013, 361 = NJW 2013, 686; dazu *Thormeyer*, FamRZ 2013, 368; ebenso *Hauß*, FamRB 2013, 70, 71; OLG Hamm v. 23.11.2007 - 13 UF 134/07 - ZFE 2008, 162.
[1193]Vgl. *Mleczko*, NJW 2013, 691.
[1194]*Brudermüller*, NJW 2004, 633-640, 635.
[1195]BGH v. 19.02.2003 - XII ZR 67/00 - FamRZ 2003, 860; BGH v. 30.08.2006 - XII ZR 98/04 - FamRZ 2006, 1511.
[1196]BGH v. 17.10.2012 - XII ZR 17/11 - juris Rn. 17 - FamRZ 2013, 868; *Hauß*, FamRZ 2013, 870; *Thormeyer*, FamRB 2013, 174, 175; OLG Nürnberg, FamRZ 2012, 270; *Hauß*, Elternunterhalt, Rn. 525 ff.
[1197]BGH v. 28.07.2010 - XII ZR 140/07 - NJW 2010, 3161.
[1198]BGH v. 28.07.2010 - XII ZR 140/07 - NJW 2010, 3161.
[1199]BGH v. 28.07.2010 - XII ZR 140/07 - NJW 2010, 3161.

Zur Kritik an dieser **beitragsbezogenen Anknüpfung** vgl. Rn. 1109. 1104

Stellt bei einer **Risikolebens-/Berufsunfähigkeitsversicherung** die Lebensversicherung jedoch keine Absicherung des Unterhaltsverpflichteten dar, ist für eine Abzugsfähigkeit der Berufsunfähigkeitsversicherung anzugeben, welcher Teil der Prämie auf diese entfällt.[1200] 1105

Eine **Sterbegeldversicherung**, bei der es sich um eine einseitige Vermögensbildung und nicht um sekundäre Altersvorsorge handelt, muss jedoch unterhaltsrechtlich außer Betracht bleiben.[1201] 1106

cc. Angemessenheit der laufenden Altersvorsorge

Kriterien der Angemessenheit: Angemessene Aufwendungen dienen dazu, dem Unterhaltspflichtigen – und seinem Ehegatten – im Alter selbst ein angemessenes Einkommen sicherzustellen und zu verhindern, dass er – und sein Ehegatte – den eigenen Kindern oder der Allgemeinheit zur Last fällt. Generell muss bei allen Aufwendungen eine **konkrete Abwägung** stattfinden, ob sie dazu erforderlich sind, den bisherigen eigenen angemessenen Bedarf des elternunterhaltspflichtigen Kindes – und ggf. seines Ehegatten – auch im Alter weiterhin sicherzustellen oder ob bei Realisierung dieser Rücklagen eine Überdeckung des Bedarfs eintreten wird. Folglich kann auch der Gesichtspunkt der **Bedarfssteigerung im Alter** nicht unbeachtet bleiben. Auch der Unterhaltspflichtige kann zum Pflegefall werden und hat daher Anlass genug, höhere Rücklagen für seine eigene Alterssicherung zu bilden, um später nicht seine eigenen Kinder in Anspruch nehmen zu müssen. Dabei muss nicht nur eine „Notpflege" sichergestellt werden, sondern es muss **Vorsorge** getroffen werden für **eine angemessene** Pflege, die dem bisherigen Lebensstandard entspricht. Ist der Unterhaltspflichtige verheiratet, so sind entsprechende Vorkehrungen auch für den Ehegatten anzuerkennen. 1107

Problematisch werden kann auch, zu welchem Zeitpunkt diese weiteren Aufwendungen und Belastungen **begründet** werden. Eine besonders sorgfältige Prüfung wird angezeigt sein, wenn die entsprechenden Aufwendungen erst nach Bekanntwerden der Unterhaltsbedürftigkeit des Elternteils begründet worden sind. Da die Pflegebedürftigkeit des unterhaltsberechtigten Elternteils sich oft über längere Zeit abzeichnet, kann durch geschickte Dispositionen Einfluss auf die spätere Unterhaltszahlungspflicht genommen werden. 1108

a) Ergebnisangemessenheit statt Beitragsangemessenheit: Die Rechtsprechung des BGH stellt bei der Angemessenheitsfrage allein ab auf die Höhe der Aufwendungen, die der Unterhaltspflichtige in zulässiger Weise absetzen kann **(Beitragsangemessenheit)**. 1109

Hiergegen lässt sich einwenden, dass nicht entscheidend ist, wie viel der Unterhaltspflichtige aktuell aufwendet, sondern wie hoch seine zukünftige Altersversorgung sein wird. Denn ihm steht eine angemessene Altersversorgung zu. Dies spricht dafür, die Beiträge anzuerkennen, die notwendig sind, um im Alter eine angemessene Absicherung zu erreichen **(Ergebnisangemessenheit)**.[1202] 1110

Ziel der gesamten Aufwendungen für die Altersvorsorge ist es, regelmäßig einen Einkommenssatz von rund 75% des letzten Einkommens sicherzustellen. Dies kann als **Angemessenheitsgrenze** herangezogen werden.[1203] 1111

Hierfür ist aber eine Reihe von **individuellen Faktoren** maßgeblich. Denn die Versorgungsbilanz ist einmal abhängig vom **Lebensalter** des Unterhaltspflichtigen und damit der Zeit, die ihm noch verbleibt, eine angemessene Versorgung aufzubauen. Seine persönliche Bilanz kann durch erhebliche **Störfaktoren** wie lange **Ausbildungszeiten**, Zeiten der **Arbeitslosigkeit** oder der **Kindererziehung** beeinträchtigt worden sein, so dass ggf. noch **Nachholbedarf** besteht. Auch ein durchgeführter **Versorgungsausgleich** kann erhebliche **Lücken** in die Bilanz der Rentenanwartschaften reißen. 1112

Daher kann die vom BGH vorgenommene pauschale beitragsbezogene Lösung immer nur als erster Ansatz einer Bewertung gesehen werden. Dem Unterhaltspflichtigen muss möglich sein, darzulegen und ggf. zu beweisen, dass er aktuell höhere Aufwendungen tätigen muss, um langfristig die ihm zustehende eigene soziale Absicherung – ggf. auch für seinen Ehegatten – zu gewährleisten. Dabei spielt allerdings auch die Frage eine Rolle, ob Aufwendungen in dieser Höhe bereits vor Auftreten der Haftung zum Elternunterhalt regelmäßig getätigt worden sind und ob dem elternunterhaltspflichtigen Kind ggf. noch zu einem späteren Zeitpunkt – nach dem abzusehenden Ende der Elternunterhaltspflicht – die erforderliche Zeit bleibt, eine ausreichend hohe Altersversorgung aufzubauen. 1113

[1200] OLG Brandenburg v. 24.03.2009 - 10 UF 92/08 - juris Rn. 35.
[1201] OLG Hamm v. 18.12.2009 - 13 UF 272/07.
[1202] Ausführlich *Hauß*, Elternunterhalt – Grundlagen und anwaltliche Strategien, 2012, Rn. 233 ff.
[1203] *Hauß*, Elternunterhalt – Grundlagen und anwaltliche Strategien, 2012, Rn. 247.

1114 In einer Entscheidung, die sich mit der Frage der Höhe des geschützten Vermögens befasst, hat der BGH[1204] ergänzend klargestellt, dass dem Unterhaltspflichtigen davon jedenfalls der Betrag verbleiben müsse, der sich aus der regelmäßigen Anlage der ihm unterhaltsrechtlich zuzubilligenden zusätzlichen Altersvorsorge (bis zu 5% des Bruttoeinkommens beim Elternunterhalt) bis zum Renteneintritt ergäbe (vgl. Rn. 1123). Damit wird aber lediglich akzeptiert, dass eine frühere Rücklage aus dem laufenden Einkommen in bestimmter Höhe als Vermögen geschützt ist.

1115 Nicht geklärt ist damit, ob der Unterhaltspflichtige für die Zukunft höhere laufende Beträge zur Bildung geschützter Rücklagen aufwenden kann, wenn seine gesamte Altersversorgung wegen tatsächlich geringerer Rücklagen in der Vergangenheit noch nicht diese Obergrenze erreicht hat. Nicht selten hat das Kind anfangs keine Altersvorsorge betrieben und damit erst in einem wesentlich höheren Lebensalter begonnen. Daraus folgt vielfach eine nicht ausreichende Altersvorsorge. Gefordert wird daher, in vielen Fällen dem unterhaltsberechtigten Kind höhere Rückstellungen als die bisher akzeptierten 5% zuzubilligen.[1205]

1116 Dabei kann dem Unterhaltspflichtigen auch nicht ohne weiteres vorgehalten werden, dass er frühere Versäumnisse nicht jetzt zum Nachteil des unterhaltsberechtigten Elternteils ausgleichen könne. Denn eine solche „phasenverschobene Alterssicherung" entspricht vielfach den wirtschaftlichen Gegebenheiten. Denn meist standen in jüngeren Jahren – z.B. wegen der finanziellen Aufwendungen für die eigenen Kinder – gar keine ausreichenden Finanzmittel für die zusätzliche eigene Altersabsicherung zur freien Verfügung. Erst im höheren Lebensalter ist der Unterhaltspflichtige oft aufgrund gestiegenen Einkommens und der weggefallenen Belastungen durch die Kinder zu ergänzenden Rücklagen in der Lage. Dann muss er aber naturgemäß mehr als 5% seiner aktuellen Einkünfte aufwenden, um die entstandene Versorgungslücke aufzufüllen.

1117 **b) Abgrenzung zur Vermögensbildung:** Die Frage, ob es sich bei den aktuell geleisteten Rücklagen um (nicht anzurechnende) vermögensbildende Maßnahmen oder um (berücksichtigungsfähige) Aufwendungen zur Altersversorgung handelt, beurteilt sich danach, ob **bereits eine angemessene Altersversorgung besteht**. Ist dies der Fall, können die weitergehenden Aufwendungen nur als Vermögensbildung eingestuft werden. In der Praxis muss dies konkret dargelegt und ggf. nachgewiesen werden.

1118 Ein Altersvorsorgebedarf **entfällt**,
- wenn der Berechtigte bereits eine **angemessene Altersversorgung erreicht** hat und
- mit **Erreichen des 65. Lebensjahrs**, da danach Altersversorgung geleistet wird und nicht mehr für eine solche vorzusorgen ist.[1206]

1119 **Untere Grenze** der angemessenen Altersversorgung ist der derzeit von der Rechtsprechung im Elternunterhalt geltende Selbstbehalt. Wenn die Altersversorgung des Kindes diese Höhe voraussichtlich nicht erreichen wird, muss später auf zusätzliches Schonvermögen zurückgegriffen werden.

1120 Als **Obergrenze** einer angemessenen Altersversorgung wird die lange Zeit als angemessene Altersversorgung angesehene Grenze von 75% des letzten Nettoeinkommens anzusehen sein.[1207]

1121 So errechnet das OLG Nürnberg auf Grundlage der Rechtsprechung des BGH (5% zusätzliche Rücklage für die Altersvorsorge) bei einem monatlichen Bruttolohn von 2.284,83 € und einer jährlichen Kapitalverzinsung von 3% ein dem Antragsgegner zustehendes Altersvorsorgevermögen von 104.767,45 €. Die Verzinsung mit 3% sei wegen der inzwischen rückläufigen Rendite angemessen.[1208]

1122 Der BGH belässt dem Kind den Betrag zur eigenen **zusätzlichen privaten Altersvorsorge** anrechnungsfrei, den es durch Rücklage von 5% des individuellen Bruttoeinkommens bis zum Rentenbeginn erreichen könnte.[1209] Im entschiedenen Fall hätte der unterhaltspflichtige Sohn bei einer monatlichen Sparrate von 107 € und einer Rendite von 4% über die Dauer des Berufslebens von 35 Jahren einen Kapitalbetrag von **annähernd 100.000 €** ansparen können, die als Vermögensbetrag außer Ansatz bleiben. Nicht entschieden hat der BGH im konkreten Fall, ob ein weiterer Vermögensbetrag als Schonvermögen zusätzlich anrechnungsfrei bleibt.

[1204] BGH v. 30.08.2006 - XII ZR 98/04 - NJW 2006 3344 = FamRZ 2006, 1511 mit Anm. *Klinkhammer*.
[1205] *Hauß*, FamRZ 2013, 1557.
[1206] BGH v. 20.10.1999 - XII ZR 297/97 - FamRZ 2000, 351; *Büttner*, FamRZ 2004, 1918, 1920.
[1207] *Hauß*, FamRB 2010, 275, 281.
[1208] OLG Nürnberg v. 26.04.2012 - 9 UF 1747/11 - FF 2012, 314.
[1209] BGH v. 30.08.2006 - XII ZR 98/04 - NJW 2006, 3344 = FamRZ 2006, 1511 mit Anm. *Klinkhammer*; vgl. auch *Hauß*, FamRB 2010, 275, 281; AG Wesel v. 08.02.2010 - 33 F 277/09.

Ein **selbstgenutztes Hausgrundstück** ist allein keine ausreichende angemessene Altersvorsorge, zumal es in der Regel auch als Altersversorgung des Partners dient.[1210] Selbstgenutztes Immobilieneigentum bleibt jedenfalls dann im Rahmen der Vermögensbewertung insgesamt unberücksichtigt, **wenn es sich um den jeweiligen Verhältnissen angemessenes Wohneigentum handelt**.[1211] Denn der Unterhaltspflichtige braucht bei der Inanspruchnahme auf Elternunterhalt keine spürbare und dauerhafte Senkung seines berufs- und einkommenstypischen Unterhaltsniveaus hinzunehmen. In die Beurteilung ist zwar einzubeziehen, dass der Unterhaltspflichtige im Alter keine Mietkosten zu bestreiten hat und seinen Lebensstandard dann mit geringeren Einkünften aus Einkommen und Vermögen sichern kann.[1212] 1123

Allerdings kann von Bedeutung sein, dass der Unterhaltspflichtige dann im Alter Mietaufwendungen spart und seinen Lebensstandard mit geringeren Einkünften aufrechterhalten kann.[1213] 1124

dd. Art der Altersvorsorge

Da es dem Betroffenen überlassen bleibt, wie er für sein Alter weitere Vorsorge trifft, sind alle Arten der hierauf gerichteten Vermögensbildung zu akzeptieren. Neben der Anlage in eine langfristig laufende Lebensversicherung kommt hier insbesondere die Finanzierung von Wohneigentum in Betracht. Aber auch jede **andere Art von langfristiger, der Alterssicherung dienender Geldanlage** ist anzuerkennen. Das gilt für den Erwerb von **Immobilien, Wertpapieren** oder **Fondsbeteiligungen** ebenso wie für **Lebensversicherungen**. Dabei obliegt es der freien Disposition des Unterhaltsschuldners, auf welche Weise er für sein Alter vorsorgt.[1214] 1125

Der Abschluss von Lebensversicherungen ist nicht die einzige Alternative für eine private Altersversorgung. Vielmehr müssen grundsätzlich auch **sonstige vermögensbildende Investitionen** als angemessene Art der Altersversorgung gebilligt werden, soweit sie geeignet erscheinen, diesen Zweck zu erreichen. Da insoweit der Erwerb etwa von **Wertpapieren** oder **Fondsbeteiligungen** wegen der damit teilweise verbundenen Risiken unter Umständen nicht seinem Sicherheitsbedürfnis entspricht, kann im Einzelfall auch die Anlage eines bloßen **Sparvermögens** als anzuerkennende Art der Altersvorsorge bewertet werden.[1215] 1126

Eine Altersvorsorge kann jedoch nur dann als unterhaltsrechtlich relevante Abzugsposition anerkannt werden, wenn tatsächliche Einzahlungen vorgenommen werden. Ein fiktiver Abzug ist nicht möglich.[1216] Wenn ein Unterhaltspflichtiger die entsprechenden Verträge ruhend gestellt hat, sind **Altersvorsorgeaufwendungen** während dieser Zeit nicht einkommensmindernd zu berücksichtigen.[1217] 1127

Thesaurierende Kapitalzinsen und Sparprämien, die im Rahmen eines zur zusätzlichen Alterssicherung abgeschlossenen Sparvertrages jährlich anfallen, dabei jedoch kapitalerhöhend auf dem Sparkonto verbleiben, sind bei der Bewertung der Einkünfte eines Kindes zum Zwecke der Zahlung von Elternunterhalt nicht als Einkommen, sondern als dem Kind nach Maßgabe der Rechtsprechung des BGH[1218] zu belassende Rendite anzusehen.[1219] 1128

Allerdings muss in **geeigneter Form** für das Alter vorgesorgt werden. Je langfristiger die Anlage erfolgt ist, desto eher lässt sich begründen, dass sie für die Altersversorgung bestimmt ist und nicht zur Finanzierung des nächsten Urlaubs dienen wird. Lediglich tatsächlich erbrachte Aufwendungen sind abzuziehen; **fiktive Abzüge** werden nicht anerkannt.[1220] Allerdings kann jederzeit mit der Altersvorsorge begonnen werden.[1221] 1129

[1210] Vgl. auch OLG Nürnberg v. 26.04.2012 - 9 UF 1747/11 - FF 2012, 314.
[1211] BGH v. 21.11.2012 - XII ZR 150/10 - FamRZ 2013, 203; BGH v. 19.03.2003 - XII ZR 123/00 - BGHZ 154, 247 = FamRZ 2003, 1179, 1181.
[1212] BGH v. 30.08.2006 - XII ZR 98/04 - BGHZ 169, 59, 75 = FamRZ 2006, 1511, 1515.
[1213] BGH v. 30.08.2006 - XII ZR 98/04 - FamRZ 2006, 1511.
[1214] BGH v. 30.08.2006 - XII ZR 98/04 - NJW 2006, 3344 = FamRZ 2006, 1511 mit Anm. *Klinkhammer*; vgl. auch BGH v. 25.10.2006 - XII ZR 141/04 - NJW 2007, 144 = FamRZ 2007, 117.
[1215] OLG Düsseldorf v. 21.06.2012 - II-9 UF 190/11 - FamRZ 2012, 1651 unter Hinweis auf BGH v. 30.08.2006 - XII ZR 98/04 - FamRZ 2006, 1511; BGH v. 19.02.2003 - XII ZR 67/00 - FamRZ 2003, 860.
[1216] Vgl. OLG Köln v. 21.06.2011 - 4 UF 13/11 - FamRZ 2012, 235 (LS) = FamFR 2012, 239.
[1217] Vgl. OLG Düsseldorf v. 28.02.2012 - II-1 UF 306/11, 1 UF 306/11 - FamFR 2013, 83.
[1218] BGH v. 30.08.2006 - XII ZR 98/04 - FamRZ 2006, 1511, 1516.
[1219] BGH v. 12.12.2012 - XII ZR 43/11 - FamRZ 2013, 363, OLG Düsseldorf v. 14.01.2009 - II-8 UF 172/08; *Thormeyer*, FamRZ 2013, 368.
[1220] *Büttner*, FamRZ 2004, 1918, 1920; *Soyka* in: Scholz-Stein, Praxishandbuch Familienrecht, Teil J (2004), Rn. 26.
[1221] BGH v. 22.11.2006 - XII ZR 24/04 - FamRZ 2007, 193 f.; BGH v. 28.02.2007 - XII ZR 37/05 - FamRZ 2007, 200, 203; *Büttner*, FamRZ 2004, 1918, 1920.

1130 **Altersvorsorgeaufwendungen** können aber dann nicht als einkommensmindernd berücksichtigt werden, wenn der Unterhaltspflichtige die entsprechenden Verträge ruhend gestellt hat.[1222]

1131 Ist eine **Rentenversicherung auf das Leben des Ehegatten** abgeschlossen und zu dessen Gunsten ein widerrufliches Bezugsrecht im Erlebensfall verfügt, erfüllt dies die Voraussetzungen einer eigenen Altersvorsorge des Unterhaltspflichtigen nicht. Denn danach fällt die Zusatzrente bei Fälligkeit nicht dem Unterhaltspflichtigen, sondern seinem Ehegatten zu und ist deswegen nicht zu seiner eigenen Altersvorsorge bestimmt. Darauf, ob der Unterhaltspflichtige das Bezugsrecht seines Ehegatten jederzeit widerrufen könnte, kommt es nicht entscheidend an, solange er den Widerruf nicht tatsächlich erklärt hat.[1223]

q. Behandlung von Schulden

1132 **Schulden** sind **beim Elternunterhalt** in der Regel großzügiger zu berücksichtigen als beim Ehegatten- und Kindesunterhalt. Für ihre Anerkennung spricht es, wenn die Verbindlichkeit eingegangen wurde, bevor eine gegenüber den Eltern eintretende Unterhaltsverpflichtung ersichtlich war.[1224]

1133 Bei der Diskussion um die **Abzugsfähigkeit von Schulden** ist zu beachten, dass bestehende Verbindlichkeiten in den Bereich der eigenverantwortlichen Lebensführung des Kindes gehören. Die Mittel, die der Unterhaltspflichtige im Verhältnis zu seinen Eltern für seinen eigenen angemessenen Unterhalt benötigt, bemessen sich nach seinem berufs- und einkommenstypischen Unterhaltsniveau. Dessen spürbare und dauerhafte Senkung braucht er jedenfalls insoweit nicht hinzunehmen, als er nicht einen nach den Verhältnissen unangemessenen Aufwand betreibt oder ein Leben in Luxus führt.[1225]

1134 Zudem hat das unterhaltspflichtige Kind seine Lebensverhältnisse in aller Regel bereits längerfristig seinem Einkommensniveau angepasst und wird dann unerwartet mit Unterhaltsforderungen der Eltern konfrontiert.

1135 Generell können daher – auch beim Elternunterhalt – **Verbindlichkeiten bei der Berechnung des Verwandtenunterhalts nur im Rahmen einer umfassenden Interessenabwägung nach billigem Ermessen berücksichtigt werden**.[1226] Von Bedeutung sind insbesondere der Zweck der Verbindlichkeit, der Zeitpunkt und die Art ihrer Entstehung, die Dringlichkeit der beiderseitigen Bedürfnisse, die Kenntnis des Unterhaltsschuldners vom Grund und Höhe der Unterhaltsschuld und seiner Möglichkeiten, seine Leistungsfähigkeit ganz oder teilweise wiederherzustellen.[1227]

aa. Zeitpunkt der Kreditaufnahme

1136 Schuldverbindlichkeiten, die er im Rahmen seiner angemessenen Lebensführung **vor Bekanntwerden der Unterhaltsverpflichtung** eingegangen ist, sind daher nach einem großzügigen Maßstab **unterhaltsrechtlich zu berücksichtigen**.[1228] Andernfalls wäre dies zwangsläufig mit einer Schmälerung des eigenen Bedarfs verbunden, die mit den Erwägungen des BGH nicht in Einklang zu bringen ist.

1137 **Kennt der Unterhaltspflichtige seine Unterhaltsverpflichtung** bei der Begründung der Verbindlichkeit oder musste er **zumindest mit der Entstehung dieser Verpflichtung rechnen**, scheidet eine Berücksichtigungsfähigkeit von Darlehen für die allgemeine Lebensführung aus.[1229] Eine Ausnahme gilt dann, wenn es sich um notwendige, nicht anders finanzierbare Anschaffungen für den Beruf oder die allgemeine Lebensführung handelt.[1230]

1138 Die Unklarheit hinsichtlich des Zeitpunkts der Darlehensauszahlung geht zulasten des insofern darlegungs- und beweisbelasteten unterhaltspflichtigen Kindes.[1231]

[1222] Vgl. OLG Düsseldorf v. 28.02.2012 - II-1 UF 306/11, 1 UF 306/11 - FamFR 2013, 83.
[1223] BGH v. 28.02.2007 - XII ZR 37/05 - FamRZ 2007, 200, 203.
[1224] OLG Hamm v. 21.11.2012 - II-8 UF 14/12 - NJW 2013, 1541.
[1225] BGH v. 23.10.2002 - XII ZR 266/99 - FamRZ 2002, 1698.
[1226] OLG Hamm v. 29.10.2012 - 9 UF 64/12 - FamRZ 2013, 1146.
[1227] Vgl. BGH v. 19.03.2003 - XII ZR 123/00 - FamRZ 2003, 1179, 1181.
[1228] *Mleczko*, ZFE 2005, 260, 263; *Ehinger*, FPR 2003, 623, 627; *Ehinger*, NJW 2008, 2465, 2468.
[1229] BGH v. 05.02.2014 - XII ZB 25/13 - FamRZ 2014, 538; OLG Hamm v. 21.11.2012 - II-8 UF 14/12 - NJW 2013, 1541.
[1230] OLG Hamm v. 29.10.2012 - 9 UF 64/12 - FamRZ 2013, 1146 unter Hinweis auf BGH v. 19.02.2003 - XII ZR 67/00 - FamRZ 2003, 860, 865.
[1231] OLG Hamm v. 21.11.2012 - II-8 UF 14/12 - NJW 2013, 1541.

Sind die Verpflichtungen also bereits zu einer Zeit eingegangen worden, als der Unterhaltspflichtige noch nicht damit zu rechnen brauchte, für den Unterhalt seiner Eltern aufkommen zu müssen, und halten sich die Verbindlichkeiten und die hieraus resultierenden laufenden Belastungen in einer im Verhältnis zu den vorhandenen Einkünften angemessenen Höhe, kann der Unterhaltspflichtige sie von seinem Einkommen abziehen.[1232]

Eine Ausnahme gilt lediglich für solche bereits bestehende Verbindlichkeiten, die nicht mehr zur angemessenen Lebensführung gehören, also einen **unangemessenen Aufwand** darstellen oder zu einem **Leben in Luxus** beitragen. In den Fällen, in denen sich der Unterhaltspflichtige durch Kreditaufnahme einen durch seine Einkommensverhältnisse nicht mehr gerechtfertigten Lebensaufwand ermöglicht, ist ihm der Vorwegabzug derartiger Aufwendungen versagt.[1233] So kann z.B. der Unterhaltspflichtige, der bisher ein normales Mittelklassefahrzeug benutzt hat, die Kreditkosten für die Anschaffung eines Luxusautos der Nobelklasse nicht absetzen. Begründet der Unterhaltsverpflichtete erst **nach Bekanntwerden** der Unterhaltsverpflichtung Schuldverbindlichkeiten, so sind diese nur dann zu berücksichtigen, wenn sie nach Art und Umfang **notwendig** sind. Hier gelten die gleichen Grundsätze wie beim Unterhalt für volljährige Kinder.[1234]

Ein Pkw-Darlehen kann nicht berücksichtigt werden, wenn der Unterhaltspflichtige im Zeitpunkt der **Neuanschaffung und Kreditaufnahme bereits auf Zahlung von Unterhal**t in Anspruch genommen wurde.[1235] Die allgemeine Übung, alle 5 bis 6 Jahre ein neues Fahrzeug anzuschaffen, reicht nicht aus, eine Ausnahme zu rechtfertigen.[1236] Ausnahmen gelten nur, wenn die Notwendigkeit der Kreditaufnahme sowohl hinsichtlich des Zwecks als auch der Höhe dargetan wird.[1237]

Der BGH hat dies bestätigt.[1238] Werden Kreditverbindlichkeiten erst zu einem Zeitpunkt begründet, zu dem das unterhaltspflichtige Kind bereits auf Elternunterhalt in Anspruch genommen worden ist, können diese regelmäßig nicht berücksichtigt werden, es sei denn, die Notwendigkeit der Kreditaufnahme sowohl hinsichtlich des Zwecks als auch der Höhe wird dargetan.

So kann die zu dieser Zeit erfolgte **kreditfinanzierte Neuanschaffung eines Pkws** in aller Regel keine Berücksichtigung finden. Wurde bei den Besuchsfahrten zu dem unterhaltsberechtigten Elternteil nach den Unterhaltsleitlinien des OLG ein Pauschalbetrag wie z.B. 0,30 € je Kilometer akzeptiert, umfasst diese Pauschale grundsätzlich auch Kredit- und Reparaturkosten (vgl. Ziff. 10.2.2 der Leitlinien des Oberlandesgerichts Hamm), die folglich nicht zusätzlich angesetzt werden können.

bb. Umschuldung/Ablösung

Gegen die Forderung nach **Streckung von Kreditraten** (Umschuldung)[1239] spricht, dass damit die Finanzierung zu Lasten zukünftigen Einkommens verteuert wird. Auch eine **vorzeitige Tilgung** (Ablösung, Entschuldung) würde das unterhaltspflichtige Kind zur Änderung u.U. längerfristig angelegter Vermögensdispositionen zwingen, die aber im Regelfall nicht zuzumuten ist.

cc. Tilgung

Auch die **Rückführung von Krediten** (Tilgung) ist grundsätzlich nicht als – unterhaltsrechtlich unbeachtliche – Vermögensbildung i.S.d. Rechtsprechung zu qualifizieren. Zwar wird zwischen Konsumkrediten und den Investitionskrediten differenziert, bei denen der so angeschaffte Wert auch nach Abtragung des Kredites noch vorhanden ist. Wenn mit den Krediten Vermögensgegenstände angeschafft worden sind, die wirtschaftlich mit fortschreitender Tilgung immer mehr dem Vermögen des Unterhaltspflichtigen oder seines Ehegatten zuwachsen, wird beim Unterhalt gegenüber minderjährigen Kindern der Abzug verneint. Dagegen gelten beim Elternunterhalt solche Einschränkungen nicht. Sowohl Zins- als auch Tilgungsleistungen können daher vom Einkommen des Pflichtigen abgezogen wer-

---

[1232]BGH v. 19.03.2003 - XII ZR 123/00 - BGHZ 154, 247-259.
[1233]*Hauß*, Elternunterhalt – Grundlagen und anwaltliche Strategien, 2008, Rn. 204 ff.
[1234]*Soyka* in: Scholz-Stein, Praxishandbuch Familienrecht, Teil J (2006), Rn. 26.
[1235]BGH v. 05.02.2014 - XII ZB 25/13 - FamRZ 2014, 538; OLG Hamm v. 29.10.2012 - 9 UF 64/12 - FamRZ 2013, 1146.
[1236]OLG Hamm v. 29.10.2012 - 9 UF 64/12 - FamRZ 2013, 1146.
[1237]BGH v. 05.02.2014 - XII ZB 25/13 - FamRZ 2014, 538.
[1238]BGH v. 05.02.2014 - XII ZB 25/13 - FamRZ 2014, 538.
[1239]*Hauß*, Elternunterhalt – Grundlagen und anwaltliche Strategien, 2008, Rn. 195.

den.[1240] Dies gilt bei Geschäftsschulden des Ehemannes ebenso wie bei Krediten zur Finanzierung von Hausreparaturen oder des Studiums eines Kindes.[1241]

1146 Beim Elternunterhalt gilt auch nicht die Regel, dass **Tilgungsleistungen auf Wohneigentum** als eigene Vermögensbildung generell nicht zu berücksichtigen sind. Da dem Unterhaltspflichtigen Raum für seine eigene angemessene Altersvorsorge gegeben werden muss (vgl. dazu Rn. 1090), sind Schuldenlasten zur Finanzierung eines Einfamilienhauses oder einer Eigentumswohnung folglich einschließlich angemessener Tilgungsbeiträge regelmäßig als **besondere Form der eigenen Zukunftsvorsorge anzuerkennen**. Zu beachten ist aber, dass dann auch der **Wohnvorteil als Aktivposten** (vgl. Rn. 1090) zu berücksichtigen ist[1242], der nach einer im Verhältnis zum verfügbaren Einkommen angemessenen Höhe zu bemessen ist[1243].

1147 Der Abzug von Tilgungsleistungen ist uneingeschränkt dann möglich, wenn die Verpflichtung bereits zu einer Zeit eingegangen wurde, als der Unterhaltsverpflichtete nicht damit zu rechnen brauchte, für den Unterhalt seiner Eltern aufkommen zu müssen. Andernfalls könnte es bei Nichtberücksichtigung der vermögensbildenden Tilgungsaufwendungen zur Notwendigkeit der Veräußerung des Familienheims kommen, die unterhaltsrechtlich grundsätzlich unzumutbar ist.[1244]

1148 Wenn allerdings das unterhaltspflichtige Kind die aus der Errichtung eines Eigenheims resultierenden Verbindlichkeiten erst zu einem Zeitpunkt eingegangen ist, in dem es mit seiner Inanspruchnahme auf Elternunterhalt rechnen musste, können seine Tilgungsleistungen nur eingeschränkt unter dem Gesichtspunkt der zusätzlichen Altersvorsorge im Umfang von 5% seines Bruttoeinkommens berücksichtigt werden.[1245]

1149 Die **Darlegungslast** für die Abzugsfähigkeit der Verbindlichkeiten hat der Unterhaltsschuldner.[1246]

1150 Beim Elternunterhalt besteht keine Obliegenheit zur Einleitung einer **Verbraucherinsolvenz** (vgl. Rn. 849).[1247]

r. Vermögensbildung/allgemeine Rücklagen

1151 Noch nicht abschließend geklärt ist die Frage, in welcher Weise die **Bildung von Rücklagen** durch den Unterhaltspflichtigen – **über die Altersversorgung hinaus** – akzeptiert werden kann. Beim Unterhalt gegenüber Kindern und Ehegatten gilt der Grundsatz, dass Zahlungen zur Vermögensbildung nicht abgezogen werden können. Dies kann aber beim Elternunterhalt nicht so pauschal gelten. Denn dem Unterhaltspflichtigen soll **vorrangig die Sicherung seines eigenen angemessenen Unterhalts** ermöglicht werden; die zur angemessenen Deckung des seiner Lebensstellung entsprechenden allgemeinen Bedarfs benötigten Mittel sollen ihm verbleiben.

1152 Der angemessene Bedarf ist aber nicht nur für die Gegenwart sicherzustellen. Bei einer ordnungsgemäßen Wirtschaft ist eine bestimmte Vorsorge für zukünftige, vorhersehbare Ausgaben, die nicht aus den laufenden Einkünften beglichen werden können, unterhaltsrechtlich hinzunehmen. Andernfalls wäre die Person gezwungen, die Ausgaben später durch eine Kreditaufnahme zu finanzieren. Das **Ansparen** auf notwendige und angemessene Anschaffungen und die Bildung von **Rücklagen** für wahrscheinliche zukünftige Ausgaben muss daher in angemessener Höhe beim Elternunterhalt unterhaltsrechtlich hingenommen werden.[1248] Folglich ist der Unterhaltspflichtige berechtigt, im Rahmen einer ordentlichen Wirtschaft Rücklagen z.B. für Hausinstandsetzungen und Reparaturen[1249], für entspre-

---

[1240] *Hauß*, Elternunterhalt – Grundlagen und anwaltliche Strategien, 2008, Rn. 197.
[1241] OLG Hamm v. 22.11.2004 - 8 UF 411/00 - NJW-RR 2005, 588-589 mit Anm. *Born*.
[1242] *Ehinger*, FPR 2003, 623-630; *Maurer*, LMK 2003, 228-229; BGH v. 14.01.2004 - XII ZR 69/01 - FamRZ 2004, 443; *Lindemann-Hinz*, jurisPR-FamR 5/2004, Anm. 1.
[1243] BGH v. 19.03.2003 - XII ZR 123/00 - BGHZ 154, 247-259; OLG Oldenburg v. 27.07.1999 - 12 UF 79/99 - NJW 2000, 524-526.
[1244] OLG Hamm v. 06.08.2009 - 2 UF 241/08.
[1245] OLG Hamm v. 06.08.2009 - 2 UF 241/08.
[1246] *Hauß*, Elternunterhalt – Grundlagen und anwaltliche Strategien, 2012, Rn. 345.
[1247] *Hauß*, Elternunterhalt – Grundlagen und anwaltliche Strategien, 2012, Rn. 353.
[1248] *Hauß*, Elternunterhalt – Grundlagen und anwaltliche Strategien, 2012, Rn. 366. A.A. *Hauß*, Elternunterhalt – Grundlagen und anwaltliche Strategien, 2012, Rn. 297 für Ansparungen auf eine mögliche Steuernachzahlung.
[1249] BGH v. 20.10.1999 - XII ZR 297/97 - FamRZ 2000, 351.

chende Aufwendungen seines Gewerbebetriebes, Kosten der Ersatzbeschaffung eines Pkws oder von Hausrat, Versicherungsprämien und für den Familienurlaub zu bilden.[1250]

s. Weitere unterhaltsrechtlich relevante Abzugspositionen

aa. Besuche im Heim

Fallen für **Besuche** des unterhaltspflichtigen Kindes beim unterhaltsberechtigten Elternteil erhebliche Fahrtkosten an, stellt sich die Frage, ob diese als unterhaltsrechtlich relevante Unkosten vorab abgezogen werden können[1251] Diese Aufwendungen – soweit sie sich in einem angemessenen Rahmen halten – **vermindern bereits die Leistungsfähigkeit des unterhaltspflichtigen Kindes**. Es gelten hier die Kriterien, die für im Rahmen des § 1603 Abs. 1 BGB berücksichtigungsfähige Verpflichtungen gelten.[1252]

1153

Die Besuche dienen der **Aufrechterhaltung der durch Art. 6 Abs. 1 GG verfassungsrechtlich geschützten familiären Beziehungen**. Sie entsprechen dem Bedürfnis, dem unterhaltsberechtigten Elternteil auch im Heim und trotz der Entfernung zum Wohnort des unterhaltspflichtigen Kindes Fürsorge zuteilwerden zu lassen, sich von ihrem Wohlergehen zu überzeugen sowie eventuelle Wünsche zu erfragen. Der Zweck der Aufwendungen beruht deshalb auf einer unterhaltsrechtlich anzuerkennenden sittlichen Verpflichtung gegenüber dem unterhaltsberechtigten Elternteil.[1253] Es kann nicht verlangt werden, diese Kosten aus dem Selbstbehalt zu tragen.[1254]

1154

Dem unterhaltspflichtigen Kind ist anzuraten, die Anzahl der **Besuche** beim Elternteil im Seniorenheim zu **dokumentieren** und Belege für anfallende Fahrt-, Übernachtungs- und ggf. sonstige Kosten zu sammeln. Im Ergebnis trägt damit entweder das Sozialamt oder der Elternteil selbst die Kosten der Besuchsfahrten der Kinder.[1255]

1155

bb. Weitere Aufwendungen für den Unterhaltsberechtigten

Auch solche **Verpflichtungen, die aufgrund einer sittlichen Verpflichtung des Unterhaltsschuldners** eingegangen worden sind, vermindern bereits die Leistungsfähigkeit des unterhaltspflichtigen Kindes. Ob eine Verpflichtung unterhaltsrechtlich als abzugsfähig anzuerkennen ist, ist im Einzelfall unter umfassender Interessenabwägung zu beurteilen. Entscheidend sind dabei der Zweck der Verbindlichkeit, der Zeitpunkt und die Art ihrer Entstehung, die Kenntnis des Unterhaltspflichtigen von Grund und Höhe der Unterhaltsschuld und andere Umstände.

1156

Trägt das unterhaltspflichtige Kind für den im Heim wohnenden unterhaltsberechtigten Elternteil aus freien Stücken **zusätzliche Aufwendungen** wie Radiogebühren, Geschenke für Heimbewohner, Wäsche usw., so mindern diese Ausgaben das zur Verfügung stehende Einkommen, auch wenn es sich um Sonderbedarf handelt.[1256]

1157

cc. Sonstige Kosten des Unterhaltspflichtigen

Aufwendungen für eine **Hausratsversicherung** sind schon wegen ihrer in der Regel geringen Höhe dem allgemeinen Lebensbedarf zuzuordnen und nicht als vorweg abziehbare Verbindlichkeiten zu behandeln. Das gilt auch für eine **private Haftpflichtversicherung**, denn auch bei der Inanspruchnahme auf Elternunterhalt sind keine anderen Maßstäbe anzulegen als bei sonstigen Unterhaltsrechtsverhältnissen.[1257]

1158

[1250] OLG Oldenburg v. 12.03.1991 - 12 UF 141/90 - NdsRpfl 1991, 145-147; LG Münster v. 07.05.1993 - 10 S 65/92 - FamRZ 1994, 843-845; LG Kiel v. 15.11.1995 - 5 S 42/95 - SchlHA 1996, 105-107; *Ehinger*, NJW 2008, 2465, 2469.

[1251] Bejahend OLG Düsseldorf v. 27.01.2011 - II-7 UF 99/10.

[1252] BGH v. 17.10.2012 - XII ZR 17/11 - FamRZ 2013, 868; vgl. auch OLG Köln v. 05.07.2001 - 14 UF 13/01 - FamRZ 2002, 572, 573; a.A. OLG Hamm v. 26.04.2001 - 4 UF 277/00 - FamRZ 2002, 123, 124.

[1253] BGH v. 17.10.2012 - XII ZR 17/11 - FamRZ 2013, 868 unter Hinweis auf BVerfG v. 09.04.2003 - 1 BvL 1/01, 1 BvR 1749/01 - FamRZ 2003, 1370, 1377 zum Umgangsrecht mit minderjährigen Kindern.

[1254] OLG Köln v. 05.07.2001 - 14 UF 13/01 - FamRZ 2002, 572; BGH v. 18.03.1992 - XII ZR 1/91 - FamRZ 1992, 797, 798 und BGH v. 09.05.1984 - IVb ZR 74/82 - FamRZ 1984, 637, 638.

[1255] Vgl. *Bastian-Holler*, FamFR 2013, 199.

[1256] OLG Hamm v. 02.11.2004 - 3 UF 263/00 - NJW 2005, 369-371.

[1257] BGH v. 28.07.2010 - XII ZR 140/07 - NJW 2010, 3161; anders OLG Köln v. 05.07.2001 - 14 UF 13/01 - FamRZ 2002, 572 f.

§ 1603

1159 Es gelten auch keine Ausnahmen etwa deshalb, weil diese Belastungen durch Hausrats-, Haftpflicht- und Rechtsschutzversicherungen die Lebensstellung vor der Inanspruchnahme auf Elternunterhalt geprägt haben.[1258]

1160 Kosten für ein Reitpferd in Höhe von mtl. 400 € sind auch bei gehobenen Lebensverhältnissen des unterhaltspflichtigen Kindes nicht abzusetzen.[1259] Sie stellen Luxusaufwendungen dar, die der Unterhaltspflichtige gegenüber seinem unterhaltsberechtigten Elternteil ohnehin nicht einwenden kann.[1260]

t. Vollständiger Verbrauch des Einkommens für den eigenen Unterhalt

1161 Umstritten ist, ob das auf Unterhaltszahlungen in Anspruch genommene Kind sich allein darauf berufen kann, dass die Ausgaben der Familie insgesamt so hoch gewesen sind, dass keine Vermögensbildung betrieben worden ist und folglich kein für den Elternunterhalt einzusetzendes Einkommen vorhanden sei.[1261]

1162 **Ein vollständiger Verbrauch des Einkommens für die Lebensführung** kann aber nicht einfach unterstellt werden. Vielmehr muss der Unterhaltspflichtige vortragen, wie sich der Familienunterhalt gestaltet und ob und gegebenenfalls welche Beträge zur Vermögensbildung verwendet werden.[1262] Er hat also die **Darlegungs- und Beweislast**, dass sein Einkommen über einen längeren Zeitraum vollständig zum Familienunterhalt verbraucht worden ist und nicht der Vermögensbildung diente.[1263]

3. Vermögenseinsatz/Verwertung der Rücklagen für die Altersvorsorge

a. Grundsätzliche Pflicht zum Vermögenseinsatz

1163 Der Pflichtige ist gehalten, sein Vermögen einzusetzen und auf den Vermögensstamm zurückzugreifen, um Unterhaltsansprüche befriedigen zu können.[1264] Besondere Billigkeitskriterien, wie sie in § 1581 Satz 2 BGB für den Ehegattenunterhalt geregelt sind, sind in § 1603 Abs. 1 BGB nicht vorgesehen. Nicht unterhaltspflichtig ist lediglich, wer bei Berücksichtigung seiner sonstigen Verpflichtungen außerstande ist, ohne Gefährdung seines eigenen angemessenen Unterhalts den Unterhalt zu gewähren. Hierzu außerstande ist jedoch nicht, wer über verwertbares Vermögen verfügt. Hinsichtlich der Obliegenheit, den **Stamm des Vermögens** einzusetzen, gelten beim Elternunterhalt die gleichen Grundsätze wie beim Deszendentenunterhalt.[1265]

1164 Der Einsatz des Vermögens steht erst dann zur Debatte, wenn der Unterhaltspflichtige den sich nach dem Bedarf des Elternteils richtenden, geschuldeten Unterhalt aus seinen laufenden Einkünften nicht voll decken kann.[1266]

1165 Soweit sich aus dem geschützten Teil des Vermögens Erträge ergeben wie Mieten oder Zinsen, sind diese grundsätzlich als Einkünfte in die Berechnung der Leistungsfähigkeit einzubeziehen.[1267] Bei Erträgen aus dem Altersschonvermögen spricht dagegen mehr dafür, diese dem Schonvermögen zuzuschlagen. Sie stehen damit dem Verbrauch nicht zur Verfügung und bleiben somit für die Einkommensfeststellung außer Ansatz.[1268]

1166 Jedoch sind auch die **sonstigen Verpflichtungen des Unterhaltsschuldners** zu berücksichtigen, der auch seinen eigenen angemessenen Unterhalt nicht zu gefährden braucht. Eine Verwertung des Vermögensstammes scheidet daher aus, wenn sie den Unterhaltsschuldner von fortlaufenden Einkünften abschneiden würde, die er zur Erfüllung weiterer Unterhaltsansprüche oder anderer berücksichtigungswürdiger Verbindlichkeiten oder zur Bestreitung seines eigenen Unterhalts benötigt.

[1258] BGH v. 28.07.2010 - XII ZR 140/07 - NJW 2010, 3161; anders OLG Köln v. 05.07.2001 - 14 UF 13/01 - FamRZ 2002, 572 f.
[1259] BGH v. 05.02.2014 - XII ZB 25/13 - FamRZ 2014, 538.
[1260] BGH v. 30.08.2006 - XII ZR 98/04 - BGHZ 169, 59 = FamRZ 2006, 1511, 1512.
[1261] So OLG Hamm v. 22.11.2004 - 8 UF 411/00 - NJW-RR 2005, 588-589 mit Anm. *Born*; anders OLG Hamm v. 02.11.2004 - 3 UF 263/00 - NJW 2005, 369-371.
[1262] BGH v. 14.01.2004 - XII ZR 69/01 - SuP 2004, 100.
[1263] *Schürmann*, jurisPR-FamR 1/2004, Anm. 2 zu BGH v. 17.12.2003 - XII ZR 224/00 - NJW 2004, 677-680.
[1264] BGH v. 21.11.2012 - XII ZR 150/10, NJW 2013, 301 = FamRZ 2013, 203 mit Anm. *Hauß*.
[1265] BGH v. 21.04.2004 - XII ZR 326/01 - NJW 2004, 2306-2309 mit Anm. *Schürmann*, jurisPR-FamR 11/2004, Anm. 1.
[1266] *Engels*, FF 2013, 973, 974.
[1267] *Engels*, FF 2013, 973, 975.
[1268] Vgl. OLG Düsseldorf v. 14.01.2009 - II-8 UF 172/08, 8 UF 172/08 - FamRZ 2009, 1077.

Beispiel: Das unterhaltspflichtige Kind verfügt über eine Lebensversicherung, die in einigen Jahren fällig wird und zur Tilgung einer auf seinem Grundstück lastenden Grundschuld bestimmt ist. Hier ist der Unterhaltspflichtige nicht gehalten, dieses Kapital zur Zahlung von Elternunterhalt einzusetzen.

Zudem hat ein unterhaltspflichtiges Kind seine Vermögensdispositionen zumeist in Zeiten getroffen, in denen Elternunterhalt nicht geschuldet wurde und daher seine Lebensverhältnisse auf die vorhandenen Einkünfte und Vermögenswerte eingerichtet. Allerdings dürfe nicht zwingend an dem ursprünglich allein für die eigene Altersvorsorge (und gegebenenfalls die des Ehegatten) geplanten Vermögenseinsatz ohne Rücksicht auf die eingetretene Unterhaltspflicht gegenüber dem Elternteil und in vollem Umfang festgehalten werden. Das Vermögen ist insoweit einsetzen, als es dem Unterhaltspflichtigen möglich bleibt, seinen eigenen angemessenen Unterhalt aus dem ihm nach Abzug der Unterhaltsleistungen verbleibenden Vermögen dauerhaft zu befriedigen.[1269]

b. Zusätzliche Rücklage zur Altersvorsorge

Hat der Unterhaltspflichtige das Rentenalter noch nicht erreicht, darf er zur vorrangigen Sicherstellung der eigenen Bedürfnisse eine angemessene Altersversorgung durch Rückstellung von maximal 5% des Bruttoeinkommens in Abzug bringen (vgl. Rn. 1100).

Ist dem Schuldner des Anspruchs auf Elternunterhalt aber gestattet, die zur eigenen Alterssicherung notwendigen Beträge zusätzlich zurückzulegen, dann müssen auch die so **geschaffenen Vermögenswerte als Alterssicherung dem Zugriff des Unterhaltsgläubigers entzogen bleiben**. Denn nur so lässt sich der Zweck der Alterssicherung erreichen, soweit diese Mittel hierfür tatsächlich erforderlich sind.[1270]

Kapitaleinkünfte aus diesem bereits angesparten Altersvorsorgevermögen können in aller Regel nicht dem Einkommen hinzugerechnet werden, weil die Zinsen Bestandteil des geschützten Altersvorsorgeschonvermögens sind.[1271]

c. Regeln für die Verwertung des angesparten Altersvorsorgekapitals

Für die Frage, ob das insgesamt **angesparte Vermögen für den Elternunterhalt einzusetzen** ist, ist folgendermaßen vorzugehen:

1. Im ersten Schritt muss errechnet werden, wie hoch der maximal unterhaltsrechtlich anzuerkennende Betrag des Altersvorsorgevermögens ist.
2. Dieser Betrag muss dem tatsächlich vorhandenen Vermögen gegenübergestellt werden.
    a) Der Anteil des tatsächlich vorhandenen Vermögens, der **über diesem Maximalbetrag** liegt, kann – soweit es sich nicht um eine angemessene eigengenutzte Immobilie handelt – zur Deckung des Elternunterhaltes eingesetzt werden. Hiervon sind jedoch noch persönliche Rücklagen als sog. Schonvermögen („Notgroschen") abzuziehen.[1272] Entscheidend ist der Einzelfall, anwaltlicher Sachvortrag zum Zweck, zur Notwendigkeit und zur angemessenen Höhe der Rücklagen ist daher dringend erforderlich!
    b) Bei dem unterhalb **des Maximalbetrags** liegenden Vermögen ist weiter zu differenzieren:
        - Solange das unterhaltspflichtige Kind noch **keine Einkünfte aus seiner Altersversorgung** bezieht, braucht es **Vermögen** in der – zulässig angesparten – Höhe **nicht für Unterhaltszwecke einzusetzen**.[1273] Hat der Unterhaltspflichtige also noch nicht die Regelaltersgrenze überschritten und befindet er sich lediglich im Vorruhestand oder bezieht er vorgezogene (und damit regelmäßig verminderte) Altersrente, scheidet eine Verrentung des Vermögens aus.[1274]

[1269] BGH v. 21.11.2012 - XII ZR 150/10, NJW 2013, 301 = FamRZ 2013, 203 mit Anm. *Hauß*.

[1270] BGH v. 07.08.2013 - XII ZB 269/12 - FamRZ 2013, 1554 mit Anm. *Hauß* = NJW 2013, 3024; BGHZ 169, 59, 70 = FamRZ 2006, 1511, 1514.

[1271] *Thormeyer*, FamRB 2013, 27 unter Hinweis auf BGH v. 30.08.2006 - XII ZR 98/04 - FamRZ 2006, 1511 = FamRB 2006, 327; OLG Düsseldorf v. 14.01.2009 - II-8 UF 172/08 - FamRZ 2009, 1077.

[1272] *Hauß*, FamRZ 2013, 1557; zurückhaltender *Thormeyer*, FamRB 2013, 311 unter Hinweis auf das großzügig bemessene Altersvorsorgevermögen und das geschützte selbstgenutzte Wohneigentum.

[1273] BGH v. 07.08.2013 - XII ZB 269/12 - FamRZ 2013, 1554 mit Anm. *Hauß*.

[1274] *Thormeyer*, FamRB 2013, 27.

[1275] BGH v. 21.11.2012 - XII ZR 150/10 - FamRZ 2013, 203.

§ 1603

- **Bezieht das unterhaltspflichtige Kind bereits Altersrente**, muss ihm das zum Zweck der Altersversorgung angesparte Kapital nicht dauerhaft verbleiben. Vielmehr muss es das Kapital bei Erreichen der Regelaltersgrenze seinem bestimmungsmäßigen Zweck entsprechend nach und nach verbrauchen. Geschützt wird dann nur noch ein bestimmtes unantastbares Vermögen, das zur eigenen Absicherung im Alter voraussichtlich erforderlich ist.[1275]

1173 **Beispiel:**
Es liegt ein Gesamtvermögen von 200.000 € vor. Das maximal unterhaltsrechtlich anzuerkennende Altersvorsorgevermögen beträgt zum maßgeblichen Zeitpunkt der Inanspruchnahme 150.000 €. Dieser Betrag ist als Altersvorsorgevermögen geschützt.
Der Restbetrag von 50.000 € ist nur insoweit geschützt, wie der Unterhaltspflichtige darlegt, dass er den Betrag für bestimmte Zwecke als Rücklage unbedingt benötigt.

d. Berechnung des maximal unterhaltsrechtlich geschützten Höchstbetrags des Altersvorsorgevermögens

1174 Auszugehen ist davon, dass beim Elternunterhalt monatlich 5% des **Bruttoeinkommens** als zusätzliche Altersvorsorge zurückgelegt werden darf. Daraus lässt sich der Höchstbetrag der zulässigen Altersvorsorge errechnen.

aa. Beginn des Anlagezeitraums

1175 **Akzeptiert** hat der BGH einen **Anlagezeitraum ab Beginn der Erwerbstätigkeit des unterhaltspflichtigen Kindes**.[1276]

1176 Abgestellt worden ist dabei auf den tatsächlichen Beginn der Erwerbstätigkeit des unterhaltspflichtigen Kindes. Vorgeschlagen wird aber auch, in Anlehnung an § 851c ZPO **den** Aufbau des gegen Elternunterhaltsansprüche geschützten Vermögens spätestens mit der Vollendung des 18. Lebensjahres beginnen zu lassen.[1277] Denn der Schutz des Altersvorsorgevermögens diene der Abdeckung einer Versorgungslücke und sei keine Prämie für Erwerbstätigkeit.

bb. Ende des Anlagezeitraums

1177 Zu beachten ist dabei aber, für welchen Gesamtzeitraum die **unterhaltsrechtliche Leistungsfähigkeit** festgestellt werden muss. Der BGH beanstandet, dass das OLG einen **Gesamtbetrag** auf der Basis einer 40-jährigen Erwerbstätigkeit des Unterhaltspflichtigen und entsprechenden regelmäßigen Rücklagen für diesen Zeitraum errechnet hat, obwohl Unterhalt auch für zurückliegende Jahre gefordert worden ist, in denen diese Zeitspanne noch nicht abgelaufen war.

1178 In seiner Entscheidung vom 07.06.2005[1278] hat das Bundesverfassungsgericht den **Grundsatz der Gleichzeitigkeit von Unterhaltspflicht und Leistungsfähigkeit** aufgestellt. Die unterhaltsrechtlich relevante Leistungsfähigkeit muss in dem Zeitraum bestanden **haben**, für den Unterhalt gezahlt werden soll. Wenn der Unterhaltspflichtige erst in einem späteren Zeitraum leistungsfähig wird, führt dies nicht dazu, dass für einen früheren Zeitraum, in dem keine Leistungsfähigkeit bestanden hat, jetzt rückwirkend Leistungsfähigkeit eintritt.[1279]

1179 Ausgehend von diesem Grundsatz der **Gleichzeitigkeit von Leistungsfähigkeit und Unterhaltsverpflichtung** hat der BGH konkret beanstandet, dass das OLG den Nettobetrag des unterhaltsrechtlich relevanten Einkommens für Unterhaltsverpflichtungen aus den Jahren 2008, 2009 und 2010 unter Heranziehung der seit dem 2011 geltenden **Steuern** und **Beitragssätze** ermittelt hat. Auch sind jeweils in diesen Jahren gültige **Selbstbehaltssätze** anzusetzen.[1280]

1180 Dies kann **dazu** führen, dass für einzelne zurückliegende Jahre, für die noch Unterhalt geltend gemacht wird, geringere Altersvorsorgebeträge in Ansatz zu bringen sind, weil zu diesen Zeitpunkten auch noch geringere Rücklagen (aufgrund eines kürzeren Zeitraumes der Erwerbstätigkeit) zulässigerweise gebil-

---

[1276] BGH v. 07.08.2013 - XII ZB 269/12 - FamRZ 2013, 1554 mit Anm. Hauß = NJW 2013, 3024.
[1277] *Hauß*, FamRZ 2013, 1557; ebenso *Thormeyer*, FamRB 2013, 311.
[1278] BVerfG v. 07.06.2005 - 1 BvR 1508/96 - FamRZ 2005, 1051.
[1279] Vgl. auch OLG Hamm v. 20.12.2012 - II-4 UF 143/12, 4 UF 143/12 - FamFR 2013, 79; zu unzulässigen Umgehungsversuchen der Sozialhilfeträger vgl. BGH v. 20.03.2013 - XII ZB 81/11 - NJW 2013, 1676.
[1280] BGH v. 07.08.2013 - XII ZB 269/12 - FamRZ 2013, 1554 mit Anm. *Hauß* = NJW 2013, 3024.

det werden durften.[1281] Entsprechend ist dann für diese Zeiträume auch nur ein geringerer Betrag geschützt.

Berechnungsbeispiel:
Der unterhaltspflichtige Sohn verfügt über ein Jahreseinkommen von 60.000 € brutto und legt regelmäßig pro Jahr den Höchstbetrag von 3.000 € für seine Altersvorsorge zurück.
Am 01.01.2011 beträgt das maximale zulässige Altersvorsorgevermögen 170.000 €. Wird Unterhalt für das Jahr 2011 festgesetzt, ist auch nur dieser Betrag geschützt.
Wird Unterhalt für das Jahr 2012 festgesetzt, ist das maximale zulässige Altersvorsorgevermögen auf 173.000 € angewachsen und in dieser Höhe zu berücksichtigen.[1282]
Geht es um Unterhalt für das Jahr 2013, beläuft sich das geschützte maximale zulässige Altersvorsorgevermögen auf 176.000 €.
Zu beachten ist weiter, dass bei der Berechnung jeweils auch die in diesen Jahren gültigen **Selbstbehaltssätze** anzusetzen sind.[1283]

Das bedeutet nicht, dass in allen einschlägigen Fällen tatsächlich für jedes Jahr gesondert **gerechnet** werden muss. Praktisch relevant wird dies nur dann, wenn die tatsächlich gebildeten Rücklagen an die Obergrenze der zulässigen Vorsorgebeträge heranreichen. Nur in diesen Fällen muss genau gerechnet werden. In der Mehrzahl der praktisch auftretenden Fälle liegen die tatsächlichen Rücklagen deutlich niedriger, so dass die Höhe der zulässigen Rücklagen überschlägig geschätzt werden kann.

cc. Bemessungsgrundlage/Höhe des berechtigt anzulegenden Betrages

Nicht beanstandet hat der BGH, dass das Beschwerdegericht dem **Unterhaltspflichtigen** ab Beginn seines beruflichen Werdeganges fünf Prozent **des letzten Bruttoeinkommens** für die angemessene Altersvorsorge angerechnet hat.[1284]

Da der Pflichtige am Anfang seines Berufslebens, insbesondere während der Ausbildung **sicherlich** nicht über die Einkünfte verfügt hat, die er nunmehr erzielt, wirkt sich dies stark zugunsten des unterhaltspflichtigen Kindes aus.

Korrekter, **aber** wohl praktisch nicht durchführbar wäre der Ansatz, etwa anhand des Versicherungsverlaufes genau das jährliche Bruttoeinkommen der einzelnen Berufsjahre zu ermitteln und dann daraus jeweils den zulässigen Altersvorsorgebetrag nachträglich ganz konkret zu errechnen.

Noch offen **ist**, ob bei dieser Gesamtbewertung eine **zeitliche Verschiebung von geleisteten Beiträgen** akzeptiert werden kann.

Unterhaltsrechtlich **anerkannt** wird immer nur eine tatsächlich erfolgte Rücklage. Soweit es um die tatsächliche Leistungsfähigkeit in einem bestimmten Jahr geht, ist einerseits die jeweilige Obergrenze, andererseits die Höhe der tatsächlichen Rücklage verbindlich. Bei dieser Betrachtung können die in einem späteren Jahr angelegten Beträge nicht auf ein früheres Jahr „zurückgebucht" werden. Dies würde dem Grundsatz der Gleichzeitigkeit von Unterhaltspflicht und Leistungsfähigkeit widersprechen.[1285]

Geht es aber um die Frage der **Vermögensverwertung**, sollte auf die Höhe der Gesamtsicherung abgestellt werden – gleichgültig, in welchem Jahr die Rücklagen erfolgt sind. Hat ein Unterhaltspflichtiger also in einem Jahr – z.B. wegen zeitweiser Arbeitslosigkeit – weniger zurückgelegt, als ihm dies nach dem Grenzwert erlaubt war, kann er dies durch eine – den Grenzwert überschreitende – tatsächliche Rücklage in einem späteren Jahr noch zulässigerweise ausgleichen, soweit insgesamt die Obergrenze der Rücklagen für die gesamte Zeit der Erwerbstätigkeit nicht überschritten wird. Denn entscheidend ist unter diesem Blickwinkel die erreichte soziale Absicherung für das Alter.

dd. Kapitalverzinsung

Der BGH hat beanstandet, dass das OLG lediglich eine **jährliche Kapitalverzinsung** von 3% zugrunde gelegt hat.[1286] Dies sei im Schrifttum zu Recht kritisiert worden.[1287] Stattdessen legt der BGH seiner Berechnung eine **Rendite von 4%** zugrunde.[1288]

[1281] BGH v. 07.08.2013 - XII ZB 269/12 - FamRZ 2013, 1554 mit Anm. *Hauß* = NJW 2013, 3024.
[1282] Die weitere Verzinsung des angesparten Kapitals ist hier außer Ansatz gelassen worden.
[1283] BGH v. 07.08.2013 - XII ZB 269/12 - FamRZ 2013, 1554 mit Anm. *Hauß* = NJW 2013, 3024.
[1284] *Soyka*, FuR 2013, 657.
[1285] BVerfG v. 07.06.2005 - 1 BvR 1508/96 - FamRZ 2005, 1051.
[1286] *Hauß*, Elternunterhalt, 4. Aufl. Rn. 477; *Günther*, FF 2012, 320, 321; *Engels*, FF 2013, 56, 60.
[1287] *Hauß*, Elternunterhalt, 4. Aufl. Rn. 477; *Günther*, FF 2012, 320, 321; *Engels*, FF 2013, 56, 60.
[1288] BGH v. 07.08.2013 - XII ZB 269/12 - FamRZ 2013, 1554 mit Anm. *Hauß* = NJW 2013, 3024; BGH v. 30.08.2006 - XII ZR 98/04 - BGHZ 169, 59, 76 = FamRZ 2006, 1511, 1516; vgl. auch *Hauß*, FamRZ 2013, 1557.

§ 1603

1190 Begründet wird dies mit dem Hinweis, in Bezug auf eine langjährige Rendite von 4% seien Schwankungen nur eingeschränkt zu berücksichtigen; insbesondere habe sich der Renditerückgang erst in den letzten Jahren vollzogen. Im Hinblick auf das gesamte Berufsleben des Unterhaltspflichtigen, der seit 1971 im Erwerbsleben steht, sei es dann aber nicht gerechtfertigt, von einer niedrigeren Durchschnittsverzinsung auszugehen. Bei einem höheren Zinssatz hätte sich wiederum ein höheres Altersvorsorgevermögen errechnet.

ee. Gegenüberstellung der Beträge

1191 Der so berechnete erreichbare **Maximalbetrag** wird dem gesamten **tatsächlich vorhandenen** Vermögen gegenübergestellt, denn nur das tatsächlich vorhandene Vermögen könnte ggf. verwertet werden.

1192 **Beispiel A:**
Das unterhaltspflichtige Kind verfügt über ein Gesamtvermögen von 80.000 €. Der Maximalbetrag des Altersvorsorgevermögens beträgt 100.000 €.
Das gesamte vorhandene Vermögen ist daher als zulässig angespartes Altersvorsorgevermögen geschützt.
Ist der **Betrag des tatsächlichen Gesamtvermögens höher als das zulässig angesparte Altersvorsorgevermögen**, ist zu differenzieren.
Bei dem **Restbetrag** ist im Einzelfall zu entscheiden, ob dieser Betrag ganz oder teilweise als geschütztes Vermögen anzusehen ist. Entscheidend ist der Einzelfall, anwaltlicher Sachvortrag zum Zweck, zur Notwendigkeit und zur angemessenen Höhe der Rücklagen ist daher dringend erforderlich (vgl. Rn. 1223)!

1193 **Beispiel B:**
Das unterhaltspflichtige Kind verfügt über ein Gesamtvermögen von 180.000 €. Der Maximalbetrag des Altersvorsorgevermögens beträgt 100.000 €.
Als **zulässig angespartes Altersvorsorgevermögen** sind **100.000 €** geschützt.
Kann das unterhaltspflichtige Kind plausibel darlegen, dass es in absehbarer Zeit höhere Geldbeträge benötigt, kann auch der **Restbetrag von 80.000 €** ganz oder teilweise vor dem Zugriff durch Elternunterhaltsansprüche geschützt sein (vgl. Rn. 1223).

e. Zusätzliches Immobilienvermögen

1194 Eine – **zusätzlich** vorhandene – Eigentumswohnung führt nicht dazu, dass die Aufwendungen für die zusätzliche Altersversorgung als reine Vermögensbildung anzusehen sind und daher unterhaltsrechtlich keinen Schutz mehr genießen.[1289]

1195 Daraus folgt nicht, dass selbstgenutztes Immobilieneigentum im Rahmen der Vermögensbewertung insgesamt unberücksichtigt zu bleiben hätte.[1290] Insofern besteht **aber** jedenfalls dann keine Verwertungspflicht, wenn es sich um den jeweiligen Verhältnissen angemessenes Wohneigentum handelt.[1291] Denn der Unterhaltspflichtige braucht bei der Inanspruchnahme auf Elternunterhalt keine spürbare und dauerhafte Senkung seines berufs- und einkommenstypischen Unterhaltsniveaus hinzunehmen. In die Beurteilung ist zwar einzubeziehen, dass der Unterhaltspflichtige im Alter keine Mietkosten zu bestreiten hat und seinen Lebensstandard dann mit geringeren Einkünften aus Einkommen und Vermögen sichern kann.[1292]

f. Zeitpunkt des Einsatzes des angesparten Altersvorsorgevermögens

1196 Die Pflicht zum Einsatz des angesparten Altersvorsorgevermögens ist vom Zeitpunkt **abhängig**, zu dem das unterhaltspflichtige Kind auf Elternunterhalt in Anspruch genommen wird.

aa. Zeitraum vor Beginn des Ruhestandes

1197 Soweit weiteres Vermögen der zusätzlichen Altersversorgung dienen soll, tritt der Verwendungszweck aber erst **mit Beginn des Altersrentenbezugs** ein. Das **Altersvorsorgevermögen** soll dann zur Aufrechterhaltung des bisherigen Lebensstandards genutzt werden. Wenn und soweit es hierfür nicht benötigt wird, steht es für Unterhaltszwecke zur Verfügung.[1293]

[1289] BGH v. 07.08.2013 - XII ZB 269/12; BGH v. 17.10.2012 - XII ZR 17/11 - juris Rn. 17 - FamRZ 2013, 868.
[1290] BGH v. 07.08.2013 - XII ZB 269/12; ebenso *Hauß*, Elternunterhalt, 4. Aufl., Rn. 486; *Günther*, FF 2012, 320, 321; *Engels*, FF 2013, 56, 60 ff.
[1291] BGH v. 19.03.2003 - XII ZR 123/00 - BGHZ 154, 247 = FamRZ 2003, 1179, 1181.
[1292] BGH v. 30.08.2006 - XII ZR 98/04 - BGHZ 169, 59, 75 = FamRZ 2006, 1511, 1515.
[1293] BGH v. 07.08.2013 - XII ZB 269/12 - FamRZ 2013, 1554 mit Anm. *Hauß* = NJW 2013, 3024; BGH v. 21.11.2012 - XII ZR 150/10 - juris Rn. 38 - FamRZ 2013, 203.

Hat der Unterhaltspflichtige noch nicht die Regelaltersgrenze überschritten und befindet er sich lediglich im Vorruhestand oder bezieht er vorgezogene (und damit regelmäßig verminderte) Altersrente, scheidet eine Verrentung des Vermögens aus.[1294] 1198

In welchem Umfang dies der Fall ist, lässt sich mit hinreichender Sicherheit allerdings erst beurteilen, wenn der Unterhaltspflichtige Einkünfte aus seiner Altersversorgung bezieht. Bis zu diesem Zeitpunkt sind sowohl die Entwicklung der Alterseinkünfte als auch der dem Unterhaltspflichtigen dann zuzubilligende Selbstbehalt ungewiss. Deshalb braucht er **Vermögen** in der Höhe, wie sie sich aus der Anlage der ihm zuzugestehenden **zusätzlichen Altersversorgung** ergibt, **bis dahin nicht für Unterhaltszwecke einzusetzen**.[1295] 1199

Der BGH verweist jetzt zudem darauf, dass der Unterhaltspflichtige im konkreten Fall **bei Erreichen der Regelaltersgrenze** im November 2021 mit einer Rente von 1.320,90 € (ohne Rentenanpassungen) rechnen könne – unterstellt, dass die in den letzten fünf Jahren durchschnittlich geleisteten Beiträge weiterhin entrichtet werden. Er werde dann auch auf den Wohnvorteil angewiesen sein, um überhaupt den maßgeblichen Selbstbehalt (derzeit 1.600 €) zu erreichen. Deshalb brauche er ein Altersvorsorgevermögen nicht für Unterhaltszwecke einzusetzen, welches der Anlage von 5% seines Jahresbruttoeinkommens bezogen auf seine gesamte Erwerbstätigkeit bis zur Inanspruchnahme auf Elternunterhalt entspricht.[1296] 1200

Damit ist das in zulässiger Höhe gebildete Altersvorsorgevermögen in aller **Regel bis zum Übergang des Unterhaltspflichtigen in die Rente** vor dem Zugriff durch den unterhaltsberechtigten Elternteil – und ggf. den Sozialhilfeträger – geschützt. Es besteht danach vielfach die hohe Wahrscheinlichkeit, dass der unterhaltsberechtigte Elternteil bereits verstorben sein wird, wenn der Unterhaltspflichtige seinerseits das Rentenalter erreicht haben wird. 1201

Zum anderen wird in vielen Fällen auch nach dem Eintritt ins Rentenalter ein Zugriff auf dieses angesparte Kapital bereits deshalb ausgeschlossen sein, weil der Unterhaltspflichtige diese Beträge selbst dringend benötigt, um seine eigene zu geringe Rente aufzustocken. Denn sein eigener Selbstbehalt – und zusätzlich der seines eigenen Ehegatten – muss vorrangig gewährleistet werden. Daher ist oft abzusehen, dass eine Unterhaltspflicht auch in Zukunft ausscheiden wird. 1202

bb. Zeitraum nach Eintritt in den Ruhestand

Hat das **unterhaltspflichtige Kind das Rentenalter erreicht**, muss ihm das zum Zweck der Altersversorgung angesparte Kapital nicht dauerhaft verbleiben. Es ist gehalten, das Kapital bei Erreichen der Regelaltersgrenze seinem bestimmungsmäßigen Zweck entsprechend nach und nach zu verbrauchen.[1297] 1203

Der Einsatz der Vermögenssubstanz kann in 2 Varianten erfolgen. Entweder durch den sogenannten unmittelbaren/deckenden Vermögensverzehr, in dem aus dem Vermögen Entnahmen getätigt werden, um den Unterhaltsbedarf in voller Höhe zu decken.[1298] 1204

Der andere Ansatz geht dahin, das gesamte Vermögen zu kapitalisieren oder zu verrenten und den sich hieraus ergebenden ktiven Rentenbetrag für die Deckung des Fehlbedarfs einzusetzen. Dies bedeutet, dass die fiktiv umgerechnete Rente entweder faktisch in die Leistungsfähigkeit mit einbezogen und insofern zur Bedarfsdeckung herangezogen wird oder aber bei fehlender oder unzureichender Leistungsfähigkeit gesondert als Surrogat für den Vermögenseinsatz ermittelt und eingesetzt wird.[1299] 1205

Der BGH ermittelt die voraussichtliche Lebenserwartung des Pflichtigen nach statistischen Grundsätzen und errechnet daraus, welche Vermögenswerte verteilt auf diese Zeit der Lebenserwartung für den eigenen Unterhalt des Pflichtigen zurückbehalten werden müssen. Künftige Erwerbsmöglichkeiten sind zusätzlich zu berücksichtigen.[1300] 1206

Berechnungsbeispiel: 1207
Der unterhaltspflichtige Sohn verfügt bei Eintritt ins Rentenalter über ein maximal zulässiges Altersvorsorgevermögen von 200.000 €.
Um seinen angemessenen eigenen Bedarf und den seiner Familie zu decken, muss er seine Rente um

---

[1294] *Thormeyer*, FamRB 2013, 27.
[1295] BGH v. 07.08.2013 - XII ZB 269/12 - FamRZ 2013, 1554 mit Anm. *Hauß* = NJW 2013, 3024.
[1296] BGH v. 07.08.2013 - XII ZB 269/12 - FamRZ 2013, 1554 mit Anm. *Hauß* = NJW 2013, 3024.
[1297] BGH v. 21.11.2012 - XII ZR 150/10 - FamRZ 2013, 203.
[1298] *Engels*, FF 2013, 973, 975.
[1299] *Engels*, FF 2013, 973, 975.
[1300] BGH v. 21.11.2012 - XII ZR 150/10 - FamRZ 2013, 203.

monatlich 1.500 € aus diesem Altersvorsorgevermögen aufstocken. Pro Jahr benötigt er also 18.000 €. Gestützt auf die voraussichtliche Lebenserwartung des Pflichtigen ist daraus zu errechnen, welchen Kapitalbetrag er verteilt auf diese Zeit der Lebenserwartung für seinen eigenen Unterhalt und den seiner Familie benötigt. Dieser Betrag ist vor dem Zugriff des unterhaltsberechtigten Elternteils bzw. des Sozialhilfeträgers geschützt. Der überschießende Betrag muss für Unterhaltszwecke eingesetzt werden.

Angenommen, bei der Berechnung ergibt sich ein geschützter Kapitalbetrag von 185.000 €, dann stehen die überschießenden 15.000 € zur Deckung der Unterhaltsforderungen zur Verfügung.

1208 Für die Praxis kann das vom Unterhaltspflichtigen für die Altersvorsorge angesparte verwertbare Kapital in Anlehnung an § 14 BewG **unter Berücksichtigung seiner statistischen Lebenserwartung in eine Monatsrente umgerechnet** werden. Dabei sind die nach § 14 Abs. 1 Satz 4 BewG vom Bundesministerium der Finanzen veröffentlichten Vervielfältiger für den Kapitalwert einer lebenslänglichen Nutzung oder Leistung zu verwenden.[1301]

1209 *Schürmann*[1302] kritisiert in seiner Anmerkung, dass der im vom BGH herangezogenen Schreiben des BMF vom 20.01.2009[1303] zugrunde gelegte Zinssatz von 5,5% nach der gegenwärtigen Ertragslage schlicht unrealistisch sei. Bei einem Kapital von 100.000 € und einem realitätsnäheren Zinsfuß von 2,5% ergebe sich für einen 65-jährigen Mann immerhin ein monatlicher Einkommensunterschied von etwa 175 €. In der Beratung müsse folglich auf eine sachgerechte Bewertung geachtet werden. Dabei seien die vom statistischen Bundesamt regelmäßig herausgegebenen Versicherungsbarwerte für Leibrenten (www.destatis.de, abgerufen am 08.09.2014) hilfreich.

1210 Die vom BGH vorgenommene Berechnung könne zudem nur bei tatsächlich zur Verfügung stehenden Geldmitteln gelten. Bereits bei der Anlage in Aktien sei die Methode aufgrund der unsicheren Werthaltigkeit nicht hilfreich. Gleiches gelte für Sachanlagen (Immobilien, Beteiligungen). Beim Elternunterhalt bestehe keine Obliegenheit, eine bestehende Vermögensanlage in jederzeit verfügbares Kapital umzuwandeln, so dass in solchen Fällen eine sukzessive Verwertung ausscheide.

1211 *Hauß*[1304] kritisiert ebenfalls, dass der BGH zur Berechnung der Einkommenssteigerung durch die **Verrentung des Kapitals eine vom Finanzministerium entwickelte Tabelle** anwendet. Das sei nicht konsequent. In seiner Grundsatzentscheidung zum Vorsorgeschonvermögen[1305] habe der BGH es jedem Unterhaltsschuldner freigestellt, in welcher Weise er Vorsorge für das Alter trifft. Wenn danach alle Anlageformen zulässig sind, könne man nicht einen Zinssatz von 5,5% für die Verrentung von Kapital anlegen. Eine derartige Rendite sei zudem seit Langem von keinem Privatanleger zu erzielen. Die maßgebliche Tabelle sei spezifisch für Versorgungszusagen und Versorgungsträger entwickelt worden.

1212 Auch *Thormeyer*[1306] kritisiert den vom BGH angesetzten Zinssatz. Der Zinssatz von 5,5 sei gegenwärtig nicht zu erreichen; zudem lasse er außer Acht, dass die Kapitalertragssteuer die Rendite der Geldanlage zusätzlich verringert. Realistisch sei ein Zinssatz von 2%. Je nach Größe des zu verrentenden Vermögens mache die Differenz des Zinssatzes durchaus einen dreistelligen Betrag aus.

g. Verwertung sonstigen Vermögens

1213 Sonstiges Vermögen ist jedenfalls nicht unter dem Gesichtspunkt der Altersvorsorge vor der Verwertung geschützt. Hier ist auf den Einzelfall abzustellen; anwaltlicher gut begründeter Sachvortrag ist unverzichtbar!

aa. Notgroschen/pauschales Schonvermögen

1214 Zum einen ist das sozialhilferechtliche Schonvermögen („Notgroschen") abzuziehen.[1307]

[1301] BGH v. 21.11.2012 - XII ZR 150/10 - FamRZ 2013, 203.
[1302] *Schürmann*, jurisPR-FamR 6/2013, Anm. 5.
[1303] BStBl I 2009, 270.
[1304] *Hauß*, FamRZ 2013, 206, 207 m.w.N.; *Hauß*, Elternunterhalt, 2012, Rn. 478 ff., ebenso *Thormeyer*, FamRB 2013, 36,367.
[1305] BGH v. 30.08.2006 - XII ZR 98/04 - FamRZ 2006, 1511.
[1306] *Thormeyer*, FamRB 2013, 27.
[1307] *Hauß*, FamRZ 2013, 1557; zurückhaltender *Thormeyer*, FamRB 2013, 311 unter Hinweis auf das großzügig bemessene Altersvorsorgevermögen und das geschützte selbstgenutzte Wohneigentum.

Unterste Grenze eines solchen Notbedarfsvermögens ist die sozialhilferechtlich definierte Notgroschengrenze von 2.600 € zuzüglich eines Betrages von 256 € für jede Person, die von der nachfragenden Person überwiegend unterhalten wird.[1308] 1215

Dem Unterhaltsverpflichteten muss aber eine deutlich großzügiger zu bemessende Reserve verbleiben. Bestimmte finanzielle Reserven können daher als Schonvermögen zu werten sein, wenn eine unterhaltsrechtlich zu billigende Ausgabe erforderlich wird **(Notbedarfsvermögen)**. 1216

Die Höhe einer weitergehenden allgemeinen Rücklage ist bislang nicht zuverlässig bestimmt. Dem **Unterhaltsberechtigten** wird eine gewisse Vermögensreserve als sogenannter Notgroschen für Fälle plötzlich auftretenden (Sonder-)Bedarfs belassen. Was die Höhe des sogenannten **Notgroschens** anbelangt, hat der BGH die Meinung geteilt, nach der regelmäßig zumindest der Schonbetrag zu belassen ist[1309] 1217

Für den **Unterhaltspflichtigen** kann im Grundsatz nichts anderes gelten.[1310] Auch bei ihm kann sich aus den Wechselfällen des Lebens ein unerwarteter Bedarf ergeben, den er aus seinem laufenden Einkommen nicht zu befriedigen vermag. Hinsichtlich der Höhe eines Notgroschens ist **auf Seiten des Unterhaltspflichtigen aber grundsätzlich ein großzügigerer Maßstab** als beim Unterhaltsberechtigten anzulegen, der fremde Hilfe zur Deckung seines Lebensbedarfs in Anspruch nimmt. Deshalb stellt der **sozialhilferechtliche Schonbetrag die untere Grenze** dar. 1218

Die Praxis ist uneinheitlich. Vorgeschlagen wird eine Kapitalreserve vom dreifachen Monatsnettoeinkommen,[1311] von mindestens 20.000 €[1312] oder von 10.000 € bis 26.000 €, auch um dem durch die Pflegeversicherung nur unzulänglich abgesicherten eigenen Risiko der Folgen der Pflegebedürftigkeit oder der Gefahr einer langjährigen Erkrankung begegnen zu können.[1313] 1219

Die Höhe eines Betrages für Notfälle lässt sich nach Auffassung des BGH allerdings nicht pauschal festlegen; vielmehr hängt es von den Umständen des Einzelfalls, wie den Einkommensverhältnissen und sonstigen Unterhaltsverpflichtungen, ab, in welchem Umfang hierfür Mittel zu belassen sind. Im entschiedenen Fall, in dem der alleinstehende, kinderlose Antragsgegner über ein Erwerbseinkommen unterhalb des Selbstbehalts verfügt, wurde der Betrag von 10.000 € als ausreichend angesehen.[1314] 1220

Anzuerkennen ist z.B. ein geplanter Pkw-Kauf als Ersatz für den gefahrenen Pkw oder für eine andere, nicht aus den allgemeinen Lebenshaltungskosten zu finanzierende Investition. Voraussetzung für die Berücksichtigung ist jedoch, dass der Grund der Investition unterhaltsrechtlich billigenswert ist. Neben solch konkreten Vermögensreservationen sind auch allgemeine Rücklagen für Reparaturen und Ersatz von Haushaltsgeräten, Überbrückungen im Fall von Krankheit oder Arbeitslosigkeit etc. anzuerkennen. Diese Umstände muss das unterhaltspflichtige Kind aber im Streitfall substantiiert darlegen. 1221

bb. Selbstgenutzte Immobilie

Selbstgenutztes Immobilieneigentum bleibt jedenfalls dann im Rahmen der Vermögensbewertung insgesamt unberücksichtigt, **wenn es sich um den jeweiligen Verhältnissen angemessenes Wohneigentum handelt**.[1315] Denn der Unterhaltspflichtige braucht bei der Inanspruchnahme auf Elternunterhalt keine spürbare und dauerhafte Senkung seines berufs- und einkommenstypischen Unterhaltsniveaus hinzunehmen. In die Beurteilung ist zwar einzubeziehen, dass der Unterhaltspflichtige im Alter keine Mietkosten zu bestreiten hat und seinen Lebensstandard dann mit geringeren Einkünften aus Einkommen und Vermögen sichern kann.[1316] 1222

[1308] § 90 Abs. 2 Nr. 9 SGB XII, § 1 Abs. 1 DVO zu § 90 SGB XII.

[1309] BGH v. 17.12.2003 - XII ZR 224/00 - FamRZ 2004, 370, 371; *Duderstadt*, FamRZ 1998, 273; *Menter*, FamRZ 1997, 919 und *Schibel*, NJW 1998, 3449.

[1310] BGH v. 07.08.2013 - XII ZB 269/12 - FamRZ 2013, 1554 mit Anm. *Hauß* = NJW 2013, 3024.

[1311] *Hauß*, Elternunterhalt – Grundlagen und anwaltliche Strategien, 2011, Rn. 457; ausführlich zur Behandlung des Schonvermögens beim Elternunterhalt *Koritz*, NJW 2007, 270-272.

[1312] *Günther*, FF 2012, 320, 322; OLG Köln v. 12.06.2002 - 27 UF 194/01 - FamRZ 2003, 470: 58.500 DM.

[1313] *Günther* in: MAH Familienrecht, 3. Aufl., § 11 Rn. 93: 10.000 € bis 25.000 €; *Scholz/Kleffmann/Motzer/Soyka*, Praxishandbuch Familienrecht, Stand Januar 2013, Teil J Rn. 44; *Heiß/Born/Hußmann*, Unterhaltsrecht, 13. Kap. Rn. 74: 26.000 €.

[1314] BGH v. 07.08.2013 - XII ZB 269/12.

[1315] BGH v. 21.11.2012 - XII ZR 150/10 - FamRZ 2013, 203; BGH v. 19.03.2003 - XII ZR 123/00 - BGHZ 154, 247 = FamRZ 2003, 1179, 1181.

[1316] BGH v. 30.08.2006 - XII ZR 98/04 - BGHZ 169, 59, 75 = FamRZ 2006, 1511, 1515.

cc. Konkrete Rücklage im Einzelfall

1223 Die Höhe eines Betrages für Notfälle ist nicht pauschal festzulegen; sie hängt vielmehr von den – vom Unterhaltspflichtigen konkret darzulegenden – Umständen des Einzelfalls, wie z.B. den Einkommensverhältnissen und sonstigen Unterhaltsverpflichtungen, ab.[1317]

1224 Entsprechende Notwendigkeiten können sich z.B. ergeben,[1318] weil das unterhaltspflichtige Kind in absehbarer Zeit z.B.
- Erhaltungsmaßnahmen an seinem Haus/seiner Wohnung vornehmen muss,
- insbesondere für seine eigenen künftigen Bedürfnisse z.B. sein Badezimmer altengerecht umbauen muss,
- im nächsten Jahr ein neues Auto benötigt, das ggf. im Hinblick auf sein eigenes Alter komfortabler und damit teurer ausfallen wird,
- zur Erhaltung seiner eigenen Gesundheit eine Kur durchführen muss, die Zuzahlungskosten auslöst,
- eine andere, nicht aus den allgemeinen Lebenshaltungskosten zu finanzierende Investition tätigen muss,
- Rücklagen zur Überbrückungen von Einkommensverlusten während Krankheitszeiten oder Arbeitslosigkeit bildet,
- Rücklagen bildet zur Sicherung der Ausbildung der Kinder oder
- eine nach der Pensionierung geplante Weltreise finanziert.

1225 Voraussetzung für die Berücksichtigung ist jedoch, dass der Grund der Investition unterhaltsrechtlich billigenswert ist. Diese Umstände muss das unterhaltspflichtige Kind aber im Streitfall substantiiert darlegen.

1226 Maßgeblich ist also immer, für welchen **Zweck die jeweilige Rücklage** dienen soll. Je eher man diese verfolgten Ziele als im Rahmen einer angemessenen Lebensplanung liegend bewerten muss und auch von der Größe der Rücklage her keine „Übersicherung" festzustellen ist, desto weniger wird man zu einer Verwertungspflicht für den Elternunterhalt kommen können.[1319]

1227 Zu beachten ist, dass der Elternunterhalt wesentlich schwächer ausgestaltet ist als der Kindes- oder Ehegattenunterhalt.[1320] Zudem sind in aller Regel die Dispositionen über die Anlage des Vermögens zu einem Zeitpunkt getroffen, in dem Elternunterhalt noch nicht geschuldet wurde. Dabei hat das (später) unterhaltspflichtige Kind seine Lebensstellung z.B. darauf eingerichtet, mit dem vorhandenen Vermögen zu einem späteren Zeitpunkt Grundeigentum zu erwerben, welches seiner Absicherung im Alter dienen sollte. Solange es dabei keinen unangemessenen Aufwand betreibt oder ein Leben in Luxus führt, bleiben solche Vermögensdispositionen nach § 1603 Abs. 1 BGB dem Zugriff des Unterhaltsgläubigers entzogen.[1321]

1228 Das OLG Düsseldorf hat dem Unterhaltspflichtigen auch eine **Rücklage von rund 167.000 €** für die geplanten und durch **Sachverständigen nachgewiesene Sanierungs- und Modernisierungsarbeiten an seiner Immobilie** belassen.[1322] Der Unterhaltsberechtigte habe es hinzunehmen, dass der Unterhaltspflichtige notwendige bzw. sinnvolle Anschaffungen nicht durch Kreditaufnahme, sondern durch einen vorab angesparten Betrag finanziert, und dass der angesparte Betrag deswegen für Unterhaltszwecke nicht zur Verfügung steht.[1323]

dd. Einschränkungen der Vermögensverwertung

1229 Eine Vermögensverwertung kommt allerdings nicht in Betracht, wenn sie mit einem **wirtschaftlich nicht mehr vertretbaren Nachteil** verbunden ist.[1324] So kann die Verwertung eines Hauses unzumutbar sein, in dem der Unterhaltsverpflichtete allein oder mit seiner Familie lebt.[1325]

[1317] BGH v. 07.08.2013 - XII ZB 269/12 - FamRZ 2013, 1554 mit Anm. *Hauß* = NJW 2013, 3024.
[1318] Ausführlich *Hauß*, Elternunterhalt – Grundlagen und anwaltliche Strategien, 2012, Rn. 515 ff.; vgl. auch *Ebel*, FuR 2006, 104, 110.
[1319] OLG Hamm v. 06.08.2009 - 2 UF 241/08 - FPR 2009, 606.
[1320] OLG Nürnberg v. 26.04.2012 - 9 UF 1747/11 - FF 2012, 314.
[1321] OLG Hamm v. 06.08.2009 - 2 UF 241/08 - FPR 2009, 606.
[1322] OLG Düsseldorf v. 21.06.2012 - II-9 UF 190/11 - FamRZ 2012, 1651.
[1323] Vgl. BGH v. 30.08.2006 - XII ZR 98/04 - FamRZ 2006, 1511.
[1324] OLG Nürnberg v. 26.04.2012 - 9 UF 1747/11 - FF 2012, 314.
[1325] BGH v. 23.10.1985 - IVb ZR 52/84 - FamRZ 1986, 48.

Auch bei einem Fahrzeug und sonstigen Gebrauchsgegenständen, die zwar dem Vermögen zuzurechnen sind, aber dem täglichen Gebrauch dienen, wie z.B. Möbel und Schmuckstücke, scheidet eine Verwertungsobliegenheit aus, da die Nutzung dieser Dinge zu den bisherigen Lebensumständen gehört, die **geschützt** sind. Dagegen sind eine dem Unterhaltsverpflichteten gehörende Zweitwohnung (Ferienwohnung oder ein Ferienhaus) grundsätzlich als Vermögensgegenstände einzusetzen. Bei Kapitalversicherungen kommt es darauf an, ob sie der eigenen angemessenen Alterssicherung dienen; andernfalls gehören sie ebenfalls zum verwertbaren Vermögen.

1230

Für die **Billigkeitsabwägung** ist zudem entscheidend, wie groß das **Gesamtvermögen** ist und welcher Anteil davon verwertet werden soll.

1231

Im Einzelfall muss dazu unter Berücksichtigung der voraussichtlichen Lebenserwartung des Unterhaltsverpflichteten einerseits errechnet werden, welche Vermögenswerte – verteilt auf die Zeit der Lebenserwartung – **für den eigenen Unterhalt des Unterhaltspflichtigen benötigt** werden. Liegen die Einkünfte eines seinen Eltern zum Unterhalt verpflichteten Kindes unter dem Selbstbehalt, besteht keine Verpflichtung zur **Verwertung des Vermögens**, wenn das Kind die Einkünfte aus dem Vermögen selbst zur Sicherung des eigenen Bedarfs benötigt.[1326] Dabei sind insbesondere auch die künftigen Erwerbsmöglichkeiten zu berücksichtigen.[1327]

1232

Auf der anderen Seite muss auch abgeschätzt werden, wie hoch der insgesamt zu erfüllende **Unterhaltsanspruch** ist. Damit ist auch die **Prognose** im Hinblick auf die Dauer der Unterhaltsverpflichtung und damit die Höhe der Gesamtbelastung erforderlich. Steht das Ende der Unterhaltsverpflichtung gegenüber den Eltern bereits fest – weil es z.B. nach deren Tod nur noch um Unterhaltsrückstände geht – und nimmt das für Unterhaltszwecke einzusetzende Vermögen nur einen geringen Teil des Gesamtvermögens ein, ist eine Verwertungsobliegenheit eher zu bejahen.

1233

ee. Art der Vermögensverwertung

Wird eine Verwertung des Vermögens geschuldet, so sind verschiedene Arten denkbar.[1328] Laufende monatlich fällige Unterhaltszahlungen können durch eine **kontinuierlich aufzehrende Auflösung** des Vermögens realisiert werden, um unnötige Verluste zu vermeiden. Auch kann – bei vorhandenem Vermögen und aktueller Leistungsfähigkeit[1329] – eine derzeit unwirtschaftliche Verwertung dadurch vermieden werden, dass das Vermögen **beliehen** wird.[1330]

1234

4. Vorrangige Unterhaltsverpflichtungen gegenüber Dritten

Die Unterhaltspflicht gegenüber den **eigenen Kindern** und dem **Ehegatten** kommt als sonstige Verpflichtung gem. § 1603 Abs. 1 BGB und damit als **Abzugsposition** bei der Einkommensberechnung in Betracht. Voraussetzung dafür ist, dass die unterhaltsberechtigten Kinder und die Ehefrau (§§ 1360, 1360a BGB) ihren Unterhaltsbedarf nicht selbst decken können.[1331] Der jeweilige Anspruch ist in der **gesetzlich geschuldeten Höhe** in die Berechnung des Elternunterhaltes einzustellen.

1235

a. Kindesunterhalt

Vorweg als vorrangig zu befriedigende Belastung vom Einkommen abzuziehen sind die **Unterhaltslasten** für Kinder.[1332] Die Höhe des zu berücksichtigenden **Kindesunterhalts** hat der BGH auf der Grundlage des bisherigen Unterhaltsrechts aus den Tabellenwerten der Düsseldorfer Tabelle entnommen[1333] und dabei mit dem vollen **Tabellenbetrag** und nicht nur mit dem Zahlbetrag (nach Abzug des Kindergeldanteils) berücksichtigt.[1334]

1236

[1326] OLG Hamm v. 10.06.2005 - 9 UF 141/04 - FamRZ 2006, 885.
[1327] BGH v. 23.10.2002 - XII ZR 266/99 - FamRZ 2002, 1698.
[1328] Ausführlich *Hauß*, Elternunterhalt – Grundlagen und anwaltliche Strategien, 2008, Rn. 253 ff.
[1329] Vgl. BVerfG v. 07.06.2005 - 1 BvR 1508/96 - FamRZ 2005, 1149; *Mleczko*, ZFE 2005, 260.
[1330] Ausführlich *Hauß*, Elternunterhalt – Grundlagen und anwaltliche Strategien, 2008, Rn. 253 ff.
[1331] Kritisch mit überzeugenden Argumenten zu den sozialpolitischen Auswirkungen der BGH-Rechtsprechung *Roth*, NJW 2004, 2434-2436.
[1332] BGH v. 16.04.1997 - XII ZR 233/95 - FamRZ 1997, 806.
[1333] BGH v. 15.10.2003 - XII ZR 122/00 - NJW 2004, 674-677; kritisch *Brudermüller*, NJW 2004, 633-640, 636.
[1334] BGH v. 17.11.2004 - XII ZR 183/02 - FamRZ 2005, 347 = NJW 2005, 503; BGH v. 06.02.2002 - XII ZR 20/00 - FamRZ 2002, 536 mit Anmerkung *Büttner*; BGH v. 16.04.1997 - XII ZR 233/95 - FamRZ 1997, 806.

§ 1603

1237 Ob nach dem seit 01.01.2008 geltenden **neuen Unterhaltsrecht** jetzt nur noch der **Zahlbetrag** (so die h.M.) oder weiterhin der **Tabellenbetrag** des Kindesunterhaltes bei der Berechnung des Ehegattenunterhaltes in Abzug zu bringen ist, ist umstritten (vgl. die Kommentierung zu § 1361 BGB Rn. 191 f. und die Kommentierung zu § 1361 BGB Rn. 301 ff.).

b. Unterhalt des getrennt lebenden oder geschiedenen Ehegatten

1238 Zwar geht der Ehegattenunterhaltsanspruch dem Elternunterhalt im Range vor. Dennoch kann dieser vorrangige Unterhaltsanspruch des Ehegatten **durch das Bestehen eines nachrangigen Anspruches auf Elternunterhalt beeinflusst** werden. Denn die für die Festsetzung des Ehegattenunterhaltes maßgeblichen **ehelichen Lebensverhältnisse** können auch bereits **durch Unterhaltsleistungen** bzw. Unterhaltsverpflichtungen für Eltern **geprägt** worden sein mit der Folge, dass für den Unterhalt der Familie nur ein entsprechend geringeres Einkommen zur Verfügung stand. Dabei lässt der BGH es ausreichen, wenn die ehelichen Lebensverhältnisse bereits durch eine **latente Unterhaltslast** für die Eltern geprägt worden sind[1335] (vgl. dazu Rn. 1269). Daher kommt es auf die zeitliche Abfolge an.

aa. Anspruch auf Elternunterhalt bestand bereits vor der Scheidung

1239 Wenn das elternunterhaltspflichtige Kind bereits bei seiner Eheschließung **Elternunterhaltsleistungen erbracht hat**, sei es durch persönliche Pflege oder in Gestalt von Barunterhalt, dann prägen diese Unterhaltsleistungen die Ehe von Anfang an und sind vorweg abzuziehen.[1336]

1240 Wenn der Anspruch auf Elternunterhalt **während der Ehe** bereits konkret entstanden war, prägt dieser Anspruch ebenfalls die ehelichen Lebensverhältnisse des verheirateten unterhaltsberechtigten Kindes und ist folglich als unterhaltsrechtlich relevante Belastung auch bei der Berechnung des Ehegattenunterhaltes abzuziehen.

1241 Der **Bedarf des Ehegatten** wird dabei ohne Berücksichtigung eines Erwerbstätigenbonus[1337] unter Wahrung des Halbteilungsgrundsatzes[1338] aus dem zusammengerechneten Einkommen beider Eheleute errechnet.[1339] Der Bedarf hat von den individuell ermittelten Lebens-, Einkommens- und Vermögensverhältnissen der Eheleute auszugehen. Auf die – Veränderungen unterliegenden – Lebensverhältnisse können sich auch Unterhaltsansprüche nachrangig Berechtigter – wie Ansprüche auf Elternunterhalt – auswirken und zu einer Einschränkung des Bedarfs der Ehegatten führen.

1242 Allerdings ist einschränkend festzuhalten, dass ein Vorwegabzug des Elternunterhalts in **unteren und mittleren Einkommensbereichen** des Unterhaltspflichtigen, bei denen eine Quotenberechnung in Betracht kommt, unterbleiben kann, denn andernfalls kann das vorrangige Ziel, den angemessenen Unterhalt des Ehegatten zu gewährleisten, nicht erreicht werden.[1340]

bb. Entstehung des Anspruches auf Elternunterhalt erst nach der Scheidung

1243 Muss erst nach der Scheidung Elternunterhalt geleistet werden, hat diese Unterhaltsverpflichtung die ehelichen Lebensverhältnisse nicht geprägt. Folglich haben Ansprüche des Ehegatten Vorrang vor den Ansprüchen des Elternteils.

1244 Je größer der zeitliche Abstand zwischen der Scheidung als Entstehenszeitpunkt des nachehelichen Unterhaltsanspruches und der Entstehung des Anspruches auf Elternunterhalt ist, desto weniger wird sich eine Prägung der ehelichen Lebensverhältnisse begründen lassen.

cc. Problem der latenten Unterhaltslast

1245 Der BGH lässt es ausreichen, wenn die **ehelichen Lebensverhältnisse** bereits durch eine **latente Unterhaltslast** für die Eltern geprägt worden sind.[1341] Wird allerdings eine nur schwer zu definierende „la-

---

[1335] BGH v. 14.01.2004 - XII ZR 149/01 - NJW-RR 2004, 793-795; BGH v. 15.10.2003 - XII ZR 122/00 - NJW 2004, 674-677.

[1336] BGH v. 25.06.2003 - XII ZR 63/00 - FamRZ 2004, 186, 188 mit Anmerkung *Schürmann*.

[1337] Grundsätzlich kritisch zur Berechtigung eines Erwerbstätigenbonus *Gerhardt*, FamRZ 2013, 834 und *Spangenberg*, FamRZ 2014, 440.

[1338] Ständige Rspr. des BGH; bestätigt BGH v. 07.12.2011 - XII ZR 151/09 - FamRZ 2012, 281 = NJW 2012, 384.

[1339] BGH v. 12.12.2012 - XII ZR 43/11 - FamRZ 2013, 361 = NJW 2013, 686; BGH v. 19.03.2003 - XII ZR 123/00 - BGHZ 154, 247-259; OLG Oldenburg v. 27.07.1999 - 12 UF 79/99 - NJW 2000, 524-526.

[1340] BGH v. 28.07.2010 - XII ZR 140/07 - juris Rn. 30 - NJW 2010, 3161.

[1341] BGH v. 14.01.2004 - XII ZR 149/01 - NJW-RR 2004, 793-795; BGH v. 15.10.2003 - XII ZR 122/00 - NJW 2004, 674-677; Diese Überlegungen hat der BGH auch im Rahmen der Ersatzhaftung der Großeltern gem. § 1607 BGB weitergeführt BGH v. 08.06.2005 - XII ZR 75/04 - NSW ZPO § 520 mit kritischer Anmerkung *Duderstadt*, FamRZ 2006, 30-32.

tente Unterhaltslast" als ausreichend angesehen, so kann dies zu einer kaum sicher abgrenzbaren zeitlichen Vorverlagerung der Anrechnung führen.

Zu unterscheiden ist dabei danach, aus welchem Grunde der unterhaltsberechtigte Elternteil Unterhaltsleistungen des Kindes in Anspruch nehmen muss. Danach sind verschiedene **Fallvarianten** zu unterscheiden:[1342] 1246

a) **Altersarmut**: In den Fällen der sog. **Altersarmut** zeichnet es sich bereits längerfristig ab, dass die Eltern z.B. wegen ihrer niedrigen Rente in nicht unerheblichem Umfang unterhaltsbedürftig werden würden. Reine Altersarmut ist folglich kein Zufall; hier ist eine Inanspruchnahme vorherzusehen und mithin kann eine „latente Unterhaltslast" bejaht werden.[1343] Entscheidend ist der Grad der Wahrscheinlichkeit, zu einem späteren Zeitpunkt einmal für die Eltern aufkommen zu müssen.[1344] 1247

Allerdings wird in Fällen der Altersarmut immer zu prüfen sein, wie hoch der Bedarf des Elternteils ist (vgl. dazu die Kommentierung zu § 1602 BGB Rn. 130). 1248

b) **Pflegeunterhalt**: Pflegebedürftigkeit hingegen ist ihrer Natur nach nicht in diesem Sinne vorhersehbar, denn sie tritt nicht immer ein – und falls doch, ist der Zeitpunkt nicht gewiss. Der Unterhaltsanspruch ergibt sich aus der Pflegebedürftigkeit des Elternteils und dem dadurch ausgelösten hohen Bedarf, der nicht aus eigenen Mitteln gedeckt werden kann. Zwar ist diese mangelnde Deckung angesichts der hohen Pflegekosten bei Normalverdienern bereits konkret von dem Tag an abzusehen, in dem der Elternteil aus dem Erwerbsleben ausscheidet und nur noch über – nicht ausreichende – Renteneinkünfte verfügt. Offen bleibt lediglich noch, ob und zu welchem Zeitpunkt und ggf. in welchem Umfang Pflegedürftigkeit eintritt. 1249

Unter diesen Umständen kann aber nicht davon ausgegangen werden, dass die spätere – rein abstrakte – Pflegebedürftigkeit des Elternteils die Lebensverhältnisse der Kinder bereits prägt. Angesichts wachsender Lebenserwartung werden immer mehr Menschen deutlich älter und mithin wahrscheinlich in den letzten Lebensjahren pflegebedürftig. Will man aber nicht das statistische Risiko einer späteren Pflegebedürftigkeit ausreichen lassen, sind **konkrete Anhaltspunkte** wie z.B. ein sich nachhaltig verschlechternder Gesundheitszustand als Anknüpfungspunkt erforderlich. Unklar bleibt dabei, wie lange eine solche Verschlechterung andauern muss, um mit ausreichender Nachhaltigkeit auf die ehelichen Lebensverhältnisse einzuwirken und mithin „prägend" zu sein. 1250

Der BGH lässt es ausreichen, dass die Mutter bereits vor der Pflegeheimunterbringung häuslicher Pflege bedurfte und damit diese Tatsache die Ehe prägte. Abgestellt wird also nicht auf die Prägung durch einen bereits bestehenden Anspruch oder Leistungen des elternunterhaltspflichtigen Kindes, sondern auf die bereits beginnende Pflegebedürftigkeit des Elternteils.[1345] 1251

c) **Kritik an der Rechtsprechung: Konsequenz** dieser Rechtsprechung sind auch durchaus **fragwürdige Ergebnisse**: 1252

- Wird schon zu einem Zeitpunkt Unterhalt gefordert, zu dem eine Erkrankung der Mutter zwar eingetreten, aber diese noch nicht derartig „prägend" geworden ist, so besteht ein geringerer Anspruch als bei einer einige Monate später erstmals erhobenen Forderung. Wird also noch einige Zeit länger mit der Geltendmachung der Forderung gewartet, kann ein höherer Anspruch auf Elternunterhalt durchgesetzt werden.

- Verletzt sich der kerngesunde Vater plötzlich so schwer, dass er fortan pflegebedürftig ist, hat die Unterhaltslast die ehelichen Lebensverhältnisse nicht geprägt. Verletzt er sich leicht, verschlimmert sich sein Krankheitsbild aber über geraume Zeit und muss er dann erst ins Pflegeheim, so hat von einem bestimmten Zeitpunkt an die sich lange abzeichnende Pflegebedürftigkeit die ehelichen Lebensverhältnisse geprägt. Das unterschiedliche Ergebnis mag zwar auf der Basis der BGH-Rechtsprechung dogmatisch sauber begründbarer sein, in der Praxis dürfte man aber dem rechtsuchenden Bürger diese unterschiedlichen Ergebnisse kaum verständlich machen können.

[1342] *Herr*, FamRZ 2005, 1021, 1026.

[1343] BGH v. 19.02.2003 - XII ZR 67/00 - FamRZ 2003, 860, 865 mit Anm. *Klinkhammer*; BGH v. 25.06.2003 - XII ZR 63/00 - FamRZ 2004, 186, 188 mit Anmerkung *Schürmann*; BGH v. 14.01.2004 - XII ZR 149/01 - FamRZ 2004, 792, 794; *Hauß*, Elternunterhalt – Grundlagen und anwaltliche Strategien, 2008, Rn. 231 ff.; *Herr*, FamRZ 2005, 1021, 1026.

[1344] BGH v. 25.06.2003 - XII ZR 63/00 - FamRZ 2004, 186, 188 mit Anmerkung *Schürmann*.

[1345] BGH v. 19.02.2003 - XII ZR 67/00 - FamRZ 2003, 860, 865 mit Anm. *Klinkhammer*; BGH v. 25.06.2003 - XII ZR 63/00 - FamRZ 2004, 186, 188 mit Anmerkung *Schürmann*; BGH v. 14.01.2004 - XII ZR 149/01 - FamRZ 2004, 792, 794.

§ 1603

c. Vertragliche Unterhaltsansprüche

1253 Auch ein **vertraglicher Unterhaltsanspruch in der vereinbarten Höhe** kann von Bedeutung sein.

1254 Eine vertragliche Unterhaltsverpflichtung ist gegeben, wenn zwischen den Beteiligten ein gesetzlich nicht geschuldeter oder über die geschuldete Höhe hinausgehender Unterhaltsanspruch vereinbart worden ist. Voraussetzung für die Berücksichtigung bei der Festsetzung des Elternunterhaltes ist die **notarielle Beurkundung** der Verpflichtung und der **Nachweis regelmäßiger Zahlungen**.[1346] Eine Einschränkung dieser Anrechnung wäre ggf. dann geboten, wenn die Höhe der übernommenen Zahlungsverpflichtung im Zeitpunkt der Errichtung der Urkunde unter Beachtung der wirtschaftlichen Verhältnisse des Antragsgegners unangemessen wäre.

d. Berechnungsbeispiele

1255 Für das Zusammentreffen von Ansprüchen des geschiedenen Ehegatten auf Nachscheidungsunterhalt und des Elternteils auf Elternunterhalt sind **zwei Fallkonstellationen** zu unterscheiden:
- Der Elternunterhalt hat bereits die ehelichen Lebensverhältnisse bestimmt und ist damit vorweg abzuziehen **(Fallvariante a)**.
- Der Elternunterhalt hat die ehelichen Lebensverhältnisse noch nicht bestimmt und ist daher erst nach Abzug des Ehegattenunterhaltes zu berechnen **(Fallvariante b)**.

aa. Variante a: Ehegattenunterhalt mit Vorwegabzug des Elternunterhaltes

1256 **Fall 1a**

Einkommen Ehemann	2.500 €
- Selbstbehalt	1.600 €
= zu verteilendes Einkommen	900 €
= davon 1/2 für den Elternunterhalt	450 €
Berechnung des Ehegattenunterhaltes	
Einkommen Ehemann	2.500 €
- Elternunterhalt	450 €
= eheprägendes Einkommen	2.050 €
- Einkommen Ehefrau	1.000 €
= Differenz der Einkommen	1.050 €
Ehegattenquote (3/7)	450 €
dem Ehemann verbleiben	
Einkommen Ehemann	2.500 €
- Elternunterhalt	450 €
- Ehegattenunterhalt	450 €
=	1.600 €
- Selbstbehalt	1.200 €
=	400 €

1257 **Fall 2a**

Einkommen Ehemann	3.000 €
- Selbstbehalt	1.600 €
= zu verteilendes Einkommen	1.400 €
= davon 1/2 für den Elternunterhalt	700 €
Berechnung des Ehegattenunterhaltes	
Einkommen Ehemann	3.000 €
- Elternunterhalt	700 €
= eheprägendes Einkommen	2.300 €
- Einkommen Ehefrau	1.000 €
= Differenz der Einkommen	1.300 €
Ehegattenquote (3/7)	557,14 €
dem Ehemann verbleiben	
Einkommen Ehemann	3.000 €

[1346] Vgl. OLG Oldenburg v. 25.10.2012 - 14 UF 82/12.

- Elternunterhalt	700 €
- Ehegattenunterhalt	557,14 €
=	1.742,86 €
- Selbstbehalt	1.200 €
=	542,86 €

Fall 3a 1258

Einkommen Ehemann	3.500 €
- Selbstbehalt	1.600 €
= zu verteilendes Einkommen	1.900 €
= davon 1/2 für den Elternunterhalt	950 €
Berechnung des Ehegattenunterhaltes	
Einkommen Ehemann	3.500 €
- Elternunterhalt	950 €
= eheprägendes Einkommen	2.550 €
- Einkommen Ehefrau	1.000 €
= Differenz der Einkommen	1.550 €
Ehegattenquote (3/7)	664,29 €
dem Ehemann verbleiben	
Einkommen Ehemann	3.500 €
- Elternunterhalt	950 €
- Ehegattenunterhalt	664,29 €
=	1.885,71 €
- Selbstbehalt	1.200 €
=	685,71 €

Fall 4a 1259

Einkommen Ehemann	2.500 €
- Selbstbehalt	1.600 €
= zu verteilendes Einkommen	900 €
= davon 1/2 für den Elternunterhalt	450 €
Berechnung des Ehegattenunterhaltes	
Einkommen Ehemann	2.500 €
- Elternunterhalt	450 €
= eheprägendes Einkommen	2.050 €
- Einkommen Ehefrau	1.500 €
= Differenz der Einkommen	550 €
Ehegattenquote (3/7)	235,71 €
dem Ehemann verbleiben	
Einkommen Ehemann	2.500 €
- Elternunterhalt	450 €
- Ehegattenunterhalt	235,71 €
=	1.814,29 €
- Selbstbehalt	1.200 €
=	614,29 €

Fall 5a 1260

Einkommen Ehemann	3.000 €
- Selbstbehalt	1.600 €
= zu verteilendes Einkommen	1.400 €
= davon 1/2 für den Elternunterhalt	700 €
Berechnung des Ehegattenunterhaltes	
Einkommen Ehemann	3.000 €
- Elternunterhalt	700 €
= eheprägendes Einkommen	2.300 €

§ 1603   jurisPK-BGB / Viefhues

- Einkommen Ehefrau	1.500 €
= Differenz der Einkommen	800 €
Ehegattenquote (3/7)	342,86 €
dem Ehemann verbleiben	
Einkommen Ehemann	3.000 €
- Elternunterhalt	700 €
- Ehegattenunterhalt	342,86 €
=	1.957,14 €
- Selbstbehalt	1.200 €
=	757,14 €

1261 **Fall 6a**

Einkommen Ehemann	3.500 €
- Selbstbehalt	1.600 €
= zu verteilendes Einkommen	1.900 €
= davon 1/2 für den Elternunterhalt	950 €
Berechnung des Ehegattenunterhaltes	
Einkommen Ehemann	3.500 €
- Elternunterhalt	950 €
= eheprägendes Einkommen	2.550 €
- Einkommen Ehefrau	1.500 €
= Differenz der Einkommen	1.050 €
Ehegattenquote (3/7)	450 €
dem Ehemann verbleiben	
Einkommen Ehemann	3.500 €
- Elternunterhalt	950 €
- Ehegattenunterhalt	450 €
=	2.100 €
- Selbstbehalt	1.200 €
=	900 €

bb. Variante b: Ehegattenunterhalt ohne Vorwegabzug des Elternunterhaltes

1262 **Fall 1b**

Bereinigtes Nettoeinkommen des elternunterhaltspflichtigen Ehegatten:	2.500 €
- bereinigtes Nettoeinkommen des anderen Ehegatten	1.000 €
= Differenz	1.500 €
Ehegattenquote (3/7)	642,86 €
Dem elternunterhaltspflichtigen Ehegatten verbleiben:	
bereinigtes Nettoeinkommen	2.500 €
- Ehegattenunterhaltsquote (3/7)	642,86 €
= Differenz	1.857,14 €
- Selbstbehalt beim Elternunterhalt	1.600 €
= Rest	257,14 €
= davon 50% für den Elternunterhalt	128,57 €
Dem **elternunterhaltspflichtigen Ehegatten** verbleiben:	
Einkommen	2.500 €
- Ehegattenunterhalt	642,86 €
- Elternunterhalt	128,57 €
=	1.728,57 €
Dem **anderen Ehegatten** verbleiben:	
eigenes Einkommen	1.000 €
- Unterhalt	642,86 €
=	1.642,86 €

Fall 2b
Bereinigtes Nettoeinkommen des elternunterhaltspflichtigen Ehegatten:	3.000 €
- bereinigtes Nettoeinkommen des anderen Ehegatten	1.000 €
= Differenz	2.000 €
Ehegattenquote (3/7)	857,14 €
Dem elternunterhaltspflichtigen Ehegatten verbleiben:	
bereinigtes Nettoeinkommen	3.000 €
- Ehegattenunterhaltsquote (3/7)	857,14 €
= Differenz	2.142,86 €
- Selbstbehalt beim Elternunterhalt	1.600 €
= Rest	542,86 €
= davon 50% für den Elternunterhalt	271,43 €
Dem **elternunterhaltspflichtigen Ehegatten** verbleiben:	
Einkommen	3.000 €
- Ehegattenunterhalt	857,14 €
- Elternunterhalt	271,43 €
=	1.871,43 €
Dem **anderen Ehegatten** verbleiben:	
eigenes Einkommen	1.000 €
- Unterhalt	857,14 €
=	1.857,14 €

Fall 3b
Bereinigtes Nettoeinkommen des elternunterhaltspflichtigen Ehegatten:	3.500 €
- bereinigtes Nettoeinkommen des anderen Ehegatten	1.000 €
= Differenz	2.500 €
Ehegattenquote (3/7)	1.071,43 €
Dem elternunterhaltspflichtigen Ehegatten verbleiben:	
bereinigtes Nettoeinkommen	3.500 €
- Ehegattenunterhaltsquote (3/7)	1.071,43 €
= Differenz	2.428,57 €
- Selbstbehalt beim Elternunterhalt	1.600 €
= Rest	828,57 €
= davon 50% für den Elternunterhalt	414,29 €
Dem **elternunterhaltspflichtigen Ehegatten** verbleiben:	
Einkommen	3.500 €
- Ehegattenunterhalt	1.071,43 €
- Elternunterhalt	414,29 €
=	2.014,29 €
Dem **anderen Ehegatten** verbleiben:	
eigenes Einkommen	1.000 €
- Unterhalt	1.071,43 €
=	2.071,43 €

Fall 4b
Bereinigtes Nettoeinkommen des elternunterhaltspflichtigen Ehegatten:	2.500 €
- bereinigtes Nettoeinkommen des anderen Ehegatten	1.500 €
= Differenz	1.000 €
Ehegattenquote (3/7)	428,57 €
Dem elternunterhaltspflichtigen Ehegatten verbleiben:	
bereinigtes Nettoeinkommen	2.500 €

§ 1603

- Ehegattenunterhaltsquote (3/7)	428,57 €
= Differenz	2.071,43 €
- Selbstbehalt beim Elternunterhalt	1.600 €
= Rest	471,43 €
= davon 50% für den Elternunterhalt	235,71 €

Dem **elternunterhaltspflichtigen Ehegatten** verbleiben:

Einkommen	2.500 €
- Ehegattenunterhalt	428,57 €
- Elternunterhalt	235,71 €
=	1.835,71 €

Dem **anderen Ehegatten** verbleiben:

eigenes Einkommen	1.500 €
- Unterhalt	428,57 €
=	1.928,57 €

1266 **Fall 5b**

Bereinigtes Nettoeinkommen des elternunterhaltspflichtigen Ehegatten:	3.000 €
- bereinigtes Nettoeinkommen des anderen Ehegatten	1.500 €
= Differenz	1.500 €
Ehegattenquote (3/7)	642,86 €

Dem elternunterhaltspflichtigen Ehegatten verbleiben:

bereinigtes Nettoeinkommen	3.000 €
- Ehegattenunterhaltsquote (3/7)	642,86 €
= Differenz	2.357,14 €
- Selbstbehalt beim Elternunterhalt	1.600 €
= Rest	757,14 €
= davon 50% für den Elternunterhalt	378,57 €

Dem **elternunterhaltspflichtigen Ehegatten** verbleiben:

Einkommen	3.000 €
- Ehegattenunterhalt	642,86 €
- Elternunterhalt	378,57 €
=	1.978,57 €

Dem **anderen Ehegatten** verbleiben:

eigenes Einkommen	1.500 €
- Unterhalt	642,86 €
=	2.142,86 €

1267 **Fall 6b**

Bereinigtes Nettoeinkommen des elternunterhaltspflichtigen Ehegatten:	3.500 €
- bereinigtes Nettoeinkommen des anderen Ehegatten	1.500 €
= Differenz	2.000 €
Ehegattenquote (3/7)	857,14 €

Dem elternunterhaltspflichtigen Ehegatten verbleiben:

bereinigtes Nettoeinkommen	3.500 €
- Ehegattenunterhaltsquote (3/7)	857,14 €
= Differenz	2.642,86 €
- Selbstbehalt beim Elternunterhalt	1.600 €
= Rest	1.042,86 €
= davon 50% für den Elternunterhalt	521,43 €

Dem **elternunterhaltspflichtigen Ehegatten** verbleiben:

Einkommen	3.500 €
- Ehegattenunterhalt	857,14 €

- Elternunterhalt	521,43 €
=	2.121,43 €

Dem **anderen Ehegatten** verbleiben:
eigenes Einkommen	1.500 €
- Unterhalt	857,14 €
=	2.357,14 €

cc. Gegenüberstellung der Ergebnisse

	Fall 1	Fall 2	Fall 3	Fall 4	Fall 5	Fall 6
Elternunterhalt nach Variante a	450 €	700 €	950 €	450 €	700 €	950 €
Elternunterhalt nach Variante b	128,57 €	271,43 €	414,29 €	235,71 €	378,57 €	521,43 €
Ehegattenunterhalt nach Variante a	450 €	557,14 €	664,29 €	235,71 €	342,86 €	450 €
Ehegattenunterhalt nach Variante b	642,86 €	857,14 €	1.071,43 €	428,57 €	642,86 €	857,14 €
Gesamtbelastung des Ehemannes nach Variante a	900 €	1.257,14 €	1.614,29 €	685,71 €	1.042,86 €	1.400 €
Gesamtbelastung des Ehemannes nach Variante b	771,43 €	1.128,57 €	1.485,71 €	664,29 €	1.021,43 €	1.378,57 €

1268

5. Selbstbehalt beim Elternunterhalt

Auch beim Elternunterhalt stellt sich die Frage des Selbstbehaltes. Generell zur Frage der Herabsetzung des Selbstbehaltes vgl. Rn. 266 ff. Zur Berücksichtigung der Haushaltsersparnis durch Zusammenleben mit einem neuen Partner im Rahmen des Elternunterhaltes vgl. Rn. 1048 ff. **1269**

Es ist immer zu berücksichtigen, dass der Unterhaltspflichtige grundsätzlich keine spürbare und dauerhafte Senkung seines Lebensstandards hinzunehmen braucht. Deshalb steht dem Unterhaltspflichtigen im Verhältnis zu seinen Eltern bereits ein – gegenüber den üblichen Sätzen – höherer Selbstbehalt zu[1347] (Anlage 3 zu § 1610 BGB). **1270**

a. Eigener Selbstbehalt des elternunterhaltspflichtigen Kindes

Der **reguläre Selbstbehalt** des elternunterhaltspflichtigen Kindes muss gewährleistet bleiben. Ist dies nicht der Fall, scheidet eine Pflicht zur Zahlung von Elternunterhalt aus. **1271**

Die Düsseldorfer Tabelle (vgl. Anlage 3 zu § 1610 BGB) sieht beim Elternunterhalt seit dem 01.01.2013 folgende Selbstbehaltssätze vor: **1272**

- **Angemessener Selbstbehalt des Unterhaltspflichtigen**: mindestens monatlich 1.600 € (einschließlich 450 € Warmmiete) zuzüglich der Hälfte des darüber hinausgehenden Einkommens, bei Vorteilen des Zusammenlebens in der Regel 45% des darüber hinausgehenden Einkommens.
- Angemessener Unterhalt des mit dem Unterhaltspflichtigen zusammenlebenden **Ehegatten** nach den ehelichen Lebensverhältnissen (Halbteilungsgrundsatz), jedoch mindestens 1.280 € (einschließlich 350 € Warmmiete).

Die zum **01.01.2015** geänderten Werte für den Selbstbehalt betragen **1272.1**

Selbstbehalt des zum Elternunterhalt verpflichteten Kindes	1.800 €
Selbstbehalt des Ehegatten	1.440 €
Familienselbstbehalt	**3.240 €**

[1347] BGH v. 28.07.2010 - XII ZR 140/07; BGH v. 23.10.2002 - XII ZR 266/99 - FamRZ 2002, 1698, 1700 ff.; BGH v. 19.03.2003 - XII ZR 123/00 - FamRZ 2003, 1179, 1182; BGH v. 25.06.2003 - XII ZR 63/00 - FamRZ 2004, 186, 188; BGH v. 21.04.2004 - XII ZR 326/01 - FamRZ 2004, 1184, 1187 und BGH v. 30.08.2006 - XII ZR 98/04 - juris Rn. 21 ff. - BGHZ 169, 59 = FamRZ 2006, 1511, 1512 f.

§ 1603

1273 Eine Herabsetzung des Selbstbehalts kommt aber auch dann **nicht** in Betracht, wenn der Pflichtige preisgünstiger wohnt, als es den in den Mindestselbstbehaltsätzen der Tabellen eingearbeiteten Beträgen für die **Warmmiete** entspricht[1348] (vgl. Rn. 267).

1274 Zu beachten ist, dass die Sätze der Unterhaltsleitlinien nicht wie zwingendes Recht anzuwenden sind, sondern vielmehr nur ein Hilfsmittel sind.[1349] Daher können im Einzelfall auch **höhere Mindestbedarfssätze** angenommen werden, wenn der die **Darlegungslast** tragende Unterhaltspflichtige entsprechend substantiiert vorträgt.[1350]

1275 Beim **Elternunterhalt** ist das pflichtige Kind gehalten, alle für eine Einschränkung seiner Leistungsfähigkeit erheblichen Tatsachen vorzutragen. Es muss deshalb neben seinem **eigenen** Einkommen das **Einkommen der anderen Familienmitglieder**, den vollständigen **Bedarf der Familie** und seinen **eigenen Beitrag dazu** substantiiert darlegen, wenn es einen über die pauschalen Mindestsätze hinausgehenden Verbrauch geltend machen und eine Begrenzung seiner Leistungsfähigkeit nach Maßgabe pauschaler Mindestsätze für den Selbstbehalt vermeiden will.[1351]

1276 Beim Elternunterhalt ist bei einem verheirateten Unterhaltspflichtigen für die Frage der Leistungsfähigkeit der **individuelle Familienselbstbehalt** maßgeblich, da ein verheiratetes unterhaltspflichtiges Kind Unterhalt entweder aus seinem nicht nur geringfügigen Taschengeldanspruch gegen seinen Ehegatten oder aus etwaig vorhandenen eigenen Einkünften schuldet.[1352] Eigene Einkünfte stehen dann für Unterhaltszwecke zur Verfügung, wenn sie nicht für den Barunterhalt der Familie benötigt werden, weil das auf Elternunterhalt in Anspruch genommene Kind seine eigene Unterhaltspflicht gegenüber dem Ehepartner durch Übernahme der Haushaltsführung erfüllt und aufgrund des durch den gut verdienenden anderen Ehegatten zu leistenden Familienunterhalts bereits angemessen versorgt ist.[1353] Beim Elternunterhalt ist dem Pflichtigen jedoch zusätzlich die **Hälfte des Differenzbetrages** zwischen seinem anrechenbaren Einkommen und dem Leitlinienselbstbehalt zu belassen.[1354] Lediglich die andere Hälfte steht für den Elternunterhalt zur Verfügung (vgl. Rn. 964 und die Berechnungsbeispiele in Rn. 1238). Damit wird eine vom konkreten Einkommen abhängige **Dynamisierung des Selbstbehaltes** erreicht.

b. Selbstbehalt des Ehegatten des elternunterhaltspflichtigen Kindes

1277 Für den mit dem elternunterhaltspflichtigen Kind zusammenlebenden Ehegatten gilt seit 01.01.2013 ein Selbstbehalt von 1.280 €, wobei darin für die Warmmiete des Ehegatten 350 € eingerechnet sind. Addiert man dies zum Selbstbehalt des anderen Ehegatten von 1.600 €, beträgt seit 01.01.2013 der Gesamtselbstbehalt für beide Eheleute 2.880 €. Kritisiert wird hier, dass trotz des Prinzips der grundsätzlichen gleichen Teilhabe an den Lebensverhältnissen hier für den Unterhaltspflichtigen und seinen Ehegatten mit unterschiedlichen Einsatzbeträgen gearbeitet wird.[1355]

1278 Der Gesamtmindestbedarf kann nicht mit der Begründung gesenkt werden, dass das unterhaltspflichtige Kind und dessen Ehepartner offensichtlich mit geringeren Mitteln auskommen. Es handelt sich bei dem Gesamtselbstbehalt von 2.200 € um einen **Mindestselbstbehaltssatz**, bei dem eine objektivierte Bemessung stattfindet. Ein bescheidenerer Lebensstandard wirkt sich beim Elternunterhalt nicht zugunsten des Unterhaltsberechtigten aus.[1356]

c. Deckung des Selbstbehalts des elternunterhaltspflichtigen Kindes durch den Familienunterhalt

1279 Durch den Elternunterhalt soll zwar die eigene Lebensstellung des Pflichtigen nicht eingeschränkt werden, soweit kein übermäßiger Luxus betrieben wird. Die Leistungsfähigkeit des Unterhaltspflichtigen soll beim Ehegattenunterhalt jedoch auch dann gegeben sein, wenn dessen **eigener angemessener Le-**

[1348] BGH v. 25.06.2003 - XII ZR 63/00 - NJW-RR 2004, 217-220 und BGH v. 08.06.2005 - XII ZR 75/04 - NSW ZPO § 520; OLG Hamm v. 26.10.2005 - 11 UF 83/05 - FamRZ 2006, 809.
[1349] BGH v. 23.10.2002 - XII ZR 266/99 - BGHZ 152, 217-233.
[1350] Vgl. *Hauß*, Elternunterhalt – Grundlagen und anwaltliche Strategien, 2012, Rn. 399 und 408.
[1351] OLG Hamm v. 21.11.2012 - II-8 UF 14/12 - NJW 2013, 1541; *Schürmann*, FamRZ 2004, 446, 449; OLG Karlsruhe v. 07.07.2005 - 16 UF 50/05 - NJW-RR 2006, 361, 363.
[1352] OLG Hamm v. 21.11.2012 - II-8 UF 14/12 - NJW 2013, 1541.
[1353] OLG Hamm v. 21.11.2012 - II-8 UF 14/12 - NJW 2013, 1541.
[1354] BGH v. 28.07.2010 - XII ZR 140/07; BGH v. 19.03.2003 - XII ZR 123/00 - FamRZ 2003, 1179; BGH v. 23.10.2002 - XII ZR 266/99 - FamRZ 2002, 1698; *Brudermüller*, NJW 2004, 633-640, 638.
[1355] *Schürmann*, jurisPR-FamR 1/2004, Anm. 2 zu BGH v. 17.12.2003 - XII ZR 224/00 - NJW 2004, 677-680.
[1356] OLG Hamm v. 10.06.2005 - 9 UF 141/04 - ZFE 2005, 452-453.

bensbedarf durch den Familienunterhalt gedeckt ist.[1357] Dieser Gedanke ist der Rechtsprechung der Hausmannfälle (vgl. Rn. 293 f.) entlehnt und beruht auf der Annahme, dass der eigene Verdienst in solchen Fällen ein zumindest teilweise frei verfügbares Zusatzeinkommen darstellt.[1358] Verfügt demnach ein seinen Eltern unterhaltspflichtiges verheiratetes Kind über ein geringes Einkommen, das unterhalb der Selbstbehaltsätze liegt, so bedeutet dies noch nicht, dass es keinen Unterhalt zu zahlen hat. Das verheiratete Kind muss vielmehr den Betrag seines Einkommens, der über dem von ihm aufzubringenden Anteil des Familienbedarfs liegt, beim Elternunterhalt einsetzen.[1359]

Für die Berechnung vgl. die Beispiele in Rn. 1070. **1280**

Entscheidend ist, inwieweit das Einkommen des Unterhaltspflichtigen zur Bestreitung des vorrangigen **1281** angemessenen Familienunterhalts benötigt wird. Der Familienunterhalt umfasst nach § 1360a BGB alles, was für die Haushaltsführung und die Deckung der persönlichen Bedürfnisse der Ehegatten und eventueller Kinder erforderlich ist und sich an den ehelichen Verhältnissen ausrichtet. Er kann **nicht generell mit den Mindestselbstbehalten angesetzt** werden.[1360] Die abstrakten Selbstbehaltsätze kennzeichnen damit lediglich die äußere Grenze der Inanspruchnahme. Sie schließen aber nicht aus, dass das unterhaltspflichtige Kind für sich einen höheren Bedarf zur Aufrechterhaltung seines eigenen angemessenen Lebensunterhaltes in Anspruch nimmt.[1361] Auch der Ehegatte des Unterhaltspflichtigen, der außerhalb dessen Unterhaltsrechtsverhältnisses zu seinen Eltern steht, ist rechtlich nicht verpflichtet, sich zu deren Gunsten in seiner Lebensführung einzuschränken.[1362]

Was die Ehegatten für ihren Familienunterhalt benötigen, muss vielmehr **im Einzelfall** insbesondere **1282** unter Berücksichtigung der jeweiligen Lebensstellung, des Einkommens, Vermögens und sozialen Rangs bestimmt werden. Dabei entspricht es der Erfahrung, dass der Lebensstandard sich an den Einkommensverhältnissen ausrichtet.[1363]

Zwar lässt sich der in einer intakten Ehe bestehende Anspruch auf Familienunterhalt gemäß §§ 1360, **1283** 1360a BGB, der den notwendigen Selbstbehalt des unterhaltspflichtigen Kindes absichern könnte, nicht ohne weiteres nach den zum Ehegattenunterhalt für Trennung und Scheidung entwickelten Grundsätzen bemessen. Denn er ist nach seiner Ausgestaltung nicht auf die Gewährung einer – frei verfügbaren – laufenden Geldrente für den jeweils anderen Ehegatten, sondern vielmehr als gegenseitiger Anspruch der Ehegatten darauf gerichtet, dass jeder von ihnen seinen Beitrag zum Familienunterhalt entsprechend seiner nach dem individuellen Ehebild übernommenen Funktion leistet. Seinem Umfang nach umfasst er gemäß § 1360a BGB alles, was für die Haushaltsführung und die Deckung der persönlichen Bedürfnisse der Ehegatten und der gemeinsamen Kinder erforderlich ist. Sein Maß bestimmt sich aber nach den ehelichen Lebensverhältnissen, so dass § 1578 BGB als Orientierungshilfe herangezogen werden kann. Es begegnet deshalb keinen Bedenken, den im vorliegenden Fall maßgeblichen Anspruch auf Familienunterhalt in einem Geldbetrag zu veranschlagen und diesen in gleicher Weise wie den Unterhaltsbedarf des getrennt lebenden oder geschiedenen Ehegatten zu ermitteln.[1364]

Der BGH geht dabei davon aus, der nicht unterhaltspflichtige Ehegatte werde in solchen Fällen **nicht 1284 mittelbar zum Unterhalt herangezogen**, denn sein eigener angemessener Familienunterhalt sei gedeckt; die durch Unterhaltsleistungen bedingte Schmälerung des Einkommens seines Ehegatten brauche er nicht zu kompensieren, da auch dessen angemessener Unterhalt gesichert sei.[1365]

[1357]BGH v. 14.01.2004 - XII ZR 149/01 - NJW-RR 2004, 793-795; *Viefhues*, jurisPR-BGHZivilR 22/2004, Anm. 6 zu BGH v. 14.01.2004 - XII ZR 149/01.
[1358]*Schürmann*, jurisPR-FamR 1/2004, Anm. 2 zu BGH v. 17.12.2003 - XII ZR 224/00 - NJW 2004, 677-680.
[1359]OLG Karlsruhe v. 07.07.2005 - 16 UF 50/05 - NJW-RR 2006, 361, 362; ausführlich *Mleczko*, ZFE 2006, 44.
[1360]BGH v. 23.10.2002 - XII ZR 266/99 - BGHZ 152, 217-233; BGH v. 14.01.2004 - XII ZR 69/01 - FamRZ 2004, 443.
[1361]*Schürmann*, jurisPR-FamR 1/2004, Anm. 2 zu BGH v. 17.12.2003 - XII ZR 224/00 - NJW 2004, 677-680.
[1362]BGH v. 19.02.2003 - XII ZR 67/00 - NJW 2003, 1660-1665.
[1363]BGH v. 23.10.2002 - XII ZR 266/99 - BGHZ 152, 217-233; BGH v. 19.02.2003 - XII ZR 67/00 - NJW 2003, 1660-1665.
[1364]BGH v. 29.10.2003 - XII ZR 115/01 - FamRZ 2004, 24, 25; BGH v. 12.04.2006 - XII ZR 31/04 - FamRZ 2006, 1010 mit Anm. *Borth*.
[1365]BGH v. 14.01.2004 - XII ZR 69/01 - FamRZ 2004, 443; BGH v. 15.10.2003 - XII ZR 122/00 - NJW 2004, 674-677.

6. Checkliste für die Berechnung des Elternunterhaltes:

1285
(1) Ist der angemessene Selbstbehalt des unterhaltspflichtigen Kindes gewahrt?
  (a) Höhe des angemessenen Selbstbehalts
  (b) Selbstbehaltsdeckender Anspruch auf Familienunterhalt
(2) Höhe des Familienbedarfs
  (a) Familienbedarf nach den unterhaltsrechtlichen Leitlinien
  (b) Höherer Familienbedarf im Einzelfall
(3) Höhe der Unterhaltslast des Kindes am Familienbedarf (Quote)
(4) Die Zahlung des Unterhalts in geforderter Höhe entspricht der Billigkeit.

7. Darlegungs- und Beweislast beim Elternunterhalt

1286 Auch beim **Elternunterhalt** muss das unterhaltspflichtige Kind alle für eine Einschränkung seiner Leistungsfähigkeit erheblichen Tatsachen vortragen. Bei einem verheirateten Unterhaltspflichtigen ist hier für die Leistungsfähigkeit der individuelle Familienselbstbehalt maßgeblich, da ein verheiratetes unterhaltspflichtiges Kind Unterhalt entweder aus seinem nicht nur geringfügigen Taschengeldanspruch gegen seinen Ehegatten oder aus etwaig vorhandenen eigenen Einkünften schuldet. Folglich stehen eigene Einkünfte nur dann für Unterhaltszwecke zur Verfügung, wenn sie nicht für den Barunterhalt der Familie benötigt werden, weil das auf Elternunterhalt in Anspruch genommene Kind seine eigene Unterhaltspflicht gegenüber dem Ehepartner durch Übernahme der Haushaltsführung erfüllt und auf Grund des durch den gut verdienenden anderen Ehegatten zu leistenden Familienunterhalts bereits angemessen versorgt ist.[1366]

1287 Will das unterhaltspflichtige Kind eine Begrenzung seiner Leistungsfähigkeit nach Maßgabe nur pauschaler Mindestsätze für den Selbstbehalt vermeiden, muss es neben seinem **eigenen Einkommen** das **Einkommen der anderen Familienmitglieder**, den vollständigen **Bedarf der Familie** und seinen **eigenen Beitrag dazu** substantiiert darlegen.[1367]

1288 Macht der **Unterhaltspflichtige** geltend, er könne den Unterhaltsbedarf des Unterhaltsberechtigten ohne Gefährdung des eigenen angemessenen Lebensbedarfs nicht bestreiten, hat er die Voraussetzungen einer unterhaltsrechtlich relevanten Einschränkung seiner Leistungsfähigkeit darzulegen und zu beweisen.[1368]

1289 Zur Darlegung seiner eingeschränkten oder fehlenden Leistungsfähigkeit muss der Unterhaltspflichtige zunächst die seine **Lebensstellung** bestimmenden Tatsachen wie Alter, Familienstand, Höhe seines Vermögens und Einkommens nebst Verbindlichkeiten, Werbungskosten, Aufwendungen, Betriebsausgaben und sonstige einkommensmindernde **Abzugsposten** vortragen und ggf. beweisen. Auch die genauen Umstände zu einkommensmindernden **Verbindlichkeiten** muss der Unterhaltspflichtige vortragen, soweit er die von ihm eingegangenen Verbindlichkeiten unterhaltsrechtlich absetzen will.[1369]

1290 Beruft er sich dabei auf ein **unzureichendes steuerpflichtiges Einkommen**, braucht er zwar nicht sämtliche Belege vorzulegen, durch die gegenüber der Steuerbehörde die behaupteten steuerrelevanten Aufwendungen glaubhaft zu machen sind. Jedoch muss er seine Einnahmen und die behaupteten Aufwendungen im Einzelnen so darstellen, dass die allein steuerlich beachtlichen Aufwendungen von solchen, die unterhaltsrechtlich von Bedeutung sind, abgegrenzt werden können. Die allein ziffernmäßige Aneinanderreihung einzelner Kostenarten genügt diesen Anforderungen nicht.[1370]

1291 Daher muss das unterhaltspflichtige Kind nicht nur sein eigenes Einkommen, sondern auch das Einkommen der anderen Familienmitglieder, den vollständigen Bedarf der Familie und seinen eigenen Beitrag dazu substantiiert darlegen, wenn es einen über die pauschalen Mindestsätze hinausgehenden Verbrauch geltend machen und eine Begrenzung seiner Leistungsfähigkeit nach Maßgabe pauschaler Mindestsätze für den Selbstbehalt vermeiden will.[1371]

[1366] OLG Hamm v. 21.11.2012 - II-8 UF 14/12 - NJW 2013, 1541.
[1367] OLG Hamm v. 21.11.2012 - II-8 UF 14/12 - NJW 2013, 1541; *Schürmann*, FamRZ 2004, 446, 449; OLG Karlsruhe v. 07.07.2005 - 16 UF 50/05 - NJW-RR 2006, 361, 363.
[1368] OLG Hamm v. 21.11.2012 - II-8 UF 14/12 - NJW 2013, 1541 unter Hinweis auf BGH v. 23.06.2010 - XII ZR 170/08 - FamRZ 2010, 1418; BGH v. 16.07.2008 - XII ZR 109/05 - FamRZ 2008, 1739.
[1369] OLG Hamm v. 21.11.2012 - II-8 UF 14/12 - NJW 2013, 1541.
[1370] OLG Hamm v. 21.11.2012 - II-8 UF 14/12 - NJW 2013, 1541.
[1371] OLG Hamm v. 21.11.2012 - II-8 UF 14/12 - NJW 2013, 1541, OLG Karlsruhe v. 07.07.2005 - 16 UF 50/05 - NJW-RR 2006, 361.

8. Steuerliche Behandlung des Elternunterhalts

Wenn ein unterhaltspflichtiges Kind Elternunterhalt zahlt, können diese Zahlungen bei der Bemessung der Steuern als **„außergewöhnliche Belastung in besonderen Fällen"** vom steuerpflichtigen Einkommen bis maximal 8.004 € pro Jahr abgezogen werden (§ 33a EStG). **Eigene Einkünfte** des unterhaltsberechtigten Elternteils mindern diesen Abzug, soweit sie 624 € pro Jahr übersteigen. Die aus § 33a EStG resultierende steuerliche Entlastung wirkt daher lediglich in eng begrenzten Mangelfällen bei Kleinrentnern. **Beispiel**: Die unterhaltsberechtigte Mutter bezieht Rente von monatlich 685 €. Ihre unterhaltspflichtige Tochter wäre in Höhe eines Betrages von 350 € monatlich leistungsfähig. Der jährlich von der Tochter gezahlte Unterhalt (12 x 350 € = 4.200 €) ist nach § 33a Abs. 1 EStG nicht abzusetzen, da auf diesen Betrag das Eigeneinkommen der Mutter von 12 x 685 € - 624 € = 7.596 € anzurechnen ist. 1292

Möglich ist jedoch die Geltendmachung der Unterhaltszahlungen nach § 33 EStG als **„außergewöhnliche Belastung"**. Nach dieser Vorschrift sind außergewöhnliche Belastungen die einem Steuerpflichtigen zwangsläufig entstehenden größeren Aufwendungen gegenüber der überwiegenden Mehrzahl der Steuerpflichtigen gleicher Einkommensverhältnisse. Nach § 33 Abs. 3 EStG ist einem Steuerpflichtigen eine Belastung zumutbar und daher steuerlich nicht abzugsfähig, wenn sie bestimmte Schwellwerte nicht überschreitet. 1293

9. Haftungsrechtliche Pflichten des Anwalts

Im Zusammenhang mit – möglichen – Leistungen und Ansprüchen auf Grundsicherung in Unterhaltsverfahren bestehen **haftungsrechtlich beachtliche Pflichten des Anwaltes**.[1372] 1294

In der Entscheidungsanmerkung arbeitet *Günther* die Details weiter aus und gibt Praxistipps für die **Haftungsvermeidung**.[1373] 1295

Die Regelung, nach der bedürftige, dauerhaft voll erwerbsgeminderte Volljährige Anspruch auf ungekürzte Grundsicherungsleistungen haben, wenn das Einkommen ihrer unterhaltspflichtigen Eltern i.S.v. § 16 SGB IV 100.000 € nicht erreicht, gelten seit dem 01.01.2003 (§ 1 Nr. 2 i.V.m. § 2 Abs. 1 Satz 3 GSiG, ab 01.01.2005 als § 41 Abs. 1 Satz 1, Abs. 3 i.V.m. § 43 Abs. 2 Satz 1 inhaltlich unverändert in das SGB XII übernommen). 1296

Die Anwältin hätte die für ihren Sohn vertretungsberechtigte Mutter alsbald nach Mandatsübernahme auf dessen Anspruch auf Grundsicherungsrente hinweisen und ihr für den Fall ihrer Untätigkeit androhen müssen, beim Familiengericht Abänderung des ursprünglichen Vollstreckungstitels mit Wirkung ab Volljährigkeit des Sohnes zu betreiben. Da der Sohn wegen seiner dauerhaften vollen Erwerbsminderung ab Volljährigkeit unstreitig Leistungen der Grundsicherung beanspruchen konnte, hätte der Träger der Sozialhilfe einem solchen Antrag der Mutter rechtzeitig stattgegeben. In diesem Fall wäre mit Eintritt der Volljährigkeit die unterhaltsrechtliche Bedürftigkeit des Sohnes und damit sein Unterhaltsanspruch entfallen. 1297

Bei fehlender Reaktion der Mutter auf diese anwaltliche Aufforderung hätte im Rahmen des familiengerichtlichen Abänderungsverfahrens der Wegfall des Unterhaltsanspruchs des Sohnes mit Wirkung ab Volljährigkeit beantragt werden müssen. Zur Begründung sei dessen dauerhafte volle Erwerbsminderung und der sich daraus ergebende – seinen titulierten Unterhalt in der Höhe übersteigende – Anspruch auf Grundsicherungsleistungen nach § 41 SGB XII anzuführen gewesen. 1298

Zudem hätte die Anwältin die Einstellung der Zwangsvollstreckung aus dem ursprünglichen Titel beantragen müssen, um Vollstreckungsmaßnahmen aus dem bestehenden Unterhaltstitel zu verhindern. 1299

C. Verfahrensrechtliche Hinweise

Zu den verfahrensrechtlichen Fragen bei der Durchsetzung von Verwandtenunterhalt vgl. auch die Kommentierung zu § 1610 BGB Rn. 439. 1300

Wird dem Sorgerechtsinhaber die elterliche Sorge entzogen, so ist er auch für Unterhaltsrückstände nicht mehr aktivlegitimiert. Der Titelschuldner kann die Beendigung der gesetzlichen Prozessstandschaft nur gem. § 767 ZPO geltend machen.[1374] 1301

[1372] Vgl. OLG Düsseldorf v. 31.1.2012 - I-24 U 39/11 - FamFR 2012, 192 mit Anm. *Günther*, FF 2012, 449.
[1373] *Günther*, FF 2012, 449.
[1374] OLG Jena v. 07.01.2013 - 1 WF 410/12 - FamRZ 2014, 867, 868.

§ 1603

I. Gerichtszuständigkeit (§ 232 FamFG)

1302 § 232 Abs. 1 Nr. 1 FamFG enthält einen ausschließlichen **Gerichtsstand** für Unterhaltssachen, die die Unterhaltspflicht für ein **gemeinschaftliches Kind** der Ehegatten betreffen, sowie für Unterhaltssachen, die die **durch die Ehe begründete Unterhaltspflicht** betreffen. Zuständig ist das Gericht der Ehesache.

1303 Die Vorschrift § 232 Abs. 1 Nr. 2 FamFG regelt die Zuständigkeit für Verfahren, die den Unterhalt eines **minderjährigen Kindes** betreffen, und sieht für Verfahren, die den Kindesunterhalt betreffen und hinsichtlich derer eine Zuständigkeit nach Nr. 1 nicht gegeben ist, wie bisher die Zuständigkeit des Gerichts vor, in dessen Bezirk das Kind oder der zuständige Elternteil seinen gewöhnlichen Aufenthalt hat. Im Unterschied zum bisherigen Recht (§ 642 Abs. 1 ZPO) gilt diese ausschließliche örtliche Zuständigkeit nach dem gewöhnlichen Aufenthalt nunmehr auch für **privilegierte volljährige Kinder**, die nach § 1603 Abs. 2 Satz 2 BGB minderjährigen Kindern gleichgestellt sind.

1304 Nur wenn das Unterhalt beanspruchende **volljährige Kind darlegt**, dass es sich in der allgemeinen Schulausbildung befindet und im Haushalt eines Elternteils lebt, kann es seinen Anspruch auf Ausbildungsunterhalt bei dem für den Ort seines gewöhnlichen Aufenthalts zuständigen Familiengericht geltend machen (§§ 1603 Abs. 2 Satz 2, 1610 Abs. 2 BGB, § 232 Abs. 1 Nr. 2 FamFG).[1375]

II. Zulässigkeit dynamischer Titel

1305 Dynamisierte Titel bezogen auf einen Prozentsatz des Mindestbetrages oder eine Tabellenstufe der Düsseldorfer Tabelle sind zulässig.

1306 In den **Fällen nur eingeschränkter Leistungsfähigkeit** ist jedoch die Unterhaltsverpflichtung als monatlicher Zahlbetrag **konkret zu beziffern** und darf nicht als Prozentsatz vom Mindestunterhalt festgesetzt werden. Dies würde zu einer Dynamisierung des titulierten Kindesunterhalts nach Maßgabe entsprechender Änderungen der Unterhaltstabelle führen, die allerdings ohne Rücksicht auf das konkrete Leistungsvermögen eines Unterhaltsschuldners im Einzelfall vorgenommen werden. Im Mangelfall ist deshalb eine Änderung der konkreten Zahlungsverpflichtung – jenseits sonstiger unterhaltsrelevanter tatsächlicher oder rechtlicher Umstände im Einzelfall – grundsätzlich nur bei (wesentlichen) Änderungen der konkreten persönlichen und wirtschaftlichen Verhältnisse des Unterhaltspflichtigen und nicht schon dann angezeigt, wenn die Tabellensätze eine Anpassung erfahren.[1376]

III. Zulässigkeit des vereinfachten Verfahrens

1307 Das **vereinfachte Verfahren über den Unterhalt Minderjähriger** ist **unzulässig**, wenn **das Kind bei keinem Elternteil lebt** und daher beide Eltern barunterhaltspflichtig sind. Denn nach § 250 Abs. 1 Nr. 9 FamFG muss der Antrag auf Unterhaltsfestsetzung im vereinfachten Verfahren die Erklärung enthalten, dass das Kind nicht mit dem Antragsgegner in einem Haushalt lebt. Diese Erklärung ist deshalb erforderlich, weil nur in diesem Fall feststeht, dass der in Anspruch genommene Elternteil grundsätzlich zum Barunterhalt verpflichtet ist und keine tatsächlichen Betreuungsleistungen (§ 1606 Abs. 3 Satz 2 BGB) erbringt.[1377]

IV. Darlegungs- und Beweislast

1308 Der **Unterhaltspflichtige** hat die **Darlegungs- und Beweislast** für die Umstände, aus denen sich seine fehlende oder eingeschränkte Leistungsfähigkeit ergeben soll. Das folgt aus der – als Einwendung ausgestalteten – Regelung in § 1603 Abs. 1 BGB, die nicht nur den Mindestunterhalt minderjähriger Kinder betrifft, sondern auf alle Unterhaltsansprüche von Verwandten nach § 1601 BGB Anwendung findet.[1378] Für die Annahme einer **Leistungsunfähigkeit** bedarf es der vollständigen Darlegung sowohl der eigenen Einkünfte wie auch des eigenen Vermögens durch den Unterhaltspflichtigen. Legt dieser Unterhaltspflichtige seine Einkünfte oder sein Vermögen im streitgegenständlichen Zeitraum nicht umfassend offen, kann er sich nicht mit Erfolg auf seine Leistungsunfähigkeit zur Zahlung des Mindestunterhalts berufen.[1379] Erst wenn bei ausreichend substantiierten Sachvortrag die tatsächliche (voll-

---

[1375] KG Berlin v. 27.01.2014 - 17 WF 12/14.
[1376] OLG Brandenburg v. 13.03.2014 - 9 UF 106/13.
[1377] OLG Stuttgart v. 25.03.2014 - 11 WF 50/14; vgl. auch KG Berlin v. 21.11.2005 - 16 UF 4/05 und 16 WF 198/05, 16 UF 4/05, 16 WF 198/05 - FuR 2006, 132 zu innerhalb einer Wohnung getrennt lebenden Eltern und OLG Celle v. 11.02.2003 - 15 WF 20/03 - FamRZ 2003, 1475 beim Wechselmodell.
[1378] OLG Hamm v. 24.06.2011 - 2 WF 146/11 - FamRB 2011, 270-271 unter Hinweis auf *Wendl/Staudigl-Dose*, Das Unterhaltsrecht in der familienrichterlichen Praxis, 7. Aufl., § 6 Rn. 710 ff. m.w.N.
[1379] OLG Brandenburg v. 24.03.2011 - 9 UF 117/10 - FamR 2011, 223.

ständige oder teilweise) Leistungsunfähigkeit feststeht, kommt es auf ein eventuell fiktiv erzielbares Einkommen aufgrund der gesteigerten Erwerbsobliegenheit des Unterhaltspflichtigen aus § 1603 Abs. 2 Satz 1 BGB an.

Die beim Unterhaltspflichtigen liegende Darlegungs- und Beweislast für alle die Leistungsfähigkeit mindernden Umstände umfasst auch die unternommenen Anstrengungen zu einer Erwerbstätigkeit einschließlich einer Nebentätigkeit. Diese müssen konkretisiert werden durch eine Auflistung der Bewerbungen sowie des nachprüfbaren Vortrages der im Einzelnen berufsspezifisch unternommenen Schritte. Er trägt auch für die Erfolglosigkeit die Darlegungs- und Beweislast.[1380]

Die **Darlegungs- und Beweislast** erstreckt sich auch auf die Frage, in welcher Höhe dem Unterhaltspflichtigen ein Selbstbehalt zusteht.[1381] Dies gilt auch dann, wenn der Unterhalt aus übergeleitetem Recht z.B. von öffentlichen Einrichtungen geltend gemacht wird.[1382]

Zur Darlegung der Leistungsunfähigkeit des Unterhaltsschuldners gehört auch die eingewandte Unterhaltsbedürftigkeit einer gem. § 1609 Nr. 3 BGB vorrangig berechtigten Ehefrau. Damit muss der Unterhaltspflichtige diejenigen Umstände darlegen und beweisen, die einen Unterhaltsanspruch seiner Ehefrau gegen ihn begründen. Der bloße Vortrag, dass seine Ehefrau kein laufendes Einkommen bezieht, reicht für die Feststellung der Unterhaltsbedürftigkeit und für die Bemessung des Bedarfs der Ehefrau des Antragsgegners nicht aus, wenn dies von der Unterhaltsberechtigten bestritten wird.[1383]

Macht das unterhaltsberechtigte minderjährige Kind lediglich seinen **Mindestbedarf** geltend, muss es dazu nur vortragen, über keine bedarfsdeckenden Einkünfte zu verfügen. Die Leistungsfähigkeit des Unterhaltsschuldners zur Zahlung des **Mindestbedarfs**, also den Unterhalt nach der untersten Stufe der Düsseldorfer Tabelle, wird von der Rechtsprechung unterstellt[1384] Wird nur das sächliche Existenzminimum verlangt, das den Richtsätzen der 1. Einkommensgruppe der Düsseldorfer Tabelle entspricht, gilt eine **Darlegungs- und Beweisbefreiung** zu Gunsten des Kindes.[1385]

1. Darlegungs- und Beweislast im Abänderungsverfahren – Grundsätzliche Verteilung

Bei einem späteren gerichtlichen **Abänderungsverfahrensverfahren gem. §§ 238, 239 FamFG** muss die umfassende Darlegungs- und Beweislast des Abänderungsbegehrenden auch für solche Tatsachen, die im früheren Verfahren der Gegner zu beweisen hatte, beachtet werden. Wenn also das Kind im Wege des Abänderungsverfahrensverfahrens einen höheren Kindesunterhalt durchsetzen will, hat es die Leistungsfähigkeit des Unterhaltsschuldners regelmäßig auch dann darzulegen und zu beweisen, wenn sich die Abänderung auf den Mindestbedarf bezieht.[1386] Die Beweislastvergünstigung bei Erstverfahren gilt also nicht beim späteren Abänderungsverfahren. Hier trifft vielmehr den Antragsteller die volle Darlegungs- und Beweislast.[1387] Dies gilt allerdings nicht, wenn das Kind sein Abänderungs-

---

[1380] OLG Schleswig v. 23.12.2013 - 15 UF 100/13.
[1381] Vgl. AG Ludwigslust v. 13.01.2005 - 5 F 69/03 - FamRZ 2005, 1262.
[1382] BGH v. 27.11.2002 - XII ZR 295/00 - NJW 2003, 969-970; BGH v. 06.02.2002 - XII ZR 20/00 - BGHZ 150, 12-31.
[1383] OLG Hamm v. 24.06.2011 - 2 WF 146/11 - FamRB 2011, 270-271.
[1384] BGH v. 22.10.1997 - XII ZR 278/95 - FamRZ 1998, 357; OLG Koblenz v. 04.06.2009 - 7 WF 452/09; OLG Brandenburg v. 24.01.2008 - 9 WF 364/07 - jurisPR extra 2008, 128-130; OLG München v. 13.02.2008 - 30 WF 30/08 - OLG-Report München 2008, 281; *Menne*, FamRB 2008, 145, 147; OLG Naumburg v. 14.02.2007 - 8 WF 16/07 - FamRZ 2007, 1342; OLG Schleswig v. 10.12.2004 - 10 UF 251/04 - FamRZ 2005, 1109; KG Berlin v. 27.09.1999 - 3 WF 7892/99 - FamRZ 2000, 1174; OLG Köln v. 17.06.1999 - 14 WF 72/99 - FamRZ 2000, 310; OLG Brandenburg v. 17.03.2005 - 9 UF 148/04 - NJW-RR 2005, 949; *Kleffmann*, FuR 2006, 97, 101; OLG Hamm v. 01.06.2005 - 11 UF 34/05 - OLGR Hamm 2005, 631; OLG Brandenburg v. 13.12.2006 - 9 WF 371/06 - ZFE 2007, 192-193; *Löffler*, jurisPR-FamR 8/2007, Anm. 5; kritisch *Viefhues*, FuR 2007, 241 ff. und *Viefhues*, FuR 2007, 297 ff.
[1385] OLG Koblenz v. 16.01.2009 - 7 WF 1079/08 - FamRZ 2009, 1075.
[1386] Zum gerichtlichen Abänderungsverfahren bei einer früheren Versäumnisentscheidung vgl. BGH v. 12.05.2010 - XII ZR 98/08 - FamRZ 2010, 1150 mit Anm. *Gruba* – NJW 2010, 2437; *Obermann*, ZFE 2010, 404; kritisch *Hoppenz*, FamFR 2010, 265; speziell bei fiktiven Einkünften BGH v. 02.06.2010 - XII ZR 160/08 - FamRZ 2010, 1318 = NJW 2010, 2515; BGH v. 20.02.2008 -XII ZR 101/05 - NJW 2008, 1525.
[1387] OLG Naumburg v. 14.02.2007 - 8 WF 16/07 - FamRZ 2007, 1342; OLG Naumburg v. 04.07.2002 - 8 UF 220/01 - FamRZ 2003, 618, 619.

begehren ausschließlich auf eine Anhebung der Tabellenwerte stützt; dann ist der Unterhaltsverpflichtete – ebenso wie bei einer erstmaligen Unterhaltsfestsetzung – verpflichtet, seine fehlende Leistungsfähigkeit darzulegen und ggf. zu beweisen.[1388]

1314 Auch wenn ein **volljähriges Kind** keine Kenntnis über die Leistungsfähigkeit des Unterhaltspflichtigen hat, kann es sofort **Leistungsantrag stellen**. Für einen derartigen Leistungsantrag ist Verfahrenskostenhilfe zu bewilligen.[1389]

1315 Zudem bietet die Vorschrift des § 243 Satz 2 Nr. 2 FamFG (früher § 93d ZPO) einen gewissen Schutz, der es in Unterhaltsverfahren ermöglicht, dem Unterhaltspflichtigen eine Art Kostenstrafe aufzuerlegen. Nach dieser Norm können die Kosten nach billigem Ermessen ganz oder teilweise derjenigen Partei auferlegt werden, die zum Prozess durch Verweigerung der geschuldeten Auskunft Anlass gegeben hat. Wird der Anspruch nach erhobenem Zahlungsantrag des Kindes erst durch Angaben im gerichtlichen Verfahren zunichte gemacht, wird dies die Kostenfolge des § 243 Satz 2 Nr. 2 FamFG nach sich ziehen. Die Kostenregelung wird damit zur Sanktion bei Auskunftsverweigerung. Es empfiehlt sich, in einschlägigen Fällen im Schriftsatz ausdrücklich auf diese Vorschrift hinzuweisen, wenn deren Anwendung für die eigene Partei günstig ist.

1316 Bei einem früheren Arbeitsplatzverlust muss der die Herabsetzung des titulierten Unterhalts begehrende Unterhaltspflichtige darlegen, dass der Umstand seiner **Arbeitslosigkeit auch heute noch unterhaltsrechtlich beachtenswert** ist. Dabei kommt es nicht darauf an, ob der damalige Verlust der Arbeitsstelle unverschuldet erfolgte. Entscheidend ist vielmehr, ob er **alle Anstrengungen unternommen hat, um eine neue Arbeitsstelle zu finden**.[1390]

2. Festsetzung aufgrund fiktiven Einkommens

1317 Ist in einer früheren Unterhaltsfestsetzung ein **fiktives Einkommen** wegen einer Verletzung der Erwerbsobliegenheit zugrunde gelegt worden, kommt diese Einkommensfiktion nicht allein durch **Zeitablauf** in Wegfall. Erst ernsthafte und intensive, aber erfolglose Bemühungen des Unterhaltspflichtigen um eine Arbeitsstelle können dazu führen, dass ihm das fiktive Einkommen nicht mehr zuzurechnen ist. Dies kann in einem Abänderungsverfahren geltend gemacht werden.[1391]

1318 Allerdings kann eine Einkommensktion nicht ewig Bestand haben, weil dies im Einzelfall eine grobe Unbilligkeit bedeuten könnte.[1392]

1319 Der Unterhaltspflichtige muss deshalb zur Begründung seines Herabsetzungsbegehrens nicht nur vortragen, dass die bisherige Unterhaltsleistung für ihn wegen Änderung der Verhältnisse nach § 242 BGB unzumutbar geworden ist, sondern auch die seiner **damaligen Verpflichtung nach Grund und Höhe zugrundeliegende Umstände** darlegen.[1393] War bereits zur Zeit der einseitigen Errichtung der Jugendamtsurkunde eine Unterschreitung des Selbstbehaltes eingetreten, muss sich der Pflichtige hieran auch bei einer Anpassung an die geänderten Verhältnisse festhalten lassen.[1394]

3. Festsetzung im vereinfachten Verfahren

1320 Im **vereinfachten Verfahren** nach den §§ 249 ff. FamFG kann der Einwand fehlender Leistungsfähigkeit nicht mehr beachtet werden, wenn er erst nach Erlass des Festsetzungsbeschlusses vorgebracht wird.[1395]

1321 Die **(erstmalige) Abänderung eines Unterhaltsfestsetzungsbeschlusses** gemäß § 253 FamFG erfolgt unabhängig vom Zeitpunkt der Antragstellung ausschließlich nach § 240 FamFG. In einem derartigen Abänderungsverfahren bedarf es – abweichend von demjenigen gemäß § 238 FamFG – keiner Darlegung einer nachträglichen wesentlichen Änderung der Verhältnisse. Zugleich entspricht die Darlegungs- und Beweislast hinsichtlich der materiellen Voraussetzungen des Unterhaltsanspruches denjenigen in einem auf Ersttitulierung gerichteten Verfahren. Bei einer begehrten Abänderung für die Zeit vor Rechtshängigkeit des Abänderungsantrages sind die Einschränkungen in § 240 Abs. 2 FamFG zu beachten.[1396]

[1388]OLG Hamm v. 30.04.2004 - 11 WF 76/04 - FamRZ 2004, 1885, 1886.
[1389]OLG Hamm v. 21.01.2005 - 11 WF 287/04 - OLGR Hamm 2005, 442.
[1390]OLG Köln v. 30.07.2012 - 4 UF 49/12 - FamFR 2012, 439.
[1391]OLG Hamm v. 04.07.2013 - 2 WF 203/12 - FamRZ 2014, 333; zustimmend *Griesche*, FamFR 2013, 393.
[1392]*Griesche*, FamRZ 2013, 393; *Graba*, FamRZ 2010, 1150, 1154; *Graba*, FPR 2011, 158, 160 f.
[1393]OLG Köln v. 30.07.2012 - 4 UF 49/12 - FamFR 2012, 439.
[1394]OLG Köln v. 30.07.2012 - 4 UF 49/12 - FamFR 2012, 439.
[1395]OLG Karlsruhe v. 04.02.2013 - 18 WF 24/13 - FamRZ 2013, 1501.
[1396]OLG Celle v. 20.03.2013 - 10 WF 90/13 - FamRZ 2013, 1829.

Wenn Kindesunterhalt durch einen im sogenannten Vereinfachten Verfahren ergangenen Unterhaltsfestsetzungsbeschluss tituliert worden und in dem vorangegangenen Unterhaltsfestsetzungsverfahren ein Antrag auf Durchführung des streitigen Verfahrens nicht gestellt worden ist, hat eine erstmalige Abänderung dieser Titulierung gemäß § 240 FamFG zu erfolgen. Dem im Abänderungsverfahren nach § 240 FamFG betroffenen Titel liegt keine vorangegangene inhaltliche Sachprüfung, sondern nur die Feststellung eines Pauschalunterhalts zugrunde. Deswegen bedarf es im Abänderungsverfahren nach § 240 FamFG auch keines Vortrages zu einer wesentlichen zwischenzeitlichen Änderung der Verhältnisse. Zugleich entspricht die Darlegungs- und Beweislast hinsichtlich der materiellen Voraussetzungen des Unterhaltsanspruches denjenigen in einem auf Ersttitulierung gerichteten Verfahren.[1397]

1322

V. Bindungswirkung einseitiger Titel

Der **Unterhaltspflichtige** ist an seine einseitige Verpflichtungserklärung z.B. in Form einer **Jugendamtsurkunde** und damit zugleich an die ihr nach Grund und Höhe zugrunde liegenden Umstände gebunden. Macht er eine **Herabsetzung des Unterhalts** geltend (die im Verfahren nach § 239 FamFG durchzusetzen ist), muss er deshalb diese Umstände vortragen und darlegen, dass die bisherige Unterhaltsleistung für ihn wegen Änderung der Verhältnisse nach § 242 BGB unzumutbar geworden ist. Zur Darlegung mangelnder Leistungsfähigkeit hat er also nicht nur sein derzeitiges Einkommen, sondern auch das seinerzeit Gegebene vorzutragen und auszuführen, warum er dies nicht mehr erzielt.[1398]

1323

Diese Bindungswirkung gilt auch dann, wenn der Unterhaltspflichtige sich in der einseitig erstellten Urkunde **zu höheren Zahlungen verpflichtet hat, als er sie eigentlich schuldete** – wenn er z.B. eine Unterschreitung seines Selbstbehaltes hingenommen hat. Daran muss er sich auch in Zukunft festhalten lassen.[1399]

1324

Dagegen geht das OLG Düsseldorf davon aus, dass der Unterhaltspflichtige unabhängig davon, ob bei Errichtung einer Jugendamtsurkunde ein der eingegangenen Unterhaltsverpflichtung entsprechendes Einkommen tatsächlich erzielt wurde, **jedenfalls nach neun Jahren und einem Tätigkeitswechsel eine Neuberechnung nach den tatsächlichen Gegebenheiten verlangen kann.**[1400]

1325

Obermann[1401] verweist in seiner Anmerkung auf einen Streit zwischen den Obergerichten über den **Umfang der fortbestehenden Bindungswirkung einer einseitigen Verpflichtungserklärung**. Während das OLG Düsseldorf allein aus der Verpflichtung zu einer bestimmten Unterhaltsplicht schließt, dass die Prognose eines entsprechenden Einkommens Geschäftsgrundlage war, sieht dies das OLG Hamm[1402] differenzierter. Ebenfalls ausgehend vom Gedanken, dass sich der Pflichtige in der Regel nicht zu einem höheren als dem gesetzlich geschuldeten Unterhalt verpflichten wolle, nimmt es an, dass dem Anerkenntnis regelmäßig die Prognose zu Grunde liege, dass der Pflichtige zur Zahlung der auf Grund der Titulierung zukünftig fällig werdenden Unterhaltsbeträge in gleichem Umfang fähig sein werde, wie zum Zeitpunkt der Titulierung. Eine bereits zu diesem Zeitpunkt in Kauf genommene Unterschreitung des Selbstbehalts sei dagegen auch in Zukunft bindend.

1326

Nach dieser Auffassung hätte das OLG klären müssen, **welche Einkommensentwicklung der Unterhaltspflichtige bei der Titulierung erwartete**. Auf die Einschätzung der Unterhaltsberechtigten kommt es beim einseitigen Schuldanerkenntnis nicht an. Für diese Prognose ist die Einkommensentwicklung der vorangegangenen Jahre ein wesentliches Kriterium. Angesichts der insoweit divergierenden Rechtsprechung ist im Abänderungsverfahren zu empfehlen, ausführlich zu der Einkommenserwartung vorzutragen, die der Titulierung zu Grunde lag.[1403]

1327

Das OLG Hamm stellt klar, dass der Schuldner an seine **einseitige Verpflichtungserklärung** – die ein Schuldanerkenntnis nach § 781 BGB darstellt – und damit zugleich an die ihr nach Grund und Höhe zugrunde liegenden Umstände **rechtsgeschäftlich gebunden** ist. Macht der Schuldner eine Herabsetzung des Unterhalts geltend, muss er deshalb diese Umstände vortragen und darlegen, dass die bisherige Unterhaltsleistung für ihn wegen Änderung der Verhältnisse nach § 242 BGB unzumutbar geworden ist.[1404]

1328

[1397]OLG Celle v. 20.03.2013 - 10 WF 90/13 - FamRZ 2013, 1829.
[1398]OLG Hamm v. 08.06.2011 - 8 UF 252/10, II-8 UF 252/10 - FamFR 2012, 61.
[1399]OLG Hamm v. 16.11.2011 - 8 UF 96/11 - FamFR 2012, 33.
[1400]Vgl. OLG Düsseldorf v. 28.02.2012 - II-1 UF 306/11 - FamFR 2013, 83.
[1401]Vgl. *Obermann*, FamFR 2013, 83.
[1402]OLG Hamm v. 16.11.2011 - 8 UF 96/11 - FamFR 2012, 33.
[1403]Vgl. *Obermann*, FamFR 2013, 83.
[1404]Vgl. OLG Hamm v. 20.03.2013 - 8 UF 211/12 - NJW 2013, 3377.

1329 Jedoch unterliegen auch prognostizierte Umstände und Fiktionen einer Abänderung. In diesem Fall setzt ein erfolgreiches Abänderungsbegehren voraus, dass in den Verhältnissen, die zu den einzelnen Fiktionen geführt haben, eine wesentliche Änderung eingetreten ist, die einem Festhalten an der ursprünglichen Prognosebeurteilung entgegensteht.[1405]

1330 Behauptet der Unterhaltspflichtige, seine Einkommenserwartungen hätten sich nicht erfüllt und somit habe sich seine Leistungsfähigkeit nicht wie seinerzeit prognostiziert entwickelt, **unterliegen auch prognostizierte Umstände und Fiktionen einer Abänderung**. Hierbei setzt ein erfolgreiches Abänderungsbegehren voraus, dass in den Verhältnissen, die zu den einzelnen Fiktionen geführt haben, eine wesentliche Änderung eingetreten ist, die einem Festhalten an der ursprünglichen Prognosebeurteilung entgegensteht.[1406]

1331 Hat sich der Unterhaltsverpflichtete zur Zahlung von **Mindestunterhalt** für seine Kinder verpflichtet, obwohl er zum Zeitpunkt der Eingehung dieser Verpflichtung nicht leistungsfähig war, lag der Verpflichtung die Prognose zugrunde, dass er eine reale Chance hat, ein Einkommen zu erzielen, durch das er den Mindestunterhalt der Kinder sichern kann. Erlangt der Pflichtige ein solches Einkommen nicht, muss er sich an dem fingierten Einkommen nicht mehr festhalten lassen.[1407] Trägt der Unterhaltspflichtige vor, dass entgegen seiner Prognose ein Nettoeinkommen, das Grundlage eines Mindestkindesunterhalts ist, für nicht erzielbar sei, ist das Abänderungsverfahren zulässig.

1332 Dagegen ist der **Unterhaltsberechtigte** aus dem Titel nicht gebunden. Will er einen höheren Unterhalt durchsetzen, ist dazu zwar auch ein Abänderungsverfahren einzuleiten,[1408] er kann die Abänderung zu seinen Gunsten jedoch ohne Bindung an den Titel verlangen, also auch ohne geänderte Umstände.

VI. Titel aus der Zeit der Minderjährigkeit

1333 Ein aus der Zeit der Minderjährigkeit des Kindes stammender Titel wirkt auch nach Eintritt der Volljährigkeit fort. Gegen diesen Titel kann ggf. im Wege des Abänderungsverfahrens, nicht des Vollstreckungsgegenantrags, vorgegangen werden (vgl. die Kommentierung zu § 1610 BGB Rn. 509).

VII. Freiwillige Zahlungen

1334 Wird Unterhalt **freiwillig gezahlt**, muss der Unterhaltsberechtigte den Unterhaltsverpflichteten vor einer gerichtlichen Durchsetzung zunächst **auffordern**, den **Unterhalt titulieren zu lassen**. Fehlt es an dieser vorherigen Aufforderung, so besteht für den Unterhaltsberechtigten die Gefahr, nach Klageerhebung im Falle eines sofortigen Anerkenntnisses zumindest teilweise mit den Kosten belastet zu werden, § 243 Satz 2 Nr. 4 FamFG (früher § 93 ZPO).

1335 Wird nur ein Teilbetrag gezahlt, ist der Weg in ein – kostengünstiges – sofortiges Anerkenntnis für den Unterhaltsschuldner regelmäßig versperrt.[1409]

1336 Der in Anspruch genommene Unterhaltsschuldner muss auch an der Titulierung mitwirken. Zur Übernahme der ggf. anfallenden **Kosten der Titulierung** muss er sich dagegen nicht bereit erklären. Nach wohl h.M. steht dem Gläubiger gegen den Schuldner des Unterhaltsanspruchs kein gesetzlicher Anspruch auf die Übernahme dieser Kosten zu.[1410] Die Kostentragungspflicht des Schuldners ergibt sich weder als Nebenpflicht aus dem Unterhaltsanspruch noch stellen die Titulierungskosten Sonderbedarf i.S.v. § 1613 Abs. 2 BGB dar.

1337 Für den Kindesunterhalt ist zu beachten, dass die Titulierung des Unterhaltsanspruches **kostenfrei per Jugendamtsurkunde** möglich ist, soweit das Kind bei der Beurkundung das 21. Lebensjahr noch nicht erreicht hat, §§ 59 Abs. 1 Satz 1 Nr. 3, 60 SGB VIII (= KJHG).

[1405] Vgl. OLG Hamm v. 20.03.2013 - 8 UF 211/12 - NJW 2013, 3377.
[1406] Vgl. OLG Hamm v. 20.03.2013 - 8 UF 211/12 - NJW 2013, 3377.
[1407] Vgl. OLG Hamm v. 20.03.2013 - 8 UF 211/12 - NJW 2013, 3377 unter Hinweis auf BGH v. 20.02.2008 - XII ZR 101/05 - NJW 2008, 1525, 1526; OLG Celle v. 05.06.2008 - 17 UF 11/08; OLG Hamm v. 25.06.2008 - 10 UF 12/08, II-10 UF 12/08 - NJW-RR 2008, 1680.
[1408] BGH v. 04.05.2011 - XII ZR 70/09 - NJW 2011, 1874 = FamRZ 2011, 1041; dazu *Menne*, FF 2011, 388.
[1409] BGH v. 02.12.2009 - XII ZB 207/08 - FamRZ 2010, 197; ausführlich *Viefhues*, Fehlerquellen im familienrechtlichen Mandat, 2011, Rn. 573 ff.
[1410] OLG Hamm v. 20.12.2006 - 2 WF 269/06 - NJW 2007, 1758; *Götsche*, jurisPR-FamR 8/2007, Anm. 3.

VIII. Sonstige Gesichtspunkte

Die **Verfahrensstandschaft** des Elternteils, der das Kind betreut, besteht **nach § 1629 Abs. 3 Satz 1 BGB über die Scheidung hinaus fort**. Der während der Trennungszeit in **Verfahrensstandschaft** geltend gemachte Unterhaltsanspruch kann seitens des Obhut führenden Elternteils auch **nach der Scheidung** weiterhin im eigenen Namen geltend gemacht werden.[1411] 1338

Stehen **Unterhaltsansprüche mehrerer Berechtigter** im Raum, so sind diese grundsätzlich so zu beurteilen wie bei gleichzeitiger Entscheidung über alle Ansprüche. Das gilt auch, wenn die Berechtigten gleichen Rang haben.[1412] 1339

Damit ist grds. das unterhaltspflichtige Einkommen eines Unterhaltsschuldners nach Abzug des Selbstbehalts auf alle minderjährigen Kinder aufzuteilen. Kinder, für die der Verpflichtete trotz bestehender Unterhaltspflicht keinen Unterhalt zahlt, sind jedoch dann nicht zu berücksichtigen, wenn eine Zahlungspflicht für die Vergangenheit ausscheidet. Dies ist jedenfalls für die Vergangenheit der Fall, wenn weder der betreuende Elternteil noch ein den Kindern Unterhaltsvorschuss gewährender Träger den barunterhaltspflichtigen Elternteil für die Vergangenheit auf Unterhaltszahlungen in Anspruch genommen hat bzw. nimmt.[1413] 1340

Grundsätzlich ist daher das unterhaltspflichtige Einkommen eines Unterhaltsschuldners nach Abzug des Selbstbehalts auf alle minderjährigen Kinder aufzuteilen. **Kinder, für die der Verpflichtete trotz bestehender Unterhaltspflicht keinen Unterhalt zahlt, sind jedoch dann nicht zu berücksichtigen, wenn eine Zahlungspflicht für die Vergangenheit ausscheidet.**[1414] 1341

Zu den Auswirkungen des **Anspruchsübergangs bei Bafög-Vorausleistungen** an das unterhaltsberechtigte volljährige Kind[1415] vgl. die Kommentierung zu § 1610 BGB Rn. 554. Im Umfang einer **nach § 33 Abs. 1 Satz 1 SGB II übergegangen Forderung** fehlt dem Kind bzw. der gesetzlichen Vertreterin die **Aktivlegitimation**; etwas anderes gilt, wenn sie als gesetzliche Prozessstandschafterin den Zahlungsantrag – ganz oder teilweise – gemäß § 265 ZPO auf **Zahlung an das Jobcenter** umstellt.[1416] 1342

Eine Zahlung an das Kind setzt eine **wirksame Rückabtretung** und damit einen Rückabtretungsvertrag voraus. Eine vom Jobcenter dem Kind bzw. der gesetzlichen Vertreterin übersandte Vertragsurkunde muss nach Unterzeichnung dem Vertragspartner – also dem Jobcenter – **zugegangen** sein, soweit nicht auf die **Annahmeerklärung** verzichtet worden ist, §§ 146, 147 Abs. 2, 151 BGB.[1417] 1343

Das **Jobcenter als Nebenintervenientin** kann nicht Leistung an sich verlangen, § 265 Abs. 2 ZPO. Eine Übernahme des Prozesses durch den Rechtsnachfolger erfordert neben der Zustimmung des Gegners – hier des Beklagten – nach den Regeln des Parteiwechsels auch eine Zustimmung des Rechtsvorgängers – hier der Klägerin.[1418] 1344

Eine **Inzidentfeststellung der Vaterschaft** im Unterhaltsverfahren ist grundsätzlich nicht möglich. Eine Ausnahme gilt im Regressprozess zwischen dem Scheinvater und dem von ihm vermuteten Erzeuger des Kindes nur dann, wenn die Vaterschaft unstreitig ist oder deren Voraussetzungen substantiiert behauptet werden und aus bestimmten Gründen ein Verfahren auf Feststellung der Vaterschaft nicht oder nicht in absehbarer Zeit stattfinden kann. Dieser Fall wäre gegeben, wenn keiner der in § 1600 BGB genannten Anfechtungsberechtigen willens oder wegen Verstreichens der Anfechtungsfrist des § 1600b BGB in der Lage wäre, die Vaterschaft des Scheinvaters anzufechten.[1419] 1345

Das OLG Hamm hat im Rahmen eines Verfahrenskostenhilfeverfahrens entschieden, dass der Ehemann, der seine – durch eine bestehende Ehe – gesetzlich zugeordnete Vaterschaft nicht wirksam angefochten hat und deswegen rechtlicher Vater ist, dem Kind auch dann Unterhalt schuldet, wenn unstreitig ist, dass er nicht der leibliche Vater ist.[1420] 1346

[1411] BGH v. 19.06.2013 - XII ZB 39/11 - FamRZ 2013, 137 unter Hinweis auf BGH v. 15.11.1989 - IVb ZR 3/89 - BGHZ 109, 211 = FamRZ 1990, 283, 284; OLG Brandenburg v. 16.10.2012 - 10 UF 10/12 - FamFR 2012, 535.
[1412] OLG Brandenburg v. 14.12.2010 - 10 UF 131/10.
[1413] OLG Brandenburg v. 16.10.2012 - 10 UF 10/12 - FamFR 2012, 535.
[1414] OLG Brandenburg v. 16.10.2012 - 10 UF 10/12 - FamFR 2012, 535.
[1415] Vgl. BGH v. 17.07.2013 - XII ZR 49/12 - FamRZ 2013, 1644; zur Frage der Rückforderung von geleistetem Unterhalt, wenn der Berechtigte nachträglich BAföG-Leistungen bezieht, vgl. OLG Düsseldorf v. 02.08.2013 - 3 UF 92/13 - FamRZ 2014, 566.
[1416] OLG Dresden v. 10.10.2013 - 22 UF 818/12.
[1417] OLG Dresden v. 10.10.2013 - 22 UF 818/12.
[1418] OLG Dresden v. 10.10.2013 - 22 UF 818/12.
[1419] OLG Hamm v. 18.02.2013 - 8 WF 13/13 - FamFR 2013, 395.
[1420] OLG Hamm v. 19.11.2013 - 2 WF 190/13 - NZFam 2014, 139.

IX. Verfahrenskostenhilfe

1347 Ein Unterhalt begehrender Beteiligter, der die Höhe des Einkommens des Anspruchsgegners nicht kennt, handelt **mutwillig** im Sinne von § 113 Abs. 1 FamFG in Verbindung mit § 114 Satz 1 ZPO, wenn er Verfahrenskostenhilfe für einen Antrag auf Zahlung des **höchsten denkbaren Unterhaltsbetrages** begehrt, ohne – unter zunächst vorsichtiger Schätzung der Höhe des Unterhaltsanspruchs – im Wege des Stufenantrags zunächst einen Anspruch auf Auskunftserteilung geltend zu machen.[1421]

1348 Erklärt der von seinem minderjährigen Kind auf Zahlung des Mindestunterhalts in Anspruch genommene Elternteil, nur in Höhe eines Teilbetrages leistungsfähig zu sein, handelt das minderjährige Kind nicht mutwillig, wenn es von einer Aufforderung zur Erstellung einer kostenfreien Jugendamtsurkunde absieht, sondern sogleich den Elternteil in voller Höhe auf gerichtlichem Wege in Anspruch nimmt.[1422]

1349 Die Entscheidung des OLG deckt sich mit der – in der Praxis leider trotz der dadurch ausgelösten Haftungsrisiken für den Anwalt weitgehend unbeachtet gebliebenen – Entscheidung des BGH v. 02.12.2009.[1423] Darin hat der BGH klargestellt, dass der Unterhaltsberechtigte den Unterhaltspflichtigen, der freiwillige Zahlungen erbringt, vorgerichtlich dann nicht zur Erstellung eines Titels auffordern muss, wenn diese Zahlungen nicht den vollen Unterhalt abdecken. Folge davon ist, dass in diesem Fall der nicht vorher zur Erstellung eines Titels aufgeforderte Unterhaltspflichtige seinerseits im gerichtlichen Verfahren kein sofortiges Anerkenntnis erklären kann, da er durch seine nur teilweise Zahlung des geschuldeten Unterhaltsbetrages zur Einleitung des gerichtlichen Verfahrens Veranlassung gegeben hat.

1350 Dies ist auch in Fällen, in denen Verfahrenskostenhilfe beansprucht werden kann, zu beachten, weil die Bewilligung von Verfahrenskostenhilfe an den Unterhaltsberechtigten als Antragsteller diesen nicht vor der Auferlegung von Kosten schützt.

1351 *Böhne*[1424] äußert Zweifel, ob die gleiche Bewertung wie vom OLG Hamm[1425] vorzunehmen sei, wenn die streitige Differenz zum Mindestunterhalt weniger als die Hälfte oder gar nur einen geringen Betrag ausmachen würde. Dafür spreche, dass das OLG die im vorliegenden Fall deutlich über der Hälfte liegende Differenz ausdrücklich beziffert und damit herausstellt. Da die Kostenentscheidung gem. § 243 FamFG nach billigem Ermessen ergeht,[1426] könnte das Gericht hier bei einer geringeren Differenz die Kosten durchaus auch abweichend verteilen.

1352 Es empfiehlt sich daher, doch noch eine kurze Aufforderung zur Errichtung einer Jugendamtsurkunde anzubringen, wenn nach einer bis dahin geführten Korrespondenz nur eine relativ geringe Differenz zwischen anerkannter Leistungsfähigkeit und gefordertem Mindestunterhalt verbleibt.[1427]

1353 Die Geltendmachung rückständigen Unterhalts ist **mutwillig** im Sinne des § 114 ZPO, soweit der Antragsteller ohne nachvollziehbaren Grund nicht zeitnah nach einem Auskunfts- oder Zahlungsverlangen einen verfahrenseinleitenden Antrag bei Gericht stellt und aufgrund der Werterhöhung gemäß § 51 Abs. 2 FamGKG erhebliche Mehrkosten entstehen.[1428]

1354 Dagegen fordert das OLG Saarbrücken stets eine **konkrete Einzelfallprüfung**. Es könne nicht grundsätzlich davon ausgegangen werden, dass ein Unterhaltsgläubiger verfahrenskostenhilferechtlich mutwillig handelt, wenn er erst den Verfahrenswert erhöhende Rückstände auflaufen lässt, bevor er den Unterhalt gerichtlich geltend macht.[1429]

D. Steuerrechtliche Hinweise

1355 Vgl. hierzu die Steuerrechtl. Hinw. zu §§ 1601 ff. BGB.

[1421] OLG Hamburg v. 26.08.2013 - 7 WF 77/13 - FuR 2013, 722.
[1422] OLG Hamm v. 10.10.2013 - 2 WF 213/13 - NJW 2013, 3795.
[1423] BGH v. 02.12.2009 - XII ZB 207/08 - FamRZ 2010, 195; dazu *Götsche*, FamRB 2010, 75; ausführlich *Viefhues*, ZFE 2010, 127 und *Viefhues*, jurisPR-FamR 2/2010, Anm. 4.
[1424] *Böhne*, FamFR 2013, 567.
[1425] OLG Hamm v. 10.10.2013 - 2 WF 213/13 - NJW 2013, 3795.
[1426] Vgl. *Roßmann* in: Horndasch/Viefhues, FamFG, 2014, § 243 Rn. 3 ff.
[1427] *Böhne*, FamFR 2013, 567.
[1428] OLG Celle v. 12.05.2011 - 10 WF 135/11; OLG Celle v. 12.05.2011 - 10 WF 135/11 - FuR 2011, 533 mit krit. Anm. *Soyka*; OLG Celle v. 05.07.2010 - 10 WF 209/10 - FamRZ 2011, 50 f.
[1429] OLG Saarbrücken v. 21.01.2014 - 6 WF 7/14.

Unter Änderung seiner Rechtsprechung erkennt der BFH jetzt die **Kosten eines gerichtlichen Verfahrens** als **steuerrechtlich abzugsfähig** an. Zivilprozesskosten können Kläger wie Beklagtem unabhängig vom Gegenstand des Prozesses aus rechtlichen Gründen zwangsläufig erwachsen. Unausweichlich sind derartige Aufwendungen jedoch nur, wenn die beabsichtigte Rechtsverfolgung oder Rechtsverteidigung hinreichende Aussicht auf Erfolg bietet und nicht mutwillig erscheint. Zivilprozesskosten sind jedoch nur insoweit abziehbar, als sie notwendig sind und einen angemessenen Betrag nicht überschreiten. Etwaige Leistungen aus einer Rechtsschutzversicherung sind im Rahmen der Vorteilsanrechnung zu berücksichtigen.[1430] 1356

Einkommensteuervorauszahlungen dienen – wenn keine ausdrückliche Tilgungsbestimmung getroffen wird – der Tilgung der Steuerschulden beider Eheleute, wenn es sich im Zahlungszeitpunkt um eine intakte Ehe handelt. Lassen sich die Eheleute getrennt zur Einkommensteuer veranlagen, werden die Einkommensteuervorauszahlungen zunächst auf die Steuerfestsetzungen beider Ehegatten angerechnet; nur ein etwaiger Überschuss steht beiden Ehegatten je zur Hälfte zu. 1357

[1430] BFH v. 12.05.2011 - VI R 42/10 - FamRZ 2011, 1295.

§ 1604 BGB Einfluss des Güterstands

(Fassung vom 21.12.2007, gültig ab 01.01.2008)

¹Lebt der Unterhaltspflichtige in Gütergemeinschaft, bestimmt sich seine Unterhaltspflicht Verwandten gegenüber so, als ob das Gesamtgut ihm gehörte. ²Haben beide in Gütergemeinschaft lebende Personen bedürftige Verwandte, ist der Unterhalt aus dem Gesamtgut so zu gewähren, als ob die Bedürftigen zu beiden Unterhaltspflichtigen in dem Verwandtschaftsverhältnis stünden, auf dem die Unterhaltspflicht des Verpflichteten beruht.

Gliederung

A. Grundlagen 1	II. Satz 2 8
B. Praktische Bedeutung 3	III. Abdingbarkeit 9
C. Anwendungsvoraussetzungen 4	D. Literatur 10
I. Satz 1 4	E. Steuerrechtliche Hinweise 11

A. Grundlagen

1 § 1604 BGB regelt die Besonderheiten, die sich bei der **Gütergemeinschaft** für die unterhaltsrechtliche Leistungsfähigkeit ergeben. § 1583 BGB erklärt diese Norm für den Geschiedenenunterhalt für entsprechend anwendbar.

2 Die Vorschrift eröffnet damit den Zugriff auf das von dem anderen Ehegatten eingebrachte und erworbene Gut und führt so im Ergebnis zu einer mittelbaren Unterhaltspflicht des anderen Ehegatten, die sonst nicht zulässig ist.

B. Praktische Bedeutung

3 Die praktische Bedeutung der Norm ist gering, da der Güterstand der Gütergemeinschaft nur noch selten vorkommt.

C. Anwendungsvoraussetzungen

I. Satz 1

4 Voraussetzung ist das Bestehen einer Gütergemeinschaft zwischen den Eheleuten gem. den §§ 1416-1518 BGB.

5 Der Unterhaltsschuldner ist **Alleineigentümer** seines Vorbehalts- und Sondergutes, nicht aber des Gesamtguts. Nach § 1604 Satz 1 BGB wird er aber auch hinsichtlich des Gesamtgutes so behandelt, als sei er Alleineigentümer. Für die Unterhaltspflichten kann also das Gesamtgut in vollem Umfang herangezogen werden, nicht nur nach dem Anteil des Unterhaltspflichtigen daran.

6 Die Unterhaltspflicht ist **Gesamtgutverbindlichkeit** (§§ 1437 Abs. 1, 1459 Abs. 1 BGB), muss aber bei einer Auseinandersetzung des Gesamtgutes ausgeglichen werden (§§ 1441 Abs. 1 Nr. 2, 1463 Nr. 2 BGB).

7 **Rechtsprechung:** Die Vorschrift kommt auch zur Anwendung bei der Unterhaltspflicht von Kindern gegenüber ihren Eltern. Lebt das unterhaltsverpflichtete Kind in Gütergemeinschaft, ist auch das Einkommen des Ehegatten bei der Beurteilung der Leistungsfähigkeit zu berücksichtigen.[1]

II. Satz 2

8 Sind **beide Ehegatten unterhaltspflichtig**, dann wird durch die Vorschrift fingiert, dass das Verwandtschaftsverhältnis aller Unterhaltsberechtigten zu beiden besteht. Diese bestehenden beiderseitigen Unterhaltspflichten sind bei der Leistungsfähigkeit zu berücksichtigen. Die Rangfolge der Unterhaltsberechtigten richtet sich nach § 1609 BGB.

III. Abdingbarkeit

9 Der Güterstand der Gütergemeinschaft kann **durch Ehevertrag aufgehoben** werden.

---

[1] OLG Frankfurt v. 09.08.2001 - 1 UF 66/01 - OLGR Frankfurt 2002, 25-27.

D. Literatur
Everts, Haftungsvermeidung durch Gütergemeinschaft?, ZFE 2004, 273-276. 10

E. Steuerrechtliche Hinweise
Vgl. hierzu die Steuerrechtl. Hinw. zu §§ 1601 ff. BGB. 11

§ 1605 BGB Auskunftspflicht

(Fassung vom 02.01.2002, gültig ab 01.01.2002)

(1) ¹Verwandte in gerader Linie sind einander verpflichtet, auf Verlangen über ihre Einkünfte und ihr Vermögen Auskunft zu erteilen, soweit dies zur Feststellung eines Unterhaltsanspruchs oder einer Unterhaltsverpflichtung erforderlich ist. ²Über die Höhe der Einkünfte sind auf Verlangen Belege, insbesondere Bescheinigungen des Arbeitgebers, vorzulegen. ³Die §§ 260, 261 sind entsprechend anzuwenden.

(2) Vor Ablauf von zwei Jahren kann Auskunft erneut nur verlangt werden, wenn glaubhaft gemacht wird, dass der zur Auskunft Verpflichtete später wesentlich höhere Einkünfte oder weiteres Vermögen erworben hat.

Gliederung

A. Grundlagen 1
B. Anwendungsvoraussetzungen 27
   I. Berechtigte des Auskunftsanspruchs 27
     1. Auskunftsansprüche beim Unterhalt minderjähriger Kinder 29
     2. Auskunftsansprüche beim Ehegattenunterhalt 32
     3. Auskunftsansprüche beim Unterhalt volljähriger Kinder 35
      a. Auskunftsansprüche zwischen Eltern und Kind 35
      b. Auskunftsansprüche zwischen den Eltern des Kindes 37
     4. Auskunftsansprüche bei Haftung der Großeltern 43
     5. Auskunftsansprüche beim Elternunterhalt ... 45
     6. Anspruchsübergang 47
   II. Umfang und Inhalt der Auskunft 48
     1. Umfang der Auskunft 49
      a. Auskunft über eigene Fakten 49
      b. Auskunft über Einkünfte der neuen Ehefrau 61
     2. Inhalt der geschuldeten Auskunft 69
      a. Auskunft zum Einkommen 71
      b. Auskunft zum Vermögen 79
     3. Form der geschuldeten Auskunft 80
   III. Zeitpunkt der Auskunft 88
   IV. Weitere Vorgehensweise 89
   V. Vorlage von Belegen (Absatz 1 Satz 2) 91
     1. Belege zum Einkommen 96
     2. Steuerbescheide/Steuererklärungen 101
      a. Bescheide nur des Auskunftspflichtigen 101
      b. Gemeinsame Bescheide des Auskunftspflichtigen und seines Ehegatten 104
   VI. Abgabe der eidesstattlichen Versicherung (Absatz 1 Satz 3) 112
   VII. Erneute Auskunft (Absatz 2) 113
   VIII. Allgemeiner Auskunftsanspruch aus § 242 BGB 121
   IX. Pflicht zur unaufgeforderten Information 128

     1. Pflicht im Rahmen eines laufenden gerichtlichen Verfahrens 128
      a. Gerichtliche Auflage nach § 235 FamFG 128
      b. Allgemeine Wahrheitspflicht aus § 138 ZPO 132
     2. Pflicht außerhalb eines laufenden gerichtlichen Verfahrens 136
      a. Mitteilungspflichten nach geschlossenem Vergleich 136
      b. Mitteilungspflichten nach gerichtlichem Titel 137
      c. Mitteilungspflichten ohne Titel 140
      d. Rechtsfolgen einer Verletzung der Mitteilungspflichten 142
C. Verfahrenshinweise 145
   I. Formulierungsvorschlag für die vorgerichtliche Aufforderung zur Auskunft mit Vorlage von Belegen (Textmuster) 145
   II. Bestimmtheit des Titels 148
   III. Regelungen für das gerichtliche Verfahren... 150
     1. Hauptsacheverfahren 151
     2. Auskunftsantrag im Verbundverfahren 152
     3. Stufenantrag als besondere Form des Auskunftsverfahrens 153
     4. Kostenentscheidung 159
     5. Gegenstandswert eines Auskunftsverfahrens ... 163
     6. Verfahrenskostenhilfe 171
     7. Verfahrenskostenhilfe bei Stufenverfahren ... 172
     8. Verfahrenskostenhilfe für die Vollstreckung .. 177
   IV. Vollstreckung des Auskunftstitels (mit Formulierungsvorschlag) 178
   V. Beschwer bei Auskunftsverfahren 186
     1. Abwehrinteresse des Antragsgegners 187
      a. Auskunftserteilung ohne Hilfspersonen 189
      b. Notwendigkeit der Zuziehung von Hilfspersonen 192
      c. Sonstige Gesichtspunkte 199
     2. Angriffsinteresse des Antragstellers 200
     3. Prüfung in der Rechtsbeschwerde 202
D. Steuerrechtliche Hinweise 204

A. Grundlagen

Die Vorschrift regelt den Auskunftsanspruch für den **Verwandtenunterhalt**. Auf sie wird jedoch verwiesen beim Unterhaltsanspruch zwischen den **Eltern** des Kindes (§ 1615l Abs. 3 Satz 1 BGB) beim Unterhaltsanspruch zwischen getrennt lebenden **Eheleuten** (§ 1361 Abs. 4 Satz 4 BGB) und beim Geschiedenenunterhalt (§ 1580 Satz 2 BGB). 1

Ein **Textmuster** für vorgerichtliche **Auskunftsverlangen** ist in Rn. 145 ff. abgedruckt. 2

Die **Kosten der Auskunftserteilung** trägt grundsätzlich der Auskunftspflichtige. 3

Auskunft über Einkommen und Vermögen ist zu erteilen **für Unterhaltszwecke**. Der Auskunftsberechtigte soll vor einem Rechtsstreit die Möglichkeit erhalten, sich die notwendigen Kenntnisse zu verschaffen, um die Ansprüche genau zu berechnen und Einwendungen in begründeter Form vorbringen zu können. Der Auskunftsanspruch ist damit Ausfluss des Grundsatzes von Treu und Glauben. 4

Der Auskunftsanspruch dient auch dazu, einen Rechtsstreit zu vermeiden. **Sinn und Zweck des Auskunftsanspruchs** ist, dass bereits im Vorfeld gerichtlicher Auseinandersetzungen alle notwendigen Fakten gegeben sind, damit mögliche gerichtliche Auseinandersetzungen vermieden werden.[1] Andernfalls verbliebe dem Unterhaltsberechtigten das Risiko, zu geringen Unterhalt geltend zu machen bzw. im Fall einer zu hohen Unterhaltsforderung die mit dem teilweisen Unterliegen verbundene Kostenbelastung (vgl. auch Rn. 159). 5

Damit korrespondieren die **Kostenregelungen** des § 243 Satz 2 Nr. 2 FamFG. Ein Auskunftspflichtiger, der seiner Auskunftsverpflichtung nicht oder nicht vollständig nachgekommen ist und damit Veranlassung für die Einleitung eines gerichtlichen Verfahrens gesetzt hat, kann die Kosten nach billigem Ermessen ganz oder teilweise auferlegt bekommen. Hat der Gläubiger also den Schuldner korrekt aufgefordert und werden Unterlagen zur mangelnden Leistungsfähigkeit erst im gerichtlichen Verfahren vom Schuldner vorgelegt, trifft die Kostenlast grundsätzlich den Schuldner.[2] Dies gilt auch dann, wenn der Antragsgegner Anlass zu einem Unterhalts-Stufenverfahren gegeben hat und sich die Hauptsache im Verfahrenskostenhilfe-Prüfungsverfahren noch **vor der förmlichen Zustellung des Antrags** erledigt.[3] 6

Dies ist auch dann der Fall, wenn sie das maßgebliche Einkommen nur mit ca.-Werten angibt und bei einem mitgeteilten Durchschnittswert nicht klargestellt wird, ob darin ein gezahltes Weihnachts- oder Urlaubsgeld berücksichtigt ist.[4] 7

Kommt der Unterhaltsschuldner dem vorprozessualen Auskunftsverlangen des Unterhaltsberechtigten nicht nach, muss er den dadurch entstandenen **Verzugsschaden** ersetzen.[5] Dieser Schadensersatzanspruch umfasst auch die durch das Auskunftsverlangen entstandenen außergerichtlichen Rechtsanwaltsgebühren und Auslagen.[6] Die Zuständigkeit der Familiengerichte ergibt sich aus **§ 266 FamFG**. 8

Lehnt der Auskunftspflichtige jede Zusammenarbeit mit dem Auskunftsberechtigten ab, ist dieser auch nicht verpflichtet, bei ungenauen oder nicht ausreichenden Angaben weiter nachzufragen.[7] 9

Der Auskunftsanspruch ist ein unselbständiger Hilfsanspruch zum jeweiligen Unterhaltsanspruch. Folglich müssen die **materiell-rechtlichen Voraussetzungen des Unterhaltsanspruchs gegeben sein**, die von den wirtschaftlichen Verhältnissen der Parteien unabhängig sind. Die gewünschte Auskunft muss **für den Unterhaltsanspruch relevant** sein. 10

Es genügt aber bereits, dass die Auskunft **für die Bemessung der Höhe des Unterhalts von Bedeutung** sein kann.[8] 11

Dementsprechend bestehen für eine Auskunftsklage keine Erfolgsaussichten, wenn die Anspruchsvoraussetzungen für einen Unterhaltsanspruch nicht dargelegt werden.[9] 12

Legen die tatsächlichen Verhältnisse es nahe, dass der Unterhaltsanspruch nicht besteht oder verwirkt ist, genügt nicht allein die Darstellung des Unterhaltsverhältnisses.[10] 13

---

[1] BGH v. 02.06.2010 - XII ZR 124/08 - FamRZ 2011, 21 = NJW 2011, 226-228 m. Anm. *Schwolow*.
[2] OLG Naumburg v. 28.09.2000 - 8 WF 178/00 - FamRZ 2001, 1719.
[3] OLG Celle v. 05.06.2008 - 12 WF 120/08 - FamRZ 2009, 72.
[4] OLG Celle v. 12.03.2012 - 10 WF 62/12 - FamRZ 2012, 1744.
[5] *Graba* in: Johannsen/Henrich, Familienrecht, 2010, § 1605 Rn. 5.
[6] AG München v. 03.03.2006 - 511 F 7960/05 - Streit 2007, 73, Rn. 21.
[7] OLG Celle v. 12.03.2012 - 10 WF 62/12 - FamRZ 2012, 1744.
[8] BGH v. 22.06.1994 - XII ZR 100/93 - FamRZ 1994, 1169.
[9] OLG Hamm v. 29.12.2004 - 13 WF 348/04 - FamRZ 2005, 1839.
[10] OLG Brandenburg v. 21.07.2006 - 9 UF 107/06 - FamRZ 2007, 288-289.

§ 1605

14 Auskunft wird dagegen **nicht geschuldet**, wenn feststeht, dass die Auskunft den Unterhaltsanspruch unter keinem Gesichtspunkt beeinflussen kann.[11]

15 Das ist z.B. dann der Fall, wenn feststeht, dass der Bedarf des Unterhaltsberechtigten vollständig durch eigene Einkünfte gedeckt wird.[12] Liegt ein wirksamer **Unterhaltsverzicht** vor, besteht auch keine Auskunftspflicht.[13]

16 Jedoch entbindet eine in einem Ehevertrag getroffene Festlegung der Unterhaltshöhe den Verpflichteten nicht von seiner Auskunftspflicht.[14] Denn nach § 1614 BGB kann für die Zukunft auf Unterhalt nicht verzichtet werden. Ohne die Auskunft über die Einkünfte kann aber nicht beurteilt werden, ob sich der in der Vereinbarung festgelegte Unterhaltsbetrag noch in dem Ermessensspielraum einer zulässigen Modifizierung des Unterhalts bewegt oder ob dieser überschritten wird und damit ein nach § 134 BGB nichtiger Teilverzicht vorliegt.

17 Auch kann keine Auskunft verlangt werden, wenn der Auskunftsberechtigte die erforderlichen **Informationen selbst kennt**.[15]

18 Ebenso scheidet eine Auskunft aus, wenn der Unterhaltspflichtige seine uneingeschränkte Leistungsfähigkeit eingesteht.[16]

19 Auch bei feststehender Leistungsfähigkeit kann ein Auskunftsanspruch aber dann bestehen, wenn ein **Quotenunterhalt** festgelegt werden oder sich die Frage der **Begrenzung** des Unterhaltsanspruchs gem. § 1578b BGB stellen könnte.[17]

20 Dagegen kann ein Auskunftsanspruch eines geschiedenen Ehegatten kaum mit dem Argument verweigert werden, die Anspruchstellerin sei **nicht unterhaltsbedürftig**. Ob sie in der Lage ist, aus eigener Kraft ihren eheangemessenen Unterhaltsbedarf selbst zu decken, kann sie erst darlegen, wenn sie die Höhe dieses eheangemessenen Unterhaltsbedarfs ermitteln kann.[18]

21 Ebenso scheidet ein Auskunftsanspruch aus, wenn der unterhaltsrechtliche Bedarf von dritter Seite – wie z.B. vom Träger der Jugendhilfe – gedeckt wird.[19]

22 Dagegen steht der **Verwirkungseinwand** des § 1611 BGB dem Auskunftsanspruch nach § 1605 BGB regelmäßig nicht entgegen.[20] Dies gilt auch für den Verwirkungseinwandes aus **§ 1579 BGB**. Denn erst anhand einer differenzierenden Einzelfallprüfung kann entschieden werden, ob der Unterhaltsanspruch gänzlich zu versagen, lediglich herabzusetzen oder zeitlich zu begrenzen ist (vgl. die Kommentierung zu § 1611 BGB Rn. 90 f. und die Kommentierung zu § 1579 BGB Rn. 218 f.). Ohne Kenntnis der wirtschaftlichen Verhältnisse beider Beteiligter, insbesondere der Einkünfte, kann dies nicht hinreichend gewürdigt werden. Daher hindert dieser Einwand einen Auskunftsanspruch nicht.[21]

23 Eine Auskunftsverpflichtung scheidet nur dann aus, wenn der Unterhaltsanspruch aufgrund der Verwirkungsnorm sicher entfällt. Dies kann jedenfalls dann nicht sicher angenommen werden, wenn möglicherweise auch nur eine Herabsetzung des Unterhaltes in Betracht kommt.[22]

24 Zuvor erteilte mündliche Informationen machen ein Auskunftsverlangen nicht **rechtsmissbräuchlich**. Andernfalls verlöre der Auskunftsgläubiger die Möglichkeit, den Wahrheitsgehalt der Auskünfte gegebenenfalls im Rahmen der Abgabe einer diesbezüglichen eidesstattlichen Versicherung gemäß §§ 1605 Abs. 1 Satz 3, 260 Abs. 2 BGB absichern zu können.[23]

25 Gegenüber einem Auskunftsanspruch kann **kein Zurückbehaltungsrecht** geltend gemacht werden.[24]

---

[11] BGH v. 22.06.1994 - XII ZR 100/93 - FamRZ 1994, 1169; BGH v. 21.04.1993 - XII ZR 248/91 - FamRZ 1993, 1065; BGH v. 07.07.1982 - IVb ZR 738/80 - FamRZ 1982, 996.
[12] OLG Düsseldorf v. 02.09.1997 - 1 UF 12/97 - FamRZ 1998, 1191-1192.
[13] OLG Saarbrücken v. 14.02.2002 - 6 WF 114/01 - OLGR Saarbrücken 2002, 172-173.
[14] OLG Hamm v. 15.12.2010 - II-5 WF 157/10 - FamFR 2011, 106.
[15] BGH v. 22.06.1994 - XII ZR 100/93 - FamRZ 1994, 1169.
[16] OLG Oldenburg v. 11.05.2010 - 13 UF 87/09; OLG Köln v. 12.01.2010 - 4 UF 93/09 - FamRZ 2010, 1445.
[17] OLG Rostock v. 11.05.2009 - 10 WF 75/09 - FamRZ 2009, 2014.
[18] OLG Zweibrücken v. 21.10.2010 - 6 UF 77/10 - FamRZ 2011, 1066.
[19] OLG Bremen v. 07.09.2011 - 5 UF 52/11 - FamRZ 2012, 316.
[20] OLG Frankfurt v. 02.03.1993 - 4 WF 24/93 - FamRZ 1993, 1241-1242.
[21] OLG Zweibrücken v. 21.10.2010 - 6 UF 77/10 - FamRZ 2011, 1066.
[22] OLG Hamm v. 31.05.2006 - 11 UF 53/06 - FuR 2006, 561; OLG Bamberg v. 21.07.2005 - 2 UF 70/05 - FuR 2005, 519 entschieden für den Fall des § 1579 BGB.
[23] AG Ludwigslust v. 19.05.2010 - 5 F 24/09 - FamRZ 2010, 2080 (LS).
[24] OLG Brandenburg v. 21.12.2000 - 10 WF 9/00 - OLGR Brandenburg 2002, 251-252.

Der Auskunftsanspruch aus § 1605 BGB erlischt nicht durch eine **vorgerichtliche Auskunftserteilung gegenüber dem Jugendamt**, unabhängig von der Frage, ob eine Beistandschaft bestand.[25]

B. Anwendungsvoraussetzungen

I. Berechtigte des Auskunftsanspruchs

Voraussetzung des Anspruchs aus § 1605 BGB ist, dass Anspruchsteller und Anspruchsgegner in gerader Linie miteinander **verwandt** sind (§ 1589 BGB). Ein Anspruch gegen Verwandte der Seitenlinie – Geschwister – besteht auch dann nicht, wenn von deren Leistungsfähigkeit die Höhe der eigenen Verpflichtungen abhängt[26] (zu einem Auskunftsanspruch aus § 242 BGB vgl. Rn. 30).

Der Auskunftsanspruch steht sowohl dem **Unterhaltsberechtigten** als auch dem **Unterhaltspflichtigen** zu.

1. Auskunftsansprüche beim Unterhalt minderjähriger Kinder

Beim Unterhalt minderjähriger Kinder besteht ein **Auskunftsanspruch des Kindes** gegen den **barunterhaltspflichtigen Elternteil**, aber auch umgekehrt dieses Elternteils gegen das Kind.

Ein **aus § 242 BGB** abgeleiteter **direkter Auskunftsanspruch** des barunterhaltspflichtigen Elternteils gegen den anderen Elternteil kann im Hinblick auf die Regelung des **§ 1603 Abs. 2 Satz 3 BGB** in Betracht kommen, nach der ausnahmsweise auch der betreuende Elternteil Barunterhalt leisten muss[27] (vgl. dazu die Kommentierung zu § 1603 BGB Rn. 886 f.). Jedoch müssen hierfür entsprechende Anhaltspunkte gegeben sein; die lediglich abstrakte Möglichkeit reicht nicht aus. Eine Auskunftspflicht scheidet jedoch aus, wenn eine Barunterhaltspflicht des betreuenden Elternteils offensichtlich ausscheidet[28] (vgl. Rn. 39).

Wird bereits **Kindesunterhalt nach der höchsten Stufe der Düsseldorfer Tabelle** gezahlt, soll ebenfalls kein Auskunftsanspruch bestehen.[29]

2. Auskunftsansprüche beim Ehegattenunterhalt

Beim Unterhaltsanspruch zwischen getrennt lebenden **Eheleuten** (§ 1361 Abs. 4 Satz 4 BGB) und beim Geschiedenenunterhalt (§ 1580 Satz 2 BGB) wird auf § 1605 BGB verwiesen.

Ein **gegenseitiger Auskunftsanspruch** von Ehegatten besteht regelmäßig. Ausreichend ist, wenn diese Auskunft für die Bemessung des Unterhalts von Bedeutung ist. Das gilt auch dann, wenn der Schuldner sich auf eine Befristung oder Begrenzung beruft. Ein Auskunftsanspruch scheidet nur dann aus, wenn unter keinen Umständen Unterhalt geschuldet wird.[30]

Ehegatten sind einander auch dann zur Auskunft über ihre Einkommens- und Vermögensverhältnisse verpflichtet, wenn sie den Trennungsunterhalt bereits durch notarielle Vereinbarung geregelt haben.[31] Steht die Frage der Unwirksamkeit einer solchen Regelung im Raum, ist dennoch die Auskunft zu erteilen, da diese Frage i.d.R. nur beantwortet werden kann, wenn alle Informationen vorliegen.

3. Auskunftsansprüche beim Unterhalt volljähriger Kinder

a. Auskunftsansprüche zwischen Eltern und Kind

Aus § 1605 BGB hat das unterhaltsberechtigte volljährige Kind einen Auskunftsanspruch gegen alle als unterhaltspflichtig in Betracht kommenden Personen, insbesondere also gegen beide Elternteile. Umgekehrt hat auch jeder Elternteil einen Auskunftsanspruch gegen das Kind.

Begehrt ein **volljähriges Kind** Auskunft, ist Verfahrenskostenhilfe zumindest dann zu verweigern, wenn aufgrund der aus der Akte erkennbaren Fakten ein Unterhaltsanspruch nicht einmal wahrscheinlich erscheint.[32]

---

[25] OLG Jena, v. 30.08.2013 - 1 WF 429/13 - FamRZ 2014, 965.
[26] BGH v. 07.05.2003 - XII ZR 229/00 - NJW 2003, 3624-3626.
[27] OLG Köln v. 25.11.1991 - 25 WF 239/91 - FamRZ 1992, 469-470; OLG Zweibrücken v. 15.12.1999 - 5 UF 114/99 - FamRZ 2001, 249-250; a.A. OLG Hamm v. 11.11.1986 - 2 UF 293/86 - FamRZ 1987, 744-745; ausführlich *Hoppenz*, FamRZ 2008, 733.
[28] *Büttner/Niepmann*, NJW 2003, 2492-2502, 2496.
[29] AG Köln v. 07.07.2011 - 322 F 182/10 - juris Rn. 26.
[30] AG Köln v. 07.07.2011 - 322 F 182/10 - juris Rn. 24.
[31] BGH v. 21.04.2010 - XII ZB 128/09 - FamRZ 2010, 964.
[32] OLG Naumburg v. 06.02.2008 - 3 WF 20/08.

b. Auskunftsansprüche zwischen den Eltern des Kindes

37 Wegen der anteiligen Haftung beider Eltern (vgl. dazu die Kommentierung zu § 1606 BGB Rn. 29) für den Unterhalt ihres volljährigen Kindes hat jeder Elternteil einen **aus § 242 BGB** abgeleiteten **direkten Auskunftsanspruch** gegen den anderen **Elternteil**.

38 Einige Obergerichte verneinen dagegen einen solchen Auskunftsanspruch, wenn der Anspruchsteller auf die Auskunft nicht angewiesen ist, weil das volljährige Kind die Darlegungs- und Beweislast für den Haftungsanteil und damit die Einkommens- und Vermögensverhältnisse des anderen Elternteils trägt.[33]

39 Dem ist nicht zuzustimmen. Jeder Elternteil hat das Recht, bereits im Vorfeld vom anderen Elternteil die erforderlichen Zahlen zu verlangen, um eigenständig seine Haftungsquote errechnen zu können. Die Gegenansicht zwingt dazu, dem Kind gegenüber die Zahlung zu verweigern und so das Kind zu zwingen, seinen eigenen Auskunftsanspruch gem. § 1605 BGB gegen den anderen Elternteil geltend zu machen, um danach das den wirtschaftlichen Verhältnissen der Eltern entsprechende anteilige Unterhaltsbegehren gegen jeden Elternteil[34] gesondert darzulegen. Dem auskunftsverlangenden Elternteil ist ein solches Verhalten aber dann nicht zuzumuten, wenn er dadurch sein Kind wegen der benötigten Informationen in ein neues Verfahren gegen den nicht auskunftswilligen Elternteil drängen müsste.[35]

40 Leistet ein Elternteil allerdings aus freien Stücken den vollen Ausbildungsunterhalt für sein volljähriges Kind leistet, ist dieser dem anderen Elternteil gegenüber nicht zur Auskunft über seine Einkünfte verpflichtet, solange er diesem gegenüber keinen familienrechtlichen Ausgleichsanspruch (zum familienrechtlichen Ausgleichsanspruch vgl. die Kommentierung zu § 1613 BGB Rn. 13 f. und die Kommentierung zu § 1610 BGB Rn. 235) verfolgt.[36]

41 Dem auf Auskunft in Anspruch Genommenem wird folgende Vorgehensweise empfohlen, um in derartigen Fällen einen Auskunftsanspruch abzuwehren:[37]
- Es muss sichergestellt sein, dass mit den monatlichen Unterhaltszahlungen der volle Unterhaltsbedarf der Kinder abgedeckt ist, denn dann kommt es für die Unterhaltsberechnung nicht auf die Einkünfte und das Vermögen des anderen Elternteils an.
- Dem Auskunft begehrenden anderen Elternteil muss gegebenenfalls mitgeteilt werden, dass keine Beteiligung am Kindesunterhalt im Wege des familienrechtlichen Ausgleichsanspruchs verlangt wird.

42 Vertreten wird auch, dass kein Auskunftsanspruch besteht, wenn **eine unterhaltsrechtliche Mithaftung des anderen Elternteils ausscheidet**, weil dieser kein oder ein unterhalb des Selbstbehaltes liegendes Einkommen erzielt.[38] Dies erscheint zweifelhaft, weil es gerade um die Frage einer Mithaftung gehen kann und der andere Elternteil auch Informationen über den Umfang der Erwerbstätigkeit beanspruchen kann.

4. Auskunftsansprüche bei Haftung der Großeltern

43 **Geht es um die ersatzweise** Haftung der Großeltern (vgl. die Kommentierung zu § 1607 BGB Rn. 19), die sämtlich als Teilschuldner haften, spielt die Frage des Einkommens aller Großeltern eine Rolle. Das Kind hat daher gegen jeden ersatzweise haftenden Verwandten einen Auskunftsanspruch gem. § 1605 BGB, um die Haftungsanteile berechnen zu können.[39]

44 Allerdings besteht eine Auskunftspflicht nur insoweit, als dies zur Feststellung eines Unterhaltsanspruches erforderlich ist. Daher ist ein Auskunftsanspruch ausgeschlossen, wenn die verlangte Auskunft den Unterhaltsanspruch unter keinem Gesichtspunkt beeinflussen kann. Auch für die Durchsetzung des **Auskunftsanspruchs gegen einen Großelternteil** muss daher bereits zur **Leistungsunfähigkeit beider Elternteile** ausreichend schlüssig vorgetragen werden.[40]

---

[33] OLG Hamm v. 13.09.2012 - 6 UF 49/12; OLG Karlsruhe v. 09.01.2009 - 18 UF 207/08 - FamRZ 2009, 1497; OLG Frankfurt v. 31.03.1987 - 4 UF 256/86 - FamRZ 1987, 839.
[34] BGH v. 17.04.2013 - XII ZB 329/12 - NJW 2013, 1740 = FamRZ 2013, 1027 = FF 2013, 306.
[35] *Liceni-Kierstein*, FamRB 2013, 175, 176; vgl. BGH v. 09.12.1987 - IVb ZR 5/87 - FamRZ 1988, 268.
[36] BGH v. 17.04.2013 - XII ZB 329/12 - NJW 2013, 1740 = FamRZ 2013, 1027 = FF 2013, 306.
[37] *Erdrich*, FamFR 2013, 272.
[38] *Liceni-Kierstein*, FamRB 2013, 206.
[39] OLG Jena v. 06.09.2005 - 1 WF 240/05 - OLG-NL 2005, 260-261.
[40] Vgl. OLG Jena v. 29.10.2009 - 1 WF 258/09 - FamRZ 2010, 746.

5. Auskunftsansprüche beim Elternunterhalt

Auch unterhaltsberechtigte Eltern haben gegen ihre unterhaltspflichtigen Kinder einen Anspruch auf Auskunft aus § 1605 BGB (ebenso umgekehrt)

Beim **Elternunterhalt** kommen in der Praxis meist mehrere **Geschwister** als anteilig haftende Unterhaltspflichtige in Betracht. Zu den in diesem Zusammenhang praxisrelevanten Auskunftsfragen hat der BGH entschieden:[41]

- **Geschwister** müssen einander Auskunft erteilen.
- Wer gegenüber seinen Eltern unterhaltspflichtig ist, hat keinen direkten Anspruch auf Auskunft gegen die **Ehegatten seiner Geschwister**. Dagegen hat im Fall des Anspruchsübergangs jedoch das Sozialamt einen Auskunftsanspruch gegen den mit dem Pflichtigen zusammenlebenden Ehegatten.
- Die Geschwister müssen jedoch nicht nur über ihr eigenes Einkommen Auskunft erteilen, sondern auf Verlangen auch zusätzlich **Angaben über die Einkünfte der Ehepartner** machen, soweit diese erforderlich sind, um deren Anteil am Familienunterhalt bestimmen zu können (vgl. dazu Rn. 61 ff.).
- Auch bei einem **verschleierten Arbeitsverhältnis** (§ 850h Abs. 2 ZPO) besteht kein direkter Auskunftsanspruch gegen den Arbeitgeber.

6. Anspruchsübergang

Beim Anspruchsübergang des Unterhaltsanspruchs geht auch der Auskunftsanspruch auf den neuen Rechtsinhaber über (§ 94 Abs. 1 Satz 1 SGB XII). Jedoch geht auch nach § 94 Abs. 1 Satz 1 SGB XII der Unterhaltsanspruch des Hilfeempfängers (nur) bis zur Höhe der erbrachten Sozialhilfeaufwendungen auf den Sozialhilfeträger über. Trotz der Aufnahme in das Sozialhilferecht gilt diese Rechtsfolge nicht uneingeschränkt bei der Grundsicherung im Alter und bei Erwerbsminderung. Dort tritt kein Anspruchsübergang hinsichtlich der in § 43 Abs. 2 Satz 1 SGB XII genannten (privilegierten) Unterhaltsansprüche der Leistungsberechtigten gegenüber ihren Kindern und Eltern ein.

II. Umfang und Inhalt der Auskunft

Die Auskunft ist über **Einkünfte** und **Vermögen** zu erteilen, soweit es für die Bemessung des Unterhalts von Bedeutung werden kann.

1. Umfang der Auskunft

a. Auskunft über eigene Fakten

aa. Auskunft zum Einkommen

Dabei wird eine **umfassende Auskunft** geschuldet, die alle Positionen zu enthalten hat, die für die Beurteilung der Bedürftigkeit bzw. Leistungsfähigkeit von Bedeutung sein können. Das sind sämtliche **Einkünfte** – also auch solche aus Vermietung und Verpachtung, Kapitalvermögen, Sonderzahlungen, Spesen, Auslösungen, Tantiemen und Einkünfte aus Nebentätigkeiten sowie Krankengeld und sonstige Sozialleistungen. Dazu zählen auch Steuererstattungen, die im maßgeblichen Zeitraum zugeflossen sind[42], ebenso Spekulationsgewinne[43] und Leistungen aus einer **privaten Berufsunfähigkeits-Zusatzrente**.[44]

Mitzuteilen sind auch alle Positionen, die die Leistungsfähigkeit des Unterhaltsschuldners beeinträchtigen. Denn Zweck der Vorschrift ist es, Unterhaltsansprüche bereits außergerichtlich zu klären. Angegeben werden müssen daher auch **Abzüge** und **Belastungen**.[45]

Ebenso mitgeteilt werden müssen auch vorhandene **anderweitige vor- und gleichrangige Unterhaltsberechtigte**.[46] Der Unterhaltsschuldner ist aber nicht verpflichtet, über unterhaltsrechtliche **Obliegenheitsverletzungen** Auskunft zu erteilen.[47]

---

[41] BGH v. 07.05.2003 - XII ZR 229/00 - NJW 2003, 3624-3626 m. Anm. *Strohal* = FamRZ 2003, 1838-1839; *Rakete-Dombek*, LMK 2004, 4-5.
[42] OLG Düsseldorf v. 15.04.1991 - 3 UF 252/90 - FamRZ 1991, 1315-1317.
[43] OLG Stuttgart v. 20.09.2001 - 17 WF 232/01 - OLGR Stuttgart 2001, 451-452.
[44] DIJuF-Rechtsgutachten v. 24.07.2012, U 2.100 Dl, JAmt 2012, 526-528.
[45] *Schürmann*, FuR 2005, 49, 50.
[46] OLG Köln v. 12.04.1999 - 27 WF 37/99 - NJW-RR 2001, 365; *Graba* in: Johannsen/Henrich, Familienrecht, 2010, § 1605 Rn. 5.
[47] OLG Bamberg v. 11.03.1986 - 7 UF 118/85 - NJW-RR 1986, 869.

52 Denn der Unterhaltsberechtigte kann seinen Anspruch nur feststellen und ggf. konkret berechnen, wenn er auch über vollständige Informationen verfügt. Umgekehrt wirken sich u.U. auch die aktuellen Lebensverhältnisse des Unterhaltsberechtigten aus.

53 Erforderlich sind auch Informationen zu den weiteren für die Unterhaltsberechnung relevanten Positionen wie beispielsweise **Krankenversicherungen** und **Vorsorgeaufwendungen**. Die Auskunftsberechtigte muss sich nicht darauf verweisen lassen, sich die entsprechenden Angaben selbst aus den vorgelegten Steuererklärungen des Auskunftspflichtigen herauszusuchen.[48]

54 Die Auskunft ist **wahrheitsgemäß** zu geben. Das Verschweigen von anrechenbaren Einkünften im Unterhaltsrechtsstreit kann als versuchter Prozessbetrug die Verwirkung rechtfertigen,[49] aber auch Schadensersatzansprüche auslösen.[50]

bb. Auskunft zum Vermögen

55 Da auch der **Stamm des Vermögens** Einfluss auf die unterhaltsrechtliche Leistungsfähigkeit (vgl. die Kommentierung zu § 1603 BGB Rn. 181 f.) bzw. beim Unterhaltsberechtigten auf seinen Bedarf (vgl. die Kommentierung zu § 1602 BGB Rn. 117) haben kann, muss auch darüber Auskunft erteilt werden.

56 Eine Auskunft über den **Verbleib** eines Vermögensgegenstandes[51] oder über die Verwendung eines Sparguthabens während der Ehe[52] ergibt sich aus § 1605 BGB nicht. Auch kann keine Auskunft über **zukünftige Entwicklungen** verlangt werden, sondern nur über einen zurückliegenden Zeitraum.

57 Der Auskunftspflichtige hat auch kein Recht, bestimmte Teile der Auskunft zu verweigern.

58 Insbesondere können die Belange des Arbeitgebers keine **Verschwiegenheitspflicht** gegenüber dem Auskunftsberechtigten im Rahmen eines Rechtsstreits um Kindesunterhalt rechtfertigen. Dies folgt aus der gesetzlichen Wertung des § 236 FamFG. Danach kann das Gericht unter bestimmten Voraussetzungen bei dem Arbeitgeber der Partei direkt Auskunft einholen. Dieser ist zur Erteilung der Auskunft verpflichtet, § 236 Abs. 4 FamFG, und kann sich gem. § 236 Abs. 4 Satz 2 FamFG auf eine eigene Verschwiegenheitspflicht nicht berufen, da sich der Gesetzgeber für den **Vorrang des Unterhaltsinteresses vor dem Geheimhaltungsinteresse** entschieden hat.[53] Das Interesse des Auskunftbegehrenden geht dem Geheimhaltungsinteresse des Auskunftspflichtigen oder eines Dritten grundsätzlich vor;[54] arbeitsrechtliche Verschwiegenheitspflichten berechtigen nicht zur Verweigerung der Auskunft.[55]

59 Das Familiengericht kann sogar Auskünfte über die Höhe der Einkünfte und des Vermögens von den Finanzämtern einholen, § 236 FamFG. Die Sicherung der wirtschaftlichen Basis des minderjährigen Kindes hat folglich sogar Vorrang vor dem **Steuergeheimnis**.

60 Bei der Verurteilung zu einer Auskunft über Einkommen muss auch der **Zeitraum** genau bestimmt werden, für den die Auskunft erteilt werden soll. Hierzu muss sowohl das Anfangsdatum als auch das Enddatum angegeben werden.[56] Vgl. den Formulierungsvorschlag für die vorprozessuale Aufforderung zur Auskunft mit Vorlage von Belegen (vgl. Rn. 145).

b. Auskunft über Einkünfte der neuen Ehefrau

61 Der zum Kindesunterhalt Verpflichtete muss auch Angaben über die **Einkünfte seiner neuen Ehefrau** machen, um deren Anteil am Familienunterhalt bestimmen zu können.[57] Allerdings können weder Belege noch eine eidesstattliche Versicherung verlangt werden.

62 Der an den Unterhaltspflichtigen zu leistende Familienunterhalt ist auch unter die nach dem Wortlaut des § 1605 Abs. 1 Satz 1 BGB zu offenbarenden Einkommens- und Vermögensverhältnisse zu fassen. Zwar ist der Anspruch auf Familienunterhalt nach seiner Ausgestaltung nicht auf Gewährung einer –

---

[48] OLG Hamm v. 28.10.2005 - 11 WF 328/05 - FamRZ 2006, 865.
[49] OLG Hamm v. 12.01.1995 - 1 UF 355/94 - FamRZ 1995, 958; OLG Koblenz v. 02.02.1998 - 13 UF 931/97 - OLGR Koblenz 1998, 220-222 = FamRZ 1999, 402; AG Berlin-Tempelhof-Kreuzberg v. 29.07.1999 - 140 F 14873/98 - FamRZ 2000, 1044.
[50] DIJuF-Rechtsgutachten v. 24.07.2012, U 2.100 Dl, JAmt 2012, 526-528.
[51] OLG Karlsruhe v. 05.12.1985 - 2 UF 155/85 - NJW-RR 1986, 870.
[52] OLG Karlsruhe v. 27.03.2002 - 20 UF 154/00 - FPR 2002, 312-313.
[53] BGH v. 02.06.2010 - XII ZR 124/08 - FamRZ 2011, 21 = NJW 2011, 226-228 m. Anm. *Schwolow*.
[54] St. Rechtsprechung, vgl. etwa BGH v. 06.10.1993 - XII ZR 116/92 - FamRZ 1994, 28 f.
[55] BGH v. 10.08.2005 - XII ZB 63/05 - FamRZ 2005, 1986.
[56] OLG Saarbrücken v. 20.12.2001 - 6 WF 37/01 - ZFE 2002, 166-167.
[57] BGH v. 02.06.2010 - XII ZR 124/08 - FamRZ 2011, 21 = NJW 2011, 226-228 m. Anm. *Schwolow*; OLG Hamm v. 15.12.2010 - 5 WF 157/10, II-5 WF 157/10 - FamRB 2011, 106.

frei verfügbaren – laufenden Geldrente für den jeweils anderen Ehegatten gerichtet, sondern als gegenseitiger Anspruch der Ehegatten darauf, dass jeder von ihnen seinen Beitrag entsprechend seiner nach dem individuellen Ehebild übernommenen Funktion leistet[58] und wird folglich grundsätzlich nicht beziffert. Zu seiner Darlegung sind deshalb die ihn beeinflussenden Einkünfte mitzuteilen.

Denn Ehegatten haben nach den §§ 1360, 1360a BGB einen **Anspruch auf Familienunterhalt**. Dieser kann aber nur bei genauer Kenntnis der Einkommensverhältnisse des anderen Ehegatten beziffert werden. Aus der Verpflichtung zur ehelichen Lebensgemeinschaft (§ 1353 Abs. 1 Satz 2 BGB) folgt deshalb auch der wechselseitige Anspruch, sich über die für die Höhe des Familienunterhalts und eines Taschengeldes maßgeblichen finanziellen Verhältnisse zu informieren.[59] 63

Die Auskunftspflicht entspricht dabei derjenigen, wie sie nach § 1605 Abs. 1 Satz 1 BGB besteht.[60] Auch hier muss die **Auskunft präzise** sein; es sind **richtige Angaben** geschuldet.[61] 64

Nicht geschuldet wird allerdings die Vorlage von **Belegen** oder die **eidesstattliche Versicherung** der Richtigkeit und Vollständigkeit der Angaben. Eine solche Kontrollmöglichkeit wäre mit dem in einer Ehe herrschenden Vertrauen nicht zu vereinbaren.[62] 65

Um die **Auskunft** zu erteilen, sei **keine** von einem **Steuerberater** durchgeführte **Berechnung** der Steuerschuld bei einer getrennten Veranlagung erforderlich.[63] 66

Soll sich die Auskunftsverpflichtung des Unterhaltspflichtigen auch auf die Einkünfte seines neuen Ehegatten erstrecken, muss dies im Tenor des zur Auskunft verpflichtenden Beschlusses gesondert ausgesprochen werden.[64] 67

Ein **Textmuster** für vorgerichtliche **Auskunftsverlangen** ist in Rn. 145 abgedruckt. 68

2. Inhalt der geschuldeten Auskunft

Der Inhalt der geschuldeten Auskunft wird nicht zuletzt daraus bestimmt, was der Auskunftsberechtigte fordert. Um Streitigkeiten und Auslegungsprobleme zu vermeiden, ist bereits bei der Formulierung des **Auskunftsbegehrens** auf eine präzise **Konkretisierung** zu achten, die Inhalt und Umfang der Auskunft nicht in das Belieben des Auskunftspflichtigen stellt.[65] 69

Für die Unterhaltsfestsetzung sind **präzise, richtige und vollständige Angaben geschuldet**.[66] Der Auskunftspflicht wird nicht genügt, wenn lediglich ein **ungenauer Wert** („ca. 2.290 €") mitgeteilt wird, da daraus kein Rückschluss gezogen werden kann, wie hoch die Abweichung von dem präzisen Einkommensbetrag ist. Auch eine Auskunft „man habe ein mtl. Netto-Einkommen von ca. 2.290 € erzielt", lässt weder den Schluss zu, ob ein evtl. gezahltes Weihnachts- oder Urlaubsgeld in diese Angaben miteingeflossen sind, noch ob ein Durchschnittsbetrag errechnet wurde oder dieser Betrag das Einkommen eines normalen Monats ohne Sonderzuwendungen angibt. 70

a. Auskunft zum Einkommen

Erforderlich ist eine Auskunft über einen ausreichend langen **Zeitraum**, um für eine **Durchschnittsberechnung** eine ausreichend sichere Grundlage zu erlangen. 71

Bei **unselbständig** Erwerbstätigen sind daher im Regelfall die Einkünfte **eines kompletten Jahres** mitzuteilen. Dabei muss nicht zwingend Auskunft über den Zeitraum des letzten vollen Kalenderjahres verlangt werden. Vielmehr können – um möglichst aktuelle Zahlen zu bekommen – auch Informationen über die **zurückliegenden zwölf Kalendermonate** verlangt werden.[67] 72

Bei schwankenden Einkünften, z.B. aus Vermietung/Verpachtung oder Kapital, sind dagegen regelmäßig nur **Einkünfte aus vollen Kalenderjahren** mitzuteilen.[68] 73

---

[58] BGH v. 22.01.2003 - XII ZR 2/00 - FamRZ 2003, 363, 366; BGH v. 29.10.2003 - XII ZR 115/01 - FamRZ 2004, 24, 25; BGH v. 08.06.2005 - XII ZR 75/04 - FamRZ 2006, 26, 29.
[59] BGH v. 02.06.2010 - XII ZR 124/08 - FamRZ 2011, 21 = NJW 2011, 226-228 m. Anm. *Schwolow*.
[60] BGH v. 02.06.2010 - XII ZR 124/08 - FamRZ 2011, 21 = NJW 2011, 226-228 m. Anm. *Schwolow*.
[61] OLG Celle v. 12.03.2012 - 10 WF 62/12 - FamRZ 2012, 174.
[62] BGH v. 02.06.2010 - XII ZR 124/08 - FamRZ 2011, 21 = NJW 2011, 226-228 m. Anm. *Schwolow*.
[63] Vgl. BGH v. 11.07.2012 - XII ZB 354/11 - FamRZ 2012, 1555.
[64] OLG Hamm v. 15.12.2010 - 5 WF 157/10, II-5 WF 157/10 - FamRZ 2011, 1302.
[65] *Schürmann*, FuR 2005, 49, 50.
[66] OLG Celle v. 12.03.2012 - 10 WF 62/12 - FamRZ 2012, 1744.
[67] OLG München v. 25.11.1997 - 12 UF 1480/97 - FamRZ 1999, 453; AG Ludwigsburg v. 01.09.1999 - 2 F 624/99 - FamRZ 2000, 1221-1222.
[68] OLG München v. 25.11.1997 - 12 UF 1480/97 - FamRZ 1999, 453.

§ 1605

74 Bei **Selbständigen** bezieht sich die Auskunft im Regelfall auf einen Zeitraum von **3 Jahren**,[69] in Ausnahmefällen kann auch für mehr als 3 Jahre Auskunft begehrt werden.[70] Dabei sind die Einnahmen und Ausgaben so darzustellen, dass die allein steuerlich beachtlichen Absetzungen und Aufwendungen von solchen abgegrenzt werden können, die unterhaltsrechtlich von Bedeutung sind.[71]

75 Die Auskunft ist nach § 259 BGB und § 260 BGB zu erteilen. Der Auskunftspflichtige hat – wie bei einer Rechnungslegung – eine **geordnete, systematische Zusammenstellung** aller erforderlichen Angaben (Einnahmen und Ausgaben) zu erstellen, um dem Gegner ohne übermäßigen Aufwand eine Berechnung des Einkommens und der Unterhaltsansprüche zu ermöglichen.[72]

76 Die **Bezeichnung** der einzelnen Positionen muss so **eindeutig** sein, dass sie dem Auskunftsberechtigten ermöglicht, hieraus die unterhaltsrechtliche Relevanz dieser Position zu erkennen.[73]

77 Allerdings ist es überzogen, bei einer geringen **Unvollständigkeit** einer erteilten Auskunft von dem Pflichtigen eine umfassende Neuerteilung seiner Auskunft zu verlangen. Es kann daher ausreichen, wenn eine bereits erteilte und insoweit ordnungsgemäße Auskunft (einmalig) **um fehlende Angaben ergänzt wird**, sofern nur auch danach noch eine ausreichend klare „Gesamterklärung" geschaffen wird.[74]

78 Auch die **„Fehlenanzeige"** – also die Erklärung, Einkommen oder Vermögen sei nicht vorhanden – ist eine umfassende Auskunft.

b. Auskunft zum Vermögen

79 Umfasst wird von der Auskunftspflicht auch das **Vermögen**. Ein gesetzlicher Anknüpfungspunkt für den Zeitpunkt, zu dem diese Auskunft erteilt werden muss, besteht nicht. Sachgerecht ist es, auf den Zugang eines entsprechenden Aufforderungsschreibens abzustellen,[75] sofern nicht ein früherer Zeitpunkt aus unterhaltsrechtlicher Sicht relevant ist.

3. Form der geschuldeten Auskunft

80 Eine Auskunft nach § 260 Abs. 1 BGB erfordert eine eigene und **schriftlich verkörperte Erklärung** des Schuldners.

81 Die Auskunft muss jedoch nicht die gesetzliche Schriftform i.S.d. § 126 BGB erfüllen[76] Sie muss also **nicht vom Schuldner unterschrieben sein**.[77]

82 Bei **den Auskünften handelt es sich um Wissen**serklärungen des Schuldners und damit um eine unvertretbare Handlung, so dass die **Vollstreckung** durch einen Antrag auf Festsetzung eines **Zwangsgeldes** nach § 120 Abs. 1 FamFG i.V.m. § 888 ZPO durchzuführen ist. Nach h.M. ist auch die Verpflichtung zur Vorlage von Belegen eine ergänzende und von der Vollstreckung nach § 888 ZPO mitabgedeckte Nebenpflicht.[78]

83 Diese **Wissenserklärung** gem. § 260 BGB muss der **Pflichtige selbst abgeben**.

84 Jedoch findet die Auskunfts- und Rechnungslegungspflicht ihre Grenzen in der Ausprägung von Treu und Glauben (§ 242 BGB) durch den Grundsatz der Zumutbarkeit. Daher kann ausnahmsweise die Auskunft im **Schriftsatz des Anwalts** ausreichen, wenn der **Auskunftspflichtige selbst zu einer eigenhändigen geordneten schriftlichen Auskunftserteilung** angesichts seines schlechten geistigen Gesundheitszustandes erkennbar **nicht mehr in der Lage war**.[79]

---

[69] OLG Karlsruhe v. 06.11.1986 - 2 UF 172/86 - NJW-RR 1987, 1477-1478; OLG Düsseldorf v. 20.04.1998 - 3 WF 6/98 - OLGR Düsseldorf 1999, 274; KG Berlin v. 25.01.1996 - 16 UF 6806/95 - FamRZ 1997, 360-361.

[70] BGH v. 16.01.1985 - IVb ZR 59/83 - FamRZ 1985, 357; OLG Stuttgart v. 20.09.2001 - 17 WF 232/01 - OLGR Stuttgart 2001, 451-452.

[71] OLG Stuttgart v. 12.06.1990 - 18 UF 94/90 - FamRZ 1991, 84-85.

[72] BGH v. 29.06.1983 - IVb ZR 391/81 - FamRZ 1983, 996; OLG Köln v. 07.05.2002 - 4 WF 59/02 - FamRZ 2003, 235-236; OLG München v. 15.11.1995 - 12 UF 1301/95 - FamRZ 1996, 738; OLG Hamm v. 27.02.1992 - 4 WF 24/92 - NJW-RR 1992, 1029; OLG München v. 08.07.1992 - 12 UF 776/92 - OLGR München 1993, 11-13; Schürmann, FuR 2005, 49, 50.

[73] Schürmann, FuR 2005, 49, 50.

[74] OLG Hamm v. 28.10.2005 - 11 WF 328/05 - FamRZ 2006, 865; OLG Hamm v. 11.10.2004 - 11 WF 219/04 - FamRZ 2005, 1194.

[75] Völlings/Kania, FamRZ 2007, 1215.

[76] BGH v. 28.11.2007 - XII ZB 225/05 - NJW 2008, 917 mit Anm. Born = FamRZ 2008, 600.

[77] Vgl. OLG Naumburg v. 28.08.2012 - 3 WF 166/12 - FamFR 2012, 570.

[78] Galinsky, FamFR 2012, 570.

[79] OLG Hamm v. 16.08.2013 - 3 UF 43/13 - juris Rn. 70 - NJW 2014, 158.

Sie darf auch durch einen **Boten,** z.B. einen **Rechtsanwalt,** an den Gläubiger übermittelt werden[80] sofern die Auskunft **als Wissenserklärung dem Schuldner eindeutig zuzuordnen ist.**[81] Sie kann damit der Versicherung an Eides statt unterliegen.[82] 85

Jedoch muss der **Anwalt** deutlich machen, dass – da er als Bote handelt, der im Gegensatz zu einem Stellvertreter **keine eigene Erklärung** abgibt – die Auskunft ausdrücklich für die eigene Partei erteilt wird (z.B. „Mein Mandant erteilt Auskunft wie folgt:"). Der Auskunftspflichtige muss ggf. darlegen und beweisen, dass er die Auskunft erteilt hat.[83] 86

Bestehen auf Seiten des Gläubigers Zweifel, ob die Erklärung tatsächlich vom Auskunftspflichtigen stammt, sollte eine zur Erfüllung seiner Leistungsplicht gehörende schriftliche Bestätigung **gefordert** werden, dass er **die Erklärung als eigene anerkennt.** Dann kann sich der Auskunftspflichtige bei einer möglicherweise falschen Auskunft nicht auf seine fehlende Urheberschaft oder einen Informationsfehler berufen.[84] 87

III. Zeitpunkt der Auskunft

Der auskunftspflichtige Selbständige kommt seiner Auskunftspflicht **rechtzeitig** nach, wenn er den für die Ermittlung seines Einkommens erforderlichen Jahresabschluss innerhalb von sechs Monaten nach Ablauf des Geschäftsjahres (§ 243 HGB), gegebenenfalls mit den notwendigen Erläuterungen, dem Auskunftsberechtigten übermittelt.[85] 88

IV. Weitere Vorgehensweise

Der Unterhaltsberechtigte muss nach Erteilung der Auskunft den Pflichtigen **zeitnah zur Zahlung eines bezifferten Betrages auffordern,** denn nur dann bleiben die Wirkungen einer Auskunftsaufforderung nach erteilter Auskunft bestehen.[86] 89

Auch ist das **Risiko der Verwirkung** des Unterhaltsanspruches zu beachten (vgl. dazu die Kommentierung zu § 1613 BGB Rn. 283). 90

V. Vorlage von Belegen (Absatz 1 Satz 2)

Auskunft und Vorlage von Belegen sind zwei **getrennte Ansprüche,** die auch einzeln geltend gemacht werden können.[87] Es handelt sich hierbei um einen gesonderten Anspruch, der also auch **gesondert beantragt** werden muss. Die gewünschten Belege sind im Auskunftsantrag genau aufzuführen, da andernfalls der ergehende Titel mangels **Bestimmtheit** nicht vollstreckt werden kann.[88] Die Tenorierung „die Auskunft durch Vorlage der dazu gehörigen Belege zu belegen" genügt diesen Anforderungen nicht[89]; ein solcher Titel ist nicht vollstreckbar! 91

Der Beleg muss bereits **existent** sein.[90] Ein noch nicht existierender Steuerbescheid kann daher ebenso wenig vorgelegt werden wie eine noch nicht erstellte Steuererklärung. 92

Etwas anderes gilt dann, wenn der Auskunftspflichtige in der Lage ist, die geforderten Unterlagen selbst zu erstellen.[91] 93

Vorzulegen sind nicht die Originale, sondern **Kopien**[92], die aber auf Anforderung auf Kosten des Unterhaltsschuldners zu beglaubigen sind. 94

Urkunden einer **fremden Sprache** muss er übersetzen lassen.[93] 95

---

[80] BGH v. 28.11.2007 - XII ZB 225/05 - NJW 2008, 917 mit Anm. *Born* = FamRZ 2008, 600.
[81] Vgl. OLG Naumburg v. 28.08.2012 - 3 WF 166/12 - FamFR 2012, 570.
[82] Vgl. OLG Naumburg v. 28.08.2012 - 3 WF 166/12 - FamFR 2012, 570.
[83] *Galinsky,* FamFR 2012, 570.
[84] *Galinsky,* FamFR 2012, 570.
[85] OLG Bamberg v. 07.09.1988 - 2 WF 188/88 - FamRZ 1989, 423; OLG München v. 27.05.1992 - 12 WF 707/92 - OLGR München 1992, 104-106.
[86] OLG Karlsruhe v. 16.02.2006 - 16 WF 26/06 - jurisPR-FamR 16/2006, Anm. 2, mit Anm. *Schürmann*; BGH v. 13.01.1988 - IVb ZR 110/86 - FamRZ 1988, 476, 478.
[87] OLG München v. 08.07.1992 - 12 UF 776/92 - OLGR München 1993, 11-13.
[88] BGH v. 22.02.1989 - IVb ZB 5/89 - FamRZ 1989, 731-732; OLG Saarbrücken v. 20.12.2001 - 6 WF 37/01 - ZFE 2002, 166-167.
[89] *Büttner,* FamRZ 1992, 629-633, 630; OLG Zweibrücken v. 24.07.2002 - 6 WF 25/02 - ZFE 2002, 327.
[90] DGII v. 22.02.1989 - IVb ZB 5/89 - FamRZ 1989, 731 732.
[91] Vgl. BGH v. 27.11.1991 - XII ZB 102/91 - NJW-RR 1992, 322-323.
[92] OLG Frankfurt v. 30.09.1996 - 6 WF 179/96 - FamRZ 1997, 1296-1297.
[93] OLG Koblenz v. 14.09.1989 - 11 WF 1008/89 - FamRZ 1990, 79-80; OLG Brandenburg v. 04.12.2008 - 10 WF 233/08 - FamRZ 2009, 1085; AG Flensburg v. 31.08.2009 - 92 F 140/09 UE/UK - FamRZ 2010, 570.

§ 1605

1. Belege zum Einkommen

96 In der Praxis ist bei **nichtselbständig Tätigen** die Verdienstbescheinigung eines Jahres vorzulegen. Dabei reicht regelmäßig die vom Arbeitgeber ausgestellte Dezemberabrechnung, die auch die Jahreswerte enthält.[94]

97 Auch die Vorlage des **Arbeitsvertrages** bzw. **Ausbildungsvertrages** kommt in Betracht.[95]

98 Von einem **selbständigen Unternehmer**[96] kann im Rahmen der Pflicht zur Vorlage von Belegen verlangt werden, Bilanzen nebst Gewinn- und Verlustrechnungen, die Einkommensteuererklärung und den Einkommensteuerbescheid sowie Einnahme-Überschussrechnungen gem. § 4 Abs. 3 EStG und Gewinnfeststellungsbescheide gem. § 180 Abs. 1 AO zu übergeben.[97] Ob auch Umsatzsteuererklärungen und Bescheide vorzulegen sind, ist strittig.[98]

99 Im Regelfall kann bei Selbständigen und Gewerbetreibenden die Auskunft aber nur für **volle Kalenderjahre** als den üblichen Geschäftsjahren begehrt werden.[99] Denn eine aktuell zu fertigende, eine willkürliche Zeitspanne des Wirtschaftsjahres umfassende, vollständige Zusammenstellung löst einen nicht vertretenen Kostenaufwand aus.[100]

100 Die Auskunftspflicht von beherrschenden **Gesellschaftern einer Kapitalgesellschaft** richtet sich nach den für Selbstständige entwickelten Grundsätzen.[101]

2. Steuerbescheide/Steuererklärungen

a. Bescheide nur des Auskunftspflichtigen

101 Verlangt werden können weiterhin der **Einkommensteuerbescheid** sowie die **Einkommensteuererklärungen**[102] oder der Bescheid über den **Lohnsteuerjahresausgleich** (vgl. § 236 FamFG).

102 Ein **Geheimhaltungsinteresse** des Auskunftspflichtigen selbst kann der Auskunftspflicht nicht entgegengehalten werden, denn es geht dem Auskunftsinteresse des Berechtigten nach (vgl. Rn. 57).

103 Der Antrag auf die Vorlage eines noch nicht erlassenen Steuerbescheides richtet sich auf eine unmögliche Leistung und ist nicht vollstreckbar.[103]

b. Gemeinsame Bescheide des Auskunftspflichtigen und seines Ehegatten

104 Das **Interesse des Auskunftbegehrenden** geht dem Geheimhaltungsinteresse des Auskunftspflichtigen oder eines Dritten grundsätzlich vor.[104]

105 Damit steht auch ein **Geheimhaltungsinteresse der Ehefrau** des Unterhaltspflichtigen **nicht entgegen**.

106 Es besteht eine grundsätzliche Pflicht zur **Vorlage eines gemeinsamen – ungeschwärzten – Einkommensteuerbescheides.** Der Ehegatte eines Unterhaltspflichtigen muss es hinnehmen, dass der Unterhaltspflichtige im Rahmen der zu belegenden Auskunft über sein Einkommen Steuerbescheide vorzulegen hat, die aufgrund einer Zusammenveranlagung der Ehegatten ergangen sind.

---

[94] OLG Zweibrücken v. 03.11.1999 - 5 WF 94/99 - FuR 2000, 290.
[95] BGH v. 06.10.1993 - XII ZR 116/92 - FamRZ 1994, 28; OLG München v. 08.07.1992 - 12 UF 776/92 - OLGR München 1993, 11-13.
[96] Ausführlich hierzu *Strohal*, Unterhaltsrechtlich relevantes Einkommen bei Selbständigen, 4. Aufl. 2010, Rn. 162 ff.
[97] Vgl. die instruktive Entscheidung KG Berlin v. 25.01.1996 - 16 UF 6806/95 - FamRZ 1997, 360-361.
[98] Bejahend: AG Biedenkopf v. 03.01.1996 - 4 F 145/95 - FamRZ 1996, 963; ablehnend: OLG München v. 12.07.1988 - 4 UF 29/88 - NJW-RR 1988, 1285-1287.
[99] OLG München v. 27.05.1992 - 12 WF 707/92 - OLGR München 1992, 104-106.
[100] *Strohal*, Unterhaltsrechtlich relevantes Einkommen bei Selbständigen, 4. Aufl. 2010, Rn. 154 ff.
[101] AG Flensburg v. 31.08.2009 - 92 F 140/09 UE/UK - FamRZ 2010, 570; vgl. auch OLG Hamm v. 30.10.2008 - 2 UF 43/08 - FamRZ 2009, 981; OLG Brandenburg v. 04.12.2008 - 10 WF 233/08 - FamRZ 2009, 1085. Zur Auskunftspflicht von Selbständigen vgl. *Strohal*, Unterhaltsrechtlich relevantes Einkommen bei Selbständigen, 4. Aufl. 2010, Rn. 146 ff.
[102] OLG Stuttgart v. 20.09.2001 - 17 WF 232/01 - OLGR Stuttgart 2001, 451-452; einschränkend OLG Dresden v. 09.12.2004 - 21 UF 486/04 - FamRZ 2005, 1195-1196.
[103] BGH v. 22.02.1989 - IVb ZB 5/89 - FamRZ 1989, 731-732.
[104] St. Rechtsprechung, vgl. etwa BGH v. 06.10.1993 - XII ZR 116/92 - FamRZ 1994, 28 f.

Soweit der Steuerbescheid Angaben enthält, in denen Beträge für Ehemann und Ehefrau zusammengefasst sind, bleibt es bei der Vorlagepflicht, falls insofern Auskunft zu erteilen ist. Wenn hierdurch Schlüsse auf die Verhältnisse des Ehegatten gezogen werden können, muss dies hingenommen werden.[105] Daraus ergibt sich, dass das **Interesse des Auskunftbegehrenden dem Geheimhaltungsinteresse des Auskunftspflichtigen oder eines Dritten grundsätzlich vorgeht.**[106]

107

Es können lediglich die Angaben geschwärzt werden, die von dem Auskunftsanspruch nicht umfasst werden. Der Auskunftspflichtige darf daher solche **Betragsangaben abdecken oder sonst unkenntlich machen**, die **ausschließlich seinen Ehegatten betreffen** oder in denen Werte für ihn und seinen Ehegatten zusammengefasst sind, ohne dass sein eigener Anteil daraus entnommen werden kann.[107]

108

Der Unterhaltsschuldner kann deshalb die im Rahmen eines Verfahrens auf Kindesunterhalt bestehende Belegpflicht über sein Einkommen dadurch erfüllen, dass er die in dem vorzulegenden Einkommensbescheid enthaltenen Angaben zum Einkommen seiner Ehefrau schwärzt.[108]

109

Kuckenburg kritisiert in seiner – grundsätzlich zustimmenden – Anmerkung[109], das Schwärzen von irgendwelchen Bestandteilen von Unterlagen könne aber zu neuen Streitigkeiten führen. Der BGH führt weiter aus, auf Grund der nach Schwärzung noch vorhandenen Angaben sei eine fiktive Berechnung der Steuerschuld nach der Grundtabelle möglich. Dies bedeutet jedoch eine höhere Steuerlast, die das Einkommen des Unterhaltsverpflichteten reduziert, als sie sich aus der gemeinsamen Veranlagung ergibt. Es sei zudem nicht nachvollziehbar, wie der BGH diese Rechtsprechung in Einklang mit dem In-Prinzip zur tatsächlichen Zahllast der Einkommensteuer bringe.

110

Die Vorlagepflicht umfasst **keine** von einem **Steuerberater** durchgeführte **Berechnung** der Steuerschuld bei einer getrennten Veranlagung. Der Auskunftspflichtige ist im Rahmen der Pflicht zur Auskunftserteilung und Belegvorlage auch nicht gehalten, eine (bereinigte) Einkommensteuererklärung vorzulegen, aus der sich das allein auf ihn entfallende Nettoeinkommen entnehmen lässt.[110]

111

VI. Abgabe der eidesstattlichen Versicherung (Absatz 1 Satz 3)

Wenn der Auskunftspflichtige die Auskunft erteilt hat, kann von ihm die Abgabe einer eidesstattlichen Versicherung verlangt werden, wenn der **begründete Verdacht** besteht, dass die Auskunft in bestimmten Punkten nicht mit der gebotenen Sorgfalt erteilt worden ist (§ 1605 Abs. 1 Satz 3 BGB i.V.m. § 261 BGB). Beruht die mangelhafte Auskunft auf unverschuldeter Unkenntnis oder einem entschuldbaren Irrtum, hat der Auskunftsberechtigte lediglich Anspruch auf eine ergänzende Auskunft.

112

VII. Erneute Auskunft (Absatz 2)

Eine **wiederholte Auskunft** kann vor Ablauf von **zwei Jahren** nur verlangt werden, wenn glaubhaft gemacht wird, dass der zur Auskunft Verpflichtete später wesentlich höheres Einkommen oder weiteres Vermögen erworben hat. Die Norm soll überflüssige Abänderungsverfahren gegenüber bestehenden Unterhaltstiteln verhindern, da sich innerhalb eines Zweijahreszeitraums in aller Regel die Einkünfte nicht in dem nach den **§§ 238, 239 FamFG** vorausgesetzten Umfang ändern.

113

Ein Auskunftsbegehren des Unterhaltsberechtigten vor Ablauf der Sperrfrist des § 1605 Abs. 2 BGB **löst nicht die Wirkung** des § 1613 Abs. 1 BGB aus, so dass rückwirkend kein höherer Unterhalt verlangt werden kann[111] (vgl. die Kommentierung zu § 1613 BGB Rn. 26 ff.).

114

Die **Frist beginnt** mit der letzten mündlichen Verhandlung im Vorprozess oder einem abgeschlossenen Vergleich.[112]

115

---

[105] BGH v. 11.07.2012 - XII ZB 354/11 - FamRZ 2012, 1555; BGH v. 09.11.2011 - XII ZB 212/11 - FamRZ 2012, 204; BGH v. 02.06.2010 - XII ZR 124/08 - FamRZ 2011, 21 = NJW 2011, 226-228 m. Anm. *Schwolow*; BGH v. 13.04.1983 - IVb ZR 374/81 - FamRZ 1983, 680, 682.

[106] St. Rechtsprechung, vgl. etwa BGH v. 06.10.1993 - XII ZR 116/92 - FamRZ 1994, 28 f.

[107] BGH v. 09.11.2011 - XII ZB 212/11 - FamRZ 2012, 204.

[108] BGH v. 11.07.2012 - XII ZB 354/11 - FamRZ 2012, 1555; BGH v. 09.11.2011 - XII ZB 212/11 - FamRZ 2012, 204; BGH v. 03.11.2004 - XII ZB 165/00 - FamRZ 2005, 104.

[109] *Kuckenburg*, FamFR 2012, 20.

[110] Vgl. BGH v. 11.07.2012 - XII ZB 354/11 FamFR 2012, 421.

[111] AG Herford v. 28.01.2002 - 14 F 955/01 - FamRZ 2002, 1728-1729.

[112] OLG München v. 16.10.2009 - 2 WF 1575/09 - FF 2010, 126 = FamRZ 2010, 816; OLG Düsseldorf v. 16.10.1992 - 3 WF 179/92 - NJW 1993, 1079-1081; OLG Karlsruhe v. 07.06.1991 - 2 A WF 52/91 - FamRZ 1991, 1470-1471; OLG Bamberg v. 12.02.1990 - 7 WF 10/90 - FamRZ 1990, 755.

116 Jedoch setzt ein in einem einstweiligen Anordnungsverfahren geschlossener Unterhaltsvergleich die Zweijahresfrist nicht in Lauf, soweit er den Unterhaltsanspruch nur vorläufig regelt.[113]

117 Bei **atypischer Einkommensentwicklung** steht die Zeitschranke des § 1605 Abs. 2 BGB einem Auskunftsverlangen aber nicht entgegen. Dies ist der Fall, wenn die frühere Auskunft nur den Zeitraum des Beginns einer selbständigen Erwerbstätigkeit umfasste[114] oder bei der Behauptung des Wegfalls hoher Schuldverpflichtungen, wenn der Auskunftsberechtigte Auskunft über die tatsächliche oder vermeintliche Tilgung der gemeinsamen Darlehensverbindlichkeiten begehrt.[115]

118 Ergab die frühere Auskunft einen **Mangelfall**, so sind für das Auskunftsbegehren des Unterhaltsberechtigten geringere Anforderungen an die Wesentlichkeit der Änderungen im Sinne des § 1605 Abs. 2 BGB zu stellen.[116]

119 Die Sperre greift ebenfalls nicht ein, wenn ein Kind nach Ablauf eines bis zum Eintritt der Volljährigkeit **befristeten Vergleichs** erneut Unterhalt verlangt. Dies gilt insbesondere, wenn in dem Verfahren, in dem der frühere Unterhaltsvergleich geschlossen worden war, keine umfassende Auskunft erteilt worden ist.[117]

120 Wegen der Nichtidentität zwischen Trennungs- und Scheidungsunterhalt gilt die zweijährige Sperrfrist des § 1605 Abs. 2 BGB nicht, wenn für Trennungsunterhalt Auskunft erteilt wurde und nun **erstmalig Scheidungsunterhalt** verlangt wird,[118] und zwar auch dann, wenn der auf Trennungsunterhalt gestützte Auskunftsantrag rechtskräftig abgewiesen worden ist.[119]

VIII. Allgemeiner Auskunftsanspruch aus § 242 BGB

121 1580 BGB und § 1605 BGB regeln nur einen Teilbereich, sodass eine in besonderen Fällen aus § 242 BGB herzuleitende Informationspflicht nicht ausgeschlossen ist.[120]

122 Eine solche Auskunftspflicht kann sich auch aus § 242 BGB als **Folge einer besonderen Rechtsbeziehung** ergeben. Voraussetzung ist, dass der Auskunftbegehrende **über das Bestehen oder den Umfang seines Rechts im Unklaren und deshalb auf die Auskunft des Verpflichteten angewiesen** ist, während der Pflichtige die Auskunft unschwer erteilen kann und dadurch nicht unbillig belastet wird.[121]

123 § Der Auskunftsanspruch ermöglicht allerdings keine generelle Auskunft über die Einkommens- und Vermögenssituation, sondern ist auf einzelne Tatbestände beschränkt.[122]

124 Die allgemeine Auskunftspflicht aus § 242 hat praktische Bedeutung beim gegenseitigen Auskunftsverlangen der anteilig für den **Unterhalt des volljährigen Kindes** haftenden **Elternteile gegeneinander** (vgl. Rn. 35 f.) sowie der **Geschwister** beim **Elternunterhalt** (vgl. Rn. 45 f.).

125 Zum Auskunftsanspruch gegen den Unterhaltspflichtigen über die Einkünfte und Erwerbsmöglichkeiten seines derzeitigen Ehegatten vgl. Rn. 61 ff.

126 Ein Auskunftsanspruch wurde bejaht zur Beantragung eines **Familienzuschlages**[123] und zum Versicherungsbetrag einer **Aussteuerversicherung**.[124]

127 Das Gesetz zur Reform der Sachaufklärung[125] ermöglicht dem Gläubiger, sich in Zukunft gleich zu Beginn der Zwangsvollstreckung entsprechende Informationen über die Vermögensverhältnisse des Schuldners zu verschaffen (§§ 802c ff. ZPO).

---

[113] OLG Karlsruhe v. 08.01.1992 - 2 A WF 87/90, 2a WF 87/90 - FamRZ 1992, 684-685.
[114] OLG Karlsruhe v. 29.12.1999 - 20 WF 81/99 - NJWE-FER 2000, 143.
[115] OLG Hamm v. 12.11.1990 - 8 WF 556/90 - FamRZ 1991, 594-595.
[116] OLG Karlsruhe v. 29.12.1999 - 20 WF 81/99 - NJWE-FER 2000, 143.
[117] OLG Hamm v. 24.11.1989 - 5 UF 278/89 - FamRZ 1990, 657-658.
[118] OLG Düsseldorf v. 13.02.2002 - 9 WF 5/02 - FamRZ 2002, 1038-1039.
[119] OLG Koblenz v. 03.02.2004 - 7 WF 37/04 - FamRZ 2005, 460-461.
[120] BGH v. 07.05.2003 - XII ZR 229/00 - NJW 2003, 3624-3626; OLG München v. 17.07.2000 - 26 UF 748/00 - OLGR München 2000, 320-321.
[121] BGH v. 17.04.2013 - XII ZB 329/12 - NJW 2013, 1740 = FamRZ 2013, 1027 = FF 2013, 306; OLG Hamm v. 10.09.2013 - 28 U 59/10; ausführlich *Hoppenz*, FamRZ 2008, 733.
[122] OLG Köln v. 15.03.2004 - 12 WF 16/04 - OLGR Köln 2004, 308-309.
[123] AG Tostedt v. 29.04.2008 - 1 C 123/08.
[124] OLG Hamm v . 15.06.2011 - II-8 UF 133/11, 8 UF 133/11 - FamFR 2012, 83.
[125] Seit 01.01.2013 in Kraft.

IX. Pflicht zur unaufgeforderten Information[126]

1. Pflicht im Rahmen eines laufenden gerichtlichen Verfahrens

a. Gerichtliche Auflage nach § 235 FamFG

Eine Pflicht zur unaufgeforderten Information kann sich **im Rahmen eines gerichtlichen Verfahrens** aus einer gerichtlichen Auflage zur Auskunft gem. § 235 FamFG ergeben.[127]

128

Das Gericht kann nach § 235 FamFG **Antragsteller** und **Antragsgegner** auffordern, **Auskunft** über ihre Einkünfte, ihr Vermögen und ihre persönlichen und wirtschaftlichen Verhältnisse zu erteilen sowie über die Einkünfte bestimmte Belege vorzulegen, soweit dies für die Bemessung des Unterhalts von Bedeutung ist. Die Möglichkeit, Auskünfte von Dritten einzuholen, regelt § 236 FamFG.

129

§ 235 Abs. 3 FamFG statuiert in diesen Fällen die Pflicht zur Mitteilung von Veränderungen. § 235 Abs. 3 FamFG kodifiziert für gerichtliche Verfahren, in denen eine solche Auskunftsanforderung des Gerichts ergangen ist, die in der Rechtsprechung entwickelten Grundsätze zur Pflicht zur ungefragten Information[128], wenn sich Umstände, die der begehrten Auskunft zugrunde liegen, wesentlich verändert haben.[129]

130

Diese Pflicht gilt, solange das **Verfahren anhängig ist**, also ggf. auch noch in der Rechtsbeschwerdeinstanz.[130] Diese Pflicht richtet sich an den **Adressaten einer Auflage** nach § 235 Abs. 1 FamFG und bezieht sich auf solche Umstände, die Gegenstand der Anordnung nach § 235 Abs. 1 FamFG sind. Auf diese Mitteilungspflicht hat das Familiengericht nach § 235 Abs. 1 Satz 3 FamFG hinzuweisen. Daneben gilt weiterhin die allgemeine Pflicht aus § 138 ZPO.[131]

131

b. Allgemeine Wahrheitspflicht aus § 138 ZPO

Im Rahmen laufender Unterhaltsverfahren ist zudem die nach § 138 Abs. 1 ZPO bestehende **prozessuale Wahrheitspflicht** zu beachten. Ein Beteiligter, der einen Unterhaltsanspruch geltend macht, hat die zur Begründung des Anspruchs dienenden tatsächlichen Umstände wahrheitsgemäß anzugeben und darf nichts verschweigen, was die Unterhaltsbedürftigkeit in Frage stellen könnte.[132]

132

Ändern sich die maßgeblichen Verhältnisse während des Rechtsstreits, so sind Umstände, die sich auf den geltend gemachten Anspruch auswirken können, auch **ungefragt anzuzeigen**.

133

Jedoch trifft den Unterhaltspflichtigen auch unter dem Gesichtspunkt der prozessualen Wahrheitspflicht nur eine Offenbarungspflicht hinsichtlich der Umstände, die die Unterhaltsberechnung aktuell beeinflussen können. Dies ist bei bloßen unbestimmten Erwerbsaussichten nicht der Fall.[133]

134

In der Praxis relevant sind die folgenden Fälle:

135

- die Aufnahme oder Ausweitung einer Erwerbstätigkeit,[134]
- Verbesserung der Einkommenssituation,[135]
- der Wegfall unterhaltsbegründender Umstände, wie z.B. die Beendigung des Studiums bei einem unterhaltsberechtigten volljährigen Kind oder die Aufnahme einer Lehre, und
- die Heirat.

---

[126] Zu Offenbarungspflichten im Unterhaltsrecht und den Rechtsfolgen einer Verletzung *Bömelburg*, FF 2012, 240-248.
[127] Ausführlich *Roßmann* in: Horndasch/Viefhues, FamFG, 2014, § 235 Rn. 2 ff.
[128] Vgl. BGH v. 25.11.1987 - IVb ZR 96/86 - FamRZ 1988, 270; KG Berlin v. 29.02.1988 - 19 UF 2667/87 - FamRZ 1988, 1172; zur Verschärfung der Informationspflicht bei Vergleichen vgl. BGH v. 29.01.1997 - XII ZR 257/95 - FamRZ 1997, 483; BGH v. 16.04.2008 - XII ZR 107/06 - FamRZ 2008, 1325 mit Anm. *Borth* = FPR 2008, 379 mit Anm. *Schwolow*.
[129] Vgl. hierzu auch BGH v. 19.05.1999 - XII ZR 210/97 - FamRZ 2000, 153 zur Wahrheitspflicht nach § 138 Abs. 1 ZPO.
[130] *Kodal* in: Bork/Jacoby/Schwab, FamFG, 2009, § 235, Anm. 18.
[131] *Schürmann*, FuR 2009, 130, 135.
[132] BGH v. 19.05.1999 - XII ZR 210/97 - FamRZ 2000, 153; *Büttner*, FF 2008, 15, 17.
[133] AG Flensburg v. 01.04.2010 - 92 F 417/09 - SchlHA 2011, 145.
[134] OLG Frankfurt v. 16.12.2005 - 1 UF 54/05 - FF 2006, 157; OLG Hamm v. 10.12.1993 - 11 UF 77/93 - NJW-RR 1994, 772-773; OLG Hamm v. 04.02.1994 - 13 UF 18/93 - FamRZ 1994, 1265-1266; AG Berlin-Tempelhof-Kreuzberg v. 29.07.1999 - 140 F 14873/98 - FamRZ 2000, 1044.
[135] OLG Naumburg v. 29.04.2004 - 3 UF 15/04 - OLGR Naumburg 2004, 378-380 = ZFE 2004, 316.

2. Pflicht außerhalb eines laufenden gerichtlichen Verfahrens

a. Mitteilungspflichten nach geschlossenem Vergleich

136 Bei geschlossenen **Unterhaltsvergleichen** erhöht sich die Pflicht zur Rücksichtnahme auf die Belange des anderen Teils.[136] Der Unterhaltsberechtigte ist im Hinblick auf seine **vertragliche Treuepflicht** gehalten, jederzeit und unaufgefordert dem anderen Teil Umstände zu offenbaren, die ersichtlich dessen Verpflichtungen aus dem Vertrag berühren. Deshalb besteht z.B. eine Pflicht zur ungefragten Information,[137] wenn vereinbart worden ist, der Bedürftige dürfe ein bestimmtes Einkommen anrechnungsfrei hinzuverdienen und sein tatsächlicher Verdienst überschreitet diese Grenze deutlich.[138] Aber auch der Unterhaltspflichtige kann verpflichtet sein, eine gravierende Verbesserung seiner Leistungsfähigkeit mitzuteilen[139].

b. Mitteilungspflichten nach gerichtlichem Titel

137 Eine ausdrückliche **Verpflichtung zu ungefragten Informationen**[140] außerhalb dieses Anwendungsbereiches enthält das Gesetz bislang nicht. Die Notwendigkeit einer solchen Informationspflicht ergibt sich aber bereits daraus, dass bei einem bestehenden Titel der Unterhaltspflichtige die gerichtliche Abänderung einleiten muss, dies aber ohne entsprechende Informationen nicht kann.

138 Zudem ist ihm die Möglichkeit einer rückwirkenden Abänderung durch die verfahrensrechtlichen Vorschriften eingeschränkt (§§ 238, 239 FamFG), denn die rückwirkende Änderung von Unterhaltstiteln setzt immer eine Aufforderung an den jeweiligen Gegner vor Einleitung des gerichtlichen Verfahrens voraus und eine solche ist ohne Kenntnis von der Veränderung maßgeblicher Umstände nicht möglich.

139 Zudem sind die Möglichkeiten für den Unterhaltspflichtigen, eine entsprechende Auskunft zu verlangen, durch die Fristensperre des § 1605 Abs. 2 BGB stark eingeschränkt (vgl. dazu Rn. 112 ff.).

c. Mitteilungspflichten ohne Titel

140 In anderen Fallgestaltungen kann sich eine solche Pflicht zur ungefragten Information aus § 242 BGB nach Treu und Glauben ergeben.[141] So z.B. dann, wenn das Schweigen des Bedürftigen als in hohem Maße sittenwidrig anzusehen ist, weil der Pflichtige aufgrund des vorangegangenen Verhaltens des Bedürftigen oder nach der Lebenserfahrung keine Veranlassung hatte, seinerseits eine Auskunft zu fordern.[142] Jedoch kann ein eigenes unredliches Verhalten des Unterhaltsberechtigten das Maß des vom Unterhaltspflichtigen redlicherweise zu fordernden Verhaltens herabsetzen.[143]

141 Zum Auskunftsanspruch beim sog. **Scheinvaterregress** vgl. die Kommentierung zu § 1607 BGB Rn. 85.)

d. Rechtsfolgen einer Verletzung der Mitteilungspflichten

142 Verletzt der Unterhaltsgläubiger eine Pflicht, den Unterhaltsschuldner unaufgefordert über eine Verbesserung seiner Verhältnisse zu unterrichten, so kann dem Unterhaltsschuldner in diesen Fällen ein **Schadensersatzanspruch nach § 826 BGB** in Höhe des Betrages des überzahlten Unterhalts zustehen.[144] Erkennt ein Unterhaltsschuldner, dass durch verbesserte Einkommensverhältnisse ein rechtskräftiger Unterhaltstitel unrichtig geworden ist, so besteht ein solcher Schadensersatzanspruch, wenn der Unterhaltsschuldner die Verbesserung der Einkommensverhältnisse verschweigt und darin eine **vorsätzliche**, in besonderem Maße unredliche **(sittenwidrige)** Ausnützung dieser Situation zu bejahen ist.[145]

---

[136] Gegen diese Differenzierung *Büttner*, FF 2008, 15, 17.
[137] OLG Hamm v. 08.06.2006 - 4 UF 208/05 - FamRZ 2007, 215.
[138] BGH v. 29.01.1997 - XII ZR 257/95 - FamRZ 1997, 483.
[139] OLG Bremen v. 09.02.1999 - 4 UF 121/98 - MDR 1999, 808.
[140] Ausführlich *Bömelburg*, FF 2012, 240-248
[141] Ausführlich *Hoppenz*, FamRZ 1989, 337-343; *Peschel-Gutzeit*, FF 2003, 194-202; *Büttner*, FF 2008, 15-17.
[142] BGH v. 25.11.1987 - IVb ZR 96/86 - NJW 1988, 1965-1967.
[143] AG Flensburg v. 01.04.2010 - 92 F 417/09 - SchlHA 2011, 145.
[144] OLG Karlsruhe v. 22.04.2003 - 16 WF 190/02 - NJW-RR 2004, 145.
[145] OLG Karlsruhe v. 12.03.2004 - 16 UF 186/01 - NJW-RR 2004, 1441.

Auch kann diese Obliegenheitsverletzung zu einer **Verwirkung** des Unterhaltsanspruches (vgl. die Kommentierung zu § 1611 BGB Rn. 39) führen,[146] und zwar auch dann, wenn die trotz ausdrücklicher Nachfrage verschwiegenen Einkünfte verhältnismäßig gering waren und nur über einen begrenzten Zeitraum erzielt wurden.[147]

Verschweigt ein Ehegatte im laufenden Verfahren gestiegene Arbeitseinkünfte, liegt unrichtiger Sachvortrag vor und führt zu einem versuchten **Prozessbetrug**. In diesem Fall können Unterhaltsansprüche dieses Ehegatten gänzlich versagt werden.[148]

C. Verfahrenshinweise

I. Formulierungsvorschlag für die vorgerichtliche Aufforderung zur Auskunft mit Vorlage von Belegen (Textmuster)

Das **Auskunftsbegehren** kann mit dem folgenden Text vorgebracht werden:

„Um den meiner Mandantin zustehenden Unterhaltsanspruch wegen des Nachscheidungsunterhalts berechnen zu können, benötigen wir genaue Informationen über die wirtschaftliche Lage Ihres Mandanten, insbesondere über sein laufendes Einkommen. Wir fordern Ihren Mandanten daher auf, uns innerhalb einer Frist von 2 Wochen – gerechnet vom Datum dieses Schreibens – eine detaillierte Auskunft über sein gesamtes Einkommen aus allen Einnahmequellen und über sein aktuelles Vermögen durch Vorlage eines Vermögensverzeichnisses zu erteilen.

Bitte legen Sie insbesondere eine Auflistung des Erwerbseinkommens Ihres Mandanten vor
- aus den letzten 12 Monaten
- aus dem Zeitraum vom _____ bis _____.

Wir bitten weiterhin, in dieser Aufstellung das gesamte lohnsteuerpflichtige und nicht lohnsteuerpflichtige, laufende oder einmalige Arbeitsentgelt einschließlich aller Zulagen, Zuschläge, Sonderleistungen, geldwerter Vorteile sowie Auslösungen und Spesen aufzuführen. Darüber hinaus sollten die einzelnen steuerlichen Abzugsbeträge unter Angabe der verwendeten Steuerklasse und steuerlicher Freibeträge sowie die einzelnen Abzugsbeträge (Arbeitnehmeranteile) für die gesetzliche Sozialversicherung in der Auflistung enthalten sein.

Es wird weiterhin zur Einkommensauskunft die Vorlage folgender lesbarer und vollständiger Belege verlangt:
- der letzte Jahressteuerbescheid und die dazu abgegebene Einkommensteuererklärung
- der Jahressteuerbescheid für das Kalenderjahr _____ und die dazu abgegebene Einkommensteuererklärung.
- Sollten zu diesem Zeitraum Berichtigungsbescheide ergangen sein, bitten wir ebenfalls um Vorlage.
- Detaillierte Gehaltsabrechnung oder Bezügeabrechnungen für obigen Zwölfmonatszeitraum einschließlich eventueller Abrechnungen über Spesen und Auslösung."

Soll sich die Auskunftsverpflichtung des Unterhaltspflichtigen auch auf die **Einkünfte seines neuen Ehegatten** erstrecken (vgl. dazu Rn. 52 ff.), muss dies gesondert im Tenor des zur Auskunft verpflichtenden Beschlusses ausgesprochen werden.[149] Dementsprechend muss auch das Auskunftsverlangen formuliert werden.

Für das **Auskunftsverlangen** in derartigen Fällen ist folgender **Mustertext** erarbeitet worden:[150]

Sehr geehrter Herr

zeigen wir an, dass wir die rechtlichen Interessen Ihres Ehegatten und der gemeinsamen Kinder anwaltlich vertreten.

Eine auf uns lautende Vollmacht ist beigefügt.

Sie sind unserer Mandantschaft gegenüber zu Unterhaltszahlungen verpflichtet.

---

[146] OLG Brandenburg v. 07.05.2009 - 9 UF 85/08 - FuR 2010, 33-35.
[147] OLG Düsseldorf v. 07.07.2010 - II-8 UF 14/10 - FamFR 2010, 391; OLG Brandenburg v. 07.05.2009 - 9 UF 85/08 FuR 2010, 33 35.
[148] OLG Frankfurt v. 16.12.2005 - 1 UF 54/05 - FF 2006, 157.
[149] OLG Hamm v. 15.12.2010 - 5 WF 157/10, II-5 WF 157/10 - FamRZ 2011, 1302.
[150] Die Weitergabe erfolgt mit freundlicher Genehmigung der Verfasserin Rechtsanwältin Kill, Bochum, kanzlei@kill-frech.de.

Die Höhe Ihrer Zahlungsverpflichtung richtet sich nach Ihrem Einkommen und Vermögen.
Um die Höhe Ihrer Zahlungsverpflichtung feststellen zu können, ist es zunächst erforderlich, dass Sie Auskunft über Ihr Erwerbseinkommen anhand einer geordneten schriftlichen und unterzeichneten Zusammenstellung erteilen. Zu belegen sind Ihre Angaben durch folgende Unterlagen:
Lohn- bzw. Gehaltsbescheinigungen der letzten zwölf Kalendermonate, also für die Zeit vom _ bis zum _, im Original,
Steuerbescheid, der Ihnen in den letzten zwölf Kalendermonaten zugegangen ist, und zwar unabhängig davon, welches Veranlagungsjahr er betrifft.
Sollten Sie innerhalb der letzten zwölf Kalendermonate arbeitslos geworden sein, sind auch die Bescheide des Jobcenters vorzulegen.
Haben Sie für den Verlust Ihres Arbeitsplatzes eine Abfindung erhalten, bitten wir um Vorlage der Abfindungsvereinbarung und -abrechnung.
Sollten Sie im selben Zeitraum krankheitsbedingte Leistungen erhalten haben, sind uns die entsprechenden Bescheide ebenfalls vorzulegen. Dies gilt auch für eventuelle Rentenbescheide aus den genannten Kalendermonaten.
Ebenso ist eine Aufstellung zu den vorhandenen Vermögenswerten nebst den daraus erzielten Einkünften zu übersenden. Dazu sind ebenfalls Belege zum Nachweis zu überreichen.
Nach erfolgter Auskunftserteilung werden wir den Unterhaltsanspruch berechnen und Ihnen mitteilen.
Wir erwarten die Vorlage der genannten Unterlagen bis spätestens zum
14 Tage Frist eintragen.
Nach fruchtlosem Fristablauf werden wir einen gerichtlichen Antrag stellen.
Unterhalt fordern wir für unsere Mandantschaft in Höhe des gesetzlich geschuldeten Betrages nach Maßgabe der Auskunft ab sofort.
Wir weisen darauf hin, dass Sie bereits jetzt Unterhalt in der gesetzlichen Höhe schulden, auch ohne dass wir den konkret zu zahlenden Betrag beziffern.
Bitte richten Sie sich auch auf die Zahlung von eventuellen Mehrbedarfspositionen wie z.B. Kindergarten-, Kindergartenhort-, Schulhort-Kosten, Studiengebühren etc. ein.
Wollen Sie unserer Mandantschaft in der Unterhaltsberechnung Zahlungsverpflichtungen entgegenhalten, so sollten diese zusammen mit der Auskunft aufgelistet werden, wobei die Art, Dauer und Höhe der Verbindlichkeit ebenso zu benennen ist wie der Zeitpunkt der Aufnahme und der Zeitpunkt des voraussichtlichen Endes des Zahlungsverpflichtung. Zum Nachweis der tatsächlichen Zahlung auf eine solche Verbindlichkeit sind Kontoauszüge oder Quittungen vorzulegen.
Mit freundlichen Grüßen

II. Bestimmtheit des Titels

148 Die spätere erfolgreiche Zwangsvollstreckung setzt voraus, dass der Titel **ausreichend bestimmt** bzw. durch Auslegung bestimmbar ist. Das ist nur dann der Fall, wenn der Leistungsinhalt ausreichend und in einer Weise konkretisiert ist, dass der Titel auch für jeden Dritten zweifelsfrei erkennen lässt, was der Gläubiger vom Schuldner verlangen kann.[151]

149 Hier ist gerade bei **Vergleichsabschlüssen** über Auskunftsverpflichtungen besondere Sorgfalt geboten, um bei späteren Auslegungsproblemen Ärger zu vermeiden. Auch hier muss der vollstreckungsrechtliche Gesichtspunkt der Bestimmtheit der Verpflichtung gewahrt sein und ist auch beim Vergleich zu beachten. Der Vergleich muss demnach so formuliert werden, dass genau konkretisiert ist, welche genauen Leistungen der Auskunftspflichtige erbringen soll. Die bloße Wiedergabe der gesetzlichen Verpflichtungen („.... Auskunft zu erteilen ...") reicht dagegen nicht aus.

III. Regelungen für das gerichtliche Verfahren

150 Unterhaltsverfahren sind Familienstreitverfahren (§ 112 Nr. 1 FamFG), bei denen die wesentlichen Regelungen der ZPO gelten (§ 113 FamFG).

1. Hauptsacheverfahren

151 Im **Hauptsacheverfahren** besteht **Anwaltszwang** (§ 114 FamFG). Das Gericht entscheidet durch **Beschluss** (§ 38 FamFG), gegen den das Rechtsmittel der **Beschwerde** gem. § 58 FamFG gegeben ist.

---

[151] OLG Saarbrücken v. 14.12.2005 - 6 WF 78/05 - ZFE 2006, 118.

Diese ist bei dem Gericht einzulegen, das die angefochtene Entscheidung erlassen hat (§ 64 Abs. 1 FamFG).

2. Auskunftsantrag im Verbundverfahren

Im **Verbundverfahren** kann der Auskunftsanspruch immer nur als **Stufenantrag** erhoben werden.[152] Dieser Antrag muss in erster Instanz gestellt werden. Ein alleiniger Auskunftsantrag zum Zugewinnausgleich kann keine Folgesache sein, weil die Entscheidung nicht „für den Fall der Scheidung" zu treffen ist.[153] Umstritten ist die Zulässigkeit von Teilentscheidungen.[154]

3. Stufenantrag als besondere Form des Auskunftsverfahrens

Mit einem **Stufenantrag** kann gleichzeitig ein Auskunftsanspruch und der noch nicht bezifferte Zahlungsantrag rechtshängig gemacht werden (§ 113 FamFG i.V.m. § 254 ZPO).

Ein Stufenverfahren ist nicht erforderlich, um die **rückwirkende Durchsetzung des Unterhaltsanspruchs** zu ermöglichen, denn dies lässt sich bereits durch ein korrektes Auskunftsverlangen gem. § 1613 BGB erzielen (vgl. die Kommentierung zu § 1613 BGB Rn. 92 ff.).

Der als Stufenantrag erhobene Auskunftsantrag **unterbricht die Verjährung**, auch wenn zunächst nur der Auskunftsantrag gestellt wird. Wird das gerichtliche Verfahren vor Beginn der Verjährungsfrist erhoben, tritt die Unterbrechung sofort mit deren Beginn ein.[155]

In einem Stufenverfahren ist bereits in der Auskunftsstufe und nicht erst in der Leistungsstufe festzustellen, ob die **Regelungen in einem Ehevertrag** insbesondere auch im Hinblick auf § 138 BGB wirksam sind. Ist z.B. der Zugewinn mit dem Ehevertrag wirksam abschließend geregelt worden, so ist der Auskunftsantrag zum Zugewinn abzuweisen.[156] Entsprechendes muss auch gelten, wenn es um die Frage der Sittenwidrigkeit eines Unterhaltsausschlusses geht.

Umstritten ist, ob bei **Feststellung der Sittenwidrigkeit** nur der Auskunftsantrag oder bereits das Antrag als Ganzes zurückzuweisen ist.[157]

Der Auskunftsantrag nach § 1613 Abs. 1 BGB kann mit einem Abänderungsbegehren nach den §§ 238, 239 FamFG kombiniert werden (sog. **Stufenabänderungsverfahren**) mit dem Ziel der rückwirkenden Änderung auf den Zeitpunkt des Zugangs des Auskunftsverlangens.

4. Kostenentscheidung

Die Vorschrift des § 243 Satz 2 Nr. 2 FamFG (früher § 93d ZPO) ermöglicht es in Unterhaltsverfahren, eine Art Kostenstrafe zu verhängen. Die Kosten können nach billigem Ermessen die Kosten ganz oder teilweise derjenigen Partei auferlegt werden, die zur Einleitung des gerichtlichen Verfahrens durch Verweigerung der geforderten und geschuldeten Auskunft Anlass gegeben hat. Die Kostenregelung wird damit zur **Sanktion bei unberechtigter Auskunftsverweigerung**.

Eine **vorgerichtliche Aufforderung zur Auskunft** hat damit auch Auswirkungen auf die gerichtliche Kostenentscheidung. Gem. § 243 Satz 1 FamFG ist nach billigem Ermessen über die Verteilung der Kosten des Verfahrens auf die Beteiligten zu entscheiden. Dabei kann insbesondere der Umstand, dass der Beteiligte vor Beginn des Verfahrens einer Aufforderung des Gegners zur Erteilung der Auskunft und Vorlage von Belegen über das Einkommen nicht oder nicht vollständig nachgekommen ist, zur alleinigen Kostentragung führen, es sei denn, dass eine Verpflichtung zur Auskunft nicht bestand. Diese Vorschrift soll die außergerichtliche Klärung von Unterhaltsansprüchen fördern.[158]

Erstellt der Unterhaltsschuldner trotz vorheriger Aufforderung erst im Laufe des gerichtlichen Verfahrens eine Jugendamtsurkunde, so trägt er die **Kosten des Verfahrens** auch dann, wenn die zur Ermittlung seiner eigenen Einkünfte erforderlichen Unterlagen im Zeitpunkt der Einleitung des gerichtlichen Verfahrens noch nicht vorlagen.[159]

---

[152] OLG Brandenburg v. 03.07.2006 - 9 UF 38/06 - FamRZ 2007, 410.
[153] Vgl. BGH v. 21.03.2012 - XII ZB 447/10 - FamRZ 2012, 863; BGH v. 19.03.1997 - XII ZR 277/95 - FamRZ 1997, 811, 812 m.w.N.; *Rossmann* in: Horndasch/Viefhues, FamFG, 2010, § 137 Rn. 21 m.w.N.
[154] OLG Hamm v. 05.09.2006 - 9 UF 24/06 - FamRZ 2007, 403 mit Anm. *Heistermann*, dazu auch *Götsche*, jurisPR-FamR 12/2007, Anm. 6.
[155] OLG Naumburg v. 12.05.2005 - 8 UF 258/04 - FamRZ 2006, 267.
[156] OLG Naumburg v. 08.01.2013 - 8 UF 330/12 - juris Rn. 26 - FamRZ 2013, 444.
[157] Vgl. *Groß*, FamRB 2013, 444 unter Hinweis auf BGH v. 03.07.1959 - I ZR 169/55 - NJW 1959, 1827, 1818; BGH v. 08.05.1985 - IVa ZR 138/83 - NJW 1985, 2405.
[158] OLG Jena v. 30.08.2013 - 1 WF 429/13 - FamRZ 2014, 965.
[159] OLG Hamm v. 30.01.2013 - 9 WF 256/12 - FamRZ 2013, 1510.

162 Der Auskunftspflichtige hat jedenfalls dann Veranlassung zum Antrag gegeben, wenn er auf die – konkret bestimmte – außergerichtliche Aufforderung der Berechtigten zur Auskunftserteilung innerhalb der gesetzten Frist nicht reagiert. Nach der Gesetzesbegründung soll eine ungenügende Auskunftserteilung kostenrechtlich stärker sanktioniert werden; § 243 Nr. 2 FamFG führt als Folge der Auskunftspflichtverletzung zu einer **verschuldensunabhängigen Kostenhaftung**. Ist das Verhalten des Auskunftspflichtigen vor Verfahrensbeginn ohne Rücksicht auf Verschulden und materielle Rechtslage so, dass die Auskunftsberechtigte annehmen musste, sie werde ohne Antrag nicht zu ihrem Recht kommen,[160] hat er **Veranlassung zur Einleitung eines gerichtlichen Verfahrens** gegeben.[161]

5. Gegenstandswert eines Auskunftsverfahrens

163 In Auskunftsverfahren ist auch für den Verfahrenswert (zur Beschwer vgl. Rn. 186 ff.) auf den erforderlichen **Aufwand an Zeit und Kosten** abzustellen, den die Erteilung der geschuldeten Auskunft erfordert.[162] Der BGH hat nicht beanstandet, dass der Aufwand für die Zusammenstellung und die Vorlage von Unterlagen sowie der darauf aufbauenden Auskunft auf **unter 600 €** geschätzt wurde.[163]

164 Der **Wert** eines Auskunftsanspruches ist mit 1/10 bis ¼ des geschätzten Leistungsanspruches zu bestimmen;[164] vereinzelt wurde auch der Verfahrenswert auf 1/5 des Jahreswertes der erstrebten Unterhaltsforderung festgesetzt.[165]

165 Der **eigene Zeitaufwand des Auskunftspflichtigen** kann entsprechend den Regelungen für Zeugen (§ 22 JVEG) bewertet werden.[166] Dies gilt unabhängig von der Höhe des Einkommens des Pflichtigen.

166 Das gilt auch dann, wenn der Auskunftspflichtige zwar **Rechtsanwalt** ist, die geforderte Auskunft sich aber auf eine private Tätigkeit bezieht.

167 Der **Wert für die Abgabe einer eidesstattlichen Versicherung** kann dem Wert für die Erteilung der vorausgegangenen Auskunft entsprechen.[167]

168 Die **Kosten der Zuziehung eines Steuerberaters** oder anderer **Hilfspersonen** können nur berücksichtigt werden, wenn sie **zwangsläufig** entstehen, weil der Auskunftspflichtige selbst zu einer sachgerechten Auskunftserteilung nicht in der Lage ist.[168]

169 Muss der Verpflichtete demnach **Hilfspersonen** einsetzen, sind deren Kosten bei der Wertbemessung zu berücksichtigen. Dies gilt auch dann, wenn diese Kosten im Zusammenhang mit der späteren Steuererklärung ohnehin entstanden wären – wie etwa das Honorar des Steuerberaters. Je versierter der Auskunftspflichtige unter Berücksichtigung von Ausbildung und Berufstätigkeit anzusehen ist, umso weniger ist die Notwendigkeit des Einsatzes von Hilfspersonen anzuerkennen. Die Notwendigkeit ist zu bejahen, wenn der Auskunftspflichtige – z.B. wegen seiner Insolvenz – zur eigenständigen Erstellung der Auskunft nicht in der Lage ist.[169]

170 Auch ein **Geheimhaltungsinteresse** (vgl. dazu Rn. 45 und Rn. 57) sei nicht als werterhöhend zu berücksichtigen. Nur wenn ein besonderes Interesse des Auskunftspflichtigen, bestimmte Tatsachen insbesondere vor dem Gegner geheim zu halten, im Einzelfall konkret dargelegt werde, sei eine Werterhöhung angemessen. Dazu gehöre auch, dass gerade in der Person des Auskunftsbegehrenden die Gefahr begründet sein muss, dieser werde von ihm gegenüber offenbarten Tatsachen über den Rechtsstreit

---

[160] Vgl. OLG Hamm v. 02.02.2011 - 8 WF 262/10, II-8 WF 262/10 - FamRZ 2011, 1245.
[161] OLG Jena v. 30.08.2013 - 1 WF 429/13 - FamRZ 2014, 965.
[162] Vgl. BGH v. 10.03.2010 - IV ZR 255/08 - FamRZ 2010, 891 für eine Auskunft über den Nachlass.
[163] BGH v. 09.11.2011 - XII ZB 212/11 - FamRZ 2012, 204-206.
[164] BGH v. 12.10.2011 - XII ZB 127/11 - FamRZ 2011, 1929; BGH v. 28.09.2011 - IV ZR 250/10 - FamRZ 2012, 299; BGH v. 20.02.2008 - IV ZB 14/07 - juris Rn. 14 - NJW-RR 2008, 889; BGH v. 25.01.2006 - IV ZR 195/04 - FamRZ 2006, 619; BGH v. 31.03.1993 - XII ZR 67/92 - FamRZ 1993, 1189; BGH v. 19.05.1982 - IVb ZB 80/82 - FamRZ 1982, 787, 788; OLG Naumburg v. 28.06.2006 - 3 WF 100/06 - ZFE 2007, 275.
[165] OLG Zweibrücken v. 21.10.2010 - 6 UF 77/10 - FamRZ 2011, 1066.
[166] Vgl. BGH v. 28.11.2012 - XII ZB 620/11; BGH v. 23.03.2011 - XII ZB 436/10 - FamRZ 2011, 882; vgl. auch BGH v. 20.02.2008 - IV ZB 14/07 - NJW-RR 2008, 889.
[167] Vgl. BGH v. 28.11.2012 - XII ZB 620/11; BGH v. 24.11.1994 - GSZ 1/94 - BGHZ 128, 85 = FamRZ 1995, 349.
[168] BGH v. 25.04.2007 - XII ZB 10/07 - juris Rn. 7 - FamRZ 2007, 1090; BGH v. 26.10.2005 - XII ZB 25/05 - FamRZ 2006, 33, 34 und BGH v. 11.07.2001 - XII ZR 14/00 - FamRZ 2002, 666, 667; OLG Naumburg v. 20.10.2011 - 8 UF 242/11.
[169] OLG Jena v. 07.07.2008 - 1 UF 134/08 - FamRZ 2009, 65 = FPR 2008.

hinaus in einer Weise Gebrauch machen, die schützenswerte wirtschaftliche Interessen des zur Auskunft Verpflichteten gefährden können.[170]

6. Verfahrenskostenhilfe

Eine schwierige und höchstrichterlich nicht entschiedene Rechtsfrage (hier: Beginn der Frist nach § 1605 Abs. 2 BGB) darf im Verfahrenskostenhilfeprüfungsverfahren nicht zum Nachteil des um Verfahrenskostenhilfe Nachsuchenden entschieden werden.[171]

7. Verfahrenskostenhilfe bei Stufenverfahren

Umstritten ist die Behandlung **der Verfahrenskostenhilfe** bei **Stufenanträgen bei**.

Nach einer Ansicht erfolgt bereits bei der Entscheidung über die erste Stufe (**Auskunft**) auch eine Bewilligung der VKH für den **unbezifferten Zahlungsantrag**. Eine Beschränkung auf die erste Stufe (Auskunft) soll unzulässig sein.[172]

Die Verfahrenskostenhilfe ist dabei allerdings von vornherein auf den Zahlungsantrag beschränkt, der sich aus der Auskunft ergibt (**immanente Schranke**).[173] Auch wenn sich das Gericht in der ersten Verfahrenskostenhilfebewilligung nicht vorbehalten hat, nach Bezifferung des Zahlungsantrages erneut über die Verfahrenskostenhilfe zu entscheiden, muss es nach der **Bezifferung durch Beschluss ggf. klarstellen**, wieweit der neue Antrag von der Verfahrenskostenhilfebewilligung gedeckt ist.[174] Dabei ist von dem Sach- und Streitstand im Zeitpunkt dieser Beschlussfassung auszugehen.[175] Allerdings kann in dieser Entscheidung keine Verweigerung im Hinblick auf die fehlenden wirtschaftlichen Voraussetzungen erfolgen.[176]

Die Gegenansicht **beschränkt die Bewilligung auf die jeweilige Stufe**.[177] Diese Ansicht hat den Vorzug, dass bei dem antragstellenden Beteiligten nicht das Missverständnis entstehen kann, es sei hinsichtlich des bezifferten Betrages eine Blankobewilligung erfolgt.

Dem **Antragsgegner** kann für die Verteidigung gegen einen Stufenantrag keine Verfahrenskostenhilfe bewilligt werden, solange er die Erteilung der von ihm geschuldeten Auskunft grundlos verweigert. Durch die Zurückweisung des Antrags auf Verfahrenskostenhilfe für die zweite und dritte Stufe des Stufenverfahrens wird er nicht ungerechtfertigt benachteiligt, auch wenn dem Antragsteller sogleich Verfahrenskostenhilfe für alle drei Stufenanträge bewilligt worden ist.[178]

8. Verfahrenskostenhilfe für die Vollstreckung

Für das Vollstreckungsverfahren muss ggf. **Verfahrenskostenhilfe** gem. §§ 76, 77 FamFG neu beantragt werden. Die Beiordnung eines Anwalts ist i.d.R. erforderlich.[179]

IV. Vollstreckung des Auskunftstitels (mit Formulierungsvorschlag)

Die Verpflichtung zur Auskunft wird § 120 Abs. 1 FamFG, § 888 Abs. 1 ZPO vollstreckt, da die Belegpflicht vollstreckungsrechtlich als ergänzende und von der Vollstreckung nach § 888 ZPO mit abgedeckte Nebenpflicht eingestuft wird.[180] Die Vollstreckung erfolgt durch gerichtliche Verhängung von **Zwangsgeld** oder **Zwangshaft**. Die Vorlage von Belegen richtet sich nach § 883 ZPO.

---

[170] BGH v. 09.11.2011 - XII ZB 212/11 - FamRZ 2012, 204-206; BGH v. 10.08.2005 - XII ZB 63/05 - FamRZ 2005, 1986 m.w.N.; BGH v. 11.05.2005 - XII ZB 63/05 - FamRZ 2005, 1064; OLG Düsseldorf v. 08.12.2011 - II-1 UF 51/11, 1 UF 51/11.
[171] OLG Saarbrücken v. 29.07.2011 - 6 WF 72/11 - FamRZ 2012, 807.
[172] KG Berlin v. 25.10.2007 - 16 WF 246/07 - FamRZ 2008, 702; *Götsche* in: Horndasch/Viefhues, FamFG, 2014, § 76 Rn. 73 m.w.N.
[173] OLG Hamm v. 03.08.2011 - II-8 WF 177/11 - FamRR 2011, 519; OLG Köln v. 22.03.2011 - 4 WF 23/11 - FamRZ 2011, 1604; OLG Brandenburg v. 25.02.2008 - 9 WF 39/08 - FamRZ 2008, 1354.
[174] OLG Zweibrücken v. 05.09.2006 - 2 WF 157/06 - FamRZ 2007, 1110; OLG München v. 05.04.2004 - 16 WF 837/04 - FamRZ 2005, 42.
[175] OLG Hamm v. 03.08.2011 - II-8 WF 177/11 - FamRR 2011, 519.
[176] OLG Celle v. 09.05.2011 - 10 WF 341/10 - FamRZ 2011, 1608.
[177] OLG Naumburg v. 23.04.2007 - 8 WF 98/07 - FamRZ 2007, 1755; KG Berlin v. 20.09.2004 - 3 WF 189/04 - FamRZ 2005, 461-463.
[178] OLG Karlsruhe v. 19.03.2012 - 2 WF 3/12 - FamRZ 2012, 1319.
[179] BGH v. 09.08.2012 - VII ZB 84/11 - FamRZ 2012, 1637 = FuR 2013, 40; OLG Stuttgart v. 30.08.2010 - 8 W 354/10 - FamRZ 2011, 128.
[180] Thüringer Oberlandesgericht v. 03.07.2012 - 1 WF 306/12 - FamRZ 2013, 656.

179 Der Titel mit der Verurteilung zur Auskunft muss dem Auskunftspflichtigen bzw. seinem Prozessbevollmächtigten **zugestellt** werden. Da die Vollstreckung dem Auskunftsberechtigten als Gläubiger obliegt, muss er ggf. auch für die Zustellung des Beschlusses sorgen.

180 Für die Festsetzung des Zwangsgelds bzw. der Zwangshaft nach erfolglosem Ablauf der gesetzten Frist zur Erteilung der Auskunft ist ein weiterer Antrag erforderlich.

181 Die **Höhe des festgesetzten Zwangsgeldes** steht im Ermessen des Gerichts innerhalb eines Rahmens zwischen einem Mindestbetrag von 5 € und einem Höchstbetrag von 25.000 €.

182 Dabei ist der **Grundsatz der Verhältnismäßigkeit** zu wahren. Geht es erkennbar nur um die Erhöhung des monatlichen Unterhaltes um 50 €, so ist die Festsetzung eines Zwangsgeldes von 2.000 € i.d.R. unverhältnismäßig.[181]

183 Der **Wert der Hauptsache** kann ein geeigneter Anhaltspunkt sein,[182] jedoch ist auch die **Hartnäckigkeit** von Bedeutung, mit welcher der Schuldner die Erfüllung seiner Verpflichtung unterlässt.[183]

184 Ein Antrag auf **wiederholte Festsetzung** eines Zwangsgeldes ist jedenfalls dann zulässig, wenn der Gläubiger die Zwangsvollstreckung aus einem vorangegangenen Zwangsmittelbeschluss voll durchgeführt hat.[184]

185 **Formulierungsvorschlag für den Antrag auf Festsetzung des Zwangsmittels:**

„(volles Rubrum)

wird gem. §§ 86, 95 FamFG, § 888 ZPO beantragt, gegen den Antragsgegner/die Antragsgegnerin zur Erzwingung der im Beschluss des erkennenden Gerichtes vom _____ festgesetzten Auflagen, folgende Auskünfte zu erteilen (hier sind alle titulierten Auskunftsauflagen aufzuführen)

- ein angemessenes **Zwangsgeld**, ersatzweise für den Fall, dass dieses nicht beigetrieben werden kann, **Zwangshaft** zu verhängen.
- **Zwangshaft** bis zu 6 Monaten[185] zu verhängen.
- Es wird gleichzeitig auch für dieses Verfahren der Vollstreckung **Verfahrenskostenhilfe** unter Beiordnung des Unterzeichners beantragt. Auf die bereits überreichten Unterlagen im Scheidungsverfahren wird Bezug genommen.

Begründung:

Dem Antragsgegner/der Antragsgegnerin ist durch den oben genannten und ihm/ihr zugestellten Titel des erkennenden Gerichtes aufgegeben worden, über seine Einkünfte die oben näher beschriebenen Auskünfte zu erteilen.

- Da dieser Auflage nicht nachgekommen wurde, ist die Verhängung des beantragten Zwangsgeldes und für den Fall, dass dieses nicht beigetrieben werden kann, auch der Zwangshaft erforderlich.
- Die Anordnung von Zwangshaft ist erforderlich, da der Antragsgegner/die Antragsgegnerin bisher trotz der Verhängung von Zwangsgeld die Auflage nicht erfüllt hat[186]."

V. Beschwer bei Auskunftsverfahren

186 Beim **Beschwerdewert einer Auskunftsverpflichtung** ist zu differenzieren:[187]
1. Für die Bemessung des Wertes des Beschwerdegegenstandes bei der Verurteilung zur Auskunftserteilung ist das Interesse des Rechtsmittelführers maßgebend, die Auskunft nicht erteilen zu müssen. Abgesehen von dem Fall eines besonderen Geheimhaltungsinteresses ist auf den Aufwand an Zeit und Kosten abzustellen, den die sorgfältige Erteilung der geschuldeten Auskunft erfordert.[188]
2. Dem Gericht steht bei seiner Schätzung ein Ermessensspielraum zu.[189]

---

[181] OLG Brandenburg v. 27.07.2006 - 10 WF 149/06 - FamRZ 2007, 63.
[182] vgl. OLG Karlsruhe v. 02.11.1999 - 14 W 61/99 - MDR 2000, 229.
[183] Thüringer Oberlandesgericht v. 03.07.2012 - 1 WF 306/12; OLG Karlsruhe v. 02.11.1999 - 14 W 61/99 - MDR 2000, 229, auch OLG München v. 14.10.1991 - 29 W 1996/91 - NJW-RR 1992, 704.
[184] OLG Brandenburg v. 15.11.2006 - 10 WF 215/06.
[185] §§ 888 Abs. 1, 913 ZPO.
[186] Bei der Verhängung von Zwangshaft ist die Verhältnismäßigkeit zu wahren. Die sofortige Verhängung von Zwangshaft dürfte daher kaum möglich sein, sondern erst nach Fehlschlag anderer Maßnahmen zulässig werden.
[187] Vgl. *Stockmann*, FamRB 2012, 47.
[188] vgl. BGH v. 22.01.2014 - XII ZB 278/13 m.w.N.
[189] vgl. BGH v. 22.01.2014 - XII ZB 278/13 m.w.N.

1. Abwehrinteresse des Antragsgegners

Das **Abwehrinteresse des Antragsgegners**, dem Auskunft aufgegeben worden ist, bemisst sich nach seinem Interesse, die Auskunft nicht erteilen zu müssen und damit in erster Linie nach dem Aufwand an Zeit und Kosten, der mit der Auskunftserteilung und Rechnungslegung beim Auskunftsverpflichteten entsteht.[190] Damit hängt die Beschwer davon ab, in welchem Umfang er durch die Erteilung der Auskunft belastet ist.[191] Abgesehen von dem Fall eines besonderen Geheimhaltungsinteresses ist auf den Aufwand an Zeit und Kosten abzustellen, den die sorgfältige Erteilung der geschuldeten Auskunft erfordert.[192] Dem Gericht steht bei seiner **Schätzung ein Ermessensspielraum** zu.

Dabei ist weiter zu unterscheiden, ob der Schuldner zu einer eigenständigen Auskunftserteilung in der Lage ist oder nicht.

a. Auskunftserteilung ohne Hilfspersonen

Wenn der Verpflichtete seine Auskunft **ohne Hilfspersonen** (wie z.B. Steuerberater) erteilen kann, kommt es nur auf seinen persönlichen Zeitaufwand an, den eine sorgfältige Erteilung der geschuldeten Auskunft verursacht, an.[193]

Zur Bemessung seines Zeitaufwandes können die Stundensätze für einen Zeugen im Zivilprozess angenommen werden, derzeit ca. 12 € pro Stunde.[194] Der BGH hat den **Zeitaufwand des Auskunftspflichtigen mit 17 € pro Stunde** angesetzt.[195] In der Praxis wird daher die Mindestbeschwer von 600 € häufig nicht erreicht.

Der Beschwerdewert bei einem Streit um die bloße Vorlage von Einnahme-/Überschussrechnungen für zwei Kalenderjahre liegt nicht über 300 €.[196]

b. Notwendigkeit der Zuziehung von Hilfspersonen

Der Unterhaltsverpflichtete kann sich nicht weiterer Personen zur Auskunftserteilung bedienen, wenn die Verpflichtung klar umrissen und konkret benannt ist. Kann er also seine Einkünfte selbst anhand seiner Renten- und Pensionsbescheide sowie seiner Einkommensteuererklärungen und -bescheide ermitteln und belegen, sind Kosten für die **Hinzuziehung einer sachkundigen Hilfsperson** nicht zu berücksichtigen.[197]

Die Einschaltung eines **Rechtsanwaltes** bei der Erteilung der Auskunft ist in aller Regel nicht erforderlich ist, es sei denn, der Entscheidungsausspruch ist nicht hinreichend bestimmt oder die sorgfältige Erfüllung des Auskunftsanspruchs setzt Rechtskenntnisse voraus.[198]

Dass der Verpflichtete sowohl über **Bestand und Höhe seines Vermögens** als auch über sämtliche in seinem Allein- oder Miteigentum stehenden **Immobilien** Auskunft geben soll, macht eine **anwaltliche Beratung** nicht erforderlich. Gleiches gilt für die Verpflichtung, **Bankauskünfte** zum Nachweis von Sparvermögen und Wertpapieren etc. sowie bei **Lebensversicherungen** Bestätigungen der Versicherungsgesellschaften über die Höhe der Rückkaufwerte und bei Immobilienkaufverträgen die **Grundsteuerbescheide** vorzulegen.[199]

Die Unterstützung durch einen **Steuerberater** ist auch dann nicht erforderlich, wenn der Auskunftspflichtige mit seiner Ehefrau gemeinsam zur Einkommensteuer veranlagt wird.[200] Er müsse keine Einzelveranlagung erstellen, um über das auf ihn entfallende Nettoeinkommen Auskunft geben zu können. Wenn der Auskunftspflichtige **gemeinsam mit seiner Ehefrau** zur Einkommensteuer veranlagt wird, ist er im Rahmen der nach § 1605 Abs. 1 Satz 1 BGB bestehenden Pflicht zur Auskunftserteilung und Belegvorlage nicht gehalten, eine (bereinigte) Einkommensteuererklärung vorzulegen, aus der sich das allein auf ihn entfallende Nettoeinkommen entnehmen lässt.[201]

---

[190] BGH v. 03.11.2004 - XII ZB 165/00 - FamRZ 2005, 104.
[191] BGH v. 10.07.1996 - XII ZB 15/96 - NJWE-FER 1997, 16; BGH v. 24.11.1994 - GSZ 1/94 - NJW 1995, 664.
[192] BGH v. 22.01.2014 - XII ZB 278/13 - FamRZ 2014, 644 m.w.N.
[193] BGH v. 16.06.1993 - IV ZB 5/93 - NJW-RR 1993, 1028; BGH v. 10.07.1996 - XII ZB 15/96 - NJWE-FER 1997, 16.
[194] *Beger-Oelschlegel*, FamFR 2012, 421.
[195] BGH v. 23.05.2012 - XII ZB 594/11 - FamFR 2012, 353.
[196] BGH v. 21.04.2010 - XII ZB 128/09 - FamRZ 2010, 964.
[197] BGH v. 11.07.2012 - XII ZB 354/11 - FamFR 2012, 421.
[198] BGH v. 11.07.2012 - XII ZB 354/11 - FamFR 2012, 421.
[199] BGH v. 11.07.2012 - XII ZB 354/11 - FamFR 2012, 421.
[200] BGH v. 11.07.2012 - XII ZB 354/11 - FamFR 2012, 421.
[201] BGH v. 11.07.2012 - XII ZB 354/11 - FamFR 2012, 421.

§ 1605

196 Beschränkt sich die Belegpflicht eines Unternehmers auf die **Vorlage von „Gewinn- und Verlustrechnungen"**, die Teil der Jahresabschlüsse sind (§ 242 Abs. 2, 3 HGB), welche die Geschäftsführer spätestens innerhalb von sechs Monaten nach Ablauf des Geschäftsjahres aufzustellen haben (§ 264 Abs. 1 Sätze 3, 4 HGB) und die spätestens innerhalb von elf Monaten durch Gesellschafterbeschluss festzustellen sind (§ 42a Abs. 2 GmbHG), ist mangels gegenteiliger Anhaltspunkte davon auszugehen, dass er über die jeweiligen Gewinn- und Verlustrechnungen verfügt.[202]

197 Die Hinzuziehung von Hilfspersonen kann etwa bei der **Bewertung von Gesellschaftsanteilen** geboten sein.[203]

198 Das z.B. aus dem informationellen Selbstbestimmungsrecht der Ehefrau folgende **Geheimhaltungsinteresse** (vgl. dazu Rn. 105) begründet keine erhebliche zusätzliche Beschwer.[204]

c. Sonstige Gesichtspunkte

199 Ist einem Beteiligten aufgegeben worden, über die **Einkommensverhältnisse eines Dritten** Auskunft zu erteilen, der seinerseits zur Auskunftserteilung nicht bereit ist, ist im Rahmen der Beschwer der Kostenaufwand für eine entsprechende Rechtsverfolgung zu berücksichtigen.[205]

2. Angriffsinteresse des Antragstellers

200 Das **Angriffsinteresse des** – in erster Instanz unterlegenen – **Antragstellers** richtet sich nach seinem wirtschaftlichen Interesse an der Erteilung der Auskunft und damit einem Teilwert seines wirtschaftlichen Leistungsinteresses.[206] Im Regelfall wird es auf einen Bruchteil des Anspruchs festgesetzt, dessen Geltendmachung die Auskunft erleichtern soll.[207]

201 Die Frage, ob dem Anspruchsteller der geltend gemachte **Auskunftsanspruch**, dessen er sich berühmt, auch **zusteht**, hat keinen Einfluss auf die für die Zulässigkeit des Rechtsmittels maßgebliche **Beschwer**. Sie ist vielmehr im Rahmen der Begründetheit zu beantworten.

3. Prüfung in der Rechtsbeschwerde

202 Das **Rechtsbeschwerdegericht** kann nur überprüfen, ob das Berufungs- bzw. Beschwerdegericht von dem ihm eingeräumten Ermessen rechtsfehlerhaft Gebrauch gemacht hat,[208] was insbesondere dann der Fall ist, wenn das Gericht bei der Bewertung des Beschwerdegegenstandes maßgebliche Tatsachen verfahrensfehlerhaft nicht berücksichtigt oder etwa erhebliche Tatsachen unter Verstoß gegen seine Aufklärungspflicht (§ 113 Abs. 1 Satz 2 FamFG i.V.m. § 139 ZPO) nicht festgestellt hat.[209]

203 Hat das erstinstanzliche Gericht keine Veranlassung gesehen, die Berufung nach § 511 Abs. 1 Nr. 1 ZPO zuzulassen, weil es von einer **Beschwer** über 600 € ausgegangen ist, und hat das Berufungsgericht diese Entscheidung nicht nachgeholt, obwohl es von einer geringeren Beschwer ausgegangen ist, kann das **Rechtsbeschwerdegericht** im Rahmen der Erheblichkeit dieses Verfahrensfehlers prüfen, ob eine Zulassung der Berufung geboten gewesen wäre.[210]

D. Steuerrechtliche Hinweise

204 Vgl. hierzu die Steuerrechtl. Hinw. zu §§ 1601 ff. BGB ff.

---

[202] BGH v. 22.01.2014 - XII ZB 278/13 - FamRZ 2014, 644 m.w.N.
[203] vgl. BGH v. 09.11.2011 - XII ZB 212/11 - FamRZ 2012, 204; *Abramenko*, FamRB 2013, 144.
[204] BGH v. 09.11.2011 - XII ZB 212/11 - FamRZ 2012, 204-206; BGH v. 10.08.2005 - XII ZB 63/05 - FamRZ 2005, 1986 m.w.N.; FamRZ 2005, 1064; OLG Düsseldorf v. 08.12.2011 - II-1 UF 51/11, 1 UF 51/11.
[205] BGH v. 26.10.2011 - XII ZB 465/11 - NJW 2011, 3790 = FamRZ 2011, 25.
[206] BGH v. 12.10.2011 - XII ZB 127/11 - FamRZ 2011, 1929.
[207] *Heiß/Born*, UnterhaltsR, 33. Aufl., Kap. 23, Rn. 526.
[208] BGH v. 09.11.2011 - XII ZB 212/11 - FamRZ 2012, 204-206; BGH v. 21.04.2010 - XII ZB 176/09 - FamFR 2010, 254.
[209] BGH v. 09.11.2011 - XII ZB 212/11 - FamRZ 2012, 204-206; vgl. BGH v. 31.01.2007 - XII ZB 133/06 - juris Rn. 5 m.w.N. - FamRZ 2007, 714 und BGH v. 31.03.2010 - XII ZB 130/09 - juris Rn. 10 - FamRZ 2010, 881.
[210] BGH v. 21.04.2010 - XII ZB 128/09 - FamRZ 2010, 964.

§ 1606 BGB Rangverhältnisse mehrerer Pflichtiger

(Fassung vom 02.01.2002, gültig ab 01.01.2002)

(1) Die Abkömmlinge sind vor den Verwandten der aufsteigenden Linie unterhaltspflichtig.

(2) Unter den Abkömmlingen und unter den Verwandten der aufsteigenden Linie haften die näheren vor den entfernteren.

(3) ¹Mehrere gleich nahe Verwandte haften anteilig nach ihren Erwerbs- und Vermögensverhältnissen. ²Der Elternteil, der ein minderjähriges unverheiratetes Kind betreut, erfüllt seine Verpflichtung, zum Unterhalt des Kindes beizutragen, in der Regel durch die Pflege und die Erziehung des Kindes.

Gliederung

A. Grundlagen 1	d. Anspruch auf Auskunft und Information 43
I. Kurzcharakteristik 1	4. Sonderfragen 48
II. Regelungsprinzipien 2	a. Synergieeffekt durch Zusammenleben mit einem Partner 48
B. Anwendungsvoraussetzungen 4	b. Berücksichtigung von Einkünften eines Ehegatten des Unterhaltspflichtigen 55
I. Vorrangige Haftung der Abkömmlinge (Absatz 1) 4	c. Familienunterhalt des Ehegatten als Abzugsposten 59
II. Vorrangige Haftung der näheren vor den entfernteren Personen (Absatz 2) 5	5. Weitere Anwendungsfälle der anteiligen Haftung 64
III. Gleichwertigkeit von Betreuungs- und Barunterhalt (Absatz 3 Satz 2) 7	6. Berechnung bei anteiliger Haftung beider Eltern 71
1. Minderjährige Kinder 7	a. Berechnungsbeispiel 74
a. Wechsel des betreuenden Elternteils 15	b. Kontrollrechnung erforderlich? 75
b. Aufteilung der Betreuung des Kindes zwischen den Eltern 16	c. Bedeutung des Selbstbehalts 79
c. Besonderer Bedarf 19	d. Vorwegabzug des Minderjährigenunterhalts 88
d. Vorübergehender Auslandsaufenthalt des Kindes 20	e. Fiktive (hypothetische) Einkünfte des anderen Elternteils 95
e. Dauernder Auslandsaufenthalt des Kindes 22	IV. Anteilige Haftung beim Elternunterhalt 115
f. Tod eines Elternteils 24	**C. Verfahrensrechtliche Hinweise** 122
g. Fälle der Haftung des betreuenden Elternteils... 26	I. Darlegungs- und Beweislast 122
2. Volljährige Kinder 29	II. Auskunftsantrag 129
3. Fragen der Haftungsverteilung 35	III. Abänderungsverfahren 130
a. Grundsätzlich anteilige Haftung 35	IV. Berufsrechtliche Risiken 131
b. Berechnungsmodalitäten 36	**D. Steuerrechtliche Hinweise** 133
c. Darlegungs- und Beweislast 42	

A. Grundlagen

I. Kurzcharakteristik

Die Vorschrift regelt die **Rangverhältnisse** und damit die **Reihenfolge bei der Haftung mehrerer unterhaltspflichtiger Personen** (zur Rangfolge mehrerer Bedürftiger vgl. § 1609 BGB).   **1**

II. Regelungsprinzipien

Absatz 1 stellt fest, dass unter Verwandten die Kinder und Enkel vor den Großeltern haften. Absatz 2 regelt die Haftung der Kinder vor den Enkeln und der Großeltern vor den Urgroßeltern.   **2**

Absatz 3 ordnet die anteilige Haftung gleich naher Verwandter nach ihren Erwerbs- und Vermögensverhältnissen an. Diese Regelung definiert die Haftung der **Eltern für volljährige Kinder** und der **Kinder für ihre Eltern**. Als Sonderregelung für den Unterhalt minderjähriger unverheirateter Kinder legt Absatz 3 Satz 2 fest, dass der betreuende Elternteil in der Regel seine Unterhaltspflicht durch die Betreuung des Kindes erfüllt, während der nicht betreuende Elternteil zur Leistung des Barunterhalts verpflichtet ist.   **3**

B. Anwendungsvoraussetzungen

I. Vorrangige Haftung der Abkömmlinge (Absatz 1)

4 Abkömmlinge haften vor den Verwandten aufsteigender Linie. Damit haften die Kinder und Enkel, solange sie leistungsfähig sind, vor den Eltern, Großeltern und Urgroßeltern. Sind mehrere ranggleiche Verwandte vorhanden, so haften sie anteilig nach § 1606 Abs. 3 Satz 1 BGB.

II. Vorrangige Haftung der näheren vor den entfernteren Personen (Absatz 2)

5 Bei den Abkömmlingen und den Verwandten kommt es auf den Grad der Beziehung an. Die näher verwandten Abkömmlinge haften vorrangig. Also haften Kinder vor Enkeln, diese wiederum vor den Urenkeln. Ebenso haften die näher Verwandten zuerst, also die Eltern vor den Großeltern, diese vor den Urgroßeltern.

6 Zu der Ersatzhaftung der Großeltern, die in der Praxis immer mehr an Bedeutung gewinnt, vgl. die Kommentierung zu § 1607 BGB Rn. 28.[1]

III. Gleichwertigkeit von Betreuungs- und Barunterhalt (Absatz 3 Satz 2)

1. Minderjährige Kinder

7 Es besteht bis zur Volljährigkeit des Kindes grundsätzlich **Gleichwertigkeit** zwischen der Pflege und der Erziehung des minderjährigen unverheirateten Kindes **(Betreuungsunterhalt)** und den Barleistungen des anderen Elternteils **(Barunterhalt)**.[2] Der Gesamtbedarf des Kindes wird durch die Betreuungsleistungen des einen und die Barleistungen des anderen Elternteils gewährleistet.

8 In besonderen Fällen wird – speziell in der letzten Zeit vor Eintritt der Volljährigkeit – bei vollschichtiger Berufstätigkeit beider Eltern auch deren anteilige Haftung gegenüber einem minderjährigen Kind bejaht.[3]

9 Bei der Berechnung des Ehegattenunterhaltes, den der dem Kind gegenüber barunterhaltspflichtige Elternteil seinem – getrennt lebenden oder geschiedenen – Ehegatten schuldet, wird daher der **Kindesunterhalt** mit dem **Zahlbetrag** (vgl. die Kommentierung zu § 1361 BGB Rn. 191 und die Kommentierung zu § 1361 BGB Rn. 301) vorab abgezogen.

10 Umstritten ist die Vorgehensweise, wenn ein Anspruch des Ehegatten auf Aufstockungsunterhalt allein dadurch begründet werden kann, dass nach Abzug des vorrangigen Kindesunterhalts sein bereinigtes Nettoeinkommen das des anderen Elternteils unterschreitet.

11 Die Mehrzahl der Oberlandesgerichte vertritt hier die Auffassung, es könne dann kein Aufstockungsunterhalt zugebilligt werden, weil der die Kinder betreuende Ehegatte, der außerdem eine Erwerbstätigkeit ausübe, bei einem Vorwegabzug des Kindesunterhalts – entgegen der Vorschrift des § 1606 Abs. 3 Satz 2 BGB – den Barbetrag des Kindesunterhalts mitfinanzieren würde.[4]

12 Dagegen wird eingewandt, aus der Bestimmung des § 1606 Abs. 3 Satz 2 BGB folge nur, dass der die Kinder betreuende Ehegatte von der Beteiligung am Barunterhalt befreit ist. Im Verhältnis zwischen getrennt lebenden bzw. geschiedenen Ehegatten sei der Kindesunterhalt als eine Form der die ehelichen Lebensverhältnisse prägenden Verbindlichkeit anzusehen. Bei einer Entscheidung über den Ehegattenunterhalt müsse beachtet werden, dass der Halbteilungsgrundsatz zwischen den Ehegatten gewahrt wird. Deshalb sei der Kindesunterhalt von den Einkünften des Ehegatten, der ihn aufgebracht hat, in jedem Fall abzuziehen, ohne dass der vom anderen Elternteil geleistete Betreuungsunterhalt monetarisiert werden darf.[5]

13 Daher sei bei der Berechnung des Aufstockungsunterhalts vom Einkommen des Bedürftigen auch dann der vorrangige Kindesunterhalt vorweg abzuziehen, wenn nur dadurch ein Anspruch nach § 1573 Abs. 2 BGB entsteht.[6]

---

[1] Vgl. auch *Büte*, FuR 2006, 356-357 und *Günther*, FPR 2006, 347-353.

[2] BGH v. 02.07.1980 - IVb ZR 519/80 - FamRZ 1980, 994; BGH v. 04.11.1987 - IVb ZR 75/86 - FamRZ 1988, 159.

[3] OLG Brandenburg v. 05.06.2007 - 10 UF 6/07; OLG Brandenburg v. 14.06.2007 - 10 UF 35/07.

[4] Vgl. z.B. OLG Jena v. 29.01.2004 - 1 UF 366/03 - FamRZ 2004, 1207.

[5] OLG Zweibrücken v. 30.04.2002 - 5 WF 30/02 - FamRZ 2002, 1565; OLG Schleswig v. 05.02.2003 - 12 UF 140/01 - NJW-RR 2004, 151.

[6] OLG Stuttgart v. 01.08.2012 - 11 WF 161/12 - FamFR 2012, 414.

Allerdings könne dies im Einzelfall zu einer unzumutbaren Benachteiligung des Ehegatten, der den Kindesunterhalt allein aufgebracht hat, führen. Sollte das der Fall sein, sei dies bei der Bemessung des Ehegattenunterhalts zu berücksichtigen, indem das gesamte Zahlenwerk überprüft und notfalls ein Ausgleich vorgenommen wird.[7]

a. Wechsel des betreuenden Elternteils

Vielfältige Probleme entstehen, wenn das **Kind in den Haushalt des anderen Elternteils wechselt** – insbesondere dann, wenn der Elternteil, bei dem das Kind bisher gelebt hat, einen Titel über den Kindesunterhalt gegen diesen Elternteil hat. Es ist einmal die Nachhaltigkeit des Aufenthalts des Kindes im Haushalt des barunterhaltpflichtigen Elternteils zu klären, wobei es auf das Bestehen eines Obhutsverhältnisses i.S.v. § 1629 Abs. 2 Satz 2 BGB ankommt. Berührt wird dabei neben der gemeinsamen Sorge ggf. auch ein Alleinsorge- oder Aufenthaltsbestimmungsrecht des bisherigen Obhutsinhabers und das Unterhaltsbestimmungsrecht nach § 1612 BGB. Entstehen kann eine Anspruchskonkurrenz zwischen dem **Unterhaltsanspruch des Kindes** und dem **familienrechtlichen Ausgleichsanspruch** (zum familienrechtlichen Ausgleichsanspruch vgl. die Kommentierung zu § 1610 BGB Rn. 282 f.) des betreuenden Elternteils für seine Baraufwendungen. Die Aktivlegitimation, die Vertretungsberechtigung und die Verfahrensführungsbefugnis haben dabei praktische Bedeutung.[8] Der antragstellende Elternteil kann die Auferlegung von Kosten durch rechtzeitige Erledigungserklärung vermeiden.[9]

b. Aufteilung der Betreuung des Kindes zwischen den Eltern

Auch wenn die Eltern sich die Betreuung des Kindes aufteilen, führt dies jedenfalls dann nicht zur beiderseitigen Barunterhaltspflicht, wenn bei einem Elternteil das Schwergewicht der tatsächlichen Betreuung liegt. Der überwiegend betreuende Elternteil ist nicht barunterhaltspflichtig. Auch die üblichen Kosten, die für die Versorgung des Kindes während des Umgangskontaktes anfallen, hat der umgangsberechtigte Elternteil allein zu tragen. Der Bedarf des Kindes richtet sich allein nach der Lebensstellung des anderen Elternteils.[10]

Lediglich beim **echten Wechselmodell** haften wegen **der paritätischen Betreuung eines Kindes** beide Eltern für den Barunterhalt des Kindes. Der BGH sieht ein solches Wechselmodell aber nur dann als gegeben an, wenn beide Elternteile absolut zeitlich gleichwertige Betreuungsanteile übernehmen und auch in der Betreuung die Verantwortung für die Sicherstellung einer Betreuung bei beiden Eltern gleichermaßen liegt[11] (vgl. § 1612 BGB).

Solange ein Elternteil die Hauptverantwortung für die Betreuung und Versorgung trägt, bleibt der andere Elternteil allein barunterhaltspflichtig. Daran ändert sich auch nichts durch die Betreuungs- und Versorgungsleistungen, die im Rahmen von Umgangskontakten und Ferienaufenthalten erbracht werden[12] (vgl. die Kommentierung zu § 1612 BGB Rn. 8 und die Kommentierung zu § 1610 BGB Rn. 154; zur Berücksichtigung **besonderer Kosten beim erweiterten Umgang** vgl. die Kommentierung zu § 1612 BGB Rn. 28).

c. Besonderer Bedarf

Geht es um **unterhaltsrechtlichen Mehrbedarf** (vgl. dazu die Kommentierung zu § 1613 BGB Rn. 275) wie z.B. die Kosten des regelmäßigen Nachhilfeunterrichts oder um **Sonderbedarf** (vgl. die Kommentierung zu § 1613 BGB Rn. 154 ff.), so kann ein Teil dieser Kosten bereits aus dem laufenden Kindesunterhalt zu decken sein, den Rest haben jedoch auch beim minderjährigen Kind beide Eltern gemeinsam aufzubringen, sofern sie beide über Einkommen verfügen. Der betreuende Elternteil, der

---

[7] *Griesche*, FamFR 2012, 414 unter Hinweis auf BGH v. 18.04.2012 - XII ZR 65/10 - juris Rn. 24 - NJW 2012, 1868.
[8] Ausführlich zu diesen Fragen *Wohlgemuth*, FamRZ 2009, 1873.
[9] OLG Köln v. 04.12.2012 - 4 UF 158/12 - FamFR 2013, 92; OLG Rostock v. 14.01.2012 - 10 UF 146/11 - NJW 2012, 942 = FamRZ 2012, 890.
[10] BGH v. 21.12.2005 - XII ZR 126/03 - FamRZ 2006, 1015 mit Anm. *Luthin*; BGH v. 28.02.2007 - XII ZR 161/04 - FamRZ 2007, 707 mit Anm. *Luthin* = NJW 2007, 1882 mit Anm. *Born*, NJW 2007, 1859; *Viefhues*, FPR 2006, 287; differenzierend OLG Karlsruhe v. 05.12.2005 - 2 UF 10/05 - FamRZ 2006, 1225 für den Fall gleicher Betreuungsanteile.
[11] OLG Frankfurt v. 06.03.2013 - 2 UF 394/12 - FamRZ 2014, 46.
[12] BGH v. 12.03.2014 - XII ZB 234/13 - FamRZ 2014, 917; BGH v. 28.02.2007 - XII ZR 161/04 - FamRZ 2007, 707 mit Anm. *Luthin* = NJW 2007, 707 mit Anm. *Born*, NJW 2007, 1859.

über Einkommen verfügt, wird durch seine Betreuungstätigkeit nicht von einer anteiligen Zahlungspflicht für Mehrbedarf oder Sonderbedarf befreit.[13]

d. Vorübergehender Auslandsaufenthalt des Kindes

20 Der vorübergehende Auslandsaufenthalt des Kindes ändert nichts an einer zwischen den Eltern bestehenden Aufteilung von Barunterhaltspflicht und Unterhaltspflicht durch Betreuung. Auch für die Dauer eines **Schüleraustausches**[14] oder **einjährigen Auslandsaufenthalts** des minderjährigen unterhaltsberechtigten Kindes entfallen die Betreuungsleistungen der Kindesmutter nicht, sondern werden durch Kommunikation und Fürsorge erbracht.[15] Auch die Obhut des bisher betreuenden Elternteils i.S.d. § 1629 Abs. 2 Satz 2 BGB besteht fort.

21 Der Wohnbedarf für das Kind muss weiter vorgehalten werden. Auch sonstige laufende Kosten wie Kleidung fallen fortlaufend an. Es ist sogar davon auszugehen, dass solche Anschaffungen vor Antritt des Auslandsaufenthaltes eher in größerem Umfange entstehen. Einzig und allein entfallen Kosten für die Verpflegung. Im Gegenzug fällt aber ein erhöhtes angemessenes Taschengeld während des Auslandaufenthaltes an.[16]

e. Dauernder Auslandsaufenthalt des Kindes

22 Lebt das **Kind im Ausland**[17], sind Besonderheiten zu beachten (vgl. die Kommentierung zu § 1610 BGB Rn. 44 und die Kommentierung zu § 1603 BGB Rn. 281). Die erforderliche **Kaufkraftbereinigung** kann anhand des vom Statistischen Amt der Europäischen Union (Eurostat) ermittelten „vergleichenden Preisniveaus des Endverbrauchs der privaten Haushalte einschließlich indirekter Steuern" vorgenommen werden[18] (vgl. die Kommentierung zu § 1603 BGB Rn. 283 und die Kommentierung zu § 1610 BGB Rn. 6 f.).

23 Wenn der betreuende Elternteil mit dem Kind ohne Not und ohne Zustimmung des barunterhaltspflichtigen Elternteils **ins Ausland verzieht** und sich der Bedarf des Kindes infolge der höheren Lebenshaltungskosten im Ausland erhöht, wird eine Beteiligung des betreuenden Elternteils bejaht.[19]

f. Tod eines Elternteils

24 Hat der **überlebende Elternteil** allein für den Bar- und Betreuungsunterhalt seines Kindes aufzukommen, das bei den Großeltern lebt, so ist der Anspruch auf Betreuungsunterhalt konkret darzulegen und nicht pauschal dem Barunterhalt gleichzusetzen.[20]

25 Schuldet ein Elternteil nach dem Tod des anderen Elternteils seinem auswärts untergebrachten minderjährigen Kind neben dem Barunterhalt auch Betreuungsunterhalt, so ist der **Betreuungsunterhalt** grundsätzlich **pauschal** in Höhe des Barunterhalts zu bemessen. Für einen davon abweichenden Betreuungsbedarf trägt derjenige die Darlegungs- und Beweislast, der sich darauf beruft. Von dem dann insgesamt geschuldeten Bar- und Betreuungsunterhalt sind die **Halbwaisenrente** und das **Kindergeld** in voller Höhe als bedarfsdeckend abzuziehen.[21]

g. Fälle der Haftung des betreuenden Elternteils

26 Wenn der barunterhaltspflichtige Elternteil über wesentlich geringere Einkünfte verfügt und die alleinige Zahlungspflicht des barunterhaltspflichtigen Elternteils zu einem erheblichen finanziellen Ungleichgewicht zwischen den Eltern führen würde, kann ausnahmsweise dem **betreuenden Elternteil** ein **Beitrag zum normalen Unterhaltsbedarf** des Kindes abverlangt werden (§ 1603 Abs. 2 Satz 2 BGB; vgl. die Kommentierung zu § 1603 BGB Rn. 901 ff.).

27 Auch die **Großeltern des Kindes** können andere leistungsfähige Verwandte sein, wenn beide Eltern nicht ausreichend leistungsfähig sind (vgl. die Kommentierung zu § 1607 BGB Rn. 28 ff. m.w.N.). Zu beachten ist, dass alle vier Großeltern nicht als Gesamtschuldner, sondern anteilig als Teilschuldner

---

[13] OLG Düsseldorf v. 08.07.2005 - II-3 UF 21/05, 3 UF 21/05 - ZFE 2005, 369-370.
[14] DIJuF-Rechtsgutachten v. 18.08.2011 - JAmt 2011, 463-467.
[15] OLG Braunschweig v. 21.02.2007 - 1 UF 93/06 - FamRZ 2007, 2004.
[16] OLG Köln v. 15.06.2010 - 4 UF 16/10.
[17] Vgl. *E. Unger/M. Unger,* FPR 2013, 19-23.
[18] Vgl. OLG Oldenburg v. 19.10.2012 - 11 UF 55/12 - FamRZ 2013, 891.
[19] AG Wiesbaden v. 25.09.2006 - 536 F 3/06 UK, 536 F 3/06 - FamRZ 2008, 1019-1022.
[20] OLG Hamm v. 02.06.2003 - 11 WF 58/03.
[21] BGH v. 30.08.2006 - XII ZR 138/04 - FamRZ 2006, 1597 mit Anm. *Born,* FamRZ 2006, 1600; BGH v. 21.01.2009 - XII ZR 54/06 - FamRZ 2009, 762 = FPR 2009, 242 mit Anm. *Peschel-Gutzeit* = FuR 2009, 409 mit Berechnungsbeispielen.

haften. Nimmt das Kind also ein Großelternteil in Anspruch, gehört zum schlüssigen Vortrag auch die Darlegung zu Haftungsquote dieses Großelternteils und damit der Einkommenssituation aller anderen Großelternteile (vgl. die Kommentierung zu § 1607 BGB Rn. 28 ff. m.w.N.).
Verfahrensrechtlich stellt der Einwand, ein anderer leistungsfähiger Verwandter sei vorhanden, eine **rechtshindernde Einrede** dar (vgl. die Kommentierung zu § 1603 BGB Rn. 943). Der **barunterhaltspflichtige** Elternteil trägt die **Darlegungs- und Beweislast** für diesen Ausnahmetatbestand. 28

2. Volljährige Kinder

Da ab Volljährigkeit **keine Betreuungsleistungen** mehr geschuldet werden, sind beim **volljährigen Kind** beide Eltern – anteilig nach ihren Einkommensverhältnissen – barunterhaltspflichtig.[22] Dies gilt auch bei privilegierten volljährigen Kindern[23] (vgl. § 1610 BGB). 29

Nur wenn der Elternteil, bei dem das volljährige Kind lebt, kein Einkommen hat oder sein Einkommen nicht den eigenen angemessenen Selbstbehalt erreicht, ist der Unterhaltsbedarf des Kindes allein nach dem unterhaltsrechtlich relevanten Einkommen des anderen Elternteils zu ermitteln.[24] Zur Frage der Anrechnung hypothetischer Einkünfte dieses Elternteils vgl. Rn. 95 ff. 30

Jedoch kann der **Bedarf auch abweichend** – unabhängig vom elterlichen Einkommen – **festgesetzt** werden, so z.B. bei einem **Studenten**, der nicht mehr im Haushalt eines Elternteils wohnt (vgl. § 1610 BGB). 31

Aufgrund der **einvernehmlichen Praxis** kann von der anteiligen Haftung abgewichen werden.[25] Die Grenze eines unzulässigen Verzichts auf Unterhalt (§ 1614 BGB) darf nicht überschritten werden. 32

Sind die Kindeseltern in einer Unterhaltsregelung davon ausgegangen, dass ein Elternteil einem behinderten Kind auch nach dessen Volljährigkeit umfangreiche Betreuungsleistungen erbringt, kann darin eine **konkludente Freistellungsvereinbarung** liegen. Eine anteilige Haftung des betreuenden Elternteils ab Volljährigkeit des Kindes scheidet dann aus.[26] 33

Gegen einen aus der Zeit der Minderjährigkeit des Kindes stammenden Titel kann ggf. im Wege des Abänderungsantrags vorgegangen werden (vgl. die Kommentierung zu § 1602 BGB Rn. 234 und Kommentierung zu § 1610 BGB Rn. 509). 34

3. Fragen der Haftungsverteilung

a. Grundsätzlich anteilige Haftung

Bei **anteiliger Barunterhaltspflicht beider Eltern** haften diese als gleichnahe Verwandte gleichrangig, jedoch nicht als Gesamtschuldner. Vielmehr sind sie **Teilschuldner** und haften nur für den auf sie entfallenden Teil des Unterhalts.[27] 35

b. Berechnungsmodalitäten

Der Anspruch ist nach den **ehelichen Lebensverhältnissen** zu bestimmen, die aber ihrerseits durch anderweitige, auch nachrangige Unterhaltspflichten eingeschränkt sein können (vgl. die Rechtsprechung von den **wandelbaren ehelichen Lebensverhältnissen** beim Ehegattenunterhalt[28]). Von einer solchen 36

---

[22] BGH v. 09.01.2002 - XII ZR 34/00 - NJW 2002, 2026-2029; OLG Brandenburg v. 23.10.2001 - 10 WF 145/01 - MDR 2002, 844.

[23] BGH v. 04.05.2011 - XII ZR 70/09 - NJW 2011, 1874 = FamRZ 2011, 1041; BGH v. 12.01.2011 - XII ZR 83/08; ebenso BGH v. 31.10.2007 - XII ZR 112/05 - juris Rn. 19, 43 - FamRZ 2008, 137; BGH v. 09.01.2002 - XII ZR 34/00 - NJW 2002, 2026-2029; OLG Bremen v. 15.10.1998 - 5 WF 99/98 - OLGR Bremen 1999, 48; OLG Hamm v. 28.05.1999 - 13 UF 367/98 - NJW 1999, 3274-3275; a.A. OLG Naumburg v. 16.08.1999 - 8 UF 248/98 - FamRZ 2001, 371.

[24] OLG Dresden v. 15.07.2009 - 20 WF 577/09 - FuR 2009, 586.

[25] BGH v. 27.05.2009 - XII ZR 78/08 - FamRZ 2009, 1300, bestätigt durch BGH v. 12.01.2011 - XII ZR 83/08; BGH v. 30.07.2008 - XII ZR 126/06 - FamRZ 2008, 2104, 2107; *Gutdeutsch*, NJW 2009, 945.

[26] OLG Zweibrücken v. 08.01.2010 - 2 UF 138/09.

[27] Unterhaltsberechnung bei so genannten Patchwork-Familien, in denen bei beiderseitiger Barunterhaltspflicht der Eltern mehr als nur zwei Elternteile zu berücksichtigen sind, vgl. *Gutdeutsch*, FamRZ 2006, 1724-1728.

[28] BGH v. 14.04.2010 - XII ZR 89/08; BGH v. 27.01.2010 - XII ZR 100/08; BGH v. 18.11.2009 - XII ZR 65/09 - FamRZ 2010, 111 mit Anm. *Herrler*, NJW 2010, 365; BGH v. 17.12.2008 - XII ZR 9/07 - NJW 2009, 588 mit Anm. *Born* = FamRZ 2009, 411 mit Anm. *Borth* = FuR 2009, 159; BGH v. 30.07.2008 - XII ZR 177/06 - FamRZ 2008, 1911 mit Anm. *Maurer*, FamRZ 2008, 1919; BGH v. 06.02.2008 - XII ZR 14/06; BGH v. 04.07.2007 - XII ZR 141/05 - FamRZ 2007, 1532; BGH v. 28.02.2007 - XII ZR 37/05 - FamRZ 2007, 793; BGH v. 01.12.2004 - XII ZR 75/02 - FamRZ 2005, 1159; BGH v. 29.01.2003 - XII ZR 92/01 - FamRZ 2003, 590; BGH v. 05.02.2003 - XII ZR 29/00 - FamRZ 2003, 848; *Born*, NJW 2007, 26-29; vgl. aber auch *Braeuer*, FamRZ 2006, 1489.

Bestimmung der ehelichen Lebensverhältnisse durch anderweitige Unterhaltspflichten ist auch in dem Verhältnis zwischen Eltern und volljährigen Kindern auszugehen.[29] Nach diesem methodischen Ansatz ist bei der Bemessung des Unterhalts der zweiten Ehefrau grundsätzlich der auf den Unterhaltspflichtigen entfallende Anteil des Unterhalts für das (volljährige) studierende Kind vorweg von seinem Einkommen abzuziehen – ebenso wie der Bedarf der geschiedenen Ehefrau den Bedarf der neuen Ehefrau mitbestimmt.[30]

37 Bei der dann vorzunehmenden **Anteilsberechnung** nach § 1606 Abs. 3 Satz 1 BGB besteht jedoch die Besonderheit, dass ein bestimmter Kindesunterhalt, der vorweg abgezogen werden könnte, noch nicht feststeht, sondern durch die Anteilsberechnung erst ermittelt werden soll. Weder der Abzug des vollen, noch des hälftigen oder eines anderen Anteils des Bedarfs könnte für sich in Anspruch nehmen, exakt das widerzuspiegeln, was die Ehefrau sich bei ausreichender finanzieller Leistungsfähigkeit des Unterhaltspflichtigen als ihren Unterhaltsanspruch einschränkend vorgehen lassen müsste. Auf der anderen Seite lehnt der BGH es auch als nicht angemessen ab, für die Ehefrau von vornherein nur einen Mindestbedarf anzusetzen, denn ihr Anspruch kann auch darüber hinausgehen und würde dann zugunsten des anderen Elternteils geschmälert.[31]

38 Im konkreten Fall hat der BGH es als gerechtfertigt angesehen, zur Bestimmung des Anspruchs auf Familienunterhalt den durch Vergleich **titulierten** und vom Unterhaltspflichtigen auch **gezahlten** Unterhalt heranzuziehen, zumal diese Mittel für den Lebensunterhalt der Familie tatsächlich nicht zur Verfügung standen, ihre Verhältnisse also durch einen entsprechenden Mittelabfluss geprägt waren.

39 Hinsichtlich **anderer Berechnungsmöglichkeiten** ist danach zu unterscheiden, ob sich der Bedarf des volljährigen Kindes abhängig oder unabhängig vom Einkommen der Eltern bemisst. Wird für ein volljähriges Kind der dem Einkommen entsprechende Tabellenunterhalt geschuldet, so ist dieser zunächst allein nach dem Einkommen desjenigen Elternteils zu bemessen, der zugleich Familienunterhalt aufzubringen hat. Der sich ergebende Tabellenbetrag ist – nach Abzug des vollen Kindergeldes – vom Einkommen dieses Elternteils abzuziehen und sodann der Anspruch des Ehegatten auf Familienunterhalt zu ermitteln. Ist dagegen von einem festen Bedarf auszugehen, kommt – jeweils wiederum nach Abzug des Kindergeldes – eine Berechnung mit dem hälftigen Anteil oder einem anderen Näherungswert in Betracht, der bei unterschiedlichen Einkommensverhältnissen der Eltern realistisch erscheint.

40 Das gewonnene Ergebnis ist einer **Angemessenheitsprüfung** zu unterziehen und darauf zu überprüfen, ob sich ein Missverhältnis hinsichtlich des wechselseitigen Bedarfs ergibt. Das ist dann anzunehmen, wenn der der jeweiligen Lebenssituation entsprechende angemessene **Eigenbedarf** der Ehefrau – unter Berücksichtigung der durch das Zusammenleben der Ehegatten eintretenden häuslichen Ersparnis – durch die verbleibenden Mittel nicht gewährleistet werden kann.[32] In diesem Fall haben dem unterhaltspflichtigen Elternteil vorweg diejenigen Mittel zu verbleiben, die er zur Deckung des angemessenen Bedarfs seines Ehegatten benötigt. Deshalb ist insoweit – vor der Anteilsberechnung nach § 1606 Abs. 3 Satz 1 BGB – der Fehlbetrag (d.h. der um die häusliche Ersparnis reduzierte angemessene Eigenbedarf abzüglich eines eventuellen eigenen Einkommens des Ehegatten) von dem Einkommen des unterhaltspflichtigen Elternteils in Abzug zu bringen.[33]

41 Es ist also der um die häusliche Ersparnis reduzierte angemessene Eigenbedarf der zweiten Ehefrau vom Einkommen des Unterhaltspflichtigen abzuziehen, bevor seine Haftungsquote gem. § 1606 Abs. 3 Satz 1 BGB gegenüber dem volljährigen Kind errechnet wird und nicht etwa umgekehrt die auf den unterhaltspflichtigen Vater entfallende Unterhaltsquote für das Kind vor Bemessung des Unterhalts für die zweite Ehefrau abzuziehen ist. Der BGH stellt damit auf unterschiedliche Rangfolge – also den niedrigeren Unterhaltsrang des volljährigen Kindes – ab.[34]

---

[29] BGH v. 19.02.2003 - XII ZR 67/00 - FamRZ 2003, 860, 865.
[30] *Hoppenz*, NJW 2012, 818, 820.
[31] BGH v. 21.01.2009 - XII ZR 54/06 - FamRZ 2009, 762 = FPR 2009, 242 mit Anm. *Peschel-Gutzeit*.
[32] BGH v. 19.02.2003 - XII ZR 67/00 - FamRZ 2003, 860, 865; so auch *Wendl/Scholz*, Das Unterhaltsrecht in der familienrichterlichen Praxis, § 3 Rn. 73.
[33] BGH v. 21.01.2009 - XII ZR 54/06 - FamRZ 2009, 762 = FPR 2009, 242.
[34] *Peschel-Gutzeit*, FPR 2009, 247.

c. Darlegungs- und Beweislast

Das volljährige Kind hat im Unterhaltsprozess gegen einen Elternteil die Darlegungs- und Beweislast für seinen Bedarf und die Haftungsanteile der Eltern[35] und damit die Erwerbs- und Vermögensverhältnisse beider Eltern. Dies umfasst also auch die Leistungsunfähigkeit des am Prozess nicht beteiligten betreuenden Elternteils.[36] 42

d. Anspruch auf Auskunft und Information

Zur Berechnung des Haftungsanteils hinsichtlich des einem volljährigen Kind gegenüber geschuldeten Unterhaltes wird den Elternteilen ein wechselseitiger **Auskunftsanspruch** aus § 242 BGB zugebilligt.[37] Der in Anspruch genommene Elternteil ist zur Berechnung seines Haftungsanteils nur in der Lage, wenn ihm die Einkommens- und Vermögensverhältnisse des anderen Elternteils bekannt sind. Dieses zwischen den Eltern gemäß § 1606 Abs. 3 BGB bestehende **besondere Rechtsverhältnis** reicht danach grundsätzlich aus, einen **Auskunftsanspruch** zu begründen.[38] 43

Der aus Treu und Glauben (§ 242 BGB) begründete Auskunftsanspruch setzt jedoch voraus, dass der Auskunftbegehrende **über das Bestehen oder den Umfang seines Rechts im Unklaren** und deshalb auf die Auskunft des Verpflichteten angewiesen ist. Nur unter dieser Voraussetzung ist es gerechtfertigt, den anderen Elternteil mit Auskunftspflichten über seine Einkommensverhältnisse zu belegen. Leistet ein Elternteil jedoch den vollen Kindesunterhalt aus freien Stücken, ohne auf den anderen Elternteil Rückgriff nehmen zu wollen, **fehlt es an einer den Auskunftsanspruch rechtfertigenden Unklarheit über bestehende Rechte.**[39] 44

Neben dem Auskunftsanspruch besteht gemäß **§ 242 BGB** in Verbindung mit § 1605 Abs. 1 Satz 2 BGB auch der Anspruch auf Vorlage der verlangten **Belege** sowie auf Abgabe der **eidesstattlichen Versicherung** der Richtigkeit und Vollständigkeit der gemachten Angaben. Dieser Anspruch folgt aus § 242 BGB in Verbindung mit § 1605 Abs. 1 Satz 3 BGB und den §§ 260, 261 BGB. 45

Dem unterhaltsberechtigten Kind steht gegen seinen aus eigenen Einkommensverhältnissen nicht leistungsfähigen, wiederverheirateten Elternteil auch ein Anspruch auf **Informationen über das Einkommen des neuen Ehegatten zu**.[40] Allerdings können hierzu weder Belege noch eine eidesstattliche Versicherung verlangt werden (Einzelheiten vgl. die Kommentierung zu § 1605 BGB Rn. 61 ff.). 46

Zur Darlegungs- und Beweislast vgl. Rn. 122 ff. 47

4. Sonderfragen

a. Synergieeffekt durch Zusammenleben mit einem Partner

Wird Unterhalt z.B. von einem Kind oder einem Elternteil gegen einen Ehegatten geltend gemacht, der bei ausreichender Erwerbstätigkeit nur über geringes Einkommen verfügt, so ist dieser unterhaltsrechtlich nicht leistungsfähig, weil sein eigenes Einkommen unterhalb der Grenzen seines Selbstbehaltes liegt. 48

Der Selbstbehalt dient dazu, dem Unterhaltspflichtigen die Mittel zu erhalten, die er zur Deckung des seiner Lebensstellung entsprechenden allgemeinen Bedarfs benötigt. Wird dieser Bedarf aber anderweitig gedeckt, so kann diese Grenze des Selbstbehaltes gesenkt werden mit der Folge, dass u.U. Finanzmittel zur Deckung der Unterhaltsansprüche frei werden. 49

Der BGH hat bei diesen Fallgestaltungen auf die durch eine gemeinsame Haushaltsführung eintretende **Haushaltsersparnis** abgestellt (sog. **Synergieeffekt** vgl. § 1602 BGB).[41] Damit werden auch diejenigen Fälle erfasst und einer einheitlichen Regelung unterworfen, bei denen die zusammenlebenden Partner nicht verheiratet sind, also nur in nichtehelicher Lebensgemeinschaft zusammen wirtschaften und kein Anspruch auf Familienunterhalt besteht.[42] 50

---

[35] OLG Koblenz v. 07.05.1998 - 11 UF 1095/97 - FamRZ 1999, 676-677; OLG Hamm v. 19.07.2002 - 11 UF 432/01 - FamRZ 2003, 1025-1027.
[36] BGH v. 10.07.2013 - XII ZB 298/12 - FamRZ 2013, 1563 m.w.N.
[37] KG Berlin v. 06.06.2008 - 18 UF 215/07 - FamRZ 2009, 702-703.
[38] BGH v. 17.04.2013 - XII ZB 329/12 - NJW 2013, 1740 = FamRZ 2013, 1027 = FF 2013, 306; BGH v. 09.11.2011 - XII ZR 136/09 - juris Rn. 19 f. - FamRZ 2012, 200; BGH v. 09.12.1987 - IVb ZR 5/87 - FamRZ 1988, 268, 269.
[39] BGH v. 17.04.2013 - XII ZB 329/12 - NJW 2013, 1740 = FamRZ 2013, 1027 = FF 2013, 306.
[40] BGH v. 02.06.2010 - XII ZR 124/08.
[41] BGH v. 30.01.2013 - XII ZR 158/10 - FamRZ 2013, 616; BGH v. 09.01.2008 - XII ZR 170/05 - FamRZ 2008, 594; BGH v. 28.07.2010 - XII ZR 140/07 - juris Rn. 44 f. - FamRZ 2010, 1535.
[42] BGH v. 09.01.2008 - XII ZR 170/05 - NJW 2008, 1373 mit Anm. *Born*, FamRZ 2008, 594 mit Anm. *Borth* und krit. Anm. *Weychardt*, FamRZ 2008, 778; *Graba*, FPR 2008, 176.

§ 1606

51 Die Haushaltsersparnis, die bezogen auf das den Familienselbstbehalt übersteigende Familieneinkommen eintritt, ist regelmäßig mit **10% dieses Mehreinkommens** zu bemessen.[43]

52 Das OLG Hamm hat aufgrund des **Zusammenlebens** mit jeweils verdienendem Ehepartner bei beiden Eltern den Selbstbehalt um 10% gekürzt (Synergieeffekt, Ersparnis von Wohn- und Haushaltskosten), jedoch zusätzlich eine **weitere Senkung** des Selbstbehaltes der Kindesmutter aufgrund ihres gut verdienenden Ehemannes im Hinblick auf ihren **erhöhten Anspruch auf Familienunterhalt** vorgenommen.[44]

53 Erforderlich ist allerdings, dass der **neue Partner** ausreichend **leistungsfähig** ist.[45]

54 Der **Unterhaltspflichtige** kann auch im Einzelfall **darlegen und ggf. beweisen**, dass **keine konkrete Ersparnis** eintritt.[46]

b. Berücksichtigung von Einkünften eines Ehegatten des Unterhaltspflichtigen

55 In der Praxis kann auch das Einkommen Dritter – wie z.B. eines neuen Ehegatten des Unterhaltspflichtigen – für die Unterhaltsberechnung Bedeutung erlangen.

56 Wird ein Ehegatte, der selbst über kein oder kein seinen Selbstbehalt übersteigendes Einkommen verfügt, auf Zahlung in Anspruch genommen, wird versucht, über den Anspruch dieses Ehegatten auf Familienunterhalt gem. § 1360 BGB gegen seinen Ehepartner Einkommen „zu generieren", auf das der Anspruchsteller dann zugreifen kann.

57 Ist der Unterhaltspflichtige verheiratet, steht ihm gegen seinen Ehegatten zwar ein Anspruch auf Familienunterhalt zu, der ja gerade dazu dient, seinen gesamten Lebensbedarf zu decken.

58 Dieser Anspruch auf Familienunterhalt ist jedoch nicht auf Geldzahlung gerichtet, sondern nur auf **Teilhabe am Familieneinkommen** (also Mitnutzung der Wohnung und der angeschafften Gegenstände)[47]. Auf der Grundlage dieses lediglich auf Sachleistungen gerichteten Anspruchs gegen den Ehegatten kann sich also keine Leistungsfähigkeit zur Zahlung von Elternunterhalt ergeben. Leistungsfähig ist der Ehegatte in diesen Fällen nur dann, wenn er im Rahmen des Familienunterhaltes vollständig abgesichert ist und daneben – aus eigenen Erwerbseinkünften oder aus Taschengeld – über Einkünfte verfügt, auf die für den bar zu leistenden Unterhalt zugegriffen werden kann.[48]

c. Familienunterhalt des Ehegatten als Abzugsposten

59 Wird Unterhalt von einem volljährigen Kind gegen einen Ehegatten geltend gemacht, der über ein ausreichendes Einkommen verfügt und daher auf den ersten Blick unterhaltsrechtlich leistungsfähig ist, so sind Fallgestaltungen denkbar, in denen dieser Ehegatte sich auf den Familienunterhaltsanspruch seines (jetzigen) Ehegatten quasi als **„Abzugsposten"** beruft, um seine unterhaltsrechtliche Leistungsfähigkeit zu verringern.

60 Treten Unterhaltsansprüche in Konkurrenz mit anderen Ansprüchen, ist dieser Anspruch des Ehegatten **der Höhe nach wie ein Anspruch auf Trennungs- oder nachehelicher Unterhaltsanspruch** zu behandeln.[49] Der anzusetzende Betrag kann in gleicher Weise wie der Unterhaltsbedarf eines getrenntlebenden oder geschiedenen Ehegatten ermittelt werden.[50] Zwar ergibt sich aus § 1360 BGB kein Barunterhaltsanspruch, rechnerisch ist der Familienunterhalt aber in diesen Fällen wie der Trennungsunterhalt zu ermitteln (sog. **Monetarisierung**).[51]

---

[43] BGH v. 28.07.2010 - XII ZR 140/07 - juris Rn. 44 f. - FamRZ 2010, 1535; BGH v. 30.01.2013 - XII ZR 158/10 - FamRZ 2013, 616; vgl. auch BGH v. 17.03.2010 - XII ZR 204/08 - FamRZ 2010, 802 mit Anm. *Viefhues* = NJW 2010, 1665.

[44] OLG Hamm v. 12.03.2012 - 4 UF 232/11 - FuR 2012, 669 m.w.N.

[45] OLG Dresden v. 29.09.2008 - 24 UF 450/07, 24 UF 0450/07 - FamRZ 2009, 1497; OLG Hamm v. 14.08.2009 - II-13 UF 83/09, 13 UF 83/09 - FamRZ 2010, 383, 384; *Maurer*, FamRZ 2008, 978; OLG Hamm v. 26.10.2005 - 11 UF 83/05 - FamRZ 2006, 809.

[46] BGH v. 09.01.2008 - XII ZR 170/05 - FamRZ 2008, 594; BGH v. 17.03.2010 - XII ZR 204/08 - FamRZ 2010, 802 mit Anm. *Viefhues* = NJW 2010, 1665.

[47] BGH v. 19.02.2003 - XII ZR 67/00 - FamRZ 2003, 860, 865.

[48] BGH v. 12.12.2012 - XII ZR 43/11 - NJW 2013, 686 = FamRZ 2013, 363.

[49] BGH v. 12.12.2012 - XII ZR 43/11 - juris Rn. 33 - NJW 2013, 686 = FamRZ 2013, 363; BGH v. 19.02.2003 - XII ZR 67/00 - FamRZ 2003, 860, 865; BGH v. 20.03.2002 - XII ZR 216/00 - FamRZ 2002, 742.

[50] BGH v. 25.04.2007 - XII ZR 189/04 - FamRZ 2007, 1081, 1083; BGH v. 19.02.2003 - XII ZR 67/00 - FamRZ 2003, 860, 864.

[51] BGH v. 30.07.2008 - XII ZR 177/06 - FamRZ 2008, 1911, 1914; BGH v. 25.04.2007 - XII ZR 189/04 - FamRZ 2007, 1081, 1083 und BGH v. 19.02.2003 - XII ZR 67/00 - FamRZ 2003, 860, 864.

Das OLG Hamm stellt klar, dass bei der **Berechnung der Haftungsanteile** der Eltern noch **nicht der** 61
zu monetarisierende Familienunterhaltsanspruch abzuziehen sei, der seiner jetzigen Ehefrau gemäß §§ 1360, 1360a BGB zusteht. Denn tatsächliche Zahlungen werden auf den nicht auf eine Geldleistung gerichteten Familienunterhaltsanspruch der jetzigen Ehefrau des Antragsgegners gerade nicht erbracht. In der Regel seien aber nur diese bei der Ermittlung des vergleichbaren Einkommens der Ehegatten und damit der Haftungsquoten zu berücksichtigen.[52]

Verfügt der Ehegatte des anteilig unterhaltspflichtigen Elternteils über ein höheres Einkommen, führt 62
dies auch zu einem **höheren Anspruch auf Familienunterhalt** und nach Ansicht des OLG Hamm zu einer **weiteren Herabsetzung des im Rahmen der Quotenberechnung anzusetzenden Selbstbehaltes**.[53]

Auch die **Betreuungsleistungen für ein im Haushalt des Unterhaltspflichtigen lebendes minder-** 63
jähriges Kind sind ohne das Hinzutreten weiterer Umstände nicht zu monetarisieren und reduzieren – anders als Barunterhaltspflichten – das Vergleichseinkommen des Pflichtigen nicht.[54]

5. Weitere Anwendungsfälle der anteiligen Haftung

Diese Vorschrift wird auch auf die anteilige Haftung der Väter mehrerer – nicht aus einer Ehe hervorgegangener Kinder – für den Unterhaltsbedarf der **nicht verheirateten Mutter** (§ 1615l BGB) angewandt.[55] 64

Betreut die Mutter sowohl ein eheliches als auch ein nichteheliches Kind, bestimmt sich die Haftung 65
der Väter auf Unterhalt entsprechend § 1606 Abs. 3 Satz 1 BGB zunächst nach den jeweiligen Einkommens- und Vermögensverhältnissen. Anschließend ist der Haftungsanteil unter Berücksichtigung anderer Umstände, insbesondere der Anzahl, des Alters, der Entwicklung und Betreuungsbedürftigkeit des jeweiligen Kindes nach oben oder nach unten zu korrigieren.[56]

Das OLG Jena bejaht auch beim Unterhaltsanspruch der ein scheineheliches Kind betreuenden getrennt 66
lebenden Ehefrau eine **anteilige Haftung** gem. § 1606 Abs. 3 Satz 1 BGB zwischen dem gem. § 1361 BGB haftenden Ehemann und dem Anspruch gem. § 1615l BGB gegen den nichtehelichen Vater, und zwar selbst dann, wenn **aus der Ehe keine Kinder hervorgegangen** sind.[57]

Sind **beide Elternteile** gegenüber einem **volljährigen privilegierten Kind** i.S.d. § 1603 Abs. 2 Satz 2 67
BGB barunterhaltspflichtig und haftet **ein Elternteil** zudem einem **minderjährigen Kind**, so ist für den Anteil des für beide Kinder haftenden Elternteils zunächst von dessen unterhaltspflichtigem Einkommen der notwendige Selbstbehalt abzuziehen. Der dann noch verbleibende Betrag muss dann zur gleichmäßigen Belastung beider Elternteile im Verhältnis der Tabellenunterhaltsbeträge beider unterhaltsberechtigter Kinder aufgeteilt werden. Der dem volljährigen privilegierten Kind zuzuordnende Anteil ist dann in die Verhältnisberechnung mit dem anderen Elternteil einzustellen.[58]

Zur anteiligen Haftung mehrerer Kinder für den **Elternunterhalt** vgl. Rn. 115. 68

Zur anteiligen Haftung für **Mehrbedarf** und **Sonderbedarf** vgl. die Kommentierung zu § 1613 BGB 69
Rn. 154 ff. Für diesen Anwendungsfall hat der BGH klargestellt, dass das Einkommen des barunterhaltspflichtigen Elternteils bei der Ermittlung der vergleichbaren Einkünfte im Rahmen der Haftungsanteilsberechnung um den geschuldeten Barunterhalt zu bereinigen ist.[59]

Der BGH nimmt auf die Regelung des § 1606 Abs. 3 Satz 2 BGB auch Bezug im Zusammenhang mit 70
der Frage, ob eine Haftung des betreuenden Elternteils gem. **§ 1603 Abs. 2 Satz 3 BGB** aufgrund eines erheblichen finanziellen Ungleichgewichts zwischen den Eltern besteht.[60]

---

[52] OLG Hamm v. 12.03.2012 - 4 UF 232/11 - FuR 2012, 669 m.w.N.
[53] OLG Hamm v. 12.03.2012 - 4 UF 232/11 - FuR 2012, 669 m.w.N.
[54] OLG Hamm v. 12.03.2012 - 4 UF 232/11 - FuR 2012, 669 m.w.N.
[55] BGH v. 15.12.2004 - XII ZR 26/03 - NJW 2005, 502-503.
[56] BGH v. 17.01.2007 - XII ZR 104/03 - FamRZ 2007, 1303 mit Anm. *Schilling*; BGH v. 16.07.2008 - XII ZR 109/05.
[57] OLG Jena v. 18.11.2005 - 1 WF 436/05.
[58] OLG Jena v. 24.08.2005 - 1 UF 139/05 - NJW-RR 2006, 507-509 (Leitsatz und Gründe); OLG Saarbrücken v. 16.06.2006 - 6 UF 105/05; zur Berechnung der anteiligen Haftung beim Zusammentreffen eines privilegierten volljährigen Kindes mit einem minderjährigen Kind vgl. auch OLG Stuttgart v. 06.04.2006 - 17 WF 57/06 - FamRZ 2007, 75.
[59] Vgl. BGH v. 10.07.2013 - XII ZB 298/12 - FamRZ 2013, 1563.
[60] Vgl. BGH v. 10.07.2013 - XII ZB 298/12 - FamRZ 2013, 1563.

6. Berechnung bei anteiliger Haftung beider Eltern

71 Bei der **Berechnung** dieses Anteils ist wie folgt vorzugehen:
- Der **Unterhaltsbedarf** des volljährigen Kindes ist nach dem zusammengerechneten bereinigten Einkommen beider Eltern festzustellen. Vorrangige Unterhaltspflichten[61] und anzuerkennende Schulden sind abzuziehen (vgl. die Kommentierung zu § 1610 BGB Rn. 95).
- Hierauf ist **eigenes** bereinigtes **Einkommen** des volljährigen Kindes bedarfsmindernd anzurechnen[62], also auch eine Ausbildungsvergütung nach Bereinigung um den Ausbildungsfreibetrag[63].
- Auch eigenes Vermögen muss das unterhaltsberechtigte Kind vorrangig zu Deckung seines eigenen Bedarfes einsetzen (vgl. die Kommentierung zu § 1602 BGB Rn. 117).
- Das **Kindergeld** wird **bei volljährigen Kindern in voller Höhe auf den Bedarf angerechnet**.[64] Damit findet keine hälftige Anrechnung mehr statt, sondern de facto eine Anrechnung in Höhe der jeweiligen Haftungsanteile der Eltern (für **den Restbetrag haften die Eltern anteilig** (zur genauen Berechnungsweise vgl. Rn. 74).
- In Einzelfällen kann eine **wertende Verschiebung der Haftungsquote** angemessen sein, so z.B. wenn das volljährige behinderte Kind weiterhin von einem Elternteil betreut und gepflegt werden **muss**.[65] Das Ausmaß der Ver**schiebung** ist abhängig vom Umfang der tatsächlich erforderlichen und zu erbringenden Betreuungsleistungen.

72 Bei der Berechnung der Haftungsquote für das volljährige Kind ist die Belastung der Eltern durch den **Unterhalt der minderjährigen Kinder** zu berücksichtigen. Um die Vergleichbarkeit der beiderseitigen Einkommen herzustellen, ist das Einkommen des Elternteils, der den Barunterhalt für die minderjährigen Kinder alleine aufbringen muss, bei der Ermittlung des verteilbaren Einkommens um die entsprechenden **Tabellenbeträge für die minderjährigen Kinder** vorweg zu bereinigen. Der Vorwegabzug ist trotz des unterhaltsrechtlichen Gleichrangs mit ihren minderjährigen Geschwistern regelmäßig auch bei privilegiert volljährigen Kindern vorzunehmen, wenn dadurch für die volljährigen Kinder kein Mangelfall zu besorgen ist.[66]

73 Zur Berechnung bei Wiederverheiratung des unterhaltsverpflichteten Elternteils vgl. die Kommentierung zu § 1603 BGB Rn. 65.

a. Berechnungsbeispiel

74 **Gesamteinkommen** beider Eltern als Maßstab des Kindesunterhalts:

	bereinigtes Nettoeinkommen des Vaters	2.674,55 €
+	bereinigtes Nettoeinkommen der Mutter	1.212,39 €
=	Summe	3.886,94 €
	Unterhaltsbedarf des volljährigen Kindes	664 €
−	volles Kindergeld	184 €
=	ungedeckter Bedarf des Kindes	480 €
Berechnung der Haftungsverteilung zwischen den Eltern		
	bereinigtes Nettoeinkommen des Vaters	2.674,55 €
−	Selbstbehalt gegenüber Volljährigen	1.200 €
=	anzurechnen beim Vater	1.474,55 €
	bereinigtes Nettoeinkommen der Mutter	1.212,39 €
−	Selbstbehalt gegenüber Volljährigen	1.200 €
=	anzurechnen bei der Mutter	12,39 €
	Haftungsanteil des Vaters in %	99,17%
	Haftungsanteil der Mutter in %	0,83%

---

[61] OLG Koblenz v. 14.08.2003 - 7 WF 396/03 - FamRZ 2004, 829-830; vgl. BGH v. 09.01.2002 - XII ZR 34/00 - NJW 2002, 2026-2029.

[62] BGH v. 04.11.1987 - IVb ZR 75/86 - LM Nr. 13 zu § 1602 BGB.

[63] BGH v. 26.10.2005 - XII ZR 34/03 - FamRZ 2006, 99 mit Anmerkung *Viefhues*, FamRZ 2006, 103 und *Scholz*, FamRZ 2006, 106.

[64] BGH v. 26.10.2005 - XII ZR 34/03 - FamRZ 2006, 99 mit Anmerkung *Viefhues*, FamRZ 2006, 103; *Scholz*, FamRZ 2006, 106; BGH v. 01.03.2006 - XII ZR 230/04 - FamRZ 2006, 774; a.A. OLG Düsseldorf v. 06.03.2006 - II-7 UF 276/05 - FamRZ 2006, 809.

[65] OLG Brandenburg v. 02.01.2007 - 9 UF 159/06 m.w.N.

[66] OLG Celle v. 05.06.2008 - 17 UF 11/08; OLG Brandenburg v. 10.07.2007 - 10 UF 58/07.

	Haftungsanteil des Vaters	476 €
+	Haftungsanteil der Mutter	4 €
=		480 €

b. Kontrollrechnung erforderlich?

In den Unterhaltsleitlinien der OLG wird noch weiter gefordert, dass der anteilig zu leistende Unterhalt in der Höhe immer begrenzt ist durch den Betrag, den der Elternteil allein nach seinem Einkommen entsprechend der Düsseldorfer Tabelle zu zahlen hätte.[67] 75

Diese Einschränkung ist nicht mehr sachgerecht, weil sie letztlich die anteilige Haftung leerlaufen ließe, wie die nachfolgenden Fallbeispiele verdeutlichen. 76

Die Kindesmutter, in deren Haushalt der volljährige Sohn lebt, hat ein bereinigtes Einkommen von 1.450 €. 77

Einkommen des Vaters	Gesamteinkommen beider Eltern	Haftungsquote des Vaters[68]	Tabellenunterhalt nach Abzug des Kindergeldes	Anteiliger Unterhalt des Vaters	Unterhalt des Vaters nach seinem eigenen Einkommen
2.000 €	3.450 €	76%	441 €	336 €	353 €
2.400 €	3.850 €	83%	480 €	397 €	378 €
2.800 €	4.250 €	86%	519 €	449 €	402 €
3.200 €	4.650 €	89%	558 €	496 €	441 €
3.600 €	5.050 €	91%	597 €	541 €	480 €

Der Unterhaltsbetrag, den der Vater bei seiner anteiligen Haftung schuldet, liegt also regelmäßig oberhalb des Betrages, den er bei alleiniger Haftung zu zahlen hätte. Damit hätte bei Anwendung dieser Regel die anteilige Haftung keine praktische Bedeutung mehr. 78

c. Bedeutung des Selbstbehalts

Grundsätzlich ist gegenüber volljährigen Kindern der **angemessene Selbstbehalt** in Abzug zu bringen. 79

Für sog. **privilegierte volljährige Kinder** wird jedoch teilweise nur der Abzug des notwendigen Selbstbehaltes anerkannt.[69] Der BGH hat vereinzelt auf den notwendigen Selbstbehalt abgestellt,[70] während er in einem die Haftungsquoten beim Minderjährigenunterhalt betreffenden Fall auf den angemessenen Selbstbehalt abgehoben hat.[71] 80

Der BGH hat in seiner Entscheidung vom 12.01.2011[72] auch zu der Frage Stellung genommen, ob beim Unterhalt von sogenannten **privilegierten Volljährigen** im Sinne von § 1603 Abs. 2 Satz 2 BGB vom angemessenen oder notwendigen **Selbstbehalt** als Sockelbetrag auszugehen ist. 81

Jedenfalls unter den Umständen des in dieser Entscheidung vorliegenden Falles müsse auf den angemessenen Selbstbehalt abgestellt werden. Nach § 1603 Abs. 1 BGB sei nicht unterhaltspflichtig, wer bei Berücksichtigung seiner sonstigen Verpflichtungen außerstande ist, ohne Gefährdung seines angemessenen Unterhalts den Unterhalt zu gewähren. Daraus folge, dass der **angemessene Selbstbehalt** grundsätzlich nicht angegriffen werden muss, um Unterhalt zahlen zu können. Etwas anderes gelte nach § 1603 Abs. 2 Satz 1 BGB, wenn Eltern nach dem Maßstab des § 1603 Abs. 1 BGB leistungsunfähig sind (Mangelfall). Nach § 1603 Abs. 2 Satz 3 BGB trete diese Verpflichtung jedoch nicht ein, wenn ein anderer unterhaltspflichtiger Verwandter vorhanden ist, wovon der andere Elternteil nicht ausgenommen ist. Das bedeute im Fall der **Leistungsfähigkeit eines Elternteils**, dass bei dem **anderen Elternteil** die Opfergrenze für den Unterhalt unverändert beim **angemessenen Selbstbehalt** nach § 1603 Abs. 1 BGB verbleibe und eine weitergehende Unterhaltspflicht nicht bestehe.[73] 82

---

[67] Vgl. auch *Schwonberg* in: Eschenbruch/Schürmann, Unterhaltsprozess, 2014, Kap. 2 Rn. 1075.
[68] Nach Abzug des angemessenen Selbstbehalts bei beiden Eltern.
[69] BGH v. 12.07.2007 - XII ZR 166/04 - FamRZ 2007, 542 mit Anm. *Schürmann* = NJW 2007, 1747 mit Anm. *Graba*; OLG Saarbrücken v. 16.06.2006 - 6 UF 105/05; OLG Hamm v. 12.02.1999 - 13 UF 292/98 - NJW-RR 2000, 217-220, OLG Braunschweig v. 01.09.1998 - 1 UF 56/98 OLGR Braunschweig 1999, 207 209.
[70] BGH v. 17.01.2007 - XII ZR 166/04 - juris Rn. 31 - FamRZ 2007, 542.
[71] BGH v. 26.11.2008 - XII ZR 65/07 - juris Rn. 32 - FamRZ 2009, 962.
[72] BGH v. 12.01.2011 - XII ZR 83/08.
[73] Vgl. BGH v. 31.10.2007 - XII ZR 112/05 - juris Rn. 39 - FamRZ 2008, 137.

83 Etwas anderes folge auch nicht aus der grundsätzlich bestehenden gesteigerten Unterhaltspflicht beider Eltern. Denn diese greife nur im Mangelfall ein, der wiederum nur vorliegt, wenn auch der angemessene Selbstbehalt des anderen Elternteils nicht gewahrt ist. In diesem Sinne hat der BGH bereits für den zusätzlich zum Regelbedarf entstehenden Mehrbedarf wegen Kindergartenkosten entschieden.[74] Die Lage sei vergleichbar, weil es in beiden Fällen um die anteilige Haftung der Eltern nach § 1606 Abs. 3 BGB geht und im Mangelfall aufgrund von § 1603 Abs. 2 BGB vom notwendigen Selbstbehalt auszugehen ist. Der praktische Vorteil, dass ein Abstellen auf den notwendigen Selbstbehalt eine einstufige und damit einfachere Berechnung der Haftungsquoten ermöglicht, rechtfertige es nicht, den angemessenen Selbstbehalt eines Elternteils entgegen den eindeutigen gesetzlichen Wertungen auch dann für den Unterhalt heranzuziehen, wenn kein Mangelfall vorliegt.[75]

84 Dabei kann der **Selbstbehalt** aufgrund des Synergieeffektes **herabgesetzt** werden, wenn der unterhaltspflichtige Ehegatte mit einem neuen Partner zusammenlebt, und zwar unabhängig davon, ob er mit diesem neuen Partner verheiratet ist oder nicht[76] (vgl. Rn. 48 ff.; vgl. auch die Kommentierung zu § 1603 BGB Rn. 57).

85 Leben die – beiderseits erwerbstätigen – Eltern in **Haushaltsgemeinschaft** und wirtschaften gemeinsam, ist nach Ansicht des OLG Brandenburg eine zu einer Kürzung des Selbstbehalts führende Haushaltsersparnis zu berücksichtigen, die entsprechend der konkreten Lebenssituation anzusetzen ist.[77] Zu bedenken ist aber, dass dann, wenn die beiden Elternteile noch zusammenleben, die Ersparnis auf beiden Seiten mit dem gleichen Anteil anzusetzen ist.

86 Unter besonderen Umständen soll jedoch der angemessene Selbstbehalt eines Elternteils erhöht werden können – so um 120 € wegen der von der Mutter beim behinderten volljährigen Kind erbrachten Pflegeleistungen.[78]

87 Von diesen Beträgen ist bei dem Elternteil, der das Kindergeld bezieht, das hälftige Kindergeld hinzuzurechnen (also nicht entsprechend den Haftungsanteilen) und bei dem anderen Elternteil entsprechend abzuziehen.[79]

d. Vorwegabzug des Minderjährigenunterhalts

88 Wenn die Unterhaltsansprüche privilegiert volljähriger und minderjähriger Kinder zusammentreffen, können Berechnungsprobleme entstehen. Während sich der Bedarf des minderjährigen Kindes allein nach dem Einkommen des baruntehaltspflichtigen Elternteils richtet, ist der Bedarf des privilegiert volljährigen Kindes aus dem zusammengerechneten Einkommen beider Elternteile zu errechnen. Der betreuende Elternteil haftet nicht für den Barunterhalt des minderjährigen Kindes.

89 **Beispiel:**[80] Die Schülerin K1 – 19 Jahre alt – lebt nach der Scheidung der Eltern mit zwei jüngeren, 13 und 15 Jahre alten Brüdern (K2 und K3) bei der Mutter; diese hat keinen Unterhaltsanspruch. Die Mutter verfügt über ein bereinigtes Nettoeinkommen von 1.300 €, der Vater von 2.200 €.

90 Für den **Bedarf von K2 und K3** ist allein das Einkommen des Vaters maßgebend. Es beläuft sich nach der 3. Einkommensgruppe der Düsseldorfer Tabelle auf je 469 € = 938 € (abzüglich 92 € und 95 € Kindergeld verbleiben 751 € zu zahlen).

91 Der **Bedarf von K1** bemisst sich nach dem **zusammengerechneten Einkommen der Eltern**, also von 3.400 €, und bemisst sich auf 625 €. Nach Abzug des (vollen) Kindergelds von 184 € verbleibt ein ungedeckter Restbedarf von 441 €.

aa. Haftungsanteile ohne Vorwegabzug des Minderjährigenunterhalts

92 Um die Haftungsanteile der Eltern für den Unterhalt von K1 zu ermitteln, muss zunächst vom jeweiligen Einkommen der angemessene Selbstbehalt abgezogen werden (vgl. Rn. 74). Beim Vater verbleibt ein Einsatzbetrag von 1.000 € (2.200 € – 1.200 €), bei der Mutter 100 € (1.300 € – 1.200 €). Zusammengerechnet ergibt sich ein Einsatzbetrag von 1.100 €. Der Vater haftet mit 90,91 %, die Mutter mit 9,09 %.

---

[74] BGH v. 26.11.2008 - XII ZR 65/07 - juris Rn. 32 - FamRZ 2009, 962.
[75] BGH v. 12.01.2011 - XII ZR 83/08.
[76] BGH v. 09.01.2008 - XII ZR 170/05 - FamRZ 2008, 595 mit Anm. *Borth* = FPR 2008, 172 mit Anm. *Graba*.
[77] OLG Brandenburg v. 05.06.2007 - 10 UF 6/07; vgl. auch OLG Düsseldorf v. 08.02.2007 - 9 UF 72/06 - FamRZ 2007, 1684 beim Elternunterhalt.
[78] OLG Hamm v. 11.02.2005 - 11 WF 312/04 - OLGR Hamm 2005, 608-609.
[79] OLG Celle v. 02.05.2000 - 17 UF 236/99 - OLGR Celle 2000, 281-283; OLG Hamm v. 28.05.1999 - 13 UF 367/98 - NJW 1999, 3274-3275; *Scholz* in: Wendl/Staudigl, Das Unterhaltsrecht in der familienrichterlichen Praxis, 6. Aufl. 2004, § 2 Rn. 436 und 504.
[80] Nach *Schürmann* in: Luthin/Koch, Handbuch des Unterhaltsrechts, 2011, Rn. 4217.

bb. Haftungsanteile mit Vorwegabzug des Minderjährigenunterhalts

Mit Vorwegabzug des Minderjährigenunterhalts beläuft sich der Einsatzbetrag des Vaters dagegen nun auf 249 € (2.200 € – 377 € (K2) – 374 € (K3) – 1.200 €), bei der Mutter auf 100 € (1.300 € – 1.200 €). Zusammengerechnet ergibt sich ein Einsatzbetrag von 349 €. Der Vater haftet mit 71,35%, die Mutter mit 28,65%.

Leistet ein Elternteil für ein nicht gemeinsames minderjähriges Kind Barunterhalt, scheidet dessen Vorwegabzug bei der Bemessung der Haftungsanteile für das gemeinsame privilegiert volljährige Kind nicht zwingend aus. Die in jedem Einzelfall gebotene Billigkeitsabwägung kann den Vorwegabzug rechtfertigen, wenn dadurch keine unangemessene Belastung des anderen Elternteils in seinen wirtschaftlichen Verhältnissen eintritt.[81]

e. Fiktive (hypothetische) Einkünfte des anderen Elternteils

Nicht zufriedenstellend geklärt ist die Frage der **Behandlung hypothetischer Einkünfte eines Elternteils.**

Zwar ist anerkannt, dass auch die barunterhaltspflichtige Kindesmutter im Verhältnis zum volljährigen Kind eine vollschichtige Erwerbsobliegenheit trifft,[82] soweit sie nicht durch Betreuung anderer, minderjähriger (und damit vorrangiger) Kinder an einer Erwerbstätigkeit gehindert ist.[83] Es gelten hier die gleichen Grundsätze wie beim Ehegattenunterhalt.[84] Folglich führt die Verletzung der Erwerbsobliegenheit zur Anrechnung hypothetischen Einkommens und nicht zum Wegfall der Unterhaltsverpflichtung.[85]

Praktische Schwierigkeiten treten aber auf, wenn einer der anteilig haftenden Elternteile keiner – seinen unterhaltsrechtlichen Obliegenheiten entsprechenden – vollschichtigen Erwerbstätigkeit nachgeht.

aa. Rechenbeispiel zur Veranschaulichung

Dies soll anhand eines **Rechenbeispiels** verdeutlicht werden:
Der Vater verdient 2.800 €, die Mutter erzielt 1.700 € durch eine Teilzeittätigkeit. Bei Ganztagstätigkeit könnte sie 2.500 € verdienen.
Die Haftungsverteilung in den beiden Fallgestaltungen zeigt die folgende Übersicht:

	Vater	Mutter	Vater	Mutter
Einkommen	2.800 €	1.700 €	2.800 €	2.500 €
SBH gg. Volljährigen	– 1.200 €	– 1.200 €	– 1.200 €	– 1.200 €
verbleiben	1.600 €	500 €	1.600 €	1.300 €
Haftungsanteil anteiliger Unterhalt	76,19%	23,81%	55,17%	44,83%

In beiden Varianten ergibt sich daraus folgender Unterhaltsbetrag für das volljährige Kind:

	Vater	Mutter	Vater	Mutter
Einkommen	2.800 €	1.700 €	2.800 €	2.500 €
Gesamteinkommen	4.500 €		5.300 €	
Unterhaltsbetrag (Zahlbetrag)	519 €	519 €	558 €	558 €
Haftungsquote	76,19%	23,81%	55,17%	44,83%
geschuldet	395,43 €	123,57 €	307,86 €	250,14 €

bb. Praktische Behandlung im unterhaltsrechtlichen Verfahren

Die h.M. stellt darauf ab, dass sich das konkrete unterhaltsrechtliche Verfahren zwischen dem volljährigen Kind und dem auf Zahlung in Anspruch genommenen Elternteil abwickelt. Daher könne dieser Elternteil dem Kind nicht entgegenhalten, dass der andere Elternteil seinen unterhaltsrechtlichen Ob-

---

[81] OLG Hamm v. 11.01.2011 - 2 WF 191/10.
[82] OLG Köln v. 25.08.2009 - 4 UF 24/09 - FamRZ 2010, 382; OLG Braunschweig v. 10.11.2009 - 2 UF 73/08 - FamRZ 2010, 987; OLG Hamm v. 15.04.2010 - II-6 UF 166/09 - FamRZ 2010, 1346; ausführlich *Götz* in: Unterhalt für volljährige Kinder, 2007, S. 62; *Schürmann* in: Luthin/Koch, Unterhaltsrecht, 2011, Rn. 4215.
[83] *Schürmann* in: Luthin/Koch, Unterhaltsrecht, 2011, Rn. 4215.
[84] *Soyka*, Berechnung des Volljährigenunterhalts, Rn. 155.
[85] BGH v. 30.07.2008 - XII ZR 126/06 - FamRZ 2008, 2104; *Schürmann* in: Luthin/Koch, Unterhaltsrecht, 2010, Rn. 4215.

§ 1606　　　　　　　　　　　　　　　　　　　　　　　　　　　　　　　　jurisPK-BGB / Viefhues

liegenheiten dem Kind gegenüber nicht nachkomme.[86] Dabei handele es sich dogmatisch um ein Fehlverhalten eines Dritten, das sich das Kind nicht entgegenhalten lassen müsse.[87]

101 Daher wird bei einem Zahlungsantrag des Kindes gegen den einen Elternteil die **Berücksichtigung hypothetischer Einkünfte des anderen Elternteils** teilweise ganz **abgelehnt**[88] u.a. mit der Begründung, von fiktiven Einkünften des anderen Elternteils könne das Kind nicht leben.[89] Der tatsächlich vorhandene Lebensbedarf des Kindes könne nicht dadurch gedeckt werden, dass es auf fiktive Einkünfte des anderen Elternteils verwiesen wird.[90]

102 Weiter wird ausgeführt, dass die Darlegungslast bzgl. der Einkommensverhältnisse beider Elternteile, die zur Ermittlung der Haftungsanteile nach § 1606 Abs. 3 Satz 1 BGB erforderlich ist, sich auf deren tatsächlichen Einkünfte erstreckt und **nicht** ein **fiktives Einkommen** des nicht in Anspruch genommenen Elternteils umfasst.[91] Das Kind genügt seiner Darlegungslast zur Berechnung des auf den beklagten Elternteil entfallenden Anteils an der Barunterhaltslast, wenn es dartut, dass es das, was ihm nach der Sachlage möglich und zumutbar war, getan hat, um den Haftungsanteil des anderen Ehegatten zu ermitteln.[92]

103 Erst recht ist dann das Kind nicht verpflichtet, gegenüber dem anderen Elternteil ein gerichtliches Unterhaltsverfahren mit dem Einwand zu führen, dieser könne bei gehöriger Anstrengung ein höheres Erwerbseinkommen erzielen.[93]

104 Dem haftenden Elternteil wird empfohlen, in solchen Fällen beim anderen Elternteil Rückgriff zu nehmen[94] entsprechend § 1607 Abs. 2 BGB[95] oder im Wege des **familienrechtlichen Ausgleichsanspruchs**.[96]

105 Wird jedoch bei **beiden Elternteilen** von einem fiktiven Einkommen ausgegangen, bleibt es bei der Haftung beider und die fiktiven Einkünfte werden in die Berechnung der Haftungsanteile eingestellt.[97]

cc. Fragwürdige Konsequenzen dieses Lösungsansatzes

106 Die – formal orientierte – Betrachtungsweise lediglich auf das unmittelbare Rechtsverhältnis zwischen Kind und dem konkret auf Barunterhalt in Anspruch genommenen Elternteil ignoriert, dass gerade bei der beiderseitigen Barunterhaltsverpflichtung ein **juristisches Dreiecksverhältnis** zwischen Vater,

---

[86] OLG Frankfurt v. 11.08.1992 - 3 UF 51/92 - FamRZ 1993, 231; OLG Nürnberg v. 25.10.1999 - 10 UF 1425/99 - FamRZ 2000, 687; OLG Brandenburg v. 29.04.2003 - 10 UF 195/02 - FamRZ 2004, 396; OLG Karlsruhe v. 15.01.1991 - 18 UF 117/89 - FamRZ 1991, 971; differenzierend OLG Bremen v. 31.03.1999 - 4 WF 23/99 - FamRZ 1999, 1529.
[87] OLG Hamm v. 12.03.2012 - 4 UF 232/11 - FuR 2012, 669 m.w.N.; OLG Köln v. 30.07.2012 - 4 UF 49/12 - FamFR 2012, 439; OLG Köln v. 25.08.2009 - 4 UF 24/09 - FamRZ 2010, 382; OLG Nürnberg v. 25.10.1999 - 10 UF 1425/99 - FamRZ 2000, 687; OLG Braunschweig v. 10.11.2009 - 2 UF 73/08 - FamRZ 2010, 987.
[88] OLG Hamm v. 21.12.2005 - 11 UF 218/05 - FamRZ 2006, 1479; OLG Brandenburg v. 11.09.2007 - 10 UF 28/07; OLG Brandenburg v. 10.07.2007 - 10 UF 58/07; OLG Brandenburg v. 29.04.2003 - 10 UF 195/02 - FamRZ 2004, 396; OLG Frankfurt v. 11.08.1992 - 3 UF 51/92 - FamRZ 1993, 231.
[89] *Saathoff* in: AnwKomm, § 1606 Rn. 11; *Soyka*, Berechnung des Volljährigenunterhalts, Rn. 177; *Wendl/Klinkhammer*, Das Unterhaltsrecht in der familienrichterlichen Praxis, 8. Aufl., § 2 Rn. 446; OLG Brandenburg v. 11.09.2007 - 10 UF 28/07.
[90] Vgl. OLG Köln v. 20.04.2012 - II-25 WF 64/12, 25 WF 64/12 - NJW 2012, 2364; OLG Köln v. 30.07.2012 - 4 UF 49/12 - FamFR 2012, 439.
[91] OLG Köln v. 14.03.2011 - 14 WF 20/11 - FamRZ 2011, 1599 (LS).
[92] OLG Köln v. 30.07.2012 - 4 UF 49/12 - FamFR 2012, 439 unter Verweis auf OLG Frankfurt v. 11.08.1992 - 3 UF 51/92 - FamRZ 1993, 231-232.
[93] OLG Köln v. 30.07.2012 - 4 UF 49/12 - FamFR 2012, 439.
[94] OLG Köln v. 25.08.2009 - 4 UF 24/09 - FamRZ 2010, 382.
[95] OLG Köln v. 30.07.2012 - 4 UF 49/12 - FamFR 2012, 439; OLG Frankfurt v. 11.08.1992 - 3 UF 51/92 - FamRZ 1993, 231; OLG Karlsruhe v. 15.01.1991 - 18 UF 117/89 - FamRZ 1991, 971, 972.
[96] Zum familienrechtlichen Ausgleichsanspruch OLG Nürnberg v. 24.10.2012 - 7 UF 969/12 - NJW 2013, 1101; OLG Hamm v. 16.12.2010 - II-2 WF 279/10 - FamRZ 2011, 1407; OLG Köln v. 28.07.2011 - II-25 WF 178/11, 25 WF 178/11 - FamRZ 2012, 574; ausführlich *Götz*, FF 2013, 225; *Reinken*, NJW 2013, 2993; *Langheim*, FamRZ 2013, 1529; *Volker*, FuR 2013, 550.
[97] *Götz* in: Unterhalt für volljährige Kinder, 2007, S. 50; *Gerhardt*, Handbuch FAFamR, Kap. 6 Rn. 158 und Rn. 178.

Mutter und dem Kind besteht. Dafür können mit dem streng zweiseitigen verfahrensrechtlichen Blickwinkel auf den jeweiligen Antragsteller und Antragsgegner des konkreten Verfahrens nur schwer zufriedenstellende Lösungsmöglichkeiten gefunden werden.

Die oben dargestellte Lösung führt aus Sicht aller Beteiligten zu fragwürdigen Ergebnissen, wie sich anhand des Rechenbeispiels veranschaulichen lässt: 107

a) **Problematik aus Sicht des auf Barunterhalt in Anspruch genommen Elternteils:** Im Berechnungsbeispiel muss der Vater ohne die Einbeziehung eines – fiktiven vollschichtigen – Einkommens der Kindesmutter einen monatlichen Unterhalt von 395,43 € zahlen. Wird das fiktive Einkommen dagegen berücksichtigt, zahlt er lediglich 307,86 €. Die Lösungen führen also zu einer Differenz in durchaus beachtlicher Höhe von mtl. 87,57 €. 108

Damit ist für den auf Zahlung in Anspruch genommenen Elternteil die Frage der Erwerbsobliegenheit des anderen Elternteils von großer praktischer Bedeutung. Sie lässt sich nach der h.M. kaum auf zumutbare Weise klären. Denn für die Praxis ist der Ansatz unbefriedigend; die Umsetzung löst weitere gerichtliche Verfahren aus, deren Ausgang – insbesondere wegen der nicht gesetzlich definierten Voraussetzungen eines familienrechtlichen Ausgleichsanspruches bzw. des Ausgleichsanspruches nach § 1607 Abs. 2 BGB – nur schwer vorhersehbar ist. Zudem erschweren u.U. unterschiedliche örtliche Zuständigkeiten und die fehlende Bindungswirkung vorhergehender Entscheidungen, die nur zwischen den jeweiligen Beteiligten Wirkung zeigen, die Situation zusätzlich. 109

Auch überzeugt das Argument, „von hypothetischen Einkünften könne das Kind nicht leben", jedenfalls dann nicht, wenn der andere Elternteil bereits über ausreichende tatsächliche Einkünfte verfügt, der Bedarf des Kindes weitgehend gedeckt wird und es lediglich um hypothetische Mehreinkünfte geht, die die internen Haftungsanteile verschieben. 110

b) **Problematik aus Sicht des unterhaltsberechtigten volljährigen Kindes:** Nicht übersehen werden darf bei der anwaltlichen Beratung auch, dass das volljährige Kind – wie das obige Berechnungsbeispiele zeigt – auf einen Teil seines Unterhaltes verzichtet. Dieser Teil kann später mangels Verzuges nicht mehr rückwirkend geltend gemacht werden, ist also letztlich endgültig verloren. 111

Im obigen Beispiel könnte das Kind bei vollschichtiger Erwerbstätigkeit beider Eltern einen Gesamtunterhalt von 558 € beanspruchen (Vater 307,86 €, Mutter 250,14 €), während es in der Fallvariante mit der eingeschränkten Erwerbstätigkeit der Mutter lediglich 519 € verlangen kann (Vater 395,43 €, Mutter 123,57 €). 112

Der das Kind beratende Anwalt sollte vorsorglich entsprechende nachweisbare Hinweise geben, um sich später nicht Beratungsfehler vorwerfen lassen zu müssen. Auch ein Kind, das aktuell seine Mutter nicht zu einer vollschichtigen Erwerbstätigkeit drängen möchte, kann sich dies später anders überlegen! 113

dd. Alternative Lösungsansätze

Der dogmatische Ansatz, fiktives Einkommen bei der Berechnung ganz oder in bestimmten Fallkonstellationen auszuklammern, erscheint daher zumindest fragwürdig. Sachgerechter ist es, für die Ermittlung der Haftungsanteile der beiden Eltern auch fiktive Einkünfte aus einer der jeweiligen Erwerbsobliegenheit entsprechenden Tätigkeit zuzurechnen.[98] 114

IV. Anteilige Haftung beim Elternunterhalt

Geschwister sind als gleich nahe Verwandte verpflichtet, **anteilig** als Teilschuldner für den Elternunterhalt nach ihren Einkommens- und Vermögensverhältnissen aufzukommen. Der Ehegatte des bedürftigen Elternteils haftet vor den Kindern (§ 1608 BGB). 115

Dabei ist – um die korrekten Anteile feststellen zu können – auch bei den mithaftenden Geschwistern eine vollständige Unterhaltsberechnung vorzunehmen, in der ggf. auch die Einkommen der jeweiligen Ehepartner und der Familienselbstbehalt einzubeziehen sind (vgl. dazu die Kommentierung zu § 1603 BGB Rn. 1015 ff.). Eine anschauliche und gut nachvollziehbare Berechnung liefert der BGH in seiner Entscheidung vom 28.07.2010.[99] 116

Die **Haftungsquote** des Unterhaltspflichtigen errechnet sich wie bei volljährigen Kindern nach Abzug des für seinen eigenen Unterhalt und denjenigen der vorrangig Berechtigten verbleibenden Teils seines bereinigten Nettoeinkommens. Auch anzuerkennende Schulden sind abzuziehen. 117

---

[98] Vgl. BGH v. 30.07.2008 - XII ZR 126/06 - NJW 2008, 3635 mit Anm. *Born* = FamRZ 2008, 2104 mit Anm. *Schürmann;* OLG Karlsruhe v. 24.02.2011 - 2 UF 45/09 - FamRZ 2011, 1303; OLG Karlsruhe v. 30.09.2009 - 2 WF 96/09 - FamFR 2010, 86, OLG Zweibrücken v. 12.05.2006 - 2 WF 87/06 - ZFE 2006, 437.

[99] BGH v. 28.07.2010 - XII ZR 140/07 - juris Rn. 50 ff. - FamRZ 2010, 1535.

118 Werden **mehrere Geschwister** auf Unterhalt in Anspruch genommen, die verschiedene Wohnsitze haben, ergeben sich Probleme bei der **Gerichtszuständigkeit**.[100]

119 Der anspruchstellende **Elternteil hat als klagende Partei** die **Darlegungs- und Beweislast** für die Höhe der anteiligen Haftung der Gegenpartei. Eine Anspruchsbegründung ist daher nur schlüssig, wenn dargelegt wird, in welchem Umfang die Geschwister Unterhalt leisten können.[101]

120 Vgl. auch zum Bedarf die Kommentierung zu § 1610 BGB Rn. 395, zur Bedürftigkeit die Kommentierung zu § 1602 BGB Rn. 130 und zur Leistungsfähigkeit die Kommentierung zu § 1603 BGB.

121 Dagegen hat das in Anspruch genommene Kind **keinen Auskunftsanspruch** gegenüber den Ehegatten der Geschwister, um sich die notwendigen Informationen über die Einkommens- und Vermögensverhältnisse seiner Geschwister sowie etwaige Ansprüche auf Familienunterhalt zu verschaffen[102] (Einzelheiten vgl. die Kommentierung zu § 1605 BGB Rn. 46).

C. Verfahrensrechtliche Hinweise

I. Darlegungs- und Beweislast

122 Ein volljähriges Kind trifft die **Darlegungs- und Beweislast** für die einen Anspruch auf Unterhalt begründenden Tatsachen.

123 Da beide Eltern nicht als Gesamtschuldner, sondern nur als **Teilschuldner** gem. § 1606 Abs. 3 Satz 1 BGB für den auf sie entfallenden Teil des Unterhalts haften, trägt das volljährige Kind im Unterhaltsverfahren gegen einen Elternteil die **Darlegungs- und Beweislast** nicht nur für seinen Bedarf, sondern auch die Darlegung der **Höhe des Einkommens beider Eltern**[103], für die Berechnung der **Haftungsquoten beider Eltern**[104] und zur Ermittlung der **Höhe** des ihm zustehenden **Unterhaltsanspruchs**.[105]

124 Die **Darlegungs- und Beweislast hinsichtlich der Haftungsanteile der Eltern** bezieht sich auch auf das **Einkommen des jetzigen Ehegatten eines Elternteils**, das zur Herabsetzung des Selbstbehaltes im Rahmen der Anteilsberechnung führen kann. Hat jedoch das für die Haftungsanteile seiner Eltern darlegungs- und beweisbelastete Kind zum Einkommen des jetzigen Ehegatten dieses Elternteils konkrete Angaben gemacht, ist es Sache des eine darüber hinausgehende Deckung des angemessenen Selbstbehaltes der Mutter behauptenden anderen Elternteils, seine Darstellung im Einzelnen und gegebenenfalls nach ergänzender Inanspruchnahme der Kindesmutter auf Auskunft zu konkretisieren. Erst dann muss das antragstellende Kind die Behauptung des auf Barunterhalt in Anspruch genommenen Elternteils ausräumen und den Beweis führen, dass sie nicht zutrifft.[106]

125 Dabei sind die Anforderungen an die Darlegungslast des Kindes nicht zu überspannen; es genügt seiner Darlegungslast, wenn es das ihm Zumutbare getan hat, um den Haftungsanteil des anderen Elternteils zu ermitteln. Dies gilt auch in einem gerichtlichen **Abänderungsverfahren** (§§ 238, 239 FamFG).[107]

126 Dies gilt auch bei auf öffentliche Träger **übergeleiteten Ansprüchen**.[108]

127 Werden daher die **Einkommensverhältnisse des anderen Elternteils** – und ggf. dessen jetzigen **Ehegatten**[109] – nicht mitgeteilt, so dass nicht ermittelt werden kann, ob und inwieweit der andere Elternteil leistungsfähig ist oder zumindest dessen Selbstbehalt des anderen Elternteils durch den Unterhaltsanspruch gegen den neuen Ehegatten abgedeckt ist (vgl. die Kommentierung zu § 1603 BGB Rn. 961),

---

[100] *Soyka*, FPR 2003, 631-635, 633; *Brudermüller*, NJW 2004, 633-640, 639.
[101] BGH v. 07.05.2003 - XII ZR 229/00 - NJW 2003, 3624-3626; *Hauß*, Elternunterhalt, 2014, Rn. 561 m.w.N.
[102] BGH v. 07.05.2003 - XII ZR 229/00 - NJW 2003, 3624-3626; zu den sich daraus ergebenden Problemen ausführlich *Hauß*, Elternunterhalt, 2008, Rn. 418 ff.
[103] OLG Köln v. 31.07.2012 - II-4 UF 57/12 - FamFR 2012, 438.
[104] OLG Bremen v. 29.06.2011 - 4 WF 51/11 - NJW 2011, 2596; OLG Koblenz v. 07.05.1998 - 11 UF 1095/97 - FamRZ 1999, 676-677; OLG Hamm v. 19.07.2002 - 11 UF 432/01 - FamRZ 2003, 1025-1027; OLG Brandenburg v. 23.10.2007 - 10 WF 244/07.
[105] OLG Hamm v. 24.06.2011 - 2 WF 146/11 - FamRB 2011, 270-271.
[106] OLG Hamm v. 12.03.2012 - 4 UF 232/11 - FuR 2012, 669 m.w.N.
[107] OLG Hamm v. 19.07.2002 - 11 UF 432/01 - FamRZ 2003, 1025-1027; OLG Brandenburg v. 24.01.2002 - 9 UF 209/00 - FamRZ 2002, 1049-1050; OLG Brandenburg v. 23.10.2001 - 10 WF 145/01 - MDR 2002, 844; OLG Zweibrücken v. 15.12.1999 - 5 UF 114/99 - FamRZ 2001, 249-250.
[108] OLG Koblenz v. 09.01.1997 - 11 UF 173/96 - FamRZ 1998, 63-64.
[109] OLG Hamm v. 12.03.2012 - 4 UF 232/11 - FuR 2012, 669 m.w.N.

fehlt es an einer schlüssigen Darlegung der Höhe des Unterhaltsbedarfs.[110] Das Kind muss also ggf. nachweisen, dass der andere Elternteil nicht in Anspruch genommen werden kann.

Dagegen trifft die Darlegungs- und Beweislast für seine **Leistungsunfähigkeit den Unterhaltsschuldner** selbst.[111]

II. Auskunftsantrag

Das unterhaltsberechtigte Kind hat aus § 1605 BGB einen **Auskunftsanspruch** gegen beide Eltern. Der auf Unterhalt in Anspruch genommene Elternteil kann seinerseits zur Berechnung seines Haftungsanteils von dem anderen Elternteil Auskunft gem. § 242 BGB über dessen Einkünfte verlangen (vgl. Rn. 121 und die Kommentierung zu § 1605 BGB Rn. 46).

III. Abänderungsverfahren

Diese Regeln der Darlegungs- und Beweislast gelten auch im Rahmen eines **gerichtlichen Abänderungsverfahrens** (§ 238 FamFG).[112] Zwar muss grundsätzlich der Antragsteller die wesentliche Veränderung der Umstände, die für die Unterhaltsfestsetzung im vorausgegangenen Verfahren maßgeblich waren, darlegen. Wenn jedoch der abzuändernde **Titel den Minderjährigenunterhalt** regelt und das **inzwischen volljährig gewordene Kind** Ausbildungsunterhalt verlangt, muss das **Kind dartun und beweisen, dass** der Unterhaltsanspruch fortbesteht. Dazu gehört auch der Vortrag, welche Haftungsquote auf den jeweiligen Elternteil entfällt[113], so dass auch die **Höhe des Einkommens des anderen barunterhaltspflichtigen Elternteils** dargelegt werden muss[114] (vgl. die Kommentierung zu § 1610 BGB Rn. 511 ff.).

IV. Berufsrechtliche Risiken

Noch nicht abschließend geklärt ist die Frage der Zulässigkeit einer anwaltlichen Unterstützung des volljährigen Kindes in Unterhaltssachen durch den gleichen Anwalt, der das minderjährige Kind über Jahre hinweg zusammen mit seinen Eltern beraten hat. Bei Volljährigkeit des Kindes stellt sich konkret die Frage, ob das Kind in Unterhaltssachen im Hinblick auf die anteilige Haftung beider Elternteile und der damit u.U. verbundenen Interessenkollision zwingend einen eigenen Anwalt benötigt. Anhand von Fallgruppen wird dieses Rechtsproblem umfassend erörtert.[115]

Ein **Anwalt**, der ein **volljähriges Kind** bei der Durchsetzung von **Unterhaltsansprüchen berät, muss darauf hinweisen, dass sich der Anspruch gegen beide Elternteile richtet.** Vertritt der Anwalt bereits einen Elternteil im Rahmen einer unterhalts- oder ehegüterrechtlichen Auseinandersetzung, ist schon dieser Hinweis geeignet, dessen Interessen zu beeinträchtigen. Wenn und soweit sich die Höhe des Unterhaltsanspruchs des volljährigen Kindes nach den zusammengerechneten Einkommen beider Eltern richtet, könne das Interesse des Kindes überdies darauf gerichtet sein, ein möglichst hohes Einkommen auch desjenigen Elternteils nachzuweisen, dessen Vertretung der Anwalt bereits übernommen hatte und dessen Einkommens- und Vermögensverhältnisse dieser daher kennt. Auch dies **schließe eine gemeinsame Vertretung eines Elternteils und des volljährigen Kindes im Rahmen des Kindesunterhalts grundsätzlich aus.**[116]

D. Steuerrechtliche Hinweise

Vgl. hierzu die Steuerrechtl. Hinw. zu §§ 1601 ff. BGB ff.

---

[110] OLG Düsseldorf v. 11.06.2002 - 4 UF 7/02 - JAmt 2003, 104.
[111] OLG Hamm v. 24.06.2011 - 2 WF 146/11 - FamRB 2011, 270-271.
[112] Ausführlich *Rossmann* in: Horndasch/Viefhues, FamFG, 2014, § 238 Rn. 13; *Viefhues* in: Kemper/Schreiber, HK Familienverfahrensrecht, 2011, § 238 FamFG Rn. 9 ff.
[113] OLG Karlsruhe v. 24.02.2011 - 2 UF 45/09; OLG Karlsruhe v. 09.01.2009 - 18 UF 207/08 - FamRZ 2009, 1497; OLG Brandenburg v. 14.01.2003 - 10 UF 302/01 - FamRZ 2004, 552.
[114] OLG Köln v. 31.07.2012 - II-4 UF 57/12 - FamFR 2012, 438.
[115] *Offermann-Burckart*, FF 2012, 17-28.
[116] BGH v. 23.04.2012 - AnwZ (Brfg) 35/11 - FamRZ 2012, 1563 = NJW 2012, 3039 = FamFR 2012, 408 mit Anm. *Heinemann*; dazu *Henssler/Deckenbrock*, NJW 2012, 3265; vgl. auch *Hartung*, AnwBl 2011, 679 und *Sarres*, FamRB 2011, 388, 389. Vgl. zur Problematik der widerstreitenden Interessen OLG Hamm v. 19.07.2012 - II-2 WF 23/12 - FamRZ 2013, 567 = FamFR 2012, 528 und BGH v. 16.01.2013 - IV ZB 32/12 - NJW 2013, 1247.

§ 1607 BGB Ersatzhaftung und gesetzlicher Forderungsübergang

(Fassung vom 02.01.2002, gültig ab 01.01.2002)

(1) Soweit ein Verwandter auf Grund des § 1603 nicht unterhaltspflichtig ist, hat der nach ihm haftende Verwandte den Unterhalt zu gewähren.

(2) ¹Das Gleiche gilt, wenn die Rechtsverfolgung gegen einen Verwandten im Inland ausgeschlossen oder erheblich erschwert ist. ²Der Anspruch gegen einen solchen Verwandten geht, soweit ein anderer nach Absatz 1 verpflichteter Verwandter den Unterhalt gewährt, auf diesen über.

(3) ¹Der Unterhaltsanspruch eines Kindes gegen einen Elternteil geht, soweit unter den Voraussetzungen des Absatzes 2 Satz 1 anstelle des Elternteils ein anderer, nicht unterhaltspflichtiger Verwandter oder der Ehegatte des anderen Elternteils Unterhalt leistet, auf diesen über. ²Satz 1 gilt entsprechend, wenn dem Kind ein Dritter als Vater Unterhalt gewährt.

(4) Der Übergang des Unterhaltsanspruchs kann nicht zum Nachteil des Unterhaltsberechtigten geltend gemacht werden.

Gliederung

A. Grundlagen 1	2. Folgen der Unterhaltsleistung (Absatz 2 Satz 2) 45
I. Kurzcharakteristik 1	
II. Anwendungsbereich 4	3. Gesetzlicher Forderungsübergang zugunsten nicht unterhaltspflichtiger Dritter (Absatz 3) ... 48
B. Anwendungsvoraussetzungen 7	
I. Unterhaltspflicht des nachrangig haftenden Verwandten (Absatz 1) 7	4. Speziell Scheinvaterregress 50
	a. Fallvarianten 51
II. Unterhaltspflicht bei Erschwerung oder Unmöglichkeit der Rechtsverfolgung (Absatz 2 Satz 1) 15	b. Höhe des Ersatzanspruchs gegen den leiblichen Vater 57
1. Ersatzhaftung der Großeltern 19	c. Deliktischer Schadensersatzanspruch gegen die Mutter des Kindes 61
a. Leistungsunfähigkeit beider Eltern 21	
b. Haftung aller Großeltern als Teilschuldner 28	d. Praktische Hinweise für den Scheinvater 82
c. Umfang der Haftung 32	5. Schutz des Unterhaltsberechtigten (Absatz 4) 103
d. Verzug 39	
e. Verfahrensrechtliche Überlegungen bei der Ersatzhaftung der Großeltern 41	**C. Prozessuale Hinweise/Verfahrenshinweise** 106
	D. Steuerrechtliche Hinweise 112

A. Grundlagen

I. Kurzcharakteristik

1 § 1607 BGB regelt die **Ersatzhaftung eines Verwandten**, der an sich nicht unterhaltspflichtig wäre, weil ein gem. § 1606 BGB vorrangiger Unterhaltspflichtiger vorhanden ist. Ist dieser vorrangige Unterhaltspflichtige aber nicht leistungsfähig (§ 1607 Abs. 1 BGB) oder ist die Rechtsverfolgung gegen ihn im Inland ausgeschlossen oder erheblich erschwert (§ 1607 Abs. 2 BGB), so soll dennoch der Unterhalt des Kindes sichergestellt werden.

2 § 1607 Abs. 1 und 2 BGB hat verschiedene Rechtsfolgen: Ein Pflichtiger, der nach Absatz 1 nicht leistungsfähig ist, muss auch keinen Regress leisten. Auf denjenigen, der sich dem Gläubigerzugriff entzogen hat (Absatz 2), kann aber der ersatzweise Haftende Rückgriff nehmen. Der Anspruch des Kindes geht auf ihn über.

3 Die Unterhaltsverbindlichkeit nach § 1607 Abs. 2 BGB ist echte Ersatzhaftung. Während bei Absatz 1 der nachrangig Haftende an die Stelle des primär Haftenden tritt und so die erstrangige Primärhaftung durch die nachrangige Primärhaftung ersetzt wird, tritt bei Absatz 2 die Ersatzhaftung **neben** die Schuld des vorrangig Haftenden. Dem Bedürftigen stehen zunächst zwei Ansprüche zu.[1] Allerdings haften die beiden Pflichtigen nicht gesamtschuldnerisch.

---

[1] *Staudinger/Kappe/Engler*, BGB, 13. Aufl., § 1607 Rn. 8.

II. Anwendungsbereich

Die Absätze 1, 2 und 4 der Vorschriften gelten für alle Unterhaltsansprüche unter **Verwandten**. Auf diese Weise kann beim Kindesunterhalt auch auf **Großeltern** zurückgegriffen werden (vgl. Rn. 19). Die Vorschrift greift auch im Rahmen der Ansprüche nach § 1615l Abs. 2 BGB ein, so dass z.B. Eltern einer außerehelichen Mutter bei mangelnder Leistungsfähigkeit des Kindesvaters auch für den Unterhalt aus § 1615l BGB einstehen müssen[2] (vgl. die Kommentierung zu § 1610 BGB Rn. 132). Daraus ergibt sich aber keine Haftung der Eltern des Kindesvaters.[3]

§ 1607 Abs. 3 BGB gilt dagegen nur für Unterhaltsansprüche von **Kindern**.

§ 1584 Satz 3 BGB erklärt § 1607 Abs. 2 und Abs. 4 BGB auf den **nachehelichen Unterhalt** für anwendbar.

B. Anwendungsvoraussetzungen

I. Unterhaltspflicht des nachrangig haftenden Verwandten (Absatz 1)

Die **Ersatzhaftung** kommt in Betracht, wenn ein an sich unterhaltspflichtiger Verwandter **nicht ausreichend leistungsfähig** ist, um den **angemessenen Unterhalt** (§ 1610 BGB) des Unterhaltsberechtigten oder den auf ihn entfallenden Anteil zu leisten.

Fällt einer von mehreren gleichrangig haftenden Verwandten mangels Leistungsfähigkeit aus, so führt dies zur Erhöhung der **anteiligen Haftung** der anderen erstrangig haftenden Verwandten auf den vollen Unterhalt (§ 1606 Abs. 3 Satz 1 BGB). Die Haftung des nachrangigen Verwandten tritt erst bei deren Leistungsunfähigkeit ein.[4]

Folglich beginnt die Ersatzhaftung eines Dritten für Kindesunterhalt erst dann, wenn auch der betreuende Elternteil ebenfalls leistungsunfähig ist.[5] Wer einen nachrangig verpflichteten Verwandten auf Unterhalt in Anspruch nimmt, muss darlegen und beweisen, dass der vorrangig Verpflichtete nicht leistungsfähig ist.

Geht es um die Mithaftung des anderen – ebenfalls barunterhaltspflichtigen – Elternteils, werden allerdings teilweise geringere Anforderungen gestellt. Auch wenn ein Elternteil mit dem Eintritt der Volljährigkeit des Kindes diesem gegenüber nunmehr barunterhaltspflichtig wird, könne das Kind entsprechend dem Rechtsgedanken des § 1607 Abs. 2 Satz 1 BGB allein vom anderen Elternteil seinen nach dessen Einkommen berechneten Unterhalt fordern, wenn der eine Elternteil tatsächlich nicht leistungsfähig ist. Dabei müsse sich das Kind auf etwaige fiktiv zuzurechnende Einkünfte des nicht leistungsfähigen Elternteils nicht verweisen lassen. Dem anderen Elternteil bleibe es unbenommen, Regress zu nehmen[6] (vgl. aber die Kommentierung zu § 1606 BGB Rn. 95 f.).

Die Ersatzhaftung gilt **nur für die Zukunft**. Bereits entstandene Unterhaltsansprüche gegen den vorrangig Verpflichteten aus einem Zeitraum, in dem dieser noch ausreichend leistungsfähig war, können daher nicht gegen den Ersatzhaftenden geltend gemacht werden. Die Unterhaltspflicht des Ersatzhaftenden besteht nur, solange der vorrangig haftende Verwandte nicht leistungsfähig ist.

Für diesen Zeitraum ist die Leistungspflicht aber **endgültig**. Da der nachrangig haftende Verwandte seine **eigene Unterhaltspflicht** erfüllt, kann er keinen Regress gegen den ausgefallenen Verwandten nehmen. Denn dessen Unterhaltsanspruch ist wegen Fehlens der Tatbestandsvoraussetzung „Leistungsfähigkeit" entfallen. Ein Ausgleich kann daher selbst dann nicht verlangt werden, wenn der ausgefallene Verwandte nachträglich zu Vermögen kommt.

Die Höhe des Unterhalts richtet sich nach der **Lebensstellung des Kindes**, die im Regelfall von den Eltern abgeleitet ist (§ 1610 BGB). Die Höhe der geschuldeten Beiträge kann nicht auf den „Ersatzschuldner" bezogen werden, denn die Leistungsunfähigkeit des Erstschuldners kann nicht zu einer Verbesserung der Rechtslage beim Unterhaltsgläubiger führen.[7]

Das OLG Brandenburg hat jedoch – jedenfalls für die Berechnung des Ehegattenunterhaltes – einen **höheren Abzugsbetrag** akzeptiert. Da der barunterhaltspflichtige Elternteil keinen laufenden Kindesunterhalt zahlt, muss der andere Elternteil – der auch Ehegattenunterhalt schuldet – für diesen im Wege

---

[2] OLG München v. 12.08.1998 - 12 WF 989/98 - FamRZ 1999, 1166 mit Anm. *Finger* = FamRZ 1999, 1298.
[3] OLG Nürnberg v. 19.01.2001 - 7 WF 136/01 - NJW-RR 2001, 1010.
[4] BGH v. 13.07.1971 - VI ZR 260/69 - NJW 1971, 2069.
[5] OLG Bamberg v. 21.12.2005 - 2 UF 297/05 - OLGR Bamberg 2007, 520.
[6] OLG Hamm v. 21.12.2005 - 11 UF 218/05 - FamRZ 2006, 1479; OLG Brandenburg v. 11.09.2007 - 10 UF 28/07.
[7] Ausführlich *Duderstadt*, FamRZ 2006, 30-32; *Reinken*, ZFE 2006, 4-7.

der Ausfallhaftung allein aufkommen. Zwar schuldet der barunterhaltspflichtige Elternteil nur den Mindestunterhalt. Allerdings sind die Ansprüche auf Ehegatten und Kindesunterhalt der Höhe nach wechselseitig voneinander abhängig. Zwar ist der Ehegattenunterhalt grundsätzlich berücksichtigungsfähiges Einkommen, das die Leistungsfähigkeit für den Kindesunterhalt erhöht. Der BGH hat gebilligt, wenn der Ehegattenunterhalt entsprechend der einvernehmlich geübten Praxis der Ehegatten so berechnet wird, dass nur der Ehegatte mit dem höheren Einkommen den Kindesunterhalt zahlt und sich der Ehegattenunterhalt dadurch entsprechend verringert. Da die beteiligten Eheleute dieser Verrechnungsweise zugestimmt haben, sei der **volle Minderjährigenunterhalt** auf Seiten des ehegattenunterhaltspflichtigen Elternteils vorweg einkommensmindernd in Ansatz zu bringen.[8]

II. Unterhaltspflicht bei Erschwerung oder Unmöglichkeit der Rechtsverfolgung (Absatz 2 Satz 1)

15 Nach § 1607 Abs. 2 BGB hat der nachrangige Verwandte Unterhaltslasten des vorrangig Verpflichteten dann zu übernehmen, wenn die **Rechtsverfolgung** gegen ihn im Inland **erheblich erschwert oder ausgeschlossen** ist.

16 Der Ausschluss oder die Erschwerung der Rechtsverfolgung sind unverzichtbare gesetzliche Kriterien. Der BGH[9] hat die entgegenstehende Auffassung abgelehnt, nach der der gesetzliche Forderungsübergang lediglich voraussetzt, dass ein Elternteil Kindesunterhalt anstelle des anderen in der Absicht leistet, von diesem Ersatz zu fordern. In derartigen Fällen steht dem Elternteil, der in Vorlage getreten ist, ein familienrechtlicher Ausgleichsanspruch zu (zum familienrechtlichen Ausgleichsanspruch vgl. die Kommentierung zu § 1606 BGB).

17 Zur Rechtsverfolgung zählt auch die **Zwangsvollstreckung**.[10]

18 Diese **Voraussetzungen der Einstandspflicht** liegen etwa vor
- bei **unbekanntem Aufenthaltsort**,[11]
- bei Wohnsitz im **Ausland** (dabei ist die Rechtsverfolgung im Inland zwar nicht zwingend ausgeschlossen, denn in Unterhaltssachen ist stets ein deutsches Gericht zuständig, das des Kindeswohnsitzes, § 232 Abs. 3 Nr. 3 FamFG, und die Zustellung im Ausland kann durch eine öffentliche Zustellung im Inland ersetzt werden. Da zur Rechtsverfolgung auch die Durchsetzung im Wege der Zwangsvollstreckung gehört, liegen die Voraussetzung vor, wenn nicht festgestellt werden kann, dass der im Ausland lebende Pflichtige in Deutschland über Einkommen oder Vermögen verfügt. Unter solchen Umständen ist das Vollstreckungsverfahren im Inland aus tatsächlichen Gründen ausgeschlossen),[12]
- bei **fehlender inländischer Zuständigkeit**,
- **bei noch nicht erfolgter Feststellung der Vaterschaft** eines nichtehelichen Vaters durch Anerkennung (§ 1594 Abs. 1 BGB) oder gerichtliche Entscheidung (§ 1600d Abs. 1 BGB),[13]
- wenn der Unterhaltsanspruch gegen den nicht erwerbstätigen Unterhaltspflichtigen selbst mit einem – auf der Zurechnung fiktiven Einkommens beruhenden – **Vollstreckungstitel nicht realisiert werden kann**[14],
- bei **häufigem Wohnsitzwechsel** des Unterhaltspflichtigen,
- wenn der Vollstreckungsschuldner auf **Leistungen nach dem UVG** verweist[15].

Bei **Untersuchungshaft** oder **Strafhaft** ist eine Erschwerung begründet worden mit der Herbeiführung der Leistungsunfähigkeit.[16] Hiergegen bestehen jedoch Bedenken, da nach der neueren Rechtsprechung des Bundesgerichtshofes bei Strafgefangenen grundsätzlich von deren Leistungsunfähigkeit auszugehen sein soll. Ein fingiertes Einkommen mit der Folge der unterhaltsrechtlichen Leistungsfä-

---

[8] OLG Brandenburg v. 24.03.2011 - 10 UF 233/10 unter Verweis auf BGH v. 12.01.2011 - XII ZR 83/08 - NJW 2011, 670 und BGH v. 27.05.2009 - XII ZR 78/08 - FamRZ 2009, 1300.
[9] BGH v. 26.04.1989 - IVb ZR 42/88 - NJW 89, 2816.
[10] BGH v. 07.08.2013 - XII ZB 269/12 - NJW 2013, 302.
[11] BGH v. 26.04.1989 - IVb ZR 42/88 - NJW 1989, 2816; BGH v. 13.07.1971 - VI ZR 260/69 - NJW 1971, 2069.
[12] BGH v. 07.08.2013 - XII ZB 269/12 - NJW 2013, 302.
[13] BGH v. 17.02.1993 - XII ZR 238/91 - FamRZ 1993, 696; *Klein* in: FAKomm FamR, § 1607 Rn. 55.
[14] OLG Hamm v. 28.01.2005 - 11 WF 313/04 - ZFE 2005, 249; OLG Koblenz v. 08.08.1988 - 13 UF 977/87 - FamRZ 1989, 307-308; OLG Karlsruhe v. 15.01.1991 - 18 UF 117/89 - FamRZ 1991, 971-973.
[15] OLG München v. 10.08.1999 - 12 WF 1099/99 - NJW-RR 2000, 1248-1249.
[16] AG Bad Homburg v. 02.12.1998 - 9 F 423/98 - FamRZ 1999, 1450.

higkeit sei lediglich dann anzunehmen, wenn die Strafhaft auf einer unterhaltsbezogenen Verantwortungslosigkeit oder Leichtfertigkeit beruhe.[17]

1. Ersatzhaftung der Großeltern

Die sog. **Ersatzhaftung der Großeltern** kommt in Betracht, wenn der primär unterhaltspflichtige Elternteil nicht (voll) leistungsfähig ist (§ 1607 Abs. 1 BGB) oder gegen ihn die Rechtsverfolgung im Inland ausgeschlossen oder erheblich erschwert ist (§ 1607 Abs. 2 BGB). Um den Unterhalt des Kindes sicherzustellen, kann auch auf alle **Großeltern – väterlicherseits und mütterlicherseits** – zurückgegriffen werden.

Denkbar ist auch, dass die Großeltern als andere leistungsfähige Verwandte im Sinne des § 1603 Abs. 3 Satz 2 BGB in Betracht kommen und damit die gesteigerte Unterhaltspflicht des primär haftenden Elternteils gegenüber seinen minderjährigen Kindern entfällt[18] (vgl. dazu die Kommentierung zu § 1603 BGB Rn. 933).

a. Leistungsunfähigkeit beider Eltern

Die Rechtsverfolgung gegen den **primär unterhaltspflichtigen Elternteil** ist dann erheblich erschwert, wenn dieser unterhaltsrechtlich **nicht oder nicht voll leistungsfähig** ist.

Die Ersatzhaftung der Großeltern wird also auch bejaht, wenn die Eltern lediglich **nicht voll leistungsfähig sind** und

- der von den Eltern geleistete Unterhaltsbetrag das **Existenzminimum** des Kindes unterschreitet[19] oder
- wenn nur der notwendige **Selbstbehalt** der Eltern unterschritten ist, nicht aber schon bei Unterschreiten des angemessenen Selbstbehaltes.[20]

Voraussetzung ist dabei, dass **beide** Elternteile **im Sinne des § 1603 Abs. 1 BGB vollständig leistungsunfähig** sind.[21]

Die Ersatzhaftung nach § 1607 Abs. 2 BGB greift auch dann ein, wenn sich die Leistungsfähigkeit des primär Verpflichteten allein aus der **Zurechnung fiktiver Einkünfte** ergibt.[22] Ein Titel gegen den barunterhaltspflichtigen Vater auf der Grundlage eines fiktiven Einkommens hindert die Ersatzhaftung demnach nicht, sofern aus dem Titel nicht vollstreckt werden kann. Denn zur Erschwerung der Rechtsverfolgung i.S.v. § 1607 Abs. 2 Satz 1 BGB gehört auch die Erschwerung infolge der erfolglosen Zwangsvollstreckung. Und bei einem auf fiktive Einkünfte gestützten Titel ist absehbar, dass die Vollstreckung gegen den vorrangig Verpflichteten erfolglos bleiben wird.

Vorrangig vor den Großeltern haften Vater **und** Mutter. Es ist also immer auch die **Haftung des anderen Elternteils** zu überprüfen.[23]

Bei Leistungsunfähigkeit des barunterhaltspflichtigen Elternteils haften die Großeltern nur, wenn dem anderen Elternteil ausschließlich die Betreuung und nicht auch eine Erwerbstätigkeit zur Deckung des Lebensunterhalts des unterhaltsberechtigten Kindes zugemutet werden kann. Der Gleichrang von Betreuungs- und Barunterhalt gem. § 1606 Abs. 3 Satz 2 BGB gilt nicht bei der nachrangigen Haftung der Großeltern.[24]

---

[17] BGH v. 20.02.2002 - XII ZR 104/00 - FamRZ 2002, 813.
[18] Vgl. OLG München v. 31.07.2012 - 30 UF 220/12 - NJW 2012, 3519; BGH v. 04.05.2011 - XII ZR 70/09 - juris Rn. 39 - FamRZ 2011, 1041 ff.
[19] OLG Köln v. 23.07.2003 - 4 WF 74/03 - FamRZ 2005, 58; OLG Frankfurt v. 11.12.2003 - 2 UF 181/03 - FamRZ 2004, 1745; OLG Schleswig v. 29.04.2004 - 13 UF 146/03 - FamRZ 2004, 1058, 1059 mit Anm. *Luthin*; vgl. auch BGH v. 10.03.2004 - XII ZR 123/01 - FamRZ 2004, 800.
[20] OLG Hamm v. 12.06.2003 - 3 UF 460/02 - FamRZ 2005, 57-58; OLG Braunschweig v. 23.03.2004 - 1 WF 95/04 - OLGReport Braunschweig 2004, 539; *Duderstadt*, DAI Jahrestagung 2005, S. 97 ff.
[21] OLG Hamm v. 25.10.2012 - 6 WF 232/12 - NJW 2013, 1013.
[22] OLG Nürnberg v. 25.10.1999 - 10 UF 1425/99 - FamRZ 2000, 687-688; OLG Hamm v. 28.01.2005 - 11 WF 313/04 - ZFE 2005, 249; OLG Karlsruhe v. 15.01.1991 - 18 UF 117/89 - FamRZ 1991, 971-973 und AG Bad Homburg v. 02.12.1998 - 9 F 423/98 - FamRZ 1999, 1450.
[23] OLG Jena v. 29.10.2009 - 1 WF 258/09 - FamRZ 2010, 746.
[24] OLG Jena v. 10.12.2008 - 2 WF 449/08; OLG Köln v. 16.02.2010 - 4 WF 19/10; OLG Frankfurt v. 11.12.2003 - 2 UF 181/03 - FamRZ 2004, 1745, 1776; OLG Jena v. 06.09.2005 - 1 WF 240/05 - FamRZ 2006, 569 ff.

26 Zur Begründung einer Ersatzhaftung der Großeltern reicht es also nicht, dass (nur) der barunterhaltspflichtige Elternteil nicht oder nur eingeschränkt leistungsfähig ist. Vielmehr muss hinzukommen, dass **dem betreuenden Elternteil die Aufnahme einer Erwerbstätigkeit aus Gründen des Kindeswohls nicht zumutbar** ist.[25]

27 Zudem muss vor Inanspruchnahme der Großeltern dargetan werden, dass alle Möglichkeiten ausgeschöpft worden sind, gegen den Vater zu vollstrecken; hier ist ggf. auch an eine **Anzeige wegen Unterhaltspflichtverletzung** zu denken.[26]

b. Haftung aller Großeltern als Teilschuldner

28 Alle vier Großeltern haften gleichrangig als Teilschuldner gem. § 1606 Abs. 3 Satz 3 BGB und damit nur auf den nach ihrer persönlichen Leistungsfähigkeit auf sie entfallenden Anteil der gesamten Unterhaltsschuld (vgl. dazu die Kommentierung zu § 1606 BGB Rn. 27 f.).

29 Zum schlüssigen Antrag gehört auch die Darlegung, welcher Haftungsanteil auf den in Anspruch genommenen Großelternteil entfällt.[27]

30 Wird dieser Großelternteil alleine auf vollständige Unterhaltszahlung in Anspruch genommen, muss der Unterhaltsberechtigte folglich auch darlegen, warum die anderen Großeltern nicht anteilig leistungsfähig sind. Folglich ist zu einem schlüssigen Klagevortrag bei der Inanspruchnahme der Großeltern väterlicherseits auch die **Darlegung der Einkommenssituation** der Großeltern mütterlicherseits unverzichtbar.[28]

31 Das Kind hat gegen den ersatzweise haftenden Verwandten einen **Auskunftsanspruch** gem. § 1605 BGB, um die Haftungsanteile berechnen zu können (vgl. die Kommentierung zu § 1605 BGB Rn. 43). Dabei muss für die Durchsetzung des **Auskunftsanspruchs gegen einen Großelternteil** bereits zur **Leistungsunfähigkeit beider Elternteile** ausreichend schlüssig vorgetragen werden.[29]

c. Umfang der Haftung

32 Die Höhe der Einstandspflicht richtet sich nach dem **Bedarf des Kindes**, der von der **Lebensstellung der Eltern** abgeleitet wird. Es findet keine Bedarfserhöhung bei wohlhabenden Großeltern statt.[30]

33 Im Verhältnis zu den **Großeltern** sind **Unterhaltsvorschussleistungen** anzurechnendes Einkommen des Kindes und mindern dessen Bedürftigkeit. Das gilt sowohl für bereits gezahlten als auch für noch zu gewährenden Vorschuss.[31]

34 Dabei ist die **Ersatzhaftung der Eltern der nichtehelichen Mutter** bereits im Hinblick auf die Einschränkungen des § 1615l BGB beschränkt[32] (vgl. die Kommentierung zu § 1615l BGB Rn. 14 ff. und die Kommentierung zu § 1610 BGB Rn. 357). Da für Großeltern keine gesteigerte Unterhaltspflicht besteht, stehen ihnen die **erhöhten Selbstbehaltsbeträge** zu, die auch erwachsene Kinder gegenüber ihren unterhaltsbedürftigen Eltern verteidigen können.[33] Diese **erhöhten Selbstbehaltsätze belaufen**

---

[25] Vgl. OLG Hamm v. 25.10.2012 - 6 WF 232/12 - NJW 2013, 1013; OLG Köln v. 16.02.2010 - 4 WF 19/10 - FamRZ 2010, 1741.

[26] OLG Köln v. 16.02.2010 - 4 WF 19/10 - FamRZ 2010, 1741

[27] OLG Hamm v. 28.01.2005 - 11 WF 313/04 - ZFE 2005, 249; zur vergleichbaren Situation bei der anteiligen Haftung beider Eltern auf Volljährigenunterhalt vgl. OLG Bremen v. 29.06.2011 - 4 WF 51/11 - NJW 2011, 2596; OLG Düsseldorf v. 15.01.2003 - 8 UF 132/02, II-8 UF 132/02 - ZFE 2003, 154; OLG Hamm v. 25.02.2000 - 11 UF 264/99 - FamRZ 2000, 904; KG Berlin v. 08.12.1993 - 16 WF 7542/93 - FamRZ 1994, 765; OLG Koblenz v. 07.05.1998 - 11 UF 1095/97 - FamRZ 1999, 676-677; OLG Hamm v. 19.07.2002 - 11 UF 432/01 - FamRZ 2003, 1025; *Vollkommer* in: Zöller, ZPO, § 323 Rn. 32.

[28] OLG Frankfurt v. 11.12.2003 - 2 UF 181/03 - FamRZ 2004, 1745; OLG Jena v. 06.09.2005 - 1 WF 240/05 - ZFE 2006, 37; OLG Köln v. 16.02.2010 - 4 WF 19/10, FamRZ 2010, 1741, OLG Saarbrücken v. 27.03.2007 - 6 WF 18/07 - ZFE 2007, 275.

[29] Vgl. OLG Jena v. 29.10.2009 - 1 WF 258/09 - FamRZ 2010, 746.

[30] OLG Köln v. 23.07.2003 - 4 WF 74/03 - FamRZ 2005, 58; OLG Karlsruhe v. 26.10.2000 - 2 WF 70/00 - FamRZ 2001, 782.

[31] OLG Dresden v. 18.09.2009 - 20 UF 331/09 - FamRZ 2010, 736.

[32] BGH v. 29.06.2011 - XII ZR 127/09 - FamRZ 2011, 1560 mit Anm. *Norpoth* = NJW 2011, 2884 mit Anm. *Born*; Anm. *Viefhues*, FF 2011, 412; vgl. auch OLG Frankfurt v. 04.06.2009 - 2 UF 328/08 - NJW 2009, 3105; OLG Koblenz v. 13.10.2003 - 13 WF 689/03 - FamRZ 2004, 1892.

[33] BGH v. 20.12.2006 - XII ZR 137/04 - FamRZ 2007, 375 mit Anm. *Soyka* = FuR 2007, 119; BGH v. 08.06.2005 - XII ZR 75/04 - FamRZ 2006, 26 mit Anm. *Duderstadt*.

sich seit dem 01.01.2013 auf 1.600 € monatlich für den Unterhaltspflichtigen und 1.280 € für den **mit ihm im gemeinsamen Haushalt** zusammenlebenden Ehegatten.

Diese höheren Selbstbehaltsbeträge gelten auch gegenüber **minderjährigen Enkeln**. Die in § 1603 Abs. 2 Satz 1 BGB vorgesehene gesteigerte Unterhaltspflicht gilt nur im Verhältnis zwischen Kindern und ihren Eltern. Großeltern haften allein unter Berücksichtigung ihres angemessenen Eigenbedarfs, und zwar nachrangig.[34]

Unter bestimmten Bedingungen kommt auch eine weitere Erhöhung des Selbstbehaltes in Betracht. So darf die Großmutter auch nach **dem Tode des Großvaters in der Ehewohnung** verbleiben, um nicht im Alter noch umziehen zu müssen. Der Selbstbehalt ist ggf. um einen angemessenen Mehrbetrag zu erhöhen.[35]

Auch der Familienunterhaltsanspruch des nicht direkt in Anspruch genommenen **anderen Großelternteils** ist nicht auf einen Mindestbetrag beschränkt, sondern nach den ehelichen Lebensverhältnissen zu bemessen. Für die nicht berufstätige Großmutter, die ihrerseits einen Anspruch auf Familienunterhalt gegen den Großvater hat, ist aber nicht eine Quote von 1/2 der Differenz der beiderseitigen Einkünfte abzuziehen. Vielmehr wird auch der Anspruch der **Großmutter** auf Familienunterhalt durch die latent bestehende Ersatzhaftung gegenüber dem Enkel bestimmt. Daher ist ihr nur der **angemessene Eigenbedarf** zuzubilligen.[36]

Großeltern schulden **keinen Verfahrenskostenvorschuss**.[37] Sie haften aber auch für **Sonderbedarf**.[38]

d. Verzug

Ein nachrangig haftender Verwandter muss selbst in Verzug gesetzt werden. Denn nach § 1607 Abs. 1 BGB tritt an die Stelle eines leistungsunfähigen oder nicht voll leistungsfähigen Unterhaltsschuldners der nach ihm Haftende. Dieser erfüllt nur eine **eigene Verbindlichkeit**, da ein Unterhaltsanspruch gegen den vor ihm zur Unterhaltsleistung Berufenen gar nicht entstanden ist. Dabei fehlt jede Abhängigkeit von der nicht eingetretenen Verpflichtung des Erstschuldners. Eine rückwirkende Geltendmachung dieses Primäranspruchs des § 1607 Abs. 1 BGB setzt damit Verzug oder eine ordnungsgemäße Auskunftsaufforderung gemäß § 1613 BGB voraus.

Der Zweitschuldner gemäß § 1607 Abs. 2 BGB erfüllt nur eine **fremde Schuld**, wenn er für den primär Verpflichteten, gegen den die Rechtsverfolgung erheblich erschwert ist, eintritt. Soweit der nachrangig haftende Verwandte leistet, geht der Anspruch auf ihn über. Aber auch der übergegangene Anspruch wird durch die Sondervorschrift des § 1613 BGB begrenzt (vgl. auch die Kommentierung zu § 1613 BGB Rn. 22).[39]

e. Verfahrensrechtliche Überlegungen bei der Ersatzhaftung der Großeltern

Die **Darlegungs- und Beweislast** für die **Leistungseinschränkungen** bei beiden vorrangig haftenden Eltern liegt beim Unterhaltsberechtigten.[40] Es ist also ggf. die Leistungsunfähigkeit **beider Eltern** im gerichtlichen Verfahren gegen die Großeltern darzulegen (vgl. Rn. 29 f.).

Darzulegen ist für die **Nichteintreibbarkeit der Unterhaltsforderung** gegen den primär haftenden Elternteil, dass Vollstreckungsversuche ohne Erfolg geblieben sind oder von vorneherein aussichtslos waren.[41]

Die Zuständigkeit für das gerichtliche Verfahren ist umstritten. Teilweise wird auf die allgemeinen Regelungen der örtlichen Zuständigkeit abgestellt.[42] Jedoch ordnet § 232 Abs. 1 Nr. 2 ZPO ohne Differenzierung nach der Person des Unterhaltspflichtigen die Zuständigkeit dem Familiengericht zu, in dessen Bezirk der gewöhnliche Aufenthaltsort des Kindes bzw. des handlungsbevollmächtigten Elternteils

---

[34] BGH v. 03.05.2006 - XII ZR 35/04 - FamRZ 2006, 1099.
[35] BGH v. 20.12.2006 - XII ZR 137/04 - FamRZ 2007, 375 mit Anm. *Soyka* = FuR 2007, 119.
[36] BGH v. 08.06.2005 - XII ZR 75/04 - ZFE 2006, 34, 35; vgl. auch OLG Dresden v. 06.02.2003 - 10 UF 771/02 - FamRZ 2003, 1211; OLG Schleswig v. 29.04.2004 - 13 UF 146/03 - FamRZ 2004, 1058 mit Anm. *Luthin*; OLG Koblenz v. 17.05.2004 - 13 UF 199/04 - OLGR Koblenz 2005, 22; AG Wuppertal v. 21.01.2004 - 267 F 153/03 - FamRZ 2004, 1746; OLG Dresden v. 09.11.2005 - 21 UF 486/05 - FamRZ 2006, 569, 571.
[37] BGH v. 23.03.2005 - XII ZB 13/05 - NJW 2005, 1722.
[38] *Büte*, FuR 2005, 433, 435.
[39] OLG Jena v. 06.09.2005 - 1 WF 240/05 - ZFE 2006, 37.
[40] OLG Jena v. 29.10.2009 - 1 WF 258/09 - FamRZ 2010, 746.
[41] OLG Dresden v. 06.02.2003 - 10 UF 771/02 - FamRZ 2003, 1211.
[42] *Lorenz* in: Zöller, FamFG, § 232 Rn. 9; *Wönne* in: Wendl/Dose, Unterhaltsrecht, § 2 Rn. 901.

§ 1607

liegt.[43] Diese Wertung ist sachgerecht, weil damit der vom Gesetz beabsichtigte Schutzzweck zugunsten des Kindes in vollem Umfang erreicht wird, indem **alle Unterhaltsansprüche der minderjährigen bzw. privilegierten Kinder** vor dem Familiengericht geltend zu machen sind, in dessen Bezirk der gewöhnliche Aufenthaltsort der **Kinder bzw. des für sie handlungsbevollmächtigten Elternteils liegt**.

44 Der Bezug von Sozialhilfe berührt die Aktivlegitimation des Kindes nicht. Der Arbeitslosengeld- bzw. Sozialhilfeträger kann nach § 33 SGB II/§ 94 SGB XII nicht auf die Großeltern zurückgreifen – kann aber den Berechtigten auf diese Möglichkeit verweisen und gegebenenfalls die Leistung verweigern, wenn der Anspruch gegen die Großeltern ohne weiteres durchsetzbar ist.[44]

2. Folgen der Unterhaltsleistung (Absatz 2 Satz 2)

45 Unter den Voraussetzungen des § 1607 Abs. 2 Satz 1 BGB geht der Unterhaltsanspruch im Weg der **Legalzession** auf den Ersatzhaftenden über, wenn und soweit dieser geleistet hat. Im Umfang des gesetzlichen Forderungsübergangs sind Ansprüche aus **Geschäftsführung ohne Auftrag und Bereicherungsrecht ausgeschlossen**.

46 Da der **übergegangene Anspruch mit dem ursprünglichen Unterhaltsanspruch identisch** ist, können auch alle im Zeitpunkt des Forderungsübergangs bestehenden Einwendungen – wie z.B. aus § 1611 BGB – dagegen geltend gemacht werden (§§ 404, 412 BGB). Der Unterhaltspflichtige kann grundsätzlich rügen, dass die Voraussetzungen des Verzuges (vgl. § 1613 BGB) nicht vorgelegen haben.[45] Dieser Einwand ist jedoch treuwidrig, wenn er sich der Unterhaltspflicht absichtlich entzogen hat oder damit einverstanden war, dass das Kind dem Scheinvater untergeschoben wird.[46]

47 Der Anspruch unterliegt der **kurzen Verjährung** nach § 197 BGB, dessen Absatz 2 auf die regelmäßige Verjährungsfrist nach § 195 BGB von 3 Jahren verweist. Er ist abtretbar und ohne die Privilegierung des § 850d ZPO **pfändbar** und verpfändbar.[47] Gegen ihn kann auch **aufgerechnet** werden.

3. Gesetzlicher Forderungsübergang zugunsten nicht unterhaltspflichtiger Dritter (Absatz 3)

48 § 1607 Abs. 3 Satz 1 BGB betrifft im Gegensatz zu Absatz 2 den Forderungsübergang bei **freiwilligen**, nicht auf einer Rechtspflicht beruhenden Leistungen. Die Vorschrift gilt – anders als der den allgemeinen Unterhaltsanspruch zwischen Verwandten betreffende § 1607 Abs. 1 und 2 BGB – nur für die **Unterhaltsansprüche von Kindern gegen einen Elternteil**. Unterschieden wird nicht zwischen minderjährigen und volljährigen Kindern.

49 Unter § 1607 Abs. 3 Satz 1 BGB fallen **Geschwister** des Kindes, Geschwister der Eltern des Kindes – also Onkel und Tanten –, **Stiefeltern** des Kindes, aber auch **Verwandte** des Kindes im Sinne des § 1607 Abs. 1 BGB, sofern und soweit sie in überobligatorischem Maße für das Kind aufgekommen sind.[48]

4. Speziell Scheinvaterregress

50 Hat ein Mann, der nach dem Gesetz als Vater des Kindes galt, diesem Unterhalt geleistet und stellt sich später heraus, dass er tatsächlich nicht Vater des Kindes war, stellt sich eine Reihe von Fragen, die unter dem Begriff des sog. **Scheinvaterregress**[49] diskutiert werden.

---

[43] *Roßmann* in: Horndasch/Viefhues, FamFG, § 232 Rn. 16; OLG Hamm v. 25.20.2012 - 6 WF 232/12; *Musielak/Borth*, FamFG, 3. Aufl., § 232 Rn. 8.
[44] *Büttner/Niepmann*, NJW 2005, 2352, 2353.
[45] BGH v. 09.05.1984 - IVb ZR 84/82 - NJW 1984, 2158.
[46] OLG Karlsruhe v. 02.12.1999 - 2 UF 265/98 N, 2 UF 265/98 - OLGR Karlsruhe 2000, 367-369.
[47] BGH v. 24.09.1981 - IX ZR 80/80 - LM Nr. 3 zu § 1615b BGB.
[48] *Klein* in: FAKomm FamR, § 1607 Rn. 20.
[49] Ausführlich zum Scheinvaterregress *Klein* in: FAKomm FamR, § 1607 Rn. 55 und die Aufsätze von *Schwonberg*, FamRZ 2008, 449; *Schwonberg*, FuR 2006, 395-400; *Schwonberg*, FuR 2006, 443-448 und *Schwonberg*, FuR 2006, 501-506, *Kleinwegener*, ZFE 2002, 276-280 und *Huber*, FamRZ 2004, 145-148; *Schwonberg*, FamRZ 2008, 449; *Peschel-Gutzeit*, FPR 2011, 392; *Neumann*, FPR 2011, 366-369; in seinem Beitrag „Das vertauschte Kind" (FPR 2011, 394-400) befasst sich *Eckebrecht* mit nach der Geburt vertauschten Kindern und den sich bei dieser Fallgestaltung ergebenden rechtlichen Fragestellungen.

a. Fallvarianten

Das Gesetz differenziert beim sog. **Scheinvaterregress** die beiden Fallvarianten 51
- **Übergang auf Verwandte und Stiefelternteile** (§ 1607 Abs. 3 Satz 1 BGB) und
- **Übergang auf den Scheinvater** (§ 1607 Abs. 3 Satz 2 BGB).

§ 1607 Abs. 3 Satz 2 BGB bezieht sich auf einen **Dritten**, der dem Kinde Unterhalt als – rechtlicher – 52
Vater geleistet hat. Dabei ist gleichgültig, ob die rechtliche Vaterschaft sich auf die Ehe mit der Mutter des Kindes (§ 1592 Nr. 1 BGB), auf ein Anerkenntnis (§ 1594 Abs. 1 BGB) oder eine gerichtliche Feststellung (§ 1600d Abs. 1 BGB) stützt.

Der **Scheinvater** ist gem. § 1601 BGB zum Unterhalt verpflichtet, auch wenn er der persönlichen 53
Überzeugung ist, nicht der Vater des Kindes zu sein. Selbst die Offenkundigkeit der Nichtvaterschaft ändert an der gesetzlichen Verpflichtung nichts. Zur Beseitigung der Eigenschaft als „gesetzlicher" Vater bedarf es vielmehr einer gerichtlichen Feststellung nach Maßgabe der §§ 1599, 1600d BGB. Hierbei ist die Anfechtungsfrist des § 1600b BGB zu beachten (vgl. aber Rn. 82 ff.)

Als Vater leistet auch, wer **ohne wirksames Anerkenntnis** oder **gerichtliche Feststellung** der Vater- 54
schaft aufgrund seiner sexuellen Kontakte zur Kindesmutter irrtümlich davon ausgeht, Vater zu sein und deshalb Unterhalt zahlt. Schutzwürdig ist nämlich nicht nur das Vertrauen in eine rechtsverbindlich festgestellte Vaterschaft, sondern auch der auf tatsächliche Umstände gegründete Glaube an das Bestehen einer verwandtschaftlichen Beziehung.[50]

Der **Regressanspruch des Scheinvaters** besteht nach dem Sinn und Zweck der Vorschrift des § 1607 55
Abs. 3 Satz 2 BGB unabhängig davon, ob der Scheinvater sich fälschlich für den Vater hielt oder ob er die Umstände kannte, die für die Vaterschaft eines anderen Mannes sprachen. § 1607 Abs. 3 BGB soll nach seinem Sinn und Zweck für die dort genannten Fälle die Bereitschaft Dritter fördern, statt des eigentlich Verpflichteten vorläufig den Unterhalt sicherzustellen. Diesem Zweck liefe es zuwider, wäre der Ersatzanspruch eines „wissenden" Scheinvaters gegen den biologischen Vater ausgeschlossen.[51] Daher ist die Möglichkeit der späteren Rückforderung des geleisteten Unterhalts auch dann eröffnet, wenn der Scheinvater in Kenntnis seiner Nichtvaterschaft bis zur Rechtskraft der Vaterschaftsanfechtung Unterhalt geleistet hat.[52]

Dem Regressanspruch steht nicht entgegen, dass nach der erfolgreichen Vaterschaftsanfechtung noch 56
keine neue Vaterschaft festgestellt worden ist.[53]

b. Höhe des Ersatzanspruchs gegen den leiblichen Vater

Grundsätzlich bemisst sich die übergehende Unterhaltspflicht nach dem Einkommen des leiblichen 57
Vaters[54] und wird durch die vom Scheinvater tatsächlich erbrachten Leistungen begrenzt. Daher richtet sich die Höhe der Regressforderung nicht nach dem vom Scheinvater tatsächlich an Unterhalt geleisteten Betrag, sondern danach, **welchen Unterhaltsanspruch das Kind gegenüber seinem tatsächlichen Vater hat**.[55] Die Werthaltigkeit des übergegangenen Anspruchs hängt mithin in erster Linie von der **Leistungsfähigkeit des leiblichen Vaters** ab.[56]

Leistet der Scheinvater mehr, so muss der leibliche Vater den Unterhalt, der seine Leistungspflicht 58
übersteigt, nicht zurückzuerstatten.[57] Es liegt auch keine Bereicherung des Scheinvaters vor.

Zu dem vom wirklichen Vater zu ersetzenden Unterhalt zählen aber auch **Naturalleistungen**, die in 59
einen Geldanspruch umzurechnen sind.[58] Weiterhin gehören dazu auch die verauslagten Kosten einer **Säuglingsausstattung**[59] und die Kosten eines vom Scheinvater geführten **Ehelichkeitsanfechtungs-**

---

[50] *Klein* in: FAKomm FamR, § 1607 Rn. 56; *Brudermüller* in: Palandt, § 1607 Rn. 16; *Kleinwegener*, ZFE 2002, 276-280.
[51] OLG Schleswig v. 19.03.2007 - 13 UF 157/05.
[52] LG Bielefeld v. 24.01.2006 - 20 S 118/05 - FamRZ 2006, 1150.
[53] BGH v. 20.02.2013 - XII ZB 412/11 - NJW 2013, 2108.
[54] BGH v. 20.02.2013 - XII ZB 412/11 - NJW 2013, 2108, vgl. auch BGH v. 27.11.2002 - XII ZR 295/00 - FamRZ 2003, 444, 445.
[55] KG Berlin v. 15.03.1999 - 18 WF 740/99 - FamRZ 2000, 441-442.
[56] BGH v. 20.02.2013 - XII ZB 412/11 - NJW 2013, 2108; vgl. auch BGH v. 27.11.2002 - XII ZR 295/00 - FamRZ 2003, 444, 445.
[57] *Forschner*, FamRZ 2013, 1700.
[58] *Reinken* in: Bamberger/Roth, § 1607 Rn. 13; *Klein* in: FAKomm FamR, § 1607 Rn. 58; AG Köln v. 30.05.1990 - 382 C 49/90 - FamRZ 1991, 735.
[59] LG Heilbronn v. 24.10.1989 - 2 S 138/89 II - FamRZ 1990, 556-557.

prozesses[60] einschließlich der **Anwaltskosten**[61]. Diese Pflicht zur Kostenübernahme besteht aber dann nicht, wenn der Scheinvater seine Vaterschaft anerkannt hatte.[62]

60 Ob auch der dem Kind für dessen Anfechtungsklage gezahlte **Prozesskostenvorschuss** erstattet werden muss, ist umstritten.[63] Teilweise wird jedoch bereits die Prozesskostenvorschusspflicht gegenüber dem Kind verneint.[64]

c. Deliktischer Schadensersatzanspruch gegen die Mutter des Kindes

aa. Kein deliktischer Schadensersatzanspruch wegen Verschweigen des Ehebruchs

61 Weder ein von der Ehefrau begangener **Ehebruch** noch das bloße **Verschweigen** der hieraus folgenden möglichen Nichtvaterschaft gegenüber dem Ehemann führen zu **Schadensersatzansprüchen gegen die Mutter** des Kindes.[65] Denn die Ehe steht außerhalb der Rechtsverhältnisse, deren Verletzung allgemeine Ansprüche auf Ersatz von Vermögensschäden auslösen kann. Eine die Lebens- und Geschlechtsgemeinschaft der Ehegatten beeinträchtigende Ehestörung wie insbesondere ein Ehebruch stellt einen **innerehelichen Vorgang** dar. Damit sind neben den deliktischen auch alle solchen **Ansprüche** der (geschiedenen) Ehegatten gegeneinander **ausgeschlossen**, bei denen als verletztes Rechtsgut der Kern der Ehe und der mit diesem verfolgte Schutzzweck in Betracht käme.[66]

62 Eine **vorsätzliche sittenwidrige Schädigung gem. § 826 BGB** durch die Kindesmutter **durch Unterlassen** setzt voraus, dass das geforderte Tun einem sittlichen Gebot entspricht; allein die Nichterfüllung einer allgemeinen Rechtspflicht oder einer vertraglichen Pflicht reicht dafür nicht aus, es müssen besondere Umstände hinzutreten, die das schädigende Verhalten wegen seines Zwecks oder wegen des angewandten Mittels oder mit Rücksicht auf die dabei gezeigte Gesinnung nach den Maßstäben der allgemeinen Geschäftsmoral und des als „anständig" Geltenden verwerflich machen.[67]

63 Folglich kann **Schadensersatz** für zu Unrecht gezahlten Unterhalt von der Mutter nach **§ 826 BGB** nur dann verlangt werden, wenn sie konkret geäußerte Zweifel durch **unzutreffende Angaben oder ausdrückliches Leugnen** zerstreut hat. Die Verletzung der allgemeinen Pflicht zur Rücksichtnahme auf die Interessen des anderen Ehegatten durch bloße Nichtoffenbarung von Abstammungszweifeln ziehen keine Schadensersatzansprüche nach sich. Solidarität, Unterstützung und Rücksichtnahme können auch nach einer Eheschließung nicht mit Mitteln des Rechts erzwungen werden.[68]

64 Kritisiert wird,[69] dass der BGH in anderen Entscheidungen sehr wohl eine Pflicht der Ehefrau zur ungefragten Offenbarung von der Möglichkeit, dass das Kind von einem anderen Mann abstammen könnte, angenommen hat.[70]

---

[60] LG Düsseldorf v. 06.11.1992 - 22 S 357/92 - FamRZ 1993, 997-998; LG Lüneburg v. 31.01.1991 - 4 S 270/90 - NJW-RR 1991, 711.

[61] AG Landau (Isar) v. 28.10.1998 - C 599/98 - FamRZ 1999, 1296-1297; a.A. AG Aschaffenburg v. 07.05.1992 - 16 C 498/92 - FamRZ 1992, 1342-1343.

[62] OLG Celle v. 24.11.2004 - 15 UF 2/04 - FamRZ 2005, 1853-1854; OLG Jena v. 05.08.2005 - 1 UF 55/01 - OLG-NL 2005, 203-205; AG Uelzen v. 04.07.2001 - 3b F 1110/01 RI - FamRZ 2002, 844.

[63] Zustimmend *Brudermüller* in: Palandt, § 1607 Rn. 19; OLG Karlsruhe v. 30.08.1995 - 2 W 5/95 - FamRZ 1996, 872-873.

[64] OLG Hamburg v. 21.07.1995 - 14 W 83/94 - NJW-RR 1996, 1-2; OLG Düsseldorf v. 02.01.1990 - 10 W 110/89 - MDR 1990, 345; a.A. OLG Karlsruhe v. 30.08.1995 - 2 W 5/95 - FamRZ 1996, 872-873.

[65] BGH v. 20.02.2013 - XII ZB 412/11 NJW 2013, 2108; BGH v. 19.12.1989 - IVb ZR 56/88 - FamRZ 1990, 367; BGH v. 15.02.2012 - XII ZR 137/09 - FamRZ 2012, 779 und BGH v. 27.06.2012 - XII ZR 47/09 - FamRZ 2012, 1363; OLG Brandenburg v. 28.03.2013 - 9 UF 148/12 - FamRZ 2014, 223; *Hellms/Preisner*, NJW 2013, 2108; *Forschner*, FamRZ 2013, 1700; *Hollinger*, AnwZert FamR 16/2013, Anm. 1; *Helms*, FamRZ 2013, 943, kritisch *Bömelburg*, FF 2013, 244, 245.

[66] BGH v. 20.02.2013 - XII ZB 412/11 - NJW 2013, 2108; BGH v. 19.12.1989 - IVb ZR 56/88 - FamRZ 1990, 367, 369 m.w.N. Vgl. auch BGH v. 15.02.2012 - XII ZR 137/09 - FamRZ 2012, 779, 781, m. Anm. *Löhnig* zu § 1579 BGB; zum Ausschluss des Versorgungsausgleichs vgl. BGH v. 21.03.2012 -XII ZB 147/10 - FamRZ 2012, 845, 846 f. und zur Anfechtung einer Zuwendung vgl. BGH v. 27.06.2012 - XII ZR 47/09 - FamRZ 2012, 1363-1365; krit. *Wever*, FamRZ 2012, 1601, 1603 bei Verschweigen der möglichen Abstammung eines Kindes von einem Dritten.

[67] BGH v. 20.11.2012 - VI ZR 268/11 - MDR 2013, 87 und BGH v. 19.10.2010 - VI ZR 124/09 - MDR 2011, 34.

[68] Vgl. *Helms*, FamRZ 2013, 943.

[69] *Bömelburg*, FF 2013, 244, 245.

[70] Vgl. BGH v. 15.02.2012 - XII ZR 137/09 - FamRZ 2012, 779; BGH v. 21.03.2012 - XII ZB 147/10 - FamRZ 2012, 845; BGH v. 27.06.2012 - XII ZR 47/09 - FamRZ 2012, 1363 und BGH v. 27.06.2012 - XII ZR 203/09 - FamRZ 2012, 1623.

Das OLG München hat **eine Pflicht der Ehefrau zur ungefragten Offenbarung** der Möglichkeit, dass ihr Kind nicht vom Ehemann stamme, **bejaht** und aufgrund der Verletzung dieser Obliegenheit bei der Anbahnung eines Schenkungsversprechens einen Rückzahlungsanspruch des Ehemannes bejaht.[71]

bb. Besondere Umstände ermöglichen Schadensersatzanspruch gegen die Mutter

Bei **Hinzutreten weiterer schädigender Umstände kann** ein Anspruch aus § 826 BGB zur Anwendung kommen.[72]

§ 826 BGB kann ausnahmsweise auch im Bereich der Störung der innerehelichen, geschlechtlichen Beziehung zwischen den Ehegatten, insbesondere durch einen Ehebruch, eingreifen, wenn zu dem Ehebruch ein **weiteres sittenwidriges schädigendes Verhalten** des Ehegatten hinzutritt und dieser dabei mit gegebenenfalls bedingtem, auf eine Schadenszufügung gerichtetem **Vorsatz** handelt. Die Wertmaßstäbe für das Sittenwidrigkeitsurteil müssen sich nicht aus der ehelichen Lebensgemeinschaft, sondern aus **eigenständigen Wertungsbereichen** ergeben.

Das ist allerdings nicht schon dann der Fall, wenn die Ehefrau den begangenen Ehebruch nicht von sich aus offenbart und den Ehemann damit in dem Glauben lässt, das Kind stamme von ihm. Allein die Tatsache, dass die **Ehefrau den Treuebruch verschwiegen hat,** begründet keine sittenwidrig schädigende Handlung im Sinne von § 826 BGB. Denn es besteht keine schadensersatzrechtlich sanktionierte Pflicht, dem anderen Ehegatten einen Ehebruch zu offenbaren.[73]

§ 826 BGB kann eingreifen, wenn die Ehefrau, die bei einem Ehebruch ein Kind empfangen hat, Zweifel des Ehemanns an der Abstammung des Kindes durch unzutreffende Angaben bzw. durch ausdrückliches Leugnen des Ehebruchs zerstreut oder wenn sie den Ehemann durch eine arglistige Täuschung oder auf andere Weise, etwa auch durch Drohungen, an der Erhebung der Ehelichkeitsanfechtungsklage hindert.[74]

Das OLG Brandenburg prüft, ob die Kindesmutter ihr Schweigen bewusst eingesetzt hat, um Unterhaltsleistungen des Antragstellers für sich oder das Kind M. zu erhalten; dies müsste der Antragsteller in substantiierter Art vorbringen. Allein der Abschluss einer Scheidungsfolgenvereinbarung nach dem Eintritt in die Trennungsphase der Beteiligten reiche nicht aus, um ein besonderes, außergewöhnlich anstößiges Verhalten der Kindesmutter anzunehmen.[75]

In der anwaltlichen Beratung müssen daher aussagekräftige Umstände oder zumindest Indizien zusammengetragen werden, die darauf schließen lassen, dass über den Treuebruch der Ehefrau hinaus ein Fehlverhalten hinsichtlich des Status des Kindes vorliegt.[76]

cc. Höhe eines Schadensersatzanspruchs gegen die Mutter

Da sich die übergehende Unterhaltpflicht nach dem Einkommen des leiblichen Vaters richtet[77] und durch die vom Scheinvater tatsächlich erbrachten Leistungen begrenzt wird, bestimmt sich danach ggf. auch die Höhe einer Regressforderung gegen die praktische Durchsetzung eines Schadensersatzanspruchs gegen die Mutter.

Probleme ergeben sich in der **praktischen Durchsetzung eines solchen Regressanspruchs** infolge einer unzureichenden Auskunft nach den §§ 280, 242 BGB gegen die Mutter.[78]

Gemäß § 280 Abs. 1 Satz 1 BGB trägt dabei der Anspruchsteller – also der **Scheinvater**, der Unterhalt geleistet hat – die **Darlegungs- und Beweislast** für die Pflichtverletzung, die Schadensentstehung und den Ursachenzusammenhang zwischen Pflichtverletzung und Schaden. Ein solcher Schadensersatzan-

---

[71] OLG München v. 14.11.2012 - 20 U 2673/08 - FamRZ 2013, 823.
[72] BGH v. 20.02.2013 - XII ZB 412/11; BGH v. 19.12.1989 - IVb ZR 56/88 - FamRZ 1990, 367, 369 m.w.N.; *Helms*, FamRZ 2013, 943; *Erbarth*, FamRZ 2013, 3478.
[73] BGH v. 20.02.2013 - XII ZB 412/11 - NJW 2013, 2108; BGH v. 19.12.1989 - IVb ZR 56/88 - FamRZ 1990, 367, 369.
[74] BGH v. 20.02.2013 - XII ZB 412/11 - NJW 2013, 2108; BGH v. 19.12.1989 - IVb ZR 56/88 - FamRZ 1990, 367, 369.
[75] OLG Brandenburg v. 28.03.2013 - 9 UF 148/12 - FamRZ 2014, 223.
[76] *Hollinger*, AnwZert FamR 16/2013, Anm. 1.
[77] BGH v. 20.02.2013 - XII ZB 412/11 - NJW 2013, 2108, vgl. auch BGH v. 27.11.2002 - XII ZR 295/00 - FamRZ 2003, 444, 445.
[78] Vgl. *Helms*, FamRZ 2013, 943.

spruch kann den Anspruchsteller nur so stellen, wie er stünde, wenn die auskunftspflichtige Mutter den tatsächlichen Vater benannt hätte und damit der Scheinvaterregress nach § 1607 Abs. 3 Satz 2 BGB eröffnet wäre.

75 Die Unterhaltsleistung durch den Scheinvater an das Kind hat gemäß § 1607 Abs. 3 BGB zur Folge, dass der Unterhaltsanspruch des Kindes gegen den tatsächlichen Vater auf den Leistenden übergeht. Um einen Schadensersatzanspruch nach § 280 Abs. 1 BGB schlüssig zu begründen, müsste dargelegt werden, in welcher Höhe der Scheinvater bei dem tatsächlichen Vater hätte Regress nehmen können. Das ist aber ohne Kenntnis der Person des biologischen Vaters nicht möglich.[79]

76 Nach Anfechtung der (ehelichen) Vaterschaft ist die Mutter grundsätzlich verpflichtet, ihrem (geschiedenen) Ehemann **Auskunft** darüber zu erteilen, wer ihr während der Empfängniszeit beigewohnt hat.[80]

77 Das OLG Brandenburg äußert – selbst wenn ein überwiegendes Interesse des Antragstellers für den aus § 242 BGB herzuleitenden Auskunftsanspruch feststellbar wäre – erhebliche Zweifel am Bestehen dieses Auskunftsanspruches, wenn die Kindesmutter auf mehrfaches eindringliches Befragen deutlich erklärt habe, sie habe nie gewusst, wer der Vater des Kindes sei, und könne sich auch nicht mehr erinnern, mit wem sie in der fraglichen Empfängniszeit geschlechtlich verkehrt habe. Legt die Mutter aber nachvollziehbar dar, dass sie auch bei gehöriger Gedächtnisanstrengung die früheren Identitäten nicht näher bezeichnen könne, so sei äußerst fraglich, ob sie überhaupt noch zur Auskunftserteilung verpflichtet werden darf.[81]

dd. Anspruch aus anderen Rechtsgründen

78 Der Scheinvater könnte das von ihm Geleistete bis zur Höhe der Unterhaltspflicht des wirklichen Vaters aus der – neben § 1607 Abs. 2 BGB anwendbaren – Geschäftsführung ohne Auftrag verlangen. Unerheblich sei, ob dem Scheinvater bewusst war, dass er überobligatorische Leistungen erbringe.[82]

79 Zur Frage, ob dem Scheinvater ein Anspruch auf **Rückerstattung der öffentlich-rechtlichen Kostenbeiträge** zusteht und einem etwaigen Anspruch des Trägers der öffentlichen Jugendhilfe gegen den nunmehr festgestellten rechtlichen Vater auf Erhebung eines Kostenbeitrags vgl. DIJuF-Rechtsgutachten 21.02.2013, J 8.300 Sch/Dl/DE, JAmt 2013, 141-144.

80 Der **Forderungsübergang** setzt voraus, dass die Rechtsverfolgung gegen den vorrangig Unterhaltspflichtigen im Sinne des § 1607 Abs. 2 Satz 1 BGB ausgeschlossen oder erheblich erschwert ist. Gegenüber dem nichtehelichen Vater kann wegen der Sperre der §§ 1594 Abs. 1, 1600d Abs. 4 BGB vor Anerkennung oder gerichtlicher Feststellung der Vaterschaft kein Unterhalt geltend gemacht werden.[83]

81 Ausnahmen von der Ausübungssperre sind nach bisher geltendem Recht nicht anerkannt worden.[84]

d. Praktische Hinweise für den Scheinvater

82 Der Scheinvater muss als ersten Schritt die **Vaterschaft anfechten** (§§ 1599, 1600e BGB). Dazu ist er gem. § 1600 BGB berechtigt.

83 Nach dem am 01.04.2008 in Kraft getretenen „Gesetz zur Klärung der Vaterschaft unabhängig vom Anfechtungsverfahren" ist es nunmehr möglich, die genetische Abstammung eines Kindes unabhängig von der Anfechtung der Vaterschaft feststellen zu lassen.

84 Erst nach erfolgreichem rechtskräftigem Abschluss des Anfechtungsverfahrens kann die **Vaterschaft** des leiblichen Vaters gerichtlich **festgestellt** werden. Praktische Probleme ergeben sich daraus, dass diese Feststellungsklage nicht vom Scheinvater betrieben werden kann.[85] Für die isolierte Klage auf Vaterschaftsfeststellung fehlt dem Scheinvater die Antragsbefugnis, auch soweit eine solche Klage der Vorbereitung einer weiteren Klage zur Geltendmachung des Scheinvaterregresses dienen soll.[86]

---

[79] BGH v. 20.02.2013 - XII ZB 412/11 - NJW 2013, 2108; vgl. *Helms*, FamRZ 2013, 943.
[80] BGH v. 20.02.2013 - XII ZB 412/11 - NJW 2013, 2108; BGH v. 09.11.2011 - XII ZR 136/09 - BGHZ 191, 259 = FamRZ 2012, 200 = NJW 2012, 450.
[81] OLG Brandenburg v. 28.03.2013 - 9 UF 148/12 - FamRZ 2014, 223.
[82] *Forschner*, FamRZ 2013, 1700; zur Abgrenzung familienrechtlicher Rechtsverhältnisse von Schuldverhältnissen vgl. *Erbarth*, FamRZ 2013, 3478.
[83] BGH v. 17.02.1993 - XII ZR 238/91 - BGHZ 121, 299; OLG Celle v. 24.09.1999 - 15 WF 156/99 - NJW-RR 2000, 451.
[84] Vgl. OLG Hamm v. 14.02.2007 - 11 UF 210/06 - FamRZ 2007, 1764.
[85] *Kleinwegener*, ZFE 2002, 276-280; *Huber*, FamRZ 2004, 145-148.
[86] OLG Hamm v. 29.10.2004 - 9 WF 182/04 - FamRZ 2005, 476-477.

Jedoch hat der Scheinvater gegen das Kind, für das er Unterhalt gezahlt hat, einen **Anspruch auf Auskunft**, ob sein Vater die Vaterschaft anerkannt hat oder ob diese gerichtlich festgestellt ist und ggf. wer der Vater ist.[87]

Auch derjenige, der als Vater gemäß § 1600d BGB vermutet wird, ist verpflichtet, Auskunft über sein Einkommen zu erteilen. In analoger Anwendung des § 243 FamFG sind dem außergerichtlich vergeblich zur Auskunft aufgeforderten Kindesvater die Kosten des Verfahrens ganz oder teilweise aufzuerlegen, wenn sich im Rahmen des Verfahrens herausstellt, dass er leistungsfähig ist und das klagende Kind daraufhin den Leistungsantrag zurücknimmt.[88]

Nach Treu und Glauben kann zur Vorbereitung eines Rückgriffs ein Anspruch des Scheinvaters **gegen die Mutter** eines Kindes auf **Auskunft** bestehen, wer ihr in der Empfängniszeit beigewohnt hat.[89]

Eine **Sonderverbindung** der beteiligten Personen, die eine Auskunftspflicht nach Treu und Glauben rechtfertigt, liegt auch dann vor, wenn ein sonstiges familienrechtliches Verhältnis unmittelbar zwischen den Beteiligten besteht. Ein solches Verhältnis besteht zwischen den Beteiligten, wenn der Mann seine **Vaterschaft mit Zustimmung der Mutter anerkannt** hatte. Durch diese gemeinsame Erklärung entsteht die rechtliche Vaterschaft, die die Eltern in vielfältiger Weise miteinander verbindet. Sowohl die unterhaltsrechtlichen Folgen des Vaterschaftsanerkenntnisses als auch dessen weitere Wirkungen begründen eine wechselseitige Auskunftspflicht hinsichtlich der Voraussetzungen der Vaterschaft.[90]

Die **Beteiligten des Vaterschaftsanerkenntnisses** schulden sich mithin wechselseitig Auskunft über die insoweit relevanten Umstände, wenn der Auskunftsberechtigte über wesentliche Informationen weder verfügt noch sich diese auf andere Weise beschaffen kann und der Auskunftspflichtige die erforderliche Auskunft unschwer erteilen kann. Diese wechselseitige Verpflichtung gilt auch dann fort, wenn die Vaterschaft nachträglich wirksam angefochten ist, soweit Rechtsfolgen des zunächst wirksamen Vaterschaftsanerkenntnisses betroffen sind.[91]

Ein sonstiges familienrechtliches Verhältnis im vorgenannten Sinne besteht (erst recht), wenn die **Mutter mit dem Scheinvater verheiratet** ist und die Vaterschaft erfolgreich angefochten wurde.

Das a**llgemeine Persönlichkeitsrecht der Mutter**[92] steht nicht entgegen.[93] Zudem wird dieses Recht der Mutter durch das Recht des Scheinvaters auf effektiven Rechtsschutz des Scheinvaters begrenzt.[94]

Im Falle der **Scheidung** besteht die Auskunftsverpflichtung fort.[95]

Dagegen bejaht das OLG Brandenburg eine Auskunftsverpflichtung der Mutter über den als biologischen Vater in Betracht kommenden Mann nur, **wenn der Scheinvater sie zur Durchsetzung des Unterhaltsregresses zwingend benötigt**.[96]

Daher steht dem Scheinvater nach erfolgreicher Vaterschaftsanfechtung und zur Vorbereitung eines Unterhaltsregresses ein Anspruch gegen die Mutter auf Auskunft über die Person zu, die ihr in der gesetzlichen Empfängniszeit beigewohnt hat. Voraussetzung ist, dass auf der Grundlage einer besonderen Rechtsbeziehung zwischen den Parteien der eine Teil in entschuldbarer Weise über das Bestehen oder den Umfang seines Rechts im Ungewissen ist, während der andere Teil unschwer in der Lage ist, die entsprechenden Auskünfte zu erteilen.[97]

Zwar liegen die Voraussetzungen eines Auskunftsanspruches gegen die Kindesmutter vor, wenn der Scheinvater nicht weiß und ohne die Information durch die Mutter des Kindes nicht wissen kann, wer ihr in der gesetzlichen Empfängniszeit beigewohnt hat und gegen wen er übergegangene Ansprüche geltend machen kann. Der Scheinvater gilt jedoch weiterhin als rechtlicher Vater des Kindes, wenn er seine Vaterschaft nicht gerichtlich angefochten hat, obwohl er nach einem eingeholten Abstammungs-

---

[87] OLG Köln v. 18.03.2002 - 27 WF 41/02 - FamRZ 2002, 1214; LG Heilbronn v. 10.06.2004 - 3 T 5/04 II, 3 T 5/04 - FamRZ 2005, 474.
[88] OLG Frankfurt v. 04.03.2008 - 5 WF 36/08 - FamRZ 2008, 1643.
[89] BGH v. 20.02.2013 - XII ZB 412/11 - NJW 2013, 2108.
[90] BGH v. 20.02.2013 - XII ZB 412/11 - NJW 2013, 2108.
[91] BGH v. 20.02.2013 - XII ZB 412/11 - NJW 2013, 2108.
[92] Dazu BGH v. 09.11.2011 - XII ZR 136/09 - juris Rn. 24 m.w.N. - BGHZ 191, 259 = FamRZ 2012, 200.
[93] BGH v. 20.02.2013 - XII ZB 412/11 - NJW 2013, 2108.
[94] BGH v. 20.02.2013 - XII ZB 412/11 - NJW 2013, 2108.
[95] BGH v. 20.02.2013 - XII ZB 412/11 - NJW 2013, 2108.
[96] OLG Brandenburg v. 28.03.2013 - 9 UF 148/12 - FamRZ 2014, 223.
[97] BGH v. 09.11.2011 - XII ZR 136/09 - FamRZ 2012, 200.

gutachten nicht der biologische Vater des Kindes ist. Eine anderweitige gerichtliche Feststellung der Vaterschaft setzt jedoch eine ungeklärte Vaterschaft voraus. Daher muss zunächst diese Scheinvaterschaft durch Vaterschaftsanfechtung beseitigt werden.[98]

96 Der Auskunftsanspruch, der bereits im Erkenntnisverfahren die gegenläufigen Grundrechtspositionen der Beteiligten zu berücksichtigen hat, ist bei weiterer Weigerung der Kindesmutter auch im Wege der **Zwangsvollstreckung** nach Maßgabe des § 95 Abs. 2 Nr. 3 FamFG, § 888 ZPO durch Zwangsgeld oder (Ersatz-)Zwangshaft als Beugemittel durchsetzbar.[99]

97 Bei dem Auskunftsanspruch handelt es sich nicht um eine Abstammungssache, sondern um einen **Hilfsanspruch** zur Durchsetzung des kraft Gesetzes (§ 1607 Abs. 3 Satz 2 BGB) auf den Scheinvater übergegangenen Unterhaltsanspruchs des Kindes.[100]

98 Bei Anerkennung der Vaterschaft und späterer Vaterschaftsanfechtung sind die **Kosten des Anfechtungsverfahrens** nicht im Regressverfahren erstattungsfähig.[101]

99 Zum möglichen Schadensersatzanspruch gegen die Mutter des Kindes (vgl. Rn. 61).

100 Erst nach Abschluss dieses Verfahrens kann der Scheinvater den Erzeuger auf **Zahlung** in Anspruch nehmen, soweit dieser leistungsfähig ist. Zur Höhe des Anspruchs vgl. Rn. 57. Nach der bisher herrschenden Rechtsprechung konnte die **Vaterschaft im Regressverfahren nicht inzident festgestellt** werden, vielmehr muss dies vorab im Anfechtungsverfahren erfolgen.[102]

101 Der BGH lässt jetzt eine In**zidentfeststellung der Vater**schaft[103] in Ausnahmefällen zu, weil sich die gesetzlichen Rahmenbedingungen inzwischen in entscheidenden Punkten geändert haben und der Scheinvater andernfalls trotz bestehenden gesetzlichen Anspruchs rechtlos gestellt wäre. Denn nach der Neuregelung des § 1629 Abs. 2 Satz 3 BGB kann der Kindesmutter die Vertretung des Kindes selbst dann nicht durch das Familiengericht entzogen werden, wenn die Nichterhebung der Vaterschaftsfeststellungsklage dem Interesse des Kindes zuwiderläuft. Dies würde den Scheinvater faktisch der Willkür der Kindesmutter und des wahren Erzeugers ausliefern und ihn rechtlos stellen, wenn die Rechtsausübungssperre des § 1600d Abs. 4 BGB weiterhin uneingeschränkt zu beachten wäre.[104]

102 Die **Durchbrechung der Rechtsausübungssperre im Regressprozess** des Scheinvaters gegen den mutmaßlichen Erzeuger des Kindes setzt voraus, dass der Scheinvater zuvor seine Vaterschaft wirksam angefochten hat. Nach Ablauf der dafür gem. § 1600b BGB geltenden Frist kommt auch die inzidente Feststellung eines anderen Mannes als Vater nicht mehr in Betracht.[105] Zum Auskunftsanspruch gegen die Mutter des Kindes vgl. Rn. 85.

5. Schutz des Unterhaltsberechtigten (Absatz 4)

103 Der Übergang des Unterhaltsanspruchs kann **nicht zum Nachteil des Unterhaltsberechtigten** geltend gemacht werden. Daher gehen die übergegangenen Ansprüche den neuen Unterhaltsansprüchen immer im Range nach. Die zukünftigen Unterhaltsansprüche des Kindes sollen nicht gefährdet werden. Bei der Bemessung seiner Leistungsfähigkeit kann daher der Unterhaltspflichtige nicht verlangen, dass Zahlungen auf die übergegangenen Ansprüche bei der Bemessung seiner Leistungsfähigkeit für den Anspruch des Kindes berücksichtigt werden.[106]

104 Ein Interessenausgleich kann allenfalls durch § 1613 Abs. 3 Satz 2 BGB (**Stundung und Erlass**) herbeigeführt werden.[107]

---

[98] OLG Thüringen v. 02.11.2010 - 1 WF 353/10 - FamRZ 2011, 649.
[99] BGH v. 03.07.2008 - I ZB 87/06 - FamRZ 2008, 1751 = FamRB 2008, 298; ausführlich zum Auskunftsanspruch des Scheinvaters *Horndasch*, FuR 2012, 58; *Neumann*, FPR 2011, 366-369.
[100] *Schwonberg*, FamRB 2012, 45.
[101] OLG Celle v. 24.11.2004 - 15 UF 2/04 - FamRZ 2005, 1853; OLG Jena v. 05.08.2005 - 1 UF 55/01 - FamRZ 2006, 1148; a.A. BGH v. 27.01.1988 - IVb ZR 12/87 - FamRZ 1988, 387, 388.
[102] BGH v. 17.02.1993 - XII ZR 238/91 - BGHZ 121, 299; OLG Celle v. 09.08.2006 - 15 UF 46/06 - FuR 2006, 574; OLG Hamm v. 15.09.2004 - 10 WF 122/04 - OLGR Hamm 2004, 382-383; OLG Koblenz v. 20.10.2003 - 12 U 1462/02 - NJW-RR 2004, 146-147 und OLG Saarbrücken v. 07.01.2005 - 6 WF 91/04, a.A. OLG Hamm v. 01.10.2004 - 11 WF 173/04 - ZFE 2005, 34.
[103] Mit der Problematik der Vaterschaftsfeststellung auf Grund Inzidentfeststellung befasst sich *Peschel-Gutzeit*, FPR 2011, 392 unter Bezugnahme auf BGH v. 16.04.2008 - XII ZR 144/06 - FamRZ 2008, 1424; BGH v. 22.10.2008 - XII ZR 46/07 - FamRZ 2009, 32 und BVerfG v. 27.05.2010 - 1 BvR 2643/07 - FamRZ 2010, 1235.
[104] BGH v. 16.04.2008 - XII ZR 144/06 - NJW 2008, 2433 mit Anm. *Maurer*.
[105] BGH v. 11.01.2012 - XII ZR 194/09 - FamRZ 2012, 437.
[106] *Brudermüller* in: Palandt, § 1607 Rn. 19; KG Berlin v. 15.03.1999 - 18 WF 740/99 - FamRZ 2000, 441-442.
[107] *Reinken* in: Bamberger/Roth, § 1607 Rn. 17.

Unter Umständen kommt eine teilweise Herabsetzung und Stundung des Unterhaltserstattungsanspruchs des Scheinvaters gegen den leiblichen Vater gem. § 1613 Abs. 3 BGB in Betracht.[108] 105

C. Prozessuale Hinweise/Verfahrenshinweise

Im Regressverfahren gegen den primären Unterhaltsschuldner muss ggf. geklärt werden, ob ein Fall des § 1607 Abs. 1 BGB (kein Ersatz) oder des § 1607 Abs. 2 BGB (Ersatz) gegeben ist. Die Voraussetzungen hat der nunmehrige Anspruchsgegner zu beweisen, da nur er sie tatsächlich beurteilen kann.[109] 106

Wird der Unterhalt eines nichtehelichen Kindes geltend gemacht, kann gegen die Großeltern väterlicherseits erst vorgegangen werden, wenn die Vaterschaft anerkannt oder rechtskräftig festgestellt worden ist.[110] 107

Wer einen nachrangig haftenden Unterhaltspflichtigen in Anspruch nehmen will, muss die **fehlende Leistungsfähigkeit aller vorrangig haftenden Unterhaltspflichtigen oder die Unmöglichkeit der Rechtsverfolgung darlegen und ggf. beweisen** (vgl. Rn. 41).[111] 108

Der in Anspruch genommene Verwandte seinerseits muss den **Umfang der erbrachten Unterhaltsleistungen darlegen und beweisen**. Er trägt auch die Beweislast, wenn er einwenden will, der Unterhaltsberechtigte erhalte trotz der nach § 1607 Abs. 2 Satz 1 BGB bestehenden Hindernisse von dem vorrangig Haftenden Leistungen oder könne solche erhalten. 109

Bei verspäteter Feststellung der Vaterschaft eines nichtehelichen Kindes ist auch eine **Verwirkung** möglich.[112] 110

In der Praxis besteht die **Gefahr der Doppelzahlung**, wenn z.B. der Großvater aufgrund des gegen den Vater ergangenen Vollstreckungstitels zahlt und anschließend überraschend der Vater selbst den geschuldeten Unterhalt leistet. Zwar ist das Geld vom Berechtigten im Regelfall verbraucht, so dass ein Bereicherungsanspruch an § 818 Abs. 3 BGB scheitert. Jedoch dürfte angesichts der Doppelzahlung eine Offenbarungspflicht des Berechtigten bestehen, so dass die doppelte Entgegennahme der Leistung als sittenwidrige Schädigung i.S.d. § 826 BGB einzustufen ist. Gegenüber einer zukünftigen Inanspruchnahme kann der Großvater Vollstreckungsgegenantrag nach § 767 BGB i.V.m. § 113 FamFG stellen. 111

D. Steuerrechtliche Hinweise

Vgl. hierzu die Steuerrechtl. Hinw. zu §§ 1601 ff. BGB ff. 112

---

[108] OLG Schleswig v. 19.03.2007 - 13 UF 157/05.
[109] *Finger*, FamRZ 1999, 1298-1299.
[110] OLG Jena v. 29.10.2009 - 1 WF 258/09 - FamRZ 2010, 746.
[111] BGH v. 28.01.1981 - IVb ZR 573/80 - LM Nr. 7 zu § 1603 BGB; OLG Jena v. 29.10.2009 - 1 WF 258/09 - FamRZ 2010, 746.
[112] OLG Schleswig v. 19.12.2007 - 15 UF 142/07 - FuR 2009, 57.

§ 1608 BGB Haftung des Ehegatten oder Lebenspartners

(Fassung vom 02.01.2002, gültig ab 01.01.2002)

(1) ¹Der Ehegatte des Bedürftigen haftet vor dessen Verwandten. ²Soweit jedoch der Ehegatte bei Berücksichtigung seiner sonstigen Verpflichtungen außerstande ist, ohne Gefährdung seines angemessenen Unterhalts den Unterhalt zu gewähren, haften die Verwandten vor dem Ehegatten. ³§ 1607 Abs. 2 und 4 gilt entsprechend. ⁴Der Lebenspartner des Bedürftigen haftet in gleicher Weise wie ein Ehegatte.

(2) (weggefallen)

Gliederung

A. Grundlagen 1
B. Anwendungsvoraussetzungen 4
I. Haftung des Verwandten 4
II. Berücksichtigung sonstiger Verpflichtungen ... 15
C. Prozessuale Hinweise/Verfahrenshinweise 16
D. Steuerrechtliche Hinweise 20

A. Grundlagen

1 Die Norm regelt das Verhältnis zwischen dem Unterhaltsanspruch gegen **Verwandte** und demjenigen gegen den **Ehegatten** bzw. Lebenspartner. Der Ehegatte bzw. Partner einer eingetragenen Lebenspartnerschaft haftet vor den Verwandten. Für den Scheidungsunterhalt gilt die Parallelvorschrift des § 1584 BGB.

2 Der **eingetragene Lebenspartner** des Bedürftigen haftet in gleicher Weise wie ein Ehegatte, grundsätzlich also im Rang vor den Verwandten des bedürftigen Partners.

3 Auf den Partner einer **eheähnlichen Gemeinschaft** kann § 1608 BGB **nicht** entsprechend angewandt werden, da dieser nicht gesetzlich unterhaltspflichtig ist.[1]

B. Anwendungsvoraussetzungen

I. Haftung des Verwandten

4 Grundsätzlich haften der Ehegatte und der Lebenspartner des Unterhaltsberechtigten vor allen Verwandten (§ 1608 Abs. 1 Satz 1 BGB). Wenn dieser aber den Unterhalt für seinen Partner nicht leisten kann, kehrt sich dieses Verhältnis um (§ 1608 Abs. 1 Satz 2 BGB).

5 Diese **vorrangige Haftung der Verwandten** greift also dann ein, wenn der Ehegatte oder Lebenspartner unter Berücksichtigung seiner sonstigen Verpflichtungen nicht in der Lage ist, den nach § 1360 BGB und § 1361 BGB geschuldeten Unterhalt ohne Gefährdung seines eheangemessenen Unterhalts nach § 1578 Abs. 1 Satz 1 BGB[2] zu leisten.

6 Die vorrangige Haftung besteht somit nicht, solange und soweit der Ehegatte bei Berücksichtigung seiner sonstigen Verpflichtungen durch die Unterhaltsleistung seinen eigenen **angemessenen** Unterhalt gefährden würde und leistungsfähige Verwandte vorhanden sind, die den ungedeckten Bedarfsteil des Berechtigten befriedigen könnten.[3]

7 Da die Unterhaltspflicht an die Haftung des Ehegatten bzw. Lebenspartners anknüpft, gelten für die Verpflichtung der Verwandten auch die Grenzen, die für den Ehegattenunterhalt bzw. Lebenspartnerunterhalt gelten. Damit wird die **Obergrenze** des von den Verwandten zu leistenden Unterhalts immer durch den Anspruch gegen den Ehegatten bzw. Lebenspartner bestimmt und entsprechend begrenzt, wenn der Verwandtenunterhalt höher sein sollte.

8 Konkret bedeutet dies, dass auch die **Erwerbsobliegenheiten des Bedürftigen** bei Haftung des Verwandten mindestens ebenso streng sind wie bei Haftung des Ehegatten. Haben die Eheleute im Rahmen ihrer Regelung der Aufgabenverteilung innerhalb der Ehe nach § 1356 BGB eine Verteilung getroffen,

---

[1] OLG Celle v. 01.09.1992 - 18 UF 74/92 - NJW 1993, 2880.
[2] BGH v. 18.10.1989 - IVb ZR 89/88 - BGHZ 109, 72-88.
[3] OLG Köln v. 08.06.1989 - 10 UF 40/89 - FamRZ 1990, 54; OLG Düsseldorf v. 09.11.1994 - 8 UF 86/94 - FamRZ 1995, 957-958; OLG Köln v. 08.06.1989 - 10 UF 40/89 - FamRZ 1990, 54; OLG Zweibrücken v. 29.10.1986 - 2 UF 56/86 - FamRZ 1987, 590-591; OLG Frankfurt v. 05.06.1984 - 3 UF 197/83 - FamRZ 1985, 704-706.

die den Bedürftigen nicht auslastet, kann die Erwerbsobliegenheit gegenüber dem Verwandten sogar strenger sein.

Ist der **Unterhaltsanspruch** des Bedürftigen gegenüber seinem Ehegatten nach den §§ 1361 Abs. 3, 1579 BGB **begrenzt** oder **ausgeschlossen**, dann besteht kein weitergehender Anspruch gegen den Verwandten. Dies folgt aus der Begrenzung der Haftung des Verwandten auf den ehelichen Unterhaltsanspruch.[4]

Die **Unterhaltspflicht der Eltern** endet also grundsätzlich mit der Eheschließung des Kindes, und zwar auch dann, wenn die Eltern dem Kind einen höheren Unterhalt als der Ehegatte gewähren könnten. Denn die Lebensstellung des Kindes, von der das Maß des Unterhaltes abhängt (§ 1610 BGB), bestimmt sich nur bei wirtschaftlicher Abhängigkeit des Kindes nach der Lebensstellung der Eltern. Dagegen sind nach der Eheschließung des Kindes dessen eigene eheliche Lebensverhältnisse entscheidend.

Umstritten ist, ob sich die vorrangige Unterhaltshaftung des Ehegatten nach § 1608 Satz 1 BGB grundsätzlich auch auf die **Berufsausbildungskosten** erstreckt oder ob die Eltern nach der Eheschließung des Kindes noch einen Ausbildungsunterhalt nach § 1610 Abs. 2 BGB leisten müssen, wenn der Ehegatte des Kindes leistungsunfähig ist, weil er z.B. selbst noch in der Ausbildung ist.[5]

Nach der Eheschließung ist aber auf die Verhältnisse der Eheleute abzustellen. Beide Ehegatten sind gem. § 1356 Abs. 1 Satz 1 BGB berechtigt, erwerbstätig zu sein; dazu gehört auch das Recht, die notwendigen Fähigkeiten durch eine Ausbildung zu erlernen. Dabei sind aber die Belange des anderen Ehegatten und der Familie zu berücksichtigen (§ 1356 Abs. 1 Satz 2 BGB). Das Kind muss in seiner Ehe die Berufstätigkeit und die Ausbildung mit seinem Ehegatten abstimmen, der dann auch die Kosten dieser Ausbildung zu tragen hat. Der Anspruch auf Ehegattenunterhalt des volljährigen Kindes gegen seinen erwerbstätigen Ehegatten schließt einen evtl. Anspruch auf Finanzierung einer Ausbildung ein.[6]

Ein Übergang des Anspruchs erfolgt nicht, denn der in Anspruch genommene unterhaltspflichtige Verwandte erfüllt eine **eigene Unterhaltspflicht**. Dem wegen Leistungsunfähigkeit des Ehegatten haftenden Verwandten steht auch kein Ersatzanspruch zu; es findet also auch kein Regress statt (§ 1608 Satz 3 BGB i.V.m. § 1607 Abs. 1 BGB).

§ 1607 Abs. 2 BGB gilt entsprechend, so dass die Verwandten ebenfalls leistungspflichtig werden, wenn beim Anspruch gegen den Ehegatten und den Lebenspartner die **Rechtsverfolgung** gegen ihn im Inland **ausgeschlossen oder erschwert** ist (vgl. die Kommentierung zu § 1607 BGB Rn. 15). Dann geht allerdings der Anspruch gegen den Ehegatten bzw. Lebenspartner auf den leistenden Verwandten über (§ 1608 Abs. 1 Satz 3 BGB i.V.m. § 1607 Abs. 2 BGB). Der Übergang kann nicht zum Nachteil des Unterhaltsberechtigten geltend gemacht werden (§ 1608 Abs. 1 Satz 3 BGB i.V.m. § 1607 Abs. 4 BGB).

II. Berücksichtigung sonstiger Verpflichtungen

Inwieweit als **sonstige Verpflichtungen** i.S.d. § 1608 Satz 2 BGB Unterhaltspflichten gegenüber Verwandten zu berücksichtigen sind, richtet sich zunächst nach § 1609 BGB. Nicht angerechnet werden Unterhaltspflichten gegenüber volljährigen oder verheirateten Kindern, da der Ehegatte zusammen mit den unverheirateten minderjährigen Kindern allen anderen Bedürftigen vorgeht. Unterhaltsansprüche gegenüber den gleichrangigen unverheirateten minderjährigen Kindern müssen dagegen berücksichtigt werden.

C. Prozessuale Hinweise/Verfahrenshinweise

Der Anspruchsteller muss **darlegen und ggf. unter Beweis** stellen, dass der Ehegatte bzw. Lebenspartner als vorrangig Verpflichteter **nicht leistungsfähig** ist. Auch für die Tatsache, dass die Rechtsverfolgung im Inland ausgeschlossen oder erschwert ist, trägt der Anspruchsteller die Beweislast.

Sind gleichrangige Verwandte vorhanden, so muss der Berechtigte auch noch die **fehlende Unterhaltspflicht des gleichrangig haftenden Verwandten** darlegen und nachweisen.[7]

---

[4] *Engler* in: Staudinger, § 1608 Rn. 16 unter Hinweis auf BGH v. 30.01.1964 - VII ZR 5/63 - BGHZ 41, 104-113.
[5] So OLG Hamburg v. 12.07.1988 - 12 UF 9/87 - FamRZ 1989, 95-97.
[6] *Klein* in: KKFamR, § 1608 Rn. 4 unter Hinweis auf OLG Stuttgart v. 22.07.1983 - 15 UF 62/83 - FamRZ 1983, 1030-1033; vgl. auch BGH v. 19.12.1984 - IVb ZR 57/83 - LM Nr. 25 zu § 1356 BGB.
[7] OLG Hamm v. 04.07.1995 - 29 U 64/92 - NJW-RR 1996, 67-69; OLG Köln v. 08.06.1989 - 10 UF 40/89 - FamRZ 1990, 54; OLG Zweibrücken v. 29.10.1986 - 2 UF 56/86 - FamRZ 1987, 590-591.

§ 1608

18 Diese Regeln gelten auch bei **Übergang** des Anspruchs auf einen **Sozialhilfeträger**.[8]

19 Für Streitigkeiten über übergegangene Unterhaltsansprüche gegen den Ehegatten sind die Familiengerichte zuständig – § 112 Nr. 1 FamFG i.V.m. §§ 231 ff. FamFG. Es besteht Anwaltszwang (§ 114 FamFG).

D. Steuerrechtliche Hinweise

20 Vgl. hierzu die Steuerrechtl. Hinw. zu §§ 1601 ff. BGB ff.

---

[8] OLG Oldenburg v. 12.02.1991 - 12 UF 136/90 - NJW-RR 1992, 261-262.

§ 1609 BGB Rangfolge mehrerer Unterhaltsberechtigter

(Fassung vom 21.12.2007, gültig ab 01.01.2008)

Sind mehrere Unterhaltsberechtigte vorhanden und ist der Unterhaltspflichtige außerstande, allen Unterhalt zu gewähren, gilt folgende Rangfolge:

1. minderjährige unverheiratete Kinder und Kinder im Sinne des § 1603 Abs. 2 Satz 2,
2. Elternteile, die wegen der Betreuung eines Kindes unterhaltsberechtigt sind oder im Fall einer Scheidung wären, sowie Ehegatten und geschiedene Ehegatten bei einer Ehe von langer Dauer; bei der Feststellung einer Ehe von langer Dauer sind auch Nachteile im Sinne des § 1578b Abs. 1 Satz 2 und 3 zu berücksichtigen,
3. Ehegatten und geschiedene Ehegatten, die nicht unter Nummer 2 fallen,
4. Kinder, die nicht unter Nummer 1 fallen,
5. Enkelkinder und weitere Abkömmlinge,
6. Eltern,
7. weitere Verwandte der aufsteigenden Linie; unter ihnen gehen die Näheren den Entfernteren vor.

Gliederung

A. Grundlagen 1
B. Anwendungsvoraussetzungen 4
I. Erste Rangstufe gemäß Nr. 1 14
II. Zweite Rangstufe gem. Nr. 2 26
  1. Unterhalt wegen Kindesbetreuung 28
  a. Gesetzlicher Betreuungsunterhalt 28
  b. Vertraglicher Betreuungsunterhalt 31
  c. Anspruch auf Familienunterhalt 35
  d. Teilansprüche 37
  2. Ehe „von langer Dauer" 47
III. Dritte Rangstufe gemäß Nr. 3 60
IV. Vierte Rangstufe gemäß Nr. 4 62
V. Fünfte Rangstufe gemäß Nr. 5 71
VI. Sechste Rangstufe gemäß Nr. 6 72
VII. Siebte Rangstufe gemäß Nr. 7 73
C. Prozessuale Hinweise/Verfahrenshinweise 74
I. Darlegungs- und Beweislast 74
II. Verfahrensrechtliche Behandlung von Ansprüchen Dritter 76
III. Bedeutung in der Zwangsvollstreckung 77
D. Steuerrechtliche Hinweise 85

A. Grundlagen

Die Vorschrift regelt die **Rangverhältnisse** mehrerer **Bedürftiger** (zur Rangfolge mehrerer Unterhaltspflichtiger vgl. § 1606 BGB). Die Norm greift ein, wenn mehrere Unterhaltsberechtigte vom Pflichtigen zu unterhalten sind, dieser aber nicht in ausreichendem Maß leistungsfähig ist, um die Unterhaltsansprüche aller Berechtigten zu erfüllen, ohne seinen eigenen Unterhalt zu gefährden.

Der nachrangig Unterhaltsberechtigte kommt dann erst zum Zuge, wenn der angemessene Unterhalt aller vorrangig Unterhaltsberechtigten voll befriedigt worden ist.[1] Der ausgefallene Unterhaltsberechtigte kann sich wegen seines Unterhaltsbedarfs an einen nachrangig Unterhaltspflichtigen halten.

Der **absolute Vorrang des Kindesunterhalts** dient der Förderung des Kindeswohls, da damit die materiellen Grundlagen für Pflege und Erziehung von Kindern gesichert werden. Der unterhaltsrechtliche Vorrang wird damit zum Komplementärstück zur gesteigerten Unterhaltsobliegenheit der Eltern gegenüber ihren minderjährigen unverheirateten und diesen gleichgestellten Kindern (§ 1603 Abs. 2 BGB).[2]

B. Anwendungsvoraussetzungen

Der Rang betrifft die **Leistungsfähigkeit** des Unterhaltspflichtigen, wirkt sich aber formell nicht auf die Bedarfsbemessung aus. Daher soll die in der Düsseldorfer Tabelle vorgesehene **Heraufstufung**

---

[1] BGH v. 13.04.1988 - IVb ZR 34/87 - BGHZ 104, 158-172 = FamRZ 1988, 705.
[2] Durchaus kritisch *Hohloch*, FPR 2005, 486, 490.

bzw. **Heraufstufung** um eine oder mehrere Tabellenstufen bei Vorhandensein mehrerer Berechtigter durch die gesetzliche Neuregelung unberührt bleiben. Denn die Lebensstellung des Kindes gem. § 1610 BGB wird auch vom Vorhandensein anderer – ggf. nachrangiger – Unterhaltsberechtigter berührt. Entsprechendes gelte auch für den **Bedarfskontrollbetrag** der Düsseldorfer Tabelle.[3]

5 Während Basis der Düsseldorfer Tabelle jedoch bisher die Verpflichtung gegenüber drei Unterhaltsberechtigten war, ist dies ab 01.01.2010 nur noch die **Verpflichtung gegenüber zwei Unterhaltsberechtigten** (Anmerkung 1 der Tabelle).

6 Betrifft der Mangelfall nur den nachrangigen Ehegatten, so ist die Herabstufung des Kindes auf den Mindestbedarf umstritten.[4]

7 Der BGH hat jetzt klargestellt, dass der im Rahmen der Billigkeitsabwägung zu berücksichtigende Unterhaltsbedarf eines konkurrierenden neuen Ehegatten auf der Grundlage der Rechtsprechung des Bundesverfassungsgerichts zu den ehelichen Lebensverhältnissen wegen des insoweit zu beachtenden Prioritätsgrundsatzes **abhängig vom Unterhalt einer geschiedenen Ehefrau zu bemessen** ist.[5]

8 Der **abweichenden Auffassung**[6] ist der BGH **nicht gefolgt**. Damit **wird deutlich gemacht**, dass der Bedarf unabhängig vom Rang festzulegen ist. Folglich muss im Mangelfall der Bedarf jedes Einzelnen auch unter Berücksichtigung des Bedarfs des jeweils anderen, auch nachrangigen Unterhaltsberechtigten, ermittelt werden und wird damit auch vom Vorhandensein nachrangiger Unterhaltsberechtigter beeinflusst.

9 Der BGH hat klargestellt, dass bei der Bemessung des Unterhaltsbedarfs nach den ehelichen Lebensverhältnissen alle Umstände zu berücksichtigen sind, die das für Unterhaltszwecke verfügbare Einkommen auch schon vor Rechtskraft der Ehescheidung beeinflusst haben.[7] Daher ist auch das Hinzutreten **weiterer Unterhaltsberechtigter bis zur rechtskräftigen Ehescheidung** zu berücksichtigen.[8]

10 Dies gelte sowohl für gemeinsame Kinder als auch für **Kinder** des Unterhaltspflichtigen aus einer neuen Beziehung, die bereits vor Rechtskraft der Ehescheidung geboren sind.[9] Dies gelte selbst dann, wenn die **Kinder inzwischen volljährig** und nach § 1609 Nr. 4 BGB gegenüber dem geschiedenen Ehegatten nachrangig sind.[10] Ihr Nachrang wirke sich bei Vorliegen eines absoluten Mangelfalles im Rahmen der Leistungsfähigkeit aus. Die Auswirkungen auf den Unterhaltsanspruch des geschiedenen Ehegatten nach den ehelichen Lebensverhältnissen entfielen erst dann, wenn das Kind selbst nicht mehr unterhaltsberechtigt ist.[11] Zu Einzelheiten und Berechnungsbeispielen vgl. die Kommentierung zu § 1603 BGB Rn. 342 f.

11 Die Frage des Rangs bei mehreren Unterhaltsberechtigten stellt sich demnach praktisch erst bei eingeschränkter Leistungsfähigkeit des Unterhaltspflichtigen, wenn also ein **Mangelfall** vorliegt (vgl. die Kommentierung zu § 1603 BGB Rn. 339).

12 Der Unterhaltspflichtige ist dann nicht in der Lage, bei mehreren Unterhaltsberechtigten allen Unterhalt zu gewähren, da er durch alle Leistungen zusammen seinen eigenen angemessenen Unterhalt gefährden würde. Dabei reicht nicht das bloße Vorhandensein von Unterhaltsberechtigten aus. Vielmehr muss die **tatsächliche und noch mögliche Inanspruchnahme des Unterhaltspflichtigen** durch die Unterhaltsberechtigten seine Leistungsfähigkeit beeinträchtigen.

13 Maßgeblich für die konkrete Entscheidung ist dabei jeweils die **materielle Rechtslage**, nicht der Inhalt bereits ergangener Unterhaltstitel. Es kann nicht zu Lasten des vorrangig Unterhaltsberechtigten gehen, dass ein nachrangig Unterhaltsberechtigter früher einen Titel gegen den Unterhaltspflichtigen erwirkt

---

[3] Dazu speziell *Klinkhammer*, FamRZ 2008, 193, 198.
[4] Bejahend *Gerhardt/Gutdeutsch*, FamRZ 2007, 778; *Scholz*, FamRZ 2007, 2021; *Klinkhammer*, FamRZ 2008, 193; *Reinken*, FPR 2008, 9.
[5] BGH v. 07.12.2011 - XII ZR 151/09 - juris Rn. 45 m.w.N. unter Hinweis auf BVerfG v. 25.01.2011 - 1 BvR 918/10 - juris Rn. 48, 69 f., 72 - FamRZ 2011, 437.
[6] *Götz/Brudermüller*, NJW 2011, 801, 806 und NJW 2011, 2609; *Maier*, FuR 2011, 182 und *Wendl/Scholz*, Das Unterhaltsrecht in der familienrichterlichen Praxis, 8. Aufl., § 3 Rn. 83.
[7] BGH v. 07.12.2011 - XII ZR 151/09 - juris Rn. 18; BGH v. 10.12.1980 - IVb ZR 534/80 - FamRZ 1981, 241 f.
[8] Vgl. BVerfG v. 25.01.2011 - 1 BvR 918/10 - juris Rn. 69 - FamRZ 2011, 437.
[9] BGH v. 07.12.2011 - XII ZR 151/09 - juris Rn. 19; BGH v. 19.07.2000 - XII ZR 161/98 - FamRZ 2000, 1492, 1493; BGH v. 25.11.1998 - XII ZR 98/97 - FamRZ 1999, 367, 368 f.; BGH v. 20.10.1993 - XII ZR 89/92 - FamRZ 1994, 87, 88 f.; BGH v. 13.07.1988 - IVb ZR 39/87 -FamRZ 1988, 1031, 1032; BGH v. 11.05.1988 - IVb ZR 42/87 - FamRZ 1988, 817, 818 und BGH v. 25.02.1987 - IVb ZR 36/86 - FamRZ 1987, 456, 458 f.
[10] BGH v. 25.02.1987 - IVb ZR 36/86 - FamRZ 1987, 456, 458 f.
[11] BGH v. 20.07.1990 - XII ZR 73/89 - FamRZ 1990, 1085, 1087 f.

hat. Es ist also so zu beurteilen wie bei gleichzeitiger Entscheidung über alle Unterhaltsansprüche. Der Unterhaltsverpflichtete ist ggf. darauf verwiesen, Abhilfe im Wege des Abänderungsverfahrens nach den §§ 237, 238 FamFG (früher Abänderungsklage nach § 323 ZPO) zu suchen.[12]

I. Erste Rangstufe gemäß Nr. 1

Im **ersten Rang** stehen 14
- **minderjährige unverheiratete Kinder** und
- **privilegierte volljährige Kinder** im Sinne des § 1603 Abs. 2 Satz 2 BGB (Einzelheiten dazu vgl. die Kommentierung zu § 1603 BGB).

Der erste Rang ist ausschließlich **minderjährigen unverheirateten Kindern** und ihnen gleichgestellten **privilegierten volljährigen Kindern** vorbehalten. Das gilt sowohl für leibliche als auch adoptierte Kinder[13] und es macht keinen Unterschied, ob die Kinder inner- oder außerhalb der bestehenden Ehe geboren sind oder aus erster oder einer weiteren Ehe des Unterhaltpflichtigen stammen. 15

Die Einräumung des absoluten Vorrangs wird damit begründet, dass Kinder die wirtschaftlich schwächsten Mitglieder der Gesellschaft sind, da sie anders als Erwachsene keine Möglichkeit haben, für ihren Lebensunterhalt selbst zu sorgen. Gleichzeitig soll damit der Erfahrung in der Praxis Rechnung getragen werden, dass regelmäßig mit größerer Bereitwilligkeit Kindesunterhaltszahlungen geleistet werden, als dieses beim Ehegattenunterhalt der Fall ist. 16

Erst wenn die in der ersten Rangstufe stehenden Ansprüche der minderjährigen Kinder vollständig befriedigt sind, deren Ansprüche also vollständig gedeckt sind, stehen finanzielle Mittel für nachrangige Unterhaltsansprüche zur Verfügung 17

Jedoch reichen die Einkünfte im Normalverdienerbereich vielfach kaum aus, den Mindest-Tabellenunterhalt für die Kinder zu bestreiten. Dies lässt sich leicht mit Hilfe der Werte aus den Schürmann-Tabellen (vgl. die Kommentierung zu § 1603 BGB Rn. 412) veranschaulichen: 18

Bei einem Unterhaltspflichtigen mit einem, zwei oder drei Kindern unter 6 Jahren beläuft sich der Kindesunterhalt 19

bei 1 Kind auf	225 €
bei 2 Kindern auf	450 €
bei 3 Kindern auf	672 €

Zur Deckung allein der Kindesunterhaltsansprüche benötigt der Unterhaltspflichtige bei Wahrung seines Selbstbehaltes von 900 € danach bereits ein bereinigtes Nettoeinkommen 20

bei 1 Kind von	1.225 €
bei 2 Kindern von	1.450 €
bei 3 Kindern von	1.672 €

Nur bei einem höheren Einkommen besteht überhaupt die Leistungsfähigkeit, ggf. noch Ehegattenunterhaltsansprüche – ggf. teilweise – zu decken. Zu bedenken ist dabei, dass der Selbstbehalt des Unterhaltspflichtigen gegenüber Ansprüchen auf Ehegattenunterhalt noch um 100 € höher liegt als gegenüber dem Kindesunterhalt. 21

Eine Mangelfallberechnung kann bereits im Bereich des Kindesunterhaltes notwendig sein, wenn das verteilbare Einkommen des Unterhaltspflichtigen (nach Abzug seines Selbstbehaltes) nicht ausreicht, die **Ansprüche aller Kinder** zu decken. In dieser Mangelfallberechnung spielt aber ein evtl. Anspruch auf Ehegattenunterhalt keine Rolle, da dieser nachrangig wäre. Es sind auf der ersten Stufe nur die gleichrangigen Kindesunterhaltsansprüche ins Verhältnis zu setzen und ggf. anteilig zu befriedigen (vgl. Rn. 15 ff.). 22

Konsequenz dieser Rangfolgeregelung ist in vielen praktischen Fällen, 23
- dass bei beschränkter Leistungsfähigkeit des Unterhaltspflichtigen der gesamte Unterhalt auf die Kinder verteilt wird und **der Ehegatte ganz oder zumindest weitgehend leer** ausgeht,
- dass die Familie insgesamt **weniger Nettoeinkommen** zur Verfügung hat, weil nur der gezahlte Ehegattenunterhalt steuerlich abzugsfähig ist,

---

[12] BGH v. 18.03.1992 - XII ZR 1/91 - FamRZ 1992, 797.
[13] Die nacheheliche Adoption eines Kindes ist auch nicht als unterhaltsrechtlich vorwerfbares Verhalten einzustufen, selbst wenn dadurch der nachrangige Unterhaltsanspruch eines früheren Ehegatten nicht mehr bedient werden kann, vgl. OLG Hamm v. 26.07.2012 - 2 WF 119/12 - FamRZ 2013, 706.

- dass sich **negative mittelbare Auswirkungen** ergeben können, wenn keinerlei Ehegattenunterhalt geschuldet wird. Zu denken ist hier z.B. an die Abhängigkeit der Pfändungsfreigrenze gem. § 850c ZPO von der Anzahl der Unterhaltsberechtigten (zur Zwangsvollstreckung vgl. Rn. 77 ff.).

24 Im **Mangelfall** ist ein **Mehrbedarf** des Kindesunterhalts gegenüber dem Mindestbedarf nachrangig und ist deshalb zunächst bei der Mangelfallberechnung nicht zu berücksichtigen.[14]

25 Dabei ist nur auf den jeweiligen **Barunterhalt** abzustellen. Im Mangelfall sind alle daher gleichrangigen barunterhaltsberechtigten minderjährigen Kinder des Unterhaltsschuldners mit ihrem Barunterhaltsanspruch gleichmäßig zu berücksichtigen, auch wenn ein Elternteil einem bei ihm wohnenden Kind diesen Barunterhalt neben der Betreuung zusätzlich leistet, weil der andere Elternteil keinen Barunterhalt erbringt. Dies gilt auch dann, wenn infolge der dadurch notwendig werdenden Mangelfallberechnung der mit ihm in einem Haushalt zusammenlebende Sohn sozialhilfebedürftig würde.[15]

II. Zweite Rangstufe gem. Nr. 2

26 Die **zweite Rangstufe** nehmen ein
- **Elternteile**, die wegen der **Betreuung eines Kindes** unterhaltsberechtigt sind oder im Fall einer Scheidung wären sowie
- Ehegatten bei einer **Ehe von langer Dauer**.

27 Sind mehrere Unterhaltsberechtigte im gleichen Rang vorhanden, so können auch bei ausreichender Leistungsfähigkeit des Unterhaltspflichtigen – also außerhalb des Mangelfalles – Berechnungsprobleme bei der Verteilung des Einkommens auftreten.[16]

1. Unterhalt wegen Kindesbetreuung

a. Gesetzlicher Betreuungsunterhalt

28 Die 2. Rangstufe bezieht sich zunächst auf den Betreuungsunterhalt. Maßgebliches Kriterium für die Einordnung in der zweiten Rangstufe ist damit ausschließlich der Umstand, dass **wegen der Betreuung eines Kindes** Unterhaltsbedürftigkeit besteht. Dabei sind gleichrangig
- der aus diesem Grund zu leistende Familienunterhalt in bestehender Ehe,
- der Unterhaltsanspruch während der Zeit des Getrenntlebens,
- der Unterhaltsanspruch aus § 1570 BGB nach Scheidung der Ehe,
- der Anspruch der nicht verheirateten Mutter und des nicht verheirateten Vaters gem. § 1615l Abs. 1, 2, 4 BGB,
- Unterhaltsansprüche von Lebenspartnern, die ein adoptiertes Stiefkind (§ 9 Abs. 7 LPartG) betreuen.

aa. Betreuungsunterhalt gem. § 1570 Abs. 1 BGB und § 1615l BGB

29 Dieser Gleichrang bezieht sich nur auf solche Unterhaltsansprüche, die sich auf die – **aktuelle** – Kindesbetreuung stützen, also auf Ansprüche aus § 1570 Abs. 1 BGB und auf § 1615l BGB.

bb. Betreuungsunterhalt gem. § 1570 Abs. 2 BGB

30 Soweit der verlängerte Betreuungsunterhaltsanspruch aus § 1570 Abs. 2 BGB (**Annexunterhaltsanspruch**) geltend gemacht wird, ist fraglich, ob dieser Anspruch den gleichen bevorrechtigten Rang genießt.[17] Da dieser Anspruch sich letztlich auch auf eine – noch gegenwärtige – Kindesbetreuung stützt, ist diese Frage zu bejahen,[18] zumal § 1570 nach Rechtsprechung des BGH einen einheitlichen Anspruch beinhaltet.

b. Vertraglicher Betreuungsunterhalt

31 Noch nicht abschließend geklärt ist, ob dieser (bessere) Rang auch für **vertraglich vereinbarte Unterhaltsansprüche** gilt, die sich zwar letztlich auf die Kindesbetreuung stützen, aber ihren Grund darin haben, dass die Eheleute z.B. in einem Ehevertrag eine von den strengen gesetzlichen Regeln des § 1570 Abs. 1 BGB abweichenden Zeitraum der persönlichen Betreuung des Kindes vereinbart haben.

---

[14] Vgl. OLG Stuttgart v. 07.03.2012 - 11 UF 331/11 - FamRZ 2012, 1573.
[15] OLG Saarland v. 11.01.2012 - 6 WF 1/12 - FamFR 2012, 105.
[16] Ausführlich *Grandel*, NJW 2008, 796-800.
[17] Vgl. *Schürmann*, FamRZ 2008, 313, 317; *Schilling*, FF 2008, 279, 292.
[18] *Kemper*, FuR 2008, 169, 176; *Büte*, FuR 2008, 309, 311; *Peschel-Gutzeit*, Das neue Unterhaltsrecht 2008, Rn. 326.

Ein – vereinbarter – völliger Gleichrang mit dem Kindesunterhalt (Rangstufe 1) lässt sich unterhaltsrechtlich dann nicht halten, wenn mangels Leistungsfähigkeit nicht alle Unterhaltsansprüche vollständig befriedigt werden könnten. Denn auf die – zudem vorrangigen – gesetzlichen Ansprüche auf Kindesunterhalt kann nicht verzichtet werden (§ 1614 Abs. 1 BGB). 32

Außerdem wirkt die Vereinbarung über den verbesserten Ehegattenunterhalt nur zwischen den Parteien dieses Vertrages, **nicht aber zu Lasten Dritter**.[19] Durch eine vom Gesetz abweichende Definition des Betreuungsunterhaltes würde sich ein Unterhaltsberechtigter vom 3. Rang in den 2. Rang schieben. 33

Dies bedeutet allerdings nicht, dass solche vertraglich vereinbarten Unterhaltsansprüche zwischen den Ehegatten unzulässig wären. Sie entfalten lediglich keine Wirkung auf der Ebene des unterhaltsrechtlichen Rangs zu Lasten Dritter, wenn keine ausreichenden Finanzmittel vorhanden sind. Auf diese Konsequenzen müssen der beratende Anwalt und der beurkundende Notar hinweisen![20] 34

c. Anspruch auf Familienunterhalt

Dieser Rang gilt auch für Ansprüche des noch nicht geschiedenen Ehegatten (**Familienunterhalt**). Dabei kommt es aber nicht auf die konkrete Gestaltung an (einvernehmlich geregeltes Ehemodell z.B. dergestalt, dass vereinbarungsgemäß die beiden 12 und 15 Jahre alten Kinder noch persönlich betreut werden und daher keine Erwerbstätigkeit ausgeübt wird). Denn aufgrund der von den jetzigen Ehegatten gewählten Rollenverteilung können sich Verwerfungen ergeben, wenn der Anspruch des jetzigen Ehegatten auf Familienunterhalt in Konkurrenz mit anderen Unterhaltsansprüchen tritt. 35

Dem setzt der BGH den Ansatz entgegen, den anzusetzenden Betrag insoweit in gleicher Weise wie den **Unterhaltsbedarf eines getrennt lebenden oder geschiedenen Ehegatten** zu ermitteln.[21] Für die Rangfrage des § 1609 BGB ist also vom Fall einer fiktiven Ehescheidung auszugehen.[22] 36

d. Teilansprüche

Fraglich ist die Behandlung von Fällen, in denen der kindesbetreuende Elternteil seinen Anspruch teilweise auf § 1570 BGB, teilweise aber auf andere Anspruchsgrundlagen stützen kann. 37

Der nacheheliche Unterhaltsanspruch ist zwar ein einheitlicher Anspruch. Er folgt jedoch aus einer Reihe von Vorschriften, die sich in ihrem Anwendungsbereich überschneiden.[23] Daher muss ggf. eine Differenzierung nach Teilansprüchen vorgenommen werden.[24] 38

Der Unterhaltsanspruch aus § 1570 BGB besteht immer nur im Umfang eines ohne die betreuungsbedingten Einschränkungen erzielbaren Einkommens („solange und soweit"). Es kann daher noch ein weitergehender Anspruch z.B. aus § 1573 Abs. 2 BGB bestehen, wenn die ehelichen Lebensverhältnisse die erzielbaren Einkünfte des betreuenden Elternteils übersteigen. 39

Zu unterscheiden ist nach der Rechtsprechung des BGH für die Abgrenzung der Anspruchsgrundlagen wegen Kindesbetreuung aus den §§ 1570 BGB und 1573 Abs. 2 BGB (Aufstockungsunterhalt) danach, ob wegen des vorliegenden Hindernisses eine Erwerbstätigkeit vollständig oder nur zum Teil ausgeschlossen ist.[25] 40

---

[19] Zur Zulässigkeit von Vereinbarungen über den Rang vgl. *Schürmann*, FamRZ 2008, 313, 319.

[20] *Schürmann*, FamRZ 2008, 313, 320 geht davon aus, dass sich der unterhaltspflichtige Vertragspartner dem anderen gegenüber nicht auf die fehlende Leistungsfähigkeit berufen darf, die durch vorrangige andere Ansprüche ausgelöst wird.

[21] BGH v. 14.04.2010 - XII ZR 89/08; so schon BGH v. 25.04.2007 - XII ZR 189/04 - FamRZ 2007, 1081, 1083; BGH v. 19.02.2003 - XII ZR 67/00 - FamRZ 2003, 860, 864; ausdrücklich bestätigt durch BGH v. 18.11.2009 - XII ZR 65/09 - FamRZ 2010, 111 mit Anm. *Herrler*.

[22] BGH v. 14.04.2010 - XII ZR 89/08 - NJW 2010, 2056-2060; BGH v. 25.04.2007 - XII ZR 189/04 - FamRZ 2007, 1081, 1083; BGH v. 18.11.2009 - XII ZR 65/09 - FamRZ 2010, 111-117; *Schürmann*, FamRZ 2008, 313, 317; *Reinken*, FPR 2008, 9, 10.

[23] *Schürmann*, FamRZ 2009, 409.

[24] BGH v. 26.11.2008 - XII ZR 131/07 - FamRZ 2009, 406 mit Anm. *Schürmann* = NJW 2009, 989 = FPR 2009, 128 mit Anm. *Kemper*; ebenso *Grandel*, Münchner Anwaltshandbuch FamR, 3. Aufl., § 9 Rn. 265 f., *Grandel*, FF 2008, 204, *Kleffmann* in: Prütting/Wegen/Weinreich, BGB, 3. Aufl., § 1570 Rn. 12, § 1572 Rn. 12.

[25] BGH v. 13.12.1989 - IVb ZR 79/89 - FamRZ 1990, 492, 493 f. zu § 1570 BGB; BGH v. 27.01.1993 - XII ZR 206/91 - FamRZ 1993, 789, 791 zu § 1572 BGB und BGH v. 03.02.1999 - XII ZR 146/97 - FamRZ 1999, 708, 709 zu § 1571 BGB.

§ 1609

41 Wenn der Unterhaltsberechtigte durch die Betreuung des Kindes an einer Erwerbstätigkeit **vollständig gehindert** ist, ergibt sich der Unterhaltsanspruch allein aus den §§ 1570-1572 BGB, und zwar auch für den Teil des Unterhaltsbedarfs, der nicht durch das Erwerbshindernis verursacht worden ist, sondern auf dem den angemessenen Lebensbedarf übersteigenden Bedarf nach den ehelichen Lebensverhältnissen (voller Unterhalt) gemäß § 1578 Abs. 1 Satz 1 BGB beruht.

42 Besteht jedoch aufgrund der Kindesbetreuung lediglich ein teilweises Erwerbshindernis, ist der Unterhalt allein wegen des durch die Erwerbshinderung verursachten Einkommensausfalls auf die §§ 1570-1572 BGB zu stützen und im Übrigen auf § 1573 Abs. 2 BGB.[26]

43 **Beispiel:** Der Unterhaltspflichtige verdient bereinigt 2.300 €.
Die – das Kind betreuende geschiedene Ehefrau – verdient bei einer Halbtagstätigkeit, die sie im Hinblick auf die konkreten Umstände der Betreuung nur ausüben kann, bereinigt mtl. 700 €.
Bei vollschichtiger Tätigkeit könnte sie – unter Einbeziehung der höheren Steuerlast – 1.300 € verdienen.

	Unterhaltsbedarf:	
	Einkommen Ehemann	2.300 €
+	Einkommen Ehefrau	700 €
=	Gesamteinkommen	3.000 €
	Bedarf (Halbteilungsgrundsatz)	1.500 €
	Bedürftigkeit der Ehefrau:	
	Bedarf	1.500 €
–	gedeckt durch Eigeneinkommen	700 €
=		800 €
	Erzielbares Einkommen ohne Betreuung	1.300 €
	Betreuungsbedingter Anspruch 1.300 € – 700 €	600 €
	Aufstockungsunterhalt (Rest)	200 €

44 In derartigen Fällen soll die Konkurrenz mehrerer Ansprüche daher im Hinblick auf die unterschiedliche Darlegungs- und Beweislast,[27] die unterschiedliche Dauer der Ansprüche sowie deren Begrenzungsmöglichkeiten[28] und im Hinblick auf die spätere Abänderbarkeit[29] und die unterschiedlichen Rangstufen[30] konkret aufgeführt werden. Die Höhe der **Teilansprüche** müsse folglich **konkret berechnet**[31] und im Tenor der gerichtlichen Entscheidung gesondert ausgewiesen werden. Ist dies nicht erfolgt, ist auch die unterhaltsberechtigte Verfahrensbeteiligte **beschwert**.

45 Entsprechende Differenzierungen müssen – im Hinblick auf die unterschiedlichen rechtlichen Konsequenzen – auch bei **Unterhaltsvereinbarungen** vorgenommen werden.[32]

46 Da es sich bei den Teilansprüchen um unterschiedliche Ansprüche handelt, muss auch hinsichtlich der Rangfolge entsprechend differenziert werden. Die Gegenansicht will den gesamten Anspruch dem 2. Rang zuschlagen,[33] da § 1609 BGB ausdrücklich auf die Person des Unterhaltsberechtigten abstelle.[34]

2. Ehe „von langer Dauer"

47 Ebenfalls dem zweiten Rang zuzuordnen sind geschiedene Ehegatten bei einer **Ehe von langer Dauer**.

48 Es gibt auch hier **kein festes Zeitraster**. Die Vorschrift ist als Ausnahmeregelung **eng auszulegen**.[35]

---

[26] BGH v. 14.04.2010 - XII ZR 89/08; BGH v. 26.11.2008 - XII ZR 131/07 - FamRZ 2009, 406 mit Anm. *Schürmann* = NJW 2009, 989 = FPR 2009, 128 mit Anm. *Kemper* = FF 2009, 116 mit Anm. *Finke*.
[27] BGH v. 31.01.1990 - XII ZR 36/89 - FamRZ 1990, 496.
[28] BGH v. 13.06.2001 - XII ZR 343/99 - FamRZ 2001, 986, 991; der Aufstockungsunterhaltsanspruch kann gem. § 1578b BGB befristet werden.
[29] BGH v. 24.11.1993 - XII ZR 136/92 - FamRZ 1994, 228.
[30] *Menne-Grundmann*, Das neue Unterhaltsrecht, 2008, S. 87 Beispiel 2 und S. 89.
[31] BGH v. 05.09.2001 - XII ZR 108/00 - FamRZ 2001, 1687, 1691; *Kemper*, Das neue Unterhaltsrecht, 2008, Rn. 328; kritisch *Gerhardt*, FamRZ 2003, 272, 276.
[32] *Kleffmann*, FuR 2008, 67, 73; vgl. auch OLG Düsseldorf v. 30.07.2007 - II-7 UF 36/07, 7 UF 36/07 - FamRZ 2008, 519, 520.
[33] OLG Hamm v. 31.08.2012 - 3 UF 265/11 - FamFR 2012, 487; *Menne-Grundmann*, Das neue Unterhaltsrecht, 2008, S. 89; *Brudermüller* in: Palandt, 2012, § 1609 Rn. 11.
[34] *Menne*, FamRB 2008, 110, 118.
[35] *Schürmann*, FamRZ 2008, 313, 318.

Das Gesetz stellt jetzt klar, dass bei einer Festlegung einer Ehe von langer Dauer auch Nachteile im 49
Sinne des § 1578b Abs. 1 Satz 2 und 3 BGB zu berücksichtigen sind,[36] so dass die Rechtsprechung zu
§ 1587b BGB zu beachten ist. (vgl. die Kommentierung zu § 1578b BGB Rn. 5).

Die zum 01.03.2013 in Kraft getretene Änderung des § 1578b Abs. 1 BGB hat keine Auswirkungen 50
auf die Frage der Rangfolge nach § 1609 BGB, da sie nach der Gesetzesgründung[37] rein deklaratorischer Natur ist und lediglich die bereits gefestigte Rechtsprechung des BGH übernimmt.[38]

Der Begriff des Nachteils ist dabei **zukunftsorientiert** zu sehen. Maßgeblich ist dabei, ob und ggf. wie 51
lange die **beruflichen Möglichkeiten** des unterhaltsberechtigten Ehegatten **eingeschränkt** sind und ob
er dadurch nicht oder nur begrenzt in der Lage ist, Einkommen zu erzielen.[39] Es ist ein Vergleich zu
ziehen mit der beruflichen Entwicklung dieses Ehegatten, wie sie sich ohne die Ehe gestaltet hätte. Der
Schwerpunkt der Bewertung liegt **dabei auf den zukün**ftigen Auswirkungen. Entscheidend ist folglich
nicht, ob **und ggf. wie intensiv der**artige Nachteile in der Vergangenheit **vorhanden gewes**en sind,
sondern vielmehr, wie sich die damaligen Einschränkungen während der Zeit der Ehe als **fortwirkende
Nachteile** für die **zukünftige berufliche Entwicklung** des unterhaltsberechtigten geschiedenen Ehegatten auswirken werden, der infolgedessen eine **schlechtere Position im Erwerbsleben** hat.[40]

Dabei kann einmal auf die **erschwerte berufliche Re-Integration** nach längerer Unterbrechung der 52
Berufstätigkeit abgestellt werden, aber auch auf **Schwierigkeiten** bei der **Aufstockung** von einer **Teilzeittätigkeit zur Vollzeittätigkeit** (vgl. die Kommentierung zu § 1578b BGB) oder auch auf **verpasste Aufstiegschancen**.[41]

Ehebedingte Nachteile liegen folglich vor, wenn die Gestaltung der Ehe, insb. die Arbeitsteilung der 53
Ehegatten, die **Fähigkeit eines Ehegatten, für seinen Unterhalt zu sorgen, beeinträchtigt hat**.[42]

Nicht unberücksichtigt bleiben kann dabei aber auch, ob während der Ehe **eine besondere Vertrauenssituation entstanden ist,** die durch den unterhaltsrechtlichen Rang **auch für die Zukunft geschützt** werden soll. Dieses Vertrauen kann sich insbesondere aus der von den Eheleuten gewählten 54
Aufgabenverteilung hinsichtlich Kindesbetreuung und Erwerbstätigkeit während der Zeit des Zusammenlebens ergeben. Es kommt dabei – wie bei § 1578b BGB[43] – weniger auf die abstrakte Zeitdauer
der Ehe an. Stattdessen ist entscheidend, über welche Zeiträume eine bestimmte Aufgabenverteilung
zwischen den Eltern bestanden hat und wie intensiv das Vertrauen in den Fortbestand dieser Aufgabenverteilung ist. Für die Rangfrage ist dann zu entscheiden, ob sich aus dem in der Vergangenheit gebildeten Vertrauen auch eine „**Garantie des Unterhaltsranges**" für die Zukunft ergibt.

Der BGH stellt für die Bejahung dieses Rangs auf die **Ehedauer von 31 Jahren** ab, aber auch, dass 55
die Ehe durch die gewählte **Rollenverteilung** und die **Gestaltung der ehelichen Lebensverhältnisse**
von einer engen persönlichen und wirtschaftlichen **Verflechtung** geprägt war. Diese beruhte im konkreten Fall auf dem ehebedingten Abbruch der akademischen Ausbildung der Antragsgegnerin, der

---

[36] BGH v. 31.07.2008 - XII ZR 177/06 - FamRZ 2008, 1911 mit Anm. *Maurer*, FamRZ 2008, 1919 = NJW 2008, 3213 mit Anm. *Mleczko*; *Menne-Grundmann*, Das neue Unterhaltsrecht, 2008, S. 88.

[37] Vgl. BT-Drs. 17/11885, S. 6.

[38] BGH v. 20.03.2013 - XII ZR 72/11 - juris Rn. 19 - NJW 2013, 1530 = FamRZ 2013, 853 mit Anm. *Hoppenz* = FF 2013, 309 unter Hinweis auf BGH v. 06.10.2010 - XII ZR 202/08 - juris Rn. 21 - FamRZ 2010, 1971; BGH v. 20.03.2013 - XII ZR 120/11 - NJW 2013, 1447 = FamRZ 2013, 864 mit Anm. *Born*; BGH v. 19.06.2013 - XII ZB 309/11 - NJW 2013, 2434 = FamRZ 2013, 1291 mit Anm. *Born*, dazu *Erdrich*, FamFR 2013, 361; *Borth*, FamRZ 2013, 165, 168; *Graba*, FamFR 2013, 49; *Born*, NJW 2013, 561.

[39] BGH v. 05.12.2012, XII ZB 670/10 - NJW 2013, 528 = FamRZ 2013, 274 = FamRB 2013, 71; BGH v. 28.02.2007 - XII ZR 37/05 - FamRZ 2007, 793; BGH v. 25.10.2006 - XII ZR 190/03 - FamRZ 2007, 200, 204; *Menne*, FF 2006, 174, 181; *Dose*, FamRZ 2007, 1289, 1295; *Schürmann*, FuR 2008, 183, 185.

[40] BGH v. 20.03.2013 - XII ZR 120/11 - NJW 2013, 1447 = FamRZ 2013, 864 mit Anm. *Born*; BGH v. 11.07.2012 - XII ZR 72/10 - juris Rn. 43 m.w.N. - FamRZ 2012, 1483 und BGH v. 20.02.2013 - XII ZR 148/10 - NJW 2013, 1444 mit Anm. *Born* = FamRZ 2013, 860 mit Anm. *Maurer*.

[41] BGH v. 13.03.2013 - XII ZB 650/11 - NJW 2013, 1738 = FamRZ 2013, 935; BGH v. 20.02.2013 - XII ZR 148/10 - NJW 2013, 1444 mit Anm. *Born* = FamRZ 2013, 860 mit Anm. *Maurer*; BGH v. 11.07.2012 - XII ZR 72/10 - FamRZ 2012, 1483 mit Anm. *Borth* = NJW 2012, 3434; BGH v. 20.10.2010 - XII ZR 53/09 - NJW 2010, 3653 mit Anm. *Born* = FamRZ 2010, 2059 mit Anm. *Borth*.

[42] BGH v. 28.11.2007 - XII ZR 132/05 - FamRZ 2008, 582, 586; BGH v. 26.11.2008 - XII ZR 131/07 - FamRZ 2009, 406 m. Anm. *Schürmann* = FPR 2009, 128 m. Anm. *Kemper*; OLG Karlsruhe v. 05.09.2011 - 16 UF 132/09 - FamRZ 2012, 134.

[43] Die oben zu § 1578b BGB erörterten Grundsätze gelten auch hier; *Schürmann*, FamRZ 2008, 313, 318.

Übernahme der Haushaltsführung und Kinderbetreuung und schließlich auch darauf, dass die Antragsgegnerin ihre spätere Tätigkeit als Übersetzerin in der Ehezeit im Wesentlichen für den Antragsteller entfaltete.[44]

56 Wenn umgekehrt bereits eine Befristung greift, ist für die Annahme einer „langen Dauer" kein Raum.[45]

57 **Nicht geschützt** ist das **Vertrauen auf die Aufrechterhaltung eines früheren Lebensstandards**.[46]

58 Auch hier ist – wie bei § 1578b BGB – **einzelfallbezogener Tatsachenvortrag** von entscheidender Bedeutung.

59 Steht der früheren Ehefrau **Krankenunterhalt** und stünde der neuen Ehefrau **Aufstockungsunterhalt** zu, kann eine Ehe von langer Dauer gemäß § 1609 Nr. 2 BGB auch dann in Betracht kommen, wenn der früheren Ehefrau kein ehebedingter Nachteil entstanden ist.[47]

III. Dritte Rangstufe gemäß Nr. 3

60 **Ehegatten**, die nicht unter Nr. 2 fallen, nehmen den dritten Rang ein. Sie sind untereinander gleichrangig.

61 Ist ein neuer Ehegatte gegenüber dem geschiedenen Ehegatten **nachrangig**, ist dessen **Unterhaltsanspruch** im Rahmen der Leistungsfähigkeit gegenüber dem geschiedenen Ehegatten **nicht als sonstige Verpflichtung zu berücksichtigen**. In solchen Fällen ist der Unterhaltspflichtige deswegen regelmäßig in Höhe des Unterhaltsbedarfs nach den ehelichen Lebensverhältnissen leistungsfähig. Allerdings ist ein neuer Ehegatte nach der Rechtsprechung des BGH[48] nur dann nach § 1609 Nr. 3 BGB nachrangig, wenn aus der neuen Beziehung kein weiteres minderjähriges Kind hervorgegangen ist, das noch betreut werden muss. Weil sein Unterhaltsanspruch im Rahmen der Unterhaltskonkurrenz mit dem geschiedenen Ehegatten nach den §§ 1581, 1609 Nr. 2 BGB als hypothetischer nachehelicher Unterhalt zu bemessen ist, ist dann ein von ihm **erzielbares Einkommen zu berücksichtigen**.[49]

IV. Vierte Rangstufe gemäß Nr. 4

62 Im vierten Rang stehen die Unterhaltsansprüche **volljähriger Kindern**, soweit diese nicht privilegiert und minderjährigen Kindern gleichgestellt sind, also regelmäßig dann, wenn sie sich in einer **beruflichen Ausbildung** befinden oder einem **Studium** nachgehen.[50]

63 Schuldet der Unterhaltspflichtige einem volljährigen und einem minderjährigen Kind Unterhalt, so ist zur Bestimmung des Unterhalts des volljährigen Kindes der Zahl- und nicht der Tabellenunterhalt des vorrangigen minderjährigen Kindes abzusetzen.[51]

64 Trotz des Nachrangs kann aber der **Ausbildungsunterhaltsanspruch** des volljährigen Kindes als eine **die ehelichen Lebensverhältnisse prägende Belastung** zu berücksichtigen ist[52] und damit den Bedarf beider Ehegatten beeinflusst.

65 Denn bei der Ermittlung des Ehegattenunterhalts ist für die **Bedarfsermittlung** nach der Rechtsprechung des BGH auch der **Unterhalt nachrangiger Volljähriger als Abzugsposten** zu berücksichtigen. Zwar geht das volljährige Kind dem Ehepartner im Rang nach, dessen Unterhaltsanspruch beeinflusst dennoch den Bedarf des Ehegatten. Die Rangfolge der beiden Ansprüche wirkt sich erst auf der Ebene der **Leistungsfähigkeit** aus.

66 Davon zu unterscheiden ist die Situation gegenüber einem volljährigen Kind aus erster Ehe, wenn der unterhaltspflichtige Elternteil wieder verheiratet ist. Zwar ist auch hier der – bereits bei der neuen Eheschließung – bestehende Unterhaltsanspruch des volljährigen Kindes prägend für die neue Ehe, ebenso wie die Belastung mit dem Unterhaltsanspruch der geschiedenen Ehefrau die ehelichen Lebensverhältnisse der neuen Ehe prägt.[53]

---

[44] BGH v. 07.05.2014 - XII ZB 258/13.
[45] *Schürmann*, FamRZ 2008, 313, 318.
[46] *Schürmann*, FamRZ 2008, 313, 318.
[47] OLG Hamm v. 23.12.2013 - 8 UF 117/13 - FamRZ 2014, 1027.
[48] BGH v. 07.12.2011 - XII ZR 151/09 - juris Rn. 49 - FamRZ 2012, 281.
[49] Vgl. BGH v. 18.11.2009 - XII ZR 65/09 - juris Rn. 46 ff. - FamRZ 2010, 111.
[50] Kritisch zu dem darin enthaltenen Wertungswiderspruch *Schürmann*, FamRZ 2008, 313, 319.
[51] OLG Koblenz v. 30.06.2008 - 11 WF 531/08 - OLGR Koblenz 2008, 765.
[52] KG Berlin v. 15.03.2011 - 18 UF 32/09 - FamRZ 2011, 1656; *Schürmann*, FamRZ 2008, 313, 319.
[53] Vgl. *Hoppenz*, NJW 2012, 819, 820.

Jedoch muss auch bei der Bedarfsbemessung der zweiten Ehefrau deren – vom Ehemann abgeleiteter – Mindestbedarf gesichert sein. Daraus folgt das OLG Jena, dass die Ehegatten der neuen Ehe in freier Entscheidung vereinbaren können, ob einer von ihnen oder ob beide zum Familieneinkommen durch Erwerbstätigkeit beitragen. Dabei stehe es den Ehegatten frei, ihre Ehe so zu führen, dass ein Partner allein einer Berufstätigkeit nachgeht und der andere sich der Familienarbeit widmet, ebenso wie sie sich dafür entscheiden können, beide einen Beruf ganz oder teilweise auszuüben und sich die Hausarbeit und Kinderbetreuung zu teilen oder diese durch Dritte ausführen zu lassen. Die (neue) Ehefrau sei daher nicht verpflichtet, einer Erwerbstätigkeit nachzugehen, damit der Ehemann ihr weniger Unterhalt zu leisten hat, um gegenüber seiner volljährigen Tochter leistungsfähig zu sein.[54]

Im Verhältnis zu der volljährigen Tochter des unterhaltspflichtigen Ehemannes müsse es folglich bei der uneingeschränkten Dispositionsfreiheit im Rahmen der Ausgestaltung der ehelichen Lebensverhältnisse bleiben. Folglich sei in diesen Fällen bei der Berechnung des Familienunterhaltes und damit des Bedarfs der Ehefrau kein entsprechender Vorwegabzug der Unterhaltszahlungen für die Tochter vorzunehmen. Der Unterhaltsanspruch des Kindes sei jedenfalls dann nicht ehe- und damit auch bedarfsprägend, wenn der berechtigte Ehegatte nicht den ihm zustehenden Selbstbehalt in Höhe (seit 01.01.2013 von 1.200 €) und den auch dem verpflichteten Ehegatten zustehenden Selbstbehalt gegenüber dem volljährigen Kind verwirklichen kann, da ansonsten der in §§ 1609 Nr. 3, 1603 Abs. 2 Satz 1 und 2 BGB geregelte Rangunterhalt unterlaufen würde.[55]

Sowohl beim Unterhaltspflichtigen als auch beim vorrangigen unterhaltsberechtigten Ehepartner kann hier ein **Mangelfall** eintreten. Beim vorrangigen unterhaltsberechtigten Ehepartner ist dann ein Mangelfall gegeben, wenn durch den Vorabzug des Volljährigenunterhalts ein Missverhältnis zum verbleibenden Bedarf des Ehegatten eintritt. Ein solches Missverhältnis wird dann angenommen, wenn der notwendige Eigenbedarf des vorrangigen unterhaltsberechtigten Ehegatten nicht gedeckt ist. Nach der ab dem 01.01.2013 geltenden Düsseldorfer Tabelle beträgt dieser 960 €, wenn der Familienunterhalt zu beziffern ist und 1.200 € bei getrennt lebenden oder geschiedenen Eheleuten.

Die **Berechnung des Ehegattenunterhalt** erfolgt in diesem Fällen in folgenden Schritten:[56]

- Im ersten Schritt ist der Unterhalt bei Abzug des (vollen) Volljährigenunterhalts zu berechnen.
- Ergibt dies einen Unterhaltsbetrag unterhalb des notwendigen Eigenbedarfs, liegt ein Missverhältnis vor, so dass der Volljährigenunterhalt zu kürzen ist.
- Liegt der Ehegattenunterhalt bereits ohne Abzug des Volljährigenunterhalts unter dem notwendigen Eigenbedarf, entfällt der Volljährigenunterhalt vollständig.
- Ergibt die Berechnung einen Ehegattenunterhalt, der den notwendigen Eigenbedarf überschreitet, wird der Ehegattenunterhalt durch den Eigenbedarf begrenzt.

V. Fünfte Rangstufe gemäß Nr. 5

Die Unterhaltsansprüche von **Enkelkindern** sind im fünften Rang gleichrangig mit denen weiterer Abkömmlinge.

VI. Sechste Rangstufe gemäß Nr. 6

Entsprechend der inzwischen größeren praktischen Bedeutung des **Elternunterhaltes** werden diese Unterhaltsansprüche unter einer eigenen Nummer im 6. Rang aufgeführt.

VII. Siebte Rangstufe gemäß Nr. 7

Weitere Verwandte der aufsteigenden Linie; unter ihnen gehen die Näheren den Entfernteren vor.

C. Prozessuale Hinweise/Verfahrenshinweise

I. Darlegungs- und Beweislast

Der Unterhaltspflichtige muss **darlegen und ggf. beweisen**, dass er tatsächlich an vor- oder gleichrangige Berechtigte leistet und er deshalb nicht mehr ausreichend leistungsfähig ist.[57]

---

[54] Vgl. OLG Jena v. 17.08.2012 - 1 UF 219/12 - FuR 2013, 174.
[55] Vgl. OLG Jena v. 17.08.2012 - 1 UF 219/12 - FuR 2013, 174.
[56] Vgl. *Huber*, FamFR 2012, 521.
[57] *Reinken*, FPR 2009, 82, 84; *Menne* in: Büte/Poppen/Menne, Unterhaltsrecht, 2009, § 1609 Rn. 20.

75 Soweit der Unterhaltspflichtige aber im Rahmen des § 1609 Nr. 2 Alt. 2 BGB Tatsachen vorgetragen hat, die einen Wegfall ehebedingter Nachteile nahe legen, muss die Unterhaltsberechtigte ihrerseits Umstände darlegen und ggf. beweisen, die für fortdauernde ehebedingte Nachteile sprechend und damit die Einordnung in den zweiten Rang rechtfertigen.[58]

II. Verfahrensrechtliche Behandlung von Ansprüchen Dritter

76 Stehen Unterhaltsansprüche mehrerer Berechtigter im Raum, so sind diese grundsätzlich so zu beurteilen wie bei gleichzeitiger Entscheidung über alle Ansprüche. Das gilt auch, wenn die Berechtigten gleichen Rang haben.[59]

III. Bedeutung in der Zwangsvollstreckung

77 Im **Zwangsvollstreckungsrecht** entspricht die Reihenfolge der Berechtigten in § 850d ZPO der in § 1609 Abs. 1 BGB.[60]

78 Für den Nachweis der Vollstreckungsprivilegierung eines Unterhaltsanspruchs gem. § 850d Abs. 1 Satz 1 ZPO muss der Gläubiger einen Titel vorlegen, aus dem sich ergibt, dass der Vollstreckung ein entsprechender Unterhaltsanspruch zugrunde liegt. Die Bevorrechtigung des Gläubigers gem. § 850d Abs. 2 ZPO i.V.m. § 1609 BGB gegenüber anderen Unterhaltsberechtigten **muss sich dagegen nicht aus dem Titel ergeben**; die Rangfolge mehrerer Unterhaltsberechtigter hat das Vollstreckungsorgan bei der Bemessung des pfandfrei zu belassenden Einkommensanteils nach § 850d Abs. 1 Satz 2 ZPO selbständig zu prüfen und festzulegen.[61]

79 Die **Vollstreckungsgerichte** haben eigenständig festzustellen, welcher Rang dem Unterhaltsgläubiger bei der Vollstreckung nach § 850d ZPO im Verhältnis zu anderen Unterhaltsberechtigten zukommt. Denn danach richtet sich die Höhe des dem Schuldner pfandfrei zu belassenden Betrags. Entsprechende Tatsachen hat der Gläubiger im Pfändungsantrag schlüssig darzulegen.[62]

80 Nach § 3 der Zwangsvollstreckungsformular-Verordnung[63] ist seit **dem 01.03.2013** für den Antrag nach § 850d ZPO verbindlich das **Formular** gem. Anlage 3 zur ZVFV zu nutzen.[64]

81 Ein Antrag auf Erlass eines Pfändungs- und Überweisungsbeschlusses ist jedoch nicht formunwirksam, wenn sich der Antragsteller eines Antragsformulars bedient, das im Layout geringe, für die zügige Bearbeitung des Antrags nicht ins Gewicht fallende Änderungen enthält.[65] Insbesondere ist der Antrag nicht deshalb formunwirksam, weil das Antragsformular nicht die in dem Formular gemäß Anlage 2 zu § 2 Nr. 2 ZVFV enthaltenen grünfarbigen Elemente aufweist.

82 Die den Formularzwang für Anträge auf Erlass eines Pfändungs- und Überweisungsbeschlusses regelnden Rechtsnormen sind zudem verfassungskonform dahingehend auszulegen, dass der Gläubiger vom Formularzwang entbunden ist, soweit das Formular unvollständig, unzutreffend, fehlerhaft oder missverständlich ist.[66] Dann ist es nicht zu beanstanden, wenn der Antragsteller in dem Formular Streichungen, Berichtigungen oder Ergänzungen vornimmt oder das Formular insoweit nicht nutzt, sondern auf beigefügte Anlagen verweist.

---

[58] BGH v. 30.07.2008 - XII ZR 177/06 - NJW 2008, 3213; BGH v. 14.11.2007 - XII ZR 16/07 - FamRZ 2008, 134; OLG Schleswig v. 22.12.2008 - 13 UF 100/08 - NJW 2009, 1216; OLG Hamm v. 05.02.2008 - 1 WF 22/08 - FamRZ 2008, 1000, 1001; *Borth*, FamRZ 2006, 813, 816; BGH v. 14.10.2009 - XII ZR 146/08 - FamRZ 2009, 1990; OLG Celle v. 06.07.2010 - 10 UF 64/10 - FamRZ 2010, 1911; BGH v. 20.10.2010 - XII ZR 53/09 - NJW 2010, 3653 mit Anm. *Born* = FamRZ 2010, 2059 mit Anm. *Borth*.

[59] OLG Brandenburg v. 14.12.2010 - 10 UF 131/10.

[60] Ausführlich *Büttner*, FamRZ 1994, 1434-1441 auf der Basis des alten Rechts. Zur Reform durch das Gesetz zur Sachaufklärung in der Zwangsvollstreckung (v. 29.07.2009, BGBl I 2009, 2258) vgl. auch *Vollkommer*, NJW 2012, 3681.

[61] Vgl. BGH v. 06.09.2012 - VII ZB 84/10 - NJW 2013, 239; dazu *Ahrens*, NJW 2013, 240, 241; *Aps*, FF 2013, 28-29, vgl. auch *Cirullies*, FamFR 2012, 523.

[62] *Cirullies*, FamFR 2012, 523.

[63] ZVFV v. 23.08.2012 (BGBl I 2012, 1822).

[64] Vgl. www.gesetze-im-internet.de/bundesrecht/zvfv/gesamt.pdf (abgerufen am 19.08.2014).

[65] BGH v. 13.02.2014 - VII ZB 39/13 - MDR 2014, 495; LG Bremen v. 27.06.2013 - 2 T 265/13; zustimmend *Geisler*, jurisPR-BGHZivilR 7/2014, Anm. 2.

[66] BGH v. 13.02.2014 - VII ZB 39/13 - MDR 2014, 495.

Der Formularzwang nach § 758a Abs. 6 ZPO i.V.m. §§ 1, 3 ZVFV gilt nicht für Anträge auf Erlass einer richterlichen Durchsuchungsanordnung im Verwaltungsvollstreckungsverfahren nach § 287 Abs. 4 AO.[67]   83

Wegen der sich aus der Regelung ergebenden rechtlichen Schwierigkeiten ist es i.d.R. erforderlich, dem Unterhaltsgläubiger im Rahmen der **Prozesskostenhilfebewilligung** einen **Anwalt** beizuordnen.[68]   84

D. Steuerrechtliche Hinweise

Vgl. hierzu die Steuerrechtl. Hinw. zu §§ 1601 ff. BGB ff.   85

---

[67] BGH v. 06.02.2014 - VII ZB 37/13 - MDR 2014, 496.
[68] BGH v. 09.08.2012 - VII ZB 84/11 - NJW 2013, 239 = FamFR 2012, 475.

§ 1610 BGB Maß des Unterhalts

(Fassung vom 02.01.2002, gültig ab 01.01.2002)

(1) Das Maß des zu gewährenden Unterhalts bestimmt sich nach der Lebensstellung des Bedürftigen (angemessener Unterhalt).

(2) Der Unterhalt umfasst den gesamten Lebensbedarf einschließlich der Kosten einer angemessenen Vorbildung zu einem Beruf, bei einer der Erziehung bedürftigen Person auch die Kosten der Erziehung.

Gliederung

A. Grundlagen 1
B. Anwendungsvoraussetzungen 7
I. Unterhalt nach der Lebensstellung des Bedürftigen (Absatz 1) 7
1. Minderjährige Kinder 8
a. Maßstab: Einkommen des barunterhaltspflichtigen Elternteils 8
b. Mindestbedarf des Kindes 28
c. Tabellenunterhalt, besonderer Bedarf und konkrete Bedarfsfestsetzung 29
d. Bedeutung des Wohnsitzes des Berechtigten und Verpflichteten 44
2. Volljährige Kinder 54
a. Anspruchsgrund 54
b. Abgeleitete Lebensstellung 56
c. Behandlung überobligatorischer Einkünfte der Eltern 62
d. Grundsätzlich anteilige Haftung beider Eltern 69
3. Besondere Lebenssituation volljähriger Kinder 75
a. Studenten und Kinder mit eigenem Hausstand 75
b. Wehrdienst und Zivildienst 97
c. Wartezeit zwischen Beendigung der Schule und dem Beginn einer weiteren Ausbildung bzw. des Studiums 98
d. Lange Wartezeit bis zum Ausbildungsbeginn (Ausbildungsverzögerung) 106
e. Wartezeit zwischen einzelnen Ausbildungsabschnitten 109
f. Wartezeit nach Beendigung der Ausbildung 112
g. Freiwilliges soziales Jahr (Jugendfreiwilligendienste) 116
h. Abbruch der Ausbildung 124
i. Kinder ohne Schulabschluss 125
j. Anwendung auch bei minderjährigen Kindern 126
k. Heimunterbringung 128
l. Erkrankung und Behinderung 130
m. Schwangerschaft 132
II. Bedarfsermittlung nach Tabellen und Leitlinien 133
1. Struktur der Düsseldorfer Tabelle 135
a. Alter des Kindes 135
b. Einkommensgruppen 137

c. Werte der Düsseldorfer Tabelle 143
2. In der Tabelle nicht enthaltene Positionen 144
3. Gesamter Lebensbedarf (Absatz 2) 147
4. Naturalleistung des Barunterhaltspflichtigen 150
5. Betreuung des Kindes durch Dritte 159
6. Berücksichtigung des Wohnvorteils beim Kindesunterhalt 162
7. Besondere Kosten des Umgangsrechts 166
a. Umgangskosten und Unterhalt 166
b. Umgangskosten und Sozialleistungen 197
c. Umgangskosten und Steuern 216
8. Kosten der Kinderbetreuung 218
a. Kindergartenbeiträge 219
b. Andere Kinderbetreuungskosten 226
c. Rechtliche Besonderheiten beim Mehrbedarf... 249
9. Mehrbedarf und Sonderbedarf 254
10. Verfahrenskostenvorschuss beim Kindesunterhalt 257
a. Anspruch des minderjährigen Kindes 261
b. Anspruch des volljährigen Kindes 262
11. Ausbildungsunterhalt (Absatz 2) 268
a. Fortbestehende Unterhaltsbedürftigkeit 274
b. Anspruch auf begabungsbezogene Ausbildung 282
c. Bedeutung der wirtschaftlichen Verhältnisse der Eltern 294
d. Obliegenheiten des Kindes 296
e. Zweitausbildung – weitere Ausbildung 360
f. Studium – Bachelor – Master – Promotion 389
III. Bedarf beim Elternunterhalt 395
1. Bemessungsgrundlage für den Bedarf 400
2. Der Elternteil lebt im eigenen Haushalt 412
3. Der Elternteil lebt im Heim 415
a. Heimkosten als Maßstab für den Bedarf 416
4. Der Elternteil lebt in einer Wohngruppe 438
C. Verfahrenshinweise 439
I. Gerichtliche Zuständigkeit 439
II. Leistungsverfahren 443
III. Sofortige Vollstreckbarkeit 445
IV. Verfahrenswerte 456
1. Hauptsacheverfahren 456
2. Verfahren der einstweiligen Anordnung 460
3. Abänderungsverfahren 463
4. Stufenantrag 464
V. Vereinfachtes Verfahren 471
VI. Darlegungs- und Beweislast 472

VII. Minderjährigkeit – Volljährigkeit 478
1. Vertretung des minderjährigen Kindes 480
2. Keine Befristung des Anspruchs 486
3. Verfahrensrechtliche Auswirkungen des fortwirkenden Anspruchs 488
a. Auswirkungen auf das – jetzt volljährige – Kind 491
b. Auswirkungen auf den bisher tätigen Elternteil 495
c. Maßnahmen bei Fortsetzung der Vollstreckung 505
4. Abänderungsverfahren nach Volljährigkeit 509
5. Vollstreckungsgegenantrag 518
VIII. Herausgabe des Vollstreckungstitels 519
IX. Verfahrenskostenhilfe 522
1. Finanzielle Verhältnisse 522
2. Maßgebliche Person 523
a. Verfahrensstandschaft 523

b. Gesetzliche Vertretung 524
3. Mutwilligkeit bei Unterhaltsansprüchen 526
X. Aufrechnung – Verrechnung 530
XI. Verjährung – Verwirkung 542
XII. Übergegangene Ansprüche 548
XIII. Anspruchsübergang bei BAföG-Vorausleistungen 554
XIV. Sicherung durch Arrest 570
1. Arrestanspruch 571
2. Arrestgrund 579
3. Arrestverfahren 589
a. Summarisches Verfahren 589
b. Kostenentscheidung und Verfahrenswert 594
c. Rechtsmittel 596
d. Schadensersatzansprüche 600
XV. Berufsrechtliche Fragen 601
D. Steuerrechtliche Hinweise 615

A. Grundlagen

Die Vorschrift regelt den **angemessenen Unterhalt** und definiert damit den **Bedarf** des Unterhaltsberechtigten. Sie legt in Absatz 1 fest, dass sich der Unterhalt nach der jeweiligen Lebensstellung des Berechtigten bestimmt. 1

Absatz 2 macht deutlich, dass der Anspruch umfassend ist, also auch die Kosten einer **Ausbildung** und **Erziehung** umfassen kann. 2

Anders als der Unterhalt eines geschiedenen Ehegatten (vgl. § 1578b BGB) ist der Unterhaltsanspruch auch eines volljährigen Kindes grundsätzlich nicht befristet. 3

Hat der Unterhaltspflichtige ohne eine entsprechende Übereinkunft einen auf die Zeit der Minderjährigkeit befristeten Titel geschaffen, so hat der Minderjährige einen Anspruch auf unbefristete Festsetzung seines Unterhaltsanspruchs in Form eines dynamisierten Titels über einen bestimmten Prozentsatz des Mindestunterhalts.[1] 4

Das OLG Dresden[2] geht dann zwar von einem Abänderungsverfahren gem. § 239 FamFG aus, bei dem der Unterhalt allerdings auch ohne Änderung der tatsächlichen Verhältnisse neu festgesetzt werden kann. 5

Rechtspolitisch diskutiert wird aber die Einführung einer gesetzlichen Befristung des Ausbildungsunterhaltes.[3] 6

B. Anwendungsvoraussetzungen

I. Unterhalt nach der Lebensstellung des Bedürftigen (Absatz 1)

Im Verwandtenunterhalt richtet sich das Maß des geschuldeten angemessenen Unterhalts nach der **aktuellen Lebensstellung des Unterhaltsbedürftigen**. Diese Lebensstellung kann sich im Laufe der Zeit sowohl verbessern als auch verschlechtern. Diese Veränderungen wirken sich auch auf den Unterhaltsanspruch aus. 7

1. Minderjährige Kinder

a. Maßstab: Einkommen des barunterhaltspflichtigen Elternteils

aa. Abgeleitete Lebensstellung

Soweit der Unterhaltsbedürftige selbst noch keine eigene Lebensstellung erlangt hat, wie dies bei minderjährigen Kindern der Fall ist, leitet sie sich von derjenigen der unterhaltspflichtigen Eltern ab. Sie **nehmen an der gesamten Lebenssituation der Familie** teil. 8

Das Gleiche gilt für **volljährige Kinder**, wenn sie noch im Haushalt der Eltern oder eines Elternteils leben oder sich erst eine eigene Lebensposition aufbauen. Auch bei einem **Studenten** fehlt es an einer 9

---

[1] OLG Hamm v. 09.02.2011 - 8 WF 37/11 - FamRB 2011, 344.
[2] OLG Dresden v. 03.01.2011 - 20 WF 1189/10 - FamRB 2011, 144.
[3] Vgl. hierzu *Götz/Brudermüller*, FPR 2008, 352 und *Götz*, Unterhalt für volljährige Kinder, 2007, S. 215 ff.

§ 1610

unterhaltsrechtlich relevanten originären Lebensstellung; solange das Kind auch nach Eintritt der Volljährigkeit für seinen Lebensunterhalt auf die ihm von seinen Eltern zur Verfügung gestellten Mittel angewiesen ist, bleibt seine Lebensstellung von ihnen abgeleitet (vgl. aber Rn. 75).[4]

10 Zur **Weitergeltung eines zur Zeit der Minderjährigkeit des Kindes erlangten Titels über den** Eintritt der Volljährigkeit hinaus vgl. Rn. 478.

11 Zur berufsrechtlichen Frage eines **Interessenkonfliktes** des Anwaltes, der gleichzeitig das Kind und einen Elternteil vertritt, vgl. Rn. 601 ff.

bb. Einkommensverhältnisse des allein barunterhaltspflichtigen Elternteils

12 Damit bestimmt sich bei getrennt lebenden oder geschiedenen Eltern die Lebensstellung des minderjährigen Kindes grundsätzlich nach den **Einkommens- und Vermögensverhältnissen des barunterhaltspflichtigen Elternteils.**[5]

13 Bei Gehaltsempfängern wird dabei auf den **Durchschnitt der letzten 12 Monate** abgestellt, bei Selbständigen auf das **Durchschnittseinkommen der letzten 3 Jahre.** Dies gilt allerdings nur dann, wenn und soweit es um eine **Prognose in die Zukunft** geht. Geht es dagegen beim Unterhaltsrückstand um abgeschlossene Zeiträume in der Vergangenheit, ist auf das jeweilige Jahr abzustellen.[6]

14 Dagegen setzt das OLG Brandenburg das **Durchschnittseinkommen eines Selbständigen aus 3 Jahren** auch im Rahmen der Unterhaltsberechnung für die Vergangenheit an.[7]

15 Zur Berücksichtigung des Einkommens aus einer **überobligatorischen Tätigkeit** vgl. Rn. 62 ff.

16 Dabei kommt es für den maßgebenden Lebensstandard immer auf sämtliche **tatsächlichen aktuellen Einkünfte** des unterhaltspflichtigen Elternteils bzw. der Eltern an. Dies ist Folge seiner wirtschaftlichen Unselbständigkeit und Abhängigkeit von den Einkommensverhältnissen der Eltern.[8]

17 Ist ein Unterhaltsverpflichteter, um seinen selbstgewählten Lebensstandard halten zu können, unbedingt darauf angewiesen, in ganz erheblichem Umfang **Überstunden** zu leisten, um seine Schulden bedienen zu können, hat er aus freien Stücken heraus seine Arbeitsbelastung so gewählt, dass er den von ihm gewünschten Lebensstandard decken kann. Da noch nicht erwerbstätige unterhaltsberechtigte Kinder ihren Bedarf von der Lebensstellung der Eltern ableiten, kann das Kind bei der Berechnung seines Bedarfs das gesamte Einkommen des Unterhaltsverpflichteten berücksichtigen.[9]

18 Wenn sich das **Einkommen** des Unterhaltspflichtigen durch unterhaltsrechtlich relevante Umstände **vermindert**, so nimmt folglich auch das unterhaltsberechtigte Kind an dem wirtschaftlich geminderten Lebensstandard des barunterhaltspflichtigen Elternteils teil. Allerdings kann ein höherer Unterhaltsbedarf des Kindes auch aus fiktiv zugerechneten Einkünften abgeleitet werden, wenn der Unterhaltspflichtige über längere Zeit tatsächlich Einkommen in entsprechender Höhe erzielt und daraus den Familienunterhalt bestritten hat. Der Bedarf des Kindes orientiert sich dann an den früher erzielten Einkünften, wenn der Unterhaltspflichtige mit **zumutbaren Anstrengungen** ein solches Einkommen erzielen könnte. Der Unterhaltsbedarf kann aber nicht aus fiktiven Mitteln hergeleitet werden, die dem Unterhaltspflichtigen nie zur Verfügung gestanden haben.[10]

19 Umgekehrt nimmt das Kind auch an **Verbesserungen der Einkommenssituation** des unterhaltspflichtigen Elternteils teil.

20 Dies gilt insbesondere auch bei einer **Einkommensverbesserung durch Wiederverheiratung aufgrund der günstigeren Steuerklasse.** Der aus einer neuen Ehe des Unterhaltspflichtigen resultierende **Splittingvorteil** wird sowohl bei der Bemessung des Unterhaltsbedarfs minderjähriger Kinder gemäß § 1610 Abs. 1 BGB als auch bei der Beurteilung der Leistungsfähigkeit des Unterhaltspflichtigen im Sinne von § 1603 Abs. 2 BGB berücksichtigt, soweit er auf seinem alleinigen Einkommen beruht.[11]

---

[4] BGH v. 04.06.1986 - IVb ZR 51/85 - NJW-RR 1986, 1261-1262; *Soyka*, FamRZ 2003, 1154-1159.

[5] BGH v. 06.02.2002 - XII ZR 20/00 - FamRZ 2002, 536, 537; BGH v. 15.02.2006 - XII ZR 4/04 - FamRZ 2006, 612.

[6] OLG Schleswig v. 21.12.2012 - 10 UF 81/12 - FamRZ 2013, 1132; vgl. BGH v. 04.07.2007 - XII ZR 141/05 - juris Rn. 23 - FamRZ 2007, 1532 ff.

[7] Vgl. OLG Brandenburg v. 07.05.2013 - 10 UF 1/13 - FamRZ 2014, 219.

[8] BGH v. 25.10.1995 - XII ZR 247/94 - NJW-RR 1996, 321-323.

[9] OLG Köln v. 26.02.2008 - 4 UF 120/07 - FamRZ 2008, 1657.

[10] BGH v. 20.11.1996 - XII ZR 70/95 - FamRZ 1997, 281.

[11] BGH v. 10.07.2013 - XII ZB 298/12 - FamRZ 2013, 1563 m.w.N.; BGH v. 02.06.2010 - XII ZR 160/08 - FamRZ 2010, 1318; BGH v. 17.09.2008 - XII ZR 72/06 - FamRZ 2008, 2189.

Wenn der **Ehegatte des Unterhaltspflichtigen eigene steuerpflichtige Einkünfte** bezieht, ist der Splittingvorteil jedoch – insoweit zum Nachteil des Kindes – auf den Unterhaltspflichtigen und seinen Ehegatten zu verteilen. Diese Aufteilung zwischen dem Unterhaltspflichtigen und seinem Ehegatten erfolgt allerdings nicht nach einem Halbteilungsmaßstab, sondern nach dem Maßstab einer fiktiven Einzelveranlagung beider Ehegatten.[12] 21

Wie das verfügbare Einkommen im Mangelfall zu verteilen ist, ergibt sich somit allein aus der gesetzlichen Rangfolge gemäß §§ 1609, 1582 BGB. Allerdings verringert sich der **Splittingvorteil** in der Regel bei eigenem Einkommen des Ehegatten (hier des Ehemannes der Klägerin), was sich dann auch zu Lasten des für den Kindesunterhalt verfügbaren Einkommens auswirkt.[13] Für den Splittingvorteil ist es nicht erheblich, ob und in welcher Höhe ein Unterhaltsanspruch des weniger oder nicht verdienenden Ehegatten besteht. Vielmehr handelt es sich um eine bewusst pauschalierende steuerrechtliche Regelung, die dem Steuerpflichtigen den Vorteil auch belässt, wenn er keine Unterhaltsleistung erbracht hat. Dementsprechend steht der Splittingvorteil vermögensrechtlich auch nicht dem unterhaltsbedürftigen Ehegatten zu, sondern ist zwischen den Ehegatten nach Maßstab einer fiktiven Einzelveranlagung aufzuteilen.[14] 22

cc. Einkommensverhältnisse des betreuenden Elternteils

Der **andere Elternteil** leistet beim minderjährigen unverheirateten Kind seinen Beitrag zum Unterhalt in der Regel durch die Pflege und Erziehung des Kindes (§ 1606 Abs. 3 Satz 2 BGB). 23

Lebt das Kind beim besser verdienenden Elternteil, nimmt es faktisch auch an dessen gehobenen Lebensverhältnissen teil; ein dadurch erzeugter zusätzlicher Barbedarf des Kindes muss von vornherein allein durch den betreuenden Elternteil befriedigt werden.[15] 24

Voraussetzung ist, dass die Einkünfte beider Eltern sich im mittleren Bereich halten und das Einkommen des betreuenden Elternteils nicht höher ist als das des anderen. Andernfalls kommt auch beim minderjährigen Kind eine – teilweise oder vollständige – beiderseitige Unterhaltspflicht in Betracht (zu Einzelheiten vgl. die Kommentierung zu § 1606 BGB; vgl. dazu die Kommentierung zu § 1603 BGB Rn. 961). 25

Geht es um die (anteilige Mit-)Haftung eines Elternteils, stellt sich die Frage, ob und ggf. wie ein hypothetisches Einkommen des anderen Elternteils zu berücksichtigen ist (vgl. dazu die Kommentierung zu § 1606 BGB Rn. 95 ff.). 26

dd. Wechselmodell

Wechseln sich die Eltern bei der Betreuung des Kindes ab (sog. **Wechselmodell**), so ändert dies nichts an der grundsätzlichen Aufspaltung zwischen einem barunterhaltspflichtigen Elternteil und einem nicht barunterhaltspflichtigen Elternteil. Es haftet weiterhin der Elternteil, der die geringeren Betreuungsanteile hat, allein nach seinen finanziellen Verhältnissen auf Barunterhalt (vgl. die Kommentierung zu § 1612 BGB Rn. 14 ff.).[16] 27

b. Mindestbedarf des Kindes

Der Mindestunterhalt minderjähriger **Kinder** ist in § 1612a BGB in Anlehnung an das sächliche **Existenzminimum im Steuerrecht** gesetzlich definiert[17] (vgl. die Kommentierung zu § 1612a BGB Rn. 4). 28

c. Tabellenunterhalt, besonderer Bedarf und konkrete Bedarfsfestsetzung

aa. Bedarf nach der Düsseldorfer Tabelle

Der Unterhaltsbedarf des minderjährigen Kindes richtet sich – da es noch keine eigenständige Lebensstellung erlangt hat – nach dem Einkommen des barunterhaltspflichtigen Elternteils. 29

---

[12] Vgl. BGH v. 10.07.2013 - XII ZB 298/12 - FamRZ 2013, 1563 m.w.N.
[13] Vgl. BGH v. 17.09.2008 - XII ZR 72/06 - FamRZ 2008, 2189.
[14] BGH v. 17.09.2008 - XII ZR 72/06 - FamRZ 2008, 2189; BGH v. 31.05.2006 - XII ZR 111/03 - FamRZ 2006, 1178, 1180 mit Anm. *Wever.*
[15] Vgl. BGH v. 10.07.2013 - XII ZD 297/12, BGH v. 12.01.2011 - XII ZR 83/08 - juris Rn. 54 - FamRZ 2011, 454.
[16] BGH v. 21.12.2005 - XII ZR 126/03; *Viefhues,* FPR 2006, 287; anders OLG Karlsruhe v. 05.12.2005 - 2 UF 10/05 - FamRZ 2006, 1225.
[17] Zum Existenzminimum nach den §§ 20, 28 SGB II vgl. BVerfG v. 09.02.2010 - 1 BvL 1/09, 1 BvL 3/09, 1 BvL 4/09 - FamRZ 2010, 429 mit Anm. *Schürmann.*

30   Im Normalfall wird der Kindesunterhalt als **Tabellensatz** ermittelt nach der Einstufung entsprechend dem Einkommen dieses Elternteils (vgl. Rn. 12). Der **Rang** gemäß § 1609 BGB hat beim Bedarf **keine Bedeutung**.[18]

31   Auch der Tabellenunterhalt nach der höchsten Einkommensstufe der Düsseldorfer Tabelle deckt keinen zum Mindestunterhalt wesensverschiedenen Aufwand, sondern zielt auf eine Bedarfsdeckung auf höherem Niveau.[19]

32   Der monatliche Unterhalt kann in Form eines festen Betrages oder – ggf. dynamisiert nach Altersstufen – nach einem Prozentsatz des Mindestbedarfes festgesetzt werden. Denn es ist zulässig, einen Kindesunterhaltstitel zu erstellen, der sich automatisch an eine Veränderung der Bezugsgröße anpasst (vgl. dazu die Kommentierung zu § 1612b BGB ff.).

33   Die Unterhaltsbedarfssätze der Düsseldorfer Tabelle sind jedoch nur Hilfsmittel für die Unterhaltsbemessung. Das mit ihrer Hilfe gewonnene Ergebnis ist nach den jeweiligen Umständen des Einzelfalls stets auf seine Angemessenheit und Ausgewogenheit hin zu überprüfen.[20]

bb. Besonderer Bedarf

34   Hat das unterhaltsbedürftige Kind neben dem allgemeinen Lebensbedarf über einen längeren Zeitraum einen **zusätzlichen Bedarf**[21], z.B. für krankheitsbedingte Kosten oder den Besuch einer Privatschule, ist dieser als regelmäßiger **Mehrbedarf** (vgl. die Kommentierung zu § 1613 BGB Rn. 204) schon bei der Bemessung des laufenden Unterhalts zu berücksichtigen (vgl. dazu Rn. 395). Zusätzlicher Bedarf kann auch als **Sonderbedarf** anfallen (vgl. die Kommentierung zu § 1613 BGB Rn. 154). Zu den Kosten der Kindesbetreuung vgl. Rn. 218 ff. und speziell zu den Kindergartenbeiträgen Rn. 219 ff.

cc. Konkreter Bedarf beim Kindesunterhalt

35   Im Einzelfall kann bei höheren Einkommen des unterhaltspflichtigen Elternteils ein vom Tabellenbetrag losgelöster Bedarfsbetrag festgesetzt werden. Es besteht keine Kappungsgrenze **(Sättigungsgrenze)** beim Kindesunterhalt.

36   a) **Einkommensgrenze:** Soll der Bedarf eines minderjährigen Kindes nur deshalb höher angesetzt werden, weil das **Einkommen des barunterhaltspflichtigen Elternteils erheblich über der höchsten Einkommensstufe der Düsseldorfer Tabelle** liegt,

37   Bei besonders günstigen wirtschaftlichen Verhältnissen des Unterhaltsschuldners kann ein **konkreter Bedarf des** unterhaltsberechtigten **Kindes** oberhalb der 10. Stufe der Düsseldorfer Tabelle bemessen werden.[22]

38   b) **Bemessung des Bedarfs:** Es verbietet sich dabei eine schematische Fortrechnung der Düsseldorfer Tabelle. Seinen konkreten Bedarf muss das unterhaltsberechtigte Kind vielmehr so substantiiert darlegen, dass eine **Schätzung der Kosten nach § 287 ZPO** unter Zuhilfenahme allgemeinen Erfahrungswissens möglich ist.[23]

39   Das Gericht kann einen derartigen erhöhten Bedarf und den zur Deckung erforderlichen Betrag aufgrund des **Mehrbetrages** berechnen, der sich aus der **Gegenüberstellung** solcher besonderer Bedürfnisse mit den bereits von den Richtwerten der **Düsseldorfer Tabelle** erfassten Grundbedürfnissen ergibt.[24]

40   Das OLG Frankfurt hat folgende – konkret dargelegte – **Bedarfspositionen** anerkannt[25] (vgl. auch die Kommentierung zu § 1361 BGB Rn. 82 ff.):

---

[18] Vgl. OLG Brandenburg v. 07.05.2013 - 10 UF 1/13 - FamRZ 2014, 219.

[19] Vgl. OLG Hamm v. 11.07.2012 - II-12 UF 319/11 - FamFR 2012, 390 = FamRZ 2013, 139 im Anschluss an BGH v. 26.11.2008 - XII ZR 65/07 - FamRZ 2009, 962.

[20] BGH v. 12.03.2014 - XII ZB 234/13; BGH v. 19.07.2000 - XII ZR 161/98 - FamRZ 2000, 1492, 1493, BGH v. 06.02.2002 - XII ZR 20/00 - FamRZ 2002, 536, 540.

[21] Umfassend zur Berechtigung von Zusatzbedarf (z.B. Nachhilfe, Internat, Privatschule, Auslandsaufenthalt) beim Ausbildungsunterhalt *Götz*, FF 2008, 352.

[22] OLG Frankfurt v. 12.07.2013 - 4 UF 265/12 - NZFam 2014, 31; OLG Brandenburg v. 24.01.2011 - 9 UF 70/11 - FamFR 2012, 7; OLG Hamm v. 17.10.2013 - 4 UF 161/11 - NZFam 2014, 30; ausführlich *Vomberg*, FF 2012, 436-444.

[23] OLG Hamm v. 17.10.2013 - 4 UF 161/11 - NZFam 2014, 30; OLG Brandenburg v. 24.1.2011 - 9 UF 70/11 - FamFR 2012, 7; OLG Hamm v. 27.05.2010 - 11-3 UF 234/09 - FamRZ 2010, 2080.

[24] Vgl. BGH v. 13.10.1999 - XII ZR 16/98 - FamRZ 2000, 358, 359; *Schwolow*, NZFam 2014, 31; OLG Schleswig v. 17.11.2011 - 10 UF 220/10.

[25] OLG Frankfurt v. 12.07.2013 - 4 UF 265/12 - NZFam 2014, 31 mit Anm. *Schwolow*, NZFam 2014, 31.

- erhöhte Wohnkosten,
- Urlaube,
- Handy-Kosten,
- Bücher/Zeitschriften,
- Geschenke,
- Schulessen, Klassenkasse,
- Kindernachmittage, DVD(-Erwerb oder -Entleih),
- Tierhaltungskosten,
- Fußball, Ballett, Tennis, Malunterricht.

Zu berücksichtigen ist aber, dass Kinder – anders als Ehegatten – keinen unbegrenzten Anspruch auf Teilhabe an den Finanzmitteln der Eltern haben. Unterhalt von Kindern bedeutet stets Befriedigung ihres gesamten, auch eines gehobenen Lebensbedarfs, **nicht aber Teilhabe am Luxus** (§ 1610 Abs. 2 BGB).[26]   41

Welche **Bedürfnisse** des Unterhaltsberechtigten als **bloße Teilhabe am Luxus** nicht erfüllt werden müssen, ist konkret unter Würdigung der besonderen Verhältnisse des Betroffenen – namentlich auch einer **Gewöhnung** des Unterhaltsberechtigten an einen von seinen Eltern während des Zusammenlebens **gepflegten aufwändigen Lebensstil** – festgestellt werden. Diese Gesamtumstände und Bedürfnisse müssen nach Maßgabe dieser Grundsätze vom Unterhaltsberechtigten näher dargelegt werden.   42

Laufende Einzahlungen auf ein **Sparkonto der Kinder** könnten nicht mit der Begründung verlangt werden, dass dies der tatsächlichen Übung während der Ehe entsprochen habe. Ein **Rechtsbindungswille** für die Zukunft eines Scheiterns des Familienlebens oder auch mit Blick auf die erfolgte Trennung kann aus solchen tatsächlichen Leistungen der Vergangenheit nicht ohne weiteres hergeleitet werden.[27]   43

d. Bedeutung des Wohnsitzes des Berechtigten und Verpflichteten

Wohnen Unterhaltspflichtiger und Unterhaltsberechtigter in **verschiedenen OLG-Bezirken**, ist bei der Anwendung der jeweiligen Tabellenwerte und Leitlinien hinsichtlich der Leistungsfähigkeit auf den Wohnort des Pflichtigen und hinsichtlich des Bedarfes auf den Wohnort des Berechtigten abzustellen.[28] Der Wohnsitz eines Elternteils im **Ausland** kann auch bei der anteiligen Haftung der Eltern gegenüber volljährigen Kindern eine Rolle spielen (vgl. Rn. 221).   44

Lebt der **Unterhaltsberechtigte im Ausland**,[29] kann die **Düsseldorfer Tabelle** zwar grundsätzlich herangezogen werden, um Bedarf und Leistungsfähigkeit zu ermitteln, die auf die deutschen Lebensverhältnisse abgestimmten Werte der **Tabelle** können jedoch nicht unbesehen übernommen werden. Vielmehr sind für die Höhe des Unterhaltsanspruchs die Geldbeträge maßgebend, die der Unterhaltsberechtigte an seinem Aufenthaltsort aufwenden muss, um den ihm gebührenden Lebensstandard aufrechtzuerhalten.   45

Die erforderliche **Kaufkraftbereinigung** von der in der **Schweiz** erzielten Einkommen kann einschließlich der Berücksichtigung der **Währungsparitäten** anhand der vom Statistischen Amt der Europäischen Union (Eurostat) ermittelten „vergleichenden Preisniveaus des Endverbrauchs der privaten Haushalte einschließlich indirekter Steuern" erfolgen. Das danach umgerechnete Einkommen bestimmt den Bedarf des unterhaltsberechtigten Kindes.[30]   46

Im Verhältnis zu Staaten, die sich an der Kaufkraftparitätenermittlung durch **Eurostat** beteiligen, kann auf den in der Statistik enthaltenen **Preisniveauindex** abgestellt werden.[31] Die Vergleichstabelle mit den Verbraucherpreisen findet sich auf der Internetseite des Statistischen Bundesamtes unter www.destatis.de/jetspeed/portal/cms/Sites/destatis/Internet/DE/Navigation/Statistiken/Preise/Internationaler Vergleich/InternationalerVergleich.psml (abgerufen am 02.09.2014).[32]   47

---

[26] OLG Hamm v. 27.05.2010 - II-3 UF 234/09 - FamRZ 2010, 2080 m.w.N.
[27] OLG Brandenburg v. 24.01.2011 - 9 UF 70/11 - FamFR 2012, 7.
[28] OLG Brandenburg v. 31.07.2007 - 9 UF 108/07; OLG Hamm v. 14.02.2006 - 1 WF 2/06 - FamRZ 2006, 1299.
[29] Zu Fragen zum Unterhaltsrecht bei einem im Ausland lebenden Unterhaltsschuldner bzw. Unterhaltsgläubiger vgl. *E. Unger/M. Unger*, FPR 2013, 19-23 und die Kommentierung zu § 1603 BGB Rn. 281; zur steuerlichen Berücksichtigung von Unterhaltszahlungen ins Ausland vgl. *Kemper*, FPR 2013, 23 27 und die Kommentierung zu § 1361 BGB Rn. 174.
[30] Vgl. OLG Oldenburg v. 19.10.2012 - 11 UF 55/12 - FamRZ 2013, 891.
[31] Empfehlungen des Vorstands des Deutschen Familiengerichtstags 2011 - FamRZ 2011, 1923.
[32] Abgedruckt in FamRZ 2010, 98.

48 Als Orientierungshilfe dient die **Ländergruppeneinteilung des Bundesfinanzministers zu § 33a EStG**. Die Ländergruppeneinteilung ist ab 01.01.2014 mit neuen Werten festgesetzt worden.[33] Die hiermit verbundene Pauschalierung ist im Interesse der Praktikabilität, zumal auch in der außergerichtlichen Beratungspraxis, hinzunehmen.[34] Alternativ kann der Bedarf auch nach dem Devisenkurs ermittelt werden.[35]

49 Nicht immer kann aber nur auf die Verbrauchergeldparitäten abgestellt werden, die in den Ländergruppeneinteilungen des Bundesfinanzministeriums zum Ausdruck kommen. Zu berücksichtigen ist z.B. auch, wenn das Kind im Ausland eine deutsche Schule besucht und deshalb besondere Schul- und Fahrtkosten anfallen.[36]

50 Auf dieser Grundlage entspricht der Unterhaltsbedarf in **Ecuador** dem nach deutschen Verhältnissen bemessenen Bedarf zu lediglich einem Viertel. Ob der hiernach ermittelte Betrag wiederum zu erhöhen ist, um den im Ausland lebenden Unterhaltsberechtigten in gewissem Umfang an dem höheren Lebensstandard des in Deutschland lebenden Unterhaltspflichtigen teilhaben zu lassen, hat das Gericht im konkreten Fall dahinstehen lassen.[37]

51 Der Unterhaltsbedarf in **Polen** lebender minderjähriger Kinder beträgt 80% der Bedarfsbeträge der Düsseldorfer Tabelle.[38] Der Bedarf eines auf den **Philippinen** lebenden Kindes entspricht dem nach deutschen Verhältnissen bemessenen Bedarf zu einem Viertel.[39] In Großbritannien sind annähernd die gleichen Geldbeträge aufzuwenden wie in Deutschland.[40]

52 Lebt der **Unterhaltspflichtige** im **Ausland**, so soll eine etwaige Kaufkraftbereinigung nicht bereits bei der Einkommensermittlung erfolgen. Vielmehr sei erst der Bedarf des Unterhaltsberechtigten je nach Aufenthaltsort auch des Verpflichteten im Ausland zu korrigieren.[41]

53 Bei einem Wohnsitz in der **Schweiz** könne jedoch die Ländergruppeneinteilung der Steuerverwaltung nicht herangezogen werden. Vielmehr sei Maßstab für die höheren Lebenshaltungskosten in der Schweiz die Kaufkraft des Euro im Ausland. Nach den vom Statistischen Bundesamt veröffentlichten Daten erhielt man für einen Euro in der Schweiz Waren und Dienstleistungen im Wert von 0,85 €.[42] Auf dieser Grundlage sei der reduzierte Bedarf des Kindes festzulegen.[43]

2. Volljährige Kinder

a. Anspruchsgrund

54 In aller Regel besteht ein Unterhaltsanspruch des volljährigen Kindes nur als **Ausbildungsunterhalt** (vgl. Rn. 268). In Ausnahmefällen kann ein volljähriges Kind Unterhalt auch dann gegen seine Eltern geltend machen, wenn es keine Ausbildung absolviert, so nach dem Abschluss der Ausbildung **bei Erkrankung oder Behinderung mit** Erwerbsminderung (vgl. Rn. 130).

55 Ein volljähriges Kind, das sich nicht in einer berechtigten Ausbildung befindet, ist verpflichtet, primär selbst für seinen Lebensunterhalt aufzukommen und dazu verstärkt seine Arbeitsfähigkeit einzusetzen. Der Volljährige muss, wenn er gesundheitlich dazu in der Lage ist, jede Arbeit annehmen, auch berufsfremde Tätigkeiten und Arbeiten unterhalb seiner gewohnten Lebensstellung. Für die Nutzung seiner Arbeitskraft gelten ähnliche Maßstäbe wie für die Haftung der Eltern gegenüber minderjährigen Kindern. Kommt der Volljährige dieser Erwerbsobliegenheit nicht nach, entfällt seine Bedürftigkeit in Höhe eines erzielbaren Einkommens.[44]

---

[33] Das BMF-Schreiben v. 18.11.2013 - IV C 4 - S 2285/07/0005:013 ersetzt ab dem Veranlagungszeitraum 2014 das BMF-Schreiben v. 04.10.2011 - BStBl I 2011, 961.
[34] OLG Koblenz v. 08.03.2007 - 7 WF 216/07 - ZFE 2007, 355.
[35] OLG Koblenz v. 09.06.2000 - 11 UF 499/99 - FamRZ 2002, 56-58; ähnlich OLG Zweibrücken v. 09.12.2003 - 5 UF 110/03 - FamRZ 2004, 729-730.
[36] AG München v. 29.01.2009 - 533 F 9566/08 - FamRZ 2009, 1596.
[37] OLG Koblenz v. 08.03.2007 - 7 WF 216/07 - ZFE 2007, 355.
[38] KG Berlin v. 07.09.2001 - 3 UF 9399/00 - FamRZ 2002, 1057.
[39] OLG Koblenz v. 10.10.2007 - 7 WF 798/07 - FamRZ 2008, 417-418.
[40] OLG Hamm v. 06.03.2008 - 2 UF 117/07 - FPR 2008, 311 mit Anm. *Erdrich* = NJW 2008, 2049 mit Anm. *Born*.
[41] OLG Brandenburg v. 11.10.2007 - 10 UF 47/07 - FamRZ 2008, 1279 m.w.N.
[42] Statistisches Bundesamt, Fachserie 17, R 10, 06/2007, S. 6.
[43] OLG Brandenburg v. 11.10.2007 - 10 UF 47/07 - FamRZ 2008, 1279 m.w.N.
[44] OLG Hamm v. 02.02.2011 - 8 WF 141/10, II-8 WF 141/10; OLG Karlsruhe v. 08.03.2012 - 2 WF 174/11.

b. Abgeleitete Lebensstellung

Solange ein Kind auch nach Eintritt der Volljährigkeit für seinen Lebensunterhalt auf die ihm von seinen Eltern zur Verfügung gestellten Mittel angewiesen ist, bleibt seine Lebensstellung von den wirtschaftlichen Verhältnissen der beiden Eltern abgeleitet (vgl. Rn. 8).[45]

Da dem volljährigen Kind – und zwar auch dem nach § 1603 Abs. 2 Satz 2 BGB privilegierten volljährigen Kind – kein Betreuungsunterhalt mehr geschuldet wird, **haften beide Eltern anteilig für den Barunterhalt** (vgl. Rn. 60). Zur Berechnung der Anteile vgl. die Kommentierung zu § 1606 BGB Rn. 35 ff.

Dabei wird unterschieden zwischen dem Kind, das noch **bei einem Elternteil lebt** und dem Kind mit einem **eigenen Hausstand** (vgl. Rn. 75).

Lebt das **Kind im Hausstand der Eltern**, wird das bereinigte Einkommen der Eltern zusammengerechnet und danach der Unterhalt aus der Tabelle entnommen.

Berechnungsbeispiel bei beiderseitiger Barunterhaltspflicht:

bereinigtes Nettoeinkommen des Vaters	2.674,55 €
+ bereinigtes Nettoeinkommen der Mutter	1.212,39 €
= **Gesamteinkommen** beider Eltern als Maßstab des Kindesunterhalts	**3.886,94 €**
Unterhaltsbedarf des volljährigen Kindes nach Gr. 7 Stufe 4 der Düsseldorfer Tabelle (Stand: 01.01.2011)	664 €

Das **Einkommen eines Elternteils** allein kann zugrunde gelegt werden, wenn der andere Elternteil kein auskömmliches eigenes Einkommen erzielt.[46] Zur Frage eines **hypothetischen Einkommens des anderen Elternteils** vgl. die Kommentierung zu § 1606 BGB Rn. 95 ff.

c. Behandlung überobligatorischer Einkünfte der Eltern

Auch bei der Ermittlung des Bedarfs beim Kindesunterhalt sind jedoch Einschränkungen geboten, soweit das erzielte Erwerbseinkommen des Unterhaltspflichtigen auf **überobligatorischer Tätigkeit** beruht[47].

Eine **vollständige Heranziehung von Einkommen** aus einer – gemessen an § 1603 Abs. 1 BGB – **überobligatorischen Erwerbstätigkeit** ist jedoch regelmäßig nur dann geboten, wenn der Unterhaltspflichtige einer gesteigerten Unterhaltspflicht nach § 1603 Abs. 2 Satz 1 BGB unterliegt.[48] Demnach ist auch das Einkommen aus einer nach dem Maßstab des § 1603 Abs. 1 BGB unzumutbaren Erwerbstätigkeit in vollem Umfang für den Kindesunterhalt einzusetzen, wenn anderenfalls der **Mindestunterhalt** nach § 1612a Abs. 1 BGB gefährdet wäre, welcher der ersten Einkommensgruppe der Düsseldorfer Tabelle entspricht.

Ist dagegen der Unterhaltspflichtige in eine **höhere Einkommensgruppe** der Düsseldorfer Tabelle einzustufen, muss die Anrechenbarkeit des Einkommens bereits bei der Ermittlung des angemessenen Lebensbedarfs nach § 1610 Abs. 1 BGB berücksichtigt werden. Ist die vollständige Berücksichtigung des überobligatorischen Einkommens nicht mit Treu und Glauben vereinbar, ist schon der Bedarf nur aufgrund des reduzierten Einkommens zu bemessen.[49]

Hierzu bedarf es einer hinreichenden Würdigung der **Einzelfallumstände**.

In Sonderfällen ist es jedoch möglich, den Bedarf nicht nach dem Einkommen der beiden Eltern zu bemessen. Zwar ist im Grundsatz davon auszugehen, dass auch einem volljährigen Kind, das noch keine eigenständige Lebensstellung erlangt hat, Lebensgestaltungsautonomie zusteht. Andererseits sind Eltern und Kinder einander zu Beistand und Rücksicht verpflichtet (§ 1618a BGB). In dem sich daraus im Einzelfall ergebenden Spannungsverhältnis der jeweiligen Positionen kommt es maßgebend darauf an, wessen Interessen unter Würdigung der maßgebenden Umstände gewichtiger erscheinen. Je anerkennenswerter die Belange der einen Seite sind, umso eher wird es der anderen in der Regel zumutbar sein, sich hierauf einzulassen.

---

[45] BGH v. 20.11.1996 - XII ZR 70/95 - FamRZ 1997, 281; BGH v. 04.06.1986 - IVb ZR 51/85 - FamRZ 1987, 58 = NJW-RR 1986, 1261-1262.

[46] BGH v. 20.11.1996 - XII ZR 70/95 - FamRZ 1997, 281, 285.

[47] BGH v. 12.01.2011 - XII ZR 83/08 - FamRZ 2011, 454.

[48] BGH v. 10.07.2013 - XII ZB 297/12; BGH v. 12.01.2011 - XII ZR 83/08 - juris Rn. 54 - FamRZ 2011, 454; BGH v. 12.01.2011 - XII ZR 83/08 - FamRZ 2011, 454.

[49] BGH v. 10.07.2013 - XII ZB 297/12; BGH v. 12.01.2011 - XII ZR 83/08 - juris Rn. 54 - FamRZ 2011, 454; BGH v. 12.01.2011 - XII ZR 83/08 - FamRZ 2011, 454.

67 So kann bei einem noch im Hause eines Elternteils wohnenden Kindes aufgrund der andernfalls zu berücksichtigenden hohen Fahrtkosten zum Studienort für die Bemessung des Bedarfes von einer Obliegenheit auszugehen sein, am Studienort zu wohnen, so dass vom Bedarf eines nicht im Haushalt eines Elternteils lebenden Volljährigen auszugehen ist.[50]

68 Erreicht das Einkommen des Elternteils, bei dem das volljährige Kind lebt, nicht den eigenen angemessenen Selbstbehalt, ist der Unterhaltsbedarf des Kindes allein nach dem unterhaltsrechtlich relevanten Einkommen des anderen Elternteils zu ermitteln.[51]

d. Grundsätzlich anteilige Haftung beider Eltern

69 Grundsätzlich haften beide Eltern anteilig nach ihren Einkommens- und Vermögensverhältnissen. Für die Mithaftung des anderen Elternteils sind auch **Sozialhilfeleistungen** und Einkünfte aus **Nebentätigkeiten** von Bedeutung, **nicht** aber der **Taschengeldanspruch** gegen den neuen Ehegatten.[52]

70 Das **Einkommen eines Elternteils** allein kann zugrunde gelegt werden, wenn der andere Elternteil kein auskömmliches eigenes Einkommen erzielt.[53] Nimmt das Kind einen Elternteil allein in Anspruch, muss folglich in seiner Antragsbegründung vorgetragen werden, dass der andere Elternteil über kein Einkommen verfügt und daher nicht in Anspruch genommen werden kann. Zur Frage eines **hypothetischen Einkommens des anderen Elternteils** vgl. die Kommentierung zu § 1606 BGB Rn. 95 ff.

71 Falls der weitere barunterhaltspflichtige Elternteil, der nur über ein unterhalb des notwendigen Selbstbehalts liegendes Einkommen verfügt, jedoch wieder verheiratet ist, steht diesem ein Anspruch auf Familienunterhalt gemäß §§ 1360, 1360a BGB gegen den neuen Ehegatten zu, der über dem notwendigen Selbstbehalt liegt. Das OLG Hamm[54] setzt dann das Erwerbseinkommen vollständig zur Anteilsberechnung i.S.d. § 1606 Abs. 3 Satz 1 BGB ein.

72 Für die **Unterhaltsquote** des in Anspruch genommenen Unterhaltspflichtigen ist der Anspruchsteller **darlegungs- und beweispflichtig**,[55] und zwar auch im Abänderungsverfahren nach Eintritt der Volljährigkeit[56] (Einzelheiten vgl. Rn. 474 und Rn. 554).

73 Die anteilig haftenden **Eltern** haben einen wechselseitigen Anspruch auf **Auskunft**.[57] Ob das **Familiengericht** im Abänderungsverfahren zwischen Vater und volljährigem Kind gem. **§§ 235, 236 FamFG** unmittelbar eine Auskunft bei der Kindesmutter einholen kann,[58] ist fraglich. § 235 FamFG erlaubt dem Gericht nur Auskunftsauflagen an die Verfahrensbeteiligten – also an den Vater und das volljähriges Kind. In § 236 FamFG sind die auskunftspflichtigen Dritten enumerativ aufgezählt; diese Aufzählung ist abschließend.[59] Die – mithaftende – Mutter des Unterhaltsberechtigten ist weder Beteiligte des Verfahrens i.S.d. § 235 FamFG noch im Katalog des § 236 FamFG aufgeführt.

74 Zur Haftungsverteilung auf die beiden Eltern vgl. die Kommentierung zu § 1606 BGB Rn. 35 ff.; zur Kindergeldanrechnung vgl. die Kommentierung zu § 1612b BGB Rn. 15.

3. Besondere Lebenssituation volljähriger Kinder

a. Studenten und Kinder mit eigenem Hausstand

75 In verschiedenen Fällen wird jedoch in der Regel ein von den Einkünften der Eltern unabhängiger, **pauschaler fester Bedarfssatz** in Ansatz gebracht. So gilt für ein nicht im Haushalt eines Elternteils

---

[50] BGH v. 21.01.2009 - XII ZR 54/06 - FamRZ 2009, 762 = FPR 2009, 242 mit Anm. *Peschel-Gutzeit*.
[51] OLG Dresden v. 15.07.2009 - 20 WF 577/09 - FuR 2009, 586.
[52] OLG Köln v. 30.07.2012 - 4 UF 49/12 - FamFR 2012, 439.
[53] BGH v. 20.11.1996 - XII ZR 70/95 - FamRZ 1997, 281, 285.
[54] OLG Hamm v. 15.04.2010 - II-6 UF 166/09 - FamRZ 2010, 1346.
[55] OLG Köln v. 30.07.2012 - 4 UF 49/12 - FamFR 2012, 439.
[56] OLG Bremen v. 29.06.2011 - 4 WF 51/11 - FamFR 2011, 343; OLG Karlsruhe v. 24.02.2011 - 2 UF 45/09 - FamRZ 2011, 1303; OLG Karlsruhe v. 09.01.2009 - 18 UF 207/08 - FamRZ 2009, 1497; OLG Brandenburg v. 14.01.2003 - 10 UF 302/01 - FamRZ 2004, 552; OLG Hamm v. 19.07.2002 - 11 UF 432/01 - FamRZ 2003, 1025; vgl. auch OLG Brandenburg v. 24.01.2002 - 9 UF 209/00 - FamRZ 2002, 1049; a.A. OLG Naumburg v. 18.02.2008 - 4 WF 127/07.
[57] BGH v. 09.12.1987 - IVb ZR 5/87 - NJW 1988, 1906; OLG Zweibrücken v. 15.12.1999 - 5 UF 114/99 - FamRZ 2001, 249.
[58] Vgl. *Schmitz*, FamFR 2011, 343.
[59] *Rossmann* in: Horndasch/Viefhues, FamFG, 2014, § 236 Rn. 8; *Fest* in: Haußleiter, FamFG, 2011, § 236 FamFG Rn. 13.

lebendes volljähriges **Kind mit eigenem Hausstand** und ebenso für ein im **Studium** befindliches volljähriges Kind ein fester Bedarfssatz von **670 €,** wobei 280 € Wohnkosten enthalten sind.

Jedoch kann ein Student, der im Haushalt eines Elternteils lebt, im Verhältnis zu dem anderen, auf Unterhalt in Anspruch genommenen Elternteil darauf verwiesen werden, am Studienort zu wohnen. Das kommt in Betracht, wenn hohe Fahrtkosten zum Studienort anfallen und dem Interesse des anderen Elternteils, die Unterhaltsbelastung in Grenzen zu halten, keine gewichtigen, gegen einen Umzug sprechenden Belange des Studenten gegenüberstehen.[60]

Der Unterhaltsbedarf **eines minderjährigen Kindes mit eigenem Hausstand** entspricht dem Bedarf eines auswärts untergebrachten volljährigen Kindes.[61]

aa. Abgedeckter Bedarf

Dieser feste Bedarfssatz deckt in der Regel den **gesamten Bedarf eines Studenten** ab, also vor allem Verpflegung, Wohnen, Studienkosten, Fachliteratur, Fahrten am Studienort und Heimfahrten zu einem Elternteil. In der Regel ist darin ein Wohnkostenanteil von 280 € für die Warmmiete enthalten. Unter bestimmten Umständen kann dieser Bedarfssatz erhöht werden.[62]

In dem festen Bedarfssatz für volljährige Kinder mit eigenem Hausstand sind nach h.M. auch die üblichen **Ausbildungs- und Fahrtkosten** pauschaliert mit 90 € enthalten und können daher nicht zusätzlich von einer erhaltenen Ausbildungsvergütung abgezogen werden.[63]

Dagegen geht das OLG Köln davon aus, dass es sich bei der Pauschale von 90 € für ausbildungsbedingten Mehrbedarf (Nr. 10.2.3. der Kölner Unterhaltsleitlinien) nicht um eine berufsbedingte Pauschale handelt. Der ausbildungsbedingte Mehrbedarf finde seine Rechtfertigung in einem Arbeitsanreiz und in der Notwendigkeit der Anschaffung von Büchern, sonstigen Lehrmitteln und Einrichtungsgegenständen, die bei einem Arbeitnehmer normalerweise nicht anfallen bzw. durch steuerliche Absetzung ein gewisser Ausgleich erfolge. Daher finde **keine Verrechnung mit Fahrtkosten** statt.[64] Der Unterhaltsberechtigte könnte trotz der hohen Fahrtkosten durch die Pkw-Fahrten für den Weg zwischen Wohnort und Berufsschule sowie Wohnort und Ausbildungsstätte **nicht auf öffentliche Verkehrsmittel verwiesen werden**, wenn dies zu einer erheblich längeren Fahrtzeit führt und das mehrfache Umsteigen die Gefahr von Verspätungen und damit eines unpünktlichen Erscheinens am Ausbildungsort mit sich bringt.

bb. Nicht abgedeckte Kosten

Beiträge zur **Kranken- und Pflegeversicherung** sind in den Tabellenbeträgen nicht enthalten. Damit erhöhen die Kosten **einer eigenen Kranken- und Pflegeversicherung, die der Student** aufgrund der Vollendung des 25. Lebensjahres abschließen muss, den Bedarf des Kindes. Zu beachten ist zudem, dass auch der Anspruch auf Kindergeld entfällt.[65]

Ebenfalls **nicht enthalten** in den Unterhaltsbeträgen sind **Studiengebühren**, die von vielen Universitäten erhoben werden.[66] Sie sind – da sie vorhersehbar sind – anteilig auf den Monat umgelegt – als **Mehrbedarf** einzustufen[67] (vgl. die Kommentierung zu § 1613 BGB Rn. 161).

Zu trennen von den Studiengebühren ist der hiervon unabhängige **Semesterbeitrag**, mit dem Verwaltungs- und Sozialbeiträge für im Interesse der Studenten unterhaltene Einrichtungen (Asta, Studentenwerk, Mensa) abgegolten werden. Darüber hinaus umfasst er weitere Leistungen, die dem allgemeinen

---

[60] BGH v. 21.01.2009 - XII ZR 54/06 - FamRZ 2009, 762 = FPR 2009, 242 mit Anm. *Peschel-Gutzeit*.
[61] OLG Koblenz v. 26.09.2012 - 13 UF 413/12 - FamRZ 2013, 1140; *Liceni-Kierstein*, FamRB 2013, 240.
[62] OLG Hamm v. 21.04.1995 - 5 UF 293/94 - FamRZ 1995, 1005-1006; OLG Düsseldorf v. 30.10.1998 - 3 WF 201/98 - OLGR Düsseldorf 1999, 273.
[63] *Noltemeier*, FamFR 2013, 203 m.w.N.
[64] OLG Köln v. 30.01.2013 - 4 UF 218/12 - FamFR 2013, 203.
[65] Vgl. OLG Hamm v. 28.05.2013 - 6 WF 298/12 - FamRZ 2014, 222.
[66] OLG Hamm v. 18.06.2009 - 2 UF 6/09; OLG Koblenz v. 23.12.2008 - 11 UF 519/08 NJW RR 2009, 1153; OLG Braunschweig v. 21.01.2007 - 1 UF 93/W - OLGReport Braunschweig 2008, 322; ausführlich zur Frage der unterhaltsrechtlichen Behandlung von Studiengebühren vgl. *Weinreich*, FuR 2008, 268 sowie allgemein zur Einordnung von Ausbildungslasten als Mehr- und Sonderbedarf *Heiß*, FPR 2008, 356.
[67] OLG Jena v. 10.10.2008 - 1 UF 121/08 - FamRZ 2009, 1416.

Lebensbedarf zuzurechnen sind (Semesterticket). Der Semesterbeitrag begründet daher keinen Zusatzbedarf.[68]

cc. Problematik bei höherem Einkommen des Unterhaltspflichtigen

84 In höheren Einkommensbereichen liegt der nach der Tabelle einem bei einem Elternteil lebenden Kind geschuldete Unterhaltsbetrag über dem festen Bedarfssatz für einen auswärts lebenden Studenten. Der Bedarf ist daher entsprechend zu erhöhen.[69]

85 Die aktuellen unterhaltsrechtlichen Bedarfssätze passen zudem nicht mehr zu den sozialhilferechtlichen Regelsätzen eines Alleinstehenden und den BAföG-Sätzen.[70]

dd. Wohnen in einem eigenen Hausstand

86 Der Begriff des „eigenen Hausstandes" ist nicht gesetzlich definiert. Der Normalfall dieser Bedarfskonfiguration ist gegeben, wenn das Kind aus dem Hausstand beider Eltern ausgezogen ist und als Student einen eigenen Haushalt führt. Unklarheiten bestehen aber dann, wenn das Kind im Haushalt von Dritten wohnt.

87 **a) Wohnung im Haushalt der Großeltern:** Der Bedarf eines volljährigen Kindes, das bei seiner **Großmutter und deren Ehemann** lebt, wird wie derjenige eines volljährigen Kindes mit eigenem Hausstand bemessen.[71] Wohnt das volljährige Kind im Haushalt eines Dritten, so sei dies unterhaltsrechtlich stets als eigene Haushaltsführung zu werten bzw. mit einer solchen gleichzusetzen. Seine Lebenssituation entspreche derjenigen eines Kindes mit eigenem Hausstand, auch wenn das Kind bei seiner Großmutter und deren Ehemann lebt und keine Zahlungen für Verpflegung und Wohnen zu leisten hat. Auszugehen sei daher von einem Bedarf von 670 €. Der „eigene Hausstand" ist nicht gesetzlich definiert, lässt sich daher nur nach der allgemeinen Lebensanschauung erklären.

88 **Positiv** könnte man bei der Abgrenzung zum Leben im elterlichen Haushalt auf ein „eigenverantwortliches Wirtschaften" abstellen. So wird nach der steuerrechtlichen Definition ein eigener Hausstand im Sinne des § 9 Abs. 1 Nr. 5 EStG von einem Arbeitnehmer nur dann unterhalten, wenn er eine Wohnung besitzt, deren Einrichtung seinen Lebensbedürfnissen entspricht und in der hauswirtschaftliches Leben herrscht, an dem sich der Arbeitnehmer sowohl finanziell als auch durch seine persönliche Mitwirkung maßgeblich beteiligt.[72]

89 Dagegen hat das Kind im entschiedenen Fall weder eine eigene Wohnung nach seinen eigenen Lebensbedürfnissen noch beteiligt es sich an den Kosten für Verpflegung und Wohnen. Dennoch von einem „eigenen Hausstand" zu sprechen, erscheint zweifelhaft.

90 **Negativ** lässt sich der „eigene Hausstand" abgrenzen von einem Leben im elterlichen Haushalt mit der dadurch bedingten Teilhabe an Naturalleistungen (Gewährung der Wohnung, Verpflegung usw.).

91 Das OLG Hamm hat darauf abgestellt, dass die **Großmutter** selbst **weder unterhaltspflichtig noch leistungsfähig** ist und die Gewährung von Verpflegung und Unterkunft durch sie und ihren – mit dem berechtigten Kind nicht verwandten – Ehemann als freiwillige Leistung Dritter einzustufen sei.[73] Diese Argumentation wird üblicherweise eingesetzt in den Fällen, **in denen es um die Bedarfsdeckung durch eine Drittperson** geht („Synergie" durch Zusammenleben; Haushaltsersparnis, vgl. die Kommentierung zu § 1602 BGB Rn. 3 ff.). Zweifelhaft ist aber, ob der Gesichtspunkt des Nichtbestehens eines Unterhaltsanspruchs gegen eine Person zu einer **Erhöhung des Bedarfes des berechtigten Kindes** führen kann. Denn die gleiche Situation ist letztlich auch gegeben, wenn das volljährige Kind im Haushalt der – wiederverheirateten – Mutter lebt, die über kein Einkommen verfügt, das Kind aber faktisch an Naturalleistungen (Gewährung der Wohnung, Verpflegung usw.) **teilnimmt**, die vom – ihm nicht unterhaltspflichtigen – neuen Ehemann der Mutter finanziert werden. Diese Situation führt jedenfalls nicht dazu, dass dem alleine barunterhaltspflichtigen Vater nunmehr – erhöhte – Unterhaltsleistungen nach einem festen Bedarfssatz eines Kindes mit „eigenen Hausstand" abverlangt werden.

---

[68] OLG Hamm v. 28.05.2013 - 2 WF 98/13 - FuR 2013, 598; OLG Düsseldorf v. 30.05.2012 - II-3 UF 97/12; *Schürmann*, FamRB 2010, 45, 48; vgl. *Liceni-Kierstein*, FamRB 2013, 134; *Grandke*, FamFR 2013, 344 und OLG Düsseldorf v. 07.12.2006 - 9 UF 67/06 - FamRZ 2007, 1039 bei einem in einer Pflegefamilie lebenden Kind.
[69] *Soyka*, FamRZ 2011, 73, 76 mit einem Berechnungsvorschlag.
[70] *Schürmann*, FamRB 2011, 52, 53.
[71] OLG Hamm v. 28.05.2013 - 2 WF 98/13 - FuR 2013, 598.
[72] Vgl. BFH v. 09.11.1971 - VI R 285/70 - BFHE 103, 498 = BStBl II 1972, 148.
[73] Vgl. auch OLG Düsseldorf v. 07.12.2006 - 9 UF 67/06 - FamRZ 2007, 1039.

Das Ergebnis des OLG Hamm lässt sich nur dann halten, wenn man allein auf die **negative Abgrenzung** abstellt: das Kind lebt nicht im Haushalt eines Elternteils.[74] 92

b) Wohnung zusammen mit einem Partner: Das Zusammenleben mit weiteren Personen wie einem Partner oder mehreren Personen in einer Wohngemeinschaft beseitigt den „eigenen Hausstand" nicht.[75] 93

c) Aufenthalt im Heim: Ist das volljährige Kind dagegen im **Heim** untergebracht, richtet sich der Unterhaltsbedarf nach den tatsächlichen Kosten, die durch die Unterbringung ausgelöst werden.[76] Die Situation ist dann vergleichbar mit dem Elternunterhalt bei einem im Altersheim lebenden Elternteil (vgl. Rn. 415 ff.). 94

Ein volljähriges Kind hat für eine Übergangszeit auch **nach Abbruch eines Studiums** einen Anspruch auf Ausbildungsunterhalt, wenn es seine Obliegenheit, die von ihm avisierte Ausbildung zielstrebig und planvoll aufzunehmen und durchzuführen, nicht (nachhaltig) verletzt hat.[77] 95

Zur Frage der **Konkurrenz** eines solchen Ausbildungsanspruchs gegen die **Eltern** mit einem Anspruch gegen den **Vater** eines nichtehelichen Kindes der studierenden Tochter vgl. die Kommentierung zu § 1615l BGB ff. 96

b. Wehrdienst und Zivildienst

Leistet das unterhaltsberechtigte Kind **Wehrdienst** oder **Zivildienst**, so besteht in aller Regel **kein Unterhaltsanspruch** gegen die Eltern.[78] Im Einzelfall kann ein restlicher, ergänzender Unterhaltsanspruch verbleiben[79], wobei an die Darlegungs- und Beweislast des Unterhaltsberechtigten hohe Anforderungen zu stellen sind.[80] Zum **freiwilligen sozialen Jahr (Bundesfreiwilligendienst)** vgl. die Kommentierung zu § 1602 BGB Rn. 116[81] und Rn. 116. 97

c. Wartezeit zwischen Beendigung der Schule und dem Beginn einer weiteren Ausbildung bzw. des Studiums

Jedes Kind trifft die Obliegenheit, sich zum Ende der Schulzeit planvoll und zielstrebig um die Aufnahme einer Berufsausbildung zu bemühen.[82] Oftmals schließen die einzelnen Schul- und Ausbildungsabschnitte nicht nahtlos aneinander an, sondern es treten **zeitliche Lücken** auf. 98

Die unterhaltsrechtliche Lösung derartiger Fälle sollte in Anlehnung an das **Kindergeldrecht** erfolgen. Wenn der Gesetzgeber durch Weiterzahlung des Kindergeldes zum Ausdruck bringt, dass trotz einer gewissen zeitlichen Unterbrechung von der Durchgängigkeit einer anspruchsbegründenden Ausbildung ausgegangen wird, so ist dies auch unterhaltsrechtlich zu akzeptieren.[83] 99

aa. Erholungsphase

Die **Dauer der Phase der Erholung** hängt von den Umständen des Einzelfalls ab. In der Zeit zwischen **Abitur** und **Studienbeginn** besteht regelmäßig keine **Erwerbsobliegenheit** des Kindes.[84] 100

Bei beengten wirtschaftlichen Verhältnissen ist jedoch eine Erwerbstätigkeit des Kindes auch in der Zeit zwischen dem Ende der Schulzeit und der Aufnahme einer weiterführenden Ausbildung oder eines Studiums zu erwarten; besteht die Möglichkeit, eine Beschäftigung zu finden, und bemüht sich das Kind nicht darum, besteht kein Unterhaltsanspruch gegen die Eltern.[85] 101

---

[74] So zustimmend *Grandke*, FamFR 2013, 344; *Liceni-Kierstein*, FamRB 2014, 4.
[75] Vgl. *Wendl/Klinkhammer*, Das Unterhaltsrecht in der familienrichterlichen Praxis, 8. Aufl. § 2 Rn. 515 m.w.N.; zur möglichen Bedarfsdeckung durch „Synergieeffekt" vgl. die Kommentierung zu § 1602 BGB Rn. 3.
[76] Vgl. *Grandke*, FamFR 2013, 344.
[77] OLG Naumburg v. 12.01.2010 - 8 WF 274/09 - FF 2010, 464.
[78] BGH v. 29.11.1989 - IVb ZR 16/89 - FamRZ 1990, 394; OLG Hamm v. 08.07.1992 - 12 UF 62/92 - FamRZ 1993, 100-101.
[79] BGH v. 01.12.1993 - XII ZR 150/92 - FamRZ 1994, 303 (5/1994); OLG Hamm v. 08.07.1992 - 12 UF 62/92 - FamRZ 1993, 100-101.
[80] OLG Hamburg v. 28.05.1986 - 7 UF 44/86 - FamRZ 1987, 409.
[81] Ausführlich zum Ausbildungsunterhalt für die Dauer eines berufsvorbereitenden Praktikums und eines freiwilligen sozialen Jahres *Möller*, FPR 2008, 347.
[82] Vgl. BGH v. 04.03.1998 - XII ZR 173/96 - NJW 1998, 1555.
[83] BGH v. 03.07.2013 - XII ZB 220/12 - FamRZ 2013, 1375.
[84] OLG Hamm v. 21.12.2005 - 11 UF 218/05 - ZFE 2006, 193.
[85] OLG Karlsruhe v. 08.03.2012 - 2 WF 174/11 - FamRZ 2012, 1648.

bb. Orientierungsphase

102 Nach abgeschlossener Schulausbildung ist dem volljährigen Kind eine **Orientierungsphase** einzuräumen,[86] und zwar auch Abbruch einer begonnenen beruflichen Ausbildung,[87] wenn der Unterhaltsberechtigte alsbald eine neue angemessene Ausbildung beginnt.[88]

103 Die angemessene **Orientierungs-** und Vorbereitungszeit dient dazu, sich zunächst einmal darüber klar zu werden, welchen Ausbildungsweg der Jugendliche weiter einschlagen will und wo dies geschehen soll, bevor er sich anschließend um eine Umsetzung seiner gefassten Entschlüsse bemühen kann bzw. muss. Kurze **Übergangszeiten vor Studienbeginn** berühren daher den Unterhaltsanspruch nicht, was vor allem gilt, wenn sich der Unterhaltsberechtigte nach Erlangung des Abiturs eine Wohnung am Studienort suchen muss.[89]

104 Bei einer Lehre hat das Kind früher Gelegenheit, den Berufsalltag kennenzulernen, so dass hier die **Orientierungsphase** – entsprechend der insgesamt kürzeren Ausbildung – auch **kürzer** ist.[90]

105 Die Obliegenheit, die Orientierungsphase zu nutzen, beginnt jedoch nicht erst mit dem Ende der Schule, sondern so früh wie möglich.[91]

d. Lange Wartezeit bis zum Ausbildungsbeginn (Ausbildungsverzögerung)

106 Besonderheiten gelten, wenn das volljährige Kind keine konkreten Ausbildungsabsichten hat oder sich die **Ausbildung erst nach einer Wartezeit** (z.B. aufgrund des **Numerus Clausus**) verwirklichen lässt.

107 Da hier das Ausbildungsziel klar ist oder keine Ausbildungsabsichten bestehen, ist auch keine Orientierungsphase zuzubilligen. Es besteht daher während dieser Übergangszeit eine **umfassende Erwerbsobliegenheit** des Kindes. Während einer **längeren Wartezeit bis zur Zulassung zum gewünschten Studium** hat das Kind daher seinen Bedarf durch eigene Erwerbstätigkeit sicherzustellen.[92]

108 Davon zu trennen ist die Frage, ob die Eltern für die **erst nach dieser Verzögerung begonnene Ausbildung** einstehen müssen (vgl. dazu Rn. 106). In der praktischen Behandlung der Fälle ist zu unterscheiden.[93]

e. Wartezeit zwischen einzelnen Ausbildungsabschnitten

109 **Zwischen einzelnen Ausbildungsabschnitten** ist das volljährige Kind gehalten, seinen Unterhalt selbst sicherzustellen (Ende **Zivildienst**, Beginn Studium, Ende **Pflichtpraktikum**, Beginn Ausbildung).[94]

110 Auch während der Wartezeit **bis zur Aufnahme in eine weiterführende Schule** muss ein volljähriges Kind seinen notwendigen Lebensbedarf durch Aufnahme einer Erwerbstätigkeit decken, und zwar auch dann, wenn sein Aufnahmeantrag abgelehnt worden ist und die Ablehnung angefochten werden soll. Die Erwerbsobliegenheit beginnt mit Erhalt des Ablehnungsbescheides; gleichzeitig endet der Anspruch auf Ausbildungsunterhalt.[95]

111 Während der Dauer eines **berufsvorbereitenden Praktikums** kann ein Anspruch auf Ausbildungsunterhalt bestehen, und zwar unabhängig davon, ob dieses Praktikum nach der Studienordnung vorgeschrieben ist. Ausreichend ist, dass es dem Ziele dient, Kenntnisse, Fähigkeiten und Erfahrungen zu sammeln und zu vermitteln, die als Grundlage für die Ausübung des angestrebten Berufes geeignet sind.[96]

---

[86] OLG Hamm v. 21.12.2005 - 11 UF 218/05 - NJW-RR 2006, 509 ff. m.w.N.; OLG Karlsruhe v. 14.06.2011 - 2 UF 7/11; OLG Brandenburg v. 23.06.2009 - 10 UF 133/08 - juris Rn. 33.
[87] OLG Naumburg v 12.07.2012 - UF 103/12 - FamFR 2013, 9.
[88] OLG Karlsruhe v. 09.12.2011 - 16 UF 212/10 - FamRZ 2012, 1573, 1575.
[89] OLG Brandenburg v. 23.06.2009 - 10 UF 133/08 - juris Rn. 35.
[90] Vgl. *Roessink*, FamFR 2013, 289, 290.
[91] OLG Braunschweig v. 02.11.2010 - 3 WF 100/10 m.w.N.; OLG Naumburg v. 05.12.2008 - 3 WF 294/08 - FuR 2009, 478. OLG Düsseldorf v. 03.05.2005 - 5 UF 85/05 - FamRZ 2006, 59.
[92] OLG Frankfurt v. 21.12.1989 - 1 UF 179/89 - FamRZ 1990, 789; OLG Karlsruhe v. 08.03.2012 - 2 WF 174/11 - FamRZ 2012, 1648.
[93] *Viefhues*, FamRZ 2013, 1475-1476; *Schick*, FF 2013, 402-403; *Born*, NJW 2013, 2717-2719; *Roessink*, FamFR 2013, 289-291; *Oldenburger*, jurisPR-Fam 18/2013, Anm. 4.
[94] OLG Zweibrücken v. 12.05.2006 - 2 WF 87/06 - ZFE 2006, 437 = FamRZ 2007, 165 (LS).
[95] OLG Düsseldorf v. 03.05.2005 - 5 UF 85/05 - FamRZ 2006, 59.
[96] OLG Rostock v. 18.04.2006 - 10 WF 234/05 - FUR 2007, 546.

f. Wartezeit nach Beendigung der Ausbildung

Nach Beendigung einer Ausbildung kann das Kind nur dann für eine gewisse Übergangszeit Unterhalt von seinen Eltern verlangen, wenn es trotz ausreichender Bemühungen nicht sogleich eine Beschäftigung findet.[97] Die **Darlegungs- und Beweislast** für seine Bedürftigkeit trägt das volljährige Kind.[98]

Eine Zeit der Erholung und der Orientierung ist dem volljährigen Kind grundsätzlich **nur nach Abschluss der Schulausbildung** zuzugestehen, nicht aber nach der Beendigung eines Ausbildungsabschnittes.[99]

Das OLG Hamm gewährt auch nach Ende der Schulausbildung und anschließendem freiwilligen sozialem Jahr noch einen Unterhaltsanspruch für einen sich anschließenden angemessenen Erholungszeitraum.[100]

Weiter betont das OLG Hamm, dass zwar durch den Bundesfreiwilligendienst keine unmittelbare Voraussetzung für das beabsichtigte Studium – vergleichbar einem Praktikum – erfüllt werde. Jedoch habe das Kind keinen Studienplatz erhalten; ihm seien durch den Bundesfreiwilligendienst Punkte gutgeschrieben worden, um im Anschluss einen Studienplatz zu erhalten. Der **Bundesfreiwilligendienst** sei unter diesen Umständen nicht schon Teil der Ausbildung, aber **Voraussetzung dafür, dass eine beabsichtigte Ausbildung begonnen werden könne**.[101]

g. Freiwilliges soziales Jahr (Jugendfreiwilligendienste)

Jugendfreiwilligendienste sind nach § 2 Abs. 2 JFDG das Freiwillige Soziale Jahr (FSJ) und das Freiwillige Ökologische Jahr (FÖJ). Nähere **Informationen zum Bundesfreiwilligendienst** bietet die Internetseite www.bfd-fsj.de (abgerufen am 01.09.2014).

Vorrangig zu prüfen ist immer, ob der vorhandene **Bedarf** des volljährigen Kindes während des freiwilligen sozialen oder ökologischen Jahres nicht bereits **durch die im Pflegedienstvertrag vorgesehenen Leistungen** (Unterkunft und Verpflegung, Sozialleistung/Sozialversicherungsbeiträge) **vollständig** gedeckt wird. Auch ist das volle **Kindergeld** anzurechnen. Nur für einen evtl. **Restbedarf** sind ggf. die Eltern haftbar.

Die h.M. gesteht dem unterhaltsberechtigten Kind während der Absolvierung eines freiwilligen sozialen Jahres einen Unterhaltsanspruch zu, wenn es sich dabei um die **notwendige Voraussetzung für ein beabsichtigtes Studium** oder **eine beabsichtigte Ausbildung** (zu einem sozialen Beruf) handelt[102] oder die **Eltern einverstanden** gewesen seien.[103]

Dagegen sind volljährige Kinder, die ein **freiwilliges soziales Jahr** durchlaufen, das für den beabsichtigten Beruf nicht erforderlich ist, grundsätzlich nicht unterhaltsbedürftig.[104] Da ein nicht zur weiteren Ausbildung erforderliches freiwilliges soziales Jahr selbst keine angemessene Vorbildung zu einem Beruf im Sinne des § 1610 Abs. 2 BGB darstelle.

Dagegen billigt das OLG Celle[105] dem volljährigen Kind für die Zeit des **freiwilligen sozialen Jahres** auch dann einen **Unterhaltsanspruch** zu, wenn dieses nicht zwingende Voraussetzung für einen bereits beabsichtigten weiteren Ausbildungsweg ist.

---

[97] OLG Karlsruhe v. 08.03.2012 - 2 WF 174/11 - FamRZ 2012, 1648.
[98] OLG Karlsruhe v. 08.03.2012 - 2 WF 174/11 - FamRZ 2012, 1648.
[99] OLG Karlsruhe v. 08.03.2012 - 2 WF 174/11 - FamRZ 2012, 1648.
[100] OLG Hamm v. 11.03.2013 - 8 WF 234/12 - NZFam 2014, 232.
[101] OLG Hamm v. 11.03.2013 - 8 WF 234/12 - NZFam 2014, 232.
[102] OLG Karlsruhe v. 08.03.2012 - 2 WF 174/11; OLG Naumburg v. 10.05.2007 - 4 UF 94/07 - FamRZ 2008, 86; OLG Schleswig v. 09.10.2007 - 15 WF 214/07 - OLGR 2008, 196; OLG München v. 15.11.2001 - 12 UF 1289/01 - FamRZ 2002, 1425 (Leitsatz) = OLGR 2002, 142; AG Neuss v. 30.10.2012 - 46 F 187/12 - FamRZ 2013, 1141; *Klinkhammer* in: Wendl/Dose, Das Unterhaltsrecht in der familienrichterlichen Praxis, 8. Aufl., § 2 Rn. 489; *Brudermüller* in: Palandt, BGB, 73. Aufl., § 1610 Rn. 19; *Seiler* in: Gerhardt/von Heintschel/Heinegg/Klein, Handbuch des Fachanwalts Familienrecht, 9. Aufl. 6. Kap. Rn. 239; *Botur* in: Büte/Poppen/Menne, Unterhaltsrecht, 2. Aufl., § 1610 BGB Rn. 40.
[103] OLG Stuttgart v. 06.11.2006 - 15 WF 275/06 - FamRZ 2007, 1353.
[104] OLG Karlsruhe v. 08.03.2012 - 2 WF 174/11 - FamRZ 2012, 1648.
[105] OLG Celle v. 06.10.2011 - 10 WF 300/11 - NJW 2012, 82; vgl. auch BGH v. 29.06.2011 - XII ZR 127/09 - juris Rn. 24 - FamRZ 2011, 1560 mit Anm. *Norpoth*.

121 Jedenfalls führt die Absolvierung eines freiwilligen sozialen oder ökologischen Jahrs nicht dazu, dass ein **späterer Anspruch auf Ausbildungsunterhalt** nach dem Ende dieser Übergangsphase beeinträchtigt wird.[106]

122 Nach dem Abschluss des freiwilligen sozialen Jahres besteht jedoch kein Anspruch auf eine **Phase der Erholung**. Eine solche Zeit der Erholung und der Orientierung ist dem volljährigen Kind grundsätzlich **nur nach Abschluss der Schulausbildung** zuzugestehen.[107]

123 Soweit dem volljährigen Kind **nach Abschluss einer Ausbildung** im Einzelfall weiterer Unterhalt von seinen Eltern zugestanden wird, dient dies nicht dem Zweck der Erholung, sondern ist vielmehr dem Umstand geschuldet, dass das Kind noch keine Beschäftigung gefunden hat und sich daher noch nicht selbst unterhalten kann.[108]

h. Abbruch der Ausbildung

124 Grundsätzlich folgt eine **Erwerbsobliegenheit für die Zeit nach einem Studienabbruch**. Jedoch sind folgende Einschränkungen zu beachten:

- Einerseits ist dem volljährigen Kind nach Studienabbruch eine Orientierungsphase zuzubilligen, um sich für einen geeigneten Ausbildungsweg zu entscheiden.
- Zum anderen ist eine Übergangszeit erforderlich, um sich für eine geeignete Ausbildung bewerben zu können. Die Dauer einer solchen Übergangszeit hängt von den individuellen Ausbildungsabsichten ab, aber nach dem Prinzip der Gegenseitigkeit auch von den Belangen der Eltern. Die fortbestehende Unterhaltsberechtigung setzt voraus, dass der Studienabbrecher sich erfolgreich um eine neue Ausbildungsstelle bemüht und dementsprechend bewirbt. Andernfalls verletzt er das unterhaltsrechtliche Gegenseitigkeitsprinzip und wird daher erwerbspflichtig.[109]
- Eine Zeitspanne von zehn Monaten erscheint jedenfalls nicht überzogen.[110]

i. Kinder ohne Schulabschluss

125 Auch bei Teilnahme des volljährigen Kind an einem **Volkshochschulkurs zur Erlangung des Abschlusses des 10. Hauptschuljahres** verbleibt diesem genügend Zeit, um seinen Lebensunterhalt durch eine **Geringverdienertätigkeit** selbst sicherzustellen.[111]

j. Anwendung auch bei minderjährigen Kindern

126 Wenn der minderjährige Jugendliche seine **Ausbildung** aus eigenem Antrieb **abgebrochen** hat, kurz vor der Volljährigkeit steht und auch nicht absehbar ist, ob und wann er gegebenenfalls zur Ableistung des Wehrdienstes herangezogen wird und er zudem keinerlei Bemühungen dargelegt hat, seinen Unterhaltsbedarf selbst zu decken, ist von einer Erwerbsobliegenheit mit der Folge der Anrechnung hypothetischer Einkünfte auszugehen.[112]

127 Minderjährige Kinder, die nicht mehr dem Jugendschutzgesetz und der vollzeitigen Schulpflicht unterliegen, sind bei Durchführung nur einer **Teilzeitausbildung** nicht vollständig von einer Erwerbsobliegenheit freigestellt. Da Unterhaltsleistungen nur zweckgebunden geschuldet werden, kann die nachhaltige Verletzung der Ausbildungsobliegenheit den Unterhaltsanspruch entfallen lassen oder zumindest die Bedürftigkeit des Berechtigten mindern. Demnach können bei minderjährigen Kindern auch fiktive Einkünfte zugerechnet werden. Ein über 17 Jahre altes Kind, das Unterhalt verlangt, kann daher neben dem Besuch eines VHS-Kurses zur Erlangung des mittleren Schulabschlusses, der an drei Wochentagen jeweils drei Stunden stattfindet, seinen Bedarf teilweise durch die **Ausübung einer geringfügigen Erwerbstätigkeit** decken.[113]

---

[106] Vgl. hierzu auch BGH v. 29.06.2011 - XII ZR 127/09 - FamRZ 2011, 1560 mit Anm. *Norpoth*.

[107] OLG Hamm v. 21.12.2005 - 11 UF 218/05 - NJW-RR 2006, 509 ff. m.w.N.; OLG Karlsruhe v. 14.06.2011 - 2 UF 7/11.

[108] OLG Karlsruhe v. 08.03.2012 - 2 WF 174/11 - FamRZ 2012, 1648

[109] *Schmitz*, AnwZert FamR 15/2013, Anm. 2.

[110] OLG Naumburg v. 12.01.2010 - 8 WF 274/09 - FF 2010, 464.

[111] OLG Köln v. 16.08.2005 - 26 WF 151/05 - FamRZ 2006, 504.

[112] OLG Köln v. 04.08.2005 - 26 WF 135/05 - FuR 2005, 57; vgl. auch OLG Brandenburg v. 23.08.2004 - 9 WF 157/04 - JAmt 2004, 504-505 = FamRZ 2005, 2094 [LS].

[113] OLG Düsseldorf v. 17.06.2010 - II-8 WF 117/10 - FamRZ 2010, 2082.

k. Heimunterbringung

Bei der **Heimunterbringung** eines volljährigen Kindes richtet sich dessen Bedarf grundsätzlich nach den durch die Heimunterbringung anfallenden Kosten (vgl. Rn. 415).[114]

Nach der bis März 2006 geltenden Fassung des SGB VIII wurde der Unterhaltsbedarf eines Kindes durch die mit der **Unterbringung in einem Kinderheim** einhergehenden Leistungen der Kinder- und Jugendhilfe vollständig gedeckt, wenn das Kind vor Beginn der Hilfe mit dem unterhaltspflichtigen Elternteil zusammengelebt hatte. Folglich war dann ein Rückgriff des Trägers der Kinder- und Jugendhilfe nicht mehr mittels übergegangenen zivilrechtlichen Unterhaltsanspruchs, sondern nur noch durch Erhebung eines öffentlich-rechtlichen Kostenbeitrags möglich. Nur wenn das Kind schon vor Beginn der Hilfe von seinen Eltern getrennt lebte, kam die Erhebung eines Kostenbeitrags nicht in Betracht. Die Leistungen der Kinder- und Jugendhilfe waren in diesen Fällen gegenüber dem zivilrechtlichen Unterhaltsanspruch subsidiär und konnten den Unterhaltsbedarf des Kindes nicht decken. Nur dann bestand der Unterhaltsanspruch fort und ging mit den Leistungen auf den Träger der Kinder- und Jugendhilfe über. Dagegen unterscheidet das SGB VIII in der seit dem 01.10.2005 geltenden Fassung nicht mehr nach dem Zeitpunkt der Trennung von den Eltern, sondern sieht für laufende Unterhaltsansprüche ab April 2006 grundsätzlich eine **Bedarfsdeckung durch die mit der Heimunterbringung einhergehenden Jugendhilfeleistungen** vor. Für seinen Rückgriff gegen die Eltern ist der Träger der Kinder- und Jugendhilfe nun stets auf einen öffentlich-rechtlichen Kostenbeitrag verwiesen.[115]

l. Erkrankung und Behinderung

In Ausnahmefällen kann ein volljähriges Kind Unterhalt gegen seine Eltern geltend machen, auch wenn es keine Ausbildung absolviert. So kann nach dem Abschluss der Ausbildung **bei Erkrankung oder Behinderung mit** Erwerbsminderung noch ein Unterhaltsanspruch in Betracht kommen.[116] In diesen Fällen hat das Kind keine eigene Lebensstellung erlangt und bleibt auf Unterhaltsleistungen der Eltern angewiesen. Solange ein Kind auch nach Eintritt der Volljährigkeit für seinen Lebensunterhalt auf die ihm von seinen Eltern zur Verfügung gestellten Mittel angewiesen ist, bleibt seine Lebensstellung von ihnen abgeleitet.[117]

Nach § 94 Abs. 1 Satz 1 SGB XII geht der zivilrechtliche Unterhaltsanspruch eines Sozialhilfeberechtigten bis zur Höhe der geleisteten Aufwendungen auf den Träger der Sozialhilfe über. § 94 Abs. 2 Satz 1 SGB XII beinhaltet zu Gunsten der Unterhaltspflichtigen eine sozialstaatlich begründete **Ausnahme von dem generellen und umfassenden Anspruchsübergang** nach § 94 Abs. 1 SGB XII.[118]

m. Schwangerschaft

Unterhaltsrechtlich vergleichbar ist die Sachlage auch dann, wenn die **volljährige Tochter schwanger wird** und aufgrund der Kindesbetreuung ihre Erwerbstätigkeit oder Ausbildung nicht beginnen oder nicht mehr fortführen kann.[119] Zwar ist der nichteheliche Vater gem. § 1615l BGB zuerst in Anspruch zu nehmen, bei dessen Leistungsunfähigkeit greift die Ersatzhaftung der Eltern der nichtehelichen Mutter.

II. Bedarfsermittlung nach Tabellen und Leitlinien

Die Praxis arbeitet mit der **Düsseldorfer Tabelle**, die vom BGH als **richterliche Entscheidungshilfe** anerkannt worden ist. Die Tabellensätze berücksichtigen die **durchschnittlichen Lebenshaltungskosten** eines minderjährigen Kindes, das bei einem Elternteil lebt. Enthalten sind also die Kosten für Wohnung, Nahrung, Krankenvorsorge, Ferien und Freizeit, Pflege musischer und sportlicher Interessen sowie das Taschengeld (zum **Sonderbedarf** und **Mehrbedarf** vgl. Rn. 254 und die Kommentierung zu § 1613 BGB Rn. 161 ff.).

---

[114] OLG Oldenburg v. 28.09.1995 - 14 UF 50/95 - FamRZ 1996, 625-627.
[115] BGH v. 06.12.2006 - XII ZR 197/04 - FamRZ 2007, 377.
[116] BGH v. 18.01.2012 - XII ZR 15/10 - FamRZ 2012, 530, BGH v. 18.07.2012 - XII ZR 91/10 - FamRZ 2012, 1553 mit Anm. *Hauß*, FamRZ 2012, 1628; KG Berlin v. 23.08.2012 - 19 UF 38/12 - FamRZ 2013, 1336.
[117] BGH v. 20.11.1996 - XII ZR 70/95 - FamRZ 1997, 281.
[118] Einzelheiten vgl. KG Berlin v. 23.08.2012 - 19 UF 38/12 - FamRZ 2013, 1336.
[119] BGH v. 29.06.2011 - XII ZR 127/09 - FamRZ 2011, 1560 = NJW 2011, 2884; dazu *Oldenburger*, jurisPR-FamR 24/2011, Anm. 4; vgl. auch OLG Hamm v. 12.03.2012 - II-4 UF 232/11, 4 UF 232/11- FamFR 2012, 321.

§ 1610

134 Unterhält das **minderjährige Kind** mit Zustimmung des/der Sorgeberechtigten bereits einen eigenen **Hausstand** (z.B. weil es nur an einem entfernteren Ort einen Ausbildungsplatz gefunden hat) und werden von niemandem mehr Betreuungsleistungen erbracht, so kann auch sein Bedarf mit dem **pauschalen festen Bedarfssatz von 670 €** anzunehmen sein[120] (vgl. Rn. 75).

1. Struktur der Düsseldorfer Tabelle

a. Alter des Kindes

135 Die Stufen der Tabellen sind bezogen auf das **Alter des Kindes**. Zu beachten ist dabei, dass das Kind bereits am Tage seines 6., 12. und 18. Geburtstages in die höhere Altersstufe gelangt. Der nach einer höheren Altersstufe geschuldete Unterhalt ist gemäß § 1612a Abs. 3 Satz 2 BGB ab dem Beginn des Monats zuzusprechen, in dem das Kind das betreffende Lebensjahr vollendet.

136 Das Erreichen einer **höheren Altersstufe** der Tabelle ist ein **Abänderungsgrund** im Sinne der §§ 238, 239 FamFG. Wird ein Abänderungsantrag auf die **Änderung der Bedarfssätze der Unterhaltstabelle** gestützt, so liegt darin ebenfalls eine **wesentliche Veränderung i.S.d. § 238 FamFG**, auch wenn der Richtwert von 10% nicht erreicht wird.[121]

b. Einkommensgruppen

137 Die Einstufung erfolgt nach dem unterhaltsrechtlich relevanten Einkommen des Unterhaltspflichtigen.

138 Die Tabellen und Leitlinien basieren auf der **Verpflichtung gegenüber zwei Unterhaltsberechtigten** (Anmerkung 1 der Tabelle),[122] und zwar ohne Rücksicht auf den Rang.[123] Sie sind konzipiert für den Fall eines Unterhaltspflichtigen, der **einem Ehegatten und einem Kind** Unterhalt zu zahlen hat.

139 Erforderlich ist nicht, dass z.B. Ehegattenunterhalt bereits tituliert ist. Es reicht aus, wenn dieser neben dem Kindesunterhalt verlangt wird und nach dem Vorbringen der Beteiligten von einem Unterhaltsanspruch im Grundsatz auszugehen ist.[124]

140 Bei einer geringeren oder größeren Zahl Unterhaltsberechtigter sollen daher **Höher- oder Herabstufungen** vorzunehmen oder auch Ab- und Zuschläge in Höhe eines Zwischenbetrages zu machen sein.[125] Die Entscheidung ist im Einzelfall zu treffen; die gerichtliche Praxis und auch die jeweiligen Leitlinien der Oberlandesgerichte sind uneinheitlich.

141 Die Unterhaltsbedarfssätze der Düsseldorfer Tabelle sind jedoch nur Hilfsmittel für die Unterhaltsbemessung. Das mit ihrer Hilfe gewonnene Ergebnis ist nach den jeweiligen Umständen des Einzelfalls stets auf seine Angemessenheit und Ausgewogenheit hin zu überprüfen.[126]

142 Der **Bedarfskontrollbetrag** – der nicht von allen Gerichten angewandt wird – soll dazu dienen, ausgewogene und angemessene Verteilung des Einkommens zwischen dem Unterhaltspflichtigen und den Unterhaltsberechtigten sicherzustellen. Verbleibt nach Abzug der Tabellenbeträge des Kindesunterhalts – und gegebenenfalls auch des Ehegattenunterhalts – dem Unterhaltspflichtigen der Bedarfskontrollbetrag der Einkommensgruppe nicht mehr, ist der Kindesunterhalt auf die nächst niedrigere Einkommensgruppe herabzusetzen, deren Bedarfskontrollbetrag nicht unterschritten wird. Der Bedarfskontrollbetrag wird allerdings nicht von allen Gerichten angewandt.[127]

c. Werte der Düsseldorfer Tabelle

143 **Düsseldorfer Tabelle Stand 01.01.2013**: Die auch im Jahre 2014 noch gültige Düsseldorfer Tabelle enthält für den Kindesunterhalt die folgenden Werte:

---

[120] *Liceni-Kierstein*, FamRB 2014, 4; vgl. OLG Koblenz v. 26.09.2012 - 13 UF 413/12 - FamRZ 2013, 1140.
[121] OLG Hamm v. 29.04.2011 - II-6 WF 128/11 - FamRZ 2012, 53.
[122] Seit 2010. In den älteren Tabellen ist die Verpflichtung gegenüber einem Ehegatten und zwei Kindern zugrunde gelegt worden.
[123] Vgl. OLG Brandenburg v. 07.05.2013 - 10 UF 1/13 - FamRZ 2014, 219-221.
[124] Vgl. OLG Brandenburg v. 07.05.2013 - 10 UF 1/13 - FamRZ 2014, 219-221.
[125] Vgl. BGH v. 18.04.2012 - XII ZR 66/10 - FamRZ 2012, 1048 Herabstufung um 2 Einkommensgruppen.
[126] BGH v. 12.03.2014 - XII ZB 234/13; BGH v. 19.07.2000 - XII ZR 161/98 - FamRZ 2000, 1492, 1493; BGH v. 06.02.2002 - XII ZR 20/00 - FamRZ 2002, 536, 540.
[127] Vgl. *Klinkhammer*, FamRZ 2008, 193, 197 mit Berechnungsbeispielen.

Vollständige Tabelle: Düsseldorfer Tabelle, Stand 01.01.2013.

Nettoeinkommen des Barunterhaltspflichtigen (Anm. 3, 4)	Altersstufen in Jahren (§ 1612a Abs. 1 BGB)				Prozentsatz	Bedarfskontrollbetrag (Anm. 6)
	0-5	6-11	12-17	ab 18		
Alle Beträge in Euro (€)						
1 bis 1.500	317	364	426	488	100	770/950
2 1.501-1.900	333	383	448	513	105	1.050
3 1.901-2.300	349	401	469	537	110	1.150
4 2.301-2.700	365	419	490	562	115	1.250
5 2.701-3.100	381	437	512	586	120	1.350
6 3.101-3.500	406	466	546	625	128	1.450
7 3.501-3.900	432	496	580	664	136	1.550
8 3.901-4.300	457	525	614	703	144	1.650
9 4.301-4.700	482	554	648	742	152	1.750
10 4.701-5.100	508	583	682	781	160	1.850
ab 5.101	nach den Umständen des Falles					

Vollständige Tabelle: Düsseldorfer Tabelle, Stand 01.01.2015. **143.1**

Nettoeinkommen des Barunterhaltspflichtigen (Anm. 3, 4)	Altersstufen in Jahren (§ 1612a Abs. 1 BGB)				Prozentsatz	Bedarfskontrollbetrag (Anm. 6)
	0-5	6-11	12-17	ab 18		
Alle Beträge in Euro (€)						
1 bis 1.500	317	364	426	488	100	880/1.080
2 1.501-1.900	333	383	448	513	105	1.180
3 1.901-2.300	349	401	469	537	110	1.280
4 2.301-2.700	365	419	490	562	115	1.380
5 2.701-3.100	381	437	512	586	120	1.480
6 3.101-3.500	406	466	546	625	128	1.580
7 3.501-3.900	432	496	580	664	136	1.680
8 3.901-4.300	457	525	614	703	144	1.780
9 4.301-4.700	482	554	648	742	152	1.880
10 4.701-5.100	508	583	682	781	160	1.980
ab 5.101	nach den Umständen des Falles					

2. In der Tabelle nicht enthaltene Positionen

In dem Tabellenbetrag der Düsseldorfer Tabelle ist das **staatliche Kindergeld nicht enthalten** (zur Kindergeldanrechnung vgl. § 1612b BGB und die Kommentierung zu § 1612b BGB). **144**

Die **Kosten für eine private Krankenversicherung** der Kinder sind im Tabellenunterhalt nicht enthalten, da die Tabellensätze keinen Kranken- und Pflegeversicherungsbeitrag für das minderjährige Kind enthalten, wenn dieses nicht in einer gesetzlichen Familienversicherung mitversichert ist. **145**

Diese Kosten hat der Unterhaltspflichtige aufzubringen, wenn das Kind bereits vor der Trennung der Eltern in der privaten Krankenversicherung mitversichert war und auch der unterhaltspflichtige Elternteil privat krankenversichert ist.[128] Das Kind kann nur dann auf den Wechsel zu einer gesetzlichen Krankenversicherung verwiesen werden, wenn durch eine private Zusatzversicherung keine Nachteile bezüglich des Umfangs der Versicherungsleistungen entstehen.[129] **146**

---

[128] OLG Koblenz v. 19.01.2010 – 11 UF 620/09 – NJW Spezial 2010, 134; OLG Naumburg v. 17.08.2006 - 4 UF 16/06; KG Berlin v. 03.04.2007 - 13 UF 46/06 - ZFE 2007, 316; zur zusätzlichen Krankenversicherung neben einer Mitversicherung des Kindes in der gesetzlichen französischen Krankenversicherung des Vaters vgl. OLG Karlsruhe v. 21.09.2007 - 5 UF 3/07 - FamRZ 2008, 1209.

[129] Vgl. OLG Frankfurt v. 18.04.2012 - 3 UF 279/11 - NJW-Spezial 2012, 548 = FamRZ 2013, 138.

3. Gesamter Lebensbedarf (Absatz 2)

147 Der Unterhalt umfasst den **gesamten Lebensbedarf** einschließlich der Kosten einer angemessenen Vorbildung zu einem Beruf (vgl. dazu Rn. 268 ff. und Rn. 252 ff.), bei einer der Erziehung bedürftigen Person auch die Kosten der Erziehung. Er beinhaltet auch die Mittel für Ernährung, Kleidung, Wohnen, Gesundheitsfürsorge, Freizeitgestaltung, Hobbys, Erholung und die Teilnahme am kulturellen Leben. Das Kind hat auch einen Anspruch auf ein angemessenes **Taschengeld**. Nicht umfasst wird die Alters- und Invaliditätsvorsorge.

148 Jedoch sind auch einige **Spezialfragen** zu beachten:
- die teilweise Deckung durch Naturalleistung des Barunterhaltspflichtigen,
- die Betreuung durch Dritte,
- die Berücksichtigung des Wohnvorteils beim Kindesunterhalt,
- besondere Kosten des Umgangsrechts und Unterhalt,
- Kosten der Kinderbetreuung (speziell Kindergartengebühren)
- Mehrbedarf und Sonderbedarf,
- Verfahrenskostenvorschuss.

149 Lebt das volljährige unterhaltsberechtigte Kind mit einem Partner zusammen, kann sich die Frage der **Herabsetzung des Bedarfes** stellen[130] vgl. Rn. 278 ff. und die Kommentierung zu § 1602 BGB Rn. 7 ff.

4. Naturalleistung des Barunterhaltspflichtigen

150 Die üblichen Naturalleistungen, die der barunterhaltspflichtige Elternteil während der Umgangskontakte erbringt (Verpflegung, Unterbringung), reduzieren den Barunterhaltsanspruch nicht. Etwas anderes kann dann gelten, wenn der Barunterhaltspflichtige regelmäßig einen Großteil der Betreuung des Kindes übernimmt und die damit verbundenen Unkosten trägt. Dann stellt sich die Frage, ob es zu einer **Reduzierung des Unterhaltsanspruchs bei Teilversorgung durch den Unterhaltspflichtigen** kommt.

151 Vertreten wird, bei einer **längeren Dauer des Aufenthaltes** der Kinder bei dem nicht sorgeberechtigten Elternteil die von ihm erbrachten Naturalleistungen auf die Unterhaltszahlungsansprüche anzurechnen, weil er ansonsten doppelt belastet wäre und der betreuende Elternteil mangels Bedarfs der Kinder nicht die Aufwendungen hat, die bestehen, solange die Kinder bei ihm leben. Ein Teil der Kosten fällt aber unabhängig davon an, ob die Kinder sich tatsächlich bei diesem Elternteil aufhalten (die Wohn- und die damit verbundenen Nebenkosten, Kleidung, Kindergarten, Schule, Spiele, Bücher). Diese verbleibenden Aufwendungen machen etwa 1/3 der Lebenshaltungskosten für die Kinder aus.[131]

152 Ist das Kind **tagsüber überwiegend** beim unterhaltspflichtigen Elternteil und wird dort betreut, so geht dies zwar über einen erweiterten Umgang hinaus. Dies ändert aber nichts daran, dass dieser Elternteil weiterhin allein barunterhaltspflichtig bleibt. Eine Kindesbetreuung im Verhältnis 36% zu 64% rechtfertigt noch keine anteilige Barunterhaltspflicht des anderen Elternteils. Abzustellen ist auf das Schwergewicht der Betreuung; der zeitlichen Komponente kommt nur eine indizielle Wirkung zu.[132]

153 Auch bei einem **Urlaub** des Unterhaltspflichtigen mit dem Kind in normalem zeitlichem Umfang von 2 Wochen kann der Unterhalt nicht herabgesetzt werden. In einem längeren Ferienaufenthalt kann dagegen wegen der damit verbundenen Deckung des Kindesbedarfs aus eigenen Mitteln eine abweichende Bestimmung über die Art der Unterhaltsgewährung liegen.[133] In diesen Fällen der regelmäßigen Betreuung durch den barunterhaltspflichtigen Elternteil kann u.U. eine – ggf. entsprechend § 287 ZPO zu schätzende – teilweise Deckung des Bedarfs durch Naturalunterhalt vorliegen.[134]

154 Dagegen wird auf der anderen Seite auch für die Dauer eines einjährigen **Auslandsaufenthalts** des minderjährigen unterhaltsberechtigten Kindes davon ausgegangen, dass die Betreuungsleistungen der Kindesmutter nicht vorübergehend entfallen, sondern durch Kommunikation und Fürsorge erbracht werden.[135] Vgl. dazu die Kommentierung zu § 1606 BGB Rn. 20 sowie die Kommentierung zu § 1603 BGB Rn. 292.

---

[130] OLG Frankfurt v. 04.06.2009 - 2 UF 328/08 - NJW 2009, 3105.

[131] OLG Hamm v. 26.02.1993 - 7 UF 429/92 - FamRZ 1994, 529; AG Mettmann v. 09.10.1997 - 40 F 132/96 - FamRZ 1999, 44.

[132] BGH v. 28.02.2007 - XII ZR 161/04 - NJW 2007, 1882; a.A. OLG Frankfurt v. 02.02.2005 - 4 WF 136/04 - FamRZ 2006, 439. Zur Unterhaltsberechnung im Wechselmodell vgl. BGH v. 21.12.2005 - XII ZR 126/03 - FamRZ 2006, 1015; BGH v. 28.02.2007 - XII ZR 161/04 - FamRZ 2007, 707; *Viefhues*, FPR 2006, 287.

[133] OLG Köln v. 13.12.2004 - 14 WF 175/04 - OLGR Köln 2005, 609-610.

[134] KG v. 07.03.2002 - 19 WF 367/01 - FamRZ 2003, 53.

[135] OLG Braunschweig v. 21.02.2007 - 1 UF 93/06 - FamRZ 2007, 2004.

Die Unterhaltspflicht besteht fort, wenn sich der Unterhaltsberechtigte im Rahmen eines Schüleraustausches für einige Monate im Ausland aufhält. Der vorübergehende Auslandsaufenthalt des Kindes ändert nichts an einer zwischen den Eltern bestehenden Aufteilung von Barunterhaltspflicht und Unterhaltspflicht durch Betreuung. Weder vermindert sich der Barunterhaltsbedarf des Kindes noch entfällt die Betreuungsleistung des anderen Elternteils. Der Wohnbedarf für das Kind muss weiter vorgehalten werden. Auch sonstige laufende Kosten wie Kleidung fallen fortlaufend an. Es ist sogar davon auszugehen, dass solche Anschaffungen vor Antritt des Auslandsaufenthaltes eher in größerem Umfange entstehen. Einzig und allein entfallen Kosten für die Verpflegung. Im Gegenzug fällt aber ein erhöhtes angemessenes Taschengeld während des Auslandaufenthaltes an.[136] 155

Teilen sich die Eltern die Betreuung des Kindes (sog. **Wechselmodell**), so ist unklar, wie die Berechnung des Unterhaltes zu erfolgen hat[137] (vgl. hierzu die Kommentierung zu § 1612 BGB Rn. 14 ff.). 156

Erbringen unterhaltspflichtige Eltern ihrem studierenden volljährigen Kind auf der Grundlage eines schriftlich abgefassten Darlehensvertrages laufende Leistungen, ohne dass ein fester Rückzahlungszeitpunkt festgelegt wurde, kann diese Leistung im Rahmen des Wohngeldrechts als Unterhaltsleistung i.S.d. § 1610 Abs. 2 BGB gewertet werden.[138] 157

Fahrtaufwendungen für Kinderbeförderung zur Schule sind keine Werbungskosten der Eltern und auch keine außergewöhnliche Belastung.[139] 158

5. Betreuung des Kindes durch Dritte

Wenn kein Elternteil das Kind betreut, sondern dieses vollständig z.B. in einer Pflegefamilie oder im Heim untergebracht ist, besteht eine beiderseitige Barunterhaltspflicht der Eltern.[140] Umstritten ist dabei, ob auch der Betreuungsaufwand durch eine Geldzahlung beglichen werden muss. Vertreten wird hier, in solchen Fällen den **Betreuungsaufwand** dadurch zu berücksichtigen, dass der **doppelte Tabellenbetrag** der Düsseldorfer Tabelle zu zahlen ist.[141] Die Gegenansicht lehnt eine solche „Monetarisierung" des Betreuungsunterhaltes ab.[142] 159

Beim Tod eines Elternteils ist die **Halbwaisenrente** auf den Tabellenbetrag hälftig anzurechnen.[143] 160

Unterhält das **minderjährige Kind** mit Zustimmung des/der Sorgeberechtigten bereits einen eigenen **Hausstand** (z.B. weil es nur an einem entfernteren Ort einen Ausbildungsplatz gefunden hat) und werden von niemandem mehr Betreuungsleistungen erbracht, so kann auch sein Bedarf mit dem **pauschalen festen Bedarfssatz von 670 €** anzunehmen sein.[144] 161

6. Berücksichtigung des Wohnvorteils beim Kindesunterhalt

Überwiegend wird der Nutzungsvorteil einer von einem Ehegatten zusammen mit den Kindern bewohnten Wohnung **nur über den Ehegattenunterhalt** verteilt[145] (vgl. die Kommentierung zu § 1612 BGB Rn. 11). 162

Der BGH hat beanstandet, dass der **Wohnvorteil** nur über den **Ehegattenunterhalt** berücksichtigt wird, wenn der in der Wohnung verbliebene Ehegatte in dieser Wohnung zusammen mit einem oder mehreren gemeinsamen Kindern lebt. **Das mietfreie Wohnen komme auch dem gemeinsamen Kind** 163

---

[136] OLG Köln v. 15.06.2010 - 4 UF 16/10 - FamFR 2010, 324.
[137] Vgl. hierzu ausführlich *Bausch/Gutdeutsch/Seiler*, FamRZ 2012, 258.
[138] OVG Münster v. 26.01.2011 - 14 A 425/10 - FamRZ 2011, 1338.
[139] FG Rheinland-Pfalz v. 22.06.2011 - 2 K 1885/10.
[140] *Klein* in: KKFamR, § 1606 Rn. 43; *Saathoff* in: AnwK-BGB, § 1610 Rn. 8.
[141] OLG Dresden v. 28.11.2002 - 10 UF 569/02, 10 UF 0569/02 - NJW-RR 2003, 364; OLG Hamm v. 01.12.1999 - 12 UF 38/99 - FamRZ 2001, 1023; OLG Hamm v. 23.07.1990 - 8 WF 380/90 - FamRZ 1991, 107; OLG Köln v. 26.02.1992 - 27 UF 109/91 - FamRZ 1992, 1219; AG München v. 05.05.1988 - 811 F 24856/87 - FamRZ 1989, 532.
[142] OLG Stuttgart v. 12.05.2005 - 11 UF 307/04; OLG Stuttgart v. 29.09.2000 - 11 UF 245/00 - FamRZ 2001, 1241; OLG Hamm v. 02.06.2003 - 11 WF 58/03 - NJW-RR 2004, 152; *Kunigk*, FamRZ 2002, 923.
[143] OLG Stuttgart v. 12.05.2005 - 11 UF 307/04 - FamRZ 2006, 59.
[144] *Liceni-Kierstein*, FamRB 2014, 4; vgl. OLG Koblenz v. 26.09.2012 - 13 UF 413/12 - FamRZ 2013, 1140.
[145] Vgl. OLG München v. 23.10.1997 - 12 UF 1218/97 - FamRZ 1998, 824; so auch *Kathoener/Büttner/Niepmann*, Die Rechtsprechung zur Höhe des Unterhalts, 10. Aufl., Rn. 867; OLG Koblenz v. 17.04.2002 - 9 UF 561/01 - ZFE 2002, 351; OLG Hamm v. 11.08.2005 - 4 WF 165/05; *Wohlgemuth* in: Eschenbruch/Klinkhammer, Unterhaltsprozess, 5. Aufl. Teil 3 Rn. 135 m.w.N.

§ 1610

zugute. Der mit dem Kind zusammenlebende Unterhaltspflichtige leiste insoweit Naturalunterhalt, der ihn von der Unterhaltspflicht gegenüber dem Sohn teilweise befreit.¹⁴⁶ **Dieser Umstand sei im Rahmen der Festlegung des angemessenen Wohnwerts zu berücksichtigen.**

164 Das OLG Hamm plädiert dafür, beim Verwandtenunterhalt den **Wohnwert nach Köpfen zu verteilen**, wenn mehrere Familienangehörige das Eigenheim bewohnen.¹⁴⁷

165 **Zu beachten ist**, dass diese Leistung von **Naturalunterhalt** insoweit von der Baruntershaltspicht befreit.¹⁴⁸

7. Besondere Kosten des Umgangsrechts

a. Umgangskosten und Unterhalt

166 Das Umgangsrecht steht unter besonderem **verfassungsrechtlichen Schutz**. Daher ist es im Ergebnis nicht akzeptabel, wenn die Ausübung der Umgangskontakte letztlich daran scheitert, dass der umgangsberechtigte Elternteil die damit verbundenen Kosten nicht tragen kann.¹⁴⁹ Insbesondere dann, wenn die Eltern weit entfernt voneinander wohnen, fallen höhere Kosten für die Ausübung des Umgangsrechtes an.¹⁵⁰

167 Auszugehen ist dabei davon, dass die mit den Umgangskontakten verbundenen **normalen Kosten** in aller Regel der **umgangsberechtigte** Elternteil selbst zu tragen hat.¹⁵¹

168 Die Kosten für die Ausübung des Umgangsrechts sind bei der Bemessung des unpfändbaren notwendigen Unterhaltes des Schuldners gem. **§ 850d ZPO** zu berücksichtigen.¹⁵²

aa. Besondere Umgangskosten

169 Etwas anderes gilt aber dann, wenn z.B. aufgrund einer größeren örtlichen Entfernung ein größerer Aufwand und damit auch **besonders hohe Kosten** anfallen. Dabei kann auch von Bedeutung sein, ob der das Kind betreuende Elternteil z.B. durch den von ihm eingeleiteten Ortswechsel die Ursache für diese höheren Kosten gesetzt hat.

170 In der Frage der unterhaltsrechtlichen Behandlung der **Kosten des Umgangsrechts** bestand nach bisherigem Recht weitgehend Einigkeit, dass der **Umgangsberechtigte** die Kosten des Umgangs **selbst tragen** muss (dazu gehören Fahrt- und eventuelle Übernachtungskosten, ggf. auch Verpflegungsmehraufwand).¹⁵³ Der Umgangsberechtigte wurde darauf verwiesen, derartige Kosten aus seinem Kindergeldanteil zu bestreiten.

171 Diese Ansicht ist aber im Hinblick auf die Neuregelung der Kindergeldverrechnung nicht mehr haltbar. Denn nach § 1612b BGB ist das Kindergeld zugunsten des Kindes zu verwenden und kann damit nicht gleichzeitig zur Deckung der Umgangskosten des barunterhaltspflichtigen Elternteils herangezogen werden.

---

¹⁴⁶ BGH v. 31.10.2012 - XII ZR 30/10 - FamRZ 2013, 191 mit Anm. *Born*, vgl. BGH v. 17.12.2008 - XII ZR 63/07 - juris Rn. 16 - FamRZ 2009, 404.

¹⁴⁷ OLG Hamm v. 21.11.2012 - II-8 UF 14/12 - FamFR 2013, 82; vgl. auch *Melchers*, FamRB 2009, 348 und *Melchers*, FuR 2009, 541; OLG Düsseldorf v. 05.08.1993 - 6 UF 148/92 - FamRZ 1994, 1049; 1052; BGH v. 12.07.1989 - IVb ZR 66/88 - FamRZ 1989, 1160, 1161.

¹⁴⁸ *Born*, FamRZ 2013, 194.

¹⁴⁹ BVerfG v. 05.02.2002 - 1 BvR 2029/00 - NJW 2002, 1863; zur Frage, ob Umgangskosten aus Mitteln der Grundsicherung für Arbeitsuchende gezahlt werden können, vgl. *Jansen*, ZFE 2006, 249.

¹⁵⁰ Zur Frage, ob für den Umzug mit dem Kind die Zustimmung des anderen Elternteils erforderlich ist, vgl. *Finger*, FamFR 2009, 134; zum Umzug ins Ausland bei bestehendem Umgangsrecht des anderen Elternteils vgl. *Born*, FamFR 2009, 129; vgl. auch BGH v. 16.03.2011 - XII ZB 407/10 - FamRZ 2011, 796 m. Anm. *Völker* = FuR 2011, 401 = FPR 2011, 460; BGH v. 28.04.2010 - XII ZB 81/09 - FamRZ 2010, 1061; BGH v. 16.03.2011 - XII ZB 407/10 - FuR 2011, 401; VerfGH Berlin v. 19.03.2013 - 158/12 - FamRZ 2013, 1232; vgl. auch OLG Koblenz v. 04.05.2010 - 11 UF 149/10 - FamRZ 2010, 1572; OLG Köln v. 28.07.2011 - 4 UF 18/11 - FamFR 2011, 498; OLG Nürnberg v. 09.09.2010 - 11 WF 972/10; *Born*, FamFR 2009, 129; *Finger*, FamFR 2009, 134; OLG Köln v. 27.07.2010 - 14 UF 80/10 - FamRZ 2011, 490; OLG Hamm v. 15.11.2010 - 8 WF 240/10; OLG Köln v. 08.02.2011 - 4 UF 233/10; OLG Hamm v. 04.04.2011 - 8 UF 237/10 - FamFR 2011, 333; dazu *Büte* in: Johannsen/Henrich, Familienrecht, 5. Aufl. 2010, § 1696 BGB Rn. 2; *Faber*, FuR 2012, 464.

¹⁵¹ Zur besonderen Fallgestaltung der Kosten bei Ausübung von Umgangsrechten von Personen, die nicht rechtliche Eltern sind, vgl. *Löhnig*, FamRZ 2013, 1866, kritisch *Wohlgemuth*, FuR 2014, 212.

¹⁵² BGH v. 05.08.2010 - VII ZB 17/09 und VII ZB 18/09 - FamRZ 2010, 1798.

¹⁵³ Ausführlich *Menne*, ZKF 2009, 420.

Auch wenn in einzelnen Unterhaltsleitlinien noch die **fiktive Berücksichtigung von Kindergeld zur** 172
Reduzierung der Umgangskosten vorgesehen ist, steht diese im Widerspruch zur gesetzgeberischen Festlegung, wonach Kindergeld grundsätzlich als Einkommen des Kindes zur Deckung des Barbedarfs des Kindes und nicht der Eltern ist.[154]

In seiner Entscheidung vom 24.06.2009[155], mit der er den Abzug des Zahlbetrages des Kindesunterhal- 173
tes bei der Berechnung des Ehegattenunterhaltes festgelegt hat, ist der BGH beiläufig auch auf die Frage der Umgangskosten eingegangen und hat deren Berücksichtigung etwa durch einen – **teilweisen – Abzug der Umgangskosten vom Einkommen oder eine Erhöhung des (Ehegatten-)Selbstbehalts** angesprochen.[156]

Die Kosten des Umgangsrechts können auf jeden Fall im gerichtlichen Verfahren nur dann Erfolg ver- 174
sprechend geltend gemacht werden, wenn sie ausreichend konkret dargetan sind und auch Ausführungen zu der finanziellen Situation des Umgangsberechtigten gemacht werden.[157]

Nach den Hinweisen des BGH bieten sich **zwei** Lösungswege an, wobei **eine Festlegung des BGH** 175
auf eine dieser beiden Varianten bislang nicht erfolgt ist. Jedenfalls können diese Kosten, die dem umgangsberechtigten Elternteil nicht für seine Lebensführung zur Verfügung stehen, unterhaltsrechtlich nicht unberücksichtigt bleiben.[158]

bb. Abzugsfähigkeit der besonderen Kosten

Abzugsfähig sind nur Kosten, die **notwendigerweise** anfallen und das normale Maß der Umgangskos- 176
ten deutlich übersteigen. Ein höherer Aufwand entsteht z.B. dann, wenn aufgrund einer größeren örtlichen Entfernung ein größerer Aufwand und damit auch **besonders hohe Kosten** anfallen (Fahrt- und eventuelle Übernachtungskosten, ggf. auch Verpflegungsmehraufwand).

cc. Reduzierung der Umgangskosten

Generell gilt in allen Fällen, dass der Umgangsberechtigte sich ggf. einschränken muss und möglichst 177
wenig Kosten bei der Ausübung des Umgangsrechtes auslösen darf. Denn auch hier gilt der allgemeine unterhaltsrechtliche Grundsatz der Rücksichtnahme auf die Interessen des anderen Ehegatten; es sind daher nur **angemessene und notwendige Kosten** zu berücksichtigen. Zu den **angemessenen Kosten des Umgangsrechts** zählen Fahrtkosten, Aufwendungen für Verpflegung und ggf. besonderer Kosten für die Unterbringung des Kindes. Maßgeblich für den Umfang der Kontakte ist das Wohl des Kindes.

So können die **Kosten** z.B. dadurch **reduziert** werden, dass die Umgangskontakte stärker als sonst üb- 178
lich zeitlich zusammengefasst werden, also während mehrerer zusammenhängender Tage ausgeübt werden, dafür aber in geringeren Intervallen (also z.B. alle 3 Wochen statt 14-täglich). Fahrtkosten zur Wahrnehmung des Umgangsrechts können nur in angemessener Höhe berücksichtigt werden. Es sind direkte Verbindungen sowie Sondertarife zu nutzen.[159]

Der unterhaltspflichtige Elternteil ist in wirtschaftlich beengten Verhältnissen gehalten, die **Kosten des** 179
Umgangsrechts so niedrig wie möglich zu halten und er ist für die Ausübung auf öffentliche Verkehrsmittel unter Ausnutzung von besonders günstigen Angeboten zu verweisen, um den **ungeschmälerten Mindestkindesunterhalt** sicherzustellen.[160]

In der Praxis sollte auch geprüft werden, ob der **betreuende Elternteil** anteilig zur **Übernahme** des 180
für das Holen und Bringen des Kindes erforderlichen zeitlichen und finanziellen **Aufwandes** verpflichtet wird, damit es nicht zu einer faktischen Vereitelung des Umgangsrechts kommt,[161] oder ob dem anderen Elternteil nicht **Mitwirkungspflichten** bei der Durchführung der Umgangskontakte auferlegt werden können (wie z.B. Abholen des Kindes am Bahnhof), um die Belastungen für den umgangsbe-

---

[154] Vgl. OLG Braunschweig v. 08.09.2011 - 1 UF 130/11 - FamRZ 2012, 795.
[155] BGH v. 24.06.2009 - XII ZR 161/08 - FamRZ 2009, 1477.
[156] Vgl. BGH v. 17.06.2009 - XII ZR 102/08 - FamRZ 2009, 1391 = NJW 2009, 2592 mit Anm. *Wever* = FF 2009, 373; BGH v. 27.05.2009 - XII ZR 78/08 - FamRZ 2009, 1300 mit Anm. *Schürmann* = NJW 2009, 2523 mit Anm. *Born*; FF 2009, 423 mit Anm. *Maurer*; BGH v. 23.02.2005 - XII ZR 56/02 - FamRZ 2005, 706, 708 und BGH v. 09.01.2008 - XII ZR 170/05 - FamRZ 2008, 594, 599; vgl. auch BGH v. 09.01.2008 - XII ZR 170/05 - FamRZ 2008, 594, 599.
[157] OLG Brandenburg v. 11.11.2009 - 13 UF 58/09 - FuR 2010, 109.
[158] *Schürmann*, FamRZ 2009, 1306, 1308; vgl. auch *Menne*, ZKF 2009, 420.
[159] OLG Stuttgart v. 19.10.2007 - 15 WF 229/07 - FamRZ 2008, 1273; OLG Brandenburg v. 16.10.2012 - 10 UF 10/12 - FamFR 2012, 535.
[160] OLG Schleswig v. 20.12.2013 - 15 WF 414/13 - MDR 2014, 477.
[161] OLG Naumburg v. 26.03.2010 - 8 UF 53/10 - FamRZ 2011, 308.

rechtigten Elternteil zu reduzieren.[162] Dies entspricht einem allgemeinen unterhaltsrechtlichen Gebot, Belastungen des anderen Unterhaltsbeteiligten möglichst gering zu halten. Auch ist das Angebot der Kinder, mit einem Wochenendticket zum niedrigen Preis alleine zum Vater fahren, zu beachten; der Vater kann dann keine höheren Umgangskosten mit dem Auto oder dem Zug anrechnen.[163]

181 In der Praxis sollte vorgetragen werden, wie oft der Umgang mit den Kindern stattfindet und welche Fahrtkosten für das Holen und Wegbringen der Kinder anfallen. Die einzelnen Kostenpositionen sollten, damit sie berücksichtigt werden können, detailliert und nachvollziehbar dargelegt werden.[164] Die Fahrtkosten können auf der Basis einer Kilometerpauschale der Unterhaltsleitlinien berechnet und einkommensmindernd in Abzug gebracht werden.[165]

182 Das Gericht kann diese Kosten aufgrund des vorgetragenen Sachverhaltes ggf. gem. § 287 ZPO schätzen.[166] Die **Darlegungs- und Beweislast** für die anfallenden Kosten trifft den Unterhaltsverpflichteten. Die Kosten des Umgangsrechts können daher nur dann Erfolg versprechend geltend gemacht werden, wenn sie ausreichend konkret dargetan sind und auch Ausführungen zu der finanziellen Situation des Umgangsberechtigten gemacht werden.[167]

183 Bei der Berücksichtigung von Umgangskosten besteht keine **Bagatellgrenze**, denn bei angespannten finanziellen Verhältnissen können auch relativ geringe Umgangskosten, die nicht angerechnet werden, zu einer Einschränkung des Umgangsrechtes führen, die verfassungsrechtlich nicht hingenommen werden darf.[168]

184 Auch eine Reduzierung der Umgangskosten durch die **Beantragung öffentlicher Hilfen** ist zu bedenken. Bezieht der Unterhaltpflichtige allerdings Einkünfte nach Umfang und Höhe in einem Ausmaß, dass der Bewilligung ergänzender Sozialhilfe nach SGB II entgegensteht, so scheidet die Möglichkeit aus, zur Steigerung der Leistungsfähigkeit durch Beantragung öffentlicher Mittel für Umgangskosten beizutragen. Dem stehe auch die grundsätzliche Berücksichtigungsfähigkeit von Umgangskosten im Sozialrecht[169] nicht entgegen[170] (vgl. dazu Rn. 197).

dd. Abzug der Kosten vom Einkommen

185 Die in Zusammenhang mit der Ausübung des Umgangsrechts anfallenden Kosten werden (ganz oder teilweise) als **Abzugsposten beim Einkommen** berücksichtigt.[171] Damit werden die Unterhaltsschuldner, die hohe Umgangskosten aufbringen müssen, wirkungsvoll entlastet.

186 Umgangskosten sind auch bei einem **fiktiven Einkommen** des Unterhaltsschuldners zu berücksichtigen.[172]

187 Diese Lösung über den Abzug der Umgangskosten vom Einkommen hat folgende **Schwächen**:
- Durch den Abzug vom unterhaltsrechtlich relevanten Einkommen wird der Unterhalt für Kind und Ehegatten vermindert. De facto bekommen damit die Umgangskosten einen Vorrang vor dem Barunterhaltsanspruch des Kindes.
- Es besteht die Gefahr, dass bei der konkreten Anrechnung auf das Einkommen die Kosten detailliert aufgelistet werden und damit erhebliche Zusatzarbeit ausgelöst wird.[173]

---

[162] OLG Dresden v. 07.02.2005 - 20 UF 896/04 - FamRZ 2005, 927; OLG Schleswig v. 03.02.2006 - 13 UF 135/05 - FamRZ 2006, 881; AG Detmold v. 02.02.2006 - 15 F 449/05 - FamRZ 2006, 880; vgl. auch BVerfG v. 05.02.2002 - 1 BvR 2029/00 - FamRZ 2002, 809.
[163] OLG Stuttgart v. 09.08.2011 - 18 WF 130/11 - FamFR 2011, 464.
[164] *Harms*, jurisPR-FamR 12/2005, Anm. 2 zu BGH v. 23.02.2005 - XII ZR 56/02 - NJW 2005, 1493-1495.
[165] OLG Brandenburg v. 02.04.2009 - 10 UF 194/08 - JAmt 2009, 407-409.
[166] Vgl. auch die Empfehlungen des Vorstands des Deutschen Familiengerichtstags 2011, FamRZ 2011, 1923.
[167] OLG Brandenburg v. 11.11.2009 - 13 UF 58/09 - FuR 2010, 109.
[168] BGH v. 09.01.2008 - XII ZR 170/05 - FamRZ 2008, 594, 599; vgl. auch BGH v. 23.02.2005 - XII ZR 56/02 - FamRZ 2005, 706, 708, anders OLG Karlsruhe v. 13.09.2005 - 16 (20) UF 76/05 - FamRZ 2005, 2091 = OLGR 2005, 757; ebenso OLG Bamberg v. 19.05.2005 - 2 UF 12/05 - FamRZ 2005, 2090.
[169] Vgl. LSG BW v. 03.08.2010 - L 13 AS 3318/10 ER-B - JAmt 2011, 412 f.
[170] Vgl. OLG Braunschweig v. 08.09.2011 - 1 UF 130/11 - FamRZ 2012, 795.
[171] OLG Brandenburg v. 16.10.2012 - 10 UF 10/12 - FamFR 2012, 535.
[172] AG Velbert v. 26.04.2007 - 2 F 371/06 - FamRZ 2007, 1907.
[173] *Menne*, ZKF 2009, 420.

- Der Abzug vom unterhaltsrelevanten Einkommen kann dazu führen, dass die Kosten des Umgangsrechts de facto das Kind und der Ehegatte (ganz oder überwiegend) tragen. Möglicherweise ist es aber sachgerechter, hier von einer anteiligen Haftung (wie beim Mehrbedarf) auszugehen, damit also nur einen Teil der Umgangskosten unterhaltsrechtlich in Ansatz zu bringen.
- Denkbar wäre auch, die Anrechnung nur beim Ehegattenunterhalt zuzulassen, damit auf jeden Fall der Basisunterhalt des Kindes sichergestellt wird. Die Anrechnung auf das Einkommen beim Ehegattenunterhalt hätte den Vorteil, dass über die 3/7-Quote eine anteilige Haftung beider Eltern erreicht wird. Allerdings dürfte die unterschiedliche Einkommensbemessung beim Kindes- und Ehegattenunterhalt – zumindest in bestimmten Fallkonstellationen – zu Berechnungsproblemen führen.

Der BGH hat allerdings betont, dass die im Zusammenhang mit dem Umgangsrecht entstehenden Unterbringungs- und Fahrtkosten grundsätzlich nicht vom anrechenbaren Einkommen des unterhaltspflichtigen Elternteils abgezogen werden können, wenn ihm auch nach dem Abzug dieser Kosten noch ein ausreichendes Einkommen verbleibt. Dies gilt auch bei einer Erweiterung des Umgangsrechts über das übliche Maß hinaus.[174]   **188**

Beispiele aus der Rechtsprechung: Das OLG Schleswig belässt dem Umgangsberechtigten einen Betrag von 100 € anrechnungsfrei, **vermindert also das unterhaltsrelevante Einkommen** wegen der Kosten des Umgangs, wenn die notwendigen Kosten nicht aus den Mitteln bestritten werden können, die dem Unterhaltspflichtigen über dem notwendigen Selbstbehalt verbleiben.[175] Konkret sind Pkw-Kosten für die Fahrten zum Bahnhof, die Kosten für die Fahrkarte zuzüglich der Kosten für die Bahncard, Park- und Reservierungsgebühren berücksichtigt worden.   **189**

Das OLG Frankfurt lässt eine **Reduzierung des Kindesunterhaltes** zu. Wenn dem Unterhaltspflichtigen nach Bezahlung des Unterhalts keine Mittel mehr zur Verfügung stehen, das Umgangsrecht durchzuführen, ist der Kindesunterhalt zu reduzieren.[176] Konkret werden wegen des Umzugs der Mutter nach Hamburg Kosten von 154 € mtl. berücksichtigt.   **190**

Das OLG Bremen berücksichtigt **Fahrtkosten** für die Umgangskontakte mit den Kindern bei der Beurteilung der Leistungsfähigkeit in vollem Umfang (Fahrtkosten von mtl. 256 €).[177]   **191**

Nach Ansicht des OLG Jena sind angemessene **Fahrtkosten**, die dem in größerer Entfernung von seinen Kindern wohnenden Umgangsberechtigten anlässlich von einmal im Monat stattfindenden Umgangskontakten entstehen – wenn sie weder aus Kindergeld noch aus anderen Mitteln getragen werden können –, bei der Beurteilung der Leistungsfähigkeit für den Kindesunterhalt in Abzug zu bringen.[178]   **192**

Das OLG Saarbrücken lehnt es ab, Umgangskosten von 174 € mtl. bei einem Einkommen des Unterhaltspflichtigen von rund 4.000 € unterhaltsrechtlich in Abzug zu bringen. Eine Korrektur sei nur dort geboten, wo die Gefahr besteht, dass das Unterhaltsrecht dem Unterhaltspflichtigen die Möglichkeit nehmen würde, sein Umgangsrecht zur Erhaltung der Eltern-Kind-Beziehung auszuüben. Die damit verbundenen Kosten seien deshalb in erster Linie dann unterhaltsrechtlich zu berücksichtigen, wenn und soweit sie nicht anderweitig bestritten werden können.[179]   **193**

Das OLG Brandenburg argumentiert wie folgt: Das **hälftige Kindergeld** mindert den Barbedarf des minderjährigen Kindes und entlastet in diesem Umfang den barunterhaltspflichtigen Elternteil (§ 1612b Abs. 1 Satz 2 BGB). Diese Entlastung ist bei einer anschließenden Bemessung des nachehelichen Unterhalts auf die Weise zu berücksichtigen, dass als Kindesunterhalt nur noch der Zahlbetrag abgesetzt wird. Die **Entlastung** der Barunterhaltspflichtigen bei minderjährigen Kindern **durch das hälftige Kindergeld** (§ 1612b Abs. 1 Satz 1 Nr. 1 BGB) kann sich deswegen im Rahmen des Anspruchs auf Ehegattenunterhalt bei einer Quote von 3/7 zu 4/7 (vgl. Nr. 15.2 der Unterhaltsleitlinien des Brandenburgischen Oberlandesgerichts, Stand 01.01.2008) auf bis zu **rd. 53 €** (= 184 € Kindergeld: 2 x 4/7) vermindern. Kosten der Ausübung des Umgangsrechts, die deutlich über den verbleibenden Anteil hinausgehen, können durch einen – teilweisen – Abzug vom Einkommen oder eine   **194**

---

[174] BGH v. 12.03.2014 - XII ZB 234/13.
[175] OLG Schleswig v. 05.09.2005 - 15 UF 63/05 - OLGR Schleswig 2005, 695-696; vgl. auch OLG Düsseldorf v. 28.05.2001 - 8 UF 46/01 - FamRZ 2001, 1096. vgl. aber auch OLG Schleswig v. 22.12.2008 - 13 UF 100/08 - NJW 2009, 1217.
[176] OLG Frankfurt v. 29.01.2004 - 1 UF 309/02 - FPR 2004, 398-401.
[177] OLG Bremen v. 23.10.2007 - 4 WF 155/07 - NJW 2008, 1237.
[178] OLG Jena v. 25.05.2010 - 1 UF 19/10.
[179] OLG Saarbrücken v. 11.11.2010 - 6 UF 63/10.

Erhöhung des Ehegattenselbstbehaltes berücksichtigt werden.[180] Da sich die geltend gemachten Umgangskosten im konkreten Fall auf 92 € belaufen und eine Entlastung durch das Kindergeld in Höhe von 53 € anzunehmen ist, verbleibt eine **Zusatzbelastung** in Höhe von 39 €.[181]

ee. Erhöhung des Selbstbehaltes gegenüber dem Ehegattenunterhaltsanspruch

195 Der andere Ansatz geht dahin, den **Selbstbehalt gegenüber dem Ehegattenunterhaltsanspruch um einen Anteil der Umgangskosten zu erhöhen**. Dem Unterhaltspflichtigen blieben damit die notwendigen Mittel, um die Umgangskosten aufbringen zu können.

196 Diese Lösung hätte folgende **Auswirkungen**:
- Der umgangsberechtigte Elternteil, der über ausreichend hohe Einkünfte verfügt, dessen Selbstbehalt also gar nicht tangiert wird, trägt die Kosten weiterhin in vollem Umfang selbst.
- Da es nur um die Erhöhung des Ehegatten-Selbstbehaltes geht, bleibt davon der Kindesunterhaltsanspruch unberührt. Der Basis-Unterhalt des Kindes ist damit vorrangig gedeckt.
- Wird das vorhandene Einkommen für den Basisunterhalt des Kindes und die Umgangskosten sowie den Selbstbehalt des umgangsberechtigten Elternteils verbraucht, geht der andere Ehegatte leer aus.
- Im Mangelfall muss man evtl. mit Billigkeitsüberlegungen vorgehen und darf nur einen Teil der Kosten anerkennen, damit die Umgangskosten nicht vollständig zu Lasten des anderen Elternteils gehen.

b. Umgangskosten und Sozialleistungen

197 Das Umgangsrecht und die dadurch ausgelösten Kosten des umgangsberechtigten Elternteils können auch für Sozialleistungen bedeutsam sein.[182]

198 Es gibt keine Bagatellgrenze von 10% des Regelbedarfs für die Übernahme besonderer Bedarfe im Sinne des § 21 Abs. 6 SGB II im Zusammenhang mit den Umgangskosten für das Kind.[183]

aa. Erstattung der Umgangskosten

199 Es kann ein Anspruch gegen den Sozialhilfeträger auf Erstattung der **Umgangskosten** bestehen.[184] Unter bestimmten Voraussetzungen kann auch hinsichtlich der Kosten des Umgangsrechts in den USA ein Anspruch auf Leistungen der Grundsicherung gem. § 21 VI SGB II bestehen.[185]

200 Erforderlich ist eine einzelfallbezogene Abwägung mit dem Kindeswohl. Dies schließt es auch aus, grundsätzlich nur diejenigen **Kosten für die Wahrnehmung des Umgangsrechts** zu übernehmen, die von einem Durchschnittsverdiener aufgebracht werden könnten oder die als „sozialüblich" angesehen werden.[186]

201 Daher können z.B. **Fahrtkosten** nicht schon dann als „nicht unabweisbar" angesehen werden, wenn der Umgangsberechtigte ohne nachvollziehbaren, tragfähigen Grund an einen anderen Wohnort umgezogen ist und ein Bemittelter diese Mehrkosten vermieden hätte.[187]

202 Die vom Familiengericht getroffene Entscheidung zum Umgang ist auch Maßstab für die Beurteilung, welches Maß an Umgang nach dem SGB II anzuerkennen ist.[188]

203 Auch eine von den Eltern getroffene Einigung über den Umgang ist maßgeblich und nicht **nur dasjenige Maß an Umgang, welches im Streitfall zwangsweise durchgesetzt werden** könnte.[189] Etwas anderes kann nur gelten, wenn eindeutige Anhaltspunkte für eine (einvernehmliche) Verlagerung der

---

[180] BGH v. 17.06.2009 - XII ZR 102/08 - juris Rn. 41 - FamRZ 2009, 1391.
[181] OLG Brandenburg v. 18.01.2011 - 10 UF 47/10 - FamFR 2011, 154.
[182] Ausführlich *Behrend*, jM 2014, 22, 27 zu den Zusammenhängen zwischen einer familiengerichtlichen Umgangsregelung und den sozialhilferechtlichen Fragen des Umgangs.
[183] BSG v. 04.06.2014 - B 14 AS 30/13 R.
[184] Vgl. BSG v. 07.11.2006 - B 7b AS 14/06 R - FamRZ 2007, 465 und LSG Nordrhein-Westfalen v. 10.05.2007 - L 20 B 24/07 SO ER - FamRZ 2007, 2015 (LS); *Jansen*, ZFE 2006, 249.
[185] LSG Rheinland-Pfalz v. 24.11.2010 - L 1 SO 133/10 B ER - NJW 2011, 1837.
[186] *Behrend*, jM 2014, 22, 27; SG Oldenburg v. 13.11.2012 - S 48 AS 1104/12; a.A. LSG Rheinland-Pfalz v. 20.06.2012 - L 3 AS 210/12 B ER.
[187] *Behrend*, jM 2014, 22, 27; anders wohl LSG Baden-Württemberg v. 03.08.2010 - L 13 AS 3318/10 ER-B - ZFSH/SGB 2010, 600.
[188] *Behrend*, jM 2014, 22, 27 unter Hinweis auf BVerfG v. 25.10.1994 - 1 BvR 1197/93 - NJW 1995, 1342; BVerwG v. 22.08.1995 - 5 C 15/94 - NJW 1996, 1838.
[189] BSG v. 02.07.2009 - B 14 AS 75/08 R - SozR 4-4200 § 7 Nr. 13; *Behrend*, jM 2014, 22, 28.

Umgangskosten auf den SGB II-Träger vorliegen, weil z.B. andere Gestaltungsmöglichkeiten des Umgangs bestehen, die – bei Kostentragung durch einen nicht im SGB-II-Bezug stehenden Elternteil – in gleicher Weise dem Recht des Kindes auf Pflege und Erziehung Rechnung tragen.[190]

Kosten für die Wahrnehmung des Umgangsrechts können in Form von Fahrt-, Unterkunfts-, Übernachtungs- und Verpflegungsaufwendungen entstehen. Die Ansprüche des umgangsberechtigten Elternteils sind von den eigenständigen Ansprüchen der Kinder wegen deren Fahrtkosten und sonstigen Lebenshaltungskosten während der Zeit ihrer Umgangsbesuche nach den §§ 20-22 SGB II zu unterscheiden.[191] 204

Bei den **Fahrtkosten** ist zu unterscheiden: Fährt das Kind eigenständig, ist es Anspruchsinhaber. Wird es von dem umgangsberechtigten Elternteil gebracht oder geholt, muss dieser den Bedarf nach der Härtefallregelung des § 21 Abs. 6 SGB II beantragen.[192] Trotz damit verbundener erhöhter Fahrtkosten wird es zumeist dem Kindeswohl entsprechen, wenn Besuchskontakte in der Wohnung des Umgangsberechtigten und nicht in der Wohnung des betreuenden Elternteils oder im öffentlichen Raum stattfinden.[193] 205

Eine vom Familiengericht über die Beteiligung des hauptsächlich betreuenden Elternteils an diesen Hol- und Bringkosten getroffene Regelung ist zu berücksichtigen.[194] 206

Die Kosten der Wahrnehmung des **Umgangsrechts von Großeltern** mit ihren Enkelkindern begründen keinen unabweisbaren, laufenden, nicht nur einmaligen besonderen Bedarf. Zwischen Großeltern und Enkelkindern besteht keine Bedarfsgemeinschaft.[195] 207

bb. Leistungen für den Aufenthalt des Kindes beim Umgangsberechtigten

Hält sich ein **Kind umgangsbedingt wechselnd in zwei Bedarfsgemeinschaften** auf, die nicht personenidentisch sind, bestehen zwei Ansprüche auf Leistungen für Regelbedarfe, die unterschiedlich hoch sein können und sich in zeitlicher Hinsicht ausschließen.[196] 208

Bei Leistungen an nicht erwerbsfähige Kinder, die sich wechselnd bei ihren getrennt lebenden Elternteilen aufhalten, ergibt sich nach dem Wortlaut des § 36 Satz 1 SGB II für die jeweilige Regelleistung die örtliche Zuständigkeit des Trägers der Grundsicherung am Ort des gewöhnlichen Aufenthalts des Elternteils, mit dem das Kind eine Bedarfsgemeinschaft – sei sie temporär, sei sie dauerhaft – bildet. § 36 Satz 3 SGB II in der seit dem 01.01.2011 geltenden Fassung regelt dies (klarstellend) auch für Bedarfsgemeinschaften in Ausübung des Umgangsrechts mit Kindern nach Vollendung des 14. Lebensjahres, die ihrerseits erwerbsfähig sind und nicht nur abgeleitete Ansprüche auf Sozialgeld, sondern Ansprüche auf Arbeitslosengeld II haben.[197] 209

Weder die an den sorgeberechtigten Elternteil gezahlten, aber nicht an den umgangsberechtigten Elternteil weitergeleiteten anteiligen Regelleistungen noch das vom sorge- und kindergeldberechtigten Elternteil nicht weitergeleitete Kindergeld sind für die Zeit des Aufenthalts in der temporären Bedarfsgemeinschaft mit dem umgangsberechtigten Elternteil nach § 11 SGB II als Einkommen des Kindes von dessen Bedarf abzusetzen.[198] 210

Soweit **während des Aufenthalts beim Umgangsberechtigten** eine **zeitweise Bedarfsgemeinschaft**[199] besteht, kann der Umgangsberechtigte diese Kosten gem. § 38 SGB II beantragen. Minderjährigen **Kindern**, die sich im Rahmen der Ausübung des Umgangsrechts bei einem Elternteil aufhalten, steht **anteiliges Sozialgeld** für jeden vollen Tag zu.[200] 211

---

[190] *Behrend*, jM 2014, 22, 27 „keine Sozialisierung von Scheidungskosten"; BSG v. 07.11.2006 - B 7b AS 14/06 R - BSGE 97, 242.
[191] *Behrend*, jM 2014, 22, 27.
[192] *Behrend*, jM 2014, 22, 27.
[193] LSG Niedersachsen-Bremen v. 06.09.2012 - L 11 AS 242/12 B ER.
[194] *Behrend*, jM 2014, 22, 28; *Faber*, FuR 2012, 464 ff., 465; BVerfG v. 05.02.2002 - 1 BvR 2029/00; BGH v. 23.02.2005 - XII ZR 56/02 - FamRZ 2005, 706.
[195] SG Karlsruhe v. 23.09.2013 - S 11 AS 2299/13.
[196] BSG v. 12.06.2013 - B 14 AS 50/12 R - SGb 2013, 467 = FamRZ 2014, 124 mit Anm. *Schürmann*.
[197] BSG v. 12.06.2013 - B 14 AS 50/12 R - SGb 2013, 467 = FamRZ 2014, 124 mit Anm. *Schürmann*.
[198] BSG v. 12.06.2013 - B 14 AS 50/12 R - SGb 2013, 467 = FamRZ 2014, 124 mit Anm. *Schürmann*; vgl. BSG v. 02.07.2009 - B 14 AS 75/08 R - SozR 4-4200 § 7 Nr. 13.
[199] BSG v. 07.11.2006 - B 7b AS 14/06 R - BSGE 97, 242 = SozR 4-4200 § 20 Nr. 1.
[200] BSG v. 02.07.2009 - B 14 AS 75/08 R - FuR 2009, 581.

212 Wegen der Pauschalierung der Regelbedarfe ist davon auszugehen, dass eine zeitweise („temporäre") Bedarfsgemeinschaft mit dem umgangsberechtigten Elternteil grundsätzlich für jeden Kalendertag besteht, an dem sich das Kind überwiegend – i.S.v. länger als 12 Stunden bezogen auf den Kalendertag – dort aufhält. Abschläge für Bedarfe, die in der temporären Bedarfsgemeinschaft regelmäßig oder gar typischerweise nicht zu decken sind (Bekleidung, Haushaltsgeräte usw.), können nicht erfolgen.[201]

213 Ein umgangsberechtigtes Kind kann daher für jeden Tag, an dem es sich mehr als 12 Stunden bei dem anderen Elternteil in „temporärer" Bedarfsgemeinschaft aufhält, ein Dreißigstel seiner monatlichen Regelleistung beanspruchen. Dies gilt grundsätzlich unabhängig von dem Umstand, dass das Kind in der übrigen Zeit in einer weiteren (nicht personenidentischen) Bedarfsgemeinschaft mit seiner Mutter lebt und dieser ggf. von dem für diese Bedarfsgemeinschaft zuständigen Jobcenter für das Kind schon jeweils die Regelleistung für einen vollen Monat bewilligt und gezahlt worden ist, wenn die Mutter dem Kind für die Zeiten seines Aufenthaltes bei dem Vater keine Mittel zugewandt hat.[202]

214 Der Anspruch des Kindesvaters auf **anteilige Auszahlung** des für die Kinder an die Mutter ausgezahlten **Sozialgeldes** zur Durchführung des Umgangsrechtes ist gegenüber der zuständigen Behörde durch die betroffenen Kinder geltend zu machen. Bei gemeinsamer elterlicher Sorge müsste der Antrag von beiden Elternteilen als Vertreter der Kinder gestellt werden. Bei fehlender Einigung der Kindeseltern ist eine gerichtliche Geltendmachung erforderlich.[203]

cc. Kosten eines Umzugs

215 Die Ausübung des Umgangsrechts kann auch ein – sozialhilferechtlich anzuerkennender – **Grund für einen Umzug** sein mit der Folge der Erstattung der Kosten. Denn ein Empfänger von Leistungen nach dem SGB II hat einen Anspruch auf Übernahme der **angemessenen Aufwendungen für Unterkunft und Heizung nach einem erforderlichen Umzug**. Ein solcher vernünftiger Grund besteht in einer beabsichtigten Wahrnehmung des Umgangsrechts des Leistungsempfängers mit seinem Kind.[204] Das an den allein sorgeberechtigten Elternteil ausgezahlte **Kindergeld** für die minderjährigen Kinder ist auf diesen anteiligen Sozialgeldanspruch **nicht anzurechnen**. § 11 Abs. 1 Satz 3 SGB II ist so auszulegen, dass das Kindergeld aber nur dann als Einkommen dem jeweiligen minderjährigen Kind zuzurechnen ist, wenn es einem Elternteil als dem Kindergeldberechtigten gezahlt wird, der Mitglied der Bedarfsgemeinschaft ist. Denn das Kindergeld kann nur dann zur Deckung der Bedarfe der Kinder verwendet werden, wenn es der Bedarfsgemeinschaft tatsächlich zur Verfügung steht.[205]

c. Umgangskosten und Steuern

216 Die **Fahrtaufwendungen** eines Steuerpflichtigen für **Besuche** der bei seiner von ihm getrennt lebenden Ehefrau wohnenden gemeinsamen Kinder sowie Kosten für Beratungs- und Vermittlungsgespräche zur Regelung des Sorge- und Umgangsrechts sind **nicht als außergewöhnliche Belastung steuerrechtlich zu berücksichtigen**, da sie als typische Aufwendungen für die Lebensführung des nicht sorgeberechtigten Elternteils durch den Familienleistungsausgleich abgegolten werden. Auch die Aufwendungen zur Erreichung einer gütlichen Einigung über das Sorge- und Umgangsrecht beruhen auf dem freien Willensentschluss eines Elternteils und sind grundsätzlich nicht zu berücksichtigen.[206]

217 **Trennungsbedingte Umgangskosten** eines Elternteils mit seinen Kindern sind keine außergewöhnlichen Aufwendungen und mit dem Familienleistungsausgleich abgegolten, auch wenn sie den Eltern zwangsläufig entstehen.[207]

8. Kosten der Kinderbetreuung

218 Den Kosten der Kindesbetreuung kommt nach dem neuen Unterhaltsrecht verstärkte praktische Bedeutung zu, da der geschiedene kindesbetreuende Elternteil nach § 1570 BGB gehalten ist, die Möglichkeiten einer außerhäuslichen Betreuung zu nutzen, um seinen Bedarf durch eigene Erwerbstätigkeit ganz oder teilweise sicherzustellen. Denkbar ist es, diese Kosten beim **Kindesunterhalt** oder beim **Ehegattenunterhalt** zu berücksichtigen.

---

[201] BSG v. 02.07.2009 - B 14 AS 75/08 R - SozR 4-4200 § 7 Nr. 13; *Behrend*, jM 2014, 22, 28.
[202] BSG v. 12.06.2013 - B 14 AS 50/12 R; *Behrend*, jM 2014, 22, 28.
[203] OLG Hamm v. 15.12.2010 - II-2 WF 264/10 - FamRZ 2011, 821.
[204] LSG Hessen v. 19.03.2009 - L 7 AS 53/09 B ER.
[205] LSG Baden-Württemberg v. 01.10.2008 - L 13 AS 2559/08.
[206] BFH v. 15.05.2008 - III S 10/08; EuGH v. 29.11.2007 - C-68/07 - NJW-Spezial 2008, 70.
[207] Vgl. BFH v. 15.05.2012 - VI B 111/11 - FamRB 2012, 344.

a. Kindergartenbeiträge

Die für den **Kindergartenbesuch** anfallenden Kosten, und zwar gleichgültig, ob die Einrichtung halb- oder ganztags besucht wird,[208] stellen Bedarf eines Kindes dar und sind grundsätzlich keine berufsbedingten Aufwendungen des betreuenden Elternteils.[209] Der Unterhaltsbedarf eines Kindes umfasst dessen gesamten Lebensbedarf einschließlich der Kosten der Erziehung (§ 1610 Abs. 2 BGB). Wenn Aufwendungen wie beim Kindergartenbesuch in erster Linie erzieherischen Zwecken dienen, sind sie **Bedarf des Kindes** und nicht des betreuenden Elternteils. 219

Auch nur dann, wenn die entsprechenden Kosten dem Bedarf des Kindes zuzurechnen sind, kann gewährleistet werden, dass **der betreuende Elternteil für einen hieraus folgenden Mehrbedarf des Kindes nicht allein aufzukommen braucht**, denn für diesen Mehrbedarf haben **beide Elternteile anteilig** nach ihren Einkommensverhältnissen **aufzukommen**. Jedoch ist vorab ein Sockelbetrag in Höhe des **angemessenen Selbstbehalts** abzuziehen (vgl. Rn. 222). 220

Anfallende **Kosten für Verpflegung** des Kindes im Kindergarten (**Essensgeld**) müssen vorab herausgerechnet werden, da diese Kosten dem normalen Bedarf zuzurechnen und damit bereits im Tabellenunterhalt enthalten sind.[210] 221

Berechnungsbeispiel zur **Verteilung des Kindergartenbeitrags** zwischen den Eltern mit den Werten der **Düsseldorfer Tabelle 2013** und dem seit dem 01.01.2010 gezahlten **Kindergeld**: 222

	Einkommen Ehemann	2.277 €
–	angemessener Selbstbehalt	1.200 €
=	anzurechnen	1.077 €
	Einkommen Ehefrau	1.650 €
–	angemessener Selbstbehalt	1.200 €
=	anzurechnen	450 €
	anzurechnender Gesamtbetrag beider Eltern	1.527 €
	Quote Ehemann	70,53%
	Quote Ehefrau	29,47%
	Kinderbetreuungskosten sind anteilig zu zahlen in Höhe von	
	Ehemann	119,90 €
+	Ehefrau	50,10 €
=		170 €

Aufgrund der zum **01.01.2015** angehobenen Selbstbehaltssätze ändert sich für das Kalenderjahr 2015 die Berechnung wie folgt: 222.1

	Einkommen Vater	2.277,00 €
–	angemessener Selbstbehalt	1.300,00 €
=		977,00 €
	Einkommen Mutter	1.650,00 €
–	angemessener Selbstbehalt	1.300,00 €
=		350,00 €
	anzurechnender Gesamtbetrag beider Eltern	1.327,00 €
	Haftungsanteil Vater	73,62%
	Haftungsanteil Mutter	26,38%
	Kinderbetreuungskosten von	170,00 €
	sind anteilig zu zahlen von	
	Vater	125,16 €
	Mutter	44,84 €

---

[208] Ursprünglich hat der BGH den Beitrag für einen halbtägigen Kindergartenbesuch nicht als Mehrbedarf des Kindes angesehen, vgl. BGH v. 05.03.2008 - XII ZR 150/05 - FamRZ 2008, 1152 mit Anm. *Born* = NJW 2008, 2337 mit Anm. *Ehinger*; BGH v. 14.03.2007 - XII ZR 158/04 - FamRZ 2007, 882, 886, diese Rspr. aber ausdrücklich aufgegeben.

[209] BGH v. 05.03.2008 - XII ZR 150/05 - FamRZ 2008, 1152 mit Anm. *Born* = NJW 2008, 2337 mit Anm. *Ehinger*.

[210] BGH v. 26.11.2008 - XII ZR 65/07 - FamRZ 2009, 962 mit Anm. *Born*; OLG Celle v. 06.08.2009 - 17 UF 210/08 - NJW 2010, 79.

§ 1610

223 Die **Sicherung des Mindestunterhaltes** – auch von Geschwisterkindern – ist **vorrangig**.[211] Dies führt dazu, dass vor der Errechnung der Haftungsanteile der Eltern für den Mehrbedarf beim barunterhaltspflichtigen Elternteil der gezahlte Kindesunterhalt bis zur Höhe des Mindestunterhaltes abzüglich hälftigen Kindergeldes in Abzug zu bringen ist (vgl. das Rechenbeispiel in Rn. 222).

224 Die **Kindergartenkosten** sind auch dann **vorrangig** in Abzug zu bringen, wenn es um Einkünfte des Unterhaltspflichtigen geht, der seinerseits ein Kind hat und hierfür Kindergartenkosten bezahlt, aber vom Ex-Ehegatten z.B. wegen Krankheitsunterhalt in Anspruch genommen wird.[212]

225 Auch wenn es sich bei den **Kosten für den Besuch eines Kindergartens** um Mehrbedarf des Kindes handelt und für einen solchen Mehrbedarf beide Elternteile grundsätzlich nach ihren Einkommensverhältnissen aufzukommen haben, kann der Unterhaltspflichtige bei der Berechnung des Ehegattenunterhaltes die gesamte Belastung als eheprägend einkommensmindernd geltend machen, wenn er im Einvernehmen mit dem anderen Elternteil den Kindergartenbeitrag in vollem Umfang gezahlt hat.[213]

b. Andere Kinderbetreuungskosten

226 Fraglich ist, wie bei anderen Kosten der Kindesbetreuung (z.B. Tagesmütter, Kinderfrau, nachmittägliche Schulbetreuung, Kindertagesstätte, Tagespflegestätte, Hort) zu verfahren ist, die konkret anfallen und die der betreuende Elternteil trägt. Wird eine **private Kinderfrau** engagiert, so fallen ebenfalls nicht unerhebliche Kosten an, über deren Ausgleich in der Praxis Streit entstehen kann. Auch bei der Betreuung der Kinder durch Verwandte oder Freunde stellt sich die Frage, ob diese Leistung nicht in Zukunft generell zu monetarisieren und ebenso wie tatsächlich angefallene Kosten einer Fremdbetreuung anzurechnen ist.[214]

aa. Aufwand für Betreuungsleistungen Dritter

227 Die **Unterhaltsleitlinien der Oberlandesgerichte** behandeln die Kosten der Kinderbetreuung im Abschnitt „Bereinigtes Einkommen" unter Ziffer 10.3 als **abzugsfähige Belastung** i.d.R. dann, wenn die Betreuung durch Dritte infolge der Berufstätigkeit erforderlich ist.[215]

bb. Freiwillige Betreuungsleistungen Dritter

228 **Freiwillige Betreuungsleistungen Dritter**, z.B. der Großeltern, können durch einen an Billigkeitskriterien orientierten Abzug vom Einkommen der Unterhaltsberechtigten berücksichtigt werden.[216] Bestehen keinerlei persönliche oder soziale Beziehungen zwischen der Betreuungsperson und dem Unterhaltspflichtigen, ist davon auszugehen, dass die dadurch ersparten Aufwendungen nur dem alleinerziehenden Elternteil zugutekommen sollen.[217]

229 Die **Fahrtkosten**, die einer **Großmutter** in Zusammenhang mit der unentgeltlichen Betreuung ihres Enkelkindes entstanden sind, und ihr von den Eltern des Kindes erstattet werden, sind bei entsprechender Vertragsgestaltung bei den Eltern steuerlich abzugsfähige erwerbsbedingte **Kinderbetreuungskosten** gem. § 4f EStG. Entscheidend ist insoweit, dass die getroffene Vereinbarung zwischen den Eltern des Kindes und der Großmutter über den Fahrtkostenersatz auch zwischen fremden Dritten so üblich wäre.[218]

230 Das OLG Brandenburg[219] hat einen **Betreuungsbonus** pro Kind in Höhe von 100 € anerkannt. Dagegen hat der BGH eine Pauschalierung der Kinderbetreuungskosten abgelehnt.[220]

---

[211] Vgl. Ständige Fachkonferenz 3 des Deutschen Fachinstituts für Jugendhilfe und Familienrecht e.V. (SFK3), FamRZ 2011, 1356.
[212] OLG Dresden v. 18.09.2009 - 24 UF 63/09 - FamRZ 2010, 565.
[213] OLG Brandenburg v. 18.01.2011 - 10 UF 47/10 - FamFR 2011, 154.
[214] *Meier*, FamRZ 2008, 101, 104.
[215] Vgl. auch OLG Celle v. 06.08.2009 - 17 UF 210/08 - NJW 2010, 79; OLG Zweibrücken v. 30.05.2008 - 2 UF 233/07; OLG Jena v. 08.06.2009 - 1 UF 424/08 - FuR 2010, 55; OLG Oldenburg v. 13.07.2009 - 13 UF 52/09 - FuR 2009, 594; AG Gummersbach v. 25.11.2008 - 22 F 50/08; ausführlich *Viefhues*, ZFE 2008, 284.
[216] BGH v. 18.04.2012 - XII ZR 65/10 - NJW 2012, 1868 = FamRZ 2012, 1040; OLG Brandenburg v. 18.01.2011 - 10 UF 47/10 - FamFR 2011, 154; OLG Hamm v. 07.02.2007 - 5 UF 111/06 - FuR 2007, 177, 181; vgl. auch OLG Nürnberg v. 27.10.2003 - 10 UF 2204/03 - FamRZ 2004, 1063; AG Konstanz v. 27.04.2006 - 5 F 153/05 - FamRZ 2006, 1709.
[217] OLG Celle v. 06.08.2009 - 17 UF 210/08 - NJW 2010, 79.
[218] Vgl. FG Baden-Württemberg v. 09.05.2012 - 4 K 3278/11 - EFG 2012, 1439.
[219] OLG Brandenburg v. 27.07.2011 - 13 U 133/09 - FamFR 2011, 415.
[220] BGH v. 21.04.2010 - XII ZR 134/08 - NJW 2010, 2277, 2280 = FamRZ 2010, 1050.

Auch die **Leitlinien des OLG Hamm** (2013) gehen unter **10.3** ebenso vor, erlauben aber jetzt auch die Berücksichtigung von Pauschalierungen: 231

„Das Einkommen aus einer neben der **Kinderbetreuung** ausgeübten Erwerbstätigkeit kann um den notwendigen, konkret dargelegten Aufwand für die Betreuung des Kindes vermindert werden. Zum Aufwand für die Betreuung des Kindes zählen nicht die Kosten des Kindergartenbesuchs; diese sind Mehrbedarf des Kindes und nach dem Verhältnis der beiderseitigen Einkünfte zwischen den Eltern aufzuteilen (Nr. 12.4). Fallen keine konkreten Betreuungskosten an, kann – sofern besondere Erschwernisse dargelegt werden – ein Teil des Einkommens nach Billigkeitsgrundsätzen entsprechend § 1577 Abs. 2 S. 2 BGB (für den unterhaltsberechtigten Ehegatten vgl. Nr. 17.3) anrechnungsfrei bleiben. Das gilt ebenfalls bei der Prüfung der Frage, ob ein Elternteil auch zum Barunterhalt eines von ihm betreuten Kindes beitragen muss (§ 1603 Abs. 2 Satz 3 BGB). Auf Nr. 12.3 wird verwiesen."

Dagegen lehnen die Kölner Leitlinien (2013) die Berücksichtigung pauschaler Beträge ab: 232

„Kinderbetreuungskosten und damit zusammenhängende Aufwendungen sind abzugsfähig, soweit die Betreuung durch Dritte infolge der Berufstätigkeit erforderlich wird. Der pauschale Abzug eines Betreuungsbonus kommt dagegen nicht in Betracht."[221]

Ebenso gehen die Düsseldorfer Leitlinien (2012) vor: 233

„Das Einkommen aus einer neben der Kinderbetreuung ausgeübten Erwerbstätigkeit kann um den notwendigen, konkret dargelegten Aufwand für die Betreuung des Kindes vermindert werden. Zum Aufwand für die Betreuung des Kindes zählen nicht die Kosten des Kindergartenbesuchs, diese sind Mehrbedarf des Kindes."

cc. Sonstiger Betreuungsaufwand

Schulgeld einer privaten Schule ist unterhaltsrechtlicher **Mehrbedarf** des Kindes, für de**n die Eltern** ihrem Kind gegenüber im Verhältnis ihrer Einkünfte zueinander haften (zum Mehrbedarf vgl. die Kommentierung zu § 1613 BGB Rn. 154 ff.). 234

Bejaht wurde auch ein **familienrechtlicher Ausgleichsanspruch** des Elternteils, der das Schulgeld getragen hat, wenn dieser von vornherein die **Absicht** hatte, **Ersatz vom anderen Elternteil zu beanspruchen**.[222] Dieser Anspruch besteht für die Vergangenheit nur in den Grenzen des § 1613 Abs. 1 BGB, also nur bei Rechtshängigkeit, Verzug oder Auskunftsbegehren.[223] 235

Ein **Gesamtschuldnerausgleich** zwischen den Eltern gem. § 426 Abs. 1 Satz 1 BGB wurde abgelehnt.[224] 236

Die Behandlung der Kosten eines **Schulhorts** ist umstritten. Das OLG Naumburg sieht diese Kosten nur dann als Mehrbedarf des Kindes an, wenn der Hortbesuch im Interesse des Kindes (etwa **aus pädagogischen Gründen**) geboten ist. Die Gegenansicht[225] kritisiert **bereits den Ausgangspunkt** der Entscheidung, zwischen dem Schulgeld und den Hortkosten zu differenzieren. Dies entspreche nicht der neuesten Rechtsprechung **des BGH. Die Hortkosten seien – jedenfalls überwiegend – zu den unterhaltsrechtlichen Mehrkosten zu rechnen.**[226] 237

Nicht als Werbungskosten des betreuenden Elternteils anzuerkennen sind allerdings die **sonstigen Aufwendungen, die für die Fremdbetreuung der Kinder** anfallen. Die Erteilung von **Nachhilfe** gehört zum (Zusatz-)Bedarf des Kindes und stellt trotz des damit verbundenen zeitlichen Entlastungseffektes **keinen berufsbedingten Aufwand des betreuenden Elternteils dar**.[227] 238

Erst recht gilt dies hinsichtlich der Aufwendungen für **Freizeitbedürfnisse** des Kindes, die aus den Tabellenbeträgen aufzubringen sind – so z.B. die Finanzierung von Reiterferien. Diese Kosten können auch nicht deshalb als berufsbedingter Aufwand des Betreuungselternteils angesehen werden, weil ansonsten eine – möglicherweise sogar teurere – Fremdbetreuung des Kindes erforderlich gewesen wäre.[228] 239

---

[221] BGH v. 21.04.2010 - XII ZR 134/08 - NJW 2010, 2277, 2280 = FamRZ 2010,1050.

[222] OLG Naumburg v. 22.09.2011 - 8 UF 118/11 - NJW 2012, 623.

[223] BGH v. 17.04.2013 - XII ZB 329/12 - FamRZ 2013, 1027; OLG Jena v. 03.07.2008 - 1 UF 141/08 - FuR 2009, 235; vgl. auch OLG Nürnberg v. 24.10.2012 - 7 UF 969/12 - FamRZ 2013, 796 m.w.N.

[224] OLG Naumburg v. 22.09.2011 - 8 UF 118/11 - NJW 2012, 623.

[225] *Griesche*, FamFR 2012, 11.

[226] *Reinken*, FamFR 2010, 25; *Schürmann*, FamRZ 2011, 1625, 1626, vgl. auch die Empfehlungen des Vorstands des Deutschen Familiengerichtstags 2011, FamRZ 2011, 1923 und der Ständigen Fachkonferenz 3 des Deutschen Fachinstituts für Jugendhilfe und Familienrecht e.V. (SFK3), FamRZ 2011, 1356.

[227] OLG Celle v. 06.08.2009 - 17 UF 210/08 - NJW 2010, 79.

[228] OLG Celle v. 06.08.2009 - 17 UF 210/08 - NJW 2010, 79.

240 Jedenfalls ist die Entscheidung dieser Frage eine **vom Gericht zu beantwortende Rechtsfrage**.[229] Sie steht also nicht in der Disposition der Eheleute, kann also jedenfalls nicht einseitig von einem Elternteil mit Bindungswirkung für den anderen Elternteil und das Gericht festgelegt werden.

241 Rechnerisch wirkt sich die Abwicklung der Kosten als berufsbedingter Aufwand über den Ehegattenunterhalt für den Unterhaltspflichtigen günstiger aus als die alternative Verrechnung über den Kindesunterhalt:[230]

	Verteilung der Kinderbetreuungskosten	
	Kosten insgesamt	170 €
−	enthalten im Tabellenunterhalt	50 €
=	direkt zu verteilen	120 €
	bereinigtes Einkommen Ehefrau	1.650 €
−	**Kosten der Kinderbetreuung als berufsbedingter Aufwand**	120 €
=	anzurechnendes Einkommen	1.530 €

242 Nach dem Abzug der Kinderbetreuungskosten errechnet sich der Ehegattenunterhalt wie folgt:

	bereinigtes Einkommen des Ehemanns	2.306 €
−	bereinigtes Einkommen Ehefrau	1.530 €
=	Differenz	776 €
	Ehegattenunterhalt nach 3/7-Quote	**332,57 €**

243 Ohne Abzug der Kindesbetreuungskosten beim Einkommen der Ehefrau könnte sie folgenden Unterhalt beanspruchen:

	anzurechnendes Einkommen des Ehemannes	2.306 €
−	anzurechnendes Einkommen der Ehefrau	1.650 €
=	Differenz	656 €
	Ehegattenunterhalt nach 3/7-Quote	**281,14 €**

Sie hätte ohne diesen Abzug einen **geringeren Ehegattenunterhaltsanspruch**.

244 Interessant ist der **Gesamtvergleich der beiden Abrechnungsformen**. Werden die Kosten als berufsbedingte Aufwendungen angesehen und erfolgt daher die Berechnung über den **Ehegattenunterhalt**, ergeben sich folgende Zahlen:

	Eigeneinkommen	1.650 €
+	Kindesunterhalt	244 €
+	Kindergeld	154 €
−	volle Kinderbetreuungskosten	170 €
=	Zwischensumme	1.878 €
+	Ehegattenunterhalt	332,57 €
=	Gesamtsumme	**2.210,57 €**

245 Werden die (hälftigen) Betreuungskosten als **Mehrbedarf des Kindes** angesetzt, so stellt sich die Frage, wie diese Zahlungen bei der Berechnung des Ehegattenunterhaltes zu berücksichtigen sind. Es spricht einiges dafür, auch diesen anteiligen Mehrbedarf, den der Vater zahlt, den aber auch die Mutter anteilig abdecken muss, vor der Berechnung des Ehegattenunterhaltes abzuziehen, da es sich um – vorrangigen – Kindesunterhalt handelt. Der Abzug muss dann allerdings auf beiden Seiten erfolgen.

	Einkommen des Ehemannes	2.306 €
−	Mehrbedarfsanteil	78,26 €
=	verbleibendes Einkommen des Ehemannes	2.227,74 €
	Einkommen der Ehefrau	1.650 €
−	Mehrbedarfsanteil	91,74 €
=	verbleibendes Einkommen der Ehefrau	1.558,26 €
	Differenz	669,49 €
	3/7-Quote	**286,92 €**

---

[229] Vgl. auch *Reinken*, FPR 2008, 90, 92.
[230] Weitere Rechenbeispiele bei *Viefhues/Mleczko*, Das neue Unterhaltsrecht, Rn. 212 ff.

Die „Restfamilie" (geschiedene Ehefrau und Kind) verfügt – unabhängig von der gewählten Berechnungsweise – über folgende Beträge: 246

	Eigeneinkommen der geschiedenen Ehefrau	1.650 €
+	Kindesunterhalt	244 €
+	Kindergeld	154 €
–	gesamte Kinderbetreuungskosten (zahlt die geschiedene Ehefrau)	170 €
=	Zwischensumme	1.878 €

Hinzuzurechnen sind dann die jeweils unterschiedlichen Beträge für den Ehegattenunterhalt: 247
- bei Ausgleich der Betreuungskosten allein über den Ehegattenunterhalt weitere 332,57 € (Gesamtsumme 2.210,57 €),
- beim Ausgleich über den Kindesunterhalt
  - entweder weitere 281,14 € (Gesamtsumme 2.159,14 €) oder
  - weitere 286,92 € (Gesamtsumme 2.164,92 €).

Der Ausgleich über den Ehegattenunterhalt hat außerdem für den betreuenden Elternteil weitere Risiken. Denn wie der BGH zu Recht betont, bleibt der betreuende Elternteil auch auf den Kosten sitzen, wenn er – aus welchen Gründen auch immer – gar keinen Ehegattenunterhalt beanspruchen kann. 248

c. Rechtliche Besonderheiten beim Mehrbedarf

Soweit die **Kosten der Kindesbetreuung als Mehrbedarf** eingestuft werden, sind bestimmte materiell-rechtliche und verfahrensrechtliche Besonderheiten zu beachten (Einzelheiten dazu vgl. die Kommentierung zu § 1613 BGB Rn. 262). 249

Die Kosten müssen von beiden Eltern **anteilig** gezahlt werden. Die Verteilung erfolgt im Verhältnis ihrer Einkünfte nach Abzug des Selbstbehaltes gegenüber minderjährigen Kindern. 250

Die Betreuung des Kindes entlastet den betreuenden Elternteil, der über eigenes Einkommen verfügt, anders als beim Elementarunterhalt nicht von seiner anteiligen Mithaftung.[231] 251

Für **Mehrbedarf** muss der Unterhaltspflichtige nach bisheriger Rechtsprechung nur dann einstehen, wenn er hierfür gesondert rechtzeitig in **Verzug** gesetzt worden ist.[232] Mehrbedarf kann nach h.M. als unselbständiger Teil des Unterhalts nicht isoliert geltend gemacht werden. Besteht bereits ein Titel über Elementarunterhalt, muss ein Abänderungsverfahren gem. §§ 238, 239 FamFG eingeleitet werden. Bei einem gerichtlichen Titel ist der Einwand der Präklusion gem. § 238 Abs. 2 FamFG möglich. 252

Zwingend ist diese Ansicht jedoch nicht. Zumindest dann, wenn der Elementarunterhalt geregelt oder gerichtlich festgesetzt worden ist, bestehen keine praktisch nachvollziehbaren Bedenken, eine gesonderte Festsetzung des Mehrbedarfs zuzulassen. Daher ist auch die nachträgliche Geltendmachung allein des Mehrbedarfes im Weg des Nachforderungsantrages – also ohne die Restriktionen eines Abänderungsverfahrens – zuzulassen.[233] 253

9. Mehrbedarf und Sonderbedarf

Der nach Einkommensgruppen gestaffelte monatliche **Tabellenunterhalt** umfasst regelmäßig den gesamten absehbaren Lebensbedarf (§ 1610 Abs. 2 BGB). Hat das unterhaltsbedürftige Kind neben dem allgemeinen Lebensbedarf über einen längeren Zeitraum einen zusätzlichen regelmäßigen Bedarf, ist dieser als **Mehrbedarf** schon bei der Bemessung des laufenden Unterhalts zu berücksichtigen.[234] Ein solcher Mehrbedarf kann z.B. vorliegen bei zusätzlichem Aufwand für krankheitsbedingte Kosten oder den Besuch einer Privatschule.[235] 254

---

[231] OLG Düsseldorf v. 08.07.2005 - II-3 UF 21/05, 3 UF 21/05 - ZFE 2005, 369 = FamRZ 2006, 223 [LS].
[232] OLG Düsseldorf v. 11.09.2000 - 2 UF 67/00 - FamRZ 2001, 444.
[233] Der Arbeitskreis 2 des Deutschen Familiengerichtstags 2009 hat die Empfehlung ausgesprochen, dass Kosten der Kinderbetreuung, die als Mehrbedarf des Kindes behandelt werden, als selbständiger Teil des Unterhalts geltend gemacht werden können sollen.
[234] BGH v. 15.02.2006 - XII ZR 4/04 - FamRZ 2006, 612 mit Anm. *Luthin*; BGH v. 11.04.2001 - XII ZR 152/99 - FamRZ 2001, 1603, 1604 f.
[235] BGH v. 15.02.2006 - XII ZR 4/04 - FamRZ 2006, 612 mit Anm. *Luthin*.

255 Dagegen liegt Sonderbedarf nach der Legaldefinition des § 1613 Abs. 2 Nr. 1 BGB bei einem **unregelmäßigen und außergewöhnlich hohen Bedarf** vor. Sonderbedarf scheidet daher schon aus, wenn die **zusätzlichen Kosten mit Wahrscheinlichkeit vorauszusehen waren** und deswegen bei der Bemessung der laufenden Unterhaltsrente – ggf. als Mehrbedarf – berücksichtigt werden konnten (vgl. dazu ausführlich die Kommentierung zu § 1613 BGB Rn. 161 ff.).

256 Bei solchen zusätzlichen Aufwendungen ist immer zu prüfen, ob ein **Teil** der konkret anfallenden Kosten **bereits aus dem regelmäßigen Unterhalt zu decken** ist. Dies ist dann der Fall, wenn dieser konkrete Aufwand bereits ganz oder teilweise in den Tabellensätzen der Unterhaltstabellen enthalten ist. Lediglich der dann noch verbleibende Restbetrag muss als Mehrbedarf von beiden Eltern anteilig gezahlt werden,[236] denn die Betreuung des Kindes entlastet den betreuenden Elternteil – anders als beim Elementarunterhalt – beim Mehrbedarf nicht.[237]

10. Verfahrenskostenvorschuss beim Kindesunterhalt

257 Der Unterhaltsanspruch kann neben den Kosten des allgemeinen Lebensbedarfs auch den Anspruch auf einen **Verfahrenskostenvorschuss** zur Finanzierung von Rechtsstreitigkeiten **in persönlichen Angelegenheiten** umfassen (Einzelheiten zum Verfahrenskostenvorschuss vgl. die Kommentierung zu § 1360a BGB, die Kommentierung zu § 1361 BGB Rn. 669 und die Kommentierung zu § 1613 BGB Rn. 249). Der Anspruch auf **Verfahrenskostenvorschuss** ist Sonderbedarf.[238]

258 Ein Anspruch auf Verfahrenskostenvorschuss zählt als eigenes Vermögen und hat damit Vorrang gegenüber der staatlichen Verfahrenskostenhilfe. Auf den Prozesskostenhilfevorschuss kann jedoch nur verwiesen werden, wenn der Anspruch alsbald realisierbar ist und seine Durchsetzung zumutbar ist und nicht mit Rechtseinbußen verbunden ist. Keinem Hilfsbedürftigen ist zuzumuten, vor Beginn seines Rechtsstreits einen weiteren, unsicheren Prozess um den Prozesskostenvorschuss zu führen.[239]

259 Verfahrenskostenvorschuss wird immer dann geschuldet, wenn die vorschusspflichtige Person im Sinne des Unterhaltsrechts leistungsfähig ist. Denn nur in diesem Fall sind die Eltern zur Deckung dieses Sonderbedarfs verpflichtet. Dabei sind jeweils die einschlägigen **Selbstbehaltsätze** zu beachten.[240]

260 Geschuldet wird ein Verfahrenskostenvorschuss auch dann, wenn die vorschusspflichtige Person ihn zwar nicht in einer Summe zahlen könnte, aber nach § 115 Abs. 1 ZPO für eine eigene Verfahrensführung zu **Ratenzahlungen** in der Lage wäre.[241]

a. Anspruch des minderjährigen Kindes

261 Eltern schulden ihrem **minderjährigen** unverheirateten Kind in gleicher Weise wie Ehegatten untereinander einen Verfahrenskostenvorschuss als Unterhalt.[242] Das Kind kann auch von dem betreuenden Elternteil einen Verfahrenskostenvorschuss verlangen, wenn der barunterhaltspflichtige Elternteil diesen nicht leisten kann[243] und der betreuende Elternteil leistungsfähig ist[244].

b. Anspruch des volljährigen Kindes

262 Bei **privilegierten volljährigen Kindern** (vgl. die Kommentierung zu § 1603 BGB Rn. 948) besteht ebenfalls noch eine Verfahrenskostenvorschusspflicht der Eltern,[245] die nach Maßgabe ihrer beiderseitigen Unterhaltspflicht gem. § 1606 Abs. 3 Satz 1 BGB haften.

263 Eltern müssen auch einem **volljährigen Kind** Verfahrenskostenvorschuss leisten, wenn das Kind wegen der Fortdauer seiner Ausbildung noch keine eigene Lebensstellung erreicht hat.[246] Nach Erreichen

---

[236] BGH v. 05.03.2008 - XII ZR 150/05 - FamRZ 2008, 1152 mit Anm. *Born* = NJW 2008, 2337 mit Anm. *Ehinger*.
[237] OLG Düsseldorf v. 08.07.2005 - II-3 UF 21/05, 3 UF 21/05 - ZFE 2005, 369-370.
[238] OLG Stuttgart v. 29.09.2011 - 18 WF 191/11 - FamRZ 2012, 318.
[239] Vgl. BAG v. 05.04.2006 - 3 AZB 61/04 - EzA § 115 ZPO 2002 Nr. 1, zu IV 3.
[240] OLG Dresden v. 31.01.2013 - 20 WF 36/13 - FamRZ 2013, 1597.
[241] OLG Dresden v. 31.01.2013 - 20 WF 36/13 - FamRZ 2013, 1597; OLG Schleswig v. 01.08.2008 - 4 U 52/08 - FamRZ 2009, 897 = FPR 2009, 193; OLG Saarbrücken v. 20.08.2009 - 6 WF 84/09 - ZFE 2010, 114; a.A. OLG Celle v. 29.07.2009 - 10 WF 222/09 - FamRZ 2010, 53 = ZFE 2010, 107.
[242] OLG Schleswig v. 01.08.2008 - 4 U 52/08 - FamRZ 2009, 897 = FPR 2009, 193.
[243] OLG Karlsruhe v. 31.10.1994 - 16 WF 116/94 - FamRZ 1996, 1100-1101; a.A. OLG München v. 17.10.1990 - 4 WF 203/90 - FamRZ 1991, 347.
[244] OLG München v. 17.10.1990 - 4 WF 203/90 - FamRZ 1991, 347; OLG Schleswig v. 05.12.1990 - 15 WF 198/90 - FamRZ 1991, 855; OLG Karlsruhe v. 31.10.1994 - 16 WF 116/94 - FamRZ 1996, 1100-1101.
[245] *Schwolow*, FuR 1998, 297; OLG Hamm v. 09.11.1998 - 13 WF 437/98 - NJW 1999, 798-799.
[246] BGH v. 23.03.2005 - XII ZB 13/05 - NJW 2005, 1722-1724; vgl. auch Landesarbeitsgericht Rheinland-Pfalz v. 16.10.2012 - 9 Ta 146/12.

einer eigenen Lebensstellung muss der Unterhalt selbst sichergestellt werden, so dass kein Anspruch auf Verfahrenskostenvorschuss besteht.[247]

Dieser Anspruch auf Verfahrenskostenvorschuss besteht grundsätzlich bis zum Regelabschluss (Masterprüfung) eines in Abstimmung mit den Eltern aufgenommenen Studiums.[248] 264

Für die Dauer einer rechtswissenschaftlichen Promotion besteht ein Unterhaltsanspruch in der Regel nicht.[249] 265

Ob ein volljähriges Kind eine von den Eltern unabhängige Lebensstellung erreicht hat, ist keine Frage des Alters, sondern der konkreten Lebensumstände. Auch eine 38-jährige Studentin, deren Studienabschluss sich krankheitsbedingt immer wieder verzögert hat, kann gegen ihre Eltern einen der Verfahrenskostenhilfe vorgehenden Anspruch auf Verfahrenskostenvorschuss haben.[250] 266

Der Vater eines **verheirateten Kindes** muss aber keinen Vorschuss für die Verfahrenskosten eines Scheidungsverfahrens des Kindes zahlen.[251] Auch die Eltern eines Sohnes, der von seinem nichtehelichen Kind auf Feststellung der Vaterschaft in Anspruch genommen wird, sind nicht vorschusspflichtig.[252] 267

11. Ausbildungsunterhalt (Absatz 2)

Der Unterhaltsanspruch eines Kindes erstreckt sich auf die **Kosten einer angemessenen Vorbildung zu einem Beruf**. 268

Dabei ist im Hinblick auf das **unterhaltsberechtigte Kind** zu prüfen, 269

- ob eine **fortbestehende Unterhaltsbedürftigkeit** des anspruchstellenden Kindes gegeben ist (vgl. Rn. 275 ff.),
- eine **begabungsbezogene, angemessene Ausbildung** angestrebt wird (vgl. Rn. 282 ff.) und keine nicht zu unterstützende Zweitausbildung (vgl. dazu Rn. 360 ff.) sowie,
- ob das Kind seinen **unterhaltsrechtlichen Obliegenheiten** genügt (vgl. Rn. 296 ff.).

Die Unterhaltsverpflichtung zur Finanzierung einer bestimmten Ausbildung muss aber auch unter dem Gesichtspunkt der **Zumutbarkeit der Belastung** für die **Unterhaltspflichtigen** in den Grenzen ihrer wirtschaftlichen Leistungsfähigkeit betrachtet werden.[253] Mit dem erfolgreichen Abschluss der Ausbildung entfallen die Leistungen an das Kind, zudem ist Ausbildungsunterhalt nur für einen relativ kurzen Zeitraum zu zahlen. 270

Für die Zumutbarkeitsabwägung ist also auch die **Höhe des bisher gezahlten und bis zum Abschluss des Studiums zu zahlenden Unterhaltes** von Bedeutung.[254] Einbezogen wurde auch die Überlegung, dass es sich um die **erste Ausbildung des Kindes** handelt, die der Vater zu finanzieren hat; zudem müsse er vergleichsweise **niedrige Beträge zahlen**, die sich innerhalb des Ausbildungszeitraums wegen der jährlich steigenden Ausbildungsvergütung sogar **noch verringern**.[255] 271

Aber auch die in der **Familie angelegten Perspektiven** (gehobene Berufstätigkeit der Eltern, abgeschlossenes Hochschulstudium eines Elternteils) können von Bedeutung sein.[256] 272

Bei der Zumutbarkeitsbewertung sind aber nicht nur die Belange des unterhaltspflichtigen Elternteils, sondern auch die schutzwürdigen Interessen anderer **Geschwister** von Bedeutung. 273

a. Fortbestehende Unterhaltsbedürftigkeit

Die fortbestehende Unterhaltsbedürftigkeit kann durch folgende Faktoren in Frage gestellt werden: 274

- eigenes Einkommen,
- fiktives Einkommen,
- Vermögensverwertung.

---

[247] OLG Düsseldorf v. 15.07.1992 - 2 WF 121/92 - FamRZ 1992, 1320-1321; OLG Nürnberg v. 17.01.1996 - 11 WF 3848/95 - NJW-RR 1996, 1090-1091; OLG Karlsruhe v. 23.05.1991 - 16 WF 73/91 - FamRZ 1991, 1471-1472; OLG Hamburg v. 16.03.1990 - 2 WF 22/90 - FamRZ 1990, 1141-1142.
[248] OVG Hamburg v. 21.06.2006 - 4 So 68/06 - FamRZ 2006, 1615.
[249] OVG Dresden v. 31.03.2010 - 2 D 20/10 - NJW 2010, 2903.
[250] OLG München v. 06.09.2006 - 1 W 2126/06 - FamRZ 2007, 911.
[251] OLG Hamburg v. 16.03.1990 - 2 WF 22/90 - FamRZ 1990, 1141-1142.
[252] OLG Düsseldorf v. 15.12.1989 - 3 W 579/89 - MDR 1990, 450.
[253] BGH v. 03.07.2013 - XII ZB 220/12 - FamRZ 2013, 1375, BGH v. 29.06.2011 - XII ZR 127/09 - juris Rn. 25 - FamRZ 2011, 1560, mit Anm. *Norpoth*; OLG Celle v. 18.04.2013 - 17 UF 17/13 - NJW 2013, 2688.
[254] Vgl. OLG Naumburg v. 12.07.2012 - UF 103/12 - FamFR 2013, 9.
[255] Vgl. BGH v. 03.07.2013 - XII ZB 220/12 - FamRZ 2013, 1375.
[256] OLG Celle v. 18.04.2013 - 17 UF 17/13 - NJW 2013, 2688.

275 Der Anspruch auf Ausbildungsunterhalt setzt allerdings voraus, dass das Kind **unterhaltsbedürftig** ist.

276 Jobbt ein Student während des Studiums, so sind die hier erzielten Einkünfte entsprechend § 1577 Abs. 2 BGB nur nach Billigkeit anzurechnen; dies gilt auch für **Arbeit in den Semesterferien**.[257]

277 Auf den Anspruch auf Ausbildungsunterhalt muss sich das volljährige Kind eine erhaltene **Ausbildungsversicherung**[258] oder Leistungen aus einem **Ausbildungsfonds**[259] als eigenes Vermögen ohne Schonbetrag anrechnen lassen. Ist die Ausbildung des Kindes aufgrund bestehender Sparverträge abgedeckt, muss kein Unterhalt von den Eltern erbracht werden.[260]

278 Lebt das unterhaltsberechtigte Kind mit einem Partner in einem **eheähnlichen Verhältnis** zusammen, so kann sich dies auf seine Bedürftigkeit auswirken.[261] Werden vom Unterhaltsberechtigten also Leistungen im Rahmen der Haushaltsführung erbracht, kommt bei entsprechender Leistungsfähigkeit des eheähnlichen Partners die Anrechnung eines Versorgungsentgeltes in Betracht. Erbringt das unterhaltsbedürftige Kind keinerlei Versorgungsleistungen, deckt jedoch der nichteheliche Lebensgefährte den Lebensunterhalt des Unterhaltsberechtigten ab, weil er mit diesem in einer **verfestigten Gemeinschaft** zusammenlebt, so besteht keine Unterhaltsbedürftigkeit mehr. Es handelt sich hierbei nicht um – unterhaltsrechtlich unbeachtliche – freiwillige Leistungen eines Dritten. Die finanziellen Leistungen des Lebenspartners sind vielmehr unterhaltsrechtlich beachtlich, weil sie aufgrund der persönlichen Beziehungen der Partner und der wechselseitigen Interessenlage nicht als fremd-, sondern als eigennützige Leistung des Partners aufgefasst werden müssen[262] (vgl. dazu auch die Kommentierung zu § 1602 BGB Rn. 6 ff.).

279 Bei den heute gängigen **Wohngemeinschaften von Studenten** handelt es sich allerdings im Zweifel nicht um Lebensgemeinschaften, wenn die Mitglieder der Wohngemeinschaft gleicherweise studieren und den gemeinsamen Haushalt versorgen.[263]

280 Die **Höhe des angemessenen Versorgungsentgelts** ist gem. § 287 ZPO zu schätzen. Maßgeblich ist zum einen der Umfang der Versorgungsleistung, zum anderen die Leistungsfähigkeit des Partners. In den Leitlinien der Oberlandesgerichte werden unter Nr. 6 entsprechende Beträge genannt.

281 Im Prozess muss der **Unterhaltspflichtige** substantiiert behaupten, der Unterhaltsberechtigte lebe in eheähnlicher Gemeinschaft und erbringe seinem Partner Versorgungsleistungen bzw. der Partner stelle unabhängig davon finanzielle Mittel zur Lebensführung zur Verfügung. Dazu gehört in jedem Fall die Angabe des Namens und der Anschrift des neuen Lebenspartners, da es dem Unterhaltsberechtigten anders nicht möglich ist den Behauptungen entgegenzutreten und ggf. den Lebenspartner als Zeugen zu benennen. Dann trifft den Unterhaltsberechtigten die **Darlegungs- und Beweislast**, diesen Einwand zu widerlegen. Gleiches gilt für die Leistungsfähigkeit des Lebenspartners.

b. Anspruch auf begabungsbezogene Ausbildung

282 Jedes Kind hat nach § 1610 Abs. 2 BGB einen Anspruch auf eine angemessene Ausbildung, die Begabung, Fähigkeit, Leistungswille und Neigungen entspricht. Geschuldet wird daher von den Eltern eine **optimale, begabungsbezogene Berufsausbildung**, d.h. eine Ausbildung, die der Begabung und den Fähigkeiten des Kindes, seinem Leistungswillen und den beachtenswerten Neigungen am besten entspricht. Die Frage der **Angemessenheit der Ausbildung** ist im Unterhaltsverfahren zu klären und zu entscheiden.

283 Auch die **in der Familie des Kindes angelegten Perspektiven** sind zu beachten. Wenn beide Eltern Berufe mit geistigen Tätigkeiten ausüben und ein Elternteil ein Hochschulstudium absolviert und erfolgreich abgeschlossen hat, kann auch der Anspruch des Kindes auf eine entsprechende Ausbildung bejaht werden.[264]

---

[257] BGH v. 25.01.1995 - XII ZR 240/93 - FamRZ 1995, 475.
[258] OLG Frankfurt v. 02.01.2003 - 5 WF 160/02 - OLGR Frankfurt 2003, 304-305.
[259] OLG Frankfurt v. 02.06.1992 - 3 UF 23/92 - FamRZ 1993, 98-99.
[260] OLG Karlsruhe v. 14.11.2012 - 2 UF 78/12 - juris Rn. 3 - FamRZ 2013, 1811 (LS).
[261] OLG Jena v. 04.11.2004 - 1 WF 303/04 - ZFE 2005, 212; *Mleczko*, jurisPR-FamR 12/2005, Anm. 6.
[262] *Wohlgemuth*, FamRZ 2003, 983-989, 986; *Mleczko*, jurisPR-FamR 12/2005, Anm. 6.
[263] *Kalthoener/Büttner/Niepmann*, Die Rechtsprechung zur Höhe des Unterhalts, 1. Aufl. 2008, Rn. 340.
[264] OLG Celle v. 18.04.2013 - 17 UF 17/13 - NJW 2013, 2688.

Den beim Kind vorhandenen persönlichen Voraussetzungen kommt dabei maßgebliche Bedeutung zu.[265] Das Kind kann seine Berufswahl zwar in eigener Verantwortung allein treffen und das Studienfach auch gegen den Willen der Eltern wählen. Jedoch muss das Kind auf Grund des aus § 1618a BGB folgenden Gegenseitigkeitsprinzips auch seinen Ausbildungswunsch mit den Eltern besprechen und auf deren wirtschaftliche Lage Rücksicht nehmen.[266] 284

Aus den **subjektiven Besonderheiten** auf Seiten des Kindes können sich Einschränkungen ergeben. So kann eine Finanzierungspflicht der Eltern dann ausscheiden, wenn die bisherigen schulischen Leistungen des Kindes erwarten lassen, dass die vom Kind gewählte Ausbildung keine hinreichende Erfolgsaussicht hat. 285

Die Rechtsprechung hat bisher das **Zeugnis als Indiz** herangezogen[267] und eine Verpflichtung der Eltern zur Finanzierung der Ausbildung verneint, wenn auf Grund der Zeugnisnoten, des fachlichen Rates eines Lehrers oder einer anderen geeigneten Person (§ 1631a Satz 2 BGB) oder auf Grund sonstiger Indizien, z.B. fehlenden Leistungswillens auf Grund einer Drogenabhängigkeit, ernsthafte Zweifel an Eignung und Leistungswillen des Kindes für die von ihm beabsichtigte Ausbildung bestehen.[268] 286

Der BGH hat jedoch die **Bedeutung des Zeugnisses relativiert,**[269] indem ausdrücklich darauf abgestellt wird, dass Bewerber mit guter Ausgangsqualifikation in Form von guten Schulnoten im ersten Zugriff grundsätzlich leichter einen Ausbildungsplatz finden können als Bewerber mit schwächerer Qualifikation. Naturgemäß nimmt es einige Zeit in Anspruch, den Ausbildungsbetrieb angesichts eines schlechten Zeugnisses durch Berufsorientierungspraktika und Aushilfstätigkeit von der eigenen Qualifikation zu überzeugen. Folge dieser relativierten Bedeutung der Zeugnisnoten ist, dass der zahlungspflichtige Elternteil Verzögerungen schon dann hinnehmen muss, wenn sich der verspätete Start in die Ausbildung unmittelbar aus dem schlechten Abschlusszeugnis ergibt.[270] 287

Objektiv schlechte Berufsaussichten können dagegen nicht von vornherein zur Verneinung des Unterhaltsanspruchs führen. Denn eine sichere Prognose ist in den meisten Berufszweigen nicht möglich, zudem kann ein erlernter Beruf auch eine Grundlage für eine Tätigkeit auf einem anderen Gebiet sein.[271] 288

Auch die **in der Familie des Kindes angelegten Perspektiven** sind zu beachten. Wenn beide Eltern Berufe mit geistigen Tätigkeiten ausüben und ein Elternteil ein Hochschulstudium absolviert und erfolgreich abgeschlossen hat, kann auch der Anspruch des Kindes auf eine entsprechende Ausbildung bejaht werden.[272] 289

Hat sich das volljährige Kind in Abstimmung mit den Eltern für einen bestimmten Abschluss entschieden, so besteht die Unterhaltspflicht bis zum Regelabschluss fort.[273] Ist für die Berufsausbildung ein **Auslandssemester** sinnvoll – so im Studiengang Sinologie bzw. Ostasienwissenschaften –, müssen die Eltern dies bei guten Einkommensverhältnissen auch bei einer Verlängerung der Studienzeit finanzieren.[274] 290

Auch die **Aufnahme und Ausgestaltung eines Hochschulstudiums** liegt grundsätzlich in der Eigenverantwortung des Kindes. Die Grenzen der von ihm zu treffenden Entscheidung über Art und Weise der Gestaltung des Studiums sind die zu berücksichtigenden wirtschaftlichen Belange der Eltern. Entspricht die Aufnahme eines Studiums aufgrund der Schulbildung des Kindes seinen Fähigkeiten und Neigungen am besten, steht auch die **Ausgestaltung des Hochschulstudiums in dessen Eigenverantwortung**. Daher ist das Kind grundsätzlich auch berechtigt, den Studienort frei zu wählen.[275] 291

So entspricht die **Wahl des Studienortes im Ausland** dabei dessen Fähigkeiten und Neigungen, wenn es bereits während seiner Schulzeit eine Ausbildung zum Fremdsprachenkorrespondenten der englischen Sprache absolviert und dadurch die für das gewählte Auslandsstudium erforderlichen Sprachkenntnisse erworben hat. Weist der gewählte Studiengang zudem eine europäische Ausrichtung auf, so 292

---

[265] BGH v. 14.07.1999 - XII ZR 230/97 - FamRZ 2000, 420.
[266] *Born*, NJW 2013, 2717.
[267] BGH v. 06.02.1991 - XII ZR 56/90 - FamRZ 1991, 931.
[268] *Born*, NJW 2013, 2717.
[269] BGH v. 03.07.2013 - XII ZB 220/12 - FamRZ 2013, 1375 = NJW 2013, 2751; dazu *Schick*, FF 2013, 402-403.
[270] *Born*, NJW 2013, 2717.
[271] *Born*, NJW 2013, 2717.
[272] OLG Celle v. 18.04.2013 - 17 UF 17/13 - NJW 2013, 2688.
[273] OVG Hamburg v. 21.06.2006 - 4 So 68/06 - FamRZ 2006, 1615-1616.
[274] OLG Karlsruhe v. 24.02.2011 - 2 UF 45/09 - FamRZ 2011, 1303.
[275] OLG Hamm v. 19.07.2013 - II-6 UF 46/13, 6 UF 46/13 - FamRZ 2014, 563.

bietet sich die Wahl eines Studienortes außerhalb Deutschlands geradezu an. Zudem erhöhen sich die Chancen des Antragstellers bei der späteren Berufswahl im Fall des Abschlusses eines Hochschulstudiums im Ausland. Unter diesen Umständen sind auch die dadurch entstehenden **Mehrkosten** von den Eltern zu tragen.[276]

293 Ausbildungsbedingte Mehrkosten für den Besuch einer Privatuniversität, die die Kosten einer staatlichen Universität erheblich übersteigen, sind dagegen aufgrund des Rücksichtnahmegebots gem. § 1618a BGB nicht zu tragen, es sei denn, die unterhaltspflichtigen Eltern verfügen nicht über überdurchschnittliche Einkünfte.[277]

c. Bedeutung der wirtschaftlichen Verhältnisse der Eltern

294 Auch die **wirtschaftlichen Verhältnisse der Eltern** sind zu berücksichtigen. Wer arme Eltern hat, muss folglich notgedrungen seine Ausbildungswünsche reduzieren (soweit nicht staatliche Unterstützung eingreift). Von Bedeutung sind aber auch die **schutzwürdigen Interessen der Geschwister**, ebenfalls eine angemessene Ausbildung zu erhalten. Wer viele Geschwister hat, muss faktische Einschränkungen seiner Unterhaltsansprüche hinnehmen.

295 Von praktischer Bedeutung für die Frage der Belastung des in Anspruch genommen Elternteils ist auch, ob der geschuldete Ausbildungsunterhalt von beiden – über ausreichendes Erwerbseinkommen verfügenden – Eltern entsprechend ihrer anteiligen Haftung aufgebracht wird oder ob ein Elternteil alleine zahlen muss, weil der andere Elternteil über kein (oder kein ausreichendes) Erwerbseinkommen verfügt.

d. Obliegenheiten des Kindes

aa. Wahl der Ausbildung

296 Das Kind kann seine **Berufswahl** zwar in eigener Verantwortung allein treffen und das Studienfach auch gegen den Willen der Eltern wählen. Jedoch muss das Kind auf Grund des aus § 1618a BGB folgenden Gegenseitigkeitsprinzips seinen Ausbildungswunsch mit den Eltern besprechen[278] und auf deren wirtschaftliche Lage Rücksicht nehmen.[279]

bb. Beginn der Ausbildung

297 Das Kind hat die Obliegenheit, **die Ausbildung in angemessener Zeit aufzunehmen**. Auch ein Schulabgänger muss auf die Belange des Unterhaltspflichtigen Rücksicht nehmen und sich in angemessener Zeit darüber klar werden, welche Ausbildungsmöglichkeiten ihm nach seinem jeweiligen Schulabschluss zur Verfügung stehen. Er muss sich alsbald um einen entsprechenden Ausbildungsplatz bemühen und die Ausbildung zielstrebig angehen.[280]

298 Ein Anspruch auf Ausbildungsunterhalt scheidet aus, wenn der Unterhaltsberechtigte nach **Schulabbruch** bis zur Aufnahme seiner Ausbildung drei Jahre weitgehend tatenlos zugebracht hat.[281]

299 Diese Obliegenheit wird nicht dadurch erfüllt, dass der Auszubildende lediglich die Möglichkeit von **Praktika** nutzt, aber keine konkrete Berufsausbildung aufnimmt. Dies gilt auch in Bezug auf eine nach dem SGB III geförderte **Berufsfindungsmaßnahme**.[282]

300 Besonderheiten gelten, wenn das volljährige Kind sich erst nach einiger Zeit zur Aufnahme der Ausbildung entschließt oder sich die **Ausbildung erst nach einer Wartezeit** (z.B. aufgrund des **Numerus Clausus**) verwirklichen lässt. Zum Unterhaltsanspruch während dieser Übergangszeit vgl. Rn. 106 ff.

cc. Verzögerter Beginn der Ausbildung (Ausbildungsverzögerung)

301 In der praktischen Behandlung der Fälle ist **zu unterscheiden**.[283]

---

[276] OLG Hamm v. 19.07.2013 - II-6 UF 46/13, 6 UF 46/13 - FamRZ 2014, 563.
[277] OLG Hamm v. 19.07.2013 - II-6 UF 46/13, 6 UF 46/13 - FamRZ 2014, 563.
[278] Vgl. dazu auch OLG Naumburg v. 12.07.2012 - 8 UF 103/12 - FamFR 2013, 9.
[279] *Born*, NJW 2013, 2717.
[280] BGH v. 29.06.2011 - XII ZR 127/09 - FamRZ 2011, 1560 mit Anm. *Norpoth* unter Hinweis auf BGH v. 04.03.1998 - XII ZR 173/96 - FamRZ 1998, 671.
[281] OLG Jena v. 17.08.2012 - 1 UF 219/12 - FuR 2013, 174.
[282] OLG Braunschweig v. 02.11.2010 - 3 WF 100/10 - FamRZ 2011, 1067; vgl. auch OLG Braunschweig v. 04.01.2010 - 2 UF 38/09 - FamRZ 2011, 119.
[283] *Viefhues*, FamRZ 2013, 1475-1476; *Schick*, FF 2013, 402-403; *Born*, NJW 2013, 2717-2719; *Roessink*, FamFR 2013, 289-291; *Oldenburger*, jurisPR-FamR 18/2013, Anm. 4.

Bei einer Ausbildungsverzögerung, die zu einer konkreten **Verlängerung der Ausbildungszeit** und damit auch zu einer Verlängerung des Unterhaltszeitraumes für den auf Unterhalt in Anspruch genommenen Elternteil geführt hat, gelten schon wegen dieser Mehrkosten strengere Maßstäbe. 302

Großzügiger ist die Situation der **„phasenverschobenen Ausbildung"** zu bewerten, in der es lediglich zu einem verspäteten Ausbildungsbeginn gekommen ist, aber nicht zu einer wesentlichen Verlängerung des Zeitraumes, in dem die Eltern Unterhalt leisten müssen. In diesen Fällen ist den Eltern nur dann ein Nachteil entstanden, wenn sie sich bereits darauf eingerichtet hatten, für das Kind nicht mehr einstehen zu müssen, oder wenn die Unterhaltsverpflichtung aufgrund der Verzögerungen u.U. in **Zeiträume** fällt, in denen **steuerliche Erleichterungen**, **Kindergeld** oder kindbezogene Gehaltsbestandteile aufgrund des fortgeschrittenen Alters des Kindes nicht mehr genutzt werden können.[284] 303

Es gibt **keine feste Altersgrenze** für die Aufnahme einer Ausbildung, ab deren Erreichen der Anspruch auf Ausbildungsunterhalt entfällt.[285] Die Zumutbarkeit für die Unterhaltspflichtigen[286] ist im Einzelfall zu entscheiden.[287] Gewisse Ausbildungsverzögerungen können daher hinzunehmen sein.[288] 304

Die Frage, bis wann es dem Unterhaltsberechtigten obliegt, seine Ausbildung aufzunehmen, richtet sich vielmehr nach den Umständen des Einzelfalls. Allerdings haben sowohl der **zeitliche Abstand zum Schulabschluss** als auch die **erreichte Eigenständigkeit der Lebensstellung des Kindes** Bedeutung. Verstärkt tritt an die Stelle der Elternverantwortung die Eigenverantwortung für seinen Berufs- und Lebensweg. Eine lange Verzögerung kann selbst bei noch fehlender Berufsausbildung zum Wegfall des Ausbildungsanspruchs führen. Das volljährige Kind muss dann seinen Lebensunterhalt mit ungelernten Tätigkeiten oder aufgrund sonstiger Begabung und Fertigkeiten verdienen.[289] 305

§ 1610 Abs. 2 BGB mutet den Eltern nicht zu, sich gegebenenfalls **nach Ablauf mehrerer Jahre**, in denen sie nach den schulischen Ergebnissen und dem bisherigen Werdegang des Kindes nicht mehr mit der Nachholung der Hochschulreife und der Aufnahme eines Studiums rechnen mussten, einen Ausbildungsanspruch des Kindes ausgesetzt zu sehen. Eine verspätete Aufnahme einer – an sich angemessenen Ausbildung – durch das Kind kann daher einem Unterhaltsanspruch entgegenstehen. 306

Dabei können verschiedene Gesichtspunkte eine Rolle spielen:[290] 307

a) **Wirtschaftliche Zumutbarkeit der Belastung für die Eltern:** Die – zeitlich verzögerte – Leistung von Ausbildungsunterhalt muss den **Eltern** in den Grenzen ihrer **wirtschaftlichen Leistungsfähigkeit** noch zumutbar sein (vgl. Rn. 294). 308

Bei einem verspäteten Ausbildungsbeginn ist relevant, ob hierdurch höhere Belastungen **für den Unterhaltspflichtigen** ausgelöst werden oder ob die Verzögerung letztlich „kostenneutral" geblieben ist. 309

Dabei fällt auch ins Gewicht, dass die Unterhaltsverpflichtung aufgrund der Verzögerungen in **Zeiträume** fällt, in denen **steuerliche Erleichterungen**, Kindergeld oder kindbezogene Gehaltsbestandteile aufgrund des fortgeschrittenen Alters des Kindes unabhängig von seinem Ausbildungsstand wegfallen.[291] Auch kann die **beitragsfreie Krankenversicherung des Kindes über die Familienversicherung** der Eltern nicht mehr gewährt werden, so dass durch die eigenständige Krankenversicherung des Kindes zusätzliche Kosten anfallen. 310

---

[284] BGH v. 03.07.2013 - XII ZB 220/12 - FamRZ 2013, 1375; BGH v. 29.06.2011 - XII ZR 127/09 - FamRZ 2011, 1560 mit Anm. *Norpoth* = NJW 2011, 2884 mit Anm. *Born*; *Viefhues*, FF 2011, 412; OLG Koblenz v. 28.03.2012 - 13 UF 1081/11; *Viefhues*, FamRZ 2013, 1475-1476; *Schick*, FF 2013, 402-403; *Born*, NJW 2013, 2717-2719; *Roessink*, FamFR 2013, 289-291; *Oldenburger*, jurisPR-FamR 18/2013, Anm. 4.

[285] OLG Stuttgart v. 06.07.1995 - 16 UF 94/95 - FamRZ 1996, 181.

[286] BGH v. 03.07.2013 - XII ZB 220/12 - FamRZ 2013, 1375 mit Anm. *Viefhues*, FamRZ 2013, 1475; BGH v. 29.06.2011 - XII ZR 127/09 - FamRZ 2011, 1560 mit Anm. *Norpoth*.

[287] Vgl. BGH v. 04.03.1998 - XII ZR 173/96 - FamRZ 1998, 671, 672.

[288] Vgl. OLG Jena v. 08.01.2009 - 1 UF 245/08 - FamRZ 2009, 1075; OLG Naumburg v. 26.10.1999 - 3 WF 142/99 - FamRZ 2001, 440; BGH v. 04.03.1998 - XII ZR 173/96 - FamRZ 98, 671; OLG Köln v. 20.04.2004 - 4 UF 229/03 - FamRZ 2005, 301; OLG Hamburg v. 08.03.2010 - 10 UF 56/09 - NJW-RR 2010, 1589; BGH v. 17.05.2006 - XII ZR 54/04 - FamRZ 2006, 1100.

[289] BGH v. 03.07.2013 - XII ZB 220/12 - FamRZ 2013, 1375; BGH v. 29.06.2011 - XII ZR 127/09 - FamRZ 2011, 1560 mit Anm. *Norpoth* = NJW 2011, 2884 mit Anm. *Born*; *Viefhues*, FF 2011, 412.

[290] BGH v. 03.07.2013 - XII ZB 220/12 - FamRZ 2013, 1375 mit Anm. *Viefhues*, FamRZ 2013, 1475 – NJW 2013, 2751; dazu *Born*, NJW 2013, 2717.

[291] BGH v. 03.07.2013 - XII ZB 220/12 - FamRZ 2013, 1375 mit Anm. *Viefhues*, FamRZ 2013, 1475; BGH v. 29.06.2011 - XII ZR 127/09 - FamRZ 2011, 1560 mit Anm. *Norpoth*; BGH v. 04.03.1998 - XII ZR 173/96 - FamRZ 1998, 671, 672.

§ 1610

311 Ein verzögerter Beginn der Ausbildung führt nicht zwingend zu höheren Kosten – es sei denn, in der Zwischenzeit sind z.B. Studiengebühren eingeführt worden oder bestimmte Kosten haben sich erhöht (was konkret darzulegen wäre). Möglicherweise wird die Ausbildung sogar insgesamt billiger, weil sich die monatliche Ausbildungsvergütung des Kindes erhöht hat. Hier ist der Wegfall von steuerlichen Erleichterungen, Kindergeld oder kindbezogenen Gehaltsbestandteilen aufgrund des fortgeschrittenen Alters des Kindes relevant.[292]

312 Relevant ist auch, ob das Kind sich im Zeitraum bis zum verspäteten Ausbildungsbeginn selbst unterhalten hat oder die Eltern auch diesen Zeitraum finanziert haben.[293]

313 b) **Ursachen der Verzögerung:** Für die Abwägung spielen auch die Ursachen der Verzögerung eine Rolle. Konkret ist zu fragen, ob sie im Verantwortungsbereich des Kindes (fehlende Eignung, Versäumnisse) oder der Eltern lagen.

314 Die **bisherige Entwicklung des Kindes** kann Zweifel an seiner Eignung und seinem Ausbildungswillen begründen. Dies gilt besonders bei bereits fortgeschrittenem Alter des Kindes. So kann früheres Versagen in der Ausbildung oder mehrmaliger Ausbildungswechsel im Einzelfall von Bedeutung sein.

315 Hat das Kind einen guten Schulabschluss vorzuweisen, wird man eher verlangen können, nach Ablauf einer gewissen Orientierungszeit[294] zeitnah eine Ausbildung aufzunehmen. Ist der Schulabschluss schlechter, so sind auch die Chancen auf einen Ausbildungsplatz geringer. Dann ist es dem Kind aber nicht vorzuwerfen, wenn es durch Praktika und andere Berufsvorbereitungsmaßnahmen seine Chancen steigert – die zeitliche Verzögerung ist hinzunehmen.[295]

316 Zu beachten ist dabei, dass dem Kind ein schulisches Versagen während seiner Minderjährigkeit kaum vorgeworfen werden kann; danach kann lediglich auf Versäumnisse nach Eintritt der Volljährigkeit abgestellt werden.[296] Auch darin, dass das Kind diese negativen Einflüsse auf seine schulische Entwicklung in den Folgejahren nicht aus eigener Kraft mit der vorhandenen Begabung habe kompensieren können, liegt i.d.R. kein schuldhaftes Versagen des Kindes von unterhaltsrechtlicher Relevanz.

317 Unter bestimmten Umständen ist es dem Kind unterhaltsrechtlich nicht vorwerfbar, wenn es nicht sofort nach der Erlangung des Schulabschlusses in ein Ausbildungsverhältnis eintritt. So gelingt es Bewerbern mit guter Ausgangsqualifikation, die sich vor allem durch gute Schulnoten ausdrücken kann, im ersten Zugriff grundsätzlich leichter, einen Ausbildungsplatz zu erlangen.[297]

318 Dagegen können **Bewerber mit schwächerer Qualifikation** verstärkt darauf angewiesen sein, durch Motivation und Interesse an dem Berufsbild zu überzeugen, was auch durch vorgeschaltete Berufsorientierungspraktika oder mittels eines Einstiegs über eine (zunächst) ungelernte Aushilfstätigkeit gelingen kann.[298]

319 In Anbetracht der schwierigen Ausbildungsmarktlage für Schulabsolventen mit schwacher Notenqualifikation **müssen die unterhaltspflichtigen Eltern damit rechnen**, dass das Kind eine Ausbildungsstelle erst wird antreten können, nachdem es sich in vorgeschalteten Berufsorientierungspraktika oder ähnlichen Tätigkeiten bewährt hatte.[299]

320 c) **Vertrauensschutz der Eltern:** Den Eltern kommt Vertrauensschutz zu. Denn § 1610 Abs. 2 BGB verlangt von den Eltern nicht, sich gegebenenfalls nach Ablauf mehrerer Jahre, in denen sie nach den schulischen Ergebnissen und dem bisherigen Werdegang des Kindes nicht mehr mit der Nachholung etwa der Hochschulreife und der Aufnahme eines Studiums rechnen mussten, einem Ausbildungsanspruch des Kindes ausgesetzt zu sehen.[300]

---

[292] Vgl. BGH v. 29.06.2011 - XII ZR 127/09 - FamRZ 2011, 1560 mit Anm. *Norpoth* = NJW 2011, 2884 mit Anm. *Born*; *Viefhues*, FF 2011, 412.
[293] Vgl. aber OLG Celle v. 18.04.2013 - 17 UF 17/13 - NJW 2013, 2688.
[294] Dazu OLG Karlsruhe v. 09.12.2011 - 16 UF 212/10 - FamRZ 2012, 1573, 1575; OLG Naumburg v. 12.07.2012 - 8 UF 103/12 - FamFR 2013, 9; ausführlich *Viefhues* in: jurisPK-BGB, 2012, § 1610 Rn. 96 ff. und 325 ff.
[295] Vgl. auch OLG Hamm v. 12.03.2012 - 4 UF 232/11 - FuR 2013, 669.
[296] BGH v. 03.07.2013 - XII ZB 220/12 - FamRZ 2013, 1375 mit Anm. *Viefhues*, FamRZ 2013, 1475; vgl. BGH v. 05.11.1997 - XII ZR 20/96 - FamRZ 1998, 367, 370.
[297] BGH v. 03.07.2013 - XII ZB 220/12 - FamRZ 2013, 1375 = NJW 2013, 2751.
[298] BGH v. 03.07.2013 - XII ZB 220/12 - FamRZ 2013, 1375 = NJW 2013, 2751.
[299] BGH v. 03.07.2013 - XII ZB 220/12 - FamRZ 2013, 1375 = NJW 2013, 2751.
[300] BGH v. 03.07.2013 - XII ZB 220/12 - FamRZ 2013, 1375 mit Anm. *Viefhues*, FamRZ 2013, 1475.

Auf Seiten der Eltern ist also relevant, ob sie unter den konkreten Umständen noch mit der Aufnahme einer Ausbildung rechnen mussten. Von Bedeutung ist daher, ob das Kind nach dem Schulabschluss erklärt hat, keine Ausbildung machen zu wollen oder ob es lediglich eine „mehrjährige Orientierungsphase" angekündigt hat. 321

Auch kann das eigene Alter der Eltern von Bedeutung sein; ebenso, ob sie im Vertrauen auf das Verhalten des Kindes andere Dispositionen getroffen haben, von denen sie sich nicht mehr lösen können (so z.B. der Ankauf eines Hauses).[301] 322

Ein „**Spätentwickler**"[302] hat demnach durchaus gute Chancen auf erfolgreiche Geltendmachung einer einheitlichen Ausbildung mit der Folge einer Finanzierungspflicht der Eltern, wenn er z.B. von **Anfang an die Absicht** geäußert hat, nach der Lehre zur Fachhochschule zu gehen und danach zu studieren.[303] 323

d) **Checkliste:** Für die praktische Bearbeitung einschlägiger Fälle empfiehlt sich folgende Checkliste der Kriterien, die für die Abwägung zwischen der Elternverantwortung und der zunehmenden Eigenverantwortung des Kindes für seinen Berufsweg und seine Lebensstellung zu beachten sind:[304] 324

- allgemeine Ausbildungsmarktlage und subjektive Chancen des Kindes auf einen Ausbildungsplatz anhand der Noten des Schulzeugnisses,
- Alter, Entwicklungsstand und gegebenenfalls körperliche und seelische Beeinträchtigungen des Kindes,
- Höhe und Dauer des bisher gezahlten und bis zum Berufsabschluss zu zahlenden Unterhalts,
- Verzögerung (auch) wegen familiärer Umstände, z.B. Ortswechsel nach Trennung der Eltern,
- Erst- oder Zweitausbildung oder Wiederaufnahme einer unterbrochenen Berufsausbildung,
- Höhe der steuerlichen Erleichterungen, Bezug von Kindergeld oder Höhe der kindbezogenen Gehaltsbestandteile während der Ausbildung,
- wirtschaftliche Leistungsfähigkeit der Eltern und in der Familie angelegte Berufsperspektiven,
- Maß der eigenständigen Lebensgestaltung des Kindes vor Beginn der Ausbildung.

dd. Durchführung der Ausbildung

Die Ansprüche des Kindes während seiner Ausbildung stehen in einem **Gegenseitigkeitsverhältnis**.[305] Der Verpflichtung der Eltern, dem Kind eine angemessene Berufsausbildung zu ermöglichen, steht die Pflicht des Kindes gegenüber, diese Ausbildung mit **Fleiß** und der gebotenen **Zielstrebigkeit** in **angemessener und üblicher Zeit** zu beenden.[306] Das Kind trägt die Darlegungs- und Beweislast für die Zielstrebigkeit der Ausbildung.[307] Verzögerungen bei Beginn und Fortgang der Ausbildung gehen daher grundsätzlich zu Lasten des Kindes. 325

Zwar muss der Verpflichtete nach Treu und Glauben (§ 242 BGB) **Verzögerungen der Ausbildungszeit** hinnehmen, die auf ein vorübergehendes leichteres Versagen des Kindes zurückzuführen sind. Verletzt das Kind nachhaltig seine Obliegenheiten, so kann dies zum Verlust des Unterhaltsanspruches führen.[308] Selbst wenn das Kind bisher **noch keine Berufsausbildung** erfahren hat, kann eine lange Verzögerung dazu führen, dass sein **Ausbildungsanspruch entfällt** und es sich daher seinen Lebensunterhalt mit ungelernten Tätigkeiten oder aufgrund sonstiger Begabung und Fertigkeiten verdienen muss.[309] 326

Problematisch sind in der Praxis die Fälle, bei denen Abweichungen vom regelmäßigen Ausbildungsablauf vorliegen. Dies kann in einem verspäteten Beginn der Ausbildung liegen, in einer Verzögerung des Ausbildungsablaufs, in einer Unterbrechung der Ausbildung oder in einem Wechsel der Ausbildung („Zick-Zack-Kurs in der Ausbildung").[310] 327

---

[301] Vgl. *Roessink*, FamFR 2013, 289, 290.
[302] *Reinken*, FPR 2008, 334.
[303] Vgl. OLG München v. 31.07.2012 - 30 UF 220/12 - NJW 2012, 3519; vgl. *Schmitz*, FamFR 2012, 488.
[304] *Bastian-Holler*, FamFR 2013, 391.
[305] BGH v. 29.06.2011 - XII ZR 127/09 - FamRZ 2011, 1560 mit Anm. *Norpoth* unter Hinweis auf BGH v. 04.03.1998 - XII ZR 173/96 - FamRZ 1998, 671.
[306] BGH v. 03.07.2013 - XII ZB 220/12 - FamRZ 2013, 1375.
[307] Vgl. *Roessink*, FamFR 2013, 289, 290.
[308] BGH v. 03.07.2013 - XII ZB 220/12 - FamRZ 2013, 1375, OLG Hamm v. 14.10.2004 - 11 WF 168/04 - OLGR Hamm 2005, 5-6; OLG Schleswig v. 07.08.2007 - 15 WF 225/07.
[309] BGH v. 03.07.2013 - XII ZB 220/12 - FamRZ 2013, 1375; BGH v. 29.06.2011 - XII ZR 127/09 - juris Rn. 16 - FamRZ 2011, 1560; BGH v. 04.03.1998 - XII ZR 173/96 - FamRZ 1998, 671.
[310] Ausführlich vgl. *Roessink*, FamFR 2013, 289, 290.

328 Die zulässige **Ausbildungsdauer** bei **Studenten** orientiert sich an der **üblichen Studienzeit**. **Regelstudienzeit** nach § 10 Abs. 2 Hochschulrahmengesetz und **Förderungshöchstdauer** nach § 15a BAföG begrenzen dagegen den Unterhaltsanspruch nicht.[311] Ein Bummelstudium muss nicht finanziert werden. Wird die Höchstförderungsdauer überschritten, muss der Berechtigte darlegen und beweisen, dass hierfür vernünftige Gründe gegeben waren. Die Unterhaltsverpflichtung endet z.B., wenn das Kind im 9. Semester Soziologie noch immer keine Scheine nachweisen kann.[312]

329 Über die Regelstudienzeit hinaus werden noch bis zu **zwei Examenssemester** zugestanden, im Einzelfall auch mehr, wenn die durchschnittliche Studienzeit des betreffenden Studiengangs erheblich über der Regelstudienzeit liegt. Soweit ein **Auslandssemester** für die Berufsausbildung (hier: Studiengang Sinologie bzw. Ostasienwissenschaften) sinnvoll ist, ist dieses bei guten Einkommensverhältnissen der Eltern auch bei einer Verlängerung der Studienzeit zu finanzieren.[313]

330 Im Rahmen der **allgemeinen Schulausbildung** für das Kind regelmäßig nur geringe Anforderungen an die Erfüllung von Obliegenheiten. Auch wenn das Kind erst auf Umwegen zum Abschluss der allgemeinen Schulausbildung kommt, bleibt dies regelmäßig selbst bei schuldhaftem Verhalten des Kindes ohne Konsequenzen. Ausbildungsumwege spielen daher grundsätzlich nur beim Ausbildungsunterhaltsanspruch nach Abschluss der allgemeinen Schulausbildung eine Rolle, nicht dagegen, soweit das Kind auf Umwegen zum Abschluss der allgemeinen Schulausbildung kommt.[314] Folglich zähle der Besuch eines Volksschulkurses mit dem Ziel der Erlangung des Realschulabschlusses auch dann noch zur allgemeinen Schulausbildung, wenn bereits ein Hauptschulabschluss vorliegt. Dies gelte auch dann, wenn die Schule in der Tages- oder Abendform als Erwachsenenschule besucht wird.[315]

331 Um einen solchen Anspruch zu rechtfertigen, muss die Schulausbildung die Zeit und die Arbeitskraft des Kindes voll oder zumindest überwiegend in Anspruch nehmen. Dies wird angenommen, sobald die **Unterrichtszeit mindestens 20 Wochenstunden** beträgt. Eine daneben ausgeübte Erwerbstätigkeit, durch die der Schüler seinen Lebensunterhalt verdient, wird in aller Regel nicht in Betracht kommen, weil anders nicht gewährleistet ist, dass dem Schüler die für Fahrtzeiten, aber auch für die nötigen Vor- und Nacharbeiten und das Selbststudium – insbesondere bei der Vorbereitung auf die Abiturprüfung – erforderliche Zeit verbleibt und er daneben ausreichend Zeit für Erholung und Freizeit hat.[316]

332 Geht das Unterhalt beanspruchende Kind seinen eigenen Bekundungen in sozialen Netzwerken zufolge einer umfangreichen Beschäftigung nach, bedarf es besonderer Darlegungen, wie der unterhaltsrechtlichen Obliegenheit nach einer zügigen, planvollen Ausbildung, der die gesamte Arbeitskraft uneingeschränkt gewidmet wird, genügt werden soll.[317]

333 Ausbildungsunterhalt gemäß § 1610 Abs. 1, 2 BGB wird auch für das **Berufsgrundbildungsjahr** geschuldet, da es zu einer Verkürzung der Lehrzeit führt und zudem die Chancen zur Erlangung eines Ausbildungsplatzes erhöht.[318]

ee. Leistungskontrolle

334 Der Unterhaltspflichtige hat ein Recht auf **Auskunft** über den Fortgang der Ausbildung und auf Nachweise über **Leistungskontrollen**, um sich über die Leistungsfähigkeit und Leistungsbereitschaft für den eingeschlagenen Ausbildungsweg zu informieren. Er kann die Vorlage von Zeugnissen über Zwischenprüfungen, erfolgreiche Teilnahme an Übungen oder Studienbescheinigungen verlangen.[319]

335 Die Verletzung allein dieser Informationspflicht führt nicht zum Anspruchswegfall, sondern gibt dem Pflichtigen ein Zurückbehaltungsrecht bis zur Vorlage der Belege.[320] Reicht das Kind dann ordnungsgemäße Studiennachweise nach, ist auch der Unterhalt nachzuzahlen, andernfalls zu versagen.[321]

---

[311] OLG Brandenburg v. 05.06.2007 - 10 UF 6/07.
[312] OLG Hamm v. 13.02.2003 - 11 WF 146/03 - FPR 2004, 586-587.
[313] OLG Karlsruhe v. 24.02.2011 - 2 UF 45/09 - FamRZ 2011, 1303.
[314] OLG Brandenburg v. 04.07.2007 - 9 WF 159/07 - FamRZ 2008, 177.
[315] OLG Brandenburg v. 04.07.2007 - 9 WF 159/07 - FamRZ 2008, 177.
[316] KG v. 27.01.2014 - 17 WF 12/14.
[317] KG v. 27.01.2014 - 17 WF 12/14.
[318] OLG Braunschweig v. 04.01.2010 - 2 UF 38/09 - FamRZ 2011, 119.
[319] BGH v. 11.02.1987 - IVb ZR 23/86 - NJW 1987, 1557; OLG Karlsruhe v. 30.09.2009 - 2 WF 96/09 - FamFR 2010, 86.
[320] *Roessink*, FamFR 2013, 289, 290; *Kern*, FK 2013, 178, 180 unter Hinweis auf OLG Hamm v. 07.12.1994 - 8 UF 359/92.
[321] Vgl. *Roessink*, FamFR 2013, 289, 290.

Werden jedoch im Rahmen der Berufsausbildung regelmäßig keine Zwischenbeurteilungen oder Zwischenzeugnisse erteilt, so kann der Unterhaltsverpflichtete die geschuldeten Unterhaltszahlungen nicht von der Vorlage weiterer Ausbildungsunterlagen abhängig machen.[322] 336

Erst die nachhaltige Verletzung der Pflicht, die Ausbildung zielstrebig durchzuführen, führt nach § 242 BGB zum Wegfall des Anspruchs. 337

ff. Wechsel der Ausbildung

Ein Wechsel der Ausbildung innerhalb der Orientierungsphase ist hinzunehmen. Ein **späterer Wechsel** setzt – sofern nicht besondere Gründe gegeben sind – das **Einverständnis der Eltern** voraus. Machen gesundheitliche Probleme den Wechsel notwendig oder haben sich schwierige häusliche Verhältnisse nachteilig auf Entwicklung und Ausbildung des Kindes ausgewirkt[323] oder hat die bisherige Ausbildung die Begabungen und Fertigkeiten des Kindes nicht voll ausgeschöpft, kann auch ein späterer Wechsel im Einzelfall unterhaltsrechtlich zugebilligt werden.[324] 338

Der Abbruch eines nicht den Neigungen und Fähigkeiten eines Kindes entsprechenden Studiums und der Wechsel von der Berufsausbildung zum Krankenpfleger zu einer solchen im Ausbildungsberuf „Mediengestalter Bild und Ton" kann daher unterhaltsrechtlich hinzunehmen sein.[325] 339

Der Wechsel ist auch hinzunehmen, wenn zwischen der abgebrochenen und der jetzt aufgenommenen Ausbildung ein enger „sachlicher" Zusammenhang besteht (so beim Abbruch der Berufsausbildung im Bereich **Mediengestaltung** und dem Studium der **Medienkommunikation**).[326] 340

gg. Unterbrechung der Ausbildung

Bei einer **Unterbrechung** der Ausbildung ist die Ursache dieser Störung zu klären. Das Kind trägt die Darlegungs- und Beweislast für die Zielstrebigkeit der Ausbildung.[327] 341

Wenn der Grund in der **Risikosphäre des Kindes** liegt, entfällt der Unterhaltsanspruch. Im Einzelfall kann allerdings eine mangelnde Leistungsbereitschaft während der Zeit der Minderjährigkeit des Kindes, ein späteres vorübergehendes leichtes Versagen oder eine Verzögerung durch Krankheit entschuldbar sein.[328] 342

Entschuldigte Gründe können auch Mängel des Ausbildungssystems oder -ortes, ein Auslandsstudium oder der Wechsel des Studienortes, gestörte Familienverhältnisse oder psychische Störungen des Kindes wegen vorausgegangenem erzieherischem Fehlverhalten der Eltern sein.[329] 343

Als sonstige Umstände können in Betracht kommen die geforderte Mitarbeit im elterlichen Betrieb oder die Notwendigkeit, den Lebensunterhalt durch Nebentätigkeit selbst sicherzustellen, die Scheidung der Eltern und dadurch bedingte Umzüge oder Schulwechsel oder die Erforderlichkeit einer psychotherapeutischen Behandlung.[330] 344

Eine Ausbildungsunterbrechung um mehr als 3 Jahre führt dann nicht zum Verlust des Ausbildungsunterhaltsanspruchs, wenn die Ausbildung begabungsangemessen ist und nach den Gesamtumständen davon auszugehen ist, dass sie langfristig zu einer Verbesserung der Erwerbsmöglichkeiten führt.[331] 345

Findet sich das unterhaltsberechtigte Kind in einer **Erstausbildung**, lässt das OLG Koblenz auch bei einer Unterbrechung der Ausbildung um 4 Jahre, die nicht auf einem leichten vorübergehenden Versagen des Kindes beruht, den Anspruch auf Ausbildungsunterhalt dann weiter bestehen, wenn eine Einzelfallabwägung dazu führt, dass dem Verpflichteten die weitere Zahlung des Ausbildungsunterhalts zumutbar ist.[332] 346

Ein volljähriges Kind hat bei fehlender Leistungsbereitschaft – die sich aus mangelhaften Schulleistungen ergibt – keinen Unterhaltsanspruch, wenn es lediglich eine **Einstiegsqualifizierungsmaßnahme** absolviert.[333] 347

---

[322] OLG Brandenburg v. 10.06.2010 - 10 WF 111/10 - FamFR 2010, 344.
[323] Vgl. OLG Hamm v. 05.02.2013 - II-7 UF 166/12, 7 UF 166/12 - NJW-RR 2013, 772 = FamFR 2013, 202.
[324] Vgl. *Roessink*, FamFR 2013, 289, 290.
[325] OLG Brandenburg v. 10.06.2010 - 10 WF 111/10 - FamFR 2010, 344.
[326] Vgl. OLG Naumburg v. 12.07.2012 - 8 UF 103/12 - FamFR 2013, 9.
[327] Vgl. *Roessink*, FamFR 2013, 289, 290.
[328] Vgl. *Roessink*, FamFR 2013, 289, 290; vgl. BGH v. 03.07.2013 - XII ZB 220/12 - FamRZ 2013, 1375.
[329] Vgl. BGH v. 14.03.2001 - XII ZR 81/99 - NJW 2001, 2170.
[330] Vgl. *Roessink*, FamFR 2013, 289, 290; BGH v. 14.07.1999 - XII ZR 230/97 - NJW-RR 2000, 593.
[331] OLG Hamburg v. 08.03.2010 - 10 UF 56/09 - FamRB 2010, 263.
[332] OLG Koblenz v. 06.04.2011 - 13 UF 88/11 - FamRZ 2011, 1800.
[333] AG Kempen v. 08.03.2006 - 17 F 379/05 - FamRZ 2006, 1708.

hh. Ursachen für die Ausbildungsprobleme/Mitverantwortung der Eltern

348 Unklar ist, ob sich der barunterhaltspflichtige Elternteil an einer nicht kindeswohlgerechten Entscheidung zur Schul- und Berufsausbildung des betreuenden Elternteils festhalten lassen muss, auch wenn er wegen fortbestehender Konflikte daran nicht beteiligt war.[334]

349 Die Eltern schulden ihrem Kind aber jedenfalls Unterhalt für eine Berufsausbildung, die der Begabung und den Fähigkeiten, dem Leistungswillen und den beachtenswerten Neigungen des Kindes am besten entspricht und sich dabei in den Grenzen ihrer wirtschaftlichen Leistungsfähigkeit hält. Die Unterhaltspflicht der Eltern dauert deswegen auch dann fort, wenn die erste Ausbildung auf einer deutlichen **Fehleinschätzung der Begabung des Kindes** beruht. Dabei begegnet es keinen rechtlichen Bedenken, wenn die Frage, ob der Erstausbildung des Kindes eine Fehleinschätzung seiner Begabung zugrunde lag, nach den **Verhältnissen** beurteilt wird, die sich erst **nach Beendigung dieser Ausbildung** ergeben haben.[335]

350 Im Einzelfall kann der Unterhaltsschuldner auch eine nicht unerhebliche Verzögerung in der Ausbildung des Kindes hinnehmen müssen, wenn diese unter Berücksichtigung aller Umstände nur auf ein **leichteres, vorübergehendes Versagen des Kindes** zurückzuführen ist.[336] Deswegen steht der Verpflichtung der Eltern zur Zahlung von Ausbildungsunterhalt nicht entgegen, dass ein Kind die später zu finanzierende Ausbildung ohne gewichtiges Verschulden nicht sogleich nach Abschluss des vorangegangenen Ausbildungsabschnitts begonnen und zielstrebig fortgeführt hat. In solchen Fällen hat eine Obliegenheitsverletzung des Kindes jedenfalls kein solches Gewicht, dass sie die schwerwiegende Folge eines Verlustes des Unterhaltsanspruchs nach sich ziehen muss.[337] Ein einmaliges Prüfungsversagen führt jedoch noch nicht zum Wegfall der Unterhaltspflicht[338], dagegen besteht nach zweimaligem **Prüfungsversagen** regelmäßig keine weitere Finanzierungspflicht mehr[339].

351 Auch die **einmalige Wiederholung eines Schuljahres** ist nicht ausreichend, um die Ungeeignetheit eines Auszubildenden für einen Ausbildungsgang annehmen zu können.[340]

352 Der BGH hat im **Abbruch einer Maurerlehre** nach Realschulabschluss, einer fehlgeschlagenen Polizeiausbildung im gehobenen Dienst, einer sich daran anschließenden Arbeitslosigkeit und der dann erfolgten Aufnahme eines Architekturstudiums grundsätzlich keine Obliegenheitsverletzung des Kindes gesehen.[341]

ii. Unterbrechung durch Schwangerschaft

353 Das unterhaltsberechtigte Kind verliert den Ausbildungsunterhaltsanspruch gegenüber seinen Eltern nicht deshalb, weil es infolge einer **Schwangerschaft** und der anschließenden Kindesbetreuung seine **Ausbildung erst mit Verzögerung beginnt**. Das gilt jedenfalls insoweit, als der Unterhaltsberechtigte seine Ausbildung nach Vollendung des dritten Lebensjahres des Kindes – gegebenenfalls unter zusätzlicher Berücksichtigung einer angemessenen Übergangszeit – aufnimmt.[342] Ausdrücklich nicht entschieden worden ist, wie es sich verhält, wenn sich die Aufnahme der Ausbildung deshalb deutlich länger hinzieht, weil die Unterhaltsberechtigte mehrere Kinder betreut.

354 Es ist bei einer Bedürftigkeit des volljährigen Kindes aufgrund eigener Kindesbetreuung die durch das neue Unterhaltsrecht konkretisierte

355 Die **gesetzgeberische Grundentscheidung** in § 1570 BGB und § 1615l BGB, nach der ein erziehungsberechtigter Elternteil **in den ersten drei Lebensjahren des Kindes** nicht erwerbsverpflichtet

---

[334] AG Landau v. 09.07.2007 - 1 F 20/07 mit Anm. *Harms*, jurisPR-FamR 20/2007, Anm. 3.
[335] BGH v. 17.05.2006 - XII ZR 54/04 - FamRZ 2006, 1100-1104 mit Anm. *Kath-Zurhorst*, FF 2006, 191.
[336] OLG Brandenburg v. 10.06.2010 - 10 WF 111/10 - FamFR 2010, 344.
[337] BGH v. 17.05.2006 - XII ZR 54/04 - FamRZ 2006, 1100-1104 mit Anm. *Kath-Zurhorst*, FF 2006, 191.
[338] BGH v. 14.07.1999 - XII ZR 230/97 - FamRZ 2000, 420.
[339] OLG Hamm v. 21.04.1997 - 4 UF 441/96 - NJW-RR 1998, 726-727; OLG Karlsruhe v. 25.03.1994 - 2 UF 195/93 - FamRZ 1994, 1342-1343.
[340] OLG Celle v. 23.06.2006 - 12 UF 282/05 - FamRZ 2007, 929.
[341] BGH v. 17.05.2006 - XII ZR 54/04 - NJW 2006, 2984.
[342] BGH v. 29.06.2011 - XII ZR 127/09 - FamRZ 2011, 1560 mit Anm. *Norpoth*; vgl. auch OLG Köln v. 26.03.2013 - 25 UF 241/12 - NJW 2013, 2448-2449 = FamRZ 2014, 136 = FamFR 2013, 273; *Reinicke*, FamFR 2013, 273 unter Hinweis auf OLG Frankfurt v. 04.06.2009 - 2 UF 328/08 - NJW 2009, 3105.

ist **wirkt sich mittelbar** auch auf das Unterhaltsrechtsverhältnis zwischen dem unterhaltsberechtigten volljährigen Kind und seinen unterhaltspflichtigen Eltern aus.[343]

Möglich ist auch, der Unterhaltsberechtigten eine **Übergangszeit** zuzugestehen, wenn diese nicht sofort nach Vollendung des dritten Lebensjahres ihres Kindes mit ihrem Studium begonnen hat, sondern erst einige Monate später.[344]   356

In Fällen des **schwangeren unterhaltsberechtigten Kindes** kommt auch ein vorrangiger Unterhaltsanspruch der in Ausbildung befindlichen Tochter gegen den Vater ihres Kindes aus § 1615l Abs. 2 und 3 BGB in Betracht (vgl. dazu die Kommentierung zu § 1615l BGB Rn. 229.   357

jj. Unterbrechung durch Krankheit

Wegen einer Knieoperation kann eine Überschreitung der üblichen Studiendauer um zwei Semester zu tolerieren sein.[345] Auch nicht vorwerfbare, subjektive Beeinträchtigungen des Unterhaltsberechtigten, wie etwa eine **psychische Erkrankung**, können eine verzögerte Aufnahme des Studiums rechtfertigen.[346]   358

kk. Darlegungs- und Beweislast

Das Kind trägt die Darlegungs- und Beweislast für die Zielstrebigkeit der Ausbildung[347] und muss daher die Gründe, die zu einer Verzögerung des Studiums geführt haben, **darlegen und beweisen**. Im Einzelnen ist **darzulegen** und durch Vorlage entsprechender Scheine und Leistungsnachweise zu **belegen**, welche Veranstaltungen es besucht, welche Fachprüfungen es abgelegt und an welchen praktischen Ausbildungsabschnitten es teilgenommen hat.[348]   359

e. Zweitausbildung – weitere Ausbildung

Haben die Eltern dem Kind eine angemessene Ausbildung finanziert, haben sie ihre Unterhaltspflicht erfüllt. Eine **Zweitausbildung** kann grundsätzlich nicht verlangt werden. Hingegen ist eine Verpflichtung zur Finanzierung einer **weiteren Ausbildung** grundsätzlich nicht ausgeschlossen, wenn eine angemessene Ausbildung noch nicht gewährt worden ist.[349]   360

Wird ein **Studienwechsel** innerhalb der ersten 2 bis 3 Semester (Orientierungsphase) vorgenommen, so zählt dies noch nicht als Zweitausbildung.   361

Ein entlassener Bundeswehroffizier kann u.U. Ausbildungsunterhalt verlangen, da er auf dem Arbeitsmarkt keine Chance auf Einstellung als Offizier hat und Soldaten und Offiziere bei der Arbeitsverwaltung als ausbildungslos geführt werden.[350]   362

aa. Abgrenzung Erstausbildung – Zweitausbildung

Hat das Kind eine Ausbildung abgeschlossen, die seinen Begabungen und Fähigkeiten, seinem Leistungswillen und seinen beachtenswerten, nicht nur vorübergehenden Neigungen am besten entspricht und sich in den Grenzen der wirtschaftlichen Leistungsfähigkeit der Eltern hält, erhalten, besteht in der Regel **kein Anspruch gegen die Eltern auf Finanzierung einer Zweitausbildung oder nicht notwendigen Weiterbildung**.[351] Das Kind ist dann gehalten, nach Abschluss der Erstausbildung eine eigene Lebensstellung aufzubauen.   363

---

[343] BGH v. 29.06.2011 - XII ZR 127/09 - FamRZ 2011, 1560 mit Anm. *Norpoth*; BGH v. 01.06.2011 - XII ZR 45/09 - FamRZ 2011, 1209 mit Anm. *Viefhues*; BGH v. 15.06.2011 - XII ZR 94/09; BGH v. 18.03.2009 - XII ZR 74/08 - FamRZ 2009, 770 mit krit. Anm. *Borth*, FamRZ 2009, 960; BGH v. 24.06.2009 - XII ZR 161/08 - FamRZ 2009, 1477; BGH v. 06.05.2009 - XII ZR 114/08 - NJW 2009, 1956 = FamRZ 2009, 1124 = ZFE 2009, 271 = FF 2009, 313; BGH v. 05.07.2006 - XII ZR 11/04 - FamRZ 2006, 1362, 1364.

[344] BGH v. 29.06.2011 - XII ZR 127/09 - FamRZ 2011, 1560 mit Anm. *Norpoth*.

[345] OLG Brandenburg v. 08.12.2009 - 10 UF 17/05.

[346] Vgl. BGH v. 03.07.2013 - XII ZB 220/12 - FamRZ 2013, 1375; BGH v. 29.06.2011 - XII ZR 127/09 - FamRZ 2011, 1560 mit Anm. *Norpoth*; OLG Stuttgart v. 06.07.1995 - 16 UF 94/95 - FamRZ 1996, 181, 182.

[347] Vgl. *Rocssink*, FamFR 2013, 289, 290.

[348] OLG Hamm v. 13.02.2003 - 11 WF 146/03 - FPR 2004, 586-587.

[349] BGH v. 12.05.1993 - XII ZR 18/92 - FamRZ 1993, 1057.

[350] OLG Brandenburg v. 16.10.2008 - 10 WF 175/08 - FamRZ 2009, 122.

[351] Sächsisches Landessozialgericht v. 18.07.2013 - L 3 AL 59/10 - info also 2014, 72.

364 Eine Pflicht zu Finanzierung besteht, wenn die zweite Ausbildung sich als **Weiterbildung** darstellt. Dies ist dann der Fall, wenn zwischen beiden Ausbildungen ein **fachlicher Zusammenhang** besteht und die zweite Ausbildung in **engem zeitlichem Zusammenhang** mit der ersten Ausbildung aufgenommen wird.[352] Hierzu ist eine stark kasuistisch geprägte Rechtsprechung vorhanden.

365 Zudem muss die Finanzierung zum Zeitpunkt des weiteren Ausbildungsbeginns für die Eltern **zumutbar** sein.[353]

366 Bei der **Zumutbarkeit der Finanzierung** kann auf die Überschaubarkeit des Zeitraumes der Weiterbildungsmaßnahme abgestellt werden sowie darauf, dass das Kind durch Absolvierung dieser Ausbildung höhere Berufs- und Einkommensmöglichkeiten hätte.[354]

367 Von Bedeutung ist auch, welche Kosten der Unterhaltspflichtige für die Erstausbildung hat tragen müssen. Falls die Erstausbildung für ihn keine oder geringe Kosten ausgelöst hat, ist die Finanzierung einer Zweitausbildung eher zuzumuten.

bb. Abitur-Lehre-Studium-Fälle

368 Der Unterhalt eines Kindes, das nach Erlangung der Hochschulreife zunächst eine praktische Ausbildung durchlaufen hat, umfasst auch die Kosten eines Hochschulstudiums, wenn dieses mit den vorangegangenen Ausbildungsabschnitten in einem engen sachlichen und zeitlichen Zusammenhang steht und die Finanzierung des Ausbildungsganges den Eltern wirtschaftlich zumutbar ist (sog. **Abitur-Lehre-Studium-Fälle**).[355] Auch wenn der Lehrabschluss noch keine angemessene Ausbildung zu einem Beruf darstellt, ist nicht ausgeschlossen, dass ein späteres Hochschulstudium von der Unterhaltspflicht der Eltern umfasst wird.[356]

369 Bei dem Bildungsweg **Realschule/Lehre/Fachoberschule/Fachhochschule** soll dagegen die erforderliche Einheitlichkeit der Ausbildung nur dann gegeben sein, wenn bei Beginn der Lehre von vornherein die Absicht bestanden hat, nach der Lehre die Fachoberschule zu besuchen und möglicherweise zu studieren.[357]

370 Wenn das volljährige Kind nach abgeschlossener mittlerer Reife und Abschluss einer Lehre als Mechatroniker die Fachhochschulreife nachholen will, fehlt es an der Einheitlichkeit der Ausbildung. Daher besteht kein Anspruch auf Ausbildungsunterhalt nach § 1610 Abs. 2 BGB nach den Grundsätzen der sog. Abitur-Lehre-Studium-Fälle.[358]

371 Eine „einheitliche Ausbildung" wurde bejaht, nachdem der Jugendliche das Gymnasium nach dem Nichtbestehen der 11. Klasse verlassen und danach in dem von seiner Mutter betriebenen Reformhaus in abgekürzter Lehrzeit den Beruf des **Einzelhandelskaufmanns** erlernt hatte, so dass er über eine **abgeschlossene Berufsausbildung** verfügte. Er hatte diesen Beruf **jedoch nie ausgeübt**. Zeitweise war er **krankheitsbedingt arbeitsunfähig**, danach besuchte die Berufsoberschule. Nach dem Erwerb der Fachhochschulreife (Notendurchschnitt 2,4) hatte er – wie beabsichtigt – das Studium „Informationsmanagement und Unternehmenskommunikation (IMU)" an der Fachhochschule aufgenommen.[359]

cc. Fachlicher Zusammenhang bejaht

372 Ein solcher **fachlicher Zusammenhang** ist **bejaht** worden bei
- einer Kfz-Lehre und einem Maschinenbaustudium,[360]
- einer Ausbildung als Elektroinstallateur und dem Studium als Elektroingenieur,[361]
- einer Landwirtschaftslehre und dem Studium der Agrarwissenschaft,[362]

---

[352] OLG Hamm v. 12.03.2012 - 4 UF 232/11 - FuR 2012, 669.
[353] Vgl. *Roessink*, FamFR 2013, 289, 291; Sächsisches Landessozialgericht v. 18.07.2013 - L 3 AL 59/10 - info also 2014, 72.
[354] AG Rosenheim v. 29.11.2012 - 3 F 1202/12 - FamRZ 2013, 1407; dazu *Henn*, jurisPR-FamR 12/2013, Anm. 4.
[355] BGH v. 07.06.1989 - IVb ZR 51/88 - BGHZ 107, 376-384 = FamRZ 1989, 853.
[356] BGH v. 12.05.1993 - XII ZR 18/92 - FamRZ 1993, 1057.
[357] BGH v. 17.05.2006 - XII ZR 54/04 - FamRZ 2006, 1100-1104 mit Anm. *Kath-Zurhorst*, FF 2006, 191, im Anschluss an BGH v. 10.10.1990 - XII ZR 111/89 - FamRZ 1991, 320, 321 und BGH v. 30.11.1994 - XII ZR 215/93 - FamRZ 1995, 416, 417 f.
[358] OLG Hamm v. 28.03.2012 - II-3 WF 114/11 - FamRZ 2012, 1401.
[359] OLG München v. 31.07.2012 - 30 UF 220/12 - NJW 2012, 3519.
[360] OLG Düsseldorf v. 21.06.1990 - 6 UF 269/89 - NJW-RR 1990, 1227-1228; AG Beckum v. 30.11.2006 - 7 F 151/06 - FamRZ 2007, 1766.
[361] OLG Hamm v. 12.11.1991 - 2 UF 183/91 - FamRZ 1992, 592-593.
[362] BGH v. 27.09.1989 - IVb ZR 83/88 - FamRZ 1990, 149.

- der Ausbildung als Bauzeichner und dem Architekturstudium,[363]
- einer Banklehre und einem Jurastudium,[364]
- einer Lehre, die erst zur Fachhochschulreife des Kindes führt; unter diesen Voraussetzungen ist ein enger sachlicher Zusammenhang zwischen Lehre und Studium in Sinne einer sinnvollen fachlichen Vorbereitung des Studiums nicht erforderlich,[365]
- einer Lehre zum Beton- und Stahlbauer, sie hat eine sachliche Beziehung zu dem Studium der Architektur und ist eine sinnvolle, fachbezogene Vorbereitung darauf.[366]
- Die Aufnahme eines Fachhochschulstudiums der Medieninformatik nach einer abgeschlossenen berufsqualifizierenden Ausbildung zum IT-Systemkaufmann stellt eine Weiterbildungsmaßnahme dar. Sie ist Teil einer einheitlichen Ausbildung und bei wirtschaftlicher Zumutbarkeit vom unterhaltspflichtigen Elternteil zu finanzieren.[367]
- Ein sachlicher Zusammenhang zwischen der Ausbildung zur Diätassistentin und dem anschließenden Studium der Lebensmittel-, Ernährungs- und Hauswirtschaftswissenschaften mit dem Ziel der Befähigung zum Lehramt in einer Berufsschule liegt vor. Die praktische Ausbildung stellt sich als Vorstufe der jetzigen Studieninhalte dar, Kenntnisse, die den in der Ausbildung erworbenen entsprechen, sollen durch Lehrtätigkeit weitervermittelt werden.[368]
- Auch bei einem volljährigen Kind, das nach dem Besuch einer Gesamtschule bei den Berufsfachschulen I und II des Landes Rheinland-Pfalz den qualifizierten Sekundärabschluss I erworben hat und danach ein berufliches Gymnasium mit dem Bildungsgang Wirtschaft mit dem Ziel der Erlangung der Fachhochschulreife bis zum Jahr 2010 besucht, ist ein Anspruch auf Ausbildungsunterhalt unter bestimmten Voraussetzungen möglich.[369]
- Zwischen der abgebrochenen Berufsausbildung im Bereich **Mediengestaltung** und dem Studium der **Medienkommunikation** besteht ein enger „sachlicher" Zusammenhang.[370]
- Zwischen den Ausbildungsberufen „**Masseur und medizinischer Bademeister**" und „**Physiotherapeut**" besteht ein enger sachlicher Zusammenhang.[371]

Der Ausbildungsunterhaltsanspruch einer volljährigen Schülerin gegen ihre Eltern aus den §§ 1610 Abs. 2, 1360a Abs. 4 BGB zum Erwerb der allgemeinen Hochschulreife besteht fort, wenn sie zuvor eine **Ausbildung** zur Rechtsanwaltsfachangestellten absolviert, parallel hierzu die **Fachoberschule** besucht und mit dem Erwerb des **Fachabiturs** in der Klasse 12 der Fachoberschule erfolgreich abgeschlossen hat.[372]

373

dd. Fachlicher Zusammenhang verneint

Ein fachlicher Zusammenhang ist **verneint** worden bei

374

- der Lehre als Industriekaufmann und dem Medizinstudium,[373]
- der Lehre als Speditionskaufmann und dem Jurastudium,[374]
- der Ausbildung als Finanzinspektor und dem Psychologiestudium,[375]
- der Lehre als Industriekaufmann und dem Maschinenbaustudium,[376]
- der Ausbildung zur Bürogehilfin und dem Informatikstudium[377].

---

[363] BGH v. 07.06.1989 - IVb ZR 51/88 - BGHZ 107, 376-384 = FamRZ 1989, 853.
[364] BGH v. 23.10.1991 - XII ZR 174/90 - FamRZ 1992, 170.
[365] OVG Bremen v. 12.03.2003 - 1 S 30/03 - NVwZ-RR 2003, 758-759.
[366] AG Erfurt v. 22.11.2007 - 36 F 401/07 - juris Rn. 26.
[367] OLG Brandenburg v. 10.07.2007 - 10 UF 51/07 - FuR 2007, 570.
[368] Oberlandesgericht Brandenburg v. 04.03.2008 - 10 UF 132/07; OLG Köln v. 17.09.2003 - 4 UF 148/02 - FamRZ 2003, 1409.
[369] OLG Karlsruhe v. 30.09.2009 - 2 WF 96/09 - FamRZ 2010, 737 (LS).
[370] OLG Naumburg v 12.07.2012 - UF 103/12 - FamFR 2013, 9.
[371] AG Rosenheim v. 29.11.2012 - 3 F 1202/12 - FamRZ 2013, 1407; dazu *Henn*, jurisPR-FamR 12/2013, Anm. 4 .
[372] VG Köln v. 27.02.2013 - 10 K 173/12 - FuR 2013, 343.
[373] BGH v. 12.06.1991 - XII ZR 163/90 - FamRZ 1991, 1044-1046
[374] BGH v. 20.05.1992 - XII ZR 131/91 - NJW-RR 1992, 1090-1091.
[375] BGH v. 10.12.1980 - IVb ZR 546/80 - FamRZ 1981, 344-346.
[376] BGH v. 12.05.1993 - XII ZR 18/92 - FamRZ 1993, 1057.
[377] OLG Koblenz v. 28.07.1994 - 11 UF 166/94 - NJW-RR 1995, 582.

ee. Enger zeitlicher Zusammenhang

375 Für Ausbildungsunterhalt bei Abitur – Lehre – Studium muss ein **enger sachlicher und zeitlicher Zusammenhang** zwischen einzelnen Stufen bestehen. Findet ein volljähriges Kind – gleich aus welchen Gründen – zunächst keine Arbeits- oder Lehrstelle und nimmt es dann über ein Jahr später ein Studium auf, so fehlt es regelmäßig am notwendigen engen zeitlichen Zusammenhang der Ausbildungsabschnitte.[378] Der Anspruch auf Ausbildungsunterhalt umfasst eine nach Abschluss der Berufsausbildung durchgeführte Weiterbildungsmaßnahme nur, wenn diese vom ursprünglich geplanten Ausbildungsgang miterfasst ist.[379]

376 Verzögerungen können im Ausnahmefall hinzunehmen sein, wenn sie nicht auf einem vorwerfbaren Verhalten des Kindes beruhen.[380]

377 **Ein mäßiger Abiturnotendurchschnitt** kann dem Kind jedenfalls dann nicht vorgeworfen werden, wenn die Verzögerung allein darauf beruht, dass trotz regelmäßiger Bewerbung kein Studienplatz zugewiesen wurde und das Kind zwischen dem Ende der Ausbildung und dem Studienbeginn im erlernten Beruf gearbeitet hat.[381]

ff. Wille zur einheitlichen Ausbildung

378 Der nach der Rechtsprechung des Bundesgerichtshofes erforderliche **Wille zur einheitlichen Ausbildung**[382] ist z.B. auch dann gegeben, wenn sich der volljährige Auszubildende bei Beginn eines ersten Ausbildungsschrittes dahingehend äußert, dass er „etwas Soziales" studieren bzw. „etwas mit Kindern" machen will, wobei dieses auch nicht gegenüber dem Unterhaltsschuldner geäußert werden muss.[383]

379 Der Anspruch auf Ausbildungsunterhalt umfasst jedoch eine nach Abschluss der Berufsausbildung durchgeführte Weiterbildungsmaßnahme nur, wenn diese vom ursprünglich geplanten Ausbildungsgang miterfasst ist.[384]

380 Jedoch ist ein von vornherein bestehender **Gesamtplan nicht erforderlich**. Vielmehr genügt es, wenn das Kind seine Entscheidungen sukzessive mit dem Erreichen der jeweiligen Ausbildungsstufe getroffen hat. Dementsprechend ist es unschädlich, wenn der Entschluss zu einem weiterführenden Studium erst während oder sogar nach Beendigung der Berufsausbildung gefasst worden ist.[385] Es reicht demnach aus, wenn während der ersten Ausbildung eine besondere, die Weiterbildung erfordernde Begabung deutlich wurde.[386] Teilweise wird auf die Vorhersehbarkeit für die Eltern abgestellt.[387]

gg. Ausnahmsweise Finanzierungspflicht einer Zweitausbildung

381 Ausnahmen werden nur unter besonderen Umständen angenommen,[388] nämlich
- wenn der Beruf etwa aus gesundheitlichen oder sonstigen, bei Ausbildungsbeginn nicht vorhersehbaren Gründen nicht ausgeübt werden kann oder
- wenn das Kind von den Eltern in einen seiner Begabung nicht hinreichend Rechnung tragenden Beruf gedrängt wurde oder
- die Erstausbildung auf einer deutlichen Fehleinschätzung der Begabung beruht oder
- das Kind zu einer unangemessenen Ausbildung gehalten war, weil die Eltern die Finanzierung der angemessenen Ausbildung verweigert haben.[389]

382 Wenn die erste Ausbildung auf einer deutlichen **Fehleinschätzung der Begabung des Kindes** beruhte, muss die Zweitausbildung ausnahmsweise finanziert werden.

---

[378] OLG Brandenburg v. 27.06.2007 - 9 WF 88/07 - FamRZ 2008, 87.
[379] OLG Rostock v. 26.02.2008 - 10 WF 36/08 - MDR 2008, 806.
[380] Vgl. dazu OLG Jena v. 08.01.2009 - 1 UF 245/08 - FuR 2009, 233; OLG Hamm v. 12.03.2012 - 4 UF 232/11- FuR 2012, 669; SG Chemnitz v. 15.03.2012 - S 24 AL 1048/10.
[381] OLG Hamm v. 12.03.2012 - 4 UF 232/11- FuR 2012, 669.
[382] BGH v. 10.10.1990 - XII ZR 111/89 - FamRZ 1991, 320, 321.
[383] OLG Celle v. 23.06.2006 - 12 UF 282/05 - FamRZ 2007, 929.
[384] OLG Rostock v. 26.02.2008 - 10 WF 36/08 - MDR 2008, 806.
[385] OLG Brandenburg v. 10.07.2007 - 10 UF 51/07 - ZFE 2008, 111.
[386] Vgl. Sächsisches Landessozialgericht v. 18.07.2013 - L 3 AL 59/10 - info also 2014, 72.
[387] Vgl. *Roessink*, FamFR 2013, 289, 291.
[388] Vgl. Sächsisches Landessozialgericht v. 18.07.2013 - L 3 AL 59/10 - info also 2014, 72.
[389] BGH v. 24.10.1990 - XII ZR 124/89 - FamRZ 1991, 322; BGH v. 06.02.1991 - XII ZR 56/90 - FamRZ 1991, 931 = NJW-RR 1991, 770-771.

In der Praxis stellt sich dabei die Frage, wer letztlich für eine **Fehleinschätzung der Begabung des Kindes** verantwortlich ist. 383

Handelt es sich um eine falsche Entscheidung beider Eltern, muss die Zweitausbildung finanziert werden. Drängen also die Eltern das Kind zu einer Ausbildung, die sich dann als Fehlschlag erweist, müssen sie auch für eine den Begabungen und Fähigkeiten des Kindes entsprechende erfolgreich verlaufende Zweitausbildung unterhaltsrechtlich einstehen. 384

Anders ist die Situation, wenn das Kind sich – u.U. sogar gegen den Rat der Eltern – zu einer Ausbildung entschließt, die dann fehlschlägt. Hier trägt im Regelfall das Kind das Risiko seiner eigenen Fehleinschätzung und kann von den Eltern keine Bezahlung einer Zweitausbildung verlangen.[390] 385

Allerdings ist hier – jedenfalls beim minderjährigen Kind – auch die **Mitverantwortung** des Sorgeberechtigten zu prüfen.[391] 386

Bei der **Berufswahl** des minderjährigen Kindes hat der Sorgeberechtigte auf die Eignung und Neigungen des Kindes Rücksicht zu nehmen (§ 1631a BGB). Das volljährige Kind trifft seine Berufswahlentscheidung selbst[392], hat dabei aber auf die Belange des Familienverbandes Rücksicht zu nehmen. 387

Die Voraussetzungen für die **Erforderlichkeit eines weiteren Studienganges** muss der Unterhaltsberechtigte darlegen und beweisen.[393] 388

f. Studium – Bachelor – Master – Promotion

Nach dem Abschluss eines **Bachelor-Studiengangs kann ein Masterabschluss** und daher weiterer Ausbildungsunterhalt erforderlich sein. Ob der unterhaltspflichtige Elternteil seinem Kind nach Abschluss des Bachelor-Studiengangs auch für den nachfolgenden Studiengang mit dem Abschluss eines Masters of Arts Ausbildungsunterhalt schuldet, ist davon abhängig, ob der Studienabschluss mit dem Grad eines Bachelors für den Berufseinstieg als angemessen angesehen wird. 389

Die Rechtsprechung wertet eine **Bachelor-Master-Studienkombination** entsprechend den sog. Abitur-Lehre-Studium-Konstellationen dann als einheitliche Ausbildung im Sinne des § 1610 Abs. 2 BGB, wenn zwischen dem Bachelor- und dem Master-Studium ein enger sachlicher und zeitlicher Zusammenhang besteht.[394] 390

Regelmäßig ist davon auszugehen, dass den Studierenden in der überwiegenden Zahl der Fälle nach Abschluss eines **Bachelor-Studiengangs** zwar der Eintritt in das Berufsleben eröffnet ist. Hier stehen sie jedoch in Konkurrenz zu den nach einer praktischen Ausbildung berufsnah qualifizierten Bewerbern, so dass eine Fortsetzung des Studiums häufig nicht nur sinnvoll, sondern erforderlich ist.[395] 391

Für den erforderlichen **engen sachlichen Zusammenhang** ist ausreichend, dass es sich um verwandte bzw. gleichwertige Studiengänge handelt. Hiervon ist regelmäßig dann auszugehen, wenn nach den Zulassungsregeln der Hochschule mit dem Bachelor-Abschluss das Master-Studium aufgenommen werden darf.[396] Auch nach der ausbildungsförderrechtlichen Beurteilung der Studienorganisation und § 7 Abs. 1 BAföG stellen Bachelor- und Magisterstudiengang eine einheitliche Ausbildung dar.[397] 392

Wenn der Unterhaltsberechtigte zunächst den Bachelor-Studiengang **Medieninformatik** aufnimmt und danach den konsekutiven Master-Studiengang Technische Informatik absolviert, handelt es sich unterhaltsrechtlich um eine einheitliche Ausbildung.[398] 393

Für eine **Promotion** wird im Regelfall kein Unterhalt mehr geschuldet. Nur bei Vorliegen besonderer Umstände ist die Promotion noch als angemessene Vorbildung für einen Beruf anzusehen. Dabei ist eine Teilzeitarbeit für die Zeit der Promotion durchaus zumutbar.[399] 394

---

[390] Vgl. aber OLG Celle v. 18.04.2013 - 17 UF 17/13 - NJW 2013, 2688, dazu *Viefhues*, jurisPR-FamR 12/2013, Anm. 3.
[391] BGH v. 14.07.1999 - XII ZR 230/97 - FamRZ 2000, 420.
[392] BGH v. 20.03.1996 - XII ZR 45/95 - FamRZ 1996, 798.
[393] OLG Karlsruhe v. 18.08.2011 - 18 UF 19/11 - FamRZ 2012, 798 – entschieden für den Anspruch eines geschiedenen Ehegatten aus § 1575 BGB.
[394] AG Frankfurt v. 16.11.2011 - 454 F 3056/11 UK - FamFR 2012, 182; AG Hamburg-Harburg v. 02.04.2013 - 630 F 42/13 - Familienrecht kompakt 2013, 163; VG Mainz v. 06.02.2014 - 1 K 1489/13.MZ; dazu *Götz*, FF 2010, 371-375.
[395] OLG Celle v. 02.02.2010 - 15 WF 17/10 - FuR 2010, 292 = FF 2010, 370.
[396] AG Frankfurt v. 16.11.2011 - 454 F 3056/11 UK.
[397] *Liceni-Kierstein*, FamRZ 2011, 526-529.
[398] OLG Brandenburg v. 18.01.2011 - 10 UF 161/10 - FamRZ 2011, 1067-1069.
[399] OLG Hamm v. 09.08.1989 - 10 WF 29/89 - NJW-RR 1990, 1228-1229.

III. Bedarf beim Elternunterhalt

395 Beim Elternunterhalt bestimmt sich der Bedarf nach der **eigenständigen originären Lebensstellung des Elternteils**[400] (vgl. auch zur Bedürftigkeit die Kommentierung zu § 1602 BGB Rn. 130 und zur Leistungsfähigkeit die Kommentierung zu § 1603 BGB Rn. 964).

396 Die Lebensverhältnisse – und damit auch der Bedarf – des Elternteils können sich mit dem Eintritt in den Ruhestand ändern, weil dies in aller Regel mit erheblichen Einkommensverlusten verbunden ist. Eine Lebensstandardgarantie gibt es für Eltern nicht.[401]

397 Neben den Aufwendungen für die Unterkunft, Verpflegung, Kleidung sowie die Kranken- und Pflegeversicherung häufig noch der **Mehrbedarf**, der sich durch die Notwendigkeit des Erwerbs von Medikamenten, der Einnahme von Diätkost oder der Einstellung einer Haushaltshilfe ergibt.[402]

398 Wenn jedoch das Kind seine Unterhaltspflicht durch Naturalleistungen in Form von regelmäßiger Pflege[403] umfassend erfüllt, soll kein zusätzlicher Barunterhalt geschuldet werden.[404] Denn auch Naturalleistungen des Unterhaltsschuldners sind bedarfsdeckend anzuerkennen und geben diesem die Möglichkeit, den Barunterhaltsanspruch zu beschränken.[405]

399 Die Unterhaltsverpflichtung gegenüber einem Elternteil in Höhe des vollen rechnerischen Unterhaltsanspruchs entspricht nicht der Billigkeit, wenn die vom Gesetz vorausgesetzte verwandtschaftliche Beziehung im Eltern-Kind-Verhältnis praktisch nicht gelebt wurde. Eine weitergehende Reduzierung kommt dann in Betracht, wenn der Kontaktabbruch allein auf das Verhalten des Elternteils zurückzuführen ist. Unter diesen Umständen ist eine Herabsetzung des Anspruchs möglich.[406]

1. Bemessungsgrundlage für den Bedarf

400 Der Bedarf wird nicht – wie beim Unterhalt im Haushalt lebender Kinder – von der Lebensstellung des Unterhaltspflichtigen abgeleitet. Maßgeblich sind vor allem die **aktuellen Einkommens- und Vermögensverhältnisse des betreffenden Elternteils**.[407]

401 Der angemessene Lebensbedarf der Eltern richtet sich nach deren konkreter (aktueller) Lebenssituation. Ein an der **früher besseren Lebensstellung des Elternteils** orientierter höherer Standard ist grundsätzlich **nicht mehr angemessen** im Sinne von § 1610 Abs. 1 BGB.[408]

402 Ist der Elternteil im Alter sozialhilfebedürftig geworden, so beschränkt sich sein angemessener Lebensbedarf auf das **Existenzminimum** und damit verbunden auf eine ihm **zumutbare einfache und kostengünstige Heimunterbringung**.[409]

403 Dieser **Mindestbedarf**, der regelmäßig nur dann zum Tragen kommt, wenn der unterhaltsberechtigte Elternteil **nicht in einem Heim lebt**, kann – wie beim Ehegattenunterhalt – in Höhe des **notwendigen Selbstbehaltes eines nicht Erwerbstätigen** (seit 2013: 800 €) **pauschaliert** werden.[410]

403.1 **Ab 01.01.2015** beträgt der notwendige Selbstbehalt eines Nichterwerbstätigen 880 €.

404 Keinen Einfluss auf den Unterhaltsbedarf des Elternteils hat der Umstand, dass das **unterhaltspflichtige Kind selbst in besseren Verhältnissen lebt**.[411] Denn die Lebensstellung der Eltern ist eine selbständige und leitet sich nicht von derjenigen ihrer Kinder ab.

---

[400] Ausführlich *Müller*, FPR 2003, 611-616; *Herr*, FamRZ 2005, 1021; *Hauß*, Elternunterhalt – Grundlagen und anwaltliche Strategien, 2008, Rn. 22 ff.

[401] Vgl. *Weinreich*, FuR 2013, 509, 511; vgl. auch BGH v. 21.11.2012 - XII ZR 150/10 - NJW 2013, 301 = FamRZ 2013, 203 mit Anm. *Hauß* = FuR 2013, 155; BGH v. 19.02.2003 - XII ZR 67/00 - FamRZ 2003, 860.

[402] Vgl. *Weinreich*, FuR 2013, 509, 511.

[403] Dazu *Doering-Striening*, FamFR 2012, 531.

[404] OLG Oldenburg v. 14.01.2010 - 14 UF 134/09 - FUR 2010, 232.

[405] OLG Karlsruhe v. 28.07.2010 - 16 UF 65/10 - juris Rn. 71 a.E.

[406] OLG Celle v. 26.05.2010 - 15 UF 272/09; vgl. auch die Kommentierung zu § 1611 BGB Rn. 46.

[407] BGH v. 19.02.2003 - XII ZR 67/00 - NJW 2003, 1660-1665.

[408] BGH v. 21.11.2012 - XII ZR 150/10 - NJW 2013, 301 = FamRZ 2013, 203 mit Anm. *Hauß* = FuR 2013, 155.

[409] BGH v. 21.11.2012 - XII ZR 150/10 - NJW 2013, 301 = FamRZ 2013, 203 mit Anm. *Hauß* = FuR 2013, 155; *Hauß*, Elternunterhalt, 3. Aufl. Rn. 57.

[410] Vgl. BGH v. 16.12.2009 - XII ZR 50/08 - juris Rn. 34 f. - FamRZ 2010, 357; BGH v. 17.02.2010 - XII ZR 140/08 - juris Rn. 32 f. - FamRZ 2010, 629.

[411] BGH v. 21.11.2012 - XII ZR 150/10 - NJW 2013, 301 = FamRZ 2013, 203 mit Anm. *Hauß* = FuR 2013, 155; *Hauß*, Elternunterhalt, 3. Aufl. Rn. 57.

Dabei kommt es auf die **Verhältnisse zum Zeitpunkt der Unterbringung** an. Waren die Kosten des Heims zu diesem Zeitpunkt angemessen, ist dem Unterhaltsbedürftigen ein späterer **Umzug in ein preisgünstigeres Heim** i.d.R. nicht zuzumuten.[412] 405

Auch der Bedarf des Elternteils verändert sich, wenn sich die maßgeblichen Lebensumstände ändern (Veränderung der Einkünfte, Wegfall oder Hinzutreten von Bedürfnissen und Verpflichtungen wie z.B. durch den Wechsel eines Elternteils ins Altersheim oder den Tod eines Elternteils).[413] Auch bei **Erkrankungen** oder in **Suchtfällen** vor dem Rentenalter sowie für die vorzeitige oder gesetzliche Erwerbsunfähigkeit ist auf das aktuelle Einkommen abzustellen. Bezieht der Elternteil **Rente**, ist darauf und nicht auf das frühere Erwerbseinkommen abzustellen, da die Rente jetzt die Lebensstellung prägt.[414] Der Lebensstandard der Eltern reduziert sich damit automatisch mit Eintritt ins Rentenalter aufgrund der verringerten Einkünfte. Dies kann nicht über den Unterhaltsanspruch gegen die Kinder ausgeglichen werden.[415] 406

Diese automatische Anpassung des Bedarfs ist jedoch nach unten durch den **Mindestbedarf** der Eltern begrenzt, der dem Mindestsatz der Düsseldorfer Tabelle entspricht.[416] Der Bedarf sinkt nicht unter diesen Betrag, auch wenn das Einkommen niedriger liegt. 407

Zum Bedarf gehören auch die notwendigen Beiträge zur **Kranken-** und **Pflegeversicherung**,[417] **nicht** aber Aufwand für **Altersvorsorge**[418] und **Ausbildung**.[419] 408

Soweit die Eltern das 65. Lebensjahr bereits erreicht haben, entfällt ein solcher Anspruch deshalb, weil das Recht auf Altersvorsorge mit diesem Zeitpunkt endete. 409

Allerdings werden Bedenken erhoben gegen die Ansicht, dass ein Anspruch auf den Zuschuss auch vor Vollendung des 65. Lebensjahres nicht bestehe, weil das Gesetz davon ausgehe, dass die Eltern für ihr Alter bereits vorgesorgt hätten oder dies jedenfalls hätten tun können, werden.[420] Wenn es an einer Altersvorsorge fehle, sei dies eine Tatsache, die nicht außer Acht gelassen werden kann. Das Unterbleiben einer Altersvorsorge könne nicht zum Entfallen jedes Unterhaltsanspruchs führen. Die fehlende Altersvorsorge könne die verschiedensten Ursachen haben, die durchaus nicht immer auf ein Fehlverhalten der Eltern zurückzuführen sein müssen. Wenn der Gesetzgeber in §§ 41 ff. SGB XII die Altersvorsorge nicht zu der Grundsorge gerechnet hat, sei dies kein Grund, den zivilrechtlichen Unterhaltsanspruch ohne weiteres abzulehnen. Allerdings sei der Anspruch auf Elternunterhalt gegenüber allen anderen gesetzlichen Unterhaltsansprüchen rechtlich schwächer einzustufen. Dies lege es nahe, den Anspruch auf maximal 4% zu beschränken, und auch sonst ist dem Merkmal der Angemessenheit, das stets zu beachten ist, besondere Aufmerksamkeit zu widmen. 410

Eltern haben gegen ihre volljährigen Kinder **keinen** Anspruch auf **Verfahrenskostenvorschuss**.[421] 411

2. Der Elternteil lebt im eigenen Haushalt

Lebt der Elternteil im **eigenen Haushalt**, sind die in den Unterhaltstabellen enthaltenen, am sozialhilferechtlichen Existenzminimum ausgerichteten Eigenbedarfssätze eines unterhaltsberechtigten Ehegatten als Orientierungsgröße zur Bedarfsermittlung heranzuziehen. 412

Eigeneinkommen zuzüglich **Wohngelds** wirken beim Unterhaltsrecht stets bedarfsdeckend, und zwar ungekürzt. 413

Grundsätzlich dürfen die Großeltern in ihrer Wohnung zu verbleiben, um nicht im Alter noch umziehen zu müssen. Werden sie als Unterhaltspflichtige in Anspruch genommen, ist ihr Selbstbehalt ggf. um einen entsprechenden Mehrbetrag zu erhöhen.[422] Dementsprechend ist auch der **Wohnvorteil** beim Leben im eigenen Hause anzurechnen. 414

---

[412] OLG Schleswig v. 19.01.2009 - 15 UF 187/07 - OLGR Schleswig 2009, 382.
[413] BGH v. 19.02.2003 - XII ZR 67/00 - NJW 2003, 1660-1665.
[414] *Herr*, FamRZ 2005, 1021.
[415] BGH v. 23.11.2005 - XII ZR 155/03; BGH v. 19.02.2003 - XII ZR 67/00 - FamRZ 2003, 860, 861; *Hauß*, Elternunterhalt – Grundlagen und anwaltliche Strategien, 2008, Rn. 22.
[416] BGH v. 19.02.2003 - XII ZR 67/00 - NJW 2003, 1660-1665.
[417] BGH v. 19.02.2003 - XII ZR 67/00 - NJW 2003, 1660-1665.
[418] *Büttner*, FamRZ 2004, 1918, 1923.
[419] *Herr*, FamRZ 2005, 1021.
[420] *Griesche*, FPR 2006, 337, 340.
[421] OLG München v. 23.10.1992 - 26 WF 605/91 - OLGR München 1993, 120-122; *Brudermüller*, NJW 2004, 633-640, 634.
[422] BGH v. 20.12.2006 - XII ZR 137/04 - FamRZ 2007, 375.

3. Der Elternteil lebt im Heim

415 Besonders praxisrelevant sind die Fälle, in denen der Elternteil im Alten- oder Pflegeheim lebt, die eigenen Einkünfte der Eltern nicht zur Deckung der Kosten reichen und der Sozialhilfeträger einen Teil der Kosten von den Kindern des Heimbewohners einfordert.

a. Heimkosten als Maßstab für den Bedarf

416 Der Bedarf eines im Heim lebenden Elternteils wird durch seine Unterbringung in diesem **Pflegeheim** bestimmt und entspricht grundsätzlich den dort anfallenden, **nicht durch eigenes Einkommen gedeckten Kosten**, soweit diese notwendig sind.[423]

aa. Notwendigkeit der Heimunterbringung

417 Die **Notwendigkeit** der Unterbringung in einem Heim ist immer dann gegeben, wenn dem alten Menschen die Selbstversorgung in einer eigenen Wohnung nicht mehr möglich ist.[424] Dies wird durch **Zuerkennung einer Pflegestufe** indiziert.[425]

418 Solange die Eltern in der Lage sind, sich in einem eigenständigen Haushalt – sei es auch nur unter Inanspruchnahme ambulanter Hilfen – selbst zu versorgen, dürfen sie unterhaltsrechtlich nicht in ein Heim übersiedeln, weil die damit verbundenen gegenüber dem Leben im eigenen Haushalt höheren Kosten nicht unvermeidbar sind.[426]

419 Dieser Bedarf kann auch unterhalb der Pflegestufe I gegeben sein, falls sich die Eltern in der eigenen Wohnung aufgrund entsprechender Beeinträchtigungen nicht mehr zumutbar versorgen können, auch nicht mit einem ambulanten Pflegedienst. Den Eltern steht hier ein Entscheidungsspielraum zu.[427]

420 Der Unterhalt begehrende Elternteil trägt die **Darlegungs- und Beweislast** dafür, dass seine kostenintensive Unterbringung in einem Altersheim zwingend notwendig war, das heißt, dass ihm eine Selbstversorgung in einer eigenen Wohnung nicht mehr möglich ist. Wird kein Pflegegeld gewährt, so ist dies ein Indiz dafür, dass eine Heimunterbringung nicht notwendig ist.[428]

bb. Notwendige Kosten

421 Die Höhe des Unterhaltsbedarfs ist damit abhängig von den **Kosten einer Pflegeeinrichtung**, die regional recht stark differieren.

422 Aus der Obliegenheit eines Unterhaltsberechtigten, den Unterhaltspflichtigen möglichst gering zu belasten, folgt, dass der Unterhaltsberechtigte bei Entstehen eines Unterbringungsbedarfs für die Unterbringung in einer seiner finanziellen Leistungsfähigkeit entsprechenden Einrichtung sorgen muss. Es gilt ein individuell-objektiver Maßstab. Abzustellen ist auf eine objektiv vernünftige Lebensführung mit dem vorhandenen Einkommen. Damit bleibt eine **besonders aufwendige Lebensweise** wie z.B. die Wahl eines besonders komfortablen, aber teuren Altersheims durch die Eltern ebenso unberücksichtigt wie eine besonders sparsame.[429]

423 Zwar kann sich der Unterhaltsverpflichtete, auf dessen wirtschaftliche Belange nach Möglichkeit Rücksicht zu nehmen ist, darauf berufen, dass eine **kostengünstigere Heimunterbringung** möglich war und ist.[430] Die Unangemessenheit der Heimkosten und der Verweis auf eine „billigere" Alternative sind vom **Unterhaltspflichtigen darzulegen**.[431]

424 Der BGH fordert hinsichtlich der **Notwendigkeit der Unterbringung und der Angemessenheit der anfallenden Kosten** ein „substantiiertes Bestreiten" des unterhaltspflichtigen Kindes.[432]

---

[423] BGH v. 07.08.2013 - XII ZB 269/12; BGH v. 21.11.2012 - XII ZR 150/10 - juris Rn. 15 - FamRZ 2013, 203; BGH v. 12.12.2012 - XII ZR 43/11 - juris Rn. 15 - FamRZ 2013, 363; BGH v. 28.07.2010 - XII ZR 140/07 - juris Rn. 13 f. BGHZ 186, 350 = FamRZ 2010, 1535; BGH v. 07.07.2004 - XII ZR 272/02 - FamRZ 2004, 1370, 1371.
[424] OLG Brandenburg v. 09.12.2008 - 9 UF 116/08 - FamRZ 2010, 991.
[425] *Hauß*, FamRZ 2013, 206, 207.
[426] Vgl. *Weinreich*, FuR 2013, 509, 511.
[427] *Herr*, FamRZ 2005, 1021, 1022; OLG Brandenburg v. 09.12.2008 - 9 UF 116/08 - FamRZ 2010, 991 (LS).
[428] *Herr*, FamRZ 2005, 1021, 1022; OLG Brandenburg v. 09.12.2008 - 9 UF 116/08 - FamRZ 2010, 991 (LS).
[429] *Herr*, FamRZ 2005, 1021; ausführlich *Hauß*, Elternunterhalt, 2008, Rn. 60 ff.; *Ehinger*, NJW 2008, 2465.
[430] OLG Karlsruhe v. 28.07.2010 - 16 UF 65/10 unter Hinweis auf OLG Schleswig v. 24.06.2003 - 8 UF 153/02 - NJW-RR 2004, 866; OLG Brandenburg v. 09.12.2008 - 9 UF 116/08; OLG Düsseldorf v. 27.10.2010 - II-8 UF 38/10. Eine Übersicht über Alten- und Pflegeheime nebst Kontakt- und Bewertungsdaten sowie den jeweiligen Kosten findet sich unter www.aok-pflegeheimnavigator.de/ (abgerufen am 03.09.2014).
[431] BGH v. 11.09.2002 - XII ZR 9/01 - FamRZ 2002, 1698.
[432] BGH v. 21.11.2012 - XII ZR 150/10 - FamRZ 2013, 203 mit Anm. *Hauß*, FamRZ 2013, 206.

Um qualifiziert bestreiten zu können, bedarf es **zahlreicher Informationen** über die Adresse des Hilfsbedürftigen, den Grund des Heimaufenthaltes des Bedürftigen und die damit verbundenen Kosten, dessen persönliche und wirtschaftliche Verhältnisse, Angaben zu seinem Familienstand, zu seiner Leistungsfähigkeit und der seines vorrangig haftenden Ehegatten (§ 1608 BGB), ggf. dessen Anschrift. Erst nach Kenntnis dieser Umstände kann der Unterhaltspflichtige qualifiziert Bedarf und Bedürftigkeit bestreiten. [433] 425

In der Praxis des Elternunterhaltsrechts werden diese **Informationen** aber vielfach vom Sozialhilfeträger **verweigert** – fälschlicherweise unter Hinweis auf das Datenschutzrecht. Eine ohne Offenlegung dieser Informationen erhobene Forderung ist jedoch **unschlüssig**.[434] 426

Wenn die Schlüssigkeit erst im Verlauf des Verfahrens hergestellt wird, kann ein Anspruch ggf. ganz oder teilweise anerkannt werden. Die Kostenlast trägt dann – bei entsprechender vorgerichtlicher Auskunftsforderung – der den Anspruch geltend machende Sozialhilfeträger (§ 243 Satz 2 Nr. 2 FamFG).[435] 427

Das unterhaltspflichtige Kind kann auch dann nicht auf eine kostengünstigere Unterbringung verweisen, wenn es selbst die **Auswahl des Heims beeinflusst** hat. Dann verstieße sein Einwand gegen das Verbot widersprüchlichen Verhaltens.[436] 428

Allein der Umstand, dass das unterhaltspflichtige Kind sich nicht an der Suche nach einem Heimplatz beteiligt hat, begründet noch nicht die Verpflichtung, überhöhte Kosten zu tragen.[437] 429

Ein **Umzug in ein anderes Heim**, nur um mit Eintritt in die Pflegestufe III Kosten zu sparen, ist einem Demenzkranken in der Regel nicht zuzumuten.[438] 430

Auch bei einem demenzkranken Elternteil kann eine Unterbringung in den neuen Bundesländern zur Bedarfsreduzierung nicht verlangt werden. Dies würde dazu führen, dass demenzkranke Menschen aus Kostengründen ohne Rücksicht auf ihre früheren Lebensumstände völlig isoliert untergebracht werden könnten. Dies ist auch unter Berücksichtigung unterhaltsrechtlicher Kriterien nicht zutreffend. Eine überregionale, bundesweite oder sogar grenzüberschreitende Suche nach einem Pflegeplatz (**„Pflegetourismus"**) kann vom Unterhaltsberechtigten in der Regel nicht verlangt werden.[439] 431

Höhere Kosten der Heimunterbringung sind vom Unterhaltspflichtigen ausnahmsweise dann zu tragen, wenn dem Elternteil zwar ein preisgünstigeres Heim zur Verfügung stand, die Wahl des preisgünstigeren Heims diesem jedoch nicht zumutbar war. Das kann der Fall sein, wenn Eltern ihre Heimunterbringung zunächst noch selbst finanzieren konnten und – etwa aufgrund der Einordnung in eine höhere Pflegestufe – erst später dazu nicht mehr in der Lage sind.[440] 432

cc. Barbetrag gem. § 35 Abs. 2 Satz 1 SGB XII als Zusatzbedarf

Zusätzlich steht dem Bedürftigen auch ein **Barbetrag** nach § 35 Abs. 2 Satz 1 SGB XII als unterhaltsrechtlicher Bedarf zu,[441] damit er in der Lage ist, etwa Aufwendungen für Körper- und Kleiderpflege, Zeitschriften und Schreibmaterial zu bestreiten und sonstige Kleinigkeiten des täglichen Lebens zu finanzieren. 433

Die Höhe des Barbetrages, der sozialhilferechtlich zu ermitteln ist,[442] beträgt derzeit mindestens 103,14 € im Monat (§ 27b Abs. 2 SGB XII).[443] 434

---

[433] *Hauß*, FamRZ 2013, 206.
[434] BGH v. 07.05.2003 - XII ZR 229/00 - FamRZ 2003, 1836; *Hauß*, FamRZ 2013, 206.
[435] Vgl. *Roßmann* in: Horndasch/Viefhues, FamFG, 2013, § 243 Rn. 5 m.w.N.
[436] Vgl. BGH v. 21.11.2012 - XII ZR 150/10 - FamRZ 2013, 203 mit Anm. *Hauß*, FamRZ 2013, 206.
[437] Vgl. BGH v. 21.11.2012 - XII ZR 150/10 - FamRZ 2013, 203 mit Anm. *Hauß*, FamRZ 2013, 206.
[438] OLG Schleswig v. 19.01.2009 - 15 UF 187/07 - FamRZ 2009, 1751 (LS).
[439] OLG Karlsruhe v. 28.07.2010 - 16 UF 65/10 - juris Rn. 70.
[440] Vgl. BGH v. 21.11.2012 - XII ZR 150/10 - FamRZ 2013, 203 mit Anm. *Hauß*, FamRZ 2013, 206.
[441] BGH v. 07.08.2013 - XII ZB 269/12 - FamRZ 2013, 1554; BGH v. 21.11.2012 - XII ZR 150/10 - FamRZ 2013, 203 mit Anm. *Hauß*, FamRZ 2013, 206; BGH v. 28.07.2010 - XII ZR 140/07 - FamRZ 2010, 1535; OLG Braunschweig v. 16.07.2013 - 2 UF 161/09; OLG Düsseldorf v. 17.09.2007 - II-2 UF 61/07, 2 UF 61/07 - FamRZ 2008, 438.
[442] Vgl. BGH v. 12.12.2012 - XII ZR 43/11 - FamRZ 2013, 363; BGH v. 21.11.2012 - XII ZR 150/10 - FamRZ 2013, 203.
[443] Vgl. *Weinreich*, FuR 2013, 509, 511.

435 Zusätzlich ist ein angemessener Bedarf anzuerkennen für **notwendige Anschaffungen** von Wäsche und Garderobe sowie deren Reinigung, Medikamentenzuzahlung, Geschenke, die nach Grund und Höhe einer sittlichen Verpflichtung entsprechen, notwendige Kosmetik- und Pflegeartikel, Fußpflege, Kosten für Aufrechterhaltung sozialer Kontakte (Telefon, Schreibmaterial, Porti), Tageszeitung, erforderliche Fahrtkosten insbesondere zum Arzt.[444]

436 Auch ein angemessenes **Taschengeld** steht dem Elternteil zu, aus dem auch Trinkgelder und Weihnachtsgeschenke für das Heimpersonal zu bestreiten sind sowie Aufwendungen für Kultur, Freizeit und Hobbys. Die Höhe des Taschengeldes ist nach den Lebensverhältnissen des Elternteils festzusetzen und orientiert sich etwa an dem, was dem Elternteil vor dem Wechsel ins Heim zur Verfügung gestanden hat (zum Umfang und den Bestandteilen des Familienunterhaltes vgl. die Kommentierung zu § 1360 BGB Rn. 8). *Herr*[445] geht von einem angemessenen Taschengeld von mindestens 100 € aus, aus dem auch Trinkgelder und Weihnachtsgeschenke für das Heimpersonal zu bestreiten sind sowie Aufwendungen für Kultur, Freizeit und Hobbys.

437 Dass der **Unterhaltsberechtigte** über **eigenes Einkommen** verfügt, mit dem sich der Barbetrag decken lässt, stellt dessen Anerkennung als Bedarfsposten nicht in Frage. Ob der Bedarf durch eigene Mittel des Unterhaltsberechtigten gedeckt werden kann, ist erst im Rahmen der Bedürftigkeit nach § 1602 Abs. 1 BGB zu beurteilen.[446]

4. Der Elternteil lebt in einer Wohngruppe

438 Die Unterbringung in einer **Wohngruppe** entspricht in etwa der Unterbringung im Heim.[447]

C. Verfahrenshinweise

I. Gerichtliche Zuständigkeit

439 § 232 Abs. 1 Nr. 1 FamFG enthält einen ausschließlichen Gerichtsstand des Gerichts der Ehesache für Unterhaltssachen, die die Unterhaltspflicht für ein **gemeinschaftliches Kind** der Ehegatten betreffen, sowie für Unterhaltssachen, die die **durch die Ehe begründete Unterhaltspflicht** betreffen. Zuständig ist das Gericht der Ehesache.

440 Die Vorschrift § 232 Abs. 1 Nr. 2 FamFG regelt die Zuständigkeit für Verfahren, die den Unterhalt eines **minderjährigen Kindes** betreffen, und sieht für Verfahren, die den Kindesunterhalt betreffen und hinsichtlich derer eine Zuständigkeit nach Nr. 1 nicht gegeben ist, wie bisher die Zuständigkeit des Gerichts vor, in dessen Bezirk das Kind oder der zuständige Elternteil seinen gewöhnlichen Aufenthalt hat. Im Unterschied zum bisherigen Recht (§ 642 Abs. 1 ZPO) gilt diese ausschließliche örtliche Zuständigkeit nach dem gewöhnlichen Aufenthalt nunmehr auch für **privilegierte volljährige Kinder**, die nach § 1603 Abs. 2 Satz 2 BGB minderjährigen Kindern gleichgestellt sind.

441 Macht das volljährige Kind einen Anspruch auf Ausbildungsunterhalt bei dem für den Ort seines gewöhnlichen Aufenthalts zuständigen Familiengericht geltend, muss es als privilegiertes, volljähriges Kind eingestuft werden (§§ 1603 Abs. 2 Satz 2, 1610 Abs. 2 BGB, § 232 Abs. 1 Nr. 2 FamFG). Dazu muss **dargelegt** werden, dass es sich also nach wie vor in der allgemeinen Schulausbildung befindet und im Haushalt eines Elternteils lebt.[448]

442 Die **internationale Zuständigkeit** der deutschen Gerichte nach Art. 5 Nr. 2 EuGVVO ist auch für eine **Stufenklage gemäß § 254 ZPO** gegeben, mit der Auskunft über das Einkommen des Unterhaltspflichtigen und Zahlung von Unterhalt in noch zu beziffernder Höhe verlangt wird. Ist zunächst eine Leistungsklage auf Zahlung von Unterhalt erhoben worden und wird das Unterhaltsbegehren erst nachträglich im Wege der Stufenklage verfolgt, so hat dies auf die internationale Zuständigkeit nach Art. 5 Nr. 2 EuGVVO keinen Einfluss. Das gilt auch dann, wenn der Kläger bei Rechtshängigkeit der Stufenklage nicht mehr in Deutschland wohnt.[449]

---

[444] *Herr*, FamRZ 2005, 1021, 1022.
[445] *Herr*, FamRZ 2005, 1021.
[446] Vgl. BGH v. 21.11.2012 - XII ZR 150/10 - FamRZ 2013, 203.
[447] OLG Hamm v. 18.04.2005 - 6 UF 204/04 - FamRZ 2006, 57.
[448] KG Berlin v. 27.01.2014 - 17 WF 12/14.
[449] Vgl. BGH v. 17.04.2013 - XII ZR 23/12 - FamRZ 2013, 1113 mit Anm. *Hau*, FamRZ 2013, 1116-1117.

II. Leistungsverfahren

Das Rechtsschutzbedürfnis für ein gerichtliches Leistungsverfahren ergibt sich regelmäßig schon aus der Nichterfüllung einer fälligen Forderung.[450]

Erstellt der Unterhaltsschuldner trotz vorheriger Aufforderung erst im Laufe des gerichtlichen Verfahrens eine Jugendamtsurkunde, so trägt er die Kosten des Verfahrens auch dann, wenn die zur Ermittlung seiner eigenen Einkünfte erforderlichen Unterlagen im Zeitpunkt der Einleitung des gerichtlichen Verfahrens noch nicht vorlagen.[451]

III. Sofortige Vollstreckbarkeit

Nach § 116 Abs. 3 Satz 1 FamFG werden Endentscheidungen in Familienstreitsachen erst mit Rechtskraft wirksam.

Nach § 64 Abs. 3 FamFG i.V.m. §§ 116 Abs. 3 Satz 3 FamFG **soll** bereits das Gericht der ersten Instanz in seiner Endentscheidung, die eine Verpflichtung zur Leistung von Unterhalt enthält, die **sofortige Wirksamkeit anordnen**. Folge ist die **sofortige Vollstreckbarkeit** nach § 120 Abs. 2 FamFG. Die Ausgestaltung als „Soll-Vorschrift" bringt die Bedeutung des Unterhalts zur Sicherung des Lebensbedarfs zum Ausdruck.[452]

Wird vom Familiengericht **die sofortige Wirksamkeit der Unterhaltsentscheidung nicht angeordnet**, kann in erster Instanz eine **Ergänzung der Entscheidung** beantragt werden. Dieser Antrag ist innerhalb einer Frist von 2 Wochen nach Zustellung des Beschlusses zu stellen (§ 321 Abs. 2 ZPO).

Hat das Familiengericht die Sollvorschrift des § 116 Abs. 3 Satz 3 FamFG übersehen, kann beim Beschwerdegericht gem. § 64 Abs. 3 FamFG die sofortige Wirksamkeit der Entscheidung der ersten Instanz im Wege der einstweiligen Anordnung beantragt werden.[453]

Einstweilige Unterhaltsanordnungen sind der Rechtskraft nicht fähig; derartige Beschlüsse sind daher sofort wirksam.

Seit dem 01.03.2013 sind gem. § 3 der **Zwangsvollstreckungsformular-Verordnung**[454] für die Anträge auf Erlass einer **richterlichen Durchsuchungsanordnung** und eines **Pfändungs- und Überweisungsbeschlusses** die gem. §§ 1 und 2 ZVFV eingeführten **Formulare verbindlich zu nutzen**. Für die Pfändung wegen gewöhnlicher Geldforderungen (Anlage 2 zur ZVFV) und wegen Unterhaltsforderungen (Anlage 3 zur ZVFV) sind unterschiedliche Formulare vorgesehen.

Der BGH hat zu diesem **Formularzwang** eine **wichtige Klarstellung vorgenommen**.

Ein Antrag auf Erlass eines Pfändungs- und Überweisungsbeschlusses ist nicht formunwirksam, wenn das vom Antragsteller eingesetzte Antragsformular geringe **Änderungen im Layout** enthält, die für die zügige Bearbeitung des Antrags nicht ins Gewicht fallen.[455] Insbesondere ist der Antrag nicht deshalb formunwirksam, weil das Antragsformular nicht die in dem Formular gemäß Anlage 2 zu § 2 Nr. 2 ZVFV enthaltenen **grünfarbigen Elemente** aufweist.[456]

Außerdem sind Rechtsnormen, die den Formularzwang für Anträge auf Erlass eines Pfändungs- und Überweisungsbeschlusses regeln, verfassungskonform dahingehend auszulegen, dass der Gläubiger **vom Formularzwang entbunden** ist, soweit das Formular unvollständig, unzutreffend, fehlerhaft oder missverständlich ist. Der Antragsteller darf dann in dem Formular Streichungen, Berichtigungen oder Ergänzungen vornehmen oder das Formular insoweit nicht nutzen, sondern auf beigefügte Anlagen verweisen.[457]

Die Formulare sind im **Internet** auf der Homepage des BMJ verfügbar unter www.bmj.de/DE/Service/Formulare/_node.html (abgerufen am 03.09.2014).

Ein verbindliches Formular für den **Vollstreckungsauftrag an den Gerichtsvollzieher** ist bisher nicht eingeführt worden. Ein Muster findet sich unter www.mv-justiz.de/dokumente/AuftragVollstreckungGV.pdf (abgerufen am 03.09.2014).

---

[450] BGH v. 10.11.2010 - XII ZR 37/09 - FamRZ 2011, 97-99 mit Anm. *Eichel*, FamRZ 2011, 99-100; vgl. auch *Schilling*, FuR 2012, 454-460; *Justin*, FamRZ 2011, 433-434.
[451] OLG Hamm v. 30.01.2013 - 9 WF 256/12 - FamRZ 2013, 1510.
[452] *Roßmann*, FuR 2013, 520; vgl. auch den Überblick von *Grandel*, FF 2013, 15 und *Schulte-Bunert*, FuR 2013, 146.
[453] OLG Bamberg v. 22.06.2012 - 2 UF 296/11 - FamRZ 2013, 481; *Roßmann*, FuR 2013, 520.
[454] ZVFV v. 23.08.2012, BGBl I 2012, 1822.
[455] Vgl. LG Bremen v. 27.06.2013 - 2 T 265/13.
[456] BGH v. 13.02.2014 - VII ZB 39/13 - MDR 2014, 496; zustimmend *Geisler*, jurisPR-BGHZivilR 7/2014, Anm. 2.
[457] BGH v. 13.02.2014 - VII ZB 39/13 - MDR 2014, 496.

IV. Verfahrenswerte

1. Hauptsacheverfahren

456 In Unterhaltsverfahren richtet sich der **Verfahrenswert** im Hauptsacheverfahren nach dem für die ersten zwölf Monate nach Antragseinreichung geltend gemachten Betrag (§ 51 Abs. 1 Satz 1 FamGKG). Zahlungen nach Anhängigkeit der Klage führen zu keiner Wertveränderung, ebenso wenig eine teilweise Klagerücknahme.

457 Auch wenn der geschuldete Unterhalt **freiwillig bezahlt** und der Zahlungsanspruch nur gerichtlich geltend gemacht wird, um einen Titel zu erlangen, ist als **Verfahrenswert** nach § 51 Abs. 1 Satz 1 FamGKG der **Jahresbetrag des Unterhalts** anzusetzen und nicht ein geringerer Wert als bloßes „Titulierungsinteresse".[458]

458 Wird im Laufe des Verfahrens die Unterhaltsforderung **erhöht**, so beeinflusst dies den Verfahrenswert. Wird zunächst ein laufender Unterhalt von 2.000 € begehrt, dieser dann aber während des Verfahrens auf 3.000 € erhöht, so beträgt der Verfahrenswert nach Einreichung des Erhöhungsverlangens 12 x 3.000 € = 36.000 €.

459 Hinzuzurechnen ist der geltend gemachte **Rückstand**. Der für den Einreichungsmonat in Ansatz gebrachte Betrag gilt als Rückstand.[459] Da für die Bemessung des Gegenstandswertes die **Verhältnisse zu Beginn des Verfahrens** maßgeblich sind, führt der im Laufe des Verfahrens weiter auflaufende Rückstand nicht zu einer Werterhöhung.

2. Verfahren der einstweiligen Anordnung

460 Der **Verfahrenswert** eines Verfahrens der **einstweiligen Anordnung** in Unterhaltssachen entspricht in der Regel nicht dem Wert der Hauptsache. In Familiensachen ist im einstweiligen Anordnungsverfahren auf Unterhalt gemäß § 41 FamGKG von der **Hälfte des für die Hauptsache bestimmten Wertes** auszugehen.[460]

461 Allein der Umstand, dass im einstweiligen Anordnungsverfahren der „volle" Unterhalt geltend gemacht wird, rechtfertigt es nicht, den Verfahrenswert in der Höhe des Hauptsacheverfahrenswertes nach § 51 FamGKG festzusetzen.[461]

462 Für die Bemessung des Gegenstandswertes sind die **Verhältnisse zu Beginn des Verfahrens** maßgeblich. Ob das einstweilige Anordnungsverfahren das Hauptsacheverfahren vorwegnimmt oder ersetzt, kann zu diesem Zeitpunkt in der Regel nicht prognostiziert werden.[462] Daher kommt es für den Wert nicht darauf an, ob die Beteiligten später im Verfahren möglicherweise eine endgültige Regelung treffen.

3. Abänderungsverfahren

463 Maßgeblich ist der Jahreswert der Differenz zwischen dem titulierten Betrag und dem durch die Abänderung verfolgten Ziel; ggf. zzgl. eines von der Abänderung betroffenen Rückstandes. Wird mit einem **Abänderungsantrag** für den Fall, dass dieser Erfolg hat, **hilfsweise** der Antrag auf **Rückzahlung** des danach überzahlten Unterhalts gestellt, erhöht dieser Hilfsantrag nicht den **Gebührenstreitwert** gemäß § 45 Abs. 1 Satz 3 GKG.[463]

4. Stufenantrag

464 Bei einem **Stufenantrag** handelt es sich um eine **objektive Antragshäufung**, bei der an sich nach § 33 Abs. 1 FamGKG die Werte der einzelnen Ansprüche zusammenzurechnen wären. Insoweit regelt § 38 FamGKG allerdings eine Ausnahme, indem ein Additionsverbot vorgesehen und nur der höhere Wert anzusetzen ist. Im Falle eines Stufenantrags ist daher wie folgt vorzugehen:[464]

---

[458] OLG Hamburg v. 13.03.2013 - 7 WF 21/13 - FamRZ 2013, 2010; *Erdrich,* FamFR 2013, 185, a.A. OLG Düsseldorf v. 07.09.1987 - 2 WF 167/87 - FamRZ 1987, 1280.
[459] OLG Karlsruhe v. 11.07.2011 - 2 WF 70/11 - FamRB 2012, 13.
[460] OLG München v. 04.05.2011 - 33 WF 765/11 - NJW-Spezial 2011, 476; OLG Celle v. 05.12.2011 - 10 WF 342/11 - NJW 2012, 789; OLG Bamberg v. 07.11.2011 - 2 WF 300/11 - FamFR 2012, 41; OLG Saarbrücken v. 29.11.2011 - 9 WF 127/11.
[461] OLG Stuttgart v. 17.11.2010 - 11 WF 133/10 - FamRZ 2011, 757.
[462] OLG Bamberg v. 07.11.2011 - 2 WF 300/11 - FamFR 2012, 41; OLG Saarbrücken v. 29.11.2011 - 9 WF 127/11.
[463] KG Berlin v. 05.10.2010 - 19 WF 138/10 - FamRZ 2011, 754.
[464] Vgl. *Schneider,* FamFR 2013, 285.

Im ersten Schritt sind die **Werte der einzelnen Anträge gesondert** zu ermitteln. 465

Der **Wert des Leistungsantrags** richtet sich dabei nach der **Höhe des erwarteten Anspruchs**, wie er 466
sich nach dem objektiven Vorbringen des Antragstellers darstellt. Reine Wertvorstellungen des Antragstellers sind dabei irrelevant. Abzustellen ist auf seinen objektiven Vortrag und dem danach zu erwartenden Anspruch. Lassen sich aus dem Vortrag keine Anhaltspunkte für den zu erwartenden Anspruch entnehmen, ist der **Auffangwert** nach § 42 Abs. 3 FamGKG anzusetzen.

Der **Wert des Auskunftsanspruchs** wiederum richtet sich mangels spezieller Regelung gem. § 42 467
Abs. 1 FamGKG nach dem wirtschaftlichen Interesse. Insoweit wird in der Regel ein Bruchteil in Höhe von 20% des zu erwartenden Hauptsacheanspruchs angesetzt.

Wird daneben noch die **Abgabe einer eidesstattlichen Versicherung** verlangt, ist insoweit in der Re- 468
gel ein Wert von 50% des Auskunftsanspruchs anzusetzen.[465]

Sind die einzelnen Werte ermittelt, sind diese nicht zu addieren; vielmehr gilt nur **der höchste der ein-** 469
zelnen Werte. Dies ist in der Regel der Leistungsanspruch. Das ist jedoch nicht zwingend. So kann der Auskunftsanspruch z.B. dann einen höheren Wert haben, wenn umfassend Auskunft verlangt, zur Leistung aber nur ein Teilantrag angekündigt wird.

Der Wert eines **steckengebliebenen Stufenantrags** richtet sich auch dann nach dem höheren Wert des 470
Leistungsantrags, wenn sich das Verfahren erledigt, bevor es zu einer Bezifferung des Leistungsantrags gekommen ist. Dann ist der (höhere) Wert des Leistungsantrags nach dem objektiven Vorbringen des Antragstellers zu schätzen.[466]

V. Vereinfachtes Verfahren

Das **vereinfachte Verfahren über den Unterhalt Minderjähriger** ist **unzulässig**, wenn **das Kind bei** 471
keinem Elternteil lebt und daher beide Eltern barunterhaltspflichtig sind. Denn nach § 250 Abs. 1 Nr. 9 FamFG muss der Antrag auf Unterhaltsfestsetzung im vereinfachten Verfahren die Erklärung enthalten, dass das Kind nicht mit dem Antragsgegner in einem Haushalt lebt. Diese Erklärung ist deshalb erforderlich, weil nur in diesem Fall feststeht, dass der in Anspruch genommene Elternteil grundsätzlich zum Barunterhalt verpflichtet ist und keine tatsächlichen Betreuungsleistungen (§ 1606 Abs. 3 Satz 2 BGB) erbringt.[467]

VI. Darlegungs- und Beweislast

Beim **Minderjährigenunterhalt** gelten die allgemeinen Grundsätze. Der Unterhaltspflichtige muss 472
seine mangelnde Leistungsfähigkeit darlegen und beweisen. Denn obwohl die **Leistungsfähigkeit** neben der Bedürftigkeit eine weitere Voraussetzung jedes Unterhaltsanspruchs ist und damit an sich zur vom Anspruchsteller darzulegenden Begründung gehören müsste, hat der Gesetzgeber sie in § 1603 BGB als (anspruchsausschließende) **Einwendung** ausgestaltet. Damit trägt der unterhaltsverpflichtete Elternteil sowohl beim Minderjährigen- als auch beim Volljährigenunterhalt die **Darlegungs- und Beweislast für eine eingeschränkte Leistungsfähigkeit**, auf die er sich berufen will. Dies kann z.B. gestützt werden auf vorrangige Unterhaltsverpflichtungen gegenüber Dritten, anzurechnende Schuldverpflichtungen, berufsbedingte Aufwendungen oder aber schlichte Leistungsunfähigkeit. Den vollen Beweis hierfür muss der Unterhaltspflichtige erbringen. Dabei genügt es nicht, Zweifel des Gerichts an der Richtigkeit der Behauptungen des Anspruchstellers zu wecken.[468]

Daraus folgt jedoch nicht, dass der antragstellende Volljährige als Gegner des sich auf seine Leistungs- 473
unfähigkeit berufenden beweisbelasteten Elternteils keinerlei Sachvortrag zur mangelnden Leistungsfähigkeit machen muss. Hat der Elternteil, den das Kind in Anspruch nimmt, die Umstände dargelegt, aus denen er ableitet, gegenüber seinem nach § 1609 Nr. 4 BGB nur im 4. Rang berechtigten volljährigen Kind leistungsunfähig zu sein, kann das Kind die sog. **sekundäre Darlegungslast** treffen.[469]

---

[465] Vgl. *Schneider/Wolf/Volpert*, FamGKG, 2009, § 38 Rn. 19.
[466] Vgl. OLG Köln v. 25.01.2013 - 4 WF 151/12 - FamFR 2013, 285.
[467] OLG Stuttgart v. 25.03.2014 - 11 WF 50/14; vgl. auch KG Berlin v. 21.11.2005 - 16 UF 4/05 und 16 WF 198/05, 16 UF 4/05, 16 WF 198/05 - FuR 2006, 132 zu innerhalb einer Wohnung getrennt lebenden Eltern und OLG Celle v. 11.02.2003 - 15 WF 20/03 - FamRZ 2003,1475 beim Wechselmodell.
[468] Vgl. BGH v. 16.07.2008 - XII ZR 109/05 - FamRZ 2008, 1739 = FamRB 2008, 293; ausführlich *Liceni-Kierstein*, FPR 2010, 140.
[469] *Liceni-Kierstein*, FamRB 2011, 270, 271.

§ 1610

474 Das **volljährige Kind** muss die seinen **Unterhaltsanspruch begründenden Tatsachen darlegen** und im Bestreitensfalle **nachweisen**.[470] Dazu gehören Ausführungen zu seiner Bedürftigkeit; hierzu muss das Kind auch zur Höhe des Einkommens des anderen barunterhaltspflichtigen Elternteils vortragen.

475 Die hierfür erforderlichen Angaben – vor allem zum Einkommen der beiden unterhaltspflichtigen Elternteile – muss sich das Kind notfalls im Wege des Auskunftsanspruchs beschaffen (vgl. die Kommentierung zu § 1605 BGB Rn. 35 m.w.N.).

476 Dies gilt auch in einem **Abänderungsverfahren**, und zwar auch dann, wenn der Unterhaltspflichtige vom Kind die Herabsetzung seiner Zahlungen verlangt.

477 Dagegen trifft beim **Elternunterhalt** den in Anspruch genommenen Elternteil auch in einem Erstverfahren die Darlegungs- und Beweislast, wenn er seiner Verpflichtung zur Zahlung von Ausbildungsunterhalt mit dem **Einwand der Leistungsunfähigkeit** begegnet.[471]

VII. Minderjährigkeit – Volljährigkeit

478 Ein aus der Zeit der Minderjährigkeit des Kindes stammender Titel **wirkt auch nach Eintritt der Volljährigkeit fort**, wenn er nicht ausdrücklich befristet ist.

479 Ist allerdings der Unterhalt im **Titel nur auf den Minderjährigenunterhalt befristet**[472], ist ein **Vollstreckungsabwehrantrag** begründet, daraus weiter vollstreckt wird. Gleichzeitig hat der Unterhaltspflichtige einen Anspruch auf Herausgabe des Titels sowie auf Erstattung der außergerichtlichen Kosten.[473]

1. Vertretung des minderjährigen Kindes

480 Bei gemeinsamer elterlicher Sorge ist der Elternteil, der die Obhut über das Kind innehat, zur Vertretung berechtigt (§ 1629 Abs. 2 Satz 2 BGB; vgl. die Kommentierung zu § 1629 BGB).[474]

481 Ist die Ehe der Eltern **geschieden**, ist das Kind selbst Verfahrensbeteiligter (also Antragsteller oder Antragsgegner), vertreten durch den jeweiligen Elternteil.

482 Während der **Trennung der Eltern** gilt § 1629 Abs. 3 BGB. Danach kann der Elternteil, in dessen Obhut das Kind sich befindet (bei gemeinsamer elterlicher Sorge) oder dem die elterliche Sorge bereits alleine übertragen worden ist, die Unterhaltsansprüche lediglich **im eigenen Namen** geltend machen (sog. **Verfahrensstandschaft**). Der Name des Kindes taucht dann im Rubrum des Antrags nicht auf.

483 Diese bestehende Verfahrensstandschaft nach § 1629 Abs. 3 Satz 1 BGB besteht **über die Scheidung hinaus** noch fort,[475] entfällt aber **mit Eintritt der Volljährigkeit des Kindes, und zwar auch hinsichtlich des Unterhalts für die Vergangenheit**.[476]

484 Ein Elternteil, der aktuell die Obhut über gemeinsame minderjährige Kinder ausübt, ist auch berechtigt, die Kinder bei der Geltendmachung von **Unterhaltsansprüchen** zu vertreten, **die aus der Zeit vor seiner Obhutsausübung herrühren**.[477]

485 Wird dem Sorgerechtsinhaber die **elterliche Sorge entzogen**, ist er auch für Unterhaltsrückstände nicht mehr aktivlegitimiert. Der Titelschuldner kann die Beendigung der gesetzlichen Prozessstandschaft nur gemäß § 767 ZPO geltend machen.[478]

---

[470] OLG Hamm v. 24.06.2011 - II-2 WF 146/11, 2 WF 146/11 - FamRB 2011, 270.
[471] OLG Hamm v. 24.06.2011 - II-2 WF 146/11, 2 WF 146/11 - FamRB 2011, 270.
[472] So häufig bei Jugendamtsurkunden.
[473] OLG Köln v. 20.07.2012 - 27 UF 47/12.
[474] Zur Frage der Geltendmachung des Unterhaltes minderjähriger ehelicher Kinder durch die gesetzlichen Vertreter und die Grenzen elterlicher Stellvertretung vgl. Vogel, FPR 2013, 517.
[475] BGH v. 19.06.2013 - XII ZB 39/11 - FamRZ 2013, 1378; BGH v. 15.11.1989 - IVb ZR 3/89 - FamRZ 1990, 283, 284; OLG Schleswig v. 23.12.2013 - 15 UF 100/13.
[476] BGH v. 19.06.2013 - XII ZB 39/11 - FamRZ 2013, 1378; BGH v. 23.02.1983 - IVb ZR 359/81 - FamRZ 1983, 474, 475.
[477] OLG Frankfurt v. 12.07.2013 - 4 UF 265/12 - NZFam 2014, 31.
[478] OLG Jena v. 07.01.2013 - 1 WF 410/12 - FuR 2013, 665.

2. Keine Befristung des Anspruchs

Für eine Befristung des Anspruchs auf den Zeitraum der Minderjährigkeit fehlt eine gesetzliche Grundlage.[479] Die Titulierung des Kindesunterhalts kann daher auch über die Volljährigkeit des Kindes hinaus begehrt werden, und zwar ungeachtet der Frage, ob es sich um betragsmäßig festgelegten oder dynamisierten Unterhalt handelt.[480] Befristete Titel können jedoch außergerichtlich erstellt werden, wie z.B. vielfach Jugendamtsurkunden. 486

Allein die Bezugnahme auf den **Regelbetrag**, den es nur für minderjährige Kinder gegeben hat, rechtfertigt nicht die Annahme, der Unterhaltstitel sei befristet.[481] 487

3. Verfahrensrechtliche Auswirkungen des fortwirkenden Anspruchs

Der Unterhaltsanspruch des minderjährigen Kindes ist identisch mit dessen Unterhaltsanspruch nach Eintritt der Volljährigkeit. Der Eintritt der Volljährigkeit bleibt aber nicht ohne verfahrensrechtliche Auswirkungen. 488

In Unterhaltsverfahren, die erst **nach der Ehescheidung der Eltern** eingeleitet worden sind, ist das Kind bereits selbst Beteiligter und wurde bisher durch den nach dem Obhutsprinzip berufenen Elternteil vertreten. Dessen Vertretungsbefugnis entfällt mit Eintritt der Volljährigkeit. Hier ist nur das Rubrum anzupassen; das Verfahren wird mit den ursprünglich Beteiligten fortgesetzt.[482] 489

Wurde das Verfahren **vor der Ehescheidung der Eltern** eingeleitet, bestand die **gesetzliche Verfahrensstandschaft** des betreuenden Elternteils nach § 1629 Abs. 3 BGB, die mit Volljährigkeit des Kindes endet. 490

a. Auswirkungen auf das – jetzt volljährige – Kind

Dann kann das Kind in ein laufendes gerichtliches Verfahren nur im Wege des **gewillkürten Beteiligtenwechsels** in das Verfahren eintreten.[483] Da der Beteiligtenwechsel allein im Wegfall der Verfahrensführungsbefugnis begründet liegt und nicht mit einer Änderung des Streitstoffs verbunden ist, ist keine Zustimmung des Antragsgegners erforderlich.[484] Der Beteiligtenwechsel ist noch in der Rechtsbeschwerdeinstanz zulässig.[485] 491

Das Gericht hat in diesem Fall zu klären, ob das Kind das Verfahren fortsetzen will.[486] 492

Durch den Beteiligtenwechsel, den der andere Elternteil nicht verhindern kann, scheidet der Verfahrensstandschafter endgültig aus dem Verfahren aus. Aus dem Verbund mit dem Scheidungsverfahren ist die Untersache abzutrennen (§ 140 Abs. 1 FamFG).[487] 493

Aufgrund der denkbaren **Interessenkollisionen** kann ein **Anwaltswechsel** notwendig werden (§ 43a Abs. 4 BRAO), der Kostennachteile nach sich zieht (vgl. dazu Rn. 601 ff.).[488] 494

b. Auswirkungen auf den bisher tätigen Elternteil

Da kein gesetzlicher Beteiligtenwechsel mehr erfolgt, bleibt der als **Verfahrensstandschafter** auftretende Elternteil **zunächst Verfahrensbeteiligter**. Er wird durch den bis dahin tätigen Rechtsanwalt vertreten.[489] Alle **Zustellungen** haben in diesem Verhältnis zu erfolgen.[490] 495

---

[479] AG Flensburg v. 08.02.2013 - 92 F 178/11; vgl. OLG Hamm v. 28.10.2011 - II-8 WF 160/11, 8 WF 160/11 - FamRZ 2012, 993; vgl. aber auch OLG Karlsruhe v. 24.02.2011 - 2 UF 45/09 - FamRZ 2011, 1303. Zu den rechtspolitischen Überlegungen einer gesetzlich definierten zeitlichen Begrenzung des Volljährigenunterhalts vgl. *Götz*, Unterhalt für volljährige Kinder – Überlegungen zu einer Reform des Verwandtenunterhaltes, 2007, S. 181 ff.

[480] OLG Hamm v. 28.10.2011 - 8 WF 160/11, II-8 WF 160/11 - FamFR 2012, 129.

[481] Vgl. OLG Brandenburg v. 12.07.2011 - 10 UF 115/10 - FamRZ 2012, 1223-1226.

[482] *Schürmann*, FamFR 2013, 375.

[483] BGH v. 19.06.2013 - XII ZB 39/11 - FamRZ 2013, 1378; dazu *Götsche*, jM 2014, 14; *Schürmann*, jurisPR-FamR 3/2014, Anm. 2; *Streicher*, FamRZ 2013, 1565; *Baumann*, FamRZ 2013, 1718; *Borth*, FamRZ 2013, 1718; *Günther*, FF 2013, 454.

[484] BGH v. 19.06.2013 - XII ZB 39/11 - FamRZ 2013, 1378.

[485] BGH v. 19.06.2013 - XII ZB 39/11 - FamRZ 2013, 1378.

[486] OLG Brandenburg v. 23.10.2007 - 10 WF 244/07; ausführlich zu den Praxisproblemen bei tituliertem Minderjährigenunterhalt und Eintritt der Volljährigkeit vgl. *Viefhues*, FF 2008, 294.

[487] *Roßmann* in: Eschenbruch/Schürmann, Unterhaltsrecht, 2014, Kap. 3 Rn. 191.

[488] *Schürmann*, FamFR 2013, 375.

[489] *Schürmann*, FamFR 2013, 375.

[490] Vgl. zu den Problemen beim gesetzlichen Parteiwechsel OLG Brandenburg v. 16.02.2012 - 9 UF 192/11 - FamRZ 2012, 1819; dazu *Höhler-Heun*, FamFR 2012, 180.

§ 1610 jurisPK-BGB / Viefhues

496 Tritt das Kind nicht im Wege des gewillkürten Beteiligtenwechsels ein, kann der Elternteil[491]
- das Verfahren durch **Erledigungserklärung** beenden, weil mit der Verfahrensführungsbefugnis eine Zulässigkeitsvoraussetzung nachträglich entfallen ist,[492]
- den Antrag gegebenenfalls auf einen ihm zustehenden **familienrechtlichen Ausgleichsanspruch** umstellen[493] oder
- mit seinem Kind die selbstständige Fortführung des Verfahrens absprechen[494] bzw. sich den **Anspruch abtreten lassen**.

497 Da mit Eintritt der Volljährigkeit des Kindes die Berechtigung des Elternteils endet, Unterhaltsansprüche des Kindes geltend zu machen – und zwar auch hinsichtlich der aufgelaufenen Unterhaltsrückstände –, bleibt dem Elternteil, der in der Vergangenheit das Kind unterhalten hat, nur der **familienrechtliche Ausgleichsanspruch** gegen den anderen Elternteil.[495]

498 Ein **familienrechtlicher Ausgleichsanspruch**[496] setzt einmal die von vornherein feststehende **Absicht** des allein leistenden Elternteils voraus, bereits zur Zeit der erbrachten **Leistungen Ersatz vom anderen Elternteil zu beanspruchen**. Dabei werden an das Vorhandensein dieser Absicht keine hohen Anforderungen gestellt, weil in der Regel nicht anzunehmen ist, dass ein getrennt lebender Ehegatte den anderen begünstigen will.[497]

499 Ein **familienrechtlicher Ausgleichsanspruch** ist im **Innenverhältnis** zwischen den Eltern der Höhe nach jeweils durch die **Leistungsfähigkeit** des in Anspruch genommenen Elternteils begrenzt und im Weiteren nicht dazu bestimmt, gerichtlich festgesetzte Unterhaltsverpflichtungen, die auf einer Abwägung der Leistungsfähigkeit beider Elternteile beruhen, durch einen Ausgleich von Unterhaltsanteilen im Verhältnis der Eltern zueinander abzuändern.[498]

500 Der **familienrechtliche Ausgleichsanspruch** besteht für die Vergangenheit aus den Gründen des Schuldnerschutzes nur in den Grenzen des § 1613 Abs. 1 BGB, also nur bei Rechtshängigkeit, Verzug oder Auskunftsbegehren.[499]

501 Der Anspruch auf rückständigen Kindesunterhalt kann jedoch **an den bisher betreuenden Elternteil abgetreten werden**, wenn dieser das Kind unterhalten hat.[500]

502 Zwar bestimmt § 400 BGB, dass eine Forderung nicht abgetreten werden kann, soweit sie der Pfändung nicht unterworfen ist. Unterhaltsansprüche sind nach § 850d ZPO grundsätzlich **unpfändbar**. Doch ist § 400 BGB einschränkend auszulegen.[501] So ist die Vorschrift ihrem Zweck nach unanwendbar, wenn der Zedent vom Zessionar eine wirtschaftlich gleichwertige Leistung erhält, sei es freiwillig,[502] sei es aufgrund gesetzlicher Verpflichtung. Dies ist jedenfalls dann der Fall, wenn der barunterhaltspflichtige Elternteil während dieser Zeiträume keine Unterhaltszahlungen erbracht hat.[503]

503 Zur **berufsrechtlichen Frage**, ob das volljährig gewordene Kind in Unterhaltssachen im Hinblick auf die anteilige Haftung beider Elternteile noch vom gleichen Anwalt vertreten werden darf, vgl. Rn. 601 ff.

---

[491] *Schürmann*, FamFR 2013, 375.
[492] BGH v. 19.06.2013 - XII ZB 39/11 - FamRZ 2013, 1378.
[493] BGH v. 19.06.2013 - XII ZB 39/11 - FamRZ 2013, 1378.
[494] *Schürmann*, FamFR 2013, 375.
[495] Vgl. dazu OLG Nürnberg v. 24.10.2012 - 7 UF 969/12 - NJW 2013, 1101; OLG Hamm v. 16.12.2010 - II-2 WF 279/10 - FamRZ 2011, 1407; OLG Köln v. 28.07.2011 - II-25 WF 178/11, 25 WF 178/11 - FamRZ 2012, 574; ausführlich *Götz*, FF 2013, 225; *Reinken*, NJW 2013, 2993; *Langheim*, FamRZ 2013, 1529; *Volker*, FuR 2013, 550.
[496] *Volker*, FuR 2013, 550; *Götz*, FF 2013, 225; *Reinken*, NJW 2013, 2993; *Langheim*, FamRZ 2013, 1529; OLG Hamm v. 16.12.2010 - II-2 WF 279/10 - FamRZ 2011, 1407; OLG Köln v. 28.07.2011 - II-25 WF 178/11, 25 WF 178/11 - FamRZ 2012, 574; OLG Nürnberg v. 24.10.2012 - 7 UF 969/12 - NJW 2013, 1101; *Wever*, Vermögensauseinandersetzung der Ehegatten außerhalb des Güterrechts, 6. Aufl., Rn. 894 ff.
[497] OLG Naumburg v. 22.09.2011 - 8 UF 118/11 - NJW 2012, 623.
[498] OLG Hamm v. 16.12.2010 - II-2 WF 279/10 - juris Rn. 14.
[499] BGH v. 17.04.2013 - XII ZB 329/12 - FamRZ 2013, 1027; OLG Jena v. 03.07.2008 - 1 UF 141/08 - FuR 2009, 235.
[500] Vgl. OLG Brandenburg v. 12.07.2011 - 10 UF 115/10 - FamRZ 2012, 1223-1226; OLG Bremen v. 11.10.2001 - 4 U 20/01 - NJW-RR 2002, 361.
[501] Vgl. OLG Brandenburg v. 12.07.2011 - 10 UF 115/10 - FamRZ 2012, 1223-1226.
[502] Vgl. BGH v. 04.12.2009 - V ZR 9/09 - juris Rn. 15 - NJW-RR 2010, 1235, 1236; *Grüneberg* in: Palandt, BGB, 70. Aufl., § 400, Rn. 3.
[503] OLG Brandenburg v. 12.07.2011 - 10 UF 115/10 - FamRZ 2012, 1223-1226.

Ist bereits ein Titel vorhanden, ist dieser nach Eintritt der Volljährigkeit des Kindes **auf das Kind um-** **geschrieben werden**;[504] das Kind kann nunmehr im eigenen Namen vollstrecken.

c. Maßnahmen bei Fortsetzung der Vollstreckung

Vollstreckt der Elternteil aus einem Titel weiter, den er im Wege der Verfahrensstandschaft erwirkt hat, ist der Vollstreckungsgegenantrag nach § 120 Abs.1 FamFG i.V.m. § 767 ZPO gegeben.[505] Er ist verpflichtet, den Titel herauszugeben.

Vollstreckt der Elternteil, der während der Zeit der Minderjährigkeit des Kindes aufgrund der ihm damals zustehenden gesetzlichen Vertretungsmacht einen Unterhaltstitel erwirkt hatte, nach Eintritt der Volljährigkeit weiter, so ist die Lage komplizierter.

Ein Vollstreckungsgegenantrag nach § 120 Abs. 1 FamFG i.V.m. § 767 ZPO gegen den Elternteil ist ohne Erfolg, weil dieser vollstreckende Elternteil nicht Gläubiger des Titels ist.[506] Ein Vollstreckungsgegenantrag gegen das Kind scheidet aus, weil das Kind nicht vollstreckt.[507]

Der Wegfall der gesetzlichen Vertretungsmacht ist im Rahmen einer **Erinnerung** geltend gemacht werden.[508] Für eine solche Erinnerung ist aber nicht das Familiengericht, sondern – auch nach dem 01.09.2009 unverändert – das Vollstreckungsgericht zuständig (vgl. die §§ 766, 764 ZPO).[509]

4. Abänderungsverfahren nach Volljährigkeit

Demzufolge kann ein **Kind**, wenn es während seiner Minderjährigkeit einen Unterhaltstitel gegen seine Eltern erlangt hat, auch nach Eintritt der Volljährigkeit ein **Erhöhungsbegehren** im Wege des **Abänderungsverfahrens** gem. §§ 238, 239 FamFG geltend machen. Andererseits braucht es sich nicht den Unterhalt mit Eintritt der Volljährigkeit (erneut) titulieren zu lassen[510] (vgl. Rn. 10 und die Kommentierung zu § 1602 BGB).

Der **Unterhaltspflichtige** kann aber im Wege des **Abänderungsverfahrens** nach den **§§ 238, 239 FamFG** gegen den Titel vorgehen, nicht aber mit dem Vollstreckungsgegenverfahren nach § 767 ZPO. Die wesentliche Änderung der für die Unterhaltsbestimmung maßgeblichen Umstände liegt bereits im Eintritt der Volljährigkeit und den damit eintretenden erhöhten Anforderungen, selbst für den eigenen Unterhalt aufzukommen sowie der nunmehr gemäß § 1606 Abs. 3 Satz 1 BGB bestehenden anteiligen Mithaftung des anderen Elternteils für den Barunterhalt.[511]

Stammt der Titel aus der Zeit der Minderjährigkeit, muss das nunmehr volljährige Kind jedoch auch als Antragsgegner des **Abänderungsverfahrens darlegen und beweisen**, dass der Unterhaltsanspruch fortbesteht, also auch seinen künftigen Unterhaltsbedarf darlegen und beweisen.[512] Es reicht jedoch aus, wenn das Kind den weiteren Besuch einer allgemeinbildenden Schule vorbringt.[513] Bei einem Abänderungsantrag des Unterhaltspflichtigen hat dieser zwar grundsätzlich eine Änderung der Verhältnisse darzulegen und zu beweisen, die der Unterhaltsbemessung des früheren Titels zugrunde lagen. Ab Eintritt der Volljährigkeit haften jedoch regelmäßig beide Eltern anteilig nach ihrer Leistungsfähigkeit für den Kindesunterhalt. Dazu gehört insbesondere der schlüssige Vortrag, welcher Haftungsanteil auf den jeweiligen Elternteil entfällt.[514]

---

[504] OLG Brandenburg v. 11.06.1996 - 10 UF 187/95 - FamRZ 1997, 509; *Büte* in: Bäumel/Büte/Poppen, Unterhaltsrecht, § 1629 BGB Rn. 8.

[505] *Roßmann* in: Eschenbruch/Schürmann, Unterhaltrecht, 2014, Kap. 3 Rn. 199.

[506] *Roßmann* in: Eschenbruch/Schürmann, Unterhaltrecht, 2014, Kap. 3 Rn. 201; vgl. aber OLG Hamm v. 17.01.1992 - 5 UF 264/91 - FamRZ 1992, 843; OLG Köln v 16.08.1994 - 25 WF 172/94 - FamRZ 1995, 308.

[507] *Roßmann* in: Eschenbruch/Schürmann, Unterhaltrecht, 2014, Kap. 3 Rn. 202.

[508] OLG Nürnberg v. 01.02.2010 - 7 WF 45/10 - FamRZ 2010, 1010; vgl. auch *Roßmann* in: Eschenbruch/Schürmann, Unterhaltrecht, 2014, Kap. 3 Rn. 203.

[509] OLG Nürnberg v. 01.02.2010 - 7 WF 45/10 - FamRZ 2010, 1010; vgl. auch *Roßmann* in: Eschenbruch/Schürmann, Unterhaltrecht, 2014, Kap. 3 Rn. 203.

[510] OLG Köln v. 10.11.2009 - 4 UF 60/09 - FuR 2010, 112-114; OLG Brandenburg v. 30.09.2008 - 10 WF 145/08 - FamRZ 2009, 1692.

[511] OLG Koblenz v. 09.11.2006 - 7 WF 1042/06 - ZFE 2007, 154; ausführlich *Viefhues*, FF 2008, 294.

[512] OLG Köln v. 31.07.2012 - II-4 UF 57/12 - FamRZ 2013, 793 (LS).

[513] OLG Köln v. 31.07.2012 - II-4 UF 57/12 - FamRZ 2013, 793 (LS).

[514] OLG Bremen v. 29.06.2011 - 4 WF 51/11 - FamR 2011, 343; OLG Köln v. 31.07.2012 - II-4 UF 57/12 - FamRZ 2013, 793 (LS).

§ 1610

512 In einem Fall, in dem der Unterhaltspflichtige einen **nicht dynamisierten, doch zeitlich unbefristeten Titel** über den Kindesunterhalt beim Jugendamt hat errichten lassen, hat das OLG Dresden[515] ein **beabsichtigtes** Abänderungsverfahren nach § 239 FamFG als zulässig angesehen. Andernfalls könne der Unterhaltsverpflichtete die Wahl einer dynamischen Titulierung seitens des Berechtigten durch die Schaffung eines statischen Titels folgenlos unterlaufen. Das OLG Dresden hat das **Abänderungsverfahren** als richtige Antragsart angesehen, weil der statische Titel gemessen an dem anders ausgeübten gesetzlichen Wahlrecht des Unterhaltsberechtigten als nicht wertmäßig gleich oder als „Minus" anzusehen sei, sondern etwas anderes, das zur Erfüllung des geltend machten Titulierungsinteresses ungeeignet sei.

513 *Bömelburg*[516] sieht es als fraglich an, ob in einer solchen Konstellation ein Abänderungsverfahren statthaft sei, weil der vorhandene Unterhaltstitel nicht abgeändert, sondern ein neuer dynamischer Titel geschaffen werden soll. Hierfür sei der **Unterhaltsberechtigte** ebenso wie in dem Fall des OLG Hamm[517] auf einen **Leistungsantrag** zu verweisen.

514 Jedoch hat der BGH in seiner Entscheidung vom 04.05.2011[518] für die Abänderung einer einseitig erstellten Jugendamtsurkunde das **Abänderungsverfahren** gem. § 239 FamFG als richtige Verfahrensart herausgestellt. Durch diese Urkunde, die materiell-rechtlich ein Schuldanerkenntnis darstellt, werde aber nur der Unterhaltspflichtige gebunden. Die vom Unterhaltsberechtigten begehrte Abänderung einer einseitig erstellten Jugendamtsurkunde setze keine Änderung der ihr zugrunde liegenden Umstände voraus. Der Unterhaltsberechtigte könne daher eine Abänderung verlangen.

515 Dagegen sind Jugendamtsurkunden, denen eine **Vereinbarung der Parteien zugrunde liegt**, auch danach nicht frei abänderbar. Im Rahmen der Abänderung ist vielmehr stets der Inhalt der Vereinbarung der Parteien zu wahren. Eine Abänderung kommt nur dann in Betracht, wenn diese wegen nachträglicher Veränderungen nach den Grundsätzen über den **Wegfall oder die Änderung der Geschäftsgrundlage** (§ 313 BGB) geboten ist.[519]

516 Durch einen **Vollstreckungsverzicht** entfällt nach h.M. das Rechtsschutzbedürfnis für einen Abänderungsantrag.[520]

517 Bei der **Abänderung eines im Verfahren der einstweiligen Anordnung geschlossenen Vergleiches** ist primär zu klären, ob der Vergleich lediglich das Verfahren der einstweiligen Anordnung beenden soll oder einen darüber hinausgehenden Regelungsinhalt hat.[521]

5. Vollstreckungsgegenantrag

518 Da das volljährige Kind weiter vollstrecken dar, kann der Unterhaltspflichtige allein mit dem Einwand der Volljährigkeit gem. § 244 FamFG keinen **Vollstreckungsabwehrantrag** nach § 120 Abs. 1 FamFG i.V.m. § 767 ZPO erheben oder nach den §§ 797, 732 ZPO vorgehen. Gegen dynamisierte Unterhaltstitel können Vollstreckungsabwehranträge lediglich aus anderen Gründen, wie z.B. der Erfüllung, gerichtet werden. Die Sperre des § 244 FamFG gilt so lange, bis der Titel nach den §§ 238-240 FamFG abgeändert worden ist. Im Wege eines Abänderungsverfahrens kann der Unterhaltspflichtige geltend machen, das Kind habe eigenes Einkommen und sei nicht mehr bedürftig.[522]

VIII. Herausgabe des Vollstreckungstitels

519 Eine auf § 371 BGB analog gestützte **Klage auf Herausgabe der vollstreckbaren Ausfertigung** eines unter § 794 ZPO fallenden Titels ist zulässig, wenn über eine Vollstreckungsabwehrklage rechtskräftig zu Gunsten des Herausgabeklägers entschieden worden ist und die Erfüllung der dem Titel zu Grunde liegenden Forderung zwischen den Parteien unstreitig ist oder vom Titelschuldner zur Überzeugung des Gerichts bewiesen wird.[523]

---

[515] OLG Dresden v. 03.01.2011 - 20 WF 1189/10 - FamRB 2011, 144.
[516] *Bömelburg*, FamRB 2011, 344, 345.
[517] OLG Hamm v. 09.02.2011 - 8 WF 37/11 - FamRB 2011, 344.
[518] BGH v. 04.05.2011 - XII ZR 70/09 - NJW 2011, 1874 = FamRZ 2011, 1041; dazu *Menne*, FF 2011, 388.
[519] Vgl. auch BGH v. 04.05.2011 - XII ZR 70/09 - juris Rn. 23 m.w.N. - FamRZ 2011, 1041; BGH v. 13.07.2011 - XII ZR 84/09 - FamRZ 2011, 1498 mit Anm. *Maurer* = NJW 2011, 3089 mit Anm. *Schnitzler* = FF 2011, 410 mit Anm. *Hohloch*.
[520] *Holznagel*, NZFam 2014, 58 mit ausführlicher Begründung der Gegenansicht.
[521] Vgl. OLG Jena v. 29.07.2011 - 1 WF 157/11 - FF 2011 464-466 mit Anm. *Viefhues*.
[522] *Bömelburg*, FamRB 2011, 344, 345.
[523] BGH v. 09.10.2013 - XII ZR 59/12 - juris Rn. 19 - MDR 2014, 51; BGH v. 05.03.2009 - IX ZR 141/07 - juris Rn. 16 m.w.N. - NJW 2009, 1671.

Das gilt auch dann, wenn der Titel noch zur Vollstreckung gegen einen weiteren Schuldner berechtigen 520
könnte. Denn soweit mehrere Schuldner als Gesamtschuldner verurteilt sind und einer der Gesamtschuldner die Schuld beglichen hat, bleibt für den Gläubiger nichts mehr zu vollstrecken.

Soweit die **Schuldner** hingegen **nach Kopfteilen** verurteilt sind, sind so viele Ausfertigungen zu erteilen, wie Schuldner vorhanden sind; jede Ausfertigung ist insoweit nur mit der Klausel gegen je einen der Schuldner zu versehen.[524] Der Schuldner könnte daher diejenige Ausfertigung herausverlangen, die mit der gegen ihn gerichteten Vollstreckungsklausel versehen ist.[525] Zur Vollstreckung gegen den anderen Schuldner müsste sich der Gläubiger eine andere Ausfertigung mit Vollstreckungsklausel nur gegen diesen erteilen lassen. 521

IX. Verfahrenskostenhilfe

1. Finanzielle Verhältnisse

Ab **01.01.2014** sind die **Freibeträge**, die nach § 115 Abs. 1 Satz 3 Nr. 1 lit. b und Nr. 2 ZPO vom Einkommen der Partei abzusetzen sind, wie folgt festgesetzt worden:[526] 522

für Parteien, die ein **Einkommen aus Erwerbstätigkeit** erzielen (§ 115 Abs. 1 Satz 3 Nr. 1 lit. b ZPO)	206 €
für die **Partei** und ihren **Ehegatten** oder ihren **Lebenspartner** (§ 115 Abs. 1 Satz 3 Nr. 2 lit. a ZPO)	452 €
für jede weitere Person, der die Partei aufgrund gesetzlicher Unterhaltspflicht **Unterhalt leistet**, in Abhängigkeit von ihrem Alter (§ 115 Abs. 1 Satz 3 Nr. 2 lit. b ZPO)	
Erwachsene	362 €
Jugendliche vom Beginn des 15. bis zur Vollendung des 18. Lebensjahres	341 €
Kinder vom Beginn des siebten bis zur Vollendung des 14. Lebensjahres	299 €
Kinder bis zur Vollendung des sechsten Lebensjahres	263 €

2. Maßgebliche Person

a. Verfahrensstandschaft

Für die Bewilligung von Verfahrenskostenhilfe bei einem in **Verfahrensstandschaft** nach § 1629 Abs. 3 Satz 1 BGB erhobenen **Antrag auf Kindesunterhalt** ist auf die Einkommens- und Vermögensverhältnisse des **antragstellenden Elternteils** und nicht auf diejenigen des Kindes abzustellen.[527] 523

b. Gesetzliche Vertretung

Macht das **Kind** dagegen seinen **Anspruch selbst** geltend – vertreten durch einen Elternteil – kommt es auf die **Verhältnisse des Kindes** an. In diesem Fall sind aber die Verfahrenskostenvorschussansprüche gegen beide Eltern zu beachten, zu denen sich das Kind erklären muss.[528] 524

Wurde einem minderjährigen Beteiligten für ein Verfahren (hier Unterhaltsverfahren) ratenfreie Verfahrenskostenhilfe bewilligt, führt die **Veränderung der Einkommensverhältnisse des gesetzlichen Vertreters** nach Abschluss dieses Verfahrens nicht zu einer Abänderung der Verfahrenskostenhilfeentscheidung im Überprüfungsverfahren nach § 120 Abs. 4 ZPO. Eine Abänderung nach § 120 Abs. 4 ZPO kommt nur dann in Betracht, wenn sich die Einkommens- und Vermögensverhältnisse **des minderjährigen Antragstellers** selbst geändert haben.[529] 525

3. Mutwilligkeit bei Unterhaltsansprüchen

Ein Unterhalt begehrender Beteiligter, der die Höhe **des Einkommens des Anspruchsgegners nicht kennt**, handelt mutwillig, wenn er Verfahrenskostenhilfe für einen Antrag auf Zahlung des höchsten denkbaren Unterhaltsbetrages begehrt, ohne – unter zunächst vorsichtiger Schätzung der Höhe des Un- 526

---

[524] BGH v. 09.10.2013 - XII ZR 59/12 - juris Rn. 19 - MDR 2014, 51.
[525] *Stöber* in: Zöller, ZPO, 29. Aufl., § 724 Rn. 12; *Seiler* in: Thomas/Putzo, ZPO, 33. Aufl., § 724 Rn. 11; *Saenger*, ZPO, 4. Aufl. § 724 Rn. 10; *Kroppenberg* in: Prütting/Gehrlein, ZPO, 4. Aufl., § 724 Rn. 8.
[526] BGBl I 2013, Nr. 70, 4088.
[527] Vgl. BGH v. 04.08.2004 - XII ZA 6/04 - FamRZ 2004, 1633 m. Anm. *Viefhues*; BGH v. 11.05.2005 - XII ZB 242/03 - FamRZ 2005, 1164.
[528] OLG Brandenburg v. 23.02.2011 - 15 WF 40/11 - FF 2011, 258.
[529] Vgl. OLG Karlsruhe v. 15.10.2012 - 18 WF 230/12 - FamRZ 2013, 897.

terhaltsanspruchs – im Wege des Stufenantrags zunächst einen Anspruch auf Auskunftserteilung geltend zu machen.[530]

527 Erklärt der von seinem minderjährigen Kind auf Zahlung des Mindestunterhalts in Anspruch genommene Elternteil, nur in Höhe eines Teilbetrages leistungsfähig zu sein, handelt das minderjährige Kind nicht mutwillig, wenn es von einer Aufforderung zur Erstellung einer kostenfreien Jugendamtsurkunde absieht, sondern sogleich den Elternteil in voller Höhe auf gerichtlichem Wege in Anspruch nimmt.[531]

528 Ein Unterhaltsgläubiger handelt regelmäßig mutwillig, wenn er erst **den Verfahrenswert gem. § 51 Abs. 2 FamGKG erhöhende Rückstände auflaufen lässt**, bevor er den Unterhalt gerichtlich geltend macht.[532]

529 Einem Antragsgegner, der im Verfahrenskostenhilfeverfahren des Antragstellers trotz Aufforderung keine Stellungnahme abgibt, kann die Bewilligung von (eigener) Verfahrenskostenhilfe unter dem Gesichtspunkt der Mutwilligkeit versagt werden. Allerdings dürfen an diese Verpflichtung zur Einlassung keine unzumutbaren Anforderungen gestellt werden. Eine Versagung der Verfahrenskostenhilfe aus dem genannten Gesichtspunkt kommt regelmäßig nur in den Fällen in Betracht, in denen der Antragsgegner durch einfach und ohne besonderen Kostenaufwand darzustellende Umstände den geltend gemachten Anspruch ganz oder teilweise zu Fall bringen kann.[533]

X. Aufrechnung – Verrechnung

530 In § 394 Satz 1 BGB ist ein **Aufrechnungsverbot** gegen unpfändbare Ansprüche i.S.d. §§ 850 ff. ZPO normiert.

531 **Gesetzliche Unterhaltsforderungen** sind gem. § 850b Abs. 1 Nr. 2 ZPO **nur bedingt pfändbar**, dürfen also nur gepfändet werden, wenn das Vollstreckungsgericht die besonderen Voraussetzungen des § 850b Abs. 2 ZPO als gegeben ansieht. Solange eine solche Entscheidung nicht ergangen ist, muss von der Unpfändbarkeit ausgegangen werden.

532 Ob dies gilt, wenn es sich um die Aufrechnung gegen **Unterhaltsrückstände** handelt, ist strittig. Das OLG München lehnt Ausnahmen ab.[534] Es sei nicht zwischen der Aufrechnung gegen laufenden Unterhalt und gegen Unterhaltsrückstände, zu denen auch die **Ausgleichsforderung wegen Nachteilsausgleichs beim Realsplitting** gehört, zu differenzieren.

533 Teilweise wird jedoch die Durchsetzung eines Anspruchs auf rückständigen Unterhalt zugelassen, wenn **unstreitig eine Überzahlung** vorliegt und mit dem sich daraus ergebenden Bereicherungsanspruch aufgerechnet wird, so dass das Aufrechnungsverbot im Hinblick auf den Schutzzweck des § 394 Satz 1 BGB begrenzt werden kann.[535]

534 Jedenfalls bis zu dieser Entscheidung des Vollstreckungsgerichts unterliegen folglich auch Unterhaltsforderungen dem **Aufrechnungsverbot** des § 394 BGB.[536]

535 Deshalb muss der eine Aufrechnung beabsichtigende Schuldner eines Unterhaltsanspruchs erst die **Pfändung der potentiellen Passivforderung** beantragen und auf diese Weise die Entscheidung nach § 850b Abs. 2 ZPO herbeiführen, damit er sodann dagegen aufrechnen kann.[537]

536 Durch eine nachträgliche Entscheidung nach § 850b Abs. 2 ZPO wird eine nach § 394 Satz 1 BGB i.V.m. § 850b Abs. 1 ZPO unwirksame Aufrechnung **nicht geheilt**.[538]

537 Dies gilt für eigene Forderungen des Unterhaltsschuldners gegen den Unterhaltsgläubiger. Eine Aufrechnung gem. §§ 387 ff. BGB mit **Forderungen des Unterhaltspflichtigen**, die diesem **gegen den Staat** (dem Träger der Grundsicherungsleistungen) zustehen (z.B. Einkommensteuererstattungen) soll dagegen möglich sein.[539]

---

[530] OLG Hamburg v. 26.08.2013 - 7 WF 77/13 - FuR 2013, 722.
[531] OLG Hamm v. 10.10.2013 - 2 WF 213/13 - NJW 2013, 3795.
[532] OLG Celle v. 14.03.2013 - 10 WF 76/13 - FamRZ 2014, 134; KG v. 08.04.2013 - 18 WF 55/13 - FamRZ 2014, 55; OLG Celle v. 05.07.2010 - 10 WF 209/10 - FamRZ 2011, 50; a.A. OLG Saarbrücken v. 21.01.2014 - 6 WF 7/14.
[533] OLG Köln v. 12.09.2013 - II-26 WF 110/13, 26 WF 110/13 - FamRZ 2014, 961-962.
[534] OLG München v. 15.04.2010 - 33 WF 399/10 - FamRB 2011, 38.
[535] Vgl. OLG Hamm v. 19.12.1997 - 5 UF 111/97 - FamRZ 1999, 436; *Giers*, FamRB 2011, 39; vgl. auch OLG Naumburg v. 15.07.1998 - 9 W 81/97 - FamRZ 1999, 437.
[536] *Götsche*, FamRB 2013, 256 unter Verweis auf BGH v. 16.06.1993 - XII ZR 6/92 - FamRZ 1993, 1186; OLG Hamm v. 25.04.2012 - II-8 UF 221/10 - FamFR 2012, 345.
[537] *Götsche*, FamRB 2013, 256; vgl. OLG Hamm v. 25.04.2012 - II-8 UF 221/10 - FamFR 2012, 345.
[538] OLG Hamm v. 25.04.2012 - II-8 UF 221/10 - FamFR 2012, 345; *Götsche*, FamRB 2013, 256.
[539] *Götsche*, FamRB 2013, 256, 257; vgl. OLG Dresden v. 06.04.2011 - 24 UF 880/10 - FamRZ 2011, 1681.

Die Aufrechnung gegen Unterhaltsforderungen mit einem Bereicherungsanspruch wegen zu viel gezahltem oder zu viel vollstrecktem Unterhalt ist im Regelfall wegen des in § 394 Satz 1 BGB normierten **Aufrechnungsverbotes** gegen unpfändbare Ansprüche i.S.v. §§ 850 ff. ZPO ausgeschlossen. 538
Das **Aufrechnungsverbot** des § 394 BGB i.V.m. § 850b Abs. 1 Nr. 2 ZPO gilt auch zugunsten von **Trägern öffentlicher Sozialleistungen**, soweit diese Leistungen der Sozialhilfe oder Leistungen zur Sicherung des Lebensunterhalts im Rahmen der Grundsicherung für Arbeitsuchende erbracht haben und der Unterhaltsanspruch des Hilfeempfängers nach § 33 SGB II auf sie übergegangen ist.[540] 539
Dies gilt auch in den sonstigen Fällen des Übergangs auf einen Sozialleistungsträger, also insb. **§ 94 SGB XII**[541] **für die allgemeine Sozialhilfe; § 7 Abs. 1 UVG für Unterhaltsvorschussleistungen; ggf. auch bei BAföG-Leistungen in den Sonderfällen des § 37 BAföG.**[542] 540
Keine unzulässige Aufrechnung ist die Verrechnung von Unterhaltszahlungen. Diese kann sich z.B. ergeben, wenn zunächst eine einstweilige Anordnung erlassen und später durch einen noch nicht rechtskräftigen Beschluss im Hauptsacheverfahren ein vergleichsweise geringerer Unterhalt zuerkannt wird. Dann sollte bei jeder Zahlung klargestellt werden, dass auf den im Hauptsacheverfahren titulierten Unterhalt gezahlt wird.[543] 541

XI. Verjährung – Verwirkung

Die Verjährung von Ansprüchen zwischen dem Kind und seinen Eltern ist nach § 207 Abs. 1 Satz 2 Nr. 2 BGB bis zur Vollendung des 21. Lebensjahres des Kindes gehemmt, vgl. Art. 229 § 23 Abs. 1 und 3 EGBGB.[544] 542
Die Rückübertragung von auf den Sozialleistungsträger übergegangenen Unterhaltsansprüchen auf den Unterhaltsberechtigten führt nicht zu einem Wiederaufleben der **Hemmung der Verjährung** nach § 207 BGB.[545] 543
Jedoch können Ansprüche auf Kindesunterhalt **verwirkt** sein, obwohl die Verjährung solcher Ansprüche gehemmt ist.[546] Zur Verwirkung vgl. die Kommentierung zu § 1613 BGB Rn. 282 ff. 544
Auch **künftig fällig werdende titulierte Unterhaltsansprüche unterliegen der regelmäßigen Verjährungsfrist von drei Jahren** gem. § 195 BGB (vgl. § 197 Abs. 2 BGB i.V.m. § 197 Abs. 1 Nr. 3, 4 BGB). Die Verjährungsfrist ist für jeden Monat gem. § 199 Abs. 1 BGB zu berechnen, also jahresweise. Der nicht zu unterschätzenden Gefahr, dass Ansprüche für zurückliegende Jahre verjähren, begegnet man durch gerichtliche oder behördliche Vollstreckungsmaßnahmen, die (insoweit) zur Folge haben, dass die Verjährung erneut beginnt, § 212 Abs. 1 Nr. 2 BGB. 545
Ein **Feststellungsantrag** ist nur **ausnahmsweise zulässig**, um den Eintritt der Verjährung eines titulierten Unterhaltsanspruchs zu verhindern.[547] Dies ist z.B. dann der Fall, wenn Zwangsvollstreckungsmaßnahmen keinen Erfolg versprechen, weil der Aufenthalt des Schuldners unbekannt ist.[548] Auch die Voraussetzungen für eine öffentliche Zustellung gem. § 185 ZPO müssen vorliegen.[549] 546
Für die gewünschte Wirkung der **Hemmung der Verjährung** kommt es auf die Zulässigkeit der Klage nicht an, da auch durch eine **unzulässige Klage** die Wirkung des § 204 Abs. 1 Nr. 1 BGB herbeigeführt wird, sofern die Anhängigkeit vor Vollendung der Verjährung eintritt und die Zustellung demnächst erfolgt (§ 167 ZPO).[550] 547

XII. Übergegangene Ansprüche

Den **Anspruchsübergang** regelt **§ 94 SGB XII**.[551] 548

---

[540] Vgl. BGH v. 08.05.2013 - XII ZB 192/11 - FamRZ 2013, 1202; *Günther*, NJW 2013, 2594; *Götsche*, FamRB 2013, 256; *Schürmann*, FamRZ 2013, 1205, 1206.

[541] Dazu *Günther*, FamFR 2012, 457.

[542] *Götsche*, FamRB 2013, 256.

[543] Zu dieser Fallkonstellation vgl. OLG Saarbrücken v. 24.08.2009 - 9 WF 65/09 - FamRZ 2010, 684 = FamRB 2010, 72; *Giers*, FamRB 2011, 39.

[544] Vgl. OLG Brandenburg v. 12.07.2011 - 10 UF 115/10 - FamRZ 2012, 1223-1226.

[545] OLG Oldenburg v. 28.11.2012 - 13 UF 77/12 - FamFR 2013, 61.

[546] Vgl. OLG Brandenburg v. 12.07.2011 - 10 UF 115/10 - FamRZ 2012, 1223-1226 unter Hinweis auf BGH v. 16.06.1999 - XII ZA 3/99 - FamRZ 1999, 1422.

[547] OLG Brandenburg v. 23.02.2012 - 9 WF 38/12 - FamRB 2012, 183.

[548] Vgl. OLG Oldenburg v. 29.01.2009 - 11 WF 12/09 - FamRZ 2009, 997.

[549] *Schober*, FamRB 2012, 183.

[550] *Schober*, FamRB 2012, 183.

[551] Ausführlich *Günther*, FamFR 2012, 457.

549 Macht ein **unterhaltsberechtigter Sozialhilfeempfänger** kraft prozessrechtlicher Ermächtigung (§ 265 ZPO) in Prozessstandschaft die nach Rechtshängigkeit des Unterhaltsverfahrens auf den Sozialhilfeträger übergegangenen Unterhaltsansprüche[552] geltend, kann das nach dem Tode des Klägers unterbrochene Verfahren gemäß § 239 ZPO insoweit (nur) durch seine Erben als neue gesetzliche Prozessstandschafter aufgenommen werden.[553]

550 Der Sozialhilfeträger kann in diesem Fall nur nach den Regeln des gewillkürten Klägerwechsels in das Verfahren eintreten; dies setzt sowohl die Zustimmung der Erben des verstorbenen Klägers als auch die – wegen § 265 Abs. 2 Satz 2 ZPO durch Sachdienlichkeit nicht zu ersetzende – Zustimmung des Beklagten voraus.[554]

551 Die verfahrensrechtliche Berechtigung eines Elternteils, ab Trennung Unterhalt des Kindes geltend zu machen, ergibt sich aus § 1629 Abs. 3 BGB (**Verfahrensstandschaft**). Wird im Laufe des Verfahrens zum Kindesunterhalt **die Ehe rechtskräftig geschieden**, so kann der Elternteil, in dessen Obhut das Kind sich weiter befindet, den Unterhaltsanspruch des gemeinsamen Kindes bis zu einem endgültigen Abschluss dieses Verfahrens gem. § 1629 Abs. 3 BGB weiterhin im eigenen Namen geltend machen;[555] vgl. auch die Kommentierung zu § 1629 BGB Rn. 74.

552 Diese Überlegungen des BGH sollen auch für **SGB II- und Sozialhilfebescheide** gelten. Auch hier müsse das Familiengericht wegen des dadurch bewirkten Forderungsübergangs überprüfen, ob der Bewilligungsbescheid rechtmäßig ist.[556]

553 Ist z.B. unstreitig, dass der Hilfeempfänger Vermögen besitzt, müsse dies im Rahmen der Überprüfung des Bewilligungsbescheids überprüft werden. Auf eine unterhaltsrechtliche Vermögensverwertungspflicht komme es bei der Überprüfung der Bewilligungsbescheide nicht an.[557]

XIII. Anspruchsübergang bei BAföG-Vorausleistungen

554 Beim **Anspruchsübergang nach BAföG-Vorausleistungen** an das unterhaltsberechtigte volljährige Kind sind die Auswirkungen zu beachten.[558]

555 Ist bei der Bewilligung von Ausbildungsförderung in der Form von Vorausleistungen die Höhe des von den Eltern des in der Ausbildung befindlichen unterhaltsberechtigten Kindes einzusetzenden Einkommens streitig, so hat das **Familiengericht** die Rechtmäßigkeit der von der zuständigen Behörde durchgeführten **Einkommensermittlung in vollem Umfang zu überprüfen**.

556 Nach § 37 Abs. 1 Satz 1 BAföG geht der **Unterhaltsanspruch**, den der Auszubildende für die Zeit, für die ihm Ausbildungsförderung gezahlt wird, nach bürgerlichem Recht gegen seine Eltern hat, mit der Zahlung bis zur Höhe der geleisteten Aufwendungen auf das Land über, **jedoch nur soweit auf den Bedarf des Auszubildenden das Einkommen der Eltern nach dem Bundesausbildungsförderungsgesetz anzurechnen ist**. Dabei wird der Anspruchsübergang nicht nur durch den Betrag der geleisteten Aufwendungen und den nach bürgerlichem Recht geschuldeten Unterhalt begrenzt, sondern auch durch das nach den Vorschriften des Bundesausbildungsförderungsgesetzes anzurechnende Einkommen der Eltern.[559]

557 Hierbei handelt es sich zwar um die nach öffentlichem Recht zu beurteilende Frage der Rechtmäßigkeit des Bewilligungsbescheids. Diese ist aber **im Zivilprozess** um den kraft Gesetzes übergegangenen Unterhalt im Hinblick auf die Anrechnung des Einkommens der Eltern **vom Familiengericht in vollem Umfang zu überprüfen**.

558 Der BGH betont, dass der unterhaltspflichtige Elternteil an dem Verwaltungsverfahren jedenfalls grundsätzlich nicht beteiligt ist und er daher **an den ergangenen Verwaltungsakt nicht** im Sinne einer Tatbestandswirkung **gebunden** ist. Ob der Elternteil über seine Anhörung nach § 36 BAföG hinaus im

---

[552] Zur Geltendmachung und Durchsetzung von auf öffentliche Einrichtungen übergegangenen Unterhaltsforderungen vgl. *Martiny*, FamRZ 2014, 429.
[553] BGH v. 29.08.2012 - XII ZR 154/09 - FamRZ 2012, 1793.
[554] BGH v. 29.08.2012 - XII ZR 154/09 - FamRZ 2012, 1793.
[555] OLG Brandenburg v. 16.10.2012 - 10 UF 10/12 m.w.N. - FamFR 2012, 535.
[556] *Soyka*, FK 2014, 8.
[557] *Soyka*, FK 2014, 8.
[558] BGH v. 17.07.2013 - XII ZR 49/12 - FamRZ 2013, 1644; *Götsche*, FamRB 2013, 327, 328; *Grandke*, FamFR 2013, 440.
[559] BGH v. 17.07.2013 - XII ZR 49/12 - FamRZ 2013, 1644.

Verwaltungsverfahren überhaupt einen eigenen Antrag auf Gewährung des Freibetrags stellen kann und welche Folgen sich daraus für den Umfang der Bestandskraft ergeben können, lässt der BGH offen.[560]

Das Familiengericht hat dabei in eigener Verantwortung zu überprüfen, ob nach § 25 Abs. 6 BAföG ein **weiterer Einkommensteil zur Vermeidung unbilliger Härten anrechnungsfrei** bleiben muss. Dies wird nicht dadurch ausgeschlossen, dass es sich bei § 25 Abs. 6 BAföG um eine Ermessensvorschrift handelt und das Familiengericht das Ermessen weder ausüben noch überprüfen kann.[561] 559

Folglich muss das Familiengericht die Höhe des auf den Förderungsbedarf des Auszubildenden anzurechnenden Einkommens der unterhaltspflichtigen Eltern in vollem Umfang überprüfen, **weil dadurch der Anspruchsübergang auf das Land als Leistungsträger begrenzt wird.** Dem unterhaltspflichtigen Elternteil bleibt es unbenommen, im zivilrechtlichen Verfahren die Richtigkeit der Einkommensanrechnung in Frage zu stellen, da der **Bewilligungsbescheid** ebenso wie eine diesen bestätigende Entscheidung des **Verwaltungsgerichts** für ihn **keine Bindungswirkung** entfaltet.[562] 560

Steht bei der Einkommensermittlung die Anerkennung eines Härtefreibetrages im Ermessen der Behörde, so hat das Familiengericht auch zu überprüfen, ob nur die Anerkennung des Freibetrages **ermessensfehlerfrei** ist, und diesen ggf. abweichend vom ergangenen Bewilligungsbescheid in seine Berechnung einzubeziehen. 561

Der **Unterhaltspflichtige** ist für eine Begrenzung des Anspruchsübergangs **darlegungs- und beweispflichtig.** Soweit es ihm nicht gelingt, die Voraussetzungen für eine Ermessensreduzierung hinsichtlich des Härtefreibetrages darzulegen, ist von der Rechtmäßigkeit der behördlichen Bewilligung und dem darin zugrunde gelegten einsetzbaren Elterneinkommen auszugehen.[563] 562

Der Bezug von **BAföG** setzt voraus, dass der Auszubildende bedürftig ist. Nach § 11 BAföG sind dabei **anzurechnen** das **Einkommen** und **Vermögen des Auszubildenden**, das **Einkommen** seines nicht getrennt lebenden **Ehegatten** sowie das **Einkommen** seiner **Eltern**. **Vermögen** von Ehegatten und Eltern ist nicht anzurechnen (§ 11 Abs. 2 BAföG). 563

Wird die BAföG-Leistung gem. § 36 Abs. 1 BAföG als **Vorausleistung** gewährt, weil ein Elternteil den nach den Bestimmungen des BAföG errechneten Unterhalt nicht zahlt, kommt der Übergang des Unterhaltsanspruchs nach § 37 BAföG in Betracht. Hier trifft das Gericht eine umfassende Prüfungspflicht. 564

Der **Anspruchsübergang** wird mehrfach **begrenzt:**[564] 565
- durch den Betrag der geleisteten BAföG-Aufwendungen (Vorausleistungen),
- durch den nach bürgerlichem Recht geschuldeten Unterhalt (Unterhaltsanspruch),
- durch die Höhe des nach den Vorschriften des Bundesausbildungsförderungsgesetzes anzurechnenden Einkommens der Eltern.

Damit muss das **Familiengericht** letztendlich eine – sich nach öffentlich-rechtlichen Grundsätzen richtende – **Einkommensprüfung** wie bereits das BAföG-Amt vornehmen. Sind dabei Ermessensvorschriften anzuwenden, darf das Familiengericht die Bewertung des BAföG-Amtes nur auf **Ermessensfehler** (also auf Fehlgebrauch, Nichtgebrauch, Reduzierung auf Null) überprüfen. 566

BAföG-Leistungen sind grds. als unterhaltsrechtliches Einkommen anzurechnen und mindern damit die Bedürftigkeit des Auszubildenden, weshalb dann ein **Anspruchsübergang ausscheidet**. 567

Davon gibt es in der Praxis zwei – oft übersehene – Ausnahmen:[565] 568
- wenn die BAföG-Leistung gem. § 36 Abs. 1 BAföG als Vorausleistung erfolgt,[566]
- wenn für die ersten 4 Monate die BAföG-Leistung als Leistung nach § 51 Abs. 2 BAföG i.H.v. maximal 360 €/monatlich gewährt wird, da diese Leistung ausdrücklich unter dem Vorbehalt der Rückforderung steht.

In diesen beiden Fällen kann es zu einem **Unterhaltsanspruchsübergang** kommen mit der Konsequenz, dass dann dem BAföG-Empfänger die Aktivlegitimation für den Unterhalt fehlt.[567] 569

---

[560] BGH v. 17.07.2013 - XII ZR 49/12 - FamRZ 2013, 1644.
[561] BGH v. 17.07.2013 - XII ZR 49/12 - FamRZ 2013, 1644.
[562] BGH v. 17.07.2013 - XII ZR 49/12 - FamRZ 2013, 1644.
[563] Vgl. BGH v. 17.07.2013 - XII ZR 49/12 unter Hinweis auf BGH v. 10.11.1999 - XII ZR 303/97 - FamRZ 2000, 640; *Grandke*, FamFR 2013, 440.
[564] *Götsche*, FamRB 2013, 327, 328 unter Hinweis auf OLG Brandenburg v. 23.01.2012 - 13 WF 10/12 - FamRZ 2012, 1599; *Grandke*, FamFR 2013, 440.
[565] *Götsche*, FamRB 2013, 327, 328.
[566] So im Fall des BGH v. 17.07.2013 - XII ZR 49/12 - FamRZ 2013, 1644.
[567] *Götsche*, FamRB 2013, 327, 328.

XIV. Sicherung durch Arrest

570 Unterhaltsansprüche können unter bestimmten Voraussetzungen auch im Wege des dinglichen Arrestes geltend gemacht werden.[568] Voraussetzung sind – vom Antragsteller glaubhaft zu machen – ein Arrestanspruch und ein Arrestgrund.

1. Arrestanspruch

571 Nach § 119 Abs. 2 FamFG, § 916 ZPO ist der Arrest zur Sicherung der Zwangsvollstreckung in das bewegliche Vermögen oder unbewegliche Vermögen auch zur Sicherung wegen zukünftiger Ansprüche auf Unterhalt möglich. **Arrestanspruch** kann also auch ein **Unterhaltsanspruch** sein.

572 Ein Sicherungsbedürfnis besteht nur für die Dauer des zu sichernden Unterhaltsanspruches. Daher muss auch im Arrestverfahren eine **Prognoseentscheidung** getroffen werden, wie lange der Unterhaltsberechtigte Unterhalt beanspruchen kann. Daher sind auch hier beim **Ehegattenunterhalt** Fragen der Erwerbsobliegenheit und der Befristung und Begrenzung nach § 1578b BGB relevant. Da durch einen Arrest die wirtschaftliche Dispositionsfreiheit des Unterhaltspflichtigen nicht unangemessen eingeschränkt werden darf, ist der Sicherungszweck auf höchstens 5 Jahre zu beschränken.[569]

573 Ein **Kindesunterhaltsanspruch** kann grundsätzlich bis zur Volljährigkeit des Kindes gesichert werden, weil dessen Höhe eher geringen Schwankungen unterliegt. Bei der Dauer der zu sichernden Unterhaltsansprüche volljähriger Kinder bedarf es der Darlegung der konkreten Umstände und der voraussichtlichen Dauer von Schul- und Berufsausbildung bzw. Studium. Dabei kann die Regelstudienzeit ein Anhaltspunkt sein.[570]

574 **Trennungsunterhaltsansprüche** ab Trennung können durch Arrest gesichert werden, und zwar Elementarunterhalt, Sonder- und Mehrbedarf; Altersvorsorgeunterhalt aber erst ab Rechtshängigkeit des Scheidungsantrages. **Nachehelicher Unterhalt** soll bereits ab Rechtshängigkeit des Scheidungsverfahrens gesichert werden können.[571]

575 Auch ein **Anspruch auf Naturalunterhalt**, wie z.B. auf Überlassung von Wohnraum, ist sicherbar durch Arrest, wenn dieser Anspruch im Falle der Leistungsverweigerung in einen Geldanspruch übergeht.[572]

576 Gesichert werden können **Unterhaltsrückstände**, solange **noch kein Leistungstitel existiert** und **zukünftige Unterhaltsansprüche**, soweit sie bereits durch einen Leistungsantrag (§ 258 ZPO) oder Feststellungsantrag **geltend gemacht werden können**.[573] Ein Arrest scheidet dagegen aus, solange sich ein Unterhaltsverfahren noch in der Auskunftsstufe befindet, da nach § 113 Abs. 1 FamFG, § 920 ZPO ein konkreter Geldbetrag angegeben werden muss.

577 **Bereits titulierte künftig fällig werdende Unterhaltsansprüche** können durch Arrest gesichert werden, weil die Vollstreckung aus einem Unterhaltstitel, der als Dauerschuldverhältnis fortlaufende Ansprüche umfasst, nicht vor Fälligkeit der jeweiligen Unterhaltsbeträge erfolgen kann (§ 751 ZPO).[574] Bei einem bestehenden **Unterhaltstitel** ist bis zu dessen rechtskräftiger Abänderung von einem Arrestanspruch in Gestalt des titulierten (monatlichen) Betrages bis zur rechtskräftigen Abänderung des bestehenden Unterhaltstitels auszugehen.[575] Ausnahmen bestehen dann, wenn sich ein automatischer Wegfall des titulierten Unterhaltsanspruchs aus der Formulierung des Titels entnehmen lässt.

578 Liegt aber bereits ein Unterhaltstitel vor und ist die Privilegierung des Unterhaltsschuldners gegenüber anderen Gläubigern durch Vorratspfändung (§ 850d Abs. 3 ZPO) gesichert, scheidet ein Arrest aus.[576]

---

[568] OLG Stuttgart v. 26.08.2011 - 17 UF 167/11 - FamRZ 2012, 324-325; OLG Hamm v. 25.05.2011 - II-8 UF 65/11 - FamFR 2011, 522 = FamRZ 2011, 579; KG Berlin v. 17.01.2013 - 13 UF 244/12; ausführlich *Cirullies*, FamRZ 2012, 1017; *Löhnig*, FPR 2012, 508-511; *Büte*, FuR 2013, 507.
[569] Vgl. *Büte*, FuR 2013, 506, 507.
[570] Vgl. *Büte*, FuR 2013, 506, 507.
[571] *Büte*, FuR 2013, 506, 507 m.w.N.
[572] *Büte*, FuR 2013, 506, 507 m.w.N.
[573] *Büte*, FuR 2013, 506, 507 m.w.N.
[574] *Büte*, FuR 2013, 507 m.w.N.
[575] *Büte*, FuR 2013, 506, 507 m.w.N.; OLG Hamm v. 25.05.2011 - II-8 UF 65/11 - FamRZ 2011,2, 579.
[576] *Büte*, FuR 2013, 506, 507 m.w.N.

2. Arrestgrund

Der dingliche Arrest findet statt, wenn zu besorgen ist, dass ohne dessen Verhängung die Vollstreckung des Titels vereitelt oder wesentlich erschwert würde. § 917 Abs. 1 ZPO regelt den allgemeinen Arrestgrund der Vollstreckungsgefährdung, der neben dem besonderen Arrestgrund der Auslandsvollstreckung gem. § 917 Abs. 2 ZPO besteht. Der Unterhaltsberechtigte muss daher **konkrete Umstände glaubhaft machen**, aus denen sich hinreichend sicher ergibt, dass der Antragsgegner seine Unterhaltspflicht in Zukunft nicht erfüllen wird und die Gefahr besteht, dass künftig die Durchsetzung der Ansprüche gefährdet ist.[577] 579

Ob ein Arrestgrund vorliegt, bemisst sich nach dem **objektiven Standpunkt eines verständigen, gewissenhaft prüfenden Menschen**.[578] Im Vordergrund stehen Gefährdungshandlungen des Schuldners, wobei auch ein rechtmäßiges Verhalten des Schuldners eine Gefährdung bewirken und ein Arrestgrund sein kann. Maßgeblich ist also, ob aus objektiver Sicht Umstände vorliegen, die befürchten lassen, der Gläubiger werde später nicht mehr in der Lage sein, seinen Titel zu vollstrecken, weil vollstreckungsfähiges Vermögen nicht mehr vorhanden sein werde.[579] Das kann insbesondere der Fall sein, wenn Vermögensgegenstände verschoben werden oder der Schuldner sich schon bisher wiederholt unlauter verhalten hat, sodass zu befürchten ist, dass er sich der Vollstreckung entziehen werde. 580

Es genügt, dass solche Handlungen unmittelbar bevorstehen, mit der Realisierung muss nicht begonnen worden sein. Erforderlich ist immer eine **drohende Verschlechterung** der Durchsetzbarkeit des Anspruchs. Die Vermögensverschlechterung darf noch nicht abgeschlossen sein. Es muss eine weitere Vermögensverringerung bis zum Abschluss des Hauptverfahrens zu befürchten sein.[580] 581

Als **Arrestgründe** kommen u.a. in Betracht der **Verdacht der Veräußerung von erheblichen Vermögenswerten**, insbesondere des **einzigen dinglichen Vermögens**[581] Verschiebung ins Ausland, Verschleierung des Verbleibs der Vermögenswerte, Aufgabe des Wohnsitzes, (beabsichtigter) **Wegzug ins Ausland**.[582] 582

Handlungen, die in der **Vergangenheit** liegen, begründen nur dann einen Arrestgrund, wenn gerade sie die erforderliche Besorgnis rechtfertigen können.[583] Voraussetzung ist dann, dass weitere Vermögensverschiebungen zu befürchten sind. Dazu muss der Pflichtige noch über nennenswertes Vermögen verfügen. 583

Für sich genommen ist es nicht ausreichend, wenn durch Verfügungen des Schuldners lediglich eine **Vermögensverschiebung** vorgenommen wird. Der vorzeitige Zugriff auf das Vermögen des Schuldners ist in diesem Fall erst dann gerechtfertigt, wenn das der Gesamtheit der Gläubiger zur Verfügung stehende Schuldnervermögen durch Abflüsse von Vermögenswerten verringert zu werden droht.[584] Das ist bei einer Verschiebung in der Regel nicht der Fall, weil an die Stelle des entzogenen Vermögensteils ein anderer Vermögenswert tritt oder aber sonstige Verbindlichkeiten getilgt werden. 584

Kein Arrestgrund liegt vor bei nur geringen Unterhaltszahlungen oder zeitlich schwankender Erfüllung, bei undurchsichtigen Vermögensverhältnissen, bei Konkurrenz mit anderen Gläubigern, bei der Nichterteilung von Auskünften über das Einkommen über einen längeren Zeitraum und bei einer bloßen Verschlechterung der Vermögenslage.[585] 585

Erforderlich ist eine Einzelfallprüfung, ob mit der Veräußerung eines Vermögensgegenstandes wirklich eine Gefährdung der Vollstreckung geboten ist, sodass der Erlass des dinglichen Arrests – mit dem entsprechenden sehr einschneidenden Eingriff in die Dispositionsbefugnis des Schuldners – geboten ist.[586] 586

Handlungen, die in der **Vergangenheit** liegen, begründen nur dann einen Arrestgrund, wenn gerade sie die erforderliche Besorgnis rechtfertigen können.[587] Voraussetzung ist dann, dass weitere Vermögensverschiebungen zu befürchten sind. Dazu muss der Pflichtige noch über nennenswertes Vermögen verfügen. 587

---

[577] *Büte*, FuR 2013, 506, 508 m.w.N.
[578] KG Berlin v. 17.01.2013 - 13 UF 244/12 - FamRZ 2013, 1673.
[579] KG Berlin v. 17.01.2013 - 13 UF 244/12 - FamRZ 2013, 1673.
[580] OLG Stuttgart v. 26.08.2011 - 17 UF 167/11 - FamRZ 2012, 324; OLG München v. 16.11.2010 - 33 UF 1650/10 - FamRZ 2011, 746.
[581] KG Berlin v. 17.01.2013 - 13 UF 244/12 - FamRZ 2013, 1673.
[582] OLG Hamm v. 25.05.2011 - II-8 UF 65/11 - FamFR 2011, 522.
[583] OLG Stuttgart v. 26.08.2011 - 17 UF 167/11 - FamRZ 2012, 324 unter Hinweis auf VersR 1975, 764.
[584] KG Berlin v. 17.01.2013 - 13 UF 244/12 - FamRZ 2013, 1673 unter Hinweis auf BGH v. 19.10.1995 - IX ZR 82/94 - NJW 1996, 321.
[585] *Büte*, FuR 2013, 506, 508 m.w.N.
[586] KG Berlin v. 17.01.2013 - 13 UF 244/12 - FamRZ 2013, 1673.
[587] OLG Stuttgart v. 26.08.2011 - 17 UF 167/11 - FamRZ 2012, 324 unter Hinweis auf VersR 1975, 764.

§ 1610

588 Einen Arrestanspruch und einen Arrestgrund muss der Antragsteller **glaubhaft machen** (§§ 920 Abs. 2, 294 ZPO).

3. Arrestverfahren

a. Summarisches Verfahren

589 Beim Arrestverfahren handelt es sich um ein Verfahren des vorläufigen Rechtsschutzes, das als **summarisches Erkenntnisverfahren** ausgestaltet ist.[588] Arrestanspruch und Arrestgrund muss der Antragsteller glaubhaft machen (§§ 920 Abs. 2, 294 ZPO).

590 Daher findet keine vollumfängliche Prüfung etwaiger Abänderungsgründe und keine exakte Ermittlung des ggf. zukünftig tatsächlich geschuldeten Unterhalts statt. Es reicht für den Arrestanspruch aus, wenn nach der summarischen Prüfung jedenfalls das **Fortbestehen des Unterhaltsanspruchs für einen gewissen Zeitraum nicht von vornherein ausgeschlossen** ist. Die exakte Neuberechnung bleibt evtl. Verhandlungen der Beteiligten und möglicherweise dem gerichtlichen Abänderungsverfahren vorbehalten.[589]

591 Gesetzlich nicht geregelt ist, für welchen **Zeitraum** das Sicherungsbedürfnis im Arrestverfahren speziell für den zukünftigen Unterhaltsanspruch anzunehmen ist. Die Dauer der Sicherung richtet sich nach den Umständen des Einzelfalls.[590]

592 Bei der hier vorzunehmen **Interessenabwägung** fällt auf Seiten des Unterhaltsberechtigten ins Gewicht, mit welcher Wahrscheinlichkeit und in welcher Höhe ihm in dem fraglichen Zeitraum Unterhaltsansprüche erwachsen werden und wie groß die Gefährdung der künftigen Durchsetzung der Unterhaltsansprüche ohne Verhängung des Arrests ist.[591] Beim Schuldner kommt es darauf an, wie sehr er auf die dauernde freie Verfügung über die durch Arrest betroffenen Vermögenswerte angewiesen ist.

593 Die **Höhe des Geldbetrages** wird nach der zu sichernden Forderung, Zinsen und Kostenpauschale bemessen.[592]

b. Kostenentscheidung und Verfahrenswert

594 Die **Kostenentscheidung** sowie die hiergegen statthaften Rechtsmittel richten sich im **Arrestverfahren** gemäß § 113 Abs. 1 FamFG nach den §§ 91 ff. ZPO. Die allgemeinen Kostenvorschriften der ZPO werden in einem in einer Unterhaltsache beantragten Arrestverfahren nicht durch die Sondervorschrift des § 243 FamFG verdrängt. Im Rahmen der nach § 91a Abs. 1 ZPO vorzunehmenden Billigkeitsabwägung kann berücksichtigt werden, dass ein Beteiligter den Gegner klaglos gestellt und so das erledigende Ereignis herbeigeführt hat.[593]

595 Der **Verfahrenswert** in einem Arrestverfahren als Familienstreitsache ist nach billigem Ermessen zu bestimmen, wobei in der Regel ein Drittel des Betrags des zu sichernden Anspruchs angesetzt werden kann.[594]

c. Rechtsmittel

596 Als Rechtsmittel gegen die Ablehnung eines beantragten Arrests sieht die Rechtsprechung teilweise die **Beschwerde** als eröffnet an,[595] überwiegend aber die **sofortige Beschwerde** nach den §§ 567 ff. ZPO.[596]

---

[588] Ausführlich *Cirullies*, FamRZ 2012, 1017; *Löhnig*, FPR 2012, 508-511; *Büte*, FuR 2013, 507.
[589] OLG Hamm v. 25.05.2011 - II-8 UF 65/11 - FamFR 2011, 522.
[590] OLG Hamm v. 25.05.2011 - II-8 UF 65/11 - FamFR 2011, 522; OLG Hamm v. 20.06.1995 - 3 UF 51/95 - FamRZ 1995, 1427, 1428.
[591] *Bruns*, FamFR 2011, 522.
[592] OLG Hamm v. 25.05.2011 - II-8 UF 65/11 - FamFR 2011, 522.
[593] OLG Stuttgart v. 26.08.2011 - 17 UF 167/11 - FamRZ 2012, 324; BGH v. 10.02.2004 - VI ZR 110/03 - MDR 2004, 698.
[594] OLG München v. 16.11.2010 - 33 UF 1650/10 - FamRZ 2011, 746; OLG Brandenburg v. 30.08.2010 - 15 WF 246/10 - juris Rn. 6 und 37 - FamRZ 2011, 758.
[595] OLG München v. 16.11.2010 - 33 UF 1650/10 - FamRZ 2011, 746; OLG Karlsruhe v. 05.08.2010 - 18 UF 100/10 - juris Rn 24 - FamRZ 2011, 234.
[596] OLG Celle v. 02.04.2013 - 10 UF 334/11; OLG Oldenburg v. 22.02.2012 - 13 UF 28/12 - FamRZ 2012, 1077 f.; OLG Frankfurt v. 27.02.2012 - 5 UF 51/12 - FamRZ 2012, 1078 f.; OLG Koblenz v. 18.12.2012 - 13 UF 948/12; anders OLG Karlsruhe v. 05.08.2010 - 18 UF 100/10 - FamRZ 2011, 234; OLG München v. 16.11.2010 - 33 UF 1650/10 - FamRZ 2011, 756 ff.; OLG Oldenburg v. 22.02.2012 - 13 UF 28/12 - FamFR 2012, 234 mit abl. Anm. *Schneider*; KG Berlin v. 17.01.2013 - 13 UF 244/12 - FamRZ 2013, 1673.

Die letztgenannte Ansicht stellt dabei[597] entscheidend darauf ab, dass die Verweisung in § 119 Abs. 2 Satz 2 FamFG auf die zivilprozessualen Regelungen umfassend die insofern zugrundeliegende zivilprozessuale Konzeption einschließlich des Systems der Rechtsmittel einschließe.[598]

Der Verfahrenswert in einem Arrestverfahren als Familienstreitsache ist nach billigem Ermessen zu bestimmen, wobei in der Regel ein Drittel des Betrags des zu sichernden Anspruchs angesetzt werden kann.[599]

Für die im Verfahren über die Beschwerde gegen einen ohne vorherige mündliche Verhandlung in einem familiengerichtlichen Arrestverfahren ergangenen Zurückweisungsbeschluss zu erhebenden **Gerichtskosten** sind weder Nr. 1422 noch Nr. 1912 KV FamGKG einschlägig. Die insofern bestehende planwidrige Regelungslücke ist durch entsprechende Anwendung von Nr. 1430 KV GKG zu schließen, so dass 1,5 Gerichtsgebühren zu erheben sind.[600]

d. Schadensersatzansprüche

Bei einer ungerechtfertigten Arrestanordnung können **Schadensersatzansprüche** bestehen.[601]

XV. Berufsrechtliche Fragen

In der anwaltlichen Praxis werden bei Volljährigkeit des Kindes aber auch **berufsrechtliche Probleme** relevant, die der bislang für Mutter und Kind tätige Verfahrensbevollmächtigte sehr sorgfältig bedenken sollte. Konkret geht es um die Frage, ob das **volljährig gewordene Kind** in Unterhaltssachen zwingend einen **eigenen – neuen – Anwalt** benötigt oder ob der bisher tätige Anwalt das volljährige Kind weiter vertreten darf. Denkbar ist hier eine **Interessenkollision** bei gleichzeitiger Vertretung des Kindes, das Unterhalt gegen den unterhaltspflichtigen Vater geltend macht und der Mutter, die für den Volljährigenunterhalt anteilig mithaftet.[602]

Die Wahrnehmung anwaltlicher Aufgaben setzt den unabhängigen, verschwiegenen und nur den Interessen des eigenen Mandanten verpflichteten Rechtsanwalt voraus.[603] Die Wahrnehmung widerstreitender Interessen im Rahmen der anwaltlichen Tätigkeit wird in der Rechtsprechung vor dem Hintergrund des sachlich-rechtlichen Gehalts der anvertrauten Interessen beurteilt. Das anvertraute materielle Rechtsverhältnis, das bei natürlicher Betrachtungsweise auf ein innerlich zusammengehöriges, einheitliches Lebensverhältnis zurückzuführen ist, wird hierbei in den Mittelpunkt gestellt.[604] Gerade die Vertraulichkeit ist aber Wesensinhalt der anwaltlichen Vertretung und soll geschützt werden. § 43a Abs. 4 BRAO bezweckt die Wahrung des Vertrauensverhältnisses zum eigenen Mandanten und die Sicherung der anwaltlichen Unabhängigkeit insoweit, als ein Rechtsanwalt, der sich zum Diener gegenläufiger Interessen macht, jegliche unabhängige Sachwalterstellung im Dienste des Rechtsuchenden verliert.[605]

Das Verbot der Vertretung widerstreitender Interessen[606] dient darüber hinaus dem Gemeinwohl in Gestalt der Rechtspflege, die auf eine Geradlinigkeit der anwaltlichen Berufsausübung angewiesen ist, also darauf, dass ein Anwalt nur einer Seite dient. Alle diese Belange treten nebeneinander und bedingen einander. Das Verbot, widerstreitende Interessen zu vertreten, ist geeignet und erforderlich, um im Interesse der Mandanten wie der Rechtspflege diese Ziele zu erreichen.[607]

Der Senat für Anwaltssachen des BGH hat festgehalten, dass ein Anwalt, der ein **volljähriges Kind bei der Durchsetzung von Unterhaltsansprüchen berät**, darauf hinweisen muss, dass sich der An-

---

[597] Nicht zuletzt unter Hinweis auf die Entscheidung des BGH v. 28.09.2011 - XII ZB 2/11 - FamRZ 2011, 1933 ff. = NJW 2011, 3654 ff. = MDR 2011, 1439 ff. einschließlich ihrer systematischen Herleitung.
[598] OLG Celle v. 02.04.2013 - 10 UF 334/11 - FamRZ 2013, 1917.
[599] OLG München v. 16.11.2010 - 33 UF 1650/10 - FamRZ 2011, 746; OLG Brandenburg v. 30.08.2010 - 15 WF 246/10 - juris Rn 6.
[600] OLG Celle v. 02.04.2013 - 10 UF 334/11.
[601] *Löhnig*, FPR 2012, 508, 511.
[602] Dazu ausführlich *Stein*, FamFR 2013, 532; *Viefhues*, FuR 2014, 65; *Offermann-Burckart*, FF 2012, 17; *Hartung*, AnwBl 2011, 679; *Sarres*, FamRB 2011, 388, 389; *Sarres*, ZFE 2007, 294; *Meyer-Götz*, ZFE 2003, 237.
[603] BVerfG v. 03.07.2003 - 1 BvR 238/01 - NJW 2003, 2520.
[604] Vgl. Anwaltsgerichtshof München v. 24.04.2012 - BayAGH II - 16/11 NJW 2012, 2596.
[605] OLG Hamm v. 19.07.2012 - II-2 WF 23/12 - FamRZ 2013, 567 = FamFR 2012, 528.
[606] Zur Frage widerstreitender Interessen bei Vertretung in einer Kindschaftssache gem. § 1666 BGB vgl. auch OLG Hamm v. 19.07.2012 -11-2 WF 23/12 - FamFR 2012, 528.
[607] BVerfG v. 20.06.2006 - 1 BvR 594/06 - AnwBl 2006, 580 zu § 3 Abs. 2 Satz 2 RABerufsO n.F.

spruch gegen beide Elternteile richtet.⁶⁰⁸ Wenn und soweit sich die Höhe des Unterhaltsanspruchs des volljährigen Kindes nach den zusammengerechneten Einkommen beider Eltern richtet, könne das Interesse des Kindes überdies darauf gerichtet sein, ein möglichst hohes Einkommen auch desjenigen Elternteils nachzuweisen, dessen Vertretung der Anwalt bereits übernommen hatte und dessen Einkommens- und Vermögensverhältnisse dieser daher kennt. Auch dies schließe eine gemeinsame Vertretung eines Elternteils und des volljährigen Kindes im Rahmen des Kindesunterhalts grundsätzlich aus.

605 *Soyka* verweist in seiner Entscheidungsanmerkung darauf, dass die Fallkonstellation **widerstreitender Interessen** insbesondere dann gegeben ist, wenn der **betreuende Elternteil Unterhalt für sich und ein minderjähriges Kind geltend gemacht hat und das minderjährige Kind im weiteren Verlauf der Auseinandersetzung mit dem anderen Ehegatten und Elternteil volljährig geworden ist**.⁶⁰⁹ In einem bereits laufenden gerichtlichen Verfahren muss das volljährige Kind die Prozessführung genehmigen und fortsetzen. Zu beachten sei dann, dass das Antragsvorbringen durch die Volljährigkeit unschlüssig geworden ist. Denn aufgrund der ab Volljährigkeit geltenden anteiligen Barunterhaltspflicht beider Elternteile müssen zur Berechnung des Haftungsanteils des in Anspruch genommenen Elternteils auch die Einkünfte des betreuenden Elternteils dargelegt werden, damit die Haftungsquote bestimmt werden könne.

606 Zwar sei es die Regel, dass der Anwalt, der bisher für die Kindesmutter z.B. Trennungs- und Minderjährigenunterhalt geltend gemacht hat, nunmehr auch das volljährige Kind vertritt und für dieses den Volljährigenunterhalt gegen den Vater durchsetzt. Allerdings stelle sich auch hier die Frage, ob wegen der widerstreitenden Interessen der Anwalt nicht zur Niederlegung des Mandates gehalten sei.

607 Es könne kein Zweifel bestehen, dass es sich bei dem Trennungs- und Volljährigenunterhalt um dieselbe Rechtssache handelt. Unzweifelhaft sei auch, **dass die Interessen, die der Verfahrensbevollmächtigte bei der Durchsetzung des Trennungsunterhalts und des Anspruchs auf Kindesunterhalt einander widersprechen**. Beim Trennungsunterhalt müsse sein Bestreben dahin gehen, die Einkünfte des betreuenden Elternteils so gering wie möglich zu rechnen, um möglichst hohen Trennungsunterhalt zu erstreiten. Beim Kindesunterhalt müsse man bestrebt sein, die Einkünfte beider Eltern so hoch wie möglich zu rechnen, denn der Unterhalt des Kindes bestimme sich nach den zusammengerechneten Einkünften beider Eltern. Aus diesem Grund dürfe ein Anwalt nicht zugleich die unterhaltspflichtigen Eltern bei der Abwehr des Anspruchs und das unterhaltsberechtigte Kind bei dessen Durchsetzung vertreten. Es stehe auch im Raum, dass z.B. bei einem Studenten ein Forderungsübergang wegen BAföG-Leistungen stattfindet, so dass auch der bis dahin betreuende Elternteil möglicherweise zu Barunterhaltszahlungen herangezogen wird.

608 Ein Interessengegensatz ergebe sich insbesondere auch daraus, dass bei der Berechnung des Trennungs- oder nachehelichen Unterhalts die Haftungsanteile beider Eltern für den Volljährigenunterhalt als Abzugsposten berücksichtigt werden und dadurch die Höhe des Ehegattenunterhalts beeinträchtigt wird.

609 Auch eine Verletzung der Schweigepflicht sei denkbar. Die Unterlagen, die der bis dahin betreuende Elternteil dem Verfahrensbevollmächtigten zur Verfügung gestellt hat, beziehen sich auf das Trennungsunterhaltsverfahren und müssten nunmehr im Verfahren betreffend den Volljährigenunterhalt berücksichtigt werden. **Fragen der Schweigepflicht** stellen sich dann, wenn bestimmte Umstände bei der Einkommensermittlung, die der bis dahin betreuende Elternteil seinem Verfahrensbevollmächtigten im Rahmen des Trennungsunterhalts mitgeteilt hat, bei der Bemessung der Haftungsanteile beim Volljährigenunterhalt verschwiegen werden sollen.

610 *Soyka*⁶¹⁰ geht davon aus, dass bei der genannten Fallkonstellation in vielen Fällen – wenn auch nicht in allen – ein **Interessenkonflikt** besteht, der dazu zwingt, dass beide Mandate niedergelegt werden müssen.

611 *Sarres*⁶¹¹ stellt klar, dass der vom BGH entschiedene Sachverhalt ganz besondere Einzelaspekte, deren Heranziehung hier ausnahmsweise den Interessenwiderstreit ausgeschlossen hat. Diese Einzelfallentscheidung sollte nicht dazu verleiten, von dem Prinzip abzuweichen, in der Praxis jeden neuen riskant erscheinenden Einzelfall auf eine denkbare Interessenkollision zu überprüfen.

---

⁶⁰⁸ BGH v. 23.04.2012 - AnwZ (Brfg) 35/11 - FamRZ 2012, 1563 = NJW 2012, 3039 = FamFR 2012, 408 mit Anm. *Heinemann*; vgl. auch *Henssler/Deckenbrock*, NJW 2012, 3265.
⁶⁰⁹ *Soyka*, FuR 2012, 610.
⁶¹⁰ Vgl. *Soyka*, FuR 2012, 610.
⁶¹¹ Vgl. *Sarres*, FamRB 2012, 342.

Offermann-Burckart[612] beton, dass nach der Entscheidung des BGH zwar **grundsätzlich** das Interesse des volljährigen Kindes (an möglichst hohen Einkommen beider Elternteile) die gleichzeitige Vertretung seiner Person und eines Elternteils im Rahmen des Kindesunterhalts ausschließe. Frei nach dem Motto „jeder Fall ist anders" könne die Betrachtung des Einzelfalls aber auch zu einem ganz anderen Ergebnis führen[613]. Der BGH bestätige: Wird das Kind volljährig, ändern sich die sonstigen Verhältnisse (insbesondere das Zusammenleben mit dem und/ oder die Versorgung durch den bisher betreuenden Elternteil und das gute Einvernehmen zwischen Kind und bisher betreuendem Elternteil) aber nicht, liege schon gar kein Interessenwiderstreit vor. 612

Vogelgesang[614] verweist darauf, dass der Anwalt nach wie vor ein Wagnis eingeht, wenn solche Mandate für beide Parteien geführt werden. Man solle sich auf jeden Fall vergewissern, dass beide mit der Vertretung des jeweils anderen einverstanden sind und tatsächlich ein gutes Einvernehmen herrscht. Besondere Vorsicht sei geboten in den Fällen, in denen das volljährige Kind kurz vor der Beauftragung vom Haushalt des einen in den des anderen Elternteils gewechselt ist. Denn dann könne es passieren, dass es kurz danach wieder die Fronten wechselt oder endgültig eine eigene Wohnung bezieht und dann eben doch den Unterhalt von beiden Eltern fordert. Sobald nämlich das Einvernehmen zwischen beiden Parteien schwindet und es auch zum **subjektiven** Interessenwiderstreit kommt, müssen **beide** Mandate niedergelegt werden und nicht nur eines von beiden oder das zuletzt angenommene – wie manchmal angenommen. 613

Jedoch trete die Problematik nicht auf, wenn der Anwalt von einem Elternteil zu Zeiten der Minderjährigkeit des Kindes nur als Prozessstandschafter ausschließlich mit der Durchsetzung des Kindesunterhalts beauftragt war. Dann vertrete man ja nach wie vor nur die Interessen des Kindes. 614

D. Steuerrechtliche Hinweise

Aufwendungen für den **Unterhalt** und die etwaige Berufsausbildung einer ihm oder seinem Ehegatten gegenüber gesetzlich unterhaltsberechtigten Person können nach § 33a Abs. 1 Satz 1 EStG bis zu der jeweils geltenden Obergrenze steuerlich geltend gemacht werden. Voraussetzung ist jedoch das Bestehen eines gesetzlichen Unterhaltsanspruches 615

An die Feststellung dieser Voraussetzung sind bei einem volljährigen, gesunden Kind strenge Voraussetzungen zu stellen. Ein Volljähriger, der sich nicht in Berufsausbildung befindet, ist für sich zunächst selbst verantwortlich. Eine Inanspruchnahme der Eltern kommt nur in Betracht, wenn und soweit er trotz Ausschöpfung aller zumutbaren Erwerbsmöglichkeiten nicht in der Lage ist, seinen Lebensbedarf aus eigener Kraft zu decken. Nur wenn diese Voraussetzungen gegeben sind, sind die Aufwendungen auch steuerlich absetzbar.[615] 616

Vgl. hierzu ausführlich die Steuerrechtl. Hinw. zu §§ 1601 ff. BGB. 617

---

[612] Vgl. *Offermann-Burckart*, FF 2012 356.
[613] Vgl. auch *Offermann-Burckart*, AnwBl 2009, 729; *Offermann-Burckart*, AnwBl 2011, 809.
[614] Vgl. *Vogelgesang*, AnwZert FamR 23/2012, Anm. 1.
[615] FG Hannover v. 24.08.2004 - 15 K 325/01.

Anlage zu § 1610

jurisPK-BGB

Stand: 01.01.2015

DÜSSELDORFER TABELLE [1]

A. Kindesunterhalt

	Nettoeinkommen des Barunterhaltspflichtigen (Anm. 3, 4)	Altersstufen in Jahren (§ 1612 a Abs. 1 BGB)				Prozent-satz	Bedarfskontroll-betrag (Anm. 6)
		0 – 5	6 – 11	12 – 17	ab 18		
		Alle Beträge in Euro					
1.	bis 1.500	317	364	426	488	100	880/1080
2.	1.501 - 1.900	333	383	448	513	105	1.180
3.	1.901 - 2.300	349	401	469	537	110	1.280
4.	2.301 - 2.700	365	419	490	562	115	1.380
5.	2.701 - 3.100	381	437	512	586	120	1.480
6.	3.101 - 3.500	406	466	546	625	128	1.580
7.	3.501 - 3.900	432	496	580	664	136	1.680
8.	3.901 - 4.300	457	525	614	703	144	1.780
9.	4.301 - 4.700	482	554	648	742	152	1.880
10.	4.701 - 5.100	508	583	682	781	160	1.980
	ab 5.101	nach den Umständen des Falles					

Anmerkungen:

1. Die Tabelle hat keine Gesetzeskraft, sondern stellt eine Richtlinie dar. Sie weist den monatlichen Unterhaltsbedarf aus, bezogen auf zwei Unterhaltsberechtigte, ohne Rücksicht auf den Rang. Der Bedarf ist nicht identisch mit dem Zahlbetrag; dieser ergibt sich unter Berücksichtigung der nachfolgenden Anmerkungen.

   Bei einer größeren/ geringeren Anzahl Unterhaltsberechtigter können Ab- oder Zuschläge durch Einstufung in niedrigere/höhere Gruppen angemessen sein. Anmerkung 6 ist zu beachten. Zur Deckung des notwendigen Mindestbedarfs aller Beteiligten – einschließlich des Ehegatten – ist gegebenenfalls eine Herabstufung bis in die unterste Tabellengruppe vorzunehmen. Reicht das verfügbare Einkommen auch dann nicht aus, setzt sich der Vorrang der Kinder im Sinne von Anm. 5 Abs. 1 durch. Gegebenenfalls erfolgt zwischen den erstrangigen Unterhaltsberechtigten eine Mangelberechnung nach Abschnitt C.

2. Die Richtsätze der 1. Einkommensgruppe entsprechen dem Mindestbedarf in Euro gemäß § 1612 a BGB. Der Prozentsatz drückt die Steigerung des Richtsatzes der jeweiligen Einkommensgruppe gegenüber dem Mindestbedarf (= 1. Einkommensgruppe) aus. Die durch Multiplikation des gerundeten Mindestbedarfs mit dem Prozentsatz errechneten Beträge sind entsprechend § 1612 a Abs. 2 S. 2 BGB aufgerundet.

3. Berufsbedingte Aufwendungen, die sich von den privaten Lebenshaltungskosten nach objektiven Merkmalen eindeutig abgrenzen lassen, sind vom Einkommen abzuziehen, wobei bei entsprechenden Anhaltspunkten eine Pauschale von 5 % des Nettoeinkommens - mindestens 50 EUR, bei geringfügiger Teilzeitarbeit auch weniger, und höchstens 150 EUR monatlich - geschätzt werden kann. Übersteigen die berufsbedingten Aufwendungen die Pauschale, sind sie insgesamt nachzuweisen.

4. Berücksichtigungsfähige Schulden sind in der Regel vom Einkommen abzuziehen.

5. Der notwendige Eigenbedarf (Selbstbehalt)
   - gegenüber minderjährigen unverheirateten Kindern,
   - gegenüber volljährigen unverheirateten Kindern bis zur Vollendung des 21. Lebensjahres, die im Haushalt der Eltern oder eines Elternteils leben und sich in der allgemeinen Schulausbildung befinden,
   beträgt beim nicht erwerbstätigen Unterhaltspflichtigen monatlich 880 EUR, beim erwerbstätigen Unterhaltspflichtigen monatlich 1.080 EUR. Hierin sind bis 380 EUR für Unterkunft einschließlich umlagefähiger Nebenkosten und Heizung (Warmmiete) enthalten. Der Selbstbehalt soll erhöht werden, wenn die Wohnkosten (Warmmiete) den ausgewiesenen Betrag überschreiten und nicht unangemessen sind.

   Der angemessene Eigenbedarf, insbesondere gegenüber anderen volljährigen Kindern, beträgt in der Regel mindestens monatlich 1.300 EUR. Darin ist eine Warmmiete bis 480 EUR enthalten.

6. Der Bedarfskontrollbetrag des Unterhaltspflichtigen ab Gruppe 2 ist nicht identisch mit dem Eigenbedarf. Er soll eine ausgewogene Verteilung des Einkommens zwischen dem Unterhaltspflichtigen und den unterhaltsberechtigten Kindern gewährleisten. Wird er unter Berücksichtigung anderer Unterhaltspflichten unterschritten, ist der Tabellenbetrag der nächst niedrigeren Gruppe, deren Bedarfskontrollbetrag nicht unterschritten wird, anzusetzen.

7. Bei volljährigen Kindern, die noch im Haushalt der Eltern oder eines Elternteils wohnen, bemisst sich der Unterhalt nach der 4. Altersstufe der Tabelle.

   Der angemessene Gesamtunterhaltsbedarf eines Studierenden, der nicht bei seinen Eltern oder einem Elternteil wohnt, beträgt in der Regel monatlich 670 EUR. Hierin sind bis 280 EUR für Unterkunft einschließlich umlagefähiger Nebenkosten und Heizung (Warmmiete) enthalten. Dieser Bedarfssatz kann auch für ein Kind mit eigenem Haushalt angesetzt werden.

8. Die Ausbildungsvergütung eines in der Berufsausbildung stehenden Kindes, das im Haushalt der Eltern oder eines Elternteils wohnt, ist vor ihrer Anrechnung in der Regel um einen ausbildungsbedingten Mehrbedarf von monatlich 90 EUR zu kürzen.

9. In den Bedarfsbeträgen (Anmerkungen 1 und 7) sind Beiträge zur Kranken- und Pflegeversicherung sowie Studiengebühren nicht enthalten.

10. Das auf das jeweilige Kind entfallende Kindergeld ist nach § 1612 b BGB auf den Tabellenunterhalt (Bedarf) anzurechnen.

B. Ehegattenunterhalt

I. Monatliche Unterhaltsrichtsätze des berechtigten Ehegatten ohne unterhaltsberechtigte Kinder (§§ 1361, 1569, 1578, 1581 BGB):

   1. gegen einen erwerbstätigen Unterhaltspflichtigen:

   a) wenn der Berechtigte kein Einkommen hat: 3/7 des anrechenbaren Erwerbseinkommens zuzüglich 1/2 der anrechenbaren sonstigen Einkünfte des Pflichtigen, nach oben begrenzt durch den vollen Unterhalt, gemessen an den zu berücksichtigenden ehelichen Verhältnissen;

   b) wenn der Berechtigte ebenfalls Einkommen hat: 3/7 der Differenz zwischen den anrechenbaren Erwerbseinkommen der Ehegatten, insgesamt begrenzt durch den vollen ehelichen Bedarf; für sonstige anrechenbare Einkünfte gilt der Halbteilungsgrundsatz;

Anlage zu § 1610

    c) wenn der Berechtigte erwerbstätig ist, obwohl ihn keine Erwerbsobliegenheit trifft: gemäß § 1577 Abs. 2 BGB;

  2. gegen einen <u>nicht erwerbstätigen Unterhaltspflichtigen</u> (z. B. Rentner): wie zu 1 a, b oder c, jedoch 50 %.

II. Fortgeltung früheren Rechts:

1. Monatliche Unterhaltsrichtsätze des nach dem Ehegesetz berechtigten Ehegatten <u>ohne unterhaltsberechtigte Kinder</u>:

    a) §§ 58, 59 EheG: in der Regel wie I,
    b) § 60 EheG: in der Regel 1/2 des Unterhalts zu I,
    c) § 61 EheG: nach Billigkeit bis zu den Sätzen I.

2. Bei Ehegatten, die vor dem 03.10.1990 in der früheren DDR geschieden worden sind, ist das DDR-FGB in Verbindung mit dem Einigungsvertrag zu berücksichtigen (Art. 234 § 5 EGBGB).

III. Monatliche Unterhaltsrichtsätze des berechtigten Ehegatten, wenn die ehelichen Lebensverhältnisse durch Unterhaltspflichten gegenüber Kindern geprägt werden:

Wie zu I bzw. II 1, jedoch wird grundsätzlich der Kindesunterhalt (Zahlbetrag; vgl. Anm. C und Anhang) vorab vom Nettoeinkommen abgezogen.

IV. Monatlicher Eigenbedarf (Selbstbehalt) gegenüber dem getrennt lebenden und dem geschiedenen Berechtigten:

unabhängig davon, ob erwerbstätig oder nicht erwerbstätig   **1.200 EUR**
Hierin sind bis 430 EUR für Unterkunft einschließlich umlagefähiger Nebenkosten und Heizung (Warmmiete) enthalten.

V. Existenzminimum des unterhaltsberechtigten Ehegatten einschließlich des trennungsbedingten Mehrbedarfs in der Regel:

1. falls erwerbstätig: 1.080 EUR
2. falls nicht erwerbstätig: 880 EUR

VI.

1. Monatlicher notwendiger Eigenbedarf des von dem Unterhaltspflichtigen getrennt lebenden oder geschiedenen Ehegatten unabhängig davon, ob erwerbstätig oder nicht erwerbstätig:

    a) gegenüber einem nachrangigen geschiedenen Ehegatten   1.200 EUR
    b) gegenüber nicht privilegierten volljährigen Kindern   1.300 EUR
    c) gegenüber Eltern des Unterhaltspflichtigen   1.800 EUR

2. Monatlicher notwendiger Eigenbedarf des Ehegatten, der in einem gemeinsamen Haushalt mit dem Unterhaltspflichtigen lebt, unabhängig davon, ob erwerbstätig oder nicht erwerbstätig:

    a) gegenüber einem nachrangigen geschiedenen Ehegatten   960 EUR
    b) gegenüber nicht privilegierten volljährigen Kindern   1.040 EUR
    c) gegenüber Eltern des Unterhaltspflichtigen   1.440 EUR
    (vergl. Anm. D I)

Anmerkung zu I-III:

Hinsichtlich <u>berufsbedingter Aufwendungen</u> und <u>berücksichtigungsfähiger Schulden</u> gelten Anmerkungen A. 3 und 4 - auch für den erwerbstätigen Unterhaltsberechtigten - entsprechend. Diejenigen berufsbedingten Aufwendungen, die sich nicht nach objektiven Merkmalen eindeutig von den privaten Lebenshaltungskosten abgrenzen lassen, sind pauschal im Erwerbstätigenbonus von 1/7 enthalten.

C. Mangelfälle

Reicht das Einkommen zur Deckung des Bedarfs des Unterhaltspflichtigen und der gleichrangigen Unterhaltsberechtigten nicht aus (sog. Mangelfälle), ist die nach Abzug des notwendigen Eigenbedarfs (Selbstbehalts) des Unterhaltspflichtigen verbleibende Verteilungsmasse auf die Unterhaltsberechtigten im Verhältnis ihrer jeweiligen Einsatzbeträge gleichmäßig zu verteilen.

Der Einsatzbetrag für den Kindesunterhalt entspricht dem Zahlbetrag des Unterhaltspflichtigen. Dies ist der nach Anrechnung des Kindergeldes oder von Einkünften auf den Unterhaltsbedarf verbleibende Restbedarf.

Beispiel: Bereinigtes Nettoeinkommen des Unterhaltspflichtigen (M): 1.350 EUR. Unterhalt für drei unterhaltsberechtigte Kinder im Alter von 18 Jahren (K1), 7 Jahren (K2) und 5 Jahren (K3), Schüler, die bei der nicht unterhaltsberechtigten, den Kindern nicht barunterhaltspflichtigen Ehefrau und Mutter (F) leben. F bezieht das Kindergeld.

Notwendiger Eigenbedarf des M: .... 1.080 EUR

Verteilungsmasse: .... 1.350 EUR – 1.080 EUR = 270 EUR

Summe der Einsatzbeträge der Unterhaltsberechtigten:

304 EUR (488 – 184) (K 1) + 272 EUR (364 – 92) (K 2) + 222 EUR (317 – 95) (K 3) = 798 EUR

Unterhalt:

K 1: .... 304 x 270 : 798 = 102,86 EUR

K 2: .... 272 x 270 : 798 = 92,03 EUR

K 3: .... 222 x 270 : 798 = 75,11 EUR

D. Verwandtenunterhalt und Unterhalt nach § 1615 I BGB

I. Angemessener Selbstbehalt gegenüber den Eltern: mindestens monatlich 1.800 EUR (einschließlich 480 EUR Warmmiete) zuzüglich der Hälfte des darüber hinausgehenden Einkommens, bei Vorteilen des Zusammenlebens in der Regel 45 % des darüber hinausgehenden Einkommens. Der angemessene Unterhalt des mit dem Unterhaltspflichtigen zusammenlebenden Ehegatten bemisst sich nach den ehelichen Lebensverhältnissen (Halbteilungsgrundsatz), beträgt jedoch mindestens 1.440 EUR (einschließlich 380 EUR Warmmiete).

II. Bedarf der Mutter und des Vaters eines nichtehelichen Kindes (§ 1615 I BGB): nach der Lebensstellung des betreuenden Elternteils, in der Regel mindestens 880 EUR.

Angemessener Selbstbehalt gegenüber der Mutter und dem Vater eines nichtehelichen Kindes (§§ 1615 I, 1603 Abs. 1 BGB): unabhängig davon, ob erwerbstätig oder nicht erwerbstätig: 1.200 EUR.

Hierin sind bis 430 EUR für Unterkunft einschließlich umlagefähiger Nebenkosten und Heizung (Warmmiete) enthalten.

E. Übergangsregelung

Umrechnung dynamischer Titel über Kindesunterhalt nach § 36 Nr. 3 EGZPO: Ist Kindesunterhalt als Prozentsatz des jeweiligen Regelbetrages zu leisten, bleibt der Titel bestehen. **Eine Abänderung ist nicht erforderlich.** An die Stelle des bisherigen Prozentsatzes vom Regelbetrag tritt ein neuer Prozentsatz vom Mindestunterhalt (Stand: 01.01.2008). Dieser ist für die jeweils maßgebliche Altersstufe gesondert zu bestimmen und auf eine Stelle nach dem Komma zu begrenzen (§ 36 Nr. 3 EGZPO). Der Prozentsatz wird auf der Grundlage der zum 01.01.2008 bestehenden Verhältnisse einmalig berechnet und bleibt auch bei späterem Wechsel in eine andere Altersstufe unverändert (BGH Urteil vom 18.04.12 – XII ZR 66/10 – FamRZ 2012, 1048). Der Bedarf ergibt sich aus der Multiplikation des neuen Prozentsatzes mit dem Mindestunterhalt der jeweiligen Altersstufe und ist auf volle Euro aufzurunden (§ 1612a Abs. 2 S. 2 BGB). Der Zahlbetrag ergibt sich aus dem um das jeweils anteilige Kindergeld verminderten bzw. erhöhten Bedarf.

Es sind **vier Fallgestaltungen** zu unterscheiden:

Anlage zu § 1610   jurisPK-BGB

1. Der Titel sieht die Anrechnung des hälftigen Kindergeldes (für das 1. bis 3. Kind 77 EUR, ab dem 4. Kind 89,50 EUR) oder eine teilweise Anrechnung des Kindergeldes vor (§ 36 Nr. 3 a EGZPO).

$$\frac{(\text{Bisheriger Zahlbetrag} + 1/2 \text{ Kindergeld}) \times 100}{\text{Mindestunterhalt der jeweiligen Altersstufe}} = \text{Prozentsatz neu}$$

   Beispiel für 1. Altersstufe

$$\frac{(196 \text{ EUR} + 77 \text{ EUR}) \times 100}{279 \text{ EUR}} = 97,8\% \qquad 279 \text{ EUR} \times 97,8\% = 272,86 \text{ EUR, aufgerundet } 273 \text{ EUR}$$

   Zahlbetrag: 273 EUR ./. 77 EUR = 196 EUR

2. Der Titel sieht die Hinzurechnung des hälftigen Kindergeldes vor (§ 36 Nr. 3 b EGZPO).

$$\frac{(\text{Bisheriger Zahlbetrag} - 1/2 \text{ Kindergeld}) \times 100}{\text{Mindestunterhalt der jeweiligen Altersstufe}} = \text{Prozentsatz neu}$$

   Beispiel für 1. Altersstufe

$$\frac{(273 \text{ EUR} - 77 \text{ EUR}) \times 100}{279 \text{ EUR}} = 70,2\% \qquad 279 \text{ EUR} \times 70,2\% = 195,85 \text{ EUR, aufgerundet } 196 \text{ EUR}$$

   Zahlbetrag: 196 EUR + 77 EUR = 273 EUR

3. Der Titel sieht die Anrechnung des vollen Kindergeldes vor (§ 36 Nr. 3 c EGZPO).

$$\frac{(\text{Zahlbetrag} + 1/1 \text{ Kindergeld}) \times 100}{\text{Mindestunterhalt der jeweiligen Altersstufe}} = \text{Prozentsatz neu}$$

   Beispiel für 2. Altersstufe

$$\frac{(177 \text{ EUR} + 154 \text{ EUR}) \times 100}{322 \text{ EUR}} = 102,7\% \qquad 322 \text{ EUR} \times 102,7\% = 330,69 \text{ EUR, aufgerundet } 331 \text{ EUR}$$

   Zahlbetrag: 331 EUR ./. 154 EUR = 177 EUR

4. Der Titel sieht weder eine Anrechnung noch eine Hinzurechnung des Kindergeldes vor (§ 36 Nr. 3 d EGZPO).

$$\frac{(\text{Zahlbetrag} + 1/2 \text{ Kindergeld}) \times 100}{\text{Mindestunterhalt der jeweiligen Altersstufe}} = \text{Prozentsatz neu}$$

   Beispiel für 3. Altersstufe

$$\frac{(329 \text{ EUR} + 77 \text{ EUR}) \times 100}{365 \text{ EUR}} = 111,2\% \qquad 365 \text{ EUR} \times 111,2\% = 405,88 \text{ EUR, aufgerundet } 406 \text{ EUR}$$

   Zahlbetrag: 406 EUR ./. 77 EUR = 329 EUR

jurisPK-BGB

Anlage zu § 1610

Anhang: Tabelle Zahlbeträge

Die folgenden Tabellen enthalten die sich nach Abzug des jeweiligen Kindergeldanteils (hälftiges Kindergeld bei Minderjährigen, volles Kindergeld bei Volljährigen) ergebenden Zahlbeträge. Für das 1. und 2. Kind beträgt das Kindergeld derzeit 184 EUR, für das 3. Kind 190 EUR, ab dem 4. Kind 215 EUR.

	1. und 2. Kind		0 – 5	6 – 11	12 - 17	ab 18	%
1.	bis 1.500		225	272	334	304	100
2.	1.501	- 1.900	241	291	356	329	105
3.	1.901	- 2.300	257	309	377	353	110
4.	2.301	- 2.700	273	327	398	378	115
5.	2.701	- 3.100	289	345	420	402	120
6.	3.101	- 3.500	314	374	454	441	128
7.	3.501	- 3.900	340	404	488	480	136
8.	3.901	- 4.300	365	433	522	519	144
9.	4.301	- 4.700	390	462	556	558	152
10.	4.701	- 5.100	416	491	590	597	160

	3. Kind		0 – 5	6 – 11	12 - 17	ab 18	%
1.	bis 1.500		222	269	331	298	100
2.	1.501	- 1.900	238	288	353	323	105
3.	1.901	- 2.300	254	306	374	347	110
4.	2.301	- 2.700	270	324	395	372	115
5.	2.701	- 3.100	286	342	417	396	120
6.	3.101	- 3.500	311	371	451	435	128
7.	3.501	- 3.900	337	401	485	474	136
8.	3.901	- 4.300	362	430	519	513	144
9.	4.301	- 4.700	387	459	553	552	152
10.	4.701	- 5.100	413	488	587	591	160

	Ab 4. Kind		0 – 5	6 – 11	12 - 17	ab 18	%
1.	bis 1.500		209,50	256,50	318,50	273	100
2.	1.501	- 1.900	225,50	275,50	340,50	298	105
3.	1.901	- 2.300	241,50	293,50	361,50	322	110
4.	2.301	- 2.700	257,50	311,50	382,50	347	115
5.	2.701	- 3.100	273,50	329,50	404,50	371	120
6.	3.101	- 3.500	298,50	358,50	438,50	410	128
7.	3.501	- 3.900	324,50	388,50	472,50	449	136
8.	3.901	- 4.300	349,50	417,50	506,50	488	144
9.	4.301	- 4.700	374,50	446,50	540,50	527	152
10.	4.701	- 5.100	400,50	475,50	574,50	566	160

§ 1610a BGB Deckungsvermutung bei schadensbedingten Mehraufwendungen

(Fassung vom 02.01.2002, gültig ab 01.01.2002)

Werden für Aufwendungen infolge eines Körper oder Gesundheitsschadens Sozialleistungen in Anspruch genommen, wird bei der Feststellung eines Unterhaltsanspruchs vermutet, dass die Kosten der Aufwendungen nicht geringer sind als die Höhe dieser Sozialleistungen.

Gliederung

A. Grundlagen 1	C. Rechtsfolgen 13
B. Anwendungsvoraussetzungen 2	D. Steuerrechtliche Hinweise 15

A. Grundlagen

1   Nach den allgemeinen Regelungen werden alle Einkünfte als die Leistung des Pflichtigen erhöhend bzw. die Bedürftigkeit des Berechtigten mindernd angerechnet. Dies wird bei Sozialleistungen, die wegen Körper- oder Gesundheitsschäden gezahlt werden, als unbillig angesehen. Daher kehrt § 1610a BGB **die Beweislast um.** Es wird – widerleglich – vermutet, dass den Sozialleistungen, die wegen Körper- oder Gesundheitsschäden gezahlt werden, Mehraufwendungen in mindestens gleicher Höhe entgegenstehen. Die Gegenseite muss nachweisen, dass diese tatsächlich geringer sind. Die Regelung gilt dabei sowohl für den Unterhaltsberechtigten als auch den Unterhaltpflichtigen.

B. Anwendungsvoraussetzungen

2   Die Norm erfasst Sozialleistungen (Geld- oder Sachleistungen), die der **Staat** im Rahmen der Daseinsvorsorge **zum Ausgleich von schädigungsbedingten Aufwendungen** infolge eines Körper- oder Gesundheitsschadens gewährt. Die Definition des „Körper- oder Gesundheitsschadens" ist dabei dem allgemeinen Deliktsrecht zu entnehmen.

3   Sozialleistungen können dazu dienen, neben einem schädigungsbedingten Mehraufwand auch **immaterielle Belastungen** auszugleichen. Dabei gelten auch diese ideellen Bestandteile der Sozialleistung durch den tatsächlichen Mehraufwand als verbraucht.

4   Ob die Sozialleistung schädigungsbedingten Mehraufwand abdecken soll, ist nach der **Zweckbestimmung des jeweiligen Leistungsgesetzes** zu bestimmen.

5   Als Sozialleistungen nach § 1610a BGB **anerkannt** worden sind:
- die Führzulage nach § 14 BVG,
- der Pauschbetrag für Kleider- und Wäscheverschleiß nach § 15 BVG,
- Zuschüsse nach § 11 Abs. 3 BVG in Verbindung mit der OrthopädieVO,
- Kostenerstattung für Maßnahmen der Heil- und Krankenbehandlung oder einer Badekur nach § 18 BVG,
- die Grundrente nach § 31 BVG,[1]
- das Blindengeld,[2]
- die Schwerstbeschädigtenzulagen nach § 31 Abs. 5 BVG,
- die Pflegezulage nach § 35 BVG,
- Pflege- und Blindengeld sowie eine Mehrbedarfsrente, die ein minderjähriges schwerstbehindertes Kind vom Haftpflichtversicherer infolge eines ärztlichen Kunstfehlers bei seiner Geburt erhält,[3]
- nicht aber das Pflegegeld nach § 37 SGB XI (vgl. Rn. 9),
- Leistungen nach anderen Gesetzen in analoger Anwendung des § 80 SVG (Soldatenversorgungsgesetz), § 50 Zivildienstversorgungsgesetz, § 59 Bundesgrenzschutzgesetz, §§ 4, 5 HHG (Häftlingshilfegesetz), § 52 Bundesseuchengesetz, § 31 SchwbG (Schwerbehindertengesetz),

---
[1]   OLG Hamm v. 17.09.1991 - 1 UF 104/91 - NJW 1992, 515-516.
[2]   OLG Hamm v. 19.02.2003 - 8 UF 181/02 - FamRZ 2003, 1771; OLG Schleswig v. 08.07.1992 - 10 UF 12/91 - SchlHA 1992, 216; AG Ludwigslust v. 06.12.2001 - 6 F 311/00 - FamRZ 2002, 1588-1589.
[3]   OLG Hamm v. 19.02.2003 - 8 UF 181/02 - FamRZ 2003, 1771.

- Leistungen nach dem Rehabilitationsrecht.
Der in der **Grundsicherungsleistung** enthaltene Mehrbetrag wegen **Gehbehinderung** stellt keine Einkommensersatzleistung dar, sondern hat als Grundsicherung bedarfsdeckende Funktion und daher – ähnlich wie die Sozialhilfe – nicht den Zweck, ausgefallenes Einkommen zu ersetzen.[4]

Keine Sozialleistungen nach § 1610a BGB sind:
- das Versorgungskrankengeld nach den §§ 16 ff. BVG,
- die Ausgleichsrente nach § 32 BVG,
- die Berufsschadensausgleichsrente nach § 30 BVG,[5]
- die Arbeitsunfall-Rente nach den §§ 547, 580 RVO,[6]
- Steuervergünstigungen (Freibetrag für Schwerbehinderte nach § 33b EStG),
- die Erwerbsunfähigkeitsrente nach § 44 SGB VI.[7]

Eine **Unfallrente** ist keine Sozialleistung, die der Staat im Rahmen der Daseinsvorsorge zum Ausgleich von schädigungsbedingten Aufwendungen infolge eines Körper- oder Gesundheitsschadens gewährt. Deshalb findet die Deckungsvermutung für schadensbedingte Mehraufwendungen nach § 1610a BGB keine Anwendung. In Abzug zu bringender **behinderungsbedingter Mehraufwand** muss daher im Einzelnen **dargelegt** und gegebenenfalls bewiesen werden. Die vorgetragenen Einschränkungen müssen konkret finanzielle Auswirkungen haben.[8]

Pflegegeld nach § 37 SGB XI ist beim Pflegebedürftigen regelmäßig **nicht als Einkommen** zu werten.[9] Das Geld wird dem Empfänger gezahlt, damit dieser die erforderliche Grundpflege und hauswirtschaftliche Versorgung durch eine Pflegeperson in geeigneter Weise selbst sicherstellt. Das Pflegegeld bietet somit einen Anreiz zur Erhaltung der Pflegebereitschaft der Angehörigen, Freunde oder Nachbarn.

Lediglich dann, wenn der **behinderungsbedingte Mehrbedarf** als Unterhaltsbestandteil geltend gemacht wird, ist das Pflegegeld darauf – nicht aber auf den Elementarunterhalt – anzurechnen.[10]

Ob die **Haftopferrente** der Regelung des § 1610a BGB unterfällt, ist noch nicht abschließend geklärt. Für die Anwendung spricht, dass es sich insoweit um eine sozialstaatliche Leistung zur Entschädigung der Haftopfer der ehemaligen DDR handelt, die also nicht allein zur Abgeltung immaterieller Schäden gedacht ist.[11]

Die **Haftopferrente nach § 17a StrRehaG** stellt nach überwiegender Ansicht **unterhaltsrechtlich relevantes Einkommen** dar.[12] Sie beinhaltet systematisch eine Rehabilitierungsleistung wie beispielsweise eine Haftentschädigung etc. und wird im Falle wirtschaftlicher Bedürftigkeit an das Opfer einer Straftat gezahlt.[13] In unterhaltsrechtlicher Hinsicht hat sie bedarfsdeckende Funktion, sie stellt also **Einkommen** im unterhaltsrechtlichen Sinne dar.

C. Rechtsfolgen

Es wird im Anwendungsbereich des § 1610a BGB **vermutet**, dass die betreffende Sozialleistung unterhaltsrechtlich nicht angerechnet wird, da ihr Mehraufwendungen in mindestens gleicher Höhe entgegenstehen.

Die Vermutung wird nicht schon dadurch **widerlegt**, dass vom Unterhaltspflichtigen nur unsubstantiiert behauptet wird, diese Sozialleistung übersteige den tatsächlichen Mehraufwand des Körperschadens, und der Anspruchsberechtigte infolge des unsubstantiierten Vortrages eine medizinische Untersuchung verweigert.[14] Sie ist aber z.B. beim Bezug von Pflegegeld dann widerlegt, wenn der Unter-

---

[4] OLG Hamm v. 01.10.2003 - 8 UF 62/03 - FamRZ 2004, 1061.
[5] OLG Hamm v. 05.06.1991 - 12 UF 24/91 - FamRZ 1991, 1198-1199.
[6] OLG Schleswig v. 24.10.1991 - 13 UF 135/90 - NJW-RR 1992, 390-391; OLG Hamm v. 31.05.2000 - 8 UF 558/99 - NJW-RR 2001, 220-221; OLG Brandenburg v. 16.06.2009 - 10 UF 124/08.
[7] OLG Köln v. 25.10.2000 - 27 WF 179/00 - FamRZ 2001, 1524.
[8] OLG Stuttgart v. 20.06.2013 - 16 UF 285/12 - FamRZ 2013, 1988.
[9] OLG Brandenburg 02.01.2007 - 9 UF 159/06 - FamRZ 2008, 174; OLG Koblenz v. 07.04.2005 - 7 UF 999/04 - FamRZ 2005, 1482-1483; *Brudermüller* in: Palandt, 2014, § 1610a Rn. 3.
[10] *Soyka* in: Scholz-Stein, Praxishandbuch Familienrecht, Teil J, 2011, Rn. 22.
[11] OLG Brandenburg v. 29.09.2010 - 9 WF 259/10 - MDR 2011, 168.
[12] *Brudermüller* in: Palandt, 2014, § 1610a Rn. 4; OLG Brandenburg v. 29.09.2010 - 9 WF 259/10 - FamRZ 2011, 647; vgl. DIJuF-Rechtsgutachten v. 28.04.2008 - U 2.410 Dl - JAmt 2008, 262.
[13] BT-Drs. 16/4842, S. 5.
[14] OLG Schleswig v. 09.12.1999 - 15 UF 183/98 - FamRZ 2000, 1367.

haltspflichtige nachgewiesen hat, dass er die Pflegeleistungen zugunsten des Pflegeberechtigten unentgeltlich erbracht hat und der Pflegeberechtigte daher das Pflegegeld allein für seine private Lebensführung verwenden konnte.[15]

D. Steuerrechtliche Hinweise

15 Vgl. hierzu die Steuerrechtl. Hinw. zu §§ 1601 ff. BGB ff.

---

[15] OLG Hamm v. 09.11.1993 - 9 UF 73/93 - FamRZ 1994, 1193-1194.

§ 1611 BGB Beschränkung oder Wegfall der Verpflichtung

(Fassung vom 02.01.2002, gültig ab 01.01.2002)

(1) ¹Ist der Unterhaltsberechtigte durch sein sittliches Verschulden bedürftig geworden, hat er seine eigene Unterhaltspflicht gegenüber dem Unterhaltspflichtigen gröblich vernachlässigt oder sich vorsätzlich einer schweren Verfehlung gegen den Unterhaltspflichtigen oder einen nahen Angehörigen des Unterhaltspflichtigen schuldig gemacht, so braucht der Verpflichtete nur einen Beitrag zum Unterhalt in der Höhe zu leisten, die der Billigkeit entspricht. ²Die Verpflichtung fällt ganz weg, wenn die Inanspruchnahme des Verpflichteten grob unbillig wäre.

(2) Die Vorschriften des Absatzes 1 sind auf die Unterhaltspflicht von Eltern gegenüber ihren minderjährigen unverheirateten Kindern nicht anzuwenden.

(3) Der Bedürftige kann wegen einer nach diesen Vorschriften eintretenden Beschränkung seines Anspruchs nicht andere Unterhaltspflichtige in Anspruch nehmen.

Gliederung

A. Grundlagen 1	II. Schutz minderjähriger Kinder (Absatz 2) 60
B. Anwendungsvoraussetzungen 5	III. Anwendbarkeit auf den Elternunterhalt 61
I. Normstruktur 5	IV. Anwendbarkeit auf den Unterhaltsanspruch
1. Eintritt der Bedürftigkeit durch sittliches	des nichtehelichen Elternteils aus § 1615l
Verschulden 7	BGB 85
2. Gröbliche Vernachlässigung der eigenen	V. Verwirkung außerhalb von § 1611 BGB 87
Unterhaltsverpflichtung 21	C. Rechtsfolgen 90
3. Schwere vorsätzliche Verfehlung gegenüber	D. Prozessuale Hinweise/Verfahrenshinweise 97
dem Unterhaltspflichtigen 25	E. Steuerrechtliche Hinweise 104

A. Grundlagen

Die Norm beschränkt den Unterhaltsanspruch bei **grobem Fehlverhalten des Berechtigten**.[1] Ob neben dieser eng auszulegenden **Ausnahmevorschrift**[2] der Rückgriff auf andere Vorschriften wie z.B. § 242 BGB möglich ist, ist strittig (vgl. dazu Rn. 87). 1

Sie ist Ausdruck des Solidaritätsgedankens des Unterhaltsrechts. Das Ausmaß der Verwirkung des Unterhaltsanspruchs ist abhängig von der Schwere des Verstoßes. Die Vorschrift gilt für den gesamten Verwandtenunterhalt, ist also auch beim **Elternunterhalt** anwendbar (vgl. dazu Rn. 61). 2

Als Begehungsformen des § 1611 BGB kommen **aktives Tun** und **Unterlassen** in Betracht, soweit der Berechtigte dadurch eine Rechtspflicht zum Handeln verletzt. Das gilt nicht nur für die besonders geregelte Vernachlässigung der Unterhaltspflicht, sondern etwa auch für die dauernde grobe Vernachlässigung und Verletzung der Aufsichtspflicht und für die Verletzung der Pflicht zu Beistand und Rücksicht. Hierbei handelt es sich um das Eltern-Kind-Verhältnis prägende Rechtspflichten, deren Verletzung hier Bedeutung zukommen kann.[3] 3

Die Verwirkung nach § 1611 kann sich grundsätzlich nur auf **zukünftige Unterhaltsansprüche** auswirken,[4] während zum Zeitpunkt der Verfehlung bereits entstandene Unterhaltsansprüche unberührt bleiben. Zur Verwirkung von nicht rechtzeitig durchgesetzten Unterhaltsrückständen vgl. die Kommentierung zu § 1613 BGB Rn. 283. 4

---

[1] Ausführlich *Schnitzler*, FPR 2013, 532 m.w.N.
[2] BGH v. 15.09.2010 - XII ZR 148/09 - FamRZ 2010, 1888; OLG Hamm v. 06.08.2009 - 2 UF 241/08 - FamRZ 2010, 303; OLG Karlsruhe v. 18.09.2003 - 2 UF 35/03 - FamRZ 2004, 971. Einen ausführlichen Überblick über die Verwirkung von Unterhaltsansprüchen – auch im Rahmen des § 1611 BGB – gibt *Kofler*, NJW 2011, 2470-2476.
[3] BGH v. 19.05.2004 - XII ZR 304/02 - FamRZ 2004, 1559, mit Anm. *Born*, FamRZ 2004, 1561.
[4] *Griesche*, FPR 2005, 335 m.w.N.

B. Anwendungsvoraussetzungen

I. Normstruktur

5 Voraussetzung der Verwirkung des Unterhaltsanspruches ist das Vorliegen einer der gesetzlich geregelten **Verwirkungstatbestände**:
- der Eintritt der **Bedürftigkeit durch sittliches Verschulden**,
- die **Verletzung einer eigenen Unterhaltspflicht** oder
- eine **schwere Verfehlung gegen den Unterhaltsverpflichteten**.

6 Das Gesetz bezieht auch einen „**nahen Angehörigen**" in den Schutzbereich der Norm ein. Abzustellen ist dabei nicht auf den Begriff der Verwandtschaft, sondern es kommt darauf an, wie stark sich der Unterhaltspflichtige mit dem Angehörigen verbunden fühlt.[5]

1. Eintritt der Bedürftigkeit durch sittliches Verschulden

7 Der Unterhaltsberechtigte muss durch sein eigenes Verschulden seine Bedürftigkeit mutwillig herbeigeführt haben. Erforderlich ist ein **grobes Verschulden** mit einem Verhalten, das **sittliche Missbilligung** verdient. Er muss anerkannte Verbote der Sittlichkeit in vorwerfbarer Weise außer Acht gelassen haben.[6] Ein einmaliges und nur vorübergehendes Versagen oder reine Nachlässigkeit reichen nicht aus.

8 Eine Kürzung des Unterhaltsanspruchs erfolgt allerdings dann nicht, wenn zwischen dem vorwerfbaren Verhalten und der eingetretenen Unterhaltsbedürftigkeit kein **Kausalzusammenhang** besteht.

9 Erfüllt sind diese Voraussetzungen dann, wenn der Berechtigte wegen Arbeitsscheu, Alkohol- oder Drogensucht[7] oder Spielsucht, die zum Arbeitsplatzverlust geführt hat, bedürftig geworden ist. Entsprechendes gilt bei langjähriger **Drogenabhängigkeit** mit der Folge einer HIV-Infektion und Hepatitis-Infektion[8] und bei einem volljährigen **Drogenabhängigen**, der trotz von seinen Eltern finanzierter Ausbildung und Therapiemaßnahmen immer wieder rückfällig wird.[9]

10 **Trunksucht kann grundsätzlich als sittliches Verschulden** in Betracht kommen. Voraussetzung ist aber weiter, dass die Unterhaltsbedürftigkeit gerade auf diesem Verschulden beruht.[10]

11 **Alkohol-** und **Rauschgiftsucht** sind jedoch häufig als **Krankheit** anzusehen. Eine maßgebliche Rolle spielt dabei, ob sich der Unterhaltsberechtigte einer Erfolg versprechenden Therapie widersetzt hat[11] oder wenn nach einer solchen Behandlung die ärztlichen Anweisungen nicht beachtet werden und der Berechtigte rückfällig wird. Ist die Alkoholsucht jedoch schon weit fortgeschritten, kann kein Schuldvorwurf mehr gemacht werden, „in verwertbarer Weise das anerkannte Gebot der Sittlichkeit außer Acht gelassen zu haben". Das gilt auch dann, wenn kurze Zeiten der Abstinenz zwischen den Therapien liegen.[12]

12 Zu beachten ist in Fällen der krankheitsbedingten Bedürftigkeit, dass i.d.R. der Bedarf in Höhe des Existenzminimums durch Leistungen der **Grundsicherungsrente** sichergestellt sein dürfte,[13] die – bei Vorliegen der übrigen gesetzlichen Voraussetzungen – ab dem 65. Lebensjahr sowie ab dem 18. Lebensjahr bei medizinisch bedingter dauerhafter Vollerwerbsminderung beansprucht werden kann. Der Unterhaltsrückgriff wird hier durch die §§ 41-46 SGB XII (= ehemaliges Grundsicherungsgesetz (GSiG)), die auch die Kranken- und Pflegeversicherungsbeiträge abdecken, ausgeschlossen.[14]

13 Dabei muss der Unterhaltsberechtigte sich nicht nur die tatsächlich von ihm bezogenen Grundsicherungsleistungen nach den §§ 41 ff. SGB XII zurechnen lassen, sondern auch solche ihm zustehenden,

---

[5] *Griesche*, FPR 2005, 335, 337 m.w.N.
[6] BGH v. 06.12.1984 - IVb ZR 53/83 - BGHZ 93, 123-134.
[7] OLG Celle v. 13.03.1990 - 17 UF 107/88 - FamRZ 1990, 1142-1144.
[8] KG Berlin v. 18.12.2001 - 18 UF 35/01 - JAmt 2002, 317-319.
[9] AG Neuwied v. 03.04.1998 - 16 F 523/97 - FamRZ 1999, 403-404.
[10] OLG Celle v. 09.12.2009 - 15 UF 148/09 - FamRZ 2010, 819, 820.
[11] OLG Frankfurt v. 14.07.2010 - 2 UF 238/09 - FamRZ 2011, 226; *Griesche*, FPR 2005, 335, 336.
[12] OLG Frankfurt v. 14.07.2010 - 2 UF 238/09 - FamRZ 2011, 226.
[13] Zu den haftungsrechtlich beachtlichen Pflichten des Anwaltes im Zusammenhang mit Leistungen und Ansprüchen auf Grundsicherung vgl. OLG Düsseldorf v. 31.01.2012 - I-24 U 39/11 und die Kommentierung zu § 1602 BGB Rn. 146.
[14] *Herr*, FamRZ 2005, 1021, 1022.

aber tatsächlich nicht bezogenen Grundsicherungsleistungen bzw. Teile davon (**fiktive Zurechnung von Grundsicherungsleistungen**).[15]

In Fällen, in denen die Grundsicherung auf den Unterhaltsbedarf des Bedürftigen anzurechnen ist (hier bei einem **volljährigen erwerbsunfähigen Kind**), hat der Rechtsanwalt den unterhaltspflichtigen Mandanten darüber zu beraten, dass seine dennoch erfolgenden Leistungen überobligatorisch sind.[16]   14

Nicht ausreichend sind eine krankheitsbedingte Bedürftigkeit und ein selbstverschuldeter Verlust des Arbeitsplatzes.   15

Auch die durch **Schwangerschaft** und Geburt eines Kindes außerhalb einer Ehe eingetretene Bedürftigkeit einer volljährigen Tochter ist kein Fall sittlichen Verschuldens.[17]   16

Ein unterhaltsberechtigtes Kind verliert seinen Ausbildungsunterhaltsanspruch nicht deshalb, weil es infolge einer **Schwangerschaft** und der anschließenden Kindesbetreuung seine Ausbildung erst mit Verzögerung beginnt. Das gilt jedenfalls insoweit, als die Unterhaltsberechtigte ihre Ausbildung nach Vollendung des dritten Lebensjahres des Kindes – gegebenenfalls unter zusätzlicher Berücksichtigung einer angemessenen Übergangszeit – aufnimmt.   17

Die **gesetzgeberische Grundentscheidung** aus den §§ 1570, 1615l BGB **wirkt sich mittelbar** auch auf das Unterhaltsrechtsverhältnis zwischen dem unterhaltsberechtigten volljährigen Kind und seinen unterhaltspflichtigen Eltern aus.   18

Folglich fehlt es an einer **Obliegenheitsverletzung** des unterhaltsberechtigten Kindes, wenn sich dieses bis zur Vollendung des dritten Lebensjahres der Kindesbetreuung eines eigenen Kindes widmet, anstatt eine Ausbildung aufzunehmen.[18]   19

In Fällen des **schwangeren unterhaltsberechtigten Kindes** kommt auch ein konkurrierender Unterhaltsanspruch der in Ausbildung befindlichen Tochter gegen den Vater ihres Kindes aus § 1615l Abs. 2 und 3 BGB in Betracht; vgl. dazu die Kommentierung zu § 1615l BGB Rn. 8 ff.   20

2. Gröbliche Vernachlässigung der eigenen Unterhaltsverpflichtung

Der jetzt Unterhaltsberechtigte muss seine gegenüber dem Unterhaltspflichtigen bestehende eigene Unterhaltspflicht **gröblich vernachlässigt** haben. Dieser Ausschlussgrund entspricht § 1579 Nr. 6 BGB, so dass auch auf die dortige Kommentierung verwiesen werden kann (vgl. die Kommentierung zu § 1579 BGB Rn. 140). Eine gewisse **Dauer der Vernachlässigung** ist erforderlich. Dem Unterhaltsberechtigten muss eine tief greifende Beeinträchtigung schutzwürdiger wirtschaftlicher oder persönlicher Interessen des Unterhaltspflichtigen anzulasten sein, die einen **besonders groben Mangel an verwandtschaftlicher Gesinnung und menschlicher Rücksichtnahme** verrät.[19]   21

Auch eine **Vernachlässigung der Betreuung** ist grundsätzlich geeignet, die Rechtswirkung des § 1611 Abs. 1 BGB auszulösen,[20] wenngleich die Betreuung andererseits nicht in vollem Umfang persönlich erbracht werden muss.[21] Folglich kann § 1611 BGB auch dann erfüllt sein, wenn eine Mutter die Aufgabe der Versorgung und Betreuung ihres Kindes in vollem Umfang etwa ihren Großeltern überlässt. Jedoch muss eine darin etwa liegende Vernachlässigung der eigenen Unterhaltspflicht als gröblich anzusehen sein.   22

---

[15] OLG Brandenburg v. 02.01.2007 - 9 UF 159/06 - FamRZ 2008, 174; OLG Brandenburg v. 11.03.2004 - 10 UF 176/03 - FPR 2004, 474; OLG Nürnberg v. 21.04.2004 - 11 UF 2470/03 - JAmt 2004, 335-337; zur den Berechnungsmodalitäten vgl. auch *Götsche*, FamRB 2006, 373.

[16] Vgl. OLG Düsseldorf v. 31.01.2012 - I-24 U 39/11 - FamFR 2012, 192.

[17] BGH v. 29.06.2011 - XII ZR 127/09 - FamRZ 2011, 1560 mit Anm. *Norpoth*; *Born*, NJW 2011, 2885; *Viefhues*, FF 2011, 412; vgl. auch OLG Koblenz v. 13.10.2003 - 13 WF 689/03 - FamRZ 2004, 1892.

[18] Es gelten hier die zu den §§ 1570 Abs. 1, 1615l BGB entwickelten Grundsätze; vgl. BGH v. 29.06.2011 - XII ZR 127/09 - FamRZ 2011, 1209 mit Anm. *Viefhues*; BGH v. 15.06.2011 - XII ZR 94/09 - NJW 2011, 2646 mit Anm. *Mleczko*; BGH v. 18.03.2009 - XII ZR 74/08 - FamRZ 2009, 770 mit krit. Anm. *Borth*, FamRZ 2009, 960; BGH v. 24.06.2009 - XII ZR 161/08 - FamRZ 2009, 1477; BGH v. 06.05.2009 - XII ZR 114/08 - NJW 2009, 1956 = FamRZ 2009, 1124 = ZFE 2009, 271 = FF 2009, 313; BGH v. 05.07.2006 - XII ZR 11/04 - FamRZ 2006, 1362, 1364.

[19] OLG München v. 11.12.1991 - 12 UF 949/91 - FamRZ 1992, 595; OLG Celle v. 09.02.1993 - 18 UF 159/92 - FamRZ 1993, 1235-1237.

[20] BGH v. 19.05.2004 - XII ZR 304/02 - FamRZ 2004, 1559, mit Anm. *Born*, FamRZ 2004, 1561.

[21] OLG Celle v. 02.11.2010 - 10 UF 176/10 - juris Rn. 40 - FamRZ 2011, 984; BGH v. 19.05.2004 - XII ZR 304/02.

23 Diese Voraussetzungen liegen z.B. vor, wenn der in einem Alten- und Pflegeheim untergebrachte Vater Unterhalt von seinem Sohn begehrt, dem er infolge Trunksucht den geschuldeten Unterhalt nicht geleistet hat.[22]

24 **Elternunterhalt** kann aufgrund früheren Fehlverhaltens des Elternteils gegenüber dem jetzt auf Unterhalt in Anspruch genommenen Kind verwirkt sein (vgl. Rn. 61 ff.). Die **Darlegungs- und Beweislast** liegt beim Unterhaltspflichtigen.[23] Bei einer unzureichenden Darlegung des Unterhaltspflichtigen kommt eine sekundäre Darlegungs- und Beweislast der Unterhaltsberechtigten nicht in Betracht. Das OLG Celle lässt offen, ob die von der Rechtsprechung entwickelten Grundsätze zum Beweis negativer Tatsachen und die hiervon für die Darlegung des Fehlens ehebedingter Nachteile abgeleiteten Folgerungen[24] auch auf die Darlegung der Voraussetzungen des § 1611 Abs. 1 BGB zu übertragen sind.[25]

3. Schwere vorsätzliche Verfehlung gegenüber dem Unterhaltspflichtigen

25 Erforderlich ist hier ein vorsätzlicher und schuldhafter Verstoß des Unterhaltsberechtigten gegen **wesentliche Pflichten und/oder Rechte** des Unterhaltspflichtigen selbst oder seines nahen Angehörigen. Hierbei braucht allerdings die Schwere des Grundes i.S.d. § 1579 Nr. 3 BGB nicht erreicht werden. Ausreichend ist jedes Verhalten, dass dem Pflichtigen die Unterhaltsleistungen ganz oder teilweise unzumutbar erscheinen lässt.

26 Eine **schwere Verfehlung gemäß § 1611 Abs. 1 Satz 1 Alt. 3 BGB** kann regelmäßig nur bei einer tief greifenden Beeinträchtigung schutzwürdiger wirtschaftlicher Interessen oder persönlicher Belange des Pflichtigen angenommen werden.[26]

27 Zwar ist auch als Begehungsform **Unterlassen** möglich, jedoch nur dann, wenn der Berechtigte dadurch eine **Rechtspflicht zum Handeln** verletzt hat.[27]

28 So kann sich auch eine – **durch Unterlassen herbeigeführte** – Verletzung elterlicher Pflichten, wie etwa die **Pflicht zu Beistand und Rücksicht im Sinne von § 1618a BGB**, die auch auf das Verhältnis zwischen Eltern und ihren volljährigen Kindern Anwendung findet, als **Verfehlung gegen das Kind** darstellen.[28]

29 Eine „schwere Verfehlung" im vorgenannten Sinn ist zudem nicht auf einzelne, schwerwiegende Übergriffe gegen den Unterhaltspflichtigen oder dessen nahe Angehörige beschränkt.[29]

30 Ein solches Verhalten kann sich zum einen in **einzelnen besonders schwerwiegenden Verfehlungen** zeigen; eine schwere Verfehlung im Sinne des § 1611 Abs. 1 Satz 1 Alt. 3 BGB kann sich zum anderen aber auch aus einer **Gesamtschau des Verhaltens des Unterhaltsberechtigten ergeben.** Selbst wenn die einzelnen Verfehlungen dabei nicht besonders schwer wiegen, kommt es maßgeblich darauf an, ob sie **zusammengenommen** zeigen, dass sich der Unterhaltsberechtigte **in besonders vorzuwerfender Weise aus der familiären Solidarität gelöst und damit letztlich bezogen auf seine familiären Verpflichtungen eine schwere Verfehlung begangen** hat.[30]

31 In Fällen, in denen der Bedürftige durch **unwürdiges Verhalten das Familienband zerrissen hat,** kann der Unterhalt nicht nur zu beschränken sein, sondern ganz wegfallen.[31]

32 Die Literatur hat auf die – restriktive Entscheidung – des BGH[32] unterschiedlich reagiert.

---

[22] AG Germersheim v. 05.04.1990 - 2 C 83/90 - FamRZ 1990, 1387-1389.
[23] OLG Celle v. 02.11.2010 - 10 UF 176/10 - juris Rn. 41 m.w.N. - FamRZ 2011, 984.
[24] BGH v. 12.02.2014 - XII ZB 607/12 - FamRZ 2014, 541 m.w.N.; dazu *Viefhues*, FamRZ 2014, 624; *Menne*, FF 2014, 194; *Strohal*, jurisPR-FamR 11/2014, Anm. 2; BGH v. 26.10.2011 - XII ZR 162/09 - NJW 2012, 74 mit Anm. *Born* = FamRZ 2012, 93 mit Anm. *Viefhues*; BGH v. 21.09.2011 - XII ZR 121/09 - NJW 2011, 3577 mit Anm. *Born* = FamRZ 2011, 1851; BGH v. 24.03.2010 - XII ZR 175/08 - FamRZ 2010, 1813, Tz. 18 ff.; BGH v. 24.03.2010 - XII ZR 175/08 - FamRZ 2010, 875; OLG Hamm v. 11.07.2011 - 8 UF 175/10, II-8 UF 175/10 - FuR 2012, 102.
[25] OLG Celle v. 02.11.2010 - 10 UF 176/10 - juris Rn. 52 - FamRZ 2011, 984.
[26] BGH v. 19.05.2004 - XII ZR 304/02 - FamRZ 2004, 1559 mit Anm. *Born*.
[27] BGH v. 12.02.2014 - XII ZB 607/12 - FamRZ 2014, 541.
[28] BGH v. 12.02.2014 - XII ZB 607/12 - FamRZ 2014, 541; BGH v. 15.09.2010 - XII ZR 148/09 - juris Rn. 32 - FamRZ 2010, 1888 und BGH v. 19.05.2004 - XII ZR 304/02 - FamRZ 2004, 1559, 1560.
[29] BGH v. 12.02.2014 - XII ZB 607/12 - FamRZ 2014, 541.
[30] BGH v. 12.02.2014 - XII ZB 607/12 - FamRZ 2014, 541.
[31] BGH v. 12.02.2014 - XII ZB 607/12 - FamRZ 2014, 541.
[32] BGH v. 12.02.2014 - XII ZB 607/12 - FamRZ 2014, 541.

Zwißler[33] stellt in seiner zustimmenden Anmerkung die Frage, ob dem Vater aufgrund seiner Kontaktverweigerung überhaupt ein unterhaltsrechtlich relevantes Fehlverhalten vorgeworfen werden könne, da eine **Pflicht der Eltern zum Umgang mit ihren erwachsenen Kindern** nicht bestehe. Er betont den Unterschied zur Entscheidung vom 19.05.2004.[34] Dort hatte die Kindesmutter massiv gegen ihre Verpflichtungen aus § 1626 Abs. 1 und Abs. 3 BGB verstoßen und ihre Pflicht, für das minderjährige Kind zu sorgen, bzw. ihre Pflicht aus § 1684 Abs. 1 BGB, mit dem minderjährigen Kind Umgang zu haben, verletzt.

33

Dagegen kritisiert *Menne*, dass es für die **Traumatisierung**, die der Sohn **durch den jahrzehntelangen Kontaktabbruch** erlitten hat, keinen Unterschied mache, ob der Mangel an elterlicher Verantwortung sich bereits vor oder erst nach Eintritt der Volljährigkeit manifestiert hat. Es könne nicht auf Zeitpunkt und Intensität der elterlichen Verfehlung, sondern nur auf die mit der Traumatisierung beim unterhaltspflichtigen Kind bewirkten Folgen ankommen.[35] Wenn man schon einen **zeitlichen Trennstrich** ziehen möchte, hätte es jedenfalls näher gelegen, danach zu unterscheiden, ob der Kontaktabbruch seitens des Elternteils vor oder nach endgültigem Abschluss der Berufsausbildung eingetreten ist.

34

Seibl weist darauf hin, dass auch eine abgestufte Reaktion in Form einer Herabsetzung nach dem Gesetz möglich gewesen wäre.[36]

35

Wegen der tiefgreifenden Rechtsfolgen ist die Annahme einer Anspruchsverwirkung **nach anerkannter Auffassung auch bei volljährigen Kindern auf besonders schwere Ausnahmefälle zu beschränken**, zu deren Feststellung überdies eine auf den jeweiligen Einzelfall bezogene, umfassende Abwägung unter Einbeziehung der Umstände von Trennung und Scheidung der Kindeseltern und der sich hieraus ergebenden Eltern-Kind-Beziehung zu erfolgen hat.[37]

36

Ein Verhalten, welches **krankheitsbedingt** und daher nicht vorwerfbar ist, kann nicht zur Verwirkung des Unterhaltsanspruches gem. § 1611 BGB führen (vgl. dazu Rn. 11).[38]

37

In jedem Fall ist eine **Abwägung** unter Berücksichtigung aller Umstände des Einzelfalls geboten.[39] Dazu ist ausreichend **substantiierter Sachvortrag** erforderlich, der ggf. auch bewiesen werden muss.[40]

38

Beispiele, in denen die Rechtsprechung die Voraussetzungen **bejaht** hat:

39

- **Lebensführung des Kindes** mit Inkaufnahme von Risiken auf Kosten der Eltern (ziellose Fortführung des Studiums, Arbeit ohne soziale Absicherung).[41]
- **Verschweigen regelmäßiger Einkünfte**.[42] Ein – nur auf einen **kurzen Zeitraum** bezogenes – Verschweigen eigener Einkünfte ist nicht ausreichend.[43]
- **Verschweigen der Aufnahme einer Erwerbstätigkeit** neben dem Studium.[44]
- **Verschweigen des Abbruches der Schulausbildung und weitere Entgegennahme von Unterhaltszahlungen**.[45]

---

[33] *Zwißler*, NZFam 2014, 261.
[34] BGH v. 19.05.2004 - XII ZR 304/02 - NJW 2004, 3109 = FamRZ 2004, 1559.
[35] *Menne*, FF 2014, 194, 198.
[36] *Seibl*, NJW 2014, 1151; ebenso *Viefhues*, FamRZ 2014, 624.
[37] OLG Köln v. 20.04.2012 - II-25 WF 64/12, 25 WF 64/12 - NJW 2012, 2364.
[38] BGH v. 23.06.2010 - XII ZR 170/08 - FamRZ 2010, 1418 mit Anm. *Kieninger*; vgl. auch BGH v. 15.09.2010 - XII ZR 148/09 - FamRZ 2010, 1888. In ihrer Anmerkung FamRZ 2011, 862 befassen sich *M. Lau* und *A. Lau* unter kritischer Bezugnahme auf die Entscheidung des BGH v. 15.09.2010 - XII ZR 148/09 - FamRZ 2010, 1888 mit Anm. *Hauß* grundsätzlich mit der Situation der Kinder psychisch kranker Eltern und Fragen der „familiären Solidarität".
[39] OLG Jena v. 10.10.2008 - 1 UF 121/08 - ZFE 2009, 351.
[40] OLG Celle v. 09.12.2009 - 15 UF 148/09 - FamRZ 2010, 819, 820.
[41] OLG Hamm v. 19.10.2001 - 11 UF 36/01 - NJW-RR 2002, 650-651.
[42] OLG Koblenz v. 02.02.1998 - 13 UF 931/97 - OLGR Koblenz 1998, 220-222; OLG Hamm v. 31.07.1995 - 13 WF 193/95 - FamRZ 1996, 809 810.
[43] OLG Köln v. 20.04.2012 - II-25 WF 64/12, 25 WF 64/12 - NJW 2012, 2364; OLG Hamm v. 31.07.1995 - 13 WF 193/95 - FamRZ 1996, 809; OLG Koblenz v. 02.02.1998 - 13 UF 931/97 - FamRZ 1999, 402.
[44] OLG Jena v. 10.10.2008 - 1 UF 121/08 - ZFE 2009, 351.
[45] OLG Köln v. 20.04.2004 - 4 UF 229/03 - OLGR Köln 2004, 306-308.

- **Gravierende Straftaten** zum Nachteil des Unterhaltsverpflichteten oder eines nahen Verwandten können einen Härtegrund darstellen. Für die Frage der Schwere des Vergehens sind auch die Dauer der Beeinträchtigung von Bedeutung und der Umstand, ob der andere empfindlich getroffen wurde.[46]
- **Tätliche Angriffe**, falsche Anschuldigungen und Schädigungen des Unterhaltspflichtigen in seiner beruflichen und wirtschaftlichen Stellung.[47] **Gewaltanwendungen** zu einem Zeitpunkt, in dem der Unterhaltsanspruch bereits entstanden ist, scheiden ebenfalls aus.[48]
- Verletzung der Aufsichtspflicht, **Vernachlässigung des Kindes** und nicht Nachkommen der Unterhaltsverpflichtung.[49]
- Ein **versuchter Prozessbetrug**, der trotz Vorliegens einer psychischen Krankheit schuldhaft ist, wenn dieser nicht in einem inneren Verhältnis zur durch die Krankheit ausgelösten Persönlichkeitsstörung steht.[50]
- Auch ein versuchter Prozessbetrug durch **Täuschung** über die eigene Bedürftigkeit in einem **Unterhaltsverfahren** kann zur Anspruchsverwirkung führen.[51] Wenn jedoch im Berufungsverfahren ein entsprechender Vortrag korrigiert und dies im Rahmen ihrer Bedürftigkeit berücksichtigt wurde, soll jedenfalls keine schwere Verfehlung i.S. des § 1611 Abs. 1 BGB vorliegen.[52]
- Die **Verzögerung der Vaterschaftsanerkennung** stellt keinen Verwirkungsgrund dar.[53]
- Eine bewusst **falsche Strafanzeige** gestützt auf den Vorwurf der Nötigung im Straßenverkehr (Verwirkung des Unterhaltsanspruchs um 2/3).[54]
- **Wiederholte, schwerwiegende Beleidigungen**, die eine tief greifende Verachtung des Unterhaltsverpflichteten bzw. seines Ehegatten erkennen lassen, schließen die Inanspruchnahme auf Unterhalt wegen grober Unbilligkeit aus,[55] insbesondere wenn sie nachteilige Auswirkungen auf den persönlichen und beruflichen Bereich des Unterhaltsverpflichteten haben. Hierzu ist konkreter Sachvortrag erforderlich.[56]
- Dabei ist aber ein auf **vorsätzliche Kränkung** angelegtes Verhalten (das die Voraussetzungen des § 1611 BGB erfüllt) abzugrenzen gegen Äußerungen, in denen sich lediglich die Fortsetzung des elterlichen Streits spiegelt.[57] Die schriftliche Äußerung gegenüber der den Unterhalt regelmäßig zahlenden Mutter „Ich bedaure es sehr, dass Sie meine Mutter sind!!!" stellt auch nach langjährigem Kontaktabbruch eine tief greifende Kränkung dar, die zusammen mit der **Verweigerung der unterhaltsrechtlichen Mitwirkungspflicht** (Vorlage einer Schulbescheinigung) eine grobe Verfehlung darstellt.[58]
- Dagegen kann die **bloße Frage, ob der Unterhaltspflichtige schon tot** sei, verbunden mit der Ankündigung, sodann die Korken knallen zu lassen, r nicht zu einer Kürzung oder Versagung des Unterhaltsanspruchs führen.[59]
- Übt der unterhaltspflichtige Vater des Kindes nicht das Sorgerecht für das gemeinsame Kind aus, kann die **Weigerung der sorgeberechtigten Mutter**, dem Kind einen dritten Vornamen nach Wahl des Vater sowie den Nachnamen des Vaters zu erteilen, keinen Verwirkungsgrund darstellen.[60]

---

[46] OLG Karlsruhe v. 24.05.2011 - 18 UF 165/09 - FamRZ 2011, 1800.
[47] OLG Celle v. 09.02.1993 - 18 UF 159/92 - NJW-RR 1994, 324-326.
[48] OLG Karlsruhe v. 24.05.2011 - 18 UF 165/09 - FamRZ 2011, 1800 m.w.N.
[49] AG Leipzig v. 18.09.1996 - 23 C 280/95 - FamRZ 1997, 965.
[50] OLG Hamm v. 12.01.1995 - 1 UF 355/94 - NJW-RR 1996, 198-199.
[51] OLG Brandenburg v. 07.05.2009 - 9 UF 85/08, entschieden zu § 1579 BGB; OLG Koblenz v. 02.02.1998 - 13 UF 931/97 - FamRZ 1999, 402.
[52] OLG Karlsruhe v. 24.05.2011 - 18 UF 165/09 - FamRZ 2011, 1800.
[53] OLG Karlsruhe v. 24.05.2011 - 18 UF 165/09 - FamRZ 2011, 1800.
[54] OLG Hamm v. 21.12.2005 - 11 UF 218/05 - NJW-RR 2006, 509-511.
[55] OLG Hamm v. 18.12.1992 - 13 UF 273/92 - FamRZ 1993, 468-469.
[56] OLG Karlsruhe v. 24.05.2011 - 18 UF 165/09 - FamRZ 2011, 1800 m.w.N.
[57] OLG Hamm v. 18.08.2000 - 9 UF 37/00 - OLGR Hamm 2000, 361-363 = FamRZ 2001, 1395 (LS).
[58] AG Grevenbroich v. 26.04.2002 - F 294/01 - FF 2003, 144-145.
[59] OLG Karlsruhe v. 24.05.2011 - 18 UF 165/09 - FamRZ 2011, 1800; OLG Karlsruhe v. 18.09.2003 - 2 UF 35/03 - FamRZ 2004, 971.
[60] OLG Karlsruhe v. 24.05.2011 - 18 UF 165/09 - FamRZ 2011, 1800.

- Der Unterhaltsanspruch des Kindes aus § 1610 Abs. 2 BGB geht verloren, wenn es seine **Ausbildung nicht planvoll und zielstrebig durchführt**,[61] jedoch reichen schlechte Schulleistungen allein hierfür nicht aus[62] (vgl. die Kommentierung zu § 1610 BGB Rn. 296 ff.). Entsprechendes gilt, wenn das unterhaltsberechtigte Kind dem unterhaltspflichtigen Elternteil **nicht mitteilt**, dass es nach Eintritt der Volljährigkeit **die Schule abbricht** und ihn dadurch veranlasste, weiter Unterhalt zu zahlen.[63] In derartigen Fällen ist aber nicht immer klar, ob die Entscheidung maßgeblich auf § 1610 Abs. 2 BGB (Nichtbestehen eines Anspruchs) oder auf § 1611 BGB (Verwirkung) gestützt wird.[64]

Dagegen sind die Voraussetzungen in folgenden Fällen **verneint** worden:

- **Mehrfache Einbrüche** des unterhaltsberechtigten Kindes in die Wohnung seiner Schwester stellen jedenfalls dann keine schwere Verfehlung dar, wenn die Taten strafrechtlich gesühnt sind und die Bedürftigkeit erst mehrere Jahre nach den Taten aufgetreten ist.[65]
- Der aufgrund psychischer Erkrankung gegenüber dem Unterhaltsschuldner erhobene **Vorwurf des sexuellen Missbrauchs** in der Kindheit führt nicht zur Verwirkung des Anspruchs auf Unterhalt.[66]
- Die bloße **Drohung** eines Elternteils, das **Kind ins Ausland zu bringen**, stellt für sich genommen keinen Verwirkungsgrund dar. Ein Verwirkungsgrund könnte erst wegen **hartnäckiger Verweigerung des Umgangsrechts** gegeben sein, wenn das Kind tatsächlich ins Ausland verbracht wird.[67]
- Auch die **Verletzung der Auskunftspflicht** des betreuenden Elternteils über die Entwicklung des Kindes reicht nicht aus, selbst wenn diese Pflicht gerichtlich festgesetzt worden ist. Hier muss ggf. die Vollstreckung eingeleitet werden.[68]
- Die Verwendung einer **förmlichen Anrede** (hier: „Sehr geehrter Herr" und „Sie") in einem Schreiben der unterhaltsberechtigten Kinder an den Unterhaltsschuldner stellt noch keine schwere Verfehlung dar.[69] Insbesondere wenn jahrelang kein persönlicher Kontakt zwischen den Parteien stattgefunden hat, kann der Unterhaltspflichtige nicht damit rechnen, dass der Berechtigte ihm in der Spannungssituation eines Rechtsstreits förmlich und höflich entgegentritt.[70]
- Die **Enterbung des unterhaltspflichtigen Kindes** ist keine Verfehlung, denn damit hat der Unterhaltsberechtigte lediglich von seinem Recht auf **Testierfreiheit** Gebrauch gemacht.[71]

Die Summe der für sich gesehen jeweils unerheblichen Sachverhalte kann aber in der stets **notwendigen Gesamtschau** zur Überschreitung der Tatbestandsschwelle des § 1611 Abs. 1 BGB führen, wenn die die Inanspruchnahme des Verpflichteten unzumutbar erscheint. Dabei spielt z.B. auch eine Rolle, ob das **gerichtliche Unterhaltsverfahren** besonders kontrovers und kompromisslos geführt wird. Unterstreicht dies das zerrüttete, von keinerlei Vertrauen getragene Verhältnis der Parteien, so kann dies dazu führen, dass die Vorhaltungen des Unterhaltspflichtigen in ihrem Gewicht relativiert werden.[72]

Beim **Unterhaltsanspruch aus § 1615l BGB** stellt sich zudem die Frage, ob wegen der Nähe des Anspruchs gemäß § 1615l Abs. 2 BGB zu § 1570 BGB die **Härteklausel des § 1579 BGB** anstelle des § 1611 Abs. 1 BGB anzuwenden ist (vgl. Rn. 85).

Eine Vielzahl gerichtlicher Entscheidungen befasst sich mit der **Umgangsverweigerung bzw. mit der Verweigerung von jeglichen Kontakten**.

Dabei wird vereinzelt aus der Weigerung des Unterhaltsberechtigten, mit dem Unterhaltspflichtigen Kontakt aufzunehmen, die Verwirkung des Unterhaltsanspruchs hergeleitet. Über die Kürzung oder den Ausschluss von Unterhalt kann aber nicht mittelbar der persönliche Umgang mit dem volljährigen Kind erzwungen werden.[73]

---

[61] OLG Hamm v. 14.10.2004 - 11 WF 168/04 - OLGR Hamm 2005, 5-6.
[62] OLG Köln v. 09.11.2004 - 4 UF 90/04 - JMBl NW 2005, 93-94.
[63] Vgl. OLG Köln v. 20.04.2004 - 4 UF 229/03 - FamRZ 2005, 301
[64] *Griesche*, FPR 2005, 335, 336 m.w.N.
[65] KG Berlin v. 18.12.2001 - 18 UF 35/01 - JAmt 2002, 317-319.
[66] OLG Hamm v. 12.01.1995 - 1 UF 355/94 - NJW-RR 1996, 198-199.
[67] OLG Karlsruhe v. 24.05.2011 - 18 UF 165/09 - FamRZ 2011, 1800 unter Hinweis auf BGH v. 14.01.1987 - IVb ZR 65/85 - FamRZ 1987, 356, 358.
[68] OLG Karlsruhe v. 24.05.2011 - 18 UF 165/09 - FamRZ 2011, 1800.
[69] OLG Hamm v. 09.05.1995 - 13 UF 534/94 - FamRZ 1995, 1439.
[70] *Griesche*, FPR 2005, 335, 337 m.w.N.
[71] Vgl. die §§ 2064 ff., 2303 Abs. 1 Satz 1 BGB; BGH v. 12.02.2014 - XII ZB 607/12 - FamRZ 2014, 541.
[72] OLG Karlsruhe v. 24.05.2011 - 18 UF 165/09 - FamRZ 2011, 1800.
[73] OLG Düsseldorf v. 09.11.1994 - 8 UF 86/94 - FamRZ 1995, 957-958.

45 Der BGH[74] betont, dass das Gesetz eine **vorsätzliche schwere Verfehlung** des Unterhaltsberechtigten verlangt und nicht schon ein ablehnendes und unangemessenes Verhalten gegenüber den Eltern für eine Herabsetzung oder den Ausschluss des Unterhalts nach § 1611 Abs. 1 BGB genügen lässt.[75] Noch weniger kann ein Fehlverhalten im Sinne dieser Norm darin gesehen werden, dass ein unterhaltsberechtigtes Kind die Beziehung zu einem unterhaltspflichtigen Elternteil über Jahre hinweg „einschlafen" lässt.[76] Zudem ist auch das Verhalten der unterhaltspflichtigen Eltern im Familienverbund zu beachten (vgl. Rn. 73).

46 Daher werden überwiegend zusätzliche Faktoren verlangt:
- Verweigerung jeglichen persönlichen Kontakts zu dem in Anspruch genommenen Elternteil **ohne billigenswerten Grund**.[77]
- Eine **32 Jahre lang andauernde Kontaktlosigkeit**, die einen groben Mangel an familiärer Gesinnung und menschlicher Rücksichtnahme darstellt mit der Folge, dass der Unterhaltsanspruch des Vaters gegen sein Kind vollständig entfällt.[78]
- **Langjährig** unterbliebene Kontakte verbunden mit weiteren Verfehlungen.[79]
- **Ausnutzung** fehlenden persönlichen Kontaktes zum Verschweigen eigener Einkünfte.[80]
- Bei mangelnder Bereitschaft eines volljährigen Kindes zum Kontakt mit dem unterhaltspflichtigen Elternteil kommt nur bei Hinzutreten **weiterer Umstände** eine Verwirkung in Betracht.[81]
- Die **Ablehnung einer persönlichen Kontaktaufnahme** des volljährigen Kindes zum Vater hat für sich allein keine Verwirkung des Unterhaltsanspruchs zur Folge.[82]
- Aus einer **schriftlichen Ablehnung von Kontakten**, dem Nichterscheinen zu Gerichtsterminen und einem Vorschieben der Mutter kann nicht ohne weiteres auf die Absicht einer tiefen Verletzung des anderen Elternteils geschlossen werden.[83]
- Der Anspruch auf Elternunterhalt kann jedoch zu kürzen sein (hier um 25%), wenn zwischen dem unterhaltspflichtigen Kind und dem Elternteil, dessen Unterhaltsanspruch auf den Sozialleistungsträger übergegangen ist, über einen sehr langen Zeitraum (hier 30 Jahre) keinerlei Kontakt bestanden hat.[84]
- **Kontaktverweigerung**[85] oder **bloße Unhöflichkeiten** (Nichtgrüßen der Großeltern) führen auch nicht zur teilweisen Unterhaltsverwirkung.[86] Eine **Kontaktverweigerung** stellt insbesondere dann keinen Verwirkungsgrund dar, wenn der Vater das Kind nur mit „Herr V." anredet und dessen Ausbildungswünschen mit abgrundtiefer Verachtung begegnet.[87]

47 Beim **Kindesunterhalt** kann die Ablehnung jeder persönlichen Kontaktaufnahme zu dem unterhaltspflichtigen Elternteil durch das (volljährige) Kind allein oder auch in Verbindung mit unhöflichen und unangemessenen Äußerungen diesem gegenüber eine Herabsetzung oder den Ausschluss des Unterhalts nach § 1611 Abs. 1 BGB rechtfertigen.[88]

---

[74] BGH v. 03.07.2013 - XII ZB 220/12 - FamRZ 2013, 1375-1378 = NJW 2013, 2751-2753; BGH v. 29.06.2011 - XII ZR 127/09 - FamRZ 2011, 1560 mit Anm. *Norpoth*; BGH v. 23.06.2010 - XII ZR 170/08 - FamRZ 2010, 1418 mit Anm. *Kieninger*; vgl. auch BGH v. 15.09.2010 - XII ZR 148/09 - FamRZ 2010, 1888; BGH v. 25.01.1995 - XII ZR 240/93 - FamRZ 1995, 475, 476.
[75] BGH v. 24.10.1990 - XII ZR 124/89 - FamRZ 1991, 322, 323.
[76] BGH v. 25.01.1995 - XII ZR 240/93 - FamRZ 1995, 475, 476.
[77] OLG Bamberg v. 06.09.1991 - 7 UF 81/91 - FamRZ 1992, 717.
[78] AG Helmstedt v. 04.09.2000 - 5 F 134/00 - FamRZ 2001, 1395.
[79] AG Leipzig v. 18.09.1996 - 23 C 280/95 - FamRZ 1997, 965.
[80] OLG Hamm v. 31.07.1995 - 13 WF 193/95 - FamRZ 1996, 809-810.
[81] OLG München v. 11.12.1991 - 12 UF 949/91 - FamRZ 1992, 595-597.
[82] OLG Koblenz v. 28.02.2000 - 13 UF 566/99 - OLGR Koblenz 2000, 513-514; OLG Frankfurt v. 21.03.1995 - 1 WF 19/95 - NJW-RR 1996, 708; OLG Celle v. 09.02.1993 - 18 UF 159/92 - NJW-RR 1994, 324-326; OLG Köln v. 16.06.1999 - 27 UF 243/98 - NJWE-FER 2000, 144-145.
[83] OLG Hamm v. 18.08.2000 - 9 UF 37/00 - OLGR Hamm 2000, 361-363.
[84] OLG Celle v. 26.05.2010 - 15 UF 272/09 - NJW 2010, 3727.
[85] OLG Koblenz v. 28.03.2012 - 13 UF 1081/11 - FamFR 2013, 105.
[86] OLG Köln v. 25.01.1996 - 14 WF 11/96 - NJW-RR 1996, 707-708; vgl. auch OLG Karlsruhe v. 18.09.2003 - 2 UF 35/03 - FamRZ 2004, 971 für den Elternunterhalt.
[87] OLG Karlsruhe v. 09.12.2011 - 16 UF 212/10 - FamRZ 2012, 1573, 1575.
[88] BGH v. 12.02.2014 - XII ZB 607/12 - FamRZ 2014, 541; BGH v. 25.01.1995 - XII ZR 240/93 - FamRZ 1995, 475, 476.

Allerdings wird die Frage aufgeworfen, ob aufgrund der Kontaktverweigerung überhaupt ein unterhaltsrechtlich relevantes Fehlverhalten angenommen werden könne, da eine **Pflicht der Eltern zum Umgang mit ihren erwachsenen Kindern** nicht bestehe.[89] 48

Zwar findet § 1618a BGB auch auf das Verhältnis zwischen Eltern und ihren volljährigen Kindern Anwendung. Daher gilt auch zwischen Eltern und ihren volljährigen Kindern die **gegenseitige Pflicht zu Beistand und Rücksicht**. Es sei fraglich, ob man daraus eine wechselseitige Verpflichtung des Umgangs der Eltern mit ihren erwachsenen Kindern herleiten könne.[90] 49

Dagegen kann nach der Rspr. beim **Elternunterhalt** eine Verwirkung gerechtfertigt sein, wenn der Elternteil sein Kind, das er später auf Elternunterhalt in Anspruch nimmt, **schon im Kleinkindalter bei den Großeltern zurückgelassen und sich in der Folgezeit nicht mehr in nennenswertem Umfang um es gekümmert hat**. Dann offenbart das Unterlassen des Elternteils einen so groben Mangel an elterlicher Verantwortung und menschlicher Rücksichtnahme, dass nach Abwägung aller Umstände von einer schweren Verfehlung ausgegangen werden kann.[91] 50

Es liegt jedoch eine schwere Verfehlung i.S.d. § 1611 Abs. 1 Satz 1 Alt. 3 BGB nicht schon deshalb vor, weil der unterhaltsberechtigte Elternteil durch sein Verhalten **das familiäre Band zum unterhaltspflichtigen Kind aufgekündigt** hat. Denn dieses Verhalten allein offenbart nicht einen groben Mangel an elterlicher Verantwortung und menschlicher Rücksichtnahme.[92] 51

Der BGH nimmt eine **Gesamtbewertung des Verhaltens des unterhaltsberechtigten Elternteils seit der Geburt des unterhaltspflichtigen Kindes** vor. Im konkreten Fall wird letztlich darauf abgestellt, dass der unterhaltsberechtigte Elternteil in den ersten 18 Lebensjahren des Kindes Teil des Familienverbands war und sich um das Kind gekümmert hat. Gerade in den regelmäßig eine besonders intensive elterliche Fürsorge erfordernden Lebensphasen des unterhaltspflichtigen Kindes bis zum Erreichen der Volljährigkeit habe er im Wesentlichen den aus seiner Elternstellung folgenden Rechtspflichten genügt. Zum Zeitpunkt des Kontaktabbruchs hatte das unterhaltspflichtige Kind bereits erfolgreich das Abitur abgelegt und damit eine gewisse Selbständigkeit erlangt.[93] 52

Eine vom Unterhaltsberechtigten ausgehende **Kontaktverweigerung** kann, wenn nicht weitere Umstände hinzutreten, nur in ganz besonders gelagerten Ausnahmefällen eine Verwirkung des Unterhalts gemäß § 1611 Abs. 1 BGB begründen.[94] 53

Ob die **bestehende Lebenspartnerschaft des unterhaltsberechtigten Kindes** einem Unterhaltsanspruch nach den §§ 1601, 1610 BGB entgegenstehen kann, ist noch nicht abschließend entschieden. 54

Das AG Garmisch-Partenkirchen[95] hat bei einem volljährigen Kind, das seit längerer Zeit im Haushalt seines Lebensgefährten lebt und von seinen Eltern Unterhalt verlangt, wegen der Parallelität der Wertungsgesichtspunkte jedenfalls im summarischen Verfahren nach § 246 FamFG die Grundsätze zur Versagung des Unterhalts wegen einer **verfestigten Lebensgemeinschaft i.S. des § 1579 Nr. 2 BGB** herangezogen. 55

In seiner Anmerkung geht *Borth*[96] davon aus, dass die **Anwendung der Härtefallklausel des § 1611 Abs. 1 BGB im Normalfall ausscheidet**. Den Eltern steht zwar nach § 1612 Abs. 2 BGB das Recht zu, den Unterhalt in Natur zu gewähren. Eine Verletzung dieses Bestimmungsrechts erfülle allerdings kaum die Voraussetzungen des § 1611 Abs. 1 BGB. Der Rückgriff auf § 1611 BGB sei rechtlich auch regelmäßig nicht erforderlich, weil aufgrund der Leistungsbestimmung, Naturalunterhalt zu gewähren, die Pflicht der Eltern zur Leistung von Barunterhalt entfällt oder sich reduziert. Daher sei keine Regelungslücke vorhanden, die durch eine analoge Anwendung des § 1579 Nr. 2 BGB ausgefüllt werden müsse. 56

---

[89] *Zwißler*, NZFam 2014, 261.
[90] *Zwißler*, NZFam 2014, 261.
[91] BGH v. 12.02.2014 - XII ZB 607/12 - FamRZ 2014, 541; BGH v. 19.05.2004 - XII ZR 304/02 - FamRZ 2004, 1559, 1560.
[92] BGH v. 12.02.2014 - XII ZB 607/12 - FamRZ 2014, 541.
[93] BGH v. 12.02.2014 - XII ZB 607/12; BGH v. 19.05.2004 - XII ZR 304/02 - FamRZ 2004, 1559, 1560; kritisch *Menne*, FF 2014, 194, 198.
[94] BGH v. 12.02.2014 - XII ZB 607/12 - FamRZ 2014, 541.
[95] AG Garmisch-Partenkirchen v. 29.10.2009 - 1 F 375/09 - FamRZ 2010, 990.
[96] *Borth*, FamRZ 2010, 991.

57 Zudem sei eine Analogie bedenklich, da der Gesetzgeber die Vorschrift des § 1579 Nr. 2 BGB auf das „endgültige Herauslösen aus der nachehelichen Solidarität" gestützt habe. Damit sei aber die **Begründung einer Lebenspartnerschaft** durch ein volljähriges Kind nicht vergleichbar. Zudem müsse festgestellt werden, ob es bereits zu einer ausreichenden Verfestigung der Lebensgemeinschaft des Kindes gekommen sei.

58 Letztlich müsse differenziert werden nach der **Art des Unterhaltsanspruchs**. Ist Ausbildungsunterhalt i.S.d. § 1610 Abs. 1, 2 BGB geschuldet, ist die Unterhaltspflicht eher gegeben als im Fall einer einfachen Unterhaltsbedürftigkeit (nach weggefallenem Ausbildungsanspruch), weil dann wegen der Verselbständigung der Lebensstellung die Obliegenheit besteht, jedwede Erwerbstätigkeit anzunehmen, sodass es regelmäßig an der Bedürftigkeit wegen eines gegebenenfalls zu fingierenden Einkommens fehlt.

59 Die Annahme einer vorsätzlichen schweren Verfehlung des Unterhalt begehrenden Kindes setzt grundsätzlich eine **umfassende Abwägung** aller maßgeblichen Umstände voraus, die auch das **eigene Verhalten des unterhaltspflichtigen Elternteils** angemessen zu berücksichtigen hat. Dabei ist auch das Verhalten gegenüber dem geschiedenen Elternteil, der das Kind jahrelang versorgt und betreut, mit zu berücksichtigen.[97] Zu prüfen ist also auch, ob eigenes Verhalten der Eltern Anlass zu missbilligendem Verhalten des Kindes gegeben hat.[98]

II. Schutz minderjähriger Kinder (Absatz 2)

60 **Minderjährige Kinder können ihren Unterhaltsanspruch nicht verwirken** (§ 1611 Abs. 2 BGB); daher sind auch Verfehlungen in der Zeit der Minderjährigkeit für den Anspruch des volljährigen Kindes unbeachtlich. Allein entscheidend ist, wann der Verwirkungstatbestand eingetreten ist.[99]

III. Anwendbarkeit auf den Elternunterhalt

61 Eine Verwirkung kommt auch beim **Elternunterhalt** in Betracht. Zu beachten ist aber, dass § 1611 BGB eine eng auszulegende **Ausnahmevorschrift** ist.[100]

62 Wird der Unterhaltsanspruch vom **Träger der Sozialhilfe** geltend gemacht, steht **§ 94 Abs. 3 Satz 1 Nr. 2 SGB XII** einem **Anspruchsübergang nicht entgegen**.[101]

63 Nach § 94 Abs. 1 Satz 1 SGB XII geht der zivilrechtliche Unterhaltsanspruch eines Sozialhilfeberechtigten bis zur Höhe der geleisteten Aufwendungen mit dem unterhaltsrechtlichen Auskunftsanspruch auf den Träger der Sozialhilfe über. Gemäß § 94 Abs. 3 Satz 1 Nr. 2 SGB XII **geht der Anspruch nicht über, soweit dies eine unbillige Härte bedeuten würde**.[102]

64 Während die Frage, ob der Unterhaltsanspruch nach § 1611 BGB verwirkt ist, rein **zivilrechtlicher** Natur ist, richtet sich die Frage des Anspruchsübergangs nach § 94 SGB XII nach **öffentlichem Recht**. Deshalb genügt eine zivilrechtlich einzuordnende Störung familiärer Beziehungen im Sinne des § 1611 BGB **grundsätzlich nicht**, um eine unbillige Härte im Sinne des § 94 Abs. 3 Satz 1 Nr. 2 SGB XII zu begründen und damit einen Anspruchsübergang auf den Träger der Sozialhilfe auszuschließen. Vielmehr umfasst § 1611 BGB für die Prüfung einer etwaigen Verwirkung nur die für das zivilrechtlich zu beurteilende Familienverhältnis in Frage kommenden Tatbestandsmerkmale. Sind die Voraussetzungen für eine Verwirkung erfüllt, kommt § 94 SGB XII ohnehin nicht zum Tragen, weil es an einem Unterhaltsanspruch fehlt, der auf den Träger der Sozialhilfe übergehen könnte.[103] Aber auch eine an sich unter § 1611 Abs. 1 BGB fallende Sachverhaltskonstellation, die jedoch nicht alle Tatbestandsmerkmale dieser Norm – wie etwa das Verschulden – erfüllt und deshalb nicht zu einer Verwirkung des Unterhaltsanspruchs führt, ist grundsätzlich nicht unter § 94 SGB XII zu subsumieren.[104]

---

[97] BGH v. 25.01.1995 - XII ZR 240/93 - FamRZ 1995, 475.
[98] BGH v. 24.10.1990 - XII ZR 124/89 - FamRZ 1991, 322.
[99] BGH v. 25.01.1995 - XII ZR 240/93 - FamRZ 1995, 475.
[100] BGH v. 15.09.2010 - XII ZR 148/09 - FamRZ 2010, 1888; OLG Hamm v. 06.08.2009 - 2 UF 241/08 - FamRZ 2010, 303; OLG Karlsruhe v. 18.09.2003 - 2 UF 35/03 - FamRZ 2004, 971. Einen ausführlichen Überblick über die Verwirkung von Unterhaltsansprüchen – auch im Rahmen des § 1611 BGB – gibt *Kofler*, NJW 2011, 2470-2476.
[101] BGH v. 15.09.2010 - XII ZR 148/09 - FamRZ 2010, 1888.
[102] BGH v. 23.06.2010 - XII ZR 170/08 - juris Rn. 32 - FamRZ 2010, 1418 und BGH v. 21.04.2004 - XII ZR 251/01 - FamRZ 2004, 1097, 1098 zu der entsprechenden Vorgängervorschrift des § 91 Abs. 2 Satz 2 BSHG.
[103] BGH v. 23.06.2010 - XII ZR 170/08 - juris Rn. 32 - FamRZ 2010, 1418 und BGH v. 21.04.2004 - XII ZR 251/01 - FamRZ 2004, 1097, 1098.
[104] BGH v. 15.09.2010 - XII ZR 148/09 - FamRZ 2010, 1888.

Etwas anderes gilt nur dann, wenn der nach § 1611 BGB zu beurteilende Lebenssachverhalt aus Sicht des Sozialhilferechts **auch soziale Belange erfasst**, die einen Übergang des Anspruches nach öffentlich-rechtlichen Kriterien ausschließen. Dazu muss ein erkennbarer Bezug zum Sozialhilferecht, insbesondere ein kausaler Zusammenhang zu einem Handeln des Staates oder seiner Organe, vorliegen.[105] Entscheidend ist nach alledem, ob aus der Sicht des Sozialhilferechts durch den Anspruchsübergang soziale Belange berührt werden. Die Härte kann in materieller oder immaterieller Hinsicht bestehen und entweder in der Person des Unterhaltspflichtigen oder in derjenigen des Hilfeempfängers vorliegen. Bei der Auslegung der Härteklausel ist in erster Linie die **Zielsetzung der Hilfe** zu berücksichtigen, daneben sind die **allgemeinen Grundsätze der Sozialhilfe zu beachten**.[106]

Die Sonderbehandlung von Eltern behinderter volljähriger Kinder in § 94 Abs. 2 SGB XII mit der Beschränkung des Rückgriffs auf bestimmte Höchstbeträge[107] beruht auf anderen gesetzgeberischen Erwägungen, die auf den Elternunterhalt nicht übertragbar sind.[108]

Sittliches Verschulden an der Bedürftigkeit bedeutet, dass diese Bedürftigkeit durch verantwortungsloses Verhalten mutwillig herbeigeführt worden ist. Waren die Eltern aber als normale Arbeitnehmer berufstätig und haben entsprechend Beiträge zur Sozialversicherung entrichtet, kann man ihnen kein sittliches Verschulden vorwerfen. Ein verantwortungsloses Verhalten wäre gegeben, wenn der Elternteil für sein Alter keine Vorsorge getroffen hat, obwohl er dies bei seinen Einkommensverhältnissen hätte tun können. Dies setzt voraus, dass entsprechendes Einkommen für die Altersvorsorge vorhanden gewesen ist oder bei zumutbarem Einsatz der Arbeitskraft hätte vorhanden sein müssen, man aber dennoch nicht für das Alter vorgesorgt hat. Zur Annahme eines sittlichen Verschuldens genügt auch nicht, dass die Rente nicht zur Deckung der – teilweise extrem hohen – anfallenden Heimkosten ausreicht.

Die **grobe Verletzung der Unterhaltspflicht** setzt voraus, dass der Elternteil Unterhalt nicht gezahlt hat und dass der Pflichtige bei seiner Einkommenslage bzw. bei ausreichendem Einsatz seiner Arbeitskraft Unterhalt hätte zahlen können.

Als vorsätzliches grobes Fehlverhalten kommt daher auch die **Verletzung der Betreuungspflicht** in Betracht.[109] So wird ein Unterhaltsanspruch von Vater oder Mutter immer dann, und zwar völlig, ausgeschlossen sein, wenn das Kind wegen schuldhaften Verhaltens der Eltern in Fremdbetreuung im Heim oder bei Verwandten untergebracht werden musste.[110]

Elternunterhalt kann verwirkt sein, wenn eine Mutter ihr später von ihr auf Unterhalt in Anspruch genommenes Kind im Kleinkindalter bei der Großeltern zurückgelassen und sich in der Folgezeit nicht mehr in nennenswertem Umfang um dieses gekümmert hat.[111] Dies gilt auch, wenn der unterhaltsbedürftige Elternteil dem auf Unterhalt in Anspruch genommenen Kind nach Verlassen der Volksschule keine qualifizierte Berufsausbildung ermöglichte und dessen Betreuung und Erziehung den Großeltern des Kindes überließ.[112]

Den **Nachweis** der schuldhaften Verletzung muss das in Anspruch genommene Kind erbringen, denn die **Darlegungs- und Beweislast** liegt beim unterhaltspflichtigen Kind.[113] Zur Verletzung der Unterhaltspflicht ist aber auch der Nachweis ausreichender Leistungsfähigkeit über den gesamten Zeitraum der Nichterfüllung erforderlich.

Bei der Prüfung der Verwirkung von Unterhaltsansprüchen, die Eltern gegen ihre Kinder zustehen, ist dem Elternteil die **Pflichterfüllung in der Vergangenheit** zugute zu halten.[114] Dementsprechend liegt auch keine grobe Vernachlässigung der Unterhaltspflicht vor, wenn nur für einige Zeit kein Unterhalt geleistet worden ist.

---

[105] BGH v. 15.09.2010 - XII ZR 148/09 - FamRZ 2010, 1888.
[106] BGH v. 15.09.2010 - XII ZR 148/09 - FamRZ 2010, 1888; BGH v. 21.04.2004 - XII ZR 251/01 - FamRZ 2004, 1097.
[107] Vgl. BGH v. 23.06.2010 - XII ZR 170/08 - juris Rn. 22 ff. - FamRZ 2010, 1418.
[108] BGH v. 15.09.2010 - XII ZR 148/09 - FamRZ 2010, 1888; BGH v. 21.04.2004 - XII ZR 251/01 - FamRZ 2004, 1097.
[109] BGH v. 19.05.2004 - XII ZR 304/02 - FamRZ 2004, 1559, mit Anm. *Born*, FamRZ 2004, 1561; zustimmend *Griesche*, FPR 2005, 335, 339.
[110] BGH v. 19.05.2004 - XII ZR 304/02 - FamRZ 2004, 1559, mit Anm. *Born*, FamRZ 2004, 1561.
[111] BGH v. 19.05.2004 - XII ZR 304/02 - NJW 2004, 3109-3110, einschränkend OLG Celle v. 09.12.2009 15 UF 148/09 - FamRZ 2010, 819, 820.
[112] AG Krefeld v. 30.10.2009 - 65 F 130/09 - FamRZ 2010, 817.
[113] OLG Hamm v. 06.08.2009 - 2 UF 241/08 - FamRZ 2010, 303.
[114] LG Bielefeld v. 17.12.1997 - 1b S 169/97 - FamRZ 1999, 399.

74 In der **Rechtsprechung**, die zu dieser Fragestellung nicht sehr umfassend ist, sind folgende Fallgestaltungen behandelt worden:
- Wegfall der Unterhaltspflicht eines Sohnes gegenüber seinem Vater, wenn letzterer die **Familie verlassen** und sich fortan um die noch minderjährigen Kinder **nicht mehr gekümmert** hat.[115]
- Wenn die **Vernachlässigung** auf der Erkrankung an schizophrener **Psychose** beruht, fehlt es an einem für eine Verwirkung erforderlichen **Verschulden** des unterhaltsbedürftigen Elternteils (vgl. Rn. 76 ff.).[116]
- Wegfall der Unterhaltsverpflichtung, wenn der nun bedürftige Vater seiner Unterhaltsverpflichtung gegenüber dem Sohn infolge von **Trunksucht** nicht nachgekommen war.[117]
- Verwirkung des Unterhaltsanspruchs gegenüber dem Kind, wenn sich der Elternteil während der Ehezeit der Verletzung der Aufsichtspflicht und der **Vernachlässigung** des Kindes schuldig gemacht hat sowie seiner Unterhaltsverpflichtung nicht nachgekommen ist und auch über Jahre hinweg keinerlei Kontakt zu seinem Kind gesucht hat.[118]
- Eine 32 Jahre **lang andauernde Kontaktlosigkeit** stellt einen groben Mangel an familiärer Gesinnung und menschlicher Rücksichtnahme dar mit der Folge, dass der Unterhaltsanspruch des Vaters gegen sein Kind vollständig entfällt.[119]
- Nicht zu einer Kürzung des Elternunterhaltsanspruchs führen jedoch **fehlender Kontakt** zum Kind sowie Kränkungen durch die Mutter, die sich zwar auf menschlich bedauerlichem, aber nicht völlig ungewöhnlichem Niveau bewegen.[120]
- Die Verpflichtung zum Elternunterhalt entfällt wegen grober Unbilligkeit i.S.d. § 1611 Abs. 1 Satz 2 BGB, wenn der jetzt unterhaltsberechtigte Elternteil (im Fall die pflegebedürftige Mutter) den **vormals minderjährigen Unterhaltsverpflichteten** (ihre Tochter) **vor die Tür gesetzt hatte**, um ungestört mit ihrem neuen Lebenspartner zusammenleben zu können. Der Elternteil hat damit seine Pflicht, den Unterhaltsverpflichteten während seiner Minderjährigkeit zu betreuen, zu versorgen und zu erziehen, gröblich vernachlässigt.[121]
- Nicht ausreichend sind einzelne „erzieherische Ausraster" und auch die spätere Kontaktlosigkeit nicht reicht nicht aus, um eine Verwirkung anzunehmen.[122] Diese zurückhaltende Rechtsprechung ist auch aus praktischer Sicht zu begrüßen, da andernfalls Gerichte und Behörden mit der Aufarbeitung familiären Fehlverhaltens konfrontiert würden.[123]
- Eine **Vernachlässigung der Betreuung der Kinder** durch die Mutter, die eine Verletzung ihrer Naturalunterhaltspflicht darstellen kann, muss ein solches Ausmaß erreicht haben, dass eine gröbliche Verletzung der Unterhaltspflicht i.S.v. § 1611 BGB angenommen werden kann. Dabei ist zu berücksichtigen, dass der Inanspruchnahme auf Elternunterhalt der Aufopferungsgedanke zugrunde liegt. Danach erscheint es grundsätzlich billig und gerecht, Kinder gerade deswegen für den Unterhalt ihrer Eltern heranzuziehen, weil diese sich zuvor – finanziell oder emotional – für sie „aufgeopfert" haben, indem sie für sie gesorgt und sie (gut oder schlecht) erzogen haben. Eine bestimmte **Qualität der Versorgung und Erziehung** ist dabei **nicht geschuldet**.[124]
- Betreuen Kinder ihre **pflegebedürftigen Eltern**, indem sie laufend selbst erhebliche **Pflegeleistungen** erbringen, kann nach Ansicht des OLG Oldenburg deshalb die Verpflichtung zu weiteren Unterhaltszahlungen entfallen.[125] Soweit dennoch noch von einem bestehenden Anspruch auf ergänzenden Barunterhalt ausgegangen wird, wäre die Inanspruchnahme des Kindes zwar nicht nach § 1611 Abs. 1 BGB unbillig, da sich diese Vorschrift nur auf das Unterhaltsverhältnis berührende Verfehlungen des Berechtigten erstreckt. Ein bestehender Anspruch könnte jedoch gemäß § 94

---

[115] LG Hannover v. 17.01.1991 - 3 S 247/90 - FamRZ 1991, 1094.
[116] BGH v. 15.09.2010 - XII ZR 148/09 - FamRZ 2010, 1888; OLG Hamm v. 06.08.2009 - 2 UF 241/08 - FamRZ 2010, 303.
[117] AG Germersheim v. 05.04.1990 - 2 C 83/90 - FamRZ 1990, 1387.
[118] AG Leipzig v. 18.09.1996 - 23 C 280/95 - FamRZ 1997, 965.
[119] AG Helmstedt v. 04.09.2000 - 5 F 134/00 - FamRZ 2001, 1395.
[120] OLG Karlsruhe v. 18.09.2003 - 2 UF 35/03 - FamRZ 2004, 971; vgl. auch *Born*, FamRZ 2004, 1561, 1562.
[121] AG Frankfurt v. 09.12.2005 - 404 F 4366/05 UE - ASR 2006, 41-42.
[122] BGH v. 15.09.2010 - XII ZR 148/09 - FamRZ 2010, 1888; BGH v. 21.04.2004 - XII ZR 251/01 - FamRZ 2004, 1097.
[123] *Hauß*, FamRZ 2010, 1888, 1892.
[124] OLG Hamm v. 06.08.2009 - 2 UF 241/08 - FamRZ 2010, 303.
[125] OLG Oldenburg v. 14.01.2010 - 14 UF 134/09 - FamRZ 2010, 992.

Abs. 3 Nr. 2 SGB XII SGB nicht auf den Sozialhilfeträger übergehen, da dies für die Beklagte eine unbillige Härte im Sinne dieser Vorschrift bedeuten würde (zum Anspruchsübergang gem. § 94 Abs. 3 Nr. 2 SGB XII vgl. Rn. 62 ff.).

Auch beim Elternunterhalt kann die **Kontaktverweigerung** des unterhaltsberechtigten Elternteils nur unter ganz besonderen Voraussetzungen zur Verwirkung des Unterhaltsanspruchs führen (vgl. Rn. 34).[126] 75

Die Anwendung von § 1611 BGB setzt ein **Verschulden** voraus. 76

Sind die Verfehlungen oder Vernachlässigungen auf eine **psychische Erkrankung** zurückzuführen, so gelten besondere Grundsätze[127] (vgl. Rn. 11). 77

Eine **schwere Verfehlung** gemäß § 1611 Abs. 1 Satz 1 Alt. 3 BGB kann regelmäßig nur bei einer tief greifenden Beeinträchtigung schutzwürdiger wirtschaftlicher Interessen oder persönlicher Belange des Pflichtigen angenommen werden. Dabei kann sich auch eine – durch Unterlassen herbeigeführte – **Verletzung elterlicher Pflichten** wie etwa der Aufsichtspflicht oder der Pflicht zu Beistand und Rücksicht i.S.v. § 1618a BGB als Verfehlung gegen das Kind darstellen.[128] Der BGH hat nicht beanstandet, dass das OLG eine gröbliche Vernachlässigung der Unterhaltspflicht vor dem Hintergrund der Erkrankung der Unterhaltsberechtigten verneint hat.[129] 78

Auch aus der **Verweigerung einer Therapie** der Erkrankung lässt sich dann kein Verschulden des unterhaltsbedürftigen Elternteils herleiten, wenn ihm infolge der psychischen Erkrankung jedwede Krankheitseinsicht fehlt.[130] 79

Einmaliges **Zerschneiden der Kleidung der Kinder**, die Verursachung eines Waschzwangs und mehrfaches Aussperren der Kinder aus der Wohnung stellen vor dem Hintergrund einer psychischen Erkrankung des unterhaltsberechtigten Elternteils ohne Hinzutreten besonderer Umstände keine schwere Verfehlung dar.[131] 80

Ein **Mitverschulden** des Elternteils an seiner psychischen Erkrankung aufgrund langjährigen Tablettenmissbrauchs und entsprechender **Ablehnung von Hilfsangeboten** für eine Entgiftung muss substantiiert vorgetragen werden. Zudem muss das insoweit darlegungs- und beweispflichtige unterhaltspflichtige Kind zur **Kausalität** zwischen dem Verhalten des Elternteils und der später erfolgten Vernachlässigung der Betreuung und Versorgung ihrer Kinder substantiiert vortragen. Zudem setzt ein Verschulden voraus, dass der Elternteil die Auswirkungen seines Handelns auf seine Verpflichtung zur Betreuung und Versorgung seiner Kinder hätte **erkennen** und durch geeignete Maßnahmen verhindern können.[132] 81

Der BGH betont weiter, dass es nicht ersichtlich sei, weshalb das unterhaltspflichtige Kind aus der **familiären Verantwortung** gegenüber seiner Mutter entlassen werden sollte. Wäre der Staat für die Mutter nicht in Vorleistung getreten, hätte sie gegen das Kind ohnehin ihren Unterhaltsanspruch durchsetzen können. Wegen der vom Gesetz geforderten familiären Solidarität rechtfertigen die als schicksalsbedingt zu qualifizierende Krankheit der Mutter und deren Auswirkungen auf das unterhaltspflichtige Kind es nicht, die **Unterhaltslast dem Staat aufzubürden**.[133] 82

Liegt ein **Unterhaltsverzicht** vor, der sich letztlich **zu Lasten des Sozialhilfeträgers** auswirkt, ist dieser auf seine Wirksamkeit zu prüfen. Speziell muss gefragt werden, ob der Verzicht in Kenntnis der möglichen (kausalen) Sozialhilfebedürftigkeit vereinbart wurde. Inhalt, Beweggründe und Zweck des Verzichts im jeweiligen Einzelfall sind zu berücksichtigen und ggf. am von § 1611 BGB geforderten konkreten Schuldvorwurf zu messen.[134] 83

Der Elternunterhalt kann teilweise **verwirkt** sein, wenn der Unterhaltsgläubiger außergerichtlich die ursprünglich erhobene Forderung mehrfach ermäßigt.[135] Zur **Verwirkung** vgl. die Kommentierung zu § 1613 BGB Rn. 282 ff. 84

---

[126] BGH. v. 12.02.2014 - XII ZB 607/12 - FamRZ 2014, 541 m.w.N.
[127] BGH v. 15.09.2010 - XII ZR 148/09 - FamRZ 2010, 1888.
[128] BGH. v. 12.02.2014 - XII ZB 607/12 - FamRZ 2014, 541 m.w.N.
[129] BGH v. 15.09.2010 - XII ZR 148/09 - FamRZ 2010, 1888; OLG Hamm v. 06.08.2009 - 2 UF 241/08 - FamRZ 2010, 303.
[130] OLG Hamm v. 06.08.2009 - 2 UF 241/08.
[131] BGH v. 15.09.2010 - XII ZR 148/09 - FamRZ 2010, 1888; OLG Hamm v. 06.08.2009 - 2 UF 241/08.
[132] OLG Hamm v. 06.08.2009 - 2 UF 241/08.
[133] BGH v. 15.09.2010 - XII ZR 148/09 - FamRZ 2010, 1888.
[134] Herr, FamRZ 2005, 1021, 1028.
[135] OLG Celle v. 02.09.2008 - 10 UF 101/08 - FamRZ 2009, 1076.

IV. Anwendbarkeit auf den Unterhaltsanspruch des nichtehelichen Elternteils aus § 1615l BGB

85 Der BGH hat die Frage offen gelassen, ob bei einem Unterhaltsanspruch aus § 1615l BGB bei Aufnahme einer neuen Partnerschaft eine Verwirkung – gestützt auf § 1611 BGB oder auf eine entsprechende Anwendung des § 1579 Nr. 2 BGB – möglich ist, da im konkreten Fall die Zeit des Zusammenlebens noch zu kurz war.[136]

86 Die Rechtsprechung der Obergerichte ist nicht einheitlich. Das OLG Karlsruhe[137] wendet § 1611 BGB beim Unterhaltsanspruch aus § 1615l BGB an. Das OLG Nürnberg hat die Anwendung eines Verwirkungstatbestandes aus § 1579 BGB wegen einer neuen verfestigten Partnerschaft des aus § 1615l BGB unterhaltsberechtigten Elternteils abgelehnt. Trotz der Nähe zum nachehelichen Betreuungsunterhalt komme eine analoge Anwendung des nachehelichen Verwirkungsrechts nicht in Frage.[138]

V. Verwirkung außerhalb von § 1611 BGB

87 Eine **Verwirkung** von Unterhaltsansprüchen ist **auch außerhalb des** § 1611 BGB grundsätzlich möglich.[139] Jedenfalls im Rahmen des Elternunterhaltes hat der BGH die Verwirkung nach allgemeinen Grundsätzen (§ 242 BGB) anerkannt.[140]

88 Voraussetzung einer Verwirkung nach § 242 BGB ist, dass die Geltendmachung von Unterhalt nach Treu und Glauben eine **unzulässige Rechtsausübung** darstellen würde. Hierzu reicht es nicht aus, wenn der Unterhaltspflichtige sich auf seelische Belastung beruft bzw. darauf, dass er wegen der Inanspruchnahme auf Zahlung von Unterhalt für seine Mutter, die ihn seiner Überzeugung nach als Kind und Jugendlichen vernachlässigt hat, sich in psychiatrische Behandlung begeben musste und mit Antidepressiva behandelt wird.[141]

89 Zur Verwirkung von nicht rechtzeitig durchgesetzten Unterhaltsrückständen vgl. die Kommentierung zu § 1613 BGB Rn. 283.

C. Rechtsfolgen

90 Liegen die Voraussetzungen vor, muss der Unterhaltspflichtige statt des vollen Unterhalts nur den **Unterhaltsbetrag** leisten, der der **Billigkeit** entspricht. **Rechtsfolge** ist also nicht zwingend ein **vollständiger Wegfall** des Anspruchs. Vielmehr kommt in erster Linie eine **Begrenzung** auf den Billigkeitsunterhalt in Betracht. Dabei können sowohl eine Herabsetzung als eine **Befristung** des Unterhaltes in Erwägung gezogen werden.[142]

91 Dabei ist einmal in die Billigkeitsabwägungen die Schwere der Verfehlungen auf Seiten des Berechtigten einzubeziehen. Aber auch auf Seiten des **Unterhaltspflichtigen** sind zu berücksichtigen.
- dessen **finanzielle Verhältnisse** und die **Belastung** durch die Unterhaltspflicht und
- dessen **Verhalten** gegenüber dem Unterhaltsberechtigten und gegenüber dem anderen Elternteil,[143]
- aber auch eventuelle **Erziehungsfehler** oder gar eine **Mitschuld** (vgl. Rn. 74).

92 Bei **grober Unbilligkeit** sieht § 1611 Abs. 1 Satz 2 BGB den **völligen Wegfall** der Unterhaltsverpflichtung vor. Allerdings ist diese Rechtsfolge nur in besonders gelagerten Ausnahmefällen angemessen. In aller Regel wird ein **zeitlich begrenzter Ausschluss** als angemessene Reaktion auf das Fehlverhalten des Unterhaltsberechtigten ausreichen.

93 Die gem. § 1611 BGB angeordnete Herabsetzung oder der völlige Ausschluss des Verwandtenunterhaltes ist grundsätzlich **endgültig** (anders als bei § 1579 BGB). Etwas anderes gilt aber dann, wenn der Unterhaltspflichtige das Fehlverhalten nachträglich verzeiht.[144]

---

[136] BGH v. 16.07.2008 - XII ZR 109/05 - FamRZ 2008, 1739 und *Schwab*, FamRZ 2007, 1053, 1057.
[137] OLK Karlsruhe v. 24.05.2011 - 18 UF 165/09 - FamRZ 2011, 1800.
[138] OLG Nürnberg v. 05.08.2010 - 10 UF 702/10 - FamRZ 2011, 735.
[139] OLG Dresden v. 22.03.2004 - 23 WF 140/04 - JAmt 2004, 337-339. Ausführlich zur Frage der Verwirkung von gesetzlichem Minderjährigenunterhalt *von Creytz*, FPR 2008, 596. Dagegen sieht *Griesche*, FPR 2005, 335, § 1611 BGB als eine abschließende Sonderregelung an, die einen Rückgriff auf andere Billigkeitsvorschriften wie z.B. § 242 BGB ausschließt; ebenso *Finger*, FamRZ 1995, 969, 974.
[140] BGH v. 23.10.2002 - XII ZR 266/99 - NJW 2003, 128 = FamRZ 2002, 1698.
[141] OLG Celle v. 09.12.2009 - 15 UF 148/09 - FamRZ 2010, 819, 820.
[142] *Botur* in: Büte/Poppen/Menne, Unterhaltsrecht, 2010, § 1611 Rn. 11 m.w.N.
[143] *Griesche*, FPR 2005, 335, 337 m.w.N.
[144] *Griesche*, FPR 2005, 335 m.w.N.

Soweit der Unterhalt verwirkt ist, haften gem. § 1611 Abs. 3 BGB auch **nachrangige Unterhaltspflichtige** (vgl. § 1607 BGB) nicht. 94

Der **Auskunftsanspruch** wird durch den Verwirkungseinwand nicht berührt.[145] 95

Die Vorschrift bietet keine Handhabe, über die Kürzung oder den Ausschluss von Unterhalt den persönlichen Umgang mit dem volljährigen Kind zu erzwingen.[146] 96

D. Prozessuale Hinweise/Verfahrenshinweise

Die Voraussetzungen dieser – von Amts wegen zu beachtenden[147] – **rechtsvernichtenden Einwendung** muss der Unterhaltspflichtige **darlegen und beweisen** (vgl. zum Elternunterhalt Rn. 72). 97

Erforderlich ist also ein ausreichend substantiierter Vortrag zu den maßgeblichen Umständen. Bei **Selbsttötungsversuchen** als regelmäßiger Verzweiflungstat spricht eine Vermutung für ein unverschuldetes und damit ein nicht sittlich vorwerfbares Verhalten.[148] 98

Da auch der Umfang der Belastung des Unterhaltspflichtigen für die zu treffende Entscheidung von Bedeutung ist, muss die Feststellung der konkreten **Höhe des Unterhaltsanspruchs** der Billigkeitsentscheidung vorausgehen. Daher ist es verfehlt, in einem Unterhaltsrechtsstreit nur zum Verwirkungstatbestand vorzutragen. 99

Auf der Ebene der **Billigkeitsabwägung** muss jede Partei die zu ihren Gunsten sprechenden Umstände **darlegen und beweisen**. Beruft der Unterhaltsberechtigte sich auf eine Verzeihung eines Fehlverhaltens, so hat er dies zu beweisen. 100

Umstritten ist, ob bei einem bereits bestehenden Unterhaltstitel die Verwirkung im Wege des **Abänderungsverfahrens** nach den §§ 238, 239 FamFG[149] oder des **Vollstreckungsgegenverfahrens** nach § 767 ZPO[150] geltend gemacht werden muss. 101

Jedenfalls kann der auf die Verweigerung des Umgangs mit dem Kind gestützte Einwand des § 1611 BGB nicht im Rahmen des **vereinfachten Verfahrens** gem. §§ 249 ff. FamFG geltend gemacht werden.[151] 102

Die Frage, ob und ggf. in welcher Höhe der Unterhaltsanspruch verwirkt ist, ist im Wege einer auf den jeweiligen **Einzelfall** bezogenen, umfassenden **Abwägung** unter Einbeziehung der Umstände von Trennung und Scheidung der Kindeseltern und der sich hieraus ergebenden Eltern-Kind-Beziehung – und damit regelmäßig **nicht im Verfahrenskostenhilfeprüfungsverfahren** – zu beantworten.[152] 103

E. Steuerrechtliche Hinweise

Vgl. hierzu die Steuerrechtl. Hinw. zu §§ 1601 ff. BGB. 104

---

[145] OLG Frankfurt v. 02.03.1993 - 4 WF 24/93 - FamRZ 1993, 1241-1242.
[146] OLG Düsseldorf v. 09.11.1994 - 8 UF 86/94 - FamRZ 1995, 957-958.
[147] KG Berlin v. 18.12.2001 - 18 UF 35/01 - JAmt 2002, 317-319.
[148] OLG Brandenburg v. 02.01.2007 - 9 UF 159/06 - FamRZ 2008, 174.
[149] OLG Köln v. 16.06.1999 - 27 UF 243/98 - NJWE-FER 2000, 144-145; OLG Bamberg v. 06.09.1991 - 7 UF 81/91.
[150] BGH v. 29.05.1991 - XII ZR 157/90 - FamRZ 1991, 1175-1176 für den Fall des § 1579 BGB.
[151] KG v. 23.06.2009 - 18 WF 140/09 - FamRZ 2010, 219.
[152] Vgl. OLG Köln v. 20.04.2012 - II-25 WF 64/12, 25 WF 64/12 - NJW 2012, 2364.

§ 1612 BGB Art der Unterhaltsgewährung

(Fassung vom 21.12.2007, gültig ab 01.01.2008)

(1) ¹Der Unterhalt ist durch Entrichtung einer Geldrente zu gewähren. ²Der Verpflichtete kann verlangen, dass ihm die Gewährung des Unterhalts in anderer Art gestattet wird, wenn besondere Gründe es rechtfertigen.

(2) ¹Haben Eltern einem unverheirateten Kind Unterhalt zu gewähren, können sie bestimmen, in welcher Art und für welche Zeit im Voraus der Unterhalt gewährt werden soll, sofern auf die Belange des Kindes die gebotene Rücksicht genommen wird. ²Ist das Kind minderjährig, kann ein Elternteil, dem die Sorge für die Person des Kindes nicht zusteht, eine Bestimmung nur für die Zeit treffen, in der das Kind in seinen Haushalt aufgenommen ist.

(3) ¹Eine Geldrente ist monatlich im Voraus zu zahlen. ²Der Verpflichtete schuldet den vollen Monatsbetrag auch dann, wenn der Berechtigte im Laufe des Monats stirbt.

Gliederung

A. Grundlagen 1	II. Monatlich im Voraus zu entrichten (Absatz 3 Satz 1) 52
B. Anwendungsvoraussetzungen 5	III. Besondere Gründe für anderweitige Leistung des Unterhaltspflichtigen 56
I. Zahlung einer Geldrente 5	
1. Behandlung von Naturalleistungen 8	
2. Wohnvorteil beim Kindesunterhalt ... 11	IV. Unterhaltsbestimmungsrecht (Absatz 2 Satz 1) 62
3. Unterhalt beim Wechselmodell 14	1. Inhaltliche Anforderungen an das Bestimmungsrecht 66
a. Wann liegt ein echtes Wechselmodell vor? 15	
b. Berechnungsweise beim echten Wechselmodell 25	2. Bestimmungsberechtigte Personen (Absatz 2 Sätze 1 und 3) 75
c. Lösungsansätze beim erweiterten Umgang 28	3. Wirksamkeit der Unterhaltsbestimmung 84
d. Kindergeldangleich beim echten Wechselmodell 43	4. Abänderungsmöglichkeiten 93
4. Anspruch auf Sonderbedarf 48	
5. Beendigung des Anspruchs 49	5. Verfahrensrechtliche Fragen 104
6. Sozialhilferechtliche Auswirkungen .. 51	C. Steuerrechtliche Hinweise 109

A. Grundlagen

1 Die Vorschrift regelt die **Modalitäten** der Unterhaltsleistung.

2 Grundsätzlich ist die Zahlung einer **Geldrente** vorgesehen (§ 1612 Abs. 1 Satz 1, Abs. 3 BGB). Für den Geschiedenenunterhalt enthält § 1585 BGB eine Parallelregelung. Aus besonderen Gründen kann aber der Unterhaltspflichtige verlangen, dass er den Unterhalt auf andere Weise leisten darf.

3 Diese Regel kehrt sich gegenüber unverheirateten Kindern um (§ 1612 Abs. 2 Satz 1 BGB). Hiernach **bestimmen die Eltern die Unterhaltsleistung**. Eine wirksame Bestimmung schließt den Unterhaltsanspruch des Kindes aus, wenn es den angebotenen Unterhalt nicht annimmt. Eine wirksame Unterhaltsbestimmung bindet auch das Gericht im Unterhaltsprozess.

4 Aus besonderen Gründen kann diese Unterhaltsbestimmung vom Familiengericht geändert werden (§ 1612 Abs. 2 Satz 2 BGB).

B. Anwendungsvoraussetzungen

I. Zahlung einer Geldrente

5 Grundsätzlich ist der Unterhalt als Geldrente (sog. **Barunterhalt**) zu zahlen (§ 1612 Abs. 1 Satz 1 BGB).

6 Dabei hat das unterhaltsberechtigte Kind auch einen **Anspruch auf Erstellung eines dynamischen Titels**, und zwar auch **unbefristet** über den Zeitpunkt der Volljährigkeit hinaus.[1]

---

[1] OLG Hamm v. 09.02.2011 - 8 WF 37/11; OLG Dresden v. 03.01.2011 - 20 WF 1189/10 - FamRB 2011, 144.

Mit den Unterhaltsleistungen des allein (bar-)unterhaltspflichtigen Elternteils ist der gesamte Unterhaltsbedarf eines volljährigen Kindes gedeckt. Daneben bleibt für weitere Unterhaltsansprüche des volljährigen Kindes gegen den nicht barleistungsfähigen Elternteil kein Raum. Erbringt dieser dem volljährigen Kind gleichwohl **Naturalleistungen** durch Wohnungsgewährung oder im Rahmen der gemeinsamen Haushaltsführung, ist dies **nicht als unentgeltlich** anzusehen. Das Kind kann ein Entgelt für diese Leistungen entweder aus dem – voll bedarfsdeckenden – Barunterhalt des anderen Elternteils erbringen. Es kann im Umfang der Leistungen aber auch auf die Auskehr des ihm zustehenden Kindergeldes verzichten (vgl. § 11 Abs. 1 Satz 3 SGB II, § 82 Abs. 1 Satz 2 SGB XII). Ob das Kind diesem Elternteil das an ihn ausgezahlte Kindergeld belässt, oder ob es Naturalleistungen mit dem vom Vater erhaltenen übrigen Barunterhalt bezahlt, ist demnach letztlich unerheblich. Nur soweit der nicht (bar-)unterhaltspflichtige Elternteil Naturalleistungen erbringt, die das an ihn gezahlte Kindergeld übersteigen, leistet er über den durch Unterhaltszahlungen des anderen Elternteils und Kindergeld voll abgedeckten Unterhaltsbedarf hinaus. Wenn er dafür keinen weiteren Ausgleich von dem volljährigen Kind verlangt, handelt es sich um **freiwillige Leistungen**, die auf die Unterhaltslast des anderen Elternteils keinen Einfluss haben.[2]

1. Behandlung von Naturalleistungen

Die **üblichen Naturalleistungen**, die der barunterhaltspflichtige Elternteil **während der Umgangskontakte** erbringt (Verpflegung, Unterbringung), **reduzieren den Barunterhaltsanspruch nicht**. So kann z.B. der Vater auch nicht den Unterhalt herabsetzen, weil er mit dem Kind 2 Wochen Urlaub verbracht hat. Probleme entstehen, wenn ein Elternteil einen deutlich erweiterten Umgang ausübt oder gar beide Eltern annähernd in gleichem Umfang die Betreuung leisten (**Wechselmodell**; vgl. dazu Rn. 14 ff.).

Erbringt der Unterhaltspflichtige **Naturalleistungen** in anderer Form, indem er z.B. für die noch von der Restfamilie genutzte Wohnung die Kosten für **Strom, Internet-** und **Fernsehnutzung** sowie **Telefon** leistet, handelt es sich um Kostenpositionen, die den allgemeinen Lebensbedarf betreffen und vom Unterhaltsbedarf der Kinder und des unterhaltsberechtigten Ehegatten erfasst werden. Das OLG Hamm hat diese Leistungen als bedarfsdeckend angesehen und es als angemessen betrachtet, 40% der Kosten auf den Bedarf der beiden Kinder und 60% auf den Bedarf des Ehegatten anzurechnen.[3] Das OLG Köln sieht dagegen Zahlungen auf Miete, Strom- und Telefonrechnungen sowie Versicherungsbeiträge nicht als Leistungen auf den Kindesunterhalt an.[4] Ein minderjähriges Kind hat nach Ansicht des OLG Brandenburg regelmäßig die Hälfte des Wohnbedarfes eines Erwachsenen.[5]

Wechselt das Kind vollständig in den Haushalt des anderen Elternteils, tritt eine Reihe von rechtlichen Fragestellungen auf (vgl. die Kommentierung zu § 1606 BGB Rn. 15).[6]

2. Wohnvorteil beim Kindesunterhalt

Vielfach wird die Zahlung von **Miete** und **Mietnebenkosten** ebenso wie die kostenfreie Bereitstellung der Wohnung, die im Eigentum (auch) des Unterhaltspflichtigen steht (**Wohnvorteil**; vgl. dazu die Kommentierung zu § 1578 BGB Rn. 12, die Kommentierung zu § 1361 BGB Rn. 454 und die Kommentierung zu § 1610 BGB Rn. 162) lediglich über den **Ehegattenunterhalt** verrechnet[7] **oder auch anteilig über den Kindesunterhalt**[8].

Der BGH betont, **das mietfreie Wohnen komme auch dem gemeinsamen Kind zugute**. Der mit dem Kind zusammenlebende Unterhaltspflichtige leiste insoweit Naturalunterhalt, der ihn von der Unter-

---

[2] BGH v. 01.03.2006 - XII ZR 230/04 - FamRZ 2006, 774.
[3] OLG Hamm v. 11.08.2005 - 4 WF 165/05 - ZFE 2006, 156-157.
[4] OLG Köln v. 06.02.2006 - 4 WF 192/05 - ZFE 2006, 196.
[5] OLG Brandenburg v. 11.12.2003 - 9 UF 118/03 - FamRZ 2005, 233.
[6] Ausführlich *Wohlgemuth*, FamRZ 2009, 1873.
[7] So OLG München v. 23.10.1997 - 12 UF 1218/97 - EzFamR aktuell 1998, 103-106; OLG Koblenz v. 17.04.2002 - 9 UF 561/01 - OLGR Koblenz 2002, 323-324; OLG Hamm v. 11.08.2005 - 4 WF 165/05; kritisch *Melchers*, FamRB 2009, 348-350 und *Melchers*, FuR 2009, 541-547.
[8] OLG Düsseldorf v. 05.08.1993 - 6 UF 148/92 - NJW-RR 1994, 326-331; vgl. auch BGH v. 18.12.1991 - XII ZR 2/91 - FamRZ 1992, 423; BGH v. 12.07.1989 - IVb ZR 66/88 - FamRZ 1989, 1160.

haltspflicht gegenüber dem Sohn teilweise befreit.[9] **Dieser Umstand sei im Rahmen der Festlegung des angemessenen Wohnwerts zu berücksichtigen.**[10]

13 Trägt der auf Barunterhalt in Anspruch genommene Elternteil die **Wohnkosten der Kinder**, indem er Darlehen abträgt, deren Aufnahme der Anschaffung ihres Wohngrundstücks diente, kürzt das OLG Brandenburg wegen dieser Leistung von Naturalunterhalt den Barunterhalt.[11]

3. Unterhalt beim Wechselmodell

14 Teilen sich die Eltern die Betreuung des Kindes **(Wechselmodell)**, so ist unklar, wie die Berechnung des Unterhaltes zu erfolgen hat.

a. Wann liegt ein echtes Wechselmodell vor?

15 Die Rechtsprechung des BGH orientiert sich an der Aufteilung des § 1606 Abs. 2 BGB, nach der ein Elternteil das Kind betreut und der andere Barunterhalt zu zahlen hat. Ein echtes Wechselmodell liegt daher nur bei vollständig gleichwertigen Betreuungsanteilen der Eltern vor.[12]

16 Ein solches **Eingliederungs- oder Residenzmodell** zeichnet sich dadurch aus, dass die Eltern in verschiedenen Wohnungen leben und sie den gewöhnlichen Aufenthalt des Kindes dergestalt regeln, dass es vorwiegend in der Wohnung eines Elternteils lebt und dies durch regelmäßige Besuche in der Wohnung des anderen Elternteils unterbrochen wird. Wenn und soweit der andere Elternteil gleichwohl die Hauptverantwortung für ein Kind trägt, erfüllt dieser Elternteil seine Unterhaltspflicht durch die Pflege und Erziehung des Kindes.[13]

17 Anders ist es zu beurteilen, wenn die Eltern sich in der Betreuung eines Kindes abwechseln, so dass **jeder von ihnen etwa die Hälfte der Versorgungs- und Erziehungsaufgaben** wahrnimmt **(Wechselmodell)**. Dann wird eine anteilige Barunterhaltspflicht der Eltern in Betracht kommen, weil sie auch für den Betreuungsunterhalt nur anteilig aufkommen. Verfügen beide Elternteile über Einkünfte, ist der Elementarbedarf des Kindes an den beiderseitigen – zusammengerechneten – Einkünften auszurichten.[14] Hinzuzurechnen sind **Mehrkosten, die durch die Aufteilung der Betreuung** entstehen und deren Ansatz und Erstattung unter den jeweiligen Umständen angemessen ist.

18 Für den so ermittelten Bedarf haben die Eltern dann **anteilig** nach ihren **Einkommensverhältnissen** und unter Berücksichtigung der erbrachten **Naturalunterhaltsleistungen** aufzukommen.[15]

19 Nur ein solches echtes Wechselmodell hat wegen **der paritätischen Betreuung eines Kindes auch unterhaltsrechtli**ch zur Folge, dass beide Eltern auf den Barunterhalt des Kindes haften. Dies ist aber nur dann gegeben, wenn neben etwa gleichwertigen zeitlichen Anteilen in der Betreuung auch die Verantwortung für die Si**cherstellung einer Betreuung bei beiden Eltern liegt.**[16]

20 Wenn das Kind paritätisch in beiden Haushalten der Eltern lebt, fehlt es bereits verfahrensrechtlich an einer Obhut i.S.d. § 1629 Abs. 2 Satz 2 BGB.[17]

21 Wie die Eltern ihr Betreuungsmodell bezeichnen, ist dabei ohne Relevanz. Entscheidend ist nur die **tatsächliche Obhuts- und Betreuungssituation**.[18] Notarielle (oder sonstige außergerichtliche) Verträge der Eltern sind insoweit irrelevant, weil Vereinbarungen über die elterliche Sorge nur unter Mitwirkung des Familiengerichts wirksam werden können. Die Begründung des Wechselmodells ist eine Frage der elterlichen Sorge, nicht des Umgangs.[19]

---

[9] Vgl. BGH v. 17.12.2008 - XII ZR 63/07 - juris Rn. 16 - FamRZ 2009, 404; OLG Brandenburg v. 02.09.2013 - 13 UF 136/12 - FamFR 2013, 485.

[10] BGH v. 31.10.2012 - XII ZR 30/10 - NJW 2013, 461; vgl. auch die Kommentierung zu § 1361 BGB Rn. 299 f.

[11] Einzelheiten vgl. OLG Brandenburg v. 02.09.2013 - 13 UF 136/12 - FamFR 2013, 485.

[12] BGH v. 12.03.2014 - XII ZB 234/13 - FamRZ 2014, 917; BGH v. 28.02.2007 - XII ZR 161/04 - NJW 2007, 1882 = FamRZ 2007, 707; BGH v. 21.12.2005 - XII ZR 126/03 - FamRZ 2006, 1015, 1016 m.w.N., m. Anm. *Luthin*, FamRZ 2006, 1015, 1018; *van Els*, FF 2006, 255 f.; OLG Frankfurt v. 03.04.2013 - 2 UF 394/12 - FamRZ 2014, 46; *Viefhues*, FPR 2006, 287 ff. und *Soyka*, FuR 2006, 423; kritisch *Spangenberg*, FamRZ 2014, 88, 89.

[13] Vgl. BGH v. 21.12.2005 - XII ZR 126/03 - FamRZ 2006, 1015, 1017 und BGH v. 28.02.2007 - XII ZR 161/04.

[14] BGH v. 12.03.2014 - XII ZB 234/13 - FamRZ 2014, 917.

[15] BGH v. 12.03.2014 - XII ZB 234/13 - FamRZ 2014, 917; BGH v. 21.12.2005 - XII ZR 126/03 - FamRZ 2006, 1015, 1017; zu den verschiedenen Berechnungsmodellen vgl. *Wendl/Klinkhammer*, Das Unterhaltsrecht in der familienrichterlichen Praxis, 8. Aufl. § 2 Rn. 450; *Bausch/Gutdeutsch/Seiler*, FamRZ 2012, 258, 260; *Wohlgemuth*, FPR 2013, 157, 158 f.

[16] OLG Frankfurt v. 06.03.2013 - 2 UF 394/12 - FamRZ 2014, 46.

[17] *Simon*, jurisPR-FamR 12/2013, Anm. 2.

[18] *Simon*, jurisPR-FamR 12/2013, Anm. 2.

[19] OLG Brandenburg v. 07.06.2012 - 15 UF 314/11, anders KG Berlin v. 28.02.2012 - 18 UF 184/09.

Ob ein Elternteil die Hauptverantwortung für ein Kind trägt und damit seine Unterhaltspflicht bereits durch Erziehung und Pflege erfüllt, ist **Sachverhaltsfrage**.[20] Dabei kommt der **zeitlichen Komponente** der von ihm übernommenen Betreuung zwar eine **Indizwirkung** zu, ohne dass sich allerdings die Beurteilung allein hierauf zu beschränken braucht.[21] Relevant sind auch bedeutsame organisatorische Aufgaben der Kindesbetreuung wie die Beschaffung von Kleidung und Schulutensilien sowie die Regelung der Teilnahme an außerschulischen Aktivitäten wie Sport- oder Musikunterricht.

Behauptet ein Elternteil im gerichtlichen Unterhaltsverfahren ein Wechselmodell, ist ausreichender Sachvortrag nicht nur zu den tatsächlichen Betreuungszeiten, sondern auch zu den sonstigen Belangen der Kinderbetreuung zwingend geboten. Relevant ist insbesondere die Verlässlichkeit auf die verabredete Betreuung durch den jeweils anderen Elternteil, ob beide sich gleichwertig um die Belange des Kindes kümmern – speziell schulische, medizinische, sportliche und freizeitgestalterische Fragen und deren Organisation, das finanzielle Engagement beider Eltern, ob sie für Dritte wie beispielsweise Lehrer oder Ärzte als Ansprechpartner für das Kind zur Verfügung stehen und ob sie bereit sind, an der notwendigen Erziehung des Kindes mitzuwirken.[22]

Ein Wechselmodell hat auch Auswirkungen auf den Unterhaltsanspruch des Ehegatten nach § 1570 BGB, denn beim echten Wechselmodell gibt es den einen betreuenden Elternteil nicht.[23]

b. Berechnungsweise beim echten Wechselmodell[24]

Zu beachten ist, dass Anspruchsinhaber jeweils das Kind ist, während die Leistungen von unterschiedlichen Elternteilen zu erbringen sind. Mit dem Wechselmodell entfallen zwar nicht die Unterhaltsansprüche des Kindes gegenüber den Eltern, jedoch kann sich kein Elternteil materiell-rechtlich auf § 1606 Abs. 3 Satz 2 BGB berufen, wonach der betreuende Elternteil seine Verpflichtung in der Regel bereits vollständig durch die Pflege- und Erziehungsleistung erfüllt. Die Eltern haften stattdessen anteilig auf den Bedarf des Kindes.[25]

Eine direkte Verrechnung der Leistungen der Eltern untereinander ist daher mit Problemen verbunden. Denn auf **Kindesunterhalt** kann für die Zukunft **nicht verzichtet** werden (§ 1614 BGB); lediglich geringfügige Unterschreitungen des gesetzlich geschuldeten Unterhaltes können als zulässige Modifikation Bestand haben. Eine weiter einschränkende Regelung zwischen den Eltern stellt daher immer nur eine **Freistellungsvereinbarung** dar; das Kind behält weiterhin seinen gesetzlichen Unterhaltsanspruch.[26] Verfahrensrechtliche Schwierigkeiten ergeben sich zudem daraus, dass nur ein Elternteil das Kind gerichtlich vertreten kann (vgl. § 1629 BGB).

Für die Berechnung bieten sich **zwei dogmatisch unterschiedliche Lösungsansätze** an:[27]

a) Es bleibt bei der alleinigen Barunterhaltspflicht eines Elternteils, jedoch wird dieser Anspruch teilweise durch Betreuungsleistungen erfüllt.[28] Die Höhe dieser Reduzierung seiner Barunterhaltszahlungen richtet sich nach dem Umfang der durch ihn sichergestellten Betreuung. Denn in dieser Zeit wird der andere Elternteil von seiner Betreuungsaufgabe entlastet.[29]

---

[20] BGH v. 12.03.2014 - XII ZB 234/13 - FamRZ 2014, 917; vgl. auch BFH v. 18.04.2013 - V R 41/11 - juris Rn. 21 ff. - DStRE 2013, 1171 zu § 64 Abs. 2 EStG.

[21] BGH v. 21.12.2005 - XII ZR 126/03 - FamRZ 2006, 1015, 1017; BGH v. 28.02.2007 - XII ZR 161/04 - juris Rn. 16 - FamRZ 2007, 707.

[22] *Simon*, jurisPR-FamR 12/2013, Anm. 2.

[23] *Jokisch*, FuR 2014, 25, 30.

[24] Vgl. hierzu ausführlich *Jokisch*, FuR 2014, 25, *Wohlgemuth*, FamRZ 2014, 84; *Spangenberg*, FamRZ 2014, 88, 89; *Bausch/Gutdeutsch/Seiler*, FamRZ 2012, 258, *Wohlgemuth*, FPR 2013, 157; *Scheiwe*, FF 2013, 281; *Gutdeutsch*, FamRB 2012, 250; *Viefhues*, FPR 2006, 287 ff. Mit den Auswirkungen auf den Kindergeldanspruch befasst sich *Kleinwegener*, FuR 2012, 165.

[25] *Simon*, jurisPR-FamR 12/2013, Anm. 2.

[26] Zur zusätzlichen Problematik, wenn der Unterhalt in einem Urteil festgesetzt worden ist: *Duderstadt*, FamRZ 2003, 70, 73 und OLG Hamm v. 25.02.1993 - 2 UF 348/92 - FamRZ 1994, 457, das einen familienrechtlichen Ausgleichsanspruch bejaht; ausführlich zum Wechselmodell *Klein* in: FAKomm FamR 4. Aufl., § 1606 Rn. 13 ff.

[27] *Viefhues*, FPR 2006, 287 ff.

[28] OLG Frankfurt v. 02.02.2005 - 4 WF 136/04 - ZFE 2005, 451; AG Freiburg v. 28.10.2005 - 43 F 217/03 - FamRZ 2006, 567; KG Berlin v. 07.03.2002 - 19 WF 367/01 - FamRZ 2003, 53.

[29] OLG Hamm v. 26.02.1993 - 7 UF 429/92 - FamRZ 1994, 529; *Duderstadt*, FamRZ 2003, 70.

b) Es wird von einer gemeinsamen Barunterhaltpflicht beider Eltern ausgegangen. Der Unterhaltsbedarf des Kindes wird – ausgerichtet an den Erwerbseinkünften beider Ehegatten – aus der Düsseldorfer Tabelle entnommen und um einen zu schätzenden Mehrbedarf erhöht. Der so ermittelte Unterhaltsbedarf des Kindes wird zwischen den Ehegatten anteilig nach ihren Erwerbs- und Vermögensverhältnissen nach Abzug des angemessenen Selbstbehalts aufgeteilt.[30]

c. Lösungsansätze beim erweiterten Umgang

28 Liegt kein echtes Wechselmodel vor, findet nur ein **erweitertes Umgangsrecht** statt. Diese Situation ist gegeben, solange das deutliche Schwergewicht der Betreuung bei einem Elternteil liegt, jedenfalls bei Betreuungsanteilen von 1/3 zu 2/3.[31]

29 Das OLG Frankfurt hat kein echtes Wechselmodell angenommen in einem Fall, bei dem sich das Kind entsprechend einer Umgangsvereinbarung seiner Eltern an 7 von 14 Tagen bei seinem Vater aufhalten und auch die Ferien anteilig bei ihm verbringen sollte. Entscheidend sei, dass das Kind nur 4 von 14 Nächten bei seinem Vater schlafe und sich auch teilweise während der Schulzeit nicht bei ihm aufhalte. Aufgrund seiner Schichtdiensttätigkeit konnte der Vater keine festen Betreuungszeiten zusagen, so dass die Mutter gehalten war, sich jederzeit für die Betreuung des Kindes zur Verfügung zu halten.[32]

30 Der BGH[33] hat diese Entscheidung bestätigt und Klarstellungen zur unterhaltsrechtlichen Berücksichtigung der aufgebrachten **Kosten des (erweiterten) Umgangs** getroffen. Zu unterscheiden ist zwischen Kosten, die zu einer teilweisen Bedarfsdeckung führen, und solchen Kosten, die reinen Mehraufwand für die Ausübung des Umgangsrechts darstellen und den anderen Elternteil nicht entlasten.

31 Von einer teilweisen Bedarfsdeckung kann bei Aufwendungen für das Vorhalten eines **Kinderzimmers** in der Wohnung und für die **zusätzlichen Fahrtkosten** nicht ausgegangen werden, denn diese Aufwendungen mindern den Unterhaltsbedarf des Kindes nicht und sind daher vom umgangsberechtigten Elternteil zu tragen.[34]

32 Die Erweiterung des Umgangsrechts über das übliche Maß hinaus führt jedenfalls bei nicht beengten wirtschaftlichen Verhältnissen des Unterhaltspflichtigen noch zu keiner grundlegend anderen Beurteilung. Denn die im Zusammenhang mit dem Umgangsrecht entstehenden Unterbringungs- und Fahrtkosten können grundsätzlich nicht vom anrechenbaren Einkommen des unterhaltspflichtigen Elternteils abgezogen werden, wenn ihm auch nach dem Abzug dieser Kosten noch ein ausreichendes Einkommen verbleibt.

33 Allerdings kann im konkreten Einzelfall den im Rahmen eines deutlich erweiterten Umgangsrechts getätigten Aufwendungen, die dem Anspruch des Kindes auf Zahlung von Unterhalt in Form einer Geldrente nicht als (teilweise) Erfüllung entgegengehalten werden können, bei der Ermittlung des Kindesunterhalts nach Tabellenwerten durch eine **Umgruppierung innerhalb der Einkommensgruppen der Düsseldorfer Tabelle** Rechnung getragen werden.[35] Nimmt der barunterhaltspflichtige Elternteil ein weit über das übliche Maß hinausgehendes Umgangsrecht wahr, dessen Ausgestaltung sich bereits einer Mitbetreuung annähert, kann im Rahmen der Angemessenheitskontrolle die wirtschaftliche Belastung des Unterhaltspflichtigen insbesondere mit zusätzlichen Fahrtkosten und den Kosten für das Vorhalten von Wohnraum berücksichtigt werden, indem der Barunterhaltsbedarf unter Herabstufung um eine oder mehrere Einkommensgruppen der Düsseldorfer Tabelle bestimmt oder auf eine ansonsten gebotene Hochstufung in eine höhere Einkommensgruppe verzichtet wird.

34 Der so nach den Tabellensätzen der Düsseldorfer Tabelle ermittelte Unterhaltsbedarf kann (weitergehend) gemindert sein, wenn der barunterhaltspflichtige Elternteil dem Kind Leistungen erbringt, mit denen er den Unterhaltsbedarf des Kindes auf andere Weise als durch Zahlung einer Geldrente teilweise deckt. Dies ist aber nicht schon deshalb der Fall, weil durch die Abwesenheit des Kindes während der Ausübung des Umgangsrechts im Haushalt des betreuenden Elternteils Aufwendungen für die

---

[30] OLG Düsseldorf v. 12.02.1999 - 3 UF 102/98 - FamRZ 1999, 1530; ebenso OLG Düsseldorf v. 12.01.2001 - 6 UF 71/00 - FamRZ 2001, 1235 = NJW 2001, 3344.
[31] *Jokisch*, FuR 2014, 25, 26 unter Hinweis auf BGH v. 21.12.2005 - XII ZR 126/03 - FamRZ 2006,1015; BGH v. 28.02.2007 - XII ZR 161/04 - FuR 2007, 213.
[32] OLG Frankfurt v. 06.03.2013 - 2 UF 394/12 - FamRZ 2014, 46, zustimmend *Jokisch*, FuR 2014, 25, 26; *Simon*, jurisPR-FamR 12/2013, Anm. 2.
[33] BGH v. 12.03.2014 - XII ZB 234/13 - FamRZ 2014, 917.
[34] BGH v. 12.03.2014 - XII ZB 234/13 - FamRZ 2014, 917.
[35] BGH v. 12.03.2014 - XII ZB 234/13 - FamRZ 2014, 917.

Verpflegung des Kindes und gegebenenfalls Energie- und Wasserkosten erspart werden. Soweit das Umgangsrecht in einem üblichen Rahmen ausgeübt wird, wird dies durch die pauschalierten Bedarfssätze der Düsseldorfer Tabelle bereits berücksichtigt.

Der BGH räumt ein, dass seine bisherige Ansicht, auch die Verpflegung des Kindes während einiger weiterer Tage im Haushalt des umgangsberechtigten Elternteils führe nicht zu nennenswerten Ersparnissen auf Seiten des betreuenden Elternteils, nicht ohne Kritik geblieben ist. Da jedoch weder die im Zuge des erweiterten Umgangsrechts getragenen (Mehr-)Aufwendungen für die Verköstigung des Kindes noch etwaige Ersparnisse dargelegt wurden, die dadurch im Haushalt des anderen Elternteils entstanden sein könnten, konnte diese Frage offen bleiben. 35

Liegt also kein Wechselmodell, sondern nur erweiterter Umgang vor, kann der betreuende Elternteil das Kind ohne weiteres in einem Unterhaltsverfahren gegen den anderen Elternteil gesetzlich vertreten.[36] 36

Die unterhaltsrechtlichen Auswirkungen eines **erweiterten Umgangsrechts** sind noch nicht abschließend geklärt. 37

Findet lediglich erweiterter Umgang statt und entsprechen die Betreuungsanteile der Eltern noch nicht dem Wechselmodell, bleibt § 1606 Abs. 3 Satz 2 BGB anzuwenden mit der Folge, dass lediglich der das Kind mehr betreuende Elternteil seiner Unterhaltspflicht durch Betreuungsleistungen nachkommt, während der andere Elternteil Barunterhalt zu leisten hat, der sich allein nach seinen Einkommens- und Vermögensverhältnissen bestimmt. 38

Dem hohen Betreuungsanteil des unterhaltspflichtigen Elternteils könne im Rahmen dieses erweiterten Umgangs dadurch Rechnung getragen werden, dass seine **Unterhaltspflicht aus einer niedrigeren Einkommensstufe der Düsseldorfer Tabelle entnommen** wird.[37] Diese Lösung biete den nicht zu unterschätzenden Vorteil einer **verhältnismäßig einfachen, verlässlichen Handhabung** und nachvollziehbaren Berechnung.[38] 39

Die Auffassung, den konkreten Mehraufwand auf Seiten des Umgangsberechtigten zu berücksichtigen und korrespondierend die geschätzte Kostenersparnis auf Seiten des betreuenden Elternteils abzuziehen,[39] lehnt das OLG Frankfurt ab. 40

Wohlgemuth sieht dadurch den mitbetreuenden Elternteil nicht angemessen davon entlastet und plädiert für sachlich gerechtere prozentuale Abzüge unter Beibehaltung der einseitigen Barunterhaltspflicht.[40] 41

Eine weitere Ansicht[41] berechnet den Ausgleich der Eltern untereinander, indem sie den aus dem zusammengerechneten Einkommen der Eltern ermittelten Bedarf zunächst um das hälftige Kindergeld kürzen, anschließend den verbleibenden Bedarf anteilig auf die Eltern verteilen, sodann das gesamte Kindergeld dem Anteil des Kindergeldbeziehers hinzurechnen und anschließend die Differenz zwischen den Elternanteilen hälftig einem Elternteil ausgleichen. 42

d. Kindergeldangleich beim echten Wechselmodell

Besteht ein **echtes Wechselmodell** zwischen den Eltern, ist der das Kindergeld beziehende Elternteil nach Ansicht des OLG Düsseldorf verpflichtet, das **hälftige Kindergeld** an den anderen Elternteil auszugleichen. Eine Anrechnung auf den nach dem Einkommen beider Eltern ermittelten Bedarf des Kindes findet nicht statt.[42] 43

Eine Gegenansicht[43] kürzt den aus dem zusammengerechneten Einkommen der Eltern ermittelten Bedarf zunächst um das gesamte Kindergeld, anschließend wird der verbleibende Bedarf anteilig auf die Eltern verteilt, sodann das hälftige Kindergeld dem Anteil des Kindergeldbeziehers hinzugerechnet und zuletzt die Differenz zwischen den Elternanteilen hälftig einem Elternteil ausgeglichen. 44

---

[36] *Simon*, jurisPR-FamR 12/2013, Anm. 2.
[37] OLG Frankfurt v. 06.03.2013 - 2 UF 394/12 - FamRZ 2014, 46; vgl. auch *Gutdeutsch*, FamRB 2012, 250.
[38] *Simon*, jurisPR-FamR 12/2013, Anm. 2.
[39] *Klinkhammer* in: Wendl/Dose, Das Unterhaltsrecht in der familienrichterlichen Praxis, 8. Aufl. 2011, Rn. 448, 449.
[40] *Wohlgemuth*, FamRZ 2014, 84.
[41] *Bausch/Gutdeutsch/Seiler*, FamRZ 2012, 258 ff.; ablehnend OLG Düsseldorf v. 20.06.2013 - II-7 UF 45/13 - FamFR 2013, 488.
[42] OLG Düsseldorf v. 20.06.2013 - II-7 UF 45/13 - FamFR 2013, 488.
[43] *Wendl/Dose/Klinkhammer*, Das Unterhaltsrecht in der familienrichterlichen Praxis, 8. Aufl., § 2 Rn. 450.

§ 1612

45 Stattdessen soll dem erweiterten Umgang durch eine **Herabstufung in eine niedrigere Einkommensgruppe der Düsseldorfer Tabelle** Rechnung getragen werden. Durch diese Vorgehensweise werde der Umgangsberechtigte einerseits entlastet, andrerseits könne vermieden werden, dass er im Verhältnis zu seinem Einkommen zu hohe Kosten unterhaltsmindernd geltend mache.[44] Auskunftsansprüche können regelmäßig nicht auf die teilweisen Betreuungsleistungen des barunterhaltspflichtigen Elternteils gestützt werden.[45]

46 Die im Rahmen üblicher Umgangskontakte von etwa fünf bis sechs Tagen monatlich gewährte Verpflegung führt nicht zu Erstattungsansprüchen des besuchten Elternteils. Vielmehr hat dieser die üblichen Kosten, die ihm bei der Ausübung des Umgangsrechts entstehen, grundsätzlich selbst zu tragen. Auch die Verpflegung des Kindes während weiterer vier bis fünf Tage führt nicht zu nennenswerten Ersparnissen des anderen Elternteils.[46]

47 Das OLG Brandenburg hat sich dem BGH angeschlossen, allerdings beim allein unterhaltspflichtigen Vater von einer Höhergruppierung in der Düsseldorfer Tabelle abgesehen und zudem aufgetretenen Mehrbedarf der über Einkommen verfügenden Kindesmutter allein angelastet.[47]

4. Anspruch auf Sonderbedarf

48 Neben diesen Anspruch auf Zahlung des laufenden Unterhalts kann auch ein Anspruch auf **Einmalzahlung** wegen **Sonderbedarfs** treten (§ 1613 Abs. 2 BGB, vgl. die Kommentierung zu § 1613 BGB Rn. 154 ff.).

5. Beendigung des Anspruchs

49 Der Zahlungsanspruch **erlischt** gem. § 1615 Abs. 1 BGB mit dem Tode des Berechtigten, jedoch ist noch der volle Monatsbetrag zu zahlen, wenn der Berechtigte im Laufe des Monats stirbt (§ 1612 Abs. 3 Satz 2 BGB).

50 Mit dem **Beginn der Ausbildung** eines Minderjähriger entfällt der Unterhaltsanspruch, auch wenn die Ausbildungsvergütung erst im Folgemonat tatsächlich ausbezahlt wird (vgl. aber die Kommentierung zu § 1602 BGB Rn. 25f.).[48]

6. Sozialhilferechtliche Auswirkungen

51 Minderjährigen **Kindern**, die sich im Rahmen der Ausübung des Umgangsrechts bei einem sozialhilfeberechtigten Elternteil aufhalten, steht **anteiliges Sozialgeld** für jeden vollen Tag zu.[49]

II. Monatlich im Voraus zu entrichten (Absatz 3 Satz 1)

52 Die Geldrente ist monatlich im Voraus zu entrichten. Es handelt sich dabei um eine **Schickschuld**. Der Unterhaltspflichtige muss die Geldzahlung auf seine Kosten an den Wohnsitz des Unterhaltsberechtigten übermitteln und trägt dabei die Verlustgefahr.

53 In der Praxis ist es üblich, den Unterhalt auf das Konto des Berechtigten zu **überweisen**. Dabei handelt es sich aber lediglich um eine Leistung an Erfüllung statt.[50]

54 Nur wenn der Empfänger zur bargeldlosen Zahlung sein Einverständnis erteilt hat, tritt auch Erfüllungswirkung ein. Dies ist jedenfalls dann der Fall, wenn der Unterhaltsberechtigte dem Pflichtigen sein Konto genannt hat.

55 Umstritten ist, ob der Unterhaltsbetrag in voller Höhe auch am 1. des Monats auf dem Konto des Unterhaltsberechtigten verfügbar sein muss.[51] Die überwiegende Meinung geht dagegen davon aus, dass der Unterhaltspflichtige rechtzeitig leistet, wenn der Überweisungsauftrag vor Fristablauf bei dem Geldinstitut eingegangen ist und für das belastete Konto ausreichend Deckung besteht. Danach kommt es für die Rechtzeitigkeit der Leistung von Unterhaltsgeldschulden auf die Absendung (Einzahlung bei der Post, Überweisungsauftrag an die Bank des Pflichtigen) an, nicht auf die Gutschrift auf dem Empfängerkonto.[52]

---

[44] Vgl. OLG Frankfurt v. 06.03.2013 - 2 UF 394/12.
[45] OLG Schleswig v. 27.02.2008 - 10 UF 212/07 - FuR 2008, 567, 568.
[46] BGH v. 28.02.2007 - XII ZR 161/04 - NJW 2007, 1882.
[47] OLG Brandenburg v. 26.10.2006 - 15 UF 64/06 - OLGR Brandenburg 2007, 352-354.
[48] AG Weiden v. 13.04.2005 - 1 F 731/04 - FamRZ 2006, 565.
[49] BSG v. 02.07.2009 - B 14 AS 75/08 - FamRZ 2009, 1997-2000.
[50] OLG Hamm v. 13.11.1987 - 10 UF 266/87 - NJW 1988, 2115-2116.
[51] *Klein* in: KKFamR, § 1612 Rn. 7; *Diederichsen* in: Palandt, § 1612 Rn. 4.
[52] OLG Köln v. 26.03.1990 - 2 W 40/90 - juris Rn. 117 - FamRZ 1990, 1243-1244.

III. Besondere Gründe für anderweitige Leistung des Unterhaltspflichtigen

Der Unterhaltsberechtigte soll auf die finanziellen Belange des Unterhaltspflichtigen Rücksicht nehmen. Der Unterhaltspflichtige kann daher verlangen, dass ihm eine **andere Art der Unterhaltsgewährung** gestattet wird, wenn **besondere Gründe** dafür vorliegen (§ 1612 Abs. 1 Satz 2 BGB). Dieses Verlangen muss der Unterhaltspflichtige an den Unterhaltsberechtigten herantragen und ihm die maßgeblichen Gründe deutlich machen. Stellt der Unterhaltspflichtige die Zahlungen ohne Einverständnis des Berechtigten ein, so wird dieser Zahlungsklage erheben. Die Berechtigung des Verlangens des Pflichtigen ist in diesem Verfahren zu klären, wobei der Unterhaltspflichtige die Darlegungs- und Beweislast für die Voraussetzungen des § 1612 Abs. 1 Satz 2 BGB trägt. 56

Derartige besondere Gründe können sowohl in der Person des Pflichtigen als auch des Berechtigten liegen. Dabei geht es letztlich um eine **Billigkeitsabwägung** zwischen den beiderseitigen berechtigten und schützenswerten Interessen. 57

Nicht ausreichend ist, dass die Geldzahlung dem Pflichtigen lästig ist und er mit geringerem Aufwand Naturalunterhalt erbringen könnte. Die Rentenzahlung muss vielmehr im Vergleich zur anderweitig gewünschten Unterhaltsleistung **unverhältnismäßig schwer** sein. Wird Naturalunterhalt angeboten, so muss das Interesse des Unterhaltspflichtigen abgewogen werden gegen das schutzwürdige Interesse des Unterhaltsberechtigten, seine bisherigen, eigenständigen Lebensverhältnisse aufrechtzuerhalten und nicht in den Haushalt des Unterhaltspflichtigen zu ziehen. 58

Mit seiner Entscheidung vom 21.01.2009[53] hat sich der BGH erneut und deutlich auf die Seite der unterhaltspflichtigen Eltern gestellt und liegt damit auf der Linie des nach wie vor geltenden § 1612 Abs. 2 BGB, also des elterlichen Unterhaltsbestimmungsrechts auch und gerade gegenüber **volljährigen Kindern**. Hiernach sind in der Ausbildung befindliche volljährige Kinder **verpflichtet**, ihren Eltern die **Unterhaltslast** so gut wie möglich **zu erleichtern**. Sie müssen sich, wenn zumutbar und sachlich gerechtfertigt, eine Wohnung im Hause des Unterhaltsverpflichteten nehmen und dessen Angebot zu Naturalunterhalt annehmen. Ebenso müssen sie an den Studienort übersiedeln, um Fahrtkosten zu sparen, selbst wenn sie lieber im entfernten Haus des anderen Elternteils leben wollen. Dieses Ergebnis leitet der BGH aus der Beistands- und Rücksichtspflicht gem. § 1618a BGB her. 59

Dem ist zuzustimmen. Weil die Ausbildung junger Menschen inzwischen häufig bis zur Erreichung des 30. Lebensjahres und darüber hinaus andauert, müssen junge Menschen alle Möglichkeiten zur Einsparung von Kosten ausnutzen. Zwar dürfte die Tochter im konkreten Fall im Hause ihrer Mutter kostenfrei wohnen und konnte dadurch erhebliche **Wohnkosten** ersparen. Aber im Verhältnis zum barunterhaltspflichtigen Vater kann sie sich hierauf jedenfalls dann nicht berufen, wenn sie wegen ihres Wohnens im Hause der Mutter erhebliche **Fahrtkosten** geltend macht. Es ist daher nicht zu beanstanden, wenn Berufungsgericht und BGH die Tochter unterhaltsrechtlich so behandeln, als lebe sie am Ausbildungsort im eigenen Haushalt.[54] 60

Die Formulierung des Gesetzes ist sehr weit und erfordert nicht, dass die andere Art der Unterhaltsgewährung nur die Leistung von Naturalunterhalt ist. Auch die **Mitversicherung** der Kinder aus erster Ehe in einer Familienversicherung des wieder verheirateten Elternteils ist daher eine andere Art der Gewährung des (Krankenvorsorge-)Unterhalts i.S.d. § 1612 Abs. 1 Satz 2 BGB[55] (zu den versicherungsrechtlichen Fragen vgl. die Sozialrechtl. Hinw. zu § 1578 BGB Rn. 60). 61

IV. Unterhaltsbestimmungsrecht (Absatz 2 Satz 1)

Bei der Unterhaltsgewährung an unverheiratete Kinder bestimmen die **Eltern**, wie und für welche Zeit im Voraus sie den Unterhalt gewähren. 62

Das elterliche Bestimmungsrecht **endet** nicht mit der Volljährigkeit des Kindes. Die Geltung des Bestimmungsrechts gegenüber unverheirateten Volljährigen rechtfertigt sich aus dem Gebot der Rücksichtnahme (§ 1618a BGB), da die Eltern durch die Unterhaltspflicht in besonderem Maße belastet werden. Diese Belastung lässt sich dadurch abschwächen, indem die Eltern nicht Barunterhalt zahlen müssen, sondern das Kind in ihrem Haushalt versorgen können. Insbesondere im Hinblick auf die heute deutlich verlängerten Ausbildungszeiten der Kinder kommt diesem Grundsatz verstärkte Bedeutung zu. Diese Vorschrift soll ihnen ermöglichen, Naturalunterhalt zu gewähren und ist Konkretisierung des 63

---

[53] BGH v. 21.01.2009 - XII ZR 54/06 - FamRZ 2009, 762 = FPR 2009, 242 mit Anm. *Peschel-Gutzeit*.
[54] BGH v. 21.01.2009 - XII ZR 54/06 - FamRZ 2009, 762 = FPR 2009, 242 mit Anm. *Peschel-Gutzeit*.
[55] OLG Düsseldorf v. 17.02.1993 - 4 UF 208/92 - FamRZ 1994, 396 mit Anmerkung *van Els*, FamRZ 1994, 926-926.

Grundsatzes, dass der Unterhaltsberechtigte auf die finanziellen Belange des Unterhaltspflichtigen Rücksicht nehmen muss.[56] Dies gibt ihnen das Recht, in gewisser Weise auch noch nach Eintritt der Volljährigkeit des Kindes Einfluss auf dessen Lebensführung zu nehmen, soweit damit nicht die Menschenwürde des Kindes oder sein Recht auf freie Entfaltung seiner Persönlichkeit in verletzender Weise tangiert wird.

64 Das Alter des Kindes ist allein im Rahmen der Frage beachtlich, ob die Unterhaltsbestimmung zumutbar ist oder ggf. abgeändert werden kann.

65 Die materiellen Voraussetzungen des § 1612 Abs. 2 BGB sind im Wesentlichen:
- Das Kind muss unverheiratet sein.
- Das Kind darf nicht geschieden sein.[57]
- Das Bestimmungsrecht muss ausgeübt werden.
- Der Bestimmende muss zur Ausübung des Bestimmungsrechtes berechtigt sein.
- Die Bestimmung darf nicht unwirksam sein.
  - Sie muss ausreichend bestimmt und durchführbar sein und nicht rechtsmissbräuchlich.
  - Sie muss auf die Belange des Kindes die erforderliche Rücksicht nehmen.

1. Inhaltliche Anforderungen an das Bestimmungsrecht

66 Eine bestimmte **Form** ist für die Ausübung des Bestimmungsrechts nicht vorgeschrieben.

67 Sie kann auch durch schlüssiges Verhalten – also **konkludent** – erfolgen. Jedoch muss die Erklärung eindeutig den Elternwillen zum Ausdruck kommen lassen. Eine solche konkludente Erklärung liegt vor, wenn das volljährig gewordene Kind weiterhin im Haushalt der Eltern Naturalunterhalt erhält,[58] wenn der Vater das Kind auffordert, wieder bei ihm zu wohnen[59] oder wenn sich die Eltern bei Trennung dahingehend einigen, dass der andere Elternteil für die Betreuung und den Barunterhalt der Kinder aufkommen soll.[60]

68 Betrifft die Bestimmung ein volljähriges Kind, dann stellt die Unterhaltsbestimmung eine **einseitige, empfangsbedürftige, rechtsgestaltende Willenserklärung** dar, die den Regeln des § 104 BGB unterliegt und dem unterhaltsberechtigten Kind gegenüber abzugeben ist.[61] Diese Bestimmung kann jederzeit vorgenommen werden und auch im Rahmen eines Unterhaltsrechtsstreits wirksam erklärt werden.[62]

69 Die Unterhaltsbestimmung kann immer nur **für die Zukunft** getroffen, aber auch jederzeit für die Zukunft abgeändert werden. Sie muss zudem rechtzeitig erfolgen.[63]

70 Die Nichtinanspruchnahme des nach § 1612 Abs. 2 Satz 1 BGB wirksam angebotenen Naturalunterhalts führt, solange die Bestimmung besteht, zum **Verlust des Unterhaltsanspruchs**. Rechtsfolge einer wirksamen Unterhaltsbestimmung ist also, dass der Anspruch des Kindes auf Barunterhalt entfällt.

71 Eine Bestimmung muss ihrem Inhalt nach den **gesamten Lebensbedarf** des unterhaltsberechtigten Kindes umfassen, grundsätzlich also die Gewährung von Wohnung und Beköstigung in Natur sowie die Gewährung von Geldleistungen als Taschengeld und für zweckgebundene Ausgaben[64] (vgl. Rn. 87 ff.).

72 Eine wirksame Unterhaltsbestimmung darf sich daher nicht auf ein pauschales Angebot beschränken, sondern muss als Gesamtkonzept angeboten werden und den gesamten Lebensbedarf des Kindes – insbesondere Wohnung, Verpflegung und Taschengeld sowie Geldleistungen für zweckgebundene Ausgaben – umfassen.[65] Dies sollte auch ausreichend dokumentiert werden.

73 Erbringt demnach ein Elternteil gegenüber seinem Kind teilweise Naturalleistungen, lässt aber die Art der Erfüllung des übrigen Unterhalts offen, so liegt darin keine wirksame Bestimmung i.S.d. § 1612 Abs. 2 Satz 1 BGB.[66] In einem solchen Verhalten kann regelmäßig lediglich das Verlangen des Unter-

---

[56] BGH v. 27.04.1988 - IVb ZR 56/87 - BGHZ 104, 224-232.
[57] OLG Köln v. 02.11.1982 - 21 UF 104/82 - FamRZ 1983, 643.
[58] KG Berlin v. 04.11.1981 - 18 UF 2246/81 - FamRZ 1982, 423-424.
[59] BGH v. 26.10.1983 - IVb ZR 14/82 - FamRZ 1984, 37.
[60] BGH v. 06.03.1985 - IVb ZR 74/83 - FamRZ 1985, 584.
[61] OLG Hamm v. 09.11.1998 - 15 W 202/98 - FamRZ 1999, 404-405.
[62] OLG Celle v. 23.07.1996 - 18 W 19/96 - NdsRpfl 1997, 30-32.
[63] OLG Celle v. 05.05.2006 - 17 WF 60/06 - ZFE 2006, 473.
[64] OLG Hamm v. 09.11.1998 - 15 W 202/98 - FamRZ 1999, 404-405; BGH v. 09.02.1983 - IVb ZR 354/81 - LM Nr. 2 zu § 1612 BGB; BGH v. 09.11.1983 - IVb ZR 14/83 - BGHZ 89, 33-40.
[65] OLG Celle v. 05.05.2006 - 17 WF 60/06 - ZFE 2006, 473; OLG Brandenburg v. 05.12.2005 - 9 UF 189/05 - JAmt 2006, 259-261.
[66] BGH v. 25.11.1992 - XII ZR 164/91 - FamRZ 1993, 417.

haltsverpflichteten gesehen werden, die Gewährung von Unterhalt in anderer Weise als durch Zahlung einer Geldrente gestattet zu erhalten (§ 1612 Abs. 1 Satz 2 BGB), dem der Unterhaltsberechtigte durch Entgegennahme der Naturalleistung zustimmt.

In der Praxis ist daher in einschlägigen Fällen darauf zu achten, dass die elterliche Bestimmung immer neben den Sachleistungen auch die Befriedigung der übrigen Unterhaltsbedürfnisse umfassen muss. Andernfalls ist die Bestimmung unwirksam. 74

2. Bestimmungsberechtigte Personen (Absatz 2 Sätze 1 und 3)

Bei intakter Familie steht das Bestimmungsrecht den **Eltern** gemeinsam zu (§ 1612 Abs. 2 Satz 1 BGB). Ist eine Übereinkunft zwischen den Eltern – die auch konkludent getroffen werden kann – gem. § 1612 Abs. 2 Satz 1 BGB zustande gekommen, so kann sich ein Elternteil davon nicht ohne das Vorliegen besonderer Gründe durch eine andere Art der Unterhaltsgewährung loslösen.[67] 75

Leben die Eltern getrennt oder sind sie geschieden, so ist beim **minderjährigen Kind** auf das **Sorgerecht** abzustellen (§ 1612 Abs. 2 Satz 3 BGB). Das Leistungsbestimmungsrecht steht damit dem Sorgerechtsinhaber zu, denn es ist Bestandteil der Personensorge (§ 1631 Abs. 1 BGB). Steht das Sorgerecht nach der Scheidung also einem Elternteil alleine zu, kann grundsätzlich auch nur dieser allein die Entscheidung zum Unterhalt treffen. Der nicht sorgeberechtigte Elternteil hat gegenüber dem alleinberechtigten Elternteil kein Unterhaltsbestimmungsrecht.[68] 76

Nur für den Zeitraum, in den der andere Elternteil das Kind in seinen Haushalt aufgenommen hat, kann er das Bestimmungsrecht ausüben. Für diesen Zeitraum wird er also wie ein Sorgeberechtigter behandelt. 77

Das Unterhaltsbestimmungsrecht steht auch der nicht verheirateten Mutter allein zu, wenn keine Sorgerechtserklärung nach § 1612a Abs. 2 BGB abgegeben wurde. 78

Zu beachten ist aber, ob ein das Sorgerecht einschränkendes **Aufenthaltsbestimmungsrecht** besteht, dass durch die Leistungsbestimmung nach § 1612 Abs. 2 BGB nicht unterlaufen werden darf.[69] 79

Haben die Eheleute während des Zusammenlebens **stillschweigend** eine Bestimmung getroffen, ihren Kindern Naturalunterhalt zu leisten, dann verliert diese mit der Trennung der Eltern ihre Wirksamkeit, da sie nicht mehr durchführbar ist.[70] 80

Bei nach Trennung und Scheidung **fortbestehender gemeinsamer elterlicher Sorge** können die Eltern nur eine gemeinsame Unterhaltsbestimmung treffen. Dies gilt auch bei nicht verheirateten Eltern im Falle einer Sorgerechtsregelung nach § 1626b BGB. Gelingt ihnen keine Einigung, kann ein Antrag nach § 1628 BGB gestellt werden. Die Gegenansicht stellt bei gemeinsamem Sorgerecht darauf ab, welcher Elternteil Inhaber der Obhut ist.[71] Die alleinige Bestimmung sei dann möglich, wenn das Interesse des Kindes gewahrt und sorgerechtliche Belange des anderen Elternteils nicht beeinträchtigt werden.[72] 81

Zu prüfen ist auch, ob der Unterhaltsschuldner sich nicht anderweitig gebunden hat. Dies kann z.B. im Rahmen einer Scheidungsfolgenvereinbarung der Eltern geschehen sein. 82

Beim **volljährigen Kind** steht das Bestimmungsrecht demjenigen Elternteil zu, der auf Barunterhalt in Anspruch genommen wird.[73] Nimmt das Kind beide Elternteile in Anspruch, kann ein Elternteil das Bestimmungsrecht alleine wirksam ausüben, wenn sein Angebot auf Leistung von Naturalunterhalt Belange des anderen Elternteils nicht verletzt,[74] so z.B. weil der andere Elternteil nicht leistungsfähig ist. Ansonsten ist eine gegenseitige Interessenabwägung vorzunehmen. 83

---

[67] OLG Brandenburg v. 18.10.2007 - 9 WF 288/07 - FamRZ 2008, 1558.
[68] OLG Saarbrücken v. 29.06.2009 - 9 WF 63/09 - FamRZ 2010, 219.
[69] OLG Köln v. 23.09.1997 - 14 UF 105/97 - NJW 1998, 320.
[70] BGH v. 06.03.1985 - IVb ZR 74/83 - FamRZ 1985, 584; BGH v. 25.11.1987 - IVb ZR 109/86 - FamRZ 1988, 386-387.
[71] Gerhardt, Handbuch FA FamR Kap. 6, Rn. 137.
[72] Graba in: Johannsen/Henrich, Familienrecht, 2010, § 1612 Rn. 12.
[73] BGH v. 03.02.1998 - Ivb ZR 19/88 - FamRZ 1988, 831; OLG Celle v. 23.07.1996 - 18 W 19/96 - FamRZ 1997, 966.
[74] OLG Hamm v. 14.02.1990 - 10 WF 77/90 - FamRZ 1990, 1028, 1029.

3. Wirksamkeit der Unterhaltsbestimmung

84 Bei der Frage der Prüfung der Wirksamkeit einer solchen Bestimmung ist zu beachten, dass das Unterhaltsbestimmungsrecht gerade der wirtschaftlichen Entlastung des Unterhaltspflichtigen dienen soll. Damit tritt das Recht des Kindes – auch des volljährigen Kindes – auf freie Entfaltung seiner Persönlichkeit grundsätzlich hinter das elterliche Bestimmungsrecht zurück.[75] Daraus folgt, dass die **Darlegungs- und Beweislast** für die Nichtberücksichtigung der Belange des Kindes auch das Kind zu tragen hat.[76]

85 Eine wirksame Unterhaltsbestimmung setzt voraus, dass der Unterhaltspflichtige die eigene **Unterhaltspflicht** als bestehend **anerkannt** hat.[77]

86 Die Unterhaltsbestimmung muss zudem **ausreichend bestimmt** sein.

87 Die Bestimmung des Unterhaltes muss den **gesamten Lebensbedarf des Kindes** umfassen. Dazu gehört nicht nur Wohnung und Beköstigung, sondern auch ausbildungsbedingte Kosten und ein ausreichendes Taschengeld (vgl. Rn. 72). Eine Unterhaltsbestimmung ist also unwirksam, wenn der unterhaltspflichtige Elternteil nur Gewährung von Wohnung anbietet und sonstige Unterhaltsleistungen ablehnt.[78]

88 Zudem muss die Unterhaltsbestimmung **durchführbar** sein. Von **Anfang an unwirksam** ist die Bestimmung daher, wenn diese Art der Unterhaltsgewährung für das berechtigte Kind **tatsächlich nicht erreichbar** ist und es daher der Unterhaltsbestimmung ohne eigenes Verschulden keine Folge leisten kann.[79] Dies ist z.B. dann der Fall, wenn dem Kind verbindlich ein auswärtiger Studienplatz zugewiesen worden ist oder wenn ein Wechsel des Studiengangs erforderlich wäre.[80] In diesem Fall kann das Kind nicht darauf verwiesen werden, bei den Eltern wohnen zu bleiben. Eine wirksam erfolgte Unterhaltsbestimmung kann also durch solche äußeren Umstände auch später **unwirksam werden** (vgl. Rn. 91).

89 Von minderjährigen Kindern, die bei der Mutter leben, kann nicht erwartet werden, dass sie diese auf Wunsch des Vaters verlassen, um bei ihm den Unterhalt in Natur entgegenzunehmen.[81] Hat ein Kind lange Zeit bei einem Elternteil gelebt, kann das Recht dieses Elternteils auf Fortführung dieser gefestigten Lebensverhältnisse ein schützenswerter Belang sein.[82] Der Bestimmende kann also auch bei Eintritt der Volljährigkeit nicht verlangen, dass die während der Minderjährigkeit des Kindes gewachsene Hausgemeinschaft mit dem anderen Elternteil nach der Volljährigkeit ohne weiteres aufgegeben wird.[83]

90 Eine Unterhaltsbestimmung kann wegen **Rechtsmissbräuchlichkeit** unwirksam sein. Ein solcher Missbrauch ist dann gegeben, wenn die Bestimmung aus sachfremden Motiven oder zu sachfremden Zwecken vorgenommen wird.[84] Gegenüber einem volljährigen Kind ist die Bestimmung auch dann nicht bindend, wenn sie die Menschenwürde des Kindes oder sein Recht auf freie Entfaltung der Persönlichkeit in verletzender Weise tangiert.[85] Rechtsmissbräuchlich ist die Erklärung der Eltern, ihrem Kind Naturalunterhalt zu gewähren, dann, wenn der Auszug des Kindes jahrelang hingenommen worden ist.[86]

91 Eine zunächst wirksame Bestimmung kann bei Änderung der tatsächlichen Gegebenheiten **später unwirksam** werden, so z.B. dann, wenn die gewählte Art der Unterhaltsgewährung aus tatsächlichen und rechtlichen Gründen später undurchführbar wird. Von diesem Zeitpunkt an entfaltet die zunächst wirksame Bestimmung keine Wirkungen mehr. Der Anspruch auf Barunterhalt lebt wieder auf und kann

---

[75] OLG Brandenburg v. 05.12.2005 - 9 UF 189/05 - JAmt 2006, 259-261; *Götsche*, FamRB 2008, 81, 82 m.w.N.
[76] *Ehinger*, FamRB 2006, 338, 344; *Götsche*, FamRB 2008, 81, 84.
[77] OLG Hamm v. 29.02.1984 - 5 UF 452/83 - FamRZ 1984, 503-505.
[78] OLG Karlsruhe v. 21.07.2006 - 16 UF 120/05 - JAmt 2006, 418-419; OLG Brandenburg v. 05.12.2005 - 9 UF 189/05 - ZFE 2006, 354.
[79] BGH v. 20.03.1996 - XII ZR 45/95 - FamRZ 1996, 798.
[80] OLG Hamburg v. 07.04.1987 - 2 W 78/86 - FamRZ 1987, 1183.
[81] BGH v. 11.12.1991 - XII ZR 245/90 - FamRZ 1992, 426 in Fortführung von BGH v. 25.11.1987 - IVb ZR 109/86 - FamRZ 1988, 386-387.
[82] OLG Brandenburg v. 18.10.2007 - 9 WF 288/07; *Graba* in: Johannsen/Henrich, Familienrecht, 2010, § 1612 Rn. 12.
[83] Nachweise bei BGH v. 27.04.1988 - IVb ZR 56/87 - FamRZ 1988, 831.
[84] OLG Hamburg v. 21.07.1988 - 2 W 36/88 - FamRZ 1989, 309-310.
[85] OLG Zweibrücken v. 29.09.1987 - 3 W 107/87 - Rpfleger 1988, 63-64.
[86] OLG Frankfurt v. 10.08.2000 - 6 WF 133/00 - FamRZ 2001, 116-117.

wieder geltend gemacht werden.[87] Haben die Eltern während der Schulzeit des Kindes eine Bestimmung getroffen, Unterhalt in Natur zu erbringen, so kann diese Bestimmung nach Beendigung der Schulzeit, einiger Zeit der wirtschaftlichen Selbständigkeit und Ableistung des Wehr- oder Zivildienstes durch das Kind seine Bedeutung verlieren. Da die Unterhaltsbestimmung von den konkreten Lebensumständen abhängt, die sich ständig wandeln, muss vom Unterhaltsverpflichteten aus Gründen der Klarheit und Rechtssicherheit gefordert werden, dass er sich nach einer längeren zeitlichen Unterbrechung bei erneuter Inanspruchnahme erneut zur Unterhaltsgewährung äußert.[88]

Die Berufung auf die Unwirksamkeit einer Naturalunterhaltsbestimmung, weil diese nicht den gesamten Lebensbedarf umfasst, ist **arglistig**, wenn der Naturalunterhaltsbestimmung aus anderen Gründen nicht gefolgt wird und die Eltern nicht zu einer Ergänzung aufgefordert worden sind.[89]

92

4. Abänderungsmöglichkeiten

Nach bisherigem Recht waren zur Abänderung der elterlichen Bestimmung besondere Gründe gefordert. Das neue Unterhaltsrecht hat diesen Passus ersatzlos gestrichen, ohne dass damit eine Korrektur des Änderungsmaßstabes verbunden sein sollte.[90] Die bisherige Rechtsprechung kann daher noch weiter zugrunde gelegt werden.

93

Erforderlich ist eine wertende Gesamtschau aller Umstände des jeweiligen Einzelfalls unter dem Blickwinkel des § 1618a BGB. Im Regelfall sind die Zumutbarkeitsgesichtspunkte auf Seiten des Kindes gegen die wirtschaftlichen Interessen der Eltern bzw. des zahlungspflichtigen Elternteils abzuwägen. Im Gesetzeswortlaut ist ausdrücklich klargestellt, dass bei der Bestimmung durch die Eltern „auf die **Belange des Kindes** die gebotene Rücksicht zu nehmen" ist. Dabei sind auch die zukünftigen schulischen und beruflichen Entwicklungsperspektiven des Kindes und dessen Interesse an einer „Abnabelung" von den Eltern bei zunehmendem Lebensalter zu berücksichtigen. Erzieherische Einflüsse der Eltern treten bei zunehmendem Lebensalter der Kinder mehr und mehr in den Hintergrund. Damit verbunden ist aber auch die Verpflichtung der Kinder, zielstrebig und energisch auf die eigene wirtschaftliche Unabhängigkeit von den Eltern hinzuarbeiten. Die elterlichen Interessen müssen im Ergebnis dann hinter des Kindes zurücktreten, wenn sie dem wohlverstandenen Interesse des unterhaltsbedürftigen Kindes zuwiderlaufen.[91]

94

Die sich aus § 1618a BGB ergebenden **gegenseitigen Verpflichtungen** sind nicht einheitlich zu bestimmen; sie richten sich nach dem Alter, dem Gesundheitszustand und den übrigen Verhältnissen der Beteiligten. Zwar steht Eltern gegenüber volljährigen Kindern ein Erziehungs- und Aufsichtsrecht nicht mehr zu, dennoch muss ihnen noch zugestanden werden, in angemessener Weise Einfluss auf das mit ihren Unterhaltsleistungen geförderte Berufs- und Ausbildungsziel mit Rücksicht auf die Familie als Lebens- und Interessengemeinschaft zu nehmen. Es geht dabei weniger um Erziehungsrechte als um Steuerungs- und Kontrollbefugnisse zur Erleichterung der Unterhaltslast, also durchaus auch um wirtschaftliche Erwägungen. Die Entscheidung eines Volljährigen, eine eigene Wohnung zu nehmen, bezieht sich somit einerseits auf die persönliche Freiheit des Kindes, hat aber auch einschneidende Konsequenzen für die finanzielle Belastung der unterhaltspflichtigen Eltern.

95

Dem Willen des volljährigen Kindes über die Art seiner Lebensführung kommt dabei keinesfalls eine stärkere Bedeutung als dem Gebot der Rücksichtnahme gegenüber den wirtschaftlichen Interessen des unterhaltspflichtigen Elternteils zu. Daran hat auch die Reform des Unterhaltsrechtes und die damit verbundene Änderung der Regelung des § 1612 Abs. 2 BGB nichts geändert. Die Belange des Kindes haben daher nur in Ausnahmefällen dann Vorrang, wenn schwerwiegende Gründe einem Zusammenleben mit dem Elternteil bzw. die sonstige Annahme der durch das Bestimmungsrecht vorgegebenen Entgegennahme des Unterhaltes entgegenstehen.[92]

96

Maßgeblich ist auch, ob es darum geht, eine noch bestehende Gemeinschaft zwischen Eltern und Kind aufrechtzuerhalten oder ob die Lebenssituation des unterhaltsberechtigten Kindes einschneidend verändert werden soll. Der Gesetzgeber hatte bei der Schaffung des Bestimmungsrechts die intakte Familie mit ihren wechselseitigen erhaltenswerten Bindungen im Auge.[93] Das Bestimmungsrecht nach

97

---

[87] BGH v. 20.03.1996 - XII ZR 45/95 - FamRZ 1996, 798.
[88] OLG Hamm v. 20.10.1989 - 13 UF 88/89 - FamRZ 1990, 1389-1390.
[89] OLG Köln v. 06.04.2001 - 14 WF 46/01 - NJW-RR 2001, 1442.
[90] *Götscho*, FamRB 2008, 81, 82 m.w.N.
[91] BayObLG München v. 19.05.1999 - 1Z BR 188/98 - EzFamR aktuell 1999, 261-265; OLG Brandenburg v. 05.12.2005 - 9 UF 189/05 - JAmt 2006, 259-261.
[92] OLG Brandenburg v. 21.05.2008 - 9 WF 116/08 - juris Rn. 10 - NJW 2008, 2722-2723.
[93] BayObLG v. 19.05.1999 - 1Z BR 188/98 - FamRZ 2000, 976.

§ 1612

§ 1612 Abs. 2 Satz 1 BGB hat auch **gegenüber volljährigen Kindern** seine Grundlage darin, dass die enge verwandtschaftliche Beziehung und die Wahrung des Familienzusammenhalts eine Rücksichtnahme des trotz seiner Volljährigkeit noch unterhaltsbedürftigen, unverheirateten Kindes auf seine Eltern gebietet.[94] Dem kommt keine maßgebliche Bedeutung zu, wenn es nicht darum geht, eine noch bestehende Gemeinschaft zwischen Eltern und Kind aufrechtzuerhalten oder wieder herzustellen, sondern die bestehende Lebenssituation des unterhaltsberechtigten Kindes einschneidend zu verändern. Leben Unterhaltspflichtiger und Unterhaltsberechtigter bereits seit Jahren nicht mehr zusammen und hat sich ihr Kontakt auf die üblichen Umgangskontakte beschränkt, dann muss das wirtschaftliche Interesse des Pflichtigen, den Unterhalt in einer für ihn finanziell günstigeren Form zu leisten, hinter den schützenswerten Interessen des Unterhaltsberechtigten zurücktreten.[95]

98 Zur **Darlegungs- und Beweislast** vgl. Rn. 108.

99 In aller Regel liegen die Voraussetzungen für eine Änderung vor, wenn **gravierende Umstände** zu einer Zerstörung des Vertrauensverhältnisses zwischen Eltern und Kind geführt haben und die eigentliche Ursache der Zerrüttung in der Sphäre der Eltern liegt, nicht aber, wenn die Trennung von der Familie von dem Kind allein verschuldet oder eigenmächtig herbeigeführt worden ist. Haben weder die Eltern noch das Kind die Entfremdung zwischen ihnen verschuldet, liegen also schicksalsmäßige Ereignisse oder Entwicklungen vor, so ist eine Änderungsentscheidung nur gerechtfertigt, wenn dem Kind die Entgegennahme von Naturalunterhalt im Haushalt der Eltern nicht mehr zugemutet werden kann. Das Gleiche gilt, wenn eine von beiden Seiten schuldhaft herbeigeführte Entfremdung festzustellen ist. Die Voraussetzungen für eine Abänderung der Entscheidung der Eltern liegen dann vor.[96]

100 Als besonderer Grund wurden **anerkannt**:

- eine tiefgreifende und voraussichtlich nicht behebbare **Abneigung und Entfremdung**, deren Ursache überwiegend **aus der Sphäre der Eltern** stammt, unabhängig vom Verschulden;[97]
- wenn das unterhaltsberechtigte Kind sich vom verpflichteten Elternteil tiefgreifend entfremdet hat und zur Entgegennahme von Naturalunterhalt **seinen Lebensmittelpunkt in den Haushalt des anderen Elternteils verlegen müsste**;[98]
- die Tochter darf ihren **Freund** nur bei Anwesenheit des Vaters in der Wohnung empfangen, sie zieht daraufhin aus; es kommt zu einer langfristigen Entfremdung;[99]
- die nicht nachvollziehbare Ablehnungshaltung der Eltern gegenüber dem Lebensgefährten des Kindes;[100]
- **mangelnde Toleranz** und fehlendes Verständnis für andere Auffassungen;
- ungewöhnlich lieblose Behandlung und häufige **Misshandlungen**;
- **unangemessene Überwachung** und Beschränkung der Lebensführung;[101]
- grober **Vertrauensbruch**;
- wenn ein Kind nach der Scheidung jahrelang bei einem Elternteil gelebt hat, der Kontakt zum anderen Elternteil abgebrochen ist, aufgrund der Unterhaltsbestimmung der Studienort gewechselt werden muss und das Kind in einer ihm fremden Familie leben müsste;[102]
- bei einem volljährigen Kind dessen Erkrankung an Aids;[103]
- bei einem **Studenten** im Falle häuslicher Unterbringung eine tägliche **Reisezeit** von mindestens drei Stunden **zum Studienort**;[104]

---

[94] BayObLG München v. 19.05.1999 - 1Z BR 188/98 - FamRZ 2000, 976.
[95] KG Berlin v. 31.03.2005 - 19 UF 10/05 - FamRZ 2006, 60-61.
[96] OLG Hamm v. 18.06.1999 - 12 UF 25/99 - FamRZ 2000, 978.
[97] OLG Celle v. 09.02.2000 - 19 UF 120/00 - FamRZ 2001, 1640; OLG Hamm v. 18.06.1999 - 12 UF 25/99 - FamRZ 2000, 978; OLG Celle v. 23.07.1996 - 18 W 19/96 - NdsRpfl 1997, 30-32; OLG Hamburg v. 21.07.1988 - 2 W 36/88 - FamRZ 1989, 309-310; OLG Celle v. 05.11.1993 - 12 W 14/93 - FamRZ 1994, 1194-1195; KG Berlin v. 13.08.2002 - 13 UF 42/02 - NJW 2003, 977-978; *Bißmaier*, FamRB 2005, 336, 338.
[98] OLG Hamm v. 18.06.1999 - 12 UF 25/99 - FamRZ 2000, 978.
[99] OLG Hamburg v. 21.07.1988 - 2 W 36/88 - FamRZ 1989, 309-310.
[100] OLG Brandenburg v. 05.12.2005 - 9 UF 189/05 - JAmt 2006, 259-261; *Götsche*, FamRB 2008, 81, 83.
[101] OLG Brandenburg v. 05.12.2005 - 9 UF 189/05 - JAmt 2006, 259-261.
[102] BayObLG München v. 20.07.1989 - BReg 1 a Z 3/89 - NJW-RR 1989, 1487-1488.
[103] KG Berlin v. 10.08.1999 - 17 WF 4003/99 - FamRZ 2000, 979-980.
[104] OLG Celle v. 25.07.2000 - 12 UF 124/00 - FamRZ 2001, 116.

- eine **tiefgreifende Entfremdung** zwischen Vater und volljährigem Gymnasiasten ist ein besonderer Grund, wobei es nicht darauf ankommt, wer die Zerrüttung verursacht hat, es sei denn, sie ist ausschließlich vom Kind provoziert.[105]

Siedelt der volljährige Unterhaltsberechtigte vom unterhaltsverpflichteten zum anderen Elternteil über, ist im Rahmen der vorzunehmenden **Gesamtwürdigung** aller Umstände des Einzelfalls insbesondere eine nicht unerhebliche persönliche Entfremdung, die Ernährungsfrage, das Wohnverhältnis und das Verhältnis zum neuen Lebenspartner des Unterhaltsverpflichteten für eine Abänderung des Bestimmungsrechts ausreichend;[106]

Versuchen Eltern die Generationskonflikte mit dem in ihrem Haushalt lebenden volljährigen Kind in mehr als nur einem einmaligen Ausnahmefall mittels **Gewalttätigkeiten** zu lösen und zeigen sie dadurch, dass sie das Selbstbestimmungsrecht ihres erwachsenen Kindes nicht zu achten bereit sind, rechtfertigt dies die Ersetzung des elterlichen Bestimmungsrechts hinsichtlich der Form der Unterhaltsgewährung.[107]

Ein besonderer Grund wurde **verneint** bei:

- dem Wunsch eines Kindes, bei dem nicht Naturalunterhalt anbietenden Elternteil zu leben;[108]
- dem Wunsch des Kindes nach Lösung vom Elternhaus und selbständiger Lebensführung;
- Rechtsstreitigkeiten zwischen den Eltern und dem Kind;
- dem Verlangen nach Beteiligung an der Hausarbeit.

5. Verfahrensrechtliche Fragen

Bereits durch die zum 01.01.2008 in Kraft getretene Unterhaltsreform ist die frühere verfahrensrechtliche Aufspaltung in ein gesondertes Verfahren zur Überprüfung der Wirksamkeit der Unterhaltsbestimmung und ein anschließendes Verfahren auf Zahlung abgeschafft worden. Dem **Familiengericht** ist jetzt eine **einheitliche Entscheidung** möglich. Innerhalb des Zahlungsverfahrens kann das Kind sogleich Zahlung beantragen und den Einwand vorbringen, dass die von den Eltern ausgeübte Bestimmung des Unterhaltes unwirksam sei. Die Überprüfung einer dem Barunterhaltsanspruch entgegenstehenden Unterhaltsbestimmung ist damit lediglich als „Vorfrage" im Rahmen dieses Unterhaltsverfahrens vom Familiengericht abschließend zu entscheiden.

Auch diese Fragen können nur insgesamt im Rahmen der **Beschwerde** gem. § 58 FamFG gegen den Unterhaltsbeschluss (§ 38 FamFG) vorgebracht werden, die bei dem Gericht einzulegen ist, das die angefochtene Entscheidung erlassen hat (§ 64 Abs. 1 FamFG).

Da das Bestimmungsrecht zunächst die Eltern begünstigt, haben allerdings die Eltern die **Voraussetzungen der Bestimmung** vorzutragen.

Die Frage der Wirksamkeit der Bestimmung ist als Einwendung von Amts wegen zu prüfen. Das Kind muss sich also nicht ausdrücklich auf die Unwirksamkeit der Unterhaltsbestimmung berufen, da es sich nicht um eine Einrede handelt. Jedoch muss das Gericht nur bei entsprechender Veranlassung dieser Frage nachgehen.[109] Es bedarf daher eines entsprechenden anwaltlichen Sachvortrages.

Die **Darlegungs- und Beweislast** für das Vorliegen besonderer Gründe trägt das Kind.[110] Bestehende Zweifel an der ausreichenden Beachtung der Kindesbelange gehen zu Lasten des Kindes; im Zweifel ist daher das Bestimmungsrecht wirksam ausgeübt.

C. Steuerrechtliche Hinweise

Vgl. hierzu die Steuerrechtl. Hinw. zu §§ 1601 ff. BGB.

---

[105] OLG Dresden v. 15.02.2005 - 21 UF 54/05 - NJW-RR 2005, 735-736.
[106] OLG Schleswig v. 22.12.1997 - 8 Wx 23/97 - FamRZ 1998, 1195-1196.
[107] OLG Köln v. 06.12.1995 - 16 Wx 130/95 - JMBl NW 1996, 93.
[108] OLG Brandenburg v. 05.12.2005 - 9 UF 189/05 - JAmt 2006, 259-261.
[109] *Götsche*, FamRB 2008, 81, 84.
[110] OLG Brandenburg v. 21.05.2008 - 9 WF 116/08 - juris Rn. 2 - NJW 2008, 2722-2723.

§ 1612a BGB Mindestunterhalt minderjähriger Kinder

(Fassung vom 21.12.2007, gültig ab 01.01.2008)

(1) ¹Ein minderjähriges Kind kann von einem Elternteil, mit dem es nicht in einem Haushalt lebt, den Unterhalt als Prozentsatz des jeweiligen Mindestunterhalts verlangen. ²Der Mindestunterhalt richtet sich nach dem doppelten Freibetrag für das sächliche Existenzminimum eines Kindes (Kinderfreibetrag) nach § 32 Abs. 6 Satz 1 des Einkommensteuergesetzes. ³Er beträgt monatlich entsprechend dem Alter des Kindes

1. für die Zeit bis zur Vollendung des sechsten Lebensjahrs (erste Altersstufe) 87 Prozent,
2. für die Zeit vom siebten bis zur Vollendung des zwölften Lebensjahrs (zweite Altersstufe) 100 Prozent und
3. für die Zeit vom 13. Lebensjahr an (dritte Altersstufe) 117 Prozent

eines Zwölftels des doppelten Kinderfreibetrags.

(2) ¹Der Prozentsatz ist auf eine Dezimalstelle zu begrenzen; jede weitere sich ergebende Dezimalstelle wird nicht berücksichtigt. ²Der sich bei der Berechnung des Unterhalts ergebende Betrag ist auf volle Euro aufzurunden.

(3) Der Unterhalt einer höheren Altersstufe ist ab dem Beginn des Monats maßgebend, in dem das Kind das betreffende Lebensjahr vollendet.

(4) u. (5) (weggefallen)

Gliederung

A. Grundlagen 1	1. Statische Unterhaltstitel 10
B. Anwendungsvoraussetzungen 4	2. Dynamische Unterhaltstitel 12
I. Minderjähriges Kind 4	C. Prozessuale Hinweise/Verfahrenshinweise.... 23
II. Mindestbedarf 5	D. Steuerrechtliche Hinweise 31
III. Formulierung des Antrags und Unterhaltstitels (Tenorierung) 9	

A. Grundlagen

1 Die Vorschrift erlaubt es einem minderjährigen Kind, von seinen Eltern oder dem unterhaltspflichtigen Elternteil den **Mindestunterhalt** zu verlangen, der in Abhängigkeit vom **sächlichen Existenzminimum** eines Kindes (Kinderfreibetrag gemäß § 32 Abs. 6 Satz 1 des Einkommensteuergesetzes, **EStG**) festgesetzt wird. Danach bemisst sich der Mindestunterhalt nach dem doppelten Freibetrag für das sächliche Existenzminimum eines Kindes (Kinderfreibetrag) gem. § 32 Abs. 6 Satz 1 EStG.

2 Dieses Existenzminimum wird von der Bundesregierung alle zwei Jahre in einem Existenzminimumbericht auf der Grundlage der durchschnittlichen sozialhilferechtlichen Regelsätze der Bundesländer und statistischer Berechnungen der durchschnittlichen Aufwendungen für Wohn- und Heizkosten in den alten Bundesländern ermittelt und bildet die Orientierungsgröße für die Höhe des einkommensteuerlichen sächlichen Existenzminimums.

3 Der tatsächlich geschuldete Kindesunterhalt bemisst sich nach der **individuellen Leistungsfähigkeit des Barunterhaltspflichtigen** (§ 1603 BGB). Über den Selbstbehalt ist stets gewährleistet, dass dem Unterhaltspflichtigen das eigene Existenzminimum verbleibt; der Mindestunterhalt steht immer unter dem **Vorbehalt der Leistungsfähigkeit**.

B. Anwendungsvoraussetzungen

I. Minderjähriges Kind

4 Voraussetzung für den Anspruch auf Mindestunterhalt ist, dass es sich bei dem Unterhaltsberechtigten um ein **minderjähriges Kind** handelt. Es kommt nicht darauf an, ob das Kind unverheiratet ist. Auch

das privilegierte volljährige Kind hat keinen Anspruch auf Dynamisierung seines Unterhalts nach § 1612a BGB.[1]

II. Mindestbedarf

Während das Steuerrecht bei der Bestimmung des sächlichen Existenzminimums des Kindes nicht nach dem Alter des Kindes differenziert, gliedert sich der Mindestunterhalt minderjähriger Kinder nach drei **Altersstufen**: 5
- bis 6 Jahre,
- bis 12 Jahre und
- bis 18 Jahre.

Die Sätze einer höheren Altersstufe werden ab Beginn des Monats geschuldet, in dem das Kind das betreffende Lebensjahr vollendet (§ 1612a Abs. 3 BGB).
Die Mindestbedarfssätze der Düsseldorfer Tabelle seit 01.01.2010 belaufen sich auf[2] 6

1. Altersstufe	0-5 Jahre	317 €
2. Altersstufe	6-11 Jahre	364 €
3. Altersstufe	12-17 Jahre	426 €
4. Altersstufe	ab 18 Jahre	488 €

Dieser Mindestbedarf kann auch in einem **vereinfachten Verfahren** geltend gemacht werden. Mit Hilfe dieses Verfahrens, in dem bestimmte Einwendungen des Schuldners ausgeschlossen sind, kann dem Kind relativ schnell ein **vollstreckbarer Titel** verschafft werden (§§ 249 ff. FamFG). Es besteht aber **kein Vorrang des vereinfachten Verfahrens**.[3] 7

Ein Mindestbedarf für **volljährige Kinder** ist im Gesetz nicht vorgesehen. Daher kann der Unterhalt für Volljährige mangels gesetzlicher Bezugsgröße nicht dynamisch festgelegt werden. 8

III. Formulierung des Antrags und Unterhaltstitels (Tenorierung)

Grundsätzlich gibt es **verschiedene Möglichkeiten**, Unterhalt für minderjährige Kinder zu titulieren. 9

1. Statische Unterhaltstitel

Als monatlicher **statischer Betrag**: 10
- Dem Antragsgegner wird aufgegeben, ab 01.01.2014 einen monatlichen Kindesunterhalt von 317 € zu zahlen.
- Dem Antragsgegner wird aufgegeben, ab 01.01.2014 einen monatlichen Kindesunterhalt von 225 € (= 317 € abzüglich anteiligen Kindergeldes von 92 €) zu zahlen.

Sofern das 3. oder ein weiteres Kind betroffen sind, sind anstelle des abzuziehenden anteiligen Kindergeldes von 92 € die entsprechenden anteiligen Abzugsbeträge von 95 € bzw. 107,50 € einzusetzen. 11

2. Dynamische Unterhaltstitel

Der Unterhalt kann auch als monatlicher **dynamisierter Betrag** festgesetzt werden. 12

Der Vorteil eines solchen Antrages liegt darin, dass sich bei den vorhersehbaren Änderungen, die in der Formulierung des Titels bereits berücksichtigt worden sind, eine automatische Anpassung ergibt und kein gerichtliches Abänderungsverfahren (§ 238 FamFG) durchgeführt werden muss.[4] 13

Da der Mindestunterhalt sich bereits aus dem Gesetz ergibt, bestehen hinsichtlich der erforderlichen Bestimmtheit des Antrags keine Bedenken, wenn der Antrag auf Zahlung des **Mindestunterhaltes einer bestimmten Altersstufe** oder eines bestimmten Prozentsatzes für eine bestimmte Altersstufe gerichtet ist. Der Klageantrag muss dabei den **genauen Zeitraum** enthalten, für den eine bestimmte Altersstufe gelten soll. 14

Beispiel für einen dynamischen Klageantrag: 15
„Dem Antragsgegner wird aufgegeben,
a) ab dem 01.01.2014 den jeweiligen Mindestunterhalt der Altersstufe 1
b) ab dem 01.05.2017 den jeweiligen Mindestunterhalt der Altersstufe 2

---

[1] OLG Karlsruhe v. 30.09.2009 - 2 WF 96/09 - FamRZ 2010, 737 = FamFR 2010, 86.
[2] Diese Sätze sind in den Jahren 2011, 2012 und 2013 nicht angehoben worden.
[3] OLG Rostock v. 30.05.2006 - 10 WF 239/05 - FamRZ 2006, 1394 = OLGR Rostock 2007, 56-57.
[4] OLG Hamm v. 04.10.2010 - II-5 WF 151/10, 5 WF 151/10 - FamRZ 2011, 409; OLG Hamm v. 09.02.2011 - II-8 WF 37/11, 8 WF 37/11 - FamFR 2011, 201.

c) ab dem 01.05.2024 den jeweiligen Mindestunterhalt der Altersstufe 3
abzüglich des auf das Kind entfallenden hälftigen Kindergeldes von 92 € zu zahlen."

16 Sofern das 3. oder ein weiteres Kind betroffen sind, sind anstelle des abzuziehenden anteiligen Kindergeldes von 92 € die entsprechenden anteiligen Abzugsbeträge von 95 € bzw. 107,50 € einzusetzen.

17 Auch der Antrag auf Zahlung von Unterhalt in Höhe eines **bestimmten Prozentsatzes des Mindestunterhaltes** ist zulässig:
„Dem Antragsgegner wird aufgegeben,
a) ab dem 01.01.2014 115% des jeweiligen Mindestunterhalts der Altersstufe 1
b) ab dem 01.05.2017 115% des jeweiligen Mindestunterhalts der Altersstufe 2
c) ab dem 01.05.2024 115% des jeweiligen Mindestunterhalts der Altersstufe 3
abzüglich des auf das Kind entfallenden hälftigen Kindergeldes von 92 € zu zahlen."

18 Sofern das 3. oder ein weiteres Kind betroffen sind, sind anstelle des abzuziehenden anteiligen Kindergeldes von 92 € die entsprechenden anteiligen Abzugsbeträge von 95 € bzw. 107,50 € einzusetzen.

19 Im Zahlungsantrag ist das **anzurechnende Kindergeld** mitaufzuführen. Ob dies nur in Form eines festen Zahlbetrages „abzüglich von 92 € anteiligem Kindergeld" oder auch mit einer dynamischen Formulierung „abzüglich des jeweils geltenden hälftigen Kindergeldes für ein erstes Kind" zulässig ist, ist umstritten. Das OLG Naumburg verlangt, dass bei einem dynamischen Titel der anzurechnende Kindergeldbetrag beziffert ausgewiesen sein muss.[5]

20 Das OLG Dresden[6] lässt ausreichen, dass der Anteil des anzurechnenden Kindergeldes aus dem Titel heraus berechenbar ist – z.B. die Hälfte des staatlichen Kindergeldes für ein erstes Kind. Ein bezifferter Betrag muss nicht aufgeführt werden.

21 Dabei ist es auch möglich, neben dem dynamisiert geltend gemachten laufenden Unterhalt den **Unterhaltsrückstand** konkret zu beziffern. Das Gericht ist auch nicht gehindert, bei einer dynamisierten Antragstellung in seiner Entscheidung den bis zur letzten mündlichen Verhandlung bereits aufgelaufenen Unterhaltsrückstand im Urteil beziffert festzulegen. Hierdurch erfolgt keine Werterhöhung, weil bei der Festsetzung des Verfahrenswerts der Zeitpunkt des Antragseingangs maßgeblich ist.

22 Der **Gegenstandswert** bei dynamisierten Zahlungsanträgen richtet sich nach den sog. **Zahlbeträgen**; der gesetzlich in Anrechnung gebrachte Kindergeldanteil ist also abzuziehen.[7]

C. Prozessuale Hinweise/Verfahrenshinweise

23 Der Unterhaltsbedarf eines minderjährigen Kindes ist in Höhe des Mindestbedarfs zu vermuten. Ein Sachvortrag des Kindes zur Leistungsfähigkeit des Schuldners ist danach insoweit entbehrlich. Der Unterhaltsverpflichtete trägt für seine Behauptung, nicht oder nicht in dieser Höhe leistungsfähig zu sein, die **Darlegungs- und Beweislast** (vgl. dazu die Kommentierung zu § 1603 BGB Rn. 1308).

24 Es besteht **kein Vorrang des vereinfachten Verfahrens** nach den §§ 249 ff. FamFG.[8]

25 Wird die Abänderung des Titels begehrt, richtet sich diese bei gerichtlichen Titeln nach § 238 FamFG, bei außergerichtlichen Titeln nach § 239 FamFG.

26 Die **Wesentlichkeitsgrenze** gilt aber bei § 238 FamFG unverändert fort.[9] Danach setzt ein Abänderungsverfahren die **wesentliche Änderung** der Verhältnisse voraus, die der früheren Unterhaltsfestsetzung zugrunde gelegen haben. Eine wesentliche Änderung wird in aller Regel erst bei einer **Veränderung des Unterhaltsanspruches um 10%** bejaht. Sie stellt jedoch **keine schematische Grenze** dar, so dass gerade bei beengteren Einkommensverhältnissen auch geringere Abweichungen ausreichen können.[10]

27 Verlangt z.B. das minderjährige Kind mit der Abänderung lediglich den Unterhalt in Höhe des Mindestbedarfes, kann auch eine unter 10% liegende Erhöhung einschneidend und mithin „wesentlich" i.S.d. § 238 FamFG sein.[11]

---

[5] Argument aus § 655 ZPO; OLG Naumburg v. 13.12.2007 - 8 UF 172/07 - OLGR Naumburg 2008, 545.
[6] OLG Dresden v. 15.02.2011 - 23 WF 576/10 - FamRZ 2011, 1657 [LS].
[7] OLG Köln v. 05.03.2008 - II-4 WF 33/08 - FamRZ 2008, 1645.
[8] OLG Rostock v. 30.05.2006 - 10 WF 239/05 - OLR Rostock 2007, 56-57.
[9] Vgl. *Roßmann* in: Horndasch/Viefhues, Kommentar zum Familienverfahrensrecht, 2014, § 238 Rn. 18 m.w.N.
[10] OLG Stuttgart v. 17.06.1999 - 18 WF 214/99 - FamRZ 2000, 377; BGH v. 29.01.1992 - XII ZR 239/90 - FamRZ 1992, 539; OLG Hamm v. 02.01.2004 - 10 WF 241/03 - FamRZ 2004, 1051.
[11] OLG Hamm v. 30.04.2004 - 11 WF 76/04 - FamRZ 2004, 1885, 1886; OLG Hamm v. 02.01.2004 - 10 WF 241/03 - FamRZ 2004, 1051, 1052.

Die Wesentlichkeitsschwelle des § 238 Abs. 1 Sätze 2, 4 FamFG für einen Abänderungsantrag des Kindes auf erhöhten Unterhalt ist auch dann überschritten, wenn sich die Bedarfssätze geändert haben und im Wege der Abänderung nicht mehr als das unterhaltsrechtliche Existenzminimum verlangt wird (hier Abänderung von Regelbetrag auf Mindestunterhalt).[12] 28

Dem Antrag eines Gläubigers, der aufgrund eines dynamisierten Unterhaltstitels gemäß § 1612a BGB den Erlass eines Pfändungs- und Überweisungsbeschlusses wegen künftig fällig werdender Unterhaltsforderungen in einer dem Tenor des Titels entsprechenden Art und Weise begehrt, ist zu entsprechen. Er kann nicht auf die betragsmäßige Bezifferung der sich derzeit ergebenden Beträge und eine eventuelle spätere Anpassung an Erhöhungen des Mindestunterhalts verwiesen werden.[13] 29

Hat ein minderjähriges Kind einen Titel auf Mindestunterhalt erwirkt, kann es auch nach Erreichen der Volljährigkeit daraus noch vollstrecken (vgl. die Kommentierung zu § 1602 BGB Rn. 230 ff. und die Kommentierung zu § 1610 BGB Rn. 488 f.). 30

D. Steuerrechtliche Hinweise

Vgl. hierzu die Steuerrechtl. Hinw. zu §§ 1601 ff. BGB ff. 31

Unterhaltsleistungen eines Steuerpflichtigen an seine mit ihm in einer Haushaltsgemeinschaft lebende, mittellose Lebenspartnerin sind ohne Berücksichtigung der sog. Opfergrenze als außergewöhnliche Belastung nach § 33a Abs. 1 EStG abziehbar. Gehört der Haushaltsgemeinschaft ein unterhaltsberechtigtes Kind an, sind die für Unterhaltsleistungen zur Verfügung stehenden Mittel um den nach § 32 Abs. 6 Satz 2 EStG bemessenen Mindestunterhaltsbedarf des Kindes zu kürzen. Der Mindestunterhalt ist in Höhe des doppelten Freibetrags für das sächliche Existenzminimum des Kindes anzusetzen. § 1612a Abs. 1 Satz 3 BGB kommt entsprechend zur Anwendung.[14] 32

---

[12] OLG Naumburg v. 14.01.2010 - 3 WF 262/09 - FamFR 2010, 260.
[13] LG Kassel v. 05.06.2009 - 3 T 106/09 - FamRZ 2009, 1940.
[14] BFH v. 17.12.2009 - VI R 64/08 - BFHE 227, 491.

§ 1612b BGB Deckung des Barbedarfs durch Kindergeld

(Fassung vom 21.12.2007, gültig ab 01.01.2008)

(1) ¹Das auf das Kind entfallende Kindergeld ist zur Deckung seines Barbedarfs zu verwenden:

1. zur Hälfte, wenn ein Elternteil seine Unterhaltspflicht durch Betreuung des Kindes erfüllt (§ 1606 Abs. 3 Satz 2);
2. in allen anderen Fällen in voller Höhe.

²In diesem Umfang mindert es den Barbedarf des Kindes.

(2) Ist das Kindergeld wegen der Berücksichtigung eines nicht gemeinschaftlichen Kindes erhöht, ist es im Umfang der Erhöhung nicht bedarfsmindernd zu berücksichtigen.

Gliederung

A. Grundlagen 1	II. Kindergeldanrechnung 15
I. Kurzcharakteristik 1	1. Minderjährige Kinder 15
II. Höhe des Kindergelds 7	2. Volljährige Kinder 34
B. Anwendungsvoraussetzungen 10	3. Sonderfälle der Kindergeldberechtigung 40
I. Kindergeldberechtigte 10	C. Steuerrechtliche Hinweise 46

A. Grundlagen

I. Kurzcharakteristik

1 Die Vorschrift regelt die **Anrechnung des Kindergeldes**, indem festgelegt wird, dass es zur **Deckung des Barbedarfes** zu verwenden ist.

2 Erfüllt also ein Elternteil seine Unterhaltspflicht durch Betreuung des Kindes, wird das Kindergeld bei beiden Eltern hälftig angerechnet. In den anderen Fällen wird das Kindergeld in voller Höhe von dem Unterhaltsbedarf, der sich aus den Tabellen ergibt, abgezogen. Der Unterhaltspflichtige schuldet jeweils nur den restlichen Bedarf.

3 Kindergeld wird jedoch nicht zugunsten eines Schädigers angerechnet. Wird ein Unterhaltsverpflichteter getötet, der keinen Anteil am Kindergeld hat und dessen Unterhaltsleistungen deshalb nach § 1612b BGB gemindert sind, muss der Schädiger dennoch Schadensersatz in Höhe des ungeminderten Unterhalts leisten. Denn die sozialpolitisch begründeten Vorteile der Kindergeldzahlung sollen dem Schädiger gerade nicht zugutekommen.[1]

4 Erhöhungen des Kindergelds, die sich aus dem Vorhandensein von weiteren, nicht gemeinschaftlichen Kindern ergeben, verbleiben aber bei dem Elternteil, dessen Kinder die Ursache für die Erhöhung sind (§ 1612b Abs. 2 BGB, **kein Zählkindervorteil**).

5 Schuldet ein Elternteil nach dem **Tod des anderen Elternteils** seinem auswärts untergebrachten minderjährigen Kind neben dem Barunterhalt auch Betreuungsunterhalt, so ist der Betreuungsunterhalt grundsätzlich pauschal in Höhe des Barunterhalts zu bemessen. Für einen davon abweichenden Betreuungsbedarf trägt derjenige die Darlegungs- und Beweislast, der sich darauf beruft. Von dem dann insgesamt geschuldeten Bar- und Betreuungsunterhalt sind die Halbwaisenrente und das Kindergeld in voller Höhe als bedarfsdeckend abzuziehen.[2]

6 Die gesetzliche Regelung erfasst das Kindergeld und über § 1612c BGB **sonstige kinderbezogene Leistungen**, die den Anspruch auf Kindergeld ausschließen. Die Norm enthält eine abschließende Regelung. Steuerrechtliche Ausgleichsansprüche zwischen den Eltern bestehen nicht. Ausführlich zu den steuerrechtlichen Zusammenhängen vgl. die Steuerrechtl. Hinw. zu §§ 1601 ff. BGB ff.

II. Höhe des Kindergelds

7 Das Kindergeld betrug in den Jahren 2002 bis 2008
 • für das erste bis dritte Kind jeweils 154 €,

---

[1] OLG Saarbrücken v. 03.01.2005 - 3 U 568/03, 3 U 568/03 - 53 - OLGR Saarbrücken 2005, 179.
[2] BGH v. 30.08.2006 - XII ZR 138/04 - FamRZ 2006, 1597 mit Anm. *Born*.

- für das vierte und jedes weitere Kind jeweils 179 €.

Im Jahr 2009 betrug das Kindergeld 8
- für das erste und zweite Kind 164 €,
- für das dritte Kind 170 €,
- ab dem vierten Kind 195 €.

Seit dem 01.01.2009 beträgt das Kindergeld 9
- für das erste und zweite Kind 184 €,
- für das dritte Kind 190 €,
- ab dem vierten Kind 215 €.

B. Anwendungsvoraussetzungen

I. Kindergeldberechtigte

Kindergeld wird nur einem Berechtigten **ausgezahlt**; bei mehreren Berechtigten demjenigen, der das Kind in seinen Haushalt aufgenommen hat (Obhutsprinzip, § 64 EStG). Ist das Kind in den gemeinsamen Haushalt von Eltern, einem Elternteil und dessen Ehegatten, Pflegeeltern oder Großeltern aufgenommen worden, so bestimmen diese untereinander den Berechtigten (§ 64 Abs. 2 Satz 2 EStG). Wird eine Bestimmung nicht getroffen, so bestimmt das **Familiengericht** auf Antrag den Berechtigten. Antragsberechtigt ist, wer ein berechtigtes Interesse an der Zahlung des Kindergeldes hat (§ 64 Abs. 2 Sätze 3 und 4 EStG). Es handelt sich um Unterhaltssachen gem. § 231 Abs. 2 FamFG.[3] 10

Das Familiengericht ist jedoch dann nicht zur Bestimmung des Kindergeldberechtigten berufen, wenn das Kind sich im Haushalt eines Berechtigten aufgehalten hat und zwischen den Berechtigten lediglich umstritten ist, in wessen Haushalt das Kind im maßgeblichen Zeitraum aufgenommen war.[4] 11

Lebt das Kind bei keinem der Berechtigten, wird das Geld gem. § 64 Abs. 3 EStG an die Person ausgezahlt, die die höhere Unterhaltsrente zahlt. 12

Die **Meldung** eines volljährigen, noch nicht 21 Jahre alten Kindes **als arbeitsuchend** bei der Arbeitsvermittlung der Agentur für Arbeit wirkt nur 3 Monate fort. Nach Fristablauf muss sich das Kind erneut arbeitsuchend melden, da andernfalls der Kindergeldanspruch entfällt.[5] 13

Auf die Unterhaltsschuld eines im **Ausland** lebenden barunterhaltspflichtigen Elternteils wird das dem anderen Elternteil nach deutschem Recht gewährte Kindergeld zur Hälfte angerechnet, wenn der barunterhaltspflichtige Elternteil in einem ausländischen Staat kindergeldberechtigt wäre, sein dort begründeter Kindergeldanspruch aber wegen der sich aus dem deutschen Recht ergebenden Kindergeldberechtigung des anderen Elternteils ruht.[6] 14

II. Kindergeldanrechnung

1. Minderjährige Kinder

Das Kindergeld wird **zur Hälfte auf den Unterhaltsanspruch** angerechnet, wenn es nicht an den barunterhaltspflichtigen Elternteil ausgezahlt wird. Diese gesetzlichen Vorgaben sind **verfassungsgemäß**.[7] 15

Der Unterhaltsanspruch des Kindes vermindert sich daher um die Hälfte des an den betreuenden Elternteil gezahlten Kindergeldes. Damit wird der Gleichwertigkeit der Unterhaltsleistungen der Eltern – Barunterhalt und Betreuungsunterhalt nach § 1606 Abs. 3 Satz 2 BGB – Rechnung getragen. 16

Nach der gesetzlichen Anrechnungsregel mindert das Kindergeld – entweder zur Hälfte oder in voller Höhe – den Barbedarf des Kindes. Das zu berücksichtigende **Kindergeld** wird also im Unterhaltsrecht als **Einkommen des Kindes** behandelt.[8] Die bedarfsdeckende Bedeutung des Kindergeldes führt dazu, dass dem Kind nur ein Anspruch auf den Tabellenbetrag abzüglich des anteiligen Kindergeldes zusteht. 17

---

[3] Einzelheiten hierzu vgl. *Roßmann* in: Horndasch/Viefhues, FamFG 2014, § 231 Rn. 75 ff.
[4] OLG Nürnberg v. 16.02.2011 - 7 WF 161/11 - FuR 2011, 347.
[5] BFH v. 19.06.2008 - III R 68/05 - FamRZ 2008, 1929; BFH v. 19.06.2008 - III R 66/05 - FamRZ 2008, 1930.
[6] BGH v. 21.07.2004 - XII ZR 203/01 - FamRZ 2004, 1639 mit Anm. *Heimann*, FamRZ 2004, 1641 und *Eichenhofer*, FamRZ 2004, 1965.
[7] BVerfG v. 14.07.2011 - 1 BvR 932/10; dazu *Schürmann*, FamRZ 2011, 1625, *Schürmann*, FF 2012, 109; *Günther*, FamRR 2012, 77, *Borth*, FamRZ 2011, 1494-1495.
[8] *Scholz*, FamRZ 2007, 2021, 2024; kritisch *Soyka*, FuR 2008, 157, 160.

§ 1612b

18 Diese Bedarfsdeckung wird – im Verhältnis zur früheren bloßen Anrechnung des Kindergelds – dann praktisch, wenn die Mittel des barunterhaltspflichtigen Elternteils begrenzt sind. Reicht dessen Einkommen zur Zahlung des Mindestunterhalts abzüglich des darauf anzurechnenden Kindergeldanteils aus, ist er leistungsfähig. Damit orientiert sich seine Leistungsfähigkeit an dem ermittelten Zahlbetrag nach Einkommensgruppe 1 der Düsseldorfer Tabelle.

19 Kann der Unterhaltsverpflichtete diesen Betrag nicht aufbringen, ohne zugleich seinen notwendigen Selbstbehalt zu unterschreiten, ist er nicht leistungsfähig. Daher liegt ein Mangelfall erst und nur dann vor, wenn dem Unterhaltspflichtigen nach Abzug der Zahlbeträge nach Einkommensgruppe 1 von seinem bereinigten Nettoeinkommen der notwendige Selbstbehalt nicht mehr verbleibt. Auch in diesem Fall ist jedoch von einem (Rest-)Bedarf des Kindes in Höhe des gesetzlichen Mindestunterhalts gemäß § 1612a Abs. 1 BGB nach Abzug des hälftigen gesetzlichen Kindergelds auszugehen. Die Leistungsfähigkeit des Unterhaltspflichtigen beschränkt sich jedoch auf den Betrag, der über seinem notwendigen Selbstbehalt zur Verfügung steht.

20 Die gesetzliche Neuregelung eines Mindestbedarfs und der bedarfsdeckenden Anrechnung des Kindergelds führt daher dazu, dass in Mangelfällen in allen drei Altersgruppen von der Einkommensgruppe 1 der Düsseldorfer Tabelle, die dem Mindestbedarf entspricht, auszugehen ist und zunächst – der Regelung des § 1612b Abs. 1 BGB entsprechend – das Kindergeld hälftig (oder in voller Höhe, je nach Betreuungssituation) anzurechnen ist. Der sich so ergebende (Zahl-)Betrag ist dann je nach Leistungsfähigkeit des Unterhaltsverpflichteten gegebenenfalls erneut zu reduzieren. Da Ausgangspunkt wegen der bedarfsdeckenden Anrechnung des Kindergelds aber bereits ein um dieses reduzierter Betrag ist, kommt eine (nochmalige) Anrechnung des Kindergelds auf den nach der Leistungsfähigkeit des Schuldners bemessenen prozentualen Zahlbetrag nicht in Betracht.[9]

21 Bezieht der barunterhaltspflichtige Elternteil dagegen das Kindergeld, erhöht sich der zu zahlende Unterhaltsbetrag um die Hälfte des Kindergeldes.

22 Lebt das Kind im Ausland, sind, soweit bei der Bemessung des Kindesunterhalts im Rahmen seiner Ermessensausübung auf die Düsseldorfer Tabelle zurückgegriffen wird, die **Tabellenbeträge** und nicht die Zahlbeträge zu berücksichtigen, wenn im Ausland für die Kinder kein Kindergeld bezogen wird.[10]

23 Bei der Berechnung des Ehegattenunterhaltes wird der Kindesunterhalt mit dem **Zahlbetrag** und nicht mit dem Tabellenbetrag abgezogen[11]; vgl. die Kommentierung zu § 1361 BGB Rn. 191 und die Kommentierung zu § 1361 BGB Rn. 301.

24 **Voraussetzung dieser hälftigen Anrechnung** ist, dass ein Elternteil seine Unterhaltspflicht durch Betreuung des Kindes erfüllt. Ist dies nicht der Fall, weil z.B. das Kind bei Dritten aufwächst, so mindert das Kindergeld in voller Höhe den Bedarf des Kindes.

25 **Ein Fall des § 1612b Abs. 1 Satz 1 Nr. 1 BGB** mit der Folge der hälftigen Anrechnung liegt nur dann vor, wenn im Sinne des dort ausdrücklich zitierten § 1603 Abs. 3 Satz 2 BGB ein Elternteil den gleichwertigen Betreuungsunterhalt und der andere den Barunterhalt für das Kind leistet – also das Kind nur durch einen Elternteil betreut wird.[12]

26 Lebt das Kind jedoch mit seinem **Vater** (der noch der geschiedenen Ehefrau gegenüber unterhaltspflichtig ist) und dessen neuer Ehefrau **(seiner Mutter)** in einem **Haushalt**, ist ein Fall der vollen Anrechnung des Kindergeldes auf den Barbedarf nach § 1612b Abs. 1 Satz 1 Nr. 2, Satz 2 BGB gegeben und folglich das Kindergeld voll von seinem Kindesunterhaltsbedarf abzuziehen.[13]

27 Sind **mehrere Kinder mit unterschiedlichen Kindergeldbeträgen** vorhanden, so erfolgt die Anrechnung des Kindergeldes auf den Unterhaltsanspruch mit dem Betrag, der für das jeweilige Kind gezahlt wird. Nicht mehr haltbar ist die frühere Vorgehensweise, das Gesamtkindergeld nach Kopfteilen umzulegen.[14]

---

[9] OLG München v. 17.07.2009 - 2 WF 1288/09 - FamRZ 2010, 989.

[10] OLG Stuttgart v. 20.01.2014 - 17 WF 229/13 - FamRZ 2014, 850; *Savas*, FPR 2013, 101.

[11] BGH v. 14.04.2010 - XII ZR 89/08; BGH v. 17.03.2010 - XII ZR 204/08; BGH v. 27.05.2009 - XII ZR 78/08 - FamRZ 2009, 1300; BGH v. 24.06.2009 - XII ZR 161/08 - juris Rn. 22 ff. - FamRZ 2009, 1477; BGH v. 05.03.2008 - XII ZR 22/06 - FamRZ 2008, 963.

[12] Vgl. BGH v. 26.10.2005 - XII ZR 34/03 - FamRZ 2006, 99, 101 f.; *Brudermüller* in: Palandt, § 1612b Rn. 9.

[13] OLG Hamm v. 31.08.2012 - 3 UF 265/11 - FamFR 2012, 487.

[14] OLG Celle v. 01.03.1999 - 15 WF 42/99 - OLGR Celle 1999, 195-196; *Gerhardt*, FuR 1998, 97-101, 99.

Damit haben das minderjährige wie das volljährige Kind einen Anspruch auf Verwendung des zu berücksichtigenden Kindergelds für seinen Unterhalt. Wenn dies nicht geschieht, insbesondere wenn das Kindergeld vom Elternteil für sich verbraucht wird, hat das Kind einen **Anspruch auf Auskehr des Kindergeldes**.[15]

Ein **Titel**, aus dem die Zwangsvollstreckung betrieben werden soll, muss aus sich heraus für eine Auslegung **genügend bestimmt** sein oder jedenfalls sämtliche Kriterien für seine Bestimmbarkeit eindeutig festlegen.[16] Dieser Maßstab gilt auch für § 1612a BGB und die jeweiligen Vorgängervorschriften, welche die Möglichkeit vorsehen, einen Kindesunterhaltstitel zu erstellen, welcher sich automatisch an eine Veränderung der Bezugsgröße anpasst **(dynamisierter Unterhaltstitel)**, vgl. die Kommentierung zu § 1612a BGB Rn. 12.

Dabei muss die **Altersstufe** im Regelfall im Tenor aufgeführt sein. Auch der **Name** des Kindes gehört in den Tenor, jedenfalls dann, wenn der Unterhalt mehrerer Kinder geregelt wird und sich daher nicht aus dem Tenor die nötige Eindeutigkeit ergibt.

Eine Bezifferung des anzurechnenden Kindergeldes hat das OLG im Einklang mit der inzwischen wohl herrschenden Meinung nicht verlangt. Sieht ein dynamischer Unterhaltstitel die Anrechnung von Kindergeld vor, muss **der Anteil des anzurechnenden Kindergeldes lediglich aus dem Titel heraus berechenbar sein** (z.B.: die Hälfte des staatlichen Kindergeldes für ein erstes Kind). Ein Betrag muss nicht aufgeführt sein.[17] Anzugeben ist auch, ob sich das anzurechnende Kindergeld auf das erste oder ein anderes (genau zu bezeichnendes) Kind bezieht.

Auch bei freiwillig erstellten Unterhaltstiteln ist eine entsprechend sorgfältige Formulierung vorzunehmen, um später Probleme im Vollstreckungsverfahren zu vermeiden (vgl. auch die Kommentierung zu § 1612a BGB Rn. 19).

Formulierungsvorschlag:[18]

Der Kindesvater verpflichtet sich gegenüber seinem Kind ..., geb. am ... zu Händen dessen Mutter dynamischen Kindesunterhalt zu zahlen, und zwar in folgender Höhe:

a) ab dem 01.05.2014: (364 € – 92 € hälftiges Kindergeld =) 272 €;

b) für die Zeit ab … (Beginn des Monats, in den der 6. Geburtstag fällt) in Höhe von 100 Prozent des jeweiligen Mindestunterhalts der zweiten Altersstufe nach § 1612a BGB, abzüglich der Hälfte des jeweiligen gesetzlichen Kindergeldes für ein erstes Kind,

c) für die Zeit ab ... (Beginn des Monats, in den der 12. Geburtstag fällt) in Höhe von 100 Prozent des jeweiligen Mindestunterhalts der dritten Altersstufe nach § 1612a BGB, abzüglich der Hälfte des jeweiligen gesetzlichen Kindergeldes für ein erstes Kind

jeweils zuzüglich Zinsen in Höhe von 5 Prozentpunkten über dem jeweiligen Basiszinssatz nach § 247 BGB ab dem jeweiligen Fälligkeitszeitpunkt.

2. Volljährige Kinder

Bei volljährigen Kindern sind **beide Eltern zum Barunterhalt verpflichtet** (vgl. die Kommentierung zu § 1606 BGB Rn. 26). Ein volljähriges Kind hat einen Anspruch auf Auskehrung des Kindergeldes.[19]

Das **Kindergeld ist folglich bei volljährigen Kindern in voller Höhe auf den Bedarf anzurechnen**.[20] Es findet also keine hälftige Anrechnung statt, sondern damit de facto eine Anrechnung in Höhe der jeweiligen Haftungsanteile der Eltern (vgl. das Berechnungsbeispiel in der Kommentierung zu § 1606 BGB Rn. 71).

Das OLG Frankfurt führt aus, es wäre zwar seit der Reform des Unterhaltsrechts wohl korrekter, das nunmehr gemäß § 1612b Abs. 1 Satz 2 BGB ausdrücklich den Bedarf der minderjährigen Kinder hälftig deckende Kindergeld nur noch zur Hälfte als Einkommen des Elternteils anzusetzen und dafür den Wohnanteil als teilweise Bedarfsdeckung der Kinder herauszurechnen. Jedenfalls dürfe aber nicht so-

---

[15] BGH v. 26.10.2005 - XII ZR 34/03 - FamRZ 2006, 99, 102; *Scholz*, FamRZ 2007, 2021, 2025; *Klein*, Das neue Unterhaltsrecht, 2008, S. 202; *Soyka*, FuR 2008, 157, 160.
[16] BGH v. 07.12.2005 - XII ZR 94/03 - NJW 2006, 695.
[17] OLG Dresden v. 15.02.2011 - 23 WF 0576/10 - FamFR 2011, 274
[18] Nach *Pfeil*, FamFR 2011, 274.
[19] BFH v. 30.10.2008 - III R 105/07 - FamRZ 2009, 333.
[20] So schon zum bisherigen Recht BGH v. 26.10.2005 - XII ZR 34/03 - NJW 2006, 57 = FamRZ 2006, 99 mit Anm. *Viefhues*, FamRZ 2006, 103; *Scholz*, FamRZ 2006, 106; *Bißmaier*, BGHReport 2006, 95.

§ 1612b

wohl das volle Kindergeld beim Einkommen des Elternteils berücksichtigt als auch der **Wohnanteil des Kindes** bei den Abzügen gekürzt werden.[21]

37 Wird der **gesamte Bedarf** des volljährigen Kindes mit eigenem Hausstand **von einem Elternteil gedeckt**, weil der andere nicht leistungsfähig ist, so ergibt sich daraus, dass der Abzug des Kindergeldes vom Bedarf des Kindes letztlich alleine diesem Elternteil zugutekommt.

38 Gleichgültig ist auch, ob das volljährige Kind **im Haushalt des nicht leistungsfähigen Elternteils** lebt. Da bei einem volljährigen Kind auch der Elternteil, bei dem das Kind noch lebt, keinerlei unterhaltsrechtlich relevante Naturalleistungen erbringt, ist auch hier das Kindergeld voll auf den Bedarf des Kindes anzurechnen.

39 Das Kindergeld für ein **behindertes volljähriges Kind**, das von einem Elternteil betreut wird, ist nur zur Hälfte auf den Bedarf des Kindes anzurechnen, wenn der von dem betreuenden Elternteil zu leistende Betreuungsaufwand dem für ein minderjähriges Kind zu erbringenden Aufwand gleichzusetzen ist.[22]

3. Sonderfälle der Kindergeldberechtigung

40 Hat nur der barunterhaltspflichtige Elternteil einen Anspruch auf Kindergeld, wird das Kindergeld aber an einen Dritten ausgezahlt, so ist es in voller Höhe auf den Unterhaltsanspruch anzurechnen, da dann kein Elternteil seine Unterhaltspflicht durch Betreuung des Kindes erfüllt.

41 Das OLG Hamm[23] wendet dies auch an, wenn das Kindergeld an eine **dritte Person**, die das Kind betreut, ausgezahlt worden ist, da diese Vorschrift die unterhaltsrechtlichen Auswirkungen der Zahlungen von Kindergeld abschließend regele, nicht nur den Ausgleich zwischen zwei Elternteilen. Entsprechendes gelte für die **Halbwaisenrente**.

42 Der **Zählkindervorteil**, der durch die Erhöhung des Kindergeldes im Hinblick auf weitere, nicht gemeinschaftliche Kinder entsteht, verbleibt dem Elternteil, in dessen Person er wegen des zusätzlichen Kindes entstanden ist (§ 1612b Abs. 2 BGB), bleibt also unterhaltsrechtlich außer Ansatz.

43 Lebt das Kind jedoch mit seinem Vater (der noch weitere 4 Kinder aus seiner geschiedenen Ehe hat) und dessen neuer Ehefrau (seiner Mutter) in einem Haushalt, ist für die Berechnung des Unterhalts der geschiedenen (ersten) Ehefrau das **Kindergeld** nicht mit 215 € als (insgesamt) fünftes Kind des Vaters abzuziehen, sondern gemäß § 1 Abs. 1 Bundeskindergeldgesetz nur mit 184 € für das erste Kind der neuen Ehefrau als Mutter.[24]

44 Wenn der betreuende Elternteil mit dem Kind ohne Not und ohne Zustimmung des barunterhaltspflichtigen Elternteils **ins Ausland verzieht**, erfolgt keine fiktive Anrechnung des dem Kind bzw. dem betreuenden Elternteil im Falle eines Verbleibs im Inland zustehenden Kindergelds auf die Unterhaltsschuld des barunterhaltspflichtigen Elternteils nach § 1612b BGB. Anzurechnen sind gemäß § 1612c BGB lediglich die dem Kind bzw. dem betreuenden Elternteil im Ausland tatsächlich zustehenden kindbezogenen Leistungen.[25]

45 Wird ein Kind getrennt lebender Eltern in annähernd gleichem Umfang in den Haushalten beider Elternteile betreut **(Wechselmodell)**, ist der Empfangsberechtigte des Kindergeldes analog § 64 Abs. 2 Sätze 2-4 EStG zu bestimmen. Auf Antrag eines Berechtigten ist eine Bestimmung durch das Familiengericht vorzunehmen.[26]

C. Steuerrechtliche Hinweise

46 Vgl. hierzu die Steuerrechtl. Hinw. zu §§ 1601 ff. BGB ff.

---

[21] OLG Frankfurt v. 19.04.2013 - 6 WF 55/13 unter Hinweis auf BGH v. 26.01.2005 - XII ZB 234/03 - FamRZ 2005, 605, 606.
[22] OLG Zweibrücken v. 08.01.2010 - 2 UF 138/09 - FamRZ 2010, 1008.
[23] OLG Hamm v. 26.05.2004 - 11 UF 183/03 - OLGR Hamm 2004, 260-262.
[24] OLG Hamm v. 31.08.2012 - 3 UF 265/11 - FamFR 2012, 487.
[25] AG Wiesbaden v. 25.09.2006 - 536 F 3/06 UK, 536 F 3/06 - FamRZ 2008, 1019-1022.
[26] OLG Celle v. 14.05.2012 - 10 UF 94/11; zu den Problemen der Kindergeldverteilung beim Wechselmodell *Kleinwegener*, FuR 2012, 165.

§ 1612c BGB Anrechnung anderer kindbezogener Leistungen

(Fassung vom 02.01.2002, gültig ab 01.01.2002)

§ 1612b gilt entsprechend für regelmäßig wiederkehrende kindbezogene Leistungen, soweit sie den Anspruch auf Kindergeld ausschließen.

Gliederung

A. Grundlagen 1
B. Anwendungsvoraussetzungen 2
I. Anwendungsbereich 2
II. Umfang der Anrechnung 6
C. Steuerrechtliche Hinweise 8

A. Grundlagen

Die Vorschrift erstreckt die Regelung des § 1612b BGB auf **andere kindbezogene Leistungen** und legt fest, dass deren Ausgleich zwischen den Eltern über den Unterhaltsanspruch erfolgt. 1

B. Anwendungsvoraussetzungen

I. Anwendungsbereich

Die Vorschrift regelt lediglich solche Leistungen, die als **Surrogat des Kindergeldes** gelten, folglich den Anspruch auf Kindergeld ausschließen. Im Gegensatz zum Anspruch auf Kindergeld handelt es sich bei den hier erfassten Leistungen um solche, für die nur eine **einseitige Anspruchsberechtigung** besteht.[1] 2

Solche **kindgeldersetzenden Leistungen** sind nach § 65 Abs. 1 Satz 1 Nr. 1 EStG: 3
- die **Kinderzulagen** aus der gesetzlichen **Unfallversicherung** und
- die **Kinderzuschüsse** aus den gesetzlichen **Rentenversicherungen** (§ 270 SGB VI).

Soweit diese Leistungen geringer sind als das Kindergeld, wird nach § 65 Abs. 2 EStG ein Teilkindergeld gezahlt, so dass immer die Höhe des Kindergeldes erreicht wird.

Der Anspruch auf Kindergeld ist subsidiär gegenüber Leistungen für Kinder, die im Ausland gewährt werden und dem Kindergeld oder den Leistungen nach § 65 Abs. 1 Satz 1 Nr. 1 EStG vergleichbar sind (§ 65 Abs. 1 Satz 1 Nr. 2 EStG). Dies betrifft sog. **Grenzgänger**, also Bezieher von Kindergeld oder kindergeldähnlichen Leistungen, die im Inland ihren Wohnsitz haben, aber im Ausland beschäftigt sind, sowie Personen, die ausländische Alters-, Unfall- oder Invaliditätsrenten erhalten. Die Leistung muss aufgrund gesetzlicher Vorschriften erfolgen und ihrem Sinn und Zweck nach dem Familienlastenausgleich dienen.[2] Leistungen für Kinder, die von zwischen- oder überstaatlichen Einrichtungen erbracht werden und ebenfalls dem Kindergeld vergleichbar sind, unterfallen § 65 Abs. 1 Satz 1 Nr. 3 EStG. Dies betrifft also z.B. Beschäftigte der NATO und der Europäischen Institutionen. 4

Die Vorschrift des § 1612c BGB regelt die auf den Kindesunterhalt anzurechnenden Leistungen abschließend. Daher sind kindbezogene Leistungen, auf die **nur ein Elternteil Anspruch hat,** unter den Eltern nicht auszugleichen, sondern finden bei der Ermittlung des unterhaltsrechtlich relevanten Einkommens Berücksichtigung. Solche Leistungen sind: 5
- Familienzuschlag bei Beamten,
- kindbezogener Anteil im Ortszuschlag bei Arbeitnehmern des öffentlichen Dienstes und zwar selbst dann, wenn sowohl der baruntehaltspflichtige als auch der das Kind betreuende Elternteil im öffentlichen Dienst ist,[3]
- Kinderzuschuss eines privaten Arbeitgebers.

II. Umfang der Anrechnung

Die kindgeldersetzenden Leistungen werden – wie sich aus dem Wort „soweit" ergibt – auf den Unterhaltsanspruch des Kindes in Höhe eines fiktiven Kindergeldes angerechnet. Eine darüber hinausgehende Leistung ist als Einkommen des Beziehers zu berücksichtigen. 6

---

[1] *Grün/Schumacher*, FamRZ 1998, 778-797, 785.
[2] *Grün/Schumacher*, FamRZ 1998, 778-797, 786.
[3] OLG Karlsruhe v. 22.09.1999 - 2 UF 65/99 - DAVorm 2000, 168.

§ 1612c

7 Besteht dagegen wegen Leistungsunfähigkeit des Barunterhaltspflichtigen kein Unterhaltsanspruch, kann das Kind nach § 74 Abs. 1 EStG die Auszahlung der kindergeldersetzenden Leistung in Höhe des verdrängten Kindergeldes an sich erreichen.

C. Steuerrechtliche Hinweise

8 Vgl. hierzu die Steuerrechtl. Hinw. zu §§ 1601 ff. BGB.

§ 1613 BGB Unterhalt für die Vergangenheit

(Fassung vom 02.01.2002, gültig ab 01.01.2002)

(1) ¹Für die Vergangenheit kann der Berechtigte Erfüllung oder Schadensersatz wegen Nichterfüllung nur von dem Zeitpunkt an fordern, zu welchem der Verpflichtete zum Zwecke der Geltendmachung des Unterhaltsanspruchs aufgefordert worden ist, über seine Einkünfte und sein Vermögen Auskunft zu erteilen, zu welchem der Verpflichtete in Verzug gekommen oder der Unterhaltsanspruch rechtshängig geworden ist. ²Der Unterhalt wird ab dem Ersten des Monats, in den die bezeichneten Ereignisse fallen, geschuldet, wenn der Unterhaltsanspruch dem Grunde nach zu diesem Zeitpunkt bestanden hat.

(2) Der Berechtigte kann für die Vergangenheit ohne die Einschränkung des Absatzes 1 Erfüllung verlangen

1. wegen eines unregelmäßigen außergewöhnlich hohen Bedarfs (Sonderbedarf); nach Ablauf eines Jahres seit seiner Entstehung kann dieser Anspruch nur geltend gemacht werden, wenn vorher der Verpflichtete in Verzug gekommen oder der Anspruch rechtshängig geworden ist;

2. für den Zeitraum, in dem er

    a) aus rechtlichen Gründen oder

    b) aus tatsächlichen Gründen, die in den Verantwortungsbereich des Unterhaltspflichtigen fallen,

    an der Geltendmachung des Unterhaltsanspruchs gehindert war.

(3) ¹In den Fällen des Absatzes 2 Nr. 2 kann Erfüllung nicht, nur in Teilbeträgen oder erst zu einem späteren Zeitpunkt verlangt werden, soweit die volle oder die sofortige Erfüllung für den Verpflichteten eine unbillige Härte bedeuten würde. ²Dies gilt auch, soweit ein Dritter vom Verpflichteten Ersatz verlangt, weil er anstelle des Verpflichteten Unterhalt gewährt hat.

Gliederung

A. Grundlagen 1	i. Entbehrlichkeit der Mahnung bei „Selbstmahnung" 58
I. Kurzcharakteristik 1	
II. Anwendungsbereich der Norm 10	j. Entbehrlichkeit der Mahnung in sonstigen Fällen 67
III. Anwendung auf den familienrechtlichen Ausgleichsanspruch 13	k. Verzugswirkungen 70
IV. Sonstige Anwendungsbereiche 17	l. Beendigung des Verzuges 80
B. Anwendungsvoraussetzungen 26	m. Reduzierung der Forderung 83
I. Rückwirkende Geltendmachung von Unterhalt (Absatz 1 Satz 1) 26	n. Verzinsung 87
	o. Weitere Verzugsfolgen 89
1. Verzug durch bezifferte Zahlungsaufforderung (Mahnung) 27	2. Wirksames Auskunftsverlangen 92
a. Form der Mahnung 30	a. Anforderungen an den Inhalt des Auskunftsverlangens 97
b. Berechtigter zur Mahnung 32	b. Auskunftsverlangen durch den Berechtigten 121
c. Inhalt der Mahnung 36	c. Bestehen eines fälligen Auskunftsanspruches 123
d. Empfänger der Mahnung 42	
e. Zugang der Mahnung 47	d. Auskunftsverlangen und freiwillige Zahlungen 127
f. Zeitpunkt der Mahnung 49	
g. Entbehrlichkeit der Mahnung wegen Kalenderfälligkeit 54	e. Weiteres Vorgehen nach dem Auskunftsverlangen 129
	3. Rechtshängigkeit 142
h. Entbehrlichkeit der Mahnung wegen Erfüllungsverweigerung 57	4. Praktische Hinweise 146

II. Beginn der Zahlungspflicht (Absatz 1
Satz 2) 148
III. Geltendmachung von Rückständen ohne
Einschränkung (Absatz 2) 151
1. Sonderbedarf und Mehrbedarf 154
a. Details der Abgrenzung zwischen regulärem
Bedarf, Sonderbedarf und Mehrbedarf 161
b. Anerkennungsfähigkeit des zusätzlichen
Bedarfes 168
c. Haftungsverteilung bei Mehrbedarf und
Sonderbedarf 183
d. Einzelfälle eines zusätzlichen Bedarfes 189
e. Durchsetzung von Sonderbedarf/Verfahrens-
fragen 257
f. Durchsetzung von Mehrbedarf/Verfahrens-
fragen 261
2. Verhinderung der Geltendmachung
(Absatz 2) 275
IV. Einschränkung der Geltendmachung
(Absatz 3) 277
V. Verwirkung von Unterhaltsrückständen 282
1. Fallgestaltungen 291
2. Verwirkung als Einwendung 292
3. Verwirkung und Verjährung 293
4. Voraussetzungen einer Verwirkung des
Unterhaltsrückstandes 297
a. Zeitmoment 300
b. Umstandsmoment 308
5. Rechtsfolgen der Verwirkung 336
6. Verwirkung und Anspruchsübergang 341
7. Verwirkung in anderen Bereichen 344
8. Darlegungs- und Beweislast 351
9. Verfahrensrechtliche Durchsetzung der
Verwirkung 352
C. Prozessuale Hinweise/Verfahrens-
hinweise 353
I. Darlegungs- und Beweislast 353
II. Verfahrensrechtliche Auswirkungen im
Abänderungsverfahren 359
1. Erhöhungsverlangen 361
2. Herabsetzungsverlangen 362
III. Verfahrenskostenhilfe 372
IV. Auswirkungen eines nicht erfüllten Aus-
kunftsverlangens auf die gerichtliche Kosten-
entscheidung 379
V. Sonstige verfahrensrechtlichen Hinweise 381
D. Steuerrechtliche Hinweise 382

A. Grundlagen

I. Kurzcharakteristik

1 Unterhalt ist gerichtet auf die Befriedigung notwendigen und gegenwärtigen Lebensbedarfs. Der Berechtigte kann deshalb eine Befriedigung von Bedürfnissen, die in der Vergangenheit entstanden sind, grds. nicht verlangen, sofern er den Unterhaltspflichtigen nicht entsprechend „vorgewarnt" hat.

2 Die in diesem Zusammenhang geltenden Regelungen dienen dem **Schuldnerschutz** vor hohen Nachforderungen, auf die er sich nicht in seiner Lebensführung eingerichtet hat, weil er vom Unterhaltsberechtigten nicht in Anspruch genommen wurde. Die Einforderung von Unterhaltsrückständen wird daher eingeschränkt. Vom Unterhaltsberechtigten verlangt das Gesetz, bestimmte **rechtswahrende Handlungen** vorzunehmen; andernfalls erlischt der Unterhaltsanspruch.[1]

3 Diese – **streng auszulegenden** – Regelungen haben also eine **Warnfunktion** für den Unterhaltsschuldner. Das Gesetz zielt also darauf, den Unterhaltspflichtigen vor hohen Nachforderungen schützen, auf die er sich nicht in seiner Lebensführung eingerichtet hat, weil er vom Unterhaltsberechtigten nicht in Anspruch genommen wurde. Vom Unterhaltsberechtigten verlangt das Gesetz folglich, bestimmte rechtswahrende Handlungen vorzunehmen; andernfalls erlischt sein Unterhaltsanspruch für den zurückliegenden Zeitraum. Eine Korrektur dieser Versäumnisse durch spätere Handlungen ist nicht möglich!

4 Der Schuldner soll Gelegenheit erhalten, vorsorglich Geld zurückzulegen für die später bezifferte Forderung. Verlässt er sich trotz einer solchen **„Vorwarnung"** darauf, dass der Unterhaltsanspruch nicht besteht, handelt er auf eigenes Risiko und ist deshalb nicht schutzwürdig.

5 Die Beschränkungen des Rechts, gem. § 1613 Abs. 1 BGB Unterhalt für die Vergangenheit zu verlangen **gilt nicht**, soweit die **Unterhaltspflicht nach Grund und Höhe vertraglich geregelt** ist.[2]

6 Fehler des Anwalts beim Verzug können schnell zur **Anwaltshaftung** führen.[3]

7 Umgekehrt ist der Unterhaltspflichtige nicht schutzwürdig, wenn der Berechtigte die in § 1613 BGB geregelten Handlungen vornimmt. Da er von diesem Zeitpunkt an damit rechnen muss, auf Unterhalt in Anspruch genommen zu werden, kann er entsprechende Rücklagen bilden.

---

[1] BGH v. 07.11.2012 - XII ZB 229/11 - FuR 2013, 214 = FamRZ 2013, 109 mit Anm. *Finke* = NJW 2013, 161 mit Anm. *Born*, NJW 2013, 165-166; *Born*, FPR 2013, 513 m.w.N.

[2] BGH v. 24.09.2009 - IX ZR 87/08 - FamRZ 2009, 2075.

[3] Ausführlich *Viefhues*, FPR 2013, 541 – auch zur großen wirtschaftlichen Bedeutung des Verzuges bei der Durchsetzung von Unterhaltsforderungen.

Der Unterhaltsberechtigte trägt die **Darlegungs- und Beweislast** für die Voraussetzungen des Verzuges (vgl. Rn. 353). 8

Die Vorschrift hat insbesondere auch Bedeutung für das **Abänderungsverfahren gem. §§ 238, 239 FamFG** (vgl. Rn. 359). 9

II. Anwendungsbereich der Norm

Die Vorschrift des § 1613 BGB **gilt einheitlich für alle Unterhaltsansprüche**: 10
- Die Unterhaltsansprüche von **Verwandten** auf der Grundlage der §§ 1601 ff. BGB, und zwar auch im vereinfachten Verfahren nach § 249 ZPO.[4]
- Den Anspruch auf **Familienunterhalt** über die in § 1360a Abs. 3 BGB enthaltene Verweisung auf § 1613 BGB.
- Den Anspruch des **getrennt lebenden Ehegatten** über die Verweise in § 1361 Abs. 4 Satz 4 BGB und § 1360a Abs. 3 BGB.
- Die Unterhaltsansprüche des **geschiedenen Ehegatten** aus den §§ 1569 ff. BGB.
- Den Unterhaltsanspruch der **Mutter** über die Verweisung in § 1615l Abs. 3 Satz 1, Abs. 5 Satz 2 BGB[5] (vgl. die Kommentierung zu § 1615l BGB Rn. 268 ff.).
- Den Unterhaltsanspruch des **Vaters** nach § 1615l Abs. 5 i.V.m. Abs. 2 Satz 2 BGB.

§ 1613 BGB ist nicht auf vertraglich vereinbarte und bereits titulierte Unterhaltsansprüche anwendbar. 11
Zweck der Regelung ist es, den Unterhaltsschuldner vor einem Anwachsen der Unterhaltslasten zu schützen, er greift grds. **nur für streitige und noch nicht titulierte Ansprüche**. Dagegen ist bei titulierten Ansprüchen dem Unterhaltsschuldner bekannt, welche Forderungen des Unterhaltsgläubigers er für welche Zeiten erfüllen muss.[6]

Dabei kommt es nicht darauf an, ob der Unterhalt in dem Titel konkret beziffert ist oder ob es sich um einen **dynamischen Titel** handelt. Der Unterhaltsschuldner ist nicht schutzbedürftig, weil ihm zugemutet wird, den von ihm konkret geschuldeten Unterhalt aus dem dynamischen Titel mithilfe der Düsseldorfer Tabelle selbst zu errechnen. Der Durchsetzung von Unterhaltsansprüchen für die Vergangenheit steht demnach § 1613 Abs. 1 BGB nicht entgegen, wenn es sich um einen dynamischen Titel über Kindesunterhalt handelt.[7] 12

III. Anwendung auf den familienrechtlichen Ausgleichsanspruch

Die Norm ist auch anzuwenden auf den **familienrechtlichen Ausgleichsanspruch**, Ansprüche aus Geschäftsführung ohne Auftrag oder Bereicherungsansprüche.[8] 13

In **entsprechender Anwendung von § 1613 Abs. 1 BGB** ist außerdem – aus Gründen des Schuldnerschutzes – erforderlich, dass der Verpflichtete zu der Zeit, von der an der Ausgleichsberechtigte Erfüllung fordert, **mit der Erfüllung des Ausgleichsanspruchs in Verzug** war, oder dass der Ausgleichsanspruch zu dieser Zeit bereits rechtshängig gewesen ist.[9] 14

Soweit also mit Hilfe des familienrechtlichen Ausgleichsanspruchs wirtschaftlich gesehen **rückständige Unterhaltsleistungen** gefordert werden, nämlich Geldleistungen, die demjenigen zu erbringen sind, der die Unterhaltslast zunächst auf sich genommen hat, besteht der Anspruch für die Vergangenheit nur in den Grenzen des **§ 1613 BGB**.[10] 15

Sind solche rechtswahrenden Handlungen nicht ergriffen, kann für die vergangenen Zeiträume kein familienrechtlicher Ausgleichsanspruch durchgesetzt werden. 16

IV. Sonstige Anwendungsbereiche

Findet der Ausgleich dagegen nach den Regeln über den **Gesamtschuldnerausgleich** statt, kommen die unterhaltsrechtlichen Besonderheiten des § 1613 Abs. 1 BGB nicht zur Anwendung.[11] 17

---

[4] OLG Brandenburg v. 12.03.2001 - 9 UF 26/01 - Rpfleger 2001, 346.
[5] BGH v. 02.10.2013 - XII ZB 249/12 - FamRZ 2013, 1958 mit Anm. *Graba*, NZFam 2014, 6, 7.
[6] OLG Schleswig v. 31.01.2013 - 15 UF 148/12 mit Anm. *Bömelburg*, FamRB 2013, 215.
[7] OLG Schleswig v. 31.01.2013 - 15 UF 148/12 mit Anm. *Bömelburg*, FamRB 2013, 215.
[8] BGH v. 17.04.2013 - XII ZB 329/12 - FamRZ 2013, 1027; BGH v. 09.05.1984 - IVb ZR 84/82 - FamRZ 1984, 775, 776 f.; BGH v. 09.05.1984 - IVb ZR 84/82 - FamRZ 1984, 775.
[9] OLG Naumburg v. 22.09.2011 - 8 UF 118/11 - NJW 2012, 623-625.
[10] BGH v. 17.04.2013 - XII ZB 329/12; BGH v. 09.05.1984 - IVb ZR 84/82 - FamRZ 1984, 775, 776 f.
[11] OLG Naumburg v. 22.09.2011 - 8 UF 118/11 - NJW 2012, 623-625.

§ 1613

18 **Dritte**, die Unterhaltsansprüche rechtswirksam auf sich **übergeleitet** haben (z.B. nach § 33 SGB II[12] (früher § 91 BSHG), § 37 BAföG oder nach § 1607 Abs. 2 Satz 2 BGB), können Unterhalt auch ab **Rechtswahrungsanzeige** (schriftliche Mitteilung der Hilfeleistungen an den Unterhaltsschuldner wie z.B. nach § 91 Abs. 3 Satz 1 BSHG; auch **Überleitungsanzeige** genannt) verlangen. Diese Anzeige tritt dann an die Stelle der Mahnung.

19 Eine **Rechtswahrungsanzeige** im Sinne von § 33 Abs. 3 SGB II wirkt jedoch grundsätzlich nur für **künftig fällig werdende Unterhaltsansprüche**. Soweit die Voraussetzungen für die Durchsetzung rückständigen Unterhalts nach bürgerlichen Recht gegeben sind, weil z.B. der Hilfeempfänger selbst Auskunft zur Durchsetzung seiner Ansprüche verlangt hat, wirkt dies zugunsten der sozialrechtlichen Leistungsträger, weil der gesetzliche Forderungsübergang sich auf alle Rückstände erstreckt.[13]

20 Hat der Leistungsträger dem Unterhaltspflichtigen vor dem 01.08.2006 (Inkrafttreten des SGB II i.d.F. vom 20.07.2006) die Gewährung von Leistungen mitgeteilt, so kann diese Mitteilung nicht als die nach **§ 33 Abs. 3 Satz 1 SGB II** i.d.F. vom 20.07.2006 erforderliche **Rechtswahrungsanzeige** angesehen werden und eröffnet deshalb nach der genannten Bestimmung nicht die Möglichkeit der Inanspruchnahme des Unterhaltspflichtigen für die Vergangenheit.[14]

21 Zur **Beendigung der Verzugswirkungen** einer Rechtswahrungsanzeige vgl. Rn. 82.

22 Die Regelung des § 1613 BGB begrenzt auch den **Anspruch gegen einen nachrangig haftenden Verwandten aus § 1607 BGB**.

23 Dabei ist allerdings zu differenzieren. Nach § 1607 Abs. 1 BGB tritt an die Stelle eines leistungsunfähigen oder nicht voll leistungsfähigen Unterhaltsschuldners der nach ihm Haftende. Dieser erfüllt nur eine eigene Verbindlichkeit, da ein Unterhaltsanspruch gegen den vor ihm zur Unterhaltsleistung Berufenen gar nicht entstanden ist. Dabei fehlt jede Abhängigkeit von der nicht eingetretenen Verpflichtung des Erstschuldners. Der Primäranspruch des § 1607 Abs. 1 BGB setzt damit Verzug gemäß § 1613 BGB voraus.

24 Der Zweitschuldner gemäß § 1607 Abs. 2 BGB erfüllt nur eine fremde Schuld, wenn er für den primär Verpflichteten, gegen den die Rechtsverfolgung erheblich erschwert ist, eintritt. Soweit der nachrangig haftende Verwandte leistet, geht der Anspruch auf ihn über. Aber auch der übergegangene Anspruch wird durch die Sondervorschrift des § 1613 BGB begrenzt.[15] Folglich muss ein nachrangig haftender Verwandter selbst in Verzug gesetzt werden; er gerät nicht durch den Verzug des ausgefallenen Verwandten automatisch in Verzug.

25 Für den gegen den **Versorgungsträger** zu richtenden Anspruch gilt gemäß den §§ 25 Abs. 4, 20 Abs. 3 VersAusglG i.V.m. §§ 1585, 1585b, 1613 BGB, dass der Anspruch für die Vergangenheit nur geltend gemacht werden kann, wenn der Verpflichtete in Verzug gesetzt oder der Anspruch rechtshängig gemacht worden ist. In diesen Fällen wird der Ausgleichsbetrag ab dem Ersten des Monats geschuldet, in den die genannten Ereignisse fallen (§ 1613 Abs. 1 Satz 2 BGB).[16]

B. Anwendungsvoraussetzungen

I. Rückwirkende Geltendmachung von Unterhalt (Absatz 1 Satz 1)

26 Voraussetzung für die **rückwirkende** Geltendmachung von Unterhalt ist alternativ
- ein bestimmten Voraussetzungen genügendes **Auskunftsverlangen**,
- **Verzug** durch Mahnung (§ 286 Abs. 1 Satz 1 BGB) oder
- **Rechtshängigkeit** der Zahlungsforderung.

1. Verzug durch bezifferte Zahlungsaufforderung (Mahnung)

27 Verzug tritt ein durch eine **Mahnung** (§ 286 Abs. 1 Satz 1 BGB). Eine verzugsbegründende Mahnung ist nicht aufgrund der Fälligkeitsvorschrift des § 1612 Abs. 3 BGB entbehrlich.[17]

28 Verzug tritt nach § 286 Abs. 4 BGB nur ein, wenn der Schuldner die Verspätung der Leistung zu vertreten hat. Der Schuldner hat allerdings auch seine mangelnde finanzielle Leistungsfähigkeit zu vertreten. Fehlendes Verschulden hat er darzulegen und zu beweisen.

---

[12] Ausführlich *Rudnik*, FamRZ 2005, 1941; *Klinkhammer*, FamRZ 2004, 1909, 1914.
[13] Vgl. Amtsgericht Flensburg v. 10.08.2012 - 92 F 328/10.
[14] BGH v. 23.02.2011 - XII ZR 59/09 - FamRZ 2011, 1386.
[15] OLG Jena v. 06.09.2005 - 1 WF 240/05 - OLG-NL 2005, 260-261.
[16] OLG Köln v. 09.03.2012 - 27 UF 9/12 - NJW-Spezial 2012, 445.
[17] OLG Saarbrücken v. 01.03.2010 - 9 WF 127/09 - MDR 2010, 815.

Eine Mahnung mit der Androhung von strafrechtlichen Maßnahmen kann den Tatbestand der Nötigung erfüllen.[18] 29

a. Form der Mahnung

Eine bestimmte **Form** ist nicht erforderlich; die Mahnung kann auch mündlich erfolgen. Allerdings ergeben sich dann regelmäßig Beweisprobleme. 30

Verzug kann auch durch Übergabe einer Unterhaltsberechnung von dem einen an den anderen Ehepartner eintreten.[19] 31

b. Berechtigter zur Mahnung

Auf die Mahnung als **empfangsbedürftige, geschäftsähnliche Willensäußerung** finden die Vorschriften über Rechtsgeschäfte und Willenserklärungen entsprechende Anwendung. 32

Beim Unterhalt von Minderjährigen sind die Regeln der gesetzlichen Vertretung und die Spezialregel des § 1629 BGB zu beachten. Das volljährige Kind muss selbst mahnen. 33

Nach Eintritt der Volljährigkeit eines Kindes kann das **Jugendamt** nicht mehr als **Beistand** und damit als gesetzlicher Vertreter des Kindes tätig werden. Übersendet das Jugendamt lediglich eine Berechnung, aus der sich der für das volljährige Kind zu zahlende Unterhalt ergibt, liegt eine Mahnung nicht vor.[20] 34

Hat ein Dritter (i.d.R. der vertretungsberechtigte Elternteil gem. § 1629 Abs. 2 Satz 2 BGB) für ein minderjähriges Kind eine Unterhaltsvereinbarung geschlossen und ist das Kind volljährig geworden, so wird verlangt, dass das volljährige Kind den Unterhaltspflichtigen selbst mahnen muss; andernfalls könne nicht rückwirkend ab Volljährigkeit der Unterhaltsanspruch geltend gemacht werden.[21] 35

c. Inhalt der Mahnung

Die Mahnung muss dabei ausreichend **bestimmt** sein und die geschuldete Leistung nach Umfang und Höhe genau bezeichnen. Diese Voraussetzungen sind nicht gegeben, wenn der Gläubiger für die Zukunft zwar monatliche Unterhaltsansprüche der Höhe nach beziffert, aber keinen näheren **Zeitpunkt** benennt, ab dem er ihre Zahlung fordert. Etwas anderes gilt nur dann, wenn sich aus dem sonstigen Inhalt des Aufforderungsschreibens ein konkreter Zahlungsbeginn (z.B. ab Zugang des Schreibens oder ab dem ersten Tag des nächsten Monats) hinreichend deutlich entnehmen lässt.[22] 36

Teilweise wird die Ansicht vertreten, eine Berechnung sei nicht erforderlich, weil Verzug nur die Leistungsbestimmung verlange.[23] Dies ist in dieser Absolutheit nicht mit der Warnfunktion des Verzuges vereinbar. Der Schutz des Schuldners verlangt, dass dieser mit einer nachvollziehbaren Forderung konfrontiert werden muss; andernfalls könnte seine Nichtleistung vielfach jedenfalls nicht vorwerfbar sein.[24] Es muss daher zumindest verlangt werden, dass dem Unterhaltspflichtigen die wesentlichen Eckpunkte der Berechnung mitgeteilt werden, damit er nachvollziehen und überprüfen kann, ob tatsächlich Unterhalt geschuldet wird. 37

Da der Verpflichtete in die Lage versetzt werden soll, den vom Berechtigten bezifferten Unterhaltsbetrag nachzuprüfen, muss dieser auch seine Bedürftigkeit mitteilen; also muss **der Berechtigte seine wirtschaftlichen Verhältnisse** darlegen. Denn der Unterhaltspflichtige kommt durch eine Leistungsaufforderung nicht in Verzug, solange er die Bedürftigkeit des Berechtigten nicht kennt und auch bei Anwendung der erforderlichen Sorgfalt nicht kennen kann.[25] Bezieht der Unterhaltsberechtigte also eigenes Einkommen, welches zur Bestimmung der Unterhaltshöhe von Bedeutung ist, gerät der Unterhaltspflichtige nur in Verzug, wenn ihm vor oder mit der Mahnung das Einkommen mitgeteilt wird, es sei denn, ihm ist die Höhe des Einkommens bereits bekannt.[26] 38

---

[18] BGH v. 05.09.2013 - 1 StR 162/13 - NJW 2014, 401.
[19] LG Heidelberg v. 15.12.2009 - 2 S 33/09 - NJW-RR 2010, 1015.
[20] OLG Brandenburg v. 28.06.2006 - 10 WF 107/06 - FamRZ 2006, 1782.
[21] Kritisch *Krause*, FPR 2013, 522, 524 m.w.N.
[22] OLG Karlsruhe v, 14,07,1997 - 2 WF 65/97 - FamRZ 1998, 742.
[23] *Born*, FPR 2013, 523, 515.
[24] Vgl. *Knoche*, FPR 2013, 520, 521 m.w.N.
[25] OLG Hamburg v. 18.09.1996 - 12 UF 24/96 - FamRZ 1997, 621-622.
[26] KG Berlin v. 01.02.1994 - 19 WF 11/94 - FamRZ 1994, 1344.

§ 1613

39 Im Grundsatz ist eine Bezifferung des **Endbetrags in der Mahnung** erforderlich.[27] Nicht ausreichend ist in aller Regel, etwa nur das Alter und das maßgebliche Einkommen mitzuteilen und auf Tabellensätze zu verweisen, nach denen sich der Unterhaltspflichtige – ggf. mit fachkundiger Hilfe – den geschuldeten Unterhalt selbst errechnen kann.[28]

40 Bei einer **Mehrheit von Gläubigern** – z.B. mehrere Kinder oder Ehefrau und Kind – muss bereits in der Mahnung der für jeden Unterhaltsberechtigten beanspruchte Unterhaltsbetrag beziffert werden. Bei späterer, anderweitiger Aufteilung auf die einzelnen Gläubiger fehlt es deshalb am Verzug.[29]

41 Eine **unbezifferte Mahnung** kann ausnahmsweise dann ausreichend sein, wenn nach dem Inhalt der Mahnung und den gesamten Umständen für den Unterhaltspflichtigen klar ist, welchen konkreten Unterhaltsbetrag der Unterhaltsberechtigte von ihm fordert.

d. Empfänger der Mahnung

42 Da die Mahnung eine empfangsbedürftige Willenserklärung ist, muss sie dem richtigen Empfänger zugehen.

43 Wenn dem Schuldner eine Mahnung an eine **nicht zutreffende Anschrift** geschickt wird, löst dies keine Verzugswirkungen aus.[30]

44 Die an einen **Anwalt** gerichtete Mahnung ist nur dann korrekt, wenn dieser **Empfangsvollmacht** hat. Von einer Empfangsvollmacht des Prozessbevollmächtigten gemäß § 164 Abs. 3 BGB kann nur dann ausgegangen werden, wenn sich zumindest aus den Umständen ergibt, dass der Prozessbevollmächtigte auch für das konkrete Unterhaltsverfahren (Kindesunterhalt, Ehegattenunterhalt) empfangsbevollmächtigt ist.[31] Allein die Tatsache, dass der Bevollmächtigte des Beklagten diesen im Scheidungsverfahren vertreten hat, reicht jedenfalls nach rechtskräftigem Abschluss des Scheidungsverfahrens nicht ohne weiteres aus.

45 Gegenteiliges lässt sich auch nicht aus dem Urteil des BGH vom 06.04.2011[32] herleiten. Danach ist es zulässig, dass eine Zustellung an den in der Klageschrift benannten Beklagtenvertreter erfolgen kann. Dadurch werden aber nicht dessen Bevollmächtigung und die Wirksamkeit der Zustellung festgeschrieben. Vielmehr trage der Kläger das Risiko, dass der benannte Prozessbevollmächtigte keine Verfahrensvollmacht besitzt und die an diesen bewirkte Zustellung deshalb unwirksam ist.[33]

46 Zwar trifft den Bevollmächtigten des Unterhaltspflichtigen seinem (früheren) Mandanten gegenüber die **Pflicht zur Weiterleitung der Schriftsätze**. Er hat jedoch **keine weitere Verpflichtung**, den Unterhaltsberechtigten, der Zahlung verlangt, **auf seine fehlende Empfangsvollmacht hinzuweisen**.[34] Selbst wenn er dem Anwalt des Unterhaltsberechtigten meldet, dass die Weiterleitung nicht erfolgreich war und er nicht mandatiert worden ist, und dann eine wirksame Aufforderung direkt an den Gegner nachgeholt wird, kann durch einen zwischenzeitlichen Monatswechsel für mindestens einen Monat der Verzug nicht eingetreten sein und der Unterhaltsbetrag für diesen Monat verloren sein!

e. Zugang der Mahnung

47 Die Mahnung bzw. die Aufforderung zur Auskunft muss an die **zutreffende Anschrift** des Schuldners übersandt worden sein.[35] Den **Zugang** der Mahnung muss der Unterhaltsberechtigte ggf. **nachweisen**.[36]

---

[27] BGH v. 30.11.1983 - IVb ZR 31/82 - FamRZ 1984, 163.

[28] OLG Hamm v. 18.08.2000 - 9 UF 37/00 - OLGR Hamm 2000, 361-363 = FamRZ 2001, 1395 (LS).

[29] OLG Hamm v. 28.02.1997 - 11 UF 145/96 - NJW-RR 1997, 962-963; OLG Hamm v. 27.05.1994 - 11 UF 393/92 - FamRZ 1995, 106-107.

[30] OLG Naumburg v. 06.08.2007 - 3 WF 233/07 - FamRZ 2007, 2086.

[31] Vgl. den instruktiven Fall des AG Nordhorn v. 15.08.2011 - 11 F 168/11 UK - FamRZ 2012, 879-880. Abweichend von dieser Rechtsprechung zu § 1613 BGB hat sich der BGH für den Bereich der Prozesskostenhilfe/Verfahrenskostenhilfe der Auffassung angeschlossen, wonach die Vollmacht des im ursprünglichen Verfahren bestellten Verfahrensbevollmächtigten auch im Überprüfungsverfahren nach § 120 Abs. 4 ZPO bzw. § 124 ZPO fortwirkt. BGH v. 08.09.2011 - VII ZB 63/10 - FamRZ 2011, 1867 (LS); BGH v. 08.12.2010 - XII ZB 151/10; BGH v. 08.12.2010 - XII ZB 38/09 - FamRZ 2011, 463; BGH v. 08.12.2010 - XII ZB 148/10 und BGH v. 08.09.2011 - VII ZB 63/10.

[32] BGH v. 06.04.2011 - VIII ZR 22/10 - NJW-RR 2011, 997 f.

[33] AG Nordhorn v. 15.08.2011 - 11 F 168/11 UK - FamRZ 2012, 879-880.

[34] OLG Stuttgart v. 02.07.2007 - 18 UF 105/07 - FamRZ 2007, 1908-1909.

[35] OLG Naumburg v. 06.08.2007 - 3 WF 233/07 - FamRZ 2007, 2086.

[36] Vgl. OLG Koblenz v. 14.12.2011 - 7 UF 955/11 - FamRZ 2012, 1575.

Der Einwurf eines **Benachrichtigungsscheins** mit der Bitte, die Sendung innerhalb einer bestimmten Frist bei der Post abzuholen, führt regelmäßig nicht zum Zugang des mit dem Einschreiben übersandten Schreibens.[37] 48

f. Zeitpunkt der Mahnung

Die Mahnung kann erst **nach Fälligkeit** der Forderung wirksam erklärt werden (§ 286 Abs. 1 Satz 1 BGB). Eine vor Fälligkeit erklärte Mahnung ist unwirksam.[38] 49

Jedoch braucht bei jeweils monatlich für die Zukunft fällig werdenden Unterhaltsforderungen die einmal erfolgte Mahnung nicht jeden Monat wiederholt werden. 50

Eine Mahnung hinsichtlich des **Geschiedenenunterhalts** ist erst nach Eintritt der Rechtskraft der Scheidung möglich, denn erst dann wird dieser Anspruch fällig. Eine vor diesem Zeitpunkt ausgesprochene Mahnung bleibt wirkungslos (vgl. die Kommentierung zu § 1361 BGB Rn. 721 m.w.N.[39]). 51

Eine Ausnahme gilt nur dann, wenn aus der vorherigen Korrespondenz eindeutig erkennbar ist, dass die Ablehnung einer Zahlung durch den Verpflichteten endgültig ist. Für die Annahme einer solchen endgültigen Verweigerung bedarf es jedoch der Feststellung, dass es sich um „das letzte Wort" des Schuldners handelt.[40] 52

Der Unterhaltsanspruch eines nichtehelichen Kindes gegen seinen Vater entsteht mit der Geburt des Kindes, auch wenn die Vaterschaft erst später festgestellt worden ist. Für die Geltendmachung rückständigen Unterhalts ab Geburt bedarf es keiner Mahnung.[41] 53

g. Entbehrlichkeit der Mahnung wegen Kalenderfälligkeit

Nach § 286 Abs. 2 Nr. 1 BGB ist eine Mahnung **entbehrlich**, wenn für die Leistung durch Gesetz oder Rechtsgeschäft eine Zeit nach dem Kalender bestimmt ist (**Kalenderfälligkeit**). Voraussetzung ist aber, dass der **Fälligkeitszeitpunkt klar** ist. Fehlt es daran, so tritt Verzug nicht ohne Mahnung ein.[42] 54

Eine Mahnung ist demnach entbehrlich, wenn die Parteien eine vertragliche Regelung des Unterhaltsanspruchs getroffen haben oder der Unterhalt gerichtlich festgesetzt ist.[43] 55

Voraussetzung ist aber, dass die Unterhaltsvereinbarung nicht nur **hinreichend bestimmt** ist – der Schuldner also genau weiß, was er leisten soll. Sind nach dem Inhalt der Vereinbarung komplizierte **Rechenschritte** durchzuführen, um bei einer **Veränderung der Verhältnisse** den Unterhalt anzupassen, so führt dies nicht dazu, dass der Schuldner neu in Verzug gesetzt werden muss.[44] 56

h. Entbehrlichkeit der Mahnung wegen Erfüllungsverweigerung

Bei ernsthafter und endgültiger **Erfüllungsverweigerung** bedarf es gleichfalls der Mahnung nicht (§ 286 Abs. 2 Nr. 3 BGB). Durch ein solches Verhalten kommt der Schuldner ab dem Zeitpunkt der Erfüllungsverweigerung (aber nicht rückwirkend)[45] in Verzug mit der gesamten, tatsächlich geschuldeten Leistung, auch wenn der Gläubiger diese noch nicht betragsmäßig konkretisiert oder nur einen geringeren Betrag gefordert hat.[46] Eine solche Erfüllungsverweigerung kann schon darin liegen, dass der Unterhaltspflichtige bisher freiwillig erbrachte Leistungen unvermittelt einstellt.[47] Keine Erfüllungsverweigerung liegt in der unterbliebenen Reaktion auf eine Zahlungsaufforderung.[48] 57

i. Entbehrlichkeit der Mahnung bei „Selbstmahnung"

Eine Mahnung ist nach § 286 Abs. 2 Nr. 4 BGB entbehrlich, wenn aus besonderen Gründen unter Abwägung der beiderseitigen Interessen der sofortige Eintritt des Verzuges gerechtfertigt ist. Diese Voraussetzung ist z.B. gegeben, wenn sich der Unterhaltspflichtige einer Mahnung entzieht. 58

---

[37] OLG Brandenburg v. 03.11.2004 - 9 UF 177/04 - NJW 2005, 1585-1586.
[38] BGH v. 13.01.1988 - IVb ZR 7/87 - BGHZ 103, 62-71; BGH v. 29.04.1992 - XII ZR 105/91 - FamRZ 1992, 920; OLG Düsseldorf v. 16.10.1992 - 3 WF 179/92 - NJW 1993, 1079-1081.
[39] OLG Brandenburg v. 30.06.2009 - 10 UF 175/08 - ZFE 2010, 190.
[40] OLG Brandenburg v. 30.06.2009 - 10 UF 175/08 - ZFE 2010, 190.
[41] OLG Jena v. 28.12.2009 - 3 WF 257/09.
[42] *Krause*, FPR 2013, 522, 524 m.w.N.
[43] BGH v. 26.01.1983 - IVb ZR 351/81 - FamRZ 1983, 352.
[44] *Krause*, FPR 2013, 522, 524 m.w N
[45] BGH v. 29.04.1992 - XII ZR 105/91 - FamRZ 1992, 920.
[46] *Klein* in: FAKomm FamR, § 1613 Rn. 25.
[47] OLG Brandenburg v. 16.07.2001 - 10 WF 135/00 - FamRZ 2002, 960.
[48] *Klein* in: FAKomm-FamR, § 1613 Rn. 31.

§ 1613

59 Hierunter fällt auch die sog. **Selbstmahnung**. Diese liegt vor, wenn der Unterhaltspflichtige zusagt, konkret bezifferte höhere Unterhaltsleistungen zu erbringen.[49] Auch kann der Unterhaltspflichtige durch seine bisherigen Zahlungen einen Vertrauenstatbestand geschaffen haben.

60 Ein Unterhaltsschuldner kommt aber nicht alleine deshalb in Verzug, weil er sich grundsätzlich bereiterklärt hat, Unterhalt zu leisten.[50] Denn das Erfordernis der **Bestimmtheit einer Mahnung** gemäß § 1613 Abs. 1 Satz 1 BGB gilt entsprechend für eine Selbstmahnung des Unterhaltsschuldners.

61 Eine Vereinbarung zur Zahlung eines pauschalen, hinsichtlich der Einzelbeträge nicht konkretisierten Betrages für Kindes- und Trennungsunterhalt ermöglicht keine Forderung rückständigen Unterhaltes.[51]

62 Zu unterscheiden sind dabei die Fälle der Zahlungsankündigung, der Zahlungsverweigerung und der Zahlungseinstellung.[52]

63 Sagt der Unterhaltspflichtige ausdrücklich zu bzw. verspricht er, Unterhalt zu bezahlen (konkrete **Zahlungsankündigung**), so ist nicht geboten, ihn zu mahnen, wenn er seine Ankündigung nicht einhält. Hier kann auch ohne Mahnung rückwirkend Unterhalt geltend gemacht werden. Eine allgemeine Erklärung, Unterhalt zahlen zu wollen, reicht allerdings nicht aus.

64 Erklärt der Unterhaltspflichtige explizit, dass er keinen Unterhalt zahlen wolle **(Zahlungsverweigerung)**, ist ebenfalls keine Mahnung notwendig. Die reine Nichtzahlung von Unterhalt ist jedoch keine Zahlungsverweigerung.

65 Wenn der Unterhaltspflichtige, der bisher regelmäßig Unterhalt gezahlt hat, diese Zahlungen einstellt **(Zahlungseinstellung)**, wird von der Rechtsprechung vielfach eine Mahnung als nicht mehr notwendig angesehen.

66 Sagt der Unterhaltspflichtige zu, höhere Unterhaltsleistungen zu erbringen, und stellt er die Zahlungen später ein, liegt darin noch keine **Rücknahme der Selbstmahnung**.[53]

j. Entbehrlichkeit der Mahnung in sonstigen Fällen

67 Der Unterhaltsschuldner soll auch ohne Mahnung in Verzug geraten, wenn er sich auf eine **Mediation** über die Höhe der Unterhaltszahlung mit dem Unterhaltsgläubiger einlässt.[54]

68 Auch kann die Zahlungsverweigerung **treuwidrig** sein. So ist zwar erst nach Rechtskraft der Scheidung die Mahnung des Nachscheidungsunterhaltes möglich (vgl. die Kommentierung zu § 1361 BGB Rn. 721). Jedoch verstößt die Berufung auf fehlenden Verzug in einem solchen Fall gegen § 242 BGB, wenn der Berechtigte das Begehren auf nachehelichen Unterhalt im Verbund geltend machen will und ihn der Pflichtige davon mit der Begründung abhält, er wolle schnell geschieden werden, die Unterhaltsfrage könne später geregelt werden.[55]

69 In allen Fällen des Verzuges ohne Mahnung ist Voraussetzung nach § 288 Abs. 2 BGB, dass dem Unterhaltspflichtigen die Unterhaltsschuld sowohl dem Grunde als auch der Höhe nach bekannt ist.[56]

k. Verzugswirkungen

70 Der durch Mahnung eingetretene Verzug ermöglicht die gerichtliche **Durchsetzung der Unterhaltsrückstände**.

71 Verzug nach § 286 Abs. 1 Satz 1 BGB tritt nur ein genau in Höhe des **bezeichneten Betrages**, jedoch ist eine **Zuvielforderung** unschädlich. Stellt sich später heraus, dass eine höhere Unterhaltsforderung bestanden hat, kann diese erst von dem Zeitpunkt an durchgesetzt werden, an dem der Unterhaltspflichtige eine genaue bezifferte Zahlungsaufforderung in dieser Höhe erhalten hat.

72 Für die Wirksamkeit kommt es auf den Zeitpunkt des Zugangs dieses Verlangens an. Der Verzug tritt wegen § 1613 Abs. 1 Satz 2 BGB auch bei einer bezifferten Mahnung bereits **rückwirkend auf den Monatsersten** ein (anders nach allgemeinen Regeln erst ab Zugang der Mahnung).

---

[49] OLG Köln v. 07.07.1999 - 14 WF 86/99 - NJW-RR 2000, 73-74.
[50] OLG Frankfurt/M. v. 16.12.1998 - 2 UF 86/98 - FamRZ 2000, 113.
[51] AG Ludwigslust v. 05.06.2005 - 5 F 39/04 - FamRZ 2006, 222.
[52] Ausführlich *Krause*, FPR 2013, 522, 524 m.w.N.
[53] OLG Brandenburg v. 25.01.2013 - 3 WF 3/13 - FamFR 2013, 443.
[54] AG Itzehoe v. 22.01.2003 - 77 F 380/01 - FamRZ 2004, 58.
[55] OLG Hamm v. 10.11.2006 - 7 WF 166/06 - FamRZ 2007, 1468.
[56] *Klein* in: FAKomm FamR, § 1613 Rn. 32.

Die **Rückwirkung auf den Monatsersten** setzt allerdings voraus, dass das Ereignis, dessentwegen Unterhalt geschuldet wird, zu Beginn des Monats eingetreten war. Wird z.B. ein Kind am 09.07. geboren, so kann auf Grund einer im Juli zugegangenen Auskunftsaufforderung auch nur Unterhalt in Höhe von 9/31stel des vollen Monatsbetrages verlangt werden.[57]	73
Eine **Zuvielforderung** ist unschädlich. Selbst eine **beträchtliche Überhöhung der Forderung** bleibt unschädlich, so dass Verzug in der geschuldeten Höhe eintritt. Der sonst im Schuldrecht geltende Grundsatz, wonach im Falle einer unverhältnismäßig hohen Mehrforderung die Mahnung nach § 242 BGB als nicht rechtswirksam angesehen wird, kommt auf Grund der Schwierigkeiten der Berechnung im Unterhaltsrecht nicht zur Anwendung. Zudem ist der Unterhaltsberechtigte im Zweifel auch zur Annahme von Minderleistungen bereit.[58]	74
Eine Einschränkung ist dann zu machen, wenn der Unterhalt lediglich „ins Blaue hinein" verlangt wird und in der Zahlungsaufforderung nicht nachvollziehbar begründet wird.[59]	75
Ist eine **Zahlungsaufforderung** unterhalb des gesetzlich geschuldeten Mindestunterhalts erfolgt, wird diese aber **zugleich mit einer Aufforderung zur Auskunftserteilung** verbunden, dann kann der Unterhaltsschuldner grundsätzlich kein rechtlich schützenswertes Vertrauen für seine Erwartung in Anspruch nehmen damit müsse es sein Bewenden haben[60] (vgl. Rn. 1 ff.). Um diesen Streitigkeiten aus dem Wege zu gehen, empfiehlt es sich, einen entsprechenden Vorbehalt in das Schreiben aufzunehmen.	76
Zur Frage, ob der Unterhaltsberechtigte, der nach einem Auskunftsverlangen seinen Anspruch beziffert, dann aber später einen noch höheren Unterhaltsanspruch rückwirkend verlangen kann, vgl. Rn. 130.	77
Die Mahnung wirkt **weiter für die Zukunft**; eine Wiederholung ist bei regelmäßiger Zahlungsverpflichtung und unveränderten Verhältnissen nicht erforderlich.[61]	78
Eine **erneute Mahnung** wird verlangt, wenn der Unterhaltsberechtigte weiterhin einen Unterhaltsanspruch behauptet, obwohl die den Unterhaltsanspruch bislang bestimmenden Umstände weggefallen sind.[62]	79

l. Beendigung des Verzuges

Ein **Wegfall der Verzugsfolgen** kann nach § 397 BGB durch **Erlassvertrag** zwischen den Parteien in Betracht kommen. Ein derartiger Verzichtsvertrag kann auch durch schlüssiges Verhalten zustande kommen. Anders als bei dem Gesichtspunkt der Verwirkung ist für einen Verzichtsvertrag ein objektiv erklärter Verzichtswille für das Rechtsgeschäft notwendig, an dessen Annahme strenge Anforderungen zu stellen ist.[63]	80
Die Wirkungen des Verzuges können auch entfallen bei **Verwirkung**[64] (vgl. Rn. 282).	81
Die gegenüber dem Unterhaltspflichtigen verzugsbegründende Wirkung einer **Rechtswahrungsanzeige** (vgl. Rn. 18) entfällt, wenn die Gewährung der Sozialhilfe nachträglich wieder entzogen wird.[65]	82

m. Reduzierung der Forderung

Durch eine **Reduzierung der Forderung** tritt keine Änderung hinsichtlich der **zurückliegenden Zeiträume** ein.	83
Für die **Zukunft** ist zu unterscheiden. Der Verzug wirkt jedenfalls dann nicht in der ursprünglichen Höhe weiter, wenn der Schuldner durch eine neue Mahnung mit reduziertem Zahlungsbegehren oder durch eine teilweise Rücknahme des Antrags seinen Anspruch unzweideutig ermäßigt.[66]	84

---

[57] *Krause*, FPR 2013, 522, 523 m.w.N.
[58] *Born*, FPR 2013, 523, 515; *Knoche*, FPR 2013, 520, 521 m.w.N., anders *Roßmann* in: Eschenbruch/Schürmann/Menne, Unterhaltsprozess, 2013 Kap. 3 Rn. 44 unter Bezugnahme auf BGH v. 13.11.1990 - XI ZR 217/89.
[59] *Knoche*, FPR 2013, 520, 521 m.w.N.
[60] OLG Naumburg v. 24.03.2005 - 14 UF 184/04 - FamRZ 2005, 1855.
[61] BGH v. 13.01.1988 - IVb ZR 7/87 - BGHZ 103, 62-71.
[62] OLG Bamberg v. 29.03.1990 - 2 UF 400/89 - NJW-RR 1990, 903-906.
[63] *Schnitzler*, FPR 2013, 532, 534 m.w.N.
[64] BGH v. 09.12.1987 - IVb ZR 99/86 - FamRZ 1988, 478; BGH v. 17.09.1986 - IVb ZR 59/85 - FamRZ 1987, 40.
[65] AG Aschaffenburg v. 02.05.2005 - 1 F 570/04 - FamRZ 2005, 1859.
[66] OLG Hamm v. 08.12.1988 - 4 UF 251/88 - FamRZ 1989, 1303-1304; vgl. BGH v. 07.11.2012 - XII ZB 229/11 - FamRZ 2013, 109 mit Anm. *Finke* = NJW 2013, 161 mit Anm. *Born*, NJW 2013, 165-166.

85 Etwas anderes gilt aber dann, wenn in der Reduzierung nach den Umständen kein Verzicht gesehen werden kann. Verzug besteht kann also dann in Höhe der ursprünglichen Forderung fort, wenn von einer zunächst höheren Forderung abgegangen und nur eine reduzierte Forderung rechtshängig gemacht wird, nach Änderung der Verhältnisse und der rechtlichen Beurteilung der Lage diese Forderung jedoch wieder erhöht wird.[67]

86 Werden **laufende Unterhaltszahlungen lediglich zur Abwendung der Zwangsvollstreckung** aus der einstweiligen Anordnung bzw. aus dem nicht rechtskräftigen, aber vorläufig vollstreckbaren Beschluss erster Instanz geleistet, folgt hieraus zwar, dass die Unterhaltsforderung nicht im Sinne des § 362 Abs. 1 BGB erloschen ist. Jedoch **beendet** eine freiwillige Zahlung zur Abwendung der Zwangsvollstreckung aus einem vorläufig vollstreckbaren Titel in Höhe der erbrachten Leistung den **Verzug** mit der Geldschuld, so dass die Verpflichtung zur Zahlung von Verzugs- oder Prozesszinsen (§§ 288, 291 BGB) entfällt. Dies gilt auch für Leistungen, die ein Unterhaltsschuldner zur Abwendung der Zwangsvollstreckung aus einer einstweiligen Anordnung erbringt.[68]

n. Verzinsung

87 Der Verzug löst weiterhin die **Verzinsung** der Unterhaltsrückstände gem. § 286 BGB und § 288 Abs. 1 BGB aus. Unterhaltsschulden sind also beim Vorliegen des Schuldnerverzugs gem. § 288 Abs. 1 BGB wie andere Geldschulden zu verzinsen. Der Verzugszinssatz beträgt für das Jahr fünf Prozentpunkte über dem Basiszinssatz, der nach § 247 BGB jährlich zum 01.01. und 01.07. angepasst wird.

88 Im **vereinfachten Verfahren** können gesetzliche Verzugszinsen ab dem Zeitpunkt der Zustellung des Festsetzungsantrags auf den zu dieser Zeit rückständigen Unterhalt festgesetzt werden; die Festsetzung künftiger Verzugszinsen ist ausgeschlossen.[69]

o. Weitere Verzugsfolgen

89 Wenn der Unterhaltspflichtige sich bei Mandatierung des Anwaltes der Gegenseite in Verzug mit der Unterhaltsleistung befand, kann das **Rechtsanwaltshonorar als Verzugsschaden** gem. §§ 280, 286 BGB geltend gemacht werden.[70]

90 Eingeschränkt wird, dass zwar im Ausgangspunkt nach Eintritt des Verzuges eine Ersatzpflicht für alle zur Rechtsdurchsetzung sachdienlichen Maßnahmen besteht. Allerdings gelte dies für eine zunächst nur **vorgerichtliche Beauftragung eines Rechtsanwalts** nur dann, der Schuldner nicht erkennbar zahlungsunwillig oder zahlungsunfähig gewesen ist.[71]

91 Für das Verfahrenskostenhilfeverfahren ist zwar kein prozessualer Kostenerstattungsanspruch vorgesehen. Jedoch sind **materiell-rechtliche Erstattungsansprüche** dadurch aber **nicht ausgeschlossen**, weil sie von der prozessualen Kostenhaftung unabhängig sind.[72]

2. Wirksames Auskunftsverlangen

92 Die korrekte Berechnung des Unterhalts ist für den Unterhaltsberechtigten keine einfache Angelegenheit und hängt zudem wesentlich von den finanziellen Verhältnissen des Unterhaltspflichtigen ab, über die meist keine vollständige Kenntnis besteht. Daher bietet das Gesetz mit der Norm des **§ 1613 BGB** eine weitaus effektivere Möglichkeit, die spätere **Geltendmachung rückständigen Unterhalts vorzubereiten**.

93 Der wesentliche Vorteil besteht darin, dass bei einem korrekten Vorgehen über § 1613 BGB die rückwirkende Durchsetzung immer **in Höhe des später beziffert geforderten und in gleicher Höhe gerichtlich zuerkannten Betrags** möglich ist. Auch hier wird dieser Unterhalt ab dem Ersten des Monats geschuldet, in dem das Auskunftsschreiben zuging.

---

[67] KG v. 01.03.2005 - 18 UF 64/04 - FamRZ 2005, 1844.
[68] BGH v. 12.03.2014 - XII ZB 234/13 - FamRZ 2014, 91 m.w.N.
[69] BGH v. 28.05.2008 - XII ZB 34/05 - FamRZ 2008, 1428.
[70] OLG Frankfurt v. 27.10.2011 - 5 UF 221/11 - FamRZ 2012, 1745-1746; OLG München v. 21.12.2005 - 16 WF 1872/05 - NJW-RR 2006, 651; OLG Dresden v. 21.04.2006 - 21 ARf 8/06, 21 ARf 0008/06 - OLGR 2006, 532; LG Heidelberg v. 15.12.2009 - 2 S 33/09 - NJW-RR 2010, 1015.
[71] OLG Celle v. 18.04.2013 - 17 UF 17/13 unter Hinweis auf BGH v. 02.09.2009 - II ZB 35/07 - NJW 2009, 3101; *Grüneberg* in: Palandt, § 286 BGB Rn. 45.
[72] OLG Frankfurt v. 27.10.2011 - 5 UF 221/11 - FamRZ 2012, 1745-1746.

Der Auskunftsanspruch für den **Verwandtenunterhalt** ist geregelt in § 1605 BGB. Auf diese Vor- 94
schrift wird verwiesen beim Unterhaltsanspruch zwischen den **Eltern** des Kindes (§ 1615l Abs. 3
Satz 1 BGB), beim Unterhaltsanspruch zwischen getrennt lebenden **Eheleuten** (§ 1361 Abs. 4 Satz 4
BGB) und beim Geschiedenenunterhalt (§ 1580 Satz 2 BGB). Einzelheiten vgl. die Kommentierung zu
§ 1605 BGB.

Die **Beweislast** für den Zugang des Auskunftsverlangens hat der Unterhaltsberechtigte (vgl. Rn. 146). 95

Textmuster für vorgerichtliche **Auskunftsverlangen** sind in der Kommentierung zu § 1605 BGB 96
Rn. 145 ff. abgedruckt.

a. Anforderungen an den Inhalt des Auskunftsverlangens

Das Auskunftsverlangen ist wie die Mahnung eine **empfangsbedürftige, geschäftsähnliche Willens-** 97
äußerung, auf die die Vorschriften über Rechtsgeschäfte und Willenserklärungen entsprechende Anwendung finden. Beim Unterhalt von Minderjährigen sind die Regeln der gesetzlichen Vertretung und
die Spezialregel des § 1629 BGB zu beachten, d.h. die Auskunftsaufforderung muss **durch die rich-**
tige Person ausgesprochen worden sein. Auch hier muss der **Zugang an den richtigen Empfänger**
(vgl. Rn. 42) ggf. nachgewiesen werden. Geht die Auskunftsaufforderung an einen Anwalt (vgl. dazu
Rn. 44), muss sich dessen Vollmacht auf den Verfahrensgegenstand Auskunft erstrecken.[73]

Es sind also die **gleichen formale Anforderungen wie oben bei der Mahnung** zu beachten. Wegen 98
des Schuldnerschutzes sind die Regeln im Hinblick auf die **Warnfunktion** streng anzuwenden:

aa. Zur Geltendmachung des Unterhaltsanspruches

Der Unterhaltsberechtigte kann nach § 1613 BGB Unterhalt für die Vergangenheit von dem Zeitpunkt 99
an fordern, zu dem er den Unterhaltspflichtigen **zum Zwecke der Geltendmachung des Unterhalts-**
anspruchs aufgefordert hat, über seine Einkünfte und sein Vermögen Auskunft zu erteilen (unterhaltsbezogene Aufforderung zur Auskunft[74]).

Der bloße Hinweis auf die bestehende Erwerbsobliegenheit gegenüber minderjährigen Kindern reicht 100
nicht aus, Verzug zu begründen.[75]

Die – streng auszulegenden – formalen Vorgaben des Verzuges erklären sich aus der Warnfunktion des 101
Verzuges für den Unterhaltspflichtigen. Die Regelungen sollen den Unterhaltspflichtigen vor hohen
Nachforderungen schützen, auf die er sich nicht in seiner Lebensführung eingerichtet hat, weil er vom
Unterhaltsberechtigten nicht in Anspruch genommen wurde. Die Einforderung von Unterhaltsrückständen wird daher eingeschränkt. Vom Unterhaltsberechtigten verlangt das Gesetz folglich, bestimmte rechtswahrende Handlungen vorzunehmen, die dem Unterhaltspflichtigen deutlich machen,
wer welche konkreten Forderungen ggf. für welche Zeiträume gegen ihn geltend macht. Der Unterhaltspflichtige wird ab Zugang des Auskunftsbegehrens vom Gesetzgeber nicht mehr als schutzwürdig
angesehen, da er von nun an konkret damit rechnen muss, auf Unterhalt in Anspruch genommen zu
werden und hierzu gegebenenfalls Rückstellungen bilden kann.[76]

Genügt der Berechtigte diesen strengen Anforderungen nicht, erlischt sein Unterhaltsanspruch für den 102
zurückliegenden Zeitraum.

Der Unterhaltspflichtige wird ab Zugang des Auskunftsbegehrens vom Gesetzgeber nicht mehr als 103
schutzwürdig angesehen, da er von nun an konkret damit rechnen muss, auf Unterhalt in Anspruch genommen zu werden und hierzu gegebenenfalls Rückstellungen bilden kann.[77]

Das Auskunftsverlangen ist wie die Mahnung eine **empfangsbedürftige, geschäftsähnliche Willens-** 104
äußerung, auf die die Vorschriften über Rechtsgeschäfte und Willenserklärungen entsprechende Anwendung finden. Für die Wirksamkeit kommt es auf den Zeitpunkt des Zugangs dieses Verlangens an.
Beim Unterhalt von Minderjährigen sind die Regeln der gesetzlichen Vertretung und die Spezialregel
des § 1629 BGB zu beachten.

---

[73] Ausführlich *Sauer*, FamRZ 2010, 617.
[74] *Graba*, NZFam 2014, 6, 7.
[75] OLG Hamm v. 14.08.2009 - 13 UF 83/09 - FamRZ 2010, 383
[76] BT-Drs. 13/7338, S. 31; BGH v. 22.11.2006 - XII ZR 24/04 - FamRZ 2007, 193, 195 f.; BGH v. 22.11.2006 - XII ZR 24/04 - FamRZ 2007, 193, 195 f.; OLG Hamm v. 10.07.2013 - II-13 UF 39/13 - NJW 2013, 3314.
[77] BGH v. 07.11.2012 - XII ZB 229/11 - FamRZ 2013, 109 mit Anm. *Finke* = NJW 2013, 161 mit Anm. *Born*, NJW 2013, 165-166; vgl. BT-Drs. 13/7338, S. 31; BGH v. 22.11.2006 - XII ZR 24/04 - FamRZ 2007, 193, 195 f.

§ 1613

105 Nicht ausreichend ist dabei ein **allgemeines Auskunftsverlangen**, das nicht auf eine bestimmte Unterhaltslage hinweist. Vielmehr muss die Auskunft speziell zum Zwecke der **Geltendmachung eines bestimmten Unterhaltsanspruchs** verlangt werden, da es nur so die erforderliche Warnfunktion für den Unterhaltsschuldner erfüllen kann.[78] Der Anwalt muss also deutlich machen, dass er die Auskunft benötigt, um einen konkreten Unterhaltsantrag wegen § 253 Abs. 2 Nr. 2 ZPO beziffern zu können.

106 Anschreiben des Jugendamtes, das nach eigener Angabe von einem volljährigen Kind „um Berechnung seines Unterhaltsanspruches gebeten" wurde, unter der Bezeichnung „Jugendamt/Beistandschaft" an den unterhaltspflichtigen Elternteil wegen Auskunftserteilung bzw. Unterhaltsbezifferung schaffen nicht die Voraussetzungen nach § 1613 Abs. 1 BGB für eine Geltendmachung des Kindesunterhaltes für die Vergangenheit.[79]

bb. Unterhaltsanspruch einer bestimmten Person

107 Dazu ist der jeweilige **Unterhaltsberechtigte** genau zu bezeichnen, dessen Unterhaltsanspruch durchgesetzt werden soll, denn die gewünschte Auskunft muss sich auf denselben Anspruch beziehen, der später im Zahlungsverfahren geltend gemacht wird.[80]

108 Nicht ausreichend ist daher, dass sich das Auskunftsverlangen auf einen anderen als den später geltend gemachten Unterhaltsanspruch bezogen hat.[81] Das Auskunftsverlangen für den Unterhaltsanspruch eines bestimmten Kindes löst daher nicht die Wirkungen nach § 1613 Abs. 1 BGB in Bezug auf weitere Kinder aus.[82]

109 Die **Person des Unterhaltsberechtigten** ergibt sich nicht schon automatisch aus der Person desjenigen, der die Auskunft fordert, da z.B. die Kindesmutter Unterhalt für sich und das von ihr betreute Kind fordern kann. Ob man in Zweifelsfällen davon ausgehen kann, dass das Auskunftsersuchen sowohl dem eigenen als auch dem Unterhaltsanspruch des Kindes gelten solle, erscheint im Hinblick auf das allgemein geltende Bestimmtheitserfordernis nicht haltbar.

110 Auch der Hinweis des ausdrücklich als Beistand eines Kindes tätigen Jugendamts an den zum Kindesunterhalt zur Auskunft aufgeforderten Vater am Ende des Aufforderungsschreibens, auch die Kindesmutter wolle nach § 1615l BGB Betreuungsunterhalt geltend machen und das Jugendamt werde daher die Höhe dieses Anspruches ebenfalls errechnen und mitteilen, schafft nicht die Voraussetzungen nach § 1613 Abs. 1 BGB für eine Geltendmachung des Betreuungsunterhaltes für die Vergangenheit.[83]

cc. Bestimmter Anspruch

111 Auch der geltend gemachte **Unterhaltsanspruch** muss für den Auskunftspflichtigen ausreichend erkennbar sein.[84] Die gewünschte Auskunft muss sich auf denselben Anspruch beziehen, der später im Zahlungsverfahren geltend gemacht wird.[85]

112 Dabei wurde früher bei der Aufforderung zur Auskunftserteilung des getrennt lebenden Ehegatten zwischen dem Basisunterhalt und dem **Vorsorgeunterhalt** unterschieden. Verzug auch für den Altersvorsorgeunterhalt wurde nur dann bejaht, wenn dieser zusätzlich eindeutig geltend gemacht worden ist.[86]

113 Der BGH hat jedoch inzwischen klargestellt, dass es hier keines besonderen Verzuges bedarf. **Altersvorsorgeunterhalt** kann für die Vergangenheit daher nicht erst von dem Zeitpunkt an verlangt werden, in dem er ausdrücklich geltend gemacht worden ist. Es reicht aus, dass vom Unterhaltspflichtigen Auskunft mit dem Ziel der Geltendmachung eines Unterhaltsanspruchs begehrt worden ist.[87]

114 Dies gilt auch für den **Krankheitsvorsorgeunterhalt**.[88]

---

[78] *Wellenhofer* in: Luthin/Koch, Handbuch des Unterhaltsrechts, 2011, Rn. 5145.
[79] OLG Celle v. 14.03.2013 - 10 WF 76/13 - FamRZ 2014, 134.
[80] *Wellenhofer* in: Luthin/Koch, Handbuch des Unterhaltsrechts, 2010, Rn. 5145; *Diederichsen* in: Palandt, 71. Aufl. 2012, § 1613 Rn. 3.
[81] *Wellenhofer* in: Luthin/Koch, Handbuch des Unterhaltsrechts, 2010, Rn. 5145.
[82] *Finke/Ebert*, Familienrecht in der anwaltlichen Praxis, 6. Aufl. 2008, § 3 Rn. 359.
[83] OLG Celle v. 12.05.2011 - 10 WF 135/11 - FuR 2011, 533.
[84] *Klein* in: FAKomm FamR, § 1613 Rn. 14; *Saathoff* in: AnwK-BGB, § 1613 Rn. 4.
[85] *Wellenhofer* in: Luthin/Koch, Handbuch des Unterhaltsrechts, 2010, Rn. 5145; *Diederichsen* in: Palandt, 71. Aufl. 2012, § 1613 Rn. 3.
[86] OLG Frankfurt/M. v. 29.01.2004 - 1 UF 309/02 - FamRZ 2004, 1397.
[87] BGH v. 07.11.2012 - XII ZB 229/11 - FamRZ 2013, 109 mit Anm. *Finke* = NJW 2013, 161 mit Anm. *Born*, NJW 2013, 165-166; BGH v. 22.11.2006 - XII ZR 24/04 - FamRZ 2007, 193, 196 mit Anm. *Borth*; KG v. 19.07.2013 - 13 UF 56/13.
[88] BGH v. 04.07.2007 - XII ZR 141/05 - FamRZ 2007, 1532 mit Anm. *Mauer*, FamRZ 2007, 1538 = NJW 2008, 57; vgl. auch *Borth*, FPR 2008, 86-88.

Zum **Verzug beim Mehrbedarf** vgl. Rn. 253 ff. 115

Nach der jetzt geltenden Gesetzesfassung ist es nicht mehr erforderlich, das Auskunftsverlangen mit 116
einer noch unbezifferten Leistungsforderung zu verbinden (sog. **Stufenmahnung**[89]).

dd. Auskunft über Einkünfte und Vermögen

Der Unterhaltspflichtige ist aufzufordern, Auskunft über seine **Einkünfte** und sein **Vermögen** zu er- 117
teilen.

Teilweise wird ein Auskunftsverlangen gerichtet **nur** auf die **Einkünfte** nur dann als ausreichend an- 118
gesehen, wenn für den Unterhalt nur das Einkommen, nicht auch das Vermögen von Belang ist.

Dieser Einschränkung ist nicht zu folgen, denn auch ein eingeschränktes – nur auf den Teilbereich Ein- 119
kommen – begrenztes Auskunftsverlangen ist als solches zulässig und genügt, die Verzugsfolgen des
§ 1613 BGB auszulösen. Entscheidend für die Warnfunktion ist, dass der Verpflichtete damit genaue
Kenntnis hat, welcher Berechtigte letztlich Unterhalt von ihm haben will.

ee. Konkreter Zeitraum

Auch der konkrete **Zeitraum, für den Auskunft begehrt wird**, muss angegeben werden (zur Frage, 120
für welche Zeiträume Auskunft verlangt werden kann, vgl. die Kommentierung zu § 1605 BGB
Rn. 71).

b. Auskunftsverlangen durch den Berechtigten

Beim Unterhalt des minderjährigen Kindes muss das Auskunftsverlangen durch den berechtigten El- 121
ternteil erfolgen (vgl. Spezialregelung des § 1629 BGB).

Für den Anwalt, der eine Auskunftsforderung für seinen Mandanten geltend macht, gilt § 174 Satz 1 122
BGB. Daher kann ein **Auskunftsverlangen ohne beigefügte Vollmacht** unverzüglich zurückgewiesen werden. Wichtig ist auch, dass sich die **Vollmacht** auf den Verfahrensgegenstand „Auskunft" erstreckt.[90]

c. Bestehen eines fälligen Auskunftsanspruches

Der Auskunftsanspruch muss **bestehen** und **fällig** sein.[91] Daraus folgt, dass ein Auskunftsverlangen 123
vor Ablauf der Frist des § 1605 Abs. 2 BGB (vgl. die Kommentierung zu § 1605 BGB Rn. 113) nicht
ausreicht, die Verzugswirkungen herbeizuführen.[92]

Ein Auskunftsverlangen, das innerhalb der Sperrfrist des § 1605 Abs. 2 BGB gestellt wird, reicht nicht 124
aus.[93] Anspruchsgrundlage für das Auskunftsverlangen ist § 1605 BGB; ohne Vorliegen der Voraussetzungen einer Anspruchsgrundlage treten auch die in § 1613 BGB geregelten Rechtsfolgen nicht ein.

Mit dem Wegfall der Beistandschaft – hier bei Eintritt der Volljährigkeit des Antragstellers – kann das 125
Jugendamt für den Unterhaltsberechtigten nicht mehr als gesetzlicher Vertreter tätig werden; insofern
können seine Aufforderungen dem Kind nicht zugerechnet werden.[94]

Eine Ausnahme gilt nur dann, wenn der Unterhaltsberechtigte darlegen kann, dass das Auskunftsver- 126
langen zum damaligen Zeitpunkt ausnahmsweise, etwa wegen des Erwerbs wesentlich höherer Einkünfte oder weiteren Vermögens, gerechtfertigt war.[95]

d. Auskunftsverlangen und freiwillige Zahlungen

Das Auskunftsverlangen soll auch dann die Nachforderung höheren Unterhalts ermöglichen, wenn der 127
Schuldner bereits **freiwillige**, aber aufgrund einer zu niedrigen Zahlungsaufforderung zu geringe **Zahlungen** erbracht hat.[96]

---

[89] BGH v. 15.11.1989 - IVb ZR 3/89 - BGHZ 109, 211-214; ausführlich *Budde*, FamRZ 2005, 1217, 1218.
[90] Ausführlich *Sauer*, FamRZ 2010, 617.
[91] A.A. OLG Hamm v. 17.11.2011 - 2 WF 129/11 - NJW-RR 2012, 261.
[92] OLG Köln v. 05.02.2003 - 26 UF 15/02 - FamRZ 2003, 1960; AG Herford v. 28.01.2002 - 14 F 955/01 - FamRZ 2002, 1728; OLG Düsseldorf v. 16.10.1992 - 3 WF 179/92 - FamRZ 1993, 591.
[93] OLG Köln v. 05.02.2003 - 26 UF 15/02 - FamRZ 2003, 1960; OLG Düsseldorf v. 16.10.1992 - 3 WF 179/92 - FamRZ 1993, 591; AG Herford v. 28.01.2002 - 14 F 955/01 - FamRZ 2002, 1728; *Brudermüller* in: Palandt, 2012, § 1613 Rn. 3; *Saathoff* in: NK-BGB, 2010, § 1613 Rn. 4.
[94] OLG Celle v. 14.03.2013 - 10 WF 76/13 - FamRZ 2014, 134.
[95] OLG Köln v. 05.02.2003 - 26 UF 15/02 - FamRZ 2003, 1960.
[96] *Klein* in: FAFamR, § 1613 Rn. 11; *Frerix*, FamRZ 2000, 1046, 1046; a.A. AG Wesel v. 28.01.2000 - 32 F 168/99 - FamRZ 2000, 1045-1046.

128 Wird die Aufforderung zur **Auskunft** jedoch mit einer konkreten **Zahlungsaufforderung** verbunden, stellt sich die Frage, ob damit auch Verzug hinsichtlich eines höheren als des konkret zur Zahlung aufgeforderten Betrages eingetreten ist.[97] Entscheidend ist, ob die Zahlungsaufforderung eindeutig als (vorläufige) Teilforderung bezeichnet worden ist und dem Empfänger erkennbar war, dass nach Erteilung der Auskunft ggf. eine Neuberechnung und eine höhere Forderung vorbehalten worden ist.

e. Weiteres Vorgehen nach dem Auskunftsverlangen

aa. Bezifferung des Anspruchs

129 Nach einer Aufforderung zur Auskunft, die auch erteilt wird, muss der Berechtigte den Unterhaltspflichtigen **zeitnah zur Zahlung eines bezifferten Betrages auffordern**, um die Wirkungen dieser Aufforderung aufrechtzuerhalten.[98] Bei zu langem Abwarten besteht die Gefahr der Verwirkung (vgl. dazu Rn. 289 ff.).

130 Probleme können sich in der Praxis dann ergeben, wenn der Unterhaltsberechtigte nach einem Auskunftsverlangen seinen **Anspruch beziffert**, dann aber später **einen noch höheren Unterhaltsanspruch rückwirkend verlangt**.

131 Der BGH hat klargestellt, dass § 1613 Abs. 1 Satz 1 BGB es grundsätzlich **nicht** erlaubt, einen nach dem ursprünglichen Auskunftsbegehren **bezifferten Unterhaltsanspruch nachträglich betragsmäßig zu erhöhen**.[99] Soweit der Unterhaltsberechtigte aber seinen Unterhaltsanspruch **nach Auskunftserteilung beziffert** hat, ohne sich zugleich vorzubehalten, den Anspruch gegebenenfalls im Hinblick auf noch nicht erfolgte Auskünfte zu erhöhen, braucht der Unterhaltspflichtige nur noch mit einer Inanspruchnahme in der bezifferten Höhe zu rechnen.

132 Beziffert der **Gläubiger** den ihm seiner Ansicht nach zustehenden Unterhaltsanspruch, trägt er das **Risiko von Berechnungs- und Bezifferungsfehlern**. Ob sich etwas anderes ausnahmsweise dann ergeben kann, wenn und soweit es sich um offensichtliche oder zumindest erkennbare Fehler handelt, lässt das OLG Hamm ausdrücklich offen.[100]

133 Damit ist für die Frage des Verzugs grundsätzlich aus der Sicht eines Schuldners das **zeitlich letzte Zahlungsverlangen** maßgeblich.[101]

134 Wird eine Bezifferung des Anspruchs vorgenommen, so ist unerheblich, ob die Bezifferung des Anspruchs vorgerichtlich, außergerichtlich oder im Rahmen eines Gerichtsverfahrens erfolgt.[102]

135 Rückwirkend geltend gemacht werden kann damit nur der ursprünglich – niedriger – bezifferte Betrag, denn nur für diesen Betrag sind die Rechtswirkungen des § 1613 BGB eingetreten. Erst vom Zeitpunkt der – höheren – Bezifferung an kann für die Zukunft dieser höhere Betrag verlangt werden, soweit der Anspruch begründet ist.

136 **Beispiel:**
Nach einer Aufforderung zur Auskunft am 06.09.2013 verlangt die Unterhaltsberechtigte mit Schreiben vom 04.10.2013 einen monatlichen Unterhalt von 600 €. Aufgrund einer Neuberechnung verlangt sie mit Schreiben vom 06.01.2014 einen monatlichen Unterhalt von 900 €.
Im gerichtlichen Verfahren macht sie 900 € monatlich ab 01.09.2013 geltend.
Das Gericht spricht ihr 900 € mtl. ab 01.01.2014 zu, aber für die Monate davon nur 600 €. Denn Verzug ist eingetreten in Höhe von 600 € durch die bezifferte Zahlungsaufforderung vom 04.10.2013 rückwirkend auf den 01.09.2013. Die bezifferte Erhöhung vom 06.01.2014 begründet Verzug in Höhe von 900 € erst ab 01.01.2014.

---

[97] OLG Naumburg v. 24.03.2005 - 14 UF 184/04 - FamRZ 2005, 1855; AG Wesel v. 28.01.2000 - 32 F 168/99 - FamRZ 2000, 1045 mit abl. Anm. *Frerix*.
[98] OLG Karlsruhe v. 16.02.2006 - 16 WF 26/06 mit Anm. *Schürmann*, jurisPR-FamR 16/2006, Anm. 2; BGH v. 09.12.1987 - IVb ZR 99/86 - FamRZ 1988, 478, 480.
[99] Vgl. BGH v. 07.11.2012 - XII ZB 229/11 - NJW 2013, 165 mit Anm. *Born*, NJW 2013, 165-166 = FamRZ 2013, 109 mit Anm. *Finke* = NJW 2013, 161 mit Anm. *Born*, NJW 2013, 165-166.
[100] OLG Hamm v. 10.07.2013 - II-13 UF 39/13 - NJW 2013, 3314.
[101] OLG Saarbrücken v. 21.01.2014 - 6 WF 7/14.
[102] OLG Hamm v. 10.07.2013 - II-13 UF 39/13 - NJW 2013, 3314.

bb. Vorbehalt einer Erhöhung

Der Unterhaltsberechtigte muss bei der Bezifferung seines Anspruches genau abwägen, ob er sich nicht eine **Erhöhung des Unterhaltes vorbehalten** will. Denn vielfach lässt sich erst im Laufe des weiteren Unterhaltsverfahrens – insbesondere nach Erörterung im gerichtlichen Verfahren – die Höhe des Anspruchs genau bemessen.[103] 137

Zu beachten ist, dass jeder Verfahrensbeteiligte durch einen entsprechenden Antrag nach Absatz 2 der §§ 235, 236 FamFG gerichtliche Auskunftsauflagen erwirken kann.[104] 138

Eine rückwirkende Geltendmachung von höherem Unterhalt ist folglich möglich, wenn der Unterhaltspflichtige zur Auskunft und Zahlung von Unterhalt aufgefordert worden ist, in diesem Schreiben aber hinreichend deutlich gemacht wurde, **dass die Zahlung von Mindestunterhalt nur vorläufig gefordert wird und eine konkrete Bezifferung erst nach erfolgter Auskunftserteilung vorgenommen werden soll**.[105] 139

Allerdings besteht das Risiko, dass der Gegner auf einen solchen Vorbehalt mit einem **negativen Feststellungsantrag** reagiert.[106] 140

cc. Altersvorsorgeunterhalt

Auch eine **rückwirkende Erweiterung um den Altersvorsorgeunterhalt** scheidet aus, und zwar auch dann, wenn dem Unterhaltsgläubiger **nicht bewusst war**, Vorsorgeunterhalt verlangen zu können.[107] Die spätere Geltendmachung von Altersvorsorgeunterhalt darf nicht dazu führen, dass der nach dem Auskunftsverlangen erstmals bezifferte Unterhalt überschritten wird.[108] 141

3. Rechtshängigkeit

Rechtshängigkeit tritt ein gem. § 261 ZPO durch Zustellung des Zahlungsantrags gem. § 113 FamFG i.V.m. § 253 ZPO oder bei einem Stufenantrag nach § 113 FamFG i.V.m. § 254 ZPO (mit noch unbeziffertem Zahlungsantrag) durch Zustellung des Auskunftsantrags. 142

Die **Zustellung eines Stufenantrages** erfüllt dabei die Erfordernisse des § 1613 Abs. 1 BGB bezüglich des unbezifferten Unterhaltsanspruchs, der sich nach der Auskunftserteilung als gerechtfertigt ergibt.[109] Abgestellt wird allein auf die formalen Voraussetzungen nach der ZPO, so dass auch ein zunächst unschlüssiger Antrag die Rechtshängigkeit begründet.[110] 143

Auch ein **Antrag auf einstweilige Anordnung** ist ausreichend, die Warnfunktion des Verzuges zu erfüllen.[111] 144

Umstritten ist, ob eine Rückbeziehung auf den Zeitpunkt des **Antragseingangs** erfolgen kann (§ 167 ZPO bzw. § 270 Abs. 3 ZPO a.F.).[112] Die formlose Übersendung einer Antragsschrift oder eines **Verfahrenskostenhilfegesuchs** reicht nicht aus zum Eintritt der Rechtshängigkeit, löst aber regelmäßig Verzug aus,[113] ebenso die Zustellung eines Antrages auf **einstweilige Anordnung** oder einstweilige Verfügung. 145

4. Praktische Hinweise

Das Vorliegen der gesetzlichen Voraussetzungen für die rückwirkende Geltendmachung hat der Anspruchsteller **darzulegen und ggf. zu beweisen**.[114] 146

Soweit eine Inverzugsetzung erforderlich ist, um **Sekundäransprüche** wie etwa **Zinsen** durchzusetzen, wird dies durch die bloße Auskunftsaufforderung nicht ersetzt.[115] 147

---

[103] *Finke*, FamRZ 2013, 114.
[104] Ausführlich *Viefhues*, FuR 2013, 20, vgl. auch *Roßmann* in: Horndasch/Viefhues, FamFG, 2014, § 235 Rn. 23 ff.
[105] Vgl. OLG Brandenburg v. 07.05.2013 - 10 UF 1/13.
[106] *Finke*, FamRZ 2013, 114.
[107] BGH v. 07.11.2012 - XII ZB 229/11 - FamRZ 2013, 109 mit Anm. *Finke* = NJW 2013, 161 mit Anm. *Born*, NJW 2013, 165-166; vgl. auch *Soyka*, FuR 2013, 216, 2177.
[108] *Soyka*, FuR 2013, 216, 2177.
[109] BGH v. 15.11.1989 - IVb ZR 3/89 - BGHZ 109, 211-214 = FamRZ 1990, 283.
[110] BGH v. 26.07.1996 - 2 U 231/95 - NJW-RR 1997, 1409.
[111] *Spangenberg*, FPR 2013, 525, 526, a.A. *Maurer* in: MünchKomm-BGB, § 1585b Rn. 18.
[112] So OLG Schleswig v. 06.11.1987 - 10 UF 259/85 - FamRZ 1988, 961-963; ablehnend OLG Hamm v. 10.12.1985 - 15 W 226/85 - NJW-RR 1986, 628-629.
[113] BGH v. 15.11.1989 - IVb ZR 3/89 - FamRZ 1990, 283, 285.
[114] OLG Brandenburg v. 12.03.2001 - 9 UF 26/01 - Rpfleger 2001, 346.
[115] *Born*, FPR 2013, 513, 514 m.w.N.

II. Beginn der Zahlungspflicht (Absatz 1 Satz 2)

148 § 1613 Abs. 1 Satz 2 BGB ordnet an, dass der Unterhalt **rückwirkend ab dem Monatsersten** geschuldet wird, wenn der Unterhaltsanspruch dem Grunde nach zu diesem Zeitpunkt bestanden hat.

149 Zu beachten ist, dass die Regelung des § 1613 BGB vor dem 01.01.2008 nicht für Nachscheidungsunterhalt galt. Für Mahnungen, die vor Inkrafttreten des neuen Unterhaltsrechts ausgesprochen worden sind, ist noch altes Recht anzuwenden.

150 Zu den Auswirkungen im Abänderungsverfahren vgl. Rn. 351.

III. Geltendmachung von Rückständen ohne Einschränkung (Absatz 2)

151 Diese Vorschrift ermöglicht es, ohne die strengen Voraussetzungen des Absatzes 1 in folgenden Fällen Unterhaltsansprüche auch rückwirkend geltend zu machen:
- beim **Sonderbedarf** § 1613 Abs. 2 Nr. 1 BGB,
- für den Zeitraum bestimmter **Verhinderungen** zur Geltendmachung des Unterhaltsanspruchs § 1613 Abs. 2 Nr. 2 BGB.

152 Eine solche rückwirkende Durchsetzung ist dagegen beim **Mehrbedarf** nicht ohne weiteres möglich. Für diese Frage ist daher die rechtliche Unterscheidung von erheblicher praktischer Bedeutung. Mehrbedarf ist jedoch gegenüber dem Tabellenunterhalt **subsidiär**.[116]

153 Davon zu trennen ist die Bewertungsfrage, **ob die aufgewandten Kosten dem Unterhaltspflichtigen in der konkreten Höhe entgegengehalten werden können**. Diese Frage ist sowohl beim Mehrbedarf als auch beim Sonderbedarf zu beachten. Die Prüfung der Angemessenheit erfolgt also unabhängig von der rechtlichen Einordnung als Mehrbedarf oder Sonderbedarf und hängt letztlich von den wirtschaftlichen Verhältnissen der Beteiligten ab; auch die Pflicht der Eltern zur gegenseitigen Rücksichtnahme spielt eine Rolle (vgl. dazu Rn. 170).

1. Sonderbedarf und Mehrbedarf

154 Der nach den Sätzen der Düsseldorfer Tabelle bemessene Unterhalt berücksichtigt lediglich den notwendigen allgemeinen Lebensbedarf. Hierzu zählen Aufwendungen für Ernährung, Unterkunft, Kleidung, Körperpflege, Hausrat, Heizung und persönliche Bedürfnisse des täglichen Lebens. Zu Letzterem gehören in vertretbarem Umfang auch Beziehungen zur Umwelt und eine Teilnahme am kulturellen Leben. Einbezogen ist auch der besondere, insbesondere der durch die Entwicklung und das Heranwachsen bedingte Bedarf von Kindern und Jugendlichen.[117]

155 Es ist jedoch stets eine Einzelfallbeurteilung vorzunehmen. Je nach Höhe der gegebenenfalls als Mehrbedarf in Betracht kommenden Aufwendungen und der für das Kind maßgeblichen Bedarfssätze können diese nicht den zusätzlichen Aufwand angemessen erfassen.

156 Unter besonderen Umständen kann sich aufgrund einer über Jahre hinweg erfolgten tatsächlichen Übung konkludent ein Anspruch auf Kostenübernahme aus einem Rechtsverhältnis sui generis begründet haben.[118]

157 Nach der Legaldefinition des § 1613 Abs. 2 Nr. 1 BGB liegt **Sonderbedarf** bei einem **unregelmäßigen und außergewöhnlich hohen Bedarf** vor. Es handelt sich um einen überraschenden, nicht mit Wahrscheinlichkeit voraussehbaren und der Höhe nach nicht abschätzbaren Bedarf, der deshalb beim laufenden Unterhalt nicht angesetzt werden konnte und deshalb eine zusätzliche Unterhaltsleistung rechtfertigt.[119]

158 Diese Voraussetzungen sind von Fall zu Fall für die jeweilige Aufwendung zu prüfen. Das Entstehen von Sonderbedarf ist **konkret darzulegen und zu beweisen**. Auch eine Behörde, die Unterhalt macht, kann nicht auf verauslagte Pauschalen verweisen.[120] Die Geltendmachung von Sonderbedarf ist auf **Ausnahmefälle** zu beschränken.[121]

---

[116] OLG Stuttgart v. 07.03.2012 - 11 UF 331/11 - FamFR 2012, 225.
[117] Vgl. dazu BGH v. 26.11.2008 - XII ZR 65/07 - NJW 2009, 1816.
[118] OLG Koblenz v. 05.02.2014 - 13 UF 754/13.
[119] BGH v. 15.02.2006 - XII ZR 4/04 - FamRZ 2006, 612 mit krit. Anm. *Luthin*.
[120] KG v. 05.04.2006 - 25 UF 89/05 - FamRZ 2007, 77.
[121] BGH v. 15.02.2006 - XII ZR 4/04 - NJW 2006, 1509, in Fortführung von BGH v. 11.04.2001 - XII ZR 152/99 - NJWE-FER 2001, 253; BGH v. 11.11.1981 - IVb ZR 608/80 - NJW 1982, 328; BGH v. 08.02.1984 - IVb ZR 52/82 - NJW 1984, 2826; vgl. aber OLG Karlsruhe v. 07.01.1997 - 20 WF 64/96 - FamRZ 1997, 967, wonach nicht erforderlich sein soll, dass der Sonderbedarf überraschend aufgetreten ist.

Als **Mehrbedarf** ist dagegen der Teil des Lebensbedarfs anzusehen, der regelmäßig während eines län- 159
geren Zeitraums anfällt und das Übliche derart übersteigt, dass er mit den Regelsätzen der Bedarfsbemessung nicht zu erfassen, andererseits aber kalkulierbar ist und deshalb bei der Bemessung des laufenden Unterhalts berücksichtigt werden kann.[122]

Bei beiden Formen des außergewöhnlichen Bedarfes – unabhängig von seiner Qualifizierung als Mehr- 160
bedarf oder Sonderbedarf – ist immer genau zu prüfen, ob möglicherweise ein Teil der anfallenden
Kosten bereits aus dem **regelmäßigen Unterhalt** zu decken ist. So hat z.B. der BGH bei den Kosten
des Kindergartenbesuches, die als Mehrbedarf behandelt werden (vgl. die Kommentierung zu § 1610
BGB Rn. 219) herausgestellt, dass zuvor die Verpflegungskosten herauszurechnen sind, da diese bereits im Tabellenunterhalt enthalten sind.[123]

a. Details der Abgrenzung zwischen regulärem Bedarf, Sonderbedarf und Mehrbedarf

Sonderbedarf ist ein unregelmäßiger außergewöhnlich hoher Bedarf und liegt folglich nur dann vor, 161
wenn er **nicht mit Wahrscheinlichkeit vorauszusehen war** und deshalb bei der Bemessung der laufenden Unterhaltsrente nicht berücksichtigt werden konnte. Unregelmäßig i.S.v. § 1613 Abs. 2 Nr. 1
BGB ist also nur der Bedarf, der nicht mit Wahrscheinlichkeit vorauszusehen war und deswegen bei
der Bemessung der laufenden Unterhaltsrente nicht berücksichtigt werden konnte.[124]

Es muss sich um einen Bedarf handeln, der **überraschend**[125] und der Höhe nach nicht abschätzbar 162
ist[126], so dass er bei der Bemessung der laufenden Unterhaltsrente nicht berücksichtigt werden
konnte[127]. Der unregelmäßige und nicht vorhersehbare Bedarf ist folglich in den Sätzen der Düsseldorfer Tabelle für den Kindesunterhalt nicht enthalten.

Vorhersehbare zusätzliche Kosten sind dagegen nicht als Sonderbedarf, sondern als **Mehraufwand** 163
einzugruppieren. Auch wenn es sich nicht um einen einmaligen Aufwand, sondern um eine laufende
Bedarfssteigerung handelt, liegt **Mehrbedarf** vor[128], für den die Vergünstigung des § 1613 Abs. 2
BGB keine Anwendung findet.

Sonderbedarf scheidet schon daher aus, wenn die **zusätzlichen Kosten mit Wahrscheinlichkeit vo-** 164
rauszusehen waren und deswegen bei der Bemessung der laufenden Unterhaltsrente – ggf. als **Mehr-**
bedarf – berücksichtigt werden konnten.[129]

Unregelmäßig im Sinne des § 1613 Abs. 2 Nr. 1 BGB ist daher nur der Bedarf, der nicht mit Wahr- 165
scheinlichkeit vorausehbar war und deswegen bei der Bemessung der laufenden Unterhaltsrente nicht
berücksichtigt werden konnte.

Handelt es sich nicht um außergewöhnlich hohe Kosten, scheidet ein zusätzlich geschuldeter Sonder- 166
bedarf schon deswegen aus. Übersteigt der zusätzliche Bedarf hingegen diese Grenze, ist der Unterhaltsgläubiger zunächst gehalten, diesen durch **Bildung von Rücklagen aus seinem laufenden Un-**
terhalt zu decken. Selbst wenn die laufenden Unterhaltsleistungen eine solche Rücklage ausnahmsweise nicht ermöglichen, etwa weil sie nur den notwendigen Lebensbedarf abdecken, kann dieses den
Charakter des zusätzlich aufgetretenen Bedarfs als langfristig absehbarer Unterhaltsbedarf nicht ändern. Auch in solchen Fällen kann der Unterhaltsberechtigte den mit Wahrscheinlichkeit voraussehbaren zusätzlichen Bedarf also nicht als Sonderbedarf verlangen.

An dieser Ansicht des BGH ist **kritisiert** worden[130], dass durch den laufenden Unterhalt lediglich das 167
Existenzminimum abgedeckt ist. Fraglich sei auch, auf wie viele Monate der geschätzte Mehraufwand
umgelegt werden müsse.

---

[122] *Klinkhammer* in: Wendl/Dose, Das Unterhaltsrecht in der familienrichterlichen Praxis, 8. Aufl., § 2 Rn. 232; *Maurer*, FamRZ 2006, 663, 667.
[123] BGH v. 26.11.2008 - XII ZR 65/07 - FamRZ 2009, 962 mit Anm. *Born*; *Viefhues*, ZFE 2008, 284, 286 und *Biß-maier*, BGH-Report 2008, 747 f.
[124] BGH v. 15.02.2006 - XII ZR 4/04 - FamRZ 2006, 612 mit krit. Anm. *Luthin*.
[125] Kritisch zum Überraschungsmoment als maßgebliches Kriterium des Sonderbedarfes *Norpoth*, FamFR 2013, 481.
[126] BGH v. 11.11.1981 - IVb ZR 608/80 - FamRZ 1982, 145.
[127] BGH v. 06.10.1982 - IVb ZR 307/81 - FamRZ 1983, 29.
[128] BGH v. 11.04.2001 - XII ZR 152/99 - FamRZ 2001, 1603; OLG Düsseldorf v. 11.09.2000 - 2 UF 67/00 - FamRZ 2001, 444.
[129] BGH v. 15.02.2006 - XII ZR 4/04 - FamRZ 2006, 612 mit krit. Anm. *Luthin*.
[130] *Luthin*, FamRZ 2006, 614.

b. Anerkennungsfähigkeit des zusätzlichen Bedarfes

168 Das Gericht hat zu bewerten, ob der konkret geltend gemachte Bedarf **notwendig** ist und die dafür aufgewandten Kosten **angemessen** sind.

169 Im Unterhaltsrecht besteht für den Unterhaltsberechtigten die allgemeine **Obliegenheit**, die Inanspruchnahme des Unterhaltspflichtigen so gering wie möglich zu gestalten und ihn nicht über Gebühr zu beanspruchen. Deshalb hat der Unterhaltsberechtigte im Rahmen des Möglichen und Zumutbaren Maßnahmen zu ergreifen, um Mehrbedarf oder Sonderbedarf erst gar nicht entstehen zu lassen; jedenfalls hat er die Höhe eines eventuellen zusätzlichen Bedarfs in vertretbarem Rahmen zu halten. Auch sind nicht nur die Interessen des anderen Elternteils, sondern auch evtl. Geschwister zu wahren.

170 In keinem Fall kann ein Elternteil ohne **Rücksicht auf die finanziellen Interessen des anderen Elternteils** eigenmächtig Kosten auslösen, die der andere Elternteil ungefragt zu zahlen hat. Dabei komm es nicht auf die Frage der alleinigen oder gemeinsamen Sorge an. Vielmehr ergibt sich dies bereits aus der **Pflicht der Eltern zur gegenseitigen Rücksichtnahme; auch eine Informationsobliegenheit des betreuenden Elternteils** vor Beginn der kostenträchtigen Maßnahme wird zu bejahen sein.

171 Soweit es um die Höhe der Kosten geht, ist immer auch zu prüfen, ob im Hinblick auf die Höhe des laufenden Unterhaltes ein Teil der Kosten durch Bildung von Rücklagen aus dem laufenden Unterhalt abgedeckt werden kann.[131]

172 Der zusätzliche Bedarf – unabhängig von seiner Qualifizierung als Mehrbedarf oder Sonderbedarf – ist nur im **Rahmen des Angemessenen** auszugleichen. Deshalb ist zusätzlicher Bedarf nicht zuzusprechen, soweit der **Mindestunterhalt eines anderen gleichrangigen Kindes** tangiert wird.[132]

173 Wenn die **Kindeseltern in beengten finanziellen Verhältnissen** leben, sind an die Erforderlichkeit der Zusatzleistungen strenge Maßstäbe zu stellen. In jedem Fall ist also erst einmal die Prüfung geboten, ob der geltend gemachte Aufwand aus der Sicht des objektiven Beobachters notwendig ist.[133]

174 Die bloße – ohne nähere Substanz – behauptete besondere Schmerzempfindlichkeit des Kindes kann nicht als ausreichende medizinische Indikation für eine besonders teure Behandlung herangezogen werden.[134]

175 Generell ist die Frage zu klären, ob nicht **kostenfreie oder kostengünstigere Möglichkeiten** bestehen und ggf. genutzt werden müssen, den besonderen Bedarf zu decken. Denn besonderer **Bedarf** wird immer nur geschuldet, wenn er **angemessen** ist. Das Kind hat kein freies Wahlrecht hinsichtlich der Maßnahmen, mit denen es seiner Unterstützungsbedürftigkeit begegnen wolle, sondern muss insbesondere bei nicht unerheblichen Kosten auf die Belange des Unterhaltspflichtigen Rücksicht nehmen.[135]

176 Soweit die Möglichkeit besteht, zur Deckung des besonderen Bedarfes **öffentliche Mittel** in Anspruch zu nehmen, muss diese Möglichkeit genutzt werden.

177 Entsprechendes gilt z.B. für **kostenlose schulische Förderangebote** zur Lösung schulischer Probleme anstelle des kostenauslösenden Besuches einer privaten Bildungseinrichtung[136] oder Angeboten der Universität statt eines privaten Repetitoriums[137] (vgl. Rn. 217).

178 Darzulegen ist auch, dass ärztliche Behandlungskosten nicht von der Krankenkasse ganz oder teilweise erstattet werden. Die Kosten einer **kieferorthopädischen Behandlung** werden weitgehend von den gesetzlichen **Krankenkassen** erstattet werden, wobei diese zunächst 80% der Behandlungskosten übernehmen und nach plangemäßem Abschluss der Behandlung auch die verbleibenden Behandlungskosten erstatten.[138]

179 Als **ungedeckte Aufwendungen** kommen daher nur solche außervertraglichen Zusatzleistungen des Zahnarztes in Betracht, die auf einer vertraglichen Vereinbarung zwischen Zahnarzt und Patient beruhen. Als unterhaltsrechtlicher besonderer Bedarf können diese Zusatzaufwendungen vom Berechtigten

---

[131] OLG Düsseldorf v. 15.07.2010 - II-9 UF 51/10 - FamFR 2010, 390 m.w.N.; OLG Zweibrücken v. 03.05.2000 - 6 UF 50/99 - FamRZ 2001, 444.

[132] *Soyka*, FuR 2010, 58.

[133] Vgl. OLG Düsseldorf v. 11.09.2000 - 2 UF 67/00 - FamRZ 2001, 444 zur Notwendigkeit einer länger andauernden psychotherapeutischen Behandlung.

[134] OLG Frankfurt v. 21.07.2010 - 4 UF 55/10 - FamRZ 2011, 570.

[135] *Maurer*, FamRZ 2013, 1562.

[136] Vgl. BGH v. 10.07.2013 - XII ZB 298/12 - FamRZ 2013, 1558 mit Anm. *Maurer*, FamRZ 2013, 1562.

[137] OLG Hamm v. 28.05.2013 - WF 298/12 - NJW 2013, 2911.

[138] Vgl. OLG Frankfurt v. 21.07.2010 - 4 UF 55/10 - FamRZ 2011, 570; DIJuF-Rechtsgutachten vom 15.04.2008, JAmt 2008, 312.

nur dann geltend gemacht werden, wenn sie **zwischen den Eltern abgesprochen** waren oder aber **medizinisch notwendig** waren.[139]

Die **Darlegungs- und Beweislast** auch für die **Notwendigkeit** der durchgeführten Maßnahme trägt der Unterhaltsberechtigte. 180

Allein aus dem Umstand, dass die Eltern über die beabsichtigte Behandlung gesprochen haben, kann nicht **im Wege des Anscheinsbeweises** vermutet werden, der Unterhaltspflichtige sei auch ausreichend über die von der gesetzlichen Krankenkasse nicht zu erstattenden Kosten informiert und auch damit einverstanden gewesen, diese gemeinsam mit der Antragstellerin selbst zu tragen.[140] 181

Bei **geringen Beträgen** wird Mehrbedarf verneint, da es am Tatbestandsmerkmal einer **außergewöhnlich hohen Belastung** fehlt.[141] 182

c. Haftungsverteilung bei Mehrbedarf und Sonderbedarf

Sowohl für Mehrbedarf als auch Sonderbedarf **haften beide Eltern** gem. § 1606 Abs. 3 Satz 1 BGB **anteilig** nach ihren Einkommensverhältnissen. Die Betreuung des Kindes entlastet den betreuenden Elternteil – anders als beim Elementarunterhalt –nicht.[142] 183

Die Haftungsverteilung folgt den Grundsätzen für die Berechnung der Haftungsanteile des Volljährigenunterhalts (vgl. die Kommentierung zu § 1606 BGB Rn. 24). Vor der Anteilsbestimmung ist bei jedem Elternteil grundsätzlich jeweils ein Sockelbetrag in Höhe des **angemessenen Selbstbehaltes** abzuziehen[143] sowie der Barunterhalt des Kindes.[144] 184

Mehrbedarf ist jedoch gegenüber dem Tabellenunterhalt subsidiär.[145] Folglich bestehen Unterhaltsansprüche nicht privilegierter volljähriger Kinder erst dann, wenn keine vorrangig Berechtigten vorhanden sind oder der Schuldner nach Deckung vorrangiger Ansprüche unter Wahrung seines angemessenen Selbstbehalts (von derzeit 1.200 €) noch ausreichend leistungsfähig ist. Wenn jedoch das Einkommen des Pflichtigen nach Abzug des angemessenen Selbstbehalts nicht ausreicht, um außer den vorrangigen auch nachrangige Unterhaltsansprüche zu erfüllen, fallen diese nachrangigen Berechtigten ganz oder teilweise aus. 185

Die Berechnungsweise soll anhand eines **Rechenbeispiels** verdeutlicht werden: Zu verteilen sind zwischen den Eltern die als Mehrbedarf anfallenden Internatskosten von monatlich 1.000 €. 186

	Einkommen des Vaters	4.500 €
–	Angemessener Selbstbehalt gg. Kindern	1.200 €
=	verbleiben anzurechnen	3.300 €
	Einkommen der Mutter	2.100 €
–	angemessener Selbstbehalt gg. Kindern	1.200 €
=	verbleiben anzurechnen	900 €
	Gesamtbetrag	4.200 €
	Haftungsquote des Vaters	78,57%
	Haftungsquote der Mutter	21,43%
	damit zahlen von den 1.000 € Gesamtkosten anteilig	
	der Vater	785,71 €
	die Mutter	214,29 €

---

[139] OLG Braunschweig v. 15.08.1995 - 2 UF 65/95 - FamRZ 1996, 288.
[140] OLG Frankfurt v. 21.07.2010 - 4 UF 55/10 - FamRZ 2011, 570.
[141] OLG Brandenburg v. 21.05.2008 - 9 WF 116/08 - juris Rn. 10 - NJW 2008, 2722-2723. Vgl. auch OLG Koblenz v. 05.02.2014 - 13 UF 754/13.
[142] BGH v. 06.02.2008 - XII ZB 180/05 - NJW 2008, 1816; BGH v. 05.03.2008 - XII ZR 150/05 - NJW 2008, 2337; BGH v. 31.10.2007 - XII ZR 112/05 - NJW 2008, 227; OLG Düsseldorf v. 08.07.2005 - II-3 UF 21/05 - ZFE 2005, 369 = FamRZ 2006, 223, OLG Celle v. 30.08.2002 - 21 UF 26/02 - FamRZ 2003, 323; *Scholz*, FamRZ 2006, 737.
[143] BGH v. 10.07.2013 - XII ZB 298/12 - NJW 2013, 2900 m.w.N.; BGH v. 04.05.2011 - XII ZR 70/09 - NJW 2011, 1874 = FamRZ 2011, 1041 = FuR 2011, 458; BGH v. 26.11.2008 - XII ZR 65/07 - FamRZ 2009, 962 Rn. 32.
[144] BGH v. 10.07.2013 - XII ZB 298/12 - NJW 2013, 2900; vgl. OLG Stuttgart v. 07.03.2012 - 11 UF 331/11 - FamRZ 2012, 225. Offen geblieben ist jedoch, ob auf den tatsächlich gezahlten oder den geschuldeten Unterhalt abzustellen ist; vgl. *Bißmaier*, FamFR 2013, 314.
[145] Vgl. OLG Stuttgart v. 07.03.2012 - 11 UF 331/11 - FamFR 2012, 225.

§ 1613

187 Ist der pflichtige Elternteil nur eingeschränkt leistungsfähig, muss er den **Sonderbedarf in Raten** zahlen.[146]

188 Eltern sind gegenseitig nach § 242 BGB auskunftspflichtig, um den Umfang ihrer jeweiligen Haftung bestimmen zu können.[147] Dies gilt auch, soweit eine Inanspruchnahme auf Zahlung von Mehrbedarf oder Sonderbedarf in Rede steht.

d. Einzelfälle eines zusätzlichen Bedarfes

189 Bei allen Fällen eines zusätzlichen Bedarfes ist auf die **Notwendigkeit und Angemessenheit der Kosten** abzustellen, wobei auch eine **Abhängigkeit von der Leistungsfähigkeit der Eltern** (Zumutbarkeitsgesichtspunkt)[148] besteht. Zudem **kann ein Teil der Kosten bereits aus dem gezahlten laufenden Kindesunterhalt zu decken sein.**[149]

aa. Kosten im Zusammenhang mit Schule, Studium und Ausbildung[150]

190 **Schule:** Die Kosten einer **Klassenfahrt** sind regelmäßig kein Sonderbedarf, weil sie nicht außergewöhnlich hoch und mit Wahrscheinlichkeit vorauszusehen sind, denn eine bevorstehende Klassenfahrt wird bereits langfristig angekündigt. Sie sind damit Mehrbedarf.[151] Zu prüfen ist daher immer, ob und ggf. in welcher Höhe die Kosten für Klassenfahrten **bereits im Tabellenbetrag** – ganz oder teilweise – **enthalten** sind[152] und im Einzelfall ausreichend Gelegenheit bestanden hat, aus den regelmäßigen Unterhaltszahlungen entsprechende Rücklagen zu bilden.

191 **Empfängern von SGB-II-Leistungen** sind die Kosten für mehrtägige Klassenfahrten gem. § 23 Abs. 3 SGB II in voller Höhe als Zuschuss zu gewähren.[153]

192 Kosten des **Nachhilfeunterrichts** sind regelmäßig Mehrbedarf, da sie meist vorhersehbar sind und nicht nur vorübergehend auftreten,[154] weil sich eine schulische Schwäche des Kindes meist längere Zeit vorher ankündigt. Dem Unterhaltsberechtigten kann aber gem. § 1610 Abs. 2 BGB ein Anspruch auf angemessene Beteiligung an den kalkulierbaren Nachhilfekosten für Mehrbedarf durch eine Erhöhung des laufenden Barunterhaltes zustehen.[155]

193 Auch die Schulkosten durch den Besuch eines **Internats** sind regelmäßig vorhersehbar und stellen damit keinen Sonderbedarf, sondern Mehrbedarf dar.[156]

194 Der Unterhaltsberechtigte kann den durch den kostenauslösenden **Besuch einer privaten Bildungseinrichtung**[157] entstandenen Mehrbedarf nur beim Vorliegen von **gewichtigen sachlichen Gründen** geltend machen.[158]

195 Bei Schulgeld von **lediglich 60 €** wird Mehrbedarf verneint, da es am Tatbestandsmerkmal einer **außergewöhnlich hohen Belastung** fehlt.[159]

196 Hat ein Elternteil **Schulgeld** allein gezahlt, kommt nach Ansicht des OLG Naumburg grundsätzlich nur ein **familienrechtlicher Ausgleichsanspruch** in Betracht. Dies setzt einmal die von vornherein feststehende **Absicht** des allein leistenden Elternteils voraus, bereits zur Zeit der erbrachten **Leistungen Ersatz vom anderen Elternteil zu beanspruchen**. Weiter ist erforderlich, dass sich der Ausgleichsschuldner zu der Zeit, von der an Erfüllung gefordert wird, in Verzug befand, oder dass der Ausgleichsanspruch rechtshängig war.[160]

---

[146] OLG Düsseldorf v. 19.08.2003 - II-8 WF 186/03, 8 WF 186/03 - ZFE 2003, 348.
[147] BGH v. 09.12.1987 - IVb ZR 5/87 - NJW 1988, 1906-1907.
[148] KG v. 18.09.2012 - 17 WF 232/12 - FamFR 2013, 205.
[149] OLG Zweibrücken v. 06.05.1993 - 5 UF 124/91 - FamRZ 1994, 770, 771.
[150] Ausführlich *Heiß*, FPR 2008, 356; *Götz*, FF 2008, 352; *Götz*, Unterhalt für volljährige Kinder, 2007, S. 115 ff.
[151] OLG Hamm v. 22.05.2006 - 6 WF 302/05 - OLGR Hamm 2006, 605-608; OLG Jena v. 12.06.1996 - WF 77/96 - FamRZ 1997, 448; OLG Hamburg v. 14.08.1990 - 12 UF 137/87 - NJW-RR 1992, 4-5.
[152] Vgl. OLG Brandenburg v. 24.01.2011 - 9 UF 70/11 - FamFR 2012, 7.
[153] BSG v. 13.11.2008 - B 14 AS 36/07 R - FamRZ 2009, 506.
[154] OLG Düsseldorf v. 08.07.2005 - II-3 UF 21/05, 3 UF 21/05 - ZFE 2005, 369-370; OLG Köln v. 29.10.1998 - 14 WF 157/98 - FamRZ 1999, 531.
[155] OLG Hamm v. 22.05.2006 - 6 WF 302/05 - OLGR Hamm 2006, 605-608.
[156] KG Berlin v. 18.06.2002 - 19 UF 370/01 - KGR Berlin 2002, 288-290.
[157] Zum Privatgymnasium vgl. OLG Naumburg v. 09.09.2008 - 3 UF 31/08 - FamRZ 2009, 1074.
[158] OLG Karlsruhe v. 21.09.2007 - 5 UF 3/07 - FamRZ 2008, 1209. OLG Naumburg v. 09.09.2008 - 3 UF 31/08 - ZFE 2009, 353. OLG Brandenburg v. 08.12.2009 - 10 UF 226/07 - ZFE 2010, 154.
[159] OLG Brandenburg v. 21.05.2008 - 9 WF 116/08 - juris Rn. 10 - NJW 2008, 2722-2723. Vgl. auch OLG Koblenz v. 05.02.2014 - 13 UF 754/13.
[160] OLG Naumburg v. 22.09.2011 - 8 UF 118/11 - NJW 2012, 623.

Ein **Gesamtschuldnerausgleich** zwischen den Eltern gem. § 426 Abs. 1 Satz 1 BGB scheidet danach auch dann aus, wenn die Eltern den Schulvertrag gemeinsam abgeschlossen haben. Da die Eltern ihren Kindern gegenüber kraft Gesetzes gemäß § 1606 Abs. 3 BGB eben gerade nicht als Gesamtschuldner, sondern als **Teilschuldner** verpflichtet sind, geht diese gesetzliche Regelung vor.[161]   197

Auch die **Notwendigkeit** und der **Angemessenheit** des privaten **Förderunterrichts zur Behandlung einer Lese-Rechtschreib-Schwäche** muss konkret geprüft werden, z.B. durch das Testverfahren einer sog. Hamburger Schreibprobe.[162]   198

Auch soweit Mehrbedarf angenommen wird, **kann ein Teil der Kosten bereits aus dem gezahlten laufenden Kindesunterhalt zu decken sein**,[163] den Rest haben beide Eltern nach ihren Einkommensverhältnissen anteilig aufzubringen. Der betreuende Elternteil, der über Einkommen verfügt, wird durch die Betreuungstätigkeit nicht von seiner anteiligen Zahlungspflicht befreit.[164]   199

Auch bei der **Anschaffung eines Computers** für die Behandlung einer Lernschwäche des Kindes kann ein Teil der Kosten bereits aus dem gezahlten laufenden Kindesunterhalt zu decken sein.[165]   200

Die Behandlung der Kosten eines **Schulhorts** ist umstritten (zu den Kinderbetreuungskosten allgemein vgl. Rn. 232). Das OLG Naumburg sieht diese Kosten nur dann als Mehrbedarf des Kindes an, wenn der Hortbesuch im Interesse des Kindes (etwa **aus pädagogischen Gründen**) geboten ist. Kein Mehrbedarf liege vor, wenn diese Aufwendung erforderlich ist, um dem betreuenden Elternteil eine Erwerbstätigkeit zu ermöglichen.[166] Sofern die Eltern den **Hortvertrag gemeinsam geschlossen** haben, unterlägen diese Kosten dem **Gesamtschuldnerausgleich** und zwar grundsätzlich entsprechend der gesetzlichen Regelung zu gleichen Anteilen, sofern zwischen den beteiligten Eltern, insbesondere über eine Regelung/Vereinbarung über den Ehegattenunterhalt nicht etwas anderes bestimmt worden ist.[167]   201

Die Gegenansicht[168] kritisiert bereits den Ausgangspunkt der Entscheidung, zwischen dem Schulgeld und den Hortkosten zu differenzieren. Nach der Rechtsprechung des BGH sind Kindergartenbeiträge bzw. **vergleichbare Aufwendungen für die Betreuung eines Kindes in einer kindgerechten Einrichtung** als zusätzlicher Mehrbedarf anzusehen.[169] Daher seien die **Hortkosten** – jedenfalls überwiegend – zu den **unterhaltsrechtlichen Mehrkosten** gerechnet worden.[170] Haben Eltern vor ihrer Trennung ihre Kinder in einer Privatschule angemeldet und gleichzeitig mit dem zur Schule gehörenden Schulhort einen Hortvertrag abgeschlossen, spreche dies eindeutig dafür, dass sie sich von pädagogischen Gründen haben leiten lassen.   202

Studium: In den Bedarfsbeträgen der Düsseldorfer Tabelle sind **Studiengebühren** nicht enthalten (Anm. A 9 der Düsseldorfer Tabelle, vgl. auch Anlage 2 zu § 1610 BGB).   203

Studiengebühren,[171] die – vor allem von privaten – Hochschulen erhoben werden, können sich daher bedarfserhöhend auswirken; sie sind wegen ihrer Vorhersehbarkeit als unterhaltsrechtlicher Mehrbedarf zu behandeln.[172]   204

Die verfahrensrechtliche Konsequenz dieser Einstufung als Mehrbedarf ist, dass der Unterhaltsschuldner nur unter den Voraussetzungen des § 1613 Abs. 1 BGB, also bei Verzug, zur Zahlung verpflichtet ist (vgl. ausführlich die Kommentierung zu § 1613 BGB Rn. 261 ff.). Verfügt der Unterhaltsgläubiger aber bereits über einen Unterhaltstitel, können die Studiengebühren als Mehrbedarf nur im Wege des **Abänderungsverfahrens** geltend gemacht werden. Dabei sind die Verfahrensvoraussetzungen der §§ 238, 239 FamFG zu beachten.   205

---

[161] OLG Naumburg v. 22.09.2011 - 8 UF 118/11 - NJW 2012, 623.
[162] BGH v. 10.07.2013 - XII ZB 298/12 - FamRZ 2013, 1563 mit Anm. *Maurer* und *Steiniger*, FamFR 2013, 390.
[163] OLG Zweibrücken v. 06.05.1993 - 5 UF 124/91 - FamRZ 1994, 770, 771.
[164] OLG Düsseldorf v. 08.07.2005 - II-3 UF 21/05, 3 UF 21/05 - ZFE 2005, 369-370.
[165] OLG Zweibrücken v. 06.05.1993 - 5 UF 124/91 - FamRZ 1994, 770, 771; a.A. OLG Hamm v. 01.08.2003 - 11 UF 243/02 - OLGR Hamm 2004, 9-10 (Sonderbedarf).
[166] OLG Naumburg v. 22.09.2011 - 8 UF 118/11 - NJW 2012, 623.
[167] OLG Naumburg v. 22.09.2011 - 8 UF 118/11 - NJW 2012, 623.
[168] *Griesche*, FamFR 2012, 11.
[169] BGH v. 26.11.2008 - XII ZR 65/07 - NJW 2009, 1816.
[170] *Reinken*, FamFR 2010, 25; *Schürmann*, FamRZ 2011, 1625, 1626.
[171] Einen Überblick über beschlossene Studiengebühren gibt die Internetseite www.studis-online.de/StudInfo/Gebuehren (abgerufen am 06.10.2014).
[172] OLG Brandenburg v. 10.12.2013 - 10 UF 125/13 - FamRZ 2014, 847; KG v. 18.09.2012 - 17 WF 232/12 - FamFR 2013, 205, *Weinreich*, FuR 2008, 268.

206 Ob die Studiengebühren vom Unterhaltspflichtigen auszugleichen sind, wird von dessen wirtschaftlichen Verhältnissen abhängen. Es besteht auch die Möglichkeit, den Studenten auf die Inanspruchnahme der günstigen Darlehen zu verweisen, die eigens zur Finanzierung der Studiengebühren von den Kreditinstituten bereitgestellt werden.[173] Ob und ggf. unter welchen Umständen der Student zur Inanspruchnahme dieser Möglichkeit verpflichtet ist, ist allerdings noch nicht abschließend entschieden.[174]

207 **Studiengebühren** sind weder nach § 33a Abs. 2 EStG noch als außergewöhnliche Belastungen nach § 33 EStG bei der Einkommensteuer abzuziehen.[175]

208 Jedoch sind die **Studiengebühren** von den – ebenfalls jeweils zu Beginn eines Semesters fälligen – **Semesterbeiträgen zu trennen**. Diese umfassen einen Verwaltungskostenbeitrag, die Sozialbeiträge für AStA und Studentenwerk und können noch weitere Leistungen, wie das Semesterticket oder andere Vergünstigungen einschließen. Darüber hinaus umfasst er weitere Leistungen, die dem allgemeinen Lebensbedarf zuzurechnen sind (Semesterticket).

209 Der Semesterbeitrag begründet daher keinen Zusatzbedarf,[176] sondern ist vom Regelunterhalt zu bestreiten und erhöht nicht den Unterhaltsanspruch.[177]

210 Auch das OLG Hamm sieht die monatlichen Aufwendungen für den **Semesterbeitrag** in Höhe von 42 € nicht als bedarfserhöhend an. Diese Aufwendungen sind – anders als Studiengebühren – aus dem Regelunterhalt zu zahlen, da sie dem laufenden Lebensbedarf eines Studenten zuzurechnen sind. Die Semesterbeiträge umfassen in erster Linie Kosten für das Semesterticket, den Asta-Beitrag und den Sozialbeitrag und dienen damit der Finanzierung von im Interesse der Studierenden unterhaltenen Einrichtungen und sind einkommensunabhängig zu zahlen.

211 Damit dienen die Semesterbeiträge der Finanzierung von im Interesse der Studierenden unterhaltenen Einrichtungen und sind einkommensunabhängig zu zahlen.[178] Folglich sind die Semesterbeiträge – anders als die Studiengebühren – dem laufenden Lebensbedarf eines Studenten zuzurechnen. Sie sind **vom Regelunterhalt zu bestreiten** und erhöhen im Gegensatz zu Studiengebühren nicht den Unterhaltsanspruch.[179]

212 **Aufwendungen für das auswärtige Wohnen** können sich insoweit als Mehrbedarf qualifizieren lassen, als sie den in dem pauschalen Bedarfssatz enthaltenen Anteil übersteigen und in der angefallenen Höhe nicht zu vermeiden waren.[180] Die Heimfahrten zu den Eltern bzw. zu einem Elternteil sind grundsätzlich aber vom Bedarfssatz umfasst.

213 Jedoch kann ein Student, der im Haushalt eines Elternteils lebt, im Verhältnis zu dem anderen, auf Unterhalt in Anspruch genommenen Elternteil darauf verwiesen werden, am Studienort zu wohnen. Das kommt in Betracht, wenn hohe Fahrtkosten zum Studienort anfallen und dem Interesse des anderen Elternteils, die Unterhaltsbelastung in Grenzen zu halten, keine gewichtigen, gegen einen Umzug sprechenden Belange des Studenten gegenüberstehen.[181]

214 In den Bedarfsbeträgen der Düsseldorfer Tabelle sind Beiträge zur **Kranken-** und **Pflegeversicherung** nicht enthalten (Anm. A 9 der Düsseldorfer Tabelle, vgl. auch Anlage 2 zu § 1610 BGB).

215 Die Kosten **eine eigenen Kranken- und Pflegeversicherung, die der Student** aufgrund der Vollendung des 25. Lebensjahres abschließen muss, begründen einen zusätzlichen Bedarf des Kindes. Zu beachten ist zudem, dass auch der Anspruch auf Kindergeld entfällt.[182]

216 **Kosten für ein privates Repetitorium** zwecks Vorbereitung auf das erste juristische Staatsexamen sind als Mehrbedarf regelmäßig nur dann anzuerkennen, wenn die Universität kein kostenfreies Examensrepetitorium anbietet.[183]

---

[173] *Soyka*, FamRZ 2011, 73, 76.
[174] *Schürmann*, FamRB 2010, 52, 54; vgl. Rn. 142 m.w.N.
[175] BFH v. 17.12.2009 - VI R 63/08 - FuR 2010, 288.
[176] So zutreffend *Schürmann*, FamRB 2010, 45, 48; die Rechtsprechung differenziert hier nicht immer; vgl. OLG Hamm v. 18.06.2009 - 2 UF 6/09; OLG Koblenz v. 23.12.2008 - 11 UF 519/08 - FamRZ 2009, 1682 mit Anm. *Schürmann*, jurisPR-FamR 16/2009, Anm. 1.
[177] OLG Düsseldorf v. 30.05.2012 - II-3 UF 97/12 - FuR 2012, 612; OLG Hamm v. 28.05.2013 - 6 WF 298/12 - FamRZ 2014, 222; *Liceni-Kierstein*, FamRB 2013, 134.
[178] Vgl. auch *Schürmann*, jurisPR-FamR 16/2009, Anm. 1; *Heiß*, FPR 2008, 356, 357.
[179] OLG Düsseldorf v. 30.05.2012 - II-3 UF 97/12 - FuR 2012, 612; OLG Hamm v. 28.05.2013 - 6 WF 298/12 - NJW 2013, 2911 ohne diese Differenzierung OLG Koblenz v. 23.12.2008 - 11 UF 519/08 - NJW-RR 2009, 1153.
[180] OLG Brandenburg v. 27.01.2006 - 10 WF 5/06 - FamRZ 2006, 1781.
[181] BGH v. 21.01.2009 - XII ZR 54/06 - FamRZ 2009, 762 = FPR 2009, 242 mit Anm. *Peschel-Gutzeit*.
[182] OLG Hamm v. 28.05.2013 - 6 WF 298/12 - NJW 2013, 2911.
[183] OLG Hamm v. 28.05.2013 - 6 WF 298/12 - NJW 2013, 2911.

Auslandsaufenthalt: Auch die Schulkosten durch den Besuch eines **Internats** in Schottland[184], die **217**
Kosten eines **Auslandsstudiums**[185] oder eines **Schülerpraktikums im Ausland** sind regelmäßig vorhersehbar und stellen damit keinen Sonderbedarf, sondern Mehrbedarf dar.[186]

Ein Anspruch des Kindes darauf, dass ihm die Eltern im Rahmen des Ausbildungsunterhalts Ausbildungsabschnitte im Ausland beispielsweise in Form von **Auslandssemestern**, zeitweiligen **Auslandsaufenthalten** oder **Auslandssprachkursen** finanzieren, besteht außerhalb einer entsprechenden Absprache[187] zwischen Eltern und Kind nur,[188] **218**

- wenn die damit einhergehende finanzielle Mehrbelastung den Eltern bzw. dem Elternteil **wirtschaftlich zumutbar** ist,
- der Auslandsaufenthalt **sachlich begründet** und sinnvoll ist (also im Rahmen der gewählten schulischen Ausbildung „normal" ist), um das angestrebte Ausbildungsziel zu erreichen und
- dieser Unterhaltsbedarf unter Berücksichtigung aller Umstände des Einzelfalles insgesamt **angemessen** erscheint,[189] also z.B. den eigenen Ausbildungswegen der Eltern und der Geschwister entspricht.

Allein aus der Tatsache, dass der Aufenthalt im Ausland für die Entwicklung der Persönlichkeit des **219**
Kindes förderlich ist, ergibt sich noch keine Verpflichtung des Elternteils, sich an den Mehrkosten oberhalb des regelmäßig zu erbringenden Unterhalts zu beteiligen. Bei den Leistungen zum besonderen Bedarf muss es sich um die Deckung aus Sicht eines objektiven Betrachters **notwendiger Lebensbedürfnisse** handeln. Die Erforderlichkeit des Auslandsaufenthaltes ist durch entsprechenden Sachvortrag der besonderen Umstände **darzulegen**.[190]

Haben die Eltern dem Kind den **Besuch eines englischsprachigen Gymnasiums** ermöglicht, zwingt **220**
sie nicht dazu, deshalb auch die Mehrkosten für ein vollständiges, im englischsprachigen Ausland absolviertes Studium zu tragen.[191]

Entscheidend ist auch nicht, wenn das Kind die Ausbildung nur deshalb im Ausland absolvieren **221**
möchte, weil es nicht die Leistungsanforderungen erfüllt, um für ein entsprechendes Studium im Inland angenommen zu werden. Das Kind muss zunächst prüfen, ob sich sein **Ausbildungsziel nicht auf einem anderen Weg erreichen lässt,** der die finanzielle Leistungsfähigkeit des betreffenden Elternteils weniger stark in Anspruch nimmt. Eine entsprechende Abwägung muss das Kind darlegen.[192]

Soweit ein **Auslandssemester** für die Berufsausbildung (z.B. Studiengang Sinologie bzw. Ostasienwissenschaften) sinnvoll ist, ist dieses bei guten Einkommensverhältnissen der Eltern auch bei einer Verlängerung der Studienzeit zu finanzieren.[193] **222**

Die Kosten für ein vollständiges **Schuljahr im Ausland** sind vorhersehbar und fallen über einen längeren Zeitraum an, sind also **Mehrbedarf**.[194] Sie können nur bei konkreter Begründung der Notwendigkeit geltend gemacht werden, da sie den Rahmen einer allgemein üblichen und generell gebotenen schulischen Förderung übersteigen.[195] **223**

Schüleraustauschprojekte sind kein Sonderbedarf, sondern Mehrbedarf, da diese nicht überraschend **224**
auftreten, sondern vielmehr – auch im Kostenvolumen – rechtzeitig planbar sind. Es fehlt an einer unterhaltsrechtlichen Notwendigkeit, wenn das Kostenvolumen derart hoch ist, dass das Angebot ohnehin nur von wenigen Schülern in Anspruch genommen werden kann. Ein solches Projekt kann einvernehmlich erreicht werden.[196]

---

[184] KG Berlin v. 18.06.2002 - 19 UF 370/01 - KGR Berlin 2002, 288-290.
[185] OLG Naumburg v. 19.05.2003 - 8 WF 34/03 - OLGR Naumburg 2004, 78; OLG Hamm v. 01.03.1994 - 13 UF 435/93 - NJW 1994, 2627-2628.
[186] A.A. AG Velbert v. 27.09.2005 - 4 F 132/04 - FamRZ 2006, 645.
[187] Vgl. KG v. 18.09.2012 - 17 WF 232/12 - FamFR 2013, 205.
[188] Vgl. auch DIJuF-Rechtsgutachten v. 18.08.2011, abgedruckt in JAmt 2011, 463-467.
[189] KG v. 18.09.2012 - 17 WF 232/12 - FamFR 2013, 205.
[190] OLG Schleswig v. 29.08.2005 - 15 UF 59/05 - ZFE 2006, 119; OLG Schleswig v. 15.02.2006 - 15 UF 134/05 - FF 2006, 114, 116 mit Anm. *Prehn*; OLG Dresden v. 09.02.2006 - 21 UF 619/05.
[191] KG v. 18.09.2012 - 17 WF 232/12 - FamFR 2013, 205.
[192] KG v. 18.09.2012 - 17 WF 232/12 - FamFR 2013, 205.
[193] OLG Karlsruhe v. 24.02.2011 - 2 UF 45/09 - FamRZ 2011, 1303.
[194] KG v. 18.09.2012 - 17 WF 232/12 - FamFR 2013, 205; a.A. (Sonderbedarf) OLG Schleswig v. 29.08.2005 - 15 UF 59/05 - ZFE 2006, 119 und OLG Schleswig v. 15.02.2006 - 15 UF 134/05 - FF 2006, 114, 116.
[195] OLG Schleswig v. 29.08.2005 - 15 UF 59/05 - ZFE 2006, 119; OLG Schleswig v. 15.02.2006 - 15 UF 134/05 - FF 2006, 114, 116 mit Anm. *Prehn*; OLG Dresden v. 09.02.2006 - 21 UF 619/05.
[196] OLG Hamm v. 21.12.2010 - II-2 WF 285/10 - NJW 2011, 1087.

bb. Krankheit/Gesundheitsvorsorge

225 In den Bedarfsbeträgen der Düsseldorfer Tabelle sind Beiträge zur **Kranken-** und **Pflegeversicherung** nicht enthalten (Anm. A 9 der Düsseldorfer Tabelle, vgl. auch Anlage 2 zu § 1610 BGB).

226 Auch der **geschiedene Ehegatte,** der nicht mehr der gesetzlichen Krankenversicherung beitreten kann (vgl. dazu die Kommentierung zu § 1361 BGB Rn. 123 ff.) eine private **Krankenversicherung** abschließen muss, kann den erforderlichen Aufwand als **Mehrbedarf** geltend machen. Da die Krankenvorsorge zum Lebensbedarf gehört, hat der Unterhaltspflichtige die erforderlichen Beiträge im Rahmen des Vorsorgeunterhalts zu zahlen.[197]

227 **Ärztliche Behandlungskosten** größeren Umfangs stellen unterhaltsrechtlich Sonderbedarf dar.[198] Dabei ist auf die Notwendigkeit abzustellen. Mehrkosten für die **Chefarztbehandlung** können bei Bestehen einer Krankenversicherung, die den gesetzlichen Bedarf abdeckt, daher nicht als Sonderbedarf gegen den unterhaltspflichtigen Vater geltend gemacht werden.[199]

228 Zuzahlungen zu **Arzneimitteln** und die sog. **Praxisgebühr** sind kein krankheitsbedingter Mehrbedarf.[200]

229 Bei einer **Zahnbehandlung**, die plötzlich erforderlich wird, liegt Sonderbedarf vor. Handelt es sich nicht um außergewöhnlich hohe Kosten, scheidet ein zusätzlich geschuldeter Sonderbedarf aus.[201]

230 Aufwendungen bei einer länger **dauernden Erkrankung**[202] sowie bei vorhersehbaren und lang andauernden **kieferorthopädischen Behandlungen**[203] stellen ebenso wie die Kosten für **Pflegeleistungen** – konkret einer Haushaltshilfe – krankheitsbedingten Mehrbedarf dar.[204]

231 Eine lang andauernde und in aller Regel vorhersehbare (Kostenvoranschlag!) **kieferorthopädische Behandlung** ist nicht als Sonderbedarf, sondern als Mehrbedarf einzustufen.[205]

232 Bei den Kosten einer **kieferorthopädischen Behandlung** ist auch darauf abzustellen, ob diese **zwischen den Eltern abgesprochen** oder aber **medizinisch notwendig** war.[206] Die Darlegungs- und Beweislast trägt der Unterhaltsberechtigte.[207] Haben die Eltern über die beabsichtigte Behandlung gesprochen, so ergibt dies keinen Anscheinsbeweis für das Einverständnis des anderen Elternteils.[208]

233 Die **Kosten einer homöopathischen Behandlung** sind nicht als Mehrbedarf zu erstatten, da das Kind weder auf die homöopathische Behandlung aus gesundheitlichen Gründen angewiesen ist noch seine Gesundheit nicht durch die übliche von der Krankenversicherung getragene Behandlung aufrechterhalten werden kann.[209]

234 Die **Kosten künftiger kosmetischer Operationen** (1.800 € pro Jahr) sind als Sonderbedarf zu qualifizieren und daher für jeden Einzelfall geltend zu machen.[210]

235 Eine **Brille** ist bei einem Kind kein Sonderbedarf, sondern Mehrbedarf, wenn es absehbar war, dass diese benötigt wird. Trägt das Kind bereits eine Brille, so ist wegen seines Wachstums und einer Veränderung der Sehstärke in unregelmäßigen Abständen abzusehen, dass eine neue Brille benötigt wird.[211] Zu prüfen ist immer, ob und ggf. in welcher Höhe der im Zusammenhang mit der Fehlsichtigkeit stehende Aufwand **bereits im Tabellenbetrag voll oder anteilig enthalten** ist.[212]

---

[197] KG v. 02.10.2012 - 13 UF 174/11 - NJW-Spezial 2013, 228.
[198] BGH v. 27.11.1991 - XII ZR 226/90 - FamRZ 1992, 291.
[199] AG Michelstadt v. 13.10.2004 - F 383/04 - FamRZ 2005, 1118-1119.
[200] OLG Karlsruhe v. 13.02.2008 - 2 WF 5/08 - OLGR Karlsruhe 2008, 410-412.
[201] OLG Düsseldorf v. 15.07.2010 - II-9 UF 51/10 - FamFR 2010, 390.
[202] OLG Düsseldorf v. 11.09.2000 - 2 UF 67/00 - FamRZ 2001, 444.
[203] A.A. OLG Düsseldorf v. 19.08.2003 - II-8 WF 186/03 - ZFE 2003, 348 und OLG Celle v. 04.12.2007 - 10 UF 166/07 - OLG Report Celle 2008, 241: Sonderbedarf.
[204] OLG Saarbrücken v. 27.09.2007 - 6 UF 35/07 - FamRB 2008, 5.
[205] A.A. (Sonderbedarf) OLG Frankfurt v. 21.07.2010 - 4 UF 55/10 - FamRZ 2011, 570; OLG Köln v. 15.06.2010 - 4 UF 19/10; OLG Düsseldorf v 19.08.2003 - II-8 WF 186/03 - ZFE 2003, 348; OLG Celle v. 04.12.2007 - 10 UF 166/07 - OLG Report Celle 2008, 241.
[206] OLG Frankfurt v. 21.07.2010 - 4 UF 55/10 - FamRZ 2011, 570; einschränkend OLG Köln v. 15.06.2010 - 4 UF 19/10 - ZFE 2011, 31, das nicht auf die Erstattungsfähigkeit abstellt.
[207] OLG Frankfurt v. 21.07.2010 - 4 UF 55/10 - FamRZ 2011, 570.
[208] OLG Frankfurt v. 21.07.2010 - 4 UF 55/10 - FamRZ 2011, 570.
[209] OLG Koblenz v. 05.02.2014, 13 UF 754/13 - NJW-RR 2014, 580.
[210] BGH v. 18.01.2012 - XII ZR 178/09 - FamRZ 2012, 517; BGH v. 15.02.2006 - XII ZR 4/04 - FamRZ 2006, 612.
[211] KG Berlin v. 03.04.2007 - 13 UF 46/06 - FamRZ 2007, 2100.
[212] Vgl. OLG Brandenburg v. 24.1.2011 - 9 UF 70/11 - FamFR 2012, 7.

Auch eine **Kinderzimmereinrichtung** gehört nicht zum Sonderbedarf, weil diese Kosten ebenfalls kein außergewöhnlicher und unvorhersehbarer Bedarf sind. Vielmehr ist es geradezu typisch, dass die Kinderzimmereinrichtung der Entwicklung des Kindes angepasst werden muss.[213] 236

Die wegen einer **Allergie** entstehenden besonderen Kosten[214] sind ebenso wie Aufwendungen für **Bettersatzbeschaffung** wegen **Staubmilbenallergie**[215] Sonderbedarf i.S.d. § 1613 Abs. 2 BGB. 237

Bei der **Bulimie** handelt es sich um eine Essstörung, die behandlungsbedürftig ist. Das Krankheitsbild bedingt aber nicht notwendigerweise einen Unterhaltsmehrbedarf. Vielmehr muss der Berechtigte **solche unvermeidbaren Mehrkosten im Einzelnen begründen und dann auch belegen**. Nur wenn insoweit überprüfbare konkrete Tatsachenbehauptungen vorliegen, ist eine Schätzung gemäß § 287 ZPO möglich.[216] 238

cc. Kosten der Kindesbetreuung

Die Kosten der Kindesbetreuung können als **berufsbedingte Aufwendungen des betreuenden Elternteils**[217] oder als **Bedarf des Kindes** angesehen werden. 239

Werden diese Kosten als **Bedarf des Kindes** eingestuft, ist zu klären, ob diese Kosten – ganz oder teilweise – bereits im **Tabellenbetrag** enthalten oder als – gesondert geschuldeter – **Mehrbedarf** einzustufen sind. 240

Die Kosten des **Kindergartenbesuches** sind als Mehrbedarf des Kindes einzustufen, andere Betreuungskosten als berufsbedingter Aufwand des betreuenden Elternteils (Einzelheiten und Berechnungsbeispiele vgl. die Kommentierung zu § 1610 BGB Rn. 222 ff.). 241

dd. Kosten von Familienfeiern

Kosten der **Konfirmation** oder **Kommunion** sind kein Sonderbedarf, sondern **Mehrbedarf**, denn spätestens mit Beginn des Konfirmandenunterrichts sind die Kosten für eine Konfirmation absehbar und deswegen nicht überraschend i.S.v. § 1613 Abs. 2 Nr. 1 BGB.[218] Zu klären ist daher auch, ob diese Kosten nicht ganz oder teilweise angespart werden können. 242

Die Frage, ob es sich bei den Kosten für die Feier der **Jugendweihe** unterhaltsrechtlich um **Sonderbedarf** handelt, darf nicht im Prozesskostenhilfeverfahren zu Lasten der bedürftigen Partei entschieden werden.[219] 243

ee. Sonstige Kosten

Ein über die Tabellensätze hinausgehender Mehrbedarf kann immer dann bedarfserhöhend angesetzt werden, wenn die kostenverursachende Maßnahme **sachlich begründet** ist oder der auf Unterhalt in Anspruch genommene Elternteil mit der Maßnahme **einverstanden**[220] war. 244

Kosten eines dauerhaften **Heimaufenthalts**[221] sind Mehrbedarf, weil sie im Regelfall vorhersehbar sind. 245

Umzugskosten sind nur dann Sonderbedarf, wenn der Umzug nicht vorhersehbar war. Der Anspruch ist auf die erforderliche Höhe begrenzt.[222] 246

Kosten der **Strafverteidigung** stellen zwar einen unvorhergesehenen Bedarf dar. Eltern sind jedenfalls dann nicht verpflichtet, im Zusammenhang mit der Strafverteidigung ihres volljährigen Kindes Kosten für einen zusätzlichen Wahlverteidiger zu übernehmen, wenn das volljährige Kind bereits eine von ihnen unabhängige Lebensstellung erlangt hatte und damit nicht mehr zu den privilegiert unterhaltsberechtigten Kindern i.S.v. § 1603 Abs. 2 BGB gehört.[223] 247

---

[213] KG Berlin v. 03.04.2007 - 13 UF 46/06 - FamRZ 2007, 2100.
[214] AG Weilburg v. 20.09.2000 - 24 F 428/00 - FamRZ 2001, 785.
[215] OLG Karlsruhe v. 08.08.1991 - 16 UF 114/89 - FamRZ 1992, 850.
[216] OLG Köln v. 04.06.2008 - 4 WF 68/08 - ZFE 2008, 393.
[217] So OLG Nürnberg v. 29.08.2005 - 10 UF 395/05 - FamRZ 2004, 1063; OLG Hamm v. 09.02.2007 - 10 UF 126/06 - FF 2007, 268; OLG Hamm v. 07.02.2007 - 5 UF 111/06 - FuR 2007, 177, 181; AG Konstanz v. 27.04.2006 - 5 F 153/05 - FamRZ 2006, 1709.
[218] BGH v. 15.02.2006 - XII ZR 4/04 - FamRZ 2006, 612 mit krit. Anm. *Luthin*.
[219] OLG Brandenburg v. 14.02.2005   10 WF 10/05   OLGR Brandenburg 2005, 783-784.
[220] OLG Brandenburg v. 10.12.2013 - 10 UF 125/13.
[221] OLG Hamm v. 22.03.1995 - 5 UF 220/95 - FamRZ 1996, 1218.
[222] OLG München v. 16.01.1996 - 12 UF 1457/95 - FamRZ 1996, 1411.
[223] BFH v. 30.10.2003 - III R 23/02 - DStR 2004, 217-219.

248 Der Anspruch auf **Verfahrenskostenvorschuss** ist Sonderbedarf[224] (vgl. die Kommentierung zu § 1360a BGB).

249 Verfahrenskostenvorschuss wird immer dann geschuldet, wenn die vorschusspflichtige Person im Sinne des Unterhaltsrechts leistungsfähig ist. Denn nur in diesem Fall sind die Eltern zur Deckung dieses Sonderbedarfs verpflichtet. Dabei sind jeweils die einschlägigen **Selbstbehaltsätze** zu beachten.[225]

250 Geschuldet wird ein Verfahrenskostenvorschuss auch dann, wenn die vorschusspflichtige Person ihn zwar nicht in einer Summe zahlen könnte, aber nach § 115 Abs. 1 ZPO für eine eigene Verfahrensführung zu **Ratenzahlungen** in der Lage wäre.[226]

251 Die Kosten einer **Urlaubsreise** sind kein Sonderbedarf.[227] Bei – als Zusatzbedarf verlangten – Kosten für teure Urlaubsreisen ist zu bedenken, dass im – hohen – Tabellenunterhalt auch entsprechend hohe Anteile für Urlaubsaktivitäten bereits enthalten sind. Zudem leistet der unterhaltspflichtige Elternteil einen nicht zu vernachlässigenden Beitrag für Urlaubsaktivitäten des Kindes durch von ihm finanzierte gemeinsame Urlaube.[228]

252 Die Kosten einer **Namensänderung**[229] sind ebenfalls als Mehrbedarf anzusehen.

253 Die Teilnahme an **sportlichen Betätigungen** (Tanzsport, Reitsport, Jiu-Jitsu) – die wegen der Vorhersehbarkeit als Mehrbedarf zu qualifizieren wären – sowie Beiträge zum **Sportverein** hat der Barunterhaltspflichtige nicht zusätzlich zu finanzieren,[230] es sei denn, die Eltern hätten schon vor ihrer Trennung diese sportlichen Aktivitäten ihres Kindes bezahlt.[231] Der Unterhaltspflichtige kann diese Zahlungen jederzeit einstellen.[232]

254 Die Anschaffungskosten für ein teures **Musikinstrument** können allenfalls Mehrbedarf sein.[233]

255 Auch die Kosten für **Tierhaltung** können unterhaltsrechtlich Mehrbedarf darstellen. Schafft der unterhaltspflichtige Elternteil auf Bitte des Kindes einen **Hund** an und ist auch bei einem Wechsel zu dem anderen Elternteil damit einverstanden, dass das Kind den Hund behält, hat er anteilig für den Mehrbedarf aufzukommen, da die Tabellensätze der Düsseldorfer Tabelle Tierhaltekosten nicht beinhalten. Bei Tabellenunterhaltssätzen ab 2 können Beträge für auch für Tierhaltungskosten, abgezweigt werden. Dabei ist von 10 € pro Einkommensstufe auszugehen.[234]

256 Wenn die Eltern vor ihrer Trennung den **Reitsport** ihres Kindes gefördert haben, müssen sie auch nach der Trennung für die hierdurch entstehenden Aufwendungen als Mehrbedarf einstehen.[235]

e. Durchsetzung von Sonderbedarf/Verfahrensfragen

257 Richtige Antragsart für die Geltendmachung von Sonderbedarf ist der einfache **Zusatzantrag**. Sonderbedarf ist in einer Summe geltend zu machen. Die **Darlegungs- und Beweislast** trägt der Unterhaltsberechtigte.

258 **Sonderbedarf** kann auch rückwirkend verlangt werden, nämlich für die Vergangenheit nach Maßgabe des § 1613 Abs. 2 Nr. 1 BGB ohne die Beschränkungen des § 1613 Abs. 1 BGB, nach Ablauf eines Jahres seit seiner Entstehung nur bei vorheriger Anmahnung oder Eintritt der Rechtshängigkeit der Klage. Der Anspruch auf Sonderbedarf kann aber nur **rückwirkend für ein Jahr geltend** gemacht werden. Maßgeblich für die Fristberechnung ist die Zustellung der Antragsschrift an den Zahlungspflichtigen (§ 113 FamFG i.V.m. § 263 ZPO).

---

[224] OLG Stuttgart v. 29.09.2011 - 18 WF 191/11 - FamRZ 2012, 318.
[225] OLG Dresden v. 31.01.2013 - 20 WF 36/13 - FamRZ 2013, 1597.
[226] OLG Dresden v. 31.01.2013 - 20 WF 36/13 - FamRZ 2013, 1597.
[227] OLG Frankfurt v. 29.06.1989 - 4 WF 186/88 - FamRZ 1990, 436.
[228] OLG Brandenburg v. 24.01.2011 - 9 UF 70/11 - FamFR 2012, 7.
[229] OLG Hamburg v. 10.09.1991 - 2 WF 60/91 - FamRZ 1992, 212.
[230] Vgl. OLG Hamm v. 11.07.2012 - II-12 UF 319/11 - FamFR 2012, 390; OLG Braunschweig v. 01.03.1995 - 1 WF 76/94 - FamRZ 1995, 1010; OLG Bremen v. 30.10.2002 - 4 WF 100/02 - OLGR Bremen 2003, 61-62; OLG Schleswig v. 22.12.2008 - 13 UF 100/08 - NJW 2009, 1217.
[231] OLG Naumburg v. 26.04.2007 - 3 UF 26/07 - FamRZ 2008, 177.
[232] OLG Schleswig v. 22.12.2008 - 13 UF 100/08 - NJW 2009, 1217.
[233] Kein Sonderbedarf: OLG Frankfurt v. 03.08.1994 - 4 WF 80/94 - FamRZ 1995, 631; AG Karlsruhe v. 03.08.1987 - 1 F 113/87 - FamRZ 1988, 207.
[234] OLG Bremen v. 29.04.2010 - 4 WF 41/10 - FamRZ 2011, 43.
[235] OLG Naumburg v. 26.04.2007 - 3 UF 26/07 - FamRZ 2008, 177.

Ob beim Sonderbedarf der Bedürftige den Stamm seines Vermögens für den Sonderbedarf angreifen 259
musste, ist eine **Billigkeitsentscheidung**. Hierbei kann darauf abgestellt werden, ob der Unterhaltspflichtige ein erheblich höheres Vermögen besitzen muss als der Unterhaltsberechtigte und außerdem einkommensstark ist.[236]

Zukünftig anfallende Kosten sind ebenfalls zu übernehmen; hierzu kann eine gerichtliche Feststellung beantragt werden.[237] 260

f. Durchsetzung von Mehrbedarf/Verfahrensfragen

aa. Durchsetzung des zukünftigen Mehrbedarfs

Erstmals auftretender Mehrbedarf ist mit dem Leistungsantrag geltend zu machen. Es handelt sich um 261
eine Familienstreitsache nach § 112 Nr. 1 FamFG mit den nach § 113 FamFG anwendbaren Vorschriften der ZPO. Mehrbedarf ist nach Höhe und Zeitpunkt/Zeitraum konkret zu beziffern (§ 113 FamFG, § 253 ZPO). Der Antrag ist nach Maßgabe der obigen Ausführungen dem Grunde und der Höhe nach zu begründen, die Haftungsanteile der Eltern sind zu berechnen.

Mehrbedarf ist aber nach der bisher herrschenden Ansicht ein unselbständiger Teil des Unterhalts und soll daher nur zusammen mit diesem geltend gemacht werden können. Daher soll auch eine Teilentscheidung (früher: **Teilurteil**) über den **Mehrbedarf**, ohne zugleich über den restlichen Unterhaltsanspruch zu entscheiden, wegen der Gefahr der Widersprüchlichkeit regelmäßig nicht zulässig sein. 262

Konsequenz dieser Ansicht ist, dass bei einem bestehenden Titel über den Elementarunterhalt Mehrbedarf nur im Wege des gerichtlichen Abänderungsverfahrens durchgesetzt werden kann. Dann ist aber die Wesentlichkeitsgrenze zu beachten; zudem können die Tatsachen, auf die der Mehrbedarf gestützt wird, gem. § 238 FamFG präkludiert sein! 263

Das Argument der Gefahr von Widersprüchlichkeiten ist nicht stichhaltig. Die gleiche Gefahr ließe sich auch beim Sonderbedarf heraufbeschwören; dort hat die Rechtsprechung aber keine Schwierigkeiten, Entscheidungen allein über den Sonderbedarf zu treffen. 264

Daher hat auch der Arbeitskreis 2 des Deutschen Familiengerichtstags 2009 die Empfehlung ausgesprochen, dass Kosten der Kinderbetreuung, die als **Mehrbedarf** des Kindes behandelt werden, **als selbstständiger Teil des Unterhalts geltend gemacht werden können sollen**. 265

bb. Mehrbedarf für zurückliegende Zeiträume (Anforderungen an den Verzug)

Für Unterhalt aus der Vergangenheit muss der Unterhaltspflichtige nur einstehen, wenn er rechtzeitig in **Verzug** gesetzt worden ist. Nicht abschließend geklärt ist, ob **für den Mehrbedarf ein gesonderter Verzug erforderlich** ist. 266

Ein solches Erfordernis einer **speziellen Verzugsbegründung** für den Mehrbedarf erscheint jedoch zumindest sehr **zweifelhaft**. So hat es der BGH für den vergleichbaren Fall des Altersvorsorgeunterhaltes nicht für erforderlich angesehen, dass speziell für diesen unselbständigen Teil des Unterhaltsanspruchs Verzug begründet worden sein muss.[238] Wendet man diese Überlegungen auch auf den Mehrbedarf als unselbständigen Teil des Unterhaltes an, müsste folglich auf diese Anforderung gleichermaßen verzichtet werden können. 267

Überwiegend wird ein solcher **speziell auf den Mehrbedarf gerichteter Verzug** gefordert und dies mit der Warnfunktion des Verzuges (vgl. Rn. 105) begründet. Ein Auskunftsverlangen nach § 1613 Abs. 1 BGB zum Zwecke der Ermittlung des Kindesunterhalts umfasse ohne ausdrückliche Benennung eines Mehrbedarfs einen solchen wohl nicht und könne deshalb keine verzugsbegründende Wirkung auslösen. 268

In der Praxis ist regelmäßig zur Begründung des Verzuges nur der Weg über ein Auskunftsverlangen gem. § 1613 BGB möglich, sofern die Höhe des Mehrbedarfes noch nicht konkret feststeht und ggf. auch noch kein Haftungsanteil des anderen Elternteils errechnet werden kann. Steht Mehrbedarf im Raum, sollte auf jeden Fall ein **deutlicher Hinweis** an den anderen Elternteil gegeben werden, **dass** 269

---

[236] OLG Koblenz v. 06.11.2001 - 11 UF 276/01 - FPR 2002, 310.
[237] Vgl. OLG Köln v. 15.06.2010 - 4 UF 19/10 - ZFE 2011, 31.
[238] BGH v. 22.11.2006 - XII ZR 24/04 - FamRZ 2007, 193 mit Anm. *Borth*; BGH v. 04.07.2007 - XII ZR 141/05; *Borth*, FPR 2008, 86.

Auskunft auch im Hinblick auf diese zusätzlichen Kosten gefordert wird. Damit ist der Warnfunktion Genüge getan. Dabei sollten – soweit möglich – die bereits bekannten Informationen zur Höhe der Aufwendungen mitgeteilt werden.

cc. Besonderheiten bei Unterhaltsregelungen durch Vergleich

270 Haben die Beteiligten eine **Unterhaltsregelung durch gerichtlichen Vergleich** getroffen, ohne diesen Mehrbedarf ausdrücklich zu regeln, ist zu differenzieren:

271 Geschah dies zu einer Zeit, in der diese **zusätzlichen Kosten bereits anfielen**, ist im Regelfall eine **Nachforderung ausgeschlossen**. Der Gesamtbedarf eines Kindes setzt sich aus dem **Tabellenunterhalt** und dem konkret ermittelten **Mehrbedarf** zusammen. Wird Unterhalt gerichtlich geltend gemacht, spricht eine Vermutung dafür, dass damit der Unterhalt in voller Höhe geltend gemacht wurde. Daher ist davon auszugehen, dass der gerichtliche Vergleich der Beteiligten den Gesamtunterhaltsanspruch (also einschließlich des bereits bestehenden Mehrbedarfs) regelte.

272 Eine (Mehrbedarfs-)**Nachforderung** kommt in diesem Fall nur dann Betracht, wenn sich die Anspruchsberechtigte dies in dem durch den gerichtlichen Vergleich beendeten Verfahren (**durch Bezeichnung der dort gestellten Anträge als Teilanträge**) **vorbehalten hatte**.[239]

273 Waren die Mehrbedarfskosten zum damaligen Zeitpunkt **noch nicht angefallen**, kann der Vergleich im Rahmen eines **Abänderungsverfahrens nach § 239 FamFG** an veränderte Verhältnisse angepasst werden, da sich die Geschäftsgrundlage der damaligen Vereinbarung geändert hat (**§ 313 BGB**).[240]

274 Schwierigkeiten treten in der Praxis dann auf, wenn die Kosten zum damaligen Zeitpunkt zwar noch nicht konkret angefallen, aber in naher Zukunft **abzusehen waren** – weil das Kind z.B. in absehbarer Zeit in den Kindergarten oder Schulhort gehen sollte. Um hier spätere **Auslegungsstreitigkeiten** zu vermeiden, ist dringend zu empfehlen, auch die Verteilung dieser absehbaren Kosten bereits mit zu regeln oder einen entsprechenden **Vorbehalt** in die Vereinbarung aufzunehmen.

2. Verhinderung der Geltendmachung (Absatz 2)

275 Unter besonderen Umständen kann auch der regelmäßig geschuldete, laufende Unterhalt rückwirkend verlangt werden, wenn keine der in Absatz 1 genannten Voraussetzungen vorliegt. Dies ist dann der Fall, wenn der Unterhaltsberechtigte

- aus **rechtlichen Gründen** (§ 1613 Abs. 2 Nr. 1a BGB) oder
- aus **tatsächlichen Gründen**, die in den Verantwortungsbereich des Unterhaltspflichtigen fallen (§ 1613 Abs. 2 Nr. 1b BGB),

an der Geltendmachung des Unterhaltsanspruches gehindert war. Praktisch relevant wird dies z.B. in Fällen, in denen die Vaterschaft noch nicht festgestellt worden ist (rechtliches Hindernis) oder wenn der Unterhaltspflichtige „abgetaucht" ist, um sich seiner Unterhaltspflicht zu entziehen (tatsächliches Hindernis im Verantwortungsbereich des Schuldners).

276 Unterhalt für die Vergangenheit vor Anerkenntnis oder Feststellung der Vaterschaft kann das Kind gem. § 1613 Abs. 2 Nr. 1a BGB auch von ersatzweise haftenden Verwandten des nicht mit der Mutter verheirateten leistungsunfähigen Vaters verlangen, jedoch nicht bereits für Zeiträume vor In-Kraft-Treten der Vorschrift am 01.07.1998.[241]

IV. Einschränkung der Geltendmachung (Absatz 3)

277 Die erweiterten Möglichkeiten der Inanspruchnahme des Unterhaltspflichtigen nach Absatz 2 Nr. 2 können wegen der aufgelaufenen Unterhaltsbeträge zu Härtefällen führen. Hiergegen bietet § 1613 Abs. 3 BGB einen gewissen Schutz.

278 Soweit die volle oder die **sofortige Erfüllung** für den Unterhaltspflichtigen eine **unbillige Härte** bedeuten würde, kann der Unterhaltsberechtigte Erfüllung nicht (also **Erlass** der Forderung), nur in Teilbeträgen (also **Ratenzahlung**) oder erst zu einem späteren Zeitpunkt (also **Stundung**) verlangen.

279 Dabei wird regelmäßig eine unbillige Härte bereits durch die Bewilligung von **Ratenzahlungen** vermieden werden können. Nur ausnahmsweise kommt ein Erlass in Betracht. Dies kann dann denkbar sein, wenn die eigene Lebensführung des Unterhaltspflichtigen durch die Aufbringung der Rückstände

---

[239] Vgl. *Schmitz* in: Wendl/Dose, Das Unterhaltsrecht in der familienrichterlichen Praxis, 8. Aufl., § 10 Rn. 165.
[240] Einzelheiten vgl. *Rossmann* in: Horndasch/Viefhues, FamFG, 2014, § 239 FamFG Rn. 9 ff.
[241] BGH v. 10.03.2004 - XII ZR 123/01 - NJW 2004, 1735-1736.

auf Dauer in Frage gestellt und dem Dritten oder dem Kind der Verlust der Rückstände eher zumutbar ist. Stundung und Erlass sind als materielle **Einwendungen** ausgestaltet worden, die der Unterhaltspflichtige – gerichtlich und außergerichtlich – zur Geltung bringen muss.[242]

Dabei ist grobe Unbilligkeit zu bejahen, wenn der Kindesvater deswegen nicht mit einer Inanspruchnahme rechnen musste, weil die Kindesmutter von der Vaterschaft eines anderen Mannes ausgegangen ist.[243] 280

Stundung und Erlass kommen ferner in Betracht, soweit ein Dritter von dem Unterhaltspflichtigen Ersatz verlangt, weil er an Stelle des Unterhaltspflichtigen Unterhalt gewährt hat. Stundung und Erlass rückständigen Unterhalts der nichtehelichen Mutter oder des Vaters sind allerdings nicht möglich, da in § 1615l Abs. 3 Satz 4 BGB nicht auf § 1613 Abs. 3 BGB verwiesen ist. 281

V. Verwirkung von Unterhaltsrückständen

Unterhaltszahlungen sollen zur **Deckung des Lebensbedarfes** dienen, nicht aber zur Vermögensbildung. Erfahrungsgemäß pflegt ein Unterhaltsverpflichteter seine Lebensführung an die ihm zur Verfügung stehenden Einkünfte anzupassen. Wird er dann in größerem zeitlichem Abstand auf Zahlung von Unterhaltsrückständen in Anspruch genommen, können Unterhaltsrückstände zu einer **erdrückenden Schuldenlast** angewachsen sein.[244] 282

Eine Verwirkung als ein Unterfall der **unzulässigen Rechtsausübung aufgrund widersprüchlichen Verhaltens**[245] kommt nur in Betracht, wenn sich der Verpflichtete **im Vertrauen auf das Verhalten des Berechtigten** in seinen Maßnahmen so eingerichtet hat, dass ihm durch die verspätete Durchsetzung des Rechts ein unzumutbarer Nachteil entstünde.[246] 283

Da ein Unterhaltsberechtigter lebensnotwendig auf den Unterhalt angewiesen ist, kann der Unterhaltsschuldner auch **zeitnah** mit der Durchsetzung der Ansprüche rechnen.[247] 284

Zudem sind im Unterhaltsrechtsstreit die für die Bemessung des Unterhalts maßgeblichen Einkommensverhältnisse der Parteien nach längerer Zeit oft nur schwer aufklärbar.[248] 285

Wird Unterhalt nicht zeitnah durchgesetzt, kann daher **Verwirkung** hinsichtlich der **Unterhaltsrückstände** eingreifen (§ 242 BGB).[249] Das Recht ist verwirkt, wenn der Berechtigte es längere Zeit hindurch nicht geltend gemacht und der Verpflichtete sich darauf eingerichtet hat und nach dem gesamten Verhalten des Berechtigten darauf einrichten durfte, dass dieser das Recht auch in Zukunft nicht geltend machen werde.[250] 286

Es bedarf keiner besonderen Feststellungen dazu, dass der **Unterhaltsschuldner** sich tatsächlich auf den Fortfall der Unterhaltsforderungen eingerichtet hat, wenn Anhaltspunkte dafür, dass es im zu entscheidenden Fall anders lag, nicht ersichtlich sind.[251] 287

Wird die **Verwirkung** der Unterhaltsrückstände bejaht, so beseitigt dies nicht die Verzugsfolgen, sondern nur den **vor dem Zeitmoment liegenden Anspruch**.[252] 288

---

[242] *Reinken* in: Bamberger/Roth, § 1613 Rn. 28.
[243] OLG Oldenburg v. 11.01.2006 - 3 UF 148/05 - FamRZ 2006, 1561.
[244] BGH v. 23.10.2002 - XII ZR 266/99 - BGHZ 152, 217-233; BGH v. 28.01.2004 - XII ZR 218/01 - NJW-RR 2004, 721-724; BGH v. 10.12.2003 - XII ZR 155/01 - NotBZ 2004, 103; BGH v. 16.06.1999 - XII ZA 3/99 - DAVorm 1999, 711; BGH v. 13.01.1988 - IVb ZR 7/87 - BGHZ 103, 62-71; KG Berlin v. 16.04.1993 - 19 UF 2083/93 - FamRZ 1994, 771; OLG Hamm v. 30.06.1999 - 8 WF 226/99 - FamRZ 2000, 1173-1174; OLG Brandenburg v. 16.07.2001 - 10 WF 135/00 - NJW-RR 2002, 870-871; OLG München v. 29.08.2001 - 12 UF 1043/01 - OLGR München 2002, 68.
[245] BGH v. 09.10.2013 - XII ZR 59/12 - MDR 2014, 51.
[246] BGH v. 23.01.2014 - VII ZR 177/13 - MDR 2014, 51.
[247] BGH v. 23.10.2002 - XII ZR 266/99 - BGHZ 152, 217-233; BGH v. 28.01.2004 - XII ZR 218/01 - NJW-RR 2004, 721-724.
[248] BGH v. 09.10.2013 - XII ZR 59/12 - MDR 2014, 51; BGH v. 10.12.2003 - XII ZR 155/01 - NotBZ 2004, 103.
[249] Ausführlich *Kofler*, NJW 2011, 2470-2476; vgl. auch *Jüdt*, FuR 2010, 548 und FuR 2010, 624 sowie *Henjes*, FuR 2009, 432-435.
[250] BGH v. 09.10.2013 - XII ZR 59/12 - MDR 2014, 51.
[251] OLG Brandenburg v. 10.06.2010 - 10 WF 113/10.
[252] *Schnitzler*, FPR 2013, 532, 533 unter Hinweis auf BGH v. 22.11.2006 - XII ZR 152/04 - FamRZ 2007, 453.

§ 1613

289 Die eingetretene Verwirkung hinsichtlich der aufgelaufenen Unterhaltsrückstände führt auch **nicht** zu einer **Verwirkung** des **zukünftigen Unterhaltes**. Denn ein Unterhaltsanspruch kann nicht verwirkt sein, bevor er überhaupt fällig geworden ist. Daher müssen die **Zeitabschnitte gesondert betrachtet werden**.[253] Erfasst wird von der Verwirkung nur derjenige Rückstand, der vom Zeitmoment umfasst wird[254] (vgl. Rn. 301).

290 Eine Verwirkung des zukünftigen Unterhaltes kann beim Verwandtenunterhalt nur unter den Voraussetzungen des § 1611 BGB eintreten (vgl. die Kommentierung zu § 1611 BGB Rn. 6 ff. und zum Ehegattenunterhalt § 1579 BGB).

1. Fallgestaltungen

291 Die Frage einer Verwirkung des Anspruchs kann sich insbesondere bei folgenden Fallgestaltungen stellen:
- der Berechtigte lässt nach einer Mahnung nichts von sich hören;
- er beziffert den Anspruch nach Auskunftserteilung nicht;
- er unterlässt es, das gerichtliche Verfahren nach Einreichung des Stufenantrags zu betreiben;
- er nimmt eine nicht schlüssig begründete Kürzung der Unterhaltszahlungen widerspruchslos hin;
- er teilt dem Unterhaltspflichtigen mit, Unterhalt solle zurzeit nicht verlangt werden;
- er ermäßigt seine Unterhaltsforderung nach Vortrag von Abzugspositionen durch den Unterhaltspflichtigen.

2. Verwirkung als Einwendung

292 Die Verwirkung ist als Einwendung **von Amts wegen** zu berücksichtigen, muss also nicht besonders geltend gemacht werden. Es kommt nicht darauf an, ob der Unterhaltsschuldner sich auf Verwirkung beruft.[255] Allerdings ist entsprechender Sachvortrag unverzichtbar (zur Darlegungs- und Beweislast vgl. Rn. 344).

3. Verwirkung und Verjährung

293 Einem ausschließlich auf Verwirkung gerichteten Sachvortrag lässt sich in der Regel **nicht zugleich eine Verjährungseinrede** entnehmen.[256]

294 Bzgl. der **Verjährung eines titulierten Unterhaltsanspruchs** ist zu beachten, dass bei Titeln über Kindes- und Trennungsunterhalt die 30-jährige Verjährung nach § 197 Abs. 1 Nrn. 3 und 4 BGB durch die §§ 197 Abs. 2, 195 BGB **auf drei Jahre verkürzt** wird, soweit es sich um Unterhaltsraten nach der Rechtskraft handelt.[257] Unterhaltsrückstände, die bereits bei Rechtskraft des Titels aufgelaufen waren, verjähren in 30 Jahren.

295 Während die **Verjährung** von Ansprüchen zwischen dem Kind und seinen Eltern nach § 207 Abs. 1 Satz 2 Nr. 2 a BGB bis zur Vollendung des 21. Lebensjahres des Kindes **gehemmt** ist,[258] gilt diese Sperre **nicht** für die **Verwirkung**.[259]

296 Der Einwand der Verwirkung ist auch im **Verfahren nach § 240 FamFG** (früher § 654 ZPO) zu prüfen.

4. Voraussetzungen einer Verwirkung des Unterhaltsrückstandes

297 **Rückständiger Unterhalt** unterliegt grundsätzlich der Verwirkung, wenn sich seine spätere Geltendmachung unter dem Gesichtspunkt **illoyal verspäteter Rechtsausübung** als unzulässig darstellt.[260]

---

[253] BGH v. 22.11.2006 - XII ZR 152/04 - FamRZ 2007, 453.
[254] OLG Brandenburg v. 12.01.2011 - 9 WF 383/09 - FamFR 2011, 79.
[255] OLG Brandenburg v. 10.06.2010 - 10 WF 113/10.
[256] OLG Oldenburg v. 23.08.2011 - 13 UF 16/11 - FamRZ 2012, 148.
[257] *Elden*, NJW Spezial 2012, 644; *Eschenbruch/Schürmann/Menne*, Unterhaltsprozess, 2013, Kap. 1 Rn. 2028 m.w.N.
[258] *Schmidt/Kohne* in: Eschenbruch/Schürmann/Menne, Unterhaltsprozess, 2013, Kap. 2 Rn. 632.
[259] OLG Naumburg v. 28.02.2013 - 8 UF 181/12; OLG Brandenburg v. 12.07.2011 - 10 UF 115/10 - FamRZ 2012, 1223-1226 jeweils unter Hinweis auf BGH v. 16.06.1999 - XII ZA 3/99 - FamRZ 1999, 1422; OLG Frankfurt v. 31.08.2006 - 5 WF 233/05 - OLGR Frankfurt 2007, 320.
[260] BGH v. 09.10.2013 - XII ZR 59/12 - MDR 2014, 51; BGH v. 15.09.2010 - XII ZR 148/09; BGH v. 16.06.1999 - XII ZA 3/99 - DAVorm 1999, 711.

Die Verwirkung des Unterhaltsrückstandes hat keinen Einfluss auf die Geltendmachung zukünftigen Unterhaltes.

Voraussetzung hierfür ist, dass der Gläubiger den Unterhaltsanspruch längere Zeit nicht geltend macht (**Zeitmoment**) und beim Schuldner den Eindruck erweckt, er werde diesen Anspruch nicht mehr geltend machen (**Umstandsmoment**). Neben dem reinen Zeitablauf müssen also immer auch besondere Umstände hinzutreten. 298

Auch muss der Unterhaltsanspruch überhaupt fällig gewesen sein. Daher müssen die **Zeitabschnitte des rückständigen Unterhaltes differenziert betrachtet werden**.[261] 299

a. Zeitmoment

Beim „Zeitmoment" ist i.d.R. von einem Jahr auszugehen. Aus § 1585b Abs. 3 BGB und § 1615i Abs. 2 Satz 1 BGB a.F. folgt, dass das Gesetz bei Unterhaltsrückständen für eine mehr als einem Jahr zurückliegende Zeit dem Schuldnerschutz besondere Beachtung beimisst.[262] 300

Für das Zeitmoment sind aber nicht nur die Aufforderung zur Auskunftserteilung, die Bezifferung des Unterhaltsanspruchs und die Zahlungsaufforderung von Bedeutung. Vielmehr fallen hierunter auch Vorgänge, die zwar nicht unmittelbar der Durchsetzung des Anspruchs, aber ihrer Vorbereitung dienen, wie etwa das Einräumen von Stellungnahmefristen, die eine weitere Sachverhaltsaufklärung ermöglichen sollen. 301

Ergibt sich z.B. aus einer **Gesamtschau des Schriftverkehrs** des Sozialhilfeträgers, dass dessen Verhalten von dem Bemühen getragen war, den Anspruch zeitnah durchzusetzen, scheidet Verwirkung aus.[263] 302

Ein Unterhaltsschuldner, der durch Verzögern der Auskunft und Verschleppen des Verfahrens den Unterhaltsgläubiger in die Verwirkungsfalle zu locken versucht, kann keinen Vertrauensschutz beanspruchen.[264] 303

Eine Verwirkung von Unterhaltsansprüchen kommt dabei in aller Regel frühestens nach einem Jahr, spätestens aber nach drei Jahren in Betracht.[265] Das OLG Brandenburg hat die Verwirkung bei einer **geringfügigen Überschreitung der Frist** von „etwa einem Jahr" um knapp 3 Wochen abgelehnt.[266] 304

Auch **rückständiger Kindesunterhalt** kann verwirken.[267] Wird jedoch nur der **Mindestunterhalt** geltend gemacht, müssen besondere Gründe das Vorliegen des Zeit- und Umstandsmoments rechtfertigen, weil der Pflichtige trotz Zeitablaufs nicht damit rechnen kann, dass das minderjährige Kind nicht auf den Unterhalt in dieser Höhe angewiesen ist.[268] Solche besonderen Umstände muss der Zahlungspflichtige darlegen, der sich auf die Verwirkung beruft.[269] 305

Bereits das Zeitmoment führt also dazu, dass jedenfalls Rückstände der letzten 12 Monate nicht verwirken können. Erfasst wird von der Verwirkung nur derjenige Rückstand, der vom Zeitmoment umfasst wird, das heißt, die mehr als ein Jahr vor erneutem Tätigwerden zurückliegenden Ansprüche.[270] 306

Zur **Verwirkung titulierter Ansprüche** vgl. Rn. 317. 307

---

[261] Vgl. OLG Brandenburg v. 12.07.2011 - 10 UF 115/10 - FamRZ 2012, 1223-1226 unter Hinweis auf BGH v. 13.01.1988 - IVb ZR 7/87 - FamRZ 1988, 370; BGH v. 22.11.2006 - XII ZR 152/04 - FamRZ 2007, 453.

[262] BGH v. 23.10.2002 - XII ZR 266/99 - BGHZ 152, 217-233; OLG Celle v. 18.04.2013 - 17 UF 17/13 - NJW 2013, 2688 m.w.N.; OLG Hamm v. 13.05.2013 - 2 WF 82/13 - FuR 2013, 723 unter Hinweis auf BGH v. 10.12.2003 - XII ZR 155/01 - FamRZ 2004, 531; OLG Saarbrücken v. 09.09.2010 - 6 UF 29/10 - MDR 2011, 168; OLG Brandenburg v. 16.07.2001 - 10 WF 135/00 - NJW-RR 2002, 870-871; OLG München v. 29.08.2001 - 12 UF 1043/01 - OLGR München 2002, 68.

[263] BGH v. 15.09.2010 - XII ZR 148/09 - FamRZ 2010, 1888 mit Anm. *Hauß*, FamRZ 2010, 1892; OLG Hamm v. 17.11.2011 - 2 WF 129/11; KG v. 03.07.2009 - 13 UF 150/08 - NJW-RR 2010, 879.

[264] *Hauß*, FamRZ 2010, 1892.

[265] OLG Brandenburg v. 17.03.2005 - 9 UF 148/04 - NJW-RR 2005, 949-951; OLG Brandenburg v. 12.01.2011 - 9 WF 383/09; KG v. 30.08.2011 - 18 WF 93/11 - NJW-Spezial 2011, 676; ausführlich zu einer Verwirkung von gesetzlichem Minderjährigenunterhalt *von Creytz*, FPR 2008, 596.

[266] OLG Brandenburg v. 13.11.2012 - 10 UF 226/11; zu Verzögerungen infolge der Bewilligung von Verfahrenskostenhilfe vgl. OLG Köln v. 01.04.2005 - 4 UF 249/04 - OLGR Köln 2005, 400.

[267] OLG Hamm v. 13.05.2013 - 2 WF 82/13 - FuR 2013, 723.

[268] OLG Brandenburg v. 26.03.2010 - 13 WF 41/08; OLG Schleswig v. 31.01.2013 - 15 UF 148/12 mit Anm. *Bömelburg*, FamRB 2013, 215.

[269] OLG Brandenburg v. 26.03.2010 - 13 WF 41/08.

[270] OLG Brandenburg v. 12.01.2011 - 9 WF 383/09 - FamFR 2011, 79.

b. Umstandsmoment

308 Ist das Zeitmoment erfüllt, tritt damit aber nicht automatisch eine Verwirkung der davon betroffenen Rückstände ein. Da die Verwirkung ein Unterfall der **unzulässigen Rechtsausübung aufgrund widersprüchlichen Verhaltens** ist, muss zusätzlich das **Umstandsmoment** erfüllt sein.[271]

309 Das „Umstandsmoment" ist gegeben, wenn der Schuldner aufgrund des Verhaltens des Gläubigers sich darauf eingerichtet hat und nach dem gesamten Verhalten des Berechtigten darauf einrichten durfte, dass dieser das Recht auch in Zukunft nicht geltend machen werde.[272] Zu dem Zeitablauf müssen besondere, auf dem Verhalten des Berechtigten beruhende Umstände hinzutreten, die das Vertrauen des Verpflichteten rechtfertigen, der Berechtigte werde seinen Anspruch nicht mehr geltend machen.[273]

310 Die Annahme einer Verwirkung setzt somit neben dem Zeitablauf das Vorliegen konkret festzustellender und zu würdigender **besonderer Umstände des Einzelfalles voraus, die ein solches Vertrauen des Verpflichteten begründen.**[274]

311 Bei dem Rechtsgedanken der Verwirkung kommt es in erster Linie **auf das Verhalten des Berechtigten** an, das nach objektiven Gesichtspunkten zu beurteilen ist.

aa. Verwirkung noch nicht titulierter Unterhaltsrückstände

312 Dabei kommt es jedoch nicht auf konkrete Vertrauensinvestitionen des Unterhaltsschuldners bzw. auf das Entstehen besonderer Nachteile durch die späte Inanspruchnahme an.[275] Es genügt grundsätzlich der Erfahrungssatz, dass ein Unterhaltsverpflichteter seine Lebensführung an die zur Verfügung stehenden Einkünfte anpasst.[276]

313 Sind Anhaltspunkte dafür, dass es im zu entscheidenden Fall anders liegt, nicht ersichtlich, so bedarf es keiner besonderen Feststellungen dazu, dass der Unterhaltsschuldner sich tatsächlich auf den Fortfall der Unterhaltsforderungen eingerichtet hat.[277]

314 Im Rahmen der gesteigerten Unterhaltspflicht gegenüber **minderjährigen Kindern** und speziell beim Mindestunterhalt werden allerdings an das Umstandsmoment strenge Anforderungen gestellt, da der Verpflichtete grundsätzlich nicht davon ausgehen kann, die Kinder könnten ihren Bedarf auf andere Art und Weise decken.[278]

315 Auch wenn ein Unterhaltsschuldner, der zunächst auf erhöhten Unterhalt in Anspruch genommen wird, jedoch daraufhin eineinhalb Jahre lang von dem Verlangen nichts mehr hört, darf er sich darauf einstellen, dass die weitergehende Unterhaltsforderung fallengelassen worden ist. Der Anspruch auf erhöhten Unterhalt ist damit verwirkt.[279]

316 Zumindest im Fall des **Elternunterhaltes** geht der BGH jedoch weiter und bejaht entsprechende Umstände, wenn der Unterhaltspflichtige von ihm geforderte Auskünfte erteilt hat und diese Auskünfte vom Unterhaltsberechtigten nicht zeitnah in ein Unterhaltsverlangen umgesetzt worden sind.

---

[271] BGH v. 09.10.2013 - XII ZR 59/12 - BGHZ 43, 289, 292 = NJW 1965, 1532; BGH v. 20.12.1968 - V ZR 97/65 - WM 1969, 182; BGH v. 29.02.1984 - VIII ZR 310/82 - NJW 1984, 1684; BGH v. 27.03.2001 - VI ZR 12/00 - NZV 2001, 464, 466 und BGH v. 14.11.2002 - VII ZR 23/02 - juris Rn. 9 - NJW 2003, 824.

[272] BGH v. 09.10.2013 - XII ZR 59/12.

[273] BGH v. 15.09.2010 - XII ZR 148/09; BGH v. 23.10.2002 - XII ZR 266/99 - FamRZ 2002, 1698; BGH v. 22.11.2006 - XII ZR 152/04 - FamRZ 2007, 453, 455; BGH v. 10.12.2003 - XII ZR 155/01 - FamRZ 2004, 531, 532; BGH v. 18.01.2001 - VII ZR 416/99 - NJW 2001, 1649-1650; zur Bedeutung eines Ehevertrages OLG Karlsruhe v. 04.03.2005 - 18 UF 231/03 - FamRZ 2005, 1855-1858.

[274] BGH v. 09.10.2013 - XII ZR 59/12; BGH v. 17.11. 2010 - XII ZR 124/09 - NJW 2011, 445 und BGH v. 27.01.2010 - XII ZR 22/07 - NZM 2010, 240 Rn. 32 m.w.N.

[275] BGH v. 15.09.2010 - XII ZR 148/09 - FamRZ 2010, 1888 mit Anm. *Hauß*, FamRZ 2010, 1892; BGH v. 23.10.2002 - XII ZR 266/99 - FamRZ 2002, 1698, 1699.

[276] BGH v. 23.10.2002 - XII ZR 266/99 - FamRZ 2002, 1698, 1699.

[277] OLG Naumburg v. 28.02.2013 - 8 UF 181/12 - FamRZ 2014, 133; OLG Brandenburg v. 10.06.2010 - 10 WF 113/10.

[278] OLG Brandenburg v. 25.11.2011 - 13 WF 129/11 - FamRZ 2012, 993; OLG Brandenburg v. 25.11.2011 - 13 WF 129/11 - MDR 2012, 228-229 (LS); OLG Köln v. 19.04.2000 - 14 WF 45/00 - OLGR Köln 2000, 358; OLG Dresden v. 22.03.2004 - 23 WF 0140/04 - 23 WF 140/04.

[279] OLG Brandenburg v. 16.12.2008 - 10 UF 54/08; vgl. auch OLG Nürnberg v. 18.06.2009 - 10 UF 1536/08.

Ein Unterhaltsgläubiger, der seinen Anspruch auf Elternunterhalt nach Inverzugsetzung nicht zügig gerichtlich geltend macht, sondern zunächst die – zögerliche – Auskunftserteilung des Unterhaltsschuldners sowie das verwaltungsgerichtliche Verfahren auf Inanspruchnahme des Trägers der Sozialhilfe abwartet, kann seinen Unterhaltsanspruch verwirken.[280]

317

Speziell bei **Nachforderungen** und nachträglichen teilweisen Erhöhungen von Unterhalt[281] durch den Berechtigten oder den Träger der Sozialhilfe ist immer der Aspekt der Verwirkung zu berücksichtigen. Dazu kommt es, wenn ein **Sozialhilfeträger** mit dem Unterhaltspflichtigen Verhandlungen über Unterhaltszahlungen führt und einen bestimmten Unterhaltsbetrag geltend macht, der nachträglich nach oben korrigiert wird. Zwar ist auch in diesen Fällen nicht jede Korrektur nach oben unmöglich. Wenn allerdings der Träger der Sozialhilfe eine bestimmte Forderung begründet hat, muss der Unterhaltspflichtige nicht damit rechnen, dass diese erhöht wird, sondern kann darauf vertrauen, dass zu einem späteren Zeitpunkt jedenfalls keine weitergehende Nachforderung begründet wird.

318

Eine Verwirkung ist ebenfalls eingetreten, wenn der Unterhaltsgläubiger eine mit Gründen versehene **Kürzung** der laufenden Zahlungen des Unterhaltsschuldners **hinnimmt**; dabei brauchen die Gründe für die Kürzung nicht einmal schlüssig zu sein.[282]

319

Bei **Zahlungsaufforderungen unterhalb des gesetzlich geschuldeten Mindest-Kindesunterhaltes** wird der zugleich zur Auskunftserteilung aufgeforderte Unterhaltsschuldner bereits grundsätzlich kein rechtlich schützenswertes Vertrauen für seine Erwartung in Anspruch nehmen können, damit müsse es sein Bewenden haben. Das Gesetz regelt in § 1613 Abs. 1 Satz 1 und 2 BGB ausdrücklich, unter welchen Umständen bei einem Auskunftsverlangen rückwirkend ein Unterhaltsanspruch des Gläubigers geltend gemacht werden kann. Diese positiv festgelegte Regelung schließt, zumindest für den Zeitraum von weniger als einem Jahr, eine gegenläufige Heranziehung der allgemeinen Billigkeitsregeln und damit eine Verwirkung aus.[283]

320

Verwirkung kann auch dann eintreten, wenn der Unterhaltsanspruch bereits im Wege der **Stufenklage** rechtshängig geworden ist, der Unterhaltsgläubiger den Rechtsstreit aber über einen längeren Zeitraum nicht betreibt.[284]

321

Eine **Verwirkung** ist nicht allein deshalb ausgeschlossen, weil der Schuldner **regelmäßig Teilzahlungen geleistet** hat. Beim Umstandsmoment kommt es, darauf an, ob das Verhalten des Unterhaltsgläubigers den Eindruck erweckte, in dem fraglichen Zeitraum nicht mehr bedürftig zu sein, sodass der Unterhaltsverpflichtete davon ausgehen durfte, nicht mehr in Anspruch genommen zu werden. Diese Situation kann auch eintreten, wenn der Unterhaltsschuldner regelmäßigen Unterhalt zahlt und nicht zeitnah auf etwa tatsächlich geschuldeten höheren Unterhalt in Anspruch genommen wird. Dann kann der Unterhaltsgläubiger durch sein Verhalten den Eindruck erwecken, in dem fraglichen Zeitraum nicht über den gezahlten Betrag hinaus bedürftig zu sein.[285]

322

Etwas anderes ergibt sich auch nicht dann, wenn die Unterhaltszahlungen erst später einsetzen, während zunächst **über einen längeren Zeitraum hinweg überhaupt kein Unterhalt geleistet worden ist**. Wenn in einem solchen Fall der Unterhaltsschuldner von einem bestimmten Zeitpunkt an freiwillig die Unterhaltszahlungen aufnimmt, bedeutet dies gerade nicht unbedingt, dass er sich einer Verpflichtung zur Unterhaltsleistung auch für die Zeit davor bewusst ist. Vielmehr kann das späte Einsetzen der Zahlungen auch darauf zurückzuführen sein, dass der Unterhaltsschuldner, der bis dahin leistungsunfähig war und annehmen durfte, die Leistungsunfähigkeit werde auch vom Unterhaltsberechtigten anerkannt, nun über finanzielle Mittel verfügt, die zumindest die teilweise Erfüllung der Unterhaltsverpflichtung ermöglichen.[286]

323

---

[280] KG v. 29.04.2005 - 18 UF 145/04 - ZFE 2005, 333-334.
[281] Vgl. dazu aber auch BGH v. 07.11.2012 - XII ZB 229/11 - FamRZ 2013, 109 mit Anm. *Finke* = NJW 2013, 161 mit Anm. *Born*, NJW 2013, 165-166.
[282] OLG Karlsruhe v. 25.01.2002 - 16 UF 137/01 - FamRB 2002, 323.
[283] OLG Naumburg v. 24.03.2005 - 14 UF 184/04 - FamRZ 2005, 1855 (LS).
[284] KG v. 29.04.2005 - 18 UF 145/04 - ZFE 2005, 333-334.
[285] OLG Brandenburg v. 12.07.2011 - 10 UF 115/10 - FamRZ 2012, 1223-1226, zur Bedeutung von Teilzahlungen vgl. auch OLG Koblenz v. 07.03.2012 - 11 WF 250/12 - FamRZ 2013, 971.
[286] Vgl. OLG Brandenburg v. 12.07.2011 - 10 UF 115/10 - FamRZ 2012, 1223-1226.

bb. Verwirkung titulierter Ansprüche

324 Auch bei titulierten Ansprüchen ist eine Verwirkung nach der gleichen Zeitspanne grundsätzlich möglich,[287] es sind jedoch **erheblich strengere Voraussetzungen beim Umstandsmoment** zu beachten.[288]

325 Da mit der Verwirkung die **illoyal verspätete Geltendmachung von Rechten gegenüber dem Verpflichteten** ausgeschlossen werden soll, ist das Verhalten des Berechtigten maßgebend. Entscheidend ist, ob bei objektiver Beurteilung der Verpflichtete dem Verhalten des Berechtigten entnehmen durfte, dass dieser sein Recht nicht mehr geltend machen wolle, ob d**er Schuldner sich also darauf einrichten durfte**, dass er mit einer Rechtsausübung durch den Berechtigten nicht mehr zu rechnen brauche.[289]

326 Lässt ein Gläubiger seinen Anspruch **durch gerichtliche Entscheidung titulieren**, gibt er bereits dadurch zu erkennen, dass er die Forderung durchsetzen will und sich dazu eines Weges bedient, der ihm dies grundsätzlich für die Dauer von 30 Jahren ermöglicht. Daher liegt die Annahme, ein anschließendes Ruhen der Angelegenheit könne bedeuten, der Gläubiger wolle den Anspruch endgültig nicht mehr durchsetzen, umso ferner.[290]

327 Daher müssen zu dem reinen Zeitablauf **besondere, auf dem Verhalten des Berechtigten beruhende Umstände** hinzutreten, die das Vertrauen des Verpflichteten rechtfertigen, der Berechtigte werde seinen Anspruch nicht mehr geltend machen.[291]

328 Allein aus der Tatsache, dass ein **titulierter Anspruch 13 Jahre nicht vollstreckt worden** ist, kann nicht hergeleitet werden, der Schuldner habe sich nach den gesamten Umständen darauf einrichten dürfen, dass die Gläubigerin ihre Rechte aus den Titeln nicht mehr geltend machen werde.[292] **Unterlassene Vollstreckungsmaßnahmen** können deshalb nicht als ein Anzeichen mangelnden Durchsetzungswillens des Gläubigers gewertet werden.[293]

329 Bereits titulierte Ansprüche, die aber erst nach der Titulierung fällig werden, sind jedoch nicht anders zu behandeln als noch nicht titulierte Unterhaltsrückstände.[294]

330 **Umstände aus der eigenen Sphäre des Schuldners**, wie z.B. das Vernichten der Zahlungsbelege, bewirken keine Vertrauensposition.[295]

331 Dagegen haben mehrere Oberlandesgerichte zuvor **bei titulierten Ansprüchen geringere Anforderungen gestellt** als bei nicht titulierten und Verwirkung auch bei der **Geltendmachung rückständigen titulierten Mindestunterhaltes** bejaht, wenn keine Vollstreckungsmaßnahmen durchgeführt werden, obwohl eine Vollstreckung möglich wäre.[296]

---

[287] BGH v. 16.06.1999 - XII ZA 3/99 - DAVorm 1999, 711; vgl. OLG Koblenz v. 07.03.2012 - 11 WF 250/12 - FamRZ 2013, 971 unter Hinweis auf BGH v. 10.12.2003 - XII ZR 155/01 - FamRZ 2004, 531; OLG Hamm v. 29.01.2001 - 4 UF 204/00 - FamRZ 2002, 230-232; OLG Hamburg v. 11.05.2001 - 12 UF 114/00 - OLGR Hamburg 2001, 348-349; KG Berlin v. 16.04.1993 - 19 UF 2083/93 - FamRZ 1994, 771; OLG Karlsruhe v. 27.08.1992 - 16 UF 68/92 - FamRZ 1993, 1456-1457; OLG Dresden v. 22.03.2004 - 23 WF 0140/04, 23 WF 140/04.

[288] OLG Brandenburg v. 07.03.2013 - 13 UF 66/12, FamRZ 2014, 48, zum Schuldanerkenntnis vgl. OLG Oldenburg v. 23.08.2011 - 13 UF 16/11 - FamRZ 2012, 148.

[289] BGH v. 09.10.2013 - XII ZR 59/12; BGH v. 27.06.1957 - II ZR 15/56 - BGHZ 25, 47, 52 = NJW 1957, 1358; RG v. 04.06.1937 - VII 321/36 - RGZ 155, 152.

[290] BGH v. 09.10.2013 - XII ZR 59/12.

[291] BGH v. 09.10.2013 - XII ZR 59/12 - BGHZ 105, 290, 298 = NJW 1989, 836; BGH v. 18.01.2001 - VII ZR 416/99 - NJW 2001, 1649; BGH v. 14.11.2002 - VII ZR 23/02 - NJW 2003, 824 und BGH v. 30.10.2009 - V ZR 42/09 - NJW 2010, 1074.

[292] BGH v. 09.10.2013 - XII ZR 59/12.

[293] OLG Brandenburg v. 07.03.2013 - 13 UF 66/12 - FamRZ 2014, 48; OLG Schleswig v. 31.01.2013 - 15 UF 148/12 mit Anm. *Bömelburg*, FamRB 2013, 215; OLG Jena v. 24.10.2013 - 1 UF 353/13 m.w.N. Vgl. auch OLG Saarbrücken v. 09.09.2010 - 6 UF 29/10 - MDR 2011, 168, 169; OLG Oldenburg v. 23.08.2011 - 13 UF 16/11 - FamRZ 2012, 148.

[294] BGH v. 10.12.2003 - XII ZR 155/01 - NotBZ 2004, 103.

[295] BGH v. 09.10.2013 - XII ZR 59/12.

[296] OLG Hamm v. 13.05.2013 - 2 WF 82/13 - FuR 2013, 723; OLG Koblenz v. 07.03.2012 - 11 WF 250/12 - FamRZ 2013, 971; OLG Nürnberg v. 18.06.2009 - 10 UF 1536/08 - ZFE 2010, 474; anders OLG Oldenburg v. 23.08.2011 - 13 UF 16/11 - FamRZ 2012, 148; OLG Naumburg v. 01.12.2009 - 3 UF 71/09 - FamFR 2010, 85; OLG Saarbrücken v. 09.09.2010 - 6 UF 29/10 - MDR 2011, 168, 169.

Dies gilt auch bei **titulierten dynamischen Unterhaltsbeträgen** im Hinblick auf die Erhöhungsbeträge nach einer Änderung der Düsseldorfer Tabelle. Ein bloßes Untätigbleiben des Unterhaltsgläubigers (keine Aufforderung zur höheren Zahlung) begründet keinen Vertrauenstatbestand auf Seiten des Unterhaltsschuldners. Denn diesem **kann zugemutet werden, die von ihm geschuldeten Unterhaltsbeträge selbst zu errechnen.**[297]   332

Entscheidend sei jedenfalls darauf abzustellen, ob der Schuldner trotz der Tatsache, dass er sich in dem **Schuldanerkenntnis** der sofortigen Zwangsvollstreckung unterworfen hat, darauf vertrauen durfte, seine Verpflichtung nicht mehr erfüllen zu müssen.[298]   333

Verwirkung von Unterhalt ist auch bei **verspäteter Feststellung der Vaterschaft eines nichtehelichen Kindes** möglich. Das Umstandsmoment für die Verwirkung des Unterhaltsanspruchs kann erfüllt sein, wenn der Vater des nicht ehelichen Kindes seit der Geburt regelmäßig Unterhalt zahlt und die Mutter diese Beträge über Jahre entgegennimmt, ohne mehr zu fordern.[299]   334

Ein Anspruch auf **Minderjährigenunterhalt** kann auch dann verwirkt sein, wenn die Vaterschaft des Unterhaltspflichtigen erst nach Eintritt der Volljährigkeit festgestellt wird.[300]   335

5. Rechtsfolgen der Verwirkung

Bei der Prüfung der Rechtsfolgen einer Verwirkung muss nach den **Zeitabschnitten** differenziert werden.[301]   336

Wird das Umstandsmoment bejaht, so sind die **vor dem Beginn der zeitlichen Grenze liegenden Unterhaltsrückstände** verwirkt, können also nicht mehr geltend gemacht werden. Stellt man auf die Jahresfrist ab, so ist der länger als ein Jahr zurückliegende Rückstand davon betroffen.   337

Dagegen werden davon nicht erfasst die zwischenzeitlich aufgelaufenen Rückstände, die nach dem Beginn der zeitlichen Grenze liegen. Unterhaltsrückstände aus dem letzten Jahr können also weiter geltend gemacht werden.   338

Die eingetretene Verwirkung hinsichtlich der aufgelaufenen Unterhaltsrückstände führt auch **nicht** zu einer **Verwirkung** des **zukünftigen Unterhaltes**. Denn vor Fälligkeit kann kein Unterhaltsanspruch verwirken. Eine Verwirkung des zukünftigen Unterhaltes kann beim Verwandtenunterhalt nur unter den Voraussetzungen des § 1611 BGB eintreten (vgl. die Kommentierung zu § 1611 BGB Rn. 5); für den Ehegattenunterhalt ist § 1579 BGB einschlägig.   339

Wird die **Verwirkung** der Unterhaltsrückstände bejaht, so beseitigt dies außerdem nicht die Verzugsfolgen, sondern nur den **vor dem Zeitmoment liegenden Anspruch**.[302]   340

6. Verwirkung und Anspruchsübergang

Die Verwirkung greift auch, wenn die Unterhaltsansprüche aus **übergegangenem Recht** vom Sozialhilfeträger geltend gemacht werden, obgleich dieser nicht lebensnotwendig auf die Realisierung der Forderung angewiesen ist. Er ist aufgrund der Rechtsnatur der Ansprüche gehalten, sich um deren zeitnahe Durchsetzung zu bemühen.[303] Durch den **Forderungsübergang** – z.B. auf den Träger der Sozialhilfe – ändert sich nichts an Natur, Inhalt und Umfang des Unterhaltsanspruches.[304]   341

Etwas anderes kommt nur dann in Betracht, wenn die öffentliche Hand aus übergegangenem Recht noch keine Unterhaltszahlung verlangen konnte, insbesondere weil der Unterhaltspflichtige einem Auskunftsverlangen des zuständigen Trägers der Sozialleistung noch nicht genügt hatte (**Umstandsmoment**). In diesem Fall kann der Unterhaltspflichtige bei einem Untätigsein der öffentlichen Hand von mehr als einem Jahr nicht ohne Weiteres darauf vertrauen, von ihr nicht mehr in Anspruch genommen zu werde.[305]   342

---

[297] So zutreffend *Bömelburg*, FamRB 2013, 215.
[298] OLG Oldenburg v. 23.08.2011 - 13 UF 16/11 - FamRZ 2012, 148.
[299] OLG Schleswig v. 19.12.2007 - 15 UF 142/07 - FuR 2009, 57.
[300] OLG Dresden v. 24.06.2009 - 20 UF 311/09 - FamRZ 2009, 1930.
[301] Vgl. OLG Brandenburg v. 12.07.2011 - 10 UF 115/10 - FamRZ 2012, 1223-1226 unter Hinweis auf BGH v. 13.01.1988 - IVb ZR 7/87 - FamRZ 1988, 370; BGH v. 22.11.2006 - XII ZR 152/04 - FamRZ 2007, 453.
[302] *Schnitzler*, FPR 2013, 532, 533 unter Hinweis auf BGH v. 22.11.2006 - XII ZR 152/04 - FamRZ 2007, 453.
[303] BGH v. 15.09.2010 - XII ZR 148/09 - FamRZ 2010, 1888 mit Anm. *Hauß*, FamRZ 2010, 1892; vgl. BGH v. 23.10.2002 - XII ZR 266/99 - FamRZ 2002, 1698, 1699.
[304] OLG Brandenburg v. 10.06.2010 - 10 WF 113/10.
[305] Vgl. OLG Naumburg v 12.07.2012 - 8 UF 103/12 - FamFR 2013, 9.

§ 1613

343 Das Umstandsmoment steht der Verwirkung auch entgegen, wenn dem Unterhaltspflichtigen aufgrund von Schreiben des anspruchstellenden **Sozialhilfeträgers** klar sein musste, dass dieser nach wie vor mit der Prüfung des Anspruchs beschäftigt war, um diesen bei Fehlen erheblicher Einwendungen ggf. einer gerichtlichen Durchsetzung zuzuführen. Dass sich das ganze Verfahren zeitlich gestreckt hat, kann dem Sozialhilfeträger jedenfalls dann nicht zum Vorwurf gemacht werden, wenn der Unterhaltspflichtige nichts weiter vorgetragen hatte.[306]

7. Verwirkung in anderen Bereichen

344 Diese Überlegungen gelten **auch in anderen familienrechtlichen Rechtsbeziehungen**. So ist z.B. der **Gesamtschuldnerausgleich** zwischen getrennt lebenden Ehegatten ausgeschlossen, soweit Ausgaben für Kosten der allgemeinen Lebensführung bestritten worden sind.[307]

345 Auch der **Verwirkungseinwand aus § 1579 BGB** kann seinerseits verwirkt sein, wenn z.B. ein Ehegatte trotz Kenntnis eines Verwirkungsgrundes über einen längeren Zeitraum nachehelichen Unterhalt zahlt, ohne sich auf die Verwirkung zu berufen. In diesem Fall kann er mit dem nachträglich erhobenen Verwirkungseinwand ausgeschlossen sein, weil seine (weitere) Inanspruchnahme auf Unterhalt nicht grob unbillig ist.[308]

346 Denkbar ist auch die Verwirkung des Rechtes auf Geltendmachung der **Unwirksamkeit eines Ehevertrages**.[309]

347 Auch bei einem **Anspruch auf Rückforderung zu Unrecht gezahlten Kindergeldes** kann sich die Frage der Verwirkung stellen. Jedoch führt die bloße Weiterzahlung des Kindergeldes trotz Kenntnis von Umständen, die den Kindergeldanspruch entfallen lassen, für sich genommen nicht zur Verwirkung des Rückforderungsanspruchs der Familienkasse.[310]

348 Zur Frage der Verwirkung bei einem **Auskunftsanspruch** vgl. die Kommentierung zu § 1605 BGB Rn. 14 ff.

349 Bei einem Leistungsanspruch aus **Zugewinnausgleich** kann nicht ohne weiteres von einer Verwirkung ausgegangen werden, wenn Ansprüche über zweieinhalb Jahre nicht weiterverfolgt werden.[311]

350 Auch im **Verfahrensrecht** kann eine Verwirkung eintreten. Allerdings ist hier dem Umstandsmoment besonderes Augenmerk zu widmen. Aus der gesamten Verhaltensweise des Beteiligten muss der Verfahrensgegner den berechtigten Schluss ziehen können, dass dieser das Recht nicht mehr weiterverfolgen werde.[312]

8. Darlegungs- und Beweislast

351 Der Verpflichtete trägt die Beweislast für die Voraussetzungen der Verwirkung.[313] Der Gläubiger ist darlegungspflichtig dafür, wann und wie er den Anspruch geltend gemacht hat.[314]

9. Verfahrensrechtliche Durchsetzung der Verwirkung

352 Beruft sich ein Unterhaltsschuldner gegenüber einem bestimmten Unterhaltstitel auf Verzicht oder Verwirkung, handelt es sich um Einwendungen, die im Wege des **Vollstreckungsabwehrantrages** nach § 120 Abs. 1 FamFG, § 767 ZPO geltend gemacht werden können.[315]

---

[306] BGH v. 15.09.2010 - XII ZR 148/09 - FamRZ 2010, 1888 mit Anm. *Hauß*, FamRZ 2010, 1892; BGH v. 23.10.2002 - XII ZR 266/99 - FamRZ 2002, 1698, 1699.
[307] OLG Oldenburg v. 28.06.2005 - 12 UF 22/05 - FamRZ 2006, 267.
[308] OLG Bremen v. 01.02.2010 - 4 UF 106/09 - FamRZ 2010, 1677.
[309] OLG Köln v. 25.10.2010 - 4 UF 158/10 - FamRZ 2011, 1063.
[310] BFH v. 27.12.2011 - III B 35/11.
[311] OLG Brandenburg v. 12.08.2010 - 9 UF 140/09 - FamFR 2010, 441.
[312] BGH v. 06.04.2011 - XII ZR 79/09 - FamRZ 2011, 1140.
[313] OLG Jena v. 24.10.2013 - 1 UF 353/13 m.w.N.; OLG Hamm v. 13.05.2013 - 2 WF 82/13 - FuR 2013, 723.
[314] OLG Brandenburg v. 12.07.2011 - 10 UF 115/10 - FamRZ 2012, 1223-1226.
[315] OLG Jena v. 24.10.2013 - 1 UF 353/13 - FamRZ 2014, 1032; OLG Hamm v. 13.05.2013 - 2 WF 82/13 - FuR 2013, 723; OLG Thüringen v. 12.04.2012 - 1 UF 648/11 - FamRZ 2012, 1662; OLG Hamm v. 28.10.2011 - II-8 WF 160/11 - FamRZ 2012, 993; OLG Saarbrücken v. 09.09.2010 - 6 UF 29/10 - MDR 2011, 168.

C. Prozessuale Hinweise/Verfahrenshinweise

I. Darlegungs- und Beweislast

Der **Unterhaltsberechtigte** trägt die **Darlegungs- und Beweislast** für die Voraussetzungen des § 1613 Abs. 1 BGB, also für ein erfolgtes Auskunftsverlangen[316] sowie für das Bestehen des Unterhaltsanspruchs dem Grunde nach zum Zeitpunkt des Auskunftsverlangens. Ebenso muss er den Eintritt des Verzuges und der Rechtshängigkeit nachweisen, so wie auch die Tatsachen, aus denen sich ggf. die Entbehrlichkeit einer Mahnung ableitet. 353

Eine Vorverlagerung auf den Zeitpunkt der Einreichung eines **Prozesskostenhilfeantrags** ist nicht möglich; ebenso scheidet eine entsprechende Anwendung der Vorschrift des § 167 ZPO mit der Folge einer Rückwirkung auf die **Antragseinreichung** aus.[317] 354

Beim **Sonderbedarf** (vgl. dazu Rn. 258 ff.) hat der Unterhaltsberechtigte die Entstehung und die Voraussetzungen zur Geltendmachung für die Vergangenheit darzulegen und zu beweisen. 355

Auch für die rechtlichen und tatsächlichen **Hinderungsgründe** des § 1613 Abs. 2 Nr. 2 BGB trägt als Ausnahmetatbestand der Unterhaltsberechtigte die Beweislast. 356

Fehlendes Verschulden muss der **Unterhaltspflichtige** darlegen und beweisen, ebenso die Härtegründe des § 1613 Abs. 3 BGB, da es sich um eine materielle Einwendung handelt. 357

Der Verpflichtete trägt die Beweislast für die Voraussetzungen der **Verwirkung**, jedoch muss der Gläubiger **darlegen**, wann und wie er den Anspruch geltend gemacht hat.[318] 358

II. Verfahrensrechtliche Auswirkungen im Abänderungsverfahren

Die Vorschrift hat insbesondere auch Bedeutung für das **Abänderungsverfahren gem. §§ 238, 239 FamFG**. Ist Unterhalt durch eine gerichtliche Entscheidung tituliert, kann wegen der verfahrensrechtlichen Sperre des § 238 Abs. 2 FamFG eine Abänderung grundsätzlich nur mit Wirkung vom Zeitpunkt der Zustellung der Abänderungsantrages an verlangt werden. 359

Unter bestimmten Voraussetzungen ist jedoch auch eine **rückwirkende Abänderung** möglich. 360

1. Erhöhungsverlangen

Ein auf Erhöhung des Unterhalts gerichteter Antrag ist gem. § 238 Abs. 2 Satz 2 FamFG zulässig für die Zeit, für die nach den Vorschriften des bürgerlichen Rechts Unterhalt für die Vergangenheit verlangt werden kann. Damit kann der Unterhaltsberechtigte durch ein wirksames **Auskunftsverlangen** gem. § 1613 BGB eine **Mehrforderung** auch rückwirkend vom Ersten des Monats, in dem dieses Verlangen zugegangen ist, durchsetzen, wenn ein Titel über einen geringeren Betrag besteht. 361

2. Herabsetzungsverlangen

Nach § 238 Abs. 3 Satz 3 FamFG kann der Antrag auf **Herabsetzung** des Unterhalts durchgesetzt werden. Das auf eine Herabsetzung des Unterhalts gerichtete Verlangen des Schuldners unterliegt damit spiegelbildlich den Voraussetzungen, für die nach den Vorschriften des bürgerlichen Rechts Unterhalt für die Vergangenheit verlangt werden kann.[319] 362

Anders als bei der Erhöhung des Unterhalts wirken diese Handlungen jedoch nicht auf den vergangenen Monatsersten zurück (§ 1613 Abs. 1 BGB), sondern erst ab dem **Ersten des Folgemonats** (§ 238 Abs. 3 Satz 2). 363

Erforderlich ist somit die **Aufforderung**, über Einkünfte und Vermögen **Auskunft** zu erteilen zu dem Zwecke, ein Herabsetzungsbegehren bezüglich titulierten Unterhalts zu ermöglichen.[320] 364

Ausreichend ist die Aufforderung an den Unterhaltsgläubiger, teilweise oder vollständig auf den titulierten Unterhalt zu verzichten (sog. „negative Mahnung"). 365

---

[316] Zu den Anforderungen an ein Herabsetzungsverlangen bzw. Verzichtsverlangen vgl. OLG Brandenburg v. 15.10.2013 - 3 WF 98/13 - FamRB 2014, 43-44.
[317] OLG Brandenburg v. 15.10.2013 - 3 WF 98/13.
[318] Vgl. OLG Brandenburg v. 12.07.2011 - 10 UF 115/10 - FamRZ 2012, 1223-1226.
[319] OLG Brandenburg v. 15.10.2013 - 3 WF 98/13 - FamRB 2014, 43-44; OLG Hamburg v. 05.12.2012 - 7 WF 117/12 - NJW 2013, 2042.
[320] OLG Brandenburg v. 15.10.2013 - 3 WF 98/13 - FamRB 2014, 43-44.

366 Für ein solches **Verzichtsverlangen** genügt eine Mitteilung des Unterhaltsschuldners an den Unterhaltsgläubiger, in der schlüssig dargelegt wird, dass nunmehr nur noch ein geringerer Unterhalt geschuldet sei, und der Unterhaltsgläubiger ernsthaft zu der Erklärung aufgefordert wird, die Herabsetzung des Unterhalts zu akzeptieren.[321]

367 Die gleichzeitige **Vorlage von Belegen** ist dafür ebenso wenig erforderlich wie bei einer auf die Zahlung eines erhöhten Unterhalts gerichteten Mahnung, für die die Konkretisierung der Forderung und ihre schlüssige Darlegung ebenfalls ausreicht.[322]

368 Wird in einem solchen **Verzichtsverlangen** auf weitere Unterhaltsverpflichtungen verwiesen und im Übrigen die Einkommensverhältnisse des Pflichtigen dargelegt, aus denen sich die geringere Höhe des geschuldeten Unterhalts ergibt, werden damit die Voraussetzungen des § 240 Abs. 2 Satz 3 FamFG bzw. der gleichlautenden Regelung in § 238 Abs. 3 Satz 3 FamFG erfüllt.[323]

369 Die Voraussetzungen des § 1613 BGB müssen in beiden Fällen gegeben sein. Im Streitfall muss auch der Zugang eines entsprechenden Verlangens nachgewiesen werden.

370 Eine **absolute Sperre** bildet § 238 Abs. 3 Satz 4 FamFG. Danach kann für eine mehr als **ein Jahr vor Rechtshängigkeit** liegende Zeit keine Herabsetzung verlangt werden. Diese Regelung lehnt sich an § 1585b Abs. 3 BGB an.

371 Die verschärfte Haftung für den überzahlten Unterhalt in Bezug auf § 818 Abs. 4 BGB tritt gem. § 241 FamFG allerdings erst durch die Rechtshängigkeit eines auf Herabsetzung gerichteten Abänderungsantrags ein, nicht schon mit dem vorprozessualen Herabsetzungsverlangen.

III. Verfahrenskostenhilfe

372 **Verfahrenskostenhilfe** kann bei einem **Herabsetzungsverlangen** wegen Mutwilligkeit zu verweigern sein, wenn der Unterhaltsschuldner es versäumt hat, den Unterhaltsgläubiger vorab zur zumindest teilweisen Herabsetzung seiner titulierten Verpflichtung durch einen Vollstreckungsverzicht aufzufordern.[324]

373 Der Unterhaltsschuldner muss sich folglich vor Erhebung des Änderungsantrages an den Gläubiger wenden und ein **Verzichtsverlangen** (§§ 238 Abs. 3 Satz 2, 240 Abs. 2 Satz 3 FamFG) aussprechen.[325] Das Verzichtsverlangen muss wirksam sein. Daher muss durch nähere Angabe der wirtschaftlichen Verhältnisse schlüssig darlegt werden, dass nunmehr nur noch ein geringerer Unterhalt geschuldet sei, und der Unterhaltsgläubiger muss ernsthaft zu der Erklärung aufgefordert werden, die Herabsetzung des Unterhalts zu akzeptieren. Jedoch müssen keine Belege beigefügt werden.[326]

374 Ebenso wurde Verfahrenskostenhilfe für ein gerichtliches Herabsetzungsverlangen abgelehnt, wenn der Anwalt des Unterhaltsberechtigten auf ein vorgerichtliches Herabsetzungsverlangen **mitgeteilt hat, dass er nur noch den reduzierten Unterhalt verlange**.[327]

375 Wenn der Gläubiger dem für einen bestimmten Zeitpunkt zustimmt, ist der dennoch gestellte **gerichtliche Antrag regelmäßig mutwillig**, es sei denn, der Unterhaltsschuldner hat Gründe für die Annahme, er werde entgegen der Abrede nachträglich noch in Anspruch genommen.[328]

376 Auch die Argumentation, allein durch die Schaffung eines neuen Titels der bisherige, auf Zahlung höheren Unterhalts gehende Titel beseitigt werden könne, lässt das OLG nicht gelten.[329] Bei dieser Sachlage würde ein verständiger Beteiligter, der seine Verfahrenskosten selbst aufzubringen hätte, ein gerichtliches Verfahren auf Herabsetzung des titulierten Unterhalts nicht betreiben. Der unterhaltspflichtige Kindesvater hätte die kostensparende Möglichkeit, eine Jugendamtsurkunde erstellen zu lassen, in der er sich vollstreckbar zur Leistung des nunmehr niedrigeren Unterhaltsbetrags verpflichtet, und dem Antragsgegner den Austausch des bisherigen Titels gegen diese Urkunde anzubieten. Dies gilt jedenfalls bis zum 21. Lebensjahr des Unterhaltsgläubigers (§ 59 Abs. 1 Satz 2 Nr. 3 SGB VIII).[330]

---

[321] OLG Brandenburg v. 15.10.2013 - 3 WF 98/13 - FamRB 2014, 43-44.
[322] OLG Hamburg v. 05.12.2012 - 7 WF 117/12; OLG Hamm v. 27.05.1994 - 11 UF 393/92 - FamRZ 1995, 106, 107.
[323] Vgl. OLG Hamburg v. 05.12.2012 - 7 WF 117/12 - NJW 2013, 2042.
[324] OLG München v. 29.09.2010 - 33 WF 1567/10 - FamRZ 2011, 386; vgl. auch *Götsche*, jurisPR-FamR 3/2013, Anm. 5.
[325] Vgl. OLG München v. 29.09.2010 - 33 WF 1567/10 - FamRZ 2011, 386.
[326] *Götsche*, jurisPR-FamR 3/2013, Anm. 5.
[327] Vgl. OLG Hamburg v. 05.12.2012 - 7 WF 117/12 - NJW 2013, 2042; *Götsche*, jurisPR-FamR 3/2013, Anm. 5.
[328] *Götsche*, jurisPR-FamR 3/2013, Anm. 5.
[329] Vgl. OLG Hamburg v. 05.12.2012 - 7 WF 117/12 - NJW 2013, 2042; *Götsche*, jurisPR-FamR 3/2013, Anm. 5.
[330] Vgl. *Götsche*, jurisPR-FamR 3/2013, Anm. 5.

Erst wenn der Unterhaltsgläubiger einen solchen Austausch der Titel verweigerte, hätte der Unterhaltsschuldner hinreichenden Anlass, in einem gerichtlichen Verfahren die Abänderung des bisherigen Titels zu erstreben.[331] 377

Ein **Antrag auf rückwirkende Abänderung eines Unterhaltstitels** gemäß § 238 FamFG für die Zeit vor Einreichung des Abänderungsantrages bzw. des Verfahrenskostenhilfeantrages für ein Abänderungsverfahren ist mutwillig im Sinne des § 114 ZPO, soweit durch die Gegenstandswerterhöhung gemäß § 51 Abs. 2 FamGKG erhebliche Mehrkosten dadurch entstehen, dass der Antragsteller ohne nachvollziehbaren Grund nicht zeitnah nach einem Auskunfts- oder Verzichtsverlangen einen verfahrenseinleitenden Antrag bei Gericht stellt.[332] 378

IV. Auswirkungen eines nicht erfüllten Auskunftsverlangens auf die gerichtliche Kostenentscheidung

Der Auskunftsanspruch dient auch dazu, einen Rechtsstreit zu vermeiden. Damit korrespondieren die Kostenregelungen des § 243 Satz 2 Nr. 2 FamFG. 379

Ein Auskunftspflichtiger, der trotz korrekter Aufforderung seiner Verpflichtung zur Auskunft über die Einkünfte und das Vermögen nicht oder nicht vollständig nachgekommen ist und damit Veranlassung für ein gerichtliches Verfahren gegeben hat, kann die Kosten nach billigem Ermessen ganz oder teilweise auferlegt bekommen. Hat der Unterhaltsberechtigte also den Unterhaltsverpflichteten durch ein korrektes Verlangen nach § 1613 BGB zur Auskunft aufgefordert und werden vom Unterhaltsverpflichteten Unterlagen zur mangelnden Leistungsfähigkeit erst im gerichtlichen Verfahren vorgelegt, trifft grds. den Unterhaltspflichtigen die Kostenlast, auch wenn er in der Sache obsiegt. 380

V. Sonstige verfahrensrechtlichen Hinweise

Zur Zulässigkeit von gerichtlichen **Teilentscheidungen** vgl. Rn. 257. 381

D. Steuerrechtliche Hinweise

Vgl. hierzu die Steuerrechtl. Hinw. zu §§ 1601 ff. BGB ff. 382

Erzielt das Kind durch sein regelmäßiges **Ausbildungsverhältnis** keine Einkünfte, sind seine Aufwendungen für die vorübergehende, von seiner Wohnung und seiner regelmäßigen Ausbildungsstätte entfernte Ausbildung nicht nach Reisekostengrundsätzen bei der Ermittlung seiner Einkünfte und Bezüge zu berücksichtigen. Jedoch sind Miet- und Verpflegungsmehraufwendungen für die auswärtige Unterbringung des Kindes in Ausbildung bereits durch den Jahresgrenzbetrag des § 32 Abs. 4 Satz 2 EStG abgegolten.[333] 383

---

[331] OLG Hamburg v. 05.12.2012 - 7 WF 117/12.
[332] OLG Celle v. 14.03.2013 - 10 WF 76/13 - FamRZ 2014, 134; OLG Celle v. 05.07.2010 - 10 WF 209/10 - FamRZ 2011, 50.
[333] BFH v. 09.06.2011 - III R 28/09 - NJW 2011, 3327.

§ 1614 BGB Verzicht auf den Unterhaltsanspruch; Vorausleistung

(Fassung vom 02.01.2002, gültig ab 01.01.2002)

(1) Für die Zukunft kann auf den Unterhalt nicht verzichtet werden.

(2) Durch eine Vorausleistung wird der Verpflichtete bei erneuter Bedürftigkeit des Berechtigten nur für den im § 760 Abs. 2 bestimmten Zeitabschnitt oder, wenn er selbst den Zeitabschnitt zu bestimmen hatte, für einen den Umständen nach angemessenen Zeitabschnitt befreit.

Gliederung

A. Grundlagen 1	b. Rechtliche Folgen einer Freistellungsvereinbarung 24
B. Anwendungsvoraussetzungen 4	c. Wirksamkeitsvoraussetzungen einer Freistellungsvereinbarung 32
I. Verzicht auf zukünftigen Unterhalt (Absatz 1).....4	
1. Stundung und Vollstreckungsverzicht................9	II. Verzicht auf Unterhalt für die Vergangenheit (Absatz 2) 44
2. Teilverzichte und Modifikationen.....................15	
3. Freistellungsvereinbarungen 21	C. Prozessuale Hinweise/Verfahrenshinweise.... 46
a. Inhalt einer Freistellungsvereinbarung 22	D. Steuerrechtliche Hinweise........................... 50

A. Grundlagen

1 Die Vorschrift verbietet Unterhaltsverzichte für die Zukunft und begrenzt die Erfüllungswirkung von Vorausleistungen. Sie dient nicht nur dem Schutz des Unterhaltsberechtigten, sondern auch der öffentlichen Kassen vor Inanspruchnahme von Sozialleistungen.

2 Sie gilt für die Unterhaltsansprüche von **Kindern** und über die §§ 1360a Abs. 3, 1361 Abs. 4 Satz 4 BGB auch für den **Familienunterhalt** und den **Trennungsunterhalt** des Ehegatten, nicht jedoch für den Unterhalt nach Rechtskraft der Scheidung (§ 1585c BGB).

3 Das Verbot gilt nur für den gesetzlichen Unterhaltsanspruch. Ein Verzicht auf vertragliche Unterhaltsansprüche ist zulässig.

B. Anwendungsvoraussetzungen

I. Verzicht auf zukünftigen Unterhalt (Absatz 1)

4 Vereinbarungen über den Kindesunterhalt dürfen **keinen Verzicht** auf zukünftigen Unterhalt beinhalten oder auf einen solchen Verzicht hinauslaufen Das Verzichtsverbot umfasst sowohl den laufenden Bedarf als auch den Sonderbedarf, den Bar- und auch den Betreuungsunterhalt.

5 Ein **Verzicht auf künftigen Unterhalt ist unwirksam** und daher nach § 134 BGB nichtig. Die Vorschrift hat sowohl individuelle als auch öffentliche Interessen im Blick und will verhindern, dass sich der Unterhaltsberechtigte während der Trennungszeit durch Dispositionen über den Bestand des Unterhaltsanspruches seiner Lebensgrundlage begibt und dadurch gegebenenfalls öffentlicher Hilfe anheimzufallen droht.[1]

6 **Ohne Bedeutung** ist, ob die Parteien einen Verzicht **ausdrücklich** vereinbart haben. Unbeachtlich ist auch, ob sie einen Verzicht gewollt haben. Es genügt, wenn als Folge der Regelung der dem Unterhaltsberechtigten von Gesetzes wegen zustehende Unterhalt objektiv verkürzt würde.[2] Dies kann z.B. auch dann der Fall sein, wenn die Unterhaltszahlungen des Verpflichteten nur nach dessen tatsächlichem Einkommen festgesetzt werden, unabhängig davon, ob der Verpflichtete seiner ihm gemäß § 1603 Abs. 2 BGB obliegenden gesteigerten Erwerbsobliegenheit nachkommt.[3]

7 **Unzulässig** ist eine Vereinbarung, durch die das volljährige Kind oder der gesetzliche Vertreter des minderjährigen Kindes **zusagt**, keinen Anspruch auf Kindesunterhalt geltend zu machen.[4] Auch jede

---

[1] BGH v. 29.01.2014 - XII ZB 303/13 - FamRZ 2014, 629.
[2] BGH v. 27.06.1984 - IVb ZR 21/83 - NJW 1985, 64.
[3] OLG Brandenburg v. 29.09.2002 - 9 WF 153/02 - FamRZ 2003, 1965.
[4] A.A. OLG Köln v. 21.05.1999 - 4 UF 245/98 - FamRZ 2000, 609.

Absprache, die zu einer Erschwernis eines Erhöhungsverlangens nach den §§ 238, 239 FamFG führt, kann zur Annahme eines unzulässigen Verzichts führen.[5] Verzichtet ein unterhaltsberechtigtes minderjähriges Kind dagegen zum Zwecke der Vermeidung eines Abänderungsverfahrens für einen bestimmten Zeitraum auf die Geltendmachung seiner Rechte aus einer gerichtlichen Unterhaltsfestsetzung, um ein Abänderungsverfahren zu vermeiden, so soll darin kein unzulässiger Verzicht gemäß § 1614 BGB liegen. Dies gelte zumindest dann, wenn wegen Leistungsunfähigkeit des Unterhaltsverpflichteten ohnehin kein Anspruch bestanden hätte.[6]

Auch der Verzicht darauf, eine Erhöhung des Kindesunterhalts – insbesondere aufgrund des höheren Alters des Kindes – im Wege des Abänderungsverfahrens zu verlangen, kann unzulässig sein.[7]

1. Stundung und Vollstreckungsverzicht

Das Verbot eines Verzichtes kann auch nicht dadurch umgangen werden, dass ein **pactum de non petendo** geschlossen wird.[8]

Ein sogenanntes **pactum de non petendo,** d.h. die Verpflichtung oder das Versprechen des unterhaltsberechtigten Ehegatten, Unterhalt nicht geltend zu machen, berührt zwar den Bestand des Unterhaltsanspruches nicht, doch begründet dieses eine Einrede gegen den Unterhaltsanspruch, die wirtschaftlich zu dem gleichen Ergebnis führt wie ein Unterhaltsverzicht. In einem pactum de non petendo liegt daher ein **unzulässiges und daher unwirksames Umgehungsgeschäft**.[9]

Der Schutzzweck von § 1614 BGB verbietet es generell, der unterhaltsberechtigten Person unter Hinweis auf den Parteiwillen den Unterhaltsanspruch ganz zu versagen.[10] „Feststellungen" der Beteiligten zum Nichtbestehen eines ungedeckten Unterhaltsbedarfs oder zum Vorliegen eines Verwirkungsgrundes können folglich einem pactum de non petendo nicht zur Wirksamkeit verhelfen. Damit wäre es nicht in Einklang zu bringen, wenn die Beteiligten durch eine Parteivereinbarung, der im Übrigen das Risiko einer unrichtigen Tatsachenermittlung oder falschen Einschätzung der Rechtslage anhaftet, eine den Trennungsunterhaltsanspruch ausschließende Situation darstellen und diese anschließend durch ein pactum de non petendo unangreifbar machen könnten.[11]

Liegt in einer mehrere Regelungspunkte umfassenden **Gesamtvereinbarung** hinsichtlich des Unterhaltes ein unwirksames pactum de non petendo vor, kann diese **Teilnichtigkeit** gemäß § 139 BGB auch die **weiteren Bestimmungen in der Vereinbarung** erfassen.[12]

Auch eine über viele Jahre andauernde **Stundung** des Unterhaltsanspruchs ist ausgeschlossen. Denn dadurch wäre der gesetzliche Unterhaltsanspruch erheblich eingeschränkt. Auch die Vereinbarung, den Kindesunterhalt bis zum 18. Lebensjahr des unterhaltsberechtigten Kindes auf ein Sperrkonto einzuzahlen, verstößt ebenfalls gegen § 1614 BGB.[13]

Der Unterhaltsberechtigte verliert durch den **Vollstreckungsverzicht** nicht seinen Titel.[14] Ein (Teil-)Verzicht kann bei wiederkehrenden Leistungen temporär wirken. Dann wird eine spätere Vollstreckung nicht gehindert.[15]

2. Teilverzichte und Modifikationen

Das gesetzliche Verbot betrifft auch einen **teilweisen Unterhaltsverzicht**. Deshalb darf eine Vereinbarung über den Kindesunterhalt sich nicht so weit vom gesetzlichen Unterhaltsanspruch entfernen, dass sie auf einen vollständigen oder teilweisen Verzicht hinausläuft.

Jedoch sind auch beim Kindesunterhalt Vereinbarungen für die Zukunft nicht schlechthin ausgeschlossen. Da der angemessene Unterhalt ohnehin kein fester Betrag ist, besteht für Unterhaltsvereinbarungen vielmehr ein gewisser Spielraum, der seine Grenze erst dort findet, wo die Vereinbarung selbst

---

[5] OLG Karlsruhe v. 19.10.2000 - 2 UF 16/00 - OLGR Karlsruhe 2002, 163-164; OLG Hamm v. 01.12.1999 - 12 UF 38/99 - NJW-RR 2001, 219-220.
[6] OLG Karlsruhe v. 19.10.2000 - 2 UF 16/00 - FamRZ 2002, 845.
[7] OLG Hamm v. 27.05.2010 - II-3 UF 234/09 - FamRZ 2010, 2080.
[8] *Bergschneider*, FamRZ 2000, 609-610; *Deisenhofer*, FamRZ 2000, 1368-1369.
[9] BGH v. 29.01.2014 - XII ZB 303/13 - FamRZ 2014, 629 m.w.N.
[10] *Deisenhofer*, FamRZ 2000, 1368, 1369.
[11] BGH v. 29.01.2014 - XII ZB 303/13 - FamRZ 2014, 629 m.w.N.; *Huhn*, RNotZ 2007, 177, 187.
[12] BGH v. 29.01.2014 - XII ZB 303/13 - FamRZ 2014, 629 m.w.N.
[13] OLG Frankfurt v. 28.09.1993 - 4 UF 92/93 - FamRZ 1994, 1131.
[14] OLG Zweibrücken v. 21.08.2008 - 6 UF 19/08 - NJW-RR 2009, 4.
[15] OLG Jena v. 24.10.2013 - 1 UF 353/13 - FamRZ 2014, 1032.

nicht mehr angemessen ist, d.h. nicht mehr eine bloße Konkretisierung des gesetzlich geschuldeten Unterhalts nach individuellen Verhältnissen darstellt, sondern das gesetzliche Unterhaltsmaß eindeutig unterschreitet und damit auf einen (vollständigen oder teilweisen) Verzicht hinausläuft.[16]

17 Demnach darf eine Unterhaltsvereinbarung lediglich den gesetzlich geschuldeten Unterhalt konkretisieren oder erhöhen, ihn aber nicht unterschreiten. Nach Maßgabe des § 1610 Abs. 1 BGB besteht für die Bemessung des Kindesunterhalts aber ein **Angemessenheitsrahmen**, der von den Vertragsparteien unter Berücksichtigung der konkreten Situation ausgeschöpft werden kann. Vereinbarungen, die sich nur innerhalb dieses Rahmens halten, sind gestattet.[17] Zulässig sind also **Modifikationen** der Höhe des Unterhaltes in den getroffenen Vereinbarungen, wobei im Einzelfall die Abgrenzung zum Teilverzicht problematisch sein kann. Die Grenze zwischen unzulässigem Verzicht und zulässiger Vereinbarung zur Höhe wird bei einer **Toleranzgrenze von 20-33% des Bedarfes** gezogen.[18]

18 Bei Unterschreitung um mehr als 20% ist im Einzelfall zu prüfen, ob ein gegen § 1614 Abs. 1 BGB verstoßender Verzicht vorliegt. Ist diese Grenze überschritten und ist aus der Vereinbarung nicht ersichtlich noch sonst vorgetragen, dass der herabgesetzte Betrag konkret unter Berücksichtigung der individuellen Verhältnisse des Antragstellers bemessen worden ist, kann nicht davon ausgegangen werden, dass in der Vereinbarung lediglich eine Konkretisierung des gesetzlich geschuldeten Unterhalts liegt.[19]

19 Diese Toleranzgrenze gilt aber nicht, wenn dadurch der **Mindestunterhalt** des Kindes berührt wird.[20]

20 Als zulässig betrachtet wurde eine Vereinbarung, durch die das unterhaltsberechtigte Kind auf zukünftigen Unterhalt von 25 € monatlich verzichtet, wenn in dieser Höhe eine Ausbildungsversicherung zugunsten des Kindes bedient und der maßgebliche Tabellensatz nur um bis zu 20% unterschritten wird.[21] Unwirksam ist aber eine Vereinbarung, die den an sich maßgeblichen Bedarfssatz um mehr als 60 € unterschreitet[22] oder den Kindesunterhalt unabhängig von den Einkommensverhältnissen des Barunterhaltspflichtigen an bestimmte Mindestunterhalts-Tabellensätze bindet.[23]

3. Freistellungsvereinbarungen

21 Eltern können im Verhältnis zueinander die von ihnen zu leistenden Unterhaltsbeiträge regeln und sind dabei nicht gehindert, einen von ihnen von einer Unterhaltsleistung vollständig freizustellen.[24]

a. Inhalt einer Freistellungsvereinbarung

22 **Ausdrückliche Freistellungsvereinbarungen** werden etwa mit folgendem **Text** vereinbart:
Der Ehemann verpflichtet sich, für die Unterhaltsansprüche der gemeinsamen Kinder allein aufzukommen und die Ehefrau von jeglicher Inanspruchnahme durch die Kinder freizuhalten.

23 Die Praxis hat sich meist weder mit einer ausdrücklichen noch mit einer völligen Freistellung zu befassen, sondern mit der Auslegung, ob durch **schlüssiges Verhalten** eine Freistellungsvereinbarung dergestalt zustande gekommen ist, dass anstelle des barunterhaltspflichtigen Elternteils der andere Elternteil den Differenzbetrag zum richtig festzusetzenden Unterhalt aus eigenen Mitteln aufzubringen habe.[25] Für die Annahme einer Freistellungsvereinbarung genügt es jedenfalls nicht, dass die Eltern den Kindesunterhalt der Höhe nach begrenzen.

---

[16] OLG Jena v. 24.10.2013 - 1 UF 353/13 - FamRZ 2014, 1032.
[17] OLG Hamm v. 01.12.1999 - 12 UF 38/99 - FamRZ 2001, 1023, 1024.
[18] OLG Hamm v. 01.12.1999 - 12 UF 38/99 - FamRZ 2001, 1023, 1024; OLG Düsseldorf v. 19.06.2000 - 5 WF 114/00 - MDR 2000, 1252-1253; OLG Brandenburg v. 24.03.2003 - 10 WF 29/02 - FamRZ 2004, 558.
[19] OLG Jena v. 24.10.2013 - 1 UF 353/13 - FamRZ 2014, 1032.
[20] OLG Brandenburg v. 24.01.2008 - 9 WF 364/07.
[21] OLG Celle v. 05.07.1991 - 15 WF 149/91 - NdsRpfl 1991, 244-245.
[22] KG Berlin v. 15.06.1995 - 16 UF 8095/94 - FamRZ 1997, 627-629.
[23] OLG Celle v. 01.02.1994 - 10 WF 189/93 - FamRZ 1994, 1131-1132.
[24] Dazu BGH v. 04.03.2009 - XII ZR 18/08 - FamRZ 2009, 768 mit Anm. *Bergschneider*, FamRZ 2009, 856; *Bömelburg*, FF 2009, 250.
[25] Vgl. BGH v. 04.03.2009 - XII ZR 18/08 - FamRZ 2009, 768 mit Anm. *Bergschneider*, FamRZ 2009, 856; *Bömelburg*, FF 2009, 250.

b. Rechtliche Folgen einer Freistellungsvereinbarung

Bei einer Freistellungsvereinbarung handelt es sich hierbei um eine **Erfüllungsübernahme** i.S.d. § 329 BGB.[26] Der in Anspruch genommene Elternteil kann von dem anderen Freihaltung bzw. Erstattung seiner Aufwendungen bzw. Schadensersatz verlangen. 24

Derartige Regelungen sind **nur im Innenverhältnis zwischen den Eltern** bindend. 25

Sie enthalten keinen unzulässigen Verzicht auf zukünftigen Unterhalt, da der Unterhaltsanspruch des Kindes davon nicht berührt wird. Eine Freistellungsvereinbarung zwischen den Eltern **hindert das Kind nicht** an der Geltendmachung seines Unterhaltsanspruchs gegen den Elternteil, der nach der Abmachung zwischen seinen Eltern vom Kindesunterhalt freigestellt werden soll.[27] 26

Der betreuende Elternteil ist auch durch die Freistellungsvereinbarung nicht gehindert, in Verfahrensstandschaft für das Kind den Unterhalt gerichtlich geltend zu machen.[28] 27

Vereinbarungen von Eltern über Kindesunterhalt sind deswegen regelmäßig nur als Absprachen zwischen ihnen zu verstehen, die sich nicht zu Lasten der Kinder auswirken sollen.[29] Diesem Elternteil bleibt jedoch die Möglichkeit, im Innenverhältnis bei dem anderen Rückgriff zu nehmen. 28

Die Freistellungsvereinbarung kann bereits vor der Geburt des Kindes und vor der Eheschließung der Vertragsparteien getroffen werden.[30] 29

In Ausnahmefällen kann die Freistellungsvereinbarung zwischen den Eltern auch als **Vertrag zu Gunsten des (volljährigen) Kindes** angesehen werden, wenn durch sie ein unmittelbarer Anspruch des Kindes gegen den freistellenden Elternteil begründet werden soll. 30

Nach **Aufhebung einer Freistellungsvereinbarung** entstehen keine Unterhalts- und Bereicherungsansprüche. Wurde der Kindesunterhalt aufgrund einer Freistellungsvereinbarung der Eltern allein von dem betreuenden Elternteil gezahlt und wird diese Vereinbarung aufgehoben, so steht dem Kind für den vergangenen Zeitraum kein Unterhaltsanspruch gegen den anderen Elternteil zu, denn sein Unterhaltsanspruch wurde erfüllt. Da der Unterhalt mit Rechtsgrund gezahlt wurde, entfällt auch ein Bereicherungsanspruch des betreuenden Elternteils gegen das Kind.[31] 31

c. Wirksamkeitsvoraussetzungen einer Freistellungsvereinbarung

Eine Freistellung von Unterhaltsansprüchen ist also grundsätzlich **zulässig**. 32

Die **Formvorschrift des § 1585c BGB** ist zu beachten. Die Freistellungsvereinbarung zwischen den Eltern kann daher unwirksam sein, wenn sie Teil eines formbedürftigen Vertrages über den Ehegattenunterhalt ist und diese Form nicht gewahrt worden ist. 33

Die Form des § 127a BGB ersetzt bei einer vor Rechtskraft der Ehescheidung geschlossenen Vereinbarung zum nachehelichen Unterhalt auch dann die notarielle Beurkundung, wenn die Vereinbarung in einem anderen Verfahren als der Ehesache protokolliert wird. Eine Vereinbarung kann daher insbesondere im Verfahren über den Trennungsunterhalt formwirksam abgeschlossen werden.[32] 34

Unter verschiedenen Gesichtspunkten können **Freistellungsvereinbarungen** nach § 138 BGB **sittenwidrig** und nichtig sein. 35

Die Sittenwidrigkeit kann in einer anstößigen Koppelung zwischen der Freistellung und einem erheblichen wirtschaftlichen Vorteil liegen.[33] Mit zu berücksichtigen ist, ob der Charakter der Freistellungsvereinbarung nach Zusammenfassung von Inhalt, Beweggründen und Vertragszweck sittenwidrig ist. 36

Unzulässig ist die Kombination einer solchen Freistellungsabrede mit der gleichzeitigen Zustimmung zur Übertragung des **Sorgerechts** auf den verzichtenden Elternteil, weil dabei das Wohl des Kindes zur Erlangung wirtschaftlicher Vorteile übergangen wird.[34] 37

---

[26] OLG Jena v. 03.07.2008 - 1 UF 141/08 - FamRZ 2009, 892.
[27] BGH v. 15.01.1986 - IVb ZR 6/85 - NJW 1986, 1168.
[28] OLG Stuttgart v. 08.02.2006 - 18 WF 257/05 - NJW-Spezial 2007, 9.
[29] BGH v. 25.02.1987 - IVb ZR 96/85 - NJW-RR 1987, 709; OLG Frankfurt v. 28.09.1993 - 4 UF 92/93 - FamRZ 1994, 1131; OLG Stuttgart v. 28.11.1991 - 16 UF 280/91 - NJW-RR 1993, 133-135; OLG Hamm v. 07.01.1998 - 6 UF 356/97 - FF 1998, 19-22.
[30] OLG Stuttgart v. 28.11.1991 - 16 UF 280/91 - NJW-RR 1993, 133-135.
[31] OLG Naumburg v. 22.01.2007 - 8 WF 14/07 - MDR 2007, 839
[32] BGH v. 26.02.2014 - XII ZB 365/12 - FamRZ 2014, 728 mit Anm. *Maurer*.
[33] OLG Stuttgart v. 28.11.1991 - 16 UF 280/91 - NJW-RR 1993, 133-135.
[34] BGH v. 15.01.1986 - IVb ZR 6/85 - FamRZ 1986, 444; OLG Hamm v. 07.01.1998 - 6 UF 356/97 - FF 1998, 19-22.

38 Ob die Sorgerechtsentscheidung dem Wohl des Kindes entspricht, ist im Rahmen des § 138 Abs. 1 BGB im Unterhaltsverfahren zu überprüfen.

39 Sittenwidrigkeit ist auch gegeben, wenn die Freistellung mit einer Verpflichtung gekoppelt wurde, auf Dauer von der Ausübung des **Umgangsrechts** mit einem gemeinsamen Kind abzusehen.[35]

40 Sittenwidrig kann eine Freistellungsvereinbarung auch sein, wenn sie dazu führt, dass der **kindesbetreuende Elternteil** wegen der Übernahme der Unterhaltslasten des anderen Elternteils für das Kind seinen und des Kindes **Unterhalt nicht mehr** aus seinen Einkünften oder seinem Vermögen **bestreiten kann**. Das dem freistellenden Elternteil verbleibende Einkommen muss ausreichen, den Unterhalt des Kindes sicherzustellen, und zwar unter Berücksichtigung der Einschränkung bzw. Unmöglichkeit einer Erwerbstätigkeit, die sich aus den Notwendigkeiten der Kindesbetreuung ergibt.

41 Entsprechendes gilt, wenn der freistellende Elternteil nicht in der Lage ist, die Betreuungskosten und den angemessenen **Unterhalt für das Kind** ohne erhebliche Einschränkung des eigenen Unterhalts **sicherzustellen**.[36] Dies gilt auch für eine Freistellungsvereinbarung der Eltern eines nichtehelichen Kindes.[37]

42 Die Frage, ob eine bestimmte Regelung zum Kindesunterhalt **als Freistellungsvereinbarung** und damit als Verpflichtung **auszulegen** sei, für die Unterhaltsspitze einzutreten, behandelt der BGH[38] nach folgenden Maßstäben:[39]
- War dem freistellenden Elternteil bekannt, wie hoch der gesetzliche Unterhaltsanspruch ist und wie weit seine eigene Verpflichtung folglich reicht?
- Besteht zwischen der eigenen Leistungsfähigkeit des Freistellenden und der Höhe der Freistellungsverpflichtung ein Zusammenhang?
- War die Freistellung von Umständen abhängig, die außerhalb des Einflussbereichs des freistellenden Elternteils liegen?
- Gehen mit der Freistellung Vorteile für den freistellenden Elternteil einer oder liegt die Freistellung einseitig im Interesse des anderen Elternteils? Ein solcher möglicher Vorteil wäre ein höherer Ehegattenunterhalt oder die Übernahme von gemeinsamen Schulden.

43 Ist die Freistellungsvereinbarung Teil eines **Ehevertrags**, so ist der gesamte Zusammenhang aller Regelungen im Kontext zu betrachten[40] (vgl. hierzu die Kommentierung zu § 1408 BGB Rn. 36 ff.). Sittenwidrigkeit kann dann gegeben sein, wenn der betreuende, sozial schwächere Ehegatte nicht nur den Kindesunterhalt ganz oder zu einem wesentlichen Teil sicherzustellen hat, sondern zugleich auf nachehelichen Unterhalt verzichtet. Denn verfügt er weder über sonstiges Einkommen noch über ausreichendes Vermögen, dann zwingt ihn diese Regelung dazu, entweder die Betreuung des Kindes ganz oder teilweise in fremde Hände zu legen, um einer Erwerbstätigkeit nachgehen zu können, oder mit dem Kind in Verhältnissen zu leben, die dessen Entwicklung nachhaltig beeinträchtigen.[41] Eine Freistellung kann auch dann problematisch sein, wenn sie gegen eine Pauschalzahlung erfolgt und diese Mittel zum Erwerb eines Hauses verwendet werden und dies zu einer starken Einengung der Lebenshaltung führt.[42]

II. Verzicht auf Unterhalt für die Vergangenheit (Absatz 2)

44 Der Verzicht auf Unterhalt für die Vergangenheit ist **zulässig**. Zwar kann generell der Verzicht auch durch schlüssiges Verhalten erfolgen; die Nichtgeltendmachung von Unterhalt reicht dazu jedoch allein nicht aus. An die Feststellung des **Verzichtswillens** sind strenge Anforderungen zu stellen; er ist im Zweifel nicht zu vermuten. Der Hinweis, die Unterhaltsforderung ruhen zu lassen, bedeutet keinen Verzicht.[43]

---

[35] BGH v. 23.05.1984 - IVb ZR 9/83 - NJW 1984, 1951.
[36] BVerfG v. 06.02.2001 - 1 BvR 12/92 - FamRZ 2001, 343, 348.
[37] OLG Frankfurt v. 21.03.2007 - 6 WF 28/07 - OLGR Frankfurt 2007, 703-704.
[38] BGH v. 30.07.2008 - XII ZR 126/06 - NJW 2008, 3635 mit Anm. *Born* = FamRZ 2008, 2104 mit Anm. *Schürmann.*
[39] *Bergschneider,* FamRZ 2009, 856.
[40] Ausführlich *Bergschneider,* FamRZ 2004, 1757; *Münch,* ZFE 2006, 15.
[41] BVerfG v. 06.02.2001 - 1 BvR 12/92 - NJW 2001, 957-961; BVerfG v. 29.03.2001 - 1 BvR 1766/92 - FamRZ 2001, 985.
[42] OLG Celle v. 25.02.2004 - 15 UF 178/03 - FamRZ 2004, 1202 mit Anm. *Bergschneider.*
[43] *Eschenbruch* in: Eschenbruch/Schürmann/Menne, Unterhaltsprozess, 2014, Kap. 1 Rn. 1928 m.w.N.; *Klein* in: FAKomm FamR, § 1614 Rn. 8 m.w.N.

Macht der Unterhaltsberechtigte längere Zeit den Unterhalt nicht geltend, führt dies nicht ohne weiteres zur Annahme eines Verzichts durch konkludentes Verhalten. In einem solchen Fall ist zu prüfen, ob der Unterhaltsberechtigte einen triftigen Grund für einen Verzicht hatte oder eine andere Erklärung für die Unterlassung der Rechtsausübung näher lag. In derartigen Fällen ist aber immer auch eine Verwirkung zu prüfen (vgl. die Kommentierung zu § 1613 BGB Rn. 282). 45

C. Prozessuale Hinweise/Verfahrenshinweise

Zuständig für Streitigkeiten aus **Freistellungsvereinbarungen** sind die **Familiengerichte**. 46

Liegt eine wirksame Freistellungsvereinbarung vor und macht das Kind, beispielsweise vertreten durch die Mutter, den Kindesunterhalt gegen den freigestellten Vater gerichtlich geltend, dann kann der Vater die Mutter auf Freistellung in Anspruch nehmen.[44] 47

Er kann seinen Freistellungsanspruch jedoch nicht im selben Verfahren als Widerantrag gegen die Mutter geltend machen, weil hier keiner der Ausnahmefälle vorliegt, in denen der von der Rechtsprechung entwickelte sog. isolierte Drittwiderantrag zulässig wäre.[45] 48

Beruft sich ein Unterhaltsschuldner gegenüber einem bestimmten Unterhaltstitel auf Verzicht oder Verwirkung, handelt es sich um Einwendungen, die im Wege der **Vollstreckungsabwehrklage** nach § 120 Abs. 1 FamFG, § 767 ZPO geltend gemacht werden können.[46] 49

D. Steuerrechtliche Hinweise

Vgl. hierzu die Steuerrechtl. Hinw. zu §§ 1601 ff. BGB. 50

---

[44] BGH v. 04.03.2009 - XII ZR 18/08 - FamRZ 2009, 768.
[45] *Bergschneider*, FamRZ 2009, 856; OLG Düsseldorf v. 14.01.1999 - 3 WF 240/98 - FamRZ 1999, 1665.
[46] OLG Jena v. 24.10.2013 - 1 UF 353/13 - FamRZ 2014, 1032.

§ 1615 BGB Erlöschen des Unterhaltsanspruchs

(Fassung vom 02.01.2002, gültig ab 01.01.2002)

(1) Der Unterhaltsanspruch erlischt mit dem Tod des Berechtigten oder des Verpflichteten, soweit er nicht auf Erfüllung oder Schadensersatz wegen Nichterfüllung für die Vergangenheit oder auf solche im Voraus zu bewirkende Leistungen gerichtet ist, die zur Zeit des Todes des Berechtigten oder des Verpflichteten fällig sind.

(2) Im Falle des Todes des Berechtigten hat der Verpflichtete die Kosten der Beerdigung zu tragen, soweit ihre Bezahlung nicht von dem Erben zu erlangen ist.

Gliederung

A. Anwendungsvoraussetzungen 1
B. Rechtsfolgen 2
C. Prozessuale Hinweise/Verfahrenshinweise 9
D. Steuerrechtliche Hinweise 10

A. Anwendungsvoraussetzungen

1   Als **höchstpersönlicher Anspruch** erlischt der Unterhaltsanspruch mit dem Tod des Unterhaltsberechtigten oder des Unterhaltspflichtigen, in deren Personen die Voraussetzungen erfüllt sein müssen. Die Unterhaltsberechtigung und die Unterhaltsverpflichtung sind unvererblich. Eine Ausnahme stellt die Unterhaltsverpflichtung des geschiedenen Ehegatten dar (§ 1586b BGB).

B. Rechtsfolgen

2   Der Tod des Unterhaltsberechtigten oder Unterhaltspflichtigen führt zum **Erlöschen der Unterhaltsansprüche**. Allerdings bleiben bis zum Tod entstandene und unter den Voraussetzungen des § 1613 BGB durchsetzbare **Rückstände** ebenso bestehen wie bereits **fällige Vorausleistungen** nach § 1612 Abs. 3 BGB. Diese müssen von den Erben des Unterhaltspflichtigen beglichen werden, nicht aber noch nicht fällige Abfindungszahlungen.[1]

3   Die **Kosten der Beerdigung** des Unterhaltsberechtigten haben grundsätzlich die Erben zu tragen (§ 1968 BGB). Der Unterhaltspflichtige hat ausnahmsweise dafür zu haften, wenn sie von dem Erben nicht zu erlangen sind[2] oder der Fiskus Erbe wird und kein Nachlassvermögen vorhanden ist.[3]

4   Sind demnach die Eltern zur Kostenübernahme verpflichtet, haften sie anteilig. Soweit ein Elternteil nicht leistungsfähig ist, muss der andere Elternteil die Kosten allein tragen.[4]

5   Dabei wird der Umfang von § 1610 BGB bestimmt, wobei die Verhältnisse des Verstorbenen maßgeblich sind. Nicht nur die Kosten der Beisetzung, sondern auch der Erwerb der Grabstätte, deren Erstausstattung einschließlich eines Grabsteins gehören zu einer angemessenen und würdigen Bestattung.[5]

6   Tritt der Unterhaltspflichtige in Vorlage, kann er nach den §§ 1968, 677, 683 BGB von dem Erben Erstattung verlangen. Danach ist auch der geschiedene Ehegatte dem anderen Elternteil für die Beerdigungskosten des gemeinsamen Kindes ausgleichspflichtig.[6]

7   Wer als Abkömmling eines Verstorbenen nach Ablauf der sechswöchigen Ausschlagungsfrist Alleinerbe geworden ist, führt bei der Organisation und Bezahlung des Begräbnisses kein (auch) fremdes Geschäft. Er kann daher nicht von einem seiner Geschwister Erstattung der anteiligen Kosten für die Bestattung nach den Vorschriften über die Geschäftsführung ohne Auftrag verlangen. Hat der Alleinerbe bereits die vollständigen Kosten der Beerdigung bezahlt, so greift auch nicht die subsidiäre Haftung des Unterhaltspflichtigen.[7]

---

[1] OLG Hamburg v. 09.03.2001 - 12 UF 117/00 - FamRZ 2002, 234-236.
[2] LG Münster v. 09.01.2008 - 1 T 60/07 - KJH 2008, 476.
[3] Einen Überblick über die zivilrechtlichen Ansprüche auf Ersatz von Bestattungskosten, insbesondere aus GoA, im Kontext des § 74 SGB XII gibt *Gotzen*, ZfF 2012, 241-244; vgl. auch BGH v. 17.11.2011 - III ZR 53/11 - BGHZ 191, 325 und BGH v. 14.12.2011 - IV ZR 132/11 - NJW 2012, 1651.
[4] LG Münster v. 09.01.2008 - 1 T 60/07 - KJH 2008, 476.
[5] BGH v. 14.04.1975 - II ZR 147/73 - BGHZ 64, 238-245.
[6] AG Neustadt (Rübenberg) v. 27.09.1994 - 27 C 1160/94 - FamRZ 1995, 731.
[7] AG Bremen v. 09.07.2009 - 5 C 21/09 - FamFR 2010, 79 mit Anm. *Reetz*.

Wenn der **Verstorbene** gegenüber dem nach § 74 SGB XII zur Bestattung Verpflichteten **schwere** **Verfehlungen** begangen hat (z.B. Körperverletzungen, sexuellen Missbrauch, grobe Verletzung von Unterhaltspflichten), kann die Kostentragung trotz eines engen Näheverhältnisses im Einzelfall unzumutbar sein.[8] Eine Pflicht zur Übernahme der Kosten der Beerdigung kann sich auch aufgrund landesrechtlicher **öffentlich-rechtlicher Vorschriften** ergeben, und zwar – je nach **Landesrecht** – auch dann, wenn der Verstorbene sich nie um das Kind gekümmert hat. Eine fehlende familiäre Bindung, auch wenn sie mehrere Jahrzehnte andauert, befreit nicht von dieser Pflicht.[9]

C. Prozessuale Hinweise/Verfahrenshinweise

Der Anspruchsteller muss die Voraussetzungen des Absatzes 1 **darlegen und beweisen**. Bei § 1615 Abs. 2 BGB ist der Beweis ausreichend, dass dem Erben keine Mittel zur Verfügung stehen, der Nachlass nicht ausreicht oder die Zwangsvollstreckung keine Aussicht auf Erfolg verspricht.

D. Steuerrechtliche Hinweise

Vgl. hierzu die Steuerrechtl. Hinw. zu §§ 1601 ff. BGB.

---

[8] SG Gotha v. 12.11.2012 - S 14 SO 1019/11.
[9] Niedersächsisches OVG v. 13.07.2005 - 8 PA 37/05 - NdsRpfl 2005, 382-384; VG Ansbach v. 07.07.2005 - AN 4 K 05.02104; OVG Saarlouis v. 25.08.2003 - 2 R 18/03 - AS RP-SL 30, 439-450; OVG Münster v. 02.02.1996 - 19 A 3802/95 - NVwZ-RR 1997, 99.

Untertitel 2 - Besondere Vorschriften für das Kind und seine nicht miteinander verheirateten Eltern

§ 1615a BGB Anwendbare Vorschriften

(Fassung vom 02.01.2002, gültig ab 01.01.2002)

Besteht für ein Kind keine Vaterschaft nach § 1592 Nr. 1, § 1593 und haben die Eltern das Kind auch nicht während ihrer Ehe gezeugt oder nach seiner Geburt die Ehe miteinander geschlossen, gelten die allgemeinen Vorschriften, soweit sich nichts anderes aus den folgenden Vorschriften ergibt.

A. Anwendungsvoraussetzungen

1 Die Vorschrift stellt klar, dass für **außereheliche Kinder** dieselben unterhaltsrechtlichen Regeln gelten wie für ehelich geborene. Das Kind von Eltern, die nicht miteinander verheiratet sind, kann nach § 237 FamFG einen Antrag auf **Feststellung der Vaterschaft** zugleich mit einem **Leistungsantrag** verbinden. Dem Vater wird ggf. aufgegeben, Unterhalt in Höhe des für seine Altersstufe maßgebenden Mindest**bedarfes unter Berücksichti**gung kindbezogener **Leistungen zu zahlen**. Im Verfahren nach § 237 FamFG ist es dem unterhaltspflichtigen Vater verboten, den Einwand der Leistungsunfähigkeit zu erheben (§ 237 Abs. 3 Satz 3 FamFG).[1]

B. Steuerrechtliche Hinweise

2 Vgl. hierzu die Steuerrechtl. Hinw. zu §§ 1601 ff. BGB.

---

[1] *Roßmann* in: Horndasch/Viefhues, FamFG, 2014, § 237 Rn. 9; *Büte*, FuR 2012, 585, 589; *Hüßtege* in: Thomas/Putzo, ZPO, § 237 FamFG Rn. 8.

§§ 1615b bis 1615k BGB (weggefallen)

(Fassung vom 06.04.1998, gültig ab 01.07.1998, gültig bis 31.12.2001)
(weggefallen)

§§ 1615b bis 1615k BGB in der Fassung vom 06.04.1998 sind durch Art. 1 Nr. 16 nach Maßgabe des Art. 5 des Gesetzes vom 06.04.1998 – BGBl I 1998, 666 – mit Wirkung vom 01.07.1998 weggefallen. 1

§ 1615l BGB Unterhaltsanspruch von Mutter und Vater aus Anlass der Geburt

(Fassung vom 21.12.2007, gültig ab 01.01.2008)

(1) ¹Der Vater hat der Mutter für die Dauer von sechs Wochen vor und acht Wochen nach der Geburt des Kindes Unterhalt zu gewähren. ²Dies gilt auch hinsichtlich der Kosten, die infolge der Schwangerschaft oder der Entbindung außerhalb dieses Zeitraums entstehen.

(2) ¹Soweit die Mutter einer Erwerbstätigkeit nicht nachgeht, weil sie infolge der Schwangerschaft oder einer durch die Schwangerschaft oder die Entbindung verursachten Krankheit dazu außerstande ist, ist der Vater verpflichtet, ihr über die in Absatz 1 Satz 1 bezeichnete Zeit hinaus Unterhalt zu gewähren. ²Das Gleiche gilt, soweit von der Mutter wegen der Pflege oder Erziehung des Kindes eine Erwerbstätigkeit nicht erwartet werden kann. ³Die Unterhaltspflicht beginnt frühestens vier Monate vor der Geburt und besteht für mindestens drei Jahre nach der Geburt. ⁴Sie verlängert sich, solange und soweit dies der Billigkeit entspricht. ⁵Dabei sind insbesondere die Belange des Kindes und die bestehenden Möglichkeiten der Kinderbetreuung zu berücksichtigen.

(3) ¹Die Vorschriften über die Unterhaltspflicht zwischen Verwandten sind entsprechend anzuwenden. ²Die Verpflichtung des Vaters geht der Verpflichtung der Verwandten der Mutter vor. ³§ 1613 Abs. 2 gilt entsprechend. ⁴Der Anspruch erlischt nicht mit dem Tod des Vaters.

(4) ¹Wenn der Vater das Kind betreut, steht ihm der Anspruch nach Absatz 2 Satz 2 gegen die Mutter zu. ²In diesem Falle gilt Absatz 3 entsprechend.

Gliederung

A. Grundlagen 1	h. Betreuung durch den anderen Elternteil 82
I. Kurzcharakteristik 1	i. Betreuung durch andere Verwandte 94
II. Gesetzesmaterialien 2	j. Mehrbelastung des betreuenden Elternteils (überobligatorische Belastung, Doppelbelastung) 99
III. Fortbestehende Kritik an der gesetzlichen Regelung 4	k. Sog. Problemkind-Fälle 104
B. Anwendungsvoraussetzungen 8	l. Darlegungs- und Beweislast 123
I. Für den Zeitraum der Mutterschutzfrist (Absatz 1 Satz 1) 11	m. Elternbezogene Gründe/Vertrauensschutz 124
II. Für den Zeitraum der Schwangerschaft oder von Komplikationen (Absatz 2 Satz 1) 13	IV. Umfang des Anspruchs 132
III. Für den Zeitraum der Kindesbetreuung (Absatz 2 Satz 2) 14	V. Bemessung des Bedarfs 140
1. Lebensalter des Kindes unter 3 Jahren (Absatz 2 Satz 3) 17	1. Eigene Lebensstellung der Mutter 141
2. Lebensalter des Kindes über 3 Jahre (Absatz 2 Satz 4) 28	a. Wirtschaftliche Verhältnisse des Kindesvaters 147
a. Kein neues Altersphasenmodell 40	b. Sicherung des Mindestunterhalts 149
b. Ausgestaltung der konkreten Betreuungssituation des Kindes 47	c. Einschränkungen durch den Halbteilungsgrundsatz 154
c. Qualität der außerhäuslichen Betreuung.......... 57	2. Lebensstellung des Kindesvaters 165
d. Vorgabe für den zeitlichen Umfang der Erwerbstätigkeit 60	3. Besondere Bedarfspositionen 168
e. Übereinstimmender zeitlicher Rahmen von Betreuung und Erwerbstätigkeit 67	VI. Bedürftigkeit der Berechtigten 172
	1. Einzelne Einkünfte 174
f. Obliegenheit zur Verbesserung der Betreuungssituation 70	2. Überobligatorische Einkünfte 184
	3. Betreuungskosten und Betreuungsbonus 188
	4. Fiktive Einkünfte 189
g. Zeitlicher Beginn einer solchen Obliegenheit....80	VII. Leistungsfähigkeit des Pflichtigen 191
	VIII. Anspruch auf Erstattung sonstiger Kosten (Absatz 1 Satz 2) 202

IX. Anwendung der Vorschriften des Verwandtenunterhalts (Absatz 3) 208	D. Prozessuale Hinweise/Verfahrenshinweise 257
X. Konkurrierende Berechtigte 212	I. Gerichtliche Verfahren 257
XI. Konkurrierende Verpflichtete 228	II. Darlegungs- und Beweislast 259
1. Haftende Verwandte der Mutter 229	III. Befristung des Anspruchs 263
2. Haftender Ehemann der Mutter 234	IV. Auskunftsansprüche 265
3. Mit anderen nichtehelichen Vätern 245	V. Durchsetzung von rückständigem Unterhalt.... 268
XII. Heirat der Kindesmutter 252	VI. Sonstiges 270
C. Steuerrechtliche Konsequenzen 253	E. Steuerrechtliche Hinweise 274

A. Grundlagen

I. Kurzcharakteristik

Die Vorschrift regelt den Anspruch der unverheirateten Mutter auf Ersatz der **Entbindungskosten** und auf **Unterhalt** wegen der Betreuung des Kindes. Der Anspruch deckt sich – jedenfalls hinsichtlich der Erwerbsobliegenheit – mit dem Anspruch der geschiedenen Mutter aus § 1570 Abs. 1 BGB (vgl. Rn. 14). 1

II. Gesetzesmaterialien

Die zum 01.01.2008 erfolgte Neufassung des § 1615l Abs. 2 Satz 3 BGB bezweckt die Gleichbehandlung der Betreuungsunterhaltsansprüche geschiedener bzw. getrennt lebender Eltern einerseits und nicht verheirateter Eltern andererseits[1] im Hinblick auf den Unterhaltszeitraum. Daher kann für die Auslegung des § 1615l BGB immer auf die Kommentierung zu § 1570 BGB zurückgegriffen werden[2] (vgl. Rn. 28 ff.). 2

Durch die Unterhaltsrechtsreform ist auch die Rangfolge neu geregelt worden. Jetzt stehen die Unterhaltsansprüche aller Elternteile, die wegen der Betreuung eines Kindes unterhaltsberechtigt sind, im gleichen (zweiten) Rang nach den minderjährigen Kindern (§ 1609 Satz 2 BGB). 3

III. Fortbestehende Kritik an der gesetzlichen Regelung

Die **Kritik**[3] wegen fortbestehender Ungleichbehandlungen zwischen verheiratetem und unverheiratetem Elternteil[4] verweist darauf, dass die jetzt getroffene Regelung zu einer Besserstellung des nichtehelichen kinderbetreuenden Elternteils führt, weil bestimmte nachteilige Sonderregelungen, die für den Ehegatten gelten, hier keine Anwendung finden. So gilt für die Vorschriften des Verwandtenunterhaltes – und damit auch für § 1615l BGB – lediglich die Verwirkungsvorschrift des § 1611 BGB, während bei geschiedenen Ehegatten § 1579 BGB – mit einem wesentlich weitergehenden Anwendungsbereich – einschlägig ist (vgl. aber Rn. 139 und Rn. 249). 4

Für Unterhaltsvereinbarungen gelten unterschiedliche Anforderungen (§ 1614 BGB im Gegensatz zu § 1587c BGB). Der Anspruch aus § 1615l BGB erlischt beim Tod des Unterhaltsschuldners.[5] 5

Auch beim unterhaltsrechtlichen **Bedarf** werden Unterschiede gemacht. Während sich der Bedarf der geschiedenen Ehefrau nach den ehelichen Lebensverhältnissen richtet, bestimmt ihr früheres Einkommen den Bedarf der nichtehelichen Mutter[6] (vgl. Rn. 256). Infolge dieser Anknüpfung des Bedarfes an das frühere Einkommen der Mutter und die Unabhängigkeit vom Einkommen des Kindesvaters kann somit der Unterhaltsanspruch aus § 1615l BGB den Anspruch einer geschiedenen Mutter auf Zahlung 6

---

[1] BVerfG v. 28.02.2007 - 1 BvL 9/04 - FamRZ 2007, 965 m. Anm. *Born* = BVerfG v. 28.02.2007 - 1 BvL 9/04 - NJW 2007, 1735 m. Anm. *Caspary*; *Hauß*, FamRB 2007, 211, 214; ausführlich *Viefhues*, ZFE 2007, 244.

[2] *Kemper*, ZFE 2008, 126, 128.

[3] *Wever*, FamRZ 2008, 553, 561; vgl. auch *Kemper*, ZFE 2008, 126, 129 m.w.N.

[4] *Graba*, NZFam 2014, 6,7; *Löhning/Preisner*, FamRZ 2010, 2029; *Peschel-Gutzeit*, Das neue Unterhaltsrecht, 2008, Rn. 312 ff.

[5] *Klein*, Das neue Unterhaltsrecht, 2008, S. 64.

[6] BGH v. 16.12.2009 - XII ZR 50/08 - FamRZ 2010, 357 m. Anm. *Maier* = NJW 2010, 937 m. Anm. *Hoppenz* = FuR 2010, 217 FF 2010, 150 m. Anm. *Graba* = FF 2010, 200 m. Anm. *Viefhues*; BGH v. 16.07.2008 - XII ZR 109/05 - FamRZ 2008, 1739 m. Anm. *Maurer* = FamRZ 2008, 1831 = FPR 2008, 509 m. Anm. *Fiedler* = FUR 2008, 485 = FF 2008, 366 m. Anm. *Viefhues* = FF 2008, 376; BGH v. 15.12.2004 - XII ZR 121/03 - NJW 2005, 818.

von Betreuungsunterhalt aus § 1570 BGB übersteigen.[7] Allerdings hat der BGH einen **Mindestbedarf des kinderbetreuenden Elternteils ausdrücklich anerkannt.**[8]

7 Der Anspruch entfällt bei **Wiederverheiratung** in entsprechender Anwendung des § 1586 Abs. 1 BGB.[9]

B. Anwendungsvoraussetzungen

8 Anspruchsgegner ist der Vater des Kindes. Vater des Kindes ist, wessen Vaterschaft gemäß § 1592 Nr. 2 BGB anerkannt oder gemäß § 1600d Abs. 1 und 2 BGB rechtskräftig festgestellt ist. Tatbestandsmerkmal ist also die bestehende **Vaterschaft** des Unterhaltspflichtigen.

9 Liegt eine solche Feststellung nicht vor, so ist wie beim Kindesunterhalt strittig, ob für die Anwendung des § 1615l BGB auch statusrechtlich die Vaterschaft bestehen muss, oder ob diese auch als Vorfrage im Unterhaltsverfahren festgestellt werden kann. Anders als beim Kindesunterhalt wird hier die Möglichkeit einer **inzidenten Feststellung** jedenfalls dann bejaht, wenn die Vaterschaft unstreitig ist[10] (vgl. auch die Kommentierung zu § 1607 BGB Rn. 82 ff.).

10 Nur die Betreuung eines **gemeinschaftlichen Kindes** ist für § 1615l BGB relevant.[11] Dies gilt nicht nur für § 1570 BGB, sondern erst recht für den Unterhaltsanspruch des nichtehelichen Elternteils. Erforderlich ist allerdings bei einem Anspruch aus § 1615l BGB, dass die **persönliche Betreuung** nach Maßgabe der **kindbezogenen Gründe** erforderlich ist. Auch die Betreuung eines **volljährigen Kindes kann** einen Unterhaltsanspruch gestützt auf die Kindesbetreuung auslösen – so z.B. bei einer Behinderung des Kindes.[12]

I. Für den Zeitraum der Mutterschutzfrist (Absatz 1 Satz 1)

11 **Der Anspruch der Mutter** des Kindes gegen den Vater, mit dem sie nicht verheiratet ist, ist auf die Dauer der **allgemeinen Mutterschutzfrist** von 6 Wochen vor der Geburt und acht Wochen nach der Geburt beschränkt. Zweck dieser Regelung ist, die Mutter in Anlehnung an die Mutterschutzvorschriften in dieser Zeit von jeder Erwerbspflicht freizustellen und sie wirtschaftlich abzusichern.[13]

12 Eine **kausale Verknüpfung** zwischen diesen Umständen und der Bedürftigkeit ist hier **nicht erforderlich.** Der Anspruch besteht vielmehr auch dann, wenn die Mutter gar nicht erwerbstätig sein will[14] oder bereits aus anderen Gründen, etwa wegen Krankheit, der Betreuung eines anderen Kindes oder mangels einer Beschäftigungsmöglichkeit auf dem Arbeitsmarkt, ihren Bedarf nicht durch eigene Erwerbstätigkeit decken kann. Die Bedürftigkeit muss also nicht erst durch die Schwangerschaft, Entbindung und Versorgung des Neugeborenen eingetreten sein.[15]

II. Für den Zeitraum der Schwangerschaft oder von Komplikationen (Absatz 2 Satz 1)

13 In dieser Fallkonstellation muss **Kausalität** – Mitursächlichkeit ist ausreichend – zwischen den Folgen oder Komplikationen der Schwangerschaft oder der Entbindung und der unterbliebenen Erwerbstätigkeit bestehen. Darauf, ob ohne die Kindesbetreuung eine Erwerbstätigkeit ausgeübt würde, ob also die Kindesbetreuung die alleinige Ursache für die Nichterwerbstätigkeit ist, kommt es demnach nicht mehr

---

[7] OLG Koblenz v. 18.03.2009 - 9 UF 596/08; *Wever*, FamRZ 2008, 553, 558 und 561.
[8] BGH v. 13.01.2010 - XII ZR 123/08 - FamRZ 2010, 444 = NJW 2010, 1138 = FF 2010, 204 m. Anm. *Schumann*. BGH v. 16.12.2009 - XII ZR 50/08 - FamRZ 2010, 357 m. Anm. *Maier* = NJW 2010, 937 m. Anm. *Hoppenz* = FuR 2010, 217 FF 2010, 150 m. Anm. *Graba* = FF 2010, 200 m. Anm. *Viefhues*.
[9] BGH v. 15.12.2004 - XII ZR 26/03 - NJW 2005, 502-503 m. Anm. *Graba* und *Schilling*.
[10] Zustimmend OLG Schleswig v. 19.12.2007 - 15 UF 142/07 - FamRZ 2008, 2057; OLG Zweibrücken v. 05.08.1997 - 5 UF 126/96 - NJW 1998, 318-320 = FamRZ 1998, 554; OLG Düsseldorf v. 09.09.1994 - 3 UF 41/94 - FamRZ 1995, 690; *Gerhardt* in: Gerhardt/Heintschel-Heinegg/Klein, Handbuch des Fachanwalts Familienrecht, 6. Aufl. 2008, Teil 6 Rn. 209b; *Diederichsen* in: Palandt, § 1615l Rn. 3; *Wever*, FF 2000, 20, ablehnend *Huber*, FPR 2005, 189, 190; *Schilling*, FamRZ 2006, 1, 7 m.w.N.; OLG Hamm v. 03.10.1988 - 6 UF 107/88 - FamRZ 1989, 619-62.
[11] OLG Koblenz v. 16.03.2010 - 11 UF 532/09 - NJW 2010, 1537 = FuR 2010, 353; entschieden für § 1570 BGB.
[12] BGH v. 17.03.2010 - XII ZR 204/08 - FamRZ 2010, 802 m. Anm. *Viefhues* = NJW 2020, 1665.
[13] BGH v. 17.12.1997 - XII ZR 38/96 - FamRZ 1998, 426.
[14] OLG Frankfurt v. 14.11.2011 - 3 UF 57/11 - FamFR 2012, 322.
[15] BGH v. 21.01.1998 - XII ZR 85/96 - FamRZ 1998, 541; OLG Brandenburg v. 13.11.2012 - 10 UF 226/11.

an. Vielmehr besteht ein Anspruch auch dann, wenn die Mutter schon zuvor erwerbslos war oder ein anderes Kind betreute, welches sie ebenfalls an einer Erwerbstätigkeit hinderte.[16]

III. Für den Zeitraum der Kindesbetreuung (Absatz 2 Satz 2)

Der Elternteil, der keiner Erwerbstätigkeit nachgeht und ein außerhalb einer bestehenden Ehe geborenes Kind betreut, erhält nach der Geburt des Kindes Betreuungsunterhalt, soweit von ihm wegen der Pflege oder Erziehung des Kindes eine Erwerbstätigkeit nicht erwartet werden kann. Diese Unterhaltspflicht besteht für mindestens drei Jahre nach der Geburt. 14

Sie verlängert sich über den Mindestzeitraum hinaus, solange und soweit dies der Billigkeit entspricht. Dabei sind insbesondere die Belange des Kindes und die bestehenden Möglichkeiten der Kinderbetreuung zu berücksichtigen. Auf diese Weise ist ein **Gleichlauf zum Unterhaltsanspruch der ehelichen Mutter** erreicht worden, so dass immer auf die Erläuterungen zu § 1570 Abs. 1 BGB verwiesen werden kann.[17] Dem **Vater**, der ein Kind betreut, werden die gleichen Rechte über § 1615l Abs. 4 BGB eingeräumt. 15

Das Gesetz unterscheidet hier aber hinsichtlich des Alters des betreuten Kindes. Werden mehrere Kinder betreut, kommt es auf das Alter des jüngsten Kindes an. 16

1. Lebensalter des Kindes unter 3 Jahren (Absatz 2 Satz 3)

Bis das Kind das 3. Lebensjahr vollendet hat, steht dem betreuenden Elternteil ein Unterhaltsanspruch zu (**Basisunterhalt** entsprechend § 1570 Abs. 1 Satz 1 BGB). 17

Der Kinder betreuende Elternteil hat die **freie Entscheidung**, ob er das Kind in dessen **ersten drei Lebensjahren** selbst erziehen oder andere Betreuungsmöglichkeiten – hierzu gehören grundsätzlich auch Betreuungsangebote des anderen Elternteils – in Anspruch nehmen will.[18] Mit Vollendung des dritten Lebensjahres des Kindes gibt dagegen § 1570 BGB den Maßstab für die Erwerbsobliegenheit des betreuenden Elternteils. 18

Damit hat auch die mit dem Vater nicht verheiratete Mutter einen – **zeitlich befristeten** – Anspruch auf **Unterhalt während der Zeit der Kinderbetreuung.** 19

Dem Unterhaltsanspruch steht nicht entgegen, wenn das – behinderte – Kind in diesem Zeitraum tatsächlich in der Kindertagesstätte teilweise fremdbetreut worden ist.[19] 20

Damit trifft die betreuende Mutter in diesem Zeitraum einschränkungslos **keine Erwerbsobliegenheit.**[20] Daher kann sie auch jederzeit eine ausgeübte Erwerbstätigkeit einstellen.[21] 21

Auch wenn das Kind zuvor **durch Dritte (also z.B. durch Verwandte oder in einer Kita) betreut worden ist,** hat der betreuende Elternteil für die Dauer der ersten drei Lebensjahre des Kindes **die freie Wahl**, ob er die Betreuung und Erziehung des Kindes in dieser Zeit selbst vornehmen möchte oder – um eine eigene Erwerbstätigkeit zu ermöglichen – staatliche Hilfen in Anspruch nimmt.[22] 22

Daher kann sich der anwaltliche Sachvortrag allein auf das Alter des Kindes beschränken. 23

Wird dagegen **tatsächlich** eine **Erwerbstätigkeit ausgeübt**, ist diese als **überobligatorisch** anzusehen.[23] Das bedeutet aber nicht zwingend, dass die daraus erzielten Einkünfte vollständig außer Ansatz bleiben müssen. Vielmehr ist **eigenes Einkommen der Unterhaltsberechtigten** nach Maßgabe des § 1577 Abs. 2 BGB **anzurechnen.** Abzustellen ist stets auf die besonderen Umstände des Einzelfalls; 24

---

[16] BGH v. 21.01.1998 - XII ZR 85/96 - FamRZ 1998, 541; OLG Hamm v. 29.08.1996 - 2 WF 288/96 - FamRZ 1997, 632-633.
[17] *Born*, NJW 2013, 3578.
[18] BGH v. 07.05.2014 - XII ZB 258/13 - FamRZ 2014, 1183 m.w.N.; BGH v. 06.05.2009 - XII ZR 114/08 - juris Rn. 25 - FamRZ 2009, 1124 und BGH v. 18.03.2009 - XII ZR 74/08 - juris Rn. 20 - FamRZ 2009, 770.
[19] OLG Karlsruhe v. 28.04.2014 - 2 UF 238/13 - JAmt 2014, 341.
[20] OLG Bremen v. 20.02.2008 - 4 WF 175/07 - NJW 2008, 1745-1747 m. Anm. *Budzikiewicz*; vgl. *Wever*, FamRZ 2008, 553, 554; *Schilling*, FPR 2008, 27, 28.
[21] BGH v. 16.07.2008 - XII ZR 109/05 - FamRZ 2008, 1739 = FamRZ 2008, 1831 m. Anm. *Maurer* = FF 2008, 366 = FF 2008, 376 m. Anm. *Viefhues* = NJW 2008, 3105 m. Anm. *Graba*; *Kemper*, ZFE 2008, 126, 128.
[22] BGH v. 16.07.2008 - XII ZR 109/05 - FamRZ 2008, 1739 = FamRZ 2008, 1831 m. Anm. *Maurer* = FF 2008, 366 = FF 2008, 376 m. Anm. *Viefhues* = NJW 2008, 3105 m. Anm. *Graba*.
[23] OLG Brandenburg v. 02.03.2010 - 10 UF 63/09 - NJW-RR 2010, 874-879; OLG Hamm v. 03.11.2010 - 8 UF 138/10 - FamRZ 2011, 1600.

hierbei kommt es darauf an, in welchem Umfang die Erwerbsobliegenheit der Berechtigte gerade wegen der Kindesbetreuung eingeschränkt ist.[24]

25 Konkret ist zu prüfen, wie etwa die Kindesbetreuung mit den Arbeitszeiten unter Berücksichtigung erforderlicher Fahrzeiten zu vereinbaren ist und ob und gegebenenfalls zu welchen Zeiten das Kind anderweitig beaufsichtigt wird und insofern zeitweise nicht der Betreuung durch die Mutter bedarf. Auch ist zu prüfen, welche Hilfen der Mutter bei der Betreuung zur Verfügung standen und ob ihr dafür jedenfalls zusätzliche Betreuungskosten entstanden sind. Schließlich ist nicht ohne Bedeutung, ob die Mutter seit der Geburt des Kindes aus freien Stücken weiter erwerbstätig ist oder ob die Arbeitsaufnahme durch eine wirtschaftliche Notlage veranlasst war. Denn die freiwillige Ausübung einer Berufstätigkeit kann ein maßgebendes Indiz für eine vorhandene tatsächliche Arbeitsfähigkeit im konkreten Einzelfall sein.[25]

26 Umstritten ist, ob der auf die Betreuung gestützten – Unterhaltsanspruch fortbesteht, wenn die Mutter eine **Weiterbildungsmaßnahme absolviert oder neben der Kinderbetreuung ihr Studium fortsetzt**. Dies wird teilweise bejaht.[26]

27 Lebt die nicht verheiratete Kindesmutter mit ihrem eigenen Kind und dem erwerbstätigen Kindsvater in einem gemeinsamen Haushalt und setzte sie ihr vor der Geburt ihres Kindes begonnenes **Hochschulstudium (Erstausbildung)** ohne zeitliche Unterbrechung konsequent fort, während der Kindesvater die Betreuung des Kindes übernommen hatte, dann verneint das FG Brandenburg einen Unterhaltsanspruch nach § 1615l Abs. 2 Satz 2 BGB der unverheirateten Kindsmutter gegenüber dem Kindsvater, weil die Kindsmutter an einer Erwerbstätigkeit **nicht wegen der Übernahme der Pflege oder Erziehung des Kindes**, sondern wegen Fortsetzung des Studiums gehindert wird. Folglich besteht eine Unterhaltsverpflichtung der Eltern gegenüber der Kindesmutter (ihrer volljährigen Tochter) fort.[27] Die Eltern haben grds. Anspruch auf **Kindergeld**.

2. Lebensalter des Kindes über 3 Jahre (Absatz 2 Satz 4)

28 Der Anspruch verlängert sich über diesen Zeitpunkt hinaus, solange und soweit dies der Billigkeit entspricht (kindbezogener **Billigkeitsunterhalt** entsprechend § 1570 Abs. 1 Sätze 2, 3 BGB. Dabei sind die **Belange des Kindes** und die **bestehenden Möglichkeiten der Kinderbetreuung** zu berücksichtigen (**kindbezogener** Billigkeitsergänzungsunterhalt § 1615l Abs. 2 Satz 5 BGB, ebenso § 1570 Abs. 1 Satz 2 BGB).

29 Wegen des Schutzzwecks des Betreuungsunterhalts haben diese **kindbezogenen Gründe**[28] im Rahmen der Billigkeitsabwägung für eine Verlängerung **das stärkste Gewicht**.[29]

30 Die Verlängerung des Unterhalts über den Basisunterhalt hinaus stellt eine Ausnahmeregelung im Sinne einer **positiven Härteklausel** dar.[30] Das Gesetz statuiert mit dieser Abstufung zwischen den Ansprüchen aus § 1615l Abs. 2 Sätze 3 und 4 BGB eindeutig ein **Regel-Ausnahme-Verhältnis**.[31] **Die grundsätzliche gesetzliche Begrenzung eines Betreuungsunterhaltsanspruches auf 3 Jahre nach der Geburt des Kindes verstößt nicht gegen Art. 6 GG.**[32]

---

[24] BGH v. 21.04.2010 - XII ZR 134/08 - FamRZ 2010, 1050 m. Anm. *Viefhues*.

[25] OLG Brandenburg v. 02.03.2010 - 10 UF 63/09 - NJW-RR 2010, 874-879.

[26] OLG Brandenburg v. 02.03.2010 - 10 UF 63/09 - NJW-RR 2010, 874-879; OLG Frankfurt v. 13.10.1999 - 2 UF 335/98 - FamRZ 2000, 1522.

[27] FG Berlin-Brandenburg v. 21.03.2013 - 4 K 4004/13; vgl. auch BGH v. 18.04.2012 - XII ZR 65/10 - FamRZ 2012, 1040.

[28] Dazu vgl. BVerfG v. 28.02.2007 - 1 BvL 9/04 - FamRZ 2007, 965 m. Anm. *Born* = NJW 2007, 1735 m. Anm. *Caspary*.

[29] BGH v. 16.07.2008 - XII ZR 109/05 - juris Rn. 93 - FamRZ 2008, 1739 = FamRZ 2008, 1831 m. Anm. *Maurer* = FF 2008, 366 = FF 2008, 376 m. Anm. *Viefhues*; vgl. auch *Viefhues*, ZFE 2008, 364; *Wever*, FamRZ 2008, 553, 555 f.

[30] OLG Karlsruhe v. 28.04.2014 - 2 UF 238/13, JAmt 2014, 341; *Bömelburg* in: Wendl/Dose, Das Unterhaltsrecht in der familienrichterlichen Praxis, 8. Aufl. 2011, Rn. 25 ff.

[31] BGH v. 16.07.2008 - XII ZR 109/05 - juris Rn. 101 - FamRZ 2008, 1739 = FamRZ 2008, 1831 m. Anm. *Maurer* = FF 2008, 366 = FF 2008, 376 m. Anm. *Viefhues*; *Hauß*, FamRB 2007, 367, 368; *Budzikiewicz*, NJW 2007, 3536, 3537.

[32] BVerfG v. 22.06.2007 - 1 BvR 155/98; *Maes*, jurisPR-FamR 6/2008, Anm. 1; BVerfG v. 28.02.2007 - 1 BvL 9/04 - FamRZ 2007, 965 m. Anm. *Born* = NJW 2007, 1735 m. Anm. *Caspary* = FUR 2007, 310 m. Anm. *Soyka*; *Hauß*, FamRB 2007, 211, 214; ausführlich *Viefhues*, ZFE 2007, 244.

Die tatbestandsmäßig zusätzlich geforderte Billigkeitsprüfung zeigt vielmehr, dass umgekehrt Unterhalt über drei Jahre hinaus nur ausnahmsweise bei Vorliegen besonderer Umstände zu gewähren ist.[33] Während bei einem unter 3 Jahre alten Kind der Unterhaltsanspruch die Regel und damit die Erwerbsobliegenheit die Ausnahme ist, ist bei einem über 3 Jahre alten Kind unter dem Blickwinkel des Grundsatzes der Eigenverantwortung folglich der Unterhaltsanspruch die Ausnahme und die Erwerbsobliegenheit die Regel.

Dieser Billigkeitsanspruch aus § 1615l Abs. 2 Satz 4 BGB stützt sich auf **kindbezogene Gründe**.[34]

Ob die – nicht verheirateten – Eltern des Kindes nur kurze Zeit zusammengelebt haben, ist für den Anspruch aus § 1615l BGB unerheblich, da er nur auf die **Erforderlichkeit der Kinderbetreuung abstellt**. Es kommt deshalb auch nicht auf die Frage an, ob die Mutter durch die Beziehung zu dem Beklagten Nachteile erlitten hat.[35]

Für den Billigkeitsbetreuungsunterhalt bedarf es immer eines umfassenden **anwaltlichen Vortrages**, der sich zu zwei Gesichtspunkten äußern muss:

- Zum einen geht es um die Frage der **außerhäuslichen Kinderbetreuung**, die nachfolgend noch näher dargestellt wird.
- Damit zusammen hängt die Frage der **objektiven Erwerbsobliegenheit** des anspruchsberechtigten kindesbetreuenden Elternteils.
- Erforderlich ist aber auch – bei Bestehen einer Erwerbsobliegenheit – die Darlegung der **erfolglosen Bemühungen um die Erlangung einer Arbeitsstelle**.

Dabei ist auch – wie bei § 1570 BGB – die Frage zu entscheiden, ob sich die **Einschränkung der Erwerbsfähigkeit aufgrund der Kinderbetreuung** oder **aus anderen Gründen** ergibt. Ist die Mutter durch die Betreuung der Kinder nicht an einer Teilzeiterwerbstätigkeit gehindert, beruht der Anspruch nur insoweit auf § 1615l BGB, als sie durch die Kinderbetreuung an der Erwerbstätigkeit gehindert ist.[36] Während bei einer geschiedenen Ehefrau dann aber im Übrigen ein Anspruch aus § 1571, § 1572 oder § 1573 BGB bestehen kann, ist bei der nichtehelichen Mutter kein entsprechender Unterhaltsanspruch möglich.

Hinsichtlich der **fehlenden objektiven Möglichkeit, eine Arbeit zu finden**, kann sich nicht allein auf die hohe Arbeitslosenquote gestützt werden.[37] Nach der Rechtsprechung **indizieren fehlende ausreichende Erwerbsbemühungen die reale Beschäftigungschance**.[38]

Dabei ist im konkreten Fall eine Reihe von – sich teilweise überschneidenden – Gesichtspunkten von Bedeutung, die im gerichtlichen Verfahren regelmäßig konkret darzulegen sind.

Für die Voraussetzungen einer Verlängerung des Betreuungsunterhalts über die Dauer von drei Jahren hinaus trägt die Kindesmutter als Unterhaltsberechtigte die Darlegungs- und Beweislast. Sie muss daher zunächst darlegen und beweisen, dass keine kindgerechte Einrichtung für die Betreuung des gemeinsamen Kindes zur Verfügung steht oder dass aus besonderen Gründen eine persönliche Betreuung erforderlich ist.[39] Auch Umstände, die aus elternbezogenen Gründen zu einer eingeschränkten Erwerbspflicht und damit zur Verlängerung des Betreuungsunterhalts führen können, hat sie darzulegen und zu beweisen[40] (Einzelheiten zur Darlegungs- und Beweislast vgl. Rn. 123).

Ist die Kindesmutter Studentin, muss sie sich gegebenenfalls um **BAföG-Leistungen** bemühen.[41]

---

[33] OLG München v. 11.08.2011 - 26 UF 277/11 - FamRZ 2012, 558 unter Hinweis auf BGH v. 16.07.2008 - XII ZR 109/05 - NJW 2008, 3125.

[34] Dazu vgl. BVerfG v. 28.02.2007 - 1 BvL 9/04 - FamRZ 2007, 965 m. Anm. *Born* = NJW 2007, 1735 m. Anm. *Caspary*.

[35] OLG München v. 11.08.2011 - 26 UF 277/11 - FamRZ 2012, 558-559.

[36] BGH v. 18.04.2012 - XII ZR 65/10 - FamRZ 2012, 1040.

[37] Vgl. auch OLG Köln v. 06.02.1998 - 4 WF 294/97 - NJWE-FER 1999, 84, 85 und OLG Brandenburg v. 29.06.2000 - 9 UF 309/99 - NJWE-FER 2001, 70 ff.; arbeitslosenfreundlicher KG v. 08.01.2003 - 3 UF 213/02 - FamRZ 2003, 1208.

[38] *Büttner Niepmann*, NJW 2005, 2357 m.w.N.

[39] OLG Karlsruhe v. 28.04.2014 - 2 UF 238/13 - JAmt 2014, 341.

[40] BGH v. 13.01.2010 - XII ZR 123/08 - juris Rn. 27 - FamRZ 2010, 444.

[41] OLG Karlsruhe v. 28.04.2014 - 2 UF 238/13 - JAmt 2014, 341 unter Hinweis auf BGH v. 29.06.2011 - XII ZR 127/09 - FamRZ 2011, 1560.

a. Kein neues Altersphasenmodell

40 Der BGH hat in zahlreichen Entscheidungen deutlich gemacht, dass das jetzt geltende Recht kein neues oder modifiziertes Altersphasenmodell erlaubt. Auch die pauschale Anknüpfung an Erfahrungswerte hat der BGH nicht akzeptiert.[42]

41 Nach dem Willen des Gesetzgebers ist also davon auszugehen, dass **ab einem Alter des betreuten Kindes von 3 Jahren eine anderweitige Betreuungsmöglichkeit dem wohlverstandenen Interesse des Kindes dient** – insbesondere dem Ausbau seines sozialen Verhaltens – und folglich mit dem Kindeswohl vereinbar ist. Die Obliegenheit zur Inanspruchnahme einer kindgerechten Betreuungsmöglichkeit findet erst dort ihre Grenzen, wo die Betreuung nicht mehr mit dem Kindeswohl vereinbar ist, was jedenfalls bei öffentlichen Betreuungseinrichtungen wie Kindergärten, Kindertagesstätten oder Kinderhorten regelmäßig nicht der Fall ist.

42 Auch aus der Gesetzesbegründung, die Neuregelung verlange **keinen abrupten Wechsel** auf eine vollzeitige Erwerbstätigkeit, lässt sich nichts Gegenteiliges herleiten. In welchem Umfang die Erwerbsfähigkeit des betreuenden Elternteils auch für die Folgezeit noch eingeschränkt ist, kann sich aber **nur aus individuellen Umständen ergeben, für die der Unterhaltsberechtigte darlegungs- und beweisbelastet ist**.[43] Ein solcher **gestufter Übergang** setzt aber voraus, dass der unterhaltsberechtigte Elternteil kind- und/oder elternbezogene Gründe vorträgt, die einer vollschichtigen Erwerbstätigkeit des betreuenden Elternteils mit Vollendung des dritten Lebensjahres entgegenstehen.[44] Nur an solchen **individuellen Gründen** kann sich der gestufte Übergang im Einzelfall orientieren.[45] Vereinzelt wird noch immer für ein modifiziertes Altersphasenmodell plädiert unter Hinweis auf **allgemeine Erfahrungswerte zum Kinderbetreuungsaufwand in Abhängigkeit zum Alter des Kindes**.[46] Dieser Ansicht hat der BGH mehrfach eine deutliche Absage erteilt.[47]

43 **Nur aufgrund von konkreten Sachverhaltsfeststellungen** darf von dem gesetzlichen Regelfall abgewichen werden.[48]

44 Unter bestimmten Aspekten lässt der BGH eine Ausnahme – zu Lasten des betreuenden Elternteils – zu. Wenn das betroffene Kind einen **Entwicklungsstand** erreicht hat, in dem es unter Berücksichtigung aller Umstände des Einzelfalles **zeitweise sich selbst überlassen bleiben kann**, kommt es aus kindbezogenen Gründen nicht mehr auf eine vorrangig zu prüfende Betreuungsmöglichkeit in einer kindgerechten Einrichtung an.[49]

---

[42] BGH v. 01.06.2011 - XII ZR 45/09 - FamRZ 2011, 1209 m. Anm. *Viefhues* = NJW 2011, 2430 m. Anm. *Born*; BGH v. 15.06.2011 - XII ZR 94/09 - NJW 2011, 2646 m. Anm. *Mleczko* = FamRZ 2011, 1375 = FF 2011, 365 m. Anm. *Schnitzler*; BGH v. 15.09.2010 - XII ZR 20/09 - NJW 2010, 3369 m. Anm. *Born* = FamRZ 2010, 1880; BGH v. 06.05.2009 - XII ZR 114/08 - NJW 2009, 1956 = FamRZ 2009, 1124 = FF 2009, 313; BGH v. 18.03.2009 - XII ZR 74/08 - FamRZ 2009, 770 mit krit. Anm. *Borth*, FamRZ 2009, 960; BGH v. 06.05.2009 - XII ZR 114/08 - NJW 2009, 1956 = FamRZ 2009, 1124 = ZFE 2009, 271 = FF 2009, 313; BGH v. 24.06.2009 - XII ZR 161/08 - FamRZ 2009, 1477; BGH v. 17.06.2009 - XII ZR 102/08 - FamRZ 2009, 1391 = NJW 2009, 2592 = FF 2009, 373 m. Anm. *Wever*; BGH v. 06.05.2009 - XII ZR 114/08 - NJW 2009, 1956 = FamRZ 2009, 1124 = FF 2009, 313; vgl. *Hahne*, FF 2011, 429; ausführlich *Viefhues*, ZFE 2009, 212.

[43] Vgl. BGH v. 13.01.2010 - XII ZR 123/08 - juris Rn. 26 - FamRZ 2010, 444; BGH v. 30.03.2011 - XII ZR 3/09 - FamRZ 2011, 791 = NJW 2011, 1582 m. Anm. *Maurer*.

[44] BGH v. 01.06.2011 - XII ZR 45/09 - FamRZ 2011, 1209 m. Anm. *Viefhues*.

[45] BGH v. 15.06.2011 - XII ZR 94/09 - NJW 2011, 2646 m. Anm. *Mleczko* = FamRZ 2011, 1375 = FF 2011, 365 m. Anm. *Schnitzler*.

[46] So OLG Frankfurt v. 17.02.2010 - 5 UF 45/09 - FamRZ 2010, 1449-1450; *Metz*, NJW 2009, 1855; *Norpoth*, FPR 2009, 485; vgl. auch *Soyka*, FuR 2009, 395.

[47] BGH v. 15.06.2011 - XII ZR 94/09; BGH v. 15.09.2010 - XII ZR 20/09 - NJW 2010, 3369 m. Anm. *Born* = FamRZ 2010, 1880 im Anschluss an das Senatsurteil v. 30.03.2011 - XII ZR 3/09 - FamRZ 2011, 791; BGH v. 01.06.2011 - XII ZR 45/09 - FamRZ 2011, 1209 m. Anm. *Viefhues*; BGH v. 18.03.2009 - XII ZR 74/08 - juris Rn. 28 - FamRZ 2009, 770.

[48] BGH v. 13.01.2010 - XII ZR 123/08 - FamRZ 2010, 444; BGH v. 16.12.2009 - XII ZR 50/08 - FamRZ 2010, 357 m. Anm. *Maier* = NJW 2010, 937 m. Anm. *Hoppenz* = FF 2010, 150 m. Anm. *Graba*.

[49] BGH v. 30.03.2011 - XII ZR 3/09 - FamRZ 2011, 791 = NJW 2011, 1582 m. Anm. *Maurer*; BGH v. 15.09.2010 - XII ZR 20/09 - FamRZ 2010, 1880 Rn. 22 und BGH v. 06.05.2009 - XII ZR 114/08 - juris Rn. 33 - FamRZ 2009, 1124.

In diesen Ausnahmefällen, in denen der BGH auf den Entwicklungsstand des Kindes – und damit mittelbar auf dessen Alter – abstellt, wirkt sich dies jedoch regelmäßig zum Nachteil des betreuenden Elternteils aus. Denn wenn das Kind z.B. nach dem Ende der Schule um 15:00 Uhr nicht persönlich betreut werden muss, stehen einer Erwerbstätigkeit der Mutter bis 16:00 Uhr oder gar 17:00 Uhr jedenfalls keine kindesbezogenen Gründe entgegen.[50]

In der **anwaltlichen Beratungspraxis** ist **sorgfältiger und konkreter einzelfallbezogener anwaltlicher Sachvortrag** zu den nachfolgend aufgeführten **Kriterien und Aspekten für die gerichtliche Billigkeitsentscheidung** unverzichtbar.

b. Ausgestaltung der konkreten Betreuungssituation des Kindes

Bei der Billigkeitsentscheidung über eine Verlängerung des Unterhaltsanspruchs ist zunächst der **individuelle Umstand** zu prüfen, ob und in welchem Umfang die **notwendige Betreuung der Kinder auf andere Weise gesichert ist oder in kindgerechten Betreuungseinrichtungen gesichert werden könnte**.[51] In der Praxis muss von dem betreuenden Elternteil substantiiert dargelegt werden, inwieweit im Einzelfall und aufgrund der **konkreten Betreuungssituation vor Ort** dem betreuenden Elternteil nur eine eingeschränkte Erwerbstätigkeit neben der Kinderbetreuung möglich ist. Dazu muss konkret dargelegt und festgestellt werden, ob im näheren Einzugsbereich eine kindgerechte Einrichtung existiert, die die **verlässliche** Betreuung des Kindes – ggf. bei Schulkindern nach ihrem Schulbesuch einschließlich der Hausaufgabenhilfe – auch ganztags sicherstellt.

In der Praxis läuft dies letztlich auf die Frage hinaus, wie die Betreuungssituation mit **Kindergarten, Kindertagesstätte, Hort, Ganztagsschule** usw. im jeweiligen örtlichen Bereich tatsächlich ausgestaltet ist.[52] Der tatsächliche Beginn einer möglichen und zumutbaren Fremdbetreuung ist aber auch von äußeren Umständen abhängig (freie Plätze in der Kindertagesstätte, Wartelisten, Anmeldefristen, Härtefallregelungen, Dringlichkeitsantrag usw.), die im Einzelfall zu berücksichtigen sind.

Vorhandene Betreuungseinrichtungen sind – im vollen Umfang ihres Betreuungsangebotes – zu nutzen.[53]

Der Elternteil kann sich nicht mehr auf die Notwendigkeit einer persönlichen Betreuung des Kindes berufen, wenn und soweit das Kind eine kindgerechte Betreuungseinrichtung besucht oder unter Berücksichtigung der individuellen Verhältnisse besuchen könnte. Daher muss zunächst der individuelle Umstand geprüft werden, ob und in welchem Umfang die **Kindesbetreuung auf andere Weise gesichert ist oder gesichert werden könnte**.[54]

Auch vorhandene Möglichkeiten von **privaten Betreuungseinrichtungen** (Betriebskindergarten, **Tagesmutter,** Großmutter) sind zu nutzen.[55] Entsprechender **Sachvortrag des Unterhaltsberechtigten** ist unverzichtbar. Zu **Betreuungsangeboten des Kindesvaters**[56] oder anderer Verwandter vgl. Rn. 82 ff.

Wird die **Hilfe Dritter, z.B. der Großeltern,** in Anspruch genommen, ist dies durch einen an Billigkeitskriterien orientierten Abzug vom Einkommen des Unterhaltsberechtigten zu berücksichtigen;[57] vgl. auch die Kommentierung zu § 1610 BGB Rn. 228 ff.

Jedoch sind bei den ebenfalls relevanten **kindbezogenen Gründen** auch **besondere Bedürfnisse des Kindes** beachtlich, so etwa **sportliche, musische oder andere Beschäftigungen**. Sofern diese vom Kind nicht selbständig wahrgenommen werden können, sind vom Unterhaltsberechtigten etwa zu erbringende Fahr- und Betreuungsleistungen zu berücksichtigen. Raum besteht auch für die Berücksich-

---

[50] Vgl. dazu BGH v. 21.04.2010 - XII ZR 134/08 - FamRZ 2010, 1050 m. Anm. *Viefhues*.
[51] BGH v. 06.05.2009 - XII ZR 114/08 - NJW 2009, 1956 = FamRZ 2009, 1124 = FF 2009, 313; BGH v. 21.04.2010 - XII ZR 134/08 - FamRZ 2010, 1050 m. Anm. *Viefhues*.
[52] *Viefhues*, ZFE 2008, 44, 45; *Menne-Grundmann*, Das neue Unterhaltsrecht, 2008, S. 52 ff. mit Fallbeispielen.
[53] BGH v. 01.06.2011 - XII ZR 45/09 - FamRZ 2011, 1209 mit Anm. *Viefhues*; OLG Karlsruhe v. 03.05.2011 - 16 UF 76/11 - FamRZ 2011, 1601. Zu vorschulischen Betreuungsansprüchen (Anspruch auf Besuch einer Tageseinrichtung, § 14 Abs. 1 SGB VIII) und ihrer Durchsetzbarkeit vgl. *Salaw-Hanslmaier/Böh*, FamRB 2013, 121.
[54] BGH v. 18.04.2012 - XII ZR 65/10 - NJW 2012, 1868 = FamRZ 2012, 1040.
[55] *Peschel-Gutzeit*, Das neue Unterhaltsrecht, 2008, Rn. 52; *Borth*, FamRZ 2008, 2, 7; zur Betreuung durch Verwandte vgl. Rn. 104 ff.
[56] BGH v. 18.04.2012 - XII ZR 65/10; BGH v. 01.06.2011 - XII ZR 45/09 - FamRZ 2011, 1209 mit Anm. *Viefhues*.
[57] BGH v. 18.04.2012 - XII ZR 65/10; zur Berücksichtigung von Betreuungskosten allgemein vgl. BGH v. 26.11.2008 - XII ZR 65/07 - FamRZ 2009, 962; OLG Hamm v. 26.08.2009 - 5 UF 25/09, II-5 UF 25/09 - FuR 2009, 698, 700.

tigung **schulischer Anforderungen** an die Mitarbeit der Eltern (etwa Hausaufgabenbetreuung, Klassenpflegschaft usw.), deren Notwendigkeit und Üblichkeit vom Unterhaltsberechtigten **konkret vorzutragen sind**.[58]

54 Allerdings dürfen die vom Elternteil zu erbringenden Betreuungsleistungen und sonstigen Tätigkeiten nicht außer Verhältnis zu der dadurch gehinderten Erwerbstätigkeit stehen. Gegebenenfalls müssen der betreuende Elternteil (und das Kind) in Kauf nehmen, dass die Abläufe abweichend organisiert oder Aktivitäten teilweise eingeschränkt werden, damit sie mit einer Erwerbstätigkeit des Elternteils in Einklang gebracht werden können.[59]

55 Zu prüfen ist auch, wie eine ausgeübte oder mögliche Erwerbstätigkeit mit den Zeiten der Kinderbetreuung (einschließlich der Fahrzeiten) vereinbar ist und in welchem Umfang dem Unterhaltsberechtigten in dem dadurch vorgegebenen zeitlichen Rahmen eine **Erwerbstätigkeit zumutbar** ist. Daraus können sich insbesondere **bei mehreren Kindern** Einschränkungen ergeben.[60]

56 Zudem ist die **Eigenart der jeweiligen Erwerbstätigkeit** zu berücksichtigen, wenn es sich hierbei etwa um **Schichtarbeit** handelt oder diese sich ansonsten mit den Zeiten der Kinderbetreuung nur teilweise überschneidet.[61]

c. Qualität der außerhäuslichen Betreuung

57 Der BGH geht davon aus, dass die Betreuung in öffentlichen Einrichtungen grundsätzlich anzunehmen ist. Allerdings wird in der Praxis auch erörtert,

- ob die Einrichtung den **qualitativen Ansprüchen** der Eltern entspreche;[62] Beispiel: überlaufene Ganztagsschule im sozialen Brennpunkt mit hohem Anteil an Kindern aus zerrütteten Familienverhältnissen gegen Elite-Gymnasium ohne Nachmittagsbetreuung,
- ob der Kindergarten z.B. von einer **religiösen Gemeinschaft** betrieben werde,
  - deren Vorstellungen von den Eltern auch bislang übereinstimmend abgelehnt worden sind[63],
  - die den bisherigen gemeinsamen Vorstellungen der Eltern entspricht,
- ob die nachmittägliche Schulbetreuung des Kindes wegen der zeitlichen Einengung dessen **persönlichen Interessen** entgegenlaufe (Musikschule, Sportverein, Freizeitaktivitäten usw.).[64]

58 **Objektive Anknüpfungspunkte** für eine solche Abwägung könnten sein

- die bisherige – auch weltanschauliche – Einstellung der Eltern und die sich daraus manifestierte Erziehungsrichtung,
- die Vorbildung der Eltern (Argument: das Kind muss die gleichen Chancen bekommen wie seine Eltern – soweit dies aus nicht aus finanziellen Gründen unmöglich ist),
- die Empfehlungen der Grundschule,
- die schulische Entwicklung älterer Geschwister,
- die schulischen Leistungen des Kindes.

59 Bei der Entscheidung im Unterhaltsrechtsstreit wird eine erfolgte **gemeinsame Entscheidung der sorgeberechtigten Eltern für eine bestimmte Schulform** hinzunehmen sein.

d. Vorgabe für den zeitlichen Umfang der Erwerbstätigkeit

60 Wenn maßgeblich auf die **mögliche** außerhäusliche Betreuung abzustellen ist und diese – wie im Regelfall – als sachgerecht und mithin für das Kind zumutbar zu bewerten ist, dann ergibt sich der objektive zeitliche Rahmen einer Erwerbstätigkeit der Mutter **unabhängig vom Alter des Kindes** erst einmal allein aus dem **Zeitrahmen dieser konkreten Fremdbetreuung**. Die Frage der – subjektiven – Zumutbarkeit einer bestimmten werktäglichen Erwerbsobliegenheit für die Mutter aufgrund konkreter Umstände wie z.B. einer Überbelastungssituation ist davon zu trennen!

---

[58] BGH v. 18.04.2012 - XII ZR 65/10 - NJW 2012, 1868 = FamRZ 2012, 1040.
[59] BGH v. 18.04.2012 - XII ZR 65/10 - NJW 2012, 1868 = FamRZ 2012, 1040.
[60] BGH v. 18.04.2012 - XII ZR 65/10 - NJW 2012, 1868 = FamRZ 2012, 1040.
[61] BGH v. 18.04.2012 - XII ZR 65/10 - NJW 2012, 1868 = FamRZ 2012, 1040; zur überobligatorischen Tätigkeit vgl. BGH v. 21.04.2010 - XII ZR 134/08 - FamRZ 2010, 1050 Rn. 36 f. m.w.N.
[62] Z.B. OLG Hamm v. 03.07.2009 - 7 UF 300/08 - FamRZ 2009, 2092.
[63] Kemper, FuR 2008, 169, 173.
[64] Dazu vgl. auch BGH v. 18.04.2012 - XII ZR 65/10 - NJW 2012, 1868 = FamRZ 2012, 1040.

Dabei sind nach den konkreten Umständen des Falles jedoch auch die Fahrtzeiten von der Wohnung zur Kinderbetreuungseinrichtung[65], und von dort zur Arbeitsstätte und am Abend der umgekehrte Weg zurück zu berücksichtigen. Dadurch können sich die Zeiten, die tatsächlich für die Erwerbstätigkeit zur Verfügung stehen, noch weiter reduzieren.

Ist z.B. das Kind von morgens 8:00 Uhr bis nachmittags um 17:00 Uhr in der Kindertagesstätte betreut, dann bildet diese Zeit der außerhäuslichen Betreuung – nach Abzug evtl. Fahrzeiten – auch den äußeren Rahmen für die mögliche Erwerbstätigkeit der Kindesmutter. Dabei ist es unerheblich, ob das Kind 4 Jahre oder 6 Jahre alt ist. Entsprechendes gilt auch dann, wenn das ältere Kind während der gleichen Tageszeiten die Ganztagsschule oder den Hort besucht.

Ist dagegen tatsächlich nur eine Betreuung während der Vormittagsstunden sichergestellt, so orientiert sich die Erwerbsobliegenheit – ebenfalls unabhängig vom Alter des Kindes – erst einmal an diesem vorgegebenen äußeren zeitlichen Rahmen.

Wird das Kind jedoch tatsächlich **in einer Betreuungseinrichtung versorgt**, besteht während **dieser Zeiten eine entsprechende Erwerbsobliegenheit**. Daran ändert sich auch nichts, wenn das Kind z.B. besondere Probleme aufweist wie z.B. eine Sprachstörung.[66]

Bei einem älteren Kind gibt es aber auch tägliche Zeiten ohne jede Betreuungsnotwendigkeit, so dass die Mutter hierdurch nicht in ihrer Erwerbsmöglichkeit eingeschränkt ist.[67] Demnach scheidet ein Billigkeitsanspruch aus § 1615l BGB aus kindbezogenen Gründen auch dann aus, wenn **das Kind ein Entwicklungsstadium erreicht hat**, in dem es in dem – für den Betreuungsunterhalt regelmäßig bedeutsam werdenden – **Zeitraum zwischen Schulschluss und Beendigung der Erwerbstätigkeit des betreuenden Elternteils sich selbst überlassen werden kann** und deswegen auch keiner durchgehenden persönlichen Betreuung durch einen Elternteil mehr bedarf.[68] Diese Einschränkung wirkt sich allerdings zu Lasten des betreuenden Elternteils aus, weil seine Erwerbstätigkeit in diesem Zeitraum gerade nicht eingeschränkt wird.

Umgekehrt kann aber auch bei einem älteren Kind aufgrund besonderer Umstände ein Bedürfnis der persönlichen Betreuung bestehen: so bei Straffälligkeit eines 17 Jahre alten Sohnes nach dem Ende der täglichen Schulzeit[69] oder bei einem behinderten Kind.[70]

e. Übereinstimmender zeitlicher Rahmen von Betreuung und Erwerbstätigkeit

Generell müssen die **zeitlichen Rahmenbedingungen der Kindesbetreuung mit den zeitlichen Rahmenbedingungen der Erwerbstätigkeit übereinstimmen**.

Steht konkret keine Betreuungsmöglichkeit zur Verfügung, die sich mit den zeitlichen Rahmenbedingungen der (möglichen) Erwerbstätigkeit des betreuenden Elternteils deckt, so führt dies zu einer entsprechenden **Einschränkung der Erwerbsobliegenheiten**.[71]

Hat die Mutter z.B. nur die Möglichkeit, als Krankenschwester vollschichtig im Schichtdienst zu arbeiten, kann die außerhäusliche Kindesbetreuung aber nur täglich von 8 Uhr bis 16 Uhr sichergestellt werden, kann daher u.U. die Erwerbsobliegenheit ganz entfallen.[72]

---

[65] Dazu OLG Köln v. 26.05.2009 - 25 UF 162/08 - FamRZ 2009, 2011, 2012.
[66] OLG Hamm v. 29.06.2009 - II-6 UF 225/08 - FamRZ 2009, 2009; OLG Hamm v. 03.07.2009 - 7 UF 300/08 - FamRZ 2009, 2092; OLG Hamm v. 06.03.2008 - II-2 UF 117/07, 2 UF 117/07 - FPR 2008, 311 m. Anm. *Erdrich* = NJW-Spezial 2008, 324 = NJW 2008, 2049 m. Anm. *Born*, zum Problemkind vgl. Rn. 104.
[67] BGH v. 30.03.2011 - XII ZR 3/09 - FamRZ 2011, 791 = NJW 2011, 1582 m. Anm. *Maurer*; BGH v. 15.09.2010 - XII ZR 20/09 - juris Rn. 22 - FamRZ 2010, 1880 und BGH v. 06.05.2009 - XII ZR 114/08 - juris Rn. 33 - FamRZ 2009, 1124.
[68] BGH v. 18.04.2012 - XII ZR 65/10 - NJW 2012, 1868 = FamRZ 2012, 1040; BGH v. 21.04.2010 - XII ZR 134/08 - FamRZ 2010, 1050 m. Anm. *Viefhues*.
[69] OLG Hamm v. 25.11.2008 - 3 UF 59/08 - FamRZ 2009, 976.
[70] BGH v. 17.03.2010 - XII ZR 204/08 - FamRZ 2010, 802 m. Anm. *Viefhues* = NJW 2020, 1665
[71] OLG Düsseldorf v. 07.10.2009 - II-8 UF 32/09 - FUR 2010, 38 = FamRZ 2010, 301; OLG Koblenz v. 18.03.2009 - 9 UF 596/08 - NJW 2009, 1974; OLG Hamm v. 28.04.2009 - 13 UF 2/09 - NJW 2009, 3446-3448 = FamRZ 2010, 570; OLG Köln v. 26.05.2009 - 25 UF 162/08 - FamRZ 2009, 2011.
[72] Vgl. OLG Koblenz v. 18.03.2009 - 9 UF 596/08 - NJW 2009, 1974.

f. Obliegenheit zur Verbesserung der Betreuungssituation

70 Zu den unterhaltsrechtlichen Obliegenheiten, die auch für eine unterhaltsberechtigte Person gelten, gehört auch die Pflicht, erkannte Defizite, die die Erwerbsmöglichkeiten einschränken, nach Möglichkeit aktiv abzubauen. Besteht die Einschränkung in Ausbildungsdefiziten, so muss ggf. eine Fortbildung oder Ausbildung eingeleitet werden.

71 Diese Obliegenheit gilt auch, wenn sich die Einschränkung der Erwerbsmöglichkeit aus der Notwendigkeit der persönlichen Betreuung von Kindern ergibt. Bestehen hier Möglichkeiten, die Betreuung der Kinder auf andere Weise sicherzustellen, so muss ggf. eine solche Alternative genutzt werden. Es besteht also auch eine **Obliegenheit** des Unterhaltspflichtigen, **die Betreuungssituation zu verbessern**.[73]

72 Diese Obliegenheit hat einmal den Inhalt, vorhandene **Betreuungsmöglichkeiten** wie Kindergarten, Kindertagesstätte, Hort, Ganztagsschule usw. **auch zeitlich in vollem Umfang zu nutzen**. Dies beginnt mit der Pflicht, das Kind auch dort anzumelden.

73 Aus § 24 SGB VIII ergibt sich zudem eine Beratungs- und Unterstützungsverpflichtung der Träger der öffentlichen Jugendhilfe, die der betreuende Elternteil ggf. in Anspruch nehmen muss. Es besteht ein einklagbarer Anspruch auf einen Kindergartenplatz.

74 In diesem Zusammenhang ist ggf. auch die Frage zu erörtern, wie weit der **örtliche Bereich** gezogen werden kann, in dem eine Betreuungsmöglichkeit genutzt werden muss. Dabei kommt es auf verschiedene Gesichtspunkte an:
- Alter des Kindes (Zumutbarkeit, Belastung, was ist in diesem Alter üblich?),
- kann das Kind selbst zur Betreuungseinrichtung kommen (Schulbus, Nahverkehrsverbindungen) oder muss es vom betreuenden Elternteil gebracht werden,
- ggf. eine mögliche „Bringegemeinschaft" mit anderen Eltern,
- zeitlicher Aufwand für den betreuenden Elternteil (Bringezeiten reduzieren den zeitlichen Rahmen seiner möglichen Erwerbstätigkeit).

75 Dabei kann sich auch die Frage stellen, ob der betreuende Elternteil das Kind in einem **Nachbarstadtteil**[74] zum Kindergarten anmelden muss oder ihm gar ein **Umzug** zugemutet wird.[75] Hiergegen wird einschränkend eingewandt, dass es sich dabei nicht um eine **bestehende** Möglichkeit der Kindesbetreuung handelt.

76 Die zahlreichen obergerichtlichen Entscheidungen zu **Umzugsobliegenheiten** eines Erwerbspflichtigen betreffen fast sämtlich die verschärften Obliegenheiten gegenüber minderjährigen Kindern (§ 1603 Abs. 2 BGB), die weder auf den Ehegattenunterhalt noch auf den hier maßgeblichen Unterhalt gem. § 1615l BGB übertragen werden können. Eine solche Obliegenheit der Berechtigten ist daher nur ganz besonderen Voraussetzungen zu bejahen.

77 Zudem muss man hier die **Kosten des Umzuges** mit dem ersparten Unterhalt in Relation setzen, so dass vielfach schon aus wirtschaftlichen Gründen ein Umzug wenig sinnvoll ist (vgl. hierzu die Kommentierung zu § 1603 BGB Rn. 667).

78 Zudem wird das Kind durch einen Umzug immer aus seiner gewohnten Umgebung herausgerissen, so dass i.d.R. der Umzug nicht dem **Kindeswohl** dient.[76]

79 Allerdings kann sich auch die umgekehrte Frage stellen, ob **Schritte der Unterhaltsberechtigten, die zu einer Verschlechterung der Betreuungssituation führen**, möglicherweise als mutwillige Herbeiführung der Bedürftigkeit anzusehen sind (z.B. **Umzug an einen neuen Wohnort ohne Kindergarten**

---

[73] Vgl. BGH v. 21.04.2010 - XII ZR 134/08 - FamRZ 2010, 1050 m. Anm. *Viefhues*.
[74] Vgl. OLG Zweibrücken v. 22.10.2010 - 2 UF 32/10 - FuR 2011, 359-360.
[75] Ausführlich dazu *Viefhues/Mleczko*, Das neue Unterhaltsrecht, 2008, Rn. 161; OLG Karlsruhe v. 03.05.2011 - 16 UF 76/11 - FamRZ 2011, 1601; einschränkend *Schilling*, FPR 2008, 27, 28; *Büte*, FuR 2008, 309, 311 m.w.N.; *Schilling*, FF 2008, 279, 281.
[76] Zur Bedeutung des Kindeswohls bei einem Umzug ins Ausland BGH v. 16.03.2011 - XII ZB 407/10 - FamRZ 2011, 796 m. Anm. *Völker* = FuR 2011, 401 = FPR 2011, 460; BGH v. 28.04.2010 - XII ZB 81/09 - FamRZ 2010, 1061; BGH v. 16.03.2011 - XII ZB 407/10 - FuR 2011, 401; vgl. auch OLG Koblenz v. 04.05.2010 - 11 UF 149/10 - FamRZ 2010, 1572; OLG Köln v. 28.07.2011 - 4 UF 18/11 - FamRZ 2011, 498; OLG Nürnberg v. 09.09.2010 - 11 WF 972/10; *Born*, FamFR 2009, 129; *Finger*, FamFR 2009, 134; OLG Köln v. 27.07.2010 - 14 UF 80/10 - FamRZ 2011, 490; OLG Hamm v. 15.11.2010 - 8 WF 240/10; OLG Köln v. 08.02.2011 - 4 UF 233/10; OLG Hamm v. 04.04.2011 - 8 UF 237/10 - FamFR 2011, 333; dazu *Büte* in: Johannsen/Henrich, Familienrecht, 5. Aufl. 2010, § 1696 BGB Rn. 2.

oder Kindertagesstätte).[77] Hier ist das allgemeine Gebot des Unterhaltsberechtigten, auch auf die finanziellen Belange des Pflichtigen Rücksicht zu nehmen, gegen die für den konkreten Schritt sprechenden Gründe abzuwägen.[78]

g. Zeitlicher Beginn einer solchen Obliegenheit

Zwar setzt die eigentliche Erwerbsobliegenheit des betreuenden Elternteils erst ein, wenn die vom Gesetz eingeräumte Phase der persönlichen Erziehung beendet ist. Er ist jedoch grundsätzlich schon vorher gehalten, die **Wiedereingliederung in das Erwerbsleben vorzubereiten**. Der Beginn der Obliegenheit zur Arbeitssuche kann schon vor dem Ende der Betreuungsphase liegen, wenn bei einem gesunden Kind das Ende der Betreuungsbedürftigkeit klar absehbar ist. Es wird **keine Karenzzeit** zugestanden.[79]

Die Möglichkeiten einer späteren außerhäuslichen Betreuung muss also bereits vor Erreichen des 3. Geburtstags des Kindes eruiert und rechtzeitig ggf. schon vorbereitend angegangen werden.[80] Der betreuende geschiedene Elternteil muss daher das Kind rechtzeitig in einem Kindergarten anmelden; entsprechende Anmeldefristen müssen gewahrt werden. Auch für die Beurteilung von Erwerbschancen ist auf denjenigen Zeitpunkt abzustellen, in welchem die Obliegenheit einsetzt.[81]

80

81

h. Betreuung durch den anderen Elternteil

Grundsätzlich ist auch der **barunterhaltspflichtige Elternteil als Betreuungsperson** in Betracht zu ziehen, wenn er dies ernsthaft und verlässlich anbietet.[82]

82

Aus dem Grundsatz der gegenseitigen Rücksichtnahme folgt die Obliegenheit, das ernstgemeinte, zuverlässige und belastbare Angebot des anderen Elternteils anzunehmen, der die Betreuung des Kindes übernehmen will, wenn die konkreten Umstände dieser Betreuung mit den Kindesbelangen vereinbar sind.

83

Maßgeblich ist, ob der andere Elternteil ein **genau beschriebenes, nachvollziehbares und verlässliches Betreuungsangebot** vorlegt, das praktisch handhabbar ist und vor allem auch mit den beruflichen Verpflichtungen dieses Elternteils vereinbar ist.[83] Entscheidend ist, wie der andere Elternteil die zeitweise Betreuung des Kindes mit seinen eigenen beruflichen Verpflichtungen vereinbaren will. Es muss also zumindest eine konkrete Zeitplanung vorgelegt werden; es darf sich nicht lediglich um „**Lippenbekenntnisse**" und „Verbalangebote" handeln.

84

Die verschiedenen Kombinationen der Betreuung des Kindes (Mutter, Kindergarten, Vater, weitere Verwandte) dürfen das Kind nicht zu sehr belasten (sog. **Betreuungsshopping**).[84]

85

Bei höchst **zerstrittenen Eltern** dürfte eine solche konfliktträchtige Regelung kaum den Kindesinteressen entsprechen.[85]

86

---

[77] Vgl. OLG Oldenburg v. 14.07.2011 - 14 UF 49/11 - FamRZ 2012, 556; *Born*, NJW 2008, 1, 8; *Wever*, FamRZ 2008, 553, 555; OLG Nürnberg v. 07.10.2002 - 10 UF 1677/02 - FamRZ 2003, 1320; *Maurer*, FamRZ 2008, 2160.

[78] Zum Umzug ins Ausland/Auswanderung vgl. BGH v. 16.03.2011 - XII ZB 407/10 - FamRZ 2011, 796 m. Anm. *Völker* = FuR 2011, 401 = FPR 2011, 460; BGH v. 28.04.2010 - XII ZB 81/09 - FamRZ 2010, 1061; BGH v. 16.03.2011 - XII ZB 407/10 - FuR 2011, 401; VerfGH Berlin v. 19.03.2013 - 158/12 - FamRZ 2013, 1232; vgl. auch OLG Koblenz v. 04.05.2010 - 11 UF 149/10 - FamRZ 2010, 1572; OLG Köln v. 28.07.2011 - 4 UF 18/11 - FamFR 2011, 498; OLG Nürnberg v. 09.09.2010 - 11 WF 972/10; *Born*, FamFR 2009, 129; *Finger*, FamFR 2009, 134; OLG Köln v. 27.07.2010 - 14 UF 80/10 - FamRZ 2011, 490; OLG Hamm v. 15.11.2010 - 8 WF 240/10; OLG Köln v. 08.02.2011 - 4 UF 233/10; OLG Hamm v. 04.04.2011 - 8 UF 237/10 - FamFR 2011, 333; dazu *Büte* in: Johannsen/Henrich, Familienrecht, 5. Aufl. 2010, § 1696 Rn. 2; *Faber*, FuR 2012, 464. Vgl. auch OLG Brandenburg v. 06.02.2013 - 9 UF 226/12.

[79] OLG Saarbrücken v. 11.07.2013 - 6 UF 24/13.

[80] *Peschel-Gutzeit*, Das neue Unterhaltsrecht 2008, Rn. 52; *Borth*, Unterhaltsrechtsänderungsgesetz, Rn. 64; *Borth*, FamRZ 2008, 2, 7; *Wever*, FamRZ 2008, 553, 556; OLG Köln v. 27.05.2008 - 4 UF 159/07 - FPR 2008, 455 m. Anm. *Höhler-Heun*.

[81] OLG Stuttgart v. 15.09.2009 - 17 UF 128/09 - FuR 2010, 52 unter Hinweis auf BGH v. 30.07.2008 - XII ZR 126/06 - FamRZ 2008, 2105, 2106 m. Anm. *Schürmann*.

[82] BGH v. 01.06.2011 - XII ZR 45/09 - FamRZ 2011, 1209 m. Anm. *Viefhues*; BGH v. 15.09.2010 - XII ZR 20/09 - NJW 2010, 3369 m. Anm. *Born* = ZFE 2010, 467 = FamRZ 2010, 1880 = FF 2010, 490 m. Anm. *Viefhues*; a.A. *Niepmann/Schwamb*, NJW 2010, 2400, 2403 m.w.N.; *Niepmann/Schwamb*, NJW 2011, 2404, 2407.

[83] Vgl. BGH v. 30.03.2011 - XII ZR 3/09 - FamRZ 2011, 791 = NJW 2011, 1582 m. Anm. *Maurer*.

[84] *Reinken*, FPR 2010, 125, 127.

[85] *Schilling*, FF 2008, 279, 281; *Reinken*, FPR 2010, 125, 127. OLG Hamm v. 14.09.2011 - II-5 UF 45/11 - NJW-RR 2012, 67.

87 Die Berufung auf einen **Loyalitätskonflikt** des Kindes scheidet jedoch dann praktisch aus, wenn ein regelmäßiger Umgang mit dem Vater stattfindet.[86]

88 Die bislang ergangenen **obergerichtlichen Entscheidungen** haben die Betreuungsangebote des anderen Elternteils nicht generell als unbeachtlich angesehen, sondern jeweils allein **aufgrund der konkreten Umstände abgelehnt** als reines Verbalangebot oder aufgrund bestehender Streitigkeiten als unzumutbar für das Kind.[87]

89 In wenigen besonders gelagerten Fällen wurde eine Obliegenheit der Mutter bejaht, ein solches Angebot des Kindesvaters zur – erweiterten – Übernahme der Betreuung anzunehmen.[88]

90 Wird ein ernsthaftes und substantiiert begründetes Betreuungsangebot durch den anderen Elternteil vorgebracht, das belastbar und überzeugend ist, liegt die **Darlegungslast** für Hinderungsgründe dann bei dem Elternteil, der sich diesem Angebot widersetzt.[89]

91 Ist bereits eine am Kindeswohl orientierte **Umgangsregelung** vorhanden, ist diese grundsätzlich vorgreiflich[90], denn es sollte vermieden werden, das Unterhaltsverfahren mit einem Umgangsverfahren zu vermengen[91].

92 Für **gerichtliche Umgangsregelungen** besteht hier die hohe, gesetzlich vorgegebene Schwelle des § 1696 BGB, so dass eine Änderung nur aus triftigen, das Wohl des Kindes nachhaltig berührenden Gründen angezeigt ist. Auch kann die Abänderung nur im Kindschaftsverfahren gem. §§ 151 ff. FamFG durchgesetzt werden.[92]

93 Diese Einschränkungen gelten zwar nicht bei **außergerichtlichen Umgangsregelungen**.[93] Es sind aber auch hier die Grundsätze des Kindeswohls zu berücksichtigen. Bei einem entsprechenden Wunsch auf Änderung eines bislang praktizierten Umgangsrechts stehen jedoch regelmäßig die wirtschaftliche Interessen des unterhaltspflichtigen Elternteils im Vordergrund, nicht aber das für die Umgangsregelung maßgebliche Wohl des Kindes mit der Folge, dass auch die Abänderung einer bestehenden außergerichtlichen Umgangsregelung nur eingeschränkt verlangt werden kann.[94]

i. Betreuung durch andere Verwandte

94 Die Übernahme der Betreuung durch andere **Verwandte** stellt eine freiwillige Leistung Dritter dar, die an sich unterhaltsrechtlich neutral ist. Eine Pflicht eines Verwandten, die Betreuung des Kindes zu übernehmen, besteht jedenfalls nicht.[95]

95 Zu differenzieren sind zwei **Fallvarianten**:
- Es findet bereits eine **tatsächliche Betreuung** statt, die ggf. ausgeweitet oder eingeschränkt werden soll.
- Das Kind wird bisher noch nicht von diesem Verwandten betreut. Dieser macht jedoch ein entsprechendes **Angebot**.

96 Wird das Kind **tatsächlich** von einem Verwandten (z.B. der **Großmutter**) oder anderen Dritten **betreut**, können diese **freiwilligen Betreuungsleistungen durch einen an Billigkeitskriterien orientierten Abzug vom Einkommen des Unterhaltsberechtigten berücksichtigt werden**.[96]

---

[86] BGH v. 15.09.2010 - XII ZR 20/09 - FamRZ 2010, 1880-1884.
[87] OLG Hamm v. 26.08.2009 - 5 UF 25/09, II-5 UF 25/09 - FamRZ 2009, 2093 m. Anm. *Borth*; OLG Hamm v. 28.04.2009 - II-13 UF 2/09, 13 UF 2/09 - FamRZ 2010, 570; OLG Celle v. 12.08.2008 - 10 UF 77/08 - FamRZ 2009, 975; KG v. 08.01.2009 - 16 UF 149/08 - FamRZ 2009, 981; OLG Frankfurt v. 19.08.2008 - 3 UF 124/08 EA - FamRB 2009, 69; AG Berlin-Tempelhof-Kreuzberg v. 27.05.2008 - 161 F 14405/06 - FamRZ 2008, 1862; vgl. auch OLG Düsseldorf v. 07.10.2009 - II-8 UF 32/09 - FamRZ 2010, 301 zur Betreuung durch eine Drittperson.
[88] BGH v. 01.06.2011 - XII ZR 45/09 - FamRZ 2011, 1209 m. Anm. *Viefhues*; OLG Saarbrücken v. 10.12.2009 - 6 UF 110/08 - ZFE 2010, 113.
[89] OLG Saarbrücken v. 10.12.2009 - 6 UF 110/08 - ZFE 2010, 113.
[90] BGH v. 15.09.2010 - XII ZR 20/09 - FamRZ 2010, 1880-1884.
[91] Vgl. auch *Schilling* in: NK-BGB, 2. Aufl., § 1615l Rn. 12; *Born*, NJW 2011, 2433, 2434.
[92] Dazu *Völker/Clausius* in: Kemper/Schreiber, FamFG, 2011, § 151 Rn. 1 ff.; *Horndasch* in: Horndasch/Viefhues, FamFG, 2014, § 151 Rn. 1 ff.
[93] *Völker/Clausius*, Sorge- und Umgangsrecht in der Praxis, 2011, § 3 Rn. 5 m.w.N.
[94] Vgl. *Born*, NJW 2011, 2433, 2434.
[95] OLG Düsseldorf v. 07.10.2009 - II-8 UF 32/09 - FuR 2010, 38 = FamRZ 2010, 301.
[96] BGH v. 18.04.2012 - XII ZR 65/10 NJW 2012, 1868 = FamRZ 2012, 1040.

Zur unterhaltsrechtlichen Berücksichtigung der **Kosten der Kindesbetreuung** allgemein vgl. die Kommentierung zu § 1610 BGB Rn. 219.

Aus dem Grundsatz der gegenseitigen Rücksichtnahme folgt jedoch die Obliegenheit, ein solches Angebot eines Verwandten dann anzunehmen, wenn diese Betreuung mit den Kindesbelangen vereinbar ist.[97] Bei den hier deutlich **strengeren Anforderungen** als beim Betreuungsangebot des anderen Elternteils haben besondere Bedeutung:

- die persönliche Eignung des Verwandten,
- die persönliche Beziehung zum Kind,
- ob diese Betreuung tatsächlich die erforderliche langfristige Verlässlichkeit aufweist und
- ob die Betreuungsperson auch die notwendige Neutralität aufweist.[98]

j. Mehrbelastung des betreuenden Elternteils (überobligatorische Belastung, Doppelbelastung)

Beim Geschiedenenunterhalt aus § 1570 BGB wird die Frage erörtert, ob und ggf. in welchem Umfang sich die Erwerbsobliegenheit des kindesbetreuenden Elternteils dadurch vermindert, weil diesem Elternteil eine **überobligatorische Belastung in Form von Doppelbelastung durch Beruf und Kindesbetreuung**[99] abverlangt wird.

Wird dies als elternbezogener Verlängerungsgrund gem. § 1570 Abs. 2 BGB auf die **nacheheliche Solidarität** und damit auf das aus der Ehe hergeleitete **Vertrauen** gestützt,[100] scheidet folglich eine Anwendung im Bereich des § 1615l BGB aus.

Stellt man dagegen auf die **aktuellen Belange des Kindes (kindbezogene Gründe, § 1570 Abs. 1 Satz 3 BGB)**[101] ab, da die (zusätzlichen) Leistungen des betreuenden Elternteils ja dem Kinde zugutekommen[102] und eine Überforderung der Mutter das Kind belastet,[103] ist das Argument der überobligatorischen Belastung auch im Rahmen des § 1615l BGB beachtlich.

Der BGH lehnt es ab, eine solche **Mehrbelastung** pauschal durch einen **allgemeinen Betreuungsbonus** zu kompensieren.[104]

Folglich müssen im gerichtlichen Verfahren einmal die **Versorgungsleistungen** für das Kind und die **aktuelle Belastungssituation** des betreuenden Elternteils substantiiert dargelegt werden, damit der **Umfang der aktuellen Mehrbelastung** bewertet werden kann.[105]

k. Sog. Problemkind-Fälle

In der Praxis besteht vielfach die – je nach Blickwinkel – Hoffnung oder Befürchtung, in den sog. **Problemkindfällen** sei mit einer Vielzahl von Einwänden, ärztlichen Attesten und Sachverständigengutachten zu rechnen.[106] Vom Ansatz her ist bereits große Zurückhaltung angezeigt, eine Abweichung vom Standardfall anzunehmen.[107] Die im Rahmen des § 1570 BGB vielbeschworenen trennungsbedingten Probleme des Kindes sind bei § 1615l BGB im Regelfall nicht gegeben – es sei denn, die Eltern haben eheähnlich zusammengelebt.

---

[97] Vgl. dazu *Viefhues/Mleczko*, Das neue Unterhaltsrecht 2008, Rn. 185; *Borth*, Unterhaltsrechtsänderungsgesetz 2008, Rn. 63 und Rn. 78; *Peschel-Gutzeit*, Das neue Unterhaltsrecht 2008, Rn. 52; *Hartung*, MDR 2008, 249, 251.
[98] *Kemper*, FuR 2008, 169, 173.
[99] Zur überobligatorischen Belastung bei der Betreuung von 3 Kindern vgl. BGH v. 18.04.2012 - XII ZR 65/10 - NJW 2012, 1868-1873.
[100] BGH v. 21.04.2010 - XII ZR 134/08 - FamRZ 2010, 1050 m. Anm. *Viefhues*.
[101] *Borth*, FamRZ 2009, 961; *Wever*, FF 2009, 373, 374; *Norpoth*, FPR 2009, 485.
[102] Ausführlich *Borth*, FamRZ 2009, 961; *Norpoth*, FPR 2009, 485; *Norpoth*, FamRZ 2011, 874 mit anschaulichen Beispielen.
[103] *Wever*, FF 2009, 373, 374, vgl. auch OLG Celle v. 21.11.2012 - 15 UF 91/12 - FamRZ 2013, 114.
[104] BGH v. 21.04.2010 - XII ZR 134/08 - FamRZ 2010, 1050 m. Anm. *Viefhues*; OLG Düsseldorf v. 22.12.2009 - II-8 WF 155/09, 8 WF 155/09 - FamRZ 2010, 813.
[105] Vgl. z.B. OLG Celle v. 21.11.2012 - 15 UF 91/12 - FamRZ 2013, 114.
[106] Vgl. *Sanders*, FF 2009, 209.
[107] *Kemper*, FuR 2008, 169, 173; ausführlich zum Problemkind beim Betreuungsunterhalt vgl. *Viefhues*, FF 2011, 153-157.

105 Nicht ausreichend ist die sog. **„Mimosen-Einrede"**[108] (das Kind ist ja so anfällig, erhöht betreuungsbedürftig, schwierig, braucht ständig Hausaufgaben-Hilfe). Einer Instrumentalisierung von Schwierigkeiten des Kindes für Unterhaltszwecke ist durch Anforderungen an einen substantiierten Sachvortrag entgegenzutreten.[109]

106 In diesem Sachvortrag muss nicht nur das Problem des Kindes substantiiert dargelegt werden, sondern es müssen auch genaue Ausführungen zu der entscheidenden Frage gemacht werden, wie sich dieses Problem des Kindes konkret auf die Erwerbsfähigkeit der Mutter im Einzelnen auswirkt.

107 Bei Existenz einer kindgerechten Betreuungseinrichtung sagt das Bestehen eines solchen Problems **noch nichts darüber aus,** dass eine zusätzliche Betreuung erforderlich ist und **dass eine solche zusätzliche Betreuung nur durch die Mutter sichergestellt werden kann.**[110]

108 Unterhaltsrechtliche Bedeutung hat ein solches Problem des Kindes allein, wenn **nur der betreuende Elternteil** dieses Problem lösen kann und wegen des damit verbundenen Zeitaufwandes **in seiner Berufstätigkeit eingeschränkt** ist.[111]

109 Befindet sich das Kind aber innerhalb bestimmter **Zeiten in einer Betreuungseinrichtung,** so ist der betreuende Elternteil während dieses Zeitraumes auch durch das Problem des Kindes nicht an einer Erwerbstätigkeit gehindert. Eine zeitliche Belastung des Elternteils kann daher lediglich daraus erwachsen, dass nach Rückkehr des Kindes **zusätzliche Mehrbelastungen** erwachsen, die über das Maß der oben beschrieben Belastungen hinausgehen.

110 Das OLG Karlsruhe hat bei einer Mutter, die ein **stark behindertes Kind betreut,** deren große Belastung durch die besondere Betreuungsbedürftigkeit des Kindes zwar als elternbezogener Grund anerkannt, jedoch betont, dass dies einer **Erwerbstätigkeit der Mutter in der Zeit der Fremdbetreuung des Kindes nicht entgegensteht.**[112]

111 Darüber hinaus stellt sich immer die Frage, ob nur der betreuende Elternteil durch seinen persönlichen Einsatz das Problem in den Griff bekommen kann.[113] So sind z.B. bei schulischen Problemen Nachhilfestunden denkbar; für diesen **Mehrbedarf** ist der andere Elternteil ebenfalls anteilig haftbar (vgl. die Kommentierung zu § 1613 BGB Rn. 183 f.).

112 Bei gesundheitlichen Problemen ist es – schon im Hinblick auf das **Kindeswohl** – auch erforderlich, dass die Mutter die Ursachen für die aufgetretenen Störungen durch entsprechende **Untersuchungen und Therapien** abklären lässt. Denn der betreuende Elternteil ist gehalten, an der Behebung des Problems **aktiv mitzuarbeiten** und – gerade im Interesse des Kindeswohls – seinen Teil dazu beizutragen, es zeitnah zu beseitigen. Hierzu müssen ggf. auch angemessene medizinische Hilfen in Anspruch genommen werden. Das Problem des Kindes darf nicht auf Dauer zum Garanten des fortbestehenden Unterhaltsanspruches der Mutter werden.[114]

113 Sämtliche Umstände des Einzelfalles, die der unterhaltsberechtigte Elternteil zur Fortdauer der persönlichen Betreuungsbedürftigkeit ins Feld führt, müssen **substantiiert dargetan** werden.[115]

114 Daher reicht z.B. die pauschale Behauptung schlechter schulischer Leistungen eines zehnjährigen Kindes für die Verlängerung von Betreuungsunterhalt nicht aus; vielmehr ist die tatsächlich notwendige Betreuung im Einzelnen darzulegen.[116]

115 Auch reicht allein die Berufung auf eine Erkrankung des Kindes nicht aus. Soweit sich die Kindesmutter darauf beruft, das Kind je einmal wöchentlich zur **Ergotherapie,** zum **Kinderturnen,** zum **Kinderschwimmen** und vierzehntäglich zur **Logopädie** begleiten zu müssen, übersteigt dies nicht den Rahmen üblicher außerkindergartenlicher Aktivitäten und vermag daher **kein erhöhtes Betreuungsbedürfnis – wie etwa eine Langzeittherapie – zu begründen.** Entsprechendes gilt für kurzzeitige **Krankheiten, kinderärztliche Kontrolluntersuchungen** oder **Schließ- bzw. Ferientage im Kindergarten.**[117]

---

[108] *Born*, NJW 2008, 1, 8.
[109] *Graba* in: Erman, BGB, 2008, § 1570 Rn. 6.
[110] BGH v. 06.05.2009 - XII ZR 114/08 - NJW 2009, 1956 = FamRZ 2009, 1124.
[111] Einzelheiten vgl. *Viefhues/Mleczko*, Das neue Unterhaltsrecht, 2008, Rn. 155 ff.
[112] OLG Karlsruhe v. 28.04.2014 - 2 UF 238/13 - JAmt 2014, 341.
[113] Zur Notwendigkeit der persönlichen Betreuung vgl. *Viefhues*, FF 2011, 153, 154.
[114] Zu diesem Gesichtspunkt *Viefhues*, FF 2011, 153, 155.
[115] OLG München v. 11.08.2011 - 26 UF 277/11 - FamRZ 2012, 558-559.
[116] OLG Brandenburg v. 22.03.2011 - 10 UF 85/09 - FamFR 2011, 224.
[117] OLG Karlsruhe v. 03.05.2011 - 16 UF 76/11 - FamRZ 2011, 1601.

Nur konkret vorgetragene und ggf. bewiesene Billigkeitsgesichtspunkte, insbesondere kindbezogene Gründe, können der Aufnahme einer Vollzeittätigkeit entgegenstehen. So hat das OLG München[118] zunehmende Auffälligkeiten im Sozialverhalten nach dem Übertritt des Kindes in das Gymnasium und durch eine Kinderklinik festgestellte Störungen des Sozialverhaltens **mit depressiver Symptomatik und eine einfache Aktivitäts- und Aufmerksamkeitsstörung** anerkannt und daraus im Rahmen der Billigkeitsentscheidung **Unterhalt bis zum Abschluss 6. Klasse Gymnasium** zugesprochen. 116

Berücksichtigt wurde dabei auch, dass der Kindesvater **keinerlei Betreuungsleistung in Form eines Umgangs erbringt und keine Verantwortung für das Kind trägt.**[119] 117

Die Tatsache, dass die Kindesmutter wegen der Geburt und der nachfolgenden Betreuung des Kindes ihr Studium unterbrochen hat, während der Vater des Kindes in diesem Zeitraum sein Studium abschließen konnte, stellt keinen Umstand dar, der aus Billigkeitsgründen eine Verlängerung des Betreuungsunterhaltes rechtfertigen würde.[120] 118

Eine Behinderung des Kindes als kindbezogener Grund erfordert zwar eine von der Mutter erheblich intensivere persönliche Betreuungsleistung, als dies bei einem gleichaltrigen gesunden Kind der Fall wäre. Gleichwohl bejaht das OLG Karlsruhe eine Erwerbsobliegenheit, die über eine halbschichtige Erwerbstätigkeit hinausgeht. Dabei wird darauf abgestellt, dass das Kind im Rahmen einer Einzelintegrationsmaßnahme an fünf Tagen in der Woche regelmäßig täglich von 9:00 Uhr bis 15:00 Uhr betreut wird. Auch erfordern zusätzliche Betreuungsleistungen außerhalb dieser Zeiten nicht unbedingt eine persönliche Betreuung durch die Mutter; gegebenenfalls sei eine Abholung und Betreuung des Kindes durch weitere Personen denkbar.[121] 119

Munzinger kritisiert, dass das OLG die zeitliche und seelische Belastung von alleinerziehenden Eltern, die ein schwerbehindertes Kind zu betreuen und zu versorgen haben, nicht realistisch einschätzt. Denn die zu erwartenden Fehlzeiten bei der Versorgung eines Kleinkindes mit Down-Syndrom lägen weit über denen, die auch bei ansonsten gesunden Kindern zu erwarten sind.[122] 120

Das OLG Nürnberg[123] hat in einer vergleichbaren Konstellation den Unterhaltsanspruch einer Studentin gemäß § 1615l BGB nach Vollendung des dritten Lebensjahres des betreuten Kindes bejaht. Daher hat das OLG Karlsruhe die Rechtsbeschwerde gegen seine Entscheidung zugelassen. 121

Zudem sollte man sich in der Praxis immer die Bedeutung eines bestimmten Effektes deutlich vor Augen führen: Wird das „Problemkind" als Garant für einen fortbestehenden Unterhaltsanspruch akzeptiert, so entsteht aus Sicht des Kindeswohls ein kontraproduktiver Effekt: der betreuende Elternteil hat ein **finanzielles Interesse** an der Fortzahlung des Unterhalts und damit im Ergebnis **am Fortbestand des Problems**. Ihn trifft jedoch eine Obliegenheit, aktiv am Abbau des Problems mitzuwirken! 122

l. Darlegungs- und Beweislast

Dem unterhaltsberechtigten Elternteil ist die **Darlegungs- und Beweislast** für die Voraussetzungen einer Verlängerung des Betreuungsunterhalts über die Dauer von drei Jahren hinaus auferlegt. Kind- oder elternbezogene Gründe, die zu einer Verlängerung des Betreuungsunterhalts über die Vollendung des dritten Lebensjahres hinaus aus Gründen der Billigkeit führen könnten, sind deswegen vom Unterhaltsberechtigten genau darzulegen und gegebenenfalls zu beweisen. 123

m. Elternbezogene Gründe/Vertrauensschutz

Der Gesetzestext bei § 1615l BGB enthält – im Unterschied zu § 1570 BGB – zusätzlich das Wort **„insbesondere"**. Damit soll deutlich gemacht werden, dass auch hier weitere Umstände aus der bisherigen persönlichen Lebensgestaltung der Eltern des Kindes Bedeutung haben können. Auch bei § 1615l BGB können daher im konkreten Fall **elternbezogene Gründe** ebenso eine wichtige Rolle spielen wie der Gesichtspunkt des **Vertrauensschutzes**.[124] 124

---

[118] OLG München v. 11.08.2011 - 26 UF 277/11 - FamRZ 2012, 558-559.
[119] OLG München v. 11.08.2011 - 26 UF 277/11 - FamRZ 2012, 558-559.
[120] BGH v. 13.01.2010 - XII ZR 123/08 - juris Rn. 27 - FamRZ 2010, 444.
[121] BGH v. 13.01.2010 - XII ZR 123/08 - juris Rn. 27 - FamRZ 2010, 444.
[122] *Munzinger*, Infobrief Unterhaltsrecht 06/2014.
[123] OLG Nürnberg v. 13.08.2009 - 10 UF 360/09 - FamRZ 2010, 577.
[124] *Wever*, FamRZ 2008, 553, 557; *Schumann*, FF 2007, 227, 228; *Schürmann*, FF 2007, 235, 236.

125 Auch aus dem Schutz der Familie in Art. 6 Abs. 1 GG ist zu entnehmen, dass sich die Möglichkeit zur Verlängerung des Betreuungsunterhalts der Mutter eines nichtehelich geborenen Kindes aus elternbezogenen Gründen umso mehr der Verlängerungsmöglichkeit beim nachehelichen Betreuungsunterhalt annähern kann, als die **Beziehung der Eltern einer Ehe vergleichbar war**, also bei längerem Zusammenleben oder bei einem gemeinsamen Kinderwunsch.[125]

126 Als gewichtiger elternbezogener Grund für einen längeren Unterhaltsanspruch wird angeführt, dass die Eltern in einer dauerhaften Lebensgemeinschaft mit einem gemeinsamen Kinderwunsch gelebt und sich hierauf eingestellt haben.[126] Allerdings hat der BGH es abgelehnt, ein früheres Zusammenleben der Eltern für die Bemessung des Bedarfs der Mutter heranzuziehen[127] (vgl. Rn. 147).

127 Der Gesichtspunkt des **Vertrauensschutzes** auf eine bisherige einvernehmliche Regelung der Kindesbetreuung, die bei § 1570 BGB eine maßgebliche Rolle spielt,[128] kann bei einem nichtehelichen Elternteil folglich nur sehr eingeschränkt Bedeutung haben, wenn die Eltern zuvor in einer eheähnlichen Gemeinschaft gelebt haben – also bei einer gescheiterten Partnerschaft – und sich durch diese Situation auch ein **entsprechendes Vertrauen bilden konnte**.[129]

128 Nur bei einer entsprechenden tatsächlichen Grundlage kann dann der Unterhaltsanspruch auf den Gesichtspunkt einer im Verhältnis der Eltern untereinander bestehenden **Einstandspflicht** abgeleitet werden, die bei verheirateten Eltern gesetzlich aus § 1570 Abs. 2 BGB begründet ist.[130] Die nichteheliche Mutter muss die tatsächlichen Umstände, aus denen auf einen solchen **Einstandswillen** geschlossen werden kann, **darlegen** und **beweisen**.[131]

129 Dass die **Kindesmutter wegen der Geburt und der nachfolgenden Betreuung des Kindes ihr Studium unterbrochen hat, während der Vater des Kindes in diesem Zeitraum sein Studium abschließen konnte,** stellt keinen Umstand dar, der aus Billigkeitsgründen eine Verlängerung des Betreuungsunterhaltes nach § 1615l Abs. 2 Sätze 4 und 5 BGB rechtfertigen würde. Solche elternbezogenen Gesichtspunkte können eine Verlängerung des Unterhaltsanspruchs allenfalls dann begründen, wenn aus einer gemeinsamen Lebensplanung der Beteiligten ein entsprechender Vertrauenstatbestand abgeleitet werden kann.[132] Haben die Beteiligten jedoch vor der Geburt des Kindes nicht zusammengelebt, kann ein Vertrauen der Antragstellerin auf die weitere Absicherung durch den Kindesvater aus einer gemeinsamen Lebensplanung im Hinblick auf das beiderseitige Studium nicht hergeleitet werden.

130 Allein die Tatsache, dass beide Beteiligten **vor der Geburt des Kindes in vergleichbarer Ausbildungssituation gewesen sind** und dass der Kindesvater in der Zwischenzeit sein Studium beenden konnte, rechtfertigt es nicht, diesen zu verpflichten, bis zur Beendigung der Ausbildung der Kindesmutter Unterhalt zu bezahlen. Die Verlängerung des Unterhaltsanspruchs der nichtehelichen Mutter über das dritte Lebensjahr des Kindes hinaus gemäß § 1615l BGB ist als Ausnahmeregelung konzipiert; für nicht miteinander verheiratete Eltern fehlt eine § 1575 BGB entsprechende Regelung. In § 1575 BGB ist insbesondere das Vertrauen des unterhaltsbegehrenden Ehegatten auf Ausgleich ehebedingter Ausbildungsnachteile geschützt. Eine vergleichbar schützenswerte Vertrauenssituation der Beteiligten liegt hier nicht vor, so dass sich auch in einer Gesamtschau unter Billigkeitsgesichtspunkten die Heranziehung des Rechtsgedankens des § 1575 BGB verbietet.[133]

131 Zur verfahrensrechtlichen Frage, ob der jeweilige Titel befristet werden muss, vgl. Rn. 263 ff.

---

[125] BGH v. 16.07.2008 - XII ZR 109/05 - FamRZ 2008, 1739; kritisch *Hohmann-Dennhardt*, FF 2008, 174, 179 zu BGH v. 05.07.2006 - XII ZR 11/04 - FamRZ 2006, 1362.

[126] BGH v. 05.07.2006 - XII ZR 11/04 - FamRZ 2006, 1362.

[127] BGH v. 16.07.2008 - XII ZR 109/05 - FamRZ 2008, 1739; vgl. auch die Rechtsprechung des BGH zu § 1578b BGB: BGH v. 20.03.2013 - XII ZR 120/11 - NJW 2013, 1447 = FamRZ 2013, 864 mit Anm. *Born*; BGH v. 20.02.2013 - XII ZR 148/10 - NJW 2013, 1444 mit Anm. *Born* = FamRZ 2013, 860 mit Anm. *Maurer*; BGH v. 07.03.2012 - XII ZR 25/10 - juris Rn. 19 - FamRZ 2012, 776.

[128] Dazu ausführlich *Viefhues/Mleczko*, Das neue Unterhaltsrecht, 2008, Rn. 182 ff.

[129] BGH v. 16.07.2008 - XII ZR 109/05 - FamRZ 2008, 1739; vgl. *Schumann*, FF 2007, 227, 229 in Fn. 36; *Wever*, FamRZ 2008, 553, 557; OLG Karlsruhe v. 04.09.2003 - 2 UF 6/03 - FamRZ 2004, 974; OLG Frankfurt v. 13.10.1999 - 2 UF 335/98 - FamRZ 2000, 1522.

[130] *Wever*, FamRZ 2008, 553, 554.

[131] *Wever*, FamRZ 2008, 553, 557; *Schilling*, FPR 2008, 27, 30.

[132] OLG Karlsruhe v. 28.04.2014 - 2 UF 238/13 - JAmt 2014, 341; vgl. BGH v. 13.01.2010 - XII ZR 123/08 - juris Rn. 26 - FamRZ 2010, 444.

[133] OLG Karlsruhe v. 28.04.2014 - 2 UF 238/13 - JAmt 2014, 341.

IV. Umfang des Anspruchs

Als Unterhalt wird der gesamte **angemessene Lebensbedarf** geschuldet (§ 1610 BGB). Für die Bestimmung der Leistungsfähigkeit und Bedürftigkeit sind die allgemeinen Kriterien der §§ 1602 ff. BGB maßgeblich. 132

Der Anspruch gegen den Vater des Kindes umfasst keinen **Ausbildungsunterhalt**;[134] 133

Umstritten ist, ob zum Bedarf einer nichtehelichen Mutter auch die Kosten der **Kranken- und Pflegeversicherung** gehören.[135] Jedenfalls wird **Krankenvorsorgeunterhalt** im Rahmen des Unterhaltes nach § 1615l Abs. 2 BGB zusätzlich geschuldet.[136] 134

Dagegen gehört **Altersvorsorgeunterhalt** nicht zum Bedarf.[137] 135

Die Kosten **für eine Grundausstattung** des neugeborenen Kindes stellen keine Bedarfsposition der Mutter dar, sondern gehören zum – im Übrigen ganz konkret darzulegenden– **Sonderbedarf des Kindes**, der auch nur durch das Kind selbst geltend gemacht werden könnte, und zwar erst, wenn die Vaterschaft des in Anspruch genommenen Mannes feststeht.[138] 136

Ein Anspruch auf **Prozesskostenvorschuss** besteht nicht.[139] 137

Aus § 1615l Abs. 2 Satz 2 BGB kann sich zwischen nicht verheirateten Elternteilen auch ein pfändbarer **Taschengeldanspruch** ergeben.[140] 138

Für die Frage der **Verwirkung** des Unterhaltsanspruchs aus § 1615l BGB wird **§ 1611 BGB** angewandt,[141] aber auch die Anwendung der Härteklausel des **§ 1579 BGB** diskutiert.[142] 139

V. Bemessung des Bedarfs

Auch dann, wenn der Unterhaltsanspruch infolge Anspruchsübergangs vom Leistungsträger geltend gemacht wird, kommt es auf den Bedarf nach unterhaltsrechtlichen Grundsätzen an.[143] 140

1. Eigene Lebensstellung der Mutter

Der **Bedarf** der Mutter und damit die Höhe des Unterhaltes richtet sich **nach ihrer eigenen Lebensstellung**, da nach § 1615l Abs. 3 Satz 1 BGB auch § 1610 Abs. 1 BGB entsprechend anwendbar ist (zum Mindestbedarf vgl. Rn. 149 f.). 141

Bei der Festlegung des Bedarfs des betreuenden Elternteils kommt es grundsätzlich ausnahmslos und unveränderlich auf dessen **bei Geburt des Kindes erreichte Lebensstellung** an. Maßgebend ist also allein das Einkommen dieses Elternteiles im Zeitpunkt der Geburt des Kindes[144], wobei es auf das nachhaltig erzielte Erwerbseinkommen ankommt[145]. Abzustellen ist also auf die **individuellen Einkommens- und Vermögensverhältnisse**, konkret also auf das von der Mutter bis zur **Geburt des Kindes** erzielte Einkommen[146], bereinigt um die üblichen berufsbedingten Aufwendungen.[147] Grundsätzlich ist daher ihr **Verdienstausfall** Maßstab für die Ermittlung ihres Bedarfes; der zu gewährende Unterhalt richtet sich nach dem Einkommen, das die Mutter ohne die Geburt ihres Kindes zur Verfügung hätte.[148] 142

---

[134] *Wever*, FF 2010, 214 f.; *Norpoth*, FamRZ 2011, 1562, 1563; anders wohl OLG Nürnberg v. 13.08.2009 - 10 UF 360/09 - FamRZ 2010, 577 f.

[135] Bejahend OLG Bremen v. 11.06.1999 - 4 UF 9/99 - OLGR Bremen 1999, 367-368; *Büttner*, FamRZ 2000, 781, 784; *Finger*, FuR 2005, 493, 498; ablehnend OLG Hamm v. 04.11.2004 - 3 UF 555/01 - NJW 2005, 297-299.

[136] BGH v. 16.12.2009 - XII ZR 50/08 - FamRZ 2010, 357 m. Anm. *Maier*.

[137] OLG München v. 12.01.2006 - 16 UF 1643/05 - FamRZ 2006, 812; OLG Hamm v. 04.11.2004 - 3 UF 555/01 - NJW 2005, 297-299; *Finger*, FuR 2005, 493, 494; *Wever*, FF 2000, 20, 20; *Puls*, FamRZ 1998, 865-876, 876.

[138] OLG Celle v. 20.10.2008 - 10 WF 336/08 - FamRZ 2009, 704.

[139] *Büttner*, FamRZ 2000, 781, 785; *Schwolow* in: FAKomm FamR, § 1615l Rn. 28 m.w.N.; *Schilling*, FamRZ 2006, 1, 9 m.w.N.; vgl. auch BGH v. 23.03.2005 - XII ZB 13/05 - FamRZ 2005, 883; a.A. OLG München v. 15.10.2001 - 4 UF 122/01 - MDR 2002, 646-647.

[140] LG Tübingen v. 05.09.2000 - 5 T 143/00 - JurBüro 2001, 46.

[141] OLG Karlsruhe v. 24.05.2011 - 18 UF 165/09 - FamRZ 2011, 1800.

[142] OLG Hamm v. 03.11.2010 - 8 UF 138/10 - FamRZ 2011, 1600; vgl. auch BGH v. 16.07.2008 - XII ZR 109/05 - FamRZ 2008, 1739, 1744 und *Schwab*, FamRZ 2007, 1053, 1057.

[143] OLG Brandenburg v. 09.11.2010 - 10 UF 23/10 - juris Rn. 33.

[144] OLG Köln v. 15.11.2000 - 27 WF 203/00 - NJW RR 2001, 364-365.

[145] OLG Bremen v. 11.06.1999 - 4 UF 9/99 - OLGR Bremen 1999, 367-368.

[146] OLG Köln v. 15.11.2000 - 27 WF 203/00 - NJW-RR 2001, 364-365.

[147] *Finger*, FuR 2005, 493, 494.

[148] BGH v. 15.12.2004 - XII ZR 121/03 - NJW 2005, 818-820 m. Anm. *Schilling*, FamRZ 2005, 445-446.

143 War die Berechtigte bei Geburt des Kindes Studentin und hatte damit keine nachhaltig gesicherte Lebensstellung erreicht, so konnte allein die **Option, infolge des Studiums ein entsprechendes Einkommen zu erzielen**, ihre Lebensstellung nicht prägen.[149] Auch bei einer Studentin, die vor der Geburt des Kindes nicht erwerbstätig war und deren Einkünfte unterhalb des Existenzminimums lagen, wird der Mindestbedarf in Höhe des Existenzminimums angesetzt, der unterhaltsrechtlich mit dem notwendigen Selbstbehalt eines Nichterwerbstätigen pauschaliert werden darf.[150]

144 Spätere Änderungen, etwa eine Erwerbstätigkeit des Unterhaltsberechtigten, beeinflussen den Unterhaltsbedarf nach dessen Lebensstellung hingegen nicht.[151]

145 Dabei sind auch für einen späteren Unterhaltsanspruch nach § 1615l Abs. 2 Satz 2 BGB **die Verhältnisse bei Geburt des ersten Kindes maßgeblich**. Denn diese Verhältnisse bestimmten zunächst als Lebensstellung des Unterhaltsberechtigten die Höhe des Unterhaltsbedarfs während der Erziehung und Betreuung des ersten Kindes. Dieser Unterhaltsbedarf wiederum bestimmt als Lebensstellung des Unterhaltsberechtigten regelmäßig auch den Unterhaltsbedarf nach der Geburt eines weiteren Kindes.[152]

146 Die **Zurechnung fiktiver Einkünfte aus Erwerbstätigkeit** führt nicht dazu, dass der Bedarf – spiegelbildlich – an der hierdurch fiktiv begründeten Lebensstellung der Antragsgegnerin auszurichten wäre. Der Bedarf kann also auch dann nicht nach der aktuellen Situation des Unterhaltsberechtigten bestimmt werden, wenn er aufgrund einer bestehenden Erwerbsobliegenheit auf eine bedarfsdeckende Tätigkeit verwiesen wird.[153]

a. Wirtschaftliche Verhältnisse des Kindesvaters

147 Dagegen sind die **wirtschaftlichen Verhältnisse des unterhaltspflichtigen Elternteils** für die Bedarfsbemessung grundsätzlich nicht maßgebend. Ausschlaggebend ist vielmehr, wie sich die wirtschaftlichen Verhältnisse des unterhaltsberechtigten Elternteils bis zur Geburt des gemeinsamen Kindes entwickelt hatten.[154]

148 Wegen der Anknüpfung des Bedarfes an das frühere Einkommen der Mutter und die Unabhängigkeit vom Einkommen des Kindesvaters kann somit der Unterhaltsanspruch aus § 1615l BGB den Anspruch der verheirateten Mutter auf Zahlung von Betreuungsunterhalt aus § 1570 BGB übersteigen.[155] Bei einem hohen Einkommen der Mutter kann sich sogar ein Unterhaltsanspruch ergeben, der das dem unterhaltspflichtigen Vater verbleibende Einkommen übersteigt. Allerdings muss der Halbteilungsgrundsatz gewahrt bleiben (vgl. Rn. 154).

b. Sicherung des Mindestunterhalts

149 Jedoch muss der **Mindestunterhalt** in Höhe des **Existenzminimums** gewahrt bleiben, und zwar sowohl bei einem **Unterhaltsberechtigten mit geringeren Einkünften**[156] als auch bei einem **Unterhaltsberechtigten ohne eigene Einkünfte**. Dieser kann unterhaltsrechtlich mit dem **notwendigen Selbstbehalt eines Nichterwerbstätigen** (derzeit 800 €) pauschaliert werden.[157]

150 Einen **höheren Mindestbedarf** der Unterhaltsberechtigten **lehnt der BGH ausdrücklich ab**. Ein über den notwendigen Selbstbehalt hinausgehender Selbstbehalt des Erwerbstätigen schließt einen Erwerbsanreiz ein,[158] der zwar auf Seiten des Unterhaltspflichtigen seine Berechtigung hat, aber nicht in gleicher Weise auf den Unterhaltsberechtigten übertragen werden kann.

---

[149] OLG Saarbrücken v. 11.07.2013 - 6 UF 24/13.
[150] OLG Karlsruhe v. 28.04.2014 - 2 UF 238/13 - JAmt 2014, 341.
[151] OLG Saarbrücken v. 11.07.2013 - 6 UF 24/13 im Anschluss an BGH v. 13.01.2010 - XII ZR 123/08 - FamRZ 2010, 444; BGH v. 16.12.2009 - XII ZR 50/08 - FamRZ 2010, 357; BGH v. 16.07.2008 - XII ZR 109/05 - FamRZ 2008, 1739.
[152] OLG Saarbrücken v. 11.07.2013 - 6 UF 24/13 unter Bezugnahme auf BGH v. 16.12.2009 - XII ZR 50/08 - juris Rn. 22 - FamRZ 2010, 357.
[153] OLG Saarbrücken v. 11.07.2013 - 6 UF 24/13 im Anschluss an BGH v. 13.01.2010 - XII ZR 123/08 - FamRZ 2010, 444; BGH v. 16.12.2009 - XII ZR 50/08 - FamRZ 2010, 357; BGH v. 16.07.2008 - XII ZR 109/05 - FamRZ 2008, 1739.
[154] OLG Saarbrücken v. 11.07.2013 - 6 UF 24/13 im Anschluss an BGH v. 13.01.2010 - XII ZR 123/08 - FamRZ 2010, 444; BGH v. 16.12.2009 - XII ZR 50/08 - FamRZ 2010, 357; BGH v. 16.07.2008 - XII ZR 109/05 - FamRZ 2008, 1739.
[155] OLG Koblenz v. 18.03.2009 - 9 UF 596/08 - NJW 2009, 1974.
[156] OLG Köln v. 17.04.2012 - II-4 UF 277/11 - FamFR 2012, 273.
[157] BGH v. 16.12.2009 - XII ZR 50/08 - FamRZ 2010, 357 m. Anm. *Maier*; bestätigt durch BGH v. 13.01.2010 - XII ZR 123/08. OLG Brandenburg v. 13.11.2012 - 10 UF 226/11.
[158] *Wendl/Klinkhammer*, Unterhaltsrecht in der familienrichterlichen Praxis, § 2 Rn. 260 ff., 267.

Befindet sich die betreuende Mutter noch in der **Berufsausbildung**, wird einerseits der notwendige Selbstbehalt für Erwerbstätige angesetzt[159], andererseits lediglich der niedrigere Selbstbehalt für Nichterwerbstätige.[160] 151

Soll ein **höherer Bedarf** geltend gemacht werden, trägt hierfür die **Unterhaltsberechtigte** die **Darlegungs- und Beweislast**. Nur in diesem Fall ist von Bedeutung, welches Einkommen die Mutter vor der Geburt des Kindes erzielt hat.[161] 152

Es kommt auch dann auf den Bedarf nach unterhaltsrechtlichen Grundsätzen an, wenn der Unterhaltsanspruch infolge Anspruchsübergangs vom Leistungsträger geltend gemacht wird.[162] 153

c. Einschränkungen durch den Halbteilungsgrundsatz

Bei einem hohen Einkommen der Mutter kann sich sogar ein Unterhaltsanspruch ergeben, der das dem unterhaltspflichtigen Vater verbleibende Einkommen übersteigt. 154

Hier ist jedoch eine Einschränkung vorzunehmen. Die Unterhaltsverpflichtung ist dann nicht zu beanstanden, wenn der unterhaltsberechtigten Mutter aus eigenen Einkünften und Unterhaltszahlungen jedenfalls nicht mehr zur Verfügung steht als dem unterhaltspflichtigen Vater verbleibt. In anderen Fällen ist der Unterhaltsbedarf der nicht verheirateten Mutter zusätzlich durch den auch hier anwendbaren **Grundsatz der Halbteilung begrenzt**.[163] Im Prozess ist zu beachten, dass zu diesen Punkten ausreichender Sachvortrag erforderlich ist. 155

Beispiel: Die Kindesmutter hat vor der Geburt des Kindes ein bereinigtes Einkommen von 3.000 € erzielt. Ihr Bedarf beträgt nach ihrer bisherigen Lebensstellung 3.000 €, den der Kindesvater – soweit sie nach der Geburt ohne eigenes Einkommen ist – gem. § 1615l BGB schuldet. Der Kindesvater verfügt über ein Einkommen von 3.500 €. 156

Die Grenze der Leistungsfähigkeit des Kindesvaters (Selbstbehalt) beträgt 1.100 € (vgl. Rn. 197). Würde man lediglich auf diese Grenze des Selbstbehaltes abstellen, müsste der Kindesvater sein gesamtes verbleibendes Einkommen in Höhe von insgesamt 2.400 € zur Unterhaltszahlung verwenden. Der Kindesmutter stünden dann 2.400 € zur Verfügung (dabei wäre ihr Bedarf nicht voll gedeckt), dem Kindesvater selbst nur 1.100 €. Eine Begrenzung durch den Halbteilungsgrundsatz führt dazu, dass beiden Elternteilen die Hälfte von 3.500 €, also 1.750 € zur Verfügung stehen. 157

Differenziert werden kann für den Fall, dass die Mutter nach der Geburt **erwerbstätig** war.[164] Bei einer **arbeitslosen** Mutter kann auf das früher erzielte Einkommen abgestellt werden, wenn dies später mit hoher Wahrscheinlichkeit erneut erzielbar erscheint.[165] Es muss jedoch mindestens der notwendige Selbstbehalt sichergestellt werden[166] (vgl. Rn. 149). Der Mindestbedarf muss folglich auch bei einer **Studentin**[167] angesetzt werden oder bei einer Mutter, die bis zur Geburt des Kindes nur **Sozialhilfe** bezogen hat. 158

Welches Einkommen die Mutter tatsächlich vor der Geburt des Kindes erzielt hat, ist daher nur dann von Bedeutung, wenn ein über den Mindestbedarf hinausgehender Unterhaltsbedarf nach § 1615l BGB geltend gemacht wird[168] (vgl. auch Rn. 152). 159

Bei einer **freiberuflich** tätigen Mutter ist umstritten, ob ihr lediglich die für den Lebensbedarf erforderlichen Kosten zustehen[169] oder ob sie die Mittel für die Weiterführung ihres Betriebes, wie z.B. Provisionszahlungen an ersatzweise tätige Mitarbeiter, beanspruchen kann. Diese Ansicht wird damit be- 160

---

[159] OLG Hamm v. 03.11.2010 - 8 UF 138/10 - FamRZ 2011, 1600.
[160] OLG Saarbrücken v. 11.07.2013 - 6 UF 24/13 - NJW 2014, 559 unter Verweis auf BGH v. 13.01.2010 - XII ZR 123/08 - FamRZ 2010, 444 m.w.N.
[161] OLG Brandenburg v. 09.11.2010 - 10 UF 23/10 - juris Rn. 32.
[162] OLG Brandenburg v. 09.11.2010 - 10 UF 23/10 - juris Rn. 32.
[163] BGH v. 15.12.2004 - XII ZR 121/03 - NJW 2005, 818-820; BGH v. 17.01.2007 - XII ZR 104/03 - FamRZ 2007, 1303 m. Anm. *Schilling*; a.A. OLG Düsseldorf v. 16.04.2007 - II-7 UF 317/06 - FuR 2007, 581.
[164] OLG Celle v. 16.11.2001 - 15 WF 253/01 - OLGR Celle 2002, 19-20.
[165] OLG Koblenz v. 10.07.2000 - 13 WF 377/00 - NJW-RR 2000, 1531-1532; OLG Naumburg v. 17.07.2000 - 3 WF 80/00 - OLGR Naumburg 2000, 481-482.
[166] BGH v. 16.12.2009 - XII ZR 50/08 - FamRZ 2010, 357 m. Anm. *Maier*.
[167] OLG Saarbrücken v. 11.07.2013 - 6 UF 24/13 - NJW 2014, 559; OLG Nürnberg v. 13.08.2009 - 10 UF 360/09 - FamRZ 2010, 577 = FuR 2010, 115 = FF 2010, 212 mit krit. Anm. *Wever*.
[168] OLG Brandenburg v. 09.11.2010 - 10 UF 23/10 - juris Rn. 32.
[169] So *Diederichsen* in: Palandt, § 1615l Rn. 17; *Schwolow* in: FAKomm FamR, § 1615l Rn. 15.

gründet, nur so habe sie ihren Geschäftsbetrieb aufrechterhalten können, dies seien Kosten für die Erzielung der Einnahmen und somit auch abzugsfähig[170] (vgl. Rn. 207).

161 Der Bedarf i.S.v. § 1615l BGB einer **verheirateten** oder **geschiedenen** Mutter, die ein nichteheliches Kind betreut, bestimmt sich nicht nach den wirtschaftlichen Verhältnissen des Vaters, sondern nach ihren (früheren) ehelichen Lebensverhältnissen. Allerdings muss auch hier ihr Mindestbedarf sichergestellt werden. Trennungsbedingter Mehrbedarf ist nicht bedarfserhöhend zu berücksichtigen.[171]

162 Lebt die Kindesmutter **mit einem anderen Mann zusammen**, kann die dadurch geprägte Lebensgemeinschaft Maßstab für ihren Bedarf sein.[172] Lebt die Mutter bei ihren **Eltern**, leitet sich ihre Stellung von diesen ab.[173]

163 Aus der Formulierung „Soweit die Mutter einer Erwerbstätigkeit nicht nachgeht" ist abzuleiten, dass auch die Fälle erfasst werden sollen, in denen die Mutter lediglich einer **geringfügigen Erwerbstätigkeit** nachgeht, mit der sie ihren Unterhalt nicht voll decken kann. Ist der Mindestbedarf maßgeblich, ist das erzielte Eigeneinkommen – ggf. bereinigt um berufsbedingten Aufwand – bedarfsdeckend abzuziehen.

164 Lebt die Mutter des nichtehelichen Kindes im **Ausland** und hat sie die ausländische Staatsangehörigkeit, so kann ihr ebenfalls ein Unterhaltsanspruch gem. § 1615l Abs. 2 BGB zustehen.[174]

2. Lebensstellung des Kindesvaters

165 Die Mutter nimmt grundsätzlich **nicht teil an der Lebensstellung des Kindesvaters**.[175]

166 Wenn die Mutter mit dem Kindesvater zusammengelebt hat und dieses **nichteheliche Lebensverhältnis** auch **ihre eigene Lebensstellung geprägt hat**, wurde vereinzelt der Bedarf danach bemessen.[176]

167 Der **BGH** hat es auch bei einer früheren nichtehelichen Lebensgemeinschaft der Eltern des Kindes **abgelehnt**, die für den späteren Unterhaltsbedarf ausschlaggebende Lebensstellung auch aus einem höheren Einkommen des nichtehelichen Lebenspartners abzuleiten.[177] Allein aus einer nichtehelichen Lebensgemeinschaft (ohne Kind) ergeben sich keine Unterhaltsverpflichtungen. Soweit die Eltern des Kindes zusammen vom Einkommen des Kindesvaters gelebt haben, liegen darin freiwillige Leistungen, die eine nachhaltige Lebensstellung nicht begründen konnten.

3. Besondere Bedarfspositionen

168 Umstritten ist, ob zum Bedarf einer nichtehelichen Mutter auch die Kosten der **Kranken- und Pflegeversicherung** gehören.[178] Jedenfalls wird **Krankenvorsorgeunterhalt** im Rahmen des Unterhaltes nach § 1615l Abs. 2 BGB zusätzlich geschuldet (vgl. Rn. 134).[179]

169 Dagegen gehört **Altersvorsorgeunterhalt** nicht zum Bedarf.[180]

170 Die Kosten **für eine Grundausstattung** des neu geborenen Kindes stellen keine Bedarfsposition der Mutter dar, sondern gehören zum – im Übrigen ganz konkret darzulegenden– **Sonderbedarf des Kindes**, der auch nur durch das Kind selbst geltend gemacht werden könnte, und zwar erst, wenn die Vaterschaft des in Anspruch genommenen Mannes feststeht.[181]

---

[170] OLG München v. 12.01.2006 - 16 UF 1643/05 - FuR 2006, 187.

[171] BGH v. 17.01.2007 - XII ZR 103/03 - FamRZ 2007, 1303 m. Anm. *Schilling*; vgl. auch OLG Hamm v. 04.11.2004 - 3 UF 555/01 - NJW 2005, 297-299 = FamRZ 2005, 1276 m. Anm. *Born*; *Finger*, FuR 2005, 493, 497.

[172] *Büttner*, FamRZ 2000, 781.

[173] *Finger*, FuR 2005, 493, 494 m.w.N.

[174] OLG Hamm v. 29.06.2009 - II-6 UF 225/08 - FamRZ 2009, 2009; den Bedarf der nichtehelichen Mutter in China nimmt das OLG mit monatlich 770 € an.

[175] OLG Koblenz v. 06.08.1999 - 11 UF 127/99 - NJW 2000, 669-670; OLG Naumburg v. 17.07.2000 - 3 WF 80/00 - OLGR Naumburg 2000, 481-482; OLG Hamm v. 04.11.2004 - 3 UF 555/01 - NJW 2005, 297-299.

[176] OLG Düsseldorf v. 23.05.2005 - II-2 UF 125/04 - FamRZ 2005, 1772, 1773; OLG Koblenz v. 21.07.2005 - 7 UF 773/04 - FuR 2005, 463. *Büttner*, FamRZ 2000, 781, 783; OLG Zweibrücken v. 21.09.1999 - 5 UF 16/99 - FuR 2000, 286-289; *Wever/Schilling*, FamRZ 2002, 581, 584 f.; OLG Bremen v. 20.02.2008 - 4 WF 175/07 - NJW 2008, 1745-1747 m. Anm. *Budzikiewicz*.

[177] BGH v. 16.07.2008 - XII ZR 109/05 - FamRZ 2008, 1739.

[178] Bejahend OLG Bremen v. 11.06.1999 - 4 UF 9/99 - OLGR Bremen 1999, 367-368; *Büttner*, FamRZ 2000, 781, 784; *Finger*, FuR 2005, 493, 498; ablehnend OLG Hamm v. 04.11.2004 - 3 UF 555/01 - NJW 2005, 297-299.

[179] BGH v. 16.12.2009 - XII ZR 50/08 - FamRZ 2010, 357 m. Anm. *Maier*.

[180] OLG München v. 12.01.2006 - 16 UF 1643/05 - FamRZ 2006, 812; OLG Hamm v. 04.11.2004 - 3 UF 555/01 - NJW 2005, 297-299; *Finger*, FuR 2005, 493, 494; *Wever*, FF 2000, 20, 20; *Puls*, FamRZ 1998, 865-876, 876.

[181] OLG Celle v. 20.10.2008 - 10 WF 336/08 - FamRZ 2009, 704.

Ein Anspruch auf **Verfahrenskostenvorschuss** besteht nicht.[182]   171

VI. Bedürftigkeit der Berechtigten

Der Anspruch setzt die **Bedürftigkeit der Mutter des Kindes** voraus.[183] Diese ist nicht gegeben, soweit sie über **ausreichendes Einkommen** oder Vermögen verfügt, um sich selbst zu unterhalten.   172

Da die Bedürftigkeit der Mutter **nicht schwangerschaftsbedingt** zu sein braucht, besteht der Anspruch auch dann, wenn die Mutter auch ohne Schwangerschaft bedürftig gewesen wäre[184] oder die Mutter vor der Schwangerschaft nicht erwerbstätig war[185] (vgl. Rn. 149).   173

1. Einzelne Einkünfte

Laufender Unterhalt kann nicht begehrt werden, solange und soweit die Frau **Lohnfortzahlungen** des Arbeitgebers nach § 11 MuschG oder das **Mutterschaftsgeld** nach § 200 Abs. 1 RVO erhält.[186] Mutterschaftsgeld hat Lohnersatzfunktion und ist deshalb ebenso wie ein Zuschuss des Arbeitgebers zum Muttergeld als Einkommen zu berücksichtigen.[187]   174

Auf den Anspruch, der sich aus dem um beruflich bedingte Aufwendungen bereinigten Nettoeinkommen vor der Geburt des Kindes errechnet, ist jedoch **Erwerbseinkommen anzurechnen**.   175

Dies gilt auch für das **Elterngeld** über 300 € (§ 11 BEEG), das grundsätzlich einkommensabhängig gezahlt wird, so dass es Lohnersatzfunktion hat und deswegen als Einkommen des bezugsberechtigten Elternteils zu berücksichtigen ist.[188] Lediglich in Höhe von 300 € monatlich bleibt es nach § 11 Satz 1 BEEG unberücksichtigt.[189]   176

Auch **Erwerbsersatzeinkommen** in Gestalt des **Arbeitslosen-** und **Krankengeldes** ist anzurechnen. Alle diese Zahlungen dienen – wie der Betreuungsunterhalt – der Daseinssicherung und sind diesem daher gleichwertig.[190]   177

Erziehungsgeld stellt kein anrechenbares Einkommen der Mutter dar.[191]   178

Eine **Abfindung** des Arbeitgebers für die Beendigung des Arbeitsverhältnisses nach dem Ende des Mutterschaftsurlaubs ist nicht auf den Unterhaltsanspruch anzurechnen.[192] Allerdings ist die **Abfindungszahlung** nicht allein im Zuflussmonat zu berücksichtigen, sondern auf zwölf Monate aufzuteilen.[193]   179

Ein **Wohnvorteil**, den die Mutter aufgrund der unentgeltlichen Überlassung der Wohnung **durch Dritte** hat, ist auf ihren Unterhaltsbedarf nicht bedarfsmindernd anzurechnen.[194]   180

Wohngeld wird nicht als bedarfsdeckend angesehen, da es unmittelbar der Deckung des erhöhten Wohnbedarfs dient.[195]   181

Vermögenserträge sind einzusetzen.[196]   182

Die Kindesmutter muss auch den **Stamm ihres Vermögens** einsetzen. Dies ergibt sich aus der Verweisung in § 1615l Abs. 3 Satz 1 BGB auf § **1602 Abs. 1 BGB und** der fehlenden Gleichstellung mit den minderjährigen unverheirateten Kindern (§ 1602 Abs. 2 BGB). Denn die einschränkende Regel des   183

---

[182] *Büttner*, FamRZ 2000, 781, 785; *Schwolow* in: FAKomm FamR, § 1615l Rn. 28 m.w.N.; *Schilling*, FamRZ 2006, 1, 9 m.w.N.; vgl. auch BGH v. 23.03.2005 - XII ZB 13/05 - FamRZ 2005, 883; a.A. OLG München v. 15.10.2001 - 4 UF 122/01 - MDR 2002, 646-647.

[183] BGH v. 17.12.1997 - XII ZR 38/96 - FamRZ 1998, 426.

[184] BGH v. 17.12.1997 - XII ZR 38/96 - FamRZ 1998, 426.

[185] OLG Hamm v. 12.12.1990 - 8 UF 89/90 - NJW 1991, 1763.

[186] BGH v. 15.12.2004 - XII ZR 121/03 - NJW 2005, 818-820 = FamRZ 2005, 442.

[187] OLG Brandenburg v. 09.11.2010 - 10 UF 23/10.

[188] Zur Bedeutung des Elterngeldes bei unterhaltsrechtlichen Härteklauseln vgl. ausführlich *Borth*, FamRZ 2014, 801, 804.

[189] BGH v. 10.11.2010 - XII ZR 37/09 - FamRZ 2011, 97; vgl. auch BGH v. 18.04.2012 - XII ZR 73/10 - NJW 2012, 2190.

[190] OLG Brandenburg v. 02.03.2010 - 10 UF 63/09 - FamRZ 2010, 1915.

[191] BVerfG v. 21.06.2000 - 1 BvR 1709/93 - FamRZ 2000, 1149; OLG München v. 12.08.1998 - 12 WF 989/98 - FamRZ 1999, 1166; OLG Naumburg v. 17.07.2000 - 3 WF 80/00 - OLGR Naumburg 2000, 481-482.

[192] AG Euskirchen v. 22.01.2001 - 18 F 83/98 - FamRZ 2002, 191-193.

[193] OLG Brandenburg v. 02.03.2010 - 10 UF 63/09 - FamRZ 2010, 1915.

[194] OLG Köln v. 17.04.2012 - II-4 UF 277/11 - FamFR 2012, 273; OLG Hamburg v. 28.07.2004 - 2 UF 73/03 - FamRZ 2005, 927-930 unter Hinweis auf OLG München v. 04.09.1995 - 12 WF 915/95 - FamRZ 1996, 169.

[195] OLG Brandenburg v. 02.03.2010 - 10 UF 63/09 - FamRZ 2010, 1915.

[196] OLG Nürnberg v. 28.04.1995 - 7 UF 3997/94 - FamRZ 1996, 305; *Finger*, FuR 2005, 493, 497.

§ 1577 Abs. 3 BGB bezieht sich auf den Unterhaltsanspruch unter Eheleuten und ist folglich nicht anwendbar.[197] Die Verwertungsobliegenheit besteht nur in den Grenzen der Wirtschaftlichkeit und Billigkeit, wobei der Billigkeitsmaßstab strenger gesehen wird als beim nachehelichen Unterhalt (§ 1577 Abs. 3 BGB).[198]

2. Überobligatorische Einkünfte

184 Ob und in welchem Umfang die nach § 1615l Abs. 2 BGB unterhaltsberechtigte Mutter sich ein **überobligationsmäßig erzieltes Einkommen** auf ihren Unterhaltsbedarf anrechnen lassen muss, wenn sie neben der Kindesbetreuung Einkünfte aus einer Erwerbstätigkeit erzielt, ergibt sich aus einer – einzelfallorientierten – analogen Anwendung des § 1577 Abs. 2 BGB.[199] Hierbei kommt es darauf an, in welchem Umfang die Erwerbsobliegenheit der Berechtigten gerade wegen der Kindesbetreuung eingeschränkt ist.[200]

185 In gerichtlichen Verfahren ist hier ausreichender **Sachvortrag** unverzichtbar. Die **Darlegungslast** trägt die Kindesmutter als Anspruchsberechtigte.

186 Eine überobligatorische Tätigkeit kann **jederzeit aufgegeben werden**.[201]

187 Im Ergebnis bleiben aufgrund der analogen Anwendung von § 1577 Abs. 2 BGB auf den Anspruch aus § 1615l BGB[202] die Eigeneinkünfte der Mutter anrechnungsfrei, soweit der unterhaltspflichtige Vater wegen beschränkter Leistungsfähigkeit nicht ihren vollen Bedarf decken kann.[203] Allerdings wird der Bedarf der Mutter aufgrund des Halbteilungsgrundsatzes bereits durch das berücksichtigungsfähige Einkommen des unterhaltspflichtigen Vaters begrenzt. Folglich liegt eine beschränkte Leistungsfähigkeit immer nur dann vor, wenn dieser nicht (einmal) in der Lage ist, der Mutter einen Unterhaltsbetrag in Höhe des ihm zu belassenden Selbstbehalts zu zahlen.[204]

3. Betreuungskosten und Betreuungsbonus

188 Die pauschale Anrechnung eines **Betreuungsbonus** scheidet aus.[205] Sachgerecht ist aber der Vorwegabzug von konkret dargelegten notwendigen **Betreuungskosten**, durch die eine Berufstätigkeit der Mutter erst ermöglicht wird (zur unterhaltsrechtlichen Behandlung der **Kosten der Kindesbetreuung** vgl. die Kommentierung zu § 1610 BGB Rn. 218).

4. Fiktive Einkünfte

189 Lebt die Mutter des Kindes mit einem **neuen Partner** in eheähnlicher Lebensgemeinschaft, sind Versorgungsleistungen gegenüber einem Lebensgefährten auf den Anspruch nach § 1615l BGB als **(fiktives) Betreuungsentgelt** bedarfsmindernd anzurechnen.[206] Die Darlegungslast liegt bei der Kindesmutter, da sie ihren (ungedeckten) Bedarf konkret darlegen muss. Macht sie zur Leistungsfähigkeit ihres Lebensgefährten keine Angaben, ist davon auszugehen, dass er einen solchen Betrag an sie leisten könnte, ohne seinen angemessenen Selbstbehalt zu gefährden.[207]

---

[197] *Wever/Schilling*, FamRZ 2002, 581, 587; *Finger*, FuR 2005, 493, 497; *Schilling* in: AnwK-BGB, § 1615l Rn. 23; *Gerhardt* in: Gerhardt/Heintschel-Heinegg/Klein, Handbuch des Fachanwalts Familienrecht, 6. Aufl. 2008, Teil 6 Rn. Rn. 102a.

[198] *Wever/Schilling*, FamRZ 2002, 581, 587 m.w.N., a.A. KG v. 24.06.2003 - 18 UF 418/02 - FPR 2003, 671; *Schwolow* in: FAKomm FamR, § 1615l Rn. 18.

[199] BGH v. 15.12.2004 - XII ZR 121/03 - NJW 2005, 818-820 m. Anm. *Schilling*, FamRZ 2005, 445-446; dagegen lehnen eine Anrechnung ab OLG Hamburg v. 28.07.2004 - 2 UF 73/03 - FamRZ 2005, 927-930 und OLG München v. 12.01.2006 - 16 UF 1643/05 - OLGR München 2006, 258 = FUR 2006, 188.

[200] BGH vom 21.04.2010 - XII ZR 134/08 - FamRZ 2010, 1050 m. Anm. *Viefhues*.

[201] BGH v. 01.03.2006 - XII ZR 157/03 - FamRZ 2006, 846 = FamRZ 2006, 849 m. Anm. *Born*.

[202] BGH v. 15.12.2004 - XII ZR 121/03 - NJW 2005, 818-820 = FamRZ 2005, 445-446 m. Anm. *Schilling*.

[203] Vgl. *Wever/Schilling*, FamRZ 2002, 581, 586 f.

[204] *Schilling*, FamRZ 2005, 445, 446.

[205] BGH v. 21.04.2010 - XII ZR 134/08 - FamRZ 2010, 1050 m. Anm. *Viefhues*; BGH v. 15.12.2004 - XII ZR 121/03 - NJW 2005, 818-820; OLG Düsseldorf v. 12.08.2009 - II-8 WF 73/09 - FamRZ 2010, 39 = ZKJ 2009, 496 m. Anm. *Menne*; *Schilling*, FamRZ 2005, 445, 446; *Huber*, FPR 2005, 189, 191; a.A. *Finger*, FuR 2005, 493, 498. Auch das OLG Brandenburg v. 27.07.2011 - 13 U 133/09 - FamFR 2011, 415 hat einen Betreuungsbonus pro Kind in Höhe von 100 € anerkannt.

[206] LG Oldenburg v. 17.01.1990 - 9 S 176/89 - FamRZ 1990, 1034; vgl. BGH v. 18.04.2012 - XII ZR 73/10 - NJW 2012, 2190.

[207] OLG Koblenz v. 21.07.2005 - 7 UF 773/04 - FuR 2005, 463.

Besteht eine **Erwerbsobliegenheit**, sind ebenfalls **fiktive Einkünfte** anzusetzen. Das OLG Saarbrücken geht dabei unter Verweis auf öffentlich zugängliche Quellen im Internet (www.nettolohn.de, abgerufen am 31.07.2014) von einem durchschnittlichen Monatsbruttoeinkommen von Kassiererinnen im Handel bei einer Vollzeittätigkeit im Saarland von rund 1.880 € aus, dies entspricht einem Stundenlohn von (1.880 / 173,9 =) 10,81 € brutto.[208] Auch das OLG Karlsruhe nutzt das Internet zur Berechnung des Nettoeinkommens (www.nettolohn.de/brutto-netto-ergebnis, abgerufen am 31.07.2014).[209]

190

VII. Leistungsfähigkeit des Pflichtigen

Der Anspruch setzt die **Leistungsfähigkeit des Kindesvaters** voraus.[210] Dabei gelten die allgemeinen Grundsätze.

191

Der **Unterhaltspflichtige** trägt die **Darlegungs- und Beweislast für seine nur eingeschränkte Leistungsfähigkeit**. Damit trifft den Unterhaltspflichtigen auch die Darlegungs- und Beweislast für seine „sonstigen Verpflichtungen", insbesondere für den Unterhaltsbedarf **weiterer Unterhaltsberechtigter**, die seine Leistungsfähigkeit beeinträchtigen.[211]

192

Die **Erwerbsobliegenheit des Vaters** ist nach den Grundsätzen zu beurteilen, die für den Anspruch eines volljährigen Kindes gelten. Es besteht keine gesteigerte Unterhaltsverpflichtung.

193

Bei bestehenden Schulden des Kindesvaters besteht keine Obliegenheit, **Verbraucherinsolvenz** zu beantragen[212] (vgl. die Kommentierung zu § 1603 BGB Rn. 886). Ebenso scheidet eine Obliegenheit zur Berufung auf den **Pfändungsschutz** der §§ 850 Abs. 2, 850c, 850i ZPO aus, wenn die Schuldverpflichtungen weiter anwachsen würden.

194

Der vorrangige **Kindesunterhalt** ist mit dem (niedrigeren) Zahlbetrag anzurechnen, der sich nach Abzug des Kindergeldes ergibt.[213]

195

Der **Selbstbehalt** gegenüber dem Unterhaltsanspruch der nichtehelichen Mutter kann jedoch nicht mit einem starren Betrag bemessen werden.[214] Vielmehr sind die besonderen Umstände des zu entscheidenden Falles zu berücksichtigen. Dabei ist ein Selbstbehalt festzulegen, der jedenfalls nicht den notwendigen Selbstbehalt. Im Mangelfall muss der Selbstbehalt im Rahmen des Unterhaltsanspruchs nach § 1615l Abs. 2 BGB regelmäßig hinter dem angemessenen Selbstbehalt, der gegenüber dem Unterhaltsanspruch volljähriger Kinder gilt, zurückbleiben. Nicht zu beanstanden ist, wenn im Regelfall von einem etwa hälftig zwischen diesen beiden Beträgen liegenden Selbstbehalt ausgegangen wird.

196

Seit dem 01.01.2013 sieht die Düsseldorfer Tabelle (vgl. Anlage 1 zu § 1610) folgende Selbstbehaltsätze beim Unterhaltsanspruch des nichtehelichen Elternteils vor:

197

Bedarf des Unterhaltsberechtigten mindestens	800 €
Selbstbehalt des Pflichtigen i.d.R. (einschließlich 400 € Warmmiete)	1.100 €

Dem Vater muss aus allgemeinen unterhaltsrechtlichen Erwägungen **(Halbteilungsgrundsatz)** die Hälfte seines Einkommens nach Abzug der Vorsorgeaufwendungen belassen werden[215] (vgl. Rn. 154).

198

Damit wird die vom BGH für notwendig angesehene Begrenzung des Unterhaltsanspruchs der nicht verheirateten Mutter bereits auf die **Bedarfsebene** vorgezogen. Der **Halbteilungsgrundsatz** verhindert hier eine ungerechtfertigte Besserstellung der unterhaltsberechtigten Mutter.

199

Der Pflichtige muss sein **Vermögen** einsetzen, denn die einschränkende Regel des § 1577 Abs. 3 BGB bezieht sich auf den Unterhaltsanspruch unter Eheleuten.[216]

200

Der Unterhaltsanspruch der nichtehelichen Mutter **entfällt** in analoger Anwendung des § 1586 Abs. 1 BGB, wenn sie **einen anderen Mann heiratet**.[217]

201

---

[208] OLG Saarbrücken v. 11.07.2013 - 6 UF 24/13 - NJW 2014, 559.
[209] OLG Karlsruhe v. 28.04.2014 - 2 UF 238/13 - JAmt 2014, 341.
[210] BGH v. 17.12.1997 - XII ZR 38/96 - FamRZ 1998, 426.
[211] BGH v. 07.12.2011 - XII ZR 151/09 - juris Rn. 39 - FamRZ 2012, 281.
[212] OLG Koblenz v. 21.07.2005 - 7 UF 773/04 - FuR 2005, 463; ebenso *Schürmann*, FamRZ 2005, 887-889, 888.
[213] BGH v. 24.06.2009 - XII ZR 161/08 - FamRZ 2009, 1477; BGH v. 17.06.2009 - XII ZR 102/08 - FamRZ 2009, 1391 = NJW 2009, 2592 = FF 2009, 373 m. Anm. *Wever* = FPR 2009, 485 m. Anm. *Norpoth*; BGH v. 27.05.2009 - XII ZR 78/08 - FamRZ 2009, 1300 m. Anm. *Schürmann* = NJW 2009, 2523 m. Anm. *Born*.
[214] BGH v. 15.12.2004 - XII ZR 26/03 - NJW 2005, 502-503 und BGH v. 01.12.2004 - XII ZR 3/03 - NJW 2005, 500-502.
[215] BGH v. 15.12.2004 - XII ZR 121/03 - NJW 2005, 818-820 m. Anm. *Schilling* = FamRZ 2005, 445-446.
[216] OLG Hamm v. 03.11.2010 - 8 UF 138/10 - FamRZ 2011, 1600; *Finger*, FuR 2005, 493, 497 Fn. 30.
[217] BGH v. 17.11.2004 - XII ZR 183/02 - FamRZ 2005, 347.

§ 1615l

VIII. Anspruch auf Erstattung sonstiger Kosten (Absatz 1 Satz 2)

202 Zusätzlich hat die Mutter nach § 1615l Abs. 1 Satz 2 BGB einen Anspruch auf Erstattung der weiteren notwendigen Aufwendungen als **Sonderbedarf**, der durch die Schwangerschaft und die Entbindung ausgelöst wird.

203 Dieser Anspruch ist nicht durch den zeitlichen Rahmen des § 1615l Abs. 1 Satz 1 BGB beschränkt.

204 Hierzu zählen nicht nur die Kosten der **medizinischen Behandlung** während der Schwangerschaft (z.B. Vorsorgeuntersuchungen), sondern auch sonstige **schwangerschaftsbedingte Kosten** wie z.B. Umstandskleidung. Auch die Kosten **anlässlich der Geburt** (Kosten für Arzt, Hebamme, Medikamente, gegebenenfalls Bestattungskosten für das gestorbene Kind) hat der Vater zu erstatten. **Hebammenkosten** sind, wenn sie anderweitig nicht ersetzt werden, Teil des Unterhaltsanspruchs. Dies gilt auch dann, wenn sie nicht innerhalb der Zeitgrenze nach § 1615l Abs. 1 Satz 1 BGB (sechs Wochen vor und acht Wochen nach der Geburt) angefallen sind.[218]

205 Die Lebensstellung der Mutter als maßgebliche Richtschnur für ihren Bedarf bestimmt auch die **Angemessenheit der Aufwendungen**, speziell auch die medizinischen Leistungen und die Art der Unterbringung im Krankenhaus.

206 Auch dieser Anspruch verlangt die **Leistungsfähigkeit des Mannes** und die **Bedürftigkeit der Frau**. Soweit die Frau durch Leistungen einer gesetzlichen oder privaten Versicherung und des Arbeitgebers (**Beihilfeleistungen**) abgesichert ist, entfällt der Anspruch. Unterhaltsrechtlich besteht die Obliegenheit, diese vorrangigen Leistungen in Anspruch zu nehmen.

207 Eine **freiberuflich tätige Mutter** hat Anspruch auch auf die Kosten für die Einstellung eines Vertreters für den Betrieb oder die Praxis. Umstritten ist, ob sich der Anspruch auf Erstattung der entgangenen eigenen Erwerbseinkünfte beschränkt[219] oder auch auf Erstattung aller durch die Vertretung entstandenen Kosten gerichtet ist[220] (vgl. Rn. 160).

IX. Anwendung der Vorschriften des Verwandtenunterhalts (Absatz 3)

208 Für die Ansprüche nach § 1615l BGB gelten die Regelungen über den Verwandtenunterhalt grundsätzlich entsprechend.

209 Im **Rang** geht die Verpflichtung nach § 1615l BGB den Ansprüchen gegen wegen Verwandtschaft Unterhaltspflichtige vor (§ 1615l Abs. 3 Satz 2 BGB). Danach kann die unterhaltsberechtigte Mutter ihre Verwandten erst in Anspruch nehmen, wenn bei dem anderen Elternteil des Kindes ausreichender Unterhalt zu erlangen ist. Die Verwandten des anderen Elternteils haften nicht.[221]

210 Ein **Verzicht** auf den Unterhaltsanspruch aus § 1615l BGB ist für die Zukunft nicht möglich.[222]

211 Zur Durchsetzung rückständigen Unterhaltes vgl. Rn. 268.

X. Konkurrierende Berechtigte

212 Die **Konkurrenz** zu anderen gegenüber dem anderen Elternteil des Kindes **unterhaltsberechtigten** Personen regelt § 1609 BGB.

213 Demnach gehen die Unterhaltsansprüche minderjähriger Kinder vor (§ 1609 Nr. 1 BGB).

214 Der Anspruch aus § 1615l BGB steht gem. § 1609 Nr. 2 BGB mit dem Anspruch einer geschiedenen Ehefrau aus § 1570 BGB im **gleichen Rang**.[223] Das gilt auch, wenn der Anspruch der geschiedenen Ehefrau auf nachehelichen Unterhalt auf andere Tatbestände gestützt wird, aber eine Ehe von langer Dauer gegeben ist (Einzelheiten vgl. die Kommentierung zu § 1609 BGB Rn. 47).

215 Auszugehen ist davon, dass die Unterhaltspflichten für **nachehelich geborene Kinder** und den dadurch bedingten Betreuungsunterhalt nach § 1615l BGB **nicht** bei der Bemessung des **Unterhaltsbedarfs** eines geschiedenen Ehegatten nach § 1578 Abs. 1 Satz 1 BGB zu berücksichtigen sind.[224]

---

[218] OLG Naumburg v. 11.07.2006 - 3 UF 26/06 - FamRZ 2007, 580 [LS.].
[219] *Bamberger/Roth*, § 1615l Rn. 5.
[220] *Büttner*, FamRZ 2000, 781-786, 783.
[221] OLG Nürnberg v. 19.01.2001 - 7 WF 136/01 - NJW-RR 2001, 1010.
[222] *Schilling* in: AnwK-BGB, § 1615l Rn. 44.
[223] Zur Berechnungsweise vgl. OLG Hamm v. 08.08.2013 - 6 UF 25/13 - FamFR 2013, 516; zur steuerlichen Entlastung nach § 33a EStG (außergewöhnliche Belastung) vgl. Rn. 255.
[224] BGH v. 07.12.2011 - XII ZR 151/09 - FamRZ 2012, 281 = FamRZ 2012, 253 m. Anm. *Borth* = NJW 2012, 384; dazu Hoppenz, NJW 2012, 49; *Graba*, FamFR 2012, 49; *Kleffmann*, FuR 2012, 162; *Soyka*, FuR 2012, 180; *Gerhardt*, FamRZ 2012, 589; *Strohal*, jurisPR-FamR 4/2012, Anm. 1; *Clausius*, AnwZert FamR 2/2012, Anm. 1; *Born*, FF 2012, 119-124; *Riegner*, FamFR 2012, 54-56.

Konnte dagegen die Mutter eines **vor Rechtskraft der Ehescheidung** geborenen nichtehelichen Kindes schon während der Ehezeit von dem unterhaltspflichtigen geschiedenen Ehegatten den Anspruch auf Betreuungsunterhalt nach § 1615l BGB verlangen, hat diese Unterhaltspflicht bereits die ehelichen Lebensverhältnisse der jetzt geschiedenen Ehegatten beeinflusst. Weil der geschiedene Ehegatte nach § 1578 Abs. 1 Satz 1 BGB nur Anspruch auf einen den ehelichen Lebensverhältnissen entsprechenden Unterhalt hat, ist es in solchen Fällen gerechtfertigt und sogar geboten, bei der Unterhaltsbemessung des geschiedenen Ehegatten diesen Unterhaltsanspruch nach § 1615l BGB in der geschuldeten Höhe vom Einkommen des Unterhaltspflichtigen vorab abzuziehen.[225]

216

Im Rahmen der **Leistungsfähigkeit** des Unterhaltspflichtigen nach § 1581 BGB ist der **Halbteilungsgrundsatz** zu beachten, was zu einem relativen Mangelfall führen kann, wenn dem Unterhaltspflichtigen für den eigenen Unterhalt weniger verbleibt als der Unterhaltsberechtigte mit dem Unterhalt zur Verfügung hat. Sonstige Verpflichtungen gegenüber anderen Unterhaltsberechtigten, die nicht bereits den Bedarf des Unterhaltsberechtigten beeinflusst haben, sind entsprechend ihrem **Rang** zu berücksichtigen.[226]

217

Bei **Gleichrangigkeit** des geschiedenen und des neuen Ehegatten nach § 1609 BGB bzw. der Berechtigten nach § 1615l BGB ist im Rahmen der Leistungsfähigkeit des Unterhaltspflichtigen eine Billigkeitsabwägung in Form einer Dreiteilung des gesamten unterhaltsrelevanten Einkommens nicht zu beanstanden. Das schließt eine Berücksichtigung weiterer individueller Billigkeitserwägungen nicht aus.[227]

218

Konkret zu dieser Sachlage hatte der BGH in dieser Entscheidung nicht Stellung zu nehmen. Soweit ein Gleichrang der Unterhaltsansprüche vorliegt, können die vom BGH herangezogenen Grundsätze zur Dreiteilung nur bedingt verwendet werden.[228] Denn der Bedarf der nicht verheirateten Mutter bestimmt sich gemäß § 1615l Abs. 3 Satz 1 BGB i.V.m. § 1610. Abs. 1 BGB nach ihrer individuellen Lebensstellung, die sich auch bei Zusammenleben mit dem Unterhaltspflichtigen nicht von dessen Einkommen ableitet.[229]

219

In der Literatur wird folgende Lösung vorgeschlagen[230]:

220

Übersteigt die Lebensstellung der Mutter die auf sie im Rahmen der Dreiteilung entfallende Quote, sei ihr Anspruch auf diese beschränkt. Liegt ihre Lebensstellung unterhalb der Quote, müsse der „Überschuss" auf die geschiedenen Ehegatten hälftig verteilt werden.

221

Wenn der Unterhalt nach der Lebensstellung der Mutter **unterhalb des Existenzminimums** liegt, müsse wegen des Schutzes des minderjährigen Kindes, der nach Art. 6 V GG auch auf den Anspruch der Mutter ausstrahlt[231], der Bedarf jedenfalls in Höhe des Existenzminimums gedeckt werden. Insoweit sei es grundsätzlich auch unerheblich, ob der Anspruch nach § 1615l BGB die ehelichen Lebensverhältnisse der getrennt lebenden oder geschiedenen Ehegatten prägt.

222

Wenn der Anspruch nach § 1615l BGB bereits die ehelichen Lebensverhältnisse geprägt habe, vermindere sich der Bedarf des getrennt lebenden bzw. geschiedenen Ehegatten. Liegt insoweit Gleichrang vor, sei auch insoweit zu erwägen, beiden Unterhaltsberechtigten einen Unterhalt in derselben Höhe zuzusprechen.

223

Liegen diese Voraussetzungen für Gleichrang ihres Unterhaltsanspruchs bei der geschiedenen Ehefrau nicht vor, so geht der Anspruch aus § 1615l BGB vor. Im Rahmen des § 1581 Satz 1 BGB ist es geboten, diesen Unterhaltsanspruch bei der Bewertung der Leistungsfähigkeit gegenüber dem geschiedenen Ehegatten zu berücksichtigen.[232]

224

---

[225] BGH v. 07.12.2011 - XII ZR 151/09 - juris Rn. 20 - FamRZ 2012, 281 = FamRZ 2012, 253 m. Anm. Borth = NJW 2012, 384; BGH v. 20.10.1993 - XII ZR 89/92 - FamRZ 1994, 87, 88 f. und BGH v. 25.02.1987 - IVb ZR 36/86 - FamRZ 1987, 456, 458 f.
[226] BGH v. 18.10.1989 - IVb ZR 89/88 - BGHZ 109, 72 = FamRZ 1990, 260.
[227] BGH v. 07.12.2011 - XII ZR 151/09 - FamRZ 2012, 281 = FamRZ 2012, 253 m. Anm. Borth = NJW 2012, 384.
[228] Borth, FamRZ 2012, 252, 257.
[229] BGH v. 16.12.2009 - XII ZR 50/08 - FamRZ 2010, 357, 359.
[230] Borth, FamRZ 2012, 252, 257.
[231] BVerfG v. 28.02.2007 - 1 BvL 9/04 - FamRZ 2007, 965.
[232] BGH v. 07.12.2011 - XII ZR 151/09 - FamRZ 2012, 281.

§ 1615l

225 Ist der Unterhaltpflichtige gegenüber seiner kinderbetreuenden Ehefrau unterhaltspflichtig, scheidet eine Anwendung der **Dreiteilungsmethode** auf der Ebene des Unterhaltsbedarfs der nichtehelichen Mutter aus, weil sich der Bedarf ausschließlich nach ihrer eigenen Lebensstellung bemisst, und diese Berechnungsmethode auf der Bedarfsebene auch für den Ehegattenunterhalt nicht (mehr) in Betracht kommt.[233]

226 Auch auf der Ebene der **Leistungsfähigkeit** des mit einer kinderbetreuenden Ehefrau verheirateten Unterhaltspflichtigen führt der weiterhin anzuwendende **Dreiteilungsgrundsatz** nicht zur Reduzierung des Unterhaltsanspruchs der nichtehelichen Mutter, wenn das Erwerbseinkommen des Unterhaltspflichtigen und seiner Ehefrau deren gegenüber der nichtehelichen Mutter anzunehmenden Selbstbehalt übersteigt, so dass eine Einschränkung der Leistungsfähigkeit nicht gegeben ist und kein relativer Mangelfall vorliegt.[234]

227 Jedoch ist der Synergieeffekt im Falle des Zusammenlebens des Unterhaltspflichtigen mit der Mutter des nichtehelichen Kindes zu berücksichtigen. Dieser **Vorteil des Zusammenlebens** in einer neuen Partnerschaft kann allerdings sich nur im Rahmen der Konkurrenz der Unterhaltsansprüche im Rahmen der Leistungsfähigkeit auswirken[235] (zu Einzelheiten zu dem aus dem rein faktischen Zusammenleben abgeleiteten **Synergieeffekt** vgl. die Kommentierung zu § 1603 BGB Rn. 57 ff. und die Kommentierung zu § 1603 BGB Rn. 1048 ff.).

XI. Konkurrierende Verpflichtete

228 Der Anspruch aus § 1615l BGB gegen den Vater des Kindes kann mit Ansprüchen der Kindesmutter gegen andere zur Zahlung von Unterhalt Verpflichtete zusammentreffen. Im Regelfall greift dann eine anteilige Haftung ein.[236]

1. Haftende Verwandte der Mutter

229 Nach § 1615l Abs. 3 Satz 2 BGB geht die Verpflichtung des Vaters der Unterhaltspflicht der Verwandten der Mutter – also vor allem ihrer **Eltern** – vor, die in § 1601 BGB festgelegt ist.

230 Die Kindesmutter muss gegebenenfalls ihren Unterhaltsanspruch **gegenüber ihren Eltern geltend machen** oder sich um **BAföG-Leistungen bemühen**. Sie verliert ihren Ausbildungsunterhaltsanspruch gegenüber ihren Eltern nicht deshalb, weil sich infolge einer Schwangerschaft und der anschließenden Kinderbetreuung die Ausbildung verzögert hat[237] (vgl. auch die Kommentierung zu § 1610 BGB Rn. 123 und die Kommentierung zu § 1610 BGB Rn. 353 ff.).

231 Diese Verwandten haften folglich nur, wenn und soweit der Vater nicht leistungsfähig ist (§ 1615l Abs. 3 Satz 1 BGB i.V.m. § 1607 BGB).[238]

232 *Norpoth* weist in seiner Anmerkung zur Entscheidung des BGH v. 29.06.2011[239] auf in diesem Zusammenhang auftretende Probleme hin.[240]

233 Lebt die nicht verheiratete Kindesmutter mit ihrem eigenen Kind und dem erwerbstätigen Kindsvater in einem gemeinsamen Haushalt und setzte sie ihr vor der Geburt ihres Kindes begonnenes **Hochschulstudium (Erstausbildung)** ohne zeitliche Unterbrechung konsequent fort, während der Kindesvater die Betreuung des Kindes übernommen hatte, hat die unverheiratete Kindsmutter keinen Unterhaltsanspruch nach § 1615l Abs. 2 Satz 2 BGB gegenüber dem Kindsvater, weil die Kindsmutter an einer Erwerbstätigkeit **nicht wegen der Übernahme der Pflege oder Erziehung des Kindes**, sondern wegen Fortsetzung des Studiums gehindert wird. Folglich besteht eine Unterhaltsverpflichtung der Eltern gegenüber der Kindesmutter (ihrer volljährigen Tochter) fort.[241]

---

[233] OLG Celle v. 21.11.2012 - 15 UF 91/12 - FamRZ 2013, 1141-1143.
[234] OLG Celle v. 21.11.2012 - 15 UF 91/12 - FamRZ 2013, 1141-1143.
[235] BGH v. 07.12.2011 - XII ZR 151/09 - juris Rn. 26 - FamRZ 2012, 281.
[236] Ausführlich *Schilling*, FamRZ 2006, 1, 4; *Huber*, FPR 2005, 189, 1923.
[237] OLG Karlsruhe v. 28.04.2014 - 2 UF 238/13 - JAmt 2014, 341 unter Hinweis auf BGH v. 29.06.2011 - XII ZR 127/09 - FamRZ 2011, 1560-1562.
[238] OLG Koblenz v. 13.10.2003 - 13 WF 689/03 - FamRZ 2004, 1892.
[239] BGH v. 29.06.2011 - XII ZR 127/09 - FamRZ 2011, 1560.
[240] *Norpoth*, FamRZ 2011, 1562, 1563.
[241] FG Berlin-Brandenburg v. 21.03.2013 - 4 K 4004/13.

2. Haftender Ehemann der Mutter

Das Zusammentreffen zwischen der **Unterhaltspflicht des Vaters und der des Ehemanns** oder geschiedenen Ehemanns ist nicht ausdrücklich geregelt. Der BGH hat jedoch eine **Aufteilung der Verantwortlichkeiten** zwischen dem Ehemann und dem Vater in entsprechender Anwendung des § 1606 Abs. 3 Satz 1 BGB für geboten erachtet[242], weil damit der jeweiligen Verantwortung des Vaters und des Ehemannes flexibel Rechnung getragen werden könne[243]. Die frühere Ansicht, dass in entsprechender Anwendung des § 1615l Abs. 3 Satz 2 BGB der Vater vor dem Ehemann haften solle[244], ist damit überholt. 234

Eine Haftung des neuen Partners neben dem Ehemann ist ausgeschlossen, wenn die rechtliche Vaterschaft des Ehemannes für das Kind besteht. Solange kommt ein Unterhaltsanspruch nach § 1615l BGB gegen den biologischen Vater nicht in Betracht.[245] 235

Eine Ausnahme gilt auch dann, wenn der nichteheliche Vater nicht leistungsfähig ist. 236

Bei der **Ermittlung der Haftungsanteile** sind zunächst das bereinigte Nettoeinkommen jedes Verpflichteten zu ermitteln, davon der jeweilige Selbstbehalt abzuziehen und die Ergebnisse zueinander ins Verhältnis zu setzen; sodann können unter Berücksichtigung der Umstände des Einzelfalls die ermittelten Anteile nach oben oder unten korrigiert werden.[246] 237

Bei der **Konkurrenz zwischen dem nichtehelichen Vater und dem Ehemann der Kindesmutter** sind jedoch **verschiedene Fallgestaltungen** zu unterscheiden: 238

Ist aus der **Ehe ebenfalls ein Kind** hervorgegangen, das von der Ehefrau betreut wird, so steht ihr ein Anspruch auf Ehegattenunterhalt gem. § 1361 BGB während der Trennungszeit und gem. § 1570 BGB nach der Scheidung gegen den Ehemann zu. Hier haften der Ehemann und der Vater des nichtehelichen Kindes anteilig entsprechend § 1606 Abs. 3 BGB. Sachgerecht ist die Lösung des OLG Hamm, hierbei nicht schematisch auf die beiderseitigen Erwerbsverhältnisse, sondern **auf den Betreuungsbedarf des nichtehelichen Kindes** abzustellen.[247] 239

Ist dagegen aus der Ehe **kein Kind hervorgegangen**, so bestünde der **Unterhaltsanspruch einer getrennt lebenden Ehefrau** aus § 1361 BGB ohne die Geburt des Kindes im Regelfall nicht, wenn die Ehefrau in vollem Umfang erwerbstätig und daher nicht unterhaltsbedürftig war.[248] In diesem Fall ist eine **Alleinhaftung des nichtehelichen Vaters** sachgerecht.[249] 240

Auch der BGH hat zwar den Grundsatz betont, dass sich die anteilige Haftung der verschiedenen Väter in entsprechender Anwendung des § 1606 Abs. 3 Satz 1 BGB nach deren jeweiligen Einkommens- und Vermögensverhältnissen richtet, dies aber als nicht zwingend bezeichnet. Die nur entsprechende Anwendung des § 1606 Abs. 3 Satz 1 BGB lasse auch Raum für eine Berücksichtigung anderer Umstände, insbesondere der Anzahl, des Alters, der Entwicklung und **der Betreuungsbedürftigkeit der jeweiligen Kinder**. So kann im Einzelfall von Bedeutung sein, dass die Mutter durch die vermehrte Betreuungsbedürftigkeit eines jüngeren Kindes von jeglicher Erwerbstätigkeit abgehalten wird, obwohl das fortgeschrittene Alter eines anderen Kindes an sich eine teilweise Erwerbstätigkeit erlauben würde. In diesen Fällen wäre eine schematische Aufteilung der Haftungsquote nach den jeweiligen Einkommens- und Vermögensverhältnissen des geschiedenen Ehemannes und des Vaters unbefriedigend. Dann muss der Erzeuger des vermehrt betreuungsbedürftigen Kindes in entsprechend höherem Umfang, gegebenenfalls sogar allein, zum Unterhalt für die Mutter herangezogen werden.[250] 241

---

[242] BGH v. 21.01.1998 - XII ZR 85/96 - FamRZ 1998, 541; *Wever/Schilling*, FamRZ 2002, 581, 587; *Schilling*, FamRZ 2006, 1, 4; *Huber*, FPR 2005, 189, 192.

[243] OLG Hamm v. 08.07.1999 - 2 UF 21/99 - FamRZ 2000, 637; OLG München v. 10.01.1997 - 12 WF 1262/96 - OLGR München 1997, 57-59.

[244] OLG Hamm v. 12.12.1990 - 8 UF 89/90 - NJW 1991, 1763; OLG Hamm v. 29.08.1996 - 2 WF 288/96 - FamRZ 1997, 632-633; OLG Hamm v. 04.06.1997 - 11 UF 209/96 - OLGR Hamm 1997, 351-352; OLG Düsseldorf v. 09.09.1994 - 3 UF 41/94 - FamRZ 1995, 690; KG Berlin v. 30.10.1997 - 16 UF 2423/97 - FamRZ 1998, 556-557.

[245] BGH v. 18.04.2012 - XII ZR 73/10 - NJW 2012, 2190; *Schilling* in: NK-BGB, 2. Aufl., § 1615l Rn. 5.

[246] OLG Bremen v. 11.04.2005 - 4 UF 9/05 - FamRZ 2006, 1207.

[247] OLG Hamm v. 04.11.2004 - 3 UF 555/01 - NJW 2005, 297-299; zustimmend *Huber*, FPR 2005, 189, 192.

[248] Zum Streitstand hier *Schilling*, FamRZ 2006, 1, 5; *Huber*, FPR 2005, 189, 192.

[249] OLG Bremen v. 19.02.2004 - 4 WF 10/04 - NJW 2004, 1601-1602; differenzierend OLG Hamm v. 08.07.1999 - 2 UF 21/99 - FamRZ 2000, 637, für anteilige Haftung OLG Jena v. 18.11.2005 - 1 WF 436/05.

[250] BGH v. 16.07.2008 - XII ZR 109/05 - juris Rn. 48 f. - FamRZ 2008, 1739; BGH v. 21.01.1998 - XII ZR 85/96 - FamRZ 1998, 541, 544; BGH v. 17.01.2007 - XII ZR 104/03 - FamRZ 2007, 1303, 1305.

242 Auch nach Einschätzung des BGH ist in derartigen Fällen immer zusätzlich zu prüfen, ob der Kindesmutter eine Vergütung für **haushälterische Versorgungsleistungen** anzurechnen ist, die sie ihrem **neuen Partner** im Rahmen der begründeten **Lebensgemeinschaft** erbracht hat. Auch solche Einkünfte sind bei der Prüfung, ob die Wahrung der Belange der Kinder einer Unterhaltsversagung oder -herabsetzung entgegensteht, unter Berücksichtigung der sich aus dem Zusammenleben ergebenden Vorteile in die Abwägung einzubeziehen.[251]

243 Bei einer **geschiedenen Ehefrau** besteht kein Unterhaltsanspruch aus § 1570 BGB, weil kein Kind aus der Ehe hervorgegangen ist. Betreut die Ehefrau dagegen ein eheliches Kind, ist von einer anteiligen Haftung auszugehen.[252] Soweit ein Unterhaltsanspruch der Ehefrau aus anderen Gründen wie z.B. Krankheit besteht, wird man ebenfalls zwischen der Unterhaltsbedürftigkeit aufgrund des Betreuungsbedarfs des Kindes, den der nichteheliche Vater abdecken muss, und der Unterhaltsbedürftigkeit aufgrund der Erkrankung, für die der geschiedene Ehemann einzustehen hat, nach den Umständen des Einzelfalles abzuwägen haben.

244 Hat die Mutter eines nichtehelichen Kindes ihrem geschiedenen Ehemann gegenüber wirksam auf nachehelichen Unterhalt **verzichtet** und könnte der geschiedene Ehemann nur aus Billigkeitsgründen zu Unterhaltsleistungen herangezogen werden, führt dies zur vorrangigen Haftung des Vaters des nichtehelichen Kindes auf Unterhalt nach § 1615l BGB.[253] Ehemann und Kindesvater haften auch dann anteilig für den Unterhalt der Ehefrau und Kindesmutter, wenn diese erst nach Entstehen der Unterhaltspflicht des Kindesvaters heiratet.[254]

3. Mit anderen nichtehelichen Vätern

245 Betreut die Mutter ein anderes nichteheliches Kind, können ebenfalls anteilige Haftungen der Väter entstehen.[255]

246 Heiratet sie nach der Geburt des Kindes, aber nicht dessen Vater, kommt auch für sie § 1586 BGB zur Anwendung.[256]

247 Betreut die Kindesmutter **mehrere – nicht aus einer Ehe hervorgegangene – Kinder von verschiedenen Vätern**, so haften diese für den Unterhaltsbedarf der nicht verheirateten Mutter gem. § 1606 Abs. 3 Satz 1 BGB anteilig nach ihren Erwerbs- und Vermögensverhältnissen.[257]

248 Lebt die Kindesmutter mit einem der unterhaltspflichtigen Väter in einer neuen Lebensgemeinschaft, ist diesem Umstand nach einer Entscheidung des OLG Nürnberg dadurch Rechnung zu tragen, dass ihr Mindestbedarf wegen der Synergieeffektive beim Zusammenleben um pauschal 10% gekürzt und ihr für die Haushaltsführung ein fiktives Einkommen zugerechnet wird.[258]

249 Das Zusammenleben führt aber weder zu einer Verwirkung des Unterhalts aus § 1579 Nr. 2 BGB analog noch aus § 1611 BGB;[259] vgl. auch die Kommentierung zu § 1611 BGB Rn. 85).

250 Das OLG Hamm geht allerdings wohl von der analogen Anwendbarkeit des § 1579 BGB aus, indem es ausführt, wenn die betreuende Mutter noch während der Schwangerschaft wieder zu ihrem bisherigen Freund zurückkehrt, kann die frühere Dauer der Beziehung für das Vorliegen einer verfestigten Lebensgemeinschaft entsprechend § 1579 Nr. 2 BGB nicht in entscheidender Weise mitberücksichtigt werden, wenn das zwischenzeitliche Verhältnis zum Unterhaltspflichtigen insoweit als Zäsur anzusehen ist.[260]

251 Der Anspruch **erlischt nicht** mit dem Tod des Verpflichteten (§ 1615l Abs. 3 BGB), sondern die Erben haften (§ 1967 BGB). Diese Regelung weicht damit ab von der allgemeinen Norm des § 1615 BGB.

---

[251] BGH v. 18.04.2012 - XII ZR 73/10 - NJW 2012, 2190.
[252] OLG Bremen v. 11.04.2005 - 4 UF 9/05 - FamRZ 2006, 1207.
[253] OLG Koblenz v. 20.03.2000 - 13 UF 540/99 - OLGR Koblenz 2000, 534-535.
[254] OLG Schleswig v. 04.10.1999 - 12 WF 145/99 - FamRZ 2000, 637-638.
[255] *Finger*, FuR 2005, 493, 494; BGH v. 21.01.1998 - XII ZR 85/96 - FamRZ 1998, 541, 544.
[256] BGH v. 17.11.2004 - XII ZR 183/02 - FamRZ 2005, 347 m. Anm. *Schilling*, FamRZ 2005, 351 und *Graba*, FamRZ 2005, 353; *Finger*, FuR 2005, 493, 494.
[257] BGH v. 15.12.2004 - XII ZR 26/03 - NJW 2005, 502-503.
[258] OLG Nürnberg v. 05.08.2010 - 10 UF 702/10 - FamRZ 2011, 735; vgl. auch BGH v. 18.04.2012 - XII ZR 73/10 - NJW 2012, 2190.
[259] OLG Nürnberg v. 05.08.2010 - 10 UF 702/10 - FamRZ 2011, 735.
[260] OLG Hamm v. 03.11.2010 - 8 UF 138/10 - FamRZ 2011, 1600.

XII. Heirat der Kindesmutter

Heiratet die Kindesmutter nach der Geburt des Kindes, aber nicht dessen Vater, kommt auch für sie § 1586 BGB zur Anwendung.²⁶¹   252

C. Steuerrechtliche Konsequenzen

Den **Unterhaltsberechtigten** trifft – ohne Rücksicht auf eine Zustimmung des Unterhaltspflichtigen – eine Pflicht zur Versteuerung des geleisteten Unterhalts (§ 22 EStG).²⁶²   253

Aufwendungen des **unterhaltspflichtigen Vaters** in Erfüllung des gesetzlichen Unterhaltsanspruchs der nicht mit ihm verheirateten Mutter seines Kindes aus Anlass der Geburt können als außergewöhnliche Belastung nach § 33a Abs. 1 EStG berücksichtigt werden, sofern für die Mutter des Kindes kein Anspruch auf einen Kinderfreibetrag oder auf Kindergeld besteht.²⁶³   254

Bei Konkurrenz des Unterhaltsanspruchs aus § 1615l BGB mit einem Anspruch der geschiedenen Ehefrau aus den §§ 1569 ff. BGB ist zu beachten, dass die **steuerliche Entlastung nach § 33a EStG** (außergewöhnliche Belastung bis jährlich 8.400 €), die auch bei einem **Unterhaltsanspruch aus § 1615l BGB** geltend gemacht werden kann, diesem Unterhaltsverhältnis zuzuordnen ist und nicht der geschiedenen Ehefrau zusteht.²⁶⁴   255

Eine **steuerliche Gestaltungsmöglichkeit durch Vereinbarung** besteht für Nichtverheiratete nach der derzeitigen Rechtslage **nicht**. Auch wenn der Zahlungspflichtige sich verpflichtet, dem Empfänger dessen steuerliche **Nachteile** zu ersetzen und auch wenn bei Eheschließung des Unterhaltsberechtigten die Erstattungspflicht ausdrücklich vereinbart ist, kann der Ausgleichspflichtige nicht verlangen, dass der Empfänger sich wie ein Nichtverheirateter behandeln lassen muss. Ein Recht des Zahlungspflichtigen, an den Steuervorteilen – aufgrund Eheschließung – des Berechtigten zu partizipieren, besteht nicht, sofern dies nicht ausdrücklich vereinbart wurde.²⁶⁵   256

D. Prozessuale Hinweise/Verfahrenshinweise

I. Gerichtliche Verfahren

Unterhaltsansprüche aus § 1615l Abs. 2 BGB können mit **Leistungsantrag** geltend gemacht werden, wenn die Vaterschaft des Mannes feststeht²⁶⁶ (vgl. Rn. 8). Es handelt sich um ein Verfahren nach § 113 FamFG, für das **Anwaltszwang** besteht (§ 114 FamFG). Das Gericht entscheidet durch **Beschluss** (§ 38 FamFG), gegen den das Rechtsmittel der **Beschwerde** gem. § 58 FamFG gegeben ist. Diese ist bei dem Gericht einzulegen, das die angefochtene Entscheidung erlassen hat (§ 64 Abs. 1 FamFG).   257

Die Regelungen der §§ 238, 239 FamFG (**Abänderungsverfahren**) gelten auch für den Unterhaltsanspruch der Mutter aus § 1615l Abs. 2 BGB. Die Vorschrift des § 238 FamFG regelt die Abänderung gerichtlicher Entscheidungen, die Norm des § 239 FamFG die Abänderung von Vergleichen und Urkunden.   258

II. Darlegungs- und Beweislast

Der **unterhaltsberechtigte Elternteil** muss die tatbestandlichen Voraussetzungen des Anspruchs **darlegen und ggf. beweisen**.²⁶⁷   259

---

²⁶¹ BGH v. 17.11.2004 - XII ZR 183/02 - FamRZ 2005, 347 m. Anm. *Schilling*, FamRZ 2005, 351 und *Graba*, FamRZ 2005, 353; *Finger*, FuR 2005, 493, 494.
²⁶² OLG Naumburg v. 04.08.2005 - 8 UF 63/05 - OLGR Naumburg 2006, 437.
²⁶³ BFH v. 19.05.2004 - III R 30/02 - ZSteu 2004, Heft 9, R389-R391.
²⁶⁴ *Borth*, FamRZ 2012, 252, 254.
²⁶⁵ OLG Naumburg v. 04.08.2005 - 8 UF 63/05 - OLGR Naumburg 2006, 437.
²⁶⁶ OLG Celle v. 17.11.2004 - 15 WF 273/04 - FamRZ 2005, 747; *Finger*, FuR 2005, 493, 500.
²⁶⁷ *Budzikiewicz*, NJW 2007, 3536, 3537; *Borth*, Unterhaltsrechtsänderungsgesetz, 2008, Rn. 364; OLG Zweibrücken v. 23.09.1999 - 6 UF 23/99 - OLGR Zweibrücken 2000, 258-261.

§ 1615l

260 Dazu gehört einmal die Darlegungs- und Beweislast der für die **Prüfung der konkret bestehenden Betreuungsmöglichkeiten** des Kindes notwendigen Tatsachen[268], aber auch für das **Fehlen einer realen Beschäftigungschance**[269].

261 Zu diesen Tatbestandsvoraussetzungen ist umfassender anwaltlicher Sachvortrag ebenso erforderlich wie zu den maßgeblichen Gesichtspunkten für die vom Gericht vorzunehmende Billigkeitsabwägung. Das bedeutet aber nicht, dass die betreuende Mutter jeden mehr oder weniger pauschal ins Blaue erhobenen Einwand des Unterhaltspflichtigen entkräften muss.[270]

262 Hat die Kindesmutter ein **weiteres Kind aus einer anderen Beziehung**, so ist ihre Klage auf Unterhaltszahlung nach § 1615l BGB nur dann schlüssig, wenn sie die Einkommens- und Vermögensverhältnisse des anteilig mithaftenden Vaters eines anderen Kindes darlegt. Denn beide Väter haften nach den §§ 1615 Abs. 1 Abs. 3 Satz 1, 1606 Abs. 3 Satz 1 BGB für den Unterhalt anteilig nach ihren Erwerbs- und Vermögensverhältnissen (vgl. Rn. 234 f.). Die Kindesmutter ist als Anspruchstellerin darlegungs- und beweispflichtig hinsichtlich der für die Ermittlung der Haftungsanteile maßgeblichen Einkommens- und Vermögensverhältnisse des anderen Unterhaltspflichtigen. Von dieser prozessualen Verpflichtung ist sie auch nicht deshalb befreit, weil das Jugendamt aus Datenschutzgründen entsprechende Angaben verweigert.[271]

III. Befristung des Anspruchs

263 Der BGH hat für den Normalfall eine zwingende Befristung auf den Basisunterhalt bereits aufgrund der Systematik des § 1570 BGB beziehungsweise § 1615l BGB verneint.[272]

264 Dabei geht es nicht um die Anwendung der Befristungsvorschrift des § 1578b BGB, die bei § 1615l BGB auf jeden Fall nicht gilt. Vielmehr enthält sowohl § 1570 BGB („solange und soweit") als auch § 1615l BGB eine immanente Befristungsmöglichkeit[273]. Jedoch nur dann, wenn im Zeitpunkt der Entscheidung für die Zeit nach Vollendung des dritten Lebensjahres definitiv absehbar ist, dass kind- oder elternbezogene Verlängerungsgründe nicht mehr vorliegen, ist ein künftiger Betreuungsunterhalt abzuweisen. Dies folgt aus dem Umstand, dass der Betreuungsunterhalt während der ersten drei Lebensjahre des Kindes und der sich daran anschließende weitere Betreuungsunterhalt einen einheitlichen Unterhaltsanspruch bilden und damit nicht automatisch differenziert werden können. Für die Praxis bedeutet dies, dass gewöhnlich keine Befristung vorzunehmen ist, denn in aller Regel kann eine solch klare Prognose in diesem Zeitabschnitt nicht getroffen werden.

IV. Auskunftsansprüche

265 Der Kindsmutter steht gegen den Vater des gemeinsamen Kindes ein **Auskunftsanspruch** gemäß § 1605 BGB zu.[274] Auch der Vater kann von der Mutter Auskunft verlangen.

266 Zur Berechnung des **Haftungsanteils** hinsichtlich des einem **volljährigen Kind** gegenüber geschuldeten Unterhaltes steht den **nichtehelichen Elternteilen** ein **wechselseitiger Auskunftsanspruch** aus § 242 BGB zu.[275] Neben dem Auskunftsanspruch besteht gemäß § 242 BGB in Verbindung mit § 1605

---

[268] BGH v. 30.03.2011 - XII ZR 3/09 - FamRZ 2011, 791 = NJW 2011, 1582 m. Anm. *Maurer*; BGH v. 13.01.2010 - XII ZR 123/08 - juris Rn. 26 - FamRZ 2010, 444; BGH v. 06.02.2008 - XII ZR 14/06; BGH v. 16.07.2008 - XII ZR 109/05.

[269] BGH v. 27.05.2009 - XII ZR 78/08 - FamRZ 2009, 1300; BGH v. 30.07.2008 - XII ZR 126/06 - FamRZ 2008, 2104; BGH v. 27.01.1993 - XII ZR 206/91 - FamRZ 1993, 789; OLG Saarbrücken v. 10.12.2009 - 6 UF 110/08 - ZFE 2010, 113.

[270] OLG Koblenz v. 18.03.2009 - 9 UF 596/08 - NJW 2009, 1975.

[271] OLG Koblenz v. 21.07.2005 - 7 UF 773/04 - FuR 2005, 463.

[272] BGH v. 02.10.2013 - XII ZB 249/12 - FamRZ 2013, 1956; dazu *Graba*, NZFam 2014, 6,7; vgl. BGH v. 18.03.2009 - XII ZR 74/08 - juris Rn. 41 - BGHZ 180, 170 = FamRZ 2009, 770; BGH v. 18.03.2009 - XII ZR 74/08 - FamRZ 2009, 770; OLG Köln v. 17.04.2012 - II-4 UF 277/11 - FamFR 2012, 273; kritisch *Maurer*, FamRZ 2013, 1960, 1961.

[273] Zur Frage einer möglichen Befristung des Unterhaltsanspruches bis zur Vollendung des dritten Lebensjahres des Kindes vgl. OLG Brandenburg v. 02.03.2010 - 10 UF 63/09 - NJW-RR 2010, 874-879; OLG Bremen v. 20.02.2008 - 4 WF 175/07 - FamRB 2008, 1281; *Hauß*, FamRB 2007, 367, 368; *Peschel-Gutzeit*, FPR 2008, 24, 27; *Schilling*, FPR 2008, 27, 30; *Wever*, FamRZ 2008, 553, 558; *Maurer*, FamRZ 2008, 975, 975; *Borth*, FamRZ 2008, 2, 10 f.; zur vorausschauenden Beurteilung der Verhältnisse auch BGH v. 16.04.1997 - XII ZR 293/95 - FamRZ 1997, 873, 875 f.

[274] OLG Nürnberg v. 10.04.2003 - 9 UF 225/03 - MDR 2003, 1055-1056; *Stockmann*, jurisPR-FamR 6/2004, Anm. 5; *Finger*, FuR 2005, 493, 498.

[275] KG Berlin v. 06.06.2008 - 18 UF 215/07 - FamRZ 2009, 702-703.

Abs. 1 Satz 2 BGB auch der Anspruch auf Vorlage der verlangten **Belege** sowie auf Abgabe der **eidesstattlichen Versicherung** der Richtigkeit und Vollständigkeit der gemachten Angaben. Dieser Anspruch folgt aus § 242 BGB in Verbindung mit § 1605 Abs. 1 Satz 3 BGB in Verbindung mit den §§ 260, 261 BGB.

Ein Auskunftsanspruch kann auch nach Treu und Glauben **gegen die Mutter** eines Kindes auf **Auskunft** bestehen, wer ihr in der Empfängniszeit beigewohnt hat, um ggf. einen **Rückgriff des Scheinvaters** vorzubereiten. Für die erforderliche Sonderverbindung genügt jeder qualifizierte soziale Kontakt, weshalb die durch ein nichtiges Rechtsgeschäft entstandene Rechtsbeziehung – hier: Anerkennung der Vaterschaft, Gewährung von Betreuungsunterhalt – ausreicht.[276]

267

V. Durchsetzung von rückständigem Unterhalt

Bei **Unterhaltsrückständen** gilt § 1613 Abs. 2 BGB entsprechend (§ 1615l Abs. 3 Satz 4 BGB); es muss also eine Aufforderung zur Auskunft gem. § 1613 BGB oder eine Inverzugsetzung erfolgt sein.[277] Soweit das Jugendamt im Zusammenhang mit einem Unterhaltsanspruch nach § 1615l BGB tätig wird, handelt es nicht als gesetzlicher Vertreter der Mutter.[278]

268

Der Hinweis des ausdrücklich als Beistand eines Kindes tätigen Jugendamts an den hinsichtlich des Kindesunterhaltes auf Auskunft in Anspruch genommenen Vater am Ende des Aufforderungsschreibens, auch die Kindesmutter wolle nach § 1615l BGB Betreuungsunterhalt geltend machen und das Jugendamt werde daher die Höhe dieses Anspruches ebenfalls errechnen und mitteilen, setzt den Unterhaltspflichtigen nicht in Verzug, da die Voraussetzungen nach § 1613 Abs. 1 BGB für eine Geltendmachung des Betreuungsunterhaltes für die Vergangenheit nicht gegeben sind.[279]

269

VI. Sonstiges

Das Aufrechnungsverbot des § 394 BGB i.V.m. § 850b Abs. 1 Nr. 2 ZPO gilt auch zugunsten von Trägern öffentlicher Sozialleistungen, soweit diese Leistungen der Sozialhilfe oder Leistungen zur Sicherung des Lebensunterhalts im Rahmen der Grundsicherung für Arbeitsuchende erbracht haben und der Unterhaltsanspruch des Hilfeempfängers nach § 33 SGB II auf sie übergegangen ist.[280]

270

Der Unterhaltsschuldner ist nicht verpflichtet, die Kosten der Erstellung eines Titels zu übernehmen.[281]

271

Bei Bestehen eines Unterhaltsanspruchs aus § 1615l BGB kann der Lebensgefährtin gegen die Festsetzung des **Pfändungsfreibetrages** ein Beschwerderecht zustehen.[282]

272

Unterhaltsrechtliche Fragen können auch im Zusammenhang mit **Samenspenden** und heterologer Insemination auftreten.[283]

273

E. Steuerrechtliche Hinweise

Vgl. hierzu die Steuerrechtl. Hinw. zu §§ 1601 ff. BGB.

274

---

[276] OLG Schleswig v. 23.06.2009 - 8 UF 16/09 - OLGR Schleswig 2009, 729-730.
[277] BGH v. 02.10.2013 - XII ZB 249/12 - FamRZ 2013, 1958; *Graba*, NZFam 2014, 6,7; *Schilling*, FamRZ 2006, 1, 9.
[278] OLG Brandenburg v. 15.12.2005 - 10 WF 277/05 - FamRZ 2006, 1784.
[279] OLG Celle v. 12.05.2011 - 10 WF 135/11 - FamFR 2011, 294.
[280] Vgl. BGH v. 08.05.2013 - XII ZB 192/11 - FamRZ 2013, 1202 mit Anm. *Schürmann* = NJW 2013, 2592.
[281] OLG Hamm v. 20.12.2006 - 2 WF 269/06 - FamRZ 2007, 1660.
[282] LG München II v. 24.09.2001 - 6 T 4374/01 - FPR 2002, 213-214.
[283] Vgl. *Wehrstedt*, FPR 2011, 400-404 und *Taupitz*, ZRP 2011, 161-163.

§ 1615m BGB Beerdigungskosten für die Mutter

(Fassung vom 02.01.2002, gültig ab 01.01.2002)

Stirbt die Mutter infolge der Schwangerschaft oder der Entbindung, so hat der Vater die Kosten der Beerdigung zu tragen, soweit ihre Bezahlung nicht von dem Erben der Mutter zu erlangen ist.

A. Grundlagen

1   Die Vorschrift entspricht dem für den allgemeinen Verwandtenunterhalt geltenden § 1615 Abs. 2 BGB.

B. Anwendungsvoraussetzungen

2   Stirbt die Mutter des Kindes infolge der **Schwangerschaft** oder der **Geburt**, muss der Vater die **Beerdigungskosten** tragen, wenn die Kosten vom Erben nicht zu erlangen sind. Der Vater haftet also subsidiär, jedoch unabhängig von seiner Leistungsfähigkeit.

3   Hat die Ordnungsbehörde im Wege der Ersatzvornahme eine Bestattung vorgenommen, kann sie unbeschadet der zivilrechtlichen Vorschriften über die Tragung der Beerdigungskosten von dem nach öffentlich-rechtlichen Vorschriften des Landesrechts Bestattungspflichtigen Ersatz ihrer Auslagen verlangen (vgl. auch die Kommentierung zu § 1615 BGB Rn. 3).[1]

4   Stirbt die Mutter infolge eines Schwangerschaftsabbruchs, so trägt der Vater die Kosten der Beerdigung, es sei denn, der Abbruch erfolgte gegen seinen Willen.[2] Bei einer Selbsttötung der Mutter ist darauf abzustellen, ob der Tod der Mutter als psychische Folge der Schwangerschaft angesehen werden kann.

5   Die Höhe der angemessenen und damit zu erstattenden Kosten richtet sich nach der früheren Lebensstellung der Mutter. Dazu zählen ggf. auch die Kosten einer Feuerbestattung.

6   Wegen der Einzelheiten kann auf die Kommentierung zu § 1615 BGB Rn. 2 verwiesen werden.

7   Ein Lebensgefährte oder ein Verlobter sind keine Bestattungsverpflichteten i.S.d. § 8 des Gesetzes über das Leichen-, Bestattungs- und Friedhofswesen (BestattG) vom 08.12.2005. Die vertragliche Verpflichtung zur Tragung der Bestattungskosten ist von einer rein sittlichen bzw. moralischen Verpflichtung, die nicht ausreicht, abzugrenzen.[3]

8   Die praktische Bedeutung der Vorschrift des § 1615m BGB ist gering.

C. Steuerrechtliche Hinweise

9   Vgl. hierzu die Steuerrechtl. Hinw. zu §§ 1601 ff. BGB ff.

---

[1] BVerwG v. 19.08.1994 - 1 B 149/94 - Buchholz 408.1 Bestattungsrecht Nr. 2.
[2] *Brudermüller* in: Palandt, § 1615m Rn. 1.
[3] SG Oldenburg (Oldenburg) v. 02.12.2011 - S 21 SO 231/09.

§ 1615n BGB Kein Erlöschen bei Tod des Vaters oder Totgeburt

(Fassung vom 02.01.2002, gültig ab 01.01.2002)

¹Die Ansprüche nach den §§ 1615l, 1615m bestehen auch dann, wenn der Vater vor der Geburt des Kindes gestorben oder wenn das Kind tot geboren ist. ²Bei einer Fehlgeburt gelten die Vorschriften der §§ 1615l, 1615m sinngemäß.

Gliederung

A. Grundlagen 1	II. Ansprüche bei Tot- oder Fehlgeburt 3
B. Anwendungsvoraussetzungen 2	C. Steuerrechtliche Hinweise 7
I. Ansprüche bei Tod des Vaters vor der Geburt des Kindes 2	

A. Grundlagen

Die Vorschrift regelt die Ansprüche in drei Alternativen: **1**
- wenn der Vater vor der Geburt des Kindes verstirbt,
- wenn das Kind tot geboren wird und
- wenn die Mutter eine Fehlgeburt erleidet.

B. Anwendungsvoraussetzungen

I. Ansprüche bei Tod des Vaters vor der Geburt des Kindes

Bestehen Ansprüche der Mutter oder des Kindes aus § 1615l BGB oder des Kindes aus § 1615m BGB im Falle des Todes der Mutter infolge der Schwangerschaft oder Entbindung, so richten sich diese nach dem Tode des Vaters gegen dessen Erben. Diese Unterhaltpflicht des Vaters ist eine Nachlassverbindlichkeit. Diese Regelung ist deswegen erforderlich, weil die Mutter des Kindes am Nachlass des Vaters nicht erbrechtlich beteiligt ist.   **2**

II. Ansprüche bei Tot- oder Fehlgeburt

Auch bei einer Totgeburt des Kindes besteht die Verpflichtung des Vaters, die Ansprüche der Mutter nach § 1615l BGB und § 1615m BGB zu befriedigen. Zwar muss die Vaterschaft festgestellt werden, dies geschieht aber inzident im Leistungsprozess. Die §§ 1594 Abs. 1, 1600d Abs. 4 BGB sind nicht anzuwenden, so dass ein Zahlungsanspruch geltend gemacht werden kann. Zu ersetzen sind die Kosten der Totgeburt selbst und die Bestattungskosten. Für die Fristberechnung für den Unterhalt der Mutter nach § 1615l Abs. 1 Satz 1 und Abs. 2 Satz 1 BGB ist auf den Zeitpunkt der Totgeburt abzustellen.   **3**

Die Fehlgeburt ist der Totgeburt gleichgestellt. Das Alter des Embryos ist nicht entscheidend. Für die Berechnung der Fristen ist auf den Zeitpunkt der Fehlgeburt abzustellen.   **4**

Zu den Kosten einer Schwangerschaftsunterbrechung vgl. die Kommentierung zu § 1615m BGB Rn. 4.[1]   **5**

Zur Verjährung der Ansprüche vgl. bei *Krämer*.[2]   **6**

C. Steuerrechtliche Hinweise

Vgl. hierzu die Steuerrechtl. Hinw. zu §§ 1601 ff. BGB.   **7**

---

[1] Ablehnend *Reinken* in: BeckOK BGB, § 1615n; bejahend AG Brake v. 26.01.1976 - C 396/75 - FamRZ 1976, 288; *Brudermüller* in: Palandt, § 1615m Rn. 1.
[2] *Krämer*, ZFE 2004, 230-234.

§ 1616

Titel 4 - Rechtsverhältnis zwischen den Eltern und dem Kind im Allgemeinen

§ 1616 BGB Geburtsname bei Eltern mit Ehenamen

(Fassung vom 02.01.2002, gültig ab 01.01.2002)

Das Kind erhält den Ehenamen seiner Eltern als Geburtsnamen.

Gliederung

A. Grundlagen 1
I. Regelungsmaterie der §§ 1616-1618 BGB, Kurzcharakteristik 1
II. Bestimmung des Vornamens kraft elterlicher Sorge 5
III. Internationales Privatrecht 16
B. Anwendungsvoraussetzungen 23
I. Kind 23
II. Ehename 24
III. Seiner Eltern 29
IV. Geburtsname 30
V. Typische Fälle 32
1. Geburt des Kindes 32
2. Keine gemeinsame Sorge nach Geburt des Kindes 34
C. Rechtsfolgen 36

A. Grundlagen

I. Regelungsmaterie der §§ 1616-1618 BGB, Kurzcharakteristik

1 Diese Vorschriften enthalten Regelungen zum **Recht des Kindesnamens**. Zu unterscheiden sind dabei der Familienname und der Vorname; vgl. § 21 Abs. 1 Nr. 1 und 4 PStG.

2 Der Regelungsumfang der §§ 1616-1618 BGB bezieht sich ausschließlich auf den **Erwerb des Familiennamens** des Kindes. Der Familienname ist der Nachname einer Person. Nach § 1616 BGB erwirbt das Kind den Geburtsnamen, den seine Eltern als Familiennamen bei der Eheschließung (Ehenamen) bestimmt haben. Hier kommt es ausschließlich auf das Führen eines gemeinsamen Ehenamens nach § 1355 Abs. 1 Satz 1 BGB an.

3 Sollten sie **keinen Ehenamen** bestimmt haben (§ 1355 Abs. 1 Satz 3 BGB) oder nicht verheiratet, aber dennoch gemeinschaftlich sorgeberechtigt sein, bestimmen sie gemäß § 1617 BGB gemeinsam den Geburtsnamen des Kindes. Fehlt ein gemeinsamer Ehename sowie eine gemeinschaftliche Sorge für das Kind, sieht § 1617a Abs. 1 BGB vor, dass das Kind den Namen des Elternteils erhält, welchem die elterliche Sorge zusteht. § 1617a Abs. 2 BGB lässt ausnahmsweise zu, dass der sorgeberechtigte Elternteil bei unverheirateten Kindern bestimmen kann, dass das Kind den Namen des anderen Elternteils erhält.

4 § 1617b BGB trifft eine Regelung, welche Auswirkungen eine später begründete gemeinsame elterliche Sorge auf den Namen des Kindes hat. In § 1617c BGB ist eine Zustimmungspflicht des Kindes bei Namensänderungen vorgesehen. Schließlich eröffnet § 1618 BGB die Möglichkeit, dass das Kind bei einer erneuten Heirat des sorgeberechtigten Elternteils ebenfalls den neuen Namen annimmt.

II. Bestimmung des Vornamens kraft elterlicher Sorge

5 Nicht erfasst von diesen Regelungen ist die Bestimmung des **Vornamens**. Die Eltern sind aufgrund ihrer elterlichen Sorge nach § 1626 BGB dazu berechtigt, ihrem Kind einen Vornamen zu geben. Für den Fall, dass sich beide Elternteile nicht einigen können, kommt § 1628 BGB zur Anwendung. Soweit ein Elternteil alleiniger Inhaber der elterlichen Sorge ist, so steht ihm auch allein das Bestimmungsrecht über den Vornamen des Kindes zu.[1] Als besonderes Persönlichkeitsrecht erlischt das Namensrecht nicht vollständig mit dem Tod, so dass eine noch nicht vollzogene Namensbestimmung erfolgen kann. Insoweit dauert die elterliche Sorge, die grundsätzlich mit dem Tod des Kindes endet, fort.[2]

6 Bei der Erteilung des Vornamens gilt der Grundsatz der **Geschlechtsoffenkundigkeit**,[3] d.h. mit dem erteilten Namen muss die Zuordnung zum jeweiligen Geschlecht möglich sein. Auch als Zweitname bzw. weiterer Name ist ein Name des jeweils anderen Geschlechts nicht möglich[4]; eine Ausnahme stellt bei Jungen aus historischen Gründen Maria dar[5]. Maßgeblich ist dabei allein, ob der Vorname nach

---

[1] OVG Brandenburg v. 12.10.2004 - 4 A 580/03.Z - FamRZ 2005, 1119-1120.
[2] AG Kleve v. 28.07.2010 - 8 III 6/10 - StAZ 2011, 215.
[3] BGH v. 15.04.1959 - IV ZB 286/58 - BGHZ 30, 132-140.
[4] *Kemper* in: Hk-BGB, Vor § 1616 Rn. 3.
[5] BGH v. 15.04.1959 - IV ZB 286/58 - BGHZ 30, 132-140; BayObLG München v. 29.10.1985 - BReg 1 Z 65/85 - NJW-RR 1986, 167-168.

deutschem Sprachempfinden einem Geschlecht zugeordnet werden kann. So kann ein in Deutschland allein als Mädchenname verwandter Vorname als alleiniger Vorname eingetragen werden, auch wenn er im benachbarten Ausland als männlicher Name gilt („Beke").[6]

Bei Namen, die nicht eindeutig auf ein Geschlecht hindeuten („Mike"[7], „Jona"[8]), muss ein weiterer Vorname zur Klarstellung hinzugefügt werden. Das Gleiche gilt bei ausländischen Namen („Aranya"[9], „Erva"[10]). Für den Fall, dass die Zuordnung des Vornamens zu einem Geschlecht nicht möglich ist kann jedoch ungeachtet der Anwendbarkeit deutschen Namensrechts und ohne Rücksicht auf das deutsche Sprachempfinden, aus sachlichen Gründen die Erteilung eines alleinigen derartigen Vornamens gerechtfertigt sein. Sachliche Gründe liegen zum Beispiel vor, wenn sich die asylberechtigten Eltern trotz langen Aufenthalts in Deutschland ihrem Kulturkreis und ihrer Religion nach wie vor stark verbunden fühlen und dies an ihre Kinder weitergeben wollen, so dass bei der Erteilung eines in Deutschland unbekannten Vornamens für ein Mädchen, der im Heimatland der Eltern nur als Mädchenname verwendet wird („Mienaatchi"), auf das Erfordernis der Geschlechtsoffenkundigkeit verzichtet werden kann.[11]

Der Staat ist aber lediglich bei einer Gefährdung des Kindeswohls berechtigt, dem auf Art. 6 Abs. 2 Satz 1 GG beruhenden **Namensbestimmungsrecht** der Eltern die Anerkennung zu verweigern. Eine solche Gefährdung kann jedoch nur bejaht werden, wenn der gewählte Name, etwa weil er im Bewusstsein der Bevölkerung dem anderen Geschlecht zugeordnet wird, nicht geeignet ist, die Selbstidentifikation des Kindes zu fördern, sondern im Gegenteil Anlass zu Belästigungen und Behinderungen sein kann. Eine solche Gefährdung kann jedoch nur bejaht werden, wenn der gewählte Name, etwa weil er im Bewusstsein der Bevölkerung dem anderen Geschlecht zugeordnet wird, nicht geeignet ist, die Selbstidentifikation des Kindes zu fördern, sondern im Gegenteil Anlass zu Belästigungen und Behinderungen sein kann. In Bezug auf die Erteilung des Vornamens „Kai"[12] oder „Luca"[13] bzw. „Luka"[14] ist eine solche Gefährdung abzulehnen, weil der jeweilige Name überwiegend dem männlichen Geschlecht zugeordnet wird.[15]

Bei „Kai" ändert daran auch die Tatsache nichts, dass dieser Vorname in fremden Sprachkreisen (hier Skandinavien) für das weibliche Geschlecht verwendet wird und eine solche Verbreitung auch in Deutschland in gewissem Umfang stattgefunden hat.[16] Ausländische Vornamen wie „Luca" bzw. „Luka" sind im Geburtenbuch dann eintragungsfähig, wenn sie im Herkunftsland der Eltern im Bewusstsein der Bevölkerung eindeutig einem Geschlecht zugeordnet sind, wobei maßgeblich für diese Zuordnung nicht das deutsche Sprachempfinden, sondern die Gebräuchlichkeit im Ausland (hier Kroatien) ist.[17] So darf einem Jungen deutscher Staatsangehörigkeit, dessen Vater italienischer Staatsbürger ist, ein in Italien als männlicher Vorname gebräuchlicher Vorname (hier: Emanuele) auch dann erteilt werden, wenn kein weiterer, nach deutschem Sprachempfinden männlicher Vorname beigefügt wird.[18] Daher kann einer deutsch-türkischen Tochter türkischer Eltern auch der türkische Vorname „Sena" als alleiniger weiblicher Vorname erteilt werden.[19] Auch ist die alleinige Bezeichnung „Kiran" für ein Mädchen, das der Ehe einer Mutter mit deutscher Staatsangehörigkeit und eines indischen Va-

---

[6] OLG Hamm v. 06.11.2003 - 15 W 52/03 - JMBl NW 2004, 105-106.
[7] OLG Frankfurt v. 29.10.1996 - 20 W 277/94 - MDR 1997, 267.
[8] OLG Brandenburg v. 18.09.2001 - 8 Wx 40/01 - MDR 2002, 457.
[9] BGH v. 17.01.1979 - IV ZB 39/78 - juris Rn. 7 - BGHZ 73, 239-243.
[10] OLG Düsseldorf v. 24.06.2009 - 3 Wx 33/09.
[11] OLG Stuttgart v. 21.10.2002 - 8 W 380/2002, 8 W 380/02 - juris Rn. 14 - InfAuslR 2003, 71-73.
[12] OLG Hamm v. 29.04.2004 - 15 W 102/03 - OLGR Hamm 2005, 51-53.
[13] OLG Frankfurt v. 17.06.2004 - 20 W 92/04 - StAZ 2005, 14-15.
[14] OLG Hamm v. 18.01.2005 - 15 W 343/04 - NJW-RR 2005, 874-876; zur Zulässigkeit des Vornamens „Luka Marin" LG Mainz v. 10.04.2003 - 8 T 237/02.
[15] Lesenswert hierzu *Heitmann*, jurisPR-FamR 17/2005, Anm. 3, der sich mit der Rechtsprechung bei angeblich geschlechtsneutralen Vornamen wie beispielsweise Heike, Eike, Gerrit oder Kai auseinandersetzt; ebenso lesenswert *Heitmann*, jurisPR-FamR 22/2005, Anm. 3.
[16] OLG Hamm v. 29.04.2004 - 15 W 102/03 - OLGR Hamm 2005, 51-53.
[17] OLG Hamm v. 18.01.2005 - 15 W 343/04 - NJW-RR 2005, 874-876; OLG Frankfurt v. 17.06.2004 - 20 W 92/04 - StAZ 2005, 14-15, 322-323; kritisch hierzu und zur Verwendung des Vornamens „Luca" als alleinigem Vornamen für Jungen sowie zur Verwendung des Vornamen „Luka" *Seibicke*, StAZ 2005, 140-141.
[18] AG Frankfurt v. 15.12.2005 - 44 UR III POR 191/05 - StAZ 2006, 171.
[19] AG Arnsberg v. 31.10.2007 - 23 III 38/07 - StAZ 2008, 77-78.

ters entstammt und welches zusammen mit seinen Eltern auf Dauer in Deutschland lebt, nicht mangels eindeutiger Bezeichnung des Geschlechts unmöglich.[20]

10 Eintragungsfähig als alleiniger männlicher Vorname im Geburtenbuch sind auch „Nikita"[21], „Lenny"[22], „Kimi"[23] und „Mika", letzterer weil der aus dem skandinavischen Sprachraum stammende Namen „Mika" im deutschen Sprachraum eindeutig als männlicher Vorname und die Abkürzung von „Michael" aufgefasst wird.[24] Weiterhin kann „Emma Tiger" als Vorname weiblichen Geschlechts eingetragen werden. Die Vornamenskombination „Emma Tiger" erlaubt eine eindeutige Zuordnung des Kindes zum weiblichen Geschlecht und verletzt auch keine berechtigten Interessen des Kindes, denn der zweite Name „Tiger" ist weder anstößig noch geschmacklos oder lächerlich.[25] So ist auch „Venus" zweifelsfrei ein weiblicher Vorname, der einem männlichen Kind auch dann nicht gegeben werden kann, wenn dieses noch einen weiteren, eindeutig männlichen Vornamen erhält.[26] Ebenfalls ein zweifelsfrei weiblicher Vorname ist „Zoé"; auch der für ein deutsches Mädchen von seinen deutschen Eltern gewählte Vorname „Zoë" ist in der ausdrücklich gewünschten Schreibweise mit zwei Punkten über dem e (sog. Trema) im Geburtenregister in dieser Schreibweise einzutragen.[27]

11 Zu beachten ist ferner, dass die **Namensgebung** die allgemeine Sitte und Ordnung nicht verletzen darf".[28] Daher kommen keine Vornamen in Betracht, die anstößig, unverständlich oder ungeeignet sind die Person zu bezeichnen, so z.B. die Bezeichnung aus einem Comic wie „Verleihnix",[29] ein Vereinsname wie „Borussia"[30] oder Ähnliches. Ebenso scheiden Gattungsbezeichnungen („Möwe"[31]), Zusätze wie Adelsprädikate („Lord"[32]) oder Titel sowie gängige Familiennamen[33] („Schmitz"[34], „Schröder"[35], „Holgerson"[36], „Lindbergh"[37]) grundsätzlich aus. Allerdings gilt es in diesem Zusammenhang zu berücksichtigen, dass auch Familiennamen, die – zumindest bisher – nur als Familiennamen gebräuchlich sind, nicht generell und ohne konkrete Beeinträchtigung des Kindeswohls als wählbare Vornamen ausgeschlossen sind. Eine konkrete, d.h. im Einzelfall nachvollziehbar zu erwartende Beeinträchtigung des Kindeswohls liegt nicht schon darin begründet, dass die Eltern für ihr Kind, das den Familiennamen der Mutter als Geburtsnamen führt, den aktuell geführten Familiennamen des Vaters (im konkreten Fall „Lütke") als weiteren Vornamen wählen. Einen generellen „Verbrauch" des väterlichen Familiennamens als Vorname des Kindes kennt das geltende Recht nicht.[38] Daher kann auch einem Mädchen als zweiter Vorname der aus dem Namen des Vaters (Galin) abgeleitete Name „Galinova" erteilt werden, weil bei der Frage, ob das Kindeswohl gefährdet ist nicht die Möglichkeit außer Acht zu lassen ist, dass der Namensträger sich des zweiten Vornamens nicht zu bedienen braucht.[39] Deshalb kann „Bock" neben zwei weiteren eindeutig weiblichen Vornamen für ein Mädchen zulässig sein, da für das Kind ein Bezug zu der koreanischen Herkunft und Bedeutung dieses Namens erkennbar ist und dessen Verwendung im Alltag wie üblich unterlassen werden kann.[40]

---

[20] BVerfG v. 05.12.2008 - 1 BvR 576/07 - NJW 2009, 663; anders noch: OLG München v. 01.02.2007 - 31 Wx 113/06 - StAZ 2007, 122-123.
[21] LG Siegen v. 20.01.2009 - 4 T 268/08 - StAZ 2010, 14-15.
[22] AG Gießen v. 23.04.2009 - 22 III 6/09 - StAZ 2010, 48-50.
[23] LG Bielefeld v. 19.05.2008 - 23 T 73/07 - StAZ 2009, 81-82.
[24] AG Gießen v. 26.09.2007 - 22 III 30/07 - StAZ 2008, 248-249; a.A. AG Flensburg v. 14.11.2006 - 69 III 25/06 - StAZ 2007, 179.
[25] OLG Celle v. 29.10.2004 - 18 W 9/04 - OLGR Celle 2005, 31-32.
[26] LG Berlin v. 28.01.1999 - 84 T 664/98 - StAZ 1999, 373-374.
[27] OLG München v. 14.09.2010 - 31 Wx 124/10 - StAZ 2011, 15-17.
[28] BGH v. 17.01.1979 - IV ZB 39/78 - juris Rn. 5 - BGHZ 73, 239-243.
[29] AG Krefeld v. 19.10.1989 - 32 III B 42/89 - StAZ 1990, 200.
[30] AG Kassel v. 27.09.1996 - 765 III 56/96 - StAZ 1997, 240.
[31] BayObLG München v. 16.05.1986 - BReg 3 Z 1/86 - MDR 1986, 854-855.
[32] OLG Zweibrücken v. 25.11.1992 - 3 W 212/92 - juris Rn. 7 - MDR 1993, 351-352.
[33] OLG Frankfurt 14.02.2000 - 20 W 190/94 - juris Rn. 3 - StAZ 2000, 237-238.
[34] OLG Köln v. 05.11.2001 - 16 Wx 239/01 - MDR 2002, 278-279.
[35] OLG Frankfurt v. 08.02.1985 - 20 W 373/84 - StAZ 1985, 106.
[36] OLG Frankfurt v. 03.09.1991 - 20 W 412/90 - StAZ 1991, 314.
[37] AG München v. 14.09.2006 - 721 UR III 127/06 - StAZ 2007, 179-180.
[38] BGH v. 30.04.2008 - XII ZB 5/08 - FamRZ 2008, 1331-1333.
[39] LG Frankfurt v. 22.08.2008 - 2-09 T 366/08, 2/09 T 366/08, 2-9 T 366/08, 2/9 T 366/08 - StAZ 2009, 338-339.
[40] OLG Frankfurt v. 03.05.2011 - 20 W 284/10; lesenswert in diesem Zusammenhang: *Friederici*, jurisPR-FamR 3/2012, Anm. 6.

Allerdings ist auch im Namensrecht eine starke Globalisierung feststellbar, die dazu führt, dass in der heutigen Zeit viele Namen gängig sind, die vor Jahren hierzulande noch keine Anerkennung gefunden haben; auf eine Etablierung des Namens kommt es dabei nicht an.[41] Danach kann auch der früher aufgestellte Grundsatz, Bezeichnungen für Gegenstände und Begriffe fehle von vornherein der Namenscharakter, nicht mehr ohne weiteres gelten.[42] So kann einem Jungen „November" neben weiteren Vornamen als Vorname erteilt werden (hier: „Joel November Severin").[43] Auch kann bei einem Jungen der Name „Danny" als alleiniger Vorname erteilt werden, da er als solcher nicht erkennbar geeignet ist, das Kindeswohl zu gefährden.[44]

Im Hinblick auf Nachnahmen gibt es jedoch Ausnahmen: so kann einem Kind mit deutscher und amerikanischer Staatsangehörigkeit, das als Geburtsnamen den Familiennamen des amerikanischen Vaters erhalten hat, als weiterer Vorname auch der Mädchenname der deutschen Mutter erteilt werden.[45]

Grundsätzlich steht es den Eltern frei, ihren Kindern mehrere Vornamen zu geben, wobei im Regelfall eine Begrenzung auf 4 bis 5 Vornamen anzunehmen ist,[46] die aber aus Gründen der Familientradition überschritten werden darf.[47]

Sollten die Eltern bei der Schreibweise des Namens einer Fehlvorstellung unterlegen haben, insbesondere weil sie eine bestimmte Schreibweise des Namens in der unrichtigen Vorstellung eines bestimmten Verbreitungsgrades dieser Schreibweise gewählt haben, so ist diese Bestimmung weder unrichtig i.S.v. § 48 PStG noch berechtigt eine solche Fehlvorstellung zur Anfechtung der Namensbestimmung nach § 119 Abs. 2 BGB.[48]

III. Internationales Privatrecht

Der Name richtet sich im **internationalen Privatrecht** nach dem Recht des Staates, dem die Person angehört (Art. 10 Abs. 1 EGBGB). Weiterhin ist der Familienname eines in Deutschland geborenen Kindes mit ghanaischer Staatsangehörigkeit auf Grund der Rückverweisung durch das in Ghana geltende Domizilprinzip des englischen Rechts nach materiellem deutschem Namensrecht zu bestimmen.[49] Ebenso verbleibt es bei dem neuen Namen eines deutschen (zuvor türkischen) Staatsangehörigen, der durch Verwaltungsakt nach dem NamÄndG geändert worden war, auch dann, wenn der Betroffene auf seinen Antrag durch Beschluss des türkischen Innenministeriums (unter seinem früheren Namen) wiedereingebürgert wird, da das gemäß Art. 10 Abs. 1 EGBGB anzuwendende türkische Recht einem Statutenwechsel insoweit keine Rückwirkung beimisst.[50] Weiterhin steht die Anerkennung eines im Heimatland geänderten Familiennamens von ausländischen Staatsangehörigen bei der Bestimmung des Familiennamens des Kindes in Deutschland, das deutsche Staatsangehörigkeit besitzt, unter dem Vorbehalt des deutschen ordre public (hier soweit es den Namensbestandteil „Baron/Baronin zu Romkerhall" betrifft, welcher neu geschaffen wurde).[51]

Der Inhaber des Sorgerechts kann gegenüber dem Standesbeamten jedoch bestimmen, dass ein Kind den Familiennamen nach dem Recht eines Staates erhalten soll, dem ein Elternteil angehört, selbst wenn das Kind eine engere Bindung zu einem anderen Staat hat oder die deutsche Staatsangehörigkeit besitzt (Art. 10 Abs. 3 Nr. 1 EGBGB). Aus diesem Grund kann auch heute noch einem Kind ein Doppelname erteilt werden, wenn der Elternteil einem Staat angehört, der dies vorsieht, z.B. Spanien.[52] Unbeachtlich ist auch, wenn in dem Staat, dessen Recht gewählt wurde, bestimmte vergleichbare Regelungen zum deutschen Recht nicht bestehen; so kann der allein sorgeberechtigte nigerianische Vater

---

[41] LG Bonn v. 13.06.2006 - 4 T 202/06 - StAZ 2006, 362.
[42] LG Bonn v. 13.06.2006 - 4 T 202/06 - StAZ 2006, 362.
[43] LG Bonn v. 13.06.2006 - 4 T 202/06 - StAZ 2006, 362; a.A. AG Tübingen v. 25.01.1995 - 11 GR 171/94 - StAZ 1995, 176-177; lesenswert in diesem Zusammenhang: *Heitmann*, jurisPR-FamR 10/2007, Anm. 2.
[44] AG Bielefeld v. 04.12.2007 - 3 III 160/07 - StAZ 2008, 108-109; lesenswert in diesem Zusammenhang: *Heitmann*, jurisPR-FamR 25/2008, Anm. 4.
[45] OLG Frankfurt v. 17.02.2000 - 20 W 450/98 - juris Rn. 5 - NJW-RR 2000, 1171.
[46] OLG Düsseldorf v. 03.04.1998 - 3 Wx 90/98 - NJW-RR 1998, 1462-1463; BVerfG v. 28.01.2004 - 1 BvR 994/98 - FamRZ 2004, 522.
[47] OLG Köln v. 16.11.1987 - 16 Wx 121/87 - StAZ 1988, 82.
[48] OLG Hamm v. 07.12.2011 - 15 W 585/10.
[49] OLG Frankfurt v. 23.02.2004 - 20 W 53/03 - OLGR Frankfurt 2004, 246-249.
[50] KG Berlin v. 06.12.2012 - 1 W 295/11 - InfAuslR 2013, 210-212.
[51] OLG Sachsen-Anhalt v. 30.08.2013 - 2 Wx 20/12.
[52] OLG Düsseldorf v. 19.10.1994 - 3 Wx 61/92 - StAZ 1995, 41-42.

nigerianisches Recht wählen, auch wenn dies dazu führt, dass entgegen vergleichbarer Regelungen in den §§ 1617a Abs. 2 Satz 2, 1618 Satz 3 BGB die Mutter in die Bestimmung des Familiennamens nach nigerianischem Recht nicht einwilligen muss.[53] Außerdem können Eltern für den Fall, dass sie nach der Geburt des Kindes, aber vor ihrer Heirat eine Rechtswahl nach Art. 10 Abs. 3 Nr. 1 EGBGB getroffen und den Familiennamen des Kindes nach dem ausländischen Recht eines Staates bestimmt haben, dem ein Elternteil angehört, nach ihrer späteren Eheschließung und einer hierbei gemäß Art. 10 Abs. 2 Satz 1 EGBGB getroffenen Wahl des deutschen Rechtes sowie der hierauf beruhenden Bestimmung eines Ehenamens für den künftig zu führenden Familiennamen des Kindes erneut eine Rechtswahl nach Art. 10 Abs. 3 EGBGB treffen. Durch die Wahl des deutschen Rechtes können die Eltern in Anwendung des § 1617c Abs. 1 BGB die Erstreckung des Ehenamens auf den Geburtsnamen des Kindes erreichen.[54] Bei einem Irrtum aufgrund einer unzutreffenden Rechtsauskunft des Standesamts über das nach Art. 10 Abs. 3 EGBGB zur Wahl stehende Recht kann die getroffene Rechtswahl wegen eines ausnahmsweise beachtlichen Motivirrtums angefochten werden (§ 119 Abs. 2 BGB).[55]

18 Eine Namensbestimmung nach deutschem Recht ist bei einem Kind immer dann möglich, wenn zumindest ein Elternteil seinen gewöhnlichen Aufenthaltsort in Deutschland hat (Art. 10 Abs. 3 Nr. 2 EGBGB).

19 Es kann auch bestimmt werden, dass das Kind einen Familiennamen nach dem Recht des Staates erhalten soll, dem derjenige angehört, der den Namen erteilt (Art. 10 Abs. 3 Nr. 3 EGBGB).

20 Das Gesetz sieht in Art. 10 Abs. 3 Satz 1 EGBGB keine Frist für die Ausübung der Bestimmungsrechte hinsichtlich des Familiennamens eines Kindes vor. Es besteht kein Anlass, die nach § 1617b Abs. 1 BGB für die Namensbestimmung geltenden Fristen entsprechend anzuwenden, weil es an einer planwidrigen Lücke im Gesetz fehlt und deshalb eine Analogiebildung nicht zulässig ist.[56] Das Kind erwirbt den Familiennamen kraft Gesetzes mit der Geburt, d.h. rückwirkend auf diesen Zeitpunkt.[57]

21 Bei der Zustimmung eines Kindes und einer Person, zu der das Kind in einem familienrechtlichen Verhältnis steht, zur Namenserteilung ist immer das Recht des Staates zu beachten, dem das Kind angehört, es sei denn, das Wohl des Kindes macht es erforderlich, das deutsche Recht anzuwenden (Art. 23 EGBGB). Dies trifft etwa in solchen Fällen zu, in denen die Frage nach der Notwendigkeit einer Zustimmungserklärung eines Elternteils in angemessener Zeit nicht beantwortet werden kann. Hiervon ist auszugehen, wenn die Kindesmutter und ihr geschiedener Ehemann binnen eines Monats nach der Geburt des Kindes keine Bestimmung über den Kindesnamen getroffen haben und der Aufenthalt des geschiedenen Ehemannes der Kindesmutter unbekannt ist, so dass seine Zustimmung aller Voraussicht nach in absehbarer Zeit nicht erlangt werden kann.[58]

22 Vor dem Hintergrund des für jeden Unionsbürger in Art. 21 EG verbürgten Rechts der Freizügigkeit muss, auch wenn beide Elternteile und das Kind nur die deutsche Staatsangehörigkeit besitzen, ein Doppelname als Familienname des Kindes in das deutsche Geburtenregister eingetragen werden, sofern der Doppelname in einem anderen Mitgliedstaat wirksam bestimmt und eingetragen wurde, in dem das Kind geboren wurde und seitdem wohnt,[59] auch wenn dieser Name dem auf den Fall anwendbaren deutschen Namensrecht widerspricht.[60] Dies gilt allerdings nicht für die wirksame Erteilung eines Doppelnamens in einem Staat außerhalb der Europäischen Union.[61] Allerdings kann der Schutz des allgemeinen Persönlichkeitsrechts dazu führen, dass ein nicht rechtmäßig erworbener, sondern nur tatsächlich über einen nicht unbedeutenden Zeitraum geführter Name, der die Persönlichkeit des Kindes tatsächlich mitbestimmt hat, einen Vertrauensbestand schafft. Sollte daher ein ausländischer Geburtseintrag (Name des Vaters) nicht berichtigt werden, ergäbe sich für das Kind, würde entsprechend der deutschen Rechtslage der andere Name (Name der Mutter) in den deutschen Reisepass eingetragen werden, eine nicht gerechtfertigte Beeinträchtigung der Freizügigkeit innerhalb der EU.[62]

---

[53] AG Halle v. 11.01.2011 - 65 III 19/10.
[54] OLG Frankfurt v. 06.09.2007, 20 W 19/07 - StAZ 2008, 10-11.
[55] OLG Celle v. 24.10.2013 - 17 W 7/13.
[56] LG Berlin v. 02.04.2002 - 84 T 338/01 - StAZ 2003, 172-173.
[57] OLG Hamm v. 02.09.2010 - 15 Wx 455/10 - StAZ 2011, 242-244.
[58] OLG Köln v. 07.06.2013 - 25 UF 40/13, II-25 UF 40/13 - StAZ 2013, 319-321.
[59] EuGH v. 14.10.2008 - C-353/06 - NJW 2009, 135.
[60] OLG München v. 19.01.2010 - 31 Wx 152/09 - StAZ 2010, 76-79.
[61] OLG München v. 19.05.2014 - 31 Wx 130/14.
[62] AG Schöneberg v. 24.01.2012 - 70 III 472/11.

B. Anwendungsvoraussetzungen

I. Kind

Nach der Vorschrift kommt es nicht mehr darauf an, dass es sich um ein **eheliches Kind** handelt. Aus der Begrifflichkeit „Ehenamen seiner Eltern" muss zwar die Heirat vor der Geburt des Kindes stattgefunden haben; allerdings ist es nicht notwendig, dass die Ehe im Zeitpunkt der Geburt noch besteht[63]; vielmehr kommt es allein auf die gemeinsame Führung des Ehenamens an. § 21 Abs. 2 Satz 1 PStG eröffnet die Möglichkeit, auch bei einer Totgeburt des Kindes einen Vor- und Nachnamen einzutragen.

23

II. Ehename

Der Begriff des **Ehenamens** bestimmt sich nach § 1355 BGB. Danach sollen die Ehepartner einen gemeinsamen Familiennamen bestimmen, der entweder der Geburtsname der Frau oder des Mannes sein kann (§ 1355 Abs. 1 Satz 1 i.V.m. Abs. 2 BGB). Vom Ehenamen nicht mehr umfasst ist ein von einem Ehepartner hinzugefügter Begleitname im Sinne von § 1355 Abs. 4 Satz 1 BGB.[64] Dies ergibt sich zum einen schon aus dem Wortlaut von § 1355 Abs. 4 Satz 1 BGB selbst, der Geburtsname des anderen Ehegatten wird gerade nicht Ehename. Zum anderen würde dies die Regelung von § 1355 Abs. 2 BGB unterlaufen, die gerade nicht dispositiv ist. Der Familienname ist ausschließlich der Ehename, ohne den Begleitnamen.

24

Aus der Tatsache, dass bei einer Eheschließung eines Amerikaners mit US-Staatsbürgerschaft und einer deutschen Staatsangehörigen in den USA die Ehefrau die entsprechende Spalte der an die Registerbehörde zurückzusendenden „Marriage License" mit dem Familiennamen des Ehemannes unterschrieben hat, kann eine gemeinsame Erklärung der Ehegatten über die Bestimmung des Ehenamens nach § 1355 Abs. 2 BGB und § 1355 Abs. 3 BGB nicht gefolgt werden. Demzufolge ist nach der Geburt eines Kindes eine Namensbestimmung nach § 1616 BGB erforderlich.[65]

25

Eine Erteilung von zusammengesetzten Geburtsnamen von beiden Ehepartnern **(Doppelnamen)** ist grundsätzlich – vorbehaltlich den oben erwähnten Besonderheiten des IPR – unzulässig.

26

Diese gesetzgeberische Entscheidung ist auch verfassungsgemäß.[66] Etwas anderes gilt nur noch für Eltern, die ihrem Kind bis zum 01.04.1994 einen Doppelnamen erteilt haben; in diesem Fall besteht die Möglichkeit, dass auch alle nach dem 31.03.1994 geborenen Geschwister diesen Doppelnamen bekommen können (Art. 224 § 3 Abs. 3 EGBGB).[67]

27

Bestehende Doppelnamen bei einem Ehepartner können nach § 1355 Abs. 4 Satz 2 BGB weiterhin als Ehename bestimmt werden[68]; es ist sogar unzulässig, nur einen Teil des Doppelnamens als Ehenamen zu bestimmen[69]. Ist ein solcher Doppelname als Ehename bestimmt, so erwirbt das Kind diesen Doppelnamen aufgrund von § 1616 BGB.

28

III. Seiner Eltern

Die Vorschrift ist eine Konsequenz aus dem **Abstammungsverhältnis** zwischen Eltern und Kind nach § 1591 BGB. Voraussetzung ist daher zum einen, dass feststeht, wer die Mutter und der Vater des Kindes ist. Insbesondere bei nicht feststehender Vaterschaft kommt § 1616 BGB nicht zum Tragen. In diesem Fall gelten die §§ 1617, 1617a BGB. Zum anderen müssen diese beiden Personen den Ehenamen bestimmt haben (§ 1355 Abs. 1 Satz 2 BGB). Es reicht nicht aus, dass beide Elternteile einen Ehenamen aus einer vorangegangenen Ehe tragen.

29

IV. Geburtsname

Gemäß § 1355 Abs. 6 BGB ist der Geburtsname der Name, der in die Geburtsurkunde eines Ehegatten zum Zeitpunkt der Erklärung gegenüber dem Standesbeamten einzutragen ist. Daraus folgt, dass der Geburtsname nicht mit dem Namen identisch sein muss, den das Kind unmittelbar zum Zeitpunkt oder

30

---

[63] *Coester* in: Staudinger, § 1616 Rn. 2, 11 m.w.N.; *Kemper* in: Hk-BGB, § 1616 Rn. 1; a.A. *Michalski* in: Erman, § 1616 Rn. 4.
[64] *Coester* in: Staudinger, § 1616 Rn. 5.
[65] OLG Frankfurt v. 08.07.2004 - 20 W 65/04 - OLGR Frankfurt 2004, 329-332.
[66] BVerfG v. 30.01.2002 - 1 BvL 23/96 - juris Rn. 55 - LM BGB § 1616 Nr. 3a (9/2002).
[67] Zu weiteren Fragen der Übergangsregelung vgl. BVerfG v. 05.03.1991 - 1 BvL 83/86, 1 BvL 24/88 - NJW 1991, 1602-1604; BayObLG München v. 20.07.2004 - 1Z BR 054/04, 1Z BR 54/04 - BayObLGZ 2004, 185-189.
[68] *Brudermüller* in: Palandt, § 1355 Rn. 4.
[69] LG Koblenz v. 20.03.1996 - 2 T 162/96 - Rpfleger 1996, 509-510.

nach seiner Geburt erhalten hat.[70] Gerade § 1617c Abs. 2 Satz 1 BGB sowie § 1618 BGB sehen eine nachträgliche Änderung des Geburtsnamens vor. Somit ergibt er sich aus dem gesamten Geburtseintrag im Personalregister und umfasst auch nachträgliche eingetragene Folgebeurkundungen über Namensänderungen (§ 27 Abs. 3 PStG).[71]

31 Als Teil des Geburtsnamen erwirbt das Kind auch **Adelsprädikate** in der jeweils seinem Geschlecht angepassten Form,[72] soweit diese nicht gegen den deutschen ordre public verstoßen.[73]

V. Typische Fälle

1. Geburt des Kindes

32 Damit das Kind den Ehenamen der Eltern nach § 1616 BGB erhält, ist es erforderlich, dass diese zum **Zeitpunkt der Geburt** im Sinne von § 1 BGB verheiratet sind und die gemeinschaftliche Sorge über das Kindeswohl ausüben. Wird die Ehe erst nach Geburt des Kindes geschlossen oder haben die Eltern den Ehenamen erst nach der Geburt bestimmt (§ 1355 BGB), erhält das Kind seinen Familiennamen nicht aufgrund von § 1616 BGB. In diesen Fällen richtet sich die Namensgebung nach § 1617a Abs. 1 BGB und § 1617c BGB.

33 Ändert sich der Ehename nach der Heirat, aber vor der Geburt des Kindes, so erwirbt das Kind automatisch den geänderten Ehenamen nach § 1616 BGB.

2. Keine gemeinsame Sorge nach Geburt des Kindes

34 Für den Fall, dass die **gemeinsame elterliche Sorge** nach der Geburt des Kindes durch den Tod eines Ehepartners oder Sorgerechtsentzug von einem Elternteil allein ausgeübt wird, hat dieser **nicht das Recht**, den Namen neu zu bestimmen, falls das Kind den Ehenamen der Eltern erworben hat (§ 1616 BGB).

35 Fehlt es aber zum Zeitpunkt des Eintritts des alleinigen Sorgerechts an einer Namensbestimmung des Kindes, so geht das Recht zur Namensbestimmung auf den allein sorgeberechtigten Elternteil über.[74]

C. Rechtsfolgen

36 Das Kind erhält **kraft Gesetzes** den Ehenamen als Geburtsnamen.

---

[70] BayObLG München v. 07.08.1997 - 1Z BR 10/97 - juris Rn. 17 - NJW-RR 1998, 220-222.
[71] OLG Hamm v. 07.02.2002 - 15 W 274/01 - StAZ 2002, 201-203.
[72] OLG Düsseldorf v. 30.12.1996 - 3 Wx 347/95 - StAZ 1997, 178-179.
[73] OLG Sachsen-Anhalt v. 30.08.2013 - 2 Wx 20/12.
[74] LG Freiburg (Breisgau) v. 19.03.1996 - 4 T 284/95 - FamRZ 1996, 1500-1501.

§ 1617 BGB Geburtsname bei Eltern ohne Ehenamen und gemeinsamer Sorge

(Fassung vom 19.02.2007, gültig ab 01.01.2009)

(1) ¹Führen die Eltern keinen Ehenamen und steht ihnen die Sorge gemeinsam zu, so bestimmen sie durch Erklärung gegenüber dem Standesamt den Namen, den der Vater oder die Mutter zur Zeit der Erklärung führt, zum Geburtsnamen des Kindes. ²Eine nach der Beurkundung der Geburt abgegebene Erklärung muss öffentlich beglaubigt werden. ³Die Bestimmung der Eltern gilt auch für ihre weiteren Kinder.

(2) ¹Treffen die Eltern binnen eines Monats nach der Geburt des Kindes keine Bestimmung, überträgt das Familiengericht das Bestimmungsrecht einem Elternteil. ²Absatz 1 gilt entsprechend. ³Das Gericht kann dem Elternteil für die Ausübung des Bestimmungsrechts eine Frist setzen. ⁴Ist nach Ablauf der Frist das Bestimmungsrecht nicht ausgeübt worden, so erhält das Kind den Namen des Elternteils, dem das Bestimmungsrecht übertragen ist.

(3) Ist ein Kind nicht im Inland geboren, so überträgt das Gericht einem Elternteil das Bestimmungsrecht nach Absatz 2 nur dann, wenn ein Elternteil oder das Kind dies beantragt oder die Eintragung des Namens des Kindes in ein deutsches Personenstandsregister oder in ein amtliches deutsches Identitätspapier erforderlich wird.

Gliederung

A. Grundlagen 1	VI. Übertragung des Bestimmungsrechts 16
B. Anwendungsvoraussetzungen 2	VII. Rechtsfolgen der Übertragung 17
I. Fehlen eines Ehenamens 2	VIII. Fristsetzung 19
II. Gemeinschaftliche Sorge 3	IX. Geburt nicht im Inland 20
III. Name des Vaters oder der Mutter 6	C. Rechtsfolgen 23
IV. Erklärung gegenüber dem Standesamt 10	D. Prozessuale Hinweise/Verfahrenshinweise 24
V. Bindungswirkung der Namensbestimmung für weitere Kinder 13	

A. Grundlagen

Üben die Eltern das **gemeinsame Sorgerecht** aus, sind aber im Zeitpunkt der Geburt des Kindes **nicht verheiratet** oder haben bei ihrer Heirat gemäß § 1355 Abs. 1 Satz 3 BGB **keinen gemeinsamen Ehenamen** bestimmt, können sie entscheiden, ob das Kind den Namen der Mutter oder des Vaters erhält. Aufgrund des Wortlauts der Vorschrift scheidet eine Erteilung eines Doppelnamens von vornherein aus; es muss entweder der Name des Vaters oder der Mutter gewählt werden.[1] Ziel dieser Regelung ist die Fortführung einer **partiellen Namensidentität** innerhalb der Familie, um das Zusammengehörigkeitsgefühl im Eltern-Kind-Verhältnis aufrechtzuerhalten.

B. Anwendungsvoraussetzungen

I. Fehlen eines Ehenamens

Entscheidend ist, dass im Zeitpunkt der Geburt **kein Ehename** besteht. Danach reicht es auch nicht aus, wenn die beiden Elternteile den Ehenamen nach diesem Zeitpunkt bestimmen. In diesem Fall gilt der Ehename erst für die nach der Bestimmung geborenen Kinder; für ein zuvor geborenes Kind kann eine Namensänderung nur über die Regelung von § 1617b BGB erfolgen.

II. Gemeinschaftliche Sorge

Verheirateten und zusammenlebenden Eltern steht die elterliche Sorge immer gemeinschaftlich zu (§ 1626 BGB), soweit nicht einem der Elternteile das Sorgerecht entzogen wurde (§ 1666 BGB). Ist

---
[1] BVerfG v. 30.01.2002 - 1 BvL 23/96 - FamRZ 2002, 306-311.

§ 1617

eine Namensbestimmung aufgrund von § 1617 BGB erfolgt und ändert sich anschließend das Sorgerecht, hat dies keine Auswirkungen auf den einmal erteilten Namen.[2] Fehlt es an einer Bestimmung des Namens des Kindes und fällt das **gemeinsame elterliche Sorgerecht** nach der Geburt des Kindes durch den Tod eines Ehepartners oder Sorgerechtsentzug von einem Elternteil weg, besteht eine Gesetzeslücke. Eine Anwendung von § 1617a BGB scheidet aus, weil zur Namensgebung das alleinige Sorgerecht zum Zeitpunkt der Geburt vorliegen muss.[3] Diese Lücke sollte durch eine entsprechende Anwendung von § 1617 BGB geschlossen werden, indem anstelle des gemeinsamen Sorgerechts auf die sich anschließende Ausübung des Sorgerechts abgestellt wird, wobei es nicht darauf ankommen darf, ob dies ein Elternteil, Vormund oder Pfleger ist.[4]

4 Leben beide verheirateten und sorgeberechtigten Elternteile **getrennt**, bleibt es auch bei der Regelung von § 1617 BGB. Bei der Namensgebung handelt es sich um eine Angelegenheit „von erheblicher Bedeutung" im Sinne von § 1687 Abs. 1 Satz 1 BGB. Anders verhält es sich dagegen, wenn das Sorgerecht nur teilgemeinsam ist. Dies ist möglich, weil die Personensorge und Vermögenssorge jeweils einem Elternteil getrennt nach § 1671 BGB allein übertragen werden beziehungsweise nach § 1680 BGB entzogen werden kann. Für die Namensgebung kommt es allein auf die Personensorge an, da die Bestimmung des Namens allein dieser Teilkompetenz zuzuschreiben ist.[5] Ist die Personensorge zwischen den Elternteilen dergestalt aufgeteilt, dass einzelne Entscheidungen in Bereichen wie Aufenthaltsbestimmung, medizinischer Versorgung oder Ausbildungsfragen einem Elternteil allein zustehen, so kommt § 1617 BGB dennoch zur Anwendung, solange der Bereich der Personensorge, dem das Namensbestimmungsrecht angehört, in die gemeinsame Sorge fällt. Ist jedoch der gesamte Bereich der Personensorge lediglich einem Elternteil allein zugewiesen, so kommt § 1617 BGB mangels gemeinsamer Personensorge nicht zum Tragen, vielmehr ist § 1617a BGB anwendbar.

5 Ist die **Vaterschaft** bei nicht verheirateten Eltern schon vor der Geburt des Kindes anerkannt worden (§ 1594 Abs. 4 BGB) und haben die Eltern übereinstimmende Sorgerechtserklärungen gemäß § 1626b Abs. 2 BGB abgegeben, so erfolgt eine Namensbestimmung nach § 1617 Abs. 1 BGB, weil die Mutter nicht einmal für eine logische Sekunde die Alleinsorge innehatte.[6]

III. Name des Vaters oder der Mutter

6 Die Eltern haben nur die Möglichkeit, dem Kind entweder den **Namen der Mutter oder des Vaters** als Geburtsname zu erteilen, der dem jeweiligen Elternteil im Zeitpunkt der Namensbestimmung zusteht. Daher können vorherige Geburtsnamen nicht verwandt werden. Angenommen, die Mutter und der Vater des Kindes sind nicht miteinander verheiratet, haben jedoch eine gemeinsame Sorgerechtserklärung nach § 1626a Abs. 1 Nr. 1 BGB abgegeben. Die Mutter war zuvor verheiratet, wobei der Geburtsname ihres damaligen Ehemannes als Ehename bestimmt wurde (§ 1355 Abs. 1 Satz 1 i.V.m. Abs. 2 BGB). Solange die Mutter diesen Ehenamen trägt, ist es den Eltern nach § 1617 BGB nicht möglich, dem Kind den ursprünglichen Geburtsnamen der Mutter zu geben. Umgekehrt können sie aber bestimmen, dass das Kind den Namen aus der vorhergehenden Ehe erhalten soll.[7]

7 Ausgeschlossen ist die **Wahl eines Zwischennamens**[8] sowie eines **Begleitnamens** im Sinne von § 1355 Abs. 4 Satz 1 BGB, da gerade Letzterer höchstpersönlicher Natur ist.[9] Dagegen ist sowohl die Wahl eines **echten Doppelnamens,** d.h. die Verbindung zweier Familiennamen, aber auch eines **unechten Doppelnamens,** d.h. eine Zusammensetzung eines Familiennamens mit einem Zwischen- bzw. Begleitnamen, möglich[10]; Letzterer ist als aktuell geführter Name des Elternteils zum echten Doppelnamen mutiert.[11]

---

[2] *Enders* in: Bamberger/Roth, § 1617 Rn. 2.
[3] *Enders* in: Bamberger/Roth, § 1617 Rn. 3; *Coester* in: Staudinger, § 1617 Rn. 11.
[4] *Enders* in: Bamberger/Roth, § 1617 Rn. 3.
[5] *v. Sachsen Gessaphe* in: MünchKomm-BGB, § 1617 Rn. 10.
[6] *Enders* in: Bamberger/Roth, § 1617b Rn. 3.
[7] *Götz* in: Palandt, § 1617 Rn. 3.
[8] OLG Karlsruhe v. 28.12.1989 - 4 W 111/85 - NJW-RR 1990, 773-774.
[9] *Götz* in: Palandt, § 1617 Rn. 5.
[10] *Coester* in: Staudinger, § 1617 Rn. 23; *Götz* in: Palandt, § 1617 Rn. 5.
[11] Ausführlich hierzu: *v. Sachsen Gessaphe* in: MünchKomm-BGB, § Vor 1616 Rn. 12.

Die gesetzliche Regelung in § 1617 BGB ist verfassungsgemäß. Die damit erreichte Verhinderung von Mehrfachnamensketten lässt sich nicht nur mit Praktikabilitätserwägungen begründen, sondern dient auch dem Schutz künftiger Namensträger, da mit dem Anwachsen der Namensanzahl die identitätsstiftende Funktion des Namens verloren zu gehen droht.[12] Sie stellt auch keinen Verstoß gegen Art. 8 oder Art. 14 EMRK dar.[13] 8

Im **ausländischen Recht** kennt man die Differenzierung zwischen Vor- und Familiennamen zum Teil nicht. Deshalb besteht für die Eltern die Möglichkeit, dem Kind den Namen eines Elternteils zu erteilen, der das ausländische Äquivalent zum Familiennamen darstellt. Hierzu ist nach den Grundsätzen der Funktionsübereinstimmung (Funktionsadäquanz) zu ermitteln, welche Namensbestandteile der Eltern am ehesten mit dem deutschen Familien- oder Ehenamen funktionsgleich sind.[14] Die Eltern können nach ihrem Kind auch den nach isländischem Recht die Funktion des Familiennamens (zumindest weitgehend) erfüllenden „Vatersnamen" des Vaters als Familiennamen beilegen, der aus dem Vornamen von dessen Vater unter Hinzufügung des Namensteils „son" besteht.[15] Auch ein aus Vornamen und Familiennamen gebildeter srilankischer Familienname kann ohne förmliche Angleichungserklärung gegenüber dem Standesbeamten zum Familiennamen gemacht werden.[16] Soweit nach ausländischem Recht keine Familiennamen, sondern nur Eigennamen geführt werden, ist für das Kind ein Nachname nach deutschem Recht jedenfalls im Wege objektiver Rechtsanwendung festzustellen und einzutragen, mit der Folge, dass im Wege der Angleichung ein Eigenname nach deutschem Recht als Familienname behandelt werden kann.[17] 9

IV. Erklärung gegenüber dem Standesamt

Die Erteilung des Nachnamens geschieht grundsätzlich durch **Erklärung gegenüber dem Standesamt**, das das Geburtenregister, in dem die Geburt des Kindes beurkundet ist, führt (§ 45 Abs. 2 Satz 1 PStG).[18] Ist die Geburt des Kindes in einem deutschen Geburtenregister beurkundet, so ist das Standesamt zuständig, in dessen Zuständigkeitsbereich der Erklärende seinen Wohnsitz oder seinen gewöhnlichen Aufenthalt hat. Ergibt sich danach keine Zuständigkeit, so ist das Standesamt I in Berlin zuständig. Das Standesamt I in Berlin führt ein Verzeichnis der nach den § 45 Abs. 2 Sätze 2 und 3 PStG entgegengenommenen Erklärungen. 10

Es ist nicht erforderlich, dass eine gemeinsame Erklärung abgegeben wird, vielmehr ist es ausreichend, wenn zwei inhaltlich übereinstimmende Erklärungen vorliegen.[19] Die Erklärung bedarf in der Regel keiner speziellen Form, es sei denn, dass die Eltern den Namen des Kindes erst nach der Beurkundung der Geburt bestimmen. In diesem Fall ist eine öffentliche Beglaubigung nach § 1617 Abs. 1 Satz 2 BGB erforderlich, die von jedem deutschen Standesamt vorgenommen werden kann.[20] Die Erklärung kann grundsätzlich weder widerrufen noch angefochten werden.[21] Jedoch ist es möglich, die Einigung bis zur öffentlichen Beglaubigung zu widerrufen.[22] Die Eintragung im Geburtenbuch hat nur deklaratorische Bedeutung.[23] 11

Die **Minderjährigkeit eines Elternteils oder beider Elternteile** hindert sie nicht, den Namen des Kindes zu bestimmen. Bei der Erklärung handelt es sich um eine höchstpersönliche Willenserklärung, so dass sie auch von einem minderjährigen Elternteil abgegeben werden kann. Die Namenserteilung betrifft gerade den Bereich der Personensorge, der gemäß § 1673 Abs. 2 Satz 2 BGB dem Minderjährigen neben dem gesetzlichen Vertreter des Kindes zusteht. Wegen der Höchstpersönlichkeit der Erklärung scheidet auch ein Zustimmungserfordernis des gesetzlichen Vertreters des jeweiligen Elternteils aus.[24] 12

---

[12] BVerfG v. 05.05.2009 - 1 BvR 1155/03 - NJW 2009, 1657-1660.
[13] Europäischer Gerichtshof für Menschenrechte v. 06.05.2008 - 33572/02 - StAZ 2008, 375-378.
[14] LG Frankfurt v. 06.03.2002 - 2/9 T 416/01 - StAZ 2003, 113-114.
[15] LG Tübingen v. 02.10.2003 - 5 T 326/02 - FamRZ 2004, 730-731.
[16] AG Hagen v. 30.12.2002 - 8 III 104/02 - FamRZ 2003, 1688-1689.
[17] LG Frankfurt v. 06.03.2002 - 2/9 T 416/01 - StAZ 2003, 113-114.
[18] BayObLG München v. 14.10.1996 - 1Z BR 172/96 - FamRZ 1997, 234-236.
[19] *Enders* in: Bamberger/Roth, § 1617 Rn. 11.
[20] BayObLG München v. 14.10.1996 - 1Z BR 172/96 - FamRZ 1997, 234-236.
[21] OLG Frankfurt v. 28.08.2009 - 20 W 87/09 - NJW-RR 2010, 73; OLG München v. 23.12.2008 - 31 Wx 105/08 - StAZ 2009, 78; OLG Naumburg v. 25.11.1996 - 10 Wx 23/96 - FamRZ 1997, 1234-1237.
[22] *Enders* in: Bamberger/Roth, § 1617 Rn. 11.
[23] OLG Hamm v. 01.09.1994 - 15 W 229/94 - NJW-RR 1995, 199-200.
[24] *Enders* in: Bamberger/Roth, § 1617 Rn. 4.

V. Bindungswirkung der Namensbestimmung für weitere Kinder

13 Durch die Bestimmung des Namens für das erste Kind sind die Eltern für alle weiteren eigenen Kinder sowie Adoptivkinder nach § 1617 Abs. 1 Satz 3 BGB **gebunden**.[25] Nach der Geburt eines weiteren Kindes bleibt daher eine erneute Bestimmung der Eltern, die vom Namen des ersten Kindes abweichend ist, ohne Bedeutung.[26] Unerheblich ist auch, ob ein Elternteil den dem ersten Kind erteilten Namen schon wieder abgelegt hat. Die Beschränkung von § 1617 Abs. 1 Satz 3 BGB gilt allerdings nur, wenn die anderen Voraussetzungen von § 1617 BGB auch zukünftig vorliegen. Umgekehrt gilt sie nicht, wenn das zuerst geborene Kind seinen Namen aufgrund Gesetzes nach § 1616 BGB oder § 1617a BGB erworben hat.[27] Die Bindungswirkung des § 1617 Abs. 1 Satz 3 BGB erfasst auch nicht einen aus den Namen der Eltern zusammengesetzten Geburtsnamen, der dem älteren Geschwisterkind aufgrund einer Rechtswahl zugunsten eines ausländischen Rechts erteilt worden war.[28]

14 Nimmt ein Ehegatte ein Kind des anderen Ehegatten an und führen die Ehegatten keinen Ehenamen, so bestimmen sie den Geburtsnamen des Kindes vor dem Ausspruch der Annahme durch Erklärung gegenüber dem Vormundschaftsgericht; hierbei gilt § 1617 Abs. 1 BGB entsprechend (§ 1757 Abs. 2 Satz 1 BGB). In einem solchen Fall ist eine in das Adoptionsdekret aufgenommene Bestimmung, dass das Kind als Geburtsnamen seinen bisherigen Geburtsnamen, der zugleich der von der Mutter geführte Name ist, behält, zwar fehlerhaft, soweit die Ehegatten zuvor bereits für ein weiteres Kind einen anderen Geburtsnamen gewählt haben (§ 1617 Abs. 1 Satz 3 BGB), aber nach den Umständen des Einzelfalles nicht nichtig.[29]

15 Die **Bindungswirkung** entfällt dagegen, wenn das erste Kind vor Geburt des zweiten Kindes verstorben ist.[30] In diesem Fall besteht keine Gefahr einer Namensverschiedenheit von Geschwistern, so dass der Regelungsgehalt von § 1617 BGB nicht betroffen ist.

VI. Übertragung des Bestimmungsrechts

16 Sollten die Eltern einen Monat nach der Geburt keine zulässige Bestimmung des Namens getroffen haben, so teilt das Standesamt dies dem Familiengericht mit (§ 168a Abs. 2 FamFG). In Ausnahmefällen kann der Standesbeamte diese Frist entgegen dem Gesetzeswortlaut aus wichtigen Gründen verlängern.[31] Der für diese Entscheidung zuständige Familienrichter[32] soll vor einer Entscheidung, durch die einem Elternteil das Bestimmungsrecht nach § 1617 Abs. 2 BGB übertragen wird, beide Eltern anhören und auf eine einvernehmliche Bestimmung hinwirken. Ist eine einvernehmliche Regelung nicht zu erreichen, so **entscheidet das Gericht unter Berücksichtigung des Kindeswohls** (§ 1697a BGB analog).[33]

VII. Rechtsfolgen der Übertragung

17 Durch die **Übertragung** geht das Recht der Personensorge in Bezug auf die Bestimmung des Namens auf einen Elternteil über. Das Bestimmungsrecht entspricht inhaltlich dem in § 1617 Abs. 1 BGB; das ergibt sich aus § 1617 Abs. 2 Satz 2 BGB.

18 Im Falle des Ablebens oder Verlust des Sorgerechts des berechtigten Elternteils geht das **Bestimmungsrecht** nicht auf den anderen Elternteil über, sondern die Übertragung bedarf abermals nach den §§ 1678 Abs. 2, 1680 Abs. 2 und 3 BGB einer gerichtlichen Entscheidung.[34] In der Entscheidung über die Übertragung des Namensrechts hat das Gericht entschieden, dass der berechtigte Elternteil am besten in der Lage ist, eine Bestimmung zu treffen, die dem Kindeswohl entspricht. Nicht entschieden hat

---

[25] *Enders* in: Bamberger/Roth, § 1617 Rn. 13 f.
[26] BayObLG München v. 14.10.1996 - 1Z BR 172/96 - FamRZ 1997, 234-236.
[27] Für den Fall des § 1617a BGB (früher § 1617 BGB a.F.) AG Tübingen v. 29.08.1996 - 11 GR 148/96 - StAZ 1997, 17; so auch *Coester* in: Staudinger, § 1617 Rn. 46 ff.; a.A. *Löhnig* in: AnwK-BGB, Bd. 4, § 1617 Rn. 2.
[28] OLG Karlsruhe v. 04.06.2012 -14 Wx 23/11 - Justiz 2012, 477-478; OLG Stuttgart v. 02.10.2012 -17 UF 45/12, 17 UFH 1/12.
[29] BayObLG München v. 23.09.2004 - 1Z BR 080/04 - BayObLGR 2005, 200-202.
[30] *Götz* in: Palandt, § 1617 Rn. 6; *Löhnig* in: AnwK-BGB, Bd. 4, § 1617 Rn. 3.
[31] *Enders* in: Bamberger/Roth, § 1617 Rn. 17.
[32] OLG Frankfurt v. 27.02.1996 - 20 W 227/95 - NJW-RR 1996, 1288; LG Münster v. 04.07.1995 - 5 T 626/95, 5 T 656/95 - FamRZ 1995, 1516.
[33] *Coester* in: Staudinger, § 1617 Rn. 73.
[34] *Coester* in: Staudinger, § 1617 Rn. 78; a.A. *Löhnig* in: AnwK-BGB, Bd. 4, § 1617 Rn. 12.

es, ob der andere Elternteil überhaupt in der Lage war und ist, diese Entscheidung zum Wohle des Kindes zu treffen. Nur durch eine erneute gerichtliche Entscheidung kann diesem Umstand Rechnung getragen werden.

VIII. Fristsetzung

Nach § 1617 Abs. 2 Satz 3 BGB kann das Gericht dem berechtigten Elternteil eine **Frist zur Bestimmung des Namens** setzen. Diese Regelung soll die Zeit der Namenlosigkeit des Kindes so gering wie möglich halten. Oftmals ist es fraglich, ob ein Elternteil – trotz der Übertragung – um des Friedens Willens mit dem Partner von diesem Recht Gebrauch machen wird. Durch die Frist wird dem berechtigten Elternteil diese Ausübung in der Weise aus der Hand genommen, da nach Ablauf der Frist das Kind kraft Gesetzes den Namen des berechtigten Elternteils erhält (§ 1617 Abs. 2 Satz 4 BGB). Auf den Grund für die Nichtbestimmung kommt es ebenso wenig an wie auf elterliches Verschulden. Gegen die Versäumung der Frist ist eine Wiedereinsetzung in den vorigen Stand ausgeschlossen.[35]

19

IX. Geburt nicht im Inland

Ist ein Kind **nicht in Deutschland geboren**, und ist das deutsche Recht nach Art. 10 EGBGB anwendbar, so erfolgt eine gerichtliche Entscheidung zur Übertragung des Rechts der Namensbestimmung nach § 1617 Abs. 3 BGB in den dort genannten zwei Fällen.

20

Die Entscheidung wird von einem Elternteil oder dem Kind beantragt. Insbesondere bei einem Antrag des Kindes bleibt nach dem Gesetz offen, wie diese Regelung zu verstehen ist. Ein Antrag des Kindes macht nur Sinn, wenn der gesetzliche Vertreter kein Elternteil ist, da er ansonsten den Antrag selbst stellen könnte. Ein eigenständiges Handeln des Kindes unter Berücksichtigung von anderen, einem Minderjährigen zugebilligten Befugnissen wie § 60 FamFG, § 5 KErzG erscheint zwar wünschenswert[36], ist jedoch nicht mit dem Gesetz vereinbar.

21

Die Eintragung des Namens des Kindes in ein deutsches **Personenstandsregister** oder in ein amtliches deutsches **Identitätspapier** wird erforderlich.

22

C. Rechtsfolgen

Das Kind erhält den Namen **rückwirkend** ab dem Moment der Geburt.

23

D. Prozessuale Hinweise/Verfahrenshinweise

Es ist Sache der Eltern gegenüber dem Standesamt nachzuweisen, dass ihnen die **Entscheidung zur Bestimmung des Namens** des Kindes obliegt. Bei gemeinsamem Sorgerecht ist die Vorlage der Heiratsurkunde beziehungsweise eine Ausfertigung der nach § 1626d BGB beurkundeten Sorgerechtserklärung im Regelfall ausreichend.

24

---

[35] OLG Hamm v. 17.07.2003 - 15 W 459/02 - FGPrax 2003, 264-265.
[36] *Coester* in: Staudinger, § 1617 Rn. 90.

§ 1617a BGB Geburtsname bei Eltern ohne Ehenamen und Alleinsorge

(Fassung vom 19.02.2007, gültig ab 01.01.2009)

(1) Führen die Eltern keinen Ehenamen und steht die elterliche Sorge nur einem Elternteil zu, so erhält das Kind den Namen, den dieser Elternteil im Zeitpunkt der Geburt des Kindes führt.

(2) ¹Der Elternteil, dem die elterliche Sorge für ein unverheiratetes Kind allein zusteht, kann dem Kind durch Erklärung gegenüber dem Standesamt den Namen des anderen Elternteils erteilen. ²Die Erteilung des Namens bedarf der Einwilligung des anderen Elternteils und, wenn das Kind das fünfte Lebensjahr vollendet hat, auch der Einwilligung des Kindes. ³Die Erklärungen müssen öffentlich beglaubigt werden. ⁴Für die Einwilligung des Kindes gilt § 1617c Abs. 1 entsprechend.

Gliederung

A. Grundlagen 1
B. Anwendungsvoraussetzungen 2
  I. Fehlender Ehename und alleinige elterliche Sorge (Absatz 1) 2
  II. Namenserwerb des anderen Elternteils (Absatz 2) 7
  III. Alleiniges Sorgerecht bei der Namenserteilung 14
  IV. Erteilungsfähiger Name 17
  V. Unverheiratetes Kind 19
  VI. Einwilligung des anderen Elternteils .. 20
  VII. Einwilligung des Kindes 22
  VIII. Erklärung gegenüber dem Standesamt ... 23
C. Rechtsfolgen 25

A. Grundlagen

1 Die Vorschrift des § 1617a BGB regelt den Fall, dass **kein Ehename** besteht und einem Elternteil die **Alleinsorge** für das Kind zusteht. Im Gegensatz zu § 1617 BGB steht dann dem sorgeberechtigten Elternteil kein eigenes Namensbestimmungsrecht zu, sondern das Kind erhält den von dem Sorgeberechtigten im Zeitpunkt der Geburt geführten Namen (§ 1617a Abs. 1 BGB). Jedoch besteht nach § 1617a Abs. 2 BGB die Möglichkeit, mit Einwilligung des anderen Elternteils sowie des Kindes, soweit es das 5. Lebensjahr vollendet hat, dem Kind den Namen des anderen Elternteils zu geben.

B. Anwendungsvoraussetzungen

I. Fehlender Ehename und alleinige elterliche Sorge (Absatz 1)

2 Entscheidend für § 1617a Abs. 1 BGB ist, dass im Zeitpunkt der Geburt **kein Ehename** besteht und ein Elternteil die **alleinige elterliche Sorge** trägt. Der typische Fall ist die nicht verheiratete Mutter, der nach § 1626 Abs. 2 BGB das alleinige Sorgerecht zusteht. Den Nachweis für das alleinige Sorgerecht erbringt die Mutter gegenüber dem Standesamt durch ein Negativattest des Jugendamtes, dass keine Sorgerechtserklärungen bestehen (§ 1626d BGB, §§ 58a, 87c Abs. 1 und 6 SGB VIII).

3 **Besteht ein Ehename**, erhält das Kind ohne Rücksicht auf das Sorgerecht kraft Gesetzes diesen (§ 1616 BGB). Bestimmen die Eltern erst nachträglich einen Ehenamen, so erwirbt das Kind seinen Namen bei gemeinsamem Sorgerecht nach § 1617 BGB. Liegt zum Zeitpunkt der Geburt eine gemeinsame elterliche Sorge vor und erwirbt ein Elternteil erst anschließend das alleinige Sorgerecht, so richtet sich der Namenserwerb nach § 1617 BGB. Auch wenn die Eltern von ihrem Bestimmungsrecht zum Zeitpunkt der elterlichen Alleinsorge noch keinen Gebrauch gemacht haben, bleibt nur § 1617 BGB anwendbar; dem Alleinberechtigten obliegt die Namensgebung.[1] Besteht grundsätzlich eine gemeinsame Sorgeberechtigung, ist aber der Bereich der Personensorge lediglich einem Elternteil allein zugewiesen, so kommt nicht § 1617 BGB zum Tragen, vielmehr ist § 1617a BGB wegen der alleinigen Personensorge anwendbar (vgl. hierzu die Kommentierung zu § 1617 BGB). Wächst die alleinige elterli-

---
[1] *Coester* in: Staudinger, § 1617a Rn. 5; *Enders* in: Bamberger/Roth, § 1617a Rn. 3.

che Sorge einem Elternteil erst zu, nachdem das Kind bereits einen Geburtsnamen erhalten hat, steht ihm durch die Begründung der Alleinsorge kein Recht zu, beim Kind eine Namensänderung vorzunehmen.[2]

An einem gemeinsamen Sorgerecht fehlt es jedoch, wenn von den beiden grundsätzlich zur gemeinsamen Sorge berechtigten Elternteilen einer vor der Geburt weggefallen ist. Das alleinige Sorgerecht besteht damit im Fall des Todes eines Elternteils, bei (pränatalem) Sorgerechtsentzug (§ 1680 BGB) sowie bei rechtlicher oder tatsächlicher Verhinderung (§ 1678 Abs. 1 BGB).[3] Wenn der Vater vor der Geburt seines zweiten Kindes stirbt, und die Eltern beim ersten Kind zuvor nach § 1617 Abs. 1 BGB den Namen des Vaters bestimmt haben, erhält das Kind dennoch nach § 1617a Abs. 1 BGB den Namen der Mutter; eine entsprechende Anwendung von § 1617 Abs. 1 Satz 3 BGB kommt hier nicht in Betracht. Das Gleiche gilt, wenn die nicht miteinander verheirateten Elternteile für ihr erstes Kind Sorgerechtserklärungen abgegeben haben und als Kindesnamen den Namen des Vaters nach § 1617 Abs. 1 BGB oder § 1617b Abs. 1 BGB gewählt haben und sich vor der Geburt des zweiten Kindes trennen, ohne Sorgerechtserklärungen abzugeben.[4]

Bei einer rechtlichen oder tatsächlichen Verhinderung nach § 1675 BGB und § 1678 Abs. 1 Satz 1 BGB liegt dagegen **kein Wegfall des Sorgerechts** vor. Das Recht wird dem Elternteil nicht entzogen. Vielmehr kann er es für eine bestimmte Zeit nicht ausüben. Daher liegt weiterhin das gemeinsame Sorgerecht vor, so dass § 1617 BGB Anwendung findet. Dies hat zur Folge, dass das Bestimmungsrecht in § 1617 BGB wegen der fehlenden Möglichkeit der Mitwirkung des verhinderten Elternteils auf ein alleiniges Bestimmungsrecht hinausläuft, während bei einer Anwendung von § 1617a BGB ein Bestimmungsrecht nur unter den Voraussetzungen von § 1617a Abs. 2 BGB gegeben ist.[5]

Wird **nach der Geburt des Kindes** eine gemeinsame elterliche Sorge begründet, bleibt dennoch der Namenserwerb nach § 1617a Abs. 1 BGB unberührt. Vielmehr haben die Eltern dann die Möglichkeit der Neubestimmung nach § 1617b Abs. 1 BGB.

II. Namenserwerb des anderen Elternteils (Absatz 2)

Nach § 1617a Abs. 2 BGB steht es dem alleinsorgeberechtigten Elternteil offen, **dem unverheirateten Kind auch den Namen des anderen Elternteils zu erteilen**. Voraussetzung hierfür ist, dass das Kind ansonsten den Namen des die alleinige Sorge innehabenden Elternteils nach § 1617a Abs. 1 BGB erhalten würde beziehungsweise schon erhalten hat.[6] Der Elternteil, im konkreten Fall der Vater, dem die elterliche Sorge nachträglich gemäß § 1672 Abs. 1 BGB übertragen wird, kann dem Kind in entsprechender Anwendung von § 1617a Abs. 2 BGB mit Einwilligung der Mutter seinen eigenen Namen erteilen.[7]

Inwieweit der ledige Vater nach dem **Tod der Mutter** den deren Namen als Geburtsnamen tragenden Kindern (§ 1617a Abs. 1 BGB) trotz erhaltenen Sorgerechts (§ 1680 Abs. 2 Satz 2 BGB) seinen eigenen Namen erteilen kann, ist nach der obergerichtlichen Rechtsprechung streitig. Nach einer Entscheidung des OLG Celle kann die nicht mögliche Mitwirkung der Mutter an der Namens(neu)bestimmung nicht familiengerichtlich ersetzt werden.[8] Demgegenüber hat das BayObLG in einer neueren Entscheidung die analoge Anwendung von § 1617a Abs. 2 BGB auch für den Fall, dass der Vater nach dem Tod der Mutter das Sorgerecht erhält und dem Kind seinen eigenen Namen erteilt für zulässig erachtet; der Umstand, dass die Mutter nicht mehr zustimmen kann, steht nach dieser Entscheidung der Wirksamkeit der Namenserteilung nicht entgegen.[9] Obwohl dieser Beschluss in Abweichung zur obigen Entscheidung des OLG Celle ergangen ist, kam es zu keiner Vorlage an den BGH, weil die Entscheidung des dortigen Familiensenats nicht auf weitere Beschwerde ergangen ist, so dass die Voraussetzungen nicht vorlagen.

Die **Bindungswirkung der Namenserteilung** für ein erstgeborenes Kind nicht verheirateter Eltern im Sinne von § 1617 Abs. 1 Satz 3 BGB tritt nur für solche nachgeborenen Kinder ein, für die eine gemeinsame elterliche Sorge begründet wird. Solange eine gemeinsame elterliche Sorge nicht besteht, ist

---

[2] OLG Bremen v. 20.06.2003 - 1 W 23/03, 1 W 24/03 - OLGR Bremen 2003, 408-409.
[3] *Coester* in: Staudinger, § 1617a Rn. 7.
[4] OLG Hamm v. 14.09.2004 - 15 W 22/04 - FamRZ 2005, 1009, 1010.
[5] Für eine Anwendung von § 1617a BGB *Coester* in: Staudinger, § 1617a Rn. 7.
[6] *Enders* in: Bamberger/Roth, § 1617a Rn. 7.
[7] BayObLG München v. 04.07.2000 - 1Z BR 48/00 - FamRZ 2000, 1435-1437.
[8] OLG Celle v. 24.04.2001 - 15 UF 96/00 - OLGR Celle 2001, 175-177.
[9] BayObLG München v. 21.04.2004 - 1Z BR 112/03 - BayObLGZ 2004, 108-113.

die Mutter nicht gehindert, einem nachgeborenen Kind gemäß § 1617a Abs. 2 BGB den Namen des Vaters zu erteilen. Einer solchen Namenserteilung kann nicht durch eine analoge Anwendung des § 1617 Abs. 1 Satz 3 BGB entgegengetreten werden. Diese Rechtslage ändert sich aber dann von Gesetzes wegen, sobald die Eltern die gemeinsame Sorge für das Kind begründen.[10]

10 Begründen jedoch Eltern, die keinen Ehenamen führen, durch Heirat die gemeinsame elterliche Sorge über ein Kind, das gemäß § 1617a Abs. 1 BGB den Namen des sorgeberechtigten Elternteils erhalten hat, ohne das Bestimmungsrecht des § 1617b Abs. 1 Satz 1 BGB auszuüben, erhält dieses Kind nicht kraft Gesetzes den Namen eines nachgeborenen Geschwisters, dem der damals alleinsorgeberechtigte Elternteil nach § 1617a Abs. 2 BGB den Namen des anderen Elternteils erteilt hat.[11]

11 Zum Teil wird vertreten, dass es beim **Tod des Kindes** im Gegensatz zu § 1616 BGB nicht möglich ist, dem Kind einen Namen zu erteilen (vgl. hierzu die Kommentierung zu § 1616 BGB), weil mit dem Tod die elterliche Sorge endet.[12] Vorzugswürdiger erscheint es jedoch, eine durch die alleinsorgeberechtigte Mutter nach dem Tod des Kindes in gehöriger Form gemäß § 1617a Abs. 2 BGB nachgeholte Namenserteilung analog § 21 Abs. 2 PStG als wirksam zu behandeln und dem Geburtseintrag beizuschreiben, wenn bei verständiger Würdigung des zeitlichen Ablaufs und der damit einhergehenden Belastungen der Eltern eine prämortale Namenserteilung ausgeschlossen war. Dies hat jedenfalls dann zu gelten, wenn die Mutter dem Kind schon vor dessen Tod den gewählten Geburtsnamen wenngleich formunwirksam erteilt hat.[13]

12 Sollte der Vater die **Vaterschaft** erst nach dem Tod des Kindes anerkennen, findet § 1617a Abs. 2 BGB keine Anwendung. Ist der andere Elternteil, dessen Vaterschaft zwar feststeht, verstorben, so ist eine Erteilung seines Namens ausgeschlossen.[14] Eine entsprechende Regelung in § 1740 Abs. 2 Satz 2 BGB a.F. ist ersatzlos weggefallen.

13 Nicht ausgeschlossen soll es – wenn auch nicht aufgrund einer direkten oder analogen Anwendung von § 1617a Abs. 2 BGB – im Interesse des Kindes sein, dass der Mann, der sich als Vater ansieht und auch von der Mutter als solcher angesehen wird, wenn er seine Identität und seine Eheschließung nicht nachweisen kann, die Vaterschaft anerkennt und die Eltern gemeinsam erklären, dass das Kind seinen Familiennamen führen soll. Dann trägt das Kind diesen Namen unabhängig vom Familienstand der Eltern, allerdings mit dem einschränkenden Zusatz der ungeklärten Identität des Vaters.[15]

III. Alleiniges Sorgerecht bei der Namenserteilung

14 Im Gegensatz zu § 1617a Abs. 1 BGB muss die sorgerechtliche Alleinsorge **nicht nur im Zeitpunkt der Geburt, sondern darüber hinaus auch bei der Namenserteilung gegeben sein**. Daraus folgt, dass eine Namenserteilung mit dem Erreichen der Volljährigkeit des Kindes durch den zuvor sorgeberechtigten Elternteil ausgeschlossen ist; die Befugnis zur Namenserteilung fällt auch nicht dem volljährig gewordenen Kind etwa in Gestalt eines eigenen Wahlrechts zu.[16] Maßgeblicher Zeitpunkt ist nicht die Abgabe der Erklärung, sondern der Zugang der formgültigen Namenserklärung beim Standesamt.[17]

15 **Wird nach der Geburt des Kindes eine gemeinsame elterliche Sorge begründet**, bleibt dennoch der Namenserwerb nach § 1617a Abs. 1 BGB unberührt. Vielmehr haben die Eltern dann die Möglichkeit der Neubestimmung nach § 1617b Abs. 1 BGB.

16 Wurde **dem bei Geburt alleinsorgeberechtigten Elternteil das Sorgerecht entzogen** und auf einen Pfleger beziehungsweise Vormund übertragen, kann dieser die Namensbestimmung nach § 1617a Abs. 2 BGB ausüben.[18]

---

[10] OLG Hamm v. 14.09.2004 - 15 W 22/04 - StAZ 2005, 15-17.

[11] OLG Karlsruhe v. 08.12.2005 - 11 Wx 12/05 juris Rn. 11 - NJW-RR 2006, 441-442.

[12] BayObLG v. 17.07.2000 - 1Z BR 57/00 - FamRZ 2001, 1543.

[13] LG Hannover v. 05.05.2009 - 9 T 7/09 - NdsRpfl 2009, 249-250; AG Regensburg v. 09.08.2004 - UR III 38/04 - StAZ 2005, 109-110; im Ergebnis auch *Coester* in: Staudinger, § 1617a Rn. 29, der beim totgeborenen Kind eine Namenserteilung auf Wunsch der Eltern nach § 21 Abs. 2 PStG zulässt.

[14] *v. Sachsen Gessaphe* in: MünchKomm-BGB, § 1617a Rn. 20.

[15] AG Rottweil v. 24.06.2009 - 4 GRI 9/09 - FamRZ 2010, 220; a.A. wohl LG Kiel v. 05.07.2010 - 3 T 6/06 - StAZ 2011, 185-186; AG Paderborn v. 10.02.2010 - 3 III 10/09 - StAZ 2010, 335.

[16] VGH Bayern v. 16.06.2010 - 5 ZB 09.1633 - FamRZ 2010, 1815-1816; BayObLG München v. 14.08.2002 - 1Z BR 88/02 - BayObLGZ 2002, 269 (272 m.w.N.).

[17] BayObLG München v. 19.02.2004 - 1Z BR 100/03 - juris Rn. 21 - BayObLGZ 2004, 42-48.

[18] OLG Zweibrücken v. 26.02.1999 - 6 WF 183/98 - juris Rn. 12 - ZfJ 2000, 434-435.

IV. Erteilungsfähiger Name

Es muss der Name erteilt werden, den der andere Elternteil im Zeitpunkt der **Namenserteilung** führt.[19] Daher erwirbt ein Junge, der seinen Familiennamen von seiner nicht verheirateten, allein sorgeberechtigten Mutter ableitet, welche einen ausländischen, geschlechtsspezifisch abgewandelten Familiennamen führt, den Familiennamen in der von der Mutter geführten Form, wenn nicht die nun durch Art. 47 Abs. 2 i.V.m. Art. 47 Abs. 1 Nr. 4 EGBGB eröffnete Option einer Angleichung ausgeübt wird.[20]

Unerheblich ist dagegen, ob der andere Elternteil diesen Namen im Zeitpunkt der Geburt getragen hat. Es ist nicht notwendig, dass es sich bei dem geführten Namen um den Geburtsnamen des anderen Elternteils handelt, so dass auch ein erheirateter Name oder ein Adoptivname erteilt werden kann.[21] Führt der andere Elternteil einen echten oder unechten Doppelnamen, ist es nicht möglich, dem Kind nur einen Teil dieses Namens zu erteilen; vielmehr kann nur der ganze Doppelname als Name des Kindes bestimmt werden.[22] Unzulässig ist die Bildung eines Doppelnamens aus den Namen beider Eltern.[23]

17

18

V. Unverheiratetes Kind

Das Kind muss **unverheiratet** sein. Durch eine Heirat wird die Verknüpfung des Geburtsnamens des Kindes an den Namen des alleinsorgeberechtigten Elternteils gelöst, so dass die Erteilung des Namens entbehrlich ist.[24]

19

VI. Einwilligung des anderen Elternteils

Nach § 1617a Abs. 2 Satz 2 HS. 1 BGB ist die **Einwilligung des anderen Elternteils** zur Erteilung von dessen Namen erforderlich. Entgegen dem Wortlaut des Gesetzes ist es aber nicht notwendig, dass die Zustimmung des nicht sorgeberechtigten Elternteils vor der Erklärung über die Namenserteilung des alleinsorgeberechtigten Elternteils abgegeben sein muss. Insofern ist auch eine Genehmigung der Namenserteilung im Sinne von § 184 Abs. 1 BGB ausreichend.[25]

20

Bei der Erklärung handelt es sich um eine **höchstpersönliche Willenserklärung**, so dass sie auch von einem minderjährigen Elternteil abgegeben werden kann.[26] Die Namenserteilung betrifft gerade den Bereich der Personensorge, der gemäß § 1673 Abs. 2 Satz 2 BGB dem Minderjährigen neben dem gesetzlichen Vertreter des Kindes zusteht. Wegen der Höchstpersönlichkeit der Erklärung scheidet auch ein Zustimmungserfordernis des gesetzlichen Vertreters des anderen Elternteils aus.[27] Auch eine Betreuung oder ein Einwilligungsvorbehalt ändern an der Zustimmungsbefugnis des anderen Elternteils nichts.[28]

21

VII. Einwilligung des Kindes

Gemäß § 1617a Abs. 2 Satz 2 HS. 2 BGB muss das Kind nach Vollendung des 5. Lebensjahres ebenfalls **einwilligen**. Diese Regelung schützt das Persönlichkeitsrecht des Kindes und gibt ihm die Möglichkeit, selbst zu entscheiden, ob es die Namensänderung möchte oder nicht. Das Kind wird in diesem Fall gemäß § 1617a Abs. 2 Satz 4 BGB i.V.m. § 1617c Abs. 1 BGB durch seinen gesetzlichen Vertreter ohne Verstoß gegen § 181 BGB vertreten.[29] Ab der Vollendung des 14. Lebensjahres muss es die Erklärung unter Zustimmung seines gesetzlichen Vertreters nach § 1617c Abs. 1 BGB selbst abgeben (vgl. hierzu die Kommentierung zu § 1617c BGB).

22

---

[19] *Enders* in: Bamberger/Roth, § 1617a Rn. 11.
[20] OLG München v. 05.09.2008 - 31 Wx 13/08 - NJW-RR 2008, 1680-1682.
[21] *Coester* in: Staudinger, § 1617a Rn. 35.
[22] *Enders* in: Bamberger/Roth, § 1617a Rn. 11.
[23] OLG Celle v. 24.08.2001 - 18 W 11/00 - StAZ 2002, 11.
[24] *Enders* in: Bamberger/Roth, § 1617a Rn. 9.
[25] *Coester* in: Staudinger, § 1617a Rn. 39.
[26] *Coester* in: Staudinger, § 1617a Rn. 37; anders *Enders* in: Bamberger/Roth, § 1617a Rn. 10, der eine Zustimmungserklärung in analoger Anwendung von § 1617c Abs. 1 Satz 2 BGB erst mit der Vollendung des 14. Lebensjahres zulassen will.
[27] *Coester* in: Staudinger, § 1617a Rn. 37.
[28] *Coester* in: Staudinger, § 1617a Rn. 37.
[29] BayObLG München v. 17.03.1977 - BReg 1 Z 169/76 - MDR 1977, 755-756.

§ 1617a

VIII. Erklärung gegenüber dem Standesamt

23 Die Erteilung des Nachnamens, die Einwilligung des Elternteiles sowie des Kindes geschieht durch **Erklärung gegenüber dem Standesamt**, der die Geburt des Kindes beurkundet hat (§ 45 Abs. 2 Satz 1 PStG).[30] Ist die Geburt des Kindes nicht in einem deutschen Geburtenregister beurkundet, so ist das Standesamt zuständig, in dessen Zuständigkeitsbereich der Erklärende seinen Wohnsitz oder seinen gewöhnlichen Aufenthalt hat. Ergibt sich danach keine Zuständigkeit, so ist das Standesamt I in Berlin zuständig. Das Standesamt I in Berlin führt ein Verzeichnis der nach den § 45 Abs. 2 Sätze 2 und 3 PStG entgegengenommenen Erklärungen.

24 Die Erklärungen können bereits vor der Geburt des Kindes abgegeben werden.[31] Alle Erklärungen müssen gemäß § 1617a Abs. 2 Satz 3 BGB öffentlich beglaubigt werden. Die Erklärungen können grundsätzlich weder widerrufen noch angefochten werden.[32] Jedoch ist es möglich, die Erklärungen bis zur öffentlichen Beglaubigung zu widerrufen.[33] Die Eintragung im Geburtenbuch hat nur deklaratorische Bedeutung.[34] Hat eine unverheiratete Kindesmutter nach der Geburt eines Kindes die Mutterschaft und der Vater die Vaterschaft anerkannt und ist diese Erklärung, in der das Kind mit dem Namen des Vaters bezeichnet wird, vom Standesamt beurkundet, hat die Mutter ihrem Kind wirksam den Namen seines Vaters erteilt und so nach § 1617a Abs. 2 BGB eine Namensänderung herbeigeführt.[35]

C. Rechtsfolgen

25 Das Kind erhält nach § 1617a Abs. 1 BGB **kraft Gesetzes den Namen**, den der Alleinsorgeberechtigte im Zeitpunkt der Geburt personenstandsrechtlich geführt hat. Das muss nicht notwendigerweise dessen Geburtsname sein, es kann sich um einen Ehenamen aus einer früheren Ehe mit dem anderen Elternteil oder einem Dritten handeln. So erhält das Kind, das aus einer geschiedenen Ehe hervorgeht, auch den von der Mutter beibehaltenen früheren Ehenamen im Sinne von § 1355 Abs. 5 Satz 1 BGB aufgrund von § 1617a Abs. 1 BGB und nicht nach § 1616 BGB. Ebenso kann das Kind einen echten oder unechten Doppelnamen erwerben.[36]

26 Bei § 1617a Abs. 2 BGB erhält das Kind im Regelfall erst den Namen des sorgeberechtigten Elternteils nach § 1617a Abs. 1 BGB. Die Namenserteilung des Namens des anderen Elternteils erfolgt durch eine **Namensänderung** ab dem Zeitpunkt, in dem die notwendigen Erklärungen im Sinne von § 1617a Abs. 2 BGB abgegeben worden sind. Liegen diese Erklärungen schon vor der Geburt des Kindes vor und erfolgt die Namenserteilung bei der Geburt, so findet ein originärer Namenserwerb nach § 1617a Abs. 2 BGB statt.[37] In diesem Fall wird auch der Name des anderen Elternteils ins Geburtenregister eingetragen.

---

[30] BayObLG München v. 14.10.1996 - 1Z BR 172/96 - FamRZ 1997, 234-236.
[31] *Coester* in: Staudinger, § 1617a Rn. 28.
[32] OLG Zweibrücken v. 07.02.2011 - 3 W 139/10 - StAZ 2011, 341; OLG Naumburg v. 25.11.1996 - 10 Wx 23/96 - JMBl ST 1997, 111-115.
[33] *Enders* in: Bamberger/Roth, § 1617 Rn. 12.
[34] OLG Hamm v. 01.09.1994 - 15 W 229/94 - NJW-RR 1995, 199-200.
[35] OLG Nürnberg v. 27.09.2012 - 11 W 1654/12 - StAZ 2013, 143-144.
[36] *v. Sachsen Gessaphe* in: MünchKomm-BGB, § 1617a Rn. 8.
[37] *Götz* in: Palandt, § 1617a Rn. 11.

§ 1617b BGB Name bei nachträglicher gemeinsamer Sorge oder Scheinvaterschaft

(Fassung vom 19.02.2007, gültig ab 01.01.2009)

(1) ¹Wird eine gemeinsame Sorge der Eltern erst begründet, wenn das Kind bereits einen Namen führt, so kann der Name des Kindes binnen drei Monaten nach der Begründung der gemeinsamen Sorge neu bestimmt werden. ²Die Frist endet, wenn ein Elternteil bei Begründung der gemeinsamen Sorge seinen gewöhnlichen Aufenthalt nicht im Inland hat, nicht vor Ablauf eines Monats nach Rückkehr in das Inland. ³Hat das Kind das fünfte Lebensjahr vollendet, so ist die Bestimmung nur wirksam, wenn es sich der Bestimmung anschließt. ⁴§ 1617 Abs. 1 und § 1617c Abs. 1 Satz 2 und 3 und Abs. 3 gelten entsprechend.

(2) ¹Wird rechtskräftig festgestellt, dass ein Mann, dessen Familienname Geburtsname des Kindes geworden ist, nicht der Vater des Kindes ist, so erhält das Kind auf seinen Antrag oder, wenn das Kind das fünfte Lebensjahr noch nicht vollendet hat, auch auf Antrag des Mannes den Namen, den die Mutter im Zeitpunkt der Geburt des Kindes führt, als Geburtsnamen. ²Der Antrag erfolgt durch Erklärung gegenüber dem Standesamt, die öffentlich beglaubigt werden muss. ³Für den Antrag des Kindes gilt § 1617c Abs. 1 Satz 2 und 3 entsprechend.

Gliederung

A. Grundlagen 1	IV. Ausschlussfrist von 3 Monaten 13
B. Anwendungsvoraussetzungen 2	V. Anschlusserklärung des Kindes 16
I. Spätere Begründung der gemeinsamen elterlichen Sorge (Absatz 1) 2	VI. Erklärung gegenüber dem Standesamt 19
	VII. Wegfall der Vaterschaft (Absatz 2) 22
II. Gesetzlicher Namenserwerb 5	VIII. Antragserfordernis 25
III. Neubestimmung des Namens 10	C. Rechtsfolgen 29

A. Grundlagen

Im Gegensatz zu den §§ 1616-1617a BGB regelt § 1617b BGB nicht, welchen Namen ein Kind bei seiner Geburt erhält, sondern betrifft **sorgerechtliche Veränderungen, die nach der Namensgebung des Kindes stattgefunden haben**. § 1617b Abs. 1 BGB eröffnet den Eltern, die nach der Geburt des Kindes ein gemeinsames Sorgerecht begründet haben, die Möglichkeit, innerhalb von 3 Monaten den Namen des Kindes neu zu bestimmen. Diese Situation entspricht der in § 1617 Abs. 1 BGB, wonach die schon zum Zeitpunkt der Geburt sorgeberechtigten Eltern den Namen gemeinsam bestimmen. Nach § 1617b Abs. 2 BGB kann im Fall einer rechtskräftig festgestellten nicht bestehenden Vaterschaft auf Antrag des Kindes beziehungsweise bei noch nicht vollendetem 5. Lebensjahr auf Antrag des Mannes dem Kind der Name der Mutter erteilt werden.

B. Anwendungsvoraussetzungen

I. Spätere Begründung der gemeinsamen elterlichen Sorge (Absatz 1)

Erforderlich ist, dass die **gemeinsame elterliche Sorge erst nach dem Erhalt eines Geburtsnamens des Kindes begründet** wurde.[1] Dies kann sowohl durch die Abgabe von Sorgerechtserklärungen als auch durch eine Heirat nach der Geburt des Kindes geschehen.

Der Gesetzgeber hat das Recht zur Neubestimmung an eine Frist von 3 Monaten seit der Begründung des gemeinsamen Sorgerechts geknüpft. Aufgrund dieser **Ausschlussfrist** kann eine Neubestimmung nur beim erstmaligen Erwerb des gemeinsamen Sorgerechts erfolgen.[2] Bestand zu einem früheren Zeitpunkt schon einmal ein gemeinsames Sorgerecht und haben die Eltern von der Möglichkeit der Neu-

---
[1] *Götz* in: Palandt, § 1617b Rn. 2.
[2] LG Kassel v. 31.07.2002 - 3 T 488/02 - StAZ 2003, 173-174.

§ 1617b

bestimmung keinen Gebrauch gemacht, so ist bei einer weiteren Begründung des gemeinsamen Sorgerechts § 1617b Abs. 1 BGB nicht mehr anwendbar.[3]

4   Voraussetzung für die Neubestimmung ist auch, dass das **gemeinsame Sorgerecht zum Zeitpunkt der Neubestimmung bestehen muss**. Fällt das gemeinsame Sorgerecht durch den Tod eines Elternteils oder Sorgerechtsentzug nach § 1680 BGB vor der Neubestimmung wieder weg, so besteht kein Interesse mehr an einer Neubestimmung.[4]

II. Gesetzlicher Namenserwerb

5   Allerdings beschränkt sich die Vorschrift nur auf Fälle, in denen die Eltern bisher noch keine Entscheidung treffen konnten, d.h. sie ist nur anwendbar auf Fälle, **in denen das Kind seinen Namen kraft Gesetzes erhalten hat**.[5] Die Vorschrift des § 1617b Abs. 1 BGB soll die Eltern bei der erstmaligen Begründung des Sorgerechts in die gleiche Situation versetzen, die sie gemäß § 1617 Abs. 1 BGB gehabt hätten, wenn die gemeinschaftliche Sorge schon im Zeitpunkt der Geburt bestanden hätte. In diesem Fall hätten sie gemeinsam das Recht gehabt, den Namen des Kindes gemeinsam zu bestimmen. Haben die Eltern aber bereits gemeinsam eine Bestimmung des Namens getroffen, so eröffnet § 1617b Abs. 1 BGB nicht die Möglichkeit, diese zuvor gemeinschaftlich getroffene Entscheidung zu einem späteren Zeitpunkt wieder zu revidieren.[6]

6   Damit scheidet eine Anwendung von § 1617b Abs. 1 BGB bei § 1617 Abs. 1 BGB aus. Ist aufgrund der im Zeitpunkt der Geburt bestehenden gemeinsamen Sorge der beiden Elternteile der Name des Kindes gemeinsam bestimmt worden, kann bei einem zwischenzeitlichen Wegfall und anschließender Neubegründung der gemeinsamen Sorge **keine Neubestimmung** nach § 1617b Abs. 1 BGB erfolgen. Das gilt auch, wenn die ursprüngliche Bestimmung auf § 1617 Abs. 2 BGB beruht, weil auch in diesem Fall eine Bestimmung des Kindesnamens vorliegt, die nur wegen der damaligen mangelnden Übereinkunft der Eltern nicht gemeinsam, sondern durch einen Elternteil oder das Familiengericht vorgenommen wurde.[7]

7   Aus den gleichen Gründen greift § 1617b Abs. 1 BGB auch bei § 1617a Abs. 2 BGB nicht. Auch bei dieser Regelung bedarf es einer **Abstimmung zwischen den beiden Elternteilen**, die einer gemeinsamen Entscheidung über den Kindesnamen gleichzusetzen ist.[8]

8   Bei einer **Einbenennung** nach § 1618 BGB ist zu differenzieren. Trägt das Kind den Namen des alleinsorgeberechtigten Elternteils, erfolgt die Einbenennung ohne Einwilligung des anderen Elternteils (nachziehende Einbenennung). Begründen die Eltern nach Auflösung der Stiefelternehe ein gemeinsames Sorgerecht, können sie den Namen des Kindes nach § 1617b Abs. 1 BGB neu bestimmen. Haben sie jedoch geheiratet und einen Ehenamen bestimmt, greift die Regelung von § 1617c Abs. 1 BGB. Trägt das Kind jedoch den Namen des anderen Elternteils, bedarf die Einbenennung nach § 1618 Satz 3 BGB seiner Einwilligung. Eine Neubestimmung ist wegen dieser vorherigen gemeinsamen Bestimmung auch bei späterer Begründung des gemeinsamen Sorgerechts ausgeschlossen.[9]

9   Bei den beiden Normen des § 1616 BGB und § 1617a BGB, die einen **Namenserwerb von Gesetzes wegen** anordnen, ist nur § 1617a BGB von der Abänderungsmöglichkeit betroffen. Für den Fall, dass das Kind schon im Zeitpunkt der Geburt gemäß § 1616 BGB den Ehenamen erhalten hat, ändert eine spätere Begründung des gemeinsamen Sorgerechts daran nichts mehr, weil die Namenserteilung nicht von den Sorgerechtsverhältnissen abhängig ist.[10] Heiraten die Eltern nach der Geburt und wählen einen Ehenamen, so gilt § 1617c Abs. 1 BGB als lex specialis. Somit gilt § 1617b Abs. 1 BGB nur bei § 1617a Abs. 1 BGB. Dabei spielt es keine Rolle, ob das Kind seinen kraft Gesetzes nach § 1617a Abs. 1 BGB erhaltenen Namen verloren hat, weil es sich einer Namensänderung nach § 1617c Abs. 2 Nr. 2 BGB angeschlossen hat.[11]

---

[3] *Coester* in: Staudinger, § 1617b Rn. 10.
[4] *Coester* in: Staudinger, § 1617b Rn. 11.
[5] *Coester* in: Staudinger, § 1617b Rn. 4, 6; a.A. *Götz* in: Palandt, § 1617b Rn. 3; *Enders* in: Bamberger/Roth, § 1617b Rn. 3.
[6] *Coester* in: Staudinger, § 1617b Rn. 5.
[7] *Coester* in: Staudinger, § 1617b Rn. 6.
[8] *Coester* in: Staudinger, § 1617b Rn. 6; *Götz* in: Palandt, § 1617b Rn. 3; *Enders* in: Bamberger/Roth, § 1617b Rn. 3.
[9] *Coester* in: Staudinger, § 1617b Rn. 8.
[10] *Coester* in: Staudinger, § 1617b Rn. 5.
[11] *Coester* in: Staudinger, § 1617b Rn. 4.

III. Neubestimmung des Namens

Nach § 1617b Abs. 1 Satz 4 BGB gilt § 1617 Abs. 1 BGB entsprechend, so dass die Eltern bei der **Neubestimmung** nur die Möglichkeit haben, dem Kind entweder den Namen der Mutter oder des Vaters als Geburtsname zu erteilen, der dem jeweiligen Elternteil im Zeitpunkt der Neubestimmung zusteht.[12] Daher können vorherige Geburtsnamen nicht verwandt werden. Angenommen die Mutter und der Vater des Kindes sind nicht miteinander verheiratet, haben jedoch eine gemeinsame Sorgerechtserklärung nach § 1626a Abs. 1 Nr. 1 BGB abgegeben. Die Mutter war zuvor verheiratet, wobei der Geburtsname ihres damaligen Ehemannes als Ehename bestimmt wurde (§ 1355 Abs. 1 Satz 1 i.V.m. Abs. 2 BGB). Solange die Mutter diesen Ehenamen trägt, ist es den Eltern nach § 1617 BGB nicht möglich, dem Kind den ursprünglichen Geburtsnamen der Mutter zu geben. Umgekehrt können sie aber bestimmen, dass das Kind den Namen aus der vorhergehenden Ehe erhalten soll.[13]

10

Ausgeschlossen ist die **Wahl eines Zwischennamens**[14] sowie eines **Begleitnamens** im Sinne von § 1355 Abs. 4 Satz 1 BGB, da gerade Letzterer höchstpersönlicher Natur ist.[15] Dagegen ist sowohl die Wahl eines **echten Doppelnamens**, d.h. die Verbindung zweier Familiennamen, aber auch eines **unechten Doppelnamens**, d.h. eine Zusammensetzung eines Familiennamens mit einem Zwischen- bzw. Begleitnamen, möglich[16]; Letzterer ist als aktuell geführter Name des Elternteils zum echten Doppelnamen mutiert.[17]

11

Die **Namensneuerteilung eines weiteren Kindes** kann gemäß § 1617b Abs. 1 Satz 4 BGB i.V.m. § 1617 Abs. 1 Satz 3 BGB ausgeschlossen sein. Haben die Eltern den Namen des ersten Kindes gemeinsam nach § 1617 Abs. 1 BGB bestimmt, hat aber das zweite Kind wegen eines Alleinsorgerechts der Mutter ihren Namen nach § 1617a Abs. 1 BGB erhalten und wird ein gemeinsames Sorgerecht der Eltern für das zweite Kind später begründet, kann das Neubestimmungsrecht nach § 1617b Abs. 1 BGB nicht mehr ausgeübt werden. Vielmehr erhält das zweite Kind kraft Gesetzes im Zeitpunkt, in dem das gemeinsame Sorgerecht begründet wurde, den Namen des ersten Kindes.[18] Falls die Namen der Kinder zufällig übereinstimmen, obwohl sie auf verschiedenen Rechtsgrundlagen basieren, ist durch § 1617 Abs. 1 Satz 3 BGB eine abweichende Bestimmung ebenfalls ausgeschlossen.

12

IV. Ausschlussfrist von 3 Monaten

Die Neubestimmung muss innerhalb von einer Frist von 3 Monaten seit der Begründung des Sorgerechts erfolgen. Bei dieser Frist handelt es sich um eine **materiell-rechtliche Ausschlussfrist**, durch die sichergestellt werden soll, dass der Kindesname alsbald und auf Dauer endgültig bestimmt wird. Der Fristlauf wird durch das mangelnde Wissen der Eltern um die Möglichkeit eines anderweitigen Namenserwerbs nicht gehindert.[19] Allerdings kann die Versäumung der gesetzlichen Ausschlussfrist wegen auch in Angelegenheiten der freiwilligen Gerichtsbarkeit geltenden Grundsatz von Treu und Glauben (§ 242 BGB) unbeachtlich sein, wenn die Eltern von der Stellung des Antrages innerhalb der Frist durch eine unrichtige Auskunft des Jugendamtes bei Abgabe der Erklärung zur Begründung der gemeinsamen elterlichen Sorge abgehalten werden. In diesem Fall sind sie so zu stellen, als sei die Frist nicht bereits mit Ablauf von drei Monaten seit der Erklärung beim Jugendamt abgelaufen, sondern erst drei Monate, nachdem sie von der Unrichtigkeit der erteilten Auskunft Kenntnis haben.[20] Dagegen ist gegen die Versäumung der dreimonatigen Frist für die Neubestimmung des Familiennamens eines Kindes gemäß § 1617b Abs. 1 Satz 1 BGB eine Wiedereinsetzung in den vorigen Stand nicht möglich. Dies soll auch dann gelten, wenn die Eltern bei Abgabe der Sorgeerklärung durch die Urkundsperson nicht über die Dreimonatsfrist aufgeklärt worden sind. Eine andere Bewertung aufgrund des Grundsatzes von Treu und Glauben gemäß § 242 BGB kommt eben nur dann in Betracht, wenn die Eltern von der fristgemäßen Ausübung ihres Rechts auf Neubestimmung des Kindesnamens durch besonders gra-

13

---

[12] *Götz* in: Palandt, § 1617b Rn. 5.
[13] *Götz* in: Palandt, § 1617 Rn. 5.
[14] OLG Karlsruhe v. 28.12.1989 - 4 W 111/85 - NJW-RR 1990, 773-774.
[15] *Götz* in: Palandt, § 1617 Rn. 5.
[16] *Coester* in: Staudinger, § 1617 Rn. 23; *Götz* in: Palandt, § 1617 Rn. 5.
[17] Ausführlich hierzu: *v. Sachsen Gessaphe* in: MünchKomm-BGB, § Vor 1616 Rn. 12.
[18] *Coester* in: Staudinger, § 1617b Rn. 14; a.A. *Enders* in: Bamberger/Roth, § 1617b Rn. 8.
[19] LG Kassel v. 31.07.2002 - 3 T 488/02 - StAZ 2003, 173-174.
[20] OLG Düsseldorf v. 08.10.2003 - 3 Wx 242/03, I-3 Wx 242/03 - FGPrax 2004, 27-28.

§ 1617b

14 vierende, von den Behörden zu berücksichtigende Umstände abgehalten werden. Hierzu reicht jedoch ein Unterlassen eines Hinweises auf die Möglichkeit der Neubestimmung im Anschluss an die Sorgerechtserklärung bei deren Beurkundung nicht aus.[21]

14 **Fristbeginn** ist gemäß § 187 BGB die Begründung der gemeinsamen elterlichen Sorge durch die Heirat der Eltern oder der Abgabe beider Sorgerechtserklärungen nach § 1626a Abs. 1 Nr. 1 BGB, wobei es bei nicht gleichzeitiger Abgabe auf den Zeitpunkt der öffentlichen Beurkundung der zuletzt abgebenen Sorgerechtserklärung ankommt (§ 1617b Abs. 1 Satz 4 BGB i.V.m. § 1617 Abs. 1 Satz 2 BGB). Bedarf die Sorgerechtserklärung wegen der Minderjährigkeit des Elternteils der Zustimmung des gesetzlichen Vertreters oder der gerichtlichen Ersetzung nach § 1626c Abs. 2 BGB, beginnt die Frist erst, wenn die Zustimmungserklärung beurkundet ist beziehungsweise die gerichtliche Ersetzung rechtskräftig ist.[22] Sollte die gemeinsame Sorge gemäß § 1672 Abs. 2 Satz 1 BGB oder § 1696 Abs. 1 BGB gerichtlich angeordnet werden, fängt die Frist ebenfalls mit Rechtskraft des Gerichtsbeschlusses an.[23] **Nach 3 Monaten endet die Frist** (§ 188 BGB). Sollte ein Elternteil bei Begründung der gemeinsamen Sorge seinen gewöhnlichen Aufenthaltsort nicht im Inland haben, endet die Frist nicht vor Ablauf eines Monats nach seiner Rückkehr (§ 1617b Abs. 1 Satz 2 BGB).

15 Lassen die Eltern die 3-Monatsfrist zur Neubestimmung des Kindesnamens ungenutzt verstreichen, so liegt darin zugleich eine Willensentscheidung, dass das Kind seinen bisherigen Familiennamen weiterführt.[24]

V. Anschlusserklärung des Kindes

16 Mit der Vollendung des 5. Lebensjahres ist die Neubestimmung nur wirksam, wenn sich das Kind der Bestimmung anschließt (§ 1617b Abs. 1 Satz 3 BGB). Hierbei kommt es auf das Alter des Kindes im Zeitpunkt der Erklärung der Eltern gegenüber dem Standesamt an.[25] Im Zusammenhang mit § 1617b Abs. 1 Satz 4 BGB i.V.m. § 1617c Abs. 1 Satz 2 BGB kann diese Erklärung für ein zwischen 5 und 7 Jahre altes Kind allein durch seinen gesetzlichen Vertreter abgegeben werden; Entsprechendes gilt, wenn das Kind über die Vollendung des 7 Lebensjahres geschäftsunfähig bleibt beziehungsweise es zu einem späteren Zeitpunkt wird (§ 104 Nr. 2 BGB). Bei einem beschränkt geschäftsfähigen Kind muss die Erklärung vor Vollendung des 14. Lebensjahres durch seinen gesetzlichen Vertreter abgegeben werden.[26] Dabei muss die Einwilligung durch den gesetzlichen Vertreter in der Weise erklärt werden, dass sie eindeutig als eine dem Kind zuzurechnende Erklärung anzusehen ist. Eine nachträgliche Genehmigung der Einwilligung des Kindes ist nicht geeignet, den Mangel der fehlenden Einwilligung zu heilen.[27]

17 Bei Erreichen des 15. Lebensjahres kann das beschränkt geschäftsfähige Kind die **Anschlusserklärung** mit Zustimmung seines gesetzlichen Vertreters nur noch selbst abgeben (§ 1617c Abs. 1 Satz 2 BGB).

18 Bei einer Änderung des Geburtsnamens des verheirateten Kindes, der zum Ehenamen bestimmt wurde, hängt die Erstreckung auf den anderen Ehegatten nach § 1617 Abs. 1 Satz 4 BGB i.V.m. § 1617c Abs. 3 BGB davon ab, ob er sich der Namensänderung **anschließt** (vgl. hierzu die Kommentierung zu § 1617c BGB).

VI. Erklärung gegenüber dem Standesamt

19 Die Neubestimmung des Nachnamens geschieht durch **Erklärung gegenüber dem Standesamt** (§ 1617 Abs. 1 Satz 4 BGB i.V.m. § 1617 Abs. 1 Satz 1 BGB), der die Geburt des Kindes beurkundet hat (§ 45 Abs. 2 Satz 1 PStG)[28]. Ist die Geburt des Kindes nicht in einem deutschen Geburtenregister beurkundet, so ist das Standesamt zuständig, in dessen Zuständigkeitsbereich der Erklärende seinen Wohnsitz oder seinen gewöhnlichen Aufenthalt hat. Ergibt sich danach keine Zuständigkeit, so ist das Standesamt I in Berlin zuständig. Das Standesamt I in Berlin führt ein Verzeichnis der nach den § 45 Abs. 2 Sätze 2 und 3 PStG entgegengenommenen Erklärungen.

---

[21] OLG Frankfurt v. 06.05.2004 - 20 W 96/04 - StAZ 2004, 272-274.
[22] *Götz* in: Palandt, § 1617b Rn. 6.
[23] *Coester* in: Staudinger, § 1617 Rn. 19.
[24] LG Flensburg v. 24.01.2005 - 5 T 396/04.
[25] *Enders* in: Bamberger/Roth, § 1617b Rn. 4.
[26] OLG Köln v. 04.03.1999 - 14 UF 35/99 - FamRZ 1999, 735-736.
[27] LG Rottweil v. 14.05.2002 - 1 T 17/02 - FamRZ 2002, 1734.
[28] BayObLG München v. 14.10.1996 - 1Z BR 172/96 - FamRZ 1997, 234-236.

Die Erklärung muss öffentlich beglaubigt werden (§ 1617 Abs. 1 Satz 4 BGB i.V.m. § 1617 Abs. 1 Satz 2 BGB, vgl. hierzu die Kommentierung zu § 1617 BGB). Das Gleiche gilt für die Anschlusserklärung des Kindes (§ 1617 Abs. 1 Satz 4 BGB i.V.m. § 1617c Abs. 1 Satz 3 BGB, vgl. hierzu die Kommentierung zu § 1617c BGB). 20

Sofern die nicht miteinander verheirateten Eltern in der Geburtsanzeige für ihr Kind den Geburtsnamen des Vaters angeben, jedoch in den 2 Monaten später beim Jugendamt beurkundeten Erklärungen über die Anerkennung der Vaterschaft und die Begründung der gemeinsamen Sorge das Kind mit dem Geburtsnamen der Mutter bezeichnet wird, darf das Standesamt bei der nachfolgenden Beurkundung der Geburt ohne weitere Rückfrage oder Klarstellung nicht davon ausgehen, dass mit der Namensangabe in der Geburtsanzeige bereits eine Neubestimmung des Kindesnamens aus Anlass der Begründung der gemeinsamen Sorge nach § 1617 Abs. 1 BGB erfolgt war.[29] 21

VII. Wegfall der Vaterschaft (Absatz 2)

Der **Nachname des Scheinvaters muss der Geburtsname des Kindes geworden sein**, wobei es nicht darauf ankommt, ob das Kind ihn unmittelbar durch Namensbestimmung nach den §§ 1617, 1617b Abs. 1 BGB, Namenserteilung gemäß § 1617a Abs. 2 BGB oder mittelbar durch vorherige Bestimmung des Namens des Mannes zum Ehenamen nach § 1355 BGB i.V.m. den §§ 1616 oder 1617c Abs. 1 BGB erhalten hat.[30] 22

Obwohl die Mutter in den Fällen der mittelbaren Herleitung des Kindesnamens auch den Namen des Scheinvaters, den Ehenamen, trägt, ist die **Änderung der Rechtsgrundlage** der Namensgebung für eine spätere Namensänderung der Mutter von Bedeutung, da sich das Kind nur in diesem Fall gemäß § 1617c Abs. 2 Nr. 2 BGB dieser Namensänderung anschließen kann.[31] 23

Voraussetzung ist weiterhin, dass die Vaterschaft mit Erfolg nach § 1599 Abs. 1 BGB angefochten ist oder eine Vaterschaftsanerkennung eines Dritten nach § 1599 Abs. 2 BGB vorliegt[32], so dass die **Vaterschaft des Ehemannes ex tunc wegfällt**.[33] 24

VIII. Antragserfordernis

Nach der Regelung in § 1617b Abs. 2 Satz 2 BGB bekommt das Kind nicht automatisch den Namen der Mutter; es bedarf hierzu eines Antrags. Diesen kann das Kind unbefristet stellen. Die Antragsberechtigung des Vaters endet mit der Vollendung des 5. Lebensjahres des Kindes.[34] Im Zusammenhang mit § 1617b Abs. 2 Satz 3 BGB i.V.m. § 1617c Abs. 1 Satz 2 BGB muss diese Erklärung für das Kind vor Vollendung des 14. Lebensjahres durch seinen gesetzlichen Vertreter abgegeben werden. Bei Erreichen des 15. Lebensjahres kann das beschränkt geschäftsfähige Kind die **Anschlusserklärung** mit Zustimmung seines gesetzlichen Vertreters nur noch selbst abgeben (§ 1617c Abs. 1 Satz 2 BGB, vgl. hierzu die Kommentierung zu § 1617c BGB). 25

Die **Erklärung** ist gegenüber dem Standesamt abzugeben und muss öffentlich beglaubigt werden (§ 1617 Abs. 2 Satz 2 BGB). 26

Das Kind erhält dann den Namen der Mutter, **den sie zum Zeitpunkt der Geburt führte**. Hat sie diesen Namen jedoch bereits abgelegt, wie beispielsweise nach Scheidung gemäß § 1355 Abs. 5 Satz 2 BGB, erhält das Kind den Namen, den sie aktuell trägt.[35] 27

Bei einer Änderung des Geburtsnamens des verheirateten Kindes, der zum Ehenamen bestimmt wurde, hängt die Erstreckung auf den anderen Ehegatten nach § 1617 Abs. 2 Satz 3 BGB i.V.m. § 1617c Abs. 3 BGB davon ab, ob er sich der Namensänderung **anschließt** (vgl. hierzu die Kommentierung zu § 1617c BGB). Der Verweis in § 1617 Abs. 2 Satz 3 BGB kann sich nur auf § 1617c Abs. 3 BGB beziehen; ein Verweis auf § 1617c Abs. 1 Satz 3 BGB macht wegen des inhaltsgleichen § 1617b Abs. 2 Satz 2 BGB keinen Sinn.[36] 28

---

[29] OLG Frankfurt v. 04.02.2005 - 20 W 274/04 - StAZ 2005, 180-182.
[30] *Coester* in: Staudinger, § 1617b Rn. 25 ff.; *Enders* in: Bamberger/Roth, § 1617b Rn. 9; a.A. *Götz* in: Palandt, § 1617b Rn. 9, der nur den unmittelbaren Erhalt unter § 1617b Abs. 2 BGB zählt.
[31] *Enders* in: Bamberger/Roth, § 1617b Rn. 9.
[32] *Coester* in: Staudinger, § 1617b Rn. 29.
[33] *Rauscher* in: Staudinger, § 1599 Rn. 107.
[34] *Götz* in: Palandt, § 1617b Rn. 11.
[35] LG Köln v. 11.09.2001 - 1 T 319/01 - StAZ 2002, 11-12.
[36] *Götz* in: Palandt, § 1617b Rn. 11.

§ 1617b

C. Rechtsfolgen

29 Durch die **Neubestimmung** nach § 1617b Abs. 1 BGB ändert sich der Name der Kindes ex nunc. Im Geburtenregister wird eine entsprechende Folgebeurkundung eingetragen (§ 27 Abs. 3 PStG).

30 Nach § 1617b Abs. 2 BGB erhält das Kind mit dem Zugang des Antrags beim zuständigen Standesamt den **Namen der Mutter**.

§ 1617c BGB Name bei Namensänderung der Eltern

(Fassung vom 19.02.2007, gültig ab 01.01.2009)

(1) ¹Bestimmen die Eltern einen Ehenamen, nachdem das Kind das fünfte Lebensjahr vollendet hat, so erstreckt sich der Ehename auf den Geburtsnamen des Kindes nur dann, wenn es sich der Namensgebung anschließt. ²Ein in der Geschäftsfähigkeit beschränktes Kind, welches das 14. Lebensjahr vollendet hat, kann die Erklärung nur selbst abgeben; es bedarf hierzu der Zustimmung seines gesetzlichen Vertreters. ³Die Erklärung ist gegenüber dem Standesamt abzugeben; sie muss öffentlich beglaubigt werden.

(2) Absatz 1 gilt entsprechend,

1. wenn sich der Ehename, der Geburtsname eines Kindes geworden ist, ändert oder
2. wenn sich in den Fällen der §§ 1617, 1617a und 1617b der Familienname eines Elternteils, der Geburtsname eines Kindes geworden ist, auf andere Weise als durch Eheschließung oder Begründung einer Lebenspartnerschaft ändert.

(3) Eine Änderung des Geburtsnamens erstreckt sich auf den Ehenamen oder den Lebenspartnerschaftsnamen des Kindes nur dann, wenn sich auch der Ehegatte oder der Lebenspartner der Namensänderung anschließt; Absatz 1 Satz 3 gilt entsprechend.

Gliederung

A. Grundlagen 1	IV. Änderung des Ehenamens (Absatz 2 Nr. 1) 10
B. Anwendungsvoraussetzungen 2	V. Änderung des Familiennamens (Absatz 2
I. Spätere Bestimmung eines Ehenamens durch	Nr. 2) 15
die Eltern (Absatz 1) 2	VI. Auswirkungen auf den Ehenamen des Kindes
II. Erstreckung des Ehenamens auf den Geburts-	(Absatz 3) 18
namen des Kindes 3	C. Rechtsfolgen 21
III. Erklärung gegenüber dem Standesamt 7	

A. Grundlagen

Die Vorschrift des § 1617c BGB regelt die Konsequenzen einer nachträglichen Änderung des Bezugsnamens der Eltern beziehungsweise eines Elternteils auf den Namen des Kindes. Wählen die Eltern nach Vollendung des 5. Lebensjahres des Kindes einen Ehenamen, ändert sich der Name des Kindes nach § 1617c Abs. 1 BGB nur, wenn es sich diesem Namen anschließt. Durch diese Regelung wird den individuellen Interessen des Kindes an einer Namensbeibehaltung höheres Gewicht beigemessen als der Namensgleichheit.[1] Dies gilt nach § 1617c Abs. 2 BGB auch, wenn sich der den Geburtsnamen bestimmende Ehename ändert oder falls sich der nach §§ 1617, 1617a und 1617b BGB zum Geburtsnamen des Kindes gewordene Familienname eines Elternteils ändert. § 1617c Abs. 3 BGB beschreibt die Auswirkungen der Änderung des Kindesnamens beim verheirateten Kind, wenn sein Geburtsname zum Ehenamen bestimmt wurde.

1

B. Anwendungsvoraussetzungen

I. Spätere Bestimmung eines Ehenamens durch die Eltern (Absatz 1)

Ungeschriebene Voraussetzung von § 1617c Abs. 1 BGB ist, dass das Kind bereits einen Geburtsnamen erhalten hat, wobei es ohne Bedeutung ist, auf welcher Rechtsgrundlage dieser Geburtsname beruhte.[2] Fehlt dem Kind zum Zeitpunkt der Bestimmung eines Ehenamens ein Geburtsname, so erhält das Kind gemäß § 1616 BGB kraft Gesetzes den Ehenamen der Eltern.[3] Erhält das Kind zunächst den Namen seiner alleinsorgeberechtigten Mutter nach § 1617a Abs. 1 BGB, heiraten die Eltern anschlie-

2

---

[1] *Enders* in: Bamberger/Roth, § 1617c Rn. 3.
[2] *Enders* in: Bamberger/Roth, § 1617c Rn. 3.
[3] *Coester* in: Staudinger, § 1617c Rn. 5.

ßend und bestimmen den Namen nach § 1617b Abs. 1 BGB neu und wählen noch später nach § 1355 Abs. 3 BGB einen **Ehenamen**, tritt dieser Ehename unter den Voraussetzungen von § 1617c Abs. 1 BGB ex nunc[4] an die Stelle des bisherigen Namens.[5] Die Interessen des Kindes an einem bestehenden Namen werden durch das Erfordernis der Anschlusserklärung berücksichtigt.[6] Stimmen der Geburtsname und der Ehename des Kindes überein, so kommt es durch § 1617c Abs. 1 BGB zu einem Wechsel der Rechtsgrundlage, so dass der Ehename jetzt Bezugsname für den vom Kind geführten Namen ist.[7] Dies ist für eine spätere erneute Namensänderung im Rahmen von § 1617c Abs. 2 BGB entscheidend.[8]

II. Erstreckung des Ehenamens auf den Geburtsnamen des Kindes

3 Bei einem Kind, welches das 5. Lebensjahr noch nicht vollendet hat, ändert sich der Name bei einer nachträglichen Bestimmung des Ehenamens **kraft Gesetzes**.[9] Dies gilt allerdings nicht, wenn das Kind bei der Bestimmung des Ehenamens bereits verstorben ist.[10]

4 Mit der Vollendung des 5. Lebensjahres gesteht das Gesetz in § 1617c Abs. 1 Satz 1 BGB dem Kind zu, sich zu entscheiden, ob es sich der Namensänderung **anschließen** möchte oder nicht. Hierbei kommt auf es auf das Alter des Kindes in dem Zeitpunkt der Bestimmung des gemeinsamen Ehenamens der Eltern gegenüber dem Standesamt an.[11] Im Zusammenhang mit § 1617c Abs. 1 Satz 2 BGB kann diese Erklärung für ein zwischen 5 und 7 Jahre altes Kind allein durch seinen gesetzlichen Vertreter abgegeben werden; Entsprechendes gilt, wenn das Kind über die Vollendung des 7. Lebensjahres geschäftsunfähig bleibt beziehungsweise es zu einem späteren Zeitpunkt wird, § 104 Nr. 2 BGB. Bei einem beschränkt geschäftsfähigen Kind muss die Erklärung vor Vollendung des 14. Lebensjahres durch seinen gesetzlichen Vertreter abgegeben werden.[12] Dabei muss die Einwilligung durch den gesetzlichen Vertreter in der Weise erklärt werden, dass sie eindeutig als eine dem Kind zuzurechnende Erklärung anzusehen ist. Eine nachträgliche Genehmigung der Einwilligung des Kindes ist nicht geeignet, den Mangel der fehlenden Einwilligung zu heilen.[13]

5 Bei Erreichen des 15. Lebensjahres kann das beschränkt geschäftsfähige Kind die **Anschlusserklärung** mit Zustimmung seines gesetzlichen Vertreters nur noch selbst abgeben (§ 1617c Abs. 1 Satz 2 BGB).

6 Die Entscheidung, ob sich der Ehename auf ein Kind erstreckt, **ist für jedes einzelne Kind individuell zu treffen**. Insbesondere gilt die Bindungswirkung von § 1617 Abs. 1 Satz 3 BGB für Geschwisternamen in diesem Zusammenhang nicht, weil keine Namensentscheidung der Eltern vorliegt.[14] Vielmehr sind die Eltern im Regelfall der gesetzliche Vertreter, der die Entscheidung für das Kind abgibt beziehungsweise dessen Zustimmung erforderlich ist. Können sich die Eltern nicht einigen, hat das Familiengericht gemäß § 1628 BGB darüber zu entscheiden.[15] Da aber § 1617c Abs. 1 BGB nicht auf das gemeinsame Sorgerecht abstellt, kann auch ein allein sorgeberechtigter Elternteil die Entscheidung treffen. Auch der minderjährige Elternteil kann die Zustimmung erteilen, ohne dass die Zustimmung seines gesetzlichen Vertreters erforderlich ist (vgl. hierzu die Kommentierung zu § 1617 BGB).

III. Erklärung gegenüber dem Standesamt

7 Die Erklärung ist gemäß § 1617c Abs. 1 Satz 3 HS. 1 BGB **gegenüber dem Standesamt** abzugeben, der die Geburt beurkundet hat (§ 45 Abs. 1 Nr. 5, Abs. 2 Satz 1 PStG). Ist die Geburt des Kindes nicht in einem deutschen Geburtenregister beurkundet, so ist das Standesamt zuständig, in dessen Zuständigkeitsbereich der Erklärende seinen Wohnsitz oder seinen gewöhnlichen Aufenthalt hat. Ergibt sich danach keine Zuständigkeit, so ist das Standesamt I in Berlin zuständig. Das Standesamt I in Berlin führt ein Verzeichnis der nach den § 45 Abs. 2 Sätze 2 und 3 PStG entgegengenommenen Erklärungen.

---

[4] *Enders* in: Bamberger/Roth, § 1617c Rn. 3.
[5] *Götz* in: Palandt, § 1617c Rn. 2.
[6] *Enders* in: Bamberger/Roth, § 1617c Rn. 3.3.
[7] *Enders* in: Bamberger/Roth, § 1617c Rn. 3; *Coester* in: Staudinger, § 1617c Rn. 5.
[8] *Coester* in: Staudinger, § 1617c Rn. 8.
[9] *Coester* in: Staudinger, § 1617c Rn. 7.
[10] AG Lübeck v. 06.02.2002 - 3 III 5/02 - StAZ 2002, 244.
[11] *Enders* in: Bamberger/Roth, § 1617c Rn. 4.
[12] OLG Köln v. 04.03.1999 - 14 UF 35/99 - FamRZ 1999, 735-736.
[13] LG Rottweil v. 14.05.2002 - 1 T 17/02 - FamRZ 2002, 1734.
[14] *Enders* in: Bamberger/Roth, § 1617c Rn. 4.
[15] *Coester* in: Staudinger, § 1617c Rn. 12.

Bei der Anschlusserklärung handelt es sich um eine amtsempfangsbedürftige Willenserklärung,[16] die gemäß § 1617c Abs. 1 Satz 3 HS. 2 BGB auch vom Standesamt öffentlich beglaubigt werden muss (§ 31a Abs. 1 Nr. 2 PStG). Keiner Beglaubigung bedarf dagegen nach § 182 Abs. 2 BGB die Zustimmung des gesetzlichen Vertreters.[17] § 181 BGB hindert eine Vertretung durch die Eltern nicht. Die Erklärung kann grundsätzlich weder widerrufen noch angefochten werden.[18] Jedoch ist es möglich, die Einigung bis zur öffentlichen Beglaubigung zu widerrufen.[19] Die Eintragung des Randvermerks im Geburtenbuch hat nur deklaratorische Bedeutung.[20]

Für die Abgabe der Erklärung besteht grundsätzlich **keine Frist**. Dadurch erhält das Kind auch die Möglichkeit, eine von den Eltern nicht gewollte Namensfolge nach Vollendung seines 18. Lebensjahres dennoch durchzusetzen. Allerdings muss der Ehename zumindest noch von einem Elternteil zum Zeitpunkt der Anschlusserklärung geführt werden, weil ansonsten eine familiäre Namenseinheit nicht mehr herstellbar ist. Für den Fall des Todes beider Elternteile kann ein berechtigtes Interesse des Kindes am „postmortalen Anschluss" zu bejahen sein.[21]

IV. Änderung des Ehenamens (Absatz 2 Nr. 1)

Nach § 1617c Abs. 2 Nr. 1 BGB findet eine Änderung des Kindesnamens auch bei einer **Änderung des Ehenamens** statt, der als gemeinsamer Name der Eltern (Gemeinschaftsname[22]) zum Geburtsnamen des Kindes nach den §§ 1616, 1617c Abs. 1 BGB oder § 1757 Abs. 2 Satz 1 BGB geworden ist.[23] Deshalb liegt kein Ehename im Sinne der Vorschrift vor, wenn sich der Geburtsname des Kindes von einem Namen eines Elternteils ableitet, der lediglich in der Person des Elternteils einen Ehenamen darstellt. Es handelt sich nämlich nicht um einen Gemeinschaftsnamen der Eltern, sondern um einen erheirateten Namen des anderen Elternteils, so dass § 1617c Abs. 2 Nr. 2 BGB angewendet werden muss.[24]

Zur Änderung des Ehenamens ist es außerdem erforderlich, **dass die Ehe im Zeitpunkt der Änderung noch besteht**. Daraus folgt, dass die Änderung des Namens eines Elternteils nach der Scheidung gemäß § 1355 Abs. 5 Satz 2 BGB keine Änderung des Ehenamens im Sinne von § 1617c Abs. 2 Nr. 1 BGB zur Folge hat. Der Ehename ist vielmehr unverändert geblieben, lediglich ein Elternteil hat ihn abgelegt. Das Kind, welches den Ehenamen seiner Eltern als Geburtsnamen erhalten hat, kann auch nach der Scheidung seiner Eltern und Annahme ihres früheren Namens durch die – sorgeberechtigte – Mutter keine Namensänderung nach § 1617c Abs. 2 Nr. 2 BGB erreichen.[25] Durch die Einbenennung wird der neue Geburtsname des Kindes – vorbehaltlich einer weiteren Einbenennung – grundsätzlich unverwandelbar fixiert.[26] Eine Ausnahme ist jedoch bei der Auflösung der Ehe durch Tod eines Ehegatten denkbar.[27] Ansonsten bleibt nur die Möglichkeit einer Änderung des Namens nach § 3 NamÄndG.[28]

Auch der Ehename kann sich aufgrund von **öffentlich-rechtlichen Vorschriften** ändern, insbesondere nach § 3 NamÄndG bei Vorliegen eines gewichtigen Grundes.[29] Allerdings wird zum Teil die Erstreckung des geänderten Namens auf ihre Kinder dort geregelt. So betrifft die Vorschrift des § 4

---

[16] OLG Zweibrücken v. 21.09.1995 - 3 W 100/95 - NJW-RR 1996, 710-711.
[17] *Coester* in: Staudinger, § 1617c Rn. 19; a.A. *Enders* in: Bamberger/Roth, § 1617c Rn. 5; *Götz* in: Palandt, § 1617c Rn. 4.
[18] OLG Naumburg v. 25.11.1996 - 10 Wx 23/96 - JMBl ST 1997, 111-115.
[19] *Enders* in: Bamberger/Roth, § 1617 Rn. 12.
[20] OLG Zweibrücken v. 09.12.1998 - 3 W 222/98 - juris Rn. 11 - StAZ 1999, 115-116.
[21] *Coester* in: Staudinger, § 1617c Rn. 21.
[22] *Coester* in: Staudinger, § 1617c Rn. 23.
[23] Weitere Nachweise bei *Coester* in: Staudinger, § 1617c Rn. 25.
[24] *Coester* in: Staudinger, § 1617c Rn. 28.
[25] OLG Düsseldorf v. 17.03.2000 - 3 Wx 405/99 - juris Rn. 12 - NJW-RR 2001, 366; OLG Hamm v. 07.02.2002 - 15 W 274/01 - StAZ 2002, 201-203; a.A. OLG Dresden v. 12.04.2000 - 15 W 0361/00, 15 W 361/00 - StAZ 2000, 341-343.
[26] BGH v. 14.01.2004 - XII ZB 30/02 - BGHZ 157, 277-282; entschieden aufgrund der divergierenden Rechtsprechung der Obergerichte auf Vorlagebeschluss des OLG Hamm v. 07.02.2002 - 15 W 274/01 - StAZ 2002, 201-203.
[27] *Coester* in: Staudinger, § 1617c Rn. 36.
[28] Ausführlich *Enders* in: Bamberger/Roth, § 1617c Rn. 9.
[29] *Götz* in: Palandt, § 1617c Rn. 6.

§ 1617c

NamÄndG minderjährige Kinder des Antragstellers und schafft die Möglichkeit, zu bestimmen, dass die nach dem Gesetz grundsätzlich vorgesehene Erstreckung im Einzelfall nicht stattfindet. Obwohl die Spezialvorschrift des § 4 NamÄndG keine Regelung für volljährige Kinder trifft, ist die Regelung in § 1617c Abs. 2 Nr. 1 BGB nicht auf den Fall anwendbar, dass sich der zum Geburtsnamen gewordene Ehename der Eltern eines volljährigen Kindes durch Verwaltungsakt nach dem Namensänderungsgesetz (NamÄndG) ändert. Eine Namensanschließung des volljährigen Kindes kann in diesem Fall nur durch eine weitere, ihm in einem selbständigen Verwaltungsverfahren erteilte Bewilligung bewirkt werden.[30]

13 Häufig ändert sich aber bloß der **Geburtsname eines Ehepartners**, dessen Name nach § 1355 Abs. 2 BGB zum Ehenamen gewählt wurde. Dies kann durch die Adoption eines verheirateten Erwachsenen nach § 1757 BGB erfolgen.

14 Für den Fall, dass beide Ehegatten unter dem für ihre Namensführung vormalig relevanten ausländischen Recht schon einen Ehenamen bestimmt und anschließend nach einem Statutenwechsel zum deutschen Recht für die Zukunft eine getrennte Namensführung in der Ehe gemäß § 1355 Abs. 1 Satz 2 BGB gewählt haben, was zur Folge hat, dass der Ehename als gemeinsamer Familienname entfällt und jeder Ehegatte zukünftig wieder seinen zur Zeit der Eheschließung geführten Namen erhält, besteht für die aus dieser Ehe hervorgegangenen Kinder aus der in Art. 10 Abs. 2 Satz 3 EGBGB vorgeschriebenen sinngemäßen Anwendung von § 1617c BGB die Möglichkeit, sich dieser Namensänderung anzuschließen.[31]

V. Änderung des Familiennamens (Absatz 2 Nr. 2)

15 Voraussetzung für eine Namenserstreckung nach § 1617c Abs. 2 Nr. 2 BGB ist eine **Änderung des Namens, der Anknüpfungspunkt für den Geburtsnamen des Kindes im Rahmen eines gesetzlichen Erwerbs** nach § 1617a Abs. 1 BGB oder einer Namensbestimmung gemäß den §§ 1617, 1617a Abs. 2 BGB oder § 1617b BGB war. Dabei ist es unerheblich, ob es sich bei dem Namen um einen Geburtsnamen oder Ehenamen handelt.[32] Sollte der Geburtsname des Kindes aufgrund der Übergangsvorschrift von Art. 224 § 3 Abs. 5 EGBGB neu bestimmt worden sein, ist bei einer späteren Änderung des Namens des Elternteils auch eine Änderung des Kindesnamens möglich.[33]

16 Bei der **Änderung des Bezugsnamens** kommt es nicht darauf an, warum und auf welcher Grundlage der Elternteil seinen Namen geändert hat. So wird von § 1617c Abs. 2 Nr. 2 BGB die Änderung des Geburtsnamens nach einer Scheidung oder Auflösung der Ehe durch Tod gemäß § 1355 Abs. 5 Satz 2 BGB erfasst, aber auch der Fall, dass sich der Elternteil entschließt, einer Namensänderung seiner Eltern zu folgen, die einen Ehenamen bestimmt haben (§ 1617 Abs. 1 BGB). Kommt zu dem Namen ein Begleitname nach § 1355 Abs. 2 Satz 2 BGB hinzu, liegt keine Namensänderung vor. In den Randvermerk zum Geburtseintrag eines Kindes wegen der durch Eheschließung und Ehenamensbestimmung der Eltern bewirkten Änderung von dessen Geburtsnamen ist der von einem Elternteil geführte Begleitname nicht aufzunehmen.[34] Bei einer Änderung nach § 4 NamÄndG gilt für minderjährige Kinder diese Spezialregelung.

17 § 1617c Abs. 2 Nr. 2 BGB trifft jedoch einen Ausschluss für solche Namensänderungen, die aufgrund einer **Eheschließung oder der Begründung einer Lebenspartnerschaft** eintreten, weil sie die Bestimmung eines Ehenamens zur Folge haben.[35] Dagegen fällt eine Namensänderung nach § 3 NamÄndG nicht unter diesen Tatbestand, weil diese nicht mit der Eheschließung im Kontext steht.[36] Schließen die Eltern des Kindes den Bund der Ehe und bestimmen einen Ehenamen, so ist § 1617c Abs. 1 BGB einschlägig. Kommt es zu einer Heirat zwischen dem Elternteil, dessen Name der Bezugsname für den Kindesnamen ist, und einem Dritten, und wird ein Ehename bestimmt, so kommt § 1618

---

[30] OLG Hamm v. 30.10.2013 - I-15 W 63/13, 15 W 63/13; AG Bielefeld v. 21.05.2004 - 3 III 148/03 - StAZ 2004, 369-370; a.A. KG Berlin v. 22.05.2001 - 1 W 8744/00 - KGR Berlin 2001, 296-297; OLG München v. 14.01.2013 - Wx 6/13 - FamRZ 2013, 1989.
[31] OLG Frankfurt v. 15.01.2007 - 20 W 484/06 - StAZ 2007, 146-147.
[32] *Coester* in: Staudinger, § 1617c Rn. 38.
[33] *Enders* in: Bamberger/Roth, § 1617c Rn. 10.1.
[34] LG Arnsberg v. 20.04.1999 - 6 T 193/99 - StAZ 1999, 336.
[35] *Coester* in: Staudinger, § 1617c Rn. 43.
[36] *Enders* in: Bamberger/Roth, § 1617c Rn. 10.

BGB zur Anwendung.[37] Dies hat zur Folge, dass eine Namenseinheit zwischen Stiefvater und Stiefkindern nur durch seine Einwilligung erfolgen kann.[38]

VI. Auswirkungen auf den Ehenamen des Kindes (Absatz 3)

Bei einer Änderung des Geburtsnamens des verheirateten Kindes, der zum Ehenamen bestimmt wurde, hängt die Erstreckung auf den anderen Ehegatten nach § 1617c Abs. 3 BGB davon ab, ob er sich der Namensänderung **anschließt**. Daraus folgt zwingend, dass die Ehe im Zeitpunkt der Erklärung noch bestehen muss.[39]

18

Für die **Form der Erklärung** gilt § 1617c Abs. 1 Satz 3 BGB. Auch hier kann die Beglaubigung durch das Standesamt erfolgen (§ 41 Abs. 1 Satz 2 PStG).

19

Gibt der andere Ehegatte keine Anschlusserklärung ab, so ändert sich nur der Geburtsname des verheirateten Kindes, soweit die Voraussetzungen in § 1617c Abs. 1 BGB oder § 1617c Abs. 2 BGB vorliegen. Soweit der Geburtsname im Rechtsverkehr von Bedeutung ist, ist dieser heranzuziehen, so genannter Reservename.[40]

20

C. Rechtsfolgen

Durch die **Abgabe der Anschlusserklärung** nach § 1617c Abs. 1 BGB oder § 1617c Abs. 2 BGB i.V.m. § 1617c Abs. 1 BGB gegenüber dem zuständigen Standesamt ändert sich der Name des Kindes ex nunc. Im Geburtenregister wird eine entsprechende Folgebeurkundung eingetragen (§ 27 Abs. 3 PStG).[41]

21

Der **Ehename** ändert sich nach § 1617c Abs. 3 BGB, wenn die Anschlusserklärung des Kindes nach § 1617c Abs. 1 BGB oder § 1617c Abs. 2 BGB sowie die des Ehegatten nach § 1617c Abs. 3 BGB beim zuständigen Standesamt eingetroffen sind.

22

---

[37] *Enders* in: Bamberger/Roth, § 1617c Rn. 11.
[38] Kritisch dazu *Coester* in: Staudinger, § 1617c Rn. 42.
[39] *Enders* in: Bamberger/Roth, § 1617c Rn. 14; weitergehend *Coester* in: Staudinger, § 1617c Rn. 50, der dem anderen Ehegatten die Möglichkeit einer Anschließung geben möchte, wenn die Ehe durch den Tod des verheirateten Kindes aufgelöst worden ist.
[40] *Coester* in: Staudinger, § 1617c Rn. 46.
[41] OLG Zweibrücken v. 09.12.1998 - 3 W 222/98 - juris Rn. 11 - StAZ 1999, 115-116.

§ 1618 BGB Einbenennung

(Fassung vom 19.02.2007, gültig ab 01.01.2009)

¹Der Elternteil, dem die elterliche Sorge für ein unverheiratetes Kind allein oder gemeinsam mit dem anderen Elternteil zusteht, und sein Ehegatte, der nicht Elternteil des Kindes ist, können dem Kind, das sie in ihren gemeinsamen Haushalt aufgenommen haben, durch Erklärung gegenüber dem Standesamt ihren Ehenamen erteilen. ²Sie können diesen Namen auch dem von dem Kind zur Zeit der Erklärung geführten Namen voranstellen oder anfügen; ein bereits zuvor nach Halbsatz 1 vorangestellter oder angefügter Ehename entfällt. ³Die Erteilung, Voranstellung oder Anfügung des Namens bedarf der Einwilligung des anderen Elternteils, wenn ihm die elterliche Sorge gemeinsam mit dem den Namen erteilenden Elternteil zusteht oder das Kind seinen Namen führt, und, wenn das Kind das fünfte Lebensjahr vollendet hat, auch der Einwilligung des Kindes. ⁴Das Familiengericht kann die Einwilligung des anderen Elternteils ersetzen, wenn die Erteilung, Voranstellung oder Anfügung des Namens zum Wohl des Kindes erforderlich ist. ⁵Die Erklärungen müssen öffentlich beglaubigt werden. ⁶§ 1617c gilt entsprechend.

Gliederung

A. Grundlagen 1
B. Anwendungsvoraussetzungen 2
  I. Elterliche Sorge für ein unverheiratetes Kind (Sätze 1 und 2) 2
  II. Namensführung des Kindes 7
  III. Aufnahme des Kindes in den gemeinsamen Haushalt 10
  IV. Erteilung des Ehenamens der Ehegatten 11
  V. Notwendige Einwilligungen (Satz 3) 15
  VI. Ersetzung der Einwilligung des anderen Elternteils (Satz 4) 21
  VII. Erklärung gegenüber dem Standesamt 32
C. Rechtsfolgen 35
D. Prozessuale Hinweise/Verfahrenshinweise 36

A. Grundlagen

1 Bei der Eheschließung von einem sorgeberechtigten Elternteil und einem Dritten kann nach § 1355 Abs. 1 BGB von den Ehegatten ein Ehename bestimmt werden. Dieser Ehename erstreckt sich jedoch nicht auf das Kind des alleinsorgeberechtigten Elternteils (§ 1617c Abs. 2 Nr. 2 BGB). Eine Namensvereinheitlichung zwischen Ehenamen und dem Namen des Kindes unterliegt weitgehend den Voraussetzungen der **Einbenennung** gemäß § 1618 BGB, die eine öffentlich-rechtliche Namensänderung im Wesentlichen ausschließt.[1] Die Einbenennung hängt von einem jeweils von einer gemeinsamen Erklärung des sorgeberechtigten Elternteils und dessen Ehegatten (Stiefelternteil) ab (§ 1618 Satz 1 BGB). Zum anderen muss aber auch der andere Elternteil einwilligen, wenn eine gemeinschaftliche Sorge vorliegt oder das Kind seinen Namen trägt (§ 1618 Satz 3 HS. 1 BGB). Nach Vollendung des 5. Lebensjahres des Kindes ist eine Einbenennung nach § 1618 Satz 3 HS. 1 BGB zusätzlich nur mit Einwilligung des Kindes möglich.

B. Anwendungsvoraussetzungen

I. Elterliche Sorge für ein unverheiratetes Kind (Sätze 1 und 2)

2 Eine Einbenennung ist nur bei einem **minderjährigen Kind** möglich, weil die elterliche Sorge mit dem Erreichen der Volljährigkeit endet (§ 1626 Abs. 1 Satz 1 BGB). Ausreichend ist jedoch, wenn die Erklärung des sorgeberechtigten Elternteils vor dem Erreichen des 18. Lebensjahres abgegeben wurde, während die anderen Erklärungen auch nach diesem Zeitpunkt abgegeben werden können.[2]

3 Nach der Neufassung durch das KindRVerbG vom 09.04.2002[3] ist sowohl **bei alleinigem sowie bei gemeinsamem Sorgerecht** eine Einbenennung möglich. Entgegen dem Wortlaut war dies aber auf-

---

[1] OVG Münster v. 23.04.1999 - 10 A 5687/98 - OVGE MüLü 47, 178-183; *Götz* in: Palandt, § 1618 Rn. 11; a.A. VG Koblenz v. 22.06.1999 - 2 K 3353/98 - StAZ 2001, 113-115.
[2] *Coester* in: Staudinger, § 1618 Rn. 6.
[3] BGBl I 2002, 1239.

grund einer berichtigenden Auslegung auch bei der alten Fassung von § 1618 Satz 1 BGB a.F. möglich.[4] Ohne Bedeutung ist der Grund der Sorgeberechtigung des Elternteils, so dass auch der Vater eines nichtehelichen Kindes, der gemäß § 1672 BGB das alleinige Sorgerecht ausübt, nach § 1618 Satz 1 BGB einbenennen kann, wenn er heiratet und ein gemeinsamer Ehename bestimmt wird.[5] Allein der Namenswechsel des sorgeberechtigten Elternteils ohne neue Familiengründung, etwa durch Wiederannahme eines früher geführten Namens des unverheiratet bleibenden sorgeberechtigten Elternteils, genügt nicht, wenn das Kind den Namen des anderen Elternteils trägt.[6]

Dagegen wird § 1618 Satz 1 BGB nicht direkt[7] sondern analog auf den Fall angewendet, wenn die Namensungleichheit zwischen nicht ehelichem Kind und seinem sorgeberechtigten Vater nicht auf einer Eheschließung mit einem Dritten beruht, sondern auf einem späteren **Wechsel im Sorgerecht**.[8]

Die Ausübung der Einbenennung gehört zur **Personensorge**, so dass auch der beschränkt Geschäftsfähige ohne die Zustimmung seines gesetzlichen Vertreters einbenennen kann, sofern er nicht geschäftsunfähig ist (§ 1673 BGB).

Das Kind muss unverheiratet sein. Durch eine Heirat wird die Verknüpfung des Geburtsnamens des Kindes an den Namen des alleinsorgeberechtigten Elternteils gelöst, so dass die Erteilung des Namens entbehrlich ist.[9]

II. Namensführung des Kindes

Die häufigste Konstellation von § 1618 Satz 1 BGB ist, dass das Kind den **Namen seiner unverheirateten Mutter** nach § 1617a Abs. 1 BGB als Geburtsnamen erhalten hat, diese anschließend einen Dritten heiratet (Stiefvater) und das Kind nun den zum Ehenamen bestimmten Geburtsnamen des Stiefvaters bekommen soll. Für die Einbenennung ist es aber ohne Bedeutung, auf welcher Grundlage der ursprüngliche Geburtsname des Kindes beruht. Auch eine vorherige Einbenennung schließt eine weitere nicht aus (§ 1618 Satz 2 HS. 2 BGB). Sie ist auch schon vor der Geburt des Kindes möglich, sog. pränatale Einbenennung[10], so dass das Kind zuvor noch nicht einmal einen Geburtsnamen gehabt haben muss. Auch wenn Geschwister des Kindes denselben Geburtsnamen im Sinne von § 1617 Abs. 1 Satz 3 BGB haben, beeinträchtigt das die Einbenennung eines Kindes in die Stieffamilie nicht.[11]

Im Zeitpunkt der Erklärung muss die Ehe bestehen, wobei es nicht darauf ankommt, ob sie vor oder nach der Geburt des Kindes geschlossen wurde. Somit kommt eine Einbenennung nach der Scheidung oder dem Tod des Stiefelternteils nicht in Betracht.[12] Umgekehrt, ist eine wirksame Einbenennung des Kindes erfolgt, ist es nicht möglich, dem Kind etwa nach Scheitern der Ehe der Kindesmutter gemäß § 1617a Abs. 2 BGB den Namen des leiblichen Vaters zu erteilen.[13]

Führen der sorgeberechtigte Elternteil und der Stiefelternteil **keinen gemeinsamen Ehenamen**, ist die Einbenennung nicht möglich[14]; es gilt vielmehr § 1617c Abs. 2 Nr. 2 BGB. Selbst bei einem gemeinsamen Ehenamen scheidet sie aber aus, wenn der Geburtsname des Kindes bereits dem Ehenamen entspricht, etwa weil der Name der Mutter zum Ehenamen bestimmt wurde (§ 1355 Abs. 2 BGB). Die Namenseinheitlichkeit ist in diesem Fall schon erreicht.[15]

III. Aufnahme des Kindes in den gemeinsamen Haushalt

Diese durch das KindRVerbG vom 09.04.2002[16] aufgenommene Voraussetzung ist nur dann erfüllt, wenn das Kind als **vollwertiges Mitglied in eine bestehende Lebensgemeinschaft** integriert wird. Ziel ist es, eine Einbenennung des Kindes allein um der besonderen Attraktivität des Namens des Stief-

---

[4] OLG Hamm v. 31.08.2000 - 15 W 195/00 - NJW-RR 2001, 505-506; OLG Frankfurt v. 01.10.2001 - 20 W 293/01 - juris Rn. 10 - StAZ 2001, 361-362 m.w.N.
[5] *Enders* in: Bamberger/Roth, § 1618 Rn. 2.
[6] BayObLG München v. 30.05.2000 - 1Z BR 11/00 - StAZ 2000, 299-300.
[7] OLG Köln v. 11.05.2001 - 26 WF 26/01, 26 UF 19/01 - juris Rn. 12 - FamRZ 2001, 1547-1549.
[8] OLG Köln v. 11.05.2001 - 26 WF 26/01, 26 UF 19/01 - juris Rn. 14 - FamRZ 2001, 1547-1549.
[9] *Coester* in: Staudinger, § 1618 Rn. 6.
[10] Zur früheren Rechtslage OLG Celle v. 18.05.1987 - 18 W 8/87 - StAZ 1987, 280.
[11] *Enders* in: Bamberger/Roth, § 1618 Rn. 3.
[12] *v. Sachsen Gessaphe* in: MünchKomm-BGB, § 1618 Rn. 8.
[13] OLG Stuttgart v. 17.01.2012 - 8 W 15/12 - FamRZ 2013, 1316-1317.
[14] OLG Hamm v. 19.01.2000 - 9 UF 31/00 - FamRZ 2000, 1437.
[15] *Götz* in: Palandt, § 1618 Rn. 7.
[16] BGBl I 2002, 1239.

§ 1618

elternteils willen zu verhindern.[17] Diese Integration beinhaltet zum einen eine tatsächliche Komponente. Das Kind muss dauerhaft in der gemeinsamen Wohnung der Eheleute leben, wobei es auch auf eine beiderseitige Betreuung des Kindes ankommt. Dies allein reicht aber noch nicht aus; insbesondere muss diese Integration vor rechtlichen Angriffen geschützt sein. Dementsprechend muss der andere Elternteil dieser Integration zugestimmt haben oder sie muss durch eine Entscheidung des Gerichts erfolgt sein. Ansonsten besteht ständig die Gefahr, dass ein Zusammenleben durch einen ständig wechselnden Aufenthaltsort des Kindes unmöglich gemacht wird.[18] Nicht ausreichend ist außerdem, wenn die beiden Ehegatten voneinander getrennt leben und der getrennt lebende Ehegatte der Einbenennung zugestimmt hat, da in diesem Fall die namensmäßige Integration des Kindes in seine neue Familie verfehlt würde.[19]

IV. Erteilung des Ehenamens der Ehegatten

11 Der **Ehename** wird dem Kind vom sorgeberechtigten Elternteil und dem Stiefelternteil erteilt; dem Kind selbst steht kein eigenes Initiativrecht für eine Einbenennung zu.[20] Den Ehegatten stehen dabei mehrere Gestaltungsmöglichkeiten nach § 1618 BGB zur Verfügung.

12 Nach § 1618 Satz 1 BGB können sie den bisherigen Namen des Kindes durch den Ehenamen ersetzen, sog. **surrogative Einbenennung**. Wenn sie dem Kind seinen ursprünglichen Namen erhalten wollen, haben sie nach § 1618 Satz 2 BGB die Möglichkeit, den Ehenamen als zusätzlichen Namen voranzustellen oder anzufügen, sog. **additive Einbenennung**.[21] In dieser Konstellation entsteht jedoch kein echter Doppelname, sondern der Ehename tritt als Begleitname hinzu, unechter Doppelname.[22] Für eine spätere Eheschließung des Kindes kann daher nicht dieser Begleitname, sondern nur der Teil, der aus dem Geburtsnamen besteht, als Ehename bestimmt werden; dagegen kann ein Abkömmling dieses Kindes den Namen nach § 1617a Abs. 1 BGB als Doppelnamen erhalten (vgl. hierzu die Kommentierung zu § 1617 BGB).[23]

13 Im Vergleich zu § 1618 Satz 1 BGB handelt es sich bei § 1618 Satz 2 BGB nicht um ein Weniger, sondern um ein **aliud**, so dass eine gerichtliche Entscheidung erst in Betracht kommt, wenn der antragstellende Elternteil und sein neuer Ehegatte eine solche additive Einbenennung vorgenommen haben und der Antragsgegner seine Zustimmung hierzu verweigert hat.[24]

14 Nach der Einbenennung eines Kindes nach § 1618 BGB und einem **nachfolgenden Namenswechsel des sorgeberechtigten Elternteils** aufgrund § 1355 Abs. 5 Satz 2 BGB scheidet eine Namensänderung des Kindes trotz des nach § 1618 Satz 6 BGB entsprechend geltenden § 1617c BGB aus. In diesen Fällen sind die Voraussetzungen des allein in Betracht kommenden § 1617c Abs. 2 Nr. 1 BGB und § 1617c Abs. 2 Nr. 2 BGB nicht erfüllt. Auch eine analoge Anwendung des § 1617c BGB kommt nicht in Betracht.[25]

V. Notwendige Einwilligungen (Satz 3)

15 Die Einbenennung bedarf der **Einwilligung des anderen Elternteils** für den Fall, dass eine gemeinsame elterliche Sorge besteht; ob das Kind den gleichen Namen wie der andere Elternteil führt, ist in diesem Fall ohne Bedeutung.[26] Bei alleiniger elterlicher Sorge muss der andere Elternteil einwilligen, wenn das Kind seinen Namen trägt (§ 1618 Satz 3 HS. 1 BGB, erteilende Einbenennung). Das Einwilligungserfordernis besteht sowohl für die surrogative als auch für die additive Einbenennung. Entscheidend ist allein die Namensidentität zwischen dem anderen Elternteil und dem Kind, selbst wenn der andere Elternteil einen aus dem Geburtsnamen des jetzt allein sorgeberechtigten Elternteils abgeleiteten Ehenamen fortführt. Unschädlich ist es, wenn der andere Elternteil neben dem Ehenamen einen Be-

---

[17] AG Saarbrücken v. 12.12.2007 - 10 III E 77/07 - StAZ 2010, 51-52.
[18] *Enders* in: Bamberger/Roth, § 1618 Rn. 4.1.
[19] OLG Zweibrücken v. 29.06.2011 - 3 W 51/11 - NJW 2011, 3728-3729.
[20] OLG Brandenburg v. 10.06.2009 - 9 UF 110/08.
[21] Zur Verfassungsmäßigkeit von § 1618 Satz 2 BGB, BVerfG v. 07.02.2002 - 1 BvR 745/99 - FamRZ 2002, 530-531.
[22] *Coester* in: Staudinger, § 1618 Rn. 19.
[23] *Coester* in: Staudinger, § 1618 Rn. 20.
[24] BGH v. 09.01.2002 - XII ZB 166/99 - FPR 2002, 267-268.
[25] BGH v. 14.01.2004 - XII ZB 30/02 - FamRZ 2004, 449-450; OLG Frankfurt v. 07.03.2005 - 20 W 374/04 - StAZ 2005, 201-202.
[26] OLG Karlsruhe v. 11.08.2003 - 5 UF 162/03 - OLGR Karlsruhe 2004, 207-208.

gleitnamen fortführt, der aber nicht zum Namen des Kindes geworden ist.[27] Trägt das Kind dagegen den Namen des sorgeberechtigten Elternteils, bedarf es keiner Einwilligung des anderen Elternteils (nachziehende Einbenennung).

Für das Einwilligungserfordernis ist die **Gleichheit zwischen dem aktuell geführten Namen** des Kindes und dem des anderen Elternteiles im Zeitpunkt der Einbenennung zwingende Voraussetzung. Daher entfällt das Einwilligungserfordernis, wenn der andere Elternteil das namensrechtliche Band zu dem Kind bereits gelöst hat, also sich der Name des anderen Elternteils geändert und das Kind sich dieser Änderung nicht angeschlossen hat.[28]   16

Mit der Vollendung des 5. Lebensjahres muss das **Kind** in die Einbenennung gemäß § 1618 Satz 3 HS. 2 BGB einwilligen. Hierfür gilt § 1617c BGB entsprechend (§ 1618 Satz 6 BGB, vgl. hierzu die Kommentierung zu § 1617c BGB). Das bedeutet, für ein Kind, welches das 5. Lebensjahr noch nicht vollendet hat, ändert sich der Name bei einer nachträglichen Bestimmung des Ehenamens kraft Gesetzes.[29] Dies gilt allerdings nicht, wenn das Kind bei der Bestimmung des Ehenamens bereits verstorben ist.[30]   17

Mit der **Vollendung des 5. Lebensjahres** gesteht das Gesetz in § 1617c Abs. 1 Satz 1 BGB dem Kind zu, sich zu entscheiden, ob es sich der Namensänderung anschließen möchte oder nicht. Hierbei kommt es auf auf das Alter des Kindes im Zeitpunkt der Bestimmung des gemeinsamen Ehenamens der Eltern gegenüber dem Standesamt an.[31] Im Zusammenhang mit § 1617c Abs. 1 Satz 2 BGB kann diese Erklärung für ein zwischen 5 und 7 Jahre altes Kind allein durch seinen gesetzlichen Vertreter abgegeben werden; Entsprechendes gilt, wenn das Kind über die Vollendung des 7. Lebensjahres geschäftsunfähig bleibt beziehungsweise es zu einem späteren Zeitpunkt wird (§ 104 Nr. 2 BGB). Bei einem beschränkt geschäftsfähigen Kind muss die Erklärung vor Vollendung des 14. Lebensjahres durch seinen gesetzlichen Vertreter abgegeben werden.[32] Dabei muss die Einwilligung durch den gesetzlichen Vertreter in der Weise erklärt werden, dass sie eindeutig als eine dem Kind zuzurechnende Erklärung anzusehen ist. Eine nachträgliche Genehmigung der Einwilligung des Kindes ist nicht geeignet, den Mangel der fehlenden Einwilligung zu heilen.[33]   18

Bei Erreichen des 15. Lebensjahres kann das **beschränkt geschäftsfähige Kind** die Anschlusserklärung mit Zustimmung seines gesetzlichen Vertreters nur noch selbst abgeben (§ 1617c Abs. 1 Satz 2 BGB).   19

Die Entscheidung, ob sich der Ehename auf ein Kind erstreckt, **ist für jedes einzelne Kind individuell zu treffen**. Insbesondere gilt die Bindungswirkung von § 1617 Abs. 1 Satz 3 BGB für Geschwisternamen in diesem Zusammenhang nicht, weil keine Namensentscheidung der Eltern vorliegt.[34] Vielmehr sind die Eltern im Regelfall der gesetzliche Vertreter, der die Entscheidung für das Kind abgibt beziehungsweise dessen Zustimmung erforderlich ist. Können sich die Eltern nicht einigen, hat das Familiengericht gemäß § 1628 BGB darüber zu entscheiden.[35] Da aber § 1617c Abs. 1 BGB nicht auf das gemeinsame Sorgerecht abstellt, kann auch ein allein sorgeberechtigter Elternteil die Entscheidung treffen. Auch der minderjährige Elternteil kann die Zustimmung erteilen, ohne dass die Zustimmung seines gesetzlichen Vertreters erforderlich ist (vgl. hierzu die Kommentierung zu § 1617 BGB).   20

VI. Ersetzung der Einwilligung des anderen Elternteils (Satz 4)

Das Familiengericht kann die Erklärung des anderen Elternteils **ersetzen, wenn dies zum Wohl des Kindes erforderlich** ist. Diese vom Gesetzgeber mit § 1618 Satz 4 BGB verfolgte Stärkung des namensrechtlichen Bandes zwischen dem Kind und dem nicht sorgeberechtigten Elternteil gilt gleichermaßen für die ausdrücklich geregelten „Stiefkinder".   21

---

[27] *v. Sachsen Gessaphe* in: MünchKomm-BGB, § 1618 Rn. 17.
[28] OLG Brandenburg v. 25.07.2002 - 9 UF 59/02 - FamRZ 2002, 1735-1736.
[29] *Coester* in: Staudinger, § 1617c Rn. 7.
[30] AG Lübeck v. 06.02.2002 - 3 III 5/02 - StAZ 2002, 244.
[31] *Enders* in: Bamberger/Roth, § 1617c Rn. 4.
[32] OLG Köln v. 04.03.1999 - 14 UF 35/99 - FamRZ 1999, 735-736; AG Lübeck v. 18.03.2002 - 3 III 17/02 - StAZ 2002, 309; a.A. wohl OLG Frankfurt v. 25.06.2001 - 20 W 201/2000, 20 W 201/00 - juris Rn. 18 - FamRZ 2002, 260; *Löhnig* in: AnwK-BGB, Bd. 4, § 1618 Rn. 7 m.w.N.
[33] LG Rottweil v. 14.05.2002 - 1 T 17/02 - FamRZ 2002, 1734.
[34] *Enders* in: Bamberger/Roth, § 1617c Rn. 4.
[35] *Coester* in: Staudinger, § 1617c Rn. 12.

§ 1618

22 Auch bei sog. „**Trennung-/Scheidungshalbwaisen**"[36] sowie in Fällen, in denen es um die Änderung des Familiennamens eines **nichtehelich geborenen Pflegekindes** geht, selbst wenn es unter pflegeelterlicher Vormundschaft steht[37], kommt es zur Anwendung der Grundsätze in § 1618 Satz 4 BGB. Allerdings werden diese Konstellationen nicht von den bürgerlich-rechtlichen Namensregelungen der §§ 1355, 1616-1618 BGB erfasst. Dadurch ist die Anwendung des Gesetzes über die Änderung von Familiennamen und Vornamen (NamÄndG) nicht durch die bürgerlich-rechtlichen Namensregelungen der §§ 1355, 1616-1618 BGB ausgeschlossen.[38] Die Namensänderung erfolgt daher in den genannten Fällen über § 3 NamÄndG.[39] Ob ein die Namensänderung rechtfertigender wichtiger Grund im Sinne von § 3 Abs. 1 NamÄndG vorliegt, ist durch Abwägung aller für und gegen die Namensänderung sprechenden Interessen zu bestimmen.[40] Die schutzwürdigen Interessen dessen, der die Namensänderung erstrebt, müssen die schutzwürdigen Interessen Dritter und die in der sozialen Ordnungsfunktion des Namens zusammengefassten Interessen der Allgemeinheit überwiegen, auch wenn letztere allenfalls von geringem abwägungserheblichen Belang ist.[41] In den genannten Fällen ist ein wichtiger Grund dann gegeben, wenn das Kindeswohl die Änderung des Familiennamens bei angemessener Berücksichtigung der für die Beibehaltung des bisherigen Namens sprechenden Gründe gebietet, also die Namensänderung im Hinblick auf das Wohl des Kindes erforderlich ist.[42] Dieser Erforderlichkeitsmaßstab folgt aus einer entsprechenden Anwendung des § 1618 Satz 4 BGB[43]; bloße Zweckmäßigkeitserwägungen sind nicht ausreichend.[44] Danach machen weder ein ausländisch klingender Name eines deutschen Staatsangehörigen noch die Behauptung, in vielen Fällen infolge des Familiennamens keinen Arbeitsplatz zu erhalten, eine Namensänderung erforderlich.[45] Gleiches gilt für einen Namen fremdsprachigen Ursprungs, der an zwei für die deutsche Sprache untypischen Stellen mit „h" geschrieben wird.[46] Unerheblich für eine Namensänderung nach § 3 NamÄndG ist es jedoch, wenn der allein sorgeberechtigte Elternteil dem Kind unmittelbar nach dessen Geburt gemäß § 1617a Abs. 2 Satz 1 BGB den Familiennamen des anderen Elternteils erteilt hat, da es nicht um die Frage geht, ob sich der sorgeberechtigte Elternteil an seiner Erklärung festhalten lassen muss, sondern darum, ob das Kindeswohl eine Änderung des Familiennamens erfordert.[47]

23 Es gilt aber zu beachten, dass die Einwilligungsersetzung der Ausnahmefall zu bleiben hat, denn mit der Einbenennung darf nicht ohne weiteres und zu leicht über die Belange des Elternteils, dessen Zustimmung ersetzt werden soll, hinweggegangen werden.[48]

24 Grundsätzlich ist davon auszugehen, dass Kindesinteressen und Elterninteressen gleichrangig sind.[49] Eine Ersetzung der Einwilligung in die Einbenennung setzt daher eine umfassende **Abwägung der Interessen der Beteiligten** voraus[50], bei der insbesondere auch die Kontinuität der Namensführung als wichtiger Kindesbelang, der weit über das Kindesalter hinaus reicht und nicht allein aus der aktuellen familiären Situation heraus beurteilt werden darf, zu berücksichtigen ist.[51]

---

[36] BVerwG v. 20.02.2002 - 6 C 18/01 - NJW 2002, 2406-2409; VG Ansbach v. 06.12.2006 - AN 15 K 06.02984.

[37] VGH Bayern v. 09.04.2009 - 5 ZB 08.1184; VGH Bayern v. 07.03.2008 - 5 B 06.3062 - BayVBl 2009, 278-279; a.A. VG Münster v. 07.05.2008 - 1 K 1942/06, welches davon ausgeht, dass es ausreicht, wenn die Änderung des Familiennamens eines langjährigen Pflegekindes in den der Pflegeeltern für das Kindeswohl lediglich förderlich ist; in dieser Richtung auch das VG Aachen v. 29.08.2006 - 6 K 1114/06, wobei das Pflegekind hier unter der Vormundschaft der Pflegeeltern stand.

[38] OVG Frankfurt (Oder) v. 20.11.2003 - 4 A 277/02 - FamRZ 2004, 1399-1402; VG Freiburg (Breisgau) v. 23.12.2004 - 1 K 411/04.

[39] BVerwG v. 20.02.2002 - 6 C 18/01 - NJW 2002, 2406-2409; VG Ansbach v. 06.12.2006 - AN 15 K 06.02984; VG Aachen v. 29.08.2006 - 6 K 1114/06.

[40] VG Minden v. 21.02.2007 - 2 K 2498/05.

[41] VGH Hessen v. 22.03.2012 - 8 A 2232/11 - StAZ 2012, 380-382.

[42] VGH Hessen v. 21.11.2008 - 7 A 1017/08 - FamRZ 2009, 1332-1334.

[43] OVG Frankfurt (Oder) v. 20.11.2003 - 4 A 277/02 - FamRZ 2004, 1399-1402; VG Freiburg (Breisgau) v. 23.12.2004 - 1 K 411/04; VG Frankfurt v. 31.10.2007 - 3 E 1357/06.

[44] OLG Sachsen-Anhalt v. 31.08.2006 - 3 UF 80/06 - OLGR Naumburg 2007, 354-355.

[45] VG Münster v. 20.01.2006 - 1 K 16/06.

[46] VGH Bayern v. 22.07.2010 - 5 ZB 10.406.

[47] VG Regensburg v. 15.04.2010 - RO 2 K 09.02164.

[48] OLG München v. 23.08.1999 - 16 UF 1249/99 - NJW-RR 2000, 667-668.

[49] OLG Köln v. 23.01.2006 - 4 UF 183/05 - FamRZ 2006, 1872; VG Stade v. 16.07.2003 - 1 A 688/03.

[50] BGH v. 24.10.2001 - XII ZB 88/99 - juris Rn. 11 - NJW 2002, 300-301; BGH v. 30.01.2002 - XII ZB 94/00 - juris Rn. 8 - FamRZ 2002, 1331-1333.

[51] OLG Rostock v. 12.09.2006 - 11 UF 43/06 - MDR 2007, 592-593.

Als für das **Kindeswohl** erforderlich ist eine Einbenennung danach nur anzusehen, wenn andernfalls schwerwiegende Nachteile für das Kind zu befürchten wären oder die Einbenennung zumindest einen so erheblichen Vorteil für das Kind darstellen würde, dass ein sich verständig um sein Kind sorgender Elternteil auf der Erhaltung des Namensbandes nicht bestehen würde.[52] Die allgemeinen Belastungen aus einer Namensdifferenz, die grundsätzlich jedes Kind treffen, das aus einer geschiedenen Ehe stammt und bei dem wiederverheirateten Elternteil lebt, der den Namen des neuen Ehegatten angenommen hat, machen eine Namenserteilung gemäß § 1618 BGB nicht erforderlich. Nur wenn konkrete Umstände vorliegen, die durch die Namensdifferenz außergewöhnliche Belastungen auslösen, kommt eine Einbenennung in Betracht.[53] Demnach reicht allein die Tatsache, dass keine enge Bindung oder seit längerem kein Kontakt zwischen dem Kind und dem namensgebenden Elternteil mehr besteht[54], als triftiger Grund für eine Namensänderung nicht aus.

Die Grundsätze zur Ersetzung der Einwilligung des anderen Elternteils nach § 1618 Satz 4 BGB gelten auch dann, wenn das Familiengericht die Einwilligung des anderen Elternteils ersetzt und der namenserteilende Elternteil diese noch nicht rechtskräftige Entscheidung genutzt hat, um Umschreibungen von Personalpapieren zu bewirken oder in sonstiger Weise für die Einbenennung des Kindes „vollendete Tatsachen zu schaffen". Auch in einem solchen Fall ist nicht nur das Kindeswohl gegen die Belange des anderen Elternteils abzuwägen; vielmehr sind auch hier die unter dem Begriff „Kindeswohl" einander widerstreitenden Interessen des Kindes gegeneinander zu gewichten. Das kann – wie im vorliegenden Fall – dazu führen, dass eine „Rückbenennung" des Kindes, dessen Namen bereits geändert wurde, erforderlich ist.[55]

Mangelnde Umgangskontakte[56] oder wenn seit längerem kein tatsächlicher Kontakt zwischen dem Kind und dem anderen Elternteil mehr besteht[57] erfüllen diese Voraussetzungen ebenso wenig wie die Tatsache, wenn das Kind durch die Umbenennung den Kontakt zur Mutter stärken möchte[58] oder die Verbundenheit mit seinem Stiefvater, der sich um ihn kümmere, während er seinen leiblichen Vater gar nicht kenne.[59] Fehlende oder unzureichende Unterhaltszahlungen begründen auch noch nicht die Erforderlichkeit.[60] Nicht ausreichend ist es auch, wenn das Kind es lediglich „blöd" findet, nicht den gleichen Namen zu tragen wie die anderen Familienmitglieder.[61] **Erforderlich** ist eine Einbenennung dagegen in den Fällen, in denen der Bindung an den bisherigen Namen keine tatsächliche Beziehung zwischen Kind und Elternteil mehr zugrunde liegt[62], er keinerlei Interesse an der Aufnahme von echten gelebten Beziehungen zu dem Kind hat[63], der andere Elternteil für die psychische Destabilität des Kindes verantwortlich ist[64], der Aufenthaltsort des anderen Elternteils seit langem nicht ermittelt werden kann[65], die Namensungleichheit eine Erkrankung des Kindes (hier: Asthma) entscheidend verschlechtert hat[66], das Kind aufgrund des sog. Asperger-Syndroms auch hinsichtlich seines bisherigen Familiennamens unter mangelnder Orientierung in seinem tatsächlich erlebten Familienverbund leidet[67] oder eine Belastungssituation (hier: Vorwurf des sexuellen Missbrauchs durch den betreffenden Elternteil) gegeben ist.[68] Besteht zwischen dem Kind und dem anderen Elternteil kein Namensband, welches

---

[52] BGH v. 09.01.2002 - XII ZB 166/99 - FPR 2002, 267-268; OLG Hamm v. 23.02.2011 - 8 UF 238/10 - FamFR 2011, 264; OLG Celle v. 25.01.2011 - 21 UF 270/10; OVG Bremen v. 06.04.2005 - 1 A 29/05 - FamRZ 2005, 1927; OLG Saarbrücken v. 01.07.2002 - 9 UF 81/02 - OLGR Saarbrücken 2002, 367-369; OLG Hamm v. 02.12.1999 - 1 UF 165/99 - FamRZ 2000, 1182; a.A. OLG Koblenz v. 18.10.2012 - 11 WF 689/12 - StAZ 2013, 354-355; auch wohl OLG Brandenburg v, 23.10.2013 - 13 WF 202/13.
[53] OLG Köln v. 29.06.1999 - 25 UF 54/99 - Kind-Prax 1999, 170.
[54] OVG NRW v. 17.09.2012 - 16 E 1292/11 - FamFR 2012, 527.
[55] BGH v. 10.03.2005 - XII ZB 153/03 - NJW 2005, 1779-1781.
[56] OLG Brandenburg v. 05.09.2002 - 9 UF 108/02 - JAmt 2003, 194-196.
[57] OLG Köln v. 07.08.2002 - 4 UF 73/02 - OLGR Köln 2003, 10-12.
[58] OLG Köln v. 18.09.2001 - 25 UF 126/01 - juris Rn. 7 - OLGR Köln 2002, 115.
[59] OLG Koblenz v. 11.06.2008 - 9 UF 116/08 - FamRZ 2009, 439.
[60] OLG Brandenburg v. 10.06.2009 - 9 UF 110/08.
[61] BGH v. 24.10.2001 - XII ZB 88/99 - juris Rn. 12 - NJW 2002, 300-301.
[62] OLG Dresden v. 05.05.1999 - 22 UF 171/99 - FamRZ 1999, 1378-1379.
[63] OLG Karlsruhe v. 24.04.2012 - 5 UF 199/11 - FamRZ 2013, 226-227.
[64] OLG Bremen v. 15.12.2000 - 4 UF 99/00 - OLGR Bremen 2001, 39-41.
[65] AG Blomberg v. 27.05.2002 - 3 F 89/02 - FamRZ 2002, 1736-1737.
[66] OLG Hamm v. 11.01.2007 - 10 UF 112/07.
[67] OLG Schleswig v. 30.05.2012 - 10 UF 276/11 - FamFR 2012, 383.
[68] OLG Schleswig v. 23.06.2006 - 15 UF 31/06 - Streit 2008, 94-95.

durch die Einbenennung zerschnitten werden könnte, so kommt eine Einbenennung gegen den Willen des anderen Elternteils dennoch grundsätzlich nur dann in Betracht, wenn – über den üblichen Willen des Kindes, zum Elternteil namentlich dazugehören zu wollen, hinaus – berechtigte Gründe insbesondere der kindlichen Persönlichkeitsentwicklung für die Einbenennung sprechen.[69]

28 Die **familiengerichtliche Ersetzung der Einwilligung** in die Einbenennung des Kindes kommt aber nur dann in Betracht, wenn eine Zerschneidung des namensrechtlichen Bandes zwischen dem anderen Elternteil und dem Kind aus Gründen des Kindeswohls unabdingbar notwendig ist und ein milderer Eingriff in das Elternrecht, nämlich die so genannte „additive" Einbenennung durch Voranstellung oder Anfügen des Ehenamens des sorgeberechtigten Elternteils (§ 1618 Satz 2 BGB) nicht ausreicht.[70] Trotz gleicher Terminologie des Gesetzes – auch die Zustimmung zu einer additiven Einbenennung soll nur ersetzt werden können, wenn sie für das Kindeswohl erforderlich erscheint – ist aufgrund der unterschiedlichen Interessenlage zwischen beiden Gestaltungsmöglichkeiten die Eingriffsschwelle bei der additiven Einbenennung niedriger anzusetzen[71]; so sind etwa öffentliche Belange der Ordnungsfunktion des Namens bei einer bloß „additiven Einbenennung" nahezu bedeutungslos.[72] Bei der Abwägung ist ebenfalls zu berücksichtigen, ob die Einbenennung die Namensgleichheit im Sinne von § 1617 Abs. 1 Satz 3 BGB zu anderen leiblichen Geschwistern aufhebt[73] oder sie zu neuen Geschwistern in der Stieffamilie begründet.[74] Zugleich muss auch eine additive Einbenennung mit einem deutlichen Gewinn für die Kindesinteressen verbunden sein, was insbesondere bei Kleinkindern, für die der Familienname kaum eine Bedeutung hat, nicht der Fall ist.[75] Weigert sich dagegen ein nunmehr 13-jähriges Kind schon über Jahre hinweg, in der Schule seinen Nachnamen anzugeben, auf Ansprache mit seinem Nachnamen stets aggressiv reagiert, was zu „Tränen" und „Hänseleien" führt, es keinen wirklichen Kontakt zum leiblichen Vater gibt und das Kind aufgrund seiner Verbundenheit zu seiner Stiefelternfamilie, deren Mitglieder seine Hauptpersonen sind, deren Namen annehmen möchte, sind die Voraussetzungen für eine Ersetzung der Einwilligung des Kindesvaters in die additive Einbenennung nach § 1618 Satz 4 BGB erfüllt.[76]

29 Bei einem **gemeinsamen Sorgerecht** ist für die Ersetzung der Einwilligung nicht die Übertragung des Sorgerechts auf den einbenennenden Elternteil notwendig.[77] Allerdings sind die Anforderungen an eine Ersetzung mit denen einer teilweisen Sorgerechtsentziehung gleichzusetzen.[78]

30 Ob für den Fall, dass der andere Elternteil im Zeitpunkt der Einbenennungserklärung **nicht mehr lebt**, die Einwilligungserklärung im Sinne von § 1618 Satz 4 BGB entfällt, so dass auch keine familiengerichtliche Ersetzung in Betracht kommt, ist in der obergerichtlichen Rechtsprechung nicht einheitlich geklärt. Während das zum Teil angenommen wird, dass die Namenserteilung nach § 1618 Satz 1 BGB weder der Einwilligung des nicht sorgeberechtigten verstorbenen Elternteils noch deren Ersetzung nach § 1618 Sätze 3 und 4 BGB bedarf[79], kann nach dem Beschluss des 2. Senat für Familiensachen des OLG Zweibrücken (im Gegensatz zu dessen 5. Senat) die Einbenennungserklärung eines verstorbenen Stiefvaters nicht durch das Familiengericht ersetzt werden, weil sie höchstpersönlicher Natur ist und daher nach dem Tod des Stiefvaters nicht wirksam nachgeholt werden kann.[80] Das BayObLG hatte nun dem BGH die Frage vorgelegt, ob die Einwilligung eines verstorbenen Vaters in die Einbenennung nach § 1618 Abs. 4 Satz 4 BGB ersetzt werden muss.[81] Nachdem der BGH diese Vorlage als unzuläs-

---

[69] OLG Dresden v. 11.04.2014 - 22 UF 833/13, 22 UF 0833/13; OLG Bamberg v. 10.04.2008 - 7 UF 55/08.
[70] OLG Saarbrücken v. 01.07.2002 - 9 UF 81/02 - OLGR Saarbrücken 2002, 367-369.
[71] OLG Stuttgart v. 28.05.2004 - 16 UF 35/04 - FamRZ 2004, 1990-1991.
[72] VGH Hessen v. 22.03.2012 - 8 A 2232/11 - StAZ 2012, 380-382.
[73] OLG Köln v. 13.01.1999 - 14 UF 220/98 - juris Rn. 12 - NJW-RR 1999, 729-730.
[74] OLG Celle v. 13.08.1999 - 15 UF 142/99 - NJW-RR 2000, 667.
[75] OLG Bremen v. 25.02.2010 - 4 UF 100/09.
[76] OLG Saarbrücken v. 02.09.2013 - 9 WF 61/13.
[77] *Götz* in: Palandt, § 1618 Rn. 9.
[78] *Kemper* in: Hk-BGB, § 1618 Rn. 9.
[79] OLG Koblenz v. 29.03.2004 - 11 UF 208/04 - OLGR Koblenz 2004, 453-454; so auch OLG Zweibrücken v. 01.07.1999 - 5 WF 46/99 - NJWE-FER 2000, 113-114; OLG Stuttgart v. 26.07.2000 - 18 UF 268/00 - NJW-RR 2001, 366-367.
[80] OLG Zweibrücken v. 16.01.2004 - 2 UF 180/03, 2 UF 181/03 - MDR 2004, 944-945; entgegen OLG Zweibrücken v. 01.07.1999 - 5 WF 46/99 - NJWE-FER 2000, 113-114.
[81] BayObLG München v. 05.09.2002 - 1Z BR 91/02 - FamRZ 2002, 1734-1735.

sig erachtet hatte[82], hat das BayObLG – und sich ihm anschließend das OLG Hamm – entschieden, dass die Einbenennung des Kindes nach § 1618 Satz 1 BGB nicht der Einwilligung des verstorbenen anderen Elternteils und somit auch nicht deren Ersetzung durch das Familiengericht bedarf.[83]

Die **Entscheidung des Kindes** kann nicht ersetzt werden. 31

VII. Erklärung gegenüber dem Standesamt

Es handelt sich dabei nicht um eine gemeinsame **Erklärung**, sondern um jeweils eine Erklärung, die auch getrennt voneinander gegenüber dem Standesamt abgegeben werden kann.[84] Die Erklärung kann grundsätzlich weder widerrufen noch angefochten werden (§ 1618 Satz 6 BGB i.V.m. § 1617 Abs. 1 BGB).[85] Alle Erklärungen müssen öffentlich beglaubigt und gegenüber dem Standesamt abgegeben werden; das Familiengericht hat keine eigene Beurkundungszuständigkeit.[86] Jedoch ist es möglich, die Einigung bis zur öffentlichen Beglaubigung nach § 1618 Satz 5 BGB zu widerrufen.[87] Die Eintragung im Geburtenbuch hat nur deklaratorische Bedeutung.[88] 32

Die **Minderjährigkeit eines Elternteils oder beider Elternteile** hindert sie nicht, den Namen des Kindes zu bestimmen. Bei der Erklärung handelt es sich um eine höchstpersönliche Willenserklärung, so dass sie auch von einem minderjährigen Elternteil abgegeben werden kann. Die Namenserteilung betrifft gerade den Bereich der Personensorge, der gemäß § 1673 Abs. 2 Satz 2 BGB dem Minderjährigen neben dem gesetzlichen Vertreter des Kindes zusteht. Wegen der Höchstpersönlichkeit der Erklärung scheidet auch ein Zustimmungserfordernis des gesetzlichen Vertreters des jeweiligen Elternteils aus.[89] 33

Nach Auffassung des **Bundesverbands der Deutschen Standesbeamtinnen und Standesbeamten** ist die Einbenennung eines Kindes beizuschreiben, wenn dem Standesamt die nach dieser Vorschrift erforderlichen Erklärungen, einschließlich der Einwilligung des Vaters, vorliegen.[90] 34

C. Rechtsfolgen

Die **Einbenennung wird ex nunc wirksam**, wenn alle notwendigen Erklärungen und Zustimmungen beim Standesamt formgerecht eingegangen sind. Die spätere Eintragung des Randvermerks im Geburtenbuch ist nur deklaratorisch.[91] Der Namenserwerb ist endgültig und wird nicht durch eine spätere Auflösung der Stieffamilie beeinträchtigt. Eine Rückkehr des Kindes zu seinem Geburtsnamen ist nur durch öffentlich-rechtliche Namensänderung möglich.[92] 35

D. Prozessuale Hinweise/Verfahrenshinweise

Für die Entscheidung der **Einwilligungsersetzung** des Familiengerichts ist das Verfahren nach dem FamFG einschlägig. Es handelt sich um eine Kindschaftssache, da die elterliche Sorge betroffen ist (§ 151 Nr. 1 FamFG), und damit um eine selbständige Familiensache (§ 111 Nr. 2 FamFG). Die sachliche Zuständigkeit folgt aus § 23a Abs. 1 Satz 2 Nr. 2 GVG, die örtliche aus den §§ 152 ff. FamFG. Funktionell zuständig ist der Rechtspfleger (§§ 3 Nr. 2a, 14 Abs. 1 Nr. 15 RpflG).[93] 36

---

[82] BGH v. 19.05.2004 - XII ZB 155/02 - FamRZ 2004, 1868-1869.
[83] OLG Hamm v. 16.08.2007 - 15 W 107/07 - StAZ 2008, 76-77; BayObLG München v. 07.07.2004 - 1Z BR 067/04, 1Z BR 67/04 - FamRZ 2005, 388, welches umfassend die unterschiedlichen Meinungen berücksichtigt; zu dieser Entscheidung und dem gesamten Themenkomplex lesenswert *Huber*, jurisPR-FamR 9/2005, Anm. 5.
[84] *Coester* in: Staudinger, § 1618 Rn. 15.
[85] OLG Naumburg v. 25.11.1996 - 10 Wx 23/96 - JMBl ST 1997, 111-115.
[86] OLG Hamm v. 02.03.2010 - 15 Wx 148/09 - FamRZ 2011, 44-47.
[87] Ähnlich: *v. Sachsen Gessaphe* in: MünchKomm-BGB, § 1618 Rn. 29.
[88] OLG Hamm v. 01.09.1994 - 15 W 229/94 - NJW-RR 1995, 199-200.
[89] *v. Sachsen Gessaphe* in: MünchKomm-BGB, § 1618 Rn. 13.
[90] Vgl. hierzu StAZ 2005, 212-213, in dem Beitrag finden sich weiterhin allgemeine Ausführungen zu den Wirksamkeitsvoraussetzungen einer Einbenennung nach § 1618 BGB sowie inhaltliche und formelle Aspekte der Einwilligung des Vaters.
[91] BayObLG v 12.05.1964 - BReg 2 Z 42/64 - FamRZ 1964, 457, 458.
[92] BGH v. 14.01.2004 - XII ZB 30/02 - juris Rn. 19 - FamRZ 2004, 449-450; LG Fulda v. 06.09.1999 - 5 T 301/99 - FamRZ 2000, 689; OLG Hamm v. 07.02.2002 - 15 W 274/01 - StAZ 2002, 201-203.
[93] OLG Stuttgart v. 26.03.1999 - 18 UF 39/99 - juris Rn. 9 - OLGR Stuttgart 1999, 297-299.

§ 1618

37 Im Verfahren, welches durch Antrag eingeleitet wird, sind alle Beteiligten anzuhören[94]; diese Pflichten folgen aus den §§ 159, 160 FamFG. Die Entscheidung, ob die Ersetzung der Einwilligung für die Namensangleichung zum Wohl des Kindes erforderlich ist, kann nur auf der Grundlage eines umfassend aufgeklärten Sachverhaltes getroffen werden. Hierzu ist eine lediglich schriftliche Anhörung der Parteien nicht ausreichend, da sich daraus weder ein persönlicher Eindruck von den beteiligten Personen gewinnen, noch deren allgemeine Interessen sowie besondere persönliche Gesichtspunkte feststellen lassen. Dies ist nur möglich durch eine persönliche Anhörung der Beteiligten unter Einbeziehung des Jugendamtes.[95]

38 Die Entscheidung des Familiengerichts über die Ersetzung der Einwilligung muss regelmäßig so **begründet** werden, dass der Begründung zu entnehmen ist, welche Tatsachen das Gericht ermittelt und mit welchen Argumenten es sich auseinander gesetzt hat.[96]

39 Wirksam wird die Ersetzungsentscheidung mit der Bekanntgabe an den Elternteil, der die Ersetzung beantragt hat, § 40 Abs. 1 FamFG, § 7 Abs. 1 FamFG. Statthafter **Rechtsbehelf** gegen die Entscheidung des Familiengerichts betreffend die Zustimmung des Kindesvaters zur Einbenennung ist die – befristete – Beschwerde nach § 58 Abs. 1 FamFG.[97]

40 Soweit die **Rechtsmittelbelehrung** fehlerhaft ist und daher das Rechtsmittel fehlerhaft eingelegt wird, ist Wiedereinsetzung in den vorherigen Stand zu gewähren.[98]

41 Das Kind hat kein eigenes Beschwerderecht gegen die Entscheidung, welche den Antrag, die Einwilligung des anderen Elternteils in eine Namensänderung zu ersetzen, ablehnt.[99]

---

[94] OLG Hamm v. 17.01.2003 - 11 UF 340/02, 11 WF 357/02 - OLGR Hamm 2003, 175-176; OLG Oldenburg v. 25.10.1999 - 12 UF 136/99 - juris Rn. 7 - FamRZ 2000, 693-694; OLG Frankfurt v. 07.06.2005 - 3 UF 113/05 - OLGR Frankfurt 2006, 69-70.

[95] OLG Saarbrücken v. 20.09.2012 - 9 WF 52/12 - FamFR 2012, 526; OLG Saarbrücken v. 13.01.2009 - 9 UF 97/08 - MDR 2009, 755; OLG Hamm v. 05.05.2004 - 10 UF 334/03 - FamRZ 2004, 1748-1749; BGH v. 19.07.2000 - XII ZB 25/00 - juris Rn. 3 - NJWE-FER 2001, 26 m.w.N.

[96] OLG Rostock v. 12.01.2000 - 8 UF 402/99 - FamRZ 2000, 695-696.

[97] OLG Koblenz v. 06.09.1999 - 9 WF 344/99 - OLGR Koblenz 1999, 511; Oberlandesgericht des Landes Sachsen-Anhalt v. 11.07.2000 - 8 UF 122/00 - juris Rn. 10 - FamRZ 2001, 1161-1162; BGH v. 29.09.1999 - XII ZB 139/99 - FamRZ 1999, 1648 m.w.N.

[98] OLG Naumburg v. 29.10.2003 - 8 UF 144/03 - juris Rn. 2.

[99] OLG Brandenburg v. 10.06.2009 - 9 UF 110/08; OLG Nürnberg v. 29.02.2000 - 11 UF 145/00 - NJWE-FER 2000, 279-280.

§ 1618a BGB Pflicht zu Beistand und Rücksicht

(Fassung vom 02.01.2002, gültig ab 01.01.2002)

Eltern und Kinder sind einander Beistand und Rücksicht schuldig.

Gliederung

A. Grundlagen 1	2. Sittenwidrigkeit von Bürgschaften 18
B. Anwendungsvoraussetzungen 2	3. Wohnrecht 19
I. Eltern-Kind-Verhältnis 2	4. Ausländerrecht 20
II. Beistand 5	IV. Schadensersatzpflicht 21
III. Rücksichtnahme 16	C. Prozessuale Hinweise/Verfahrenshinweise 22
1. Unterhaltsrecht 17	

A. Grundlagen

Die Vorschrift beschreibt das **Leitbild für die ideale Familie**, in der Eltern und Kinder solidarisch gegenseitig füreinander da sein sollen, ähnlich wie § 1353 BGB diese Pflicht schon für Ehegatten statuiert.[1] Entgegen der Intention des Gesetzgebers[2] handelt es sich um eine echte Rechtspflicht.[3] **1**

B. Anwendungsvoraussetzungen

I. Eltern-Kind-Verhältnis

Nach der Regelung von § 1618a BGB werden Eltern und Kinder erfasst. Bei den Kindern kommt es dabei nicht darauf an, ob sie noch mit den Eltern in einer Wohngemeinschaft leben. Dies ergibt sich aus dem Umkehrschluss von § 1619 BGB.[4] Ohne Bedeutung sind auch die Sorgerechtsverhältnisse. Die Vorschrift gilt aufgrund ihres Standorts im Gesetz für alle Typen von **Eltern-Kind-Verhältnis**, so dass auch das Alter des Kindes oder der familienrechtliche Status unerheblich sind.[5] Daher fallen auch Adoptivkinder unter den Anwendungsbereich der Norm, nicht jedoch Pflegekinder sowie Schwiegerkinder.[6] Ebenfalls nicht einschlägig ist § 1618a BGB beim Verhältnis von Großeltern zu ihren Enkeln und umgekehrt. In diesen Fällen gilt allein § 1626 Abs. 3 BGB i.V.m. § 1685 Abs. 1 BGB.[7] Dagegen erfasst § 1618a BGB das Verhältnis unter Geschwistern.[8] **2**

Analog gilt § 1618a BGB i.V.m. § 1793 Abs. 1 Satz 3 BGB im **Verhältnis zwischen Vormund und Mündel**. In anderen Fällen, in denen keine entsprechende Anwendung angeordnet ist, insbesondere im Betreuungsrecht nach § 1908i Abs. 1 Satz 1 BGB, beim Partner in einer gleichgeschlechtlichen Lebensgemeinschaft oder beim Stiefelternteil, scheidet sie aus.[9] **3**

Das **Eltern-Kind-Verhältnis** regelt sich nach dem Recht des Staates, in dem das Kind seinen gewöhnlichen Aufenthaltsort hat (Art. 21 EGBGB), sofern keine Spezialregelungen eingreifen.[10] **4**

II. Beistand

Unter **Beistand** versteht man jede aktive Unterstützung innerhalb der Familie.[11] Hierunter fallen zunächst sittliche Ansprüche, die erst durch das Hinzutreten weiterer Umstände wie Alter, Gesundheits- **5**

---

[1] *v. Sachsen Gessaphe* in: MünchKomm-BGB, § 1618a Rn. 1.
[2] BT-Drs. 8/2788, S 43.
[3] BGH v. 24.02.1994 - IX ZR 93/93 - juris Rn. 24 - BGHZ 125, 206-218.
[4] *Götz* in: Palandt, § 1618a Rn. 1.
[5] *Kemper* in: Hk-BGB, § 1618a Rn. 2.
[6] *v. Sachsen Gessaphe* in: MünchKomm-BGB, § 1618a Rn. 4; einschränkend *Coester* in: Staudinger, § 1618a Rn. 25, der Pflegekinder von der Norm erfasst sieht.
[7] *v. Sachsen Gessaphe* in: MünchKomm-BGB, § 1618a Rn. 4; a.A. *Coester* in: Staudinger, § 1618a Rn. 26 unter Verweis auf das schweizerische Recht.
[8] AG Arnsberg v. 21.02.1996 - 3 C 49/96 - NJW-RR 1996, 1156-1157.
[9] *v. Sachsen Gessaphe* in: MünchKomm-BGB, § 1618a Rn. 6.
[10] *v. Sachsen Gessaphe* in: MünchKomm-BGB, § 1618a Rn. 18.
[11] *v. Sachsen Gessaphe* in: MünchKomm-BGB, § 1618a Rn. 8.

§ 1618a

zustand und wirtschaftliche Lage im Einzelfall Rechtspflichten begründen.[12] Damit kommt der Regelung in § 1618a BGB Leitbildfunktion zu; sie entfaltet ähnliche Rechtswirkung wie § 1353 BGB für die Ehe, indem sie einen Teil der im Rahmen einer Familie bestehenden sittlichen Pflichten zu Rechtspflichten erhebt.[13] Entsprechend § 1353 BGB werden von § 1618a BGB die psychische Unterstützung bei Alltagsproblemen, in Krankheit und Not erfasst.[14]

6 So ist die Mutter verpflichtet, dem nichtehelichen Kind **den Namen seines leiblichen Vaters** zu nennen;[15] kommen als Vater mehrere Männer in Betracht, muss die Mutter dem Kind Auskunft über Namen und Anschriften derjenigen Männer erteilen, die ihr in der gesetzlichen Empfängniszeit beigewohnt haben.[16] Der nichteheliche Vater hat keinen Anspruch darauf, dass seine Vaterschaft geheim bleibt.[17]

7 Für die Frage, ob die Mutter verpflichtet ist, die Auskunft zu erteilen, ist allerdings im Einzelfall zwischen dem sich aus Art. 2 Abs. 1 GG ergebenden Recht der Mutter auf Schutz ihrer Intimsphäre und dem sich aus Art. 6 Abs. 5 GG und Art. 2 Abs. 1 GG ergebenden Recht des Kindes auf Kenntnis des leiblichen Vaters **abzuwägen**, wobei aufgrund der Wertentscheidung des Verfassungsgebers grundsätzlich die Kindesinteressen vorrangig sind.[18] So hat das Interesse der Kindesmutter an der Geheimhaltung des leiblichen Vaters dann Vorrang, wenn die Offenbarung zu einem Verlust der Arbeitsstelle der Mutter führen würde, weil der Vater (psychisch kranker) Patient in der Einrichtung ist, in der sie tätig ist, und die Interessen des Kindes bezüglich der Möglichkeit der Geltendmachung von Unterhaltsansprüchen bzw. der Findung seiner Identität wegen seines sehr jungen Alters (4 Jahre) kein maßgebliches Gewicht haben.[19] Für das Kind kommt eine Auskunftsklage unter dem Gesichtspunkt der Identitätsfindung aber nicht erst bei Volljährigkeit in Betracht, sondern dann, wenn es alters- und entwicklungsmäßig in der Lage ist, die Tragweite seiner Entscheidung zu beurteilen.[20] Neben Unterhaltsansprüchen kann sich das Interesse des Kindes auch darauf beziehen, andere finanzielle Ansprüche, insbesondere Erb- oder Erbersatzansprüche zu überprüfen.[21] Ob dieser Auskunftsanspruch vollstreckbar ist, ist umstritten.[22] Dagegen wird zum Teil vorgebracht, dass eine Zwangsvollstreckungsmaßnahme in unangemessener Weise in das verfassungsmäßig geschützte allgemeine Persönlichkeitsrecht (Intimsphäre) der Mutter eingreifen würde.[23]

8 Auch hat das Kind einen Anspruch gegen einen Elternteil auf Nennung von Namen und Anschrift seiner Großeltern; das Interesse des Kindes auf Kenntnis der eigenen Abstammung überwiege das Interesse der Großeltern auf Geheimhaltung ihrer Personalien.[24]

9 Weiterhin besteht ein absolut geschütztes und durch einstweilige Verfügung sicherbares Recht auf telefonische **Kontaktaufnahme und Besuch unter nahen Verwandten**.[25] Die Beistandspflicht überwiegt auch persönliche Differenzen zwischen Geschwistern, so dass derjenige, in dessen Eigentumswohnung ein Elternteil wohnt, nicht das Recht hat, dem anderen den Besuch dieses Elternteils in der Wohnung zu verbieten.[26]

10 Auch kann eine Prozesskostenhilfebedürftigkeit des Kindes entfallen, wenn die Mutter Anwältin ist und daher das Kind vor Gericht vertreten kann, da nicht davon auszugehen ist, dass die Mutter ein Honorar in Rechnung stellen würde und ein solches Verhalten mit Blick auf § 1618a BGB ungewöhnlich wäre.[27]

---

[12] BayObLG München v. 27.05.1993 - 2Z BR 24/93 - NJW-RR 1993, 1361-1362; LSG Rheinland-Pfalz v. 26.07.2001 - L 1 AL 6/00 - juris Rn. 20 - NZS 2002, 166-167.
[13] LSG Bayern v. 14.02.2007 - L 2 U 140/06 - UV-Recht Aktuell 2007, 605-609.
[14] *v. Sachsen Gessaphe* in: MünchKomm-BGB, § 1618a Rn. 8.
[15] BVerfG v. 06.05.1997 - 1 BvR 409/90 - FamRZ 1997, 869-871.
[16] LG Münster v. 26.08.1998 - 1 S 414/89 - NJW 1999, 726-728.
[17] LG Bremen v. 10.03.1998 - 1 S 518/97 - FamRZ 1998, 1039-1040.
[18] BVerfG v. 18.01.1988 - 1 BvR 1589/87 - FamRZ 1989, 147.
[19] OLG Hamm v. 22.03.1991 - 29 U 166/90 - FamRZ 1991, 1229-1230.
[20] OLG Hamm v. 22.03.1991 - 29 U 166/90 - FamRZ 1991, 1229-1230.
[21] LG Münster v. 26.08.1998 - 1 S 414/89 - NJW 1999, 726-728.
[22] Bejahend OLG Bremen v. 21.07.1999 - 6 W 21/98 - juris Rn. 37 - FamRZ 2000, 618-620 m.w.N.
[23] Daher ablehnend LG Münster v. 29.07.1999 - 5 T 198/99 - NJW 1999, 3787-3788.
[24] AG Lüdinghausen v. 06.07.2012 - 14 F 76/12 - NJW-RR 2012, 1412-1413.
[25] KG Berlin v. 15.06.1988 - 24 W 2148/88 - NJW-RR 1988, 1226-1228.
[26] AG Arnsberg v. 21.02.1996 - 3 C 49/96 - NJW-RR 1996, 1156-1157; LG Dessau-Roßlau v. 20.11.2012 - 1 T 326/12.
[27] OVG des Saarlandes v. 20.12.2010 - 2 D 333/10 - FamRZ 2011, 1162-1163.

Für das Kind folgt aus der in § 1618a BGB enthaltenen Bestandspflicht die Pflicht, nach der Beendigung der allgemeinen Schulausbildung eine berufliche Ausbildung aufzunehmen und zügig durchzuführen. Nimmt es an keiner Ausbildung teil, trifft das Kind ab einer Altersgrenze von etwa 15 Jahren im Verhältnis zu seinen Eltern eine **Erwerbsobliegenheit**, also die Verpflichtung zur Aufnahme einer Erwerbstätigkeit. Für den Fall des Unterlassens muss es sich in erzielbarer Höhe fiktive Einkünfte, die es bedarfsdeckend einzusetzen hat, zurechnen lassen.[28]

11

Aus der **Beistandspflicht** im Sinne von § 1618a BGB kann keine gesetzliche Pflicht eines Elternteils zur **Leistung ständiger Dienste im Haushalt und Gewerbebetrieb der Kinder** gefolgert werden.[29] Auch kann die Beistandspflicht zwischen Geschwistern sich nicht zu einer gegenseitigen Unterhaltspflicht verdichten.[30]

12

Die Bestandspflicht kann auch im Zusammenhang mit der **gesetzlichen Unfallversicherung** bedeutsam sein und Berücksichtigung finden. Unterstützt ein Elternteil das Kind (etwa beim Bau eines Einfamilienhauses), kann diese Hilfeleistung – trotz eines erheblichen Zeitaufwands (hier: mindestens 250 bis maximal 395 Stunden) – von einer so engen familiären Beziehung geprägt sein, dass die Tätigkeit nicht der eines Arbeitnehmers vergleichbar ist und der Elternteil daher keinen sozialversicherungsrechtlichen Unfallversicherungsschutz als „Wie-Beschäftigter" gemäß 2 Abs. 2 Satz 1 SGB VII genießt.[31] Dabei ist nicht allein auf die Stundenzahl abzustellen, da es keine feste Stundengrenze gibt; vielmehr ist das Gesamtbild der gegenseitig im Rahmen der Familien- oder Freundschaftsbande geleisteten Gefälligkeiten maßgebend[32]; dabei kommen Kriterien der fremdwirtschaftlichen Werthaltigkeit der Tätigkeit, Fremdbaustellenarbeit und bautypischen Gefahrgeneigtheit der Helfertätigkeit entscheidende Bedeutung für das Vorliegen einer „Wie-Beschäftigung" zu.[33] Zu berücksichtigen ist insofern, dass für das Eltern-Kind-Verhältnis besondere Pflichten bestehen, die eine erhöhte Erwartung an die Hilfsbereitschaft rechtfertigen.[34] Das gilt auch für eine insgesamt 14 Arbeitstage andauernde Tätigkeit eines Elternteils gegenüber seinem Kind und dessen Verlobten, wobei es unerheblich ist, dass zu dem Verlobten des Kindes noch kein verwandtschaftliches Verhältnis bestand.[35] Gleiches gilt für einen Studenten, der seinen Eltern bei Eigenbauarbeiten Hilfe leistet, wobei unerheblich ist, dass das Kind erwachsen ist und nicht mehr überwiegend bei seinen Eltern wohnt.[36]

13

Die Beistandspflicht kann auch einen **Beamten von der Pflicht zur Dienstleistung** befreien. Voraussetzung für einen Vorrang der bürgerlich-rechtlichen Pflicht zum Beistand ist eine unvorhergesehen eingetretene Situation, in der nicht unerhebliche gesundheitliche Gefahren für einen nahen Angehörigen drohen und in der die – innerhalb der Dienstzeit – notwendige ärztliche oder sonstige Versorgung durch Dritte nicht geleistet werden kann. Ein solcher Vorrang kann aber nur für die Durchführung von Maßnahmen gelten, die zur Sicherstellung der Versorgung des Angehörigen unerlässlich sind, d.h. für Maßnahmen der ersten Hilfe. Eine Dauerbetreuung rechtfertigt keinen Vorrang vor der Verpflichtung zur Dienstleistung.[37]

14

Im März 2003 wurden mit § 1c Abs. 2 SchulG RP bis § 1c Abs. 6 SchulG RP Regelungen aufgenommen, wonach eine **Unterrichtung der Eltern volljähriger Schüler** auch ohne deren Einverständnis erfolgen soll, sofern diese das 21. Lebensjahr noch nicht vollendet oder den bestehenden Bildungsgang nicht bereits als Volljährige begonnen haben. Nach einer Entscheidung des Verfassungsgerichtshofs Koblenz steht die Verfassung von Rheinland-Pfalz einer solchen Regelung nicht entgegen.[38] Das Ausmaß des Eingriffs der gesetzlichen Ermächtigungen in das informationelle Selbstbestimmungsrecht ist herabgemildert, da der Eingriff begrenzt ist auf die Unterrichtung über schwerwiegende Aspekte des Schulverhältnisses, wie z.B. die Nichtversetzung oder Entlassung und die Preisgabe der Daten – aller-

15

---

[28] OLG Brandenburg v. 23.08.2004 - 9 WF 157/04 - JAmt 2004, 504-505.
[29] OLG Bamberg v. 03.01.1984 - 5 U 126/83 - juris Rn. 21 - NJW 1985, 2724-2725.
[30] *Götz* in: Palandt, § 1618a Rn. 1.
[31] LSG Bayern v. 28.05.2008 - L 2 U 28/08 - UV-Recht Aktuell 2008, 1299-1303; LSG Bayern v. 14.02.2007 - L 2 U 140/06 - UV-Recht Aktuell 2007, 605-609.
[32] LSG Hessen v. 31.01.2011 - L 9 U 120/10 - UV-Recht Aktuell 2011, 660-667.
[33] SG Karlsruhe v. 07.02.2012 - S 4 U 4761/10.
[34] LSG Bayern v. 28.05.2008 - L 2 U 28/08 - UV-Recht Aktuell 2008, 1299-1303; SG Düsseldorf v. 09.12.2008 - S 6 U 119/06 - SuP 2009, 400.
[35] SG Düsseldorf v. 09.12.2008 - S 6 U 119/06 - SuP 2009, 400.
[36] LSG Hessen v. 15.03.2011 - L 3 U 90/09 - NZS 2012, 25-27.
[37] BVerwG v. 07.03.2001 - 1 D 14/00 - juris Rn. 18.
[38] VerfGH Koblenz v. 22.06.2004 - B 2/04 - NJW 2005, 410-415.

dings auch gegen den Willen der Heranwachsenden – ausschließlich den Eltern gegenüber erfolgt, die kraft Gesetzes zu Beistand und Rücksichtnahme gemäß § 1618a BGB verpflichtet sind. Hinzu kommt, dass diese Regelungen dem Schutz von Leib und Leben, also höchster Rechtsgüter, dienen. Eine entsprechende Entscheidung hat auch der Bayerische Verfassungsgerichtshof getroffen. Danach verfolgt die in Art. 75 Abs. 1 Satz 2 BayEUG, Art. 88a BayEUG normierte grundsätzliche Pflicht der Schule, die früheren Erziehungsberechtigten volljähriger Schüler über gewichtige Vorfälle zu unterrichten, die legitimen Zwecke der Verwirklichung des staatlichen Bildungs- und Erziehungsauftrags in der Schule sowie der Gewährleistung der öffentlichen Sicherheit und Ordnung.[39]

III. Rücksichtnahme

16 Rücksichtnahme bedeutet eigene Wünsche und Rechtspositionen hinter die Bedürfnisse anderer Familienmitglieder zurückzustellen.[40] Daher kann der Verzicht auf eine selbständige Urlaubsreise sowie die Einschränkung des Radio- und Fernsehkonsums wegen Krankheit eines Familienmitglieds gefordert werden.[41]

1. Unterhaltsrecht

17 Eine große Rolle spielt § 1618a BGB im **Unterhaltsrecht** zwischen Eltern und volljährigem Kind. Die Eltern sind grundsätzlich verpflichtet, das Kind bei seiner ersten Ausbildung angemessen zu unterstützen.[42] Wegen der wechselseitigen Rücksichtnahmepflicht folgt eine Obliegenheit des Kindes zur Information bei entscheidenden Änderungen im Unterhaltsbedarf. Hierzu zählen Veränderungen, die einen Unterhaltsanspruch auch nur möglicherweise ganz entfallen lassen.[43] Das Kind muss sich auch mit den unterhaltszahlenden Eltern bei einem Studienabbruch oder bei einer Studienunterbrechung mit späterer Fortführung in anderen Fächern oder in einer anderen Fachrichtung beraten.[44] Das Kind hat auf die Belange der unterhaltspflichtigen Eltern Rücksicht zu nehmen und im Hinblick darauf eigene Interessen zurückzustellen.[45] Diese Rücksichtnahme des Kindes auf die finanziellen Belange seiner Eltern geht so weit, dass im Regelfall ein Anspruch auf finanzielle Unterstützung für eine Zweitausbildung entfällt[46], weil das Kind nun durchaus in seinem ersten Beruf seinen eigenen Lebensunterhalt bestreiten kann. Deutlich verschärft sind aber auch die Anforderungen von Eltern im Rahmen des Ausbildungsunterhalts (§ 1610 BGB), eine gesamte Ausbildung des Kindes im Ausland zu finanzieren, in Bezug auf die Leistungsfähigkeit des Unterhaltsschuldners, aber auch die Leistungsbereitschaft des Kindes.[47]

2. Sittenwidrigkeit von Bürgschaften

18 Veranlassen Eltern im eigenen Interesse ihre erwachsenen, finanziell aber noch von ihnen abhängigen Kinder, eine deren voraussichtliche wirtschaftliche Leistungsfähigkeit weit übersteigende **Bürgschaft** zu erteilen, so verletzen die Eltern in der Regel ihre familienrechtliche Pflicht zur Rücksichtnahme[48]; darauf, ob sie besonderen Druck ausgeübt haben, kommt es nicht an.[49]

3. Wohnrecht

19 **Ein volljähriges Kind hat keinen Anspruch gegen seine Eltern, in deren Wohnung zu verbleiben.** Verlangen die Eltern seinen Auszug, so ist ihm grundsätzlich eine angemessene Frist zur Räumung zu gewähren. Kommt das volljährige Kind der Auszugsaufforderung der Eltern nicht nach, so müssen die Eltern den Zivilrechtsweg beschreiten; Selbsthilfe ist verboten.[50] Die Fälle, in denen die Eltern einen Anspruch auf Aufnahme in der Wohnung des Kindes haben, sind nur auf Notsituationen begrenzt. Ob

---

[39] VerfGH Bayern v. 30.09.2004 - Vf. 13-VII-02 - FamRZ 2005, 1091-1095.
[40] BayObLG München v. 03.12.1992 - 2Z BR 104/92 - juris Rn. 9 - NJW-RR 1993, 336-337.
[41] Götz in: Palandt, § 1618a Rn. 4.
[42] OLG Düsseldorf v. 22.03.1985 - 5 WF 205/84 - FamRZ 1985, 1165.
[43] AG Hersbruck v. 10.12.1984 - 2 F 472/84 - DAVorm 1985, 150-154.
[44] OLG Frankfurt v. 26.10.1983 - 1 WF 26/83 - FamRZ 1984, 193.
[45] AG Ludwigslust v. 23.09.2005 - 5 F 146/04.
[46] OLG Frankfurt v. 04.10.1996 - 6 WF 187/96 - FamRZ 1997, 694.
[47] KG Berlin v. 18.09.2012 - 17 WF 232/12 - MDR 2013, 602-603.
[48] BGH v. 10.10.1996 - IX ZR 333/95 - juris Rn. Nr. 18 - FamRZ 1997, 153-156.
[49] BGH v. 10.10.1996 - IX ZR 333/95 - juris Rn. Nr. 19 - FamRZ 1997, 153-156 m.w.N.
[50] AG Gladbeck v. 19.12.1990 - 11 C 349/90 - FamRZ 1991, 980.

ein solcher Anspruch besteht, hängt im Wesentlichen von den Rücksichtnahmepflichten des Kindes gegenüber einem Ehegatten nach § 1353 BGB beziehungsweise gegenüber seinen Kindern nach § 1626 BGB und § 1618a BGB ab.[51]

4. Ausländerrecht

Auch im Ausländerrecht ist die Wertung in § 1618a BGB von Bedeutung. Die darin enthaltene Pflicht zum Bestand und zur Rücksichtnahme zwischen Eltern und Kind besteht in unterschiedlicher Intensität im Verlaufe des gesamten Lebens. Angefangen mit einer umfassenden Lebensgemeinschaft zwischen Kleinkindern und ihren Eltern, entwickelt sie sich mit wachsender Handlungs- und Entscheidungsfähigkeit des Kindes zu einer Hausgemeinschaft. Mit der Auflösung der Hausgemeinschaft kann sich die Familie sodann zur bloßen Begegnungsgemeinschaft wandeln, bei der Eltern und die erwachsenen Kinder nur den gelegentlichen Umgang pflegen.[52] Im Rahmen dieser Entwicklung ändert sich auch der rechtliche Schutz. Bei erwachsenen Kindern ist im Rahmen einer Begegnungsgemeinschaft keine ständige räumliche Nähe erforderlich. Die Begegnungsgemeinschaft kann durch wiederholte Besuche, durch Brief- und Telefonkontakte sowie durch Zuwendungen aufrechterhalten werden.[53] Dabei ist es nicht erforderlich, dass beide Parteien im gleichen Land wohnen, so dass eine Abschiebung möglich ist. Ein rechtliches Abschiebungshindernis kann sich aber daraus ergeben, dass ein betreuungsbedürftiges – deutsches oder sich in Deutschland rechtmäßig aufhaltendes – Familienmitglied eines abzuschiebenden Ausländers dringend auf dessen Lebenshilfe angewiesen ist, die sich nur im Bundesgebiet erbringen lässt.[54]

IV. Schadensersatzpflicht

Ein Verstoß gegen § 1618a BGB kann auch zu einer **Schadensersatzpflicht** führen, wenn der Vater nach der Selbsttötung der Mutter seinen Sohn, der, obzwar volljährig, jedoch noch wirtschaftlich unselbständig ist und zusammen mit seinem Vater in dem ehemaligen Familienheim, einem der verstorbenen Mutter allein gehörenden Einfamilienhaus, wohnt, dazu veranlasst, ihm unter Ausnutzung seiner väterlichen Autorität und unter Vorspiegelung väterlicher Fürsorge seinen Erbteil, nämlich das hälftige Miteigentum an dem Hausgrundstück, gegen eine ganz unzureichende Gegenleistung zu übertragen. In diesem Fall ist der Vater aus dem Gesichtspunkt der Verletzung vorvertraglicher Aufklärungs- und Beratungspflichten nach § 311 Abs. 2 BGB (vormals culpa in contrahendo, die §§ 242, 276 BGB) zum Schadensersatz verpflichtet. Die Ersatzleistung kann in der Rückgängigmachung oder Beseitigung der nachteiligen Folgen des Übertragungsvertrages bestehen.[55]

C. Prozessuale Hinweise/Verfahrenshinweise

Eine **Auskunftsklage** auf Nennung des Vaters ist keine Kindschaftssache im Sinne des § 169 FamFG, sondern eine vermögensrechtliche Streitigkeit nach § 23 Nr. 1 GVG, wenn die wirtschaftlichen Belange (Prüfung etwaiger Unterhalts- und Erb- oder Erbersatzansprüche) wesentlich mitbestimmend sind. Ist die Mutter eines nichtehelichen Kindes sich nicht sicher, wer der Vater ist, und kommen für die Vaterschaft mehrere Personen in Betracht, so besteht gemäß § 1618a BGB i.V.m. Art. 6 Abs. 5, Art. 2 Abs. 1, Art. 14 Abs. 1 GG ein Auskunftsanspruch des nichtehelichen Kindes gegen seine Mutter auf Benennung dieser Personen.[56]

---

[51] *v. Sachsen Gessaphe* in: MünchKomm-BGB, § 1618a Rn. 13.
[52] BVerfG v. 18.04.1989 - 2 BvR 1169/84 - juris Rn. 32 - NJW 1989, 2195-2197.
[53] BVerfG v. 18.04.1989 - 2 BvR 1169/84 - juris Rn. 42 - NJW 1989, 2195-2197.
[54] VGH Mannheim v. 09.02.2004 - 11 S 1131/03 - juris Rn. 8 - EzAR 027 Nr. 2.
[55] OLG Düsseldorf v. 22.10.1999 - 7 U 184/98 - OLGR Düsseldorf 2000, 265-268.
[56] LG Münster v. 21.02.1990 - 1 S 414/89 - FamRZ 1990, 1031-1034.

§ 1619 BGB Dienstleistungen in Haus und Geschäft

(Fassung vom 02.01.2002, gültig ab 01.01.2002)

Das Kind ist, solange es dem elterlichen Hausstand angehört und von den Eltern erzogen oder unterhalten wird, verpflichtet, in einer seinen Kräften und seiner Lebensstellung entsprechenden Weise den Eltern in ihrem Hauswesen und Geschäft Dienste zu leisten.

Gliederung

A. Grundlagen 1	III. Dienstleistungsverpflichtung 9
B. Anwendungsvoraussetzungen 2	1. Umfang der Dienstleistungspflicht 13
I. Angehörigkeit des Kindes zum elterlichen Haushalt 2	2. Vergütung 19
	3. Ausgleichsansprüche 23
II. Erziehung oder Gewährung des Unterhalts durch die Eltern 6	C. Prozessuale Hinweise/Verfahrenshinweise 24

A. Grundlagen

1   Die Regelung von § 1619 BGB statuiert eine **Dienstleistungsverpflichtung** für Kinder, die dem Haushalt ihrer Eltern angehören. Durch die Vorschrift wird anerkannt, dass es auch innerhalb der Familie im Haushalt zu Arbeits- und Dienstleistungen kommen kann. Diese Tätigkeiten sollen aber grundsätzlich nicht dem Vertragsrecht mit seinen sozial- und steuerrechtlichen Konsequenzen unterstellt werden[1], sondern sind gedacht, einen familienrechtlichen Ausgleich für die Vorteile zu schaffen[2], insbesondere „Kost und Logis", die das Kind von den Eltern erhält.

B. Anwendungsvoraussetzungen

I. Angehörigkeit des Kindes zum elterlichen Haushalt

2   Die Vorschrift des § 1619 BGB gilt für alle Arten eines **Eltern-Kind-Verhältnisses**, so dass das Alter des Kindes oder sein familienrechtlicher Stand unerheblich sind.[3] Es fallen leibliche Kinder und Adoptivkinder unter den Anwendungsbereich der Norm. Ohne Bedeutung ist, ob das Kind minderjährig oder volljährig[4], verheiratet oder unverheiratet ist[5]. Nicht einschlägig ist § 1619 BGB beim Verhältnis von Großeltern zu ihren Enkeln.[6] Abgelehnt wird auch eine Dienstverpflichtung der Eltern gegenüber dem Kind, wenn sie in dessen Haushalt leben und von ihm unterhalten werden.[7]

3   **Das Kind gehört dem elterlichen Hausstand an**, wenn es in der Wohnung der Eltern oder des Elternteils seinen Lebensmittelpunkt hat.[8] Insbesondere bei getrennt lebenden Elternteilen ist dies für die Frage der Anspruchsberechtigung von Bedeutung, da die Dienstverpflichtung nur gegenüber dem Elternteil besteht, dem das Kind angehört. Es ist hierfür aber nicht unbedingt erforderlich, dass das Kind sich ständig bei den Eltern oder einem Elternteil zum Wohnen aufhalten muss. Es muss dort vor allem nicht seinen Wohnsitz haben[9], insbesondere kann es auch auswärtig studieren[10] oder sich auch als Zeitsoldat bei der Bundeswehr verpflichten[11]. Hat das Kind aber einen eigenen Hausstand begründet und hält sich lediglich wenige Stunden am Tag in der elterlichen Wohnung auf, um dort Hilfeleistungen zu erbringen, gehört es nicht mehr dem elterlichen Hausstand an.[12]

---

[1]   *Enders* in: Bamberger/Roth, § 1619 Rn. 1.
[2]   *Kemper* in: Hk-BGB, § 1619 Rn. 1.
[3]   *v. Sachsen Gessaphe* in: MünchKomm-BGB, § 1619 Rn. 4.
[4]   BGH v. 25.10.1977 - VI ZR 220/75 - BGHZ 69, 380-386.
[5]   *Götz* in: Palandt, § 1619 Rn. 2.
[6]   *Enders* in: Bamberger/Roth, § 1619 Rn. 2.
[7]   OLG Bamberg v. 03.01.1984 - 5 U 126/83 - FamRZ 1985, 308-310.
[8]   *v. Sachsen Gessaphe* in: MünchKomm-BGB, § 1619 Rn. 5.
[9]   OLG Stuttgart v. 05.07.1989 - 9 U 52/89 - VersR 1990, 902-903.
[10] *Kemper* in: Hk-BGB, § 1619 Rn. 2; differenzierend *Löhnig* in: AnwK-BGB, Bd. 4, § 1619 Rn. 3.
[11] OLG Saarbrücken v. 14.03.1980 - 3 U 107/78 - VersR 1981, 542-543.
[12] OLG Nürnberg v. 04.07.1990 - 4 U 1553/90 - DAR 1991, 179.

Analog gilt § 1619 BGB i.V.m. § 1793 Abs. 1 Satz 3 BGB im Verhältnis zwischen **Vormund und Mündel**. In anderen Fällen, in denen keine entsprechende Anwendung angeordnet ist, insbesondere im Betreuungsrecht nach § 1908i Abs. 1 Satz 1 BGB oder bei der Aufnahme in den Haushalt durch Onkel, Tante oder Großeltern scheidet sie aus.[13] In einem Haushalt, in dem neben dem leiblichen Elternteil ein Partner aus einer gleichgeschlechtlichen Lebensgemeinschaft oder der Stiefelternteil[14] lebt, erbringt das Kind seine Dienste nur gegenüber dem Elternteil[15].

Das **Eltern-Kind-Verhältnis** regelt sich nach dem Recht des Staates, in dem das Kind seinen gewöhnlichen Aufenthaltsort hat (Art. 21 EGBGB), sofern keine Spezialregelungen eingreifen.[16]

II. Erziehung oder Gewährung des Unterhalts durch die Eltern

Beim minderjährigen Kind reicht es aus, dass mindestens einem Elternteil im Haushalt die **Personensorge** zusteht und er für die Erziehung des Kindes verantwortlich ist.[17]

Wenn das Kind volljährig ist, hängt seine Verpflichtung von einer **Unterhaltsgewährung** der Eltern ab, wobei es nicht darauf ankommt, ob sie freiwillig erfolgt oder auf einer gesetzlichen Verpflichtung beruht.[18] Unterhalten wird ein Kind im Sinne des § 1619 BGB nur, wenn sein wesentlicher Unterhalt durch die Eltern erbracht wird.[19] Zuschüsse zur Lebensführung bei an sich ausreichendem eigenem Einkommen erfüllen diese Voraussetzung nicht.[20]

Der **Zusammenhang zwischen Unterhalt und Dienstleistung** ist immer im Einzelfall zu beurteilen. Es kommt nicht darauf an, ob durch die Dienstleistungen des Sohnes eine volle Arbeitskraft ersetzt wird und ihr Wert den Wert der Unterhaltsleistungen übersteigt[21]; sie stehen nicht in einem Äquivalenzverhältnis zueinander[22]. Wenn das Kind im elterlichen Betrieb voll mitarbeitet, ohne einer anderen bezahlten Arbeit nachzugehen, ist im Regelfall eine Dienstleistungsverpflichtung nach § 1619 BGB zu bejahen. Falls die Eltern mit dem Kind einen Arbeitsvertrag geschlossen haben, scheidet § 1619 BGB jedoch aus.[23] Übt das volljährige Kind eine anderweitige entgeltliche Erwerbstätigkeit aus, bei der es seine volle Arbeitskraft einsetzt, kommt eine Dienstleistungsverpflichtung auch dann nicht in Betracht, wenn es zugleich im elterlichen Betrieb noch mitarbeitet.[24]

III. Dienstleistungsverpflichtung

Der Anspruch ist **höchstpersönlich** und ist daher weder übertragbar noch vererbbar.[25] Gemäß § 194 Abs. 2 BGB kann er nicht verjähren.

Die Verpflichtung umfasst sowohl **körperliche als auch geistige Tätigkeiten**, die im elterlichen Hauswesen oder Geschäft vonnöten sind.[26] Unerheblich ist, ob es sich dabei um einfache oder höhere Dienste handelt.[27]

Das **Hauswesen** ist als räumlich abgrenzbarer Bereich zu sehen, der die Grundlage der familiären Gemeinschaft darstellt und wo das Familienleben stattfindet. Dazu gehört neben dem Haus auch der dazugehörige Garten.[28] Auch die Errichtung eines Eigenheimes in Selbsthilfe sind Dienstleistungen im Hauswesen.[29] Dagegen wird eine ärztliche Behandlung des Elternteils nicht mehr davon erfasst.[30]

---

[13] *v. Sachsen Gessaphe* in: MünchKomm-BGB, § 1619 Rn. 7.
[14] BGH v. 11.07.1967 - VI ZR 36/66 - FamRZ 1967, 618-620; OLG Nürnberg v. 24.11.1959 - 2 U 136/59 - MDR 1960, 311.
[15] *v. Sachsen Gessaphe* in: MünchKomm-BGB, § 1619 Rn. 7.
[16] *v. Sachsen Gessaphe* in: MünchKomm-BGB, § 1619 Rn. 34.
[17] BGH v. 06.11.1990 - VI ZR 37/90 - juris Rn. 9 - LM Nr. 7 zu BGB § 1619.
[18] *v. Sachsen Gessaphe* in: MünchKomm-BGB, § 1619 Rn. 10.
[19] BGH v. 07.10.1997 - VI ZR 144/96 - juris Rn. 11 - BGHZ 137, 1-10.
[20] OLG Nürnberg v. 04.07.1990 - 4 U 1553/90 - DAR 1991, 179.
[21] BGH v. 27.10.1959 - VI ZR 159/58 - LM Nr. 1a zu § 1617 BGB.
[22] *v. Sachsen Gessaphe* in: MünchKomm-BGB, § 1619 Rn. 10.
[23] BGH v. 07.10.1997 - VI ZR 144/96 - juris Rn. 14 - BGHZ 137, 1-10.
[24] BGH v. 07.10.1997 - VI ZR 144/96 - juris Rn. 15 - BGHZ 137, 1-10.
[25] BGH v. 20.12.1960 - VI ZR 79/60 - FamRZ 1961, 116, 117.
[26] *Götz* in: Palandt, § 1619 Rn. 3.
[27] RG v. 08.11.1939 - VI 17/39 - RGZ 162, 116-121.
[28] *Coester* in: Staudinger, § 1619 Rn. 29.
[29] OLG Nürnberg v. 24.11.1959 - 2 U 136/59 - MDR 1960, 311.
[30] *v. Sachsen Gessaphe* in: MünchKomm-BGB, § 1619 Rn. 18.

12 Eine **Dienstleistung im Geschäft** der Eltern ist im Regelfall nur bei einer selbständigen Tätigkeit der Eltern möglich, wobei diese aber nicht die ausschließlichen Inhaber des Geschäfts sein müssen.[31] Bei einer nicht selbständigen Tätigkeit würde es sich nicht um eine Leistung an die Eltern, sondern an den Arbeitgeber handeln, so dass § 1619 BGB nicht eingreift.[32]

1. Umfang der Dienstleistungspflicht

13 Der **Umfang der Dienstleistungspflicht** hängt vom jeweiligen Einzelfall ab. Auf der einen Seite kommt es darauf an, wie alt das Kind ist, wie weit seine geistige und körperliche Entwicklung ist oder in welchem Gesundheitszustand es sich befindet.[33] In der Regel wird man ab dem 12. Lebensjahr an eine Stunde täglich bzw. 7 Stunden wöchentlich je Kind ansetzen können.[34] Auf der anderen Seite ist aber auch von Bedeutung, wie sehr die Eltern auf Hilfe angewiesen sind.[35] So wird im Falle einer Krankheit oder eines Unfalls eine erhöhte Verpflichtung als sonst zur Mitarbeit für das Kind bestehen.[36] Entsprechendes gilt, wenn beide Elternteile berufstätig sind.[37]

14 **Die Dienstleistungspflicht besteht jedoch nicht unbegrenzt.** Nach § 1619 BGB obliegt dem Kind eine Verpflichtung nur im Rahmen seiner Kräfte und Lebensstellung. Insbesondere kann die Ausbildung des Kindes in Schule, in einem Handwerksberuf oder an der Universität den Anspruch vermindern oder sogar ausschließen.[38]

15 Führt das Kind durch seine Tätigkeit schuldhaft einen **Schaden** bei den Eltern herbei, haftet es in entsprechender Anwendung von § 1359 BGB und § 1664 BGB nur für die eigenübliche Sorgfalt (§ 277 BGB).[39]

16 Die Eltern oder das Elternteil weisen dem Kind die von ihm zu erfüllenden Dienste zu, wobei sie dabei an das **Rücksichtnahmegebot** nach § 1618a BGB gebunden sind; insbesondere willkürliche oder missbräuchliche Weisungen sind unbeachtlich.[40]

17 Bei minderjährigen Kindern stellt die **Gefährdung des Kindeswohls** nach § 1666 BGB eine Grenze dar.[41] Weiterhin gilt das JArbSchG soweit es sich nicht um eine Beschäftigung im Familienhaushalt handelt (§ 1 Abs. 2 Nr. 2 JArbSchG) oder um geringfügige Hilfeleistungen dreht, die nur gelegentlich vorkommen (§ 1 Abs. 2 Nr. 1b JArbSchG). Bei einer Ausbildung durch die Eltern gilt außerdem das BbiG.[42]

18 Volljährige Kinder können durch einen **Auszug aus dem elterlichen Hausstand** die Dienstverpflichtung ausschließen.[43] Kommen die Eltern aber für den gesamten Unterhalt des Kindes auf und haben sie im Rahmen ihrer Unterhaltsverpflichtung nach § 1612 Abs. 2 BGB Naturalunterhalt bestimmt, so kann das Kind durch einen Auszug den Unterhaltsanspruch verlieren.[44]

2. Vergütung

19 Für die Verpflichtung aus § 1619 BGB schulden die Eltern keine **Vergütung**.[45] Erhalten die Kinder für ihre Leistungen einen „Obolus", stellt dies lediglich eine freiwillige Leistung der Eltern dar. Deshalb sind Aufwendungen nicht von der Landeskasse zu erstatten, wenn haushaltsangehörige Kinder eines Schöffen diesen während seiner terminbedingten Abwesenheit in dessen Geschäft vertreten und der Schöffe den Kindern hierfür ein Entgelt zahlt. Denn die Kinder sind nach § 1619 BGB verpflichtet,

---

[31] BGH v. 11.07.1967 - VI ZR 36/66 - FamRZ 1967, 618-620.
[32] BGH v. 03.05.1967 - IV ZR 33/66 - LM Nr. 15 zu § 1356 BGB.
[33] *Götz* in: Palandt, § 1619 Rn. 3.
[34] OLG Oldenburg v. 14.08.2009 - 6 U 118/09 - NZV 2010, 156, 158 f.
[35] *Coester* in: Staudinger, § 1619 Rn. 32.
[36] BGH v. 20.12.1960 - VI ZR 79/60 - FamRZ 1961, 116, 117.
[37] BGH v. 02.05.1972 - VI ZR 80/70 - juris Rn. 23 - NJW 1972, 1716-1719.
[38] BGH v. 05.07.1960 - VI ZR 109/59 - LM Nr. 1 zu § 41 ZPO.
[39] *Coester* in: Staudinger, § 1619 Rn. 36.
[40] *v. Sachsen Gessaphe* in: MünchKomm-BGB, § 1619 Rn. 12.
[41] *Coester* in: Staudinger, § 1619 Rn. 44.
[42] *v. Sachsen Gessaphe* in: MünchKomm-BGB, § 1619 Rn. 20.
[43] BGH v. 06.11.1990 - VI ZR 37/90 - juris Rn. 10 - LM Nr. 7 zu BGB § 1619.
[44] KG Berlin v. 09.01.1990 - 1 W 6225/89 - NJW-RR 1990, 643-645.
[45] BGH v. 11.06.1965 - VI ZR 282/63 - FamRZ 1965, 430-431.

auch im elterlichen Geschäft Dienste unentgeltlich zu leisten.[46] Solange diese Zuwendungen in einem angemessenen Verhältnis zur Dienstleistung stehen, handelt es sich nicht um eine Schenkung, sondern um einen Teil des Unterhalts.[47]

Die Regelung von § 1619 BGB schließt jedoch nicht den Abschluss von vertraglichen Leistungsverhältnissen aus, insbesondere eines **Arbeits- oder Dienstvertrages**.[48] Ob die Tätigkeiten des Kindes aufgrund von § 1619 BGB oder einer arbeitsrechtlichen Verpflichtung erfolgt, hängt allein vom Willen der Beteiligten ab.[49] Die Abgrenzung ist immer im Einzelfall tatrichterlich zu ermitteln, wobei hierzu unter anderem laufende Bezüge und Höhe des Arbeitsentgelts als Indizien herangezogen werden müssen.[50] Kinder, die ihre gesetzliche Dienstleistungspflicht nach § 1619 BGB im Rahmen eines Gefälligkeitsverhältnisses erfüllen, werden in der Regel weder als Beschäftigte noch als „Wie-Beschäftigte" tätig und sind folglich nicht nach § 2 Abs. 1 Nr. 1, Abs. 2 SGB VII unfallversichert.[51] 20

Der **Abschluss eines Gesellschaftsvertrages** ist ebenfalls möglich. Auch hier kommt es auf den Willen der Beteiligten an, was sie wollen. Allerdings geht die Rechtsprechung aufgrund der Lebenserfahrung von einem Angestelltenverhältnis des Kindes aus; nur beim Vorliegen besonderer Umstände ist ein Gesellschaftsverhältnis anzunehmen.[52] 21

Bei einer **Tötung oder Verletzung** des nach § 1619 BGB verpflichteten Kindes durch das Verschulden eines Dritten steht den Eltern ein Anspruch nach § 845 BGB zu (vgl. die Kommentierung zu § 845 BGB). Dabei ist aber auch stets zu beachten, für welchen Zeitraum der Verletzte oder Getötete mutmaßlich seiner Familie als mithelfendes Familienmitglied gedient haben würde. Bei der Mitarbeit eines erwachsenen Kindes im elterlichen Betrieb spricht im Allgemeinen das Bestreben nach Selbstständigkeit und sozialer Absicherung sowie der Wunsch nach einem festen monatlichen Einkommen gegen die rechtliche Einordnung der Mithilfe als familienrechtlich motiviert unentgeltlich.[53] 22

3. Ausgleichsansprüche

Häufig erbringen Kinder **in Erwartung einer Erbschaft oder Geschäftsübernahme** Tätigkeiten, die ihre Pflichten im Sinne von § 1619 BGB weit übertreffen. Meist erhalten sie dafür nur eine geringe oder gar keine Entlohnung. Werden diese Erwartungen später nicht erfüllt, stellt sich die Frage nach der Vergütung. Diese Frage wird durch § 2057a BGB nicht ausreichend gelöst, weil diese Vorschrift lediglich einen Ausgleich unter den zur Erbschaft berufenen Abkömmlingen herstellt, während dagegen kein Anspruch gegenüber dem überlebenden Elternteil besteht und im Fall einer enttäuschten Erwartung zu Lebzeiten überhaupt nicht einschlägig ist.[54] Nach der Rechtsprechung des BGH kommt bei einem fehlenden Schuldverhältnis eine Abwicklung nach § 612 Abs. 2 BGB in Betracht, während bei einem fehlenden oder nichtigen Schuldverhältnis ein Anspruch aus § 812 Abs. 1 Satz 2 Alt. 2 BGB. (condictio ob rem) in Betracht kommt.[55] Letzterem ist wegen der problematischen Rückabwicklung rechtsgrundloser Arbeitsleistungen nach dem Bereicherungsrecht das faktische Arbeitsverhältnis vorzuziehen.[56] 23

C. Prozessuale Hinweise/Verfahrenshinweise

Der Anspruch aus § 1619 BGB ist vor den **ordentlichen Gerichten** geltend zu machen und ist im Einzelfall abzugrenzen von dienstrechtlichen oder arbeitsrechtlichen[57], sozialrechtlichen[58] oder steuerrechtlichen[59] Streitigkeiten. 24

---

[46] KG Berlin v. 11.11.1991 - 1 AR 1243/91 - Rpfleger 1992, 106.
[47] *Coester* in: Staudinger, § 1619 Rn. 49.
[48] FG Sachsen v. 17.04.2009 - 6 K 1713/05
[49] BGH v. 06.11.1990 - VI ZR 37/90 - juris Rn. 11 - LM Nr. 7 zu BGB § 1619.
[50] BSG v. 19.02.1987 - 12 RK 45/85 - juris Rn. 14 - NJW 1988, 843-844.
[51] LSG Nordrhein-Westfalen v. 10.01.2007 - L 17 U 117/06 - NZS 2007, 545-546.
[52] BGH v. 20.03.1972 - II ZR 98/69 - FamRZ 1972, 558.
[53] OLG Thüringen v. 03.12.2008 - 2 U 157/08 - ZfSch 2010, 79-84.
[54] *Coester* in: Staudinger, § 1619 Rn. 51.
[55] BGH v. 23.02.1965 - VI ZR 281/63 - juris Rn. 12 - LM Nr. 12 zu § 196 BGB.
[56] BGH v. 27.10.1959 - VI ZR 159/58 - LM Nr. 1a zu § 1617 BGB.
[57] BGH v. 06.11.1990 - VI ZR 37/90 - LM Nr. 7 zu BGB § 1619.
[58] *Coester* in: Staudinger, § 1619 Rn. 3.
[59] BFH v. 09.12.1993 - IV R 14/92 - juris Rn. 12 - NJW 1994, 3374-3375.

25 Gegenüber minderjährigen Kindern setzen die Eltern ihren Anspruch aus § 1619 BGB kraft **sorgerechtlicher Anordnung** durch, wobei sie sich gegebenenfalls auch gerichtlicher Hilfe bedienen können (§ 1631 Abs. 3 BGB).[60]

26 Beim volljährigen Kind kann der Anspruch im Wege einer **Leistungsklage** durchgesetzt werden, wobei jedoch eine Vollstreckung wegen einer analogen Anwendung von § 888 Abs. 3 ZPO ausscheidet.[61] Im Gegenzug können die Eltern jedoch nicht den Unterhalt zurückbehalten[62], weil es sich bei § 1619 BGB nicht um ein Gegenseitigkeitsverhältnis im Sinne von § 320 BGB handelt[63]. Auch eine Kürzung widerspricht dem Rechtsgedanken von § 888 Abs. 3 ZPO.[64]

27 Die **Gläubiger des Kindes**, welches nach § 1619 BGB mitarbeitet, werden durch § 850h Abs. 2 ZPO geschützt.[65]

---

[60] Umstritten, ob dies nur auf Maßnahmen der Personensorge beschränkt ist, so *v. Sachsen Gessaphe* in: MünchKomm-BGB, § 1619 Rn. 13; a.A. *Coester* in: Staudinger, § 1619 Rn. 41.
[61] *Coester* in: Staudinger, § 1619 Rn. 42.
[62] *v. Sachsen Gessaphe* in: MünchKomm-BGB, § 1619 Rn. 1.
[63] *Götz* in: Palandt, § 1619 Rn. 5; RG v. 18.05.1920 - III 46/20 - RGZ 99, 112, 114 f.
[64] Einschränkend *Coester* in: Staudinger, § 1619 Rn. 42.
[65] BGH v. 08.03.1979 - III ZR 130/77 - juris Rn. 31 - LM Nr. 34 zu § 839 BGB.

§ 1620 BGB Aufwendungen des Kindes für den elterlichen Haushalt

(Fassung vom 02.01.2002, gültig ab 01.01.2002)

Macht ein dem elterlichen Hausstand angehörendes volljähriges Kind zur Bestreitung der Kosten des Haushalts aus seinem Vermögen eine Aufwendung oder überlässt es den Eltern zu diesem Zwecke etwas aus seinem Vermögen, so ist im Zweifel anzunehmen, dass die Absicht fehlt, Ersatz zu verlangen.

Gliederung

A. Grundlagen 1	II. Aufwendungen oder Vermögensüberlassung 3
B. Anwendungsvoraussetzungen 2	III. Bestreitung der Kosten des Haushalts 5
I. Angehörigkeit des volljährigen Kindes zum elterlichen Haushalt.................................... 2	C. Rechtsfolgen 6

A. Grundlagen

Die Vorschrift beinhaltet eine **widerlegliche gesetzliche Auslegungsregel**.[1] Das volljährige Kind, welches einen Beitrag für im elterlichen Haushalt anfallende Kosten erbringt, tut dies nach § 1620 BGB im Zweifel als Kompensation für die Vorteile, die es aus dem Wohnen und Leben dort zieht.[2] Eine ähnliche Regelung findet sich für Eheleute in § 1360b BGB und für Verwandte in § 685 Abs. 2 BGB. | 1

B. Anwendungsvoraussetzungen

I. Angehörigkeit des volljährigen Kindes zum elterlichen Haushalt

Das volljährige Kind **gehört dem elterlichen Hausstand an**, wenn es dort seinen Lebensmittelpunkt hat.[3] Dies erfordert nicht unbedingt, dass das Kind sich ständig bei den Eltern zum Wohnen aufhält, es muss vor allem nicht dort seinen Wohnsitz haben, insbesondere kann es auch auswärtig studieren.[4] Hat das Kind aber einen eigenen Hausstand begründet und hält sich lediglich wenige Stunden am Tag in der elterlichen Wohnung auf, um dort Hilfeleistungen zu erbringen, gehört es nicht mehr dem elterlichen Hausstand an.[5] | 2

II. Aufwendungen oder Vermögensüberlassung

Das Kind muss den Eltern eine **Aufwendung aus seinem Vermögen** zukommen lassen oder muss ihnen **etwas aus seinem Vermögen überlassen**. Zum Vermögen gehört unter anderem das ersparte Geld des Kindes ebenso wie Kapitaleinkünfte sowie das durch seine Erwerbstätigkeit verdiente Arbeitseinkommen.[6] Dienstleistungen unterfallen dagegen von vornherein nur § 1619 BGB.[7] Sollen die Leistungen dem Unterhalt der Eltern dienen, so geht § 685 Abs. 2 BGB vor (vgl. die Kommentierung zu § 885 BGB). | 3

Zum Teil wird zusätzlich die **Geschäftsfähigkeit** des volljährigen Kindes verlangt. Da sich der Anwendungsbereich der Norm nur auf volljährige Kinder beziehe und es sich um eine Auslegungsregel handele, sollen tatsächliche Handlungen nicht ausreichen; vielmehr sei es erforderlich, die Handlung zurechnen zu können.[8] | 4

---

[1] *Kemper* in: Hk-BGB, § 1620 Rn. 1.
[2] *Enders* in: Bamberger/Roth, § 1620 Rn. 1.
[3] *v. Sachsen Gessaphe* in: MünchKomm-BGB, § 1620 Rn. 2.
[4] *Kemper* in: Hk-BGB, § 1619 Rn. 2, *Coester* in: Staudinger, § 1619 Rn.21.
[5] OLG Nürnberg v. 04.07.1990 - 4 U 1553/90 - DAR 1991, 179.
[6] *Enders* in: Bamberger/Roth, § 1620 Rn. 3.
[7] *Coester* in: Staudinger, § 1620 Rn. 3.
[8] *Enders* in: Bamberger/Roth, § 1620 Rn. 2.

III. Bestreitung der Kosten des Haushalts

5   Zweck dieser Zuwendung muss das **Bestreiten von Haushaltskosten** sein. Daher sind Leistungen für das elterliche Geschäft oder an die Eltern zur Erledigung persönlicher Angelegenheiten ausgeschlossen.[9]

C. Rechtsfolgen

6   Für die Anwendung der Auslegungsregel darf zum einen ein Rückzahlungsanspruch für die Leistung nicht ausgeschlossen sein; zum anderen darf sich durch Auslegung nicht ermitteln lassen, ob sie mit oder ohne Absicht einer Rückerstattung durch das Kind getroffen wurde, weil dann gerade keine **Zweifel** im Sinne von § 1620 BGB bestehen.[10] Dabei ist es unerheblich, ob die Leistung freiwillig oder aufgrund einer vertraglichen Vereinbarung erfolgt ist. Beruht die Vereinbarung jedoch auf einer gesetzlichen Verpflichtung, kommt § 1620 BGB nicht zur Anwendung. In diesem Fall fehlt es an einem denkbaren Rechtsanspruch für die Rückforderung, so dass auch hier kein **Zweifel** über eine Rückzahlung entstehen kann.[11]

7   Daher kommt die **Rechtsfolge** von § 1620 BGB nicht zum Tragen, wenn das Kind aufgrund eines Irrtums Leistungen erbringt.[12] Handelt es sich um Leistungen, die das Kind ständig erbringt, spricht dies für die Unentgeltlichkeit der Leistungen; dagegen dürfte eine ungewöhnlich hohe, einmalige Leistung eher für eine Absicht, Ersatz zu verlangen, sprechen.[13]

8   Steht eine **vertragliche Einigung** zwischen Eltern und Kind über die Leistung fest, ist aber die genaue Ausgestaltung zweifelhaft, gilt wegen § 1620 BGB die für die Eltern günstigste Variante. So ist bei einem Darlehensvertrag im Zweifel anzunehmen, dass es zinslos gewährt wurde.[14]

9   Bestehen Zweifel, **ob überhaupt eine entgeltliche Vereinbarung über die Leistung getroffen wurde**, ist wegen § 1620 BGB eine Schenkung anzunehmen.[15] Jedoch scheidet § 1620 BGB aus, wenn das Kind die Leistung aufgrund seiner Beistandspflicht nach § 1618a BGB erbringt, da es sich hierbei um eine Rechtspflicht handelt. Das ist jedoch nur anzunehmen, wenn die Leistung wegen der Bedürftigkeit der Eltern vorgenommen wird.[16]

---

[9] *Enders* in: Bamberger/Roth, § 1620 Rn. 3.
[10] *Enders* in: Bamberger/Roth, § 1620 Rn. 4.
[11] *Enders* in: Bamberger/Roth, § 1620 Rn. 3.
[12] *Coester* in: Staudinger, § 1620 Rn. 5.
[13] *Coester* in: Staudinger, § 1620 Rn. 6.
[14] *Coester* in: Staudinger, § 1620 Rn. 7.
[15] *Coester* in: Staudinger, § 1620 Rn. 8.
[16] *Coester* in: Staudinger, § 1620 Rn. 10.

§§ 1621 bis 1623 BGB (weggefallen)

(Fassung vom 01.01.1964, gültig ab 01.01.1980, gültig bis 31.12.2001)

(weggefallen)

§§ 1621 bis 1623 BGB in der Fassung vom 01.01.1964 sind durch Art. 1 Nr. 21 des Gesetzes vom 18.06.1957 – BGBl I 1957, 609 – mit Wirkung vom 01.07.1958 weggefallen.

§ 1624 BGB Ausstattung aus dem Elternvermögen

(Fassung vom 02.01.2002, gültig ab 01.01.2002)

(1) Was einem Kind mit Rücksicht auf seine Verheiratung oder auf die Erlangung einer selbständigen Lebensstellung zur Begründung oder zur Erhaltung der Wirtschaft oder der Lebensstellung von dem Vater oder der Mutter zugewendet wird (Ausstattung), gilt, auch wenn eine Verpflichtung nicht besteht, nur insoweit als Schenkung, als die Ausstattung das den Umständen, insbesondere den Vermögensverhältnissen des Vaters oder der Mutter, entsprechende Maß übersteigt.

(2) Die Verpflichtung des Ausstattenden zur Gewährleistung wegen eines Mangels im Recht oder wegen eines Fehlers der Sache bestimmt sich, auch soweit die Ausstattung nicht als Schenkung gilt, nach den für die Gewährleistungspflicht des Schenkers geltenden Vorschriften.

Gliederung

A. Grundlagen ... 1	IV. Bestandskraft und Störfallbehandlung ... 67
I. Rechtsnatur und Normzweck ... 1	**D. Rechtsfolgen** ... 72
B. Praktische Bedeutung ... 10	**E. Prozessuale Hinweise/Verfahrenshinweise** ... 77
C. Anwendungsvoraussetzungen ... 16	**F. Anwendungsfelder** ... 78
I. Ausstattung ... 16	I. Erbrecht ... 78
1. Beteiligte Personen ... 16	1. §§ 2050 ff. BGB ... 78
a. Eltern und Kinder ... 16	2. § 2316 BGB ... 82
b. Beteiligung Dritter ... 17	3. § 2327 BGB ... 84
2. Konsensualvertrag ... 19	II. Güterrecht ... 85
a. Ausstattungsanlass, der objektiv gegeben sein muss ... 20	III. Betreuungsrecht ... 86
b. Ausstattungszweck, der subjektiv vorliegen muss ... 23	IV. Sozialrecht ... 87
	V. Anfechtungs- und Insolvenzrecht ... 89
3. Behaltensfestigkeit ... 28	VI. Schenkungsteuerrechtliche Bedeutung ... 91
4. Gemischte Ausstattung ... 39	1. Generelles ... 91
5. Gegenstand ... 44	2. Ausstattungsversprechen ... 96
II. Übermaßausstattung ... 49	3. Gemischte Ausstattung ... 97
1. Rechtliche Einordnung ... 49	4. Übermaß ... 98
2. Übermaß ... 58	VII. Einkommensteuerrecht ... 100
III. Ausstattungsversprechen ... 62	VIII. Internationales Privatrecht ... 101

A. Grundlagen

I. Rechtsnatur und Normzweck

1 Die Ausstattung zählt zum Recht der lebzeitigen Zuwendungen. Es handelt sich hierbei um einen typischen Vorempfang, der ausschließlich im Interesse des Übernehmers liegt und welcher gem. § 2050 Abs. 1 BGB in erbrechtlicher Hinsicht eine Ausgleichungspflicht begründen kann, wenn nicht der Erblasser ein anderes angeordnet hat. Zum historischen Hintergrund, den Partikularrechten und den Materialien zum BGB sei auf die Vorauflagen verwiesen.

2 Geregelt ist die Zuwendungsform der Ausstattung im Familienrecht. Sie stellt ein Rechtsinstitut eigener Art dar. *Coester*[1] umschreibt sie zutreffend als eine Sonderregelung für solche Zuwendungen der Eltern an ihre Kinder, die mit Rücksicht auf eine bestimmte Bedürfnislage als Ausfluss fortbestehender Elternverantwortung, gewissermaßen als materielle Starthilfe zum letzten Schritt in die Selbständigkeit, als Endziel der elterlichen Aufgabe gegenüber den Kindern anzusehen sind.

3 Die Ausstattung ist jedoch mehr als nur Hilfe zum „letzten Schritt in die Selbständigkeit" als Vollendung der elterlichen Aufgaben. Das Gesetz beschränkt mithin die Ausstattung nicht auf Zuwendungen „zur Begründung" der Wirtschaft, sondern lässt sie auch „zur Erhaltung der Lebensstellung" des Kin-

---
[1] *Coester* in: Staudinger, BGB, § 1624 Rn. 1.

des zu. Demnach können Eltern mit Hilfe von Ausstattungen die wirtschaftliche Selbständigkeit eines Kindes nicht nur begründen, sondern auch fördern und erhalten.

Rechtsgrund der Ausstattung ist dabei keine Schenkung, sondern eine „causa sui generis".[2] Während Schenkungen also gemäß den §§ 528, 530 BGB rückforderbar, gemäß § 2325 BGB ergänzungspflichtig und gemäß § 2287 BGB kondizierbar sind, zeichnet sich die Ausstattung dadurch aus, dass sie für den Empfänger behaltensfest ist. Die vom Gesetzgeber vorgegebenen Ziele (Existenzbegründung und Existenzerhaltung) machen die Notwendigkeit des Behaltendürfens unverzichtbar. Wie wäre die Existenzsicherung, deren Ausbau oder Erhaltung möglich, wenn das Zugewendete bei Verarmung der Eltern oder auch wegen groben Undanks des Ausstattungsempfängers wieder zurückgefordert werden könnte?

Der Bezeichnung eines auch notariellen Zuwendungsvertrags als Schenkung steht nicht entgegen, dass tatsächlich eine Ausstattung gewollt war. Der Begriff der Ausstattung für ein Rechtsgeschäft als Ausstattung für ein Rechtsgeschäft ist wenig gebräuchlich.[3] Dass eine unentgeltliche Zuwendung in einem privatschriftlichen Vertrag als „Schenkung" bezeichnet wird, muss daher nicht zwingend auf das Vorliegen einer Schenkung im rechtlichen Sinne schließen lassen.[4] Diese Vorsicht ist in der Regel auch gegenüber der Bezeichnung in notariellen Urkunden geboten, insbesondere dann, wenn ganz neutral von „Übergabe", „Zuwendungsvertrag" u.Ä. die Rede ist. Maßgebend sind immer die Einzelumstände, die bereits bei Vertragsabschluss zu erarbeiten sind. Sie sollten in der Regel in der Urkunde aufgeführt werden.

Solange eine Ausstattung im angemessenen Maße vorliegt, haften ihr also nicht die Schwächen des rechtsgeschäftlichen Erwerbs durch Schenkung an.

Die Ausstattung wird von den Eltern niemals geschuldet. Es besteht keine Rechtspflicht zu ihrer Gewährung[5]. Daher kann man folgendes **Merkschema** aufstellen:

Unterhalt	Rechtspflicht	muss
Ausstattung	sittliche Pflicht	sollte
Schenkung	freigebig	kann

Die Ausstattung ist keine Rechtspflicht und kann unstreitig nicht eingeklagt werden. Das Vorliegen einer „sittlichen Pflicht" wird allgemein bejaht, die konkreten Voraussetzungen sind jedoch umstritten.[6] Das Vorliegen einer sittlichen Pflicht führt zur Entgeltlichkeit der angemessenen Ausstattung und damit zu ihrer „Behaltensfestigkeit".[7]

In der Regel erfolgt die Ausstattung durch unmittelbare Hingabe oder Gewährung der zugewendeten Vermögensvorteile. Der Kausalvertrag (Ausstattungsversprechen) und seine Erfüllung können jedoch zeitlich auseinander fallen.[8] Das Ausstattungsversprechen muss grundsätzlich durch das Kind angenommen werden und begründet einen eigenen einklagbaren Anspruch[9], der durch den Tod des Versprechenden grundsätzlich nicht erlischt[10].

B. Praktische Bedeutung

Ausstattungen sind Vorempfänge. Gerade vor dem Hintergrund, dass gegenwärtig bedeutsame Vermögen lebzeitig insbesondere von Eltern auf ihre Kinder übertragen werden, kann man sagen, dass das Rechtsinstitut der Ausstattung wegen seines häufigen Gebrauchs, ein modernes Instrument zur innerfamiliären Vermögensplanung und -umschichtung auf die nächste Generation darstellt. Mit der Zunahme des Lebensalters der Menschen und insbesondere durch das erhebliche Anwachsen der Vermö-

---

[2] So auch *Jakob*, AcP 207 (2007), 198, 217.
[3] OLG Karlsruhe v. 27.04.2011 - 6 U 137/09 - NJW-Spezial 2011, 328.
[4] OLG Karlsruhe v. 27.04.2011 - 6 U 137/09 - NJW-Spezial 2011, 328.
[5] Vgl. auch Motive IV, S. 717.
[6] Sittliche Pflicht bejahend: *Michalski* in: Erman, BGB, § 1624, Rn. 8; *Coester* in: Staudinger, BGB, § 1624 Rn. 4; *Gernhuber/Coester-Waltjen*, FamR, § 56 Rn. 7: Allenfalls liege eine mit der Familiengemeinschaft verbundene sittliche Idee vor; ebenso *Böhmer*, MittBayNot 2005, 232, 234; *Jakob*, Die Ausstattung als familienrechtliches Instrument moderner Vermögensgestaltung, im Folgenden mit dem Kurztitel „Ausstattung und Vermögensgestaltung" zitiert.
[7] *Chiusi* in: Staudinger, BGB, § 516 Rn. 39.
[8] *Coester* in: Staudinger, BGB, § 1624 Rn. 14.
[9] *Coester* in: Staudinger, BGB, § 1624 Rn. 16.
[10] BGH v. 26.05.1965 - IV ZR 139/64 - BGHZ 44, 91.

gen in den vergangenen 60 Jahren und das Absinken der Zahl der Abkömmlinge ergibt sich vor allem, unter dem Druck der zu erwartenden Erhöhung der Schenkung- und Erbschaftssteuer für viele Vermögensinhaber die Notwendigkeit, den lebzeitigen Vermögenstransfer als entscheidendes Gestaltungsmittel mit unterschiedlichen Schwerpunkten und Zielsetzungen einzusetzen.

11 Dem lange zu Unrecht in Vergessenheit geratenen Institut der Ausstattung kommt in der heutigen Zeit daher ganz entscheidende Bedeutung zu: Zumeist haben die Eltern nämlich ein großes Interesse daran, z.B. den Betrieb oder die Kanzlei lebzeitig an Sohn oder Tochter weiterzugeben, damit diese ihr Lebenswerk fortsetzen. Der damit verbundene Vorteil liegt aus Elternsicht sicherlich darin, frühzeitig in den Genuss des wohlverdienten Ruhestands zu gelangen und die Verantwortung für das, was sie während ihres Lebens geschaffen haben, in den verantwortungsvollen Händen ihrer Kinder zu wissen.

12 Vielfach wird die Übertragung von Immobilienbesitz an die Kinder aus der Überlegung heraus vorgenommen, um auf diesem Weg Erbschaftssteuer zu sparen und den Kindern eine Existenzgrundlage zu schaffen. Zwar stellt auch die Ausstattung in diesem Zusammenhang eine steuerpflichtige Zuwendung dar, im Rahmen der Planung des Dekadentransfers kann es aber durchaus sinnvoll sein, Abkömmlinge auszustatten. Die Hingabe einer Zuwendung als Ausstattung erfolgt dabei wesensmäßig sehr früh, die als Schenkung im Zweifel später. Bewegendes Motiv treusorgender Eltern ist neben der ihnen als gerecht erscheinenden Vermögensverteilung unter den Kindern vor allem auch die lebenslange finanzielle Absicherung der Abkömmlinge. Letzteres vor allem auch deswegen, weil die Lage hinsichtlich der Altersvorsorge mit der die nachfolgende Generation konfrontiert ist, zunehmend unsicherer wird.

13 Es ist naheliegend, dass viele Eltern ihre Kinder bei deren Ausbildung zu einem qualifizierten Beruf nachhaltig unterstützen, ihnen gerade in der Anfangsphase regelmäßig Zuschüsse zu den Einkünften gewähren und ihnen insbesondere eine Starthilfe zur Erlangung der wirtschaftlichen Selbständigkeit zuteilwerden lassen. Aber auch nach dieser ersten Unterstützungsphase erbringen Eltern Leistungen, um die Existenz ihrer Kinder weiter zu fördern. Insbesondere bei ungünstigen Wechselfällen im Leben der Kinder gilt es, deren Absicherung zu gewährleisten. Schließlich erfolgen vielfach auch Grundstücksübertragungen an die Kinder, die zwar einerseits ausdrücklich der Reduzierung von Schenkungs- bzw. Erbschaftssteuerlasten dienen, andererseits aber auch die eigene Entlastung der Eltern im Alter bewirken. Immer mehr setzt sich der Gedanke einer geplanten Vermögensübertragung an die Kinder durch. So werden heute ca. 3/4 der Vermögenswerte lebzeitig und nur noch 1/4 von Todes wegen übertragen.

14 Problematisch erscheint, dass Zuwendungen häufig ohne Abwägung ihrer Rechtsfolgen vorgenommen werden. Insbesondere bei geheim gehaltenen Ausstattungen – also Zuwendungen, von denen nur das jeweils begünstigte Kind Kenntnis hat – birgt dies ein hohes Streitpotential unter den Abkömmlingen. Der juristische Berater hat daher im Rahmen der Gestaltung von Übergabeverträgen größten Wert auf die Abwägung der für den jeweiligen Einzelfall relevanten Vor- und Nachteile zu legen. Je nach Interessenschwerpunkt ist für die Übertragung die Form der Ausstattung, der Schenkung oder der gemischten Schenkung zu legen.

15 Schwierigkeiten bestehen in der Praxis auch bei der Feststellung einer übermäßigen Ausstattung, welche dann als Schenkung klassifiziert wird. Hier erfolgt in der Regel eine den Umständen des Einzelfalls entsprechende richterliche Ermessensentscheidung (vgl. hierzu Rn. 49 ff.).

C. Anwendungsvoraussetzungen

I. Ausstattung

1. Beteiligte Personen

a. Eltern und Kinder

16 Die Ausstattung findet nur im rechtlichen Eltern-Kind-Verhältnis statt, wobei nur die rechtlich anerkannte Abstammung zählt. Entscheidend für die Einordnung einer Person als Abkömmling ist, welche jeweilige familienrechtliche Regelung zum Zeitpunkt des Erbfalls anwendbar war, so dass grundsätzlich auch nichteheliche[11] oder adoptierte Kinder von ihren Eltern ausgestattet werden können. Keine Rolle spielen darüber hinaus die Voll- bzw. Minderjährigkeit des Kindes, das elterliche Sorgerecht oder die Zugehörigkeit zum elterlichen Hausstand.[12]

---

[11] *Coester* in: Staudinger, § 1624 Rn. 7.
[12] *Coester* in: Staudinger, § 1624 Rn. 7.

b. Beteiligung Dritter

Eine Beteiligung Dritter ist sowohl als Ausstattungsgeber wie als Ausstattungsempfänger ausgeschlossen.[13] Demgemäß scheidet § 1624 BGB bei Neffen/Nichten, Geschwistern oder Stiefkindern aus. Ebenso nicht anerkannt wird die Ausstattung bei Zuwendungen von Großeltern an ihre Enkel. Sie stellen stattdessen Schenkungen dar.[14] *Coester* hält dies im Lichte der §§ 1601BGB, 1618a BGB für bedenklich.[15] Gegen diese Ansicht steht jedoch der insoweit eindeutige Gesetzeswortlaut.

Zuwendungen an Dritte aus Anlass der Eheschließung sind keine Ausstattungen. Grundsätzlich ist auch das Schwiegerkind Drittempfänger. Sofern allerdings auch das eigene Kind in irgendeiner Weise vom Vermögenszuwachs profitiert[16] oder Kind und Schwiegerkind in die Ausstattungsverhandlungen mit einbezogen sind, kann sich nach Auslegung des Sachverhalts ergeben, dass Leistungen „ähnlich einer Ausstattung" für das eigene Kind vorliegen.[17] Dies ist unter Umständen selbst dann der Fall, wenn die Leistung direkt an das Schwiegerkind erfolgt. Das RG hat in diesem Zusammenhang z.B. eine Ausstattung bejaht bei der Zahlung der Schulden des Schwiegersohnes, um so den Bestand der Ehe zu sichern.[18] Führen die Eltern die Verhandlungen nur mit dem Schwiegerkind, ist letzteres unter Umständen Stellvertreter des Ausstattungsempfängers.[19] Ein Ausstattungsversprechen, das die Eltern nur gegenüber dem Schwiegerkind abgeben, kann in der Weise ausgelegt werden, dass die Verbindlichkeit nur zugunsten des Kindes bestehen soll, § 328 BGB.[20]

2. Konsensualvertrag

Der Ausstattung liegt ein Konsensualvertrag zugrunde. Das bedeutet, dass es bei der Ausgestaltung der konkreten Ausstattung ganz entscheidend auf den Willen der Beteiligten ankommt: Der Wille muss die drei Tatbestandsvoraussetzungen des Ausstattungsanlasses, des Ausstattungszwecks und der Behaltensfestigkeit der Zuwendung umfassen.

a. Ausstattungsanlass, der objektiv gegeben sein muss

Anlass der elterlichen Zuwendung an das Kind ist das „mit Rücksicht auf seine Verheiratung oder auf die Erlangung einer selbständigen Lebensstellung zur Begründung oder zur Erhaltung der Wirtschaft oder der Lebensstellung" Gewährte. Es geht also um eine Starthilfe im familiären wie auch im wirtschaftlichen Bereich. Heutzutage wird man neben der Verheiratung auch die Begründung einer auf Dauer angelegten nichtehelichen Lebensgemeinschaft wie auch die Starthilfe für ein alleinerziehendes Kind anzusehen haben. Bleibt ein Kind dauerhaft allein, so kommen die übrigen nicht familiär bedingten Anlässe wirtschaftlicher Art in Betracht.

Die Verheiratung oder Existenzgründung des Kindes als Zuwendungsanlass muss „nur in der gemäßigten Form der Rücksicht gegeben sein".[21] Es kommt also nicht darauf an, ob die Ehe erst geschlossen werden soll oder bereits geschlossen ist (vgl. die §§ 1374 Abs. 2, 1477 Abs. 2 BGB), ob die Lebensstellung erst geschaffen werden soll oder schon begründet ist, solange die notwendige Zwecksetzung gegeben ist.[22]

Berechtigte Anlässe können weiterhin sein:
- Zuwendungen zur Vergrößerung eines Geschäfts[23],
- Zuwendungen zum Erwerb oder zur Aufstockung eines Gesellschaftsanteils, zum Bau oder Ausbau von Praxisräumen eines Selbständigen,
- finanzielle Hilfen, sofern die Zuwendungen der Erhaltung der wirtschaftlichen Selbstständigkeit des Kindes dienen oder zu dienen bestimmt sind.

---

[13] RG v. 11.01.1906 - IV 329/05 - RGZ 62, 273; *Coester* in: Staudinger, § 1624 Rn. 8.

[14] *Enders* in: Bamberger/Roth, § 1624 Rn. 2; h.M. OLG Zweibrücken v. 18.12.1997 - 5 UF 166/95.

[15] *Coester* in: Staudinger, § 1624 Rn. 7.

[16] BVerfG v. 05.11.1991 - 1 BvR 1256/89 - FamRZ 1992, 160, 162; *Coester* in: Staudinger, § 1624 Rn. 8; *Wever*, FamRZ 2004, 1101.

[17] BGH v. 30.10.1962 - VI U 1003/62 - FamRZ 1963, 449, 451; *Coester* in: Staudinger, § 1624 Rn. 8.

[18] RG v. 27.06.1912 - RG IV 637/11 - JW 1912, 913; *Coester* in: Staudinger, § 1624 Rn. 8.

[19] *Coester* in: Staudinger, § 1624 Rn. 8.

[20] RG v. 12.12.1907 - IV 221/07 - RGZ 67, 204, 206; RG v. 03.11.1921 - RG IV 24021 - JW 1922, 1443; BGH v. 30.10.1962 - VI U 1003/62 - FamRZ 1963, 449, 451; *Coester* in: Staudinger, § 1624 Rn. 8.

[21] *v. Sachsen Gessaphe* in: MünchKomm-BGB, § 1624 Rn. 11.

[22] *Gernhuber/Coester-Waltjen*, Familienrecht, § 56 I 2.

[23] RG, JW 1910, 237.

Auf die objektive Erforderlichkeit kommt es indes nicht an[24].

b. Ausstattungszweck, der subjektiv vorliegen muss

23 Zweck einer jeden Ausstattung ist die Begründung und Erhaltung einer selbständigen Lebensstellung des Kindes. Die Eltern wollen das Kind nicht beschenken (donandi causa), sondern die wirtschaftliche Selbständigkeit des Kindes begründen, erhalten und sichern sowie nötigenfalls wieder herstellen (causa sui generis). Dieser spezifische Zweck grenzt die Ausstattung zur Schenkung ab; sie verleiht diesem Rechtsinstitut des Familienrechtes ihr typisches Gepräge. Der familienspezifische Zuwendungszweck ist notwendiges Basiskriterium.

24 **Dominanz des Ausstattungszwecks:**[25] Andere Zwecke alleine, etwa die Erhaltung des Familienvermögens[26], die Steuerersparnis[27] oder die Hilfe aus einer aktuellen Notlage[28], können nicht genügen, mögen sie auch noch so sinnvoll sein. Die Befreiung aus einer aktuellen Not ohne die Begründung oder Erhaltung einer selbständigen Lebensstellung (also „schnell mal geholfen"), genügt nicht. Bei einer Unaufklärbarkeit einer größeren elterlichen Zuwendung liegt die Deutung als Ausstattung nahe.[29]

25 **Unterordnung etwaiger Nebenzwecke**: Gerade dann, wenn Ausstattungsgegenstände einen erheblichen wirtschaftlichen Wert darstellen, ist es naheliegend, dass neben dem Ausstattungszweck noch weitere Ziele mit der Zuwendung verfolgt werden. Sehr häufig werden steuerliche Ersparnisse genannt. Damit geht auch das Ziel der vorweggenommenen Erbfolge einher. Das Nebeneinander des Ausstattungszwecks einerseits und einer damit zugleich verbundenen vorweggenommenen Erbfolge führt keineswegs dazu, dass die Qualifikation als Ausstattung entfällt. Gerade dann, wenn ein relativ großer Altersunterschied zwischen den Eltern einerseits und dem Kind andererseits besteht, liegen die Zwecke der Ausstattung und der vorweggenommenen Erbfolge zeitlich und gedanklich nahe beisammen. Bei der Übergabe eines Landgutes oder eines Hofes an den Nachfolger fallen naturgemäß Ausstattungszweck und das Ziel der vorweggenommenen Erbfolge zusammen, ohne dass damit der Ausstattung der Charakter genommen wird. Würde man eine gegenteilige Auffassung vertreten, so würde der Ausstattung ein viel zu geringer Anwendungsbereich verbleiben.[30] Sehr aufschlussreich ist auch ein Blick in das Betreuungsrecht: Der Gesetzgeber hat die damalige Vorschrift des Vormundschaftsrechtes (§ 1902 Abs. 1 BGB a.F.), die zunächst gestrichen werden sollte, in Form des § 1908 BGB gerade auch deswegen beibehalten, um derartige Übergabeverträge zu ermöglichen.[31]

26 Nebenzwecke sind so lange unschädlich, als sie dem Ausstattungszweck untergeordnet sind und diesen nicht dominieren.[32] Zurecht weist daher *Jacob* darauf hin, dass im Streitfall des OLG Stuttgart hätte gefragt werden müssen, ob es tatsächlich die entscheidende Intention war, dem Sohn durch die Zuwendung den Aufbau eines eigenständigen landwirtschaftlichen Betriebes zu ermöglichen, oder ob es doch nur darum ging, das Familienvermögen zu erhalten. Wenn ersteres der Fall ist, wird der Ausstattungszweck vom Erfolgszweck jedenfalls nicht dominiert.[33]

27 Behält sich der Elternteil bei der Zuwendung bestimmte Rechte vor, so ist wiederum zu fragen, ob dadurch die Dominanz des Ausstattungszweckes fehlt, weil der Ausstattungszweck gegenüber anderen Situationen zurücktritt. So deutet ein lebenslanges umfassendes Nießbrauchsrecht zugunsten der Eltern am Gesamtgegenstand auf vorweggenommene Erbfolge hin.[34] Der Dominanz des Ausstattungszwecks steht jedoch nicht ein lediglich partielles Wohnrecht entgegen.[35] Besondere Gründe können jedoch zur

---

[24] *Coester* in: Staudinger, § 1624 Rn. 12.
[25] *Jacob*, AcP, Ausstattung und Vermögensgestaltung, Bd. 207 (2007), 198, 219.
[26] BayObLG v. 06.06.2003 - 3Z BR 88/03 - Rpfleger 2003, 649.
[27] RG, HRR 1929 Nr. 608.
[28] *v. Sachsen Gessaphe* in: MünchKomm-BGB, § 1624 Rn. 12.
[29] AG Stuttgart v. 25.02.1998 - 23 F 1157/97 - FamRZ 1999, 655; *v. Sachsen Gessaphe* in: MünchKomm-BGB, § 1624 BGB Rn. 5.
[30] *Jacob*, AcP, Ausstattung und Vermögensgestaltung, Bd. 207 (2007), 198, 219; zu Recht widerspricht er auch dem OLG Stuttgart v. 30.06.2004 - 8 W 495/03 - MittBayNot 2005, 229, das bei der Übertragung eines Hofes die Qualifikation der Ausstattung verneint mit der Begründung, dass zugleich eine vorweggenommene Erbfolge bezweckt worden war. Allerdings räumte das OLG Stuttgart selbst ein, dass der Umstand, dass zugleich eine vorweggenommene Erbfolge intendiert war, der Qualifikation als Ausstattung nicht zwingend entgegenstehe.
[31] BT-Drs. 11/4528, S. 211.
[32] *Jacob*, AcP, Ausstattung und Vermögensgestaltung, Bd. 207 (2007), 198, 219.
[33] *Jacob*, AcP, Ausstattung und Vermögensgestaltung, Bd. 207 (2007), 198, 220.
[34] *Jacob*, AcP, Ausstattung und Vermögensgestaltung, Bd. 207 (2007), 198, 221.
[35] *Jacob*, AcP, Ausstattung und Vermögensgestaltung, Bd. 207 (2007), 198, 221; *Sailer*, NotBZ 2002, 81-86, 82.

Aufnahme eines Rückforderungsrechtes führen, ohne dass dadurch die Dominanz des Ausstattungszwecks beeinträchtigt wird. So beispielsweise, wenn die Eltern sich ein Rückbehaltungsrecht für den Fall des Todes des Ausstattungsempfängers vorbehalten.

3. Behaltensfestigkeit

Die Zuwendung muss grundsätzlich bestandfest sein. Dies folgt aus dem Ausstattungszweck der Existenzbegründung und Existenzsicherung. Fehlende Behaltensfestigkeit steht im Widerspruch zum Existenzbezug. Daher ist die Behaltensfestigkeit als Regeltatbestandsmerkmal der Ausstattung anzusehen.[36]

Es wird die Auffassung vertreten, die Vereinbarung eines Nutzungsvorbehalts (Wohnrecht) und eines Rückforderungsrechts zu Gunsten des Veräußerers indizieren, dass die Grundstückszuwendung nicht als Ausstattung, sondern im Wege der vorweggenommenen Erbfolge erfolgt sei.[37] Dieser Schluss ist jedoch nicht zwingend.[38]

Rechtliche Einordnung: Wenn bei **bestehendem Ausstattungsanlass** die **Eltern** die Zuwendung nicht in der Absicht gewähren, einen Ausstattungszweck zu verfolgen, oder einer anderen „causa"[39] zu entsprechen, liegt keine Ausstattung, sondern eine Schenkung vor.

Ebenso ist denkbar, dass auch bei **bestehendem Ausstattungsanlass** das **Kind** die Zuwendung nicht als Ausstattung, sondern als Schenkung entgegennehmen will; auch dann ist lediglich eine Schenkung anzunehmen. Diese Intention des Zuwendungsempfängers kann – trotz der Nachteile der Schenkung – durchaus sinnvoll sein: Eine mehr als 10 Jahre vor dem Erbfall gewährte Ausstattung wirkt sich nämlich bei der Erbauseinandersetzung für den Ausstattungsempfänger nachteilig aus, er muss sich über die 10-Jahresfrist des § 2325 Abs. 3 BGB hinaus den hochgerechneten Wert der Ausstattung gemäß den §§ 2050 Abs. 1, 2055 BGB anrechnen lassen. Liegt hingegen eine Schenkung vor, trifft ihn bei fehlender Ausgleichsanordnung (§ 2050 Abs. 3 BGB) keine Ausgleichungspflicht. Hinzu kommt der Vorteil der zeitlichen Abschmelzung gem. § 2325 Abs. 3 BGB.

Bei **bestehendem Ausstattungsanlass** können **die Beteiligten frei entscheiden**, ob sie die Zuwendung als Ausstattung oder als Schenkung ausgestalten und so die jeweiligen Rechtsfolgen einer Ausstattung einerseits oder einer Schenkung andererseits wünschen (Ausfluss des Grundsatzes der Privatautonomie).

Damit eine Ausstattung vorliegt, müssen die Eltern die Zuwendung in der Absicht gewähren, einen dominierenden Ausstattungszweck zu verfolgen, ebenso müssen die Abkömmlinge die Zuwendung als Ausstattung entgegennehmen wollen. Ermangelt es einer beteiligten Seite an einem entsprechenden Willen, liegt keine Ausstattung, und falls es an einer sonstigen „causa" mangelt, eine Schenkung vor.

Nach § 17 BeurkG trifft den Notar bei der Beurkundung eine umfassende **Prüfungs- und Belehrungspflicht**. Die notarielle Praxis lässt indes vielfach nicht erkennen, dass der Notar den Sachverhalt nach dem objektiven Vorliegen eines Ausstattungsanlasses geprüft und die Beteiligten nach dem mit der Zuwendung erstrebten Ausstattungszweck befragt hat. Trotz objektiven Vorliegens eines Ausstattungsanlasses bleibt in der notariellen Urkunde der Begriff der Ausstattung sehr häufig unerwähnt. Es finden sich Begriffe wie „Übertragung", „Übergabe", „Überlassung" „vorweggenommene Erbfolge" oder „Schenkung". Regelmäßig fehlt in den Urkunden auch der Hinweis, dass die Beteiligten über die Unterschiedlichkeit nach Tatbestand und Rechtsfolgen von Ausstattung und Schenkung belehrt wurden. Demzufolge werden die Beteiligten bei gegebenem Ausstattungsanlass und naheliegendem Ausstattungszweck auf die Möglichkeit, zwischen beiden Rechtsinstituten wählen zu können, nicht hingewiesen. Im Ergebnis wird auf diese Weise den Beteiligten die Möglichkeit, zwischen Ausstattung und Schenkung wählen zu können, de facto verwehrt.

---

[36] Ebenso *Kerscher/Tanck*, ZEV 1997, 354, 355; *Sailer*, NotBZ, Die Ausstattung als Rechtsgrund von Überlassungsverträgen, 2002, 81, 82.

[37] *Langenfeld/Günther*, Grundstückszuwendungen, Rn. 205, 298.

[38] *Sailer*, NotBZ 2002, 81, 82. Zum einen ist die Angemessenheit der Zuwendung, die durch das Angewiesensein der Eltern auf die Nutzung des Grundbesitzes in Frage gestellt wird, kein Tatbestandsmerkmal für die Ausstattung. Auch eine unangemessene Zuwendung ist, wenn sie nur mit Blick auf die Erlangung der Selbständigkeit des Kindes erfolgt, in ihrem ganzen Umfang Ausstattung (so auch *Kerscher/Tanck*, ZEV 1997, 354, 355). Es fehlt ihr lediglich hinsichtlich des Übermaßes an der Rechtsfolgenprivilegierung, der Unanwendbarkeit des Schenkungsrechtes.

[39] *v. Sachsen Gessaphe* in: MünchKomm-BGB, § 1624 Rn. 12.

35 Dies macht es erforderlich, im Wege der Auslegung gem. §§ 133, 157 BGB den Willen der Vertragsbeteiligten nachträglich zu erforschen.

36 Bei der Abgrenzung der Ausstattung von der Schenkung kommt es in erster Linie auf folgende vom Bewusstsein erfassten und von der Absicht, zumindest vom Willen getragene Umstände an:

37

Ausstattung, § 1624 BGB	Schenkung, § 516 BGB
a) Tatbestand	a) Tatbestand
Vorliegen eines Ausstattungsanlasses	Unentgeltliche Zuwendung eines Vermögensvorteils aus dem Vermögen des Schenkers
Vorliegen eines erstrebten Ausstattungszwecks	
Zuwendung eines Vermögensvorteils des Zuwendungsempfängers	
b) Rechtsfolgen	b) Rechtsfolgen
aa) Behaltensfestigkeit in Bezug auf Rückforderung gem. §§ 528, 530, Herausgabe gem. §§ 2287, 2288 BGB und Pflichtteilsergänzung gem. §§ 2325, 2329 BGB	aa) Rückforderbarkeit gem. §§ 528, 530 BGB, Herausgabe gem. §§ 2287, 2288 BGB und Pflichtteilsergänzung gem. §§ 2325, 2329 BGB
bb) Wirtschaftliche Gleichbehandlung der Kinder im Regelfall gewünscht, wobei die Gleichstellung im Wege der Ausgleichung spätestens bei der Erbauseinandersetzung zu erfolgen hat.	bb) Wirtschaftliche Gleichbehandlung der Kinder im Regelfall nicht gewünscht. Falls Gleichstellung jetzt oder später erfolgen soll, kann diese noch immer lebzeitig oder spätestens von Todes wegen erfolgen.

38 Ist indes **kein Ausstattungsanlass gegeben**, und fehlt es an einer konkreten anderen „causa", liegt zwangsläufig eine Schenkung vor. Würden die Parteien gleichwohl die Zuwendung als Ausstattung bezeichnen und ggf. beurkunden lassen, würde es sich um eine falsa demonstratio handeln. Maßgeblich wäre dann die Tatsache, dass kein Anlass zu einer Ausstattung vorlag und demnach auch rechtswirksam keine Ausstattung gewollt war.

4. Gemischte Ausstattung

39 Vor dem Hintergrund des allgemeinen Grundsatzes des BGB, dass sich niemand etwas gegen seinen Willen aufdrängen lassen muss[40], ist deshalb eine schuldrechtliche Einigung notwendig. Wie bei einer Schenkung, so ist auch bei einer Ausstattung denkbar, dass der Zuwendung der Eltern eine Leistung des Abkömmlings gegenübersteht. Dabei legen die Parteien selbst den Wert der auszutauschenden Leistungen fest (subjektive Äquivalenz). Kennen die Vertragsparteien das objektive Missverhältnis von Zuwendung und Gegenleistung und sind sie sich auch darüber einig, dass der Mehrwert unentgeltlich zugewendet werden soll, kann wie im Schenkungsrecht eine „gemischte Ausstattung" vorliegen. Es ist dann insoweit zu differenzieren:

40 Unentgeltlicher Teil ist Ausstattung, wenn
- ein Ausstattungszweck gegeben ist und
- von beiden Seiten als Ausstattung gewollt.

41 Entgeltlicher Teil ist keine Ausstattung und somit nicht ausgleichspflichtig.

42 Bekommt ein Kind daher beispielsweise ein Haus oder einen Bauplatz verbilligt, so kann nur der unentgeltliche Teil die Ausstattung sein.

43 Die oben aufgeführte Differenzierung klärt dabei aber nicht die Frage, ob im Einzelfall eine Übermaßausstattung anzunehmen ist oder nicht. Dies ist vielmehr ein eigenständiger Prüfungspunkt und muss immer gesondert geprüft werden. Bezogen auf das angeführte Beispiel wäre dies der Fall, wenn sich das Vermögen der Eltern ausschließlich auf dieses eine Baugrundstück beliefe.

5. Gegenstand

44 In aller Regel erfolgt die Ausstattung durch **Hingabe von Vermögensgegenständen** oder durch die **Gewährung sonstiger Vermögensvorteile**.

45 Ausstattung kann somit jede Vermögensmehrung sein, die zu existenzbegründenden und existenzsichernden Zwecken vorgenommen wird. In Betracht kommen:
- eine Aussteuer,[41]

---

[40] Motive, Bd. II, S. 288.
[41] BGH v. 08.07.1954 - IV ZR 67/54; BGH v. 30.09.1981 - Iva ZR 127/80 - NJW 1982, 575, 577 = BGHZ 14, 205, 210.

- die Wohnungseinrichtung anlässlich der Heirat,[42]
- die Mitgift,[43]
- eine einmalige Kapitalzuwendung,[44]
- fortlaufende Zahlungen,[45]
- die Zahlung einer Rente,[46]
- die Zahlung der Schulden des Schwiegersohnes,[47]
- der Verzicht auf eine Forderung,[48]
- die Bestellung von Grundpfandrechten,[49]
- die Gewährung eines Darlehens,[50]
- die Einräumung von Nutzungsrechten an einem Grundstück,[51] wobei ein unentgeltliches Wohnrecht auf Lebenszeit oftmals eine Schenkung sein kann,[52] die Überlassung auf Zeit dagegen grundsätzlich leihweisen Charakter hat,[53]
- die Aufnahme eines Kindes als stiller Teilhaber in das elterliche Geschäft[54] oder als Gesellschafter in eine BGB-Gesellschaft,[55]
- die Aufnahme in eine Sozietät,
- die Einrichtung eines Handwerksbetriebes,
- Zuwendung zur Vergrößerung eines Geschäfts,[56]
- Übergabe eines Betriebs,[57]
- Übertragung eines Grundstücks,[58]
- Hauskauf,[59]
- Zuwendung eines Bauplatzes,[60]
- Bezugsberechtigung einer Lebensversicherung.[61]

Auch jeder andere Vermögensvorteil, den der Abkömmling vom Erblasser zumindest auch zur Erreichung eines Ausstattungszwecks erhält, stellt eine Ausstattung dar. Ausgenommen sind die Hofübergabe gemäß § 17 HöfeO[62] sowie grundsätzlich unentgeltliche Arbeits- oder Dienstleistungen[63], es sei denn diese werden auf Grundlage einer vertraglichen Beziehung gleichsam einem „dienstvertragsähnlichen Schuldverhältnis mit besonderem familienrechtlichen Charakter" erbracht[64]. Entscheidend ist, dass die Zuwendung mit existenzbegründender, -erhaltender oder -sichernder Zweckrichtung erbracht wird; andernfalls liegt regelmäßig eine Schenkung vor.

Eine Ausstattung, die an die Stelle einer angemessenen Berufsausbildung tritt (z.B. weil die Tochter gleich nach dem Schulabschluss heiratet) und deren Kosten nicht übersteigt, wird als nicht ausgleichspflichtig angesehen.[65]

---

[42] OLG Köln v. 17.04.1986 - 4 UF 64/86 - FamRZ 1986, 703, 704.
[43] RGZ 67, 273, 275.
[44] *Coester* in: Staudinger, § 1624 Rn. 9, auch unbeschadet einer ratenweisen Auszahlung.
[45] RG v. 23.05.1906 - IV 569/05 - RGZ 63, 323; RG v. 12.12.1907 - IV 221/07 - RGZ 67, 204; JW 1920, 237.
[46] RG v. 23.05.1906 - IV 569/05 - RGZ 63, 323; RG v. 12.12.1907 - IV 221/07 - RGZ 67, 204; JW 1907, 61; Recht 1922 Nr. 46.
[47] RG v. 27.06.1912 - RG IV 637/11 - JW 1912, 913.
[48] OLG Hamburg, HansGZ 1917, B 247; *Coester* in: Staudinger, § 1624 Rn. 9.
[49] *Coester* in: Staudinger, § 1624 Rn. 10.
[50] *Coester* in: Staudinger, § 1624 Rn. 10; *Wenz* in: BGB-RGRK, § 1624 Rn. 6.
[51] RG, Recht 1906 Nr. 2634; LZ 1917, 801; LG Mannheim v. 18.03.1970 - 5 S 139/69 - NJW 1970, 2111.
[52] BGH v. 06.03.1970 - V ZR 57/67 - LM Nr. 7 zu § 518 BGB.
[53] *Enders* in: Erman, § 518 Rn. 7.
[54] RG, JW 1938, 2971.
[55] OLG Celle, NdsRpfl 1962, 203.
[56] RG JW 1910, 237.
[57] OLG Frankfurt v. 10.09.2007 - 20 W 69/07 - FG Prax 2008, 18.
[58] LSG München v. 25.09.2008 - L 9 AL 41/06; OLG Stuttgart Rpfleger 2004, 694; OLG Stuttgart BWNotZ, 64.
[59] RG WarnR 1938, Nr. 22.
[60] *Langenfeld* in: Günther-Langenfeld (2010) Kap. 7, 40.
[61] OLG Düsseldorf, NJW 1970, 2111; RG WarnR 1920, Nr. 98; 1935, Nr. 3; Recht 1906, Nr. 2634.
[62] OVG Lüneburg v. 02.08.1971 - V B 32/71 - AgrarR 1972, 362, 363; *Weidlich* in: Palandt, § 2050 Rn. 8.
[63] BGH v. 01.07.1987 - IVb ZR 70/86 - BGHZ 101, 229.
[64] *Wever*, FamRZ 2004, 1101.
[65] BGH v. 30.09.1981 - IVa ZR 127/80 - NJW 1982, 575.

48 Das Ausstattungsversprechen kann unter dem stillschweigenden Vorbehalt gleich bleibender Verhältnisse oder unter der Voraussetzung, dass die Erreichung des mit ihr verfolgten Zwecks unmöglich bleibt, gegeben sein.[66] So werden wiederkehrende Zahlungen grundsätzlich als unter der Bedingung der fortbestehenden Leistungsfähigkeit der Eltern stehend, angesehen.[67] Der Anspruch auf die weitere Gewährung entfällt, wenn sich die maßgeblichen Verhältnisse grundlegend ändern.[68]

II. Übermaßausstattung

1. Rechtliche Einordnung

49 Soweit sich die Zuwendung in einem angemessenen Rahmen hält, ist auf sie ausschließlich das Recht der Ausstattung anzuwenden. Wird aber das angemessene Maß („insoweit ... als die Ausstattung das den Umständen, insbesondere den Vermögensverhältnissen des Vaters oder der Mutter, entsprechende Maß übersteigt") überschritten, „gilt" der Mehrbetrag insoweit als Schenkung, aber nur soweit die Voraussetzungen des § 516 BGB vorliegen, nämlich Einigkeit über die Unentgeltlichkeit besteht.[69] § 1624 BGB fingiert keine Schenkung und damit eine automatische Rechtsfolgeverweisung wie der Wortlaut („es gilt") nahelegen könnte.[70] Dies ergibt sich aus der Sonderbehandlung der Ausstattung, die wegen ihres spezifischen Zwecks gerade keine Schenkung darstellt.[71] Die gesetzliche Regelung gibt damit den Rechtsgrund „gleichsam frei".[72] Hinsichtlich des Übermaßes liegt wegen des gegebenen Anlasses und Zwecks zwar immer noch eine („Übermaß"-)Ausstattung vor[73], die jedoch **durch einen hinzutretenden Rechtsgrund überlagert** wird. Maßgebend ist insoweit der **konkrete Parteiwille**.

50 Sofern für die Zuwendung im Übermaß eine speziellere „causa" vorliegt, geht diese der Schenkung vor.[74] Als solche kommen in Betracht:

- Das Versprechen eines Ausgleichs dafür, dass das Kind auf dem elterlichen Hof jahrelang seine volle Arbeitsleistung einsetzte.[75]
- Ebenso die Zuwendung eines auch übermäßig hohen Sozietätsanteils an ein Kind, das als Anwalt jahrelang, zumeist auch noch bei relativ bescheidener Bezahlung, vollen Einsatz erbrachte.
- Die Zuwendung des Übermaßes kann als „vorweggenommene Erbfolge" ausgestaltet werden. Darunter versteht die Rechtsprechung einen Generationennachfolgevertrag, wonach der Vertragstyp „der folgenden Generation und Vorwegnahme des Erbfalls das Nachrücken in eine die Existenz wenigstens teilweise begründende Wirtschaftseinheit ermöglicht und gleichzeitig die Versorgung des Übergebers aus dem übertragenen Vermögen zumindest zu einem Teil sichert".[76]

51 Die Vorrangigkeit eines speziellen, das Schenkungsrecht verdrängenden Rechtsgrundes hat zur Folge, dass der Ausstattungsempfänger weder die Rückforderungsrechte der §§ 528, 530, 2287 BGB, noch die Pflichtteilsergänzung zu befürchten hat.

52 Schon im Jahre 1908[77] entschied das Reichsgericht, dass aus § 1624 BGB nicht die Folgerung gezogen werden könne, eine übermäßige Ausstattung stelle immer eine Schenkung dar. Dies hatte weitere Prozesse zur Folge, bei denen es darum ging, ob sich die Parteien eines Ausstattungsvertrags über die Unentgeltlichkeit einig waren oder nicht.[78]

---

[66] BGH v. 26.05.1965 - IV ZR 139/64 - BGHZ 44, 91.
[67] RG v. 26.01.1916 - IV 357/15 - JZ 1916, 588.
[68] BGH v. 26.05.1965 - IV ZR 139/64 - BGHZ 44, 91; RG v. 13.07.1933 - IV 139/33 - RGZ 141, 358; RG v. 26.01.1916 - IV 357/15 - JZ 1916, 588.
[69] RG, JW 1908, 71; v. Sachsen Gessaphe in: MünchKomm-BGB, § 1624 Rn. 12; Michalski in: Erman, § 1624 BGB Rn. 13; Jacob, AcP, Ausstattung und Vermögensgestaltung, Bd. 207 (2007), 198, 216.
[70] v. Sachsen Gessaphe in: MünchKomm-BGB, § 1624 Rn. 12; Michalski in: Erman, § 1624 Rn. 13; Jacob, AcP, Ausstattung und Vermögensgestaltung, Bd. 207 (2007), 198, 216.
[71] Jacob, AcP, Ausstattung und Vermögensgestaltung, Bd. 207 (2007), 198, 216.
[72] Jacob, AcP, Ausstattung und Vermögensgestaltung, Bd. 207 (2007), 198, 216.
[73] Strätz in: Soergel, § 1624 Rn. 13.
[74] v. Sachsen Gessaphe in: MünchKomm-BGB § 1624 Rn. 12; Michalski in: Erman, § 1624 BGB Rn. 13; Jacob, AcP, Ausstattung und Vermögensgestaltung, Bd. 207 (2007), 198, 216.
[75] BGH v. 11.06.1965 - VI ZR 282/63 - FamRZ 1965, 431.
[76] Vgl. BayObLG v. 23.10.1964 - 1a Z 241/63 - DNotZ 1965, 434; BGH v. 04.12.1981 - V ZR 37/81 - DNotZ 1982, 697; BFH v. 05.07.1990 - GS 4-6/89 - NJW 1991, 254.
[77] RG v. 23.12.1907 - IV 350/07 - JW 1908, 71.
[78] RG v. 23.12.1907 - IV 350/07 - JW 1908, 71; RG v. 11.01.1906 - IV 329/05 - RGZ 62, 273; RG, LZ 1916, 1308.

Liegt dem Übermaß kein konkreter anderer Rechtsgrund zugrunde, fehlt es aber an der notwendigen Vereinbarung einer Unentgeltlichkeit, so bleibt es bei der „causa sui generis" und damit bei der Ausstattung.

Liegt der Übermaßausstattung nicht die allgemeine „causa sui generis" des Familienrechts zugrunde, wurde sie also aus einem anderen Rechtsgrund gewährt, wie beispielsweise im Hinblick auf „langjährige unentgeltliche Dienste des Kindes" im Sinne des § 1619 BGB, stellt das Übermaß weder eine Ausstattung, noch eine Schenkung dar.[79]

Der Eheschluss selbst kann niemals Gegenleistung einer Übermaßausstattung sein.[80]

Wer sich auf das Übermaß beruft, hat es zu beweisen.

Demnach ergibt sich folgendes **Prüfungsschema Ausstattung versus Schenkung**:

1. Schritt:	Liegt ein Ausstattungsvertrag/Ausstattungsversprechen nach **Anlass** und **Zweck** vor?
2. Schritt:	Ist ein **Übermaß** gegeben?
3. Schritt:	Liegt insoweit eine die „causa donandi" verdrängende **andere „causa"** vor?
4. Schritt:	**Wenn nein**, so ist für das Übermaß von einer **Schenkung** auszugehen, sofern Einigkeit über die Unentgeltlichkeit besteht. Sofern und soweit **keine Einigkeit über die Unentgeltlichkeit** vorliegt, bleibt es bei der **Ausstattung auch für das Übermaß**

2. Übermaß

Eine nähere Definition des Begriffs „Übermaß" findet sich nicht im Gesetz. Er wird nur unzureichend in der Weise beschrieben, dass ein Übermaß insoweit vorliege, „als die Ausstattung das den Umständen, insbesondere den Vermögensverhältnissen des Vaters oder der Mutter, entsprechende Maß übersteigt". Auch die Rechtsprechung hat bislang keine allgemein gültigen Abgrenzungskriterien entwickelt und sich auf Einzelfallentscheidungen beschränkt: So soll es z.B. nicht darauf ankommen, ob die Zuwendungen standesgemäß waren, sondern lediglich ob sie den Vermögensverhältnissen des Erblassers zur Zeit der Zuwendung entsprachen[81] und damals erwartet werden konnte, dass der Erblasser unter Berücksichtigung der vermutlichen Entwicklung seiner wirtschaftlichen Verhältnisse den Zuschuss oder Beeinträchtigung des gleichen Rechts seiner anderen Abkömmlinge werde leisten können[82]. Ohne Nennung weiterer Kriterien, weist *Werner* darauf hin, dass dann, wenn die Zuwendung dem Vermögensstamm des Erblassers notwendigerweise zu entnehmen sei, dies für die Beurteilung des Übermaßes beachtlich sein könne.[83] Schmid[84] nimmt eine gedankliche Erbteilung unter Berücksichtigung der bis zu diesem Zeitpunkt gemachten Zuwendungen einschließlich der anstehenden Ausstattung vor. Falle ein Abkömmling dann vollständig oder teilweise im Rahmen des § 2056 BGB mit seinem fiktiven Erbanspruch aus, sei in Höhe dieses Ausfallbetrags ein Übermaß anzunehmen. Dieser Vorgehensweise liegt der Gedanke zugrunde, dass Eltern regelmäßig einen gerechten Ausgleich unter ihren Abkömmlingen erstreben.

Nach einer Entscheidung des OLG Stuttgart[85] ist jedoch ein unmittelbarer Zusammenhang mit dem fiktiven Erbteil bzw. festen Bruchteiles des Erbteils unmöglich. Die Beurteilung des Übermaßes sei immer abhängig vom Einzelfall und entbehre generell einer verallgemeinernden Beurteilung.

Das Gesetz legt der Bewertung einer Ausstattung als übermäßig die Vermögensverhältnisse der Eltern zugrunde. Eine Zuwendung über 20% des gesamtelterlichen Vermögens anerkennt die Rechtsprechung dabei als nicht übermäßig.[86] Nicht außer Acht gelassen werden dürfen aber auch deren tatsächliche Interessen – vor allem im Hinblick auf ihre eigene Absicherung. Entscheidend ist, ob sich die Eltern diese „endgültigen" Zuwendungen leisten können. Bei nicht ausreichender Absicherung eines Elternteils oder beider Eltern kann es nicht angemessen sein, dass sie sich durch Ausstattungen der Kinder gänzlich vermögenslos stellen mit der Folge, dass im Falle einer späteren Verarmung keine Rückgriffsmög-

---

[79] BGH v. 11.06.1965 - VI ZR 282/63 - FamRZ 1965, 430.
[80] *v. Sachsen Gessaphe* in: MünchKomm-BGB, § 1624 BGB Rn. 12.
[81] OLG Hamburg, HansGZ 38, B 387.
[82] *Werner* in: Staudinger, § 2050 Rn. 26.
[83] *Werner* in: Staudinger, § 2050 Rn. 26.
[84] *Schmid*, BWNotZ 1971, 2, 3.
[85] OLG Stuttgart v. 06.05.1997 - 8 W 196/97 - BWNotZ 1997, 147.
[86] SG Dortmund v. 26.06.2003 - S 27 AL 108/02.

§ 1624

lichkeiten auf das hingegebene Vermögen bestünden. Daher ist letztlich eine Interessenabwägung unverzichtbar mit der Folge, dass nur das disponible Vermögen für angemessene Ausstattungen einsetzbar ist.

61 Geht man weiter nach der von Schmid vorgeschlagenen Methode vor, ergibt sich folgendes vom Verfasser entwickeltes **Prüfungsschema zur Bestimmung des Übermaßes**

1. Schritt:	Der zuwendende Elternteil bestimmt das Maß seiner eigenen angemessenen Absicherung und evtl. auch das Maß seines aus eigenem Vermögen nicht angemessen abgesicherten Ehegatten.
2. Schritt:	Das Restvermögen ist disponibel.
3. Schritt:	Der zuwendende Elternteil bestimmt das Maß seiner eigenen angemessenen Absicherung und evtl. auch das Maß seines aus eigenem Vermögen nicht angemessen abgesicherten Ehegatten.
4. Schritt:	Der Mehrbetrag unterliegt, sofern keine andere causa vorliegt, dem Schenkungsrecht und ist damit rückforderbar, widerrufbar und kann Pflichtteilsergänzungsansprüche nach sich ziehen.

Beispiel: Ein Vater verfügt über ein Gesamtvermögen von 1 Mio. €. Er benötigt 200.000 € für sich und weitere 200.000 € für seine nicht weiter abgesicherte Ehefrau. Das heißt 1 Mio. € - 400.000 € = 600.000 €. Dieses Restvermögen ist disponibel. Bei zwei Kindern beläuft sich der fiktive Erbteil eines jeden dann auf 300.000 €. Der Vater kann dann jedem Kind eine Ausstattung in Höhe von 300.000 € zukommen lassen. Jeder Mehrbetrag, der diese Summe übersteigt, ist im Regelfall als übermäßig anzusehen. Will der Vater also einem Kind z.B. 320.000 € zuwenden, beläuft sich das Übermaß auf 20.000 €. Dies gilt soweit, als nicht besondere Umstände vorliegen. Frühere Vorempfänge könnten beispielsweise wegen einer zwischenzeitlich eingetretenen ungünstigen Wertentwicklung oder wegen geänderter subjektiver Bewertung der Eltern als erheblich geringer eingeschätzt werden. Wenn Eltern bestimmte Kinder unterhalb der Quotengleichheit zu Miterben einsetzen oder gar enterben wollen, so erhöht sich der „gebührende Erbteil" der zu gleichen Quoten eingesetzten Kinder. Es kommt also auch darauf an, von welcher tatsächlichen oder später beabsichtigten Erbeinsetzung die Eltern bei der Zuwendung ausgehen.

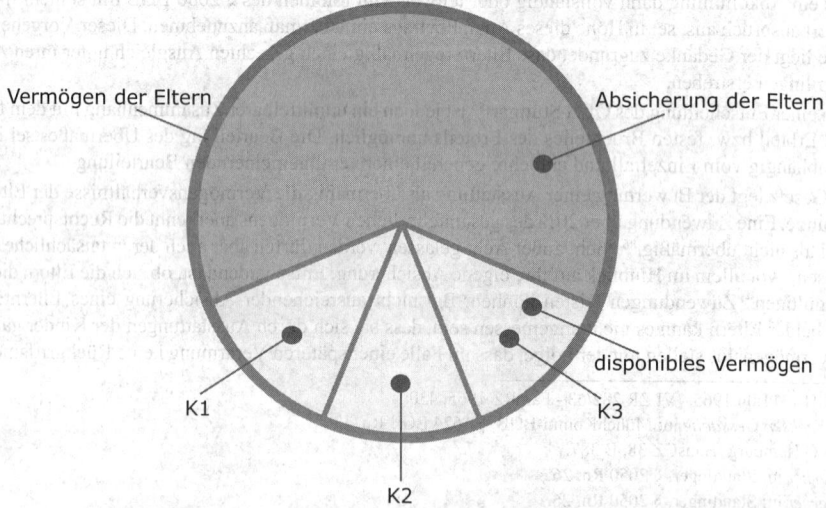

Angemessenheit der Ausstattung

Der **Mehrempfang** über den nach **fiktiver Teilung** dem Kind gebührenden Anteil ist die **Übermaß**ausstattung

III. Ausstattungsversprechen

Ein Ausstattungsversprechen liegt in der schuldrechtlichen Verpflichtung zur Gewährung der Zuwendung, ohne dass die Ausstattung sogleich geleistet wird. Das Ausstattungsversprechen kann zeitlich vor wie auch nach der Heirat oder der Existenzbegründung des Ausstattungsempfängers liegen.[87] Als Vertrag sui generis liegt im Ausstattungsversprechen ein Angebot, welches durch das Kind angenommen werden muss.[88] Der Vertrag ist grundsätzlich nicht an Formvorschriften gebunden. Ausnahme ist die Übermaßausstattung; für sie gilt § 518 BGB.[89] Darüber hinaus besteht ein Formzwang nur, wenn der Ausstattungsgegenstand, z.B. bei Grundstücksübertragungen, dies erfordert.

Hinsichtlich des anlassgebenden Ereignisses ist hinreichende Konkretisierung erforderlich, da andernfalls ein Rechtsbindungswille des Ausstattungsgebers nicht vorliegt.[90] Das Ausstattungsversprechen kann bei dauernden Zuschüssen unter der Bedingung fortdauernder Bedürftigkeit und Leistungsfähigkeit abgegeben werden.[91] Bei einmaliger Kapitalzuwendung ist ein Vorbehalt aber nur ausnahmsweise möglich.[92] Entfällt der dem Ausstattungsversprechen zugrunde liegende Zweck, besteht auch die begründete Verpflichtung nicht länger. Dies ist beispielsweise der Fall, wenn die Ehe nicht zustande kommt; bei Scheidung vor Zahlung des gewährten Kapitals[93]; bei Zerrüttung nach Eheschließung, wobei ein bloßes Getrenntleben mangels Feststehen des Scheiterns der Ehe nicht genügt[94]. Insgesamt sind an das Vorliegen der Zweckverfehlung strenge Anforderungen zu stellen.[95]

Wird einem Ausstattungsversprechen bis zum Tod des Versprechenden nicht entsprochen, so bleibt es gleichwohl bestehen. Dies gilt selbst dann, wenn damit eine Gleichstellung unter den Geschwistern herbeigeführt werden sollte, welcher nach Eintritt des Erbfalls über § 2050 BGB entsprochen wird.[96]

Der Anspruch ist klagbar und übertragbar. Letzteres jedenfalls soweit, als sich aus dem Ausstattungsgegenstand nichts anderes ergibt.[97] Ferner besteht Pfändbarkeit.[98] Die Verpflichtung erlischt auch dann nicht mit dem Tod des Ausstattungsgebers.[99]

Zu erwähnen bleibt, dass dem Ausstattungsversprechen in der Praxis relativ geringe Bedeutung zukommt.

IV. Bestandskraft und Störfallbehandlung

Zu unterscheiden ist zwischen gewährter Ausstattung und bloßem Ausstattungsversprechen.

Wurde die Zuwendung im Hinblick auf die **Eheschließung** bereits gewährt, so sind spätere Disharmonien unter den Eheleuten irrelevant und begründen kein **Rückforderungsrecht**, selbst nicht bei Trennung oder Scheidung.[100] Der Zweck, den Eheleuten eine Starthilfe zu geben, ist mit diesem Zeitpunkt erreicht[101]. Ein Bereicherungsanspruch wegen Zweckverfehlung wird deshalb ebenso einhellig abgelehnt, wie ein Rückforderungsrecht wegen Wegfalls der Geschäftsgrundlage[102]. Kommt die Ehe hingegen erst gar nicht zustande, besteht ein Rückforderungsrecht.[103]

Hat der Zuwendungsgeber lediglich ein Ausstattungsversprechen abgegeben und wird dann die **Ehe nicht eingegangen** oder vor Valutierung geschieden, entfällt die Verpflichtung.[104] Bei **Trennung der Ehe** des Versprechensempfängers ist zu differenzieren:

---

[87] v. Sachsen Gessaphe in: MünchKomm-BGB, § 1624 Rn. 76.
[88] Coester in: Staudinger, § 1624 Rn. 13.
[89] RG v. 13.07.1933 - IV 139/33 - RGZ 141, 358.
[90] BGH v. 30.10.1962 - 6 U 1003/62 - FamRZ 1963, 449.
[91] RG v. 26.01.1916 - IV 357/15 - JZ 1916, 588.
[92] RG v. 13.07.1933 - IV 139/33 - RGZ 141, 358.
[93] BGH v. 30.10.1962 - 6 U 1003/62 - FamRZ 1963, 44.
[94] OLG Celle, NdsRpfl 1959, 247.
[95] v. Sachsen Gessaphe in: MünchKomm-BGB, § 1624 Rn. 7.
[96] Coester in: Staudinger, § 1624 Rn. 17.
[97] BGH v. 26.05.1965 - IV ZR 139/64 - BGHZ 44, 91.
[98] RG, Recht 1923, Nr. 1020; v. Sachsen Gessaphe in: MünchKomm-BGB, § 1624 Rn. 9.
[99] BGH v. 26.05.1965 - IV ZR 139/64 - BGHZ 44, 91.
[100] OLG Celle, NdsRpfl 1959, 247; v. Sachsen Gessaphe in: MünchKomm-BGB, § 1624 Rn. 7.
[101] Sailer, NotBZ 2002, 81, 82.
[102] Coester in: Staudinger, § 1626 Rn. 20-23.
[103] RG, SeuffA 77 Nr. 7.
[104] BGH v. 30.10.1962 - 6 U 1003/62 - FamRZ 1963, 449.

§ 1624

70 Bloße Differenzen begründen kein Leistungsverweigerungsrecht.[105] Der Versprechensgeber hat aber ein einstweiliges Leistungsverweigerungsrecht, wenn der gemeinsame Haushalt noch nicht begründet wurde. Besteht der eheliche Haushalt aber bereits im Vertrauen auf die baldige Ausstattung, so muss der Versprechensgeber seiner Verpflichtung nachkommen.[106]

71 Nach endgültiger Trennung und gleichwohl bestehender Haushaltsbegründungsabsicht ist keine Zahlungsverpflichtung anzunehmen. Auch eine zweite Eheschließung tritt in diesem Zusammenhang nicht automatisch an die Stelle der ersten Ehe.[107]

D. Rechtsfolgen

72 Gemäß § 1624 Abs. 1 BGB sind Ausstattung wie Ausstattungsversprechen den Formvorschriften des Schenkungsrechts entzogen.[108] Allerdings bleiben anderweitige, vom Ausstattungsinhalt abhängige Formvorschriften (z.B. § 311b BGB oder § 761 BGB) davon unberührt.

73 Liegt eine Übermaßausstattung vor, ist § 1624 BGB was den unverhältnismäßigen Teil betrifft unanwendbar. Allerdings ist dann nicht automatisch Schenkungsrecht anwendbar, da das Übermaß insoweit nur als Schenkung „gilt".

74 Lediglich wenn der Übermaßausstattung keine andere causa zugrunde liegt, ist eine Schenkung gegeben. Über Jahre hinweg andauernde unentgeltliche Dienste des Kindes können z.B. Rechtsgrund eines Ausstattungsversprechens sein, auch wenn und soweit Übermaß vorliegt.[109]

75 Bei Einordnung der Übermaßausstattung als Schenkung, sind aber nur für den übermäßigen Teil die (Form-)Vorschriften des Schenkungsrechts anzuwenden. Ein Schenkungsversprechen muss dann notariell beurkundet werden, §§ 518, 128 BGB. Unterbleibt dies, liegt Teilnichtigkeit vor gem. § 139 BGB. Hinsichtlich des verhältnismäßigen Teils bleibt es aber dabei, dass Schenkungsrecht nicht anwendbar ist. So können Ausstattung und Ausstattungsversprechen z.B. weder gemäß § 530 BGB widerrufen noch gemäß § 528 BGB zurückgefordert werden. Gleichwohl unberührt bleibt jedoch die Berufung auf allgemeine Grundsätze, was die Haftung der Eltern für Vorsatz und Fahrlässigkeit oder die Entrichtung von Verzugszinsen anbelangt, wobei jedoch wiederum nicht auf die §§ 521, 522 BGB zurückgegriffen werden darf.

76 Gemäß § 1624 Abs. 2 BGB gelten, was die Haftung für Sach- und Rechtsmängel betrifft, ausdrücklich die §§ 523, 524 BGB.

E. Prozessuale Hinweise/Verfahrenshinweise

77 Die Beweislast für den übermäßigen Teil einer Ausstattung trägt derjenige, der sich auf die Unverhältnismäßigkeit beruft.[110] Der für die Angemessenheit maßgebliche Beurteilungszeitpunkt ist dabei der Zeitpunkt der Zuwendung, bei Ausstattungsversprechen der Zeitpunkt, zu dem das Versprechen abgegeben wurde.[111]

F. Anwendungsfelder

I. Erbrecht

1. §§ 2050 ff. BGB

78 Grundsätzlich führt die Ausstattung zu einer Veränderung des Auseinandersetzungsanspruchs gem. §§ 2050 ff. BGB.

79 Es gilt das Prinzip „weg von den Quoten, hin zu den Werten", da sich der Erbteil und nicht die Quote eines Abkömmlings ändert, wenn dieser eine ausgleichungspflichtige Ausstattung erhalten hat. Wie die Ausgleichung zu erfolgen hat, ist in § 2055 BGB geregelt. Danach werden zunächst alle ausgleichungspflichtigen Ausstattungen gem. § 2050 Abs. 1 BGB dem Nachlass hinzu gerechnet. Anschließend wer-

---

[105] *Coester* in: Staudinger, § 1624 Rn. 21.
[106] *Coester* in: Staudinger, § 1624 Rn. 21.
[107] KG, OLG 12, 322.
[108] RG v. 11.01.1906 - IV 329/05 - RGZ 62, 273, 275; RG v. 25.04.1906 - I 614/05 - RGZ 63, 204; OLG München, OLG 26, 246.
[109] BGH v. 30.10.1962 - 6 U 1003/62 - FamRZ 1963, 449.
[110] RG v. 23.06.1933 - II 95/33 - RGZ 141, 278.
[111] RG v. 23.06.1933 - II 95/33 - RGZ 141, 278.

den jedem Miterben seine ausgleichungspflichtigen Ausstattungen auf den ihm gebührenden Erbteil angerechnet. Zunächst ist somit der sog. Ausgleichungsnachlass zu bilden. Die auf diesen anzuwendende Ausgleichungserbquote ergibt sich aus der Zahl der an der Ausgleichung beteiligten Personen (die Anzahl der Abkömmlinge entsprechend ihrer Erbquote).

Jeder Abkömmling muss sich auf den ihm gebührenden Ausgleichungserbteil dasjenige anrechnen lassen, was er als ausgleichungspflichtigen Vorempfang erhalten hat. Der Ehegatte nimmt dabei nicht an der Ausgleichung teil. 80

Dem hypothetischen Willen des Erblassers wird durch § 2056 BGB Rechnung getragen: Den Abkömmling trifft keine Nachschusspflicht, wenn sein Erbteil kleiner ist, als das, was er erhalten hat. 81

2. § 2316 BGB

Ganz entscheidend ist und nicht übersehen werden darf, dass die Anordnung der Ausgleichsverpflichtung dispositiven Charakter hat. So kann der Erblasser eine an sich ausgleichungspflichtige Ausstattung als nicht ausgleichspflichtig anordnen, wobei dann aber § 2316 Abs. 3 BGB zu beachten ist: Die Möglichkeit einer abweichenden Anordnung durch den Erblasser findet ihre Grenze im ordentlichen Pflichtteil des Pflichtteilsberechtigten, welcher nicht beschnitten werden darf. 82

Der Umstand, dass von der Ausgleichsverpflichtung abgewichen werden kann, ermöglicht es auch den Miterben eine einvernehmlich andere Regelung bei der Auseinandersetzung zu vereinbaren.[112] 83

3. § 2327 BGB

Ein Anspruch auf Pflichtteilsergänzung gem. § 2327 BGB kann bestehen, allerdings nur, was den übermäßigen Teil einer Ausstattung betrifft. Auf den verhältnismäßigen Teil ist § 2327 BGB nicht anwendbar. 84

II. Güterrecht

Die Ausstattung nimmt Einfluss auf die Zugewinngemeinschaft im Güterrecht gemäß § 1374 Abs. 2 BGB. Danach erfolgt eine Hinzurechnung zum Anfangsvermögen, wenn die Ausstattung nach Eintritt der Zugewinngemeinschaft erworben wird.[113] Die Ausstattung entspricht einer sittlichen Pflicht oder einer auf den Anstand zu nehmenden Rücksicht, so dass beim Ausstattungsgeber keine Hinzurechnung zu dessen Endvermögen vorgenommen wird, § 1375 Abs. 2 Nr. 1 BGB. Für die Gütergemeinschaft gelten die §§ 1444, 1466, 1477 Abs. 2 Satz 2, 1478 Abs. 2 Nr. 2, 1499 Nr. 3 BGB. 85

III. Betreuungsrecht

§ 1908i Abs. 2 BGB, der auf den vormundschaftsgerichtlichen § 1804 BGB verweist, enthält zum Schutz des Vermögens des Betreuten ein gesetzliches Schenkungsverbot. Für die Ausstattung gilt dieses Verbot jedoch nicht. Nach § 1908 BGB „kann (der Betreuer) eine Ausstattung aus dem Vermögen des Betreuten nur mit Genehmigung des Vormundschaftsgerichts versprechen oder gewähren".[114] 86

IV. Sozialrecht

Soweit des bei der Zuwendung um eine angemessene Ausstattung geht, so ist diese „sozialhilfefest" und weder von den Eltern noch von dem Sozialhilfeträger zurückforderbar. 87

Wenn für das Übermaß eine das Schenkungsrecht verdrängende causa vorliegt, so ist auch das Übermaß sozialhilfefest. 88

V. Anfechtungs- und Insolvenzrecht

Eine privilegierte Behandlung der Ausstattung im Rahmen des Anfechtungsrechts ist abzulehnen. Zuwendungen im Wege eines Ausstattungsversprechens sind daher unentgeltlich i.S.d. § 4 Abs. 1 AnfG, da § 1624 BGB eine Vorschrift des Familienrechts darstellt und lediglich das Verhältnis Zuwender/Zuwendungsempfänger regelt, hingegen nicht dem Schutz des Empfängers vor Zugriffen Dritter dient.[115] 89

Da die Ausstattung eine unentgeltliche Zuwendung darstellt, besteht im Insolvenzverfahren nur eine nachrangige Berücksichtigung, § 39 Abs. 1 InsO.[116] 90

---

[112] RG v. 29.10.1935 - VII 84/35 - RGZ 149, 131.
[113] v. Sachsen Gessaphe in: MünchKomm-BGB, § 1624 Rn. 15.
[114] LG Traunstein v. 30.06.2004 - 8 W 495/03 - MittBayNot 2005, 231 m. Anm. *Böhmer*, wobei allerdings das LG Traunstein die Vorschrift des § 1908 BGB und die Möglichkeit einer Ausstattung völlig übersehen hat.
[115] LG Tübingen v. 24.05.2005 - 1 O 2/05 - ZInsO 2005, 781.
[116] v. *Sachsen Gessaphe* in: MünchKomm-BGB, § 1624 Rn. 16.

VI. Schenkungsteuerrechtliche Bedeutung

1. Generelles

91 Vor der Erbschaftsteuerreform aus dem Jahre 1974 galten Ausstattungen gem. § 3 Abs. 5 ErbStG von 1959 als keine steuerbaren Schenkungen. Nachdem diese Regelung mit Wirkung zum 01.01.1974 entfallen ist, ist fraglich, welche steuerrechtliche Bedeutung der Ausstattung in ihren unterschiedlichen Ausprägungsformen zukommt.

92 Generell ist dabei festzuhalten, dass sich der Regelungsbereich des § 7 ErbStG, welcher begrifflich die Schenkungen unter Lebenden erfasst, nicht mit dem zivilrechtlichen Begriff der Schenkung nach den §§ 516 ff. BGB deckt. Vielmehr werden von § 7 ErbStG alle freigebigen Zuwendungen erfasst, wobei eine Schenkung gem. § 516 BGB lediglich einen Unterfall darstellt.[117]

93 Kriterien für die Zuordnung des § 7 ErbStG sind dabei:
- in objektiver Hinsicht:
- Entreicherung beim Zuwendenden,
- Bereicherung beim Bedachten;
- in subjektiver Hinsicht: Freigebigkeit beim Zuwendenden.

94 Auch wenn die Ausstattung nach § 1624 Abs. 1 BGB gerade keine Schenkung darstellt, unterfällt sie daher nach den oben genannten Kriterien § 7 Abs. 1 ErbStG und ist somit steuerbar. Die Annahme, dass Ausstattungen, wenn sie keine Schenkungen im Sinne des BGB sind, auch keine steuerpflichtigen Schenkungen sein können[118], ist daher verfehlt.

95 Im Einzelfall kann aber eine Befreiung gem. § 13 Abs. 1 Nr. 1 ErbStG oder § 13 Abs. 1 Nr. 12 ErbStG vorliegen.

2. Ausstattungsversprechen

96 Die Schenkungssteuer ersteht erst mit der Ausführung der Zuwendung. Andernfalls fehlt es an einer entreichernden Vermögenshingabe beim Zuwendenden, sodass keine Vermögensverschiebung vorliegt.[119] Da beim Ausstattungsversprechen der rechtswirksame Vollzug des Verfügungsgeschäfts nicht abgeschlossen ist, kann darin auch kein steuerbarer Tatbestand nach der ErbStG gesehen werden.

3. Gemischte Ausstattung

97 Steht der Ausstattung eine äquivalente Gegenleistung des Bedachten gegenüber – z.B. wenn ein Kind einen Bauplatz verbilligt von seinen Eltern zugewandt bekommt – so liegt keine steuerrechtlich relevante Vermögensverschiebung vor. Der entgeltliche Teil ist dann vielmehr eine steuerneutrale Vermögensumschichtung und nur der Vermögenszuwachs, der den Wertüberschuss darstellt, steuerwürdig aus Sicht des ErbStG.[120]

4. Übermaß

98 Der nicht verhältnismäßige Teil einer Ausstattung (Übermaß) unterliegt in steuerrechtlicher Hinsicht der Steuerpflicht gem. § 7 Abs. 1 ErbStG.

99 Eine gegebenenfalls bestehende Befreiungsmöglichkeit gem. § 13 Abs. 1 Nr. 12 ErbStG muss im Gegensatz zu der zivilrechtlichen Bewertung, welche an die Vermögensverhältnisse des zuwendenden Elternteils anknüpft an der Lebensstellung des Kindes gemessen werden.

VII. Einkommensteuerrecht

100 In einkommensteuerrechtlicher Hinsicht stellt die Ausstattung keine außergewöhnliche Belastung im Sinne von § 33 ErbStG dar.[121]

---

[117] *Gebel* in: Troll/Gebel/Jülicher, ErbStG, § 7 Rn. 2.
[118] *Jülicher* in: Troll/Gebel/Jülicher, ErbStG, § 13 Rn. 139.
[119] *Gebel* in: Troll/Gebel/Jülicher, ErbStG, § 7 Rn. 21.
[120] *Gebel* in: Troll/Gebel/Jülicher, ErbStG, § 7 Rn. 203.
[121] *Enders* in: *Bamberger/Roth*, § 1624 Rn. 5.

VIII. Internationales Privatrecht

Die wechselseitigen Beziehungen von Eltern zu Kindern i.S.d. § 1618a BGB beurteilen sich in Sachverhalten mit Auslandsberührung nach dem durch Art. 21 EGBGB berufenen Recht, sofern keine staatsvertraglichen Sonderregeln (z.B. für den Unterhalt) greifen oder das autonome deutsche IPR für Einzelfragen eine Sonderanknüpfung vorsieht.[122]

101

---

[122] *v. Sachsen Gessaphe* in: MünchKomm-BGB § 1624 Rn. 18.

§ 1625 BGB Ausstattung aus dem Kindesvermögen

(Fassung vom 02.01.2002, gültig ab 01.01.2002)

¹**Gewährt der Vater einem Kinde, dessen Vermögen kraft elterlicher Sorge, Vormundschaft oder Betreuung seiner Verwaltung unterliegt, eine Ausstattung, so ist im Zweifel anzunehmen, dass er sie aus diesem Vermögen gewährt. ²Diese Vorschrift findet auf die Mutter entsprechende Anwendung.**

A. Grundlagen

1   Üben die Eltern oder ein Elternteil aufgrund gesetzlicher Zuweisung die Verwaltung über das Vermögen des Kindes aus und wird dem Kind eine Ausstattung gewährt, stellt sich immer die Frage, ob die Eltern oder der Elternteil die **Ausstattung aus dem Vermögen des Kindes** gewährt haben oder nicht. Nach § 1625 BGB gilt im Zweifel, dass die Ausstattung aus dem Vermögen des Kindes stammt.

B. Anwendungsvoraussetzungen

2   Die **Vermögensverwaltung** muss kraft Gesetzes erfolgen; es reicht nicht aus, wenn das volljährige Kind diese aufgrund einer Vereinbarung freiwillig überträgt.[1] Die gesetzlich angeordnete Vermögensverwaltung kann sich aus der elterlichen Sorge nach § 1626 Abs. 1 BGB a.E. oder einer Betreuerstellung nach § 1896 BGB ergeben. Eine Vermögensverwaltung aufgrund einer Vormundschaft nach § 1773 BGB ist für Eltern nicht möglich, weil sie nicht zum Vormund eines minderjährigen Kindes bestellt werden können.[2] Aus den gleichen Gründen scheidet auch eine Pflegschaft nach § 1915 BGB aus.[3]

3   Der Begriff der **Ausstattung** entspricht dem in § 1624 BGB (vgl. die Kommentierung zu § 1624 BGB).

C. Rechtsfolgen

4   Die Vorschrift führt zu einer **Anrechnung der Ausstattung auf das Kindesvermögen**. Den Eltern wird hierdurch ihre Pflicht zur Rechnungslegung nach § 1698 BGB oder § 1890 BGB erleichtert.

---

[1] *v. Sachsen Gessaphe* in: MünchKomm-BGB, § 1625 Rn. 1.
[2] *v. Sachsen Gessaphe* in: MünchKomm-BGB, § 1625 Rn. 1.
[3] *Coester* in: Staudinger, § 1625 Rn. 2; so ähnlich *Schwab* in: MünchKomm-BGB, § 1915 Rn. 7; a.A. *v. Sachsen Gessaphe* in: MünchKomm-BGB, § 1625 Rn. 1.

Titel 5 - Elterliche Sorge

§ 1626 BGB Elterliche Sorge, Grundsätze

(Fassung vom 02.01.2002, gültig ab 01.01.2002)

(1) ¹Die Eltern haben die Pflicht und das Recht, für das minderjährige Kind zu sorgen (elterliche Sorge). ²Die elterliche Sorge umfasst die Sorge für die Person des Kindes (Personensorge) und das Vermögen des Kindes (Vermögenssorge).

(2) ¹Bei der Pflege und Erziehung berücksichtigen die Eltern die wachsende Fähigkeit und das wachsende Bedürfnis des Kindes zu selbständigem verantwortungsbewusstem Handeln. ²Sie besprechen mit dem Kind, soweit es nach dessen Entwicklungsstand angezeigt ist, Fragen der elterlichen Sorge und streben Einvernehmen an.

(3) ¹Zum Wohl des Kindes gehört in der Regel der Umgang mit beiden Elternteilen. ²Gleiches gilt für den Umgang mit anderen Personen, zu denen das Kind Bindungen besitzt, wenn ihre Aufrechterhaltung für seine Entwicklung förderlich ist.

Gliederung

A. Grundlagen 1	III. Verfahrenseinleitung 41
I. Regelungsmaterie von § 1626 BGB, Kurzcharakteristik 1	IV. Verfahrensgrundsätze 43
II. Regelungen im Europa- und Völkerrecht 4	1. Nichtöffentliches Verfahren 43
III. Internationales Privatrecht 5	2. Anwaltszwang 44
B. Anwendungsvoraussetzungen 6	3. Vorrang- und Beschleunigungsgebot 45
I. Elterliche Sorge (Absatz 1 Satz 1) 6	4. Bestellung eines Verfahrensbeistandes 46
II. Umfang der elterlichen Sorge (Absatz 1 Satz 2) 13	a. Bestellung eines Verfahrensbeistands oder Ablehnung der Bestellung 47
III. Personensorge (Absatz 1 Satz 2 Alternative 1) 14	b. Zeitpunkt und Ende der Bestellung 50
1. Ärztliche Eingriffe 15	c. Person, Rechtsstellung und Aufgaben des Verfahrensbeistands 52
2. Abgrenzung zur gesetzlichen Vertretung 19	d. Vergütung des Verfahrensbeistands 56
IV. Vermögenssorge (Absatz 1 Satz 2 Alternative 2) 21	5. Anordnung des persönlichen Erscheinens 59
1. Inhalt 22	6. (Persönliche) Anhörung 60
2. Umfang 23	a. Kindesanhörung 61
V. Leitbild für Pflege und Erziehung des Kindes (Absatz 2) 24	b. Anhörung der Eltern 67
VI. Umgang des Kindes (Absatz 3) 27	c. Anhörung von Pflegeeltern 72
C. Prozessuale Hinweise/Verfahrenshinweise 37	d. Anhörung des Jugendamtes 73
I. Verfahren in Kindschaftssachen 38	e. Fehlende oder nicht aktenkundige Anhörung ... 74
II. Zuständigkeit 39	7. Hinwirken auf ein Einvernehmen 75
	V. Einstweilige Anordnung 80
	VI. Rechtsmittel 84
	VII. Vollstreckung 86

A. Grundlagen

I. Regelungsmaterie von § 1626 BGB, Kurzcharakteristik

Die Vorschrift regelt vor allem die **elterliche Sorge** (§ 1626 Abs. 1 Satz 1 BGB). Ihre Aufgabe ist es, ein Gleichgewicht zwischen dem aus Art. 6 Abs. 2 GG gewährleisteten Pflichtrecht[1] der Eltern auf Pflege und Erziehung ihrer Kinder und dem Interesse des Kindes an einer ungestörten körperlichen und geistigen Entwicklung[2] zu einer eigenverantwortlichen Persönlichkeit innerhalb der Gesellschaft zu schaffen[3]. Dabei ist das Elternrecht aus Art. 6 Abs. 2 GG nicht mit der elterlichen Sorge im Sinne von § 1626 Abs. 1 Satz 1 BGB gleichzusetzen. Der Schutzbereich von Art. 6 Abs. 2 GG ist weiter und er-

1

---

[1] BVerfG v. 13.05.1986 - 1 BvR 1542/84 - juris Rn. 49 - NJW 1986, 1859-1861.
[2] *Kemper* in: Dörner/Ebert/Eckert u.a., BGB-Handkommentar, vor §§ 1626-1704 Rn. 1.
[3] BVerfG v. 29.07.1968 - 1 BvL 20/63, 1 BvL 31/66 - juris Rn. 58 - NJW 1968, 2233.

§ 1626

fasst neben der Personen- und Vermögenssorge beispielsweise auch das Umgangsrecht[4] sowie die Unterhaltspflicht[5]. Auch weist Art. 6 Abs. 2 GG jedem Elternteil eine Rechtsposition zu, unabhängig davon, ob eine eheliche Bindung besteht[6] oder ob ihm die elterliche Sorge entzogen wurde[7]. Die Regelungen der elterlichen Sorge in den §§ 1626-1698b BGB stellen damit eine einfachgesetzliche Ausgestaltung von Art. 6 Abs. 2 GG dar.[8] Nach der Neuregelung durch das Kindschaftsreformgesetz vom 16.12.1997[9] gelten sie für alle Kinder, unabhängig davon, ob deren Eltern verheiratet sind.

2   Das **Elternrecht** aus Art. 6 Abs. 2 GG stellt ein Abwehrrecht der Eltern gegenüber Eingriffen des Staates in die Erziehung ihrer Kinder dar und garantiert den Eltern die Ausübung dieses Rechts[10]; den Eltern gebührt bei der Erziehung ihrer Kinder der Vorrang[11]. Eine Ausnahme besteht in Art. 7 Abs. 1 GG im Rahmen der Schulpflicht, bei der das Erziehungsrecht der Eltern und der Auftrag des Staates zur Bildung und Erziehung des Kindes gleichrangig sind.[12] Der Staat hat lediglich die Durchführung des Erziehungsauftrages zu überwachen (Art. 6 Abs. 2 Satz 2 GG) und darf nur bei einer Gefährdung des Kindeswohls eingreifen (§ 1666 BGB).[13] Vor der Trennung eines Kindes von den Eltern durch Entziehung des Aufenthaltsbestimmungsrechts muss das Familiengericht im Rahmen von § 1666a BGB prüfen, ob durch öffentliche Hilfen, insbesondere in Form der Jugendhilfe, die Gefährdung des Kindes abgewendet werden kann.[14] Ihre Regelung befindet sich als SGB VIII in Art. 1 KJHG. Nach § 1 SGB VIII hat jeder junge Mensch einen Rechtsanspruch auf Förderung und Erziehung und staatlichen Schutz. Die Jugendhilfe umfasst nach § 2 SGB VIII einen Katalog von Leistungen und anderen Aufgaben zugunsten junger Menschen und Familien.

3   Bei dieser „**Elternverantwortung**"[15] im Sinne von Art. 6 Abs. 2 GG steht das Interesse des Kindes im Vordergrund[16], so dass mit wachsender Eigenverantwortlichkeit und zurückgehender Pflege- und Erziehungsbedürftigkeit die Befugnisse der Eltern zurückgedrängt werden (§ 1626 Abs. 2 Satz 1 BGB) und mit der Volljährigkeit des Kindes ganz erlöschen.[17]

II. Regelungen im Europa- und Völkerrecht

4   Regelungen über die elterliche Sorge enthält auch die MRK in den Art. 8, 12 und 14[18] sowie die Art II-67, Art II-74, Art II-84, Art II-93 des Vertrags **über eine Verfassung für Europa, die inhaltlich** den Art. 7, 14, 24 und 33 der Charta der Grundrechte der Europäischen Union entsprechen.[19] Auf **völkerrechtlicher Ebene** ist das Übereinkommen über die Rechte des Kindes zu beachten, welches in Deutschland seit dem 17.02.1992 Anwendung findet.[20]

III. Internationales Privatrecht

5   Bei Sachverhalten mit **Auslandsberührung** im Zusammenhang mit der elterlichen Sorge ist deutsches Recht anzuwenden, wenn das Kind in Deutschland seinen gewöhnlichen Aufenthalt hat (Art. 21 EGBGB). Allerdings haben völkerrechtliche Regelungen gemäß Art. 3 Abs. 2 Satz 1 EGBGB Vorrang, wenn sie unmittelbar anwendbares innerstaatliches Recht geworden sind. Hierzu zählt vor allem das deutsch-iranische Niederlassungsübereinkommen, das Haager Minderjährigenschutzabkommen vom 05.10.1961 (MSA), dessen Anwendungsbereich aber nun von dem Haager Kinderschutzübereinkommen vom 19.10.1996 (Haager Übereinkommen über die Zuständigkeit, das anzuwendende Recht,

---

[4] BVerfG v. 15.06.1971 - 1 BvR 192/70 - juris Rn. 34 - BVerfGE 31, 194-212.
[5] BVerfG v. 06.02.2001 - 1 BvR 12/92 - juris Rn. 50 - NJW 2001, 957-961.
[6] BVerfG v. 07.03.1995 - 1 BvR 790/91, 1 BvR 540/92, 1 BvR 866/92 - juris Rn. 62 - NJW 1995, 2155-2159.
[7] BVerfG v. 15.06.1971 - 1 BvR 192/70 - juris Rn. 35 - BVerfGE 31, 194-212.
[8] BVerfG v. 07.05.1991 - 1 BvL 32/88 - juris Rn. 37 - NJW 1991, 1944-1946.
[9] BGBl I 1997, 2942.
[10] OLG Hamburg v. 28.08.2000 - 12 UF 111/00 - juris Rn. 15 - JAmt 2001, 195-197.
[11] OLG Hamburg v. 28.08.2000 - 12 UF 111/00 - juris Rn. 15 - JAmt 2001, 195-197.
[12] BVerfG v. 14.07.1998 - 1 BvR 1640/97 - juris Rn. 114 - NJW 1998, 2515-2523.
[13] BVerfG v. 17.02.1982 - 1 BvR 188/80 - juris Rn. 34 - NJW 1982, 1379-1381.
[14] BayObLG München v. 19.04.1991 - BReg 1 Z 23/91 - FamRZ 1991, 1218-1220.
[15] BVerfG v. 06.02.2001 - 1 BvR 12/92 - NJW 2001, 957-961.
[16] BVerfG v. 30.01.2002 - 1 BvL 23/96 - juris Rn. 43 - LM BGB § 1616 Nr. 3a (9/2002).
[17] BVerfG v. 18.06.1986 - 1 BvR 857/85 - juris Rn. 50 - NJW 1986, 3129-3131.
[18] EGMR v. 11.10.2001 - 31871/96 - FamRZ 2002, 381-385.
[19] *Veit* in: Bamberger/Roth, § 1626 Rn. 67.
[20] *Veit* in: Bamberger/Roth, § 1626 Rn. 67.

die Anerkennung, Vollstreckung und Zusammenarbeit auf dem Gebiet der elterlichen Verantwortung und der Maßnahmen zum Schutz von Kindern, KSÜ[21]) deutlich eingeschränkt wird, sowie auf Gemeinschaftsebene die seit dem 01.03.2005 geltende Brüssel IIa-VO.[22]

B. Anwendungsvoraussetzungen

I. Elterliche Sorge (Absatz 1 Satz 1)

Nach der Legaldefinition in § 1626 Abs. 1 Satz 1 BGB sind die Eltern berechtigt und verpflichtet, für ihr minderjähriges Kind zu sorgen. Die **elterliche Sorge** beinhaltet sowohl Schutz- als auch Fürsorgepflichten der Eltern. Als gesetzliches Schutzverhältnis begründet sie ein subjektives Recht der Eltern, die ihre Befugnisse jedoch nur zum Wohl des Kindes ausüben können.[23]

Die leiblichen **Eltern** erhalten grundsätzlich gemeinsam die elterliche Sorge, wenn sie bei der Geburt verheiratet sind, Sorgerechtserklärungen abgegeben haben oder das Familiengericht ihnen auf Antrag die gemeinsame elterliche Sorge überträgt (§ 1626a Abs. 1 BGB, vgl. hierzu die Kommentierung zu § 1626a BGB). Ist dies nicht der Fall, erlangt die Mutter allein die elterliche Sorge (§ 1626a Abs. 32 BGB, vgl. hierzu die Kommentierung zu § 1626a BGB). Die elterliche Sorge steht auch den Adoptiveltern zu (§ 1752 BGB i.V.m. § 1754 BGB). Ebenso kann ein Teil der elterlichen Sorge für bestimmte Angelegenheiten durch gerichtliche Bestellung einem Pfleger zugewiesen werden (§ 1631 Abs. 1 BGB).

Hat das Kind keine Eltern oder steht diesen weder die Personen- noch die Vermögenssorge zu, bekommt das Kind einen **Vormund**, dem die elterliche Sorge zusteht (§ 1773 Abs. 1 BGB). Die Regelungen der §§ 1626 und 1629 BGB begründen keine Unterhaltspflicht des Vormundes, da dort lediglich der Umfang der elterlichen Sorge bzw. Vertretung des Kindes geregelt ist. Zu den in § 1793 BGB geregelten Aufgaben des Vormunds gehören nicht die für Verwandte in gerader Linie bestehenden Unterhaltspflichten gemäß §§ 1601 ff. BGB, sondern lediglich die Personen- und Vermögenssorge einschließlich der Vertretung des Mündels auf diesen Gebieten.[24]

Eine freiwillige **Übertragung** im Sinne einer Aufgabe der elterlichen Sorge ist nur unter den engen Voraussetzungen von §§ 1630 Abs. 3, 1671 Abs. 2 Nr. 1, 1687 BGB oder § 1747 BGB möglich[25]; nicht hierzu zählt der Entzug des Sorgerechts, weil dies aufgrund Hoheitsaktes erfolgt und nicht willentlich durch den Elternteil oder die Eltern aufgegeben wurde.[26] Dagegen besteht die Möglichkeit, die Ausübung der elterlichen Sorge ganz oder nur teilweise widerruflich zu übertragen. So kann etwa eine **Sorgerechtsvollmacht** an Verwandte, schulische Institutionen oder etwa Pflegeeltern erteilt werden, wobei dieser im Innenverhältnis zumeist ein Auftrags- oder Geschäftsbesorgungsverhältnis zugrunde liegt.[27]

Das Recht der elterlichen Sorge ist ein **absolutes Recht** im Sinne von § 823 Abs. 1 BGB[28], welches als höchstpersönliches Recht **nicht vererblich** ist[29].

Die elterliche Sorge **beginnt** mit der Vollendung der Geburt des Kindes (§ 1 BGB).[30] Daher ist ein Antrag auf Übertragung des Sorgerechts für ein noch nicht geborenes Kind unstatthaft. Eine Sorgerechtsregelung für ein ungeborenes Kind ist im Gesetz nicht vorgesehen.[31] Allerdings befinden sich Vorwirkungen der elterlichen Sorge in § 1595 Abs. 3 BGB i.V.m. § 1594 Abs. 4 BGB bei einer Anerkennung der Vaterschaft vor der Geburt und § 1912 Abs. 2 BGB im Zusammenhang der Fürsorge gegenüber der Leibesfrucht. **Beendet** ist die elterliche Sorge, wenn das Kind das 18. Lebensjahr vollendet hat (§ 2 BGB).[32] Dies gilt unabhängig davon, ob das Kind voll geschäftsfähig ist oder nicht.[33] Der Tod des Kin-

---

[21] BGBl II 2009, 602, 603.
[22] Verordnung (EG) Nr. 2201/2003 über die Zuständigkeit und die Anerkennung und Vollstreckung von Entscheidungen in Ehesachen und in Verfahren betreffend die elterliche Verantwortung, hierzu *Peschel-Gutzeit* in: Staudinger, Vorbem. zu §§ 1626 ff. u. RKEG Rn. 98.
[23] BGH v. 28.05.1976 - IV ZB 56/75 - BGHZ 66, 334-341.
[24] VG Ansbach v. 11.10.2006 - AN 2 K 06.01096.
[25] BayObLG München v. 19.01.1976 - BReg 1 Z 105/75 - NJW 1976, 718-719.
[26] *Veit* in: Bamberger/Roth, § 1626 Rn. 4.1.
[27] *Götz* in: Palandt, § 1626 Rn. 3.
[28] BGH v. 24.04.1990 - VI ZR 110/89 - juris Rn. 11 - BGHZ 111, 168-182.
[29] *Götz* in: Palandt, § 1626 Rn. 3.
[30] *Veit* in: Bamberger/Roth, § 1626 Rn. 17.
[31] AG Lüdenscheid v. 18.03.2004 - 5 F 151/04 - FamRZ 2005, 51-52.
[32] LArbG Potsdam v. 06.04.2006 - 9 Sa 41/06.
[33] OLG Köln v. 28.12.2011 - 4 UF 270/11, II-4 UF 270/11 - juris Rn. 2.

des beendet ebenfalls die elterliche Sorge (§ 1698b BGB). Bei einem verheirateten Minderjährigen gilt § 1633 BGB. Für jeden einzelnen Elternteil endet die elterliche Sorge mit seinem Tod (§ 1680 BGB). Das Gleiche gilt bei einer Todeserklärung nach §§ 1677, 1681 BGB, bei freiwilliger Übertragung (vgl. Rn. 9) der elterlichen Sorge sowie bei einer Adoption des Kindes nach § 1755 BGB. Weiterhin kann die elterliche Sorge nach §§ 1666, 1666a BGB entzogen werden. In diesen Fällen kann die elterliche Sorge bei dem Elternteil oder den Eltern wieder aufleben (§§ 1696, 1681 Abs. 2 BGB und § 1764 Abs. 4 BGB). Dagegen endet die elterliche Sorge nicht bei einem Ruhen (§§ 1673, 1674 BGB); der Elternteil verliert lediglich die Berechtigung, die elterliche Sorge auszuüben (§ 1675 BGB).

12 Die Voraussetzung der „Sorge für die Person eines Kindes" im Sinne des § 9 Abs. 2 StAG (RuStAG) ist erfüllt, wenn der ausländische Elternteil Inhaber des gemeinsamen Sorgerechts im Sinne des § 1626 BGB ist.[34] Das Tatbestandsmerkmal „Sorge für die Person eines Kindes" in § 9 Abs. 2 StAG (RuStAG) fordert nicht die alleinige Sorge des ausländischen Elternteils, sondern ist auch dann erfüllt, wenn dem ausländischen Elternteil die elterliche Sorge gemeinsam mit dem deutschen Elternteil zusteht.[35]

II. Umfang der elterlichen Sorge (Absatz 1 Satz 2)

13 Nach § 1626 Abs. 1 Satz 2 BGB sind sowohl die **Personensorge** sowie die **Vermögenssorge** von der elterlichen Sorge umfasst.

III. Personensorge (Absatz 1 Satz 2 Alternative 1)

14 Die **tatsächliche Personensorge** umfasst neben den in den §§ 1631-1632 BGB geregelten Rechten und Pflichten insbesondere auch
- die Geburtsanzeige, §§ 16 f. PStG,
- die Bestimmung von Vor- und Nachnamen des Kindes[36] sowie die Einbenennung[37] und andere Namensänderungen,
- die Begründung und Aufgabe eines Wohnsitzes, § 11 BGB,
- die Entscheidung über die Bestattungsart und den Bestattungsort für ein (verstorbenes) Kind[38],
- den Schutz des Kindes vor sexuellem Missbrauch[39],
- die Einwilligung in die Beendigung lebenserhaltender Maßnahmen nach einem Unfall des Kindes[40],
- die Anordnung empfängnisverhütender Mittel, wenn die Minderjährige die ordnungsgemäße Aufklärung über die Risiken nicht erfasst[41].

1. Ärztliche Eingriffe

15 Die Einwilligung in **ärztliche Eingriffe** fällt unter die tatsächliche Personensorge, sofern das minderjährige Kind nach seiner geistigen und sittlichen Reife die Bedeutung und Tragweite des Eingriffs und seiner Gestattung nicht zu ermessen vermag.[42] Erfüllt das minderjährige Kind diese Voraussetzungen, reicht seine Einwilligung aber dann nicht aus, wenn es sich einerseits um eine wichtige, andererseits nicht dringliche Entscheidung über einen ärztlichen Eingriff handelt.[43] Daraus ergibt sich beispielsweise eine Einwilligungspflicht für eine Organentnahme[44], Impfungen[45] und die Beendigung lebenserhaltender Maßnahmen[46]. Weiterhin ist die Einwilligung eines neunjährigen Jungen in seine Beschneidung unwirksam, weil er die Tragweite des Eingriffs nach seiner geistigen und sittlichen Reife noch nicht ermessen kann. Die Einwilligung der Eltern in den medizinisch nicht indizierten, von einem

---

[34] VGH Hessen v. 15.03.2004 - 12 UE 1491/03 - FamRZ 2005, 31-33.
[35] OVG Münster v. 04.08.2006 - 19 B 1161/05 - NWVBl 2007, 106-107.
[36] BVerfG v. 28.01.2004 - 1 BvR 994/98 - juris Rn. 9 - FamRZ 2004, 522; BVerfG v. 30.01.2002 - 1 BvL 23/96 - FamRZ 2002, 306-311; OLG München v. 06.10.2011 - 31 Wx 332/11 - juris Rn. 3 - FGPrax 2012, 65-66.
[37] OLG Bamberg v. 29.09.1999 - 2 UF 182/99 - NJW-RR 2000, 600.
[38] AG Biedenkopf v. 17.11.1998 - 3 F 271/98 - FamRZ 1999, 736-737.
[39] BGH v. 20.12.1983 - 1 StR 746/83 - NStZ 1984, 164.
[40] OLG Brandenburg v. 17.02.2000 - 10 UF 45/99 - NJW 2000, 2361-2363.
[41] *Peschel-Gutzeit* in: Staudinger, § 1626 Rn. 102.
[42] BGH v. 05.12.1958 - VI ZR 266/57 - juris Rn. 12 - NJW 1959, 811-811; OLG Naumburg v. 11.01.2000 - 3 WF 220/99 - DAVorm 2000, 495.
[43] BGH v. 16.11.1971 - VI ZR 76/70 - juris Rn. 21 - LM Nr. 28 zu § 823 (Aa) BGB.
[44] *Veit* in: Bamberger/Roth, § 1626 Rn. 24.
[45] BGH v. 15.02.2000 - VI ZR 48/99 - BGHZ 144, 1-14.
[46] OLG Brandenburg v. 17.02.2000 - 10 UF 45/99 - juris Rn. 15 - NJW 2000, 2361-2363.

Nichtmediziner unter unsterilen Bedingungen durchgeführten Eingriff stellt auch unter Berücksichtigung von Art. 4 Abs. 1 GG einen Sorgerechtsmissbrauch dar und besitzt daher keine rechtfertigende Wirkung.[47]

Grundsätzlich entscheiden die Eltern auch im Rahmen der Gesundheitsfürsorge eigenständig, was sie für das Beste für ihr Kind erachten; das beinhaltet grundsätzlich auch den ihnen nach § 1626 Abs. 1 BGB als Ausfluss des Grundrechts aus Artikel 6 GG eröffneten Ermessensspielraum, ob eine **ärztliche Behandlung fortgeführt oder abgebrochen** werden soll. Dabei ist eine ärztliche Behandlung abzubrechen, wenn der einwilligungsfähige Patient seine Einwilligung widerruft. Bei einwilligungsunfähigen Patienten entscheiden die sorgeberechtigten Eltern entsprechend dem zu ermittelnden mutmaßlichen Willen des Patienten. Da bei sehr jungen Patienten ein solcher nicht ermittelt werden kann, muss auf Kriterien zurückgegriffen werden, die den allgemeinen Wertvorstellungen entsprechen.[48] Dabei gilt, dass im Zweifel der Schutz des menschlichen Lebens Vorrang vor persönlichen Überlegungen des Arztes oder der Angehörigen hat. Zu berücksichtigen ist zudem die Aussichtslosigkeit der ärztlichen Prognose und wie nahe der Patient dem Tode ist. Sind wesentliche Lebensfunktionen wie Atmung, Herzaktion und Kreislauf noch erhalten, kommt ein Abbruch der Behandlung nur in Betracht, wenn er dem mutmaßlichen Willen des Patienten entspricht.

Bei Schwangerschaftsabbrüchen gilt grundsätzlich auch die Einwilligungspflicht[49], wobei die Einwilligung aber im Einzelfall bei Rechtsmissbrauch nach § 1666 Abs. 3 BGB ersetzt werden kann[50]. Hierzu ist eine umfassende Abwägung zwischen dem Abtreibungsbegehren des Kindes, den elterlichen Bemühungen um das künftige Wohl ihres Kindes sowie den Interessen des ungeborenen Kindes erforderlich.[51] Dabei ist es in der Regel nicht rechtsmissbräuchlich, wenn die Einwilligung in einen strafbaren[52] beziehungsweise straffreien unzulässigen **Schwangerschaftsabbruch**[53] verweigert wird. Dagegen handeln die Eltern rechtsmissbräuchlich, wenn sie ihr Kind dazu drängen, einen Schwangerschaftsabbruch durchzuführen.[54] Der Arzt ist auch bei minderjährigen Patienten grundsätzlich zur Verschwiegenheit verpflichtet.[55] Daher besteht jedenfalls dann, wenn die Minderjährige für die Entscheidung über die Fortführung der Schwangerschaft die erforderliche Einsichtsfähigkeit vermittelt, für den medizinischen Schutz der Minderjährigen bei Fortführung der Schwangerschaft kein besonderes Risiko zu prognostizieren ist und die Minderjährige zudem eine Unterrichtung der Eltern ausdrücklich untersagt, keine Verpflichtung der behandelnden Gynäkologin zur Unterrichtung der Eltern.[56]

Die **Einwilligung** zum ärztlichen Eingriff ist keine Zustimmung zu einem Rechtsgeschäft im Sinne von § 183 BGB, sondern eine Gestattung oder Ermächtigung zur Vornahme tatsächlicher Handlungen, die in den Rechtskreis des Gestattenden eingreifen.[57] Daher ist von dieser Ermächtigung auch die Einwilligung in den Abschluss eines Behandlungsvertrages zu unterscheiden. Soweit die Eltern diesen Vertrag nicht im eigenen Namen als Vertrag zugunsten Dritter abschließen, bedarf er zur Wirksamkeit der Zustimmung der Eltern gemäß § 107 BGB.[58]

2. Abgrenzung zur gesetzlichen Vertretung

Bei der Personensorge ist zwischen der tatsächlichen Personensorge nach § 1626 Abs. 1 Satz 2 BGB und der **gesetzlichen Vertretung** nach § 1629 Abs. 1 Satz 1 BGB zu trennen. Dies ist immer dann von Bedeutung, wenn gesetzliche Vertretung und tatsächliche Personensorge nicht zusammenfallen, wie beispielsweise bei einem beschränkt geschäftsfähigen Elternteil (§ 1673 Abs. 2 Satz 2 BGB) oder bei einem verheirateten Minderjährigen (§ 1633 BGB). Während ein Fall der gesetzlichen Vertretung vor-

---

[47] LG Frankenthal v. 14.09.2004 - 4 O 11/02 - MedR 2005, 243-245.
[48] AG Minden v. 13.03.2007 - 32 F 53/07 - juris Rn. 20.
[49] OLG Hamm v. 16.07.1998 - 15 W 274/98 - NJW 1998, 3424-3425; a.A. AG Schlüchtern v. 29.04.1997 - X 17/97 - NJW 1998, 832-833; LG München I v. 24.07.1978 - 13 T 8767/78 - NJW 1980, 646.
[50] AG Neunkirchen v. 22.12.1987 - 15 VII 161/80 - FamRZ 1988, 876-877; LG Köln v. 07.02.1986 - 1 T 53/86 - FamRZ 1987, 207-208.
[51] LG Berlin v. 20.11.1979 - 83 T 395/79 - FamRZ 1980, 285-287.
[52] LG Köln v. 07.02.1986 - 1 T 53/86 - FamRZ 1987, 207-208.
[53] OLG Hamm v. 16.07.1998 - 15 W 274/98 - NJW 1998, 3424-3425.
[54] AG Dorsten v. 09.11.1977 - 4 X 351/77 - juris Rn. 11 - DAVorm 1978, 131-136.
[55] LG Köln v. 17.09.2008 - 25 O 35/08 - PatR 2008, 87-90.
[56] LG Köln v. 17.09.2008 - 25 O 35/08 - PatR 2008, 87-90.
[57] BGH v. 05.12.1958 - VI ZR 266/57 - juris Rn. 12 - NJW 1959, 811.
[58] LG München I v. 24.07.1978 - 13 T 8767/78 - NJW 1980, 646.

liegt, wenn die Eltern Rechtsgeschäfte und rechtsgeschäftsähnliche Handlungen unter Abgabe einer eigenen Willenserklärung im Namen des Kindes vornehmen (§ 164 BGB), fallen dagegen Zustimmungen in der Funktion als gesetzlicher Vertreter zu Rechtsgeschäften und rechtsgeschäftsähnlichen Handlungen, die das Kind selbst vornimmt, allein unter § 1626 Abs. 1 Satz 1 BGB.[59]

20 Hierzu gehört unter anderem die **Zustimmung** des gesetzlichen Vertreters
- bei einer Willenserklärung, §§ 107 ff. BGB,
- zur Aufnahme eines Erwerbsgeschäfts bzw. eines Dienst- oder Arbeitsvertrags, §§ 112 ff. BGB,
- zur Vaterschaftsanerkennung und Zustimmung der Mutter, § 1596 Abs. 1 BGB,
- zur Namensgebung und Einbenennung, §§ 1617a Abs. 2 Satz 4, 1617c Abs. 1 Satz 2, 1618 Satz 3 BGB,
- bei der Ausübung eines Zeugnisverweigerungsrechts im Gerichtsverfahren nach § 52 Abs. 1 Nr. 3 StPO, § 383 Abs. 1 Nr. 3 ZPO, § 173 VwGO, § 46 Abs. 2 Satz 1 ArbGG, § 118 Abs. 1 Satz 1 SGG, § 84 Abs. 1 FGO, wenn das Kind hierfür noch nicht die Verstandesreife besitzt[60]; bei einer Zustimmung begründet dies jedoch keine Aussagepflicht des Kindes[61],
- zur Option für die deutsche Staatsbürgerschaft gemäß § 5 RuStAG[62] sowie die Entlassung aus der Staatsangehörigkeit, §§ 3, 19 RuStAG[63],
- zur Adoption, §§ 1746 ff. BGB.

In den Fällen der Ehemündigkeit in § 1303 Abs. 3 BGB und beim Stellen eines Strafantrags nach § 77 Abs. 3 StGB kann dies sowohl vom gesetzlichen Vertreter als auch von einem sonstigen Inhaber der Personensorge vorgenommen werden.[64]

IV. Vermögenssorge (Absatz 1 Satz 2 Alternative 2)

21 Die Eltern sind bis zur Grenze des Zumutbaren zur **Vermögenssorge** verpflichtet.[65] Sie erfasst alle tatsächlichen und rechtlichen Maßnahmen, die darauf gerichtet sind, das Vermögen des Kindes zu erhalten, zu verwerten und zu vermehren.[66] Damit ist auch innerhalb der Vermögenssorge zwischen tatsächlicher Sorge und gesetzlicher Vertretung zu unterscheiden. Da jedoch in der Regel bei jeder tatsächlichen Handlung ein rechtsgeschäftlicher Zusammenhang besteht, ist grundsätzlich eine gesetzliche Vertretung anzunehmen.[67]

1. Inhalt

22 Zum **Kindesvermögen** gehört das gesamte Vermögen des Kindes, wie Grundbesitz, Wertpapiere, Kontoguthaben sowie die daraus gezogenen Einkünfte[68], aber auch Renten[69]. Außerdem zählen die Einkünfte des Kindes aus dem selbständigen Betrieb eines Erwerbsgeschäfts zum Kindesvermögen. Allerdings können die Eltern durch die Ermächtigung im Sinne von § 112 BGB darin einwilligen, dass das Kind berechtigt sein soll, Einnahmen zu entnehmen, um sie für den Betrieb zu verwenden. In diesem Fall besteht für diese Entnahmen keine Vermögenssorge durch die Eltern.[70] Bei Dienst- oder Arbeitsverhältnissen des Kindes unterfallen die Einkünfte dann nicht der Vermögenssorge der Eltern, wenn die von ihnen erteilte Ermächtigung nach § 113 BGB neben einer Eröffnung eines Gehaltskontos auch die Verfügung über das Konto umfasst.[71] Ebenfalls nicht von der Vermögenssorge erfasst ist das nach § 1638 BGB und § 1639 BGB erworbene Vermögen sowie das nach § 110 BGB überlassene Vermögen.

---

[59] *Götz* in: Palandt, § 1626 Rn. 17.
[60] OLG Stuttgart v. 14.06.1971 - 3 Ss 19/71 - NJW 1971, 2237.
[61] BGH v. 19.09.1967 - 5 StR 456/67 - NJW 1967, 2273.
[62] BayObLG v. 08.12.1975 - BReg 1 Z 65/75 - FamRZ 1976, 161.
[63] KG Berlin v. 31.10.1979 - 1 W 931/79 - OLGZ 1980, 115-120.
[64] *Peschel-Gutzeit* in: Staudinger, § 1626 Rn. 62.
[65] BGH v. 21.12.1971 - VI ZR 118/70 - juris Rn. 17 - BGHZ 58, 14-20.
[66] *Götz* in: Palandt, § 1626 Rn. 20.
[67] *Peschel-Gutzeit* in: Staudinger, § 1626 Rn. 64.
[68] *Götz* in: Palandt, § 1626 Rn. 18.
[69] OLG Hamm v. 26.07.1973 - 15 W 80/73 - FamRZ 1974, 31, 32.
[70] KG v. 29.01.1909 - 1a X 1053/08 - KGJ 37, A 39, A 43.
[71] BGH v. 02.04.1962 - II ZR 42/61 - LM Nr. 12 zu § 990 BGB.

2. Umfang

Die Vermögenssorge **umfasst** neben den in den §§ 1638-1649 BGB geregelten Rechten und Pflichten insbesondere auch eine Rechenschaftspflicht sowie die Herausgabe des Vermögens nach Beendigung der Vermögenssorge (§ 1698 BGB). Aus der Pflicht zur Herausgabe folgt im Umkehrschluss auch die Pflicht zur Inbesitznahme von Vermögensgegenständen des Kindes, wodurch ein gesetzliches Besitzmittlungsverhältnis zwischen Eltern und Kind begründet wird.[72] Es besteht weiterhin die Pflicht, Schulden zu vermeiden[73] sowie unter Berücksichtigung der konkreten Umstände des Einzelfalls eine Haftpflichtversicherung abzuschließen.[74]

23

V. Leitbild für Pflege und Erziehung des Kindes (Absatz 2)

Nach § 1626 Abs. 2 Satz 1 BGB wird das **elterliche Erziehungsrecht** mit wachsender Einsichtsfähigkeit und Reife des Kindes durch das Kindesgrundrecht auf freie Entfaltung seiner Persönlichkeit (Art. 2 Abs. 1 GG) begrenzt und zwar in dem Maße, wie die Fremderziehung der Eltern durch die Selbsterziehung und Eigenlenkung des Kindes mehr und mehr abgelöst wird. Je mehr das Kind in seiner körperlichen, geistigen und seelischen Entwicklung zu einer eigenständigen Persönlichkeit reift, hat das Elterngrundrecht auf Erziehung (verbunden mit Anleitung, Überwachung, Lenkung und Formung) zurückzutreten.[75] Dies beinhaltet jedoch nicht, dass die Eltern dem Wunsch des Kindes stets folgen müssen, sondern nur, dass der Wille des Kindes bei der zu treffenden Pflege- und Erziehungsmaßnahme zu berücksichtigen ist.[76]

24

§ 1626 Abs. 2 Satz 2 BGB konkretisiert die **Berücksichtigung des Kinderwillens** in dem Sinne, dass es an der Entscheidungsfindung durch Gespräche zu beteiligen ist, soweit es sich um Angelegenheiten handelt, die seinem Entwicklungsstand entsprechen[77]. Im Fall einer Verletzung dieser Kooperationspflicht kommen Maßnahmen nach § 1666 BGB in Betracht.

25

Diese Grundsätze werden in anderen Regelungen konkretisiert. Dem Kind werden mit dem Erreichen eines gewissen Alters **eigene Rechte** eingeräumt. Zum Teil sind diese noch an die Zustimmung der Eltern wie z.B. in den §§ 112 ff., 1303, 1411, 1616 ff. BGB gebunden, zum Teil sind sie zustimmungsunabhängig wie in § 1671 Abs. 1 Satz 2 BGB, §§ 60, 125, 159 Abs. 2, 164, 167, 316 FamFG oder den §§ 3, 5 KErzG, so genannte **Teilmündigkeit**en.

26

VI. Umgang des Kindes (Absatz 3)

Nach dem gesetzgeberischen Willen soll durch § 1626 Abs. 3 BGB das Bewusstsein gestärkt werden, dass der **Umgang mit beiden Elternteilen und anderen wichtigen Erziehungspersonen** in der Regel dem Wohl des Kindes dient.[78] Allerdings begründet die Norm keine subjektiven Rechte; diese ergeben sich allein aus den §§ 1684, 1685 BGB.[79] Sie konkretisiert vielmehr, was unter dem Begriff Wohl des Kindes zu verstehen ist und muss daher bei der Auslegung anderer Vorschriften herangezogen werden.[80]

27

Durch § 1626 Abs. 3 Satz 1 BGB i.V.m. § 1684 Abs. 1 BGB hat jeder Elternteil unabhängig vom Sorgerecht ein Recht auf Umgang mit dem Kind, soweit das **Kindeswohl** dem nicht entgegensteht (§ 1684 Abs. 4 BGB[81]).

28

Bei aufenthaltsrechtlichen Entscheidungen, die den Umgang mit dem Kind berühren, ist maßgeblich auf die Sicht des Kindes abzustellen und im Einzelfall zu untersuchen, ob tatsächlich eine persönliche Verbundenheit zwischen Eltern bzw. Elternteil und dem Kind besteht, auf deren Aufrechterhaltung das Kind zu seinem Wohl angewiesen ist. Dabei sind die Belange des Elternteils und des Kindes im Einzelfall umfassend zu berücksichtigen.[82] Für den Fall, dass zwischen einem ausländischen Elternteil und seinem Kind ein enges emotionales und vertrauensvolles Verhältnis besteht, verstößt eine geplante **Ab-**

29

---

[72] BGH v. 08.06.1989 - IX ZR 234/87 - juris Rn. 23 - NJW 1989, 2542-2544.
[73] *Götz* in: Palandt, § 1626 Rn. 20.
[74] BGH v. 04.06.1980 - IVb ZR 514/80 - juris Rn. 12 - BGHZ 77, 224-233.
[75] OLG Karlsruhe v. 02.06.1989 - 5 Wx 1/89 - NJW 1989, 2398-2399.
[76] OLG Köln v. 25.09.2000 - 14 UF 66/00 - juris Rn. 12 - NJW-RR 2001, 221-222.
[77] OLG Karlsruhe v. 02.06.1989 - 5 Wx 1/89 - NJW 1989, 2398-2399.
[78] BT-Drs. 13/4899, S. 93.
[79] OLG Bamberg v. 29.01.1999 - 2 UF 282/98 - NJW-RR 1999, 804.
[80] *Huber* in: MünchKomm-BGB, § 1626 Rn. 68.
[81] OLG München v. 15.05.2003 - 12 UF 1300/02 - FamRZ 2003, 1955-1956.
[82] VG Münster v. 25.01.2006 - 8 L 1069/05.

§ 1626

schiebung des Elternteils gegen Art. 6 Abs. 1 und 2 GG. Dabei ist es unerheblich, dass der betreffende Elternteil mit dem anderen Elternteil und dem Kind nicht in einer häuslichen Gemeinschaft wohnt, soweit die Gründe dafür in äußeren Umständen liegen.[83]

30 Der **Auswanderung** eines Elternteils steht ferner nicht ohne Weiteres die gesetzliche Regelung in § 1626 Abs. 3 BGB entgegen, dass zum Wohl des Kindes in der Regel der Umgang mit beiden Elternteilen gehört. Auch wenn durch die Auswanderung der Umgang zwischen dem Kind und dem anderem Elternteil wesentlich erschwert wird, ergibt sich daraus allein weder eine generelle noch eine vermutete Kindeswohlschädlichkeit.[84]

31 Die Tatsache, dass der Umgang mit dem Vater dem Wohl des Kindes dient und die sorgeberechtigte Mutter den Umgang des Kindes mit dem Vater ablehnt, kann Maßnahmen nach § 1666 BGB nach sich ziehen (beispielsweise Entzug des **Aufenthaltsbestimmungsrechts**, soweit es um die Durchführung des festgelegten Umgangs geht; in diesem Fall ist insoweit ein Pfleger zu bestellen, der den Umgang durchführt, d.h. das Kind bei der Mutter abholt).[85]

32 Dagegen ist eine **Umgangserschwerung** gegebenenfalls hinzunehmen. So wird das Recht auf Umgang mit dem Kind erheblich erschwert, wenn ein Elternteil mit dem gemeinsamen Kind ins Ausland auswandern beziehungsweise übersiedeln will. Die Tatsache, dass dadurch das Umgangsrecht des anderen Elternteils faktisch zunichte gemacht wird, ist zumindest dann hinzunehmen, wenn hierfür triftige Gründe vorliegen. In diesem Fall tritt das Elternrecht des in Deutschland verbleibenden Elternteils aus Art. 6 Abs. 2 GG hinter das persönliche Freiheitsrecht des auswandernden Elternteils aus Art. 2 Abs. 1 GG zurück.[86]

33 Es besteht regelmäßig keine zwangsweise Durchsetzung der **Umgangspflicht** eines umgangsunwilligen Elternteils. Ein Umgang mit dem Kind, der nur mit Zwangsmitteln gegen seinen umgangsunwilligen Elternteil durchgesetzt werden kann, dient in der Regel nicht dem Kindeswohl. Der durch die Zwangsmittelandrohung bewirkte Eingriff in das Grundrecht des Elternteils auf Schutz der Persönlichkeit ist insoweit nicht gerechtfertigt, es sei denn, es gibt im Einzelfall hinreichende Anhaltspunkte, die darauf schließen lassen, dass ein erzwungener Umgang dem Kindeswohl dienen wird.[87]

34 In § 1626 Abs. 3 Satz 2 BGB wird angeordnet, dass dies auch **für andere Personen gilt, zu denen das Kind Beziehungen besitzt**. Allerdings hängt der Umgang davon ab, ob die Aufrechterhaltung der Beziehungen für die Entwicklung des Kindes förderlich ist. Ein subjektives Recht wird nach § 1626 Abs. 3 Satz 2 BGB i.V.m. § 1685 BGB aber nur für die dort genannten Personenkreise und bei Vorliegen der Voraussetzungen gewährt. Die tatsächliche Vermutung, dass ein Umgang der Großeltern mit ihrem Enkelkind dem Kindeswohl dient, hat allerdings zur Voraussetzung, dass zwischen ihnen und dem Kind Bindungen bestehen, deren Aufrechterhaltung für das Kind förderlich ist. Wenn eine solche Vermutung nicht besteht, so ist eine positive Feststellung erforderlich, dass die angestrebten Kontakte dem Kindeswohl dienen.[88] Das Umgangsrecht eines Großelternteils mit seinem Enkelkind kann auch dann bestehen, wenn die Verwandtschaftsbeziehung durch eine sog. Stiefkindadoption der Mutter des Enkelkindes durch den ehelichen Partner des anderen Großelternteils weggefallen ist. Auch in einem solchen Fall besteht zwischen dem Großelternteil und dem Enkelkind durch die leibliche Abstammung eine Bindung i.S.d. § 1626 Abs. 3 Satz 2 BGB. Die Aufrechterhaltung dieser Bindung ist für die Entwicklung des Kindes förderlich, wenn nicht außergewöhnliche Umstände dagegen sprechen.[89] Wenn das Verhältnis zwischen Eltern und Großeltern zerrüttet ist, dient ein von den Eltern abgelehnter Umgang der Großeltern mit den Enkelkindern nicht dem Kindeswohl, wenn die Kinder bei einem zwangsweise angeordneten Umgang in starke Loyalitätskonflikte geraten würden.[90]

35 Allerdings geht der Wortlaut von § 1626 Abs. 3 Satz 2 BGB über den von § 1685 BGB hinaus. Danach steht zwar Personen wie Tante, Onkel, Cousins, Cousinen, Nachbarn und Freunden des Kindes kein einklagbares Recht zur Seite; allerdings wird den Eltern bei ihrer Entscheidung in Bezug auf den Umgang des Kindes unter den Voraussetzungen von § 1626 Abs. 3 Satz 2 BGB aufgegeben, den Umgang zuzulassen.

---

[83] VG Münster v. 25.01.2006 - 8 L 1069/05.
[84] OLG Hamm v. 15.11.2010 - 8 WF 240/10 - juris Rn. 70.
[85] OLG Brandenburg v. 21.11.2006 - 10 UF 128/06 - FamRZ 2007, 577-580.
[86] OLG Zweibrücken v. 13.07.2004 - 5 UF 47/04 - NJW-RR 2004, 1588-1590.
[87] BVerfG v. 01.04.2008 - 1 BvR 1620/04.
[88] OLG Köln v. 02.04.2008 - II-14 UF 241/07, 14 UF 241/07 - FamRZ 2008, 2147.
[89] OLG Rostock v. 30.10.2004 - 10 WF 76/04 - FamRZ 2005, 744-745.
[90] AG Kulmbach v. 25.08.2006 - 2 F 196/04 - FamRZ 2007, 850-851.

Der Verweis auf eine Verweigerungshaltung von Kindern steht der Androhung eines Zwangsgeldes 36
nach § 35 Abs. 1 Satz 1 FamFG zur Durchsetzung einer Umgangsregelung nicht entgegen, solange
nicht sämtliche Erziehungsmöglichkeiten ausgeschöpft sind.[91]

C. Prozessuale Hinweise/Verfahrenshinweise

Zum 01.09.2009 ist das Gesetz über das Verfahren in Familiensachen und in den Angelegenheiten der 37
freiwilligen Gerichtsbarkeit (FamFG[92]) in Kraft getreten, das die bisherigen Regelungen in ZPO und
FGG ersetzt hat. Gem. Art. 111 FGG-RG ist das FamFG auf Verfahren anzuwenden, die **ab dem
01.09.2009** eingeleitet wurden.

I. Verfahren in Kindschaftssachen

§ 151 FamFG zählt auf, welche Verfahren dem Familiengericht als **Kindschaftssachen** zugewiesen 38
sind. Im Einzelnen handelt es sich um:
- Ersetzung der Zustimmung des gesetzlichen Vertreters zur Sorgerechtserklärung eines beschränkt geschäftsfähigen Elternteils, § 1626c Abs. 2 Satz 3 BGB,
- Entscheidung bei Meinungsverschiedenheiten der Eltern, § 1628 BGB,
- Entziehung der Vertretung von Vater und Mutter, § 1629 Abs. 2 BGB,
- Entscheidung in Angelegenheiten der Personen- und Vermögenssorge, falls hierfür ein Pfleger bestellt ist und sich Eltern und Pfleger nicht einigen können, § 1630 Abs. 2 BGB,
- Übertragung der elterlichen Sorge auf die Pflegeperson, § 1630 Abs. 3 BGB,
- Unterstützung der Eltern bei der Ausübung der Personensorge, § 1631 Abs. 3 BGB,
- Genehmigung zur einer Unterbringung des Kindes, die mit Freiheitsentzug verbunden ist, § 1631b BGB,
- Entscheidung über die Herausgabe des Kindes und den Umgang des Kindes, § 1632 Abs. 3 BGB,
- Entscheidung über den Verbleib des Kindes bei einer Pflegeperson, § 1632 Abs. 4 BGB,
- Anordnung über die Aufnahme eines Vermögensverzeichnisses durch eine Behörde, Beamten oder Notar, § 1640 Abs. 3 BGB, falls es von den Eltern nicht oder nicht ordentlich eingereicht wurde, § 1640 Abs. 1 BGB,
- Genehmigung zu Rechtsgeschäften des Kindes, bei denen ein Vormund einer Genehmigung bedarf, § 1643 BGB,
- Genehmigung zur Überlassung von Gegenständen an das Kind, welche sie nur mit Genehmigung veräußern dürften, § 1644 BGB,
- Genehmigung zu einem neuen Erwerbsgeschäfts im Namen des Kindes, § 1645 BGB,
- Maßnahmen bei Gefährdung des Kindes, § 1666 BGB,
- Trennung des Kindes von der elterlichen Familie, § 1666a Abs. 1 BGB,
- Entziehung der Personensorge, § 1666a Abs. 2 BGB,
- Maßnahmen bei Gefährdung des Kindesvermögens, § 1667 BGB,
- Übertragung der elterlichen Sorge bei Getrenntlebenden mit gemeinsamer elterlicher Sorge, § 1671 BGB, sowie bei elterlicher Sorge der Mutter, § 1672 BGB,
- Feststellung, dass die elterliche Sorge auf längere Zeit tatsächlich nicht ausgeübt werden kann, § 1674 BGB,
- Übertragung der elterlichen Sorge auf den anderen Elternteil bei Ruhen der elterlichen Sorge, § 1678 Abs. 2 BGB,
- Übertragung der elterlichen Sorge auf den überlebenden Elternteil, § 1680 Abs. 2 BGB,
- Übertragung der elterlichen Sorge auf den anderen Elternteil bei Sorgerechtsentzug, § 1680 Abs. 3 BGB,
- Übertragung der elterlichen Sorge an den noch lebenden für tot erklärten Elternteil, § 1681 Abs. 2 BGB,
- Verbleibensanordnung zugunsten von Bezugspersonen, § 1682 BGB,
- Anordnungen bei der Erstellung eines Vermögensverzeichnisses des Kindes bei Wiederheirat eines Elternteils mit einem Dritten, § 1683 BGB,
- Entscheidung über den Umgang des Kindes mit den Eltern, § 1684 Abs. 3 und 4 BGB,
- Entscheidung über den Umgang des Kindes mit anderen Bezugspersonen, § 1685 Abs. 3 BGB,

---

[91] OLG Köln v. 18.02.2005 - 4 WF 24/05 - OLGR Köln 2005, 269.
[92] BGBl I 2008, 2586.

- Entscheidung über die Ausübung der gemeinsamen Sorge bei getrennt lebenden, § 1687 BGB,
- Entscheidung über die Entscheidungsbefugnisse der Pflegeperson und der Person, bei der sich das Kind aufgrund einer gerichtlichen Entscheidung aufhält, § 1688 Abs. 3 und 4 BGB,
- Maßnahmen bei Verhinderung der Eltern, § 1693 BGB,
- Abänderung und Überprüfung gerichtlicher Anordnungen, § 1696 BGB,
- Anordnung von Vormundschaft und Pflegschaft, § 1697 BGB.

II. Zuständigkeit

39 Die **sachliche Zuständigkeit** für Kindschaftssachen ergibt sich aus den §§ 23a Abs. 1 Nr. 1, 23b Abs. 1 Satz 1 GVG.

40 Die **örtliche Zuständigkeit** in Kindschaftssachen richtet sich nach § 152 FamFG. Es handelt sich um eine **ausschließliche** Zuständigkeit. Während der **Anhängigkeit einer Ehesache** ist unter den deutschen Gerichten das Gericht, bei dem die Ehesache im ersten Rechtszug anhängig ist oder war, ausschließlich zuständig für Kindschaftssachen, sofern sie gemeinschaftliche Kinder der Ehegatten betreffen (§ 152 Abs. 1 FamFG). Ansonsten ist das Gericht zuständig, in dessen Bezirk **das Kind seinen gewöhnlichen Aufenthalt hat** (§ 152 Abs. 2 FamFG). Gewöhnlicher Aufenthalt ist der Ort des tatsächlichen Mittelpunkts der Lebensführung des Kindes; hierbei kommt es auf den Schwerpunkt seiner sozialen Bindungen in familiärer und schulischer Hinsicht an.[93] Maßgeblicher Zeitpunkt für die örtliche Zuständigkeit ist bei Antragsverfahren der Antragseingang, bei Amtsverfahren die Kenntniserlangung von Tatsachen, die Anlass zu gerichtlichen Maßnahmen sein könnten.[94] Ein späterer Wechsel des gewöhnlichen Aufenthaltes lässt die einmal gegebene Zuständigkeit nicht entfallen. § 154 FamFG soll zudem vermeiden, dass ein eigenmächtiger Umzug des betreuenden Elternteils mit dem Kind diesem den Vorteil eines ortsnahen Gerichts verschafft. Nach dieser Vorschrift kann das nach § 152 Abs. 2 FamFG zuständige Gericht ein Verfahren an das Gericht des früheren gewöhnlichen Aufenthaltsorts des Kindes verweisen, wenn ein Elternteil den Aufenthalt des Kindes ohne vorherige Zustimmung des anderen geändert hat. Dies gilt jedoch nicht, wenn dem anderen Elternteil das Recht der Aufenthaltsbestimmung nicht zusteht oder die Änderung des Aufenthaltsorts zum Schutz des Kindes oder des betreuenden Elternteils erforderlich war (§ 154 Satz 2 FamFG). Ist die Zuständigkeit eines deutschen Gerichts nach § 152 Abs. 1, 2 FamFG nicht gegeben, ist subsidiär das Gericht zuständig, in dessen Bezirk das Bedürfnis der Fürsorge bekannt wird.

III. Verfahrenseinleitung

41 Das einschlägige **Verfahren** richtet sich stets nach den Regeln des FamFG. Es wird in der Regel von Amts wegen eingeleitet (Offizialprinzip), sofern das Gesetz nicht die Stellung eines Antrags erfordert (Dispositionsmaxime). Vorbehaltlich spezieller Regelungen im FamFG richtet sich die **Einleitung eines Verfahrens auf Antrag nach § 23 FamFG**, der die Mindestanforderungen enthält. **§ 24 FamFG** hingegen beinhaltet eine allgemeine Regelung für solche Verfahren, die **von Amts wegen** eingeleitet werden können.[95]

42 In beiden Fällen ermittelt das Gericht den Sachverhalt jedoch von Amts wegen, selbst dann wenn im Verbundverfahren entschieden wird (§ 26 FamFG). Dennoch haben alle Beteiligten die Pflicht, durch einen umfassenden Tatsachenvortrag zur Sachverhaltsaufklärung beizutragen. Im Fall eines non liquet geht dies zu Lasten des Beteiligten, der die Feststellungslast hat. Entscheidungen im Sorgerecht sind zu begründen.[96]

IV. Verfahrensgrundsätze

1. Nichtöffentliches Verfahren

43 § 170 Abs. 1 Satz 1 GVG enthält den **Grundsatz der Nichtöffentlichkeit** für alle Verhandlungen, Erörterungen und Anhörungen in Familiensachen. Allerdings gestattet § 170 Abs. 1 Satz 2 GVG dem Familiengericht nun ausdrücklich, die Öffentlichkeit zuzulassen, sofern dies dem Willen der Beteiligten nicht entgegensteht.

---

[93] *Stößer* in: Prütting/Helms, FamFG § 152 Rn. 4.
[94] *Stößer* in: Prütting/Helms, FamFG § 152 Rn. 6.
[95] Vgl. zu den §§ 23, 24 FamFG im Einzelnen: *Reinken*, ZFE 2009, 324-333, 325 f.
[96] OLG München v. 29.07.1998 - 26 UF 1156/98 - OLGR München 1998, 355-356.

2. Anwaltszwang

§ 114 Abs. 1 FamFG sieht einen Anwaltszwang nur für Ehesachen und Folgesachen (§ 121 FamFG) sowie für selbständige Familienstreitsachen (§ 112 FamFG) vor. Da auch Kindschaftssachen, die die Übertragung oder Entziehung der elterlichen Sorge, das Umgangsrecht oder die Herausgabe eines gemeinschaftlichen Kindes der Ehegatten oder das Umgangsrecht eines Ehegatten mit dem Kind des anderen Ehegatten betreffen, **Folgesachen** sind (§ 137 Abs. 3 FamFG), besteht diesbezüglich Anwaltszwang, sofern sie als Folgesache geführt werden. **Nach Abtrennung** oder **bei selbständiger Einleitung** sind die Beteiligten hingegen **postulationsfähig** (Umkehrschluss aus den §§ 114 Abs. 1, 137 Abs. 5 FamFG).

3. Vorrang- und Beschleunigungsgebot

Von Bedeutung ist des Weiteren das in § 155 Abs. 1 FamFG enthaltene **Vorrang- und Beschleunigungsgebot**. Danach sind Verfahren, die den Aufenthalt des Kindes, das Umgangsrecht oder die Herausgabe des Kindes betreffen, sowie Verfahren wegen Gefährdung des Kindeswohls vorrangig und beschleunigt durchzuführen. Konkretisiert wird dieses Gebot in § 155 Abs. 2 FamFG: Danach soll das Gericht die genannten Verfahren in einem Termin mit den Beteiligten erörtern, der spätestens einen Monat nach Beginn des Verfahrens stattfinden soll und dessen **Verlegung** nur aus zwingenden Gründen zulässig ist. Damit stellt der Gesetzgeber höhere Voraussetzungen an eine Verlegung als in § 32 Abs. 1 Satz 2 FamFG i.V.m. § 227 Abs. 1 ZPO, für die schon erhebliche Gründe ausreichen. Zwingende Gründe sind nur solche, die eine Teilnahme am Termin tatsächlich unmöglich machen, wie etwa eine Erkrankung[97], nicht aber die bloße Terminkollision eines Beteiligtenvertreters, der damit in der anderen Sache einen Verlegungsantrag zu stellen hat, dem das dortige Gericht entsprechen muss.[98]

4. Bestellung eines Verfahrensbeistandes

Der Verfahrenspfleger des § 50 FGG wurde im FamFG ersetzt durch den Verfahrensbeistand, dessen Bestellung in **§ 158 FamFG** geregelt ist. Zugleich wurde dessen Rolle gestärkt. Während das Gericht nach § 50 FGG einen Verfahrenspfleger bestellen konnte, hat es nunmehr in Kindschaftssachen, die die Person des minderjährigen Kindes betreffen, einen solchen zu bestellen, soweit dies zur Wahrnehmung seiner Interessen erforderlich ist (§ 158 Abs. 1 FamFG). § 158 Abs. 2 FamFG konkretisiert diesen Grundsatz, indem er Regelbeispiele aufstellt, in denen die Bestellung eines Verfahrensbeistands erforderlich ist und die auch als Orientierung zur Auslegung des Begriffs der Erforderlichkeit in § 158 Abs. 1 FamFG dienen können.

a. Bestellung eines Verfahrensbeistands oder Ablehnung der Bestellung

Gem. § 158 Abs. 2 FamFG ist eine Bestellung in der Regel erforderlich:
- wenn das Interesse des Kindes zu dem seiner gesetzlichen Vertreter in erheblichem Gegensatz steht (**Nr. 1**),
- in Verfahren nach den §§ 1666, 1666a BGB, wenn die teilweise oder vollständige Entziehung der Personensorge in Betracht kommt (**Nr. 2**),
- wenn eine Trennung des Kindes von der Person erfolgen soll, in deren Obhut es sich befindet (**Nr. 3**),
- in Verfahren, die die Herausgabe des Kindes oder eine Verbleibensanordnung zum Gegenstand haben (**Nr. 4**),
- wenn der Ausschluss oder eine wesentliche Beschränkung des Umgangsrechts in Betracht kommt (**Nr. 5**).

Sieht das Gericht in den Fällen des § 158 Abs. 2 FamFG von der Bestellung eines Verfahrensbeistands ab, ist dies in der Endentscheidung zu begründen (§ 158 Abs. 3 Satz 3 FamFG).

Sowohl die Bestellung eines Verfahrensbeistands oder deren Aufhebung, aber auch die Ablehnung einer derartigen Maßnahme sind als bloße Zwischenentscheidungen **nicht selbständig anfechtbar** (§ 158 Abs. 3 Satz 4 FamFG). Allerdings kann ein Rechtsmittel weiterhin damit begründet werden, dass das Gericht einen Verfahrensbeistand zu Unrecht bestellt oder abberufen hat oder dass es die Bestellung eines solchen zu Unrecht unterlassen oder abgelehnt hat.[99]

---
[97] BT-Drs. 16/6308, S. 236.
[98] *Heilmann* in: MünchKomm-FamFG, § 155 Rn. 27.
[99] *Schumann* in: MünchKomm-FamFG, § 158 Rn. 24.

b. Zeitpunkt und Ende der Bestellung

50 Das Gericht hat den Verfahrensbeistand gem. § 158 Abs. 3 Satz 1 FamFG **so früh wie möglich** zu bestellen. Aus Kostengründen kann es jedoch zweckmäßig und gerechtfertigt sein, vor der Bestellung zunächst abzuwarten, ob sich nicht im Erörterungstermin nach § 155 Abs. 2 FamFG eine Einigung aller Beteiligten finden lässt.[100]

51 § 158 Abs. 6 FamFG regelt das **Ende** der Verfahrensbeistandschaft, das durch mit der Rechtskraft der das Verfahren abschließenden Entscheidung oder dem sonstigen Abschluss des Verfahrens eintritt. Die Bestellung soll jedoch auch aufhoben werden, wenn die Interessen des Kindes von einem Rechtsanwalt oder einem anderen geeigneten Verfahrensbevollmächtigten angemessen vertreten werden (§ 158 Abs. 5 FamFG).

c. Person, Rechtsstellung und Aufgaben des Verfahrensbeistands

52 § 158 Abs. 1 FamFG bestimmt, dass eine geeignete Person zum Verfahrensbeistand bestimmt werden soll, verzichtet jedoch auf weitere Qualifikationsmerkmale. Die Person muss damit „lediglich" **persönlich und fachlich geeignet** sein, das Interesse des Kindes festzustellen und sachgerecht in das Verfahren einzubringen, so dass auch die Bestellung eines geeigneten Laien, wie etwa eines nahen Verwandten, möglich ist.[101]

53 Durch seine Bestellung wird der Verfahrensbeistand **Beteiligter** des Verfahrens (§ 158 Abs. 3 Satz 2 FamFG). Er hat die Rechte des Betroffenen wahrzunehmen, ohne allerdings an dessen Weisungen gebunden zu sein. Hierzu gehört auch die **Rechtsmitteleinlegung** im Interesse des Kindes (§ 158 Abs. 4 Satz 5 FamFG). Diese erfolgt im eigenen Namen, nicht im Namen des Kindes.[102]

54 § 158 Abs. 4 Satz 6 FamFG stellt klar, dass der Verfahrensbeistand **nicht gesetzlicher Vertreter** des Kindes ist. Damit kann er keine rechtsgeschäftlichen Willenserklärungen für das Kind abgeben oder entgegennehmen.[103]

55 Die einzelnen **Aufgaben** des Verfahrensbeistands sind in § 158 Abs. 4 FamFG geregelt. Darüber hinaus bestimmt § 159 Abs. 4 Satz 3 FamFG, dass er bei der persönlichen Anhörung des Kindes anwesend sein soll. Der Verfahrensbeistand hat zum einen das **Interesse des Kindes festzustellen und im gerichtlichen Verfahren zur Geltung zu bringen**. Gemeint ist damit sein wohlverstandenes Interesse und nicht bloß der von dem Kind geäußerte Wille; daher hat der Verfahrensbeistand nicht lediglich den Kindeswillen deutlich zu machen, sondern darf auch Bedenken gegen den geäußerten Kindeswillen vortragen.[104] Zum anderen hat er das Kind über Gegenstand, Ablauf und möglichen Ausgang des Verfahrens in geeigneter Weise, d.h. altersgemäß, **zu informieren** (§ 158 Abs. 4 Satz 2 FamFG); hierzu ist ihm **Akteneinsicht** zu gewähren. Dem Gericht ist es zudem gem. § 158 Abs. 4 Satz 3 FamFG möglich, dem Verfahrensbeistand die zusätzliche Aufgabe zu übertragen, Gespräche mit den Eltern und weiteren Bezugspersonen des Kindes zu führen sowie am Zustandekommen einer einvernehmlichen Regelung über den Verfahrensgegenstand mitzuwirken. Art und Umfang dieser zusätzlichen Beauftragung müssen aber konkret festgelegt und die Beauftragung muss begründet werden (§ 158 Abs. 4 Satz 4 FamFG).

d. Vergütung des Verfahrensbeistands

56 Die Vergütung des Verfahrensbeistands ist in § 158 Abs. 7 FamFG geregelt. Hierbei ist zu unterscheiden, ob der Verfahrensbeistand berufsmäßig tätig wird oder nicht. Ist dies nicht der Fall, kann dieser lediglich Aufwendungsersatz gem. §§ 158 Abs. 7 Satz 1, 277 Abs. 1 FamFG, § 1835 Abs. 1, 2 BGB verlangen. Ein berufsmäßig handelnder Verfahrensbeistand erhält gem. § 158 Abs. 7 Satz 2 FamFG in jedem Rechtszug jeweils eine einmalige Vergütung in Höhe von **350 €**, die sich im Fall der zusätzlichen Beauftragung nach § 158 Abs. 4 Satz 3 FamFG auf 550 € erhöht. Dabei handelt es sich um eine **Fallpauschale**, die sich an der Gebühr eines Rechtsanwalts in einer Kindschaftssache mit einem Regelstreitwert von 3.000 € orientiert und auch Ansprüche auf Ersatz anlässlich der Verfahrensbeistandschaft entstandener Aufwendungen sowie die auf die Vergütung anfallende Umsatzsteuer abgilt (§ 158

---

[100] *Stößer* in: Prütting/Helms, FamFG, § 158 Rn. 14.
[101] *Borth/Grandel* in: Musielak/Borth, FamFG § 158 Rn. 14.
[102] *Stößer* in: Prütting/Helms, FamFG, § 158 Rn. 24.
[103] *Borth/Grandel* in: Musielak/Borth, FamFG § 155 Rn. 16.
[104] OLG Frankfurt v. 17.04.2008 - 1 WF 68/08 - FamRZ 2008, 1364-1365.

Abs. 7 Satz 4 FamFG). Aufwendungsersatz und Vergütung sind durch Beschluss festzusetzen (§§ 158 Abs. 7 Satz 6, 168 Abs. 1 FamFG); sie sind stets aus der Staatskasse zu zahlen (§ 158 Abs. 7 Satz 5 FamFG).

Um die einmalige Vergütung gemäß § 158 Abs. 7 FamFG zu erhalten, muss der berufsmäßige Verfahrensbeistand über die bloße Entgegennahme des Bestellungsbeschlusses hinaus in Wahrnehmung seiner Aufgaben im Sinne des § 158 Abs. 4 FamFG in irgendeiner Weise zur Unterstützung des Kindes tätig geworden sein. Hierzu ist allerdings nicht zwingend erforderlich, dass seine Tätigkeit nach außen hin in Erscheinung tritt, wie es etwa bei Einreichung eines Schriftsatzes der Fall ist.[105]

57

Wenn ein Verfahrensbeistand in einem Verfahren **für mehrere Kinder bestellt** wird, fällt die pauschale Vergütung gemäß § 158 Abs. 7 Satz 2 und Satz 3 FamFG für jedes Kind gesondert an, da bei **Geschwistern** für jedes Kind die **Bestellung eines eigenen Verfahrensbeistands** erforderlich ist und damit die Fallpauschale für jeden Verfahrensbeistand anfällt, auch wenn es sich um ein und dieselbe Person handelt.[106] Bei der Bestellung eines Verfahrensbeistands für mehrere Kinder ist die nach § 158 Abs. 7 FamFG zustehende Vergütung für jeden Rechtszug gesondert und für jedes von der Bestellung erfasste Kind zu gewähren.[107]

58

5. Anordnung des persönlichen Erscheinens

Gem. § 155 Abs. 3 FamFG soll zugleich das **persönliche Erscheinen** aller verfahrensfähigen Beteiligten zu diesem Termin angeordnet werden. Da es sich hierbei um eine Soll-Vorschrift handelt, kann in begründeten Ausnahmefällen hiervon abgesehen werden. Wird der Anordnung nicht Folge geleistet, können gem. § 33 Abs. 3 FamFG **Ordnungsmittel** ergriffen werden.

59

6. (Persönliche) Anhörung

Die §§ 159 ff. FamFG enthalten Bestimmungen zur Anhörung, die der **Aufklärung des Sachverhalts** und **teilweise** auch der **Gewährung rechtlichen Gehörs** dienen.

60

a. Kindesanhörung

Der die Kindesanhörung betreffende § 159 FamFG entspricht in weiten Teilen dem bisherigen § 50b FGG. Dabei geht das Gesetz vom **Grundsatz der persönlichen Anhörung** aus.

61

Betrifft das Verfahren zumindest auch die Personensorge und ist das Kind **über 14 Jahre** alt, hat das Gericht das Kind **persönlich anzuhören** (§ 159 Abs. 1 Satz 1 FamFG). Auch in rein vermögensrechtlichen Verfahren ist der Jugendliche grds. persönlich anzuhören, es sei denn eine solche ist nach der Art der Angelegenheit nicht angezeigt (§ 159 Abs. 1 Satz 2 FamFG).

62

Ist das Kind noch **nicht 14 Jahre alt**, so ist es gem. § 159 Abs. 2 FamFG dennoch **persönlich anzuhören**, wenn die Neigungen, Bindungen oder der Wille des Kindes für die Entscheidung von Bedeutung sind oder wenn eine persönliche Anhörung aus sonstigen Gründen angezeigt ist. In den Anwendungsbereich fallen in der Regel alle Angelegenheiten der Personensorge, insbes. aber die Verfahren nach den §§ 1632, 1666, 1671, 1684, 1685 BGB. Sonstige Gründe können etwa vermögensrechtliche Angelegenheiten sein.[108] Nach mittlerweile wohl gefestigter Rechtsprechung ist eine persönliche Anhörung ab dem 3. Lebensjahr veranlasst.[109]

63

§ 159 Abs. 4 Satz 4 FamFG stellt die **Durchführung der persönlichen Anhörung** grds. in das Ermessen des Gerichts, stellt aber in § 159 Abs. 4 Sätze 1-3 FamFG verschiedene Rahmenbedingungen auf. Danach soll das Kind über den Gegenstand, Ablauf und möglichen Ausgang des Verfahrens in einer geeigneten und seinem Alter entsprechenden Weise informiert werden, soweit nicht Nachteile für seine Entwicklung, Erziehung und Gesundheit zu befürchten sind; ihm ist zudem Gelegenheit zur Äußerung zu geben. Leitgedanke hierbei ist stets die kind- und altersgerechte Anhörung. Zu diesem Zweck haben auch die Eltern und deren Verfahrensbevollmächtigte kein Anwesenheitsrecht bei der Anhörung; sie sind aber inhaltlich vom Gericht darüber zu informieren.[110] Hingegen soll die Anhörung im Beisein des Verfahrensbeistands erfolgen (§ 159 Abs. 4 Satz 3 FamFG).

64

---

[105] OLG München v. 20.05.2010 - 11 WF 570/10 - juris Rn. 8 - JurBüro 2010, 435-437.
[106] OLG München v. 20.05.2010 - 11 WF 570/10 - juris Rn. 11 m.w.N. - JurBüro 2010, 435-437.
[107] OLG München v. 14.12.2011 - 11 WF 1050/11 - juris Rn. 11 - AGS 2012, 76-77.
[108] BT-Drs. 16/6308, S. 240.
[109] OLG Brandenburg v. 14.10.2002 - 9 UF 129/02 - JAmt 2003, 101-102; OLG Zweibrücken v. 05.05.1998 - 5 UF 12/98 - juris Rn. 6 - OLGR Zweibrücken 1998, 494-495.
[110] KG Berlin v. 29.08.1980 - 17 UF 2814/80 - FamRZ 1980, 1156-1158.

65 Aus **schwerwiegenden Gründen** darf das Gericht sowohl in den Fällen des § 159 Abs. 1 FamFG als auch des § 159 Abs. 2 FamFG **von einer persönlichen Anhörung absehen.** Hierbei ist zu beachten, dass eine richterliche Anhörung stets mit einer gewissen Belastung für das Kind verbunden ist, die der Gesetzgeber jedoch in Kauf genommen hat. Von schwerwiegenden Gründen kann daher nur dann die Rede sein, wenn zu befürchten ist, dass durch die Anhörung der Gesundheitszustand des Kindes beeinträchtigt wird.[111] Schwerwiegende Gründe können aber auch dann vorliegen, wenn Tatsachen festgestellt werden, aus denen sich ergibt, dass Neigungen des Kindes zu seinen Eltern oder Bindungen an sie sich schon aus tatsächlichen Gründen nicht entwickeln konnten.[112]

66 Bei **Gefahr im Verzug** kann die Anhörung zunächst unterbleiben, muss aber unverzüglich nachgeholt werden (§ 160 Abs. 3 Satz 2 FamFG). Von einer Gefahr im Verzug spricht man, wenn die zeitliche Verzögerung, die durch die Anhörung zu erwarten ist, die beabsichtigte Wirkung der Entscheidung gefährden würde und dadurch erhebliche Nachteile für einen Beteiligten, insbesondere das Kind, zu befürchten sind.[113]

b. Anhörung der Eltern

67 Die **Eltern** sind zwingend anzuhören. Auf welche Weise die Anhörung durchzuführen ist, hängt von dem konkreten Verfahren ab.

68 In **Angelegenheiten der Vermögenssorge** reicht eine schriftliche Anhörung aus. Zudem kann hier von der Anhörung eines nicht sorgeberechtigten Elternteils abgesehen werden, wenn von der Anhörung eine Aufklärung nicht erwartet werden kann (§ 160 Abs. 2 Satz 2 FamFG).

69 Anders verhält es sich bei den Verfahren, die zumindest auch die **Person des Kindes** betreffen. Hier soll das Gericht die Kindeseltern **persönlich anhören** (§ 160 Abs. 1 Satz 1 FamFG). Es muss sie sogar persönlich anhören, wenn das Verfahren gerichtliche Maßnahmen bei Gefährdung des Kindeswohls nach den §§ 1666, 1666a BGB zum Gegenstand hat. Von einer persönlichen Anhörung kann in diesem Fall nur aus schwerwiegenden Gründen i.S.v. § 160 Abs. 3 FamFG abgesehen werden. Aber auch außerhalb einer Kindeswohlgefährdung ist ein Absehen von der persönlichen Anhörung der Eltern nur in besonders gelagerten Ausnahmefällen zulässig.[114]

70 Von einer **Anhörung der Eltern** kann gem. § 160 Abs. 3 FamFG nur **aus schwerwiegenden Gründen abgesehen** werden. Dies kann bei einem zeitlich nicht absehbaren Auslandsaufenthalt und zugleich vorliegender schwerer Erreichbarkeit,[115] bei unbekanntem Aufenthalt, sofern das Gericht zuvor probiert hat, diesen zu ermitteln,[116] oder auch bei der Beeinträchtigung des Gesundheitszustandes[117] oder Suizidgefahr[118] gegeben sein. Das einmalige Nichterscheinen eines Elternteils zu einem anberaumten Gerichtstermin genügt indes nicht.[119]

71 Bei **Gefahr im Verzug**, d.h. wenn die zeitliche Verzögerung, die durch die Anhörung zu erwarten ist, die beabsichtigte Wirkung der Entscheidung gefährden würde und dadurch erhebliche Nachteile für einen Beteiligten, insbesondere das Kind, zu befürchten sind,[120] kann die Anhörung ebenfalls zunächst unterbleiben, muss aber unverzüglich nachgeholt werden (§ 160 Abs. 4 FamFG).

c. Anhörung von Pflegeeltern

72 Lebt das Kind seit längerer Zeit[121] in **Familienpflege** oder im Familienverband, müssen gem. § 161 Abs. 1 FamFG die **Pflege- bzw. Bezugspersonen** angehört werden. Diese kann schriftlich oder mündlich erfolgen, sie darf jedoch nicht unterbleiben. Bei Gefahr im Verzug ist § 160 Abs. 4 FamFG analog anzuwenden.[122]

---

[111] *Schumann* in: MünchKomm-FamFG, § 159 Rn. 7.
[112] BayObLG v. 15.12.1987 - BReg 1 Z 44/87 - FamRZ 1988, 871-873.
[113] *Schumann* in: MünchKomm-FamFG, § 159 Rn. 8.
[114] BT-Drs. 16/6308, S. 240.
[115] BayObLG v. 25.02.1981 - BReg 1 Z 10/81 - FamRZ 1981, 814-817.
[116] BayObLG v. 13.05.1987 - BReg 1 Z 57/86 - FamRZ 1987, 1080-1083.
[117] KG Berlin v. 09.05.1980 - 17 WF 4578/79 - FamRZ 1981, 204-205.
[118] BayObLG München v. 08.07.1994 - 1Z BR 9/94 - EzFamR aktuell 1994, 395-397.
[119] OLG Frankfurt v. 30.08.2006 - 1 UF 196/06 - NJW 2007, 230.
[120] *Schumann* in: MünchKomm-FamFG, § 160 Rn. 10.
[121] Der Begriff „längerer Zeit" ist wie in den §§ 1630 Abs. 3, 1632 Abs. 4 BGB und nicht als absolute Zeitspanne zu verstehen. Es kommt vielmehr auf den kindlichen Zeitbegriff und auf das Alter des Kindes an.
[122] *Ziegler* in: Schulte-Bunert/Weinreich, FamFG, § 161 Rn. 9.

d. Anhörung des Jugendamtes

Schließlich ist gem. § 162 Abs. 1 Satz 1 FamFG in allen Verfahren, die die Person des Kindes betreffen, d.h. in allen Kindschaftssachen, die nicht ausschließlich vermögensrechtlicher Art sind,[123] auch das **Jugendamt** anzuhören. Die Anhörung kann schriftlich oder mündlich und sogar fernmündlich – etwa bei einem vom Jugendamt eingerichteten Notdienst – erfolgen.[124] Ein Absehen von der Anhörung ist vor diesem Hintergrund nicht möglich; lediglich bei Gefahr im Verzug kann diese zunächst unterbleiben, muss aber unverzüglich nachgeholt werden (§ 162 Abs. 1 Satz 2 FamFG). 73

e. Fehlende oder nicht aktenkundige Anhörung

Unterbleibt die jeweilige Anhörung, liegt ein **Verfahrensfehler** vor, der zumeist zur Aufhebung der Entscheidung führt. Gleiches gilt, wenn die Anhörung **nicht aktenkundig** gemacht worden ist, wie § 29 Abs. 4 FamFG es vorsieht. Hiernach hat das Gericht die Anhörung aktenkundig zu machen. Dies kann im Protokoll, in einem Aktenvermerk oder in den Entscheidungsgründen im Zusammenhang geschehen; es müssen allerdings in groben Zügen der Verlauf und das Ergebnis der Anhörung erkennbar sein.[125] 74

7. Hinwirken auf ein Einvernehmen

Auch die mediativen Elemente sind im FamFG verstärkt worden. Gem. § 156 Abs. 1 Satz 1 FamFG soll das Gericht in Kindschaftssachen, die die elterliche Sorge bei Trennung und Scheidung, den Aufenthalt des Kindes, das Umgangsrecht oder die Herausgabe des Kindes betreffen, **in jeder Lage des Verfahrens auf ein Einvernehmen der Beteiligten hinwirken**, wenn dies dem Kindeswohl nicht widerspricht. Dabei weist das Gericht nicht nur auf Möglichkeiten der Beratung durch die Beratungsstellen und -dienste der Träger der Kinder- und Jugendhilfe insbesondere zur Entwicklung eines einvernehmlichen Konzepts für die Wahrnehmung der elterlichen Sorge und der elterlichen Verantwortung hin, sondern soll in geeigneten Fällen auch auf die Möglichkeit der Mediation oder der sonstigen außergerichtlichen Streitbeilegung hinweisen (§ 156 Abs. 1 Sätze 2 und 3 FamFG). 75

Insbesondere aber kann das Gericht **die Eltern** nunmehr gem. § 156 Abs. 1 Satz 4 FamFG **zur Teilnahme an einer Beratung verpflichten**. Hiermit ist nur die Teilnahme an einer Beratung nach § 156 Abs. 1 Satz 2 FamFG gemeint, die Teilnahme an einer Mediation oder sonstigen außergerichtlichen Streitbeilegung hingegen kann nicht angeordnet werden.[126] Sinnvoll ist es dabei, den Eltern unter Fristsetzung eine bestimmte Beratungsstelle vorzugeben.[127] Allerdings darf diese Verpflichtung nicht zu einer Verzögerung des Verfahrens führen; da eine Aussetzung nur unter den Voraussetzungen des § 21 FamFG erfolgen kann, dürfte eine Beratungsanordnung regelmäßig auch zu einer einstweiligen Anordnung nach § 156 Abs. 3 Satz 2 FamFG führen. Die Beratungsanordnung ist als Zwischenentscheidung nicht selbständig anfechtbar und kann nicht mit Zwangsmitteln durchgesetzt werden (§ 156 Abs. 1 Satz 6 FamFG). Eine Weigerung seitens eines Elternteils kann allerdings bei der Auferlegung der Verfahrenskosten berücksichtigt werden (§ 81 Abs. 2 Nr. 5 FamFG). 76

In Verfahren über den **Umgang** oder die **Herausgabe** des Kindes ist eine einvernehmliche Regelung als Vergleich aufzunehmen, wenn das Gericht diese billigt (sog. **gerichtlich gebilligter Vergleich**, § 156 Abs. 2 Satz 1 FamFG). Dies geschieht dann, wenn die gefundene Regelung dem Kindeswohl nicht widerspricht (§ 156 Abs. 2 Satz 2 FamFG). Zwar bezieht sich der Gesetzeslaut an dieser Stelle nur auf eine Umgangsregelung („billigt die Umgangsregelung, wenn sie dem Kindeswohl nicht widerspricht"); nichts anderes kann jedoch für eine einvernehmliche Regelung bezüglich der Herausgabe eines Kindes gelten. Ein solcher gerichtlicher Vergleich ist gem. § 86 Abs. 1 Nr. 2 FamFG Vollstreckungstitel. Ihm müssen jedoch alle formell am Verfahren Beteiligten zustimmen, d.h. auch das Jugendamt, das (verfahrensfähige) Kind sowie der Verfahrensbeistand.[128] 77

Hingegen bedarf es keiner Billigung durch das Gericht, wenn die Eltern einen **Vergleich zur elterlichen Sorge** schließen. Allerdings kann das Gericht gem. § 1671 Abs. 3 BGB, der auch auf die §§ 1666, 1666a BGB verweist, von Amts wegen auch eine anderweitige Regelung treffen. 78

---

[123] BT-Drs. 16/6308, S. 241.
[124] *Schumann* in: MünchKomm-FamFG, § 162 Rn. 8.
[125] BayObLG v. 07.12.1993 - 1Z BR 99/93, 1Z BR 114/93 - FamRZ 1994, 913-915.
[126] BT-Drs. 16/6308, S. 237.
[127] *Schumann* in: MünchKomm-FamFG, § 156 Rn. 10.
[128] *Schumann* in: MünchKomm-FamFG, § 156 Rn. 21.

79 § 165 FamFG regelt für bestimmte Umgangsverfahren das bislang in § 52a FGG a.F. enthaltene **Vermittlungsverfahren.**

V. Einstweilige Anordnung

80 Gem. § 49 Abs. 1 FamFG kann das Gericht durch einstweilige Anordnung eine vorläufige Maßnahme treffen, soweit dies nach den für das Rechtsverhältnis maßgebenden Vorschriften gerechtfertigt ist und ein dringendes Bedürfnis für ein sofortiges Tätigwerden besteht. Im Unterschied zum früheren Recht ist die einstweilige Anordnung nicht mehr auf eine vorläufige Regelung in einem anhängigen Verfahren gerichtet. Sie hat vielmehr den Charakter eines vereinfachten, beschleunigten Verfahrens und ist **von einer Hauptsache unabhängig.**[129] Ein Hauptsacheverfahren wird nur durchgeführt, wenn dies beantragt wird (§ 52 FamFG); in Amtsverfahren ist das Gericht allerdings verpflichtet zu überprüfen, ob die Einleitung eines Hauptverfahrens von Amts wegen erforderlich ist.[130] Auch wenn eine Hauptsache anhängig ist, bleibt es ein selbständiges Verfahren (§ 53 Abs. 1 Satz 1 FamFG).

81 **Zuständig** ist das Gericht, das für die Hauptsache im ersten Rechtszug zuständig wäre (§ 50 Abs. 1 Satz 1 FamFG). § 50 Abs. 2 FamFG regelt die Zuständigkeit in besonders dringenden Fällen. Dann kann auch das Amtsgericht entscheiden, in dessen Bezirk das Bedürfnis für ein gerichtliches Tätigwerden bekannt wird oder sich die Person befindet, auf die sich die einstweilige Anordnung bezieht. Allerdings ist das Verfahren in diesen Fällen unverzüglich von Amts wegen an das nach § 50 Abs. 1 Satz 1 FamFG zuständige Gericht abzugeben.

82 Grds. gelten für das Verfahren dieselben Vorschriften, die für eine entsprechende Hauptsache gelten. Unter Beachtung insbesondere der Anhörungserfordernisse kann das Gericht insbesondere aber ohne **mündliche Verhandlung** entscheiden (§ 51 Abs. 2 Satz 2 FamFG).

83 Entscheidungen im Verfahren der einstweiligen Anordnung in Familiensachen sind grds. **nicht anfechtbar** (§ 57 Satz 1 FamFG). Eine Ausnahme gilt jedoch für die Verfahren, die die elterliche Sorge für ein Kind, die Herausgabe des Kindes an den anderen Elternteil oder einen Antrag auf Verbleiben eines Kindes bei einer Pflege- oder Bezugsperson zum Gegenstand hatten und in denen nach mündlicher Erörterung entschieden wurde (§ 57 Satz 2 FamFG). Hier ist die Beschwerde statthaft. Erforderlich ist allerdings, dass die mündliche Erörterung in zeitlicher Nähe zu dem Beschluss stattgefunden hat und in ihr gerade die Voraussetzungen für den Erlass der einstweiligen Anordnung erörtert wurden.[131] Hat zunächst eine mündliche Verhandlung stattgefunden, wurde danach aber nicht sogleich entschieden, sondern weiter schriftlich vorgetragen und Sachverhalt ermittelt (sog. gemischt mündlich-schriftliches Verfahren), so ist die Entscheidung nicht mehr aufgrund der mündlichen Erörterung ergangen; eine Anfechtbarkeit scheidet aus.[132]

VI. Rechtsmittel

84 Zulässiges Rechtsmittel ist die **Beschwerde** (§ 58 FamFG), die in der Regel binnen einer Frist von einem Monat nach der schriftlichen Bekanntgabe des Beschlusses an die Beteiligten bei dem Gericht einzulegen ist, dessen Beschluss angefochten wird (§§ 63, 64 FamFG).

85 **Beschwerdeberechtigt** ist derjenige, der durch den Beschluss in seinen Rechten beeinträchtigt ist (§ 59 FamFG). Minderjährige, die das 14. Lebensjahr vollendet haben, können in allen ihre Person betreffenden Angelegenheiten ohne Mitwirkung ihres gesetzlichen Vertreters das Beschwerderecht ausüben (§ 60 FamFG). Gegen den (teilweisen) Entzug der elterlichen Sorge hat ein **minderjähriges Kind** allerdings **keine Beschwerdebefugnis**, da mit dem Erziehungsrecht der Eltern nicht zwingend ein Recht des Kindes auf Erziehung nur durch die Eltern korrespondiert und § 1626 BGB ihm diesbezüglich kein subjektives Recht verleiht. Umgekehrt ist selbstverständlich bei Ablehnung von Maßnahmen nach § 1666 BGB eine Beschwerdebefugnis des minderjährigen Kindes anzunehmen.[133]

VII. Vollstreckung

86 § 86 FamFG stellt nunmehr klar, dass auch in Verfahren, die das FamFG betreffen, eine Vollstreckung aus Vollstreckungstiteln stattfindet. § 86 Abs. 1 FamFG nennt dabei mögliche Vollstreckungstitel. Hierzu zählt insbesondere auch der **gerichtlich gebilligte Vergleich** in Bezug auf Umgangsregelungen

---

[129] *Stößer* in: Prütting/Helms, FamFG § 49 Rn. 3.
[130] *Borth/Grandel* in: Musielak/Borth, FamFG § 52 Rn. 4.
[131] KG Berlin v. 23.10.2007 - 16 WF 234/07 - juris Rn. 4 - FamRZ 2008, 1265-1266.
[132] OLG Zweibrücken v. 22.01.2008 - 5 WF 2/08 - juris Rn. 10 - FamRZ 2008, 1265.
[133] OLG Düsseldorf v. 10.01.2011 - II-3 WF 148/10, 3 WF 148/10 - juris Rn. 28.

oder die Kindesherausgabe (§ 86 Abs. 1 Nr. 2 FamFG). Diese werden nunmehr nach § 89 Abs. 1 FamFG durch **Ordnungsmittel** vollstreckt. Voraussetzung ist allerdings stets die Vollzugsfähigkeit, d.h. die Verpflichtung muss hinreichend bestimmt sein. Bei Umgangsentscheidungen etwa bedarf es genauer und erschöpfender Bestimmungen über Art, Ort und Zeit des Umgangs mit dem Kind. Dies gilt auch für die Feiertags- und die Ferienregelung.[134] Voraussetzung für die Vollstreckungsmaßnahmen gegen den Obhutselternteil ist nach zum Teil vertretener Auffassung ferner die ausdrückliche Anordnung, dass dieser das Kind zu einer bestimmten Zeit zur Abholung bereithalten soll.[135]

---

[134] Brandenburgisches OLG v. 22.11.2007 - 10 WF 287/07 - FamRZ 2008, 1551-1552.
[135] Brandenburgisches OLG v. 22.11.2007 - 10 WF 287/07 - FamRZ 2008, 1551-1552; a.A. OLG Karlsruhe v. 26.10.2004 - 2 WF 176/04 - FamRZ 2005, 1698-1700.

Kostenrechtl. Hinw. zu § 1626   jurisPK-BGB / T. Schmidt

Kostenrechtliche Hinweise zu § 1626 BGB Elterliche Sorge, Grundsätze

(Fassung vom 02.01.2002, gültig ab 01.01.2002)

(1) ¹Die Eltern haben die Pflicht und das Recht, für das minderjährige Kind zu sorgen (elterliche Sorge). ²Die elterliche Sorge umfasst die Sorge für die Person des Kindes (Personensorge) und das Vermögen des Kindes (Vermögenssorge).

(2) ¹Bei der Pflege und Erziehung berücksichtigen die Eltern die wachsende Fähigkeit und das wachsende Bedürfnis des Kindes zu selbständigem verantwortungsbewusstem Handeln. ²Sie besprechen mit dem Kind, soweit es nach dessen Entwicklungsstand angezeigt ist, Fragen der elterlichen Sorge und streben Einvernehmen an.

(3) ¹Zum Wohl des Kindes gehört in der Regel der Umgang mit beiden Elternteilen. ²Gleiches gilt für den Umgang mit anderen Personen, zu denen das Kind Bindungen besitzt, wenn ihre Aufrechterhaltung für seine Entwicklung förderlich ist.

Gliederung

A. Grundlagen 1
B. Besonderheiten 8
  I. Gegenstandswert 8
    1. Altes Recht bis zum 01.09.2009 8
    2. Neues Recht ab dem 01.09.2009 10
      a. Elterliche Sorge im Verbund: 10
      b. Elterliche Sorge im isolierten Verfahren ... 15
      c. Wertaufschläge 18
      d. Wertabschläge 20
    3. Mehrere Kindschaftssachen 24
    4. Wechselseitige Anträge zur elterlichen Sorge ... 25
    5. Wert einer einstweiligen Anordnung zur elterlichen Sorge 26
    6. Teilbereich der elterlichen Sorge betroffen ... 28
  II. Abtrennung der elterlichen Sorge vom Verbund 30
  III. Terminsgebühr im Sorgerechtsverfahren ... 33
  IV. Einigung im Sorgerechtsverfahren 35
    1. Einigung/gerichtlich gebilligter Vergleich ... 35
    2. Festsetzung ohne Protokollierung 36
    3. Einigungsgebühr bei Teileinigung 37
    4. Einigungsgebühr bei Gefährdung des Kindeswohls 39
  V. Einstweilige Anordnung bzgl. elterlicher Sorge 40
    1. Besondere Angelegenheit 40
    2. Hauptsache und einstweilige Anordnung gleichzeitig erledigt 42
    3. Durch einstweilige Anordnung wird Hauptsache vermieden 45
  VI. Zwangsvollstreckung 46
  VII. Sonstige Tätigkeiten des Familiengerichts ... 49
    1. Genehmigung/Ersetzung: vermögensrechtliche Angelegenheit 51
    2. Genehmigung/Ersetzung: nichtvermögensrechtliche Angelegenheiten/nichtvermögensrechtliche Kindschaftssachen 52
    3. Einzeltätigkeiten zu: elterliche Sorge, Umgang, Herausgabe 53
    4. Vermögensrechtliche Angelegenheit Kindschaftssache 54
C. Arbeitshilfen 55
  I. Beispiele/Muster 55
    1. Beispielsfall: Elterliche Sorge mit besonderen Umständen 55
    2. Beispielsfall: Elterliche Sorge mit Abtrennung vom Verbund 56
    3. Beispielsfall: Einstweilige Anordnung – derselbe Gegenstand 57
  II. Berechnungsprogramme 58
    1. Prozesskostenrechner 58
    2. RVG-Rechner 59

A. Grundlagen

1 Die elterliche Sorge ist eine Familiensache. Es handelt sich um eine Kindschaftssache nach den §§ 111 Nr. 2, 151 Nr. 1 FamFG.

2 Besonders bei der Abrechnung der elterlichen Sorge ist das Augenmerk auf die Frage zu legen, ob das Verfahren **isoliert** oder im **Verbund** durchgeführt wurde. Hier gelten auch nach Inkrafttreten des FamFG unterschiedliche Werte (vgl. hierzu Rn. 10 und Rn. 15).

3 Im gerichtlichen Verfahren entstehen regelmäßig die 1,3 Verfahrensgebühr Nr. 3100 VV RVG und ggf. die 1,2 Terminsgebühr Nr. 3104 VV RVG. Auch das Entstehen der Einigungsgebühr ist ohne weiteres möglich. Eine reduzierte Terminsgebühr nach der Nr. 3105 VV RVG ist nicht möglich, da es in Kindschaftssachen keine Versäumnisentscheidung gibt.

Eine Großzahl der Verfahren wird im Vorfeld der Scheidung außergerichtlich geklärt, so dass keine weiteren Gebühren für ein gerichtliches Verfahren anfallen.

Im außergerichtlichen Verfahren entsteht für eine **Beratung** die entsprechend vereinbarte Vergütung, oder, falls eine Vereinbarung fehlen sollte, gelten die Besonderheiten des § 34 RVG (beachte ggf. (Erst-)Beratung für Verbraucher).

Die außergerichtliche Vertretung wird über die Geschäftsgebühr Nr. 2300 VV RVG vergütet.

Da ansonsten zu diesen Gebühren für die elterliche Sorge keine Besonderheiten gelten, finden Sie die weiteren Informationen hierzu im Übersichtskapitel Kosten in Familiensachen unter Verfahrensgebühr (vgl. die Kostenrechtl. Hinw. in Familiensachen (Teil 7) Rn. 1), Terminsgebühr (vgl. die Kostenrechtl. Hinw. in Familiensachen (Teil 8) Rn. 1), Beratung (vgl. die Kostenrechtl. Hinw. in Familiensachen (Teil 3) Rn. 1), Einigungsgebühr (vgl. die Kostenrechtl. Hinw. in Familiensachen (Teil 9) Rn. 1) und Geschäftsgebühr (vgl. die Kostenrechtl. Hinw. in Familiensachen (Teil 5) Rn. 1).

B. Besonderheiten

I. Gegenstandswert

1. Altes Recht bis zum 01.09.2009

Im Verbund betrug der Wert für die elterliche Sorge fest 900 €. Durch die Änderung im Wortlaut des § 48 RVG handelte es sich seit dem 01.07.2004 um eine **Festwert**. Individuelle Besonderheiten des Falls spielten keine Rolle mehr.

Auch für **weitere Kinder** trat im Rahmen des **Verbunds keine Erhöhung** des Wertes ein. Dies ergab sich aus dem Wortlaut des § 46 Abs. 1 Satz 2 GKG.

2. Neues Recht ab dem 01.09.2009

a. Elterliche Sorge im Verbund:

Wird die elterliche Sorge als Scheidungsfolgesache nach § 137 Abs. 3 ZPO anhängig gemacht, so ist § 44 FamGKG maßgebend. Der Wert ist nunmehr gekoppelt an die wirtschaftlichen Verhältnisse der Eltern. Die bisherige Regelung führte dazu, dass insbesondere bei höheren Scheidungswerten im Verbund die Kindschaftssachen wertmäßig vollkommen untergingen. Häufig löste der Wert von 900 € nicht einmal einen Gebührensprung in der Vergütungstabelle aus. Das hatte zur Folge, dass die Kindschaftssache letztendlich vergütungsfrei durchgeführt wurde. Durch die neue Struktur wird dies nur noch sehr selten der Fall sein.

Nach § 44 Abs. 2 FamGKG beträgt der Wert für eine Kindschaftssache nach § 137 Abs. 3 FamGKG (Übertragung elterliche Sorge, Herausgabe, Umgang, § 151 Nr. 1-3 FamFG) 20% des Verfahrenswertes nach § 43 FamGKG (= Wert der Ehesache). Der Gesamtwert des Verbundes ist um den Wert der Kindschaftssache/n zu erhöhen.

Bei dem Wert nach § 43 FamGKG ist zu berücksichtigen, dass hier – anders als für den Versorgungsausgleich – der gesamte Wert der Ehesache maßgeblich ist, also unter Berücksichtigung nicht nur von Einkommen, sondern auch von Umfang, Bedeutung und Vermögen.

Dabei ist Folgendes zu beachten:

- Die Erhöhung erfolgt auch bei **mehreren Kindern** nur einmal.
- Die Erhöhung beträgt maximal 3.000 € je Kindschaftssache.
- Das in § 33 Abs. 1 Satz 2 FamGKG normierte grundsätzliche Additionsverbot für nichtvermögensrechtliche und vermögensrechtliche Gegenstände wird in § 44 Abs. 2 Satz 3 FamGKG für den Verbund aufgehoben.
- Bei Unbilligkeit ist eine anderweitige Wertfestsetzung durch das Gericht möglich, § 44 Abs. 3 FamGKG.

Beispiel: Wert im Verbund: Wert der Scheidung nach § 43 FamGKG 10.000 €. Der Versorgungsausgleichswert beträgt 1.000 €. Die Mutter beantragt die Übertragung der elterlichen Sorge. Der Vater beantragt das Umgangsrecht.
Lösung: Auf den Wert für die Scheidung sind 2 * 20% von 10.000 € zu addieren. Wert für den Verbund damit 15.000 €.

b. Elterliche Sorge im isolierten Verfahren

15 Werden diese Verfahren **isoliert anhängig** gemacht (also nicht im Verbund), so richtet sich der Wert, nach § 45 FamGKG und beträgt demnach 3.000 €. Allerdings ist zu beachten, dass diese Wertvorgabe nur gilt für die **Übertragung oder Entziehung** der elterlichen Sorge oder eines Teils der elterlichen Sorge. Die weiteren Angelegenheiten die elterlichen Sorge betreffend, die nicht die Entziehung oder Übertragung betreffen (z.B. Namensgebung, Taufe, Schullaufbahn, usw.), werden stattdessen nach § 42 FamGKG (nichtvermögensrechtlich) oder § 46 FamGKG (vermögensrechtlich) bewertet.

16 Auch im isolierten Verfahren gilt, dass eine Kindschaftssache auch dann als ein Gegenstand zu bewerten ist, wenn sie **mehrere Kinder** betrifft, § 45 Abs. 2 FamGKG.

17 Ist der nach § 45 Abs. 1 FamGKG bestimmte Wert nach den besonderen Umständen des Einzelfalls unbillig, kann das Gericht einen höheren oder einen niedrigeren Wert festsetzen.

c. Wertaufschläge

18 **Wertaufschläge** können im isolierten Verfahren gerechtfertigt sein. Dies gilt beispielsweise bei überdurchschnittlichem Umfang oder überdurchschnittlicher Bedeutung der Angelegenheit. Auch ein höheres Einkommen oder Vermögen des Kindes ist zu berücksichtigen.

19 Die Anhebung des Verfahrenswertes kommt regelmäßig dann in Frage[1], wenn in einem Sorgerechtsverfahren
- die Einholung eines schriftlichen Sachverständigengutachtens geboten ist,
- das Amtsgericht die Beteiligten – unabhängig von einer gesonderten Kindesanhörung – in mehr als einem Termin anhört,[2]
- sich die Sachverhaltsaufklärung besonders (arbeits- oder zeit-) aufwändig gestaltet,
- ein umfangreiches Sachverständigengutachten einzuholen und mehrere Anhörungstermine erforderlich sind,[3]
- aufgrund eines außergewöhnlichen Konfliktpotentials der Beteiligten das Verfahren nur mit einem deutlichen Mehraufwand an Zeit-, Arbeits- und Ressourceneinsatz bewältigt werden kann,
- mehrere Kinder betroffen sind, deren persönlichen Verhältnisse sich erheblich voneinander unterscheiden (z.B. unterschiedliche Pflegestellen/Heime).

d. Wertabschläge

20 Eine **Herabsetzung des Wertes** kann gerechtfertigt sein, wenn eine Regelung der elterlichen Sorge nur noch für einen kurzen Zeitraum notwendig ist, weil z.B. das Kind fast volljährig ist.[4]

21 Der Regelwert nach § 45 FamGKG kann um ein Drittel reduziert werden, wenn nur ein untergeordneter Einzelaspekt (hier nur Übernachtungsregelung) des Umgangs in Streit steht, der Sachverhalt einfach gelagert ist und die wirtschaftlichen Verhältnisse der beteiligten Eltern beengt sind.[5]

22 Eine Abweichung vom Regelverfahrenswert nach § 45 Abs. 3 FamGKG ist nicht bereits dann gerechtfertigt, wenn sich die nicht miteinander verheirateten Eltern über die einverständliche Sorgerechtsübertragung in einem einzigen Anhörungstermin in Anwesenheit des Verfahrenspflegers der Kinder geeinigt haben.[6]

23 Sind sich die Parteien einig über die Übertragung der elterlichen Sorge und erfolgt kein Anhörungstermin, so kann eine Herabsetzung gerechtfertigt sein.[7]

3. Mehrere Kindschaftssachen

24 Werden mehrere Kindschaftssachen (z.B. elterliche Sorge und Umgang) als Teile des Verbunds geltend gemacht, so ist der Wert für jedes Verfahren gesondert zu bilden und jeweils auf den Gesamtwert zu addieren.

Dies gilt entsprechend, wenn mehrere Kindschaftssachen gemeinsam in einem isolierten Verfahren geltend gemacht werden.

---

[1] KG v. 25.09.2012 - 17 WF 268/12 - FamRZ 2013, 723.
[2] OLG Celle v. 11.02.2011 - 10 WF 399/10 - NJW 2011, 257 = RVGreport 2011, 271.
[3] OLG Hamm v. 19.09.2011 - 6 WF 307/11 - FuR 2011, 72; OLG Celle v. 11.02.2011 - 10 WF 399/10 - NJW 2011, 1373.
[4] *Schneider* in: Hansens/Braun/Schneider, Praxis des Vergütungsrechts, 2. Aufl. 2006, Kap. 10 Rn. 315.
[5] KG v. 10.01.2011 - 17 UF 225/10 - FamRZ 2011, 825 = RVGreport 2011, 269.
[6] OLG Naumburg v. 13.10.2011 - 8 WF 185/11.
[7] OLG Schleswig v. 29.08.2011 - 10 WF 147/11.

4. Wechselseitige Anträge zur elterlichen Sorge

Wechselseitige Anträge der Ehegatten zur elterlichen Sorge erhöhen den Wert nicht, da derselbe Gegenstand betroffen ist.

25

5. Wert einer einstweiligen Anordnung zur elterlichen Sorge

Der Wert einer einstweiligen Anordnung beträgt nach den §§ 41, 45 FamGKG grundsätzlich die Hälfte des Wertes der Hauptsache – im isolierten Verfahren also 1.500 €.

26

Der Wert kann jedoch angehoben werden, wenn eine vom Durchschnittsfall erhebliche Abweichung vorliegt. Hierbei ist auch die Zahl der Kinder bedeutsam, wenn sie den Umfang maßgeblich beeinflusst haben.[8]

27

6. Teilbereich der elterlichen Sorge betroffen

Betrifft die Tätigkeit nur einen Teilbereich der Entziehung oder Übertragung der elterlichen Sorge, so ist dennoch vom vollen Wert nach § 45 FamGKG auszugehen. Wird das Verfahren zum Beispiel nur zur Regelung des Aufenthaltsbestimmungsrechts durchgeführt, so beträgt der Wert 3.000 €.[9] Nach anderer Ansicht ist für einen Teilbereich auch nur ein Teil des Wertes anzunehmen.

28

Die genannten Entscheidungen sind zum alten Recht ergangen. Nach neuem Recht sollte diese Frage unstreitig sein, da § 45 Abs. 1 FamGKG ausdrücklich von der Übertragung oder Entziehung der elterlichen Sorge oder eines **Teils der elterlichen Sorge** spricht. Allerdings kann der Wert ggf. über § 45 Abs. 3 FamGKG reguliert werden, so z.B. das OLG Brandenburg[10] mit einer Wertreduzierung auf 1.000,00 €, weil lediglich die Vermögenssorge mit dem Ziel der Vertretung in einem Unterhaltsprozess und Volljährigkeit in elf Monaten und 30 Seiten Aktenumfang Gegenstand war.

29

II. Abtrennung der elterlichen Sorge vom Verbund

Die Abtrennung einer Kindschaftssache nach § 137 Abs. 3 FamFG vom Verbund führt nunmehr gem. § 137 Abs. 5 FamFG zwangsläufig zur Aufhebung des Verbundes. Die Kindschaftssachen werden als selbständige Verfahren fortgeführt. Der Verbund ist aufgelöst. Entsprechendes gilt für die Aufhebung von Lebenspartnerschaften.

30

Mit der Abtrennung der elterlichen Sorge vom Verbund wird ein eigenes isoliertes Verfahren zur elterlichen Sorge anhängig. Die zuvor im Verbundverfahren entstandenen Gebühren geraten nicht in Wegfall. In aller Regel gehen sie jedoch in den Gebühren des isolierten Verfahrens auf. Dies deshalb, weil in dem isolierten Verfahren der Wert regelmäßig 3.000 € beträgt. Im Verbund sind die Werte entweder niedriger oder – wegen der Höchstgrenze – ebenfalls auf 3.000 € begrenzt. Beträgt der Wert in beiden Verfahren 3.000 €, so sind dennoch die Gebühren des isolierten Verfahrens wegen der Degression der Gebührentabelle höher. Es empfiehlt sich daher im Regelfall die Gebühren im isolierten Verfahren abzurechnen und die entsprechenden Anteile im Verbundverfahren außer Ansatz zu lassen.

31

Im Falle der Abtrennung nach § 137 Abs. 5 FamGKG kann zusammen mit der elterlichen Sorge gem. § 140 Abs. 3 FamFG auch eine Unterhaltsfolgesache abgetrennt werden. Zu beachten ist dann, dass eine Verbindung der abgetrennten Verfahren nicht möglich ist, da es sich bei dem Unterhaltsverfahren um eine Familienstreitsache handelt, für die die Verbindungsvorschrift § 20 FamFG wegen § 113 FamFG keine Anwendung findet. Es muss nach Beendigung der Verfahren für jedes Verfahren eine gesonderte Rechnung erstellt werden (vgl. das Beispiel in Rn. 56).[11]

32

III. Terminsgebühr im Sorgerechtsverfahren

Anhörungstermin: Es gelten zunächst dieselben Prinzipien wie in anderen Verfahren. Die Terminsgebühr entsteht u.a. „für die Teilnahme an einem gerichtlichen Termin". Durch diese allgemeine Formulierung löst nunmehr zweifelsfrei auch die Teilnahme an dem im Sorgeverfahren obligatorischen Anhörungstermin eine Terminsgebühr aus. Dies war bis zum 01.08.2013 umstritten, da die Teilnahme an einem Verhandlungs-, Erörterungs- oder Beweisaufnahmetermin gesetzlich verlangt wurde.

33

---

[8] OLG Düsseldorf v. 28.03.2011 - II-5 WF 6/11 - RVGreport 2011, 347 - RVG professionell 2012, 1.
[9] Volpert, RVGreport 2009, 366, 367; OLG Braunschweig v. 23.02.2007 - 2 WF 24/07 - AGS 2008, 92; OLG Brandenburg v. 12.04.2005 - 9 WF 87/05 - FamRZ 2006, 138.
[10] OLG Brandenburg v. 03.05.2012 - 9 WF 138/12 - FamRZ 2013, 724.
[11] Brinkmann in FamFG, 3. Aufl. 2012, § 20 Rn. 9.

34 **Schriftliches Verfahren/schriftlicher Vergleich:** Eine Terminsgebühr kann im schriftlichen Verfahren entstehen oder wenn ein schriftlicher Vergleich geschlossen wird. Voraussetzung ist, dass eine mündliche Verhandlung für dieses Verfahren vorgeschrieben ist. In Kindschaftssachen ist nach den §§ 155 Abs. 2, 157 Abs. 1 FamFG ein Erörterungstermin vorgeschrieben. Auch wenn der Gesetzgeber von einer mündlichen Verhandlung spricht, so entspricht es dem Sinn der Vorschrift, einen Anreiz zur vorzeitigen Erledigung zu schaffen, diese auch bei einer Anhörung entsprechend anzuwenden. Diese Ansicht ist sehr umstritten, aber zutreffend.[12] Allerdings spricht gegen diese Auffassung, dass der Gesetzgeber die Chance zur Anpassung im Rahmen des 2. KostRModG nicht genutzt hat.

IV. Einigung im Sorgerechtsverfahren

1. Einigung/gerichtlich gebilligter Vergleich

35 Die Nr. 1000 VV RVG ist im Rahmen der Änderungen durch das FamFG dahingehend ergänzt worden, dass in Kindschaftssachen auch für die Mitwirkung an einer Vereinbarung, über deren Gegenstand nicht vertraglich verfügt werden kann, eine Einigungsgebühr entsteht. Dies gilt in gleicher Weise im gerichtlichen Verfahren. Hierzu wurde Nr. 1003 VV RVG entsprechend geändert. Auch hier gilt: in Kindschaftssachen entsteht die Gebühr für die Mitwirkung am Abschluss eines gerichtlich gebilligten Vergleichs (§ 156 Abs. 2 FamFG).

2. Festsetzung ohne Protokollierung

36 Auch im Verfahren der elterlichen Sorge kann grundsätzlich eine Einigungsgebühr anfallen. Im gerichtlichen Verfahren reicht für die Festsetzung der Einigungsgebühr die Glaubhaftmachung aus, dass die Beteiligten eine Einigungsvereinbarung nach Nr. 1000 Abs. 1 VV RVG geschlossen haben. Eine Protokollierung der Vereinbarung ist nicht notwendig.[13]

3. Einigungsgebühr bei Teileinigung

37 Einigen sich die Parteien lediglich bzgl. der elterlichen Sorge von zwei der drei betroffenen Kinder, so soll keine Einigungsgebühr entstehen, da sich der Gegenstand nicht vollständig erledigt und sich Probleme bei der Gegenstandswertberechnung ergeben. Nach anderer, zutreffender Ansicht ist eine Teileinigung möglich.[14]

38 **Hinweis:** Der Rechtsanwalt muss gem. § 33 Abs. 1 RVG eine Festsetzung des Gegenstandswertes für die Einigung beantragen. Dieser kann z.B. 2/3 des Gesamtwertes von 3.000 € betragen.

4. Einigungsgebühr bei Gefährdung des Kindeswohls

39 Eine Einigungsgebühr entstand nach Recht nicht in Verfahren nach § 1666 BGB (Maßnahmen bei Gefährdung des Kindeswohls), da weder Gericht noch Jugendamt einen Einigungsvertrag schließen können.[15] Diese Auffassung ist seit der Änderung der Nr. 1003 Abs. 2 VV RVG nicht mehr vertretbar. Danach entsteht die Gebühr auch für die Mitwirkung an einer Vereinbarung, über deren Gegenstand nicht vertraglich verfügt werden kann, wenn hierdurch eine gerichtliche Entscheidung entbehrlich wird oder wenn die Entscheidung der getroffenen Vereinbarung folgt.[16]

V. Einstweilige Anordnung bzgl. elterlicher Sorge

1. Besondere Angelegenheit

40 Für die einstweiligen Anordnungen zur elterlichen Sorgen gelten die allgemeinen Vorschriften der §§ 49 ff. FamFG.

---

[12] OLG Stuttgart v. 14.09.2010 - 8 WF 133/10 - AGS 2010, 586; OLG Schleswig v. 30.03.2007 - 15 WF 41/07 - RVGreport 2007, 388; *Wahlen/Onderka/Schneider* in: AnwK-RVG 7. Aufl. 2014 VV 3104 Rn. 24; *Keuter*, NJW 2009, 2922; a.A. OLG Schleswig v. 12.02.2014 - 15 WF 410/13 - AGS 2014, 121; OLG Hamm v. 01.10.2012 - II-6 WF 46/12, 6 WF 46/12 - FamRZ 2013, 728 = AGS 2012, 562; OLG Düsseldorf v. 05.02.2009 - II-10 WF 31/08 - AGS 2009, 114.

[13] OLG Bremen v. 27.07.2009 - 4 WF 74/09 - FamRZ 2009, 2110; OLG Stuttgart v. 03.07.2007 - 8 WF 92/07 - FamRZ 2007, 1832.

[14] OLG Zweibrücken v. 30.06.2005 - 2 WF 110/05 - RVGreport 2005, 419.

[15] OLG Stuttgart v. 23.03.2011 - 8 WF 27/11 - RVGreport 2011, 225.

[16] OLG Köln v. 20.01.2011 - II-25 WF 255/10 - AGS 2012, 62; *Wolf/Schneider* in: AnwK-RVG 7. Aufl. 2014 VV 1003 Rn. 15.

Bei der einstweiligen Anordnung handelt es sich um eine besondere Angelegenheit. Sie ist nach § 17 Nr. 4b RVG gesondert abzurechnen. Eine Differenzierung, ob die Hauptsache im Verbund, isoliert oder gar nicht anhängig ist, findet nicht mehr statt. Das Verfahren bildet immer eine **eigene Angelegenheit** und ist gesondert abzurechnen.

2. Hauptsache und einstweilige Anordnung gleichzeitig erledigt

Der Gesetzgeber hat in § 17 Nr. 4 RVG festgelegt, dass es sich bei der einstweiligen Anordnung um eine besondere gebührenrechtliche Angelegenheit handelt, in der alle Gebühren nach dem RVG verdient werden können.

Dann aber fällt die „außergerichtliche" Terminsgebühr nicht nur im Hauptsacheverfahren, sondern auch im einstweiligen Anordnungsverfahren an, wenn „außergerichtliche" Vergleichsverhandlungen zwischen den Parteien zur Streitbeilegung geführt werden. Die „automatische Miterledigung" der einstweiligen Anordnung in der Hauptsache steht dem nicht entgegen. Denn im Rahmen der geführten Besprechungen kann nicht von einer Trennung zwischen der Hauptsache und der einstweiligen Anordnung ausgegangen werden, weil beide Verfahren dasselbe Ziel verfolgen. Die Terminsgebühr ist damit in beiden Verfahren entstanden und auch erstattungsfähig.[17]

Ausnahme: bei den Besprechungen wurde eine ausdrückliche Beschränkung der Verhandlungen auf eines der Verfahren vorgenommen.

3. Durch einstweilige Anordnung wird Hauptsache vermieden

Wird in einer Vereinbarung zur einstweiligen Anordnung auch die Hauptsache endgültig geregelt und damit ein Hauptsacheverfahren in der Kindschaftssache überflüssig, so ist der Wert für die Vereinbarung auf der Grundlage von § 45 Abs. 1 Nr. 2 FamGKG und damit grundsätzlich mit 3.000 € zu berücksichtigen.[18] Diese Vorgehensweise widerspricht jedoch den Strukturen des RVG und ist daher abzulehnen. Es kann keine Einigungsgebühr über 3.000 € ohne eine korrespondierende Verfahrensgebühr über 3.000 € geben. Der Wert für das einstweilige Anordnungsverfahren ist in dem Fall einer endgültigen Regelung durch Vergleich insgesamt – also auch der Verfahrensgebühr – auf den Wert der Hauptsache zu erhöhen.[19]

VI. Zwangsvollstreckung

Die Vollstreckung einer Sorgerechtsentscheidung richtet sich nach den §§ 88 ff. FamFG. Denkbar sind danach Ordnungsgeld, Ordnungshaft und unmittelbarer Zwang.

Da eine Unterscheidung der ZPO- und Verfahren nach dem FamFG im Rahmen der Zwangsvollstreckung nicht mehr stattfindet (vgl. Vorbemerkung 3.3.3 VV RVG), entstehen auch für die Vollstreckung der FamFG-Verfahren die 0,3 Verfahrensgebühr Nr. 3309 VV RVG und ggf. die 0,3 Terminsgebühr Nr. 3310 VV RVG für die Vollstreckungsverfahren nach § 33 FGG.

Hierbei ist jede Vollstreckungsmaßnahme zusammen mit den durch diese vorbereiteten weiteren Vollstreckungshandlungen bis zur Befriedigung des Gläubigers eine eigene Angelegenheit, § 18 Nr. 1 RVG.

VII. Sonstige Tätigkeiten des Familiengerichts

Für einzelne Verrichtungen des Familiengerichts im Rahmen der elterlichen Sorge richten sich die Gerichtsgebühren und -werte nach dem FamGKG. Hier kommen die Vorschriften §§ 36 Abs. 1, 45, 46 FamGKG und die Auffangvorschrift § 42 FamGKG zum Zuge.[20]

Die Rechtsanwaltsgebühren bestimmen sich nach dem 3. Abschnitt des RVG (Verfahrensgebühr Nr. 3100 VV RVG und Terminsgebühr Nr. 3104 VV RVG).

1. Genehmigung/Ersetzung: vermögensrechtliche Angelegenheit

Nach § 36 FamGKG (= Wert des zugrunde liegenden Geschäfts) zu berechnen sind die Werte für folgende Verfahren:

- §§ 1639, 1803 BGB – Genehmigung der Abweichung bei der Vermögensverwaltung.
- § 1643 BGB – Genehmigung von Rechtsgeschäften.

---

[17] OLG Stuttgart v. 09.08.2007 - 8 WF 107/07 - FamRZ 2008, 912
[18] OLG Nürnberg v. 15.09.2010 - 7 WF 1194/10 - FamRZ 2011, 756.
[19] *Türck-Brocker* in: HK-FamGKG, 2. Aufl. 2014, § 45 Rn. 43.
[20] Auflistung nach *Volpert* in: HK-FamGKG, 2. Aufl. 2014, KV 1310 Rn. 14a ff.

Kostenrechtl. Hinw. zu § 1626

2. Genehmigung/Ersetzung: nichtvermögensrechtliche Angelegenheiten/nichtvermögensrechtliche Kindschaftssachen

52 Nach § 42 FamGKG (= billiges Ermessen) zu berechnen sind die Werte für folgende Verfahren:
- § 1631 Abs. 3 BGB – Unterstützung der Eltern bei der Ausübung der Personensorge.
- § 1640 Abs. 3 BGB – Anordnung der Einreichung eines Vermögensverzeichnisses.
- § 1643 BGB – Genehmigungspflichtige Rechtsgeschäfte.

3. Einzeltätigkeiten zu: elterliche Sorge, Umgang, Herausgabe

53 Nach § 45 FamGKG (= 3.000 €) zu berechnen sind die Werte für folgende Verfahren:
- § 1617 Abs. 2 BGB – Übertragung des Namensbestimmungsrechts.
- § 1626c BGB – Ersetzung der elterlichen Sorgeerklärung.
- § 1628 BGB – Gerichtliche Entscheidung zur elterlichen Sorge bei Meinungsverschiedenheiten.
- § 1628 BGB i.V.m. § 2 KErzG – Übertragung der Entscheidungsbefugnis auf einen Elternteil.
- § 1629 Abs. 2 Satz 3 BGB – Entziehung der Vertretungsmacht.
- § 1630 Abs. 2 BGB – Entscheidung, falls sich Eltern und Pfleger nicht einigen können.
- § 1630 Abs. 3 BGB – Übertragung von Angelegenheiten der elterlichen Sorge auf die Pflegeperson.
- § 1632 Abs. 1 BGB – Verfahren zur Herausgabe des Kindes.
- § 1632 Abs. 2 BGB – Bestimmung des Umgangs mit dem Kind.
- § 1631 Abs. 4 BGB – Verbleibensanordnung in der Pflegefamilie.
- § 1666 BGB – Maßnahmen bei Gefährdung des Kindeswohls.
- §§ 1671, 1672 BGB – Übertragung der elterlichen Sorge.
- § 1678 BGB – Übertragung der elterlichen Sorge bei Ruhen.
- §§ 1680, 1681 BGB – Übertragung der elterlichen Sorge bei Tod/Entziehung des Sorgerechts.
- § 1684 BGB – Entscheidung über den Umgang mit den Eltern.
- § 1685 BGB – Entscheidung über den Umgang mit Dritten.
- § 1751 BGB – Übertragung der elterlichen Sorge nach Kraftloswerden der Adoptionseinwilligung.
- § 1764 BGB – Rückübertragung der elterlichen Sorge nach Aufhebung der Adoption.

4. Vermögensrechtliche Angelegenheit Kindschaftssache

54 Nach § 46 FamGKG (= Geschäftswert- und Bewertungsvorschriften des Gerichts- und Notarkostengesetzes: §§ 38, 40-54, 97-11 GNotKG) zu berechnen sind die Werte für folgende Verfahren:
- § 1644 BGB – Überlassung von Vermögensgegenständen an das Kind.
- § 1645 BGB – Genehmigung eines neuen Erwerbsgeschäfts im Namen des Kindes.

C. Arbeitshilfen

I. Beispiele/Muster

1. Beispielsfall: Elterliche Sorge mit besonderen Umständen

55 Der Rechtsanwalt vertritt die Ehegattin im Sorgerechtsstreit. Die Scheidung ist nicht anhängig. Betroffen sind der vierzehnjährige Sohn und die sechsjährige Tochter. Die Verhandlungen verlaufen ausgesprochen schwierig. Ein Gutachter wird zum Misshandlungsvorwurf gegen den Vater gehört. Nach mehreren Terminen ergeht ein Beschluss, nach dem die elterliche Sorge für den Sohn dem Vater und die für die Tochter der Mutter zugesprochen wird. Das Gericht setzt den Wert wegen der besonderen Umstände auf 10.000 € fest.
Abrechnung des Sorgerechtsverfahrens:

	Verfahrensgebühr, Nr. 3100 VV (1,3); Wert: 10.000 €	725,40 €
+	Terminsgebühr, Nr. 3104 VV (1,2); Wert: 10.000 €	669,60 €

2. Beispielsfall: Elterliche Sorge mit Abtrennung vom Verbund

56 Das Verbundverfahren ist anhängig mit Scheidung (Wert: 5.000 €), Versorgungsausgleich (Wert: 1.000 €), Kindesunterhalt (Wert: 4.000 €) und elterlicher Sorge (Wert: 20% = 1.000 €). Auf Antrag des Rechtsanwalts trennt das Gericht die elterliche Sorge und das Verfahren zum Kindesunterhalt gem. § 140 FamFG von dem Verbund ab. In jedem Verfahren kommt es zu einem Termin und es ergehen jeweils die Urteile.

Vorbemerkung: Im Scheidungsverfahren sind Gebühren zum Unterhalt und zur elterlichen Sorge entstanden. Diese Gebühren gehen jedoch vollständig in den später entstandenen Gebühren für die folgenden Verfahren auf. Ein Ansatz der Gebühren bereits im Scheidungsverfahren würde lediglich aufwendige Anrechnungen nach sich ziehen, aber letztendlich zu denselben Beträgen führen.

Abrechnung Scheidung:

Verfahrensgebühr, Nr. 3100 VV (1,3); Wert: 6.000 €	460,20 €
+ Terminsgebühr, Nr. 3104 VV (1,2); Wert: 6.000 €	424,80 €

Abrechnung elterliche Sorge:

Verfahrensgebühr, Nr. 3100 VV (1,3); Wert: 3.000 €	261,30 €
+ Terminsgebühr, Nr. 3104 VV (1,2); Wert: 3.000 €	241,20 €

Abrechnung Kindesunterhalt:

Verfahrensgebühr, Nr. 3100 VV (1,3); Wert: 4.000 €	327,60 €
+ Terminsgebühr, Nr. 3104 VV (1,2); Wert: 4.000 €	302,40 €

3. Beispielsfall: Einstweilige Anordnung – derselbe Gegenstand

Nach abgeschlossenem Scheidungsverfahren ist ein isoliertes Sorgerechtsverfahren anhängig. Die Ehefrau beantragt, vertreten durch ihren Anwalt, im Wege der einstweiligen Anordnung dem Ehegatten die elterliche Sorge vorläufig zu entziehen. Das Gericht lehnt diesen Antrag nach Verhandlung hierüber ab. Einen Monat später beantragt die Ehefrau erneut im Wege der einstweiligen Anordnung die Entziehung der elterlichen Sorge. Das Gericht entspricht wegen veränderter Umstände ohne erneute Verhandlung dem Antrag. Einige Zeit später ist die Angelegenheit entscheidungsreif. Das Gericht entzieht dem Vater endgültig das Sorgerecht.

Vorbemerkung: Jede einstweilige Anordnung ist ein eigenes Verfahren. Es handelt sich damit um zwei verschiedene Angelegenheiten, die getrennt abzurechnen sind. Besonderheit ist in diesem Fall, dass nur bzgl. der ersten einstweiligen Anordnung ein Termin stattgefunden hat, die Terminsgebühr also auch nur in dieser Angelegenheit anzusetzen ist.

Der Wert für die einstweiligen Anordnungen ergibt sich aus den §§ 41, 45 FamGKG und beträgt die Hälfte der Hauptsache.

Abrechnung elterliche Sorge:

Verfahrensgebühr, Nr. 3100 VV (1,3); Wert: 3.000 €	261,30 €
+ Terminsgebühr, Nr. 3104 VV (1,2); Wert: 3.000 €	241,20 €

Abrechnung 1. einstweilige Anordnung:

Verfahrensgebühr, Nr. 3100 VV (1,3); Wert: 1.500 €	149,20 €
+ Terminsgebühr, Nr. 3104 VV (1,2); Wert: 1.500 €	138,00 €

Abrechnung 2. einstweilige Anordnung:

Verfahrensgebühr, Nr. 3100 VV (1,3); Wert: 1.500 €	149,20 €

II. Berechnungsprogramme

1. Prozesskostenrechner

Mit diesem Berechnungsprogramm können Sie kalkulieren, welche Prozesskosten auf Ihren Mandanten zukommen können (mit 2. Instanz, Vergleich, Beweisauslagen, gegnerischem Anwalt): Prozesskostenrechner.

2. RVG-Rechner

Mit diesem Berechnungsprogramm können Sie die anwaltliche Vergütung für das außergerichtliche Verfahren (Nr. 2300 VV RVG) und das gerichtliche Verfahren (Nr. 3100, 3104, 1003 VV RVG) berechnen: RVG-Rechner (1. Instanz mit Anrechnung der Geschäftsgebühr).

§ 1626a BGB Elterliche Sorge nicht miteinander verheirateter Eltern; Sorgeerklärungen

(Fassung vom 16.04.2013, gültig ab 19.05.2013)

(1) Sind die Eltern bei der Geburt des Kindes nicht miteinander verheiratet, so steht ihnen die elterliche Sorge gemeinsam zu,

1. wenn sie erklären, dass sie die Sorge gemeinsam übernehmen wollen (Sorgeerklärungen),
2. wenn sie einander heiraten oder
3. soweit ihnen das Familiengericht die elterliche Sorge gemeinsam überträgt.

(2) ¹Das Familiengericht überträgt gemäß Absatz 1 Nummer 3 auf Antrag eines Elternteils die elterliche Sorge oder einen Teil der elterlichen Sorge beiden Eltern gemeinsam, wenn die Übertragung dem Kindeswohl nicht widerspricht. ²Trägt der andere Elternteil keine Gründe vor, die der Übertragung der gemeinsamen elterlichen Sorge entgegenstehen können, und sind solche Gründe auch sonst nicht ersichtlich, wird vermutet, dass die gemeinsame elterliche Sorge dem Kindeswohl nicht widerspricht.

(3) Im Übrigen hat die Mutter die elterliche Sorge.

Gliederung

A. Grundlagen 1	c. Gesetzliche Vermutung des Absatzes 2 Satz 2 30
B. Anwendungsvoraussetzungen des § 1626a BGB 5	2. Weitere prozessuale Aspekte beim vereinfachten Verfahren nach § 155a FamFG 39
I. Fehlende eheliche Bindung der Eltern bei Geburt des Kindes (Absatz 1) 5	V. Alleinige Sorge der Mutter (Absatz 3) 47
II. Sorgerechtserklärungen (Absatz 1 Nr. 1) 6	C. Rechtsfolgen 48
III. Heirat der Eltern (Absatz 1 Nr. 2) 13	I. Gemeinsame Sorge aufgrund von Heirat oder Sorgeerklärung 48
IV. Übertragung durch familiengerichtliche Entscheidung (Absatz 1 Nr. 3, Absatz 2) 15	II. Gemeinsame Sorge aufgrund gerichtlicher Übertragung 50
1. Voraussetzungen (Absatz 2) 17	III. Weitere Rechtsfolgen 51
a. Antrag 17	D. Prozessuale Hinweise/Verfahrenshinweise 52
b. (Negative) Kindeswohlprüfung 23	

A. Grundlagen

1 § 1626a Abs. 1 BGB ermöglicht es **Eltern, die im Zeitpunkt der Geburt nicht miteinander verheiratet sind,** durch Abgabe von Sorgerechtserklärungen, durch Eheschließung oder durch gerichtliche Übertragung die gemeinsame elterliche Sorge zu erhalten. Andernfalls steht die elterliche Sorge des Kindes der Mutter zu (§ 1626a Abs. 3 BGB).

2 § 1626a BGB ist durch das **Gesetz zur Reform der elterlichen Sorge nicht miteinander verheirateter Eltern vom 06.04.2013**[1], in Kraft getreten am 19.05.2013, umfassend reformiert worden, indem die Möglichkeit der gerichtlichen Übertragung (Absatz 1 Nr. 3) eingeführt worden ist. Nunmehr ist die Mitsorge **auch gegen den Willen eines Elternteils** und nur bezogen auf **Teile des Sorgerechts** möglich.[2]

3 Hintergrund dieses neuen Leitbilds sind die Entscheidungen des **EGMR** von Dezember 2009, der – entgegen der damaligen Auffassung des BVerfG – entschieden hatte, dass der Ausschluss einer gerichtlichen Einzelfallprüfung der Alleinsorge der Mutter gem. § 1626a Abs. 2 BGB a.F. gegen **Art. 14 EMRK i.V. mit Art. 8 EMRK verstößt**,[3] sowie der Beschluss vom BVerfG, das § 1626a Abs. 1 Nr. 1 BGB a.F. als **mit Art. 6 Abs. 2 GG unvereinbar** erklärt hat, da diese Regelung den Vater generell von

---

[1] BGBl I 2013, 795.
[2] *Götz* in: Palandt, § 1626a Rn. 9.
[3] EGMR v. 03.12.2009 - 22028/04 - juris Rn. 63 - FamRZ 2010, 103-107.

der Sorgetragung für sein Kind ausgeschlossen hat, wenn die Mutter des Kindes ihre Zustimmung zur gemeinsamen Sorge mit dem Vater oder zu dessen Alleinsorge für das Kind verweigert, ohne dass ihm die Möglichkeit eingeräumt wurde, gerichtlich überprüfen zu lassen, ob er aus Gründen des Kindeswohls an der elterlichen Sorge zu beteiligen oder ihm, auch in Abwägung seines Elternrechts mit dem der Mutter, die alleinige Sorge für das Kind zu übertragen ist.[4]

Nach langen Diskussionen wurde vom Bundesministerium der Justiz ein Referentenentwurf[5] sowie nachfolgend von der Bundesregierung am 17.10.2012 ein Gesetzesentwurf[6] vorgelegt, der eine **modifizierte Antragslösung** vorsah. Danach soll die gemeinsame Sorge zusätzlich entstehen, soweit das Familiengericht den Eltern auf Antrag eines Elternteils die gemeinsame elterliche Sorge überträgt. Zudem soll eine gesetzliche Vermutung dahingehend aufgenommen werden, dass die gemeinsame Sorge dem Kindeswohl nicht widerspricht, wenn der andere Elternteil schweigt oder keine potentiell kindeswohlrelevanten Gründe vorträgt. Flankiert werden sollen diese materiellrechtlichen Regelungen von entsprechenden verfahrensrechtlichen Beschleunigungsvorschriften (§ 155a FamFG). Am 31.01.2013 hat der Bundestag diesem Entwurf in der vom Rechtsausschuss geänderten Fassung[7], die allerdings nicht die beabsichtigte Änderung des § 1626a BGB betrifft, zugestimmt. Das Gesetz wurde nach Beteiligung des Bundesrates sodann am 06.04.2013 verkündet.[8]

B. Anwendungsvoraussetzungen des § 1626a BGB

I. Fehlende eheliche Bindung der Eltern bei Geburt des Kindes (Absatz 1)

Das Kind hat seine Mutter (§ 1591 BGB) und seinen Vater (§ 1592 Nr. 2 und 3 BGB) als **Eltern**. Die Vaterschaft muss rechtlich feststehen, so dass eine nachgewiesene biologische Vaterschaft allein nicht ausreichend ist.[9] Eine **fehlende eheliche Bindung** der Eltern liegt vor, wenn beide zum Zeitpunkt der Geburt nicht miteinander verheiratet waren, die Eheschließung nicht wirksam ist und somit eine Nichtehe vorliegt oder die Ehe mit Rechtskraft eines Urteils aufgelöst ist (§ 1313 Satz 2 BGB i.V.m. § 1564 Satz 2 BGB). Auf eine eheliche Bindung mit einem Dritten kommt es nicht an.

II. Sorgerechtserklärungen (Absatz 1 Nr. 1)

Mit der Abgabe der **Sorgerechtserklärungen** äußern die Eltern ihren Willen, die elterliche Sorge über ein Kind gemeinsam auszuüben. Ob eine auf Teilbereiche der elterlichen Sorge beschränkte Abgabe der Sorgeerklärung möglich ist, ist umstritten.[10] Die überwiegende Meinung hält es wegen des Wortlauts in § 1626a Abs. 1 Nr. 1 BGB sowie aufgrund des Bedingungsverbots in § 1626b Abs. 1 BGB für nicht möglich, in der Erklärung die Ausübung der elterlichen Sorge auf einen Teil zu begrenzen; der Wille müsste vielmehr darauf gerichtet sein, die gesamte elterliche Sorge gemeinsam auszuüben.[11]

Sorgerechtserklärungen können bis zur Vollendung des 18. Lebensjahres des Kindes abgegeben werden. Die Mutter und der Vater müssen jeweils eine eigene Erklärung abgeben, die inhaltlich übereinstimmen müssen, ohne dass es auf eine wörtliche Identität ankommt.[12] Die einzelne Sorgerechtserklärung kann widerrufen werden, solange beide Sorgerechtserklärungen noch nicht vorliegen und somit die gemeinsame elterliche Sorge noch nicht wirksam geworden ist.[13] Weitergehende Erklärungen, die bestimmen, wie die elterliche Sorge in der Zukunft wahrgenommen werden soll oder die einen exakten

---

[4] BVerfG v. 21.07.2010 - 1 BvR 420/09 - juris Rn. 36 - BVerfGE 127, 132-165; vgl. zu dieser Problematik: *Luthin*, FamRZ 2010, 1410-1412.
[5] Vgl. hierzu Stellungnahme des Vereins für öffentliche und private Fürsorge, NDV 2012, 325-328; Stellungnahme des Deutschen Anwaltvereins durch den Familienrechtsausschuss, FF 2012, 222-225; Stellungnahme Kinderrechtekommission Deutscher Familiengerichtstag, ZKJ 2012, 263-266; *Andersen*, Streit 2012, 64-69.
[6] BT-Drs. 17/11048.
[7] BT-Drs. 17/12198.
[8] Gesetz vom 16.04.2013 - Bundesgesetzblatt Teil I 2013 Nr. 18 19.04.2013, S. 795.
[9] *Coester* in: Staudinger, § 1626a Rn. 40.
[10] Offen gelassen in BGH v. 04.04.2001 - XII ZB 3/00 - juris Rn. 15 - FamRZ 2001, 907-911.
[11] *Veit* in: Bamberger/Roth, § 1626a Rn. 6; a.A. wohl *Rakete-Dombek* in: AnwK-BGB, Bd. 4, § 1626a Rn. 16 m.w.N.
[12] *Coester* in: Staudinger, § 1626a Rn. 56.
[13] *Diederichsen* in: Palandt, § 1626a Rn. 9.

8 Eine Sorgeerklärung im Sinne von § 1626a Abs. 1 Nr. 1 BGB kann schon vor der rechtskräftigen Ehescheidung der Mutter, also in einem Zeitpunkt, in dem auch die leibliche Vaterschaft noch nicht endgültig feststeht, wirksam abgegeben werden.[16] Eine bis zum rechtskräftigen Abschluss des **vor der Geburt** des Kindes anhängig gewordenen Scheidungsverfahrens abgegebene Sorgeerklärung ist danach **schwebend unwirksam** und **nicht nichtig.** Dieser Auffassung steht insbesondere nicht der Wortlaut in den §§ 1626a, 1626b BGB entgegen. Wenn dort die Rede davon ist, dass die Sorgeerklärungen nur von den „Eltern" des Kindes abgegeben werden können, sind damit die künftigen Eltern des Kindes gemeint. Dies folgt aus § 1626b Abs. 2 BGB, wonach eine Sorgeerklärung schon vor der Geburt des Kindes abgegeben werden kann, obwohl die Vaterschaft nach § 1592 BGB erst mit dessen Geburt beginnt. Auch die Regelung in § 1592 Nr. 1 BGB, nach welcher der Ehemann der Kindesmutter bis zum rechtskräftigen Scheidungsausspruch in dem vor der Geburt des Kindes anhängig gewordenen Scheidungsverfahren zunächst noch als Vater gilt, steht der Möglichkeit der Abgabe einer Sorgerechtserklärung vor der rechtskräftigen Scheidung der Ehe der Kindesmutter nicht entgegen. Der gesetzliche Rahmen der Sorgerechtserklärung enthält keine dem Abstammungsrecht in § 1594 Abs. 2 BGB vergleichbare Regelung, die eine Sorgeerklärung bei noch schwebend unwirksamem Vaterschaftsanerkenntnis ausschließt. Nach § 1626e BGB ist eine Sorgeerklärung lediglich unwirksam, wenn sie den vorstehenden gesetzlichen Vorschriften nicht genügt. Die mit der Wirksamkeit der Vaterschaftsanerkennung rückwirkend entfallende Vaterschaft des Ehemannes der Kindesmutter steht der Abgabe einer ebenfalls zunächst schwebend unwirksamen Sorgeerklärung deswegen nicht entgegen.[17] Ist das Kind dagegen **vor Anhängigkeit des Scheidungsverfahrens** zwischen der Mutter und ihrem Ehemann geboren, ist eine Vaterschaftsanerkennung nach § 1599 Abs. 2 BGB nicht möglich, so dass die abgegebene Sorgerechtserklärung nach § 1626e BGB nichtig ist.[18]

9 Haben Eltern **mehrere Kinder** und soll die gemeinsame elterliche Sorge für alle Kinder erreicht werden, so genügt es, wenn diese namentlich einzeln in der Erklärung benannt werden.[19] Dementsprechend ist es aber auch möglich, nur für ein Kind Sorgerechtserklärungen abzugeben. Für die Geschwister hat dann die Mutter das alleinige Sorgerecht (§ 1626a Abs. 2 BGB). Es findet keine analoge Anwendung von § 1617 Abs. 1 Satz 3 BGB statt.

10 Ohne Bedeutung ist, ob die Sorgerechtserklärungen mit dem **Kindeswohl** vereinbar sind. In diesem Zusammenhang kann das Familiengericht unter den Voraussetzungen der §§ 1666, 1671 BGB eine andere Sorgerechtsregelung treffen.[20] Auch die Zustimmung des Kindes ist nicht erforderlich, wobei es mit zunehmendem Alter jedoch in die Entscheidung nach dem Rechtsgedanken von § 1626 Abs. 2 BGB einzubinden ist.[21]

11 Die Möglichkeit zur Abgabe einer Sorgerechtserklärung im Sinne von § 1626a Abs. 1 Nr. 1 BGB ist kein rechtlicher Grund, der zur **Aussetzung einer Abschiebung** führen kann.[22]

12 Sorgerechtserklärungen sind nicht **empfangsbedürftige Willenserklärungen,**[23] die
- unbedingt und unbefristet sein müssen, § 1626b Abs. 1 BGB,
- höchstpersönlich abzugeben sind, § 1626c Abs. 1 BGB,
- öffentlich beurkundet werden müssen, § 1626d Abs. 1 BGB.

Ihre Unwirksamkeit richtet sich ausschließlich nach § 1626e BGB.

III. Heirat der Eltern (Absatz 1 Nr. 2)

13 Auch durch eine **Heirat** nach der Geburt des Kindes erlangen die Eltern die gemeinsame elterliche Sorge.

---

[14] BT-Drs. 13/4899, S. 93.
[15] *Coester* in: Staudinger, § 1626a Rn. 61, 76.
[16] BGH v. 11.02.2004 - XII ZB 158/02 - FamRZ 2004, 802-803.
[17] BGH v. 11.02.2004 - XII ZB 158/02 - FamRZ 2004, 802-803.
[18] OLG Stuttgart v. 07.11.2007 - 16 WF 181/07 - FamRZ 2008, 539-540.
[19] *Coester* in: Staudinger, § 1626a Rn. 57.
[20] BT-Drs. 13/4899, S. 59; KG Berlin v. 01.07.2003 - 18 UF 112/03 - FPR 2003, 603-604.
[21] *Coester* in: Staudinger, § 1626a Rn. 52.
[22] OLG Niedersachsen v. 27.02.2007 - 10 ME 76/07 - FamRZ 2007, 1554.
[23] *Veit* in: Bamberger/Roth, § 1626a Rn. 5.

Strittig ist, ob die Heirat gem. § 1626a Abs. 1 Nr. 2 BGB auch dann eine gemeinsame Sorgeberechtigung über gemeinsame Kinder vermittelt, wenn das Sorgerecht **zuvor** durch eine **gerichtliche Entscheidung** abweichend geregelt worden war.[24] Zum Teil wird dies unter Hinweis auf § 1626b Abs. 3 BGB abgelehnt. Richtigerweise muss unterschieden werden, aus welchen Gründen eine gerichtliche Entscheidung ergangen ist. War die Alleinsorge eines Elternteils nach den §§ 1671, 1696 BGB angeordnet worden oder hatte der Kindesvater bislang gem. § 1672 BGB das alleinige Sorgerecht, tritt das gemeinsame Sorgerecht an die Stelle der bisherigen Alleinsorge.[25] Anders verhält es sich bei sog. kindesschutzrechtlichen Disqualifikation eines Elternteils: Gerichtliche Sorgerechtseingriffe in das bisherige Alleinsorgerecht der Mutter etwa nach § 1666 BGB werden durch die Heirat nicht automatisch gegenstandslos, sondern können lediglich durch das Gericht aufgehoben werden, wenn und soweit die Kindeswohlgefährdung weggefallen ist (§ 1696 Abs. 2 BGB).[26] Allerdings kann die Heirat mit dem anderen Elternteil dazu führen, dass die Voraussetzungen des § 1696 Abs. 2 BGB gegeben sind. Auch das Ruhen des mütterlichen Sorgerechts (§§ 1673-1675 BGB) oder die tatsächliche Verhinderung (§ 1678 Abs. 1 HS. 1 BGB) bleibt trotz Heirat bestehen. Anders verhält es sich lediglich im Falle eines minderjährigen Elternteils: Musste dieser vor der Heirat die elterliche Sorge mit einem Vormund teilen, dem in Personenfragen Entscheidungsvorrang gem. § 1673 Abs. 2 Satz 3 HS. 1 BGB zukam, so teilt er diese nach der Heirat mit dem anderen Elternteil – allerdings unter Wegfall des Entscheidungsvorrangs, § 1673 Abs. 2 Satz 3 HS. 2 BGB.

14

IV. Übertragung durch familiengerichtliche Entscheidung (Absatz 1 Nr. 3, Absatz 2)

Als dritte Möglichkeit ist nun der Erwerb der gemeinsamen Sorge durch gerichtliche Entscheidung vorgesehen. Die Voraussetzungen, unter denen eine Übertragung zu erfolgen hat, sind in § 1626a Abs. 2 BGB geregelt. Das Verfahren hierzu ist in § 155a FamFG geregelt.

15

Die Norm gilt auch für Kinder, die **vor ihrem Inkrafttreten geboren wurden,**[27] sowie für ggf. noch anhängige Verfahren.[28]

16

1. Voraussetzungen (Absatz 2)

a. Antrag

§ 1626a Abs. 2 BGB setzt zunächst einen **Antrag** eines Elternteils voraus. Dies wird zumeist der **Vater** sein, der den Antrag **auch gegen den Willen der Kindesmutter** stellen kann.[29] Allerdings muss es sich um den **rechtlichen Vater** i.S.v. § 1592 Nr. 2 und 3 BGB handeln, der entweder die Vaterschaft anerkannt hat oder dessen Vaterschaft gerichtlich festgestellt ist. Die biologische Vaterschaft allein etwa reicht nicht aus. Verweigert die Kindesmutter bereits die Zustimmung zur Vaterschaftsanerkennung, muss erst ein diesbezügliches gerichtliches Verfahren durchgeführt werden, bevor der Vater den Antrag nach § 1626a Abs. 2 BGB stellen kann.

17

Aber auch die **Kindesmutter** kann nach dem Wortlaut der Vorschrift und dem Willen des Gesetzgebers[30] einen entsprechen Antrag stellen. Ihr soll über diesen Weg die Möglichkeit gegeben werden, einen „vordergründig sorgeunwilligen" Vater durch einen eigenen Antrag beim Familiengericht in die gemeinsame Sorge einzubinden.[31] In einem solchen Fall ist allerdings im Rahmen der weiteren Voraussetzung, der Kindeswohlprüfung, zu prüfen, ob eine gegen den Willen des Vaters angeordnete gemeinsame Sorge nicht den Interessen des Kindes widerspricht.[32] Die Wahrnehmung elterlicher Verantwortung kann nämlich rechtlich nicht erzwungen werden.[33] Zudem muss hier die kritische Frage nach der Praktikabilität aufgeworfen werden, wenn bei gemeinsamer elterlicher Sorge für bedeutsame Entscheidungen eine Übereinstimmung beider Eltern erforderlich ist.

18

---

[24] Dies bejahend: OLG Düsseldorf v. 03.09.2009 - II-8 WF 89/09, 8 WF 89/09 - FamRZ 2010, 385.
[25] *Coester* in: Staudinger, § 1626a Rn. 19.
[26] *Coester* in: Staudinger, § 1626a Rn. 24.
[27] BT-Drs. 17/11048, S. 16.
[28] Brandenburgisches Oberlandesgericht v. 18.06.2013 - 3 UF 43/13 - juris Rn. 29; *Heilmann*, NJW 2013, 1473, 1473.
[29] *Kemper* in: HK-BGB, § 1626a Rn. 4.
[30] BT-Drs. 17/11048, S. 16.
[31] BT-Drs. 17/11048, S. 16.
[32] *Götz* in: Palandt, § 1626a Rn. 10.
[33] BT-Drs. 17/11048, S. 16.

19 Anders als eine Sorgeerklärung nach § 1626a Abs. 1 Nr. 1 BGB kann der Antrag auf gerichtliche Übertragung der gemeinsamen elterlichen Sorge **erst nach der Geburt** gestellt werden. § 155a Abs. 1 Satz 2 FamFG bestimmt nämlich insoweit, dass Geburtsdatum und Geburtsort des Kindes in dem Antrag anzugeben sind.

20 **Nicht erforderlich** ist, dass der den Antrag stellende Elternteil (in diesem Fall denknotwendig der Vater) zuvor eine **Sorgeerklärung** abgegeben hat.

21 **Praxishinweis:** Teilweise wird vertreten, dass Verfahrenskostenhilfe zu versagen ist, wenn nicht zuvor das Beratungsangebot des Jugendamtes wahrgenommen wurde.[34] **Die Rechtslage** im vereinfachten Sorgerechtsverfahren ist momentan jedoch noch unklar, so dass sie schon aus diesem Grund zumindest **gegenwärtig Schwierigkeiten aufweist mit der Folge, dass die Beiordnung eines Rechtsanwalts gem. § 78 Abs. 2 FamFG geboten ist.**[35]

22 Die übrigen Antragsvoraussetzungen richten sich nach § 23 FamFG.

b. (Negative) Kindeswohlprüfung

23 Anders als in der vom BVerfG angeordneten Übergangsregelung[36], nach der das Familiengericht – in Anlehnung an die Regelung in § 1671 BGB – den Eltern auf Antrag eines Elternteils die elterliche Sorge oder einen Teil der elterlichen Sorge gemeinsam zu übertragen hatte, soweit zu erwarten ist, dass dies dem Kindeswohl entsprach, ist die elterliche Sorge nunmehr beiden Eltern gemeinsam zu übertragen, wenn **dies dem Kindeswohl nicht widerspricht** (§ 1626 Abs. 2 Satz 1 BGB).

24 In dieser sog. **negativen Kindeswohlprüfung** kommt das Leitbild des Gesetzgebers zum Ausdruck, dass die gemeinsame elterliche Sorge grundsätzlich den Bedürfnissen des Kindes nach Beziehungen zu beiden Elternteilen entspricht und ihm verdeutlicht, dass beide Eltern gleichermaßen bereit sind, für das Kind Verantwortung zu tragen.[37]

25 In der Praxis werden die Gerichte häufig zu entscheiden haben, ob die gemeinsame Sorge dem Kindeswohl deshalb widerspricht, weil die Eltern **nicht** über die für die gemeinsame Sorgetragung erforderliche **Kooperationswilligkeit oder Kooperationsfähigkeit** verfügen. Denn die – auch teilweise – gemeinsame Ausübung der Elternverantwortung setzt eine tragfähige soziale Beziehung zwischen den Eltern voraus und erfordert ein Mindestmaß an Übereinstimmung zwischen ihnen.[38]

26 Im Rahmen der gebotenen **individuellen Kindeswohlprüfung** ist in solchen Fällen zu ermitteln, ob die vorliegende Kommunikationsstörung so schwerwiegend und nachhaltig ist, dass zu befürchten ist, dass den Eltern eine gemeinsame Entscheidungsfindung nicht möglich sein wird und das Kind folglich erheblich belastet sein würde, würde man die Eltern zwingen, die Sorge gemeinsam zu tragen.[39]

27 Um die Hürden für die Übertragung des gemeinsamen Sorgerechts indes nicht zu hoch zu setzen, darf sich der Vortrag der Kindesmutter nicht darin erschöpfen, sie könne nicht mit dem Kindesvater sprechen und sie beide hätten auch völlig unterschiedliche Wertvorstellungen.[40] Stützt der sorgeberechtigte Elternteil seine Verweigerung der gemeinsamen Sorgetragung auf fehlende Kooperationsbereitschaft oder -fähigkeit, **genügt es nicht, lediglich formelhafte Wendungen hierzu vorzutragen.** Dem Vortrag müssen sich vielmehr **konkrete Anhaltspunkte** dafür entnehmen lassen, dass eine tragfähige Basis für eine gemeinsame elterliche Sorge nicht besteht und Bemühungen der Eltern um eine gelingende Kommunikation gescheitert sind.[41]

28 Daher kann grundsätzlich gemeinsam die elterliche Sorge ausgeübt werden,
- wenn die Kindeseltern seit längerer Zeit zusammenleben, da dies ein gewichtiges Indiz für eine gelingende Kooperation darstellt;[42]
- wenn über Angelegenheiten von erheblicher Bedeutung von vornherein kein Streit besteht oder nicht ersichtlich ist, dass solche Angelegenheiten kurz oder mittelfristig zu regeln sind;[43] oder

---

[34] *Heilmann*, NJW 2013, 1473, 1475.
[35] OLG Stuttgart v. 22.01.2014 - 15 WF 254/13 - juris Rn. 12 - FF 2014, 125-127.
[36] BVerfG v. 21.07.2010 - 1 BvR 420/09 - juris Rn. 75 - BVerfGE 127, 132-165.
[37] BT-Drs. 17/11048, S. 17.
[38] AG Melsungen v. 20.12.2013 - 51 F 1030/13 (SO), 51 F 1030/13 SO - juris Rn. 7 - FamRZ 2014, 953.
[39] Schleswig-Holsteinisches Oberlandesgericht v. 07.04.2014 - 15 UF 140/13 - juris Rn. 21; OLG Frankfurt v. 07.10.2013 - 5 UF 88/13 - NJW 2014, 2201-2203.
[40] BT-Drs. 17/11048, S. 17.
[41] BT-Drs. 17/11048, S. 17.
[42] BT-Drs. 17/11048, S. 17.
[43] Schleswig-Holsteinisches Oberlandesgericht v. 07.04.2014 - 15 UF 140/13 - juris Rn. 21.

- wenn Eltern ausschließlich über das Umgangsrecht oder das Aufenthaltsbestimmungsrecht streiten oder ansonsten nichts zu regeln ist;[44]
- wenn es den Beteiligten trotz der gegenseitigen Vorbehalte bereits gelingt, sich in Angelegenheiten, die ihr gemeinsames Kind betreffen, zu verständigen[45]

Hingegen können folgende **Gründe kindeswohlrelevant** sein: 29
- Der Kindesvater kennt sein Kind nicht;
- der Vater nimmt keine Besuchstermine wahr und will keinen Kontakt zur Kindesmutter und meint, mit dem gemeinsamen Sorgerecht könne er Besuchszeiten alleine bestimmen;[46]
- eine Einigung über das Umgangsrecht ist wiederholt nicht ohne gerichtliche Entscheidung möglich.[47]

c. Gesetzliche Vermutung des Absatzes 2 Satz 2

Dem gesetzlichen Leitgedanken folgend enthält § 1626a Abs. 2 Satz 2 BGB die **Vermutung**, dass eine gemeinsame Sorge dem Kindeswohl nicht widerspricht, wenn entweder der Antragsgegner keine einer gemeinsamen Sorge entgegenstehenden Gründe vorträgt oder solche Gründe auch sonst nicht ersichtlich sind. 30

Gem. § 155a Abs. 2 Satz 2 FamFG hat das Gericht mit Zustellung des Antrags (gem. §§ 166-195 ZPO) dem Antragsgegner eine **Frist** zu setzen, innerhalb derer er Stellung nehmen und ggf. solche Gründe vortragen kann. Diese **Stellungnahmefrist** endet für die Kindesmutter frühestens sechs Wochen nach der Geburt. 31

Gibt der Antragsgegner innerhalb der ihm gesetzten Frist **keine Stellung** ab, so soll die gesetzliche Vermutung des § 1626a Abs. 2 Satz 2 BGB greifen.[48] Dies ist zwar vom Gesetzgeber so vorgesehen;[49] allerdings bleibt abzuwarten, ob sich dies in der Realität bewahrheiten wird oder ob nicht vielmehr die Beschwerdegerichte die erforderlichen Ermittlungen nachholen müssen, weil die Gründe für ein Schweigen der Mutter durchaus vielfältig sein dürften[50] und die gerichtliche Praxis zeigt, dass ausbleibende Reaktionen nicht zwingend mit einer Zustimmung gleichzusetzen sind. 32

Ebenso ist zugunsten einer gemeinsamen Sorge zu entscheiden, wenn zwar **Gründe** hiergegen vorgetragen werden, diese aber für das **Kindeswohl nicht relevant** sind. In der Gesetzesbegründung sind beispielhaft folgende **nicht relevante Gründe** aufgeführt: 33
- Die Kindesmutter trägt vor, sie wolle lieber auch in Zukunft allein entscheiden.
- Sie trägt vor, bereits mit dem Vater eines früher geborenen Kindes schlechte Erfahrungen mit dem gemeinsamen Sorgerecht gemacht zu haben.
- Sie trägt vor, es bestehe keine Notwendigkeit für ein gemeinsames Sorgerecht, weil der Vater von ihr mit Vollmachten ausgestattet sei und in naher Zukunft ohnehin keine wichtigen Entscheidungen anstünden.[51]

Welche Anforderungen an den Vortrag der Beteiligten in diesem Zusammenhang gestellt werden, ist indes noch nicht absehbar. Enthalten die vorgebrachten Gründe keine **konkreten kindbezogenen Argumente,** sind sie in der Tat unbeachtlich.[52] Etwas anderes muss jedoch gelten, wenn – jedenfalls im Ansatz – Gründe vorgetragen werden, die im Bezug zum gemeinsamen Kind, zum Eltern-Kind-Verhältnis und/oder konkret zum Verhältnis der beteiligten Eltern und somit im Zusammenhang mit der Einrichtung des Sorgerechts stehen können.[53] 34

---

[44] OLG Koblenz v. 06.06.2013 - 13 UF 246/13 - juris Rn. 10; Schleswig-Holsteinisches Oberlandesgericht v. 07.04.2014 - 15 UF 140/13 - juris Rn. 21.
[45] OLG München v. 26.08.2013 - 16 UF 983/13 - juris Rn. 13.
[46] AG Gießen v. 02.12.2013 - 243 F 1052/13 SO - juris Rn. 15.
[47] Brandenburgisches Oberlandesgericht v. 19.09.2013 - 9 UF 96/11 - juris Rn. 37.
[48] Vgl. hierzu *Heilmann*, NJW 2013, 1473, 1475.
[49] BT-Drs. 17/11048, S. 18.
[50] *Götz* in: Palandt, § 1626a Rn. 13.
[51] BT-Drs. 17/11048, S. 18.
[52] OLG Karlsruhe v. 13.06.2014 - 18 UF 103/14 - juris Rn. 18.
[53] OLG Karlsruhe v. 13.06.2014 - 18 UF 103/14 - juris Rn. 19.

35 **Praxishinweis:** Da die Anforderungen an die Erheblichkeit der gegen die gemeinsame Sorge vorgebrachten Gründe im vereinfachten Sorgerechtsverfahren derzeit in Rechtsprechung und Literatur noch nicht hinreichend geklärt sind, **weist die Rechtslage** schon aus diesem Grund zumindest **gegenwärtig Schwierigkeiten auf mit der Folge, dass die Beiordnung eines Rechtsanwalts gem. § 78 Abs. 2 FamFG geboten ist.**[54]

36 Schließlich darf das Gericht **nicht auf andere Weise Kenntnis von Gründen** haben, die gegen die Übertragung des gemeinsamen Sorgerechts sprechen. Zwar wird der in Sorgerechtssachen geltende Amtsermittlungsgrundsatz durch die Vermutungsregel in § 1626a Abs. 2 Satz 2 BGB sowie die diese flankierende Verfahrensvorschrift des § 155a FamFG eingeschränkt. Er wird jedoch nicht völlig aufgehoben. Solche kindeswohlrelevanten Gründe können sich aus insbesondere aus früheren gerichtlichen Verfahren ergeben.

37 Gleiches gilt, wenn die vom Gericht gesetzte Stellungnahmefrist abgelaufen ist. Da es sich um eine Ausschlussfrist handelt, sind für das Kindeswohl relevante Gründe, die **erst nach Fristablauf vorgetragen** werden, „sonst ersichtlich" mit der Folge, dass das reguläre Verfahren durchzuführen ist.[55]

38 Die gesetzliche Vermutung sollte auch dann nicht greifen, wenn der andere Elternteil, etwa wegen **Verständigungs- oder Sprachschwierigkeiten,** offensichtlich nicht in der Lage (gewesen) ist, Stellung zu nehmen.[56]

2. Weitere prozessuale Aspekte beim vereinfachten Verfahren nach § 155a FamFG

39 Flankiert wird der reformierte § 1626a BGB von § 155a FamFG. Dieser sieht grds. ein **vereinfachtes Verfahren** vor.

40 Es handelt sich um eine **Kindschaftssache** i.S.v. § 151 Nr. 1 FamFG, so dass sich die **örtliche Zuständigkeit** nach den §§ 152-154 FamFG richtet.

41 Das **vereinfachte Verfahren** findet auf die Fälle des **§ 1626a Abs. 2 Satz 2 BGB Anwendung** (§ 155a Abs. 3 Satz 1 FamFG). Danach soll das Gericht im schriftlichen Verfahren **ohne Anhörung des Jugendamtes** und **ohne persönliche Anhörung der Eltern** entscheiden, wenn der andere Elternteil keine Gründe vorträgt, die der Übertragung der gemeinsamen elterlichen Sorge entgegenstehen können, und solche Gründe auch sonst nicht ersichtlich sind. Allerdings ergibt sich schon aus dem Wortlaut („soll"), dass dem Gericht ein Ermessen zusteht, ob es trotz des Vorliegens der gesetzlichen Vermutung das vereinfachte Verfahren durchführt oder im Rahmen des regulären Verfahrens entscheidet.[57]

42 Im vereinfachten Verfahren findet somit **kein Erörterungstermin** i.S.v. § 155 Abs. 2 und 3 FamFG statt. Auch die Bestellung eines **Verfahrensbeistands** zur Wahrnehmung der Interessen des Kindes dürfte in diesem Verfahren regelmäßig **nicht erforderlich** sein.

43 Ob die **persönliche Anhörung des Kindes** zu erfolgen hat, richtet sich nach § 159 FamFG. Dies ist bei einem Kind, das das 14. Lebensjahr vollendet hat, zu bejahen. Aber auch bei jüngeren Kindern dürfte § 159 Abs. 2 FamFG greifen.

44 Werden dem Gericht indes entweder **durch Vortrag der Beteiligten oder auf sonstige Weise**[58] Gründe bekannt, die der gemeinsamen elterlichen Sorge entgegenstehen können, ist ein **Erörterungstermin** zu bestimmen, § 155a Abs. 4 Satz 1 FamFG. Eine Entscheidung im schriftlichen Verfahren kommt dann nicht in Betracht. Der **Übergang in das reguläre Verfahren** ist in jedem Stadium **formlos** möglich.[59]

45 Geht das Familiengericht **unzutreffend** von den Voraussetzungen des § 155a Abs. 3 Satz 1 FamFG aus und entscheidet somit auf der Grundlage des vereinfachten Verfahrens, führt dies regelmäßig zur Zurückverweisung an das Amtsgericht, wenn ein Beteiligter dies beantragt.[60]

46 Gegen den im vereinfachten Sorgerechtsverfahren ergangene Beschluss des Gerichts kann binnen Monatsfrist mit der **Beschwerde** (§§ 58 ff. FamFG) vorgegangen werden.

---

[54] OLG Stuttgart v. 22.01.2014 - 15 WF 254/13 - juris Rn. 12 - FF 2014, 125-127.
[55] *Heilmann,* NJW 2013, 1473, 1476.
[56] *Heilmann,* NJW 2013, 1473, 1475.
[57] *Heilmann,* NJW 2013, 1473, 1476.
[58] OLG Karlsruhe v. 13.01.2014 - 18 UF 103/14 - juris Rn. 16.
[59] *Heilmann,* NJW 2013, 1473, 1477.
[60] OLG Frankfurt v. 20.01.2014 - 1 UF 356/13 - juris Rn. 19; OLG Karlsruhe v. 13.06.2014 - 18 UF 103/14 - juris Rn. 4.

V. Alleinige Sorge der Mutter (Absatz 3)

Liegt keiner der in § 1626a Abs. 1 BGB genannten Fälle vor, **ist die Mutter mit der Geburt alleinsorgeberechtigt** (§ 1626a Abs. 2 BGB). 47

C. Rechtsfolgen

I. Gemeinsame Sorge aufgrund von Heirat oder Sorgeerklärung

Mit der **Abgabe der Sorgerechtserklärungen beziehungsweise der Heirat** entsteht aus der Alleinsorge der Mutter die **gemeinsame elterliche Sorge** für das Kind. Dies gilt aber nur in dem Umfang, wie die elterliche Sorge zuvor der Mutter zustand.[61] War der Mutter die Personen- oder Vermögenssorge nach § 1666 BGB teilweise entzogen, so kann das Familiengericht aber die elterliche Sorge dem Vater nach § 1680 Abs. 3 BGB in Verbindung mit § 1680 Abs. 2 Satz 2 BGB in vollem Umfang übertragen, wenn dies dem Wohl des Kindes entspricht.[62] Für den Fall, dass das Familiengericht der nach § 1626a Abs. 2 BGB allein sorgeberechtigten Mutter das Sorgerecht (teilweise) nach § 1666 BGB entzogen und es nicht zugleich nach den §§ 1680 Abs. 2 und 1680 Abs. 3 BGB auf den Vater übertragen hat, kann der Vater das alleinige Sorgerecht weder durch Sorgeerklärung noch durch Heirat mit der Mutter, sondern allein durch eine familiengerichtliche Entscheidung nach § 1696 BGB erlangen.[63] Das Elternrecht des rechtlichen Vaters aus Art. 6 Abs. 2 Satz 1 GG führt jedoch dazu, dass die Regelung des § 1680 Abs. 3 i.V.m. Abs. 2 Satz 2 BGB derart auszulegen ist, wie sie der primären Entscheidungszuständigkeit der leiblichen Eltern gerecht wird.[64] Hat ein nach § 1626a BGB nichtsorgeberechtigter Vater über einen längeren Zeitraum die elterliche Sorge für ein Kind zwar nicht in rechtlicher, aber in tatsächlicher Hinsicht wahrgenommen, ist es daher geboten, die Vorschrift dahingehend auszulegen, dass eine Sorgerechtsübertragung auf den Vater regelmäßig dem Kindeswohl dient, solange nicht konkret feststellbare Kindesinteressen der Übertragung widersprechen. 48

Im Falle der durch **Sorgeerklärung** oder durch **Heirat** erworbenen gemeinsamen elterlichen Sorge kann diese **nicht durch die Elternteile eingeschränkt oder gegenständlich aufgeteilt** werden.[65] Eine Beschränkung übereinstimmender Sorgeerklärungen führt zur Unwirksamkeit der Sorgeerklärung insgesamt.[66] Dies ist nur dann nicht der Fall, wenn die Sorgeerklärung im Rahmen eines Sorgeverfahrens in Form einer gerichtlichen Vereinbarung erklärt und diese Vereinbarung durch Beschluss des Familiengerichts genehmigt oder gebilligt wird.[67] 49

II. Gemeinsame Sorge aufgrund gerichtlicher Übertragung

Anders als bei einer Heirat oder einer Sorgeerklärung kann das Gericht den Eltern die elterliche Sorge entweder **als Ganzes** oder **beschränkt auf Teilbereiche** gemeinsam übertragen. Eine Teilübertragung kommt dann in Betracht, wenn hinsichtlich bestimmter Teilbereiche der elterlichen Sorge eine gemeinsame Sorgetragung ohne negative Auswirkungen für das Kind zu erwarten ist, in anderen Teilbereichen hingegen nicht.[68] 50

III. Weitere Rechtsfolgen

Mit dem Vorliegen der gemeinsamen elterlichen Sorge kommen Änderungen in Bezug auf den Namen des Kindes nach den §§ 1617, 1617b, 1617c BGB in Betracht. Außerdem sind Unterhaltsansprüche von Mutter und Kind nach § 1615l BGB zu beachten. 51

---

[61] OLG Koblenz v. 14.02.2005 - 13 UF 785/04 - juris Rn. 11 - OLGR Koblenz 2005, 791-792; KG v. 08.08.2003 - 13 UF 55/03 - juris Rn. 33 - JAmt 2003, 606-608.
[62] OLG Nürnberg v. 29.02.2000 - 11 UF 244/00 - NJW 2000, 3220-3221.
[63] BGH v. 25.05.2005 - XII ZB 28/05 - NJW 2005, 2456-2458; lesenswert hierzu *Leis*, jurisPR-FamR 17/2005, Anm. 1.
[64] BVerfG v. 20.10.2008 - 1 BvR 2275/08 - FamRZ 2008, 2185-2188.
[65] *Götz* in Palandt, § 1626a Rn. 16; zum Streitstand: OLG Nürnberg v. 30.01.2014 - 7 UF 54/14 - juris Rn. 46.
[66] OLG Nürnberg v. 30.01.2014 - 7 UF 54/14 - juris Rn. 48.
[67] OLG Nürnberg v. 30.01.2014 - 7 UF 54/14 - juris Rn. 48.
[68] BT-Drs. 17/11048, S. 17.

D. Prozessuale Hinweise/Verfahrenshinweise

52 Um im **Rechtsverkehr den Nachweis** der Alleinsorge und damit der alleinigen Vertretungsbefugnisse einfacher führen zu können, kann die Mutter vom Jugendamt in dem Bezirk, in dem sie gewöhnlich ihren Aufenthalt hat, einen Negativtest verlangen (§ 58a SGB VIII i.V.m. § 87c Abs. 6 Satz 1 i.V.m. Abs. 1 SGB VIII).

53 Gegen eine Entscheidung, durch die das Familiengericht Maßnahmen gegen die allein sorgeberechtigte Kindesmutter nach § 1666 BGB ablehnt, steht dem Kindesvater auch nach Inkrafttreten des FamFG kein **Beschwerderecht** zu. § 59 Abs. 1 FamFG verlangt für die Beschwerdeberechtigung nämlich eine Beeinträchtigung eigener Rechte, d.h. eine Beeinträchtigung von durch die Rechtsordnung anerkannten, von der Staatsgewalt geschützten privaten oder öffentlichen subjektiven Rechten.[69] Solche Rechte hat der Vater eines nichtehelichen Kindes nach geltendem Recht jedoch gerade nicht. Insbesondere reicht das bloße Verwandtschaftsverhältnis zum Kind nicht aus.[70]

---

[69] *Unger* in: FamFG, § 59 Rn. 5.
[70] OLG Hamm v. 10.04.2006 - 6 UF 190/05 - FamRZ 2006, 1467-1469; OLG Frankfurt v. 06.12.2005 - 6 UF 228/05 - OLGR Frankfurt 2006, 437; OLG München v. 27.09.2006 - 4 UF 328/06 - FamRZ 2007, 744.

§ 1626b BGB Besondere Wirksamkeitsvoraussetzungen der Sorgeerklärung

(Fassung vom 16.04.2013, gültig ab 19.05.2013)

(1) Eine Sorgeerklärung unter einer Bedingung oder einer Zeitbestimmung ist unwirksam.

(2) Die Sorgeerklärung kann schon vor der Geburt des Kindes abgegeben werden.

(3) Eine Sorgeerklärung ist unwirksam, soweit eine gerichtliche Entscheidung über die elterliche Sorge nach den § 1626a Absatz 1 Nummer 3 oder § 1671 getroffen oder eine solche Entscheidung nach § 1696 Absatz 1 Satz 1 geändert wurde.

Gliederung

A. Grundlagen 1	3. Sorgerechtserklärung vor rechtskräftiger Ehescheidung 5
B. Anwendungsvoraussetzungen 2	II. Pränatale Sorgerechtserklärung (Absatz 2) 6
I. Keine Bedingung oder Befristung (Absatz 1) 2	III. Gerichtliche Sorgerechtsentscheidung
1. Bedingung 2	(Absatz 3) 7
2. Befristung 4	

A. Grundlagen

§ 1626b BGB stellt besondere Voraussetzungen an die Wirksamkeit der **Sorgerechtserklärungen** der Eltern. **1**

B. Anwendungsvoraussetzungen

I. Keine Bedingung oder Befristung (Absatz 1)

1. Bedingung

Das gemeinsame Sorgerecht der Eltern darf zum Wohl des Kindes nicht unter eine **Bedingung** im Sinne der §§ 158-162 BGB gestellt werden (§ 1626b Abs. 1 Alt. 1 BGB). Hiervon ausgenommen sind Rechtsbedingungen, beispielsweise die Zustimmung des gesetzlichen Vertreters nach § 1626c Abs. 2 BGB. Dies gilt auch für die Sorgerechtserklärung, die für den Fall abgegeben wird, dass eine noch bestehende Scheinvaterschaft angefochten wird.[1] **2**

Es ist stets darauf zu achten, dass weitergehende Erklärungen, die bestimmen, wie die elterliche Sorge in der Zukunft wahrgenommen werden soll oder die einen exakten Sorgeplan aufstellen, nicht zur Wirksamkeitsvoraussetzung für Sorgerechtserklärungen gemacht werden.[2] In einem solchen Fall sind die Sorgerechtserklärungen nach § 1626b Abs. 1 Alt. 1 BGB unwirksam. Um späteren Unklarheiten vorzubeugen, ist es ratsam, eine „Unabhängigkeitsklausel" aufzunehmen.[3] **3**

2. Befristung

Auch eine **Befristung** ist mit der elterlichen Sorge nicht zu vereinbaren (§ 1626b Abs. 1 Alt. 2 BGB). Wenn sich der Vater der damit verbundenen Verantwortung vergegenwärtigen möchte oder die Mutter sich darüber klar werden möchte, ob der Vater als Sorgeberechtigter Verantwortungsbewusstsein und genügende Reife mitbringt, kann dies durch eine „Probezeit" der faktischen gemeinsamen Sorge erreicht werden. Die Sorgerechtserklärungen müssen danach abgegeben werden, ansonsten sind sie unwirksam.[4] **4**

---

[1] *Coester* in: Staudinger, § 1626b Rn. 4.
[2] *Veit* in: Bamberger/Roth, § 1626a Rn. 3.
[3] *Coester* in: Staudinger, § 1626b Rn. 5.
[4] BT-Drs. 13/4899, S. 94.

3. Sorgerechtserklärung vor rechtskräftiger Ehescheidung

5 Grundsätzlich ist eine Sorgeerklärung nach § 1626b Abs. 1 BGB bedingungs- und befristungsfeindlich. Allerdings ist es möglich, eine Sorgeerklärung im Sinne von § 1626a Abs. 1 Nr. 1 BGB schon vor der rechtskräftigen Ehescheidung der Mutter, also in einem Zeitpunkt, in dem auch die leibliche Vaterschaft noch nicht endgültig feststeht, wirksam abzugeben.[5] Unter Berücksichtigung der Regelungen im Abstammungsrecht, wonach gemäß § 1594 Abs. 3 BGB die Anerkennung der Vaterschaft ebenfalls bedingungs- und befristungsfeindlich ist, ist die vor einer **rechtskräftigen Ehescheidung** abgegebene Sorgeerklärung wie die zuvor abgegebene Anerkennung der Vaterschaft nach § 1599 Abs. 2 Satz 3 BGB bis zum Eintritt der Rechtsbedingung als schwebend unwirksam anzusehen. Ein Verstoß gegen § 1626b Abs. 1 BGB liegt in diesem Fall nicht vor.

II. Pränatale Sorgerechtserklärung (Absatz 2)

6 Mit der Abgabe der Sorgerechtserklärungen der Eltern vor der Geburt des Kindes (§ 1626b Abs. 2 BGB) entsteht die gemeinsame Sorge der Eltern mit der Geburt. Die Regelung entspricht der Möglichkeit, eine Vaterschaft mit Zustimmung der Mutter bereits vor der Geburt anzuerkennen (§§ 1594 Abs. 4, 1595 Abs. 3 BGB). Diese muss jedoch der Sorgerechtserklärung vorangehen, weil nur so die erforderliche rechtliche Stellung des Vaters gewahrt ist (vgl. hierzu die Kommentierung zu § 1626a BGB). Die **pränatale Sorgerechtserklärung** setzt jedoch voraus, dass das betreffende Kind bereits gezeugt ist (Nasciturus); eine Sorgerechtserklärung für ein nicht gezeugtes Kind (nondum conceptus) ist ausgeschlossen.[6] Sie wird nur bei einer Lebendgeburt des Kindes wirksam.[7] Im Fall von Mehrlingsgeburten können für alle erwarteten Kinder Sorgerechtserklärungen abgegeben werden. Kommt es unerwartet zu einer Mehrlingsgeburt, so erstrecken sich die für ein Kind abgegebenen Sorgerechtserklärungen auf alle Kinder aus der Schwangerschaft; nur dies entspricht dem mutmaßlichen Willen der Eltern.[8]

III. Gerichtliche Sorgerechtsentscheidung (Absatz 3)

7 Im Fall einer gerichtlichen Entscheidung, in der die elterliche Sorge einem Elternteil allein übertragen wird (§ 1671 BGB), die alleinige elterliche Sorge der Mutter auf den Vater übertragen wird (§ 1672 Abs. 1 BGB) bzw. diese Maßnahmen nach den §§ 1672 Abs. 2, 1696 BGB abgeändert werden sowie im Falle der Übertragung des gemeinsamen Sorgerechts nach § 1626a Abs. 1 Nr. 3 BGB, ist eine Sorgerechtserklärung ausgeschlossen (§ 1626b Abs. 3 BGB). Der **Ausschluss einer Sorgerechtserklärung** durch gerichtliche Entscheidung gilt nur für die ausdrücklich in § 1626b Abs. 3 BGB genannten Fälle und gilt nur für die Bereiche der elterlichen Sorge, auf die sich die Entscheidung bezieht.[9]

---

[5] BGH v. 11.02.2004 - XII ZB 158/02 - FamRZ 2004, 802-803.
[6] *Coester* in: Staudinger, § 1626b Rn. 9.
[7] *Veit* in: Bamberger/Roth, § 1626b Rn. 2.
[8] *Coester* in: Staudinger, § 1626b Rn. 9.
[9] *Coester* in: Staudinger, § 1626b Rn. 14.

§ 1626c BGB Persönliche Abgabe; beschränkt geschäftsfähiger Elternteil

(Fassung vom 02.01.2002, gültig ab 01.01.2002)

(1) Die Eltern können die Sorgeerklärungen nur selbst abgeben.

(2) ¹**Die Sorgeerklärung eines beschränkt geschäftsfähigen Elternteils bedarf der Zustimmung seines gesetzlichen Vertreters.** ²**Die Zustimmung kann nur von diesem selbst abgegeben werden; § 1626b Abs. 1 und 2 gilt entsprechend.** ³**Das Familiengericht hat die Zustimmung auf Antrag des beschränkt geschäftsfähigen Elternteils zu ersetzen, wenn die Sorgeerklärung dem Wohl dieses Elternteils nicht widerspricht.**

Gliederung

A. Grundlagen 1
B. Anwendungsvoraussetzungen 2
I. Höchstpersönlichkeit der Sorgerechtserklärung (Absatz 1) 2
II. Beschränkt geschäftsfähiger Elternteil (Absatz 2) 4
C. Prozessuale Hinweise/Verfahrenshinweise 9

A. Grundlagen

In § 1626c Abs. 1 BGB ist geregelt, dass Sorgerechtserklärungen **höchstpersönlich** abzugeben sind. Außerdem stellt § 1626c Abs. 2 BGB die Anforderungen an die Sorgerechtserklärung eines **beschränkt geschäftsfähigen Elternteils** dar.   1

B. Anwendungsvoraussetzungen

I. Höchstpersönlichkeit der Sorgerechtserklärung (Absatz 1)

Durch die Sorgerechtserklärungen wird die gemeinsame elterliche Sorge begründet. Dies ist eine wesentliche Entscheidung für die persönliche Beziehung zwischen Eltern und Kind, welche ebenso wie die in § 1626a BGB genannte Eheschließung nicht der Stellvertretung oder Botenschaft zugänglich ist.[1] Dies gilt auch für den beschränkt geschäftsfähigen Elternteil; § 1626c Abs. 2 BGB betrifft nur die Zustimmung des gesetzlichen Vertreters. Auch ein unter Betreuung stehender Elternteil muss die Erklärung selbst abgeben; ist ein Einwilligungsvorbehalt nach § 1903 BGB angeordnet, erstreckt sich dieser nicht auf die Sorgerechtserklärung.[2]   2

Bei **geschäftsunfähigen Elternteilen** fehlt es an einer gesetzlichen Regelung. Zum Teil werden diese Sorgerechtserklärungen trotz § 1626e BGB nach den §§ 104 Nr. 2, 105 Abs. 1 BGB als nichtig erachtet[3], zum Teil wegen § 1626e BGB und dessen Sperrwirkung in Bezug auf § 104 Nr. 2 BGB als wirksam angesehen[4]. Vorgeschlagen wird auch eine analoge Anwendung von § 1596 Abs. 1 Satz 3 BGB, wonach die Sorgerechtserklärung vom Betreuer mit Zustimmung des Betreuungsgerichts abzugeben ist.[5] Dieser Ansatz wird dem Regelungsgefüge der §§ 1626a-1626e BGB jedoch nicht gerecht. Die Abgabe der Sorgerechtserklärung ist eine höchstpersönliche Angelegenheit, die unter allen Umständen durch den Elternteil selbst vorgenommen werden sollte. Von daher ist eine analoge Anwendung von § 1626c Abs. 2 BGB angezeigt.[6] Hierdurch kann eine Willensbekundung des geschäftsunfähigen Elternteils berücksichtigt werden, die in diesem Fall wegen § 1626e BGB nicht nach § 105 Abs. 1 BGB zur Unwirksamkeit führt, und daher wie die Erklärung eines beschränkt geschäftsfähigen Elternteils zu behandeln ist.   3

---

[1] BGH v. 04.04.2001 - XII ZB 3/00 - juris Rn. Nr. 11 - FamRZ 2001, 907-911.
[2] *Coester* in: Staudinger, § 1626c Rn. 21, a.A. *Veit* in: Bamberger/Roth, § 1626c Rn. 6.
[3] So noch *Diederichsen* in: Palandt, 71. Aufl., § 1626c Rn. 1; unentschieden: *Götz* in: Palandt, § 1626c Rn. 1.
[4] *Dickerhof-Borello*, FuR 1998, 70-73, 72.
[5] *Veit* in: Bamberger/Roth, § 1626c Rn. 5.
[6] *Coester* in: Staudinger, § 1626c Rn. 20.

II. Beschränkt geschäftsfähiger Elternteil (Absatz 2)

4   Bei einem **beschränkt geschäftsfähigen Elternteil** ist die Zustimmung des gesetzlichen Vertreters erforderlich (§ 1626c Abs. 2 Satz 1 BGB). Die Zustimmung muss ebenso wie die Sorgerechtserklärung vom gesetzlichen Vertreter höchstpersönlich abgegeben werden, muss unbefristet und unbedingt erklärt werden und kann auch schon vor der Geburt des Kindes abgegeben werden (§ 1626c Abs. 2 Satz 2 BGB i.V.m. § 1626b Abs. 1 BGB und § 1626c Abs. 2 Satz 1 BGB, vgl. hierzu die Kommentierung zu § 1626b BGB). Wenn beide Elternteile beschränkt geschäftsfähig sind, bedürfen beide Sorgerechtserklärungen der Zustimmung des gesetzlichen Vertreters.

5   Bei einer **Verweigerung der Zustimmung des gesetzlichen Vertreters** kann nur der beschränkt geschäftsfähige Elternteil – nicht der andere Elternteil[7] – die **Ersetzung der Zustimmung** durch das Familiengericht beantragen (§ 1626c Abs. 2 Satz 3 BGB).

6   Voraussetzung ist, dass die Sorgerechtserklärung **dem Wohl des Antragstellers** – nicht des Kindes – **nicht widerspricht** (§ 1626c Abs. 2 Satz 3 HS. 2 BGB). Als Maßstab für diese Kindeswohlprüfung zieht die Gesetzesbegründung die Kriterien heran, die bei der gerichtlichen Ersetzung der Zustimmung im Eheschließungsrecht gelten (§ 1303 Abs. 3 BGB).[8] Das Gericht hatte daher bei seiner Prognose die Beurteilung der Verweigerung der Zustimmung durch den oder die gesetzlichen Vertreter des Antragstellers mithin daraufhin zu **prüfen, ob der Widerspruch auf triftigen Gründen beruht**. Dabei gebietet § 1626c Abs. 2 Satz 3 BGB in Anlehnung an § 1303 Abs. 3 BGB als verfassungskonforme Ausgestaltung der in Art. 6 Abs. 2 GG vorgegebenen Aufgabenverteilung zwischen Sorgeberechtigtem und Staat dem Gericht, die ablehnende Wertung der Sorgeberechtigten zu respektieren; das Gericht darf sich nur dann über die Beurteilung der „zuvörderst" zur Sorge für das Kindeswohl berufenen Sorgeberechtigten hinwegsetzen, wenn es überzeugt ist, dass der elterliche Widerspruch nicht auf triftigen Gründen beruht.[9]

7   Ausreichend dabei ist, dass der Widerspruch auf **einem einzigen triftigen Grund** beruht.[10] Ferner ist zu berücksichtigen, dass es bei § 1626c BGB – anders als bei § 1303 BGB – nicht um die Gründung einer Familie geht, sondern **um die Übernahme elterlicher Verantwortung**. Im Vordergrund stehen deshalb persönliche Eigenschaften, insbesondere Reife und Eignung für die Ausübung der elterlichen Sorge.[11] Nach herrschender Auffassung muss es sich daher um triftige Gründe handeln, die in der Person des beschränkt geschäftsfähigen Elternteils liegen, oder auch solche, die in der Person des anderen Elternteils liegen.[12] Zwar kommt es letztendlich allein auf das Wohl des beschränkt geschäftsfähigen Elternteils an. Hieraus folgt jedoch lediglich, dass die „störende" Eigenschaft des anderen Elternteils so geartet sein muss, dass sie im Falle einer durch Sorgeerklärungen herbeigeführten gemeinsamen Ausübung der elterlichen Sorge das Wohl des beschränkt geschäftsfähigen Elternteils beeinträchtigen würde.[13] Ein ungewöhnlich großer Altersunterschied kann durchaus ein triftiger Grund sein.

8   Ersetzt das Familiengericht die Zustimmung des gesetzlichen Vertreters nicht, ist die Sorgerechtserklärung des beschränkt Geschäftsfähigen unwirksam (§ 1626e BGB).

C. Prozessuale Hinweise/Verfahrenshinweise

9   Das Ersetzungsverfahren ist **antragsgebunden. Antragsberechtigt** ist der minderjährige Elternteil, nicht jedoch der andere Elternteil. Bei beiderseitiger Minderjährigkeit handelt es sich um zwei selbständige Verfahren, für die jeweils ein eigener Antrag erforderlich ist.[14]

10 Gem. § 151 Nr. 1 FamFG handelt es sich bei dem Antrag auf Ersetzung der Zustimmung zur Sorgerechtserklärung um eine **Kindschaftssache** (vgl. **ausführlich zum Verfahren die** Kommentierung zu § 1626 BGB).Beim Familiengericht ist der Richter für die Ersetzung der Zustimmung zuständig (§ 14 Abs. 1 Nr. 9 RPflG).

11 **Örtlich zuständig** ist in aller Regel das Gericht, in dessen Bezirk das Kind seinen gewöhnlichen Aufenthalt hat (§ 152 Abs. 2 FamFG).

---

[7] *Götz* in: Palandt, § 1626c Rn. 3.
[8] *Huber* in: MünchKomm-BGB, § 1626c Rn. 12.
[9] *Strätz* in: Staudinger, BGB, § 1303 Rn. 15.
[10] BGH v. 25.09.1956- IV ZB 96/56 - BGHZ 21, 340, 342.
[11] *Huber* in: MünchKomm-BGB, § 1626c Rn. 12.
[12] *Huber* in: MünchKomm-BGB, § 1626c Rn. 12.
[13] *Huber* in: MünchKomm-BGB, § 1626c Rn. 13.
[14] *Coester* in: Staudinger, BGB, § 1626c Rn. 13.

Im Laufe des Verfahrens sind **beide Elternteile** und die **gesetzlichen Vertreter des beschränkt Geschäftsfähigen** anzuhören. Darüber hinaus ist das **Jugendamt** gem. § 162 Abs. 1 FamFG anzuhören, welches auf seinen Antrag hin zudem an dem Verfahren zu beteiligen ist.

Von besonderer Bedeutung für Verfahren nach § 1626c Abs. 2 Satz 3 BGB ist die Bestellung eines **Verfahrensbeistands**, der unter den Voraussetzungen des § 158 FamFG zu bestellen ist. Da sich in Verfahren der vorliegenden Art minderjähriger Elternteil und dessen gesetzliche Vertreter, die ihre Zustimmung zur Sorgerechtserklärung verweigert haben und es gerade aus diesem Grund zur Einleitung des Verfahrens durch den minderjährigen Elternteil gekommen ist, gegenüberstehen, ist in jedem Fall **§ 158 Abs. 2 Nr. 1 FamFG** – erheblicher Gegensatz der Interessen von Kind und dessen gesetzlichen Vertretern – gegeben. Gem. § 158 Abs. 3 Satz 1 FamFG soll der Verfahrensbeistand zudem **so früh wie möglich** bestellt werden. Für Verfahren nach § 1626c Abs. 2 Satz 3 BGB bedeutet dies, dass sich das Familiengericht unmittelbar nach Antragstellung durch den Minderjährigen um diese Frage kümmern muss.

Gegen die Entscheidung des Gerichts ist **Beschwerde** gem. §§ 58, 59 FamFG möglich. Beschwerdeberechtigt sind der minderjährige Elternteil und sein gesetzlicher Vertreter.[15]

---

[15] *Coester* in: Staudinger, BGB, § 1626c Rn. 15.

§ 1626d BGB Form; Mitteilungspflicht

(Fassung vom 16.04.2013, gültig ab 19.05.2013)

(1) Sorgeerklärungen und Zustimmungen müssen öffentlich beurkundet werden.

(2) Die beurkundende Stelle teilt die Abgabe von Sorgeerklärungen und Zustimmungen unter Angabe des Geburtsdatums und des Geburtsorts des Kindes sowie des Namens, den das Kind zur Zeit der Beurkundung seiner Geburt geführt hat, dem nach § 87c Abs. 6 Satz 2 des Achten Buches Sozialgesetzbuch zuständigen Jugendamt zu den in § 58a des Achten Buches Sozialgesetzbuch genannten Zwecken unverzüglich mit.

Gliederung

A. Grundlagen	1	I. Öffentliche Beurkundung (Absatz 1)	2
B. Anwendungsvoraussetzungen	2	II. Mitteilung an das Jugendamt (Absatz 2)	5

A. Grundlagen

1 Die Vorschrift von § 1626d Abs. 1 BGB regelt die **Formbedürftigkeit** von Sorgerechtserklärungen und deren gegebenenfalls nach § 1626c Abs. 2 BGB erteilten Zustimmungen. Durch die **Mitteilungspflicht** in § 1626d Abs. 2 BGB werden die Sorgerechtsverhältnisse beim Jugendamt zur Auskunft nach § 58a SGB VIII dokumentiert.

B. Anwendungsvoraussetzungen

I. Öffentliche Beurkundung (Absatz 1)

2 Die **öffentliche Beurkundung** begründet prozessual vollen Beweis (§ 415 Abs. 1 ZPO). Aufgrund der gemäß § 17 BeurkG vorausgehenden Beratung und Belehrung soll sie die Beteiligten vor einer vorschnellen Übernahme der elterlichen Sorge schützen.[1]

3 Für die öffentliche Beurkundung **zuständig** ist
- der Notar, § 20 Abs. 1 BNotO,
- der Urkundsbeamte jedes Jugendamtes, § 59 Abs. 1 Satz 1 Nr. 8 SGB VIII i.V.m. § 87e SGB VIII,
- die deutschen Auslandsvertretungen, wenn das Kind seinen gewöhnlichen Aufenthalt innerhalb des Geltungsbereichs des Haager Minderjährigenabkommens (MSA) hat und ausschließlich die deutsche Staatsbürgerschaft besitzt, Art. 3 MSA, Art. 3 Abs. 2 EGBGB.

Dagegen besitzt der Standesbeamte – anders als bei der Vaterschaftsanerkennungserklärung und der Zustimmung der Mutter nach § 44 PStRG – nicht die Zuständigkeit, die Sorgerechtserklärungen und deren Zustimmungen zu beurkunden. Die Beurkundung der Sorgerechtserklärungen und Zustimmungen ist für die Wirksamkeit konstitutiv, so dass bei einem Fehlen die Unwirksamkeit aus § 1626e BGB folgt.[2]

4 Sorgeerklärungen können formwirksam gemäß § 1626d BGB auch in Form einer gerichtlich gebilligten Elternvereinbarung erfolgen, da die Beurkundung auch durch einen gerichtlichen Vergleich ersetzt werden kann gem. § 127a BGB.[3]

II. Mitteilung an das Jugendamt (Absatz 2)

5 Nach § 1626d Abs. 2 BGB ist **die beurkundende Stelle verpflichtet, die Abgabe von Sorgerechtserklärungen und Zustimmungen mitzuteilen**. Dies hat unter Angabe von Geburtsdatum und Geburtsort des Kindes sowie dem zur Zeit der Beurkundung seiner Geburt von ihm geführten Namen zu erfolgen. Diese Mitteilung ist unverzüglich, d.h. ohne schuldhaftes Zögern (§ 121 Abs. 1 Satz 1 BGB), an das Jugendamt, welches für den Geburtsort des Kindes zuständig ist, zu adressieren (§ 87c Abs. 6 Satz 2 SGB VIII). Ist das Kind im Ausland geboren, ist das Jugendamt des Landes Berlin zuständig (§ 87c Abs. 6 Satz 2 HS. 2 SGB VIII i.V.m. § 88 Abs. 1 Satz 2 SGB VIII).

---

[1] BT-Drs. 13/4899, S. 95.
[2] *Veit* in: Bamberger/Roth, § 1626d Rn. 1.
[3] BGH v. 16.03.2011 - XII ZB 407/10 - juris Rn. 35 - FamRZ 2011, 796-801.

Bei der Mitteilungspflicht handelt es sich nur um eine **bloße Ordnungsvorschrift**, so dass ein Verstoß gegen § 1626d Abs. 2 BGB nicht die Unwirksamkeit der Sorgerechtserklärung und ihrer Zustimmungen nach § 1626e BGB zur Folge hat.[4]

Die Vorschrift des § 1626d Abs. 2 BGB führt dazu, dass das Jugendamt seiner Auskunftspflicht gegenüber der Mutter nach § 58a SGB VIII besser nachkommen kann. Danach kann die Mutter eine schriftliche Bescheinigung verlangen, dass keine Sorgerechtserklärungen abgegeben wurden. Diese Bescheinigung ist von dem Jugendamt zu erteilen, in dessen Bereich die Mutter ihren gewöhnlichen Aufenthalt hat (§ 87c Abs. 6 Satz 1 i.V.m. Abs. 1 Satz 1 SGB VIII). Falls es nicht mit dem für die Beurkundung nach § 87c Abs. 6 Satz 2 SGB VIII zuständigen Jugendamt identisch ist, erhält es von letzterem eine Mitteilung über die Nichtabgabe von Sorgerechtserklärungen (§ 87c Abs. 6 Satz 3 SGB VIII). Dieser so genannte **Negativtest** soll als Nachweis der Alleinsorge der Mutter im Rechtsverkehr dienen. Er bestätigt jedoch lediglich, dass zum Zeitpunkt der Ausstellung keine Sorgerechtserklärungen abgegeben wurden. Allerdings können zum einen nach diesem Zeitpunkt wirksame Sorgerechtserklärungen abgegeben worden sein, zum anderen kann der Mutter auch die elterliche Sorge entzogen sein. Insofern bescheinigt er nicht positiv, dass die Mutter die alleinige elterliche Sorge ausübt.[5]

---

[4] *Veit* in: Bamberger/Roth, § 1626d Rn. 2.2; *Huber* in: MünchKomm-BGB, § 1626d Rn. 10.
[5] *Huber* in: MünchKomm-BGB, § 1626d Rn. 11.

§ 1626e BGB Unwirksamkeit

(Fassung vom 02.01.2002, gültig ab 01.01.2002)

Sorgeerklärungen und Zustimmungen sind nur unwirksam, wenn sie den Erfordernissen der vorstehenden Vorschriften nicht genügen.

A. Grundlagen

1   Durch die Vorschrift von § 1626e BGB werden andere als die in §§ 1626a-d BGB genannten **Unwirksamkeitsgründe für Sorgerechtserklärungen** und Zustimmungen ausgeschlossen.

B. Anwendungsvoraussetzungen

2   Nach dem Willen des Gesetzgebers tritt **Unwirksamkeit** nur ein, wenn
- die Sorgerechtserklärungen nicht von den Eltern im Sinne der §§ 1591, 1592 Nr. 2, 3 BGB abgegeben wurden, § 1626a Abs. 1 BGB,
- die Sorgerechtserklärungen und/oder die Zustimmung des gesetzlichen Vertreters unter einer Bedingung oder Befristung abgegeben wurden, §§ 1626b Abs. 1, 1626c Abs. 2 HS. 2 BGB,
- die Sorgerechtserklärung abgegeben wurde, obwohl eine gerichtliche Entscheidung im Sinne von § 1626b Abs. 3 BGB vorliegt,
- die Sorgerechtserklärungen und/oder die Zustimmung des gesetzlichen Vertreters von einem Stellvertreter oder Boten abgegeben wurden, §§ 1626c Abs. 1, 1626c Abs. 2 HS. 1 BGB,
- die Sorgerechtserklärung eines beschränkt geschäftsfähigen oder geschäftsunfähigen Elternteils ohne Zustimmung des gesetzlichen Vertreters abgegeben wurde, § 1626c Abs. 2 BGB direkt beziehungsweise analog,
- der gesetzliche Vertreter die Zustimmung verweigert und das Gericht diese Zustimmung auf Antrag des beschränkt geschäftsfähigen Elternteils nicht ersetzt, § 1626c Abs. 2 Satz 3 BGB,
- die Sorgerechtserklärungen und/oder die Zustimmung des gesetzlichen Vertreters ohne öffentliche Beurkundung abgegeben wurden, § 1626d Abs. 1 BGB.

3   **Alle anderen Unwirksamkeitsgründe** hingegen sind durch § 1626e BGB ausgeschlossen. Dies gilt insbesondere für die der §§ 104 Nr. 2, 117, 118 BGB sowie für die Anfechtungsgründe nach den §§ 119, 124 BGB.[1] Auch die Nichtigkeitstatbestände der **§§ 134, 138 BGB** finden **keine Anwendung**.

4   Werden im Rahmen eines notariellen Vertrages neben den Sorgerechtserklärungen unwirksame Vereinbarungen etwa dergestalt beurkundet, dass im Falle der Trennung das Aufenthaltsbestimmungsrecht für das gemeinsame Kind einem Elternteil alleine zustehen soll, so führt dies nicht zur Unwirksamkeit der Sorgeerklärungen, weil **§ 139 BGB** ebenfalls nicht anwendbar ist.[2]

C. Rechtsfolgen

5   Im Fall der **Unwirksamkeit einer oder beider Sorgerechtserklärungen** der Eltern oder der erforderlichen Zustimmung des gesetzlichen Vertreters bleibt das alleinige Sorgerecht von Anfang an bei der Mutter (§ 1626a Abs. 2 BGB). Allerdings können Entscheidungen, die bereits abgeschlossene Lebenssachverhalte betreffen und von den Eltern aufgrund einer scheinbar bestehenden gemeinsamen Sorge getroffen wurden, nur ex nunc geändert werden, soweit sie dem Kindeswohl nicht widersprechen.[3]

---

[1] *Veit* in: Bamberger/Roth, § 1626e Rn. 3; a.A. *Götz* in: Palandt, § 1626e Rn. 1.
[2] OLG Düsseldorf v. 22.02.2008 - II-8 UF 267/07, 8 UF 267/07 - FGPrax 2008, 105-106.
[3] So noch *Diederichsen* in: Palandt, 71. Auflage, § 1626e Rn. 2.

§ 1627 BGB Ausübung der elterlichen Sorge

(Fassung vom 02.01.2002, gültig ab 01.01.2002)

¹Die Eltern haben die elterliche Sorge in eigener Verantwortung und in gegenseitigem Einvernehmen zum Wohl des Kindes auszuüben. ²Bei Meinungsverschiedenheiten müssen sie versuchen, sich zu einigen.

Gliederung

A. Grundlagen 1	2. Gegenseitiges Einvernehmen 3
B. Anwendungsvoraussetzungen 2	3. Ausübung zum Wohl des Kindes 7
I. Ausübung der elterlichen Sorge (Satz 1) 2	II. Einigung bei Meinungsverschiedenheiten
1. Eigene Verantwortung 2	(Satz 2) 8

A. Grundlagen

Hinter § 1627 BGB steht das gesetzliche Leitbild, dass die zwischen den Eltern bestehende sittliche Lebensgemeinschaft und ihre gemeinsame, unteilbare Verantwortung gegenüber dem Kinde in Verbindung mit dem umfassenden Gleichberechtigungsgebot der Verfassung im Bereich der elterlichen Gewalt zu voller Gleichordnung von Vater und Mutter führt.[1] Die Vorschrift hebt ebenfalls hervor, dass staatliche Eingriffe gegenüber der Aufgabe der Eltern, **ihre Verantwortung für ihre Kinder selbst zu tragen und bei Meinungsverschiedenheiten eine Einigung** herbeizuführen, subsidiär sind.[2] Die Ausübung der elterlichen Sorge ist ausschließlich an das Wohl des Kindes gebunden. 1

B. Anwendungsvoraussetzungen

I. Ausübung der elterlichen Sorge (Satz 1)

1. Eigene Verantwortung

Die Regelung ist an Eltern gerichtet, welche die elterliche Sorge gemeinsam ausüben. Jedoch besteht die Verpflichtung, die elterliche Sorge in **eigener Verantwortung** auszuüben, auch für den alleinsorgeberechtigten Elternteil.[3] Jeder Elternteil muss selbst prüfen, ob die getroffenen oder beabsichtigten Entscheidungen in Ausübung der gemeinsamen elterlichen Sorge mit dem Kindeswohl vereinbar sind.[4] Diese Verantwortung geht von der ständigen Überprüfung der Maßnahmen im Bereich der Erziehung, über die Überwachung des anderen Elternteils[5], insbesondere wenn eine Funktionsteilung zwischen den Eltern vorliegt, bis hin zur Strafanzeige gegen den anderen Elternteil[6]. Dieser Verantwortung kann er sich nur durch eine Übertragung der elterlichen Sorge in den gesetzlich vorgesehenen Fällen entziehen, sie jedoch nicht durch rechtsgeschäftliche Übertragung abgeben (vgl. hierzu die Kommentierung zu § 1626 BGB). 2

2. Gegenseitiges Einvernehmen

Die Eltern sind daran gehalten, bei der Entscheidungsfindung **zusammenzuarbeiten**, d.h. darüber zu beraten und eine Abwägung der Vor- und Nachteile vorzunehmen. Daraus folgt jedoch keine Pflicht, eine gemeinsame Sorge für das Kind zu begründen.[7] 3

Einfachgesetzlich ergibt sich die Pflicht zur Einigung bei Eheleuten aus der eherechtlichen Pflicht der Eltern zueinander (§ 1353 BGB); sind beide Elternteile nicht (mehr) miteinander verheiratetet, aus der Elternpflicht (Art 6 Abs. 2 GG) dem Kind gegenüber, dessen Wohl sie verpflichtet sind.[8] 4

Die Pflicht zur Einigung endet auch nicht mit der **Trennung der Eltern**. Gerade in Krisenzeiten sind die gemeinsam sorgeberechtigten Elternteile dazu verpflichtet, ihre einander widerstreitenden Interes- 5

---

[1] BVerfG v. 29.07.1959 - 1 BvR 205/58 - juris Rn. 83 - NJW 1959, 1483.
[2] LG Berlin v. 06.04.1982 - 83 T 95/82 - FamRZ 1982, 839-841.
[3] *Götz* in: Palandt, § 1627 Rn. 1.
[4] *Peschel-Gutzeit* in: Staudinger, § 1627 Rn. 6.
[5] BGH v. 20.01.1976 - VI ZR 15/74 - NJW 1976, 2344-2345.
[6] BGH v. 20.12.1983 - 1 StR 746/83 - NStZ 1984, 164.
[7] *Götz* in: Palandt, § 1627 Rn. 1.
[8] *Peschel-Gutzeit* in: Staudinger, § 1627 Rn. 11.

sen zurückzustellen und im Interesse des Kindeswohls nach einem gemeinsamen Erziehungsweg zu suchen.[9] Dies ergibt sich ausdrücklich aus § 1687 Abs. 1 Satz 1 BGB.

6 Der Grundsatz der gemeinsamen Verantwortung schließt jedoch nicht aus, dass eine **Aufgabenteilung** vorgenommen wird.[10] Dabei handelt es sich nicht um eine Übertragung, sondern nur um die Überlassung der Ausübung der elterlichen Sorge in diesem Bereich.[11] Diese Überlassung ist nur temporär zulässig und kann ohne Angaben von Gründen widerrufen werden (vgl. hierzu die Kommentierung zu § 1626 BGB).[12] Die Aufgabenteilung kann zwischen den Eheleuten vereinbart sein (§ 1356 Abs. 1 Satz 1 BGB). Sie kann aber auch natürlich sein[13]: Regelmäßig hat das Kleinkind primär gegen den haushaltsführenden Ehegatten den Anspruch auf Pflege. Die Aufgabenteilung entspricht dem Regelfall in der Ausübung der gemeinsamen elterlichen Sorge und wird vor allem bei der Vertretung des Kindes nach außen in rechtsgeschäftlichen Handlungen von Bedeutung.[14] Innerhalb seines Aufgabenbereichs kann zwar jeder Elternteil allein handeln (§ 1356 Abs. 1 Satz 2 BGB). Er ist aber nicht davon befreit, den anderen Elternteil über seine Maßnahmen zu informieren oder in bedeutenden Angelegenheiten dessen Rat einzuholen[15] und die Maßnahmen mit ihm abzustimmen[16].

3. Ausübung zum Wohl des Kindes

7 Die Eltern haben ihr Handeln am **Wohl des Kindes** auszurichten (vgl. hierzu die Kommentierung zu § 1626 BGB). Das Wohl des Kindes ist dabei nicht nur aus der subjektiven Sicht des Kindes (Wohlbefinden), sondern auch objektiv-normativ (Zukunftsperspektive) zu beurteilen.[17] Grundsätzlich gilt jedoch, dass sich die Eltern im Rahmen des Vertretbaren daran halten können, was aus ihrer Sicht das Beste für ihr Kind ist.[18]

II. Einigung bei Meinungsverschiedenheiten (Satz 2)

8 Bei **Meinungsverschiedenheiten** müssen die Eltern versuchen, eine **Einigung** zu finden. Auch diese muss dem Wohl des Kindes entsprechen. Gelingt es den Eltern nicht, eine gemeinsame Lösung zu finden, kann jeder Elternteil nach § 1628 BGB vorgehen, wenn es sich um eine Angelegenheit handelt, die für das Kind von erheblicher Bedeutung ist (vgl. hierzu die Kommentierung zu § 1628 BGB). In anderen, nicht so gewichtigen Angelegenheiten besteht keine Möglichkeit, das Familiengericht anzurufen.

9 Handelt ein Elternteil entgegen einer gefundenen elterlichen Einigung, weil er der Auffassung ist, dass sie nicht mehr mit dem Kindeswohl zu vereinbaren ist, so stellt dies keine **Pflichtwidrigkeit** dar; vielmehr ist er wegen der eigenen Verantwortung zu dem entsprechenden Handeln verpflichtet.[19] Wenn er aber aus anderen Gründen seine Auffassung in einem Punkt ändert, und eigenmächtig, d.h. ohne sich mit dem anderen Elternteil abzusprechen, und einigungswidrig handelt, so stellt dies zwar eine Pflichtwidrigkeit gegenüber dem anderen Elternteil dar; diese hat jedoch unterhalb der Schwelle von § 1628 BGB und § 1666 BGB keine rechtlichen Folgen und muss insbesondere vom Kind befolgt werden.[20]

---

[9] *Peschel-Gutzeit* in: Staudinger, § 1627 Rn. 13.
[10] *Götz* in: Palandt, § 1627 Rn. 1.
[11] *Peschel-Gutzeit* in: Staudinger, § 1627 Rn. 6.
[12] *Veit* in: Bamberger/Roth, § 1627 Rn. 3.
[13] BVerfG v. 29.07.1959 - 1 BvR 205/58 - NJW 1959, 1483.
[14] LG Itzehoe v. 28.02.1992 - 4 T 41/92 - FamRZ 1992, 1211-1212.
[15] *Peschel-Gutzeit* in: Staudinger, § 1627 Rn. 8.
[16] *Götz* in: Palandt, § 1627 Rn. 1.
[17] OLG Frankfurt v. 16.03.1984 - 1 UF 315/83 - FamRZ 1984, 614-615.
[18] *Peschel-Gutzeit* in: Staudinger, § 1627 Rn. 18.
[19] *Peschel-Gutzeit* in: Staudinger, § 1627 Rn. 7.
[20] *Veit* in: Bamberger/Roth, § 1627 Rn. 5.

§ 1628 BGB Gerichtliche Entscheidung bei Meinungsverschiedenheiten der Eltern

(Fassung vom 02.01.2002, gültig ab 01.01.2002)

¹Können sich die Eltern in einer einzelnen Angelegenheit oder in einer bestimmten Art von Angelegenheiten der elterlichen Sorge, deren Regelung für das Kind von erheblicher Bedeutung ist, nicht einigen, so kann das Familiengericht auf Antrag eines Elternteils die Entscheidung einem Elternteil übertragen. ²Die Übertragung kann mit Beschränkungen oder mit Auflagen verbunden werden.

Gliederung

A. Grundlagen 1	3. Angelegenheiten von erheblicher Bedeutung 5
B. Anwendungsvoraussetzungen 2	II. Beschränkungsmöglichkeiten (Satz 2) 14
I. Entscheidungsübertragung (Satz 1) 2	III. Konkurrenzverhältnis zu § 1671 BGB 15
1. Gemeinsame Elterliche Sorge 2	C. Rechtsfolgen 18
2. Angelegenheit der elterlichen Sorge 3	D. Prozessuale Hinweise/Verfahrenshinweise 19

A. Grundlagen

Die Vorschrift des § 1628 BGB sieht eine **Konfliktlösung in bedeutenden kindlichen Angelegenheiten** vor, wenn die Eltern sich nicht einigen können. In diesem Fall kann jeder Elternteil beantragen, dass ihm die Entscheidung darüber vom Familiengericht übertragen wird. Unzulässig und mit Art. 6 Abs. 2 GG nicht vereinbar ist, wenn das Gericht für die Eltern entscheidet.[1]

1

B. Anwendungsvoraussetzungen

I. Entscheidungsübertragung (Satz 1)

1. Gemeinsame Elterliche Sorge

Die **gemeinsam sorgeberechtigten Eltern** müssen zuvor vergeblich versucht haben, eine Einigung herbeizuführen.[2] Ohne Bedeutung ist, ob die elterliche Sorge aufgrund einer Heirat besteht oder durch Sorgerechtserklärungen erlangt wurde, ob die Eltern getrennt leben oder sogar geschieden sind.[3] Auch eine funktionelle Aufteilung der Aufgaben zwischen den Eltern ändert nichts an der gemeinsamen Sorge (vgl. hierzu die Kommentierung zu § 1627 BGB).

2

2. Angelegenheit der elterlichen Sorge

Die Uneinigkeit muss sich auf eine **Angelegenheit der elterlichen Sorge** beziehen. Das ist beispielsweise bei einer Meinungsverschiedenheit über das Austragen von ungeborenem Leben der Fall.[4]

3

Im Rahmen von **Unterhaltsstreitigkeiten** im Sinne von § 1612 Abs. 2 BGB kommt es auf den konkreten Einzelfall an. Bei einem minderjährigen Kind ist die Unterhaltsbestimmung nach § 1631 Abs. 1 BGB Teil der gemeinsamen elterlichen Sorge, so dass bei Meinungsverschiedenheiten § 1628 BGB beziehungsweise § 1627 BGB gilt.[5] Bei volljährigen Kindern besteht die elterliche Sorge der Eltern nicht mehr, so dass Streitigkeiten im Unterhaltsprozess ausgetragen werden müssen.[6]

4

3. Angelegenheiten von erheblicher Bedeutung

Die Regelung des § 1628 BGB betrifft lediglich **situative Entscheidungen**. Das gesetzliche Wertungssystem des Rechts der elterlichen Sorge gebietet eine restriktive Auslegung dieser Bestimmung auf ein-

5

---

[1] BVerfG v. 04.12.2002 - 1 BvR 1870/02 - juris Rn. 8 - NJW 2003, 1031-1032.
[2] LG Berlin v. 06.04.1982 - 83 T 95/82 - FamRZ 1982, 839-841.
[3] *Veit* in: Bamberger/Roth, § 1628 Rn. 2.
[4] AG Köln v. 15.03.1984 - 53 X 87/84 - NJW 1985, 2201; a.A. *Veit* in: Bamberger/Roth, § 1628 Rn. 2; *Peschel-Gutzeit* in: Staudinger, § 1628 Rn. 20.
[5] BGH v. 26.10.1983 - IVb ZR 14/82 - juris Rn. 20 - LM Nr. 4 zu § 1612 BGB.
[6] BGH v. 27.04.1988 - IVb ZR 56/87 - juris Rn. 9 - BGHZ 104, 224-232.

zelne Angelegenheiten (z.B. Schulbesuch, Impfung) oder eine bestimmte Art von Angelegenheit der elterlichen Sorge (Fernsehkonsum, u.Ä.).[7] Das bedeutet beispielsweise, dass nicht alle Entscheidungen in medizinischen Fragen übertragen werden können, sondern nur für eine bestimmte Maßnahme oder einen umgrenzbaren Bereich von Maßnahmen innerhalb einer Therapie.[8] Auch Probleme im Hinblick auf den Umgang können daher nicht über die Regelung in § 1628 BGB geregelt werden.[9] Durch eine Entscheidung nach § 1628 BGB darf es nicht zu einem Teilentzug der elterlichen Sorge kommen, die nur unter den strengeren Voraussetzungen von § 1666 BGB zulässig ist.

6   Die Entscheidungsbefugnis von § 1628 BGB ist auf **Angelegenheiten von erheblicher Bedeutung** für das Kind beschränkt. Wegen der Subsidiarität staatlicher Eingriffe ist es in erster Linie Aufgabe der Eltern, ihre Verantwortung für ihre Kinder selbst zu tragen und bei Meinungsverschiedenheiten eine Einigung herbeizuführen (§ 1627 BGB).[10] Die erhebliche Bedeutung der Angelegenheit richtet sich vor allem nach den Konsequenzen, die die Uneinigkeit der Eltern auf das Kind und seine gesellschaftliche und soziale Entwicklung hat.

7   Um **Angelegenheiten von erheblicher Bedeutung** handelt es sich beispielsweise[11] bei
- einem Streit um den **Vornamen** des Kindes[12],
- der Frage, ob das Kind einen vom bisherigen **Familiennamen** unterschiedlichen Namen tragen soll[13],
- der Platzierung des Kindes im Landschulheim[14],
- der **Wahl der Schulart**[15], der Entscheidung eines **Schulwechsels**[16], **der Umschulung** nach dem Umzug eines Elternteils[17] sowie der Entscheidung der Anfechtung der Nichtversetzung eines Kindes in die 9. Klassenstufe und der Durchführung eines diesbezüglichen Verfahrens auf Erlass einer einstweiligen Anordnung,[18]
- der **Wahl des Kindergartens**[19],
- der **Ausbildungs- und Berufswahl**, § 1631a BGB[20],
- der **Ausschlagung einer Erbschaft**[21],
- einer Sprachreise in politischen Krisen[22],
- der Urlaubsreise eines kleinen Kindes wegen der Gesundheitsgefahren[23],
- einer **ärztlichen Behandlung**[24],
- der **Anlegung eines größeren Kindesvermögens** sowie der Verwendung der Einkünfte aus dem Kindesvermögen, § 1649 BGB,
- einer **Flugreise**, die mit einem Unternehmen durchgeführt wird, das einem am Krieg beteiligten Land zuzuordnen ist (Reise in die USA während des Irakkriegs)[25],

---

[7] OLG Hamm v. 07.11.2006 - 3 UF 75/06 - FamRZ 2007, 756-757; OLG Zweibrücken v. 29.06.2000 - 6 UF 73/99 - FamRZ 2001, 186-187.
[8] *Veit* in: Bamberger/Roth, § 1628 Rn. 3.
[9] OLG Hamm v. 07.11.2006 - 3 UF 75/06 - FamRZ 2007, 756-757.
[10] LG Berlin v. 06.04.1982 - 83 T 95/82 - FamRZ 1982, 839-841.
[11] Vgl. auch: *Rimkus*, ZFE 2010, 47-52, 50 f.
[12] OLG Frankfurt, FamRZ 1957, 55; OLG Dresden v. 13.01.2004 - 21 (10) UF 0821/03, 21 (10) UF 821/03 - OLG-NL 2004, 164-165; AG Pankow-Weißensee v. 19.02.2009 - 27 F 767/09 - Rpfleger 2009, 314-315.
[13] OLG Stuttgart v. 11.08.2010 - 16 UF 122/10 - juris Rn. 9.
[14] AG Hamburg v. 30.06.1960 - 115 X Sch 12942 - FamRZ 1961, 123.
[15] OLG München v. 13.07.1998 - 12 WF 966/98 - MDR 1998, 1353.
[16] AG Lemgo v. 22.01.2003 - 8 F 26/03 - FamRZ 2004, 49.
[17] Oberlandesgericht des Landes Sachsen-Anhalt v. 26.03.2010 - 8 UF 53/10 - juris Rn. 11.
[18] VG Schleswig v. 14.10.2002 - 9 B 99/02.
[19] OLG Frankfurt v. 14.11.2008 - 3 UF 334/07 - FamRZ 2009, 894; a.A. jedoch Brandenburgisches Oberlandesgericht v. 17.09.2007 - 9 UF 156/07 - OLGR Brandenburg 2008, 388-389.
[20] OLG Hamm v. 12.02.1966 - 15 W 453/65 - FamRZ 1966, 209.
[21] OLG Hamm v. 16.04.2002 - 15 W 38/02 - FamRZ 2003, 172-174.
[22] AG Heidenheim v. 09.04.2003 - 2 F 271/03 - NJW-RR 2003, 1225-1226.
[23] OLG Köln v. 26.10.1998 - 14 UF 170/98 - NJW 1999, 295; ähnlich AG Rosenheim v. 05.06.2003 - 1 F 929/03 - FamRZ 2004, 49-50.
[24] OLG Bamberg v. 26.08.2002 - 7 UF 94/02 - FamRZ 2003, 1403-1404.
[25] AG Freising v. 10.04.2003 - 2 F 292/03 - FamRZ 2004, 968.

- **Reisen kleiner Kinder** in Länder eines ihnen jedenfalls nicht umfassend vertrauten Kulturkreises – im konkreten Fall Katar[26] bzw. in das Gebiet der russischen Föderation[27],
- der Unterbringung des gemeinsamen Kindes in einer Kindereinrichtung[28],
- der Entscheidung über die Ausübung des **Umgangs mit Bezugspersonen** (§ 1685 BGB)[29],
- der Ausstellung eines **Kinderausweises**[30],
- der Beantragung eines **deutschen Reisepasses** für ein im Ausland lebendes Kind mit deutscher Staatsangehörigkeit, da ein Reisepass dem Kind nicht nur eine weitergehende Reisefreiheit, sondern auch den Schutz als deutscher Staatsangehöriger im Ausland gewährleistet[31],
- der Entscheidung, ob und in welchem Umfang ein Kind **geimpft** werden soll[32],
- der Entscheidung darüber, ob das Kind die **Vaterschaft anfechten** soll[33],
- der Zustimmung zur Anmeldung des Kindes zum begleiteten Fahren ab 17 Jahren[34],
- der Wahl des religiösen Bekenntnisses, § 2 KErzG[35].

So sind insbesondere Meinungsverschiedenheiten der Eltern über die Frage, in welcher **Religion** ihre Kinder erzogen werden sollen, kein Grund für die Auflösung des gemeinsamen Sorgerechts, sondern vielmehr Angelegenheiten von erheblicher Bedeutung.[36] In diesem Zusammenhang entspricht es aber regelmäßig nicht dem Kindeswohl, demjenigen Elternteil die Entscheidung über die religiöse Erziehung zu übertragen, bei dem das Kind nicht überwiegend lebt. Soweit der betreuende Elternteil aktives Mitglied der Zeugen Jehovas ist, kann es nicht dem Kindeswohl entsprechen, das Kind von der Teilnahme an den Veranstaltungen der Zeugen Jehovas auszuschließen.[37]

Zu beachten ist aber stets, dass der **weltanschaulich neutrale Staat keine Entscheidung über die religiöse Kindererziehung** treffen kann. Daher kann er auch nicht einem Elternteil die alleinige Entscheidungsbefugnis mit der Begründung übertragen, die konkreten Vorhaben des einen Elternteils über Art und Umfang der Integration des Kindes in eine Religionsgemeinschaft entsprächen dem Kindeswohl besser als die religiöse Erziehung durch den anderen Elternteil.[38] Maßgeblich für die Entscheidung, welchem Elternteil die Befugnis zur Regelung einer solch streitigen Frage zu übertragen ist, sind vielmehr andere Aspekte des elterlichen Sorgerechts wie der Lebensmittelpunkt des Kindes oder sein soziales Umfeld.

Die Frage der **Teilnahme am Religionsunterricht** und der **Teilnahme an Schulgottesdiensten** stellt selbst dann eine Regelung von erheblicher Bedeutung dar, wenn weder Kindesvater noch Kindesmutter die Kinder religiös erziehen. Im konkreten Fall ist das Gericht sogar so weit gegangen, in der Nichtteilnahme an den genannten schulischen Veranstaltungen eine Gefährdung des Kindeswohles zu sehen, da sie sich in einem ländlich-katholisch geprägten Umfeld bewegen, so dass eine Nichtteilnahme bei den genannten Veranstaltungen eine „Ausgrenzung" der Kinder darstellt, die eine Integration in den Klassen und Schulverband und mithin auch einen „erfolgreichen" Start in die Grundschule erschweren würde.[39]

---

[26] OLG Köln v. 04.06.2004 - 4 WF 4/04 - FamRZ 2005, 644-645; für eine Reise nach Kolumbien, OLG Frankfurt v. 06.09.2006 - 5 UF 156/06 - FamRZ 2007, 753; differenzierend OLG Karlsruhe v. 29.05.2007 - 16 WF 83/07 - OLGR Karlsruhe 2008, 374-375.
[27] AG Kandel v. 08.05.2008 - 1 F 450/07.
[28] OLG Brandenburg v. 19.07.2004 - 9 UF 89/04 - OLGR Brandenburg 2004, 440-442.
[29] OLG Dresden v. 03.11.2004 - 21 UF 0468/04, 21 UF 468/04 - NJW-RR 2005, 373; Thüringer Oberlandesgericht v. 24.05.2006 - 1 UF 503/05 - FamRZ 2009, 894.
[30] Str.; bejahend: OLG Karlsruhe v. 20.09.2004 - 16 WF 124/04 - FamRZ 2005, 1187-1188; 1 F 450/07; *Koritz*, FPR 2000, 243; ablehnend: Hanseatisches OLG v. 08.08.2007 - 5 UF 34/06 - NJW-RR 2008-163-164; vgl. hierzu auch: *Kieninger*, jurisPR-FamR 9/2008, Anm. 2.
[31] AG Monschau v. 27.03.2012 - II-4 UF 24/12, 4 UF 24/12 - juris Rn. 4 - FamRZ 2012, 1502-1503.
[32] KG Berlin v. 18.05.2005 - 13 UF 12/05 - FamRZ 2006, 142-143.
[33] OLG Dresden v. 02.10.2008 - 21 UF 481/08 - juris Rn. 8 - FamRZ 2009, 1330-1331.
[34] AG Hannover v. 14.10.2013 - 609 F 2941/13 SO - juris Rn. 8.
[35] BGH v. 11.05.2005 - XII ZB 33/04 - NJW 2005, 2080-2081; OLG Frankfurt v. 01.10.1998 - 6 UF 138/98 - FamRZ 1999, 182; AG Weilburg v. 08.03.2002 - 22 F 1642/01 - FPR 2003, 339-340 zur Zuständigkeit des Vormundschaftsgerichts nach § 7 KErzG.
[36] BGH v. 11.05.2005 - XII ZB 33/04 - NJW 2005, 2080-2081; lesenswert hierzu *Stockmann*, jurisPR-FamR 16/2005, Anm. 2.
[37] AG Osnabrück v. 23.06.2004 - 69 F 173/04 SO, 69 F 173/04 - FamRZ 2005, 645.
[38] OLG Oldenburg (Oldenburg) v. 09.02.2010 - 13 UF 8/10 - NdsRpfl 2010, 121-122.
[39] AG Monschau v. 30.05.2012 - 6 F 59/12 - juris Rn. 5; nachgehend: OLG Köln v. 18.04.2013 - II-12 UF 108/12, 12 UF 108/12.

11 Bei der Entscheidung über die **Wahl der Schule** ist insbesondere die Auswirkung der jeweiligen Schulwahl auf das soziale Umfeld des Kindes in die Erwägung miteinzubeziehen; von Bedeutung ist in diesem Zusammenhang auch die Entfernung des Schulorts zum Wohnsitz des Kindes sowie das Angebot verschiedener weiterführender Schulen.[40]

12 Bei dem **Antrag auf Auszahlung des anteiligen Sozialgeldes zur Ermöglichung der Durchführung weiterer Umgangskontakte**, der gegenüber der zuständigen Behörde durch das antragsberechtigte Kind zu stellen ist, handelt es sich um eine Angelegenheit von erheblicher Bedeutung, wenn die beteiligten Eltern aufgrund der insoweit bestehenden gemeinsamen elterlichen Sorge das Kind gemeinschaftlich vertreten und der Antrag gemeinsam gestellt werden muss.[41]

13 Dagegen handelt es sich **nicht um Angelegenheiten von erheblicher Bedeutung** bei
- der **Bestimmung des Tauftermins**[42],
- der Entscheidung über professionelle Lernhilfe wie **Nachhilfeunterricht**[43],
- der **Anmeldung des Erstwohnsitzes** des Kindes[44].

II. Beschränkungsmöglichkeiten (Satz 2)

14 Dem Gericht steht bei der Übertragung die Möglichkeit zu Seite, die alleinige Kompetenz des Elternteils zeitlich zu beschränken. Ebenso kann es mit der Übertragung den Elternteil verpflichten, bestimmte Maßnahmen dem Gericht anzuzeigen.[45] Die Auferlegung von **Beschränkungen und Auflagen** durch das Gericht darf jedoch nicht dazu führen, dass der Antrag inhaltlich so verändert wird, dass letztendlich das Gericht die Entscheidung trifft.[46]

III. Konkurrenzverhältnis zu § 1671 BGB

15 Zum Teil ist eine **Abgrenzung** von einem Antrag auf Übertragung der Entscheidung in einzelnen Angelegenheiten nach § 1628 BGB zu einer Übertragung eines Teils der elterlichen Sorge nach § 1671 BGB erforderlich. Bedeutung erlangt dieses Verhältnis vor allem bei Meinungsverschiedenheiten der Eltern über den Aufenthalt des Kindes.

16 Eine Konkurrenzsituation entsteht aber erst, **wenn die Eltern nicht nur vorübergehend getrennt leben**. Ein Elternteil, der sich erst von dem anderen Elternteil trennen will, muss einen Antrag auf Zuweisung des Aufenthaltsbestimmungsrechts nach § 1628 BGB stellen.[47] Auch keine Probleme ergeben sich, wenn in einem Verbundverfahren bei einer Scheidung über den Aufenthalt des Kindes entschieden werden soll, da es dazu eines Antrags nach § 1671 BGB bedarf (§ 623 Abs. 2 Nr. 1 ZPO), beziehungsweise wenn die Zuweisung der Alleinsorge nach § 1671 BGB begehrt wird.[48]

17 Zur Abgrenzung wird zum Teil darauf abgestellt, dass bei konkreten Einzelfallentscheidungen § 1628 BGB herangezogen werden sollte, während bei grundsätzlichen und auf Dauer angelegten Entscheidungen auf § 1671 BGB abzustellen ist.[49] Da diese Abgrenzungskriterien aber nicht immer zu einem eindeutigen Ergebnis führen, wird vorgeschlagen, **in Zweifelsfällen** zuerst § 1628 BGB anzuwenden, weil dabei die gemeinsame elterliche Sorge beibehalten wird, was dem Wohl des Kindes am besten entspricht. Sollten weitere Entscheidungen zur Übertragung von Angelegenheiten beantragt werden, sollte § 1671 BGB angewendet werden.[50]

---

[40] Schleswig-Holsteinisches OLG v. 07.01.2010 - 10 UF 186/10 - juris Rn. 25.
[41] OLG Hamm v. 15.12.2010 - 2 WF 264/10, II-2 WF 264/10.
[42] AG Lübeck v. 23.05.2002 - 129 F 116/02 - FamRZ 2003, 549.
[43] OLG Naumburg v. 14.06.2005 - 3 UF 55/05 - FamRZ 2006, 1058.
[44] OLG München v. 25.01.2008 - 12 UF 1776/07 - OLGR München 2008, 260; lesenswert in diesem Zusammenhang: *Kieninger*, jurisPR-FamR 9/2008, Anm. 2.
[45] BT-Drs. 13/4899, S. 95.
[46] BT-Drs. 08/2788, S. 46.
[47] BT-Drs. 13/4899, S. 95.
[48] *Veit* in: Bamberger/Roth, § 1628 Rn. 10.
[49] OLG Zweibrücken v. 29.06.2000 - 6 UF 73/99 - FamRZ 2001, 186-187; AG Holzminden v. 10.11.2001 - 12 F 382/01 - juris Rn. 14 - FamRZ 2002, 560-562.
[50] *Veit* in: Bamberger/Roth, § 1628 Rn. 11.

C. Rechtsfolgen

Durch die **Entscheidung des Familiengerichts** wird einem Elternteil die alleinige tatsächliche und rechtliche elterliche Sorge in einer bestimmten Angelegenheit oder einer bestimmten Art von Angelegenheiten übertragen. Das Gericht trifft die Entscheidung, die unter Berücksichtigung der tatsächlichen Gegebenheiten und Möglichkeiten sowie der berechtigten Interessen der Beteiligten dem Wohl des Kindes am besten entspricht (§ 1697a BGB). Entspricht kein Vorschlag der Eltern dem Kindeswohl, lehnt das Gericht den Antrag ab[51], selbst wenn die Eltern keine Einigung treffen können[52]. Sollte das Kindeswohl durch die Vorschläge oder die fehlende Einigung gefährdet sein, trifft das Gericht Maßnahmen nach den §§ 1666 f., 1631a, 1631b BGB.[53] Dagegen ist das Familiengericht nicht berechtigt, anstelle der Eltern selbst eine eigene Sachentscheidung im Rahmen von § 1628 BGB zu treffen. 18

D. Prozessuale Hinweise/Verfahrenshinweise

Gem. § 151 Nr. 1 FamFG handelt es sich bei Verfahren nach § 1628 BGB um eine **Kindschaftssache**, für die das Familiengericht zuständig ist.[54] Dies gilt nunmehr auch bei einem Streit der gemeinsam personensorgeberechtigten Eltern über die **religiöse Erziehung** ihrer minderjährigen Kinder (§ 7 KErzG). Beim Familiengericht ist der Richter für die Entscheidung nach § 1628 BGB zuständig (§ 14 Abs. 1 Nr. 5 RPflG, vgl. zum Verfahren im Einzelnen die Kommentierung zu § 1626 BGB). 19

Die **örtliche Zuständigkeit** des Familiengerichts richtet sich nach § 152 FamFG. 20

Das Familiengericht wird nur auf Antrag tätig, wobei es sich lediglich um einen **Verfahrensantrag** und nicht um einen Sachantrag handelt. Dies hat zur Folge, dass es inhaltlich nicht an ihn gebunden ist und die Entscheidungsbefugnis auch dem anderen Elternteil zuweisen kann.[55] Der Antrag kann nur von einem Elternteil gestellt werden, nicht vom Kind. 21

Die §§ 159, 160 FamFG sehen **Anhörungspflichten** des Kindes sowie der sorgeberechtigten Eltern vor. Daneben ist gem. § 162 FamFG auch das Jugendamt anzuhören, das auf seinen Antrag hin am Verfahren zu beteiligen ist. 22

Nach § 156 FamFG soll das Gericht so früh wie möglich und in jeder Lage des Verfahrens auf ein **Einvernehmen der Beteiligten** hinwirken. Im Vordergrund steht immer noch die Konfliktlösung durch die Eltern, die einer gerichtlichen Entscheidung vorzuziehen ist. Aus diesen Gründen ist auch eine Abänderung der Entscheidung nach § 1696 BGB jederzeit möglich. 23

---

[51] OLG Köln v. 16.05.1966 – 10 U 236/65 – FamRZ 1967, 293.
[52] LG Fulda v. 05.04.1957 - 2 T 128/56 - FamRZ 1960, 281 f.
[53] *Peschel-Gutzeit* in: Staudinger, § 1628 Rn. 44.
[54] *Borth/Grandel* in: Musielak/Borth, FamFG, § 151 Rn. 4.
[55] *Veit* in: Bamberger/Roth, § 1628 Rn. 13.

§ 1629 BGB Vertretung des Kindes

(Fassung vom 26.03.2008, gültig ab 01.04.2008)

(1) [1]Die elterliche Sorge umfasst die Vertretung des Kindes. [2]Die Eltern vertreten das Kind gemeinschaftlich; ist eine Willenserklärung gegenüber dem Kind abzugeben, so genügt die Abgabe gegenüber einem Elternteil. [3]Ein Elternteil vertritt das Kind allein, soweit er die elterliche Sorge allein ausübt oder ihm die Entscheidung nach § 1628 übertragen ist. [4]Bei Gefahr im Verzug ist jeder Elternteil dazu berechtigt, alle Rechtshandlungen vorzunehmen, die zum Wohl des Kindes notwendig sind; der andere Elternteil ist unverzüglich zu unterrichten.

(2) [1]Der Vater und die Mutter können das Kind insoweit nicht vertreten, als nach § 1795 ein Vormund von der Vertretung des Kindes ausgeschlossen ist. [2]Steht die elterliche Sorge für ein Kind den Eltern gemeinsam zu, so kann der Elternteil, in dessen Obhut sich das Kind befindet, Unterhaltsansprüche des Kindes gegen den anderen Elternteil geltend machen. [3]Das Familiengericht kann dem Vater und der Mutter nach § 1796 die Vertretung entziehen; dies gilt nicht für die Feststellung der Vaterschaft.

(2a) Der Vater und die Mutter können das Kind in einem gerichtlichen Verfahren nach § 1598a Abs. 2 nicht vertreten.

(3) [1]Sind die Eltern des Kindes miteinander verheiratet, so kann ein Elternteil, solange die Eltern getrennt leben oder eine Ehesache zwischen ihnen anhängig ist, Unterhaltsansprüche des Kindes gegen den anderen Elternteil nur im eigenen Namen geltend machen. [2]Eine von einem Elternteil erwirkte gerichtliche Entscheidung und ein zwischen den Eltern geschlossener gerichtlicher Vergleich wirken auch für und gegen das Kind.

Gliederung

A. Grundlagen 1	d. Geltendmachung von Kindesunterhalt 42
B. Anwendungsvoraussetzungen 2	IV. Ausschluss von der Vertretung des Kindes
I. Vertretungsmacht der Eltern (Absatz 1 Satz 1) 2	nach § 1795 BGB (Absatz 2 Satz 1) 43
1. Umfang der Vertretungsmacht 3	1. Einzelfälle 48
2. Eigene Geschäfte der Eltern für das Kind 4	2. Rechtsfolgen 50
3. Einzelfälle: Amtsähnliche Handlungen 5	V. Ausschluss von der Vertretung des Kindes
4. Einzelfälle: Prozessvertretung 7	nach § 1796 BGB (Absatz 2 Satz 3
a. Im Zivilprozess 7	Halbsatz 1) 51
b. Im Strafverfahren 17	VI. Vertretung in Abstammungssachen: Vater-
c. In öffentlich-rechtlichen Verfahren 23	schaftsfeststellung und Anfechtung der Vater-
5. Ausschluss der Vertretungsmacht 26	schaft (Absatz 2 Satz 3 Halbsatz 2,
6. Beschränkung der Vertretungsmacht 27	Absatz 2a) 57
II. Grundsätzliche gemeinschaftliche elterliche	1. Anfechtung der Vaterschaft 59
Vertretung (Absatz 1 Satz 2 Halbsatz 1) 29	2. Vaterschaftsfeststellung (Absatz 2 Satz 3
1. Das Prinzip 29	Halbsatz 2) 63
2. Einzelfälle 31	3. Verfahren nach § 1598a BGB (Absatz 2a) 64
III. Alleinvertretung 33	VII. Geltendmachung von Unterhaltsansprüchen ... 66
1. Alleinvertretung kraft Elternvereinbarung 34	1. Alleinvertretung bei gemeinsamer elterlicher
2. Gesetzlich normierte Alleinvertretung 36	Sorge (Absatz 2 Satz 2) 66
a. Passivvertretung (Absatz 1 Satz 2	2. Gesetzliche Verfahrensstandschaft (Absatz 3
Halbsatz 2) 36	Satz 1) 74
b. Entscheidungsübertragung nach § 1628 BGB	3. Rechtskrafterstreckung (Absatz 3 Satz 2) 89
(Absatz 1 Satz 3 Halbsatz 2) 38	C. Prozessuale Hinweise/Verfahrenshinweise 90
c. Gefahr im Verzug (Absatz 1 Satz 4) 39	

A. Grundlagen

Die Vorschrift von § 1629 Abs. 1 BGB regelt, dass die **gesetzliche Vertretung** von Eltern grundsätzlich gemeinschaftlich für ihr Kind ausgeübt wird. Nur in bestimmten Ausnahmesituationen darf von diesem Grundsatz abgewichen werden, wie etwa bei der Geltendmachung von Unterhaltsansprüchen durch nur einen Elternteil (§ 1629 Abs. 2 Satz 2, Abs. 3 BGB). In Notsituationen kann eine Stellvertretung durch einen Elternteil erfolgen (§ 1629 Abs. 1 Satz 4 BGB). § 1629 Abs. 2 BGB erfasst Fälle, in denen eine Vertretung durch die Eltern gesetzlich ausgeschlossen ist.

B. Anwendungsvoraussetzungen

I. Vertretungsmacht der Eltern (Absatz 1 Satz 1)

Die Vertretung des Kindes gehört zur elterlichen Sorge, sowohl zur Personensorge als auch zur Vermögenssorge (§ 1629 Abs. 1 Satz 1 BGB). Von ihr umfasst sind alle Rechtsgeschäfte und rechtsgeschäftsähnlichen Handlungen, welche die Eltern unter Abgabe einer eigenen Willenserklärung im Namen des Kindes vornehmen (§ 164 BGB).

1. Umfang der Vertretungsmacht

Als Teil der elterlichen Sorge steht den Eltern die **Vertretungsmacht** nur soweit zu, wie ihnen die elterliche Sorge zusteht. Eine tatsächliche Verhinderung nach § 1678 BGB oder das Ruhen der elterlichen Sorge im Sinne der §§ 1673-1675 BGB hat zur Folge, dass die Vertretungsmacht nicht wahrgenommen werden kann. Bei einem Teilentzug der elterlichen Sorge beider Elternteile üben sie nur für den ihnen verbleibenden Teil die gesetzliche Vertretungsmacht aus, während für den entzogenen Teil ein Ergänzungspfleger zu bestellen ist, der diesen Teil der elterlichen Sorge und auch die Vertretungsmacht inne hat (§§ 1630 Abs. 1, 1909 BGB). Auch in den Fällen von § 1629 Abs. 2 BGB sowie § 1638 Abs. 2 BGB ist ein Pfleger zu bestellen. Wird einem Elternteil ein Teil der elterlichen Sorge nach § 1666 BGB entzogen, vertritt der andere Elternteil für diesen Teil das Kind allein (§ 1629 Abs. 1 Satz 3 BGB). Bei der Ausübung der gemeinsamen Sorge von Eltern, die nicht nur vorübergehend getrennt leben, ist § 1687 BGB zu beachten.

2. Eigene Geschäfte der Eltern für das Kind

Es steht im Ermessen der Eltern, ob sie das Rechtsgeschäft **im eigenen Namen** als Vertrag zugunsten Dritter nach § 328 BGB beziehungsweise mit Schutzwirkung zugunsten Dritter oder im Namen des Kindes abschließen. Dies ist im Zweifelsfall durch Auslegung zu ermitteln (§§ 133, 157 BGB). Bei **medizinischen Heilbehandlungsverträgen** ist im Regelfall von einer eigenen Verpflichtung der Eltern auszugehen.[1] Dagegen kann eine Prozessvertretung bis auf die Fälle der Prozessstandschaft nur im Namen des Kindes erfolgen.[2]

3. Einzelfälle: Amtsähnliche Handlungen

Rechtsgeschäfte und rechtsgeschäftsähnliche Handlungen, die das Kind selbst vornimmt, die aber kraft Gesetzes der Zustimmung des gesetzlichen Vertreters bedürfen, fallen nicht hierunter, sondern werden allein von § 1626 Abs. 1 Satz 1 BGB erfasst, so genannte **amtsähnliche Handlungen**. Hierbei handelt es sich um Rechtshandlungen, die die Eltern kraft ihrer insoweit amtsähnlichen Rechtsstellung aus eigenem Recht im eigenen Namen vornehmen; sie betreffen die Stellung des Kindes, wirken aber nicht unmittelbar für und gegen das Kind.[3]

Insbesondere werden folgende amtsähnliche Handlungen von § 1629 Abs. 1 Satz 1 BGB erfasst[4]:
- Zustimmung privat- und öffentlich-rechtlicher Natur, §§ 107 ff., 1411 Abs. 1 BGB,
- Zustimmung zur Namensgebung, §§ 1617, 1618 BGB,
- Zustimmung zur Adoption, §§ 1746 Abs. 1 Satz 2, 1757 Abs. 2, 1760 Abs. 1, 1762 Abs. 1 Satz 2, 1765 Abs. 2 Satz 2, 1768 Abs. 2 BGB,
- Zustimmung zur Einbürgerung,
- Option für die deutsche Staatsangehörigkeit gem. § 3 Nr. 4a, 5 StAG,

---

[1] BGH v. 10.01.1984 - VI ZR 158/82 - juris Rn. 11 - BGHZ 89, 263-274.
[2] RG v. 17.12.1934 - VI 400/34 - RGZ 146, 231-241, 232.
[3] *Peschel-Gutzeit* in: Staudinger, § 1629 Rn. 17.
[4] *Peschel-Gutzeit* in: Staudinger, § 1629 Rn. 18.

- öffentlich-rechtliche Meldepflicht gegenüber der Polizei, dem Meldeamt, dem Standesamt, der Schule,
- Todeserklärung, § 16 Abs. 2 VerschG,
- Strafantrag nach den §§ 77 Abs. 3, 77d StGB.

4. Einzelfälle: Prozessvertretung

a. Im Zivilprozess

7 Gem. § 51 Abs. 1 ZPO bestimmen sich Voraussetzungen und Umfang der Vertretung eines prozessunfähigen Minderjährigen durch seine gesetzlichen Vertreter nach bürgerlichem Recht. Daher sind die Eltern als gesetzliche Vertreter grds. (gemeinschaftlich) **zur Prozessführung im Namen des Kindes** berechtigt.

8 Ausnahmen bestehen jedoch für den Fall, dass die Eltern oder ein alleinvertretungsberechtigter Elternteil einen **Rechtsstreit gegen das Kind** führen (§§ 1629 Abs. 2 Satz 1, 1795, 181 BGB). Hier sind sie von der Vertretung ausgeschlossen.

9 Die Eltern können auch **neben dem Kind Partei eines Prozesses** sein, wenn etwa nach einem Unfall eigene Schadensersatzansprüche und die des Kindes im Wege der subjektiven Klagehäufung zusammen eingeklagt werden.[5]

10 Als Vertreter des Kindes nehmen die Eltern für das Kind auch **Zustellungen** entgegen, wobei die Zustellung an einen Elternteil genügt (§ 170 Abs. 3 ZPO). Allerdings kann das zuzustellende Schriftstück **auch dem Kind selbst als Ersatzperson** nach § 178 Abs. 1 Nr. 1 ZPO übergeben werden, sofern dieses als „erwachsen" im Sinne dieser Vorschrift, die eben keine Volljährigkeit voraussetzt, anzusehen ist.[6]

11 Die elterliche Vertretung erstreckt sich auch auf die **Abgabe der eidesstattlichen Versicherung** für das Kind (§ 807 ZPO). Die Eltern sind für den prozessunfähigen Schuldner offenbarungspflichtig, und zwar gemeinschaftlich.[7] Zur Erzwingung der Vermögensoffenbarung, § 901 ZPO, ist ein **gegen die Eltern gerichteter Haftbefehl** erforderlich.[8]

12 Ist ein minderjähriges Kind Zeuge, ist es unter den Voraussetzungen des § 383 Abs. 1 Nr. 3 ZPO zur Verweigerung des Zeugnisses berechtigt. Bei dem **Zeugnisverweigerungsrecht** handelt es sich um ein höchstpersönliches Recht, das dem Kind unabhängig von seinem Alter und seinem Einsichtsvermögen zusteht.[9] Anders als in § 52 Abs. 2 StPO sind jedoch in der ZPO keine weiteren Regelungen enthalten; die Grundsätze der Strafprozessordnung können jedoch diesbezüglich übernommen werden. Dies bedeutet im Einzelnen:

13 Ist der minderjährige Zeuge **einsichtsfähig**, d.h. hat er sowohl von der Zeugenaussage als auch von der Bedeutung des Zeugnisverweigerungsrechts eine genügende Vorstellung, so entscheidet er allein, ob er das Zeugnis verweigert. Entscheidet er sich gegen eine Aussage, führt auch die Zustimmung des gesetzlichen Vertreters nicht zu einer Zeugnispflicht des Minderjährigen. Der minderjährige Zeuge ist deshalb auch darüber zu belehren, dass er trotz Zustimmung seines gesetzlichen Vertreters nicht aussagen braucht.[10] Will er hingegen aussagen, bedarf er des Verzichts auf sein Zeugnisverweigerungsrecht der Zustimmung des gesetzlichen Vertreters; andernfalls darf das Kind nicht vernommen werden.[11]

14 Steht sogar **eindeutig fest**, dass der einsichtsfähige Minderjährige die geistige Reife hat, um sowohl die Tragweite der Aussage als auch des Weigerungsrechts nach § 383 ZPO selbständig und umfassend zu beurteilen, so kann er, selbst nach verweigerter Zustimmung des gesetzlichen Vertreters, dennoch vernommen werden.[12]

15 Anderes gilt, wenn der Minderjährige die für eine selbst verantwortliche Entscheidung erforderliche **Verstandesreife nicht besitzt**. Hier entscheidet der gesetzliche Vertreter über die Verweigerung.[13] Verweigert dieser, darf das Kind nicht aussagen. Doch selbst wenn der gesetzliche Vertreter mit einer

---

[5] *Peschel-Gutzeit* in: Staudinger, § 1629 Rn. 86.
[6] BGH v. 17.11.1972 - IV ZB 80/71 - juris Rn. 4 - Rpfleger 1973, 129.
[7] *Peschel-Gutzeit* in: Staudinger, § 1629 Rn. 90.
[8] *Peschel-Gutzeit* in: Staudinger, § 1629 Rn. 90.
[9] *Peschel-Gutzeit* in: Staudinger, § 1629 Rn. 98.
[10] *Greger* in: Zöller, § 383 Rn. 4.
[11] OLG Stuttgart v. 14.06.1971 - 3 Ss 19/71 - NJW 1971, 2237.
[12] *Peschel-Gutzeit* in: Staudinger, § 1629 Rn. 103.
[13] OLG Frankfurt v. 04.12.1985 - 21 U 242/84 - MDR 1987, 151-152.

Aussage des Kindes einverstanden ist, braucht dieses nicht auszusagen, wenn es hierzu nicht bereit ist. Die Zustimmung zur Aussage muss durch beide sorgeberechtigten Eltern gemeinsam erfolgen. Können diese sich nicht einigen, muss ggf. das Familiengericht gem. § 1628 BGB angerufen werden; eine vorherige Aussage des Kindes ist unzulässig.

Besonderheiten ergeben sich für den Fall, dass der oder die **gesetzlichen Vertreter selbst Parteien des Rechtsstreits** sind, in dem das Kind als Zeuge aussagen soll, etwa im Rahmen eines Ehescheidungsverfahrens oder einer Folgesache. Die Eltern sind dann von der Vertretung des Kindes ausgeschlossen. Sofern das Kind nicht reif genug ist, um selbst über sein Zeugnisverweigerungsrecht zu entscheiden, muss das Familiengericht einen **Ergänzungspfleger** bestellen.[14]

b. Im Strafverfahren

Bei Strafverfahren finden die §§ 1629 Abs. 2, 1795 Abs. 1 Nr. 3 BGB keine Anwendung.

Geschäftsunfähige und beschränkt Geschäftsfähige sind nicht berechtigt, **Strafantrag** zu stellen. Vielmehr muss dies gem. § 77 Abs. 3 StGB durch den oder die persönlich Sorgeberechtigten geschehen. Sind beide Eltern sorgeberechtigt, müssen sie nach h.M. **beide** Strafantrag stellen.[15] Wird einer der Elternteile einer Straftat gegenüber dem Kind verdächtigt, für die das Strafantragserfordernis gilt, ist dieser Elternteil insoweit von der Vertretung des Kindes ausgeschlossen; nach h.M. ist der andere Elternteil allein berechtigt, Strafantrag zu stellen.[16]

§ 52 Abs. 2 StPO regelt die Ausübung des **Zeugnisverweigerungsrechts** Minderjähriger in Strafverfahren. Danach ist zu prüfen, ob der minderjährige Zeuge wegen mangelnder Verstandesreife von der Bedeutung des Zeugnisverweigerungsrechts keine genügende Vorstellung hat. In diesem Fall darf er nur vernommen werden, wenn er zur Aussage bereit ist und auch die gesetzlichen Vertreter der Vernehmung zustimmen. Ist der gesetzliche Vertreter selbst Beschuldigter, so kann er über die Ausübung des Zeugnisverweigerungsrechts nicht entscheiden; das Gleiche gilt für den nicht beschuldigten Elternteil, wenn die gesetzliche Vertretung beiden Eltern zusteht (§ 52 Abs. 2 Satz 2 StPO). Vorrangig hat das Familiengericht jedoch von Amts wegen zu prüfen, ob das Kind überhaupt **aussagebereit** ist; denn fehlt es hieran, ist für die Anordnung der Ergänzungspflegschaft von vornherein kein Raum.[17]

Hingegen regelt § 52 Abs. 2 Satz 2 StPO nicht den Fall, dass die **elterliche Sorge allein bei dem nicht beschuldigten Elternteil** liegt. Wie diese Frage zu beantworten ist, ist umstritten. Während eine Ansicht die analoge Anwendung von § 52 Abs. 2 Satz 2 StPO bejaht, lehnt die ganz herrschende Ansicht dies aufgrund des eindeutigen Wortlauts der Norm bzw. mangels fehlender Regelungslücke ab mit der Folge, dass der nicht beschuldigte, aber allein sorgeberechtigte Elternteil über das Zeugnisverweigerungsrecht des minderjährigen Kindes entscheiden kann; der Bestellung eines Ergänzungspflegers bedarf es in diesem Fall nicht.[18] Ist der alleinige Inhaber der gesetzlichen Sorge nicht Beschuldigter in einem strafrechtlichen Ermittlungsverfahren, sondern **Geschädigter der fraglichen Straftat**, scheidet eine analoge Anwendung des § 52 Abs. 2 Satz 2 StPO ebenfalls aus; an der Entscheidung über die Ausübung des Zeugnisverweigerungsrechts seines minderjährigen Kindes ist der gesetzliche Vertreter nicht gehindert.[19]

Gem. § 298 Abs. 1 StPO können die gesetzlichen Vertreter neben dem Minderjährigen selbständig **Rechtsmittel** einlegen. Richtet sich das Strafverfahren nach den Vorschriften des JGG, regelt § 67 JGG besondere Rechte der gesetzlichen Vertreter wie bspw. das Recht, gehört zu werden, Fragen und Anträge zu stellen oder bei Untersuchungshandlungen anwesend zu sein. Auch hier können die gesetzlichen Vertreter neben dem Jugendlichen selbständig Rechtsmittel einlegen, allerdings kann das von ihnen eingelegte Rechtsmittel nur mit Zustimmung des Jugendlichen zurückgenommen werden (§ 55 Abs. 3 JGG).

c. In öffentlich-rechtlichen Verfahren

Die Fähigkeit zur Vornahme von **Verfahrenshandlungen nach § 62 Abs. 1 Nr. 2 VwGO** ist bei nach bürgerlichem Recht in der Geschäftsfähigkeit beschränkten Personen zu bejahen, soweit sie durch Vorschriften des bürgerlichen oder öffentlichen Rechts für den Gegenstand des Verfahrens als geschäfts-

---

[14] LG Berlin v. 13.01.2004 - 83 T 667/03 - FamRZ 2004, 905-906.
[15] *Peschel-Gutzeit* in: Staudinger, § 1626 Rn. 111 m.w.N.
[16] *Peschel-Gutzeit* in: Staudinger, § 1626 Rn. 114.
[17] Saarländisches OLG v. 22.03.2011 - 6 UF 34/11 - juris Rn. 9.
[18] OLG Nürnberg v. 15.04.2010 - 9 UF 353/10 - juris Rn. 21 - Rpfleger 2010, 445-446.
[19] OLG Karlsruhe v. 26.03.2012 - 2 WF 42/12 - juris Rn. 22.

fähig anerkannt sind. Nach öffentlichem Recht für den Gegenstand des Verfahrens als beschränkt geschäftsfähig anerkannt ist in Verfahren hinsichtlich der **Teilnahme am Religionsunterricht** gemäß Art. 4 Abs. 1 GG, § 5 RelKEG der Minderjährige über 14 Jahre. Dasselbe gilt im Hinblick auf Art. 5 Abs. 1 und 2 GG analog zu § 5 RelKEG für einen Schüler ab dem 14. Lebensjahr hinsichtlich der Redaktion und Mitarbeit an einer Schülerzeitung, nicht hingegen hinsichtlich der mit der Herausgabe verbundenen geschäftlichen Tätigkeit.

24 Unter Berücksichtigung dieser Fallgruppen besteht in Bezug auf die **Versetzung in die nächsthöhere Klassenstufe** nicht die Fähigkeit zur Vornahme von Verfahrenshandlungen gemäß § 62 Abs. 1 Nr. 2 VwGO, auch im Hinblick darauf, dass entsprechende Regelungen im Schulrecht nicht vorhanden sind.[20]

25 In **ausländerrechtlichen Verfahren** tritt die Handlungsfähigkeit Minderjähriger nach § 80 Abs. 1 AufenthG erst mit der Vollendung des 16. Lebensjahres ein.[21]

5. Ausschluss der Vertretungsmacht

26 Die Eltern haben in den Fällen von § 1629 Abs. 2 Satz 1, Abs. 3 BGB sowie von § 1641 Satz 1 BGB bei Schenkungen nicht die **gesetzliche Vertretung** des Kindes inne. Durch die Bestellung eines Pflegers sind die Eltern in den ihm übertragenen Bereichen von der Vertretung in Rechtsgeschäften sowie im Prozess ausgeschlossen. Eine **Beistandschaft** nach § 1712 BGB hat nur Auswirkungen auf die Vertretung des Kindes im Prozess (§§ 173, 234 FamFG).

6. Beschränkung der Vertretungsmacht

27 Häufig bedürfen Geschäfte von unter elterlicher Sorge stehenden Kindern zu ihrer Vornahme neben der Zustimmung der Eltern zusätzlich der **Genehmigung des Familiengerichts**, wie beim selbständigen Betrieb eines Gewerbebetriebs (§ 112 Abs. 1 Satz 1 BGB) oder beim Abschluss von bestimmten Dienst- oder Arbeitsverträgen (§ 113 Abs. 1 Satz 2 BGB). Zum Teil sieht das Gesetz eine Beschränkung durch eine Entscheidung des Familiengerichts vor, etwa durch Maßnahmen bei Gefährdung des Kindeswohls oder des Kindesvermögens (§§ 1666, 1667 BGB).

28 **Höchstpersönliche Handlungen** kann das beschränkt geschäftsfähige Kind in bestimmten Fällen nur selbst vornehmen. Dies gilt entweder generell wie in § 1626c Abs. 2 BGB für die Abgabe einer Sorgerechtserklärung oder ab dem Erreichen einer bestimmten Altersgrenze, so bei der Namensanschließung ab dem vollendeten 14. Lebensjahr in § 1617c Abs. 1 Satz 2 BGB. Die erforderliche Zustimmung (vgl. Rn. 2) zu diesen Handlungen erklären die Eltern nicht als gesetzliche Vertreter, sondern in Wahrnehmung der tatsächlichen Personensorge (§ 1626 Abs. 1 BGB).

II. Grundsätzliche gemeinschaftliche elterliche Vertretung (Absatz 1 Satz 2 Halbsatz 1)

1. Das Prinzip

29 Den Eltern steht die elterliche Vertretung grundsätzlich **gemeinschaftlich** zu (§ 1629 Abs. 1 Satz 2 HS. 1 BGB). Dies gilt auch dann, wenn die Eltern und das Kind nicht die deutsche Staatsangehörigkeit besitzen, aber das Kind seinen gewöhnlichen Aufenthalt in Deutschland hat und somit deutsches Recht Anwendung findet (Art. 21 EGBGB).[22] Danach können die Eltern nur gemeinsam Handlungen vornehmen, die das Kind im Außenverhältnis rechtlich binden.[23] Wird beispielsweise ein **Strafantrag** nicht gemeinschaftlich gestellt, ist das Verfahren wegen eines Prozesshindernisses einzustellen.[24]

30 Von der gemeinschaftlichen Vertretung der Eltern wird nur in Ausnahmefällen abgewichen. Steht einem Elternteil das Sorgerecht allein zu, ist er auch **allein vertretungsberechtigt** (§ 1629 Abs. 1 Satz 3 HS. 1 BGB). Eine elterliche Alleinsorge besteht häufig aufgrund der Regelung in § 1626a Abs. 2 BGB bei der Mutter. Allgemein kann durch einen Entzug beziehungsweise Teilentzug die alleinige Ausübung der elterlichen Sorge ganz oder in Teilen bei einem Elternteil liegen (§§ 1666, 1666a BGB). Möglich ist auch eine Übertragung der elterlichen Sorge im Sinne der §§ 1671, 1672, 1678 Abs. 2 BGB. Hierher gehören auch die tatsächliche Verhinderung und das Ruhen der elterlichen Sorge bei einem Elternteil (§ 1678 Abs. 1 BGB). Bei einer nicht nur vorübergehenden Trennung der Eltern besteht

---

[20] VG Schleswig v. 14.10.2002 - 9 B 99/02.
[21] VG Augsburg v. 29.04.2008 - Au 6 K 07.802.
[22] AG Nürtingen v. 30.12.2002 - 12 C 2070/02 - FamRZ 2004, 50-51.
[23] BGH v. 20.01.1987 - VI ZR 182/85 - juris Rn. 15 - NJW 1987, 1947-1949.
[24] OLG Hamm v. 24.11.2003 - 2 Ss 563/03 - VRS 106, 192-193 (2004).

eine elterliche Alleinsorge für Angelegenheiten des täglichen Lebens unter den Voraussetzungen von § 1687 BGB. Dagegen kann auch in Fällen gemeinschaftlicher Vertretung in bestimmten Situationen eine Vertretung durch nur einen Elternteil vorgesehen sein.

2. Einzelfälle

Ebenso wenig wie den guten Glauben an die Geschäftsfähigkeit des Vertragspartners schützt § 932 BGB auch nicht den **guten Glauben** daran, dass ein Minderjähriger – entgegen § 1629 Abs. 1 BGB – alleine mit Zustimmung eines Elternteils wirksam eine Willenserklärung abgeben kann.[25]

31

Aus § 41 Abs. 1 Satz 2 HS. 1 SchulG NW folgt, dass die „Eltern" und nicht lediglich „ein Elternteil" dafür verantwortlich sind, dass das schulpflichtige Kind am Unterricht und an den sonstigen verbindlichen Veranstaltungen der Schule regelmäßig teilnimmt. Diese danach von den Eltern rechtlich nur gemeinschaftlich ausübbare und in diesem Sinne gesamthandsähnliche Pflicht ist Ausfluss des gemäß § 1629 Abs. 1 Satz 2 HS. 1 BGB beiden Elternteilen gemeinschaftlich zustehenden Sorgerechts, das nur durch eine familiengerichtliche Entscheidung entzogen oder beschränkt werden kann. Daher ist es auch nicht fehlerhaft, wenn ein wegen Verstoßes gegen § 41 Abs. 1 Satz 2 HS. 1 SchulG NW festgesetztes Zwangsgeld sich nicht jeweils gegen jeden Elternteil, sondern gesamtschuldnerisch gegen beide Elternteile richtet.[26]

32

III. Alleinvertretung

In zahlreichen Fällen kommt es in der Praxis jedoch zu einer Alleinvertretung durch einen Elternteil. Eine Alleinvertretung kommt selbstredend nur in Betracht, wenn und soweit ein Elternteil allein die elterliche Sorge innehat (z.B. in den Fällen der §§ 1626a Abs. 2, 1671, 1672, 1680a Abs. 1 BGB oder weil der andere Elternteil minderjährig ist, § 1673 Abs. 2 Satz 2 BGB). Gemeinsam sorgeberechtigte Elternteile können sich aber auch für eine Alleinvertretung entscheiden. Darüber hinaus sieht das Gesetz in verschiedenen Fällen eine Alleinvertretung vor.

33

1. Alleinvertretung kraft Elternvereinbarung

Zunächst bleibt es den Elternteilen unbenommen, sich **intern zum Alleinhandeln für das Kind zu autorisieren**. Dies kann durch Ermächtigung, bei der der Ermächtigte ausschließlich im eigenen Namen auftritt, oder durch Bevollmächtigung, bei der der unmittelbare Stellvertreter ausschließlich im Namen des Vertretenen auftritt, geschehen.[27] Dies kann ausdrücklich oder konkludent geschehen. Möglich ist es auch, die Regelung **bestimmter Aufgaben der elterlichen Sorge** einschließlich der Vertretung oder auch nur die Vertretung allein untereinander aufzuteilen (**Aufgaben- und Funktionsteilung**).[28] Allein eine Generalermächtigung ist nicht zulässig, da sie den Grundsatz der Gesamtvertretung unterlaufen würde. Für den Fall, dass die Ermächtigung fehlt oder überschritten wurde, gelten die Regeln über den Vertreter ohne Vertretungsmacht nach den §§ 177-179 BGB[29] sowie die der Anscheins- und Duldungsvollmacht[30] entsprechend.

34

Bedeutung erlangt die Frage der Alleinvertretung insbesondere für die elterliche **Einwilligung in einen ärztlichen Eingriff** sowie für die **elterliche Vertretung bei Abschluss eines Behandlungsvertrages**. Nach den vom BGH entwickelten Grundsätzen muss hierbei unterschieden werden, ob es sich um einen „Routinefall" der Behandlung einer leichteren Erkrankung und Verletzung oder um einen ärztlichen Eingriff mit nicht unerheblichen Risiken handelt. In den erstgenannten **Routinefällen**, zu denen auch die **Impfung** des Kindes zählt,[31] kann sich der Arzt **ungefragt auf die Bevollmächtigung** des erschienenen Elternteils zum Handeln für den anderen Elternteil **verlassen**, es sei denn, ihm sind gegenteilige Umstände bekannt[32]. Bei **ärztlichen Eingriffen schwererer Art** muss sich der Arzt hingegen **vergewissern**, ob und in welchem Umfang der anwesende Elternteil von dem anderen ermächtigt

35

---

[25] AG Oldenburg (Holstein) v. 06.04.2010 - 22 C 625/09 - juris Rn. 31.
[26] VG Köln v. 15.10.2008 - 10 K 2150/08.
[27] *Peschel-Gutzeit* in: Staudinger, § 1629 Rn. 42.
[28] *Peschel-Gutzeit* in: Staudinger, § 1629 Rn. 45.
[29] RG v. 11.07.1905 - II 139/05 - RGZ 61, 223-226, 224.
[30] BGH v. 28.06.1988 - VI ZR 288/87 - juris Rn. 14 - FamRZ 1988, 1142-1145.
[31] BGH v. 15.02.2000 - VI ZR 48/99 - juris Rn. 10 - BGHZ 144, 1-14.
[32] BGH v. 28.06.1988 - VI ZR 288/87 - juris Rn. 15 - FamRZ 1988, 1142-1145.

wurde. Hier spricht weder eine ansonsten übliche Funktionsteilung noch der Anschein für die Ermächtigung des erschienenen Elternteils.[33] Allerdings ist die Ausnahme des § 1629 Abs. 1 Satz 4 BGB bei Gefahr im Verzug zu beachten.

2. Gesetzlich normierte Alleinvertretung

a. Passivvertretung (Absatz 1 Satz 2 Halbsatz 2)

36 Gem. § 1629 Abs. 1 Satz 2 HS. 2 BGB gilt bei der **Entgegennahme von Willenserklärungen** Alleinvertretung eines Elternteils. Dies gilt auch für die Entgegennahme rechtsgeschäftsähnlicher Erklärungen.

37 Auch bei der **Kenntnis und dem Kennenmüssen von Tatsachen** kommt es nur darauf an, dass sie bei einem Elternteil vorliegt. So werden Fristen wie die Verjährungsfrist nach den §§ 195-213 BGB[34] oder die Strafantragsfrist nach § 77b StGB[35] mit der Kenntnis eines Elternteils in Gang gesetzt. Durch die Kenntnis eines Elternteils ist ein gutgläubiger Erwerb nach § 932 BGB ausgeschlossen und eine Berufung auf die Einrede der Entreicherung wegen § 819 BGB nicht mehr möglich.[36] Dies gilt auch für die Zurechnung von Willensmängeln (§ 166 BGB).

b. Entscheidungsübertragung nach § 1628 BGB (Absatz 1 Satz 3 Halbsatz 2)

38 Die Vorschrift ergänzt die Regelung von § 1628 BGB und ermöglicht eine **Umsetzung der Entscheidung nach außen**.[37]

c. Gefahr im Verzug (Absatz 1 Satz 4)

39 Jeder leibliche Elternteil kann – ohne Rücksicht auf die bestehenden Sorgerechtsverhältnisse – Rechtshandlungen vornehmen, wenn eine Situation eintritt, in der eine Entscheidung des anderen Elternteils ohne **eine konkrete Gefährdung des Kindeswohls** nicht eingeholt werden kann. Diese Regelung gilt gemäß § 1688 Abs. 1 Satz 3 BGB auch für Pflegepersonen. In § 1687b Abs. 2 BGB ist ein solches Recht für den Stiefelternteil und in § 9 Abs. 2 LPartG für den gleichgeschlechtlichen Lebenspartner enthalten.

40 Eine **konkrete Gefährdung** ist nur dann anzunehmen, wenn dem Kind gesundheitliche oder wirtschaftliche Nachteile drohen, die ein sofortiges Handeln unverzüglich erfordern.[38] An die fehlende Möglichkeit der Einholung der Entscheidung des anderen Elternteils sind in Zeiten modernster Kommunikationsmittel (Mobiltelefone) sehr hohe Anforderungen zu stellen.[39] Selbst im Urlaub ist heutzutage eine ständige Erreichbarkeit unter Familienangehörigen üblich, so dass diese Voraussetzung nur in extremen Ausnahmesituationen angenommen werden kann. Der andere Elternteil ist ohne schuldhaftes Zögern zu unterrichten (§ 1688 Abs. 1 Satz 3 BGB).

41 Eine Pflicht zur Tragung eventueller **Aufwendungen** kann sich aus dem Unterhaltsrecht, einer Geschäftsführung ohne Auftrag sowie Bereicherungsrecht ergeben. Zwischen Ehegatten gilt § 1357 BGB.

d. Geltendmachung von Kindesunterhalt

42 Eine weitere Ausnahme zur gemeinsamen Vertretung stellt die **Geltendmachung von Kindesunterhalt** gemäß § 1629 Abs. 2 Satz 2 BGB gegen den anderen Elternteil dar. Auch bei gemeinsamer elterlicher Sorge besteht Alleinvertretungsrecht desjenigen Elternteils, in dessen Obhut sich das Kind befindet (vgl. im Einzelnen hierzu Rn. 2).

IV. Ausschluss von der Vertretung des Kindes nach § 1795 BGB (Absatz 2 Satz 1)

43 Eine Vertretung von Vater und Mutter ist in den Fällen ausgeschlossen, in denen ein Vormund von der Vertretung ausgeschlossen ist (§ 1629 Abs. 2 Satz 1 BGB i.V.m. § 1795 BGB). Zweck dieser Regelung ist die Vermeidung von Interessenkollisionen der Eltern, die darin bestehen können, dass sie selbst

---

[33] *Peschel-Gutzeit* in: Staudinger, § 1629 Rn. 51.
[34] BGH v. 20.01.1976 - VI ZR 15/74 - NJW 1976, 2344-2345.
[35] BGH v. 12.03.1968 - 5 StR 722/67 - BGHSt 22, 103-105.
[36] *Peschel-Gutzeit* in: Staudinger, § 1629 Rn. 39.
[37] BT-Drs. 7/2060, S. 21.
[38] *Götz* in: Palandt, § 1629 Rn. 12.
[39] Ähnlich *Peschel-Gutzeit* in: Staudinger, § 1629 Rn. 53.

oder Verwandte am Rechtsgeschäft oder Rechtsstreit mit dem Kind beteiligt sind. Unerheblich ist, ob tatsächlich eine Interessenkollision vorliegt.[40] Sie findet keine Anwendung, wenn das Rechtsgeschäft für das Kind lediglich rechtlich vorteilhaft ist.[41]

Gegenüber § 1795 BGB sind zum einen **Spezialregelungen** in § 52 Abs. 2 Satz 2 StPO[42] und § 1643 BGB zu beachten.[43] Zum anderen kann der Ausschlussgrund in § 1795 BGB gesetzlich ausgeschlossen sein, wie beim Abschluss eines Berufsausbildungsvertrages zwischen Eltern und ihrem Kind (§ 3 Abs. 3 BBiG). 44

Die Ausschlussgründe in § 1795 BGB erfassen ausschließlich **Rechtsgeschäfte und Rechtsstreitigkeiten des Kindes** (vgl. hierzu die Kommentierung zu § 1795 BGB). Erfasst sind lediglich private Rechtsgeschäfte, nicht aber verfahrensrechtliche Anträge und Erklärungen, so dass die Mutter als gesetzliche Vertreterin für das Kind die Einwilligung gegenüber dem Familiengericht für die Adoption durch den Stiefvater erklären kann.[44] So erfordert bspw. die Schenkung von Gesellschaftsanteilen an einen Minderjährigen eine wirksame Vertretung durch einen Ergänzungspfleger.[45] Mangels Vorliegens eines Rechtsgeschäfts fällt die Entscheidung des überlebenden und jetzt alleinsorgeberechtigten Elternteils, der zum Alleinerben bestimmt wurde, über die **Geltendmachung von Pflichtteilsansprüchen** des Kindes gegen ihn selbst nicht unter § 1795 BGB, sondern gegebenenfalls nach § 1629 Abs. 2 Satz 3 BGB unter § 1796 BGB.[46] Da es sich bei der Durchsetzung dieser Ansprüche aber um ein Rechtsgeschäft oder einen Rechtsstreit handelt, greift dafür wieder § 1795 BGB. 45

Wenn ein **Vertretungsverbot** nach § 1795 BGB vorliegt, ist das Rechtsgeschäft bis zur Genehmigung durch den Ergänzungspfleger oder durch das volljährig gewordene Kind (§ 108 Abs. 3 BGB) schwebend unwirksam (§§ 177-179 BGB). Das Familiengericht kann die Genehmigung nicht erteilen.[47] 46

Eine weitere Problematik hat sich durch das Inkrafttreten des **FamFG** ergeben. Gem. § 7 Abs. 2 Nr. 1 FamFG sind Kinder in **Sorge- und Umgangsverfahren** nun **Verfahrensbeteiligte**. Haben sie allerdings das 14. Lebensjahr noch nicht vollendet und sind deshalb noch nicht verfahrensfähig (§ 9 Abs. 1 Nr. 3 FamFG), müssen sie im Verfahren gesetzlich vertreten werden. Es stellt sich allerdings die Frage, ob die Eltern hierfür von der gesetzlichen Vertretung ausgeschlossen sind und deswegen ein Ergänzungspfleger bestellt werden muss.[48] Im Ergebnis ist dies zu verneinen. Zum einen lässt sich dies damit begründen, dass es sich bei einer Sorgerechts- oder Umgangssache nicht um einen „Rechtsstreit" handelt.[49] Überzeugender ist jedoch, dass gem. § 158 Abs. 2 Nr. 1 FamFG gerade die Möglichkeit besteht, einen Verfahrensbeistand zu bestellen, um auf diese Weise dem Interessengegensatz ausreichend Rechnung zu tragen.[50] Sinnvoll ist es, den Verfahrensbeistand so früh wie möglich zu bestellen. 47

1. Einzelfälle

Der **(schenkweise) Erwerb einer Eigentumswohnung** durch einen Minderjährigen ist nicht lediglich rechtlich vorteilhaft und bedarf daher der Genehmigung des gesetzlichen Vertreters nach § 107 BGB; sind die Eltern des Minderjährigen wie in dem hier entschiedenen Fall von der Vertretung ausgeschlossen, bedarf es damit der Bestellung eines Ergänzungspflegers.[51] 48

Ist ein **Vermächtnis**, dessen Inhalt ein vermietetes Grundstück ist, vom Erblasser zugunsten seines minderjährigen Enkels ausgesetzt worden, bedarf die Auflassung zur Erfüllung des Vermächtnisses der Bestellung eines Ergänzungspflegers, wenn Erbin des Nachlasses die sorgeberechtigte Mutter ist.[52] 49

---

[40] *Bettin* in: Bamberger/Roth, § 1795 Rn. 1.
[41] BGH v. 25.04.1985 - IX ZR 141/84 - juris Rn. 20 - BGHZ 94, 232-240.
[42] BayObLG München v. 07.08.1997 - 1Z BR 146/97 - NJW 1998, 614-615.
[43] *Peschel-Gutzeit* in: Staudinger, § 1629 Rn. 243.
[44] BGH v. 27.02.1980 - IV ZB 167/79 - juris Rn. 7 - LM Nr. 1 zu § 1746 BGB.
[45] FG Baden-Württemberg v. 18.03.2009 - 1 K 158/05 - juris Rn. 37.
[46] BayObLG v. 24.05.1963 - BReg 1 Z 33/63 - FamRZ 63, 578, 579.
[47] BayObLG v. 16.12.1958 - BReg 1 Z 69/58 - FamRZ 1959, 125, 126.
[48] Dies bejahend: OLG Oldenburg v. 26.11.2009 - 14 UF 149/09 - ZFE 2010, 73 m. Anm. *Viefhues*, ZFE 2010, 73-74; a. OLG Stuttgart v. 26.10.2009 - 18 WF 229/09 - ZFE 2010, 75 m. Anm. *Breuers*, ZFE 2010, 75.
[49] *Breuers*, ZFE 2010, 84, 85.
[50] *Breuers*, ZFE 2010, 84, 85.
[51] BGH v. 30.09.2010 - V ZB 206/10 - juris Rn. 16 - NJW 2010, 3643-3644.
[52] OLG München v. 08.02.2011 - 34 Wx 18/11 - juris Rn. 5.

2. Rechtsfolgen

50 Die Rechtsfolgen der Verhinderung der Elternteile richten sich nach den §§ 177 ff. BGB. Nach allgemeiner Ansicht sind (zweiseitige) Rechtsgeschäfte, die entgegen dem Verbot des Selbstkontrahierens geschlossen worden sind, nicht nichtig, sondern schwebend unwirksam und können durch das volljährige bzw. geschäftsfähig gewordene Kind oder durch einen gemäß § 1909 BGB bestellten Pfleger genehmigt werden, gemäß § 184 Abs. 1 BGB in der Regel mit Rückwirkung auf den Zeitpunkt des Vertragsabschlusses.[53] Auch die von einem Vertreter ohne Vertretungsmacht abgegebene Eintragungsbewilligung für eine Eintragung im Grundbuch kann als Verfahrenshandlung bis zur Eintragung vom Vertretenen bzw. dem gemäß § 1909 BGB an seine Stelle tretenden Ergänzungspfleger nachträglich genehmigt werden, ohne dass dem der für rechtsgeschäftliche Erklärungen geltende § 180 BGB entgegenstünde.[54]

V. Ausschluss von der Vertretung des Kindes nach § 1796 BGB (Absatz 2 Satz 3 Halbsatz 1)

51 Sollten die Eltern nicht schon nach § 1795 BGB von der Vertretung ausgeschlossen sein, kommt ein Ausschluss gemäß § 1629 Abs. 2 Satz 3 HS. 1 BGB i.V.m. § 1796 BGB in Betracht. Im Gegensatz zu § 1795 BGB kann das Familiengericht dem Vater und der Mutter die Vertretung für einzelne Angelegenheiten oder für einen bestimmten Kreis von Angelegenheiten nur entziehen, wenn ein **konkreter Interessenwiderstreit** besteht.[55] Außerdem soll eine Entziehung nur erfolgen, wenn das Interesse des Kindes zu dem Interesse des gesetzlichen Vertreters oder eines von diesem vertretenen Dritten oder einer der in § 1795 Nr. 1 BGB bezeichneten Personen in **erheblichem Gegensatz** steht (§ 1629 Abs. 2 Satz 3 HS. 1 BGB i.V.m. § 1796 Abs. 2 BGB). Dieser ist dann gegeben, wenn die Förderung des Interesses der einen Seite auf Kosten des Interesses der anderen Seite erfolgt oder diese Förderung nur auf Kosten des Interesses der anderen Seite möglich ist.[56] Darüber hat das Gericht unter Berücksichtigung des Verhältnismäßigkeitsgrundsatzes nach pflichtgemäßem Ermessen im Einzelfall zu entscheiden[57], wobei auch der Gesichtspunkt des Familienfriedens zu berücksichtigen ist.[58]

52 Ein **erheblicher Gegensatz** ist insbesondere bejaht worden
- in einem Verfahren des Sorgerechtsentzugs beider Elternteile wegen geschlechtlichem Missbrauch der Tochter, § 1666 BGB[59],
- bei der Entscheidung über die Ausübung des Zeugnisverweigerungsrechts des Kindes im Ehescheidungsverfahren der Eltern, § 383 Abs. 1 Nr. 3 ZPO[60] sowie in einem gegen den Stiefvater gerichteten Strafverfahren wegen Straftaten zum Nachteil des Kindes[61],
- bei der Ersetzung der Einwilligung im Adoptionsverfahren, § 1748 BGB[62],
- bei der Ausschlagung einer Erbschaft, die dann an ein Elternteil fällt, § 1945 BGB[63].

53 Auch dann, wenn die vorrangig als Erbin berufene – allein sorgeberechtigte – Kindesmutter im Hinblick auf den offensichtlich überschuldeten Nachlass bereits die Erbschaft ausgeschlagen und selbst keinen wirtschaftlichen Vorteil durch die nachfolgende Ausschlagung der Erbschaft für das betroffene Kind hat, ist sie an der **Entgegennahme des Beschlusses**, mit dem die **Erbausschlagung** vom Familiengericht genehmigt wird, verhindert. Denn gem. § 41 Abs. 3 FamFG ist der Beschluss auch demjenigen, für den das Rechtsgeschäft genehmigt wird, bekannt zu geben. Wenn das betroffene Kind gemäß § 9 Abs. 1 FamFG nicht verfahrensfähig ist, kommt eine unmittelbare Bekanntgabe an das Kind selbst

---

[53] Statt vieler: *Götz* in: Palandt, § 1795 Rn. 14.
[54] OLG Frankfurt v. 02.04.2012 - 20 W 57/11 - juris Rn. 21 - NotBZ 2012, 303-305.
[55] OLG Karlsruhe v. 21.08.1990 - 5 Wx 4/89 - FamRZ 1991, 1337-1339.
[56] OLG Karlsruhe v. 27.03.2003 - 16 UF 25/03, 302 F 151/02 - juris Rn. 9 - FamRZ 2004, 51-52; OLG Köln v. 28.02.2000 - 27 UF 24/00 - juris Rn. 6 - FamRZ 2001, 430-431.
[57] BGH v. 27.11.1974 - IV ZB 42/73 - LM Nr. 1 zu § 1796 BGB.
[58] OLG Karlsruhe v. 27.03.2003 - 16 UF 25/03, 302 F 151/02 - juris Rn. 9 - FamRZ 2004, 51-52.
[59] OLG Frankfurt v. 24.06.1980 - 20 W 98/80 - FamRZ 1980, 927-928.
[60] BayObLG München v. 17.10.1966 - BReg 1b Z 64/66 - NJW 1967, 206-210.
[61] LG Berlin v. 13.01.2004 - 83 T 667/03 - FamRZ 2004, 905-906.
[62] OLG Celle v. 21.02.2001 - 17 UF 22/01 - juris Rn. 3 - FamRZ 2001, 1732-1733; OLG Nürnberg v. 05.04.2000 - 10 UF 772/00 - NJW-RR 2000, 1678.
[63] BayObLG München v. 05.08.1983 - BReg 1 Z 25/83 - BayObLGZ 1983, 213-223.

aber nicht in Betracht. Da eine Bekanntgabe an die sorgeberechtigten Eltern den Anforderungen des § 41 Abs. 3 FamFG nicht genügt, ist für die Entgegennahme des Beschlusses ein Ergänzungspfleger zu bestellen.[64]

Trotz eines **erkennbaren Interessenkonfliktes** ist die Vertretung in Bezug auf die Anhörung des Kindes und die Entscheidung über die Ausübung des Zeugnisverweigerungsrechts im Strafverfahren gegen den Großvater, der des sexuellen Missbrauchs des Kindes beschuldigt wird, nicht zu entziehen, wenn abzusehen ist, dass die Eltern des Kindes als Sorgerechtsinhaber dennoch im Interesse ihres Kindes handeln werden.[65] Auch die Doppelstellung als Testamentsvollstrecker und gesetzlicher Vertreter des Erben ist allein nicht ausreichend, um einen erheblichen Interessengegensatz generell anzunehmen. Vielmehr ist im Rahmen der tatrichterlichen Verantwortung im Einzelfall zu entscheiden, ob eine Ergänzungspflegschaft zur Wahrnehmung der Rechte des Minderjährigen gegenüber dem Elternteil als Testamentsvollstrecker angeordnet werden muss.[66]

54

Eine Entziehung der Vertretung des Kindes kommt nicht nur beim aktiven Tun in Betracht, sondern auch dann, wenn der Vater oder die Mutter die bestimmte Handlung wegen eines erheblichen Interessenwiderstreits unterlassen, so genannte **Überlegungspflegschaft**.[67] In diesen Fällen reicht es jedoch nicht aus, dass zwischen dem vertretungsberechtigten Elternteil und dem Kind ein erheblicher Interessenwiderstreit besteht, sondern dass die unterlassene Vornahme der Handlung im Interesse des Kindes liegt.[68]

55

Anders als bei § 1629 Abs. 2 Satz 1 BGB folgt in § 1629 Abs. 2 Satz 3 HS. 1 BGB aus dem **konkreten Interessengegensatz** zwischen einem Elternteil und dem Kind nicht zwingend, dass das Gericht auch dem anderen Elternteil die Vertretungsmacht entziehen muss.[69] Das Gericht hat vielmehr eigenständig zu prüfen, ob sich ein erheblicher Interessengegensatz des anderen Elternteils aus einem gleichgelagerten eigenen Interesse ergibt, was insbesondere bei einem guten Einvernehmen beider Elternteile anzunehmen ist.[70] Fehlt es an einem erheblichen Interessengegensatz des anderen Elternteils, ist dieser allein vertretungsbefugt (§ 1680 BGB).[71] Allerdings kann nicht bei jeder denkbaren Vermögensgefährdung (vgl. Rn. 90) ein erheblicher Interessengegensatz im Sinne von § 1796 BGB angenommen werden.[72]

56

VI. Vertretung in Abstammungssachen: Vaterschaftsfeststellung und Anfechtung der Vaterschaft (Absatz 2 Satz 3 Halbsatz 2, Absatz 2a)

Bei der **gerichtlichen** Feststellung der Vaterschaft sowie der Anfechtung der Vaterschaft kann ein **Kind als aktiver oder als passiver Beteiligter** betroffen sein. Die hiermit einhergehenden Probleme hat der Gesetzgeber – ansatzweise – in § 1629 Abs. 2 Satz 3 BGB sowie in § 1629 Abs. 2a BGB berücksichtigt.

57

Hieran hat sich durch das Inkrafttreten des **FamFG** nichts geändert. In Abstammungssachen (vgl. § 169 Nr. 1 und 4 FamFG) sind sowohl die Eltern als auch das Kind stets formell Beteiligte (§ 172 FamFG). Gem. § 9 FamFG sind unter 14 Jahre alte Kinder nicht verfahrensfähig und bedürfen der gesetzlichen Vertretung. Gem. § 9 Abs. 2 FamFG handeln für das nicht verfahrensfähige minderjährige Kind die dazu nach bürgerlichem Recht befugten Personen, also in der Regel die Eltern bzw. der allein sorgeberechtigte Elternteil. Der grundsätzlichen Anwendung von § 1795 Abs. 1 Nr. 1 und 3 BGB steht nicht entgegen, dass Verfahren in Familiensachen nach dem FamFG nicht als Rechtsstreit zu bezeichnen sind (§ 113 FamFG) und dass das Abstammungsverfahren nicht mehr als kontradiktorischer Prozess nach den Regeln der ZPO ausgestaltet ist.[73]

58

---

[64] OLG Celle v. 04.05.2011 - 10 UF 78/11 - juris Rn. 16.
[65] OLG Karlsruhe v. 27.03.2003 - 16 UF 25/03 - 302 F 151/02, 16 UF 25/03 - FamRZ 2004, 51-52.
[66] BGH v. 05.03.2008 - XII ZB 2/07 - FamRZ 2008, 1156-1158.
[67] *Götz* in: Palandt, § 1629 Rn. 15.
[68] BGH v. 27.11.1974 - IV ZB 42/73 - LM Nr. 1 zu § 1796 BGB.
[69] OLG Köln v. 28.02.2000 - 27 UF 24/00 - juris Rn. 6 - FamRZ 2001, 430-431.
[70] OLG Köln v. 28.02.2000 - 27 UF 24/00 - juris Rn. 8 - FamRZ 2001, 430-431.
[71] *Veit* in: Bamberger/Roth, § 1629 Rn. 38.
[72] OLG Frankfurt v. 04.04.2005 - 5 UF 317/04 - NJW-RR 2005, 1382.
[73] OLG Hamburg v. 04.06.2010 - 12 UF 224/09 - juris Rn. 18; a.A. *Schwonberg* in: Schulte-Bunert/Weinreich, FamFG § 172 Rn. 11; DIJuF-Rechtsgutachten vom 11.11.2009, JAmt 2009, 595 f.

1. Anfechtung der Vaterschaft

59 Der **Vater** ist in solchen Verfahren – unabhängig ob er selbst oder das Kind klagt – immer nach § 1629 Abs. 2 Satz 1 BGB i.V.m. § 1795 Abs. 1 Nr. 3 und Nr. 1 BGB ausgeschlossen, da sich andernfalls Vertreter und Vertretener als Prozessgegner gegenüberstünden.[74]

60 Bei der **Mutter** kommt es darauf an, ob beide Eltern sorgeberechtigt sind oder nicht. Bei **gemeinsamem Sorgerecht** ist auch die **Mutter von der Vertretung ausgeschlossen**; es muss ein Ergänzungspfleger für das Kind bestellt werden.[75] Dies ergibt sich aus einer entsprechenden Anwendung der §§ 1629 Abs. 2 Satz 1, 1795 Abs. 1 Nr. 3 BGB, wobei es im Vergleich zur früheren Rechtslage unerheblich ist, dass das Verfahren nach dem FamFG kein Rechtsstreit ist. Dies lässt sich auch mit § 1629 Abs. 2 a BGB begründen, denn wenn die Eltern ihr Kind schon nicht in dem Verfahren auf Vorabklärung der leiblichen Abstammung (§ 1598a BGB) vertreten können, dann erst recht nicht in dem Vaterschaftsanfechtungsverfahren, in dem die Folgen bei einer möglichen Abstammungsänderung für das Kind viel weiterreichender sind.[76] Die bloße Bestellung eines Verfahrensbeistands ist hingegen nicht ausreichend, da dieser nämlich ausdrücklich nicht zur gesetzlichen Vertretung des Kindes berechtigt ist (§ 174 Satz 2 i.V.m. § 158 Abs. 4 FamFG) und damit auch nicht i.S.v. § 9 Abs. 2 FamFG nach bürgerlichem Recht zur Vertretung befugt ist.[77]

61 Hingegen kann die **allein sorgeberechtigte** Mutter das Kind grds. vertreten.[78] Allerdings kann das Familiengericht ihr die Vertretung bei einem konkreten Interessenwiderstreit entziehen (§ 1629 Abs. 2 Satz 3 HS. 1 BGB i.V.m. § 1796 BGB). Das ist dann der Fall, wenn die Interessen des Kindes an einer Anfechtung und bei der Durchführung des hierfür erforderlichen Rechtsstreits zu den Interessen der Mutter in einem erheblichen Gegensatz stehen, die Interessen also in der Art verschieden sind, dass die Förderung der Interessen des Kindes nur auf Kosten der Interessen der Mutter geschehen kann. Es genügt dabei nicht, wenn trotz möglichen Interessengegensatzes zu erwarten ist, dass die Mutter im Sinne des Kindes handeln wird.[79] Beispielsweise besteht ein Interessenwiderstreit beim Interesse des Kindes an der Klärung seiner Abstammung und der personensorgeberechtigten Mutter, die mit dem angeblichen Erzeuger des Kindes verheiratet ist, mit ihm und dem Kinde in Familiengemeinschaft lebt, und dem interessierten Kind lediglich den Unterhaltsanspruch gegenüber ihrem früheren Ehemann erhalten will, der seinerseits seine Anfechtungsfrist wegen des vergeblich gebliebenen Versuchs, seine Ehe zu erhalten, versäumt hat.[80]

62 Von der Vertretung im Anfechtungsverfahren ist die **Entschließung zur Erhebung einer solchen Klage** zu differenzieren. Diese Entscheidung stellt kein Rechtsgeschäft mit dem Kind dar, so dass der Ausschluss nach § 1629 Abs. 2 Satz 1 BGB i.V.m. § 1795 Abs. 1 Nr. 3 BGB nicht greift. Vielmehr kommt es darauf an, ob beim Vater, der Mutter oder bei beiden ein erheblicher Interessengegensatz im Sinne von § 1796 BGB besteht.[81]

2. Vaterschaftsfeststellung (Absatz 2 Satz 3 Halbsatz 2)

63 Allerdings gilt die oben beschriebene Entziehungsbefugnis nicht für die **Vaterschaftsfeststellung**. Es steht im Ermessen der Mutter, ob sie zur Vaterschaftsfeststellung die Beistandschaft nach § 1712 Abs. 1 Satz 1 BGB beantragt oder es nicht tut. Sie kann es jedoch auch ganz unterlassen, eine Feststellung der Vaterschaft zu betreiben. In diesem Fall könnte ein erheblicher Interessengegensatz zwischen dem Interesse des Kindes auf Klärung seiner Abstammung und ihren Interessen bestehen. Der Gesetzgeber hat sich in § 1629 Abs. 2 Satz 3 HS. 2 BGB ausdrücklich gegen eine Anwendung von § 1796 BGB entschieden, weil es dem Sinn des Beistandschaftsgesetzes, das die Amtspflegschaft gerade aufgehoben hat, widerspräche.[82] Vielmehr ist es ausreichend, die Interessen des Kindeswohls durch eine Entziehung der elterlichen Sorge gemäß § 1666 BGB in Extremfällen zu wahren, nachdem eine kon-

---

[74] BGH v. 27.11.1973 - IV ZB 42/73 - juris Rn. 12 - NJW 1975, 345-347.
[75] BGH v. 14.06.1972 - IV ZR 53/71 - NJW 1972, 1708; OLG Zweibrücken v. 06.03.1980 - 6 U 45/79 - FamRZ 1980, 911-912.
[76] KG Berlin v. 21.09.2010 - 16 UF 60/10 - juris Rn. 6.
[77] OLG Hamburg v. 04.06.2010 - 12 UF 224/09 - juris Rn. 15.
[78] BayObLG München v. 16.12.1998 - 1Z BR 135/98 - juris Rn. 8 - FamRZ 1999, 737-739.
[79] BayObLG München v. 16.12.1998 - 1Z BR 135/98 - juris Rn. 9 - FamRZ 1999, 737-739.
[80] OLG Hamm v. 21.10.1985 - 15 W 325/85 - NJW-RR 1986, 79-81.
[81] OLG Hamm v. 21.10.1985 - 15 W 325/85 - NJW-RR 1986, 79-81; LG Karlsruhe v. 14.02.2003 - 11 T 551/02 - JAmt 2003, 312-314.
[82] BT-Drs. 13/829, S. 30.

krete Abwägung aller Umstände vorgenommen wurde, die für oder gegen eine Änderung des aktuellen Status des Kindes sprechen.[83] Im Regelfall besteht ein Interesse des Kindes an der Kenntnis seiner Abstammung[84], allerdings können Gründe wie eine Zeugung durch Inzest oder eine Vergewaltigung im konkreten Fall[85] sowie mit Rücksicht auf das Alter des Kindes oder die derzeitigen Lebensumstände dagegen sprechen.[86]

3. Verfahren nach § 1598a BGB (Absatz 2a)

Mit Wirkung vom 01.04.2008 ist das Gesetz zur Klärung der Vaterschaft unabhängig vom Anfechtungsverfahren in Kraft getreten. Durch die darin aufgenommene Regelung in § 1629 Abs. 2a BGB soll ausgeschlossen werden, dass in einem gerichtlichen Verfahren nach § 1598a BGB der Vater oder die Mutter die Vertretung des minderjährigen Kindes wahrnehmen.[87] Ziel dieser Regelung ist es Interessenkollisionen zu verhindern, die dadurch entstehen können, dass die Eltern bei der Klärung der Vaterschaft stets auch in eigenen, gegebenenfalls von denen des Kindes divergierenden Interessen betroffen sind.[88] Die Regelung des § 1629 Abs. 2a BGB tritt an die Stelle der Regelungen in § 1629 Abs. 2 und der §§ 1795, 1796 BGB.[89] Für das gerichtliche Verfahren gemäß § 1598a BGB ist dem minderjährigen Kind daher stets ein **Ergänzungspfleger** zu bestellen.[90] Versäumt es das Familiengericht, einen Ergänzungspfleger zu bestellen, leidet ein dennoch ergangener Beschluss an einem wesentlichen Verfahrensmangel, der zu dessen Aufhebung führt.[91]

64

Die Regelung betrifft allerdings **nur das gerichtliche Verfahren**. Für den Fall, dass sich die Eltern außerhalb des gerichtlichen Verfahrens über die Klärung der Vaterschaft einigen, geht der Gesetzgeber regelmäßig von der Wahrung der Kindesinteressen aus.[92] Sollte es zwischen den Eltern und dem Kind zu einem erheblichen Interessengegensatz im Hinblick auf die Durchführung einer genetischen Abstammungsuntersuchung kommen, besteht die Möglichkeit, dass das Familiengericht dem vertretungsberechtigten Elternteil gemäß § 1629 Abs. 2 Satz 3 i.V.m. § 1796 BGB die Vertretungsmacht für die Entscheidung über die Einwilligung des Kindes entzieht und auf einen Ergänzungspfleger überträgt.[93]

65

VII. Geltendmachung von Unterhaltsansprüchen

1. Alleinvertretung bei gemeinsamer elterlicher Sorge (Absatz 2 Satz 2)

Die Vorschrift des § 1629 Abs. 2 Satz 2 BGB stellt eine Ausnahme in doppelter Hinsicht dar. Sie weicht vom Prinzip der gemeinschaftlichen Vertretung in § 1629 Abs. 1 Satz 2 HS. 1 BGB ab, **weil sie bei gemeinsamer Sorge der Eltern** ein **Alleinvertretungsrecht des Elternteils** begründet, in dessen Obhut sich das Kind befindet. Dieses Alleinvertretungsrecht ist jedoch beschränkt auf die Geltendmachung von Unterhaltsansprüchen des Kindes gegen den anderen Elternteil; Anspruch auf laufende Hilfe zum Lebensunterhalt muss dagegen auch von minderjährigen Kindern, die mit ihren Eltern in Haushaltsgemeinschaft leben, im eigenen Namen geltend gemacht werden.[94]

66

Damit wird die Regelung von § 1629 Abs. 2 Satz 1 BGB i.V.m. § 1795 BGB durchbrochen, die ansonsten zum **Ausschluss der Vertretungsmacht** führen würde.[95] In solchen Situationen bedarf es nicht der Bestellung eines Ergänzungspflegers. Der Elternteil kann selbst entscheiden, ob er für die Geltendmachung die Hilfe des Jugendamtes gemäß § 1712 Abs. 1 Nr. 2 BGB in Anspruch nehmen möchte.[96]

67

---

[83] BT-Drs. 13/829, S. 34; *Veit* in: Bamberger/Roth, § 1629 Rn. 35.
[84] BVerfG v. 06.05.1997 - 1 BvR 409/90 - FamRZ 1997, 869-871.
[85] BT-Drs. 13/829, S. 34 f.; *Götz* in: Palandt, § 1629 Rn. 21.
[86] OLG Celle v. 06.01.2006 - 19 UF 1/06 - AuAS 2006, 81-82.
[87] BT-Drs. 16/6561, S. 15.
[88] BT-Drs. 16/6561, S. 15.
[89] BT-Drs. 16/6561, S. 15.
[90] BT-Drs. 16/6561, S. 15.
[91] Thüringer Oberlandesgericht v. 28.08.2009 - 1 UF 120/09.
[92] BT-Drs. 16/6561, S. 15.
[93] BT-Drs. 16/6561, S. 15.
[94] OVG Lüneburg v. 07.08.2003 - 12 ME 283/03 - NJW 2003, 3503-3504.
[95] OLG Karlsruhe v. 20.08.1997 - 2 WF 94/97 - FamRZ 1998, 563.
[96] LG München I v. 11.01.1999 - 13 T 20651/98 - FamRZ 1999, 875-876.

68 Erforderlich ist das **gemeinsame Sorgerecht der Eltern**, wobei es nicht darauf ankommt, ob sie zusammen oder getrennt leben, verheiratet oder geschieden sind oder Sorgerechtserklärungen abgegeben haben.[97]

69 In der **Obhut eines Elternteils** lebt das Kind dann, wenn bei ihm der Schwerpunkt tatsächlicher Fürsorge liegt, er also die elementaren Lebensbedürfnisse des Kindes nach Pflege, Verköstigung, Kleidung, ordnender Gestaltung des Tagesablaufs und ständig abrufbereiter emotionaler Zuwendung befriedigt und sichert.[98] Somit lebt das Kind in der Obhut eines Elternteils, wenn zwar beide Elternteile in einer gemeinsamen Wohnung leben, aber nur ein Elternteil das Kind alleine betreut und versorgt.[99] Die Betreuung des Kindes kann auch von Dritten vorgenommen werden, um die sich der Elternteil organisierend und überwachend kümmert. Daher kann Obhut auch beispielsweise dann noch gegeben sein, wenn ein Elternteil das Kind bei Verwandten untergebracht hat, wenn das Kind sich während der Ferien länger beim Elternteil aufhält oder wenn es in einem Heim untergebracht ist.[100] Allerdings ist es nach überwiegender Ansicht erforderlich, dass der Elternteil seinen Betreuungsobliegenheiten durch regelmäßige Kontakte mit dem Kind und der Betreuungsperson nachkommt.[101]

70 Leben die **Eltern getrennt voneinander**, kommt es darauf an, ob die Eltern das Residenzmodell oder ein Wechselmodell vereinbart haben. Beim **Residenzmodell** lebt das Kind zumeist in der Wohnung eines Elternteils und hält sich in regelmäßigen Abständen in der Wohnung des anderen Elternteils zu Besuchen auf.[102] In diesen Fällen liegt der Schwerpunkt der tatsächlichen Fürsorge bei einem Elternteil. Beim **Wechselmodell** lebt das Kind zu ungefähr gleichen Teilen im Haushalt des einen und des anderen Elternteils.[103] Bei einem auch nur geringen Betreuungsvorsprung eines Elternteils ist schon davon auszugehen, dass sich das Kind in dessen Obhut befindet[104], wobei sich die Ermittlung der beiderseitigen Betreuungsanteile an den im Voraus vereinbarten Betreuungszeiten orientiert.[105] Wenn es in diesem Fall **keinen Schwerpunkt der tatsächlichen Fürsorge gibt**, hat kein Elternteil die Obhut im Sinne des § 1629 Abs. 2 Satz 2 BGB inne, so dass der Elternteil, der den anderen für barunterhaltspflichtig hält, entweder die Bestellung eines Pflegers für das Kind herbeiführen, der dieses bei der Geltendmachung seines Unterhaltsanspruchs vertritt, oder beim Familiengericht beantragen muss, ihm gemäß § 1628 BGB die Entscheidung zur Geltendmachung von Kindesunterhalt allein zu übertragen.[106] Anders ist der Fall jedoch zu beurteilen, wenn ein Elternteil das Kind überwiegend betreut und versorgt. Liegt die Betreuung etwa zu 2/3 bei einem Elternteil, so befindet sich das Kind in dessen Obhut, weil das Schwergewicht der tatsächlichen Betreuung bei diesem liegt.[107] Es genügt aber insoweit auch schon, dass der Anteil des Elternteils an der Betreuung und Versorgung des Minderjährigen den Anteil des anderen Elternteils geringfügig übersteigt, um die ansonsten notwendige Bestellung eines Ergänzungspflegers mit dem Aufgabenkreis der Geltendmachung von Unterhaltsansprüchen zu vermeiden.[108] Da die Beantwortung dieser Frage allerdings in der Rechtsprechung umstritten und höchstrich-

---

[97] BT-Drs. 13/4899, S. 96.

[98] OLG Frankfurt v. 12.12.1991 - 1 UF 119/91 - FamRZ 1992, 575-576; OLG Hamburg v. 13.04.2000 - 2 UF 77/99 - juris Rn. 11 - FamRZ 2001, 1235.

[99] OLG Hamburg v. 13.04.2000 - 2 UF 77/99 - FamRZ 2001, 1235; OLG Düsseldorf v. 25.03.1988 - 4 WF 86/88 - FamRZ 1988, 1092.

[100] OLG Köln v. 13.12.2004 - 14 WF 175/04 - OLGR Köln 2005, 609-610; Brandenburgisches Oberlandesgericht v. 06.11.2008 - 10 WF 107/08.

[101] OLG Bamberg v. 13.12.1984 - 2 UF 250/84 - FamRZ 1985, 632-633.

[102] OLG Zweibrücken v. 29.08.2000 - 5 UF 39/99, 5 UF 40/99 - juris Rn. 34 - FamRZ 2001, 639-642.

[103] *Veit* in: Bamberger/Roth, § 1687 Rn. 3.

[104] AG Freiburg (Breisgau) v. 28.10.2005 - 43 F 217/03 - FamRZ 2006, 567-568; AG Garmisch-Partenkirchen v. 19.11.2007 - 1 F 247/07.

[105] AG Garmisch-Partenkirchen v. 19.11.2007 - 1 F 247/07.

[106] OLG München v. 12.08.2002 - 26 UF 1103/02 - FamRZ 2003, 248-249; OLG Karlsruhe v. 22.03.2006 - 16 WF 46/06; a.A. KG Berlin v. 07.03.2002 - 19 WF 367/01 - FamRZ 2003, 53-54; OLG Koblenz v. 28.12.2004 - 11 UF 825/03 - OLGR Koblenz 2005, 871-872; OLG Koblenz v. 03.07.2008 - 11 WF 547/08 - OLGR Koblenz 2008, 798-799.

[107] BGH v. 21.12.2005 - XII ZR 126/03 - juris Rn. 10 - FamRZ 2006, 1015-1018; lesenswert zur gesamten Thematik des Wechselmodells *Hennemann*, FPR 2006, 295-298.

[108] OLG Düsseldorf v. 12.01.2001 - 6 UF 71/00 - NJW 2001, 3344-3346; a.A. KG Berlin v. 07.03.2002 - 19 WF 367/01 - FamRZ 2003, 53-54.

terlich ungeklärt ist, darf Verfahrenskostenhilfe nicht mangels Erfolgsaussicht verweigert werden.[109] Wenn sich beide Elternteile um die Obhut des Kindes bemühen, kommt § 1629 Abs. 2 Satz 2 BGB nicht in Betracht.[110]

Die **Beweislast** für die Obhut obliegt demjenigen Elternteil, der Unterhalt für ein gemeinsames Kind verlangt.[111]

71

Die Vertretung zur **Geltendmachung von Unterhaltsansprüchen** des Kindes umfasst die gerichtliche Vorgehensweise durch Antrag (§ 113 Abs. 5 Nr. 2 FamFG) oder einstweilige Anordnung im Sinne von §§ 119, 246 FamFG. Dagegen ist unter Berücksichtigung des Wortlauts in § 1629 Abs. 2 BGB der Elternteil, in dessen Obhut sich ein Kind befindet, nicht bei der Verteidigung, sondern nur zur „Geltendmachung" von Kindesunterhalt allein vertretungsberechtigt ist. Daher bedarf es in einem entsprechenden Passivverfahren wie im Fall eines negativen Feststellungsantrags oder eines Abänderungsantrags nach § 238 FamFG[112] der Bestellung eines Ergänzungspflegers zum Vertreter des Kindes.[113] Wenn die Eltern miteinander verheiratet sind, ist für die gerichtliche Geltendmachung von Unterhaltsansprüchen – solange sie getrennt leben oder eine Ehesache zwischen ihnen anhängig ist – die Sonderregelung von § 1629 Abs. 3 BGB zu beachten. § 1629 Abs. 2 Satz 2 BGB erfasst ebenso die außergerichtliche Einigung über Unterhaltsansprüche.[114]

72

Das **Alleinvertretungsrecht besteht nicht mehr**, wenn die gemeinsame elterliche Sorge wegfällt, das Kind sich nicht mehr in der Obhut des Elternteils befindet[115] oder die Vertretungsmacht durch das Gericht entzogen wurde (§ 1629 Abs. 2 Satz 3 BGB i.V.m. § 1796 BGB). Falls es am Alleinvertretungsrecht eines Elternteils fehlt, ist der von ihm erhobene Antrag unzulässig[116]; einen zulässigerweise begonnenen anhängigen Unterhaltsrechtsstreit kann der bisher vertretungsberechtigte Elternteil als Maßnahme der „Abwicklung" für erledigt erklären.[117]

73

2. Gesetzliche Verfahrensstandschaft (Absatz 3 Satz 1)

Die Vorschrift von § 1629 Abs. 3 Satz 1 BGB enthält eine Sonderregelung für die gerichtliche **Geltendmachung von Unterhaltsansprüchen**, wenn die Eltern miteinander verheiratet sind, aber getrennt leben oder eine Ehesache zwischen ihnen anhängig ist. In diesem Fall muss der Elternteil die Unterhaltsansprüche des Kindes gegenüber dem anderen Elternteil im eigenen Namen geltend machen, es handelt sich um einen Fall der **gesetzlichen Verfahrensstandschaft** (zur Terminologie vgl. § 113 Abs. 5 FamFG). Das Kind soll generell nicht in die Situation kommen, als Partei in einen Streit der Eltern oder das Scheidungsverfahren einbezogen zu werden.[118] Das bedeutet aber auch, dass das Kind selbst keine Ansprüche geltend machen darf[119], selbst wenn der Unterhalt nicht im Scheidungsverfahren, sondern in einem eigenständigen Verfahren geltend gemacht wird[120]. Grundsätzlich können Unterhaltsansprüche für gemeinschaftliche Kinder nur im Wege der Verfahrensstandschaft geltend gemacht werden, wobei es in Eilverfahren Ausnahmen geben kann.[121] Gläubiger des Unterhaltsanspruchs bleibt dennoch das Kind.[122]

74

Die **Verfahrensstandschaft** gilt wie bei § 1629 Abs. 2 Satz 2 BGB sowohl für Anträge und einstweilige Anordnungen im Sinne von §§ 119, 246 FamFG auf Aktivseite als auch für Verfahren, bei denen das Kind auf der Passivseite steht, wie im Fall eines negativen Feststellungsantrags oder des Abänderungsantrags.[123] Dagegen fallen Abänderungen im vereinfachten Verfahren nach § 249 FamFG nicht

75

---

[109] OLG Frankfurt v. 25.02.2003 - 1 WF 17/03 - OLGR Frankfurt 2003, 298-299.
[110] OLG Zweibrücken v. 29.06.2000 - 6 UF 7/00 - FamRZ 2001, 290-291.
[111] OLG Hamburg v. 13.04.2000 - 2 UF 77/99 - FamRZ 2001, 1235.
[112] Ausdrücklich für die Abänderungsklage: OLG Sachsen-Anhalt v. 15.12.2006 - 8 WF 185/06; OLG Sachsen-Anhalt v. 16.01.2007 - 8 WF 12/07 - ZFE 2007, 237-238.
[113] A.A. *Veit* in: Bamberger/Roth, § 1629 Rn. 46.
[114] OLG Hamburg v. 13.02.1981 - 15 WF 18/81 U - FamRZ 1981, 490.
[115] AG Schorndorf v. 04.04.2003 - 1 M 325/03 - Rpfleger 2003, 600.
[116] OLG Hamm v. 09.02.1990 - 5 UF 352/89 - FamRZ 1990, 890-891.
[117] OLG Köln v. 06.06.2005 - 4 UF 88/05 - FamRZ 2005, 1999.
[118] BT-Drs. 13/4899, S. 96.
[119] AG Backnang v. 18.05.1999 - 3 F 37/99 - FamRZ 2000, 975-976.
[120] BGH v. 23.02.1983 - IVb ZR 359/81 - juris Rn. Nr. 7 - FamRZ 1983, 474-475.
[121] AG Groß-Gerau v. 22.06.1988 - 7 F 343/88 - FamRZ 1988, 1070-1071.
[122] AG Nordenham v. 18.08.2011 - 4 F 266/11 VKH1, 4 F 266/11 - juris Rn. 3 - FamRZ 2012, 149-150.
[123] OLG Naumburg v. 24.09.2002 - 14 WF 96/02 - juris Rn. 4 - FamRZ 2003, 1115-1116.

§ 1629

in den Anwendungsbereich von § 1629 Abs. 3 BGB.[124] Diese richten sich vielmehr nach § 1629 Abs. 2 Satz 2 BGB und sind wie der Anspruch auf Rückzahlung zu viel gezahlten Unterhalts aus ungerechtfertigter Bereicherung[125] sowie Vollstreckungsabwehrklagen[126] gegen das Kind zu richten. Eine **Beistandschaft des Jugendamtes** gemäß § 1712 Abs. 1 Nr. 2 BGB ist nach § 1629 Abs. 3 Satz 1 BGB ausgeschlossen.[127] Soweit zwischen den Parteien eine Freistellungsvereinbarung besteht, ist die Erhebung eines Unterhaltsantrags eines Elternteils in gesetzlicher Verfahrensstandschaft gemäß § 1629 Abs. 3 Satz 1 BGB für ein bei ihm lebendes Kind gegen den anderen Elternteil mutwillig und die Klage mangels eines Rechtsschutzbedürfnisses unzulässig.[128] Wenn der andere Elternteil trotz entgegenstehendem Willen des Sorgerechtsinhabers die Obhut für das Kind übernommen hat und deshalb ein Sorgerechtsverfahren anhängig ist, ist jedenfalls dann kein Rechtsschutzbedürfnis für eine negative Feststellungsklage gegen eine bestehende einstweilige Anordnung auf Zahlung von Kindesunterhalt gegeben, wenn der Sorgerechtsinhaber erklärt hat, aus dem Titel keine Rechte herleiten zu wollen, solange sich das Kind bei dem anderen Elternteil befindet.[129]

76 Die Eltern müssen **miteinander verheiratet** sein, nicht aber das gemeinsame Sorgerecht innehaben; ausreichend ist die Alleinsorge des auf Unterhalt klagenden Elternteils.[130] Als Sonderregelung gegenüber § 1629 Abs. 2 Satz 2 BGB ist zur Geltendmachung der Unterhaltsansprüche weiterhin erforderlich, dass sich das Kind in der Obhut des den Antrag stellenden Elternteils befindet.

77 **Die Verfahrensstandschaft beginnt** mit der Trennung der Eltern oder dem Anhängigwerden der Ehesache. Ein zu diesem Zeitpunkt schon anhängiges Unterhaltsverfahren kann nur in Verfahrensstandschaft weitergeführt werden.[131] Getrennt leben die Eltern unter den Voraussetzungen von § 1567 BGB (vgl. hierzu die Kommentierung zu § 1567 BGB).[132] Die Anhängigkeit einer Ehesache bestimmt sich nach § 124 FamFG, wobei § 1629 Abs. 3 Satz 1 BGB auch für im Ausland anhängige Ehesachen greift.[133] Die Verfahrensstandschaft bleibt auch bestehen, wenn die Ehesache längere Zeit nicht betrieben wird.[134]

78 Bei der **Bewilligung von Verfahrenskostenhilfe** nach den § 76 FamFG, §§ 114 ff. ZPO kommt es nur auf die Bedürftigkeit des den Antrag stellenden Elternteils[135], nicht auf die des Kindes[136] oder des Kindes und des Elternteils an[137]. Wird für die Gewährung von Verfahrenskostenhilfe nicht auf die Einkommens- und Vermögensverhältnisse des Elternteils abgestellt, ist jedenfalls der Verfahrenskostenvorschussanspruch des Kindes gegen den betreuenden Elternteil als ein Vermögensbestandteil zu berücksichtigen, der ggf. eine Bewilligung von Verfahrenskostenhilfe entbehrlich macht.[138]

79 Da das Kind während der gerichtlichen Geltendmachung **Inhaber der Unterhaltsansprüche** bleibt, kann der Antragsgegner-Elternteil seinerseits nicht mit Zugewinnausgleichsansprüchen gegen den antragstellenden Elternteil aufrechnen.[139] Aus der Stellung des antragstellenden Elternteils als Beteiligter besteht für den Antragsgegner-Elternteil jedoch die Möglichkeit, im Wege des Widerantrags Ehegat-

---

[124] LG Heilbronn v. 04.08.1993 - 2 T 362/92 - DAVorm 1993, 1122.
[125] KG Berlin v. 10.11.1978 - 17 U 1704/78 - juris Rn. 13 - FamRZ 1979, 327-328.
[126] OLG Brandenburg v. 21.12.2000 - 10 WF 9/00 - FamRZ 2002, 1270-1271.
[127] OLG Oldenburg v. 02.04.2014 - 11 UF 34/14 - juris Rn. 13; AG Regensburg v. 23.04.2003 - 002 F 01739/02, 2 F 1739/02 - JAmt 2003, 366-367; OLG Celle v. 10.04.2012 - 10 UF 65/12 - juris Rn. 12 - JurBüro 2012, 382-383; a.A. OLG Stuttgart v. 09.10.2006 - 17 UF 182/06, 17 UF 182/2006 - JAmt 2007, 40.
[128] AG Ludwigslust v. 17.03.2005 - 5 F 70/05 - FamRZ 2005, 1915-1916; a.A. OLG Stuttgart v. 08.02.2006 - 18 WF 257/05 - FamRZ 2006, 866.
[129] OLG Koblenz v. 19.09.2001 - 9 UF 164/01 - juris Rn. 10 - FamRZ 2002, 562-563.
[130] *Veit* in: Bamberger/Roth, § 1629 Rn. 49.
[131] *Peschel-Gutzeit* in: Staudinger, § 1629 Rn. 353.
[132] *Götz* in: Palandt, § 1629 Rn. 29.
[133] BGH v. 15.01.1986 - IVb ZR 75/84 - juris Rn. 9 - FamRZ 1986, 345-347; a.A. OLG Frankfurt v. 02.10.1981 - 3 UF 278/80 - FamRZ 1982, 528-529.
[134] OLG Saarbrücken v. 01.06.1982 - 6 WF 41/82 - FamRZ 1982, 952-953.
[135] BGH v. 26.10.2005 - XII ZB 125/05 - juris Rn. 9 - FamRZ 2006, 32-33; BGH v. 11.05.2005 - XII ZB 242/03 - FamRZ 2005, 1164-1167; OLG Karlsruhe v. 08.01.2001 - 5 WF 168/00 - juris Rn. 3 - MDR 2001, 876-877; OLG Bamberg v. 14.01.2005 - 2 WF 156/04 - NJW 2005, 1286; OLG Nürnberg v. 22.05.2006 - 9 WF 569/06 - OLGR Nürnberg 2006, 841-842.
[136] So OLG Dresden v. 06.02.2002 - 22 WF 0750/01, 22 WF 750/01 - juris Rn. 4 - FamRZ 2002, 1412-1413.
[137] So OLG Köln v. 30.11.1983 - 25 WF 206/83 - FamRZ 1984, 304.
[138] OLG Köln v. 13.06.2003 - 26 WF 133/03 - OLGR Köln 2003, 289-290.
[139] OLG Naumburg v. 21.08.2000 - 14 WF 110/00 - juris Rn. 25 - FamRZ 2001, 1236.

tentrennungsunterhaltsansprüche geltend zu machen.[140] Die wechselseitigen Anträge zweier noch miteinander verheirateter Elternteile minderjähriger Kinder auf Kindesunterhalt lassen für das jeweils in Obhut eines Elternteils befindliche Kind ein Prozessrechtsverhältnis zwischen den beiden Verfahrensstandschaftern entstehen, das in Antrag und Widerantrag miteinander verbunden werden kann.[141]

Auch die **Vollstreckung** kann ein Elternteil im Wege der gesetzlichen **Vollstreckungsstandschaft** gemäß § 1629 Abs. 3 BGB im eigenen Namen verlangen. Ihm ist die Klausel nach den §§ 724-734 ZPO zu erteilen. Eine vorherige Umschreibung des Titels auf das materiell berechtigte Kind entsprechend § 727 ZPO ist nicht erforderlich.[142] Auch nach dem Erlöschen der Verfahrensstandschaft kann die Klausel dem vorherigen Verfahrensstandschafter erteilt werden, solange noch keine Titelumschreibung nach § 727 ZPO erfolgt ist.[143] Solange die Prozessstandschaft besteht, darf nur der Elternteil, der Titelgläubiger ist, die Vollstreckung im eigenen Namen betreiben. Daher ist selbst nach Rechtskraft der Scheidung der Ehe der betreffende Elternteil, solange das Kind noch minderjährig ist, berechtigt, im eigenen Namen gegen den anderen Elternteil aus dem Kindesunterhaltstitel zu vollstrecken.[144]

80

Die **Titelumschreibung** auf das Kind bzw. dessen Rechtsnachfolger ist erst mit Beendigung der Verfahrensstandschaft, d.h. nach rechtskräftigem Scheidungsausspruch bzw. Volljährigkeit des Kindes oder Ende der Sorgerechts- oder Obhutslage, möglich.[145] Ein vor diesem Zeitpunkt gestellter Antrag der Unterhaltsvorschusskasse auf Umschreibung des Kindesunterhaltstitels ist nach Ansicht des Gerichts als unzulässig zurückzuweisen.[146]

81

Macht ein Elternteil gemäß § 1629 Abs. 3 BGB Unterhaltsansprüche des Kindes geltend und zahlt der Unterhaltsschuldner auf ein Konto dieses Elternteils, ist es dem Unterhaltsschuldner nicht möglich, als Vollstreckungsgläubiger wegen anderer Forderungen gegen den Kontoinhaber auf diesen Zahlungsbetrag vollstreckungsrechtlich Zugriff zu nehmen. Vielmehr unterliegt die auf dieser Grundlage auf dieses Bankkonto erfolgte Zahlung – auch wenn sie Unterhaltsrückstände betrifft – einer besonderen, treuhandähnlichen Zweckbindung, die sich am Auszahlungsanspruch gegenüber dem Kreditinstitut fortsetzt. Die in Ausübung von § 1629 Abs. 3 BGB erlangte Zahlung darf auch als Bestandteil der Kontoforderung der Schuldnerin nur der Zweckbestimmung des Kindesunterhalts dienen und führt in diesem Fall zur Unpfändbarkeit dieser Forderung, § 399 BGB, § 851 Abs. 1 ZPO.[147]

82

Leben die Eltern wieder zusammen oder ist die Ehesache nicht mehr anhängig, **endet die Verfahrensstandschaft**. Gerade in dem zuletzt genannten Fall hat der Wegfall der Verfahrensstandschaft nur Auswirkungen auf neue, nicht jedoch auf schon anhängige Verfahren.[148] Unabhängig davon, ob der Unterhaltsanspruch im Scheidungsverfahren oder isoliert geltend gemacht wird, dauert die Verfahrensstandschaft über die Anhängigkeit der Ehesache bis zum Abschluss des Unterhaltsverfahrens fort, wenn die elterliche Sorge für das Kind keinem anderen als dem Elternteil übertragen worden ist.[149] Dies gilt nicht nur für die Weiterführung des Verfahrens in der Instanz, sondern auch für die Einlegung von Rechtsmitteln[150] sowie für die Zwangsvollstreckung, solange die Klausel noch nicht umgeschrieben ist[151]. Haben die getrennt lebenden Kindeseltern für das Kind einen Unterhaltsvergleich abgeschlossen, dann ist die gesetzliche Verfahrensstandschaft eines Elternteils zur Geltendmachung von Kindesunterhalt im eigenen Namen mit der Rechtskraft der Ehescheidung beendet. Zur Erhebung eines Abänderungsantrags ist dann das Kind selbst antragsbefugt[152]; er ist auch gegen das Kind zu richten[153].

83

---

[140] OLG Köln v. 02.05.1995 - 4 WF 81/95 - FamRZ 1995, 1497.
[141] AG Garmisch-Partenkirchen v. 12.11.2007 - 1 F 267/07.
[142] LG Konstanz v. 05.03.2001 - 6 T 36/01 - NJW-RR 2002, 6-7.
[143] BGH v. 29.11.1990 - IX ZR 94/90 - juris Rn. 9 - FamRZ 1991, 295-298.
[144] LG Mühlhausen v. 19.07.2010 - 2 T 157/10 - juris Rn. 11.
[145] OLG Hamm v. 27.03.2000 - 7 WF 132/00 - FamRZ 2000, 1590.
[146] AG Tempelhof-Kreuzberg v. 13.02.2007 - 150 F 14391/01 - ZKJ 2007, 419-420.
[147] BGH v. 29.03.2006 - VII ZB 31/05 - FamRZ 2006, 860-861.
[148] OLG Hamm v. 29.07.1997 - 13 UF 41/97 - FamRZ 1998, 379-380; Brandenburgisches Oberlandesgericht v. 27.11.2007 - 10 UF 33/07.
[149] BGH v. 15.11.1989 - IVb ZR 3/89 - juris Rn. 10 - FamRZ 1990, 283-288.
[150] OLG Hamm v. 04.11.1987 - 12 UF 103/87 - FamRZ 1988, 187-189.
[151] OLG Nürnberg v. 30.03.1987 - 10 UF 4090/86 - FamRZ 1987, 1172-1173; OLG Frankfurt v. 15.07.1993 - 3 WF 78/93 - FamRZ 1994, 453.
[152] OLG Brandenburg v. 21.12.2000 - 10 WF 9/00 - FamRZ 2002, 1270-1271.
[153] OLG Frankfurt v. 16.06.1980 - 5 WF 85/80 - FamRZ 1980, 1059.

84 Die **Verfahrensstandschaft des den Antrag stellenden Elternteils endet auch**, wenn die elterliche Sorge auf den anderen Elternteil übertragen wurde[154], das Obhutsverhältnis auf den anderen Elternteil übergegangen ist[155] oder wenn durch rechtskräftiges Anfechtungsurteil oder durch Beschluss festgestellt ist, dass das Kind nicht von dem anderen Elternteil abstammt.[156] Hält der Elternteil in diesen Fällen seinen Antrag aufrecht, ist diese als unzulässig abzuweisen.[157] In diesen Fällen erlischt auch das Recht eines Elternteils, aus einem in Verfahrensstandschaft für das minderjährige Kind erwirkten Titel zu vollstrecken.[158] Erfolgt dennoch die Vollstreckung durch einen Elternteil, kann der andere Elternteil die zwischenzeitlich eingetretene Beendigung der Verfahrensstandschaft grundsätzlich nicht mit der Klauselerinnerung (§ 732 ZPO) oder Vollstreckungserinnerung (§ 766 ZPO)[159], sondern nur mit der Vollstreckungsgegenklage[160] (§ 767 ZPO) gegenüber dem ehemaligen Verfahrensstandschafter geltend machen.[161] Allerdings kann nach anderer Rechtsprechung der Schuldner die nicht mehr ordnungsgemäße Vertretung nicht mit einer Vollstreckungsabwehrklage nach § 767 Abs. 1 ZPO, sondern nur im Wege der Vollstreckungserinnerung nach § 766 Abs. 1 ZPO rügen, wenn er durch das Prozessgericht mit der betreffenden Einwendung ausdrücklich auf das Erinnerungsverfahren verwiesen wurde.[162]

85 Schließlich endet die **Verfahrensstandschaft** auch, wenn das **Kind das 18. Lebensjahr vollendet hat**.[163] Ist ein Rechtsstreit anhängig, kann das Kind nach neuerer Rechtsprechung des BGH als Antragsteller in das Verfahren nur im Wege des **gewillkürten Beteiligtenwechsels** eintreten.[164] Der Beteiligtenwechsel gilt nicht nur für den laufenden Kindesunterhalt, sondern auch für die Unterhaltsrückstände.[165]

86 Indes rückt das Kind hinsichtlich einer bereits bewilligten **Verfahrenskostenhilfe** nicht in die Rechtsstellung des als Beteiligter ausgeschiedenen Elternteils ein; es muss vielmehr bei Bedürftigkeit einen eigenen neuen Verfahrenskostenhilfeantrag stellen.[166] Wenn der Unterhalt als Folgesache mit einer Ehesache zusammen anhängig ist, kann das Unterhaltsverfahren abgetrennt werden, § 140 Abs. 1 FamFG.[167] Auch rückständiger Unterhalt kann nur noch von dem Volljährigen gerichtlich geltend gemacht werden.[168] Ein Unterhaltsurteil/-beschluss, welches zur Zeit der Minderjährigkeit ergangen ist, gilt auch über den Zeitpunkt der Volljährigkeit hinaus. Daher kann allein der Volljährige nur Abänderungsantrag erheben[169] oder Rechtsmittel einlegen[170]. Ein vom Antragsgegner-Elternteil eingelegtes Rechtsmittel muss unmittelbar gegen den Volljährigen gerichtet werden.[171]

87 Der Fortfall der Verfahrensstandschaft des Elternteils durch den Eintritt der Volljährigkeit des Kindes kann dann mit der **Vollstreckungsabwehrklage** nach § 767 ZPO geltend gemacht werden, wenn der **andere Elternteil** den Titel aufgrund der ihm in § 1629 Abs. 3 BGB eingeräumten Verfahrensstandschaft im eigenen Namen erwirkt hatte und damit **Vollstreckungsgläubiger** ist.[172] Ist hingegen das

---

[154] OLG Nürnberg v. 30.05.2001 - 10 WF 1851/01 - NJW-RR 2002, 1158; OLG Koblenz v. 12.07.2004 - 7 WF 570/04 - FamRZ 2005, 993-994.

[155] OLG Hamm v. 09.02.1990 - 5 UF 352/89 - FamRZ 1990, 890-891; Hanseatisches OLG v. 14.04.2011 - 4 UF 163/10 - juris Rn. 12 - FamRZ 2011, 1741-1742.

[156] OLG Düsseldorf v. 09.01.1987 - 5 UF 107/86 - FamRZ 1987, 1162-1163.

[157] OLG München v. 21.10.1982 - 26 UF 726/81 - FamRZ 1983, 925-927.

[158] OLG Hamm v. 17.01.1992 - 5 UF 264/91 - FamRZ 1992, 843-844; OLG Koblenz v. 12.07.2004 - 7 WF 570/04 - FamRZ 2005, 993-994.

[159] Für eine Vollstreckungserinnerung aber OLG Koblenz v. 12.07.2004 - 7 WF 570/04 - FamRZ 2005, 993-994.

[160] OLG Köln v. 14.03.1985 - 4 WF 19/85 - FamRZ 1985, 626-627; OLG Brandenburg v. 11.06.1996 - 10 UF 187/95 - FamRZ 1997, 509; OLG Hamm v. 26.05.1999 - 8 WF 221/99 - FamRZ 2000, 365.

[161] *Peschel-Gutzeit* in: Staudinger, § 1629 Rn. 387.

[162] OLG Koblenz v. 06.02.2007 - 11 WF 1211/06 - OLGR Koblenz 2007, 666-667; lesenswert in diesem Zusammenhang: *Giers*, jurisPR-FamR 21/2007, Anm. 5.

[163] BGH v. 30.01.1985 - IVb ZR 70/83 - juris Rn. 21 - LM Nr. 14 zu § 623 ZPO.

[164] BGH v. 19.06.2013 - XII ZB 39/11 - juris Rn. 7 - NJW 2013, 2595-2597; für einen gesetzlichen Beteiligtenwechsel hingegen: OLG München v. 28.08.1995 - 12 WF 1002/95 - FamRZ 1996, 422; Oberlandesgericht des Landes Sachsen-Anhalt v. 22.07.2009 - 3 WF 7/09, 3 UF 229/08.

[165] Brandenburgisches Oberlandesgericht v. 23.10.2007 - 10 WF 244/07.

[166] OLG München v. 28.08.1995 - 12 WF 1002/95 - FamRZ 1996, 422.

[167] BGH v. 30.01.1985 - IVb ZR 70/83 - juris Rn. 21 - LM Nr. 14 zu § 623 ZPO.

[168] OLG München v. 28.08.1995 - 12 WF 1002/95 - FamRZ 1996, 422.

[169] BGH v. 21.03.1984 - IVb ZR 72/82 - juris Rn. 11 - LM Nr. 7 zu § 1601 BGB.

[170] OLG Zweibrücken v. 22.09.1988 - 2 UF 52/88 - FamRZ 1989, 194-195.

[171] OLG Zweibrücken v. 14.04.1997 - 5 UF 27/96 - FamRZ 1997, 1166.

[172] OLG Nürnberg v. 01.02.2010 - 7 WF 45/10 - juris Rn. 35 - FamRZ 2010, 1010-1011.

Kind Vollstreckungsgläubiger und betreibt der andere Elternteil nach Eintritt der Volljährigkeit die Zwangsvollstreckung weiter, kann dies – weil es um die „Art und Weise der Zwangsvollstreckung" geht – nur im Wege der Erinnerung nach § 766 ZPO geltend gemacht werden.[173] Hierfür ist auch nach Inkrafttreten des FamFG weiterhin das Vollstreckungsgericht zuständig.

In Verfahren mit **internationalem** Bezug bestimmt **allein das Unterhaltsstatut** gem. Art. 18 Abs. 6 Nr. 2 EGBGB, wer zur Einleitung des Unterhaltsverfahrens berechtigt ist, d.h. ob ein für den materiell Berechtigten Handelnder den Anspruch im eigenen Namen geltend machen kann oder sogar muss. § 1629 Abs. 3 Satz 1 BGB ist diesbezüglich nicht als prozessrechtliche, sondern als materiell-rechtliche Norm anzusehen mit der Folge, dass ihr Anwendungsbereich neben Art. 18 Abs. 6 Nr. 2 EGBGB nicht eröffnet ist.[174] 88

3. Rechtskrafterstreckung (Absatz 3 Satz 2)

In § 1629 Abs. 3 Satz 2 BGB handelt es sich um eine gesetzlich angeordnete **Rechtskrafterstreckung**. Danach ist der Volljährige an ein gerichtliches Urteil gebunden, welches während seiner Minderjährigkeit rechtskräftig geworden ist.[175] Unter die Regelung fallen auch gerichtliche, nicht dagegen private Vergleiche. Auch der Vergleich muss im eigenen Namen zwischen den Eltern abgeschlossen werden. 89

C. Prozessuale Hinweise/Verfahrenshinweise

Für die Entscheidung gemäß § 1629 Abs. 2 Satz 3 BGB i.V.m. § 1796 BGB ist das Familiengericht **zuständig** (§ 23 Abs. 1 Nr. 2 GVG, §§ 111a Nr. 2, 151 Nr. 1 FamFG, vgl. zum Verfahren die Kommentierung zu § 1626 BGB). Die Entscheidung trifft der Rechtspfleger (§ 14 RPflG, § 3 Nr. 2a RPflG).[176] Vor dem Hintergrund, dass die Entziehung der Vermögenssorge gemäß § 1666 BGB durch den zuständigen Richter bei einer Gefährdung von Vermögensinteressen nur als letztes Mittel in Betracht kommt, wenn Maßnahmen gemäß § 1667 BGB nicht mehr ausreichen, kann der Rechtspfleger nicht bereits bei jeder denkbaren Vermögensgefährdung einen „erheblichen Interessengegensatz" im Sinne von § 1796 BGB annehmen und unter Umgehung des Regelungsgeflechts in § 1666 BGB und § 1667 BGB die Regelung in § 1629 Abs. 2 Satz 3 BGB anwenden.[177] 90

In einem Verfahren, in dem die Eltern das Kind vertreten, kann sie das Prozessgericht nicht von sich aus **wegen eines erheblichen Interessenwiderstreits mit dem Kind von der Vertretung ausschließen**. Solange das Kind keinen Ergänzungspfleger hat, ist es als ordnungsgemäß vertreten anzusehen.[178] Im Zweifel hat es seine Zweifel dem Familiengericht anzuzeigen (§ 22a FamFG).[179] 91

Soweit die Eltern von der Vertretung des Kindes gemäß den §§ 1629 Abs. 2 Satz 1, 1795 Abs. 1 Nr. 1 und Nr. 3 BGB ausgeschlossen sind und sich das Kind nicht nach § 1629 Abs. 2 Satz 2 BGB in der Obhut eines Elternteils befindet, sind beide Eltern von Gesetzes wegen an der Vertretung des Kindes bei der Geltendmachung von Unterhaltsansprüchen verhindert. Daher bedarf es der Einrichtung einer **Ergänzungspflegschaft** nach § 1909 Abs. 1 Satz 1 BGB.[180] 92

Bei der Entscheidung über die **Bestellung eines Ergänzungspflegers** ist das minderjährige **Kind als Beteiligter** i.S.v. § 7 Abs. 1 Nr. 1 FamFG **anzuhören**. Bei der Bestellung eines Ergänzungspflegers handelt es sich um eine Maßnahme, die als teilweise Entziehung der Vertretungsbefugnis unmittelbar einen Teilbereich der elterlichen Sorge berührt, ihre Entziehung oder Einschränkung wirkt sich zugleich auf die Kindesrechte aus.[181] Auch wenn die Bestellung eines Ergänzungspflegers darauf ausgerichtet ist, eine interessengerechte Vertretung des Kindes zu gewährleisten, greift diese Entscheidung gleichwohl in die Eltern-Kind-Beziehung ein und betrifft damit unmittelbar subjektive Rechte des Kindes.[182] Vor der Entscheidung über die Anordnung einer Ergänzungspflegschaft ist zudem auch dem hiervon betroffenen Sorgerechtsinhaber grds. rechtliches Gehör zu gewähren. 93

---

[173] OLG Nürnberg v. 01.02.2010 - 7 WF 45/10 - juris Rn. 37 - FamRZ 2010, 1010-1011.
[174] AG Schöneberg v. 02.02.2010 - 20b F 270/07 - juris Rn. 24 - FamRZ 2010, 1566-1568.
[175] BGH v. 21.03.1984 - IVb ZR 72/82 - juris Rn. 11 - LM Nr. 7 zu § 1601 BGB.
[176] OLG Frankfurt v. 24.06.1980 - 20 W 98/80 - juris Rn. 7 - FamRZ 1980, 927-928.
[177] OLG Frankfurt v. 04.04.2005 - 5 UF 317/04 - NJW-RR 2005, 1382.
[178] OLG Celle v. 29.05.1975 - 14 W 40/75 - FamRZ 1976, 97.
[179] *Peschel-Gutzeit* in: Staudinger, § 1629 Rn. 306.
[180] OLG Stuttgart v. 26.04.2005 - 16 UF 65/05 - NJW-RR 2005, 1382-1383.
[181] OLG Oldenburg v. 26.11.2009 - 14 UF 149/09 - juris Rn. 13 - ZFE 2010, 73.
[182] OLG Oldenburg v. 26.11.2009 - 14 UF 149/09 - juris Rn. 13 - ZFE 2010, 73.

§ 1629

94 Eine **Beschwerde** kann durch das Kind unter den Voraussetzungen von § 60 FamFG erhoben werden. Die Eltern können sowohl gegen die Pflegerbestellung, die Auswahl oder die Ablehnung der Entlassung Beschwerde erheben (§§ 58, 59 FamFG).[183] Der Pfleger hat jedoch gegen die Aufhebung der Pflegschaft kein eigenes Beschwerderecht.[184]

95 In einem Verfahren, in welchem das Interesse des Kindes zu dem seiner gesetzlichen Vertreter in erheblichem Widersatz steht, gibt es für das mit der Sache befasste Gericht die einfachere und meist weniger Zeit in Anspruch nehmende Möglichkeit, einen **Verfahrensbeistand** zu bestellen (§ 158 Abs. 2 Nr. 1 FamFG).[185] Das Familiengericht hat dem Verfahrensbeistand durch die Gestaltung des Verfahrens zu ermöglichen, seine Funktion sinnvoll wahrzunehmen und zu den die Interessen und den Willen des Kindes betreffenden Tatsachen und den diesbezüglichen Ermittlungen des Familiengerichts umfassend Stellung zu nehmen. § 159 Abs. 4 Satz 3 FamFG sieht daher nun auch vor, dass eine persönliche **Anhörung des Kindes in Anwesenheit des Verfahrensbeistands** erfolgen soll. Nach anderer Auffassung **reicht** für die Fälle der §§ 1629 Abs. 2, 1796 BGB die **Bestellung eines Verfahrensbeistands allein** hingegen **nicht aus**, da dieser nicht gesetzlicher Vertreter des Kindes sei.[186] Da aber Zustellungen für nicht verfahrensfähige Personen an deren gesetzlichen Vertreter zu bewirken sind (§§ 41 Abs. 3, 15 Abs. 1, Abs. 2, § 9 Abs. 2 FamFG, § 170 Abs. 1 ZPO), könne der Verfahrensbeistand insoweit den Ergänzungspfleger nicht ersetzen; die Rechtsprechung habe vor dem Hintergrund der eindeutigen gesetzlichen Bestimmungen keine Befugnis, korrigierend einzugreifen.[187]

---

[183] *Veit* in: Bamberger/Roth, § 1629 Rn. 52.
[184] OLG Zweibrücken v. 08.02.1989 - 3 W 190/88 - MDR 1989, 649-650.
[185] *Veit* in: Bamberger/Roth, § 1629 Rn. 54.
[186] OLG Köln v. 10.08.2010 - 4 UF 127/10 - juris Rn. 6.
[187] OLG Köln v. 10.08.2010 - 4 UF 127/10 - juris Rn. 6.

§ 1629a BGB Beschränkung der Minderjährigenhaftung

(Fassung vom 17.12.2008, gültig ab 01.09.2009)

(1) ¹Die Haftung für Verbindlichkeiten, die die Eltern im Rahmen ihrer gesetzlichen Vertretungsmacht oder sonstige vertretungsberechtigte Personen im Rahmen ihrer Vertretungsmacht durch Rechtsgeschäft oder eine sonstige Handlung mit Wirkung für das Kind begründet haben, oder die auf Grund eines während der Minderjährigkeit erfolgten Erwerbs von Todes wegen entstanden sind, beschränkt sich auf den Bestand des bei Eintritt der Volljährigkeit vorhandenen Vermögens des Kindes; dasselbe gilt für Verbindlichkeiten aus Rechtsgeschäften, die der Minderjährige gemäß §§ 107, 108 oder § 111 mit Zustimmung seiner Eltern vorgenommen hat oder für Verbindlichkeiten aus Rechtsgeschäften, zu denen die Eltern die Genehmigung des Familiengerichts erhalten haben. ²Beruft sich der volljährig Gewordene auf die Beschränkung der Haftung, so finden die für die Haftung des Erben geltenden Vorschriften der §§ 1990, 1991 entsprechende Anwendung.

(2) Absatz 1 gilt nicht für Verbindlichkeiten aus dem selbständigen Betrieb eines Erwerbsgeschäfts, soweit der Minderjährige hierzu nach § 112 ermächtigt war, und für Verbindlichkeiten aus Rechtsgeschäften, die allein der Befriedigung seiner persönlichen Bedürfnisse dienten.

(3) Die Rechte der Gläubiger gegen Mitschuldner und Mithaftende, sowie deren Rechte aus einer für die Forderung bestellten Sicherheit oder aus einer deren Bestellung sichernden Vormerkung werden von Absatz 1 nicht berührt.

(4) ¹Hat das volljährig gewordene Mitglied einer Erbengemeinschaft oder Gesellschaft nicht binnen drei Monaten nach Eintritt der Volljährigkeit die Auseinandersetzung des Nachlasses verlangt oder die Kündigung der Gesellschaft erklärt, ist im Zweifel anzunehmen, dass die aus einem solchen Verhältnis herrührende Verbindlichkeit nach dem Eintritt der Volljährigkeit entstanden ist; Entsprechendes gilt für den volljährig gewordenen Inhaber eines Handelsgeschäfts, der dieses nicht binnen drei Monaten nach Eintritt der Volljährigkeit einstellt. ²Unter den in Satz 1 bezeichneten Voraussetzungen wird ferner vermutet, dass das gegenwärtige Vermögen des volljährig Gewordenen bereits bei Eintritt der Volljährigkeit vorhanden war.

Gliederung

A. Grundlagen 1	2. Befriedigung persönlicher Bedürfnisse (Absatz 2 Alternative 2) 13
B. Anwendungsvoraussetzungen 2	3. Nicht rechtsgeschäftliches Handeln des Minderjährigen 16
I. Von der Haftungsbeschränkung umfasste Verbindlichkeiten (Absatz 1 Satz 1) 2	III. Einrede der Haftungsbeschränkung 17
1. Durch Vertreterhandeln begründete Verbindlichkeiten des Kindes 3	IV. Konsequenzen der Haftungsbeschränkung 23
2. Verbindlichkeiten durch den Erwerb von Todes wegen 9	1. Auswirkungen auf Mitschuldner oder Mithaftende (Absatz 3 Alternative 1) 23
3. Verbindlichkeiten durch Rechtsgeschäft des Minderjährigen 10	2. Auswirkungen auf die Haftung aus Sicherheiten und Vormerkung (Absatz 3 Alternative 2) ... 24
4. Verbindlichkeiten durch familiengerichtlich genehmigtes Rechtsgeschäft 11	V. Widerlegliche Vermutungen (Absatz 4) 25
II. Von der Haftungsbeschränkung ausgenommene Verbindlichkeiten 12	1. Entstehung der Verbindlichkeit nach Eintritt der Volljährigkeit (Absatz 4 Satz 1) 25
1. Selbständiger Betrieb eines Erwerbsgeschäfts (Absatz 2 Alternative 1) 12	2. Vorhandensein des gegenwärtigen Vermögens bei Eintritt der Volljährigkeit (Absatz 4 Satz 2) 28
	C. Prozessuale Hinweise/Verfahrenshinweise 29

§ 1629a

A. Grundlagen

1 Die Regelung des § 1629a Abs. 1 BGB wurde aufgrund einer Entscheidung des Bundesverfassungsgerichts[1] zum 01.01.1999 eingeführt und eröffnet dem volljährig gewordenen Kind, einredeweise seine **Haftung auf den Bestand des bei Eintritt der Volljährigkeit vorhandenen Vermögens zu beschränken**. Hiervon werden gemäß § 1629a Abs. 2 BGB Verbindlichkeiten aus einem eigenen Erwerbsgeschäft sowie aus Rechtsgeschäften, die allein zur Befriedigung seiner persönlichen Bedürfnisse dienten, ausgenommen. Durch die Haftungsbeschränkung werden gemäß § 1629a Abs. 3 BGB die Rechte der Gläubiger in Bezug auf Mitschuldner und Mithaftende sowie auf Sicherheiten für die Forderung gegen den Minderjährigen nicht betroffen. Zusätzlich enthält § 1629a Abs. 4 BGB eine gesetzliche Vermutungsregel, die beim Verbleib des Volljährigen in einer Erbengemeinschaft oder einer Gesellschaft sowie bei der Inhaberschaft einer Handelsgesellschaft über die Dauer von 3 Monaten seit Eintritt der Volljährigkeit gilt.

B. Anwendungsvoraussetzungen

I. Von der Haftungsbeschränkung umfasste Verbindlichkeiten (Absatz 1 Satz 1)

2 Der Volljährige muss die **Haftungsbeschränkung für bestimmte Verbindlichkeiten** einredeweise geltend machen (§ 1629a Abs. 1 Satz 2 BGB).

1. Durch Vertreterhandeln begründete Verbindlichkeiten des Kindes

3 Die **Eltern** können **aufgrund ihrer gesetzlichen Vertretungsmacht** nach § 1629 Abs. 1 BGB das Kind verpflichten; sie können aber ebenso als sonstige vertretungsberechtigte Personen handeln, z.B. als Testamentsvollstrecker oder wenn der nichtsorgeberechtigte Elternteil vom sorgeberechtigten Elternteil rechtsgeschäftlich bevollmächtigt wird.[2]

4 Der Begriff der **sonstigen vertretungsberechtigten Personen** ist nach der Regierungsbegründung sehr weit zu fassen, so dass sowohl Eltern als auch Dritte dazu zählen, wenn sie handlungsbevollmächtigter Mitgesellschafter oder Prokurist einer OHG beziehungsweise KG sind, an der das Kind beteiligt ist. Zwar wird lediglich die Gesellschaft durch diese Personen vertreten, dennoch haftet das Kind gemäß § 128 HGB beziehungsweise § 128 HGB i.V.m. § 161 Abs. 2 BGB für die Verbindlichkeiten der Gesellschaft, was gerade durch § 1629a Abs. 1 BGB verhindert werden soll.[3] Aufgrund der neueren Rechtsprechung des BGH gilt dies nun auch für eine BGB Gesellschaft.[4] Andere sonstige vertretungsberechtigten Personen können der Vormund (§ 1793 Abs. 1 BGB), der Pfleger (§ 1915 BGB i.V.m. § 1793 Abs. 1 BGB) aber auch Pflegeeltern (§§ 1688 Abs. 1 Satz 1, 1632 Abs. 4 BGB) und die Stiefeltern (§§ 1682, 1687b, 1632 Abs. 4 BGB, § 9 LPartG) sein.

5 Die Verbindlichkeiten können zum einen durch **rechtsgeschäftliches Handeln** begründet werden. Hauptsächlich kommen hier vertragliche Verpflichtungen in Betracht, die wirksam zustande gekommen sein müssen. Umfasst werden sowohl Erfüllungsansprüche als auch Sekundäransprüche auf Schadensersatz.[5]

6 Zum anderen fallen auch Verbindlichkeiten durch **sonstiges Handeln** unter die Haftungsbeschränkung. Gemeint sind hier vor allem Realakte, durch die eine Verbindlichkeit für den Minderjährigen entsteht, wie eine Haftung nach § 278 BGB[6] und gegebenenfalls nach § 831 BGB, wenn es sich um einen Bevollmächtigten handelt.[7]

7 Die Haftungsbeschränkung erstreckt sich aber nur auf solche Verbindlichkeiten, die **zum Zeitpunkt der Minderjährigkeit** begründet worden sind. Entscheidend ist, dass der Rechtsgrund der Verbindlichkeit vor der Vollendung des 18. Lebensjahres liegt. Dies gilt für Verbindlichkeiten, bei denen alle nötigen Voraussetzungen erst nach Eintritt der Volljährigkeit vorliegen. Es gelten die gleichen Grundsätze wie bei der Entstehung von Erblasserschulden (vgl. hierzu die Kommentierung zu § 1967 BGB).[8]

---

[1] BVerfG v. 13.05.1986 - 1 BvR 1542/84 - juris Rn. 50 - NJW 1986, 1859-1861.
[2] *Veit* in: Bamberger/Roth, § 1629a Rn. 2.
[3] BT-Drs. 13/5624, S. 8 ff.
[4] BGH v. 29.01.2001 - II ZR 331/00 - juris Rn. 39 - NJW 2001, 1056-1061.
[5] *Götz* in: Palandt, § 1629a Rn. 2.
[6] *Coester* in: Staudinger, § 1629a Rn. 23.
[7] *Veit* in: Bamberger/Roth, § 1629a Rn. 3.
[8] *Coester* in: Staudinger, § 1629a Rn. 48.

Auch Einzelforderungen aus **Dauerschuldverhältnissen**, die nach Eintritt der Volljährigkeit fällig werden, aber das Dauerschuldverhältnis vor diesem Zeitpunkt eingegangen wurde, werden von der Haftungsbeschränkung erfasst; allerdings hat der Gläubiger in diesem Fall ein außerordentliches Kündigungsrecht im Sinne von § 314 BGB.[9]

2. Verbindlichkeiten durch den Erwerb von Todes wegen

Die Haftungsbeschränkung von § 1629a Abs. 1 HS. 1 BGB bezieht sich auch auf Verbindlichkeiten, die aufgrund eines während der Minderjährigkeit erfolgten **Erwerbs von Todes wegen** entstanden sind. Durch diese Regelung berücksichtigt das Gesetz, dass zum Erbschaftsanfall eines Minderjährigen kein Rechtsgeschäft oder eine tatsächliche Handlung der Eltern oder von sonstigen vertretungsberechtigten (vgl. Rn. 4) Personen erforderlich ist. In diesem Fall ist der Minderjährige bei einem überschuldeten Nachlass zwar wegen der Möglichkeit der Haftungsbeschränkung nach § 1975 BGB nicht schutzlos gestellt; jedoch kann eine Ausschlagung der Erbschaft durch die Eltern eine angemessenere Berücksichtigung der Interessen des Kindes darstellen.[10] Durch die Regelung in § 1629a Abs. 1 BGB hat das Unterlassen der Ausschlagung eines überschuldeten Nachlasses für das Kind die gleiche Wirkung wie ein aktives Handeln der Eltern oder sonstiger vertretungsberechtigter Personen.[11]

3. Verbindlichkeiten durch Rechtsgeschäft des Minderjährigen

Verbindlichkeiten aus **Rechtsgeschäften, die der Minderjährige** gemäß §§ 107, 108 oder 111 BGB mit Zustimmung seiner Eltern vorgenommen hat, fallen ebenso in den Anwendungsbereich der Haftungsbeschränkung (§ 1629a Abs. 1 Satz 1 HS. 2 BGB). Eine Umgehung der Haftungsbeschränkung ist somit auch ausgeschlossen, wenn ein Rechtsgeschäft mit Zustimmung der Eltern zustande kommt.[12]

4. Verbindlichkeiten durch familiengerichtlich genehmigtes Rechtsgeschäft

Die Haftungsbeschränkung gilt weiterhin für Verbindlichkeiten aus **Rechtsgeschäften, zu denen die Eltern die Genehmigung des Familiengerichts erhalten haben** (§ 1629a Abs. 1 Satz 1 HS. 2 BGB a.E.). Sinn und Zweck dieser Regelung ist es, Schutzlücken zu schließen, die bei einer nachträglichen Änderung der Sachlage, welche der Entscheidung des Familiengerichts zugrunde gelegen hat, vor Eintritt der Volljährigkeit entstehen können.[13]

II. Von der Haftungsbeschränkung ausgenommene Verbindlichkeiten

1. Selbständiger Betrieb eines Erwerbsgeschäfts (Absatz 2 Alternative 1)

Ist der Minderjährige gemäß § 112 Abs. 1 Satz 1 BGB zum **Betrieb eines selbständigen Erwerbsgeschäfts** von den Eltern ermächtigt, ist er in dieser Hinsicht unbeschränkt geschäftsfähig, so dass er für solche Verbindlichkeiten der unbeschränkten Haftung unterliegt.[14] In diesem Fall haftet er auch, wenn er als Gesellschafter in Bezug auf den Gegenstand der Gesellschaft ermächtigt war, und eine Gesellschaftsverbindlichkeit von einem Handlungsbevollmächtigten (vgl. Rn. 4) für die Gesellschaft eingegangen wurde. In diesem Zusammenhang ist auch die Regelung von § 723 Abs. 1 Satz 5 Alt. 1 BGB zu beachten, nach der das außerordentliche Kündigungsrecht der Gesellschaft ausgeschlossen ist (vgl. hierzu die Kommentierung zu § 773 BGB). Sobald es sich jedoch um solche Rechtsgeschäfte handelt, die gemäß § 112 Abs. 1 Satz 2 BGB der Genehmigung des Familiengerichts unterliegen, greift wieder die Haftungsbeschränkung ein, weil er zu diesen Geschäften nicht „ermächtigt" war (§§ 1629a Abs. 2 Alt. 1, 112 Abs. 1 Satz 1 BGB).

2. Befriedigung persönlicher Bedürfnisse (Absatz 2 Alternative 2)

Rechtsgeschäfte, die allein zur **Befriedigung persönlicher Bedürfnisse** dienen, sind nur solche, bei denen dem Minderjährigen die Gegenleistung unmittelbar zugutekommt und damit keine unzumutbaren finanziellen Belastungen einhergehen.[15] Dazu gehören neben den Grundbedürfnissen eines Minderjährigen, wie der Kauf von Lebensmitteln oder Schulmaterialien, auch größere Anschaffungen wie

---

[9] BT-Drs. 13/5624, S. 9.
[10] *Coester* in: Staudinger, § 1629a Rn. 26.
[11] BT-Drs. 13/5624, S. 13.
[12] BT-Drs. 13/5624, S. 13.
[13] BT-Drs. 13/5624, S. 8, 13.
[14] BT-Drs. 13/5624, S. 13.
[15] BT-Drs. 13/5624, S. 13.

Fahrrad oder Computer.[16] Auch Verpflichtungen, die in zumutbarer Höhe aus medizinischen Untersuchungen entstanden sind, wie die Röntgenuntersuchung eines Kniegelenks (ungefähr 1.000 €) werden von der Regelung erfasst[17]; nicht dagegen solche, bei denen der medizinische Mindestschutz überschritten wird und dann keine oder nur eine teilweise Vergütung durch die Krankenkasse erfolgt.[18] Ausgenommen sind generell solche Geschäfte, die nach der Verkehrsanschauung für die jeweilige Altersstufe untypisch oder außergewöhnlich sind.[19]

14 In diesem Fall haftet er auch, wenn er **Gesellschafter einer Gesellschaft ist, deren Zweck allein die Befriedigung seiner persönlichen Bedürfnisse** ist, und eine Gesellschaftsverbindlichkeit von einem Handlungsbevollmächtigten (vgl. Rn. 4) für die Gesellschaft eingegangen wurde.[20] In diesem Zusammenhang ist auch die Regelung von § 723 Abs. 1 Satz 5 Alt. 2 BGB zu beachten, nach der das außerordentliche Kündigungsrecht der Gesellschaft ausgeschlossen ist (vgl. hierzu die Kommentierung zu § 723 BGB).

15 § 1629a BGB findet bei der **Rückforderung nach § 50 SGB X** gegen den Minderjährigen keine Anwendung, da § 50 SGB X eine gebundene Entscheidung ist.[21]

3. Nicht rechtsgeschäftliches Handeln des Minderjährigen

16 **Handelt der Minderjährige selbst nicht rechtsgeschäftlich**, so werden daraus entstandene Verbindlichkeiten nicht von der Haftungsbeschränkung von § 1629a Abs. 1 BGB erfasst. Hiervon werden vor allem deliktische Ansprüche aus § 823 BGB erfasst, bei denen der Minderjährige über die §§ 828 und 829 BGB bereits ausreichend geschützt ist. Ausgenommen sind außerdem nicht rechtsgeschäftlich entstandene Unterhaltsverpflichtungen (§§ 1600 ff. BGB) sowie Ansprüche auf Herausgabe (§§ 985, 812 BGB).[22]

III. Einrede der Haftungsbeschränkung

17 In der Zeit seiner Minderjährigkeit haftet das Kind unbeschränkt.[23] Als Volljähriger muss er die Haftungsbeschränkung **einredeweise** geltend machen (§ 1629a Abs. 1 Satz 2 BGB). In diesem Fall beschränkt sich die Haftung für die in § 1629a Abs. 1 Satz 1 BGB abschließend aufgezählten Verbindlichkeiten auf den Bestand des bei Eintritt der Volljährigkeit vorhandenen Vermögens (Altvermögen) (§ 1629a Abs. 1 Satz 1 BGB). Die Einrede ist im Gegensatz zum Kündigungsrecht bei einer Gesellschaft nach § 723 Abs. 1 Satz 4 BGB nicht an die Einhaltung einer Frist gebunden.[24]

18 Zur **Durchführung der Haftungsbeschränkung** findet sich in § 1629a Abs. 1 Satz 2 BGB eine Rechtsfolgenverweisung[25] auf § 1990 BGB und § 1991 BGB; ein Nachlassverwaltung oder Nachlassinsolvenz entsprechendes Liquidationsverfahren wird nicht durchgeführt.[26] Obwohl der Volljährige mangels Verweises auf § 1993 BGB nicht zur Errichtung eines Inventars verpflichtet ist, sollte ein Vermögensverzeichnis freiwillig angefertigt werden.[27] Zum einen gelten für den volljährig Gewordenen in Bezug auf das Altvermögen (vgl. Rn. 19) die Rechte und Pflichten eines Beauftragten (§§ 1990 Abs. 1, 1978 Abs. 1, 662-674 BGB). Dadurch ist er gegenüber seinen Altgläubigern nach § 666 BGB auskunfts- und rechenschaftspflichtig, was einen umfassenden Gesamtbericht hinsichtlich der Verwaltung des Altvermögens umfasst (vgl. hierzu die Kommentierung zu § 666 BGB).

19 Grundsätzlich ist der Altgläubiger, der sich zuerst meldet, zu befriedigen (**Prioritätsprinzip**). Dies kann vom volljährig Gewordenen nicht mit der Begründung verweigert werden, dass das Altvermögen nicht ausreicht, um alle Altgläubiger zu befriedigen, weil es keine Pflicht gibt, diese anteilig gleich zu behandeln.[28] Die Altgläubiger haben auch kein vorrangiges Recht der Befriedigung am Altvermögen

---

[16] BT-Drs. 13/5624, S. 13.
[17] AG Norderstedt v. 11.01.2001 - 44 C 132/00 - MDR 2001, 513.
[18] AG Leipzig v. 10.05.2007 - 114 C 8347/06 - FamRZ 2008, 84.
[19] *Götz* in: Palandt, § 1629a Rn. 7.
[20] *Veit* in: Bamberger/Roth, § 1629a Rn. 11.1.
[21] Bayerisches Landessozialgericht v. 11.07.2010 - L 11 AS 162/09 - juris Rn. 23.
[22] *Götz* in: Palandt, § 1629a Rn. 8.
[23] *Götz* in: Palandt, § 1629a Rn. 4.
[24] *Coester* in: Staudinger, § 1629a Rn. 49.
[25] *Coester* in: Staudinger, § 1629a Rn. 53; *Veit* in: Bamberger/Roth, § 1629a Rn. 13.
[26] *Götz* in: Palandt, § 1629a Rn. 4.
[27] *Götz* in: Palandt, § 1629a Rn. 4.
[28] *Coester* in: Staudinger, § 1629a Rn. 60.

gegenüber Gläubigern von Verbindlichkeiten, die von vornherein nicht unter § 1629a Abs. 1 Satz 1 BGB fallen beziehungsweise Neugläubigern.[29] Insbesondere ist der Volljährige nicht gemäß einer entsprechenden Anwendung von § 784 Abs. 2 ZPO dazu verpflichtet, den Zugriff von Neugläubigern auf das Altvermögen abzuwehren.[30]

Eine Ausnahme vom Prioritätsprinzip macht § 1629a Abs. 1 Satz 2 BGB i.V.m. § 1991 Abs. 3 BGB für Urteilsgläubiger. Urteilsgläubiger gehen den anderen, nicht befriedigten Gläubigern vor. Es besteht gegenüber dem **Urteilsgläubiger** eine Verpflichtung zur vorrangigen Befriedigung bzw. zur Abwehr von Vollstreckungen anderer Gläubiger, die die Befriedigung des Urteilsspruchs beeinträchtigen könnten.[31]

Demgegenüber kann der volljährig Gewordene anderen Gläubigern (auch gegenüber einem Urteilsgläubiger) eine ihm selbst gegen das Altvermögen zustehende Forderung entgegenhalten, soweit dies zur Befriedigung eigener Forderungen gegen das Altvermögen auf Aufwendungsersatz erforderlich ist. Befriedigt der Volljährige Altverbindlichkeiten mit seinem Vermögen, welches er nach Eintritt der Volljährigkeit erworben hat, besteht ein **Aufwendungsersatzanspruch** gegen das Altvermögen aus §§ 1991 Abs. 1, 1978 Abs. 3, 1979 BGB allerdings nur, wenn der Volljährige davon ausgehen durfte, dass das Altvermögen zur Befriedigung aller Gläubiger ausreiche. Ansonsten kommt ein solcher Anspruch nur in Betracht, wenn der Volljährige mit Fremdgeschäftsführungswillen für das Altvermögen gehandelt hat (§§ 1991 Abs. 1, 1978 Abs. 3, 683, 670 BGB).[32] Außerdem kann ein Bereicherungsanspruch gegen das Altvermögen aus § 813 BGB bestehen.[33]

Bei einem **Forderungsausfall** der Altgläubiger haben sie keine Ansprüche gegenüber die Eltern oder sonstigen vertretungsrechtlichen Personen (vgl. Rn. 4), da § 1629a BGB keine Beschränkung der Vertretungsmacht darstellt.[34] Eine Ausnahme besteht nur nach den Grundsätzen des Missbrauchs der Vertretungsmacht (vgl. hierzu die Kommentierung zu § 164 BGB). Gegebenenfalls steht dem Kind ein Schadensersatzanspruch nach § 1664 BGB zu, welcher den Altgläubigern als Haftungsvermögen zur Verfügung steht.

IV. Konsequenzen der Haftungsbeschränkung

1. Auswirkungen auf Mitschuldner oder Mithaftende (Absatz 3 Alternative 1)

Die Regelung des § 1629a Abs. 3 Alt. 1 BGB stellt klar, dass die Haftungsbeschränkung keine Auswirkungen auf Mitschuldner wie Gesamtschuldner oder Mithaftende wie Bürgen hat. Gerade bei akzessorischen Sicherheiten wie Bürgschaft und Hypothek hat dies zur Folge, dass sich der Bürge entgegen § 768 Abs. 1 Satz 1 BGB oder der Eigentümer nach § 1137 BGB nicht auf die Nichtdurchsetzbarkeit der Hauptforderung berufen können. Will der in Anspruch genommene Mithaftende oder Mitschuldner seinerseits im Innenverhältnis Regress nehmen (§§ 426 Abs. 2, 774 Abs. 1, 1143, 1225 BGB), kann sich der Volljährige gegenüber dieser Altverbindlichkeit auf die Haftungsbeschränkung berufen.[35] Allerdings besteht die Möglichkeit, § 1629a Abs. 3 Alt. 1 BGB insoweit abzubedingen und eine Haftung des Dritten streng akzessorisch von der Haftung des minderjährigen Hauptschuldners abhängig zu machen. In diesem Fall haftet der Dritte nicht, soweit der volljährig Gewordene die Einrede aus § 1629a Abs. 1 BGB geltend macht.

2. Auswirkungen auf die Haftung aus Sicherheiten und Vormerkung (Absatz 3 Alternative 2)

Die Haftungsbeschränkung von § 1629a Abs. 1 BGB gilt auch nicht für die Rechte der Gläubiger aus einer für die Forderung des volljährig Gewordenen bestellten Sicherheit (§ 1629a Abs. 3 Alt. 2 BGB). Sicherheiten können in diesem Fall Hypotheken, Grundschulden, Pfandrechte, Sicherungsübereignungen und Sicherungszessionen sein. Außerdem ist ein durch Vormerkung gesicherter Anspruch nicht von der Haftungsbeschränkung erfasst (§ 1629a Abs. 3 Alt. 2 BGB). Das bedeutet, dass der Volljährige – als Schuldner der schuldrechtlichen Forderung – die Haftungsbeschränkung geltend machen kann; ist er jedoch zugleich Schuldner der dinglichen Forderung, greift die Haftungsbeschränkung nicht.[36]

---

[29] *Veit* in: Bamberger/Roth, § 1629a Rn. 17.
[30] A.A. *Coester* in: Staudinger, § 1629a Rn. 62 f.
[31] BGH v. 29.04.1993 - IX ZR 215/92 - juris Rn. 30 - NJW 1993, 1851-1854.
[32] *Coester* in: Staudinger, § 1629a Rn. 65.
[33] *Coester* in: Staudinger, § 1629a Rn. 66.
[34] *Veit* in: Bamberger/Roth, § 1629a Rn. 18.
[35] *Coester* in: Staudinger, § 1629a Rn. 39 f.
[36] BT-Drs. 13/5624, S. 13.

V. Widerlegliche Vermutungen (Absatz 4)

1. Entstehung der Verbindlichkeit nach Eintritt der Volljährigkeit (Absatz 4 Satz 1)

25 Der volljährig Gewordene muss **vor dem Eintritt der Volljährigkeit** Mitglied in einer Erbengemeinschaft oder Gesellschaft (GbR, OHG, KG) oder Inhaber eines Handelsgeschäfts geworden sein.

26 Weiterhin muss er es unterlassen haben, diese Mitgliedschaft innerhalb von 3 Monaten nach Eintritt der Volljährigkeit **aufzulösen**. Anders als bei § 723 Abs. 1 Satz 4 BGB kommt es in § 1629a Abs. 4 Satz 1 BGB für den Beginn der Frist nicht auf eine Kenntnis oder ein Kennenmüssen des volljährig Gewordenen an; entscheidend ist allein der Eintritt der Volljährigkeit.[37] Die Lösungshandlung besteht bei der Erbengemeinschaft im Verlangen der Auseinandersetzung des Nachlasses (§ 2042 BGB), bei der Gesellschaft in der Kündigung (§ 723 BGB, §§ 133, 161 Abs. 2 HGB) und beim Einzelhandelsgeschäft in der Aufgabe. Für die Fristwahrung kommt es darauf an, dass die jeweilige Lösungshandlung innerhalb des Zeitraums vorgenommen wurde. Im Fall der Erbengemeinschaft und Gesellschaft reicht die Abgabe der jeweiligen Erklärung aus[38]; auch beim Einzelhandelsgeschäft muss der Beginn der Liquidation innerhalb der Frist liegen; die Löschung im Handelsregister ist hierfür unerheblich.[39]

27 Durch das Unterlassen der Lösungshandlung in den beschriebenen Fällen wird **widerleglich vermutet**, dass es sich nicht um eine **Altverbindlichkeit** handelt, so dass der volljährig Gewordene dafür mit seinem nach dem Zeitpunkt der Volljährigkeit erworbenen Vermögen haftet. Hierzu gehören sowohl Ansprüche der Gesellschaft oder Erbengemeinschaft, Ansprüche von Gesellschaftern, Ansprüche Dritter, die aufgrund seiner Mitgliedschaft entstanden sind[40] sowie Verpflichtungen aus einem Handelsgeschäft (§ 343 HGB).[41]

2. Vorhandensein des gegenwärtigen Vermögens bei Eintritt der Volljährigkeit (Absatz 4 Satz 2)

28 Unter den Voraussetzungen in § 1629a Abs. 4 Satz 1 BGB wird weiterhin **vermutet**, dass das gegenwärtige Vermögen des volljährig Gewordenen schon bei Eintritt der Volljährigkeit vorhanden war, § 1629a Abs. 4 Satz 2 BGB. In diesem Fall wird das Vermögen, welches der volljährig Gewordene nach Eintritt der Volljährigkeit erworben hat, als Altvermögen behandelt, so dass Altgläubige darauf zugreifen können.[42] Diese Vermutung kommt erst zum Tragen, wenn der volljährig Gewordene die Vermutung in § 1629a Abs. 4 Satz 1 BGB widerlegen konnte und es sich um eine Altverbindlichkeit handelt; andernfalls steht dem Gläubiger sowieso das gesamte Vermögen (vgl. Rn. 19) zur Verfügung.[43]

C. Prozessuale Hinweise/Verfahrenshinweise

29 Der volljährig Gewordene muss gegenüber dem gerichtlich geltend gemachten Anspruch eines Altgläubigers die **Haftungsbeschränkung innerhalb dieses Verfahrens einwenden**.[44] Sie ist wie die Beschränkung der Erbenhaftung im Wege der Einrede geltend zu machen.[45] Die Geltendmachung im Vollstreckungsverfahren ist grundsätzlich ausgeschlossen (§ 780 ZPO i.V.m. § 786 ZPO), es sei denn, der Gläubiger vollstreckt gegen den gerade volljährig Gewordenen aus einem Titel, den er während der Minderjährigkeit erlangt hat.[46]

30 Im **Steuerrecht** kann sie dagegen weder im Steuerfestsetzungsverfahren noch gegen das im (Einkommen-)Steuerbescheid ausgesprochene Leistungsgebot, sondern allein im Zwangsvollstreckungsverfahren geltend gemacht werden.[47] Das gleiche gilt auch im Zusammenhang mit der **Rückforderung von Sozialhilfeleistungen**, da § 1629a BGB nichts an der grundsätzlichen Rechtmäßigkeit des Rückforderungs- und Aufhebungsbescheides ändert.[48]

---

[37] Vgl. zu dieser Frage auch: *Coester* in: Staudinger, § 1629a Rn. 82.
[38] *Veit* in: Bamberger/Roth, § 1629a Rn. 24.
[39] *Götz* in: Palandt, § 1629a Rn. 14.
[40] *Coester* in: Staudinger, § 1629a Rn. 90.
[41] *Veit* in: Bamberger/Roth, § 1629a Rn. 26.1.
[42] *Götz* in: Palandt, § 1629a Rn. 15.
[43] *Veit* in: Bamberger/Roth, § 1629a Rn. 28.
[44] *Veit* in: Bamberger/Roth, § 1629a Rn. 15.
[45] BFH v. 01.07.2003 - VIII R 45/01 - juris Rn. 12 - NJW 2004, 175-176.
[46] BT-Drs. 13/5624, S. 15.
[47] BFH v. 01.07.2003 - VIII R 45/01 - juris Rn. 12 - NJW 2004, 175-176.
[48] VG Hamburg v. 14.01.2003 - 13 VG 4777/2001.

Eine entsprechende Anwendung der in § 1629a BGB enthaltenen Beschränkung der Minderjährigenhaftung erscheint – zumindest im Rahmen der Bewilligung von Prozesskostenhilfe – auf den Rückforderungsanspruch nach § 20 Abs. 1 Satz 1 Nr. 4 **BAföG** vertretbar.[49]

31

Ohne einen besonderen Antrag kann durch die Erhebung der Einrede die Haftungsbeschränkung ohne sachliche Klärung in das Urteil aufgenommen werden.[50] Das Gericht wird dagegen die Klage abweisen, wenn unstreitig kein Altvermögen mehr vorhanden ist.[51]

32

Der volljährig Gewordene ist in Bezug auf das Vorliegen der Haftungsbeschränkung im Prozess **beweispflichtig**.[52]

33

---

[49] VGH München v. 20.04.2006 - 12 C 05.2902; a.A. BVerwG v. 28.03.2008 - 5 B 32/08, 5 B 32/08 (5 PKH 13/08).
[50] BGH v. 29.04.1993 - IX ZR 215/92 - juris Rn. 25 - NJW 1993, 1851-1854.
[51] BGH v. 29.04.1993 - IX ZR 215/92 - juris Rn. 26 - NJW 1993, 1851-1854.
[52] BT-Drs. 13/5624, S. 9.

§ 1630 BGB Elterliche Sorge bei Pflegerbestellung oder Familienpflege

(Fassung vom 02.01.2002, gültig ab 01.01.2002)

(1) Die elterliche Sorge erstreckt sich nicht auf Angelegenheiten des Kindes, für die ein Pfleger bestellt ist.

(2) Steht die Personensorge oder die Vermögenssorge einem Pfleger zu, so entscheidet das Familiengericht, falls sich die Eltern und der Pfleger in einer Angelegenheit nicht einigen können, die sowohl die Person als auch das Vermögen des Kindes betrifft.

(3) ¹Geben die Eltern das Kind für längere Zeit in Familienpflege, so kann das Familiengericht auf Antrag der Eltern oder der Pflegeperson Angelegenheiten der elterlichen Sorge auf die Pflegeperson übertragen. ²Für die Übertragung auf Antrag der Pflegeperson ist die Zustimmung der Eltern erforderlich. ³Im Umfang der Übertragung hat die Pflegeperson die Rechte und Pflichten eines Pflegers.

Gliederung

A. Grundlagen 1	1. Längere Zeit in Familienpflege (Absatz 3 Satz 1 Halbsatz 1) 15
B. Anwendungsvoraussetzungen 2	2. Antragserfordernis (Absatz 3 Satz 1 Halbsatz 1) 18
I. Einschränkung der elterlichen Sorge durch Pflegerbestellung (Absatz 1) 2	3. Übertragung von Angelegenheiten der elterlichen Sorge (Absatz 3 Satz 1 Halbsatz 2) 21
II. Fehlende Einigung zwischen Eltern und Pfleger (Absatz 2) 6	C. Prozessuale Hinweise/Verfahrenshinweise 27
1. Anwendungsfälle von Absatz 2 7	I. Entscheidung nach Absatz 2 29
2. Keine Anwendbarkeit von Absatz 2 9	II. Entscheidung nach Absatz 3 31
3. Entscheidung des Familiengerichts 10	
III. Familienpflege (Absatz 3) 14	

A. Grundlagen

1 Durch die Regelung in § 1630 Abs. 1 BGB wird die elterliche Sorge auf die Bereiche beschränkt, für die kein **Pfleger** bestellt worden ist. Können sich der Pfleger, der die Personensorge oder Vermögenssorge ausübt und die Eltern in einer Angelegenheit, die beide Bereiche betrifft, nicht einigen, entscheidet das Familiengericht (§ 1630 Abs. 2 BGB). Hält sich das Kind längere Zeit bei einer Pflegeperson auf, so kann das Familiengericht nach § 1630 Abs. 3 BGB mit Zustimmung der Eltern die elterliche Sorge ganz oder nur zum Teil auf diese **Pflegeperson** übertragen.

B. Anwendungsvoraussetzungen

I. Einschränkung der elterlichen Sorge durch Pflegerbestellung (Absatz 1)

2 Das Gesetz sieht bestimmte Fallkonstellationen vor, in denen die elterliche Sorge nicht durch die Eltern ausgeübt werden kann, so dass ein **Ergänzungspfleger** bestellt werden muss (§ 1909 BGB, vgl. hierzu die Kommentierung zu § 1909 BGB).

3 Ein **Ergänzungspfleger** muss bestellt werden,
- wenn die Voraussetzungen der Anordnung einer Vormundschaft vorliegen, jedoch noch kein Vormund bestellt ist, § 1909 Abs. 3 BGB (sog. **Überbrückungspfleger**),
- wenn ein **Vertretungsverbot kraft Gesetzes** für das Kind vorliegt, § 1629 Abs. 2 Satz 1 BGB i.V.m. § 1795 BGB (z.B. im Falle einer Unterhaltsklage des Kindes gegen beide Eltern oder einer Vaterschaftsanfechtung bei bestehender Ehe),
- wenn beiden Eltern die gesetzliche Vertretung entzogen wurde, § 1629 Abs. 2 Satz 3 BGB i.V.m. § 1796 BGB,
- wenn beiden Eltern die elterliche Sorge zum Teil entzogen wurde, § 1666 BGB,
- wenn die elterliche Sorge auf eine Pflegeperson übertragen wurde, § 1630 Abs. 3 BGB,

- wenn beide Eltern von der Vermögenssorge ausgeschlossen sind, §§ 1638 Abs. 1, 1909 Abs. 1 Satz 2 BGB; hierzu zählt nach Aufhebung des § 1670 BGB **nicht** mehr die **Insolvenz** eines Elternteils, da hiermit kein Unwerturteil mehr über den Schuldner gefällt wird; bei konkreter Gefährdung des Kindesvermögen bleiben nur Maßnahmen nach den §§ 1666, 1667 BGB.

Wenn nur ein Elternteil sorgeberechtigt ist (§§ 1626a Abs. 2, 1671, 1672 BGB), der an der Ausübung tatsächlich gehindert ist oder dessen elterliche Sorge ruht (§ 1678 Abs. 1 BGB), kommt es darauf an, ob eine Übertragung an den anderen Elternteil in Betracht zu ziehen ist (§§ 1678 Abs. 2, 1680, 1681 BGB). Ist dies der Fall, muss kein Ergänzungspfleger bestellt werden. Das Gleiche gilt, wenn nur einem Elternteil die gesetzliche Vertretung oder die elterliche Sorge entzogen wurde beziehungsweise wenn nur ein Elternteil von der Vermögenssorge ausgeschlossen ist (§ 1629 Abs. 2 Satz 3 BGB i.V.m. den §§ 1796, 1666, 1638 Abs. 3 BGB).

Aufgrund der **Pflegerbestellung** steht den Eltern die elterliche Sorge und infolgedessen auch die Vertretung des Kindes in den Angelegenheiten nicht zu, für die der Pfleger bestellt worden ist. Möglich ist eine Bestellung für die gesamte elterliche Sorge, d.h. Personensorge und Vermögenssorge, sie kann sich auch nur auf einen der beiden Bereiche beziehungsweise auf Teile von ihnen beschränken oder nur die Vertretungsmacht der Eltern erfassen.[1] So sind die Eltern im Fall von § 1629 Abs. 2 Satz 1 BGB i.V.m. § 1795 BGB nur von der Vertretungsmacht des Kindes ausgeschlossen, sind aber weiterhin Inhaber der tatsächlichen Sorge.[2]

Die Eltern sind verpflichtet, dem Familiengericht anzuzeigen, wenn eine **Ergänzungspflegschaft** notwendig wird (§ 1909 Abs. 2 BGB). Sie können Personen für die Bestellung des Pflegers vorschlagen, die das Familiengericht bei seiner Entscheidung zu berücksichtigen hat.[3] Mit der Bestellung des Pflegers ist die elterliche Sorge beschränkt (§§ 1915, 1789 BGB). Sollten die Eltern nach der Bestellung dennoch das Kind rechtlich vertreten, greifen die Regeln der Vertretung ohne Vertretungsmacht ein (§§ 177-179 BGB).[4] Für den Pfleger gelten die Vorschriften des Vormundschaftsrechts (§§ 1915, 1779 BGB). Insbesondere bei Angelegenheiten der Vermögenssorge gelten daher die §§ 1793, 1822, 1823 BGB und nicht § 1643 BGB. Die Beschränkung endet, wenn die Bestellung wieder aufgehoben wird (§§ 1918, 1919 BGB), wobei es nicht auf die Berechtigung der Aufhebung ankommt.[5] Aufzuheben ist die Pflegschaft aber auch dann, wenn sich herausstellt, dass von Anfang an kein Grund für die Anordnung bestanden hat.[6]

II. Fehlende Einigung zwischen Eltern und Pfleger (Absatz 2)

Die Eltern behalten die elterliche Sorge in dem Bereich, für den kein Pfleger bestellt wurde, arg. e contrario § 1630 Abs. 1 BGB. Trotz dieser Abgrenzung der Kompetenzen zwischen Eltern und Pfleger gibt es **Konfliktfälle, in denen sich die jeweiligen Kompetenzen überschneiden**.

1. Anwendungsfälle von Absatz 2

Dies sind insbesondere die Fälle, in denen die Eltern weiterhin die Personensorge und der Pfleger die Vermögenssorge innehaben beziehungsweise umgekehrt und **eine Meinungsverschiedenheit beide Bereiche berührt**.[7] So ist bei Entscheidungen der Personensorge immer auch die Vermögenssorge betroffen, wenn dazu Aufwendungen aus dem Kindesvermögen erforderlich sind, insbesondere bei der Ausbildung des Kindes (§ 1631a BGB)[8] oder bei der Frage, in welcher Höhe Einkünfte des Kindesvermögens für den eigenen Unterhalt verwendet werden[9].

Die Regelung von § 1630 Abs. 2 BGB wird in den Fällen **analog angewandt**, wenn der Pfleger nur für einen Teil der Personensorge nach § 1630 Abs. 3 BGB oder Vermögenssorge (§ 1638 Abs. 1 oder 2 BGB) bestellt wurde und darüber zwischen ihm und den Eltern Uneinigkeit besteht.[10] Eine entspre-

---

[1] *Veit* in: Bamberger/Roth, § 1630 Rn. 2.
[2] RG v. 20.04.1934 - II 39/34 - RGZ 144, 246-253, 250.
[3] LG Berlin v. 11.07.1975 - 83 T 206/75 - DAVORM 1976, 429; LG München I v. 09.01.1975 - 13 T 409/74 - Rpfleger 1975, 130.
[4] RG v. 03.10.1918 - IV 213/18 - RGZ 93, 334-338, 337.
[5] BayObLG v. 06.10.1905 - Reg. III 61/1905 - BayObLGZ 6, 553, 558.
[6] KG v. 07.04.1902 - OLGE 5, 366; DayObLG v. 19.02.1921 - Reg. III 17/1921 BayObLGZ 21, 95.
[7] RG v. 05.05.1930 - IV B 11/30 - RGZ 129, 18-23, 20.
[8] RG v. 05.05.1930 - IV B 11/30 - RGZ 129, 18-23, 21.
[9] BayObLG v. 10.01.1975 - BReg 1 Z 76/74 - FamRZ 1975, 219, 220.
[10] *Peschel-Gutzeit* in: Staudinger, § 1630 Rn. 22.

chende Anwendung findet auch statt, wenn Personensorge und Vermögenssorge zwischen anderen Personen als Pfleger und Eltern auseinanderfallen und sich überschneiden, insbesondere zwischen einem minderjährigen Elternteil und einem Pfleger im Bereich der Vermögenssorge – § 1673 Abs. 2 BGB gilt nur für den Bereich der Vermögenssorge. Dies gilt auch für die Fälle zwischen den Eltern untereinander, wenn nach Auflösung der Ehe oder dauerhafter Trennung der eine Elternteil die Vermögenssorge und der andere die Personensorge innehat (§ 1671 Abs. 1 BGB).[11]

2. Keine Anwendbarkeit von Absatz 2

9   Ist nur die Personensorge oder ausschließlich die Vermögenssorge betroffen, kommt § 1630 Abs. 2 BGB nicht in Betracht. Wird das Vermögen des Kindes durch eine Entscheidung der Personensorge nicht berührt oder hat das Kind kein eigenes Vermögen, ist die Vermögenssorge nicht betroffen.[12] Auch die Entscheidung, ob der Unterhalt ganz verbraucht werden soll oder auf ein Sparkonto einbezahlt werden soll, gehört ausschließlich der Personensorge an, so dass § 1630 Abs. 2 BGB nicht anwendbar ist.[13] Nicht um eine Streitigkeit im Sinne von § 1630 Abs. 2 BGB handelt es sich auch, wenn der Elternteil vom Kind aus dessen Vermögen Unterhalt verlangt und der Pfleger dies ablehnt. In diesem Fall geht es um die Unterhaltspflicht des Kindes und die Haftung des Kindesvermögens für den Unterhalt, so dass der Elternteil das Kind vor dem Prozessgericht zu verklagen hat.[14] Die Herbeiführung der Genehmigung des Vormundschaftsgerichts zählt, selbst wenn die Eltern als Inhaber der alleinigen Personensorge dem die Vermögenssorge allein innehabenden Pfleger bei Maßnahmen widersprechen, nur zur Vermögenssorge.[15]

3. Entscheidung des Familiengerichts

10 Bei Uneinigkeit der Eltern und dem Pfleger müssen sie zunächst versuchen, eine **Einigung** zu finden (§ 1630 Abs. 2 HS. 2 BGB). Schlägt dieser Versuch fehl, kommen verschiedene Fallkonstellationen in Betracht.

11 **Sind die Eltern untereinander einer Meinung, können sich aber nicht mit dem Pfleger einigen**, muss das Gericht selbst entscheiden, indem es der Auffassung der Eltern oder des Pflegers beitritt und somit die Zustimmung des anderen Teils ersetzt.[16] Eine von beiden Auffassungen abweichende Entscheidung kann es nur unter den Voraussetzungen des § 1666 BGB treffen.[17] Allerdings ist das Gericht dazu befugt, bei einem Streit um die Höhe von Beträgen, die aus dem Kindesvermögen zu entnehmen sind, Zwischenbeträge festzusetzen.[18]

12 **Sind die Eltern untereinander nicht einer Meinung, gibt es aber eine Übereinstimmung zwischen der Auffassung eines Elternteils und der des Pflegers**, ist zunächst die Meinungsverschiedenheit der Eltern durch das Gericht nach § 1628 BGB zu lösen. Die in Frage stehenden Angelegenheiten der Ausbildungs- und Unterhaltsfragen sind im Regelfall von erheblicher Bedeutung für das Kind (vgl. hierzu die Kommentierung zu § 1628 BGB). Überträgt das Familiengericht die Entscheidung dem mit dem Pfleger übereinstimmenden Elternteil, besteht keine Uneinigkeit mehr im Sinne von § 1630 Abs. 2 BGB, so dass das Familiengericht nicht entscheiden darf. Überträgt es die Entscheidung dem anderen Elternteil, hat das Familiengericht zwar zugleich auch gegen den Pfleger entschieden; allerdings ist die Meinungsverschiedenheit nur gegenüber dem Elternteil entschieden. Die Entscheidung nach § 1628 BGB hat keinerlei Ausstrahlung auf die Uneinigkeit mit dem Pfleger, so dass das Gericht noch nach § 1630 Abs. 2 BGB die Entscheidung gegenüber dem Pfleger treffen muss.[19]

13 **Sind weder die Eltern einer Meinung, und weichen beide Meinungen von der des Pflegers ab**, muss der Elternstreit gemäß § 1628 BGB nur dann entschieden werden, wenn das Gericht nicht der Meinung des Pflegers beitreten möchte (§ 1630 Abs. 2 BGB). Anders als im Fall, dass zumindest einer der beiden Eltern mit dem Pfleger übereinstimmt, kann es nicht durch eine Übertragung der Entscheidung auf einen Elternteil zugleich die Meinungsverschiedenheit mit dem Pfleger lösen. Eine Einigung

---

[11] *Peschel-Gutzeit* in: Staudinger, § 1630 Rn. 22.
[12] RG v. 05.05.1930 - IV B 11/30 - RGZ 129, 18-23, 21.
[13] BayObLG v. 10.01.1975 - BReg 1 Z 76/74 - FamRZ 1975, 219, 220.
[14] *Götz* in: Palandt, § 1630 Rn. 4.
[15] OLG Frankfurt v. 12.06.1979 - 20 W 248/79 - FRES 2, 334-336.
[16] *Peschel-Gutzeit* in: Staudinger, § 1630 Rn. 28.
[17] *Veit* in: Bamberger/Roth, § 1630 Rn. 5.
[18] *Peschel-Gutzeit* in: Staudinger, § 1630 Rn. 28.
[19] *Peschel-Gutzeit* in: Staudinger, § 1630 Rn. 26.

im Sinne von § 1630 Abs. 2 BGB kann nicht erreicht werden. Andernfalls muss es erst den Streit der Eltern nach § 1628 BGB entscheiden und muss diesem Elternteil anschließend nach § 1630 Abs. 2 BGB beitreten.

III. Familienpflege (Absatz 3)

Zweck von § 1630 Abs. 3 BGB ist die **ordnungsgemäße Betreuung eines Kindes**, das auf Wunsch seiner Eltern in Familienpflege ist, durch die Pflegeperson.[20] Die Regelung findet entsprechende Anwendung, wenn das Kind sich auf Wunsch des allein sorgeberechtigten Elternteils in Familienpflege befindet – die alleinige Personensorge reicht aus.[21] Es reicht nicht aus, dass das Kind durch einen Vormund oder Pfleger in Familienpflege gegeben wurde, weil § 1800 BGB gerade nicht auf § 1630 BGB verweist.[22]

1. Längere Zeit in Familienpflege (Absatz 3 Satz 1 Halbsatz 1)

Der Begriff **Familienpflege** ist nicht identisch mit dem Umfang erlaubnispflichtiger Familienpflege im Sinne von § 44 SGB VIII. Für die Familienpflege im Sinne des § 1630 Abs. 3 BGB genügt wie bei den §§ 1685, 1632 Abs. 4 BGB jedes faktische Pflegeverhältnis familienähnlicher Art, gleichgültig ob ein Pflegevertrag oder eine etwa erforderliche Pflegeerlaubnis vorliegt.[23]

Familienpflege im Sinne von § 1630 Abs. 3 BGB ist daher anzunehmen, wenn die Pflege und Erziehung eines Kindes an mehreren Tagen der Woche[24] von mindestens einer Pflegeperson außerhalb des Elternhauses ausgeübt wird und ein familienähnliches Pflegeverhältnis besteht, welches durch vielfältige und unterschiedliche wechselseitige Bindungen geprägt ist.[25] Davon umfasst ist auch die Pflege von Verwandten und Verschwägerten, wie Großeltern[26], dem nicht ehelichen Vater[27], den Stiefeltern[28], aber auch die Adoptionspflege (§ 1744 BGB)[29]. Ein dementsprechendes familienähnliches Pflegeverhältnis scheidet aber im Regelfall bei einer Unterbringung im Heim[30] oder Internat aus.

Das Erfordernis der **längeren Dauer der Familienpflege** ist nach dem Zweck der Vorschrift nicht absolut, sondern unter Berücksichtigung des kindlichen Zeitbegriffs zu verstehen. Es kommt daher darauf an, ob die Pflegezeit dazu geführt hat, dass das Kind in der Pflegefamilie seine Bezugswelt gefunden hat.[31] Eine Entscheidung hängt vom jeweiligen Einzelfall ab, insbesondere bei jüngeren Kindern ist eine Verwurzelung schneller – nach mehreren Monaten – anzunehmen als bei Jugendlichen, bei denen die Schwelle wohl bei knapp einem Jahr liegt.[32]

2. Antragserfordernis (Absatz 3 Satz 1 Halbsatz 1)

Den erforderlichen **Antrag auf Übertragung von bestimmten Angelegenheiten** können beide sorgeberechtigten Eltern stellen. Der Antrag eines Elternteils ist dann ausreichend, wenn er allein sorgeberechtigt ist[33] oder ihm zuvor das Familiengericht die Entscheidung über die Antragstellung nach § 1630 Abs. 3 BGB – wegen einer fehlenden Einigung mit dem anderen Elternteil nach § 1628 BGB – übertragen hat.[34] Ein unter Betreuung stehender Elternteil bedarf zur Stellung des Antrags nicht der Zustimmung seines Betreuers, selbst dann nicht, wenn ein Einwilligungsvorbehalt angeordnet ist (§ 1903 Abs. 2 Alt. 3 BGB). Nicht ausdrücklich vorgesehen, aber dennoch vom Gesetz vorausgesetzt ist die Bereitschaft der Pflegeperson zur Übernahme dieser Angelegenheiten.[35]

---

[20] BT-Drs. 8/2788, S. 47.
[21] *Veit* in: Bamberger/Roth, § 1630 Rn. 6.
[22] *Peschel-Gutzeit* in: Staudinger, § 1630 Rn. 43.
[23] BGH v. 04.07.2001 - XII ZB 161/98 - juris Rn. Nr. 20 - FamRZ 2001, 1449-1452.
[24] *Peschel-Gutzeit* in: Staudinger, § 1630 Rn. 39.
[25] OLG Hamm v. 08.03.1985 - 15 W 64/85 - NJW 1985, 3029-3030; BayObLG München v. 02.06.1987 - BReg 1 Z 25/87 - NJW 1988, 2381-2383.
[26] BayObLG München v. 22.03.1982 - BReg 1 Z 4/82 - DAVorm 1982, 600-604.
[27] AG Tübingen v. 22.12.1987 - 2 GR 1/87 - FamRZ 1988, 428-430; LG Köln v. 08.01.1992 - 1 T 338/91 - DAVorm 1992, 232-233.
[28] *Peschel-Gutzeit* in: Staudinger, § 1630 Rn. 39.
[29] OLG Brandenburg v. 03.06.1999 - 9 WF 87/99 - DAVorm 2000, 171-175.
[30] OLG Hamm v. 08.03.1985 - 15 W 64/85 - NJW 1985, 3029-3030.
[31] BayObLG München v. 07.04.1998 - 1Z BR 13/98 - juris Rn. 11 - NJW-RR 1999, 369-371.
[32] BayObLG München v. 07.04.1998 - 1Z BR 13/98 - juris Rn. 12 - FamRZ 1998, 1040-1042.
[33] AG Ibbenbüren v. 13.11.2008 - 40 F 166/08 - FamRZ 2009, 1331-1332.
[34] *Veit* in: Bamberger/Roth, § 1630 Rn. 10.
[35] *Peschel-Gutzeit* in: Staudinger, § 1630 Rn. 47.

19 Auch die **Pflegeperson kann den Antrag** stellen. Für die Übertragung müssen dann beide sorgeberechtigten Eltern zustimmen (§ 1630 Abs. 3 Satz 2 BGB). Bei einem allein sorgeberechtigten Elternteil ist dessen alleinige Zustimmung ausreichend.[36] Demgegenüber hat weder ein Pfleger oder Vormund, der die elterliche Sorge ganz oder zum Teil ausübt ein Antragsrecht, weil § 1800 BGB nicht auf § 1630 BGB verweist. Eine Ausnahme gilt für den Fall, dass er selbst die Pflegeperson im Sinne von § 1630 Abs. 3 BGB ist. Ebenso hat das Kind kein Antragsrecht.

20 Bei Wegfall des entsprechenden Antrages bzw. der Zustimmung der Eltern ist die Personensorge grundsätzlich auf die Eltern **zurückzuübertragen**; dies hat ggf. auch bereits auf die Beschwerde der Eltern hin zu erfolgen.[37] Da § 1630 BGB selbst keine Regelung enthält, sind die Voraussetzungen der Rückübertragung etwas strittig. Richtig dürfte sein, dass es nicht allein auf den Willen der Eltern ankommt, sondern zu prüfen ist, ob ein Versagen der Erziehungsberechtigten bzw. ein Fall der Verwahrlosung der Rückübertragung entgegensteht.[38]

3. Übertragung von Angelegenheiten der elterlichen Sorge (Absatz 3 Satz 1 Halbsatz 2)

21 Durch den Antrag wird bestimmt, welche Angelegenheiten auf die Pflegeperson übertragen werden sollen. Er kann sich sowohl auf die **Übertragung der Personensorge als auch der Vermögenssorge** beziehen. **Umstritten** ist in der Rechtsprechung, ob die **gesamte elterliche Sorge** übertragen werden kann.[39] Der Wortlaut der Vorschrift „Angelegenheiten der elterlichen Sorge" könnte einerseits auf Teilgebiete deuten; andererseits differenziert § 1628 BGB nach Angelegenheiten der elterlichen Sorge oder einer bestimmten Art von Angelegenheiten, während § 1630 Abs. 3 BGB diese Beschränkung und Unterscheidung nicht vornimmt.[40] Zweckmäßigkeit und Kindeswohl sprechen ebenfalls für die Möglichkeit der Übertragung der gesamten elterlichen Sorge.[41]

22 Das Gericht trifft die Entscheidung, die unter Berücksichtigung der tatsächlichen Gegebenheiten und Möglichkeiten sowie der berechtigten Interessen der Beteiligten dem Wohl des Kindes am besten entspricht (§ 1697a BGB). Dabei steht vor allem im Vordergrund, ob die beantragte Übertragung dem Kind von Nutzen ist und eine Verbesserung seiner Lebenssituation eintritt.[42] Das Gericht darf über den Antrag nur unter den Voraussetzungen des § 1666 BGB hinausgehen.[43] Daher stellt auch allein die Übertragung aller Angelegenheiten der elterlichen Sorge auf eine Pflegeperson nach § 1630 Abs. 3 BGB keine Entziehung des elterlichen Personensorgerechts dar und ist dieser auch nicht gleichzustellen.[44]

23 Die Regelung in § 1630 Abs. 3 BGB bezweckt eine ordnungsgemäße Kindesbetreuung zum Wohl des Kindes. Damit ist eine umfassende Betreuung des Kindes gemeint, die nur gewährleistet ist, wenn die Personensorge insgesamt auf die Pflegeperson übertragen wird. Eine lediglich **teilweise Übertragung** von Angelegenheiten der elterlichen Sorge würde dazu führen, dass die Pflegeperson bei einem konkreten Handlungsbedarf in Angelegenheiten, hinsichtlich derer ihr das Sorgerecht nicht übertragen worden ist, immer der Zustimmung der Eltern bedürfte.[45]

24 Auch wenn der Wortlaut des § 1630 Abs. 1 Satz 1 BGB nur von der „Pflegeperson" spricht, ermöglicht die Auslegung der Norm nach Systematik und Sinn und Zweck jedoch, die elterliche Sorge unter Beachtung der Erfordernisse des Kindeswohls auch auf **mehrere Personen** zu übertragen.[46]

25 Durch die **Übertragung** hat die Pflegeperson die Rechte und Pflichten eines Pflegers (§ 1630 Abs. 3 Satz 3 BGB). Zu den Rechten des Pflegers gehört nach den §§ 1915 Abs. 1, 1835 ff. BGB auch der Anspruch auf Aufwendungsersatz oder Vergütung, ohne dass es einer Bestallung zum Pfleger bedarf.[47]

---

[36] OLG Braunschweig v. 02.01.2001 - 1 UF 176/00 - FamRZ 2002, 118.
[37] OLG Celle v. 14.02.2011 - 10 UF 8/11 - juris Rn. 5.
[38] AG Halberstadt v. 25.05.2010 - 8 F 14/10 SO - juris Rn. 16.
[39] Ablehnend: Thüringer Oberlandesgericht v. 09.12.2008 - 1 UF 162/08 - juris Rn. 31 - FamRZ 2009, 992-993; a.A. KG Berlin v. 08.02.2006 - 25 UF 74/05 - juris Rn. 21 - FamRZ 2006, 1291-1292.
[40] *Peschel-Gutzeit* in: Staudinger, § 1630 Rn. 53.
[41] *Peschel-Gutzeit* in: Staudinger, § 1630 Rn. 53.
[42] *Peschel-Gutzeit* in: Staudinger, § 1630 Rn. 51.
[43] *Veit* in: Bamberger/Roth, § 1630 Rn. 13.
[44] VGH München v. 16.11.2004 - 12 B 00.3364 - FEVS 56, 539-545.
[45] KG Berlin v. 08.02.2006 - 25 UF 74/05 - FamRZ 2006, 1291-1292.
[46] AG Ibbenbüren v. 13.11.2008 - 40 F 166/08 - FamRZ 2009, 1331-1332.
[47] OLG Stuttgart v. 06.12.2005 - 8 WF 152/05 - juris Rn. 17 - Rpfleger 2006, 187-189.

Eine Uneinigkeit (vgl. Rn. 10) zwischen Pflegeperson und Eltern wird entsprechend § 1630 Abs. 2 BGB gelöst.

Die Übertragung ist mit dem Tod des Kindes oder der Pflegeperson, dem Wechsel der Pflegeperson oder der Rückkehr zu den Eltern automatisch **beendet**.[48] Während der Dauer der Familienpflege können die Eltern zu jeder Zeit verlangen, dass ihnen die elterliche Sorge in diesen Angelegenheiten zurückübertragen wird, solange nicht die Voraussetzungen des § 1666 BGB oder § 1632 Abs. 4 BGB vorliegen.[49]

26

C. Prozessuale Hinweise/Verfahrenshinweise

Sowohl bei der Entscheidung nach § 1630 Abs. 2 BGB als auch bei der Entscheidung nach § 1630 Abs. 3 BGB handelt es sich um eine **Kindschaftssache** nach § 151 Nr. 5 FamFG (vgl. zum Verfahren die Kommentierung zu § 1626 BGB). Die **örtliche Zuständigkeit** des Familiengerichts richtet sich nach § 152 FamFG; hier wird in aller Regel § 152 Abs. 2 FamFG greifen.

27

Anzuhören sind grds. das Kind (§ 159 FamFG), die Eltern (§ 160 FamFG) sowie das Jugendamt (§ 162 FamFG), das gem. § 162 Abs. 2 FamFG auf seinen Antrag hin an dem Verfahren zu beteiligen ist. Auch eine Pflegeperson kann (§ 161 Abs. 1 FamFG) bzw. ist im Falle des § 161 Abs. 2 FamFG anzuhören.

28

I. Entscheidung nach Absatz 2

Das Familiengericht wird nur auf Antrag beider Eltern, eines Elternteils oder des Pflegers tätig. Es entscheidet der Richter gemäß § 14 Abs. 1 Nr. 5 RPflG. Die Entscheidung ersetzt regelmäßig die Zustimmung oder Ermächtigung zu einem Rechtsgeschäft, so dass sie erst mit Rechtskraft wirksam wird (§ 40 FamFG).

29

Gegen die Entscheidung ist ebenso wie gegen eine ablehnende Entscheidung die Beschwerde nach § 58 FamFG einschlägig.

30

II. Entscheidung nach Absatz 3

Zuständig für die **Entscheidung der Übertragung** ist das Familiengericht. Es wird nur auf Antrag beider Eltern, eines Elternteils oder des Pflegers tätig; es handelt sich in diesem Fall auch um einen Sachantrag (vgl. Rn. 21), über den das Gericht nicht hinausgehen darf. Es entscheidet der Richter gemäß § 14 Abs. 1 Nr. 6a RPflG.

31

---

[48] *Peschel-Gutzeit* in: Staudinger, § 1630 Rn. 58.
[49] *Peschel-Gutzeit* in: Staudinger, § 1630 Rn. 59.

§ 1631 BGB Inhalt und Grenzen der Personensorge

(Fassung vom 02.01.2002, gültig ab 01.01.2002)

(1) Die Personensorge umfasst insbesondere die Pflicht und das Recht, das Kind zu pflegen, zu erziehen, zu beaufsichtigen und seinen Aufenthalt zu bestimmen.

(2) ¹Kinder haben ein Recht auf gewaltfreie Erziehung. ²Körperliche Bestrafungen, seelische Verletzungen und andere entwürdigende Maßnahmen sind unzulässig.

(3) Das Familiengericht hat die Eltern auf Antrag bei der Ausübung der Personensorge in geeigneten Fällen zu unterstützen.

Gliederung

A. Grundlagen 1	II. Recht auf gewaltfreie Erziehung (Absatz 2 Satz 1) 23
B. Anwendungsvoraussetzungen 2	III. Verbot körperlicher Bestrafung, seelischer Verletzungen und anderer entwürdigender Maßnahmen (Absatz 2 Satz 2) 26
I. Inhalt der Personensorge (Absatz 1) 2	
1. Pflege und Erziehung (Absatz 1 Alternativen 1 und 2) 2	
2. Beaufsichtigung (Absatz 1 Alternative 3) 10	IV. Unterstützung durch das Familiengericht (Absatz 3) 32
3. Aufenthaltsbestimmung (Absatz 1 Alternative 4) 17	C. Prozessuale Hinweise/Verfahrenshinweise 37

A. Grundlagen

1   In § 1631 Abs. 1 BGB werden wesentliche Inhalte der **Personensorge** beschrieben; die Aufzählung ist aber nicht abschließend („insbesondere").[1] Die Regelung des § 1631 Abs. 2 BGB stellt eine echte Verbotsnorm dar[2], mit der der Gesetzgeber einen Beitrag leisten möchte, um Gewalt gegen Kinder zu verhindern und zu bekämpfen[3]. Gemäß § 1631 Abs. 3 BGB kann das Familiengericht den Eltern auf Antrag bei der Umsetzung von Erziehungsmaßnahmen Unterstützung leisten.

B. Anwendungsvoraussetzungen

I. Inhalt der Personensorge (Absatz 1)

1. Pflege und Erziehung (Absatz 1 Alternativen 1 und 2)

2   Die **Pflege** des Kindes umfasst seine Unterbringung, Ernährung, das gesundheitliche Wohl, seine Bekleidung sowie seine Hygiene.[4] **Erziehung** meint die elterliche Sorge für die geistige und seelische Entwicklung des Kindes in Bezug auf seine Anlagen und Fähigkeiten.[5] Eine eindeutige Abgrenzung von Pflege und Erziehung ist nicht möglich, weil sich beide Bereiche häufig überlappen.

3   Den Eltern steht der **Erziehungsprimat** nach Art. 6 Abs. 2 GG zu, so dass sie grundsätzlich bestimmen können, wie sie die Erziehung ihres Kindes gestalten.[6]

4   Erfasst sind daher die Wahl, auf welche Schule das Kind geht, die **Schulform** sowie die Wahl einer Ausbildungsstelle oder eines Berufes (§ 1631a BGB). Dennoch finden sich auch Einschränkungen dieses Erziehungsprimats. Der Gesetzgeber hat insofern bestimmte Erziehungsleitbilder gesetzlich normiert. Das Kind hat ein Recht auf eine gewaltfreie Erziehung (§ 1631 Abs. 2 BGB). Am Ende der Erziehung soll ein eigenverantwortlicher und gemeinschaftsfähiger Mensch stehen (§ 1 Abs. 1 SGB VIII). Die Eltern sind zwar bei der Wahl einer Schule oder Schulform frei, allerdings können sie sich wegen der Schulpflicht nicht weigern, ihr Kind überhaupt zur Schule zu schicken.

5   Auch die **religiöse Entwicklung** und Ausrichtung des Kindes gehört zur Erziehung des Kindes durch die Eltern, wobei dabei die Regelungen des KErzG zu beachten sind.[7] Insbesondere kann das Kind mit

---

[1] *Salgo* in: Staudinger, § 1631 Rn. 9.
[2] BT-Drs. 14/1247, S. 5.
[3] BT-Drs. 14/1247, S. 3.
[4] *Salgo* in: Staudinger, § 1631 Rn. 22.
[5] *Veit* in: Bamberger/Roth, § 1631 Rn. 3.
[6] BT-Drs. 8/2788, S. 48.
[7] Ausführlich hierzu *Salgo* in: Staudinger, Anhang zu 1631.

dem Erreichen des 14. Lebensjahres selbst entscheiden, an welches religiöses Bekenntnis es sich halten möchte, mit dem Erreichen des 12. Lebensjahres kann es nicht mehr gegen seinen Willen in einem anderen Bekenntnis als bisher erzogen werden (§ 5 KErzG).

Ebenso bestehen Beschränkungen bei Strafhaft und **Impfzwang**.[8] Ein gesetzlicher Impfzwang besteht grds. jedoch nicht.

Das Recht zur Erziehung bedeutet für den Fall der Alleinsorge eines Elternteils, dass dieser berechtigt ist, den **Ausbildungsweg** des Kindes eigenverantwortlich festzulegen. Daraus folgt aber nicht automatisch eine Verpflichtung zur Kostenbeteiligung des anderen Elternteils. In diesem Zusammenhang gilt, dass sich der barunterhaltspflichtige Elternteil mangels vorherigen Einverständnisses an den Mehrkosten eines Auslandsaufenthalts eines Gymnasiasten nur dann beteiligen muss, wenn der Auslandsaufenthalt als angemessene Ausbildung sachlich begründet und auch wirtschaftlich zumutbar ist. Für die Fälle eines Auslandsstudiums oder einer zusätzliche Kosten verursachenden Privatschulausbildung müssen weiterhin wichtige Gründe vorliegen, die es rechtfertigen, die Mehrkosten zu Lasten des Unterhaltspflichtigen als angemessene Ausbildungskosten anzuerkennen.[9]

Das Innehaben des alleinigen Personensorgerechts nach § 1631 BGB hat auch Auswirkungen auf einen Anspruch auf **Krankengeld**. Dieser besteht nach § 45 Abs. 1 SGB V für Versicherte dann, wenn es nach ärztlichem Zeugnis erforderlich ist, dass sie zur Beaufsichtigung, Betreuung oder Pflege ihres erkrankten und versicherten Kindes der Arbeit fernbleiben, eine andere in dem Haushalt lebende Person das Kind nicht beaufsichtigen, betreuen oder verpflegen kann und das Kind das zwölfte Lebensjahr noch nicht vollendet hat. Gemäß § 45 Abs. 2 Satz 1 SGB V besteht Anspruch auf Krankengeld nach § 45 Abs. 1 SGB V in jedem Kalenderjahr für jedes Kind längstens für zehn Arbeitstage, für allein erziehende Versicherte längstens für zwanzig Arbeitstage; allein erziehend im Sinne dieser Vorschrift umfasst allein stehende Väter oder Mütter, die mit ihrem Kind, für das ihnen die Personensorge zusteht, in einem Haushalt leben, wobei hierfür das alleinige Personensorgerecht nach § 1631 BGB maßgebend ist.[10]

Das elterliche Recht zur Pflege und Erziehung des Kindes **erlischt mit Eintritt der Volljährigkeit**.[11]

2. Beaufsichtigung (Absatz 1 Alternative 3)

Durch die **Beaufsichtigung** soll das Kind vor Gefahren und Schäden geschützt und bewahrt werden, denen es durch sein eigenes oder das Handeln Dritter ausgesetzt ist. Die Beaufsichtigung dient außerdem dem Schutz Dritter vor Gefahren und Schäden, die durch das Kind verursacht werden (§ 832 BGB).[12] Die Pflicht zur Beaufsichtigung kommt jedem Elternteil zu; auch wenn zwischen den Eltern eine Aufgabenverteilung vorliegt, muss der eine den anderen überwachen (§ 1627 BGB).[13]

Grundsätzlich können die Eltern tatsächliche Aufgaben der Beaufsichtigung – ebenso wie jene der Erziehung oder Aufenthaltsbestimmung – zu Gunsten eines Kindes vorübergehend oder partiell auf eine nicht sorgeberechtigte Person übertragen. Deshalb können die sorgeberechtigten Elternteile etwa nach § 55 Abs. 1 Satz 2 Niedersächsisches Schulgesetz auch andere Personen gegenüber der Schule als zusätzliche Erziehungsberechtigte bestimmen. Daraus folgt jedoch nicht, dass die für eine Schülerin oder einen Schüler als zusätzlich erziehungsberechtigt Bezeichneten mit ihrer Benennung materielle Erziehungsrechte erwerben, insbesondere kommt der nicht sorgeberechtigten Person nicht das Recht zu, im eigenen Namen einen Prozess um die Aufnahme des Kindes in die öffentliche Schule zu führen.[14] Bei der **Übertragung der Beaufsichtigung** auf Dritte muss im Einzelfall aber stets geprüft werden, ob die Eltern ihrer Aufsichtspflicht durch eine sorgfältige Auswahl des Dritten genügt haben.[15]

Die **Aufsichtspflicht** umfasst eine Kontrollpflicht der Eltern in Bezug auf den gesetzlich vorgeschriebenen Schulbesuch[16] sowie auf die Gestaltung der Freizeitaktivitäten[17]. Der Umfang dieser Kontroll-

---

[8] So noch *Diederichsen* in: Palandt, 71. Auflage, § 1631 Rn. 2.
[9] OLG Dresden v. 09.02.2006 - 21 UF 619/05 - OLGR Dresden 2006, 357-359; lesenswert zum Ganzen *Viefhues*, jurisPR-FamR 18/2006, Anm. 3.
[10] LSG Berlin-Potsdam v. 23.08.2006 - L 9 KR 156/03.
[11] BFH v. 21.04.2005 - III R 53/02 - juris Rn. 17; FG Leipzig v. 18.01.2006 - 1 K 2064/04 (Kg) - juris Rn. 17 m.w.N.
[12] *Veit* in: Bamberger/Roth, § 1631 Rn. 6.
[13] OLG Nürnberg v. 05.02.1963 - 2 U 216/62 - FamRZ 1963, 367, 368.
[14] VG Hannover v. 15.08.2006 - 6 B 4352/06 - NdsVBl 2007, 230-231.
[15] OLG Celle v. 01.07.1987 - 9 U 36/86 - NJW-RR 1987, 1384-1385.
[16] *Salgo* in: Staudinger, § 1631 Rn. 39.
[17] BGH v. 11.04.1958 - VI ZR 115/57 - FamRZ 1958, 274.

pflicht hängt zum einen vom Alter, Eigenart und Charakter des Kindes ab[18], auch gegebenenfalls von der örtlichen Situation, etwa einer Spielstraße[19]. So stellt die Unterbrechung des Sichtkontaktes für einen Zeitraum von 2 bis 5 Minuten bei einem gemeinsamen Spaziergang von Mutter, Großmutter und einem 4 1/2 Jahre alten Kind in einer Spielstraße keine Aufsichtspflichtverletzung dar, wenn das Kind sich weder widersetzlich gezeigt hat, noch vorher bereits die Neigung gezeigt hat, fremde Gegenstände zu beschädigen.[20] Wirft das Kind Steine auf ein parkendes Auto und kritzelt es mit einem Stein auf der Motorhaube herum, kommt eine Haftung unter dem Gesichtspunkt der Aufsichtspflichtverletzung nicht in Betracht. Es ist insbesondere zu berücksichtigen, dass es sich bei Spielstraßen um Bereiche handelt, in denen Kinder gerade die notwendige Freiheit und Fertigkeit, sich allein und selbstständig zu bewähren, erproben können und dürfen.[21] Allerdings muss aber die Aufsicht und Überwachung des Minderjährigen durch die Eltern umso intensiver sein, je geringer der Erziehungserfolg bisher war.[22] Von daher bedürfen normal entwickelte Kleinkinder beim Spielen einer Überwachung „auf Schritt und Tritt" oder einer regelmäßigen Kontrolle, etwa in halbstündigen Abständen. Ab etwa acht Jahren hält man dies bei normal entwickelten Kindern beim Spielen im Freien ohne Aufsicht, auch in einem räumlichen Bereich, der dem Aufsichtspflichtigen ein sofortiges Eingreifen nicht ermöglicht, dagegen nicht mehr für erforderlich.[23] Vielmehr muss bei Kindern dieser Altersstufe, die in der Regel auch den Schulweg allein zurücklegen, es im Allgemeinen genügen, dass die Eltern sich über das Tun und Treiben in großen Zügen einen Überblick verschaffen[24], sofern nicht konkreter Anlass zu besonderer Vorsorge besteht[25].

13 Die sich aus der Personensorge ergebenden Rechte und Pflichten, zu denen auch die Aufsicht zählt, sind **höchstpersönliche Positionen**, die die Eltern nie der Substanz nach auf einen anderen übertragen können. Die **Ausübung der Rechte**, z.B. die Beaufsichtigung, **dagegen ist übertragbar**. So tritt etwa die Aufsichtspflicht der **Schule** lediglich neben die fortbestehende Aufsichtspflicht der Eltern, verdrängt diese aber nicht. Inhalt und Grenzen der schulischen Aufsichtspflicht knüpfen danach an die Teilnahme des Schülers am Unterricht und an sonstigen Schulveranstaltungen an.[26] Erkrankt ein Schüler während des Unterrichts oder während einer Schulveranstaltung und kann er nicht weiter am Unterricht teilnehmen, darf er nach Hause gehen. Allerdings erstreckt sich die Aufsichtspflicht der Schule grundsätzlich nicht auf den Weg von der Schule nach Hause, so dass die alleinige Aufsichtspflicht der Eltern grundsätzlich wieder einsetzt. Dies gilt auch für Erkrankungen während einer Klassenfahrt. Daher ist es Pflicht der Eltern, ihr Kind zu pflegen und zu beaufsichtigen, ihre ureigene, gegenüber der Schule auch öffentlich-rechtliche Aufgabe, ihr während einer Klassenfahrt erkranktes, minderjähriges Kind sobald als möglich zu betreuen und zu beaufsichtigen und hierzu erforderlichenfalls an den Zielort der Klassenfahrt zu reisen sowie auch für die Rückreise zu sorgen, soweit ihnen dies möglich und zumutbar ist.[27]

14 Vor allem bei **gefährlichen Gegenständen** wie Waffen[28] sowie gefährlichem Spielzeug, wie einer Spielzeugpistole[29], Gummischleuder[30], Wurfpfeil[31] oder Plastikspielzeug[32], obliegt den Eltern neben

---

[18] BGH v. 19.01.1993 - VI ZR 117/92 - juris Rn. 8 - NJW 1993, 1003-1004; OLG Hamm v. 09.06.2000 - 9 U 225/99 - NZV 2001, 42-43.
[19] OLG Hamm v. 09.06.2000 - 9 U 226/99 - NJW-RR 2002, 236-238.
[20] LG Frankfurt (Oder) v. 13.09.2004 - 6a S 176/04 - Schaden-Praxis 2005, 120.
[21] LG Frankfurt (Oder) v. 13.09.2004 - 6a S 176/04 - Schaden-Praxis 2005, 120; dagegen bei einem vierjährigen Kind auf anderen öffentliche Straßen: LG Lüneburg v. 09.01.1997 - 4 S 237/96 - FamRZ 1997, 742-743; für ein siebeneinhalb Jahre altes Kind auf einem Supermarktparkplatz: AG Schwabach v. 27.05.2004 - 5 C 0328/03 - ZfSch 2004, 447-448.
[22] BGH v. 10.07.1984 - VI ZR 273/82 - juris Rn. 12 - FamRZ 1984, 984-986.
[23] BGH v. 18.03.1997 - VI ZR 91/96 - juris Rn. 9 - FamRZ 1997, 799-800.
[24] BGH v. 10.07.1984 - VI ZR 273/82 - juris Rn. 12 - FamRZ 1984, 984-986.
[25] OLG Frankfurt v. 28.03.2001 - 23 U 74/00 - NJW-RR 2002, 236.
[26] OVG NRW v. 30.04.2010 - 19 A 993/07 - juris Rn. 36 - NVwZ-RR 2010, 643-644.
[27] OVG NRW v. 30.04.2010 - 19 A 993/07 - juris Rn. 36 - NVwZ-RR 2010, 643-644.
[28] BGH, FamRZ 1962, 116.
[29] OLG Düsseldorf v. 18.07.1997 - 22 U 5/97 - NJW-RR 1998, 98-99.
[30] BGH v. 11.04.1958 - VI ZR 115/57 - FamRZ 1958, 274.
[31] BGH v. 01.02.1966 - VI ZR 196/64 - VersR 1966, 368-369.
[32] KG Berlin v. 16.04.1991 - 9 U 3177/90 - RuS 1992, 92.

der Überwachungspflicht eine besondere, auf die Gefährlichkeit hinweisende Aufklärungspflicht. Dies gilt ebenso für die Handhabung von Medikamenten und chemischen Substanzen[33], wie Brennspiritus[34].

Beim **Umgang mit Streichhölzern und Feuerzeugen** müssen Eltern ihre kleineren, in den entschiedenen Fällen etwa sieben bis zehn Jahre alten Kinder nicht nur eindringlich über die Gefährlichkeit des Spiels mit dem Feuer belehren, sondern auch darauf streng achten, dass die Kinder nicht unerlaubt in den Besitz von Streichhölzern oder anderen Zündmitteln gelangen.[35] Für ältere, dem Grundschulalter bereits entwachsene Kinder gelten diese Maßstäbe nicht.[36] Auch hier gilt wieder, dass bei Kindern dieser Altersstufe eine regelmäßige Überwachung entbehrlich ist, sofern nicht konkreter Anlass zu besonderer Vorsorge besteht.[37] Eine striktere Überwachung ist auch bei einem geistig retardierten und schwer verhaltensgestörten Kind mit ausgeprägter Aggressionsbereitschaft erforderlich.[38] 15

Für weitere Fälle der Aufsichtsverletzung, insbesondere im Straßenverkehr vgl. die Kommentierung zu § 832 BGB. 16

3. Aufenthaltsbestimmung (Absatz 1 Alternative 4)

Bei der **Aufenthaltsbestimmung** legen die Eltern Wohnort und Wohnung des Kindes fest.[39] Wohnen die Eltern in einer Mietwohnung, so sind minderjährige Kinder auf Grund des Aufenthaltsbestimmungsrechts der Eltern Besitzdiener hinsichtlich der Mietwohnung ihrer Eltern, so dass ein gesonderter Räumungstitel gegen sie nicht erforderlich ist.[40] Wohnort und Wohnung des Kindes kann auch bei Dritten, wie den Verwandten (hier: Großeltern[41]), einem Heim, einer Kur oder Internat sein.[42] Ebenso kann aber auch bestimmt werden, dass das Kind sich an bestimmten Orten nicht aufzuhalten hat, es können Hausarreste erteilt werden, Ausgehzeiten auferlegt werden oder der Personalausweis abgenommen werden, damit das Kind nicht verreisen kann. Sobald die Unterbringung mit Freiheitsentzug verbunden ist, ist die Zustimmung des Familiengerichts erforderlich (§ 1631b BGB). 17

Das Aufenthaltsbestimmungsrecht steht beiden sorgeberechtigten Eltern zu; bei nur einem sorgeberechtigten Elternteil steht sie diesem allein zu. Leben sie nicht nur vorübergehend getrennt, gilt die Regelung von § 1687 Abs. 2 Satz 1 BGB für den gewöhnlichen Aufenthaltsort des Kindes, so dass eine Einigung zwischen beiden Elternteilen erfolgen muss. Haben die Eltern übereinstimmend in Ausübung ihres gemeinsamen Sorgerechts eine Bestimmung nach § 1687 Abs. 2 Satz 1 BGB getroffen, dass die Kinder ihren Lebensmittelpunkt nach einer Trennung oder Scheidung bei einem Elternteil haben sollen, so kann dieser nicht verlangen, dass das alleinige Aufenthaltsbestimmungsrecht auf sie übertragen wird.[43] 18

Das **Aufenthaltsbestimmungsrecht kann beschränkt oder entzogen werden** (§ 1632 Abs. 4, §§ 1666 BGB); ein Entzug kommt beispielsweise in Betracht, wenn bei einer beabsichtigten Ausreise in ein fernes Land die Gefahr einer Schädigung des körperlichen oder psychischen Wohls des Kindes besteht.[44] 19

In unaufschiebbaren Eilfällen gehört es zu den **Aufgaben der Polizei** (vgl. etwa § 1 Abs. 2 PolG NRW), einem nach Maßgabe einer familiengerichtlichen Umgangsregelung beschränkten Aufenthaltsbestimmungsrecht des alleinsorgeberechtigten Elternteils Geltung zu verschaffen.[45] Ein Verstoß gegen eine bestehende Umgangsregelung stellt insoweit die für ein polizeiliches Einschreiten erforderliche Gefahr dar. Voraussetzung ist weiterhin, dass der Schutz des lediglich für den festgelegten Umgangszeitraum begrenzten Aufenthaltsbestimmungsrechts des alleinsorgeberechtigten Elternteils (amts-)ge- 20

---

[33] BGH v. 06.04.1976 - VI ZR 93/75 - FamRZ 1976, 330, 331.
[34] BGH v. 18.02.1992 - VI ZR 194/91 - RuS 1992, 233-234.
[35] LG Stade v. 16.09.1997 - 3 S 38/97 - VersR 1998, 57.
[36] BGH v. 19.01.1993 - VI ZR 117/92 - juris Rn. 6 - FamRZ 1993, 666-667.
[37] BGH v. 27.02.1996 - VI ZR 86/95 - juris Rn. 12 - FamRZ 1996, 600-601.
[38] BGH v. 10.10.1995 - VI ZR 219/94 - juris Rn. 13 - FamRZ 1996, 29-30.
[39] *Götz* in: Palandt, § 1631 Rn. 3.
[40] AG Augsburg v. 11.03.2005 - 25 C 149/05 - NZM 2005, 480.
[41] OLG Frankfurt v. 29.03.1996 - 20 W 106/96 - FamRZ 1996, 1351-1352.
[42] *Salgo* in: Staudinger, § 1631 Rn. 53.
[43] OLG Stuttgart v. 09.09.1998 - 17 UF 309/98 - FamRZ 1999, 39-40.
[44] OLG Zweibrücken v. 24.01.1984 - 3 W 8/84 - FamRZ 1984, 931-932.
[45] VG Aachen v. 14.01.2010 - 6 L 533/09.

21 Nach § 64 Abs. 1 SGB III wird ein Auszubildender bei einer beruflichen Ausbildung nur gefördert, wenn er außerhalb des Haushaltes der Eltern oder eines Elternteils wohnt (§ 64 Abs. 1 Nr. 1 SGB III) und die Ausbildungsstätte von der Wohnung der Eltern oder eines Elternteils aus nicht in angemessener Zeit erreichen kann (§ 64 Abs. 1 Nr. 2 SGB III). Gemäß § 64 Abs. 2 Nr. 4 SGB III – vormals fast gleichlautend § 40 Abs. 1 AFG – gilt die Voraussetzung nach § 64 Abs. 1 Nr. 2 SGB III jedoch nicht, wenn der Auszubildende aus schwerwiegenden sozialen Gründen nicht auf die Wohnung der Eltern oder eines Elternteils verwiesen werden kann. Solche schwerwiegenden sozialen Gründe, die der Ablehnung von **Berufsausbildungsbeihilfe** unter Verweisung auf die Wohnung der Eltern oder eines Elternteils entgegenstehen, liegen regelmäßig vor, wenn die Eltern und ein fast volljähriges Kind nach langwährenden tief greifenden Auseinandersetzungen übereinstimmend das Zusammenleben in einer gemeinsamen Wohnung ausschließen. Auf die Regelung in § 1612 Abs. 2 Satz 2 BGB kann nicht zurückgegriffen werden. Danach kann das Familiengericht auf Antrag des Kindes eine Bestimmung der Eltern über die Art der Unterhaltsgewährung, also die Bestimmung über die Gewährung von Barunterhalt statt Naturalunterhalt beziehungsweise umgekehrt, ändern. Jedoch bietet die Regelung keine Lösung für den Fall, dass der Personensorgeberechtigte ohne Widerspruch des Kindes von seinem Aufenthaltsbestimmungsrecht nach § 1631 Abs. 1 BGB in der Form Gebrauch gemacht hat, dass er sowohl einen Auszug des Kindes aus der gemeinsamen Wohnung befürwortet als auch einen Wiedereinzug ablehnt.[46]

22 Die Pflicht der Eltern, für ein minderjähriges Kind zu sorgen, es zu pflegen, zu erziehen, zu beaufsichtigen und seinen Aufenthalt zu bestimmen, reicht nicht soweit, dass daraus ein im Wege der einstweiligen Verfügung durchsetzbarer Verfügungsanspruch dahingehend besteht, dass die **Betreuung** eines 15-jährigen Kindes in einem Verein bei überregionalen Wettkämpfen (Verbandsturnieren) durch einen Elternteil oder einem von ihm beauftragten Privattrainer erfolgen darf. Vielmehr ist der Spitzenverband in seinen Entscheidungen autonom. Das Kind, vertreten durch die Eltern, hat sich mit dem Eintritt in einen Mitgliedsverein dieser Vereinsautonomie unterworfen. Damit ist das Kind an dessen Regelwerk gebunden. Die Personensorge der Eltern kann durch Anwesenheit im Zuschauerraum zureichend ausgeübt werden.[47]

II. Recht auf gewaltfreie Erziehung (Absatz 2 Satz 1)

23 Der Gesetzgeber beabsichtigte mit der Regelung des § 1631 Abs. 2 Satz 1 BGB vor allem eine Bewusstseinsänderung in der Bevölkerung.[48] Obwohl die Regelung keine unmittelbaren Sanktionsmöglichkeiten enthält, ist das Recht auf gewaltfreie Erziehung mehr als ein bloßes unverbindliches Leitbild.[49] Damit wird klargestellt, dass es sich bei dem **Gewaltverbot** um mehr handelt, als nur einen bestimmten Erziehungsstil, von dem die Eltern keinen Gebrauch machen sollen. Was unter einer gewaltfreien Erziehung genau zu verstehen ist, ergibt sich nicht aus dem strafrechtlichen Gewaltbegriff, sondern wird in § 1631 Abs. 2 Satz 2 BGB genauer bestimmt.[50]

24 Das **Recht auf gewaltfreie Erziehung** beinhaltet keinen einklagbaren Rechtsanspruch des Kindes gegen seine Eltern.[51] Allgemeine zivilrechtliche Unterlassungsansprüche sind insoweit durch die Regelung von § 1666 BGB ausgeschlossen, nicht dagegen Schadensersatzansprüche im Sinne von § 823 BGB.[52]

25 **Dritte** haben grundsätzlich kein Recht, das Kind zu züchtigen, selbst wenn ihnen die Ausübung der Personensorge überlassen worden ist.[53]

---

[46] BSG v. 02.06.2004 - B 7 AL 38/03 R - SGb 2004, 478.
[47] LG Gießen v. 22.12.2003 - 4 O 531/03 - SpuRt 2006, 86-87.
[48] BT-Drs. 14/1247, S. 7.
[49] *Salgo* in: Staudinger, § 1631 Rn. 83.
[50] BT-Drs. 14/1247, S. 7.
[51] *Salgo* in: Staudinger, § 1631 Rn. 83.
[52] *Götz* in: Palandt, § 1631 Rn. 6.
[53] *Salgo* in: Staudinger, § 1631 Rn. 90 ff.

III. Verbot körperlicher Bestrafung, seelischer Verletzungen und anderer entwürdigender Maßnahmen (Absatz 2 Satz 2)

In § 1631 Abs. 2 Satz 2 BGB bestimmt der Gesetzgeber, was unter einer gewaltfreien Erziehung zu verstehen ist. Unzulässig sind generell **entwürdigende Maßnahmen**. Das sind Maßnahmen, welche das Ehr- und Selbstwertgefühl des Kindes in einem vom Anlass der Erziehungsmaßnahme nicht zu rechtfertigenden Maß verletzen.[54] Die Regelung zählt beispielhaft die körperliche Bestrafung und die seelische Verletzung als entwürdigende Maßnahmen auf.

26

Der Begriff der „**körperlichen Bestrafung**" in § 1631 Abs. 2 Satz 2 BGB ist sehr eng auszulegen. Darunter fallen sämtliche physischen Einwirkungen der Eltern, die aus der Sicht eines objektiven Dritten eine Bestrafung des Kindes darstellen. Hierzu gehören insbesondere Schläge mit und ohne Schlaggegenstände, Prügel, Zupacken sowie die leichte Ohrfeige und der leichte Klaps auf das Hinterteil bzw. auf Hände und Unterarme[55]. Auf eine körperliche Misshandlung im Sinne von § 223 Abs. 1 StGB kommt es nach dem Wortlaut nicht an. Vielmehr ist jede Einwirkung auf das Kind in Bestrafungsabsicht ein unzulässiges Erziehungsmittel.[56] Eine Zuwiderhandlung der Eltern führt aber erst unter den Voraussetzungen der §§ 223 ff. StGB zu strafrechtlichen[57] und des § 1666 BGB beziehungsweise § 823 BGB zu zivilrechtlichen Konsequenzen. Insofern gibt es einen Bereich, in dem körperliche Bestrafungen unterhalb dieser gesetzlichen Eingriffsschwellen geduldet, aber nicht automatisch zulässig sind.

27

Keine körperliche Bestrafung liegt dagegen vor, wenn die Eltern körperlich auf das Kind einwirken, um konkrete Gefahren von ihm abzuwehren, wie beim Zurückhalten von der Fahrbahn oder dem Entreißen von gefährlichen Gegenständen.[58] Zukünftige Gefahren reichen dagegen nicht aus.

28

Eine **seelische Verletzung** ist gegeben, wenn die Eltern sich gegenüber dem Kind kränkend oder verächtlich äußern oder die Eltern das Kind in dessen Gegenwart gegenüber Dritten bloßstellen.[59] Die seelische Verletzung kann sich aber auch aus der Art der Maßnahme (nackt ausziehen) oder dem Umfang der Maßnahme (Nichtbeachtung über längere Zeit, Einsperren) ergeben.

29

Wenn eine Handlung keine körperliche Bestrafung oder seelische Verletzung darstellt, kann sie immer noch eine **andere entwürdigende Maßnahme** sein. Hierzu gehören sämtliche quälenden, das Schamgefühl verletzenden Maßnahmen wie die Kontrolle des unbedeckten Geschlechtsteils einer 14-Jährigen, um festzustellen, ob sie intime Beziehungen zu Männern unterhält.[60] Das Zurückhalten des Kindes von der Fahrbahn zur Gefahrenabwehr ist zwar keine körperliche Bestrafung, kann aber unter Gesichtspunkten der Verhältnismäßigkeit je nach Intensität – zu Boden reißen des Kindes – eine entwürdigende Maßnahme darstellen. Ebenso stellt die Herabwürdigung des Kindes durch die Eltern gegenüber Dritten keine seelische Verletzung dar, wenn das Kind nicht anwesend ist, weil es an einem Verletzungserfolg fehlt.[61]

30

Andere als die unter § 1631 Abs. 2 BGB fallenden **Erziehungsmittel** stehen im freien Ermessen der Eltern, um mit einem Verhalten des Kindes umzugehen. Dies gilt zum einen für ein vorbildliches Verhalten des Kindes, welchem sie mit Lob oder einer Belohnung begegnen können. Dagegen können sie bei einem Fehlverhalten des Kindes mit Verständnis, Ermahnungen, Verweisen, Ausgehverboten, Umgangsverboten, Fernsehverbot oder mit Kürzung des Taschengeldes reagieren. Unabhängig davon, ob die Maßnahme zusprechend oder tadelnd ist, sollten die Eltern versuchen, dem Kind die Beweggründe für die getroffene Maßnahme verständlich zu machen.[62]

31

---

[54] BT-Drs. 8/2788, S. 35.
[55] OLG Thüringen v. 13.08.2007 - 2 UF 150/07 - FamRZ 2008, 806-807; lesenswert hierzu *Harms*, jurisPR-FamR 16/2008, Anm. 4.
[56] Vgl. hierzu auch *Riemer*, ZJJ 2005, 403-408 m.w.N.; *Riemer*, FPR 2006, 387, 388 m.w.N.
[57] AG Burgwedel v. 10.11.2004 - 64 Ds 3643 Js 8475/04 (20/04) - JAmt 2005, 50-51; zur Strafbarkeit von körperlicher Bestrafung in Migrantenfamilien: LG Berlin v. 30.05.2005 - (509) 7 Ju Js 2606/04 KLs (5/05) - ZKJ 2006, 103-105 mit Anmerkung *Riemer*, ZKJ 2006, 105-106.
[58] *Salgo* in: Staudinger, § 1631 Rn. 85.
[59] *Salgo* in: Staudinger, § 1631 Rn. 87.
[60] BayObLG v. 20.09.1982 - BReg 1 Z 84/82 - DAVorm 1983, 78-83.
[61] *Veit* in: Bamberger/Roth, § 1631 Rn. 22.
[62] *Götz* in: Palandt, § 1631 Rn. 8.

IV. Unterstützung durch das Familiengericht (Absatz 3)

32 Eine **Unterstützung durch das Familiengericht** ist gemäß § 1631 Abs. 3 BGB auf geeignete Fälle der Personensorge beschränkt. Sie kommt daher nur dann in Betracht, wenn die Maßnahme der Eltern – auch ausländischer Eltern – dem Wohl des Kindes entspricht[63]. Das Gericht kann die Unterstützung ablehnen, wenn es sie für unzweckmäßig oder im Interesse des Kindes nicht für geboten hält.[64]

33 Innerhalb des Familiengerichts ist der Rechtspfleger zur **Entscheidung** nach § 1631 Abs. 3 BGB zuständig (§ 3 Nr. 2a RPflG).

34 Die Unterstützung durch das Familiengericht besteht primär in der Herstellung oder Wiederherstellung der **Kommunikation** zwischen Kind und den Eltern sowie gegebenenfalls mit dem Jugendamt oder anderen betroffenen Personen.[65] Wenn dies nicht erfolgversprechend erscheint, kommen Maßnahmen höherer Intensität in Betracht wie Belehrung, Missbilligung, Ermahnung, Weisung, oder Vorladung. Die Unterstützung kann auch in der Hilfe bei der Ermittlung des Aufenthalts des Kindes bestehen.[66] Durch die Heirat des Kindes werden Unterstützungshandlungen gegenstandslos.[67]

35 Nicht zulässig sind dagegen die Anordnung von freiheitsentziehenden Maßnahmen im Sinne von § 1631b BGB (vgl. hierzu die Kommentierung zu § 1631b BGB) wie Jugendarrest oder die Anordnung von Gewaltanwendung gegenüber dem Kind.[68] Verfahren nach den §§ 1631a, 1631b, 1632, 1666 ff. BGB sind gegenüber § 1631 Abs. 3 BGB spezieller.[69]

36 Für die **Unterstützung** durch das Familiengericht muss zumindest ein Elternteil einen Antrag stellen. Bei Meinungsverschiedenheiten der Eltern muss zunächst ein Verfahren nach § 1628 BGB vorgeschaltet werden.[70] Das Gericht ist nicht an diesen Antrag gebunden, so dass die konkrete Unterstützungsmaßnahme weniger, aber nicht mehr als beantragt sein kann.[71]

C. Prozessuale Hinweise/Verfahrenshinweise

37 Das Recht auf gewaltfreie Erziehung beinhaltet **keinen einklagbaren Rechtsanspruch** des Kindes gegen die Eltern.[72]

38 Auch § 3 Abs. 1 GewSchG schließt Maßnahmen nach dem GewSchG aus, wenn Kinder Opfer häuslicher Gewalt sind. Kinder haben in diesen Fällen **kein Antragsrecht**.[73] Vielmehr können nur Maßnahmen nach den §§ 1666 ff. BGB unter den dort genannten Voraussetzungen ergriffen werden.

---

[63] KG, FamRZ 1965, 390, 391.
[64] BT-Drs. 8/2788, S. 49.
[65] *Salgo* in: Staudinger, § 1631 Rn. 100.
[66] *Veit* in: Bamberger/Roth, § 1631 Rn. 26.1.
[67] BayObLG, FamRZ 1962, 77.
[68] *Salgo* in: Staudinger, § 1631 Rn. 100.
[69] *Salgo* in: Staudinger, § 1631 Rn. 102.
[70] BT-Drs. 8/2788, S. 49.
[71] *Diederichsen* in: Palandt, § 1631 Rn. 10.
[72] *Harms*, jurisPR-FamR 16/2008, Anm. 4
[73] KG Berlin v. 16.01.2004 - 18 WF 414/03 - juris Rn. 4 - FPR 2004, 267-268; LG Heilbronn v. 15.04.2008 - 4 T 6/08 Ko, 4 T 6/08 - juris Rn. 1 - FamRZ 2009, 72.

§ 1631a BGB Ausbildung und Beruf

(Fassung vom 02.01.2002, gültig ab 01.01.2002)

¹In Angelegenheiten der Ausbildung und des Berufes nehmen die Eltern insbesondere auf Eignung und Neigung des Kindes Rücksicht. ²Bestehen Zweifel, so soll der Rat eines Lehrers oder einer anderen geeigneten Person eingeholt werden.

Gliederung

A. Grundlagen 1	II. Rücksichtnahme insbesondere auf Eignung und Neigung des Kindes 6
B. Anwendungsvoraussetzungen 2	III. Beratung (Satz 2) 12
I. Angelegenheiten der Ausbildung und des Berufs (Satz 1) 2	

A. Grundlagen

In dieser Vorschrift werden die Grundsatzregelungen von § 1626 Abs. 2 BGB und § 1618a BGB für **Angelegenheiten der Ausbildung und des Berufes** konkretisiert. Wegen der weitreichenden Konsequenzen für das spätere Leben des Kindes wurden diese Angelegenheiten als Teil der Personensorge im Sinne von § 1631 BGB in eine eigene Regelung aufgenommen.[1] Daneben zählt § 1631a BGB zu den die kindschaftsrechtliche Generalklausel in § 1666 BGB spezifizierenden Regelungen.[2]   1

B. Anwendungsvoraussetzungen

I. Angelegenheiten der Ausbildung und des Berufs (Satz 1)

Die **Rücksichtnahme** der Eltern bezieht sich auf Angelegenheiten der Ausbildung und des Berufs.   2

Unter den Begriff der **Ausbildung** fallen die schulische Ausbildung sowie die Berufsausbildung.[3] Die Ausbildung dient der Entwicklung von Anlagen, Begabungen sowie dem Erwerb von Fertigkeiten, die für den beruflichen Werdegang unerlässlich sind. Neben dieser berufsspezifischen Komponente beinhaltet sie aber auch die Förderung des Kindes außerhalb des Berufes in kultureller und politischer Hinsicht, aber auch die Entfaltung sportlicher und technischer Fähigkeiten wie den Umgang mit dem Computer.[4]   3

Ein **Beruf** ist jede erlaubte Tätigkeit, die ein Mensch dauerhaft ergreift und die er zur Grundlage seiner Lebensführung macht.[5]   4

Zu den **Angelegenheiten der Ausbildung und des Berufs** zählen vor allem die Entscheidungen, welches Ausbildungsziel das Kind verfolgt, wie es dieses Ziel erreicht (Wahl eines bestimmten Ausbildungsgangs), wo es die Ausbildung durchführt sowie einen Abbruch beziehungsweise die Wahl eines anderen Berufszieles.[6]   5

II. Rücksichtnahme insbesondere auf Eignung und Neigung des Kindes

Bei der Entscheidung in Angelegenheiten der Ausbildung und des Berufs haben die Eltern vor allem die **Eignung und Neigung des Kindes** zu berücksichtigen (§ 1631a Satz 1 BGB).   6

Die **Eignung** setzt objektiv voraus, dass das Kind die erforderlichen geistigen und körperlichen Fähigkeiten besitzt, um das Berufsziel zu erreichen und sich auch anschließend in diesem Beruf zu bewähren.[7] Die zu treffende Prognose kann unter Zuhilfenahme von Schulzeugnissen, Informationen von Lehrern und Ausbildern des Kindes sowie Gutachten und Eignungstests getroffen werden.[8]   7

---

[1] *Salgo* in: Staudinger, § 1631a Rn. 6.
[2] *Salgo* in: Staudinger, § 1631a Rn. 6.
[3] *Salgo* in: Staudinger, § 1631a Rn. 10.
[4] *Veit* in: Bamberger/Roth, § 1631a Rn. 2.1.
[5] BVerfG v. 05.05.1987 - 1 BvR 981/81 - juris Rn. 17 - NJW 1988, 543-545.
[6] *Huber* in: MünchKomm-BGB, § 1631a Rn. 4.
[7] *Salgo* in: Staudinger, § 1631a Rn. 13.
[8] BayObLG München v. 18.01.1982 - BReg 1 Z 141/81 - FamRZ 1982, 634-637.

8   Die **Neigung** zeichnet sich durch subjektive Wünsche und Zielvorstellungen des Kindes aus.[9] Damit sind vor allem ernsthafte Berufs- und Ausbildungswünsche erfasst, die das Kind über längere Zeit hinweg nach außen geäußert hat[10] und nicht im Widerspruch zu seiner Eignung stehen[11].

9   Neben den beiden in § 1631a Satz 1 BGB genannten Gesichtspunkten sind aber auch **andere Aspekte** wie beispielsweise Arbeitsmarktchancen, Finanzierbarkeit durch die Eltern, Fortführung des Betriebes im Interesse der Familie sowie Konstitution und Gesundheit des Kindes zu berücksichtigen.[12]

10 **Rücksichtnahme** bedeutet, eigene Wünsche und Rechtspositionen hinter die Bedürfnisse anderer Familienmitglieder zurückzustellen (§ 1618a BGB).[13] Die sorgeberechtigten Eltern sind damit nach § 1631a Satz 1 BGB sowohl berechtigt als auch verpflichtet, die Ziele und Wege der Ausbildung verantwortlich festzulegen.[14] Dazu gehört es, das Kind aktiv zu unterstützen und es in die Entscheidungsfindung mit einzubeziehen (§ 1626 Abs. 2 BGB).

11 Bei **mangelnder Rücksichtnahme** der Eltern kann das Gericht im Falle eines Sorgerechtsmissbrauchs nicht ohne weiteres Maßnahmen nach § 1666 BGB treffen, weil § 1631a BGB dieser Regelung vorgeht.[15]

III. Beratung (Satz 2)

12 Bei der Entscheidungsfindung können bei den Eltern Unsicherheiten in Bezug auf die zu treffende Prognose bestehen, sei es weil sie Fähigkeiten ihres Kindes nicht richtig einzuschätzen vermögen oder weil es ihnen an Informationen im Zusammenhang mit dem angestrebten Beruf mangelt. Ebenso können Meinungsverschiedenheiten zwischen den Eltern und dem Kind aufkommen, die eine Entscheidungsfindung verhindern. In diesen Fällen sollen die Eltern den **Rat** von Lehrern sowie anderen geeigneten Personen wie Verwandten, Ausbildern des Kindes, Berufsberatern, Angehörigen der angestrebten Berufsgruppe bis hin zu Ärzten und Psychologen einholen.[16]

13 Bei **Meinungsverschiedenheiten** zwischen den Eltern gilt § 1627 BGB, sowie gegebenenfalls § 1628 BGB (vgl. hierzu die Kommentierung zu § 1628 BGB).[17]

---

[9] *Salgo* in: Staudinger, § 1631a Rn. 14.
[10] BT-Drs. 8/2788, S 49.
[11] BayObLG München v. 18.01.1982 - BReg 1 Z 141/81 - FamRZ 1982, 634-637.
[12] *Salgo* in: Staudinger, § 1631a Rn. 13.
[13] BayObLG München v. 03.12.1992 - 2Z BR 104/92 - juris Rn. 9 - NJW-RR 1993, 336-337.
[14] BGH v. 03.11.1982 - IVb ZR 324/81 - juris Rn. 10 - LM Nr. 7 zu § 1610 BGB.
[15] BayObLG München v. 08.08.1990 - BReg 1 a Z 47/90 - NJW-RR 1991, 329-330; BayObLG München v. 18.01.1982 - BReg 1 Z 141/81 - FamRZ 1982, 634-637.
[16] *Salgo* in: Staudinger, § 1631a Rn. 18.
[17] OLG Hamm, FamRZ 1966, 209.

§ 1631b BGB Mit Freiheitsentziehung verbundene Unterbringung

(Fassung vom 17.12.2008, gültig ab 01.09.2009)

¹Eine Unterbringung des Kindes, die mit Freiheitsentziehung verbunden ist, bedarf der Genehmigung des Familiengerichts. ²Die Unterbringung ist zulässig, wenn sie zum Wohl des Kindes, insbesondere zur Abwendung einer erheblichen Selbst- oder Fremdgefährdung, erforderlich ist und der Gefahr nicht auf andere Weise, auch nicht durch andere öffentliche Hilfen, begegnet werden kann. ³Ohne die Genehmigung ist die Unterbringung nur zulässig, wenn mit dem Aufschub Gefahr verbunden ist; die Genehmigung ist unverzüglich nachzuholen.

Gliederung

A. Grundlagen 1	II. Verfahren 26
B. Anwendungsvoraussetzungen 2	1. Antrag 26
I. Unterbringung verbunden mit Freiheitsentziehung (Satz 1) 2	2. Beteiligte 28
1. Abgrenzungen 3	3. Verfahrensbeistand 31
2. Unterbringungsähnliche Maßnahmen 6	4. Anhörung 32
3. Beendigung lebenserhaltender Maßnahmen .. 8	5. Sachverständigengutachten 37
II. Genehmigung des Familiengerichts (Sätze 1-3) 9	6. Beschluss, Zustellung 40
C. Prozessuale Hinweise/Verfahrenshinweise ... 22	7. Rechtsmittel 42
I. Zuständigkeit 23	8. Kosten 43
	III. Eilmaßnahmen 45

A. Grundlagen

Eine **Unterbringung** des Kindes, die mit **Freiheitsentziehung** verbunden ist, stellt eine besonders schwerwiegende Beschneidung der Rechte des Kindes dar, die nicht ohne gerichtliche Kontrolle erfolgen darf.[1] Bei einer freiheitsentziehenden Unterbringung setzt der gesetzliche Vertreter nämlich sein Aufenthaltsbestimmungsrecht unter Anwendung von Zwangsmitteln durch. Durch § 1631b BGB soll der Missbrauch des Aufenthaltsbestimmungsrechts durch die Erziehungsberechtigten ausgeschlossen werden[2], wenn durch eine sinnvolle Wahrnehmung des Erziehungsrechts eine Problemlösung auf weniger schwerwiegende Weise erreichbar ist[3].

B. Anwendungsvoraussetzungen

I. Unterbringung verbunden mit Freiheitsentziehung (Satz 1)

Unterbringung ist die Fremdplatzierung des Kindes außerhalb des Elternhauses.[4] Von Bedeutung sind weder Zweck noch Dauer der Unterbringung.[5] Für das Genehmigungserfordernis ist es ohne Bedeutung, ob die Eltern, ein Elternteil, der Vormund[6] oder Pfleger die Unterbringung beantragen.

1. Abgrenzungen

Eine mit **Freiheitsentziehung** verbundene Unterbringung liegt immer dann vor, wenn das Kind seinen Willen, sich frei zu bewegen, wohin und wann es will, nicht durchsetzen kann.[7] Insofern scheidet eine Freiheitsentziehung aus, wenn das Kind sein **Einverständnis** erteilt.[8]

---

[1] BT-Drs. 7/2060, S. 21.
[2] AG Glückstadt v. 18.02.1980 - 1 X 9/80 - FamRZ 1980, 824.
[3] BT-Drs. 8/2788, S. 38.
[4] *Salgo* in: Staudinger, § 1631b Rn. 11.
[5] *Veit* in: Bamberger/Roth, § 1631b Rn. 2.
[6] BVerfG v. 29.11.1983 - 2 BvR 704/83 - NJW 1984, 1025-1026.
[7] AG Kamen v. 21.10.1982 - 5 VII P 682 - FamRZ 1983, 299-300, AG Kamen v. 21.10.1982 - 5 VII P 682 - FamRZ 1983, 299-300.
[8] AG Recklinghausen v. 31.03.1987 - C VIII 721 - FamRZ 1988, 653-658; LG Berlin v. 27.09.1990 - 83 T 265/90 - RuP 1990, 178-181; a.A. *Veit* in: Bamberger/Roth, § 1631b Rn. 5; wohl auch BayObLG München v. 30.07.1991 - BReg 3 Z 112/91 - FamRZ 1992, 105-106.

4   Die Freiheitsentziehung ist von der **nicht genehmigungsbedürftigen Freiheitsbeschränkung** abzugrenzen. Zwischen diesen Maßnahmen sind die Grenzen fließend. Maßgeblich für eine Beurteilung sind die Intensität des Eingriffs, die Schwere der Beeinträchtigung der Bewegungsfreiheit sowie die Dauer der Maßnahme.[9] Maßnahmen, die ein Festhalten innerhalb des Elternhauses beinhalten, wie begrenzte Ausgehzeiten, **Ausgehverbote** oder **Stubenarrest**, fallen so etwa nicht unter § 1631b BGB.[10] Auch Nachsitzen oder die **zwangsweise Vor- und Zuführung zu einer ärztlichen Behandlung** sind nicht vom Anwendungsbereich dieser Vorschrift erfasst und bedürfen daher keiner familiengerichtlichen Genehmigung.[11] Bei einem elfjährigen Kind etwa stellt die Notwendigkeit, beim Verlassen der Station einer Klinik für Kinder- und Jugendpsychiatrie einen in üblicher Schalterhöhe angebrachten **Türentriegelungsknopf** drücken zu müssen, keine genehmigungspflichtige Freiheitsentziehung dar.[12]

5   Eine mit **Freiheitsentziehung verbundene Unterbringung** ist daher bei einem Aufenthalt in geschlossenen Heimen und Anstalten sowie in geschlossenen Abteilungen von Heimen und Anstalten zu bejahen[13], der meist auf psychische Ausnahmezustände oder das Erfordernis einer Entziehungskur in Bezug auf Alkohol oder Drogen bedingt ist[14]. Aber auch die sog. „halboffene Unterbringung" kann eine mit Freiheitsentziehung verbundene Unterbringung darstellen.[15] Dies ist dagegen nicht der Fall bei der Unterbringung in einem Kindergarten, im Internat, in einem offenen Heim, bei Verwandten oder einer Pflegefamilie.[16]

2. Unterbringungsähnliche Maßnahmen

6   Strittig ist, ob auch **unterbringungsähnliche Maßnahmen** i.S.v. § 1906 Abs. 4 BGB von § 1631b BGB erfasst sind: Hierzu zählen etwa Bettgitter, das Anlegen eines Bauchgurtes im Bett oder Rollstuhl, der Therapietisch am Rollstuhl oder Sedativa. Zum Teil wird davon ausgegangen, dass solche Maßnahmen überhaupt nicht genehmigungspflichtig sind[17], zum Teil wird aber eine Genehmigung nach § 1631b BGB[18] oder entsprechend § 1906 Abs. 4 BGB[19] angenommen. Richtigerweise ist eine Genehmigungspflicht für unterbringungsähnliche Maßnahmen jedoch **abzulehnen**. § 1631b BGB enthält diesbezüglich kein Genehmigungserfordernis, sondern erfasst ausdrücklich nur die „Unterbringung"; eine analoge Anwendung von § 1906 Abs. 4 BGB scheidet mangels planwidriger Regelungslücke aus.[20]

7   Unabhängig von der Frage der Genehmigungspflicht würde etwa die Fixierung eines Kindes auf einem Hilfsmittel (hier ein **Reha-Kinderwagen**), welches grundsätzlich für den Behinderungsausgleich von gehunfähigen und gehbehinderten Kindern vorgesehen ist und durch dessen Einsatz erst die Bewegungsfreiheit des Kindes ermöglich wird, keine Freiheitsbeschränkung im Sinne von §§ 1631b Satz 1, 1906 Abs. 4 BGB darstellen. Das Hilfsmittel soll gerade keine Freiheitsbeschränkung bewirken, sondern den eigenständigen Freiraum des Kindes erst gewährleisten. Das Ziel der Hilfsmittelversorgung verfolgt somit das genaue Gegenteil zu den in §§ 1631b Satz 1, 1906 Abs. 4 BGB geregelten Maßnahmen.[21]

---

[9] AG Recklinghausen v. 31.03.1987 - C VIII 721 - FamRZ 1988, 653-658; LG Berlin v. 27.09.1990 - 83 T 265/90 - RuP 1990, 178-181.

[10] *Salgo* in: Staudinger, § 1631b Rn. 12.

[11] *Hoffmann*, JAmt 2009, 473-480, 473.

[12] OLG Celle v. 02.09.2013 - 15 UF 177/13 - juris Rn. 12, MDR 2013, 1283-1285.

[13] OLG Düsseldorf v. 02.11.1962 - 3 W 362, 383/62 - NJW 1963, 398.

[14] So noch *Diederichsen* in: Palandt, 71. Aufl., § 1631b Rn. 2.

[15] AG Recklinghausen v. 31.03.1987 - C VIII 721 - FamRZ 1988, 653-658.

[16] *Veit* in: Bamberger/Roth, § 1631b Rn. 4.

[17] LG Essen v. 12.03.1993 - 7 T 148/93 - FamRZ 1993, 1347-1348; AG Hamburg-Barmbek v. 24.06.2008 - 887 F 49/06; lesenswert hierzu *Kieninger*, jurisPR-FamR 1/2009, Anm. 3.

[18] AG Frankfurt v. 26.08.1988 - 40 VIII B 27574 - RuP 1989, 72-76; LG Berlin v. 27.09.1990 - 83 T 265/90 - juris Rn. 15 - FamRZ 1991, 365-369.

[19] *Diederichsen* in: Palandt, 71. Aufl., § 1631b Rn. 2; a.A. jetzt: *Götz* in: Palandt, § 1631b Rn. 2; *Ziegler* in: Schulte-Bunert/Weinrich, FamFG, § 167 Rn. 2, der damit auch zu einer entsprechenden Anwendung der §§ 312 ff. FamFG kommt.

[20] BGH v. 07.08.2013 - XII ZB 559/11 - juris Rn. 14, NJW 2013, 2969-2971; OLG Frankfurt v. 19.11.2012 - 5 UF 187/12 - juris Rn. 8 - FamRZ 2013, 1225-1227; in diesem Sinne auch: *Kieninger*, jurisPR-FamR 1/2009, Anm. 3; *Stockmann*, jurisPR-FamR 24/2013, Anm. 5; *Breidenstein*, jM 2014, 99-102; *Leeb/Weber*, ZKJ 2014, 143-145.

[21] BSG v. 10.11.2005 - B 3 KR 31/04 R.

3. Beendigung lebenserhaltender Maßnahmen

Ist ein Kind nach einem Unfall nur noch mit Hilfe künstlicher Beatmung und durch künstliche Ernährung lebensfähig, so kann eine familiengerichtliche **Genehmigung zur Einwilligung** des Sorgeberechtigten in die **Beendigung dieser lebenserhaltenden Maßnahmen nicht** erteilt werden, da es an einer gesetzlichen Grundlage fehlt. Insbesondere ist eine solche Genehmigung nicht über § 1631b BGB bzw. eine analoge Anwendung von § 1631b BGB möglich.[22]

II. Genehmigung des Familiengerichts (Sätze 1-3)

Das Familiengericht erteilt die **Genehmigung** nur, wenn das **wohlverstandene Interesse** des Kindes eine solche Maßnahme erfordert.[23]

§ 1631b Satz 2 BGB regelt die materiell-rechtlichen Voraussetzungen einer freiheitsentziehenden Unterbringung. Eine Unterbringung kommt immer nur als Ultima Ratio und nur für die kürzeste angemessene Zeit in Betracht.

§ 1631b BGB erfordert zum einen, dass die Unterbringung zum Wohl des Kindes erforderlich ist. Durch das Gesetz zur Erleichterung familiengerichtlicher Maßnahmen bei Gefährdung des Kindeswohls vom 04.07.2008[24] wurde konkretisiert, wann dies der Fall ist. § 1631b Satz 2 BGB nennt nunmehr beispielhaft den Fall einer **erheblichen Selbst- oder Fremdgefährdung**.

Eine **erhebliche Eigengefährdung** kann etwa angenommen werden, wenn das Kind die Einnahme lebenswichtiger Medikamente oder Nahrung verweigert.[25] Selbstverständlich können auch Suizidversuche eine Unterbringung rechtfertigen. Hingegen reichen allein das Zufügen von Verletzungen (**Ritzen**) und der **Konsum alkoholischer Getränke** in großer Menge für eine erhebliche Selbstgefährdung nicht aus.[26] Ebenso kann eine Selbstgefährdung vorliegen, wenn das Kind über einen längeren Zeitraum **nicht mehr die Schule besucht**, da es in diesem Fall an gesicherten tatsächlichen Grundlagen für eine gedeihliche harmonische Entwicklung des Kindes zu einer Gesamtpersönlichkeit fehlt; anders als bei der Fremdunterbringung von Erwachsenen genügt es, wenn **pädagogische Gesichtspunkte** die Unterbringung gebieten, ohne dass eine psychiatrische Diagnose erforderlich ist.[27]

Ein Fall von **Fremdgefährdung** kann vorliegen, wenn das Kind sich sonst dem **Risiko von Notwehrmaßnahmen, Ersatzansprüchen und Prozessen** aussetzt.[28]

Ferner darf der Gefahr **nicht auf andere Weise** begegnet werden können. Als andere Mittel kommen insbesondere ambulante und stationäre, aber nicht freiheitsentziehende Maßnahmen der Kinder- und Jugendhilfe sowie entsprechende psychiatrische Behandlungen in Betracht.[29]

Bei allen Kriterien hat das Gericht den **Verhältnismäßigkeitsgrundsatz zu** beachten. Die strenge Verhältnismäßigkeitsprüfung ist dabei Ausdruck des in **Art. 2 Abs. 2 Satz 2 GG** verbrieften Freiheitsgrundrechts des Kindes. Die Anforderungen an die Verhältnismäßigkeit des Eingriffs steigen mit der Dauer der Unterbringung, zudem ein Freiheitsentzug gerade bei Jugendlichen in eine Lebensphase einwirkt, die noch der Entwicklung zu einer Persönlichkeit dient, die in der Lage ist, ein rechtschaffenes Leben in voller Selbständigkeit zu führen.[30]

Der Genehmigung bedürfen auch **ausländische Eltern**, deren Kind seinen gewöhnlichen Aufenthalt in der Bundesrepublik Deutschland hat.[31]

Die Genehmigung darf sich maximal auf einen **Zeitraum** von 2 Jahren erstrecken (§§ 167 Abs. 1 Satz 1, 329 Abs. 1 FamFG). Allerdings ist § 329 FamFG vor allem auf die Unterbringung Volljähriger ausgerichtet; bei Minderjährigen dürfte es jedoch nicht verhältnismäßig sein, diesen Zeitraum auszuschöpfen.

---

[22] OLG Brandenburg v. 17.02.2000 - 10 UF 45/99 - juris Rn. 15 - FamRZ 2000, 1033-1035.
[23] BayObLG München v. 28.01.1988 - BReg 3 Z 11/88 - juris Rn. 8 - NJW 1988, 2384-2385.
[24] BGBl I 2008, 1188.
[25] *Hoffmann*, JAmt 2009, 473-480, 474.
[26] Brandenburgisches Oberlandesgericht v. 31.08.2010 - 10 WF 177/10 - juris Rn. 4.
[27] OLG Sachsen-Anhalt v. 11.07.2012 - 8 UF 144/12 - juris Rn. 29.
[28] BGH v. 24.10.2012 - XII ZB 386/12 - juris Rn. 20.
[29] *Hoffmann*, JAmt 2009, 473-480, 474; zu sog. offenen Einrichtungen: BGH v. 18.07.2012 - XII ZB 661/11 - juris Rn. 22, NJW 2012, 2584-2586, der diese Frage bei der Verhältnismäßigkeit diskutiert (vgl. hierzu auch: *Altrogge*, FamFR 2012, 402).
[30] OLG Saarbrücken v. 18.03.2010 - 6 UF 134/09 - juris Rn. 20.
[31] AG Glückstadt v. 18.02.1980 - 1 X 9/80 - FamRZ 1980, 824.

§ 1631b

18 Ohne die gerichtliche Genehmigung darf die Unterbringung nach § 1631b Satz 3 HS. 1 BGB nur erfolgen, **wenn mit dem Aufschub Gefahr verbunden ist** (Suizidgefahr, suchtindizierte Delikte).[32] Das setzt voraus, dass auch keine einstweilige Anordnung abgewartet werden kann.[33] Die Genehmigung ist in diesen Fällen unverzüglich, d.h. ohne schuldhaftes Zögern im Sinne von § 121 Abs. 1 BGB nachzuholen (§ 1631b Satz 3 HS. 2 BGB).

19 Der frühere § 1631b Satz 4 BGB, der die **Rücknahme der Genehmigung** regelte, wenn das Wohl des Kindes die Unterbringung nicht mehr erforderte, wurde mit Inkrafttreten des FamFG gestrichen. § 1696 Abs. 2 BGB gilt künftig ausdrücklich für alle Maßnahmen, die das Familiengericht zur Abwendung einer Kindeswohlgefährdung oder aus Gründen der Erforderlichkeit für das Kindeswohl ergreift und durch die eine Rechtsposition eingeschränkt wird, so dass die Regelung § 1631b Satz 4 BGB überflüssig wird.[34]

20 Für die **Verlängerung** der Genehmigung ist gem. §§ 167 Abs. 1 Satz 1, 329 Abs. 2 FamFG das Verfahren für die erstmalige Maßnahme einzuhalten.

21 Die Genehmigung umfasst lediglich die Unterbringung als solche. Die Entscheidung über die Auswahl der jeweiligen Unterbringungseinrichtung erfolgt durch den Inhaber des Sorgerechts.[35] Auch die Entscheidung, ob der Minderjährige tatsächlich einer entsprechenden Einrichtung zugeführt wird, bleibt, selbst wenn eine gerichtliche Genehmigung erteilt worden ist, den sorgeberechtigten Eltern überlassen.

C. Prozessuale Hinweise/Verfahrenshinweise

22 Die Genehmigung der freiheitsentziehenden Unterbringung eines Minderjährigen ist gem. § 151 Nr. 6 FamFG eine **Kindschaftssache**, die näher in den §§ 167, 312 Nr. 1 ff. FamFG geregelt ist.

I. Zuständigkeit

23 Sachlich zuständig ist das **Familiengericht** gemäß §§ 23a Abs. 1 Nr. 1, 23b GVG, §§ 111, 151 Nr. 6 FamFG. Es besteht **Richtervorbehalt** (Art. 104 Abs. 2 Satz 1 GG, § 14 Abs. 1 Nr. 4 RpflG).

24 Die örtliche Zuständigkeit ist in § 313 Abs. 1 FamFG geregelt, der auch die Rangfolge der möglicherweise zuständigen Gerichte festlegt. Im **Hauptsacheverfahren** ist in erster Linie das Gericht ausschließlich zuständig, bei dem ein Vormundschafts- bzw. Pflegschaftsverfahren eingeleitet oder anhängig ist.[36] Ist ein solches Verfahren noch nicht eingeleitet, ist nach § 313 Abs. 1 Nr. 2 FamFG das Gericht örtlich zuständig, in dessen Bezirk der Betroffene seinen gewöhnlichen Aufenthalt hat; ist dieser nicht gegeben oder nicht feststellbar, ist nach Nummer 3 das Gericht ausschließlich zuständig, in dessen Bezirk sich der Ort des Fürsorgebedürfnisses befindet. Auch nach Inkrafttreten des FamFG bleiben die Fälle umstritten, in denen das Kind wegen geistiger oder psychischer Gebrechen in einer Anstalt untergebracht ist, sofern noch kein Vormundschafts- bzw. Pflegschaftsverfahren eingeleitet worden ist. Zumindest dann, wenn eine Rückkehr zu den sorgeberechtigten Eltern nicht beabsichtigt ist[37] oder der Aufenthalt auf längere Dauer angelegt ist[38], kann angenommen werden, dass das Kind am Ort der Anstalt seinen gewöhnlichen Aufenthalt hat.

25 Die **internationale Zuständigkeit** deutscher Gerichte ist in § 104 FamFG geregelt. Sie besteht für deutsche Staatsangehörige sowie für nichtdeutsche Staatsangehörige, die ihren gewöhnlichen Aufenthalt in Deutschland haben bzw. soweit sie der Fürsorge eines deutschen Gerichts bedürfen.

II. Verfahren

1. Antrag

26 Zwingende Voraussetzung ist ein Antrag der **Aufenthaltsbestimmungsberechtigten**[39]; ein Antrag bspw. des Jugendamtes reicht hingegen nicht aus.[40] Daher ist eine Unterbringung oder ihre Verlänge-

---

[32] *Götz* in: Palandt, § 1631b Rn. 5.
[33] *Veit* in: Bamberger/Roth, § 1631b Rn. 9.
[34] BT-Drs. 16/6308, S. 345.
[35] OLG Brandenburg v. 29.09.2003 - 9 WF 177/03 - FamRZ 2004, 815-817; OLG Naumburg v. 06.06.2002 - 14 UF 78/02 - JAmt 2002, 538-539.
[36] *Dodegge* in: Schulte-Bunert/Weinrich, FamFG, § 313 Rn. 4.
[37] OLG München v. 12.07.2006 - 33 AR 7/06, 33 AR 007/06 - FamRZ 2006, 1622-1623.
[38] *Rausch* in: FamFG, § 272 Rn. 5.
[39] OLG Bremen v. 14.01.2013 - 5 UF 1/13 - juris Rn. 7 - NJW-RR 2013, 579-580.
[40] BVerfG v. 14.06.2007 - 1 BvR 338/07 - FamRZ 2007, 1627-1630, 1628.

rung auch dann unzulässig, wenn die Eltern den Antrag zurücknehmen.[41] Gegen den Willen der Sorgeberechtigten kann eine Unterbringungsmaßnahme nach § 1631b BGB nur erfolgen bzw. aufrechterhalten werden, wenn sie zur Abwehr einer Gefahr für das Kindeswohl erforderlich ist; dies erfordert neben dem Vorliegen der materiell-rechtlichen Voraussetzungen den Entzug zumindest des Aufenthaltsbestimmungsrechts und der Gesundheitssorge und deren Übertragung auf einen Ergänzungspfleger nach § 1666 BGB.

Steht den Eltern – ob zusammenlebend oder dauerhaft getrennt lebend – das Sorgerecht gemeinsam zu, können sie auch die Genehmigung für die von ihnen beabsichtigte Unterbringung gem. § 1631b BGB nur gemeinsam beantragen.[42] Sind sie sich diesbezüglich nicht einig, muss zuvor in einem Verfahren nach § 1628 BGB bestimmt werden, welchem Elternteil die entsprechende Befugnis übertragen wird.[43]

2. Beteiligte

In Konkretisierung des § 7 FamFG nennt § 315 Abs. 1 FamFG die Personen, die stets von Amts wegen zu beteiligen sind. Hierbei handelt es sich um das Kind als Betroffener (§§ 167 Abs. 1 Satz 1, 315 Nr. 1 FamFG), dessen gesetzliche Vertreter, d.h. die Eltern oder ggf. ein Vormund, sowie den Verfahrensbeistand (§§ 167 Abs. 1 Sätze 1 und 2, § 315 Abs. 2 FamFG). Auch Pflegeeltern oder eine von dem Minderjährigen benannte Vertrauensperson können vom Gericht als Beteiligte hinzugezogen werden (§§ 167 Abs. 1 Satz 1, 315 Abs. 4 FamFG).

Das Jugendamt ist auf seinen Antrag hin als Beteiligter hinzuziehen (§ 315 Abs. 3 FamFG). Damit es von diesem Antragsrecht Gebrauch machen kann, hat das Familiengericht das örtlich zuständige Jugendamt frühzeitig über das Genehmigungsverfahren in Kenntnis zu setzen (§ 7 Abs. 4 FamFG).

Hingegen ist der **nicht sorgeberechtigte Elternteil kein Beteiligter**, weder nach § 7 Abs. 2 Nr. 2 FamFG i.V.m. den §§ 167 Abs. 1 Satz 1, 315 FamFG noch nach § 7 Abs. 1, Abs. 2 Nr. 1 oder Abs. 3 FamFG.[44] Bei teilweisem Sorgerechtsentzug ist entscheidend, welche Teile der elterlichen Sorge dem Elternteil noch zustehen. Maßgeblich ist hier das Innehaben folgender zur Personensorge gehörenden Rechte: Aufenthaltsbestimmungsrecht, das Recht zur Zuführung zur medizinischen Behandlung, zur Regelung der ärztlichen Versorgung sowie zur Beantragung von Jugendhilfemaßnahmen.[45] Unter den Voraussetzungen der §§ 167 Abs. 1 Satz 1, 315 Abs. 4 FamFG kann er jedoch auf Wunsch des Kindes als Beteiligter hinzugezogen werden.

3. Verfahrensbeistand

Unabhängig von der Frage, ob § 167 Abs. 1 Satz 2 FamFG als eine Rückverweisung auf die Regelungen zur Verfahrensbeistandschaft in Kindschaftssachen (§ 158 FamFG) zu verstehen ist[46] oder als eine Konkretisierung von § 317 FamFG[47], dürfte die frühzeitige Bestellung eines Verfahrensbeistands im Interesse des Kindes, das im Übrigen zu dem seiner gesetzlichen Vertreter regelmäßig im erheblichem Gegensatz steht, stets notwendig sein. Unterschiede zwischen beiden Rechtsgrundlagen ergeben sich allerdings im Detail. § 317 Abs. 3 FamFG statuiert zum einen einen Vorrang für ehrenamtliche Verfahrenspfleger; gerade in Unterbringungssachen ist es jedoch durchaus sinnvoll, hiermit einen Rechtsanwalt zu betrauen, um die Rechte des Kindes, in dessen Freiheit gravierend eingegriffen wird, zu wahren. Zum anderen verweist § 318 FamFG hinsichtlich der Vergütung auf § 277 FamFG, während § 158 Abs. 7 Sätze 2-5 FamFG pauschalierte Vergütungsregelungen enthält.

4. Anhörung

Die Anhörungspflichten des Gerichts sind im FamFG an zwei verschiedenen Stellen geregelt und unterschiedlichen Anforderungen unterworfen.

Gem. § 319 Abs. 1 Satz 1 FamFG hat das Gericht zunächst das **minderjährige Kind** als Betroffenen vor der Unterbringungsmaßnahme persönlich anzuhören und sich einen persönlichen Eindruck von ihm zu verschaffen. **Bei Gefahr im Verzug** kann von der **persönlichen Anhörung des Kindes** gem.

---

[41] Oberlandesgericht des Landes Sachsen-Anhalt v. 13.05.2008 - 8 WF 90/08 - juris Rn. 1 - FamRZ 2009, 431.
[42] OLG Bremen v. 14.01.2013 - 5 UF 1/13 - juris Rn. 8 - NJW-RR 2013, 579-580.
[43] *Salgo* in: Staudinger, § 1631b Rn. 9.
[44] OLG Saarbrücken v. 18.03.2010 - 6 UF 134/09 - juris Rn. 39.
[45] OLG Hamm v. 21.12.2011 - II-8 UF 271/11, 8 UF 271/11 - juris Rn. 18.
[46] So *Hoffmann*, JAmt 2009, 473-480, 477.
[47] *Ziegler* in: Schulte-Bunert/Weinrich, FamFG, § 167 Rn. 3.

§ 167 Abs. 1 FamFG i.V.m. § 331 Nr. 4 FamFG **abgesehen** und die Anhörung unverzüglich, d.h. bis zum Ablauf des auf die Entscheidung folgenden Kalendertages, spätestens des nächstfolgenden Werktages, nachgeholt werden.[48]

34 § 167 Abs. 4 FamFG bestimmt darüber hinaus, dass sorgeberechtigte **Elternteile**, der gesetzliche Vertreter in persönlichen Angelegenheiten sowie die Pflegeeltern persönlich anzuhören sind. Mangels Beteiligtenstellung besteht **keine Anhörungspflicht eines nicht sorgeberechtigten Elternteils**. Insbesondere findet § 160 FamFG keine Anwendung, da § 167 Abs. 1 Satz 1 i.V.m. § 151 Nr. 6 FamFG nicht auf diese Vorschrift verweist;[49] im Übrigen ist der Wortlaut der spezielleren Regelung in § 167 Abs. 4 FamFG eindeutig.

35 Eine „persönliche" Anhörung verlangt stets eine **mündliche** Anhörung, damit sich das Gericht auch einen „persönlichen" Eindruck von dem sorgeberechtigten Elternteil verschaffen kann.[50] Die nach bisherigem Recht bestehende Ausnahmeregelung, nach der aus schwerwiegenden Gründen, insbesondere bei Gefahr im Verzug, von der persönlichen Anhörung sorgeberechtigter Elternteile abgesehen werden durfte und diese Verfahrenshandlung im Anschluss an die gerichtliche Entscheidung nachgeholt werden konnte, wurde im FamFG ersatzlos gestrichen. Teilweise wird in der Rechtsprechung indes vertreten, dass von der **persönlichen Anhörung der Eltern** vor Erlass der einstweiligen Anordnung **ausnahmsweise bei Gefahr im Verzug abgesehen** werden kann (§ 160 Abs. 4 FamFG); diese müsse jedoch unverzüglich nachgeholt werden. § 160 Abs. 4 FamFG werde nicht durch § 331 Satz 1 FamFG überlagert.[51]

36 Keine persönliche Anhörung ist hingegen erforderlich bei den sonstigen Beteiligten.[52]

5. Sachverständigengutachten

37 Das Gericht hat vor der Entscheidung ein **Gutachten eines Sachverständigen** einzuholen, der den Betroffenen persönlich zu untersuchen oder zu befragen hat. Der Sachverständige soll in der Regel Arzt für Kinder- und Jugendpsychiatrie und -psychotherapie sein (§ 167 Abs. 6 Satz 1 FamFG).

38 Gemäß § 167 Abs. 6 Satz 2 FamFG kann das Gutachten von einem in Fragen der Heimerziehung ausgewiesenen Psychotherapeuten, Psychologen, Pädagogen oder Sozialpädagogen erstattet werden. Diese Vorschrift hat der Gesetzgeber in das FamFG aufgenommen, weil es sich zwar gerade bei stark verhaltensauffälligen Kindern um eine psychiatrische Hochrisikogruppe handele, für die im Regelfall eine psychiatrische Begutachtung erforderlich sei.

39 Die für die Unterbringungsdauer entscheidende Prognose des Abklingens einer Eigen- oder Fremdgefährdung des Betroffenen unter dem Einfluss einer medizinischen Behandlung kann nur auf der Grundlage einer ärztlichen Einschätzung vorgenommen werden; hierauf hat sich das Gericht zu stützen.[53]

6. Beschluss, Zustellung

40 Die §§ 167 Abs. 1, 323 FamFG schreiben den zwingenden Inhalt der Beschlussformel vor. Danach muss zum einen der Zeitpunkt, zu dem die Unterbringungsmaßnahme endet, genannt werden. Zum anderen muss die Unterbringungsmaßnahme näher bezeichnet werden. Dies bedeutet zwar nicht, dass die konkrete Einrichtung namentlich benannt werden muss, in der die geschlossene Unterbringung erfolgen soll. Allerdings muss der Beschluss klarstellen, ob die Unterbringung in einer psychiatrischen Klinik oder in einer geschlossenen Einrichtung der Jugendhilfe genehmigt wird.[54]

41 Der Beschluss wird grds. gem. § 324 Abs. 1 FamFG mit Rechtskraft wirksam; § 324 Abs. 2 FamFG sieht aber für das Gericht die Möglichkeit vor, die sofortige Wirksamkeit anzuordnen, wovon in der Regel Gebrauch zu machen ist.

7. Rechtsmittel

42 Gegen die Entscheidung des Gerichts kann binnen eines Monats Beschwerde beim OLG eingelegt werden (§§ 58 ff., 167 Abs. 1 Satz 1, 335 FamFG). Hat das minderjährige **Kind** bereits das 14. Lebensjahr vollendet, ist es gem. § 167 Abs. 3 FamFG ohne Rücksicht auf seine Geschäftsfähigkeit als verfahrens-

---

[48] OLG Sachsen-Anhalt v. 11.07.2012 - 8 UF 144/12 - juris Rn. 22.
[49] OLG Saarbrücken v. 18.03.2010 - 6 UF 134/09 - juris Rn. 39.
[50] Oberlandesgericht des Landes Sachsen-Anhalt v. 14.12.2009 - 8 UF 213/09.
[51] OLG Sachsen-Anhalt v. 19.07.2012 - 3 UF 149/12 - juris Rn. 4.
[52] OLG Hamm v. 21.12.2011 - II-8 UF 271/11, 8 UF 271/11 - juris Rn. 38.
[53] OLG Hamm v. 21.12.2011 - II-8 UF 271/11, 8 UF 271/11 - juris Rn. 32.
[54] BVerfG v. 14.06.2007 - 1 BvR 338/07 - FamRZ 2007, 1627-1630, 1629.

fähig anzusehen, so dass es in diesem Fall auch selbst beschwerdebefugt ist. Ebenfalls im Interesse des Kindes beschwerdebefugt sind die Pflegeeltern oder die Vertrauensperson des Kindes (§§ 167 Abs. 1 Satz 1, 335 Abs. 1 Nr. 1 bzw. 2 FamFG), sofern sie im ersten Rechtszug beteiligt worden sind. Es ist **nicht erforderlich**, dass das Kind die Vertrauensperson **ausdrücklich** benannt hat; vielmehr führt die Auslegung des § 335 Abs. 1 Nr. 2 FamFG im Zusammenhang mit der Unterbringung Minderjähriger dazu, dass es genügt, wenn das Familiengericht aus den Äußerungen des Kindes oder den übrigen Umständen heraus erkennt, dass eine weitere Person existiert, der das Kind sein Vertrauen schenkt und deren Beteiligung an dem Verfahren im Interesse des Kindes geboten ist. Es steht dann im Ermessen des Familiengerichts, ob es diese Vertrauensperson am Verfahren beteiligt.[55]

8. Kosten

Wird ein Antrag auf familiengerichtliche Genehmigung **zurückgenommen**, so ist die Kostenentscheidung nach § 83 Abs. 2 FamFG unter entsprechender Anwendung des § 81 FamFG zu treffen. 43

Das Verfahren auf familiengerichtliche Genehmigung der Unterbringung nach § 1631b BGB ist **gerichtsgebührenfrei** (Vorbemerkung 1.3.1 Abs. 1 Ziffer 2 vor Ziffer 1310 KV des FamGKG). Auch die **Sachverständigenkosten** können von den Kindeseltern unabhängig von der Kostengrundentscheidung nicht erhoben werden (Vorbemerkung 2 Abs. 3 Satz 2 vor Ziffer 2000 KV des FamGKG in Verbindung mit der Vorbemerkung 1.3.1. Abs. 1 Ziffer 2 vor Ziffer 1310 KV des FamGKG). 44

III. Eilmaßnahmen

§ 331 FamFG normiert die Voraussetzungen für die Genehmigung einer vorläufigen Unterbringungsmaßnahme durch eine einstweilige Anordnung. Erleichterungen bestehen hier insbesondere darin, dass lediglich ein **ärztliches Zeugnis** über den Zustand des Betroffenen, jedoch kein Sachverständigengutachten erforderlich ist (§ 331 Satz 1 Nr. 2 FamFG). 45

Eine **Anhörung** des Betroffenen ist dann auch im Wege der Rechtshilfe zulässig (§ 331 Satz 2 FamFG) bzw. ist bei Gefahr im Verzug sogar vor Erlass einer Entscheidung entbehrlich (§ 332 Satz 1 FamFG); ihre unverzügliche Nachholung ist aber zwingend erforderlich. Die sorgeberechtigten Eltern sind vor Erlass der einstweiligen Anordnung **nicht** zwingend anzuhören, da § 331 FamFG dies nicht vorschreibt.[56] 46

Strittig ist, ob eine solche einstweilige Anordnung **anfechtbar** ist. Dies wird z.T. unter Hinweis auf § 57 FamFG, der den Ausschluss der Anfechtbarkeit einstweiliger Anordnungen in Familiensachen regelt, verneint.[57] Nach a.A. findet diese Vorschrift keine Anwendung.[58] Über den Verweis in § 167 Abs. 1 FamFG auf die für Unterbringungssachen (für Erwachsene) nach § 312 Nr. 3 FamFG geltenden Vorschriften finden vielmehr richtigerweise die §§ 335 ff. FamFG Anwendung, die ausdrücklich das Recht der Beschwerde vorsehen.[59] Allein diese Ansicht wird dem besonders schwerwiegenden Grundrechtseingriff gerecht, den eine freiheitsentziehende Maßnahme darstellt.[60] 47

---

[55] BGH v. 24.10.2012 - XII ZB 386/12 - juris Rn. 16.
[56] Oberlandesgericht des Landes Sachsen-Anhalt v. 05.08.2010 - 8 WF 196/10 - juris Rn. 13.
[57] OLG Koblenz v. 14.12.2009 - 11 UF 766/09 - juris Rn. 5 - NJW 2010, 880.
[58] OLG Dresden v. 22.04.2010 - 20 UF 244/10, 20 UF 0244/10 - juris Rn. 6 - JAmt 2010, 249-250.
[59] *Stockmann*, jurisPR-FamR 3/2010, Anm. 2 = jurisPR extra 2010, 80-81.
[60] So auch: OLG Dresden v. 22.04.2010 - 20 UF 244/10, 20 UF 0244/10 - juris Rn. 6 - JAmt 2010, 249-250; OLG des Landes Sachsen-Anhalt v. 05.08.2010 - 8 WF 196/10 - juris Rn. 7.

§ 1631c BGB Verbot der Sterilisation

(Fassung vom 02.01.2002, gültig ab 01.01.2002)

¹Die Eltern können nicht in eine Sterilisation des Kindes einwilligen. ²Auch das Kind selbst kann nicht in die Sterilisation einwilligen. ³§ 1909 findet keine Anwendung.

A. Grundlagen

1   Die Regelung in § 1631c BGB schließt die **Sterilisation** völlig aus, da sich die Erforderlichkeit und die Auswirkungen einer Sterilisation bei Minderjährigen nur schwer abschätzen lassen, weil ihre Entwicklung noch nicht abgeschlossen ist.[1]

B. Anwendungsvoraussetzungen

2   Die Vorschrift von § 1631c Satz 1 BGB beinhaltet eine **Begrenzung der elterlichen Sorge**; sie können nicht in eine Sterilisation des Kindes einwilligen. Sie ist ein **gesetzliches Verbot** und verbietet die Sterilisation sowohl männlicher als auch weiblicher, gesunder oder behinderter Minderjähriger.[2]

3   Nach § 1800 BGB gilt dies gleichermaßen für einen **Vormund**. Auch die Bestellung eines **Ergänzungspflegers** im Sinne von § 1909 BGB ist für die Einwilligung in eine Sterilisation nicht möglich (§ 1631c Satz 3 BGB).

4   Auch das **Kind** selbst kann im Gegensatz zu sonstigen ärztlichen Eingriffen bei entsprechender Reife nicht in die Sterilisation einwilligen (§ 1631c Satz 2 BGB).[3]

5   Das Verbot richtet sich aber auch an **Ärzte und andere Personen**, die eine Sterilisation vornehmen wollen.[4] Eine entgegen diesem Verbot von einem Arzt durchgeführte Sterilisation erfüllt den Tatbestand einer schweren Körperverletzung im Sinne von § 226 Abs. 1 Nr. 5 Alt. 5 StGB.[5] Wegen der Regelung von § 1631c BGB scheidet eine Rechtfertigung des Arztes aus.[6]

6   Von § 1631c Satz 1 BGB ausgenommen sind **ärztliche Eingriffe**, bei denen die Sterilisation eine unbeabsichtigte mittelbare Folge der Heilbehandlung darstellt (Behandlung eines Hodenkarzinoms, Extrauterine Gravidität, d.h. Bauchhöhlenschwangerschaft).[7]

---

[1] BT-Drs. 11/4528, S. 76.
[2] *Salgo* in: Staudinger, § 1631c Rn. 7.
[3] *Veit* in: Bamberger/Roth, § 1631c Rn. 2.
[4] *Salgo* in: Staudinger, § 1631c Rn. 1.
[5] *Veit* in: Bamberger/Roth, § 1631c Rn. 2.
[6] *Salgo* in: Staudinger, § 1631c Rn. 7.
[7] *Salgo* in: Staudinger, § 1631c Rn. 7.

§ 1631d BGB Beschneidung des männlichen Kindes

(Fassung vom 20.12.2012, gültig ab 28.12.2012)

(1) ¹Die Personensorge umfasst auch das Recht, in eine medizinisch nicht erforderliche Beschneidung des nicht einsichts- und urteilsfähigen männlichen Kindes einzuwilligen, wenn diese nach den Regeln der ärztlichen Kunst durchgeführt werden soll. ²Dies gilt nicht, wenn durch die Beschneidung auch unter Berücksichtigung ihres Zwecks das Kindeswohl gefährdet wird.

(2) In den ersten sechs Monaten nach der Geburt des Kindes dürfen auch von einer Religionsgesellschaft dazu vorgesehene Personen Beschneidungen gemäß Absatz 1 durchführen, wenn sie dafür besonders ausgebildet und, ohne Arzt zu sein, für die Durchführung der Beschneidung vergleichbar befähigt sind.

Gliederung

A. Grundlagen 1
B. Einwilligungsrecht der Personensorgeberechtigten in eine Beschneidung 5
  I. Anwendungsbereich 5
  II. Voraussetzungen für eine wirksame Einwilligung 7
    1. Begriff der Beschneidung 7
    2. Beschneidung eines nicht einsichts- und urteilsfähigen männlichen Kindes 9
    3. Beschneidung nach den Regeln der ärztlichen Kunst 13
    4. Einwilligung der Personensorgeberechtigten 17
    5. Keine Wirksamkeit der Einwilligung bei Kindeswohlgefährdung 18
C. Grundsätzlicher Arztvorbehalt und Ausnahme in Absatz 2 21
D. Rechtsfolgen 27

A. Grundlagen

Durch das „Gesetz über den Umfang der Personensorge bei einer Beschneidung des männlichen Kindes"¹, das am 28.12.2012 in Kraft getreten ist, wird nunmehr **klargestellt**, dass die **Personensorge** der Eltern grundsätzlich **auch das Recht umfasst**, unter bestimmten – in § 1631d BGB genannten – Voraussetzungen **in eine nicht medizinisch indizierte Beschneidung ihres nicht einsichts- und urteilsfähigen Sohnes einzuwilligen**, ohne dass es auf die Motivation der Eltern ankommt.

Hintergrund dieser gesetzgeberischen Klarstellung war die in der Öffentlichkeit aufgekommene Diskussion, die sich anhand der **Entscheidung des LG Köln**² entbrannt hatte. Dieses hatte die fachkundige Beschneidung eines männlichen Kleinkindes auf Wunsch der Eltern durch einen Arzt als Körperverletzung i.S.v. § 223 StGB angesehen, den Angeklagten jedoch aus rechtlichen Gründen freigesprochen, da er angesichts der damaligen unklaren Rechtslage in einem unvermeidbaren Verbotsirrtum gehandelt habe.³

Diese Entscheidung nahm der Bundestag zum Anlass, die Bundesregierung aufzufordern, eine rechtliche Regelung zur Beschneidung von minderjährigen Jungen vorzulegen, die sicherstellt, „dass eine medizinisch fachgerechte Beschneidung von Jungen ohne unnötige Schmerzen grundsätzlich zulässig ist".⁴ Begründet wurde dies mit der durch die von dem Urteil des LG Köln verursachte große Verunsicherung vor allem bei jüdischen und muslimischen Gläubigen.⁵ Ziel war es also, in Deutschland weiterhin den religiösen oder traditionellen Ritus der Beschneidung straffrei ausüben zu können.

---

1 Gesetz v. 20.12.2012 (BGBl I 2012, 2749); vgl. auch BT-Drs. 17/11295. Vgl. zu dieser Problematik auch: *Klinkhammer*, FamRZ 2012, 1913-1915; *Walter*, JZ 2012, 1110-1117 (insoweit kritisch zum Gesetzentwurf); *Rixen*, NJW 2013, 257-262; *Hassemer*, ZRP 2012, 179-181; *Britz*, ZRP 2012, 252-253; *Rox*, JZ 2012, 806-808; *Lack*, ZKJ 2012, 336-343; ausführlich auch: *Czerner*, ZKJ 2012, 374-384 und 433-436; *Pfahl-Traughber*, Vorgänge 2012, Nr. 3, 124-135; *Büscher*, DRiZ 2012, 330; *Ehrmann*, DRiZ 2012, 331; *Ring/Olsen-Ring*, FPR 2012, 522-528 (zur Gesetzeslage in Schweden); doch auch vor der Entscheidung des LG Köln war dieses Thema umstritten: *Herzberg*, JZ 2009, 332-339; *Herzberg*, ZIS 2010, 471-475; *Schwarz*, JZ 2008, 1125-1129; *Putzke* in: FS Herzberg, 669-709
2 LG Köln v. 07.05.2012 - 151 Ns 169/11 - NJW 2012, 2128-2129.
3 LG Köln v. 07.05.2012 - 151 Ns 169/11 - NJW 2012, 2128-2129.
4 BT-Drs. 17/10331.
5 BT-Drs. 17/10331.

§ 1631d

4 Am 05.11.2012 brachte die Bundesregierung diesen Gesetzesentwurf in den Bundestag ein.[6] Nahezu zeitgleich brachte eine Gruppe von etwa 50 Abgeordneten am 08.11.2012 einen abweichenden Gesetzesentwurf (Entwurf eines Gesetzes über den Umfang der Personensorge und die Rechte des männlichen Kindes bei einer Beschneidung) ein.[7] Im Gegensatz zum – letztlich Gesetz gewordenen – Gesetzesentwurf der Bundesregierung betonte der Alternativentwurf die körperliche Unversehrtheit des Kindes als hohes verfassungsrechtlich geschütztes Gut und ließ die elterliche Einwilligung zur ärztlich nicht indizierten Beschneidung des einsichts- und urteilsfähigen Sohnes nur zu, wenn er das 14. Lebensjahr vollendet hat, dieser ebenfalls zustimmt (Vetorecht) und die Durchführung des Eingriffs nach den Regeln der ärztlichen Kunst durch einen Facharzt für Kinderchirurgie oder Urologie erfolgt.

B. Einwilligungsrecht der Personensorgeberechtigten in eine Beschneidung

I. Anwendungsbereich

5 Die Norm erfasst ihrem Wortlaut nach schon **lediglich die nicht medizinisch indizierten Beschneidungen**. Medizinisch erforderliche Beschneidungen wie etwa bei einer Phimose sind ohnehin schon vom elterlichen Sorgerecht umfasst wie jeder andere medizinisch notwendige Eingriff. Sofern neben der medizinischen Indikation weitere Motive der Eltern gegeben sind, ist § 1631d BGB dennoch nicht anwendbar.[8]

6 § 1631d BGB bezieht sich schließlich lediglich auf Beschneidungen **männlicher Kinder**. Eine Einwilligung in die **Genitalverstümmelung** ihrer Tochter ist den Eltern auch weiterhin nicht möglich. Hier kommen familiengerichtliche Maßnahmen nach § 1666 BGB wie etwa die Entziehung des Aufenthaltsbestimmungsrechts in Betracht.[9]

II. Voraussetzungen für eine wirksame Einwilligung

1. Begriff der Beschneidung

7 Beschneidung i.S.d. § 1631d BGB meint die Zirkumzision der Penisvorhaut (Präputium)[10] und damit die orientiert an ärztlich-professionellen Handlungsvorgaben erfolgende Entfernung der (kompletten) Vorhaut.[11] Nicht hierzu zählen die sonstigen, häufig religiös motivierten rituellen Abläufe, die die Zirkumzision begleiten; die Entscheidung hierüber wird von § 1626 Abs. 1 BGB erfasst.[12]

8 Die Norm **differenziert nicht nach den Motiven** der Personensorgeberechtigten. Diese können mithin religiös motiviert, ein auf langer Tradition beruhender kultureller Ritus sein oder als prophylaktische Maßnahme erfolgen.[13]

2. Beschneidung eines nicht einsichts- und urteilsfähigen männlichen Kindes

9 Voraussetzung ist ferner, dass das **männliche** Kind **nicht einsichts- und urteilsfähig** ist. Stimmen in Literatur[14] und Rechtsprechung[15] setzen für die wirksame Einwilligung in eine Heilbehandlung sogar Volljährigkeit voraus. Auch wenn hierauf im Zusammenhang mit der Problematik der Beschneidung zum Teil abgestellt wird,[16] ist dem nicht zu folgen. Vielmehr ist eine **Einwilligung** der Personensorgeberechtigten schon dann **ausgeschlossen**, wenn das Kind einsichts- und urteilsfähig ist und sich **gegen eine Beschneidung ausspricht**. Dies kann auch schon Jahre vor der Volljährigkeit gegeben sein.[17]

---

[6] BT-Drs. 17/11295.
[7] BT-Drs. 17/11430.
[8] *Rixen*, NJW 2013, 257-262, 260.
[9] BGH v. 15.12.2004 - XII ZB 166/03 - NJW 2005, 672-674.
[10] BT-Drs. 17/11295, S. 7.
[11] Vgl. zu den Methoden und Risiken hierzu näher: *Putzke* in: FS Herzberg, 669-709, 673 ff.; *Rixen*, NJW 2013, 257-262, 260.
[12] *Rixen*, NJW 2013, 257-262, 260.
[13] BT-Drs. 17/11295, S. 16.
[14] *Putzke* in: FS Herzberg, 669-709, 683 ff.
[15] OLG Hamm v. 16.07.1998 - 15 W 274/98 - juris Rn. 12 - NJW 1998, 3424-3425.
[16] *Putzke* in: FS Herzberg, 669-709, 683 ff.
[17] OLG Hamm v. 30.08.2013 - II-3 UF 133/13, 3 UF 133/13 - juris Rn. 20 - FamRZ 2013, 1818-1822.

Eine starre Altersgrenze gibt es vielmehr nicht. Auch auf die Altersstufen des § 5 KErzG kann zumindest in den Fällen nicht religiös motivierter Beschneidungen nicht abgestellt werden.[18] Die Gesetzesbegründung weist lediglich darauf hin, dass nicht medizinisch indizierte Beschneidungen regelmäßig in einem Alter erfolgen, in dem eine Einwilligungsfähigkeit des Kindes nicht in Betracht kommt.[19] In der Rechtsprechung wurde konkret auf die Beschneidung bezogen etwa angenommen, dass bei einem Neunjährigen nicht anzunehmen ist, dass dieser nach seiner geistigen und sittlichen Reife die Bedeutung und Tragweite des Eingriffs und seiner Gestattung ermessen kann.[20]

10

Mithin haben sich die Personensorgeberechtigten und der Arzt im Einzelfall ein Bild davon zu machen, ob das Kind einsichts- und urteilsfähig ist oder nicht. Kommt einer von ihnen zur Bejahung der Einsichts- und Urteilsfähigkeit, ist die Einwilligung der Eltern unwirksam; ein entgegenstehender Kindeswille ist zwingend zu beachten. Zumindest bei Kindern über 10 Jahren dürfte die vom Gesetzgeber angestrebte Rechtssicherheit damit nicht erreicht worden sein.

11

Aber auch wenn eine Einsichts- und Urteilsfähigkeit abzulehnen ist, ist der Wille des Kindes nicht gänzlich unbeachtlich. Vielmehr gelten hier § 1626 Abs. 2 Satz 2 BGB sowie § 1631 Abs. 2 BGB.[21] Wie die Beachtung des Kindeswillens im Einzelnen auszusehen hat, ist indes fraglich. Erforderlich ist indes, dass sich das **Familiengericht** regelmäßig gemäß § 159 Abs. 2 FamFG durch die **persönliche Anhörung** auch eines deutlich unter 14 Jahre alten Kindes einen Eindruck von dessen Einsichts- und Urteilsfähigkeit sowie von dessen Wünschen und Neigungen in Bezug auf den beabsichtigten Eingriff macht.[22]

12

3. Beschneidung nach den Regeln der ärztlichen Kunst

Eine wirksame Einwilligung kann sich nur auf eine Beschneidung beziehen, die nach den Regeln der ärztlichen Kunst durchgeführt werden soll. Damit greift § 1631d Abs. 1 Satz 1 BGB auf einen schon lange etablierten Begriff zurück (vgl. etwa § 28 Abs. 2 SGB VII). Eine abweichende Vereinbarung gem. § 630a Abs. 2 BGB ist nicht zulässig.[23]

13

„Regeln der ärztlichen Kunst" meint die allgemein anerkannten Grundsätze und Methoden der Medizin. An den insoweit aktuell bestehenden Standards unter Berücksichtigung des medizinischen Fortschritts hat sich der behandelnde Arzt im Sinne einer Richtschnur und Leitlinie zu orientieren, wobei ihm ein ausreichender Beurteilungs- und Entscheidungsspielraum zugestanden werden muss.

14

Die Begründung zum Gesetzesentwurf fordert über die **fachgerechte Durchführung** hinaus als weitere Voraussetzung für die Berechtigung der Eltern zur Einwilligung eine **effektive Schmerzbehandlung**;[24] eine solche ist von der Formulierung „nach den Regeln der ärztlichen Kunst" ebenfalls umfasst.

15

Schließlich wird die Wirksamkeit der Einwilligung der Personensorgeberechtigten von einer **ordnungsgemäßen und umfassenden Aufklärung** des gesetzlichen Vertreters des Kindes abhängig gemacht.[25] Dies entspricht der geltenden Rechtslage und ist daher nicht ausdrücklich in § 1631d BGB aufgenommen worden.

16

4. Einwilligung der Personensorgeberechtigten

Die Zustimmung der Eltern oder anderer Personensorgeberechtigten muss **vor dem Eingriff** erfolgen. Dies ergibt sich weniger aus dem Wortlaut des § 1631d BGB („durchgeführt werden soll")[26], als vor allem aus der Legaldefinition des § 183 BGB zur Einwilligung als vorherigen Zustimmung. Eine bestimmte **Form** für die Einwilligung ist **nicht** vorgesehen. Sie kann aber aus Beweisgründen empfehlenswert sein; im Übrigen fordert § 10 MBO-Ä eine ärztliche Dokumentation.[27]

17

---

[18] So aber *Rixen*, NJW 2013, 257-262, 259: 14 Jahre bei einer Entscheidung für eine Beschneidung, 12 Jahre bei einer Entscheidung dagegen.

[19] BT-Drs. 17/11295, S. 17.

[20] LG Frankenthal v. 14.09.2004 - 4 O 11/02 - juris Rn. 21 - MedR 2005, 243-245.

[21] BT-Drs. 17/11295, S. 18.

[22] OLG Hamm v. 30.08.2013 - II-3 UF 133/13, 3 UF 133/13 - juris Rn. 21 - FamRZ 2013, 1818-1822.

[23] *Götz* in: Palandt, § 1631d Rn. 2.

[24] BT-Drs. 17/11295, S. 17.

[25] BT-Drs. 17/11295, S. 17; OLG Hamm v. 30.08.2013 - II-3 UF 133/13, 3 UF 133/13 - juris Rn. 24 - FamRZ 2013, 1818-1822; *Kemper* in: HK-BGB, § 1631d Rn. 7.

[26] *Rixen*, NJW 2013, 257-262, 260.

[27] *Rixen*, NJW 2013, 257-262, 260.

5. Keine Wirksamkeit der Einwilligung bei Kindeswohlgefährdung

18 § 1631d Abs. 1 Satz 2 BGB stellt klar, dass Personensorgeberechtigte nicht berechtigt sind, in die Beschneidung ihres Sohnes einzuwilligen, wenn durch diese auch unter Berücksichtigung ihres Zwecks **im Einzelfall das Kindeswohl gefährdet wird**. Von einer Kindeswohlgefährdung i.S.v. § 1666 BGB ist nach ständiger höchstrichterlicher Rechtsprechung auszugehen, wenn eine gegenwärtige, in einem solchen Maß vorhandene Gefahr vorliegt, dass sich bei der weiteren Entwicklung der Dinge eine erhebliche Schädigung des geistigen oder leiblichen Wohls des Kindes mit ziemlicher Sicherheit voraussehen lässt.[28]

19 Indem § 1631d Abs. 1 Satz 2 BGB auch den **Zweck** der Beschneidung mit in die Berücksichtigung einbezieht, hat der Gesetzgeber deutlich gemacht, dass das Kindeswohl keinesfalls ein feststehender Begriff ist. Für die Beurteilung einer Kindeswohlgefährdung im Einzelfall ist damit auch zu berücksichtigen, ob die Beschneidung religiös motiviert ist oder etwa lediglich ästhetische oder andere Zwecke verfolgt (wie etwa das Ziel, die Masturbation zu erschweren).[29] Die Schwelle einer Kindeswohlgefährdung dürfte in diesen Fällen daher niedriger anzusetzen sein. Gleiches soll nach dem Willen des Gesetzgebers gelten, wenn der Wille eines nicht einsichts- und urteilsfähigen Kindes entgegensteht.[30]

20 Die Gefahr einer Beeinträchtigung des psychischen Kindeswohls kann aber etwa auch darin zu sehen sein, dass sich die Eltern für den Fall der Durchführung des Eingriffs außerstande sehen, ihrem dann sichtbar Schmerzen erleidenden Kind unmittelbar beizustehen und es zu begleiten.[31]

C. Grundsätzlicher Arztvorbehalt und Ausnahme in Absatz 2

21 Im Umkehrschluss aus § 1631d Abs. 2 BGB ist zu folgern, dass die Beschneidung grds. durch einen **Arzt** erfolgen muss.

22 Lediglich in den ersten sechs Monaten nach der Geburt des Kindes dürfen gem. § 1631d Abs. 2 BGB auch von einer Religionsgesellschaft dazu vorgesehene Personen Beschneidungen gemäß Absatz 1 durchführen, wenn sie dafür besonders ausgebildet und, ohne Arzt zu sein, für die Durchführung der Beschneidung vergleichbar befähigt sind. Damit berücksichtigt die Vorschrift, dass religiös motivierte Beschneidungen häufig von Personen durchgeführt werden, die von einer Religionsgesellschaft speziell dafür vorgesehen sind; diese führen nicht nur den medizinischen Eingriff der Beschneidung durch, sondern vollziehen dabei gerade auch die aus religiöser Sicht konstitutiven Begleithandlungen.

23 **Formelle Voraussetzung** ist, dass die **Person in einem bestimmten Verfahren von den Religionsgesellschaften**, zu denen alle die unter dem Schutz von Art. 4 Abs. 1, 2 GG sowie Art. 140 GG i.V.m. Art. 137 WRV stehenden Gemeinschaften unabhängig von ihrer organisatorischen Verfassung zählen, **zur Beschneidung vorgesehen ist**.[32]

24 **Materielle Voraussetzung** ist, dass die Person eine **besondere Ausbildung** für die Vornahme von Beschneidungen absolviert hat, da nur so sichergestellt werden kann, dass die erforderlichen Fachkenntnisse erworben werden, und sie eine dem Arzt **vergleichbare Befähigung** aufweisen kann.[33] Eine behördliche Erlaubnis ist indes nicht erforderlich. Allerdings bleiben spezialgesetzlich normierte Arztvorbehalte (etwa nach dem BTMG oder dem AMG) von dieser Ausnahmeregelung unberührt.[34]

25 Schließlich müssen die **übrigen Voraussetzungen des § 1631d Abs. 1 BGB** erfüllt sein, wie sich schon aus dem Wortlaut („Beschneidungen gemäß Absatz 1") ergibt.

26 Die Ausnahmeregelung des § 1631d Abs. 2 BGB ist jedoch **zeitlich beschränkt**: Sie gilt nur für die ersten 6 Monate nach der Geburt. Die Fristberechnung erfolgt nach § 188 Abs. 2 BGB.

D. Rechtsfolgen

27 Entsprechend dem Willen des Gesetzgebers hat § 1631d BGB vor allem eine **klarstellende** Bedeutung. Entsprechend der Entstehungsgeschichte wird die Norm trotz ihrer Verortung im Familienrecht damit insbesondere Bedeutung auf dem Gebiet des Strafrechts haben:

---

[28] Vgl. statt vieler: BGH v. 25.11.2011 - XII ZB 247/11 - juris Rn. 25 - NJW 2012, 151-155 m.w.N.
[29] BT-Drs. 17/11295, S. 18; OLG Hamm v. 30.08.2013 - II-3 UF 133/13, 3 UF 133/13 - juris Rn. 25 - FamRZ 2013, 1818-1822.
[30] BT-Drs. 17/11295, S. 18.
[31] OLG Hamm v. 30.08.2013 - II-3 UF 133/13, 3 UF 133/13 - juris Rn. 32 - FamRZ 2013, 1818-1822.
[32] BT-Drs. 17/11295, S. 19.
[33] BT-Drs. 17/11295, S. 19.
[34] BT-Drs. 17/11295, S. 19.

Eine den Voraussetzungen des § 1631d BGB genügende Einwilligung wirkt strafrechtlich auf der Rechtfertigungsebene. Die tatbestandsmäßige Körperverletzung ist in diesen Fällen **gerechtfertigt**; dies gilt auch für die gefährliche Körperverletzung gem. §§ 223, 224 Abs. 1 Nr. 2 StGB.

Daneben dürfte die Norm auch im Rahmen des **§ 1666 BGB** von Bedeutung sein. Die ihr zugrunde liegende Wertung ist zu beachten. Sieht der Arzt in der gewünschten Beschneidung eine Kindeswohlgefährdung, so ist er gem. § 4 Abs. 3 KKG befugt, das Jugendamt zu informieren.[35]

---

[35] *Rixen*, NJW 2013, 257-262, 261.

§ 1632 BGB Herausgabe des Kindes; Bestimmung des Umgangs; Verbleibensanordnung bei Familienpflege

(Fassung vom 02.01.2002, gültig ab 01.01.2002)

(1) Die Personensorge umfasst das Recht, die Herausgabe des Kindes von jedem zu verlangen, der es den Eltern oder einem Elternteil widerrechtlich vorenthält.

(2) Die Personensorge umfasst ferner das Recht, den Umgang des Kindes auch mit Wirkung für und gegen Dritte zu bestimmen.

(3) Über Streitigkeiten, die eine Angelegenheit nach Absatz 1 oder 2 betreffen, entscheidet das Familiengericht auf Antrag eines Elternteils.

(4) Lebt das Kind seit längerer Zeit in Familienpflege und wollen die Eltern das Kind von der Pflegeperson wegnehmen, so kann das Familiengericht von Amts wegen oder auf Antrag der Pflegeperson anordnen, dass das Kind bei der Pflegeperson verbleibt, wenn und solange das Kindeswohl durch die Wegnahme gefährdet würde.

Gliederung

A. Grundlagen 1	1. Längere Zeit in Familienpflege 25
B. Anwendungsvoraussetzungen 2	2. Wegnahmebegehren der Eltern 28
I. Herausgabeanspruch der Eltern (Absatz 1) 2	3. Gefährdung des Kindeswohls durch die Wegnahme 29
1. Herausgabeberechtigung 2	4. Entscheidung des Gerichts 36
2. Herausgabepflichtiger 3	C. Prozessuale Hinweise/Verfahrenshinweise 44
3. Widerrechtliches Vorenthalten 4	I. Verfahren zur Herausgabe des Kindes und Umgangsbestimmung (Absatz 3) 44
4. Anspruchsumfang 9	1. Verfahren der Herausgabe (Absatz 1) 44
5. Gleichzeitige Anordnung zur Herausgabe persönlicher Gegenstände des Kindes 13	2. Verfahren der Umgangsbestimmung (Absatz 2) 52
II. Bestimmung des Umgangsrechts (Absatz 2) 16	II. Verfahren der Verbleibensanordnung (Absatz 4) 58
1. Ausübung des Umgangsrechts 17	
2. Grenzen des Umgangsrechts 20	
III. Schutz des Pflegekindes (Absatz 4) 24	

A. Grundlagen

1 Nach § 1632 Abs. 1 BGB können die Eltern das Kind von jedem herausverlangen, der es ihnen rechtswidrig vorenthält. Durch die Regelung in § 1632 Abs. 2 BGB wird den Eltern das Recht eingeräumt, den Umgang des Kindes für und gegen Dritte zu bestimmen. In § 1632 Abs. 3 BGB ist die Zuständigkeit des Familiengerichts für Streitigkeiten nach § 1632 Abs. 1 BGB und § 1632 Abs. 2 BGB geregelt. Nach § 1632 Abs. 4 BGB hat das **Personensorgerecht der Eltern** zurückzutreten, wenn das Kind seinen leiblichen Eltern entfremdet ist, in der Pflegefamilie seine Bezugswelt gefunden hat und durch die Herausnahme zur Unzeit sein persönliches, insbesondere sein seelisches Wohl gefährdet würde.[1]

B. Anwendungsvoraussetzungen

I. Herausgabeanspruch der Eltern (Absatz 1)

1. Herausgabeberechtigung

2 Die Eltern können als Inhaber der Personensorge im Regelfall die **Herausgabe des Kindes** an sich selbst[2] von jedem verlangen, der es ihnen widerrechtlich vorenthält. Sie können aber auch die Herausgabe an die Großeltern verlangen, weil die Betreuung des Kindes durch die Großeltern in der Regel vorrangig vor einer Betreuung durch nicht familienangehörige Pflegepersonen ist.[3] Der Anspruch muss von beiden sorgeberechtigten Elternteilen geltend gemacht werden; wenn nur ein Elternteil die Heraus-

---

[1] BayObLG München v. 07.04.1998 - 1Z BR 13/98 - juris Rn. 9 - NJW-RR 1999, 369-371.
[2] BayObLG München v. 29.06.1984 - BReg 1 Z 48/84 - BayObLGZ 1984, 162-167.
[3] OLG Karlsruhe v. 20.09.2004 - 16 UF 88/04 - FamRZ 2005, 1501-1502.

gabe verlangt, ist die Zustimmung des anderen Elternteils erforderlich.[4] Widerspricht dieser Elternteil dem Herausgabeverlangen, ist der Anspruch abzuweisen; in diesem Fall ist ein Verfahren nach § 1628 BGB vorrangig durchzuführen.[5] Hat nur ein Elternteil die Personensorge inne, so steht ihm allein der Anspruch nach § 1632 Abs. 1 BGB zu.[6] Die Herausgabe können sowohl der Vormund (§ 1800 BGB)[7] als auch der personensorgeberechtigte Pfleger (§ 1909, § 1915 Abs. 1 BGB) geltend machen.[8] Zur Geltendmachung muss der Berechtigte nicht Inhaber der gesamten Personensorge sein, vielmehr genügt es, dass ihm das Aufenthaltsbestimmungsrecht zusteht.[9]

2. Herausgabepflichtiger

Der **Anspruch richtet sich gegen jeden**, der das Kind dem Berechtigten widerrechtlich vorenthält. Das kann ein Dritter sein, die Pflegeeltern,[10] aber ebenso der andere Elternteil, wenn er nicht sorgeberechtigt ist[11] oder er nicht Inhaber des Aufenthaltsbestimmungsrechts ist.[12] Das ist auch der Elternteil, der von einer mit dem anderen Elternteil während des Zusammenlebens stillschweigend getroffenen Einigung über den Lebensmittelpunkt der Kinder abweicht, ohne dass ihm das Aufenthaltsbestimmungsrecht oder zumindest gemäß § 1628 BGB das alleinige Entscheidungsrecht über den Aufenthaltsort der Kinder übertragen worden ist.[13]

3. Widerrechtliches Vorenthalten

Die Verpflichtung der Herausgabe des Kindes trifft jeden, der es **ohne rechtfertigenden Grund** in unmittelbarer oder mittelbarer Gewalt hat und die Wiedererlangung durch den Berechtigten verhindert.[14]

Für ein Vorenthalten ist regelmäßig **aktives Tun** erforderlich.[15] Hierzu zählt die nachhaltige Beeinflussung des Kindes, wodurch die Rückkehr zum personensorgeberechtigten Elternteil verhindert werden soll.[16] Ein passives Verhalten, wie den Aufenthalt des Kindes in der eigenen Wohnung zu dulden, reicht grundsätzlich nicht aus.[17]

Das **Vorenthalten ist nicht widerrechtlich**, wenn die Eltern darin eingewilligt haben. In Betracht kommen dabei insbesondere die freiwillige Erziehungshilfe gemäß § 27 SGB VIII sowie die widerrufliche Übertragung der Ausübung des Sorgerechts an Dritte.[18] Ebenso scheidet eine Widerrechtlichkeit von vornherein aus, wenn der Aufenthalt des Kindes durch oder aufgrund von gesetzlichen Regelungen angeordnet ist. Dies gilt vor allem im Rahmen der Schulpflicht sowie bei jugendgerichtlichen Maßnahmen wie der Strafhaft.[19] Außerdem schließt eine Verbleibensanordnung (vgl. Rn. 24) nach § 1632 Abs. 4 BGB ein widerrechtliches Vorenthalten aus.[20]

Ob ein **widerrechtliches Vorenthalten im Verhältnis der Eltern zueinander** vorliegt, richtet sich allein nach dem Wohl des Kindes.[21] Dabei ist jedoch zu berücksichtigen, ob ein gemeinsames Sorgerecht vorliegt oder die elterliche Sorge von einem Elternteil allein ausgeübt wird.[22] Gerade beim Herausgabeverlangen des allein sorgeberechtigten Elternteils ist nur noch eine eingeschränkte Prüfung des Kindeswohls erforderlich, wenn im Verfahren der Übertragung der elterlichen Sorge die Belange des Kin-

---

[4] OLG Celle, FamRZ 1970, 201.
[5] BayObLG München v. 29.06.1984 - BReg 1 Z 48/84 - BayObLGZ 1984, 162-167.
[6] BayObLG München v. 22.05.1990 - BReg 1 a Z 16/90 - NJW-RR 1990, 1287-1289.
[7] OLG Brandenburg v. 03.06.1999 - 9 WF 87/99 - FamRZ 2000, 1038-1039; BayObLG München v. 15.01.1991 - BReg 1 a Z 73/90 - juris Rn. 13 - BayObLGZ 1991, 17-24.
[8] *Götz* in: Palandt, § 1632 Rn. 3.
[9] OLG Bamberg v. 07.02.1979 - 2 W 13/79 - FamRZ 1979, 853.
[10] Schleswig-Holsteinisches Oberlandesgericht v. 02.04.2009 - 15 UF 104/08 - OLGR Schleswig 2009, 766-769.
[11] OLG Hamm v. 17.08.1990 - 10 UF 308/90 - juris Rn. 4 - NJW-RR 1991, 329.
[12] OLG Nürnberg v. 10.08.1999 - 10 UF 1611/99 - juris Rn. 21 - FamRZ 2000, 369-370; *Salgo* in: Staudinger, § 1632 Rn. 10.
[13] AG Bad Iburg v. 10.02.2000 - 7 F 27/00 - FamRZ 2000, 1036-1037.
[14] OLG Hamm v. 17.08.1990 - 10 UF 308/90 - juris Rn. 4 - NJW-RR 1991, 329.
[15] *Salgo* in: Staudinger, § 1632 Rn. 14.
[16] OLG Zweibrücken v. 30.12.1982 - 2 UF 106/82 - ZblJugR 1983, 193-195.
[17] LG Köln, FamRZ 1972, 376, 377.
[18] *Veit* in: Bamberger/Roth, § 1632 Rn. 5.
[19] *Götz* in: Palandt, § 1632 Rn. 3.
[20] OLG Frankfurt v. 17.02.2000 - 6 UF 233/99 - FamRZ 2000, 1037-1038.
[21] OLG Hamm v. 17.08.1990 - 10 UF 308/90 - juris Rn. 4 - NJW-RR 1991, 329.
[22] KG v. 14.11.1969 - 1 W 9805/69 - NJW 1970, 149.

deswohls bereits ausgiebig erörtert worden sind.²³ Zu prüfen ist nur noch, ob der Zeitpunkt der Herausgabe mit dem Kindeswohl vereinbar ist, das Herausgabeverlangen rechtsmissbräuchlich ist und ob nach der Sorgerechtsentscheidung neue wesentliche, das Kindeswohl nachhaltig berührende Umstände eingetreten sind, die die Abänderung der Sorgerechtsregelung notwendig machen.²⁴ Haben die Eltern übereinstimmend in Ausübung ihres gemeinsamen Sorgerechts die Bestimmung getroffen, dass das Kind seinen Lebensmittelpunkt bei einem Elternteil haben soll, so kann dieser nicht verlangen, dass das alleinige Aufenthaltsbestimmungsrecht auf ihn übertragen wird.²⁵

8   Ein **rechtsmissbräuchlicher Herausgabeanspruch** lässt ein widerrechtliches Vorenthalten nicht nur im Verhältnis von Eltern zueinander, sondern auch gegenüber Dritten entfallen.²⁶

4. Anspruchsumfang

9   Der Anspruch ist nur auf die **Herausgabe des Kindes** gerichtet. Wegen der personenrechtlichen Prägung des Herausgabeanspruchs können ihm weder Gegenrechte aus Besitzschutz nach § 861 BGB noch ein Recht zum Besitz am Kind aus § 986 BGB oder § 273 BGB entgegengehalten werden, weil dies mit der Menschenwürde des Kindes als Rechtssubjekt nicht vereinbar ist.

10 Der Anspruch erlischt mit der **Verheiratung des Kindes** gemäß § 1633 BGB sowie mit Eintritt in die Volljährigkeit.²⁷

11 Beim Streit um die **Herausgabe der Kindesleiche** wird § 1632 BGB entsprechend angewandt.²⁸

12 Neben dem Herausgabeanspruch können **Ansprüche auf Schadensersatz** gemäß § 823 Abs. 1 BGB²⁹ sowie § 823 Abs. 2 BGB i.V.m. § 235 StGB (Entziehung Minderjähriger) stehen³⁰. Ersatzfähig sind insbesondere Detektivkosten zur Ermittlung des Aufenthaltsortes des Kindes³¹ sowie die Kosten für die Rückführung des Kindes zu den Eltern³².

5. Gleichzeitige Anordnung zur Herausgabe persönlicher Gegenstände des Kindes

13 § 50d FGG ermöglichte es dem Gericht, die Kindesherausgabe mit der Anordnung zu verbinden, auch die zum **persönlichen Gebrauch des Kindes bestimmten Gegenstände herauszugeben.** Diese Anspruchsgrundlage ermöglichte die Herausgabe, ohne dass es auf die dingliche Zuordnung der Gegenstände ankam. Auch wenn ihre Aufhebung vom Gesetzgeber nicht beabsichtigt war, ist § 50d FGG ersatzlos weggefallen. In der Literatur wird vor diesem Hintergrund vertreten, bis zu einer positiven Regelung durch den Gesetzgeber den Herausgabeanspruch des § 1632 Abs. 1 BGB extensiv auszulegen.³³

14 Zum **persönlichen Gebrauch eines Kindes** bestimmte Sachen sind etwa Kleidung, Spielzeug, Bett, Kinderwagen, Schulsachen und Zeugnisse, Medizin (und entsprechende Hilfsmittel wie Brille, Zahnspange), Kinderausweis und andere das Kind betreffende Urkunden.³⁴

15 Zudem sollte im Wege einer Annexkompetenz die **Vollstreckung** dieser einstweiligen Anordnung den §§ 88 ff. FamFG unterworfen werden und nicht über § 95 Abs. 1 Nr. 2 FamFG den Vorschriften der ZPO.³⁵

II. Bestimmung des Umgangsrechts (Absatz 2)

16 Die Eltern haben, sofern sie zumindest Inhaber der tatsächlichen Personensorge sind³⁶, nach § 1632 Abs. 2 BGB auch den **Umgang des Kindes** mit Wirkung für und gegen Dritte zu regeln. Ihnen obliegt es, den Umgang des Kindes zu überwachen und das Kind von schädigenden Einflüssen Dritter fern zu halten und vor Schäden zu bewahren.³⁷

---

23 OLG Hamm v. 17.08.1990 - 10 UF 308/90 - juris Rn. 4 - NJW-RR 1991, 329.
24 OLG Düsseldorf v. 06.02.1981 - 6 UF 170/80 - FamRZ 1981, 601-603.
25 OLG Stuttgart v. 09.09.1998 - 17 UF 309/98 - FamRZ 1999, 39-40.
26 BT-Drs. 8/2788, S. 51.
27 *Veit* in: Bamberger/Roth, § 1632 Rn. 9.
28 LG Paderborn v. 26.03.1981 - 2 O 76/81 - FamRZ 1981, 700-701.
29 BGH v. 24.04.1990 - VI ZR 110/89 - juris Rn. 11 - FamRZ 1990, 966-970.
30 *Salgo* in: Staudinger, § 1632 Rn. 13.
31 BGH v. 24.04.1990 - VI ZR 110/89 - juris Rn. 17 - FamRZ 1990, 966-970.
32 LG Aachen v. 18.11.1982 - 4 O 181/82 - FamRZ 1986, 713-714; OLG Koblenz v. 12.04.1994 - 3 W 155/94 - FamRZ 1995, 36-37.
33 *Götz* in: Palandt, § 1632 Rn. 6; *Huber* in: MünchKomm-BGB, § 1632 Rn. 23.
34 *Salgo* in: Staudinger, § 1632 Rn. 40.
35 *Götz* in: Palandt, § 1632 Rn. 7; *Huber* in: MünchKomm-BGB, § 1632 Rn. 23.
36 OLG Nürnberg, FamRZ 1959, 71.
37 BT-Drs. 8/2788, S. 51.

1. Ausübung des Umgangsrechts

Steht beiden Elternteilen die gemeinsame elterliche Sorge zu, gilt dies auch für die Ausübung des Aufenthaltsbestimmungsrechts, auch wenn sie getrennt voneinander leben (§ 1687 Abs. 1 Satz 2 BGB, vgl. hierzu die Kommentierung zu § 1687 BGB).[38] Während gegenüber dem Kind auch ein Elternteil allein eine Umgangsbestimmung treffen kann, weil dieser ihm als eigene Erziehungspersönlichkeit gegenübertritt[39], müssen Weisungen und Umgangsverbote gegenüber Dritten[40] einvernehmlich erteilt werden[41]. Wenn ein Einvernehmen nicht erzielt werden kann, kann ein Elternteil nur aufgrund einer Übertragung des Umgangsbestimmungsrechts nach § 1628 BGB die Umgangsregelung treffen.[42] Als Dritte kommen Bekannte, aber auch Verwandte in Betracht, wobei insbesondere bei Verwandten § 1685 BGB zu berücksichtigen ist. 17

Steht nur einem Elternteil die elterliche Sorge zu, kann dieser allein den Umgang des Kindes bestimmen. In diesem Fall ist Dritter aber nicht der andere Elternteil; vielmehr ist bei der Umgangsregelung zwischen Eltern § 1684 BGB anzuwenden.[43] Steht dem nichtsorgeberechtigten Elternteil ein Umgangsrecht mit dem Kind zu, so übt er für den Zeitraum dieses Umgangs das Umgangsbestimmungsrecht nach § 1632 Abs. 2 BGB aus (vgl. hierzu die Kommentierung zu § 1684 BGB).[44] 18

Neben der Möglichkeit, **Weisungen und Umgangsverbote** zu erteilen, können die Eltern den unmittelbaren persönlichen, den brieflichen und telefonischen Kontakt[45] sowie Kontakte mit Hilfe der neuen Medien wie Computer oder SMS bestimmen. Außerdem sind **Umgangsgebote und Umgangserlaubnisse** Teil des Umgangsrechts, die sich beispielsweise durch die Finanzierung von Musikunterricht, Ballettstunden oder die Erlaubnis zu Mitgliedschaften in Vereinen äußern.[46] Dagegen gehört die Bestimmung von Ausgangszeiten sowie Lokalbesuchen nicht zu § 1632 Abs. 2 BGB, sondern zu den §§ 1626, 1631 BGB. 19

2. Grenzen des Umgangsrechts

Die Umgangsbestimmung des Kindes ist jedoch nicht grenzenlos. Als Teil des Erziehungsrechts sind die Eltern auch in diesem Fall an gesetzgeberische Entscheidungen gebunden. Damit sich das Kind zu einer eigenverantwortlichen und gemeinschaftsfähigen Person im Sinne von § 1 Abs. 1 SGB VIII entwickeln kann, ist auch der Umgang mit Menschen, die außerhalb des Familienlebens stehen, von immenser Bedeutung. Erst durch diesen Kontakt lernt das Kind selbständig, seinen Umgang mit anderen Personen zu bestimmen. Dieser Umgang ist aber auch mit Gefahren verbunden, wie Kontakte mit der Kriminalität, dem Drogenmilieu, der Prostitution sowie zwielichtigen religiösen und politischen Vereinigungen.[47] Daher liegt die Grenze der mit dem Umgang verbundenen Erfahrungen bei einer Gefährdung des Kindeswohls nach § 1666 BGB, wonach dann ein Eingreifen der Eltern geboten ist. Unter Berücksichtigung von § 1626 Abs. 2 BGB müssen die Eltern ein Umgangsverbot gegenüber dem Kind jedoch auf triftige und sachliche Gründe stützen, je mehr das Kind in seiner körperlichen, geistigen und seelischen Entwicklung zu einer eigenständigen Persönlichkeit herangereift ist.[48] 20

Die Rechtsprechung hat sich in der Vergangenheit vor allem mit **Umgangsverboten im sexuellen Bereich** auseinandergesetzt. Viele dieser Urteile ergingen in den 50er, 60er und 70er Jahren zu einer Zeit, als die Volljährigkeit erst mit der Vollendung des 21. Lebensjahres erreicht wurde. Weiterhin hat sich die gesellschaftliche Einstellung zum Thema Sex seither erheblich gewandelt, so dass viele Entscheidungen heute in dieser Weise wohl nicht mehr ergehen würden. Unter Berücksichtigung dieses Aspekts liegt ein Grund für ein Umgangsverbot vor, wenn die Umgangsperson eine gleichgeschlechtliche Veranlagung hat[49] oder eine Minderjährige Verkehr mit einem wesentlich älteren verheirateten Mann hat[50]. 21

---

[38] *Veit* in: Bamberger/Roth, § 1632 Rn. 15.
[39] *Salgo* in: Staudinger, § 1632 Rn. 20.
[40] BayObLG München v. 11.10.1994 - 1Z BR 94/94 - juris Rn. 9 - NJW-RR 1995, 138-139.
[41] OLG Schleswig, FamRZ 1965, 224.
[42] *Ziegler* in: PWW, § 1632 Rn. 4.
[43] *Veit* in: Bamberger/Roth, § 1632 Rn. 14.
[44] *Veit* in: Bamberger/Roth, § 1632 Rn. 15.
[45] BayObLG München v. 11.10.1994 - 1Z BR 94/94 - juris Rn. 9 - NJW-RR 1995, 138-139.
[46] *Götz* in: Palandt, § 1632 Rn. 9.
[47] *Salgo* in: Staudinger, § 1632 Rn. 24.
[48] AG Bad Säckingen v. 07.06.2001 - 3 F 116/01 - FamRZ 2002, 689-690.
[49] LG Berlin v. 04.12.1984 - 83 T 385/84 - FamRZ 1985, 519-520.
[50] LG Hamburg, FamRZ 1985, 141.

22 In anderen Bereichen ist ein Grund für ein **Umgangsverbot** der Kontakt eines Minderjährigen mit einem wegen Raubes verurteilten Mann[51] sowie mit einem Mann mit Kontakten zum Rauschgiftmilieu[52]. Auch die ausbildungsbedingte wirtschaftliche Abhängigkeit des Kindes von den Eltern kann einen Grund für ein Umgangsverbot darstellen.[53] Nicht ausreichend ist dagegen das negative graphologische Gutachten über einen 28-Jährigen[54], das Abschneiden jeglichen sozialen Kontakts aus schulischen Gründen[55] sowie die nicht substantielle belegte politische Beeinflussung[56].

23 Das **Umgangsrecht ist ein absolutes Recht** im Sinne von § 823 Abs. 1 BGB sowie § 1004 BGB und kann gegenüber Dritten auch auf diesem Wege geltend gemacht werden.[57]

III. Schutz des Pflegekindes (Absatz 4)

24 Die Vorschrift ergänzt § 1632 Abs. 1 BGB dahin gehend, dass keine widerrechtliche Vorenthaltung vorliegt, wenn das Familiengericht von Amts wegen oder auf Antrag der Pflegeperson das Verbleiben des Kindes bei den Pflegeeltern angeordnet hat (sog. **Verbleibensanordnung**).[58] Das Kind hat dagegen kein eigenes Antragsrecht.[59]

1. Längere Zeit in Familienpflege

25 Der Begriff **Familienpflege** ist nicht identisch mit dem Umfang erlaubnispflichtiger Familienpflege im Sinne von § 44 SGB VIII. Für die Familienpflege im Sinne des § 1632 Abs. 4 BGB genügt wie bei den §§ 1685, 1630 Abs. 3 BGB jedes faktische Pflegeverhältnis familienähnlicher Art, gleichgültig ob ein Pflegevertrag oder eine etwa erforderliche Pflegeerlaubnis vorliegt.[60] Daher kann Familienpflege selbst bei einem Widerruf der Pflegeerlaubnis vorliegen.[61]

26 **Familienpflege** im Sinne von § 1632 Abs. 4 BGB ist daher anzunehmen, wenn die Pflege und Erziehung eines Kindes an mehreren Tagen der Woche[62] von mindestens einer Pflegeperson außerhalb des Elternhauses ausgeübt wird und ein familienähnliches Pflegeverhältnis besteht, welches durch vielfältige und unterschiedliche wechselseitige Bindungen geprägt ist.[63] Davon umfasst ist auch die Pflege von Verwandten wie dem nichtehelichen Vater[64] und Verschwägerten[65], wobei für Großeltern, Geschwister, Stiefelternteile sowie den Lebenspartner die Regelung von § 1682 BGB i.V.m. § 1685 BGB gilt. Weiterhin gilt die Vorschrift für die Bereitschaftspflege[66] sowie die Adoptionspflege (§ 1744 BGB)[67]. Die Vorschrift ist auch anwendbar, wenn das Kind aus seiner bisherigen Pflegestelle herausgenommen worden ist[68] sowie wenn das Kind nach seiner Rückkehr zu den Eltern zu den früheren Pflegeeltern geflüchtet ist[69]. Ein entsprechendes familienähnliches Pflegeverhältnis scheidet aber im Regelfall bei einer Unterbringung in einem Kinderheim aus.[70]

27 Das Erfordernis der **längeren Dauer** der Familienpflege ist nach dem Zweck der Vorschrift nicht absolut, sondern unter Berücksichtigung des kindlichen Zeitbegriffs zu verstehen.[71] Es kommt daher da-

---

[51] KG, MDR 1960, 497.
[52] OLG Hamm, FamRZ 1974, 136.
[53] OLG Hamm, FamRZ 1974, 136; a.A. LG Wiesbaden, FamRZ 1974, 663.
[54] OLG Koblenz, FamRZ 1958, 137.
[55] LG Wiesbaden, FamRZ 1974, 663.
[56] AG Bad Säckingen v. 07.06.2001 - 3 F 116/01 - FamRZ 2002, 689-690.
[57] *Salgo* in: Staudinger, § 1632 Rn. 21.
[58] OLG Frankfurt v. 17.02.2000 - 6 UF 233/99 - FamRZ 2000, 1037-1038.
[59] *Veit* in: Bamberger/Roth, § 1632 Rn. 34.
[60] BGH v. 04.07.2001 - XII ZB 161/98 - juris Rn. 20 - FamRZ 2001, 1449-1452.
[61] BayObLG München v. 13.04.1984 - BReg 1 Z 28/84 - NJW 1984, 2168-2169.
[62] *Peschel-Gutzeit* in: Staudinger, § 1630 Rn. 39.
[63] OLG Hamm v. 08.03.1985 - 15 W 64/85 - NJW 1985, 3029-3030; BayObLG München v. 02.06.1987 - BReg 1 Z 25/87 - NJW 1988, 2381-2383.
[64] AG Fulda v. 17.07.2001 - 45 F 158/01 - FamRZ 2002, 900-901.
[65] *Salgo* in: Staudinger, § 1632 Rn. 65.
[66] OLG Hamm v. 18.04.2002 - 1 WF 79/02 - FamRZ 2003, 54.
[67] OLG Brandenburg v. 03.06.1999 - 9 WF 87/99 - FamRZ 2000, 1038-1039.
[68] OLG Frankfurt v. 19.05.1983 - 20 W 207/83 - OLGZ 1983, 301-304.
[69] BayObLG München v. 20.09.1982 - BReg 1 Z 84/82 - DAVorm 1983, 78-83.
[70] LG Frankfurt v. 04.11.1982 - 2/9 T 877/82 - FamRZ 1984, 729-730.
[71] OLG Celle v. 20.07.1989 - 17 W 15/89 - FamRZ 1990, 191-193.

rauf an, ob die Pflegezeit dazu geführt hat, dass das Kind in der Pflegefamilie seine Bezugswelt gefunden hat.[72] Eine Entscheidung hängt vom jeweiligen Einzelfall ab, insbesondere bei jüngeren Kindern ist eine Verwurzelung schneller – nach mehreren Monaten[73] – anzunehmen als bei Jugendlichen, bei denen die Schwelle wohl bei knapp einem Jahr liegt[74].

2. Wegnahmebegehren der Eltern

Die **Wegnahme** muss von den leiblichen Eltern gefordert werden, denen mindestens das Aufenthaltsbestimmungsrecht (vgl. Rn. 2) zustehen muss.[75] Die Herausgabe können sowohl der Vormund (§ 1800 BGB)[76] als auch der personensorgeberechtigte Pfleger (§§ 1909, 1915 Abs. 1 BGB) geltend machen[77]. Hat das Jugendamt als Inhaber des Aufenthaltsbestimmungsrechts ein ca. zweijähriges Kind nach halbjährigem Aufenthalt in einer Pflegefamilie einer anderen Pflegefamilie übergeben, in deren Haushalt sich auch die Mutter des Kindes befindet, so ist das Kind auf Antrag der bisherigen Pflegeeltern im Weg der einstweiligen Anordnung an diese zurückzugeben, damit im Hauptsacheverfahren geklärt werden kann, ob die Trennung des Kindes von den (bisherigen) Pflegeeltern mit psychischen und physischen Schäden verbunden ist.[78] Geht es bei dem Herausgabeverlangen nicht um die Rückführung des Kindes zu den leiblichen Eltern (vgl. Rn. 34) oder einem Elternteil, also zur Herkunftsfamilie im engeren Sinn, sondern zur Großmutter, so muss mit hinreichender Sicherheit eine Gefährdung des Kindeswohls ausgeschlossen sein.[79]

28

3. Gefährdung des Kindeswohls durch die Wegnahme

Der Begriff der **Gefährdung des Kindeswohls** entspricht dem in § 1666 BGB.[80] Dies setzt eine gegenwärtige, in solchem Maß vorhandene Gefahr voraus, dass sich bei der weiteren Entwicklung der Dinge eine erhebliche Schädigung des leiblichen, geistigen oder seelischen Wohls des Kindes mit ziemlicher Sicherheit voraussehen lässt (vgl. hierzu die Kommentierung zu § 1666 BGB).[81]

29

Hierzu ist eine **Interessenabwägung** zwischen den Interessen des Kindes und dem Elternrecht der leiblichen Eltern vorzunehmen.[82] Befindet sich ein Kind seit längerer Zeit in einer Pflegefamilie und ist als Folge hiervon eine gewachsene Bindung zu den Pflegeeltern entstanden, dann steht auch die Pflegefamilie unter dem vom Grundgesetz garantierten Schutz der Familie.[83] Grundsätzlich hat demgegenüber aber das Erziehungsrecht der Eltern den Vorrang.[84] Für ein erfolgreiches Herausgabeverlangen ist es nicht erforderlich, dass es „nur dem Wohl des Kindes dient oder ein triftiger Grund dafür vorliegt".[85] Letztendlich entscheidet aber das Wohl des Kindes.[86]

30

Bei dieser **Abwägung** sind daher die Bindungen und Beziehungen des Kindes zur Pflegefamilie[87], die **Aufenthaltsdauer bei der Pflegefamilie**[88], der **Anlass für die Hingabe des Kindes in die Pflegefa-**

31

---

[72] BayObLG München v. 07.04.1998 - 1Z BR 13/98 - juris Rn. 11 - NJW-RR 1999, 369-371.
[73] OLG Frankfurt v. 14.10.2003 - 1 UF 64/03 - FamRZ 2004, 720-721.
[74] BayObLG München v. 07.04.1998 - 1Z BR 16/98 - NJW-RR 1998, 1538-1540.
[75] BayObLG München v. 22.05.1990 - BReg 1 a Z 16/90 - NJW-RR 1990, 1287-1289.
[76] OLG Brandenburg v. 03.06.1999 - 9 WF 87/99 - FamRZ 2000, 1038-1039; BayObLG München v. 15.01.1991 - BReg 1 a Z 73/90 - juris Rn. 13 - BayObLGZ 1991, 17-24.
[77] *Ziegler* in: PWW, § 1632 Rn. 8.
[78] OLG Rostock v. 15.05.2001 - 10 UF 130/01 - FamRZ 2001, 1633-1634; ähnlich, AG Kamenz - 17.04.2003 - 1 F 162/03 - FamRZ 2005, 124-125.
[79] BVerfG v. 25.11.2003 - 1 BvR 1248/03 - juris Rn. 8 - FamRZ 2004, 771-772; OLG Hamm v. 13.05.2003 - 13 UF 367/02 - FamRZ 2003, 1858-1859.
[80] BT-Drs. 13/4899, S 51.
[81] BayObLG München v. 07.04.1998 - 1Z BR 16/98 - NJW-RR 1998, 1538-1540.
[82] BVerfG v. 14.04.1987 - 1 BvR 332/86 - juris Rn. 55 - NJW 1988, 125-127; BVerfG v. 17.10.1984 - 1 BvR 284/84 - juris Rn. 55 - NJW 1985, 423-424.
[83] BVerfG v. 25.11.2003 - 1 BvR 1248/03 - juris Rn. 8 - FamRZ 2004, 771-772; BVerfG v. 02.06.1999 - 1 BvR 1689/96 - juris Rn. 13 - FamRZ 1999, 1417-1419; OLG Brandenburg v. 27.08.2003 - 9 UF 145/03 - JAmt 2003, 603-606.
[84] BVerfG v. 02.06.1999 - 1 BvR 1689/96 - juris Rn. 13 - FamRZ 1999, 1417-1419.
[85] OLG Frankfurt v. 07.10.2002 - 3 UF 180/02 - OLGR Frankfurt 2003, 44.
[86] BayObLG München v. 02.06.1987 - BReg 1 Z 25/87 - NJW 1988, 2381-2383.
[87] BayObLG München v. 25.01.1995 - 1Z BR 169/94 - juris Rn. 11 - BayObLGZ 1995, 22-29.
[88] BayObLG München v. 25.01.1995 - 1Z BR 169/94 - juris Rn. 17 - BayObLGZ 1995, 22-29.

milie[89] sowie der vom Kind geäußerte Wille[90], insbesondere ob es die Eltern überhaupt sehen[91] oder vielleicht bei den Pflegeeltern bleiben möchte, zu berücksichtigen. Ist jedoch der Wille des Kindes, bei den Pflegeeltern zu bleiben, von letzteren beeinflusst, kommt diesem bei der Verbleibensanordnung nur dann ein entscheidendes Gewicht zu, wenn sich dieser Wunsch im Kind so verfestigt hat, dass es bei einer Herausnahme aus der Pflegefamilie erheblichen seelischen Schaden erleiden würde.[92]

32 Auch **persönliche Defizite der Eltern** wie die Überforderung durch mehrere[93] oder lernbehinderte[94] Kinder, aber auch eigene psychische Probleme[95] sowie eine drohende Misshandlung durch den Stiefvater[96] sind in die Abwägung mit einzubeziehen. Gleichwohl ist § 1632 Abs. 4 BGB auch bei erziehungsgeeigneten leiblichen Eltern anwendbar.[97] Auch der Umstand, ob das Kind zu den Eltern zurückkehren oder bei einer anderen Pflegefamilie untergebracht werden soll, ist von Bedeutung.[98] Nicht ausreichend ist dagegen, dass das Kind bei seinen Pflegeeltern besser als bei seinen leiblichen Eltern versorgt, betreut oder erzogen würde.[99]

33 So ist eine Abwägung zugunsten der Pflegeeltern in dem Fall vorzunehmen, wenn das Kind zu ihnen eine primäre Bindung aufgebaut hat, weil es von Geburt an während seines gesamten bisherigen Lebens von 18 Monaten von ihnen betreut wurde, und über die mit dem Wechsel eines Kindes von der primären Beziehungsperson verbundenen allgemeinen Schwierigkeiten hinaus zusätzliche Aspekte in der Persönlichkeit der handelnden Personen und der konkreten Situation vorhanden sind. Solche zusätzlichen Aspekte sind insbesondere dann gegeben, wenn die Herausnahme des Kindes aus seinem bisherigen Umfeld eine schwerwiegende Traumatisierung mit nachhaltigen Störungen der weiteren Entwicklung zur Folge hätte, die nur durch eine besonders kompetente Beziehungsperson mit überdurchschnittlicher Fähigkeit, die Situation eines so getrennten Kindes aufzufangen, überwunden werden kann, und genau in diesem Bereich die Kompetenz der Eltern oder des Elternteils bedingt durch ihre eigene Biographie nicht liegt.[100] Das Gleiche gilt, wenn die Herausnahme des Kindes aus der Pflegefamilie bei ihm mit hoher Wahrscheinlichkeit zu Verhaltensstörungen, psychosomatischen Beschwerden, sozialem Rückzug, autoagressiven Verhaltensweisen, Leistungsstörungen und zu einer Störung der emotionalen Beziehung zu den Eltern oder dem Elternteil führen würde.[101] Zusätzliche Aspekte sind aber auch dann anzunehmen, wenn mit der Herausnahme aus der Pflegefamilie ein Wegzug ins Ausland verbunden wäre und die Umstellung auf die dortigen Lebensverhältnisse beim Kind zu einem in seinen Auswirkungen kaum abschätzbaren Kulturschock führen würde (Wegzug nach Afghanistan).[102]

34 Im Rahmen der Abwägung zwischen den Interessen des Kindes und dem Elternrecht der leiblichen Eltern ist auch von Bedeutung, ob das Kind wieder in seine Familie zurückkehren soll oder ob nur ein Wechsel der Pflegefamilie beabsichtigt ist. Danach bestimmt sich das Maß der Unsicherheit über mögliche Beeinträchtigungen des Kindes, das unter Berücksichtigung seiner Grundrechtsposition hinnehmbar ist. Die Risikogrenze ist generell weiter zu ziehen, wenn die leiblichen Eltern oder ein Elternteil wieder selbst die Pflege des Kindes übernehmen wollen.[103] Bei der Zusammenführung des Kindes mit einem leiblichen Elternteil kann dem Kind mehr zugemutet werden, als wenn lediglich ein Wechsel

---

[89] BayObLG München v. 30.04.1996 - 1Z BR 36/96 - juris Rn. 17 - FamRZ 1997, 223-225; OLG Karlsruhe v. 04.12.1978 - 5 W 166/78 - juris Rn. 12 - NJW 1979, 930-931.
[90] BayObLG München v. 07.04.1998 - 1Z BR 13/98 - juris Rn. 14 - NJW-RR 1999, 369-371; BayObLG München v. 25.01.1995 - 1Z BR 169/94 - juris Rn. 20 - BayObLGZ 1995, 22-29.
[91] OLG Bamberg v. 01.10.1992 - 2 UF 109/92 - juris Rn. 21 - NJW-RR 1993, 329-331.
[92] BayObLG München v. 23.09.1997 - 1Z BR 113/97 - juris Rn. 15 - FamRZ 1998, 450-451.
[93] BayObLG München v. 17.12.1984 - BReg 1 Z 81/84 - DAVorm 1985, 332-335.
[94] OLG Schleswig, DAV 1980, 574.
[95] BayObLG München v. 02.06.1987 - BReg 1 Z 25/87 - NJW 1988, 2381-2383; AG Fulda v. 17.07.2001 - 45 F 158/01 - FamRZ 2002, 900-901.
[96] OLG Frankfurt v. 20.01.1981 - 20 W 781/80 - NJW 1981, 2524.
[97] OLG Frankfurt v. 06.05.1983 - 20 W 141/83 - OLGZ 1983, 297-299.
[98] BVerfG v. 14.04.1987 - 1 BvR 332/86 - juris Rn. 58 - NJW 1988, 125-127; OLG Bremen v. 24.04.2002 - 5 WF 26/02 - FamRZ 2003, 54-55.
[99] BayObLG München v. 17.12.1984 - BReg 1 Z 81/84 - DAVorm 1985, 332-335.
[100] OLG Frankfurt v. 14.10.2003 - 1 UF 64/03 - FamRZ 2004, 720-721.
[101] OLG Karlsruhe v. 19.12.2003 - 20 UF 47/02 - FamRZ 2004, 722-723.
[102] OLG Hamm v. 19.12.2003 - 11 UF 373/02 - JAmt 2004, 209-211.
[103] BVerfG v. 14.04.1987 - 1 BvR 332/86 - juris Rn. 57 - NJW 1988, 125-127.

der Pflegestelle erfolgen würde.[104] Sollte letzteres der Fall sein, ist ein Wechsel – ohne dass dafür wichtige, das Wohl des Kindes betreffende Gründe sprechen – nur möglich, wenn mit hinreichender Sicherheit auszuschließen ist, dass die Trennung des Kindes von seinen Pflegeeltern mit psychischen oder physischen Schädigungen verbunden sein kann.[105] Diese Grundsätze gelten auch, wenn die Pflege durch die Großeltern beziehungsweise einen Großelternteil oder eine Zusammenführung zweier Geschwister erfolgen soll.[106]

Nach den dargestellten Grundsätzen kann eine Verbleibensanordnung dann nicht erlassen werden, wenn das Kindeswohl durch die Herausnahme aus der Pflegestelle nicht gefährdet wird; dies gilt auch dann, wenn es sich bei dem Ergänzungspfleger um den Vater des Kindes handelt.[107]

4. Entscheidung des Gerichts

Beim Vorliegen der Voraussetzungen von § 1632 Abs. 4 BGB ordnet das Gericht an, dass das Kind bei den Pflegeeltern bleibt (**Verbleibensanordnung**). Dabei wird der Antrag der Pflegeeltern nicht dadurch gegenstandslos, dass die leiblichen Eltern das Kind ohne Absprache mit den Pflegeeltern und dem Jugendamt bei sich behalten. Vielmehr können die Pflegeeltern dann in diesem Verfahren auch die Rückführung des Kindes in ihre Familie anstreben, wenn die Beendigung des Aufenthalts des Kindes bei der Pflegeperson in einem unmittelbaren (insbesondere zeitlichen) Zusammenhang mit dem Verfahren über die Verbleibensanordnung steht (**Rückführungsanordnung**).[108]

Eine **Verbleibensanordnung** hat zur Folge, dass zwar das Erziehungsrecht im Sinne von § 1631 Abs. 1 BGB beim Personensorgeberechtigten verbleibt, jedoch sein nach § 1631 Abs. 1 BGB bestehendes Aufenthaltsbestimmungsrecht eingeschränkt wird. Darüber hinaus kommen der Verbleibensanordnung aber keine Wirkungen zu; vor allem kommt dadurch kein vertragliches Dauerpflegeverhältnis zwischen Pflegeeltern und dem Träger der öffentlichen Jugendhilfe oder dem Personenberechtigten zustande.[109] Sie ist auch nicht geeignet, für den Träger der öffentlichen Jugendhilfe eine Pflicht zu begründen, deren Erfüllung im Sinne der §§ 683 Satz 2, 679 BGB „im öffentlichen Interesse" liegt.[110]

Eine Verbleibensanordnung ist gegenüber dem **Entzug des Aufenthaltsbestimmungsrechts** nach § 1666 BGB die speziellere Regelung; weiterhin ist sie zugleich das mildere Mittel und aus diesem Grund unter Beachtung des Verhältnismäßigkeitsgrundsatzes einem Entzug des Aufenthaltsbestimmungsrechts vorrangig. Wird das Kindeswohl allein dadurch gefährdet, dass die Eltern das Kind aus der Pflegestelle herausnehmen wollen, liegt noch kein hinreichender Grund vor, das Sorgerecht ganz oder teilweise zu entziehen. Vielmehr genügt dann eine das Sorgerecht einschränkende Anordnung des Verbleibs des Kindes bei den Pflegeeltern nach § 1632 Abs. 4 BGB.[111] Dagegen kann das Herausgabeverlangen in Verbindung mit ständigen Beunruhigungen des Kindes und Störungen des intakten Pflegeverhältnisses die Entziehung der elterlichen Sorge rechtfertigen, wenn eine Entziehung des Aufenthaltsbestimmungsrechts oder Umgangsrechts nicht ausreichen, um das Kind vor erheblichen Beeinträchtigungen seines Wohls zu bewahren.[112]

Zwar ist nach dem gerade Gesagten die Verbleibensanordnung gegenüber dem Entzug des Aufenthaltsbestimmungsrechts vorrangig. Allerdings setzt dieser Vorrang der Verbleibensanordnung voraus, dass ihr Anwendungsbereich überhaupt eröffnet ist. Zweck der Vorschrift ist, das in Pflege befindliche Kind davor zu schützen, dass es zur Unzeit aus der Pflegefamilie herausgenommen wird. Es sollen die Bindungen, die das Kind zu seiner Pflegefamilie aufgebaut hat, geschützt werden, wenn eine Entfremdung zu den leiblichen Eltern eingetreten ist. Dies ergibt sich bereits aus dem Wortlaut der Vorschrift, der verlangt, dass das Kind sich „längere Zeit" in der Pflegefamilie aufgehalten hat. Abzustellen ist darauf,

---

[104] OLG Hamburg v. 30.08.2002 - 12 UF 84/01 - ZfJ 2003, 155-159.
[105] BVerfG v. 14.04.1987 - 1 BvR 332/86 - juris Rn. 57 - NJW 1988, 125-127; BVerfG v. 20.01.2005 - 1 BvR 2717/04 - juris Rn. 6 - NJW-RR 2005, 657-658; OLG Brandenburg v. 18.10.2005 - 10 UF 167/05 - OLG-NL 2006, 255-258.
[106] BVerfG v. 20.01.2005 - 1 BvR 2717/04 - juris Rn. 6 - NJW-RR 2005, 657-658.
[107] OLG Brandenburg v. 12.08.2010 - 10 UF 110/10 - juris Rn. 4; vgl. hierzu auch: *Adolf-Kapgenoß*, jurisPR-FamR 23/2010, Anm. 1.
[108] BayObLG München v. 30.04.1996 - 1Z BR 36/96 - juris Rn. 8 - FamRZ 1997, 223-225.
[109] OLG Karlsruhe v. 28.10.2004 - 12 U 170/04 - JAmt 2005, 40-44.
[110] BVerwG v. 03.11.2006 - 5 B 40/06; OVG Bautzen v. 26.10.2005 - 5 B 926/04 - JAmt 2006, 412-414; lesenswert in diesem Zusammenhang: *Hoffmann*, jurisPR-FamR 9/2007, Anm. 4.
[111] BayObLG München v. 05.04.2000 - 1Z BR 108/99 - juris Rn. 34 - NJWE-FER 2000, 231.
[112] OLG Bamberg v. 16.12.1986 - 7 UF 89/86 - DAVorm 1987, 664-668.

§ 1632

ob das Kind seine Bezugswelt in der Pflegefamilie gefunden hat. Soweit jedoch nicht die Bindungen des Kindes zu den Pflegeeltern im Vordergrund stehen, sondern die Erziehungsfähigkeit der Kindesmutter über den Verbleib des Kindes in der Pflegefamilie entscheidend ist, ist der Anwendungsbereich des § 1632 Abs. 4 BGB schon überhaupt nicht eröffnet.[113]

40 Im Rahmen der Abwägung, ob eine Verbleibensanordnung für ein Kind in einer Pflegefamilie auszusprechen ist, sind sowohl das **Elternrecht** aus Art. 6 Abs. 2 Satz 1 GG als auch die **Grundrechtsposition des Kindes** aus Art. 2 Abs. 1. GG i.V.m. Art. 1 Abs. 1 GG sowie letztlich auch das **Grundrecht der Pflegefamilie** aus Art. 6 Abs. 1 und 3 GG zu berücksichtigen. Für die Entscheidung kommt es allein auf das Wohl des Kindes an, d.h., vor allem auf die Tragweite der Trennung des Kindes von der Pflegefamilie und auf die Erziehungsfähigkeit der leiblichen Eltern im Hinblick auf ihre Eignung, die negativen Folgen einer evtl. Traumatisierung des Kindes gering zu halten.[114] Der Wunsch der Eltern auf Herausgabe des Kindes darf nur dann versagt werden, wenn durch die Wegnahme von den Pflegeeltern das körperliche, geistige oder seelische Wohl des Kindes konkret gefährdet würde.[115] Das gilt auch schon für Kinder im Säuglingsalter, da insbesondere auch schon in diesem Alter die Trennung von den Bezugspersonen ein Angst- und Bedrohungsgefühl auslösen kann, das schädliche Dauererfolgen auslösen kann.[116] Nur unter dieser Voraussetzung hat die Verbleibensanordnung Vorrang vor dem Wunsch der Eltern. Daher steht einem Herausgabeverlangen nicht entgegen, dass das Kind bei den Pflegeeltern gut versorgt wird oder diese auch sonst geeigneter erscheinen mögen als die leiblichen Eltern und es dem Kind dort „besser geht". Entscheidend ist danach vielmehr das Ausmaß der Integration des Kindes in die Pflegefamilie und die Folgen der Herausnahme aus dem gewohnten Umfeld.[117] Die Voraussetzungen für eine Verbleibensanordnung für ein minderjähriges Kind in einer Pflegefamilie sind aber beispielsweise dann gegeben, wenn der Sorgeberechtigte zwar gegenwärtig das Kind nicht aus der Pflegefamilie herausnehmen will sowie bei Umgangskontakten immer wieder den Verbleib des Kindes in der Pflegefamilie in Frage stellt, jedoch nicht zu einer verbindlichen schriftlichen Erklärung über den Verbleib des Kindes bereit ist.[118]

41 Ein Verbleiben darf nur angeordnet werden, solange eine **Gefährdung des Kindeswohls** vorliegt. Hintergrund der Regelung von § 1632 Abs. 4 BGB ist, eine Herausgabe des Kindes zur Unzeit zu verhindern.[119] Auf der einen Seite ist es nicht ihr Zweck, ein Pflegeverhältnis so zu verfestigen, dass die leiblichen Eltern mit dessen Begründung nahezu in jedem Fall den dauernden Verbleib ihres Kindes in der Pflegefamilie befürchten müssen.[120] Auf der anderen Seite lässt die Vorschrift aber auch zu, ein Verbleiben anzuordnen, dessen zeitlicher Endpunkt nicht abzusehen ist.[121] Je länger ein Kind von dem Sorgeberechtigten getrennt ist, desto mehr wird es unter gleichzeitiger Verfestigung seiner Beziehungen zu den Pflegeeltern dem Sorgeberechtigten entfremdet.[122] Um dies zu verhindern und damit das Kind sich ohne Gefährdung seiner Entwicklung an eine Eingliederung in die Familie seiner leiblichen Eltern gewöhnen kann, sind in der Regel Besuchsrechte einzuräumen, soweit dadurch das Kindeswohl nicht gefährdet wird.[123] Ist ein Kind nach längerer Zeit an einen Elternteil zurückzugeben, ist im Interesse des Kindes die Rückgabe mit einem intensiven Umgangsrecht zugunsten des Elternteils vorzubereiten und bis zur Rückkehr des Kindes zum Elternteil das Verbleiben bei der Pflegefamilie anzuordnen.[124] Bei einer starken Bindung eines Kindes an seine Pflegeeltern kann allerdings auch im Falle der wiederhergestellten Erziehungsfähigkeit der leiblichen Eltern der Erlass einer Verbleibensanordnung auf

---

[113] OLG Koblenz v. 07.03.2005 - 13 UF 859/04 - FamRZ 2005, 1923-1924.
[114] OLG Hamm v. 05.09.2006, 3 UF 58/06 - FamRZ 2007, 659-660.
[115] OLG Karlsruhe v. 13.07.2006 - 16 UF 87/06.
[116] OLG Köln v. 04.09.2006 - 27 UF 198/06 - FamRZ 2007, 658-659.
[117] OLG Karlsruhe v. 13.07.2006 - 16 UF 87/06.
[118] OLG Celle v. 25.08.2006 - 10 UF 127/06 - OLGR Celle 2007, 774.
[119] BT-Drs. 8/2788, S. 40; 52.
[120] BVerfG v. 25.11.2003 - 1 BvR 1248/03 - juris Rn. 12 - FamRZ 2004, 771-772; OLG Hamm v. 17.03.1997 - 15 W 216/96 - juris Rn. 13 - NJW-RR 1997, 1299-1301.
[121] BayObLG München v. 05.04.2000 - 1Z BR 108/99 - juris Rn. 37 - NJWE-FER 2000, 231.
[122] BayObLG München v. 02.06.1987 - BReg 1 Z 25/87 - NJW 1988, 2381-2383; OLG Sachsen-Anhalt v. 15.12.2006 - 8 UF 84/05 - FamRZ 2007, 665-672.
[123] OLG Hamm v. 17.03.1997 - 15 W 216/96 - juris Rn. 22 - NJW-RR 1997, 1299-1301.
[124] OLG des Landes Sachsen-Anhalt v. 18.10.2006 - 14 UF 89/05 - OLGR Naumburg 2007, 543-546.

unbestimmte Zeit gerechtfertigt sein, sofern die Verbleibensanordnung von Amts wegen mit einer Umgangsregelung versehen wird, um sicherzustellen, dass das Kind schrittweise an die Herkunftsfamilie herangeführt und gegebenenfalls zu einem späteren Zeitpunkt in diese zurückgeführt werden kann.[125]

Ist es zum Wohle des Kindes notwendig, den **persönlichen Umgang mit den Eltern auszuschließen**, so ist das Gericht verpflichtet, eine entsprechende Entscheidung zu treffen, ohne dass ihm, wofür der Wortlaut (... kann ...) in § 1632 Abs. 4 BGB sprechen könnte, ein Ermessensspielraum zukäme, etwa dahin gehend, Elternrecht und Kindeswohl noch gegeneinander abzuwägen.[126] Liegen die Voraussetzungen von § 1632 Abs. 4 BGB nicht mehr vor, muss das Gericht nach § 1696 BGB die Anordnung aufheben, so dass die Eltern ihren Anspruch nach § 1632 Abs. 1 BGB durchsetzen können.[127] 42

Liegen die Voraussetzungen von § 1632 Abs. 4 BGB von vornherein nicht vor, wird das Familiengericht die **Herausgabe des Kindes** nach § 1632 Abs. 1 BGB anordnen. Auch in diesem Fall kann das Gericht den Pflegeeltern Besuchsrechte einräumen[128]; gegebenenfalls steht ihnen sogar ein Umgangsrecht nach § 1685 Abs. 2 BGB zu[129]. 43

C. Prozessuale Hinweise/Verfahrenshinweise

I. Verfahren zur Herausgabe des Kindes und Umgangsbestimmung (Absatz 3)

1. Verfahren der Herausgabe (Absatz 1)

Streitigkeiten über die Herausgabe eines Kindes an den anderen Elternteil, den Vormund oder den Pfleger sind **Kindschaftssachen** i.S.v. § 151 Nr. 3 FamFG, die dem Familiengericht zugewiesen sind (§ 1632 Abs. 3 BGB, § 23b Abs. 1 Satz 2 Nr. 4 GVG, vgl. zum Verfahren die Kommentierung zu § 1626 BGB). Die Entscheidung trifft der Richter (§ 14 Abs. 1 Nr. 7 RPflG). 44

Die **örtliche Zuständigkeit** des Familiengerichts richtet sich nach § 152 FamFG. 45

Grundsätzlich ist dem Alleinsorgeberechtigten das Kind gemäß § 1632 Abs. 1 BGB herauszugeben. Im Rahmen der **einstweiligen Anordnung** darf in der Regel aber vor der Entscheidung in der Hauptsache die Hauptsache nicht vorweggenommen werden. Eine Ausnahme von diesem Grundsatz ist aber vom OLG Zweibrücken für den Fall angenommen worden, in dem sich das Kind bei dem nicht sorgeberechtigten Elternteil aufgehalten hat und in dem der das alleinige Sorgerecht innehabende Elternteil die sofortige Herausgabe des Kindes verlangte. Hintergrund war im konkreten Fall der Umstand, dass der Schulbesuch des Kindes der kontinuierlichen Fortführung am Wohnort des alleinsorgeberechtigten Elternteils bedarf. Gerade weil die Hauptsache nicht vorweggenommen werden darf, besteht ein dringendes Interesse daran, dass das Kind zumindest bis zur endgültigen Entscheidung über das Herausgabeverlangen des alleinsorgeberechtigten Elternteils die Schule an seinem bisherigen Wohnort weiter besucht, damit nicht durch einen verfrühten Schulwechsel Fakten geschaffen werden, welche die spätere Herausgabeentscheidung beeinflussen können.[130] 46

Die §§ 159, 160, 161 FamFG sehen **Anhörungspflichten** des Kindes, der sorgeberechtigten Eltern sowie der Pflegeperson vor. Daneben ist gem. § 162 FamFG auch das Jugendamt anzuhören, das auf seinen Antrag hin am Verfahren zu beteiligen ist. Ferner ist auch der Ehegatte des sorgeberechtigten Elternteils anzuhören, wenn der Sorgeberechtigte wieder geheiratet hat und beabsichtigt, das Kind in die neue Familie aufzunehmen.[131] 47

Gem. § 158 Abs. 2 Nr. 4 FamFG ist in aller Regel die – möglichst frühzeitige (§ 158 Abs. 3 Satz 1 FamFG) – Bestellung eines **Verfahrensbeistands** erforderlich. 48

Die **Vollstreckung** der Entscheidung richtet sich immer nach § 89 FamFG. Die Herausgabepflichtung trifft nicht nur die im Beschluss des Familiengerichts ausdrücklich als Verpflichtete bezeichnete Person, sondern jeden Dritten, welcher die tatsächliche Obhut über die herauszugebenden Kinder im Auftrag und nach Weisung dieser Person ausübt. Der Dritte ist in diesem Falle als nur scheinbar Berechtigter gleichsam Obhutsdiener. Ein solches Obhutsverhältnis kann vor Vollstreckungszugriff nicht schützen, insbesondere wenn der Dritte im Einvernehmen oder gar auf Veranlassung des Verpflichte- 49

---

[125] Brandenburgisches Oberlandesgericht v. 19.05.2008 - 10 UF 94/07 - FamRZ 2009, 61-62.
[126] OLG Bamberg v. 01.10.1992 - 2 UF 109/92 - juris Rn. 25 - NJW-RR 1993, 329-331.
[127] *Götz* in: Palandt, § 1632 Rn. 18.
[128] BayObLG München v. 13.04.1984 - BReg 1 Z 28/84 - NJW 1984, 2168-2169.
[129] *Veit* in: Bamberger/Roth, § 1632 Rn. 31.
[130] OLG Zweibrücken v. 11.06.2004 - 6 WF 75/04 - FamRZ 2005, 745-746.
[131] BayObLG München v. 28.01.1987 - BReg 1 Z 47/86 - BayObLGZ 1987, 17-23.

ten die Obhut ausübt, um die herauszugebenden Kinder der Vollstreckung zu entziehen.[132] Die Wohnung des Dritten zur Wegnahme des Kindes darf von den Vollstreckungsbeamten nur aufgrund richterlicher Anordnung oder bei Gefahr im Verzug betreten werden.[133] Eine **Gewaltanwendung gegen den Herausgabepflichtigen oder gegen das Kind** ist unter den Voraussetzungen von § 90 Abs. 1 und 2 FamFG nur als äußerstes Mittel möglich, wenn ein alsbaldiges Einschreiten unbedingt geboten ist und alle anderen denkbaren Maßnahmen bereits gescheitert oder erkennbar aussichtslos sind.[134] Bei der Anordnung von Gewalt gegen das Kind muss das Gericht den Grundsatz der Verhältnismäßigkeit wahren, insbesondere, ob Gewalt gegen das sich der Herausgabe widersetzende Kind zugelassen werden darf, wenn das Kind für die Grundrechte aus Art. 1 Abs. 1 GG und Art. 2 Abs. 1 GG grundrechtsmündig ist.[135]

50 **Aufwendungen**, die dem sorgeberechtigten Elternteil entstanden sind, weil er nach der Herausgabeanordnung das Kind eigenständig aus dem Ausland zurückgeholt hat, sind nicht als notwendige Kosten der Vollstreckung prozessual erstattungsfähig (§ 788 ZPO).[136]

51 Wenn sich während des **Vollziehungsverfahrens** herausstellt, dass die Herausgabe dem Kindeswohl widerspricht, darf das Familiengericht sie nicht vollziehen, sondern muss ein Sorgerechtsänderungsverfahren einleiten und vorläufig anordnen, dass das Kind zunächst nicht herauszugeben ist.[137]

2. Verfahren der Umgangsbestimmung (Absatz 2)

52 Auch Streitigkeiten in Bezug auf den Umgang des Kindes gemäß § 1632 Abs. 2 BGB sind **Kindschaftssachen**, für die das **Familiengericht** zuständig ist (§ 1632 Abs. 3 BGB, § 23b Abs. 1 Satz 2 Nr. 3 GVG, § 151 Nr. 2 FamFG, vgl. zum Verfahren die Kommentierung zu § 1626 BGB). Die Entscheidung trifft der Richter (§ 14 Abs. 1 Nr. 16 RPflG).

53 Die **örtliche Zuständigkeit** des Familiengerichts richtet sich nach § 152 FamFG.

54 Die §§ 159, 160 FamFG sehen **Anhörungspflichten** des Kindes sowie der sorgeberechtigten Eltern vor. Daneben ist gem. § 162 FamFG auch das Jugendamt anzuhören, das auf seinen Antrag hin am Verfahren zu beteiligen ist.

55 Des Weiteren ist zu prüfen, ob wegen § 158 Abs. 2 Nr. 2 FamFG wegen eines erheblichen Interessengegensatzes zwischen dem Kind und seinen gesetzlichen Vertretern nicht ein **Verfahrensbeistand** zu bestellen ist.

56 Im Gegensatz zum Verfahren nach § 1632 Abs. 1 BGB ist bei der **Vollstreckung** die **Anwendung von Gewalt ausgeschlossen** (§ 90 Abs. 2 Satz 1 FamFG).

57 Der Adressat eines nach § 1632 Abs. 2 BGB gerichtlich verhängten Kontaktverbots ist berechtigt, eine Aufhebung des Verbots zu beantragen, und daher auch im Hinblick auf eine die Aufhebung ablehnende Entscheidung des Familiengerichts **beschwerdeberechtigt** gem. § 59 FamFG. Dies gilt auch dann, wenn er nicht in den Personenkreis für eine Umgangsregelung nach § 1685 BGB fällt (konkret handelte es sich um einen ehemaligen Lehrer des Kindes, zu dem dieses eine Liebesbeziehung aufgenommen hatte), da das in Rede stehende Kontaktverbot über die Ablehnung einer Umgangsregelung nach § 1685 BGB hinausgeht, indem es jeglichen Kontakt untersagt.[138]

II. Verfahren der Verbleibensanordnung (Absatz 4)

58 Für die Entscheidung einer Verbleibensanordnung gemäß § 1632 Abs. 4 BGB ist ebenfalls das **Familiengericht** zuständig (§ 23b Abs. 1 Satz 2 Nr. 4 GVG, § 151 Nr. 3 FamFG, vgl. zum Verfahren die Kommentierung zu § 1626 BGB). Die konkrete Ausgestaltung des Pflegeverhältnisses durch einen Pflegevertrag ist grundsätzlich ausschließlich zivilrechtlicher Natur, so dass sich die Rechtsschutzmöglichkeiten der Pflegeeltern bei einer Entscheidung des Personensorgeberechtigten über den weiteren Aufenthalt des Kindes allein nach § 1632 Abs. 4 BGB richten. **Rechtsschutz wird allein durch die Familiengerichte vermittelt**. Auch der in Art. 19 Abs. 4 GG verankerte Anspruch auf Gewährung effektiven, d.h. umfassenden und möglichst lückenlosen Rechtsschutz gebietet es nicht, den Pflegeeltern daneben die Möglichkeit einzuräumen, die Herausgabe eines Pflegekindes auf dem Verwaltungs-

---

[132] OLG Zweibrücken v. 19.09.2003 - 6 WF 167/03 - FamRZ 2004, 1592-1593.
[133] BVerfG v. 19.11.1999 - 1 BvR 2017/97 - juris Rn. 13 - NJW 2000, 943-944.
[134] OLG Düsseldorf v. 22.04.1994 - 3 Wx 258/94, 3 Wx 269/94 - juris Rn. 13 - NJW-RR 1994, 1288-1289.
[135] BayObLG München v. 18.04.1985 - BReg 1 Z 9/85 - NJW-RR 1986, 3-4.
[136] OLG Bremen v. 05.03.2002 - 4 WF 18/02 - FamRZ 2002, 1720-1721.
[137] OLG Hamburg v. 23.03.1994 - 12 UF 19/94 - FamRZ 1994, 1128.
[138] BGH v. 29.09.2010 - XII ZB 161/09 - juris Rn. 9.

rechtsweg – und gegebenenfalls konträr zu einer rechtskräftigen Entscheidung des Amtsgerichts – zu erstreiten.[139] Die Art und Weise des **Vorgehens des Jugendamtes bei der Herausnahme** ist demgegenüber dem öffentlichen Recht zuzuordnen.[140]

Die Entscheidung trifft der Richter, § 14 Abs. 1 Nr. 7 RPflG. **59**

Die **örtliche Zuständigkeit** des Familiengerichts richtet sich nach § 152 FamFG. **60**

Zu beachten sind die **Anhörungspflichten** des Kindes, der Eltern und der Pflegeperson nach den §§ 159, 160, 161 FamFG. Daneben ist gem. § 162 FamFG auch das Jugendamt anzuhören, das auf seinen Antrag hin am Verfahren zu beteiligen ist. **61**

Gem. § 158 Abs. 2 Nr. 4 FamFG ist auch hier in aller Regel die – möglichst frühzeitige (§ 158 Abs. 3 Satz 1 FamFG) – Bestellung eines **Verfahrensbeistands** erforderlich. **62**

Ein **Rechtsschutzbedürfnis** für den Antrag nach § 1632 Abs. 4 BGB besteht bereits dann, wenn mit einiger Wahrscheinlichkeit entweder mit einer Kindesherausgabeanordnung eines Gerichts in einem anderen Verfahren oder mit tatsächlichem Verhalten eines – derzeit oder konkret erwartet künftigen – Sorgerechtsinhabers ernsthaft zu rechnen ist.[141] **63**

Zur Feststellung der Gefährdung des Kindeswohls genügt im Regelfall[142] die Sachkunde des Gerichts nicht, so dass ein **familienpsychologisches Gutachten** einzuholen ist[143]. Es bedarf der Ausweisung entsprechender Sachkunde, wenn ein Gericht fachkundigen Feststellungen oder fachlichen Schlussfolgerungen eines gerichtlichen Sachverständigen nicht folgen will.[144] **64**

Behalten die Eltern das Kind vor Erlass der Verbleibensanordnung, können die Pflegeeltern im gleichen Verfahren einen Antrag auf **Rückführung des Kindes** verfolgen.[145] **65**

Gegen die Entscheidung der Herausgabe sind auch die Pflegeeltern **beschwerdeberechtigt** (§§ 58, 59 FamFG).[146] Ist die Herausgabeanordnung schon vollzogen, richtet sich der Beschwerdeantrag auf Rückführung des Kindes.[147] Dagegen steht den Pflegeeltern kein Beschwerderecht gegen eine Entscheidung des Familiengerichts zu, in der den Eltern ein Umgangsrecht mit dem Kind eingeräumt wurde. Eine solche Umgangsregelung greift nicht in das verfassungsrechtlich geschützte Recht der Pflegeeltern auf Fortdauer des Pflegeverhältnisses ein und beeinträchtigt deren Rechtsstellung nicht unmittelbar. Nach § 1632 Abs. 4 BGB können die Pflegeeltern eine Verbleibensanordnung beantragen, wenn das Kind seit längerer Zeit in Familienpflege lebt, von der Pflegeperson weggenommen werden soll und dadurch das Kindeswohl gefährdet würde. Damit hat der Gesetzgeber das verfassungsrechtlich geschützte Recht der Pflegeeltern auf den Fall einer dauerhaften Wegnahme des Kindes, also einer Beendigung des Pflegeverhältnisses, begrenzt.[148] **66**

Gegen eine **Verbleibensanordnung** nach § 1632 Abs. 4 BGB steht sowohl dem nunmehr personensorgeberechtigten **Vormund** als auch dem **Jugendamt** gem. § 162 Abs. 3 Satz 2 FamFG auf Grund des Vorliegens einer Kindschaftssache eine Beschwerdeberechtigung zu.[149] Hingegen ist die **Kindesmutter** im Hinblick auf die Verbleibensanordnung nicht beschwerdeberechtigt, wenn sie aufgrund des erfolgten Entzugs der elterlichen Sorge durch die getroffene Entscheidung nicht unmittelbar in ihren Rechten beeinträchtigt ist.[150] Auch eine Beteiligung gem. § 7 FamFG führt vorliegend nicht zu einer Beschwerdeberechtigung, da es allein auf § 59 FamFG ankommt.[151] **67**

Da im Mittelpunkt einer Entscheidung nach § 1632 Abs. 4 BGB nicht der individuelle Rechtsschutz der Pflegeeltern, sondern das Kindeswohl und die daraus abzuleitende Regelung seines Aufenthalts steht, sind **Pflegeeltern im Allgemeinen nicht an den Gerichtskosten zu beteiligen**.[152] Insbesondere **68**

---

[139] VG Ansbach v. 20.09.2012 - AN 14 K 11.02416 - juris Rn. 34.
[140] VG Ansbach v. 20.09.2012 - AN 14 K 11.02416 - juris Rn. 36.
[141] OLG Brandenburg v. 09.03.2006 - 15 WF 103/06 - FamRZ 2006, 1132; lesenswert hierzu *Elbracht*, jurisPR-FamR 22/2006, Anm. 3.
[142] OLG Hamm v. 16.12.1991 - 4 WF 350/91 - FamRZ 1994, 391-392.
[143] BGH v. 21.01.1997 - VI ZR 86/96 - juris Rn. 13 - LM ZPO § 411 Nr. 24 (6/1997).
[144] BayObLG München v. 07.04.1998 - 1Z BR 13/98 - juris Rn. 19 - NJW-RR 1999, 369-371.
[145] BayObLG München v. 30.04.1996 - 1Z BR 36/96 - juris Rn. 8 - FamRZ 1997, 223-225.
[146] OLG Köln v. 21.12.1999 - 14 UF 268/99 - FamRZ 2000, 635-636.
[147] BayObLG München v. 26.02.1999 - 1Z BR 112/99 - juris Rn. 23 - NJWE-FER 1999, 233-234.
[148] BGH v. 13.04.2005 - XII ZB 54/03 - FamRZ 2005, 975-977; OLG Naumburg v. 11.07.2005 - 8 WF 100/05.
[149] OLG Hamm v. 19.05.2011 - II-13 UF 81/11, 13 UF 81/11 - juris Rn. 3 - FamRZ 2011, 1666-1667.
[150] OLG Hamm v. 19.05.2011 - II-13 UF 81/11, 13 UF 81/11 - juris Rn. 11 - FamRZ 2011, 1666-1667.
[151] OLG Hamm v. 19.05.2011 - II-13 UF 81/11, 13 UF 81/11 - juris Rn. 11 - FamRZ 2011, 1666-1667.
[152] OLG Dresden v. 19.07.2011 - 21 WF 656/11, 21 WF 0656/11 - juris Rn. 25; vgl. hierzu auch: *Hoffmann*, jurisPR-FamR 1/2012, Anm. 7.

§ 1632

sollen Pflegeeltern nicht abgehalten werden, aufgrund des Kostenrisikos dem Kindeswohl dienliche Anträge zu stellen, damit sich auch künftig Eltern zur Übernahme von Pflegschaften bereiterklären.[153] Etwas anderes kann nur gelten, wenn Pflegeeltern das Verfahren bewusst verzögern, das Umgangsrecht der leiblichen Eltern erschweren oder sich bei der Begutachtung nicht kooperativ zeigen.[154]

69 Beantragen die Pflegeeltern den Erlass einer Verbleibensanordnung, kann von ihnen als Kostenschuldnern i.S.v. § 21 FamGKG ein **Kostenvorschuss** angefordert werden. Hingegen ist es unzulässig, die gerichtliche Handlung wie etwa die Einholung des Sachverständigengutachtens von der Vorschusszahlung abhängig zu machen.[155]

---

[153] OLG Dresden v. 19.07.2011 - 21 WF 656/11, 21 WF 0656/11 - juris Rn. 22.
[154] OLG Dresden v. 19.07.2011 - 21 WF 656/11, 21 WF 0656/11 - juris Rn. 23; OLG Stuttgart v. 03.04.2012 - 17 UF 395/11 - juris Rn. 13 f. - FamRZ 2012, 1401-1402.
[155] AG Aachen v. 16.07.2011 - 233 F 268/11 - juris Rn. 1 - FamRZ 2012, 239.

Kostenrechtliche Hinweise zu
§ 1632 BGB Herausgabe des Kindes; Bestimmung des Umgangs; Verbleibensanordnung bei Familienpflege

(Fassung vom 02.01.2002, gültig ab 01.01.2002)

(1) Die Personensorge umfasst das Recht, die Herausgabe des Kindes von jedem zu verlangen, der es den Eltern oder einem Elternteil widerrechtlich vorenthält.

(2) Die Personensorge umfasst ferner das Recht, den Umgang des Kindes auch mit Wirkung für und gegen Dritte zu bestimmen.

(3) Über Streitigkeiten, die eine Angelegenheit nach Absatz 1 oder 2 betreffen, entscheidet das Familiengericht auf Antrag eines Elternteils.

(4) Lebt das Kind seit längerer Zeit in Familienpflege und wollen die Eltern das Kind von der Pflegeperson wegnehmen, so kann das Familiengericht von Amts wegen oder auf Antrag der Pflegeperson anordnen, dass das Kind bei der Pflegeperson verbleibt, wenn und solange das Kindeswohl durch die Wegnahme gefährdet würde.

Gliederung

A. Grundlagen 1	IV. Abtrennung des Herausgabeverfahrens vom Verbund 17
B. Besonderheiten 7	V. Zwangsvollstreckung 18
I. Gegenstandswert 7	VI. Gebühren 22
1. Altes Recht bis zum 01.09.2009 7	C. Arbeitshilfen 24
2. Neues Recht ab dem 01.09.2009 9	I. Prozesskostenrechner 24
II. Kindesherausgabe und elterliche Sorge gleichzeitig anhängig 14	II. RVG-Rechner 25
III. Einstweilige Anordnung 16	

A. Grundlagen

Die Herausgabe des Kindes ist eine Familiensache nach den §§ 111 Nr. 2, 151 Nr. 3 FamFG. Sie kann sowohl isoliert als auch im Scheidungsverbund durchgeführt werden. **1**

Auch bei der Abrechnung der Kindschaftssache Kindesherausgabe ist das Augenmerk auf die Frage zu legen, ob das Verfahren **isoliert** oder im **Verbund** durchgeführt wurde. Hier gelten auch nach Inkrafttreten des FamFG unterschiedliche Werte. **2**

Im gerichtlichen Verfahren entstehen die 1,3 **Verfahrensgebühr** Nr. 3100 VV RVG und ggf. die 1,2 **Terminsgebühr** Nr. 3104 VV RVG. Auch das Entstehen der Einigungsgebühr ist ohne weiteres möglich. Eine reduzierte Terminsgebühr nach der Nr. 3105 VV RVG ist nicht möglich, da es in diesem Verfahren kein Versäumnisurteil gibt. **3**

Im außergerichtlichen Verfahren entsteht für eine **Beratung** die entsprechend vereinbarte Vergütung oder es gelten, falls eine Vereinbarung fehlen sollte, die Besonderheiten des § 34 Abs. 2 RVG. **4**

Die außergerichtliche Vertretung wird über die **Geschäftsgebühr** Nr. 2300 VV RVG vergütet. **5**

Da ansonsten zu den Gebühren für die Kindesherausgabe keine Besonderheiten gelten, finden Sie die weiteren Informationen hierzu im Übersichtskapitel Kosten in Familiensachen unter Verfahrensgebühr (vgl. die Kostenrechtl. Hinw. in Familiensachen (Teil 7) Rn. 1), Terminsgebühr (vgl. die Kostenrechtl. Hinw. in Familiensachen (Teil 8) Rn. 1), Beratung (vgl. die Kostenrechtl. Hinw. in Familiensachen (Teil 3) Rn. 1), Einigungsgebühr (vgl. die Kostenrechtl. Hinw. in Familiensachen (Teil 9) Rn. 1) und Geschäftsgebühr (vgl. die Kostenrechtl. Hinw. in Familiensachen (Teil 5) Rn. 1). **6**

B. Besonderheiten

I. Gegenstandswert

1. Altes Recht bis zum 01.09.2009

Im Verbund betrug der Wert für die elterliche Sorge fest 900 €. Durch die Änderung im Wortlaut des § 48 RVG handelte es sich seit dem 01.07.2004 um eine **Festwert**. Individuelle Besonderheiten des Falls spielten keine Rolle mehr. **7**

8   Auch für **weitere Kinder** trat im Rahmen des **Verbunds keine Erhöhung** des Wertes ein. Dies ergab sich aus dem Wortlaut des § 46 Abs. 1 Satz 2 GKG.

2. Neues Recht ab dem 01.09.2009

9   **Kindesherausgabe im Verbund**: Wird die Kindesherausgabe als Scheidungsfolgesache nach § 137 Abs. 3 FamFG anhängig gemacht, so ist § 44 FamGKG maßgebend. Der Wert ist jetzt gekoppelt an die wirtschaftlichen Verhältnisse der Eltern. Die bisherige Regelung führte dazu, dass insbesondere bei höheren Scheidungswerten im Verbund die Kindschaftssachen wertmäßig vollkommen untergingen. Häufig löste der Wert von 900 € nicht einmal einen Gebührensprung in der Vergütungstabelle aus. Das hatte zur Folge, dass die Kindschaftssache letztendlich vergütungsfrei durchgeführt wurde. Durch die neue Struktur der Ankoppelung des Wertes an die wirtschaftlichen Verhältnisse „wächst" der Wert für die Kindschaftssache mit. Damit wird regelmäßig mindestens eine Gebührenstufe übersprungen.

10 Nach § 44 Abs. 2 FamGKG beträgt der Wert für eine Kindschaftssache nach § 137 Abs. 3 FamGKG (Übertragung elterliche Sorge, Herausgabe, Umgang, § 151 Nr. 1-3 FamFG) 20% des Verfahrenswertes nach § 43 FamGKG (= Wert der Ehesache). Der Gesamtwert des Verbundes ist um den Wert der Kindschaftssache zu erhöhen.

11 Bei dem Wert nach § 43 FamGKG ist zu berücksichtigen, dass hier – anders als für den Versorgungsausgleich – der gesamte Wert der Ehesache maßgeblich ist, also unter Berücksichtigung nicht nur von Einkommen, sondern auch von Umfang, Bedeutung und Vermögen.

12 Dabei ist Folgendes zu beachten:
- Die Erhöhung erfolgt auch bei **mehreren Kindern** nur einmal.
- Die Erhöhung beträgt maximal 3.000 € je Kindschaftssache.
- Das in § 33 Abs. 1 Satz 2 FamGKG normierte grundsätzliche Additionsverbot für nichtvermögensrechtliche und vermögensrechtliche Gegenstände wird in § 44 Abs. 2 Satz 3 FamGKG für den Verbund aufgehoben.
- Bei Unbilligkeit ist eine anderweitige Wertfestsetzung durch das Gericht möglich, § 44 Abs. 3 FamGKG.

13 Vgl. im Übrigen die Kostenrechtl. Hinw. zu § 1626 BGB Rn. 10.

II. Kindesherausgabe und elterliche Sorge gleichzeitig anhängig

14 Wenn elterliche Sorge und Umgangsrecht gleichzeitig anhängig sind, so handelt es sich um zwei Gegenstände einer Angelegenheit. Demnach sind die entsprechenden Werte nach § 22 RVG zu addieren.[1] Es handelt sich bei beiden Verfahren um Gegenstände, für die § 20 FamFG als Verbindungsvorschrift maßgeblich ist.

15 Dies ist nicht der Fall für die sogenannten Familienstreitsachen. Eine Verbindung einer Familienstreitsache mit einer Familiensache ist nur dann möglich, wenn dies ausdrücklich durch das Gesetz normiert wird, wie zum Beispiel in § 137 Abs. 1, 3 FamFG für den Scheidungsverbund.

III. Einstweilige Anordnung

16 Im Vergleich zur elterlichen Sorge ergeben sich hier keine Besonderheiten, so dass auf die entsprechenden Ausführungen im Kapitel kostenrechtliche Hinweise zum Sorgeecht (§ 1626 BGB) unter dem Stichwort einstweilige Anordnung (vgl. die Kostenrechtl. Hinw. zu § 1626 BGB Rn. 40) verwiesen wird.

IV. Abtrennung des Herausgabeverfahrens vom Verbund

17 Die Kindesherausgabe kann nach den §§ 140, 137 Abs. 3, 5 FamFG vom Verbund abgetrennt werden. Die kostenrechtlichen Konsequenzen sind nunmehr eindeutig. Der Verbund ist aufgelöst. Die Kindesherausgabe wird als isoliertes Verfahren fortgeführt. Insoweit werden Sorgerecht, Umgangsrecht und Kindesherausgabe gleich behandelt. Die entsprechenden Ausführungen finden sich bei den kostenrechtlichen Hinweisen zum Sorgerecht (§ 1626 BGB) unter Abtrennung vom Verbund (vgl. die Kostenrechtl. Hinw. zu § 1626 BGB Rn. 56 und das Beispiel in der Kostenrechtl. Hinw. zu § 1626 BGB Rn. 56).

---

[1] OLG Frankfurt v. 06.02.2001 - 2 WF 42/01 - FamRZ 2001, 1388-1389.

V. Zwangsvollstreckung

Die Vollstreckung einer Sorgerechtsentscheidung richtet sich nach den §§ 88 ff. FamFG. Denkbar sind danach Ordnungsgeld, Ordnungshaft und unmittelbarer Zwang. 18

Da eine Unterscheidung der ZPO- und der FamFG-Verfahren im Rahmen der Zwangsvollstreckung nicht mehr stattfindet (vgl. Vorbemerkung 3.3.3 VV RVG), entstehen auch für die Vollstreckung der FamFG-Verfahren die 0,3 Verfahrensgebühr Nr. 3309 VV RVG und ggf. die 0,3 Terminsgebühr Nr. 3310 VV RVG für die Vollstreckungsverfahren nach den §§ 86 ff. FamFG. 19

Hierbei ist jede Vollstreckungsmaßnahme zusammen mit den durch diese vorbereiteten weiteren Vollstreckungshandlungen bis zur Befriedigung des Gläubigers eine eigene Angelegenheit, § 18 Nr. 1 RVG. 20

Im Verfahren auf Festsetzung eines Ordnungsgeldes richtet sich der Gegenstandswert für die anwaltliche Vergütung nach dem Wert, den die zu erwirkende Handlung, Duldung oder Unterlassung für den Gläubiger hat. Dieser orientiert sich nach umstrittener Ansicht am angedrohten bzw. festgesetzten Zwangsgeld.[2] Nach anderer Ansicht ist die Gläubigersicht maßgeblich. Hiernach ist ein Bruchteil des Wertes der Hauptsache anzunehmen. Es kommt nicht auf die Höhe des in Rede stehenden Ordnungsgeldes an.[3] Maßgeblich ist hier der § 25 Abs. 1 Nr. 3 RVG. 21

VI. Gebühren

Terminsgebühr im Kindesherausgabeverfahren: Anhörungstermin: Es gelten zunächst dieselben Prinzipien wie in anderen Verfahren. Die Terminsgebühr entsteht u.a. „für die Teilnahme an einem gerichtlichen Termin". Durch diese allgemeine Formulierung löst nunmehr zweifelsfrei auch die Teilnahme an dem Anhörungstermin im Herausgabeverfahren eine Terminsgebühr aus. Dies war bis zum 01.08.2013 umstritten, da die Teilnahme an einem Verhandlungs-, Erörterungs- oder Beweisaufnahmetermin gesetzlich verlangt wurde. 22

Schriftliches Verfahren/schriftlicher Vergleich: Eine Terminsgebühr kann im schriftlichen Verfahren entstehen oder wenn ein schriftlicher Vergleich geschlossen wird. Voraussetzung ist, dass eine mündliche Verhandlung für dieses Verfahren vorgeschrieben ist. In Kindschaftssachen ist nach § 155 Abs. 2 FamFG ein Erörterungstermin vorgeschrieben. Auch wenn der Gesetzgeber von einer mündlichen Verhandlung spricht, so entspricht es dem Sinn der Vorschrift, einen Anreiz zur vorzeitigen Erledigung zu schaffen, diese auch bei einer Anhörung entsprechend anzuwenden. Diese Ansicht ist sehr umstritten aber zutreffend.[4] 23

C. Arbeitshilfen

I. Prozesskostenrechner

Mit diesem Berechnungsprogramm können Sie kalkulieren, welche Verfahrenskosten auf Ihren Mandanten zukommen können (mit 2. Instanz, Vergleich, Beweisauslagen, gegnerischem Anwalt): Prozesskostenrechner. 24

II. RVG-Rechner

Mit diesem Berechnungsprogramm können Sie die anwaltliche Vergütung für das außergerichtliche Verfahren (Nr. 2300 VV RVG) und das gerichtliche Verfahren (Nr. 3100, 3104, 1003 VV RVG) berechnen: RVG-Rechner (1. Instanz mit Anrechnung der Geschäftsgebühr). 25

---

[2] OLG Frankfurt v. 30.09.2003 - 25 W 54/03 - OLGR 2004, 121; OLG Brandenburg v. 28.02.2002 - 9 WF 215/01; OLG Bamberg v. 29.06.2000 - 2 WF 96/00 - FamRZ 2001, 169-170.

[3] OLG München v. 10.03.2011 - 33 WF 430/11 - FamRZ 2011, 1686 = AGS 2011, 248.

[4] OLG Stuttgart v. 14.09.2010 - 8 WF 133/10 - AGS 2010, 586; OLG Schleswig v. 30.03.2007 - 15 WF 41/07 - RVGreport 2007, 388; *Wahlen/Onderka/Schneider* in: AnwK-RVG 7. Aufl. 2014 VV 3104 Rn. 24; *Keuter*, NJW 2009, 2922; a.A. OLG Hamm v.01.10.2012 - II-6 WF 46/12, 6 WF 46/12 - FamRZ 2013, 728 = AGS 2012, 562; OLG Düsseldorf v. 05.02.2009 - II-10 WF 31/08 - AGS 2009, 114.

§ 1633 BGB Personensorge für verheirateten Minderjährigen

(Fassung vom 02.01.2002, gültig ab 01.01.2002)

Die Personensorge für einen Minderjährigen, der verheiratet ist oder war, beschränkt sich auf die Vertretung in den persönlichen Angelegenheiten.

Gliederung

A. Grundlagen 1	II. Vertretung in persönlichen Angelegenheiten 5
B. Anwendungsvoraussetzungen 2	III. Sorgerecht für die Kinder aus der Ehe 7
I. Verlust der tatsächlichen Personensorge 2	

A. Grundlagen

1 Die Vorschrift von § 1633 BGB regelt die elterliche Sorge im Fall einer **Heirat des Minderjährigen**, weil dazu nur einer der Ehepartner volljährig sein muss, dagegen der andere nur das 16. Lebensjahr vollendet haben muss (§ 1303 Abs. 2 BGB).

B. Anwendungsvoraussetzungen

I. Verlust der tatsächlichen Personensorge

2 Die elterliche Sorge endet nicht mit der Heirat eines Minderjährigen. Sie wird jedoch eingeschränkt. Mit der Eheschließung verlieren die Eltern die **tatsächliche Personensorge** für den minderjährigen Ehegatten.[1] Sie geht nicht auf den anderen volljährigen Ehegatten über. **Vielmehr erlischt die tatsächliche Personensorge endgültig.**[2] Nach dem Wortlaut kommt es nur auf das Bestehen der Ehe an („verheiratet ist oder war"), so dass es unerheblich ist, ob ein Aufhebungsgrund für die Ehe nach den §§ 1313-1318 BGB vorliegt oder die Ehe später geschieden wird.[3] Den Eltern verbleibt aber ein Umgangsrecht (§ 1684 BGB).[4]

3 Der **minderjährige Ehegatte** steht damit im Bereich der tatsächlichen Sorge einem volljährigen Ehegatten gleich.[5] Ein nach § 1666 BGB anhängiges Verfahren erledigt sich in der Hauptsache, wenn der Minderjährige im Verlauf heiratet.[6]

4 Der minderjährige Ehegatte steht rechtlich einem volljährigen Ehegatten vollkommen gleich, wenn er eine(n) Ausländer(in) heiratet und nach dem anzuwendenden ausländischen Recht durch die Heirat **mündig** wird.[7]

II. Vertretung in persönlichen Angelegenheiten

5 Nach § 1633 BGB bleiben die Eltern aber die **Vertreter des Kindes in persönlichen Angelegenheiten**. Damit bleiben die Eltern gesetzlicher Vertreter des Kindes.[8] Den Eltern obliegt jedoch nicht die gesetzliche Vertretung in Ehesachen; für diese ist der minderjährige Ehegatte selbst prozessfähig (§ 125 Abs. 1 Satz 1 FamFG). Er ist daher selbst berechtigt, in einem solchen Verfahren einen Antrag im Wege der einstweiligen Anordnung zur Regelung des Unterhalts zu stellen. Dagegen müssen Unterhaltsansprüche außerhalb einer Ehesache durch die Eltern geltend gemacht werden.

6 Auch die **Vermögenssorge** verbleibt bei den Eltern.[9] Grundsätzlich bedarf der Minderjährige somit weiterhin der Zustimmung des gesetzlichen Vertreters für
- Rechtsgeschäfte, wenn sie nicht lediglich vorteilhaft sind, § 107 BGB,
- Rechtsgeschäfte, bei denen der volljährige Ehegatte die Zustimmung des anderen Ehegatten benötigt, §§ 1365-1369 BGB,

---

[1] LG Darmstadt v. 08.01.1965 - 5 T 7, 8/65 - NJW 1965, 1235.
[2] OLG Stuttgart v. 06.12.1966 - 8 W 254/66 - FamRZ 1967, 161.
[3] *Peschel-Gutzeit* in: Staudinger, § 1633 Rn. 6.
[4] *Veit* in: Bamberger/Roth, § 1633 Rn. 2.
[5] *Peschel-Gutzeit* in: Staudinger, § 1633 Rn. 10.
[6] OLG Hamm, FamRZ 1973, 148, 150.
[7] RG v. 10.01.1918 - VI 244/17 - RGZ 91, 403-408, 407.
[8] *Peschel-Gutzeit* in: Staudinger, § 1633 Rn. 12.
[9] *Peschel-Gutzeit* in: Staudinger, § 1633 Rn. 12.

- den Abschluss eines Ehevertrages, § 1411 Abs. 1 Satz 1 BGB.

In der Zustimmung zur Eheschließung ist regelmäßig nicht die Zustimmung erteilt, im Verlauf der Ehe weitere Rechtsgeschäfte vorzunehmen. So bedarf der Minderjährige zum Abschluss eines Lehrvertrags sowie dem Antrag zur Änderung seines Namens weiterhin die Mitwirkung seiner Eltern; dagegen ist diese im Hinblick auf die Beantragung eines Passes sowie für eine Einbürgerung nicht mehr erforderlich.[10] Im Rahmen der Vermögenssorge erlischt das Recht der Eltern aus § 1649 Abs. 2 BGB, die Einkünfte des Vermögens des Kindes zum Unterhalt der Familie zu verwenden. Bei Meinungsverschiedenheiten zwischen den Eltern und dem Kind sowie bei Angelegenheiten, die sowohl die Personen- als auch Vermögenssorge betreffen, entscheidet das Familiengericht entsprechend § 1630 Abs. 2 BGB.[11]

III. Sorgerecht für die Kinder aus der Ehe

Die Regelung von § 1633 BGB hat keinen Einfluss auf die **elterliche Sorge für Kinder aus der Ehe** zwischen einem Volljährigen und einem Minderjährigen. Die elterliche Sorge wird allein durch den Volljährigen ausgeübt, während die elterliche Sorge des Minderjährigen bis zu seiner Volljährigkeit ruht (§ 1673 Abs. 2 Satz 1 BGB i.V.m. § 1678 Abs. 1 BGB). Lediglich die Personensorge steht dem minderjährigen Ehegatten neben dem volljährigen Ehegatten zu (§ 1673 Abs. 2 Satz 2 BGB). Den Eltern des minderjährigen Ehegatten steht kein Sorgerecht für ihre Enkel zu.[12]

---

[10] *Peschel-Gutzeit* in: Staudinger, § 1633 Rn. 14.
[11] *Veit* in: Bamberger/Roth, § 1633 Rn. 3.
[12] *Peschel-Gutzeit* in: Staudinger, § 1633 Rn. 16.

§ 1634

§ 1634 BGB (weggefallen)
(Fassung vom 16.12.1997, gültig ab 01.07.1998, gültig bis 31.12.2001)
(weggefallen)

1   § 1634 BGB in der Fassung vom 16.12.1997 ist durch Art. 1 Nr. 48 nach Maßgabe des Art. 15 des Gesetzes vom 16.12.1997 – BGBl I 1997, 2942 – mit Wirkung vom 01.07.1998 weggefallen.

§§ 1635 bis 1637 BGB (weggefallen)

(Fassung vom 01.01.1964, gültig ab 01.01.1980, gültig bis 31.12.2001)

(weggefallen)

§§ 1635 bis 1637 BGB in der Fassung vom 01.01.1964 sind durch § 84 des Gesetzes vom 06.07.1938 – BGBl I 1938, 807 – mit Wirkung vom 31.12.2001 weggefallen.

§ 1638 BGB Beschränkung der Vermögenssorge

(Fassung vom 02.01.2002, gültig ab 01.01.2002)

(1) Die Vermögenssorge erstreckt sich nicht auf das Vermögen, welches das Kind von Todes wegen erwirbt oder welches ihm unter Lebenden unentgeltlich zugewendet wird, wenn der Erblasser durch letztwillige Verfügung, der Zuwendende bei der Zuwendung bestimmt hat, dass die Eltern das Vermögen nicht verwalten sollen.

(2) Was das Kind auf Grund eines zu einem solchen Vermögen gehörenden Rechts oder als Ersatz für die Zerstörung, Beschädigung oder Entziehung eines zu dem Vermögen gehörenden Gegenstands oder durch ein Rechtsgeschäft erwirbt, das sich auf das Vermögen bezieht, können die Eltern gleichfalls nicht verwalten.

(3) ¹Ist durch letztwillige Verfügung oder bei der Zuwendung bestimmt, dass ein Elternteil das Vermögen nicht verwalten soll, so verwaltet es der andere Elternteil. ²Insoweit vertritt dieser das Kind.

Gliederung

A. Grundlagen 1	1. Erwerb von Todes wegen 2
B. Anwendungsvoraussetzungen 2	2. Unentgeltliche Zuwendung unter Lebenden 8
I. Ausschluss der Eltern von der Vermögenssorge (Absatz 1) 2	II. Surrogation (Absatz 2) 9
	C. Rechtsfolgen 10

A. Grundlagen

1   Die Eltern verwalten grundsätzlich das gesamte **Vermögen des Kindes** und vertreten das Kind diesbezüglich. Die Vorschrift von § 1638 BGB macht Ausnahmen von diesem Grundsatz. Danach erstreckt sich die Vermögensverwaltung nicht auf solche Vermögenswerte, die dem Kind von Todes wegen oder unentgeltlich unter Lebenden zugewendet werden, wenn dies durch den Zuwendenden ausgeschlossen wurde.

B. Anwendungsvoraussetzungen

I. Ausschluss der Eltern von der Vermögenssorge (Absatz 1)

1. Erwerb von Todes wegen

2   Die Eltern können durch letztwillige Verfügung des Erblassers von der Verwaltung des **von Todes wegen erworbenen Vermögens** ausgeschlossen werden. Hierunter fällt das Vermögen, welches das Kind durch testamentarische, erbvertragliche oder gesetzliche Erbfolge[1] sowie durch Vermächtnis oder Pflichtteil[2] erwirbt[3].

3   Der **Ausschluss von der Vermögensverwaltung** muss nicht ausdrücklich in der letztwilligen Verfügung durch den Erblasser vorgenommen werden. Vielmehr reicht es aus, wenn dieser Wille in der letztwilligen Verfügung einen – wenn auch unvollkommenen – Ausdruck gefunden hat.[4] Der Ausschluss ist auch unter den Ehegatten selbst möglich.[5] Die letztwillige Verfügung bedarf dazu der Auslegung.

4   Ausreichend für einen **Ausschluss** ist die Bitte um eine Pflegerbestellung oder die Anordnung der Verwaltung des Erbteils durch einen anderen Miterben[6] sowie durch die Enterbung der Eltern des Kindes, das dadurch kraft gesetzlicher Erbfolge das Vermögen erhält[7]. Gleiches gilt für die testamentarische

---

[1] BayObLG v. 28.07.1964 - BReg 1 Z 166/64 - FamRZ 1964, 522, 523.
[2] OLG Hamm v. 08.08.1969 - 15 W 172/69 - FamRZ 1969, 662, 663.
[3] *Veit* in: Bamberger/Roth, § 1638 Rn. 2.
[4] BayObLG v. 28.07.1964 - BReg 1 Z 166/64 - FamRZ 1964, 522, 523; BayObLG München v. 19.04.1989 - BReg 1 a Z 2/89 - FamRZ 1989, 1342-1344.
[5] BayObLG München v. 10.10.2003 - 3Z BR 103/03 - juris Rn. 12 - FamRZ 2004, 1304-1305.
[6] OLG Braunschweig v. 14.07.1912 - OLGE 26, 300.
[7] BayObLG v. 28.07.1964 - BReg 1 Z 166/64 - FamRZ 1964, 522, 523.

Bestimmung einer Erblasserin, auch wenn sie in ihrem Testament lediglich als „Bitte" an das Jugendamt formuliert ist, „für die Verwaltung" des Hauses „zu sorgen".[8] Dagegen genügt nicht, dass ein Testamentsvollstrecker für die Nachlassverwaltung ernannt wurde[9], selbst wenn angeordnet wurde, dass dieser die Verwaltung für den minderjährigen Erben nach der Erledigung der ihm sonst zugewiesenen Aufgaben fortzuführen hat[10]. Jedoch sind immer die Umstände des Einzelfalls entscheidend. Enterbt der Erblasser daneben seinen Ehegatten, ohne dass die Ehe geschieden ist, wird darin im Regelfall ein weiterer Anhaltspunkt dafür liegen, dass er den Ehegatten von der Verwaltung des den Kindern zugewendeten Vermögens ausschließen will.[11] Schließt der Erblasser die „Nutznießung" eines allein sorgeberechtigten Elternteils an dem Vermögen, das er dem Kind zugewendet hat, aus, so bedeutet dies regelmäßig noch keinen Ausschluss der elterlichen Sorge für das dem Kind zugewendete Vermögen, sondern nur eine Beschränkung der Verwaltung nach § 1639 BGB.[12]

Dem Erblasser steht es frei, den Ausschluss unter eine **Zeitbestimmung oder Bedingung** zu stellen.[13] 5
So ist die Bestimmung zulässig, dass der Ausschluss erst ab der Wiederheirat eines Elternteils gelten soll.[14] Den Eltern steht kein Anfechtungsrecht gegen diese Bestimmung zu.[15] Nicht möglich ist es jedoch, den Verwalter in der letztwilligen Verfügung unter einen familiengerichtlichen Genehmigungsvorbehalt zu stellen, der nach dem Gesetz nicht vorgesehen ist.[16]

Durch den Ausschluss von der Vermögenssorge kann von vornherein nicht bestimmt werden, ob die 6
Eltern die Zuwendung annehmen oder ausschlagen, weil dies nicht zur **Vermögensverwaltung** gehört.[17] Allerdings benötigen die Eltern für die Ausschlagung einer Erbschaft, eines Vermächtnisses sowie für den Verzicht auf einen Pflichtteil die Genehmigung des Familiengerichts (§ 1643 Abs. 2 BGB).

Durch den **Ausschluss der Vermögensverwaltung** können die Eltern keinen Antrag auf Erteilung eines Erbscheins für das durch letztwillige Verfügung zugewendete Vermögen stellen.[18] Das Gleiche gilt 7
für einen Antrag auf Entlassung des für das zugewendete Vermögen zuständigen Testamentsvollstreckers.[19] Möglich bleibt jedoch eine Genehmigung durch den Pfleger.[20] Ungeachtet dieser Genehmigung ist der von der Vermögensverwaltung ausgeschlossene Elternteil jedoch berechtigt, Beschwerde gegen die Festsetzung des Geschäftswerts in einem solchen Verfahren einzulegen. Die Höhe des Geschäftswertes ist auch für die aufgrund der Kostenordnung und der Kostenentscheidung des Gerichts entstehende Kostenschuld des Kindes maßgeblich. Diese Kostenschuld ist aber nicht auf das in § 1638 BGB bezeichnete Vermögen beschränkt, so dass der Ausschluss in § 1638 BGB hierfür nicht greift.[21]

2. Unentgeltliche Zuwendung unter Lebenden

Unentgeltlich ist die Zuwendung, wenn das Kind selbst keine Gegenleistung erbringt und ihm kein 8
Rechtsanspruch auf die Zuwendung zusteht.[22] Dies ist beispielsweise bei der Ausstattung der Fall.[23]
Auch hier bedarf es keiner bestimmten Ausdrucksform.[24] Zu beachten ist, dass der Ausschluss immer im Zeitpunkt der Zuwendung erfolgen muss; ein nachträglicher Ausschluss entfaltet keine Wirkung.[25]

---

[8] OLG Frankfurt v. 12.06.2012 - 2 UF 123/12 - JAmt 2012, 426-428.
[9] BayObLG München v. 19.04.1989 - BReg 1 a Z 2/89 - FamRZ 1989, 1342-1344.
[10] LG Dortmund v. 12.05.1959 - 9 T 233/59 - NJW 1959, 2264.
[11] BayObLG München v. 10.10.2003 - 3Z BR 103/03 - juris Rn. 12 - FamRZ 2004, 1304-1305.
[12] BayObLG München v. 11.02.1982 - BReg 1 Z 117/81 - BayObLGZ 1982, 86-89.
[13] BayObLG v. 28.07.1964 - BReg 1 Z 166/64 - FamRZ 1964, 522, 523.
[14] KG v. 05.07.1962 - 1 W 857/62 - FamRZ 1962, 432, 435.
[15] *Veit* in: Bamberger/Roth, § 1638 Rn. 4.
[16] OLG Stettin v. 13.05.1914 - OLGE 30, 78.
[17] OLG Düsseldorf v. 29.05.2007 - II-5 UF 75/07, 5 UF 75/07 - FamRZ 2007, 2091-2093; OLG Frankfurt v. 16.12.1996 - 20 W 597/95 - juris Rn. 10 - FamRZ 1997, 1115-1117.
[18] OLG Frankfurt v. 16.12.1996 - 20 W 597/95 - juris Rn. 10 - FamRZ 1997, 1115-1117.
[19] BGH v. 30.11.1988 - IVa ZB 12/88 - juris Rn. 11 - FamRZ 1989, 269-271.
[20] BGH v. 30.11.1988 - IVa ZB 12/88 - juris Rn. 14 - FamRZ 1989, 269-271.
[21] BayObLG München v. 10.10.2003 - 3Z BR 103/03 - juris Rn. 13 - FamRZ 2004, 1304-1305.
[22] OLG München v. 09.02.1940 - 8 Wr 921/39 - JFG 21, 181, 187.
[23] RG v. 14.10.1912 - IV 133/12 - RGZ 80, 217-219, 218.
[24] *Engler* in: Staudinger, § 1638 Rn. 14.
[25] KG v. 05.07.1962 - 1 W 857/62 - FamRZ 1962, 432, 435.

II. Surrogation (Absatz 2)

9 Nach Sinn und Zweck von § 1638 Abs. 2 BGB soll das **zugewendete Vermögen ständig von der Vermögenssorge der Eltern ausgeschlossen** sein.[26] Das gilt für das Vermögen, welches das Kind aufgrund eines Rechts erwirbt. Ohne Bedeutung ist, ob das Kind Vermögen kraft Gesetzes wie bei Früchten (§ 99 BGB) oder Nutzungen (§ 100 BGB) erwirbt oder durch ein Rechtsgeschäft.[27] Umfasst vom Ausschluss der Verwaltung ist auch das Vermögen, welches das Kind als Ersatz für die Zerstörung, Beschädigung oder Entziehung eines Gegenstandes erlangt, der zu Vermögen im Sinne von § 1638 Abs. 1 BGB gehört. Hierzu zählen Ansprüche aus den §§ 989-1003, 812-822 oder 823-853 BGB.[28] Außerdem erstreckt sich der Ausschluss darauf, was das Kind durch ein Rechtsgeschäft erwirbt, das sich auf das Vermögen im Sinne von § 1638 Abs. 1 BGB bezieht. Hierzu ist erforderlich, dass das Rechtsgeschäft objektiv mit dem der Verwaltung der Eltern nicht unterliegenden Vermögen im Zusammenhang steht und der Verwalter den Willen gehabt hat, gerade für dieses Vermögen zu handeln.[29] Der Zuwendende kann die Surrogation nach § 1638 Abs. 2 BGB ausschließen.[30]

C. Rechtsfolgen

10 Wird nur ein Elternteil von der **Verwaltung** ausgeschlossen, verwaltet der andere Elternteil das Vermögen und vertritt insoweit das Kind (§ 1638 Abs. 3 BGB).[31] Sind beide Elternteile von der Verwaltung ausgeschlossen, müssen sie das Vormundschaftsgericht darüber informieren, damit das Gericht einen Ergänzungspfleger bestellt (§ 1909 BGB). Der Ausschluss des Verwaltungsrechts und damit auch der Vertretungsbefugnis wirkt von Anfang an, nicht erst mit der Bestellung des Pflegers.[32] Die Ergänzungspflegschaft endet automatisch mit dem Eintritt der vollen Geschäftsfähigkeit mit Vollendung des 18. Lebensjahres nach § 2 BGB, da diese nicht länger dauern kann als die durch die Bestimmung der Zuwendung ausgeschlossene elterliche Vermögenssorge, an deren Stelle sie tritt.[33]

11 Hat ein Erblasser in seinem Testament seine beiden Enkel zu gleichen Teilen als Erben eingesetzt, die Testamentsvollstreckung angeordnet, einen Rechtsanwalt zum Testamentsvollstrecker bestimmt, die Eltern der zu Erben eingesetzten Enkelkinder im Hinblick auf den Nachlass von der Vermögenssorge ausgeschlossen und verfügt, dass die alleinige Vermögenssorge dem Testamentsvollstrecker obliegen soll, schließt dies dennoch die Bestellung einer **Ergänzungspflegschaft** nach § 1909 BGB durch das Familiengericht nicht aus. Allein durch die Bestellung eines Testamentsvollstreckers wird die Vertretungslücke im Rahmen von § 1638 Abs. 1 BGB nicht geschlossen, die der Erblasser hinsichtlich der Vermögenssorge über das Erbe dadurch geschaffen hat, dass er die Eltern der Erben nach § 1638 Abs. 1 BGB von der Vermögenssorge ausgeschlossen hat.[34]

12 Der **Pfleger** kann von dem Zuwendenden benannt werden (§ 1917 BGB). Er kann sich selbst[35], einen Dritten, aber auch einen Elternteil als Pfleger benennen, der dann den hierfür geltenden Beschränkungen unterliegt (§§ 1814 ff., 1821 ff. BGB).[36] Gegen die Auswahl des Pflegers können die sorgeberechtigten Eltern im Namen des Kindes Beschwerde einlegen.[37]

13 Durch den **Verwaltungsausschluss** steht den Eltern auch nicht das Recht zu, die Einkünfte des Vermögens des Kindes zum Unterhalt der Familie zu verwenden (§ 1649 Abs. 2 BGB).[38] Hat der Zuwendende verfügt, dass die Eltern von der Zuwendung nichts erfahren sollen und dass die von ihm bestimmte Ergänzungspflegerin von ihren Rechten zur Rechnungslegung befreit ist, steht den Eltern ein Anspruch auf Auskunft über die Zuwendung insgesamt nicht zu.[39]

---

[26] *Engler* in: Staudinger, § 1638 Rn. 33.
[27] *Engler* in: Staudinger, § 1638 Rn. 34.
[28] *Veit* in: Bamberger/Roth, § 1638 Rn. 6.
[29] RG v. 23.01.1918 - V 301/17 - RGZ 92, 139-143, 141.
[30] *Götz* in: Palandt, § 1638 Rn. 7.
[31] OLG Karlsruhe v. 16.09.2003 - 2 (20) WF 113/03 - FamRZ 2004, 968.
[32] OLG Frankfurt v. 16.12.1996 - 20 W 597/95 - juris Rn. 10 - FamRZ 1997, 1115-1117.
[33] OLG Hamm v. 13.04.2010 - 15 Wx 263/09 - NJW-RR 2010, 1589-1591.
[34] OLG Schleswig-Holstein v. 23.03.2007 - 8 WF 191/06, 8 WF 195/06 - NJW-RR 2007, 1597-1598.
[35] OLG München v. 09.02.1940 - 8 Wr. 921/39 - JFG 21, 181, 187.
[36] *Götz* in: Palandt, § 1638 Rn. 6.
[37] BayObLG München v. 28.02.1997 - 1Z BR 253/96 - juris Rn. 7 - FamRZ 1997, 1289-1291.
[38] *Huber* in: MünchKomm-BGB, § 1638 Rn. 17.
[39] LG Bonn v. 14.02.1995 - 4 T 87/95 - FamRZ 1995, 1433-1434.

Nehmen die Eltern trotz des Ausschlusses Verwaltungshandlungen vor, so richtet sich deren Wirksamkeit gegenüber Dritten nach den §§ 177-179 BGB; im Innenverhältnis gelten die §§ 677-687 BGB. Mit dem verwaltungsfreien Vermögen haftet das Kind für Rechtsgeschäfte, die durch die Eltern ordnungsgemäß für das Kind vorgenommen wurden.[40]

---

[40] *Veit* in: Bamberger/Roth, § 1638 Rn. 10.

§ 1639 BGB Anordnungen des Erblassers oder Zuwendenden

(Fassung vom 02.01.2002, gültig ab 01.01.2002)

(1) Was das Kind von Todes wegen erwirbt oder was ihm unter Lebenden unentgeltlich zugewendet wird, haben die Eltern nach den Anordnungen zu verwalten, die durch letztwillige Verfügung oder bei der Zuwendung getroffen worden sind.

(2) Die Eltern dürfen von den Anordnungen insoweit abweichen, als es nach § 1803 Abs. 2, 3 einem Vormund gestattet ist.

Gliederung

A. Grundlagen 1	C. Prozessuale Hinweise/Verfahrenshinweise 7
B. Anwendungsvoraussetzungen 2	I. Verstoß gegen Anordnungen (Absatz 1) 7
I. Anordnungen (Absatz 1) 2	II. Abweichung von Anordnungen (Absatz 2) 8
II. Abweichung von Anordnungen (Absatz 2) 5	

A. Grundlagen

1   Während § 1638 BGB die Eltern von der Verwaltung des zugewendeten Vermögens gänzlich ausschließt, eröffnet § 1639 BGB die Möglichkeit für den Zuwendenden, gegenüber den Eltern **Anordnungen für die Verwaltung des zugewendeten Vermögens** zu erteilen.

B. Anwendungsvoraussetzungen

I. Anordnungen (Absatz 1)

2   Die Zuwendung erfolgt unter Lebenden unentgeltlich oder durch den Erblasser von Todes wegen durch letztwillige Verfügung, § 1638 BGB (vgl. hierzu die Kommentierung zu § 1638 BGB). Dabei ist gegebenenfalls durch Auslegung zu ermitteln, ob der Zuwendende oder Erblasser eine **bindende Anordnung** getroffen hat; nicht ausreichend sind Wünsche, Bitten oder Empfehlungen.[1] Handelt es sich bei der Anordnung um eine Bedingung oder Auflage, ist § 1639 BGB nicht anwendbar, sondern die allgemeinen Grundsätze wie beispielsweise die §§ 525, 527 BGB.[2]

3   Die **Anordnung** kann sich darauf beziehen, dass den Eltern nicht das Recht zusteht, die Einkünfte des Vermögens des Kindes zum Unterhalt der Familie zu verwenden, § 1649 Abs. 2 BGB.[3] Außerdem findet § 1638 Abs. 2 BGB auch hier Anwendung, so dass insbesondere beim Ersatz für einen aus dem Vermögen ausgeschiedenen Gegenstand die Anordnungen des Zuwendenden oder Erblassers nach dessen mutmaßlichem Willen auf den ersetzenden Gegenstand zu modifizieren sind.[4]

4   Die getroffenen Anordnungen des Zuwendenden oder Erblassers **beschränken die Eltern nicht in der Vertretung des Kindes**.[5] Eine Pflegerbestellung ist deshalb nicht erforderlich.[6] Handeln die Eltern diesen Anordnungen zuwider, ist das Rechtsgeschäft zwar wirksam (§ 137 Satz 1 BGB), jedoch hat das Kind einen Schadensersatzanspruch nach § 1664 BGB.[7]

II. Abweichung von Anordnungen (Absatz 2)

5   Von den Anordnungen eines Erblassers dürfen die Eltern mit Genehmigung des Vormundschaftsgerichts **abweichen**, wenn ihre Befolgung das Interesse des Kindes gefährden würde (§ 1638 Abs. 2 BGB i.V.m. § 1803 Abs. 2 BGB). Das bloße Entgehen eines Gewinns für das Kind reicht für eine solche Abweichung nicht aus.[8]

6   Von den **Anordnungen, die ein Dritter bei einer Zuwendung unter Lebenden getroffen** hat, dürfen die Eltern Zeit seines Lebens nur mit dessen Zustimmung abweichen (§ 1638 Abs. 2 BGB i.V.m.

---

[1] *Engler* in: Staudinger, § 1639 Rn. 5.
[2] *Veit* in: Bamberger/Roth, § 1639 Rn. 2.
[3] *Engler* in: Staudinger, § 1639 Rn. 8.
[4] *Veit* in: Bamberger/Roth, § 1639 Rn. 3.
[5] *Götz* in: Palandt, § 1639 Rn. 1.
[6] BayObLG München v. 11.02.1982 - BReg 1 Z 117/81 - BayObLGZ 1982, 86-89.
[7] *Veit* in: Bamberger/Roth, § 1639 Rn. 4.
[8] *Engler* in: Staudinger, § 1639 Rn. 16.

§ 1803 Abs. 3 Satz 1 BGB). Ist der Dritte dagegen zur Abgabe einer Erklärung dauernd außerstande oder ist sein Aufenthalt dauernd unbekannt, kann seine Zustimmung durch das Vormundschaftsgericht ersetzt werden (§ 1638 Abs. 2 BGB i.V.m. § 1803 Abs. 3 Satz 2 BGB). Daraus folgt, dass die Eltern an die Anordnung des erreichbaren, lebenden Zuwendenden selbst dann gebunden sind, wenn ihre Befolgung das Interesse des Kindes gefährdet.[9]

C. Prozessuale Hinweise/Verfahrenshinweise

I. Verstoß gegen Anordnungen (Absatz 1)

Bei einem **Verstoß gegen die Anordnungen** des Zuwendenden oder Erblassers kann das Familiengericht Maßnahmen treffen, wenn eine Gefährdung des Kindesvermögens vorliegt (§§ 1666, 1667 BGB, vgl. hierzu die Kommentierung zu § 1666 BGB).[10] Dabei kommen eine mündliche oder schriftliche Aufforderung gegenüber den Eltern, die Anordnung zu beachten, die Verpflichtung der Eltern zur Sicherheitsleistung oder Erstellung eines Vermögensverzeichnisses, die Androhung und Verhängung von Ordnungsstrafen sowie äußerstenfalls die Entziehung der Verwaltung der dem Kind zugewendeten Gegenstände und Übertragung der Verwaltung auf einen Pfleger in Betracht.[11]

7

II. Abweichung von Anordnungen (Absatz 2)

Im Gegensatz zu Maßnahmen nach § 1639 Abs. 1 BGB i.V.m. § 1666 BGB entscheidet in den Fällen von § 1639 Abs. 1 BGB i.V.m. den §§ 1802 Abs. 2, 1803 Abs. 3 Satz 2 BGB nicht das Familiengericht, sondern das **Vormundschaftsgericht**.[12] Die Entscheidung trifft der Rechtspfleger (§ 3 Nr. 2a RPflG).

8

---

[9] *Engler* in: Staudinger, § 1639 Rn. 17.
[10] *Veit* in: Bamberger/Roth, § 1639 Rn. 5.
[11] OLG Stettin, OLGE 30, 78, 79.
[12] Für eine Zuständigkeit des Familiengerichts: *Rakete-Dombek* in: AnwK-BGB, Bd. 4, § 1639 Rn. 6.

§ 1640 BGB Vermögensverzeichnis

(Fassung vom 02.01.2002, gültig ab 01.01.2002)

(1) ¹Die Eltern haben das ihrer Verwaltung unterliegende Vermögen, welches das Kind von Todes wegen erwirbt, zu verzeichnen, das Verzeichnis mit der Versicherung der Richtigkeit und Vollständigkeit zu versehen und dem Familiengericht einzureichen. ²Gleiches gilt für Vermögen, welches das Kind sonst anläßlich eines Sterbefalls erwirbt, sowie für Abfindungen, die anstelle von Unterhalt gewährt werden, und unentgeltliche Zuwendungen. ³Bei Haushaltsgegenständen genügt die Angabe des Gesamtwerts.

(2) Absatz 1 gilt nicht,

1. wenn der Wert eines Vermögenserwerbs 15.000 Euro nicht übersteigt oder
2. soweit der Erblasser durch letztwillige Verfügung oder der Zuwendende bei der Zuwendung eine abweichende Anordnung getroffen hat.

(3) Reichen die Eltern entgegen Absatz 1, 2 ein Verzeichnis nicht ein oder ist das eingereichte Verzeichnis ungenügend, so kann das Familiengericht anordnen, dass das Verzeichnis durch eine zuständige Behörde oder einen zuständigen Beamten oder Notar aufgenommen wird.

Gliederung

A. Grundlagen	1	III. Wertgrenze	9
B. Anwendungsvoraussetzungen – Inventarisierung von Kindesvermögen (Absätze 1 und 2)	2	IV. Abweichende Anordnung	10
		V. Ablauf der Inventarisierung	11
I. Pflicht zur Inventarisierung	2	VI. Fehlendes oder fehlerhaftes Verzeichnis	17
II. Inventarisierungspflicht auslösende Erwerbsgründe	4	C. Prozessuale Hinweise/Verfahrenshinweise	18

A. Grundlagen

1 Die in § 1640 BGB enthaltene Pflicht der Eltern, **das ihrer Verwaltung unterliegende Vermögen zu inventarisieren**, soll zum einen den Eltern verdeutlichen, was im Fall eines Erwerbs von Todes wegen, anlässlich eines Sterbefalls, durch eine Unterhaltsabfindung oder unentgeltliche Zuwendung Teil des Kindesvermögens geworden ist.[1] Zum anderen soll ein Beweis dafür geschaffen werden, was dem Kind an dem vorherigen Vermögen zusteht.[2] Eine später durchzuführende Vermögensauseinandersetzung wird dadurch erleichtert.[3]

B. Anwendungsvoraussetzungen – Inventarisierung von Kindesvermögen (Absätze 1 und 2)

I. Pflicht zur Inventarisierung

2 Die **Pflicht zur Inventarisierung** beschränkt sich nur auf das der Verwaltung der Eltern unterliegende Vermögen. Insofern scheidet das nicht der Verwaltung der Eltern unterliegende Vermögen im Sinne von § 1638 BGB ebenso aus, wie das von einem Testamentsvollstrecker nach § 2205 BGB verwaltete Nachlassvermögen.[4] Jedoch besteht für den Elternteil, der selbst Testamentsvollstrecker ist, nach wie vor die Inventarisierungspflicht gemäß § 1640 BGB.[5]

---

[1] KG v. 09.02.1934 - 1a X 54/34 - JW 1934, 1293.
[2] RG v. 11.07.1912 - IV 3/12 - RGZ 80, 65-68, 67.
[3] *Götz* in: Palandt, § 1640 Rn. 1.
[4] *Engler* in: Staudinger, § 1640 Rn. 5.
[5] OLG Zweibrücken v. 21.12.2006 - 5 UF 190/06 - ZErb 2007, 188-189; KG v. 09.02.1934 - 1a X 54/34 - JW 1934, 1293.

Den Eltern muss die **Vermögenssorge** zustehen (§ 1626 Abs. 1 BGB).⁶ Somit ist der Elternteil, dessen Vermögenssorge ruht (§§ 1673-1675 BGB), entzogen wurde (§§ 1666, 1671 Abs. 1, 1672 Abs. 1 BGB), beschränkt (§§ 1630, 1667 Abs. 2 BGB) oder beendet ist (§§ 2, 1680, 1681, 1755 BGB), nicht verpflichtet, ein Vermögensverzeichnis zu erstellen. Für einen Vormund (§ 1773 BGB) oder Pfleger (§ 1909 BGB), dem die Vermögenssorge zusteht, gilt nicht § 1640 BGB, sondern die §§ 1802, 1915 BGB.⁷

II. Inventarisierungspflicht auslösende Erwerbsgründe

Eine Inventarisierungspflicht in Bezug auf das **gesamte Kindesvermögen** besteht nach § 1640 BGB nicht. Dies gibt es nur im Fall der Wiederverheiratung eines Elternteils (§ 1683 BGB).

Eine Pflicht besteht für alle Vermögensgegenstände, **die das Kind von Todes wegen erwirbt** (§ 1640 Abs. 1 Satz 1 BGB). Hierunter fallen der Erwerb als gesetzlicher oder vertraglicher Erbe (§§ 1922, 1924-1936, 1937, 1941 BGB), aufgrund Vermächtnisses (§ 1939 BGB) sowie der Pflichtteil (§§ 2303-2338 BGB).⁸

Anlässlich eines **Sterbefalls** im Sinne von § 1640 Abs. 1 Satz 2 Alt. 1 BGB kann das Kind im Fall der Tötung einer unterhaltspflichtigen Person Renten- und Schadensersatzansprüche (§ 844 Abs. 2 BGB, § 10 Abs. 2 StVG) erwerben, Leistungen aus einer Lebensversicherung sowie aus der Erfüllung einer Auflage (§ 1940 BGB).⁹

Zu **Unterhaltsabfindungen** nach § 1640 Abs. 1 Satz 2 Alt. 2 BGB zählen § 1585 Abs. 2 BGB und § 1585c BGB, nicht dagegen § 843 Abs. 3 BGB, weil diese Abfindung einen besonders gestalteten Schadensersatzanspruch abgelten soll.¹⁰

Unentgeltliche Zuwendungen gemäß § 1640 Abs. 1 Satz 2 Alt. 3 BGB können Schenkungen (§§ 516-534 BGB), eine Ausstattung (§ 1624 BGB) oder eine Schenkung von Todes wegen (§ 2301 BGB) sein, wobei Letztere auch unter den Erwerb anlässlich eines Sterbefalles gefasst werden können, was jedoch nichts an der Inventarisierungspflicht ändert.¹¹

III. Wertgrenze

Die Pflicht, ein Vermögensverzeichnis zu erstellen, entfällt, wenn der **Wert eines Vermögenserwerbs** 15.000 € nicht übersteigt (§ 1640 Abs. 2 Nr. 1 BGB). Nach dem Wortlaut ist jeder einzelne Vermögenserwerb getrennt zu betrachten; eine Addition findet nur statt, wenn verschiedene Zahlungen aufgrund desselben Ereignisses erfolgen, wenn beispielsweise das Kind zugleich Erbe und Begünstigter der vom Erblasser abgeschlossenen Lebensversicherung ist.¹² Für die Wertgrenze von 15.000 € ist auf den Verkehrswert im Zeitpunkt des Vermögenserwerbes abzustellen; davon sind Verbindlichkeiten abzuziehen, Renten und andere wiederkehrende Leistungen sind zu kapitalisieren.¹³

IV. Abweichende Anordnung

Die Pflicht zur Erstellung eines Vermögensverzeichnisses entfällt auch, soweit der Erblasser durch letztwillige Verfügung oder der Zuwendende bei der Zuwendung eine **abweichende Anordnung** getroffen haben (§ 1640 Abs. 2 Nr. 2 BGB). Eine Befreiung der Eltern durch den Testamentsvollstrecker kommt nicht in Betracht.¹⁴

V. Ablauf der Inventarisierung

Die **Pflicht zur Inventarisierung** entsteht kraft Gesetzes im Zeitpunkt des Vermögensanfalls ohne gerichtliche Aufforderung.¹⁵ In vielen Fällen kennen die Eltern jedoch nicht ihre Pflicht zur Inventarisierung. Falls das Familiengericht aufgrund seiner Ermittlungen dazu kommt (§ 26 FamFG), dass eine Inventarisierungspflicht besteht, wird es die Eltern auffordern, ein Verzeichnis zu erstellen. Problema-

---

6 KG v. 09.02.1934 - 1a X 54/34 - JW 1934, 1293.
7 *Veit* in: Bamberger/Roth, § 1640 Rn. 3.
8 *Engler* in: Staudinger, § 1640 Rn. 7.
9 *Götz* in: Palandt, § 1640 Rn. 3.
10 *Engler* in: Staudinger, § 1640 Rn. 9.
11 *Veit* in: Bamberger/Roth, § 1640 Rn. 4.
12 *Engler* in: Staudinger, § 1640 Rn. 14.
13 *Veit* in: Bamberger/Roth, § 1640 Rn. 5.
14 KG v. 09.02.1934 - 1a X 54/34 - JW 1934, 1293.
15 *Götz* in: Palandt, § 1640 Rn. 7.

tisch ist dabei, dass das Gericht nicht in allen Fällen Kenntnis von dem Vermögensanfall hat. Während es im Fall eines Erwerbs von Todes wegen vom Nachlassgericht (§ 356 FamFG) und beim Tod eines Elternteils vom Standesamt informiert wird (§ 168a Abs. 1 FamFG), hängt dies in den anderen Fällen von § 1640 BGB meist vom Zufall ab.[16]

12   Die Eltern sind verpflichtet, alle Gegenstände, die dem Vermögensanfall angehören, in das **Vermögensverzeichnis** unter Angabe von Merkmalen, die zu ihrer Identifizierung und Bewertung erforderlich sind, aufzunehmen.[17] Hierzu gehören insbesondere Angaben zu Hausrat, Kunstgegenständen, Schmuck, Konten und Lebensversicherungen.[18] Zusätzlich ist der Geldwert der einzelnen Gegenstände anzugeben, gegebenenfalls ist er von den Eltern zu schätzen[19]; ein Sachverständiger braucht jedoch nicht herangezogen werden.[20] Lediglich bei Haushaltsgegenständen genügt die Angabe eines Gesamtwertes (§ 1640 Abs. 1 Satz 3 BGB). Schulden müssen nicht in das Vermögensverzeichnis aufgenommen werden.[21]

13   Bei **Pflichtteilsansprüchen** sind die Höhe der Forderung, der Schuldner, der Schuldgrund sowie der Reinbestand des Nachlasses und der den Kind als Pflichtteilsberechtigtem daran zustehende Anteil zu bezeichnen.[22] Sämtliche Bestandteile des Nachlasses müssen dagegen angegeben werden, wenn zwischen den Eltern und dem Kind eine **Erbengemeinschaft** besteht.[23] Ist der Elternteil Vorerbe und das Kind Nacherbe, so ist neben sämtlichen Bestandteilen des Nachlasses zusätzlich der Wert eines möglichen Pflichtteilsanspruchs anzugeben.[24]

14   Bei einer **Beteiligung an einer Kapitalgesellschaft** ist der genaue Anteil zu bezeichnen. Erwirbt das Kind einen Anteil an einer Personengesellschaft, so sind die Eltern regelmäßig nur verpflichtet, die letzte Inventur und Bilanz einzureichen. Steht dem Kind nur noch ein Auseinandersetzungsguthaben zu, weil es nicht mehr Gesellschafter ist, ist diese Forderung im Verzeichnis aufzunehmen.[25]

15   Für den Fall, dass der überlebende Ehegatte mit dem Kind die **Gütergemeinschaft** fortsetzt (§§ 1483-1518 BGB), so genügt die Feststellung der Fortsetzung im Verzeichnis.[26]

16   Das Verzeichnis ist mit der **Versicherung der Richtigkeit und Vollständigkeit** zu versehen und dem Familiengericht einzureichen (§ 1640 Abs. 1 Satz 1 BGB). Dies kann entweder unter Einhaltung der Schriftform oder durch Erklärung zu Protokoll des Familiengerichts erfolgen.[27] Nicht erforderlich ist das Einreichen von Belegen.[28]

VI. Fehlendes oder fehlerhaftes Verzeichnis

17   Kommen die Eltern ihrer Inventarisierungspflicht nicht oder nur ungenügend nach, kann das Familiengericht die Erstellung eines **öffentlichen Inventars** anordnen (§ 1640 Abs. 3 BGB). Ungenügend ist ein Inventar, wenn es unvollständig ist oder unrichtig ist. Unter Wahrung des Verhältnismäßigkeitsgrundsatzes wird das Familiengericht den Eltern jedoch die Möglichkeit belassen, das Inventar innerhalb einer vom Familiengericht gesetzten Frist zu vervollständigen oder zu ergänzen.[29] Nach dem Ablauf dieser Frist kann es nach § 35 FamFG ein Zwangsgeld androhen und festsetzen.[30] Die Maßnahmen des Familiengerichts reichen bis zur Entziehung der Vermögenssorge und Bestellung eines Pflegers, falls eine Gefährdung des Kindeswohls vorliegt (§ 1666 BGB).[31] Für die Dauer eines solchen Verfah-

---

[16] *Engler* in: Staudinger, § 1640 Rn. 27.
[17] *Veit* in: Bamberger/Roth, § 1640 Rn. 6.
[18] OLG Koblenz v. 26.11.2013 - 11 UF 451/13.
[19] BayObLG v. 24.05.1963 - BReg 1 Z 33/63 - FamRZ 1963, 578, 579.
[20] *Engler* in: Staudinger, § 1640 Rn. 17; OLG Koblenz v. 26.11.2013 - 11 UF 451/13.
[21] RG v. 14.11.1935 - IV B 64/35 - RGZ 149, 172-180, 175.
[22] RG v. 11.07.1912 - IV 3/12 - RGZ 80, 65-68, 66; BayObLG v. 24.05.1963 - BReg 1 Z 33/63 - FamRZ 1963, 578, 579.
[23] KG v. 06.02.1908 - 1 a X 76/08 - KGJ 35, A 24, A 25.
[24] OLG Hamm v. 15.07.1969 - 15 W 209/69 - FamRZ 1969, 660, 661.
[25] *Engler* in: Staudinger, § 1640 Rn. 20 f.
[26] BayObLG v. 12.01.1922 - III 127/21 - JFG 1, 55, 57 f.
[27] *Engler* in: Staudinger, § 1640 Rn. 26.
[28] *Götz* in: Palandt, § 1640 Rn. 6.
[29] *Veit* in: Bamberger/Roth, § 1640 Rn. 9.
[30] BayObLG München v. 20.05.1994 - 1Z BR 49/94 - juris Rn. 12 - BayObLGZ 1994, 147-154.
[31] *Engler* in: Staudinger, § 1640 Rn. 32.

rens kann das Familiengericht den Eltern die Vermögenssorge durch einstweilige Anordnung entziehen.³² Zur Erstellung eines öffentlichen Inventars sind Notare (§ 20 Abs. 1 Satz 2 BNotO) oder die durch Landesrecht bestimmte Behörde (§ 486 FamFG, § 61 Abs. 1 Nr. 2 BeurkG) zuständig.

C. Prozessuale Hinweise/Verfahrenshinweise

Für die Entscheidung zur **Anordnung eines öffentlichen Inventars** gemäß § 1640 Abs. 3 BGB ist das Familiengericht zuständig (vgl. zum Verfahren die Kommentierung zu § 1626 BGB). Die Entscheidung trifft der Rechtspfleger (§§ 3 Nr. 2a, 14 RPflG); nur bei einer Maßnahme nach § 1666 BGB ist der Richter zuständig (§ 14 Abs. 1 Nr. 8 RPflG).³³ Ist das familiengerichtliche Verfahren gemäß § 1640 Abs. 1 Satz 1 BGB, wonach der alleinsorgeberechtigte Elternteil nach dem Tod des anderen Elternteils zur Erstellung eines Vermögensverzeichnisses über das dem minderjährigen Kind von Todes wegen zugeflossene Vermögen verpflichtet ist, durch Anordnung der Nachlassverwaltung beendet, dann ist ein zu diesem Zeitpunkt eingereichter Prozesskostenhilfeantrag abzulehnen. Nachträglich kommt eine PKH-Bewilligung nicht in Betracht.³⁴ Die Kosten der Errichtung des Inventars trägt dagegen das Kind.³⁵

18

---

³² *Götz* in: Palandt, § 1640 Rn. 8.
³³ *Veit* in: Bamberger/Roth, § 1640 Rn. 11.
³⁴ OLG Köln v. 19.02.2003 - 4 WF 12/03 - OLGR Köln 2003, 305-307.
³⁵ *Engler* in: Staudinger, § 1640 Rn. 38.

§ 1641 BGB Schenkungsverbot

(Fassung vom 02.01.2002, gültig ab 01.01.2002)

[1]Die Eltern können nicht in Vertretung des Kindes Schenkungen machen. [2]Ausgenommen sind Schenkungen, durch die einer sittlichen Pflicht oder einer auf den Anstand zu nehmenden Rücksicht entsprochen wird.

Gliederung

A. Grundlagen 1	II. Anstand- und Pflichtschenkung (Satz 2) 5
B. Anwendungsvoraussetzungen 2	C. Rechtsfolgen 7
I. Schenkungsverbot (Satz 1) 2	

A. Grundlagen

1 Durch die Regelung in § 1641 BGB wird die **Vertretungsmacht der Eltern insoweit eingeschränkt**, als dass sie Schenkungen aus dem Kindesvermögen nur vornehmen können, wenn es sich um eine Pflicht- oder Anstandsschenkung handelt.

B. Anwendungsvoraussetzungen

I. Schenkungsverbot (Satz 1)

2 Nach § 1641 Satz 1 BGB ist es den Eltern nicht gestattet, **Schenkungen aus dem Kindesvermögen** zu machen. Der Begriff der Schenkung entspricht dem aus § 516 BGB (vgl. hierzu die Kommentierung zu § 516 BGB).[1] Ohne Bedeutung ist, ob die Eltern in Vertretung des Kindes die Schenkung machen oder ob das Kind die Schenkung vornimmt und die Eltern lediglich zustimmen. Dies umfasst auch Geschäfte nach § 110 BGB.[2]

3 Bei der Ausschlagung einer Erbschaft oder eines Vermächtnisses sowie beim Verzicht auf den Pflichtteil ist § 1643 Abs. 2 BGB die **speziellere Vorschrift** gegenüber § 1641 Satz 1 BGB.[3] Ebenso scheidet die Anwendung von § 1641 Satz 1 BGB aus, wenn ein Elternteil als vertretungsberechtigter Gesellschafter eine Schenkung namens der OHG vornimmt, an der auch das Kind als Gesellschafter beteiligt ist.[4] Auch der Erfüllung eines bereits bestehenden Schenkungsversprechens, welches auf das Kind übergegangen ist, steht § 1641 Satz 1 BGB nicht entgegen. Dies kommt in Betracht, wenn das Kind das Schenkungsversprechen im Rahmen eines Erbfalls erwirbt.[5] Schließlich hindert § 1641 Satz 1 BGB die Eltern auch nicht namens ihrer Kinder Überweisungsaufträge zu erteilen. § 1641 Satz 1 BGB erfasst nur Rechtsgeschäfte zwischen Kindern als Schenkern und den Beschenkten, schränkt aber, anders als etwa § 1643 Abs. 1 BGB, § 1822 Nr. 8 BGB im Außenverhältnis zur Bank die Vertretungsmacht der Eltern zum Abschluss eines Überweisungsvertrages nicht ein.[6]

4 Auf den Vormund (§ 1773 BGB) und den Pfleger (§§ 1909, 1915 Abs. 1 BGB) findet § 1804 BGB Anwendung (vgl. hierzu die Kommentierung zu § 1804 BGB).

II. Anstand- und Pflichtschenkung (Satz 2)

5 Das Schenkungsverbot von § 1641 Satz 1 BGB greift dann nicht ein, wenn es sich um eine Schenkung handelt, durch die einer **sittlichen Pflicht** oder einer auf den **Anstand** zu nehmenden Rücksicht entsprochen wird (§ 1641 Satz 2 BGB). Die Begriffe entsprechen denen in § 534 BGB (vgl. hierzu die Kommentierung zu § 534 BGB). Keiner sittlichen Pflicht oder einer auf den Anstand zu nehmenden Rücksicht entspricht beispielsweise eine Spende von umgerechnet über 2.850 € an eine wohltätige Einrichtung.[7]

---

[1] *Engler* in: Staudinger, § 1641 Rn. 4.
[2] OLG Stuttgart v. 30.08.1968 - 2 U 46/1968, 2 U 46/68 - juris Rn. 35.
[3] *Veit* in: Bamberger/Roth, § 1641 Rn. 2.1.
[4] RG v. 30.09.1929 - IV 800/28 - RGZ 125, 380-385, 381.
[5] *Engler* in: Staudinger, § 1641 Rn. 7.
[6] BGH v. 15.06.2004 - XI ZR 220/03 - NJW 2004, 2517-2519; OLG Schleswig v. 28.11.2013 - 5 W 40/13.
[7] OLG München v. 20.12.1999 - 16 UF 1616/99 - juris Rn. 7.

Eine nach § 1641 Satz 2 BGB erlaubte Schenkung unterliegt weiterhin der **familiengerichtlichen Genehmigung**, wenn die Voraussetzungen von § 1643 BGB vorliegen.[8]

C. Rechtsfolgen

Ein Verstoß gegen § 1641 Satz 1 BGB führt zur **Nichtigkeit der Schenkung** (§ 134 BGB).[9] Die Regeln der §§ 177-179 BGB finden keine Anwendung, so dass eine Genehmigung weder durch das Familiengericht noch durch das volljährig gewordene Kind in Betracht kommt. Jedoch kann das volljährig gewordene Kind die Schenkung neu vornehmen (§ 141 BGB).[10]

Nehmen die Eltern entgegen § 1641 Satz 1 BGB eine **Schenkung aus dem Kindesvermögen** vor, kommt eine Rückabwicklung über die §§ 985, 812 BGB in Betracht. Ein gutgläubiger Erwerb des Schenkungsempfängers nach § 932 BGB liegt nicht vor, weil der gute Glaube sich nicht auf die mangelnde Vertretungsmacht bezieht.[11]

Sollten die Eltern die **Schenkung in eigenem Namen** vorgenommen haben, liegt kein Fall von § 1641 Satz 1 BGB vor. In diesem Fall erwirbt der Schenkungsempfänger zwar nach § 932 BGB Eigentum, jedoch ist er nach § 816 Abs. 1 Satz 2 BGB zur Herausgabe verpflichtet. In diesem Fall haften die Eltern ihrem Kind nach den §§ 823 ff., 1664 BGB und dem Beschenkten nach § 523 BGB (vgl. hierzu die Kommentierung zu § 523 BGB).[12]

---

[8] *Engler* in: Staudinger, § 1640 Rn. 14.
[9] *Veit* in: Bamberger/Roth, § 1641 Rn. 3.
[10] *Engler* in: Staudinger, § 1641 Rn. 15 f.
[11] *Engler* in: Staudinger, § 1640 Rn. 18.
[12] *Veit* in: Bamberger/Roth, § 1641 Rn. 4.

§ 1642 BGB Anlegung von Geld

(Fassung vom 02.01.2002, gültig ab 01.01.2002)

Die Eltern haben das ihrer Verwaltung unterliegende Geld des Kindes nach den Grundsätzen einer wirtschaftlichen Vermögensverwaltung anzulegen, soweit es nicht zur Bestreitung von Ausgaben bereitzuhalten ist.

Gliederung

A. Grundlagen 1	II. Grundsätze einer wirtschaftlichen Vermögens-
B. Anwendungsvoraussetzungen 2	verwaltung 4
I. Anlagepflicht von Geld 2	III. Ausnahme von der Anlagepflicht 11

A. Grundlagen

1 Nach der Regelung in § 1642 BGB reicht es nicht aus, dass die Eltern das ihrer Verwaltung unterliegende Geld bloß aufbewahren; **vielmehr sind sie verpflichtet, dieses Geld sicher und gewinnbringend anzulegen**[1].

B. Anwendungsvoraussetzungen

I. Anlagepflicht von Geld

2 Die **Anlagepflicht** beschränkt sich auf das der Verwaltung der Eltern unterliegende Geld. Insofern scheidet das nicht der Verwaltung der Eltern unterliegende Geld, vor allem das nach § 1638 BGB, aus.[2] Für einen Vormund (§ 1773 BGB) oder Pfleger (§ 1909 BGB), dem die Vermögenssorge zusteht, gilt nicht § 1642 BGB, sondern die §§ 1806, 1915 BGB.[3]

3 Der Begriff **Geld** erfasst zum einen inländisches und ausländisches Bargeld, also Papier- und Metallgeld. Zum anderen fallen aber auch Versicherungssummen[4], Überschüsse aus einer Impfschadensrente[5] sowie Geldforderungen aus einem Girokonto unter diesen Begriff.[6]

II. Grundsätze einer wirtschaftlichen Vermögensverwaltung

4 Eltern erfüllen bei der Anlegung von Geld des Kindes die Anforderungen an eine **wirtschaftliche Vermögensverwaltung**, wenn sie eine Form der Vermögensanlage wählen, die auch ein wirtschaftlich denkender Privatmann als günstige und sichere Anlage ansieht.[7] Dies bedeutet, dass gerade nicht der Maßstab eines Fachmannes im Finanzwesen anzulegen ist; allerdings sind die Eltern insbesondere beim Anlegen größerer Vermögenswerte dazu verpflichtet, sich fachmännischen Rat einzuholen.[8]

5 Die Eltern können unter verschiedenen **Vermögensanlagen** wählen. Zu nennen sind hier insbesondere Immobilien, Aktien, festverzinsliche Wertpapiere, Edelmetalle, Kunstwerke, Briefmarken, Münzen, Lebensversicherungen, Renten, Sparkonten, Privatdarlehen sowie Anlagen im Ausland. Unter mehreren Anlageformen ist immer die sicherste zu wählen, auch wenn eine andere Anlageform eine höhere Rendite verspricht. Nur unter mehreren gleich sicheren Anlageformen können die Eltern neben der Rendite auch andere Aspekte wie Liquidität[9] und steuerliche Gesichtspunkte berücksichtigen[10]. Daraus folgt, dass Eltern bei Spekulationsgeschäften nicht das gleiche Risiko wie bei Geschäften mit ihrem eigenen Vermögen eingehen dürfen. Sie dürfen sich aber andererseits, vor allem bei größeren Vermö-

---

[1] BayObLG München v. 23.12.1982 - 1 Z 105/82 - Rpfleger 1983, 108-109; *Götz* in: Palandt, § 1642 Rn. 1.
[2] *Veit* in: Bamberger/Roth, § 1642 Rn. 2.
[3] AG Bremen v. 14.02.1992 - 7 C 453/91 - NJW 1993, 205-206.
[4] LG Kassel v. 16.05.2002 - 8 O 1391/97 - FamRZ 2003, 626-627.
[5] OLG Hamm v. 26.07.1973 - 15 W 80/73 - FamRZ 1974, 31, 32.
[6] *Götz* in: Palandt, § 1806 Rn. 5.
[7] LG Kassel v. 16.05.2002 - 8 O 1391/97 - FamRZ 2003, 626-627.
[8] *Engler* in: Staudinger, § 1642 Rn. 7.
[9] LG Kassel v. 16.05.2002 - 8 O 1391/97 - FamRZ 2003, 626-627.
[10] *Veit* in: Bamberger/Roth, § 1642 Rn. 3.

gen, auch nicht mit der Mindestrendite von Sparguthaben mit gesetzlicher Kündigungsfrist zufrieden geben.[11] Das Gleiche gilt für die Einhaltung der Vorschriften über die Mündelsicherheit (§§ 1807, 1808 BGB).[12]

Die Eltern müssen auch **bereits getätigte Anlagen** nach den Grundsätzen einer wirtschaftlichen Vermögensverwaltung überprüfen.[13]

Diesen Grundsätzen genügen die Eltern nicht, wenn sie das Geld des Kindes zur Gewährung eines Darlehens an Dritte verwenden, um deren wirtschaftliche Lage es schlecht bestellt ist.[14] Dies gilt auch, wenn sie Geld des Kindes für sich selbst verwenden.[15]

Für eine **pflichtwidrige Verwaltung** sind die Eltern dem Kind gegenüber nach den §§ 823, 1664 BGB schadensersatzpflichtig.[16]

Davon abgesehen kann das Familiengericht unabhängig von einem Verschulden Maßnahmen nach den §§ 1666, 1666a, 1667 BGB ergreifen, wenn durch ein Unterlassen der vorgeschriebenen Geldanlage das **Kindesvermögen** gefährdet wird (vgl. hierzu die Kommentierung zu § 1667 BGB).[17] Hier kommt beispielsweise die Einrichtung eines Sperrkontos im Sinne von § 1809 BGB in Betracht.[18]

Durch § 1642 BGB werden die Eltern nicht von der **Genehmigung durch das Familiengericht** befreit, wenn die Voraussetzungen von § 1643 BGB vorliegen. Für nicht genehmigungsbedürftige Geldanlagen besteht dagegen keine Möglichkeit, sich eine Bestätigung der Unbedenklichkeit durch eine Entscheidung des Familiengerichts einzuholen.[19]

III. Ausnahme von der Anlagepflicht

Die Eltern müssen das Geld nicht anlegen, **soweit es zur Bestreitung von Ausgaben bereitzuhalten ist**. Hierzu zählen laufende sowie außergewöhnliche Kosten[20], unter anderem Kosten für den Unterhalt des Kindes wie Heilbehandlungen, Auslandsaufenthalt sowie Ausbildung, aber auch Kosten, die aus Ansprüchen gegen das Kind resultieren, etwa nach § 1649 Abs. 2 BGB.[21] Eine weitere Ausnahme kann sich durch eine Anordnung des Zuwendenden nach § 1639 BGB ergeben.[22]

---

[11] LG Kassel v. 16.05.2002 - 8 O 1391/97 - FamRZ 2003, 626-627.
[12] *Götz* in: Palandt, § 1642 Rn. 1.
[13] *Veit* in: Bamberger/Roth, § 1642 Rn. 4.
[14] *Götz* in: Palandt, § 1642 Rn. 1.
[15] VG Ansbach v. 19.11.2009 - AN 14 K 09.01054; OLG Köln v. 23.10.1996 - 2 U 20/96 - NJW-RR 1997, 1436-1437.
[16] BayObLG München v. 23.12.1982 - 1 Z 105/82 - Rpfleger 1983, 108-109.
[17] BayObLG München v. 20.05.1994 - 1Z BR 49/94 - juris Rn. 13 - BayObLGZ 1994, 147-154.
[18] OLG Frankfurt v. 27.02.1963 - 6 W 62/63 - FamRZ 1963, 453, 454.
[19] *Veit* in: Bamberger/Roth, § 1642 Rn. 7.
[20] Hierzu auch FG Rheinland-Pfalz v. 13.02.1998 - 3 K 2494/94 - juris Rn. 37 - DStRE 1998, 350-352.
[21] *Engler* in: Staudinger, § 1642 Rn. 6.
[22] *Engler* in: Staudinger, § 1642 Rn. 12.

§ 1643 BGB Genehmigungspflichtige Rechtsgeschäfte

(Fassung vom 02.01.2002, gültig ab 01.01.2002)

(1) Zu Rechtsgeschäften für das Kind bedürfen die Eltern der Genehmigung des Familiengerichts in den Fällen, in denen nach § 1821 und nach § 1822 Nr. 1, 3, 5, 8 bis 11 ein Vormund der Genehmigung bedarf.

(2) ¹Das Gleiche gilt für die Ausschlagung einer Erbschaft oder eines Vermächtnisses sowie für den Verzicht auf einen Pflichtteil. ²Tritt der Anfall an das Kind erst infolge der Ausschlagung eines Elternteils ein, der das Kind allein oder gemeinsam mit dem anderen Elternteil vertritt, so ist die Genehmigung nur erforderlich, wenn dieser neben dem Kind berufen war.

(3) Die Vorschriften der §§ 1825, 1828 bis 1831 sind entsprechend anzuwenden.

Gliederung

A. Grundlagen 1	II. Ausschlagung einer Erbschaft, eines Vermächtnisses sowie Pflichtteilsverzicht (Absatz 2) 6
B. Anwendungsvoraussetzungen 2	
I. Genehmigungsbedürftige Rechtsgeschäfte (Absatz 1) 2	III. Entsprechende Anwendung der §§ 1825, 1828-1831 BGB (Absatz 3) 11
	C. Prozessuale Hinweise/Verfahrenshinweise 12

A. Grundlagen

1 Nach § 1643 BGB **sind bestimmte Rechtsgeschäfte, welche die Eltern für das Kind vornehmen, vom Familiengericht zu genehmigen.** Es handelt sich um zwingendes Recht, so dass die Eltern auch nicht durch die Anordnung Dritter davon befreit werden können.[1]

B. Anwendungsvoraussetzungen

I. Genehmigungsbedürftige Rechtsgeschäfte (Absatz 1)

2 Die Eltern bedürfen einer **Genehmigung des Familiengerichts**

- zur Verfügung über ein Grundstück oder über ein Recht an einem Grundstück, § 1821 Abs. 1 Nr. 1 BGB,
- zur Verfügung über eine Forderung, die auf Übertragung des Eigentums an einem Grundstück oder auf Begründung oder Übertragung eines Rechts an einem Grundstück oder auf Befreiung eines Grundstücks von einem solchen Recht gerichtet ist, § 1821 Abs. 1 Nr. 2 BGB,
- zur Verfügung über ein eingetragenes Schiff oder Schiffsbauwerk oder über eine Forderung, die auf Übertragung des Eigentums an einem eingetragenen Schiff oder Schiffsbauwerk gerichtet ist, § 1821 Abs. 1 Nr. 3 BGB,
- zur Eingehung einer Verpflichtung zu einer der in § 1821 Abs. 1 Nr. 1-3 BGB bezeichneten Verfügungen, § 1821 Abs. 1 Nr. 4 BGB,
- zu einem Vertrag, der auf den entgeltlichen Erwerb eines Grundstücks, eines eingetragenen Schiffes oder Schiffsbauwerks oder eines Rechts an einem Grundstück gerichtet ist, § 1821 Abs. 1 Nr. 5 BGB,[2]
- zu einem Rechtsgeschäft, durch das das Kind zu einer Verfügung über sein Vermögen im Ganzen oder über eine ihm angefallene Erbschaft oder über seinen künftigen gesetzlichen Erbteil oder seinen künftigen Pflichtteil verpflichtet wird, sowie zu einer Verfügung über den Anteil des Kindes an einer Erbschaft, § 1822 Nr. 1 BGB,

---

[1] RG v. 13.04.1928 - IV B 11/28 - RGZ 121, 30-38, 36.
[2] OLG Hamm v. 07.09.2000 - 22 U 18/00 - juris Rn. 9 - NJW-RR 2001, 1086-1089.

- zu einem Vertrag, der auf den entgeltlichen Erwerb oder die Veräußerung eines Erwerbsgeschäfts gerichtet ist, sowie zu einem Gesellschaftsvertrag, der zum Betrieb eines Erwerbsgeschäfts eingegangen wird, § 1822 Nr. 3 BGB,[3]
- zu einem Miet- oder Pachtvertrag oder einem anderen Vertrag, durch den das Kind zu wiederkehrenden Leistungen verpflichtet wird, wenn das Vertragsverhältnis länger als ein Jahr nach dem Eintritt der Volljährigkeit des Kindes fortdauern soll, § 1822 Nr. 5 BGB,
- zur Aufnahme von Geld auf den Kredit des Kindes, § 1822 Nr. 8 BGB,
- zur Ausstellung einer Schuldverschreibung auf den Inhaber oder zur Eingehung einer Verbindlichkeit aus einem Wechsel oder einem anderen Papier, das durch Indossament übertragen werden kann, § 1822 Nr. 9 BGB,
- zur Übernahme einer fremden Verbindlichkeit, insbesondere zur Eingehung einer Bürgschaft, § 1822 Nr. 10 BGB,
- zur Erteilung einer Prokura, § 1822 Nr. 11 BGB.

Der Verweis in § 1643 Abs. 1 BGB auf die Rechtsgeschäfte in § 1821 BGB sowie § 1822 Nr. 1, 3, 5, 8 bis 11 BGB ist abschließend und kann nicht durch eine analoge Gesetzesanwendung ausgeweitet werden (vgl. hierzu die Kommentierung zu § 1821 BGB und die Kommentierung zu § 1822 BGB).[4] Ebenso kann privatrechtlich keine Erweiterung des Genehmigungserfordernisses vereinbart werden.[5]

Dies bedeutet insbesondere, dass **Rechtsgeschäfte** nach § 1822 Nr. 4, 6, 7, 12 und 13 BGB nicht genehmigt werden brauchen und auch nicht genehmigt werden können, es sei denn das Geschäft erfüllt zugleich eines der in § 1643 Abs. 1 BGB aufgezählten Rechtsgeschäfte.[6] Daher brauchen Eltern bei der Zustimmung zu einem Rechtsgeschäft, mit dem das gesetzlich vertretene Kind bei Eingehung eines Dienst- oder Arbeitsverhältnisses zu persönlichen Leistungen für längere Zeit als ein Jahr verpflichtet werden soll, keine Genehmigung des Familiengerichts; lediglich der Vormund bedarf nach § 1822 Nr. 7 BGB der vormundschaftsgerichtlichen Genehmigung.[7] Für § 1822 Nr. 2 BGB enthält § 1643 Abs. 2 BGB eine eigene Regelung.[8] Auch die betreuungsrechtliche Vorschrift des § 1904 BGB ist im Bereich des Minderjährigenrechts nicht anwendbar.[9]

Ein wegen fehlender familiengerichtlicher Genehmigung schwebend unwirksames Rechtsgeschäft kann durch das volljährig gewordene Kind genehmigt werden (§ 1643 Abs. 3 BGB i.V.m. § 1829 Abs. 3 BGB). Eine solche Genehmigung kann auch konkludent erfolgen, wenn sich aus seinem Gesamtverhalten ergibt, dass eine Fortsetzung des Vertrags von ihm gewünscht wird. Dies gilt selbst bei einem fehlenden Erklärungsbewusstsein des volljährig gewordenen Kindes, wenn es fahrlässig nicht erkannt hat, dass sein Verhalten vom Erklärungsempfänger als Willenserklärung aufgefasst wird. Ist das Rechtsgeschäft wenige Monate vor der Volljährigkeit abgeschlossen und lässt sich aus dem gesamten nachfolgenden Verhalten kontinuierlich ein besonderes Interesse des volljährig gewordenen Kindes an dem Rechtsgeschäft (im konkreten Fall ein Lebensversicherungsvertrag) entnehmen, stellt es sich als rechtsmissbräuchlich im Sinne von § 242 BGB dar, wenn es sich nach über 20 Jahren auf die schwebende Unwirksamkeit des Rechtsgeschäfts beruft.[10]

Eine **Amtspflichtverletzung** wegen Versagung der gemäß § 1643 BGB erforderlichen gerichtlichen Genehmigung eines Rechtsgeschäfts – auch wenn das Rechtsgeschäft dem Kindeswohl dienen würde – kommt auf jeden Fall dann nicht in Betracht, wenn jedenfalls einem der an dem beabsichtigten Rechtsgeschäft Beteiligten diesbezüglich auch nur objektiv eine Straftat zur Last fällt.[11]

---

[3] OLG Zweibrücken v. 02.03.2000 - 5 UF 4/00 - juris Rn. 12 - NJW-RR 2001, 145-146; BGH v. 28.01.2003 - X ZR 199/99 - juris Rn. 28 - ZEV 2003, 375-377.
[4] BGH v. 08.10.1984 - II ZR 223/83 - juris Rn. 23 - FamRZ 1985, 173-175.
[5] KG v. 17.10.1910 - 1 X 316/10 - KGJ 40, A 227, A 229 ff.
[6] *Veit* in: Bamberger/Roth, § 1643 Rn. 3.1.
[7] BAG v. 25.04.2013 - 8 AZR 453/12 - NZA 2013, 1206-1210.
[8] *Götz* in: Palandt, § 1643 Rn. 1.
[9] OLG Karlsruhe v. 11.01.2002 - 20 WF 112/01 - juris Rn. 6 - NJW-RR 2002, 725-726.
[10] LG Regensburg v. 26.09.2003 - 4 O 1024/03 - VersR 2004, 722-723.
[11] OLG München v. 18.12.2003 - 1 U 3760/03 - OLGR München 2006, 54-55.

II. Ausschlagung einer Erbschaft, eines Vermächtnisses sowie Pflichtteilsverzicht (Absatz 2)

6 Für die **Ausschlagung einer Erbschaft**[12] – auch einer Nacherbschaft (§ 2142 BGB)[13] – sowie für die Ausschlagung eines **Vermächtnisses** (§ 2180 BGB) ist die familiengerichtliche Genehmigung erforderlich. Gemäß § 1957 Abs. 1 BGB gilt dies auch für die Anfechtung der Annahme. Demgegenüber erfordert das Annehmen einer Erbschaft bzw. das Verstreichenlassen der Ausschlagungsfrist sowie das Annehmen eines Vermächtnisses keiner familiengerichtlichen Genehmigung.[14]

7 Für die **familiengerichtliche Genehmigung** ist das Kindeswohl alleiniger Maßstab. Dabei ist nicht nur das rein finanzielle Interesse des Kindes ausschlaggebend, sondern vielmehr, ob das genehmigungsbedürftige Rechtsgeschäft im Gesamtinteresse des Kindes liegt. Sofern ein Nachlass nicht überschuldet ist, besteht danach grundsätzlich kein hinreichender Grund, eine Genehmigung zu erteilen. Das gilt auch, wenn nur geringes Barvermögen bzw. ein erheblich reparaturbedürftiges Hausanwesen vorhanden sein sollte.[15] Eine Genehmigung beinhaltet zugleich auch die Genehmigung zu einer etwa erforderlich werdenden Anfechtung der Versäumung der Ausschlagungsfrist gemäß § 1956 BGB hinsichtlich der nämlichen Erbschaft. Insofern bedarf es für eine derartige Anfechtung nicht der erneuten familienrechtlichen Genehmigung gemäß § 1643 Abs. 2 BGB.[16] Die Erteilung der familiengerichtlichen Genehmigung zur Erbausschlagung hat nicht zur Folge, dass die Erbschaft damit ausgeschlagen ist. Vielmehr muss der Sorgerechtsinhaber von der Genehmigung gegenüber dem Nachlassgericht Gebrauch machen. Hierzu hat er nach Erhalt der familiengerichtlichen Genehmigung in eigener Kompetenz zu prüfen, ob eine Ausschlagung der Erbschaft (immer noch) dem Kindeswohl entspricht.[17]

8 Auch der **Pflichtteilsverzicht** bedarf der familiengerichtlichen Genehmigung. § 1643 Abs. 2 Satz 1 Alt. 3 BGB erfasst nur den Verzicht auf einen bereits entstandenen Pflichtteilsanspruch; für einen Verzicht des Pflichtteils zu Leibzeiten des Erblassers ist ohnehin die Genehmigung des Vormundschaftsgerichts erforderlich (§ 2347 Abs. 1 Satz 2 BGB).

9 Nach § 1643 Abs. 2 Satz 2 BGB bedarf die Ausschlagung **keiner familiengerichtlichen Genehmigung**, wenn der Anfall erst infolge der Ausschlagung eines vertretungsberechtigten Elternteils eintritt und dieser nicht neben dem Kind berufen war. In dieser Situation geht immer die eigene Ausschlagung des vertretungsberechtigten Elternteils der Ausschlagung des Kindes voraus. Dabei wird unterstellt, dass der vertretungsberechtigte Elternteil nur dann ausschlägt, wenn ihm die Erbschaft keinen Vorteil, sondern nur Nachteile bringt. In diesem Fall ist nach der Lebenserfahrung anzunehmen, dass der Anfall der Erbschaft auch für das Kind nachteilig wäre.[18] Unter dieser Prämisse bleibt die Genehmigung erforderlich, wenn der vertretungsberechtigte Elternteil mehrere Kinder hat und die Erbschaft für sich und eines der Kinder ausschlägt, sie jedoch für die anderen Kinder annimmt, um die Erbschaft in bestimmte Bahnen zu lenken.[19] Das gilt auch, wenn der als Testamentserbe eingesetzte vertretungsberechtigte Elternteil die Erbschaft für sich und das als Ersatzerbe eingesetzte Kind ausschlägt, um sie so dann als gesetzlicher Erbe anzunehmen.[20] Nicht ausreichend ist es auch, wenn ein nicht vertretungsbe-

---

[12] Zur Erbausschlagung für ein minderjähriges Kind bei positivem Nachlassvermögen vgl. DNotI-Report 2005, 115-117. Hintergrund ist ein fiktiver Fall, bei dem über das Vermögen des gesetzlichen Erben des Erblassers ein Insolvenzverfahren eröffnet ist und bei einem seiner beiden Kinder die Gefahr besteht, dass ein solches eröffnet wird. In diesem Zusammenhang befasst sich der Beitrag mit der Frage, ob nach einer Ausschlagung durch den gesetzlichen Erben jetzt auch das von der Insolvenz bedrohte Kind des gesetzlichen Erben für sich sowie – unter Mitwirkung der Mutter – wirksam für sein minderjähriges Kind die Erbschaft ausschlagen kann, so dass allein das andere Kind des gesetzlichen Erben der Erbe wird.

[13] *Veit* in: Bamberger/Roth, § 1643 Rn. 4.

[14] OLG Koblenz v. 16.07.2007 - 5 W 535/07 - OLGR Koblenz 2008, 231-232; BayObLG München v. 15.05.1996 - 1Z BR 103/96 - juris Rn. 28 - BayObLGR 1996, 59-60.

[15] OLG Zweibrücken v. 14.06.2012 - 6 UF 148/11 - FamRZ 2012, 1961-1962.

[16] OLG Celle v. 14.01.2013 - 10 UF 291/12 - NJW-RR 2013, 582.

[17] OLG Koblenz v. 17.01.2014 - 13 WF 1135/13.

[18] LG Osnabrück v. 17.01.2007 - 10 T 45/07 (3), 10 T 45/07 - NotBZ 2007, 419; OLG Frankfurt v. 14.07.1969 - 6 W 88/69 - FamRZ 1969, 658, 659.

[19] LG Osnabrück v. 17.01.2007 - 10 T 45/07 (3), 10 T 45/07 - NotBZ 2007, 419; ähnlich KG Berlin v. 13.03.2012 - 1 W 747/11 - FamRZ 2012, 1167-1169; OLG Hamm v. 13.12.2013 - I-15 W 374/13, 15 W 374/13, welche nicht § 1643 Abs. 2 Satz 2 BGB sondern – trotz der Spezialvorschrift in § 1643 Abs. 2 Satz 2 BGB und der fehlenden Verweisung in § 1643 Abs. 1 BGB die Regelung § 1643 Abs. 1 i.V.m. 1822 Nr. 2 BGB anwendet.

[20] LG Osnabrück v. 17.01.2007 - 10 T 45/07 (3), 10 T 45/07 - NotBZ 2007, 419; OLG Frankfurt v. 14.07.1969 - 6 W 88/69 - FamRZ 1969, 658, 659.

rechtigter Elternteil ausgeschlagen hat; vielmehr bleibt es in diesem Fall beim Genehmigungserfordernis.[21] Dagegen ist die Ausschlagung der Erbschaft für ein minderjähriges Kind durch beide sorgeberechtigten Eltern gemäß § 1643 Abs. 2 Satz 2 BGB genehmigungsfrei, auch wenn der Nachlass werthaltig ist, wenn der Anfall an das Kind als Ersatzerbe eines Elternteils erfolgt ist, der seinerseits die Erbschaft ausgeschlagen hat.[22]

Aus § 1643 Abs. 2 BGB ergibt sich weiterhin, dass es einer Pflegerbestellung für die **Nach-Nacherben** nicht bedarf.[23] Sollte das Familiengericht, weil es einen Interessenkonflikt zwischen den Eltern und den Kindern für gegeben hält, eine Pflegerbestellung für erforderlich halten, ist es nicht gehindert, die erforderlichen Maßnahmen nach § 1629 Abs. 2 Satz 3 BGB, § 1693 BGB, § 1697 BGB zu treffen.[24]

III. Entsprechende Anwendung der §§ 1825, 1828-1831 BGB (Absatz 3)

Nach § 1643 Abs. 3 BGB i.V.m. § 1825 BGB kann den Eltern für bestimmte Rechtsgeschäfte anstelle von Einzelverfügungen eine allgemeine Ermächtigung erteilt werden (vgl. hierzu die Kommentierung zu § 1825 BGB). In § 1643 Abs. 3 BGB i.V.m. den §§ 1828-1831 BGB finden sich Regelungen zur Erklärung der Genehmigung sowie zur nachträglichen Genehmigung (vgl. hierzu die Kommentierung zu § 1828 BGB, die Kommentierung zu § 1829 BGB, die Kommentierung zu § 1830 BGB und die Kommentierung zu § 1831 BGB).

C. Prozessuale Hinweise/Verfahrenshinweise

Für die Entscheidung ist trotz der Verweisung in § 1643 Abs. 3 BGB das **Familiengericht**[25] zuständig (vgl. zum Verfahren die Kommentierung zu § 1626 BGB). Die Entscheidung trifft der Rechtspfleger (§ 3 Nr. 2a RPflG). Die Beiordnung eines Rechtsanwalts kommt nur dann in Betracht, wenn wegen der Schwierigkeit der Sach- und Rechtslage die Vertretung durch einen Rechtsanwalt erforderlich erscheint, was im Falle einer evidenten Überschuldung des Nachlasses und eines Hinweises des Nachlassgerichts auf eine etwaig erforderliche familiengerichtliche Genehmigung zu verneinen ist.[26] Aufgrund des Amtsermittlungsgrundsatzes nach § 26 FamFG ist es in Bezug auf die Überschuldung nicht ausreichend, allein gerichtsinterne Nachfragen bei verschiedenen Abteilungen des Gerichts vorzunehmen, wenn Anhaltspunkte für eine Überschuldung des Nachlasses bestehen, etwa durch vorausgegangene Erbausschlagungserklärungen näherer Verwandter des Kindes.[27]

Nach der Rechtsprechung ist noch unklar, ob für den Fall, dass die Eltern von der Vertretung ihrer minderjährigen Kinder ausgeschlossen sind, zur Genehmigung des von einem Pfleger abgeschlossenen Geschäfts das Familiengericht oder das Vormundschaftsgericht **zuständig** ist. Während das OLG Köln[28] und im Ergebnis auch das OLG Hamm[29] für diese Entscheidung ebenfalls die Zuständigkeit des Familiengerichts annehmen, hält dagegen das BayObLG[30] das Vormundschaftsgericht für zuständig. Es ist der Auffassung, dass § 1643 BGB nur die Genehmigung von Elterngeschäften, nicht aber die von Pflegergeschäften im Fall des Ausschlusses der Eltern erfasst. Der BGH konnte diese ihm vorgelegte Frage im konkreten Fall offen lassen.[31] Das Gericht hielt eine Vertretung durch einen Ergänzungspfleger nicht für erforderlich. Damit bleibt es vorerst bei den divergierenden Entscheidungen der Obergerichte.

---

[21] OLG Sachsen-Anhalt v. 19.10.2006 - 3 WF 194/06 - FamRZ 2007, 1047.
[22] OLG Köln v. 22.04.2012 - II-12 UF 21/12, 12 UF 21/12 - FamRZ 2012, 1832-1834; OLG Köln v. 26.04.2012 - II-12 UF 10/12, OLG Köln 12 UF 10/12 - DNotI-Report 2012, 176-178.
[23] OLG Sachsen-Anhalt v. 06.05.2013 - 3 WF 260/12.
[24] OLG Stuttgart v. 25.07.2006 - 16 AR 3/06 - BWNotZ 2007, 38-39; OLG Frankfurt v. 13.04.2011 - 20 W 374/09 - ZEV 2011, 597-599.
[25] OLG Hamm v. 12.02.1999 - 8 WF 32/99 - NJW-RR 2001, 437.
[26] OLG Hamm v. 22.03.2012 - 2 WF 274/11, II-2 WF 274/11 - FamRZ 2012, 1658-1659.
[27] OLG Schleswig-Holstein v. 25.02.2013 - 10 WF 204/12 - SchlHA 2013, 167.
[28] OLG Köln v. 11.06.2003 - 2 Wx 18/03 - OLGR Köln 2003, 290-293.
[29] OLG Hamm v. 15.08.2000 - 2 UF 320/00 - FamRZ 2001, 717-718.
[30] BayObLG München v. 31.03.2004 - 2Z BR 045/04 - FamRZ 2004, 1055-1057.
[31] BGH v. 25.11.2004 - V ZB 13/04 - NJW 2005, 415-418; vgl. hierzu auch die Besprechung von *Sonnenfeld*, NotBZ 2005, 154-156.

14 Gegen den Beschluss des Rechtspflegers ist die – befristete - Beschwerde nach § 58 Abs. 1 FamFG gegeben.[32]

15 Die Gerichtsgebühr fällt aus jedem Rechtsgeschäft gesondert an, wenn Grundschuldbestellung und Darlehensaufnahme gesondert zur familiengerichtlichen Genehmigung vorgelegt werden.[33]

---

[32] Zum Meinungsstreit vor der Einführung des FamFG: OLG Brandenburg v. 23.09.2008 - 10 UF 70/08 - OLGR Brandenburg 2009, 496-499; OLG Naumburg v. 30.09.2003 - 14 UF 75/03; OLG Brandenburg v. 22.07.2002 - 10 UF 183/01 - FamRZ 2004, 1049-1051; OLG Hamm v. 11.04.2000 - 2 UF 53/00 - FamRZ 2001, 53, OLG Dresden v. 24.01.2001 - 22 UF 0421/00- FamRZ 2001, 1307; a.A. OLG München v. 20.08.2002 - 17 WF 1191/02 - FamRZ 2003, 392, wonach nur die einfache Beschwerde nach den §§ 19, 20 FGG statthaft sein soll.

[33] OLG Nürnberg v. 16.02.2007 - 10 WF 118/07 - FamRZ 2007, 1761.

§ 1644 BGB Überlassung von Vermögensgegenständen an das Kind

(Fassung vom 02.01.2002, gültig ab 01.01.2002)

Die Eltern können Gegenstände, die sie nur mit Genehmigung des Familiengerichts veräußern dürfen, dem Kind nicht ohne diese Genehmigung zur Erfüllung eines von dem Kind geschlossenen Vertrags oder zu freier Verfügung überlassen.

Gliederung

A. Grundlagen 1
B. Anwendungsvoraussetzungen 2
C. Rechtsfolgen 3
D. Prozessuale Hinweise/Verfahrenshinweise 4

A. Grundlagen

Die Vorschrift des § 1644 BGB verhindert, dass § 1643 BGB durch die Vorschrift des § 110 BGB umgangen wird.[1]   1

B. Anwendungsvoraussetzungen

Die Vorschrift erfasst nur die **Überlassung von Gegenständen aus dem Vermögen des Kindes**, soweit sie vom Genehmigungserfordernis des § 1643 BGB umfasst werden.[2] Außerdem steht § 1644 BGB nicht der Überlassung von Gegenständen aus dem Vermögen der Eltern entgegen.[3]   2

C. Rechtsfolgen

Bei einem Verstoß gegen § 1644 BGB tritt die Wirkung von § 110 BGB nicht ein (vgl. hierzu die Kommentierung zu § 110 BGB).[4] Vielmehr bedarf der vom Kind abgeschlossene Vertrag zu seiner Wirksamkeit der **Genehmigung der Eltern** (§§ 107, 108 BGB). Die Eltern benötigen hierzu jedoch gemäß § 1643 BGB die Genehmigung des Familiengerichts.[5]   3

D. Prozessuale Hinweise/Verfahrenshinweise

Für die Entscheidung ist das **Familiengericht** zuständig (vgl. zum Verfahren die Kommentierung zu § 1626 BGB). Die Entscheidung trifft der Rechtspfleger (§§ 3 Nr. 2a RPflG).   4

---

[1] BayObLG v. 02.06.1916   Reg III 48/1916 - BayObLGZ 17, 124, 128.
[2] *Engler* in: Staudinger, § 1644 Rn. 4.
[3] *Götz* in: Palandt, § 1824 Rn. 1.
[4] *Engler* in: Staudinger, § 1644 Rn. 3.
[5] *Veit* in: Bamberger/Roth, § 1644 Rn. 3.

§ 1645 BGB Neues Erwerbsgeschäft

(Fassung vom 02.01.2002, gültig ab 01.01.2002)

Die Eltern sollen nicht ohne Genehmigung des Familiengerichts ein neues Erwerbsgeschäft im Namen des Kindes beginnen.

Gliederung

A. Grundlagen 1
B. Anwendungsvoraussetzungen 2
I. Beginn eines Erwerbsgeschäfts 2
II. Genehmigung des Familiengerichts 4
C. Prozessuale Hinweise/Verfahrenshinweise 5

A. Grundlagen

1 Die Regelung des § 1645 BGB bezweckt, das Kind vor Gefahren einer **Neugründung eines Erwerbsgeschäfts** zu schützen; es soll auch der Möglichkeit entgegengewirkt werden, dass finanzschwache Eltern auf den Namen des Kindes ein Geschäft gründen und führen.[1]

B. Anwendungsvoraussetzungen

I. Beginn eines Erwerbsgeschäfts

2 Der Begriff des **Erwerbsgeschäfts** stimmt mit dem in § 112 BGB überein. Danach ist jede regelmäßige, auf selbständigen Erwerb gerichtete Tätigkeit umfasst[2], wie z.B. Handel, Betreibung einer Fabrik oder eines Handwerks, Ausübung eines künstlerischen oder wissenschaftlichen Berufes oder Landwirtschaft (vgl. hierzu die Kommentierung zu § 112 BGB). Ohne Bedeutung ist dabei, ob das Kind das Erwerbsgeschäft allein oder als Teilhaber zusammen mit anderen betreibt.[3]

3 Erfasst von § 1645 BGB wird im Gegensatz zu § 1823 BGB nicht die Auflösung, sondern nur der **Beginn eines Erwerbsgeschäfts**. Nachträgliche Veränderungen des Erwerbsgeschäfts können somit ohne Genehmigung des Familiengerichts vorgenommen werden. Etwas anderes gilt nur, wenn diese Veränderung faktisch eine Neugründung darstellt, weil sich der Geschäftscharakter von Grund auf geändert hat.[4] Nicht darunter fällt auch die Fortführung eines Erwerbsgeschäfts, welches das Kind bei Beginn oder während der elterlichen Vermögenssorge unentgeltlich durch Schenkung oder von Todes wegen erworben hat.[5] Im Fall eines entgeltlichen Erwerbs ist nicht § 1645 BGB, sondern § 1643 Abs. 1 BGB i.V.m. § 1822 Nr. 3 BGB einschlägig.

II. Genehmigung des Familiengerichts

4 Die **Genehmigung des Familiengerichts** ist zu erteilen, wenn sie im Interesse des Kindes liegt, was regelmäßig wegen der damit verbundenen Gefahren die Ausnahme sein wird.[6] Allerdings hängt die Wirksamkeit der Gründung eines Erwerbsgeschäfts und der im Rahmen dieses Erwerbsgeschäfts vorgenommenen Rechtsgeschäfte nicht von der Genehmigung des Familiengerichts ab; vielmehr stellt § 1645 BGB lediglich eine **bloße Ordnungsvorschrift** dar.[7] Dies hat zum einen zur Folge, dass die Kaufmannseigenschaft des Kindes durch das Fehlen der Genehmigung nicht berührt wird[8]; zum anderen kann das Registergericht die Eintragung der Firma nicht wegen fehlenden Nachweises der Genehmigung ablehnen.[9] Wenn die Eltern entgegen § 1645 BGB ein Erwerbsgeschäft beginnen, kann das Fa-

---

[1] *Engler* in: Staudinger, § 1645 Rn. 1.
[2] BayObLG München v. 06.07.1995 - 1Z BR 157/94 - juris Rn. 15 - DB 1995, 1800-1801.
[3] RG v. 17.01.1930 - III 134/29 - RGZ 127, 110-116, 114.
[4] *Engler* in: Staudinger, § 1645 Rn. 6.
[5] *Veit* in: Bamberger/Roth, § 1645 Rn. 2.
[6] KG v. 17.06.1910 - OLGE 21, 264.
[7] *Engler* in: Staudinger, § 1645 Rn. 14.
[8] *Engler* in: Staudinger, § 1645 Rn. 15.
[9] KG v. 06.06.1900 - OLGE 1, 286, 288.

miliengericht Maßnahmen nach den §§ 1666, 1666a, 1667 BGBergreifen.[10] Haben die Eltern schuldhaft gehandelt, kann dies zu einem Schadensersatzanspruch nach § 1664 BGB führen.[11]

C. Prozessuale Hinweise/Verfahrenshinweise
Für die Entscheidung ist das **Familiengericht** zuständig (vgl. zum Verfahren die Kommentierung zu § 1626 BGB). Die Entscheidung trifft der Rechtspfleger (§ 3 Nr. 2a RPflG).

5

---

[10] *Veit* in: Bamberger/Roth, § 1645 Rn. 4.
[11] *Engler* in: Staudinger, § 1645 Rn. 16.

§ 1646 BGB Erwerb mit Mitteln des Kindes
(Fassung vom 02.01.2002, gültig ab 01.01.2002)

(1) ¹Erwerben die Eltern mit Mitteln des Kindes bewegliche Sachen, so geht mit dem Erwerb das Eigentum auf das Kind über, es sei denn, dass die Eltern nicht für Rechnung des Kindes erwerben wollen. ²Dies gilt insbesondere auch von Inhaberpapieren und von Orderpapieren, die mit Blankoindossament versehen sind.

(2) Die Vorschriften des Absatzes 1 sind entsprechend anzuwenden, wenn die Eltern mit Mitteln des Kindes ein Recht an Sachen der bezeichneten Art oder ein anderes Recht erwerben, zu dessen Übertragung der Abtretungsvertrag genügt.

Gliederung

A. Grundlagen 1	C. Rechtsfolgen 5
B. Anwendungsvoraussetzungen 2	D. Prozessuale Hinweise/Verfahrenshinweise 9

A. Grundlagen

1 Die Vorschrift des § 1646 BGB dient der **Erhaltung des Kindesvermögens** und ordnet in bestimmten Fällen eine Surrogation an, wenn die Eltern im eigenen Namen gehandelt haben.[1]

B. Anwendungsvoraussetzungen

2 Umfasst ist der **rechtsgeschäftliche Erwerb**
- des Eigentums an beweglichen Sachen, § 1646 Abs. 1 Satz 1 BGB,
- von Inhaberpapieren wie Inhaberschuldverschreibung (§§ 793 ff. BGB), Inhaberaktie (§ 10 AktG) oder Inhabergrundschuldbrief (§ 1195 BGB), § 1646 Abs. 1 Satz 2 Alt. 1 BGB,
- von Orderpapieren, die mit Blankoindossament versehen sind wie Kaufmännische Orderpapiere im Sinne des § 363 HGB, Wechsel (Art. 11, 13 WG), Scheck (Art. 14 ScheckG, Art. 16 ScheckG) oder Namensaktie (§ 68 Abs. 1 AktG), § 1646 Abs. 1 Satz 2 Alt. 2 BGB,
- eines Rechts (beispielsweise Pfandrecht oder Nießbrauch) an beweglichen Sachen, an Inhaberpapieren oder Orderpapieren, die mit Blankoindossament versehen sind, § 1646 Abs. 2 Alt. 1 BGB,
- eines Rechts, zu dessen Übertragung ein formloser Abtretungsvertrag (§§ 398, 413 BGB) genügt, § 1646 Abs. 2 Alt. 2 BGB.

Keine Anwendung findet die Vorschrift daher auf den Erwerb von Grundstücken, Rechten an Grundstücken sowie Rechten, zu deren Übertragung eine bestimmte Form eingehalten werden muss[2] (z.B. § 15 Abs. 3 GmbHG, wonach die Abtretung von Geschäftsanteilen durch Gesellschafter eines in notarieller Form geschlossenen Vertrags bedarf).[3]

3 Der Erwerb muss mit **Mitteln des Kindes** erfolgen, d.h. dass die Eltern die Gegenleistung unmittelbar aus dem Kindesvermögen entrichten.[4] Entnehmen die Eltern für den Erwerb nur zum Teil Mittel aus dem Kindesvermögen, so erwirbt das Kind an den erworbenen Gegenständen Miteigentum.[5] Ob dies auch bei einem Kreditgeschäft der Fall ist, hängt von den Umständen des Einzelfalles ab.[6]

4 Eine **Surrogation** tritt aber nicht ein, falls die Eltern nicht für Rechnung des Kindes erwerben wollten (§ 1646 Abs. 1 Satz 1 HS. 2 BGB). Wenn die Eltern im Namen des Kindes im Sinne von § 164 BGB kontrahieren, bestehen keine Zweifel an einem Willen, für das Kind erwerben zu wollen. Handeln die Eltern im eigenen Namen, wird gemäß § 1646 Abs. 1 Satz 1 HS. 2 BGB widerlegbar vermutet, dass die Eltern für Rechnung des Kindes erwerben wollten.[7] Dabei ist ausreichend, wenn nur ein Elternteil in eigenem Namen erwirbt, selbst wenn dieser nicht vertretungsberechtigt ist.[8]

---

[1] *Veit* in: Bamberger/Roth, § 1646 Rn. 1.
[2] *Veit* in: Bamberger/Roth, § 1646 Rn. 2.
[3] *Rakete-Dombek* in: AnwK-BGB, Bd. 4, § 1646 Rn. 2.
[4] *Veit* in: Bamberger/Roth, § 1646 Rn. 3.
[5] RG v. 16.11.1936 - IV 195/36 - RGZ 152, 349-356, 354.
[6] *Engler* in: Staudinger, § 1646 Rn. 14.
[7] *Engler* in: Staudinger, § 1646 Rn. 11.
[8] *Engler* in: Staudinger, § 1646 Rn. 16.

C. Rechtsfolgen

Der Gegenstand gelangt im Zeitpunkt des Erwerbs ohne Zwischenerwerb der Eltern **unmittelbar kraft Gesetzes in das Vermögen des Kindes**, welches somit Eigentümer beziehungsweise Inhaber wird.[9]   5

Beim **Erwerb einer Forderung** finden die §§ 406 ff. BGB zum Schutz des Schuldners entsprechende Anwendung.[10]   6

Gelingt es, die **Vermutung des Handelns für Rechnung des Kindes beim Erwerb zu widerlegen**, stehen dem Kind ein Anspruch auf Herausgabe des Gegenstandes aus den §§ 667, 681 Satz 2, 687 Abs. 2 BGB[11] sowie Schadensersatzansprüche aus den §§ 823, 1664 BGB zur Verfügung.[12]   7

Im Fall der **Insolvenz der Eltern** hat das Kind ein Aussonderungsrecht (§ 47 InsO).[13] Fällt dagegen der Schuldner aus dem Erwerbsgeschäft in Insolvenz, ist das Kind gewöhnlicher Insolvenzgläubiger (§ 38 InsO).[14]   8

D. Prozessuale Hinweise/Verfahrenshinweise

Im Prozess muss derjenige, **der sich auf den Eintritt der Surrogation beruft**, beweisen, dass der Erwerb mit Mitteln des Kindes erfolgte.[15]   9

Derjenige, der sich darauf beruf, **dass nicht das Kind, sondern die Eltern erworben haben**, trägt die Beweislast für die gesetzliche Vermutung in § 1646 Abs. 1 Satz 1 HS. 2 BGB.[16]   10

---

[9] *Veit* in: Bamberger/Roth, § 1646 Rn. 5.
[10] *Götz* in: Palandt, § 1646 Rn. 2.
[11] *Götz* in: Palandt, § 1646 Rn. 1.
[12] *Engler* in: Staudinger, § 1646 Rn 19
[13] *Engler* in: Staudinger, § 1646 Rn. 18.
[14] *Veit* in: Bamberger/Roth, § 1646 Rn. 6.
[15] *Engler* in: Staudinger, § 1646 Rn. 9; RG v. 24.10.1929 - IV 8/29 - RGZ 126, 114, 117.
[16] *Veit* in: Bamberger/Roth, § 1646 Rn. 7.

§ 1647 BGB (weggefallen)

(Fassung vom 01.01.1964, gültig ab 01.01.1980, gültig bis 31.12.2001)

(weggefallen)

1   § 1647 BGB in der Fassung vom 01.01.1964 ist durch Art. 1 Nr. 22 des Gesetzes vom 18.06.1957 – BGBl I 1957, 609 – mit Wirkung vom 01.07.1958 weggefallen.

§ 1648 BGB Ersatz von Aufwendungen

(Fassung vom 02.01.2002, gültig ab 01.01.2002)

Machen die Eltern bei der Ausübung der Personensorge oder der Vermögenssorge Aufwendungen, die sie den Umständen nach für erforderlich halten dürfen, so können sie von dem Kind Ersatz verlangen, sofern nicht die Aufwendungen ihnen selbst zur Last fallen.

Gliederung

A. Grundlagen 1
B. Anwendungsvoraussetzungen 2
C. Rechtsfolgen 6
D. Prozessuale Hinweise/Verfahrenshinweise 7

A. Grundlagen

Die Regelung von § 1648 BGB beinhaltet einen **Aufwendungsersatzanspruch der Eltern** gegen das Kind für die Ausübung der Personensorge und Vermögenssorge, wenn ihnen die Aufwendungen nicht selbst zur Last fallen.

B. Anwendungsvoraussetzungen

Die Eltern können den Ersatz von **Aufwendungen** verlangen, die ihnen bei Ausübung der Personensorge und Vermögenssorge entstanden sind. Der Begriff der Aufwendungen entspricht dem in § 670 BGB (vgl. hierzu die Kommentierung zu § 670 BGB). Im Gegensatz zum Vormund fallen hierunter keine Dienste, die zum Gewerbe oder Beruf der Eltern gehören (§ 1835 Abs. 3 BGB). Den Eltern steht auch nicht wie dem Vormund das Recht zu, vom Kind einen Vorschuss zu verlangen (§ 1835 Abs. 1 BGB).

Die Vorschrift setzt ihrem Wortlaut nach voraus, dass den Eltern zumindest die **tatsächliche Personensorge oder Vermögenssorge zusteht**.[1] Nur in diesem Fall schließt § 1648 BGB die Anwendung der §§ 677-687, 812-822 BGB aus.[2]

Ersetzt werden alle Aufwendungen, welche **die Eltern nach den Umständen für erforderlich halten durften**. In diesem Zusammenhang ist nicht auf die objektive Notwendigkeit abzustellen, sondern darauf, was nach dem Sorgfaltsmaßstab des § 1664 BGB subjektiv für erforderlich gehalten werden durfte, auch und gerade im Hinblick auf die Vermögensverhältnisse des Kindes.[3]

Regelmäßig wird ein Aufwendungsersatz die Ausnahme sein. Ersatzfähig sind nur solche Aufwendungen, die den Eltern bei der Ausübung der Personensorge und Vermögenssorge **nicht selbst zur Last fallen**. Dies gilt für alle Aufwendungen, bei denen die Eltern von vornherein nicht die Absicht gehabt haben, vom Kind Ersatz zu verlangen.[4] Im Rahmen der Personensorge fallen den Eltern Aufwendungen nach den §§ 1601-1615o BGB[5] wie die Schaffung von Wohnraum[6] immer selbst zur Last. Daher muss es sich um Aufwendungen handeln, die zwar im Zusammenhang mit der Unterhaltspflicht stehen, jedoch nicht unmittelbar darauf gerichtet sind, wie beispielsweise die Fahrt zu einem berühmten Facharzt, wenn das Kind schwer erkrankt ist.[7] Zu den Aufwendungen in Ausübung der Vermögenssorge gehören insbesondere Verwendungen, die nach § 1649 BGB aus Einkünften des Kindes zu erfüllen wären.[8]

---

[1] *Götz* in: Palandt, § 1648 Rn. 1.
[2] *Engler* in: Staudinger, § 1648 Rn. 16.
[3] BGH v. 05.11.1997 - XII ZR 20/96 - juris Rn. 20 - FamRZ 1998, 367-370.
[4] BayObLG v. 16.09.1916 - Reg. III 72, 74/1916 - BayObLGZ 17, 186, 188.
[5] LG Berlin v. 04.05.2001 - 8 O 159/01 - juris Rn. 18.
[6] AG Bad Schwartau v. 16.12.1997 - 3 C 684/97 - FamRZ 1999, 315-316.
[7] *Engler* in: Staudinger, § 1648 Rn. 4.
[8] *Engler* in: Staudinger, § 1648 Rn. 5.

C. Rechtsfolgen

6 Die vertretungsberechtigten Eltern können den **Ersatzanspruch** durch Entnahme aus dem Kindesvermögen an sich selbst erfüllen, da es sich um die Erfüllung einer Verbindlichkeit handelt (§§ 1629 Abs. 2 Satz 1, 1795 Abs. 2, 181 BGB).[9] Nach Beendigung der elterlichen Sorge steht den Eltern ein Zurückbehaltungsrecht gegenüber dem Anspruch auf Vermögensherausgabe zu (§§ 1698, 273-274 BGB).[10]

D. Prozessuale Hinweise/Verfahrenshinweise

7 Bei der Geltendmachung des Anspruchs ist das Gesetz über die Angelegenheiten der freiwilligen Gerichtsbarkeit nicht anzuwenden; vielmehr muss Klage vor dem **Prozessgericht** erhoben werden.[11] Der Anspruch ist während der Minderjährigkeit des Kindes gehemmt (§§ 207 Abs. 1 Satz 2 Nr. 2, 209 BGB).

---

[9] *Götz* in: Palandt, § 1648 Rn. 1.
[10] *Veit* in: Bamberger/Roth, § 1648 Rn. 4.
[11] BayObLG v. 16.09.1916 - Reg. III 72, 74/1916 - BayObLGZ 17, 186, 188.

§ 1649 BGB Verwendung der Einkünfte des Kindesvermögens

(Fassung vom 02.01.2002, gültig ab 01.01.2002)

(1) ¹Die Einkünfte des Kindesvermögens, die zur ordnungsmäßigen Verwaltung des Vermögens nicht benötigt werden, sind für den Unterhalt des Kindes zu verwenden. ²Soweit die Vermögenseinkünfte nicht ausreichen, können die Einkünfte verwendet werden, die das Kind durch seine Arbeit oder durch den ihm nach § 112 gestatteten selbständigen Betrieb eines Erwerbsgeschäfts erwirbt.

(2) ¹Die Eltern können die Einkünfte des Vermögens, die zur ordnungsmäßigen Verwaltung des Vermögens und für den Unterhalt des Kindes nicht benötigt werden, für ihren eigenen Unterhalt und für den Unterhalt der minderjährigen unverheirateten Geschwister des Kindes verwenden, soweit dies unter Berücksichtigung der Vermögens- und Erwerbsverhältnisse der Beteiligten der Billigkeit entspricht. ²Diese Befugnis erlischt mit der Eheschließung des Kindes.

Gliederung

A. Grundlagen 1	III. Verwendung anderer Einkünfte für den Unterhalt des Kindes (Absatz 1 Satz 2) 7
B. Anwendungsvoraussetzungen 2	IV. Verwendung der Einkünfte des Vermögens für den Unterhalt der Eltern und Geschwister (Absatz 2 Satz 1) 8
I. Vermögenssorge der Eltern oder des Pflegers 2	
II. Verwendung der Einkünfte des Vermögens für den Unterhalt des Kindes (Absatz 1 Satz 1) 3	V. Pflichtwidrige Verwendung der Einkünfte 14

A. Grundlagen

Die Vorschrift von § 1649 BGB dient der **Vermögenserhaltung** des Kindes. Die Eltern sind dadurch gehindert, das Vermögen des Kindes für seinen Unterhalt oder eine Erhöhung des Lebensstandards aufzubrauchen.[1] Nach Sinn und Zweck der Regelung können die Eltern das Kindesvermögen gegebenenfalls für ihren eigenen Unterhalt und den der Geschwister des Kindes verwenden, um zum Wohl des Familienfriedens ein zu großes Gefälle des Lebensstandards innerhalb der Familie zu verhindern.[2] Sie stellt insofern eine Ergänzung im Hinblick auf § 1642 BGB dar, weil sie Einkünfte des Kindes aus seinem Vermögen sowie aus eigener Arbeit oder aus einem ihm gestatteten selbständigen Gewerbebetrieb in gewissem Maße von der dort statuierten Anlagepflicht ausnimmt.[3]

1

B. Anwendungsvoraussetzungen

I. Vermögenssorge der Eltern oder des Pflegers

Für die Anwendung von § 1649 BGB müssen die Eltern wenigstens die **Vermögenssorge des Kindes** ausüben.[4] Somit scheidet eine Anwendung aus, wenn es sich um Vermögen handelt, welches nicht der Vermögenssorge der Eltern unterliegt (§ 1638 BGB). Selbst wenn das Vermögen des Kindes von den Eltern verwaltet wird, kommt § 1649 BGB nicht zur Anwendung, wenn der Zuwendende das Verwendungsrecht ausgeschlossen hat (§ 1639 BGB). Auch wenn ein Pfleger die Vermögenssorge inne hat (§§ 1909, 1915 Abs. 1, 1793 Abs. 1 BGB) und zwischen ihm und den Eltern ein Streit in Bezug auf die Verwendung der Kindeseinkünfte besteht, ist § 1649 Abs. 1 Satz 1 BGB bei der Entscheidung nach § 1630 Abs. 2 BGB entsprechend heranzuziehen.[5]

2

II. Verwendung der Einkünfte des Vermögens für den Unterhalt des Kindes (Absatz 1 Satz 1)

Die inhaltliche Auslegung von „**Einkünfte des Kindesvermögens**" im Sinne von § 1649 Abs. 1 Satz 1 BGB ist nicht identisch mit der in § 1602 Abs. 2 BGB verwendeten wortgleichen Formulierung. Wäh-

3

---

[1] *Veit* in: Bamberger/Roth, § 1649 Rn. 1.
[2] *Engler* in: Staudinger, § 1649 Rn. 12.
[3] *Götz* in: Palandt, § 1649 Rn. 1.
[4] *Engler* in: Staudinger, § 1649 Rn. 15.
[5] BayObLG München v. 10.01.1975 - BReg 1 Z 76/74 - BayObLGZ 1975, 29-34.

rend in § 1602 Abs. 2 BGB nur die Reineinkünfte nach Abzug der tatsächlich aufgewendeten Verwaltungskosten gemeint sind, umfasst § 1649 Abs. 1 Satz 1 BGB sämtliche Bruttoeinnahmen.[6] Nach dem Wortlaut von § 1649 Abs. 1 Satz 1 BGB werden diese Einkünfte zuerst zur ordnungsgemäßen Verwaltung des Vermögens verwendet.[7]

4 Dazu zählen alle **Aufwendungen**, die bei gewissenhafter und sorgfältiger Führung einer Verwaltung zur Erhaltung und zur Mehrung der zum Vermögen gehörenden Gegenstände erforderlich sind und werden.[8] Hierunter fallen Reparaturen, Ersatzbeschaffungen, Zinsen, Steuern, Versicherungen sowie Aufwendungen nach § 1648 BGB.[9] Im Rahmen einer **ordnungsgemäßen Verwaltung** kann die Bildung von offenen und stillen Rücklagen erforderlich sein.[10] Ob bei Verlusten aus einem Gewerbegeschäft des Kindes oder einer Beteiligung an einem solchen nach dem Wegfall von § 1655 Satz 2 BGB a.F. immer noch die Pflicht besteht, dass Überschüsse in der Folgezeit primär zum Verlustausgleich verwendet werden müssen, erscheint zweifelhaft.[11] Vielmehr muss diese Entscheidung im Einzelfall nach der Billigkeit von den Eltern getroffen werden.[12]

5 Verbleibt nach Abzug der Aufwendungen für die ordnungsgemäße Verwaltung ein Überschuss, ist dieser für den **Unterhalt des Kindes** zu verwenden. Dieser Überschuss ist entscheidend für die Frage der Bedürftigkeit des Kindes im Rahmen von § 1602 Abs. 2 BGB. Kann das Kind seinen Unterhalt daraus bestreiten, besteht wegen fehlender Bedürftigkeit kein Unterhaltsanspruch gegen die Eltern. Allerdings ist bei der Entscheidung, welcher Teil dieser Einkünfte zum Unterhalt des Kindes verwendet wird, auch Sinn und Zweck von § 1649 BGB abzuwägen. In diesem Rahmen ist die Verwendung von Zinseinkünften des Kindes für dessen Unterhalt nicht zulässig, wenn die aufgelaufenen Zinsen fest angelegt sind und somit der Vermögenssubstanz des Kindes zugeführt wurden.[13] Nach § 1649 Abs. 2 BGB obliegt es den Eltern, den Überschuss nach Billigkeit für ihren eigenen und den Unterhalt der Geschwister zu verwenden, wenn er für den Unterhalt des Kindes nicht benötigt wird.

6 Damit ist es nicht vereinbar, dass die Eltern bei einem erheblichen **Überschuss** dem Kind nur den Betrag zukommen lassen, um lediglich ihre Unterhaltspflicht auszuschließen und mit dem Rest ihren und den Lebensstandard der Geschwister zu erhöhen.[14] Jedoch beabsichtigt § 1649 BGB auch einen relativ gleichmäßigen Lebensstandard zwischen Kind, Eltern und Geschwistern innerhalb der Familie. Hierfür lässt sich auch die Regelung des § 1360a BGB heranziehen, wonach der angemessene Unterhalt der Familie alles umfasst, was nach den Verhältnissen der Ehegatten erforderlich ist, um die Kosten des Haushalts zu bestreiten und die persönlichen Bedürfnisse der Ehegatten und den Lebensbedarf der gemeinsamen unterhaltsberechtigten Kinder zu befriedigen.[15] Eine Besserstellung innerhalb der Familie könnte auch den Auftrag der Eltern erschweren, das Kind zu einer eigenverantwortlichen und gemeinschaftsfähigen Persönlichkeit zu erziehen (§ 1 Abs. 1 SGB VIII). Jedoch müssen die Eltern und Geschwister auf eine Verbesserung ihres Lebensstandards verzichten, wenn der Überschuss gerade ausreicht, um etwa eine Hochschulausbildung des Kindes damit zu finanzieren.[16]

III. Verwendung anderer Einkünfte für den Unterhalt des Kindes (Absatz 1 Satz 2)

7 Sollten die Vermögenseinkünfte für die Verwaltung des Vermögens und den Unterhalt des Kindes nicht ausreichen, eröffnet § 1649 Abs. 1 Satz 2 BGB für die Eltern die Möglichkeit, die **Einkünfte des Kindes aus seiner Arbeit** oder eines ihm nach § 112 BGB gestatteten **selbständigen Betriebs eines Erwerbsgeschäfts** hierfür zu verwenden. Nach dem eindeutigen Wortlaut von § 1649 Abs. 2 Satz 1 BGB können diese Einkünfte jedoch nicht verwendet werden, um den eigenen Unterhalt der Eltern oder der Geschwister zu verbessern.[17] Diese Einschränkung gilt auch für sonstige Bezüge wie eine Rente des Kindes.[18] Reichen die Einkünfte im Sinne von § 1649 Abs. 1 Satz 2 BGB nicht aus, um den

---

[6] AG Nordhorn v. 22.02.2001 - 3 C 39/01 - juris Rn. 21 - FamRZ 2002, 341-343.
[7] *Engler* in: Staudinger, § 1649 Rn. 17.
[8] *Engler* in: Staudinger, § 1649 Rn. 17.
[9] *Götz* in: Palandt, § 1649 Rn. 2.
[10] *Engler* in: Staudinger, § 1649 Rn. 17.
[11] *Engler* in: Staudinger, § 1649 Rn. 19.
[12] *Veit* in: Bamberger/Roth, § 1649 Rn. 3.1.
[13] AG Nordhorn v. 22.02.2001 - 3 C 39/01 - juris Rn. 22 - FamRZ 2002, 341-343.
[14] *Engler* in: Staudinger, § 1649 Rn. 20.
[15] *Veit* in: Bamberger/Roth, § 1649 Rn. 4.1.
[16] *Engler* in: Staudinger, § 1649 Rn. 20.
[17] *Götz* in: Palandt, § 1649 Rn. 4.
[18] OLG Hamm v. 26.07.1973 - 15 W 80/73 - FamRZ 1974, 31.

Unterhalt des Kindes ganz zu bestreiten, besteht ein Unterhaltsanspruch des Kindes nach § 1602 Abs. 2 BGB. Aber auch für den Fall, dass die Einkünfte dafür ausreichen, steht es den Eltern offen, für den Kindesunterhalt selbst aufzukommen und die Einkünfte nach § 1649 Abs. 1 Satz 2 BGB in das Vermögen des Kindes fließen zu lassen.[19] In diesem Fall müssen sie diese Einkünfte nach § 1642 BGB anlegen.[20]

IV. Verwendung der Einkünfte des Vermögens für den Unterhalt der Eltern und Geschwister (Absatz 2 Satz 1)

Sollten Einkünfte des Vermögens im Sinne von § 1649 Abs. 1 Satz 1 HS. 1 BGB sowohl für die ordnungsgemäße Verwaltung als auch für den Unterhalt des Kindes nicht benötigt werden, **haben die Eltern das Recht, diese für ihren eigenen und für den Unterhalt der minderjährigen unverheirateten Geschwister zu verwenden** (§ 1649 Abs. 2 Satz 1 BGB). Ein Rückgriff auf die anderen Einkünfte (vgl. Rn. 7) im Sinne von § 1649 Abs. 1 Satz 2 BGB ist nicht möglich. 8

Die **Verwendungsbefugnis** haben die leiblichen Eltern sowie die Adoptiveltern (§ 1754 BGB). Es steht im Ermessen der Eltern, ob sie gegenüber dem Kind diesen Anspruch geltend machen. Für den Anspruch kommt es nicht auf eine Bedürftigkeit der Eltern an. In diesem Fall steht ihnen ein Anspruch nach den §§ 1601-1615o BGB gegen das Kind zu, der nicht der Beschränkung von § 1649 Abs. 2 Satz 1 BGB unterliegt. In § 1649 Abs. 2 Satz 1 BGB dreht es sich dagegen nicht um die Gewährung von Unterhalt, sondern um eine Verbesserung der Unterhaltssituation.[21] 9

Aufgrund der Rangvorschrift in § 1609 Abs. 1 BGB erscheint es sehr zweifelhaft, dass man aus der Befugnis des geschiedenen Ehegatten, seinen durch eigene Einkünfte erreichten Lebensstandard unter Zugriff auf das Kindesvermögen zu verbessern, eine Unterhaltsobliegenheit gegenüber dem Unterhaltsverpflichteten herleiten kann, diesen auf Kosten des Vermögens des Kindes zu entlasten.[22] 10

Neben den Eltern sind alle **minderjährigen unverheirateten Geschwister** – auch Halbgeschwister – sowie Adoptivgeschwister begünstigt. Nicht erfasst werden Stiefeltern, Stiefgeschwister sowie Partner einer eingetragenen Lebenspartnerschaft.[23] Die Geschwister haben keinen Anspruch gegenüber den Eltern auf Verwendung des Überschusses für ihren Unterhalt.[24] Die Verwendung ist nicht vom Bestehen einer häuslichen Gemeinschaft zwischen Kind, Eltern und Geschwistern abhängig.[25] Selbst wenn einem Elternteil die elterliche Sorge nach § 1666 BGB entzogen wurde und dieser Elternteil nicht mit dem Kind zusammenlebt, besteht die Möglichkeit, dass die Einkünfte des Kindes für ihn verwendet werden.[26] 11

Die Eltern können die Einkünfte nur verwenden, soweit dies unter Berücksichtigung der Vermögens- und Erwerbsverhältnisse der Beteiligten der **Billigkeit** entspricht (§ 1649 Abs. 2 Satz 1 HS. 2 BGB). Insbesondere entspricht es nicht der Billigkeit, die Einkünfte des Kindes zu verwenden, wenn die Eltern neben dem Kind selbst über ein großes Vermögen verfügen. Eine Ausnahme muss jedoch gelten, wenn die Vermögen der Eltern und des Kindes von unterschiedlicher Rentabilität sind, so dass es wieder zu einem Gefälle im Lebensstandard zwischen Eltern und Geschwistern auf der einen und Kind auf der anderen Seite kommt.[27] Steht nur einem Elternteil die Vermögenssorge zu, so sind auch die Erwerbs- und Vermögensverhältnisse des anderen Elternteils zu beachten.[28] Zu berücksichtigen ist aber auch der Verwendungszweck, z.B. Aufwendungen für die Krankheit eines der Geschwister oder für eine kostenaufwendige Ausbildung entsprechend der Begabung eines der Geschwister.[29] Dagegen entspricht es nicht der Billigkeit, wenn dem Kind eine Ausbildung entsprechend seiner Begabung versagt wird, um die Ausbildung eines seiner Geschwister zu finanzieren. 12

---

[19] *Engler* in: Staudinger, § 1649 Rn. 22.
[20] AG Nordhorn v. 22.02.2001 - 3 C 39/01 - juris Rn. 28 - FamRZ 2002, 341-343.
[21] *Veit* in: Bamberger/Roth, § 1649 Rn. 9.
[22] Inwieweit die Verwendungsbefugnis nach § 1649 Abs. 2 Satz 1 BGB im Rahmen der Unterhaltsbedürftigkeit überhaupt von Bedeutung sein kann, hat das OLG Celle offen gelassen und stattdessen eine Billigkeitsentscheidung getroffen, OLG Celle v. 24.02.1987 - 17 UF 94/86 - FamRZ 1987, 1038-1042, 1042.
[23] *Veit* in: Bamberger/Roth, § 1649 Rn. 7.
[24] *Engler* in: Staudinger, § 1649 Rn. 25.
[25] *Götz* in: Palandt, § 1649 Rn. 5.
[26] *Veit* in: Bamberger/Roth, § 1649 Rn. 7.
[27] *Engler* in: Staudinger, § 1649 Rn. 33.
[28] *Engler* in: Staudinger, § 1649 Rn. 34.
[29] *Veit* in: Bamberger/Roth, § 1649 Rn. 10.

13 Die Verwendungsbefugnis erlischt mit der **Eheschließung des Kindes** (§ 1649 Abs. 2 Satz 2 BGB, vgl. hierzu die Kommentierung zu § 1633 BGB).

V. Pflichtwidrige Verwendung der Einkünfte

14 Verwenden die Eltern die Einkünfte des Kindes, ohne dass die Voraussetzungen von § 1649 Abs. 2 BGB vorliegen, so fehlt es an einem **Rechtsgrund** für das Behaltendürfen der Einkünfte. Dementsprechend kann das Kind die Herausgabe sowohl von den Eltern als auch den Geschwistern verlangen, soweit die Bereicherung nicht weggefallen ist (§§ 812-822 BGB). Hält sich das Handeln der Eltern jedoch im Rahmen von § 1649 Abs. 2 BGB, so ist es Rechtsgrund für die Vermögensverschiebung gegenüber den Eltern und den Geschwistern.[30]

15 Handelten die Eltern **schuldhaft**, kommt außerdem ein Anspruch aus § 1664 BGB in Betracht.[31] Außerdem kann das Familiengericht bei missbräuchlicher Verwendung Maßnahmen nach § 1666 BGB treffen.[32]

---

[30] *Götz* in: Palandt, § 1649 Rn. 6.
[31] *Engler* in: Staudinger, § 1649 Rn. 38.
[32] *Veit* in: Bamberger/Roth, § 1649 Rn. 12.

§§ 1650 bis 1663 BGB (weggefallen)

(Fassung vom 01.01.1964, gültig ab 01.01.1980, gültig bis 31.12.2001)

(weggefallen)

§§ 1650 bis 1663 BGB in der Fassung vom 01.01.1964 sind durch Art. 1 Nr. 22 des Gesetzes vom 18.06.1957 – BGBl I 1957, 609 – mit Wirkung vom 01.07.1958 - weggefallen.

§ 1664 BGB Beschränkte Haftung der Eltern

(Fassung vom 02.01.2002, gültig ab 01.01.2002)

(1) Die Eltern haben bei der Ausübung der elterlichen Sorge dem Kind gegenüber nur für die Sorgfalt einzustehen, die sie in eigenen Angelegenheiten anzuwenden pflegen.

(2) Sind für einen Schaden beide Eltern verantwortlich, so haften sie als Gesamtschuldner.

Gliederung

A. Grundlagen 1
B. Anwendungsvoraussetzungen – Haftung der Eltern wegen Verletzung der elterlichen Sorge 3
I. Inhaber der elterlichen Sorge 3
II. Pflichtverletzung der Eltern 4
III. Haftungserleichterung 11
IV. Gesamtschuldnerische Haftung 15
C. Prozessuale Hinweise/Verfahrenshinweise 19

A. Grundlagen

1 Die Vorschrift von § 1664 BGB hat eine Doppelfunktion: Sie beinhaltet eine **Haftungserleichterung** für die Eltern wegen einer Schädigung des Kindes bei Ausübung der elterlichen Sorge[1] und stellt darüber hinaus eine eigene **Anspruchsgrundlage** des Kindes auf Schadensersatz gegenüber seinen Eltern dar.[2] Nicht umfasst von einem solchen Schadensersatzanspruch ist jedoch die Verzinsung eines an einen minderjährigen Anspruchsberechtigten ausgezahlten Erbteils bis zum Eintritt der Volljährigkeit.[3]

2 Für die Haftung der Eltern gegenüber Dritten gilt § 832 BGB.[4]

B. Anwendungsvoraussetzungen – Haftung der Eltern wegen Verletzung der elterlichen Sorge

I. Inhaber der elterlichen Sorge

3 Die Haftung aus § 1664 Abs. 1 BGB setzt die **elterliche Sorge der Eltern** voraus. Die Vorschrift findet entsprechende Anwendung auf den sorgeberechtigten Elternteil, wenn dieser in Ausübung seines Umgangsrechts faktisch die Personensorge für sein Kind ausübt.[5] Eine analoge Anwendung auf andere Personen als die Eltern kommt wegen des familienrechtlich geprägten Ausnahmecharakters dieser Vorschrift nicht in Betracht.[6]

II. Pflichtverletzung der Eltern

4 Die **Pflichtverletzung** muss in Ausübung der elterlichen Sorge erfolgen, d.h. es ist ohne Bedeutung, ob die Eltern ihre Pflichten im Rahmen der tatsächlichen oder rechtlichen Personensorge, Vermögenssorge oder beidem verletzen.[7]

5 Eine solche Pflichtverletzung ist im Rahmen der **Personensorge** anzunehmen, wenn die Eltern
- einen Arzt zu spät hinzuziehen[8],
- das Kind schwer misshandeln,
- ihre Aufsichtspflicht verletzen[9], etwa ihr über zwei Jahre altes Kind nicht beobachten, während dies in etwa drei Meter Höhe an einem Holzfort herumklettert, dessen Leitern weder durch ein Fallnetz

---

[1] *Veit* in: Bamberger/Roth, § 1664 Rn. 1.
[2] OLG Brandenburg v. 29.03.2007 - 12 U 185/06; BGH v. 10.02.1988 - IVb ZR 111/86 - juris Rn. 14 - BGHR BGB § 1664 Anspruchsgrundlage 1; OLG Köln v. 23.10.1996 - 2 U 20/96 - FamRZ 1997, 1351-1352; LG Berlin v. 04.05.2001 - 8 O 159/01 - juris Rn. 18; AG Nordhorn v. 22.02.2001 - 3 C 39/01 - FamRZ 2002, 341-343.
[3] OLG Brandenburg v. 29.03.2007 - 12 U 185/06.
[4] *Götz* in: Palandt, § 1664 Rn. 4.
[5] BGH v. 01.03.1988 - VI ZR 190/87 - juris Rn. 19 - FamRZ 1988, 810-813.
[6] BGH v. 17.10.1995 - VI ZR 358/94 - juris Rn. 11 - FamRZ 1996, 155-157.
[7] *Veit* in: Bamberger/Roth, § 1664 Rn. 3.
[8] *Engler* in: Staudinger, § 1664 Rn. 15.
[9] OLG Karlsruhe v. 11.08.2008 - 1 U 65/08 - NZV 2008, 511-513; lesenswert hierzu *Rüge*, jurisPR-FamR 5/2009, Anm. 4.

gesichert sind noch mit einem Handlauf versehen sind,[10] oder wenn der Elternteil ein 4-jähriges Kind in einem Zimmer – mit sich nicht mehr schließendem Fenster – im 2. Obergeschoss allein lässt und dieses sich dann beim Hinausfallen schwer verletzt, insbesondere weil er die Hinweise auf die Anziehungskraft des Fensters für das wiederholt dort spielende Kind als ernstes Warnsignal hätte auffassen müssen.[11]

Als nicht ausreichend wurde erachtet, wenn sie ihr dreijähriges Kind kurzzeitig mit einer Spielzeugpistole allein lassen, das Kind aber aus eigener Kraft die Pistole nicht spannen kann und auch nicht über die zugehörigen Pfeile verfügt.[12] Auch kann das Verhalten eines Elternteils, der in der irrigen Annahme, eine Straße überqueren zu können, eine leichte Vorwärtsbewegung macht und das 6-jährige Kind diese Bewegung zum Anlass nimmt, die Straße zu überqueren und dort von einem heranfahrenden Auto verletzt wird, aufgrund des Haftungsprivilegs des § 1664 BGB nicht als grobe Fahrlässigkeit, sondern höchstens als Augenblicksversagen angesehen werden.[13] Aus § 1664 BGB folgt keine Haftung der Eltern für die Abschiebungskosten ihrer mitgebrachten minderjährigen Kinder.[14]

Im Rahmen der **Vermögenssorge** ist eine Pflichtverletzung bejaht worden,

- wenn die Eltern aus dem Vermögen des Kindes Aufwendungen bestreiten, für die sie von dem Kind gemäß § 1648 BGB keinen Ersatz verlangen können, so bei der Schaffung von Wohnraum für das Kind[15],
- wenn sie von dem Sparguthaben des Kindes Abbuchungen tätigen und die Abhebungen für Unterhaltszahlungen gegenüber dem Kind, Aus- und Weiterbildungskosten des Kindes und Urlaubsreisen der Familie ausgeben[16],
- wenn ein Elternteil einen Teilbetrag eines Kontoguthabens des Kindes zum Ausbau eines von ihm ererbten Hauses abhebt und eine Kontrolle des Guthabens (Sparbuch) bzw. gegebenenfalls des anderen Elternteils unterlässt, so dass dieser und andere Personen Kontoabhebungen vornehmen können.[17]

Keine Pflichtverletzung soll dagegen vorliegen, wenn die Eltern auf Wunsch des etwa 14-jährigen Kindes innerhalb von 3 Jahren knapp 7.000 € von dessen Konto abheben, um Computer u.Ä. für das Kind zu bezahlen. In diesem Zusammenhang kann man zwar unterschiedlicher Meinung darüber sein, ob es sinnvoll ist, binnen drei Jahren knapp 7.000 € für Computer u.Ä. auszugeben. Andererseits verbietet die auch durch Art. 6 GG gebotene Achtung vor dem elterlichen Erziehungsrecht eine strenge Verwendungskontrolle. Vielmehr ist den Eltern, wie auch die Haftungsbeschränkung des § 1664 BGB zeigt, bei der Verwendung von Vermögenswerten ihrer Kinder ein weiter Ermessensspielraum zuzugestehen.[18]

Durch die Pflichtverletzung muss es bei dem Kind zu einem **Schaden** gekommen sein.

Für den Fall, dass ein Vollstreckungsschuldner seinem geschäftsunfähigen Kind in **Gläubigerbenachteiligungsabsicht** ein Geldguthaben auf einem Festgeldkonto bei einer Bank zugewendet und dieses Guthaben kurze Zeit später wieder abgeräumt und für eigene Zwecke verwendet hat, ist der dem Anfechtungsgläubiger nach erfolgter Absichtsanfechtung zustehende Wertersatzanspruch aus Gründen des Schutzes Geschäftsunfähiger in entsprechender Anwendung des § 7 Abs. 2 AnfG a.F beziehungsweise des heutigen sinngleichen § 11 Abs. 2 AnfG auf die bei dem Kind noch vorhandene Bereicherung beschränkt. Die herauszugebende Bereicherung kann hiernach der dem Kind gegen seinen Vater zustehende Schadensersatzanspruch wegen Verletzung der elterlichen Vermögenssorgepflicht aus den §§ 1626 Abs. 1, 1664 BGB sein.[19]

Die Einwilligung der Eltern in einen **medizinisch nicht indizierten**, von einem Nichtmediziner unter unsterilen Bedingungen **durchgeführten Eingriff** einer Beschneidung bei einem neunjährigen Jungen ist ein Sorgerechtsmissbrauch der Eltern und besitzt daher keine rechtfertigende Wirkung. Im Rahmen

---

[10] LG Deggendorf v. 02.07.1996 - S 52/96 - VersR 1997, 492.
[11] OLG Koblenz v. 17.01.2013 - 5 U 983/12 - NJW-RR 2013, 1041-1042.
[12] OLG Düsseldorf v. 26.02.1999 - 22 U 201/98 - juris Rn. 5 - FamRZ 2000, 438-439.
[13] OLG Bamberg v. 14.02.2012 - 5 U 149/11 - NJW 2012, 1820-1821.
[14] VG Lüneburg v. 07.03.2003 - 2 A 13/02 - NdsRpfl 2003, 331-332.
[15] AG Bad Schwartau v. 16.12.1997 - 3 C 684/97 - FamRZ 1999, 315-316; in einem vergleichbaren Fall LG Berlin v. 04.05.2001 - 8 O 159/01.
[16] AG Nordhorn v. 22.02.2001 - 3 C 39/01 - FamRZ 2002, 341-343.
[17] OLG Köln v. 23.10.1996 - 2 U 20/96 - FamRZ 1997, 1351-1352.
[18] OLG Bamberg v. 07.10.2005 - 6 U 18/05 - WM 2006, 273-275.
[19] BFH v. 22.06.2004 - VII R 16/02 - NJW 2004, 3510-3512.

der Bemessung von Schmerzensgeld muss sich das Kind jedoch kein Mitverschulden seiner Eltern anrechnen lassen, weil diese nur eine Sorgfalt in eigenen Angelegenheiten schulden und den Angaben des aus ihrem Glaubens- und Kulturkreis stammenden Beschneiders vertrauen dürfen, der damit wirbt, ein „wissenschaftlicher Beschneider" zu sein, der ohne Schmerzen und ohne Bluten beschneide. Auch wenn sich durch den Eingriff zeigt, dass dies ein Irrtum ist, liegt darin jedoch keine den Sorgfaltsmaßstab von § 1664 BGB übersteigende Pflichtverletzung.[20]

III. Haftungserleichterung

11 Die Haftung der Eltern **beschränkt** sich auf Vorsatz und grobe Fahrlässigkeit (§ 277 BGB). Aus § 1664 Abs. 2 BGB folgt, dass jeder Elternteil nur für sein eigenes Verschulden und nicht das des anderen Elternteils haftet.

12 Neben einer Haftung aus § 1664 BGB kann eine **deliktische Haftung** der Eltern in Betracht kommen, wobei allerdings nicht notwendigerweise jede Pflichtverletzung nach § 1664 BGB auch eine unerlaubte Handlung im Sinne von § 823 BGB darstellen muss.[21] Die Haftungsprivilegierung des § 1664 BGB gilt auch für einen Anspruch aus deliktischer Haftung, wenn die deliktischen Schutzpflichten ganz in der Sorge für die Person des Kindes aufgehen.[22] Ist dies nicht der Fall, haften die Eltern wie auch bei der Verletzung vertraglicher Pflichten nach den allgemeinen Grundsätzen.[23]

13 Haben die Eltern die **Ausübung der elterlichen Sorge auf Dritte übertragen**, so gilt § 278 BGB, so dass sie das Verschulden des Dritten in gleichem Umfang zu vertreten haben wie eigenes Verschulden. Etwas anderes gilt nur, wenn sie den Dritten zu einer Handlung beauftragen, die sie selbst nicht durchführen können, weil ihnen die nötige Fachkunde fehlt (z.B. Rechtsanwalt, Arzt, Handwerker etc.); dann haften sie gemäß § 1664 BGB für die eigensorgfältige Auswahl und Überwachung dieser Personen.[24] Dem Dritten kommt die Haftungsprivilegierung von § 1664 BGB nie zugute.[25]

14 Dieser Haftungsmaßstab von § 1664 BGB gilt nicht bei einer Verletzung von **Verkehrspflichten im Straßenverkehr**.[26]

IV. Gesamtschuldnerische Haftung

15 Wenn beide Eltern für den Schaden verantwortlich sind, haften sie als **Gesamtschuldner** (§ 1664 Abs. 2 BGB).

16 Nach § 1664 Abs. 2 BGB haben die Eltern bei der Ausübung der elterlichen Sorge dem Kind gegenüber nur für die Sorgfalt einzustehen, die sie in eigenen Angelegenheiten anzuwenden pflegen. Eine gesamtschuldnerische Haftung der Eltern setzt jedoch das Bestehen eines entsprechenden Anspruchs voraus, kann ihn aber nicht ersetzen. So enthält § 1664 Abs. 2 BGB keine Bestimmung dahin gehend, dass Eltern für die Abschiebungskosten ihrer mitgebrachten minderjährigen Kinder gesamtschuldnerisch haften. Ein solcher Anspruch ergibt sich auch nicht aus § 82 Abs. 1 AuslG.[27]

17 **Sind neben den Eltern Dritte für einen Schaden verantwortlich**, haften sie als Gesamtschuldner (§§ 823, 840, 426 BGB). Die Ersatzpflicht des Schädigers wird jedoch nicht dadurch berührt, dass an der Schädigung die Eltern des Kindes mitbeteiligt gewesen sind, diese aber wegen des milderen Sorgfaltsmaßstabes des § 1664 Abs. 1 BGB dem Kind nicht haften. Dem Schädiger steht in diesem Fall auch nicht ein (fingierter) Ausgleichsanspruch gegen die Eltern zu.[28]

18 Besteht zwischen dem Dritten und dem Kind eine Sonderverbindung, so haftet das Kind auch für ein mitwirkendes Verschulden des gesetzlichen Vertreters (§ 278 BGB; vgl. auch die Kommentierung zu § 254 BGB).[29]

---

[20] LG Frankenthal v. 14.09.2004 - 4 O 11/02 - MedR 2005, 243-245.
[21] OLG Düsseldorf v. 27.11.1991 - 3 U 44/90 - OLGR Düsseldorf 1992, 160-162.
[22] BGH v. 01.03.1988 - VI ZR 190/87 - juris Rn. 20 - FamRZ 1988, 810-813.
[23] *Veit* in: Bamberger/Roth, § 1664 Rn. 7.
[24] *Götz* in: Palandt, § 1664 Rn. 3.
[25] BGH v. 17.10.1995 - VI ZR 358/94 - juris Rn. 11 - FamRZ 1996, 155-157.
[26] OLG Hamm v. 20.01.1992 - 6 U 183/91 - NJW 1993, 542-543.
[27] OVG Lüneburg v. 25.03.2004 - 11 LB 327/03 - NdsRpfl 2004, 227-231; VG Lüneburg v. 07.03.2003 - 2 A 13/02 - NdsRpfl 2003, 331-332.
[28] BGH v. 16.01.1979 - VI ZR 243/76 - FamRZ 1979, 284-285; OLG Saarbrücken v. 20.11.2001 - 4 U 31/01 - 6, 4 U 31/01 - NZV 2002, 511-512; OLG Celle v. 11.06.2008 - 14 U 179/07 - NJW 2008, 2353-2355.
[29] BGH v. 16.01.1979 - VI ZR 243/76 - FamRZ 1979, 284-285; OLG Stuttgart v. 04.10.2010 - 5 U 60/10 - NJW-RR 2011, 239-243

C. Prozessuale Hinweise/Verfahrenshinweise

Für den Anspruch aus § 1664 BGB sind die Familiengerichte nach § 266 Abs. 1 Nr. 4 FamFG zuständig.[30] Während der elterlichen Sorge muss der Anspruch von einem **Pfleger** geltend gemacht werden (§§ 1629 Abs. 2 Satz 1, 1795 Abs. 1 Nr. 3, 1909 Abs. 1 BGB).[31] Während der Minderjährigkeit des Kindes ist die Verjährung gehemmt (§§ 207 Abs. 1 Satz 2 Nr. 2, 209 BGB).

19

Dem Kind obliegt die **Beweislast** für die Pflichtverletzung der Eltern. Die Eltern müssen beweisen, dass sie die Sorgfalt in eigenen Angelegenheiten beachtet haben.[32] Eine Berufung der Eltern auf § 1664 BGB ist gegebenenfalls ausgeschlossen, wenn sie es unterlassen haben, eine Haftpflichtversicherung für das Kind abzuschließen.[33]

20

Ein Ersatzanspruch des Kindes schließt **Maßnahmen des Familiengerichts** nach § 1666 BGB nicht aus.[34]

21

---

[30] LG Ellwangen v. 21.09.2010 - 3 O 18/10 - FamRZ 2011, 739.
[31] *Engler* in: Staudinger, § 1664 Rn. 41.
[32] *Veit* in: Bamberger/Roth, § 1664 Rn. 11.
[33] *Götz* in: Palandt, § 1664 Rn. 4.
[34] *Götz* in: Palandt, § 1664 Rn. 1.

§ 1665

§ 1665 BGB (weggefallen)

(Fassung vom 01.01.1964, gültig ab 01.01.1980, gültig bis 31.12.2001)

(weggefallen)

1 § 1665 BGB in der Fassung vom 01.01.1964 ist durch Art. 1 Nr. 22 des Gesetzes vom 18.06.1957 – BGBl I 1957, 609 – mit Wirkung vom 01.07.1958 weggefallen.

§ 1666 BGB Gerichtliche Maßnahmen bei Gefährdung des Kindeswohls

(Fassung vom 04.07.2008, gültig ab 12.07.2008)

(1) Wird das körperliche, geistige oder seelische Wohl des Kindes oder sein Vermögen gefährdet und sind die Eltern nicht gewillt oder nicht in der Lage, die Gefahr abzuwenden, so hat das Familiengericht die Maßnahmen zu treffen, die zur Abwendung der Gefahr erforderlich sind.

(2) In der Regel ist anzunehmen, dass das Vermögen des Kindes gefährdet ist, wenn der Inhaber der Vermögenssorge seine Unterhaltspflicht gegenüber dem Kind oder seine mit der Vermögenssorge verbundenen Pflichten verletzt oder Anordnungen des Gerichts, die sich auf die Vermögenssorge beziehen, nicht befolgt.

(3) Zu den gerichtlichen Maßnahmen nach Absatz 1 gehören insbesondere

1. Gebote, öffentliche Hilfen wie zum Beispiel Leistungen der Kinder- und Jugendhilfe und der Gesundheitsfürsorge in Anspruch zu nehmen,
2. Gebote, für die Einhaltung der Schulpflicht zu sorgen,
3. Verbote, vorübergehend oder auf unbestimmte Zeit die Familienwohnung oder eine andere Wohnung zu nutzen, sich in einem bestimmten Umkreis der Wohnung aufzuhalten oder zu bestimmende andere Orte aufzusuchen, an denen sich das Kind regelmäßig aufhält,
4. Verbote, Verbindung zum Kind aufzunehmen oder ein Zusammentreffen mit dem Kind herbeizuführen,
5. die Ersetzung von Erklärungen des Inhabers der elterlichen Sorge,
6. die teilweise oder vollständige Entziehung der elterlichen Sorge.

(4) In Angelegenheiten der Personensorge kann das Gericht auch Maßnahmen mit Wirkung gegen einen Dritten treffen.

Gliederung

A. Grundlagen 1	3. Fehlende Bereitschaft oder Fähigkeit der Eltern zur Gefahrabwendung 41
I. Kurzcharakteristik 1	**C. Rechtsfolgen** 42
II. Verbleibensanordnung nach § 1632 Abs. 4 BGB 6	I. Maßnahmen des Familiengerichts 42
III. Historische Entwicklung 9	1. Öffentliche Hilfen (Absatz 3 Nr. 1) 45
B. Anwendungsvoraussetzungen 10	2. Schulbesuch (Absatz 3 Nr. 2) 47
I. Eingriffsvoraussetzungen 10	3. Schutzanordnungen für Wohnungen und andere Orte (Absatz 3 Nr. 3) 49
II. Gefährdung des Kindeswohls 13	4. Kontakt- und Näherungsverbote (Absatz 3 Nr. 4) 50
1. Begriff des Kindeswohls 13	
2. Gefährdung des Kindeswohls 17	
3. Beispiele für Gefährdungstatbestände 23	5. Ersetzung von Erklärungen (Absatz 3 Nr. 5) 51
III. Gefährdung des Kindesvermögens, Regelbeispiele 35	6. (Teilweiser) Sorgerechtsentzug (Absatz 3 Nr. 6) 53
1. Gefährdung des Kindesvermögens 36	7. Sonstige Maßnahmen 63
2. Vermögenspflichtverletzungen der Eltern ... 37	II. Verhältnismäßigkeitsgrundsatz 69
a. Verletzung der Unterhaltspflicht (Absatz 2 Alternative 1) 37	III. Maßnahmen im Rahmen der Vermögenssorge 79
b. Verletzung der mit der Vermögenssorge verbundenen Pflichten (Absatz 2 Alternative 2) ... 39	IV. Maßnahmen gegenüber Dritten 80
c. Nichtbefolgen von Anordnungen, die sich auf die Vermögenssorge beziehen (Absatz 2 Alternative 3) 40	V. Dauer der familiengerichtlichen Maßnahmen ... 82
	D. Verfahrenshinweise 83

A. Grundlagen[1]

I. Kurzcharakteristik

1 § 1666 BGB ist Ausprägung des dem Staat gemäß Art. 6 Abs. 2 GG obliegenden **Wächteramtes**.[2] Denn das Kind hat als Träger eigener Grundrechte Anspruch auf den Schutz des Staates.[3] In aller Regel werden die Interessen des Kindes am besten von den Eltern wahrgenommen, und zwar auch dann, wenn dabei im Einzelfall wirkliche oder vermeintliche Nachteile des Kindes durch bestimmte Entscheidungen oder Verhaltensweisen der Eltern in Kauf genommen werden.[4] Art. 6 Abs. 2 Satz 1 GG garantiert den Eltern das **Recht auf Pflege und Erziehung ihrer Kinder**. Die Eltern können grundsätzlich frei von staatlichen Einflüssen und Eingriffen nach eigenen Vorstellungen darüber entscheiden, wie sie die Pflege und Erziehung ihrer Kinder gestalten und damit ihrer Elternverantwortung gerecht werden wollen. In der Beziehung zum Kind muss aber das Kindeswohl die oberste Richtschnur der elterlichen Pflege und Erziehung sein.[5]

2 Sinn des § 1666 BGB ist es demnach, die **persönlichen Belange und Vermögensinteressen des Kindes** zu schützen.[6] Dieser Schutz wird dann erforderlich, wenn sich die sorgeberechtigten Eltern, Adoptiveltern bzw. der alleinsorgeberechtigte Elternteil (§§ 1626a Abs. 3, 1671, 1678, 1680, 1681, 1754 BGB) als subjektiv ungeeignet zeigen, die Sorge für das gefährdete Kind auszuüben.[7] Außerdem soll die Norm das Kind vor dem gefährlichen Verhalten Dritter (Pflege- und Stiefeltern sowie Geschwister) schützen.[8] Das Familiengericht greift nach § 1666 BGB ein, wenn das körperliche, geistige oder seelische Wohl eines Kindes gefährdet ist und die Eltern nicht gewillt oder in der Lage sind, die Gefahr abzuwenden, die zur Abwendung der Gefahr erforderlichen Maßnahmen zu treffen.[9]

3 Die Regelung des § 1666 Abs. 1 BGB ist die **einheitliche Eingriffsgrundlage für staatliche Eingriffe in die elterliche Personen- und Vermögenssorge der Eltern** bei vorhandenen Gefahren für das Kindeswohl und ermächtigt das Familiengericht, schützend einzugreifen, wenn die Eltern versagen. Eingriffsnorm für dauerhafte Maßnahmen gegen den Willen der Eltern ist immer § 1666 BGB.[10] Die Vorschrift enthält i.V.m. § 1666a BGB eine gesetzliche Grundlage i.S.d. Art. 6 Abs. 3 GG.[11]

4 Auch für die nach dieser Norm anzuordnende Maßnahme ist der **einzige Maßstab das Kindeswohl**, wie es für alle gerichtlichen Eingriffe in die elterliche Sorge Voraussetzung und Entscheidungsmaßstab ist (§ 1697a BGB).

5 Deshalb sind auch Sorgerechtsentscheidungen bei einer Trennung der Eltern gemäß § 1671 Abs. 4 BGB gegenüber gerichtlichen Anordnungen nach § 1666 Abs. 1 BGB **subsidiär**.

II. Verbleibensanordnung nach § 1632 Abs. 4 BGB

6 Eine **Verbleibensanordnung** ist im Verhältnis zu einer Maßnahme nach § 1666 BGB die speziellere Regelung und zugleich das mildere Mittel.[12] Wird das Kindeswohl allein dadurch gefährdet, dass die Eltern das Kind aus der Pflegestelle herausnehmen wollen, liegt noch kein hinreichender Grund vor, das Sorgerecht ganz oder teilweise zu entziehen. Vielmehr genügt dann eine das Sorgerecht einschränkende Anordnung des Verbleibs des Kindes bei den Pflegeeltern nach § 1632 Abs. 4 BGB.[13] Dagegen

---

[1] Die Kommentierung basiert teilweise auf den Ausführungen in der Vorauflage von *Bauer*.
[2] BVerfG v. 22.05.2014 - 1 BvR 2882/13 - juris Rn. 30; BVerfG v. 22.05.2014 - 1 BvR 3190/13 - juris Rn. 21; *Schwab*, FamRZ 1998, 457-472.
[3] BVerfG v. 28.01.2004 - 1 BvR 994/98 - NJW 2004, 1586-1587.
[4] BVerfG v. 17.02.1982 - 1 BvR 188/80 - NJW 1982, 1379-1381; BVerfG v. 18.06.1986 - 1 BvR 857/85 - NJW 1986, 3129-3131; BVerfG v. 11.11.1988 - 1 BvR 585/88 - FamRZ 1989, 145-147.
[5] BVerfG v. 11.11.1988 - 1 BvR 585/88 - FamRZ 1989, 145-147.
[6] BT-Drs. 14/4899, S. 97; *Veit* in: Bamberger/Roth, § 1666 Rn. 1.
[7] *Diederichsen* in: Palandt, § 1666 Rn. 3.
[8] *Veit* in: Bamberger/Roth, § 1666 Rn. 4.
[9] BGH v. 15.12.2004 - XII ZB 166/03 - juris Rn. 11 - NJW 2005, 672-674.
[10] OLG Saarbrücken v. 23.03.2005 - 9 UF 128/03 - juris Rn. 28 - OLGR Saarbrücken 2005, 531-534.
[11] BVerfG v. 03.11.1982 - 1 BvL 25/80, 1 BvL 38/80, 1 BvL 40/80, 1 BvL 12/81 - NJW 1983, 101-103; BVerfG v. 22.05.2014 - 1 BvR 2882/13 - juris Rn. 30.
[12] OLG Koblenz v. 07.03.2005 - 13 UF 859/04 - juris Rn. 19 - FamRZ 2005, 1923-1924; *Bulach*, jurisPR-FamR 6/2006, Anm. 2.
[13] BVerfG v. 22.05.2014 - 1 BvR 2882/13 - juris Rn. 30; OLG Frankfurt v. 03.04.2014 - 5 UF 345/13 - juris Rn. 24; BayObLG München v. 05.04.2000 - 1Z BR 108/99 - juris Rn. 34 - NJWE-FER 2000, 231.

kann das **Herausgabeverlangen** in Verbindung mit ständigen Beunruhigungen des Kindes und Störungen des intakten Pflegeverhältnisses die Entziehung der elterlichen Sorge rechtfertigen, wenn eine Entziehung des Aufenthaltsbestimmungsrechts oder Umgangsrechts nicht ausreicht, um das Kind vor erheblichen Beeinträchtigungen seines Wohls zu bewahren.[14]

Nach kinderpsychologischen Erkenntnissen wird in den ersten Lebensjahren eine für die gesunde, spätere Entwicklung **wesentliche Bindung** zu denjenigen Personen aufgebaut, die das Kind tatsächlich betreuen.[15] Damit kann auch zur **Pflegefamilie** eine gewachsene Bindung entstehen, die durch Art. 6 Abs. 1 GG geschützt wird.[16] Dadurch ist der mit einer Verbleibensanordnung verbundene Eingriff in das Elternrecht Art. 6 Abs. 1 Satz 1 GG gerechtfertigt, wenn und solange die Voraussetzungen des § 1666 Abs. 1 Satz 1 BGB vorliegen.

Demgemäß kann für ein neunjähriges Kind nach einem 2-jährigen Aufenthalt bei dem nichtsorgeberechtigten und nichtehelichen Elternteil (in diesem Fall: der Vater) der Zwang zum anderen alleinsorgeberechtigten Elternteil (hier: die Mutter) zurückkehren zu müssen, zu einer **Wiederholung der Traumatisierung**[17] des Kindes und damit zu einer Kindeswohlgefährdung führen.[18] Die Gefahr der Kindeswohlgefährdung ist insbesondere dann erhöht, wenn das Kind einen klaren und autonomen Willen gefasst hat, bei dem nichtsorgeberechtigten Elternteil zu bleiben und dieser Wille nicht beachtet wird. In diesem Fall ist dem alleinsorgeberechtigten Elternteil das Aufenthaltsbestimmungsrecht nach § 1666 BGB und § 1666a BGB zu entziehen und nach § 1680 Abs. 3, Abs. 2 BGB auf den anderen Elternteil zu übertragen. Eine Verbleibensanordnung nach § 1632 Abs. 4 BGB als das mildere Mittel ist nicht ausreichend, da sie nach ihrem Sinn und Zweck nur eine vorübergehende Maßnahme ist, um eine Herausgabe des Kindes zur Unzeit zu verhindern und einen Wechsel zum erziehungsberechtigten Elternteil vorzubereiten.[19]

III. Historische Entwicklung

Zu der historischen Entwicklung des § 1666 BGB, insbesondere der Rechtslage vor dem 11.07.2008 wird auf die Kommentierung der Vorauflage[20] verwiesen.

B. Anwendungsvoraussetzungen

I. Eingriffsvoraussetzungen

Das Familiengericht hat nach § 1666 Abs. 1 BGB Maßnahmen, die zur Abwendung einer Gefahr erforderlich sind, zu treffen, wenn das körperliche, geistige oder seelische Wohl eines Kindes oder sein Vermögen gefährdet wird.[21]

§ 1666 BGB bildet somit eine einheitliche Eingriffsgrundlage für familiengerichtliche Maßnahmen zum **Schutz sowohl des Kindeswohles** als auch des **Kindesvermögens** und ist nur dann anzuwenden, wenn nicht andere Normen spezielle Eingriffe in die elterliche Sorge regeln.[22] Sie erfordert eine **Kindeswohlgefährdung** (Person oder Vermögen). Die Eingriffsbefugnis des Familiengerichtes hängt davon ab, dass die Eltern nicht gewillt oder nicht in der Lage sind, die Gefahr selbst abzuwenden. Das Familiengericht wird durch Absatz 1 ermächtigt, die zur Abwendung der Gefahr erforderlichen Maßnahmen zu treffen. Eine beispielhafte Auflistung möglicher Maßnahmen findet sich in Absatz 3. Schließlich hat das Gericht bei seinen Entscheidungen die Ergänzungsvorschriften der §§ 1666a ff. BGB sowie allgemeine Grundsätze, insbesondere das Prinzip der Verhältnismäßigkeit, zu beachten.[23]

Die Vorschrift richtet sich an die oder den sorgeberechtigten Eltern(teil). Erfasst sind leibliche sowie Adoptiveltern, nicht aber Pflegeltern, insoweit hat § 1630 Abs. 3 BGB Vorrang.[24]

---

[14] OLG Bamberg v. 16.12.1986 - 7 UF 89/86 - DAVorm 1987, 664-668.
[15] OLG Brandenburg v. 27.08.2003 - 9 UF 145/03 - juris Rn. 28 - OLGR Brandenburg 2004, 11-15.
[16] BVerfG v. 19.07.1993 - 1 BvR 398/91 - juris Rn. 33 - NJW 1994, 1645-1646.
[17] OLG Celle v. 18.12.2009 - 12 UF 201/08.
[18] KG Berlin v. 10.02.2005 - 13 UF 4/04 - NJW-RR 2005, 878-881.
[19] OLG Koblenz v. 07.03.2005 - 13 UF 859/04 - juris Rn. 19 - FamRZ 2005, 1923-1924; KG Berlin v. 10.02.2005 - 13 UF 4/04 - NJW-RR 2005, 878-881; *Bulach*, jurisPR-FamR 6/2006, Anm. 2.
[20] *Bauer* in: jurisPK-BGB, 6. Aufl. 2012, § 1666 BGB Rn. 9-16.
[21] BVerfG v. 22.05.2014 - 1 BvR 3190/13 - juris Rn. 21.
[22] *Olzen* in: MünchKomm-BGB, § 1666 Rn. 34.
[23] Zu den Eingriffsvoraussetzungen bis 11.07.2008 vgl. Kommentierung *Bauer* in: jurisPK-BGB, 6. Aufl. 2012, § 1666 BGB.
[24] Vgl. *Veit* in: Bamberger/Roth, § 1666 Rn. 4.

II. Gefährdung des Kindeswohls

1. Begriff des Kindeswohls

13 Das **Wohl des Kindes** ist ein unbestimmter Rechtsbegriff und ist nur schwer zu konkretisieren.[25]

14 § 1666 BGB führt als Elemente des Kindeswohls das **körperliche, geistige und seelische Wohl des Kindes** auf. Es wird der umfassende Schutz des Kindes angestrebt.[26]

15 Zur Ermittlung des Begriffes Kindeswohl wird § 1 Abs. 1 SGB VIII herangezogen. Danach hat jeder junge Mensch das Recht auf Förderung seiner Entwicklung und auf Erziehung zu einer eigenverantwortlichen und gemeinschaftsfähigen Persönlichkeit. Der unbestimmte Begriff des **Kindeswohls** orientiert sich am Erziehungsziel des Art. 6 Abs. 2 GG: Danach soll die Erziehung zu einem gesunden, zur Selbstbestimmung und -verantwortung fähigen Menschen führen.[27] Für den Begriff „Wohl des Kindes" ist sonach nicht entscheidend, ob die leibliche, geistige und seelische Entwicklung des Kindes bei den Eltern bzw. der Mutter optimal verlaufen wird, sondern allein, ob das Kind unter **Berücksichtigung der milieubedingten Gegebenheiten** in seiner Entwicklung gefährdet ist.[28] Dahin gehend ist also eine Einzelfallprüfung erforderlich, hierfür muss das Gericht die notwendigen Informationen über das Leben des Kindes und seiner Eltern ermitteln, um anhand dieser Faktoren unter Berücksichtigung der allgemeinen Wertgrundsätze **im Einzelfall** das Kindeswohl zu bestimmen.[29]

16 Nach allgemeiner Meinung ist der auf beachtlichen Gründen beruhende **Wille eines Kindes** auch für die Bestimmung des Kindeswohls von Bedeutung.[30] Er ist von den Eltern umso mehr zu beachten, je weiter sich das Kind der **Volljährigkeit** nähert. Gleichwohl behält die Entscheidung des Sorgeberechtigten letztlich den Vorrang. Deshalb kann darin, dass sorgeberechtigte Eltern den Willen des Kindes nicht achten, den es als Ausdruck eigenverantwortlicher Entscheidung geäußert hat, nur unter besonderen Umständen eine Gefährdung des Kindeswohls liegen.[31] Der Durchsetzung der Entscheidung der Eltern gegen den Willen des Kindes sind allerdings im Hinblick auf das durch Art. 1 GG, Art. 2 Abs. 1 GG gewährleistete Recht des Kindes auf Achtung und freie Entfaltung seiner Persönlichkeit Grenzen gesetzt.[32] So kann für die Entscheidung, ob einer Mutter von 15 und 16 Jahre alten Kindern das Aufenthaltsbestimmungsrecht gemäß § 1666 BGB zu entziehen ist, maßgeblich auf den Willen der Kinder, die zwischenzeitlich in einer Wohngruppe leben und dort bleiben wollen, abgestellt werden.[33]

2. Gefährdung des Kindeswohls

17 Weitere Voraussetzung für den § 1666 Abs. 1 BGB ist, dass das Kindeswohl gefährdet wird.

18 Nach der Rechtsprechung liegt eine den Eingriff in die elterliche Personensorge rechtfertigende **Gefährdung des Kindeswohles** vor, wenn die körperliche, seelische oder geistige Entwicklung des Kindes ernsthaft beeinträchtigt ist.[34] Im Rahmen der Gefährdungsprüfung sind Alter, Anlagen und das Umfeld des Kindes zu berücksichtigen.[35]

---

[25] *Veit* in: Bamberger/Roth, § 1666 Rn. 6.
[26] BVerfG v. 28.02.2012 - 1 BvR 3116/11 - juris Rn. 21.
[27] BVerfG v. 29.07.1968 - 1 BvL 20/63, 1 BvL 31/66 - NJW 1968, 2233; BayObLG München v. 07.04.1998 - 1Z BR 13/98 - NJW-RR 1999, 369-371; *Büte* in: Johannsen/Henrich, EheR, § 1666 Rn. 22.
[28] BVerfG v. 22.05.2014 - 1 BvR 3190/13 - juris Rn. 21; OLG Hamm v. 13.01.1982 - 15 W 291/82 - ZblJugR 1983, 274-279; OLG Brandenburg v. 22.03.2012 - 3 UF 8/12 - juris Rn. 21.
[29] BVerfG v. 22.05.2014 - 1 BvR 2882/13 - juris Rn. 31 ff.; BVerfG v. 14.06.2014 - 1 BvR 725/14 - juris Rn. 17 ff.; *Veit* in: Bamberger/Roth, § 1666 Rn. 4.
[30] BayObLG München v. 07.04.1998 - 1Z BR 13/98 - FamRZ 1998, 1040-1042; OLG Brandenburg v. 22.03.2012 - 3 UF 8/12 - juris Rn. 21.
[31] BayObLG München v. 07.04.1998 - 1Z BR 13/98 - NJW-RR 1999, 369-371.
[32] BayObLG München v. 27.03.1997 - 1Z BR 9/97 - NJW-RR 1997, 901-902; OLG Köln v. 07.07.2003 - 4 UF 70/03 - OLGR Köln 2003, 302-304; OLG Frankfurt v. 10.01.2003 - 4 UF 105/02 - FamRZ 2003, 1314-1315.
[33] KG Berlin v. 26.09.2003 - 3 UF 182/03 - FamRZ 2004, 483.
[34] BVerfG v. 17.03.2014 - 1 BvR 2695/13 - juris Rn. 26; BVerfG v. 22.05.2014 - 1 BvR 2882/13 - juris Rn. 30; Brandenburgisches OLG v. 27.07.2009 - 15 UF 98/08 - NJW-RR 2010, 4-8; BayObLG München v. 06.10.1998 - 1Z BR 52/98 - FamRZ 1999, 316-318; OLG Celle v. 14.03.2003 - 19 UF 35/03 - FamRZ 2003, 1490-1491; *Coester* in: Staudinger, § 1666 Rn. 58.
[35] OLG Brandenburg v. 22.03.2012 - 3 UF 8/12 - juris Rn. 21.

Nach der Rechtslage hat selbst **eine nicht optimale Elternbetreuung Vorrang vor einer wenn auch qualifizierten Fremdbetreuung**.[36] Weit weniger als die Familiengemeinschaft, in der die Eltern und das Kind existenziell verbunden sind, ist die staatliche Gemeinschaft in der Lage, unter allen Umständen die bestmögliche Förderung des Kindes zu gewährleisten.[37] Aufgabe des staatlichen Wächteramtes ist es daher nicht, die im Interesse des Kindeswohls objektiv beste Art der Sorgerechtsausübung, soweit eine solche überhaupt festgestellt werden kann, sicherzustellen; vielmehr können staatliche Maßnahmen erst dann eingreifen, wenn die Eltern ihrer Verantwortung nicht gerecht werden.[38] Besonders sorgfältig sind diese der Eingriffsnorm des § 1666 BGB zugrunde liegenden Schranken in den Fällen zu beachten, in denen es nicht um unmittelbar auf das Kind bezogene Entscheidungen oder Verhaltensweisen geht, sondern um Fragen der gemeinsamen familiären Lebensgestaltung, von denen das Kind nicht als „Objekt" elterlicher Sorge, sondern als Mitglied der Familiengemeinschaft betroffen ist. Seine Lebensbedingungen werden notwendigerweise durch das familiäre Umfeld geprägt, mithin kann den Eltern von Staats wegen nicht eine bestimmte Lebensführung vorgeschrieben werden.[39] Eine solche das **familiäre Umfeld prägende Verhaltensweise** kann daher nicht isoliert unter dem Gesichtspunkt des Kindeswohls betrachtet und am Maßstab einer bestmöglichen Sorgerechtsausübung gemessen werden.[40] Dahin gehend gehören die Eltern und deren sozioökonomischen Verhältnisse regelmäßig zum allgemeinen Lebensrisiko eines Kindes.[41] **19**

Ein Eingriff des Staates setzt deshalb immer voraus, dass das **elterliche Verhalten ein Ausmaß erreicht, dass eine Gefahr für das Kindeswohl vorliegt**.[42] Eine gerichtliche Maßnahme nach § 1666 Abs. 1 BGB setzt die positive Feststellung voraus, dass bei weiterer unbeeinflusster Entwicklung der vorliegenden Umstände der Eintritt eines Schadens zum Nachteil des Kindes mit ziemlicher Sicherheit zu erwarten ist und damit die Gefährdung des Kindeswohls.[43] Die bloße Möglichkeit, bei – nicht auszuschließenden – gravierenden Veränderungen der Betreuungs- und Versorgungssituation zum Nachteil des Kindes sofort eingreifen zu können, rechtfertigt eine eingreifende Maßnahme nicht. **20**

Es ist allerdings nicht erforderlich, dass bereits eine Schädigung des Kindes bzw. des Kindesinteresses eingetreten ist.[44] **21**

Darüber hinaus ist bei der Prüfung einer Kindeswohlgefährdung im Sinne der §§ 1666, 1666a BGB zu berücksichtigen, dass Art. 8 EMRK das Recht auf Achtung des Familienlebens garantiert und Eingriffe des Staates nur unter engen Voraussetzungen zulässt.[45] Dieses Gebot einer Achtung des Familienlebens führt dazu, dass der Staat bei der Vornahme von Eingriffen grundsätzlich so handeln muss, dass eine Fortentwicklung der familiären Erziehung erfolgen kann; er hat geeignete Schutzmaßnahmen zu ergreifen, um den betreffenden Elternteil und das Kind wieder zusammenzuführen.[46] **22**

3. Beispiele für Gefährdungstatbestände

Eine Kindeswohlgefährdung liegt bei gegen Kinder gerichteten Straftaten vor, wobei nach OLG Oldenburg auch eine Rauschtat genügt.[47] Im Rahmen der Prüfung der Kindeswohlgefährdung erhält das Kind daher auch Schutz vor **Körperverletzung** und **körperlichen Misshandlungen**. Neben Tötungsversuchen gegen das Kind[48] fallen hierunter auch wiederholte oder erhebliche Misshandlungen – wie **23**

---

[36] BVerfG v. 14.06.2014 - 1 BvR 725/14 - juris Rn. 18; OLG Hamburg v. 28.08.2000 - 12 UF 111/00 - JAmt 2001, 195-197; OLG Frankfurt v. 04.09.2002 - 2 UF 228/02 - JAmt 2003, 39-40.
[37] BayObLG München v. 30.04.1993 - 1Z BR 104/92 - NJW-RR 1993, 1224-1225.
[38] BVerfG v. 17.02.1982 - 1 BvR 188/80 - NJW 1982, 1379-1381; BVerfG v. 18.06.1986 - 1 BvR 857/85 - NJW 1986, 3129-3131; BVerfG v. 14.06.2014 - 1 BvR 725/14 - juris Rn. 18; BVerfG v. 07.04.2014 - 1 BvR 3121/13 - juris Rn. 18.
[39] BayObLG München v. 30.04.1993 - 1Z BR 104/92 - NJW-RR 1993, 1224-1225.
[40] BayObLG München v. 30.04.1993 - 1Z BR 104/92 - NJW-RR 1993, 1224-1225.
[41] *Coester* in: Staudinger, § 1666 Rn. 81.
[42] BVerfG v. 14.06.2014 - 1 BvR 725/14 - juris Rn. 18; BVerfG v. 07.04.2014 - 1 BvR 3121/13 - juris Rn. 18; *Veit* in: Bamberger/Roth, § 1666 Rn. 5; AG Potsdam v. 29.06.2005 - 45 F 190/03 - FamRZ 2006, 500-501.
[43] OLG Hamm v. 25.08.2005 - 2 UF 240/05 - FamRZ 2006, 359.
[44] OLG Brandenburg v. 12.02.2008 - 9 WF 7/08 - FamRZ 2008, 1557-1558.
[45] OLG Hamm v. 05.11.2004 - 11 UF 53/04 - FamRZ 2005, 1274.
[46] EuGHMR v. 26.02.2002 - 46544/99 - FamRZ 2002, 1393-1397.
[47] OLG Oldenburg v. 28.02.1979 - 5 Wx 4/79 - juris Rn. 4, 5.
[48] BT-Drs. 8/2788, S. 64.

§ 1666

Beschneidungen von Mädchen. Rechtfertigungsgründe ausländischer Rechtskreise werden nicht anerkannt.[49] Die **Beschneidung von Jungen und Mädchen** ist strafbar und begründet immer eine Kindeswohlgefährdung im Sinne des § 1666 BGB. [50]

24 Nach dem umstrittenen Urteil der Kleinen Strafkammer des LG Kölns (v. 07.05.2012 - 151 Ns 169/11)[51], wurde am 14.12.2012 durch den Bundesrat die vom Bundestag beschlossenen neuen Regeln zur Beschneidung von männlichen Kindern in seiner Plenarsitzung gebilligt. Damit bleibt die Beschneidung von Jungen weiter zulässig, wenn sie nach den Regeln der ärztlichen Kunst durchgeführt wird. Das Gesetz über den Umfang der Personensorge bei einer Beschneidung des männlichen Kindes[52] stellt mit Einfügung des § 1631d BGB klar, dass Eltern in eine medizinisch nicht erforderliche Beschneidung ihres Kindes einwilligen dürfen, wenn bestimmte Voraussetzungen erfüllt sind: Die Beschneidung muss fachgerecht und bei möglichst effektiver Schmerzbehandlung erfolgen. Wegen der weiteren Einzelheiten wird auf die Kommentierung zu § 1631d BGB verwiesen.

25 Kindeswohlgefährdend können unter gewissen Umständen auch massive körperliche Auseinandersetzungen zwischen den Kindeseltern sein.[53]

26 Defizite in der Körperhygiene[54], unzureichende Wohnverhältnisse[55] oder unzureichende Ernährung des Kindes[56] können ebenso Gefährdungstatbestände darstellen wie die Weigerung, einer erforderlichen Operation, einer Impfung, einer ärztlichen oder therapeutischen Behandlung[57], einer Unterbringung in einer jugendpsychiatrischen Klinik zuzustimmen[58] oder auch die Uneinsichtigkeit bei der Vergabe ärztlicher Medikamentierung[59].

27 **Nicht allein ausreichend** ist die Zugehörigkeit des sorgeberechtigten Elternteils zur Glaubensgemeinschaft der Zeugen Jehovas, um ihm das „medizinische" Sorgerecht zu entziehen, denn eine Gefährdung des Kindeswohls infolge mangelnder Zustimmung zu einer Bluttransfusion ist eher unwahrscheinlich und hypothetisch.[60] Anders jedoch im konkreten Fall der Ablehnung der **Bluttransfusion** bzw. **Blutspende,** wenn es um eine konkrete Operation des Kindes geht. Hier ersetzt das Gericht bei Gefahr in Verzug die Entscheidung des Sorgeberechtigten.

28 Eine den teilweisen **Entzug des Sorgerechts** rechtfertigende Gefährdung des Kindeswohls liegt vor, wenn die Kindeseltern nicht in gebotenem Maße ihre Kinder zur Teilnahme an der allgemeinen Schulausbildung anhalten können[61] oder sich der allgemeinen Schulausbildung sogar beharrlich entgegenstellen (hier: Verweigerung der Schulpflicht insgesamt wegen anderer religiös motivierter Schulungskonzepte).[62]

29 Allein der Umstand, dass die berufstätige Mutter beabsichtigt, ihr Kind während der **Arbeitszeit** von einer anderen Frau versorgen zu lassen, begründet keine Kindeswohlgefahr.[63]

30 Ebenso wenig das Einverständnis der Eltern zu einer **heterologen Insemination**, um das daraus gezeugte Kind – sei es auch gegen Entgelt – sogleich nach dessen Geburt mit dem Ziel der Adoption in die Familie des Samenspenders zu geben, dies aber nach der Geburt des Kindes nicht mehr verwirklichen.[64]

---

[49] BGH v. 15.12.2004 - XII ZB 166/03 - juris Rn. 9.
[50] BGH v. 15.12.2004 - XII ZB 166/03 - juris Rn. 9.
[51] LG Köln v. 07.05.2012 - 151 Ns 169/11 - NJW 2012, 2128.
[52] BR-Drs. 739/12.
[53] OLG Hamm v. 23.11.2009 - II-11 UF 99/09, 11 UF 99/09.
[54] OLG Brandenburg v. 27.01.2009 - 10 UF 188/08 - juris Rn. 6 - FamRZ 2009, 2100-2101, 2101.
[55] OLG Brandenburg v. 11.10.2008 - 9 UF 24/07 - juris Rn. 20 - FamRZ 2008, 713.
[56] BayObLG v. 28.07.1988 - BReg 1 a Z 32/88 - juris Rn. 13 - FamRZ 1989, 421-422, 422.
[57] OLG Brandenburg v. 27.01.2009 - 10 UF 188/08 - juris Rn. 6 - FamRZ 2009, 2100-2101, 2101.
[58] BayObLG v. 24.09.1990 - BReg 1 a Z 52/90 - FamRZ 1991, 214-215.
[59] KG Berlin v. 12.02.1990 - 18 UF 6668/89.
[60] AG Meschede v. 28.01.1997 - 7 F 276/95 - NJW 1997, 2962.
[61] OLG Köln v. 18.02.2002 - 14 UF 134/01 - JAmt 2003, 548; AG Saarbrücken v. 10.01.2003 - 40 F 424/02 SO - juris Rn. 7 - Jugendamt 2003, 549 ff.; OLG Hamm v. 05.09.2005 - 6 WF 297/05 - FamRZ 2006, 358-359.
[62] BGH v. 17.10.2007 - XII ZB 42/07 - FamRZ 2008, 45-48; OLG Brandenburg v. 14.07.2005 - 9 UF 68/05 - juris Rn. 11 - NJW 2006, 235-237; vgl. auch OLG Köln v. 02.12.2014 - II-4 UF 97/13 - juris Rn. 5.
[63] BayObLG München v. 21.09.1989 - BReg 1 a Z 34/89 - NJW-RR 1990, 70-72.
[64] KG Berlin v. 19.03.1985 - 1 W 5729/84 - NJW 1985, 2201-2202.

Gleiches gilt bei **Rauchen** im Beisein der Kinder[65], Ausübung und Förderung eines gefährlichen Sports[66], unsachgemäßer Ernährung[67] oder in den Fällen der Beschränkung des **Umgangsrechts**[68] bzw. der **Umgangsvereitelung**[69]. 31

Erziehungsfehler können kindeswohlgefährdend sein. Hierzu zählen z.B. die Erziehung zum Hass gegen den anderen Elternteil oder auch die strikte Verweigerung des Umgangs mit dem anderen Elternteil. 32

Allein der Umstand, dass sich ein Kind für längere Zeit in einer **Pflegefamilie** aufhält und innere Bindungen an seine Pflegeeltern hat, während seiner leiblichen Mutter weiterhin die elterliche Sorge zusteht, rechtfertigt keinen Eingriff aufgrund einer Gefährdung des Kindeswohls.[70] Auch die Weigerung der Mutter, eine Sorgerechtserklärung abzugeben, stellt keine Gefährdung des Kindeswohls im Sinne des § 1666 BGB dar, so dass ihr deshalb das Sorgerecht entzogen werden könnte.[71] Steht also aufgrund des Verhaltens des Sorgeberechtigten in der Vergangenheit fest, dass **bis zum Tag der letzten mündlichen Verhandlung** eine solche Gefährdung bestanden hat, dann ist es nicht ausreichend, um die begründete Besorgnis für die Gefährdung des Kindeswohles für die Zukunft zu beseitigen, dass der Sorgeberechtigte erklärt, er sei einsichtsfähig und werde sich einer medikamentösen und therapeutischen Behandlung in der Zukunft unterziehen.[72] Die bestehende Besorgnis der Gefährdung kann erst in der Zukunft entkräftet werden, wenn ärztlicherseits festgestellt ist, dass die beabsichtigte bzw. in die Wege geleitete medizinische Behandlung Erfolg gehabt hat.[73] 33

Ein entsprechender Eingriff ist daher nur zulässig bei **konkret begründeter, gegenwärtiger Besorgnis der Gefährdung** des körperlichen, geistigen oder seelischen Wohls des Kindes.[74] Diese Besorgnis entsteht in der Regel aus **Vorfällen der Vergangenheit**, wobei vereinzelte Fehlhandlungen nicht ausreichen, sondern die Besorgnis unter dem Blickwinkel der Wiederholungsgefahr geprüft werden muss.[75] Schwerwiegende strafrechtliche Verstöße des Kindes oder ernsthafte Anzeichen für eine Suchtmittelabhängigkeit des Kindes werden als Hinweise auf eine Kindeswohlgefährdung gesehen.[76] 34

III. Gefährdung des Kindesvermögens, Regelbeispiele

Eingriffsgrundlage für Maßnahmen zum Schutz des Kindesvermögens ist § 1666 Abs. 1 BGB. Der Entzug der Vermögenssorge setzt die Gefährdung des Kindesvermögens voraus.[77] § 1666 Abs. 2 BGB **enthält Regelbeispiele für die Gefährdung des Kindesvermögens**.[78] Aufgrund dessen ist die Aufzählung der Vermögenspflichtverletzungen der Eltern in § 1666 Abs. 2 BGB nicht abschließend. 35

1. Gefährdung des Kindesvermögens

Eine Gefährdung des Kindesvermögens liegt vor, wenn die gegenwärtige Gefahr besteht, dass sich das **Kindesvermögen vermindert** oder durch den Ausfall von Erträgen nicht vermehrt und dies nach den **Grundsätzen einer wirtschaftlichen Vermögensverwaltung** (vgl. die Kommentierung zu § 1642 BGB) hätte verhindert werden können.[79] Für die Gefährdung des Kindesvermögens genügt nicht die bloße Möglichkeit einer künftigen Gefahr; erforderlich ist vielmehr eine **gegenwärtige Gefahr**, also eine Situation, in der nach den Umständen der Eintritt eines Schadens wahrscheinlich ist oder zumindest als nahe liegende Möglichkeit erscheint.[80] Beispielsweise ist eine Gefährdung des Kindesvermö- 36

---

[65] BayObLG München v. 30.04.1993 - 1Z BR 104/92 - NJW-RR 1993, 1224-1225.
[66] BayObLG München v. 30.04.1993 - 1Z BR 104/92 - NJW-RR 1993, 1224-1225.
[67] BayObLG München v. 30.04.1993 - 1Z BR 104/92 - NJW-RR 1993, 1224-1225.
[68] BayObLG München v. 11.03.1997 - 1Z BR 212/96 - DAVorm 1997, 509-512.
[69] BayObLG München v. 26.02.1998 - 1Z BR 198/97 - BayObLGZ 1998, 52-56; anders: BGH v. 26.10.2011 - XII ZB 247/11 - juris Rn. 29.
[70] OLG Hamm v. 09.01.1997 - 15 W 342/96 - NJW-RR 1997, 1301-1302.
[71] BVerfG v. 29.01.2003 - 1 BvL 20/99, 1 BvR 933/01 - NJW 2003, 955-961; BVerfG v. 23.04.2003 - 1 BvR 1248/99 - FamRZ 2003, 1447-1448.
[72] OLG Köln v. 30.09.2003 - 4 UF 158/03 - OLGR Köln 2004, 4-6.
[73] OLG Köln v. 30.09.2003 - 4 UF 158/03 - OLGR Köln 2004, 4-6.
[74] BayObLG München v. 11.03.1997 - 1Z BR 212/96 - DAVorm 1997, 509-512.
[75] *Diederichsen* in: Palandt, § 1666 Rn. 17.
[76] *Veit* in: Bamberger/Roth, § 1666 Rn. 6.
[77] BayObLG München v. 06.10.1998 - 1Z BR 52/98 - FamRZ 1999, 316-318.
[78] BayObLG München v. 06.10.1998 - 1Z BR 52/98 - FamRZ 1999, 316-318; *Veit* in: Bamberger/Roth, § 1666 Rn. 18; *Coester* in: Staudinger, § 1666 Rn. 155, 158, 164.
[79] OLG Karlsruhe v. 06.11.2009 - 2 UF 60/09 - FamRZ 2010, 391; *Veit* in: Bamberger/Roth, § 1666 Rn. 19.
[80] BayObLG München v. 24.10.1988 - BReg 1 a Z 63/88 - FamRZ 1989, 652-653; OLG Brandenburg v. 11.04.2014 - 13 UF 48/14 - juris Rn. 20.

gens i.S.v. § 1666 BGB, die den Entzug der Vermögenssorge rechtfertigt, dann anzunehmen, wenn das Personensorge- und Aufenthaltsbestimmungsrecht über das (nichteheliche) Kind bereits auf das Jugendamt übertragen worden ist, und wenn davon auszugehen ist, dass ein zwischen den Eltern und dem bald volljährigen Kind bestehendes **schwerwiegendes persönliches Zerwürfnis** sich auch auf die Wahrnehmung der Vermögenssorge auswirkt.[81] Dabei genügt ein unverschuldetes Versagen der Eltern, so dass es nicht darauf ankommt, dass das schwere persönliche Zerwürfnis von ihnen verschuldet wurde.[82]

2. Vermögenspflichtverletzungen der Eltern

a. Verletzung der Unterhaltspflicht (Absatz 2 Alternative 1)

37 Regelmäßig wird eine Gefährdung des Kindesvermögens angenommen, wenn der Inhaber der Vermögenssorge seine Unterhaltspflicht gegenüber dem Kind verletzt. Die Regelung bezweckt die **Beseitigung der Unterhaltsgefährdung und die Sicherstellung der bestimmungsgemäßen Verwendung des Kindesvermögens** (§ 1649 BGB).[83] Deshalb liegt in der **Nichtzahlung des Unterhaltes** eine Vermögensgefährdung.[84]

38 Eine Vermögenspflichtverletzung kann sein, wenn entweder gar nicht oder zu wenig geleistet wird.[85] Ein Verschulden der Eltern ist nicht erforderlich.[86] Eine Vermögensminderung braucht noch nicht eingetreten zu sein, gleichwohl wird eine gegenwärtige Gefahr vorausgesetzt. Demnach ist auch dann eine Gefährdung des Kindesunterhaltes gegeben, wenn der Unterhaltsverpflichtete seine Zahlungen eingestellt hat und der Unterhalt übergangsweise von Dritten erbracht wird.

b. Verletzung der mit der Vermögenssorge verbundenen Pflichten (Absatz 2 Alternative 2)

39 § 1666 Abs. 2 Alt. 2 BGB setzt eine Verletzung der allgemeinen Vermögenssorgepflichten (vgl. hierzu die Kommentierung zu § 1626 BGB), gesetzlicher Vermögensverwaltungspflichten (§§ 1639-1645, 1649, 1683 BGB) oder anerkannter betriebswirtschaftlicher Grundsätze der effektiven Vermögensverwaltung voraus. Beispiele in der Rechtsprechung sind der Eigenverbrauch eines Sparguthabens[87], nachlässige Vermögensverwaltung[88], Möglichkeiten der Vermögensmehrung wurden nicht genutzt (vgl. die Kommentierung zu § 1642 BGB)[89]. Auch § 1666 Abs. 2 Alt. 2 BGB setzt kein Verschulden der Eltern voraus.[90]

c. Nichtbefolgen von Anordnungen, die sich auf die Vermögenssorge beziehen (Absatz 2 Alternative 3)

40 Eine Vermögensgefährdung kann nach dieser Alternative darin liegen, dass der Vermögenssorgeberechtigte **Anordnungen des Gerichts**, die sich auf die Vermögenssorge beziehen, nicht befolgt. Gerichtliche Anordnungen gibt es nach § 1640 Abs. 3 BGB (vgl. die Kommentierung zu § 1640 BGB) und § 1667 Abs. 1-3 BGB (vgl. dort die Kommentierung zu § 1667 BGB).[91]

3. Fehlende Bereitschaft oder Fähigkeit der Eltern zur Gefahrabwendung

41 Für die Anordnung einer eingreifenden Maßnahme des Familiengerichts ist es notwendige Tatbestandsvoraussetzung, dass die Eltern entweder nicht fähig oder nicht bereit sind, die bevorstehende Gefahr bzw. Schäden für das Kindesinteresse abzuwenden. Der Unwille, die Gefahr abzuwenden, steht der Unfähigkeit gleich. Demnach stehen die Eltern, die willig, aber unfähig sind, die Gefahr abzuwenden, den Eltern gleich, die unwillig, aber fähig sind.

---

[81] OLG Köln v. 21.10.1999 - 14 Wx 5/99 - juris Rn. 11 - NJW-RR 2000, 373-374.
[82] OLG Köln v. 21.10.1999 - 14 Wx 5/99 - juris Rn. 11 - NJW-RR 2000, 373-374.
[83] *Veit* in: Bamberger/Roth, § 1666 Rn. 20.
[84] *Veit* in: Bamberger/Roth, § 1666 Rn. 20; *Diederichsen* in: Palandt, § 1666 Rn. 41.
[85] *Diederichsen* in: Palandt, § 1666 Rn. 41.
[86] *Coester* in: Staudinger, § 1666 Rn. 154.
[87] BayObLG München v. 07.03.1989 - BReg 1 a Z 51/88 - DAVorm 1989, 512-516.
[88] BayObLG München v. 23.12.1982 - 1 Z 105/82 - Rpfleger 1983, 108-109.
[89] BayObLG München v. 24.10.1988 - BReg 1 a Z 63/88 - FamRZ 1989, 652-653.
[90] BayObLG München v. 07.03.1989 - BReg 1 a Z 51/88 - DAVorm 1989, 512-516.
[91] *Veit* in: Bamberger/Roth, § 1666 Rn. 25.

C. Rechtsfolgen

I. Maßnahmen des Familiengerichts

Liegen die tatbestandlichen Voraussetzungen des § 1666 Abs. 1 BGB vor, konkretisiert Absatz 3 die Rechtsfolgen in beispielhafter Aufzählung. 42

Maßnahmen können danach **Öffentliche Hilfen, Erzwingung des Schulbesuchs, Schutzanordnung für das Lebensumfeld des Kindes, Ersetzung von Erklärungen des Sorgerechtsinhabers, Ge- und Verbote sowie der Teil- oder vollständige Entzug der elterlichen Sorge sowie ein Sorgeentzug auf Zeit** sein.[92] 43

Der Maßnahmenkatalog ist nicht abschließend und soll Entscheidungsalternativen zulassen, damit die Familiengerichte ihren Spielraums ausnutzen und auch bei den Jugendämtern die Hemmschwelle zur Anrufung des Familiengerichts (§ 8a Abs. 3 Satz 1 SGB VIII) gesenkt wird. Bevor eine Herausnahme des Kindes notwendig wird, sollen auch anderweitig Veränderungen angestoßen werden können.[93] 44

1. Öffentliche Hilfen (Absatz 3 Nr. 1)

Familiengerichte können gegenüber den Eltern Gebote aussprechen, Leistungen der Kinder- und Jugendhilfe oder der Gesundheitsförderung in Anspruch zu nehmen. Auf dieser Grundlage können Eltern z.B. zur Inanspruchnahme von Erziehungsberatung (§ 28 SGB VIII) oder zur Ermöglichung der Förderung ihres Kindes in einer Kindertageseinrichtung (§§ 22, 22a SGB VIII) verpflichtet werden. Die Eltern können somit verpflichtet werden, für einen regelmäßigen Kindergartenbesuch zu sorgen. Die familiengerichtliche Anordnung kann auch eine ärztliche Diagnostik und Behandlung initiieren (z.B. in einem sozialpädiatrischen Zentrum bei Entwicklungsverzögerung).[94] 45

Die Anordnungen des Gerichtes sollten einerseits nicht zu konkret ausgestaltet, andererseits auch nicht zu unbestimmt sein, um dem Jugendamt als Fachbehörde einen Entscheidungsspielraum zu belassen. 46

2. Schulbesuch (Absatz 3 Nr. 2)

Das Familiengericht hat weiterhin die Möglichkeit, die sorgeberechtigten Eltern aufzufordern, die Schulpflicht einzuhalten. 47

Werden Eltern verpflichtet, für den Schulbesuch ihres Kindes zu sorgen, dürfte die appellative Aufforderung vor allen Dingen dann Erfolg versprechen, wenn flankierend mit Beratung und Unterstützung den Fragen nachgegangen wird, worin die familiären Gründe für die Schulverweigerung in der Vergangenheit lagen und wie diese behoben werden können.[95] Reicht diese Maßnahme nicht aus, ist es im Einzelfall sinnvoll, den Schulbesuch durch Bestellung eines Ergänzungspflegers zu gewährleisten.[96] 48

3. Schutzanordnungen für Wohnungen und andere Orte (Absatz 3 Nr. 3)

Nach § 1666 Abs. 3 Nr. 3 BGB kann das Familiengericht misshandelnden Mitbewohnern auch zu Gunsten von Kindern oder Jugendlichen die Nutzung einer Wohnung untersagen. Erfahrungen mit der – wenig praxisrelevant gewordenen – Vorschrift des § 1666a Abs. 1 Satz 3 BGB haben gezeigt, dass es einer vorherigen Klärung bedarf, ob die betreuenden Elternteile, Pflegepersonen oder Einrichtungen[97] bereit und in der Lage sind, die Verweisung des Misshandlers aus der Familienwohnung zu unterstützen[98]. Zusätzlich oder ergänzend kann die Annäherung an Orte in Form des **Wohnungs- und Ortsschutzes**, an denen sich das Kind oder der Jugendliche regelmäßig aufhält (Kindertageseinrichtung, Schule, Familienwohnung etc.), verboten werden. 49

---

[92] *Veit* in: Bamberger/Roth, § 1666 Rn. 28.
[93] OLG Saarbrücken v. 18.02.2010 - 6 UF 96/09; AG Ludwigslust v. 13.11.2009 - 5 F 204/09 - FamRZ 2010, 490-402; *Meysen*, NJW 2008, 2673, 2674; BVerfG v. 28.02.2012 - 1 BvR 3116/11 - juris Rn. 21.
[94] OLG Sachsen-Anhalt v. 23.12.2009 - 8 UF 219/09; AG Holzminden v. 02.10.2009 - 12 F 481/09 SO - FamRZ 2010, 322-323, *Meysen*, NJW 2008, 2673, 2674.
[95] *Meysen*, NJW 2008, 2673, 2674.
[96] OLG Köln v. 18.02.2002 - 14 UF 134/01 - JAmt 2003, 548.
[97] OLG Saarbrücken v. 16.12.2009 - 6 UF 90/09 - FamRZ 2010, 1092-1094.
[98] OLG Hamm v. 10.02.2009 - 3 UF 48/08, II-3 UF 48/08 - FamRZ 2009, 1752-1753.

4. Kontakt- und Näherungsverbote (Absatz 3 Nr. 4)

50 § 1666 Abs. 3 Nr. 3 und Nr. 4 BGB sind eng miteinander verknüpft. Neben Wohnungs- und Ortsschutz wird oftmals gleichzeitig auch ein Verbot angezeigt sein, Verbindung mit dem Kind unter Verwendung von Telefon und anderen Telekommunikationsmitteln aufzunehmen bzw. sich dem Kind anderweitig zu nähern.

5. Ersetzung von Erklärungen (Absatz 3 Nr. 5)

51 Das Familiengericht kann Erklärungen der Eltern oder des sorgerechtsberechtigten Elternteils nach § 1666 Abs. 3 Nr. 5 BGB ersetzen, wenn sie zur Gefahrenabwehr erforderlich sind, die Eltern diese jedoch verweigern. Bedeutendstes Beispiel ist die Einwilligung in einen lebensnotwendigen **medizinischen Eingriff**.[99]

52 Die Möglichkeit, Erklärungen der Eltern zu ersetzen, war zuvor alleiniger Gegenstand des § 1666 Abs. 3 BGB, hat aber wenig Rechtsprechung hervorgebracht.[100] In Betracht kommt, wenn die Eingriffsschwelle der Kindeswohlgefährdung nach § 1666 Abs. 1 BGB erreicht ist, die Ersetzung von Erklärungen der Sorgeberechtigten zur psychologischen Begutachtung eines Kindes, Entbindung eines Arztes von der Schweigepflicht oder Zustimmung zu einer dringenden ärztlichen Untersuchung, Behandlung bzw. Operation. Bei getrennt lebenden, gemeinsam sorgeberechtigten Eltern kann auch die Ersetzung der Beantragung einer Hilfe zur Erziehung nach § 27 Abs. 1 SGB VIII angezeigt sein, wenn der nicht betreuende Elternteil diese verweigert, die Leistung aber zur Abwendung einer Kindeswohlgefährdung erforderlich ist.[101]

6. (Teilweiser) Sorgerechtsentzug (Absatz 3 Nr. 6)

53 Die Vorschrift sieht in § 1666 Abs. 3 Nr. 6 BGB schließlich den teilweisen oder vollständigen Entzug des Sorgerechts vor.

54 Die häufigste Maßnahme ist die Entziehung des Rechts zur Aufenthaltsbestimmung als Teil des Personensorgerechts (§§ 1626 Abs. 1, 1631 Abs. 1 BGB).[102] Voraussetzung für ein Eingreifen des Familiengerichts ist eine gegenwärtige, in einem solchen Maß vorhandene Gefahr, dass sich bei weiterem Zeitablauf eine erhebliche **Schädigung des geistigen oder leiblichen Wohls des Kindes mit ziemlicher Sicherheit** voraussehen lässt.[103] So ist es gerechtfertigt, der Mutter eines Mädchens gambischer Staatsangehörigkeit das Aufenthaltsbestimmungsrecht insoweit zu entziehen, als es um die Entscheidung geht, ob das Kind nach Gambia (Burkina Faso)[104] gebracht wird, wo es bei einem dortigen Aufenthalt der dort weit verbreiteten Beschneidungszeremonie ausgesetzt werden könnte.[105]

55 Mit Entziehung des Rechts zur Aufenthaltsbestimmung kann das Jugendamt als **Aufenthaltsbestimmungspfleger** eingesetzt werden.[106]

56 Die **Entziehung der elterlichen Sorge insgesamt** sieht das Gesetz nicht vor. Sie kann praktisch nur durch Entziehung sämtlicher Teilrechte oder Einzelbestandteile erreicht werden, sofern die Voraussetzungen hierfür vorliegen.[107] Der umfassende Sorgeentzug erfordert eine Vormundschaft gemäß der

---

[99] OLG Celle v. 21.02.1994 - 17 W 8/94 - NJW 1995, 792-794; OLG Hamm v. 16.07.1998 - 15 W 274/98 - NJW 1998, 3424-3425.
[100] Meysen, NJW 2008, 2673, 2674.
[101] BGH v. 17.02.2010 - XII ZB 68/09 - NSW GG Art. 6 (BGH intern).
[102] BGH v. 15.12.2004 - XII ZB 166/03 - juris Rn. 11 - NJW 2005, 672-674; BayObLG München v. 06.10.2000 - 1Z BR 99/00 - EzFamR aktuell 2001, 58-59.
[103] Brandenburgisches OLG v. 08.02.2010 - 10 WF 230/09 - ZKJ 2010, 251-252; BGH v. 15.12.2004 - XII ZB 166/03 - juris Rn. 11 - NJW 2005, 672-674; BayObLG München v. 06.10.2000 - 1Z BR 99/00 - EzFamR aktuell 2001, 58-59.
[104] AG Bonn v. 22.02.2008 - 47 F 86/08 - ZKJ 2008, 256-257.
[105] AG Bad Säckingen v. 20.11.2008 - 6 F 202/08 - Rechtsmedizin 19, 175-176; OLG Dresden v. 15.07.2003 - 20 UF 0401/03, 20 UF 401/03- FamRZ 2003, 1862-1864; BGH v. 15.12.2004 - XII ZB 166/03 - juris Rn. 11 - NJW 2005, 672-674; Völker, jurisPR-FamR 5/2005, Anm. 1.
[106] AG Mainz v. 24.01.2000 - 34 F 40/99 - juris Rn. 14; OLG Koblenz v. 07.03.2005 - 13 UF 859/04 - juris Rn. 18 - FamRZ 2005, 1923-1924.
[107] OLG Hamm v. 23.11.2009 - II-11 UF 99/09, 11 UF 99/09 - FamRZ 2010, 1091-1092; BVerfG v. 14.04.2009 - 1 BvR 467/09 - ZFE 2009, 270; BayObLG München v. 02.10.1998 - 1Z BR 91/98 - NJW 1999, 293-294.

Kommentierung zu § 1773 BGB, nur die Entziehung oder Beschränkung der Personensorge wird durch eine Ergänzungspflegschaft nach der Kommentierung zu § 1909 BGB aufgefangen.[108] Das Familiengericht kann den Vormund oder Pfleger auswählen (§ 1697 BGB).

Eine amtsgerichtliche Entscheidung, mit der die gesamte elterliche Sorge entzogen wurde,[109] weil die Eltern den **regelmäßigen Schulbesuch** der Kinder nicht sicherstellen konnten, wurde durch das Instanzgericht zu Teilen bestätigt. Das Gericht beschränkte die Entziehung der Personensorge, soweit es das Aufenthaltsbestimmungsrecht, das Recht auf medizinisch/therapeutische Versorgung, das Recht zur Regelung schulischer Angelegenheiten sowie das Recht zur Einleitung von Maßnahmen nach dem KJHG betraf.[110] 57

Monatelanges **Schuleschwänzen** oder der Nichtbesuch der Ausbildungsstätte kann einen teilweisen Sorgerechtsentzug mit einer entsprechenden Ergänzungspflegerbestellung notwendig machen.[111] 58

Auch der **Entzug des Aufenthaltsbestimmungsrechts** und des **Rechts zur Antragstellung auf Leistungen nach SGB VIII** sowie die Bestellung des Jugendamts zum Pfleger für das Kind sind familiengerichtliche Maßnahmen, wenn das schulpflichtige Kind übermäßig hohe Fehlzeiten in der Schule hat und die psychisch kranke Mutter (Trennungsängste) den Schulbesuch nicht sicherstellen kann.[112] 59

Die Anordnung des Familiengerichts nach § 1666 BGB ist im Zivilrechtsstreit **von Amts wegen** zu beachten.[113] Die Anordnung hat rechtsgestaltende Wirkung, so wurde einem Vater in einer familiengerichtlichen Entscheidung nach § 1666 BGB untersagt, sein dingliches Wohnrecht (§ 1093 BGB) an einer Wohnung in dem im Eigentum seiner Kinder stehenden Familienhaus auszuüben.[114] 60

Umstritten in der Rechtsprechung ist die Frage, ob dem Elternteil, der den Umgang vereitelt, im Rahmen der Suche nach geeigneten, erforderlichen und zumutbaren Maßnahmen zur Abwehr der Kindeswohlgefährdung als Teilbereich der elterlichen Sorge das **„Recht zur Regelung des Umgangs"** entzogen werden kann, mit der Folge, dass eine Ergänzungspflegschaft angeordnet werden muss. Während das Oberlandesgericht Frankfurt[115] dies bejaht, lehnen dies die Oberlandesgerichte Karlsruhe[116] und Stuttgart[117] ab. 61

Der ablehnenden Meinung ist zuzustimmen. Ein Entzug des Teilbereiches der elterlichen Sorge **„Regelung des Umgangs"** ist aus rechtlichen Gründen nicht möglich[118]. Der Bereich Regelung des Umgangs von Kindern mit dem nicht betreuenden Elternteil ist ein Teil des Personensorgerechts, speziell des Aufenthaltsbestimmungsrechts. Er beinhaltet die Sicherstellung desjenigen Umgangs, welcher dem Wohl der betroffenen Kinder dient, und betrifft deshalb diejenige Person, welche über den Aufenthalt des Kindes zu entscheiden hat. Die elterliche Sorge beinhaltet dagegen nicht das Recht, den Umgang nach Art und Umfang zu bestimmen, da hierfür ausschließlich das Kindeswohl maßgeblich ist und bei Nichteinigung der Eltern eine gerichtliche Entscheidung nach § 1684 BGB herbeizuführen ist. Da bereits originär beim betreuenden, sorgeberechtigten Elternteil kein entsprechendes Bestimmungsrecht im Sinne einer Regelungsbefugnis vorhanden ist, kann dieses zwangsläufig auch nicht entzogen und auf einen Dritten übertragen werden.[119] 62

---

[108] OLG Nürnberg v. 15.04.2010 - 9 UF 353/10 - Rpfleger 2010, 445-446; BayObLG München v. 10.02.1997 - 1Z BR 271/96 - BayObLGR 1997, 29-30; OLG Frankfurt v. 05.08.1999 - 1 UF 340/98 - NJW 2000, 368.

[109] AG Neuwied v. 18.03.2005 - 16 F 560/02.

[110] OLG Koblenz v. 11.05.2005 - 13 WF 282/05 - FamRZ 2006, 57 mit Anm. *Leis*, jurisPR-FamR 25/2005, Anm. 6.

[111] OLG Köln v. 18.02.2002 - 14 UF 134/01 - JAmt 2003, 548.

[112] AG Saarbrücken v. 10.01.2003 - 40 F 424/02 SO - JAmt 2003, 549-552.

[113] OLG Hamm v. 04.11.2003 - 2 WF 371/03 - FamRZ 2004, 1046-1047; OLG Köln v. 15.11.2002 - 26 UF 139/02 - JAmt 2003, 372-373.

[114] OLG Frankfurt v. 06.11.2001 - 14 U 1/01 - NJW-RR 2002, 649-650.

[115] OLG Frankfurt v. 12.03.2013 - 6 UF 302/12 - juris Rn. 10; OLG Frankfurt v. 05.09.2013 - 1 UF 244/13 - juris Rn. 8 jeweils ohne nähere Begründung; OLG Celle v. 16.12.2010 - 10 UF 253/10 - juris Rn. 16 insoweit missverständlich. Aus der Begründung ergibt sich entgegen der Auffassung *Heilmann*, FamRZ 2014, 1753-1756, 1755 nicht, dass das OLG Celle ebenfalls dieser Auffassung ist.

[116] OLG Karlsruhe v. 13.02.2014 - 18 UF 58/13 - juris Rn. 12.

[117] OLG Stuttgart v. 14.08.2014 - 11 UF 118/14 - juris Rn. 15 ff.

[118] So wohl auch OLG München v. 22.10.2010 - 33 UF 1745/10 - juris Rn. 7. Dort ist ausgeführt, dass die Regelung des Umgangs kein Teil des Sorgerechts ist.

[119] OLG Stuttgart v. 14.08.2014 - 11 UF 118/14 - juris Rn. 15 ff.; zu dem Meinungsstand vgl. *Heilmann*, FamRZ 2014, 1753-1756.

7. Sonstige Maßnahmen

63 § 1666 Abs. 3 BGB enthält nur eine beispielhafte Aufzählung möglicher Maßnahmen. Es kommen aber auch andere Ge- oder Verbote je nach Einzelfall in Betracht.

64 Sofern man der Auffassung folgt, dass ein Teilbereich der elterlichen Sorge die **„Regelung des Umgangs"** umfasst, können die nachfolgend beschriebenen Maßnahmen getroffen werden. So kann das Familiengericht einen **Umgangspfleger** (z.B. das Jugendamt) bestellen, wenn wegen eines hohen Konfliktpotenzials zwischen den Elternteilen eine gemeinsame elterliche Sorge und eine dem Wohl des Kindes entsprechende Umgangsregelung nicht praktizierbar sind.[120] Gleiches gilt, wenn der Umgangskontakt für längere Zeit wegen der Streitigkeiten hinsichtlich des Umgangs unterbrochen war und zunächst ein Vertrauensverhältnis zwischen dem Umgangsberechtigten und dem Kind aufgebaut werden muss.[121] Die Bestellung eines Umgangspflegers als **Ergänzungspfleger** für die den Umgang betreffenden Teilbereiche der elterlichen Sorge ist nur nach Maßgabe des § 1666 BGB statthaft und kommt nur unter vorheriger Beteiligung des Jugendamtes (zwingend geboten nach § 162 Abs. 1 FamFG) in Betracht.[122] Das Familiengericht muss dabei prüfen, ob und inwieweit zur Abwendung konkreter Gefährdungen des Kindeswohls im Zusammenhang mit der Durchführung von Umgangskontakten Teilbereiche der elterlichen Sorge den Sorgeberechtigten zu entziehen und auf einen Umgangspfleger zu übertragen sind. Derselbe Prüfungsmaßstab gilt für die Anordnung einer **Umgangspflegschaft** als teilweiser Sorgerechtsentzug.[123] Dabei ist allein die Dienlichkeit dieser Maßnahme für das Wohl des Kindes nicht ausreichend. Weiterhin kommt die Umgangsrechtpflegschaft nur in Betracht, wenn mildere Maßnahmen (wie Zwangsmittel, begleiteter Umgang nach § 1684 BGB) nicht ausreichend sind.

65 Damit dem Pfleger eine effektive Tätigkeit ermöglicht wird, kann es erforderlich sein, ihm das **Aufenthaltsbestimmungsrecht** für die Kinder zu übertragen.[124] Der Ergänzungspfleger muss dann das Aufenthaltsbestimmungsrecht so ausüben, dass die Entscheidungen des Sorgeberechtigten Elternteils beachtet werden.[125]

66 Die **Bestellung eines Ergänzungspflegers** kommt beispielsweise in Betracht, wenn die elterliche Sorge wegen Erziehungsungeeignetheit[126] (§ 1671 BGB) von einem auf den anderen Elternteil übertragen werden muss, die Kinder es allerdings nachdrücklich ablehnen bei dem nun sorgeberechtigten Elternteil zu leben.[127]

67 Zur Absicherung des Verbleibs des Kindes in der Bundesrepublik kann auch die **Anordnung einer Ausreisesperre** aus Gründen des Kindeswohls gerechtfertigt sein.[128]

68 Ist das Opfer von **Gewalt** ausschließlich das Kind, greift das Gewaltschutzgesetz nicht ein (§ 3 Abs. 1 GewSchG). Die §§ 1666, 1666a BGB sind vorrangig. So ist im Falle der starken Gewaltanwendung (hier: mit Einsatz eines Messers) gegen das Kind die Herausnahme aus dem Familienverband und damit die Trennung von Eltern und Kind gerechtfertigt.[129]

II. Verhältnismäßigkeitsgrundsatz

69 Wenn eine Gefährdung des Kindeswohls oder des Kindesvermögens vorliegt und die Eltern nicht gewillt oder in der Lage sind, die Gefahr abzuwenden, muss das Gericht die zur Abwendung der Gefahr erforderlichen Maßnahmen treffen. § 1666 Abs. 1 BGB räumt dem Gericht hinsichtlich der zu treffenden Maßnahmen ein **Auswahlermessen** ein.[130]

---

[120] Brandenburgisches OLG v. 31.03.2010 - 13 UF 41/09 - NJW-RR 2010, 872-874; OLG Frankfurt v. 03.02.2004 - 1 UF 284/00 - OLGR Frankfurt 2004, 213-214.
[121] OLG Nürnberg v. 30.12.2009 - 7 UF 1050/09 - FamRZ 2010, 994-997; OLG Rostock v. 25.07.2003 - 10 UF 98/02 - FamRZ 2004, 54-55.
[122] OLG Hamm v. 10.02.2005 - 4 WF 30/05 - FamRZ 2005, 1772 zu § 49a FGG.
[123] OLG Celle v. 21.01.2004 - 18 UF 220/03 - JAmt 2004, 150.
[124] OLG Frankfurt v. 03.02.2004 - 1 UF 284/00 - OLGR Frankfurt 2004, 213-214.
[125] OLG Frankfurt v. 11.05.2005 - 1 UF 94/03 - juris Rn. 22 - FamRZ 2005, 1700-1702.
[126] AG Pankow-Weißensee v. 27.10.2009 - 17 F 7120/08 - FamRB 2010, 40-41; OLG Düsseldorf v. 05.06.2009 - II-6 UF 130/07, 6 UF 130/07 - FamRZ 2010, 308-309.
[127] OLG Frankfurt v. 11.05.2005 - 1 UF 94/03 - FamRZ 2005, 1700-1702.
[128] AG Saarbrücken v. 10.01.2003 - 40 F 424/02 SO - JAmt 2003, 549-552.
[129] OLG Hamm v. 05.11.2004 - 11 UF 53/04 - FamRZ 2005, 1274.
[130] BGH v. 15.12.2004 - XII ZB 166/03 - juris Rn. 24 - NJW 2005, 672-674; BayObLG München v. 30.09.1998 - 1Z BR 129/98 - FamRZ 1999, 178-179; BayObLG München v. 19.08.1992 - 1Z BR 48/92 - FamRZ 1993, 229-231.

Erforderlich ist diejenige Maßnahme, die die Gefahr beseitigt. **Ziel** der familiengerichtlichen Maß- 70
nahme ist die effektive Gefahrenabwehr für das Kind. Gerichtliche Maßnahmen sind stets gerechtfertigt, wenn das Kind schon einen Schaden erlitten hat.[131] Der Grundsatz der Verhältnismäßigkeit ist auch **auf die zeitliche Dauer einer Maßnahme** anzuwenden.[132]
Beispielsweise stellt die **Inpflegenahme** von Kindern nur eine vorübergehende Maßnahme dar, die zu 71
beenden ist, sobald die Umstände es erlauben.[133] Das Jugendamt muss Maßnahmen zur Durchführung der Inpflegenahme unter dem Gesichtspunkt der Familienzusammenführung ergreifen, die mit dem Wohl des Kindes abzuwägen sind.[134] Die Inpflegenahme verstößt gegen Art. 8 MRK, wenn die Durchführung zur wachsenden Entfremdung zwischen Eltern und Kind führt.[135] Ein wider diese Voraussetzungen veranlasster **Kontaktabbruch** kann trotz Sorgerechtsentzugs der Eltern ungerechtfertigt sein, wenn während der Kontaktanbahnung zwischen Kind und Pflegeeltern sowie in der anschließenden Integrationsphase schematisch ein Kontaktabbruch angeordnet wird. Vielmehr ist hier eine Prüfung des Einzelfalls unter Berücksichtigung der bisherigen Bindungen des Kindes zu seinen Eltern erforderlich.[136]
Die Fremdunterbringung eines Kindes in einer Pflegefamilie, gleichbedeutend mit der Trennung des 72
Kindes von dem sorgeberechtigten Elternteil darf nur gemäß § 1666a Abs. 1 BGB erfolgen. Dies setzt voraus, dass das Fehlverhalten ein solches Ausmaß erreicht hat, dass das Kind in seinem körperlichen, geistigen oder seelischen Wohl nachhaltig gefährdet ist und dieser Gefahr nicht auf andere Weise, auch nicht durch öffentliche Hilfe begegnet werden kann.[137] Die Anwendung des Verhältnismäßigkeitsgrundsatzes nach § 1666a Abs. 1 Satz 1 BGB ist bei der Prüfung der **Fremdunterbringung** zwingend.[138]
Dabei sind Maßnahmen, mit denen eine Trennung des Kindes von der elterlichen Familie verbunden 73
ist, allerdings nur zulässig, wenn der Gefahr nicht auf andere Weise begegnet werden kann, § 1666a BGB.[139]
Sofern diese Anordnung bereits die Gefahr beseitigt, ist eine Entziehung der gesamten elterlichen 74
Sorge nicht erforderlich i.S.d. Verhältnismäßigkeitsgrundsatzes.[140] Weiterhin ist die vollkommene Entziehung der Personensorge gegenüber der gerichtliche Anordnung, das Kind habe bei den **Pflegeeltern** zu verbleiben, subsidiär.[141] Hierfür genügt die Abweisung des Herausgabeanspruchs der Eltern.[142] Eine dauerhafte Sorgerechtsentziehung ist auch dann nicht notwendig, wenn eine befristete Entziehung ausreichend ist, um das Kind beispielsweise klinisch zu begutachten hinsichtlich eines sexuellen Missbrauchs[143] oder den Eltern die Möglichkeit zu geben, die Gefahr selbst zu beseitigen[144].
Eine Inobhutnahme durch das Jugendamt nach den §§ 42, 43 SGB VIII aus der eigenen Familie ist 75
nicht möglich, da die Vorschriften der §§ 42, 43 SGB VIII keine Rechtsgrundlage für die Herausnahme von Kindern aus der eigenen Familie darstellen.[145] Die §§ 42, 43 SGB VIII regeln die rechtlichen und fachlichen Anforderungen an eine zeitlich befristete Krisenintervention mittels **Inobhutnahme** durch

---

[131] OLG Stuttgart v. 06.12.2001 - 17 UF 377/01 - OLGR Stuttgart 2002, 173-176.
[132] BayObLG München v. 20.07.1994 - 1Z BR 74/94 - BayObLGR 1994, 69; OLG Köln v. 05.01.1996 - 16 Wx 5/96 - EzFamR aktuell 1996, 134-136.
[133] OLG Hamm v. 19.11.2003 - 8 WF 300/03 - FamRZ 2004, 1310; EGMR v. 08.04.2004 - 11057/02 - NJW 2004, 3401-3407 mit Anmerkung von *Rixe*, FamRZ 2005, 589-590.
[134] EuGHMR v. 26.02.2002 - 46544/99 - ZfJ 2002, 288-295.
[135] EuGHMR v. 26.02.2002 - 46544/99 - ZfJ 2002, 288-295.
[136] OLG Hamm v. 19.11.2003 - 8 WF 300/03 - FamRZ 2004, 1310.
[137] OLG Nürnberg v. 30.12.2009 - 7 UF 1050/09 - FamRZ 2010, 994-997; OLG Saarbrücken v. 23.03.2005 - 9 UF 128/03 - juris Rn. 28 - OLGR Saarbrücken 2005, 531-534; OLG Hamm v. 19.11.2003 - 8 WF 300/03 - FamRZ 2004, 1310.
[138] BVerfG v. 19.01.2010 - 1 BvR 1941/09 - FamRZ 2010, 528-530; OLG Hamm v. 18.12.2002 - 10 UF 207/02 - FamRZ 2004, 483.
[139] OLG Hamm v. 27.06.2011 - II-8 UF 63/11, 8 UF 63/11 - juris Rn. 17.
[140] BayObLG München v. 24.11.1994 - 1Z BR 143/94 - NJW-RR 1995, 326-327; BayObLG München v. 08.12.1994 - 1Z BR 147/94 - BayObLGR 1995, 29-30; BayObLG München v. 23.04.1999 - 1Z BR 5/99 - FGPrax 1999, 147.
[141] BVerfG v. 23.08.2006 - 1 BvR 476/04; BVerfG v. 11.11.1988 - 1 BvR 585/88 - SchlHA 1989, 14-15.
[142] OLG Karlsruhe v. 23.03.1994 - 18 Wx 8/93 - NJW-RR 1994, 1229-1231.
[143] BayObLG München v. 20.07.1994 - 1Z BR 74/94 - BayObLGR 1994, 69.
[144] OLG Celle v. 18.06.2002 - 10 UF 150/01 - FamRZ 2003, 549-551; OLG Köln v. 05.01.1996 - 16 Wx 5/96 - EzFamR aktuell 1996, 134-136.
[145] VG Weimar v. 11.08.2004 - 5 E 5680/04 - ThürVGRspr 2006, 110-112.

§ 1666

das Jugendamt.[146] Dagegen handelt es sich nach Ansicht des OLG Bamberg dabei um Befugnisnormen für staatliche Eingriffe in das elterliche Sorgerecht bzw. die allgemeine Handlungsfreiheit der Pflegeeltern.[147] Soweit darin die Herbeiführung einer Entscheidung des Familiengerichts verlangt wird, sei dem Gericht dadurch keineswegs die Aufgabe zugewiesen, die Rechtmäßigkeit der Inobhutnahme zu überprüfen oder deren Fortdauer anzuordnen. Das Familiengericht hat vielmehr die notwendigen sorgerechtlichen Maßnahmen im Anschluss an die Inobhutnahme zu treffen.[148]

76 Hinsichtlich der **Dauer von Sorgerechtsmaßnahmen** gilt, dass diese nur solange aufrechterhalten werden dürfen, wie sie auch erforderlich sind, also die Umstände ihrer Anordnung unverändert fortdauern.[149] Dennoch ist eine zeitliche Begrenzung der Maßnahme nach § 1666 BGB grundsätzlich nicht angezeigt, da sich im Allgemeinen nicht absehen lässt, wie lange die kindeswohlgefährdenden Umstände andauern.

77 Aufgrund des **Verhältnismäßigkeitsgrundsatzes** sind nur Maßnahmen anzuordnen, die zur Abwehr der Gefahr für das Kindeswohl bzw. das Kindesvermögen **geeignet**[150] und **erforderlich** sind[151], dabei muss das Familiengericht immer das mildeste Mittel wählen[152]. Das bedeutet, dass Art und Ausmaß des staatlichen Eingriffs danach bestimmen müssen, was im Interesse der Kinder **geboten** ist.[153] Gemäß § 1666 Abs. 1 BGB i.V.m. § 1666a BGB kann ein Kind von seinen Eltern getrennt werden, wenn einer Gefährdung des Kindeswohls nicht auf andere Weise begegnet werden kann.[154] Die Maßnahme der Trennung eines Kindes von seiner Familie ist als stärkster Eingriff in das Elternrecht nur bei strikter Wahrung des Grundsatzes der Verhältnismäßigkeit mit dem Grundgesetz vereinbar.[155] Die gesamte Personensorge kann nur bei Erfolglosigkeit anderer Maßnahmen oder bei der Annahme, dass andere Maßnahmen zur Gefahrabwendung nicht ausreichen, entzogen werden.[156] Lässt sich die Gefahr durch weniger einschneidende Maßnahmen abwenden, darf das Personensorgerecht nicht vollständig entzogen werden, vgl. hierfür § 1666a Abs. 2 BGB.[157] Deshalb gehen öffentliche Hilfen wie Erziehungsberatung und sozialpädagogische Familienhilfe dem staatlichen Zwangseingriff immer vor, unter der Voraussetzung, dass die Eltern hierfür zugänglich sind.[158]

78 Ein Verstoß gegen das Verhältnismäßigkeitsprinzip liegt demnach vor, wenn das Aufenthaltsbestimmungsrechts den Eltern entzogen wird, weil dies zur Abwendung der Gefährdung des Kindeswohls erforderlich ist, gleichwohl das Kind jedoch bei den Eltern verbleibt weil eine Fremdunterbringung im konkreten Fall nicht möglich ist.[159]

---

[146] OLG Schleswig v. 14.04.2014 - 10 UF 19/14 - juris Rn. 43.
[147] OLG Bamberg v. 11.08.1998 - 2 UF 169/98 - juris Rn. 13 - FamRZ 1999, 663-665; VG Stade v. 27.06.2003 - 4 B 538/03 - juris Rn. 5.
[148] OLG Bamberg v. 11.08.1998 - 2 UF 169/98 - juris Rn. 13 - FamRZ 1999, 663-665.
[149] OLG Karlsruhe v. 04.10.2004 - 16 UF 81/04 - OLGR Karlsruhe 2005, 244-245.
[150] BayObLG München v. 08.12.1994 - 1Z BR 147/94 - BayObLGR 1995, 29-30.
[151] BayObLG München v. 20.07.1994 - 1Z BR 74/94 - BayObLGR 1994, 69. OLG Schleswig v. 14.04.2014 - 10 UF 19/14 - juris Rn. 38.
[152] OLG Schleswig v. 15.05.2008 - 7 UF 41/07; BVerfG v. 17.02.1982 - 1 BvR 188/80 - NJW 1982, 1379-1381; BVerfG v. 11.11.1988 - 1 BvR 585/88 - SchlHA 1989, 14-15; OLG Hamm v. 09.01.1997 - 15 W 342/96 - NJW-RR 1997, 1301-1302.
[153] BVerfG v. 11.11.1988 - 1 BvR 585/88 - SchlHA 1989, 14-15; OLG Köln v. 05.01.1996 - 16 Wx 5/96 - EzFamR aktuell 1996, 134-136.
[154] BVerfG v. 17.02.1982 - 1 BvR 188/80 - NJW 1982, 1379-1381; OLG Hamm v. 27.06.2011 - II- 8 UF 63/11, 8 UF 63/11 - juris Rn. 17. BVerfG v. 17.03.2014 - 1 BvR 2695/13 - juris Rn. 28; OLG Schleswig v. 14.04.2014 - 10 UF 19/14 - juris Rn. 38.
[155] BVerfG v. 17.02.1982 - 1 BvR 188/80 - NJW 1982, 1379-1381.
[156] OLG Düsseldorf v. 12.02.2004 - II-1 UF 88/02 - juris Rn. 6.
[157] OLG Hamm v. 09.01.1997 - 15 W 342/96 - NJW-RR 1997, 1301-1302; BVerfG v. 11.11.1988 - 1 BvR 585/88 - SchlHA 1989, 14-15.
[158] BVerfG v. 11.11.1988 - 1 BvR 585/88 - SchlHA 1989, 14-15; BayObLG München v. 19.04.1991 - BReg 1 Z 23/91 - FamRZ 1991, 1218-1220; BayObLG München v. 08.12.1994 - 1Z BR 147/94 - BayObLGR 1995, 29-30.
[159] BVerfG v. 17.03.2014 - 1 BvR 2695/13 - juris Rn. 26, 31 ff.; OLG Schleswig v. 14.04.2014 - 10 UF 19/14 - juris Rn. 38 ff.

III. Maßnahmen im Rahmen der Vermögenssorge

Die Vermögenssorge darf erst entzogen werden, wenn die in der Kommentierung zu § 1667 BGB genannten Maßnahmen nicht ausreichend sind.[160] Dies kommt dann in Betracht, wenn mildere Maßnahmen oder eine teilweise Entziehung der Vermögenssorge hinsichtlich einzelner Vermögensgegenstände zur Gefahrenabwehr nicht mehr ausreichen.[161] Sofern die Vermögensgefährdung von einem Elternteil ausging, dem die elterliche Sorge allein nach §§ 1671, 1672 BGB zustand, erfolgt die Entziehung nicht nach § 1666 Abs. 1 BGB, sondern nach § 1696 BGB. Regelmäßig muss der ehemalige Inhaber der Vermögenssorge das Vermögen an den zwischenzeitlich Sorgeberechtigten herausgeben und Rechenschaft über die Verwaltung ablegen (§ 1698 BGB).

IV. Maßnahmen gegenüber Dritten

Im **Bereich der Personensorge** kann das Gericht nach § 1666 Abs. 4 BGB auch Maßnahmen mit Wirkung gegen Dritte erlassen.[162] Nach dem Wortlaut des § 1666 Abs. 4 BGB findet die Vorschrift **keine Anwendung auf die Vermögenssorge**, so dass in diesem Fall zivilrechtliche Abwehrmöglichkeiten durch das Kind in Anspruch genommen werden mussten.

Bei einer Gefährdung des Kindeswohls durch einen Dritten sind **Anordnungen gegen die untätigen Eltern** erst erforderlich i.S.d. Verhältnismäßigkeitsgrundsatzes, wenn die Maßnahmen nach § 1666 Abs. 4 BGB gegen den Dritten gescheitert oder erfolglos waren.[163] Demgemäß kann einem in unmittelbarer Nachbarschaft sexuell missbrauchter Kinder lebenden (strafrechtlich verurteilten) Täter im Wege einer so genannten go-order untersagt werden, das Wohnhaus der Kinder oder dessen Zufahrt zu betreten oder sonst wie zu nutzen, seine Wohnung innerhalb eines Radius von 500m Entfernung von der Wohnung der Kinder zu nehmen, sowie Kontakt zu den Kindern aufzunehmen oder zu unterhalten.[164]

V. Dauer der familiengerichtlichen Maßnahmen

Sorgerechtsmaßnahmen nach § 1666 BGB sind nur solange aufrechtzuerhalten, wie sie erforderlich sind, also die Umstände, die zu ihrer Anordnung geführt haben, unverändert fortdauern. Eine zeitliche Begrenzung von Sorgerechtsmaßnahmen ist nicht angebracht, da sich grundsätzlich nicht abschätzen lässt, wie lange die die Gefährdung eines Kindes begründenden Umstände andauern.[165]

D. Verfahrenshinweise

Das Familiengericht ist für Verfahren nach § 1666 BGB gem. §§ 23a Nr. 1, 23b GVG, §§ 111, 151 Nr. 1 FamFG sachlich zuständig. Die örtliche Zuständigkeit ergibt sich aus den §§ 152-154 FamFG. Funktionell ist der Richter gem. § 14 Abs. 1 Nr. 2 RPflG zur Entscheidung berufen.

Das Verfahren ist von Amts wegen einzuleiten. Die von dem Jugendamt oder andren Personen gestellten „Anträge" haben lediglich die Funktion als Anregung, § 24 FamFG. Es gilt nach § 26 FamFG der Ermittlungsgrundsatz. Das Gericht ist zu einer Verfahrenseinleitung verpflichtet, wenn zureichende tatsächliche Anhaltspunkte für eine Kindeswohlgefährdung vorliegen.

Die Eltern sind nach § 160 Abs. 1 Satz 2 FamFG, das Kind gem. § 159 FamFG anzuhören. Die Pflicht zur Anhörung des Jugendamtes ergibt sich aus § 162 Abs. 1 FamFG, es ist auf seinen Antrag gem. § 162 Abs. 2 FamFG auch am Verfahren zu beteiligen.

Das Verfahren unterliegt gem. § 155 Abs. 1 FamFG dem Vorrang- und Beschleunigungsgebot. Das Gericht hat nach § 155 Abs. 2 FamFG binnen 1 Monat nach Beginn einen Termin durchzuführen und mit den Beteiligten das Verfahren zu erörtern.

---

[160] OLG Frankfurt v. 04.04.2005 - UF 317/04 - juris Rn. 6 - OLGR Frankfurt 2005, 830-831.
[161] BayObLG München v. 23.12.1982 - 1 Z 105/82 - Rpfleger 1983, 108-109.
[162] Veit in: Bamberger/Roth, § 1666 Rn. 34.
[163] OLG Düsseldorf v. 30.11.1994 - 3 Wx 560/94 - NJW 1995, 1970-1971.
[164] OLG Zweibrücken v. 05.11.1993 - 3 W 165/93 - NJW 1994, 1741-1743; OLG Köln v. 24.01.1999 - 14 UF 242/98 - Kind-Prax 1999, 95-96.
[165] OLG Karlsruhe v. 04.10.2004 - 16 UF 81/04 - juris Rn. 13 - FamRZ 2005, 1272-1273.

§ 1666a BGB Grundsatz der Verhältnismäßigkeit; Vorrang öffentlicher Hilfen

(Fassung vom 09.04.2002, gültig ab 12.04.2002)

(1) ¹Maßnahmen, mit denen eine Trennung des Kindes von der elterlichen Familie verbunden ist, sind nur zulässig, wenn der Gefahr nicht auf andere Weise, auch nicht durch öffentliche Hilfen, begegnet werden kann. ²Dies gilt auch, wenn einem Elternteil vorübergehend oder auf unbestimmte Zeit die Nutzung der Familienwohnung untersagt werden soll. ³Wird einem Elternteil oder einem Dritten die Nutzung der vom Kind mitbewohnten oder einer anderen Wohnung untersagt, ist bei der Bemessung der Dauer der Maßnahme auch zu berücksichtigen, ob diesem das Eigentum, das Erbbaurecht oder der Nießbrauch an dem Grundstück zusteht, auf dem sich die Wohnung befindet; Entsprechendes gilt für das Wohnungseigentum, das Dauerwohnrecht, das dingliche Wohnrecht oder wenn der Elternteil oder Dritte Mieter der Wohnung ist.

(2) Die gesamte Personensorge darf nur entzogen werden, wenn andere Maßnahmen erfolglos geblieben sind oder wenn anzunehmen ist, dass sie zur Abwendung der Gefahr nicht ausreichen.

Gliederung

A. Grundlagen 1	II. Untersagung der Wohnungsnutzung durch einen Elternteil (Absatz 1 Satz 2) 8
B. Anwendungsvoraussetzungen 2	
I. Trennung des Kindes von der elterlichen Familie (Absatz 1) 2	III. Entzug der gesamten Personensorge (Absatz 2) 11

A. Grundlagen[1]

1 Die Vorschrift konkretisiert als Gesetz im Sinne des Art. 6 Abs. 3 GG[2] den **Grundsatz der Verhältnismäßigkeit** für die entscheidendsten familiengerichtlichen Eingriffe in die Personensorge im Rahmen der vollständigen Sorgeentziehung.[3] § 1666a BGB ergänzt § 1666 BGB und trägt dem Grundsatz Rechnung, dass Pflege und Erziehung primär das Recht und die Pflicht der Eltern sind und der Staat nur dann berechtigt und verpflichtet ist, die Pflege und Erziehung des Kindes sicherzustellen, wenn die Eltern ihrer Verantwortung nicht gerecht werden.[4]

B. Anwendungsvoraussetzungen

I. Trennung des Kindes von der elterlichen Familie (Absatz 1)

2 Maßnahmen, die mit der Trennung des Kindes von der elterlichen Familie verbunden sind, sind nur zulässig, wenn das Gericht nach eigenen Ermittlungen[5] durch seine Anordnungen der Gefahr nicht anders begegnen kann. § 1666a Abs. 1 BGB stellt auf die **tatsächliche Trennung** des Kindes von den Eltern ab.[6] Die Trennung darf nur erfolgen, wenn die Gefahr nicht durch andere Maßnahmen abgewendet werden kann.[7]

---

[1] Die Kommentierung basiert teilweise auf den Ausführungen in der Vorauflage von *Bauer*.
[2] *Schwab*, FamRZ 1998, 457-472.
[3] BT-Drs. 8/2788, S. 59; OLG Hamm v. 12.07.2013 - II-2 UF 227/12 - juris Rn. 60.
[4] BVerfG v. 28.02.2012 - 1 BvR 3116/11 - juris Rn. 14; *Veit* in: Bamberger/Roth, § 1666a Rn. 1.
[5] BayObLG München v. 08.12.1994 - 1Z BR 147/94 - BayObLGR 1995, 29-30; BayObLG München v. 26.06.1991 - BReg 1 Z 39/91 - NJW 1992, 121-122; BVerfG v. 28.02.2012 - 1 BvR 3116/11 - juris Rn. 20; OLG Hamm v. 27.06.2011 - II-8 UF 63/11, 8 UF 63/11 - juris Rn. 17.
[6] OLG Hamm v. 08.05.2012 - II-9 UF 57/12, 9 UF 57/12 - juris Rn. 4.
[7] BVerfG v. 24.03.2014 - 1 BvR 160/14 - juris Rn. 41 ff.; OLG Hamm v. 17.02.2014 - II-4 UFH 1/14 - juris Rn. 28.

Vorrangige Maßnahmen sind nach § 1666a BGB die öffentlichen Hilfen nach den §§ 11- 40 SGB VIII[8] sowie die Ersetzung von Erklärungen des Sorgeberechtigen und Maßnahmen gegen Dritte nach § 1666 Abs. 4 BGB[9]. Das Gericht kann sowohl gegenüber den Eltern anordnen, solche Hilfen in Anspruch zu nehmen[10], als auch **Jugendhilfemaßnahmen** mit Bindungswirkung für das Jugendamt anordnen, wenn sie sich im Hinblick auf den Verhältnismäßigkeitsgrundsatz als milderes Mittel darstellen. 3

Ein Kind darf nur dann von seiner Familie getrennt werden, wenn **mildere Mittel nicht ausreichen**, um die Gefahr von dem Kind abzuwenden.[11] Das bedeutet, dass die Herausnahme des Kindes aus der Familie nicht erforderlich ist, wenn diese bemüht ist, fachliche Hilfe in Anspruch zu nehmen und ihre Probleme zu lösen.[12] Wenn der Gefährdung des Kindeswohls jedoch nicht durch öffentliche Hilfen gemäß SGB VIII begegnet werden kann, weil diese schon bisher keinen Erfolg hatten und es den Eltern an der erforderlichen Kooperationsbereitschaft fehlt, wird das Gericht nach § 1666a BGB tätig.[13] In dem besonderen Fall **außerordentlich schwerwiegender Pflichtverletzungen** kann einer für das Kind bestehenden Gefahr nicht mit anderen Mitteln begegnet werden, so dass das Gericht in der Regel annehmen darf, dass weniger einschneidende Maßnahmen nicht ausreichen, um die Gefahr für das Wohl des Kindes abzuwenden, mit der Folge dass nur die Entziehung der gesamten Personensorge geeignet ist (§ 1666a Abs. 2 BGB).[14] So muss das Kind aus der Familie herausgenommen werden, wenn das Angebot öffentlicher Hilfen aus dem Grunde keinen Erfolg zeigte, weil die Eltern nicht mit dem Jugendamt zusammenarbeiten und auch für die Zukunft keinerlei Kooperationsbereitschaft zeigen.[15] 4

Maßnahmen, mit denen eine Trennung des Kindes von seiner Familie verbunden ist, sind die Unterbringung in einem Heim oder einer Pflegefamilie sowie rechtliche Maßnahmen wie der Entzug des Aufenthaltsbestimmungsrechts und des Umgangsrechts.[16] Allerdings ist nicht jeder Entzug des Aufenthaltsbestimmungsrechts mit einer Trennung des Kindes von den Eltern verbunden, so etwa wenn der Vormund oder Pfleger das Kind in der elterlichen Familie belässt.[17] Gleiches gilt, wenn ein Elternteil das Kind bei einer Gastfamilie unterbringt.[18] Das Gericht kann den Eltern die Wahl der Pflegestelle oder des Heims überlassen, wobei diese dann verpflichtet sind, das Kind dort unterzubringen und die Befugnisse zur Erziehung und deren Ausübung der künftigen Erziehungsperson zu überlassen (§ 1688 BGB).[19] Indes kann das Gericht die Maßnahmen nach den §§ 33, 34 SGB VIII auch selbst anordnen.[20] 5

Die **Kosten der Unterbringung** gehören zum Lebensbedarf des Kindes und sind deshalb vom Unterhaltspflichtigen zu tragen. 6

Maßnahmen nach § 1666a BGB können im Wege der **vorläufigen Anordnung** ergehen.[21] 7

---

[8] BVerfG v. 14.06.2007 - 1 BvR 338/07 - FamRZ 2007, 1627-1630; *Stockmann*, jurisPR-FamR 8/2008, Anm. 1; BVerfG v. 11.11.1988 - 1 BvR 585/88 - SchlHA 1989, 14-15; BayObLG München v. 08.12.1994 - 1Z BR 147/94 - BayObLGR 1995, 29-30; BayObLG München v. 26.06.1991 - BReg 1 Z 39/91 - NJW 1992, 121-122; *Diederichsen* in: Palandt, § 1666a Rn. 2; OLG Koblenz v. 11.06.2012 - 11 UF 266/12 - juris Rn. 24.

[9] OLG Zweibrücken v. 05.11.1993 - 3 W 165/93 - NJW 1994, 1741-1743; OLG Köln v. 24.01.1999 - 14 UF 242/98 - Kind-Prax 1999, 95-96, OLG Hamm v. 27.06.2011 - II-8UF 63/11, 8 UF 63/11 - juris Rn. 17.

[10] OLG Koblenz v. 11.06.2012 - 11 UF 266/12 - juris Rn. 24 ff.

[11] OLG Frankfurt v. 04.08.1993 - 20 W 71/93 - OLGR Frankfurt 1994, 3-4; OLG Hamm v. 08.05.2012 - II-9 UF 57/12, 9 UF 57/12 - juris Rn. 4; BGH v. 26.10.2011 - XII ZB 247/11 - juris Rn. 29, OLG Brandenburg v. 03.03.2014 - 10 UF 192/13 - juris Rn. 15.

[12] OLG Karlsruhe v 25.02.2006 - 16 UF 160/05 - FamRZ 2007, 576-577; OLG Celle v. 18.06.2002 - 10 UF 150/01 - FamRZ 2003, 549-551.

[13] BayObLG München v. 15.04.1994 - 1Z BR 17/94 - BayObLGR 1994, 36-37; OLG Köln v. 05.01.1996 - 16 Wx 5/96 - EzFamR aktuell 1996, 134-136; OLG Brandenburg v. 27.08.2003 - 9 UF 145/03 - JAmt 2003, 603-606.

[14] Verf BE v. 14.09.2010 - 156/10; BayObLG München v. 28.07.1988 - BReg 1 a Z 32/88 - NJW-RR 1988, 1480.

[15] OLG Brandenburg v. 12.02.2008 - 9 WF 7/08 - FamRZ 2008, 1557-1558; OLG Köln v. 28.10.2005 - 4 UF 129/05 - FamRZ 2006, 877-878; OLG Koblenz v. 11.05.2005 - 13 WF 282/05 - FamRZ 2006, 57; *Leis*, jurisPR-FamR 25/2005, Anm. 6; OLG Saarbrücken v. 23.03.2005 - 9 UF 128/03 - OLGR Saarbrücken 2005, 531-534.

[16] OLG Stuttgart v. 06.12.2001 - 17 UF 377/01 - OLGR Stuttgart 2002, 173-176; BayObLG München v. 06.10.2000 - 1Z BR 99/00 - EzFamR aktuell 2001, 58-59; *Veit* in: Bamberger/Roth, § 1666a Rn. 5 m.w.N.

[17] BT-Drs. 7/2060, S. 29.

[18] OLG Frankfurt v. 05.06.2000 - 2 UF 324/99 - JAmt 2001, 194-195.

[19] *Veit* in: Bamberger/Roth, § 1666a Rn. 5.

[20] *Veit* in: Bamberger/Roth, § 1666a Rn. 5.

[21] BayObLG München v. 30.09.1998 - 1Z BR 129/98 - FamRZ 1999, 178-179.

§ 1666a

II. Untersagung der Wohnungsnutzung durch einen Elternteil (Absatz 1 Satz 2)

8 Nach dieser Vorschrift kann ein Elternteil **zum Schutz des Kindes vor Gewalt** aus der Familienwohnung gewiesen werden (sog. go-order/Gewaltschutzgesetz).[22] Im Rahmen dieser **Wohnungszuweisung** kann die Nutzung der Wohnung auch einem Dritten untersagt werden (§ 1666 Abs. 4 BGB).[23] Dritter kann sowohl der Partner eines Elternteils oder zusammenlebenden Verwandten als auch ein Nachbar (§ 1666a Abs. 1 Satz 3 BGB) sein.[24]

9 Auch hierbei ist der **Verhältnismäßigkeitsgrundsatz** und eventuell **vorrangige Maßnahmen** der Kinder- und Jugendhilfe zu beachten. Im Rahmen der Verhältnismäßigkeitsprüfung sind die **Eigentumsverhältnisse beachtlich**, so kann für den Eigentümer einer Wohnung bzw. eines Hauses zumeist nur eine zeitlich begrenzte Untersagung der Nutzung in Betracht kommen (§ 1666a Abs. 1 Satz 3 und 4 BGB).

10 Der Anwendung von **Maßnahmen nach dem Gewaltschutzgesetz** sind nach § 3 Abs. 1 GewSchG die Maßnahmen nach den §§ 1666, 1666a BGB vorrangig.

III. Entzug der gesamten Personensorge (Absatz 2)

11 Die Entziehung der gesamten Personensorge setzt voraus, dass **allein diese Maßnahme geeignet erscheint**, um eine schwerwiegende Gefahr für das körperliche, geistige oder seelische Wohl des Kindes abzuwenden.[25] Die gesamte Personensorge kann nur entzogen werden, wenn andere Maßnahmen erfolglos geblieben sind oder wenn anzunehmen ist, dass sie zur Abwendung der Gefahr nicht ausreichen.[26] Weniger einschneidende Maßnahmen dürfen in diesem Fall zur Beseitigung der Gefahr für das Kindeswohl nicht ausreichend sein; mildere Maßnahmen sind insbesondere öffentliche Hilfen wie die Erziehungsberatung und die sozialpädagogische Familienhilfe, aber auch Ermahnungen, Verbote, Entziehung des Aufenthaltsbestimmungs- oder Umgangsrechts sowie der Erlass einer Verbleibensanordnung nach § 1632 Abs. 4 BGB oder § 1682 BGB.[27] Die Entziehung der gesamten Personensorge mit dem Ziel der Adoption des Kindes ist erst zulässig, wenn nicht mehr zu erwarten ist, dass das Kind ohne nachhaltige Gefährdung seines Wohls in die elterliche Familie zurückkehren kann.[28]

---

[22] *Veit* in: Bamberger/Roth, § 1666a Rn. 7; *Büte* in: Johannsen/Henrich, EheR, § 1666a Rn. 8.
[23] OLG Zweibrücken v. 05.11.1993 - 3 W 165/93 - NJW 1994, 1741-1743; OLG Köln v. 24.01.1999 - 14 UF 242/98 - Kind-Prax 1999, 95-96.
[24] BT-Drs. 14/8131, S. 9.
[25] BayObLG München v. 19.08.1992 - 1Z BR 48/92 - FamRZ 1993, 229-231; OLG Frankfurt v. 04.09.2000 - 2 WF 236/00 - JAmt 2001, 90-91; OLG Hamm v. 08.05.2012 - II-9 UF 57/12, 9 UF 57/12 - juris Rn. 4; BVerfG v. 28.02.2012 - 1 BvR 3116/11 - juris Rn. 16.
[26] OLG Düsseldorf v. 12.02.2004 - II-1 UF 88/02 - juris Rn. 6; OLG Hamm v. 27.06.2011 - II-8 UF 63/11 - juris Rn. 23.
[27] OLG Köln v. 25.09.2000 - 14 UF 66/00 - NJW-RR 2001, 221-222; BayObLG München v. 16.05.1990 - BReg 1 a Z 2/90 - DAVorm 1990, 802-807.
[28] KG Berlin v. 25.01.1985 - 1 W 6117/84 - FamRZ 1985, 526-527; BVerfG v. 28.02.2012 - 1 BvR 3116/11 - juris Rn. 16.

§ 1667 BGB Gerichtliche Maßnahmen bei Gefährdung des Kindesvermögens

(Fassung vom 02.01.2002, gültig ab 01.01.2002)

(1) ¹Das Familiengericht kann anordnen, dass die Eltern ein Verzeichnis des Vermögens des Kindes einreichen und über die Verwaltung Rechnung legen. ²Die Eltern haben das Verzeichnis mit der Versicherung der Richtigkeit und Vollständigkeit zu versehen. ³Ist das eingereichte Verzeichnis ungenügend, so kann das Familiengericht anordnen, dass das Verzeichnis durch eine zuständige Behörde oder durch einen zuständigen Beamten oder Notar aufgenommen wird.

(2) ¹Das Familiengericht kann anordnen, dass das Geld des Kindes in bestimmter Weise anzulegen und dass zur Abhebung seine Genehmigung erforderlich ist. ²Gehören Wertpapiere, Kostbarkeiten oder Schuldbuchforderung gegen den Bund oder ein Land zum Vermögen des Kindes, so kann das Familiengericht dem Elternteil, der das Kind vertritt, die gleichen Verpflichtungen auferlegen, die nach §§ 1814 bis 1816, 1818 einem Vormund obliegen; die §§ 1819, 1820 sind entsprechend anzuwenden.

(3) ¹Das Familiengericht kann dem Elternteil, der das Vermögen des Kindes gefährdet, Sicherheitsleistung für das seiner Verwaltung unterliegende Vermögen auferlegen. ²Die Art und den Umfang der Sicherheitsleistung bestimmt das Familiengericht nach seinem Ermessen. ³Bei der Bestellung und Aufhebung der Sicherheit wird die Mitwirkung des Kindes durch die Anordnung des Familiengerichts ersetzt. ⁴Die Sicherheitsleistung darf nur dadurch erzwungen werden, dass die Vermögenssorge gemäß § 1666 Abs. 1 ganz oder teilweise entzogen wird.

(4) Die Kosten der angeordneten Maßnahmen trägt der Elternteil, der sie veranlasst hat.

Gliederung

A. Grundlagen 1	4. Rechnungslegung 5
B. Anwendungsvoraussetzungen 2	5. Anlagepflicht 7
I. Maßnahmen zur Abwendung der Gefahr für das Kindesvermögen 2	6. Sicherheitsleistung 9
1. Voraussetzung 2	7. Zwangsmaßnahmen 10
2. Maßnahmenkatalog 3	II. Kosten der Maßnahmen 11
3. Vermögensverzeichnis 4	**C. Verfahrenshinweise** 12

A. Grundlagen[1]

Die Vorschrift enthält eine Auflistung möglicher Maßnahmen, die das Familiengericht im Wege der gerichtlichen Anordnung zur Vermögenssorge treffen kann, wenn das Vermögen des Kindes gefährdet ist. § 1667 BGB ist keine eigene Eingriffsgrundlage, sondern eine Ergänzung zu § 1666 BGB, der die gesetzliche Grundlage für Eingriffe in die Vermögenssorge bietet. 1

B. Anwendungsvoraussetzungen

I. Maßnahmen zur Abwendung der Gefahr für das Kindesvermögen

1. Voraussetzung

Gemäß § 1666 Abs. 1 BGB hat das Familiengericht einzuschreiten, wenn ein Elternteil die mit der Vermögenssorge verbundenen Pflichten zu verletzen droht und dadurch das **Vermögen des Kindes ge-** 2

---
[1] Die Kommentierung basiert teilweise auf den Ausführungen in der Vorauflage von *Bauer*.

fährdet wird.[2] Erforderlich ist eine gegenwärtige Gefahr.[3] Diese setzt eine Situation voraus, in der nach den Umständen der **Eintritt eines Schadens** wahrscheinlich ist oder zumindest als nahe liegende Möglichkeit erscheint.[4]

2. Maßnahmenkatalog

3   Die nach § 1667 BGB möglichen Maßnahmen stehen nicht in einem Stufenverhältnis, sondern **gleichrangig** nebeneinander.[5] Die völlige Entziehung der Vermögenssorge kommt allerdings nur als äußerstes Mittel in Betracht, wenn sonstige Maßnahmen nicht ausreichen, die konkrete Gefährdung zu beseitigen.[6]

3. Vermögensverzeichnis

4   Das Familiengericht kann nach § 1667 Abs. 1 BGB anordnen, dass die Eltern ein **Verzeichnis des Vermögens** des Kindes einzureichen haben (§ 1640 BGB).[7] Eine derartige Maßnahme setzt voraus, dass eine Gefährdung des Kindesvermögens im Verfahren gemäß § 1666 BGB festgestellt ist. Das Verzeichnis kann sich nur auf das Vermögen des Kindes beziehen.[8]

4. Rechnungslegung

5   Nach § 1667 Abs. 1 BGB kann das Familiengericht neben der Vorlage eines Vermögensverzeichnisses (vgl. die Kommentierung zu § 1640 BGB) auch die **Rechnungslegung** verlangen. Hierfür gelten die §§ 1840-1843 BGB entsprechend.

6   Die Anordnung kann **gegenüber beiden Elternteilen** getroffen werden, auch wenn nur einer davon für das familiengerichtliche Einschreiten ursächlich ist.[9]

5. Anlagepflicht

7   Das Familiengericht kann anordnen, dass das **Kindesvermögen in bestimmter Weise anzulegen ist** (§ 1667 Abs. 2 Satz 1 BGB). In Anbetracht der Verweisung des § 1667 Abs. 2 Satz 2 BGB wird von dieser Anlageverpflichtung zumeist das Sparbuch des Kindes erfasst.[10] Zum Schutz des Kindesvermögens können sowohl bei Sparbüchern, Sparbriefen und bei Konten des Kindes **Sperrvermerke** angebracht werden.[11] Damit können Verfügungen über das Kapital und je nach Inhalt des Sperrvermerks über die Zinsen nur noch mit vormundschaftsgerichtlicher Genehmigung erfolgen.[12] Das Gericht kann die Vornahme überwachen und im gegebenen Fall Zwangsmittel nach § 35 FamFG einsetzen.[13]

8   Gehören zum Kindesvermögen **Wertpapiere, Kostbarkeiten oder Buchforderungen gegen Bund bzw. Land**, so kann das Familiengericht dem Elternteil, der das Kind vertritt, die gleichen Verpflichtungen auferlegen, die nach den §§ 1814 - 1816, 1818 BGB einem Vormund obliegen (§ 1667 Abs. 2 Satz 2 BGB).

6. Sicherheitsleistung

9   Weiterhin kann das Familiengericht dem Elternteil, der das Vermögen des Kindes gefährdet, nach § 1667 Abs. 3 Satz 1 BGB **Sicherheitsleistung** für das seiner Verwaltung unterliegende Vermögen auferlegen. Diese Maßnahme setzt nicht voraus, dass Anordnungen nach § 1667 Abs. 1 BGB und/oder § 1667 Abs. 2 BGB vorausgegangen sind, kann indes mit ihnen verbunden werden.[14] **Art und Umfang**

---

[2]   BayObLG München v. 04.04.1991 - BReg 1 a Z 53/90 - JurBüro 1991, 1230-1231; OLG Stuttgart v. 18.12.2000 - 15 UF 313/99 - juris Rn. 9 - OLGR Stuttgart 2001, 128-129.

[3]   BayObLG München v. 04.04.1991 - BReg 1 a Z 53/90 - JurBüro 1991, 1230-1231.

[4]   BayObLG München v. 04.04.1991 - BReg 1 a Z 53/90 - JurBüro 1991, 1230-1231.

[5]   *Veit* in: Bamberger/Roth, § 1667 Rn. 2; anders dagegen OLG Frankfurt v. 04.04.2005 - UF 317/04 - juris Rn. 6 - OLGR Frankfurt 2005, 830-831, das in dem Instrumentarium des § 1667 BGB abgestufte Maßnahmen sieht.

[6]   OLG Frankfurt v. 04.04.2005 - UF 317/04 - juris Rn. 6 - OLGR Frankfurt 2005, 830-831; OLG München v. 20.12.1999 - 16 UF 1616/99 mit Anm. *Leis*, jurisPR-FamR 5/2004, Anm. 5; OLG München v. 20.12.1999 - 16 UF 1616/99 - juris Rn. 10.

[7]   OLG Stuttgart v. 18.12.2000 - 15 UF 313/99 - OLGR Stuttgart 2001, 128-129.

[8]   *Veit* in: Bamberger/Roth, § 1667 Rn. 3.

[9]   *Coester* in: Staudinger, § 1667 Rn. 6.

[10] *Diederichsen* in: Palandt, § 1667 Rn. 6.

[11] BayObLG München v. 07.03.1989 - BReg 1 a Z 51/88 - DAVorm 1989, 512-516.

[12] BayObLG München v. 07.03.1989 - BReg 1 a Z 51/88 - DAVorm 1989, 512-516.

[13] *Veit* in: Bamberger/Roth, § 1667 Rn. 4.

[14] *Veit* in: Bamberger/Roth, § 1667 Rn. 5.

der **Sicherheitsleistung** bestimmt das Familiengericht nach seinem Ermessen (§ 1667 Abs. 3 Satz 2 BGB). Um das Verfahren nicht durch die ansonsten erforderliche Bestellung eines Pflegers nach §§ 1629 Abs. 2 Satz 1, 1795 Abs. 2, 1909 BGB zu verzögern, wird nach § 1667 Abs. 3 Satz 3 BGB die Mitwirkung des Kindes bei der **Bestellung und Aufhebung der Sicherheitsleistung** durch die Anordnung des Familiengerichts ersetzt.[15] Wenn die Sicherheitsleistung aufgrund des Vertrags oder freiwillig erbracht wird, greift § 1667 BGB bereits tatbestandlich nicht ein.[16]

7. Zwangsmaßnahmen

Die Sicherheitsleistung kann das Familiengericht nur dann **zwangsweise** durchsetzen, wenn es den Eltern bzw. dem Elternteil den vollständigen oder teilweisen Entzug der Vermögenssorge (§ 1666 Abs. 1 BGB) androht, § 1667 Abs. 3 Satz 4 BGB.[17] Die vollständige Entziehung ist nach den Ausführungen zu § 1666 Abs. 3 BGB nur zulässig, wenn die teilweise Entziehung der Vermögenssorge hinsichtlich einzelner Vermögensgegenstände nicht genügt. Geht die Vermögensgefährdung von einem Elternteil aus, dem die Vermögenssorge nach § 1671 BGB allein zustand, so erfolgt die Entziehung auf der Grundlage von § 1696 BGB. Den bisher Vermögenssorgeberechtigten trifft die Pflicht, das Vermögen dem nunmehr Sorgeberechtigten herauszugeben und Rechenschaft über die Verwaltung abzulegen (§ 1698 BGB).

II. Kosten der Maßnahmen

Die **Kosten** trägt nach § 1667 Abs. 4 BGB der Elternteil, dessen Verhalten die Maßnahmen erforderlich gemacht hat.

C. Verfahrenshinweise

Nach § 166 FamFG sind die Maßnahmen vom Gericht in angemessenen Zeitabständen zu überprüfen und, falls die Gefahr für das Wohl des Kindes nicht mehr besteht, gemäß § 1696 Abs. 2 BGB aufzuheben.

---

[15] *Veit* in: Bamberger/Roth, § 1667 Rn. 5.
[16] *Diederichsen* in: Palandt, § 1667 Rn. 7.
[17] *Büte* in: Johannsen/Henrich, EheR, § 1667 Rn. 14.

§ 1668

§ 1668 BGB (weggefallen)
(Fassung vom 20.02.1986, gültig ab 01.04.1986, gültig bis 31.12.2001)
(weggefallen)

1 § 1668 BGB in der Fassung vom 20.02.1986 ist durch Art. 1 Nr. 9 des Gesetzes vom 20.02.1986 – BGBl I 1986, 301 – mit Wirkung vom 01.04.1986 weggefallen.

§ 1669 BGB (weggefallen)

(Fassung vom 18.07.1979, gültig ab 01.01.1980, gültig bis 31.12.2001)

(weggefallen)

§ 1669 BGB in der Fassung vom 18.07.1979 ist durch Art. 1 Nr. 18 des Gesetzes vom 18.07.1979 – BGBl I 1979, 1061 – mit Wirkung vom 01.01.1980 weggefallen.

§ 1670 BGB (weggefallen)

(Fassung vom 16.12.1997, gültig ab 01.07.1998, gültig bis 31.12.2001)

(weggefallen)

1 § 1670 BGB in der Fassung vom 16.12.1997 ist durch Art. 1 Nr. 48 nach Maßgabe des Art. 15 des Gesetzes vom 16.12.1997 – BGBl I 1997, 2942 – mit Wirkung vom 01.07.1998 weggefallen.

§ 1671 BGB Übertragung der Alleinsorge bei Getrenntleben der Eltern

(Fassung vom 16.04.2013, gültig ab 19.05.2013)

(1) ¹Leben Eltern nicht nur vorübergehend getrennt und steht ihnen die elterliche Sorge gemeinsam zu, so kann jeder Elternteil beantragen, dass ihm das Familiengericht die elterliche Sorge oder einen Teil der elterlichen Sorge allein überträgt. ²Dem Antrag ist stattzugeben, soweit

1. der andere Elternteil zustimmt, es sei denn, das Kind hat das 14. Lebensjahr vollendet und widerspricht der Übertragung, oder
2. zu erwarten ist, dass die Aufhebung der gemeinsamen Sorge und die Übertragung auf den Antragsteller dem Wohl des Kindes am besten entspricht.

(2) ¹Leben Eltern nicht nur vorübergehend getrennt und steht die elterliche Sorge nach § 1626a Absatz 3 der Mutter zu, so kann der Vater beantragen, dass ihm das Familiengericht die elterliche Sorge oder einen Teil der elterlichen Sorge allein überträgt. ²Dem Antrag ist stattzugeben, soweit

1. die Mutter zustimmt, es sei denn, die Übertragung widerspricht dem Wohl des Kindes oder das Kind hat das 14. Lebensjahr vollendet und widerspricht der Übertragung, oder
2. eine gemeinsame Sorge nicht in Betracht kommt und zu erwarten ist, dass die Übertragung auf den Vater dem Wohl des Kindes am besten entspricht.

(3) ¹Ruht die elterliche Sorge der Mutter nach § 1751 Absatz 1 Satz 1, so gilt der Antrag des Vaters auf Übertragung der gemeinsamen elterlichen Sorge nach § 1626a Absatz 2 als Antrag nach Absatz 2. ²Dem Antrag ist stattzugeben, soweit die Übertragung der elterlichen Sorge auf den Vater dem Wohl des Kindes nicht widerspricht.

(4) Den Anträgen nach den Absätzen 1 und 2 ist nicht stattzugeben, soweit die elterliche Sorge auf Grund anderer Vorschriften abweichend geregelt werden muss.

Gliederung

A. Grundlagen 1	3. Kein Widerspruch des Kindes (Absatz 1 Satz 2 Nr. 1) 29
B. Anwendungsvoraussetzungen 3	IV. Sachvoraussetzungen für die Übertragung aus Gründen des Kindeswohls nach (Absatz 1 Satz 2 Nr. 2) 31
I. Normstruktur 3	
II. Zulässigkeitsvoraussetzungen der Sorgerechtsübertragung für die vollständige oder partielle Alleinsorge auf einen Elternteil (Absatz 1 Satz 1) 7	1. Antragserfordernis 31
	2. Kindeswohlprüfung 32
1. Gemeinsames Kind 7	3. Kindeswohlorientierte Gründe für die Aufhebung der gemeinsamen elterlichen Sorge 39
2. Gemeinsame elterliche Sorge 8	a. Erziehungseignung 39
3. Dauerhaftes Getrenntleben 11	b. Kooperationsfähigkeit und Konsensbereitschaft 40
4. Antragserfordernis 13	
a. Antragsbegründung 15	c. Kommunikationsfähigkeit 42
b. Antragsberechtigung 16	d. Meinungsverschiedenheit 43
c. Form des Antrags 17	e. Glaubenszugehörigkeit 49
d. Antragsinhalt 19	f. Gewalt 50
5. Verhältnis zu § 1628 BGB 21	g. Räumliche Entfernung 53
III. Sachvoraussetzungen für die Übertragung aufgrund Zustimmung des anderen Elternteils nach (Absatz 1 Satz 2 Nr. 1) 22	h. Verhinderung bzw. Untätigkeit eines Elternteils 55
1. Antragserfordernis 22	4. Keine Kindeswohlentsprechung 57
2. Zustimmung des anderen Elternteils (Absatz 1 Satz 2 Nr. 1) 23	5. Kindeswohlbegründete Übertragung der Sorge auf den Antragsteller 58

a. Förderungsprinzip 59
b. Kontinuitätsgrundsatz 66
c. Bindungen des Kindes 70
d. Wille des Kindes 77
V. Zulässigkeitsvoraussetzungen der Sorgerechtsübertragung für die vollständige oder partielle Alleinsorge auf den nichtsorgeberechtigten Vater (Absatz 2) 82
1. Sachvoraussetzungen (Absatz 2 Satz 1) 83
2. Sachvoraussetzungen (Absatz 2 Satz Nr. 1) ... 86
a. Zustimmung der Mutter 87
b. Keine gegen das Kindeswohl sprechende Gründe 88
c. Kein Widerspruch des Kindes 90
3. Sachvoraussetzungen (Absatz 2 Satz 2 Nr. 2)... 91
a. Keine gemeinsame Sorge 92
b. Kindeswohlbegründete Übertragung auf den Vater 93
VI. Sorgerechtsübertragung bei Ruhen der elterlichen Sorge nach § 1751 BGB 94
VII. Sorgerechtsregelung aufgrund vorrangiger Vorschriften (Absatz 4) 96
C. Verfahrenshinweise 98
I. Zuständigkeit 98
II. Anhörung 99
III. Darlegungslast 100
IV. Einstweilige Anordnung 101
D. Internationale Zuständigkeit 102

A. Grundlagen[1]

1   Nachdem das Bundesverfassungsgericht mit seiner Entscheidung vom 21.07.2010[2] aufgrund der Entscheidung des Europäischen Gerichtshofes für Menschenrechte vom 03.12.2009[3] § 1626a Abs. 1 BGB mit Art. 6 GG unvereinbar erklärt hat, da die Regelung den Vater generell von der Sorgeübertragung ausgeschlossen hat, wenn die Mutter des Kindes ihre Zustimmung zur gemeinsamen Sorge verweigert hat, ist § 1671 BGB durch das Gesetz zur Reform der elterlichen Sorge nicht miteinander verheirateter Eltern vom 16.04.2013, in Kraft getreten am 19.05.2013, ergänzt und neu strukturiert worden. § 1671 BGB in der jetzigen Fassung fasst die bisher in den §§ 1671 und 1672 BGB enthaltenen Regelungsgegenstände zusammen. Der nicht mit der Mutter verheiratete Vater eines Kindes konnte nach der bisherigen Rechtslage die elterliche Sorge nach Trennung von der Mutter nur mit Zustimmung der Mutter erhalten, wenn die Übertragung auf ihn dem Wohl des Kindes diente (§ 1672 Abs. 1 BGB a.F.) Durch die Reform sind die §§ 1671 und 1672 BGB zusammengefasst worden. § 1671 Abs. 2 BGB a.F. ist nunmehr § 1671 Abs. 1 Satz 2 BGB. § 1671 Abs. 3 BGB a.F. wurde zu § 1671 Abs. 4 BGB. § 1671 Abs. 2 BGB entspricht zum Teil dem § 1672 BGB a.F. und Absatz 3 wurde neu eingeführt. Die in den Fußnoten vor dem 19.05.2013 veröffentlichten zitierten Entscheidungen, Aufsätze und Anmerkungen etc. betreffen daher § 1671 BGB a.F. bzw. § 1672 BGB a.F.

2   Die Vorschrift betrifft in Absatz 1 die elterliche Sorge für den Fall der nicht nur vorübergehenden Trennung der Eltern, denen die gemeinsame Sorge zusteht und zumindest einer der beiden Elternteile die **vollständige oder partielle**[4] **Alleinsorge** übertragen bekommen möchte und daher einen Antrag gestellt hat. Absatz 2 eröffnet dem Vater die Möglichkeit einer gerichtlichen Überprüfung, durch die er auch gegen den Willen der Mutter die Alleisorge erlangen kann. Absatz 3 steht systematisch in Zusammenhang mit der Regelung des § 1751 Abs. 1 BGB.

B. Anwendungsvoraussetzungen

I. Normstruktur

3   § 1671 Abs. 1 Satz 1 BGB regelt die **Zulässigkeitsvoraussetzungen** der Sorgerechtsübertragung für die vollständige oder teilweise Alleinsorge auf einen Elternteil. Aus § 1671 Abs. 1 Satz 2 BGB ergeben sich die **Sachvoraussetzungen** für die Übertragung der Alleinsorge oder der teilweisen Alleinsorge.

4   § 1671 Abs. 2 BGB regelt die Rechte des nichtehelichen Vaters auf Übertragung der Alleinsorge bzw. einen Teils der elterlichen Sorge. Die Sachvoraussetzungen ergeben sich aus § 1671 Abs. 2 Satz 2 BGB.

5   § 1671 Abs. 3 BGB befasst sich mit der Übertragung der elterlichen Sorge auf den nichtehelichen Vater bei Ruhen der elterlichen Sorge der Mutter.

6   § 1671 Abs. 4 BGB befasst sich mit Sorgerechtsentscheidungen nach vorrangigen Regeln (§§ 1666, 1666a, 1667 BGB).

---

[1] Die Kommentierung basiert teilweise auf den Ausführungen in der Vorauflage von *Bauer*.
[2] BVerfG v. 21.07.2010 - 1 BvR 420/09 - BVerfGE 127, 132 ff.
[3] EGMR v. 03.12.2009 - 22028/04.
[4] *Schwab*, FamRZ 1998, 457-472.

II. Zulässigkeitsvoraussetzungen der Sorgerechtsübertragung für die vollständige oder partielle Alleinsorge auf einen Elternteil (Absatz 1 Satz 1)

1. Gemeinsames Kind

Es muss ein **gemeinsames, minderjähriges Kind** geben. 7

2. Gemeinsame elterliche Sorge

Den Eltern muss die elterliche Sorge für das Kind gemeinsam zustehen. Die **gemeinsame elterliche Sorge** ergibt sich, wenn die Kindeseltern im Zeitpunkt der Geburt des Kindes verheiratet sind, wenn die Kindeseltern Sorgeerklärungen nach § 1626a Abs. 1 Nr. 1 BGB abgegeben, nach der Geburt geheiratet haben (§ 1626a Abs. 1 Nr. 2 BGB), das Gericht die elterliche Sorge gemeinsam überträgt (§ 1626a Abs. 1 Nr. 3 BGB) oder das Kind adoptiert haben (§§ 1754, 1626 BGB). 8

Steht den Eltern die gemeinsame Sorge nur für einen **Teilbereich** zu und ansonsten einem Elternteil allein oder einem Pfleger zu, kann dennoch über jenen Teilbereich der gemeinsamen elterlichen Sorge nach § 1671 BGB entschieden werden. Für eine Entscheidung über den Bereich der alleinigen Sorge eines Elternteils gelten dagegen die allgemeinen Vorschriften (§ 1696 BGB).[5] 9

Ruht die elterliche Sorge nach § 1673 BGB oder § 1674 BGB eines Elternteils, so hat er die elterliche Sorge nicht verloren, er ist nur nicht berechtigt, diese auszuüben (§ 1675 BGB). **Rechtlich** besteht also eine gemeinsame elterliche Sorge.[6] Damit kann der Elternteil, der die elterliche Sorge zurzeit allein ausübt,[7] einen Antrag auf Übertragung der Alleinsorge i.S.d. § 1671 BGB stellen. Der Elternteil, dessen Sorge zur Zeit ruht, kann keinen Antrag gemäß § 1671 BGB stellen, da er nicht in der Lage ist, die Alleinsorge auszuüben. Dies gilt auch für die tatsächliche Verhinderung nach § 1678 BGB.[8] 10

3. Dauerhaftes Getrenntleben

Die Eltern müssen nicht nur vorübergehend getrennt leben.[9] Die **Definition des Getrenntlebens** ergibt sich aus § 1567 BGB. Zu den Voraussetzungen vgl. die Kommentierung zu § 1567 BGB. Kritisch wird das nach § 1567 Abs. 1 Satz 2 BGB mögliche Getrenntleben innerhalb der gemeinsamen Wohnung betrachtet.[10] § 1567 Abs. 2 BGB gilt damit nicht im Zusammenhang mit § 1671 BGB.[11] Bei Versöhnungsversuchen der Eltern liegt deshalb kein Getrenntleben der Eltern i.S.d. § 1671 Abs. 1 Satz 1 BGB vor.[12] 11

Haben die Eltern **nie zusammengelebt** und dennoch wirksame Sorgeerklärungen für das Kind abgegeben, ist bereits begrifflich keine Trennung möglich.[13] Gleichwohl findet § 1671 Abs. 1 Satz 1 BGB für diese Konstellation Anwendung.[14] 12

4. Antragserfordernis

Voraussetzung für eine Entscheidung über die elterliche Sorge nach § 1671 BGB ist ein **Antrag** zumindest eines (gemeinsam sorgeberechtigten) Elternteils. Es handelt sich um ein Antragsverfahren, so dass das Gericht nicht von Amts wegen tätig werden darf.[15] 13

Dieser Antrag hat eine doppelte Rechtsnatur: Er ist sowohl Verfahrenshandlung als auch Sachantrag.[16] 14

---

[5] *Jaeger* in: Johannsen/Henrich, EheR, § 1671 Rn. 13.
[6] *Veit* in: Bamberger/Roth, § 1671 Rn. 6.
[7] AG Ludwigslust v. 09.10.2009 - 5 F 140/09 - FamRZ 2010, 390-391.
[8] *Veit* in: Bamberger/Roth, § 1671 Rn. 6.
[9] *Schwab*, FamRZ 1998, 457-472 ; *Diederichsen* in: Palandt, § 1671 Rn. 10; *Coester* in: Staudinger, § 1671 Rn. 38.
[10] *Schwab*, FamRZ 1998, 457-471.
[11] *Veit* in: Bamberger/Roth, § 1671 Rn. 7.
[12] *Schwab*, FamRZ 1998 , 457-472; *Diederichsen* in: Palandt, § 1671 Rn. 10; *Coester* in: Staudinger, § 1671 Rn. 38.
[13] *Veit* in: Bamberger/Roth, § 1671 Rn. 9.
[14] *Diederichsen* in: Palandt, § 1671 Rn. 10.
[15] OLG Brandenburg v. 23.09.2013 - 9 UF 135/13 - juris Rn. 11.
[16] OLG Brandenburg v. 25.04.2001 - 9 UF 40/01 - JAmt 2002, 36-37; *Coester* in: Staudinger, § 1671 Rn. 50; *Jaeger* in: Johannsen/Henrich, EheR, § 1671 Rn. 20.

§ 1671

a. Antragsbegründung

15   In dem Verfahren nach § 1671 BGB gilt zwar der Amtsermittlungsgrundsatz, gleichwohl ist der Antrag im Hinblick auf alle Entscheidungsvoraussetzungen zu **begründen** und mit konkreten Tatsachen zu **belegen**.[17] So muss die Behauptung, der Elternteil mit der ausländischen Staatsbürgerschaft werde sein Sorgerecht dazu missbrauchen, das gemeinsame Kind in sein Heimatland zu verbringen, konkret und nachvollziehbar belegt werden.[18]

b. Antragsberechtigung

16   Antragsberechtigt sind **ausschließlich die Kindeseltern**. Das Antragsrecht steht weder dem Kind noch einem Dritten oder dem Jugendamt zu.[19] Ein Dritter oder das Jugendamt können nur ein gerichtliches Verfahren nach § 1666 BGB anregen.[20] Der beantragende Elternteil muss die Übertragung der Alleinsorge auf sich beantragen, wobei das Gesetz davon ausgeht, dass nur ein Elternteil einen Antrag stellt.[21] Das entspricht bei Antragstellung beider Elternteile dem Erfordernis widersprechender Anträge. Sofern die Anträge übereinstimmen, ist ein Antrag als Zustimmung i.S.d. § 1671 Abs. 1 Satz 2 Nr. 1 BGB zu werten.[22] Nach dem Wortlaut der Vorschrift ist ein Antrag auf Übertragung des Sorgerechts auf den anderen Elternteil, der keinen Antrag auf Zuweisung des Sorgerechts gestellt hat, nicht möglich.[23]

c. Form des Antrags

17   **Außerhalb des Scheidungsverbunds** kann der Antrag von dem Elternteil selbst schriftlich oder mündlich zum Protokoll der Geschäftsstelle erklärt werden gemäß §§ 111 Nr. 2, 23, 25 FamFG. Während des **Verbundverfahrens** besteht dagegen Anwaltszwang nach §§ 137 Abs. 3, 114 Abs. 1 FamFG, so dass es für die Antragstellung der Vertretung durch einen Rechtsanwalt bedarf.

18   Gemäß einer Entscheidung des OLG Rostock ist dem Antragsgegner für den Fall, dass der Antragsteller im Ehescheidungsverfahren neben dem Scheidungsantrag zusätzlich auch den Antrag auf Alleinübertragung der elterlichen Sorge stellt, für die Folgesache Sorgerecht selbst bei fehlender Erfolgsaussicht seiner Rechtsverteidigung **Verfahrenskostenhilfe** zu bewilligen.[24] Auf die Erfolgsaussicht der Rechtsverfolgung kommt es nach Auffassung des Gerichts nicht an, da eine gerichtliche Auseinandersetzung in jedem Fall unvermeidbar ist.

d. Antragsinhalt

19   Der Antrag auf Übertragung der elterlichen Sorge kann die **ganze Sorge**, aber auch **nur einzelne frei bestimmbare Teilbereiche (partielle Alleinsorge**[25]**)** erfassen. Die Aufteilung ist sowohl zwischen Personen- und Vermögenssorge als auch entgegen dem bisherigen Grundsatz der Unteilbarkeit der Personensorge[26] innerhalb dieser Sorgebereiche möglich[27]. Der häufigste Fall einer teilweisen Sorgerechtsübertragung betrifft das Aufenthaltsbestimmungsrecht[28], unter Umständen in Verbindung mit anderen Bereichen, z.B. dem Recht zur Regelung der mit dem Schulbesuch zusammenhängenden Fragen[29]. Zur Orientierung der Aufteilungsmöglichkeiten im Rahmen der Personensorge dient § 1631

---

[17] *Veit* in: Bamberger/Roth, § 1671 Rn. 10.
[18] OLG Köln v. 19.10.1998 - 25 WF 166/98 - NJW-RR 1999, 1019; OLG München v. 15.03.1999 - 26 UF 1502/98, 26 UF 1659/98 - NJW 2000, 368369; OLG Dresden v. 03.08.1999 - 22 UF 121/99 - FamRZ 2000, 109-111.
[19] *Coester* in: Staudinger, § 1671 Rn. 14.
[20] BT-Drs. 13/4899, S. 64, 98.
[21] *Veit* in: Bamberger/Roth, § 1671 Rn. 11.
[22] *Schwab*, FamRZ 1998, 457-472; *Diederichsen* in: Palandt, § 1671 Rn. 11.
[23] *Diederichsen* in: Palandt, § 1671 Rn. 11; *Coester* in: Staudinger, § 1671 Rn. 50.
[24] OLG Rostock v. 31.03.2005 - 10 WF 60/05 - OLGR Rostock 2005, 583.
[25] *Schwab*, FamRZ 1998, 457-472.
[26] BGH v. 17.09.1980 - IVb ARZ 543/80 - BGHZ 78, 108-114.
[27] *Schwab*, FamRZ 1998, 457-472; *Veit* in: Bamberger/Roth, § 1671 Rn. 13; *Diederichsen* in: Palandt, § 1671 Rn. 5.
[28] OLG Zweibrücken v. 23.07.2009 - 6 UF 45/08 - FamRZ 2010, 138-139; OLG Zweibrücken v. 02.03.2000 - 5 UF 134/99 -DAVorm 2000, 331-334; OLG Zweibrücken v. 29.06.2000 - 6 UF 73/99 - NJW-RR 2001, 506-507; OLG Nürnberg v. 17.11.1998 - 11 UF 1752/98 - MDR 1999, 300-301; OLG Bamberg v. 28.01.1999 - 7 UF 122/98 - OLGR Bamberg 1999, 119-120; OLG Köln v. 06.07.1999 - 25 UF 236/98 - OLGR Köln 2000, 53-55; OLG Brandenburg v. 08.11.2001 - 15 UF 124/01 - FamRZ 2002, 567-568.
[29] OLG Nürnberg v. 17.11.1998 - 11 UF 1752/98 - MDR 1999, 300-301.

BGB. Beachtlich für die Aufteilung nach Sorgebereichen ist der Aspekt, dass das Leben des Kindes eine Einheit bilden soll.[30]

Bei **mehreren gemeinschaftlichen Kindern** kann der Antrag auch auf eines oder mehrere dieser Kinder beschränkt werden.[31]   20

5. Verhältnis zu § 1628 BGB

Vgl. die Kommentierung zu § 1628 BGB.   21

III. Sachvoraussetzungen für die Übertragung aufgrund Zustimmung des anderen Elternteils nach (Absatz 1 Satz 2 Nr. 1)

1. Antragserfordernis

Vgl. die Voraussetzungen zum Antrag (vgl. Rn. 13).   22

2. Zustimmung des anderen Elternteils (Absatz 1 Satz 2 Nr. 1)

Das Gericht ist an die Zustimmung des Elternteils **gebunden**, wenn er diese zu einem konkreten Antrag erteilt und dem Gericht mitgeteilt hat.[32]   23

Die Zustimmung kann sich auf den ganzen Antrag oder auch nur auf einen Teil davon beziehen. Beschränkt sich die Zustimmung auf einen Teil des Antrages, gilt dafür § 1671 Abs. 1 Satz 2 Nr. 1 BGB und der restliche Antrag ist nach den Voraussetzungen des § 1671 Abs. 1 Satz 2 Nr. 2 BGB zu prüfen.[33]   24

Der einseitige **Widerruf der Zustimmung** ist bis zur Entscheidung in der letzten Tatsacheninstanz zulässig.[34] Gleiches gilt für die **außergerichtliche Sorgerechtsvereinbarung**.[35]   25

Eine Prüfung des Kindeswohls findet nicht statt, sofern der andere Elternteil dem **Antrag zustimmt**.[36] Das Gericht muss dann dem Antrag ohne Sachprüfung stattgeben, auch wenn erkennbar ist, dass diese Entscheidung nicht dem Kindeswohl dient oder der andere Elternteil der bessere Betreuer und Erzieher ist.[37] § 1671 Abs. 1 Satz 2 Nr. 1 BGB ist insoweit eine Ausnahmeregelung zu § 1698a BGB, so dass auch nach dieser Vorschrift keine Kindeswohlprüfung in Betracht kommt.[38]   26

Liegen allerdings konkrete Anhaltspunkte vor, dass die angestrebte Sorgerechtsregelung das Kindeswohl gefährdet, muss das Gericht das **Wohl des Kindes** nach § 1666 BGB i.V.m. § 1671 Abs. 4 BGB **von Amts wegen** prüfen.[39] Damit das Gericht in diesem Fall zu einer anderen als der von den Eltern gewünschten Sorgerechtsregelung kommen kann, darf die angestrebte Sorgerechtsregelung nicht bloß dem Wohl des Kindes widersprechen, es muss die Eingriffsschwelle des § 1666 BGB erreicht werden.[40]   27

Anhaltspunkte für eine Gefährdung des Kindeswohls kann das Gericht durch Anhörung des Jugendamtes[41] nach § 162 Abs. 1 Satz 1 FamFG, durch die Anhörung der Eltern[42] nach § 160 FamFG und des Kindes gemäß § 159 FamFG ermitteln.   28

3. Kein Widerspruch des Kindes (Absatz 1 Satz 2 Nr. 1)

Widerspricht das über **14-jährige Kind,** entfällt der gesamte Antrag und mithin die Möglichkeit der Sorgerechtsübertragung nach § 1671 Abs. 1 Satz 2 Nr. 1 BGB. Eine Beschränkung auf die unwidersprochenen Teile kommt nicht in Betracht.[43] Im Falle des Widerspruchs ist der gesamte Antrag nach   29

---

[30] *Schwab*, FamRZ 1998, 457-472; *Veit* in: Bamberger/Roth, § 1671 Rn. 13.
[31] *Veit* in: Bamberger/Roth, § 1671 Rn. 15.
[32] *Schwab*, FamRZ 1998, 457-472; OLG Rostock v. 20.04.1999 - 8 UF 57/99 - ZfJ 1999, 351-352; BVerfG v. 03.11.1982 - 1 BvL 25/80, 1 BvL 38/80, 1 BvL 40/80, 1 BvL 12/81 - NJW 1983, 101-103.
[33] OLG Nürnberg v. 17.11.1998 - 11 UF 1752/98 - MDR 1999, 300-301.
[34] BGH v. 24.05.2000 - XII ZB 72/97 - DAVorm 2000, 704-708.
[35] BGH v. 24.05.2000 - XII ZB 72/97 - DAVorm 2000, 704-708.
[36] OLG Hamburg v. 22.04.2010 - 12 WF 75/10, 12 WF 76/10 - FamRZ 2010, 1680.
[37] *Jaeger* in: Johannsen/Henrich, EheR, § 1671 Rn. 30.
[38] *Veit* in: Bamberger/Roth, § 1671 Rn. 22.
[39] OLG Saarbrücken v. 12.07.2010 - 9 UF 35/10; *Jaeger* in: Johannsen/Henrich, EheR, § 1671 Rn. 30.
[40] KG Berlin v. 06.08.2009 - 13 UF 106/08 - FamRZ 2010, 135-138.
[41] OLG Köln v. 13.02.1981 - 4 WF 23/81 - FamRZ 1981, 599-600.
[42] OLG Saarbrücken v. 23.02.2010 - 6 UF 140/09 - FamRZ 2010, 1680-1681.
[43] *Jaeger* in: Johannsen/Henrich, EheR, § 1671 Rn. 28.

§ 1671

erschwerten Voraussetzungen des § 1671 Abs. 1 Satz 2 Nr. 2 BGB zu prüfen, dem Kind kommt also **kein Vetorecht** zu.[44]

30 Der Widerspruch des Kindes muss sich eindeutig gegen den konkreten Antrag wenden.[45] Das Gericht ist zur dahin gehenden Anhörung des Kindes nach § 159 Abs. 1 FamFG verpflichtet.[46] Das Gericht kann dem Kind zur Wahrnehmung des Widerspruchsrechts einen Verfahrenspfleger bestellen (§ 158 Abs. 1, Abs. 2 Nr. 1 FamFG). Der Widerspruch ist **bis zum Schluss der mündlichen Verhandlung** widerruflich.[47] Das Kind kann auf sein Widerspruchsrecht nicht verzichten.[48]

IV. Sachvoraussetzungen für die Übertragung aus Gründen des Kindeswohls nach (Absatz 1 Satz 2 Nr. 2)

1. Antragserfordernis

31 Vgl. die Voraussetzungen zum Antrag (vgl. Rn. 13).

2. Kindeswohlprüfung

32 Nach § 1671 Abs. 1 Satz 2 Nr. 2 BGB kann die elterliche Sorge einem Elternteil ganz oder zum Teil allein übertragen werden. Das setzt voraus, dass diese Übertragung dem Kindeswohl am besten entspricht. **Prüfungsmaßstab ist demnach das Wohl des Kindes.**[49] Das Bundesverfassungsgericht hat immer betont, dass das Kindeswohl letztlich bestimmend sein muss und ihm der Vorrang vor den Elterninteressen einzuräumen ist.[50] Das Kind hat als Grundrechtsträger Anspruch auf staatlichen Schutz aufgrund seines Grundrechts aus Art. 2 Abs. 1 GG.[51] Dahin gehend bildet das Wohl des Kindes den Richtpunkt für den staatlichen Schutzauftrag nach Art. 6 Abs. 2 Satz 2 GG. Bei einer Interessenkollision zwischen Eltern und Kind ist das Kindeswohl der bestimmende Maßstab.[52]

33 Des Weiteren enthält die Neuregelung des Rechts der elterlichen Sorge durch das Kindschaftsrechtsreformgesetz kein Regel- Ausnahme-Verhältnis in dem Sinn, dass eine Priorität zugunsten der gemeinsamen elterlichen Sorge bestehen und die Alleinsorge eines Elternteils nur in Ausnahmefällen als ultima ratio in Betracht kommen sollte.[53] Es soll danach zwar in erster Linie Sache der Eltern sein, zu entscheiden, ob sie die gemeinsame Sorge nach ihrer Scheidung beibehalten wollen oder nicht. Daraus ist jedoch nicht der Schluss zu ziehen, dass der gemeinsamen Sorge ein Vorrang vor der Alleinsorge eines Elternteils eingeräumt werden sollte.[54] Ebenso wenig besteht eine gesetzliche Vermutung dafür, dass die gemeinsame elterliche Sorge im Zweifel die für das Kind beste Form der Wahrnehmung elterlicher Verantwortung sei.[55] Wenn sich die Eltern bei Fortbestehen der gemeinsamen Sorge fortwährend

---

[44] *Schwab*, FamRZ 1998, 457-472; *Niepmann*, MDR 1998, 565-570.

[45] *Coester* in: Staudinger, § 1671 Rn. 90.

[46] OVG Berlin-Brandenburg v. 23.02.2012 - OVG 2 B 6.11 - juris Rn. 27.

[47] *Veit* in: Bamberger/Roth, § 1671 Rn. 24.

[48] *Schwab*, FamRZ 1998, 457-472.

[49] BVerfG v. 29.10.1998 - 2 BvR 1206/98 - NJW 1999, 631-634; BVerfG v. 29.01.2003 - 1 BvL 20/99 - FamRZ 2004, 1015-1016; BVerfG v. 01.03.2004 - 1 BvR 738/01 - FamRZ 2003, 285-292.

[50] BVerfG v. 30.11.1988 - 1 BvR 37/85 - NJW 1989, 1275.

[51] BVerfG v. 28.01.2004 - 1 BvR 994/98 - NJW 2004, 1586-1587.

[52] AG Ludwigslust v. 18.08.2005 - 5 F 101/04 - juris Rn. 32 - FamRZ 2006, 501 mit einer ausführlichen Darstellung des familiengerichtlichen Abwägungsvorgangs; BVerfG v. 29.10.1998 - 2 BvR 1206/98 - NJW 1999, 631-634.

[53] BGH v. 29.09.1999 - XII ZB 3/99 - LM BGB § 1671 Nr. 29 (4/2000); OLG Braunschweig v. 12.06.2001 - 1 UF 227/00 - FamRZ 2002, 121-123; OLG Brandenburg v. 01.03.2001 - 9 WF 177/00 - FamRZ 2001, 1021-1023; OLG Brandenburg v. 27.03.2001 - 9 WF 39/01 - JAmt 2001, 556-557; OLG Schleswig v. 09.09.1999 - 13 UF 271/98 - NJW-RR 2000, 813-815; KG Berlin v. 21.02.2000 - 17 UF 9712/99 - NJWE-FER 2000, 175-176; KG Berlin v. 21.09.1999 - 17 UF 4806/99 - MDR 2000, 162; OLG Zweibrücken v. 23.11.1999 - 5 UF 88/99 - NJW-RR 2000, 957-959; OLG Zweibrücken v. 09.12.1999 - 6 UF 3/99 - OLGR Zweibrücken 2000, 236-238; OLG Hamm v. 09.08.2000 - 8 UF 597/99 - OLGR Hamm 2000, 365-366; OLG Hamm v. 14.02.2000 - 6 UF 141/99 - OLGR Hamm 2000, 121-124; OLG Köln v. 21.01.2000 - 25 UF 223/99 - EzFamR aktuell 2000, 197; OLG Frankfurt v. 14.09.1998 - 3 UF 89/98 - FamRZ 1999, 392-393; OLG Rostock v. 20.04.1999 - 8 UF 57/99 - ZfJ 1999, 351-352; BVerfG v. 18.12.2003 - 1 BvR 1140/03 - ZFE 2004, 84; AG Ludwigslust v. 18.08.2005 - 5 F 101/04 - juris Rn. 33 - FamRZ 2006, 501.

[54] BGH v. 29.09.1999 - XII ZB 3/99 - LM BGB § 1671 Nr. 29 (4/2000).

[55] BT-Drs. 13/4899, S. 63; BVerfG v. 03.11.1982 - 1 BvL 25/80, 1 BvL 38/80, 1 BvL 40/80, 1 BvL 12/81 - NJW 1983, 101-103.

über die das Kind betreffenden Angelegenheiten streiten, kann dies zu Belastungen führen, die mit dem Wohl des Kindes nicht vereinbar sind.[56] In solchen Fällen, in denen die gemeinsame elterliche Sorge praktisch nicht „funktioniert" und es den Eltern nicht gelingt, zu Entscheidungen im Interesse des Kindes zu gelangen, ist der Alleinsorge eines Elternteils der Vorzug zu geben.[57]

Somit darf nicht jede Spannung oder Streitigkeit zwischen den getrennt lebenden Elternteilen das gemeinsame Sorgerecht ausschließen, vielmehr stellt die Entscheidung nach § 1671 Abs. 1 Satz 2 Nr. 2 BGB maßgeblich darauf ab, welche Auswirkungen die **mangelnde Einigungsfähigkeit** der Eltern bei einer Gesamtbeurteilung der Verhältnisse auf die Entwicklung und das Wohl des Kindes haben wird.[58] Entscheidend ist **der schädliche Einfluss**, den die Streitigkeiten auf das Kindeswohl ausüben können. Streiten die Eltern über Jahre vor Gericht um Sorge- und Umgangsrechte, spricht dies gegen die Einigungsfähigkeit und Einigungsbereitschaft.[59]

34

Das „**Wohl des Kindes**" ist ein unbestimmter Rechtsbegriff und wird auch im Gesetz nicht näher definiert.[60] Nach § 1666 BGB umfasst er das körperliche, geistige und seelische Wohl des Kindes.[61] Nach § 1 Abs. 1 SGB VIII hat jeder junge Mensch das Recht auf Förderung seiner Entwicklung und auf Erziehung zu einer eigenverantwortlichen und gemeinschaftsfähigen Persönlichkeit. Diese Vorschrift wird zur Ermittlung des Kindeswohlbegriffs herangezogen.[62]

35

Grundsätzlich erfordert jeder **Einzelfall** eine genaue Prüfung durch das Gericht, unter dem Blickwinkel des Kindeswohls festzustellen, welche Sorgerechtsform für die jeweils zerbrechende Familie die beste ist.[63]

36

Diese Fragestellung verlangt ein zweistufiges Vorgehen in der Form der so genannten **doppelten Kindeswohlprüfung**.[64]

37

- Zuerst ist zu prüfen, ob die Aufhebung der gemeinsamen Sorge dem Kindeswohl am besten entspricht.
- Wird diese Frage positiv beantwortet, schließt sich die Prüfung an, ob die Zuweisung des Sorgerechts gerade an den Antragsteller dem Wohl des Kindes am besten entspricht.

Bei der im Rahmen des § 1671 Abs. 1 Satz 2 Nr. 2 BGB vorzunehmenden prognostischen Beurteilung des Kindeswohls sind die von Rechtsprechung und Literatur zum bisherigen Sorgerecht entwickelten Grundsätze nach wie vor von Belang.[65] Danach sind die Bindungen der Kinder, insbesondere an ihre Eltern, zu berücksichtigen. Andere gewichtige Gesichtspunkte für die zu treffende Regelung sind die **Prinzipien der Förderung, der Kontinuität und der Kindeswille**. Danach soll das Sorgerecht demjenigen Elternteil übertragen werden, der dem Kind voraussichtlich die besseren Entwicklungsmöglichkeiten vermitteln und ihm die meiste Unterstützung für den Aufbau seiner Persönlichkeit sowie eine gleichmäßige, stetige Betreuung und Erziehung geben kann. Neben den genannten Gesichtspunkten sind **Erziehungsbereitschaft, häusliche Verhältnisse und das soziale Umfeld der Eltern** mit in die Bewertung einzubeziehen. Alle diese Kriterien stehen letztlich nicht wie Tatbestandsmerkmale kumulativ nebeneinander; vielmehr kann jedes von ihnen im Einzelfall für die Bestimmung dessen, was dem Wohl des Kindes am besten entspricht, mehr oder weniger bedeutsam sein.[66]

38

3. Kindeswohlorientierte Gründe für die Aufhebung der gemeinsamen elterlichen Sorge

a. Erziehungseignung

Die mangelnde Eignung zur Erziehung ist ein **Grund für die Aufhebung der gemeinsamen Sorge**.[67] Zwar ist der antragstellende Elternteil nicht gezwungen sich zu rechtfertigen, denn allein die Verwei-

39

---

[56] OLG Köln v. 29.03.2005 - 4 UF 25/05 - OLGR Köln 2005, 371-372.
[57] BT-Drs. 13/4899, S. 63, OLG Brandenburg v. 24.02.2012 - 10 UF 360/11 - juris Rn. 30.
[58] OLG Köln v. 29.03.2005 - 4 UF 25/05 - OLGR Köln 2005, 371-372; OLG Saarbrücken v. 05.01.2004 - UF 133/03 - juris Rn. 14 - OLGR Saarbrücken 2004, 155-156.
[59] OLG Köln v. 13.12.2007 - 4 UF 93/07 - OLGR Köln 2008, 248-249; *Leis*, jurisPR-FamR 6/2008, Anm. 6.
[60] *Veit* in: Bamberger/Roth, § 1671 Rn. 25.
[61] *Jaeger* in: Johannsen/Henrich, EheR, § 1671 Rn. 45.
[62] *Diederichsen* in: Palandt, § 1671 Rn. 20.
[63] *Oelkers*, MDR 2000, 32-33.
[64] *Veit* in: Bamberger/Roth, § 1671 Rn. 25.
[65] OLG Zweibrücken v. 29.06.2000 - 6 UF 73/99 - NJW-RR 2001, 506-507.
[66] OLG Karlsruhe v. 08.03.2012 - 18 UF 266/11 - juris Rn. 73 ff.; OLG Zweibrücken v. 29.06.2000 - 6 UF 73/99 - NJW-RR 2001, 506-507.
[67] Brandenburgisches OLG v. 14.12.2009 - 10 UF 84/09; AG Sigmaringen v. 16.06.2009 - 2 F 474/08; *Veit* in: Bamberger/Roth, § 1671 Rn. 27.

gerung der gemeinsamen Sorge[68] und in Konsequenz dessen die Antragstellung nach § 1671 BGB bedeutet keinen Makel für die Erziehungseignung.[69] Indes rechtfertigen Defizite eines Elternteils, wie gelegentlicher Haschischkonsum, Selbstgefährdung durch Motorradfahren trotz eines schweren Unfalls oder eine schlechte berufliche Situation nicht die Entziehung der elterlichen Sorge.[70] Der aufgrund dieser Defizite zu befürchtende negative Einfluss auf das Kind wäre auch bei der Übertragung des alleinigen Sorgerechts auf den anderen Elternteil gegeben. Dagegen lassen erhebliche Alkoholprobleme eines Elternteils bis hin zur Sucht diesen Elternteil regelmäßig als ungeeignet zur Pflege und Erziehung des Kindes erscheinen.[71] Das gilt auch, wenn der betreffende Elternteil nicht zur Erziehung bereit ist[72] und dies durch Desinteresse hinsichtlich des Umgangs mit dem Kind verdeutlicht[73]. Erziehungsungeeignet ist auch ein Elternteil, der seine Kinder (hier: 12-jährige Zwillinge) dergestalt eng und übermächtig an sich bindet, dass diese kaum die Möglichkeit haben sich eigenständig zu entwickeln.[74]

b. Kooperationsfähigkeit und Konsensbereitschaft

40 Voraussetzung für die Beibehaltung der gemeinsamen elterlichen Sorge ist die **objektive Kooperationsfähigkeit und Konsensbereitschaft der Eltern**.[75] Es ist erforderlich, im Einzelfall die Gründe zu hinterfragen und zu bewerten, die den Wunsch nach Aufhebung der gemeinsamen elterlichen Sorge tragen. Dabei ist auch zu berücksichtigen, dass die Eltern verpflichtet sind, hinsichtlich der elterlichen Sorge Konsens zu suchen und zu finden, solange ihnen ein gemeinsames Erziehungshandeln zum Wohle des Kindes zumutbar ist und die darauf gerichtete Erwartung nicht unbegründet erscheint.[76] Besteht zwischen den getrennt lebenden Eltern eine tief greifende unheilbare Zerrüttung ohne erkennbare Verständigungsbasis, die sich auf nahezu alle Bereiche des täglichen Lebens und auch auf die Eltern-Kind-Beziehung erstreckt, so entspricht es insbesondere dann am besten dem Kindeswohl, der Mutter antragsgemäß die elterliche Sorge allein zu übertragen, wenn auch das Kind, das unter der äußerst angespannten Situation zwischen den Eltern leidet und nicht an eine Verständigungsmöglichkeit glaubt, die Übertragung der elterlichen Sorge auf den einen Elternteil wünscht.[77]

41 Die Kooperationsfähigkeit und -bereitschaft ist vollkommen ausgeschlossen, soweit der Kindesvater noch auf die Rückkehr seiner Frau zu ihm hoffte, dadurch das gegen ihn **verhängte Kontaktverbot missachtete** und sowohl Kindesmutter als auch die Kinder konstant bedrängte und belästigte. Hierdurch kam es zu Eskalationen, die eine sachliche Kommunikation über die Belange der Kinder unmöglich machten.[78] Ein solch immenser Mangel an Kooperationsbereitschaft muss allerdings nicht zwingend zur Übertragung des Sorgerechts auf den anderen Elternteil führen.[79]

c. Kommunikationsfähigkeit

42 Die elterliche Sorge kann nur gemeinsam ausgeübt werden, wenn zwischen den Eltern die Möglichkeit zur Kommunikation besteht.[80] Das setzt die objektive und subjektive Kommunikationsbereitschaft beider Elternteile voraus.[81]

---

[68] AG München v. 25.11.2009 - 551 F 5932/09.
[69] *Jaeger* in: Johannsen/Henrich, EheR, § 1671 Rn. 39.
[70] OLG Nürnberg v. 23.02.1999 - 11 UF 4062/98 - NJW-RR 1999, 1019-1020.
[71] OLG Brandenburg v. 27.03.2001 - 9 WF 39/01 - JAmt 2001, 556-557.
[72] *Veit* in: Bamberger/Roth, § 1671 Rn. 27.
[73] OLG München v. 24.07.2001 - 26 UF 664/01 - FamRZ 2002, 189-190.
[74] OLG Frankfurt v. 11.05.2005 - 1 UF 94/03 - juris Rn. 12 - FamRZ 2005, 1700-1702.
[75] OLG Hamm v. 28.01.2010 - 11 UF 195/09, II-11 UF 195/09 - FamRZ 2010, 1258-1259; BVerfG v. 03.11.1982 - BVerfG v. 03.11.1982 - 1 BvL 25/80, 1 BvL 38/80, 1 BvL 40/80, 1 BvL 12/81 - NJW 1983, 101-103; OLG Nürnberg v. 10.10.2000 - 10 UF 2366/00 - EzFamR aktuell 2001, 59-61; OLG Karlsruhe v. 08.03.2012 - 18 UF 266/11 - juris Rn. 73 ff.
[76] OLG Nürnberg v. 10.10.2000 - 10 UF 2366/00 - EzFamR aktuell 2001, 59-61.
[77] OLG Hamm v. 18.12.2003 - 3 UF 184/03 - Streit 2004, 83; OLG Hamm v. 25.02.2002 - 6 UF 61/01 - FamRZ 2002, 1208-1209; OLG Nürnberg v. 10.10.2000 - 10 UF 2366/00 - EzFamR aktuell 2001, 59-61.
[78] AG Essen v. 15.06.2004 - 106 F 54/04 - Streit 2004, 137-138.
[79] AG Mainz v. 24.01.2000 - 34 F 40/99 - juris Rn. 14.
[80] OLG Hamburg v. 22.05.2008 - 10 UF 45/07 - OLGR Hamburg 2008, 516-517; KG Berlin v. 01.07.2005 - 13 UF 199/04 - juris Rn. 14 - FamRZ 2005, 1768-1770; BGH v. 11.05.2005 - XII ZB 33/04 - juris Rn. 9 - NJW 2005, 2080-2081; *Stockmann*, jurisPR-FamR 16/2005; OLG Karlsruhe v. 08.03.2012 - 18 UF 266/11 - juris Rn. 73 ff.
[81] OLG Hamm v. 31.10.2006 - 3 UF 112/06; *Harms*, jurisPR-FamR 14/2007, Anm. 4.

d. Meinungsverschiedenheit

Gleichwohl ist nicht jede Meinungsverschiedenheit zwischen den Elternteilen ein Grund zur Aufhebung der gemeinsamen Sorge. Dies ist nur dann der Fall, wenn zwischen den Eltern erhebliche Streitigkeiten bestehen und aufgrund der mangelnden Kooperationsbereitschaft zu erwarten ist, dass sich diese Konflikte nach Trennung bzw. Scheidung fortsetzen und zum Nachteil des Kindes auswirken werden.[82] Die in diesem Zusammenhang vorzunehmende **Prognose** kann naturgemäß nur auf der Grundlage des bisherigen Verhaltens der Eltern erfolgen, wobei zu beachten ist, dass trennungsbedingte Spannungen zwischen den Eltern in der Regel schnell abgebaut werden und somit der gemeinsamen Ausübung der elterlichen Sorge nicht grundsätzlich entgegenstehen.[83] Eine dem Kindeswohl dienende gemeinsame Sorgerechtsausübung setzt neben der Kooperationsbereitschaft und -fähigkeit einen Grundkonsens der Eltern in den **Angelegenheiten der elterlichen Sorge mit erheblicher Bedeutung** für das Kind voraus.[84] Solche Angelegenheiten mit erheblicher Bedeutung sind der Aufenthalt des Kindes, der Umgang des Kindes, der Kindergarten, Fragen der Einschulung, des Schulsystems, der Schulauswahl, grundsätzliche Erziehungsfragen und die ärztliche Versorgung.[85] Der tragfähige Grundkonsens für die wesentlichen Sorgerechtsfragen besteht beispielsweise dann nicht, wenn erhebliche Gewalttätigkeiten von einem Elternteil gegenüber dem anderen Elternteil stattgefunden haben und der andere Elternteil dadurch nicht mehr in der Lage ist, eine Kommunikation mit dem gewalttätigen Elternteil zu führen.[86]

43

Nach einer Entscheidung des BGH[87] rechtfertigt die Meinungsverschiedenheit der Eltern über die religiöse Erziehung des Kindes – jedenfalls für sich genommen – nicht die Übertragung der Alleinsorge auf einen Elternteil.[88] Etwas anderes kann angenommen werden, wenn im Hinblick auf die mangelnde Kooperationsbereitschaft der Eltern keine Einigung auf die kindlichen Belange erwartet werden kann.

44

Es wird die Meinung vertreten, auch getrennt lebende Eltern seien grundsätzlich verpflichtet, im Rahmen der elterlichen Sorge Konsens zu suchen und zu finden. Aus dieser Pflicht könnten sie nicht entlassen werden, solange ihnen ein **gemeinsames Erziehungshandeln zum Wohl des Kindes zumutbar** ist und die darauf gerichtete Erwartung nicht unbegründet sei. Aus der Trennung resultierende Partnerschaftskonflikte und das Bestreben der Parteien, jeglichen Kontakt miteinander möglichst zu vermeiden, besagt nicht ohne weiteres, dass bei anstehenden wichtigen Entscheidungen über die Belange des Kindes eine Kooperation der Eltern ausgeschlossen oder auch nur unwahrscheinlich wäre.[89] Gegen diese Meinung spricht, dass sich nach einer gescheiterten Beziehung in Realität elterliche Gemeinsamkeit kaum verordnen lässt.[90]

45

Dennoch ist bei zukünftig vorhandenem Grundkonsens der Eltern in maßgeblichen Erziehungsfragen und fortbestehender Kooperationsbereitschaft stets eine Teilentscheidung dem vollständigen Sorgerechtsentzug vorzuziehen und nur das Aufenthaltsbestimmungsrecht einem Elternteil zu übertragen ist.[91]

46

Wenn die Eltern bei Fortbestehen der gemeinsamen elterlichen Sorge über die die Kinder betreffenden Angelegenheiten **nachhaltig streiten**, entspricht es dem Kindeswohl am besten, wenn nur einem Elternteil die elterliche Sorge übertragen wird.[92] Andererseits kann die Auflösung der gemeinsamen el-

47

---

[82] OLG Hamm v. 29.09.2004 - 4 UF 197/04 - Streit 2004, 165-166.
[83] OLG Dresden v. 27.02.2002 - 10 UF 743/01 - juris Rn. 19 - FamRZ 2002, 973-974; OLG Hamm v. 25.08.1998 - 2 UF 73/98 - FamRZ 1999, 38-39.
[84] KG Berlin v. 10.03.1999 - 3 UF 3500/98 - ZfJ 1999, 395-397.
[85] OLG Köln v. 17.11.2009 - 4 UF 122/09 - FamRZ 2010, 906-907; *Veit* in: Bamberger/Roth, § 1671 Rn. 29 m.w.N.
[86] BVerfG v. 18.12.2003 - 1 BvR 1140/03 - ZFE 2004, 84.
[87] BGH v. 11.05.2005 - XII ZB 33/04 - juris Rn. 9 - NJW 2005, 2080-2081; *Stockmann*, jurisPR-FamR 16/2005, Anm. 2; OLG Karlsruhe v. 13.08.2001 - 5 UF 140/01 - juris Rn. 12 - FamRZ 2002, 1728; *Kleist*, jurisPR-FamR 2/2004, Anm. 6; OLG München v. 14.12.1999 - 12 UF 1359/99 - FamRZ 2000, 1042; OLG Düsseldorf v. 03.12.1998 - 6 UF 198/98 - FamRZ 1999, 1157-1158; OLG Oldenburg v. 07.11.1996 - 11 UF 131/96 - NJW 1997, 2962.
[88] OLG Oldenburg v. 09.02.2010 - 13 UF 8/10 - NdsRpfl. 2010, 121-122; vgl. hierzu auch die Anmerkung von *Luthin*, FamRZ 2005, 1168 sowie *Stockmann*, jurisPR-FamR 16/2005, Anm. 2.
[89] OLG Köln v. 22.03.1999 - 27 WF 36/99 - FamRZ 2000, 499.
[90] BT-Drs. 13/4899, S. 99.
[91] OLG Düsseldorf v. 01.03.2004 - II-8 UF 51/03, 8 UF 51/03 - ZFE 2004, 153.
[92] AG Bonn v. 11.09.2009 - 408 F 145/09; KG Berlin v. 21.09.1999 - 17 UF 4806/99 - MDR 2000, 162; OLG Nürnberg v. 20.07.2001 - 7 UF 684/01 - NJW-RR 2001, 1519-1521; OLG Celle v. 14.11.2002 - 12 UF 81/02 - FamRZ 2003, 1488-1489; KG Berlin v. 01.07.2005 - 13 UF 199/04 - juris Rn. 15 - FamRZ 2005, 1768-1770; OLG Karlsruhe v. 08.03.2012 - 18 UF 266/11 - juris Rn. 73 ff.

§ 1671

terlichen Sorge nicht damit gerechtfertigt werden, dass mit der Aufhebung das Konfliktpotenzial aus der Elternbeziehung genommen wird, um die Position des Elternteils durch die Übertragung des Aufenthaltsbestimmungsrechts zu stärken.[93]

48 In diesem Sinne hat auch der Berliner Verfassungsgerichtshof entschieden, der in der Übertragung der alleinigen Sorge für ein nichteheliches Kind auf die Kindesmutter zum Wohl des Kindes keine Verletzung des Elternrechts (Art. 6 GG; Art. 12 Abs. 3 Verf. BE) des Kindesvaters sah.[94] Danach besteht **nach § 1671 BGB kein zwingender Vorrang der gemeinsamen elterlichen Sorge**,[95] wobei das gemeinsame Sorgerecht ein Mindestmaß an Kooperationsbereitschaft der Eltern voraussetzt.[96]

e. Glaubenszugehörigkeit

49 Allein die Zugehörigkeit eines Elternteil zur einer **Glaubensgemeinschaft** (hier: Zeugen Jehovas[97]) ist kein ausschlaggebender Gesichtspunkt für eine zu treffende Sorgerechtsregelung.[98] Hier ist immer eine Einzelfallprüfung durch das Familiengericht zwingend erforderlich. Nur wenn aus der Glaubenszugehörigkeit konkret schädliche Auswirkungen auf das Kindeswohl festgestellt werden, kann die Religionszugehörigkeit bedeutsam für die Sorgerechtsentscheidung sein.

f. Gewalt

50 Es entspricht nicht dem Kindeswohl, wenn es zwischen den Eltern und/oder zwischen einem Elternteil und dem Kind zu **Gewaltanwendung** gekommen ist.[99] Die entsprechende Würdigung des Gesetzgebers findet sich in § 1631 Abs. 2 BGB, vgl. die Kommentierung zu § 1631 BGB. Die bereits entstandenen Gewaltstrukturen sind nicht durch Fortsetzung der gemeinsamen Sorge (vgl. Rn. 64) zu verfestigen.

51 Nach Ansicht des AG Leipzig ist dann keine Grundlage für die Ausübung der gemeinsamen elterlichen Sorge im Sinne dieser Vorschrift gegeben, wenn gegen den Kindesvater Anklage wegen **Verdachts der Vergewaltigung** erhoben wurde, er sich deshalb in Untersuchungshaft befindet und er sich bereits zuvor in einer gerichtlichen Vereinbarung verpflichtet hat, sich nicht mehr in die Nähe der Kindesmutter zu begeben.[100] Gleiches gilt nach OLG Celle auch für den Fall der rechtskräftigen Verurteilung eines Elternteils wegen mehrfacher Körperverletzung und Vergewaltigung gegenüber dem anderen Elternteil, wenn dieser die Taten noch immer in Abrede stellt.[101]

52 Andererseits sollte der Verdacht des sexuellen Missbrauchs zunächst bewiesen sein.[102]

g. Räumliche Entfernung

53 Im Rahmen des dauerhaften Getrenntlebens ist eine **räumliche Trennung** grundsätzlich keine Begründung für die Aufhebung der gemeinsamen elterlichen Sorge.[103] Wohnen die Eltern allerdings in räumlich großer Entfernung (Mutter in Wales, Vater in Nordrhein-Westfalen), kommt ein gemeinsames Sorgerecht nicht in Betracht.[104] Dies gilt insbesondere dann, wenn die Auffassungen der Eltern über die

---

[93] OLG Köln v. 23.07.2013 - II-2 UF 39/13 - juris Rn. 36.
[94] VerfGH Berlin v. 09.05.2003 - 75/02 - FamRZ 2003, 1487-1488.
[95] VerfGH Berlin v. 09.05.2003 - 75/02 - FamRZ 2003, 1487-1488; OLG Hamm v. 29.09.2004 - 4 UF 197/04 - Streit 2004, 165-166; OLG Hamm v. 18.12.2003 - 3 UF 184/03 - Streit 2004, 83.
[96] OLG Hamm v. 29.09.2004 - 4 UF 197/04 - Streit 2004, 165-166.
[97] AG Bergisch Gladbach v. 21.02.2005 - 29 F 319/04.
[98] BGH v. 11.05.2005 - XII ZB 33/04 - juris Rn. 9 - NJW 2005, 2080-2081; OLG Karlsruhe v. 13.08.2001 - 5 UF 140/01 - juris Rn. 12 - FamRZ 2002, 1728; *Kleist*, jurisPR-FamR 2/2004, Anm. 6; OLG München v. 14.12.1999 - 12 UF 1359/99 - FamRZ 2000, 1042; OLG Düsseldorf v. 03.12.1998 - 6 UF 198/98 - FamRZ 1999, 1157-1158; OLG Oldenburg v. 07.11.1996 - 11 UF 131/96 - NJW 1997, 2962.
[99] OLG Saarbrücken v. 30.07.2010 - 6 UF 52/10; Brandenburgischen OLG v. 14.12.2009 - 9 UF 66/09 - FamRZ 2010, 1257-1258.
[100] AG Leipzig v. 12.05.2004 - 334 F 00698/04, 334 F 698/04 - Streit 2004, 137-138.
[101] OLG Celle v. 19.05.2014 - 10 UF 91/14.
[102] KG Berlin v. 05.04.2012 - 17 UF 50/12 - juris Rn. 14 f.
[103] *Veit* in: Bamberger/Roth, § 1671 Rn. 26; OLG Brandenburg v. 27.03.2003 - 10 UF 253/02 - JAmt 2003, 489-491; OLG Hamm v. 13.09.2001 - 3 UF 500/00 - FÜR 206, 316.
[104] OLG Nürnberg v. 25.03.2009 - 9 UF 1655/08 - FamRZ 2010, 135; AG Bensheim v. 09.07.2008 - 72 F 223/08 SO, 72 F 223/08 - ZKJ 2009, 175-176; OLG Hamm v. 02.09.1998 - 6 UF 693/97 - NJW-RR 1999, 372-373.

zukünftige Lebensgestaltung der Kinder weit auseinander gehen und jeder den anderen Elternteil für unfähig hält, die Kinder ordnungsgemäß zu versorgen.[105] Allein eine längere Unerreichbarkeit eines Elternteils genügt nicht.[106] Dies ergibt sich sinngemäß aus den §§ 1674, 1675, 1678 BGB.

Bei der Übersiedlung eines Elternteils nach Kanada kann die Aufhebung eines Teilbereichs der gemeinsamen Sorge und der Übertragung des Aufenthaltsbestimmungsrechts auf den betreffenden Elternteil dem Wohl des Kindes am besten entsprechen.[107] Dies gilt auch, wenn die Übersiedlung das Umgangsrecht des Umgangsberechtigten beeinträchtigt bzw. praktisch zunichtemacht.[108] 54

h. Verhinderung bzw. Untätigkeit eines Elternteils

Strafhaft ist kein ausreichender Grund für die Übertragung der Alleinsorge auf einen Elternteil.[109] 55

Besteht zwischen dem zwar auch sorgeberechtigten Elternteil und dem Kind kein nennenswerter Kontakt und stimmt dieser Elternteil auch mit dem betreuenden Elternteil keine Sachverhalte bezüglich des Kindes ab, dann kann dem betreuenden Elternteil die Alleinsorge übertragen werden.[110] Das gemeinsame Sorgerecht stellt unter diesen Bedingungen nur noch eine Formalie dar.[111] 56

4. Keine Kindeswohlentsprechung

Eine Sorgerechtsregelung wird nicht durch die **Notwendigkeit, Kindesunterhalt** geltend zu machen, gerechtfertigt. Zum einen gibt § 1629 Abs. 2 Satz 2 BGB dem betreuenden Elternteil die notwendige rechtliche Grundlage für die Vertretung.[112] Zum anderen kommt eine gerichtliche Entscheidung zum Sorgerecht nur dann in Betracht, wenn eine solche Entscheidung zum Wohl des Kindes notwendig ist.[113] In dem streitigen Sachverhalt war aber nicht zu erwarten, dass eine derartige dem Wohl des Kindes i.S.v. § 1671 Abs. 2 Nr. 2 BGB am besten entsprechende Entscheidung notwendig ist, denn mit Ausnahme der Unterhaltsfrage waren alle sich aus der gemeinsamen Sorge sonstigen ergebenden Fragen zwischen den Eltern gerade nicht streitig.[114] 57

5. Kindeswohlbegründete Übertragung der Sorge auf den Antragsteller

Der Antrag auf Übertragung der vollständigen oder teilweisen Alleinsorge ist nach § 1671 Abs. 1 Satz 2 Nr. 2 BGB nur erfolgreich, wenn die Übertragung auf den Antragsteller dem Kindeswohl am besten entspricht. Dabei muss in der Einzelfallprüfung unter den verschiedenen Gesichtspunkten die **dem Kindeswohl zuträglichste Lösung** gefunden werden.[115] Dahin gehend wurden von der Rechtsprechung verschiedene Erfahrungssätze als Orientierungshilfe entwickelt, wobei alle diese Kriterien letztlich nicht wie Tatbestandsmerkmale kumulativ nebeneinander stehen; vielmehr kann jedes von ihnen im Einzelfall für die Bestimmung dessen, was dem Wohl des Kindes am besten entspricht, mehr oder weniger bedeutsam sein.[116] 58

a. Förderungsprinzip

Nach dem **Förderungsprinzip** ist die elterliche Sorge dem Elternteil zu übertragen, der am besten zur Erziehung und Betreuung des Kindes geeignet erscheint und von dem es vermutlich die meiste Unter- 59

---

[105] OLG Nürnberg v. 25.03.2009 - 9 UF 1655/08 - FamRZ 2010, 135; OLG Hamm v. 02.09.1998 - 6 UF 693/97 - NJW-RR 1999, 372-373.
[106] AG Ludwigslust v. 30.09.2009 - 5 F 144/09 - FamRZ 2010, 388-390; *Schwab*, FamRZ 1998, 457-472.
[107] OLG Saarbrücken v. 09.06.2010 - 9 UF 125/09; OLG Koblenz v. 04.05.2010 - 11 UF 149/10 - FamRZ 2010, 1572-1574; OLG Sachsen-Anhalt v. 23.12.2009 - 8 UF 200/09; OLG Köln v. 29.10.2009 - II-21 UF 158/09, 21 UF 158/09 - FamRZ 2010, 913.
[108] OLG Zweibrücken v. 13.07.2004 - 5 UF 47/04 - OLGR Zweibrücken 2004, 627-630.
[109] OLG Naumburg v. 17.02.2003 - 8 UF 189/02 - juris Rn. 8 - FamRZ 2003, 1947-1948.
[110] AG Bremen v. 01.02.2005 - 61 F 0702/04, 61 F 702/04 - juris Rn. 9 - Streit 2005, 75-76.
[111] OLG Dresden v. 27.02.2002 - 10 UF 743/01 - juris Rn. 20 - FamRZ 2002, 973-974.
[112] OLG Naumburg v. 18.01.2005 - 8 UF 276/04 - juris Rn. 2 - OLGR Naumburg 2005, 465 mit Anm. *Leis*, jurisPR-FamR 11/2005, Anm. 6.
[113] OLG Dresden v. 22.03.2010 - 21 UF 0670/09, 21 UF 670/09 - ZKJ 2010, 333; OLG Naumburg v. 18.01.2005 - 8 UF 276/04 - juris Rn. 2 - OLGR Naumburg 2005, 465.
[114] *Leis*, jurisPR-FamR 11/2005, Anm. 6.
[115] BGH v. 11.07.1984 - IVb ZB 73/83 - NJW 1985, 1702-1705.
[116] KG Berlin v. 20.10.2009 - 17 UF 50/09 - FamRZ 2010, 1169-1170; OLG Zweibrücken v. 29.06.2000 - 6 UF 73/99 - NJW-RR 2001, 506-507.

§ 1671

stützung für den Aufbau seiner Persönlichkeit erwarten kann.[117] Hierbei kommt es weniger auf die soziale Stellung[118], die Vorbildung und Ausbildung an als auf die innere Bereitschaft, das Kind zu sich zu nehmen und die **Verantwortung für die Erziehung und Versorgung** zu tragen[119]. Diese innere Bereitschaft lässt sich daran messen, ob der Antragsteller das Kind selbst betreut oder Dritten zur Betreuung überlässt. Es entspricht einer gesicherten psychologischen Erfahrung, dass die persönliche Betreuung durch einen Elternteil dem Kindeswohl regelmäßig eher entspricht als eine fremde Betreuung durch Großeltern oder den neuen Lebenspartner des Elternteils.[120] Dennoch disqualifiziert die Berufstätigkeit einen Elternteil nicht gleich, vielmehr kann trotz Tagesbetreuung eine echte Eltern-Kind-Beziehung gepflegt werden.[121] Besonders altersabhängig ist die Frage nach der Bezugsperson des Kindes, hier ist insbesondere bei Kleinkindern deren ausgeprägtes Bedürfnis nach dauernden Gefühlsbindungen, dauernden Umwelteinflüssen und stabilen äußeren Verhältnissen zu berücksichtigen. Kommen beide Elternteile eines Kleinkindes als Personensorgeberechtigte in Betracht, hat in der Regel die Mutter schon aufgrund gefühlsmäßiger Bindungen des Kindes einen Vorsprung vor dem Vater.[122] Aus der biologischen Stellung als Mutter ergibt sich dennoch kein Vorrecht bei der Zuweisung des Sorgerechts.[123] In jedem Einzelfall ist zu entscheiden, welcher Elternteil das größtmögliche Maß an Geborgenheit gewährleisten kann.[124]

60 Haben die Eltern in der Vergangenheit das so genannte **Wechselmodell** praktiziert, haben sich die Kinder also im regelmäßigen Wechsel bei dem einen und bei dem anderen Elternteil aufgehalten und ergibt sich aufgrund der übrigen Kriterien kein Vorrang eines Elternteils, so kann das Aufenthaltsbestimmungsrecht unter dem Gesichtspunkt des Förderungsprinzips demjenigen Elternteil übertragen werden, der eher die Gewähr dafür bietet, dass das bisher praktizierte Wechselmodell beendet wird.[125]

61 Im Umkehrschluss bedeutet dies aber auch, dass ein Wechselmodell vom Gericht jedenfalls nicht gegen den Willen eines Elternteils angeordnet werden kann, und zwar weder durch eine Sorge- noch durch eine Umgangsregelung. Ein Wechselmodell setzt außerdem jedenfalls eine Konsensfähigkeit der Eltern und deren hohe Bereitschaft und Fähigkeit zur Kommunikation und Kooperation voraus.[126]

62 Dementsprechend erzwingt das Wohl des Kindes nicht ohne weiteres die Übertragung des Aufenthaltsbestimmungsrechts für ein gut viereinhalb Jahre altes Kind auf die in neuer Ehe verheiratete, derzeit nicht berufstätige Mutter, nur aufgrund dessen, dass der Vater, bei dem das Kind seit nahezu zwei Jahren lebt, bei der Betreuung auf die Mithilfe Dritter (hier: seiner Eltern) angewiesen ist.[127]

63 Sofern ein Elternteil bereits in der Vergangenheit **Gewalt, Drohungen oder körperliche Züchtigungen** zur (vermeintlichen) Erziehung eingesetzt hat, ist dieser Elternteil ungeeignet zur Pflege und Erziehung des Kindes. Dies gilt auch, wenn sich die Gewaltanwendung (vgl. Rn. 50) nicht gegen das betroffene Kind selbst, sondern beispielsweise gegen Stiefkinder richtet.[128] Gleiches gilt bei Gewalt gegenüber dem anderen Elternteil.

64 Ein weiteres wesentliches Kriterium bei der Zuordnung des Sorgerechts ist die **Bindungstoleranz** der Eltern untereinander.[129] Mangelnde Bindungstoleranzen stellen ein starkes Indiz gegen die Erziehungs-

---

[117] AG Stolzenau v. 01.09.2009 - 5 F 108/09 SO - FamRZ 2010, 140; OLG Brandenburg v. 01.03.2001 - 9 WF 177/00 - FamRZ 2001, 1021-1023; BGH v. 11.07.1984 - IVb ZB 73/83 - NJW 1985, 1702-1705; BVerfG v. 05.11.1980 - 1 BvR 349/80 - NJW 1981, 217-219; OLG Karlsruhe v. 08.03.2012 - 18 UF 266/11 - juris Rn. 73 ff.
[118] *Veit* in: Bamberger/Roth, § 1671 Rn. 34.
[119] OLG Hamm v. 17.01.1980 - 3 UF 75/79 - FamRZ 1980, 484-485.
[120] OLG Brandenburg v. 01.03.2001 - 9 WF 177/00 - FamRZ 2001, 1021-1023.
[121] *Veit* in: Bamberger/Roth, § 1671 Rn. 34 m.w.N.
[122] KG Berlin v. 24.10.1977 - 15 WF 3630/77 - FamRZ 1978, 826-827.
[123] BVerfG v. 24.03.1981 - 1 BvR 1516/78, 1 BvR 964/80, 1 BvR 1337/80 - NJW 1981, 1201-1204.
[124] OLG Celle v. 23.07.1984 - 12 UF 97/84 - FamRZ 1984, 1035-1036.
[125] OLG Brandenburg v. 11.04.2002 - 10 UF 13/02 - JAmt 2004, 49; LG Arnsberg v. 23.07.2003 - 2 O 184/03, 10 UF 13/02 - FamRZ 2003, 1949.
[126] OLG Saarbrücken v. 26.06.2014 - 6 UF 62/14 - juris Rn. 5.
[127] OLG Köln v. 11.03.2003 - 4 UF 272/02 - FamRZ 2003, 1950-1952.
[128] *Veit* in: Bamberger/Roth, § 1671 Rn. 35; OLG Brandenburg v. 29.03.2001 - 9 UF 8/01 - EzFamR aktuell 2001, 306-307.
[129] OLG Frankfurt v. 30.12.1998 - 6 UF 124/98 - FamRZ 1999, 612-613; OLG Düsseldorf v. 05.09.2005 - II-4 UF 129/05, 4 UF 129/05 - FamRZ 2005, 2087-2089.

geeignetheit des Elternteils dar.[130] Unter Bindungstoleranz versteht man die Fähigkeit der Eltern, bei einem Streit um das Sorgerecht den spannungsfreien Kontakt zum anderen Elternteil zuzulassen.[131] Schließlich sprechen **gegen eine Erziehungseignung** folgende objektive Umstände: Alkoholismus, Vorstrafen, psychische Erkrankungen, Aggressions- und Gewaltbereitschaft und „befreite Sexualität".[132] Dagegen stellen die Homosexualität des Elternteils, die Schuldfrage für die Trennung bzw. Scheidung, Minderjährigkeit des Elternteils, eine Geschlechtsumwandlung oder HIV-Infektion regelmäßig **keine Gründe mangelnder Erziehungsfähigkeit** dar.[133] Problematisch kann die Zugehörigkeit zu einer Sekte sein, hierbei kommt es auf den Entwicklungsstand des Kindes und die Distanzfähigkeit des Elternteils an. Bei der Frage des sexuellen Missbrauchs kommt es darauf an, ob sich der Verdacht als richtig erweist.[134]

b. Kontinuitätsgrundsatz

Für die Übertragung der Alleinsorge kann der Grundsatz der Kontinuität ausschlaggebend sein, wonach es auf die Frage ankommt, welcher Elternteil in der Vergangenheit die **größeren Erziehungsanteile** inne gehabt hat.[135] Der Kontinuitätsgrundsatz beruht auf der Erfahrung, dass die Fortdauer familiärer und sozialer Bindungen wichtig für eine stabile und gesunde psychosoziale Entwicklung des heranwachsenden Menschen ist. Deshalb empfiehlt sich eine Sorgerechtsübertragung auf denjenigen Elternteil, der die **Einheitlichkeit, Gleichmäßigkeit und Stabilität des Erziehungsverhältnisses** und seiner äußeren Umstände gewährleisten kann; ein häufiger Wechsel der Bezugs- und Betreuungsperson insbesondere bei jüngeren Kindern im Vorschulalter galt zumindest in den 1980er Jahren als schädlich.[136] Gerade bei im Wesentlichen gleicher Erziehungseignung beider Elternteile kommt dem **Kontinuitätsgrundsatz** ausschlaggebende Bedeutung zu.[137]

Der Grundsatz der Kontinuität kann allerdings nicht losgelöst davon gesehen werden, dass dem Kind auch im **Grundsatz die vertraute Umgebung erhalten** bleiben soll.[138] Neben den Erziehungsanteilen eines Elternteils kommt gerade auch der Erhaltung der vertrauten Umgebung eine große Bedeutung zu.[139] Gleichwohl führt der Erhalt der vertrauten Umgebung nicht allein zur Sorgeübertragung. So kann die Fortsetzung der bisherigen Betreuungssituation für das Kind sich als so wichtig darstellen, dass dem betreuenden Elternteil das Aufenthaltsbestimmungsrecht oder Sorgerecht zugesprochen wird, obgleich er einen radikalen Umgebungswechsel vornimmt.[140] Hier sind die Umstände des Einzelfalls maßgeblich. Entscheidungskriterien sind dabei das Kindesalter, seine psychische Belastbarkeit und die Modalitäten der Trennung.[141] In religiöser Hinsicht kann der Umstand, dass der Sohn eines der islamischen Glaubensgemeinschaft angehörenden Vaters nach der Trennung bei der nicht dieser Glaubensgemeinschaft angehörenden Mutter nicht im islamischen Glauben erzogen wird, als solcher keine Bedenken gegen die Erziehungseignung der Mutter begründen.[142]

Die Anwendung des Kontinuitätsgrundsatzes darf – gleich aus welchem Aspekt – nicht dazu führen, dass eine gleichmäßige, jedoch dem Kindeswohl weniger zuträgliche Entwicklung unter Vernachlässigung anderer Aspekte des Kindeswohls fortgeführt wird.[143] Es steht daher auch der Erziehungseig-

---

[130] OLG Karlsruhe v. 08.03.2012 - 18 UF 266/11 - juris Rn. 73 ff.
[131] OLG Brandenburg v. 01.03.2001 - 9 WF 177/00 - FamRZ 2001, 1021-1023.
[132] *Veit* in: Bamberger/Roth, § 1671 Rn. 36 m.w.N.
[133] *Veit* in: Bamberger/Roth, § 1671 Rn. 36 m.w.N.
[134] *Veit* in: Bamberger/Roth, § 1671 Rn. 39.
[135] AG Bielefeld v. 05.09.2008 - 34 F 881/07; OLG Brandenburg v. 01.03.2001 - 9 WF 177/00 - FamRZ 2001, 1021-1023; BVerfG v. 24.03.1981 - 1 BvR 1516/78, 1 BvR 964/80, 1 BvR 1337/80 - NJW 1981, 1201-1204; BGH v. 11.07.1984 - IVb ZB 73/83 - NJW 1985, 1702-1705.
[136] BVerfG v. 03.11.1982 - 1 BvL 25/80, 1 BvL 38/80, 1 BvL 40/80, 1 BvL 12/81 - NJW 1983, 101-103.
[137] OLG Brandenburg v. 01.03.2001 - 9 WF 177/00 - FamRZ 2001, 1021-1023; OLG Köln v. 10.08.1982 - 21 UF 169/81 - FamRZ 1982, 1232-1235.
[138] OLG Schleswig v. 26.02.2003 - 10 UF 195/02 - SchlHA 2003, 273-274.
[139] OLG Brandenburg v. 01.03.2001 - 9 WF 177/00 - FamRZ 2001, 1021-1023.
[140] OLG Köln v. 01.09.2009 - II-4 UF 114/09, 4 UF 114/09 - FamRZ 2010, 138; OLG Brandenburg v. 01.03.2001 - 9 WF 177/00 - FamRZ 2001, 1021-1023.
[141] *Veit* in: Bamberger/Roth, § 1671 Rn. 41.
[142] OLG Nürnberg v. 30.03.2001 - 7 UF 2844/00 - OLGR Nürnberg 2001, 229-231.
[143] OLG Brandenburg v. 01.03.2001 - 9 WF 177/00 - FamRZ 2001, 1021-1023.

nung entgegen, wenn die **Kontinuität durch Kindesentführung erzwungen** wird oder der Elternteil das Kind über einen längeren Zeitraum von dem anderen Elternteil fernhält und jeden Kontakt unterbindet.[144]

69 Der **Kontinuitätsgrundsatz greift auch dann nicht ein**, wenn ein Kind bei der Trennung der Eltern noch keine 3 Jahre alt war und die Eltern bereits vor der Trennung getrennt lebten.[145]

c. Bindungen des Kindes

70 Im Rahmen der Kindeswohlprüfung sind die Bindungen des Kindes, insbesondere an seine **Eltern und Geschwister**, zu berücksichtigen.[146] Dies erfordert eine Beachtung – wenn auch nicht in jedem Falle Befolgung – seiner gefühlsmäßigen Neigungen und Wünsche.[147] Das Entstehen individueller emotionaler Bindungen an eine oder mehrere Personen entspricht dem allgemeinen menschlichen Bedürfnis und ist für eine gesunde Entwicklung des Kindes unerlässlich.[148] Dadurch kann ohne weiteres ein Recht des Kindes angenommen werden, dass ein staatlicher Eingriff wie die Sorgerechtsregelung im Kind gewachsene Bindungen möglichst wenig, zumindest nicht ohne triftigen Grund beeinträchtigt.[149] Die Bindungen und Neigungen des Kindes sind jeweils daran zu messen, wieweit sie mit dem Kindeswohl verträglich sind.[150]

71 Dabei ist die **Bindungsstärke** nicht anhand des Zeitmoments zu bewerten, sondern die emotionale Intensität, also die Qualität der Bindung, die dem Zeitmoment nicht gleichzusetzen ist.[151] Das wird im gerichtlichen Verfahren durch die Anhörung ermittelt (§ 159 Abs. 1 und Abs. 2 FamFG). Als Mittel der Anhörung nach § 159 FamFG kann, jedenfalls bei Kindern ab ca. sechs/sieben Jahren, ein soziometrischer Test verwandt werden, der objektivierbare und verlässliche Ergebnisse zu liefern vermag.[152] Das von *Moreno* entwickelte „soziale Atom", eine Form des soziometrischen Tests, ermöglicht es, für den jeweils aktuellen Zeitpunkt die Personen zu bestimmen, mit denen jemand – mit welchem Grad an Nähe – zusammen sein will.[153] Damit dient es der konkreten Erfassung und Veranschaulichung des Beziehungsgefüges des jeweiligen Kindes und seines sozialen Kernkreises. Als Mittel der Darstellung können „Russische Puppen", Münzen oder andere geeignete Materialien verwandt werden.[154]

72 Die Bedeutung der **Bindung an die Eltern** hat der Gesetzgeber durch die Regelungen des § 1626 Abs. 3 Satz 1 BGB und § 1684 BGB zum Ausdruck gebracht.[155] Dies gilt selbst für den Fall, wenn sie durch Beeinflussung eines Elternteils entstanden und gefördert worden ist.[156] Die mangelnde Bindungstoleranz (vgl. Rn. 64) spricht dann allerdings zumeist gegen diesen Elternteil.[157]

73 Für die Entwicklung des Kindes ist des Weiteren die Bindung an die **Geschwister** bedeutend, regelmäßig entspricht ein gemeinsames Aufwachsen am besten dem Kindeswohl.[158] Eine Trennung der Geschwister kommt also nicht in Betracht, wenn diese aufgrund ihrer starken inneren Verbindung nicht auseinander gerissen werden sollen.[159]

74 Es ist allgemein anerkannt, dass der **Kontinuität der Geschwisterbeziehung** dann besonders große Bedeutung zukommt, wenn die Elternbeziehung zerrüttet ist und sich das gemeinsame Zusammenleben mit diesen trennungsbedingt aufgelöst hat.[160] Die für die Entwicklung eines stabilen Selbstwertge-

---

[144] OLG München v. 12.04.1991 - 26 UF 1464/89 - FamRZ 1991, 1343-1346.

[145] OLG Zweibrücken v. 17.08.2000 - 5 UF 66/99 - juris Rn. 29 - FamRZ 2001, 184-185.

[146] BGH v. 11.07.1984 - IVb ZB 73/83 - NJW 1985, 1702-1705; BGH v. 06.12.1989 - IVb ZB 66/88 - LM Nr. 25 zu BGB § 1671.

[147] BGH v. 11.07.1984 - IVb ZB 73/83 - NJW 1985, 1702-1705.

[148] *Jaeger* in: Johannsen/Henrich, EheR, § 1671 Rn. 69.

[149] BVerfG v. 05.11.1980 - 1 BvR 349/80 - NJW 1981, 217-219; *Jaeger* in: Johannsen/Henrich, EheR, § 1671 Rn. 69.

[150] BGH v. 11.07.1984 - IVb ZB 73/83 - NJW 1985, 1702-1705.

[151] *Jaeger* in: Johannsen/Henrich, EheR, § 1671 Rn. 72.

[152] OLG Karlsruhe v. 09.09.1994 - 2 UF 148/94 - EzFamR aktuell 1994, 434-435.

[153] OLG Karlsruhe v. 09.09.1994 - 2 UF 148/94 - EzFamR aktuell 1994, 434-435.

[154] OLG Karlsruhe v. 09.09.1994 - 2 UF 148/94 - EzFamR aktuell 1994, 434-435.

[155] *Veit* in: Bamberger/Roth, § 1671 Rn. 45.

[156] BGH v. 11.07.1984 - IVb ZB 73/83 - NJW 1985, 1702-1705.

[157] BGH v. 11.07.1984 - IVb ZB 73/83 - NJW 1985, 1702-1705.

[158] *Veit* in: Bamberger/Roth, § 1671 Rn. 47; OLG Brandenburg v. 30.04.2003 - 10 UF 5/03 - NJW-RR 2003, 1446-1448.

[159] *Jaeger* in: Johannsen/Henrich, EheR, § 1671 Rn. 73; OLG Dresden v. 29.08.2002 - 10 UF 229/02 - NJW 2003, 147-149.

[160] OLG Dresden v. 29.08.2002 - 10 UF 229/02 - NJW 2003, 147-149.

fühls und einer gesunden Beziehungsfähigkeit notwendige Sicherheit und Zuverlässigkeit des innerfamiliären Beziehungsgefüges wird durch die Trennung der Eltern erheblich beeinträchtigt. In dieser krisenhaften Situation gewinnt die fortbestehende Geschwisterbeziehung als Stärke und Halt herausragendes Gewicht.[161]

Bei einem **hohen Altersunterschied** (hier: von 7 und 11 Jahren) zwischen den Kindern wurde die Kontinuität der Geschwisterbeziehung vereinzelt auch schon anders bewertet.[162] Es wird davon ausgegangen, dass von einem Zusammenleben im Familienverband keine Hilfe bei der Verarbeitung der Trennung der Eltern zu erwarten ist. Daher sei auch einer bestehenden positiven Geschwisterbindung für die Regelung des Aufenthaltsbestimmungsrechts keine wesentliche Bedeutung beizumessen.[163] 75

Kindeswohl bestimmend sind schließlich auch **Bindungen des Kindes zu anderen Personen**, beispielsweise: Großeltern, andere Verwandte, Freunde.[164] 76

d. Wille des Kindes

Im Rahmen der Kindeswohlprüfung hat der **Kindeswille** grundsätzlich eine doppelte Funktion.[165] Zum einen ist er der verbale Ausdruck für die relativ stärkste Personenbindung, die das Kind empfindet; zum anderen ist er – ab einem gewissen Alter – ein Akt der Selbstbestimmung des Kindes als einer zur Selbständigkeit erzogenen und strebenden Person. Nach Art. 1 GG i.V.m. Art. 2 GG kommt schon dem Kind ein eigenes Recht auf freie Entfaltung der Persönlichkeit zu. Daraus wird das verfassungsrechtliche Gebot abgeleitet, bei Sorgerechtsentscheidungen den Willen des Kindes zu berücksichtigen, soweit dies mit seinem Wohl vereinbar ist.[166] Die Zuweisung der elterlichen Sorge an einen Elternteil erfolgt nicht nur deshalb, weil das Kind sich das so wünscht.[167] 77

Lässt sich weder nach dem Förderungsprinzip noch nach dem Kontinuitätsprinzip feststellen, welcher Elternteil für die Alleinsorge besser geeignet ist, so kommt der Anhörung des Kindes entscheidende Bedeutung zu.[168] Wenn sich das Kind allerdings auf behutsames Befragen zur Alleinsorge des einen oder anderen Elternteils nicht äußern will, muss das Gericht dies respektieren.[169] 78

Der Kindeswille ist bei der Sorgerechtsentscheidung in einem angemessenen Maß zu berücksichtigen. Es ist bei der Berücksichtigung des Kindeswillens im Einzelfall zu prüfen, ob die Befolgung dem Kindeswohl am besten entspricht. Zudem muss der Kindeswille auf seine Beachtlichkeit hin überprüft werden.[170] Sofern ein Sachverständigengutachten ergibt, dass die bekundete Willensäußerung des Kindes seinem Wohl nicht entspricht, muss die Sorgerechtsentscheidung gegen den Willen des Kindes (Alter hier: 14 Jahre) getroffen werden. Nach OLG München ist die gesamte elterliche Sorge auf die in Deutschland lebende Mutter zu übertragen, obwohl das vierzehnjährige Mädchen sich nachhaltig für einen Wechsel zum Vater nach Amerika ausspricht, wenn das Kind grundsätzlich zu beiden Eltern eine gute Bindung hat, der Wunsch des Kindes von sachfremden Erwägungen bestimmt ist und eine erfolgte Kindesentziehung gewisse Einschränkungen der Erziehungseignung des Vaters erkennen lässt.[171] 79

Beachtlich ist für das Gericht weiterhin der **Loyalitätskonflikt**, in dem sich das Kind befinden kann. In diesem Fall ist es nicht ungewöhnlich, dass das Kind demjenigen Elternteil, bei dem es sich gerade aufhält, erklärt, dort ständig leben zu wollen. Solche Äußerungen entspringen nicht dem autonomen Willen des Kindes.[172] In der Regel gibt der Wille des Kindes erst ab ungefähr dem vollendeten zwölften Lebensjahr eine relativ zuverlässige Entscheidungsgrundlage.[173] 80

---

[161] OLG Dresden v. 29.08.2002 - 10 UF 229/02 - NJW 2003, 147-149.
[162] OLG Zweibrücken v. 17.08.2000 - 5 UF 66/99 - juris Rn. 30 - FamRZ 2001, 184-185.
[163] OLG Zweibrücken v. 17.08.2000 - 5 UF 66/99 - juris Rn. 31 - FamRZ 2001, 184-185.
[164] OLG Brandenburg v. 01.03.2001 - 9 WF 177/00 - FamRZ 2001, 1021-1023.
[165] OLG Zweibrücken v. 29.06.2000 - 6 UF 73/99 - NJW-RR 2001, 506-507.
[166] Brandenburgisches OLG v. 30.11.2009 - 9 UF 115/09 - FamRZ 2010, 911-913; OLG Zweibrücken v. 29.06.2000 - 6 UF 73/99 - NJW-RR 2001, 506-507; OLG Schleswig v. 26.02.2003 - 10 UF 195/02 - SchlHA 2003, 273-274.
[167] BGH v. 11.07.1984 - IVb ZB 73/83 - NJW 1985, 1702-1705.
[168] KG Berlin v. 10.11.1989 - 17 UF 2346/89 - FamRZ 1990, 1383-1385.
[169] KG Berlin v. 10.11.1989 - 17 UF 2346/89 - FamRZ 1990, 1383-1385.
[170] OLG Köln v. 28.05.2004 - 4 UF 150/03 - OLGR Köln 2004, 367-368; OLG Köln v. 29.07.1982 - 4 UF 210/82 - FamRZ 1982, 1237-1239.
[171] OLG München v. 12.12.2013 - 2 UF 1230/13 - juris Rn. 14.
[172] OLG Brandenburg v. 30.04.2003 - 10 UF 5/03 - NJW-RR 2003, 1446-1448.
[173] OLG Brandenburg v. 30.04.2003 - 10 UF 5/03 - NJW-RR 2003, 1446-1448.

81 Dahin gehend sind bereits schon kleinere Kinder im Rahmen der **Anhörung** zu befragen (§ 159 FamFG). Es trägt zur Sachverhaltsaufklärung bei und beeinflusst die Entscheidung, wenn sich das Gericht von den betroffenen Kindern, ihren Neigungen, Bindungen oder ihrem Willen einen Eindruck verschafft, auch wenn Kinder in diesem Alter sich noch unvollkommen artikulieren können.[174] Dabei muss auch herausgefiltert werden, ob das Kind von einem Elternteil, Geschwistern oder Dritten beeinflusst ist, dann ist das Kind fremdbestimmt und seine Willensäußerung ist nicht als Akt der Selbstbestimmung zu werten.[175] Dieses unlautere Verhalten eines Elternteils ist wieder unter dem Aspekt der Erziehungsungeeignetheit wegen mangelnder Bindungstoleranz erheblich.[176]

V. Zulässigkeitsvoraussetzungen der Sorgerechtsübertragung für die vollständige oder partielle Alleinsorge auf den nichtsorgeberechtigten Vater (Absatz 2)

82 Absatz 2 regelt den bisher in § 1672 Abs. 1 BGB normierten Fall der Übertragung der alleinigen elterlichen Sorge von der Mutter auf den Vater, wenn der Mutter die elterliche Sorge für das Kind gemäß § 1626a Abs. 3 BGB allein zusteht. Dem Vater steht nunmehr gemäß den Forderungen des Bundesverfassungsgerichts auch ohne Zustimmung der Mutter die Möglichkeit offen, die Alleinsorge zu erlangen. § 1672 Abs. 2 BGB entfällt. Künftig unterliegt eine weitere Umgestaltung des Sorgerechtsverhältnisses nach vorheriger Übertragung der Alleinsorge auf den Vater der allgemeinen Abänderungsregelung nach § 1696 BGB und den hierzu von der Rechtsprechung entwickelten Grundsätzen.

1. Sachvoraussetzungen (Absatz 2 Satz 1)

83 Voraussetzung für den Absatz 2 Satz 1 ist, dass es ein gemeinsames, minderjähriges Kind geben muss. Des Weiteren muss die elterliche Sorge nach § 1626a Abs. 3 BGB der Mutter alleine zustehen. Ruht die elterliche Sorge der Mutter nach § 1673 BGB oder § 1674 BGB, so hat sie die elterliche Sorge nicht verloren, sie ist nur nicht berechtigt, diese auszuüben (§ 1675 BGB). Der Vater erhält die elterliche Sorge hierdurch nicht automatisch (vgl. § 1678 BGB).

84 Die Eltern müssen nicht nur vorübergehend getrennt leben. Die Definition des Getrenntlebens ergibt sich aus § 1567 BGB (vgl. Rn. 11).

85 Schließlich ist ein Antrag des nichtsorgeberechtigten Vaters erforderlich. Zu den Antragsvoraussetzungen vgl. Rn. 14 ff.

2. Sachvoraussetzungen (Absatz 2 Satz 2 Nr. 1)

86 § 1671 Abs. 2 Satz 2 Nr. 1 BGB gestaltet die bisher geltende Regelung des § 1672 Abs. 1 BGB insoweit um, als dem mit der Mutter des Kindes nicht verheirateten Vater die Alleinsorge auf seinen Antrag hin zu übertragen ist, wenn die Mutter zustimmt, das mindestens 14 Jahre alte Kind nicht widerspricht und zudem die Übertragung dem Kindeswohl nicht widerspricht.

a. Zustimmung der Mutter

87 Die Kindesmutter muss der Übertragung der Alleinsorge oder einem Teil der elterlichen Sorge zugestimmt haben. Diese Zustimmung kann wie in § 1671 Abs. 1 BGB bis zur Entscheidung in der letzten Tatsacheninstanz widerrufen werden.[177]

b. Keine gegen das Kindeswohl sprechende Gründe

88 Weitere Voraussetzung ist, dass die Übertragung der Alleinsorge oder Teile der elterlichen Sorge nicht dem Wohl des Kindes widerspricht. Nach der Intention des Gesetzgebers soll anders als bei gemeinsam sorgeberechtigten getrennt lebenden Eltern im Fall der Übertragung der Alleinsorge auf den nicht mit der Mutter des Kindes verheirateten Vater (§ 1671 Abs. 1 Satz 2 Nr. 1 BGB) elterlicher Konsens nicht ohne weiteres die Sorgerechtsverhältnisse zu Gunsten der Alleinsorge eines Elternteils umgestalten können, es bedarf vielmehr auch weiterhin einer gerichtlichen Kontrolle in Form einer negativen Kindeswohlprüfung.[178] Diese Differenzierung ist nach Auffassung des Gesetzgebers auch angezeigt, da nach Absatz 1 beide Eltern sorgeberechtigt waren und mit der Übertragung ein Sorgeberechtigter weg-

---

[174] OLG Sachsen-Anhalt v. 31.12.2009 - 8 UF 220/09; OLG Frankfurt v. 22.05.1996 - 20 W 7/96 - OLGR Frankfurt 1997, 71; BGH v. 06.12.1989 - IVb ZB 66/88 - LM Nr. 25 zu BGB § 1671.
[175] *Jaeger* in: Johannsen/Henrich, EheR, § 1671 Rn. 82.
[176] BGH v. 11.07.1984 - IVb ZB 73/83 - NJW 1985, 1702-1705.
[177] Für § 1671 Abs. 1 BGB BGH v. 24.05.2000 - XII ZB 72/97.
[178] BT-Drs. 17/11048, S. 20.

fällt, während nach Absatz 2 ein völliger Austausch der sorgeberechtigten Personen stattfindet. Hinzu kommt, „dass der Konsens der in gemeinsamer Sorge bereits erprobten Eltern in Hinblick auf das Kindeswohl eine verlässlichere Basis haben wird und ihm daher mehr Gewicht beizumessen sein wird als dem Konsens bisher nicht gemeinsam sorgetragender Eltern".[179]

Die Prüfung des negativen Kindeswohls hat sich hierbei an den zu § 1626a BGB entwickelten Grundsätzen zu orientieren. 89

c. Kein Widerspruch des Kindes

Widerspricht das über **14-jährige Kind,** entfällt wie auch in § 1671 Abs. 1 Satz 2 Nr. 1 BGB der gesamte Antrag und mithin die Möglichkeit der Sorgerechtsübertragung nach § 1671 Abs. 2 Satz 2 Nr. 1 BGB. Eine Beschränkung auf die unwidersprochenen Teile kommt wohl auch wie in Absatz 1 nicht in Betracht. Im Falle des Widerspruchs ist der gesamte Antrag nach erschwerten Voraussetzungen des § 1671 Abs. 2 Satz 2 Nr. 2 BGB zu prüfen, dem Kind kommt also **kein Vetorecht** zu. 90

3. Sachvoraussetzungen (Absatz 2 Satz 2 Nr. 2)

Die Übertragung der Alleinsorge auf den Vater war bis zu der Reform der elterlichen Sorge nicht miteinander verheirateter Eltern nach § 1672 Abs. 1 BGB auf Antrag nur mit Zustimmung der Mutter möglich, soweit dies dem Kindeswohl diente. Der nichtsorgeberechtigte Vater kann nach **§ 1671 Abs. 2 Satz 2 Nr. 2 BGB** nunmehr auch ohne Zustimmung der Mutter die Alleinsorge oder einen Teil der elterlichen Sorge übertragen erhalten. Dies trägt der Rechtsprechung des BVerfG Rechnung, wonach das Elternrecht des Vaters eines nichtehelichen Kindes aus Art. 6 Abs. 2 GG verletzt ist, wenn er nicht gerichtlich überprüfen lassen kann, ob aus Gründen des Kindeswohls angezeigt ist, anstelle der Mutter ihm die Alleinsorge zu übertragen.[180] 91

a. Keine gemeinsame Sorge

Voraussetzung ist zunächst, dass keine gemeinsame Sorge in Betracht kommt. Bei der Prüfung sind die gleichen für § 1671 Abs. 1 Satz 2 Nr. 2 BGB entwickelten Grundsätze heranzuziehen.[181] Auch wenn eine gemeinsame Sorge wegen der Blockadehaltung eines Elternteils nicht in Betracht kommt, ist bei der Prüfung, wem die Alleinsorge zu übertragen ist, weil es dem Kindeswohl am besten entspricht, wie sonst auch das Kindeswohl maßgeblich.[182] Was dem Kindeswohl am besten entspricht, ist umfassend unter Einbeziehung der gesamten Lebensumstände zu beurteilen. Wegen der Einzelheiten wird auf Rn. 32 ff. verwiesen. 92

b. Kindeswohlbegründete Übertragung auf den Vater

Schließlich muss zu erwarten sein, dass die Übertragung auf den Vater dem Wohl des Kindes am besten entspricht. Hier sind ebenfalls die gleichen zu § 1671 Abs.1 Satz 2 Nr. 2 BGB entwickelten Grundsätze der kindeswohlbegründeten Übertragung auf einen Elternteil heranzuziehen. Wegen der Einzelheiten wird auf Rn. 58 ff. verwiesen. 93

VI. Sorgerechtsübertragung bei Ruhen der elterlichen Sorge nach § 1751 BGB

§ 1671 Abs. 3 BGB steht systematisch im Zusammenhang mit der Regelung des § 1751 BGB. Aus dem Zusammenspiel von § 1751 Abs. 1 BGB und § 1671 Abs. 2 BGB ergeben sich Besonderheiten, die der Gesetzgeber aus systematischen Gründen nicht mehr im Adoptionsrecht geregelt, sondern in die Regelungen zu elterlichen Sorge eingegliedert hat. § 1671 Abs. 3 Satz 1 BGB fingiert, dass der Antrag des Vaters auf Übertragung der gemeinsamen Sorge nach § 1626a Abs. 2 BGB als Antrag nach § 1671 Abs. 2 BGB zu gelten hat. Die Regelung erfolgte vor dem Hintergrund, dass sich die Mutter mit der Einwilligung in die Adoption ihrer Elternrolle entledigen will, es sei denn, es handelt sich um eine Stiefkindadoption. Im ersteren Fall hat der Vater aber mit einem Antrag auf Übertragung der gemeinsamen Sorge ein Interesse an der Sorge für das Kind bekundet. In diesem Fall soll dem Vater die Alleinsorge für das Kind ermöglicht werden,[183] ohne ihn zunächst auf ein gemeinsames Sorgerecht zu verweisen. 94

---

[179] BR-Drs. 465/12, S. 23.
[180] BVerfG v. 21.07.2010 - 1 BvR 420/09 - juris Rn. 46.
[181] So auch OLG Celle v. 16.01.2014 - 10 UF 80/13 - juris Rn. 12.
[182] Vgl. BT-Drs. 17/11048, S. 20.
[183] BT-Drs. 17/11048, S. 20.

§ 1671

95 Gemäß Absatz 3 Satz 2 ist dem Antrag stattzugeben, soweit dies dem Kindeswohl nicht widerspricht. Anders als nach den bisherigen Regelungen des § 1751 Abs. 1 Satz 5 BGB a.F. und § 1672 Abs. 1 BGB a.F. findet auch in den Fällen, in denen die Mutter mit der Einwilligung in die Adoption nicht einer Sorgerechtsübertragung auf den Vater widersprochen hat, sondern ihre eigene Elternrolle aufgeben will, derselbe Maßstab Anwendung wie in den von den §§ 1678 und 1680 BGB geregelten Fällen, in denen die allein sorgeberechtigte Mutter als Sorgetragende wegfällt. Die Übertragung der elterlichen Sorge muss mithin nicht wie bisher „dem Kindeswohl" dienen. Hierdurch wird dem Umstand Rechnung getragen, dass der Kindesvater grundsätzlich an der Sorge teilhaben und nur dann von der Sorgetragung ausgeschlossen werden soll, wenn dies aus Gründen des Kindeswohls erforderlich ist.[184]

VII. Sorgerechtsregelung aufgrund vorrangiger Vorschriften (Absatz 4)

96 § 1671 Abs. 4 BGB befasst sich mit Sorgerechtsentscheidungen nach **vorrangigen Regeln**. Danach sind Anträge den Absätzen 1 und 2 nicht stattzugeben, soweit die elterliche Sorge nach anderen Vorschriften geregelt werden muss. Als eine andere Vorschrift kommt § 1666 BGB in Betracht. Eine Entscheidung nach § 1666 BGB hat Vorrang vor einer Entscheidung nach § 1671 BGB. Eine Entscheidung gem. § 1666 BGB erübrigt sich jedoch, wenn im Laufe des Verfahrens ein Antrag nach § 1671 BGB gestellt wird und mit der (teilweisen) Übertragung der elterlichen Sorge auf den anderen Elternteil die Gefahr abgewendet werden kann.

97 § 1628 BGB käme als andere Vorschrift nicht in Betracht, wenn diese Vorschrift nicht als Regelung des Sorgerechts verstanden wird. Zu dem Konkurrenzverhältnis § 1628 BGB zu § 1671 BGB vgl. die Kommentierung zu § 1628 BGB Rn. 15 ff.

C. Verfahrenshinweise

I. Zuständigkeit

98 Das Familiengericht ist nach den §§ 151 Nr. 1, 111 Nr. 2 FamFG sachlich zuständig. Die örtliche Zuständigkeit ergibt sich aus § 152 Abs. 2 FamFG. Die Vorschrift stellt nicht mehr auf den Wohnsitz, sondern auf den gewöhnlichen Aufenthalt des Kindes ab. Hat ein Elternteil ohne vorherige Zustimmung des anderen Elternteils den Aufenthalt des Kindes geändert, so kann nach § 154 Satz 1 FamFG das nach § 152 Abs. 2 FamFG zuständige Gericht das Verfahren an das Gericht des früheren gewöhnlichen Aufenthaltes verweisen, es sei denn, dem anderen Elternteil steht das Aufenthaltsbestimmungsrecht nicht zu oder die Änderung des Aufenthaltsortes war zum Schutz des Kindes oder des betreuenden Elternteils erforderlich, § 154 Satz 2 FamFG.

II. Anhörung

99 Die Eltern sind in den Verfahren über die elterliche Sorge nach § 160 Abs. 1 FamFG, das Kind nach § 159 Abs. 1 FamFG persönlich anzuhören. Nur aus schwerwiegenden Gründen ist von einer persönlichen Anhörung des Kindes abzusehen. Das Jugendamt ist gem. § 162 FamFG ebenfalls anzuhören.

III. Darlegungslast

100 Es bedarf für den Antrag zur Übertragung des alleinigen Sorgerechts gemäß § 1671 Abs. 1 Satz 2 Nr. 2 und Abs. 2 Satz 2 Nr. 2 BGB im Rahmen der **Darlegung eines konkreten Vortrages**, bei welchen Anlässen und auf welche Weise sich der die Alleinsorge erstrebende und betreuende Elternteil bemüht hat, das Kindeswohl berührende Fragen mit dem anderen Elternteil in vernünftigen und sachbezogenen Gesprächen zu führen, dann jedoch an der Verweigerungshaltung dieses Elternteils gescheitert sind. Dahin gehend genügt der allgemein gehaltene Hinweis des betreuenden Elternteils nicht, dass der andere Teil diese Gespräche aus persönlichen Gründen ablehnt.[185]

IV. Einstweilige Anordnung

101 Das **dringende Regelungsbedürfnis** für den Erlass einer einstweiligen Anordnung zur Regelung des Aufenthaltsbestimmungsrechts besteht, wenn zwischen den Eltern Uneinigkeit über den auch nur vor-

---

[184] BT-Drs. 17/11048, S. 20.
[185] OLG München v. 08.10.2009 - 26 UF 1569/09 - FamRZ 2010, 486-487; OLG Hamm v. 28.05.2004 - 11 UF 73/04 - OLGR Hamm 2004, 259-260.

läufigen Aufenthalt der gemeinsamen Kinder besteht.[186] Die Entscheidung hat sich allein am Kindeswohl zu orientieren.[187]

D. Internationale Zuständigkeit

Die internationale Zuständigkeit für Ehesachen von EU-Angehörigen ist in der neuen Verordnung des Rates der EU über die Zuständigkeit und die Anerkennung und Vollstreckung in Ehesachen und in Verfahren betreffend die Verantwortung für **gemeinsame Kinder** vom 29.05.2000[188] geregelt, die am 01.03.2001 in Kraft getreten ist. Sie sieht sieben unterschiedliche Anknüpfungspunkte für die Zuständigkeit der Gerichte der Mitgliedstaaten vor, die vom gewöhnlichen Aufenthalt beider Ehegatten bis zur gemeinsamen Staatsangehörigkeit reichen und teilweise ausschließlicher Natur sind (Art. 2 der VO).[189] Eheauflösende Entscheidungen, die in einem Mitgliedstaat ergehen, werden in den anderen Staaten anerkannt, ohne dass es eines förmlichen Anerkennungsverfahrens bedarf (Art. 13, 14). Ist in einem Mitgliedstaat ein Eheaufhebungsverfahren anhängig, ist dieser auch zuständig für Verfahren zum Sorgerecht (Art. 3). Entscheidungen eines Mitgliedstaates, die das Sorgerecht regeln, können in anderen Mitgliedstaaten für vollstreckbar erklärt werden. Zuständig für die Vollstreckbarerklärung ist das Familiengericht am Sitz eines OLG.[190]

102

Eine **ausführliche Darstellung** zur internationalen Zuständigkeit und Vollstreckbarkeitserklärung von Sorgerechtsentscheidungen im Rahmen der Brüssel II-Verordnung findet sich im Urteil des BGH vom 22.06.2006 sowie in der eingehenden Erläuterung von *Völker*.[191]

103

---

[186] OLG Köln v. 18.02.2010 - 4 UF 7/10, II-4 UF 7/10 - FamRZ 2010, 1680; Brandenburgisches OLG v. 10.12.2009 - 10 WF 208/09 - FamRZ 2010, 78-79; OLG Köln v. 26.07.2004 - 4 UF 135/04 - OLGR Köln 2005, 12-13; OLG Köln v. 15.11.2004 - 4 UF 169/04 - OLGR Köln 2005, 78-79.

[187] OLG Nürnberg v. 09.09.2010 - 11 WF 972/10; OLG Stuttgart v. 25.01.2010 - 17 UF 15/10 - FamRZ 2010, 1678-1679; OLG Hamm v. 16.07.2008 - 10 WF 87/08.

[188] VO (EG) Nr. 1347/2000 des Rates vom 29.05.2000 „Brüssel II".

[189] *Niepmann*, MDR 1998, 565-570.

[190] *Kohler*, NJW 2001, 10-15; *Vogel*, MDR 2000, 1045-1051.

[191] BGH v. 22.06.2005 - XII ZB 186/03 - NJW 2005, 3424-3429; *Völker*, jurisPR-FamR 4/2006, Anm. 3.

§ 1672

§ 1672 BGB (weggefallen)

(Fassung vom 02.01.2002, gültig ab 01.01.2002, gültig bis 18.05.2013)

(weggefallen)

1 § 1672 BGB in der Fassung vom 16.04.2013 ist durch Art. 1 Nr. 5 des Gesetzes vom 16.04.2013 – BGBl I 2013, 795 – mit Wirkung vom 19.05.2013 weggefallen.

§ 1673 BGB Ruhen der elterlichen Sorge bei rechtlichem Hindernis

(Fassung vom 02.01.2002, gültig ab 01.01.2002)

(1) Die elterliche Sorge eines Elternteils ruht, wenn er geschäftsunfähig ist.

(2) ¹Das Gleiche gilt, wenn er in der Geschäftsfähigkeit beschränkt ist. ²Die Personensorge für das Kind steht ihm neben dem gesetzlichen Vertreter des Kindes zu; zur Vertretung des Kindes ist er nicht berechtigt. ³Bei einer Meinungsverschiedenheit geht die Meinung des minderjährigen Elternteils vor, wenn der gesetzliche Vertreter des Kindes ein Vormund oder Pfleger ist; andernfalls gelten § 1627 Satz 2 und § 1628.

Gliederung

A. Grundlagen 1	II. Ruhen bei beschränkter Geschäftsfähigkeit nach (Absatz 2) 9
B. Anwendungsvoraussetzungen 3	
I. Ruhen bei Geschäftsunfähigkeit eines Elternteils (Absatz 1) 3	

A. Grundlagen[1]

Die Vorschrift beinhaltet die Rechtsgründe, die zum Ruhen der elterlichen Sorge führen. Die elterliche Sorge ruht, wenn der betreffende Elternteil geschäftsunfähig ist.[2] **1**

Sinn der Regelung ist sowohl das **Kindesinteresse** als auch der **Verkehrsschutz**.[3] **2**

B. Anwendungsvoraussetzungen

I. Ruhen bei Geschäftsunfähigkeit eines Elternteils (Absatz 1)

Die Vorschrift setzt voraus, dass ein Elternteil nach § 104 Nr. 2 BGB **geschäftsunfähig** ist. § 1673 Abs. 1 BGB greift demnach bei nur vorübergehender Störung der Geistestätigkeit gemäß § 105 Abs. 2 BGB nicht ein, es handelt sich dabei um ein tatsächliches Ausübungshindernis (§§ 1693, 1678 BGB).[4] **3**

Dabei reicht **partielle Geschäftsunfähigkeit** aus, wenn sich diese ganz oder teilweise auf den Bereich der elterlichen Sorge erstreckt.[5] **4**

Die Geschäftsunfähigkeit eines Elternteils führt zum unmittelbaren Ruhen der elterlichen Sorge **kraft Gesetzes**.[6] Der Elternteil kann sein Umgangsrecht nach § 1684 BGB geltend machen. Er bleibt Inhaber des Sorgerechts, ist allerdings nicht mehr berechtigt das Sorgerecht auszuüben, § 1675 BGB.[7] In dieser Zeit können gegen diesen Elternteil keine Maßnahmen nach § 1666 BGB ergriffen werden.[8] **5**

Das Ruhen der elterlichen Sorge kann durch gerichtliche Entscheidung **deklaratorisch** festgestellt werden. Gegen diese Entscheidung kann der betroffene geschäftsunfähige Elternteil selbst Rechtsmittel einlegen.[9] **6**

Während des Ruhens der Sorge wird diese vom anderen Elternteil ausgeübt. Nach § 1678 Abs. 1 BGB erlangt der Elternteil die Befugnis kraft Gesetzes, aufgrund gerichtlicher Entscheidung gemäß § 1678 Abs. 2 BGB oder nach § 1696 BGB.[10] **7**

Die elterliche Sorge lebt unmittelbar wieder auf, wenn der Elternteil seine Geschäftsfähigkeit wiedererlangt. Im Gegensatz zum tatsächlichen Ausübungshindernis (hier § 1674 Abs. 2 BGB) ist hierfür kein feststellender Beschluss des Familiengerichts erforderlich. **8**

---

[1] Die Kommentierung basiert teilweise auf der Kommentierung in der Vorauflage durch *Bauer*.
[2] *Veit* in: Bamberger/Roth, § 1673 Rn. 1.
[3] *Veit* in: Bamberger/Roth, § 1673 Rn. 1.
[4] *Diederichsen* in: Palandt, § 1673 Rn. 2; *Sonnenfeld*, Rpfleger 1995, 441-446.
[5] *Diederichsen* in: Palandt, § 1673 Rn. 3; *Coester* in: Staudinger, § 1673 Rn. 11.
[6] BayObLG München v. 30.06.1978 - BReg 1 Z 139/77 - BayObLGZ 1978, 172-178.
[7] *Veit* in: Bamberger/Roth, § 1673 Rn. 3; *Diederichsen* in: Palandt, § 1673 Rn. 1; *Coester* in: Staudinger, § 1673 Rn. 15.
[8] *Coester* in: Staudinger, § 1673 Rn. 17.
[9] OLG Düsseldorf, FamRZ 1969, 663; OLG Hamm, OLGZ 1971, 76.
[10] *Veit* in: Bamberger/Roth, § 1673 Rn. 2.

II. Ruhen bei beschränkter Geschäftsfähigkeit nach (Absatz 2)

9 § 1673 Abs. 2 Satz 1 BGB normiert das Ruhen der elterlichen Sorge auch für den Fall, dass der Elternteil nur beschränkt geschäftsfähig ist. Der einzige Fall der beschränkten Geschäftsfähigkeit findet sich in § 106 BGB.

10 Die **Vermögenssorge und die Vertretung des Kindes** liegen entweder bei dem anderen Elternteil nach § 1678 Abs. 1 BGB für die Dauer der Minderjährigkeit oder ansonsten beim Vormund gemäß §§ 1773 Abs. 1, 1793 Abs. 1 Satz 1 BGB oder einem Ergänzungspfleger nach den §§ 1909 Abs. 1 Satz 1, 1915 Abs. 1, 1773 Abs. 1, 1793 Abs. 1 Satz 1 BGB. Mit der Volljährigkeit erstarkt das ruhende Recht kraft Gesetzes zur vollen elterlichen Sorge.[11] Bis dahin kann der minderjährige Elternteil von dem anderen Elternteil bevollmächtigt werden.[12]

11 Nach § 1673 Abs. 2 Satz 2 BGB steht dem minderjährigen Elternteil jedoch ein sachlich **beschränktes Sorgerecht** zu, es beinhaltet die **tatsächliche Personensorge** des Kindes. Gesetzlicher Vertreter des Kindes ist in diesem Fall der andere Elternteil nach § 1678 BGB.

12 Ein befristeter Entzug der Personensorge ist sowohl aus rechtlichen als auch aus sachlichen Gründen nicht möglich.[13]

13 Zur tatsächlichen Personensorge ist der beschränkt geschäftsfähige Elternteil nicht nur berechtigt, sondern sogar verpflichtet. Im Falle eines minderjährigen Elternteils darf ihm diese Berechtigung auch nicht durch seine Eltern entzogen werden.[14]

14 Bei **Meinungsverschiedenheiten** über Fragen der tatsächlichen Personensorge geht die Meinung des minderjährigen Elternteils gegenüber der Meinung des Vormunds oder Pflegers vor (§ 1673 Abs. 2 Satz 3 BGB). Für den Fall, dass der gesetzliche Vertreter des Kindes der andere Elternteil ist, verweist § 1672 Abs. 2 Satz 3 BGB auf § 1627 Satz 2 BGB und § 1628 BGB. Daraus ergibt sich, dass der Minderjährige mit seiner Meinung gleichberechtigt ist. Es besteht deshalb eine Einigungspflicht nach § 1627 Satz 2 BGB. Zur Not muss das Familiengericht nach § 1628 BGB angerufen werden.

---

[11] *Coester* in: Staudinger, § 1673 Rn. 23.
[12] *Diederichsen* in: Palandt, § 1673 Rn. 3.
[13] OLG Karlsruhe v. 04.10.2004 - 16 UF 81/04 - juris Rn. 12 - FamRZ 2005, 1272-1273.
[14] LG Hamburg v. 02.11.1980 - 1 T 139/80 - FamRZ 1981, 309-310.

§ 1674 BGB Ruhen der elterlichen Sorge bei tatsächlichem Hindernis

(Fassung vom 02.01.2002, gültig ab 01.01.2002)

(1) Die elterliche Sorge eines Elternteils ruht, wenn das Familiengericht feststellt, dass er auf längere Zeit die elterliche Sorge tatsächlich nicht ausüben kann.

(2) Die elterliche Sorge lebt wieder auf, wenn das Familiengericht feststellt, dass der Grund des Ruhens nicht mehr besteht.

Gliederung

A. Grundlagen 1	5. Gerichtliche Feststellung 9
B. Anwendungsvoraussetzungen 2	6. Bekanntmachung 10
I. Ruhen der elterlichen Sorge nach Absatz 1 2	7. Aufhebung der gerichtlichen Verfügung 11
1. Tatsächliches Hindernis 2	II. Wiederaufleben der elterlichen Sorge gemäß
2. Dauer 4	Absatz 2 12
3. Anwendungsvorrang 7	C. Verfahrenshinweise 14
4. Amtsermittlung 8	

A. Grundlagen[1]

Die Vorschrift enthält die Voraussetzungen, unter denen die **Ausübung der elterlichen Sorge aus tatsächlichen Gründen** ruht. Sinn der Regelung ist es, Rechtsklarheit zu schaffen, indem das Familiengericht bei länger dauernder Verhinderung ein Ruhen des Sorgerechts ausdrücklich feststellt und damit den Schutz des Kindesinteresses erreicht.[2] **1**

B. Anwendungsvoraussetzungen

I. Ruhen der elterlichen Sorge nach Absatz 1

1. Tatsächliches Hindernis

Die elterliche Sorge ruht, wenn das Familiengericht feststellt, dass ein Elternteil auf längere Zeit die elterliche Sorge tatsächlich nicht ausüben kann.[3] Ein **tatsächliches Ausübungshindernis** liegt vor, wenn ein Elternteil die ganze oder teilweise elterliche Sorge nicht selbst wahrnehmen kann.[4] Allein die räumliche Trennung eines Elternteils von dem Kind reicht hierfür nicht aus, wenn der Kontakt zum Kind gehalten wird oder die räumliche Trennung umgehend beendet werden kann.[5] Nur Briefkontakt entspricht diesen Anforderungen nicht.[6] Das Gericht muss in jedem einzelnen Fall prüfen, ob **ausreichende Möglichkeiten der Einflussnahme und Steuerung** vorhanden sind.[7] Ein tatsächliches Ausübungshindernis nach § 1674 Abs. 1 BGB wurde vom BGH auch für den Fall abgelehnt, dass der Kindesvater sich illegal in einem anderem europäischen Land aufhält (hier: Großbritannien) und zur Aufenthaltsermittlung ausgeschrieben ist.[8] Der verbliebene Kontakt durch moderne Kommunikationsmittel, mit denen der Vater seinen Einfluss auf die Erziehung der Kinder aufrechterhält, wird durch den Wechsel des ständigen Aufenthalts der restlichen Familie nicht entscheidend beeinflusst.[9] **2**

---

[1] Die Kommentierung basiert teilweise auf der Kommentierung in der Vorauflage durch *Bauer*.
[2] *Veit* in: Bamberger/Roth, § 1674 Rn. 1.
[3] OLG Saarbrücken v. 06.05.2010 - 6 UF 24/10.
[4] AG Erfurt v. 10.05.2010 - 36 F 38/10; BGH v. 06.10.2004 - XII ZB 80/04 - juris Rn. 8 - FPR 2005, 115 mit umfassender Darstellung der Voraussetzungen.
[5] BGH v. 06.10.2004 - XII ZB 80/04 - NJW 2005, 221-222; *Harms*, jurisPR-FamR 7/2005, Anm. 4; OLG Frankfurt v. 17.09.2001 - 5 WF 137/01 - OLGR Frankfurt 2002, 6.
[6] OLG Köln v. 11.04.1991 - 16 Wx 43/91 - DAVorm 1991, 506-508; OLG Koblenz v. 02.12.2011 - 13 UF 839/11 - juris Rn. 10.
[7] OLG Frankfurt v. 17.09.2001 - 5 WF 137/01 - OLGR Frankfurt 2002, 6.
[8] BGH v. 06.10.2004 - XII ZB 80/04 - juris Rn. 8 - FPR 2005, 115.
[9] BGH v. 06.10.2004 - XII ZB 80/04 - juris Rn. 9 - FPR 2005, 115 mit Anm. *Harms*, jurisPR-FamR 7/2005, Anm. 4.

3   Der Elternteil kann **durch äußere Umstände** tatsächlich verhindert sein, beispielsweise wegen Strafhaft[10] oder dem Verschwinden eines Elternteils (hier der Mutter[11]). Ein tatsächliches Ausübungshindernis kann auch der Elternteil in **seiner Person** selbst begründen: Ein intellektuell minderbegabter Elternteil kann dann an der Ausübung der elterlichen Sorge tatsächlich verhindert sein, wenn er von dem anderen geistesgestörten Elternteil, dessen elterliche Sorge ruht, psychisch derart abhängig und ihm in einem Maße hörig ist, dass er die elterliche Sorge tatsächlich nicht mehr in eigener Verantwortung ausüben kann.[12]

2. Dauer

4   Das Ausübungshindernis muss im Rahmen des § 1674 Abs. 1 BGB **für längere Zeit bestehen**, bei kurzfristiger Verhinderung (beispielsweise einem Krankenhausaufenthalt) greift § 1678 Abs. 1 BGB.[13] Untersuchungshaft und Strafverfolgung stellen indessen kein tatsächliches Ausübungshindernis dar[14], es sei denn danach ist eine länger andauernde Strafhaft wahrscheinlich[15].

5   Die längere, objektive Verhinderung der Ausübung der elterlichen Sorge setzt voraus, dass die Aussicht besteht, dass die elterliche Sorge nach Wegfall des tatsächlichen Hindernisses wieder ausgeübt werden kann.[16]

6   Nach § 1751 Abs. 1 Satz 1 BGB ruht die elterliche Sorge, wenn der Elternteil in die Annahme der Adoption wirksam eingewilligt hat oder seine Einwilligung ersetzt wurde.

3. Anwendungsvorrang

7   Gegenüber den Maßnahmen nach § 1666 BGB ist die Anordnung des Ruhens grundsätzlich vorrangig, da darin der geringe Eingriff liegt.[17]

4. Amtsermittlung

8   Das längerfristige Ausübungshindernis ermittelt das Gericht **von Amts wegen**, § 26 FamFG. Als Erkenntnisquelle kann das Gericht allerdings im Verfahren des § 1674 BGB einen Elternteil nicht verpflichten, sich einer psychiatrischen Untersuchung zu unterziehen, da hierfür keine Rechtsgrundlage vorhanden ist.[18] Die Anhörung von Eltern und Kind richtet sich nach den §§ 159 und 160 FamFG. Das Jugendamt ist in Form einer Anhörung nicht zu beteiligen.[19] Sofern das Jugendamt allerdings Vormund ist, ist dessen Anhörung erforderlich.[20]

5. Gerichtliche Feststellung

9   Kann der Elternteil die elterliche Sorge längere Zeit nicht ausüben, wird die **familiengerichtliche Feststellung** getroffen, dass eine längerfristige Verhinderung vorliegt, die elterliche Sorge des gehinderten Elternteils deshalb ruht und erst dann wieder auflebt, wenn das Gericht das Ende der Verhinderung feststellt.

---

[10] BGH v. 06.10.2004 - XII ZB 80/04 - juris Rn. 10 - FPR 2005, 115; OLG Dresden v. 27.02.2003 - 10 UF 760/02 - juris Rn. 8 - FamRZ 2003, 1038-1039; BayObLG München v. 23.12.1974 - BReg 1 Z 106/73 - NJW 1975, 1082-1083; OLG Koblenz v. 02.12.2011 - 13 UF 839/11 - juris Rn. 10.

[11] OLG Naumburg v. 04.07.2001 - 8 WF 135/01 - FamRZ 2002, 258.

[12] OLG Karlsruhe v. 08.01.2010 - 18 UF 124/08 - Rpfleger 2010, 369; BayObLG München v. 13.02.1981 - BReg 1 Z 141/80 - FamRZ 1981, 595-597.

[13] AG Holzminden v. 10.11.2001 - 12 F 382/01 - juris Rn. 18 - FamRZ 2002, 560-562.

[14] OLG Naumburg v. 04.07.2001 - 8 WF 135/01 - FamRZ 2002, 258; OLG Hamm v. 13.02.1996 - 15 W 434/95 - NJW-RR 1996, 964-965.

[15] BayObLG München v. 23.12.1974 - BReg 1 Z 106/73 - NJW 1975, 1082-1083.

[16] OLG Hamm v. 13.02.1996 - 15 W 434/95 - NJW-RR 1996, 964-965.

[17] OLG Naumburg v. 04.07.2001 - 8 WF 135/01 - FamRZ 2002, 258; OLG Dresden v. 27.02.2003 - 10 UF 760/02 - NJW-RR 2003, 940-941.

[18] OLG Stuttgart v. 03.12.1974 - 8 W 212/74 - FamRZ 1975, 167-169.

[19] OLG Naumburg v. 04.07.2001 - 8 WF 135/01 - FamRZ 2002, 258.

[20] BayObLG München v. 13.02.1981 - BReg 1 Z 141/80 - FamRZ 1981, 595-597.

6. Bekanntmachung

Die Entscheidung des Familiengerichts wird **mit der Bekanntmachung an den anderen Elternteil wirksam**, wenn dieser die elterliche Sorge während der Verhinderung kraft Gesetzes allein ausübt, andernfalls mit der Übertragung der Ausübung der elterlichen Sorge auf diesen Elternteil oder mit der Bestellung des Vormunds.

7. Aufhebung der gerichtlichen Verfügung

Mit dem Wirksamwerden der Feststellungsverfügung ruht die elterliche Sorge. Ergibt sich nachträglich, dass das Gericht das Ruhen der elterlichen Sorge zu Unrecht festgestellt hat, so lebt die elterliche Sorge erst wieder auf, wenn das Gericht feststellt, dass der Grund des Ruhens nicht mehr besteht (§ 1674 Abs. 2 BGB).[21] Dies gilt wegen der gestaltungsähnlichen Wirkung einer gemäß § 1674 Abs. 1 BGB getroffenen Verfügung auch dann, wenn die tatsächlichen Voraussetzungen des Ruhens von Anfang an nicht vorlagen.[22] Zur Beseitigung dieser gestaltungsähnlichen Wirkung wird zwar festgestellt, dass der Grund des Ruhens der elterlichen Sorge nicht bestand, die Feststellungsverfügung kann aber durch das Rechtsmittelgericht nicht rückwirkend aufgehoben werden.[23] Zwischenzeitlich vorgenommene Rechtsgeschäfte bleiben nach § 47 FamFG wirksam.

II. Wiederaufleben der elterlichen Sorge gemäß Absatz 2

Nach der familiengerichtlichen Feststellung des Ruhens der elterlichen Sorge lebt diese elterliche Sorge erst wieder auf, wenn das Familiengericht feststellt, dass die tatsächliche Verhinderung nicht mehr besteht. Die Vorschrift findet entsprechend Anwendung, wenn die Feststellung der tatsächlichen Verhinderung von Anfang an unrichtig war.[24]

Eine etwaig bestehende Vormundschaft erlischt jedoch nach den §§ 1882, 1773 BGB, und die angeordnete Pflegschaft ist nach § 1919 BGB aufzuheben.[25]

C. Verfahrenshinweise

Nach § 14 Nr. 10 RPflG ist der Richter für die Feststellung des Ruhens der elterlichen Sorge zuständig, wenn es sich bei dem Kind um ein unbegleitetes minderjähriges Kind oder Jugendlichen **eines fremden Staates** handelt. In allen anderen Fällen ist der Rechtspfleger zuständig.

---

[21] BayObLG München v. 08.02.1988 - BReg 1 a Z 7/88 - NJW-RR 1988, 1228-1229.
[22] BayObLG München v. 08.02.1988 - BReg 1 a Z 7/88 - NJW-RR 1988, 1228-1229.
[23] BayObLG München v. 08.02.1988 - BReg 1 a Z 7/88 - NJW-RR 1988, 1228-1229.
[24] *Veit* in: Bamberger/Roth, § 1674 Rn. 7.
[25] *Veit* in: Bamberger/Roth, § 1674 Rn. 7.

§ 1674a BGB Ruhen der elterlichen Sorge der Mutter für ein vertraulich geborenes Kind

(Fassung vom 28.08.2013, gültig ab 01.05.2014)

¹Die elterliche Sorge der Mutter für ein nach § 25 Absatz 1 des Schwangerschaftskonfliktgesetzes vertraulich geborenes Kind ruht. ²Ihre elterliche Sorge lebt wieder auf, wenn das Familiengericht feststellt, dass sie ihm gegenüber die für den Geburtseintrag ihres Kindes erforderlichen Angaben gemacht hat.

Gliederung

A. Grundlagen 1	3. Anordnung Vormundschaft 7
B. Anwendungsvoraussetzungen 2	III. Wiederaufleben der elterlichen Sorge (Satz 2) ... 8
I. Normstruktur 2	1. Angaben der Kindesmutter 9
II. Ruhen der elterlichen Sorge (Satz 1) 4	2. Frist 12
1. Vertrauliche Geburt 4	C. Verfahrenshinweise 14
2. Ruhen der elterlichen Sorge 5	

A. Grundlagen

1 § 1674a BGB wurde eingeführt durch das Gesetz zum Ausbau der Hilfen für Schwangere und zur Regelung der vertraulichen Geburt vom 28.08.2013.[1] Die Vorschrift regelt die Auswirkungen einer **vertraulichen Geburt** i.S.d. § 25 Schwangerschaftskonfliktgesetz auf die elterliche Sorge der Kindesmutter. Satz 1 legt dabei fest, unter welchen Voraussetzungen die elterliche Sorge der Kindesmutter ruht, Satz 2 regelt im Einzelnen, unter welchen Voraussetzungen das Sorgerecht wieder auflebt.

B. Anwendungsvoraussetzungen

I. Normstruktur

2 § 1674a Satz 1 BGB regelt das Schicksal der elterlichen Sorge, wenn die Mutter das Kind vertraulich im Sinne des § 25 Schwangerschaftskonfliktgesetz (SchKG) geboren hat. Die elterliche Sorge des Vaters wird von dieser Regel nicht betroffen. Das Gesetz geht davon aus, dass eine Schwangere die vertrauliche Geburt nur dann in Anspruch nimmt, wenn und solange sie davon ausgeht, dass ihre Schwangerschaft anderen Personen nicht bekannt ist.[2]

3 § 1674a Satz 2 BGB regelt die Voraussetzungen für das Aufleben der elterlichen Sorge.

II. Ruhen der elterlichen Sorge (Satz 1)

1. Vertrauliche Geburt

4 Voraussetzung für das Ruhen der elterlichen Sorge ist, dass die Geburt **vertraulich im Sinne des § 25 SchKG** ist. Vertrauliche Geburt ist eine Entbindung, bei der die Schwangere ihre Identität nicht offenlegt und stattdessen die Angaben nach § 26 Abs. 2 Satz 2 SchKG macht, § 25 Abs. 1 Satz 2 SchKG. § 26 SchKG wiederum regelt das Verfahren der vertraulichen Geburt. Nach § 26 Abs. 1 Nr. 1 SchKG wählt die Schwangere einen Vor- und einen Familiennamen, unter dem sie im Verfahren der vertraulichen Geburt handelt (Pseudonym). Die Beratungsstelle hat einen Nachweis für die Herkunft des Kindes zu erstellen. Dafür nimmt sie die Vornamen und den Familiennamen der Schwangeren, ihr Geburtsdatum und ihre Anschrift auf und überprüft diese Angaben anhand eines gültigen, zur Identitätsfeststellung der Schwangeren geeigneten Ausweises, § 26 Abs. 2 SchKG. Der Herkunftsnachweis ist in einem Umschlag so zu verschließen, dass ein unbemerktes Öffnen verhindert wird, § 26 Abs. 3 SchKG.

---

[1] BGBl I 2013, 3458.
[2] BT-Drs. 17/12814, S. 9 = BT-Drs. 17/13062.

2. Ruhen der elterlichen Sorge

Liegen die Voraussetzungen der vertraulichen Geburt nach § 25 SchKG vor, **ruht die elterliche Sorge der Mutter kraft Gesetztes** ab der Geburt. Dies hat zur Folge, dass sie nicht berechtigt ist, die elterliche Sorge auszuüben, § 1675 BGB.

Die elterliche Sorge des Vaters wird durch die Regelung nicht berührt.[3] Das Gesetz geht davon aus, dass eine Schwangere die vertrauliche Geburt nur dann in Anspruch nimmt, wenn und solange sie davon ausgeht, dass ihre Schwangerschaft anderen Personen nicht bekannt ist. Weiß der Vater jedoch von der Schwangerschaft oder von der Geburt des Kindes, so kann er die Identität der Eltern beim Standesamt melden und seine Rechte geltend machen.[4]

3. Anordnung Vormundschaft

Sobald die elterliche Sorge ruht, muss gemäß § 1773 BGB ein Vormund bestellt werden. Das Familiengericht hat von der vertraulichen Geburt bereits aufgrund der **Mitteilungspflicht des Standesamtes** gemäß § 168a FamFG erfahren.[5]

III. Wiederaufleben der elterlichen Sorge (Satz 2)

Die elterliche Sorge der Mutter lebt nach § 1674a Satz 2 BGB wieder auf, wenn das Familiengericht feststellt, dass sie dem Gericht gegenüber die für den Geburtseintrag ihres Kindes erforderlichen Angaben gemacht hat.

1. Angaben der Kindesmutter

Mit den in Satz 2 geforderten Angaben sind die **Personenstandsangaben** der Mutter im Sinne des § 21 Abs. 1 Nr. 4 PStG gemeint.[6]

Die Kindesmutter muss die für den Geburtseintrag erforderlichen Angaben gegenüber dem Familiengericht abgeben. Es genügt nicht, sie gegenüber der Beratungsstelle oder dem Standesamt zu machen.[7]

Hat die Kindesmutter die für den Geburtseintrag erforderlichen Angaben gemacht, **lebt die elterliche Sorge wieder** auf, wenn das Familiengericht dies durch Beschluss feststellt. Eine Kindeswohlprüfung ist nicht nach der Vorschrift vorgesehen. Das Gericht muss jedoch prüfen, ob Maßnahmen nach den §§ 1666, 1666a BGB erforderlich sind, wenn während des Feststellungsverfahrens sich Anhaltspunkte für eine Kindeswohlgefährdung ergeben.[8]

2. Frist

Das Gesetz sieht eine Frist nicht vor.

Nach der Begründung in dem Gesetzgebungsverfahren kann jedoch die Mutter bis zum Adoptionsbeschluss ihr Kind zurückerhalten, wenn sie die für den Geburtseintrag ihres Kindes erforderlichen Angaben gemacht hat und das Kindeswohl nicht gefährdet wird. Da dem gerichtlichen Adoptionsverfahren eine Adoptionspflegezeit von ca. einem Jahr vorausgeht und der Rucknahmewunsch ganz überwiegend zeitnah zur Geburt erfolgt, bleibt somit ausreichend Zeit, diesen zu verwirklichen.[9]

C. Verfahrenshinweise

Zuständig ist das Familiengericht gemäß §§ 111 Nr. 2, 151 FamFG. Die örtliche Zuständigkeit ergibt sich aus § 152 FamFG. Der nach § 3 Nr. 2 RPflG funktionell zuständige Rechtspfleger legt nach § 5 Abs. 1 Nr. 2 RPflG die Sache dem Richter vor, wenn in dem Verfahren nach § 1674a Satz 2 BGB Anhaltspunkte bekannt werden, die Maßnahmen nach den §§ 1666, 1666a BGB erforderlich machen.

---

[3] BT-Drs. 17/12814, S. 9, 16.
[4] BT-Drs. 17/12814, S. 16.
[5] *Helms*, FamRZ 2014, 609-614, 613.
[6] BT-Drs. 17/12814, S. 9, 16.
[7] *Veit* in: Bamberger/Roth, § 1674a Rn. 13.
[8] BT-Drs. 17/12814, S. 16; *Helms*, FamRZ 2014, 609-614, 613.
[9] BT-Drs. 17/12814, S. 10; *Helms*, FamRZ 2014, 609-614, 613.

§ 1675 BGB Wirkung des Ruhens

(Fassung vom 02.01.2002, gültig ab 01.01.2002)

Solange die elterliche Sorge ruht, ist ein Elternteil nicht berechtigt, sie auszuüben.

A. Rechtsfolgen des Ruhens[1]

1 Die Vorschrift regelt die **rechtlichen Wirkungen,** wenn die elterliche Sorge ruht. Mit dem Ruhen des Sorgerechts verliert der verhinderte Elternteil das Sorgerecht nicht, er ist gleichwohl nicht mehr zur Ausübung berechtigt.[2] Sein Ausübungsrecht wird nur gehemmt.[3]

2 Nach den §§ 1773, 1909 BGB ist ein Vormund bzw. Pfleger zu bestellen, wenn es keinen anderen Elternteil gibt oder dieser aus rechtlichen oder tatsächlichen Gründen nicht als Inhaber der Alleinsorge in Betracht kommt.

3 Sobald die Vermögenssorge ruht, ist der betroffene Elternteil zur **Vermögensherausgabe** und zur **Rechnungslegung** nach § 1698 Abs. 1 BGB verpflichtet. Für die Fortführung der Geschäfte bis zur Möglichkeit der Kenntnisnahme gilt § 1698a Abs. 2 BGB. Es entfällt auch die Verwendungsbefugnis nach § 1649 BGB.[4]

4 Das **Umgangsrecht** wird durch das Ruhen des Sorgerechts nicht berührt.[5]

B. Verfahrensrecht

5 Das Ruhen der elterlichen Sorge im Rahmen der Zuständigkeitsfeststellung nach § 86 Abs. 5 SGB VIII ist dem Entzug der elterlichen Sorge gleichzusetzen.[6] § 86 Abs. 3 SGB VIII setzt voraus, dass „die Personensorge keinem Elternteil zusteht". Dies ist u.a. der Fall, wenn die elterliche Sorge gemäß § 1674 BGB ruht.

6 Ein Antrag auf Verfahrenskostenhilfe ist wegen Mutwilligkeit zu versagen, wenn die lediglich deklaratorische gerichtliche Feststellung des Ruhens der elterlichen Sorge begehrt wird.[7]

---

[1] Die Kommentierung basiert teilweise auf der Kommentierung in der Vorauflage durch *Bauer*.
[2] *Veit* in: Bamberger/Roth, § 1675 Rn. 1.
[3] OLG Naumburg v. 04.07.2001 - 8 WF 135/01 - FamRZ 2002, 258.
[4] *Veit* in: Bamberger/Roth, § 1675 Rn. 2.
[5] *Coester* in: Staudinger, § 1675 Rn. 3.
[6] VG Aachen v. 11.05.2004 - 2 K 2601/00; BVerwG v. 13.09.2004 - 5 B 65/04 - juris Rn. 3.
[7] OLG Rostock v. 30.11.2007 - 10 WF 204/07 - FamRZ 2008, 1090-1091; *Scharnberg*, jurisPR-FamR 8/2008, Anm. 5.

§ 1676 BGB (weggefallen)

(Fassung vom 18.07.1979, gültig ab 01.01.1980, gültig bis 31.12.2001)
(weggefallen)

§ 1676 BGB in der Fassung vom 18.07.1979 ist durch Art. 1 Nr. 23 des Gesetzes vom 18.07.1979 – BGBl I 1979, 1061 – mit Wirkung vom 01.01.1980 weggefallen.   1

§ 1677 BGB Beendigung der Sorge durch Todeserklärung

(Fassung vom 02.01.2002, gültig ab 01.01.2002)

Die elterliche Sorge eines Elternteils endet, wenn er für tot erklärt oder seine Todeszeit nach den Vorschriften des Verschollenheitsgesetzes festgestellt wird, mit dem Zeitpunkt, der als Zeitpunkt des Todes gilt.

1. Das Sorgerecht endet mit dem Tod des Sorgeberechtigten (§ 1680 BGB). Die Vorschrift erstreckt die Rechtsfolge auch auf die Fälle, in denen nach dem VerschG eine Todesvermutung besteht.[1] Die elterliche Sorge endet deshalb mit einem wirksamen **gerichtlichen Beschluss im Verschollenheitsverfahren** nach den §§ 2, 39, 44 VerschG, der den Tod bzw. die Todeszeit feststellt.

2. Wird aufgrund eines Abänderungsbeschlusses nach den §§ 33a, 40 VerschG ein anderer Todeszeitpunkt festgestellt, so tritt rückwirkend die Beendigung des Sorgerechts zu diesem Zeitpunkt ein. Falls wegen des geänderten Todeszeitpunktes die Berechtigung zu einer inzwischen vorgenommenen Rechtshandlung entfällt, ist § 1698a BGB anzuwenden.[2]

3. Dies hat zur Folge, dass der andere Elternteil **kraft Gesetzes ab dem Todeszeitpunkt allein sorgeberechtigt ist** (§§ 1681 Abs. 1, 1680 Abs. 1 BGB).

4. Zeigt sich schließlich, dass der für tot erklärte Elternteil noch am Leben ist, gilt § 1681 Abs. 2 BGB. Der für tot erklärte Elternteil erhält die elterliche Sorge auf Antrag bei dem Familiengericht zurück (§ 1681 Abs. 2 BGB). Voraussetzung hierfür ist jedoch, dass die Rückübertragung nicht dem Wohl des Kindes widerspricht.

5. Einem bislang aufgrund § 1626a Abs. 3 BGB, § 1671 BGB nicht sorgeberechtigten Elternteil kann die Alleinsorge allerdings erst nach einer Kindeswohlprüfung durch das Familiengericht zugesprochen werden (§§ 1681 Abs. 1, 1680 Abs. 2 BGB).

6. Ist dem anderen Elternteil die Sorge nach § 1666 BGB entzogen worden, ist die Bestellung eines Vormunds erforderlich (§ 1773 BGB).

---

[1] *Rotax*, FPR 2008, 151-153.
[2] *Veit* in: Bamberger/Roth, § 1677 Rn. 3; *Adelmann* in: RGRK, § 1677 Rn. 3.

§ 1678 BGB Folgen der tatsächlichen Verhinderung oder des Ruhens für den anderen Elternteil

(Fassung vom 16.04.2013, gültig ab 19.05.2013)

(1) Ist ein Elternteil tatsächlich verhindert, die elterliche Sorge auszuüben, oder ruht seine elterliche Sorge, so übt der andere Teil die elterliche Sorge allein aus; dies gilt nicht, wenn die elterliche Sorge dem Elternteil nach § 1626a Absatz 3 oder § 1671 allein zustand.

(2) Ruht die elterliche Sorge des Elternteils, dem sie gemäß § 1626a Absatz 3 oder § 1671 allein zustand, und besteht keine Aussicht, dass der Grund des Ruhens wegfallen werde, so hat das Familiengericht die elterliche Sorge dem anderen Elternteil zu übertragen, wenn dies dem Wohl des Kindes nicht widerspricht.

Gliederung

A. Grundlagen	1	1. Alleinsorge der Mutter nach § 1626a Abs. 3 BGB	9
B. Anwendungsvoraussetzungen	2	2. Alleinsorge aus § 1671 BGB	14
I. Rechtsfolge bei gemeinsamer Sorge der Eltern (Absatz 1)	2	C. Verfahrenshinweis	16
II. Rechtsfolgen bei alleiniger Sorge eines Elternteils	8		

A. Grundlagen[1]

§ 1678 BGB wurde durch das Gesetz zur Reform der elterlichen Sorge nicht miteinander verheirateter Eltern vom 16.04.2013 zum Teil neu gefasst. Die Vorschrift regelt die **Folgen** der tatsächlichen Verhinderung oder des Ruhens der elterlichen Sorge **für das Sorgerecht des anderen Elternteils**. § 1678 BGB klärt, wer dann für das Kind sorgt. Daneben enthält § 1678 Abs. 1 BGB eine selbständige Regelung der **Rechtsfolgen** einer tatsächlichen Verhinderung der Sorgerechtsausübung, die nicht unter § 1674 BGB fällt.[2] 1

B. Anwendungsvoraussetzungen

I. Rechtsfolge bei gemeinsamer Sorge der Eltern (Absatz 1)

Die **tatsächliche Verhinderung** der Sorgerechtsausübung entspricht dem tatsächlichen Ausübungshindernis in § 1674 BGB. Ein **tatsächliches Ausübungshindernis** liegt vor, wenn ein Elternteil die ganze oder teilweise elterliche Sorge nicht selbst wahrnehmen kann.[3] Allein die räumliche Trennung eines Elternteils von dem Kind reicht hierfür nicht aus, wenn der Kontakt zum Kind gehalten wird oder die räumliche Trennung umgehend beendet werden kann.[4] Nur Briefkontakt entspricht diesen Anforderungen nicht.[5] Das Gericht muss in jedem einzelnen Fall prüfen, ob **ausreichende Möglichkeiten der Einflussnahme und Steuerung** vorhanden sind.[6] 2

Die Verhinderung nach § 1678 Abs. 1 BGB kommt allerdings nur zum Tragen, sofern diese nicht bereits zu einem familiengerichtlichen Beschluss nach § 1674 Abs. 1 BGB geführt hat. 3

§ 1678 Abs. 1 BGB setzt voraus, dass beide Elternteile gemeinsam die elterliche Sorge innehatten. Dies folgt aus der Ausschlussklausel des § 1678 Abs. 1 HS. 2 BGB.[7] 4

Ist der Elternteil tatsächlich in der Ausübung gehindert oder ruht die elterliche Sorge, geht die Alleinsorge auf den anderen Elternteil ohne Sachprüfung **kraft Gesetzes** über. Die Sorge umfasst sowohl die 5

---

[1] Die Kommentierung basiert teilweise auf der Kommentierung in der Vorauflage durch *Bauer*.
[2] AG Holzminden v. 10.11.2001 - 12 F 382/01 - juris Rn. 18 - FamRZ 2002, 560-562.
[3] *Veit* in: Bamberger/Roth, § 1674 Rn. 2.
[4] OLG Frankfurt v. 17.09.2001 - 5 WF 137/01 - OLGR Frankfurt 2002, 6.
[5] OLG Köln v. 11.04.1991 - 16 Wx 43/91 - DAVorm 1991, 506-508.
[6] OLG Frankfurt v. 17.09.2001 - 5 WF 137/01 - OLGR Frankfurt 2002, 6.
[7] *Veit* in: Bamberger/Roth, § 1678 Rn. 2.

Personen- und Vermögenssorge sowie die Vertretungsmacht für das Kind (§ 1629 Abs. 1 Satz 3 BGB).[8]

6 Die automatische Anwachsung der Alleinsorge ist in den Fällen der Alleinsorge nach §§ 1626a Abs. 3, 1671 BGB durch § 1678 Abs. 1 Satz 2 BGB ausgeschlossen. Dementsprechend kann nach einem Sorgerechtsentzug nach § 1666 BGB dem Elternteil kein alleiniges Sorgerecht zufallen.[9] In diesem Fall hat das Familiengericht nach § 1693 BGB bzw. § 1666 BGB einen Vormund i.S.d. § 1773 BGB oder einen Ergänzungspfleger nach § 1909 BGB zu bestellen.[10]

7 Sofern das Ausübungshindernis oder die gemeinsame Sorge nur **Teilbereiche** der elterlichen Sorge erfassen, wird § 1678 Abs. 1 BGB in entsprechend eingeschränkter Form angewendet.

II. Rechtsfolgen bei alleiniger Sorge eines Elternteils

8 Für die Rechtsfolgen unterscheidet § 1678 Abs. 1 und 2 BGB nach dem Rechtsgrund, aufgrund dessen der bisher alleinsorgeberechtigte Elternteil die Alleinsorge innehatte:

1. Alleinsorge der Mutter nach § 1626a Abs. 3 BGB

9 Der Vater erhält das Sorgerecht nicht automatisch, wenn die Mutter alleinsorgeberechtigt i.S.d. § 1626a Abs. 3 BGB war und ihre Alleinsorge wahrscheinlich dauerhaft ruht, hierfür ist eine **gerichtliche Entscheidung erforderlich** (§ 1678 Abs. 2 BGB).[11] **Dies setzt voraus, dass die Sorgerechtsübertragung dem Wohl des Kindes nicht widerspricht.**

10 Weiterhin kommt entsprechend seinem Wortlaut § 1678 Abs. 2 BGB **nur im Falle des Ruhens der elterlichen Sorge zur Anwendung.**

11 § 1678 Abs. 2 BGB setzt schließlich voraus, dass **keine Aussicht** besteht, dass der **Grund des Ruhens wegfallen wird**. Die drei Voraussetzungen müssen kumulativ vorliegen. Wenn die Verhinderung nur vorübergehend ist, kommt die Anordnung einer Pflegschaft nach § 1909 BGB in Betracht.[12]

12 Die Übertragung der Alleinsorge bedarf also einer **positiven Kindeswohlprüfung** durch das Gericht. Auch wenn durch das Gesetz zur Reform der elterlichen Sorge nicht miteinander verheirateter Eltern vom 16.04.2013 die Formulierung „... wenn dies dem Wohl des Kindes dient" durch „... wenn dies dem Wohl des Kindes nicht widerspricht" geändert wurde, dürfte es bei den zu § 1678 Abs. 2 BGB a.F. entwickelten Grundsätzen bleiben. Maßgebliche Kriterien sind hierfür die Erziehungseignung des Vaters, die Betreuungsmöglichkeiten, die **Erziehungsbereitschaft des Vaters und die Bindungen und Wünsche des Kindes**.[13] Die Prüfung folgt demnach der Systematik des § 1671 Abs. 1 Satz 2 Nr. 2 BGB. Grundsätzlich ist im Hinblick auf eine verfassungskonforme Auslegung anzunehmen, dass die Übertragung der Sorge auf den Kindesvater dem Wohl des Kindes nicht widerspricht, wenn nicht Umstände festgestellt werden können, die dagegen sprechen.[14]

13 Ist die Sorgerechtsübertragung kindeswohlwidrig, bestellt das Gericht einen Vormund oder einen Pfleger (§§ 1693, 1773 BGB bzw. § 1909 BGB).[15]

2. Alleinsorge aus § 1671 BGB

14 Hatte der zwischenzeitlich verhinderte Elternteil die Alleinsorge aufgrund einer gerichtlichen Übertragungsentscheidung nach § 1671 BGB inne, so muss die Sorge dem anderen Elternteil im Wege einer Abänderungsentscheidung nach § 1696 BGB übertragen werden.[16]

15 Voraussetzung dieser Entscheidung ist, dass die Abänderung aus triftigen, das Kindeswohl nachhaltig berührenden Gründen notwendig ist. Die Kindeswohlprüfung an dieser Stelle geht über die Anforderungen des § 1678 Abs. 2 BGB hinaus. Hier muss die Verhinderung des allein sorgeberechtigten El-

---

[8] *Diederichsen* in: Palandt, § 1678 Rn. 8.
[9] *Diederichsen* in: Palandt, § 1678 Rn. 13.
[10] *Veit* in: Bamberger/Roth, § 1678 Rn. 3.
[11] *Veit* in: Bamberger/Roth, § 1678 Rn. 4.
[12] *Coester* in: Staudinger, § 1678 Rn. 28.
[13] *Veit* in: Bamberger/Roth, § 1678 Rn. 5.
[14] BVerfG v. 07.03.1995 - 1 BvR 790/91, 1 BvR 540/92, 1 BvR 866/92 - NJW 1995, 2155-2159; OLG Dresden v. 14.03.2012 - 23 WF 1162/11 - juris Rn. 18.
[15] *Veit* in: Bamberger/Roth, § 1678 Rn. 6.
[16] BT-Drs. 13/4899, S. 102.

ternteils als triftiger Grund gesehen werden, der das Kindeswohl nachhaltig berührt und die Übertragung nur dann nicht angezeigt ist, wenn sie dem Kindeswohl widerspricht.[17]

C. Verfahrenshinweis

Änderungsentscheidungen müssen nach § 1696 BGB herbeigeführt werden. Die Übertragung ist gem. § 151 FamFG eine Kindschaftssache. Die örtliche Zuständigkeit ergibt sich aus § 152 Abs. 1 und 2 FamFG. Zuständig ist der Richter, § 14 Abs. 1 Nr. 2 RPflG. Weiterhin gilt auch das Beschleunigungsgebot des § 155 Abs. 1 FamFG. In der Regel ist gem. § 158 Abs. 2 Nr. 3, 4 FamFG ein Verfahrensbeistand für das Kind zu bestellen. Das Kind ist nach § 159 FamFG, die Eltern nach § 160 FamFG und das Jugendamt nach § 162 FamFG anzuhören.

Das Gericht kann durch Erlass einer einstweiligen Anordnung gem. § 49 FamFG vorläufige Maßnahmen anordnen, damit nicht durch Zeitablauf vollendete Tatsachen zulasten des andren Elternteils geschaffen werden.[18]

---

[17] *Huber*, FamRZ 1999, 1625-1631; *Veit* in: Bamberger/Roth, § 1678 Rn. 7; OLG Bamberg v. 05.01.2011 - 2 UF 204/10 - juris Rn. 18.
[18] BVerfG v. 20.10.2008 - 1 BvR 2275/08 - FamRZ 2008, 2185, 2188.

§ 1679 BGB (weggefallen)

(Fassung vom 18.07.1979, gültig ab 01.01.1980, gültig bis 31.12.2001)

(weggefallen)

1   § 1679 BGB in der Fassung vom 18.07.1979 ist durch Art. 1 Nr. 25 des Gesetzes vom 18.07.1979 – BGBl I 1979, 1061 – mit Wirkung vom 01.01.1980 weggefallen.

§ 1680 BGB Tod eines Elternteils oder Entziehung des Sorgerechts

(Fassung vom 16.04.2013, gültig ab 19.05.2013)

(1) Stand die elterliche Sorge den Eltern gemeinsam zu und ist ein Elternteil gestorben, so steht die elterliche Sorge dem überlebenden Elternteil zu.

(2) Ist ein Elternteil, dem die elterliche Sorge gemäß § 1626a Absatz 3 oder § 1671 allein zustand, gestorben, so hat das Familiengericht die elterliche Sorge dem überlebenden Elternteil zu übertragen, wenn dies dem Wohl des Kindes nicht widerspricht.

(3) Die Absätze 1 und 2 gelten entsprechend, soweit einem Elternteil die elterliche Sorge entzogen wird.

Gliederung

A. Grundlagen 1	1. Alleinsorge der Mutter nach § 1626 Abs. 3 BGB 6
B. Anwendungsvoraussetzungen 4	2. Gerichtliche Übertragungsentscheidung (§ 1671 BGB) 10
I. Tod eines Elternteils bei gemeinsamer Sorgeberechtigung (Absatz 1) 4	
II. Tod des alleinsorgeberechtigten Elternteils (Absatz 2) 5	III. Entsprechende Anwendung bei Sorgerechtsentzug (Absatz 3) 14

A. Grundlagen[1]

Die Vorschrift regelt, wem die elterliche Sorge zusteht, wenn ein Elternteil stirbt oder ihm die Sorge entzogen (vgl. Rn. 14) wird. 1

Der Gesetzgeber hat mit dem Gesetz zur Reform der elterlichen Sorge nicht miteinander verheirateter Eltern vom 16.04.2013 die Differenzierungen des § 1680 BGB a.F. aufgegeben.[2] Ist, so die Begründung, unter der bisherigen Rechtslage ein Elternteil wegen Todes oder Entzuges des Sorgerechts ausgefallen, so ergaben sich die Rechtsfolgen je nachdem, ob es sich bei der ausfallenden Person um eine bisher alleinsorgeberechtigte Person kraft richterlicher Zuweisung bzw. um eine gemeinsam mit dem anderen Elternteil sorgeberechtigte Person handelte oder ob es um die nicht mit dem Vater des Kindes verheiratete Mutter ging. Im ersten Fall hatte das Familiengericht die elterliche Sorge dem überlebenden Elternteil zu übertragen, wenn dies dem Wohl des Kindes nicht widersprach. Im zweiten Fall fand eine Übertragung nur statt, wenn dies dem Wohl des Kindes dient. Der bisher an der Sorge nicht beteiligte Vater hatte also eine höhere Hürde zu überwinden. 2

Die Vorschrift wird entsprechend angewendet, wenn die elterliche Sorge durch Todeserklärung oder Feststellung des Todeszeitpunkts nach § 1681 BGB endet. Ebenso werden § 1680 Abs. 1 BGB und § 1680 Abs. 2 BGB analog angewendet, wenn die Vaterstellung infolge rechtskräftiger Feststellung der Nichtvaterschaft nach den §§ 1600a-1600e BGB entfallen ist.[3] 3

B. Anwendungsvoraussetzungen

I. Tod eines Elternteils bei gemeinsamer Sorgeberechtigung (Absatz 1)

Steht beiden Elternteilen die Sorge gemeinsam zu und stirbt ein Elternteil, erhält der überlebende Elternteil **unmittelbar kraft Gesetzes die Alleinsorge**. Dies gilt nur in dem Fall, dass der Elternteil sein Sorgerecht ausüben darf oder kann, andernfalls ist ein Vormund bzw. Pfleger zu bestellen nach § 1773 BGB bzw. § 1909 BGB. 4

---

[1] Die Kommentierung basiert teilweise auf den Ausführungen in der Vorauflage von *Bauer*.
[2] Vgl. BT-Drs. 17/11048, S. 11 ff.
[3] *Coester* in: Staudinger, § 1680 Rn. 3.

II. Tod des alleinsorgeberechtigten Elternteils (Absatz 2)

5 Für die Rechtsfolgen unterscheidet § 1680 Abs. 2 BGB nach dem Rechtsgrund, aufgrund dessen der bisher alleinsorgeberechtigte Elternteil Inhaber der Alleinsorge war. Voraussetzung ist in jedem Fall der Tod des alleinsorgeberechtigten Elternteils. Der Fall, dass eine Entziehung nach § 1666 BGB oder ein Ruhen des Sorgerechts nach § 1678 BGB bei dem überlebenden Elternteil Grund der Alleinsorge des verstorbenen Elternteils ist, wird von § 1680 Abs. 2 BGB nicht erfasst.[4]

1. Alleinsorge der Mutter nach § 1626 Abs. 3 BGB

6 Stand die elterliche Sorge der Mutter alleine nach § 1626a Abs. 3 BGB zu, so hat das Familiengericht nach § 1680 Abs. 2 BGB zu prüfen, ob es dem Wohl des Kindes nicht widerspricht, dem Vater die elterliche Sorge zu übertragen. Hier ändert sich in der Person des Vaters nicht die Ausübungsberechtigung, sondern der inhaltliche Umfang der elterlichen Sorge.[5] Erforderlich ist nach der Reform der elterlichen Sorge nicht miteinander verheirateter Eltern vom 16.04.2013 keine positive, sondern eine **negative Kindeswohlprüfung**.

7 Die Prüfung des Kindeswohls erfolgte im Rahmen des § 1680 Abs. 3 BGB a.F. nach den hergebrachten Kriterien des § 1671 Abs. 1 Satz 2 Nr. 2 BGB (§ 1671 Abs. 2 Satz 2 BGB a.F.) Das Erfordernis der **positiven Kindeswohlprüfung** wurde teilweise als Diskriminierung nichtehelicher Väter gesehen, gleichwohl ging der Gesetzgeber früher von dem Fall aus, dass der Vater bisher nicht an der elterlichen Sorge beteiligt war und keinen sozialen Kontakt zu dem Kind hatte.[6]

8 Nach einer Entscheidung des AG Leverkusen kommt nach § 1680 BGB dem **überlebenden Elternteil kein automatischer Vorrang** nach dem Tod des alleinsorgeberechtigten Elternteils zu.[7] Vielmehr ist in jedem Einzelfall eine differenzierte Kindeswohlprüfung notwendig, wonach die Regelung zu treffen ist, die dem Kindeswohl am besten entspricht.

9 Wie sich die Rechtsprechung entwickeln wird, bleibt abzuwarten. Nach der Intention des Gesetzgebers bedarf es nunmehr lediglich im Rahmen des § 1680 BGB einer negativen Kindeswohlprüfung.[8]

2. Gerichtliche Übertragungsentscheidung (§ 1671 BGB)

10 Hatte der verstorbene Elternteil die Alleinsorge aufgrund einer Entscheidung des Familiengerichts nach § 1671 BGB inne, dann hat das Familiengericht dem anderen Elternteil die Sorge zu übertragen, wenn dies dem Wohl des Kindes nicht widerspricht (**negative Kindeswohlprüfung**).

11 Eine diesbezügliche Ausnahme setzt nicht voraus, dass das Kindeswohl durch den Wechsel der elterlichen Sorge zum überlebenden Elternteil gefährdet ist, wie es § 1666 BGB verlangt.[9] Vielmehr genügt es, wenn der Wechsel mit dem Kindeswohl nicht in Einklang zu bringen ist.[10] So beispielsweise im Falle der getöteten Mutter im Rahmen eines Ehrenmordes.[11] Für die Überprüfung, ob die Übertragung dem Kindeswohl widerspricht, können dieselben Gesichtspunkte herangezogen werden, die im Rahmen des § 1671 Abs. 1 Satz 2 BGB bedeutsam sind; Maßstab ist das Wohl des Kindes (§ 1671 Abs. 1 Satz 2 Nr. 2 BGB). Dabei ist auf die Kontinuität der Entwicklung des Kindes, die Verbundenheit mit dem überlebenden Elternteil mit dem Kind sowie auf den Willen des Kindes zu achten (vgl. § 1671 Abs. 1 Satz 2 Nr. 1 BGB). Dieser Wille hat zum einen Bedeutung für die Bindungen und Neigungen des Kindes. Er kann aber auch, je nach Alter und Reife des Kindes, als Ausdruck einer bewussten eigenen Entscheidung unter dem Gesichtspunkt der Selbstbestimmung aus verfassungsrechtlichen Gründen für die Sorgerechtsentscheidung von Bedeutung sein und erhält umso mehr Gewicht, je weiter sich das Kind der Volljährigkeit nähert.[12] Er kann, je nach Alter und Reife des Kindes, als Ausdruck einer bewussten eigenen Entscheidung unter dem Gesichtspunkt der Selbstbestimmung aus verfassungsrechtlichen Gründen für die Sorgerechtsentscheidung von Bedeutung sein, wenngleich stets das Wohl des Kindes Vorrang hat.[13]

---

[4] *Veit* in: Bamberger/Roth, § 1680 Rn. 3.
[5] OLG Nürnberg v. 29.02.2000 - 11 UF 244/00 - NJW 2000, 3220-3221.
[6] BT-Drs. 13/4899, S. 103; *Wichmann*, FuR 1996, 161-171; *Coester*, FamRZ 1995, 1245-1251.
[7] AG Leverkusen v. 25.11.2003 - 34 F 214/03 - juris Rn. 4 - FamRZ 2004, 1127-1129.
[8] Vgl. BT-Drs. 17/11048, S. 13.
[9] BayObLG München v. 28.05.1999 - 1Z BR 171/98 - FuR 2000, 19-21.
[10] OLG Schleswig v. 12.02.1993 - 8 Wx 7/92 - SchlHA 1993, 114-116.
[11] OLG Hamm v. 19.09.2007 - 5 UF 57/07; BVerfG v. 12.12.2007 - 1 BvR 2697/07 - FamRZ 2008, 381-382.
[12] BayObLG München v. 26.06.1998 - 1Z BR 233/97 - NJWE-FER 1998, 269-270.
[13] BayObLG München v. 26.06.1998 - 1Z BR 233/97 - NJWE-FER 1998, 269-270.

Der auch verfassungsrechtlich gebotene Vorrang des überlebenden Elternteils in § 1680 Abs. 1 BGB darf nicht unterlaufen werden, so dass das Familiengericht für eine ablehnende Entscheidung von einem Widerspruch zum Kindeswohl überzeugt sein muss. Gegen den erklärten Willen des Kindes kann gleichwohl keine Sorgerechtsübertragung an den überlebenden Elternteil stattfinden.[14]

Eine ausführliche Darstellung der Voraussetzungen für eine Namensänderung des Kindes, wenn der sorgeberechtigte Elternteil verstorben ist und das Sorgerecht dem verbleibenden Elternteil übertragen wurde, findet sich in der Entscheidung des Bayerischen Obersten Landesgerichts mit einer umfassenden Anmerkung von *Stockmann*.[15]

III. Entsprechende Anwendung bei Sorgerechtsentzug (Absatz 3)

§ 1680 Abs. 3 BGB ordnet für bestimmte Fälle der Sorgerechtsentziehung (§ 1666 BGB) die entsprechende Anwendung des § 1680 Abs. 1 und Abs. 2 BGB an.

§ 1680 Abs. 3 BGB differenziert nach der Gesetzesreform nicht mehr danach, ob die elterliche Sorge einem Elternteil gemeinsam mit dem anderen Elternteil zustand oder die nach § 1626a Abs. 3 BGB alleinsorgeberechtigte Mutter betrifft. Für die Verweisung im Fall der gemeinsamen elterlichen Sorge gilt § 1680 Abs. 3 BGB i.V.m. § 1680 Abs. 1 BGB. Für den Fall der alleinigen Personensorge gilt § 1680 Abs. 1 BGB i.V.m. § 1680 Abs. 2 BGB.

Die alleinige elterliche Sorge ist auf den Vater eines nichtehelichen Kindes gemäß §§ 1666, 1680 Abs. 2 und Abs. 3 BGB zu übertragen, obwohl die psychisch erkrankte Mutter bereit ist, eine Sorgeerklärung für den Vater abzugeben, um mit ihm gemeinsam das Sorgerecht auszuüben, wenn das Kind in der Obhut des Vaters lebt und die gemeinsame Sorgerechtsausübung zu einer Gefährdung des Kindeswohls führen würde.[16]

Wenn die Sorge **teilweise** entzogen wurde, gilt § 1680 Abs. 3 BGB nur für die entzogenen Teile.[17]

Die **Verweisung** auf § 1680 Abs. 1 BGB in § 1680 Abs. 3 BGB gilt nur für den Fall, dass beiden Eltern **die elterliche Sorge gemeinsam** zustand und diese einem Elternteil entzogen wird.[18] Die Alleinsorge steht dann dem anderen Elternteil von Gesetzes wegen zu, soweit dieser das Sorgerecht ausüben kann und darf. Wird bei zunächst gemeinsamer elterlicher Sorge einem Elternteil das Sorgerecht entzogen, ändert sich nicht der Umfang der elterlichen Sorge, sondern nur die Ausübungsberechtigung, nunmehr als alleinige elterliche Sorge im Gegensatz zu der früheren gemeinsamen elterlichen Sorge.[19]

Besteht die Gefährdung für das Kindeswohl nicht mehr und wird die Sorgerechtsentziehung gegenüber diesem Elternteil dann nach § 1696 Abs. 2 BGB aufgehoben, steht beiden Elternteilen das Sorgerecht wieder unmittelbar gemeinsam zu.[20]

Wird der nach § 1626a Abs. 3 BGB bisher alleinsorgeberechtigten Mutter das Sorgerecht ganz oder teilweise entzogen, muss das Familiengericht dem Vater die Sorge in diesem Umfang zusprechen, wenn es dem Kindeswohl nicht widerspricht (§ 1680 Abs. 3 BGB i.V.m. § 1680 Abs. 2 BGB). Zur **negativen Kindeswohlprüfung** vgl. die Kommentierung zu § 1678 BGB Rn. 11. In diesem Fall bewirkt die Aufhebung des Sorgeentzugs nach § 1696 Abs. 2 BGB nicht, dass die elterliche Alleinsorge wieder in der Mutter entsteht. Zu diesem Zweck ist eine Änderungsentscheidung nach § 1696 Abs. 1 BGB notwendig, deren Voraussetzungen das Familiengericht von Amts wegen zu prüfen hat.[21] Regelmäßig spricht das Kontinuitätsprinzip gegen eine solche Rückübertragung des Sorgerechts.[22]

In dem Fall, dass das Familiengericht der nach § 1626a Abs. 3 BGB allein sorgeberechtigten Mutter das Sorgerecht (teilweise) nach § 1666 BGB entzogen und es nicht zugleich nach § 1680 Abs. 2 und Abs. 3 BGB auf den Vater übertragen hat, kann der Vater das alleinige Sorgerecht weder durch Sorgeerklärung noch durch Heirat mit der Mutter, sondern allein durch eine familiengerichtliche Entscheidung nach § 1696 BGB erlangen.[23]

---

[14] OLG Köln v. 09.01.2012 - II-4 UF 229/11, 4 UF 229/11 - juris Rn. 3.

[15] BayObLG v. 21.04.2004 - 1Z BR 112/03 - juris Rn. 13 - FamRZ 2005, 126-128; *Stockmann*, jurisPR-FamR 22/2004, Anm. 4.

[16] BVerfG v. 13.11.2008 - 1 BvR 1192/08 - NJW 2009, 425-426; KG Berlin v. 01.07.2003 - 18 UF 112/03 - FPR 2003, 603-604.

[17] *Coester* in: Staudinger, § 1680 Rn. 16.

[18] OLG Nürnberg v. 29.02.2000 - 11 UF 244/00 - NJW 2000, 3220-3221.

[19] OLG Nürnberg v. 29.02.2000 - 11 UF 244/00 - NJW 2000, 3220-3221.

[20] *Veit* in: Bamberger/Roth, § 1680 Rn. 9.

[21] BT-Drs. 13/4899, S. 104.

[22] *Veit* in: Bamberger/Roth, § 1680 Rn. 11.

[23] BGH v. 25.05.2005 - XII ZB 28/05 - juris Rn. 4 - NJW 2005, 2456-2458; *Leis*, jurisPR-FamR 17/2005, Anm. 1.

§ 1681 BGB Todeserklärung eines Elternteils

(Fassung vom 02.01.2002, gültig ab 01.01.2002)

(1) § 1680 Abs. 1 und 2 gilt entsprechend, wenn die elterliche Sorge eines Elternteils endet, weil er für tot erklärt oder seine Todeszeit nach den Vorschriften des Verschollenheitsgesetzes festgestellt worden ist.

(2) Lebt dieser Elternteil noch, so hat ihm das Familiengericht auf Antrag die elterliche Sorge in dem Umfang zu übertragen, in dem sie ihm vor dem nach § 1677 maßgebenden Zeitpunkt zustand, wenn dies dem Wohl des Kindes nicht widerspricht.

Gliederung

A. Grundlagen	1	II. Trotz Todeserklärung lebender Elternteil	
B. Anwendungsvoraussetzungen	2	(Absatz 2)	6
I. Übergang der elterlichen Sorge	2		

A. Grundlagen

1   Die Vorschrift ist die Ergänzung zu § 1677 BGB.

B. Anwendungsvoraussetzungen

I. Übergang der elterlichen Sorge

2   Wie in § 1680 BGB ist für die Rechtsfolgen der Todeserklärung bzw. Todeszeitfeststellung danach zu differenzieren, wem die elterliche Sorge bisher zustand.

3   Die **elterliche Sorge eines Elternteils endet,** wenn der Sorgeberechtigte für tot erklärt oder seine Todeszeit nach den §§ 1, 23, 39, 44 VerschG festgestellt wird (§ 1677 BGB).

4   Dies hat zur Folge, dass die bisher gemeinsame Sorge nunmehr dem überlebenden Elternteil alleine zusteht (§ 1680 Abs. 1 BGB).

5   Sofern die Alleinsorge nach den §§ 1662a Abs. 3, 1671 BGB begründet war, überträgt das Familiengericht die alleinige Sorge dem überlebenden Elternteil, wenn dies dem Kindeswohl nicht widerspricht (§ 1680 Abs. 2 BGB).

II. Trotz Todeserklärung lebender Elternteil (Absatz 2)

6   Wenn der für tot erklärte Elternteil noch lebt, kann das Familiengericht ihm **die elterliche Sorge in bisherigem Umfang zurück übertragen,** wenn dies dem Kindeswohl nicht widerspricht.[1] Dies macht eine **negative Kindeswohlprüfung** erforderlich, vgl. hierzu die Kommentierung zu § 1680 BGB.

7   Die Prüfung des Kindeswohls ist hier notwendig, um zu verhindern, dass die Sorge zurück übertragen wird, wenn das Kind sich dem vermeintlich toten Elternteil bereits entfremdet und an einer neuen Bezugsperson orientiert hat.[2]

8   Voraussetzung hierfür ist ein **Antrag** des irrtümlich für tot erklärten Elternteils.[3]

---

[1] *Veit* in: Bamberger/Roth, § 1681 Rn. 1.
[2] BT-Drs. 13/4899, S. 104.
[3] *Veit* in: Bamberger/Roth, § 1681 Rn. 3.

§ 1682 BGB Verbleibensanordnung zugunsten von Bezugspersonen

(Fassung vom 02.01.2002, gültig ab 01.01.2002)

¹Hat das Kind seit längerer Zeit in einem Haushalt mit einem Elternteil und dessen Ehegatten gelebt und will der andere Elternteil, der nach den §§ 1678, 1680, 1681 den Aufenthalt des Kindes nunmehr allein bestimmen kann, das Kind von dem Ehegatten wegnehmen, so kann das Familiengericht von Amts wegen oder auf Antrag des Ehegatten anordnen, dass das Kind bei dem Ehegatten verbleibt, wenn und solange das Kindeswohl durch die Wegnahme gefährdet würde. ²Satz 1 gilt entsprechend, wenn das Kind seit längerer Zeit in einem Haushalt mit einem Elternteil und dessen Lebenspartner oder einer nach § 1685 Abs. 1 umgangsberechtigten volljährigen Person gelebt hat.

Gliederung

A. Grundlagen 1	IV. Alleiniges Aufenthaltsbestimmungsrecht aufgrund der §§ 1678, 1680, 1681 BGB 7
B. Anwendungsvoraussetzungen 3	V. Wegnahmewille des Sorgeberechtigten,
I. Voraussetzungen der Verbleibensanordnung 3	Herausgabeverlangen 8
II. Häusliche Gemeinschaft 5	VI. Kindeswohlgefährdung 9
III. Längere Zeit i.S.d. § 1682 BGB 6	**C. Rechtsfolgen** 10

A. Grundlagen

§ 1682 BGB dient dem **Schutz des Kindes**, das mit einem Elternteil und weiteren Bezugspersonen als eine Familie gelebt hat. Das Kind soll nicht vorbehaltlos durch Tod oder Todeserklärung oder Sorgerechtsentziehung des Elternteils aus seinem familiären Verbund und dadurch aus gewohnter Umgebung entnommen werden können. Dem inzwischen allein Sorgeberechtigten kann mit einer **Verbleibensanordnung** zugunsten der dem Kind nahe stehenden Person begegnet werden, wenn das Kind dem mittlerweile allein Sorgeberechtigten entfremdet ist und durch die Herausnahme zur Unzeit das persönliche und seelische Wohl des Kindes gefährdet würde.[1]   **1**

Die Sachlage entspricht damit der Regelung in § 1632 Abs. 4 BGB (vgl. die Kommentierung zu § 1632 BGB), der vor der Neuregelung entsprechend auf Stiefeltern und Großeltern angewandt wurde.[2]   **2**

B. Anwendungsvoraussetzungen

I. Voraussetzungen der Verbleibensanordnung

§ 1682 Satz 1 BGB setzt voraus, dass das Kind seit **längerer Zeit in einem Haushalt mit einem Elternteil und dessen Ehegatten** gelebt hat. Aufgrund des Wortlauts ist die Vorschrift nicht auf frühere Lebenspartner und die Partner aus einer nichtehelichen Lebensgemeinschaft anwendbar.[3]   **3**

Durch § 1682 Satz 2 BGB wird der **geschützte Personenkreis** auf den Lebenspartner des Elternteils i.S.d. LPartG, Großeltern und volljährige Geschwister ausgedehnt. Unerheblich ist, ob diese Personen tatsächlich ein Umgangsrecht nach § 1685 BGB hätten.[4]   **4**

II. Häusliche Gemeinschaft

Sowohl § 1682 Satz 1 BGB als auch § 1682 Satz 2 BGB setzen voraus, dass das Kind mit einem Elternteil und dem Nichtsorgeberechtigten **in einem Haushalt gelebt** hat. Der Begriff entspricht dem der   **5**

---
[1] BT-Drs. 13/4899, S. 104.
[2] BayObLG München v. 15.01.1991 - BReg 1 a Z 73/90 - BayObLGZ 1991, 17-24.
[3] BT-Drs. 13/4899, S. 66.
[4] BT-Drs. 13/4899, S. 104.

häuslichen Gemeinschaft in § 1685 Abs. 2 BGB (vgl. die Kommentierung zu § 1685 BGB) und bedeutet eine Lebensgemeinschaft mit festen und regelmäßigen Kontakten.[5]

III. Längere Zeit i.S.d. § 1682 BGB

6   Der Begriff „längere Zeit" ist nach dem Zweck der Vorschrift, den Schutz des Kindes gegen eine Herausnahme aus seiner Familie zur Unzeit zu gewährleisten, nicht absolut, sondern unter **Berücksichtigung des kindlichen Zeitbegriffs** zu verstehen.[6] Es kommt daher darauf an, ob die Aufenthaltsdauer dazu geführt hat, dass das Kind der Familie seine Bezugswelt gefunden hat.[7] Weiter vgl. die Kommentierung zu § 1632 BGB.

IV. Alleiniges Aufenthaltsbestimmungsrecht aufgrund der §§ 1678, 1680, 1681BGB

7   Durch Tod, Todeserklärung, Feststellung des Todeszeitpunkts oder durch Ruhen der Sorge sowie tatsächliche Verhinderung gemäß §§ 1678, 1680, 1682 BGB muss die Alleinsorge auf den Elternteil übergegangen sein, der **bisher nicht mit dem Kind zusammengelebt** hat und gegen den sich jetzt die Verbleibensanordnung richtet.

V. Wegnahmewille des Sorgeberechtigten, Herausgabeverlangen

8   Es muss die Gefahr bestehen, dass der mittlerweile sorgeberechtigte Elternteil das Kind aus der bisherigen Lebensgemeinschaft herausnehmen will. Es reicht aus, dass dieser Elternteil die Wegnahme des Kindes ernsthaft angekündigt hat.[8]

VI. Kindeswohlgefährdung

9   Voraussetzung für die Verbleibensanordnung ist, dass die Wegnahme aus der Lebensgemeinschaft mit dem Partner, Großeltern oder den Geschwistern das **Kindeswohl gefährdet**.[9] In diesem Fall stellt das Herausgabeverlangen einen Missbrauch der elterlichen Sorge i.S.d. § 1666 Abs. 1 BGB dar.[10] Damit soll nur eine Herausgabe zur Unzeit vermieden und kein dauerhafter Verbleib des Kindes in der Bezugsfamilie erreicht werden, vgl. den Wortlaut der Vorschrift „wenn und solange".[11] Darum ist nur eine befristete Verbleibensanordnung zulässig.

C. Rechtsfolgen

10 Liegen die Voraussetzungen nach § 1682 Satz 1 BGB oder § 1682 Satz 2 BGB vor, ordnet das Familiengericht den Verbleib des Kindes bei den Großeltern, dem Lebenspartner, Stiefeltern oder erwachsenen Geschwistern an. In Anbetracht des Eingriffes in das Elternrecht ist der **Verhältnismäßigkeitsgrundsatz** zu beachten. Für Besuchsregelungen vgl. die Kommentierung zu § 1632 BGB.

11 Die Verbleibensanordnung entzieht dem sorgeberechtigten Elternteil nicht die Sorgeberechtigung, es schränkt sie lediglich hinsichtlich des Aufenthaltsbestimmungsrechts ein.

12 Der jeweiligen Bezugsperson stehen die Entscheidungs- und Vertretungsrechte des § 1688 BGB zu.

---

[5] *Diederichsen* in: Palandt, § 1682 Rn. 3.
[6] BT-Drs. 13/4899, S. 104.
[7] OLG Celle v. 20.07.1989 - 17 W 15/89, 17 W 16/89 - FamRZ 1990, 191-193.
[8] *Coester* in: Staudinger, § 1682 Rn. 20.
[9] BayObLG München v. 07.12.1999 - 1Z BR 166/98 - FamRZ 2000, 633-635.
[10] BT-Drs. 13/4899, S. 104.
[11] *Veit* in: Bamberger/Roth, § 1682 Rn. 5.

§ 1683 BGB (weggefallen)

(Fassung vom 02.01.2002, gültig ab 01.01.2002, gültig bis 11.07.2008)

(weggefallen)

§ 1683 BGB in der Fassung vom 04.07.2008 ist durch Art. 1 Nr. 4 des Gesetzes vom 04.07.2008 – BGBl I 2008, 1188 – mit Wirkung vom 12.07.2008 weggefallen.

§ 1684 BGB Umgang des Kindes mit den Eltern

(Fassung vom 17.12.2008, gültig ab 01.09.2009)

(1) Das Kind hat das Recht auf Umgang mit jedem Elternteil; jeder Elternteil ist zum Umgang mit dem Kind verpflichtet und berechtigt.

(2) [1]Die Eltern haben alles zu unterlassen, was das Verhältnis des Kindes zum jeweils anderen Elternteil beeinträchtigt oder die Erziehung erschwert. [2]Entsprechendes gilt, wenn sich das Kind in der Obhut einer anderen Person befindet.

(3) [1]Das Familiengericht kann über den Umfang des Umgangsrechts entscheiden und seine Ausübung, auch gegenüber Dritten, näher regeln. [2]Es kann die Beteiligten durch Anordnungen zur Erfüllung der in Absatz 2 geregelten Pflicht anhalten. [3]Wird die Pflicht nach Absatz 2 dauerhaft oder wiederholt erheblich verletzt, kann das Familiengericht auch eine Pflegschaft für die Durchführung des Umgangs anordnen (Umgangspflegschaft). [4]Die Umgangspflegschaft umfasst das Recht, die Herausgabe des Kindes zur Durchführung des Umgangs zu verlangen und für die Dauer des Umgangs dessen Aufenthalt zu bestimmen. [5]Die Anordnung ist zu befristen. [6]Für den Ersatz von Aufwendungen und die Vergütung des Umgangspflegers gilt § 277 des Gesetzes über das Verfahren in Familiensachen und in den Angelegenheiten der freiwilligen Gerichtsbarkeit entsprechend.

(4) [1]Das Familiengericht kann das Umgangsrecht oder den Vollzug früherer Entscheidungen über das Umgangsrecht einschränken oder ausschließen, soweit dies zum Wohl des Kindes erforderlich ist. [2]Eine Entscheidung, die das Umgangsrecht oder seinen Vollzug für längere Zeit oder auf Dauer einschränkt oder ausschließt, kann nur ergehen, wenn andernfalls das Wohl des Kindes gefährdet wäre. [3]Das Familiengericht kann insbesondere anordnen, dass der Umgang nur stattfinden darf, wenn ein mitwirkungsbereiter Dritter anwesend ist. [4]Dritter kann auch ein Träger der Jugendhilfe oder ein Verein sein; dieser bestimmt dann jeweils, welche Einzelperson die Aufgabe wahrnimmt.

Gliederung

A. Grundlagen 1	IV. Regelungen des Familiengerichts über Umfang und Ausübung des Umgangsrechts (Absatz 3) 47
B. Anwendungsvoraussetzungen 8	1. Regelung des Familiengerichts (Absatz 3 Satz 1) 50
I. Umgangsrecht und Umgangspflicht (Absatz 1) 8	a. Regelungsbefugnis 50
1. Umgangsrecht des Kindes (Absatz 1 Halbsatz 1) 8	b. Regelungsinhalt 51
2. Umgangsrecht und -pflicht der Eltern (Absatz 1 Halbsatz 2) 12	c. Umgangsvereinbarung der Eltern 52
a. Das Umgangsrecht 15	d. Prüfungsmaßstab 54
b. Die Pflicht zum Umgang 17	e. Einzelne Umgangsregelungen 57
c. Inhalt des Umgangs 18	2. Anordnungen zur Erfüllung der Loyalitätspflicht (Absatz 3 Satz 2) 83
3. Kosten des Umgangs 25	3. Anordnung einer Umgangspflegschaft (Absatz 3 Sätze 3-6) 84
4. Entsprechende Anwendung 32	a. Voraussetzung der Anordnung 86
II. Loyalitätsverpflichtung zwischen den Eltern (Absatz 2 Satz 1) 34	b. Auswahl des Umgangspflegers 88
1. Wohlverhaltensklausel 35	c. Aufgaben des Umgangspflegers 89
2. Förderung der Umgangsbereitschaft 37	d. Dauer der Umgangspflegschaft 92
3. Parental Alienation Syndrome (PAS) 40	e. Kosten der Umgangspflegschaft 94
4. Wohnortwechsel des Sorgeberechtigten 41	V. Einschränkungen und Ausschluss des Umgangsrechts (Absatz 4) 95
III. Loyalität gegenüber Obhutspersonen (Absatz 2 Satz 2) 46	1. Kindeswohlprüfung 96

2. Beispiele aus der Rechtsprechung................... 102
3. Kindeswille 125
4. Begleiteter Umgang (Absatz 4 Sätze 3 und 4).. 134

C. Umgangskosten 141
D. Verfahrenshinweise..................................... 144

A. Grundlagen

Die Vorschrift regelt den **Umgang des Kindes mit seinen Eltern**. Das Umgangsrecht wurde durch das Kindschaftsreformgesetz von Grunde auf neu gestaltet. Die Neuregelung betont, dass das Umgangsrecht zuerst ein Recht des Kindes ist, da der dauernde Kontakt mit Eltern und anderen Bezugspersonen für die ungestörte Entwicklung des Kindes von entscheidender Bedeutung ist. 1

Das Umgangsrecht des Elternteils, der nicht mit dem Kind zusammenlebt, steht unter dem Schutz des Art. 6 Abs. 2 GG.[1] § 1684 BGB konkretisiert das Recht eines Elternteils aus Art. 6 Abs. 2 Satz 1 GG hinsichtlich der darin für den einen Elternteil enthaltenen Berechtigung und Pflichtenwahrnehmung des anderen Elternteils.[2] Beide Rechtspositionen erwachsen aus dem natürlichen Elternrecht und der damit verbundenen Elternverantwortung, die auch auf Seiten des nichtsorgeberechtigten Elternteils grundsätzlich fortbesteht.[3] Dem Umgangsberechtigten darf nicht die Möglichkeit zur Ausübung des Umgangsrechts genommen werden, das unter Berücksichtigung des Kindeswohls der Erhaltung der Beziehung des Umgangsberechtigten mit seinem Kind dient.[4] 2

Auf diese Weise kommt verstärkt zum Ausdruck, dass das **Wohl des Kindes** (§ 1697a BGB) auch bei der Ausübung und Ausgestaltung des Umgangsrechts Maßstab und oberste Richtschnur ist. Zugleich bildet das Wohl des Kindes den Richtpunkt für den staatlichen Schutzauftrag nach Art. 6 Abs. 2 Satz 2 GG. Bei einer Interessenkollision zwischen Eltern und Kind ist das Kindeswohl der bestimmende Maßstab.[5] 3

Als Bestandteil des natürlichen Elternrechts ist das Umgangsrecht als solches **unverzichtbar.** Eine Verzichtserklärung des nicht sorgeberechtigten Elternteils auf sein Umgangsrecht ist daher unzulässig und rechtlich nicht verbindlich.[6] Dahin gehende Verzichtserklärungen sind nach § 134 BGB nichtig, es sei denn die Nichtausübung des Umgangsrechts für eine gewisse Zeit dient dem Kindeswohl.[7] 4

Eine solche Vereinbarung, bei der die zugesagte **Unterhaltsfreistellung** einen ständigen Anreiz bieten kann, ohne Rücksicht auf das Wohl des Kindes aus finanziellen Gründen von der Ausübung des Umgangsrechts abzusehen, ist als unzulässige „Kommerzialisierung" des elterlichen Umgangsrechts regelmäßig als sittenwidrig und damit nichtig gemäß § 138 Abs. 1 BGB anzusehen. Davon, dass eine in diesem Sinn unzulässige Koppelung zwischen einer Regelung über das elterliche Sorge- oder Umgangsrecht und einer Unterhaltsfreistellungsverpflichtung vorliegt, ist in der Regel auszugehen, wenn die beiderseitigen Verpflichtungen als gegenseitige, in ihrer Wirksamkeit voneinander abhängige Vereinbarungen getroffen worden sind.[8] 5

Das Umgangsrecht kann aufgrund dieser Überlegungen auch nicht verwirkt werden.[9] Daher kann das Umgangsrecht auch nicht mit der Begründung versagt werden, der Berechtigte habe sich über einen längeren Zeitraum nicht um sein Kind gekümmert.[10] 6

Das Umgangsrecht eines Elternteils gem. § 1684 Abs. 1 BGB stellt ein „absolutes"[11] Recht" im Sinne der §§ 823 Abs. 1, 1004 BGB dar[12] und kann Schadensersatzansprüche auslösen[13]. 7

---

[1] BVerfG v. 14.02.2006 - 1 BvR 98/06 - juris Rn. 11 - FuR 2006, 176-177.
[2] VerfGH Berlin v. 29.01.2004 - 152/03 - juris Rn. 6 - FamRZ 2004, 970-971.
[3] BVerfG v. 05.02.2002 - 1 BvR 2029/00 - NJW 2002, 1863-1864; BVerfG v. 30.01.2002 - 2 BvR 231/00 - FamRZ 2002, 601-604; BVerfG v. 14.02.2006 - 1 BvR 98/06 - juris Rn. 11 - FuR 2006, 176-177.
[4] BVerfG v. 14.02.2006 - 1 BvR 98/06 - juris Rn. 11 - FuR 2006, 176-177.
[5] BVerfG v. 29.10.1998 - 2 BvR 1206/98 - NJW 1999, 631-634; BGH v. 29.04.1981 - IVb ZB 698/80 - LM Nr. 6 zu § 1634 BGB; OLG Hamm v. 16.11.1995 - 2 UF 174/95 - FamRZ 1996, 361-362; OLG Saarbrücken v. 04.09.2000 - 9 UF 88/00 - FamRZ 2001, 369.
[6] BGH v. 23.05.1984 - IVb ZR 9/83 - LM Nr. 23 zu § 138 (Cd) BGB.
[7] OLG Frankfurt v. 12.03.1986 - 1 UF 278/85 - FamRZ 1986, 596-597; BGH v. 23.05.1984 - IVb ZR 9/83 - LM Nr. 23 zu § 138 (Cd) BGB.
[8] BGH v. 23.05.1984 - IVb ZR 9/83 - LM Nr. 23 zu § 138 (Cd) BGB.
[9] KG Berlin v. 15.02.1985 - 17 WF 3958/84 - FamRZ 1985, 639-641.
[10] OLG Hamm v. 05.12.1995 - 3 UF 358/95 - NJW-RR 1996, 770-771; BayObLG München v. 07.12.1992 - 1Z BR 93/92 - NJW 1993, 1081-1082.
[11] Subjektives und höchstpersönliches Recht.
[12] OLG Frankfurt v. 29.04.2005 - 1 UF 64/05 - juris Rn. 2 - NJW-RR 2005, 1339-1340.
[13] OLG Karlsruhe v. 21.12.2001 - 5 UF 78/01 - FF 2002, 107-109.

§ 1684

B. Anwendungsvoraussetzungen

I. Umgangsrecht und Umgangspflicht (Absatz 1)

1. Umgangsrecht des Kindes (Absatz 1 Halbsatz 1)

8 Nach § 1684 Abs. 1 HS. 1 BGB hat das Kind ein Recht auf Umgang mit jedem Elternteil. Hierin liegt eine unmittelbare Konkretisierung des verfassungsunmittelbaren Rechts des Kindes aus Art. 6 Abs. 2 Satz 1 GG auf Pflege und Erziehung durch seine Eltern.[14]

9 Umgang ist neben dem **persönlichen Kontakt** des Kindes mit den Eltern, wie er durch Zusammenleben, Besuche oder gemeinsame Ferien ausgeübt werden kann, auch der **telefonische und schriftliche** Kontakt.

10 Die Vorschrift gilt entsprechend bei Meinungsverschiedenheiten der Eltern über Art und Umfang persönlicher **Geschenke** des nicht sorgeberechtigten Elternteils an das Kind.[15]

11 Das Kind hat ein **Recht auf Umgang mit seinen Eltern**, dem die Verpflichtung der Eltern zum Umgang mit dem Kind korrespondiert.[16]

2. Umgangsrecht und -pflicht der Eltern (Absatz 1 Halbsatz 2)

12 Eltern im Sinne der Vorschrift sind die **gesetzlich legitimierten Eltern**.[17] Früher kam es bei der Frage des Umgangsrechts nicht auf die **genetische Vaterschaft** an, auch wenn sie zwischen den Parteien unstreitig war, denn nach dem BGB sei grundsätzlich nur die Vaterschaft im Rechtssinne maßgeblich, wie sie sich aus den Tatbeständen des § 1592 BGB ergibt. Diese sei abschließend, andere Tatbestände für eine Vater-Kind-Zuordnung werden nach dem Gesetz nicht anerkannt.[18] Mit dem Beschluss vom 09.04.2003 hat das BVerfG es für verfassungswidrig erklärt, dass biologische Väter ausnahmslos kein Umgangsrecht haben.[19] Nach Ansicht des BVerfG schützt Art. 6 Abs. 1 GG die Beziehung des leiblichen, aber nicht rechtlichen Vaters zu seinem Kind, wenn zwischen ihm und dem Kind eine soziale Beziehung besteht, die darauf beruht, dass er zumindest eine Zeit lang tatsächliche Verantwortung für das Kind getragen hat.[20]

13 Der leiblichen Mutter, die ihr Kind kurz nach der Geburt zur **Adoption** frei gegeben hat, steht nach Anordnung der Adoption ein Umgangsrecht nach § 1684 BGB nicht zu, weil sie rechtlich nicht mehr als Mutter gilt.[21] Eine längere Familienpflege oder eine sozial-familiäre Beziehung im Sinne der Entscheidung des BVerfG[22] betreffend das Umgangsrecht des nichtehelichen Vaters ist jedenfalls dann nicht anzunehmen, wenn die Mutter ihr Kind nach der Geburt lediglich zwei Wochen im Krankenhaus betreut hat, bevor sie es zur Adoption frei gegeben hat.[23] Hierin liegt auch kein Verstoß gegen Art. 8 Abs. 1 EMRK.[24]

14 Auch der nichteheliche Vater hat ein vom Willen der alleinsorgeberechtigten Mutter **unabhängiges Recht auf Umgang** mit seinem Kind.[25] Solange der Anfechtungsklage eines nichtehelichen Vaters noch nicht rechtskräftig stattgegeben wurde, ist das Umgangsrecht des Vaters noch nicht ausgeschlossen.[26] Die Tatsache, dass ein Kind durch Fremdbefruchtung (heterologe Insemination in utero) gezeugt

---

[14] BVerfG v. 20.10.2008 - 1 BvR 2275/08 - juris Rn. 18 - FamRZ 2008, 2185-2188, 2187.

[15] *Jaeger* in: Johannsen/Henrich, EheR, § 1684 Rn. 9.

[16] AG Garmisch-Partenkirchen v. 16.12.2007 - 1 F 293/07; *Clausius*, jurisPR-FamR 14/2008, Anm. 1; *Diederichsen* in: Palandt, § 1684 Rn. 1.

[17] BVerfG v. 09.04.2003 - 1 BvR 1493/96, 1 BvR 1724/01 - NJW 2003, 2151-2158.

[18] OLG Saarbrücken v. 03.09.2002 - 6 UF 69/02 - OLGR Saarbrücken 2002, 448.

[19] BVerfG v. 09.04.2003 - 1 BvR 1493/96, 1 BvR 1724/01 - NJW 2003, 2151-2158.

[20] OLG Celle v. 30.10.2009 - 21 UF 151/09 - ZKJ 2010, 74; BVerfG v. 09.04.2003 - 1 BvR 1493/96, 1 BvR 1724/01 - NJW 2003, 2151-2158; BGH v. 09.02.2005 - XII ZB 40/02; *Stockmann*, jurisPR-FamR 14/2005, Anm. 1; OLG Celle v. 26.07.2004 - 10 UF 147/04 - NJW 2005, 78-79; *Völker*, jurisPR-FamR 14/2005, Anm. 6; BVerfG v. 20.09.2006 - 1 BvR 1337/06 - FamRZ 2006, 1661-1662; *Hoffmann*, jurisPR-FamR 7/2007, Anm. 5; OLG Karlsruhe v. 12.12.2006 - 2 UF 206/06 - NJW 2007, 922-924; *Hoffmann*, jurisPR-FamR 7/2007, Anm. 5.

[21] AG Reinbek v. 21.07.2003 - 1 F 332/02 - FamRZ 2004, 55-56.

[22] BVerfG v. 09.04.2003 - 1 BvR 1493/96 - FamRZ 2003, 816.

[23] AG Reinbek v. 21.07.2003 - 1 F 332/02 - FamRZ 2004, 55-56.

[24] Europäischer Gerichtshof für Menschenrechte v. 05.06.2014 - 31021/08.

[25] EGMR v. 13.07.2000 - 25735/94 - FamRZ 2001, 341.

[26] BGH v. 23.03.1988 - IVb ZB 100/87 - LM Nr. 15 zu § 1593 BGB; OLG Düsseldorf v. 15.04.1987 - 10 UF 66/87 - NJW 1988, 831.

worden ist, rechtfertigt nicht den Ausschluss der Umgangsbefugnis des später geschiedenen Ehemannes und geltenden Vaters; ihm steht vielmehr grundsätzlich die Umgangsbefugnis mit „seinem" Kinde zu.[27]

a. Das Umgangsrecht

Die Eltern haben ein **subjektives Recht auf Umgang** mit ihrem Kind. Es ist ebenso wie das Sorgerecht ein absolut subjektives Recht im Sinne von § 823 Abs. 1 BGB und zwar nicht nur gegenüber Dritten, sondern auch gegenüber den (Mit-)Inhabern der elterlichen Sorge. Das Umgangsrecht ist unverzichtbar, unübertragbar und kann grundsätzlich auch nicht verwirkt werden, wie z.B. durch längere Nichtausübung oder nur eingeschränkte Ausübung.[28]

15

§ 1684 Abs. 1 BGB unterscheidet nicht, wem das Sorgerecht zusteht. Voraussetzung für den **Anspruch auf Umgang** ist lediglich, dass sich das Kind nicht in der Obhut des umgangsberechtigten Elternteils befindet. So beispielsweise bei gemeinsamer elterlicher Sorge. Dem alleinsorgeberechtigten Elternteil steht gleichfalls ein Umgangsrecht zu in dem Fall, wenn das Kind mit seiner Zustimmung bei dem anderen Elternteil oder bei Pflegeeltern ist. Das Sorgerecht und das Umgangsrecht sind unabhängig voneinander ausgestaltet und stehen daher selbstständig nebeneinander. Dadurch begrenzen sie sich aber auch wechselseitig; so darf der nur Umgangsberechtigte nicht in das Erziehungsrecht des anderen Elternteils eingreifen, andererseits muss der (allein)sorgeberechtigte Elternteil grundsätzlich den Umgang des Kindes mit dem anderen Elternteil ermöglichen.[29]

16

b. Die Pflicht zum Umgang

Nach § 1684 Abs. 1 HS. 2 BGB ist jeder Elternteil nicht nur berechtigt, sondern auch verpflichtet zum Umgang mit dem Kind. Die Verweigerung des Umgangs zum Kind stellt eine Vernachlässigung eines wesentlichen Teils der in Art. 6 Abs. 2 Satz 1 GG den Eltern auferlegten Erziehungspflicht dar.[30] Diese Pflicht korrespondiert mit dem Umgangsrecht des Kindes.[31] Wird das Umgangsrecht durch den Sorgeberechtigten verletzt, kann dies zu einer Einschränkung oder zum Ausschluss des Umgangsrechts nach § 1684 Abs. 4 Satz 1 BGB führen.

17

c. Inhalt des Umgangs

Das Umgangsrecht gibt dem Berechtigten in erster Linie die Befugnis, das Kind in regelmäßigen Zeitabständen zu sehen und zu sprechen. Dabei soll der Umgangsberechtigte dem Kind unbefangen und natürlich entgegentreten können, weshalb ein Umgang grundsätzlich nicht in Gegenwart des anderen Elternteils oder sonstiger dritter Personen oder an so genannten „neutralen Orten" stattzufinden hat.[32] Das Umgangsrecht soll dem Umgangsberechtigten weiterhin ermöglichen, sich vom körperlichen und geistigen Befinden des Kindes und seiner Entwicklung durch Augenschein und gegenseitige Aussprache fortlaufend zu überzeugen, die verwandtschaftlichen Beziehungen zu dem Kind aufrechtzuerhalten, einer Entfremdung vorzubeugen und auch dem Liebesbedürfnis beider Teile Rechnung zu tragen.[33]

18

Das **Motiv** für die Aufrechterhaltung der verwandtschaftlichen Beziehung, das Entgegenwirken gegen die Entfremdung und die Beachtung des gegenseitigen Liebesbedürfnisses ist das Wohl des Kindes, denn der Kontakt zu beiden Eltern fördert die Sozialisation des Kindes. Es braucht für seine Identifikation und Selbstfindung nicht nur einen Elternteil als ständigen Bindungspartner und darf damit den anderen faktisch nicht verlieren.[34] Das Umgangsrecht beinhaltet in erster Linie den persönlichen Kontakt, dazu schriftlichen und telefonischen Kontakt sowie die Auskunft nach § 1686 BGB.[35]

19

---

[27] OLG Frankfurt v. 14.12.1987 - 1 UF 307/87 - NJW-RR 1988, 772.
[28] *Veit* in: Bamberger/Roth, § 1684 Rn. 5.
[29] OLG Saarbrücken v. 14.10.2014 - 6 UF 110/14 - juris Rn. 18; *Veit* in: Bamberger/Roth, § 1684 Rn. 7.
[30] BVerfG v. 01.04.2008 - 1 BvR 1620/04 - juris Rn. 75.
[31] BVerfG v. 01.04.2008 - 1 BvR 1620/04 - juris Rn. 79.
[32] OLG Brandenburg v. 08.08.2001 - 9 UF 28/01 - NJW-RR 2002, 294-293.
[33] OLG Karlsruhe v. 21.12.2001 - 5 UF 78/01 - FF 2002, 107-109; OLG Brandenburg v. 08.08.2001 - 9 UF 28/01 - NJW-RR 2002, 294-293; OLG Naumburg v. 23.07.2001 - 14 UF 36/01 - JAmt 2002, 32-33; OLG Brandenburg v. 06.02.2001 - 2 U 35/00 - MDR 2001, 814-815; OLG Naumburg v. 16.02.2000 - 14 WF 15/00; BVerfG v. 25.10.1994 - 1 BvR 1197/93 - NJW 1995, 1342-1343.
[34] *Jaeger* in: Johannsen/Henrich, EheR, § 1684 Rn. 3.
[35] BayObLG München v. 07.12.1992 - 1Z BR 93/92 - NJW 1993, 1081-1082.

20 Das Umgangsrecht soll nicht dazu dienen, den anderen Elternteil zu überwachen oder das Kind zu erziehen.[36]

21 Das Umgangsrecht besteht bereits gegenüber Säuglingen[37] und Kleinkindern[38]. Das Umgangsrecht des nichtsorgeberechtigten Elternteils mit dem ehelichen Kind hat auch in dessen wohlverstandenem Interesse solches Gewicht, dass es grundsätzlich auch bei einem Kleinkind nicht schon deshalb auszuschließen ist, weil dieses möglicherweise „fremdelt".[39]

22 Dem Umgangsberechtigten steht auch das Umgangsbestimmungsrecht zu, da er die dritten Personen kennt, mit denen ein Umgang des Kindes während des Aufenthalts bei ihm infrage kommt, und beurteilen kann, ob der Umgang mit dem Kindeswohl zu vereinbaren ist.[40]

23 Im Gesetz werden Art und Umfang des Umgangs nicht geregelt. In erster Linie sind die Eltern aufgefordert, die Reichweite des Umgangs festzulegen.[41] In solchen Vereinbarungen können Art, Ort und Zeitpunkt des Umgangs ebenso geregelt werden wie die Frage, wer das Kind abholt und bringt. Ferner können die Eltern auch Regelungen über die Kosten des Transportes treffen. Eine Einigung zwischen den Eltern ist verbindlich, soweit sie inhaltlich zulässig ist. Die Einigung ist jedoch nicht vollstreckbar; eine einseitige Loslösung von der Vereinbarung steht jedem Elternteil zu, wenn erhebliche Gründe des Kindeswohls einem Festhalten an der Einigung entgegenstehen.[42]

24 Soweit die Eltern sich über die **Ausübung des Umgangsrechts** uneinig sind, muss das Familiengericht den Konflikt zwischen Umgangsrecht und Sorgerecht unter Beachtung des Kindeswohls nach dem Grundsatz regeln, dass dem Sorgerecht der Vorrang gebührt und der Zweck des Umgangsrechts zu gewährleisten ist.[43] Allerdings kann auch das Sorgerecht eingeschränkt werden.[44]

3. Kosten des Umgangs

25 Die **Fahrt- und Übernachtungskosten sowie die Verpflegungskosten** sind vom Umgangsberechtigten zu tragen.[45] Eine Verpflichtung des allein sorgeberechtigten Elternteils zum Bringen und Zurückholen eines Kindes zum anderen Elternteil zur Ausübung seines Umgangsrechts besteht im Rahmen des § 1684 Abs. 1 BGB jedenfalls dann nicht, wenn der mit dem Holen und Zurückbringen verbundene Aufwand für den umgangsberechtigten Elternteil noch zumutbar ist und das Unterbleiben einer Mitwirkung des sorgeberechtigten Elternteils beim Transport des Kindes nicht zu einer faktischen Vereitelung des Rechtes des Kindes auf Umgang aus § 1684 Abs. 1 BGB führt.[46] Aber im Rahmen der Abwägung sowohl der Interessen beider Elternteile als auch des Kindeswohls kann dem Sorgeberechtigten aufgegeben werden, das Kind zum Flughafen zu bringen bzw. dort abzuholen, falls der nicht sorgeberechtigte Elternteil die Beförderung des Kindes per Flugzeug beabsichtigt und dies mindestens eine Woche vorher angekündigt hat.[47] Wirtschaftliche Erwägungen haben demgegenüber in den Hintergrund zu treten.[48]

26 Im Rahmen der **Grundsicherung** für Arbeitsuchende sind die Kosten, die durch den Umgang mit den getrennt lebenden minderjährigen Kindern entstehen, grundsätzlich im Regelsatz des Arbeitslosengelds II enthalten.[49]

---

[36] *Jaeger* in: Johannsen/Henrich, EheR, § 1684 Rn. 4.

[37] OLG Brandenburg v. 08.08.2001 - 9 UF 28/01 - NJW-RR 2002, 294-293; OLG Celle v. 12.02.1990 - 10 UF 197/89 - NJW-RR 1990, 1290-1291; Hamm v. 25.05.1993 - 7 UF 89/93 - NJW-RR 1993, 1290-1291.

[38] OLG Stuttgart v. 24.10.1980 - 15 UF 16/80 - NJW 1981, 404-405.

[39] OLG Bamberg v. 06.12.1983 - 7 UF 56/83 - FamRZ 1984, 507-508.

[40] BT-Drs. 8/2788, S. 55; *Veit* in: Bamberger/Roth, § 1684 Rn. 11.

[41] OLG Brandenburg v. 11.04.2014 - 3 UF 50/13 - juris Rn. 53.

[42] *Veit* in: Bamberger/Roth, § 1684 Rn. 13.

[43] OLG Brandenburg v. 11.04.2014 - 3 UF 50/13 - juris Rn. 53; OLG München v. 09.07.1997 - 26 UF 885/97 - OLGR München 1997, 226-227.

[44] OLG München v. 10.04.2003 - 26 UF 1607/02, 26 WF 1472/02 - FamRZ 2003, 1493-1494.

[45] OLG Zweibrücken v. 04.08.1997 - 5 UF 23/97 - NJWE-FER 1998, 19; OLG Bremen v. 31.08.1999 - 3 U 165/98 - OLGR Bremen 2000, 95-97; OLG Koblenz v. 05.10.1995 - 15 WF 968/95 - FamRZ 1996, 560-561. Andere Ansicht *Löhnig*, FamRZ 2013, 1866-1868 und FamRZ 2014, 357, der die Kosten des Umgangs als Aufwendungsersatz nach den Vorschriften der Geschäftsführung ohne Auftrag nach den §§ 677 ff. BGB einordnet und daher für erstattungsfähig hält; zu Recht ablehnend *Spangenberg*, FamRZ 2014, 355-356, *Wohlgemuth*, FamRZ 2014, 356.

[46] OLG Nürnberg v. 10.12.1998 - 7 UF 3741/98 - MDR 1999, 485-486.

[47] BVerfG v. 05.02.2002 - 1 BvR 2029/00 - NJW 2002, 1863-1864.

[48] BVerfG v. 05.02.2002 - 1 BvR 2029/00 - NJW 2002, 1863-1864.

[49] SG Hannover v. 07.02.2005 - S 52 SO 37/05 ER - JAmt 2005, 146-147.

Die mit der Ausübung des Umgangsrechts verbundenen Aufwendungen eines Sozialhilfeempfängers fallen unter den Lebensbedarf des Empfängers.[50] Diese anerkannten Umgangskosten sind Fahr-, Versorgungs- und Verpflegungskosten.

Zwar kann der Umgangsberechtigte auch bei engen finanziellen Verhältnissen grundsätzlich nicht verlangen, dass der betreuende Elternteil sich an den Kosten des Umgangs für Abholen und Bringen der Kinder beteiligt,[51] besteht allerdings aufgrund des Umzuges der Mutter mit dem Kind eine größere Entfernung zum Wohnsitz des Vaters, ist es nach einer Entscheidung des OLG Dresden[52] im Rahmen der wechselseitigen Loyalitätspflicht insbesondere bei beschränkten wirtschaftlichen Verhältnissen des Vaters angemessen, die Mutter an dem organisatorischen und finanziellen Aufwand für die Durchführung der Umgangskontakte zu beteiligen. Dies kann in der Weise erfolgen, dass die Mutter das Kind beim Vater jeweils auf ihre Kosten abholt (zu den Kosten des Umgangsrechts bei der Unterhaltsberechnung vgl. die Kommentierung zu § 1610 BGB Rn. 69).

Der unterhaltsverpflichtete Ehegatte kann dem unterhaltsberechtigten Ehegatten grundsätzlich **keine Fahrtkosten zur Ausübung seines Umgangsrechts** mit dem Kind unterhaltsmindernd entgegenhalten.[53] Wenn der nicht sorgeberechtigte Elternteil das Kind in Ausübung seines Umgangsrechts während der Ferien für einige Wochen bei sich hat und versorgt, so berechtigt ihn das im Regelfall nicht zu einer Kürzung des von ihm zu zahlenden Barunterhalts.[54] Dagegen sind die Kosten der Umgangsrechtsausübung zu berücksichtigen, wenn dem Unterhaltspflichtigen nach Bezahlung des Unterhalts keine Mittel mehr zur Verfügung stehen, das Umgangsrecht durchzuführen. In diesem Fall ist der Unterhalt des Kindes herabzusetzen.[55] Fahrt- und Flugkosten, die im Zusammenhang mit der Ausübung des Umgangsrechts anfallen, können vom Einkommen nur dann in Abzug gebracht werden, wenn der Unterhaltspflichtige in einer solchen Entfernung wohnt, dass angesichts ohnehin beengter wirtschaftlicher Verhältnisse die Kostenbelastung für ihn schlechthin unzumutbar ist und dazu führt, dass dieser sein Umgangsrecht nicht oder in nur noch erheblich eingeschränktem Umfang ausüben kann.[56] Zur Entlastung dienen ihm dabei staatliche Vergünstigungen wie das Kindergeld, das ihm im Verhältnis zum anderen sorgeberechtigten Elternteil hälftig zusteht.[57]

Von dem Einkommen des Unterhaltsverpflichteten sind jedoch ihm entstandene tatsächliche Umgangskosten für Besuche bei dem gemeinsamen Kind abzusetzen, soweit sie den Umfang **üblicher Aufwendungen überschreiten**.[58] Die üblichen Umgangskosten für Fahrten zum Kind, Abholen, Übernachtungskosten etc. trägt grundsätzlich der Umgangsberechtigte, ohne sie gesondert dem Unterhaltsberechtigten oder gar dem Kind einkommensmindernd entgegenhalten zu können. Denn diese üblichen Kosten sind bereits bei dem Kindesunterhalt oder der Ehegattenunterhaltsquote pauschal berücksichtigt. Eine Ausnahme besteht aber in besonderen Fällen dann, wenn etwa durch einen Umzug eines der Ehegatten in weite Entfernung erhebliche Reisekosten für die Ausübung des Umgangsrechts anfallen, die der Unterhaltsverpflichtete aus seinem normalen laufenden Einkommen nicht mehr oder jedenfalls nur unter Gefährdung seines eigenen angemessenen Unterhalts tragen kann. Ein solcher Ausnahmefall ist insbesondere dann anzunehmen, wenn es der Unterhaltsberechtigte selbst ist, der mit dem Kind ins Ausland oder in eine weit entfernte Stadt zieht und die Ursache dafür setzt, dass die regelmäßigen Kontakte des Verpflichteten mit dem Kind einen hohen Kostenaufwand mit sich bringen.[59]

---

[50] VG Schleswig v. 13.06.2002 - 10 A 37/01 - juris Rn. 11 - NJW 2003, 79-80; LSG Stuttgart v. 17.08.2005 - L 7 SO 2117/05 ER-B - juris Rn. 10 - ZKJ 2006, 47-48.

[51] Brandenburgisches OLG v. 11.11.2009 - 13 UF 58/09 - FamRZ 2010, 109-110; OLG Hamm v. 27.06.2003 - 11 WF 66/03 - FamRZ 2004, 560.

[52] OLG Dresden v. 07.02.2005 - 20 UF 896/04 - juris Rn. 4.

[53] BGH v. 09.11.1994 - XII ZR 206/93 - LM BGB § 1361 Nr. 65 (4/1995); OLG Frankfurt v. 25.11.1986 - 3 UF 346/85 - FamRZ 1987, 1033-1034, anders jetzt: BGH v. 23.02.2005 - XII ZR 56/02 - juris Rn. 11 - NJW 2005, 1493-1495; *Harms*, jurisPR-FamR 12/2005, Anm. 2; OLG Koblenz v. 27.07.2005 - 9 UF 51/05 - NJW-Spezial 2005, 441-442.

[54] BGH v. 08.02.1984 - IVb ZR 54/82 - LM Nr. 11 zu § 1573 BGB.

[55] OLG Frankfurt v. 29.01.2004 - 1 UF 309/02 - FPR 2004, 398-401.

[56] KG Berlin v. 11.12.1997 - 19 UF 272/97 - FamRZ 1998, 1386-1389.

[57] BGH v. 09.11.1994 - XII ZR 206/93 - LM BGB § 1361 Nr. 65 (4/1995).

[58] OLG Karlsruhe v. 22.11.2001 - 16 WF 112/01 - OLGR Karlsruhe 2002, 105-107.

[59] OLG Thüringen v. 25.05.2010 - 1 UF 19/10; OLG Karlsruhe v. 20.06.1991 - 2 UF 92/91 - FamRZ 1992, 58-60; OLG Frankfurt v. 13.07.1990 - 1 UF 67/90 - FamRZ 1991, 78.

31 Aufwendungen, die zur Ausübung des Besuchsrechts des nicht sorgeberechtigten Elternteils nach § 1684 BGB gemacht werden, sind **nicht außergewöhnlich** i.S.d. § 33 Abs. 1 EStG, sondern durch die Regelungen des Kinderlastenausgleichs abgegolten. Die noch im Regelungsspielraum des Gesetzgebers liegende Entscheidung, Aufwendungen nicht sorgeberechtigter Elternteile zur Kontaktpflege mit ihren von ihnen getrennten Kindern nach Abschaffung des § 33 Abs. 1a EStG durch den allgemeinen Kinderlastenausgleich abgegolten sein zu lassen, verstößt weder gegen den Gleichheitssatz noch gegen Art. 6 GG.[60]

4. Entsprechende Anwendung

32 Die entsprechende Anwendung des § 1684 BGB auf ein Umgangsrecht hinsichtlich Haustieren ist umstritten.[61]

33 Das OLG Bamberg hat entschieden, dass für eine gerichtliche Regelung des Umgangsrechts mit einem früheren gemeinsamen Haustier der Eheleute keine Rechtsgrundlage bestehe.[62] Auch nach dem Beschluss des OLG Hamm ist § 1684 BGB nicht auf Haustiere anwendbar.[63]

II. Loyalitätsverpflichtung zwischen den Eltern (Absatz 2 Satz 1)

34 Nach § 1684 Abs. 2 Satz 1 BGB haben die Eltern alles zu unterlassen, was das Verhältnis des Kindes zum jeweils anderen Elternteil beeinträchtigt oder die Erziehung erschwert. Dementsprechend ist das Vereiteln des persönlichen Umgangs, Unterdrücken der Post, die Entfremdung des Kindes und das Aufhetzen gegen den Umgangsberechtigten untersagt.

1. Wohlverhaltensklausel

35 Die Wohlverhaltensklausel aus § 1684 Abs. 2 Satz 1 BGB verlangt über seinen Wortlaut hinausgehend auch eine **aktive Förderung des Umgangskontaktes** dergestalt, dass der Personensorgeberechtigte im Rahmen der Erfüllung seiner Erziehungsaufgabe auf das Kind mit dem Ziel einwirkt, psychische Widerstände gegen den Umgang mit dem anderen Elternteil abzubauen und eine positive Einstellung zu gewinnen.[64] Der umgangsverpflichtete Elternteil ist durch das Wohlverhaltensgebot des § 1684 Abs. 2 Satz 1 BGB angehalten, erzieherisch auf das Kind einzuwirken.[65] Dementsprechend wird vom dem betreuenden Elternteil eine aktive Förderung der Umgangskontakte dergestalt verlangt, dass im Rahmen der Erziehung auf das Kind eingewirkt werde, um dieses zu einer positiven Einstellung zum Umgang zu veranlassen.[66] Der betreuende Elternteil darf weder das Umgangsrecht blockieren noch das Kind gegen den anderen Elternteil beeinflussen oder den anderen Elternteil als nicht existent erscheinen lassen. Eine Umgangsvereitelung ist unzulässig.

36 Wenn ein an Neurodermitis leidendes Kind nach den Besuchstagen heftige Hautreaktionen zeigt, so muss die Ursache dafür nicht in den Besuchen selbst liegen; sie kann auch darin liegen, dass das Kind bei der Rückkehr zum sorgeberechtigten Elternteil angesichts dessen kategorischer Ablehnung und Missbilligung solcher Besuche und der hasserfüllten Einstellung gegenüber dem anderen Elternteil in einen schweren Konflikt gerät, der dann erst die Hautreaktionen auslöst. Hat der sorgeberechtigte Elternteil bis zur Scheidung, der damit verbundenen Sorgerechtsübertragung und der wirtschaftlichen Abfindung trotz der Neurodermitis des Kindes den Umgang in überdurchschnittlichem Umfang gewährt, so kann daraus geschlossen werden, dass er in der Lage ist, seine ablehnende Haltung rational soweit zu steuern, dass das Kind nicht darunter leidet. Er verletzt daher schuldhaft die Wohlverhaltensklausel des § 1684 Abs. 1 Satz 2 BGB, wenn er in Kenntnis der Folgen das Kind immer wieder in einen Loyalitätskonflikt stürzt.[67]

---

[60] BFH v. 28.03.1996 - III R 208/94 - BB 1997, 187-189.
[61] AG Bad Mergentheim v. 19.12.1996 - 1 F 143/95 - NJW 1997, 3033-3034; OLG Schleswig v. 21.04.1998 - 12 WF 46/98 - NJW 1998, 3127; OLG Bamberg v. 10.06.2003 - 7 UF 103/03 - MDR 2004, 37.
[62] OLG Bamberg v. 10.06.2003 - 7 UF 103/03 - juris Rn. 5.
[63] OLG Hamm v. 19.11.2010 - 10 WF 240/10 - juris Rn. 11.
[64] OLG Brandenburg v. 11.04.2013 - 3 UF 50/13 - juris Rn. 54; OLG Frankfurt v. 29.05.2013 - 5 WF 120/13 - juris Rn. 3; OLG Jena v. 17.06.1999 - 1 UF 128/99 - EzFamR aktuell 1999, 310-311.
[65] OLG Saarbrücken v. 14.10.2014 - 6 UF 110/14 - juris Rn. 18; *Stockmann*, jurisPR-FamR 11/2005, Anm. 2.
[66] OLG Braunschweig v. 14.10.1998 - 1 UF 164/98 - juris Rn. 10 - FamRZ 1999, 185-186.
[67] KG Berlin v. 14.02.1989 - 17 UF 1609/88 - FamRZ 1989, 656-660.

2. Förderung der Umgangsbereitschaft

Um eine schrittweise Wiederanbahnung von Besuchskontakten unter der Voraussetzung der Beachtung der Wohlverhaltenspflicht durch die Mutter im Sinne einer **aktiven Förderung der Umgangsbereitschaft des Kindes** zu ermöglichen, kann eine Umgangsregelung getroffen werden, nach der in der ersten Phase der Anbahnung im Rahmen einer psychologisch-pädagogischen Beratung das hohe Konfliktpotential der Eltern untereinander abgebaut werden muss, um in weiteren Schritten einen zunächst betreuten, sodann allmählich ausgedehnteren Umgangskontakt mit dem Vater einzurichten.[68] Vereitelt die nichteheliche Mutter nach Beendigung des Zusammenlebens mit dem Vater und dessen Zuwendung zu einer neuen Partnerin aufgrund mangelnder emotionaler Verarbeitung des Partnerkonflikts den Umgangskontakt des Kindes mit dem Vater, so kann den Eltern im Wege einer Anordnung nach § 1684 Abs. 3 Satz 2 BGB aufgegeben werden, Kontakt zu einer Beratungsstelle zur (Wieder-)Anbahnung des Umgangsrechts aufzunehmen und den Umgangskontakt vorsichtig wieder zu beleben.[69]

Im Gegensatz zum OLG Stuttgart[70] vertritt das OLG Karlsruhe[71] die Ansicht, dass das Familiengericht nicht befugt ist, eine **Sachverständigenintervention in Form einer fachkundigen psychologisch-pädagogischen Beratung, Behandlung oder Familientherapie als selbständiges Verfahrensziel anzuordnen** und zu versuchen, auf diese Weise auf die Eltern einzuwirken, um sie zu einem bestimmten Verhalten in Bezug auf das Kind zu veranlassen.[72]

Des Weiteren muss der sorgeberechtigte und umgangspflichtige Elternteil das Kind für die Umgangskontakte mit dem umgangsberechtigten Elternteil während Besuchswochenenden oder in der Ferienzeit mit ausreichender und angemessener Kleidung sowie sonstigen benötigten Gegenständen ausstatten.[73]

3. Parental Alienation Syndrome (PAS)

Ein Parental Alienation Syndrome (PAS) ist als unbegründete, kompromisslose Zuwendung eines Kindes zu einem (guten und geliebten) Elternteil und die ebenso kompromisslose feindselige Abwendung von dem anderen (bösen und gehassten) Elternteil zu definieren.[74] Das PAS ist eine besondere Form der Umgangsvereitelung und wegen der Gefahr, die Gründe für das Kindesverhalten hierauf zu reduzieren, sehr umstritten.[75]

4. Wohnortwechsel des Sorgeberechtigten

Die Wohlverhaltensklausel hindert den sorgeberechtigten Elternteil prinzipiell nicht daran, den Wohnort ins In- oder Ausland zu verändern. Die konkrete Umgangsregelung kann im Einzelfall dazu führen, dass der Umgang für den nichtsorgeberechtigten Elternteil unzumutbar und damit **faktisch vereitelt** wird. Hierzu kann es insbesondere dann kommen, wenn der Umgang aufgrund der unterschiedlichen Wohnorte der Eltern nur unter einem erheblichen Zeit- und Kostenaufwand ausgeübt werden kann. In diesen Fällen obliegt es den Gerichten zu prüfen, ob der sorgeberechtigte Elternteil anteilig zur Übernahme an dem für das Holen und Bringen der Kinder zur Ausübung des Umgangsrechts erforderlichen zeitlichen und organisatorischen Aufwand zu verpflichten ist, um hierdurch einer faktischen Vereitelung des Umgangsrechts vorzubeugen.[76]

Das Personensorgerecht und das Umgangsrecht des anderen Elternteils stehen einander als selbständige Rechte gegenüber. Das Umgangsrecht des einen schränkt das Personensorgerecht des anderen ein.[77] Umgekehrt muss das nur im Rahmen der tatsächlichen Wohnsitzverhältnisse praktisch ausübbare Umgangsrecht, dem eine Umgangspflicht nicht entspricht, bisweilen als das schwächere Recht dem stärkeren Sorgerecht weichen. Das kommt insbesondere im Falle einer Auswanderung ins Ausland in

---

[68] OLG Stuttgart v. 26.07.2000 - 17 UF 99/00 - JAmt 2001, 45-46; OLG Saarbrücken v. 04.09.2000 - 9 UF 88/00 - FamRZ 2001, 369; OLG Karlsruhe v. 19.07.1999 - 2 WF 63/99, 2 WF 64/99, 2 WF 65/99 - NJW-RR 2001, 78.
[69] OLG Braunschweig v. 14.10.1998 - 1 UF 164/98 - FamRZ 1999, 185-186.
[70] OLG Stuttgart v. 26.07.2000 - 17 UF 99/00 - JAmt 2001, 45-46.
[71] OLG Karlsruhe v. 17.02.2003 - 20 WF 152/02 - OLGR Karlsruhe 2003, 424-425.
[72] OLG Saarbrücken v. 25.03.2010 - 6 UF 136/09.
[73] AG Monschau v. 31.03.2003 - 6 F 107/02 - FF 2003, 256-257.
[74] OLG Brandenburg v. 21.11.2001 - 9 UF 219/01 - JAmt 2002, 133-135.
[75] *Gerth*, Kind-Prax 1998, 171-172; *Bruch*, FamRZ 2002, 1304-1315. Umgangsrechtsausübung ist dennoch möglich: OLG Zweibrücken v. 09.05.2005 - 6 UF 4/05 - FamRZ 2006, 144-145.
[76] BVerfG v. 05.02.2002 - 1 BvR 2029/00 - NJW 2002, 1863-1864.
[77] BGH v. 13.12.1968 - IV ZB 1035/68 - BGHZ 51, 219-226.

Betracht.[78] Wenn missbräuchliche Ausübung der elterlichen Sorge das Kindeswohl gefährdet, so ist dem – wie stets – gemäß § 1666 BGB entgegenzutreten. Die Auswanderung kann u.U. auch Veranlassung bieten, eine Entscheidung des Familiengerichts gemäß § 1696 BGB mit dem Ziel einer Änderung der Sorgerechtsregelung im Interesse des Kindes zu beantragen. Darüber, unter welchen Voraussetzungen im Einzelnen trotz der Freizügigkeit des sorgeberechtigten Elternteils und seines verfassungsmäßigen Rechtes auf freie Entfaltung seiner Persönlichkeit (Art. 2 Abs. 1 GG) eine solche Entscheidung ergehen kann, sind die angeführten Meinungen in Rechtsprechung und Schrifttum nicht ganz einheitlich. Indes zieht sich durch das gesamte Bild der Meinungen der Gedanke, dass im Konfliktfall, wie ihn eine Auswanderung mit den Kindern darstellt, das Personensorgerecht als das stärkere den Vorzug genießen muss. Jedenfalls hat ein Antrag auf Übertragung der elterlichen Sorge nur unter dem Gesichtspunkt des Wohles der Kinder Erfolg (§§ 1671 Abs. 2, 1696 Abs. 1 BGB).

43 Ein Umzug der Kinder an einen weit entfernten Ort kann zwar zu **Behinderungen** in der praktischen Ausübung des Umgangsrechtes führen.[79] Indessen wurde sogar im Fall einer Auswanderung nach Übersee der Standpunkt vertreten, dass das nur im Rahmen der tatsächlichen Wohnsitzverhältnisse praktisch ausübbare Umgangsrecht bisweilen als das schwächere Recht dem stärkeren Sorgerecht weichen muss.[80] Bei einem Umzug nach Oberitalien sind hingegen Behinderungen nicht einmal in einem größeren Maße zu befürchten, als sie auch bei ähnlichen Entfernungen der Wohnsitze innerhalb Deutschlands eintreten würden. Dass die mit einem Umzug an einen neuen Wohnort verbundenen Veränderungen ihrer Umwelt das Wohl der davon betroffenen noch nicht schulpflichtigen Kinder stets ernsthaft beeinträchtigten, kann im Übrigen nicht anerkannt werden.

44 Der sorgeberechtigten Mutter kann ein schuldhafter Verstoß gegen die Wohlverhaltensregel des § 1684 Abs. 2 Satz 1 BGB aber nicht deshalb vorgeworfen werden, weil sie mit dem Kind über einen längeren Zeitraum ins Ausland (hier: Dominikanische Republik) reist und damit die Umgangsbefugnis des Vaters praktisch zunichtemacht. Das Recht des Sorgeberechtigten zur **Aufenthaltsbestimmung** für das Kind wird nämlich durch das Umgangsrecht grundsätzlich nicht beschränkt; vielmehr hat sich der Umgangsberechtigte bei der Ausübung seiner Befugnis nach der Vorgabe des Aufenthalts durch den Personensorgeberechtigten zu richten und den persönlichen Umgang dementsprechend auszugestalten.[81]

45 Nach einer Entscheidung des OLG Zweibrücken folgt daraus, dass der Umgangsberechtigte die Auswanderung bzw. Übersiedlung des Personensorgeberechtigten mit dem Kind, selbst wenn dadurch die Umgangsbefugnis de facto zunichte gemacht wird, auch dann hinzunehmen hat, wenn der Personensorgeberechtigte entweder aus der Person des Kindes heraus oder aufgrund eigener Lebensumstände triftige Gründe für die Auswanderung bzw. Übersiedlung hat (hier ging eine gebürtige Kanadierin nach der Scheidung mit dem Sohn zurück zu ihrer Familie nach Kanada).[82] Bei dieser Konstellation tritt das Elternrecht des umgangsberechtigten Elternteils aus Art. 6 Abs. 2 Satz 1 GG hinter dem persönlichen Freiheitsrecht des sorgeberechtigten Elternteils nach Art. 2 Abs. 1 GG zurück.

III. Loyalität gegenüber Obhutspersonen (Absatz 2 Satz 2)

46 Die Verpflichtung der Eltern zum Wohlverhalten besteht genauso gegenüber Großeltern, Pflegeeltern, Vormund oder Pflegern, wenn sich das Kind in der Obhut dieser Personen befindet. Desgleichen trifft diese Pflicht auch die Obhutspersonen gegenüber den Eltern. Unter **Obhut** wird wie in § 1629 Abs. 2 Satz 2 BGB die tatsächliche Betreuung subsumiert (vgl. die Kommentierung zu § 1629 BGB).

IV. Regelungen des Familiengerichts über Umfang und Ausübung des Umgangsrechts (Absatz 3)

47 Das Umgangsrecht des nichtsorgeberechtigten Elternteils steht ebenso wie die elterliche Sorge des anderen Elternteils unter dem Schutz des Art. 6 Abs. 2 Satz 1 GG. Der sorgeberechtigte Elternteil muss grundsätzlich den persönlichen Umgang des Kindes mit dem anderen Elternteil ermöglichen. Können sich die Eltern über die Ausübung des Umgangsrechts nicht einigen, haben die Gerichte eine Entschei-

---

[78] OLG Düsseldorf v. 13.06.1979 - 5 UF 235/79 - FamRZ 1979, 965-966.
[79] BGH v. 06.12.1989 - IVb ZB 66/88 - LM Nr. 25 zu BGB § 1671.
[80] BGH v. 14.01.1987 - IVb ZR 65/85 - NJW 1987, 893-897.
[81] BGH v. 28.04.2010 - XII ZB 81/09 - NSW BGB §§ 1671, 1626, 1684 (BGH intern); OLG Karlsruhe v. 16.02.1996 - 2 WF 8/96 - FamRZ 1996, 1094.
[82] OLG Zweibrücken v. 13.07.2004 - 5 UF 47/04.

dung zu treffen, die sowohl die beiderseitigen **Grundrechtspositionen** der Eltern als auch das Wohl des Kindes und dessen Individualität als Grundrechtsträger berücksichtigt. Die Gerichte müssen sich daher im Einzelfall um eine Konkordanz der verschiedenen Grundrechte bemühen.[83]

Dabei ist Grundrechtsschutz auch durch die Gestaltung des Verfahrens sicherzustellen; das gerichtliche Verfahren muss in seiner Ausgestaltung geeignet und angemessen sein, um der Durchsetzung der materiellen Grundrechtspositionen wirkungsvoll zu dienen. Diesen Anforderungen werden die Gerichte nur gerecht, wenn sie sich mit den Besonderheiten des Einzelfalles auseinander setzen, die Interessen der Eltern sowie deren Einstellung und Persönlichkeit würdigen und auf die Belange des Kindes eingehen. Der Wille des Kindes ist zu berücksichtigen, soweit das mit seinem Wohl vereinbar ist. Voraussetzung hierfür ist, dass das Kind in dem gerichtlichen Verfahren die Möglichkeit erhält, seine persönlichen Beziehungen zu den Eltern erkennbar werden zu lassen. Die Gerichte müssen ihr Verfahren deshalb so gestalten, dass sie möglichst zuverlässig die Grundlage einer am Kindeswohl orientierten Entscheidung erkennen können. Aus der verfassungsrechtlichen Verankerung des **Kindeswohls** in Art. 6 Abs. 2 GG und Art. 2 Abs. 1 GG i.V.m. dem Anspruch auf rechtliches Gehör (Art. 103 Abs. 1 GG) ergibt sich die Pflicht, das Kindeswohl verfahrensrechtlich dadurch zu sichern, dass den Kindern bereits im familiengerichtlichen Verfahren ein Pfleger zur Wahrung ihrer Interessen zur Seite gestellt wird, wenn zu besorgen ist, dass die Interessen der Eltern in einen Konflikt zu denen ihrer Kinder geraten.[84]

Das zur Umgangsregelung angerufene Familiengericht muss entweder Umfang und Ausübung der Umgangsbefugnis konkret regeln oder, wenn dies zum Wohl des Kindes erforderlich ist, die Umgangsbefugnis ebenso konkret einschränken oder ausschließen, darf sich aber im Regelfall **nicht auf die Ablehnung einer gerichtlichen Regelung beschränken**.[85]

1. Regelung des Familiengerichts (Absatz 3 Satz 1)

a. Regelungsbefugnis

Das Gericht wird **von Amts wegen** oder auf **Antrag** tätig.[86] Die gerichtliche Regelung des Umgangsrechtes ist für den Fall eines Konfliktes zwischen den Eltern über den Umfang des Umgangsrechtes vorgesehen.[87] Ein solcher Konflikt liegt aber nicht nur dann vor, wenn der sorgeberechtigte Elternteil das Umgangsrecht – ganz oder teilweise – verweigert, sondern auch in dem – allerdings seltenen – Fall, in welchem der sorgeberechtigte Elternteil das Umgangsrecht in einem größeren Umfang gewähren will, als es der andere Elternteil wünscht. Der nicht sorgeberechtigte Elternteil kann nicht darauf verwiesen werden, das Umgangsrecht mit Rücksicht auf eine entsprechende Umgangspflicht nur in dem vom sorgeberechtigten Elternteil angebotenen Rahmen auszuüben. Für seinen Antrag auf eine weniger weitgehende als die angebotene Umgangsregelung besteht daher ein Rechtsschutzinteresse. Ausnahmsweise darf ein gerichtliches Umgangsregelungsverfahren **ohne Entscheidung zur Sache** enden, wenn der Antrag zurückgenommen wird und das dem Nichtsorgeberechtigten entfremdete Kind den Kontakt verweigert.[88]

b. Regelungsinhalt

Eine **Regelung zum Umgangsrecht** bedarf konkreter Anweisungen über die Ausgestaltung des Umgangs nach Ort, Zeit, Häufigkeit, Abholung und gegebenenfalls Überwachung bei beschütztem Umgang.[89] Im Falle der Anordnung eines beschützten Umgangs muss das Gericht sich vor seiner Entscheidung davon überzeugen, dass ein zur Mitwirkung bereiter Dritter vorhanden ist. Das Familiengericht kann weiter die Ausgestaltung des Holens und Bringens des Kindes sowie den Fall des Ersatzes für einen ausgefallenen Besuchstag und die erforderlichen Benachrichtigungspflichten in Einzelheiten festlegen.[90] Das Familiengericht kann den Antrag auf gerichtliche Regelung des Umgangsrechtes nicht

---

[83] BVerfG v. 18.02.1993 - 1 BvR 692/92 - NJW 1993, 2671-2672.
[84] BVerfG v. 29.10.1998 - 2 BvR 1206/98 - NJW 1999, 631-634.
[85] OLG Saarbrücken v. 12.03.2010 - 6 UF 128/09; BGH v. 27.10.1993 - XII ZB 88/92 - LM GrundG Art. 6 Nr. 22 (3/1994).
[86] *Jaeger* in: Johannsen/Henrich, EheR, § 1684 Rn. 21.
[87] OLG Düsseldorf v. 25.11.1985 - 3 WF 206/85 - FamRZ 1986, 202-203.
[88] OLG Jena v. 03.03.1994 - 7 UF 76/93 - FamRZ 1996, 359.
[89] OLG Oldenburg v. 06.07.2009 - 13 UF 54/09 - ZFE 2009, 402; OLG Frankfurt v. 14.01.1999 - 3 UF 309/98 - FamRZ 1999, 617-618; OLG Karlsruhe v. 23.09.1994 - 16 UF 208/94 - FamRZ 1996, 1092.
[90] *Jaeger* in: Johannsen/Henrich, EheR, § 1684 Rn. 22; OLG Nürnberg v. 10.12.1998 - 7 UF 3741/98 - MDR 1999, 485-486.

schlichtweg ablehnen, ohne eine andere Regelung – notfalls eine Einschränkung oder den Ausschluss des Umgangsrechtes für eine bestimmte Zeit – zu treffen.[91] Durch die bloße Ablehnung des Antrages auf gerichtliche Regelung tritt ein Zustand ein, der weder für die Beteiligten zumutbar erscheint, noch dem besonderen verfassungsrechtlichen Schutz gerecht wird, unter dem das Umgangsrecht des nicht sorgeberechtigten Elternteils steht. Denn durch eine Entscheidung, durch die das Umgangsrecht weder versagt noch in irgendeiner Weise eingeschränkt wird, die aber eine gerichtliche Hilfe zur tatsächlichen Ausgestaltung verweigert, bleibt das Umgangsrecht nur scheinbar unberührt. Der umgangsberechtigte Elternteil weiß nämlich nicht, in welcher Weise er das Recht tatsächlich wahrnehmen darf und in welchem zeitlichen Abstand er einen neuen Antrag auf gerichtliche Regelung zu stellen berechtigt ist. Ohne gerichtliche Entscheidung ist er auf die willkürliche Gewährung eines Umgangs durch den Inhaber der elterlichen Sorge – in der Regel also den anderen Elternteil – angewiesen, eine Rechtsfolge, gegen die der Bundesgerichtshof schon unter der Geltung der früheren Gesetzesfassung Bedenken geäußert hat.[92] Im Ausnahmefall allerdings kann das Familiengericht von einer Umgangsregelung absehen, wenn dies im Interesse des Minderjährigen liegt und der umgangsberechtigte Elternteil keine Anstalten macht, das Umgangsrecht zwangsweise durchzusetzen.[93]

c. Umgangsvereinbarung der Eltern

52 Wenn und soweit sich die Eltern in einem gerichtlichen Umgangsverfahren auf eine **Umgangsregelung einigen**, ist dieser Einigung die gerichtliche Billigung nur zu versagen, wenn diese (Teil-)Einigung dem Wohle des betroffenen Kindes widerspricht.[94] Im Rahmen der Gesamtabwägung zum Umfang des Umgangsrechts stellt ein etwaiges Mitsorgerecht des umgangsberechtigten Elternteils ebenfalls einen Abwägungsbelang dar, der es rechtfertigen kann, den Umgang großzügiger zu bemessen.[95]

53 Grundsätzlich ist das Familiengericht – wie unter Rn. 51 ausgeführt – verpflichtet, über einen Antrag auf gerichtliche Regelung des Umgangsrechts zu entscheiden. Ein besonderer Fall lag der Entscheidung des BGH[96] zugrunde. Dort hatten die Eltern eine Umgangsvereinbarung geschlossen, die anschließend amtsgerichtlich bestätigt worden war. Im Weiteren hat die Mutter unter anderem in einem späteren Verfahren gerichtlich beantragt, das Umgangsrecht des Vaters bis zur Volljährigkeit der Kinder ganz auszuschließen. Das Oberlandesgericht hat diesem Antrag schließlich das Rechtsschutzbedürfnis abgesprochen, da der Vater glaubhaft von dem in der Umgangsvereinbarung konkretisierten Recht auf Umgang Abstand genommen hatte, und den Antrag insgesamt als unzulässig verworfen. Allerdings hatten sowohl das Oberlandesgericht als auch das zuvor mit der Sache beschäftigte Amtsgericht in den vorherigen Beschlüssen eine Bestätigung der zwischen den Eltern getroffenen Umgangsvereinbarung und somit eine bindende und für den Vater als Vollstreckungsgrundlage taugliche Umgangsregelung getroffen. Der BGH sah in dem Antrag der Mutter, das Umgangsrecht des Vaters bis zur Volljährigkeit der Kinder auszuschließen, als ein Minus auch das Begehren enthalten, dem Vater für die Zukunft jedenfalls ein Vorgehen aus der von den Eltern getroffenen Umgangsvereinbarung zu verwehren, über das das OLG nach Ansicht des BGH hätte entscheiden müssen.[97] Die Sache wurde zur Entscheidung zurückverwiesen.

d. Prüfungsmaßstab

54 Das verfassungsrechtliche Gebot, dem Elternrecht beider Elternteile Rechnung zu tragen, verlangt eine **individuelle Umgangsregelung** unter Berücksichtigung der Umstände des Einzelfalles, wie das Vorliegen einer einverständlichen Regelung über beispielsweise zwei Besuchsmöglichkeiten pro Monat, ferner auch das Alter und die Zahl der Kinder.[98]

55 Das Familiengericht orientiert sich bei der Entscheidung am **Kindeswohl**[99] (vgl. die Kommentierung zu § 1697a BGB). Wie weit das Elternrecht als ein pflichtgebundenes Recht hinter dem Wohl des Kin-

---

[91] BGH v. 27.10.1993 - XII ZB 88/92 - LM GrundG Art 6 Nr. 22 (3/1994).
[92] BGH v. 13.12.1968 - IV ZB 1035/68 - BGHZ 51, 219-226.
[93] OLG Karlsruhe v. 14.12.1989 - 18 UF 188/89 - FamRZ 1990, 655-656; OLG Zweibrücken v. 13.10.1992 - 5 UF 237/91 - FamRZ 1993, 728-729.
[94] AG Saarbrücken v. 04.03.2003 - 39 F 14/03 UG - FamRZ 2003, 1200-1203.
[95] AG Saarbrücken v. 04.03.2003 - 39 F 14/03 UG - FamRZ 2003, 1200-1203.
[96] BGH v. 11.05.2005 - XII ZB 120/04 - FamRZ 2005, 1471-1474.
[97] BGH v. 11.05.2005 - XII ZB 120/04 - FamRZ 2005, 1471-1474.
[98] BVerfG v. 25.10.1994 - 1 BvR 1197/93 - NJW 1995, 1342-1343.
[99] OLG Saarbrücken v. 14.10.2014 - 6 UF 110/14 - juris Rn. 20.

des zurückzustehen hat, kann aber nur beurteilt werden, wenn zunächst geprüft worden ist, welche Regelung dem Wohl des Kindes in seiner konkreten Situation gerecht wird. Auch der Gesetzgeber ist bei der Neufassung des § 1684 BGB davon ausgegangen, dass über Dauer und Häufigkeit von Besuchen nur nach der jeweiligen Lage des Einzelfalls unter Berücksichtigung des Kindeswohls und unter Beachtung der berechtigten Wünsche der Eltern und des Kindes[100] sachgerecht entschieden werden könne.[101]

Zur – § 26 FamFG geschuldeten – Erforderlichkeit der Einholung eines Sachverständigengutachtens zur zuverlässigen Ermittlung des wahren Kindeswillens, wenn ein zehnjähriges Kind einen Umgang mit dem nicht betreuenden Elternteil verbal ablehnt, vgl. OLG Saarbrücken.[102]   56

e. Einzelne Umgangsregelungen

aa. Anordnung des Wechselmodells

Das gesetzliche Modell der elterlichen Sorge geht bei der gemeinsamen Sorge davon aus, dass das Kind seinen dauernden Aufenthalt beim betreuenden Elternteil im Rahmen des so genannten Residenz- oder Eingliederungsmodells hat, es ist gleichwohl für andere zulässige, vom Gesetz nur nicht geregelte Betreuungsmodelle unmodifiziert bedingt verwendbar.[103] Während beim Residenz- oder Eingliederungsmodell das Kind gewöhnlich bei dem Elternteil lebt, von dem es auch betreut wird, gibt es noch das Doppelresidenz- bzw. **Wechselmodell,** bei dem das Kind abwechselnd bei den jeweiligen Elternteilen wohnt.[104] Es werden noch weitere Modelle, wie das Nest-[105] und Funktionsmodell[106] dargestellt, wobei die Eltern sich im Rahmen dieser unterschiedlichen Modelle des Zusammenlebens wiederum wechselseitig mit Befugnissen aus ihrem Handlungsbereich zur Vertretung ermächtigen können (vgl. wegen der weiteren Einzelheiten die Kommentierung zu § 1687 BGB).   57

Nach der wohl überwiegenden Meinung in Rechtsprechung und Literatur ist das **Wechselmodell eine Frage des Umgangsrechts** und nicht des Sorgerechts.[107] Wann im Einzelnen ein Wechselmodell vorliegt, ist jedoch noch nicht abschließend geklärt.[108] Der BGH geht davon aus, dass das Wechselmodell vorliegt, wenn jeder Elternteil etwa die Hälfte der Versorgungs- und Erziehungsaufgaben wahrnimmt, also bei gleichwertiger Aufteilung der Anwesenheitszeiten des Kindes bei den Eltern.[109]   58

Nach überwiegender Rechtsprechung ist die **Anordnung eines Wechselmodells gegen den Willen der Eltern** nicht möglich.[110] Das Wechselmodell kann vielmehr nur einvernehmlich von den Eltern begründet werden, da es bei diesem Modell auf ein einvernehmliches Zusammenwirken der Eltern ankomme. Dies sei schon dann nicht möglich, wenn das Wechselmodell von einem Elternteil abgelehnt wird. Ein Hinwirken auf ein Einvernehmen hat dann zu unterbleiben.[111]   59

Nach AG Erfurt[112], AG Hannover[113] und AG Heidelberg[114] kann das Wechselmodell **gegen den Willen der Eltern angeordnet werden.** Das AG Hannover hatte im einen einstweiligen Anordnungsverfahren das Wechselmodell mit der Begründung, dass dies dem Wohl der Kinder derzeit am besten entspricht[115], vor dem Hintergrund angeordnet, dass die Eltern dieses Modell ca. 1 Jahr praktiziert hatten   60

---

[100] Vgl. *Veit* in: Bamberger/Roth, § 1684 Rn. 30.
[101] BVerfG v. 18.02.1993 - 1 BvR 692/92 - NJW 1993, 2671-2672.
[102] OLG Saarbrücken v. 03.04.2012 - 6 UF 10/12 - juris Rn. 14.
[103] OLG Zweibrücken v. 29.08.2000 - 5 UF 40/99 - juris Rn. 34.
[104] OLG Zweibrücken v. 29.08.2000 - 5 UF 40/99 - juris Rn. 34.
[105] *Veit* in: Bamberger/Roth, § 1687 Rn. 3.
[106] *Diederichsen* in: Palandt, § 1687 Rn. 3.
[107] OLG Saarbrücken v. 26.06.2014 - 6 UF 62/14 - juris Rn. 6; OLG Naumburg v. 23.09.2014 - 8 UF 146/13 - juris Rn. 14; AG Erfurt v. 01.10.2014 - 36 F 1663/13 - juris Rn. 35 ff.; AG Hannover v. 10.02.2014 - 618 F 491/14 - juris Rn. 15; so wohl im Ergebnis auch AG Heidelberg v. 19.08.2014 - 31 F 15/14; *Faber*, jM 2014, 8-12, 9 mit weiteren Nachweisen.
[108] Vgl. zum Meinungsstand *Faber*, jM 2014, 8-12, 8 f.; *Bergemann*, ZkJ 2013, 489-491, 489 f.
[109] BGH v. 21.12.2005 - XII ZR 126/03.
[110] OLG Naumburg v. 23.09.2013 - 8 UF 146/13 - juris Rn. 13; OLG Saarbrücken v. 26.06.2014 - 6 UF 62/14 - juris Rn. 5 mit weiteren Nachweisen.
[111] OLG Naumburg v. 23.09.2014 - 8 UF 146/13.
[112] AG Erfurt v. 01.10.2014 - 36 F 1663/13.
[113] AG Hannover v. 10.02.2014 - 618 F 491/14.
[114] AG Heidelberg v. 19.08.2014 - 31 F 15/14.
[115] AG Hannover v. 10.02.2014 - 618 F 491/14.

und es von einem Elternteil kurzfristig mit dem Hinweis auf die Konflikte der Eltern untereinander aufgekündigt wurde. Die AGs Erfurt und Heidelberg begründen die Möglichkeit der Anordnung des Wechselmodells gegen den Willen der Eltern mit dem Kontinuitätsgrundsatz, da zuvor das Wechselmodell gelebt wurde[116], bzw. aus dem Recht der Elternschaft und der Teilhabe an der Entwicklung des Kindes.[117]

61 Die weitere Entwicklung bleibt abzuwarten.

bb. Weitere Umgangsregelungen

62 Der richtige Ort für die Ausübung des Umgangsrechts ist grundsätzlich die **Wohnung des Berechtigten**.[118] Das Umgangsrecht des nichtsorgeberechtigten Elternteils beschränkt von vornherein das Recht der elterlichen Sorge des anderen Elternteils.[119] Daraus folgt, dass derjenige Elternteil, der das Umgangsrecht ausübt und das Kind zu Besuch hat, auch den Aufenthaltsort des Kindes bestimmt, ohne dass dies eines gesonderten gerichtlichen Ausspruchs bedürfte. Der Umgangsberechtigte ist daher befugt, den Ort des **Ferienaufenthalt**s des Kindes zu bestimmen. Nur das Kindeswohl kann eine Einschränkung erforderlich machen.

63 Kann der persönliche Umgang mit dem nicht sorgeberechtigten Elternteil wegen der großen Entfernung zwischen den Wohnorten der Eltern nur unter einem erheblichen Zeit- und Kostenaufwand ausgeübt werden, ist es mit Art. 6 Abs. 2 Satz 1 GG nicht vereinbar, wenn das Familiengericht eine Umgangsregelung festlegt, ohne sich mit der Problematik einer faktischen Vereitelung des Umgangsrechts zu befassen.[120]

64 Grundsätzlich hat der nichtsorgeberechtigte Elternteil sich an den Maßnahmen für „**Holen und Bringen**" nicht zu beteiligen.[121] Ist die Besuchsregelung für den nicht sorgeberechtigten Elternteil eines ehelichen Kindes – nach Scheidung – zwischen den Eltern lebhaft umstritten, muss auch das Holen und Bringen des Kindes, wenn sich die Eltern darüber nicht einigen können, in der gerichtlichen Umgangsordnung klar geregelt sein.[122]

65 Der sorgeberechtigte Elternteil kann für die Dauer des persönlichen Umgangs keinen Ausschluss dritter Beteiligter erzwingen, beispielsweise der Großeltern[123] oder des neuen Lebensgefährten[124]. Es gibt Ausnahmen für den Zeitraum vor und kurz nach der Scheidung[125], sowie bei Krankheiten oder Glaubensfragen[126] und Abwesenheit von Haustieren (hier: American-Staffordshire-Terrier)[127].

66 Einem Kindesvater kann bei Einräumung des Umgangsrechts untersagt werden, bei Ausübung des Umgangsrechts mit dem Kind Gaststätten aufzusuchen und **alkoholische Getränke** zu sich zu nehmen.[128] Ein Ausschluss des Umgangsrechts ist dann nicht veranlasst.[129]

67 Auch wenn die Beziehungen zwischen den Elternteilen derart konfliktbeladen und verhärtet sind, dass mit keinen vernünftigen Mitteln und ohne zu große Belastung für das bei der Mutter lebende Kind ein Umgang mit dem Vater durchzusetzen ist, ein Umgang mithin nur zwangsweise herbeigeführt werden könnte, führt dies nicht zu einem zeitlich befristeten Ausschluss des Umgangsrechts.[130]

---

[116] AG Heidelberg v. 19.08.2014 - 31 F 15/14.
[117] AG Erfurt v. 01.10.2014 - 36 F 1663/13 - juris Rn. 37-50.
[118] BGH v. 13.12.1968 - IV ZB 1035/68 - BGHZ 51, 219-226; OLG Düsseldorf v. 17.03.1988 - 4 (10) UF 258/87 - FamRZ 1988, 1196; OLG München v. 21.04.1978 - 26 UF 718/77 - FamRZ 1978, 614-618.
[119] OLG Frankfurt v. 27.11.1998 - 2 UF 373/98 - FamRZ 1999, 1008.
[120] OLG München v. 15.05.2002 - 2 UF 1504/00 - FF 2003, 183.
[121] OLG Zweibrücken v. 24.03.1982 - 2 UF 30/82 - FamRZ 1982, 531; OLG Nürnberg v. 10.12.1998 - 7 UF 3741/98 - MDR 1999, 485-486.
[122] OLG Zweibrücken v. 04.08.1997 - 5 UF 23/97 - NJWE-FER 1998, 19.
[123] OLG Stuttgart v. 24.11.1977 - 16 UF 74/77 EG - NJW 1978, 380-381.
[124] BGH v. 13.12.1968 - IV ZB 1035/68 - BGHZ 51, 219-226; OLG Hamm v. 06.08.1981 - 4 UF 235/81 - FamRZ 1982, 93-94.
[125] OLG Köln v. 21.09.1982 - 4 UF 254/82 - FamRZ 1982, 1236-1237.
[126] OLG Schleswig v. 12.12.1983 - 10 UF 153/83 - NJW 1985, 1786.
[127] KG Berlin v. 21.05.2002 - 18 UF 57/02 - MDR 2002, 1318.
[128] OLG Saarbrücken v. 17.09.2003 - 9 UF 91/03 - ZFE 2004, 26-27.
[129] OLG Saarbrücken v. 17.09.2003 - 9 UF 91/03 - ZFE 2004, 26-27.
[130] BVerfG v. 09.06.2004 - 1 BvR 487/04 - FamRZ 2004, 1166-1168.

Das OLG Köln hat entschieden, dass der **Vorbehalt der Einwilligung des Kindes in die Umgangsanbahnung** sowie die Verpflichtung des Ergänzungspflegers, die Bereitschaft des Kindes zur Durchführung des Umgangs in periodischen Abständen zu überprüfen, in der Sache auf einen **zeitlich unbefristeten Ausschluss der Umgangskontakte** des umgangsberechtigten Elternteils hinausläuft.[131] 68

Der Umgangsberechtigte darf auch bei gemeinsamem Sorgerecht den Ort bestimmen, an dem er den Umgang ausübt. Dies kann eine **Urlaubsreise in ein Krisengebiet** sein.[132] Der andere Elternteil darf die erforderliche Zustimmung zu einer Reise ins außereuropäische Ausland nur dann verweigern, wenn das Wohl des Kindes der beabsichtigten Reise entgegensteht. Bei Sicherheitsbedenken des Elternteils ist die zu treffende gerichtliche Entscheidung an allgemein anerkannten Maßstäben wie den auch im Reisevertragsrecht anerkannten Sicherheitshinweisen des Auswärtigen Amts zu orientieren und nicht an der persönlichen Einschätzung des Elternteils.[133] 69

Begleitende Maßnahmen bei Ausübung des Umgangsrechts können Überwachung durch einen Detektiv oder ein Kfz-Benutzungsverbot sein, wenn **Entführungsgefahr** besteht, um den völligen Ausschluss des Umgangsrechts zu vermeiden.[134] Dennoch kann das Umgangsrecht eines ausländischen Elternteils nicht durch die Auflage eingeschränkt werden, dass dieser während des Umgangs in den Ferienzeiten seinen Reisepass bei der Ausländerbehörde zu hinterlegen habe.[135] Der bloße Umstand, dass der Umgangselternteil aus einem moslemischen Land stammt und enge Beziehungen zu seinem Heimatland unterhält, genügt für sich genommen nicht, von einer konkreten Entführungsgefahr für das Kind auszugehen und deshalb das Umgangsrecht einzuschränken oder gar auszuschließen.[136] 70

Bei der Festsetzung der **Häufigkeit und Dauer** des Umgangsrechtes ist sowohl den berechtigten Interessen des Kindes wie auch denen der Eltern Rechnung zu tragen.[137] Des Weiteren sind das Alter und die Belastbarkeit des Kindes, die Bindung des Kindes an den Umgangsberechtigten sowie das Verhältnis zwischen den Eltern und schließlich die Distanz zwischen den Wohnorten entscheidend.[138] Auch hier ist in jedem Einzelfall eine dem Kindeswohl entsprechende Entscheidung zu treffen. Ein regelmäßiger und periodischer Umgang entspricht eher dem Wohl eines Kindes im Kindergartenalter, als selbstständig vereinbarte flexible Besuchskontakte.[139] Dem Zweck des Umgangsrechtes wird im Allgemeinen dadurch genügt, dass der Umgangsberechtigte entweder zweimal im Monat jeweils vier Stunden oder einmal im Monat acht Stunden sein Besuchsrecht ausüben kann.[140] 71

Weiterhin lässt sich die **zeitliche Einschränkung des Umgangsrechts** nicht dadurch rechtfertigen, dass der umgangsberechtigte Elternteil, der den Zeugen Jehovas angehört, die minderjährigen Kinder im Rahmen der üblichen Umgangszeiten regelmäßig zum sonntäglichen Gottesdienst mitnimmt.[141] 72

Ein periodisch festgelegtes Umgangsrecht alle zwei Wochen zum Wochenende kann überlagert werden von den Anordnungen anlässlich außergewöhnlicher Umstände, insbesondere anlässlich der Ferienzeit und der Festtage. Auch die vom Sorgeberechtigten geplanten Zeiten des Familienurlaubs bilden eine Ausnahme vom Regelfall.[142] Es würde dem Kindeswohl erheblich widersprechen, wenn allein wegen des periodischen Umgangsrechts übliche Familienurlaube während der Schulferien unterbleiben müssten.[143] 73

Ebenso wenig ist im Lichte des Art. 6 Abs. 2 Satz 1 GG ein genereller Ausschluss des Umgangsrechts während den Ferienzeiten zulässig, insbesondere wenn hierfür keine Begründung gegeben wird.[144] 74

---

[131] OLG Köln v. 20.05.2003 - 4 UF 137/02 - OLGR Köln 2004, 168-170.
[132] AG Berlin-Pankow-Weißensee v. 08.04.2003 - 16 F 2025/03 - ZFE 2003, 317.
[133] AG Berlin-Pankow-Weißensee v. 08.04.2003 - 16 F 2025/03 - ZFE 2003, 317.
[134] OLG München v. 28.08.1997 - 26 UF 971/97 - OLGR München 1998, 32-33.
[135] OLG Brandenburg v. 04.09.2002 - 9 UF 165/02 - NJW 2003, 978-979.
[136] OLG Saarbrücken v. 18.06.2002 - 9 UF 63/02 - OLGR Saarbrücken 2002, 341.
[137] OLG Naumburg v. 23.07.2001 - 14 UF 36/01 - JAmt 2002, 32-35.
[138] OLG Köln v. 19.01.2010 - 4 UF 163/09, II-4 UF 163/09 - FamRZ 2010, 998; OLG Schleswig v. 11.12.2002 - 13 UF 77/02 - FamRZ 2003, 950.
[139] OLG Oldenburg v. 16.11.2000 - 12 UF 134/00 - FamRZ 2001, 1164.
[140] KG Berlin v. 30.07.1979 - 13 UF 2295/79 - FamRZ 1979, 965; beachte im Zusammenhang mit den Zeugen Jehovas auch: AG Fürstenfeldbruck v. 05.07.2005 - 1 F 202/2005, 1 F 202/05 - FF 2005, 270-272.
[141] AG Düren v. 21.05.2003 22 F 26/03 - FamRZ 2004, 970.
[142] KG Berlin v. 02.02.2010 - 13 UF 189/09; Brandenburgisches OLG v. 29.12.2009 - 10 UF 150/09 - FamRZ 2010, 1352-1355.
[143] OLG Frankfurt v. 21.08.1995 - 3 WF 79/95 - FamRZ 1996, 362-363.
[144] BVerfG v. 07.03.2005 - 1 BvR 552/04 - juris Rn. 11 - FamRZ 2005, 871.

§ 1684

75 Bei der Regelung des Umgangsrechts ist die besondere Bedeutung der großen kirchlichen Feste (Weihnachten, Ostern, Pfingsten) angemessen zu berücksichtigen.[145] Dahin gehend soll der Umgangsberechtigte auch die Chance haben, den Kindesgeburtstag mitzufeiern.

76 Bei kleineren Kindern bis zu einem Alter von 4 Jahren werden Umgangszeiträume mit bis zu 4 Stunden als ausreichend angesehen.[146] Bei einem 2-jährigen Kind sei ein 2- bis 3-stündiger Umgang zu Zeiten, die üblicherweise vor den Schlafenszeiten des Kindes liegen, wobei als Besuchstage jeder Mittwoch und jeder zweite Samstag gewählt wurden, altersangemessen.

77 Die Umgangsregelung sollte möglichst einfach und für das Kind überschau- und machbar gestaltet werden. So haben ausführliche und zeitlich eng gestrickte **Ferienregelungen**, die dem Kind keine Zeit für die eigene Erholungsphase belassen, keinen Bestand vor Gericht.[147]

78 Unter den Begriff **„Schulferien"** in einer Umgangsregelung fallen in der Regel nicht bewegliche Ferientage, die von den zuständigen Schulleitern aufgrund besonderer örtlicher Verhältnisse festgelegt werden (hier: „Faschingsferien").[148]

79 Bei der (Wieder-)**Anbahnung** des Umgangsrechts kann den Eltern aufgegeben werden, Kontakt zu einer Beratungsstelle aufzunehmen und den Umgangskontakt vorsichtig wieder zu beleben.[149]

80 Bei der Festlegung des Umfangs des Umgangs muss das **Zeitempfinden des Kindes** beachtet werden.[150]

81 Das Persönlichkeitsrecht des Kindes erfordert, bei der gerichtlichen Regelung des Umgangsrechts den **Willen des Kindes** im Rahmen seines wohlverstandenen Interesses und das Interesse des um die Regelung nachsuchenden Elternteils gegeneinander abzuwägen.[151] Der Wille des Kindes ist zu berücksichtigen, soweit das mit seinem Wohl vereinbar ist.[152] Voraussetzung hierfür ist, dass das Kind in dem gerichtlichen Verfahren die Möglichkeit erhält, seine persönlichen Beziehungen zu den Eltern erkennbar werden zu lassen. Die Gerichte müssen ihr Verfahren deshalb so gestalten, dass sie möglichst zuverlässig die Grundlage einer am Kindeswohl orientierten Entscheidung erkennen können.[153]

82 Das Familiengericht kann den Umfang des Umgangsrechts und die Ausübung des Umgangs neben den Eltern auch mit Wirkung gegenüber **dritten Personen** regeln (§ 1684 Abs. 3 Satz 1 BGB).

2. Anordnungen zur Erfüllung der Loyalitätspflicht (Absatz 3 Satz 2)

83 Nach § 1684 Abs. 3 Satz 2 BGB kann das Familiengericht die Beteiligten durch Anordnungen zur Erfüllung der in Absatz 2 geregelten Wohlverhaltenspflicht anhalten. Diese Norm soll dem Familiengericht ein Instrument an die Hand geben, um unterhalb der Eingriffsschwelle des § 1666 BGB (vgl. die Kommentierung zu § 1666 BGB) Handlungen eines Elternteils zu begegnen, die den Umgang erschweren oder verhindern.[154] Beteiligte dieser Vorschrift sind die in Absatz 2 genannten Personen, also die Eltern und die Personen, in deren Obhut das Kind sich befindet.

3. Anordnung einer Umgangspflegschaft (Absatz 3 Sätze 3-6)

84 Mit dem Gesetz zur Reform des Verfahrens in Familiensachen und in den Angelegenheiten der freiwilligen Gerichtsbarkeit (FamFG) vom 17.12.2008[155] wurde § 1684 Abs. 3 BGB reformiert und die Sätze 3-6 eingeführt. Mit dieser Vorschrift soll die Pflegschaft mit dem Aufgabenkreis der Durchführung des Umgangs („Umgangspflegschaft") ausdrücklich gesetzlich geregelt werden. Die Regelung greift eine Praxis der Familiengerichte auf, die bei schwerwiegenden Umgangskonflikten zunehmend von der bereits nach geltendem Recht bestehenden Möglichkeit Gebrauch machen, den Eltern die elterliche Sorge für den Bereich des Umgangs nach § 1666 BGB zu entziehen und dafür einen Ergänzungspfleger einzusetzen.[156]

---

[145] OLG Bamberg v. 09.08.1989 - 2 UF 245/89 - NJW-RR 1990, 70.
[146] OLG Nürnberg v. 28.10.2009 - 7 UF 1009/09 - FuR 2010, 114-115; OLG Brandenburg v. 08.08.2001 - 9 UF 28/01 - NJW-RR 2002, 294-293; OLG Brandenburg v. 04.07.2002 - 15 UF 25/02 - MDR 2003, 30-31.
[147] OLG Naumburg v. 23.07.2001 - 14 UF 36/01 - JAmt 2002, 32-35.
[148] OLG Stuttgart v. 03.05.1999 - 15 WF 183/99 - FamRZ 2000, 50.
[149] OLG Braunschweig v. 14.10.1998 - 1 UF 164/98 - FamRZ 1999, 185-186.
[150] *Diederichsen* in: Palandt, § 1684 Rn. 15.
[151] BGH v. 24.10.1979 - IV ZB 168/78 - LM Nr. 5 zu § 1634 BGB.
[152] OLG Saarbrücken v. 12.07.2010 - 6 UF 32/10.
[153] BVerfG v. 18.02.1993 - 1 BvR 692/92 - NJW 1993, 2671-2672.
[154] *Diederichsen* in: Palandt, § 1684 Rn. 11.
[155] BGBl I 2008, 2586.
[156] BT-Drs. 16/6308, S. 345.

Durch die gesetzliche Regelung wird jedoch deutlich, dass in den Verfahren zur Bestellung eines Umgangspflegers das Sorgerecht für diesen Bereich nicht entzogen werden muss. Das nunmehr gesetzliche Institut der Umgangspflegschaft stellt sich als milderes Mittel dar. 85

a. Voraussetzung der Anordnung

Nach § 1684 Abs. 3 Satz 3 BGB kann das Familiengericht eine Pflegschaft zur Durchführung des Umgangs anordnen (Umgangspflegschaft), wenn die Pflicht nach Absatz 2 (Wohlverhaltenspflicht) dauerhaft oder wiederholt erheblich verletzt wird. Die Anordnung der Umgangspflegschaft soll damit auf Fälle beschränkt werden, in denen der betreuende Elternteil oder die Obhutsperson im Sinne des § 1684 Abs. 2 Satz 2 BGB das Umgangsrecht des getrennt lebenden Elternteils in erheblicher Weise vereitelt. Die hohe Schwelle der Kindeswohlgefährdung (§ 1666 BGB) muss jedoch nicht mehr erreicht werden. Eine Prognose über die Auswirkungen des unterbleibenden Umgangs auf das Kindeswohl, die häufig nur mit Hilfe eines Sachverständigengutachtens möglich ist, ist damit entbehrlich. Verfassungsrechtliche Gründe, die es gebieten würden, weiterhin auf die Schwelle der Kindeswohlgefährdung abzustellen, bestehen nicht.[157] Das Gericht hat hier die Rechtspositionen der Eltern untereinander auszugleichen, so dass die strengen Voraussetzungen für einen Eingriff in das elterliche Erziehungsrecht nicht vorliegen müssen. 86

Damit sind auch die früheren Entscheidungen zu den Voraussetzungen der Einrichtung einer Umgangspflegschaft nicht mehr aktuell. Daher ist auch der neuerlichen Diskussion über die Frage, ob das Sorgerecht auch das **„Recht zur Regelung des Umgangs"** mit umfasst (vgl. die Kommentierung zu § 1666 BGB Rn. 61), nicht zu folgen.[158] 87

b. Auswahl des Umgangspflegers

Auf die Umgangspflegschaft sind die Vorschriften über die Pflegschaft anwendbar (§§ 1909 ff. BGB). Dies gilt auch für die Auswahl der Person, die zum Umgangspfleger bestellt werden soll. Hier dürfte insbesondere eine Person in Betracht kommen, zu der das Kind Bindungen und damit Vertrauen besitzt, eine Fachkraft einer Beratungsstelle (§ 1915 Abs. 1 i.V.m. § 1779 Abs. 2 BGB) oder das Jugendamt (§ 1915 Abs. 1 i.V.m. § 1791b BGB).[159] Ferner kommt der im Erkenntnisverfahren tätige Verfahrensbeistand in Betracht. 88

c. Aufgaben des Umgangspflegers

Gegenstand der Umgangspflegschaft ist die „Durchführung des Umgangs". Nach § 1684 Abs. 3 Satz 4 BGB umfasst sie **das Recht, die Herausgabe des Kindes zur Durchführung des Umgangs** zu verlangen und für die Dauer des Umgangs dessen Aufenthalt zu bestimmen. Der Umgangspfleger erhält damit eigene Rechte, die es ihm ermöglichen sollen, auf den Umgang hinzuwirken. Er kann bei der Vorbereitung des Umgangs, bei der Übergabe des Kindes an den umgangsberechtigten Elternteil und bei der Rückgabe des Kindes vor Ort sein, sowie über die konkrete Ausgestaltung des Umgangs bestimmen. Ergeben sich Meinungsverschiedenheiten der Eltern über die Umgangsmodalitäten (Ort des Umgangs, Ort der Übergabe des Kindes, dem Kind mitzugebende Kleidung, Nachholtermine etc.) hat der Umgangspfleger die Möglichkeit, zwischen den Eltern zu vermitteln oder von seinem Bestimmungsrecht Gebrauch zu machen. Soweit sein Aufgabenbereich reicht, wird das Sorgerecht der Eltern eingeschränkt (§ 1630 Abs. 1 BGB).[160] 89

Der Umgangspfleger kann durch seine Anwesenheit und durch seine Berichtspflicht gegenüber dem Gericht einen gewissen Druck auf die Verwirklichung des Umgangs ausüben. Er hat jedoch kein Recht, die Herausgabe des Kindes vom betreuenden Elternteil mit Hilfe unmittelbaren Zwangs zu erzwingen. Hält das Gericht die Anwendung unmittelbaren Zwangs für erforderlich, muss es zusätzlich zur Anordnung der Umgangspflegschaft eine Entscheidung nach § 90 FamFG erlassen.[161] 90

Der Umgangspfleger soll demnach den Umgang ermöglichen, aber den Umgang selbst nicht begleiten, § 1684 Abs. 4 Satz 3 BGB.[162] Der Umgangspfleger ist nicht befugt, über den Umfang des Umgangs, 91

---

[157] BT-Drs. 16/6308, S. 345.
[158] Vgl. auch OLG Stuttgart v. 14.08.2014 - 11 UF 118/14 - juris Rn. 12, 13.
[159] BT-Drs. 16/6308, S. 346.
[160] So die Gesetzesbegründung BT-Drs. 16/6308, S. 345, 346; OLG München v. 22.12.2010 - 33 UF 1745/10 - FamRZ 2011, 823-824, 823.
[161] BT-Drs. 16/6308, S. 345.
[162] *Veit* in: Bamberger/Roth, § 1684 Rn. 37.

insbesondere Häufigkeit und Dauer der Umgangskontakte zu entscheiden.[163] Eine entsprechende Entscheidungsbefugnis kann dem Umgangspfleger auch nicht vom Gericht eingeräumt werden.[164] Vielmehr muss das Familiengericht bei Anordnungen begleiteten Umgangs das **Konkretheitsgebot** beachten, also konkrete Regelungen, die den Umgang nach Tagen, Uhrzeit und Ort, Häufigkeit, Abholung und gegebenenfalls weiteren Modalitäten präzise treffen, so dass diese auch vollstreckt werden können.[165]

d. Dauer der Umgangspflegschaft

92 Gemäß § 1684 Abs. 3 Satz 5 BGB ist die Anordnung der Umgangspflegschaft zu befristen. Die Dauer der Befristung hängt vom Einzelfall ab.

93 Die Anordnung einer Umgangspflegschaft ist in aller Regel nicht über einen längeren Zeitraum sinnvoll. Entweder gelingt es den Eltern nach einiger Zeit, die Durchführung des Umgangs selbst zu regeln, oder es erweist sich, dass die Umgangspflegschaft nicht das richtige Mittel zur Herbeiführung des Umgangs war. Ist der Zweck der Umgangspflegschaft innerhalb der Frist nicht erreicht worden, bestehen jedoch nach Ansicht des Gerichts noch Aussichten dafür, kann es die Umgangspflegschaft erneut anordnen.[166]

e. Kosten der Umgangspflegschaft

94 Nach § 1684 Abs. 3 Satz 6 BGB richten sich der Ersatz von Aufwendungen und die Vergütung des Umgangspflegers durch die Verweisung auf § 277 FamFG nach den Vorschriften für den Verfahrenspfleger. Durch die Verweisung auf § 277 FamFG werden der Aufwendungsersatz und die Vergütung des Umgangspflegers, sofern solche bestehen, zunächst aus der Staatskasse gezahlt (§ 277 Abs. 5 FamFG).[167] Durch die Regelungen des Gesetzes über die Kosten in Familiensachen – FamGKG – (vgl. Nummer 2014 des Kostenverzeichnisses zum FamGKG) ergibt sich, dass die an den Umgangspfleger gezahlten Beträge als Auslagen des Verfahrens, in dem die Umgangspflegschaft angeordnet wurde, von dem Kostenschuldner dieses Verfahrens eingezogen werden können. Über die Kosten des Verfahrens hat nach § 81 Abs. 1 Satz 3 FamFG stets das Gericht zu entscheiden. Es kann die Kosten den Beteiligten (§ 81 Abs. 1 Satz 1, Abs. 2 FamFG) und ggf. auch einem Dritten auferlegen (§ 81 Abs. 4 FamFG), nicht jedoch dem Kind (§ 81 Abs. 3 FamFG).[168]

V. Einschränkungen und Ausschluss des Umgangsrechts (Absatz 4)

95 Das Recht zum persönlichen Umgang mit dem Kind kann vom Familiengericht eingeschränkt[169] oder ausgeschlossen werden, wenn dies zum Wohle des Kindes erforderlich ist.[170] Dies gilt nach Satz 1 der Vorschrift auch für den Vollzug früherer Entscheidungen.

1. Kindeswohlprüfung

96 Entscheidungsmaßstab ist allein das **Kindeswohl** (§ 1697a BGB)[171] unter dem Gesichtspunkt, dass nach § 1626 Abs. 3 Satz 1 BGB der Umgang des Kindes mit beiden Elternteilen zum Kindeswohl gehört. Bei der Feststellung einer Gefährdung des Kindeswohls ist der gleiche Maßstab anzuwenden wie im Falle des § 1666 BGB.[172]

97 Dem Familiengericht steht bei der Frage nach dem Ausschluss des Umgangsrechts eines Elternteils nach § 1684 Abs. 4 BGB kein Ermessen zu.[173] Die Entscheidung über einen Ausschluss des Sorgerechts hat sich allein am Kindeswohl zu orientieren.

---

[163] OLG Hamm v. 13.05.2014 - 2 UF 51/14, II-2 UF 51/14 - juris Rn. 6.
[164] OLG München v. 22.12.2010 - 33 UF 1745/10 - juris Rn. 12; OLG Hamm v. 12.08.2013 - II-6 UF 100/13 - juris Rn. 15.
[165] OLG Hamm v. 13.05.2014 - 2 UF 51/14, II-2 UF 51/14 - juris Rn. 7; OLG Köln v. 17.01.2011 - 21 UF 190/10 - juris Rn. 14; OLG Saarbrücken v. 25.03.2010 - 6 UF 136/09 - juris Rn. 23; OLG Celle v. 28.03.2013 - 19 UF 61/13 - juris Rn. 7.
[166] BT-Drs. 16/6308, S. 346.
[167] OLG Nürnberg v. 29.10.2014 - 7 WF 1308/14 - juris Rn. 5.
[168] BT-Drs. 16/6308, S. 346.
[169] AG Bremen v. 20.02.2007 - 61 F 2747/02; *Harms*, jurisPR-FamR 3/2008, Anm. 6.
[170] BVerfG v. 31.05.1983 - 1 BvL 11/80 - NJW 1983, 2491-2492; BGH v. 12.07.1984 - IVb ZB 95/83 - FamRZ 1984, 1084-1086.
[171] KG Berlin v. 10.03.1999 - 3 UF 3500/98 - ZfJ 1999, 395-397.
[172] OLG Oldenburg v. 01.02.2005 - 11 UF 40/04 - juris Rn. 8 - FamRZ 2005, 925-927.
[173] BGH v. 11.05.2005 - XII ZB 120/04; OLG Hamm v. 25.03.2002 - 2 UF 168/01 - FamRZ 2002, 1583-1585.

Dem Familiengericht steht nach § 1684 Abs. 4 Satz 1 und Satz 2 BGB ein **differenzierter Maßnah-** 98
menkatalog[174] zur Umsetzung des Umgangsrechts bzw. des Vollzugs früherer Entscheidungen zur
Verfügung.

Gleich welche Maßnahme, es ist in jedem Fall der **Grundsatz der Verhältnismäßigkeit** zu prüfen. 99
Hier ist die Maßnahme zu wählen, die das Kind am wenigsten belastet und bei gleicher Belastung das
Umgangsrecht am wenigsten beschränkt.

Eine Einschränkung des nunmehr als Recht des Kindes konzipierten Umgangs des Kindes mit seinem 100
Elternteil ist nur dann zulässig, wenn durch die Besuchskontakte das Kindeswohl beeinträchtigt ist[175].
Insoweit bedarf es einer **konkreten, in der Gegenwart bestehenden Gefährdung des Kindeswohls**,
um das Umgangsrecht auszuschließen. Ein Ausschluss ist darüber hinaus nur gerechtfertigt, wenn der
konkreten Gefährdung des Kindeswohls nicht durch eine bloße Einschränkung des Umgangs oder dessen sachgerechte Ausgestaltung begegnet werden kann.[176]

Nach Ansicht des BGH[177] liegt es generell im Interesse des Kindes, die Beziehungen zu dem nicht sor- 101
geberechtigten Elternteil durch persönlichen Umgang zu pflegen.[178] Der völlige oder zeitweilige Ausschluss des Umgangs, der in das grundgesetzlich geschützte persönliche Verhältnis des Kindes zu dem
vom Ausschluss betroffenen Elternteil tief eingreift, darf daher nur angeordnet werden, wenn dies nach
den Umständen des Falles unumgänglich ist, um eine Gefährdung der körperlichen oder seelischen
Entwicklung des Kindes abzuwenden, und wenn diese Gefahr nicht auf andere Weise ausreichend sicher abgewehrt werden kann.[179]

2. Beispiele aus der Rechtsprechung

Grundsätzlich reicht ein Faktor allein nicht zur Begründung eines Ausschlusses[180] aus, beispielsweise 102
reicht es für den Ausschluss des Umgangsrechts nicht aus, wenn den Eltern eines Kindes die elterliche
Sorge entzogen und das Kind in einem Kinderheim untergebracht war, dass die Eltern bei früheren Besuchen – vor über drei Jahren – dem Kind ihre Zuwendung aufgezwungen und damit **Angstreaktionen**
ausgelöst haben.[181] Auch stellen eine (offen oder durch verdeckte Erziehungsmethoden) anerzogene
Angst oder grundlose Furcht des Kindes keinen Grund dar, das Umgangsrecht auszuschließen.[182]

Nach einer Entscheidung des OLG Köln ist das Wohl des Kindes auch dann gefährdet, wenn es gericht- 103
lich gezwungen würde, übergangslos längere Ferienaufenthalte mit dem faktisch unbekannten Vater zu
verbringen. In diesem Fall konnte der Vater, dem das Kind sich wegen längerer Zeit unterbrochener
Besuchskontakte stark entfremdet hat, kein Umgangsrecht für längere Ferienaufenthalte beanspruchen,
wenn der Kindeswille entgegensteht.[183]

Hat sich eine vom Gericht vermittelte Begegnung des nichtehelichen Kindes mit seiner Mutter negativ 104
ausgewirkt, ist daher zu befürchten, dass ein regelmäßiger Umgang zu einem schweren **Schock für das**
Kind führen würde, und sind andere Mittel zur Abwendung einer Gefährdung der körperlichen und
seelischen Entwicklung des Kindes nicht ersichtlich, so kann auch unter Berücksichtigung des Grundsatzes der Verhältnismäßigkeit ein völliger Ausschluss des Umgangsrechts als äußerstes Mittel erforderlich sein.[184]

Ein Ausschluss des Umganges kann auch dann geboten sein, wenn der Vater mit seinem Antrag nur 105
(noch) **eigensinnige Motive** verfolgt und ihm in Wahrheit gar nicht (mehr) an einer Aufrechterhaltung
oder Wiederherstellung der familiären Bande zu seinem Kinde gelegen ist.[185] Dies kann dann veran-

---

[174] *Veit* in: Bamberger/Roth, § 1684 Rn. 35.
[175] OLG Düsseldorf v. 15.01.2002 - 1 UF 245/01 - JAmt 2002, 266-267.
[176] OLG Köln v. 14.12.2004 - 4 UF 90/03 - FamRZ 2005, 1770; OLG Schleswig v. 10.06.1999 - 15 UF 209/98 -
 FamRZ 2000, 48-49; OLG Saarbrücken v. 04.09.2000 - 9 UF 88/00 - FamRZ 2001, 369; OLG Köln v. 28.11.1996
 - 16 Wx 209/96 - MDR 1997, 653-654; BVerfG v. 31.05.1983 - 1 BvL 11/80 - NJW 1983, 2491-2492; BGH v.
 12.07.1984 - IVb ZB 95/83 - FamRZ 1984, 1084-1086.
[177] BGH v. 23.03.1988 - IVb ZB 100/87 - LM Nr. 15 zu § 1593 BGB.
[178] BVerfG v. 14.07.2010 - 1 BvR 3189/09.
[179] BVerfG v. 25.10.1994 - 1 BvR 1197/93 - NJW 1995, 1342-1343.
[180] OLG Hamm v. 10.05.2010 - II-6 WF 184/09, 6 WF 184/09 - FamRZ 2010, 1574-1575.
[181] OLG Köln v. 28.11.1996 - 16 Wx 209/96 - MDR 1997, 653-654.
[182] OLG Celle v. 04.10.1995 - 19 UF 160/95 - DAVorm 1996, 278-279.
[183] OLG Köln v. 19.10.2004 - 4 UF 123/03.
[184] BayObLG München v. 08.07.1991 - BReg 1 Z 41/91 - DAVorm 1991, 942-943.
[185] OLG Hamm v. 20.12.1996 - 12 UF 176/96 - FamRZ 1997, 693-694.

§ 1684

lasst sein, wenn die dringende Gefahr besteht, der das Umgangsrecht begehrende Elternteil werde dieses Recht dazu missbrauchen, das Kind dem sorgeberechtigten Elternteil oder den Pflegeeltern zu entziehen.[186]

106 Ein über Jahre mit tiefen Hassgefühlen geführte Kampf des Vaters gegen die Mutter kann es trotz positiver gutachterlicher Empfehlung und trotz eines deutlich hervortretenden Wunsches des Kindes nach Kontakt gebieten, den Umgang des Vaters mit dem Kind auf ein Mindestmaß zu beschränken.[187]

107 Im Hinblick auf das Elternrecht ist allein die Zugehörigkeit des Elternteils, dem die Personensorge nicht zusteht, zur **Glaubensgemeinschaft** der Zeugen Jehovas für sich genommen kein Grund, ihm den persönlichen Umgang mit seinem Kind zu versagen. Dies gilt zumindest dann, wenn in der Vergangenheit keinerlei massive Beeinflussungen durch den Elternteil stattfanden und dies auch für die Zukunft zugesagt wurde und zudem feststeht, dass dieser Elternteil in der Lage ist, den Umgang mit seinem Kind spannungsfrei zu gestalten.[188]

108 Die Ausübung des Umgangsrechts durch den leiblichen Vater hat Vorrang vor einer von der Mutter beabsichtigten „störungsfreien" Eingliederung des Kindes in eine **neue Familiengemeinschaft**.[189] Eine Verunsicherung des Kindes durch den Aufbau einer Vater-Sohn-Beziehung zum neuen Lebensgefährten der Mutter ist kein Ausschließungsgrund.[190] Weiter kann der Ausschluss des Umgangsrechts nicht damit gerechtfertigt werden, dass das 5 Jahre alte Kind in die neue Lebenspartnerschaft der Mutter sehr gut integriert sei und durch den Kontakt mit dem leiblichen Vater stark belastet werde.[191] Bestehen dagegen zwischen den leiblichen Eltern und den Pflegeeltern eines Kindes starke Spannungen, kann es geboten sein, das Umgangsrecht der Eltern zeitlich befristet auszuschließen, um die Entwicklung einer Vertrauensbeziehung des Kindes zu seinen Pflegeeltern nicht zu gefährden.[192]

109 Es ist grundsätzlich unzulässig, das Umgangsrecht eines Elternteils im Hinblick auf mögliche ermittlungstaktische Erfordernisse (Nichtbeeinflussung der Kinder als Zeugen) auszuschließen, soweit dies nicht Gründe des Kindeswohles gebieten.[193]

110 Eine gerichtliche Bestrafung reicht für sich allein in aller Regel noch nicht für einen Ausschluss des Umgangsrechts aus. Vielmehr ist abzuwägen zwischen dem Schutz des Kindes vor psychischen Belastungen einerseits und dem Kindesinteresse an der Aufrechterhaltung der Beziehungen zum nicht sorgeberechtigten Elternteil andererseits.[194] Auch wenn der nicht sorgeberechtigte Elternteil eine längere **Freiheitsstrafe** verbüßt, ist für die Frage, ob ein Ausschluss des Umgangsrechts geboten ist, auf die Umstände des Einzelfalles abzustellen.[195]

111 Bei **zerstrittenen geschiedenen Eheleuten** ist es nicht untypisch[196], wenn es aus Anlass zufälliger Treffen zu heftigen Auseinandersetzungen kommt und das Kind dabei Auffälligkeiten zeigt. Dies allein rechtfertigt jedoch nicht den vollständigen Ausschluss des Umgangsrechts des nicht sorgeberechtigten Vaters. Der Ausschluss oder die Einschränkung des Umgangsrechts für längere Zeit darf vielmehr grundsätzlich nur dann angeordnet werden, wenn andernfalls das Kindeswohl gefährdet wäre.[197] Ebenso rechtfertigt allein der Umstand, dass der Vater die Mutter entführt hat, um das Umgangsrecht mit dem Kinde zu erzwingen, nicht in jedem Falle den Ausschluss des Umganges gemäß § 1684 BGB.[198] Allerdings kann das Umgangsrecht mit dem ehelichen Kind (bei Getrenntleben der Eltern) –

---

[186] OLG Köln v. 31.08.1999 - 25 UF 154/99 - OLGR Köln 2000, 109-110; OLG Bamberg v. 01.10.1992 - 2 UF 109/92 - NJW-RR 1993, 329-331.

[187] OLG Köln v. 21.10.209 - 4 UF 119/09; AG Magdeburg v. 08.02.2005 - 231 F 133/02 UG - FamRZ 2005, 1770-1771.

[188] OLG Nürnberg v. 12.06.1995 - 7 UF 1680/95, 7 WF 1620/95.

[189] OLG Stuttgart v. 26.07.2000 - 17 UF 99/00 - JAmt 2001, 45-46; OLG Brandenburg v. 23.06.1999 - 9 UF 122/99 - NJW-RR 2000, 882-883; OLG Brandenburg v. 23.06.1999 - 9 UF 122/99 - FamRZ 2000, 1106-1107.

[190] OLG Karlsruhe v. 23.09.1998 - 18 UF 192/98 - FF 1998, 124-125.

[191] OLG Köln v. 01.09.1998 - 4 UF 87/98 - OLGR Köln 1999, 178-179.

[192] OLG Hamm v. 03.08.1999 - 3 WF 259/99 - FamRZ 2000, 1108-1109.

[193] OLG Bamberg v. 08.01.1999 - 7 WF 203/98 - OLGR Bamberg 1999, 353.

[194] OLG Hamm v. 15.11.1979 - 3 UF 59/79 - FamRZ 1980, 481.

[195] OLG Hamm v. 05.01.2003 - 8 WF 288/02 - FamRZ 2003, 951-952; BGH v. 12.07.1984 - IVb ZB 95/83 - FamRZ 1984, 1084-1086; OLG Düsseldorf v. 08.04.1994 - 7 UF 87/93 - FamRZ 1994, 1276-1277.

[196] OLG Hamm v. 25.05.1993 - 7 UF 89/93 - NJW-RR 1993, 1290-1291.

[197] OLG Hamm v. 03.11.1998 - 7 UF 270/98 - MDR 1999, 426-427; OLG Hamm v. 31.05.1999 - 3 WF 259/99 - FamRZ 2000, 1108-1109.

[198] OLG Hamm v. 30.10.1996 - 12 WF 248/96 - FamRZ 1997, 1095-1096.

zeitlich befristet (hier: auf ein Jahr) – ausgeschlossen werden, wenn der Ausübung der Umgangsbefugnis erhebliche Gründe des Kindeswohls entgegenstehen. Das ist insbesondere der Fall, wenn zwischen den Eltern nach wie vor erhebliche aggressive Spannungen bestehen (die bereits in der Vergangenheit zu Handgreiflichkeiten geführt haben), der nichtsorgeberechtigte Vater Umgangskontakte zu massiven Verstößen gegen die Kindesmutter und deren Inhaberschaft der elterlichen Sorge missbraucht und das Kind Besuchskontakte mit dem Vater verweigert.[199] So auch, wenn bei dem Kind ein Trauma entsteht, weil es vor und nach den Besuchskontakten mit dem nichtsorgeberechtigten Elternteil ständig zu Konflikten zwischen den Eltern kommt, und es dieses Trauma nicht überwinden kann, ist es gerechtfertigt, das Umgangsrecht im Interesse des Kindeswohles einstweilen auszusetzen, auch wenn die Besuchskontakte selbst zufriedenstellend verlaufen.[200]

Das OLG Saarbrücken hat in zwei Entscheidungen[201] unter anderem festgestellt, dass fortdauernde Streitigkeiten und Verfeindungen der Kindeseltern nicht für einen Ausschluss des Umgangsrechts ausreichen. Vielmehr sind die Eltern wechselseitig zu loyalem Verhalten und dazu verpflichtet, ihre persönlichen Differenzen vom Kind fernzuhalten. Das kann selbst angesichts von Straftaten gelten, die ein Elternteil gegenüber dem anderen Elternteil begangen hat. **112**

Ein Umgangsausschluss kommt auch dann nicht in Frage, wenn der eventuellen Kindeswohlgefährdung durch die Anordnung des begleiteten Umgangs begegnet werden kann.[202] **113**

Dem nicht sorgeberechtigten Elternteil kann das Umgangsrecht auch nicht gänzlich mit der Begründung versagt werden, er habe sich längere Zeit nicht um sein Kind gekümmert.[203] Ein besonderer Fall ist der unbekannte Aufenthalt, hier kann das Umgangsrecht ausgeschlossen werden. Es kommt wegen der unbestimmten Dauer der mangelnden Erreichbarkeit nur ein zeitlich unbefristeter Ausschluss in Betracht mit der Folge, dass der Umgangsberechtigte nach dem Wiederauftauchen auf die Abänderungsmöglichkeit des § 1696 BGB in Verbindung mit § 1684 BGB beschränkt ist.[204] **114**

Ein Ausschluss des Umgangsrechts ist gemäß § 1684 Abs. 4 Satz 2 BGB nur zulässig, wenn dies für das körperliche oder seelische Wohl des Kindes erforderlich ist und der Gefährdung des Kindeswohls auch durch eine sachgerechte Regelung des Umgangs nicht vorgebeugt werden kann. Nach dem derzeitigen Stand der medizinischen Erkenntnisse ist eine Ansteckung mit **HIV** unter normalen sozialen Kontakten zwischen Vater und Kind nicht möglich; dies gilt erst recht, wenn das Umgangsrecht unter strengen Auflagen – insbesondere Umgang unter Aufsicht einer fachkundigen Ärztin – stattfindet.[205] Ebenso kommt bei einer HIV-Infizierung der Mutter eine Einschränkung des Personensorgerechts nicht in Betracht, umso weniger ein Ausschluss der Umgangsbefugnis. Nach dem derzeitigen Stand der medizinischen Erkenntnisse ist nämlich eine Ansteckung mit dem Aids-Virus bei normalen sozialen Kontakten zwischen Eltern und Kind nicht möglich.[206] **115**

Im Wege der vorläufigen Anordnung kann einem nichtehelichen Vater gestattet werden, mit seinem (noch nicht 3 Jahre alten Kind) unbegleiteten Umgang zu haben. Dies gilt auch dann, wenn die Kindesmutter insofern Bedenken wegen einer **Alkoholerkrankung** des Vaters hat, sofern (jedenfalls nach erfolgreicher Alkoholtherapie des Vaters) eine Gefährdung des Kindeswohls nicht zu besorgen steht.[207] Hier kommt ein Umgangskontakt unter der Auflage in Betracht, dass während des Umgangs kein Alkohol konsumiert wird.[208] Eine Anordnung einer Gesundheitsuntersuchung wegen möglicher Alkoholerkrankung lässt sich jedoch nicht durchsetzen.[209] **116**

---

[199] OLG Rostock v. 07.05.2009 - 10 UF 33/09 - FamRZ 2010, 997-998; OLG Bamberg v. 07.05.1997 - 7 UF 223/96 - EzFamR aktuell 1997, 265-266.
[200] OLG Hamm v. 31.10.1994 - 4 UF 317/94 - NJW-RR 1995, 201.
[201] OLG Saarbrücken v. 29.04.2005 - 9 UF 15/05; sowie OLG Saarbrücken v. 12.04.2005 - 9 UF 106/04.
[202] OLG Saarbrücken v. 12.01.2005 - 9 UF 124/04 - juris Rn. 17.
[203] OLG Hamm v. 05.12.1995 - 3 UF 358/95 - NJW-RR 1996, 770-771; KG Berlin v. 28.05.1999 - 17 WF 4218/99 - FamRZ 2000, 49-50; OLG Karlsruhe v. 23.09.1998 - 18 UF 192/98 - FF 1998, 124-125; OLG Düsseldorf v. 08.04.1994 - 7 UF 87/93 - FamRZ 1994, 1276-1277.
[204] OLG Karlsruhe v. 18.08.1997 - 2 UF 40/97 - OLGR Karlsruhe 1998, 143.
[205] OLG Hamm v. 08.03.1989 - 5 UF 41/89 - NJW 1989, 2336.
[206] OLG Frankfurt v. 10.12.1990 - 20 W 370/90 - NJW 1991, 1554.
[207] KG Berlin v. 30.03.2001 - 17 WF 45/01 - FamRZ 2002, 412-413.
[208] OLG Saarbrücken v. 17.09.2003 - 9 UF 91/03 - ZFE 2004, 26-27.
[209] OLG Oldenburg v. 26.03.2007 - 2 WF 55/07 - FamRZ 2007, 1574-1575; *Völker*, jurisPR-FamR 14/2007, Anm. 5.

§ 1684

117 Die Befugnis des Vaters zum persönlichen Umgang mit seinem ehelichen Kinde darf nicht schon deshalb ausgeschlossen werden, weil der Vater die Ehelichkeit des Kindes angefochten hat, denn der zeitweilige Ausschluss des persönlichen Umgangs mit dem Vater vor rechtskräftiger Feststellung der Nichtehelichkeit ist für das Kind weder wertneutral noch nur vorteilhaft. Führt die **Anfechtungsklage des Vaters** nicht zur Feststellung der Nichtehelichkeit des Kindes, könnte durch die zwischenzeitliche Unterbrechung des persönlichen Umgangs mit dem Vater eine nicht oder nur schwer überwindbare Entfremdung hervorgerufen werden. Bei der Ausgestaltung des Umgangsrechts darf deshalb ein Abstammungsstreit vor rechtskräftiger Entscheidung ebenso wenig berücksichtigt werden wie bei der Regelung des Sorgerechts.[210]

118 Ein langfristiger Abbruch des regelmäßigen Besuchskontakts zwischen dem geschiedenen, nicht sorgeberechtigten Vater und den ehelichen Kindern birgt die Gefahr des Verlustes bestehender guter emotionaler Bindungen. Angesichts dieser Situation gilt es, das Risiko einer (möglicherweise drohenden) **Kindesentführung** bzw. zu erwartender gewalttätiger Handlungen des zu chaotischen Spontanreaktionen neigenden Vaters gegen den Folgeschaden, den ein langfristiger Kontaktabbruch für die kindliche Entwicklung hätte, abzuwägen. Die Gefährdung erscheint jedenfalls beherrschbar, wenn der Umgangskontakt unter Kontrolle eines Dritten in einer Familienberatungsstelle stattfindet.[211] Missbraucht der nicht sorgeberechtigte Elternteil die Umgangsbefugnis, so kann dies zu ihrem zeitweiligen oder gänzlichen Ausschluss führen, und zwar insbesondere auch, wenn der Umgangsberechtigte die Befugnis ausnutzt, um das Kind zu entführen; aber auch schon die konkrete Gefahr eines derartigen Missbrauchs gebietet, die Befugnis in geeigneter Weise zu beschränken oder auszuschließen.[212] Weiterhin können begleitende Maßnahmen zur Ausübung des Umgangsrechts (Überwachung durch Detektiv, Kfz-Benutzungsverbot) bei Entführungsgefahr den völligen Ausschluss des Umgangsrechts vermeiden. Hatte der geschiedene Vater das Kind im Alter von 11 Monaten entführt und der sorgeberechtigten Mutter 15 Monate vorenthalten, so können, wenn das Umgangsrecht des nun 4-jährigen Kindes mit dem Vater dem Kindeswohl dient, begleitende Maßnahmen bei der Ausübung des Umgangsrechts angeordnet werden (hier: Herausgabe der Reisepässe von Kind und Vater).[213] Dagegen kann eine den Ausschluss des Umgangsrechts gemäß § 1684 Abs. 4 BGB rechtfertigende konkrete Entführungsgefahr nicht allein daraus hergeleitet werden, dass der in fester Anstellung in Deutschland eine Facharztausbildung betreibende Kindesvater die türkische Staatsangehörigkeit besitzt, noch Kontakte in die Türkei hat, hochverschuldet das Verbraucherinsolvenzverfahren eingeleitet hat und in der Vergangenheit bei Auftreten finanzieller Probleme für einige Zeit in die Türkei gereist war.[214]

119 Das Recht eines (geschiedenen) Vaters zum persönlichen Umgang mit seinem (sechsjährigen) Sohn ist auch dann nicht gänzlich auszuschließen, wenn gegen den Vater der Verdacht auf **pädophile Neigungen** bestand bzw. noch besteht, wenn durch die inhaltlichen Beschränkungen des Umgangsrechts gewährleistet ist, dass eine denkbare Gefährdung des Kindes nach menschlichem Ermessen ausgeschlossen ist (Recht des Vaters, das Kind zwei Mal monatlich für höchstens zwei Stunden in einem reglementierten Umfeld, das mit fachkundigem Personal ausgestattet ist, zu sehen), und wenn es das Kindeswohl erfordert, die wenn auch nach Art und Umfang stark eingeschränkten Kontakte mit seinem Vater störungsfrei zu gewährleisten, um eine restlose und irreversible Entfremdung zwischen Vater und Sohn möglichst zu vermeiden. In einem solchen Fall ist die Mutter des Kindes, die den Ausschluss des Umgangsrechts anstrebt, dazu anzuhalten, an der Verwirklichung des Besuchsrechts konstruktiv mitzuwirken und etwaige Widerstände des Kindes durch geeignete erzieherische Maßnahmen positiv zu beeinflussen.[215]

120 Im Einzelfall kann bei unbewiesenem, aber nicht völlig fernliegendem Verdacht des sexuellen Missbrauchs des Kindes durch den Umgangsberechtigten das Umgangsrecht dahin gehend eingeschränkt werden, dass es nur in Anwesenheit eines mitwirkungsbereiten Dritten stattfinden darf. Dabei sind aber unabhängig von einem etwaigen Ermittlungsverfahren das Gewicht des Verdachts des sexuellen Missbrauchs des Kindes durch den Umgangsberechtigten und die möglichen Gefahren für das Kindeswohl

---

[210] BGH v. 23.03.1988 - IVb ZB 100/87 - LM Nr. 15 zu § 1593 BGB, OLG Düsseldorf v. 15.04.1987 - 10 UF 66/87 - NJW 1988, 831.
[211] OLG Nürnberg v. 31.01.1996 - 10 UF 3364/95 - EzFamR aktuell 1996, 112-113.
[212] OLG Celle v. 04.10.1995 - 19 UF 85/95 - FamRZ 1996, 364-365; OLG München v. 16.06.1992 - 16 UF 926/92 - FamRZ 1993, 94-95.
[213] OLG München v. 28.08.1997 - 26 UF 971/97 - OLGR München 1998, 32-33.
[214] OLG Hamm v. 04.12.2001 - 8 WF 241/01 - FamRZ 2002, 1585.
[215] OLG Hamm v. 30.06.1993 - 12 UF 448/92 - NJW-RR 1993, 1346.

durch die Gewährung oder durch den Ausschluss bzw. die Einschränkung des Umgangs selbständig zu prüfen und abzuwägen.[216] Der **bloße Verdacht** eines sexuellen Missbrauchs durch den nicht personensorgeberechtigten Elternteil rechtfertigt selbst dann keinen vollständigen Ausschluss des Umgangsrechts, wenn erstinstanzlich bereits ein Strafurteil gegen den Elternteil ergangen ist, das jedoch noch nicht rechtskräftig ist. Nimmt das Kind aber eine stark ablehnende Haltung ein, obwohl der Missbrauchsverdacht weitgehend ausgeräumt wurde, ist jedoch eine zeitweilige Aussetzung des Umgangsrechts zur Entspannung der Konfliktsituation geboten. Haben das Verfahren zur Regelung des Umgangsrechts und die Konfliktsituation wegen des Missbrauchsverdachtes zu erheblichen Belastungen für das im Zeitpunkt der Entscheidung 6 Jahre alte Kind geführt, bei deren Aufarbeitung beide Elternteile aufgrund ihrer Persönlichkeit und ihres Verhaltens nicht helfen können, erscheint eine Befristung des Ausschlusses auf ca. 2 Jahre angemessen.[217]

Der persönliche Umgang des geschiedenen Vaters mit seinem Kind, das nach dem Tod der Mutter in einer Pflegefamilie untergebracht worden ist, kann bereits dann untersagt werden, wenn die Gefahr eines sexuellen Missbrauchs des Kindes durch den Vater besteht. Deshalb kommt dem Umstand, dass ein diesbezüglich gegen den Vater eingeleitetes Ermittlungsverfahren mangels hinreichenden Tatverdachts eingestellt worden ist, bei der Entscheidung über das Umgangsrecht keine (große) Bedeutung zu.[218] Eine weniger einschneidende Maßnahme wie etwa das Zusammensein mit dem Kind in Anwesenheit Dritter reicht nicht aus, um eine mögliche Gefährdung auszuschließen. **121**

Bei Verdacht des sexuellen Missbrauchs durch einen Dritten, z.B. dem neuen Ehemann der Mutter, kann dieser vom Umgang ausgeschlossen werden.[219] **122**

Anderseits ließ sich nach einem Gutachten sowie persönlicher Anhörung durch das Familiengericht den Verdacht auf sexuellen Missbrauchs des Kindesvaters an dem gemeinsamen Kind nicht bestätigen, ist dem Vater ein regelmäßiges Umgangsrecht einzuräumen und diese Regelung zur Verhinderung weiterer Umgangsvereitelungen durch die Kindesmutter mit Androhung von Zwangsmaßnahmen zu sanktionieren.[220] **123**

Auch bei vorhergehenden Misshandlungen des Kindes, die sogar zur Pflegebedürftigkeit des Kindes geführt haben, ist ein zeitlich eingeschränkter und begleiteter Umgang zulässig.[221] **124**

3. Kindeswille

Das Persönlichkeitsrecht des Kindes erfordert, bei der gerichtlichen Regelung des Umgangsrechts den **Willen des Kindes** im Rahmen seines wohlverstandenen Interesses und das Interesse des um die Regelung nachsuchenden Elternteils gegeneinander abzuwägen.[222] Soweit das Kind den Umgang mit dem nicht sorgeberechtigten Elternteil ablehnt, ist für den Ausschluss des Umgangsrechts nach § 1684 Abs. 4 Satz 1 BGB stets bedeutsam, ob die Einstellung des Kindes auf subjektiv beachtlichen oder verständlichen Beweggründen beruht.[223] **125**

Bei einer Umgangsregelung ist ein entgegenstehender Wille des Kindes unabhängig von dessen Alter zu beachten.[224] Zwar gibt es Rechtsprechung zum entwickelten Willen jüngerer Kinder[225], dennoch hat vor allem der Wille von älteren Kindern Gewicht.[226] Soll ein der Ausübung des Umgangsrechts entgegenstehender Wille des Kindes Beachtung finden, muss daher in jedem Einzelfall zunächst geprüft werden, ob die **Entwicklung seiner Persönlichkeit** bereits so weit fortgeschritten ist, dass eine dem **126**

---

[216] OLG Brandenburg v. 21.12.1998 - 10 UF 162/98 - FPR 1999, 245-247; OLG Frankfurt v. 30.06.1995 - 6 UF 60/95 - NJW-RR 1996, 649-650; OLG Bamberg v. 11.04.1994 - 2 WF 45/94, 2 WF 50/94 - NJW-RR 1995, 7-8.
[217] OLG Celle v. 15.07.1997 - 18 UF 70/97 - FamRZ 1998, 973-974.
[218] OLG Bamberg v. 01.12.1993 - 2 UF 154/93 - NJW 1994, 1163.
[219] OLG Düsseldorf v. 19.09.1991 - 3 WF 149/91 - DAVorm 1991, 954-957.
[220] AG Mainz v. 10.05.1996 - 30 F 535/95 - juris Rn. 18.
[221] OLG Oldenburg v. 01.02.2005 - 11 UF 40/04 - juris Rn. 9 - FamRZ 2005, 925-927.
[222] OLG Köln v. 25.01.2010 - 4 UF 188/09, II-4 UF 188/09 - FamRZ 2010, 998; BGH v. 24.10.1979 - IV ZB 168/78 - LM Nr. 5 zu § 1634 BGB; OLG Düsseldorf v. 26.06.1998 - 5 UF 48/96 - FamRZ 1998, 1460-1461.
[223] OLG Brandenburg v. 23.06.1999 - 9 UF 122/99 - NJW-RR 2000, 882-883.
[224] OLG Bamberg v. 21.02.1989 - 7 UF 87/88 - NJW-RR 1989, 1488-1490.
[225] OLG Karlsruhe v. 05.02.2001 - 2 WF 129/00 - OLGR Karlsruhe 2001, 420; OLG Schleswig v. 10.06.1999 - 15 UF 209/98 - FamRZ 2000, 48-49.
[226] OLG Rostock v. 16.03.1999 - 8 UF 363/98 - ZfJ 1999, 399-400; OLG Brandenburg v. 23.06.1999 - 9 UF 122/99 - NJW-RR 2000, 882-883; OLG Düsseldorf v. 31.05.1994 - 8 UF 40/94 - FamRZ 1994, 1277-1278; OLG Bamberg v. 12.05.1997 - 7 UF 215/96 - FamRZ 1998, 970-971.

§ 1684

Willen des Kindes zuwiderlaufende Ausübung des Umgangsrechts eine Gefährdung seiner Entwicklung bedeuten könnte. Danach sind die Gründe zu prüfen, die das Kind zu seiner Haltung veranlassen. Diese Gründe müssen aus der Sicht des Kindes berechtigt erscheinen. Sind diese Kriterien erfüllt, ist es grundsätzlich Aufgabe des Gerichts, dem Kind die Bedeutung des Umgangsrechts für den durch den Ausschluss betroffenen Elternteil und für das Kind selbst vor Augen zu führen und das Kind zu einer eigenständigen Prüfung seiner ablehnenden Haltung zu veranlassen.[227] Die Ablehnung von Kontakten muss dabei auf einer inneren Ablehnung oder Abneigung beruhen, der tatsächliche oder auch eingebildete, nicht sachgerecht verarbeitete Ereignisse zugrunde liegen.[228]

127 Auch nach Ansicht des AG Frankfurt kann das Umgangsrecht eines Elternteils zwar gerichtlich ausgesprochen werden, allerdings nicht gerichtlich erzwungen werden, wenn das Kind sich aus selbstbestimmten Motiven heraus weigert mit dem umgangsberechtigten Elternteil Umgang zu haben.[229]

128 Ein Ausschluss des Umgangsrechts kommt trotz des hartnäckigen **Widerstandes** eines Kindes dann nicht in Betracht, wenn dieser Widerstand lediglich auf Übergangsschwierigkeiten infolge eines längeren Zeitraumes fehlender Kontakte beruht; denn in diesem Fall steht die Haltung des Kindes mit dem richtig verstandenen Kindeswohl in Widerspruch.[230]

129 Nach einer Entscheidung des OLG Köln kann allerdings ein Vater, dem das Kind sich wegen längerer Zeit unterbrochener Besuchskontakte stark entfremdet hat, kein Umgangsrecht für längere Ferienaufenthalte beanspruchen, wenn der Kindeswille entgegensteht.[231]

130 Der erklärte Wille des Kindes darf nach Ansicht des BVerfG[232] dann ohne Verstoß gegen die Grundrechte des Kindes aus Art. 6 Abs. 2 GG unbeachtet bleiben, wenn der Kindeswille offensichtlich beeinflusst wurde und die **manipulierten** Äußerungen des Kindes die tatsächlichen Bindungsverhältnisse nicht zutreffend wiedergeben. Falls das Kind aber aufgrund der Beeinflussung durch den anderen Elternteil eine stark ablehnende Haltung einnimmt, kann eine zeitweilige Aussetzung des Umgangsrechts zur Entspannung der Konfliktsituation und zum Abbau der Beeinflussung geboten sein.[233]

131 Deshalb sind bei der Abwägung zwischen dem Personenrecht des sich gegen einen Umgangskontakt sträubenden Kindes und dem Interesse des um die Regelung nachsuchenden Elternteils die Ursachen des entsprechenden Kindeswillens und die Folgen einer entsprechenden Missachtung dieses Willens durch die Anordnung eines Umgangskontaktes im Einzelnen zu prüfen, um festzustellen, ob die Anordnung oder Durchführung des Umgangskontaktes für die künftige gedeihliche Entwicklung des Kindes trotz seiner weiter bestehenden Abwehr erforderlich ist, zumindest aber dem Kindeswohl nicht widerspricht (hier: Gewährung eines beschränkten Besuchsrechts für den geschiedenen Vater – der sein Kind sieben Jahre nicht hat besuchen dürfen – trotz Ablehnung des Vaters durch das Kind, weil diese Ablehnung keine ursprüngliche des Kindes ist, sondern auf der einseitigen und zwanghaft-irrationalen Haltung der Mutter nach der Scheidung beruht).[234]

132 Auch wenn ein 13-jähriges Kind den persönlichen Umgang mit seinem Vater nachhaltig ablehnt, ist im Hinblick darauf, dass das Kind altersbedingt die Bedeutung des Umgangs mit seinem Vater und die Folgen seiner hartnäckigen Ablehnung noch nicht zu erkennen vermag, zumindest in einer **Probezeit** von einem halben Jahr Vater und Kind durch eine entsprechende Umgangsregelung die Möglichkeit zu eröffnen, sich durch einen regelmäßigen, einmal im Monat in Begleitung einer neutralen Person stattfindenden Kontakt einander wieder anzunähern, um möglichst eine für das Kind förderliche Vater-Kind-Beziehung wiederaufzubauen.[235]

---

[227] BGH v. 24.10.1979 - IV ZB 168/78 - LM Nr. 5 zu § 1634 BGB; OLG Jena v. 21.03.1995 - 7 UF 73/91 - FamRZ 1996, 359-361.

[228] OLG Hamm v. 20.11.1998 - 11 UF 12/98 - FamRZ 2000, 45-46; OLG Celle v. 14.04.1998 - 19 UF 316/97 - FamRZ 1998, 1458-1460; OLG Jena v. 21.03.1995 - 7 UF 73/91 - FamRZ 1996, 359-361.

[229] AG Frankfurt v. 06.08.2004 - 35 F 11260/03 - 65, 35 F 11260/03.

[230] OLG Jena v. 17.06.1999 - 1 UF 128/99 - EzFamR aktuell 1999, 310-311; OLG Bamberg v. 24.03.1999 - 7 UF 25/99 - FamRZ 2000, 46-47; OLG Hamm v. 17.12.1992 - 2 UF 271/92 - NJW-RR 1993, 1095-1096.

[231] OLG Köln v. 19.10.2004 - 4 UF 123/03.

[232] BVerfG v. 02.04.2001 - 1 BvR 212/98 - FamRZ 2001, 1057; OLG Frankfurt v. 29.01.1993 - 6 UF 125/92 - FamRZ 1993, 729-730.

[233] OLG Celle v. 15.07.1997 - 18 UF 191/95 - FamRZ 1998, 971-973; OLG Köln v. 15.10.2004 - 27 UF 174/04 - JAmt 2005, 93-94.

[234] Brandenburgisches OLG v. 12.10.2009 - 10 UF 118/07 - FamRZ 2010, 740; OLG Karlsruhe v. 20.12.1989 - 5 UF 199/89 - FamRZ 1990, 901-903.

[235] KG Berlin v. 21.07.2000 - 13 UF 9842/99 - FamRZ 2001, 368-369.

Der Sorgeberechtigte kann sich nicht ohne weiteres darauf berufen, dass das Kind sich beharrlich weigere, zum Umgangsberechtigten zu gehen. Vielmehr hat der Sorgeberechtigte aufgrund seiner elterlichen Autorität durch geeignete erzieherische Maßnahmen auf das Kind einzuwirken und seinen entgegenstehenden Widerstand zu überwinden.[236]

4. Begleiteter Umgang (Absatz 4 Sätze 3 und 4)

Die Anordnung des Umgangs in Anwesenheit eines mitwirkungsbereiten Dritten (begleiteter/behüteter/beschützter Umgang) ist das mildere Mittel i.S.d. Verhältnismäßigkeitsgrundsatzes zum völligen Ausschluss des Umgangsrechts, wenn er ausreicht, um die Gefährdung des Kindeswohls zu beseitigen.[237]

Die **vorwiegenden Anwendungsfälle** sind der Verdacht des sexuellen Missbrauchs (vgl. Rn. 121), pädophile Neigungen (vgl. Rn. 120) oder die Alkoholerkrankung (vgl. Rn. 117) des Umgangsberechtigten, die Besorgnis der Kindesentführung oder -entziehung (vgl. Rn. 121) sowie die Fälle der Entfremdung und lange Nichtausübung des Umgangsrechts (vgl. Rn. 117), und schließlich bei Verweigerung des Umganges durch das Kind, insbesondere nach Manipulation des Sorgeberechtigten (vgl. Rn. 130).

Verstößt der Umgangsberechtigte gegen die Loyalitätsverpflichtung, indem er alles tut, um das Kind dem Sorgeberechtigten zu entfremden, muss das Familiengericht nach § 1684 Abs. 4 Satz 3 BGB einschreiten.[238]

Im Falle der Anordnung eines beschützten Umgangs muss das Gericht sich vor seiner Entscheidung davon überzeugen, dass ein **zur Mitwirkung bereiter Dritter vorhanden** ist.[239] Das können sein: Privatpersonen[240] wie Verwandte, Freunde, Nachbarn, Lehrer, Therapeuten, oder Vereine wie der Kinderschutzbund, ansonsten besteht ein verwaltungsgerichtlich durchsetzbarer Anspruch auf die Mitwirkung des Jugendamtes im Rahmen der Jugendhilfe (§ 18 Abs. 3 Sätze 1 und 3 SGB VIII). Danach haben Kinder und Jugendliche Anspruch auf Beratung und Unterstützung bei der Ausübung des Umgangsrechts nach § 1684 Abs. 1 BGB. Sie sollen darin unterstützt werden, dass die Personen, die nach Maßgabe des § 1684 BGB und § 1685 BGB zum Umgang mit ihnen berechtigt sind, von diesem Recht zu ihrem Wohl Gebrauch machen. Eltern, andere Umgangsberechtigte sowie Personen, in deren Obhut sich das Kind befindet, haben Anspruch auf Beratung und Unterstützung bei der Ausübung des Umgangsrechts.

Der begleitete Umgang nach § 1684 Abs. 4 Satz 3 BGB kann auch durch eine vorläufige Anordnung geregelt werden für den Zeitraum zwischen Einholung eines Sachverständigengutachtens und der Entscheidung in der Hauptsache, wenn der Elternteil und das Kind sich zunächst noch kennen lernen und ein Vertrauensverhältnis aufbauen müssen.[241]

Wenn die sorgeberechtigte Mutter ihrer Verpflichtung nicht gerecht wird, die Kontakte des Kindes zu dem anderen Elternteil zuzulassen und zu fördern, und den Willen des Kindes dahin manipuliert, dass es den Vater nicht sehen will, kann zur **Durchsetzung des Umgangsrechts** des Vaters ein teilweiser Entzug des Aufenthaltsbestimmungsrechts und die Einrichtung einer Umgangspflegschaft anzuordnen sein.[242]

Ein Vergütungsanspruch des mitwirkungsbereiten Dritten gegen die Staatskasse besteht nicht. Der Umgangsberechtigte trägt, sofern die Eltern eine Kostenregelung nicht getroffen haben, die Kosten des (begleiteten) Umgangs. Übernimmt das Jugendamt die Umgangsbegleitung, trägt es auch die Kosten.[243]

---

[236] OLG Hamm v. 21.08.1995 - 3 WF 223/95 - NJW-RR 1996, 324-325; OLG Jena v. 17.06.1999 - 1 UF 128/99 - EzFamR aktuell 1999, 310-311; OLG Bamberg v. 24.03.1999 - 7 UF 25/99 - FamRZ 2000, 46-47; OLG Frankfurt v. 29.01.1993 - 6 UF 125/92 - FamRZ 1993, 729-730.

[237] OLG Oldenburg v. 11.02.2010 - 11 UF 170/09 - FamRZ 2010, 1356-1357; OLG Stuttgart v. 10.01.2007 - 17 UF 190/06 - FamRZ 2007, 1682-1683; *Leis*, jurisPR-FamR 12/2007, Anm. 4; OLG Saarbrücken v. 12.01.2005 - 9 UF 124/04 - juris Rn. 17.

[238] OLG Saarbrücken v. 14.10.2014 - 6 UF 110/14 - juris Rn. 25 ff.; *Diederichsen* in: Palandt, § 1684 Rn. 9.

[239] OLG Frankfurt v. 14.01.1999 - 3 UF 309/98 - FamRZ 1999, 617-618.

[240] *Diederichsen* in: Palandt, § 1684 Rn. 29.

[241] OLG Bamberg v. 02.12.2009 - 7 UF 281/09 - FamRZ 2010, 741; AG Güstrow v. 30.09.2003 - 76 F 241/00 - JAmt 2004, 52.

[242] OLG München v. 28.07.2003 - 26 UF 868/02 - FamRZ 2003, 1957-1958.

[243] Vgl. *Veit* in: Bamberger/Roth, § 1684 Rn. 47.1.

C. Umgangskosten

141 Die Umgangskosten eines barunterhaltspflichtigen Elternteils mit seinem Kind können dann zu einer maßvollen Erhöhung des Selbstbehalts oder einer entsprechenden Minderung des unterhaltsrelevanten Einkommens führen, wenn dem Unterhaltspflichtigen das anteilige Kindergeld gem. § 1612b Abs. 5 BGB ganz oder teilweise nicht zugutekommt und er die Kosten nicht aus den Mitteln bestreiten kann, die ihm über den notwendigen Selbstbehalt hinaus verbleiben.[244]

142 Der BFH[245] hatte bisher mehrfach entschieden und zwischenzeitlich auch das FG Düsseldorf,[246] dass die Umgangs- und Unterhaltskosten mit den eigenen Kindern, die beim anderen Elternteil leben, keine außergewöhnlichen Belastungen darstellen.

143 In Abkehr von der bisherigen Praxis der Finanzämter und seiner bisherigen Rechtsprechung hat der BFH jetzt die Prüfung der Erfolgsaussichten eines PKH-Antrags zur gerichtlichen Klärung dieser Frage positiv entschieden.[247] Der Kläger wandte sich hier unter anderem gegen die Ablehnung von Fahrtkosten für den Umgang mit seinen Kindern sowie von Kosten für eine Mediation hinsichtlich des Umgangsrechts als steuermindernde außergewöhnliche Belastung nach § 33 EStG. In der Folge ist zur Frage der Anerkennung von Umgangsrechtskosten als außergewöhnliche Belastung nach § 33 EStG ein Musterverfahren vor dem BFH[248] anhängig.

D. Verfahrenshinweise

144 Das Familiengericht ist zur Entscheidung über das Umgangsrecht gemäß § 23b Abs. 1 GVG, § 111 FamFG zuständig. Auf Antrag eines Elternteils im Sinne einer Anregung regelt das Familiengericht den Umfang des Umgangsrechts. Von Amts wegen wird das Gericht nur zuständig, wenn eine gerichtliche Umgangsregelung zum Wohl des Kindes angezeigt ist. Das Familiengericht ist an die gestellten Anträge nicht gebunden, die zur Entscheidung zu Grunde liegenden Tatsachen werden von Amts wegen ermittelt, § 26 FamFG.[249]

145 Die Eltern sind nach § 160 FamFG, das Kind nach § 159 FamFG, die Pflegeperson nach § 161 FamFG und das Jugendamt nach § 162 Abs. 1 Satz 1 FamFG anzuhören.

146 Nach § 155 FamFG gilt das Vorrang- und Beschleunigungsgebot. Ein Verfahrensbeistand ist gemäß § 158 Abs. 1, Abs. 2 Nr. 5 FamFG zu bestellen, soweit es zur Wahrnehmung der Interessen des Kindes erforderlich ist.

147 Das Familiengericht darf sich nach ganz herrschender Meinung in der Rechtsprechung bei Entscheidungen über das Umgangsrecht nach § 1684 BGB nicht darauf beschränken, den Umgangsantrag des betroffenen Elternteils zurückzuweisen, denn die bloße Zurückweisung des Antrages kommt in der Auswirkung einem **Ausschluss des Umgangsrechts** gleich.[250] Bei einer Zurückweisung des Antrages kann der betroffene Elternteil nicht erkennen, wann eine erneute Prüfung des Umgangsrechts möglich ist.[251]

148 Gleiches gilt für den **Ferienumgang.** Nach OLG Saarbrücken ist eine Ferienregelung im Rahmen des Umgangsrechts grundsätzlich angezeigt. Werde hiervon angesehen, stelle dies zumindest für ein 8-jähriges Kind eine Umgangseinschränkung dar.[252]

149 Das Kind hat einen **klagbaren und vollstreckbaren Anspruch auf Umgang.**[253] In diesem Verfahren muss entgegen der Ansicht des OLG Frankfurt[254] das Kind durch den alleinsorgeberechtigten Elternteil oder einen Verfahrenspfleger vertreten werden.[255] § 1684 BGB erlaubt nach seinem Wortlaut an sich,

---

[244] BGH v. 23.02.2005 - XII ZR 56/02 - juris Rn. 11 - NJW 2005, 1493-1495; *Harms,* jurisPR-FamR 12/2005, Anm. 2; OLG Koblenz v. 27.07.2005 - 9 UF 51/05 - NJW-Spezial 2005, 441-442.

[245] BFH v. 28.03.1996 - III R 208/94 - BB 1997, 187-189; BFH v. 30.03.2004 - III S 16/03 (PKH) - BFHReport 2004, 738-739.

[246] FG Düsseldorf v. 31.07.2003 - 16 K 6207/01 E - StE 2004, 641.

[247] BFH v. 30.03.2004 - III S 16/03 (PKH) - BFHReport 2004, 738-739; *Heimann,* jurisPR-FamR 15/2004, Anm. 3.

[248] BFH v. 24.06.2004 - III R 141/95 - BFH/NV 2004, 1635-1637.

[249] *Veit* in: Bamberger/Roth, § 1684 Rn. 48.

[250] OLG Frankfurt v. 11.07.2013 - 5 UF 167/13 - juris Rn. 10.

[251] OLG Frankfurt v. 11.07.2013 - 5 UF 167/13 - juris Rn. 10.

[252] OLG Saarbrücken v. 11.10.2013 - 6 UF 128/13 - juris Rn. 15.

[253] OLG Köln v. 15.01.2001 - 27 WF 1/01 - MDR 2001, 995-996; OLG Celle v. 21.11.2000 - 19 UF 253/00 - MDR 2001, 395-396.

[254] OLG Frankfurt v. 09.07.2013 - 6 UF 140/13 - juris Rn. 3, 4.

[255] BGH v. 14.05.2008 - XII ZB 225/06 - juris Rn. 10; OLG Karlsruhe v. 28.02.2014 - 16 WF 53/14 - juris Rn. 13.

einen Umgang auch gegen den Willen des nunmehr nicht nur berechtigten, sondern zusätzlich verpflichteten Elternteils anzuordnen und den Umgang notfalls mit Zwangsmitteln durchzusetzen.[256] Die Durchsetzung mit Zwangsmitteln ist allerdings in der Praxis weder gesetzlich noch nach allgemeiner Rechtsprechung möglich.[257] Gleichwohl jeder Elternteil das Recht und die Pflicht hat, für minderjährige Kinder zu sorgen (§ 1626 BGB), war jedenfalls bisher durchweg anerkannt, dass einem Elternteil, der nicht bereit ist, die elterliche Sorge zu übernehmen oder sie auszuüben, das Sorgerecht im Interesse des Kindes entweder nicht zu übertragen oder zu entziehen ist, weil er zur Wahrnehmung der elterlichen Sorge nicht geeignet ist (§ 1671 BGB und § 1666 BGB). Die Zulässigkeit einer Regelung, ihm die elterliche Sorge dennoch zuzusprechen oder zu belassen und ihn dann bei Zuwiderhandlungen gegen seine elterlichen Sorgeverpflichtungen mit Zwangsmitteln zu ihrer Befolgung anzuhalten, ist wegen Abwegigkeit niemals vertreten worden.[258]

Nach § 165 FamFG kann der umgangsberechtigte Elternteil ein gerichtliches Vermittlungsverfahren anstrengen, sofern der andere Elternteil die Durchführung einer gerichtlichen Entscheidung oder eines gerichtlichen gebilligten Vergleiches über den Umgang mit dem gemeinschaftlichen Kind vereitelt oder erschwert. **150**

Die Umgangsregelung ist gem. § 89 FamFG zu vollstrecken[259] und kann auch gegen das Jugendamt als Amtsvormund festgesetzt werden.[260] Ein **Ordnungsgeld zum Vollzug einer Umgangsregelung** (hier: ein etwa 10-jähriges Kind) wird zu Recht angedroht, wenn der Sorgeberechtigte nicht gehörig dazu beiträgt, der Regelung zum Erfolg zu verhelfen.[261] Nach § 89 Abs. 2 FamFG muss ein Ordnungsgeld, bevor es festgesetzt wird, angedroht werden.[262] Ob das Gericht eine solche Androhung ausspricht, steht in seinem pflichtgemäßen Ermessen. Hat das Gericht zunächst eine Umgangsregelung ohne eine derartige Androhung erlassen und spricht es längere Zeit danach eine solche Androhung aus, so muss der betroffene Elternteil jedenfalls dann hinnehmen, wenn für das Gericht zu diesem Vorgehen eine hinreichende Veranlassung bestand. Eine hinreichende Veranlassung ist nicht nur dann gegeben, wenn feststeht, dass der sorgeberechtigte Elternteil gegen die gerichtliche Entscheidung schuldhaft verstoßen hat, sondern schon dann, wenn die gerichtliche Regelung aufgrund von Umständen, die im Bereich des sorgeberechtigten Elternteils liegen, nicht eingehalten wurde oder wenn Umstände vorliegen, die befürchten lassen, der sorgeberechtigte Elternteil werde die Umgangsregelung nicht respektieren.[263] **151**

Das Ordnungsgeld stellt keine Strafe des Umgangsverpflichteten dar, sondern ist ein Beugemittel für die Durchsetzung der bestehenden Umgangsregelung für die Zukunft.[264] **152**

Es besteht hingegen keine Wohlverhaltenspflicht des Umgangsberechtigten, denn der Ordnungsgeldfestsetzung steht nicht entgegen, dass sich unter Umständen **auch der Umgangsberechtigte selbst** nicht an alle Anordnungen der gerichtlichen Entscheidung gehalten hat.[265] **153**

---

[256] OLG Brandenburg v. 21.01.2004 - 15 UF 233/00 - NJW 2004, 3786-3788; OLG Nürnberg v. 11.06.2001 - 7 UF 201/01 - MDR 2001, 1356.
[257] OLG Nürnberg v. 11.06.2001 - 7 UF 201/01 - MDR 2001, 1356.
[258] OLG Nürnberg v. 11.06.2001 - 7 UF 201/01 - MDR 2001, 1356.
[259] BVerfG v. 01.04.2008 - 1 BvR 1620/04 - NJW 2008, 1287-1292; *Clausius*, jurisPR-FamR 14/2008, Anm. 1; BGH v. 14.05.2008 - XII ZB 225/06 - NJW 2008, 2586-2587; OLG Nürnberg v. 16.11.2006 - 10 UF 638/06 - FamRZ 2007, 925; BGH v. 19.02.2014 - XII ZB 165/13 - juris Rn. 9 ff.
[260] BGH v. 19.02.2014 - XII ZB 165/13 - juris Rn. 9.
[261] OLG Frankfurt v. 05.10.2009 - 1 WF 188/09 - FamRZ 2010, 740; OLG Brandenburg v. 18.01.1996 - 10 WF 138/95 - FamRZ 1996, 1092-1093.
[262] OLG Frankfurt v. 11.03.2003 - 3 WF 210/02 - OLGR Frankfurt 2003, 379.
[263] OLG Karlsruhe v. 11.08.1988 - 16 WF 115/88 - FamRZ 1988, 1196-1198; OLG Karlsruhe v. 19.07.1999 - 2 WF 63/99, 2 WF 64/99, 2 WF 65/99 - NJW-RR 2001, 78.
[264] OLG Karlsruhe v. 12.09.2005 - 16 WF 105/05 - juris Rn. 13 - *Friederici*, jurisPR-FamR 12/2006, Anm. 4.
[265] OLG Frankfurt v. 11.03.2003 - 3 WF 210/02 - OLGR Frankfurt 2003, 379.

Kostenrechtliche Hinweise zu § 1684 BGB Umgang des Kindes mit den Eltern

(Fassung vom 17.12.2008, gültig ab 01.09.2009)

(1) Das Kind hat das Recht auf Umgang mit jedem Elternteil; jeder Elternteil ist zum Umgang mit dem Kind verpflichtet und berechtigt.

(2) [1]Die Eltern haben alles zu unterlassen, was das Verhältnis des Kindes zum jeweils anderen Elternteil beeinträchtigt oder die Erziehung erschwert. [2]Entsprechendes gilt, wenn sich das Kind in der Obhut einer anderen Person befindet.

(3) [1]Das Familiengericht kann über den Umfang des Umgangsrechts entscheiden und seine Ausübung, auch gegenüber Dritten, näher regeln. [2]Es kann die Beteiligten durch Anordnungen zur Erfüllung der in Absatz 2 geregelten Pflicht anhalten. [3]Wird die Pflicht nach Absatz 2 dauerhaft oder wiederholt erheblich verletzt, kann das Familiengericht auch eine Pflegschaft für die Durchführung des Umgangs anordnen (Umgangspflegschaft). [4]Die Umgangspflegschaft umfasst das Recht, die Herausgabe des Kindes zur Durchführung des Umgangs zu verlangen und für die Dauer des Umgangs dessen Aufenthalt zu bestimmen. [5]Die Anordnung ist zu befristen. [6]Für den Ersatz von Aufwendungen und die Vergütung des Umgangspflegers gilt § 277 des Gesetzes über das Verfahren in Familiensachen und in den Angelegenheiten der freiwilligen Gerichtsbarkeit entsprechend.

(4) [1]Das Familiengericht kann das Umgangsrecht oder den Vollzug früherer Entscheidungen über das Umgangsrecht einschränken oder ausschließen, soweit dies zum Wohl des Kindes erforderlich ist. [2]Eine Entscheidung, die das Umgangsrecht oder seinen Vollzug für längere Zeit oder auf Dauer einschränkt oder ausschließt, kann nur ergehen, wenn andernfalls das Wohl des Kindes gefährdet wäre. [3]Das Familiengericht kann insbesondere anordnen, dass der Umgang nur stattfinden darf, wenn ein mitwirkungsbereiter Dritter anwesend ist. [4]Dritter kann auch ein Träger der Jugendhilfe oder ein Verein sein; dieser bestimmt dann jeweils, welche Einzelperson die Aufgabe wahrnimmt.

Gliederung

A. Grundlagen 1	1. Monatsfrist 38
B. Besonderheiten 7	2. Verfahrenskostenhilfe im Vermittlungs-
I. Gegenstandswert 7	verfahren 39
1. Altes Recht bis zum 01.09.2009 7	C. Arbeitshilfen 41
2. Neues Recht ab dem 01.09.2009 9	I. Beispiele/Muster 41
a. Umgangsrecht im Verbund 9	1. Beispielsfall: Elterliche Sorge und Umgangs-
b. Umgangsrecht im isolierten Verfahren 15	recht 41
3. Verhältnis elterliche Sorge – Umgangsrecht 24	2. Beispielsfall: Vermittlungsverfahren § 165
4. Elterliche Sorge und Umgangsrecht gleich-	FamFG 42
zeitig anhängig 26	3. Beispielsfall: Vermittlungsverfahren § 165
II. Einstweilige Anordnung 27	FamFG (teilweise Anrechnung) 43
III. Abtrennung des Umgangsrechts vom	II. Berechnungsprogramme 44
Verbund 28	1. Prozesskostenrechner 44
IV. Zwangsvollstreckung 29	2. RVG-Rechner 45
V. Vermittlungsverfahren gem. § 165 FamFG 33	

A. Grundlagen

Das Umgangsrecht ist eine Kindschaftssache nach den §§ 111 Nr. 2, 151 Nr. 3 FamFG. 1

Auch bei der Abrechnung der Kindschaftssache Umgangsrecht ist das Augenmerk auf die Frage zu legen, ob das Verfahren **isoliert** oder im **Verbund** durchgeführt wurde. Hier gelten auch nach Inkrafttreten des FamFG unterschiedliche Werte. 2

Im gerichtlichen Verfahren entstehen die 1,3 **Verfahrensgebühr** Nr. 3100 VV RVG und ggf. die 1,2 **Terminsgebühr** Nr. 3104 VV RVG. Auch das Entstehen der Einigungsgebühr ist ohne weiteres möglich. Eine reduzierte Terminsgebühr nach der Nr. 3105 VV RVG ist nicht möglich, da es in diesem Verfahren kein Versäumnisurteil gibt. 3

Im außergerichtlichen Verfahren entsteht für eine **Beratung** die entsprechend vereinbarte Vergütung oder es gelten, falls eine Vereinbarung fehlen sollte, die Besonderheiten des § 34 Abs. 2 RVG. 4

Die außergerichtliche Vertretung wird über die **Geschäftsgebühr** Nr. 2300 VV RVG vergütet. 5

Da ansonsten zu den Gebühren für das Umgangsrecht keine Besonderheiten gelten, finden Sie die weiteren Informationen hierzu bei den Kostenrechtl. Hinw. zu § 1626 BGB und im Übersichtskapitel Kosten in Familiensachen unter Verfahrensgebühr (vgl. die Kostenrechtl. Hinw. in Familiensachen (Teil 7) Rn. 1), Terminsgebühr (vgl. die Kostenrechtl. Hinw. in Familiensachen (Teil 8) Rn. 1), Beratung (vgl. die Kostenrechtl. Hinw. in Familiensachen (Teil 3) Rn. 1), Einigungsgebühr (vgl. die Kostenrechtl. Hinw. in Familiensachen (Teil 9) Rn. 1) und Geschäftsgebühr (vgl. die Kostenrechtl. Hinw. in Familiensachen (Teil 5) Rn. 1). 6

B. Besonderheiten

I. Gegenstandswert

1. Altes Recht bis zum 01.09.2009

Im Verbund betrug der Wert für das Umgangsrecht fest 900 €. Durch die Änderung im Wortlaut des § 48 RVG handelte es sich seit dem 01.07.2004 um eine **Festwert**. Individuelle Besonderheiten des Falls spielten keine Rolle mehr. 7

Auch für **weitere Kinder** trat im Rahmen des **Verbunds keine Erhöhung** des Wertes ein. Dies ergab sich aus dem Wortlaut des § 46 Abs. 1 Satz 2 GKG. 8

2. Neues Recht ab dem 01.09.2009

a. Umgangsrecht im Verbund

Wird das Umgangsrecht als Scheidungsfolgesache nach § 137 Abs. 3 FamFG anhängig gemacht, so ist § 44 FamGKG maßgebend. Hiernach wurde die Wertstruktur vollständig geändert. 9

Galt bisher ein Festwert von 900 € je Angelegenheit, so ist der Wert jetzt gekoppelt an die wirtschaftlichen Verhältnisse der Eltern. Durch die neue Struktur der Ankoppelung des Wertes an die wirtschaftlichen Verhältnisse „wächst" der Wert für die Kindschaftssache mit. Damit wird regelmäßig mindestens eine Gebührenstufe übersprungen. 10

Nach § 44 Abs. 2 FamGKG beträgt der Wert für eine Kindschaftssache nach § 137 Abs. 3 FamFG (elterliche Sorge, Herausgabe, Umgang, § 151 Nr. 1-3 FamFG) jeweils 20% des Verfahrenswertes nach § 43 FamGKG (= Wert der Ehesache). Der Gesamtwert des Verbundes ist um den Wert der Kindschaftssache zu erhöhen. 11

Bei dem Wert nach § 43 FamGKG ist zu berücksichtigen, dass hier – anders als für den Versorgungsausgleich – der gesamte Wert der Ehesache maßgeblich ist, also unter Berücksichtigung nicht nur von Einkommen, sondern auch von Umfang, Bedeutung und Vermögen. 12

Dabei ist Folgendes zu beachten:
- Die Erhöhung erfolgt auch bei **mehreren Kindern** nur einmal.
- Die Erhöhung beträgt maximal 3.000 € je Kindschaftssache.
- Das in § 33 Abs. 1 Satz 2 FamGKG normierte grundsätzliche Additionsverbot für nichtvermögensrechtliche und vermögensrechtliche Gegenstände wird in § 44 Abs. 2 Satz 3 FamGKG für den Verbund aufgehoben. 13

Vgl. im Übrigen die Kostenrechtl. Hinw. zu § 1626 BGB Rn. 10. 14

b. Umgangsrecht im isolierten Verfahren

15 Wird das Umgangsrecht **isoliert anhängig** gemacht (also nicht im Verbund), so richtet sich der Wert nach § 45 Abs. 1 Nr. 2 FamGKG und beträgt 3.000 €.

16 Auch im isolierten Verfahren gilt, dass eine Kindschaftssache auch dann als ein Gegenstand zu bewerten ist, wenn sie **mehrere Kinder** betrifft, § 45 Abs. 2 FamFG.

17 **Unbilligkeit des Wertes**: Bei Unbilligkeit des Wertes nach § 45 Abs. 1 FamGKG ist eine anderweitige Wertfestsetzung durch das Gericht möglich, § 45 Abs. 3 FamGKG.

18 **Wertaufschläge** im isolierten Verfahren können gerechtfertigt sein. Dies gilt beispielsweise bei überdurchschnittlichem Umfang oder überdurchschnittlicher Bedeutung der Angelegenheit. Auch ein höheres Einkommen oder Vermögen des Kindes ist zu berücksichtigen.

19 Eine **Herabsetzung des Wertes** kann gerechtfertigt sein, wenn eine Regelung des Umgangsrechts nur noch für einen kurzen Zeitraum notwendig ist, weil z.B. das Kind fast volljährig ist.[1]

20 Eine **Heraufsetzung des Wertes** in einem Umgangsrechtsverfahren ist gerechtfertigt, wenn hinsichtlich des Arbeitsaufwandes für das Gericht und für die Verfahrensbevollmächtigten erheblich von einer durchschnittlichen Kindschaftssache abgewichen wird und der Verfahrenswert deshalb im Einzelfall zu unangemessen niedrigen Gebühren führt. Dies ist der Fall, wenn das Amtsgericht mehrere Verhandlungstermine durchführen musste und ein vom Gericht und den Verfahrensbevollmächtigten durchzuarbeitendes schriftliches Sachverständigengutachten in Auftrag gegeben wurde.[2]

21 Zu Wertauf- und -abschlägen vgl. ausführlich die Kostenrechtl. Hinw. zu § 1626 BGB Rn. 18.

22 Ist Gegenstand des Umgangsrechtsverfahrens nur die Änderung einer bereits bestehenden Umgangsrechtsregelung, so kann ebenfalls ein reduzierter Wert angemessen sein, da der Gesetzgeber bei der Bemessung des Wertes von dem Fall der Gesamtregelung des Umgangsrechts ausgeht. Da in diesem Fall nur die Änderung einer bestehenden Regelung verlangt wird, können deren Bedeutung und auch der Umfang der Tätigkeiten geringer einzuschätzen sein.[3] Inwieweit diese Vermutung zutrifft, ist von den Umständen des Einzelfalls abhängig. Die entsprechenden Entscheidungen sind zu altem Recht ergangen. Zu beachten ist bzgl. des neuen Rechtes, dass der Wert zunächst über § 45 Abs. 1 FamGKG grundsätzlich mit 3.000 € anzunehmen ist. Nur dann, wenn dies im Ausnahmefall unbillig ist, ist ein Auf- oder Abschlag zu prüfen.

23 Auch der Wert für ein **Vermittlungsverfahren nach § 165 FamFG** bestimmt sich zunächst unverändert nach § 45 Abs. 1 FamGKG. Nur im Einzelfall können Auf- und Abschläge nach Absatz 3 notwendig sein. Dabei führt der Gesichtspunkt, dass dem Vermittlungsverfahren bereits eine gerichtliche Entscheidung oder eine gerichtlich gebilligte Umgangsvereinbarung vorausgegangen ist, nicht zu einer Ermäßigung des Verfahrenswerts.[4]

3. Verhältnis elterliche Sorge – Umgangsrecht

24 Eine Wertreduzierung im Verfahren **Umgangsrecht im Verhältnis zur elterlichen Sorge** ist nicht angebracht. Diese wurde teilweise mit der Begründung vorgenommen, dass die Bedeutung des Umgangsrechts geringer sei.

25 Dies entspricht jedenfalls jetzt nicht mehr der Intention des Gesetzgebers, der keinerlei Differenzierung vornimmt und diese Verfahren sowohl im Verbund (§ 44 FamGKG) als auch isoliert (§ 45 FamGKG) gleich bewertet. Zudem stimmt die Annahme, dass das Umgangsrecht von geringerer Bedeutung sei, nicht mehr. Seitdem die elterliche Sorge grundsätzlich den Ehegatten gemeinsam zusteht, entsteht über das Umgangsrecht häufig ein größerer Streit.[5]

4. Elterliche Sorge und Umgangsrecht gleichzeitig anhängig

26 Wenn elterliche Sorge und Umgangsrecht gleichzeitig anhängig sind, so handelt es sich um zwei Gegenstände einer Angelegenheit. Eine Verbindung ist ohne weiteres möglich nach § 20 FamFG. In diesem Fall sind die entsprechenden Werte nach § 22 RVG zu addieren (vgl. das Beispiel in Rn. 45).[6]

---

[1] *Schneider* in: Hansens/Braun/Schneider, Praxis des Vergütungsrechts, 2. Aufl. 2006, Kap. 10 Rn. 315.
[2] OLG Hamm v. 19.09.2011 - II-6 WF 307/11 - FuR 2011, 702 = FamFR 2011, 574; OLG Hamburg v. 04.12.2009 - 12 WF 216/09 - AGS 2010, 248.
[3] OLG Schleswig v. 23.11.2001 - 8 WF 152/01 - FamRZ 2002, 1578.
[4] OLG Karlsruhe v. 02.10.2012 - 18 WF 264/12 - FamRZ 2013, 722.
[5] *Schneider* in: Hansens/Braun/Schneider, Praxis des Vergütungsrechts, 2. Aufl. 2006, Kap. 10 Rn. 314.
[6] OLG Frankfurt v. 06.02.2001 - 2 WF 42/01 - FamRZ 2001, 1388-1389.

II. Einstweilige Anordnung

Im Vergleich zur elterlichen Sorge ergeben sich hier keine Besonderheiten, so dass auf die entsprechenden Ausführungen im Kapitel kostenrechtliche Hinweise zum Sorgerecht (§ 1626 BGB) unter dem Stichwort einstweilige Anordnung (vgl. die Kostenrechtl. Hinw. zu § 1626 BGB Rn. 21) verwiesen wird.

27

III. Abtrennung des Umgangsrechts vom Verbund

Das Umgangsrecht kann auf verschiedene Weise vom Verbund getrennt werden. Die kostenrechtlichen Konsequenzen sind abhängig von der Frage, ob der Verbund mit der Scheidung bestehen bleibt oder aufgelöst wird. Insoweit werden Sorgerecht und Umgangsrecht gleich behandelt. Die entsprechenden Ausführungen finden sich bei den kostenrechtlichen Hinweisen zum Sorgerecht (§ 1626 BGB) unter Abtrennung vom Verbund (vgl. die Kostenrechtl. Hinw. zu § 1626 BGB Rn. 24 und das Beispiel in der Kostenrechtl. Hinw. zu § 1626 BGB Rn. 48).

28

IV. Zwangsvollstreckung

Die Vollstreckung einer Entscheidung zum Umgangsrecht richtet sich nach den §§ 86 ff. FamFG. Denkbar sind danach Zwangsgeld, Zwangshaft und Gewaltanwendung.

29

Da eine Unterscheidung der ZPO- und FGG-Verfahren im Rahmen der Zwangsvollstreckung nicht mehr stattfindet (vgl. die Vorbemerkung 3.3.3 VV RVG), entstehen auch für die Vollstreckung der FGG-Verfahren die 0,3 Verfahrensgebühr Nr. 3309 VV RVG und ggf. die 0,3 Terminsgebühr Nr. 3310 VV RVG für die Vollstreckungsverfahren.

30

Hierbei ist jede Vollstreckungsmaßnahme zusammen mit den durch diese vorbereiteten weiteren Vollstreckungshandlungen bis zur Befriedigung des Gläubigers eine eigene Angelegenheit, § 18 Nr. 3 RVG.

31

Im Verfahren auf Festsetzung eines Zwangsgeldes richtet sich der Gegenstandswert nach dem angedrohten bzw. festgesetzten Zwangsgeld.[7] Nach anderer Ansicht ist die Gläubigersicht maßgeblich. Hiernach ist ein Bruchteil des Wertes der Hauptsache anzunehmen. Es kommt nicht auf die Höhe des in Rede stehenden Ordnungsgeldes an.[8] Maßgeblich ist hier der § 25 Abs. 1 Nr. 3 RVG.

32

V. Vermittlungsverfahren gem. § 165 FamFG

Das Gericht hat gem. § 165 FamFG ein Vermittlungsverfahren einzuleiten, wenn ein Elternteil die gerichtliche Verfügung über den Umgang mit einem gemeinsamen Kind vereitelt oder erschwert. Bleibt das Vermittlungsverfahren erfolglos, so prüft das Gericht, ob Änderungen bzgl. Umgang oder elterlicher Sorge ergriffen werden sollen. Ggf. wird ein entsprechendes Verfahren von Amts wegen oder auf Antrag eingeleitet.

33

Unterschiedliche Angelegenheiten: Das Vermittlungsverfahren und ein sich ggf. anschließendes gerichtliches Verfahren bilden jeweils eine eigene Angelegenheit, § 17 Nr. 8 RVG.

34

Eine eventuelle vorgerichtliche Tätigkeit im Rahmen der Vertretung stellt eine eigene Angelegenheit dar und ist gesondert zu vergüten. Es entsteht die Gebühr Nr. 2300 VV RVG.

35

Anrechnung: Die Verfahrensgebühr für das Vermittlungsverfahren ist auf die Verfahrensgebühr für das sich anschließende gerichtliche Verfahren anzurechnen. Diese besondere Anrechnung ergibt sich aus Nr. 3100 Abs. 3 VV RVG. Eventuell weitere entstandene Gebühren, wie die Termins- oder Einigungsgebühr, werden nicht angerechnet und bleiben ebenso wie die Auslagenpauschale neben den Gebühren und Auslagen für das gerichtliche Verfahren bestehen (vgl. das Beispiel in Rn. 45).

36

Zu beachten ist hier aber, dass das Vermittlungsverfahren wegen der Vereitelung des Umgangsrechts durchgeführt wird. Das nachfolgende Verfahren soll aber nach § 165 Abs. 5 FamFG zum Ziele haben die Regelung des Umgangsrechts oder die Regelung der elterlichen Sorge. Schließt sich demnach ein Verfahren zur Regelung der elterlichen Sorge an, so sind der Gegenstand des Vermittlungsverfahrens und der der Hauptsache verschieden. Eine Anrechnung scheidet aus. Denkbar ist auch eine nur teilweise Anrechnung. Wenn nämlich das nachfolgende Verfahren sowohl zum Umgangsrecht als auch zur elterlichen Sorge durchgeführt wird.

37

---

[7] OLG Brandenburg v. 28.02.2002 - 9 WF 215/01; OLG Bamberg v. 29.06.2000 - 2 WF 96/00 - FamRZ 2001, 169-170.

[8] OLG München v. 10.03.2011 - 33 WF 430/11 - FamRZ 2011, 1686 = AGS 2011, 248.

Kostenrechtl. Hinw. zu § 1684

1. Monatsfrist

38 Wird der Antrag auf Durchführung des Hauptsacheverfahrens innerhalb eines Monats gestellt, so gelten die Kosten des Vermittlungsverfahrens als Kosten des Hauptverfahrens und werden mit diesen festgesetzt, § 165 Abs. 5 FamFG.

2. Verfahrenskostenhilfe im Vermittlungsverfahren

39 Die Beiordnung eines Rechtsanwalts im Vermittlungsverfahren ist im Regelfall gerechtfertigt, da ein sachliches und persönliches Bedürfnis nach anwaltlicher Unterstützung besteht.[9]

40 Eine allgemeine Regel dahingehend, dass es sich bei einer Entscheidung über das Umgangsrecht im Allgemeinen um ein rechtlich und tatsächlich schwieriges Verfahren handelt, das die Beiordnung eines Rechtsanwalts gebietet, lässt sich nicht rechtfertigen.[10]

C. Arbeitshilfen

I. Beispiele/Muster

1. Beispielsfall: Elterliche Sorge und Umgangsrecht

41 Das Sorgerecht und das Umgangsrecht werden gemeinsam geltend gemacht. Ein Scheidungsverfahren ist nicht anhängig. Im ersten Termin einigt man sich bzgl. des Sorgerechts. Es soll der Mutter allein zustehen. Ein entsprechender Vergleich wird protokolliert und genehmigt. Die elterliche Sorge ist damit erledigt.
Wegen des Umgangsrechts ergeben sich schwierige Verhandlungen und ein weiterer Termin mit Beweisaufnahme wird notwendig. Letztendlich entscheidet das Gericht durch Beschluss.
Vorbemerkungen: Die Werte der beiden Gegenstände sind zu addieren. Grundsätzlich gilt für beide Verfahren der Regelwert von jeweils 3.000 € nach § 45 FamGKG.
Der Wert für das umfangreiche Umgangsverfahren kann heraufgesetzt werden. Hier wird ein angemessener Wert von 5.000 € angenommen. Damit ergibt sich ein Gesamtwert von 8.000 €. Die Einigungsgebühr entsteht nur über den Gegenstand Sorgerecht.
Abrechnung:

	Verfahrensgebühr, Nr. 3100 VV (1,3); Wert: 8.000 €	592,80 €
+	Terminsgebühr, Nr. 3104 VV (1,2); Wert: 8.000 €	547,20 €
+	Einigungsgebühr, Nr. 1003, 1000 VV (1,0); Wert: 3.000 €	201,00 €

2. Beispielsfall: Vermittlungsverfahren § 165 FamFG

42 Der Umgang mit dem gemeinsamen Kind ist bereits durch gerichtliche Entscheidung geregelt. Nunmehr beantragt der Vater ein Vermittlungsverfahren nach § 165 FamFG, weil die Mutter den Umgang des Kindes mit dem Vater verhindert. Das Gericht bestimmt einen entsprechenden Termin. Da eine Einigung in diesem Termin jedoch nicht möglich ist, stellt das Amtsgericht in einem Beschluss die Erfolglosigkeit des Vermittlungsverfahrens fest. Nach entsprechenden Ermittlungen leitet das Gericht von Amts wegen ein Verfahren zur Regelung des Umgangsrechts ein und ändert dieses nach Termin.
Vergütung Vermittlungsverfahren:

	Verfahrensgebühr. Nr. 3100 VV (1,3); Wert: 3.000 €	261,30 €
+	Terminsgebühr. Nr. 3104 VV (1,2); Wert: 3.000 €	241,20 €

Vergütung gerichtliches Verfahren Umgang:

	Verfahrensgebühr. Nr. 3100 VV (1,3); Wert: 3.000 €	261,30 €
−	Anrechnung gem. Nr. 3100 Abs. 3 VV	261,30 €
+	Terminsgebühr. Nr. 3104 VV (1,2); Wert: 3.000 €	241,20 €

---

[9] OLG München v. 02.02.2000 - 12 WF 572/00 - FamRZ 2000, 1225; a.A. OLG Frankfurt v. 12.03.2013 - 5 WF 52/13 - NJW-RR 2013, 962.

[10] OLG Hamm v. 15.06.2011 - II-8 WF 148/11 - FamFR 2011, 521; OLG Oldenburg v. 22.12.2010 - 11 WF 325/10 - FamRZ 2011, 916.

3. Beispielsfall: Vermittlungsverfahren § 165 FamFG (teilweise Anrechnung)

Der Umgang mit dem gemeinsamen Kind ist bereits durch gerichtliche Entscheidung geregelt. Nunmehr beantragt der Vater ein Vermittlungsverfahren nach § 165 FamFG, weil die Mutter den Umgang des Kindes mit dem Vater verhindert. Das Gericht bestimmt einen entsprechenden Termin. Da eine Einigung in diesem Termin jedoch nicht möglich ist, stellt das Amtsgericht in einem Beschluss die Erfolglosigkeit des Vermittlungsverfahrens fest. 43

Der Vater beantragt daraufhin eine neue Regelung des Umgangsrechts. Die Mutter beantragt die Übertragung der elterlichen Sorge auf sich. Nach Termin im Hauptsacheverfahren werden elterliche Sorge und Umgang durch Beschluss geregelt.

Vorbemerkung: Eine Anrechnung kann nur bzgl. desselben Gegenstands erfolgen. Im Hauptsacheverfahren sind sowohl elterliche Sorge als auch Umgang anhängig. Eine Anrechnung kann daher nur bzgl. des Umgangsverfahrens erfolgen.

Vergütung Vermittlungsverfahren:

	Verfahrensgebühr. Nr. 3100 VV (1,3); Wert: 3.000 €	261,30 €
+	Terminsgebühr. Nr. 3104 VV (1,2); Wert: 3.000 €	241,20 €

Vergütung gerichtliches Verfahren Umgang und elterliche Sorge:

	Verfahrensgebühr. Nr. 3100 VV (1,3); Wert: 6.000 €	460,20 €
–	Anrechnung gem. Nr. 3100 Abs. 3 VV bzgl. 3.000 €	261,30 €
+	Terminsgebühr. Nr. 3104 VV (1,2); Wert: 6.000 €	424,80 €

II. Berechnungsprogramme

1. Prozesskostenrechner

Mit diesem Berechnungsprogramm können Sie kalkulieren, welche Verfahrenskosten auf Ihren Mandanten zukommen können (mit 2. Instanz, Vergleich, Beweisauslagen, gegnerischem Anwalt): Prozesskostenrechner. 44

2. RVG-Rechner

Mit diesem Berechnungsprogramm können Sie die anwaltliche Vergütung für das außergerichtliche Verfahren (Nr. 2300 VV RVG) und das gerichtliche Verfahren (Nr. 3100, 3104, 1003 VV RVG) berechnen: RVG-Rechner (1. Instanz mit Anrechnung der Geschäftsgebühr). 45

§ 1685 BGB Umgang des Kindes mit anderen Bezugspersonen

(Fassung vom 17.12.2008, gültig ab 01.09.2009)

(1) Großeltern und Geschwister haben ein Recht auf Umgang mit dem Kind, wenn dieser dem Wohl des Kindes dient.

(2) ¹Gleiches gilt für enge Bezugspersonen des Kindes, wenn diese für das Kind tatsächliche Verantwortung tragen oder getragen haben (sozial-familiäre Beziehung). ²Eine Übernahme tatsächlicher Verantwortung ist in der Regel anzunehmen, wenn die Person mit dem Kind längere Zeit in häuslicher Gemeinschaft zusammengelebt hat.

(3) ¹§ 1684 Abs. 2 bis 4 gilt entsprechend. ²Eine Umgangspflegschaft nach § 1684 Abs. 3 Satz 3 bis 5 kann das Familiengericht nur anordnen, wenn die Voraussetzungen des § 1666 Abs. 1 erfüllt sind.

Gliederung

A. Grundlagen 1	3. Kindeswohldienlichkeit 20
B. Anwendungsvoraussetzungen 3	II. Umgangsrecht der Bezugsperson und des Kindes 29
I. Umgangsberechtigte 3	
1. Umgangsberechtigte nach Absatz 1 3	III. Wohlverhaltenspflicht (Absatz 3, § 1684 Abs. 2 BGB) 30
2. Umgangsberechtigte nach Absatz 2 9	
a. Enge Bezugspersonen 10	IV. Entscheidung des Familiengerichts (Absatz 3, § 1684 Abs. 4 BGB) 32
b. Tatsächliche Verantwortung (sozial-familiäre Beziehung) 14	
c. Häusliche Gemeinschaft 18	C. Verfahrenshinweise 36

A. Grundlagen[1]

1   Die Vorschrift ergänzt § 1684 BGB um ein **Umgangsrecht** mit Großeltern, Geschwistern und weiteren Bezugspersonen des Kindes. Es räumt Personen, die dem Kind besonders vertraut sind und nahe stehen, Umgangsbefugnisse ein; Verpflichtungen bestehen für diese Personen jedoch nicht.

2   Nach § 1685 BGB haben die in Absatz 1 und Absatz 2 genannten Personen nur ein Umgangsrecht, wenn sich konkret feststellen lässt, dass dies dem Wohl des Kindes dient, wobei die in Absatz 2 aufgeführten engen Bezugspersonen des Kindes in keinem Verwandtschaftsverhältnis zum Kind stehen müssen.[2]

B. Anwendungsvoraussetzungen

I. Umgangsberechtigte

1. Umgangsberechtigte nach Absatz 1

3   Gemäß § 1685 Abs. 1 BGB haben Großeltern und Geschwister ein Recht auf Umgang mit dem Kind, wenn dieses dem Wohl des Kindes dient. Anders als in § 1685 Abs. 2 BGB setzt das Umgangsrecht nicht voraus, dass sie enge Bezugspersonen des Kindes sind oder waren. Ebenso ist es unerheblich, ob die Großeltern noch miteinander verheiratet sind oder nicht.[3]

4   Angeheiratete Großeltern sind nicht von § 1685 Abs. 1 BGB mit umfasst; ein Umgangsrecht kann sich jedoch aus § 1685 Abs. 2 BGB ergeben.

5   Zu den Geschwistern gehören neben den leiblichen auch die halbleiblichen und die durch Adoption angenommenen Kinder dieser Eltern. Stiefgeschwister haben dagegen nur nach § 1685 Abs. 2 BGB Umgangsrechte.[4]

6   Die Personen, denen ein eigenes Umgangsrecht mit einem minderjährigen Kind eingeräumt wird, sind in § 1685 Abs.1 BGB abschließend aufgezählt. Für **Tanten und Onkel** (dementsprechend Cousinen

---

[1] Die Kommentierung basiert teilweise auf den Ausführungen in der Vorauflage von *Bauer*.
[2] Zur geschichtlichen Entwicklung vgl. *Bauer* in: jurisPK-BGB, 6. Aufl. 2012, § 1685 BGB.
[3] *Veit* in: Bamberger/Roth, § 1685 Rn. 2.
[4] *Hennemann* in: MünchKomm-BGB, § 1685 Rn. 4.

oder Urgroßeltern sowie Freunde der Familie) des Kindes besteht demnach kein eigenes kindeswohlbedingtes Umgangsrecht.[5] Auch eine analoge Anwendung der Vorschrift kommt nicht in Betracht. Insoweit fehlt es an einer Regelungslücke. Nach dem Willen des Gesetzgebers soll eine Begrenzung des Kreises der Umgangsberechtigten stattfinden. Deshalb wird ein eigenes Umgangsrecht nur denjenigen Personen eingeräumt, die dem Kind üblicherweise besonders nahe stehen. Den Ausschluss von Verwandten, die dem in § 1685 Abs. 1 BGB aufgezählten Personenkreis nicht angehören, wie etwa Tanten und Onkeln, hat der Gesetzgeber bewusst in Kauf genommen.[6]

Aus § 1685 Abs. 1 BGB ergibt sich auch kein Umgangsrecht der **leiblichen Mutter,** die ihr Kind kurz nach der Geburt zur Adoption freigegeben hat.[7] Eine längere Familienpflege oder eine sozial-familiäre Beziehung im Sinne der Entscheidung des BVerfG vom 09.04.2003[8] betreffend das Umgangsrecht des nichtehelichen Vaters ist jedenfalls dann nicht anzunehmen, wenn die Mutter ihr Kind nach der Geburt lediglich zwei Wochen im Krankenhaus betreut hat, bevor sie es zur Adoption freigegeben hat.[9] Unter dem Blickwinkel der Rechtslage ab dem 30.04.2004 kann der leiblichen Mutter ein Umgangsrecht als sonstige Bezugsperson zustehen, allerdings nur unter der Voraussetzung, dass zwischen der sonstigen Bezugsperson und dem Kind eine sozial-familiäre Beziehung besteht oder bestanden hat.

Ähnliches gilt für die biologische Großmutter; als Nichtverwandte gilt sie als sonstige Bezugsperson. Ihr steht kein Umgangsrecht mit dem Kind der früheren Lebensgefährtin ihres Sohns zu, das zusammen mit seiner Mutter und seinem „gesetzlichen" Vater (dem jetzigen Lebensgefährten der Mutter) in einer sozialen Familie lebt.[10]

2. Umgangsberechtigte nach Absatz 2

Enge Bezugspersonen des Kindes haben nach § 1685 Abs. 2 BGB ein Recht auf Umgang mit dem Kind, wenn dieser dem Wohl des Kindes entspricht und wenn diese Personen für das Kind tatsächliche Verantwortung tragen oder getragen haben **(sozial-familiäre Beziehung).** Sonstige Bezugspersonen können nach dem Wortlaut demnach alle Personen sein und zwar unabhängig davon, ob sie miteinander verwandt sind oder nicht.[11]

a. Enge Bezugspersonen

Enge Bezugspersonen können sein der Ehegatte oder frühere Ehegatte eines Elternteils bzw. der Lebensgefährte oder frühere Lebensgefährte.[12] Erfasst werden auch Pflegepersonen, bei denen das Kind längere Zeit in Familienpflege gelebt hat, Großelternteile, die nicht unter Absatz 1 fallen (z.B. angeheiratete Großeltern), Tanten, Onkel, Vettern, Cousinen, Freunde, Nachbarn.[13]

Art. 6 Abs. 1 GG stellt neben der Ehe auch die Familie unter besonderen Schutz der staatlichen Ordnung. In diesen Familienschutz werden auch weitere Bezugspersonen des Kindes einbezogen. Dies können sowohl Großeltern als auch Pflegeeltern, bei denen sich das Kind längere Zeit aufhält, sein.[14] Dieser Grundrechtsschutz ist jedoch schwächer ausgeprägt als derjenige der leiblichen Eltern, deshalb sind bei konkurrierenden Ansprüchen verschiedener Erwachsener hinsichtlich des Kindes deren Grundrechtspositionen untereinander abzuwägen, wobei das Kindeswohl vorrangig ist (§ 1697a BGB).

Als enge Bezugsperson kommt auch der leibliche, aber nicht rechtliche Vater (die rechtliche Vaterschaft begründet das Umgangsrecht nach § 1684 BGB) in Betracht, sofern zwischen dem **biologischen Vater** und dem Kind eine sozial-familiäre Beziehung besteht oder bestanden hat.[15] Der biologische Va-

---

[5] OLG Hamm v. 15.09.2009 - II-11 UF 108/09, 11 UF 108/09 - FamRZ 2010, 909; OLG Zweibrücken v. 22.03.1999 - 3 W 22/99 - MDR 1999, 1070-1071.
[6] *Diederichsen* in: Palandt, § 1685 Rn. 5.
[7] AG Reinbek v. 21.07.2003 - 1 F 332/02 - FamRZ 2004, 55-56; OLG Schleswig v. 30.01.2004 - 10 UF 199/03, 10 UF 222/03 - JAmt 2004, 211-214.
[8] BVerfG v. 09.04.2003 - 1 BvR 1493/96, 1 BvR 1724/01- NJW 2003, 2151-2158.
[9] AG Reinbek v. 21.07.2003 - 1 F 332/02 - FamRZ 2004, 55-56.
[10] OLG Celle (Senat für Familiensachen) v. 18.05.2004 - 21 UF 67/04 - FamRZ 2005, 126.
[11] *Veit* in: Bamberger/Roth, § 1685 Rn. 3.
[12] OLG Karlsruhe v. 16.11.2010 - 5 UF 217/10 - juris Rn. 11; *Veit* in: Bamberger/Roth, § 1685 Rn. 4.
[13] Vgl. *Veit* in: Bamberger/Roth, § 1685 Rn. 4 mit weiteren Nachweisen, *Hennemann* in MünchKomm-BGB, § 1685 Rn. 6.
[14] OLG Stuttgart v. 29.10.2004 - 18 UF 206/2004, 18 UF 206/04.
[15] OLG Celle v. 26.07.2004 - 10 UF 147/04 - juris Rn. 13 - NJW 2005, 78-79, *Völker*, jurisPR-FamR 14/2005, Anm. 6.

ter eines Kindes, das einen anderen rechtlichen Vater hat, kann sein Umgangsrecht aus § 1686a BGB herleiten (vgl. die Kommentierung zu § 1686a BGB). Ist die Vaterschaft streitig und besteht keine andere rechtliche Vaterschaft, erhält der biologische Vater Umgang bei Fehlen einer sozial-familiären Beziehung nur, wenn zunächst ein Vaterschaftsfeststellungsverfahren durchgeführt wird.[16] Sofern der biologische Vater seine Stellung als rechtlicher Vater durch Adoption des Kindes verloren hat, kommt er als enge Bezugsperon in Betracht, wenn bis zum Ausspruch der Adoption regelmäßig Umgang gepflegt wurde und dieser auch weiterhin gewollt ist.[17]

13 Nach Ansicht des BVerfG schützt Art. 6 Abs. 1 GG die Beziehung des leiblichen, aber nicht rechtlichen Vaters zu seinem Kind, wenn zwischen ihm und dem Kind eine soziale Beziehung besteht, die darauf beruht, dass er zumindest eine Zeit lang tatsächliche Verantwortung für das Kind getragen hat.[18]

b. Tatsächliche Verantwortung (sozial-familiäre Beziehung)

14 Weitere Voraussetzung für das Umgangsrecht der engen Bezugsperson ist die **sozial-familiäre Beziehung**.

15 Nach § 1685 Abs. 2 Satz 1 BGB liegt eine sozial-familiäre Beziehung vor, wenn die enge Bezugsperson für das Kind tatsächliche Verantwortung trägt oder getragen hat, also dass die betreffende Person tatsächlich Verantwortung für das Kind getragen hat und daher zumindest in der Vergangenheit eine enge Bezugsperson für das Kind war.[19]

16 Der Begriff der sozial-familiären Beziehung findet sich als Definition auch im § 1600 Abs. 3 BGB. Das zur Entscheidung berufene Familiengericht muss die tatsächlichen Gegebenheiten ermitteln und den Tatbestandsmerkmalen der **tatsächlichen Verantwortung** und dem **Zusammenleben über längere Zeit** zuordnen. Eine bestehende oder vorangegangene Ehe oder Lebenspartnerschaft hat desgleichen Indizwirkung für eine sozial-familiäre Beziehung.

17 Lag das Tatbestandsmerkmal der sozial-familiären Beziehung in der Vergangenheit vor, kann sich der Umgangsberechtigte bei Antragstellung bzgl. der Umgangsrechtsregelung darauf berufen, ohne dass er zurückgewiesen werden könnte, dass das Tatbestandsmerkmal im Zeitpunkt der Antragstellung nicht mehr vorliegt.[20]

c. Häusliche Gemeinschaft

18 Im Rahmen der gesetzlichen Vermutung des § 1685 Abs. 2 Satz 2 BGB ist die Übernahme tatsächlicher Verantwortung anzunehmen, wenn die Bezugsperson längere Zeit mit dem Kind in häuslicher Gemeinschaft gelebt hat.[21] In diesem Sinne hat der BGH in seiner Entscheidung vom 09.02.2005 zu den Anforderungen an die sozial-familiäre Beziehung einer Bezugsperson des Kindes Stellung genommen.[22] Für die Frage, ob eine „längere Dauer" des Zusammenlebens vorliegt, ist das Zeitempfinden des Kindes in Betracht zu ziehen.[23] Je jünger das Kind also ist, umso längeres Zusammenleben ist erforderlich.

19 Das Umgangsrecht der Großeltern und Geschwister ist unabhängig davon, ob sie mit dem Kind in häuslicher Gemeinschaft gelebt haben.

---

[16] *Hemmemann* in MünchKomm-BGB, § 1685 Rn. 11.
[17] OLG Köln v. 16.10.2012 - II-4 UF 71/12, 4 UF 71/12 - juris Rn. 11.
[18] BVerfG v. 09.04.2003 - 1 BvR 1493/96, 1 BvR 1724/01 - NJW 2003, 2151-2158; BGH v. 09.02.2005 - XII ZB 40/02; *Stockmann*, jurisPR-FamR 14/2005, Anm. 1; OLG Celle v. 26.07.2004 - 10 UF 147/04 - NJW 2005, 78-79; *Völker*, jurisPR-FamR 14/2005, Anm. 6; BVerfG v. 20.09.2006 - 1 BvR 1337/06 - FamRZ 2006, 1661-1662; *Hoffmann*, jurisPR-FamR 7/2007, Anm. 5; OLG Karlsruhe v. 12.12.2006 - 2 UF 206/06 - NJW 2007, 922-924; *Hoffmann*, jurisPR-FamR 7/2007, Anm. 5.
[19] BGH v. 09.02.2005 - XII ZB 40/02 - juris Rn. 9 - FamRZ 2005, 705-706; *Stockmann*, jurisPR-FamR 14/2005, Anm. 1.
[20] BGH v. 09.02.2005 - XII ZB 40/02 - juris Rn. 9 - FamRZ 2005, 705-706; *Stockmann*, jurisPR-FamR 14/2005, Anm. 1.
[21] OLG Celle v. 26.07.2004 - 10 UF 147/04; *Völker*, jurisPR-FamR 14/2006, Anm. 6.
[22] BGH v. 09.02.2005 - XII ZB 40/02 - juris Rn. 8 - FamRZ 2005, 705-706.
[23] *Völker*, jurisPR-FamR 14/2006, Anm. 6.

3. Kindeswohldienlichkeit

Voraussetzung jeder Umgangsberechtigung nach § 1685 Abs. 1 und Abs. 2 BGB ist, dass dieser **Umgang dem Wohl des Kindes dient**. Die berechtigten Personen bekommen zwar durch § 1685 BGB eigene **subjektive Rechte** verliehen, aber in erster Linie nicht um ihrer selbst willen, sondern um des Kindes willen, dessen Wohl der Umgang förderlich sein soll.[24] § 1626 Abs. 3 Satz 1 BGB ist für die Kindeswohlprüfung hierbei eine wichtige Auslegungsregel.[25] Danach gehört zum Kindeswohl in der Regel der Umgang mit solchen Personen, zu denen das Kind Bindungen besitzt.

20

Für die Einräumung eines Umgangsrechts zugunsten eines nicht mit dem Kind verwandten Dritten auf der Grundlage früherer sozial-familiärer Beziehungen genügt es nicht, dass der Umgang nicht dem Kindeswohl zuwider läuft. Vielmehr kommt ein Umgangsrecht nur dann in Betracht, wenn feststeht, dass der Umgang dem Kindeswohl tatsächlich dient.[26]

21

Auch bei Großeltern kann nicht typisiert davon ausgegangen werden, dass der Umgang mit diesen dem Wohl des Kindes diene.[27] Es besteht keine Vermutung zugunsten von Großeltern oder Geschwistern; das Verwandtschaftsverhältnis rechtfertigt nicht schon allein die Vermutung, dass der Umgang dem Kindeswohl dient.[28] Nur wenn zwischen Kind und Großeltern bereits eine Bindung besteht, spricht eine **widerlegbare Vermutung** dafür, dass die Aufrechterhaltung der Bindung der Entwicklung des Kindes förderlich ist (§ 1626 Abs. 3 BGB). Besteht bisher keine Bindung zwischen dem Kind und den Großeltern, kommt ein Umgangsrecht der Großeltern nur in Betracht, wenn es der **Entwicklung, also dem Wohl des Kindes dient**. Lehnt die sorgeberechtigte Mutter den Umgang aus nachvollziehbaren Gründen ab und bestehen offenkundige Differenzen zwischen ihr und den Großeltern, ist eine Umgangsregelung nicht förderlich.[29]

22

Dennoch wird regelmäßig ein Umgang des Kindes mit den Großeltern dem Kindeswohl i.S.d. § 1685 Abs. 1 BGB dienlich sein. Dies gilt insbesondere dann, wenn **in der Vergangenheit gute und intensive Beziehungen** zwischen den Großeltern und dem Enkelkind bestanden haben und das Kind den Wunsch hat, den Kontakt aufrechtzuerhalten.[30]

23

Der **Wille des Kindes** ist immer beachtlich[31], das geringe Alter macht seinen in der Anhörung geäußerten Willen nicht unbeachtlich.[32] Dem Willen des Kindes wird hier stärkeres Gewicht beigemessen als in § 1684 BGB, da kaum anzunehmen ist, dass ein dem Kind aufgenötigter Umgang seinem Wohl im Sinne der Vorschrift dient.[33]

24

Bei **Meinungsverschiedenheiten zwischen den Eltern und den Großeltern** (hier: dem Schwiegerelternpaar der zwischenzeitlich verwitweten Kindesmutter) über den Umgang des Kindes mit den Großeltern kommt dem Erziehungsrecht der personensorgeberechtigten Eltern grundsätzlich der Vorrang zu.[34]

25

Der Umgang mit den Großeltern muss abgelehnt werden, wenn die Kinder bei Ausübung des grundsätzlich ihrem Wohl förderlichen Umgangs mit den Großeltern in massive Loyalitätskonflikte zu ihrer Mutter geraten, weil zwischen dieser und ihren Eltern dauerhafte tiefgreifende, rational nicht beherrschbare Spannungen und Ängste bestehen.[35] Grundsätzlich ist der Umgang mit den Großeltern dem Kindeswohl förderlich, allerdings ist bei diesem Sachverhalt zwischen zwei Übeln zu wählen: den Kindern den Vorteil einer Beziehung zu den Großeltern vorzuenthalten oder sie Loyalitätskonflikten mit

26

---

[24] OLG Koblenz v. 10.11.1999 - 15 UF 166/99 - JurBüro 2000, 221-222; OLG Hamm v. 23.06.2000 - 11 UF 26/00 - FamRZ 2000, 1601-1602.
[25] OLG Brandenburg v. 21.02.2014 - 10 UF 159/13 - juris Rn. 11.
[26] OLG Brandenburg v. 05.06.2014 - 10 UF 47/14 - juris Rn. 41.
[27] OLG Koblenz v. 10.11.1999 - 15 UF 166/99 - JurBüro 2000, 221-222.
[28] KG Berlin v. 22.08.2000 - 18 UF 2273/00 - NJWE-FER 2001, 119.
[29] KG Berlin v. 22.08.2000 - 18 UF 2273/00 - NJWE-FER 2001, 119.
[30] OLG Hamm v. 23.06.2000 - 11 UF 26/00 - FamRZ 2000, 1601-1602.
[31] OLG Brandenburg v. 05.06.2014 - 10 UF 47/14 - juris Rn. 39.
[32] OLG Karlsruhe v. 06.07.2000 - 12 U 22/00 - ZTR 2001, 131-133.
[33] *Jaeger* in: Johannsen/Henrich, EheR, § 1685 Rn. 6; OLG Karlsruhe v. 06.07.2000 - 12 U 22/00 - ZTR 2001, 131-133.
[34] OLG Hamm v. 23.06.2000 - 11 UF 26/00 - FamRZ 2000, 1601-1602; OLG Hamm v. 25.04.2003 - 5 UF 117/03 - FamRZ 2004, 57-58.
[35] OLG Sachsen-Anhalt v. 30.12.2009 - 8 UF 209/09; OLG Hamm v. 25.05.2005 - 11 UF 165/04 - FamRZ 2005, 2012.

§ 1685

der Mutter auszuliefern, die außer Stande ist, ihre Ablehnung der Besuchskontakte zu verbergen. Diese Wahl kann gemäß § 1685 Abs. 1 BGB nur zu Gunsten einer konfliktfreien Beziehung zur Mutter ausfallen.

27 Der Nachweis, dass die Besuchskontakte gleichwohl dem Kindeswohl dienen, muss von den Großeltern geführt werden. Wenn das persönliche Verhältnis zwischen den Großeltern und dem personensorgeberechtigten Elternteil so schwerwiegend zerstört ist, kann den Großeltern das von ihnen begehrte umfassende Umgangsrecht nicht eingeräumt werden, wenn sie die zum Abbau der zum Sorgeberechtigten bestehenden Spannungen vom Sachverständigen (zunächst) für erforderlich gehaltene und ihnen zuzumutende Umgangsbegleitung und familienpsychologische Beratung ablehnen.[36]

28 Eine Bezugsperson des Kindes (hier die Tante) kann auch unter Berufung auf das Kindeswohl ihr Umgangsbegehren nicht darauf stützen, eine – noch nicht bestehende – sozial-familiäre Beziehung im Sinne von § 1685 Abs. 2 BGB aufbauen zu wollen.[37]

II. Umgangsrecht der Bezugsperson und des Kindes

29 Für die umgangsberechtigten Personen gemäß § 1685 Abs. 1 und Abs. 2 BGB ist das Umgangsrecht ein **subjektives, einklagbares und vollstreckbares Recht**.[38] Der Bezugsperson steht nur ein Umgangsrecht, aber kein Bestimmungsrecht nach § 1632 Abs. 2 BGB zu. Anders als in § 1684 BGB besteht keine gerichtlich durchsetzbare Umgangspflicht der Bezugsperson,[39] so dass das Kind kein eigenes subjektives Recht auf Umgang hat.

III. Wohlverhaltenspflicht (Absatz 3, § 1684 Abs. 2 BGB)

30 Die Umgangsloyalität gebietet den Eltern, das Verhältnis des Kindes zu der Umgangsperson nicht zu beeinträchtigen und dem Dritten die Erziehung des Kindes durch die Eltern nicht zu erschweren.[40]

31 Schwerwiegende Störungen der Beziehung zwischen ihren Bezugspersonen bleiben Kindern nicht verborgen. Selbst wenn sie den Kontakt als solchen genießen, geraten sie in Loyalitätskonflikte, weil sie spüren, dass diese positive Emotion vom anderen missbilligt wird.[41]

IV. Entscheidung des Familiengerichts (Absatz 3, § 1684 Abs. 4 BGB)

32 Das Familiengericht entscheidet nach § 1685 Abs. 3 BGB i.V.m. § 1684 Abs. 3 Satz 1 BGB über den Umfang und die Ausübung des Umgangsrechts, dabei sind in Hinblick auf Ort, Zeitpunkt und Häufigkeit des Umgangs die unterschiedlichen Interessen gegeneinander abzuwägen.[42] Sofern das Kindeswohl nicht entgegensteht, ist der Ort des Umgangs regelmäßig die Wohnung des Umgangsberechtigten.

33 Das Familiengericht kann die Beteiligten zur Einhaltung ihrer **Loyalitätsverpflichtung** anhalten, § 1685 Abs. 3 BGB i.V.m. § 1684 Abs. 3 Satz 2 BGB.

34 Nach § 1685 Abs. 3 BGB i.V.m. § 1684 Abs. 4 Sätze 1 und 2 BGB kann das Familiengericht das Umgangsrecht oder den Vollzug früherer Entscheidungen über das Umgangsrecht des genannten Personenkreises einschränken oder ausschließen.[43]

35 Die Anwendung der Regeln zum beschützten Umgang nach § 1685 Abs. 3 BGB i.V.m. § 1684 Abs. 4 Sätze 3 und 4 BGB sind dagegen zweifelhaft.[44]

C. Verfahrenshinweise

36 Das Familiengericht ist zur Entscheidung über das Umgangsrecht gemäß § 23b Abs. 1 GVG, § 111 FamFG zuständig. Das Gericht wird tätig, wenn ein Umgangsberechtigter entweder einen Antrag stellt oder anregt, einen Umgang zu prüfen. Die Anregung kann auch von einem Elternteil erfolgen, soweit

---

[36] OLG Hamm v. 25.04.2003 - 5 UF 117/03 - FamRZ 2004, 57-58.
[37] OLG Bremen v. 27.08.2012 - 4 UF 89/12 - juris Rn. 6.
[38] *Veit* in: Bamberger/Roth, § 1685 Rn. 5.
[39] *Veit* in: Bamberger/Roth, § 1685 Rn. 5.
[40] *Veit* in: Bamberger/Roth, § 1685 Rn. 10.
[41] OLG Hamm v. 25.05.2005 - 11 UF 165/04 - FamRZ 2005, 2012.
[42] *Jaeger* in: Johannsen/Henrich, EheR, § 1685 Rn. 7.
[43] OLG Frankfurt v. 19.03.2013 - 4 UF 261/12 - juris Rn. 11, 16.
[44] *Veit* in: Bamberger/Roth, § 1685 Rn. 11.

der andere Elternteil z.B. den Umgang mit den Großeltern verweigert. Ist der verweigernde Elternteil nicht alleinsorgeberechtigt, steht dem anderen Elternteil auch die Möglichkeit der Entscheidungsübertragung nach § 1628 BGB[45] offen.

Das Familiengericht ist an die gestellten Anträge nicht gebunden, die zur Entscheidung zu Grunde liegenden Tatsachen werden von Amts wegen ermittelt, § 26 FamFG.[46] 37

Die Eltern sind nach § 160 FamFG, das Kind nach § 159 FamFG, die Pflegeperson nach § 161 FamFG und das Jugendamt nach § 162 Abs. 1 Satz 1 FamFG anzuhören. 38

Nach § 155 FamFG gilt das Vorrang- und Beschleunigungsgebot. Ein Verfahrensbeistand ist gemäß § 158 Abs. 1, Abs. 2 Nr. 5 FamFG zu bestellen, soweit es zur Wahrnehmung der Interessen des Kindes erforderlich ist. 39

Die Beteiligten können in dem Verfahren eine Umgangsregelung treffen, die nach § 156 Abs. 2 FamFG bestätigt werden kann. Die gerichtliche Umgangsregelung oder die gem. § 156 Abs. 2 FamFG bestätigte Umgangsregelung kann gem. § 89 FamFG zu vollstrecken sein. 40

---

[45] BT-Drs. 13/4899, S. 107.
[46] *Veit* in: Bamberger/Roth, § 1684 Rn. 48.

§ 1686 BGB Auskunft über die persönlichen Verhältnisse des Kindes

(Fassung vom 04.07.2013, gültig ab 13.07.2013)

Jeder Elternteil kann vom anderen Elternteil bei berechtigtem Interesse Auskunft über die persönlichen Verhältnisse des Kindes verlangen, soweit dies dem Wohl des Kindes nicht widerspricht.

Gliederung

A. Grundlagen 1	b. Ziel des Auskunftsverlangens 22
B. Anwendungsvoraussetzungen 5	c. Kindesalter und Selbstbestimmung 23
I. Auskunftsrecht 5	III. Inhalt und Umfang des Auskunftsrechts 24
II. Voraussetzungen des Auskunftsanspruchs 9	1. Persönliche Verhältnisse des Kindes 24
1. Auskunftsberechtigter 9	2. Umfang des Auskunftsanspruchs 25
2. Auskunftsverpflichteter 13	3. Höchstpersönliche Angelegenheiten 26
3. Berechtigtes Interesse 16	4. Häufigkeit der Auskunftserteilung 27
4. Kindeswohl 21	IV. Grenze des Auskunftsrechts 28
a. Beschränkung des Auskunftsrechts 21	C. Verfahrenshinweise 29

A. Grundlagen[1]

1 § 1686 BGB wurde durch das KindRG[2] neu geregelt und hat den § 1634 Abs. 3 BGB a.F. ersetzt. Zuletzt wurde § 1686 BGB durch das Gesetz zur Stärkung der Rechte des leiblichen, nicht rechtlichen Vaters vom 04.07.2013 geändert.[3] Die Vorschrift regelt den **Auskunftsanspruch zwischen den Eltern** eines Kindes hinsichtlich der persönlichen Verhältnisse des Kindes. Das Auskunftsrecht dient dazu, dem Elternteil, der nicht mit dem Kind in häuslicher Gemeinschaft lebt, zu ermöglichen, sich von der Entwicklung des Kindes und seinem Wohlergehen laufend überzeugen zu können[4]. Es erlangt dort besondere Bedeutung, wo ein regelmäßiger Umgang ausgeschlossen oder auf brieflichen bzw. telefonischen Kontakt beschränkt ist, oder aus faktischen Gründen nicht stattfindet, insbesondere wegen großer räumlicher Entfernung.[5]

2 Die vom Gesetzgeber danach konzipierte **Ersatzfunktion** des Auskunftsanspruches schließt es allerdings nicht aus, in Ausnahmefällen dem Umgangsberechtigten auch neben dem ihm gestatteten persönlichen Verkehr mit dem Kinde einen Auskunftsanspruch zu gewähren.[6] Der Auskunftsanspruch **ergänzt** damit auch den Umgang mit dem Kind.[7]

3 Das Auskunftsrecht darf nicht zur **Überwachung des Sorgeberechtigten** missbraucht werden,[8] etwa um Material zur Änderung einer missliebigen Sorgerechtsregelung zu erlangen; diesem Zweck dient weder das Umgangs- noch das dieses ergänzende und begleitende Auskunftsrecht.[9]

4 Der Europäische Gerichtshof für Menschenrechte hat in seiner Entscheidung vom 15.09.2011 dem mutmaßlichen leiblichen Vater die Verletzung seines Rechts auf Achtung des Privatlebens in einer demokratischen Gesellschaft gemäß Art. 8 EMRK zugesprochen, wenn die nationalen Gerichte ihm ein Umgangs- und Auskunftsrecht hinsichtlich des Kindes, das mit seiner Mutter und dem rechtlichen Vater zusammenlebt, wegen des Fehlens einer sozial-familiären Beziehung verweigern, ohne zu prüfen, ob der Umgang des leiblichen Vaters mit dem Kind im Einzelfall dem Kindeswohl entspricht. Der leib-

---

[1] Die Kommentierung basiert teilweise auf den Ausführungen in der Vorauflage von *Bauer*.
[2] BGBl I 1997, 2942.
[3] BGBl I 2013, 2176.
[4] OLG Hamm v. 17.09.2009 - 2 UF 84/09, II-2 UF 84/09 - MDR 2010, 88-89.
[5] OLG Köln v. 19.10.2004 - 4 UF 123/03 - juris Rn. 18 - FamRZ 2005, 1276.
[6] OLG Brandenburg v. 23.06.1999 - 9 UF 122/99 - juris Rn. 19 - FuR 2000, 171-173; OLG Zweibrücken v. 23.01.1990 - 3 W 11/90 - juris Rn. 6 - FamRZ 1990, 779-780.
[7] OLG Brandenburg v. 23.06.1999 - 9 UF 122/99 - juris Rn. 19 - FuR 2000, 171-173; OLG Zweibrücken v. 23.01.1990 - 3 W 11/90 - juris Rn. 6 - FamRZ 1990, 779-780.
[8] OLG Brandenburg v. 26.07.2007 - 9 UF 87/07 - FamRZ 2008, 638-639; *Adolf-Kapgenoß*, jurisPR-FamR 10/2008, Anm. 5.
[9] OLG Zweibrücken v. 23.01.1990 - 3 W 11/90 - juris Rn. 6 - FamRZ 1990, 779-780.

liche Vater kann nicht auf die Durchführung eines Vaterschaftsanfechtungsverfahrens verwiesen werden.[10] Daher hat der Gesetzgeber mit dem Gesetz zur Stärkung der Rechte des leiblichen, nicht rechtlichen Vaters vom 04.07.2013 einen gesonderten Auskunfts- bzw. Umgangsanspruch in § 1686a BGB geschaffen.

B. Anwendungsvoraussetzungen

I. Auskunftsrecht

Jedem Elternteil steht bei berechtigtem Interesse das Recht zu, von dem anderen Elternteil Auskunft über die persönlichen Verhältnisse des Kindes zu verlangen, soweit dies dem Kindeswohl nicht widerspricht. Elternteile im Sinne des § 1686 BGB sind nur die Eltern im rechtlichen Sinne. Der biologische Vater, der zum Zeitpunkt der Geburt nicht mit der Mutter verheiratet war und die Vaterschaft auch nicht anerkannt hat, kann aus der Vorschrift einen Auskunftsanspruch nicht herleiten.

§ 1686 BGB ist eine selbständige **Anspruchsgrundlage**, der Auskunftsanspruch kann **kumulativ** geltend oder **selbständig** neben dem Umgangsrecht geltend gemacht werden.[11]

Der auskunftspflichtige Elternteil ist gegenüber dem auskunftsberechtigten Elternteil **leistungspflichtig**, wenn dieser ein berechtigtes Interesse an der Auskunft hat und die Auskunftserteilung dem Wohl des Kindes nicht widerspricht.[12]

Das Auskunftsrecht endet mit Volljährigkeit des Kindes.[13]

II. Voraussetzungen des Auskunftsanspruchs

1. Auskunftsberechtigter

Auskunftsberechtigt ist jeder Elternteil i.S.d. § 1684 BGB und nicht nur der Sorgeberechtigte. Die Vorschrift regelt das Auskunftsverhältnis nur für die Eltern untereinander. Der umgangsberechtigte Elternteil kann die Auskunftserteilung nur von dem anderen Elternteil selbst verlangen.[14] Er kann demnach nicht die Zustimmung zur Entbindung der das Kind behandelnden Ärzte von der Schweigepflicht verlangen, um sich die Auskünfte selbst zu beschaffen.[15]

Lässt dagegen das **hohe Konfliktniveau** zwischen den Eltern erwarten, dass auch ein Auskunftsverlangen des nicht betreuenden Elternteils über Belange der Kinder das Streitklima aktualisieren und eine Normalisierung der Elternkontakte verhindern wird, ist auch die Erfüllung des Auskunftsrechts des nicht betreuenden Elternteils nach § 1686 BGB auf den Pfleger (z.B. das Jugendamt) zu übertragen.[16]

Maßgeblich ist allein die **Elternstellung**.

Ob sich der Auskunftsanspruch auf umgangsberechtigte Personen, die nicht die Eltern des Kindes i.S.d. § 1685 BGB sind, in entsprechender Anwendung erstrecken lässt, wird uneinheitlich bewertet: Einerseits wird vertreten, dass es gewisse Situationen hierfür geben kann[17], andererseits wird wegen fehlender Gesetzeslücke die Analogiefähigkeit ausgeschlossen, insbesondere weil den **nichtelterlichen Bezugspersonen** gerade das Elternrecht nicht zusteht[18]. Da der Gesetzgeber in dem Gesetz über die Stärkung des leiblichen, nicht rechtlichen Vaters auch weiterhin von den Eltern spricht und in § 1686a BGB dem biologischen Vater unter besonderen Voraussetzungen einen Auskunftsanspruch zugesteht, liegt keine planwidrige Gesetzeslücke vor, so dass eine analoge Anwendung nicht in Betracht kommt.

---

[10] EGMR v. 15.09.2011 - 17080/07 - juris Rn. 98.
[11] OLG Brandenburg v. 23.06.1999 - 9 UF 122/99 - juris Rn. 20 - FuR 2000, 171-173.
[12] OLG Köln v. 19.10.2004 - 4 UF 123/03 - juris Rn. 18 - FamRZ 2005, 1276.
[13] BayObLG München v. 07.12.1992 - 1Z BR 93/92 - NJW 1993, 1081-1082.
[14] *Jaeger* in: Johannsen/Henrich, EheR, § 1686 Rn. 3.
[15] OLG Hamm v. 10.01.1995 - 15 W 269/94 - juris Rn. 25 - FamRZ 1995, 1288-1290; OLG Bremen v. 16.12.1998 - 4 W 18/98 - juris Rn. 2.
[16] OLG Frankfurt v. 03.02.2004 - 1 UF 284/00 - juris Rn. 10 - FamRZ 2004, 1311-1312.
[17] *Diederichsen* in: Palandt, § 1686 Rn. 3.
[18] *Rauscher*, FamRZ 1998, 329-341; AG Reinbek v. 28.07.2003 - 1 F 332/02 - FamRZ 2004, 55-56; OLG Schleswig-Holstein v. 30.01.2004 - 10 UF 199/03, 10 UF 222/03 - juris Rn. 20 - FamRZ 2004, 1057-1058.

§ 1686

2. Auskunftsverpflichteter

13 Der Auskunftsanspruch richtet sich gegen den anderen **Elternteil** und zwar denjenigen, in dessen **Obhut** sich das Kind befindet. Auskunftspflichtig ist nur der betreuende Elternteil, nicht Dritte wie Lehrer, Ärzte oder das Kind.[19]

14 Es wird die Meinung vertreten, auch den nach § 1685 BGB umgangsberechtigten Personen eine Auskunftspflicht gem. § 1686 BGB aufzuerlegen[20], weil sich die Interessenlage und die Rechtsposition der umgangsberechtigten Nichtverwandten hinsichtlich der Auskunftserteilung nicht von der eines umgangsberechtigten Elternteils unterscheidet. Dies ist jedoch aus den in Rn. 12 genannten Gründen abzulehnen.

15 Das Gesetz verlangt keine höchstpersönliche Auskunft, so dass, falls der Sorgeberechtigte jeglichen Kontakt mit dem Auskunftsberechtigten ablehnt, auch ein Rechtsanwalt (oder Großeltern, Jugendamt) als **Mittelsperson** eingeschaltet werden kann.[21] Nach § 18 SGB VIII soll bei der Befugnis, Auskunft über die persönlichen Verhältnisse des Kindes zu verlangen, bei der Herstellung von Umgangskontakten und bei der Ausführung gerichtlicher oder vereinbarter Umgangsregelungen vermittelt und in geeigneten Fällen Hilfestellung geleistet werden. Dahingehend besteht ein **außergerichtlicher Beratungsanspruch**.

3. Berechtigtes Interesse

16 Weitere Voraussetzung ist das Vorliegen eines **berechtigten Interesses** an der Auskunft. Ein berechtigtes Interesse des auskunftsberechtigten Elternteils an der Erteilung der Auskunft über die persönlichen Verhältnisse des Kindes liegt regelmäßig vor, wenn er keine andere Möglichkeit hat, sich über die Entwicklung des Kindes zu unterrichten.[22] Das berechtigte Interesse muss **gegenwärtig** sein.[23] Regelmäßig wird ein berechtigtes Interesse vorliegen, wenn das Umgangsrecht des betroffenen Elternteils durch gerichtliche Entscheidung nach § 1684 Abs. 4 BGB eingeschränkt oder ausgeschlossen wurde.[24] Es ist auch dann gegeben, wenn das Kind wegen geringem Alter oder einer Krankheit nicht selbst berichten kann[25] oder den Kontakt in jeder Form mit dem Auskunftsbegehrenden völlig ablehnt[26]. Das Vorliegen eines berechtigten Interesses muss auch dann bejaht werden, wenn nach längerer Abwesenheit ansonsten der Zweck des Umgangsrechts ohne die erforderliche Auskunft gefährdet wäre.[27]

17 Der Umstand, dass sich der Auskunftsberechtigte jahrelang nicht um das Kind gekümmert hat, rechtfertigt es nicht, das berechtigte Interesse an der Auskunft generell zu verneinen.[28] Allerdings kann das bisherige Verhalten gegenüber dem Kind für den Inhalt und Umfang der gebotenen Auskunft von Bedeutung sein.

18 Das berechtigte Interesse fehlt, wenn dieser Elternteil sich die Kenntnis in zumutbarer Weise selbst – beispielsweise beim nächsten Kontakt mit dem Kind – beschaffen kann.[29] Das berechtigte Interesse fehlt z.B. auch, wenn die Auskünfte auch von Dritten eingeholt werden können.[30] Dies ist dann der Fall, wenn z.B. nur das Aufenthaltsbestimmungsrecht auf einen Elternteil übertragen wurde, das gemeinsame Sorgerecht jedoch weiter besteht. In diesen Fällen hat der Elternteil gegenüber Ärzten, Schule etc. einen Auskunftsanspruch.

---

[19] OLG Bremen v. 16.12.1998 - 4 W 18/98 - juris Rn. 2; OLG Hamm v. 10.01.1995 - 15 W 269/94 - juris Rn. 25 - FamRZ 1995, 1288-1290.
[20] *Diederichsen* in: Palandt, § 1686 Rn. 4.
[21] OLG Köln v. 28.06.1996 - 16 Wx 118/96 - FamRZ 1997, 111-112.
[22] BayObLG München v. 14.02.1996 - 1Z BR 182/95 - juris Rn. 7 - FamRZ 1996, 813-814; OLG Schleswig v. 05.03.1996 - 8 UF 93/95 - SchlHA 1996, 245-246.
[23] OLG Hamm v. 10.01.1995 - 15 W 269/94 - juris Rn. 21 - FamRZ 1995, 1288-1290.
[24] *Veit* in: Bamberger/Roth, § 1686 Rn. 3.
[25] OLG Zweibrücken v. 23.01.1990 - 3 W 11/90 - juris Rn. 6 - FamRZ 1990, 779-780.
[26] BayObLG München v. 07.12.1992 - 1Z BR 93/92 - NJW 1993, 1081-1082.
[27] *Diederichsen* in: Palandt, § 1686 Rn. 5.
[28] OLG Köln v. 19.10.2004 - 4 UF 123/03 - juris Rn. 18 - FamRZ 2005, 1276; BayObLG München v. 07.12.1992 - 1Z BR 93/92 - juris Rn. 16 - NJW 1993, 1081-1082; OLG Schleswig v. 05.03.1996 - 8 UF 93/95 - SchlHA 1996, 245-246.
[29] *Veit* in: Bamberger/Roth, § 1686 Rn. 5.
[30] OLG Koblenz v. 14.02.2014 - 13 WF 146/14 - juris Rn. 3.

Weiterhin fehlt das berechtigte Interesse, wenn der Auskunftsbegehrende mit der Auskunft dem Wohl des Kindes abträgliche Zwecke verfolgt oder das **Auskunftsrecht missbrauchen** will.[31] Dass der nichteheliche Vater den von ihm geschuldeten Kindesunterhalt nicht freiwillig bezahlt, sondern im Wege der Zwangsvollstreckung gegen sich beitreiben lässt, genügt nicht unbedingt, um das Fehlen eines schutzwürdigen Eigeninteresses des Vaters an der Auskunftserteilung zu bejahen. Ein berechtigtes Interesse, vom anderen Elternteil Auskunft zu verlangen, kann nicht deshalb verneint werden, weil sich der auskunftsbegehrende Elternteil vorher längere Zeit nicht um das Kind gekümmert hat.[32]   19

Der **maßgebliche Zeitpunkt** für die Bestimmung, ob ein berechtigtes Interesse vorliegt, ist der Zeitpunkt der abschließenden Entscheidung über das Auskunftsbegehren. Der Auskunftsberechtigte, dessen berechtigtes Interesse an dem Auskunftsanspruch infolge neuerer Umstände oder Zeitablaufs entfallen ist, hat es in der Hand, die Hauptsache für erledigt zu erklären und seinen Anspruch auf die Kostenentscheidung zu beschränken.[33]   20

4. Kindeswohl

a. Beschränkung des Auskunftsrechts

Das **Kindeswohl beschränkt das Auskunftsrecht**, die begehrte Auskunft darf also dem Kindeswohl nicht widersprechen.[34] Das Wohl des Kindes soll hierbei nicht Maßstab für die Gewährung der Auskunft sein, sondern lediglich begrenzen.[35] Nur wenn und soweit konkrete Umstände dafür sprechen, dass durch die Erfüllung des Auskunftsverlangens das Kindeswohl beeinträchtigt werden kann, darf die Auskunft ausgeschlossen oder eingeschränkt werden.[36] Für das Kindeswohl sind die Ziele, die der Vater mit dem Auskunftsbegehren verfolgt, jedoch nur dann von Belang, wenn ihre Verwirklichung konkret in den Lebenskreis des Kindes eingreift.[37] Die Auskunft kann deshalb auch dann verlangt werden, wenn sie der Vater lediglich zu seiner eigenen Unterrichtung begehrt.[38] So zum Beispiel, um die Höhe der Unterhaltspflicht zu erfahren.[39]   21

b. Ziel des Auskunftsverlangens

Dem Auskunftsverlangen wird zu widersprechen sein, wenn es dem Wohl des Kindes **abträgliche Ziele** verfolgt[40], wie etwa, wenn es dazu dienen soll, den Aufenthalt des Kindes herauszubekommen, um einen dem Kindeswohl abträglichen persönlichen Kontakt herzustellen[41]. Ein dem Kindeswohl abträgliches Ziel des Auskunftsverlangens ist es weiterhin, wenn es dazu missbraucht wird, den Sorgeberechtigten zu überwachen.[42]   22

c. Kindesalter und Selbstbestimmung

Darüber hinaus ist das **Alter des Kindes** hinsichtlich des Umfanges des Auskunftsanspruches zu berücksichtigen, insbesondere dann, wenn das Kind fast volljährig (im vorliegenden Fall: 16 Jahre) ist.[43] Die wachsende Reife und **Selbstbestimmungsfähigkeit des Heranwachsenden** führt im Bereich seiner geschützten Intimsphäre dazu, dass die elterliche Sorge sich in ihrer Funktion wandelt und mehr und mehr zurückweicht. Der Personensorgeberechtigte ist daher nach § 1686 BGB nicht verpflichtet, über höchstpersönliche Angelegenheiten des Heranwachsenden, in denen dieser selbst entscheiden kann, gegen den Willen des Heranwachsenden Auskunft zu erteilen. Nach allgemeiner Ansicht kann   23

---

[31] BayObLG München v. 14.02.1996 - 1Z BR 182/95 - juris Rn. 7 - FamRZ 1996, 813-814.
[32] OLG Köln v. 19.10.2004 - 4 UF 123/03 - juris Rn. 18 - FamRZ 2005, 1276.
[33] OLG Hamm v. 10.01.1995 - 15 W 269/94 - juris Rn. 31 - FamRZ 1995, 1288-1290.
[34] OLG Naumburg v. 24.11.1999 - 8 UF 225/99 - juris Rn. 7 - FamRZ 2001, 513-514.
[35] OLG Hamm v. 07.03.2014 - II-13 WF 22/14 - juris Rn. 8.
[36] OLG Hamm v. 07.03.2014 - II-13 WF 22/14 - juris Rn. 8.
[37] OLG Köln v. 28.06.1996 - 16 Wx 118/96 - FamRZ 1997, 111-112.
[38] BayObLG München v. 07.12.1992 - 1Z BR 93/92 - NJW 1993, 1081-1082.
[39] BayObLG München v. 07.12.1992 - 1Z BR 93/92 - juris Rn. 10 - NJW 1993, 1081-1082.
[40] OLG Köln v. 28.06.1996 - 16 Wx 118/96 - FamRZ 1997, 111-112; BayObLG München v. 14.02.1996 - 1Z DR 182/95 - juris Rn. 7 FamRZ 1996, 813-814.
[41] OLG Naumburg v. 24.11.1999 - 8 UF 225/99 - juris Rn. 17 - FamRZ 2001, 513-514.
[42] OLG Zweibrücken v. 23.01.1990 - 3 W 11/90 - FamRZ 1990, 779-780; BayObLG München v. 07.12.1992 - 1Z BR 93/92 - NJW 1993, 1081-1082.
[43] OLG Hamm v. 10.01.1995 - 15 W 269/94 - juris Rn. 26 - FamRZ 1995, 1288-1290.

§ 1686

der Minderjährige, wenn er hierfür eine ausreichende „natürliche" Einsichts- und Urteilsfähigkeit besitzt, ohne Mitwirkung seines gesetzlichen Vertreters die behandelnden Ärzte von deren Schweigepflicht entbinden.[44]

III. Inhalt und Umfang des Auskunftsrechts

1. Persönliche Verhältnisse des Kindes

24 Nach dem Wortlaut der Vorschrift **beinhaltet** die Auskunft nur die **persönlichen Verhältnisse** des Kindes. Die persönlichen Verhältnisse umfassen im Grundsatz alle für das Wohlbefinden und die Entwicklung des Kindes wesentlichen Umstände.[45]

2. Umfang des Auskunftsanspruchs

25 Der **Umfang des Auskunftsanspruchs** im Einzelnen hängt von den jeweiligen Gegebenheiten ab[46] und ist im **Einzelfall zu prüfen**.[47] Das bedeutet, dass der Auskunftsanspruch nur diejenigen Informationen umfasst, die der Auskunftsberechtigte erlangen würde, wenn er das Umgangsrecht persönlich ausüben und dabei das Kind befragen würde.[48] Dahingehend sind die Aspekte des bisherigen Umgangsverhaltens zu berücksichtigen, etwa dass der Jugendliche bald volljährig wird sowie dass bisher keine näheren Beziehungen bestanden oder dass der Umgangsberechtigte das Umgangsrecht längere Zeit nicht ausgeübt hat. Der Mindestumfang der Auskunft soll unter solchen Umständen auf das Maß zu beschränken sein, das erforderlich ist, um dem Auskunftsberechtigten einen überschlägigen Eindruck der derzeitigen Situation seines Kindes zu vermitteln. Hierzu rechnen im Grundsatz auch **Schulzeugnisse**[49] oder **Fotos** des Kindes.[50]

3. Höchstpersönliche Angelegenheiten

26 **Höchstpersönliche Angelegenheiten,** über die der Heranwachsende selbst entscheiden kann, sind ebenso wie telefonische Geheimnummern[51] **nicht auskunftsfähig**.[52] Auch die Vorlage und weitere Führung eines laufenden Tagebuches kann nach § 1686 BGB nicht verlangt werden.[53] Die Auskunftspflicht des betreuenden Elternteils erstreckt sich nicht auf sämtliche Einzelheiten der täglichen Lebensführung. Anerkannt ist das Recht auf Übersendung von Kopien der Schulzeugnisse.

4. Häufigkeit der Auskunftserteilung

27 Die **Häufigkeit der Auskunftserteilung** bestimmt sich nach konkretem Anlass und nach Gegenstand.[54] Während Abschlusszeugnisse einmalig zu erteilen sind,[55] ist für die Entwicklung des Kindes im Zuge des Heranwachsens und zum Krankheits- bzw. Heilungsverlauf wiederholte Auskunft sinnvoll. Dahin gehend wird von einem regelmäßig halbjährlichen Bericht ausgegangen[56], bei Spannungen bis zu einem Jahr[57].

---

[44] *Diederichsen* in: Palandt, § 1686 Rn. 6.
[45] BayObLG München v. 07.12.1992 - 1Z BR 93/92 - NJW 1993, 1081-1082; LG Karlsruhe v. 28.07.1983 - 11 T 80/83 - FamRZ 1983, 1169.
[46] OLG Brandenburg v. 26.07.2007 - 9 UF 87/07 - FamRZ 2008, 638-639; *Adolf-Kapgenoß*, jurisPR-FamR 10/2008, Anm. 5.
[47] OLG Hamm v. 10.01.1995 - 15 W 269/94 - NJW-RR 1995, 1028-1029.
[48] *Veit* in: Bamberger/Roth, § 1686 Rn. 5; OLG Hamm v. 07.07.2000 - 8 UF 222/00 - FamRZ 2001, 514.
[49] BayObLG München v. 12.07.1983 - BReg 1 Z 20/83 - FamRZ 1983, 1169-1171; BayObLG München v. 07.12.1992 - 1Z BR 93/92 - NJW 1993, 1081-1082; OLG Hamm v. 13.05.2003 - 7 UF 98/03 - juris Rn. 4 - FamRZ 2003, 1583.
[50] OLG Hamm v. 07.07.2000 - 8 UF 222/00 - FamRZ 2001, 514.
[51] OLG Düsseldorf v. 13.05.1996 - 1 UF 86/96 - FamRZ 1997, 46.
[52] OLG Hamm v. 10.01.1995 - 15 W 269/94 - NJW-RR 1995, 1028-1029.
[53] OLG Koblenz v. 17.10.2001 - 13 UF 609/01 - juris Rn. 3 - FamRZ 2002, 980-981.
[54] *Diederichsen* in: Palandt, § 1686 Rn. 9.
[55] OLG Hamm v. 07.07.2000 - 8 UF 222/00 - juris Rn. 1 - FamRZ 2001, 514.
[56] BayObLG München v. 07.12.1992 - 1Z BR 93/92 - NJW 1993, 1081-1082.
[57] BayObLG München v. 14.02.1996 - 1Z BR 182/95 - NJW-RR 1996, 966.

IV. Grenze des Auskunftsrechts

Das Auskunftsrecht des Vaters, der nicht mit der Mutter verheiratet ist, erfasst nicht den Anspruch gegen die Mutter, die Ärzte, die das Kind während seiner Unterbringung in einem kinderpsychiatrischen Krankenhaus behandeln, von ihrer Schweigepflicht zu entbinden. Dies gilt insbesondere dann, wenn der Kindesvater hofft, auf dem Wege der Schweigepflichtentbindung Material über die Kindesmutter zu erlangen, das gegen ihre Erziehungseignung spricht.[58]

28

C. Verfahrenshinweise

Sachlich zuständig ist gem. § 151 Nr. FamFG das Familiengericht, funktionell der Rechtspfleger, § 3 Nr. 2a RPflG. Der Wert des Verfahrens auf Auskunftserteilung betreffend das gemeinsame Kind beträgt nach OLG Hamm gem. § 45 Abs. 1 FamGKG 3.000 €.[59]

29

Vollstreckt wird die Auskunftsverpflichtung gemäß § 95 Abs. 1 Nr. 3 FamFG i.V.m. § 888 ZPO. Für die Vollstreckung bedarf es gemäß § 888 Abs. 2 ZPO weder einer Androhung noch ist ein Hinweis auf die Folgen der Zuwiderhandlung gemäß § 89 Abs. 2 FamFG erforderlich.[60]

30

---

[58] OLG Bremen v. 18.07.2001 - 5 UF 27/2001c, 5 UF 27/01c.
[59] OLG Hamm v. 30.07.2013 II - 9 WF 109/13.
[60] OLG Saarbrücken v. 01.08.2014 - 9 WF 58/14 - juris Rn. 9; *Giers*, jurisPR-FamR 24/2014, Anm. 4.

§ 1686a BGB Rechte des leiblichen, nicht rechtlichen Vaters

(Fassung vom 04.07.2013, gültig ab 13.07.2013)

(1) Solange die Vaterschaft eines anderen Mannes besteht, hat der leibliche Vater, der ernsthaftes Interesse an dem Kind gezeigt hat,

1. ein Recht auf Umgang mit dem Kind, wenn der Umgang dem Kindeswohl dient, und

2. ein Recht auf Auskunft von jedem Elternteil über die persönlichen Verhältnisse des Kindes, soweit er ein berechtigtes Interesse hat und dies dem Wohl des Kindes nicht widerspricht.

(2) ¹Hinsichtlich des Rechts auf Umgang mit dem Kind nach Absatz 1 Nummer 1 gilt § 1684 Absatz 2 bis 4 entsprechend. ²Eine Umgangspflegschaft nach § 1684 Absatz 3 Satz 3 bis 5 kann das Familiengericht nur anordnen, wenn die Voraussetzungen des § 1666 Absatz 1 erfüllt sind.

Gliederung

A. Grundlagen 1	1. Berechtigte 21
B. Anwendungsvoraussetzungen 5	2. Voraussetzungen 22
I. Allgemeine Voraussetzungen 5	3. Verpflichteter 25
1. Biologischer Vater 5	4. Inhalt 26
2. Rechtliche Vaterschaft eines anderen Mannes 7	C. Verfahrenshinweise 27
3. Ernsthaftes Interesse 10	I. Zuständigkeiten 28
II. Umgangsrecht (Absatz 1 Nr. 1) 14	II. Antrag 30
1. Vereinbarkeit mit Kindeswohl 14	III. Versicherung an Eides statt (§ 167a Abs. 1 FamFG) 31
2. Ausgestaltung des Umgangsrechts 16	IV. Feststellung der leiblichen Vaterschaft (§ 167a Abs. 2 und 3 FamFG) 33
a. Wohlverhaltenspflicht 17	V. Weitere Verfahrenshinweise 36
b. Inhalt/Umfang des Umgangs 18	
c. Einschränkungen 20	
III. Auskunftsrecht (Absatz 1 Nr. 2) 21	

A. Grundlagen

1 § 1686a BGB wurde durch das Gesetz zur Stärkung der Rechte des leiblichen, nicht rechtlichen Vaters vom 04.07.2013 in das BGB eingeführt und ist am 13.07.2013 in Kraft getreten.[1] Die Vorschrift hat eine Verbesserung der Rechtsstellung des leiblichen Vaters zum Ziel und soll den nach der Rechtsprechung des Europäischen Gerichtshof für Menschenrechte[2] nicht mit Art. 8 EMRK zu vereinbarenden Zustand beseitigen, wonach der leibliche Vater, der keinen Umgang gem. § 1685 Abs. 2 BGB in Anspruch nehmen kann, von einem Umgang mit seinem Kind ausgeschlossen ist, insbesondere dann, wenn die fehlende Herstellung des Familienlebens nicht ihm zuzurechnen ist.[3] Dem leiblichen Vater eines Kindes, der mit der Mutter des Kindes nicht verheiratet ist und auch die Vaterschaft nicht anerkannt hat, stand bis zu der Einführung des § 1686a BGB nur nach § 1685 Abs. 2 BGB in Verbindung mit Absatz 1 ein Umgangsrecht zu, sofern er eine enge Bezugsperson des Kindes ist, Verantwortung trägt oder getragen hat und der Umgang dem Wohl den Kindes dient.[4]

2 Dem biologischen Vater wird nunmehr mit der Vorschrift ein Umgangs- bzw. Auskunftsrecht über die persönlichen Verhältnisse des Kindes eingeräumt unter der Voraussetzung, dass er ein ernsthaftes Interesse an dem Kind hat und rechtlich ein anderer Mann Vater des Kindes ist. Sowohl bei dem Umgangs- als auch dem Auskunftsverfahren findet eine Kindeswohlprüfung statt. Umfang und Inhalt des Umgangs ergeben sich nach § 1686a Abs. 2 BGB aus § 1684 Abs. 2-4 BGB. Beide Ansprüche bestehen unabhängig voneinander.[5]

---

[1] BGBl I 2013, 2176.
[2] EGMR v. 22.03.2012 - 23338/09; EGMR v. 22.03.2012 - 45071/09.
[3] BT-Drs. 17/12163, S. 9.
[4] BT-Drs. 17/12163, S. 1, vgl. die Kommentierung zu § 1685 BGB.
[5] *Hoffmann*, FamRZ 2013, 1077-1082, 1077.

Besteht jedoch bereits eine sozial-familiäre Beziehung zwischen dem leiblichen Vater und dem Kind, besteht nach Inkrafttreten des § 1686a BGB weiterhin ein Anspruch auf Umgang nach § 1685 Abs. 2 BGB.[6]

Durch die Verweisung auf § 1684 Abs. 2-4 BGB trifft den leiblichen Vater neben seinem Umgangs- bzw. Auskunftsrecht lediglich eine Wohlverhaltenspflicht. Andere Pflichten, wie z.B. Unterhaltspflicht oder **Umgangspflicht,** werden dem leiblichen, nicht rechtlichen Vater jedoch nicht auferlegt, so dass der Gesetzgeber auch von einer „**Elternschaft light**" spricht.[7]

B. Anwendungsvoraussetzungen

I. Allgemeine Voraussetzungen

1. Biologischer Vater

Das Umgangs- bzw. Auskunftsrecht steht dem leiblichen Vater zu[8], wobei leiblicher Vater eines Kindes auch der Mann ist, der mittels einer Samenspende das Kind gezeugt hat[9]. Zu der Problematik der Antragsberechtigung des Samenspenders vgl. Rn. 31.

Dem leiblichen Vater eines Kindes, der seine Vaterstellung im Wege einer **Adoption** mit seiner Einwilligung verloren hat (z.B. Stiefkindadoption), steht der Weg des § 1686a BGB dagegen nicht offen.[10]

2. Rechtliche Vaterschaft eines anderen Mannes

Weitere Anwendungsvoraussetzung für den Umgangs- bzw. Auskunftsanspruch nach § 1686a BGB ist, dass das Kind **einen rechtlichen Vater** hat. Diese rechtliche Vaterschaft eines anderen Mannes als materiell-rechtliche Voraussetzung kann sich aus § 1592 Nr. 1 oder Nr. 2 BGB ergeben.[11]

Hat das Kind jedoch keinen rechtlichen Vater, bleibt dem leiblichen Vater nur die Möglichkeit, die rechtliche Vaterstellung nach § 1592 Nr. 2 oder Nr. 3 BGB zu erlangen, um Rechte aus den §§ 1684, 1686 BGB geltend machen zu können.[12]

Dies gilt auch dann, wenn die Vaterschaft des rechtlichen Vaters des Kindes erfolgreich durch einen nach den §§ 1599, 1600 BGB Anfechtungsberechtigten angefochten und daher erloschen ist.[13] Ab Rechtskraft der Entscheidung zur **Vaterschaftsanfechtung** gilt das gleiche wie in der Konstellation, in dem das Kind von Anfang an keinen rechtlichen Vater hatte.[14]

3. Ernsthaftes Interesse

Schließlich muss als weitere Voraussetzung für den Umgangs- bzw. Auskunftsanspruch des § 1686a BGB der leibliche Vater ein **ernsthaftes Interesse** an dem Kind gezeigt haben. Mit dieser weiteren Voraussetzung soll dem Umstand Rechnung getragen werden, dass Rechte anderer Betroffener von nicht minderem Rang gleichermaßen auf dem Spiel stehen[15] und zwar die Rechte von Mutter und Kind auf informelle Selbstbestimmung, der Kindesmutter auf Achtung der Privat- und Intimsphäre sowie das Elternrecht von Mutter und rechtlichem Vater.[16]

Durch den **unbestimmten Rechtsbegriff** „ernsthaftes Interesse" wird den Gerichten ein Ermessensspielraum zugebilligt.[17] Die Gerichte müssen im Einzelnen prüfen, woran sich das behauptete Interesse am Kind im konkreten Einzelfall festmacht und ob sich dieses Interesse manifestiert hat. Der Gesetzgeber hat in den Gesetzesbegründungen mögliche Anhaltspunkte für ein ernsthaftes Interesse beispielhaft aufgeführt: das Begleiten der Mutter zu Vorsorgeuntersuchungen oder den geäußerten Wunsch eines Begleitens, das Zeigen von Interesse am Ergebnis der Vorsorgeuntersuchungen, das Begleiten der

---

[6] *Hoffmann,* FamRZ 2013, 1077-1082, 1077.
[7] *Veit* in: Bamberger/Roth, § 1686a Rn. 2; BT-Drs. 17/12163, S. 12.
[8] BT-Drs. 17/12163, S. 10.
[9] *Hoffmann,* FamRZ 2013, 1077-1082, 1078.
[10] BT-Drs. 17/12163, S. 12.
[11] *Keuter,* ZKJ 2013, 484-488, 485.
[12] BT-Drs. 17/12163, S. 10, 12; *Hoffmann,* FamRZ 2013, 1077-1082, 1078.
[13] *Hoffmann,* FamRZ 2013, 1077-1082, 1079, *Veit* in: Bamberger/Roth, § 1686a Rn. 4.
[14] *Hoffmann,* FamRZ 2013, 1077-1082, 1079 mit weiteren Nachweisen.
[15] BT-Drs. 17/12163, S. 13.
[16] *Veit* in: Bamberger/Roth, § 1686a Rn. 8 mit weiteren Nachweisen.
[17] BT-Drs. 17/12163, S. 13.

Mutter zur Entbindung oder den geäußerten Wunsch des Begleitens, das Kennenlernen des Kindes alsbald nach seiner Geburt oder den geäußerten Wunsch danach, das Bemühen um weitere Kontakte mit dem Kind, das wiederholte und demnach nachhaltige Artikulieren des Wunsches auf Umgang, gegebenenfalls das Entwickeln von Plänen, wie der Kontaktwunsch im Hinblick auf den Wohnort und Arbeitszeiten realisiert werden kann, ob er sich vor und nach der Geburt zu dem Kind bekannt hat, ob er die Bereitschaft geäußert hat, Verantwortung für das Kind – gegebenenfalls auch finanziell – zu übernehmen.[18]

12 Nach der Entscheidung des OLG Bremen vom 10.10.2014 liegt ein ernsthaftes Interesse nicht vor, wenn während der Schwangerschaft der Kindesmutter der (mögliche) biologische Vater Kenntnis hiervon erlangt, die Beziehung daraufhin abbricht und sich in der Folgezeit weder um die schwangere Mutter noch nach der Geburt um das Kind kümmert oder sich auch nur interessiert zeigt und für 7 Jahre „abtaucht".[19] Daher kann ein ernsthaftes Interesse nur angenommen werden, wenn der (mögliche) biologische Vater sich zügig darum kümmert, sein Kind kennen lernen zu wollen. Dafür ist es erforderlich, dass sich der mutmaßliche biologische Vater in engem zeitlichem Zusammenhang mit der Kenntnis von seiner möglichen Vaterschaft um eine Kontaktaufnahme zumindest bemüht.[20]

13 Die Entwicklung über die Ausgestaltung des unbestimmten Rechtsbegriffs des „ernsthaften Interesses" bleibt abzuwarten, da die von dem Gesetzgeber aufgeführten Beispiele zum Teil als „willkürlich" betrachtet werden.[21]

II. Umgangsrecht (Absatz 1 Nr. 1)

1. Vereinbarkeit mit Kindeswohl

14 Liegen die oben aufgeführten allgemeinen Voraussetzungen vor, steht dem leiblichen Vater der konkrete Umgang wie bei § 1685 Abs. 2 BGB nur zu, wenn dies dem Kindeswohl dient. Erforderlich ist demnach auch hier eine **positive Kindeswohlprüfung**.[22] Anders als in § 1685 Abs. 2 BGB ist für § 1686a Abs. 1 Nr. 1 BGB eine sozial-familiäre Beziehung zwischen Kind und biologischem Vater jedoch nicht notwendig.[23] Nach der Begründung des Gesetzgebers ist bei der Prüfung des Kindeswohls unter Berücksichtigung der konkreten familiären Begebenheiten insbesondere auch zu prüfen, ob und gegebenenfalls inwieweit Umgangskontakte mit einem gewissermaßen zweiten, ausschließlich auf der biologischen Abstammung beruhenden Vater für das Kind eine seelische Belastung darstellen, ob das Kind dadurch in einer dem Kindswohl abträglichen Weise verunsichert wird, inwieweit die Kindesmutter und der biologische Vater gegebenenfalls ihre Konflikte nach der Trennung begrenzen können und wie der Umgang im Interesse einer gesunden Persönlichkeitsentwicklung und der Identitätsfindung des Kindes zu bewerten ist.[24]

15 In die Prognoseentscheidung muss sowohl die weitere Entwicklung des Umgangs, also Nachhaltigkeit und Ernsthaftigkeit, sowie die Motivation des leiblichen Vaters zum Umgang mit seinem Kind, als auch die Fähigkeit, feinfühlig Kontakte mit dem Kind aufzunehmen und zu gestalten, einfließen.[25] Die Kindeswohlprüfung stellt daher erhebliche Anforderungen sowohl an die Familiengerichte, als auch an die zu beteiligenden Jugendämter und Sachverständigen.[26]

2. Ausgestaltung des Umgangsrechts

16 Dient der Umgang des leiblichen Vaters mit dem Kind dem Kindeswohl, verweist § 1686a Abs. 2 Satz 1 BGB hinsichtlich der Ausgestaltung des Umgangsrechts auf § 1684 Abs. 2-4 BGB.

---

[18] OLG Bremen v. 10.10.2014 - 5 UF 89/14 - juris Rn. 18; BT-Drs. 17/12163, S. 13; *Keuter*, ZKJ 2013, 484-488, 486.
[19] OLG Bremen v. 10.10.2014 - 5 UF 89/14 - juris Rn. 19.
[20] OLG Bremen v. 10.10.2014 - 5 UF 89/14 - juris Rn. 19.
[21] *Keuter*, ZKJ 2013, 484-488, 486 mit weiteren Nachweisen.
[22] *Hoffmann*, FamRZ 2013, 1077-1082, 1080.
[23] *Veit* in: Bamberger/Roth, § 1686a Rn. 12.
[24] BT-Drs. 17/12163, S. 14; OLG Bremen v. 10.10.2014 - 5 UF 89/14 - juris Rn. 22.
[25] *Veit* in: Bamberger/Roth, § 1686a Rn. 17.
[26] *Pheiler-Cox*, jM 2014, 141-147, 145 f. mit weiteren Nachweisen; *Veit* in: Bamberger/Roth, § 1686a Rn. 15 ff.

a. Wohlverhaltenspflicht

Nach § 1686a Abs. 2 Satz 1 BGB in Verbindung mit § 1684 Abs. 2 BGB trifft sowohl den leiblichen Vater als auch die rechtlichen Eltern die Pflicht, alles zu unterlassen, was das Verhältnis des Kindes zu jedem Elternteil oder die Erziehung erschwert (Wohlverhaltenspflicht).[27] Das heißt für den leiblichen Vater aber auch, dass er den Erziehungsvorrang der rechtlichen Eltern respektieren muss.[28]

17

b. Inhalt/Umfang des Umgangs

Das Familiengericht kann nach § 1686a Abs. 2 Satz 1 BGB in Verbindung mit § 1684 Abs. 3 BGB den Umfang des Umgangs auch gegenüber Dritten näher regeln, soweit ein Einvernehmen der Beteiligten nicht zu erzielen ist. Insbesondere kann das Gericht nach § 1684 Abs. 3 Satz 2 BGB durch Anordnungen zur Erfüllung der **Wohlverhaltenspflicht** (vgl. Rn. 17) anhalten.

18

Nach Absatz 2 Satz 2 der Vorschrift kann das Gericht eine Umgangspflegschaft nach § 1684 Abs. 3 Sätze 3-5 BGB nur anordnen, wenn die Voraussetzungen des § 1666 Abs. 1 BGB gegeben sind.

19

c. Einschränkungen

Schließlich besteht nach § 1686a Abs. 2 Satz 1 BGB i.V.m. § 1684 Abs. 4 BGB die Möglichkeit, das Umgangsrecht einzuschränken oder auszuschließen, soweit dies zum Wohl des Kindes erforderlich ist. Eine Einschränkung bzw. der Ausschluss des Umgangsrechts kommt nur in Betracht, wenn zuvor eine gerichtliche Entscheidung über den Umgang getroffen wurde.[29]

20

III. Auskunftsrecht (Absatz 1 Nr. 2)

1. Berechtigte

Auskunftsberechtigter ist der leibliche Vater, solange die Vaterschaft eines anderen Mannes feststeht. Hierbei dürfte es nicht darauf ankommen, ob zwischen dem leiblichen Vater und dem Kind eine sozial-familiäre Beziehung besteht oder nicht. Für beide Fallkonstellationen besteht das Auskunftsrecht, da ansonsten der leibliche Vater, der eine sozial-familiäre Beziehung zu dem Kind hat, keinen Auskunftsanspruch nach § 1686a Abs. 1 Nr. 2 BGB und auch nach keiner anderen Vorschrift hat und damit schlechter gestellt wäre als der leibliche Vater ohne sozial-familiäre Beziehung.[30]

21

2. Voraussetzungen

Besondere Voraussetzungen für den Auskunftsanspruch sind, dass der leibliche Vater ein **berechtigtes Interesse** hat und dass **kein Widerspruch zum Kindeswohl** vorliegt.

22

Neben dem ernsthaften Interesse an dem Kind muss demnach für den Auskunftsanspruch noch ein berechtigtes Interesse vorliegen. Dieses berechtigte Interesse entspricht dem nach § 1686 BGB[31], so dass auf die Kommentierung zu § 1686 BGB verwiesen wird.

23

Des Weiteren darf kein Widerspruch zum Kindeswohl vorliegen. Der Gesetzgeber hat auch hier wie in § 1686 BGB auf eine positive Kindeswohlprüfung verzichtet[32], so dass auf die dortigen Ausführungen ebenfalls verwiesen wird.

24

3. Verpflichteter

Zur Auskunft sind beide rechtlichen Eltern verpflichtet und nicht das Kind.[33]

25

4. Inhalt

Verlangt werden kann Auskunft über die **persönlichen Verhältnisse**, das heißt über alle für das Befinden und die Entwicklung des Kindes wesentliche Umstände, die der Umgangsberechtigte nach dem Zweck des Umgangsrechts erfahren darf. Insoweit ergeben sich keine Abweichungen zu § 1686 BGB.

26

---

[27] *Keuter*, ZKJ 2013, 484-488, 487.
[28] *Veit* in: Bamberger/Roth, § 1686a Rn. 20.
[29] *Veit* in: Bamberger/Roth, § 1686a Rn. 23, 24 mit weiteren Nachweisen.
[30] *Veit* in: Bamberger/Roth, § 1686a Rn. 28.
[31] BT-Drs. 17/12163, S. 14; *Hoffmann*, FamRZ 2013, 1077-1082, 1081.
[32] BT-Drs. 17/12163, S. 14.
[33] *Keuter*, ZKJ 2013, 484-488, 488; *Pheiler-Cox*, jM 2014, 141-147, 146.

C. Verfahrenshinweise

27 Das Verfahren auf Erlangung eines Umgangs- bzw. Auskunftsrechts richtet sich nach § 167a FamFG. Das Verfahren unterliegt – soweit es um den Umgang mit dem Kind geht – dem **Beschleunigungsgebot** des § 155 Abs. 1 und 2 FamFG.[34]

I. Zuständigkeiten

28 Gemäß § 151 Nr. 2 FamFG ist für die Entscheidung über das Umgangs- bzw. Auskunftsrecht das Familiengericht zuständig. Funktionell zuständig ist der Rechtspfleger für die Entscheidung über das Auskunftsrecht ebenso wie für § 1686 BGB, § 3 Satz 2 lit. a) RPflG. Für eine Entscheidung über das Umgangsrecht ist funktionell der Richter zuständig, § 14 Abs. 1 Nr. 7 RPflG. Begehrt der leibliche, nicht rechtliche Vater sowohl Umgang als auch Auskunft, ist für beide Anträge der Richter zuständig.[35]

29 Die funktionelle Zuständigkeit des Rechtspflegers für das Auskunftsverfahren ist dann problematisch, wenn die Abstammung streitig ist und daher im Einzelfall Entscheidungen nach § 167a Abs. 3 FamFG, §§ 386 ff. ZPO anstehen, für die der Richter zuständig ist.[36]

II. Antrag

30 Das Verfahren wird nur auf Antrag und nicht von Amts wegen eingeleitet. Antragsberechtigt ist nur der (potentielle) leibliche Vater.

III. Versicherung an Eides statt (§ 167a Abs. 1 FamFG)

31 Für das Verfahren auf Umgang mit seinem Kind und auf Auskunft über dessen persönliche Verhältnisse nach § 1686a BGB ist nach § 167a FamFG erforderlich, dass der Antragsteller an Eides statt versichert, der Kindesmutter während der Empfängniszeit beigewohnt zu haben. Durch dieses Zulässigkeitserfordernis sollen Mutter, Kind und (rechtlicher) Vater – nach dem Vorbild des § 1600 Abs. 1 BGB – vor Umgangs- und Auskunftsverfahren „ins Blaue hinein" geschützt werden.[37] Gleichzeitig wird – so die Gesetzesbegründung – durch das Erfordernis der **eidesstattlichen Versicherung** der Beiwohnung verhindert, dass ein Mann, der durch künstliche Befruchtung mittels **heterologer Samenspende** biologischer Vater geworden ist, ein Umgangs- oder Auskunftsrecht begehren kann.[38]

32 Etwas anderes soll nach der (wohl) überwiegenden Meinung der Literatur für die **homologe Insemination** gelten. Danach ist die Abgabe der eidesstattlichen Versicherung nach § 167a FamFG als Zulässigkeitserfordernis mit Hinweis auf die Rechtsprechung zu § 1600 Abs. 1 BGB und der dortigen Unterscheidung der künstlichen Befruchtung unproblematisch.[39] Auch hier bleibt die weitere Entwicklung, insbesondere die der Rechtsprechung abzuwarten.

IV. Feststellung der leiblichen Vaterschaft (§ 167a Abs. 2 und 3 FamFG)

33 Der Anspruch des leiblichen Vaters nach § 1686a BGB auf Umgang mit seinem Kind und auf Auskunft über dessen persönliche Verhältnisse setzt nach § 167a Abs. 2 FamFG unter anderem voraus, dass die leibliche Vaterschaft feststeht. Ist diese strittig, regelt § 167a Abs. 2 und Abs. 3 FamFG das Verfahren zur Feststellung der leiblichen Vaterschaft. In dem Verfahren auf Umgang mit seinem Kind oder auf Auskunft über dessen persönliche Verhältnisse findet daher bei nicht feststehender leiblicher Vaterschaft eine Inzidentprüfung statt.[40]

34 Nach § 167a Abs. 2 FamFG hat jede Person Untersuchungen, insbesondere die Entnahme von Blutproben, zu dulden, es sei denn, dass ihr die Untersuchung nicht zugemutet werden kann. Demnach wird durch die Vorschrift geregelt, unter welchen Voraussetzungen Untersuchungen zur Klärung der leiblichen Vaterschaft zu dulden sind.[41] Das Einholen eines Gutachtens kann nach § 167a Abs. 3 i.V.m. § 177 Abs. 2 Satz 2 FamFG durch die Verwertung eines von einem Beteiligten mit Zustimmung der

---

[34] *Keuter*, ZKJ 2014, 16-18, 16; *Veit* in: Bamberger/Roth, § 1686a Rn. 43.
[35] *Hammer* in: Prütting/Helms, 3. Aufl. 2013, § 167a FamFG Rn. 4.
[36] *Keuter*, ZKJ 2014, 16-18, 17.
[37] BT-Drs. 17/12163, S. 14.
[38] BT-Drs. 17/12163, S. 14.
[39] Vgl. *Veit* in: Bamberger/Roth, § 1686a Rn. 37 ff. mit weiteren Nachweisen.
[40] *Veit* in: Bamberger/Roth, § 1686a Rn. 38 ff.; *Hoffmann*, FamRZ 2013, 1077-1982, 1079.
[41] BT-Drs. 17/12163, S. 14; *Veit* in: Bamberger/Roth, § 1686a Rn. 38 ff.

anderen Beteiligten eingeholten Gutachtens über die Abstammung ersetzt werden, wenn das Gericht keine Zweifel an der Richtigkeit und Vollständigkeit der im Gutachten getroffenen Feststellungen hat und die Beteiligten zustimmen.[42]

Das Ergebnis der Beweisaufnahme erwächst aufgrund der allein inzidenten Prüfung des Bestehens der leiblichen Vaterschaft nicht in materieller Rechtskraft.[43]

V. Weitere Verfahrenshinweise

Die Frage, ob in den Verfahren nach § 1686a BGB i.V.m. § 167a FamFG zunächst die leibliche Vaterschaft des Mannes oder die anderen Voraussetzungen eines Anspruches auf Umgang mit seinem Kind oder Auskunft über die persönlichen Verhältnisse geprüft werden, steht im Ermessen des Familiengerichts.[44]

Nach der Entscheidung des Bundesverfassungsgerichts vom 19.11.2014 darf die Reihenfolge der Klärung der Tatbestandsvoraussetzungen des § 1686a BGB indessen von Verfassungs wegen nicht im Belieben des Gerichts stehen, weil die Betroffenen nicht mit Grundrechtseingriffen belastet werden dürfen, die nicht erforderlich sind. Insbesondere dürfen die Gerichte die Reihenfolge nicht allein aus das Gerichtsverfahren betreffenden Praktikabilitätserwägungen wählen. Wegen der familiären Auswirkungen der Abstammungsklärung kann es zur Vermeidung unnötiger Eingriffe in das Familiengrundrecht vielmehr geboten sein, die Abstammungsklärung erst dann herbeizuführen, wenn das Gericht festgestellt hat, dass die sonstigen Anspruchsvoraussetzungen vorliegen; ist hingegen absehbar, dass die Klärung der sonstigen Anspruchsvoraussetzungen für die Betroffenen ungleich belastender ist, kann es umgekehrt geboten sein, zuerst die Abstammungsklärung vorzunehmen.[45]

Lässt sich die Frage der Kindeswohldienlichkeit oder -verträglichkeit ohne großen Aufwand klären, sollte vorab keine Abstammungsuntersuchung angeordnet werden. Die Anordnung einer Abstammungsuntersuchung vor Klärung der sonstigen Voraussetzungen eines Anspruchs nach § 1686a BGB scheidet regelmäßig auch dann aus, wenn nach dem Stand der Ermittlungen unwahrscheinlich ist, dass die sonstigen Voraussetzungen vorliegen. Je wahrscheinlicher hingegen ist, dass die sonstigen Anspruchsvoraussetzungen vorliegen und je geringer die damit verbundenen Beeinträchtigungen des Familienlebens wären, desto eher darf eine Abstammungsuntersuchung vor der abschließenden Klärung der sonstigen Tatbestandsvoraussetzungen angeordnet werden. Bei der Beurteilung der Beeinträchtigungen des Familienlebens kann insbesondere dem Umstand Bedeutung zukommen, ob die Möglichkeit der leiblichen Vaterschaft des Antragstellers zwischen den Beteiligten streitig ist oder nicht.[46]

---

[42] BT-Drs. 17/12163, S. 14; *Veit* in: Bamberger Roth, § 1686a Rn. 40; *Hoffmann*, FamRZ 2013, 1077-1082, 1079.
[43] BT-Drs. 17/12163, S. 14; *Veit* in: Bamberger/Roth, § 1686a Rn. 40; *Hoffmann*, FamRZ 2013, 1077-1082, 1079.
[44] *Hoffmann*, FamRZ 2013, 1077-1082, 1079; so auch OLG Koblenz v. 19.11.2012 - 7 WF 946/12 - juris Rn. 8 für ein Verfahren nach § 1685 Abs. 2 BGB.
[45] BVerfG v. 19.11.2014 - 1 BvR 2843/14 - juris Rn. 10.
[46] BVerfG v. 19.11.2014 - 1 BvR 2843/14 - juris Rn. 10.

§ 1687 BGB Ausübung der gemeinsamen Sorge bei Getrenntleben

(Fassung vom 02.01.2002, gültig ab 01.01.2002)

(1) ¹Leben Eltern, denen die elterliche Sorge gemeinsam zusteht, nicht nur vorübergehend getrennt, so ist bei Entscheidungen in Angelegenheiten, deren Regelung für das Kind von erheblicher Bedeutung ist, ihr gegenseitiges Einvernehmen erforderlich. ²Der Elternteil, bei dem sich das Kind mit Einwilligung des anderen Elternteils oder auf Grund einer gerichtlichen Entscheidung gewöhnlich aufhält, hat die Befugnis zur alleinigen Entscheidung in Angelegenheiten des täglichen Lebens. ³Entscheidungen in Angelegenheiten des täglichen Lebens sind in der Regel solche, die häufig vorkommen und die keine schwer abzuändernden Auswirkungen auf die Entwicklung des Kindes haben. ⁴Solange sich das Kind mit Einwilligung dieses Elternteils oder auf Grund einer gerichtlichen Entscheidung bei dem anderen Elternteils aufhält, hat dieser die Befugnis zur alleinigen Entscheidung in Angelegenheiten der tatsächlichen Betreuung. ⁵§ 1629 Abs. 1 Satz 4 und § 1684 Abs. 2 Satz 1 gelten entsprechend.

(2) Das Familiengericht kann die Befugnisse nach Absatz 1 Satz 2 und 4 einschränken oder ausschließen, wenn dies zum Wohl des Kindes erforderlich ist.

Gliederung

A. Grundlagen 1	3. Vertretungsmacht 21
B. Anwendungsvoraussetzungen 3	IV. Alleinentscheidungsrecht in Angelegenheiten
I. Anwendungsbereich 4	der tatsächlichen Betreuung (Absatz 1 Satz 4) . 22
II. Erfordernis des gegenseitigen Einvernehmens (Absatz 1 Satz 1) 8	1. Angelegenheiten tatsächlicher Betreuung 22
1. Angelegenheiten von erheblicher Bedeutung 8	2. Keine Vertretungsmacht 24
2. Gegenseitiges Einvernehmen 15	V. Notvertretung (Absatz 1 Satz 5, § 1629 Abs. 1 Satz 4 BGB) 25
3. Gerichtliche Durchsetzung 16	VI. Loyalitätsverpflichtung (Absatz 1 Satz 5, § 1684 Abs. 2 Satz 1 BGB) 26
III. Alleinentscheidungsbefugnis in Angelegenheiten des täglichen Lebens (Absatz 1 Sätze 2 und 3) 17	VII. Einschränkung und Ausschluss der Befugnisse durch das FamG (Absatz 2) 27
1. Berechtigter 17	C. Verfahrenshinweis 28
2. Angelegenheit des täglichen Lebens 19	

A. Grundlagen[1]

1 Die Vorschrift dient der Ausgestaltung der **gemeinsamen elterlichen Sorge**, wenn die Eltern voneinander getrennt leben (§ 1567 BGB vgl. hierzu die Kommentierung zu § 1567 BGB), in der Praxis also gewöhnlich **nach Trennung, Scheidung oder Auflösung einer nichtehelichen Lebenspartnerschaft,** ihnen gleichwohl die elterliche Sorge gemeinsam zusteht.[2]

2 Ohne diese Vorschrift müssten getrennt lebende Eltern ansonsten alle die elterliche Sorge betreffenden Angelegenheiten nach §§ 1627, 1629 Abs. 1 Satz 2 BGB in gegenseitigem Einvernehmen regeln, mit Ausnahme der Not- und Eilfälle nach § 1629 Abs. 1 Satz 4 BGB. § 1687 BGB soll Konflikte vermeiden und gestattet es daher dem Elternteil, bei dem sich das Kind befindet, Alleinentscheidungen in einem **Stufensystem von Handlungsbefugnissen** zu treffen, um die Sorge für das Kind zu ermöglichen.

B. Anwendungsvoraussetzungen

3 Das Familiengericht kann die Befugnisse zur **Alleinentscheidung** nach § 1687 Abs. 1 Satz 2 BGB und § 1687 Abs. 1 Satz 4 BGB **einschränken oder ausschließen,** wenn dies zum Wohl des Kindes erforderlich ist, § 1687 Abs. 2 BGB.[3]

---

[1] Die Kommentierung basiert teilweise auf den Ausführungen in der Vorauflage von *Bauer*.
[2] *Diederichsen* in: Palandt, § 1687 Rn. 1.
[3] OLG Köln v. 13.12.2007 - 4 UF 93/07 - OLGR Köln 2008, 248-249; *Leis*, jurisPR-FamR 6/2008, Anm. 6.

I. Anwendungsbereich

Die Vorschrift gilt ausschließlich für Eltern, denen die elterliche Sorge gemeinsam zusteht und die nicht nur vorübergehend im Sinne des § 1567 BGB getrennt leben. Ob die Eltern miteinander verheiratet waren oder jemals zusammengelebt haben, ist gleichgültig.

Die gesetzliche Regelung des § 1687 BGB ist dispositives Recht, aufgrund der verfassungsrechtlich nach Art. 6 Abs. 2 Satz 1 GG geschützten Elternautonomie[4] können die Eltern also die vom Gesetz vorgesehene, aber auch eine andere Aufgabenverteilung bestimmen.[5] Das gesetzliche Modell der elterlichen Sorge geht jedoch bei der gemeinsamen Sorge davon aus, dass das Kind seinen dauernden Aufenthalt beim betreuenden Elternteil im Rahmen des so genannten **Residenz- oder Eingliederungsmodells** hat, es ist gleichwohl für andere zulässige, vom Gesetz nur nicht geregelte Betreuungsmodelle unmodifiziert bedingt verwendbar.[6] Während beim Residenz- oder Eingliederungsmodell das Kind gewöhnlich bei dem Elternteil lebt, von dem es auch betreut wird, gibt es noch das Doppelresidenz- bzw. Wechselmodell, bei dem das Kind abwechselnd bei den jeweiligen Elternteilen wohnt.[7] Bei gleichlangen Wohnphasen gilt § 1687 Abs. 1 Satz 1 BGB demnach für beide Elternteile.[8] Die Elternteile sind durchgängig Inhaber der gemeinsamen elterlichen Sorge und dadurch gehalten, in Alltagsangelegenheiten des Kindes, die die Lebensgestaltung des anderen Elternteils mit berühren, eine gemeinsame Entscheidung herbeizuführen. Die Alleinentscheidungsbefugnis in Alltagsangelegenheiten nach § 1687 BGB kann daher beim Wechselmodell nur für solche Fälle gelten, die keine Auswirkungen auf das Zusammenleben des Kindes mit dem anderen Elternteil haben (z.B. Bettzeiten, Fernsehkonsum, konkrete Gestaltung der Ernährung usw.).[9]

Es werden noch weitere Modelle, wie das Nest-[10] und Funktionsmodell[11] dargestellt, wobei die Eltern sich im Rahmen dieser unterschiedlichen Modelle des Zusammenlebens wiederum wechselseitig mit Befugnissen aus ihrem Handlungsbereich zur Vertretung ermächtigen können.

Haben Eltern sich über den Aufenthalt des Kindes bei einem Elternteil mit **Bindungswillen** geeinigt, bedarf es keiner gerichtlichen Regelung hierüber, weil sich der nicht betreuende Elternteil nicht einseitig von seiner Einwilligung lösen kann.[12]

II. Erfordernis des gegenseitigen Einvernehmens (Absatz 1 Satz 1)

1. Angelegenheiten von erheblicher Bedeutung

Angelegenheiten von erheblicher Bedeutung ist ein unbestimmter Rechtsbegriff, der vom Gesetzgeber nicht näher konkretisiert wurde. Der Regierungsentwurf[13] sprach von „grundsätzlichen Entscheidungen" und bestimmt die Angelegenheiten von erheblicher Bedeutung im Gegensatz zum Komplementärbegriff der „Angelegenheiten des alltäglichen Lebens".[14]

Von **erheblicher Bedeutung** sind demnach nicht nur Grundsatzentscheidungen über den gewöhnlichen Aufenthalt des Kindes[15], die schulische und religiöse Erziehung, die berufliche Ausbildung und die medizinische Versorgung des Kindes[16]. Zu diesen Angelegenheiten zählt auch die Entscheidung hinsichtlich des Sorgemodells.[17] Das Gleiche gilt für die Mitnahme ins Ausland[18] bzw. die Beantragung

---

[4] BVerfG v. 03.11.1982 - 1 BvL 25/80, 1 BvL 38/80, 1 BvL 40/80, 1 BvL 12/81 - NJW 1983, 101-103; OLG Zweibrücken v. 02.03.2000 - 5 UF 134/99 - juris Rn. 13 - FamRZ 2000, 1042-1043.
[5] *Veit* in: Bamberger/Roth, § 1687 Rn. 2.
[6] OLG Zweibrücken v. 29.08.2000 - 5 UF 39/99, 5 UF 40/99 - juris Rn. 34 - FamRZ 2001, 639-642.
[7] OLG Zweibrücken v. 29.08.2000 - 5 UF 39/99, 5 UF 40/99 - juris Rn. 34 - FamRZ 2001, 639-642.
[8] OLG Zweibrücken v. 29.08.2000 - 5 UF 39/99, 5 UF 40/99 - FamRZ 2001, 639-642.
[9] *Faber*, jM 2014, 8, 9.
[10] *Veit* in: Bamberger/Roth, § 1687 Rn. 3.
[11] *Diederichsen* in: Palandt, § 1687 Rn. 3.
[12] OLG Zweibrücken v. 02.03.2000 - 5 UF 134/99 - juris Rn. 14 - FamRZ 2000, 1042-1043.
[13] BT-Drs. 13/4899, S. 11, 107.
[14] *Jaeger* in: Johannsen/Henrich, EheR, § 1687 Rn. 3.
[15] OLG Zweibrücken v. 29.08.2000 - 5 UF 39/99, 5 UF 40/99 - juris Rn. 34 - FamRZ 2001, 639-642.
[16] OLG Bamberg v. 26.08.2002 - 7 UF 94/02 - juris Rn. 22 - FamRZ 2003, 1403-1404; KG Berlin v. 18.05.2005 - 13 UF 12/05 - FamRZ 2006, 142-143.
[17] *Veit* in: Bamberger/Roth, § 1687 Rn. 8.
[18] OLG Köln v. 19.02.2001 - 25 UF 213/00 - FamRZ 2002, 404-405, 285; OLG Köln v. 04.06.2004 - 4 WF 4/04 - juris Rn. 10 - FamRZ 2005, 644-645; OLG Karlsruhe v. 29.05.2007 - 16 WF 83/07 - juris Rn. 15.

eines Kinderausweises für Auslandsreisen[19]. Von erheblicher Bedeutung ist auch die An- und Abmeldung eines Kindes bei einer bestimmten Kindertageseinrichtung[20], die Einschulung[21] und ein Schulwechsel des Kindes, der sich immer auf dessen Entwicklung auswirkt und für seinen weiteren Werdegang von erheblicher Bedeutung ist.[22]

10 Im Zusammenhang mit der Entscheidung über den Aufenthalt eines Kindes steht der Antrag auf **Einbürgerung**, der von erheblicher Bedeutung ist und demgemäß das gegenseitige Einverständnis der Eltern bedarf.[23]

11 Für das Kind von ganz erheblicher Bedeutung ist die **Vergabe des/der Vornamen/s**.[24]

12 Weiterhin handelt es sich angesichts eines Alters des Kindes von noch nicht zwei Jahren bei einer **Auslandsreise** mit mehrstündigem Flug nicht um eine Angelegenheit des täglichen Lebens, sondern um eine Angelegenheit von erheblicher Bedeutung.[25] Zu den Angelegenheiten des täglichen Lebens i.S.d. § 1687 Abs. 1 Satz 2 BGB zählen daher nicht **Fernreisen bei kleinen Kindern**, weil sie erhebliche Auswirkungen auf die Gesundheit des Kindes haben können.[26] Es handelt sich nicht mehr um eine vergleichsweise unwichtige Frage des täglichen Lebens, wenn eine Maßnahme getroffen wird, die bei dem anderen Elternteil eine objektiv verständliche ernste Sorge um die Gesundheit des Kindes auslöst. Solche Entscheidungen sind weder häufig, noch ist sichergestellt, dass sie ohne ernsthafte Auswirkungen bleiben.[27] Allerdings kommt es bei der Entscheidung über **Urlaubsreisen** auf die jeweiligen Verhältnisse der Familie an.[28]

13 Die Auswahl einer **Kindertagesstätte** bzw. Kindergruppe für das gemeinsame Kind kann eine Angelegenheit von erheblicher Bedeutung gemäß § 1687 Abs. 1 Satz 1 BGB (i.V.m. § 1628 Satz 1 BGB) darstellen.[29]

14 Auch die Entscheidung über die Ausübung des Umgangs mit Dritten gemäß § 1685 BGB ist keine Entscheidung des täglichen Lebens im Sinne des § 1687 Abs. 1 Satz 2 BGB.[30] Hier ging es um die Großeltern als Bezugspersonen des Kindes. Es handelt sich vielmehr um eine Angelegenheit von erheblicher Bedeutung im Sinne von § 1687 Abs. 1 Satz 1 BGB und ist deshalb von den Elternteilen einvernehmlich zu entscheiden.[31] Kommen die gemeinsam sorgeberechtigten Elternteile nicht zu einer einverständlichen Lösung, ist die Entscheidung des Familiengerichts erforderlich.

2. Gegenseitiges Einvernehmen

15 In Angelegenheiten von erheblicher Bedeutung ist das **gegenseitige Einvernehmen** der Eltern erforderlich. Der Begriff des gegenseitigen Einvernehmens stimmt mit dem in § 1627 BGB (vgl. hierzu die Kommentierung zu § 1627 BGB Rn. 3) überein. Das Einvernehmen kann auch konkludent durch faktisches Handeln oder durch Gewährenlassen erfolgen, sowie beispielsweise in einer Scheidungsverein-

---

[19] OLG Karlsruhe v. 20.09.2004 - 16 WF 124/04, FamRZ 2005, 1187-1188; *Stockmann*, jurisPR-FamR 15/2005, Anm. 5; a.A. OLG Bremen v. 08.08.2007 - 5 UF 34/06 - FamRZ 2008, 810; *Kieninger*, jurisPR-FamR 9/2008, Anm. 2; Brandenburgisches OLG v. 04.07.2002 - 15 UF 25/02 - FamRZ 2003, 111.
[20] VG Köln v. 01.03.2013 19 K 2690/11 - juris Rn. 20.
[21] OLG Nürnberg v. 23.02.1999 - 11 UF 4062/98 - NJW-RR 1999, 1019-1020.
[22] OLG Nürnberg v. 17.11.1998 - 11 UF 1752/98 - MDR 1999, 300-301; OLG Karlsruhe v. 09.08.1999 - 2 UF 63/99 - NJW-RR 2001, 507-508; OLG Dresden v. 15.10.2002 - 10 UF 433/02 - juris Rn. 8 - FamRZ 2003, 1489-1490; OLG München v. 13.07.1998 - 12 WF 966/98 - MDR 1998, 1353; *Schwab*, FamRZ 1998, 457-472; OLG Rostock v. 09.12.2005 - 11 UF 99/05 - juris Rn. 26.
[23] VGH Baden-Württemberg v. 07.10.2003 - 13 S 887/03 - juris Rn. 28.
[24] OLG Dresden v. 13.01.2004 - 21 (10) UF 0821/03 - juris Rn. 2.
[25] OLG Naumburg v. 09.08.1999 - 3 WF 131/99 - EzFamR aktuell 2000, 2-3; für ein 10jähriges Kind: AG Rosenheim v. 05.06.2003 - 1 F 929/03 - FamRZ 2004, 49-50.
[26] OLG Köln v. 04.06.2004 - 4 WF 4/04 - juris Rn. 11 - FamRZ 2005, 644-645; AG Freising v. 10.04.2003 - 2 F 292/03 - juris Rn. 14 - FamRZ 2004, 968, das für die Gesundheitsgefahr bei einer USA-Reise auf die möglichen Terrorakte gegen dieses Land abstellt.
[27] OLG Köln v. 26.10.1998 - 14 UF 170/98 - NJW 1999, 295.
[28] OLG Karlsruhe v. 29.05.2007 - 16 WF 83/07 - FamRZ 2008, 1368-1369.
[29] OLG Brandenburg v. 19.07.2004 - 9 UF 89/04 - juris Rn. 3; OLG Frankfurt v. 14.11.2008 - 3 UF 334/07 - juris Rn. 5.
[30] OLG Dresden v. 03.11.2004 - 21 UF 0468/04, 21 UF 468/04 - juris Rn. 8 - FamRZ 2005, 1275-1276.
[31] OLG Dresden v. 03.11.2004 - 21 UF 0468/04, 21 UF 468/04 - juris Rn. 8 - FamRZ 2005, 1275-1276.

barung schriftlich niedergelegt werden.[32] Eine ausdrückliche Vereinbarung in allen Einzelheiten ist nicht erforderlich, dahingehend reicht es aus, wenn sich die Eltern über die Grundrichtung verständigt haben.

3. Gerichtliche Durchsetzung

Sofern sich das gegenseitige Einvernehmen nicht bewirken lässt, kann jeder Elternteil einen Antrag nach § 1628 BGB (vgl. hierzu die Kommentierung zu § 1628 BGB) oder nach § 1671 BGB (vgl. hierzu die Kommentierung zu § 1671 BGB) stellen. Bei der letztgenannten Möglichkeit begehrt der Elternteil die volle oder teilweise Alleinsorge. 16

III. Alleinentscheidungsbefugnis in Angelegenheiten des täglichen Lebens (Absatz 1 Sätze 2 und 3)

1. Berechtigter

Die **Alleinentscheidungsbefugnis** für Angelegenheiten des täglichen Lebens hat der Elternteil, bei dem sich das Kind gewöhnlich aufhält. Das Gesetz geht vom **Residenz- oder Eingliederungsmodell** (vgl. Rn. 5) aus.[33] 17

Der **gewöhnliche Aufenthalt** des Kindes bei dem Elternteil ist mit Hinblick auf das gemeinsame Aufenthaltsbestimmungsrecht i.S.d. § 1631 BGB nur dann **rechtmäßig**, wenn die Einwilligung des anderen Elternteils oder eine gerichtliche Entscheidung nach den §§ 1628, 1666, 1671 BGB vorliegt.[34] Der **Begriff des gewöhnlichen Aufenthalts** entspricht dem der Obhut nach § 1629 BGB (vgl. hierzu die Kommentierung zu § 1629 BGB).[35] 18

2. Angelegenheit des täglichen Lebens

Das Alleinentscheidungsrecht umfasst alle Angelegenheiten des täglichen Lebens (Alltagssorge - Legaldefinition in § 1687 Abs. 1 Satz 3 BGB). Hierbei ist die Feststellung, ob es sich um eine solche Angelegenheit handelt, objektiv zu treffen.[36] Bei der Personensorge sind danach **Alltagssorge** die tägliche Pflege wie Nahrung, Kleidung, Gesundheit, sowie Entscheidungen zur Nachhilfe[37] oder Entscheidungen in Fragen des Umgangs des Kindes mit Freunden.[38] Auch die Frage, wer das Kind vom Kindergarten, Hort oder der Schule abholen und in den Haushalt des betreuenden Elternteils begleiten darf, betrifft eine Angelegenheit des täglichen Lebens.[39] Dies gilt auch für die Beantragung eines **Kinderausweises**.[40] 19

Zu den Angelegenheiten des täglichen Lebens gehört nach Ansicht des OLG Naumburg auch die Geltendmachung der Unterhaltsansprüche für das Kind.[41] Hierfür ist keine gesonderte Sorgerechtsregelung möglich (vgl. hierzu die Kommentierung zu § 1671 BGB). 20

3. Vertretungsmacht

Entsprechend der Ratio des § 1687 Abs. 1 Satz 2 BGB und § 1687 Abs. 1 Satz 3 BGB umfasst die Alleinentscheidungsbefugnis für die alltäglichen Angelegenheiten auch das **alleinige gesetzliche Vertretungsrecht** für das Kind in diesen Belangen.[42] 21

---

[32] *Veit* in: Bamberger/Roth, § 1687 Rn. 9.
[33] OLG Zweibrücken v. 02.03.2000 - 5 UF 134/99 - FamRZ 2000, 1042-1043.
[34] *Diederichsen* in: Palandt, § 1687 Rn. 10.
[35] *Veit* in: Bamberger/Roth, § 1687 Rn. 11.
[36] *Diederichsen* in: Palandt, § 1687 Rn. 11.
[37] OLG Düsseldorf v. 08.07.2005 - II-3 UF 21/05 - juris Rn. 8 - FuR 2005, 565-566; *Viefhues*, jurisPR-FamR 20/2005, Anm. 3.
[38] *Veit* in: Bamberger/Roth, § 1687 Rn. 12.
[39] VG Hannover v. 31.05.2010 - 6 A 5926/09; OLG Bremen v. 01.07.2008 - 4 UF 39/08.
[40] OLG Bremen v. 08.08.2007 - 5 UF 34/06 - FamRZ 2008, 810; *Kieninger*, jurisPR-FamR 9/2008, Anm. 2; a.A. OLG Karlsruhe v. 20.09.2004 - 16 WF 124/04 - FamRZ 2005, 1187-1188; *Stockmann*, jurisPR-FamR 15/2005, Anm. 5.
[41] OLG Naumburg v. 18.01.2005 - 8 UF 276/04 - juris Rn. 3; *Leis*, jurisPR-FamR 11/2005, Anm. 6.
[42] *Schwab*, FamRZ 1998, 457-472; *Diederichsen* in: Palandt, § 1687 Rn. 9.

§ 1687

IV. Alleinentscheidungsrecht in Angelegenheiten der tatsächlichen Betreuung (Absatz 1 Satz 4)

1. Angelegenheiten tatsächlicher Betreuung

22 Die Alleinentscheidungsbefugnis in Angelegenheiten der tatsächlichen Betreuung stellt auf den Fall ab, wenn der andere Elternteil berechtigterweise von seinem Umgangsrecht i.S.d. § 1684 BGB Gebrauch macht.[43] Aufgrund dessen beschränkt sich das Alleinentscheidungsrecht auf den Zeitraum des Aufenthaltes und die Angelegenheiten der tatsächlichen Betreuung. Entscheidend ist hier der Besuchscharakter, beispielsweise im Rahmen des **Ferienumgangs**.[44]

23 Angelegenheiten der tatsächlichen Betreuung sind solche, die sich aus dem Besuch eines Kindes ergeben: Essen, Programm und Dauer des Fernseh- oder Spielekonsums.

2. Keine Vertretungsmacht

24 Diese abgestufte Entscheidungsbefugnis gegenüber § 1687 Abs. 1 Satz 2 BGB weist darauf hin, dass hier keine gesetzliche Vertretungsmacht für die Belange des Kindes im Rahmen der tatsächlichen Betreuung gegeben ist.[45]

V. Notvertretung (Absatz 1 Satz 5, § 1629 Abs. 1 Satz 4 BGB)

25 Durch die Verweisung auf § 1629 Abs. 1 Satz 4 BGB wird verdeutlicht, dass das Notvertretungsrecht auch im Anwendungsbereich des § 1687 BGB gilt.[46] Einschränkung oder Ausschluss des Notvertretungsrechts durch gerichtliche Entscheidung kommt nicht in Betracht.[47] Zu den Voraussetzungen des Notvertretungsrecht vgl. die Kommentierung zu § 1629 BGB.

VI. Loyalitätsverpflichtung (Absatz 1 Satz 5, § 1684 Abs. 2 Satz 1 BGB)

26 Die **Loyalitätsverpflichtung** des § 1684 Abs. 2 Satz 2 BGB gilt entsprechend im Anwendungsbereich des § 1687 BGB, so dass die Elternteile untereinander bei der Ausübung ihrer Befugnisse alles unterlassen müssen, was das Verhältnis des anderen Elternteils zum Kind beeinträchtigen oder die Erziehung erschweren könnte.[48]

VII. Einschränkung und Ausschluss der Befugnisse durch das FamG (Absatz 2)

27 Die Befugnisse zur Alleinentscheidung sowohl nach § 1687 Abs. 1 Satz 2 BGB als auch nach § 1687 Abs. 1 Satz 4 BGB können eingeschränkt oder ausgeschlossen werden, wenn dies zum **Wohl des Kindes** erforderlich ist. Das Eingreifen des Gerichtes setzt triftige, das Kindeswohl berührende nachhaltige Gründe voraus, die besorgen lassen, dass ohne die Maßnahmen das Kind eine ungünstige Entwicklung nehmen könnte.[49]

C. Verfahrenshinweis

28 Zuständig für eine Entscheidung nach § 1687 Abs. 2 BGB ist das Familiengericht, §§ 111 Nr. 2, 151 Nr. 1 FamFG, und zwar der Richter, § 14 Abs. 1 Nr. 7 RPflG. Das Familiengericht wird **von Amts wegen oder auf Antrag** eines Elternteils tätig, wobei ein solcher Antrag auch als Minus in einem Antrag des nichtbetreuenden Elternteils auf Zuweisung der Alleinsorge nach § 1671 BGB enthalten sein kann.[50]

---

[43] *Veit* in: Bamberger/Roth, § 1687 Rn. 15.
[44] *Jaeger* in: Johannsen/Henrich, EheR, § 1687 Rn. 8.
[45] *Schwab*, FamRZ 1998, 457-472; *Diederichsen* in: Palandt, § 1687 Rn. 13.
[46] BT-Drs. 13/4899, S. 108.
[47] *Veit* in: Bamberger/Roth, § 1687 Rn. 18.
[48] OLG Naumburg v. 18.01.2005 - 8 UF 276/04 - juris Rn. 3 - FamRZ 2005, 1275.
[49] OLG Düsseldorf v. 27.12.1982 - 3 UF 34/82 - juris Rn. 22 - FamRZ 1983, 293-295.
[50] *Veit* in: Bamberger/Roth, § 1687 Rn. 20.

§ 1687a BGB Entscheidungsbefugnisse des nicht sorgeberechtigten Elternteils

(Fassung vom 02.01.2002, gültig ab 01.01.2002)

Für jeden Elternteil, der nicht Inhaber der elterlichen Sorge ist und bei dem sich das Kind mit Einwilligung des anderen Elternteils oder eines sonstigen Inhabers der Sorge oder auf Grund einer gerichtlichen Entscheidung aufhält, gilt § 1687 Abs. 1 Satz 4 und 5 und Abs. 2 entsprechend.

Gliederung

A. Grundlagen 1	III. Wohlverhaltensklausel (§§ 1687a, 1687 Abs. 1 Satz 5, 1684 Abs. 2 Satz 1 BGB) 8
B. Anwendungsvoraussetzungen 2	IV. Einschränkung und Ausschluss der Befugnisse durch das FamG (§§ 1687a, 1687 Abs. 2 BGB) 9
I. Alleinentscheidungsbefugnis in Angelegenheiten der tatsächlichen Betreuung (§§ 1687a, 1687 Abs. 1 Satz 4 BGB) 2	
II. Notvertretung (§§ 1687a, 1687 Abs. 1 Satz 5, 1629 Abs. 1 Satz 4 BGB) 7	C. Verfahrenshinweise 10

A. Grundlagen[1]

1 Die Vorschrift erstreckt die **Alleinentscheidungsbefugnis in Angelegenheiten der tatsächlichen Betreuung** i.S.v. § 1687 Abs. 1 Satz 4 BGB auf den Fall, dass sich das Kind bei einem Elternteil aufhält, der **nicht sorgeberechtigt** ist. Der nicht sorgeberechtigte Elternteil hat zudem über die Verweisung der §§ 1687a, 1687 Abs. 1 Satz 5 BGB nach § 1629 Abs. 1 Satz 4 BGB ein **Notvertretungsrecht**, um seinen Obhutspflichten nachzukommen.[2]

B. Anwendungsvoraussetzungen

I. Alleinentscheidungsbefugnis in Angelegenheiten der tatsächlichen Betreuung (§§ 1687a, 1687 Abs. 1 Satz 4 BGB)

2 Der Anwendungsbereich dieser Vorschrift ist nur für den Elternteil eröffnet, der **nicht Inhaber der elterlichen Sorge** ist. Aus welchem Grund es an der gemeinsamen elterlichen Sorge mangelt, ist hierfür gleichgültig. Demnach kann es sein, dass bei unverheirateten Eltern die Sorgeerklärung nicht abgegeben wurde (§ 1626a Abs. 1 Nr. 1 BGB) oder nach anfänglich bestehender gemeinsamer Sorge sie dem Elternteil entzogen wurde (§ 1680 Abs. 3 BGB). Schließlich kann die Alleinsorge aufgrund gerichtlicher Entscheidung auf den anderen Elternteil übertragen worden sein (§§ 1671 Abs. 2 Satz 2 Nr. 2, 1671 Abs. 2 Satz 2 Nr. 2, 1680 Abs. 3, 1680 Abs. 2 BGB).

3 Das Alleinbestimmungsrecht bezieht sich **ausschließlich auf Angelegenheiten der tatsächlichen Betreuung** (§ 1687 BGB, vgl. hierzu die Kommentierung zu § 1687 BGB). Die Befugnis, in Angelegenheiten der Betreuung zu entscheiden, ist jedoch unter bestimmten Voraussetzungen variabel.[3]

4 Leistungen nach dem SGB II wegen zeitweiser Bedarfsgemeinschaft können nicht nach § 1687a BGB geltend gemacht werden, weil die Verweisung in § 1687a BGB nicht § 1687 Abs. 1 Satz 2 BGB umfasst.[4] Allein aus § 1687 Abs. 1 Satz 2 BGB kann sich jedoch die Berechtigung des umgangsberechtigten, jedoch nicht sorgeberechtigten und nach dem SGB II hilfebedürftigen Elternteiles ergeben, auch bei entgegenstehendem Willen des anderen Elternteiles Ansprüche nach dem SGB II für die nicht selbst prozessfähigen Kinder geltend zu machen.[5]

5 Voraussetzung für die Alleinentscheidungsbefugnis des nicht sorgeberechtigten Elternteils ist zudem, dass sich das Kind bei ihm **berechtigterweise** aufhält.

6 Zu diesen Voraussetzungen vgl. die Kommentierung zu § 1687 BGB.

---

[1] Die Kommentierung basiert teilweise auf den Ausführungen in der Vorauflage von *Bauer*.
[2] *Veit* in: Bamberger/Roth, § 1687a Rn. 1.
[3] OLG Zweibrücken v. 29.08.2000 - 5 UF 39/99, 5 UF 40/99 - juris Rn. 34 - FamRZ 2001, 639-642.
[4] LSG NRW v. 04.02.2009 - L 19 B 29/09 AS ER - juris Rn. 19.
[5] LSG NRW v. 04.02.2009 - L 19 B 29/09 AS ER - juris Rn. 19.

§ 1687a

II. Notvertretung (§§ 1687a, 1687 Abs. 1 Satz 5, 1629 Abs. 1 Satz 4 BGB)

7 Durch die Verweisung über § 1687 Abs. 1 Satz 5 BGB auf § 1629 Abs. 1 Satz 4 BGB wird betont, dass das Notvertretungsrecht auch im Anwendungsbereich des § 1687a BGB gilt[6] und nicht durch gerichtliche Entscheidung eingeschränkt oder ausgeschlossen werden kann[7]. Zu den Voraussetzungen des Notvertretungsrechts vgl. hierzu die Kommentierung zu § 1629 BGB.

III. Wohlverhaltensklausel (§§ 1687a, 1687 Abs. 1 Satz 5, 1684 Abs. 2 Satz 1 BGB)

8 Die Loyalitätsverpflichtung des § 1684 Abs. 2 BGB gilt entsprechend im Anwendungsbereich der §§ 1687a, 1687 Abs. 1 Satz 5 BGB, so dass die Elternteile untereinander **bei der Ausübung ihrer Befugnisse** alles unterlassen müssen, was das Verhältnis des anderen Elternteils zum Kind beeinträchtigen oder die Erziehung erschweren könnte.

IV. Einschränkung und Ausschluss der Befugnisse durch das FamG (§§ 1687a, 1687 Abs. 2 BGB)

9 Das Alleinentscheidungsrecht des nicht sorgeberechtigten Elternteils in Angelegenheiten der tatsächlichen Betreuung kann durch das Familiengericht eingeschränkt oder ausgeschlossen werden, wenn dies zum **Wohl des Kindes** erforderlich ist (§ 1697a BGB). Demnach liegt die Eingriffsschwelle niedriger als in § 1666 BGB, der eine Gefährdung des Kindeswohls verlangt. Das Eingreifen des Gerichtes setzt triftige, das Kindeswohl berührende nachhaltige Gründe voraus, die besorgen lassen, dass ohne die Maßnahmen das Kind eine ungünstige Entwicklung nehmen könnte.[8]

C. Verfahrenshinweise

10 Das Familiengericht wird von Amts wegen oder auf Antrag eines Elternteils tätig. Funktionell zuständig ist gemäß § 14 Abs. 1 Nr. 7 RPflG der Richter für Entscheidungen über die Beschränkung oder den Ausschluss des Rechts zur alleinigen Entscheidung in Angelegenheiten des täglichen Lebens nach den §§ 1687 Abs. 2, 1687a BGB.

---

[6] *Diederichsen* in: Palandt, § 1687a Rn. 1.
[7] *Veit* in: Bamberger/Roth, § 1687a Rn. 2.
[8] OLG Düsseldorf v. 27.12.1982 - 3 UF 34/82 - FamRZ 1983, 293-295.

§ 1687b BGB Sorgerechtliche Befugnisse des Ehegatten

(Fassung vom 02.01.2002, gültig ab 01.01.2002)

(1) ¹Der Ehegatte eines allein sorgeberechtigten Elternteils, der nicht Elternteil des Kindes ist, hat im Einvernehmen mit dem sorgeberechtigten Elternteil die Befugnis zur Mitentscheidung in Angelegenheiten des täglichen Lebens des Kindes. ²§ 1629 Abs. 2 Satz 1 gilt entsprechend.

(2) Bei Gefahr im Verzug ist der Ehegatte dazu berechtigt, alle Rechtshandlungen vorzunehmen, die zum Wohl des Kindes notwendig sind; der sorgeberechtigte Elternteil ist unverzüglich zu unterrichten.

(3) Das Familiengericht kann die Befugnisse nach Absatz 1 einschränken oder ausschließen, wenn dies zum Wohl des Kindes erforderlich ist.

(4) Die Befugnisse nach Absatz 1 bestehen nicht, wenn die Ehegatten nicht nur vorübergehend getrennt leben.

Gliederung

A. Grundlagen 1	II. Inhalt des „kleinen Sorgerechts" 8
B. Anwendungsvoraussetzungen 2	III. Beschränkung und Ende der Mitentscheidungs-
I. Voraussetzungen des „kleinen Sorgerechts"	befugnis 11
(Absatz 1 Satz 1) 2	

A. Grundlagen[1]

Der Gesetzgeber hat für den Ehegatten des alleinsorgeberechtigten Elternteils im Rahmen eines **gesetzlichen Mitentscheidungsrechts** ein **kleines Sorgerecht** geschaffen, das dem des gleichgeschlechtlichen Partners nach den §§ 1 Abs. 1 Satz 1, 9 LPartG entspricht.[2] Hierdurch sollen die neuen Familienbande rechtlich gestärkt und die tatsächlich vom neuen Lebenspartner des Elternteils übernommene Betreuung und Verantwortung für das Kind seines Ehegatten rechtlich abgesichert und anerkannt werden.   **1**

B. Anwendungsvoraussetzungen

I. Voraussetzungen des „kleinen Sorgerechts" (Absatz 1 Satz 1)

Das kleine Sorgerecht kann nur der Ehegatte eines leiblichen Elternteils erlangen, der **selbst nicht Elternteil des Kindes** ist.[3] Der Stiefelternteil darf demnach weder de facto noch de iure (§§ 1591-1600d BGB) Vater oder Mutter des Kindes sein, da sonst regelmäßig nach § 1626 BGB die gemeinsame Sorge besteht.   **2**

Des Weiteren setzt die Vorschrift voraus, dass der Stiefelternteil und der leibliche Elternteil miteinander **verheiratet** sind.   **3**

Weitere Voraussetzung ist das **Alleinsorgerecht** des Elternteils.   **4**

Das gesetzliche Mitentscheidungsrecht des Stiefelternteils erfordert weiterhin, dass zwischen ihm und dem allein sorgeberechtigten Elternteil **Einvernehmen** besteht. Das Einvernehmen kann ausdrücklich oder konkludent durch einfache Aufgabenwahrnehmung des Stiefelternteils hergestellt werden. Mit dem Einvernehmen bekunden die beiden den gemeinsamen Willen, die Elternverantwortung im Bereich der Angelegenheiten des täglichen Lebens zu übernehmen.[4] Der Begriff des Einvernehmens entspricht, nicht völlig unumstritten,[5] angesichts des gleichen Wortlauts dem des § 1627 Satz 1 BGB (vgl.   **5**

---

[1] Die Kommentierung basiert teilweise auf den Ausführungen in der Vorauflage von *Bauer*.
[2] BT-Drs. 14/2096, S. 7, 8.
[3] *Veit* in: Bamberger/Roth, § 1687b Rn. 2.
[4] *Veit* in: Bamberger/Roth, § 1687b Rn. 6.
[5] *Veit* in: Bamberger/Roth, § 1687b Rn. 6.

§ 1687b

die Kommentierung zu § 1627 BGB).[6] Bei **Meinungsverschiedenheiten** zwischen dem leiblichen Elternteil und dem Stiefelternteil ist die des alleinsorgeberechtigten Elternteils ausschlaggebend.[7]

6 Ausschlussgrund für die Entstehung des „kleinen Sorgerechts" ist, dass die Eltern nicht dauerhaft getrennt leben dürfen, § 1687b Abs. 4 BGB. Das Getrenntleben bestimmt sich nach § 1567 BGB (vgl. die Kommentierung zu § 1567 BGB).

7 Aus § 1687b Abs. 4 BGB ergibt sich zudem, dass der Stiefelternteil mit dem Kind zusammenleben muss.[8] Diese Voraussetzung ist mit dem Vorliegen einer **häuslichen Gemeinschaft** mit leiblichem Elternteil, Kind und Stiefelternteil erfüllt.

II. Inhalt des „kleinen Sorgerechts"

8 Vorausgesetzt, das Einvernehmen zwischen dem alleinsorgeberechtigten Elternteil und dem Stiefelternteil liegt vor, ist der Stiefelternteil **zur Mitentscheidung in Angelegenheiten des täglichen Lebens befugt** und damit besser gestellt als der nicht sorgeberechtigte leibliche Elternteil. Angelegenheiten des täglichen Lebens sind in § 1687 Abs. 1 Satz 3 BGB legal definiert. Erfasst werden vor allem Fragen der täglichen Betreuung und Versorgung des Kindes, Alltagsfragen des schulischen Lebens sowie der Berufsausbildung[9], vgl. Begriffsbestimmung auch in der Kommentierung zu § 1687 BGB.

9 Das kleine Sorgerecht enthält die Befugnis zur tatsächlichen und rechtlichen Mitentscheidung im Sinne einer **gesetzlichen Vertretung** des Kindes, arg. § 1629 Abs. 1 Satz 2 BGB.

10 § 1687b Abs. 2 BGB räumt dem Stiefelternteil ein **Notvertretungsrecht** ein. Bei Gefahr im Verzug, also in Situationen wie z.B bei Krankheiten und Verletzung des Kindes, bei denen die Mitwirkung des sorgeberechtigten Elternteils nicht rechtzeitig eingeholt werden kann, ist der Stiefelternteil befugt, alle Rechtshandlungen – z.B. die Einwilligung in Heilbehandlungen, den Abschluss von Arztverträgen – allein vorzunehmen, die zum Wohl des Kindes notwendig sind. Von diesen Maßnahmen ist der sorgeberechtigte Elternteil **unverzüglich zu unterrichten.** Zu den Voraussetzungen des Notvertretungsrecht vgl. die Kommentierung zu § 1629 BGB.

III. Beschränkung und Ende der Mitentscheidungsbefugnis

11 Wenn es zum Wohl des Kindes erforderlich ist, kann das Familiengericht das **gesetzliche Mitwirkungsrecht einschränken oder ausschließen** (§ 1687b Abs. 3 BGB). Eine Einschränkung kann die Begrenzung der Mitentscheidung auf bestimmte Bereiche des täglichen Lebens sein. Zur Eingriffsschwelle vgl. die Kommentierung zu § 1687 BGB.

12 Die Mitentscheidungsbefugnis des Stiefelternteils **endet** dann, wenn der sorgeberechtigte Elternteil diese **widerruft**. Diese Möglichkeit ergibt sich aus § 1687b Abs. 4 BGB, wonach die Befugnisse nicht bestehen, wenn die Ehegatten nicht nur vorübergehend getrennt leben. Ein dauerhaftes Getrenntleben stellt regelmäßig einen konkludenten Widerruf dar.[10] Gleichwohl ist nicht jeder Streit einem Widerruf gleichzusetzen, hierfür sind triftige, das Kindeswohl nachhaltig berührende Gründe erforderlich.

13 Letztlich entfällt das Mitentscheidungsrecht, wenn die elterliche Sorge des leiblichen Elternteils wegfällt (§ 1626 BGB, vgl. hierzu die Kommentierung zu § 1626 BGB).

---

[6] *Brudermüller* in: Palandt, § 9 Rn. 2.
[7] *Brudermüller* in: Palandt, § 9 Rn. 1.
[8] *Veit* in: Bamberger/Roth, § 1687b Rn. 5.
[9] BT-Drs. 14/3751, S. 45, 39.
[10] *Veit* in: Bamberger/Roth, § 1687b Rn. 13.

§ 1688 BGB Entscheidungsbefugnisse der Pflegeperson

(Fassung vom 02.01.2002, gültig ab 01.01.2002)

(1) ¹Lebt ein Kind für längere Zeit in Familienpflege, so ist die Pflegeperson berechtigt, in Angelegenheiten des täglichen Lebens zu entscheiden sowie den Inhaber der elterlichen Sorge in solchen Angelegenheiten zu vertreten. ²Sie ist befugt, den Arbeitsverdienst des Kindes zu verwalten sowie Unterhalts-, Versicherungs-, Versorgungs- und sonstige Sozialleistungen für das Kind geltend zu machen und zu verwalten. ³§ 1629 Abs. 1 Satz 4 gilt entsprechend.

(2) Der Pflegeperson steht eine Person gleich, die im Rahmen der Hilfe nach den §§ 34, 35 und 35a Abs. 1 Satz 2 Nr. 3 und 4 des Achten Buches Sozialgesetzbuch die Erziehung und Betreuung eines Kindes übernommen hat.

(3) ¹Die Absätze 1 und 2 gelten nicht, wenn der Inhaber der elterlichen Sorge etwas anderes erklärt. ²Das Familiengericht kann die Befugnisse nach den Absätzen 1 und 2 einschränken oder ausschließen, wenn dies zum Wohl des Kindes erforderlich ist.

(4) Für eine Person, bei der sich das Kind auf Grund einer gerichtlichen Entscheidung nach § 1632 Abs. 4 oder § 1682 aufhält, gelten die Absätze 1 und 3 mit der Maßgabe, dass die genannten Befugnisse nur das Familiengericht einschränken oder ausschließen kann.

Gliederung

A. Grundlagen 1	III. Regelungsvorrang des Sorgeinhabers und des Familiengerichts (Absatz 3) 11
B. Anwendungsvoraussetzungen 2	IV. Befugnisse im Lichte der Verbleibensanordnung (Absatz 4) 14
I. Entscheidungs- und Vertretungsbefugnis von Pflegepersonen (Absatz 1) 2	
II. Umfang der Befugnisse 6	

A. Grundlagen[1]

Die Vorschrift enthält eine den §§ 1687, 1687a BGB vergleichbare Regelung im Hinblick auf **Entscheidungs- bzw. Vertretungsbefugnisse** für Kinder, die bei Pflegepersonen bzw. in Familienpflege oder Eingliederungshilfe leben. Dies gilt auch für die Alltagssorge der zukünftigen Adoptiveltern im Vorfeld zu einer Adoption.[2]   1

B. Anwendungsvoraussetzungen

I. Entscheidungs- und Vertretungsbefugnis von Pflegepersonen (Absatz 1)

Die Vorschrift erfasst Pflegepersonen, bei denen das Kind seit längerer Zeit in Familienpflege lebt, so dass die Alltagssorge sachgerecht zugewiesen ist.[3]   2

Der Adressatenkreis wird nach den Absätzen 2 und 4 erweitert. Den Pflegepersonen nach § 1688 Abs. 1 BGB stehen Personen nach § 1688 Abs. 2 BGB gleich, die im Rahmen der Hilfe nach § 34 SGB VIII (Heim, betreutes Wohnen), § 35 SGB VIII (Einzelbetreuung), § 35a Abs. 1 Satz 2 Nr. 3 und 4 SGB VIII (Eingliederungshilfe) die Betreuung und Erziehung eines Kindes übernommen haben (§ 1688 Abs. 2 BGB).   3

Gemäß § 1688 Abs. 4 BGB gelten die in § 1688 Abs. 1 BGB genannten Entscheidungs- und Vertretungsrechte weiterhin für Personen, bei denen sich das Kind aufgrund einer von dem Familiengericht getroffenen Verbleibensanordnung nach § 1632 Abs. 4 BGB (Familienpflege), § 1682 BGB (Großeltern, Stiefeltern, Geschwister) oder nach § 1685 BGB (sonstige umgangsberechtigte Bezugsperson) aufhält.   4

---
[1] Die Kommentierung basiert teilweise auf den Ausführungen in der Vorauflage von *Bauer*.
[2] OLG Dresden v. 07.06.2010 - 20 UF 350/10, 20 UF 0350/10 - juris Rn. 3.
[3] *Diederichsen* in: Palandt, § 1688 Rn. 2.

§ 1688

5 § 1688 Abs. 1 und 3 BGB gilt nach OLG Dresden entsprechend für den Anzunehmenden während der Zeit der Adoptionspflege.[4]

II. Umfang der Befugnisse

6 § 1688 Abs. 1 Satz 1 BGB berechtigt die Pflegeperson zur **Entscheidung und gesetzlichen Vertretung in Angelegenheiten des täglichen Lebens** des Kindes. Welche Angelegenheiten das sind, wird in § 1687 Abs. 1 Satz 2 und 3 BGB konkretisiert (vgl. die Kommentierung zu § 1687 BGB).[5] Für Angelegenheiten, deren Regelung für das Kind von erheblicher Bedeutung ist, bleibt allerdings der Inhaber der alleinigen Sorge zuständig.[6]

7 Die **Entscheidungsbefugnis** erfasst sowohl die Personen- als auch die Vermögenssorge für das Kind. Dahingegen verbleibt die Sorgeberechtigung bei den Eltern oder bei einem Elternteil.

8 Die **Vertretungsmacht** für das Kind erhalten die Pflegepersonen nicht unmittelbar. Vielmehr sind sie nur mittelbar per Gesetz bevollmächtigt, indem sie nach § 1688 Abs. 1 Satz 1 BGB die Inhaber der elterlichen Sorge vertreten.[7]

9 Darüber hinaus sind die Adressaten des § 1688 Abs. 1 Satz 2 Alt. 2 BGB befugt, den **Arbeitsverdienst des Kindes zu verwalten** und **Unterhalts-, Versorgungs-, Versicherungs- und sonstige Sozialleistungen für das Kind zu verwalten und geltend zu machen**.[8] Die Unterhaltsansprüche können nicht gegen den Inhaber des Sorgerechts geltend gemacht werden, denn von diesem leiten die Normadressaten gerade ihr Vertretungsrecht ab.[9] Zu den Sozialleistungen gehören Leistungen nach dem BAföG, nach § 27 SGB VIII sowie Leistungen zum Lebensunterhalt nach dem BSHG und nach § 39 SGB VIII.[10]

10 Auch dem Stiefelternteil wird ein **Notvertretungsrecht** eingeräumt (§ 1688 Abs. 1 Satz 3 BGB). Bei Gefahr in Verzug sind die Pflegeeltern befugt, alle Rechtshandlungen allein vorzunehmen, die zum Wohl des Kindes notwendig sind. Von diesen Maßnahmen ist der sorgeberechtigte Elternteil **unverzüglich zu unterrichten**. Zu den Voraussetzungen des Notvertretungsrechts vgl. die Kommentierung zu § 1629 BGB.

III. Regelungsvorrang des Sorgeinhabers und des Familiengerichts (Absatz 3)

11 Nach § 1688 Abs. 3 Satz 1 BGB stehen den Pflegepersonen und den ihnen gleichgestellten Erziehern und Betreuern die Entscheidungs- und Vertretungsbefugnisse nicht zu, wenn der **Inhaber der elterlichen Sorge etwas anderes erklärt**. Solange keine entsprechende Erklärung des Inhabers der elterlichen Sorge vorliegt, greifen zugunsten der Pflegeperson die genannten Befugnisse ein.

12 § 1688 Abs. 1 und Abs. 2 BGB enthalten demnach eine **Beweislastverteilung** zugunsten der Pflegepersonen[11], während der Sorgerechtsinhaber die Beweislast für die Einschränkung oder den Ausschluss der gesetzlichen Befugnisse trägt (Absatz 3).

13 Sofern der Inhaber der Personensorge durch eine Erklärung nach § 1688 Abs. 3 Satz 1 BGB die Vertretungsmacht der Pflegepersonen soweit einschränkt, dass dies eine dem Wohl des Kindes oder des Jugendlichen förderliche Erziehung nicht mehr ermöglicht, sowie bei sonstigen Meinungsverschiedenheiten, sollen die Betroffenen das **Jugendamt** einschalten (§ 38 SGB VIII).

IV. Befugnisse im Lichte der Verbleibensanordnung (Absatz 4)

14 Nach § 1688 Abs. 4 BGB hat der Sorgeberechtigte gegenüber Pflegepersonen, Groß- und Stiefeltern sowie Geschwistern, bei denen sich das Kind aufgrund einer **Verbleibensanordnung** (§ 1632 Abs. 4, § 1682 BGB) aufhält, **nicht** die Möglichkeit, die Entscheidungs- und Vertretungsbefugnisse einzuschränken oder auszuschließen.

---

[4] OLG Dresden v. 07.06.2010 - 20 UF 350/10, 20 UF 0350/10 - juris Rn. 5 - FamRZ 2011, 48.
[5] BGH v. 13.04.2005 - XII ZB 54/03 - juris Rn. 8 - NJW 2005, 2149-2151 mit Anm. von *Streitwieser*, JAmt 2005, 546-551; OVG Jena v. 19.04.2002 - 3 EO 55/00 - NJW 2002, 3647-3649.
[6] *Veit* in: Bamberger/Roth, § 1688 Rn. 6.
[7] OVG Jena v. 19.04.2002 - 3 EO 55/00 - NJW 2002, 3647-3649; VG Ansbach v. 26.01.2012 - AN 14 K 11.02209 - juris Rn. 32.
[8] OVG Jena v. 19.04.2002 - 3 EO 55/00 - NJW 2002, 3647-3649.
[9] *Veit* in: Bamberger/Roth, § 1688 Rn. 7.
[10] *Veit* in: Bamberger/Roth, § 1688 Rn. 7.
[11] *Veit* in: Bamberger/Roth, § 1688 Rn. 2.

Der Inhaber des Sorgerechts kann unabhängig von § 1688 BGB Teile der elterlichen Sorge und der gesetzlichen Vertretung **zur Ausübung** auf die Adressaten der Vorschrift übertragen, soweit hierdurch nicht die Schwelle zum unzulässigen Verzicht des Sorgerechts überschritten wird (vgl. die Kommentierung zu § 1626 BGB). 15

Das Familiengericht kann die Entscheidungs- und Vertretungsbefugnis der Pflegepersonen einschränken oder ausschließen, wenn dies zum **Wohl des Kindes** erforderlich ist. Das Eingreifen des Gerichtes setzt triftige, das Kindeswohl berührende nachhaltige Gründe voraus, die besorgen lassen, dass ohne die Maßnahmen das Kind eine ungünstige Entwicklung nehmen könnte.[12] Diese Befugnis steht dem Familiengericht auch gegenüber den Personen zu, bei denen sich das Kind aufgrund einer Verbleibensanordnung aufhält (§ 1688 Abs. 4 BGB). Im Gegensatz zu den Eltern kann das Gericht die Befugnisse der Personen nicht erweitern, hierfür müsste den Eltern erst das Sorgerecht entzogen oder eingeschränkt werden nach § 1666 BGB.[13] 16

---

[12] OLG Düsseldorf v. 27.12.1982 - 3 UF 34/82 - FamRZ 1983, 293-295.
[13] *Diederichsen* in: Palandt, § 1688 Rn. 14.

§§ 1689 bis 1692 BGB (weggefallen)

(Fassung vom 04.12.1997, gültig ab 01.07.1998, gültig bis 31.12.2001)

(weggefallen)

1 §§ 1689 bis 1692 BGB in der Fassung vom 04.12.1997 sind durch Art. 1 Nr. 3 des Gesetzes vom 04.12.1997 – BGBl I 1997, 2846 – mit Wirkung vom 01.07.1998 - weggefallen.

§ 1693 BGB Gerichtliche Maßnahmen bei Verhinderung der Eltern

(Fassung vom 02.01.2002, gültig ab 01.01.2002)

Sind die Eltern verhindert, die elterliche Sorge auszuüben, so hat das Familiengericht die im Interesse des Kindes erforderlichen Maßregeln zu treffen.

Gliederung

A. Grundlagen 1	II. Erforderliche Maßnahmen 6
B. Anwendungsvoraussetzungen 3	C. Verfahrenshinweise 8
I. Eingriffsbefugnis 3	

A. Grundlagen[1]

Die Vorschrift hat den Zweck, die Interessen des Kindes in dringlichen Fällen einstweilen zu wahren.[2] **1**

§ 1693 BGB schützt das Kind dann, wenn die Eltern bei Ausübung ihrer elterlichen Sorge verhindert sind, indem sie die Befugnis des Familiengerichts begründet, in diesem Fall die im Interesse des Kindes erforderlichen Maßregeln zu treffen. Nach der Bedeutung der Norm soll der Staat in subsidiärer Verantwortung (vgl. Art. 6 Abs. 2 Satz 2 GG) verpflichtet sein, anstelle der Eltern einzuspringen und unmittelbar für das Kind zu handeln, wenn und solange die Eltern an der Wahrnehmung ihrer Sorgeaufgaben aus tatsächlichen oder rechtlichen Gründen verhindert sind.[3] Das gerichtliche Handeln nach § 1693 BGB schränkt die elterliche Sorgemacht nicht ein; es tritt vielmehr ergänzend in die durch den elterlichen Ausfall entstandene Lücke. **2**

B. Anwendungsvoraussetzungen

I. Eingriffsbefugnis

Die Vorschrift setzt eine Verhinderung der Eltern voraus und dass ein dringendes, anderweitig nicht abgedecktes **Regelungsbedürfnis** besteht.[4] Die Verhinderung kann sich aus tatsächlichen Gründen[5] (wie beispielsweise Krankheit, Inhaftierung sowie Auslandsaufenthalt, vgl. die Kommentierung zu § 1674 BGB) oder aus rechtlichen Gründen (§§ 1629 Abs. 2, 1795 BGB[6] oder §§ 52 Abs. 2 Satz 2, 81 Abs. 3 Satz 2 HS. 2 StPO[7]) ergeben. Die Verhinderung kann sich auf die gesamte elterliche Sorge oder nur auf Teilbereiche beziehen, auch die Dauer der Verhinderung ist unerheblich.[8] Wenn die sonst sorgerechtsfähigen Eltern ihrer elterlichen Verantwortung nicht nachkommen, ist Vernachlässigung oder sonst ein Fehlverhalten gegeben und keine Verhinderung im Sinne dieser Norm. **3**

Sind beide Elternteile sorgeberechtigt, ist nach § 1693 BGB Voraussetzung, dass beide Eltern verhindert sind. **4**

Die Verhinderung muss grundsätzlich **förmlich festgestellt** werden, es sei denn, das Zuwarten bis zur Feststellung ist mit einer Gefährdung des Kindeswohls verbunden. **5**

II. Erforderliche Maßnahmen

Das Familiengericht hat die **im Kindesinteresse erforderlichen Maßnahmen** zu treffen[9]. Aus dem Normzweck der Bestimmung folgt, dass die vom Gericht zu treffenden Maßregeln nur zur einstweiligen Erledigung eines unaufschiebbaren Regelungsbedürfnisses dienen dürfen.[10] So kann die fehlende **6**

---

[1] Die Kommentierung basiert teilweise auf den Ausführungen in der Vorauflage von *Bauer*.
[2] OLG Karlsruhe v. 07.12.1999 - 19 AR 20/99 - FamRZ 2000, 568.
[3] OLG Zweibrücken v. 05.06.2001 - 6 WF 62/01 - OLGR Zweibrücken 2002, 180-181.
[4] OLG Zweibrücken v. 05.06.2001 - 6 WF 62/01 - OLGR Zweibrücken 2002, 180-181.
[5] BVerfG v. 14.06.2007 - 1 BvR 338/07 - NJW 2007, 3560-3563; *Stockmann*, jurisPR-FamR 8/2008, Anm. 1.
[6] BayObLG München v. 16.12.1999 - 4Z AR 66/99 - NJW-RR 2000, 959; OLG Stuttgart v. 16.12.1998 - 18 WF 562/98 - Justiz 1999, 103-104.
[7] OLG Zweibrücken v. 14.06.1999 - 3 W 132/99 - NJW-RR 2000, 1679-1680.
[8] *Veit* in: Bamberger/Roth, § 1693 Rn. 2.
[9] BVerfG v. 14.06.2007 - 1 BvR 338/07 - FamRZ 2007, 1627-1630.
[10] OLG Zweibrücken v. 05.06.2001 - 6 WF 62/01 - juris Rn. 9 - OLGR Zweibrücken 2002, 180-181.

Mitwirkung des Kindesvaters bei der Übergabe bzw. Erteilung der Personaldokumente zu untragbaren Verhältnissen führen, die dem Kindeswohl widersprechen, dann kommt demgemäß ein partieller Eingriff in die elterliche Sorge nach § 1693 BGB in Betracht.[11] Das Gericht darf folglich immer nur das Notwendige vornehmen.[12]

7 Der Begriff der erforderlichen Maßregeln im Sinne von § 1693 BGB umfasst die Anordnung einer Pflegschaft und damit auch einer Ergänzungspflegschaft gemäß § 1909 BGB.[13] Dahin gehend ist es umstritten, ob die Maßregel durch eine vorläufige Anordnung vorweggenommen werden sollte.[14]

C. Verfahrenshinweise

8 Das Familiengericht ist gemäß §§ 151 Nr. 1, 111 Nr. 2 FamFG funktionell zum Erlass der im Interesse des Kindes erforderlichen Maßnahmen zuständig. Je nach der Art der vorzunehmenden Maßnahme entscheidet nach § 14 Abs. 1 RPflG der Richter oder nach § 3 Nr. 2 lit. a RPflG der Rechtspfleger.

9 Die **örtliche Zuständigkeit** bestimmt sich nach § 152 FamFG, wobei nach § 152 Abs. 4 FamFG für Fürsorgemaßregeln auch das Gericht zuständig ist, in dessen Bezirk das Bedürfnis der Fürsorge bekannt wird. Das Jugendamt ist gemäß § 162 Abs. 1 FamFG anzuhören und auf Antrag am Verfahren zu beteiligen, § 162 Abs. 2 FamFG.

---

[11] BGH v. 06.10.2004 - XII ZB 80/04 - juris Rn. 13 - FPR 2005, 115; *Harms*, jurisPR-FamR 7/2005, Anm. 4.
[12] *Diederichsen* in: Palandt, § 1693 Rn. 2.
[13] OLG Zweibrücken v. 14.06.1999 - 3 W 132/99 - NJW-RR 2000, 1679-1680; OLG Zweibrücken v. 05.06.2001 - 6 WF 62/01 - OLGR Zweibrücken 2002, 180-181; OLG Düsseldorf v. 30.04.2001 - 2 Ws 71/01 - JMBl NW 2001, 240-241; OLG Stuttgart v. 16.12.1998 - 18 WF 562/98 - Justiz 1999, 103-104; OLG Frankfurt v. 17.07.1991 - 2 WF 102/91 - NJW-RR 1992, 837-838; OLG Dresden v. 06.07.2000 - 10 ARf 15/00 - NJW-RR 2000, 1677-1678.
[14] *Veit* in: Bamberger/Roth, § 1693 Rn. 3 m.w.N.; *Diederichsen* in: Palandt, § 1693 Rn. 2.

§§ 1694 bis 1695 BGB (weggefallen)

(Fassung vom 18.07.1979, gültig ab 01.01.1980, gültig bis 31.12.2001)

(weggefallen)

§§ 1694 bis 1695 BGB in der Fassung vom 18.07.1979 sind durch Art. 1 Nr. 35 u. 36 des Gesetzes vom 18.07.1979 – BGBl I 1979, 1061 – mit Wirkung vom 01.01.1980 - weggefallen.

§ 1696 BGB Abänderung gerichtlicher Entscheidungen und gerichtlich gebilligter Vergleiche

(Fassung vom 16.04.2013, gültig ab 19.05.2013)

(1) ¹Eine Entscheidung zum Sorge- oder Umgangsrecht oder ein gerichtlich gebilligter Vergleich ist zu ändern, wenn dies aus triftigen, das Wohl des Kindes nachhaltig berührenden Gründen angezeigt ist. ²Entscheidungen nach § 1626a Absatz 2 können gemäß § 1671 Absatz 1 geändert werden; § 1671 Absatz 4 gilt entsprechend. ³§ 1678 Absatz 2, § 1680 Absatz 2 sowie § 1681 Absatz 1 und 2 bleiben unberührt.

(2) Eine Maßnahme nach den §§ 1666 bis 1667 oder einer anderen Vorschrift des Bürgerlichen Gesetzbuchs, die nur ergriffen werden darf, wenn dies zur Abwendung einer Kindeswohlgefährdung oder zum Wohl des Kindes erforderlich ist (kindesschutzrechtliche Maßnahme), ist aufzuheben, wenn eine Gefahr für das Wohl des Kindes nicht mehr besteht oder die Erforderlichkeit der Maßnahme entfallen ist.

Gliederung

A. Grundlagen 1	3. Abänderungsgrund 25
B. Anwendungsvoraussetzungen 5	4. Beispiele aus der Rechtsprechung 28
I. Verhältnis zu anderen Änderungsmöglichkeiten 7	5. Abänderungsentscheidung nach Absatz 1 40
II. Sonderregelung § 1696 Abs. 1 Satz 2 BGB 13	IV. Aufhebung von Maßnahmen i.S.d. §§ 1666-1667 BGB gemäß Absatz 2 42
III. Anwendungsvoraussetzungen 15	C. Verfahrenshinweise 46
1. Gerichtliche Entscheidungen und gerichtlich gebilligte Vergleiche 15	I. Eigenständiges Verfahren 46
2. Triftige, das Kindeswohl nachhaltig berührende Gründe 21	II. Anerkennung ausländischer Entscheidungen 49
	III. Verhältnis zur Europäischen Menschenrechtskonvention (EMRK) 50

A. Grundlagen[1]

1 Zweck des **Änderungsverfahrens** ist nicht die nochmalige Überprüfung der Grundlagen der ursprünglichen sorgerechtlichen Regelung, sondern die Anpassung der getroffenen Anordnungen an eine Änderung der für die ursprüngliche Entscheidung maßgeblichen **tatsächlichen Verhältnisse**.[2] Die Vorschrift bestimmt die **ständige Überprüfung** von Entscheidungen des Familiengerichts hinsichtlich des Sorge- und Umgangsrechts für Kinder.[3] Die Anordnungen müssen fortwährend überprüft werden, wenn dies aus triftigen, das Kindeswohl nachhaltig berührenden Gründen angezeigt ist.[4] Aufgrund der erforderlichen Anpassungsmöglichkeit erwachsen Sorgerechtsentscheidungen nicht in materieller Rechtskraft.[5] Die Familiengerichte haben ihre Entscheidungen aufzuheben, wenn eine Gefahr für das Wohl des Kindes nicht mehr besteht oder die Erforderlichkeit der Maßnahme entfallen ist.

2 Liegen die Voraussetzungen vor, besteht **Abänderungspflicht**.

3 § 1696 Abs. 1 Satz 2 BGB ist durch das Gesetz zur Reform der elterlichen Sorge nicht miteinander verheirateter Eltern vom 16.04.2013, in Kraft getreten am 19.05.2013, im Hinblick auf den § 1626a Abs. 1 Nr. 3, Abs. 2 BGB neu eingeführt worden.

4 Die bisher im § 1696 Abs. 3 BGB geregelte Pflicht zur Überprüfung gerichtlicher Maßnahmen bzw. deren Unterlassen findet sich nun in den § 166 Abs. 1 und Abs. 2 FamFG.

---

[1] Die Kommentierung basiert teilweise auf den Ausführungen in der Vorauflage von *Bauer*.
[2] OLG Frankfurt v. 20.07.2011 - 4 UF 151/10 - juris Rn. 18.
[3] Ein Zeitraum von 8 Jahren ist nicht angemessen: BayObLG v. 16.05.1990 - BReg 1 a Z 2/90 - juris Rn. 14 - FamRZ 1990, 1132-1135.
[4] OLG Stuttgart v. 29.10.2004 - 18 UF 206/2004 - juris Rn. 8 - FamRZ 2005, 1273-1274.
[5] BGH v. 28.05.1986 - IVb ZB 36/84 - NJW-RR 1986, 1130-1131.

B. Anwendungsvoraussetzungen

Die Anpassung gemäß § 1696 BGB kommt erst in Betracht, wenn die abzuändernde Entscheidung bestandskräftig[6] ist bzw. überhaupt vorliegt.[7] 5

Es dürfen auch Entscheidungen geändert werden, die in der Rechtsmittelinstanz ergangen sind. 6

I. Verhältnis zu anderen Änderungsmöglichkeiten

Anwendungsvorrang gegenüber der **Abänderungsmöglichkeit** nach § 1696 BGB haben grundsätzlich die **Rechtsmittel** gegen sorge- und umgangsrechtliche Entscheidungen. Die Abänderungsmöglichkeit besteht nur für Entscheidungen, bei denen ein Rechtsmittel nicht mehr möglich ist.[8] Die Entscheidungen müssen also formell bestandskräftig sein. Sind sie es nicht, so hat das Rechtsmittel gegenüber § 1696 Satz 1 BGB den Vorrang.[9] Entsprechendes hat für Umgangsverfahren gemäß § 1684 BGB zu gelten. 7

Allerdings wird durch § 1696 Abs. 1 BGB die **Dispositionsbefugnis** der Beteiligten darüber, ob gegen eine Entscheidung des Familiengerichts ein Rechtsmittel eingelegt wird und ob ein bereits eingelegtes Rechtsmittel durchgeführt werden soll, nicht beeinträchtigt.[10] Aufgrund dessen kann der Verzicht auf ein bereits eingelegtes Rechtsmittel außergerichtlich durch einen Vertrag der verzichtenden Partei mit dem Prozessgegner vereinbart werden. Ein solcher **Verzicht** führt auch in einem Verfahren der freiwilligen Gerichtsbarkeit zur Verwerfung des Rechtsmittels als unzulässig.[11] 8

Anwendungsvorrang kommt § 1696 BGB außerdem gegenüber § 1666 BGB zu. Einerseits wegen der einfacheren Änderungsmöglichkeit[12] sowie wegen des Grundsatzes der Verhältnismäßigkeit und der Eingriffsmöglichkeit in Teilbereiche der elterlichen Sorge[13]. 9

Das Änderungsverfahren nach § 48 FamFG berührt die Anwendung des § 1696 BGB nicht. 10

In bestimmten Bereichen enthalten sorgerechtliche Vorschriften einen eigenen **Abänderungsmaßstab**[14] (§§ 1631b Satz 3, 1680 Abs. 2, 1681, 1684 Abs. 4 BGB[15]). Diese Regelungen gehen gemäß § 1696 Abs. 1 Satz 3 BGB als **lex specialis** vor. 11

§ 1696 Abs. 1 BGB wird lediglich dann durch die Vorschrift des **§ 1671 BGB als lex specialis** verdrängt, wenn Gegenstand der richterlichen Entscheidung die Beendigung der gemeinsamen elterlichen Sorge ist.[16] Ist die elterliche Sorge nur einem Elternteil übertragen und beantragt der andere Elternteil die Begründung der gemeinsamen elterlichen Sorge, gilt für die Abänderung der Maßstab des § 1696 BGB.[17] 12

II. Sonderregelung § 1696 Abs. 1 Satz 2 BGB

§ 1696 Abs. 1 Satz 2 BGB enthält eine Sonderregelung für die Abänderung gerichtlicher Entscheidungen, mit denen den Eltern gemäß **§ 1626a Abs. 1 Nr. 3, Abs. 2 BGB** die elterliche Sorge gemeinsam übertragen wurde. Abweichend von § 1696 Abs. 1 Satz 1 BGB sollen – so die Gesetzesbegründung – solche die gemeinsame Sorge herbeiführende Entscheidungen bereits dann geändert werden können, wenn die Voraussetzungen des § 1671 Abs. 1 BGB vorliegen.[18] Hierdurch soll erreicht werden, dass die erstmalige gerichtliche Abänderung der gemäß § 1626a Abs. 2 BGB übertragenen gemeinsamen 13

---

[6] OLG Jena v. 13.08.2007 - 2 UF 150/07 - FamRZ 2008, 806-807; *Harms*, jurisPR-FamR 16/2008, Anm. 4; OLG Brandenburg v. 22.05.2008 - 10 UF 119/07 - juris Rn. 15.
[7] OLG Brandenburg v. 22.05.2008 - 10 UF 119/07 - NJW-Spezial 2008, 518; *Viefhues* in: jurisPK-BGB, 3. Aufl. 2006, § 1610; OLG Brandenburg v. 28.02.2005 - 10 WF 38/05.
[8] OLG Brandenburg v. 22.05.2008 - 10 UF 119/07 - juris Rn. 15; KG Berlin v. 05.04.2012 - 17 UF 50/12 - juris Rn. 14 f.
[9] BGH v. 25.08.1999 - XII ZB 143/98 - NJWE-FER 1999, 329.
[10] BGH v. 25.08.1999 - XII ZB 143/98 - NJWE-FER 1999, 329.
[11] BGH v. 25.08.1999 - XII ZB 143/98 - NJWE-FER 1999, 329.
[12] LG Arnsberg v. 06.05.1997 - 6 T 129/97 - FamRZ 1998, 960.
[13] OLG Stuttgart v. 13.07.1984 - 15 UF 33/83 - NJW 1985, 67-68.
[14] *Diederichsen* in: Palandt, § 1696 Rn. 6.
[15] *Veit* in: Bamberger/Roth, § 1696 Rn. 13; *Coester* in: Staudinger, § 1696 Rn. 8.
[16] OLG Dresden v. 22.03.2010 - 21 UF 0670/09, 21 UF 670/09 - juris Rn. 7.
[17] OLG Dresden v. 22.03.2010 - 21 UF 0670/09, 21 UF 670/09 - juris Rn. 7.
[18] BT-Drs. 17/11048, S. 22.

elterlichen Sorge denselben Abänderungsregeln folgt wie die bei verheirateten Eltern.[19] Eine Gleichbehandlung ist auch angezeigt, da nach der Überzeugung des Gesetzgebers auch nicht verheiratete Eltern die Sorge für ihr Kind grundsätzlich gemeinsam ausüben sollen.

14 Die Sonderregelung greift jedoch nicht ein, wenn eine nach § 1626a Abs. 2 BGB ablehnende Entscheidung ergangen ist. In diesen Fällen verbleibt es bei einem Verfahren nach § 1696 Abs.1 BGB[20] (vgl. Rn. 20).

III. Anwendungsvoraussetzungen

1. Gerichtliche Entscheidungen und gerichtlich gebilligte Vergleiche

15 § 1696 BGB setzt voraus, dass eine **Entscheidung eines Familiengerichts vorliegt**.[21] Hierunter fallen auch für ausländische Sorgerechtsentscheidungen, die im Inland anerkennungsfähig sind.[22]

16 Die Vorschrift findet dagegen keine Anwendung auf Anordnungen, die durch Sorgeerklärungen oder ein kraft Gesetzes bestehendes Sorgerechtsverhältnis vorgenommen werden.[23] Sinn dieser Regelung ist es, dass solche familiengerichtlichen Anordnungen nicht durch privatautonome Entscheidungen der Beteiligten aufgehoben oder verändert werden.[24]

17 Umgekehrt können die Eltern nach einer familiengerichtlichen Sorgerechtsentscheidung nach der ausdrücklichen gesetzlichen Regelung im Umfang dieser Entscheidung kein Sorgerecht des Vaters allein durch eine Sorgeerklärung herbeiführen.[25] Stattdessen kommt eine Abänderung der gerichtlichen Entscheidung nach § 1696 Abs. 1 BGB in Betracht. Nach dem Sinn dieser gesetzlichen Vorschrift gilt Gleiches auch dann, wenn der allein sorgeberechtigten Mutter zuvor das Sorgerecht nach § 1666 BGB entzogen worden war.[26] Wurde dem allein sorgeberechtigten Elternteil die elterliche Sorge vollständig entzogen, verbleibt ihm damit auch keine Befugnis zum Abschluss einer gemeinsamen Sorgeerklärung mehr.[27] Auch nach dem Willen des Gesetzgebers ist eine Sorgeerklärung nach vorangegangener Entziehung des Sorgerechts nach § 1666 BGB erst dann wieder zulässig, wenn diese Entscheidung zuvor gemäß § 1696 Abs. 2 BGB wieder aufgehoben wurde. Würde man in solchen Fällen den Eltern hingegen die Abgabe von Sorgeerklärungen gestatten, bestünde die Gefahr eines mit dem Kindeswohl unvereinbaren „Hin und Her" der elterlichen Sorge.[28]

18 Ausnahmsweise wird eine solche familiengerichtliche Erstentscheidung **gegenstandslos**, wenn die geschiedenen Kindeseltern während eines gemäß den §§ 1671, 1696 BGB eingeleiteten Verfahrens erneut heiraten. Diese nach den §§ 1671 Abs. 1 Sätze 1 und 2 BGB getroffenen Entscheidungen werden ohne weiteres gegenstandslos, ohne dass es einer Aufhebungsentscheidung bedarf.[29] Das Gleiche gilt, wenn das Kind stirbt oder volljährig wird.[30]

19 Als **familiengerichtliche Entscheidungen** kommen solche nach folgenden Vorschriften in Betracht:
- Ersetzung der Zustimmung zur Sorgeerklärung nach § 1626c Abs. 2 Satz 3 BGB,
- gerichtliche Entscheidung bei Meinungsverschiedenheiten der Eltern nach § 1628 BGB,
- Entziehung der Vertretungsmacht durch Familiengericht nach § 1629 Abs. 2 Satz 3 BGB,
- Meinungsverschiedenheiten zwischen Pfleger und Eltern bei Überschneidungsfällen, § 1630 Abs. 2 BGB,
- Übertragung von Sorgerechtsangelegenheiten nach § 1630 Abs. 3 BGB,
- Unterstützung der Eltern durch Familiengericht, § 1631 Abs. 3 BGB,
- Herausgabe-, Umgangsstreitigkeit und Verbleibensanordnung, § 1632 Abs. 3 und 4 BGB[31],

---

[19] BT-Drs. 17/11048, S. 22.
[20] OLG Frankfurt v. 28.02.2014 - 6 UF 326/13 - juris Rn. 10.
[21] OLG Brandenburg v. 11.04.2014 - 3 UF 50/13 - juris Rn. 45; AG Ludwigslust v. 23.09.2005 - 5 F 328/04 - juris Rn. 4 - FamRZ 2006, 501.
[22] OLG Hamm v. 15.09.2014 - II-3 UF 109/13 - juris Rn. 40.
[23] BGH v. 25.05.2005 - XII ZB 28/05 - NJW 2005, 2456-2458; AG Ludwigslust v. 23.09.2005 - 5 F 328/04 - juris Rn. 5 - FamRZ 2006, 501.
[24] *Lipp*, FamRZ 1998, 65-76.
[25] BGH v. 25.05.2005 - XII ZB 28/05 - juris Rn. 11 - NJW 2005, 2456-2458; *Leis*, jurisPR-FamR 17/2005, Anm. 1.
[26] *Ollmann*, JAmt 2001, 515-517.
[27] BGH v. 25.05.2005 - XII ZB 28/05 - juris Rn. 11 - NJW 2005, 2456-2458.
[28] BT-Drs. 13/4899, S. 94.
[29] KG Berlin v. 08.09.1981 - 17 UF 3449/80 - FamRZ 1982, 736-737.
[30] *Veit* in: Bamberger/Roth, § 1696 Rn. 2.
[31] OLG Frankfurt v. 03.04.2014 - 5 UF 345/13 - juris Rn. 18.

- Durchsetzung der Inventarisierungspflicht nach § 1640 Abs. 3 BGB,
- genehmigungspflichtige Rechtsgeschäfte nach den §§ 1643 Abs. 1 und 2, 1645 BGB,
- gerichtliche Maßnahmen bei Gefährdung des Kindeswohls und des Kindesvermögens nach den §§ 1666, 1666a, 1667 BGB,
- Übertragung der Alleinsorge nach § 1671 Abs. 1 BGB,
- Übertragung der Alleinsorge nach § 1671 Abs. 2 BGB,
- Feststellung des Ruhens der elterlichen Sorge nach § 1674 BGB,
- Übertragung der elterlichen Sorge nach den §§ 1678 Abs. 2, 1680 Abs. 2 Sätze 1 und 2, 1680 Abs. 3, 1681 BGB,
- Verbleibensanordnung nach § 1682 BGB,
- Beschränkungen und Ausschlüsse bezüglich der Ausübungs- und Entscheidungsbefugnisse bei Sorgerechts- und Umgangsregelungen nach § 1684 Abs. 4 BGB und § 1685 Abs. 3 BGB sowie §§ 1687 Abs. 2, 1687a BGB und § 1688 Abs. 3 Satz 2, Abs. 4 BGB,
- ablehnende Entscheidung auf Herstellung gemeinsamer elterliche Sorge nach § 1626a Abs. 2 BGB.

Nach einer Entscheidung des OLG Frankfurt vom 28.02.2014 ist nach Bestandskraft die Abänderung einer ablehnenden Entscheidung über einen Antrag auf Herstellung der gemeinsamen elterlichen Sorge, die den Anforderungen des § 1626a Abs. 1 Nr. 3, Abs. 2 BGB gerecht geworden ist, im Hinblick auf Kontinuität und Verlässlichkeit getroffener Regelungen nur unter den Voraussetzungen des § 1696 Abs. 1 Satz 1 BGB möglich.[32]   **20**

2. Triftige, das Kindeswohl nachhaltig berührende Gründe

Familien- und vormundschaftsgerichtliche Entscheidungen sind nach § 1696 BGB jederzeit abänderbar, wenn das Gericht dies im Interesse des Kindes für angezeigt hält.[33]   **21**

Als Abänderungsgrund kommt nur in Betracht, dass Tatsachen geltend gemacht werden, die nach Erlass der abzuändernden Entscheidung eingetreten oder bekannt geworden sind.[34] Dabei muss es sich um triftige Gründe handeln, die das **Wohl des Kindes** nachhaltig berühren und die Gesichtspunkte, die für die bestehende Regelung maßgebend waren, deutlich überwiegen.[35] Dies kann der Fall sein, wenn sich die tatsächlichen Verhältnisse geändert haben[36] oder die getroffene Regelung sich nicht bewährt hat.[37] Auch der übereinstimmende Wille der Eltern, dass eine andere Regelung getroffen werden sollte, ist zu berücksichtigen.[38]   **22**

Da ausschließlich das Wohl des Kindes maßgebend ist, ist die Änderung weder mit dem **Interesse eines beteiligten Elternteils** noch ausschließlich mit einem entsprechenden **Wunsch des Kindes** zu begründen.[39] Weiteres vgl. die Kommentierung zu § 1671 BGB.   **23**

Des Weiteren ist der für eine Abänderung bestandskräftiger Sorgerechtsentscheidungen gesetzlich vorgeschriebene Maßstab erheblich strenger[40] und erfordert nicht nur das Wohl des Kindes, vielmehr müssen aufgrund der **triftigen, das Kindeswohl nachhaltig berührenden Gründen** die Vorteile einer Neuregelung die mit der Änderung verbundenen Nachteile deutlich überwiegen.[41] Grundlage ist, dass dem Kind die Erziehungskontinuität gewahrt werden soll. Deshalb soll eine einmal erfolgte Zuordnung der elterlichen Sorge nicht beliebig aufgerollt werden können.[42] Bei den zu treffenden Abwägungen der   **24**

---

[32] OLG Frankfurt v. 28.02.2014 - 6 UF 326/13 - juris Rn. 10.
[33] BVerfG v. 27.06.2008 - 1 BvR 311/08; BGH v. 14.10.1992 - XII ZB 150/91 - LM BGB § 1696 Nr. 1 (2/1993); BGH v. 28.05.1986 - IVb ZB 36/84 - NJW-RR 1986, 1130-1131.
[34] OLG Brandenburg v. 11.04.2014 - 3 UF 50/13 - juris Rn. 44; OLG Bamberg v. 20.03.1990 - 2 UF 49/90 - NJW-RR 1990, 774-776.
[35] OLG Karlsruhe v. 12.12.1997 - 2 UF 202/97 - NJW-RR 1998, 940-941; OLG Schleswig v. 07.04.2014 - 15 UF 140/13 - juris Rn. 12.
[36] OLG München v. 12.12.2013 - 2 UF 1230/13 - juris Rn. 12.
[37] OLG Brandenburg v. 10.04.2014 - 10 UF 212/13 - juris Rn. 23.
[38] OLG Brandenburg v. 10.04.2014 - 10 UF 212/13 - juris Rn. 23.
[39] OLG Schleswig v. 25.08.1989 - 13 UF 119/89, 13 WF 123/89 - FamRZ 1990, 433-435; OLG Karlsruhe v. 12.12.1997 - 2 UF 202/97 - NJW-RR 1998, 940-941.
[40] OLG Schleswig v. 07.04.2014 - 15 UF 140/13 - juris Rn. 12; OLG Brandenburg v. 11.04.2014 - 3 UF 50/13 - juris Rn. 46; OLG München v. 12.12.2013 - 2 UF 1230/13 - juris Rn. 12.
[41] OLG Frankfurt v. 28.02.2014 - 6 UF 326/13 - juris Rn. 18; OLG Brandenburg v. 12.03.2007 - 10 UF 226/06; OLG Jena v. 22.03.2004 - 1 UF 354/03 - juris Rn. 15 - FamRZ 2005, 52-53.
[42] OLG Hamm v. 10.05.2004 - 8 UF 19/04 - FamRZ 2005, 746-747.

Gesamtsituation im Einzelfall können durchaus Gesetzesänderungen Auswirkungen zeigen, insbesondere dann, wenn ihnen eine allgemeine Gesinnungsänderung zugrunde gelegt werden kann, wie sie durchaus als Tendenz und Ausdruck des Kindschaftsrechtsreformgesetzes mit dem Ziel des Festhaltens beider Elternteile in elterlicher Verantwortung trotz Trennung gesehen werden kann. Ein solcher Umstand allein zwingt jedoch gerade aus dem Gesichtspunkt der Aufrechterhaltung der Erziehungskontinuität nicht dazu, allein schon deshalb eine Abänderungsentscheidung für geboten zu erachten. Es bedarf deshalb der einzelfallorientierten Prüfung.[43]

3. Abänderungsgrund

25 Eine abändernde Entscheidung setzt regelmäßig triftige, das Kindeswohl nachhaltig berührende Gründe voraus, gleichzeitig ist jedoch anerkannt, dass auch eine Änderung der Rechtsprechung einen Abänderungsgrund bedeuten kann.[44]

26 Der Abänderungsmaßstab der Vorschrift ist enger als das allgemeine Kindeswohlerfordernis des § 1697a BGB.

27 Die Abänderung gemäß § 1696 BGB setzt triftige, das Kindeswohl nachhaltig berührende Gründe voraus. Die für die Abänderung maßgebenden Gründe müssen die mit einer Änderung verbundenen Nachteile deutlich überwiegen.[45]

4. Beispiele aus der Rechtsprechung

28 Erstentscheidungen, aufgrund deren die gemeinsame elterliche Sorge festgestellt wurde (§ 1671 Abs. 1 BGB), können zwar nur geändert werden, wenn triftige, das Wohl des Kindes nachhaltig berührende Gründe vorliegen. Dazu ist aber nicht erforderlich, dass Änderungen der äußeren Lebensumstände eingetreten sind.[46] Für die Beurteilung des Fortbestandes einer gemeinsamen Sorge ist vielmehr jeder Umstand von Gewicht, der die für diese Regelung unverzichtbaren Voraussetzungen in Frage stellt. Daher gehört zu den das Kindeswohl nachhaltig berührenden Umständen auch die Tatsache, dass die Bereitschaft des einen Elternteils zur **Kooperation mit dem anderen Elternteil nachhaltig gestört** und dadurch die für eine sinnvolle Ausübung der gemeinsamen Sorge unabdingbare Voraussetzung entfallen ist.[47] Dadurch soll die Gefahr abgewendet werden, dass das Kind aufgrund der ständigen Meinungsverschiedenheiten der Eltern in seiner Persönlichkeitsentwicklung Schaden erleidet.[48]

29 Umgekehrt liegen hinreichend triftige, das Wohl der Kinder nachhaltig berührende Gründe vor, wenn sich Eltern und Kinder darin einig sind, dass elterliche Sorge von den Eltern wieder gemeinsam ausgeübt werden soll, und die tatsächlichen Verhältnisse so sind, dass eine gemeinsame elterliche Sorge ohne Komplikationen ausübbar ist.[49]

30 Ein **triftiger Grund im Sinne des** § 1696 Abs. 1 BGB, der eine Sorgerechtsabänderung rechtfertigt, liegt vor, wenn die Haltung des sorgeberechtigten Elternteils zur Ernährung seines noch nicht schulpflichtigen Kindes sowie zur Befolgung von ärztlich angeordneten medikamentösen Behandlungen uneinsichtig ist.[50]

31 Triftige das Kindeswohl nachhaltig berührende Gründe der durch den Vater beantragten Sorgerechtsänderung sind zu verneinen, wenn die Eltern gegenseitig **erhebliche Vorbehalte hinsichtlich der jeweiligen Lebensauffassung** haben und mangels Kooperationsbereitschaft der Mutter kein Grundkonsens über Erziehungsfragen herbeigeführt werden kann.[51] In diesem Fall hat sich das 12-jährige Kind

---

[43] OLG Braunschweig v. 12.06.2001 - 1 UF 227/00 - FamRZ 2002, 121-123; OLG Karlsruhe v. 08.12.1997 - 2 UF 178/97 - OLGR Karlsruhe 1998, 260.
[44] BVerfG v. 05.04.2005 - 1 BvR 1664/04 - juris Rn. 23 - NJW 2005, 1765-1767.
[45] BVerfG v. 28.02.2012 - 1 BvR 3116/11 - juris Rn. 22.
[46] BGH v. 14.10.1992 - XII ZB 150/91 - LM BGB § 1696 Nr. 1 (2/1993).
[47] OLG Karlsruhe v. 12.12.1997 - 2 UF 202/97 - NJW-RR 1998, 940-941; OLG Frankfurt v. 23.01.1996 - 6 UF 250/95 - FamRZ 1996, 889.
[48] BGH v. 14.10.1992 - XII ZB 150/91 - LM BGB § 1696 Nr. 1 (2/1993).
[49] AG Mönchengladbach v. 26.11.2004 - 40 F 300/04 - FamRZ 2005, 1702.
[50] KG Berlin v. 12.02.1990 - 18 UF 6668/89 - NJW-RR 1990, 716.
[51] AG Ravensburg v. 06.02.2003 - 8 F 786/02 - FamRZ 2004, 133-134; bestätigt durch OLG Stuttgart v. 14.04.2003 - 16 UF 49/03.

für die gegenwärtige Regelung ausgesprochen, und die Zugehörigkeit der Mutter zur Glaubensgemeinschaft der Zeugen Jehovas lässt ihre Erziehungsfähigkeit und Bindungstoleranz unberührt.[52]

Der im Abänderungsverfahren unterbreitete gemeinsame Vorschlag der Eltern hat zwar nicht die Bindungswirkung wie im Verfahren zur Erstregelung nach § 1671 BGB. Er hat jedoch ein gewichtiges Indiz dafür, dass die Erstregelung geändert werden sollte.[53] 32

Die Sorgerechtsentscheidung ist wegen fehlender Erziehungseignung des betreuenden Elternteils zum Wohl des Kindes abzuändern, wenn er hartnäckig bestrebt ist, das Kind dem anderen Elternteil zu entfremden, beharrlich das Umgangsrecht zwischen dem anderen Elternteil und dem Kind verweigert (**Umgangsvereitelung**) sowie den Vorwurf sexuellen Missbrauchs aufrechterhält, obwohl eine eingehende Beweisaufnahme den Verdacht nicht bestätigt hat.[54] Inwieweit Auswanderung einen triftigen Grund i.S.d. § 1696 BGB darstellt, ist von den Gegebenheiten des Einzelfalls abhängig (vgl. hierzu die Kommentierung zu § 1684 BGB). 33

Das OLG Jena hat in seinem Beschluss vom 22.03.2004 entschieden, dass ein triftiger, das Kindeswohl nachhaltig berührender Abänderungsgrund gemäß § 1696 Abs. 1 BGB vorliegen kann, wenn der sorgeberechtigte Elternteil sich als ungeeignet zur Erziehung offenbart, indem er das Recht des Kindes auf **gewaltfreie Erziehung** gemäß § 1631 Abs. 2 BGB wiederholt verletzt.[55] 34

Nach dem AG Tempelhof-Kreuzberg stellt die **erfolgreich abgeschlossene Familientherapie** einen Änderungsgrund im Sinne des § 1696 BGB dar, um das aufgrund einer Verurteilung des Vaters wegen sexuellen Kindesmissbrauchs entzogene Aufenthaltsbestimmungsrecht auf die Eltern zurück zu übertragen.[56] Das Gericht ging dabei von dem gewonnenen persönlichen Eindruck der Eltern aus und war der Ansicht, dass infolge der abgeschlossenen Therapie ein familiärer Neuanfang möglich sei, der bewusst am Kindeswohl orientiert sei. 35

Nach OLG Zweibrücken hat sich eine auf das Alleinsorgerecht gestützte Herausgabeforderung nach § 1632 BGB an den strengen Maßstäben des § 1696 BGB zu orientieren.[57] Dies gilt insbesondere dann, wenn in einem rechtshängigen Parallelverfahren über die Voraussetzungen der bestehenden Sorgerechtsregelung zu entscheiden ist. 36

Nach einer Entscheidung des OLG Köln liegt dann ein triftiger Grund vor, wenn die Vorteile der getroffenen Sorgerechtsentscheidung die Gesichtspunkte, die für die bestehende Regelung maßgeblich waren, die mit einer Änderung verbundenen Nachteile deutlich überwiegen.[58] Die Tatsache, dass der sorgeberechtigte Elternteil das Kind über einen längeren Zeitraum im **Ausland** bei Verwandten aufwachsen lässt, rechtfertigt allein nicht die Annahme eines triftigen Grundes. Entscheidend ist hier, ob das Kind in geordneten Verhältnissen aufwächst und der Elternteil damit in Ausübung des übertragenen Sorgerechts eine Entscheidung getroffen hat, die dem Kindeswohl dient. 37

Nach einem Beschluss des OLG Naumburg[59] stellen **vorübergehende Probleme** bei der Ausübung des Umgangsrechtes keine triftigen, das Wohl des Kindes nachhaltig berührenden Gründe im Sinne von § 1696 Abs. 1 BGB dar, um die gerichtliche Umgangsregelung zu ändern. 38

Bindet ein Elternteil zwölfjährige Kinder derart eng und übermächtig an sich, dass diese im Verhältnis zu ihm kaum die Möglichkeit haben, sich eigenständig zu entwickeln, so ist dies ein das Wohl der Kinder nachhaltig berührender Grund im Sinne des § 1696 Abs. 1 BGB.[60] 39

5. Abänderungsentscheidung nach Absatz 1

Die Abänderung der Erstentscheidung ist für das Gericht eine **von Amts wegen** vorzunehmende Pflicht, wenn es durch triftige, das Kindeswohl nachhaltige Gründe angezeigt ist gemäß § 1696 Abs. 1 BGB. 40

---

[52] AG Ravensburg v. 06.02.2003 - 8 F 786/02 - FamRZ 2004, 133-134; bestätigt durch OLG Stuttgart v. 14.04.2003 - 16 UF 49/03.
[53] OLG Hamm v. 03.12.1980 - 5 UF 203/80 - FamRZ 1981, 600-601.
[54] OLG Celle v. 12.06.1995 - 10 UF 195/94 - FamRZ 1998, 1045.
[55] OLG Jena v. 22.03.2004 - 1 UF 354/03 - juris Rn. 17 - FamRZ 2005, 52-53; *Harms*, jurisPR-FamR 5/2005, Anm. 3.
[56] AG Berlin-Tempelhof-Kreuzberg v. 05.06.2003 - 159 F 11853/01 - juris Rn. 8 - FamRZ 2004, 134.
[57] OLG Zweibrücken v. 11.06.2004 - 6 WF 75/04 - juris Rn. 12 - FamRZ 2005, 745-746.
[58] OLG Köln v. 19.10.2004 - 4 UF 123/03 - juris Rn. 4 - FamRZ 2005, 1276; OLG Hamm v. 10.05.2004 - 8 UF 19/04 - FamRZ 2005, 746-747.
[59] OLG Naumburg v. 22.03.2005 - 8 WF 238/04.
[60] OLG Frankfurt v. 11.05.2005 - 1 UF 94/03 - juris Rn. 12 - FamRZ 2005, 1700-1702.

§ 1696

41 Hierbei ist mit Blick auf das grundrechtlich geschützte Elternrecht bei der Auswahl der **Grundsatz der Verhältnismäßigkeit** zu beachten.

IV. Aufhebung von Maßnahmen i.S.d. §§ 1666-1667 BGB gemäß Absatz 2

42 Die Maßnahmen nach den §§ 1666, 1666a und 1667 BGB sind aufzuheben, wenn die Gefahr für das Wohl des Kindes nicht mehr besteht. Dies gilt sowohl für Entscheidungen im Rahmen der **Personensorge** als auch der **Vermögenssorge**.[61] Eine Änderungsentscheidung ist insbesondere geboten, wenn seit der früheren Entscheidung entweder eine **Änderung in den tatsächlichen Verhältnissen** eingetreten ist oder doch Umstände zutage getreten sind, die zu einer anderen Beurteilung des der früheren Regelung zugrunde gelegten Sachverhalts nötigen, und sich hierbei ergibt, dass die Gefährdungsvoraussetzungen des § 1666 Abs. 1 Satz 1 BGB nicht mehr vorliegen.[62]

43 Eine Änderungsentscheidung ist nur dann zulässig, wenn eine zuverlässige Gewähr dafür besteht, dass sie auch aus anderen Gründen nicht zu einer Gefährdung des Kindeswohls führt.[63]

44 Zur Aufhebung einer Maßnahme bedarf es eines Beschlusses des Familiengerichts.

45 Beim Sonderfall der Aufhebung der kinderschutzrechtlichen Maßnahme muss zusätzlich die Erforderlichkeit der Maßnahme entfallen sein.

C. Verfahrenshinweise

I. Eigenständiges Verfahren

46 Das Abänderungsverfahren gemäß § 1696 Abs. 1 BGB stellt ein **neues selbständiges Verfahren** dar.[64] Die Zuständigkeit für dieses Verfahren ist jeweils neu zu bestimmen.[65] Daher sind auch Änderungen in der Zuständigkeit, die seit dem Erstverfahren eingetreten sind, zu berücksichtigen.

47 Das Verfahren wird von Amts wegen eingeleitet.

48 Das Verfahren regeln die §§ 151 ff., 166 FamFG.

II. Anerkennung ausländischer Entscheidungen

49 Das OLG Saarbrücken[66] hat entschieden, dass **eine im Ausland ergangene Sorgerechtsentscheidung, sofern sie in Deutschland anzuerkennen ist**, die Wirkung hat, dass grundsätzlich eine inhaltlich übereinstimmende Sachentscheidung zu ergehen hat, es sei denn, es ist deutsches Sachrecht anzuwenden und unter den Voraussetzungen des § 1696 Abs. 1 BGB eine Änderung angezeigt.[67] Danach sind Sorgerechtsentscheidungen zu ändern, wenn dies aus triftigen, das Wohl des Kindes nachhaltig berührenden Gründen angezeigt ist. Ein Umzug nach Südfrankreich bedeutet nicht, dass nunmehr aus Gründen des Kindeswohls eine Änderung des Sorgerechts erforderlich geworden ist. Auch wenn die vom französischen Gericht getroffene Aufenthaltsregelung für die Kinder nicht mehr realisierbar und daher hinfällig ist, ist gleichwohl entscheidend, dass in dem vorgenannten Beschluss das Bestehen des gemeinsamen Sorgerechts ausgesprochen wurde und keine Gründe ersichtlich sind, die im Interesse des Wohls der Kinder eine Übertragung des alleinigen Sorgerechts auf den Antragsteller erfordern könnten.[68] Daraus, dass die Kinder nunmehr ihren Lebensmittelpunkt allein beim Antragsteller haben und die Antragsgegnerin weit entfernt wohnt, ergibt sich jedenfalls nicht, dass die Kindeseltern nicht in der Lage wären, die Kindesbelange gemeinsam verantwortlich zu wahren. Dasselbe gilt auch in Bezug auf das vom Antragsteller angestrebte alleinige Aufenthaltsbestimmungsrecht, da nicht ersichtlich ist, dass sich die Antragsgegnerin dem faktischen Aufenthalt der beiden Kinder beim Antragsteller derzeit ernsthaft widersetzt.[69]

---

[61] OLG Naumburg v. 30.10.2001 - 14 UF 73/01 - juris Rn. 36 - FamRZ 2002, 1274-1276.
[62] BayObLG München v. 13.02.1997 - 1Z BR 213/96 - MDR 1997, 573-574.
[63] OLG Karlsruhe v. 19.10.1981 - 16 Wx 6/81 - OLGZ 1982, 164-170.
[64] OLG Hamm v. 08.05.2012 - II-9 UF 57/12, 9 UF 57/12 - juris Rn. 8.
[65] BayObLG München v. 21.01.1999 - 1Z AR 1/99 - NJW-RR 1999, 1020-1021.
[66] OLG Saarbrücken v. 09.03.2004 - 2 UF 23/03 - juris Rn. 10 - OLGR Saarbrücken 2004, 467-469.
[67] BGH v. 28.05.1986 - IVb ZB 36/84 - juris Rn. 7 - NJW-RR 1986, 1130-1131.
[68] OLG Saarbrücken v. 09.03.2004 - 2 UF 23/03 - juris Rn. 10 - OLGR Saarbrücken 2004, 467-469.
[69] OLG Saarbrücken v. 09.03.2004 - 2 UF 23/03 - juris Rn. 12 - OLGR Saarbrücken 2004, 467-469.

III. Verhältnis zur Europäischen Menschenrechtskonvention (EMRK)

Eine Entscheidung des Europäischen Gerichtshofs für Menschenrechte (EGMR), die auf eine Verletzung des Rechts des Vaters auf Achtung des Familienlebens nach Art. 8 MRK erkannt hat,[70] hat **Bindungswirkung für deutsche Gerichte**.[71] So entschieden im Rahmen eines Verfahrens nach § 1696 BGB, das als der Fall Görgülü bekannt worden ist.[72] Im Rahmen dessen hat das BVerfG entschieden, dass die Europäische Menschenrechtskonvention in der deutschen Rechtsordnung im Range eines Bundesgesetzes gilt und bei der Interpretation des nationalen Rechts, der Grundrechte und rechtsstaatlichen Garantien zu berücksichtigen ist. Gerichte sind zur Berücksichtigung eines Urteils, das einen von ihnen bereits entschiedenen Fall betrifft, jedenfalls dann verpflichtet, wenn sie in verfahrensrechtlich zulässiger Weise erneut über den Gegenstand entschieden und dem Urteil ohne materiellen Gesetzesverstoß Rechnung tragen können.[73]

50

---

[70] EGMR v. 26.02.2004 - 74969/01 - NJW 2004, 3397-3401.
[71] BVerfG v. 05.04.2005 - 1 BvR 1664/04 - juris Rn. 14 - NJW 2005, 1765-1767; anders noch OLG Naumburg v. 09.07.2004 - 14 UF 60/04 - juris Rn. 17 - FamRZ 2004, 1507-1510; OLG Naumburg v. 30.06.2004 - 14 WF 64/04 - juris Rn. 26 - FamRZ 2004, 1510-1512.
[72] *Fritz*, FAZ v. 14.01.2006, 3.
[73] BVerfG v. 05.04.2005 - 1 BvR 1664/04 - juris Rn. 15 - NJW 2005, 1765-1767; BVerfG v. 14.10.2004 - 2 BvR 1481/04 - NJW 2004, 3407-3412.

§ 1697 BGB (weggefallen)

(Fassung vom 02.01.2002, gültig ab 01.01.2002, gültig bis 31.08.2009)

(weggefallen)

1 § 1697 BGB in der Fassung vom 17.12.2008 ist durch Art. 50 Nr. 31 nach Maßgabe des Art. 111 des Gesetzes vom 17.12.2008 – BGBl I 2008, 2586 – mit Wirkung vom 01.09.2009 weggefallen.

§ 1697a BGB Kindeswohlprinzip

(Fassung vom 02.01.2002, gültig ab 01.01.2002)

Soweit nichts anderes bestimmt ist, trifft das Gericht in Verfahren über die in diesem Titel geregelten Angelegenheiten diejenige Entscheidung, die unter Berücksichtigung der tatsächlichen Gegebenheiten und Möglichkeiten sowie der berechtigten Interessen der Beteiligten dem Wohl des Kindes am besten entspricht.

Gliederung

A. Grundlagen 1
B. Anwendungsvoraussetzungen 3
C. Beispiele aus der Rechtsprechung................ 10
D. Verfahrenshinweise...................................... 13

A. Grundlagen[1]

Die Vorschrift stellt klar, dass **Entscheidungsmaßstab für alle gerichtlichen Entscheidungen** über die elterliche Sorge und das Umgangsrecht das **Kindeswohl** ist. Das Kindeswohl ist somit **allgemeines Rechtsprinzip**.[2] 1

Die Regelung gilt somit auch außerhalb des BGB. 2

B. Anwendungsvoraussetzungen

§ 1697a BGB bestimmt die **Eingriffsvoraussetzungen** für gerichtliche Maßnahmen. 3

Die Vorschrift ist zumeist subsidiär („soweit nichts anderes bestimmt ist"), denn die meisten Eingriffsnormen (§§ 1631b, 1632, 1666, 1671, 1696 und in 1693 BGB als Interesse des Kindes) enthalten die Voraussetzung des Kindeswohls selbst. Dennoch ist sie anwendbar, wenn die einschlägige Vorschrift nicht ausdrücklich auf das Kindeswohl Bezug nimmt (§§ 1628,[3] 1629 Abs. 2 und 3, 1631 Abs. 3, 1632 Abs. 3, 1643, 1645 BGB und von erheblicher praktischer Bedeutung: § 1684 BGB).[4] 4

Nach § 1697a BGB hat das Gericht in der Sache die Entscheidung zu treffen, die dem Kindeswohl am besten entspricht.[5] 5

Das Kindeswohl soll an den **tatsächlichen Gegebenheiten und Möglichkeiten** und den **berechtigten Interessen der Beteiligten** orientieren. 6

Gewichtige Gesichtspunkte des Kindeswohls sind die **Bindung des Kindes**, die Prinzipien der Förderung (**Erziehungseignung**) und der **Kontinuität**.[6] Die einzelnen Kriterien stehen aber letztlich nicht wie Tatbestandsmerkmale kumulativ nebeneinander. Jedes von ihnen kann im Einzelfall mehr oder weniger bedeutsam für die Beurteilung sein, was dem Wohl des Kindes am besten entspricht.[7] 7

Das „**Wohl des Kindes**" ist ein unbestimmter Rechtsbegriff. Nach § 1666 BGB umfasst er das **körperliche, geistige und seelische Wohl des Kindes**. Des Weiteren werden § 1 Abs. 1 SGB VIII[8] sowie Art. 6 Abs. 2 GG zur Ermittlung des Kindeswohlbegriffs herangezogen.[9] Für den Begriff „Wohl des Kindes" ist nicht entscheidend, ob die körperliche, geistige und seelische Entwicklung des Kindes bei den Eltern bzw. der Mutter optimal verlaufen wird, sondern allein, ob das Kind unter **Berücksichtigung der milieubedingten Gegebenheiten** in seiner Entwicklung gefährdet ist.[10] Es ist eine Einzel- 8

---

[1] Die Kommentierung basiert teilweise auf den Ausführungen in der Vorauflage von *Bauer*.
[2] BVerfG v. 09.03.1999 - 2 BvR 420/99 - juris Rn. 22; zuletzt BVerfG v. 31.03.2010 - 1 BvR 2910/09 - juris Rn. 28; OLG Köln v. 21.02.2012 - 4 UF 258/11 - juris Rn. 3 f.
[3] AG Heidenheim v. 09.04.2003 - 2 F 271/03 - juris Rn. 3 - FamRZ 2003, 1404.
[4] Vgl. hierzu auch *Coester* in: Staudinger, § 1697a Rn. 3.
[5] OLG Düsseldorf v. 07.12.2009 - II-4 UF 221/09, 4 UF 221/09 - FamRZ 2010, 1255-1256; OLG Schleswig v. 07.12.2010 - 10 UF 186/10 - juris Rn. 23.
[6] OLG Frankfurt v. 20.07.2011 - 4 UF 151/10 - juris Rn. 18; OLG Köln v. 21.02.2012 - 4 UF 258/11 - juris Rn. 4.
[7] OLG Köln v. 21.02.2012 - 4 UF 258/11 - juris Rn. 4.
[8] OLG Stuttgart v. 11.08.2010 - 16 UF 122/10.
[9] BVerfG v. 29.07.1968 - 1 BvL 20/63, 1 BvL 31/66 - NJW 1968, 2233; BayObLG München v. 07.04.1998 - 1Z BR 13/98 - NJW- RR 1999, 369-371; *Büte* in: Johannsen/Henrich, EheR, § 1666 Rn. 22.
[10] OLG Hamm v. 13.12.1982 - 15 W 291/82 - ZblJugR 1983, 274-279.

fallprüfung, das heißt eine alle Umstände des Einzelfalles abwägende Entscheidung erforderlich.[11] Hierbei sind alle von den Verfahrensbeteiligten vorgebrachten Gesichtspunkte in tatsächlicher Hinsicht soweit wie möglich **aufzuklären** und unter Kindeswohlgesichtspunkten gegeneinander **abzuwägen**, um eine möglichst zuverlässige Grundlage für eine kindeswohlorientierte Entscheidung zu erlangen.[12]

9   Nach allgemeiner Meinung ist der auf beachtlichen Gründen beruhende **Wille eines Kindes** auch für die Bestimmung des Kindeswohls von Bedeutung.[13] Er ist von den Eltern umso mehr zu beachten, je weiter sich das Kind der Volljährigkeit nähert. Gleichwohl behält die Entscheidung des Sorgeberechtigten letztlich den Vorrang. Deshalb kann darin, dass sorgeberechtigte Eltern den Willen des Kindes nicht achten, den es als Ausdruck eigenverantwortlicher Entscheidung geäußert hat, nur unter besonderen Umständen eine Gefährdung des Kindeswohls liegen.[14] Der Durchsetzung der Entscheidung der Eltern gegen den Willen des Kindes sind allerdings im Hinblick auf das durch Art. 1, 2 Abs. 1 GG gewährleistete Recht des Kindes auf Achtung und freie Entfaltung seiner Persönlichkeit Grenzen gesetzt.[15]

C. Beispiele aus der Rechtsprechung

10   Nach OLG Köln ist die Entscheidung über die Ermächtigung einer Mutter zur Beantragung eines **Kinderausweises** nach § 1697a BGB am Kindeswohl zu orientieren.[16] Grundsätzlich entspricht ein Besuch bei den Großeltern immer dem Kindeswohl.

11   Bei der Entscheidung über die **Wahl der Schule** ist insbesondere die Auswirkung der jeweiligen Schulwahl auf das soziale Umfeld des Kindes in die Erwägung miteinzubeziehen.[17]

12   Das AG Heidenheim hat entschieden, dass eine **zweiwöchige Sprachreise (Großbritannien)** ins Ausland, mit der das Kind einverstanden ist und die es wünscht, auch dem Wohl des Kindes im Sinne von § 1697a BGB entspricht.[18] Soweit sich die gemeinsam sorgeberechtigten Eltern im Hinblick auf Terroranschläge und die nachfolgend angespannte politische Lage über die Teilnahme des Kindes an einem solchen Sprachaufenthalt nicht einigen können, ist einem Elternteil durch das Familiengericht die alleinige Entscheidungsbefugnis zu übertragen.[19]

D. Verfahrenshinweise

13   Grundsätzlich bleibt es in Verfahren mit **Amtsermittlungsgrundsatz** dem erkennenden Gericht überlassen, welchen Weg es für geeignet hält, um zu den für seine Entscheidung notwendigen Erkenntnissen zu gelangen.[20] Das Verfahren muss gleichwohl geeignet sein, eine möglichst zuverlässige Grundlage für eine am Kindeswohl orientierte Entscheidung zu erlangen. Die Fachgerichte sind danach verfassungsrechtlich nicht stets gehalten, ein **Sachverständigengutachten** einzuholen. Wenn gleichwohl von der Beiziehung eines Sachverständigen abgesehen wird, müssen sie anderweitig über eine möglichst zuverlässige Entscheidungsgrundlage verfügen.[21]

---

[11] OLG Hamm 22.01.2014 - II-8 UF 82/13 - juris Rn. 37; AG Heidelberg v. 19.08.2014 - 31 F 15/14 - juris Rn. 15.
[12] OLG Köln v. 21.02.2012 - 4 UF 258/11 - juris Rn. 4.
[13] BVerfG v. 27.06.2008 - 1 BvR 311/08; BayObLG München v. 07.04.1998 - 1Z BR 13/98 - NJW-RR 1999, 369-371.
[14] OLG Celle v. 12.03.2010 - 19 UF 49/10 - FamRB 2010, 141-142; BayObLG München v. 07.04.1998 - 1Z BR 13/98 - NJW-RR 1999, 369-371.
[15] BayObLG München v. 27.03.1997 - 1Z BR 9/97 - NJW-RR 1997, 901-902; OLG Köln v. 21.10.1999 - 14 Wx 5/99 - NJW-RR 2000, 373-374.
[16] OLG Köln v. 04.06.2004 - 4 WF 4/04 - juris Rn. 11 - FamRZ 2005, 644-645.
[17] OLG Schleswig v. 07.12.2010 - 10 UF 186/10 - juris Rn. 23.
[18] AG Heidenheim v. 09.04.2003 - 2 F 271/03 - juris Rn. 6 - FamRZ 2003, 1404.
[19] AG Heidenheim v. 09.04.2003 - 2 F 271/03 - juris Rn. 12 - FamRZ 2003, 1404.
[20] BVerfG v. 10.09.2009 - 1 BvR 1248/09 - juris Rn. 18.
[21] BVerfG v. 10.09.2009 - 1 BvR 1248/09 - juris Rn. 18.

§ 1698 BGB Herausgabe des Kindesvermögens; Rechnungslegung

(Fassung vom 02.01.2002, gültig ab 01.01.2002)

(1) Endet oder ruht die elterliche Sorge der Eltern oder hört aus einem anderen Grunde ihre Vermögenssorge auf, so haben sie dem Kind das Vermögen herauszugeben und auf Verlangen über die Verwaltung Rechenschaft abzulegen.

(2) Über die Nutzungen des Kindesvermögens brauchen die Eltern nur insoweit Rechenschaft abzulegen, als Grund zu der Annahme besteht, dass sie die Nutzungen entgegen den Vorschriften des § 1649 verwendet haben.

Gliederung

A. Grundlagen 1	II. Rechenschaftspflicht 6
B. Anwendungsvoraussetzungen 2	C. Prozessuales 11
I. Vermögensherausgabe 2	

A. Grundlagen

Die Vorschrift regelt die vermögensrechtliche Abwicklung nach Beendigung der elterlichen Sorge in § 1698 BGB.[1] Danach haben die Eltern dem Kind sein Vermögen herauszugeben, wenn ihre elterliche Sorge endet oder ruht oder ihre Vermögenssorge aus einem anderen Grunde aufhört. Endet die Vermögenssorge der Eltern oder eines Elternteils vor Eintritt der Volljährigkeit des Kindes, dann steht der Anspruch nach § 1698 BGB dem neuen Sorgerechtsinhaber zu.[2] Das Gesetz enthält zu diesem Zweck einen **Vermögensherausgabe- und Rechnungslegungsanspruch** des Kindes, ggf. des neuen Sorgerechtsinhabers gegen die Eltern.[3]

1

B. Anwendungsvoraussetzungen

I. Vermögensherausgabe

Voraussetzung des Herausgabeanspruchs ist, dass die elterliche Sorge bzw. Vermögenssorge endet oder ruht (§ 1626 BGB). Sie endet mit der Volljährigkeit des Kindes, Tod der Eltern oder unter den Voraussetzungen des Verschollenheitsgesetzes (VerschG). Es genügt, wenn die elterliche Sorge nur eines Elternteils endet oder ruht.

2

Die Kindeseltern haften **gesamtschuldnerisch,** wenn ihre gesamte gemeinsame elterliche Vermögenssorge endet, auch wenn sie das Kindesvermögen nicht gemeinsam verwaltet haben.[4]

3

Bei **Minderjährigkeit des Kindes** ist das Vermögen an den neuen Inhaber der Vermögenssorge herauszugeben. Falls der betreffende Elternteil als Inhaber der Vermögenssorge bereits im Besitz des Vermögens ist, entfällt die Herausgabepflicht.[5]

4

Der Herausgabeanspruch kann auch noch nach längerer Zeit geltend gemacht werden, ohne dass der Einwand der Verwirkung greift.[6] Sofern den Eltern ein Aufwendungsersatzanspruch aus § 1648 BGB zusteht, können sie gegenüber einem Herausgabeverlangen ein Zurückbehaltungsrecht einwenden.

5

II. Rechenschaftspflicht

Ist das Sorgerecht eines Elternteils durch eine Sorgerechtsentscheidung des Familiengerichts (beispielsweise über die elterliche Sorge nach Scheidung der Eltern) beendet worden, ist der nicht mehr sorgeberechtigte Elternteil, der bislang das Kindesvermögen verwaltet hat, verpflichtet, seinem Kind

6

---

[1] BGH v. 10.02.1988 - IVb ZR 111/86 - juris Rn. 13.
[2] BGH v. 10.02.1988 - IVb ZR 111/86 - juris Rn. 13.
[3] BGH v. 10.02.1988 - IVb ZR 111/86 - juris Rn. 13; OLG Hamm v. 27.04.1999 - 29 U 177/98 - juris Rn. 3 - FamRZ 2000, 974-975; OLG Koblenz v. 12.07.2004 - 7 WF 570/04 - FamRZ 2005, 993-994.
[4] *Veit* in: Bamberger/Roth, § 1698 Rn. 1.
[5] *Veit* in: Bamberger/Roth, § 1698 Rn. 1.
[6] OLG München v. 28.09.1973 - 19 U 1932/73 - NJW 1974, 703.

§ 1698

Rechenschaft über die Vermögensverwaltung abzulegen.[7] Dahin gehend wird teilweise verlangt, dass dies die neuen gesetzlichen Vertreter des Kindes vornehmen.[8]

7 Der Inhalt der **Rechenschaftspflicht** bestimmt sich nach den §§ 259, 261 BGB.[9] Dies setzt eine übersichtliche, aus sich heraus verständliche Zusammenstellung aller Einnahmen und Ausgaben in Bezug auf das zu verwaltende Vermögen voraus. Hierbei ist auch die Entwicklung des Vermögens aufzuzeigen.

8 Auch der den gesetzlichen Vorgaben, insbesondere den Vorschriften der §§ 1641(Schenkungsverbot), 1642 (Anlage nach wirtschaftlichen Grundsätzen) und 1649 BGB (Verwendung der Einkünfte) widersprechende Umgang mit Kindesvermögen ist **„Verwaltung"** im Sinne des § 1698 BGB.[10] Es liegt auf der Hand, dass Eltern sich der Verpflichtung zur Rechenschaftslegung über das Vermögen ihrer Kinder gerade dann nicht entziehen können, wenn sie die ihnen mit der Vermögenssorge übertragenen Befugnisse missbrauchen.[11]

9 Nach dem Wortlaut des Gesetzes sind die Eltern nur dann zur Rechenschaft verpflichtet, wenn Grund zur Annahme besteht, dass die Eltern gegen § 1649 BGB verstoßen haben. Das Kind ist hierfür sowohl **darlegungs- als auch beweisbelastet**.

10 Anderes gilt hingegen für Sparbriefe[12] und in diesem Sinne für alle Inhaberpapiere.

C. Prozessuales

11 Seit dem Inkrafttreten des FamFG sind die Ansprüche aus § 1698 BGB vor dem Familiengericht und nicht mehr vor den Zivilgerichten geltend zu machen. Es handelt sich gem. den §§ 266 Abs. 1 Nr. 4, 111 Nr. 10, 112 Nr. 3 FamFG um eine Familienstreitsache, für die nach den §§ 23a, 23b GVG die Familiengerichte zuständig sind.[13]

12 Ansprüche auf Rechnungslegung und ggf. auf Abgabe der Versicherung an Eides statt, sowie Herausgabe aus ungerechtfertigter Bereicherung oder Schadensersatz können in einer Stufenklage miteinander verbunden werden.[14]

---

[7] OLG Hamm v. 27.04.1999 - 29 U 177/98 - FamRZ 2000, 974-975.
[8] *Finger* in: MünchKomm-BGB, § 1698 Rn. 6.
[9] OLG Hamm v. 27.04.1999 - 29 U 177/98 - juris Rn. 3 - FamRZ 2000, 974-975; BFH v. 14.10.2002 - VIII R 42/01 - juris Rn. 16 - ZEV 2003, 220; OLG Koblenz v. 26.11.2013 - 11 UF 451/13 - juris Rn. 17.
[10] OLG Hamm v. 27.04.1999 - 29 U 177/98 - juris Rn. 5.
[11] OLG Hamm v. 27.04.1999 - 29 U 177/98 - juris Rn. 5 - FamRZ 2000, 974-975.
[12] OLG Hamm v. 27.04.1999 - 29 U 177/98 - juris Rn. 4.
[13] OLG Dresden v. 26.04.2011 - 17 W 400/11 - juris Rn. 3.
[14] *Coester* in: Staudinger, § 1698 Rn. 12.

§ 1698a BGB Fortführung der Geschäfte in Unkenntnis der Beendigung der elterlichen Sorge

(Fassung vom 02.01.2002, gültig ab 01.01.2002)

(1) ¹Die Eltern dürfen die mit der Personensorge und mit der Vermögenssorge für das Kind verbundenen Geschäfte fortführen, bis sie von der Beendigung der elterlichen Sorge Kenntnis erlangen oder sie kennen müssen. ²Ein Dritter kann sich auf diese Befugnis nicht berufen, wenn er bei der Vornahme eines Rechtsgeschäfts die Beendigung kennt oder kennen muss.

(2) Diese Vorschriften sind entsprechend anzuwenden, wenn die elterliche Sorge ruht.

Gliederung

A. Grundlagen	1	C. Rechtsfolge	7
B. Anwendungsvoraussetzungen	3	D. Entsprechende Anwendung	11

A. Grundlagen

Die Vorschrift schützt die Eltern oder sonstige gesetzliche Vertreter, falls sie die Geschäfte des Kindes weiterführen, während die elterliche Sorge endet bzw. ruht und sie dies nicht wissen oder wissen können (§ 276 Abs. 1 BGB).   **1**

Bei bestehender Gutgläubigkeit haften die Eltern nicht für ihr legitimationsloses Handeln (§ 179 BGB). Dass die Verpflichtung zur Fortführung der Geschäfte des Kindes eine gesetzliche Pflicht der Eltern ist, ergibt sich aus der Vorschrift zur Notgeschäftsführung nach § 1698b BGB.[1]   **2**

B. Anwendungsvoraussetzungen

Die Norm setzt voraus, dass die elterliche Sorge geendet haben muss, wobei die Beendigung eines Teils der elterlichen Sorge ausreichend ist.[2] Auch die Beendigung bei nur einem Elternteil ist ausreichend. Absatz 2 der Vorschrift stellt das Ruhen der elterlichen Sorge der Beendigung gleich.   **3**

Die Eltern haben nach Beendigung bzw. Ruhen der elterlichen Sorge **Geschäfte im eigenen Namen oder im Namen des Kindes** abgeschlossen.   **4**

Die Vorschrift setzt voraus, dass die Eltern oder der Elternteil in **Unkenntnis von der Beendigung der elterlichen Sorge** Geschäfte der Personen- oder Vermögenssorge fortführen[3], wobei nicht nur Rechtsgeschäfte im Namen des Kindes, sondern auch Handlungen der Eltern für das Kind im eigenen Namen in Betracht kommen können (vgl. hierzu die Kommentierung zu § 1629 BGB Rn. 5).   **5**

Die Eltern müssen bei Vornahme des Geschäfts **gutgläubig** gewesen sein.[4] Die fahrlässige Unkenntnis des Wegfalls der elterlichen Sorge beurteilt sich nach dem allgemeinen Maßstab der §§ 122 Abs. 2, 276 Abs. 2 BGB und nicht nach dem des § 1664 BGB.[5]   **6**

C. Rechtsfolge

Für die Dauer der Gutgläubigkeit wird von § 1698a BGB das **Fortbestehen der elterlichen Sorge fingiert**.[6]   **7**

Im Innenverhältnis zum Kind gelten die Handlungen der Eltern dadurch als genehmigt. Hier sind die §§ 1648, 667 BGB anwendbar und nicht die §§ 177-179 BGB.   **8**

Sofern der Dritte zusätzlich selbst gutgläubig hinsichtlich des Fortbestandes der elterlichen Sorge ist, wird auch er nach § 1698 Abs. 1 Satz 2 BGB geschützt. Falls der Dritte die entfallene elterliche Sorge kannte, gilt zugunsten der Eltern der § 179 Abs. 3 Satz 1 BGB.[7]   **9**

---

[1] LG Stendal v. 16.03.2006 - 25 T 258/05 - juris Rn. 17, 20.
[2] *Veit* in: Bamberger/Roth, § 1698a Rn. 1.
[3] So für den Vormund: LG Bochum v. 08.01.1985 - 7 T 702/84 - Juris Rn. 8.
[4] *Veit* in: Bamberger/Roth, § 1698a Rn. 1.
[5] *Diederichsen* in: Palandt, § 1698a Rn. 1.
[6] *Veit* in: Bamberger/Roth, § 1698a Rn. 1.
[7] *Veit* in: Bamberger/Roth, § 1698a Rn. 2.

10 Sind die Kindeseltern bösgläubig, haften sie nach den §§ 177-179, 677-687 BGB.[8]

D. Entsprechende Anwendung

11 Die Vorschrift ist auf folgende Vertreter entsprechend anwendbar:
- Vormund, § 1893 Abs. 1 BGB,[9]
- Gegenvormund, §§ 1895, 1893 Abs. 1 BGB,
- Pfleger, §§ 1915 Abs. 1, 1893 Abs. 1 BGB,
- Betreuer, §§ 1908i Abs. 1, 1893 Abs. 1 BGB,[10]
- Beistand, §§ 1716 Abs. 2, 1915 Abs. 1, 1893 Abs. 1 BGB.

---

[8] *Diederichsen* in: Palandt, § 1698a Rn. 1.
[9] LG Bochum v. 08.01.1985 - 7 T 702/84 - juris Rn. 8.
[10] LG Traunstein v. 31.08.2009 - 4 T 2068/09 - FamRZ 2010, 329; LG Meiningen v. 19.12.2006 - 3 T 249/06; LG Stendal v. 16.03.2006 - 25 T 258/05 - FamRZ 2006, 1063-1065.

§ 1698b BGB Fortführung dringender Geschäfte nach Tod des Kindes

(Fassung vom 02.01.2002, gültig ab 01.01.2002)

Endet die elterliche Sorge durch den Tod des Kindes, so haben die Eltern die Geschäfte, die nicht ohne Gefahr aufgeschoben werden können, zu besorgen, bis der Erbe anderweit Fürsorge treffen kann.

Gliederung

A. Grundlagen 1	C. Rechtsfolge 6
B. Anwendungsvoraussetzungen 2	D. Entsprechende Anwendung 11

A. Grundlagen

Die Norm regelt die Notgeschäftsführung der Eltern für die Erben, wenn die elterliche Sorge für das Kind durch den Tod des Kindes endet.[1] § 1698b BGB begründet sowohl das Recht als auch die Pflicht der Eltern zur Geschäftsbesorgung mit Wirkung für und gegen den Erben. Es handelt sich demnach um eine situationsabhängige **Geschäftsführungsbefugnis und Vertretungsmacht** der Kindeseltern für den Erben.[2]   1

B. Anwendungsvoraussetzungen

Die Vorschrift setzt den **Tod des Kindes** voraus. Dem Tod steht eine Todeserklärung i.S.d. VerschG gleich.[3]   2

Im Zeitpunkt des Todes des Kindes müssen die Kindeseltern zumindest hinsichtlich **Vermögenssorge** sorgeberechtigt gewesen sein.   3

Die Eltern müssen **Kenntnis** vom Tod des Kindes haben.[4]   4

Die Vorschrift setzt nach ihrem Wortlaut des Weiteren die Dringlichkeit der Geschäftsvornahme voraus. Um Nachteile für das Kindesvermögen zu vermeiden, muss die Geschäftsbesorgung sofort vorgenommen werden[5] und zwar unabhängig davon, ob die Eltern auch zum Kreis der Erben gehören.   5

C. Rechtsfolge

Die Geschäftsführungsbefugnis und Vertretungsmacht gemäß § 1698b BGB der Eltern endet, sobald der Erbe die Möglichkeit hat, selbst einzugreifen.   6

Die Vorschrift findet auch im Personenstandsverfahren Anwendung.[6] Das Namensrecht als besonderes Persönlichkeitsrecht erlischt nicht vollständig mit dem Tod, so dass eine noch nicht vollzogene Namensbestimmung erfolgen kann. Insoweit dauert die elterliche Sorge, die grundsätzlich mit dem Tod des Kindes endet, fort.[7]   7

Die Eltern haften dem Erben als Gesamtschuldner für Pflichtverletzungen in Ausübung der elterlichen Sorge nach § 1664 BGB.   8

Die Eltern haben einen Aufwendungsersatzanspruch nach § 1648 BGB.[8] Die Verwendungsbefugnis der Einkünfte aus dem Kindesvermögen zum eigenen Unterhalt oder dem der Geschwister des Verstorbenen nach § 1649 Abs. 2 BGB besteht dagegen nicht mehr.[9]   9

---

[1] OLG München v. 09.08.2006 - 33 Wx 249/05 - juris Rn. 10.
[2] *Veit* in: Bamberger/Roth, § 1698b Rn. 1.
[3] *Diederichsen* in: Palandt, § 1698b Rn. 1.
[4] *Veit* in: Bamberger/Roth, § 1698b Rn. 1.
[5] LG Bochum v. 08.01.1985 - 7 T 702/84 - juris Rn. 8.
[6] AG Kleve v. 28.07.2010 - 8 III 6/10 - StAZ 2011, 215; LG Paderborn v. 26.03.1981 2 O 76/81 - FamRZ 1981, 700-701.
[7] AG Kleve v. 28.07.2010 - 8 III 6/10 - StAZ 2011, 215.
[8] LG Bochum v. 08.01.1985 - 7 T 702/84 - juris Rn. 8.
[9] *Veit* in: Bamberger/Roth, § 1698b Rn. 2.

10 Ein selbständiges Verwaltungsrecht der Eltern bleibt von § 1698 unberührt, wenn sie Miterben und zugleich gesetzliche Vertreter der übrigen Erben wie etwa minderjährige Geschwister des verstorbenen Kindes sind.[10]

D. Entsprechende Anwendung

11 Die Vorschrift ist für die folgenden gesetzlichen Vertreter anwendbar:
- Vormund, § 1893 Abs. 1 BGB,[11]
- Gegenvormund, §§ 1895, 1893 Abs. 1 BGB,
- Pfleger, §§ 1915 Abs. 1, 1893 Abs. 1 BGB,
- Betreuer, §§ 1908i Abs. 1, 1893 Abs. 1 BGB,[12]
- Beistand, §§ 1716 Abs. 2, 1915 Abs. 1, 1893 Abs. 1 BGB.

---

[10] *Coester* in: Staudinger § 1698b Rn. 7.
[11] LG Bochum v. 08.01.1985 - 7 T 702/84 - juris Rn. 8.
[12] LG Stendal v. 16.03.2006 - 25 T 258/05.

jurisPK-BGB §§ 1699 bis 1711

§§ 1699 bis 1711 BGB (weggefallen)

(Fassung vom 01.01.1964, gültig ab 01.01.1980, gültig bis 31.12.2001)

(weggefallen)

§§ 1699 bis 1711 BGB in der Fassung vom 01.01.1964 sind durch § 84 des Gesetzes vom 11.08.1961 – BGBl I 1961, 1221 – mit Wirkung vom 01.01.1962 - weggefallen. 1

Titel 6 - Beistandschaft

§ 1712 BGB Beistandschaft des Jugendamts; Aufgaben

(Fassung vom 04.07.2008, gültig ab 12.07.2008)

(1) Auf schriftlichen Antrag eines Elternteils wird das Jugendamt Beistand des Kindes für folgende Aufgaben:

1. die Feststellung der Vaterschaft,
2. die Geltendmachung von Unterhaltsansprüchen sowie die Verfügung über diese Ansprüche; ist das Kind bei einem Dritten entgeltlich in Pflege, so ist der Beistand berechtigt, aus dem vom Unterhaltspflichtigen Geleisteten den Dritten zu befriedigen.

(2) Der Antrag kann auf einzelne der in Absatz 1 bezeichneten Aufgaben beschränkt werden.

Gliederung

A. Grundlagen 1	E. Arbeitshilfen 41
B. Anwendungsvoraussetzungen 5	I. Übersicht über die Beistandschaft
I. Normstruktur 5	(§§ 1712-1717 BGB) 41
II. Antrag (Absätze 1 und 2) 6	II. Musterschreiben für die Beantragung einer
III. Jugendamt als Beistand (Absatz 1) 10	Beistandschaft 42
IV. Gegenstand der Beistandschaft (Absatz 1) 16	III. Musterschreiben für den Antrag auf Beendigung einer Beistandschaft 43
C. Rechtsfolgen 26	
D. Prozessuale Hinweise/Verfahrenshinweise 28	

A. Grundlagen

1 Durch das Beistandschaftsgesetz vom 04.12.1997[1] wurden die frühere gesetzliche Amtspflegschaft sowie die Beistandschaft bisherigen Rechts durch eine **freiwillige Beistandschaft** mit den Aufgabenkreisen Vaterschaftsfeststellung und Geltendmachung von Unterhaltsansprüchen (§ 1712 Abs. 1 BGB) ersetzt[2]. Der Gesetzgeber hat sich in Orientierung an positiven österreichischen Erfahrungen für ein reines Antragsmodell entschieden, das einerseits die Rechte der Mutter wahrt und andererseits den Kindesinteressen Rechnung trägt.[3]

2 Die Freiwilligkeit der Beistandschaft kommt darin zum Ausdruck, dass deren Eintritt (§ 1714 BGB) und daraus folgend deren Wirkungen (§ 1716 BGB) nach § 1712 Abs. 1 BGB einen schriftlichen Antrag des Antragsberechtigten (§ 1713 BGB) voraussetzen. Korrespondierend damit ist auch die Beendigung der Beistandschaft grundsätzlich von einem entsprechenden Antrag abhängig (§ 1715 Abs. 1 BGB). Als Beistand bestimmt § 1712 Abs. 1 BGB das Jugendamt.

3 Aus Sicht der Beistandschafts**praxis** wird – auch unter Bezugnahme auf die §§ 18, 52a SGB VIII – zum Teil die Auffassung vertreten, das Institut der Beistandschaft sei über die gesetzlichen Vorgaben in den §§ 1712-1717 BGB hinaus de facto als quasi umfassendes Beratungs- und Dienstleistungsangebot der Jugendhilfe zu begreifen.[4] Dieses ziele darauf ab, unter der Prämisse des Schutzes des Kindeswohls das eigenverantwortliche und selbstständige Handeln der Personensorgeberechtigten zu fördern, zu unterstützen, u.U. wiederherzustellen, aber auch zu fordern („Hilfe zur Selbsthilfe", „fordern und fördern"[5]); die „staatliche Intervention" durch den Beistand sei demgegenüber subsidiär.[6] Es bedürfe einer umfassenden und nachhaltigen Beratungstätigkeit, um der zentralen Bedeutung des Beratungs-

---

[1] BGBl I 1997, 2846.
[2] BT-Drs. 13/892, S. 1.
[3] BT-Drs. 13/892, S. 28.
[4] *Rüting*, Kind-Prax 2005, 168-172, 168.
[5] *Rüting*, Kind-Prax 2005, 168-172, 171.
[6] *Rüting*, Kind-Prax 2005, 168-172, 169.

auftrages der Beistandschaft im Rahmen der Jugendhilfe gerecht werden zu können.[7] Diese allgemeine Überlegung entbindet indes nicht davon, die einzelnen rechtlichen Regelungszusammenhänge voneinander abzugrenzen.

Die Entwicklung der freiwilligen Beistandschaft seit der Kindschaftsrechtsreform 1998 wird in der Praxis bisweilen kontrovers beurteilt.[8]

B. Anwendungsvoraussetzungen

I. Normstruktur

Die Vorschrift normiert in **Absatz 1** das Antragserfordernis, bestimmt das Jugendamt als Beistand und legt insbesondere den Gegenstand der Beistandschaft fest: die Feststellung der Vaterschaft und die Geltendmachung von Unterhaltsansprüchen. Nach **Absatz 2** kann der Antrag dabei bzgl. des Gegenstands beschränkt werden.

II. Antrag (Absätze 1 und 2)

Der Eintritt der Beistandschaft (§ 1714 BGB) setzt nach § 1712 Abs. 1 BGB den schriftlichen Antrag eines antragsberechtigten Elternteils (§ 1713 BGB) voraus. Der Sinn und Zweck des Antragserfordernisses besteht darin, die Freiwilligkeit der Beistandschaft zu gewährleisten. Auch wenn der Eintritt der Beistandschaft mit dem **Antragserfordernis** zwingend eine Initiative des Sorgeberechtigten voraussetzt, so schließt dies nicht aus, dass das Jugendamt seinerseits aktiv wird und der Mutter unverzüglich nach der Geburt des Kindes Beratung und Unterstützung bei der Vaterschaftsfeststellung und der Geltendmachung von Unterhaltsansprüchen des Kindes anbietet und dabei auf die Möglichkeit hinweist, eine Beistandschaft zu beantragen (vgl. auch § 52a Abs. 1 SGB VIII).[9] Um dies zu ermöglichen, hat bspw. das Standesamt dem Jugendamt nach § 68 Abs. 1 PStG die Geburt anzuzeigen.[10]

Der Antrag bedarf aus Gründen der Rechtssicherheit der **Schriftform** (§ 126 BGB), ein besonderer Inhalt oder eine Begründung sind dagegen nicht vorgeschrieben. Nach § 1712 Abs. 2 BGB ist es möglich, den Antrag inhaltlich zu beschränken und die Beistandschaft nur für die Vaterschaftsfeststellung oder nur für die Geltendmachung von Unterhaltsansprüchen zu beantragen.

Umstritten ist, ob auch der einzelne Aufgabenbereich als solcher mit dem Antrag weiter eingeschränkt werden kann, etwa bei der Vaterschaftsfeststellung nur einen bestimmten Mann als Vater feststellen zu lassen oder den Unterhalt nur in bestimmter Höhe oder von bestimmten Verwandten zu verlangen. Bei extensiver Auslegung des Absatzes 2 ist diese Möglichkeit als gegeben anzusehen.[11] Für diese Sichtweise sprechen die vom Gesetzgeber statuierte Freiwilligkeit der Beistandschaft und die damit verbundene Dispositionsbefugnis bzgl. des Antrags. Andererseits lässt sich dem Gesetzeswortlaut keine weitergehende Dispositionsmöglichkeit des Antragstellers entnehmen, als die Entscheidung über das „Ob" der Antragstellung. Gegen eine antragsbedingt weitere Einschränkung des einzelnen Aufgabenbereichs der Beistandschaft spricht aber letztlich, dass dies zu einem mit der Zielsetzung der Beistandschaft nicht zu vereinbarenden Weisungsrecht (vgl. die Kommentierung zu § 1716 BGB Rn. 4) des Antragstellers gegenüber dem Beistand führen würde.[12] So gelangt auch das DIJuF-Rechtsgutachten vom 11.06.2013 zu dem Ergebnis, dass eine Beschränkung auf nur einen Teil der jeweiligen Aufgabe nicht möglich ist, eine Unterhaltsbeistandschaft also bspw. nur insgesamt beantragt werden kann.[13]

Aus § 1713 Abs. 2 BGB und § 1714 Satz 2 BGB ergibt sich, dass der Antrag auch schon vor der Geburt des Kindes gestellt werden kann (sog. pränatale Beistandschaft, vgl. die Kommentierung zu § 1713 BGB Rn. 11).

III. Jugendamt als Beistand (Absatz 1)

Adressat des Antrags auf Beistandschaft ist das örtlich zuständige Jugendamt (vgl. auch § 1714 BGB). Wegen seiner besonderen Sachkunde[14], auf die das betroffene Kind vertrauen darf[15], kann nur das **Ju-**

---

[7] *Rüting*, JAmt 2004, 223-227.
[8] *Mutke/Münder/Seidenstücker*; ZKJ 2006, 526-531; *Beinkinstadt*, FPR 2008, 20-24, 21.
[9] *Götz* in: Palandt, Vor § 1712 Rn. 3; BT-Drs. 13/892, S. 29.
[10] *Götz* in: Palandt, Vor § 1712 Rn. 3.
[11] *Gawlitta*, ZfJ 1998, 156-157.
[12] *Götz* in: Palandt, § 1712 Rn. 5.
[13] JAmt 2013, 316-317.
[14] *Götz* in: Palandt, Vor § 1712 Rn. 2.
[15] *Schürmann*, FamRZ 2014, 292-293.

gendamt Beistand werden. Das Jugendamt überträgt die Führung der Beistandschaft nach § 55 Abs. 2 SGB VIII auf einzelne Bedienstete, d.h. auf einzelne Beamte oder Beschäftigte, die, was behördenseitig sicherzustellen ist, über die für die tägliche Aufgabenerfüllung erforderlichen Rechtskenntnisse verfügen müssen.[16] Eine darüber hinausgehende (Weiter-)Delegation erscheint u.U. problematisch[17]. Auch fallbezogene Interessenkonflikte auf Seite der Bediensteten des Jugendamtes sind zu vermeiden.[18]

11 Umstritten ist, wie sich der Personalbedarf eines Jugendamtes hinsichtlich der Wahrnehmung der Aufgabe der Beistandschaft berechnet.[19] Soweit das Landesrecht dies vorsieht, kann das Jugendamt die Beistandschaft auch einem **Verein** übertragen, was jedoch zusätzlich der Zustimmung des die Beistandschaft beantragenden Elternteils bedarf.[20]

12 Fraglich ist, ob die Aufgaben des Unterhaltsvorschusses und der Beistandschaft auch ein kommunenübergreifender, gemeinsamer Dienst übernehmen kann, insbesondere, ob eine kreisangehörige Stadt örtlicher Träger werden und somit einen gemeinsamen Dienst einrichten kann. Im Ergebnis wird man davon ausgehen müssen, dass eine kreisangehörige Stadt ohne gesetzliche Grundlage kein örtlicher Träger der Jugendhilfe werden und damit auch keine Beistandschaft übernehmen kann.[21] Dass die Haushaltssituation in vielen Kommunen angespannt ist und Einsparnotwendigkeiten mit sich bringt, ist allgemein bekannt; dennoch dürfen Kosteneinsparungen im Bereich Beistandschaft nicht über eine Beschränkung des Umfangs der Beratung unter die gesetzlichen Mindestanforderungen erreicht werden.[22]

13 Hinsichtlich der **Haftung** der als Beistand handelnden Personen kommen nicht zuletzt **Amtshaftungsansprüche** in Betracht.[23]

14 So ist etwa ein Amtshaftungsanspruch des Kindes gegen das als Beistand bestellte Jugendamt in Erwägung zu ziehen, wenn die letzte Einkommensüberprüfung beim Unterhaltspflichtigen fünf Jahre vor Volljährigkeit durchgeführt wurde und es zwischenzeitlich zu einem gestiegenen Schuldnereinkommen gekommen war, woraus höhere Unterhaltszahlungen resultiert hätten.[24] In vergleichbaren Konstellationen kann auch derjenige, der die Beistandschaft beantragt hatte, vom Jugendamt ggf. die Herausgabe von Akten (Bsp. Einkommensnachweise des Unterhaltspflichtigen) verlangen.[25] Der Träger des Jugendamtes haftet, wenn er es unterlässt, im Rahmen einer Beistandschaft gegenüber dem Unterhaltspflichtigen einen seinem Einkommen entsprechenden Unterhalt durchzusetzen und entsprechende Ermittlungen durchzuführen[26]; der Schadensersatzanspruch des Unterhaltsberechtigten beginnt dabei erst mit dem Ende der Beistandschaft, d.h. mit Eintritt seiner Volljährigkeit zu verjähren, wobei der Amtshaftungsanspruch nach drei Jahren verjährt[27]; auch wenn die Beratung des Jugendamtes über die Dauer der Beistandschaft hinausgegangen ist, beschränkt sich der Amtshaftungsanspruch auf die Dauer der Beistandschaft; auch ein Inflationsausgleich kommt nicht in Betracht.[28] Die Frage der Haftung des Jugendamtes als Beistand stellt sich weiterhin z.B. auch dann (nicht zuletzt unter dem Gesichtspunkt der Aktivlegitimation), wenn der sorgeberechtigte Elternteil Schadensersatzansprüche gegen das Jugendamt geltend macht, weil dieses keinen Unterhaltstitel gegen den anderen Elternteil erwirkt hat.[29] Ein Amtshaftungsanspruch kommt – ggf. neben spezialgesetzlichen Schadensersatzansprüchen – des Weiteren in Betracht, wenn der Beistand gegen Datenschutzvorschriften verstoßen hat.[30]

---

[16] *Schürmann*, FamRZ 2014, 292-293.
[17] JAmt 2011, 528-530.
[18] JAmt 2014, 78-79.
[19] JAmt 2011, 516.
[20] *Götz* in: Palandt, Vor § 1712 Rn. 2.
[21] JAmt 2005, 290-293.
[22] JAmt 2011, 326-328.
[23] *Wellenhofer*, FPR 2012, 529-534; BGH v. 02.04.1987 - III ZR 149/85 - BGHZ 100, 313-321.
[24] JAmt 2005, 462-464.
[25] JAmt 2005, 180-181.
[26] BGH v. 04.12.2013 - XII ZR 157/12 - JAmt 2014, 35-37; vgl. auch folgende Anmerkungen zu dieser Entscheidung: *Heiß*, NZFam 2014, 73-74; *Knittel*, JAmt 2014, 37-39.
[27] OLG Saarbrücken v. 13.12.2011 - 4 U 456/10 - 139, 4 U 456/10 - FamRZ 2012, 801-804.
[28] OLG Saarbrücken v. 13.12.2011 - 4 U 456/10 - 139, 4 U 456/10 - FamRZ 2012, 801-804.
[29] JAmt 2006, 246-248.
[30] JAmt 2011, 29.

Ein Amtshaftungsanspruch ist nicht gegeben, wenn der Beistand wegen unstreitiger Zahlungsschwäche des Unterhaltsschuldners für einen bestimmten Zeitraum auf die Vollstreckung aus der vollstreckbaren Urkunde über Kindesunterhalt verzichtet.[31] Ein Amtshaftungsanspruch scheidet ferner aus, wenn der Beistand die Geltendmachung von Ansprüchen unterlässt, die aus Rechtsgründen oder mangels einer Vollstreckungsmöglichkeit nicht durchsetzbar sind.[32] Ein Amtshaftungsanspruch kann dagegen – jedenfalls nicht per se – ausgeschlossen werden, wenn bei Beendigung der Beistandschaft der Hinweis auf eine Halbwaisenrentenbescheinigung nach dem Tod des Vaters unterlassen wird.[33] Hinsichtlich der Aufklärung des Unterhaltsschuldners über für diesen günstige Umstände besteht grundsätzlich keine formelle Amtspflicht.[34]

IV. Gegenstand der Beistandschaft (Absatz 1)

Die Beistandschaft kommt ausschließlich für die beiden Aufgabenkreise **Feststellung der Vaterschaft** nach **Nr. 1** und **Geltendmachung von Unterhaltsansprüchen** nach **Nr. 2** in Betracht.

Der Aufgabenkreis **Feststellung der Vaterschaft** ermächtigt zu allen Handlungen, die zur Vaterschaftsfeststellung im Sinne von § 1592 Nr. 2, 3 BGB führen.[35] **Nicht erfasst** wird die Anfechtung eines Vaterschaftsanerkenntnisses[36], der Antrag auf Feststellung der Unwirksamkeit einer Vaterschaftsanerkenntniserklärung gemäß § 1598 BGB und das Verfahren nach § 1598a BGB.[37]

Die **Geltendmachung von Unterhaltsansprüchen** betrifft sämtliche Ansprüche aus den §§ 1601 ff. BGB (einschließlich der Rückstände) und gegen sämtliche in Frage kommenden Unterhaltsverpflichteten, d.h. gegen den Vater, gegebenenfalls auch gegen die Mutter und gegen nachrangig haftende andere Verwandte.[38]

Die bis zum 11.07.2008 geltende Fassung der Nr. 2 umfasste nach ihrem Wortlaut auch „Ansprüche auf eine anstelle des Unterhalts zu gewährende Abfindung". Durch Art. 1 des Gesetzes zur Erleichterung familiengerichtlicher Maßnahmen bei Gefährdung des Kindeswohls vom 04.07.2008[39] ist dieser Passus gestrichen worden. Die amtliche Begründung zum entsprechenden Gesetzentwurf lautet: „Da die früheren besonderen Vorschriften der §§ 1615b bis 1615k durch das Kindesunterhaltsgesetz vom 6. April 1998 aufgehoben wurden, geht die Bezugnahme des § 1712 Abs. 1 Nr. 2 auf eine „anstelle des Unterhalts zu gewährende Abfindung" (§ 1615e Abs. 3 a.F.) ins Leere und ist daher zu streichen."

Eingezogene Unterhaltsbeiträge darf das Jugendamt nicht anlegen, sondern muss sie an den sorgeberechtigten Elternteil abführen.[40] Eine Kontrollbefugnis hinsichtlich der Verwendung der abgeführten Unterhaltsbeiträge durch den sorgeberechtigten Elternteil besteht nicht.[41]

Nicht erfasst von den Unterhaltsansprüchen werden öffentlich-rechtliche Unterhaltsersatzansprüche wie z.B. Ansprüche auf Renten oder auf Sozialhilfe.[42] Umstritten ist die Frage, ob der Beistand innerhalb seines Aufgabenkreises im Rahmen eines Verbraucherinsolvenzverfahrens rückständigen Unterhalt aufgrund eines Anspruchs aus unerlaubter Handlung wegen Unterhaltspflichtverletzung beitreiben kann.[43]

Das Jugendamt als Beistand kann eine Vaterschaftsfeststellung schon vor der Geburt eines Kindes betreiben; grundsätzlich gilt dies auch in dem Fall, dass der Vater schon vor der Geburt des Kindes verstorben ist, sich aber noch ein DNA-Gutachten erstellen lässt.[44]

---

[31] OLG Hamm v. 27.04.2011 - I-13 W 10/11, 13 W 10/11 - FamRZ 2011, 1828; LG Magdeburg v. 24.11.2005 - 10 O 750/05 - JAmt 2006, 94-95.
[32] LG Berlin v. 07.12.2004 - 13 O 615/03 - JAmt 2005, 595-597.
[33] JAmt 2008, 149-151.
[34] JAmt 2009, 596-598.
[35] Götz in: Palandt, § 1712 Rn. 1.
[36] OLG Nürnberg v. 20.11.2000 - 11 WF 3908/00 - MDR 2001, 219.
[37] Götz in: Palandt, § 1712 Rn. 1.
[38] Götz in: Palandt, § 1712 Rn. 2.
[39] BGBl I 2008, 1188.
[40] Götz in: Palandt, § 1712 Rn. 3.
[41] Götz in: Palandt, § 1712 Rn. 3 m.w.N.
[42] Götz in: Palandt, § 1712 Rn. 2.
[43] JAmt 2004, 32-33.
[44] JAmt 2004, 411-412.

§ 1712

23 Der Beistand hat auch die Befugnis zum Verzicht auf die Rechte aus einem Unterhaltstitel.[45] Davon ausgehend erscheint – jedenfalls hinsichtlich bereits aufgelaufener Unterhaltsrückstände – auch ein Unterhaltsvergleich mit (Teil-)Verzicht möglich; einer familiengerichtlichen Genehmigung bedarf es hierzu nicht. Erlass- oder Verzichtserklärungen sind indes nur in engen Grenzen zulässig; ein leichtfertig erklärter Erlass von Unterhaltsschulden kann einen Pflichtverstoß darstellen, der einen Schadensersatzanspruch auslöst.[46]

24 Eine Beistandschaft nach § 1712 Abs. 1 Nr. 2 BGB kann auch für den Fall eingerichtet werden oder fortbestehen, dass sich das minderjährige Kind gegen ein Herabsetzungsbegehren der unterhaltspflichtigen Person wendet. Eine Beschränkung der Beistandschaft auf Abänderungsverfahren, mit denen das Kind höheren Unterhalt verfolgt, lässt sich weder aus dem Wortlaut der Vorschrift noch aus dem Sinn und Zweck der Beistandschaft ableiten.[47]

25 Das DIJuF-Rechtsgutachten vom 20.10.2011 befasst sich mit der Sonderproblematik der Vaterschaftsfeststellung und Unterhaltsansprüchen eines Kindes eines pensionierten katholischen Geistlichen.[48]

C. Rechtsfolgen

26 § 1712 Abs. 1 BGB bestimmt, dass das Jugendamt Beistand des Kindes wird. Die Beistandschaft tritt nach § 1714 Satz 1 BGB jedoch erst dann ein, wenn der Antrag dem Jugendamt zugeht. Die daran geknüpften Wirkungen ergeben sich schließlich aus § 1716 BGB.

27 **Übergangsrecht**: Art. 223 EGBGB enthält eine Übergangsvorschrift zum Beistandschaftsgesetz vom 04.12.1997.

D. Prozessuale Hinweise/Verfahrenshinweise

28 Ausgehend von der Übung in der Praxis, der zufolge einige Beistände in den Jugendämtern den allein erziehenden Elternteilen von der Einrichtung einer Beistandschaft abraten, da gegebenenfalls das Prozesskostenrisiko für den Fall des Unterliegens von diesen selbst zu tragen sei, kam das DIJuF-Rechtsgutachten vom 20.04.2004[49] zu dem Ergebnis, dass hierfür kein vernünftiger Grund vorliege. Zwar bestehe ein Rückgriffsanspruch des Sozialamtes beziehungsweise der UV-Stelle nach § 91 Abs. 1 BSHG (vgl. nunmehr § 94 SGB XII) oder nach § 7 Abs. 1 UVG für die bewilligten Sozialleistungen für den Zeitraum vor Einrichtung einer Beistandschaft. Allerdings enthielten sowohl das BSHG als auch das UVG Regelungen, wonach Kosten der gerichtlichen Geltendmachung eines treuhänderisch rückabgetretenen Unterhaltsanspruchs, durch die der Unterhaltsleistungsempfänger selbst belastet würde, zu übernehmen seien. Daraus resultiere in den überwiegenden Fällen in der Rechtsprechung zudem die Bewilligung von Prozesskostenhilfe.

29 Vor Aufhebung der §§ 606-687 ZPO galt Folgendes: Die Beistandschaft des Jugendamtes für ein minderjähriges Kind, die für eine Titelabänderung gemäß § 655 ZPO bestand, gilt für die Vertretung im Rahmen einer Unterhaltsherabsetzungsklage nach § 654 ZPO fort. Sie endet nicht aufgrund Erledigung, wenn der Titel errichtet ist oder laufende Zahlungen eingehen. Eine analoge Anwendung des § 1918 Abs. 3 BGB kommt nicht in Betracht.[50] Prozessuale Regelungen zur Abänderung finden sich nunmehr in den §§ 238 f. FamFG.

30 Aus der Möglichkeit, das Angebot des Jugendamts auf Beratung bei der Vaterschaftsfeststellung anzunehmen und sich durch das Jugendamt als Beistand vertreten zu lassen, ergibt sich nicht, dass eine bedürftige Partei gezwungen ist, dies im Fall des Prozesskostenhilfeantrags auch zu tun. Nach den Umständen des Einzelfalls richtet sich bei der Vaterschaftsfeststellung, ob eine Anwaltsbeiordnung erforderlich ist.[51] Tendenziell nehmen die Gerichte zwischenzeitlich keine Einzelfallbetrachtung mehr vor, sondern gehen in der Regel von der Erforderlichkeit der Beiordnung eines Rechtsanwalts aus.[52]

---

[45] JAmt 2004, 370.
[46] *Roth* in: Erman, § 1712 Rn. 11.
[47] OLG Celle v. 02.09.2004 - 15 WF 209/04 - JAmt 2004, 544-545; z.T. abweichend: OLG Naumburg v. 21.08.2002 - 8 WF 177/02 - JAmt 2003, 364; OLG Naumburg v. 15.08.2002 - 8 WF 175/02 - OLGR Naumburg 2003, 441.
[48] JAmt 2012, 145-148.
[49] Vgl. JAmt 2004, 230-232.
[50] Vgl. OLG Hamm v. 07.02.2003 - 9 UF 63/02 - JAmt 2004, 144.
[51] Vgl. OLG Köln v. 26.07.2004 - 14 WF 143/04 - NJW-RR 2004, 1590.
[52] Vgl. OLG Karlsruhe v. 21.01.2009 - 2 WF 205/08 - MDR 2009, 390–392; *Thiel*, AGS 2009, 333–334.

Ein Antrag auf einstweilige Anordnung der Sicherstellung einer Probe aus Nabelschnurblut bei der Geburt im Rahmen einer Vaterschaftsfeststellung erscheint nicht zwingend geboten, kann mit Blick auf eine Abstammungsbegutachtung im weiteren Verfahren aber dennoch hilfreich sein.[53] 31

Soweit Kommunen/Jugendämter im Rahmen der Ausübung der Beistandschaft die Prozessführung o.Ä. qua „Outsourcing" einem Rechtsanwalt übertragen, bestehen dagegen keine grundlegenden Bedenken; hinsichtlich der Beistandschaft der Jugendämter ist indes die bisherige Möglichkeit, geeignete berufsmäßige Einzelpersonen zu bestellen, ab 01.07.2005 weggefallen.[54] 32

Beantragt ein minderjähriger Unterhaltsgläubiger für die Zwangsvollstreckung die Beiordnung eines Rechtsanwalts, kann diese nicht mit der Begründung versagt werden, es bestehe die Möglichkeit, die Beistandschaft des Jugendamts zu beantragen.[55] 33

Rechtspolitisch fragwürdig erscheint die Überlegung, allein erziehende SGB II-Leistungsbezieher bei der Beantragung einer Beistandschaft des Jugendamtes an den Träger der Grundsicherung zu verweisen.[56] 34

Macht das Jugendamt unter Berufung auf das Bestehen einer Beistandschaft im Namen minderjähriger Kinder Unterhaltsansprüche geltend, obwohl zum Zeitpunkt der Verfahrenseinleitung die Voraussetzungen für eine Beistandschaft nicht vorliegen (hier: jedenfalls Wegfall des Obhutsverhältnisses des die Beistandschaft beantragenden Elternteils), haftet es als vollmachtloser Vertreter für die Verfahrenskosten.[57] 35

Diverse Kostentragungs- und vollstreckungsrechtliche Fragen ergeben sich insbesondere dann, wenn der Gegner in einem Beistandschaftsverfahren (teilweise) obsiegt.[58] 36

Hat der Unterhaltspflichtige mit dem Jugendamt als Beistand des unterhaltsberechtigten Kindes eine Herabsetzung des Unterhalts vereinbart, so ist auch der andere Elternteil an diese Vereinbarung gebunden, wenn er nicht umgehend widerspricht.[59] 37

Der Beistand darf u.U. auch Strafanzeige wegen Unterhaltspflichtverletzung erstatten[60], ist dazu aber nicht verpflichtet. Das Unterlassen einer entsprechenden Strafanzeige stellt daher nach dem DIJuF-Rechtsgutachten vom 06.08.2013 auch keine Strafvereitelung im Amt (§ 258 StGB) dar.[61] 38

Das DIJuF-Rechtsgutachten vom 09.07.2013 setzt sich mit der Frage auseinander, ob und ggf. wie ein Beistand die Regelung in § 33 Abs. 2 Satz 3 SGB II zu beachten habe, wenn ein auf das Jobcenter übergegangener Anspruch auf das unterhaltsberechtigte Kind rückübertragen wird und der Beistand diesen Anspruch festsetzen oder aus einem festgesetzten Anspruch vollstrecken will.[62] 39

Eine Novellierung ist in § 114 Abs. 4 Nr. 2 FamFG vorgenommen worden, wonach das Erfordernis einer anwaltlichen Vertretung für Beteiligte in Unterhaltssachen entfällt, in denen sie durch das Jugendamt als Beistand oder Ergänzungspfleger vertreten werden.[63] 40

E. Arbeitshilfen

I. Übersicht über die Beistandschaft (§§ 1712-1717 BGB)

41

(1)   Gegenstand
    (a)   **Feststellung der Vaterschaft** (§ 1712 Abs. 1 Nr. 1 BGB) und/oder
    (b)   **Geltendmachung von Unterhaltsansprüchen** (§ 1712 Abs. 1 Nr. 2 BGB)
(2)   Zuständigkeit/Beistand
    Jugendamt (§ 1712 Abs. 1 BGB); **örtlich zuständig** ist i.d.R. das Jugendamt am gewöhnlichen Aufenthaltsort des Antragsberechtigten (§ 87c SGB VIII)

---

[53] JAmt 2005, 230.
[54] JAmt 2005, 287-290.
[55] BGH v. 20.12.2005 - VII ZB 94/05 - RPfleger 2006, 207-208; BGH v. 29.03.2006 - VII ZB 15/06 - FamRZ 2006, 856; vgl. auch *Friederici*, jurisPR-FamR 2/2007, Anm. 4 = jurisPR extra 2007, 61-63; *Elbracht*, jurisPR-FamR 20/2008, Anm. 3.
[56] JAmt 2005, 396-397.
[57] OLG Celle v. 10.04.2012 - 10 UF 65/12 ; vgl. auch nachfolgende Anmerkungen zu dieser Entscheidung: *Mix*, JAmt 2013, 122-124 sowie JAmt 2012, 601-603.
[58] JAmt 2012, 19-24.
[59] AG Nordenham v. 30.03.2011 - 4 F 12/11 RI - FamRZ 2011, 1680-1681
[60] JAmt 2011, 132.
[61] JAmt 2013, 461-462.
[62] JAmt 2013, 401-406.
[63] Vgl. dazu *Knittel*, JAmt 2012, 622-625.

(3) **Voraussetzungen**
    (a)   **schriftlicher Antrag** (§ 1712 Abs. 1 BGB); ggf. auch schon vor der Geburt, sog. pränatale Beistandschaft (§§ 1713 Abs. 2, 1714 Satz 2 BGB)
    (b)   **Antragsberechtigte**
        (aa)   alleinsorgeberechtigter Elternteil (§ 1713 Abs. 1 Satz 1 BGB)
        (bb)   bei gemeinsamer Sorgeberechtigung der Elternteil, in dessen Obhut sich das Kind befindet (§ 1713 Abs. 1 Satz 2 BGB)
        (cc)   Vormund i.S.d. § 1776 BGB (§ 1713 Abs. 1 Satz 3 BGB)
        (dd)   im Falle der pränatalen Beistandschaft gilt ergänzend § 1713 Abs. 2 BGB
    (c)   **keine Stellvertretung** bei der Antragstellung (§ 1713 Abs. 1 Satz 4 BGB)
        Ausnahme: gesetzliche Vertretung der geschäftsunfähigen werdenden Mutter gem. § 1713 Abs. 2 Satz 3 BGB im Falle pränataler Beistandschaft
    (d)   **gewöhnlicher Aufenthalt des Kindes in Deutschland** (§ 1717 Satz 1 BGB; im Falle der pränatalen Beistandschaft: nach Satz 2 gewöhnlicher Aufenthalt der Mutter in Deutschland)

(4) **Beginn/Eintritt**
    von Gesetzes wegen, d.h. unmittelbar mit **Zugang des Antrags beim örtlich zuständigen Jugendamt** (§ 1714 BGB)

(5) **Rechtsfolgen/Wirkungen**
    (a)   **elterliche Sorge und Beistandschaft stehen nebeneinander** (§ 1716 Satz 1 und 2 BGB)
    (b)   für den Beistand: **grundsätzliche Geltung der Vorschriften über die Pflegschaft** (§ 1716 Satz 2 BGB), d.h. z.B.
        (aa)   **gesetzliche Vertretung** des Kindes (§§ 1915 Abs. 1, 1793 Abs. 1 BGB)
        (bb)   **Haftung** gegenüber dem Kind (§ 1833 BGB)
        (cc)   **Ausschluss einer Vergütung** (§ 1836 Abs. 3 BGB)
    (c)   **nicht anwendbar** sind die Vorschriften über
        (aa)   die **Aufsicht des Familiengerichts** (§§ 1716 Satz 2, 1837 Abs. 2 BGB)
        (bb)   die **Rechnungslegung** (§§ 1716 Satz 2, 1840, 1890 BGB)
        (§§ 1791, 1791c Abs. 3 BGB betreffend die Bescheinigung durch das Familiengericht gelten ebenfalls nicht, so § 1716 Satz 2 a.E. BGB)

(6) **Beendigung**
    (a)   auf **schriftlichen Antrag** desjenigen, der die Beistandschaft beantragt hat, **unmittelbar mit Zugang des Antrags beim zuständigen Jugendamt** (§ 1715 Abs. 1 BGB)
    (b)   **von Gesetzes wegen** (§ 1715 Abs. 2 BGB; Anm.: keine abschließende Regelung), z.B.
        (aa)   **Wegfall der Voraussetzungen des** § 1713 BGB
        (bb)   Tod des Antragstellers oder des Kindes
        (cc)   Eintritt der Volljährigkeit des Kindes
        (dd)   Adoption des Kindes durch Dritten
        (ee)   Geschäftsunfähigkeit des Antragstellers
        (ff)   **Wegfall des gewöhnlichen Aufenthalts** des Kindes (der werdenden Mutter im Falle pränataler Beistandschaft) **in Deutschland** (§ 1717 Satz 1 BGB)
        (gg)   **Erledigung der Aufgabe** (§§ 1716 Satz 2, 1918 Abs. 3 BGB), z.B. bei rechtswirksamer Feststellung der Vaterschaft

II. Musterschreiben für die Beantragung einer Beistandschaft

Im Falle der Beantragung einer pränatalen Beistandschaft ist das Schreiben entsprechend anzupassen. 42

<Name und Anschrift des nach § 1713 BGB Antragsberechtigten; Achtung, grds. keine Stellvertretung>

<Ort, Datum>

Per Einschreiben gegen Rückschein <dies ist nicht zwingend erforderlich>
An das Jugendamt
in <Anschrift des örtlich zuständigen Jugendamtes>
Beantragung einer Beistandschaft
Sehr geehrte Damen und Herren,
gemäß §§ 1712 ff. BGB beantrage ich eine Beistandschaft für mein Kind <Name und Geburtsdatum des Kindes> mit <dem Aufgabenkreis/den Aufgabenkreisen>
<Feststellung der Vaterschaft
und/oder
Geltendmachung von Unterhaltsansprüchen>.
Mit freundlichen Grüßen

_____

<Unterschrift des nach § 1713 BGB Antragsberechtigten; Achtung, grundsätzlich keine Stellvertretung>

III. Musterschreiben für den Antrag auf Beendigung einer Beistandschaft

43

<Name und Anschrift desjenigen, der die Beistandschaft beantragt hatte >

<Ort, Datum>

Per Einschreiben gegen Rückschein <dies ist nicht zwingend erforderlich>
An das Jugendamt
in <Anschrift des Jugendamtes, bei dem die Beistandschaft geführt wird>
Antrag auf Beendigung einer Beistandschaft
Sehr geehrte Damen und Herren,
gemäß § 1715 Abs. 1 BGB beantrage ich die Beendigung der Beistandschaft für mein Kind <Name und Geburtsdatum des Kindes> mit <dem Aufgabenkreis/den Aufgabenkreisen>
<Feststellung der Vaterschaft
und/oder
Geltendmachung von Unterhaltsansprüchen>.
Mit freundlichen Grüßen

_____

<Unterschrift desjenigen, der die Beistandschaft beantragt hatte >

§ 1713 BGB Antragsberechtigte

(Fassung vom 09.04.2002, gültig ab 12.04.2002)

(1) ¹**Den Antrag kann ein Elternteil stellen, dem für den Aufgabenkreis der beantragten Beistandschaft die alleinige elterliche Sorge zusteht oder zustünde, wenn das Kind bereits geboren wäre.** ²**Steht die elterliche Sorge für das Kind den Eltern gemeinsam zu, kann der Antrag von dem Elternteil gestellt werden, in dessen Obhut sich das Kind befindet.** ³**Der Antrag kann auch von einem nach § 1776 berufenen Vormund gestellt werden.** ⁴**Er kann nicht durch einen Vertreter gestellt werden.**

(2) ¹**Vor der Geburt des Kindes kann die werdende Mutter den Antrag auch dann stellen, wenn das Kind, sofern es bereits geboren wäre, unter Vormundschaft stünde.** ²**Ist die werdende Mutter in der Geschäftsfähigkeit beschränkt, so kann sie den Antrag nur selbst stellen; sie bedarf hierzu nicht der Zustimmung ihres gesetzlichen Vertreters.** ³**Für eine geschäftsunfähige werdende Mutter kann nur ihr gesetzlicher Vertreter den Antrag stellen.**

Gliederung

A. Grundlagen 1	III. Ausschluss der Vertretung des Antragsberechtigten (Absatz 1 Satz 4) 12
B. Anwendungsvoraussetzungen 2	C. Prozessuale Hinweise/Verfahrenshinweise.... 14
I. Antragsberechtigung für das geborene Kind 2	
II. Antragsberechtigung für das ungeborene Kind (sog. pränatale Beistandschaft) 11	

A. Grundlagen

1 Die Vorschrift regelt die **Antragsberechtigung**, d.h. sie legt fest, welcher Personenkreis die Beistandschaft beantragen kann. **Im Regelfall** wird das Antragsrecht der **Mutter** zustehen.

B. Anwendungsvoraussetzungen

I. Antragsberechtigung für das geborene Kind

2 Nach **Absatz 1 Satz 1** ist nur derjenige **Elternteil** antragsberechtigt, **dem die alleinige Sorge zusteht.** Dabei ist unbeachtlich, auf welche Weise der Elternteil das alleinige Sorgerecht erhalten hat.[1] Das Gesetz geht davon aus, dass Kinder, für die nur ein Elternteil sorgeberechtigt ist, eines besonderen Schutzes bedürfen[2] und dass der allein Sorgeberechtigte in besonderer Weise auf Unterstützung angewiesen ist[3]. Regelmäßig wird dies die nichteheliche Mutter nach der Geburt des Kindes sein (§ 1626a Abs. 2 BGB). Soweit der Vater des Kindes das alleinige Sorgerecht erworben hat (vgl. die §§ 1671, 1672 Abs. 1, 1678 Abs. 2, 1680 Abs. 1 BGB), ist auch er antragsberechtigt. Unabhängig davon, ob der Antrag von Mutter oder Vater gestellt wird, hängt die Antragsberechtigung stets davon ab, dass die alleinige Sorge den Aufgabenkreis der beantragten Beistandschaft mit umfasst. Beispiel[4]: Nach Trennung der bisher gemeinsam sorgeberechtigten Eltern wird nach § 1671 BGB der Mutter das alleinige Personensorgerecht übertragen, während die Vermögenssorge gemeinsam bleibt. Die Mutter kann in diesem Fall die Beistandschaft für die Geltendmachung von Unterhaltsansprüchen beantragen, weil diese Angelegenheit zur Personensorge gehört und damit in ihre alleinige Zuständigkeit fällt.

3 Die Antragsberechtigung für die Beistandschaft ist jedoch nicht auf den Fall der Alleinsorge beschränkt. Haben die Eltern die elterliche Sorge (noch) gemeinsam inne, leben sie aber getrennt, so kann der Antrag nach **Absatz 1 Satz 2** von dem **Elternteil** gestellt werden, **in dessen Obhut sich das Kind befindet** (Probleme treten in der Praxis nicht selten dann auf, wenn ein „Obhutswechsel auf Probe" er-

---

[1] *Götz* in: Palandt, § 1713 Rn. 2.
[2] *Roth* in: Erman, § 1713 Rn. 2.
[3] *Götz* in: Palandt, § 1713 Rn. 1.
[4] *Schwab*, Familienrecht, 21. Aufl. 2013, Rn. 729.

folgt[5]). Mit dieser durch das Gesetz zur weiteren Verbesserung von Kinderrechten[6] nachträglich eingefügten Vorschrift hat der Gesetzgeber die Konsequenz aus § 1629 Abs. 2 Satz 2 BGB für den Bereich der Beistandschaft gezogen und die Rechtsprechung zu dieser Frage[7] bestätigt.

Hinsichtlich getrennt lebender verheirateter, gemeinsam sorgeberechtigter Eltern wurde bislang z.T. die Auffassung vertreten, dass eine Vertretung durch das Jugendamt als Beistand bei der gerichtlichen Geltendmachung von Kindesunterhaltsansprüchen unzulässig sei und der vertretungsberechtigte Elternteil die Unterhaltsansprüche des Kindes gegenüber dem anderen Elternteil im eigenen Namen, im gerichtlichen Verfahren also als Partei in gesetzlicher Prozessstandschaft, geltend machen müsse (§ 1629 Abs. 3 BGB)[8]. Der in diesem Wege erlangte Unterhaltstitel könne ggf. **Sperrwirkung** für die Geltendmachung von Unterhalt durch den durch den Titel Verpflichteten entfalten.[9]

Das OLG Stuttgart hat einen Vorrang der Regelung des § 1629 Abs. 3 BGB mit Blick auf deren Sinn und Zweck demgegenüber verneint und entschieden, dass der Beistand ein Kind getrennt lebender Eltern mit gemeinsamer Sorge bei der gerichtlichen Geltendmachung des Unterhalts vertreten kann; dies entspreche auch dem Willen des Gesetzgebers bei der Novellierung des § 1713 Abs. 1 Satz 2 BGB.[10]

Die Frage der Sperrwirkung ist weiterhin als umstritten anzusehen.

So hat das OLG Oldenburg im Jahr 2014 entschieden: „Leben die gemeinsam sorgeberechtigten Eltern voneinander getrennt, kann das Kind seinen Unterhaltsanspruch nicht im eigenen Namen, vertreten durch den Beistand, geltend machen; § 1629 Abs. 3 BGB wird nicht von §§ 1712ff BGB verdrängt."[11]

Das Gericht stellt den Streitstand in seiner Begründung wie folgt dar: „Der Senat gibt seine bisherige Rechtsprechung (Beschluss vom 18.2.2013, 11 WF 16/13) auf und folgt der letztgenannten Auffassung mit der Folge, dass nicht das Kind, sondern der Elternteil Beteiligter im Unterhaltsverfahren wird. Zweck des § 1629 Abs. 3 S. 2 BGB ist es, das Kind aus dem elterlichen Konflikt über die mit der Trennung verbundenen Auseinandersetzungen, zu denen auch die Geltendmachung des Kindesunterhalts gehört, herauszuhalten. Dadurch wird in einem gerichtlichen Kindesunterhaltsverfahren das Kind gerade kein Beteiligter und es kommt nicht zu einer Vertretung desselben durch den Beistand. Die mit § 234 FamFG zugunsten des Beistandes entschiedene Vertretungsbefugnis innerhalb des Verfahrens kommt danach nicht zum Zuge, denn der Beistand kann nur im Namen des Kindes handeln und nicht im Namen des Elternteils. Die Erweiterung der Beistandschaften auf Kinder für die ein gemeinsames Sorgerecht besteht durch Schaffung des § 1713 Abs. 1 S. 2 BGB lässt nicht erkennen, dass damit ein Hineinziehen des Kindes in die elterlichen Auseinandersetzungen gewünscht gewesen ist. Als Folge dieses Ergebnisses wird die Beistandschaft für die Geltendmachung von Unterhaltsansprüchen bei gemeinsamem Sorgerecht auch nicht gänzlich ausgeschlossen. Der Beistand kann außergerichtlich auch in den Fällen des § 1629 Abs. 3 BGB für das Kind tätig werden, da die zwingende Geltendmachung der Unterhaltsansprüche durch den Elternteil allein im gerichtlichen Verfahren besteht (MüKo-Huber, 6. Auflage 2012, § 1629 Rn. 84). Darüber hinaus besteht die Möglichkeit, bei gemeinsamer elterlicher Sorge nach Scheidung oder in den Fällen nicht verheirateter Eltern mit gemeinsamem Sorgerecht als Beistand in Unterhaltssachen auch gerichtlich tätig zu werden."[12]

Probleme hinsichtlich der Antragsberechtigung bereitet die abwechselnde „Betreuung" von Kindern durch beide Eltern mit gleichen Zeitanteilen[13] („**Wechselmodell**").[14] Das DIJuF-Rechtsgutachten vom 19.07.2004 kommt bei im Wesentlichen gleichen Zeitanteilen der Eltern an der Kindesbetreuung zu dem Ergebnis, dass kein Elternteil eine Beistandschaft beantragen kann, weil weder die Voraussetzungen des Absatzes 1 Satz 1 noch des Absatzes 1 Satz 2 vorlägen.[15]

Probleme entstehen schließlich auch dann, wenn beide Elternteile, bei denen jeweils eines der gemeinsamen Kinder wohnt, unabhängig voneinander die Beistandschaft des Jugendamtes zur Durchsetzung der Unterhaltsansprüche des bei ihnen lebenden Kindes beantragen. Das Jugendamt hat hier regelmä-

---

[5] JAmt 2011, 578-580.
[6] BGBl I 2002, 1239.
[7] OLG Stuttgart v. 20.09.2001 - 18 WF 22/01 - JAmt 2001, 548.
[8] AG Regensburg v. 23.04.2003 - 002 F 01739/02, 2 F 1739/02 - JAmt 2003, 366-367.
[9] JAmt 2004, 370.
[10] OLG Stuttgart v. 09.10.2006 - 17 UF 182/06 - JAmt 2007, 40-42.
[11] OLG Oldenburg v. 02.04.2014 - 11 UF 34/14.
[12] OLG Oldenburg v. 02.04.2014 - 11 UF 34/14.
[13] Bei *ungleichen* Zeitanteilen kommt es auf den Schwerpunkt der Betreuung an, *Götz* in: Palandt, § 1713 Rn. 3.
[14] *Jokisch*, FuR 2013, 679 sowie FuR 2014, 25-31; *Hennemann*, FPR 2006, 295-298.
[15] JAmt 2004, 366-369.

ßig eine Rechtsgewährungspflicht gegenüber beiden Seiten. Um die notwendige Vertrauensbasis zwischen Jugendamt und Eltern nicht zu zerstören, sind Mutter und Vater grundsätzlich von verschiedenen Jugendamtsmitarbeitern zu betreuen.[16] Alternativ dazu besteht die Möglichkeit, dass die Eltern durch Freistellungsvereinbarung z.B. unnötigen Zahlungsverkehr und gegenseitige Anspruchsstellungen vermeiden, wobei derartige Vereinbarungen nicht grenzenlos möglich sind.[17]

10 Aus **Absatz 1 Satz 3** ergibt sich, dass auch ein nach § 1776 BGB berufener **Vormund** antragsberechtigt ist. Die Vorschrift beruht auf der Überlegung[18], dass anderenfalls einer von den Eltern des Mündels benannten Person die Vormundschaft nicht übertragen würde, soweit sie das Kind in Vaterschaftsfeststellungsklagen nicht selbst vertreten kann. Um dem in § 1776 BGB genannten Personenkreis die Übernahme der Vormundschaft auf jeden Fall zu ermöglichen, ist dieser auch hinsichtlich einer Beistandschaft antragsberechtigt.[19]

II. Antragsberechtigung für das ungeborene Kind (sog. pränatale Beistandschaft)

11 Die §§ 1713 Abs. 1 Satz 2 und Abs. 2, 1714 Satz 2 sowie 1717 Satz 2 BGB ermöglichen auch schon vor der Geburt des Kindes die Beantragung der Beistandschaft zur Feststellung der Vaterschaft und zur Sicherung des künftigen Unterhalts (sog. **pränatale Beistandschaft**). Die **Antragsberechtigung** für die pränatale Beistandschaft kommt **im Regelfall** der **werdenden Mutter** zu. So stellt **Absatz 1 Satz 1** auf das **fiktive alleinige Sorgerecht** ab, also darauf ab, wem das alleinige Sorgerecht zustünde, wäre das Kind bereits geboren. Vor dem Hintergrund der Regelung in § 1626a Abs. 3 BGB ist dies in der Regel die unverheiratete werdende Mutter.[20] Soweit diese allerdings nicht voll geschäftsfähig ist, stünde ihr die alleinige Sorge für das Kind nach den §§ 1673, 1675 BGB nicht zu, mit der Folge, dass die Antragsberechtigung gemäß § 1713 Abs. 1 Satz 1 BGB nicht eingreift.[21] Diesem Umstand trägt **Absatz 2 Satz 1** Rechnung, indem er die Antragsberechtigung der werdenden Mutter auch auf den Fall der – **fiktiven** – **Vormundschaft** ausdehnt. Obwohl also das Kind – wäre es bereits geboren – wegen der fehlenden vollen Geschäftsfähigkeit der Mutter unter Vormundschaft (§ 1791c Abs. 1 Satz 1 BGB) stünde, ist die werdende Mutter dennoch antragsberechtigt. Die Antragsberechtigung für die werdende, beschränkt geschäftsfähige, d.h. **minderjährige** (§ 106 BGB) **Mutter** ergibt sich aus **Absatz 2 Satz 2**. Nur sie kann den Antrag auf Beistandschaft stellen und zwar ohne Zustimmung ihres gesetzlichen Vertreters. Dass ausschließlich sie den Antrag stellen kann, ist eine Folge des Vertretungsverbots bei der Antragstellung nach Absatz 1 Satz 4. Die **geschäftsunfähige** (§ 104 Nr. 2 BGB) **werdende Mutter** ist nicht antragsberechtigt; für sie kann nach **Absatz 2 Satz 3** nur ihr gesetzlicher Vertreter den Antrag stellen. Bei nur vorübergehender Störung der Geistestätigkeit (§ 105 Abs. 2 BGB) behält die werdende Mutter ihr Antragsrecht dagegen; sie kann es während der Störung lediglich nicht wirksam ausüben.[22]

III. Ausschluss der Vertretung des Antragsberechtigten (Absatz 1 Satz 4)

12 Der **grundsätzliche Ausschluss** der Vertretung des Antragsberechtigten bei der Beantragung der Beistandschaft nach **Absatz 1 Satz 4** hat seine Ursache darin, dass die Frage, ob die Beistandschaft eingetreten ist (§ 1714 BGB), nicht vom Ausgang eines Streits abhängen soll, ob eine Vollmacht erteilt und gegebenenfalls wirksam ist.[23] Die Vorschrift trägt damit zur Rechtssicherheit bei. Als **Ausnahmetatbestand** zu Absatz 1 Satz 4 sieht **Absatz 2 Satz 3** die gesetzliche Vertretung der geschäftsunfähigen werdenden Mutter vor. Die Durchbrechung des Vertretungsverbots findet ihre Rechtfertigung darin, dass auch dem nasciturus der Schutz der pränatalen Beistandschaft zuteilwerden soll.[24]

13 Von einer weiteren Ausnahme von Absatz 1 Satz 4 dürfte nach Sinn und Zweck der Vorschrift auch dann auszugehen sein, wenn der personensorgeberechtigte Elternteil unter Betreuung steht und der Betreuer die Einrichtung einer Beistandschaft beantragt.[25]

---

[16] JAmt 2004, 301-302.
[17] JAmt 2004, 301-302.
[18] Dazu *Roth* in: Erman, § 1713 Rn. 7.
[19] Vgl. zu diesem Problemkreis auch JAmt 2005, 230.
[20] *Götz* in: Palandt, § 1713 Rn. 6.
[21] So seinerzeit *Diederichsen* in: Palandt, § 1713 Rn. 6.
[22] *Götz* in: Palandt, § 1713 Rn. 6.
[23] BT-Drs. 13/892, S. 38.
[24] BT-Drs. 13/892, S. 38.
[25] Zu den weiteren Voraussetzungen und zur Frage, inwieweit auch der Betreute antragsberechtigt bleibt, vgl. JAmt 2005, 125-126.

C. Prozessuale Hinweise/Verfahrenshinweise

Die Berechtigung zur Beantragung einer Beistandschaft ist auch im vereinfachten Unterhaltsverfahren zu belegen bzw. von Amts wegen zu beachten.[26] Im Rahmen einer Klage auf Feststellung der Vaterschaft und auf Unterhalt durch den vorgeburtlichen Beistand ist ein noch nicht geborenes Kind rechts- und parteifähig.[27] 14

Wird ein fremdes Kind als eigenes ausgegeben, so wird diskutiert, ob die Erklärungen der Frau als Nicht-Mutter nichtig sind, ob die Vaterschaft des Mannes und damit seine Unterhaltspflicht entfällt und ob das Jugendamt tatsächlich Beistand des Kindes geworden ist, da der Antrag nicht von einem dazu befugten Elternteil gestellt wurde; zur Beseitigung des Rechtsscheins ist hier das personenstandliche Berichtigungsverfahren eröffnet.[28] 15

Ein vorgeburtlicher Klageantrag auf Feststellung der Vaterschaft bedarf insbesondere der Formulierung „ungeborenes Kind der ..."[29] 16

Fragen der Aktivlegitimation zur Geltendmachung von Kindesunterhalt stellen sich insbesondere dann, wenn es während des laufenden Verfahrens zu einem Haushaltswechsel des Kindes kommt.[30] 17

---

[26] OLG Naumburg v. 19.09.2001 - 8 WF 204/01 - OLGR Naumburg 2002, 207-208.
[27] OLG Schleswig v. 15.12.1999 - 13 WF 122/99 - NJW 2000, 1271-1273.
[28] JAmt 2004, 409-411.
[29] JAmt 2005, 230.
[30] *Hollinger*, AnwZert FamR 13/2012, Anm. 1.

§ 1714 BGB Eintritt der Beistandschaft

(Fassung vom 02.01.2002, gültig ab 01.01.2002)

¹Die Beistandschaft tritt ein, sobald der Antrag dem Jugendamt zugeht. ²Dies gilt auch, wenn der Antrag vor der Geburt des Kindes gestellt wird.

Gliederung

A. Grundlagen 1	II. Zugang des Antrags beim Jugendamt 3
B. Anwendungsvoraussetzungen 2	C. Rechtsfolgen 6
I. Normstruktur 2	D. Prozessuale Hinweise/Verfahrenshinweise 7

A. Grundlagen

1 Die Vorschrift regelt den **Eintritt der Beistandschaft**, d.h. deren **Wirksamwerden**.

B. Anwendungsvoraussetzungen

I. Normstruktur

2 Satz 1 der Vorschrift betrifft den Eintritt der Beistandschaft **generell**. Satz 2 enthält eine lex specialis für den Fall des Eintritts der Beistandschaft bei Antragstellung vor Geburt (sog. pränatale Beistandschaft, vgl. die Kommentierung zu § 1713 BGB Rn. 11). Dass die Beistandschaft schon vor der Geburt beantragt werden kann, ergibt sich aus § 1713 BGB.

II. Zugang des Antrags beim Jugendamt

3 Der Eintritt der Beistandschaft setzt in beiden Fällen voraus, dass der Antrag (vgl. die Kommentierung zu § 1712 BGB Rn. 6) dem örtlich zuständigen Jugendamt zugeht.

4 Vom Zugang des Antrags ist dann auszugehen, wenn der Antrag in verkehrsüblicher Weise so in den Machtbereich des Jugendamts gelangt, dass dieses (bzw. das für das Jugendamt handelnde Organ) unter normalen Umständen von ihm Kenntnis nehmen kann (hinsichtlich allgemeiner Zugangsprobleme ist auf die Kommentierung zu § 130 BGB zu verweisen).

5 Zuständig ist das Jugendamt, in dessen Bezirk der allein sorgeberechtigte Elternteil seinen gewöhnlichen Aufenthalt hat bzw. mangels eines solchen seinen tatsächlichen Aufenthalt hat (§ 87c SGB VIII). Wird der Antrag an ein unzuständiges Jugendamt gerichtet, wird die Beistandschaft erst durch Weiterleitung mit dem Eingang beim zuständigen Jugendamt wirksam.[1]

C. Rechtsfolgen

6 **Mit** dem **Zugang** des Antrags beim zuständigen Jugendamt wird die Beistandschaft (auch im Fall der pränatalen Beistandschaft) **automatisch wirksam**[2], d.h. es bedarf keines weiteren behördlichen Vollzugsaktes.

D. Prozessuale Hinweise/Verfahrenshinweise

7 Nach Zugang des Antrags beim Jugendamt prüft dieses lediglich
- seine Zuständigkeit,
- die Ordnungsmäßigkeit des Antrags (insbesondere auch Schriftform nach § 1712 BGB),
- die Antragsberechtigung (insbesondere § 1713 BGB) und
- den gewöhnlichen Aufenthalt des Kindes im Inland.[3]

8 Nur im Fall der Ablehnung der Beistandschaft erhält der Antragsteller einen Bescheid.[4]

9 Das DIJuF-Rechtsgutachten vom 06.07.2012 setzt sich mit Rechts- und auch verfahrenstaktischen Fragen auseinander, die aufkommen, wenn etwa der Rechtsanwalt des unterhaltspflichtigen Vaters vom Jugendamt fordert nachzuweisen, dass die Mutter einen Antrag auf Errichtung einer Beistandschaft ge-

---

[1] *Götz* in: Palandt, § 1714 Rn. 1.
[2] *Roth* in: Erman, § 1714 Rn. 1.
[3] *Götz* in: Palandt, § 1714 Rn. 1.
[4] *Götz* in: Palandt, § 1714 Rn. 1.

stellt hat.[5] Umstritten ist, ob der Unterhaltspflichtige im Falle der Verweigerung der Auskunft durch das Jugendamt den ordentlichen oder den Verwaltungsrechtsweg beschreiten müsste.[6]

---

[5] JAmt 2012, 376-377.
[6] Für den Rechtsweg zu den ordentlichen Gerichten, vgl. VG München v. 14.10.2013 - M 18 K 13.953 - JAmt 2014, 34; a.A., vgl. Anm. zu dieser Entscheidung, JAmt 2014, 35.

§ 1715 BGB Beendigung der Beistandschaft

(Fassung vom 02.01.2002, gültig ab 01.01.2002)

(1) ¹**Die Beistandschaft endet, wenn der Antragsteller dies schriftlich verlangt.** ²**§ 1712 Abs. 2 und § 1714 gelten entsprechend.**

(2) Die Beistandschaft endet auch, sobald der Antragsteller keine der in § 1713 genannten Voraussetzungen mehr erfüllt.

Gliederung

A. Grundlagen 1	III. Beendigung von Gesetzes wegen (Absatz 2) 8
B. Anwendungsvoraussetzungen 2	C. Rechtsfolgen 10
I. Normstruktur 2	D. Prozessuale Hinweise/Verfahrenshinweise.... 11
II. Beendigung auf Antrag (Absatz 1) 3	

A. Grundlagen

1   Die Vorschrift regelt die **Beendigung der Beistandschaft** auf Antrag (Absatz 1) und von Gesetzes wegen (Absatz 2), wobei die Beendigungstatbestände in Absatz 2 nicht abschließend aufgezählt werden.[1]

B. Anwendungsvoraussetzungen

I. Normstruktur

2   **Absatz 1** regelt die Beendigung **auf Antrag**, **Absatz 2** die Beendigung **von Gesetzes wegen**.

II. Beendigung auf Antrag (Absatz 1)

3   Der Freiwilligkeit des Rechtsinstituts entsprechend kann die Beistandschaft in gleicher Weise wie sie auf Antrag begründet wird (§ 1714 BGB), auf Antrag auch wieder beendet werden. Der Antrag kann **jederzeit und ohne Angabe von Gründen** gestellt werden, d.h. auch zur Unzeit, etwa wenn ein gerichtliches Vaterschaftsfeststellungsverfahren kurz vor dem Abschluss steht, aber der Erzeuger des Kindes seine Feststellung durch Beeinflussung der Mutter verhindern will.[2] Der Gesetzgeber hat diesen Fall als vernachlässigbar angesehen, weil er selten vorkomme.[3] Selbst wenn eine Kindeswohlgefährdung im Raum steht, ist die Beistandschaft auf Antrag zu beenden.[4] In diesem Fall ist jedoch zu prüfen, ob die elterliche Sorge für die Feststellung der Vaterschaft bzw. die Geltendmachung von Unterhaltsansprüchen des Kindes zu entziehen und ein Pfleger zu bestellen ist; dabei hat das Jugendamt nach § 8a Abs. 3 SGB VIII das Familiengericht anzurufen.[5]

4   Dem Jugendamt ist die einseitige Beendigung der Beistandschaft versagt, wenn dem Personensorgeberechtigten fehlende Mitwirkung oder Desinteresse vorzuwerfen ist[6].

5   Aus **Absatz 1 Satz 1** ergibt sich, dass es zur Beendigung der Beistandschaft eines **schriftlichen Verlangens** des Antragstellers bedarf. Der Verweis in **Absatz 1 Satz 2** auf § 1714 BGB hat zur Konsequenz, dass die Beistandschaft **ohne weitere Entscheidung mit Zugang des Beendigungsantrags beim Jugendamt endet. Antragsberechtigt ist allein der Elternteil, der den Eintritt beantragt hat** („actus contrarius"), im Regelfall also der allein sorgeberechtigte Elternteil, im Falle des § 1713 Abs. 2 BGB aber auch die beschränkt geschäftsfähige Mutter oder der gesetzliche Vertreter für die geschäftsunfähige werdende Mutter.[7]

6   Was die **Reichweite der Beendigung** der Beistandschaft anbelangt, macht der Verweis in Absatz 1 Satz 2 auf § 1712 Abs. 2 BGB deutlich, dass der Beendigungsantrag auch auf einzelne Aufgaben der Beistandschaft (Vaterschaftsfeststellung/Geltendmachung von Unterhaltsansprüchen) beschränkt wer-

---

[1]   *Götz* in: Palandt, § 1715 Rn. 1; allgemein zur Beendigung der Beistandschaft, vgl. *Meysen*, JAmt 2008, 120-126.
[2]   BT-Drs. 13/892, S. 39.
[3]   *Roth* in: Erman, § 1715 Rn. 1.
[4]   *Götz* in: Palandt, § 1715 Rn. 2.
[5]   *Götz* in: Palandt, § 1715 Rn. 2.
[6]   *Rüting*, Kind-Prax 2005, 168-172, 170.
[7]   *Roth* in: Erman, § 1715 Rn. 2.

den kann. Nicht möglich ist nach dem DIJuF-Rechtsgutachten vom 11.06.2013 dagegen die Beendigung nur eines Teils der jeweiligen Aufgabe, d.h. bspw., die Beistandschaft im Hinblick auf zukünftig geltend zu machende Unterhaltsansprüche aufrecht zu erhalten, sie hinsichtlich rückständiger Unterhaltsforderungen aber zu beenden; eine Unterhaltsbeistandschaft kann nur insgesamt beantragt bzw. beendet werden.[8]

Wurde eine Beistandschaft von vornherein nur für eine einzelne Angelegenheit begründet, so endet diese (unabhängig von einem entsprechenden Antrag) auch dann, wenn diese Angelegenheit ausgeführt wurde (§ 1716 Satz 2 BGB i.V.m. § 1918 Abs. 3 BGB)[9], d.h. zum Beispiel mit der Vaterschaftsfeststellung oder mit der Unterhaltsregelung[10].

III. Beendigung von Gesetzes wegen (Absatz 2)

Absatz 2, der **nicht abschließend** ist, regelt die **Beendigung** der Beistandschaft **von Gesetzes wegen** für den Fall, dass die in § 1713 BGB normierten Voraussetzungen für die Beantragung der Beistandschaft entfallen. Ein solcher Fall ist gegeben, wenn dem allein sorgeberechtigten Antragsteller das Sorgerecht entzogen wird, wenn die gemeinsame Sorge eintritt (beispielsweise durch Heirat oder gemeinsame Erklärung nach § 1626a Abs. 1 Nr. 1, 2 BGB), beim Tod von Antragsteller oder Kind, beim Eintritt der Volljährigkeit des Kindes[11] (im Vorfeld des Eintritts der Volljährigkeit können den Beistand ggf. besondere Aufklärungspflichten gegenüber dem Kind treffen[12]), bei Adoption des Kindes durch einen Dritten (dabei ist zwischen der Fremd-, der Stiefkindadoption und der Adoptionspflege zu unterscheiden[13]) oder bei Geschäftsunfähigkeit des Antragstellers.[14] Vor der Geburt des Kindes (sog. pränatale Beistandschaft, vgl. die Kommentierung zu § 1713 BGB Rn. 11) endet eine Beistandschaft darüber hinaus, wenn die Schwangerschaft auf andere Weise als durch Geburt des Kindes beendet wird.[15] Die Geburt des Kindes führt indes nicht zur Beendigung der Beistandschaft, denn die Beistandschaft zielt nicht darauf ab, lediglich einen Zwischenzustand zu überbrücken; sie soll vielmehr gerade auch nach der Geburt ihre Wirkung entfalten.[16]

Über die Regelung in **Absatz 2 hinaus** endet die Beistandschaft von Gesetzes wegen etwa auch dann, wenn das Kind seinen gewöhnlichen Aufenthalt im Ausland begründet (§ 1717 Satz 1 BGB) oder wenn die Erledigung der Aufgabe endet (§ 1716 Satz 2 BGB i.V.m. § 1918 Abs. 3 BGB)[17], ggf. also auch mit Abschluss des Kindesunterhaltsverfahrens, was zur Folge hat, dass für ein etwaiges Abänderungsverfahren ggf. eine neue Beistandschaft einzurichten ist.[18] Nach dem DIJuF-Rechtsgutachten vom 07.02.2011 beendet der Tod des Unterhaltspflichtigen die Beistandschaft nicht, solange noch Rückstände gegen Erben (oder im begutachteten Fall gegen den Insolvenzverwalter) geltend gemacht werden können.[19]

---

[8] JAmt 2013, 316-317.
[9] *Roth* in: Erman, § 1715 Rn. 2; differenzierend: JAmt 2005, 181-182, 182.
[10] Umstritten bzgl. der Geltendmachung von Unterhaltsansprüchen, vgl. nachfolgende Rn. sowie *Götz* in: Palandt, § 1715 Rn. 1 m.w.N.
[11] OLG Celle v. 14.03.2013 - 10 WF 76/13 - OLG Report Nord 15/2013 Anm. 2; OLG Karlsruhe v. 08.08.2000 - 2 WF 99/00 - OLGR Karlsruhe 2001, 150.
[12] JAmt 2006, 389-391.
[13] JAmt 2006, 343-346.
[14] *Roth* in: Erman, § 1715 Rn. 3; zur Frage der Darlegungslast hinsichtlich der tatsächlichen Voraussetzungen des Fortbestands der Beistandschaft, vgl. JAmt 2004, 25-26.
[15] *Roth* in: Erman, § 1715 Rn. 4.
[16] BT-Drs. 13/892, S. 41.
[17] *Schwab*, Familienrecht, 21. Aufl. 2013, Rn. 733.
[18] So OLG Hamm v. 11.09.2012 - II-6 WF 113/12 - FamRZ 2013, 799; a.A. *Knittel*, FamRZ 2013, 800-801, der die Entscheidung als praxisfern einstuft und die Geltendmachung von Kindesunterhalt als „Daueraufgabe" der Beistandschaft ansieht. *Bömelburg*, FamRB 2013, 252, lehnt die Entscheidung des OLG Hamm ebenfalls ab und verweist insbesondere auf § 240 FamFG. Kritisch zur Auffassung *Knittels*, vgl. *Friederici*, jurisPR-FamR 15/2013, Anm. 4.
[19] JAmt 2011, 72-73.

C. Rechtsfolgen

10 Die Beendigung hat zur Folge, dass die **Beistandschaft** kraft Gesetzes **erlischt**. Damit erlöschen auch sämtliche Befugnisse des Jugendamtes.[20] Auch wenn die Befugnisse des Jugendamtes mit der Beendigung der Beistandschaft erlöschen, so bleiben bereits wirksam getroffene Maßnahmen des Jugendamtes gleichwohl bestehen, so beispielsweise rechtskräftig abgeschlossene Verfahren oder vertraglich bindende Unterhaltsregelungen.[21]

D. Prozessuale Hinweise/Verfahrenshinweise

11 Ist ein Prozess noch nicht rechtskräftig abgeschlossen, fehlt dem Jugendamt nach Beendigung der Beistandschaft die für die Fortsetzung des Verfahrens erforderliche Aktivlegitimation, was das Gericht von Amts wegen gemäß § 56 Abs. 1 ZPO bis zum Abschluss des Verfahrens berücksichtigen muss.[22]

12 Vor Aufhebung der §§ 606-687 ZPO galt Folgendes: Die Beistandschaft des Jugendamtes für ein minderjähriges Kind, die für eine Titelabänderung gemäß § 655 ZPO bestand, gilt für die Vertretung im Rahmen einer Unterhaltsherabsetzungsklage nach § 654 ZPO fort. Sie endet nicht aufgrund Erledigung, wenn der Titel errichtet ist oder laufende Zahlungen eingehen. Eine analoge Anwendung des § 1918 Abs. 3 BGB kommt nicht in Betracht.[23] Prozessuale Regelungen zur Abänderung finden sich nunmehr in den §§ 238 f. FamFG.

13 Die Neuregelungen zur Kostenheranziehung nach den §§ 91 ff. SGB VIII im Rahmen des Gesetzes zur Weiterentwicklung der Kinder- und Jugendhilfe (KICK)[24] können nach dem DIJuF-Rechtsgutachten vom 04.11.2005 bei vollstationärer Unterbringung des Kindes dazu führen, dass die Aufgabe des Beistands, Unterhaltsansprüche des Kindes geltend zu machen, entfällt.[25] Die vollstationäre Unterbringung des Kindes hat allerdings nicht automatisch die Beendigung der Beistandschaft zur Folge.[26]

---

[20] *Götz* in: Palandt, § 1715 Rn. 4.
[21] *Götz* in: Palandt, § 1715 Rn. 4.
[22] OLG Karlsruhe v. 08.08.2000 - 2 WF 99/00 - OLGR Karlsruhe 2001, 150.
[23] OLG Hamm v. 07.02.2003 - 9 UF 63/02 - JAmt 2004, 144.
[24] BGBl I 2005, 2729.
[25] JAmt 2005, 563.
[26] JAmt 2007, 478-479.

§ 1716 BGB Wirkungen der Beistandschaft

(Fassung vom 17.12.2008, gültig ab 01.09.2009)

¹Durch die Beistandschaft wird die elterliche Sorge nicht eingeschränkt. ²Im Übrigen gelten die Vorschriften über die Pflegschaft mit Ausnahme derjenigen über die Aufsicht des Familiengerichts und die Rechnungslegung sinngemäß; die §§ 1791, 1791c Abs. 3 sind nicht anzuwenden.

Gliederung

A. Grundlagen 1	IV. Auf den Beistand anwendbare Vorschriften des Pflegschaftsrechts (Satz 2) 7
B. Anwendungsvoraussetzungen 2	V. Auf den Beistand nicht anwendbare Vorschriften des Pflegschaftsrechts (Satz 2) 8
I. Normstruktur.. 2	C. Prozessuale Hinweise/Verfahrenshinweise 10
II. Nebeneinander von elterlicher Sorge und Beistandschaft (Satz 1) 3	
III. Gesetzliche Vertretung des Kindes durch den Beistand und den sorgeberechtigten Elternteil – Konfliktfälle 4	

A. Grundlagen

§ 1716 BGB regelt die „Wirkungen der Beistandschaft", mithin die **Rechtsfolgen**, die an den Eintritt der Beistandschaft nach § 1714 BGB geknüpft sind.   1

B. Anwendungsvoraussetzungen

I. Normstruktur

Die **Kernaussage** hinsichtlich der sich aus dem Eintritt der Beistandschaft ergebenden Rechtsfolgen findet sich in **Satz 2 der Vorschrift**, der grundsätzlich auf die sinngemäße Anwendung der Bestimmungen über die Pflegschaft verweist. **Satz 1** stellt diesbezüglich aber ausdrücklich klar, dass hiermit **keine Einschränkung der elterlichen Sorge** verbunden ist.   2

II. Nebeneinander von elterlicher Sorge und Beistandschaft (Satz 1)

Die Regelung in Satz 1 und Satz 2 hat zur Folge, dass die elterliche Sorge und die Beistandschaft **nebeneinander** bestehen. Eine erfolgreiche Beistandschaft setzt daher voraus, dass beide Seiten im Interesse des Kindeswohls kooperieren.[1]   3

III. Gesetzliche Vertretung des Kindes durch den Beistand und den sorgeberechtigten Elternteil – Konfliktfälle

Besondere Bedeutung hat das Nebeneinander von elterlicher Sorge und Beistandschaft für die **gesetzliche Vertretung des Kindes**. In Angelegenheiten der Beistandschaft obliegt diese nach Satz 2 in Verbindung mit den §§ 1915 Abs. 1, 1793 Abs. 1 BGB einerseits dem **Jugendamt als Beistand**; wegen Satz 1 besteht die elterliche Sorge und damit die gesetzliche Vertretungsmacht auf Seiten des **antragstellenden Elternteils** andererseits aber gleichzeitig fort. Hieraus ergeben sich mitunter **Konfliktkonstellationen**, deren Auflösung der Gesetzgeber **nur rudimentär geregelt** hat. So sieht § 173 FamFG (sowie § 234 FamFG) zur Vermeidung sich widersprechender Erklärungen im Prozess einen Vorrang der Vertretung durch den Beistand vor. Da es an darüber hinausgehenden Vorrangvorschriften fehlt, stellt sich die Frage, wie im Falle miteinander kollidierender Rechtsgeschäfte des Beistands und des vertretungsberechtigten Elternteils – etwa bei der Verfügung über Unterhaltsbeiträge – zu entscheiden ist. In Betracht zu ziehen wäre eine generelle Analogie zu § 173 FamFG, die sich – neben der mangelnden Vergleichbarkeit der Sachverhalte – schon deshalb verbietet, weil Satz 1 anderenfalls leer liefe. Die allgemeinen Vertretungsregelungen (§§ 164 ff BGB) helfen in Fällen kollidierender Rechtsgeschäfte des Beistands und des vertretungsberechtigten Elternteils ebenfalls nicht weiter. Zur Lösung derartiger Fälle (Verfügungen) wird daher grundsätzlich das **Prioritätsprinzip** zu Grunde zu legen   4

---

[1] Zum Erfordernis der Kooperation vgl. *Roth* in: Erman, § 1716 Rn. 2.

sein.² Die beschriebene Kollisionsproblematik stellt sich mitunter auch schon im Vorfeld von Rechtsgeschäften der gesetzlich Vertretungsbefugten. Fraglich erscheint, ob hier die Erteilung von Weisungen möglich ist. Um die Freiwilligkeit des Rechtsinstituts nicht zu konterkarieren, scheidet eine Weisung des Beistands gegenüber dem vertretungsberechtigten Elternteil jedenfalls aus. Hinsichtlich des umgekehrten Falls wird zum Teil die Auffassung vertreten, dass der Beistand den Anträgen des Elternteils folgen und sich mit diesem in Details abstimmen muss.³ Gegen eine so weit reichende Abhängigkeit des Beistands vom Willen des sorgeberechtigten Elternteils sprechen indes Sinn und Zweck der dem Beistand zustehenden gesetzlichen Vertretungsmacht. Denn der Beistand ist in erster Linie Beistand und gesetzlich Vertretungsbefugter des Kindes und nicht Beauftragter des Elternteils.⁴ Mit dieser Stellung verbunden ist die Verpflichtung des Beistands, seine Aufgabe objektiv am Kindeswohl auszurichten.⁵ Weisungen des Elternteils, die zu einer Gefährdung des Kindeswohls führen, müssen daher für den Beistand unbeachtlich sein.

5   Fraglich ist, welche Entscheidungsbefugnisse der Beistand hat, wenn der Unterhaltsschuldner ein begründetes Abänderungsverlangen im Mangelfall geltend macht und der sorgeberechtigte Elternteil sein Einvernehmen hinsichtlich einer entsprechenden Herabsetzung verweigert, auf der anderen Seite aber nicht gewillt ist, die Beistandschaft aufheben zu lassen. Bei einer konkreten Klagedrohung des Schuldners auf Abänderung wird dem Beistand auch entgegen dem Willen des sorgeberechtigten Elternteils i.d.R. keine Wahl bleiben, als im Namen des Kindes einem definitiven Verzicht oder Teilverzicht auf die Rechte aus dem Titel zuzustimmen.⁶

6   Nach § 1716 BGB wird durch die Beistandschaft die elterliche Sorge des antragsberechtigten Elternteils nicht eingeschränkt. Das Jugendamt ist zwar Beistand des Kindes, ein Alleinvertretungsanspruch des Jugendamtes ergibt sich daraus aber nicht. Folglich sind bei der Geltendmachung der Unterhaltsansprüche Absprachen mit dem antragsberechtigten Elternteil im Sinne einer gemeinsamen Sorgerechtsausübung für das Kind unerlässlich und schon deswegen sinnvoll, weil die Beistandschaft jederzeit auf Wunsch des sorgeberechtigten Elternteils beendet werden kann.⁷ Vergleichbare Überlegungen sind auch dann anzustellen, wenn der die Beistandschaft Beantragende den Beistand ersucht, den unterhaltspflichtigen Elternteil (teilweise) freizustellen.⁸

IV. Auf den Beistand anwendbare Vorschriften des Pflegschaftsrechts (Satz 2)

7   Satz 2 der Vorschrift verweist mit wenigen Ausnahmen auf die sinngemäße Geltung der Vorschriften über die Pflegschaft. Hieraus resultiert neben der gesetzlichen Vertretung des Kindes durch den Beistand (§§ 1915 Abs. 1, 1793 Abs. 1 BGB) insbesondere
- die **Haftung** des Beistands gegenüber dem Kind nach § 1833 BGB sowie
- der **Ausschluss einer Vergütung** (§ 1836 Abs. 3 BGB) und
- der **Ausschluss einer Aufwandsentschädigung** (§ 1835a Abs. 5 BGB). Unberührt bleibt dagegen ein Anspruch des Beistands auf Aufwendungsersatz nach § 1835 Abs. 5 Satz 1 BGB⁹, der jedoch ein ausreichendes Einkommen und Vermögen des Kindes voraussetzt.

Überträgt das Jugendamt eine Beistandschaft auf einen Verein, führt das nicht dazu, dass das Land dem Verein Vergütung oder Aufwendungsersatz schuldet.¹⁰
- Indem Satz 2 auch auf § 1918 Abs. 3 BGB verweist, enthält die Vorschrift auch einen von § 1715 Abs. 2 BGB nicht erfassten Fall der **Beendigung der Beistandschaft von Gesetzes wegen**. Mit **Erledigung der Aufgabe des Beistandes**, z.B. mit der rechtswirksamen Feststellung der Vaterschaft, erlöschen auch die Befugnisse des Beistands¹¹, ebenso mit Abschluss des Kindesunterhaltsverfah-

---

² *Roth* in: Erman, § 1716 Rn. 2.
³ *Gawlitta*, ZfJ 1998, 156-157.
⁴ *Roth* in: Erman, § 1716 Rn. 2.
⁵ *Roth* in: Erman, § 1716 Rn. 2.
⁶ JAmt 2005, 124-125.
⁷ JAmt 2005, 303.
⁸ JAmt 2005, 303.
⁹ *Götz* in: Palandt, § 1716 Rn. 2; differenzierend: JAmt 2005, 181-182, 182.
¹⁰ *Götz* in: Palandt, § 1716 Rn. 2.
¹¹ *Schwab*, Familienrecht, 21. Aufl. 2013, Rn. 733.

rens, was zur Folge hat, dass für ein etwaiges Abänderungsverfahren ggf. eine neue Beistandschaft einzurichten ist.[12]

V. Auf den Beistand nicht anwendbare Vorschriften des Pflegschaftsrechts (Satz 2)

Nach Satz 2 sind die Vorschriften über die **Aufsicht des Familiengerichts** (§ 1837 Abs. 2 BGB) und die **Rechnungslegung** (§§ 1840, 1890 BGB) auf die Beistandschaft ausdrücklich nicht anwendbar. Dies gilt auch für den Fall, dass die schon bestehende Amtspflegschaft nach In-Kraft-Treten des Beistandschaftsgesetzes in eine Beistandschaft umgewandelt und die familiengerichtliche Aufsicht über die Führung der bisherigen Amtspflegschaft beendet wurde. Denn durch die Begründung der Beistandschaft wurde das bisherige Amt des Jugendamtes nicht beendet, sondern es besteht ohne weiteres im rechtlichen Rahmen und mit den Aufgabenkreisen und Befugnissen einer Beistandschaft nach neuem Recht fort.[13] Aufgrund der Befreiung des Jugendamtes als Beistand von den Vorschriften über die Aufsicht des Familiengerichts (§ 1837 Abs. 2 BGB) und die Rechnungslegung (§§ 1840, 1890 BGB) kann der gesetzliche Vertreter eines Kindes vom Jugendamt im Wege der Klage vor dem Familiengericht auch nicht Auskunft über die Führung der Beistandschaft verlangen[14], insbesondere auch nicht Rechnungslegung, und zwar auch nicht der zwischenzeitlich volljährig Gewordene (ehemals Minderjährige).[15] Das bedeutet jedoch nicht, dass das Jugendamt in der Führung der Beistandschaft keinerlei Kontrolle unterliegt; die Kontrolle erfolgt vielmehr im Rahmen der allgemeinen behördlichen (Dienst-) Aufsicht über die Jugendämter.[16]

8

Mit der Ausklammerung der §§ 1791, 1791c Abs. 3 BGB in Satz 2 wurde davon Abstand genommen, dass das Familiengericht dem Jugendamt den Eintritt der Beistandschaft oder die Beendigung bescheinigt.[17]

9

C. Prozessuale Hinweise/Verfahrenshinweise

Für den Fall der Vertretung des Kindes durch den Beistand im Prozess schließt § 173 FamFG (sowie § 234 FamFG) die nach Satz 1 grundsätzlich fortbestehende Vertretungsbefugnis des sorgeberechtigten Elternteils aus.[18] Im Verhältnis zu Satz 1 sind die §§ 173, 234 FamFG leges specialis.

10

Die Vertretung durch den sorgeberechtigten Elternteil ist indes nur dann nach § 173 FamFG ausgeschlossen, wenn der Beistand bereits ein gerichtliches Verfahren eingeleitet oder aufgenommen hat.[19]

11

Im vereinfachten Unterhaltsverfahren hat der Beistand nachzuweisen, dass er wirksam bevollmächtigt ist.[20]

12

Problematische Konstellationen ergeben sich bisweilen bei der Aufgabenwahrnehmung durch die Jugendämter in den Bereichen Beistandschaft und Rechtsberatung gem. § 18 SGB VIII.[21]

13

Diverse Verfahrensfragen ergeben sich auch im Falle der **rückwirkenden** Bewilligung einer höheren Rente an den Unterhaltsschuldner, wenn das unterhaltsberechtigte Kind zwischenzeitlich volljährig geworden ist.[22]

14

---

[12] OLG Hamm v. 11.09.2012 - II-6 WF 113/12 - FamRZ 2013, 799; a.A. *Knittel*, FamRZ 2013, 800-801, der die Entscheidung als praxisfern einstuft und die Geltendmachung von Kindesunterhalt als „Daueraufgabe" der Beistandschaft ansieht. *Bömelburg*, FamRB 2013, 252, lehnt die Entscheidung des OLG Hamm ebenfalls ab und verweist insbesondere auf § 240 FamFG. Kritisch zur Auffassung *Knittels*, vgl. *Friederici*, jurisPR-FamR 15/2013, Anm. 4.

[13] OLG Hamm v. 20.05.1999 - 15 W 87/99 - NJW-RR 2000, 147-148.

[14] OLG Celle v. 30.01.2001 - 15 WF 15/01 - JAmt 2001, 301-302.

[15] OLG Hamm v. 19.04.2013 - II-2 WF 51/13 - JAmt 2013, 544-545; a.A. *Knittel*, JAmt 2013, 545-547 unter Hinweis darauf, dass die Anwendung der Regelung zur Schlussrechnung in § 1890 BGB von § 1716 Satz 2 BGB nicht ausgeschlossen sei.

[16] BT-Drs. 13/892, S. 50; OLG Hamm v. 19.04.2013 - II-2 WF 51/13 - JAmt 2013, 544-545.

[17] *Roth* in: Erman, § 1716 Rn. 5.

[18] OLG Thüringen v. 30.08.2013 - 1 WF 429/13.

[19] JAmt 2004, 370 betreffend den aufgehobenen § 53a ZPO.

[20] OLG Naumburg v. 25.04.2001 - 8 WF 70/01.

[21] *Lindemann-Hinz*, FF 2005, 63-65; zur Abgrenzung von Beistandschaft und Beratung/Unterstützung nach § 18 SGB VIII vgl. *Joos*, JAmt 2009, 223-225.

[22] JAmt 2011, 146-148.

§ 1717 BGB Erfordernis des gewöhnlichen Aufenthalts im Inland

(Fassung vom 02.01.2002, gültig ab 01.01.2002)

¹Die Beistandschaft tritt nur ein, wenn das Kind seinen gewöhnlichen Aufenthalt im Inland hat; sie endet, wenn das Kind seinen gewöhnlichen Aufenthalt im Ausland begründet. ²Dies gilt für die Beistandschaft vor der Geburt des Kindes entsprechend.

Gliederung

A. Grundlagen 1	III. Gewöhnlicher Aufenthalt der Mutter im Inland im Falle pränataler Beistandschaft (Satz 2) 5
B. Anwendungsvoraussetzungen 2	
I. Normstruktur 2	
II. Gewöhnlicher Aufenthalt des Kindes im Inland (Satz 1) 3	

A. Grundlagen

1   Als lex specialis zu Art. 24 EGBGB regelt die Vorschrift die **Voraussetzungen für die Anwendung des deutschen Sachrechts**.[1] Art. 1 des Haager Minderjährigenschutzabkommens[2] ist nicht einschlägig, da es sich bei der Beistandschaft nicht um eine Schutzmaßnahme im Sinne der Vorschrift handelt; vor dem Hintergrund, dass die Beistandschaft auf entsprechenden Antrag von Gesetzes wegen eintritt (§ 1714 BGB), fehlt es insoweit an einer staatlichen Entscheidung.

B. Anwendungsvoraussetzungen

I. Normstruktur

2   Satz 1 macht die Beistandschaft vom gewöhnlichen Aufenthalt des Kindes im Inland abhängig. Satz 2 bezieht sich auf den Spezialfall der pränatalen Beistandschaft.

II. Gewöhnlicher Aufenthalt des Kindes im Inland (Satz 1)

3   Nach Satz 1 tritt die Beistandschaft nur dann ein, wenn das **Kind seinen gewöhnlichen Aufenthalt im Inland, also in Deutschland hat**. § 1714 BGB wird insoweit eingeschränkt. Der gewöhnliche Aufenthalt des Kindes im Inland ist aber nicht nur Voraussetzung für den Eintritt der Beistandschaft; der gewöhnliche Inlandsaufenthalt des Kindes ist **während der gesamten Dauer der Beistandschaft erforderlich**. Wird der gewöhnliche Aufenthalt des Kindes während der Dauer der Beistandschaft im Ausland begründet, so endet die Beistandschaft nach Satz 1. Hierbei handelt es sich um einen von § 1715 Abs. 2 BGB nicht umfassten Fall der Beendigung der Beistandschaft von Gesetzes wegen. Im Hinblick darauf, dass Satz 1 allein auf den gewöhnlichen Aufenthalt des Kindes im Inland abstellt, sind insbesondere folgende Gesichtspunkte unbeachtlich:

- die Staatsangehörigkeit des Kindes[3]
- die Frage, ob für das Kind im Ausland bereits eine Beistandschaft besteht oder ob sich der Antragsteller im Ausland aufhält[4]
- ein zeitlich begrenzter (i.d.R. einjähriger) Schulaufenthalt des Kindes im Ausland, da dieser nichts am gewöhnlichen Aufenthalt in Deutschland ändert[5]. Die Beistandschaft endet dagegen, wenn das Kind seinen gewöhnlichen Aufenthalt im Ausland begründet und seinen Aufenthalt im Inland nur noch im Rahmen eines Internatsbesuchs nimmt.[6]

Nach dem DIJuF-Rechtsgutachten vom 06.02.2006 kann die Beistandschaft nicht allein aus dem Grund abgelehnt werden, dass Mutter und Kind nur eine Duldung der Ausländerbehörden besitzen. Allerdings wird vor dem Hintergrund einer möglichst einheitlichen Rechtsprechung dazu geraten, die Beistandschaft davon abhängig zu machen, ob der Aufenthalt des Kindes mindestens sechs Monate dauert.[7]

---

[1] *Roth* in: Erman, § 1717 Rn. 1.
[2] BGBl II 1971, 217, 1150.
[3] *Roth* in: Erman, § 1717 Rn. 2.
[4] *Roth* in: Erman, § 1717 Rn. 2.
[5] JAmt 2011, 463–467; JAmt 2006, 193–195; JAmt 2008, 576–577.
[6] JAmt 2007, 479–480.
[7] JAmt 2006, 289–290.

Fraglich ist, ob die Beistandschaft eines Jugendamtes erlischt, wenn der sorgeberechtigte Elternteil in das Ausland verzieht und das Kind zu Pflegeeltern in einem anderen Jugendamtsbezirk gebracht wird. Trotz Regelungslücke wird man davon auszugehen haben, dass die Beistandschaft weiter besteht, wobei hinsichtlich der örtlichen Zuständigkeit des Jugendamtes auf den gewöhnlichen Aufenthalt **des Kindes** abzustellen ist.[8]

III. Gewöhnlicher Aufenthalt der Mutter im Inland im Falle pränataler Beistandschaft (Satz 2)

Nach Satz 2 wird das Erfordernis des Inlandsaufenthalts auch bei der vorgeburtlichen Beistandschaft (vgl. die Kommentierung zu § 1713 BGB Rn. 11) aufrechterhalten.[9] Da die Leibesfrucht noch keinen gewöhnlichen Aufenthalt haben kann, ist auf den **gewöhnlichen Aufenthalt der Mutter in Deutschland** abzustellen.[10]

---

[8] JAmt 2010, 127-128.
[9] *Götz* in: Palandt, § 1717 Rn. 1.
[10] BT-Drs. 13/892, S. 42.

§ 1718

§ 1718 BGB (weggefallen)
(Fassung vom 19.08.1969, gültig ab 01.07.1998, gültig bis 31.12.2001)
(weggefallen)

1 § 1718 BGB in der Fassung vom 19.08.1969 sind durch Art. 1 Nr. 25 des Gesetzes vom 19.08.1969 – BGBl I 1969, 1243 – mit Wirkung vom 01.07.1970 - weggefallen.

jurisPK-BGB

§§ 1719 bis 1740g BGB (weggefallen)

(Fassung vom 16.12.1997, gültig ab 01.07.1998, gültig bis 31.12.2001)

(weggefallen)

§§ 1719 bis 1740g BGB in der Fassung vom 16.12.1997 sind durch Art. 1 Nr. 48 nach Maßgabe des Art. 15 des Gesetzes vom 16.12.1997 – BGBl I 1997, 2942 – mit Wirkung vom 01.07.1998 - weggefallen.

§ 1741

Titel 7 - Annahme als Kind
Untertitel 1 - Annahme Minderjähriger

§ 1741 BGB Zulässigkeit der Annahme

(Fassung vom 02.01.2002, gültig ab 01.01.2002)

(1) ¹Die Annahme als Kind ist zulässig, wenn sie dem Wohl des Kindes dient und zu erwarten ist, dass zwischen dem Annehmenden und dem Kind ein Eltern-Kind-Verhältnis entsteht. ²Wer an einer gesetzes- oder sittenwidrigen Vermittlung oder Verbringung eines Kindes zum Zwecke der Annahme mitgewirkt oder einen Dritten hiermit beauftragt oder hierfür belohnt hat, soll ein Kind nur dann annehmen, wenn dies zum Wohl des Kindes erforderlich ist.

(2) ¹Wer nicht verheiratet ist, kann ein Kind nur allein annehmen. ²Ein Ehepaar kann ein Kind nur gemeinschaftlich annehmen. ³Ein Ehegatte kann ein Kind seines Ehegatten allein annehmen. ⁴Er kann ein Kind auch dann allein annehmen, wenn der andere Ehegatte das Kind nicht annehmen kann, weil er geschäftsunfähig ist oder das 21. Lebensjahr noch nicht vollendet hat.

Gliederung

A. Grundlagen 1	2. Einzelfälle 17
I. Die wichtigsten Eckpunkte des Adoptionsrechts 1	3. Prognose 19
II. Zweck des Adoptionsrechts 4	III. Entstehen eines Eltern-Kind-Verhältnisses 20
III. Adoptionsvermittlung 6	1. Adoptionen innerhalb der Familie 20
IV. Anwendbares Recht und Anerkennung ausländischer Adoptionen 7	2. Altersunterschied 21
	3. Sonstige Hindernisse 22
V. Übergangsrecht 9	4. Adoption aus dem Ausland 23
B. Praktische Bedeutung 11	IV. Sonderfall: Absatz 1 Satz 2 25
C. Anwendungsvoraussetzungen 12	V. Allgemeine Voraussetzungen in der Person des Annehmenden 26
I. Normstruktur 12	1. Annahme durch eine unverheiratete Person 26
II. Wohl des Kindes 14	2. Annahme durch einen einzelnen Ehegatten 30
1. Begriff 14	D. Prozessuale Hinweise/Verfahrenshinweise 35

A. Grundlagen

I. Die wichtigsten Eckpunkte des Adoptionsrechts

1 Die §§ 1741-1766 BGB regeln die Adoption Minderjähriger. Sie gelten nur, wenn der Anzunehmende bei Ausspruch der Adoption noch nicht volljährig ist (näher zum Eintritt der Volljährigkeit während des Verfahrens vgl. die Kommentierung zu § 1768 BGB). Für die Volljährigenadoption gelten die §§ 1767-1772 BGB, die allerdings teilweise wiederum auf die §§ 1741 ff. BGB verweisen.

2 Die Adoption Minderjähriger ist in Deutschland als so genannte Volladoption ausgestaltet. Das adoptierte Kind wird rechtlich vollständig aus der alten Familie herausgenommen und in die neue Familie eingegliedert (§§ 1754-1756 BGB). Nach der Adoption steht es gemäß § 1754 BGB einem leiblichen Kind der Annehmenden ganz weitgehend gleich.[1]

3 Das Adoptionsverfahren wird gemäß § 1752 BGB auf Antrag des bzw. der Annahmewilligen beim Familiengericht geführt. Die Annahme erfolgt durch Beschluss des Familiengerichts.

---

[1] Vgl. aber sogleich zur Annahme ausländischer Kinder Rn. 4 sowie Rn. 23; LG Mühlhausen v. 21.10.2008 - 3 O 678/07 - FamRZ 2009, 1098-1100: „In der DDR vor dem Beitritt vorgenommene Adoptionen von minderjährigen Kindern haben die Wirkung einer Volladoption"; zum amtsgerichtlichen Verfahren zur Annahme als Kind ausführlich: *Zschiebsch*, FPR 2009, 493-496.

II. Zweck des Adoptionsrechts

§ 1741 BGB nennt die wichtigsten Voraussetzungen für eine Adoption und lässt damit zugleich den Zweck der Adoption als solcher erkennen. Nach § 1741 Abs. 1 BGB muss die Adoption dem Wohl des Kindes dienen und zu einer neuen Eltern-Kind-Beziehung führen.

Das gesamte Minderjährigenadoptionsrecht ist heute darauf ausgerichtet, Kindern, die keine Eltern haben oder deren Eltern nicht in der Lage sind, sie zu versorgen, eine neue Familie zu geben.[2] Der Staat hat das Adoptionsverfahren, welches ganz an der Förderung des Kindeswohls ausgerichtet ist, in seine Verantwortung genommen. Bereits die Vorbereitung der Annahme erfolgt durch öffentlich anerkannte Adoptionsvermittlungsstellen, und die Adoption selbst erfolgt durch Beschluss des Familiengerichts.

III. Adoptionsvermittlung

Die Vermittlung zwischen adoptionsfähigen Kindern und adoptionswilligen Eltern ist einerseits erforderlich, andererseits aber anfällig für dem Kindeswohl entgegenstehende Anreize, etwa finanzieller Art. Das AdVermiG zielt darauf ab, die Aufgabe der Vermittlung von Adoptivkindern auf kompetente und zuverlässige Stellen zu übertragen. Die Adoptionsvermittlung darf in Deutschland nur von den bei den Jugendämtern eingerichteten Adoptionsvermittlungsstellen und von den offiziell anerkannten sonstigen Adoptionsvermittlungsstellen durchgeführt werden (§§ 2, 4, 5 AdVermiG). Mit der Vermittlung dürfen nur Fachkräfte betraut werden (§ 3 AdVermiG).[3]

IV. Anwendbares Recht und Anerkennung ausländischer Adoptionen

Sind der Annehmende oder das Kind Ausländer, so ist das deutsche Adoptionsrecht nicht uneingeschränkt anwendbar. Die Adoption erfolgt gemäß Art. 22 EGBGB grundsätzlich nach dem Recht des Staates, dem die Annehmenden angehören. Zusätzlich sind nach Art. 23 EGBGB einige Voraussetzungen des Heimatrechts des Kindes anzuwenden. Die Annahme ist nach ausländischem Recht oftmals nicht als Volladoption ausgestaltet und kann an in Deutschland unbekannten Adoptionsverboten scheitern (vgl. aber auch die Kommentierung zu § 1748 BGB).

Die Anerkennung ausländischer Adoptionen richtet sich nach dem AdwirkG sowie nach dem Haager Adoptionsübereinkommen.[4]

V. Übergangsrecht

Für Adoptionen, die vor dem In-Kraft-Treten des AdG erfolgt sind, gilt gemäß Art. 12 §§ 1-2 AdG im Grundsatz folgende Übergangsregelung: War der Angenommene bei In-Kraft-Treten des AdG am 01.01.1977 bereits volljährig, so gelten die Regeln über die Volljährigenadoption. War der Angenommene noch minderjährig, so gelten die Regeln über die Minderjährigenadoption. Es bestehen jedoch einige Besonderheiten. So bleibt ein Ausschluss des Erbrechts, wie er nach altem Recht möglich war, auch nach neuem Recht wirksam.[5]

Für Adoptionen, die in der DDR erfolgt sind, gilt grundsätzlich ebenfalls neues Recht. Jedoch enthält Art. 234 § 13 EGBGB einige Modalitäten. So treten die Wirkungen der §§ 1755 Abs. 1 Satz 2, 1756, 1760 Abs. 2 lit. e, 1762 Abs. 2 BGB nicht ein, weil ähnliche Regelungen im DDR-Recht nicht bestanden. Die Volljährigenannahme war in der DDR nicht zulässig, so dass hier kein Normkonflikt auftreten kann.

B. Praktische Bedeutung

Nach jahrelangem Rückgang ist die Zahl der Adoptionen im Jahr 2010 erstmals leicht um 3,4% gestiegen. So wurden 2010 insgesamt 4.021 Minderjährige adoptiert. Etwas mehr als die Hälfte der Adoptionen in Deutschland erfolgte durch einen Stiefelternteil oder durch Verwandte des Kindes. 1.669 Kinder wurden von Nichtverwandten adoptiert. 32% der adoptierten Kinder waren unter drei

---

[2] *Gernhuber/Coester-Waltjen*, Familienrecht, 6. Aufl. 2010, § 68; *Rauscher*, Familienrecht, 2008, Rn. 1146; *Enders* in: Bamberger/Roth, § 1741 Rn. 1; *Diederichsen* in: Palandt, Einf. v. § 1741 Rn. 1; *Liermann* in: Soergel, § 1741 Rn. 4.

[3] Vgl. zur sozialrechtlichen Seite *Oberloskamp*, ZfJ 2005, 346-350.

[4] Näher *Staudinger/Winkelsträter*, FamRBint 2005, 84; 2006, 10-14; *Lessing*, RpflStud 2005, 1-7; *Heiderhoff*, FamRZ 2002, 1682-1686; AG München v. 23.12.2008 - 721 XVI 3177/07 zur fehlenden Anerkennung einer ausländischen Vertragsadoption.

[5] Näher *Frank* in: Staudinger, vor §§ 1741 ff. Rn. 54 ff.

Jahre alt. Die Zahl der adoptionswilligen Eltern überschritt die Zahl der adoptionsfähigen Kinder rechnerisch um etwa das Siebenfache. Für eine Adoption vorgemerkt waren 2010 insgesamt 944 Kinder und Jugendliche (15% mehr als im Vorjahr). Die Zahl der Adoptionsbewerbungen ist jedoch weiterhin rückläufig.[6] Wie viele Adoptionswillige sich ins Ausland begeben, um dort zu adoptieren, ist nicht genau bekannt.[7]

C. Anwendungsvoraussetzungen

I. Normstruktur

12 § 1741 Abs. 1 BGB enthält nebeneinander die zwei Voraussetzungen, dass die Adoption dem Wohl des Kindes dient **und** dass zu erwarten ist, dass ein Eltern-Kind-Verhältnis zwischen dem Annehmenden und dem Kind entsteht. Obwohl sich beide Voraussetzungen inhaltlich überschneiden können, muss ihr Vorliegen separat voneinander geprüft werden. Die Adoption darf nur ausgesprochen werden, wenn das Familiengericht sicher ist, dass sie dem Wohl des Kindes dienen wird.[8] Die Entstehung eines Eltern-Kind-Verhältnisses muss wenigstens zu erwarten sein. In § 1741 Abs. 2 BGB ist bestimmt, wer ein Kind adoptieren kann.

13 Zu den in § 1741 BGB enthaltenen Adoptionsvoraussetzungen treten noch weitere Erfordernisse hinzu, so insbesondere die Einwilligungen des Kindes und der leiblichen Eltern, vgl. die §§ 1746-1751 BGB.

II. Wohl des Kindes

1. Begriff

14 Der Begriff „Wohl des Kindes" wird nicht nur im Adoptionsrecht, sondern im gesamten Kindschaftsrecht verwendet. Vgl. etwa auch die Kommentierung zu § 1666 BGB. Bedacht werden müssen das physische und das psychische Wohl des Kindes.[9] Dabei gibt es jeweils keine festen Richtlinien, jedoch einen Katalog von Anhaltspunkten. Speziell für die Adoption beachtlich ist die Erkenntnis, dass es für Kinder grundsätzlich ein großer Vorteil ist, bei den leiblichen Eltern aufzuwachsen.[10] Soll ein Kind durch Adoption aus seiner ursprünglichen Familie herausgenommen werden, muss daher eine erhebliche Verbesserung der Lebensumstände des Kindes zu erwarten sein.[11] Nicht ausreichend dafür sind allein bessere Bildungs- bzw. Berufschancen und die Erreichbarkeit eines höheren Lebensstandards.[12] Zu berücksichtigen ist stets das Kontinuitätsbedürfnis des Kindes sowie der Erhalt des sozialen und kulturellen Umfelds. Bereits die Herausnahme aus einer Pflegefamilie bedarf der besonderen Abwägung[13], ebenso die Versetzung in ein neues soziales und kulturelles Umfeld. Selbst bei der Säuglingsadoption soll die kulturelle Identität des Kindes berücksichtigt werden.[14] Lebt das Kind bereits lange in der neuen Familie und ist dort faktisch wie ein leibliches Kind eingegliedert, so kann umgekehrt die bloße Herstellung diesem Zustand entsprechender rechtlicher Familienverhältnisse durch eine Adoption dem Wohl des Kindes dienen.

---

[6] Quelle für alle Angaben: Statistisches Bundesamt, Pressemitteilung Nr. 289 vom 09.08.2011.
[7] Zu internationalen Adoptionen allgemein *Maywald*, FPR 2008, 499-502.
[8] BayObLG München v. 06.12.1996 - 1Z BR 100/96 - juris Rn. 19 - ZfJ 1997, 146-148.
[9] *Diederichsen* in: Palandt, § 1666 Rn. 9; *Berger* in: Jauernig, BGB-Kommentar, §§ 1741-1750 Rn. 2; zur Thematik auch *Röchling*, FPR 2008, 481-483.
[10] Nur *Rauscher*, Familienrecht, 2008, Rn. 1147.
[11] *Liermann* in: Soergel, § 1741 Rn. 7; *Frank* in: Staudinger, § 1741 Rn. 16. *Diederichsen* in: Palandt, § 1741 Rn. 3; *Rauscher*, Familienrecht, 2008, Rn. 1147; *Finger* in: NK-BGB, § 1741 Rn. 3; Bei einer Adoption gegen den Willen der Eltern muss zusätzlich zu der Kindeswohlprüfung auch eine Abwägung mit dem Elternrecht stattfinden, vorerst nur OLG Celle v. 04.02.1998 - 15 W 3/98 - ZfJ 1998, 262-263; vgl. dazu näher die Kommentierung zu § 1748 BGB; zu internationalen Fällen LG Köln v. 29.05.2009 - 16 Wx 16/09 - FamRZ 2010, 49-50, mit Anm. *Weitzel*, FamRZ 2010, 50-51; OLG Celle v. 11.04.2008 - 17 W 3/08.
[12] OLG Celle v. 11.04.2008 - 17 W 3/08; LG Lüneburg v. 22.02.2011 - 3 T 10/11.
[13] Vgl. etwa BGH v. 15.10.1996 - XII ZB 72/96 - BGHZ 133, 384-390, wo allerdings zusätzlich die Einwilligung der leiblichen Eltern fehlte; BayObLG München v. 16.01.1991 - BReg 1 a Z 76/90 - EzFamR BGB § 1741 Nr. 1; *Maurer* in: MünchKomm-BGB, § 1741 Rn. 17; dramatisch der Fall Görgülü, dazu eindringlich BGH v. 26.09.2007 - XII ZB 229/06 - NJW 2008, 223-227.
[14] Bei Adoptionen aus dem Ausland müssen die Eltern die Bereitschaft zur Pflege dieser kulturellen Identität zeigen, bei der Inlandsadoption wird nach Möglichkeit eine „passende" Familie ausgewählt. Vgl. *Enders* in: Bamberger/Roth, § 1741 Rn. 21 m.N. zum rechtlichen Hintergrund.

Soweit das Wohlergehen des Kindes in der neuen Familie zu beurteilen ist, kommt es auch auf die persönliche Geeignetheit der Annehmenden zur Ausübung der elterlichen Sorge an. Die Ausübung der elterlichen Sorge ist dabei, wie aus § 1626 BGB entnommen werden kann, geleitet von dem Ideal der Entwicklung des Kindes zu einer selbstbestimmten Persönlichkeit.

Schließlich muss das Kind auch in die Familie als Ganzes passen und darf z.B. nicht erheblich unter den neuen, eventuell eifersüchtigen Geschwistern zu leiden haben. Grundsätzlich gelten Geschwister allerdings als dem Wohl des anzunehmenden Kindes eher dienlich.[15]

2. Einzelfälle

Die Rechtsprechung zum Kindeswohl im Sinne des § 1741 Abs. 1 BGB ist dürftig. Das ist eine Folge der besonderen, oft fragilen Lebenslage des Kindes während des Adoptionsverfahrens, die einen Rechtsstreit in aller Regel nicht zulässt. Das Kindeswohl lässt ein Konkurrieren oder gar Ausprobieren mehrerer Familien nicht zu. Die Entscheidung darüber, wer ein Kind annehmen wird, ist zumeist bereits durch die erste Auswahl der Adoptionsvermittlungsstelle vorbestimmt, da das Kind ab der ersten Aufnahme in einer Familie ein starkes Kontinuitätsinteresse hat.[16] Ist einer von mehreren Adoptionsbewerbern ausgewählt und das Kind diesem in Adoptionspflege übergeben, so ist die Klage eines anderen Adoptionsbewerbers schon deshalb meist völlig aussichtslos, weil es dem Wohl des Kindes jedenfalls widersprechen würde, es von Familie zu Familie weiterzureichen. Der Annahmebeschluss ist gemäß § 197 Abs. 3 FamFG gerade aus diesem Grund ohnehin unanfechtbar. Viele Probleme des Adoptionsrechts werden daher nicht ausjudiziert, sondern allenfalls in der Literatur diskutiert.

Schwere körperliche oder psychische **Krankheiten** des Annehmenden stehen dem Kindeswohl in der Regel entgegen. Auch dauernde Arbeitslosigkeit des Annehmenden wird dem Kindeswohl in der Regel abträglich sein, weil sie eine große Belastung für die ganze Familie darstellt.[17] Die **Homosexualität** des Annehmenden steht der Annahme grundsätzlich nicht im Wege[18], sie könnte höchstens im konkreten Einzelfall dem Kindeswohl abträglich sein, etwa wenn zu befürchten ist, dass das Kind unter der atypischen Lebensweise des Annehmenden leiden oder deshalb diskriminiert werden könnte[19]. Nicht negativ, sondern eher positiv wird es sein, wenn eine genetische Elternschaft besteht, wie dies nach der Einschaltung einer **Tragemutter** oder Leihmutter (zu deren Mutterschaft § 1591 BGB, zur Strafbarkeit der Vermittlung §§ 13c, 14b AdvermiG) gegeben ist (dazu auch noch Rn. 25).[20]

3. Prognose

Ob die Adoption dem Kindeswohl dient, kann nur in Form einer Prognose ermittelt werden. In diese Prognose sind alle bereits erkennbaren Umstände einzubeziehen.[21] Vgl. zur Anhörung des Kindes die Kommentierung zu § 1746 BGB. Wenn sich durch die Adoption die das Wohl des Kindes prägenden Lebensbedingungen im Vergleich zum vorherigen Zustand voraussichtlich merklich bessern werden, dann dient diese dem Kindeswohl.[22]

III. Entstehen eines Eltern-Kind-Verhältnisses

1. Adoptionen innerhalb der Familie

Die Rechtsprechung in Deutschland nimmt das Erfordernis des Eltern-Kind-Verhältnisses ernst. Die Adoption durch die **Großeltern** wird jedenfalls dann, wenn die Eltern des Kindes noch leben, oft abgelehnt. Das gilt auch, wenn der Altersunterschied noch angemessen wäre. Denn die verursachten verwandtschaftlichen Veränderungen (Großeltern werden Eltern, Eltern dagegen Geschwister) sind für das Kind per se nachteilig. So konnten die Eltern einer 21-jährigen, erziehungsunwilligen Mutter nicht

---

[15] *Diederichsen* in: Palandt, § 1741 Rn. 13; *Saar* in: Erman, § 1741 Rn. 7; vorsichtiger *Maurer* in: MünchKomm-BGB, § 1741 Rn. 21, insbesondere auch zu dem Fall, dass die Annehmenden sich leibliche Kinder wünschen.
[16] *Saar* in: Erman, § 1741 Rn. 3.
[17] *Enders* in: Bamberger/Roth, § 1741 Rn. 24.
[18] Dazu insbesondere auch EGHMR (3. Kammer) v. 26.02.2002 - 35615/97 (Fall Fretté v. Frankreich) - FamRZ 2003, 149.
[19] Davon ist heute im Regelfall jedoch nicht auszugehen. Vgl. insbesondere zur Adoption durch Lebenspartner Rn. 28.
[20] Ähnlich *Saar* in: Erman, § 1741 Rn. 11; wesentlich kritischer *Maurer* in: MünchKomm-BGB, § 1741 Rn. 25.
[21] Vgl. näher *Enders* in: Bamberger/Roth, § 1741 Rn. 13 f.
[22] BayObLG München v. 06.12.1996 - 1Z BR 100/96 - juris Rn. 19 - ZfJ 1997, 146-148.

deren Tochter, die ohnehin bei ihnen lebte, adoptieren.[23] Letztendlich ist der Einzelfall entscheidend.[24] Auch die Adoption durch volljährige Geschwister wird zumeist scheitern. Hier wird schon der Altersabstand zwischen Annehmendem und Anzunehmenden oft zu klein sein, um das Entstehen eines Eltern-Kind-Verhältnisses möglich zu machen.[25]

2. Altersunterschied

21 Grundsätzlich spielt der **Altersabstand** zwischen Annehmenden und Kind auch über die zwingende Regel in § 1743 BGB hinaus eine wichtige Rolle.[26] Die Annehmenden müssen wenigstens noch in der Lage sein, das Kind wie Eltern zu versorgen und zu verpflegen. Die Praxis der Jugendämter orientiert sich bei der Säuglings- und Kleinkindadoption weiterhin an einer Altershöchstgrenze von etwa 35 Jahren. Darin ist allerdings keinerlei zwingende Regelung zu sehen. Auch ein zu geringer Altersabstand kann dem Entstehen eines Eltern-Kind-Verhältnisses entgegenstehen.[27]

3. Sonstige Hindernisse

22 Abgesehen von der in solchen Fällen ebenfalls negativen Kindeswohlprognose ist das Entstehen einer stabilen Eltern-Kind-Beziehung nicht zu erwarten, wenn ein **sexueller Einschlag** in der Beziehung zwischen Anzunehmenden und Annehmendem erkennbar wird.[28] Störend können auch eine instabile Ehe[29] der Annehmenden oder eine schwere dauernde Krankheit[30] eines Annehmenden wirken.

4. Adoption aus dem Ausland

23 Bei der Adoption eines ausländischen Kindes können die Voraussetzungen des § 1741 BGB schwierig zu prüfen sein. Gerichte haben gelegentlich Auslandsadoptionen scheitern lassen, weil sie eine Prognose der Entstehung eines Eltern-Kind-Verhältnisses für nicht möglich hielten. Dies erfolgte insbesondere dann, wenn die Eltern das Kind vor der Adoption nur von kurzen Besuchen her kannten.[31]

24 Sowohl die Prüfung des Kindeswohls als auch die Prognose des Eltern-Kind-Verhältnisses sind von so grundlegender Bedeutung für das deutsche Adoptionsrecht, dass sie – freilich in reduzierter Form – auch bei der **Anerkennung** von Auslandsadoptionen vorliegen müssen.[32] Von einer unzureichenden

---

[23] OLG Oldenburg v. 03.11.1995 - 5 W 187/95 - NJW-RR 1996, 709-710; BayObLG München v. 06.12.1996 - 1Z BR 100/96 - ZfJ 1997, 146-148, vgl. aber als Beleg dafür, dass auch Großelternadoptionen durchgeführt werden, KG Berlin v. 08.05.1984 - 17 UF 5983/83 - FamRZ 1984, 1131-1134, weniger streng ist der Maßstab bei der Volljährigenadoption, vgl. dazu die Kommentierung zu § 1767 BGB.

[24] So wollte das OLG Brandenburg v. 15.03.2007 - 11 Wx 43/06 - juris Rn. 15 wohl hauptsächlich die verwandtschaftliche Beziehung zu dem Vater, der die Mutter getötet hatte, endgültig beenden (zweifelhaft).

[25] Noch kritischer als hier *Frank*, FamRZ 2007, 1693, 1694.

[26] Ausführlich LG Kassel v. 05.10.2005 - 3 T 140/05 - FamRZ 2006, 727-728; darauf selbst für die Volljährigenadoption beharrend BayObLG München v. 14.10.1997 - 1Z BR 136/97 - NJWE-FER 1998, 78; vgl. auch die Anerkennungsentscheidung des OLG Schleswig v. 24.06.2009 - 2 W 38/09 (56 Jahre alte Annehmende für ein fünfjähriges kenianisches Kind).

[27] Verneinend bei gut 13 Jahren zwischen annehmendem Stiefvater und ca. 9-jährigem Kind OLG Hamm v. 05.08.2013 - II-8 UF 68/13, 8 UF 68/13; anders bei Volljährigenadoption und 12 Jahren Unterschied KG Berlin v. 27.03.2013 - 17 UF 42/13 - FamRZ 2014, 225.

[28] *Diederichsen* in: Palandt, § 1741 Rn. 6.

[29] *Finger* in: NK-BGB, § 1741 Rn. 5.

[30] *Finger* in: NK-BGB, § 1741 Rn. 7.

[31] OLG Frankfurt v. 21.07.2003 - 20 W 151/03, vgl. zu dieser Entscheidung auch noch die Kommentierung zu § 1744 BGB.

[32] LG Karlsruhe v. 05.01.2012 - 11 T 318/11; LG Braunschweig v. 14.12.2011 - 8 T 320/11; HansOLG Hamburg v. 24.10.2011 - 2 Wx 25/11; LG Hamburg v. 13.09.2011 - 301 T 350/11; LG Stuttgart v. 18.04.2011 - 1 T 78/10; OLG Düsseldorf v. 18.01.2011 - I-25 Wx 28/10; LG Frankfurt v. 13.12.2010 - 2-09 T 341/10; OLG Karlsruhe v. 08.07.2010 - 11 Wx 113/09; OLG Düsseldorf v. 22.06.2010 - I-25 Wx 15/10; LG Düsseldorf v. 31.05.2010 - 25 T 524/09; LG Dortmund v. 09.03.2010 - 9 T 670/09; LG Karlsruhe v. 30.09.2009 - 11 T 20/08; AG Nürnberg v. 10.07.2009 - XVI 66/08 - FamRZ 2010, 51; OLG Köln v. 29.05.2009 - 16 Wx 251/08 - NJW-RR 2009, 1374-1376; OLG Köln v. 29.05.2009 - 16 Wx 8/09 (Adoption einer türkischen Nichte durch ihren in Deutschland lebenden Onkel); LG Lüneburg v. 04.05.2009 - 3 T 9/09; LG Lüneburg v. 01.04.2009 - 3 T 8/09; AG Rostock v. 25.03.2009 - 10 XVI 11/07; LG Flensburg v. 23.02.2009 - 5 T 217/08 - JAmt 2009, 192-195; LG Köln v. 13.01.2009 - 1 T 384/08; LG Köln v. 07.01.2009 - 1 T 381/08; AG Celle v. 11.12.2008 - 40 XVI 20/08; LG Köln v. 13.10.2008 - 1 T 250/08; KG Berlin v. 04.04.2006 - 1 W 369/05.

Kindeswohlprüfung ist etwa dann auszugehen, wenn bei den in der Türkei nicht seltenen Adoptionen von Kindern durch in Deutschland lebende Verwandte jede Kindeswohlprüfung fehlt und diese wegen der bloßen Vereinbarung der Beteiligten ausgesprochen wird.[33] Unzureichend wird sie meist auch sein, wenn sich in der anzuerkennenden Adoptionsentscheidung noch nicht einmal ein Hinweis darauf findet, dass das ausländische Gericht Kenntnis von dem internationalen Charakter der Adoption hatte.[34] Die Prüfung der Wahrung des ordre public bei einer Auslandsadoption muss jedoch äußerst umsichtig erfolgen, und zwar umso mehr, wenn das Kind bereits länger in Deutschland bei den Annehmenden lebt.[35] Entgegen der sich derzeit verbreitenden Rechtsprechung ist eine ex nunc Betrachtung mit einzubeziehen, um zu verhindern, dass dem Kind durch die Nichtanerkennung größerer Schaden entsteht, als dies durch die fehlende Kindeswohlprüfung geschehen ist. Das widerspricht auch nicht dem Charakter des Anerkennungsverfahrens, sondern ist ein notwendiger, integraler Teil der ordre public Kontrolle.

IV. Sonderfall: Absatz 1 Satz 2

§ 1741 Abs. 1 Satz 2 BGB wurde erst durch die Kindschaftsrechtsreform von 1998 in das Gesetz eingefügt. Die Norm bezweckt, den internationalen Kindeshandel zu bekämpfen, indem sie allen Personen, die sich an sittenwidrigem oder verbotenem Kindeshandel beteiligt haben, die Adoption erschwert.[36] Zum Schutz des individuell betroffenen Kindes wurde dennoch von einem kompletten Verbot der Adoption durch solche Personen abgesehen. Wenn die Adoption für das Wohl des Kindes **erforderlich** ist, insbesondere weil sich das Kind bei den Adoptionswilligen bereits eingelebt hat und ein erneuter Wechsel der Familie schädlich für es wäre, ist die Annahme trotzdem auszusprechen. Teils ist die Norm angewendet worden, wenn eine **Leihmutterschaft** im Ausland durchgeführt wurde.[37] Dem ist nachdrücklich entgegenzutreten, vgl. schon Rn. 18.

25

V. Allgemeine Voraussetzungen in der Person des Annehmenden

1. Annahme durch eine unverheiratete Person

§ 1741 Abs. 2 Satz 1 BGB bestimmt, dass unverheiratete Personen ein Kind nur allein annehmen können.[38] Wiewohl in § 1741 Abs. 2 BGB an erster Stelle genannt, ist die Adoption durch eine Einzelperson die Ausnahme. Dem in § 1741 Abs. 1 BGB enthaltenen Grundsatz, dass durch die Adoption ein Eltern-Kind-Verhältnis entstehen soll, entspricht die Adoption durch ein Elternpaar. Es kann jedoch Fälle geben, in welchen die Adoption durch eine Einzelperson dem Wohl des Kindes am besten entspricht. Das gilt insbesondere, wenn zu dem Annehmenden bereits eine enge Bindung besteht, etwa weil das Kind dort schon länger gelebt hat.[39]

26

Lebt eine unverheiratete Person, die ein Kind annehmen will, in einer Lebenspartnerschaft, muss nach § 9 Abs. 6 LPartG der andere Partner einwilligen. Ansonsten gelten für die Annahme durch eine Einzelperson die gleichen Anforderungen wie für die Annahme durch ein Ehepaar, vgl. dazu Rn. 14; zur Annahme durch Lebenspartner vgl. Rn. 32.

27

Die fehlende Möglichkeit der gemeinsamen Adoption durch Lebenspartner sowie durch unverheiratete Paare, die auch nach der nun geplanten Reform Bestand behalten wird, ist rechtspolitisch äußerst angreifbar. Weder in nichtehelicher Lebensgemeinschaft lebende Partner noch Lebenspartner nach dem LPartG können – mit Ausnahme der Stiefkindadoption (vgl. dazu Rn. 31) – gemeinsam ein Kind annehmen. Dieser kategorische Ausschluss scheint unzeitgemäß[40] und ist wohl auch diskriminierend[41]. Für das Kindeswohl ist er nicht erforderlich, da hier die ohnehin zwingende individuelle Kindeswohlprüfung drohende Nachteile für das Kind verhindern kann.[42]

28

---

[33] So etwa in OLG Karlsruhe v. 08.07.2010 - 11 Wx 113/09 - StAZ 2011, 210.
[34] OLG Celle v. 12.10.2011 - 17 UF 98/11; OLG Düsseldorf v. 23.12.2011 - II-1 UF 169/10.
[35] Näher *Heiderhoff* in: Bamberger/Roth, Art. 22 EGBGB Rn. 62, 66 f.
[36] AG Hamm v. 22.02.2011 - XVI 192/08.
[37] Etwa *Benicke*, StAZ 2013, 101, 112 m.w.N.; wie hier LG Frankfurt v. 03.08.2012 - 2-09 T 50/11, 2/09 T 50/11, 2-9 T 50/11, 2/9 T 50/11 - NJW 2012, 3111-3112.
[38] Das LG Dortmund v. 24.07.2009 - 9 T 301/09 hat im Rahmen der Anerkennung einer südafrikanischen Kindesannahme durch zwei geschiedene Ehegatten sogar einen Verstoß gegen den ordre public gesehen.
[39] *Frank* in: Staudinger, § 1741 Rn. 50; *Enders* in: Bamberger/Roth, § 1741 Rn. 18; LG Köln v. 08.10.1984 - 1 T 102/83 - FamRZ 1985, 108-109.
[40] *Frank* in: Staudinger, § 1741 Rn. 36.
[41] Zweifelnd auch *Maurer* in: MünchKomm-BGB, vor § 1741 Rn. 27.
[42] So auch *Wellenhofer-Klein*, Die eingetragene Lebenspartnerschaft, 2003, Rn. 234 ff., die jedoch kritisch zur Stiefkindadoption bei noch lebendem leiblichen Elternteil steht.

29 Möglich ist seit 01.01.2005 aber die Adoption eines Kindes des einen Lebenspartners durch den anderen Lebenspartner (Stiefkindadoption). Gemäß § 9 Abs. 7 LPartG i.V.m. § 1742 BGB ist sie dann zulässig, wenn es sich um das leibliche Kind eines der Lebenspartner handelt. Die Beschränkung gerade auf die Stiefkindadoption überzeugt kaum.[43] Denn diese Form der Adoption hat nur selten einen messbaren Wert für das Kindeswohl; vgl. dazu Rn. 32.

2. Annahme durch einen einzelnen Ehegatten

30 Den Normalfall der Kindesannahme in Deutschland stellt die Annahme durch ein Ehepaar dar. § 1741 Abs. 2 Satz 2 BGB schreibt im Allgemeinen zwingend vor, dass ein Ehepaar ein Kind nur gemeinsam annehmen darf. Eine verheiratete Person kann ein Kind auch dann nicht allein annehmen, wenn der andere Ehegatte zustimmt oder wenn es sich – was bis zum KindRG von 1998 möglich war – bei der verheirateten, annahmewilligen Person um den leiblichen Vater des Kindes handelt.[44] Die einzigen Ausnahmen von diesem Verbot bilden die in § 1741 Abs. 2 Satz 3 und Satz 4 BGB beschriebenen Fälle. Geschieht eine solche unzulässige Annahme irrtümlich, hat sie wegen § 197 Abs. 3 Satz 1 FamFG dennoch Bestand.[45]

31 Regelmäßig vorgesehen ist die Annahme durch einen Ehegatten allein nach § 1741 Abs. 2 Satz 3 BGB. Sie kann also erfolgen, wenn der eine Ehegatte das Kind des anderen Ehegatten annehmen will. Dadurch erhält das Kind gemäß § 1754 BGB die Stellung eines gemeinsamen Kindes des Ehegatten; vgl. dazu die Kommentierung zu § 1754 BGB. Die Stiefkind- oder Stiefvateradoption hat die Rechtsprechung zuletzt wiederholt beschäftigt. Problematisch ist sie dann, wenn der andere Elternteil des Kindes, zu dem das Verwandtschaftsband enden soll, nicht einwilligt. Dann fragt sich nämlich, unter welchen Voraussetzungen die Einwilligung des leiblichen Elternteils, der das Kind durch die Adoption verliert, ersetzt werden kann.[46] Dies richtet sich zwar grundsätzlich nach § 1748 BGB, macht in den Details aber Schwierigkeiten. Zu bedenken ist, dass die Stiefkindadoption unter den heutigen gesellschaftlichen Voraussetzungen, in denen Patchwork-Familien nicht mehr oder kaum noch stigmatisiert sind, für das Kindeswohl oft nicht von großer Bedeutung sein wird. Für den neuen Elternteil ist sie, was zu bedauern ist, allerdings der einzige Weg zur Erlangung der elterlichen Sorge. Insgesamt wird sie, jedenfalls wenn der andere Elternteil des Kindes noch lebt, zu Recht überwiegend kritisch beurteilt.[47] Näher zum Ganzen vgl. auch die Kommentierung zu § 1748 BGB.

32 Die Stiefkindadoption ist, wie § 1742 BGB erkennen lässt, auch möglich, wenn es sich um ein bereits adoptiertes Kind handelt. Man spricht dann von **Sukzessivadoption**. Anders war dies nach dem Willen des Gesetzgebers bei der Stiefkindadoption in der Lebenspartnerschaft nach § 9 Abs. 7 Satz 2 LPartG, der nicht auf § 1742 BGB verwies. Das BVerfG hat nun entschieden, dass das Verbot der Sukzessivadoption für gleichgeschlechtliche Paare gegen Art. 2 Abs. 1 GG i.V.m. Art. 6 Abs. 2 Satz 1 GG sowie gegen Art. 3 Abs. 1 GG verstößt.[48] Damit steht auch Lebenspartnern die Möglichkeit offen, ein Kind „in Stufen" gemeinsam anzunehmen, so dass zuerst der eine Partner das Kind adoptiert, der andere dann hinzutritt.[49] Dies gilt mit sofortiger Wirkung.[50]

33 Tatsächlich trifft die Beseitigung der Diskriminierung durch § 9 Abs. 7 Satz 2 LPartG allerdings gerade noch nicht den Kern des Problems. Es drängt sich vielmehr auf, dass der Gesetzgeber jetzt endgültig die gemeinsame Adoption für gleichgeschlechtliche Paare einführen sollte, denn die Sukzessivadoption ist dieser gegenüber eine unnötig umständliche zweite Wahl.[51] Damit ist allerdings aus politischen Gründen derzeit nicht zu rechnen. Vielmehr ist geplant, nur die Sukzessivadoption durch Lebenspartner zuzulassen.

---

[43] Dazu näher *Dethloff*, ZRP 2004, 195-200.

[44] So, allerdings jeweils zu Fällen der Volljährigenadoption, OLG Hamm v. 26.01.1999 - 15 W 464/98 - NJW-RR 1999, 1377-1379; OLG Hamm v. 24.09.2002 - 15 W 285/01 - OLGR Hamm 2003, 56-59.

[45] OLG Düsseldorf v. 11.10.2007 - 3 Wx 179/07 - NJW-RR 2008, 231-232.

[46] BGH v. 23.03.2005 - XII ZB 10/03 - BGHZ 162, 357-365.

[47] Vgl. nur *Enders*, FPR 2004, 60-64; *Muscheler*, FamRZ 2004, 913-921, 915; *Frank*, FamRZ 2007, 1693-1699, 1695; die Stiefkindadoption für wichtig hält jedoch *Peschel-Gutzeit*, NJW 2005, 3324-3348.

[48] BVerfG v. 19.02.2013 - 1 BvL 1/11, 1 BvR 3247/09 - NJW 2013, 847-855.

[49] Für die Zulässigkeit der Adoption eines bereits adoptierten Kindes schon zuvor *Grziwotz*, FamRZ 2010, 1260-1261; *G. Müller*, DNotZ 2010, 701-703.

[50] Anwendend etwa OLG Karlsruhe v. OLG Karlsruhe v. 07.02.2014 - 16 UF 274/13 - FamRZ 2014, 674.

[51] So die wohl h.A. in der Lit, vgl nur *Maurer*, FamRZ 2013, 752-758; *Sanders*, FF 2013, 350; *Kroppenberg*, NJW 2013, 2161-2163; kontrovers *Beck/Mayer*, DRiZ 2013, 128.

Zulässig ist die Annahme durch einen Ehegatten allein nach § 1741 Abs. 2 Satz 4 BGB auch dann, wenn der andere Ehegatte geschäftsunfähig oder unter 21 Jahre alt ist. Nach § 1749 BGB ist die Einwilligung des anderen Ehegatten erforderlich. Eine Erweiterung der in § 1741 Abs. 2 Satz 3 BGB aufgeführten Fälle auf sonstige Fallkonstellationen, in welchen der andere Ehegatte an der Annahme gehindert ist, wird von der h.M. abgelehnt.[52]

34

D. Prozessuale Hinweise/Verfahrenshinweise
Zum Annahmeverfahren vgl. die Kommentierung zu § 1752 BGB.

35

---

[52] Gegen eine analoge Anwendung auf andere Fälle, in denen ein Ehegatte an der Adoption gehindert ist, nur *Enders* in: Bamberger/Roth, § 1741 Rn. 31.1; LG Hamburg v. 01.12.1997 - 301 T 397/97 - FamRZ 1999, 253-254.

§ 1742 BGB Annahme nur als gemeinschaftliches Kind

(Fassung vom 02.01.2002, gültig ab 01.01.2002)

Ein angenommenes Kind kann, solange das Annahmeverhältnis besteht, bei Lebzeiten eines Annehmenden nur von dessen Ehegatten angenommen werden.

Gliederung

A. Anwendungsvoraussetzungen 1
   I. Verbot der mehrfachen Adoption 1
   II. Rückadoption 5
B. Rechtsfolgen 6

A. Anwendungsvoraussetzungen

I. Verbot der mehrfachen Adoption

1 Ein bereits einmal adoptiertes Kind soll nicht noch einmal die Familie wechseln müssen. § 1742 BGB beschränkt daher die Möglichkeit einer zweiten Annahme auf die Fälle, in welchen die Annehmenden beide verstorben sind. Zusätzlich ist die gleichsam ergänzende Annahme eines Kindes durch den (neuen) Ehegatten des Annehmenden denkbar. Das kann Fälle betreffen, in welchen das Kind zunächst von einer Einzelperson angenommen wurde, welche dann später geheiratet hat, oder es kann Fälle betreffen, in denen einer der ursprünglichen Annehmenden gestorben ist und der andere erneut geheiratet hat. Zur Lebenspartnerschaft und insbesondere zur Sukzessivannahme durch Lebenspartner[1] vgl. die Kommentierung zu § 1741 BGB Rn. 32.

2 Schließlich sind aber auch die Fälle erfasst, in welchen sich die Annehmenden scheiden lassen haben. Letzteres ist der einzige Fall, in welchem ein Annehmender das Kind wieder zur Adoption freigeben darf: Wenn ein Ehepaar ein Kind angenommen hat, sich später scheiden lässt, und der Ehegatte, bei dem das Kind dann lebt, erneut heiratet, dann kann der „alte" Ehegatte das Kind zur Annahme durch den „neuen" Ehegatten freigeben.[2]

3 Nicht nur möglich, sondern vorgesehen ist die erneute Adoption außerdem nach § 1742 BGB stets auch dann, wenn die erste Adoption nach den §§ 1759-1763 BGB aufgehoben worden ist.

4 Seit dem KindRG von 1998 gilt das Verbot der Mehrfachadoption nicht mehr für die Volljährigenadoption, vgl. § 1768 Abs. 1 Satz 2 BGB.

II. Rückadoption

5 Ist die Adoption aufgehoben worden, so kann das Kind erneut angenommen werden, und zwar auch durch seine leiblichen Eltern. Man spricht von Rückadoption. Fraglich ist jedoch, ob eine Ausnahme vom Verbot der Mehrfachadoption für die Rückadoption zu befürworten ist, mit dem Ziel, diese Rückadoption auch ohne vorherige Aufhebung der Annahme zuzulassen.[3] Bei der Rückadoption durch die leiblichen Eltern ist der Zweck der Norm, das Kind vor dem Weiterreichen durch eine Vielzahl von Familien zu schützen, nicht berührt. Dennoch kann ein Hin- und Herreichen des Kindes ohne ernstlichen Grund ebenfalls nicht befürwortet werden. Daher müssen auch die leiblichen Eltern auf den regulären Weg verwiesen werden und können das Kind nur nach einer erfolgten Aufhebung der ersten Adoption zurück adoptieren. Nach der Aufhebung ist die Rückkehr des Kindes in die leibliche Familie in den meisten Fällen allerdings ohnehin die automatische gesetzliche Folge, so dass die – dann rechtlich unproblematisch mögliche – Rückadoption nur selten nötig wird (vgl. näher die Kommentierung zu § 1764 BGB).[4] Fraglich bleibt damit die Möglichkeit einer Rückadoption ohne vorherige Aufhebung der ersten Adoption.

B. Rechtsfolgen

6 Nach herrschender Ansicht macht ein Verstoß gegen § 1742 BGB die erneute Annahme nicht nichtig.[5] Zur Möglichkeit der Aufhebung der Annahme vgl. die Kommentierung zu § 1759 BGB.

---

[1] BVerfG v. 19.02.2013 - 1 BvL 1/11, 1 BvR 3247/09 - NJW 2013, 847-855.
[2] *Finger* in: NK-BGB, § 1742 Rn. 4.
[3] Dagegen *Enders* in: Bamberger/Roth, § 1742 Rn. 4; *Finger* in: NK-BGB, § 1742 Rn. 8.
[4] Auch *Saar* in: Erman, § 1742 Rn. 2; näher *Frank*, in: Staudinger, § 1742 Rn. 10.
[5] *Diederichsen* in: Palandt, § 1742 Rn. 1, § 1759 Rn. 2; BayObLG v. 23.08.1984 - BReg 1 Z 5/84 - FamRZ 1985, 201-204; LG Braunschweig v. 22.06.1987 - 8 T 41/87 - FamRZ 1988, 106-106; *Enders* in: Bamberger/Roth, § 1742 Rn. 3; für die Nichtigkeit aber *Holzhauer* in: Erman, 11. Aufl. 2004, § 1759 Rn. 3.

§ 1743 BGB Mindestalter

(Fassung vom 02.01.2002, gültig ab 01.01.2002)

¹Der Annehmende muss das 25., in den Fällen des § 1741 Abs. 2 Satz 3 das 21. Lebensjahr vollendet haben. ²In den Fällen des § 1741 Abs. 2 Satz 2 muss ein Ehegatte das 25. Lebensjahr, der andere Ehegatte das 21. Lebensjahr vollendet haben.

Gliederung

A. Anwendungsvoraussetzungen 1
I. Zwingendes Mindestalter 1
II. Sonstige Vorgaben im Hinblick auf das Alter 2
B. Rechtsfolgen 3

A. Anwendungsvoraussetzungen

I. Zwingendes Mindestalter

§ 1743 BGB schreibt ein zwingendes Mindestalter für den Annehmenden vor. Mindestens ein annehmender Elternteil muss zum Zeitpunkt der Entscheidung über die Annahme das 25. Lebensjahr vollendet haben. Für den anderen Elternteil reicht dann die Vollendung des 21. Lebensjahres aus. Die Grenze von 21 Jahren gilt insbesondere auch bei der Stiefkindadoption. Diese Altersgrenze zielt darauf ab, eine ausreichende Reife des Annehmenden gewissermaßen zu garantieren. Diese hölzerne Grenze wird vielfach kritisiert.[1] Sie mag vielleicht überflüssig sein, sollte aber nicht als allzu problematisch angesehen werden. Ist eine bestimmte Person – etwa eine noch recht junge Tante des Kindes – zur Annahme besonders geeignet, ist es ohne weiteres möglich, zunächst ein Pflegeverhältnis zu begründen und die Adoption bis zur Erreichung des Mindestalters hinauszuschieben.

1

II. Sonstige Vorgaben im Hinblick auf das Alter

Weitere Einschränkungen in Bezug auf das Alter der Annehmenden ergeben sich aus der Notwendigkeit des Entstehens einer Eltern-Kind-Beziehung. Es muss insbesondere ein Altersabstand bestehen, der einer solchen Eltern-Kind-Beziehung überhaupt entspricht. Selbst, wer das Alter von 25 Jahren erreicht hat, kann also im Zweifel nur ein noch recht junges Kind annehmen. Vgl. dazu die Kommentierung zu § 1741 BGB.

2

B. Rechtsfolgen

Wird die Annahme vor Erreichung des Mindestalters ausgesprochen, ist sie trotzdem wirksam. Das Annahmeverfahren darf ohnehin schon vor Erreichen des Mindestalters eingeleitet werden.[2] Das Mindestalter braucht erst bei Ausspruch der Annahme durch den Adoptionsbeschluss erreicht zu sein.

3

---

[1] *Gernhuber/Coester-Waltjen*, Familienrecht, 6. Aufl. 2010, § 68 IV, Rn. 32-33; auch *Saar* in: Erman, § 1743, Rn. 2; zu den Motiven des Gesetzgebers BT-Drs. 7/3061, S. 31.
[2] *Liermann* in: Soergel, § 1743 Rn. 4.

§ 1744 BGB Probezeit

(Fassung vom 02.01.2002, gültig ab 01.01.2002)

Die Annahme soll in der Regel erst ausgesprochen werden, wenn der Annehmende das Kind eine angemessene Zeit in Pflege gehabt hat.

Gliederung

A. Anwendungsvoraussetzungen 1	B. Rechtsfolgen 3
I. Notwendigkeit der Probezeit 1	I. Adoption bei fehlender Probezeit 3
II. Dauer der Probezeit 2	II. Adoptionspflege 4

A. Anwendungsvoraussetzungen

I. Notwendigkeit der Probezeit

1 Nach § 1744 BGB soll das Kind vor dem Ausspruch der Annahme in der Regel schon eine längere Probezeit in der neuen Familie verbracht haben. Dadurch soll den Jugendämtern bzw. den Adoptionsvermittlungsstellen die nach § 1741 Abs. 1 Satz 1 BGB erforderliche Prognose erleichtert werden.[1] Zugleich darf das Kind allerdings gemäß § 8 AdVermiG nicht in Adoptionspflege gegeben werden, wenn nicht wenigstens feststeht, dass die Adoptionsbewerber für die Annahme des Kindes geeignet sind.[2]

II. Dauer der Probezeit

2 Die Länge der Probezeit ist ihrem Zweck entsprechend variabel. Ist ein Kind bereits seit Längerem von dem Annehmenden gut betreut worden, könnte die Annahme auch ohne Einhaltung einer Probezeit erfolgen. In der Praxis wird aber jedenfalls bei Adoptionen außerhalb der Familie regelmäßig eine wenigstens einjährige Probezeit eingehalten. Bei der **Stiefkindadoption** ist § 1744 BGB grundsätzlich ebenfalls anwendbar. Zwar wird hier keine „Pflege" im engen Sinne erfolgen, jedoch ist eine stabile Familiensituation und ein gefestigtes Verhältnis zum Annehmenden erforderlich, was ein Zuwarten i.S.d. § 1744 BGB in allen Fällen erforderlich macht, in welchen an dieser Stabilität noch Zweifel bestehen.[3]

B. Rechtsfolgen

I. Adoption bei fehlender Probezeit

3 Im Inland kann eine Adoption ohne Probezeit grundsätzlich nicht erfolgen.[4] Probleme kann die **Anerkennung** ausländischer Adoptionen bzw. die Wiederholungsadoption nach erfolgter Auslandsadoption bereiten.[5] Das OLG Frankfurt hat die inländische Wiederholungsadoption bei einer vorangegangen pakistanischen Adoption, deren Anerkennungsfähigkeit zweifelhaft war, wegen Fehlens der vorangegangenen Adoptionspflege abgelehnt.[6] Eine solche Entscheidung lässt sich allerdings nur dann rechtfertigen, wenn die erfolgreiche Eingliederung des Kindes in die Familie der Annehmenden tatsächlich Zweifeln unterliegt. Ansonsten kann das Fehlen der Probezeit bei der Auslandsadoption kein Anerkennungshindernis sein.[7]

---

[1] BT-Drs. 7/5087, S. 5; kritisch *Saar* in: Erman, § 1744 Rn. 2; zur Prüfung durch das Jugendamt *Salgo*, ZfJ 2004, 410-412.

[2] Näher dazu *Frank* in: Staudinger, § 1744 Rn. 12.

[3] *Enders* in: Bamberger/Roth, § 1744 Rn. 4 f.; *Frank* in: Staudinger, § 1744 Rn. 6 (fordert in diesen Fällen sogar eine erhöhte Vorsicht).

[4] Vgl. aber AG Elmshorn v. 20.12.2010 - 46 F 9/10 NJW 2011, 1086 zum Fall einer Wunschkindadoption durch Lebenspartner.

[5] Dazu auch schon die Kommentierung zu § 1741 BGB Rn. 25; den ex nunc Aspekt zu pauschal behandelnd LG Frankfurt v. 30.04.2008 - 2-09 T 122/08; zur Problematik der Wiederholungsadoption grundsätzlich *Heiderhoff*, FamRZ 2002, 1682-1686; *Steiger*, DNotZ 2002, 184-209.

[6] OLG Frankfurt v. 21.07.2003 - 20 W 151/03 - unter ausführlicher Beschreibung der zu erwartenden Schwierigkeiten.

[7] AG Hamm v. 26.02.2007 - XVI 123/06 - ZKJ 2007, 370.

II. Adoptionspflege

Für die Probezeit nicht zwingend, aber regelmäßig vorgesehen, ist die Betreuung des Kindes in der Form der Adoptionspflege.[8] Die Adoptionspflege dient gerade der Vorbereitung der Adoption. Sie entspricht inhaltlich weitgehend der Familienpflege, bringt aber für die Pflegefamilie zwei wesentliche Änderungen. Da sie nur nach Maßgabe des § 8 AdVermiG zulässig ist, unterliegt sie zum einen gemäß § 44 Abs. 1 Nr. 6 SGB VIII ausnahmsweise nicht der Genehmigungspflicht. Zum anderen erhalten die Eltern für ein in Adoptionspflege befindliches Kind bereits kein Pflegegeld vom Jugendamt mehr. Das folgt aus § 1751 Abs. 4 BGB. Dort finden sich auch einige weitere Besonderheiten für die Zeit der Adoptionspflege, vgl. dazu die Kommentierung zu § 1751 BGB.

4

Wann aus der Pflege im Sinne des § 33 SGB VIII eine Adoptionspflege im Sinne des § 1744 BGB wird, ist besonders wegen der Zahlung des Pflegegelds von Interesse. Es kann nicht anhand eines abstrakten Kriteriums festgestellt werden.[9] Es kommt vielmehr darauf an, wann die Familie im konkreten Fall für das Jugendamt erkennbar begonnen hat, sich auf die Annahme des Kindes einzustellen. Es brauchen dazu einerseits noch nicht alle Voraussetzungen der Annahme gegeben zu sein – andererseits tritt die Adoptionspflege aber auch nicht automatisch ein, sobald die leiblichen Eltern eines in Pflege befindlichen Kindes in die Adoption einwilligen.[10]

5

---

[8] Erforderlich ist jedoch im Regelfall die Vollzeitpflege, *Enders* in: Bamberger/Roth, § 1744 Rn. 2. Näher zur Ausgestaltung der Adoptionspflege *Liermann* in: Soergel, § 1744 Rn. 7-12.

[9] VG Magdeburg v. 10.05.2004 - 6 A 354/02 zu einem Fall, in dem die Einwilligung der Eltern noch nicht vorlag; auch Verwaltungsgericht des Saarlandes v. 23.11.2005 - 10 K 71/05: Der allmählich sich konkretisierende Adoptionswille muss nach außen bekundet worden sein; auch DIJuF-Rechtsgutachten, JAmt 2007, 474-476.

[10] So das VG Magdeburg v. 10.05.2004 - 6 A 354/02 in einem Fall, in welchem das Jugendamt das Pflegegeld von den Eltern zurückerstattet verlangte.

§ 1745 BGB Verbot der Annahme

(Fassung vom 02.01.2002, gültig ab 01.01.2002)

¹Die Annahme darf nicht ausgesprochen werden, wenn ihr überwiegende Interessen der Kinder des Annehmenden oder des Anzunehmenden entgegenstehen oder wenn zu befürchten ist, dass Interessen des Anzunehmenden durch Kinder des Annehmenden gefährdet werden. ²Vermögensrechtliche Interessen sollen nicht ausschlaggebend sein.

Gliederung

A. Anwendungsvoraussetzungen 1
   I. Der Adoption entgegenstehende Interessen 1
   II. Finanzielle Interessen der Kinder des Annehmenden 4
B. Rechtsfolgen 5

A. Anwendungsvoraussetzungen

I. Der Adoption entgegenstehende Interessen

1 Die §§ 1741-1744 BGB sind darauf ausgerichtet, zu sichern, dass die Adoption dem Wohl des Angenommenen entspricht. § 1745 BGB dagegen dient hauptsächlich dem Schutz der Kinder, die der Annehmende bereits hat. Eine Adoption, der überwiegende Interessen der Kinder des Annehmenden entgegenstehen, darf nicht durchgeführt werden. Da es darauf ankommt, welche Interessen überwiegen, muss für jeden Einzelfall eine Abwägung zwischen den Interessen des Anzunehmenden und den Interessen der Kinder des Annehmenden erfolgen.[1]

2 Daneben erwähnt § 1745 BGB auch die Kinder des Angenommenen. Auch deren Interessen sind zu beachten. Jedoch wird der Fall, dass bei der Minderjährigenadoption das anzunehmende Kind bereits selbst ein Kind hat und die Adoption darüber hinaus Interessen dieses Kindes beeinträchtigt, nicht häufig sein.

3 Schließlich findet sich in § 1745 BGB die überflüssige Erwähnung des Falles, dass die Interessen des Anzunehmenden durch die Kinder des Annehmenden beeinträchtigt sein könnten. Dieser Fall fällt ohne weiteres unter die allgemeinen Adoptionsvoraussetzungen des § 1741 Abs. 1 Satz 1 BGB und muss bereits dort geprüft und ausgeschlossen werden (vgl. die Kommentierung zu § 1741 BGB).

II. Finanzielle Interessen der Kinder des Annehmenden

4 Finanzielle Interessen der Kinder des Annehmenden werden durch die Adoption regelmäßig beeinträchtigt. So wird der Erbanspruch verkleinert und die Unterhaltslast für die Eltern erhöht sich. Diese typischen vermögensrechtlichen Verschiebungen sind jeder Adoption zu Eigen. Nach § 1745 Satz 2 BGB sollen sie für die Entscheidung über die Annahme daher nicht ausschlaggebend sein.[2] Anders zu beurteilen ist dies dann, wenn die finanziellen Einbußen zugleich das sonstige Wohl der Kinder des Annehmenden beeinträchtigen, etwa weil dieser ohnehin nur unzureichend in der Lage ist, seine Familie zu unterhalten.[3] Viel diskutiert wird insbesondere der Fall, dass durch eine **Stiefkindadoption** die Unterhaltsansprüche leiblicher Kinder des Annehmenden gefährdet werden. Hier wird das Interesse des Anzunehmenden an der Annahme meist nicht so hoch bewertet, weil das Kind ohnehin fest in seiner Familie verwurzelt ist. Die Unterhaltsansprüche der leiblichen Kinder des Annehmenden werden insbesondere dann oft als überwiegend angesehen, wenn erkennbar ist, dass es dem Annehmenden (mit) auf deren Vermeidung ankommt.[4]

---

[1] BayObLG München v. 28.10.1999 - 1Z BR 37/99 - EzFamR aktuell 2000, 96.
[2] Nur andeutend BGH v. 08.02.1984 - IVb ZR 67/82 - juris Rn. 12 - LM Nr. 3 zu § 1609 BGB; *Rauscher*, Familienrecht, 2008, Rn. 1153.
[3] Näher dazu *Frank* in: Staudinger, § 1745 Rn. 15 ff.; *Rauscher*, Familienrecht, 2008, Rn. 1153; *Saar* in: Erman, § 1745 Rn. 3.
[4] Nochmals *Frank* in: Staudinger, § 1745 Rn. 18; *Saar* in: Erman, § 1745 Rn. 3; LG Lüneburg v. 29.11.1999 - 6 T 46/99 - Streit 2000, 87-88; ausführlich zu den bei der Interessenabwägung im Einzelfall zu berücksichtigenden Faktoren BayObLG München v. 28.10.1999 - 1Z BR 37/99 - EzFamR aktuell 2000, 96.

B. Rechtsfolgen

Erfolgt die Adoption, obwohl sie den Interessen der leiblichen Kinder der Familie widerspricht, ist sie dennoch uneingeschränkt wirksam. Das Adoptivkind kann nicht etwa einen abgestuften Rang erhalten, sondern es ist den leiblichen Kindern, insbesondere auch bei unterhalts- und erbrechtlichen Ansprüchen, völlig gleichgestellt.[5]

Es gibt einige ausländische Rechtsordnungen, bei denen die Adoption gänzlich ausgeschlossen ist, wenn die Annehmenden bereits ein eigenes Kind haben (so etwa der frühere Art. 253 türk. ZGB).[6] Ein solches Adoptionsverbot wird von den deutschen Gerichten dann als Verstoß gegen den ordre public angesehen, wenn der Inlandsbezug der beantragten Adoption sehr stark ist.[7]

---

[5] BGH v. 08.02.1984 - IVb ZR 67/82 - FamRZ 1984, 378-379.
[6] Zum neuen Recht *Odendahl/Adar*, ZFE 2006, 220.
[7] Schleswig-Holsteinisches OLG v. 31.05.2001 - 2 W 69/01 - FamRZ 2002, 698-699; *Heiderhoff* in: Bamberger/Roth, Art. 22 EGBGB Rn. 51.

§ 1746 BGB Einwilligung des Kindes

(Fassung vom 17.12.2008, gültig ab 01.09.2009)

(1) ¹Zur Annahme ist die Einwilligung des Kindes erforderlich. ²Für ein Kind, das geschäftsunfähig oder noch nicht 14 Jahre alt ist, kann nur sein gesetzlicher Vertreter die Einwilligung erteilen. ³Im Übrigen kann das Kind die Einwilligung nur selbst erteilen; es bedarf hierzu der Zustimmung seines gesetzlichen Vertreters. ⁴Die Einwilligung bedarf bei unterschiedlicher Staatsangehörigkeit des Annehmenden und des Kindes der Genehmigung des Familiengerichts; dies gilt nicht, wenn die Annahme deutschem Recht unterliegt.

(2) ¹Hat das Kind das 14. Lebensjahr vollendet und ist es nicht geschäftsunfähig, so kann es die Einwilligung bis zum Wirksamwerden des Ausspruchs der Annahme gegenüber dem Familiengericht widerrufen. ²Der Widerruf bedarf der öffentlichen Beurkundung. ³Eine Zustimmung des gesetzlichen Vertreters ist nicht erforderlich.

(3) Verweigert der Vormund oder Pfleger die Einwilligung oder Zustimmung ohne triftigen Grund, so kann das Familiengericht sie ersetzen; einer Erklärung nach Absatz 1 durch die Eltern bedarf es nicht, soweit diese nach den §§ 1747, 1750 unwiderruflich in die Annahme eingewilligt haben oder ihre Einwilligung nach § 1748 durch das Familiengericht ersetzt worden ist.

Gliederung

A. Anwendungsvoraussetzungen 1
I. Einwilligung des Kindes 1
1. Allgemeines 1
2. Einwilligung mit Zustimmung des gesetzlichen Vertreters bei Kindern ab 14 Jahren 3
   a. Allgemeines 3
   b. Widerruf 4
3. Einwilligung durch Erklärung des gesetzlichen Vertreters bei Kindern unter 14 Jahren 5
II. Ersetzung der Einwilligung durch das Familiengericht 8
1. Verweigerung der Einwilligung durch Vormund oder Pfleger 8
2. Ohne triftigen Grund 9
III. Anwendung ausländischen Rechts 10
1. Fehlende Einwilligung des Kindes 10
2. Genehmigung durch das Familiengericht bei unterschiedlicher Staatsangehörigkeit von Annehmendem und Kind 11
B. Rechtsfolgen 12

A. Anwendungsvoraussetzungen

I. Einwilligung des Kindes

1. Allgemeines

1   Das Einverständnis des Kindes selbst ist eine wichtige Voraussetzung jeder Adoption. § 1746 BGB stellt die Einwilligung des Kindes an die erste Stelle der notwendigen Einwilligungen (vor die der Eltern in § 1747 BGB). Zugleich ist das Kind aufgrund seines Alters freilich oft nicht in der Lage, persönlich eine Einwilligungserklärung abzugeben. Das Gesetz ordnet an, dass bei Kindern unter 14 Jahren die Einwilligung nur durch den gesetzlichen Vertreter erteilt werden kann. Kinder, die wenigstens vierzehn Jahren alt und nicht geschäftsunfähig sind, können die Einwilligung selbst erteilen. Auch diese brauchen aber die Zustimmung des gesetzlichen Vertreters. Für die Form der Einwilligung gilt § 1750 BGB.

2   Auch bei Kindern, die noch nicht 14 Jahre alt sind, ist der Wunsch des Kindes selbst von eigenständiger Bedeutung. Er wirkt sich dann im Rahmen der Kindeswohlbeurteilung aus. Eine Adoption, bei der zwar die Einwilligungserklärung für das Kind durch seinen gesetzlichen Vertreter abgegeben wird, die aber dennoch gegen den Willen des Kindes erfolgen soll, wird jedenfalls bei älteren (aber noch nicht 14 Jahre alten) Kindern kaum je dem Kindeswohl entsprechen.

2. Einwilligung mit Zustimmung des gesetzlichen Vertreters bei Kindern ab 14 Jahren

a. Allgemeines

Ab dem Alter von 14 Jahren kann das Kind die Einwilligung zu seiner Annahme nur selbst erklären. Allerdings braucht es zusätzlich die Zustimmung seines gesetzlichen Vertreters. Wenn ein Kind die Einwilligung ausdrücklich verweigert, so ist seine Anhörung nach § 192 FamFG im weiteren Verlauf des Verfahrens nicht mehr erforderlich.[1]

b. Widerruf

Die Einwilligung, die ein Kind selbst zu seiner Adoption abgibt, ist bis zum Wirksamwerden der Adoption nicht bindend. § 1746 Abs. 2 BGB bestimmt, dass die Einwilligung des Kindes widerruflich ist. Für den Widerruf ist die Zustimmung des gesetzlichen Vertreters nicht erforderlich. Hier wird gut erkennbar, dass die Einwilligung des Kindes zwar die Form einer Willenserklärung hat, dass es für die Adoption aber auf das materielle Einverstandensein ankommt. Da der Widerruf öffentlich beurkundet werden muss, wird er üblicherweise beim (Urkundsbeamten im) Jugendamt erklärt werden.

3. Einwilligung durch Erklärung des gesetzlichen Vertreters bei Kindern unter 14 Jahren

Bei Kindern, die das vierzehnte Lebensjahr noch nicht vollendet haben, verzichtet das Gesetz nicht auf die Einwilligungserklärung. Vielmehr wird diese von den gesetzlichen Vertretern, also in der Regel von den leiblichen Eltern, für das Kind erklärt.

Da die leiblichen Eltern des Kindes somit die Einwilligung für das Kind erklären und außerdem nach § 1747 BGB auch für sich selbst die Zustimmung erteilen müssen, entsteht eine gewisse Doppelung. Der Gesetzgeber geht davon aus, dass die Eltern für das Kind und für sich selbst übereinstimmende Erklärungen abgeben werden. Die wirksame und unwiderrufliche Einwilligung der Eltern im eigenen Namen macht daher gemäß § 1746 Abs. 3 BGB die zusätzliche Einwilligung der Eltern als Vertreter des Kindes überflüssig. Ist die Ersetzung der elterlichen Einwilligung gemäß § 1748 BGB erfolgt, so ist die Einwilligung der Eltern für das Kind ebenfalls nicht mehr notwendig. Die Bestellung eines Ergänzungspflegers für die Erklärung der Einwilligung wird allgemein abgelehnt.[2]

Neben der Erklärung der Einwilligung, welche bei Kindern unter 14 Jahren nur die Eltern abgeben können, bleibt auch bei jüngeren Kindern der **Wille des Kindes** selbst für die Beurteilung des Kindeswohls beachtlich. Um den Willen und die Wünsche des Kindes zu ermitteln, muss gemäß §§ 192, 159, 26 FamFG regelmäßig eine Anhörung des Kindes erfolgen.[3]

II. Ersetzung der Einwilligung durch das Familiengericht

1. Verweigerung der Einwilligung durch Vormund oder Pfleger

§ 1746 Abs. 3 BGB sieht die Ersetzung der Einwilligung des Kindes nur für den Fall vor, dass ein Vormund oder Pfleger diese ohne triftigen Grund verweigert. Die Einwilligung der Eltern wird dagegen nicht ersetzt. Vielmehr enthält § 1746 Abs. 3 BGB die einfachere Regelung, dass die Einwilligung der Eltern für das Kind fehlen kann, wenn die Einwilligung der Eltern selbst nach § 1748 BGB ersetzt worden ist. Nicht ersetzt werden kann die Einwilligung des über 14-jährigen Kindes, das nach § 1746 Abs. 2 BGB die Einwilligung selbst erklären kann.

2. Ohne triftigen Grund

Wann der Vormund bzw. Pfleger einen triftigen Grund hat, die Einwilligung zu verweigern, ist streitig. Nach wohl herrschender Ansicht gilt die Einwilligung immer schon dann als ohne triftigen Grund abgelehnt, wenn die Annahme nach § 1741 BGB zulässig ist. Der Vormund oder Pfleger hat danach also keinen eigenen Beurteilungsspielraum.[4] Diese Ansicht ist zweifelhaft, da die Einwilligung des Vor-

---

[1] BayObLG München v. 19.09.1996 - 1Z BR 143/96 - EzFamR aktuell 1996, 352-355 zu § 55c FGG a.F. i.V.m. § 50b FGG a.F.

[2] BGH v. 27.02.1980 - IV ZB 167/79 - LM Nr. 1 zu § 1746 BGB; *Diederichsen* in: Palandt, § 1746 Rn. 3; *Enders* in: Bamberger/Roth, § 1746 Rn. 3.

[3] In Ausnahmefällen kann diese Anhörung unterbleiben, vgl. BayObLG München v. 04.08.2000 - 1Z BR 103/00 - juris Rn. 11 - NJW-RR 2001, 722-723; zum Begriff Kindeswillen vgl. auch *Röchling*, FPR 2008, 481-483; zum Verfahrensablauf *Zschiebsch*, FPR 2009, 493-496; *Krause*, FamRB 2009, 221-226, 224.

[4] So *Maurer* in: MünchKomm-BGB, § 1746 Rn. 14; *Enders* in: Bamberger/Roth, § 1746 Rn. 8; *Rauscher*, Familienrecht, 2008, Rn. 1156.

munds oder Pflegers so jede Bedeutung verliert. Nach a.A. sollen vernünftige, im Rahmen des § 1741 BGB vertretbare Gründe des Vormunds oder Pflegers anerkannt werden, auch wenn sie von der Einschätzung des Jugendamts abweichen.[5] Dem ist mit der Einschränkung zu folgen, dass das Jugendamt die Argumente für und wider die Annahme in seinem Gutachten in der Regel abschließend abgewogen haben wird. Es sollte jedoch gewährleistet sein, dass die Ersetzung der Entscheidung des Vormunds oder Pflegers nicht zu einem reinen Formalakt wird, sondern ein inhaltliches Überdenken der im Rahmen des § 1741 BGB getroffenen Entscheidung erfolgt.

III. Anwendung ausländischen Rechts

1. Fehlende Einwilligung des Kindes

10 Kann eine Adoption nach ausländischem Recht ohne Einwilligung des Kindes erfolgen, so verstößt dies nicht automatisch gegen den deutschen ordre public.[6] Umgekehrt kann die Einwilligung sogar nach ausländischem Recht erforderlich sein, während sie nach deutschem Recht – etwa wegen § 1746 Abs. 3 BGB – entbehrlich wäre. Dann ist nach Art. 23 Satz 2 EGBGB nur bei Hinzukommen besonderer Umstände, insbesondere bei einem augenscheinlichen Verstoß gegen das Kindeswohl, anstelle des Adoptionsstatuts deutsches Recht anzuwenden.[7]

2. Genehmigung durch das Familiengericht bei unterschiedlicher Staatsangehörigkeit von Annehmendem und Kind

11 § 1746 Abs. 1 Satz 4 BGB enthält eine Bestimmung für internationale Adoptionen, die – wie § 1746 Abs. 1 Satz 4 HS. 2 BGB ausdrücklich bestimmt – gerade für den Fall gemacht ist, dass nicht deutsches Recht auf die Adoption anwendbar ist. Die Norm selbst ist daher überhaupt nur anwendbar, wenn Art. 23 Satz 2 EGBGB eingreift (vgl. Rn. 10) und trotz ausländischem Adoptionsstatut für die Zustimmung des Kindes ergänzend deutsches Recht herangezogen werden muss.[8] § 1746 Abs. 1 Satz 4 BGB kann dann als eine Ausformung des ordre public verstanden werden: Weil die Tragweite einer Adoption zwischen Angehörigen unterschiedlicher Staaten als besonders einschneidend empfunden wird, soll hier die zusätzliche Genehmigung des Familiengerichts Nachteile für das Kindeswohl verhindern.[9]

B. Rechtsfolgen

12 Ist eine Adoption ohne Einwilligung des Kindes erfolgt, so ist sie dennoch zunächst wirksam. Sie kann jedoch unter den Voraussetzungen des § 1760 BGB vom Familiengericht aufgehoben werden.

---

[5] *Frank* in: Staudinger, § 1746 Rn. 20.
[6] BayObLG München v. 21.06.2000 - 1Z BR 186/99 - juris Rn. 18 - BayObLGZ 2000, 180-187; ausführlich AG Hamm v. 13.01.2006 - XVI 173/03 - juris Rn. 16 ff. - IPRax 2007, 326-328.
[7] *Thorn* in: Palandt, Art. 23 EGBGB, Rn. 6.
[8] *Rauscher*, Familienrecht, 2008, Rn. 1157; *Heiderhoff* in: Bamberger/Roth, Art. 22 EGBGB Rn. 19.
[9] Ähnlich *Rauscher*, Familienrecht, 2008, Rn. 1157.

§ 1747 BGB Einwilligung der Eltern des Kindes

(Fassung vom 28.08.2013, gültig ab 01.05.2014)

(1) ¹Zur Annahme eines Kindes ist die Einwilligung der Eltern erforderlich. ²Sofern kein anderer Mann nach § 1592 als Vater anzusehen ist, gilt im Sinne des Satzes 1 und des § 1748 Abs. 4 als Vater, wer die Voraussetzung des § 1600d Abs. 2 Satz 1 glaubhaft macht.

(2) ¹Die Einwilligung kann erst erteilt werden, wenn das Kind acht Wochen alt ist. ²Sie ist auch dann wirksam, wenn der Einwilligende die schon feststehenden Annehmenden nicht kennt.

(3) Steht nicht miteinander verheirateten Eltern die elterliche Sorge nicht mehr gemeinsam zu, so

1. kann die Einwilligung des Vaters bereits vor der Geburt erteilt werden;
2. kann der Vater durch öffentlich beurkundete Erklärung darauf verzichten, die Übertragung der Sorge nach § 1626a Absatz 2 und § 1671 Absatz 2 zu beantragen; § 1750 gilt sinngemäß mit Ausnahme von Absatz 1 Satz 2 und Absatz 4 Satz 1;
3. darf, wenn der Vater die Übertragung der Sorge nach § 1626a Absatz 2 oder § 1671 Absatz 2 beantragt hat, eine Annahme erst ausgesprochen werden, nachdem über den Antrag des Vaters entschieden worden ist.

(4) ¹Die Einwilligung eines Elternteils ist nicht erforderlich, wenn er zur Abgabe einer Erklärung dauernd außerstande oder sein Aufenthalt dauernd unbekannt ist. ²Der Aufenthalt der Mutter eines gemäß § 25 Absatz 1 des Schwangerschaftskonfliktgesetzes vertraulich geborenen Kindes gilt als dauernd unbekannt, bis sie gegenüber dem Familiengericht die für den Geburtseintrag ihres Kindes erforderlichen Angaben macht.

Gliederung

A. Grundlagen 1	IV. Sonderfall: Einwilligung des nichtehelichen Vaters 10
B. Anwendungsvoraussetzungen 5	V. Geschäftsunfähigkeit oder unbekannter Aufenthalt der Eltern 14
I. Die Einwilligung der Eltern 5	
II. Einwilligung des Vaterschaftsprätendenten 6	
III. Zeitpunkt der Einwilligung 7	

A. Grundlagen

Die § 1747 BGB und § 1748 BGB befassen sich mit der Einwilligung der leiblichen Eltern in die Adoption des Kindes. Die Einwilligung der leiblichen Eltern ist für die Adoption zwingend erforderlich und kann nur unter engen Voraussetzungen durch das Familiengericht ersetzt werden. Denn durch die Adoption verlieren die Eltern ihr durch Art. 6 Abs. 2 Satz 1 GG geschütztes Elternrecht (näher vgl. die Kommentierung zu § 1748 BGB). Die Norm wurde mit Wirkung zum 18.05.2013 an die Neuregelung der Vorschriften zur gemeinsamen Sorge nicht miteinander verheirateter Eltern angepasst. Vgl. dazu näher Rn. 111.

Das Erfordernis der Einwilligung des nichtehelichen Vaters wurde erst durch das KindRG in das BGB aufgenommen, nachdem das BVerfG mehrfach, und unter anderem auch im Zusammenhang der Adoption, eine Verletzung des Elternrechts des Vaters gerügt und die Gleichstellung des nichtehelichen Vaters verlangt hatte.[1] Die Ersetzung der Einwilligung des Vaters, der nie sorgeberechtigt war, steht auch heute noch unter etwas erleichterten Voraussetzungen als die Ersetzung der Einwilligung der Mutter (vgl. zu der daraus weiterhin resultierenden verfassungsrechtlichen Problematik vgl. die Kommentierung zu § 1748 BGB).

---

[1] Gerade zur Adoption: BVerfG v. 07.03.1995 - 1 BvR 790/91, 1 BvR 540/92, 1 BvR 866/92 - NJW 1995, 2155-2159.

3 Die Notwendigkeit der Einwilligung entfällt nur, wenn die Eltern unbekannt oder zur Einwilligung nicht in der Lage sind (vgl. dazu Rn. 14). Daneben besteht in den Fällen des § 1748 BGB in bestimmten Fällen die Möglichkeit, die Einwilligung der Eltern zum Wohl des Kindes zu ersetzen.

4 Die ohne die erforderliche elterliche Einwilligung oder deren ordnungsgemäße Ersetzung durchgeführte Adoption kann gemäß § 1760 BGB aufgehoben werden (vgl. die Kommentierung zu § 1760 BGB).

B. Anwendungsvoraussetzungen

I. Die Einwilligung der Eltern

5 Beide Eltern müssen in die Annahme einwilligen. Die Mutter des Kindes ist nach § 1591 BGB die Frau, die es geboren hat. Auch für die so genannte **Leihmutter**, die – entgegen den deutschen Vorschriften (vgl. die Kommentierung zu § 1591 BGB) – ein fremdes Ei austrägt, gelten also die §§ 1747, 1748 BGB.[2] Mehr Schwierigkeiten macht die Feststellung des „richtigen" Vaters. Diese richtet sich zunächst nach § 1592 BGB. Danach ist jedoch nicht immer ein Vater zu bestimmen. § 1747 Abs. 1 Satz 2 BGB trifft daher eine Regelung für die Fälle, in welchen eine Vaterschaft nach § 1592 BGB nicht besteht (vgl. Rn. 6).

II. Einwilligung des Vaterschaftsprätendenten

6 Nach § 1747 Abs. 1 Satz 2 BGB soll, wenn nach § 1592 BGB eine Vaterschaft im Rechtssinne nicht besteht, derjenige als Vater gelten, der die Voraussetzungen des § 1600d Abs. 1 Satz 2 BGB glaubhaft macht.[3] Als Vater gilt danach also, wer glaubhaft macht, dass er der Mutter während der Empfängniszeit beigewohnt hat. Nach wohl h.A. gilt das auch dann, wenn die Vaterschaft unwahrscheinlich ist.[4] Wenn weder nach § 1592 BGB ein Vater feststeht noch ein Vaterschaftsprätendent die Glaubhaftmachung nach § 1600d Abs. 1 Satz 2 BGB unternimmt, kann die Adoption ohne Zustimmung des Vaters erfolgen.[5] Der BGH hat nun entschieden, dass ein Vater, der auf privatem Wege nicht anonymisiert Samen an ein gleichgeschlechtliches Paar gespendet hat **(Becherspender)**, die vollen Rechte eines biologischen Vaters genießt. Insbesondere kann er die Vaterschaft eines anderen Mannes unter den Voraussetzungen des § 1600 Abs. 1 Nr. 2, Abs. 2, 3 BGB anfechten.[6] Selbst wenn Lebenspartnerinnen in einem solchen Fall einen dritten Mann für die Anerkennung der Vaterschaft gewinnen, so dass dem Wortlaut der Norm nach nur die Zustimmung dieses Dritten erforderlich wäre, kann die Einwilligung des Samenspenders daher einzuholen sein.[7] Zumindest muss diesem durch Aussetzung des Verfahrens nach § 21 FamFG die Gelegenheit gegeben werden, noch das Anfechtungsverfahren durchzuführen. Auf anderem Wege wäre eine missbräuchliche Umgehung des Einwilligungsgebots nicht zu erreichen.

III. Zeitpunkt der Einwilligung

7 Die Einwilligung der Eltern kann erst erfolgen, wenn das Kind acht Wochen alt ist und wenn die Annehmenden feststehen. Das erste Erfordernis ist zum Schutz der Eltern und insbesondere der Mutter gedacht. Vor allem sie soll nach der Geburt noch eine Überlegungsfrist haben. Dabei muss die Fristdauer von acht Wochen als Kompromiss zwischen den Interessen der Eltern und dem Interesse des Kindes an sicheren Verhältnissen verstanden werden. Vor dem Ablauf dieser Frist kann weder die Einwilligung erteilt werden, noch können sich die leiblichen Eltern dazu verpflichten, das Kind zur Adoption freizugeben. Niemand kann sich daher auch wirksam verpflichten, als Ersatzmutter das Kind einer

---

[2] Näher *Liermann* in: Soergel; § 1747 Rn. 22; *Frank* in: Staudinger, § 1747 Rn. 28 f.
[3] Zum Ganzen *Helms*, JAmt 2001, 57-63.
[4] Dafür *Diederichsen* in: Palandt, § 1747 Rn. 3; *Frank* in: Staudinger, § 1747 Rn. 17 f. (unter Forderung nach einer Restriktion dahingehend, dass zumindest eine Vaterschaftsfeststellungsklage anhängig sein müsse); dagegen *Helms*, JAmt 2001, 57-63; *Enders* in: Bamberger/Roth, § 1747 Rn. 7.1 verlangt überwiegende Wahrscheinlichkeit; dort auch umfassend zum Verfahren.
[5] Näher *Maurer* in: MünchKomm-BGB, § 1747 Rn. 11 f. insbesondere auch zur Reichweite der Amtsermittlungspflicht des Gerichts; dazu sowie zur Frage der Zumutbarkeitsgrenze für die Verzögerung des Adoptionsverfahrens bei Unauffindbarkeit des Vaters auch DIJuF-Rechtsgutachten v. 15.02.2008 - AD 2.320 Ht, ZKJ 2008, 81-82.
[6] BGH v. 15.05.2013 - XII ZR 49/11 - BGHZ 197, 242-251.
[7] Das verlangt wohl indirekt die Entscheidung, BGH v. 15.05.2013 - XII ZR 49/11 - juris Rn. 30.

anderen Frau auszutragen. Zur Ersatz- oder Tragemutterschaft (auch Leihmutterschaft) näher vgl. die Kommentierung zu § 1591 BGB. Eine durchaus umstrittene Ausnahme enthält allerdings § 1747 Abs. 3 Nr. 1 BGB für die Einwilligung des nichtehelichen Vaters (vgl. Rn. 10).

Die **Blankoeinwilligung**, also die Einwilligung in eine Adoption, ohne dass bereits feststeht, wer das Kind annimmt, ist in Deutschland nicht zulässig. Das ist unstreitig, obwohl es sich erst im Umkehrschluss aus § 1747 Abs. 2 Satz 2 BGB ergibt.[8]   **8**

Die **Inkognitoeinwilligung** ist dagegen in § 1747 Abs. 2 Satz 2 BGB ausdrücklich beschrieben und stellt eine übliche Form insbesondere der Säuglingsadoption dar. Bei der Inkognitoadoption stehen die Annehmenden fest, sie werden den leiblichen Eltern jedoch nicht namentlich genannt. Praktiziert wird auch eine Art Alternativeinwilligung, bei der die leiblichen Eltern in die Adoption durch eines von zwei oder mehreren bereits feststehenden adoptionswilligen Ehepaaren einwilligen.[9] Auf diese Art kann vermieden werden, dass es bei einem Scheitern der Adoption durch die zunächst ausgesuchten Adoptionswilligen zu Zeitverzögerungen kommt, die dem Kindeswohl abträglich wären.[10]   **9**

IV. Sonderfall: Einwilligung des nichtehelichen Vaters

Für den nichtehelichen Vater sieht § 1747 Abs. 3 BGB in etwas unübersichtlicher Weise verschiedene Möglichkeiten vor, auf das Adoptionsverfahren zu reagieren. Zunächst kann er sofort in die Annahme einwilligen. Die Einwilligung des nichtehelichen Vaters ist nach § 1747 Abs. 3 Nr. 1 BGB schon vor der Geburt des Kindes möglich, wenn noch keine Sorgeerklärung gemäß §§ 1626a-1626e BGB abgegeben wurde.[11] Streitig ist, ob diese Einwilligung als **Blankoeinwilligung** erteilt werden kann.[12] Angesichts der rechtspolitischen Kritik an der erleichterten Einwilligung für den Vater wäre diese zusätzliche Reduzierung der Voraussetzungen für eine wirksame Einwilligung jedoch verfehlt.   **10**

Auf der anderen Seite hat der nichteheliche Vater aber auch die Möglichkeit, die Adoption zu verhindern. Nach § 1747 Abs. 3 Nr. 3 BGB darf die Adoption nicht erfolgen, wenn der Vater einen **Antrag auf Übertragung der Sorge** auf sich gestellt hat. Eine Zustimmung der Mutter ist dazu – anders als nach bisherigem Recht – seit der Reform der elterlichen Sorge nicht miteinander verheirateter Eltern[13] nicht mehr erforderlich. Insbesondere wenn die Mutter bereits in die Adoption eingewilligt hat, greift regelmäßig § 1671 Abs. 2 Nr. 2 BGB. Stellt der Vater den Antrag auf Übertragung der Sorge, so muss die Entscheidung des Familiengerichts über diesen Antrag abgewartet werden. Steht die Vaterschaft noch nicht fest, muss sie zuvor gemäß § 1600d BGB festgestellt werden.   **11**

Schließlich kann der Vater nach § 1747 Abs. 3 Nr. 2 BGB auch endgültig und bindend darauf **verzichten**, die Übertragung der Sorge auf sich zu beantragen. Diese Alternative macht aus Sicht des Vaters keinen eigenständigen Sinn, dient jedoch der Vereinfachung und Klärung des Verfahrens, weil der Weg zu einer Ersetzung der Einwilligung nach § 1748 Abs. 4 BGB sofort frei wird und die mögliche Verzögerung des § 1747 Abs. 3 Nr. 3 BGB ebenfalls nicht mehr zu befürchten ist.[14]   **12**

Das Jugendamt muss den Vater nach § 51 Abs. 3 SGB VIII sorgfältig über die Tragweite seiner Entscheidung beraten.[15]   **13**

V. Geschäftsunfähigkeit oder unbekannter Aufenthalt der Eltern

Sind die Eltern dauernd geschäftsunfähig oder sonst an der Abgabe einer Willenserklärung gehindert (lang andauerndes Koma), so kann die Adoption gemäß § 1747 Abs. 4 BGB ohne die Einwilligung der Eltern erfolgen. Das Gleiche gilt, wenn ihr Aufenthalt dauernd unbekannt ist und auch nicht innerhalb angemessener Zeit (zumeist werden sechs Monate genannt) ermittelt werden kann.[16] Über den Wort-   **14**

---

[8]   Zur Kritik *Rauscher*, Familienrecht, 2008, Rn. 1160.
[9]   *Liermann* in: Soergel; § 1747 Rn. 19; *Saar* in: Erman, § 1747 Rn. 6.
[10] Zu den Grenzen *Frank* in: Staudinger, § 1747 Rn. 32.
[11] Kritisch etwa auch *Frank* in: Staudinger, § 1747 Rn. 25; *Rauscher*, Familienrecht, 2008, Rn. 1159, die zu Recht aufzeigen, dass auch der nichteheliche Vater den Übereilungsschutz nötig haben kann.
[12] Dafür *Enders* in: Bamberger/Roth, § 1747 Rn. 13; dagegen *Maurer* in: MünchKomm-BGB, § 1747 Rn. 27.
[13] Gesetz zur Reform der elterlichen Sorge nicht miteinander verheirateter Eltern vom 16.04.2013 (BGBl I 2013, 795) m.W.v. 19.05.2013.
[14] Sehr kritisch, weil der Verzicht den Vater stark benachteilige, *Liermann* in: Soergel; § 1747 Rn. 29.
[15] *Maurer* in: MünchKomm-BGB, § 1747 Rn. 35; *Frank* in: Staudinger, § 1747 Rn. 44; vgl. auch DIJuF-Rechtsgutachten v. 08.01.2010 - V 2.000/ V 2.100 Ho, JAmt 2008, 144-146, 145.
[16] Zumeist wird eine analoge Anwendung der Norm für Fälle „humanitärer" Verhinderung der Einholung der Einwilligung befürwortet (Gefahr für die Mutter, wenn der Vater von der Existenz des Kindes erfährt), vgl. *Frank* in: Staudinger, § 1747 Rn. 47; *Diederichsen* in: Palandt, § 1747 Rn. 7.

laut hinaus sind auch die Fälle erfasst, in denen nicht bloß der Aufenthalt des Elternteils unbekannt ist, sondern seine Identität insgesamt nicht ermittelt werden kann.

15   Problematisch sind die Fälle, in denen die Mutter den Namen und Aufenthalt des Vaters kennt, ihn den Behörden jedoch nicht preisgibt. Das kommt bei Stiefkindadoptionen gelegentlich vor, weil die Mutter hier ein starkes Interesse an einer zügigen Durchführung der Adoption hat und die Schwierigkeiten mit der Einwilligung des Vaters bzw. der Ersetzung dieser Einwilligung scheut. Eine Stiefkindadoption sollte in einem solchen Fall – entgegen der h.A. und unter dem Vorbehalt der Besonderheiten des Einzelfalls – nicht auf § 1747 Abs. 4 BGB gestützt werden. Zwar darf nie das Fehlverhalten der Mutter in einer Sanktionierung zu Lasten des Kindes resultieren. Jedoch erscheint eine Stiefkindadoption, bei welcher der leibliche Vater in solcher Weise ausgeschlossen wird, dem Kindeswohl ohnehin nicht dienlich.[17] Bei der Adoption darf nie übersehen werden, dass das Kindeswohl keinesfalls einseitig zugunsten der Adoption sprechen muss. Das Abschneiden des Verwandtschaftsbandes zum leiblichen Vater ist vielmehr ein Nachteil. Eine Adoption, die wie hier offensichtlich gerade dadurch motiviert ist, dass der Vater vom Kind ferngehalten werden soll, muss unterbleiben.

16   Wenn bei Geschäftsunfähigkeit bzw. insbesondere bei unbekanntem Aufenthalt zugleich eine Ersetzung nach § 1748 BGB in Betracht kommt, sollte diese vorgezogen werden, um die Rechte des betroffenen Elternteils in größtmöglichem Umfang zu schützen.[18]

17   Auch der Sonderfall der in der **Babyklappe** anonym abgelegten Kinder kann wohl nur über § 1747 Abs. 4 BGB gelöst werden. Dabei ist aber höchst streitig, ob und unter welchen Voraussetzungen eine Anfechtung nach § 1760 BGB möglich sein kann.[19] Denn, selbst wenn man in der Abgabe zugleich die Einwilligung in die Adoption sehen wollte, so wäre diese einerseits wegen der fehlenden Einhaltung der Formvorschriften, andererseits wegen des Charakters als Blankoeinwilligung unwirksam.[20]

---

[17] Wie hier noch *Diederichsen* in: Palandt, 65. Aufl. 2006, § 1741 Rn. 8; § 1747 Rn. 14; anders aber das AG Tempelhof-Kreuzberg v. 31.03.2004 - 52 XVI 3/02 - FamRZ 2005, 302-303; LG Freiburg v. 28.05.2002 - 4 T 238/01 - FamRZ 2002, 1647; *Frank* in: Staudinger, § 1747 Rn. 48.

[18] So auch *Frank* in: Staudinger, § 1747 Rn. 49; BayObLG München v. 15.07.1999 - 1Z BR 6/99 - DAVorm 1999, 773-777.

[19] Nur *Katzenmeier*, FamRZ 2005, 1134-1139, 1136; *Paulitz*, ZKJ 2010, 360-362.

[20] Dazu näher *Wolf*, FPR 2003, 112-120; zur Frage der Anwendbarkeit des § 1747 Abs. 4 BGB im Rahmen der anonymen Geburt vgl. auch DIJuF-Rechtsgutachten v. 08.01.2010 - V 2.000/ V 2.100 Ho, JAmt 2008, 144-146, 145; zum Problem der anonymen Geburt vgl. die Kommentierung zu § 1758 BGB.

§ 1748 BGB Ersetzung der Einwilligung eines Elternteils

(Fassung vom 16.04.2013, gültig ab 19.05.2013)

(1) ¹Das Familiengericht hat auf Antrag des Kindes die Einwilligung eines Elternteils zu ersetzen, wenn dieser seine Pflichten gegenüber dem Kind anhaltend gröblich verletzt hat oder durch sein Verhalten gezeigt hat, dass ihm das Kind gleichgültig ist, und wenn das Unterbleiben der Annahme dem Kind zu unverhältnismäßigem Nachteil gereichen würde. ²Die Einwilligung kann auch ersetzt werden, wenn die Pflichtverletzung zwar nicht anhaltend, aber besonders schwer ist und das Kind voraussichtlich dauernd nicht mehr der Obhut des Elternteils anvertraut werden kann.

(2) ¹Wegen Gleichgültigkeit, die nicht zugleich eine anhaltende gröbliche Pflichtverletzung ist, darf die Einwilligung nicht ersetzt werden, bevor der Elternteil vom Jugendamt über die Möglichkeit ihrer Ersetzung belehrt und nach Maßgabe des § 51 Abs. 2 des Achten Buches Sozialgesetzbuch beraten worden ist und seit der Belehrung wenigstens drei Monate verstrichen sind; in der Belehrung ist auf die Frist hinzuweisen. ²Der Belehrung bedarf es nicht, wenn der Elternteil seinen Aufenthaltsort ohne Hinterlassung seiner neuen Anschrift gewechselt hat und der Aufenthaltsort vom Jugendamt während eines Zeitraums von drei Monaten trotz angemessener Nachforschungen nicht ermittelt werden konnte; in diesem Falle beginnt die Frist mit der ersten auf die Belehrung und Beratung oder auf die Ermittlung des Aufenthaltsorts gerichteten Handlung des Jugendamts. ³Die Fristen laufen frühestens fünf Monate nach der Geburt des Kindes ab.

(3) Die Einwilligung eines Elternteils kann ferner ersetzt werden, wenn er wegen einer besonders schweren psychischen Krankheit oder einer besonders schweren geistigen oder seelischen Behinderung zur Pflege und Erziehung des Kindes dauernd unfähig ist und wenn das Kind bei Unterbleiben der Annahme nicht in einer Familie aufwachsen könnte und dadurch in seiner Entwicklung schwer gefährdet wäre.

(4) In den Fällen des § 1626a Absatz 3 hat das Familiengericht die Einwilligung des Vaters zu ersetzen, wenn das Unterbleiben der Annahme dem Kind zu unverhältnismäßigem Nachteil gereichen würde.

Gliederung

A. Grundlagen 1	IV. Ersetzung wegen schwerer psychischer Krankheit oder schwerer geistiger Behinderung 18
B. Anwendungsvoraussetzungen 4	
I. Ersetzung wegen anhaltender gröblicher Pflichtverletzungen gegenüber dem Kind 4	V. Ersetzung der Einwilligung des nicht sorgeberechtigten nichtehelichen Vaters 19
1. Struktur 4	C. Prozessuale Hinweise/Verfahrenshinweise 23
2. Anhaltende gröbliche Pflichtverletzung 5	I. Antrag des Kindes 23
3. Unverhältnismäßiger Nachteil 11	II. Verfahrensablauf 24
II. Ersetzung wegen einmaligen besonders schweren Pflichtverstoßes 12	III. Anhörungen und Beschwerde 27
	IV. Auslandsbezug 29
III. Ersetzung wegen Gleichgültigkeit gegenüber dem Kind 14	D. Kostenrechtliche Hinweise 30

A. Grundlagen

§ 1748 BGB gestattet die Ersetzung der Einwilligung der leiblichen Eltern in die Adoption. Damit soll Kindern geholfen werden, deren Eltern einer Adoption nicht zustimmen, bei denen aber die Herausnahme aus ihrer leiblichen Familie und die Eingliederung in eine neue Familie besonders dringlich ist. Die Ersetzung kann jedoch nur unter engen Voraussetzungen erfolgen, weil durch sie erheblich in die

§ 1748

Grundrechte der Eltern des Kindes eingegriffen wird.[1] Die durch Art. 6 Abs. 2 Satz 1 GG geschützte Eltern-Kind-Beziehung wird aufgehoben und auch die durch Art. 6 Abs. 1 GG geschützte Freiheit der Familie wird erheblich beeinträchtigt.[2] Dieser einschneidende Grundrechtseingriff erfordert es, dass die Voraussetzungen des § 1748 BGB sehr exakt verstanden und sorgfältig geprüft werden müssen.[3] So hat das BVerfG entschieden, dass auch die Anhörung des Kindes notwendig ist, bevor die Einwilligung des Vaters ersetzt werden kann.[4]

2   Bei der Ersetzung der Einwilligung werden die Eltern jeweils einzeln beurteilt. Nur die Einwilligung des Elternteils, auf den selbst einer der Tatbestände des § 1748 BGB zutrifft, kann ersetzt werden. Falls der andere Elternteil die Einwilligung ebenfalls verweigert, jedoch keine der in § 1748 BGB genannten Verfehlungen bzw. Krankheit aufweist, scheidet ihm gegenüber die Ersetzung aus, so dass die Adoption insgesamt nicht durchgeführt werden kann. Geht es um mehrere Kinder, so muss auch wegen jedes einzelnen Kindes differenziert entschieden werden.[5]

3   Soweit dies für das Wohl des Kindes erforderlich ist, kann § 1748 BGB gemäß Art. 23 EGBGB auch dann angewendet werden, wenn das Adoptionsstatut **ausländisches Recht** ist. Davon wird insbesondere ausgegangen, wenn die Ersetzung nach dem Adoptionsstatut überhaupt nicht vorgesehen ist.[6]

B. Anwendungsvoraussetzungen

I. Ersetzung wegen anhaltender gröblicher Pflichtverletzungen gegenüber dem Kind

1. Struktur

4   Als ersten Fall der Ersetzungsbefugnis nennt § 1748 Abs. 1 Satz 1 BGB die anhaltende gröbliche Pflichtverletzung gegenüber dem Kind. Diese ist für jeden Elternteil gesondert zu prüfen. Der Nachweis der gröblichen Pflichtverletzung allein reicht zudem zur Begründung der Ersetzungsbefugnis noch nicht aus, sondern es muss hinzukommen, dass das Unterbleiben der Annahme dem Kind zu unverhältnismäßigem Nachteil gereichen würde.

2. Anhaltende gröbliche Pflichtverletzung

5   Die gröbliche Pflichtverletzung kann jedenfalls dann bejaht werden, wenn das Kind in der Familie in seiner körperlichen Existenz bedroht ist.[7] Das ist der Fall, wenn es misshandelt wird, aber auch, wenn es nicht versorgt wird, etwa indem es keine Nahrung, keine Kleidung oder keine Reinigung bekommt.[8] Auch das Hineinziehen des Kindes in ein kriminelles Milieu ist eine gröbliche Pflichtverletzung, während die Begehung von Straftaten allein durch die Eltern zumeist nicht ausreicht.

6   Die gröbliche Pflichtverletzung kann aber auch bei völligem Fehlen von Zuwendung gegeben sein, so wenn die Eltern das Kind Dritten überlassen, es herumreichen oder sich überhaupt nicht um seine Entwicklung kümmern. Bei einem **nicht sorgeberechtigten Elternteil**, der sich nicht um sein Kind kümmert, liegt allerdings nur dann eine gröbliche Pflichtverletzung vor, wenn das Kind erkennbar unter diesem Desinteresse leidet.[9]

---

[1] Kritisch zum vor allem auf ein Fehlverhalten der Eltern abstellenden Ansatz des § 1748 BGB *Salgo*, KritV 2000, 344-358.

[2] Dazu der Nichtannahmebeschluss BVerfG v. 20.01.1987 - 1 BvR 735/86 - FamRZ 1988, 807; vgl. auch *Saar* in: Erman, § 1748 Rn. 1.

[3] OLG Köln v. 20.12.2011 - 4 UF 246/11; auch von „enger" Auslegung sprechen gelegentlich die Gerichte, so BayObLG München v. 17.09.1990 - BReg 1 a Z 38/90 - NJW-RR 1991, 71-73; genauer *Frank* in: Staudinger, § 1748 Rn. 12, der klarstellt, dass es nicht um eine „enge" Auslegung, sondern um eine genaue Prüfung des einzelnen Falles gehe; ebenso *Liermann* in: Soergel; § 1748 Rn. 4; auch *Maurer* in: MünchKomm-BGB, § 1748 Rn. 1.

[4] BVerfG v. 14.08.2001 - 1 BvR 310/98 - JAmt 2001, 503-504; auch BVerfG v. 04.06.2003 - 1 BvR 2114/02 - FPR 2003, 488-490.

[5] OLG Frankfurt v. 23.07.2007 - 20 W 76/07 - FamRZ 2008, 296-299; Anm. *Leis*, jurisPR-FamR 8/2008, Anm. 3.

[6] BayObLG München v. 26.03.2002 - 1Z BR 35/01 - juris Rn. 28 - BayObLGZ 2002, 99-107.

[7] OLG Köln v. 20.12.2011 - 4 UF 246/11.

[8] *Finger*, FuR 1990, 183-191, 186; *Maurer* in: MünchKomm-BGB, § 1748 Rn. 10.

[9] Dazu, dass § 1748 BGB nur wegen solcher Pflichten eingreifen kann, die die Eltern im konkreten Fall (noch) haben, *Gernhuber/Coester-Waltjen*, Familienrecht, 6. Aufl. 2010, § 68 VI, Rn. 74 ff.

Die Verletzung der **Unterhaltspflicht allein ist noch keine** gröbliche Pflichtverletzung, sie kann jedoch in Einzelfällen eine solche darstellen, wenn die Versorgung des Kindes dadurch **gefährdet ist**.[10] 7
Vorsicht ist geboten bei der Heranziehung des in manchem vergleichbaren Maßstab für die Entziehung 8
der elterlichen Sorge nach § 1666 BGB. Der Maßstab, nach dem den Eltern das Sorgerecht entzogen werden kann und der Maßstab der Adoptionsersetzung stimmen nicht lückenlos überein.[11] Zudem müssen auch nach einem Entzug der elterlichen Sorge die Voraussetzungen für die Ersetzung der Einwilligung der Eltern noch umfassend geprüft werden.[12]
Der Zustand der gröblichen Pflichtverletzung muss **anhaltend**, also von einer gewissen Dauer sein. 9
Das bedeutet allerdings nicht, dass sein Fortdauern in der Zukunft nachgewiesen sein müsste.[13] Teilweise wird eine endgültig beendete Pflichtverletzung für ausreichend erachtet.[14] Verlangt wird die dauerhafte oder wiederholte Pflichtverletzung deshalb, weil erst nach einer solchen davon ausgegangen werden kann, dass die Eltern-Kind-Beziehung nachhaltig zerstört ist.[15]
Ein **Verschulden** der Eltern ist nicht erforderlich. Verlangt wird jedoch eine objektive Vorwerfbarkeit.[16] Dazu gehört eine gewisse Einsichtsfähigkeit.[17] Können die Eltern in keiner Weise einsehen, dass 10
in ihrem Verhalten ein gröblicher Pflichtverstoß liegt, so wird oft ein Fall des § 1748 Abs. 3 BGB vorliegen.[18]

3. Unverhältnismäßiger Nachteil

Aus dem Unterbleiben der Annahme müsste schließlich ein unverhältnismäßiger Nachteil für das Kind 11
entstehen. Auch diese zusätzliche Verhältnismäßigkeitsprüfung muss wegen des mit der Ersetzung verbundenen erheblichen Grundrechtseingriffs für jeden Einzelfall sorgfältig durchgeführt werden.[19]
Soweit das Grundrecht der Eltern zu beurteilen ist, muss bedacht werden, dass der Erhalt der Elternstellung selbst dann einen grundrechtlichen Wert hat, wenn diese die Sorge für das Kind nicht selbst ausüben können.[20] Bei der Beurteilung der Vor- und Nachteile für das Kind ist auf der einen Seite auch eine positive Prognose über eine Verbesserung des elterlichen Verhaltens zu beachten, während auf der anderen Seite das besondere Bedürfnis des bereits physisch oder psychisch geschädigten Kindes an stabiler liebevoller Förderung durch die Annahmewilligen einfließen muss.[21] Trotz schwerer Pflichtverletzungen der Eltern kann die Annahme dann für das Kind entbehrlich sein, wenn es in gesicherter Art und Weise in einer Pflegefamilie untergebracht ist.[22] Oftmals wird jedoch ein überwiegendes Interesse des Kindes an der Adoption von den Gerichten auch dann bejaht, wenn es fest in eine adoptionswillige Pflegefamilie integriert ist.[23] Bei der **Stiefkindadoption** (bei der die Ersetzung der Einwilligung des

---

[10] OLG Köln v. 20.12.2011 - 4 UF 246/11; BayObLG München v. 23.03.1998 - 1Z BR 31/98 - NJWE-FER 1998, 173-174; auch BayObLG München v. 06.05.1997 - 1Z BR 148/96 - FGPrax 1997, 148-149; *Diederichsen* in: Palandt, § 1748 Rn. 3; enger (schon mit blindem Vertrauen in das Einspringen Dritter) *Frank* in: Staudinger, § 1748 Rn. 19; *Saar* in Erman, § 1748, Rn. 7.
[11] Dazu *Röchling*, ZfJ 2000, 214-217, insbesondere mit Hinweis auf den Wortlaut des § 36 Abs. 1 Satz 2 SGB VIII.
[12] OLG Köln v. 06.05.1998 - 16 Wx 54/98 - OLGR Köln 1999, 9-10.
[13] *Diederichsen* in: Palandt, § 1748 Rn. 3; *Saar* in: Erman, § 1748 Rn. 4; *Finger*, FuR 1990, 183-191, 187; OLG Braunschweig v. 30.01.1995 - 2 W 6/95 - FamRZ 1997, 513-514.
[14] LG Münster v. 24.07.1998 - 5 T 771/97 - FamRZ 1999, 890-891, dagegen *Liermann*, FamRZ 1999, 1685-1686.
[15] Das betonend *Enders* in: Bamberger/Roth, § 1748 Rn. 9.
[16] Vgl. OLG Köln v. 21.03.1990 - 16 Wx 153/89 - DAVorm 1990, 808-811; umfassend *Gernhuber/Coester-Waltjen*, Familienrecht, 6. Aufl. 2010, § 68 VI, Rn. 72 ff.
[17] LG Bochum v. 21.10.2011 - 7 T 104/09.
[18] BayObLG München v. 15.07.1999 - 1Z BR 6/99 - DAVorm 1999, 773-777; *Maurer* in: MünchKomm-BGB, § 1748 Rn. 13, verlangt zumindest objektive Erkennbarkeit auch für die Eltern, aber nur ein „Mindestmaß" an Einsichtsfähigkeit. Gegen ein subjektives Tatbestandselement *Gernhuber/Coester-Waltjen*, Familienrecht, 6. Aufl. 2010, § 68 VI, Rn. 75.
[19] OLG Karlsruhe v. 11.05.1999 - 11 Wx 33/99 - ZfJ 1999, 311-312; BayObLG München v. 05.05.1978 - BReg 1 Z 18/78 - BayObLGZ 1978, 105-113; BayObLG München v. 09.11.2001 - 1Z BR 18/01 - NJW-RR 2002, 433-435 (für einen Fall des § 1748 Abs. 4 BGB).
[20] AG Nidda v. 27.02.2007 - 6 X 30/02 - FamRZ 2007, 2005-2006.
[21] Ähnlich *Maurer* in: MünchKomm-BGB, § 1748 Rn. 38.
[22] BayObLG München v. 15.07.1999 - 1Z BR 6/99 - DAVorm 1999, 773-777; vgl. aber andererseits auch BGH v. 05.02.1986 - IVb ZB 1/86 - juris Rn. 18 - LM Nr. 29 zu § 28 FGG.
[23] OLG Karlsruhe v. 11.05.1999 - 11 Wx 33/99 - juris Rn. 16 - ZfJ 1999, 311-312; AG Kamen v. 12.12.1994 - 10 VII W 1050 - FamRZ 1995, 1013-1016.

anderen Elternteils freilich vielfach nach dem im Punkte der Verhältnismäßigkeit aber entsprechenden § 1748 Abs. 4 BGB erfolgen wird, vgl. dazu Rn. 19) ist besonders zu berücksichtigen, dass das Kind ohnehin in gesicherten Familienverhältnissen lebt, und ihm die Änderungen durch die Adoption nicht unbedingt einen erheblichen Vorteil bringen.[24] Rechtlich relevant ist allein, dass der Annehmende die elterliche Sorge erhält. Das Kind verliert hingegen nicht nur die Verwandtschaft und den Kontakt zum leiblichen Vater, sondern auch zu den Großeltern sowie weiteren Verwandten väterlicherseits. Insgesamt kann beobachtet werden, dass die Gerichte sehr unterschiedlich mit der Ersetzungsbefugnis umgehen.

II. Ersetzung wegen einmaligen besonders schweren Pflichtverstoßes

12 § 1748 Abs. 1 Satz 2 BGB nennt zusätzlich die Ersetzung der Einwilligung bei einmaligem, besonders schwerem Pflichtverstoß. Wenn auch die Möglichkeit des Verwirkens der elterlichen Sorge heute gesetzlich nicht mehr ausdrücklich vorgesehen ist, so kann § 1748 Abs. 1 Satz 2 BGB doch faktisch als ein solches Verwirken angesehen werden.[25]

13 Eine besonders schwere Pflichtverletzung ist insbesondere bei schweren Straftaten gegen das Kind anzunehmen.[26] Straftaten, die sich nicht unmittelbar gegen das Kind richten, können ebenfalls ausreichen, wenn das Kind davon schwer betroffen ist.[27] Infolge dieses Fehlverhaltens muss eine Unterbringung des Kindes bei dem Elternteil dauerhaft ausgeschlossen erscheinen. Eine zusätzliche Verhältnismäßigkeitsprüfung ist im Rahmen des § 1748 Abs. 1 Satz 2 BGB nicht erforderlich.

III. Ersetzung wegen Gleichgültigkeit gegenüber dem Kind

14 Nach § 1748 Abs. 2 BGB kann die Einwilligung der Eltern unter bestimmten, zusätzlichen Voraussetzungen auch dann ersetzt werden, wenn die Eltern keine Pflichtverletzung i.S.d. § 1748 Abs. 1 BGB begangen haben, sondern ihrem Kind gegenüber „nur" gleichgültig sind. Gleichgültigkeit gegenüber dem Kind liegt vor, wenn die Eltern dem Kind gegenüber völlig desinteressiert sind.[28] Zumeist muss diese innere Einstellung der Eltern anhand objektiver Kriterien ermittelt werden.[29] Grundsätzlich lässt sich die Gleichgültigkeit daraus ableiten, dass die Eltern dem Kind keine Zuwendung geben und nicht an seinem Leben teilnehmen. So ist es, wenn Eltern ihr im Heim lebendes Kind nicht oder höchst unregelmäßig besuchen oder anrufen. Auch wenn der Kontakt zum Kind erkennbar nicht von Interesse an dem Kind, sondern von anderen Motiven dominiert ist, kann Gleichgültigkeit bejaht werden.[30]

15 Insbesondere beim nicht sorgeberechtigten Elternteil gehen die Auffassungen über die Feststellung der Gleichgültigkeit allerdings etwas auseinander. Unstreitig darf auch bei völligem Fehlen des Kontakts zwischen Kind und Elternteil nicht von Gleichgültigkeit ausgegangen werden, wenn stichhaltige Gründe für das Fehlen der Kontaktaufnahme, wie Krankheit, zu weite Entfernung oder nachhaltige Hinderung durch den sorgeberechtigten Elternteil vorliegen.[31] Teils wird darüber hinausgehend gesagt, dass schon nicht von Gleichgültigkeit ausgegangen werden darf, wenn Zweifel darüber bestehen, ob das Kind dem Elternteil gleichgültig ist, oder ob er andere Motive für die Zurückhaltung gegenüber

---

[24] BayObLG München v. 09.11.2001 - 1Z BR 18/01 - NJW-RR 2002, 433-435; sowie selbst bei erheblicher Pflichtverletzung BayObLG München v. 05.05.1978 - BReg 1 Z 18/78 - BayObLGZ 1978, 105-113.
[25] *Enders* in: Bamberger/Roth, § 1748 Rn. 22; die Parallele zieht auch *Liermann* in: Soergel, § 1748 Rn. 34.
[26] BayObLG München v. 13.02.1990 - BReg 1 a Z 81/88 - NJW-RR 1990, 776-777.
[27] OLG Brandenburg v. 15.03.2007 - 11 Wx 43/06 - juris Rn. 32; BayObLG München v. 13.02.1990 - BReg 1 a Z 81/88 - NJW-RR 1990, 776-777; OLG Zweibrücken v. 08.02.2001 - 3 W 266/00 - FGPrax 2001, 113-114.
[28] BayObLG München v. 10.09.2003 - 1Z BR 36/03 - juris Rn. 16 - BayObLGZ 2003, 232-239; BayObLG München v. 23.03.1998 - 1Z BR 31/98 - juris Rn. 11 - NJWE-FER 1998, 173-174; auch BayObLG München v. 06.05.1997 - 1Z BR 148/96 - NJW-RR 1997, 1364-1365.
[29] Grundlegend zur Feststellung der Gleichgültigkeit anhand objektiver Kriterien BayObLG München v. 09.01.2002 - 1Z BR 30/01 - juris Rn. 38 - NotBZ 2002, 150-151.
[30] Vgl. etwa OLG Hamm v. 15.04.1991 - 15 W 52/91 - OLGZ 1992, 15-22.
[31] So *Enders* in: Bamberger/Roth, § 1748 Rn. 12; BayObLG München v. 09.01.2002 - 1Z BR 30/01 - NotBZ 2002, 150-151 (Abschiebung und Verhinderung des Kontakts durch die Mutter); BayObLG München v. 13.07.2000 - 1Z BR 49/00 - NJWE-FER 2001, 38 (Verhinderung des Kontakts durch die Mutter); dies gilt auch, wenn das Kind den Kontakt verweigert, OLG Köln v. 20.12.2011 - 4 UF 246/11.

dem Kind hat.³² Auch das Nichtzahlen von Unterhalt trotz Leistungsfähigkeit kann als Indiz für die Gleichgültigkeit dienen, reicht jedoch allein nicht aus.³³

Die Gleichgültigkeit ist der gröblichen Pflichtverletzung als Grund für die Ersetzung nachrangig. Bei Gleichgültigkeit gegenüber dem Kind sollen die Eltern zudem noch eine Chance bekommen, ihr Verhalten zu ändern und eine echte Eltern-Kind-Beziehung herzustellen. Sie sind daher nach § 1748 Abs. 2 Satz 1 BGB zunächst vom Jugendamt zu belehren und beraten. Die **Beratung** ist nach § 51 Abs. 2 SGB VIII in das pflichtgemäße Ermessen des Jugendamtes gestellt. Insbesondere bei vollkommener Aussichtslosigkeit kann sie daher unterbleiben.³⁴ Sie soll konstruktiv ausgestaltet sein und den Eltern Möglichkeiten für eine Verbesserung der Eltern-Kind-Beziehung aufzeigen. Die **Belehrung** der Eltern über die Ersetzung und das Abwarten einer Frist von drei Monaten nach der **Belehrung** sind dagegen zwingend. Die Belehrung kann nur nach Maßgabe des § 1748 Abs. 2 Satz 2 BGB entfallen, wenn es dem Jugendamt nicht gelingt, die leiblichen Eltern zu ermitteln. Das Jugendamt muss sich während der im Gesetz festgesetzten Frist von drei Monaten ernsthaft darum bemühen, die Eltern ausfindig zu machen.³⁵ Die Belehrung ist nachzuholen, falls die Möglichkeit zur Belehrung später doch noch entsteht.³⁶ Die Belehrung muss inhaltlich so gehalten sein, dass die Eltern sie verstehen und auf dieser Basis ihr Verhalten noch einmal überdenken können.³⁷ Sie soll in einem gründlichen Gespräch durchgeführt werden, kann aber, falls die Eltern dies nachdrücklich ablehnen, auch schriftlich erfolgen.³⁸ 16

Auch bei der Ersetzung wegen Gleichgültigkeit ist es zusätzlich nötig, dass dem Kind durch das Ausbleiben der Adoption ein unverhältnismäßiger Nachteil entstehen würde.³⁹ Dazu auch schon Rn. 11. 17

IV. Ersetzung wegen schwerer psychischer Krankheit oder schwerer geistiger Behinderung

Anders als bei § 1748 Abs. 1 BGB ist für die Ersetzung nach § 1748 Abs. 3 BGB nicht darauf abzustellen, ob das Kind durch das Unterbleiben der Annahme einen unverhältnismäßigen Nachteil erleiden würde, sondern darauf, ob es ohne die Annahme nicht in einer Familie aufwachsen könnte.⁴⁰ Daher ist im Rahmen des § 1748 Abs. 3 BGB unstreitig, dass eine Ersetzung ausscheidet, wenn das Kind sicher und dauerhaft in einer Pflegefamilie untergebracht ist.⁴¹ 18

V. Ersetzung der Einwilligung des nicht sorgeberechtigten nichtehelichen Vaters

§ 1748 Abs. 4 BGB ist eine Sonderregelung für die Ersetzung der Einwilligung des Vaters eines nicht ehelich geborenen Kindes, der nie das elterliche Sorgerecht innehatte. Nach § 1626a BGB sind das alle Väter, die weder eine Sorgerechtserklärung abgegeben noch die Mutter des Kindes später geheiratet haben, vgl. die Kommentierung zu § 1626a BGB. Die gewisse Ungleichbehandlung des mit der Mutter nicht verheirateten Vaters, die in § 1626 BGB zugunsten von Mutter und Kind gerechtfertigt ist, setzt sich hier also ohne erkennbare Not fort.⁴² 19

---

32 BayObLG München v. 10.09.2003 - 1Z BR 36/03 - juris Rn. 23 - BayObLGZ 2003, 232-239.
33 Vgl. BayObLG München v. 23.03.1998 - 1Z BR 31/98 - NJWE-FER 1998, 173-174 (der Vater hatte immer wieder Geschenke gesendet und die Kontaktaufnahme versucht); auch BayObLG München v. 06.05.1997 - 1Z BR 148/96 - FGPrax 1997, 148-149; BayObLG München v. 06.05.1997 - 1Z BR 148/96 - NJW-RR 1997, 1364-1365; OLG Hamm v. 15.04.1991 - 15 W 52/91 - OLGZ 1992, 15-22 zu einem Fall, wo der Vater gelegentlichen Umgang hatte und nach Beginn des Adoptionsverfahrens einen Antrag auf Regelung des Umgangs gestellt hat.
34 Vgl. auch OLG Hamm v. 15.04.1991 - 15 W 52/91 - OLGZ 1992, 15-22 (gegen die Pflicht zur Belehrung in einem Fall, in welchem der Vater nur ein Umgangsrecht hatte, und die Stiefkindadoption erfolgen sollte).
35 Vgl. BVerfG v. 04.06.2003 - 1 BvR 2114/02 - juris Rn. 12 - FPR 2003, 488-490. Näher *Enders* in: Bamberger/Roth, § 1748 Rn. 14.
36 *Diederichsen* in: Palandt, § 1748 Rn. 5.
37 *Enders* in: Bamberger/Roth, § 1748 Rn. 15.
38 *Liermann* in: Soergel, § 1748 Rn. 36.
39 BVerfG v. 04.06.2003 - 1 BvR 2114/02 - juris Rn. 15 - FPR 2003, 488-490.
40 BGH v. 15.10.1996 - XII ZB 72/96 - BGHZ 133, 384-390.
41 *Frank* in: Staudinger, § 1748 Rn. 57; anders für den besonderen Fall, dass bei Unterbleiben der Ersetzung das Kind in eine andere Pflegefamilie wechseln müsste, OLG Schleswig v. 15.01.2002 - 2 W 140/02 - SchlHA 2003, 253.
42 Besonders kritisch *Frank* in: Staudinger, § 1748 Rn. 59; *Liermann* in: Soergel, § 1748 Rn. 40 ff.; insbesondere zu den Auswirkungen des Urteils des BVerfG - BVerfG v. 29.01.2003 - 1 BvL 20/99, 1 BvR 933/01 - NJW 2003, 955-961, zu § 1626a BGB auch *Liermann*, FamRZ 2003, 1523-1525.

§ 1748

20   Dem Wortlaut der Norm nach ist die einzige Voraussetzung für die Ersetzung der Einwilligung des nicht sorgeberechtigten Vaters (gemeint sind nur die Väter, die nach § 1626a Abs. 3 BGB von Anfang an nie die Sorge hatten), dass das Unterbleiben der Annahme für das Kind einen unverhältnismäßigen Nachteil darstellen würde. Formal betrachtet widerspricht es dem Wortlaut und der systematischen Stellung dieser Sonderregelung, bei der im Einzelfall notwendigen Abwägung auf ein besonderes Fehlverhalten oder eine Gleichgültigkeit des Vaters abzustellen. Denn anders als in Absatz 1 und Absatz 2 – die für den nichtehelichen, nicht sorgeberechtigten Vater ohnehin angewendet werden könnten – ist nach dem Wortlaut des Absatz 4 jegliches Fehlverhalten als Voraussetzung der Ersetzung entbehrlich.[43] So betrachtet trifft die Norm nur die Väter, die ihr Kind nicht pflichtwidrig behandelt haben, und denen ihr Kind insbesondere nicht gleichgültig ist. Damit umfasst sie nur Fälle, in denen der Ersetzung mit größter Vorsicht begegnet werden muss. Es verwundert nicht, dass die Oberlandesgerichte trotz des entgegenstehenden Wortlauts und der Systematik eine Einschränkung der Norm auf Fälle der Pflichtverletzung gegenüber dem Kind wiederholt versucht haben.[44]

21   Teilweise wurde der Maßstab für einen Eingriff nach § 1748 Abs. 4 BGB dagegen – so wie es die Systematik der Norm nahe legt – recht weit verstanden.[45] Das Bedürfnis des Kindes nach vollständiger auch rechtlicher Integration in eine Pflegefamilie sollte danach im Einzelfall über das Interesse des Vaters an der Aufrechterhaltung der Vaterschaft gestellt werden.[46] So verstanden wertet die Norm aber die Vaterrechte des nichtehelichen Vaters sehr ab. Entsprechend haben der BGH und das BVerfG nunmehr einhellig einen etwas engeren Maßstab angelegt. Die Einwilligung soll danach nur dann ersetzt werden können, wenn ein sich verständig um sein Kind sorgender Elternteil auf der Erhaltung des Verwandtschaftsbandes nicht bestehen würde. Dabei soll insbesondere das Vorverhalten des Vaters berücksichtigt werden.[47]

22   Diese Eingrenzung der Norm ist positiv zu bewerten, befriedigt jedoch noch nicht. Es ist kaum ersichtlich, warum die Ersetzung beim nicht sorgeberechtigten nichtehelichen Vater überhaupt erleichtert werden sollte. Signifikante Unterschiede zum nicht sorgeberechtigten ehelichen Vater bestehen nicht. Die Norm sollte daher äußerst eng verstanden und entgegen ihrem Wortlaut an die Vorgaben der Absätze 1-3 angepasst werden. Ein Vater, der weder gleichgültig ist noch seine Pflichten gegenüber dem Kind i.S.d. Absatzes 1 verletzt hat, kann in aller Regel die Einwilligung in die Adoption verweigern. Seine Einwilligung wird dann nicht ersetzt. Insbesondere gilt dies für die Stiefkindadoption, die dem Kind nur wenige Vorteile bringt:[48] Soweit der Vater weder gleichgültig ist noch seine Pflichten gegenüber dem Kind verletzt hat, muss das Interesse des Kindes an der Stiefkindadoption hinter dem Interesse des Vaters an der Aufrechterhaltung des grundrechtlich gesicherten Elternrechts (einschließlich des Umgangsrechts) zurückstehen.[49] Vgl. allgemein schon Rn. 11.

C. Prozessuale Hinweise/Verfahrenshinweise

I. Antrag des Kindes

23   Das Verfahren der Ersetzung kann allein auf Antrag des Kindes eingeleitet werden. Ist das Kind unter 14 Jahren, stellt der gesetzliche Vertreter den Antrag für das Kind.[50] Ist der Elternteil, dessen Einwilligung ersetzt werden soll (ausnahmsweise) noch gesetzlicher Vertreter, so wird ein Ergänzungspfleger

---

[43] Wie hier *Maurer* in: MünchKomm-BGB, § 1748 Rn. 60.
[44] Sich an die Voraussetzungen der Gleichgültigkeit anlehnend OLG Saarbrücken v. 18.11.2004 - 5 W 221/04, 5 W 221/04 - 73 - OLGR Saarbrücken 2005, 303-305; wegen des Grundrechtseingriffs eine besonders strenge Verhältnismäßigkeitsprüfung vornehmend das OLG Stuttgart v. 14.12.2004 - 8 W 313/04 - FamRZ 2005, 542-546; kritisch zu der Vorschrift insbesondere in Verbindung mit einer Stiefkindadoption *Muscheler*, FamRZ 2004, 913-921.
[45] OLG Karlsruhe v. 26.05.2000 - 11 Wx 48/00 - NJW-RR 2000, 1460-1461.
[46] BayObLG München v. 20.01.2004 - 1Z BR 109/03 - juris Rn. 18 - BayObLGR 2004, 212-213.
[47] BGH v. 23.03.2005 - XII ZB 10/03 - FamRZ 2005, 891-893; BVerfG v. 29.11.2005 - 1 BvR 1444/01 - NJW 2006, 827-829; dazu *Maurer*, FamRZ 2006, 96-98; *Rösler*, FamRZ 2006, 1356-1357.
[48] Zum Maßstab bei einem chronisch kranken Kind, OLG Saarbrücken v. 21.03.2013 - 6 UF 409/12 - ZKJ 2013, 305-307.
[49] Die Notwendigkeit verfassungskonformer Auslegung betont *Maurer* in: MünchKomm-BGB, § 1748 Rn. 60; ebenso *Liermann* in: Soergel, § 1748 Rn. 43; kritisch auch *Finger*, JR 2005, 138-142.
[50] Zu einem Fall, in dem der gesetzliche Vertreter selbst adoptieren wollte, OLG Zweibrücken v. 08.02.2001 - 3 W 266/00 - FamRZ 2001, 1730.

eingesetzt (§§ 1909, 1629 Abs. 2 Satz 3, 1796 Abs. 2 BGB).[51] Ab der Vollendung des 14. Lebensjahrs stellt das Kind den Antrag selbst, streitig ist aber, ob es der Zustimmung des gesetzlichen Vertreters bedarf.[52] Das hängt davon ab, ob § 1748 BGB ein dem 14-jährigen Kind zustehendes Recht enthält (§ 9 Abs. 1 Nr. 3 FamFG). Obwohl § 1748 BGB, anders als die §§ 1746 und 1762 BGB keine ausdrückliche Erwähnung der Altersgrenze von 14 Jahren enthält, sollte dies bejaht werden. Es ist kein sachlicher Grund dafür ersichtlich, nicht auch hier dem 14-jährigen Kind bereits die Alleinentscheidungsbefugnis zuzugestehen.

II. Verfahrensablauf

Das Verfahren der Ersetzung ist ein selbstständiges Verfahren (vgl. nur § 186 Nr. 2 FamFG). Über die Annahme des Kindes kann erst entschieden werden, wenn der Ersetzungsbeschluss rechtskräftig ist (§ 198 Abs. 1 Satz 1 FamFG).[53] 24

Das Ersetzungsverfahren kann nur durchgeführt werden, wenn die Annahmewilligen bereits feststehen. Das ist schon deshalb unverzichtbar, weil die notwendigen Abwägungen sonst nicht möglich sind.[54] 25

Nach altem Recht bereitete es nicht selten Probleme, wenn gleichzeitig parallele Verfahren vor dem Familiengericht (etwa im Bereich des § 1666 BGB) und dem Vormundschaftsgericht durchgeführt wurden. Denn diese Verfahren haben zwar verschiedene Gegenstände, berühren sich also nicht in ihrer Rechtskraft, jedoch schien eine Abstimmung in mancherlei Hinsicht sinnvoll (etwa wegen der sich doppelnden Anhörungen des Kindes). Nunmehr ist zwar dasselbe Gericht für beide Verfahren zuständig, die Trennung der Verfahren ist jedoch explizit aufrechterhalten worden (§ 196 FamFG). Der Grund hierfür, nämlich die Wahrung des Adoptionsgeheimnisses, trägt allerdings nicht bei älteren Kindern, bei denen die Verbindung Sinn ergeben würde. Keines der Verfahren hat Vorrang. Nur in dem Sonderfall des parallel laufenden Verfahrens über die Übertragung der elterlichen Sorge auf den Vater nach § 1672 BGB räumt das Gesetz dem Sorgerechtsverfahren gewissermaßen den Vorrang ein (§ 1747 Abs. 3 Nr. 2 BGB).[55] 26

III. Anhörungen und Beschwerde

Im Verfahren sind nach § 192 Abs. 1 FamFG wie stets die Annehmenden und das Kind zu hören. Die Eltern des Kindes, deren Einwilligung ersetzt werden soll, sind Verfahrensbeteiligte und sollen daher nach § 192 Abs. 2 FamFG gehört werden. Diese Anhörung ist Teil der nach § 26 FamFG erforderlichen gründlichen Tatsachenermittlung.[56] Der Elternteil, dessen Einwilligung ersetzt werden soll, hat zudem einen Anspruch auf rechtliches Gehör aus Art. 103 Abs. 1 GG.[57] 27

Wird der Antrag des Kindes auf Ersetzung der Einwilligung abgelehnt, so kann das Kind die Beschwerde nach § 58 Abs. 1 FamFG einlegen. Der zulässige Rechtsbehelf für die von der Ersetzung betroffenen Eltern ist gem. §§ 58 Abs. 1, 59 Abs. 1 FamFG ebenfalls die Beschwerde. Gegen den die Ersetzung aussprechenden Beschluss ist nur der Elternteil beschwerdebefugt i.S.d. § 59 Abs. 1 FamFG, dessen Einwilligung ersetzt wurde.[58] 28

IV. Auslandsbezug

Ergeben sich im Verfahren der Ersetzung Anhaltspunkte für Auslandsberührung, so sind die Staatsangehörigkeit der Annehmenden und des Kindes von Amts wegen zu ermitteln.[59] 29

---

[51] Näher *Frank* in: Staudinger, § 1748 Rn. 63.
[52] Dagegen: *Liermann* in: Soergel, § 1748 Rn. 46; ebenso *Maurer* in: MünchKomm-BGB, § 1748 Rn. 68; dafür: *Diederichsen* in: Palandt, 1748 Rn. 13; *Finger* in: NK-BGB, § 1748 Rn. 15; *Enders* in: Bamberger/Roth, § 1748 Rn. 33, 33.1.
[53] OLG Celle v. 04.02.1998 - 15 W 3/98 - ZfJ 1998, 262-263.
[54] Allgemeine Ansicht, vgl. nur *Maurer* in: MünchKomm-BGB, § 1748 Rn. 65.
[55] OLG Naumburg v. 24.07.2003 - 10 Wx 9/02, 10 Wx 11/02 - OLGR Naumburg 2004, 29-39.
[56] Näher zu weiteren notwendigen Anhörungen *Enders* in: Bamberger/Roth, § 1748 Rn. 34; *Krause*, FamRB 2009, 221-226, 224.
[57] BVerfG v. 04.06.2003 - 1 BvR 2114/02 - FPR 2003, 488-490; BayObLG München v. 23.01.2004 - 1Z BR 102/03 - juris Rn. 13 - BayObLGR 2004, 188-189.
[58] Vgl. auch *Gernhuber/Coester-Waltjen*, Familienrecht, 6. Aufl. 2010, § 68 Rn. 83.
[59] BayObLG München v. 31.03.2003 - 1Z BR 25/03 - FamRZ 2004, 303-304.

D. Kostenrechtliche Hinweise

30 Im Kostenrecht gelten keine Besonderheiten. Der Ersetzungsbeschluss sowie seine Ablehnung ergehen gerichtsgebührenfrei (Teil 1 Hauptabschnitt 3 Abschnitt 1 Vorbem. 1.3.2 Abs. 2 Kostenverzeichnis-FamGKG). Für die Erstattung der außergerichtlichen Kosten gelten die §§ 80 ff. FamFG. Eine Auferlegung der Kosten auf einen Beteiligten kommt dabei nicht in Betracht, da bei der Annahme als Kind ein ausreichend streitiges Verhältnis von Kind und Eltern verneint werden muss.[60] Die Beteiligten tragen eventuelle außergerichtliche Kosten also selbst. Eine Auferlegung von Kosten kommt nur für das Beschwerdeverfahren in Betracht. Im Fall der erfolglosen Beschwerde gegen die Ersetzung trägt der Beschwerdeführer die Kosten des Verfahrens. Gemäß § 42 Abs. 3 FamGKG wird als Geschäftswert in nicht vermögensrechtlichen Angelegenheiten mangels vorhandener Anhaltspunkte ein Wert von 3.000 € zugrundegelegt.

31 Bei erfolgreicher Verfassungsbeschwerde folgt der Anspruch des Klägers gegen das betroffene Bundesland aus § 34a Abs. 2 BVerfGG.

---

[60] AG Kamen v. 12.12.1994 - 10 VII W 1050 - FamRZ 1995, 1013-1016; BayObLG München v. 23.12.1982 - BReg 1 Z 108/82 - ZblJugR 1983, 554-556 zur Regelung des § 13a FGG a.F.

§ 1749 BGB Einwilligung des Ehegatten

(Fassung vom 17.12.2008, gültig ab 01.09.2009)

(1) ¹Zur Annahme eines Kindes durch einen Ehegatten allein ist die Einwilligung des anderen Ehegatten erforderlich. ²Das Familiengericht kann auf Antrag des Annehmenden die Einwilligung ersetzen. ³Die Einwilligung darf nicht ersetzt werden, wenn berechtigte Interessen des anderen Ehegatten und der Familie der Annahme entgegenstehen.

(2) Zur Annahme eines Verheirateten ist die Einwilligung seines Ehegatten erforderlich.

(3) Die Einwilligung des Ehegatten ist nicht erforderlich, wenn er zur Abgabe der Erklärung dauernd außerstande oder sein Aufenthalt dauernd unbekannt ist.

Gliederung

A. Grundlagen 1	II. Annahme eines Verheirateten 4
B. Anwendungsvoraussetzungen 2	III. Entbehrlichkeit der Einwilligung 5
I. Einwilligung bei Annahme des Kindes durch einen Ehegatten allein 2	

A. Grundlagen

In einigen Fällen betrifft die Adoption außer den Eltern, dem Annehmendem und dem Anzunehmenden noch weitere Personen so sehr, dass ihre Einwilligung erforderlich scheint. Das gilt besonders für den Ehegatten des Annehmenden und des Anzunehmenden. Die Konstellationen, in welchen eine Einwilligung nötig ist, und die Voraussetzungen ihrer Ersetzung werden in § 1749 BGB bestimmt. 1

B. Anwendungsvoraussetzungen

I. Einwilligung bei Annahme des Kindes durch einen Ehegatten allein

Für den Ausnahmefall, dass ein Ehegatte ein Kind allein annimmt, vgl. dazu auch die Kommentierung zu § 1741 BGB, schreibt § 1749 BGB die Einwilligung des anderen Ehegatten vor. Bedeutung erhält dieses Erfordernis nur in den (seltenen) Fällen, in denen es zur alleinigen Annahme durch einen Ehegatten kommen kann, weil der andere Ehegatte das Mindestalter noch nicht erreicht hat oder geschäftsunfähig ist (§ 1741 Abs. 2 Satz 4 BGB). Denn bei der Stiefkindadoption muss der andere Ehegatte als leiblicher Elternteil der Adoption ohnehin zustimmen. 2

Das Familiengericht darf die Einwilligung ersetzen, wenn nicht berechtigte Interessen des anderen Ehegatten und der Familie entgegenstehen. Allgemein wird angenommen, dass die Ersetzung nur dann möglich ist, wenn die Ehegatten getrennt leben.[1] 3

II. Annahme eines Verheirateten

Für den bei der Minderjährigenannahme ebenfalls seltenen Fall, dass der Anzunehmende selbst bereits verheiratet ist, muss nach § 1749 Abs. 2 BGB der Ehegatte des Anzunehmenden in die Annahme einwilligen. Bedeutung gewinnt § 1749 Abs. 2 BGB dadurch, dass er nach § 1767 Abs. 2 BGB auch auf die Annahme Volljähriger anzuwenden ist. 4

III. Entbehrlichkeit der Einwilligung

§ 1749 Abs. 3 BGB bestimmt wortgleich zu § 1747 Abs. 4 BGB, dass die Einwilligung des jeweiligen Ehegatten entbehrlich ist, wenn dieser entweder zur Abgabe der Erklärung nicht imstande oder sein Aufenthalt dauernd unbekannt ist. 5

---

[1] Nur *Maurer* in: MünchKomm-BGB, § 1749 Rn. 5.

§ 1750 BGB Einwilligungserklärung

(Fassung vom 17.12.2008, gültig ab 01.09.2009)

(1) ¹Die Einwilligung nach §§ 1746, 1747 und 1749 ist dem Familiengericht gegenüber zu erklären. ²Die Erklärung bedarf der notariellen Beurkundung. ³Die Einwilligung wird in dem Zeitpunkt wirksam, in dem sie dem Familiengericht zugeht.

(2) ¹Die Einwilligung kann nicht unter einer Bedingung oder einer Zeitbestimmung erteilt werden. ²Sie ist unwiderruflich; die Vorschrift des § 1746 Abs. 2 bleibt unberührt.

(3) ¹Die Einwilligung kann nicht durch einen Vertreter erteilt werden. ²Ist der Einwilligende in der Geschäftsfähigkeit beschränkt, so bedarf seine Einwilligung nicht der Zustimmung seines gesetzlichen Vertreters. ³Die Vorschrift des § 1746 Abs. 1 Satz 2, 3 bleibt unberührt.

(4) ¹Die Einwilligung verliert ihre Kraft, wenn der Antrag zurückgenommen oder die Annahme versagt wird. ²Die Einwilligung eines Elternteils verliert ferner ihre Kraft, wenn das Kind nicht innerhalb von drei Jahren seit dem Wirksamwerden der Einwilligung angenommen wird.

Gliederung

A. Grundlagen 1	III. Bindungswirkung 7
I. Reichweite der Norm 1	B. Kraftloswerden der Einwilligungs-
II. Form der Einwilligung 3	erklärung 10

A. Grundlagen

I. Reichweite der Norm

1 In § 1750 BGB sind die formalen Anforderungen an die nach den §§ 1746-1749 BGB erforderlichen Einwilligungserklärungen zusammengefasst. Gemäß § 1747 Abs. 3 Nr. 3 Satz 2 BGB ist die Norm sinngemäß auch auf die Verzichtserklärung des nichtehelichen Vaters (§ 1747 Abs. 3 Nr. 3 Satz 1 BGB) anzuwenden.

2 Auch § 1750 BGB ist vor dem Hintergrund der erheblichen verfassungsrechtlichen Bedeutung des Verlusts des Elternrechts zu verstehen. Die Norm versucht eine Balance zu finden zwischen dem Interesse des Kindes an Rechtssicherheit und dem Schutz, den die Eltern benötigen. Denn durch die Annahme des Kindes, welche die Eltern durch ihre Erklärung ermöglichen, erleiden sie einen so großen Grundrechtseinschnitt, dass hohe Formanforderungen für die Erklärung nötig sind.[1] Zudem tritt das Ruhen der elterlichen Sorge schon mit der Einwilligung ein, vgl. dazu die Kommentierung zu § 1751 BGB.

II. Form der Einwilligung

3 Die Einwilligungserklärung ist stets dem Familiengericht gegenüber abzugeben.[2] Kennen die leiblichen Eltern das zuständige Gericht auf Grund des Inkognitos nicht, kann die Einreichung über die Adoptionsvermittlungsstelle erfolgen.[3]

4 Sie wird mit Zugang beim Familiengericht wirksam. Der genaue Zeitpunkt des Wirksamwerdens der Einwilligung ist wichtig, weil nach § 1751 BGB bereits mit Erteilung der wirksamen Einwilligung in die Annahme das elterliche Sorgerecht ruht.

5 Die Einwilligung bedarf der **notariellen Beurkundung**. Das gilt jedoch nicht für die Verzichtserklärung des Vaters nach § 1747 Abs. 3 Satz 3 BGB, welche gemäß § 59 Abs. 1 Satz 1 Nr. 7 SGB VIII vom Jugendamt beurkundet werden kann.

---

[1] Kritisch gegenüber der Pflicht zur notariellen Beurkundung *Gernhuber/Coester-Waltjen*, Lehrbuch des Familienrechts, 6. Aufl. 2010, § 68 IV Rn. 38.
[2] OLG Hamm v. 30.10.1986 - 15 W 394/86 - OLGZ 1987, 129-141.
[3] *Saar* in: Erman, § 1750 Rn. 2.

Sie muss höchstpersönlich und unbedingt erklärt werden. Damit sind nur echte Bedingungen gemeint, nicht etwa Einschränkungen, wie eine bestimmte Religionszugehörigkeit der Annehmenden bei der Inkognitoadoption.[4]

III. Bindungswirkung

Die Einwilligung ist **unwiderruflich**. Erreicht ein formloser Widerruf allerdings das Familiengericht, bevor die notariell beurkundete Einwilligung diesem zugeht, so wird die Einwilligung gemäß § 130 Abs. 1 Satz 2 BGB nicht wirksam.[5] Eine Ausnahme gilt nach § 1746 Abs. 2 BGB nur für die Einwilligung des Kindes, das das vierzehnte Lebensjahr vollendet und die Einwilligung selbst abgegeben hat.

Problematisch ist die Frage, inwieweit die Erklärung vor dem Ausspruch der Annahme angefochten werden kann, wenn **Willensmängel** vorliegen. Die Anfechtbarkeit muss dann grundsätzlich auch ohne ausdrückliche gesetzliche Grundlage möglich sein, denn es wäre widersinnig, wenn zunächst die Annahme des Kindes abgewartet werden müsste, damit die Eltern sich dann im Aufhebungsverfahren auf die Willensmängel berufen könnten. Als Anfechtungsgründe anerkannt werden jedoch zu Recht in der Regel nur die Gründe, die nach § 1760 Abs. 2 BGB zur Unwirksamkeit der Willenserklärung führen.[6] Fraglich ist, ob auch die Sittenwidrigkeit des Antrags oder ähnliche schwerwiegende Nichtigkeitsgründe geltend gemacht werden können.[7] Hier sollte darauf abgestellt werden, ob das Kontinuitätsinteresse des Kindes, aus welchem heraus die strenge Regelung des § 1760 BGB entstanden ist, bereits besteht. Lebt das Kind bereits in Erwartung der Annahme bei den Annehmenden, so sollte der Maßstab des § 1760 Abs. 2 BGB auch bereits angewendet werden.

Das Gericht kann über die Wirksamkeit der Einwilligung in diesen Fällen vorab entscheiden.[8]

B. Kraftloswerden der Einwilligungserklärung

Gemäß § 1750 Abs. 4 BGB verlieren die Erklärungen ihre Kraft, wenn die Annahme scheitert. Die Einwilligung der Eltern verliert außerdem auch dann die Kraft, wenn das Kind nicht innerhalb von drei Jahren nach dem Wirksamwerden der Einwilligung angenommen worden ist.

---

[4] *Maurer* in: MünchKomm-BGB, § 1750 Rn. 7; *Gernhuber/Coester-Waltjen*, Lehrbuch des Familienrechts, 6. Aufl. 2010, § 68 VI, Rn. 68 Fn. 118.

[5] Das ist allgemeine Ansicht, vgl. nur *Maurer* in: MünchKomm-BGB, § 1750 Rn. 9; der Fall kommt nicht selten vor; vgl. nur OLG Hamm v. 15.10.1981 - 15 W 196/81 - NJW 1982, 1002-1003; auch OLG Hamm v. 08.12.1981 - 15 W 87/81 - NJW 1983, 1741-1742 (für die Verzichtserklärung); zu einem etwas abweichenden Fall schließlich OLG Hamm v. 30.10.1986 - 15 W 394/86 - OLGZ 1987, 129-141.

[6] Umfassend *Heilmann*, DAVorm 1997, 581-588; OLG Frankfurt v. 09.10.1980 - 20 W 371/80 - FamRZ 1981, 206-207; *Enders* in: Bamberger/Roth, § 1750 Rn. 8.

[7] Dafür *Liermann* in: Soergel, § 1750 Rn. 14.

[8] *Maurer* in: MünchKomm-BGB, § 1750 Rn. 13; *Diederichsen* in: Palandt, § 1750 Rn. 4; *Liermann* in: Soergel, § 1750 Rn. 14; *Heilmann*, DAVorm 1997, 671-676.

§ 1751 BGB Wirkung der elterlichen Einwilligung, Verpflichtung zum Unterhalt

(Fassung vom 16.04.2013, gültig ab 19.05.2013)

(1) ¹Mit der Einwilligung eines Elternteils in die Annahme ruht die elterliche Sorge dieses Elternteils; die Befugnis zum persönlichen Umgang mit dem Kind darf nicht ausgeübt werden. ²Das Jugendamt wird Vormund; dies gilt nicht, wenn der andere Elternteil die elterliche Sorge allein ausübt oder wenn bereits ein Vormund bestellt ist. ³Eine bestehende Pflegschaft bleibt unberührt. ⁴Für den Annehmenden gilt während der Zeit der Adoptionspflege § 1688 Abs. 1 und 3 entsprechend.

(2) Absatz 1 ist nicht anzuwenden auf einen Ehegatten, dessen Kind vom anderen Ehegatten angenommen wird.

(3) Hat die Einwilligung eines Elternteils ihre Kraft verloren, so hat das Familiengericht die elterliche Sorge dem Elternteil zu übertragen, wenn und soweit dies dem Wohl des Kindes nicht widerspricht.

(4) ¹Der Annehmende ist dem Kind vor den Verwandten des Kindes zur Gewährung des Unterhalts verpflichtet, sobald die Eltern des Kindes die erforderliche Einwilligung erteilt haben und das Kind in die Obhut des Annehmenden mit dem Ziel der Annahme aufgenommen ist. ²Will ein Ehegatte ein Kind seines Ehegatten annehmen, so sind die Ehegatten dem Kind vor den anderen Verwandten des Kindes zur Gewährung des Unterhalts verpflichtet, sobald die erforderliche Einwilligung der Eltern des Kindes erteilt und das Kind in die Obhut der Ehegatten aufgenommen ist.

Gliederung

A. Grundlagen 1	II. Vormundschaft und gesetzliche Vertretung 9
B. Anwendungsvoraussetzungen 3	III. Sorgeantrag des Vaters 12
I. Wirksame Einwilligung 3	IV. Wiedereinräumung der elterlichen Sorge bei Scheitern der Annahme 13
II. Kraftloswerden der Einwilligung 5	
C. Rechtsfolgen 6	V. Vorrangige Unterhaltspflicht des Annehmenden 16
I. Ruhen der elterlichen Sorge und des Umgangsrechts 6	VI. Sonderfall: Stiefkindadoption 20

A. Grundlagen

1 Nicht erst die eigentliche Annahme, sondern schon die Einwilligung der leiblichen Eltern des Kindes in die Annahme, löst erhebliche rechtliche Wirkungen aus. Schon durch die Einwilligung wird das rechtliche Band zwischen Eltern und Kind stark gelockert. Nach § 1751 BGB ruht insbesondere die elterliche Sorge, die Unterhaltspflichten der leiblichen Eltern treten hinter die des Annehmenden zurück.

2 Die Regelungen des § 1751 BGB sollen den Übergang in die neue Familie erleichtern. Sie basieren dabei auf dem Normalfall, dass der Zeitpunkt der Einwilligung der Eltern und der Eingliederung in die neue Familie, etwa in Form der Adoptionspflege, aufeinander abgestimmt sind.¹ In aller Regel soll das Kind zu dem Zeitpunkt, zu dem die leiblichen Eltern die Einwilligung erteilen, bereits in der neuen Familie leben.

B. Anwendungsvoraussetzungen

I. Wirksame Einwilligung

3 Voraussetzung für das Ruhen der elterlichen Sorge sowie die übrigen in § 1751 BGB genannten Rechtsfolgen ist die Einwilligung der Eltern. Der Zeitpunkt und die Wirksamkeit der Einwilligung der Eltern richten sich nach § 1750 BGB (vgl. dazu die Kommentierung zu § 1750 BGB). Streitig ist, ob

---

¹ Vgl. auch *Maurer* in: MünchKomm-BGB, § 1751 Rn. 2.

die Wirkungen des § 1751 BGB auch eintreten, wenn die **Einwilligung anfechtbar** oder nichtig ist bzw. wenn Zweifel über ihre Wirksamkeit bestehen.[2] Mit Rücksicht auf das Kindeswohl muss hier ebenso restriktiv verfahren werden, wie durch die §§ 1759-1760 BGB vorgegeben. Da das Kind sich bei Erklärung der elterlichen Einwilligung in die Annahme normalerweise bereits bei den Annehmenden befindet, sollte es bei den Wirkungen des § 1751 BGB bleiben, bis die Unwirksamkeit der Einwilligung gerichtlich festgestellt ist (zur Möglichkeit der Feststellung der Unwirksamkeit vor Ausspruch der Annahme vgl. die Kommentierung zu § 1750 BGB Rn. 8).[3]

Die rechtskräftige **Ersetzung der Einwilligung** nach § 1748 BGB hat dieselben Wirkungen wie die Einwilligung.[4]

II. Kraftloswerden der Einwilligung

Die Einwilligung der Eltern verliert gemäß § 1750 Abs. 4 BGB ihre Wirksamkeit, wenn die Adoption scheitert oder wenn sie nicht innerhalb von drei Jahren erfolgt. In diesen Fällen muss das Familiengericht gemäß § 1751 Abs. 3 BGB den leiblichen Eltern die elterliche Sorge zurück übertragen, falls dies nicht dem Wohl des Kindes widerspricht. Vgl. dazu näher Rn. 12.

C. Rechtsfolgen

I. Ruhen der elterlichen Sorge und des Umgangsrechts

Ab dem Zeitpunkt, zu dem die Einwilligung dem Familiengericht zugegangen ist, verlieren die leiblichen Eltern die elterliche Sorge für das Kind. Der vom Gesetz verwendete, auf § 1675 BGB Bezug nehmende Begriff „Ruhen" darf nicht irreführen: die elterliche Sorge lebt, wie § 1751 Abs. 3 BGB zeigt, nicht automatisch wieder auf.[5] Hat nur ein Elternteil die Einwilligung erklärt, wird der andere gemäß § 1678 BGB kraft Gesetzes allein sorgeberechtigt.[6]

Die leiblichen Eltern haben nach der Erklärung der Einwilligung auch nicht mehr das Recht zum **Umgang** mit dem Kind. Diese Regelung soll die möglichst schnelle und komplette Trennung von der alten Familie bewirken und dem Kind das Eingewöhnen in der neuen Familie erleichtern.[7]

Das Recht der **Großeltern und Geschwister** zum Umgang mit dem Kind wird durch § 1751 BGB nicht berührt. Es kann, wenn dies zum Wohl des Kindes nötig sein sollte, nach §§ 1684 Abs. 4, 1685 Abs. 3 BGB vom Familiengericht eingeschränkt oder ausgeschlossen werden.[8]

II. Vormundschaft und gesetzliche Vertretung

Wenn die Eltern mit der Einwilligung das Sorgerecht verlieren, ist es wichtig, dass das Kind einen gesetzlichen Vertreter behält bzw. unmittelbar einen neuen gesetzlichen Vertreter bekommt. Solange ein Elternteil die elterliche Sorge allein ausübt, besteht kein Regelungsbedarf (§ 1751 Abs. 1 Satz 2 HS. 2 BGB). Davon erfasst sind auch die Fälle, in denen nur ein Elternteil die Einwilligung abgegeben hat und der andere erst dadurch kraft Gesetzes die Alleinsorge erhalten hat (vgl. dazu Rn. 6).[9] Auch wenn schon vor der Einwilligung in die Adoption eine Pflegschaft oder Vormundschaft bestand, so bleibt diese gemäß § 1751 Abs. 1 Satz 2 HS. 2 BGB bestehen.[10]

In den übrigen Fällen wird nach § 1751 Abs. 1 Satz 2 HS. 1 BGB das Jugendamt kraft Gesetzes Vormund des Kindes. Anstelle der Bestallungsurkunde nach § 1781 BGB erteilt das Familiengericht dem Jugendamt unverzüglich einen Nachweis über das Eintreten der Vormundschaft (§ 190 HS. 1 FamFG). Gemäß § 85 SGB VIII ist das Jugendamt am Wohnort des Kindes zuständig.[11]

---

[2] Daran zweifelnd *Frank* in: Staudinger, § 1751 Rn. 5; für Eintritt der Wirkungen des § 1751 BGB selbst bei mangelhafter Einwilligung *Maurer* in: MünchKomm-BGB, § 1751 Rn. 14; *Liermann* in: Soergel, § 1751 Rn. 14.
[3] Ähnlich wie hier *Maurer* in: MünchKomm-BGB, § 1751 Rn. 14.
[4] *Diederichsen* in: Palandt, § 1751 Rn. 2; *Frank* in: Staudinger, § 1751 Rn. 4.
[5] Wie hier *Maurer* in: MünchKomm-BGB, § 1751 Rn. 3.
[6] Vgl. nur *Enders* in: Bamberger/Roth, § 1751 Rn. 3.
[7] BayObLG München v. 02.03.1990 - BReg 1 a Z 42/89 - StAZ 1990, 479-480; *Frank* in: Staudinger, § 1751 Rn. 9.
[8] *Liermann* in: Soergel, § 1751 Rn. 4.
[9] Nur *Liermann* in: Soergel, § 1751 Rn. 8.
[10] Auch AG Kamen v. 28.02.1994 - 10 VIII M 1037 - ZfJ 1994, 293-294.
[11] Zu einem in Deutschland lebenden ausländischen Kind LG Kassel v. 29.07.1992 - 2 T 43/92 - FamRZ 1993, 234-235, mit richtig stellender Anmerkung *Henrich*, FamRZ 1993, 235-235.

11 Befindet sich das Kind in **Adoptionspflege**, so stehen den Annahmewilligen gemäß § 1751 Abs. 1 Satz 4 BGB die in § 1688 BGB vorgesehenen Handlungs- und Vertretungsrechte zu.

III. Sorgeantrag des Vaters

12 Die bisher in § 1751 Abs. 1 Satz 6 BGB enthaltene vereinfachte Möglichkeit für den nicht ehelichen, nicht sorgeberechtigten Vater, die Übertragung der elterlichen Sorge auf sich zu erreichen wurde mit der Neuregelung des Sorgerechts nicht miteinander verheirateter Eltern[12] überflüssig und ist daher entfallen. Die Übertragung der Sorge in diesen Fällen hatte mit dem Fall Görgülü große Bekanntheit erlangt. Gültigkeit behalten die Ausführungen des BVerfG zu schonenden Rückführung des Kindes aus einer möglicherweise bereits länger dauernden Pflege.[13] Hierbei ist insbesondere die Übertragung der Sorge in Kombination mit einer Verbleibensanordnung nach § 1632 Abs. 4 BGB zu erwägen.

IV. Wiedereinräumung der elterlichen Sorge bei Scheitern der Annahme

13 Scheitert die Annahme, so lebt die elterliche Sorge nicht automatisch wieder auf. Vielmehr wird vom Familiengericht entschieden, ob die Eltern die Sorge wieder ausüben dürfen. Maßstab ist allein das Wohl des Kindes. Wenn die Rückübertragung dem Wohl des Kindes nicht widerspricht, muss sie aber erfolgen. Das folgt aus dem Elternrecht. Als Maßstab gilt grundsätzlich § 1666 BGB. Ein wichtiges Element der Entscheidung muss auch hier das Kontinuitätsinteresse sein. Steht die erneute Einwilligung der Eltern in die Adoption kurz bevor, sollte die Sorge nicht zurück übertragen werden.[14]

14 Dürfen die Eltern die Sorge wieder ausüben, umfasst dies (selbstverständlich) auch das Umgangsrecht. Diskutiert wird jedoch, ob den Eltern in dem Fall, in dem ihnen das Familiengericht die elterliche Sorge nicht wieder überträgt, wenigstens das Umgangsrecht automatisch wieder zufällt.[15] Angesichts der teilweise äußerst schwierigen Situation für das Kind und der unterschiedlichen Vorgeschichten sollte jedoch auch die Regelung über das Umgangsrecht der zwingenden vorherigen Prüfung durch das Gericht unterliegen.[16]

15 Kann den Eltern die Sorge nicht wieder eingeräumt werden, bestellt das Familiengericht einen Vormund oder Pfleger für das Kind.

V. Vorrangige Unterhaltspflicht des Annehmenden

16 Gemäß § 1751 Abs. 4 BGB ist der Annehmende dem Kind gegenüber vorrangig zum Unterhalt verpflichtet, sobald die Eltern die Einwilligung in die Adoption erteilt haben und das Kind mit dem Ziel der Annahme in die **Obhut** des Annehmenden aufgenommen ist. Die Unterhaltspflicht entsteht also erst, wenn das Kind tatsächlich bei dem Annehmenden lebt oder, falls es aufgrund einer Behinderung oder Krankheit im Heim leben muss, wenn dieser wenigstens die – auf die Annahme gerichtete – Verantwortung für es übernommen hat.[17] Wann genau dieses Adoptionspflegeverhältnis eintritt, ist besonders dann nicht leicht zu beantworten, wenn das Kind in der Familie zuvor schon in Pflege war.[18] Endet das Obhutsverhältnis, entfällt auch die Wirkung des § 1751 Abs. 4 BGB.

17 Eventuelle Unterhaltspflichten des Kindes gegenüber seinen leiblichen Verwandten werden von § 1751 Abs. 4 BGB nicht berührt.[19]

18 Ein Anspruch auf Rückerstattung gegen die leiblichen Eltern im Fall des Scheiterns der Annahme besteht nicht.[20]

19 **Sozialrechtlich** wird das Kind den Annahmewilligen schon weitgehend zugeordnet. Es ist über sie krankenversichert (§ 10 Abs. 4 SGB V), die Annehmenden erhalten das Kindergeld (§ 2 Abs. 1 Nr. 2 BKGG), das Elterngeld (§ 1 Abs. 3 BEEG), das Wohngeld etc.[21]

---

[12] Gesetz zur Reform der elterlichen Sorge nicht miteinander verheirateter Eltern vom 16.04.2013 (BGBl I 2013, 795) m.W.v. 19.05.2013.

[13] BVerfG v. 05.04.2005 - 1 BvR 1664/04 - juris Rn. 29 - NJW 2005, 1765-1767.

[14] Zu allem *Saar* in: Erman, § 1751 Rn. 9.

[15] So *Kemper* in: Hk-BGB, § 1751 Rn. 4; *Saar* in: Erman, § 1751 Rn. 9.

[16] Dafür auch *Frank* in: Staudinger, § 1751 Rn. 27; *Liermann* in: Soergel, § 1748 Rn. 13.

[17] *Frank* in: Staudinger, § 1741 Rn. 34; *Liermann* in: Soergel, § 1751 Rn. 17.

[18] Verwaltungsgericht des Saarlandes v. 23.11.2005 - 10 K 71/05; näher dazu auch die Kommentierung zu § 1744 BGB Rn. 4.

[19] So auch *Gernhuber/Coester-Waltjen*, Lehrbuch des Familienrechts, 6. Aufl. 2010, § 68 VI, Rn. 85 Fn. 173.

[20] Allg. Ansicht, vgl. nur *Frank* in: Staudinger, § 1751 Rn. 45; *Maurer* in: MünchKomm-BGB, § 1751 Rn. 16.

[21] Näher *Frank* in: Staudinger, § 1751 Rn. 36.

VI. Sonderfall: Stiefkindadoption

Nimmt ein Ehegatte das Kind des anderen Ehegatten an, so wird dadurch das Verwandtschaftsverhältnis des Kindes zu dem anderen Ehegatten nicht gelöst. Entsprechend behält dieser gemäß § 1751 Abs. 2 BGB auch die elterliche Sorge. Die Unterhaltspflicht des Elternteils, bei dem das Kind bleibt, erlischt ebenfalls nicht. Da jedoch die Unterhaltspflicht des anderen Elternteils des Kindes, der die Elternschaft infolge der Adoption verlieren wird, bereits mit der Einwilligung in die Adoption zurücktreten soll, trifft § 1751 Abs. 4 Satz 2 BGB für die Stiefkindadoption eine besondere Regelung. Ab Wirksamwerden der Einwilligung beider Eltern in die Stiefkindadoption sind der Annehmende und sein Ehegatte dem Kind vor den anderen Verwandten unterhaltspflichtig.

§ 1752 BGB Beschluss des Familiengerichts, Antrag

(Fassung vom 17.12.2008, gültig ab 01.09.2009)

(1) Die Annahme als Kind wird auf Antrag des Annehmenden vom Familiengericht ausgesprochen.

(2) ¹**Der Antrag kann nicht unter einer Bedingung oder einer Zeitbestimmung oder durch einen Vertreter gestellt werden.** ²**Er bedarf der notariellen Beurkundung.**

Gliederung

A. Grundlagen 1	II. Rücknahme des Antrags 5
B. Anwendungsvoraussetzungen 2	C. Prozessuale Hinweise/Verfahrenshinweise 6
I. Voraussetzungen des wirksamen Adoptionsantrags 2	D. Kostenrechtliche Hinweise 12

A. Grundlagen

1 § 1752 BGB wurde durch die Reform des Adoptionsrechts durch das AdG von 1976 ganz neu in das BGB eingefügt. Seitdem erfolgt die Adoption in Deutschland nicht mehr durch Vertrag, sondern durch Gerichtsbeschluss. Die Annahme erfolgt durch Ausspruch des Familiengerichts. Dieser Übergang zum Dekretsystem entspricht dem heutigen Verständnis der Adoption als einem Akt staatlicher Fürsorge. Freilich bleibt dennoch der Wille des Annehmenden und des Anzunehmenden Grundlage für jede Adoption.[1]

B. Anwendungsvoraussetzungen

I. Voraussetzungen des wirksamen Adoptionsantrags

2 Der Antrag auf Annahme des Kindes kann nur von dem Annehmenden bzw. den beiden gemeinsam Annehmenden gestellt werden. Das ergibt sich schon aus § 1752 Abs. 1 BGB. Der Antrag muss notariell beurkundet werden und wird beim Familiengericht gestellt.

3 § 1752 Abs. 2 BGB nennt einige Voraussetzungen für den Adoptionsantrag. Der Antrag darf nicht unter eine Bedingung oder Zeitbestimmung gestellt sein.[2] Zu den Folgen eines Verstoßes vgl. die Kommentierung zu § 1760 BGB.

4 Der Antrag muss höchstpersönlich gestellt werden, die **Stellvertretung** ist ausdrücklich ausgeschlossen. Daraus folgt zugleich, dass der Antragsteller selbst verfahrensfähig, also **geschäftsfähig** sein muss (vgl. dazu auch den entsprechenden Aufhebungsgrund in § 1760 Abs. 2 lit. a BGB).[3] Der Ausschluss der Vertretung bedeutet allerdings nicht, dass der Antrag auch höchstpersönlich beim Gericht einzureichen ist. Vielmehr kann der beurkundende Notar mit der Einreichung beauftragt werden. Das lässt sich aus § 1753 Abs. 2 BGB ableiten.

II. Rücknahme des Antrags

5 Der Antrag kann bis zur Entscheidung des Gerichts jederzeit zurückgenommen werden. Den Erben des während des Verfahrens verstorbenen Annehmenden steht dieses Recht allerdings nicht zu.[4] Wird die Annahme ausgesprochen, obwohl der Antrag noch vor dem Ausspruch zurückgenommen worden war, so gilt § 1762 BGB, die Annahme ist also nicht nichtig, sondern nur aufhebbar.[5]

---

[1] Insbes. *Gernhuber/Coester-Waltjen*, Lehrbuch des Familienrechts, 6. Aufl. 2010, § 68 II, Rn. 11; AG München v. 11.12.2008 - 721 XVI 3177/07 - zu einer ausländischen Vertragsadoption bei deutschem Adoptionsstatut.

[2] BayObLG München v. 22.11.1999 - 1Z BR 124/99 - juris Rn. 7 - BayObLGR 2000, 46-47.

[3] Das ist allg. Ansicht, vgl. nur *Saar* in: Erman, § 1752 Rn. 3; auch *Enders* in: Bamberger/Roth, § 1752 Rn. 2; *Liermann* in: Soergel, § 1752 Rn. 2 setzt es voraus.

[4] BayObLG München v. 25.07.1995 - 1Z BR 168/94 - NJW-RR 1996, 1092-1093; der vor dem Tod des Annehmenden gestellte Antrag wirkt fort vgl. OVG Berlin-Brandenburg v. 18.09.2008 - OVG 5 B 7.07.

[5] OLG Düsseldorf v. 19.06.1996 - 3 W 99/95 - StAZ 1996, 366-367, *Diederichsen* in: Palandt, § 1759 Rn. 1 (fehlender Antrag).

C. Prozessuale Hinweise/Verfahrenshinweise

Die internationale Zuständigkeit richtet sich nach § 101 FamFG. Örtlich ist nach § 187 FamFG das Gericht am Wohnort des Annehmenden zuständig. [6]

Das Gericht muss gemäß § 189 FamFG ein Gutachten der Adoptionsvermittlungsstelle bzw. des Jugendamts einholen. Es muss nach den §§ 26, 192 FamFG auch selbst die Beteiligten umfassend anhören, um einen eigenen Eindruck zu gewinnen. Gemäß § 197 Abs. 1 Satz 1 FamFG muss der Adoptionsbeschluss unter Angabe der gesetzlichen Grundlage ergehen. Wenn die Einwilligung der leiblichen Eltern für nicht erforderlich gehalten wurde (§ 1747 Abs. 4 BGB), muss dies gemäß § 197 Abs. 1 Satz 2 FamFG im Beschluss ausdrücklich angegeben werden. Die etwaige Ersetzung der Einwilligung erfolgt stets in einem separaten Beschluss. Das Ersetzungsverfahren muss zudem rechtskräftig abgeschlossen sein, bevor der Adoptionsbeschluss ergehen darf (§ 198 Abs. 1 FamFG).

Bei Vorliegen der formellen und materiellen Voraussetzungen für die Annahme muss das Familiengericht sie aussprechen. Ein Ermessen steht dem Gericht nicht zu.[7]

Die Annahme wird gemäß § 197 Abs. 2 FamFG mit Zustellung wirksam.

Wird die Annahme ausgesprochen, so ist dieser Beschluss nach § 197 Abs. 3 Satz 1 FamFG unanfechtbar. Das gilt auch bei schwerwiegenden Fehlern, etwa der versehentlichen Volladoption eines Volljährigen nach § 1772 BGB.[8] Ausgenommen wird teilweise der Beschluss über eine Änderung des Namens nach § 1757 BGB.[9] Dem ist zu folgen, da die Unanfechtbarkeit nach § 197 Abs. 3 Satz 1 FamFG nur vor dem Hintergrund der besonderen Bedürfnisse des Kindes und der Annehmenden nach Sicherheit der neuen Familienbeziehung gerechtfertigt ist. Liegt eine Verletzung des Anspruchs auf rechtliches Gehör nach Art. 103 GG vor, so besteht nach § 44 Abs. 1 Nr. 2 FamFG die vom BVerfG geforderte Möglichkeit, die Nichtanhörung beim entscheidenden Gericht zu rügen.[10] So kann gegebenenfalls das Verfahren fortgesetzt werden und eine Selbstkorrektur durch das Familiengericht erfolgen. Die Anhörungsrüge kann gegen unanfechtbare Endentscheidungen binnen zwei Wochen nach dem Bekanntwerden der Gehörsverletzung bei dem Gericht eingelegt werden, dessen Entscheidung angegriffen wird. Ist die Rüge begründet, so ist das Verfahren fortzusetzen und das rechtliche Gehör nachzuholen. Erst im Falle der erfolglosen Durchführung des Verfahrens nach § 44 FamFG wird die Verfassungsbeschwerde zulässig.[11]

Bei Ablehnung der Annahme greift die Beschwerde nach § 58 Abs. 1 FamFG.[12] Sie ist gem. § 63 Abs. 1 FamFG innerhalb einer Frist von einem Monat beim Familiengericht einzulegen. Nach § 59 Abs. 2 FamFG steht sie bei der Minderjährigenadoption nur dem Antragsteller, also nur den Annahmewilligen zu.[13]

D. Kostenrechtliche Hinweise

Die Kosten des Adoptionsbeschlusses sind in Teil 1 Hauptabschnitt 3 Abschnitt 2 des Kostenverzeichnisses zum FamGKG geregelt. Aus Absatz 1 der Vorbemerkung 1.3.2 ergibt sich, dass Gebühren für die Volljährigenadoption erhoben werden. Absatz 2 bestimmt, dass für die Ersetzung der Einwilligung der Eltern keine gesonderte Gebühr erhoben wird. Auch die Beschwerde ist für das Kind – soweit es sie überhaupt erheben kann – nach § 81 Abs. 3 FamFG gebührenfrei, ansonsten gilt das FamGKG i.V.m. dem Kostenverzeichnis-FamGKG. Die allgemeinen Regelungen zur Kostentragungspflicht ergeben sich aus den §§ 80 ff. FamFG. Eine Kostenauferlegung nach § 81 Abs. 2 FamFG ist in Ausnahmefällen auch für Adoptionsverfahren denkbar.

---

[6] Einen Überblick über das Verfahren in Adoptionssachen nach dem FamFG bietet: *Krause*, FamRB 2009, 221-226.
[7] *Enders* in: Bamberger/Roth, § 1752 Rn. 4.
[8] LG Bremen v. 28.12.2010 - 6 T 274/10 - FamRZ 2011, 1413-1414.
[9] Sehr str., wie hier LG Braunschweig v. 16.12.1998 - 8 T 610/98 - FamRZ 2000, 114-115; OLG Zweibrücken v. 29.11.2000 - 3 W 255/00 - FamRZ 2001, 1733-1734; *Enders* in: Bamberger/Roth, § 1752 Rn. 6; a.A. etwa *Diederichsen* in: Palandt, § 1757 Rn. 12 m.w.N., näher § 1757 Rn. 14.
[10] *Saar* in: Erman, § 1752 Rn. 16; BVerfG v. 30.04.2003 1 PBvU 1/02 - NJW 2003, 1924-1929.
[11] BVerfG v. 25.04.2005 - 1 BvR 644/05 - NJW 2005, 3059.
[12] Wie hier die h.M. vgl. nur *Diederichsen* in: Palandt, § 1752 Rn. 4 sowie *Liermann* in: Soergel, § 1752 Rn. 12; ebenso, wenn auch inhaltlich kritisch *Frank* in: Staudinger, § 1752 Rn. 37; *Saar* in: Erman, § 1752 Rn. 17 zu § 13a FGG a.F.
[13] OLG Nürnberg v. 08.09.2011- 7 UF 883/11 - FamRZ 2012, 804.

§ 1753 BGB Annahme nach dem Tode

(Fassung vom 17.12.2008, gültig ab 01.09.2009)

(1) Der Ausspruch der Annahme kann nicht nach dem Tode des Kindes erfolgen.

(2) Nach dem Tode des Annehmenden ist der Ausspruch nur zulässig, wenn der Annehmende den Antrag beim Familiengericht eingereicht oder bei oder nach der notariellen Beurkundung des Antrags den Notar damit betraut hat, den Antrag einzureichen.

(3) Wird die Annahme nach dem Tode des Annehmenden ausgesprochen, so hat sie die gleiche Wirkung, wie wenn sie vor dem Tode erfolgt wäre.

Gliederung

A. Grundlagen 1
B. Anwendungsvoraussetzungen 2
I. Erfasster Zeitraum 2
II. Annahme nach dem Tod des Kindes 4
III. Annahme nach dem Tod des Annehmenden 5

A. Grundlagen

1 § 1753 BGB enthält Bestimmungen für den Fall, dass das Kind bzw. der Annehmende während des laufenden Adoptionsverfahrens verstirbt. Während der Tod des Kindes eine Adoption ausnahmslos ausschließt, bildet der Tod des Annehmenden kein eigenständiges Hindernis für die Adoption. Freilich können die materiellen Voraussetzungen einer Adoption durch den Tod des Annehmenden oft entfallen sein. Insbesondere muss sehr genau überlegt worden, ob durch die Annahme noch eine Förderung des Kindeswohls erreicht werden kann.

B. Anwendungsvoraussetzungen

I. Erfasster Zeitraum

2 § 1753 BGB gilt für die Fällen, in welchen der Tod des Annahmewilligen in die Zeit zwischen der Antragstellung beim Familiengericht und „dem Ausspruch der Annahme" fällt. Soweit der Antrag nur vor dem Tod gestellt wurde, kann die Annahme dennoch erfolgen. Anstelle der eigenhändigen Antragstellung reicht es gemäß § 1753 Abs. 2 Alt. 2 BGB auch aus, wenn der Notar beauftragt worden war, den beurkundeten Antrag beim Familiengericht einzureichen. Nicht ausreichend ist es aber, wenn der Notar gezielt beauftragt wurde, den Antrag erst nach dem Tod des Annehmenden weiterzugeben.[1] Dass bereits weitere Teilschritte des Adoptionsverfahrens durchgeführt wurden, ist nicht erforderlich.

3 Der Ausspruch der Annahme bezeichnet das Ende des Adoptionsverfahrens. Da der Beschluss gemäß § 197 Abs. 2 FamFG mit Zustellung wirksam wird, ist auf diese abzustellen.[2]

II. Annahme nach dem Tod des Kindes

4 Nach dem Tod des Kindes kann eine Annahme nicht mehr erfolgen. Das ist konsequent, da die Adoption dem Wohl des Kindes dienen soll. Nach dessen Tod ist das nicht mehr möglich. Ein dennoch ausgesprochener Beschluss ist wirkungslos.[3]

III. Annahme nach dem Tod des Annehmenden

5 Nach dem Tod des Annehmenden kann das Annahmeverfahren fortgesetzt werden. Alle Einwilligungen gelten nach ganz h.A. weiter; sie umfassen die Möglichkeit des Todesfalls.[4] Bei der Annahme eines Kindes nach dem Tod des Annehmenden müssen grundsätzlich ebenfalls die Erfordernisse des § 1741 BGB erfüllt sein. Sie muss dem Wohl des Kindes dienen. Entfallen muss allerdings die positive Prog-

---

[1] AG Ratzeburg v. 21.04.1999 - 2 XVI 4/98 - SchlHA 1999, 214-215 sowie OLG München v. 02.02.2010 - 31 Wx 157/09 - MDR 2010, 447-448.
[2] Nur *Diederichsen* in: Palandt, § 1753 Rn. 1.
[3] Nur *Saar* in: Erman, § 1753 Rn. 1.
[4] *Frank* in: Staudinger, § 1752 Rn. 8; *Saar* in: Erman, § 1753 Rn. 2.

nose über die Entstehung eines Eltern-Kind-Verhältnisses. Insbesondere wenn bei einer beantragten Annahme durch Ehegatten ein Ehegatte während des Verfahrens verstirbt, kann die Annahme für das Kind, welches sich in der neuen Familie vielleicht bereits eingelebt hatte, trotzdem günstig sein. Auch finanzielle Erwägungen wie das Erbrecht können ausschlaggebend sein.[5] Wie § 1753 Abs. 3 BGB ausdrücklich bestimmt, wirkt die nach dem Tod ausgesprochene Annahme wie eine Annahme vor dem Tod, so dass der Angenommene rückwirkend die erbrechtliche Stellung eines Abkömmlings erwirbt.[6]

---

[5] Zu allem näher *Frank* in: Staudinger, § 1753 Rn. 9 f.; *Liermann* in: Soergel, § 1752 Rn. 5.
[6] Zu den Konsequenzen im Steuerrecht FG München v. 03.05.2006 - 4 K 1808/04 - EFG 2006, 1337-1338.

§ 1754 BGB Wirkung der Annahme

(Fassung vom 02.01.2002, gültig ab 01.01.2002)

(1) Nimmt ein Ehepaar ein Kind an oder nimmt ein Ehegatte ein Kind des anderen Ehegatten an, so erlangt das Kind die rechtliche Stellung eines gemeinschaftlichen Kindes der Ehegatten.

(2) In den anderen Fällen erlangt das Kind die rechtliche Stellung eines Kindes des Annehmenden.

(3) Die elterliche Sorge steht in den Fällen des Absatzes 1 den Ehegatten gemeinsam, in den Fällen des Absatzes 2 dem Annehmenden zu.

Gliederung

A. Anwendungsvoraussetzungen 1	II. Sonstige Wirkungen der Volladoption 7
B. Rechtsfolgen 3	III. Erstreckung auf Abkömmlinge 11
I. Verwandtschaftsbeziehung und elterliche Sorge 3	

A. Anwendungsvoraussetzungen

1 Die §§ 1754-1756 BGB regeln die Wirkungen der Adoption. Dabei folgen sie dem Grundsatz der **Volladoption** (vgl. die Kommentierung zu § 1741 BGB) und gestalten einige Einzelheiten (wie beispielsweise das Bestehenbleiben von Renten o.Ä. in § 1755 Abs. 1 Satz 2 BGB) näher aus. Für die Wirkungen der Volljährigenannahme gilt § 1770 BGB. Sie ist als schwache Adoption ausgestaltet.

2 § 1754 BGB enthält zunächst die Beschreibung der Integration in die neue Familie. Ausdrücklich wird hier nur die Beziehung des Kindes zu den Annehmenden geregelt. Daraus, dass das Kind die rechtliche Stellung eines leiblichen Kindes der Annehmenden erhält, folgt aber zugleich auch, dass die Verwandtschaft mit sämtlichen Verwandten der Annehmenden entsteht. Hat das Kind seinerseits schon Kinder, so vermittelt es die Verwandtschaft für diese. Die Adoptiveltern erhalten also zugleich mit dem Adoptivkind auch ein oder mehrere Adoptivenkelkinder.[1]

B. Rechtsfolgen

I. Verwandtschaftsbeziehung und elterliche Sorge

3 Wird das Kind durch ein **Ehepaar** angenommen oder nimmt ein Ehegatte das Kind des anderen Ehegatten an, so erhält es die Stellung eines gemeinschaftlichen Kindes der Ehegatten (§ 1626 BGB). Damit entstehen für es zugleich dieselben Verwandtschaftsverhältnisse, die ein leibliches Kind hätte. Die Kinder der Annehmenden werden seine Geschwister, die Eltern der Annehmenden seine Großeltern etc.

4 Bei der Annahme durch eine **Einzelperson** entsteht die Verwandtschaft nur zu dem Annehmenden und dessen Verwandten. Ist der alleinige Annehmende ausnahmsweise verheiratet, so wird eine Verwandtschaft des Kindes zu dem Ehegatten des Annehmenden **nicht** begründet.

5 Dass den Annehmenden bzw. dem alleinigen Annehmenden **die elterliche Sorge** für das Kind zusteht, ergibt sich an sich bereits aus dessen Rechtsstellung als leibliches Kind (§ 1626 Abs. 1 Satz 1 BGB). § 1754 Abs. 3 BGB stellt dies dennoch ausdrücklich klar.[2] Für weitergehende Fragen – etwa bei einer späteren Scheidung der Annehmenden – gelten die §§ 1626-1698b BGB.[3]

6 Inwiefern den Annehmenden nach der Annahme die gleichen Rechte zustehen wie leiblichen Eltern nach der **Geburt**, ist streitig. Elternzeit steht den Annehmenden nach § 15 Abs. 1 BEEG zu, im Ren-

---

[1] Nur *Saar* in: Erman, § 1754 Rn. 2; LG Hamburg v. 04.11.2009 - 301 T 596/09 mit Klarstellung, dass die rechtliche Kindesannahme keine Veränderung der natürlich vorgegebenen Abstammung bewirkt.

[2] *Diederichsen* in: Palandt, § 1754 Rn. 3.

[3] Näher *Maurer* in: MünchKomm-BGB, §§ 1754, 1755 Rn. 6.

tenrecht werden Erziehungszeiten angerechnet; ob die Adoptivmutter eines Säuglings in Mutterschaftsurlaub gehen darf, ist dagegen fraglich. Die Gerichte handhaben diese Fragen eher restriktiv.[4]

II. Sonstige Wirkungen der Volladoption

Die Gleichstellung des angenommenen Kindes mit einem leiblichen Kind reicht sehr weit. Wo immer im Gesetz die Begriffe Abkömmling, Kind, Verwandter o.Ä. verwendet werden, sind adoptierte Kinder ohne weiteres mit umfasst.[5] Dies gilt allgemein, also etwa auch steuerrechtlich und beamtenrechtlich. Insbesondere das Erbrecht ist uneingeschränkt anwendbar. Auch bei privaten Erklärungen ist in der Regel anzunehmen, dass mit Begriffen wie „meine Kinder", „meine Abkömmlinge" etc. auch das angenommene Kind erfasst ist.[6]

Rechtliche Unterschiede gibt es nur in seltenen Fällen. Sie bestehen beinahe ausschließlich dort, wo das Gesetz gerade auf Risiken der biologischen Verwandtschaft reagieren wollte, wie etwa in § 1308 BGB oder § 173 StGB. Eine weitere Abweichung ergibt sich aus dem Adoptionsrecht selbst, welches die (Zweit-)Annahme angenommener Kinder untersagt, vgl. die Kommentierung zu § 1742 BGB.

Gemäß § 6 StAG erwirbt das Kind bei der Annahme durch einen deutschen Staatsangehörigen die deutsche Staatsangehörigkeit. § 6 StAG gilt auch dann, wenn das Kind im Adoptionsverfahren bereits volljährig geworden ist.[7]

Beantragen die Annehmenden nach einer Annahme im Ausland die Nachbeurkundung der Geburt, können allerdings nicht die Annehmenden als Eltern eingetragen werden. Vielmehr muss der Eintrag auf die leiblichen Eltern lauten, oder, wenn diese unbekannt sind, offengelassen werden.[8]

III. Erstreckung auf Abkömmlinge

Die Wirkungen des § 1754 BGB erstrecken sich auch auf Abkömmlinge des Angenommenen. Hat der Angenommene selbst bereits Kinder, so werden diese vollständig mit in die neue Familie eingegliedert. Sie werden also Enkel des Annehmenden und Nichten bzw. Neffen der Adoptivgeschwister des Angenommenen.

---

[4] Vgl. nur OVG Berlin v. 12.07.1999 - 4 N 16.99 - DÖD 2000, 33-34; BAG v. 27.07.1983 - 5 AZR 282/81 - NJW 1984, 630-631 (kein Mutterschaftsurlaub); ablehnend auch *Liermann* in: Soergel, § 1754 Rn. 8; *Finger* in: NK-BGB, § 1754 Rn. 3; großzügiger insgesamt *Maurer* in: MünchKomm-BGB, § 1755 Rn. 2; zum LBG NRW (bejahend) VG Gelsenkirchen v. 20.01.2009 - 1 L 1366/08.

[5] Zur Leistungspflicht der privaten Krankenversicherung für das angenommene Kind BGH v. 27.09.2000 - IV ZR 115/99 - LM VGG § 178d Nr. 1 (3/2001); zum Kindergeld bei Auslandsadoption Finanzgericht Baden-Württemberg v. 29.01.2008 - 4 K 83/07 - EFG 2008, 693-694.

[6] LG München I v. 15.09.1998 - 16 T 9021/98 - FamRZ 2000, 569-571 (anders in dem Sonderfall, in dem der Erblasser die Formulierung „Abkömmlinge im Sinne des § 1924 BGB" verwendet).

[7] BVerwG v. 14.10.2003 - 1 C 20/02 - Städte- und Gemeinderat 2003, Nr. 12, 29-30; zum Umgang mit einem grob rechtswidrigen Adoptionsbeschluss VG Berlin v. 08.02.2012 - 23 K 109.11.

[8] OLG Stuttgart v. 06.02.2012 - 8 W 19/12.

§ 1755 BGB Erlöschen von Verwandtschaftsverhältnissen

(Fassung vom 02.01.2002, gültig ab 01.01.2002)

(1) ¹Mit der Annahme erlöschen das Verwandtschaftsverhältnis des Kindes und seiner Abkömmlinge zu den bisherigen Verwandten und die sich aus ihm ergebenden Rechte und Pflichten. ²Ansprüche des Kindes, die bis zur Annahme entstanden sind, insbesondere auf Renten, Waisengeld und andere entsprechende wiederkehrende Leistungen, werden durch die Annahme nicht berührt; dies gilt nicht für Unterhaltsansprüche.

(2) Nimmt ein Ehegatte das Kind seines Ehegatten an, so tritt das Erlöschen nur im Verhältnis zu dem anderen Elternteil und dessen Verwandten ein.

Gliederung

A. Anwendungsvoraussetzungen 1	II. Fortbestehen von Renten 5
B. Rechtsfolgen 2	III. Annahme eines Kindes des Ehegatten 7
I. Erlöschen der leiblichen Verwandtschaftsverhältnisse 2	IV. Erstreckung auf Abkömmlinge 8

A. Anwendungsvoraussetzungen

1 § 1755 BGB beschreibt die Lösung der alten Verwandtschaftsverhältnisse des Kindes infolge der Adoption. Außer in den Fällen, in welchen das Kind mit dem Annehmenden schon vorher verwandt war (dann greift § 1756 Abs. 1 BGB) und in bestimmten Konstellationen der Stiefkindadoption (dazu § 1756 Abs. 2 BGB) erlöschen die alten Verwandtschaftsverhältnisse vollständig. Bei der Stiefkindadoption beschränkt sich das Erlöschen der Verwandtschaft außerdem in jedem Fall auf den Elternteil und seine Familie, an dessen Stelle der neue Elternteil tritt (§ 1755 Abs. 2 BGB).

B. Rechtsfolgen

I. Erlöschen der leiblichen Verwandtschaftsverhältnisse

2 Mit dem Ausspruch der Annahme enden die Verwandtschaftsverhältnisse des Kindes zu seinen leiblichen Eltern und Verwandten. Mit Wirkung für die Zukunft erlöschen alle sich aus der Verwandtschaft ableitenden Rechte und Pflichten, wie Unterhaltsansprüche, Erbschafts- und Pflichtteilsansprüche. Bei Verträgen zugunsten des Kindes kommt es darauf an, ob diese auf dem Eltern-Kind-Verhältnis beruhen. Im Regelfall ist davon auszugehen.[1] Bereits entstandene Ansprüche bleiben jedoch erhalten. Rückständiger Unterhalt kann also auch noch nach der Adoption eingeklagt werden.[2] Auch eine bereits entstandene Erbenstellung bleibt bestehen. Eine Doppelbegünstigung im Erbfall bewirkt § 15 Abs. 1 und 1a ErbStG bei der Adoption Minderjähriger, weil die Steuerklassen I und II Nr. 1 bis 3 sowohl im Verhältnis zum bisherigen Verwandtschaftskreis als auch im Verhältnis zu dem durch die Annahme neu begründeten Verwandtschaftskreis Anwendung finden.[3]

3 Zugleich verlieren die leiblichen Eltern das Sorgerecht und das Umgangsrecht.[4] Auch das Umgangsrecht der Großeltern und Geschwister sowie sonstiger Personen, die es gemäß § 1685 BGB innehatten, endet[5] (vgl. zum schon durch die Einwilligung der Eltern eintretenden Ruhen der elterlichen Sorge und des Umgangsrechts die Kommentierung zu § 1751 BGB). Dasselbe muss grundsätzlich auch für Um-

---

[1] Vgl. zu einem Fall, in dem der leibliche Vater sich nach der Scheidung zugunsten des Kindes in der Verfügungsmacht über ein Grundstück beschränkte, OLG Köln v. 24.07.2003 - 8 U 25/03 - OLGR Köln 2004, 55-58 (keine Bindung nach der Stiefkindannahme durch den neuen Ehemann der Mutter).
[2] BGH v. 08.07.1981 - IVb ZB 678/80 - LM Nr. 1 zu § 61a BRAGebO; *Diederichsen* in: Palandt, § 1755 Rn. 4.
[3] BFH v. 17.03.2010 - II R 46/08 - DB 2010, 991-992.
[4] OLG Stuttgart v. 21.03.2006 - 15 UF 4/06 - FamRZ 2006, 1865-1867; OLG Schleswig v. 30.01.2004 - 10 UF 199/03, 10 UF 222/03 - FamRZ 2004, 1057-1058; *Diederichsen* in: Palandt, § 1755 Rn. 3.
[5] Streitig, wie hier *Frank* in Staudinger, § 1755 Rn. 7; *Diederichsen* in: Palandt, § 1755 Rn. 3; auch *Enders* in: Bamberger/Roth, § 1755 Rn. 9 (Ausnahme für Geschwister, wenn das Verwandtschaftsverhältnis nicht völlig erloschen ist); anders *Friederici* in: PWW, § 1755 Rn. 2; *Finger* in: NK-BGB, § 1755 Rn. 6.

gangsrechte aus den §§ 1685 Abs. 2 und 1626 Abs. 3 Satz 2 BGB gelten.[6] Zwar ist nachvollziehbar, dass dies teils bestritten wird, weil es für das Kind ein harter Einschnitt ist. Jedoch entspricht es nicht dem Charakter der Adoption, die ja bis heute noch anonym durchgeführt werden kann, solche Verbindungen in das frühere familiäre Umfeld des Kindes zu erhalten. Jegliche derartige Kontakte müssen auf freiwilliger Einräumung durch die Annehmenden beruhen, die allerdings, wie alle Eltern, nach dem Kindeswohl entscheiden müssen. Ist das Wohl des angenommenen Kindes ausnahmsweise gefährdet, kann nach § 1666 BGB der Umgang mit einem dazu bereiten Geschwisterkind oder einer sonstigen wesentlichen Bezugsperson angeordnet werden.[7] Für einen Sonderfall hat das OLG Rostock die gegenteilige Entscheidung getroffen. Nach einer Volljährigenadoption, die nach § 1772 BGB als Volladoption durchgeführt wurde, bejahte es ein Fortbestehen des Umgangsrechts des leiblichen Vaters der Angenommenen mit deren Kind.[8] Das widerspricht jedoch klar der Aussage des § 1751 BGB. Die Adoption beendet jede verwandtschaftliche Bindung zur alten Familie. Es wird gerade nicht mehr geprüft, ob der Umgang mit den leiblichen Verwandten dem Kindeswohl dienlich ist. Dies muss vor Ausspruch der Adoption abschließend geklärt werden.

Bestehen bleibt auch das Eheverbot des § 1307 BGB, weil es allein auf die leibliche Verwandtschaft ausgerichtet ist. Die Vaterschaftsfeststellungsklage muss ebenfalls zulässig bleiben, da das Kind ein Interesse an der Ermittlung des leiblichen Vaters behalten kann.[9] Schließlich bleiben Zeugnisverweigerungsrechte, wie etwa § 52 StPO und verfahrensrechtliche Amtsausschlussgründe, wie etwa § 41 Nr. 3 ZPO, erhalten. **4**

II. Fortbestehen von Renten

Ansprüche auf Renten, Waisengeld oder andere wiederkehrende Leistungen, die dem Kind zum Zeitpunkt der Annahme bereits entstanden waren, behält es auch für die Zukunft. Mit dieser Bestimmung soll insbesondere verhindert werden, dass die Annahme aus finanziellen Gründen, etwa um eine Waisenrente nicht zu verlieren, unterlassen wird.[10] **5**

Zur Waisenrente in dem Sonderfall, dass nach der Stiefkindadoption auch der zweite leibliche Elternteil des Kindes verstirbt, vgl. nur LSG NRW.[11] **6**

III. Annahme eines Kindes des Ehegatten

Einer Sonderregelung unterliegt die **Stiefkindadoption**. Hier bleibt gemäß § 1755 Abs. 2 BGB die Verwandtschaft des Kindes zu dem einen leiblichen Elternteil unberührt. Die Verwurzelung in dessen Familie soll durch die Adoption ja gerade gestärkt werden. Nur im Verhältnis zu dem Elternteil, an dessen Stelle der Annehmende tritt, können daher die Wirkungen des § 1755 Abs. 1 BGB gelten. Eine weitere Sonderregelung gilt gemäß § 1756 Abs. 2 BGB für die Fälle, in welchen der andere Elternteil bereits verstorben ist und die elterliche Sorge innehatte. Vgl. dazu die Kommentierung zu § 1756 BGB. Eine **analoge Anwendung** des § 1755 Abs. 2 BGB auf die Fälle, in denen ein Kind nach einer Stiefkindadoption von dem früheren Elternteil **zurückadoptiert** wird, scheidet aus.[12] **7**

IV. Erstreckung auf Abkömmlinge

Die Wirkungen des § 1755 BGB erstrecken sich auch auf Abkömmlinge des Angenommenen. Während die Verwandtschaft zwischen dem Angenommenen und seinen Abkömmlingen selbst unverändert bleibt, verlieren die Abkömmlinge ihre sonstigen leiblichen Verwandtschaftsverhältnisse ebenso wie der Angenommene. **8**

---

[6] Wie hier *Saar* in: Erman, § 1755 Rn. 3; anders die wohl h.A.: OLG Stuttgart v. 21.03.2006 - 15 UF 4/06 - FamRZ 2006, 1865-1867; *Finger* in: NK-BGB, § 1755 Rn. 6; *Veit* in: Bamberger/Roth, § 1685 Rn. 4; differenzierend *Rauscher* in: Staudinger, § 1685 Rn 11.
[7] OLG Dresden v. 12.10.2011 - 21 UF 581/11, 21 UF 0581/11 - JAmt 2012, 37-40.
[8] OLG Rostock v. 30.10.2004 - 10 WF 76/04 - FamRZ 2005, 744-745; dagegen auch *Frank* in Staudinger, § 1755 Rn. 7.
[9] *Diederichsen* in: Palandt, § 1754 Rn. 2.
[10] BT-Drs. 7/5087, S. 16.
[11] LSG Essen v. 22.03.1995 - L 8 An 214/94 - E-LSG An-052.
[12] BGH v. 15.01.2014 - XII ZB 443/13 - NJW 2014, 934.

§ 1756 BGB Bestehenbleiben von Verwandtschaftsverhältnissen

(Fassung vom 02.01.2002, gültig ab 01.01.2002)

(1) Sind die Annehmenden mit dem Kind im zweiten oder dritten Grad verwandt oder verschwägert, so erlöschen nur das Verwandtschaftsverhältnis des Kindes und seiner Abkömmlinge zu den Eltern des Kindes und die sich aus ihm ergebenden Rechte und Pflichten.

(2) Nimmt ein Ehegatte das Kind seines Ehegatten an, so erlischt das Verwandtschaftsverhältnis nicht im Verhältnis zu den Verwandten des anderen Elternteils, wenn dieser die elterliche Sorge hatte und verstorben ist.

Gliederung

A. Grundlagen 1	II. Stiefkindadoption nach dem Tod eines sorgeberechtigten Elternteils 4
B. Anwendungsvoraussetzungen 2	C. Rechtsfolgen 7
I. Bereits bestehende Verwandtschaft mit dem Annehmenden 2	

A. Grundlagen

1 § 1756 BGB enthält zwei Ausnahmen von dem nach § 1755 BGB geltenden Grundsatz, dass die leiblichen Verwandtschaftsverhältnisse durch die Adoption beendet werden. In dem Fall, dass zwischen dem Annehmenden und dem Kind schon vor der Annahme eine Verwandtschaft oder Verschwägerung zweiten oder dritten Grades bestand, erlöschen die alten Verwandtschaftsverhältnisse nur zu den leiblichen Eltern selbst (dazu § 1756 Abs. 1 BGB). In dem Fall, dass bei der Stiefkindadoption der andere Elternteil sorgeberechtigt war und bereits verstorben ist, erlöschen die Verwandtschaftsverhältnisse gar nicht (dazu § 1756 Abs. 2 BGB). Die Wirkungen des § 1754 BGB bleiben unverändert.

B. Anwendungsvoraussetzungen

I. Bereits bestehende Verwandtschaft mit dem Annehmenden

2 Waren das Kind und der Annehmende bereits vor der Annahme im zweiten oder dritten Grad miteinander verwandt oder verschwägert, so soll durch die Adoption nur die Verwandtschaft zu den leiblichen Eltern des Kindes erlöschen.[1] Die übrigen Verwandtschaftsbeziehungen bleiben unverändert. Zweck dieser Vorschrift ist es, den Realitäten bei der Annahme durch nahe Verwandte gerecht zu werden. Es wäre dort unpassend, die Verwandtschaftsverhältnisse „auf den Kopf" zu stellen. Damit soll zugleich die Annahme unter Verwandten erleichtert werden.[2]

3 Leider ist diese erwünschte Vereinfachung dem Gesetzgeber nicht vollständig gelungen. Schon der Geltungsbereich des § 1756 Abs. 1 BGB ist nicht hinreichend geklärt. Es ist zweifelhaft, ob die Norm auch dann eingreift, wenn das Kind von einer Person, mit der es im zweiten oder dritten Grad verschwägert ist, allein angenommen wird. Das betrifft zum Beispiel den Fall, dass die frühere Ehefrau eines Onkels das Kind annimmt. Das Kind hat dann, weil die Annehmende sich meist längst wieder mehr zu ihrer alten Familie hinbewegt hat, infolge des § 1756 Abs. 1 BGB zwei Familien. Schon das wird in der Literatur zu Recht kritisch beurteilt und entspricht nicht dem Normziel des § 1756 Abs. 1 BGB.[3] Noch größerem Zweifel unterliegt die Frage, ob die Norm auch dann angewendet werden sollte, wenn die mit dem Kind verschwägerte Person neu verheiratet ist und das Ehepaar das Kind gemeinsam annimmt. In diesen Fällen besteht kein Bedürfnis nach der Entflechtung, die § 1756 Abs. 1 BGB anstrebt. Seine Anwendung würde nur zu einer Doppelung von Verwandten führen, die im Adoptions-

---

[1] Die Norm erfasst trotz des abweichenden Wortlauts unstreitig auch die Einzeladoption, vgl. nur *Maurer* in: MünchKomm-BGB, § 1756 Rn. 2; *Saar* in: Erman, § 1756 Rn. 2.
[2] *Diederichsen* in: Palandt, § 1756 Rn. 1.
[3] *Liermann* in: Soergel, § 1756 Rn. 5; *Frank* in: Staudinger, § 1756 Rn. 11 f.; *Enders* in: Bamberger/Roth, § 1756 Rn. 3; a.A. noch die Vorauflage.

recht nicht angestrebt wird. § 1756 Abs. 1 BGB, dessen Wortlaut hier beide Lesarten zulässt, sollte daher nicht angewendet werden.[4]

II. Stiefkindadoption nach dem Tod eines sorgeberechtigten Elternteils

Wenn ein sorgeberechtigter Elternteil eines Kindes stirbt, behält es in aller Regel guten Kontakt zu den Eltern des Verstorbenen und anderen Verwandten. Diese Verwandtschaft soll nicht durch eine Stiefkindadoption abgeschnitten werden. Insbesondere hat der Gesetzgeber daran gedacht, dass die Großeltern nicht zu ihrem Kind auch noch ihr Enkelkind verlieren sollen.[5]

Bei der starken Volljährigenadoption nach § 1772 Abs. 1 BGB kann die Norm entsprechend angewendet werden. Ein Bestehenbleiben des Verwandtschaftsverhältnisses nach § 1756 Abs. 2 BGB kommt aber nur in Betracht, wenn der verstorbene Elternteil entweder zum Zeitpunkt seines Todes Inhaber der elterlichen Sorge war, oder aber wenn er die Sorge bis zum vollendeten 18. Lebensjahr des Kindes innehatte.[6]

Ein Sonderfall ist gegeben, wenn die Annahme des Kindes durch den Ehegatten des überlebenden Elternteils erst erfolgt, nachdem auch dieser zweite Elternteil des Kindes gestorben ist. Das LG Koblenz hat hier überzeugend eine analoge Anwendung des § 1756 Abs. 2 BGB vorgenommen.[7]

C. Rechtsfolgen

Auch die Wirkungsweise des § 1756 Abs. 1 BGB ist nicht gänzlich geklärt. Die Norm bestimmt, dass die Verwandtschaft nur im Verhältnis zu den Eltern des Kindes erlischt. Unberührt bleibt insbesondere die Verwandtschaft zu den Großeltern. Das Kind kann durch die Adoption daher ein drittes Großelternpaar hinzubekommen. Außerdem gilt allgemein, so auch für die Großeltern, dass die Verwandten durch die Adoption eine **Doppelstellung** erhalten können. Nimmt die Schwester ihren Bruder an, so bleiben die Großeltern einerseits Großeltern, werden andererseits aber auch Urgroßeltern. In gleicher Weise bleibt der annehmende Onkel leiblicher Onkel, da die Verwandtschaft gemäß § 1756 Abs. 1 BGB nicht erlischt. Zugleich wird er Adoptivvater. Für die **Geschwister** ist teilweise vertreten worden, sie seien nach der Annahme Cousins und Cousinen[8], teilweise, sie blieben Geschwister.[9] Die Frage hat eine geringe Bedeutung, weil **erbrechtlich** ohnehin die Sonderregelung in § 1925 Abs. 4 BGB zu beachten ist, welche – sei es in wiederholender, sei es in konstitutiver Weise – die Geschwister zu Erben 3. Ordnung macht. Insofern erscheint es dem Kindeswohl am ehesten zu entsprechen, einen Erhalt der Geschwisterstellung anzunehmen.

Das Erlöschen der Verwandtschaft zu den **leiblichen Eltern** entspricht in seiner Wirkung dem § 1755 BGB. Die natürliche Elternschaft samt den daraus entstehenden Pflichten erlischt.[10] Vgl. dazu schon die Kommentierung zu § 1755 BGB. Allerdings kann das Kind nach der Annahme mit den leiblichen Eltern auf andere, durch die Annahme entstandene Art verwandt sein. Bei der Annahme eines Kindes durch ein älteres Geschwister werden die leiblichen Eltern zu Adoptivgroßeltern. Bei der Adoption durch einen Onkel oder eine Tante werden die leiblichen Eltern ihrerseits zu (Adoptiv-)Onkel und Tante.[11]

---

[4] Wie hier die wohl h.M., die meist schon dem Wortlaut entnehmen will, dass eine Verwandtschaft oder Verschwägerung zu beiden Annehmenden bestehen müsse. So *Liermann* in: Soergel, § 1756 Rn. 5; *Frank* in: Staudinger, § 1756 Rn. 12.; a.A. *Saar* in: Erman, § 1756 Rn. 7.
[5] BT-Drs. 7/5087, S. 17.
[6] BGH v. 11.11.2009 - XII ZR 210/08 - FamRZ 2010, 273-275; enger LG Wuppertal v. 25.11.2008 - 16 S 69/08 - FamRZ 2009, 1183-1194.
[7] LG Koblenz v. 29.08.2000 - 2 T 470/00 - Rpfleger 2001, 34.
[8] Offen lassend *Maurer* in: MünchKomm-BGB, § 1756 Rn. 6, vgl. dort Rn. 13 aber auch zu den erbrechtlichen Folgen der Mehrfachverwandtschaft.
[9] So *Saar* in: Erman, § 1756 Rn. 3; *Frank* in: Staudinger, § 1756 Rn. 21 f.
[10] KG Berlin v. 08.05.1984 - 17 UF 5983/83 - FamRZ 1984, 1131-1134.
[11] Nur *Maurer* in: MünchKomm-BGB, § 1756 Rn. 9.

§ 1757 BGB Name des Kindes

(Fassung vom 17.12.2008, gültig ab 01.09.2009)

(1) ¹Das Kind erhält als Geburtsnamen den Familiennamen des Annehmenden. ²Als Familienname gilt nicht der dem Ehenamen oder dem Lebenspartnerschaftsnamen hinzugefügte Name (§ 1355 Abs. 4; § 3 Abs. 2 Lebenspartnerschaftsgesetz).

(2) ¹Nimmt eine Ehepaar ein Kind an oder nimmt eine Ehegatte ein Kind des anderen Ehegatten an und führen die Ehegatten keinen Ehenamen, so bestimmen sie den Geburtsnamen des Kindes vor dem Ausspruch der Annahme durch Erklärung gegenüber dem Familiengericht; § 1617 Abs. 1 gilt entsprechend. ²Hat das Kind das fünfte Lebensjahr vollendet, so ist die Bestimmung nur wirksam, wenn es sich der Bestimmung vor dem Ausspruch der Annahme durch Erklärung gegenüber dem Familiengericht anschließt; § 1617c Abs. 1 Satz 2 gilt entsprechend.

(3) Die Änderung des Geburtsnamens erstreckt sich auf den Ehenamen des Kindes nur dann, wenn sich auch der Ehegatte der Namensänderung vor dem Ausspruch der Annahme durch Erklärung gegenüber dem Familiengericht anschließt; die Erklärung muss öffentlich beglaubigt werden.

(4) ¹Das Familiengericht kann auf Antrag des Annehmenden mit Einwilligung des Kindes mit dem Ausspruch der Annahme

1. Vornamen des Kindes ändern oer ihm einen oder mehrere neue Vornamen beigeben, wenn dies dem Wohl des Kindes entspricht;
2. dem neuen Familiennamen des Kindes den bisherigen Familiennamen voranstellen oder anfügen, wenn dies aus schwerwiegenden Gründen zum Wohl des Kindes erforderlich ist.

²§ 1746 Abs. 1 Satz 2, 3, Abs. 3 erster Halbsatz ist entsprechend anzuwenden.

Gliederung

A. Anwendungsvoraussetzungen 1	V. Antrag auf Namensänderung nach Absatz 4 6
I. Normstruktur 1	1. Formale Voraussetzungen 6
II. Familienname des Annehmenden 2	2. Änderung des Vornamens 7
III. Bestimmung des Namens bei fehlendem Ehenamen der Annehmenden 3	3. Beifügung des bisherigen Familiennamens 8
	B. Rechtsfolgen 12
IV. Wirkung auf den Ehenamen des Kindes 4	C. Prozessuale Hinweise/Verfahrenshinweise 13

A. Anwendungsvoraussetzungen

I. Normstruktur

1 Der Angenommene soll auch in Bezug auf den Namen ganz wie ein leibliches Kind gestellt sein. Grundsätzlich bestimmt daher § 1757 BGB, dass der Angenommene durch die Annahme den Namen des Annehmenden erhalten soll. Die Vorschrift gilt für die Adoption Volljähriger entsprechend (§ 1767 Abs. 2 BGB). Auf die Möglichkeit des Ehepaars, keinen Ehenamen zu führen, reagiert § 1757 Abs. 2 BGB. § 1757 Abs. 3 BGB regelt den Sonderfall, dass der Anzunehmende selbst bereits verheiratet ist. In § 1757 Abs. 4 BGB ist schließlich vorgesehen, dass das Familiengericht in besonderen Fällen auf Antrag den Vornamen des Kindes ändern bzw. die Beifügung des vorherigen Familiennamens zum neuen Familiennamen anordnen darf.

II. Familienname des Annehmenden

2 Das Kind erhält als Geburtsnamen den Familiennamen des Annehmenden. Nimmt ein Ehepaar, welches einen Ehenamen führt, ein Kind an, so erhält das Kind den Ehenamen. Ausdrücklich bestimmt § 1757 Abs. 1 BGB, dass Beinamen, die dem Ehenamen nach § 1355 Abs. 4 BGB (bzw. dem Lebens-

partnerschaftsnamen nach § 3 Abs. 2 LPartG) hinzugefügt werden, nicht zum Geburtsnamen des Kindes werden. Auch das entspricht dem Namensrecht für leibliche Kinder (vgl. dazu die Kommentierung zu § 1616 BGB).

III. Bestimmung des Namens bei fehlendem Ehenamen der Annehmenden

Nimmt ein Ehepaar, welches keinen Ehenamen führt, ein Kind an, so muss es, ebenso wie bei der Geburt eines leiblichen Kindes, den Namen bestimmen, den das Kind tragen soll. Die Bestimmung erfolgt vor dem Ausspruch der Annahme gegenüber dem Familiengericht. Die Möglichkeiten der Namenswahl richten sich nach § 1617 BGB, der für die Bestimmung des Geburtsnamen des leiblichen Kindes gilt. Das bedeutet insbesondere, dass das Kind den gleichen Namen erhalten muss, wie seine (eventuellen) Adoptivgeschwister (§ 1617 Abs. 1 Satz 3 BGB): Haben die Eltern bereits für ein leibliches oder angenommenes Kind die Namenswahl getroffen, so gilt sie für alle weiteren Kinder.[1] Auch der Gedanke des § 1617c BGB ist auf das Adoptivkind anzuwenden. Hat es bereits das fünfte Lebensjahr vollendet, muss es sich gemäß § 1757 Abs. 2 Satz 2 BGB der Namenswahl vor Ausspruch der Annahme anschließen. Für die Erklärung des minderjährigen Kindes gilt § 1617c Abs. 1 Satz 2 BGB. Bis zur Vollendung des 14. Lebensjahrs erfolgt sie durch die Eltern als gesetzliche Vertreter, danach durch das Kind selbst mit Zustimmung der gesetzlichen Vertreter. Zu allem vgl. die Kommentierung zu § 1617c BGB.

IV. Wirkung auf den Ehenamen des Kindes

Die Regelung des § 1757 Abs. 3 BGB bezieht sich auf Adoptivkinder, die bereits selbst verheiratet sind und einen Ehenamen führen. Sie wird also fast immer die Annahme eines Volljährigen betreffen. In diesen Fällen bleibt der Ehename des Angenommenen erhalten, wenn der Geburtsname des anderen Ehegatten Ehename ist. Ist der Geburtsname des Angenommenen zum Ehenamen geworden, dann kann der Ehename sich ändern. Dies erfolgt aber nur dann, wenn der andere Ehegatte sich der Namensänderung vor Ausspruch der Annahme durch Erklärung gegenüber dem Familiengericht anschließt. Zum Schutz des bisherigen Ehenamens kann in diesem Fall Absatz 4 Nr. 2 angewendet und der alte Ehename dem neuen Ehenamen vorangestellt oder angehängt werden. Vgl. auch die Kommentierung zu § 1617c BGB.

Hat der Angenommene dem Ehenamen seinen Geburtsnamen beigefügt, so kann er diesen nicht weiterführen, da das Adoptionsrecht für eine solche Fortführung des Geburtsnamens nur die abschließende Regelung in § 1757 Abs. 4 BGB kennt.[2] Das bedeutet, dass sich der Beiname automatisch ändert und der durch die Annahme erworbene Name an die Stelle des Geburtsnamens tritt. Der Angenommene hat also kein Wahlrecht, sondern kann allenfalls die Beifügung des Namens insgesamt widerrufen.[3]

V. Antrag auf Namensänderung nach Absatz 4

1. Formale Voraussetzungen

Gemäß § 1757 Abs. 4 BGB kann der Annehmende mit Einwilligung des Kindes beantragen, dass der Vorname des Kindes geändert wird oder dass das Kind einen oder mehrere neue Vornamen hinzubekommt. Der Antrag des Annehmenden muss notariell beurkundet sein.[4] Für die Einwilligung des Kindes gilt § 1746 Abs. 1 Satz 2 und 3, Abs. 3 HS 1 BGB entsprechend (vgl. die Kommentierung zu § 1746 BGB). Wenn die beantragte Namensänderung den Voraussetzungen des § 1757 Abs. 4 BGB entspricht, spricht das Familiengericht sie mit dem Annahmebeschluss aus.[5]

---

[1] Wie hier die allgemeine Ansicht, vgl. OLG Hamm v. 14.09.2000 - 15 W 270/00 - juris Rn. 11 - MittRhNotK 2000, 435-437.
[2] Wie hier jetzt auch BGH v. 17.08.2011 - XII ZB 656/10 - NJW 2011, 3094-3098; ebenso OLG Celle 15.11.2010 - 17 W 40/10 - juris Rn. 10 - FamRZ 2011, 909-910 mit bestätigender Anmerkungen *Maurer*, FamRZ 2011, 1720-1721; ebenso *Maurer* in: MünchKomm-BGB, § 1757 Rn. 6; *Diederichsen* in: Palandt, § 1757 Rn. 6; anders aber BayObLG München v. 23.11.1999 - 1Z BR 89/99 - juris Rn. 15 - BayObLGZ 1999, 367-370 sowie im Anschluss an diese Entscheidung OLG Düsseldorf v. 11.10.2010 - I-3 Wx 203/10, 3 Wx 203/10 - StAZ 2011, 113-114; ebenso *Enders* in: Bamberger/Roth, § 1757 Rn. 13.
[3] BGH v. 17.08.2011 - XII ZB 656/10 - NJW 2011, 3094-3098.
[4] *Frank* in: Staudinger, § 1757 Rn. 51; *Finger* in: NK-BGB, § 1757 Rn. 9.
[5] *Maurer* in: MünchKomm-BGB, § 1757 Rn. 11.

2. Änderung des Vornamens

7 Gemäß § 1757 Abs. 4 Nr. 1 BGB können die Annehmenden die Änderung des Vornamens des Kindes beantragen. Voraussetzung für die Änderung des Vornamens ist nur, dass sie dem Wohl des Kindes entspricht. Da der Vorname auch für die Identifikation der Eltern mit dem Kind wichtig ist, wird der Wunsch der Eltern auf Änderung des Vornamens bei der Säuglings- und Kleinkindadoption im Normalfall auch dem Kindeswohl entsprechen.[6] Bei älteren Kindern wird dagegen oftmals das Kind an seinen bisherigen Namen gewöhnt sein, so dass ein Namenswechsel, der zudem den Beigeschmack trägt, dass der alte Name schlecht war, seiner Entwicklung schädlich wäre.[7] Anders kann es aber sein, wenn der Name dem Kind, etwa wegen seiner Seltenheit, unangenehm ist oder wenn ein Adoptivgeschwister denselben Namen trägt.[8]

3. Beifügung des bisherigen Familiennamens

8 Gemäß § 1757 Abs. 4 Nr. 2 BGB können die Eltern beantragen, dass der bisherige Name des Kindes dem neuen Familiennamen vorangestellt oder angefügt wird. Dies muss jedoch aus schwerwiegenden Gründen zum Wohl des Kindes erforderlich sein. Dem Wortlaut der Norm entsprechend wird der Maßstab bei § 1757 Abs. 4 Satz 1 Nr. 2 BGB höher angesetzt als bei § 1757 Abs. 4 Satz 1 Nr. 1 BGB. Bejaht werden die schwerwiegenden Gründe zum Wohl des Kindes, wenn das ältere Kind sich bereits sehr mit seinem bisherigen Namen identifiziert. Außerdem ist ein schwerwiegendes Interesse dann gegeben, wenn das Kind unter dem bisherigen Namen bekannt geworden ist.

9 Der neue Name ist ein echter **Doppelname**, nicht nur ein Begleitname.[9] Das bedeutet, dass der Name bei der Heirat als Ehename gewählt werden kann. Nimmt der Angenommene später selbst ein Kind an, so erhält es ebenfalls den Doppelnamen.[10]

10 Bei der **Volljährigenannahme** gelten diese Grundsätze entsprechend. Allerdings wird das besondere Interesse an der Voranstellung oder Anfügung des bisherigen Namens häufiger sein. Es wird schon dann angenommen, wenn der Angenommene unter seinem bisherigen Namen bekannt (geworden) ist, was, da es sich nicht um „Berühmtheit" handelt, im Grunde stets bejaht werden kann.[11] Ergibt sich wegen der Adoption eine Änderung des Ehenamens, so greift § 1355 Abs. 4 Satz 1, Abs. 6 BGB.[12]

11 Nicht möglich ist dagegen die **Weiterführung des bisherigen Namens** durch den Angenommenen.[13] Wird der Name im Adoptionsdekret beibehalten, so ist der Beschluss insofern nichtig.[14]

B. Rechtsfolgen

12 Der durch den Adoptionsbeschluss bestimmte Name ist grundsätzlich bindend. Ohne gesetzliche Grundlage ergangene Beschlüsse über den Namen können jedoch nichtig sein.[15] Dabei kommt es auf den Grad der Fehlerhaftigkeit an. So hat das BayObLG die Nichtigkeit für einen Fall abgelehnt, in wel-

---

[6] *Maurer* in: MünchKomm-BGB, § 1757 Rn. 33; *Finger* in: NK-BGB § 1757 Rn. 6.
[7] Auch *Diederichsen* in: Palandt, § 1757 Rn. 9.
[8] *Maurer* in: MünchKomm-BGB, § 1757 Rn. 33; vgl. auch BVerwG v. 26.03.2003 - 6 C 26/02 - StAZ 2003, 240-242 zu einer Vornamensänderung aus religiösen Gründen.
[9] Allg. Ansicht, vgl. nur *Saar* in: Erman, § 1757 Rn. 5 m.w.N.; a.A. *Diederichsen* in Palandt, § 1757, Rn. 10.
[10] Wie hier *Maurer* in: MünchKomm-BGB, § 1757 Rn. 30; dagegen *Liermann* in: Soergel, § 1757 Rn. 30.
[11] Ähnlich auch die Einschätzung von *Frank* in: Staudinger, § 1757 Rn. 21; LG Regensburg v. 05.08.2008 - 7 T 320/08 - juris Rn. 3 - MittBayNot 2008, 481 („Ausreichen persönlicher, wirtschaftlicher oder gesellschaftlicher Interessen").
[12] OLG Hamm v. 08.01.2014 - II-8 UF 179/13, 8 UF 179/13.
[13] OLG Zweibrücken v. 29.11.2000 - 3 W 255/00 - NJWE-FER 2001, 120; BayObLG München v. 15.01.2003 - 1Z BR 138/02 - juris Rn. 8 - DNotZ 2003, 290-292; a.A. AG Halberstadt v. 22.12.2011 - 8 F 661/10 AD - NotBZ 2012, 137-138 mit befürwortender Anmerkung von *Kiupel* -NotBZ 2012, 138 ; AG Leverkusen v. 16.04.2009 - 14 XVI 01/09 - juris Rn. 4 - RNotZ 2009, 544-545, unter Berufung auf eine verfassungskonforme Auslegung der Norm bei Vorliegen „schwerwiegender Gründe"; ebenso *Finger* in: NK-BGB, §1757 Rn. 4; ablehnend *Mauer*, FamRZ 2009, 440-441.
[14] OLG Karlsruhe v. 23.12.1998 - 4 W 7/97 - NJW-RR 1999, 1089-1090; allg. Ansicht, vgl. auch *Diederichsen* in: Palandt, § 1757 Rn. 2; a.A. (nämlich für Unabänderlichkeit des fehlerhaften Beschlusses) LG Münster v. 10.09.2009 - 5 T 483/09 - juris Rn. 8 - StAZ 2010, 113-114; AG Münster v. 11.08.2009 - 22 III 90/09 - StAZ 2010, 79-80.
[15] LG Rottweil v. 22.03.2005 - 1 T 106/04 - FamRZ 2005, 1696.

chem bei einer Stiefkindadoption der Grundsatz der geschwisterlichen Namenseinheit verletzt war.[16] Eine solche großherzige Auffassung überzeugt, weil in dem Namenswechsel immer auch eine Belastung für das (im zu entscheidenden Fall 18-jährige) Kind liegt.

C. Prozessuale Hinweise/Verfahrenshinweise

Alle im Rahmen des § 1757 BGB vorgesehenen Erklärungen zur Namenswahl müssen vor dem Ausspruch der Annahme gestellt werden. Denn danach ist eine Änderung des Namens nach § 1757 BGB ausgeschlossen.[17] Sie bedürfen der öffentlichen Beglaubigung.[18] Bei der Auslandsadoption ist der Antrag auf Namensänderung gemäß § 2 Abs. 2 Satz 1 Nr. 1 AdWirkG noch im Anerkennungsverfahren möglich.[19]

13

Gegen die Ablehnung einer Anordnung nach § 1757 Abs. 4 BGB ist die Beschwerde nach § 58 FamFG statthaft.[20] Sie ist nicht von § 197 Abs. 3 Satz 1 FamFG erfasst, der sich nur auf den Ausspruch der Annahme bezieht. Auch wenn der Namensausspruch ausnahmsweise fehlerhaft ist, kann er nach § 58 FamFG mit der Beschwerde angefochten werden vgl. die Kommentierung zu § 1752 BGB Rn. 10.[21] Eine einmal erfolgte Namensänderung hat ansonsten jedoch Bestand.

14

---

[16] BayObLG v. 23.09.2004 - 1Z BR 080/04 - juris Rn. 8 - FamRZ 2005, 1010-1011.
[17] BayObLG München v. 23.09.2002 - 1Z BR 113/02 - juris Rn. 10 - StAZ 2003, 44; AG Nürnberg v. 08.10.2008 - UR III 173/08 - StAZ 2009, 82; *Saar* in: Erman, § 1757 Rn. 10.
[18] *Finger* in: NK BGB, §1757 Rn. 9.
[19] LG Stuttgart v. 29.10.2002 - 10 T 340/02 - juris Rn. 8.
[20] Nur OLG Zweibrücken v. 29.11.2000 - 3 W 255/00 - NJWE-FER 2001, 120 zu § 19 FGG a.F.; *Krause* in: Prütting/Helms, FamFG, § 197 Rn. 51.
[21] Sehr str., dagegen *Diederichsen* in: Palandt, § 1757 Rn. 12; *Krause* in: Prütting/Helms, FamFG, § 197 Rn. 51; dafür OLG Köln v. 30.12.2002 - 16 Wx 240/02 - FamRZ 2003, 1773-1775 zu § 19 FGG a.F.

§ 1758 BGB Offenbarungs- und Ausforschungsverbot

(Fassung vom 17.12.2008, gültig ab 01.09.2009)

(1) Tatsachen, die geeignet sind, die Annahme und ihre Umstände aufzudecken, dürfen ohne Zustimmung des Annehmenden und des Kindes nicht offenbart oder ausgeforscht werden, es sei denn, dass besondere Gründe des öffentlichen Interesses dies erfordern.

(2) ¹Absatz 1 gilt sinngemäß, wenn die nach § 1747 erforderliche Einwilligung erteilt ist. ²Das Familiengericht kann anordnen, dass die Wirkungen des Absatzes 1 eintreten, wenn ein Antrag auf Ersetzung der Einwilligung eines Elternteils gestellt worden ist.

Gliederung

A. Grundlagen 1	II. Vorwirkung des Ausforschungsverbots nach Absatz 2 9
B. Anwendungsvoraussetzungen 3	III. Besondere Gründe des öffentlichen Interesses 10
I. Reichweite 3	
1. Allgemeines 3	IV. Einwilligung in die Aufdeckung 12
2. Leibliche Eltern 4	
3. Verhältnis zwischen Annehmenden und Angenommenen 7	C. Personenstandsregister 14

A. Grundlagen

1 Das so genannte Ausforschungsverbot in § 1758 BGB dient dazu, dass die Adoptivfamilie auch faktisch wie eine leibliche Familie leben kann. Es gilt das **Adoptionsgeheimnis**: Gegen den Willen der Familie soll die Annahme des Kindes nicht offenbart oder ausgeforscht werden dürfen. Das Ausforschungsverbot gilt nicht nur für die gerade auf Anonymität ausgerichtete Inkognitoadoption, sondern auch für die inzwischen vermehrt durchgeführte, so genannte offene Adoption.

2 Ergänzt wird dieser Schutz zum einen durch die Vorschriften des PStG, wo in § 63 Abs. 1 PStG das Recht zur Einsicht in das Personenstandsregister gem. § 3 PStG (bis 01.01.2009 in das Geburtenbuch) beschränkt wird und in § 56 Abs. 2 PStG i.V.m. § 59 PStG angeordnet ist, dass die Geburtsurkunde an sich die Adoption nicht erkennen lässt (vgl. Nr. 59.2.1. PStG-VwV).[1] Zum anderen bestimmt § 13 Abs. 2 Satz 2 FamFG, dass den im Verfahren nicht Beteiligten die Akteneinsicht zu versagen ist, soweit § 1758 BGB betroffen ist.

B. Anwendungsvoraussetzungen

I. Reichweite

1. Allgemeines

3 Das Ausforschungsverbot erfasst, wie bereits angesprochen, alle Adoptionen, also nicht nur die Inkognitoadoptionen. Es gilt gegenüber jedermann. Auch die Annehmenden dürfen die Annahme nicht gegen den Willen des Kindes (vgl. zur Einwilligung des Kindes aber Rn. 13) kundtun, und das angenommene Kind darf dies nicht gegen den Willen der Eltern tun.

2. Leibliche Eltern

4 Das Ausforschungsverbot gilt grundsätzlich auch für die leiblichen Eltern des Kindes. Auch sie dürfen die Annahme oder Einzelheiten der Annahme nicht preisgeben.

5 Bei der Inkognitoadoption haben die leiblichen Eltern im Regelfall kein Recht darauf, Auskunft über die Annehmenden zu erhalten. Das Annahmeverfahren sowie eventuelle Rechtsstreitigkeiten, z.B. wegen Unterhaltsrückständen, werden soweit möglich so geführt, dass die Anonymität gewahrt bleibt.[2]

---

[1] Näher Fachausschuss 3777 - StAZ 2007, 22-23 sowie PStG-VwV der Bundesregierung v. 17.12.2009 - BR-Drs. 889/09.

[2] OLG Karlsruhe v. 27.02.1996 - 11 Wx 63/95 - juris Rn. 5 - DAVorm 1996, 390-393 für ein Kleinkind, dessen leiblicher Vater bei der Adoption übergangen worden war und das Verfahren nach § 1760 BGB betrieb.

Zugleich umfasst § 1758 BGB den Schutz der leiblichen Eltern jedoch nicht. Diese können also aus § 1758 BGB kein Recht darauf ableiten, dass Einzelheiten über die Annahme und insbesondere ihre leibliche Elternschaft geheim gehalten wird.

3. Verhältnis zwischen Annehmenden und Angenommenen

Will der Angenommene selbst seine Herkunft erforschen, so kann der Annehmende dies nicht verhindern. Denn das Kind hat ein Grundrecht auf Kenntnis seiner leiblichen Abstammung.[3] Allerdings fällt die Entscheidung darüber, wann dem Kind die Tatsache der Annahme mitgeteilt wird, in das Erziehungsrecht der Eltern.[4] Beachtlich ist, dass das Kind ab dem 16. Lebensjahr Einsicht in seine Personenstandsakten verlangen kann und dass die für die Eheschließung notwendige Abstammungsurkunde (anders als die Geburtsurkunde) die Annahme erkennen lässt.[5]

Das Recht des Kindes auf Kenntnis der eigenen Abstammung steht im Konflikt mit dem eventuellen Interesse der Mutter an einer anonymen Geburt. Der EGMR hat ausgesprochen, dass nur ein angemessener Ausgleich beider Interessen mit der EMRK vereinbar ist.[6]

II. Vorwirkung des Ausforschungsverbots nach Absatz 2

Mit § 1758 Abs. 2 BGB wurde ausdrücklich in das Gesetz aufgenommen, dass das Offenbarungs- und Ausforschungsverbot auch schon vor dem Ausspruch der Annahme gilt. Sobald die leiblichen Eltern die nach § 1747 BGB erforderliche Einwilligung in die Annahme des Kindes erteilt haben, greift daher § 1758 BGB ein. Vor Erteilung der Einwilligung bzw. deren Ersetzung kann dagegen § 1758 BGB keinesfalls entsprechend angewendet werden, auch nicht dann, wenn die Pflegeeltern auf eine Ersetzung der Einwilligung hoffen. Vielmehr kann die Akteneinsicht dann nur bei konkreter Gefahr für das Kind abgelehnt werden.[7]

III. Besondere Gründe des öffentlichen Interesses

Nach § 1758 Abs. 2 BGB gelten das Offenbarungs- und Ausforschungsverbot nicht, soweit besondere Gründe des öffentlichen Interesses die Offenbarung bzw. Ausforschung erfordern. Allgemein wird davon ausgegangen, dass die Offenbarung bzw. auch Ausforschung dann zulässig ist, wenn sie für die Gesetzesanwendung notwendig ist. So ist es, wenn ein Eingreifen des § 1308 BGB oder des § 173 StGB in Betracht kommt. Ebenso kann die Akteneinsicht zur Vorbereitung eines Aufhebungsverfahrens nötig sein. Allerdings muss dazu zum einen die Einsicht begehrende Person zur Antragstellung im Aufhebungsverfahren berechtigt sein, zum anderen darf dieses nicht aussichtslos erscheinen.[8]

Zumeist wird angenommen, dass auch **berechtigte private Interessen** zu einer Einschränkung des Ausforschungsverbots führen können. Im Einzelfall werden die Anforderungen daran allerdings sehr hoch angesetzt. Für denkbar gehalten wird ein solches Recht in Rechtsstreitigkeiten, etwa um die Aufhebung der Adoption.[9] Jedoch haben die Gerichte eine Abwägung zwischen den Interessen des Kindes und den Interessen der anderen Seite (in der Regel ein leiblicher Elternteil) vorgenommen.[10] Zumeist können und müssen diese Prozesse anonym geführt werden. Für denkbar gehalten wurde immerhin ein Recht auf Offenbarung nach Inkognitoadoption, wenn die leibliche Mutter nicht richtig über die Annehmenden informiert wurde.

---

[3] BVerfG v. 31.01.1989 - 1 BvL 17/87 - NJW 1989, 891-893; EGMR v. 13.02.2003 - 42326/98 - NJW 2003, 2145-2151; *Saar* in: Erman, § 1758 Rn. 1 (Kindeswohl); *Diederichsen* in: Palandt, § 1758 Rn. 2; zur Thematik auch *Muscheler*, FPR 2008, 496-498.

[4] Unstreitig; nur *Liermann* in: Soergel, § 1758 Rn. 3; näher *Maurer* in: MünchKomm-BGB, § 1758 Rn. 9; § 1758 Rn. 8; LG Freiburg (Breisgau) v. 28.05.2002 - 4 T 238/01 - JAmt 2002, 472-474.

[5] So jetzt auch LG München v. 14.04.2005 - 31 Wx 1/05 - NJW 2005, 1667-1668.

[6] EGMR v. 13.02.2003 - 42326/98 - NJW 2003, 2145-2151; zur Übertragbarkeit des Urteils auf die deutsche Rechtslage *Henrich*, FamRZ 2003, 1370; zur Thematik auch *Frank/Helms*, FamRZ 2001, 1340-1348; *Wolf*, FPR 2003, 112-120.

[7] OLG Köln v. 17.07.1997 - 16 Wx 127/97 - EzFamR aktuell 1997, 359-361.

[8] OLG Hamm v. 26.07.2011 - 2 WF 131/11, II-2 WF 131/11 - FamRZ 2012, 51-52.

[9] VG Sigmaringen v. 30.11.1999 - 8 K 1013/99 - juris Rn. 6.

[10] So *Frank* in: Staudinger, § 1758 Rn. 12.

§ 1758

IV. Einwilligung in die Aufdeckung

12 Wenn die Annehmenden und der Angenommene der Aufdeckung bestimmter Umstände gemeinsam zustimmen, entfällt das Ausforschungsverbot.[11]

13 Die Einwilligung des Kindes wird von dem Annehmendem als gesetzlichem Vertreter des Kindes erteilt, solange dieses noch nicht selbst zur Einwilligung in der Lage ist. Streitig ist, ob das Kind ab Vollendung des 14. Lebensjahres (§ 1746 BGB) oder erst ab Vollendung des 16. Lebensjahres (§ 62 PStG) selbst die Einwilligung zur Ausforschung erklären kann. Zu Recht verlangt die h.A. die Vollendung des 16. Lebensjahres.[12] Die gegenüber der üblichen familienrechtlichen herabgesetzte Altersgrenze des § 1746 BGB stellt eine Ausnahme dar, die nicht etwa alle Fragen des Annahmeverfahrens erfasst. Sie findet ihren Grund darin, dass gerade die Beurteilung der Frage, welche Eltern es haben möchte, dem jüngeren Kind schon zugetraut wird.

C. Personenstandsregister

14 In der Geburtsurkunde für ein durch die Lebenspartnerin der Mutter oder den Lebenspartner des Vaters angenommenes Kind kann die Adoption nicht unbemerkt bleiben. Hier tritt bei der Angabe der Daten über den annehmenden Elternteil an die Stelle des Leittextes „Mutter" oder „Vater" der Leittext „anderer Elternteil" (Nr. 59.2.2. PStG-VwV).[13] In den Geburtseintrag des Kindes im Geburtenregister sind die Angaben über den oder die Annehmenden aufzunehmen, die auch von den leiblichen Eltern aufgenommen werden, also Vor- und Familiennamen sowie auf Wunsch die Religionszugehörigkeit (§ 21 Abs. 1 Nr. 4 PStG). Hingewiesen wird auf die eventuelle ausländische Staatsangehörigkeit des oder der Annehmenden. In den Geburtseinträgen der Annehmenden ist ein Hinweis auf die Geburt des Adoptivkindes anzubringen, vgl. § 27 Abs. 4 Nr. 2 PStG.

---

[11] BayObLG München v. 07.02.1996 - 1Z BR 72/95 - BayObLGR 1996, 38.
[12] *Diederichsen* in: Palandt, § 1758 Rn. 2; *Frank* in: Staudinger, § 1758 Rn. 11.
[13] AG Münster v. 15.09.2009 - 22 III 128/09 - StAZ 2009, 377 zum Fall der Eintragung der leiblichen Mutter und ihrer annehmenden Lebenspartnerin in der Geburtsurkunde als „Eltern".

§ 1759 BGB Aufhebung des Annahmeverhältnisses

(Fassung vom 02.01.2002, gültig ab 01.01.2002)

Das Annahmeverhältnis kann nur in den Fällen der §§ 1760, 1763 aufgehoben werden.

A. Grundlagen

Ist eine Adoption entgegen den Vorschriften des Gesetzes zustande gekommen, so ist sie in der Regel nicht nichtig, sondern, falls überhaupt, nur nach den §§ 1759-1762 BGB aufhebbar. Die Aufhebung kann entweder beim Fehlen wesentlicher Einwilligungen (§§ 1760, 1761 BGB) oder bei Erforderlichkeit für das Kindeswohl (§ 1763 BGB) erfolgen. Noch seltener ist die **Nichtigkeit** der Adoption, die nur bei schweren und offensichtlichen Mängeln angenommen werden kann.[1] Wie aus § 1760 BGB ersichtlich ist, wird selbst die Adoption, die ohne Antrag des Annehmenden bzw. ohne Einwilligung des Kindes erfolgt ist, zunächst wirksam.[2] Nichtig wären etwa Adoptionen, welche durch eine für Adoptionen generell unzuständige Stelle durchgeführt würden.[3] Keine Wirkungen hat die Adoption eines eigenen leiblichen Kindes. Die §§ 1759 ff. BGB gelten nicht für die **Volljährigenadoption**. Hier enthält § 1771 BGB eine Spezialregelung.

1

Aufhebung und Nichtigkeit sind seltene Ausnahmefälle. Die Stabilität der Annahme hat einen hohen Stellenwert.[4]

2

B. Anwendungsvoraussetzungen

Bei einigen schwerwiegenden Verstößen gegen materielle Regelungen des Adoptionsrechts ist die Aufhebung nicht vorgesehen. Es ist umstritten, ob sie zur Nichtigkeit der Adoption führen. Diskutiert wird dies für einen Verstoß gegen das Verbot der Zweitadoption nach § 1742 BGB[5] sowie besonders für gegen das Verbot der Adoption durch zwei unverheiratete Personen verschiedenen bzw. gleichen Geschlechts[6] nach § 1741 Abs. 2 Satz 1 BGB. Trotz der erheblichen Gesetzesverstöße sollte hier jeweils die Wirksamkeit der Annahme bejaht werden.[7] Die Pflicht zur Einhaltung der gesetzlichen Vorschriften, gegen die in diesen insgesamt eher theoretischen Fällen wohl vorsätzlich verstoßen worden wäre, kann nicht auf dem Rücken des Kindes durchgesetzt werden. Das VG Berlin hat jüngst allerdings einer Adoption die Wirkung im Passverfahren aberkannt, die vorsätzlich unter Verstoß gegen wesentliche völkerrechtliche Grundsätze ausgesprochen wurde. Es führte dazu aus, dass es dafür auf die technische Nichtigkeit des Beschlusses nicht ankomme.[8] Soll mit einer **Scheinadoption** ein Aufenthaltsrecht begründet werden, so hilft § 27 Abs. 1 lit. a AufenthaltsG, der den Nachzug ausschließt. Die Norm zeigt, dass auch der Gesetzgeber nicht von Nichtigkeit ausgeht. Eine eventuelle Scheinadoption könnte somit allenfalls aufgehoben werden, meist wird für eine Aufhebung aber keine Rechtsgrundlage

3

---

[1] *Diederichsen* in: Palandt, § 1759 Rn. 2; keine Nichtigkeit bei Fehlen der Einwilligung der Eltern für Adoption nach rumänischem Recht OLG Nürnberg v. 15.10.2001 - 10 UF 1714/01 - OLGR Nürnberg 2002, 79-80; keine Nichtigkeit bei Angabe eines falschen Namens durch den Annehmenden BayObLG München v. 22.04.1993 - 3Z BR 3/93 - NJW-RR 1993, 1417-1418.

[2] Für einen zurückgenommenen Antrag OLG Düsseldorf v. 19.06.1996 - 3 W 99/95 - StAZ 1996, 366-367; auch *Diederichsen* in: Palandt, § 1759 Rn. 2.

[3] Näher *Frank* in: Staudinger, § 1759 Rn. 7, der zugleich darauf hinweist, dass die fehlende örtliche Zuständigkeit den Adoptionsbeschluss nicht nichtig macht.

[4] Näher *Enders* in: Bamberger/Roth, § 1759 Rn. 1.

[5] Für Wirksamkeit die h.M., so *Diederichsen* in: Palandt, § 1759 Rn. 2; *Saar* in: Erman, 1759 Rn. 2; *Liermann* in: Soergel, § 1742 Rn. 12; *Frank* in: Staudinger, 1759 Rn. 6.

[6] Für die Nichtigkeit solcher Adoptionen *Frank* in: Staudinger, § 1759 Rn. 6, der bei verschiedengeschlechtlichen Partnern aber die Möglichkeit der Heilung durch Eheschließung sieht; *Liermann* in: Soergel, § 1759 Rn. 3; *Saar* in: Erman, § 1759 Rn. 2. *Rauscher*, Familienrecht, 2008, Rn. 1180; dagegen *Finger* in: NK-BGB, § 1759 Rn. 2; *Maurer* in: MünchKomm-BGB, § 1759 Rn 14.

[7] *Maurer* in: MünchKomm-BGB, § 1759 Rn. 13 ff., der zugleich die Aufhebbarkeit entsprechend § 1760 BGB verlangt.

[8] VG Berlin v. 08.02.2012 - 23 K 109.11.

§ 1759

bestehen. Bei Minderjährigenadoptionen muss ohnehin dem Tatbestand der Scheinadoption mit großer Vorsicht begegnet werden. Selbst wenn finanzielle oder aufenthaltsrechtliche Gründe im Vordergrund stehen, ist ein gewisses Fürsorgeverhältnis fast immer mit angestrebt.[9]

4 Insgesamt jedoch lässt die Wertung der §§ 1759, 1760 BGB lässt erkennen, dass die Rechtssicherheit (besonders für das Kind) gegenüber der Durchsetzung der Adoptionsverbote den Vorrang haben soll. Bei Nichtigkeit der Annahme wäre nicht einmal eine dem § 1761 Abs. 2 BGB vergleichbare Berücksichtigung des Kindeswohls möglich. Bei Verneinung der Nichtigkeit besteht diese Gefahr für das Wohl des Kindes nicht. Wenn der materielle Fehler der Adoption zugleich dazu führt, dass diese dem Wohl des Kindes in erheblichem Maße abträglich ist, so kommt eine Aufhebung nach § 1763 in Betracht, vgl. die Kommentierung zu § 1763 BGB.

5 Bei einem Verstoß gegen den Anspruch auf **rechtliches Gehör** aus Art. 103 GG ist zunächst die Anhörungsrüge nach § 44 Abs. 1 FamFG zu erheben. Subsidiär ist die Verfassungsbeschwerde gegen den Annahmebeschluss möglich. Jedoch hat auch das BVerfG dem hohen Interesse des Kindes an gesicherten Verhältnissen Rechnung getragen, und die Adoption trotz Verstoßes gegen Art. 103 GG nicht für nichtig erklärt, sondern nur die Rechtskraft aufgehoben, damit das Familiengericht den betroffenen Elternteil nachträglich anhören konnte.[10]

---

[9] Dazu OLG Oldenburg v. 05.05.2003 - 5 W 58/03 - FamRZ 2004, 399-400 (eine aus finanziellen Gründen durchgeführte Stiefkindadoption ist keine Scheinadoption).
[10] BVerfG v. 08.02.1994 - 1 BvR 765/89, 1 BvR 766/89 - NJW 1994, 1053-1055. Dem folgend BVerfG v. 23.03.1994 - 2 BvR 397/93 - NJW 1995, 316-317, vgl. auch die Kommentierung zu § 1752 BGB Rn. 6.

§ 1760 BGB Aufhebung wegen fehlender Erklärungen

(Fassung vom 17.12.2008, gültig ab 01.09.2009)

(1) Das Annahmeverhältnis kann auf Antrag vom Familiengericht aufgehoben werden, wenn es ohne Antrag des Annehmenden, ohne die Einwilligung des Kindes oder ohne die erforderliche Einwilligung eines Elternteils begründet worden ist.

(2) Der Antrag oder eine Einwilligung ist nur dann unwirksam, wenn der Erklärende

a) zur Zeit der Erklärung sich im Zustand der Bewusstlosigkeit oder vorübergehenden Störung der Geistestätigkeit befand, wenn der Antragsteller geschäftsunfähig war oder das geschäftsunfähige oder noch nicht 14 Jahre alte Kind die Einwilligung selbst erteilt hat,

b) nicht gewusst hat, dass es sich um eine Annahme als Kind handelt, oder wenn er dies zwar gewusst hat, aber einen Annahmeantrag nicht hat stellen oder eine Einwilligung zur Annahme nicht hat abgeben wollen oder wenn sich der Annehmende in der Person des anzunehmenden Kindes oder wenn sich das anzunehmende Kind in der Person des Annehmenden geirrt hat,

c) durch arglistige Täuschung über wesentliche Umstände zur Erklärung bestimmt worden ist,

d) widerrechtlich durch Drohung zur Erklärung bestimmt worden ist,

e) die Einwilligung vor Ablauf der in § 1747 Abs. 2 Satz 1 bestimmten Frist erteilt hat.

(3) ¹Die Aufhebung ist ausgeschlossen, wenn der Erklärende nach Wegfall der Geschäftsunfähigkeit, der Bewusstlosigkeit, der Störung der Geistestätigkeit, der durch die Drohung bestimmten Zwangslage, nach der Entdeckung des Irrtums oder nach Ablauf der in § 1747 Abs. 2 Satz 1 bestimmten Frist den Antrag oder die Einwilligung nachgeholt oder sonst zu erkennen gegeben hat, dass das Annahmeverhältnis aufrechterhalten werden soll. ²Die Vorschriften des § 1746 Abs. 1 Satz 2, 3 und des § 1750 Abs. 3 Satz 1, 2 sind entsprechend anzuwenden.

(4) Die Aufhebung wegen arglistiger Täuschung über wesentliche Umstände ist ferner ausgeschlossen, wenn über Vermögensverhältnisse des Annehmenden oder des Kindes getäuscht worden ist oder wenn die Täuschung ohne Wissen eines Antrags- oder Einwilligungsberechtigten von jemand verübt worden ist, der weder antrags- noch einwilligungsberechtigt noch zur Vermittlung der Annahme befugt war.

(5) ¹Ist beim Ausspruch der Annahme zu Unrecht angenommen worden, dass ein Elternteil zur Abgabe der Erklärung dauernd außerstande oder sein Aufenthalt dauernd unbekannt sei, so ist die Aufhebung ausgeschlossen, wenn der Elternteil die Einwilligung nachgeholt oder sonst zu erkennen gegeben hat, dass das Annahmeverhältnis aufrechterhalten werden soll. ²Die Vorschrift des § 1750 Abs. 3 Satz 1, 2 ist entsprechend anzuwenden.

Gliederung

A. Grundlagen 1
B. Praktische Bedeutung 4
C. Anwendungsvoraussetzungen 5
   I. Fehlen des Antrags des Annehmenden bzw. der notwendigen Einwilligungen 5
   II. Verstöße gegen die §§ 1750, 1752 BGB 8
   III. Unwirksamkeit des Antrags des Annehmenden bzw. der notwendigen Einwilligungen 9
      1. Grundlagen 9
      2. Bewusstlosigkeit, Geschäftsunfähigkeit u.Ä. 10
      3. Unkenntnis von der Tatsache der Annahme 13
      4. Täuschung 14
      5. Drohung 16

6. Einwilligung vor Ablauf der Acht-Wochen-Frist des § 1747 Abs. 2 Satz 1 BGB 18
IV. Nachholung der Erklärung nach Wegfall des Unwirksamkeitsgrunds 19
V. Nachholung der Erklärung bei fehlerhafter Annahme der Entbehrlichkeit gemäß § 1747 Abs. 4 BGB 20
VI. Annahme nach ausländischem Recht 21

A. Grundlagen

1 Die Annahme eines Kindes soll in aller Regel wirksam und bestandskräftig sein[1] (vgl. schon die Kommentierung zu § 1759 BGB). Dennoch darf es nicht unbeachtet bleiben, wenn bei der Annahme wesentliche Einwilligungserfordernisse verletzt worden sind.[2] Nach den §§ 1760-1761 BGB kann die Adoption jedoch aufgehoben werden, wenn im Adoptionsverfahren die Einwilligung der leiblichen Eltern oder des Kindes fehlte. Die Einwilligung darf in diesen Fällen nicht nachgeholt worden sein, und es darf nicht die Möglichkeit der Ersetzung bestehen (§ 1760 Abs. 3 BGB; § 1761 Abs. 1 BGB). Die Adoption kann außerdem auch aufgehoben werden, wenn sie ohne wirksamen Antrag des Annehmenden ausgesprochen wurde. Praktisch ist die Aufhebung nach § 1760 BGB äußerst selten.[3]

2 Die Aufhebung scheidet trotz Vorliegens eines Aufhebungsgrunds aus, wenn das **Wohl des Kindes** durch diese erheblich gefährdet würde, es sei denn, es besteht ein überwiegendes Interesse des Annehmenden an der Aufhebung (§ 1761 Abs. 2 BGB).

3 Die formalen Voraussetzungen für den Aufhebungsantrag sind in § 1762 BGB zusammengefasst (vgl. die Kommentierung zu § 1762 BGB).

B. Praktische Bedeutung

4 Die Aufhebung einer Adoption nach den §§ 1760-1762 BGB ist der absolute Ausnahmefall. Wenn überhaupt, erfolgt die Aufhebung zumeist nach § 1763 BGB.[4] Gewisse, auch politische Relevanz hatte die Aufhebung vorübergehend durch Art. 234 § 13 EGBGB erlangt. Danach konnten Adoptionen, welche in der DDR ohne Einwilligung der Eltern erfolgt waren, drei Jahre lang unter erleichterten Voraussetzungen aufgehoben werden.[5] Der Aufhebungsantrag konnte bis zum 02.10.1993 gestellt werden.

C. Anwendungsvoraussetzungen

I. Fehlen des Antrags des Annehmenden bzw. der notwendigen Einwilligungen

5 Die Aufhebung ist nur möglich, wenn die Anträge bzw. Einwilligungen der in § 1760 Abs. 1 BGB genannten Personen fehlen. Es handelt sich um den Antrag des Annehmenden nach § 1752 BGB und um die Einwilligungen des Kindes und der Eltern nach den §§ 1746, 1747 BGB. Das Fehlen der Einwilligung der Eltern kann nur dann zur Aufhebung der Annahme führen, wenn die Einwilligung notwendig war. Konnte die Einwilligung, insbesondere nach § 1747 Abs. 4 BGB, entfallen, so greift § 1760 BGB nicht ein. Wie sich im Umkehrschluss aus § 1760 Abs. 5 BGB eindeutig ergibt, soll das Fehlen der Einwilligung der leiblichen Eltern aber dann angenommen werden, wenn das Gericht zu Unrecht davon ausgegangen war, die Einwilligung sei nach § 1747 Abs. 4 BGB entbehrlich.

6 Ist die Einwilligung **ersetzt** worden, greift § 1760 BGB ebenfalls nicht ein. Dies gilt auch dann, wenn die Ersetzung rechtsfehlerhaft erfolgt ist. Gegen die Ersetzung können die Eltern sich nur mit der Beschwerde wenden, die gemäß §§ 198 Abs. 1, 58 Abs. 1 FamFG der ordnungsgemäße Rechtsbehelf ist (vgl. auch die Kommentierung zu § 1748 BGB Rn. 28). Ist die Einwilligung nicht ersetzt worden, liegen aber die Voraussetzungen für eine Ersetzung vor, so greift zwar zunächst § 1760 Abs. 1 BGB. Die Aufhebung scheidet dann aber nach § 1761 Abs. 1 BGB dennoch aus (vgl. auch die Kommentierung zu § 1761 BGB).

7 Das Fehlen sonstiger Einwilligungen, wie etwa der Einwilligung des Ehegatten nach § 1749 BGB, berührt die Bestandskraft der Adoption nicht.[6] Vgl. zur Verfassungsbeschwerde wegen Verletzung des rechtlichen Gehörs die Kommentierung zu § 1759 BGB Rn. 5.

---

[1] Nur *Rauscher*, Familienrecht 2008, Rn. 1180.
[2] Von einem „Kompromiss" spricht *Kemper* in: Hk-BGB, §§ 1760-1761 Rn. 1; von einer Abwägung zwischen beidem *Liermann* in: Soergel, § 1760 Rn. 1.
[3] Vgl. hierzu die Nachweise bei *Rauscher*, Familienrecht 2008, Rn. 1180.
[4] Vgl. die Statistik bei *Maurer* in: MünchKomm-BGB, § 1760 Rn. 2.
[5] Umfassend dazu *Wolf*, FamRZ 1992, 12-16.
[6] Allgemeine Ansicht, vgl. nur *Kemper* in: Hk-BGB, §§ 1760-1761, Rn. 2; *Maurer* in: MünchKomm-BGB, § 1760 Rn. 3; *Berger* in: Jauernig, § 1760 Rn. 4.

II. Verstöße gegen die §§ 1750, 1752 BGB

Da einige besonders gravierende Fehler der Willenserklärung in § 1760 Abs. 2 BGB nicht genannt sind, ist streitig, ob diese bereits zum „Fehlen" der Erklärung nach § 1760 Abs. 2 BGB führen oder ob die Willenserklärung in diesen Fällen als wirksam gilt. Betroffen sind vor allem die Fälle, in welchen die Einwilligung und der Antrag entgegen den §§ 1750, 1752 BGB an eine **Bedingung** geknüpft wurden, in denen sie **durch einen Vertreter** erklärt wurden oder in denen sie **ohne die notarielle Form** erfolgten. Richtigerweise muss darauf abgestellt werden, ob die inhaltlichen Anforderungen, die hinter den Formerfordernissen stehen, gewahrt sind.[7] Eine unter einer Bedingung abgegebene Einwilligung kann keine Einwilligung im Sinne des Gesetzes sein. Gleiches gilt für den Antrag. War der Antrag unter einer Bedingung gestellt, so fehlt es an einem Antrag i.S.d. Gesetzes. Auch eine ohne Mitwirkung des Notars abgegebene Erklärung reicht nicht aus, während es nicht stört, wenn dem Notar bei der Beurkundung ein formaler Fehler unterläuft. Konsequent muss für die Erklärung durch einen Stellvertreter angenommen werden, dass die Erklärung dann nicht „fehlt" i.S.d. § 1760 Abs. 1 BGB, wenn der Vertreter sich an genaue Vorgaben des Vertretenen hält. Letztlich werden alle diese Fälle extrem selten sein.

III. Unwirksamkeit des Antrags des Annehmenden bzw. der notwendigen Einwilligungen

1. Grundlagen

Die Unwirksamkeit der notwendigen Einwilligungen ist deren Fehlen gleichgestellt. Dabei richtet sich jedoch die Unwirksamkeit nicht nach den allgemeinen Vorschriften über die Wirksamkeit von Willenserklärungen, vielmehr sind die Unwirksamkeitsgründe in § 1760 Abs. 2 BGB abschließend genannt.

2. Bewusstlosigkeit, Geschäftsunfähigkeit u.Ä.

Nach § 1760 Abs. 2 lit. a BGB ist die Erklärung unwirksam, wenn der Erklärende sich im Zustand der Bewusstlosigkeit oder vorübergehenden Störung der Geistestätigkeit befand, wenn er geschäftsunfähig war oder wenn das Kind die Einwilligung selbst erteilt hat, obwohl es noch nicht vierzehn Jahre alt bzw. geschäftsunfähig war.

Hat das Kind nach der Vollendung des 14. Lebensjahres wirksam eingewilligt, und war nur die gemäß § 1746 Abs. 1 Satz 3 HS 2 BGB erforderliche Zustimmung des gesetzlichen Vertreters unwirksam, so fehlt es an der Aufhebbarkeit.[8]

Auf die dauernde Geschäftsunfähigkeit kommt es nur beim Antragsteller und beim Kind an. Wenn die leiblichen Eltern dauernd geschäftsunfähig sind, ist ihre Einwilligung in die Adoption nämlich nach § 1747 Abs. 4 BGB ohnehin entbehrlich.

3. Unkenntnis von der Tatsache der Annahme

§ 1760 Abs. 2 lit. a BGB nennt einige erhebliche Irrtümer, die ebenfalls die Unwirksamkeit der Erklärungen bewirken. Es handelt sich um die Fälle, in denen der Erklärende entweder nicht wusste, dass seine Erklärung sich auf eine Annahme als Kind richtete, oder in denen er eine solche Erklärung nicht abgeben wollte (Erklärungsirrtum), außerdem um die Fälle, in denen er sich entweder darüber geirrt hatte, wer das Kind annehmen sollte oder darüber, welches Kind angenommen werden sollte. Irrt der Erklärende sich über Eigenschaften der annehmenden Person oder des Kindes (etwa die Vaterschaft des Ehemannes bei der Stiefkindannahme), so berührt dies die Wirksamkeit der Erklärung nicht.[9]

---

[7] So weitgehend auch *Maurer* in: MünchKomm-BGB, § 1760 Rn. 3; *Enders* in: Bamberger/Roth, § 1760 Rn. 3; anders aber *Frank* in: Staudinger, § 1760 Rn. 7 f., der meint, bei Willenserklärungen, die unter Verstoß gegen die speziellen adoptionsrechtlichen Formvorschriften abgegeben worden seien, sei immer ein Fehlen i.S.d. § 1760 Abs. 2 BGB anzunehmen. § 1760 Abs. 2 lit e BGB hält er folglich für überflüssig; noch anders *Liermann* in: Soergel, § 1760 Rn. 6, der meint, es komme allein auf die Existenz an. Die aber sei bei jeder dem Familiengericht zugegangenen Erklärung zu bejahen.

[8] *Enders* in: Bamberger/Roth, § 1760 Rn. 5; mit Begründung *Kemper* in: Hk-BGB, §§ 1760-1761, Rn. 3; dagegen aber *Frank* in: Staudinger, § 1760 Rn. 15; wieder anders *Berger* in: Jauernig, §§ 1759-1763 Rn. 4, der die Erklärung des Vertreters schon zu den Erklärungen zählt, die für die Anfechtung ohnehin bedeutungslos seien; vgl. auch schon oben Vertretung (Rn. 8).

[9] *Liermann* in: Soergel, § 1760 Rn. 9; näher aber *Frank* in: Staudinger, § 1760 Rn. 16.

4. Täuschung

14 § 1760 Abs. 2 lit. a BGB nennt auch die arglistige Täuschung als Unwirksamkeitsgrund. Jedoch führt nicht jede arglistige Täuschung zur Unwirksamkeit der Einwilligung bzw. des Antrags, sondern nur die Täuschung über wesentliche Umstände der Annahme. Außerdem muss die Täuschung kausal für die Abgabe der Willenserklärung gewesen sein. **Wesentliche Umstände** der Annahme sind Tatsachen, die sich gerade auf die Annahme beziehen, und die aus der (nachvollziehbaren) Sicht des Erklärenden wichtig für die Entwicklung des Kindes sind.[10] Sicher erfasst sind Täuschungen über die Person des Annehmenden für die leiblichen Eltern. Täuschungen über die Herkunft des Kindes können wesentlich sein, wenn sie die Entwicklungsfähigkeit oder die Gesundheit des Kindes betreffen.[11]

15 Die Täuschung berechtigt gemäß § 1760 Abs. 4 BGB dann nicht zur Aufhebung, wenn sie lediglich die **Vermögensverhältnisse** des Annehmenden oder des Kindes betraf.[12] Sie ist auch dann unbeachtlich, wenn sie von einer nicht antrags- oder einwilligungsberechtigten Person verübt worden ist (§ 1760 Abs. 4 Alt. 2 BGB). Nach ganz h.A. wird der Begriff „einwilligungsberechtigt" hier großzügig verstanden. Auch die Täuschung der nach § 1749 BGB einwilligungsberechtigten Ehegatten ist beachtlich.[13] Die Täuschung des gesetzlichen Vertreters des Kindes unter 14 Jahren wird nach § 166 BGB dem Kind zugerechnet und ist daher ebenfalls beachtlich. Der nur zustimmungsberechtigte gesetzliche Vertreter bei der Annahme des Kindes, welches das 14. Lebensjahr vollendet hat, gehört jedoch nicht zum Personenkreis des § 1760 Abs. 4 Alt. 2 BGB, die durch ihn verübte Täuschung bleibt unbeachtlich, wenn nicht ein Antrags- oder Einwilligungsberechtigter davon wusste.

5. Drohung

16 Bei der Drohung kommt es anders als bei der Täuschung nicht darauf an, von wem sie ausgeht. Problematisch kann die Widerrechtlichkeit sein. In einer frühen Entscheidung hatte der BGH ausgesprochen, dass es nicht widerrechtlich sei, wenn die Eltern ihrer Tochter drohten, sie aus der Familiengemeinschaft auszuschließen, falls sie ihr nichteheliches Kind nicht zur Adoption freigebe.[14] Ob dem heute noch zu folgen ist, ist streitig. Es muss dem BGH aber doch insoweit zugestimmt werden, als es nicht widerrechtlich sein kann, wenn die Eltern ihrem Kind die Streichung von Vorteilen androhen, die sie diesem nur freiwillig, also ohne rechtliche Verpflichtung gewähren.[15]

17 Schwierig zu beurteilen ist auch die Frage, ob eine Mutter, die ihr Kind in die Babyklappe gelegt hat, sich auf § 1760 BGB berufen kann, wenn sie vorbringt, sie sei zur Abgabe des Kindes von Dritten gezwungen worden. Eigentlich ist in diesen Fällen die Einwilligung der Mutter in die Adoption gar nicht erforderlich. Denn da sie unbekannt ist, greift § 1747 Abs. 4 BGB. Dennoch wird die Anwendung des § 1760 BGB überzeugend befürwortet.[16]

6. Einwilligung vor Ablauf der Acht-Wochen-Frist des § 1747 Abs. 2 Satz 1 BGB

18 Als unwirksam gilt gemäß § 1760 Abs. 2 lit. e BGB auch die Erklärung, die vor Ablauf der Acht-Wochen-Frist des § 1747 Abs. 2 Satz 1 BGB abgegeben worden ist.

IV. Nachholung der Erklärung nach Wegfall des Unwirksamkeitsgrunds

19 Gemäß § 1760 Abs. 3 BGB können Erklärungen, die nach § 1760 Abs. 1 BGB fehlen oder nach § 1760 Abs. 2 BGB unwirksam sind, nachgeholt werden. Dabei soll es auch ausreichen, wenn statt der förmlichen Nachholung in der Form des § 1750 BGB der Erklärende nur „sonst zu erkennen gegeben hat", dass er mit dem Fortbestehen der Annahme einverstanden sei. Hier müssen hohe Anforderungen ge-

---

[10] Etwa die Religionszugehörigkeit, ähnlich wie hier *Maurer* in: MünchKomm-BGB, § 1760 Rn. 9.
[11] Etwa Alkoholismus oder Erbkrankheiten der leiblichen Eltern. Zu allem näher *Frank* in: Staudinger, § 1760 Rn. 19, 20.
[12] Kritisch zu diesem „Idealismus" *Saar* in: Erman, § 1760 Rn. 6.
[13] *Liermann* in: Soergel, § 1760 Rn. 13; *Frank* in: Staudinger, § 1760 Rn. 21.
[14] BGHZ 2, 287.
[15] *Saar* in: Erman, § 1760 Rn. 7; ähnlich *Frank* in: Staudinger, § 1760 Rn. 23; auch *Maurer* in: MünchKomm-BGB, § 1760 Rn. 2, die für das konkrete Urteil allerdings zu gegenteiligen Ergebnissen kommen.
[16] *Katzenmeier*, FamRZ 2005, 1134-1139, 1136.

stellt werden. Dass der Annehmende das Kind zunächst weiter betreut, nachdem er eine Täuschung entdeckt hat, heißt noch nicht, dass er die Annahme auf Dauer aufrechterhalten will.[17]

V. Nachholung der Erklärung bei fehlerhafter Annahme der Entbehrlichkeit gemäß § 1747 Abs. 4 BGB

§ 1760 Abs. 5 BGB lässt die Nachholung auch für die Fälle zu, in denen das Familiengericht die Annahme ohne Einwilligung der leiblichen Eltern durchgeführt hat, weil es zu Unrecht davon ausging, dass ein Fall des § 1747 Abs. 4 BGB vorlag. Die Möglichkeit der Nachholung wird in § 1760 Abs. 3 und Abs. 5 BGB nicht für alle Tatbestände der Aufhebbarkeit normiert. Nach allgemeiner Ansicht ist die Nachholung jedoch auch in den übrigen Fällen (z.B. völliges Fehlen einer Erklärung i.S.d. § 1760 Abs. 1 BGB) möglich.[18]

20

VI. Annahme nach ausländischem Recht

Wenn die Adoption zu Recht nach ausländischem Recht erfolgte und die Einwilligung nicht Voraussetzung der wirksamen Annahme ist, so kann deren Fehlen nicht zur Aufhebbarkeit der Annahme führen.[19]

21

---

[17] Wie hier *Frank* in: Staudinger, § 1760 Rn. 28; *Saar* in: Erman, § 1760 Rn. 9; auch *Liermann* in: Soergel, § 1760 Rn. 17, der zu Recht bemerkt, dass es auch auf den Einzelfall ankommt; das meint wohl auch *Maurer* in: Münch-Komm-BGB, § 1760 Rn. 23.

[18] *Saar* in: Erman, § 1760 Rn. 9; *Liermann* in: Soergel, § 1760 Rn. 18.

[19] OLG Nürnberg v. 15.10.2001 - 10 UF 1714/01 - OLGR Nürnberg 2002, 79-80 für die Adoption durch eine verheiratete Einzelperson ohne Einwilligung des Ehegatten nach rumänischem Recht; OLG Köln v. 24.06.1996 - 16 Wx 190/95 - OLGR Köln 1997, 10-11 für eine Adoption nach polnischem Recht.

§ 1761 BGB Aufhebungshindernisse

(Fassung vom 02.01.2002, gültig ab 01.01.2002)

(1) Das Annahmeverhältnis kann nicht aufgehoben werden, weil eine erforderliche Einwilligung nicht eingeholt worden oder nach § 1760 Abs. 2 unwirksam ist, wenn die Voraussetzungen für die Ersetzung der Einwilligung beim Ausspruch der Annahme vorgelegen haben oder wenn sie zum Zeitpunkt der Entscheidung über den Aufhebungsantrag vorliegen; dabei ist es unschädlich, wenn eine Belehrung oder Beratung nach § 1748 Abs. 2 nicht erfolgt ist.

(2) Das Annahmeverhältnis darf nicht aufgehoben werden, wenn dadurch das Wohl des Kindes erheblich gefährdet würde, es sei denn, dass überwiegende Interessen des Annehmenden die Aufhebung erfordern.

Gliederung

A. Grundlagen 1
B. Anwendungsvoraussetzungen 2
I. Ersetzbarkeit der fehlenden Erklärung 2
II. Gefährdung des Kindeswohls 3
III. Überwiegende Interessen des Annehmenden 5

A. Grundlagen

1 § 1761 BGB schränkt die ohnehin begrenzte Möglichkeit der Aufhebung (vgl. die Kommentierung zu § 1759 BGB sowie die Kommentierung zu § 1760 BGB) der Annahme noch weiter ein. Selbst bei Vorliegen eines Aufhebungsgrunds nach § 1762 BGB scheidet die Aufhebung aus, wenn entweder die Voraussetzungen für eine Ersetzung der fehlenden Erklärung vorliegen oder die Aufhebung das Wohl des Kindes erheblich gefährden würde.

B. Anwendungsvoraussetzungen

I. Ersetzbarkeit der fehlenden Erklärung

2 Auch § 1761 Abs. 1 BGB muss vor dem Hintergrund gelesen werden, dass die Aufhebung der Adoption dem Interesse des Kindes an sicheren Familienverhältnissen grundsätzlich entgegensteht. Auf keinen Fall soll die Situation eintreten, dass die Annahme zuerst aufgehoben und dann, nach Durchführung eines Ersetzungsverfahrens, erneut ausgesprochen wird. Daher erlaubt es § 1761 Abs. 1 BGB, bei einem Fehlen der Einwilligung der Eltern noch nachträglich die Ersetzbarkeit zu prüfen. Wenn die Einwilligung von Anfang an ersetzbar war oder später ersetzbar geworden ist, so scheidet die Aufhebung aus. Das gilt nach Absatz 1 Halbsatz 2 selbst dann, wenn eine Belehrung der Eltern nach § 1748 Abs. 2 BGB nicht stattgefunden hat. Probleme bereitet der Fall, dass der Ersetzungsgrund zwar bestanden hat, aber inzwischen nicht mehr besteht, wie nach der erfolgreichen Behandlung einer schwerwiegenden psychischen Erkrankung. Hier sollte mit der wohl h.A. eine Ersetzung nicht durchgeführt werden, sondern die Aufhebung muss erfolgen, wenn nicht ausnahmsweise § 1761 Abs. 2 BGB eingreift.[1]

II. Gefährdung des Kindeswohls

3 Die Aufhebung der Adoption aus den Gründen des § 1760 BGB mit der faktischen Folge der Trennung des Kindes von den Annehmenden wird das Kindeswohl fast stets beeinträchtigen. Würde im Rahmen des § 1761 Abs. 2 BGB jeder Trennungsschmerz berücksichtigt, so wäre die Aufhebung immer ausgeschlossen. Daher ist anerkannt, dass die erhebliche Gefährdung des Kindeswohls erst bei einer höheren Belastung angenommen werden kann.[2] Ungeklärt ist aber, wann genau die erhebliche Gefährdung angenommen werden kann. Im Regelfall wird der **Trennungsschmerz** entscheidend sein. Wenn er so groß ist, dass die Entwicklung des Kindes – hier besonders die seelische Entwicklung – nachhaltig be-

---

[1] *Liermann* in: Soergel, § 1761 Rn. 7; *Finger* in: NK-BGB, § 1761 Rn. 1; a.A. *Frank* in: Staudinger, § 1761 Rn. 5.
[2] OLG Karlsruhe v. 27.02.1996 - 11 Wx 63/95 - juris Rn. 11 - DAVorm 1996, 390-393; *Enders* in: Bamberger/Roth, § 1761 Rn. 3.

einträchtigt wird, muss die Adoption bestehen bleiben.³ Allerdings müssen auch Vorteile, wie die Möglichkeit des Aufwachsens bei den leiblichen Eltern, berücksichtigt werden. Teils ist die Gefährdung auch schon dann bejaht worden, wenn das Kind nach der Aufhebung als Pflegekind bei den Annehmenden hätte bleiben können.⁴ Das trifft nur insofern zu, als das Gesetz zumindest keine Abmilderung durch einen vorübergehenden Verbleib bei den Annehmenden im Rahmen einer Pflege vorsieht.⁵ Im Regelfall ergibt sich bei der Möglichkeit der Umwandlung des Annahmeverhältnisses in ein dauerhaftes Pflegeverhältnis allerdings gerade keine erhebliche Beeinträchtigung des Kindeswohls. Bei einer sehr kurzen Dauer des Annahmeverhältnisses ist die Gefährdung des Kindes in der Regel geringer. In der Regel kann nur ein Sachverständigengutachten die Auswirkungen der Aufhebung auf das Kindeswohl klären.⁶

Die **Interessen der leiblichen Eltern** werden bei der Anwendung des § 1761 Abs. 2 BGB nicht unmittelbar bedacht. Sie können und müssen aber doch dadurch berücksichtigt werden, dass der Maßstab für die Gefährdung des Kindeswohls (die bei einer Aufhebung eintreten würde) nicht zu niedrig angesetzt wird. Das verlangt schon Art. 6 Abs. 2 GG. Eine eigentliche Interessenabwägung ist jedoch nicht vorgesehen.⁷

III. Überwiegende Interessen des Annehmenden

Dagegen sieht § 1761 Abs. 2 BGB vor, dass eine Abwägung mit den Interessen des Annehmenden erfolgt. Eine solche Abwägung erfolgt aber nur in den Fällen, in welche die Verfahrensfehler gerade diesen betreffen, z.B. weil er keinen wirksamen Antrag auf Annahme des Kindes gestellt hat.⁸ Die Regelung betrifft besonders den Fall, dass der Antrag wegen Irrtums oder Täuschung unwirksam war. Will der Annehmende die Annahme nicht aufrechterhalten, spricht in der Regel ohnehin auch das Kindeswohl gegen die Fortsetzung des Annahmeverhältnisses.

---

3 So auch *Maurer* in: MünchKomm-BGB, § 1761 Rn. 13.
4 OLG Karlsruhe v. 27.02.1996 - 11 Wx 63/95 - juris Rn. 13 - DAVorm 1996, 390-393.
5 So auch *Finger* in: NK-BGB, § 1761 Rn. 3.
6 *Finger* in: NK-BGB, § 1761 Rn. 3; *Enders* in: Bamberger/Roth, § 1761 Rn. 3.
7 Nur *Diederichsen* in: Palandt, § 1761 Rn. 7; *Enders* in: Bamberger/Roth, § 1761 Rn. 3; differenzierend *Frank* in: Staudinger, § 1751 Rn. 12.
8 *Saar* in: Erman, § 1761 Rn. 4.

§ 1762 BGB Antragsberechtigung; Antragsfrist, Form

(Fassung vom 02.01.2002, gültig ab 01.01.2002)

(1) ¹Antragsberechtigt ist nur derjenige, ohne dessen Antrag oder Einwilligung das Kind angenommen worden ist. ²Für ein Kind, das geschäftsunfähig oder noch nicht 14 Jahre alt ist, und für den Annehmenden, der geschäftsunfähig ist, können die gesetzlichen Vertreter den Antrag stellen. ³Im Übrigen kann der Antrag nicht durch einen Vertreter gestellt werden. ⁴Ist der Antragsberechtigte in der Geschäftsfähigkeit beschränkt, so ist die Zustimmung des gesetzlichen Vertreters nicht erforderlich.

(2) ¹Der Antrag kann nur innerhalb eines Jahres gestellt werden, wenn seit der Annahme noch keine drei Jahre verstrichen sind. ²Die Frist beginnt

a) in den Fällen des § 1760 Abs. 2 Buchstabe a mit dem Zeitpunkt, in dem der Erklärende zumindest die beschränkte Geschäftsfähigkeit erlangt hat oder in dem dem gesetzlichen Vertreter des geschäftsunfähigen Annehmenden oder des noch nicht 14 Jahre alten oder geschäftsunfähigen Kindes die Erklärung bekannt wird;

b) in den Fällen des § 1760 Abs. 2 Buchstaben b, c mit dem Zeitpunkt, in dem der Erklärende den Irrtum oder die Täuschung entdeckt;

c) in dem Falle des § 1760 Abs. 2 Buchstabe d mit dem Zeitpunkt, in dem die Zwangslage aufhört;

d) in dem Falle des § 1760 Abs. 2 Buchstabe e nach Ablauf der in § 1747 Abs. 2 Satz 1 bestimmten Frist;

e) in den Fällen des § 1760 Abs. 5 mit dem Zeitpunkt, in dem dem Elternteil bekannt wird, dass die Annahme ohne seine Einwilligung erfolgt ist.

³Die für die Verjährung geltenden Vorschriften der §§ 206, 210 sind entsprechend anzuwenden.

(3) Der Antrag bedarf der notariellen Beurkundung.

Gliederung

A. Grundlagen 1	1. Absolute und relative Frist 4
B. Anwendungsvoraussetzungen 2	2. Beginn der relativen Frist 5
I. Antragsteller 2	III. Form 7
II. Frist 4	C. Prozessuale Hinweise/Verfahrenshinweise 8

A. Grundlagen

1 § 1762 BGB regelt die formalen Voraussetzungen des Aufhebungsantrags. Eine Aufhebung ohne einen Antrag nach § 1762 BGB ist nur in den in § 1763 BGB beschriebenen Fällen der schwerwiegenden Kindeswohlgefährdung möglich. Für die Aufhebung einer Volljährigenadoption gilt § 1771 BGB.

B. Anwendungsvoraussetzungen

I. Antragsteller

2 Wie sich aus dem Wortlaut des § 1762 Abs. 1 BGB deutlich ergibt, kann nur derjenige den Antrag auf Aufhebung der Annahme stellen, ohne dessen Einwilligung oder Antrag die Annahme ausgesprochen wurde. Da nur das Fehlen einer Erklärung des Annehmenden, des Kindes und der leiblichen Eltern Aufhebungsgrund sein können, können nur diese den Aufhebungsantrag stellen. Jedoch steht auch ihnen das Antragsrecht jeweils nur dann zu, wenn gerade ihre eigene Erklärung fehlt. Es scheidet also beispielsweise aus, dass der Annehmende unter Berufung auf die fehlende Einwilligung eines leibli-

chen Elternteils die Aufhebung beantragt.[1] Fehlt bei der Annahme durch Ehegatten nur der Antrag eines Ehegatten, so kann dieser ebenfalls nur die Aufhebung der Annahme im Verhältnis zwischen sich selbst und dem Kind beantragen.[2]

Auch die Kinder des verstorbenen Annehmenden können den Antrag nicht stellen. Das Recht auf Antragstellung geht nicht auf die Erben über.[3]

II. Frist

1. Absolute und relative Frist

Der Antrag auf Aufhebung der Adoption muss spätestens drei Jahre nach dem Ausspruch der Annahme (§ 197 Abs. 1 FamFG) gestellt werden. Danach ist er absolut ausgeschlossen. Innerhalb dieser absoluten Drei-Jahres-Frist muss zusätzlich eine relative Ein-Jahres-Frist eingehalten sein, deren Beginn in § 1762 Abs. 2 lit. a-e BGB näher bestimmt wird.[4]

2. Beginn der relativen Frist

Für den Beginn der relativen Frist von einem Jahr enthält § 1762 Abs. 2 BGB unterschiedliche Regelungen, die auf die Unwirksamkeitsgründe des § 1760 Abs. 2 BGB abgestimmt sind.[5] Den dort genannten Zeitpunkten ist gemein, dass es nicht auf die Kenntnis von der Aufhebbarkeit, sondern vielmehr auf das objektive Ende der Störung ankommt.

Keine Regelung zum Fristbeginn gibt es für die Fälle, in welchen eine Erklärung i.S.d. § 1760 Abs. 1 BGB ganz fehlt. Teils wird deshalb vorgeschlagen, § 1762 Abs. 2 lit. e BGB entsprechend anzuwenden.[6] Jedenfalls im Ergebnis ist dem zuzustimmen. Die Frist muss in diesen Fällen mit Kenntnis von der Annahme beginnen. Anders als die Drei-Jahres-Frist kann die Ein-Jahres-Frist gemäß § 1762 Abs. 2 Satz 3 BGB, der sich nach allgemeiner Ansicht nicht nur auf § 1762 Abs. 2 lit. e BGB bezieht, gehemmt sein.[7]

III. Form

Der Antrag auf Aufhebung der Annahme muss beim Familiengericht gestellt werden (§ 1760 Abs. 1 BGB). Er ist höchstpersönlich zu stellen (§ 1762 Abs. 1 Satz 3 BGB). Vertretung ist nur möglich, soweit es sich um die gesetzliche Vertretung eines Kindes unter 14 Jahren handelt, oder der geschäftsunfähige Annehmende vertreten wird (§ 1760 Abs. 1 Satz 2 BGB). Der Antrag bedarf der notariellen Form (§ 1760 Abs. 3 BGB). Die geschäftsunfähigen leiblichen Eltern können den Antrag daher nicht stellen.[8]

C. Prozessuale Hinweise/Verfahrenshinweise

Die örtliche Zuständigkeit richtet sich nach § 187 FamFG. Bei unterschiedlichen Wohnsitzen der Eltern sind die Familiengerichte am Wohnort der Mutter und des Vaters beide zuständig. Wo das Verfahren eröffnet wird, soll nach Zweckmäßigkeit entschieden werden.[9]

Die Aufhebung der Annahme ist mit der Beschwerde anfechtbar (§ 58 Abs. 1 FamFG). Wegen des Wiederauflebens der Verwandtschaft sind auch die leiblichen Eltern beschwerdeberechtigt.[10] Auch wenn die Aufhebung der Annahme abgelehnt wird, ist die Beschwerde nach § 58 Abs. 1 FamFG das statthafte Rechtsmittel.[11]

---

[1] BayObLG München v. 25.03.1999 - 1Z BR 151/98 - juris Rn. 20 - NJWE-FER 2000, 5-6.
[2] *Frank* in: Staudinger, § 1762 Rn. 5; *Enders* in: Bamberger/Roth, § 1762 Rn. 2.
[3] BayObLG München v. 14.03.1986 - BReg 1 Z 10/86 - NJW-RR 1986, 872-873.
[4] Kritisch zu dieser Frist *Maurer* in: MünchKomm-BGB, § 1762 Rn. 13.
[5] Zu § 1762 Abs. 2 lit. b BGB BayObLG München v. 23.03.1992 - BReg 1 Z 22/91 - ZfJ 1992, 442-443.
[6] So *Maurer* in: MünchKomm-BGB, § 1762 Rn. 17; *Frank* in: Staudinger, § 1762 Rn. 18; *Liermann* in: Soergel, § 1761 Rn. 11.
[7] *Maurer* in: MünchKomm-BGB, § 1762 Rn. 16; *Enders* in: Bamberger/Roth, § 1762 Rn. 7.
[8] Nur *Liermann* in: Soergel, § 1761 Rn. 3, mit dem Hinweis darauf, dass in diesen Fällen wegen der Entbehrlichkeit der Einwilligung die Aufhebung ohnehin nicht in Betracht käme.
[9] KG Berlin v. 08.11.1994 - 1 AR 39/94 - KGR Berlin 1995, 8-9; *Krause*, FamRB 2009, 421-226, 222.
[10] OLG Düsseldorf v. 19.06.1997 - 25 Wx 24/97 - EzFamR aktuell 1997, 345-347 zum FGG a.F.
[11] BayObLG München v. 25.03.1999 - 1Z BR 151/98 - juris Rn. 15 - NJWE-FER 2000, 5-6 zu § 20 Abs. 2 FGG.

§ 1763 BGB Aufhebung von Amts wegen

(Fassung vom 17.12.2008, gültig ab 01.09.2009)

(1) Während der Minderjährigkeit des Kindes kann das Familiengericht das Annahmeverhältnis von Amts wegen aufheben, wenn dies aus schwerwiegenden Gründen zum Wohl des Kindes erforderlich ist.

(2) Ist das Kind von einem Ehepaar angenommen, so kann auch das zwischen dem Kind und einem Ehegatten bestehende Annahmeverhältnis aufgehoben werden.

(3) Das Annahmeverhältnis darf nur aufgehoben werden,

a) wenn in dem Falle des Absatzes 2 der andere Ehegatte oder wenn ein leiblicher Elternteil bereit ist, die Pflege und Erziehung des Kindes zu übernehmen, und wenn die Ausübung der elterlichen Sorge durch ihn dem Wohl des Kindes nicht widersprechen würde oder

b) wenn die Aufhebung eine erneute Annahme des Kindes ermöglichen soll.

Gliederung

A. Grundlagen 1	1. Allgemeines 10
B. Anwendungsvoraussetzungen 4	2. Versorgung durch den anderen Ehegatten oder einen leiblichen Elternteil 11
I. Schwerwiegende Gründe zum Wohl des Kindes 4	3. Erneute Annahme 14
II. Aufhebung gegenüber einem von zwei Annehmenden 9	IV. Eintritt der Volljährigkeit während des Verfahrens 15
III. Verbleibende oder neue Familienbeziehung 10	C. Prozessuale Hinweise/Verfahrenshinweise 16

A. Grundlagen

1 § 1763 BGB erlaubt in eng begrenzten Fällen die Aufhebung der Adoption zum Wohl des Kindes. Die Adoption darf von Amts wegen aufgehoben werden, wenn schwerwiegende Gründe dies erforderlich machen. Die Norm enthält damit eine notwendige Ergänzung zum Verbot der Mehrfachadoption nach § 1742 BGB. Während leibliche Kinder, die nicht bei ihren Eltern bleiben können, nämlich durch die Annahme nach den §§ 1741-1757 BGB einer neuen Familie zugeordnet werden können, ist dies bei angenommenen Kindern, die nicht bei den Annehmenden verbleiben können, zunächst nicht möglich, da jede weitere Adoption gemäß § 1742 BGB ausscheidet. Nur nach der Aufhebung der Erstadoption gemäß § 1763 BGB ist ausnahmsweise doch eine erneute Adoption möglich.[1] Der darin bestehende Unterschied zwischen leiblichen und angenommenen Kindern kann reduziert werden, indem versucht wird, die Voraussetzungen des § 1763 BGB zumindest dann ähnlich wie die Ersetzung der Einwilligung der leiblichen Eltern nach § 1748 Abs. 1 BGB zu deuten, wenn die Annehmenden das Kind behalten wollen.[2] Es ist jedenfalls nicht zu befürworten, den Maßstab des § 1763 BGB unterhalb des Maßstabs des § 1666 BGB anzusiedeln, weil die Annehmenden in ihrer Elternstellung weniger geschützt seien.[3] Denn zum einen genießen die Annehmenden den vollen Schutz des Art. 6 Abs. 2 GG, zum anderen ist § 1666 BGB überhaupt nicht auf den Entzug der Elternstellung gerichtet. Er betrifft Maßnahmen der elterlichen Sorge, die durchaus auch gegenüber den Adoptiveltern in Betracht kommen können (auch noch sogleich Rn. 4).

2 Die Aufhebung von Amts wegen unterliegt zwei zwingenden Voraussetzungen. Nach § 1763 Abs. 1 BGB muss sie aus schwerwiegenden Gründen zum Wohl des Kindes erforderlich sein. Sie ist nach § 1763 Abs. 3 BGB außerdem nur dann zulässig, wenn gesichert ist, dass das Kind eine Familienbeziehung behält. Keine Angleichung zwischen angenommenem und leiblichem Kind kann daher er-

---

[1] Kritisch dazu *Frank* in: Staudinger, § 1763 Rn. 1.
[2] Eine niedrigere Schwelle will *Liermann* in: Soergel, § 1763 Rn. 2, annehmen, weil das natürliche Elternrecht nicht betroffen sei und es daher rechtlich möglich und vorzugswürdig sei, die erneute Adoption an die Stelle der länger dauernden Familienpflege zu setzen.
[3] Dafür allerdings *Finger* in: NK-BGB, § 1763 Rn. 1.

reicht werden, soweit es um die Adoption mit Einwilligung der leiblichen Eltern geht. Angenommene Kinder sollen gerade nicht zu einer weiteren Adoption „freigegeben" werden. Sonst würde ein Herumreichen der Kinder drohen.[4]

§ 1763 BGB greift nur ein, solange das Kind minderjährig ist. Einmal volljährig, muss eine Lösung über § 1768 BGB gesucht werden, der eine erneute Adoption grundsätzlich zulässt, vgl. dazu näher Rn. 15.[5]

B. Anwendungsvoraussetzungen

I. Schwerwiegende Gründe zum Wohl des Kindes

Wann schwerwiegende Gründe für eine Aufhebung der Annahme bejaht werden können, kann nur im Einzelfall entschieden werden.[6] Dabei gibt es bislang nur wenige allgemein anerkannte Leitlinien. Vorgeschlagen worden ist, den etwas deutlicheren Wortlaut des § 1748 Abs. 1 BGB als Orientierungshilfe zu verwenden.[7] Die anhaltende gröbliche Verletzung der aus der elterlichen Sorge folgenden Pflichten sowie die völlige Gleichgültigkeit gegenüber dem Kind können also ein schwerwiegender Grund zum Nachteil des Kindes sein. Allerdings müssen auch bei angenommenen Kindern, soweit dies Erfolg verspricht, zunächst mildere Maßnahmen nach § 1666 BGB versucht werden.[8] Das ergibt sich schon aus dem Wortlaut der Norm – die Aufhebung muss **erforderlich** sein – und gilt umso mehr, wenn die Annehmenden die Aufhebung ablehnen.[9]

Fest steht, dass auf das Wohl des Kindes und nicht auf die Wünsche der Eltern abzustellen ist.[10] Bereuen diese die Adoption, so liegt darin kein Aufhebungsgrund. Andererseits muss bedacht werden, dass in Fällen, in welchen die Eltern sich von dem Kind abwenden und kein Interesse mehr an ihm zeigen, eine Aufhebung der Annahme durchaus für das Wohl des Kindes erforderlich werden kann.[11]

Zu bejahen ist die Aufhebbarkeit bei Misshandlungen des angenommenen Kindes, sei es sexueller Missbrauch, sei es sonstige körperliche oder auch seelische Gewalt.[12] Auch die völlige Ablehnung des Angenommenen und das gänzliche Fehlen einer Eltern-Kind-Beziehung – bspw. aufgrund einer reinen Scheinadoption – kann im Einzelfall ausreichen.[13] Bejaht worden ist die Aufhebung auch in dem Fall, dass das Kind zuvor die Adoptivmutter getötet hatte.[14]

Zu verneinen ist das Vorliegen eines ausreichenden Grundes für die Aufhebung einer Adoption bei einer Scheidung der Annehmenden.[15] Das gilt auch dann, wenn es sich bei der Annahme um eine Stiefkindadoption gehandelt hat und die durch die Annahme begründete Verwandtschaft zu dem Stiefvater wieder gelöst werden soll.[16]

Eine ausländische Erstadoption kann nicht nach § 1763 BGB aufgehoben werden, nur weil zur Sicherheit eine Wiederholungsadoption in Deutschland vorgenommen worden ist.[17]

---

[4] BT-Drs. 7/3061, S. 31; vgl. auch die Kommentierung zu § 1742 BGB.
[5] Zu diesem Fall LG Düsseldorf v. 26.05.2000 - 19 T 136/00 - NJWE-FER 2001, 9-11; OLG Zweibrücken v. 20.01.1997 - 3 W 173/96 - FGPrax 1997, 66-67; OLG Karlsruhe v. 21.08.1995 - 11 Wx 52/94 - StAZ 1996, 18-19.
[6] BayObLG München v. 25.03.1999 - 1Z BR 151/98 - NJWE-FER 2000, 5-6.
[7] *Frank* in: Staudinger, § 1763 Rn. 3; *Liermann* in: Soergel, § 1763 Rn. 2; *Saar* in: Erman, § 1763, Rn. 1.
[8] *Maurer*, in MünchKomm-BGB, § 1763 Rn. 7; *Frank* in: Staudinger, § 1763 Rn. 12; *Liermann* in: Soergel, § 1763 Rn. 7.
[9] Wie hier *Frank* in: Staudinger, § 1763 Rn. 12; vgl. auch *Diederichsen* in: Palandt, § 1763 Rn. 3.
[10] *Frank* in: Staudinger, § 1763 Rn. 11.
[11] *Saar* in: Erman, § 1763 Rn. 1.
[12] AG Hechingen v. 10.09.1992 - XVI 9/92 - DAVorm 1992, 1360-1361; vgl. auch *Diederichsen* in: Palandt, § 1763 Rn. 3.
[13] Dazu *Frank* in: Staudinger, § 1763 Rn. 7; *Maurer* in: MünchKomm-BGB, § 1763 Rn. 9.
[14] AG Arnsberg v. 21.02.1987 - 16 XVI 11/86 - FamRZ 1987, 1194-1196.
[15] Die Entfremdung vom Adoptivvater infolge der Scheidung reicht als Aufhebungsgrund jedenfalls dann nicht aus, wenn das Kind nicht erheblich darunter leidet, BayObLG München v. 25.03.1999 - 1Z BR 151/98 - NJWE-FER 2000, 5-6.
[16] BayObLG München v. 25.03.1999 - 1Z BR 151/98 - NJWE-FER 2000, 5-6; OLG Düsseldorf v. 19.06.1997 - 25 Wx 24/97 - EzFamR aktuell 1997, 345-347; OLG Köln v. 12.01.2009 - 16 Wx 227/08 - NJW-RR 2009, 1376-1377.
[17] OLG Köln v. 24.06.1996 - 16 Wx 190/95 - OLGR Köln 1997, 10-11.

II. Aufhebung gegenüber einem von zwei Annehmenden

9 Bei der gemeinsamen Annahme durch ein Ehepaar kommt auch die Aufhebung der Annahme gegenüber einem der Annehmenden in Betracht.

III. Verbleibende oder neue Familienbeziehung

1. Allgemeines

10 Das Gesetz geht davon aus, dass eine Aufhebung niemals dem Wohl des Kindes dienen kann, wenn das Kind in Folge der Aufhebung ganz ohne Familie enden würde. § 1763 Abs. 3 BGB verlangt daher zwingend, dass die Einbindung des Kindes in eine Familie auch nach der Aufhebung gewährt ist. § 1763 Abs. 3 BGB beschreibt verschiedene Möglichkeiten, wie diese Familienzugehörigkeit gesichert werden kann.

2. Versorgung durch den anderen Ehegatten oder einen leiblichen Elternteil

11 § 1763 Abs. 3 lit. a BGB enthält seinerseits zwei Alternativen. § 1763 Abs. 3 lit. a Alt. 1 BGB befasst sich ausschließlich mit der Teilaufhebung. Die Teilaufhebung ist (bei Vorliegen der Voraussetzungen des § 1763 Abs. 1 BGB) zulässig, wenn der andere Ehegatte bereit ist, die Erziehung und Pflege des Kindes zu übernehmen.

12 § 1763 Abs. 3 lit. a Alt. 2 BGB sieht vor, dass auch ein leiblicher Elternteil des Kindes nach der Aufhebung die Versorgung übernehmen kann. Nur wenn die dauerhafte, kindeswohlgerechte Versorgung erwartet werden kann, darf die Annahme aufgehoben werden.[18]

13 Zu Recht hat *Frank* aufgezeigt, dass die Aufhebung einer Stiefkindadoption dazu führen kann, dass ein leiblicher Elternteil ungefragt wieder die rechtliche Elternschaft erhält. Dennoch kann die Aufhebung nicht von seiner Einwilligung abhängig gemacht werden, da die zu ihr führenden, das Kindeswohl betreffenden Gründe die Interessen des Elternteils überwiegen.[19]

3. Erneute Annahme

14 § 1763 Abs. 3 lit. b BGB lässt die Aufhebung nach § 1763 Abs. 1 BGB schließlich auch dann zu, wenn durch die Aufhebung eine erneute Adoption ermöglicht werden soll. Auch dann ist nämlich sichergestellt, dass das Kind die feste Zuordnung zu einer Familie behält. Erfolgt die Aufhebung, um eine neue Annahme zu ermöglichen, so muss die neue Annahme schon vorbereitet sein. Ihr Zustandekommen darf keinen ernsthaften Zweifeln unterliegen.[20] Im Normalfall wird aber die Probezeit i.S.d. § 1744 BGB erst nach der Aufhebung durchgeführt werden.[21] Für den Zeitraum zwischen Aufhebung und erneuter Annahme gilt § 1763 Abs. 2 BGB. Die leiblichen Verwandtschaftsverhältnisse leben also vorübergehend wieder auf (vgl. näher die Kommentierung zu § 1764 BGB).

IV. Eintritt der Volljährigkeit während des Verfahrens

15 § 1763 BGB greift nur, solange der Angenommene minderjährig ist. Bei Eintritt der Volljährigkeit des Angenommenen während des Verfahrens scheidet die Aufhebung nach § 1763 BGB aus.[22] Für den genauen Zeitpunkt wird nicht auf die Rechtskraft der Entscheidung, sondern auf deren Erlass abgestellt.[23] Auch § 1771 BGB greift nicht ein, weil dieser nur für die Volljährigenannahme gilt. Das ist unproblematisch, da nach Eintritt der Volljährigkeit auch das Verbot des § 1742 BGB nicht mehr gilt. Für die Fälle, in welchen, wie gemäß § 1763 Abs. 3 BGB ohnehin erforderlich, die leibliche bzw. eine neue Familie zur Aufnahme des Kindes bereit sind, kann also ohne weiteres eine Zweitadoption erfolgen.[24] Freilich hat diese Volljährigenadoption nicht die umfassende Herauslösung des Kindes aus der Familie des Erstannehmenden zur Folge. Eine solche Möglichkeit besteht aber auch für ein volljähriges leibliches Kind nicht.

---

[18] *Maurer* in: MünchKomm-BGB, § 1763 Rn. 12.

[19] Wie hier *Maurer* in: MünchKomm-BGB, § 1763 Rn. 13; a.A. *Frank* in: Staudinger, § 1763 Rn. 18.

[20] BayObLG München v. 25.03.1999 - 1Z BR 151/98 - NJWE-FER 2000, 5-6; *Diederichsen* in: Palandt, § 1763 Rn. 4.

[21] *Diederichsen* in: Palandt, § 1763 Rn. 7.

[22] OLG Zweibrücken v. 20.01.1997 - 3 W 173/96 - FGPrax 1997, 66-67; OLG Karlsruhe v. 21.08.1995 - 11 Wx 52/94 - StAZ 1996, 18-19.

[23] *Frank* in: Staudinger, § 1763 Rn. 5; *Maurer* in: MünchKomm-BGB, § 1763 Rn. 6.

[24] *Frank* in: Staudinger, § 1763 Rn. 4.

C. Prozessuale Hinweise/Verfahrenshinweise

Zum Verfahren vgl. die Kommentierung zu § 1762 BGB. Das OLG Oldenburg hielt in einem Aufhebungsverfahren sowohl die Anhörung des Kindes als auch den Erörterungstermin nach § 56f Abs. 1 FGG a.F. für entbehrlich, da die Voraussetzungen der Aufhebung offenkundig nicht vorlagen.[25] Von einer solchen Vorgehensweise ist für den Regelfall abzusehen, da immer denkbar erscheint, dass die Aufhebung für das Kindeswohl erforderlich ist.[26]

16

---

[25] OLG Oldenburg v. 05.05.2003 - 5 W 58/03 - FamRZ 2004, 399-400, zu einem Fall, in dem die Aufhebung der Stiefkindadoption nach dem Zerbrechen der Ehe verlangt wurde.
[26] OLG Köln v. 12.01.2009 - 16 Wx 227/08 - NJW-RR 2009, 1376-1377.

§ 1764 BGB Wirkung der Aufhebung

(Fassung vom 17.12.2008, gültig ab 01.09.2009)

(1) ¹Die Aufhebung wirkt nur für die Zukunft. ²Hebt das Familiengericht das Annahmeverhältnis nach dem Tode des Annehmenden auf dessen Antrag oder nach dem Tode des Kindes auf dessen Antrag auf, so hat dies die gleiche Wirkung, wie wenn das Annahmeverhältnis vor dem Tode aufgehoben worden wäre.

(2) Mit der Aufhebung der Annahme als Kind erlöschen das durch die Annahme begründete Verwandtschaftsverhältnis des Kindes und seiner Abkömmlinge zu den bisherigen Verwandten und die sich aus ihm ergebenden Rechte und Pflichten.

(3) Gleichzeitig leben das Verwandtschaftsverhältnis des Kindes und seiner Abkömmlinge zu den leiblichen Verwandten des Kindes und die sich aus ihm ergebenden Rechte und Pflichten, mit Ausnahme der elterlichen Sorge, wieder auf.

(4) Das Familiengericht hat den leiblichen Eltern die elterliche Sorge zurückzuübertragen, wenn und soweit dies dem Wohl des Kindes nicht widerspricht; andernfalls bestellt es einen Vormund oder Pfleger.

(5) Besteht das Annahmeverhältnis zu einem Ehepaar und erfolgt die Aufhebung nur im Verhältnis zu einem Ehegatten, so treten die Wirkungen des Absatzes 2 nur zwischen dem Kind und seinen Abkömmlingen und diesem Ehegatten und dessen Verwandten ein; die Wirkungen des Absatzes 3 treten nicht ein.

Gliederung

A. Grundlagen 1	II. Wiederaufleben der leiblichen Verwandtschaftsverhältnisse 5
B. Anwendungsvoraussetzungen 3	
C. Rechtsfolgen 4	III. Zurückübertragung der elterlichen Sorge 7
I. Erlöschen der durch die Annahme begründeten Verwandtschaftsverhältnisse 4	IV. Rechtsfolgen bei Aufhebung der Annahme nur im Verhältnis zu einem Ehegatten 8

A. Grundlagen

1   § 1764 BGB bestimmt die Wirkungen der Aufhebung der Annahme (zu den Voraussetzungen die §§ 1759-1763 BGB). Grundsätzlich werden durch die Aufhebung die vor der Adoption bestehenden leiblichen Verwandtschaftsverhältnisse des Kindes wiederhergestellt. Die Adoption wird also rückgängig gemacht. Das gilt auch dann, wenn eine erneute Annahme bereits geplant ist. Das Kind soll also zu keinem Zeitpunkt ohne (rechtliche) Zugehörigkeit zu einer Familie verbleiben.[1]

2   Die Aufhebung wirkt nicht für die Vergangenheit, sondern nur für die Zukunft. Das gilt auch dann, wenn die Annahme an einem anfänglichen Mangel, wie etwa der fehlerhaften Ersetzung der elterlichen Zustimmung, litt. Die Wirkungen des § 1764 BGB treten erst mit Rechtskraft des Aufhebungsbeschlusses ein (§ 198 Abs. 2 FamFG). Eine Ausnahme davon macht § 1764 BGB nur für die folgenden zwei Fälle: Im ersten Fall hat der Annehmende den Antrag auf Aufhebung gestellt und stirbt dann während des Aufhebungsverfahrens, im zweiten Fall hat der Angenommene den Antrag auf Annahme gestellt und stirbt dann während des Aufhebungsverfahrens. Nur in diesen beiden besonderen Konstellationen soll die Aufhebung so wirken, als sei sie bereits **vor dem Tod** erfolgt, damit Erbansprüche, die der Antragsteller ja erkennbar nicht wollte, ausgeschlossen sind.[2]

B. Anwendungsvoraussetzungen

3   Voraussetzung der Aufhebungswirkungen ist die **wirksame, rechtskräftige gerichtliche Aufhebung der Annahme** als Kind nach den §§ 1760 ff. BGB. Die Vorschrift gilt, soweit sie ihrem Regelungsgehalt nach passt, auch für die Aufhebung einer **Volljährigenadoption**. Insbesondere greift § 1764

---

[1] Kritisch daher *Frank* in: Staudinger, § 1764 Rn. 11.
[2] Nur *Diederichsen* in: Palandt, § 1764 Rn. 1.

Abs. 1 Satz 2 BGB, so dass auch die Aufhebung der Volljährigenadoption auf die Zeit vor dem Todesfall zurückwirkt.³

C. Rechtsfolgen

I. Erlöschen der durch die Annahme begründeten Verwandtschaftsverhältnisse

Das Erlöschen der durch die Adoption begründeten Verwandtschaftsverhältnisse ist umfassend. Es geht gewissermaßen über die umgekehrte Bestimmung in § 1755 BGB hinaus, weil auch finanzielle Ansprüche, die sich aus den durch die Annahme begründeten Verwandtschaftsverhältnissen ableiten, nicht erhalten bleiben.⁴ Eine letztwillige Verfügung zugunsten des Angenommenen kann nach § 2078 Abs. 2 BGB angefochten werden.

II. Wiederaufleben der leiblichen Verwandtschaftsverhältnisse

Das Wiederaufleben der leiblichen Verwandtschaftsverhältnisse erfolgt ebenfalls vollständig und ist zwingend. Jedoch wird dies insbesondere in den Fällen des § 1763 BGB der Lebensrealität des Kindes widersprechen. Gerade bei der anonymen Säuglingsadoption hat das Wiederaufleben der Verwandtschaft mit den leiblichen Eltern keinen tatsächlichen Kontakt zur Folge. Es bewirkt jedoch insbesondere, dass für eine erneute Annahme des Kindes nach ganz h.A. wiederum die Einwilligung der Eltern benötigt wird.⁵

Das Gesetz trennt deshalb auch die Regelung der Verwandtschaft von der Regelung der elterlichen Sorge.

III. Zurückübertragung der elterlichen Sorge

Soweit es dem Wohl des Kindes entspricht, kann das Familiengericht den leiblichen Eltern auch die elterliche Sorge zurückübertragen bzw. erstmals übertragen.⁶ Denkbar ist auch die Übertragung auf nur einen Elternteil, etwa wenn die leiblichen Eltern längst geschieden sind und die Voraussetzungen der Übertragung der Sorge auf einen Elternteil nach § 1671 Abs. 2 BGB gegeben sind.⁷ Bei der Rückübertragung der elterlichen Sorge ist das Wohl des Kindes ausschlaggebend. Die Möglichkeit der Rückübertragung der Sorge auf die leiblichen Eltern muss aber, wie auch der Wortlaut der Norm erkennen lässt, bevorzugt geprüft werden. Die Rückübertragung der elterlichen Sorge ist eine Kindschafts- und keine Adoptionssache (§ 151 Nr. 1 FamFG).⁸

IV. Rechtsfolgen bei Aufhebung der Annahme nur im Verhältnis zu einem Ehegatten

§ 1764 Abs. 5 BGB nimmt Bezug auf die in § 1763 Abs. 2 BGB vorgesehene Teilaufhebung der Annahme. Wenn die Annahme nur gegenüber einem von zwei Annehmenden aufgehoben wird, erlöschen die Verwandtschaftsverhältnisse nur im Verhältnis zu dem Annehmenden, dem gegenüber die Annahme aufgehoben wird. Das Kind bleibt mit dem anderen Annehmenden unverändert verwandt. Frühere leibliche Verwandtschaften leben nicht wieder auf. Das Kind steht also so, als wäre es von Anfang an von einer Einzelperson angenommen worden.⁹

---

³ OLG München v. 16.04.2007 - 31 Wx 102/06 - FamRZ 2008, 299.
⁴ Zur relativ geringen Relevanz *Frank* in: Staudinger, § 1764 Rn. 7; a.A. (kein Erlöschen von Renten u.Ä.) *Saar* in: Erman, § 1764 Rn. 3.
⁵ BT-Drs. 7/3061, S. 31, *Maurer* in: MünchKomm-BGB, § 1742 Rn. 6.
⁶ Auf die Möglichkeit der erstmaligen Übertragung hinweisend auch *Frank* in: Staudinger, § 1764 Rn. 13.
⁷ *Frank* in: Staudinger, § 1764 Rn. 13.
⁸ *Krause*, FamRB 2009, 221-226, 222.
⁹ *Liermann* in: Soergel, § 1764 Rn. 12.

§ 1765 BGB Name des Kindes nach der Aufhebung

(Fassung vom 17.12.2008, gültig ab 01.09.2009)

(1) ¹Mit der Aufhebung der Annahme als Kind verliert das Kind das Recht, den Familiennamen des Annehmenden als Geburtsnamen zu führen. ²Satz 1 ist in den Fällen des § 1754 Abs. 1 nicht anzuwenden, wenn das Kind einen Geburtsnamen nach § 1757 Abs. 1 führt und das Annahmeverhältnis zu einem Ehegatten allein aufgehoben wird. ³Ist der Geburtsname zum Ehenamen oder Lebenspartnerschaftsnamen des Kindes geworden, so bleibt dieser unberührt.

(2) ¹Auf Antrag des Kindes kann das Familiengericht mit der Aufhebung anordnen, dass das Kind den Familiennamen behält, den es durch die Annahme erworben hat, wenn das Kind ein berechtigtes Interesse an der Führung dieses Namens hat. ²§ 1746 Abs. 1 Satz 2, 3 ist entsprechend anzuwenden.

(3) Ist der durch die Annahme erworbene Name zum Ehenamen oder Lebenspartnerschaftsnamen geworden, so hat das Familiengericht auf gemeinsamen Antrag der Ehegatten oder Lebenspartner mit der Aufhebung anzuordnen, dass die Ehegatten oder Lebenspartner als Ehenamen oder Lebenspartnerschaftsnamen den Geburtsnamen führen, den das Kind vor der Annahme geführt hat.

Gliederung

A. Grundlagen 1	III. Weiterführung des Namens auf Anordnung des Familiengerichts 5
B. Anwendungsvoraussetzungen 3	
I. Aufhebung nur gegenüber einem Annehmenden 3	IV. Änderung des Ehenamens auf Anordnung des Familiengerichts 8
II. Geburtsname als Ehename 4	

A. Grundlagen

1   In § 1765 BGB ist geregelt, welche Folgen die Aufhebung der Adoption für den Namen des Kindes hat. Die Norm gilt auch für die Aufhebung der Volljährigenannahme. Die Vorschrift erfasst **nicht den Vornamen** des Kindes, welchen es auch dann behält, wenn er bei der Annahme geändert wurde. Sie betrifft ausschließlich den **Familiennamen**.

2   Dabei stellt § 1765 Abs. 1 Satz 1 BGB den Grundsatz auf, dass das Kind den durch die Annahme erhaltenen Namen mit der Aufhebung der Annahme verliert. Es erhält seinen Geburtsnamen zurück.[1] Hätte sich der Geburtsname nach den allgemeinen Regeln in der Zeit, in welcher die Annahme bestand, verändert, z.B. durch Ehe der leiblichen Eltern, so erhielte das Kind nach der Aufhebung den neuen Namen. Es gelten die §§ 1616 ff. BGB.[2] Die Namen der Abkömmlinge des Angenommenen folgen der für diesen eintretenden Änderungen (§ 1617c Abs. 2 BGB). Von diesen allgemeinen Vorgaben des § 1765 Abs. 1 Satz 1 BGB gibt es jedoch mehrere Ausnahmen:

B. Anwendungsvoraussetzungen

I. Aufhebung nur gegenüber einem Annehmenden

3   War das Kind durch ein **Ehepaar** angenommen und wird die Annahme nur im Verhältnis zu einem der Ehegatten aufgehoben, so behält das Kind das Recht, seinen durch die Adoption erhaltenen Geburtsnamen weiter zu tragen. Allerdings gilt dies nur, wenn die Annehmenden einen Ehenamen führten (der gemäß § 1757 BGB zum Geburtsnamen des Kindes wurde). Führten sie keinen Ehenamen, so verliert das Kind seinen gemäß §§ 1757 Abs. 2, 1617 BGB von den Annehmenden bestimmten Geburtsnamen, wenn es sich um den Namen des Elternteils handelt, im Verhältnis zu dem die Annahme aufgehoben wurde (vgl. allerdings die Möglichkeit des § 1765 Abs. 2 BGB sowie des § 1617c BGB).

---

[1] In dem seltenen Fall, dass die leiblichen Eltern inzwischen ihren Namen geändert haben, erhält auch das Kind den neuen Namen, dazu *Frank* in: Staudinger, § 1765 Rn. 10; *Liermann* in: Soergel, § 1765 Rn. 4.

[2] Näher *Maurer* in: MünchKomm-BGB, § 1765 Rn. 7 ff.

II. Geburtsname als Ehename

Hat das Kind geheiratet, und ist der Geburtsname des Kindes dabei zum Ehenamen oder zum Lebenspartnerschaftsnamen geworden, so dürfen die Ehegatten diesen Namen gemäß § 1765 Abs. 1 Satz 3 BGB nach der Aufhebung der Adoption weiter tragen. Als Geburtsnamen erhält der Angenommene jedoch auch in diesen Fällen wieder den Namen, den er vor der Adoption trug.[3] Das wirkt sich aus, wenn der Angenommene später, etwa nach einer Scheidung, seinen Geburtsnamen wieder führt. Will er das vermeiden, kann er trotz Eingreifens des § 1765 Abs. 1 Satz 3 BGB einen Antrag gemäß § 1765 Abs. 2 BGB stellen.[4]

III. Weiterführung des Namens auf Anordnung des Familiengerichts

Nach § 1765 BGB kann das Kind beim Familiengericht beantragen, dass es den durch die Adoption erworbenen Geburtsnamen weiter tragen darf. Wenn das Kind ein berechtigtes Interesse an der Weiterführung des Namens hat, ordnet das Familiengericht die Weiterführung an. Jedoch ist anders als bei der Annahme (§ 1757 Abs. 4 Nr. 2 BGB) bei der Aufhebung der Annahme kein Doppelname möglich.

Ein **berechtigtes Interesse** wird großzügig bejaht. Schon dann, wenn das Kind sich mit dem Namen identifiziert, weil es ihn für eine gewisse Dauer getragen hat, ist ein berechtigtes Interesse gegeben.[5] Auch wirtschaftliche Gründe können ausschlaggebend sein.[6] Der Name sollte außerdem dann nicht geändert werden, wenn nach der Aufhebung eine baldige erneute Annahme vorgesehen ist.[7] Wenn der Angenommene unter dem Namen bekannt geworden ist, darf er ihn auch bei eher kurzer Dauer des Annahmeverhältnisses weiterführen.

Für die Antragstellung durch das minderjährige Kind gelten laut § 1765 Abs. 2 Satz 2 BGB die Vorschriften des § 1746 Abs. 1 Sätze 2 und 3 BGB entsprechend.

IV. Änderung des Ehenamens auf Anordnung des Familiengerichts

Gemäß § 1765 Abs. 1 Satz 3 BGB bleibt der Ehename oder Lebenspartnerschaftsname des Kindes unberührt. Auf gemeinsamen Antrag beider Ehegatten kann das Familiengericht nach § 1765 Abs. 3 BGB jedoch anordnen, dass die Ehegatten den Namen als Ehenamen führen, den der Angenommene vor der Annahme als Geburtsnamen trug.

---

[3] Nur *Maurer* in: MünchKomm-BGB, § 1765 Rn. 12; *Frank* in: Staudinger, § 1765 Rn. 14.
[4] *Maurer* in: MünchKomm-BGB, § 1765 Rn. 12.
[5] *Maurer* in: MünchKomm-BGB, § 1765 Rn. 17; *Liermann* in: Soergel, § 1765 Rn. 9.
[6] *Berger* in: Jauernig, §§ 1764, 1765, Rn. 8.
[7] BT-Drs. 7/3061, S. 51; auch *Diederichsen* in: Palandt, § 1765 Rn. 3.

§ 1766 BGB Ehe zwischen Annehmendem und Kind

(Fassung vom 02.01.2002, gültig ab 01.01.2002)

¹Schließt ein Annehmender mit dem Angenommenen oder einem seiner Abkömmlinge den eherechtlichen Vorschriften zuwider die Ehe, so wird mit der Eheschließung das durch die Annahme zwischen ihnen begründete Rechtsverhältnis aufgehoben. ²§§ 1764, 1765 sind nicht anzuwenden.

A. Anwendungsvoraussetzungen: Kollision von Eltern-Kind-Verhältnis und Ehe

1 § 1766 BGB bestimmt die Folgen einer Eheschließung zwischen dem Annehmenden und dem Angenommenen bzw. einem Abkömmling des Angenommenen. Gemäß § 1308 BGB ist eine solche Ehe verboten, Befreiung von dem Verbot kann nicht erteilt werden. Wird sie doch geschlossen, so ist sie allerdings wirksam und nicht aufhebbar. Auf die daraus entstehende Kollision von Verwandtschaft in gerader Linie und Ehe reagiert § 1766 BGB, indem die Aufhebung des durch die Annahme begründeten Verwandtschaftsverhältnisses zwischen den Ehegatten angeordnet wird. Damit ist § 1766 BGB der einzige gesetzliche Aufhebungsgrund für eine Adoption. Praktische Relevanz hat er bisher soweit ersichtlich nicht erlangt.

2 Heiraten **Adoptivgeschwister**, so gilt § 1766 BGB nicht. Es kommt nicht darauf an, ob die Eheschließung mit Befreiung durch das Familiengericht gemäß § 1308 Abs. 2 BGB oder ohne eine solche erfolgt ist.

B. Reichweite der Aufhebung

3 Laut § 1766 Satz 2 BGB sind die §§ 1764 und 1765 BGB nicht anzuwenden. Daraus folgt, dass die Regelung des § 1766 Satz 1 BGB nicht auf andere Verwandte ausgedehnt wird. Die durch die Annahme begründete Verwandtschaft endet nur im Verhältnis zwischen den Ehegatten selbst. Bei einer Heirat zwischen dem Annehmenden und dem Kind des Angenommenen (also des Adoptivenkels) bedeutet dies, dass sogar das Annahmeverhältnis zwischen Annehmenden und Angenommenen nicht berührt wird.[1] Auch lebt in keinem Fall die leibliche Verwandtschaft wieder auf.

4 Da auch die Anwendung des § 1765 BGB durch § 1766 Satz 2 BGB ausgeschlossen ist, bleiben die Namen von der Aufhebung des Rechtsverhältnisses unberührt.

---

[1] *Liermann* in: Soergel, § 1766, Rn. 6, 8 unter Hinweis auf die entstehenden Doppelverwandtschaften; *Enders* in: Bamberger/Roth, § 1766 Rn. 3.

Untertitel 2 - Annahme Volljähriger

§ 1767 BGB Zulässigkeit der Annahme, anzuwendende Vorschriften

(Fassung vom 15.12.2004, gültig ab 01.01.2005)

(1) Ein Volljähriger kann als Kind angenommen werden, wenn die Annahme sittlich gerechtfertigt ist; dies ist insbesondere anzunehmen, wenn zwischen dem Annehmenden und dem Anzunehmenden ein Eltern-Kind-Verhältnis bereits entstanden ist.
(2) ¹Für die Annahme Volljähriger gelten die Vorschriften über die Annahme Minderjähriger sinngemäß, soweit sich aus den folgenden Vorschriften nichts anderes ergibt. ²§ 1757 Abs. 3 ist entsprechend anzuwenden, wenn der Angenommene eine Lebenspartnerschaft begründet hat und sein Geburtsname zum Lebenspartnerschaftsnamen bestimmt worden ist. ³Zur Annahme einer Person, die eine Lebenspartnerschaft führt, ist die Einwilligung des Lebenspartners erforderlich.

Gliederung

A. Grundlagen 1	II. Eltern-Kind-Verhältnis 8
I. Kurzcharakteristik 1	III. Missbrauchsfälle 13
II. Anwendungszeitraum 5	IV. Weitere Voraussetzungen 14
B. Praktische Bedeutung 6	D. Rechtsfolgen 17
C. Anwendungsvoraussetzungen 7	E. Prozessuale Hinweise/Verfahrenshinweise 20
I. Sittliche Rechtfertigung 7	

A. Grundlagen
I. Kurzcharakteristik

Die §§ 1767-1772 BGB enthalten besondere Vorschriften für die Annahme eines Volljährigen. **1**

Die Möglichkeit der Volljährigenadoption wird auch heute noch für notwendig angesehen, weil auch **2**
Volljährige oftmals das Bedürfnis nach Zugehörigkeit zu einer Familie bzw. nach gesicherten, ihren tatsächlichen menschlichen Bindungen entsprechenden rechtlichen Verhältnissen haben.[1] § 1767 Abs. 1 BGB ist darauf ausgerichtet, Adoptionen, die anderen Zwecken als diesem Bedürfnis dienen, zu verhindern. Das Institut der Volljährigenadoption soll nur zu sittlich gerechtfertigten und nicht zu sonstigen Zwecken, wie z.B. der Umgehung der Erbschaftssteuer oder der Begründung eines Aufenthaltsrechts, genutzt werden können.[2] Zugleich darf nicht verkannt werden, dass das eigentliche Motiv für die Annahme doch fast immer die finanziellen Vorteile sein werden.[3] Sie sind die wichtigste Rechtsfolge der neu hergestellten verwandtschaftlichen Beziehung.

Die Volljährigenadoption weicht von der Minderjährigenadoption bereits in den Grundlagen ab. Sie ist **3**
nicht als Volladoption ausgestaltet. Die alten Verwandtschaftsbeziehungen des Angenommenen bleiben vielmehr gemäß § 1770 BGB bestehen, und es tritt nur eine neue Verwandtschaft gerade zwischen dem Annehmenden und dem Angenommenen sowie dessen Abkömmlingen hinzu. Nur in den in § 1772 BGB genannten Ausnahmefällen kann die Volljährigenadoption als Volladoption durchgeführt werden.

Ergänzend gelten gemäß § 1767 Abs. 2 BGB die Vorschriften über die Annahme Minderjähriger sinn- **4**
gemäß (vgl. Rn. 14).

II. Anwendungszeitraum

Die Volljährigenadoption ist in allen Verfahren durchzuführen, in welchen der Anzunehmende zum **5**
Zeitpunkt des Ausspruchs der Annahme das 18. Lebensjahr vollendet hat.[4] Das gilt auch dann, wenn

---

[1] Dazu kritisch *Frank* in: Staudinger, § 1767 Rn. 1, 2; gänzlich ablehnend *Frank*, FamRZ 2007, 1693-1699, 1694; knapp *Liermann* in: Soergel, § 1767 Rn. 1.
[2] Zum Ganzen *Rauscher*, Familienrecht, 2008, Rn. 1187; *Frank* in: Staudinger, § 1767 Rn. 2; *Gernhuber/Coester-Waltjen*, Lehrbuch des Familienrechts, 6. Aufl. 2010, § 69 I Rn. 1; *Liermann* in: Soergel, § 1767 Rn. 1; *Finger* in: NK, § 1767 Rn. 1.
[3] Deutlich *Frank*, StAZ 2008, 65, 67; *Frank*, FamRZ 2007, 1693, 1694.
[4] Für den Fall, dass das Kind während des Verfahrens volljährig wird, besteht jedoch nach § 1772 Abs. 1 lit. d BGB die Möglichkeit, die starke Volljährigenannahme zu beantragen.

§ 1767

die Volljährigkeit während des Verfahrens eintritt.[5] Kommt es jedoch irrtümlich noch nach diesem Zeitpunkt zum Ausspruch der Annahme nach den Vorschriften über die Annahme Minderjähriger, so ist diese Annahme auch als Minderjährigenannahme wirksam.[6]

B. Praktische Bedeutung

6 Als Schätzwert für erfolgreiche Volljährigenadoptionen wurde im Regierungsentwurf zum AdG[7] die Zahl von etwa 1.500 Annahmen im Jahr genannt. Bis heute gibt es keine vollständigen statistischen Erhebungen. Zuletzt wurde geschätzt, dass die Zahl der Volljährigenadoptionen in etwa der Zahl der Minderjährigenadoptionen entsprechen dürfte.[8] Damit läge sie bei ca. 4.000-5.000 Fällen im Jahr. Ähnlich wie bei der Minderjährigenadoption handelt es sich in etwa zwei Dritteln der Fälle um die Annahme von Verwandten bzw. Stiefkindern. Es ist davon auszugehen, dass die Zahl der versuchten Annahmen, welche von den Familiengerichten nicht ausgesprochen werden, weil sie erkennbar gesetzwidrigen Zwecken, wie der Umgehung der Erbschaftsteuer, der Erzwingung des Aufenthaltsrecht o.Ä. dienen sollen, deutlich höher liegt.

C. Anwendungsvoraussetzungen

I. Sittliche Rechtfertigung

7 Die Annahme eines Volljährigen kann nur erfolgen, wenn sie sittlich gerechtfertigt ist. Zentraler Maßstab für die sittliche Rechtfertigung ist das Bestehen eines Eltern-Kind-Verhältnisses zwischen dem Anzunehmenden und dem Annehmenden.[9] Auch wenn § 1767 Abs. 1 HS 2 BGB die Formulierung „insbesondere" enthält, ist eine Volljährigenadoption ohne „Eltern-Kind-Verhältnis" ausgeschlossen. Allerdings kann es auch ausreichen, wenn das Eltern-Kind-Verhältnis noch nicht wirklich ausgebildet, sondern erst im Entstehen und für die Zukunft zu erwarten ist.[10] Dafür müssen aber bereits deutliche Anzeichen vorliegen.[11] Hat das Gericht begründete Zweifel an dem Bestehen oder Entstehen einer Eltern-Kind-Beziehung, so darf es die Annahme nicht aussprechen.[12] Gewisse eigenständige Bedeutung kann das Merkmal der sittlichen Rechtfertigung gewinnen, wenn zu dem Eltern-Kind-Verhältnis eine besondere Solidarität hinzutritt, so wenn der Anzunehmende den älteren oder kranken Annehmenden pflegt oder der Annehmende den behinderten Anzunehmenden versorgen will.[13]

---

[5] Näher zum Vorgehen in diesen Fällen vgl. die Kommentierung zu § 1768 BGB Rn. 4; AG Mainz v. 16.11.2000 - 41 XVI 20/00 - FamRZ 2001, 1641.
[6] BayObLG München v. 28.03.1996 - 1Z BR 74/95 - juris Rn. 22 - NJW-RR 1996, 1093-1094.
[7] BT-Drs. 7/3061, S. 23.
[8] *Frank*, StAZ 2008, 65, 66 mit vielen Beispielen.
[9] Allg. Ansicht, vgl. vorerst nur BayObLG München v. 21.04.2004 - 1Z BR 019/04 - juris Rn. 10 - FamRZ 2005, 131-132; jüngst OLG Nürnberg v. 08.06.2011 - 9 UF 388/11 - juris Rn. 8 - NJW-RR 2012, 5-6; OLG München v. 07.04.2010 - 31 Wx 003/10, 31 Wx 3/10 - juris Rn. 21 - FamRZ 2010, 2087-2088; OLG München v. 08.06.2009 - 31 Wx 022/09, 31 Wx 22/09 - juris Rn. 7 - NotBZ 2009, 329-330 m. Anm. v. *Becker*, jurisPR-FamR 17/2009, Anm. 5; AG Rüdesheim v. 19.07.2007 - 4 XVI 1/07 - NotBZ 2007, 458; *Finger* in: NK, § 1767 Rn. 4; *Krause*, ZFE 2011, 223-227.
[10] Schleswig-Holsteinisches OLG v. 03.06.2009 - 2 W 26/09 - juris Rn. 23 - FGPrax 2009, 269-271; BayObLG München v. 24.07.2002 - 1Z BR 54/02 - juris Rn. 13 - BayObLGZ 2002, 236-242; AG Rüdesheim v. 19.07.2007 - 4 XVI 1/07 - juris Rn. 5 - NotBZ 2007, 458; *Enders* in: Bamberger/Roth, § 1767 Rn. 5; *Diederichsen* in: Palandt, § 1767 Rn. 4; *Finger* in: NK, § 1767 Rn. 4; *Maurer* in: MünchKomm-BGB, § 1767 Rn. 5.
[11] Dass die Umstände „ohne Zweifel" dafür sprechen, verlangt *Liermann* in: Soergel, § 1767 Rn. 9.
[12] LG Augsburg v. 08.12.2009 - 5 T 3729/09 - juris Rn. 11; Schleswig-Holsteinisches OLG v. 03.06.2009 - 2 W 26/09 - juris Rn. 13 - FGPrax 2009, 269-271 m. Anm. v. *Wegener*, jurisPR-FamR 23/2009, Anm. 1; OLG Zweibrücken v. 09.09.2005 - 3 W 121/05 - juris Rn. 4 - FamRZ 2006, 572-573 (für einen Fall, in dem sich wirtschaftliche Motive erkennen ließen); OLG Karlsruhe v. 22.07.2005 - 14 Wx 31/05 - NJW-RR 2006, 364-365. Vgl. auch die Kommentierung zu § 1768 BGB Rn. 9; BayObLG München v. 18.05.2004 - 1Z BR 030/04, 1Z BR 30/04 - juris Rn. 4 - FamRZ 2005, 546-548; BayObLG München v. 23.11.1999 - 1Z BR 103/99 - juris Rn. 8 - FGPrax 2000, 25-26; OLG Frankfurt v. 11.02.1999 - 20 W 190/98 - juris Rn. 2 - NJWE-FER 2000, 29; OLG Frankfurt v. 24.10.1996 - 20 W 355/96 - juris Rn. 2 - FamRZ 1997, 638.
[13] *Saar* in: Erman, § 1767 Rn. 4; a.A. *Maurer* in: MünchKomm-BGB, § 1767 Rn. 12, ausführlich BayObLG München v. 24.07.2002 - 1Z BR 9/02 - NJW-RR 2002, 1658-1659 zu einem Fall, in welchem ein nichtehelich geborenes Kind Teile seiner Kindheit beim Onkel verbracht und mit diesem bis zu dessen während des Annahmeverfahrens eingetretenen Tod stets eng zusammengearbeitet hatte.

II. Eltern-Kind-Verhältnis

Das Eltern-Kind-Verhältnis i.S.d. § 1767 BGB wird von objektiven Bedingungen, wie einem hinreichend großen Altersabstand und von subjektiven Bedingungen geprägt. Neben einer besonderen Verbundenheit muss die Bereitschaft zu lebenslangem gegenseitigem Beistand erkennbar werden.[14] Diese Verbundenheit muss über eine bloße Freundschaft hinausgehen.[15] Dagegen ist ein **Zusammenleben** von Anzunehmenden und Annehmenden in einem Haushalt nicht erforderlich. Auch dass der Anzunehmende eng in eine eigene Familie eingebunden ist, schadet nicht unbedingt.[16] Denn auch in leiblichen Eltern-Kind-Beziehungen leben die erwachsenen Familienmitglieder oft in verschiedenen Haushalten und die Kinder haben ihrerseits Ehegatten und Kinder, die für sie im Alltag an erster Stelle steht.[17]

Das Erfordernis des für das Eltern-Kind-Verhältnis üblichen **Altersabstands** wird von den Gerichten bei der Volljährigenadoption weniger eng angewendet, als bei der Minderjährigenadoption.[18] So ist auch die Großelternadoption denkbar[19], ebenso wie die Adoption eines Volljährigen durch seine 13 Jahre ältere Schwester und deren Mann, die sich ihm gegenüber stets wie Mutter und Vater verhalten haben[20]. Kommt allerdings hinzu, dass das Verhältnis zwischen Annehmenden und Anzunehmenden einen eher partnerschaftlichen Charakter hat, so wird der geringe Altersabstand oft ausschlaggebendes Indiz gegen die Annahme eines Eltern-Kind-Verhältnisses sein.[21] Ein sexueller Charakter des Verhältnisses zwischen Annehmendem und Anzunehmenden schließt das Bestehen eines Eltern-Kind-Verhältnisses und damit auch die Annahme aus.[22]

Das Eltern-Kind-Verhältnis muss auch bei der **Stiefkindadoption** eines Volljährigen gesondert überprüft werden.[23]

Zusätzliche Motive schaden nicht, soweit zugleich das Eltern-Kind-Verhältnis außer Frage steht.[24] Oftmals werden zusätzliche Motive aber dazu führen, dass bei dem Gericht erhöhte Zweifel an dem Vorliegen der Eltern-Kind-Beziehung auftreten.[25]

Solche Zweifel können insbesondere dann durchgreifen, wenn der Annehmende erkennbar auch starke wirtschaftliche Motive hat.[26] Andererseits müssen solche wirtschaftlichen Motive, gerade in der Land-

---

[14] BayObLG München v. 24.07.2002 - 1Z BR 9/02 - juris Rn. 14 - NJW-RR 2002, 1658-1659; ähnlich auch BayObLG München v. 24.07.2002 - 1Z BR 54/02 - juris Rn. 16 - BayObLGZ 2002, 236-242; OLG Frankfurt v. 11.02.1999 - 20 W 190/98 - juris Rn. 2 - NJWE-FER 2000, 29.

[15] BayObLG München v. 16.04.1997 - 1Z BR 202/96 - MDR 1997, 747-748.

[16] Enger *Maurer* in: MünchKomm-BGB, § 1767 Rn. 13, der aber wohl die Beziehung zu den leiblichen Eltern meint.

[17] Beides findet sich in BayObLG München v. 24.07.2002 - 1Z BR 54/02 - juris Rn. 4 f. - BayObLGZ 2002, 236-242; vgl. im Ergebnis entsprechend auch LG Augsburg v. 09.05.1995 - 5 T 5197/94 - juris Rn. 16 - MittBayNot 1995, 396-397, wo der Anzunehmende angab, er könne sich vorstellen, später wieder nach Thailand zu ziehen. Zum Ganzen auch *Saar* in: Erman, § 1741 Rn. 4.

[18] Ausdrücklich LG Frankenthal v. 04.08.1997 - 1 T 294/97 - juris Rn. 17 - FamRZ 1998, 505-506 für die Stiefkindadoption bei einem Altersabstand von nur 6 Jahren; a.A. *Finger* in: NK, § 1767 Rn. 8, der sich dafür ausspricht, dass in bestimmten Fällen das Kind sogar älter sein kann als die Eltern. Dies widerspricht jedoch dem Gedanken der „Annahme als Kind"; zu Recht enger *Liermann* in: Soergel, § 1767 Rn. 7; auch *Saar* in: Erman, § 1767 Rn. 5.

[19] OLG Celle v. 17.05.2001 - 17 W 30/01.

[20] So OLG Bonn v. 20.07.2000 - 4 T 414/00 - FamRZ 2001, 120, allerdings unter Verkennung des kollisionsrechtlichen Gehalts des Falles.

[21] KG Berlin, v. 27.03.2013 - 17 UF 42/13 - FamRZ 2014, 225 (12 Jahren Unterschied); BayObLG München v. 14.10.1997 - 1Z BR 136/97 - juris Rn. 10 - NJWE-FER 1998, 78.

[22] AG Bensheim v. 13.01.1994 - 3 XVI 5/93 - juris Rn. 21 - ZfJ 1995, 81-82; *Saar* in: Erman, § 1767 Rn. 6; *Finger* in: NK, § 1767, Rn. 4.

[23] OLG Köln v. 07.04.2003 - 16 Wx 63/03 - NJW-RR 2004, 155-156.

[24] OLG Nürnberg v. 08.06.2011 - 9 UF 388/11 - juris Rn. 10 - StAZ 2012, 53; OLG München v. 05.05.2009 - 31 Wx 017/09, 31 Wx 17/09 - juris Rn. 7 - FamRZ 2009, 1336-1337; OLG Hamm v. 07.01.2003 - 15 W 406/02 - FGPrax 2003, 124-126; LG Landshut v. 27.04.1999 - 60 T 636/99 - MittBayNot 1999, 483-484; auch BayObLG München v. 23.11.1999 - 1Z BR 103/99 - FGPrax 2000, 25-26.

[25] So ausdrücklich OLG Zweibrücken v. 11.03.1999 - 3 W 58/99 - NJWE-FER 1999, 295-296, ganz deutlich auch BayObLG München v. 23.11.1999 - 1Z BR 103/99 - FGPrax 2000, 25-26, wo der unter Vorlage gefälschter Papiere gestellte Asylantrag des Anzunehmenden kurz zuvor abgelehnt worden war. Auch BayObLG München v. 16.11.1999 - 1Z BR 115/99 - EzAR /10 Nr. 13 für einen Bangladescher ohne Aufenthaltsrecht, der zuvor für eine gewisse Zeit eine Scheinehe geführt hatte.

[26] OLG Nürnberg v. 08.06.2011 - 9 UF 388/11 - juris Rn. 10 - StAZ 2012, 53; BayObLG München v. 18.05.2004 - 1Z BR 030/04, 1Z BR 30/04 - juris Rn. 11 - BayObLGR 2004, 300-301; *Wenhardt*, GStB 2010, 15-19; *Müller*, MittBayNot 2011, 16-23; *Finger* in: NK, § 1767 Rn. 7.

wirtschaft, nicht unbedingt schädlich sein. Dann muss aber neben dem wirtschaftlichen Element auch ein ganz deutliches familiäres, deutlich einer Eltern-Kind-Beziehung angenähertes Verhältnis bestehen. So sah das BayObLG eine ausreichende sittliche Rechtfertigung in einem Fall für gegeben an, in dem der Onkel die Nichte zur Erleichterung der Hofnachfolge adoptieren wollte. Diese hatte aber von Kind an dem Onkel immer viel geholfen und sich in allem auch die Hofnachfolge vorbereitet.[27]

III. Missbrauchsfälle

13 Der Missbrauchsbegriff im Bereich der Volljährigenadoption ist sehr weit, da die rechtliche Absicherung eines Eltern-Kind-Verhältnisses das einzige anerkannte Motiv für die Adoption darstellt. Missbräuchlich ist nach diesem weiten Verständnis die Volljährigenadoption, wenn sie überwiegend oder ganz zur Erzielung eines Aufenthaltsrechts beantragt wird[28]; auch die Annahme mit dem vorrangigen Ziel der Umgehung oder Herabsetzung der Erbschaftssteuer ist missbräuchlich[29]; ebenso die Adoption mit dem Ziel der Übertragung bzw. des Fortbestehens eines Adelstitels[30] oder eines sonstigen klangvollen Namens; schließlich die einseitige Hoffnung auf Versorgung im Alter[31].

IV. Weitere Voraussetzungen

14 Gemäß § 1767 Abs. 2 BGB sind die Vorschriften über die Annahme Minderjähriger auf die Volljährigenadoption sinngemäß anzuwenden, soweit sich nicht aus den §§ 1768-1772 BGB etwas anderes ergibt. Zu den Normen, die nach § 1767 Abs. 2 BGB auf die Begründung der Adoption entsprechend anzuwenden sind, gehört auch § 1741 BGB. Allerdings ist § 1741 Abs. 1 BGB für die Volljährigenannahme bedeutungslos. Wichtig bleibt § 1741 Abs. 2 BGB mit den Bestimmungen darüber, wer ein Kind annehmen darf, so dass auch ein Volljähriger nur von einem Ehepaar, einer unverheirateten Einzelperson oder dem Ehegatten eines leiblichen Elternteils angenommen werden kann.[32]

15 Außerdem sind § 1749 BGB über die Einwilligung der Eltern (mit den formalen Anforderungen des § 1750 BGB), § 1752 Abs. 2 BGB zu den Voraussetzungen des wirksamen Antrags und § 1753 BGB über den Tod des Annehmenden oder des Anzunehmenden während des Verfahrens anzuwenden. Zwar grundsätzlich anwendbar, aber bedeutungslos ist § 1743 BGB. Nicht anwendbar ist § 1745 BGB. An seine Stelle tritt für die Volljährigenannahme § 1769 BGB.[33]

16 Vgl. zu weiteren, die Folgen der Annahme betreffenden Normen des Minderjährigenadoptionsrechts sogleich.

D. Rechtsfolgen

17 Die Auflösung und Entstehung von Verwandtschaftsverhältnissen in Folge der Adoption richtet sich nach den §§ 1754-1756 BGB mit den starken Modifikationen durch § 1770 BGB. Die Regelung des Namensrechts in § 1757 BGB gilt nach § 1767 Abs. 2 BGB auch für die Volljährigenannahme.[34] Das hat zur Folge, dass eine Fortführung des bisherigen Familiennamens durch den Angenommenen aus-

---

[27] BayObLG München v. 21.04.2004 - 1Z BR 019/04, 1Z BR 19/04 - BayObLGR 2004, 330-332; *Leis*, jurisPR-FamR 19/2004, Anm. 5. Zu den steuerrechtlichen Aspekten der Adoption eines volljährigen Neffen *von Heusinger/Tepfer*, ErbBstg 2004, 84-95.
[28] Deutlich OLG Köln v. 29.07.2011 - II-4 UF 108/11, 4 UF 108/11 - juris Rn. 6 - StAZ 2012, 88-89; sowie OLG Zweibrücken v. 11.03.1999 - 3 W 58/99 - NJWE-FER 1999, 295-296; BayObLG München v. 10.07.2000 - 1Z BR 52/00 - NJWE-FER 2001, 12: Maurermeister beantragt Adoption zweier junger Bauarbeiter, nachdem Asylanträge abgelehnt worden waren; BayObLG München v. 23.11.1999 - 1Z BR 103/99 - FGPrax 2000, 25-26; BayObLG München v. 16.11.1999 - 1Z BR 115/99 - EzAR 710 Nr. 13; BayObLG München v. 21.11.1996 - 1Z BR 199/96 - EzFamR aktuell 1997, 71-73; OLG Frankfurt v. 24.10.1996 - 20 W 355/96 - FamRZ 1997, 638; OLG Celle v. 06.10.1994 - 18 W 22/94 - NdsRpfl 1995, 108-109.
[29] OLG München v. 19.12.2008 - 31 Wx 49/08, 31 Wx 049/08 - FamRZ 2009, 1335-1336 m. Anm. v. *Leis*, jurisPR-FamR 6/2009, Anm. 6; LG Saarbrücken v. 26.09.2008 - 5 T 187/08 - juris Rn. 32 ff.
[30] BayObLG München v. 31.07.1992 - 1Z BR 69/92 - juris Rn. 12 - NJW-RR 1993, 456-457.
[31] OLG Celle v. 06.10.1994 - 18 W 22/94 - NdsRpfl 1995, 108-109.
[32] Bestätigend jetzt Schleswig-Holsteinisches Oberlandesgericht, v. 20.12.2013 - 8 UF 173/13; OLG Koblenz, v. 05.12.2013 - 13 UF 793/13.
[33] Zum Ganzen *Diederichsen* in: Palandt, § 1767 Rn. 10.
[34] BayObLG München v. 15.01.2003 - 1Z BR 138/02 - DNotZ 2003, 290-292.

scheidet.[35] Vgl. näher zum Namen des volljährigen Angenommenen die Kommentierung zu § 1757 BGB Rn. 10.

Die Erwachsenenadoption ist keine Volladoption. Dennoch wird auch durch die Erwachsenenadoption eine Familie begründet. Diese ist auch **aufenthaltsrechtlich** ebenso wie eine natürliche Familie zu behandeln. Das bedeutet, dass durch die Adoption ein Aufenthaltsrecht begründet sein kann, wenn der Annehmende auf den Beistand des Angenommenen angewiesen ist.[36]

Für die **Aufhebung** der Volljährigenadoption enthält § 1771 BGB eine Sonderregelung. Für die Folgen der Aufhebung bestehen jedoch keine besonderen Vorschriften. Vielmehr sind die Vorschriften, die bei der Minderjährigenannahme für die Folgen der Aufhebung gelten, namentlich die §§ 1762-1766 BGB sinngemäß anzuwenden.[37]

E. Prozessuale Hinweise/Verfahrenshinweise

Zum Verfahren der Volljährigenannahme vgl. die Kommentierung zu § 1768 BGB Rn. 9.

---

[35] OLG Celle v. 14.03.1996 - 17 W 15/96 - OLGR Celle 1997, 131-132; auch nicht in dem Sonderfall, dass die Adoption nach den Vorschriften über die Annahme Minderjähriger durchgeführt worden ist: OLG Celle v. 03.07.1996 - 17 W 15/96 - NdsRpfl 1996, 289-291; zur ausnahmsweisen Namensfortführung AG Leverkusen v. 16.04.2009 - 14 XVI 01/09, 14 XVI 1/09 - juris Rn. 3 - RNotZ 2009, 544-545 mit krit. Anmerkungen von *Maurer*, FamRZ 2009, 440-441.

[36] BVerfG v. 25.10.1995 - 2 BvR 901/95 - AuAS 1995, 266-267, wo es aber auch ausdrücklich heißt: Eine Erwachsenenadoption begründet eine Familie, die in ihrem verfassungsrechtlichen Kern in aller Regel auf eine Begegnungsgemeinschaft angelegt ist und deshalb durch wiederholte Besuche, durch Brief- und Telefonkontakte sowie durch Zuwendungen aufrechterhalten werden kann. Die Versagung der Aufenthaltserlaubnis aus einwanderungspolitischen Gründen ist hier im Hinblick auf Art. 6 Abs. 1 GG jedenfalls dann unbedenklich, wenn keine Lebensverhältnisse bestehen, die einen über die Aufrechterhaltung der Begegnungsgemeinschaft hinausgehenden familienrechtlichen Schutz angezeigt erscheinen lassen; ebenso BVerfG v. 18.04.1989 - 2 BvR 1169/84 - NJW 1989, 2195-2197.

[37] BayObLG München v. 23.03.1992 - BReg 1 Z 22/91 - juris Rn. 11 - ZfJ 1992, 442-443.

§ 1768 BGB Antrag

(Fassung vom 17.12.2008, gültig ab 01.09.2009)

(1) ¹Die Annahme eines Volljährigen wird auf Antrag des Annehmenden und des Anzunehmenden vom Familiengericht ausgesprochen. ²§§ 1742, 1744, 1745, 1746 Abs. 1, 2, § 1747 sind nicht anzuwenden.

(2) Für einen Anzunehmenden, der geschäftsunfähig ist, kann der Antrag nur von seinem gesetzlichen Vertreter gestellt werden.

Gliederung

A. Grundlagen 1	II. Absatz 1 Nr. 1 5
B. Anwendungsvoraussetzungen 2	1. Keine Einwilligung der Eltern 6
I. Antrag des Annehmenden und des Anzunehmenden 2	2. Kein Verbot der Doppeladoption 7
	C. Prozessuale Hinweise/Verfahrenshinweise 9

A. Grundlagen

1 § 1768 BGB regelt die Durchführung der Annahme eines Volljährigen. Auch die Volljährigenannahme erfolgt durch Beschluss des Familiengerichts. Indem ein Antrag von Annehmendem und Anzunehmendem verlangt wird, wird allerdings deutlich, dass auch der gemeinsame Wille der Beteiligten eine große Bedeutung für die Volljährigenadoption hat.[1]

B. Anwendungsvoraussetzungen

I. Antrag des Annehmenden und des Anzunehmenden

2 Unerlässlich ist für die Volljährigenadoption, dass der Annehmende und der Anzunehmende sie gleichermaßen wünschen. Dieser übereinstimmende Wille soll dadurch nach außen treten, dass für die Annahme ein Antrag des Annehmenden und ein Antrag des Anzunehmenden erforderlich sind. Dies gilt gemäß § 1768 BGB auch dann, wenn der Anzunehmende geschäftsunfähig ist. In diesem Fall gibt der gesetzliche Vertreter die Erklärung für ihn ab. Ist der gesetzliche Vertreter zugleich der Annehmende, wird ein Pfleger bestellt.[2] Der Annehmende muss ohnehin geschäftsfähig sein (vgl. schon die Kommentierung zu § 1752 BGB Rn. 4).[3]

3 Für die **Form** der Anträge gelten grundsätzlich die Vorschriften über die Annahme Minderjähriger sinngemäß (insbesondere § 1752 BGB). Die Anträge sind beim Familiengericht zu stellen. Die Erklärungen müssen unbedingt erfolgen und bedürfen der notariellen Beurkundung (vgl. schon die Kommentierung zu § 1752 BGB Rn, 3).

4 Tritt die **Volljährigkeit während des Verfahrens** auf Annahme als Minderjähriger ein, so muss das Verfahren umgestellt werden. Nötig sind ein erneuter, nunmehr auf Annahme eines Volljährigen gerichteter Antrag des Annehmenden und ein erstmaliger Antrag des Anzunehmenden. Die Beteiligten können in diesen Fällen wählen, ob sie die Annahme in der Form der Volljährigenannahme oder die Annahme mit den Wirkungen der Minderjährigenannahme beantragen wollen (§ 1772 Abs. 1 lit. d BGB).

II. Absatz 1 Nr. 1

5 In § 1768 Abs. 1 Nr. 1 BGB wird die Geltung einiger Vorschriften des Minderjährigenadoptionsrechts für die Volljährigenadoption ausgeschlossen. Für einige Normen, wie § 1744 BGB mit der Anordnung der Probezeit und § 1745 BGB zur Einwilligung des Kindes, ist das im Grunde eine Klarstellung. Sie passen schon ihrem Sinn nach nicht auf die Volljährigenannahme, so dass sich schon aus § 1767 Abs. 2 BGB ergibt, dass sie unanwendbar sind. Anders ist es bei der Einwilligung der Eltern (§ 1747 BGB) und dem Verbot der Doppeladoption (§ 1742 BGB).

---

[1] Maurer in: MünchKomm-BGB, § 1768 Rn. 1 spricht von einer weitgehenden Annäherung an das früher geltende Vertragssystem; zurückhaltender *Liermann* in: Soergel, § 1767 Rn. 1 „Anklänge".

[2] Maurer in: MünchKomm-BGB, § 1768 Rn. 3.

[3] OLG München v. 07.04.2010 - 31 Wx 3/10 - juris Rn. 16 ff.

1. Keine Einwilligung der Eltern

Die Volljährigenannahme bedarf nicht der Einwilligung der Eltern des Anzunehmenden. Das gilt selbst dann, wenn sie in der in § 1772 BGB vorgesehenen starken Form erfolgt.

2. Kein Verbot der Doppeladoption

In § 1768 Abs. 1 Satz 2 BGB wird auch die Anwendbarkeit des § 1742 BGB ausgeschlossen. Die Doppeladoption Volljähriger ist also möglich. Das gilt auch dann, wenn die erste Adoption eine Minderjährigenadoption war.[4] Da bei der Volljährigenannahme vorherige Verwandtschaften nicht enden, kann der Angenommene dadurch mehrere Elternpaare bekommen. Zu bedenken ist aber, dass jedenfalls eine vielfache Volljährigenannahme nicht sittlich gerechtfertigt sein kann. Eltern-Kind-Verhältnisse, wie sie Voraussetzung der Volljährigenadoption sind, kann der Anzunehmende nicht in beliebiger Häufigkeit entwickeln.[5]

Möglich ist insbesondere die Volljährigenadoption durch den leiblichen Vater, der die rechtliche Vaterstellung durch eine Stiefkindadoption verloren hatte (oder sie nie besaß). Dafür kann ein erhebliches Bedürfnis bestehen, die sittliche Rechtfertigung und das Eltern-Kind-Verhältnis sind in aller Regel gegeben.

C. Prozessuale Hinweise/Verfahrenshinweise

Auch für das Verfahren gelten dieselben Vorschriften wie für das Verfahren bei der Minderjährigenannahme.[6] Vgl. dazu die Kommentierung zu § 1752 BGB Rn. 6. Insbesondere stellt das Familiengericht im Rahmen seiner Amtsermittlungspflicht gemäß § 26 FamFG fest, ob die besonderen Voraussetzungen für die Volljährigenannahme vorliegen. Bestehen Anhaltspunkte dafür, dass die Annahme sittlich nicht gerechtfertigt ist, muss das Gericht diesem durch besonders gründliche Prüfung nachgehen. Es muss neben dem Annehmenden und dem Anzunehmenden auch weitere enge Bezugspersonen anhören.[7] Bleiben begründete Zweifel an dem Bestehen oder Entstehen einer Eltern-Kind-Beziehung, so darf das Gericht die Annahme nicht aussprechen.[8]

Rechtliches Gehör muss den materiell Beteiligten gewährt werden, also den Eltern, den Kindern und dem Ehegatten des Anzunehmenden und des Annehmenden.[9]

Ebenso wie bei der Annahme Minderjähriger ist der Annahmebeschluss gemäß § 197 Abs. 3 FamFG unanfechtbar. Gegen die Ablehnung der Annahme können gemäß § 59 Abs. 2 FamFG der Annehmende und der Anzunehmende Beschwerde (§ 58 FamFG) einlegen, da beide Antragsteller sind. Dies gilt auch, wenn zwar die hilfsweise beantragte Volljährigenadoption ausgesprochen wurde, jedoch zugleich der Hauptantrag, die Wirkungen der Minderjährigenadoption auszusprechen, abgelehnt wurde.[10] Das Vorliegen der sittlichen Rechtfertigung wird vom Beschwerdegericht in vollem Umfang überprüft.[11]

---

[4] *Finger* in: NK-BGB, § 1768 Rn. 2.
[5] Insbesondere *Liermann* in: Soergel, § 1768 Rn. 8.
[6] Zum Verfahren nach dem FamFG *Zschiebsch*, FPR 2009, 493-496.
[7] OLG Zweibrücken v. 11.03.1999 - 3 W 58/99 - NJWE-FER 1999, 295-296.
[8] *Liermann* in: Soergel, § 1767 Rn. 8; *Frank* in: Staudinger, § 1767 Rn. 19; BayObLG München v. 23.11.1999 - 1Z BR 103/99 - juris Rn. 8 - FGPrax 2000, 25-26; OLG Frankfurt v. 11.02.1999 - 20 W 190/98 - juris Rn. 2 - NJWE-FER 2000, 29; OLG Frankfurt v. 24.10.1996 - 20 W 355/96 - FamRZ 1997, 638.
[9] *Liermann* in: Soergel, § 1768 Rn. 6; zu den Folgen BVerfG v. 23.03.1994 - 2 BvR 397/93 - NJW 1995, 316-317: keine Nichtigkeit, sondern Aufhebung der Rechtskraft und Zurückverweisung zur Nachholung des Gehörs; vgl. näher die Kommentierung zu § 1752 BGB Rn. 6.
[10] OLG München v. 08.04.2010 - 31 Wx 030/10, 31 Wx 30/10 - juris Rn. 10.
[11] BayObLG München v. 21.07.1992 - BReg 1 Z 62/91 - NJW-RR 1992, 1356-1357; BayObLG München v. 25.03.1993 - 1Z BR 103/92 - BayObLGR 1993, 44-46.

§ 1769 BGB Verbot der Annahme

(Fassung vom 02.01.2002, gültig ab 01.01.2002)

Die Annahme eines Volljährigen darf nicht ausgesprochen werden, wenn ihr überwiegende Interessen der Kinder des Annehmenden oder des Anzunehmenden entgegenstehen.

A. Grundlagen

1 § 1769 BGB tritt bei der Annahme eines Volljährigen an die Stelle des § 1745 BGB. Auch bei der Adoption eines Volljährigen ist darauf zu achten, dass die Interessen der bereits vorhandenen Kinder des Annehmenden oder des Anzunehmenden nicht unverhältnismäßig beeinträchtigt werden. Die Regelung unterscheidet sich vor allem darin von § 1745 BGB, dass Vermögensinteressen der leiblichen Kinder anders als nach § 1745 Satz 2 BGB entscheidend sein können.

B. Anwendungsvoraussetzungen – Überwiegende Interessen vorhandener Kinder

2 Um festzustellen, ob Interessen der schon vorhandenen Kinder des Annehmenden überwiegen, ist eine gründliche Abwägung erforderlich.[1] Überwiegend sind die Interessen des vorhandenen Kindes, wenn sie wichtiger erscheinen als das Interesse des Annehmenden und des Anzunehmenden an der Annahme.[2] Es kommt für die Abwägung also auch darauf an, wie wichtig die Annahme für die Beteiligten ist.[3] Die Vorschrift wird teilweise als den modernen, beweglichen Familienstrukturen nicht mehr entsprechend eingeschätzt.[4] Hier ist aber Vorsicht geboten. Handelt es sich um eine Stiefkindannahme – oder einen vergleichbaren Fall enger familiärer Bindung – überzeugt eine enge Auslegung von § 1769 BGB. Ist ein Eltern-Kind-Verhältnis erst im Entstehen, so sind die Anforderungen an die überwiegenden Interessen der bereits vorhandenen Kinder dagegen geringer.[5] Da auch auf finanzielle Interessen abgestellt werden darf, können grundsätzlich auch rein finanzielle Interessen des leiblichen Kindes das Scheitern einer Annahme bewirken.[6] Das gilt insbesondere dann, wenn das emotionale Interesse an der Adoption nicht allzu hoch einzuschätzen ist.[7] Haben allerdings die leiblichen Kinder bereits erhebliche Vermögenswerte von den Eltern erhalten, dürfen andererseits die noch verbleibenden rein finanziellen Interessen nicht überbewertet werden.[8]

3 Die Interessen von **Kindern des Anzunehmenden** werden der Annahme in den seltensten Fällen entgegenstehen, da sie kaum berührt werden.[9] Anders kann es aber immerhin doch bei der starken Volljährigenannahme sein. Dann verliert das Kind seine Großeltern, was emotional oder auch wirtschaftlich (wegen erlöschender Erbansprüche) beachtlich sein kann.[10] Das OLG Rostock – wohl kaum haltbar – in einem solchen Fall das Fortbestehen des Umgangsrechts zwischen den Großeltern und dem „durch Adoption verlorenen" Enkel bejaht.[11]

---

[1] AG Bremen v. 07.07.2009 - 46 XVI 46/08 - FamRZ 2010, 47; OLG München v. 17.08.2005 - 31 Wx 57/05 - FGPrax 2005, 261.
[2] Dabei gibt es aber kein Regel-Ausnahmeverhältnis, OLG München v. 10.01.2011 - 33 UF 988/10 - FamRZ 2011, 1411.
[3] *Maurer* in: MünchKomm-BGB, § 1769 Rn. 2; *Frank* in: Staudinger, § 1769 Rn. 7.
[4] *Grziwotz*, FamRZ 2005, 2038-2041.
[5] Nur *Saar* in: Erman, § 1769 Rn. 2.
[6] *Diederichsen* in: Palandt, § 1769 Rn. 1; *Finger* in: NK-BGB, § 1769 Rn. 1.
[7] OLG München v. 17.08.2005 - 31 Wx 57/05 - FGPrax 2005, 261.
[8] AG Backnang v. 14.10.1999 - 1 XVI 8/99 - FamRZ 2000, 770-771.
[9] *Frank* in: Staudinger, § 1769 Rn. 11.
[10] *Liermann* in: Soergel, § 1769 Rn. 5.
[11] OLG Rostock v. 30.10.2004 - 10 WF 76/04 - FamRZ 2005, 744-745.

C. Prozessuale Hinweise/Verfahrenshinweise

Die leiblichen Kinder des Annehmenden und des Anzunehmenden sind im Verfahren **zu hören**.[12] Das Familiengericht muss im Rahmen der Ermittlungen nach § 26 FamFG von sich aus nachfragen, ob der Annehmende oder der Anzunehmende Kinder hat.[13]

Ist die Anhörung unterblieben, so ist die Annahme dennoch voll wirksam und die Kinder haben keine Möglichkeit, die Aufhebung der Annahme zu erreichen, vgl. § 1771 BGB.[14] Sie können wegen der Verletzung des rechtlichen Gehörs jedoch Verfassungsbeschwerde einlegen.[15] Zu den Folgen vgl. schon die Kommentierung zu § 1759 BGB Rn. 5.

Ein zusätzlicher Rechtsbehelf ergibt sich wie stets aus § 44 FamFG. Dieser sieht die Gehörsrüge gegen unanfechtbare Endentscheidungen vor. Es darf also außer der Verfassungsbeschwerde kein anderer Rechtsbehelf gegeben sein. Die Rüge kann binnen 14 Tagen nach dem Bekanntwerden der Gehörsverletzung bei dem Gericht eingelegt werden, dessen Entscheidung angegriffen wird. Ist die Rüge begründet, so ist das Verfahren fortzusetzen und das rechtliche Gehör nachzuholen.[16]

---

[12] Zu Einzelheiten BayObLG München v. 29.10.1998 - 1Z BR 7/98 - NJW-RR 1999, 1379-1381.
[13] BVerfG v. 23.03.1994 - 2 BvR 397/93 - juris Rn. 16 - NJW 1995, 316-317; auch BayObLG München v. 22.11.1999 - 1Z BR 124/99 - BayObLGR 2000, 46-47.
[14] Anders LG Koblenz v. 06.12.1999 - 2 T 708/99 - NJW-RR 2000, 959-960.
[15] BVerfG v. 23.03.1994 - 2 BvR 397/93 - NJW 1995, 316-317.
[16] Näher *Elzer* in: Bork/Jacoby/Schwab, FamFG, § 44.

§ 1770 BGB Wirkung der Annahme

(Fassung vom 15.12.2004, gültig ab 01.01.2005)

(1) ¹Die Wirkungen der Annahme eines Volljährigen erstrecken sich nicht auf die Verwandten des Annehmenden. ²Der Ehegatte oder Lebenspartner des Annehmenden wird nicht mit dem Angenommenen, dessen Ehegatte oder Lebenspartner wird nicht mit dem Annehmenden verschwägert.

(2) Die Rechte und Pflichten aus dem Verwandtschaftsverhältnis des Angenommenen und seiner Abkömmlinge zu ihren Verwandten werden durch die Annahme nicht berührt, soweit das Gesetz nichts anderes vorschreibt.

(3) Der Annehmende ist dem Angenommenen und dessen Abkömmlingen vor den leiblichen Verwandten des Angenommenen zur Gewährung des Unterhalts verpflichtet.

Gliederung

A. Grundlagen 1	II. Weiterbestehen der alten Verwandtschafts-
B. Rechtsfolgen 2	verhältnisse 5
I. Beschränkung der Wirkungen der Annahme auf das Verwandtschaftsverhältnis zwischen dem Annehmenden selbst und dem Angenommenen 2	III. Erbrechtliche Konsequenzen 7

A. Grundlagen

1 § 1770 BGB beschreibt die genauen Wirkungen, welche die Annahme eines Volljährigen auf die Verwandtschaftsverhältnisse sowie die verwandtschaftlichen Pflichten hat. Denn die Volljährigenadoption ist im Regelfall keine Volladoption. Die alten Verwandtschaftsverhältnisse des Angenommenen bleiben bestehen, und es kommt nur das Verwandtschaftsverhältnis zwischen dem Annehmenden und dem Angenommenen samt seiner Abkömmlinge hinzu. Nur unter den Voraussetzungen des § 1772 BGB darf das Familiengericht für die Volljährigenadoption die Wirkungen der Minderjährigenadoption bestimmen.

B. Rechtsfolgen

I. Beschränkung der Wirkungen der Annahme auf das Verwandtschaftsverhältnis zwischen dem Annehmenden selbst und dem Angenommenen

2 Die Annahme eines Volljährigen wird als persönliche Angelegenheit gerade zwischen dem Annehmenden und dem Angenommenen betrachtet.[1] Es geht hier vorrangig darum, dem Angenommenen (neue bzw. zusätzliche) Eltern zu verschaffen, nicht aber darum, ihn insgesamt in eine neue Familie einzugliedern oder ihm seine alte, oft vertraute Familie zu nehmen.[2] Daher entsteht Verwandtschaft nur im Verhältnis zu dem Annehmenden persönlich. Der Angenommene und die Kinder des Annehmenden werden also nicht Geschwister.[3] Auch zu den jeweiligen Ehegatten von Annehmendem und Angenommenen entsteht weder Verwandtschaft noch Schwägerschaft. Von dieser Regelung nicht betroffen sind freilich die Annahme durch ein Ehepaar, welche die Verwandtschaft zu beiden Ehegatten selbstständig begründet, sowie die Stiefkindannahme, durch die die bereits bestehende leibliche Verwandtschaft nicht berührt wird.

3 § 1770 BGB beschränkt die Entstehung der Verwandtschaft und Schwägerschaft nicht, soweit die Abkömmlinge des Angenommenen betroffen sind. Die Kinder des Angenommenen werden also Enkel des Annehmenden. Soweit die Abkömmlinge des Angenommenen ihrerseits bereits verheiratet sind,

---

[1] *Enders* in: Bamberger/Roth, § 1770 Rn. 1.
[2] *Liermann* in: Soergel, § 1770 Rn. 1.
[3] AG Bad Hersfeld v. 03.11.2006 - 60 F 778/06 SO, 60 F 778/06 - StAZ 2007, 275 (daher gilt auch nicht § 1308 Abs. 2 BGB); *Sachse*, StAZ 2007, 275.

entsteht nach h.A. Schwägerschaft zum Annehmenden.[4] Keine Verwandtschaft entsteht nach allgemeiner Ansicht zu allen sonstigen Verwandten des Angenommenen, obwohl eine ausdrückliche Regelung dazu fehlt.[5]

Wo neue Verwandtschaft entsteht, dort wirkt sie gleich der leiblichen Verwandtschaft. Das hat dieselben Auswirkungen wie bei der Minderjährigenannahme (vgl. die Kommentierung zu § 1755 BGB Rn. 2).

II. Weiterbestehen der alten Verwandtschaftsverhältnisse

Durch die Volljährigenannahme werden die bestehenden Verwandtschaftsverhältnisse des Angenommenen grundsätzlich nicht berührt. Auch die aus der Verwandtschaft entstehenden Rechte und Pflichten ändern sich nicht.

Nur für die Unterhaltspflicht gilt gemäß § 1770 Abs. 3 BGB eine Besonderheit. Danach ist der Annehmende dem Angenommenen vorrangig unterhaltspflichtig. Daraus folgt, dass auch der Kindergeldanspruch und ähnliche mit der Unterhaltspflicht in Verbindung stehende Leistungen auf den Annehmenden übergehen müssen. Nach allgemeiner Ansicht wird die Rangfolge des § 1606 Abs. 1 BGB von § 1770 Abs. 3 BGB nicht berührt. Die Kinder des Angenommenen bleiben also auch gegenüber dem Annehmenden vorrangig unterhaltspflichtig. Auch die Unterhaltspflicht des Ehegatten des Angenommenen ist von § 1770 Abs. 3 BGB nicht betroffen. Sie bleibt ebenfalls vorrangig.

III. Erbrechtliche Konsequenzen

Schwierigkeiten bereiten teilweise die erbrechtlichen Folgen der Volljährigenannahme.[6] Grundsätzlich erbt der Angenommene nach seinen leiblichen Eltern und seinen Adoptiveltern jeweils wie ein leiblicher Abkömmling.[7] Streitig ist jedoch insbesondere die Aufteilung der Erbschaft zwischen leiblichen Verwandten und Annehmendem in dem Fall, dass der Angenommene stirbt, ohne Abkömmlinge zu hinterlassen. Nach der wohl herrschenden Ansicht lassen sich diese Fälle klar lösen, indem konsequent von dem Bestehen zweier gleichrangiger Stämme ausgegangen wird. Der eine Stamm umfasst das leibliche Elternpaar und dessen Abkömmlinge, der andere besteht aus dem oder den Annehmenden. Ist ein leiblicher Elternteil oder einer von zwei Annehmenden bereits verstorben, so bleibt deren Anteil im gleichen Stamm und fällt dem überlebenden leiblichen Elternteil bzw. Annehmenden zu. Sind beide leiblichen Eltern verstorben, so bleibt die Erbschaft dennoch im Stamm, sie fällt den Abkömmlingen der Eltern zu.[8] Nur wenn keine Abkömmlinge vorhanden sind, fällt die Erbschaft den Annehmenden zu. Sind dagegen beide Annehmenden bereits verstorben, so geht auch deren Anteil sogleich auf die leiblichen Verwandten des Angenommenen über. Denn da sich die Wirkungen der Annahme nicht auf die Kinder des Annehmenden erstrecken, kann dies auch im Erbrecht nicht der Fall sein.[9]

---

[4] *Liermann* in: Soergel, § 1770 Rn. 2; *Enders* in: Bamberger/Roth, § 1770 Rn. 2; *Saar* in: Erman, § 1770 Rn. 1.
[5] *Enders* in: Bamberger/Roth, § 1770 Rn. 2.
[6] Dazu auch *Becker*, ZEV 2009, 25, 27.
[7] OLG Düsseldorf v. 15.12.2011 - I-3 Wx 313/11.
[8] OLG Zweibrücken v. 05.06.1996 - 3 W 68/96 - juris Rn. 13 - FGPrax 1996, 189-190.
[9] Wie hier OLG Zweibrücken v. 05.06.1996 - 3 W 68/96 - FGPrax 1996, 189-190; *Frank* in: Staudinger, § 1770 Rn. 13 ff.; *Liermann* in: Soergel; § 1770 Rn. 9; *Saar* in: Erman, § 1770 Rn. 3; a.A. *Maurer* in: Münch-Komm-BGB, § 1770 Rn. 9, der nach der Anzahl der überlebenden Elternteile aufteilen will, bei zwei überlebenden Annehmenden und einem leiblichen Elternteil (oder umgekehrt) bekäme jeder ein Drittel; ebenso *Enders* in: Bamberger/Roth, § 1770 Rn. 7.

§ 1771 BGB Aufhebung des Annahmeverhältnisses

(Fassung vom 17.12.2008, gültig ab 01.09.2009)

¹Das Familiengericht kann das Annahmeverhältnis, das zu einem Volljährigen begründet worden ist, auf Antrag des Annehmenden und des Angenommenen aufheben, wenn ein wichtiger Grund vorliegt. ²Im Übrigen kann das Annahmeverhältnis nur in sinngemäßer Anwendung der Vorschriften des § 1760 Abs. 1 bis 5 aufgehoben werden. ³An die Stelle der Einwilligung des Kindes tritt der Antrag des Anzunehmenden.

Gliederung

A. Grundlagen 1	III. Wichtiger Grund 7
I. Kurzcharakteristik 1	IV. Sinngemäße Anwendung des § 1760 Abs. 1-5
II. Nichtigkeit der Volljährigenannahme 2	BGB 10
B. Anwendungsvoraussetzungen 4	C. Rechtsfolgen 14
I. Volljährigenadoption 4	D. Prozessuale Hinweise/Verfahrenshinweise 15
II. Gemeinsamer Antrag von Annehmendem und Angenommenen 6	

A. Grundlagen

I. Kurzcharakteristik

1   Die Aufhebung der Annahme eines Volljährigen unterliegt zwar weniger rigiden Voraussetzungen als die Aufhebung der Annahme eines Minderjährigen, auch sie ist aber nicht in das Belieben der Parteien gestellt. Vielmehr verlangt das Gesetz, dass entweder ein wichtiger Grund für die Aufhebung besteht oder ein Verfahrens- oder Willensmangel vorliegt, der nach § 1760 BGB auch als Aufhebungsgrund für die Minderjährigenannahme durchgreifen würde.

II. Nichtigkeit der Volljährigenannahme

2   Die Nichtigkeit der Annahme ist auch bei der Volljährigenadoption kaum je anzunehmen. Das muss schon daraus geschlossen werden, dass nach § 1771 Satz 2 BGB die Regelung des § 1760 BGB sinngemäß auch auf die Adoption Volljähriger anzuwenden ist. Dadurch ist schon die Aufhebung der Annahme an enge Voraussetzungen geknüpft. Dem würde es widersprechen, daneben weiterreichende Nichtigkeitsgründe anzunehmen (vgl. auch schon die Kommentierung zu § 1759 BGB). Insbesondere ist die Annahme nicht deshalb nichtig, weil das Bestehen eines Eltern-Kind-Verhältnisses von Anfang an nur vorgetäuscht war[1] oder die Beteiligten sittenwidrige Ziele verfolgten[2].

3   Bei einem Verstoß gegen den Anspruch auf **rechtliches Gehör** aus Art. 103 GG hat das BVerfG die Adoption nicht für nichtig erklärt, sondern nur die Rechtskraft aufgehoben, damit das Vormundschaftsgericht (jetzt Familiengericht) den betroffenen Elternteil nachträglich anhören konnte.[3]

B. Anwendungsvoraussetzungen

I. Volljährigenadoption

4   § 1771 BGB gilt nur für die Aufhebung einer Volljährigenadoption. Es kommt also nicht darauf an, dass der Angenommene zum Zeitpunkt der Aufhebung volljährig ist, sondern darauf, dass er schon bei der Annahme volljährig war. Die Minderjährigenadoption kann nach dem Eintritt der Volljährigkeit des Kindes nur gemäß § 1760 BGB aufgehoben werden.[4]

5   Auch bei der Adoption eines Volljährigen kann die Aufhebung nicht nach § 1771 BGB erfolgen, wenn die Adoption gemäß § 1772 BGB ausnahmsweise mit der Wirkung einer Minderjährigenadoption durchgeführt wurde (§ 1772 Abs. 2 Satz 1 BGB).

---

[1] BGH v. 16.12.1987 - VIII ZR 48/87 - LM Nr. 80 zu § 387 BGB.
[2] Nur *Maurer* in: MünchKomm-BGB, § 1771 Rn. 12.
[3] BVerfG v. 08.02.1994 - 1 BvR 765/89, 1 BvR 766/89 - NJW 1994, 1053-1055.
[4] Nur *Enders* in: Bamberger/Roth, § 1771 Rn. 2; zur Problematik vgl. ausführlich die Kommentierung zu § 1763 BGB Rn. 15.

II. Gemeinsamer Antrag von Annehmendem und Angenommenen

Die Aufhebung kann ausnahmslos nur dann erfolgen, wenn sowohl der Angenommene als auch der Annehmende den Antrag auf Aufhebung gestellt haben.[5] Das Recht, den Antrag auf Aufhebung zu stellen, ist höchstpersönlich. Daher ist eine Antragstellung durch Erben nicht möglich.[6]

III. Wichtiger Grund

Ein wichtiger Grund für die Aufhebung ist anzunehmen, wenn die Beziehung zwischen dem Annehmendem und dem Angenommenen so tiefgreifend gestört ist, dass ihnen die Fortsetzung der Eltern-Kind-Beziehung nicht zugemutet werden kann. Dabei ist umstritten, ob das Gericht überprüfen muss, ob eine Störung tatsächlich gegeben ist, oder ob – ähnlich wie bei der Ehescheidung – ein gemeinsamer Antrag von Annehmendem und Angenommenen dies indiziert.[7] Jedoch handelt es sich bei der Adoption, anders als bei der Ehescheidung, die „Familienstreitsache" ist, um eine Angelegenheit der freiwilligen Gerichtsbarkeit. Der Staat hat sich deren Kontrolle bewusst zu Eigen gemacht. Daher muss das Gericht das tatsächliche Vorliegen des wichtigen Grundes nach § 192 Abs. 1 FamFG, § 26 FamFG überprüfen.[8]

Umstritten ist, ob ein wichtiger Grund überhaupt gegeben sein kann, wenn die Schwierigkeiten für die Beteiligten von Anfang an erkennbar waren und sie sich dennoch bewusst auf die Annahme eingelassen hatten.[9] Dies muss grundsätzlich bejaht werden. Jedoch wird unter Umständen ein noch strengerer Maßstab anzusetzen sein.

Die Aufhebung aus wichtigem Grund unterliegt keiner **Frist**.[10]

IV. Sinngemäße Anwendung des § 1760 Abs. 1-5 BGB

Die Anwendung des § 1760 BGB muss in einigen Punkten modifiziert erfolgen. Die wichtigste Abweichung wird in § 1771 Satz 3 BGB ausdrücklich genannt: Die Aufhebung ist entsprechend § 1760 Abs. 1 BGB möglich, wenn der Antrag des Annehmenden oder des Anzunehmenden fehlte. Unpassend für die Volljährigenannahme sind § 1760 Abs. 2 lit. e BGB sowie § 1760 Abs. 5 BGB.

Die **leiblichen Eltern** haben bei der Volljährigenannahme kein Recht darauf, die Aufhebung zu beantragen. Das folgt schon daraus, dass § 1760 Abs. 1 BGB nur bei dem Fehlen von erforderlichen Einwilligungen eingreift. Die Einwilligung der Eltern ist aber gemäß § 1768 Abs. 1 Satz 2 BGB bei der Annahme eines Volljährigen nicht erforderlich.[11]

Schwierigkeiten bereitet die **arglistige Täuschung** über Vermögensverhältnisse des Annehmenden oder des Angenommenen. Gemäß § 1760 Abs. 4 BGB ist diese für die Minderjährigenadoption ausgeschlossen. Bei der Volljährigenadoption kommt wirtschaftlichen Überlegungen oft eine große Bedeutung zu (vgl. dazu die Kommentierung zu § 1767 BGB). Wegen dieser Wichtigkeit wirtschaftlicher Erwartungen wird es als falsch empfunden, die Täuschung über Vermögensverhältnisse als gänzlich folgenlos anzusehen. Vielmehr wird allgemein versucht, den Anwendungsbereich des § 1760 Abs. 4 BGB einzuengen. Dabei wird teilweise vorgeschlagen, § 1760 Abs. 4 BGB gar nicht anzuwenden. Die „sinngemäße" Anwendung des § 1760 Abs. 1-5 BGB, welche das Gesetz verlangt, soll nach dieser Ansicht so gedeutet werden, dass § 1760 Abs. 4 BGB davon grundsätzlich nicht umfasst sei, weil er dem Sinn nach auf die Volljährigenadoption nicht passe.[12] Teilweise wird dagegen gesagt, dass § 1760 Abs. 4 BGB auch auf die Volljährigenadoption passe. Jedoch seien so wichtige Rechtspositionen wie

---

[5] Heute wohl unstreitig, vgl. OLG Stuttgart v. 16.03.2010 - 15 UF 36/10 - juris Rn. 14 f.; OLG München v. 16.04.2007 - 31 Wx 102/06 - FamRZ 2008, 299; OLG Karlsruhe v. 18.04.1988 - 18 Wx 1/88 - FamRZ 1988, 979-981; BGH v. 16.12.1987 - VIII ZR 48/87 - LM Nr. 80 zu § 387 BGB; *Enders* in: Bamberger/Roth, § 1771 Rn. 3; *Diederichsen* in: Palandt, § 1771 Rn. 1.
[6] OLG München v. 16.04.2007 - 31 Wx 102/06 - FamRZ 2008, 299.
[7] Dafür *Maurer* in: MünchKomm-BGB, § 1771 Rn. 6.
[8] So die h.A., vgl. nur *Liermann* in: Soergel; § 1771 Rn. 10.
[9] LG Münster v. 18.04.2002 - 5 T 294/02 - FamRZ 2002, 1655.
[10] OLG Schleswig v. 04.01.1995 - 2 W 120/94 - NJW-RR 1995, 583-584.
[11] BayObLG München v. 21.07.2000 - 1Z BR 66/2000, 1Z BR 66/00 - FGPrax 2000, 204.
[12] So *Frank* in: Staudinger, § 1771 Rn. 18.

§ 1771

die erbrechtliche Stellung, oder die Erwartung, Nachfolger auf dem Hof werden zu können, etwas anderes als die in § 1760 Abs. 4 BGB gemeinten Vermögensverhältnisse.[13]

13 Auch die formalen Voraussetzungen für die Aufhebung in § 1762 BGB und insbesondere die dort enthaltenen Fristen sind auf die Volljährigenannahme anzuwenden.[14] Nach wohl h.A. greift § 1762 BGB nur aufgrund der allgemeinen Verweisung in § 1767 Abs. 2 BGB ein, was jedoch keinen praktischen Unterschied mit sich bringt.[15]

C. Rechtsfolgen

14 Für die Wirkungen der Aufhebung gelten die §§ 1764-1765 BGB in sinngemäßer Anwendung. Durch die Aufhebung endet das Verwandtschaftsverhältnis zu dem Annehmenden. Die Wirkung tritt nur für die Zukunft ein. Ebenso wie das Adoptionsverfahren selbst kann auch das Aufhebungsverfahren nach dem **Tod** des Annehmenden oder der Angenommenen fortgesetzt werden.

D. Prozessuale Hinweise/Verfahrenshinweise

15 Grundsätzlich gleicht das Aufhebungsverfahren dem Verfahren bei der Aufhebung einer Minderjährigenadoption, vgl. dazu die Kommentierung zu § 1762 BGB. Wie bereits oben dargelegt, muss das Gericht das Vorliegen des wichtigen Grundes nach § 192 Abs. 1 FamFG überprüfen.[16]

16 Gegen die Entscheidung steht dem Angenommenen und dem Annehmenden nach den §§ 58 Abs. 1, 59 Abs. 2 FamFG die Beschwerde zu (da beide Antragsteller sind). Gemäß § 63 Abs. 1 FamFG ist diese binnen einem Monat einzulegen. Weitere Beteiligte am Verfahren, denen eine Beschwerde zustehen könnte, gibt es nicht.[17]

---

[13] So *Enders* in: Bamberger/Roth, § 1771 Rn. 5, der betont, die Norm müsse grundsätzlich angewendet werden, da die wirtschaftlichen Überlegungen auch der Volljährigenadoption nur eine untergeordnete Rolle haben dürften; ähnlich auch *Maurer* in: MünchKomm-BGB, § 1771 Rn. 4, der den § 1760 Abs. 4 BGB nicht auf die vermögensrechtliche Motivation anwenden will.
[14] OLG München v. 16.04.2007 - 31 Wx 102/06 - FamRZ 2008, 299.
[15] BayObLG München v. 23.03.1992 - BReg 1 Z 22/91 - ZfJ 1992, 442-443; *Frank* in: Staudinger, § 1771 Rn. 16 gelangt zu diesem Ergebnis über die allgemeine Verweisung in § 1767 Abs. 2 BGB; ebenso *Maurer* in: MünchKomm-BGB, § 1771 Rn. 3.
[16] *Krause* in: Prütting/Helms, FamFG, § 192 Rn. 5; *Liermann* in: Soergel; § 1771 Rn. 10.
[17] OLG München v. 16.04.2007 - 31 Wx 102/06 - FamRZ 2008, 299.

§ 1772 BGB Annahme mit den Wirkungen der Minderjährigenannahme

(Fassung vom 17.12.2008, gültig ab 01.09.2009)

(1) ¹Das Familiengericht kann beim Ausspruch der Annahme eines Volljährigen auf Antrag des Annehmenden und des Anzunehmenden bestimmen, dass sich die Wirkungen der Annahme nach den Vorschriften über die Annahme eines Minderjährigen oder eines verwandten Minderjährigen richten (§§ 1754 bis 1756), wenn

a) ein minderjähriger Bruder oder eine minderjährige Schwester des Anzunehmenden von dem Annehmenden als Kind angenommen worden ist oder gleichzeitig angenommen wird oder

b) der Anzunehmende bereits als Minderjähriger in die Familie des Annehmenden aufgenommen worden ist oder

c) der Annehmende das Kind seines Ehegatten annimmt oder

d) der Anzunehmende in dem Zeitpunkt, in dem der Antrag auf Annahme bei dem Familiengericht eingereicht wird, noch nicht volljährig ist.

²Eine solche Bestimmung darf nicht getroffen werden, wenn ihr überwiegende Interessen der Eltern des Anzunehmenden entgegenstehen.

(2) ¹Das Annahmeverhältnis kann in den Fällen des Absatzes 1 nur in sinngemäßer Anwendung der Vorschriften des § 1760 Abs. 1 bis 5 aufgehoben werden. ²An die Stelle der Einwilligung des Kindes tritt der Antrag des Anzunehmenden.

Gliederung

A. Grundlagen 1	IV. Adoptionsantrag vor Eintritt der Volljährigkeit 6
B. Anwendungsvoraussetzungen 3	V. Keine überwiegenden Interessen der Eltern des Anzunehmenden 7
I. Gleichzeitige Annahme eines minderjährigen Geschwisters 3	
II. Nachgeholte Annahme 4	**C. Rechtsfolgen** 8
III. Stiefkindannahme 5	**D. Prozessuale Hinweise/Verfahrenshinweise** 12

A. Grundlagen

Das Familiengericht kann gemäß § 1772 BGB in einigen Fallkonstellationen bestimmen, dass die Volljährigenadoption ausnahmsweise die Wirkungen einer Minderjährigenadoption haben soll. Zulässig ist diese Wirkungserweiterung nur in den vier im Gesetz ausdrücklich genannten Sonderfällen. Sie muss auch in diesen Fällen unterbleiben, wenn ihr überwiegende Interessen der Eltern des Anzunehmenden entgegenstehen (§ 1772 Abs. 1 Satz 2 BGB).[1] Insofern ist den Eltern anders als bei der einfachen Volljährigenadoption rechtliches Gehör zu gewähren.[2]

Der Notar, der den Adoptionsantrag beurkundet, muss die Antragsteller auf die Möglichkeit der Volladoption hinweisen, wenn er erkennen kann, dass eine der Alternativen des § 1772 BGB eingreift.[3]

---

[1] Vgl. ein solches Interesse bejahend OLG Celle v. 19.06.2013 - 17 UF 3/13 - FamRZ 2014, 579; LG Heidelberg v. 04.02.2000 - 3 T 26/99 - FamRZ 2001, 120-121 für Fälle, in welchen sich das Kind durch die Adoption den Unterhaltsansprüchen der auf diese Zahlungen angewiesenen Mutter entzogen hätte.

[2] BayObLG München v. 21.07.2000 - 1Z BR 66/2000, 1Z BR 66/00 - juris Rn. 13 - FGPrax 2000, 204. Zugleich mit dem Hinweis, dass die Gehörverletzung unbeachtlich sei, wenn der Vater keine Interessen im Sinne des § 1772 Abs. 1 Satz 2 BGB geltend mache.

[3] OLG Koblenz v. 05.12.2001 - 1 U 257/00 - OLGR Koblenz 2002, 139-140.

B. Anwendungsvoraussetzungen

I. Gleichzeitige Annahme eines minderjährigen Geschwisters

3 Wenn der Annehmende bereits einen minderjährigen Bruder oder eine minderjährige Schwester des Anzunehmenden angenommen hat oder wenn er gleichzeitig mit dem Anzunehmenden auch einen minderjährigen Bruder oder eine minderjährige Schwester annehmen wird, kann das Familiengericht gemäß § 1772 Abs. 1 lit. a BGB auch für den volljährigen Anzunehmenden bestimmen, dass die Volladoption erfolgt.

II. Nachgeholte Annahme

4 § 1772 Abs. 1 lit. b BGB betrifft die Fälle, in welchen der Anzunehmende zu den Annehmenden bereits als Minderjähriger ein Eltern-Kind-Verhältnis aufgebaut hat, die Adoption aber nicht erfolgt ist. Aufgrund des Ausnahmecharakters der gesamten Norm ist auch § 1772 Abs. 1 lit. b BGB eng auszulegen. Es geht um Fälle, in denen der Anzunehmende tatsächlich bereits seit seiner Minderjährigkeit bei dem Annehmenden gelebt hat und dort in ein Eltern-Kind-Verhältnis hineingewachsen ist.[4]

III. Stiefkindannahme

5 Möglich ist die Wirkungserweiterung auch bei der Stiefkindannahme. Die Stiefkindannahme stellt auch bei den Volljährigenadoptionen einen wesentlichen Anteil dar. Dabei ist nicht Voraussetzung, dass ein Eltern-Kind-Verhältnis sich bereits während der Minderjährigkeit des Anzunehmenden entwickelt hat.[5] Vielmehr berücksichtigt der Gesetzgeber hier das Bedürfnis, nicht nur eine Verwandtschaft mit dem neuen Elternteil zu begründen, sondern den Anzunehmenden insgesamt vollständig in die durch die Heirat neu entstandene Familie zu integrieren.

IV. Adoptionsantrag vor Eintritt der Volljährigkeit

6 § 1772 Abs. 1 lit. d BGB betrifft den Fall, dass der Anzunehmende während des laufenden Adoptionsverfahrens volljährig wird. Dann soll die Adoption mit den Wirkungen der Minderjährigenannahme möglich bleiben. Das gilt auch, wenn sich durch fehlende Zuständigkeit des zunächst angerufenen Gerichts eine erhebliche Verzögerung ergibt.[6] Eine Umstellung auf die Volljährigenadoption kann nur auf Antrag der Parteien erfolgen. Wenn der Antrag auf Annahme als Minderjähriger sich zum Zeitpunkt des Eintritts der Volljährigkeit bereits in der Beschwerdeinstanz befindet, muss das Gericht die Sache an das Amtsgericht zurückverweisen, um den Beteiligten die Möglichkeit zu geben, dort ihren neuen Antrag auf Annahme eines Volljährigen nach § 1767 BGB zu stellen.[7]

V. Keine überwiegenden Interessen der Eltern des Anzunehmenden

7 Auch bei der starken Volljährigenadoption nach § 1772 BGB ist die Einwilligung der Eltern des Anzunehmenden nicht erforderlich. Jedoch kann bei überwiegenden Interessen der Eltern einer Annahme in der Form der Volladoption nicht ausgesprochen werden. Sowohl Vermögensinteressen als auch ideelle Interessen der Eltern sind von Belang.[8] Zu berücksichtigen sind auch mögliche zukünftige Unterhaltsansprüche eines leiblichen Elternteils gegen das Kind. Insbesondere wenn die Eltern ihrerseits Unterhalt für das Kind geleistet haben, kann dies eine Zurückweisung des Antrags auf Volladoption begründen.[9] Die Interessen der Eltern müssen gegen die Interessen des Anzunehmenden und des Annehmenden an der Annahme abgewogen werden. Es kommt also auch auf den Grad der sittlichen Rechtfertigung der Annahme an.[10]

---

[4] OLG München v. 08.04.2010 - 31 Wx 030/10, 31 Wx 30/10 - juris Rn. 13 f.; dies betonend auch *Frank* in: Staudinger, § 1772 Rn. 3.
[5] LG Flensburg v. 08.01.2004 - 5 T 206/03.
[6] LG Düsseldorf v. 19.01.2010 - 25 T 659/09 - FamRZ 2010, 1261.
[7] Offen lassend OLG Hamm v. 14.09.2000 - 15 W 270/00 - MittRhNotK 2000, 435-437.
[8] *Diederichsen* in: Palandt, § 1772 Rn. 2; *Enders* in: Bamberger/Roth, § 1772 Rn. 5; *Frank* in: Staudinger, § 1772 Rn. 6.
[9] OLG München v. 08.05.2009 - 31 Wx 147/08 - juris Rn. 13 - FamRZ 2009, 1337-1338.
[10] *Liermann* in: Soergel, § 1772 Rn. 10; *Frank* in: Staudinger, § 1772 Rn. 6 will die elterlichen Interessen unmittelbar in die Beurteilung der sittlichen Rechtfertigung einfließen lassen.

C. Rechtsfolgen

Die Wirkungen der Annahme nach § 1772 Abs. 1 BGB richten sich nach den §§ 1754-1757 BGB. Der Angenommene wird also vollständig aus der leiblichen Familie herausgelöst und in die Adoptivfamilie eingegliedert (vgl. zur Begründung der neuen Verwandtschaft die Kommentierung zu § 1754 BGB und zur Beendigung der alten Verwandtschaft die Kommentierung zu § 1755 BGB). Das gilt, auch wenn es sich um die Rückadoption durch den bei einer Stiefkindadoption verlorenen Elternteil handelt.[11]

Eine Besonderheit ist bei § 1756 Abs. 2 BGB zu beachten. Hier kommt es (anders als bei der Minderjährigenannahme) darauf an, ob der verstorbene Elternteil des Anzunehmenden **bei Eintritt der Volljährigkeit** des Anzunehmenden sorgeberechtigt war. Nur, falls der Elternteil zuvor verstorben ist, ist auf dessen Todeszeitpunkt abzustellen.[12]

Den **Staatsangehörigkeitserwerb** bewirkt sie allerdings gemäß § 6 StAG, der auf die Vollendung des 18. Lebensjahrs abstellt, nur im Fall des § 1772 Abs. 1 lit. d BGB.[13] Zum Aufenthaltsrecht vgl. schon die Kommentierung zu § 1767 BGB Rn. 18.

Die Aufhebung der erweiterten Volljährigenadoption nach § 1772 BGB erfolgt nicht nach § 1771 BGB, sondern gemäß § 1772 Abs. 2 BGB nur wie bei der Minderjährigenadoption.[14] Als Aufhebungsgründe kommen daher nur die in § 1760 BGB genannten in Betracht. Vgl. zur sinngemäßen Anwendung des § 1760 BGB auf die Volljährigenannahme schon die Kommentierung zu § 1771 BGB Rn. 10.

D. Prozessuale Hinweise/Verfahrenshinweise

Wegen des Verfahrens vgl. die Kommentierung zu § 1768 BGB. Bei der Annahme nach § 1772 BGB gilt außerdem, dass die Eltern des Anzunehmenden in Hinblick auf die Schwächung ihrer Rechtsstellung im Verfahren zu beteiligen sind.[15]

Der Ausspruch der starken Wirkung der Adoption muss unmittelbar mit dem Annahmebeschluss erfolgen. Er kann nicht nachgeholt werden.[16] Erfolgt er rechtsfehlerhaft, hat er dennoch Bestand.[17] Gemäß § 197 Abs. 1 Satz 1 FamFG ist auch hier die Rechtsgrundlage im Beschluss anzugeben.

---

[11] BGH v. 15.01.2014 - XII ZB 443/13 - NJW 2014, 934.
[12] Ausführlich BGH v. 11.11.2009 - XII ZR 210/08 - FamRZ 2010, 273-275 m. Anm. v. *Maurer*, FamRZ 2010, 275-276.
[13] BVerwG v. 21.12.2011 - 5 B 46/11 - StAZ 2012, 149; BVerwG v. 14.10.2003 - 1 C 20/02 - juris Rn. 20 - NJW 2004, 1401-1403; OVG Berlin Brandenburg v. 18.09.2008 - OVG 5 B 7.07 - Rn. 15 ff.
[14] Nur *Diederichsen* in: Palandt, § 1772 Rn. 4.
[15] *Diederichsen* in: Palandt, § 1772 Rn. 3.
[16] Dazu OLG Frankfurt v. 12.08.2008 - 20 W 127/08 - juris Rn. 8 ff. - FamRZ 2009, 356-357.
[17] LG Bremen v. 28.12.2010 - 6 T 274/10 - FamRZ 2011, 1413-1414.

Abschnitt 3 - Vormundschaft, Rechtliche Betreuung, Pflegschaft
Titel 1 - Vormundschaft
Untertitel 1 - Begründung der Vormundschaft

§ 1773 BGB Voraussetzungen

(Fassung vom 02.01.2002, gültig ab 01.01.2002)

(1) Ein Minderjähriger erhält einen Vormund, wenn er nicht unter elterlicher Sorge steht oder wenn die Eltern weder in den die Person noch in den das Vermögen betreffenden Angelegenheiten zur Vertretung des Minderjährigen berechtigt sind.

(2) Ein Minderjähriger erhält einen Vormund auch dann, wenn sein Familienstand nicht zu ermitteln ist.

Gliederung

A. Grundlagen 1	III. Scheidung oder Getrenntleben der Eltern 13
I. Einführende Vorbemerkungen zur Vormundschaft 1	IV. Nichteheliche Kinder 14
II. Regelungsprinzipien 8	V. Adoptierte Kinder 15
B. Anwendungsvoraussetzungen 9	VI. Findelkinder (Absatz 2) 16
I. Normstruktur 9	C. Rechtsfolgen 17
II. Eheliche Kinder 10	D. Prozessuale Hinweise/Verfahrenshinweise 18

A. Grundlagen

I. Einführende Vorbemerkungen zur Vormundschaft

1 Der dritte Abschnitt (§§ 1773-1921 BGB) hat bis zum In-Kraft-Treten des Betreuungsgesetzes am 01.01.1992 sowohl Regelungen zu Vormundschaften über Minderjährige und Volljährige als auch über Pflegschaften enthalten. Seit dem Jahre 1992 ist eine Vormundschaft indes **nur noch über Minderjährige** möglich. An die Stelle der Vormundschaft über Volljährige ist nun das Rechtsinstitut der Betreuung (§§ 1896-1908i BGB) getreten. Während die Vormundschaft das Bedürfnis einer allgemeinen Fürsorge für Person und Vermögen des Minderjährigen voraussetzt, dient die Pflegschaft dem besonderen Schutze lediglich bestimmter Angelegenheiten (§ 1909 BGB). Die Vormundschaft ist also eine Art **Elternersatz** für Minderjährige; sie ist also **umfassend**.

2 Regelungen zur Vormundschaft finden sich im ersten Titel des dritten Abschnitts (§§ 1773-1895 BGB). Dieser bildet den Hauptteil des Dritten Abschnitts, auf den in den beiden anderen Teilen immer wieder Bezug genommen wird. Der Titel ist in sechs Untertitel gegliedert: In den §§ 1773-1792 BGB finden sich Regeln über die **Begründung der Vormundschaft**, in den §§ 1793-1836 BGB solche über deren **Führung**. §§ 1837-1847 BGB enthalten Vorschriften über die **Fürsorge und die Aufsicht des Familiengerichts**. § 1851 BGB regelt die **Mitwirkung des Jugendamtes**; diese Vorschrift wird ergänzt durch das SGB VIII. Die §§ 1852-1857a BGB enthalten Regelungen zur **befreiten Vormundschaft**, die §§ 1882-1896 BGB zur **Beendigung der Vormundschaft**.

3 Eine Vormundschaft tritt grds. nicht automatisch ein, sie muss – außer in dem Fall des § 1791c BGB – vom Familiengericht angeordnet werden. Das Gesetz kennt die **Vormundschaft natürlicher Personen**, die **Vereinsvormundschaft** (§ 1791a BGB) sowie die **bestellte** und die **gesetzliche Amtsvormundschaft** (§§ 1791b, 1791c BGB). Vorrang hat jedoch stets die Bestellung einer natürlichen Person zum Vormund. § 1775 BGB geht des Weiteren von dem Grundsatz der **Einzelvormundschaft** aus, der jedoch in bestimmten Fällen zugunsten der Bestellung von **Mitvormündern** durchbrochen ist. Zur Kontrolle des Vormunds ist die Bestellung eines **Gegenvormunds** nach § 1792 BGB möglich.

4 Die Voraussetzung der **Minderjährigkeit** ist von dem Familiengericht von Amts wegen zu prüfen (§ 26 FamFG). Dabei hat es alle ihm zugänglichen Erkenntnisquellen auszuschöpfen (Überprüfung des körperlichen und geistigen Entwicklungsstands im Rahmen einer persönlichen Anhörung, röntgenologischen Untersuchung etc.) und darf nur in den Fällen, in denen selbst nach umfassender Ermittlung keine eindeutige Feststellung möglich ist, zugunsten des Betroffenen von seiner Minderjährigkeit aus-

gehen.¹ Ist der Tag der Geburt eines Minderjährigen ungewiss, ist bei der Altersfeststellung des Minderjährigen dem Minderjährigenschutz dadurch Rechnung zu tragen, dass zugunsten des betroffenen Minderjährigen vom letztmöglichen Zeitpunkt des bekannten Geburtsjahres auszugehen ist.²

Erweist sich die mit der Anordnung der Vormundschaft vorausgesetzte Annahme der Minderjährigkeit eines Betroffenen **im Nachhinein** als unzutreffend, ist die Vormundschaft aufzuheben.³ Dies gilt selbst bei lediglich geringer Unsicherheit hinsichtlich der Annahme der Volljährigkeit. Eine bereits eingerichtete Vormundschaft ist aufzuheben, wenn der Zweifelssatz missbräuchlich in Anspruch genommen wird, weil die Behauptungen des Betroffenen zu dessen Alter grob unrichtig sind.⁴

Bei **Eintritt der Volljährigkeit** ist die Vormundschaft durch Beschluss des Amtsgerichts aufzuheben, wenn die Volljährigkeit durch ein Altersgutachten festgestellt worden ist.⁵ Besteht auch weiterhin ein Fürsorgebedürfnis, so wird – ggf. vorsorglich (§ 1908a BGB) – ein Betreuer bestellt (§ 1896 BGB). Zu beachten ist allerdings, dass eine im Inland nach dem Minderjährigenschutzabkommen (MSA) angeordnete Vormundschaft über den Zeitpunkt, in dem die Anwendbarkeit des MSA wegen Vollendung des 18. Lebensjahres des Mündels endet, hinauswirken kann; dies richtet sich nach dem vom deutschen Kollisionsrecht berufenen Heimatrecht des Betroffenen.⁶

Die Bestellung eines Vormunds (§ 1789 BGB) ist ein mitwirkungsbedürftiger **Hoheitsakt**.⁷ Der Vormund hat die Stellung eins amtlichen Organs.⁸ Er handelt jedoch **nicht in Ausübung öffentlicher Gewalt**⁹, sondern steht dem Mündel als Subjekt des Privatrechts gegenüber. Zwar gehört die Vormundschaft ihrem Wesen nach zu dem Gebiet der staatlichen Wohlfahrtspflege, und dem entspricht es, dass das Vormundschaftsrecht nicht nur ihrem Wesen nach dem Gebiet des Privatrechts angehörige Vorschriften, sondern auch öffentlichrechtliche Bestimmungen enthält. Insgesamt überwiegen aber im Vormundschaftsrecht die privatrechtlichen Vorschriften; insbesondere sind auch diejenigen Normen, die die Pflichten und Aufgaben des Vormundes gegenüber dem Vermögen und der Person des Mündels regeln, diesem Rechtsgebiet zugehörig. Die Rechtsstellung des Vormundes ist nämlich weitgehend der Stellung des Inhabers der elterlichen Gewalt angepasst (§ 1800 BGB). Das Familienrecht ist aber, soweit es die Rechte der Eltern gegenüber den Kindern ordnet, Privatrecht.

II. Regelungsprinzipien

§ 1773 BGB regelt die Voraussetzungen der Minderjährigenvormundschaft. Für Kinder von nicht verheirateten Eltern wird sie durch die Regelungen zur gesetzlichen Amtsvormundschaft in § 1791c BGB ergänzt.

B. Anwendungsvoraussetzungen

I. Normstruktur

Eine Vormundschaft wird gemäß § 1773 BGB in drei Fallkonstellationen angeordnet. Der Minderjährige erhält hiernach einen Vormund, wenn er nicht unter elterlicher Sorge steht (§ 1773 Abs. 1 Alt. 1 BGB) oder wenn die Eltern weder zur Personen- noch zur Vermögenssorge berechtigt sind (§ 1773 Abs. 1 Alt. 2 BGB). Nach § 1773 Abs. 2 BGB ist eine Vormundschaft schließlich auch dann anzuordnen, wenn der Familienstand eines Minderjährigen nicht zu ermitteln ist. Zum besseren Verständnis der verschiedenen Alternativen wird jedoch in der nachfolgenden Darstellung nach dem Familienstand der Eltern bzw. nach dem Sorgerecht unterschieden:

---

[1] OLG Oldenburg v. 08.08. 2012 - 14 UF 65/12 - juris Rn. 18 - StAZ 2013, 144-146; OLG Oldenburg v. 09.08.2010 - 14 UF 110/10 - juris Rn. 10.
[2] OLG Köln v. 19.01.2012 - 21 UF 19/12 - juris Rn. 1.
[3] OLG Köln v. 21.06.2013 - 26 UF 49/13 - juris Rn. 9 - FamRZ 2014, 242-243.
[4] OLG Köln v. 21.06.2013 - 26 UF 49/13 - juris Rn. 10 - FamRZ 2014, 242-243.
[5] LG Berlin v. 01.11.2005 - 83 T 533/05 - JAmt 2006, 161-162.
[6] OLG München v. 08.06.2009 - 31 Wx 062/09, 31 Wx 62/09 - juris Rn. 6 - FamRZ 2009, 1602-1603.
[7] *Wagenitz* in: MünchKomm-BGB, § 1789 Rn. 2.
[8] RG v. 30.03.1936 - IV B 7/36 - RGZ 151, 57-65.
[9] BGH v. 30.03.1955 - IV ZB 23/55 - BGHZ 17, 108-116.

II. Eheliche Kinder

10 Für ein in die Ehe hineingeborenes Kind ist eine Vormundschaft zum einen anzuordnen, wenn **beide Eltern verstorben** sind (§ 1773 Abs. 1 Alt. 1 BGB). Ist nur ein Elternteil gestorben oder für tot erklärt, so bedarf der Minderjährige ebenso wenig eines Vormunds wie wenn nur einem der bisher gemeinsam sorgeberechtigten Eltern das Sorgerecht entzogen wird, da die elterliche Sorge dann dem anderen Elternteil gem. § 1680 Abs. 1, Abs. 3 BGB allein zusteht.

11 Einer Vormundschaft bedarf es zum anderen, wenn **beide Eltern** in Personen- und Vermögenssorgeangelegenheiten **nicht vertretungsberechtigt** sind. Dies kann darauf beruhen, dass ihnen das Vertretungsrecht wegen Gefährdung des Kindeswohls gemäß § 1666 BGB entzogen wurde. Gleiches gilt aber auch, wenn die elterliche Sorge wegen eines rechtlichen oder tatsächlichen Hindernisses ruht (§§ 1673-1675 BGB), z.B. weil die Eltern geschäftsunfähig sind. Dagegen kommt eine Vormundschaft nicht in Betracht, wenn ein Elternteil die volle Personensorge und der andere Elternteil die volle Vermögenssorge ausübt, denn dann ist für den Minderjährigen auf beiden Gebieten gesorgt. Kann auch nur eines der beiden Elternteile entweder die volle Personensorge oder die volle Vermögenssorge ausüben, ist dem Minderjährigen auf dem Gebiet, auf dem kein Elternteil die Sorge hat, nicht ein Vormund, sondern ein Ergänzungspfleger gem. § 1909 BGB zu bestellen.[10] Eine Vormundschaft ist allerdings dann anzuordnen, wenn nur noch einem Elternteil das Sorgerecht zustand, weil dem anderen Elternteil bereits die gesamte elterliche Sorge entzogen wurde oder dessen elterliche Sorge schon ruht, und der allein Sorgeberechtigte nun stirbt oder in seiner Person ebenfalls ein Fall der §§ 1666, 1673, 1674 BGB einritt.

12 Ein **Ruhen der elterlichen Sorge** i.S.v. § 1674 BGB liegt bei sich **im Ausland befindlichen Eltern** nicht vor, wenn die Eltern, sei es durch Hilfskräfte, bei der Ausübung der elterlichen Sorge ihr Kind gut versorgt wissen und auf der Grundlage moderner Kommunikationsmittel oder Reisemöglichkeiten auch aus der Ferne Einfluss auf die Ausübung der elterlichen Sorge nehmen können; hierzu reicht die telefonische Kontaktaufnahmemöglichkeit über den Dorfvorsteher oder eine postalische Kontaktaufnahmemöglichkeit aus, so dass eine Vormundschaft nicht in Betracht kommt.[11]

III. Scheidung oder Getrenntleben der Eltern

13 Wird die Ehe der Eltern geschieden oder aufgehoben oder leben die Eltern nicht nur vorübergehend getrennt, so besteht die gemeinsame elterliche Sorge solange fort, bis sie einem Elternteil allein übertragen wird (§ 1671 BGB). Eine Vormundschaft ist in beiden Fällen nicht erforderlich. Sie kann erst dann notwendig werden, wenn der alleine sorgeberechtigte Elternteil stirbt oder seinerseits das Sorgerecht verliert. Im Falle des Todes des Sorgeberechtigten hat das Familiengericht allerdings gemäß § 1680 Abs. 2 Satz 1 BGB vorrangig zu prüfen, ob die Sorge nicht dem überlebenden Ehegatten übertragen werden kann.

IV. Nichteheliche Kinder

14 Ein nichteheliches Kind steht in der Regel unter der elterlichen Sorge der Mutter (§ 1626a Abs. 2 BGB). Die Eltern können jedoch auch nach § 1626a Abs. 1 BGB gemeinsam die Sorge ausüben, wenn sie entweder heiraten (mit der Folge, dass die Grundsätze eines in die Ehe hineingeborenen Kindes anwendbar sind) oder eine Sorgeerklärung i.S.v. § 1626b BGB abgeben. Ist dies nicht der Fall, übt also die Mutter die elterliche Sorge allein aus, so ist nicht zwingend eine Vormundschaft anzuordnen, sobald die Mutter stirbt oder ihr das Sorgerecht entzogen wird. Nach § 1680 Abs. 2 Satz 2, Abs. 3 BGB hat das Familiengericht die elterliche Sorge vielmehr dem Vater zu übertragen, wenn dies dem Wohl des Kindes dient. Andernfalls ist nach § 1773 BGB ein Vormund zu bestimmen. Gleiches gilt für den Fall, dass die Mutter bei der Geburt stirbt und noch keine Sorgeerklärung abgegeben wurde (§ 1626b Abs. 2 BGB) oder wenn die elterliche Sorge ruht (§§ 1673, 1674 BGB), z.B. weil die Mutter minderjährig ist oder im Fall einer länger andauernden Strafhaft[12]. Im letzteren Fall tritt dann nach § 1791c Abs. 1 BGB Amtsvormundschaft ein.

---

[10] BayObLG München v. 06.10.1998 - 1Z BR 52/98 - juris Rn. 32 - FamRZ 1999, 316-318.
[11] OLG Koblenz v. 24.02.2011 - 11 UF 153/11 - FamRZ 2011, 1517-1518.
[12] Brandenburgisches OLG v. 29.01.2009 - 9 UF 105/08 - juris Rn. 15 - FamRZ 2009, 1683.

V. Adoptierte Kinder

Wird ein Minderjähriger als Kind angenommen, erhält er die rechtliche Stellung eines ehelichen Kindes des Annehmenden oder des annehmenden Ehepaares (§ 1574 Abs. 1 BGB). Es gelten für ihn also dieselben Grundsätze wie für Minderjährige, die in eine Ehe hineingeboren wurden. Gemäß § 1764 Abs. 1 BGB erlischt das Sorgerecht mit Aufhebung der Adoption wieder; allerdings gewinnen die leiblichen Eltern das Sorgerecht nicht automatisch zurück (§ 1764 Abs. 3 BGB). Überträgt das Familiengericht in diesem Fall nicht die elterliche Sorge auf die leiblichen Eltern zurück, ist eine Vormundschaft oder eine Pflegschaft anzuordnen (§ 1764 Abs. 4 BGB). Ab dem Zeitpunkt, indem ein leibliches Elternteil in die Adoption einwilligt, ruht gemäß § 1751 Abs. 1 BGB die elterliche Sorge, es tritt Amtsvormundschaft des Jugendamtes ein.

VI. Findelkinder (Absatz 2)

Einer Vormundschaft bedarf es, wenn der Familienstand eines Minderjährigen nicht zu ermitteln ist. Hierunter fallen hauptsächlich Findelkinder. Das Familiengericht entscheidet im Übrigen nach freiem Ermessen, ob ein Familienstand nicht zu ermitteln ist. Ist der Familienstand lediglich bestritten, kommt § 1773 Abs. 2 BGB nicht zur Anwendung. In diesem Fall ist vielmehr ein Pfleger zu bestellen.[13]

C. Rechtsfolgen

Liegt ein Fall des § 1773 BGB vor, so tritt die Vormundschaft nicht automatisch ein. Eine Ausnahme davon bildet nur § 1791c BGB für den Fall, dass ein nichteheliches Kind ohne gesetzlichen Vertreter ist. In allen anderen Fällen muss eine Person, die entweder durch die Eltern benannt (§§ 1776, 1777 BGB) oder vom Familiengericht ausgewählt wurde (§ 1779 BGB), durch Hoheitsakt gem. § 1789 BGB zum Vormund bestellt werden. Erst durch diese Verpflichtung wird der Berufenen zum Vormund.

D. Prozessuale Hinweise/Verfahrenshinweise

Durch das zum 01.09.2009 in Kraft getretene Gesetz über das Verfahren in Familiensachen und in den Angelegenheiten der freiwilligen Gerichtsbarkeit (**FamFG**) wurden die Vormundschaften für Minderjährige in den Zuständigkeitsbereich der Familiengerichte überführt. Es handelt sich nunmehr um **Kindschaftssachen** i.S.v. §§ 111 Nr. 2, 151 Nr. 4 FamFG. Es gelten damit neben den allgemeinen Regelungen des FamFG die speziellen Vorschriften der §§ 151 ff. FamFG.

Örtlich zuständig für die Anordnung der Vormundschaft und Bestellung des Vormunds ist gem. § 152 Abs. 2 FamFG das **Familiengericht** (Amtsgericht), in dessen Bezirk das Kind seinen gewöhnlichen Aufenthalt hat. Hat das Kind keinen gewöhnlichen Aufenthalt, so richtet sich die Zuständigkeit nach seinem tatsächlichen Aufenthalt zum Zeitpunkt der Bestellung, ohne dass es auf eine Übernahmebereitschaft des zuständigen Jugendamts ankommt.[14]

Das Vormundschaftsverfahren ist vom **Amtsermittlungsgrundsatz** (§ 26 FamFG) geprägt. Maßgeblich für die Entscheidung ist stets das Wohl des Minderjährigen.

Gem. § 159 Abs. 1 und 2 FamFG hat das Familiengericht das **Kind persönlich anzuhören**. Dies gilt **unabhängig vom Alter** des Kindes, da es sich bei der Entscheidung über die Anordnung einer Vormundschaft insbesondere im Bezug auf den zu bestellenden Vormund um eine Entscheidung handelt, bei der die Neigungen und Bindungen selbst eines Kindes, das noch nicht das 14. Lebensjahr vollendet hat, von Bedeutung sind. Eine Anhörung darf nur bei Vorliegen schwerwiegender Gründe unterbleiben (§ 159 Abs. 3 FamFG). Gem. § 160 Abs. 1 Satz 1 FamFG sollen auch die **Eltern** des Kindes persönlich angehört werden; beruht die Anordnung der Vormundschaft auf § 1666 BGB, sind die Eltern persönlich anzuhören. Auch hier darf nur aus schwerwiegenden Gründen auf die Anhörung verzichtet werden (§ 160 Abs. 3 FamFG). Schließlich ist gem. § 162 Abs. 1 FamFG auch das **Jugendamt** anzuhören. **Auf dessen Antrag** hin ist es an dem Verfahren zu **beteiligen** (§ 162 Abs. 2 FamFG); von seinem Antragsrecht muss das Jugendamt vom Gericht belehrt werden (§ 7 Abs. 4 FamFG).

Zudem ist nach § 158 FamFG in aller Regel ein **Verfahrensbeistand** zu bestellen.

---

[13] *Wagenitz* in: MünchKomm-BGB, § 1789 Rn. 13.
[14] OLG Frankfurt v. 28.12.2010 - 2 UF 379/10 - FamRZ 2011, 1671.

23 Hat das Kind das 14. Lebensjahr vollendet und ist es nicht geschäftsunfähig, ist die Entscheidung ihm selbst bekannt zu machen (§ 164 FamFG). In diesem Fall ist es auch selbst **beschwerdeberechtigt** (§§ 59, 60 FamFG). Beschwerdeberechtigt ist ebenfalls das Jugendamt, dem die Entscheidung ebenfalls bekannt zu machen ist (§ 162 Abs. 3 FamFG). Die Beschwerdeberechtigung der Eltern ergibt sich aus § 59 Abs. 1 FamFG.

24 **Einstweilige Maßnahmen** ergehen auf der Grundlage des § 1846 BGB. Zuständig ist hier neben dem Gericht des gewöhnlichen Aufenthaltes des Kindes dasjenige Familiengericht, in dessen Bezirk das Fürsorgebedürfnis bekannt wird (§ 152 Abs. 3 FamFG).

§ 1774 BGB Anordnung von Amts wegen

(Fassung vom 17.12.2008, gültig ab 01.09.2009)

¹Das Familiengericht hat die Vormundschaft von Amts wegen anzuordnen. ²Ist anzunehmen, dass ein Kind mit seiner Geburt eines Vormunds bedarf, so kann schon vor der Geburt des Kindes ein Vormund bestellt werden; die Bestellung wird mit der Geburt des Kindes wirksam.

Gliederung

A. Grundlagen 1	II. Fehlerhafte Vormundschaft 6
B. Anwendungsvoraussetzungen 2	1. Fehlen materieller Voraussetzungen 7
I. Die Anordnung der Vormundschaft 2	2. Zuständigkeitsmängel 11

A. Grundlagen

Die Vorschrift stellt einige Grundsätze für die Begründung einer Vormundschaft auf. So wird klargestellt, dass die Vormundschaft grds. **nicht von selbst eintreten kann**; Ausnahmen von diesem Grundsatz finden sich lediglich in §§ 1751 Satz 2, 1791c BGB. Darüber hinaus ermöglicht es § 1774 Satz 2 BGB im Interesse des Kindes, schon vor seiner Geburt die Vormundschaft anzuordnen, damit es zu keinem Zeitpunkt ohne Betreuung und Vertretung ist.   1

B. Anwendungsvoraussetzungen

I. Die Anordnung der Vormundschaft

Gem. § 1774 Satz 1 BGB tritt eine Vormundschaft nicht von selbst ein, sie muss vielmehr vom Familiengericht **angeordnet** werden. Eine Ausnahme besteht nur für den Fall der gesetzlichen Amtsvormundschaft nach § 1791c BGB, wenn ein nichteheliches Kind bereits bei der Geburt ohne gesetzlichen Vertreter wäre. Ein weiterer Fall der Vormundschaft kraft Gesetzes findet sich in § 1751 BGB.   2

Die Anordnung der Vormundschaft erfolgt **von Amts wegen**. Damit das Familiengericht aber von Amts wegen einschreiten kann, muss es erfahren, wenn die Voraussetzungen des § 1773 BGB gegeben sind. Daher sind bestimmte andere Behörden durch Gesetz zur **Anzeige** verpflichtet: Hierzu zählen die Standesbeamten (§ 57 SGB VIII, § 168a FamFG), die Jugendämter (§§ 42 Abs. 3 Nr. 2, 42 Abs. 3 Satz 4, 50 Abs. 3 Satz 1, 53 Abs. 3 SGB VIII) sowie die Gerichte (§ 22a FamFG). Stirbt der Vormund, müssen seine Erben (§ 1894 Abs. 1 BGB) und – falls vorhanden – der Gegenvormund (§ 1895 BGB) das Familiengericht verständigen. Entsprechendes gilt für den Vormund beim Tod eines Mitvormunds oder des Gegenvormunds (§ 1894 Abs. 2 BGB).   3

Das Gesetz **unterscheidet** zwischen der **Anordnung der Vormundschaft** (§ 1774 BGB), der **Auswahl des Vormunds** als Zwischenstufe (§ 1779 BGB) und der **Bestellung des Vormunds** (§ 1789 BGB). Die Unterscheidung hat beispielsweise Auswirkungen für die Festsetzung von Zwangsgeld nach § 1788 BGB, das nur gegen einen nach § 1779 BGB Ausgewählten verhängt werden kann. Allerdings werden in der Regel Anordnung, Auswahl sowie Bestellung miteinander verbunden.   4

Die **Anordnung** bereitet die Vormundschaft vor; mit ihr wird die Vormundschaft anhängig. Das Gericht ordnet die Vormundschaft an, sobald es festgestellt hat, daß die sachlichen Voraussetzungen dafür vorliegen; ob sogleich ein Vormund bestellt werden kann, ist eine andere Frage.[1] Ein besonderer Beschluss ist, obwohl üblich, nach h.M. nicht erforderlich.[2] Dies ergibt sich daraus, dass die Anordnung allein keine Auswirkungen hat. Ihre Wirksamkeit tritt nach § 40 FamFG nämlich erst mit Bekanntgabe an den bestellten Vormund ein.[3] Auch deshalb fallen Anordnung, Auswahl und Bestellung zumeist in einem Vorgang zusammen.   5

---

[1] *Veit* in: Staudinger, § 1774 Rn. 2.
[2] *Wagenitz* in: MünchKomm-BGB, § 1774 Rn. 3; a.A. wohl: *Bettin* in: Bamberger/Roth, § 1774 Rn. 7; Drews, Rpfleger 1981, 13.
[3] *Wagenitz* in: MünchKomm-BGB, § 1774 Rn. 3.

II. Fehlerhafte Vormundschaft

6 Hinsichtlich der Rechtsfolgen bei Mängeln der Vormundschaft muss unterschieden werden:

1. Fehlen materieller Voraussetzungen

7 Sind nicht alle materiellen Voraussetzungen für eine Vormundschaft gegeben, hat dies nicht zwingend die Nichtigkeit der Anordnung zur Folge. Kommt es etwa zu einer **Doppelanordnung** der Vormundschaft, bleiben die zu Unrecht angeordnete Vormundschaft sowie die Bestellung des Vormunds wirksam, bis sie durch das Familiengericht oder das Beschwerdegericht aufgehoben werden.[4]

8 **Nichtigkeit** tritt nur bei elementaren Verstößen ein.[5] Dies ist etwa der Fall, wenn statt einer Betreuung die Vormundschaft über einen Volljährigen angeordnet wird,[6] wenn der Mündel nicht mehr lebt oder der Vormund geschäftsunfähig ist (§ 1780 BGB).

9 Ansonsten hat die Vormundschaft **rechtsbegründende Wirkung**. Ist das Familiengericht etwa zu Unrecht vom Verlust der elterlichen Sorge ausgegangen, behält der gesetzliche Vertreter des Kindes zwar die Vertretungsmacht. Daneben besteht jedoch die Vormundschaft. Es liegt mithin eine **doppelte Rechtszuständigkeit** vor,[7] die erst mit der Aufhebung der Vormundschaft endet. In einem anderen Rechtsstreit ist auch das Prozessgericht trotz Fehlens der materiellen Voraussetzungen daher an die Anordnung der Vormundschaft gebunden, solange diese noch nicht aufgehoben ist.[8] Ihm steht allerdings die Möglichkeit zu, den Rechtsstreit auszusetzen, um dem Familiengericht Gelegenheit zur Aufhebung zu geben.[9]

10 Die **Wirksamkeit** der durch den Vormund oder ihm gegenüber vorgenommenen **Rechtsgeschäfte** wird durch die ex-nunc wirkende Aufhebung der Vormundschaft gem. § 47 FamFG nicht berührt. Dieser Grundsatz gilt z.B. auch für Fragen des Aufwendungsersatzes und der Vergütung. Auch eine mögliche Schadensersatzpflicht des Staates entfällt nicht, weil die Vormundschaft lediglich nachträglich aufgehoben wird.[10]

2. Zuständigkeitsmängel

11 Zuständig für die Anordnung der Vormundschaft ist das Familiengericht. Die **örtliche Zuständigkeit** folgt aus § 152 FamFG. Die **örtliche Unzuständigkeit** eines Gerichts ist gem. § 2 Abs. 3 FamFG unschädlich.

12 Es handelt in der Regel der **Rechtspfleger** (§§ 3 Nr. 2a, 14 RPflG); nur die **Anordnung der Vormundschaft über einen Angehörigen eines anderen Staates bleibt dem Richter vorbehalten** (§ 14 Nr. 10 RPflG). Nimmt statt des in der Regel funktionell zuständigen Rechtspflegers der Familienrichter die Anordnung vor, so ist diese dennoch wirksam (§ 8 Abs. 1 RPflG). Anders verhält es sich jedoch bei der Anordnung der Vormundschaft über einen Angehörigen eines anderen Staates, für die der Richtervorbehalt gilt. Diese ist gem. § 8 Abs. 4 RPflG unwirksam.

---

[4] *Bettin* in: Bamberger/Roth, § 1774 Rn. 9.
[5] *Bettin* in: Bamberger/Roth, § 1774 Rn. 9.
[6] So der BGH in einem obiter dictum: BGH v. 22.01.1964 - V ZR 37/62 - BGHZ 41, 23-30.
[7] *Zimmermann* in: Soergel, § 1774 Rn. 8.
[8] BGH v. 06.10.1960 - VII ZR 136/59 - BGHZ 33, 195-205.
[9] BGH v. 15.04.1964 - IV ZR 165/63 - BGHZ 41, 303-310.
[10] RG v. 26.01.1914 - III 290/13 - RGZ 84, 92-96, 95.

§ 1775 BGB Mehrere Vormünder

(Fassung vom 17.12.2008, gültig ab 01.09.2009)

¹Das Familiengericht kann ein Ehepaar gemeinschaftlich zu Vormündern bestellen. ²Im Übrigen soll das Familiengericht, sofern nicht besondere Gründe für die Bestellung mehrerer Vormünder vorliegen, für den Mündel und, wenn Geschwister zu bevormunden sind, für alle Mündel nur einen Vormund bestellen.

Gliederung

A. Grundlagen 1
B. Anwendungsvoraussetzungen 2
I. Grundsatz: Bestellung nur eines Vormunds 2
II. Ausnahme: Bestellung mehrerer Vormünder (Mitvormünder)... 3

A. Grundlagen

Diese Vorschrift stellt im Interesse des Mündels den Grundsatz auf, dass in der Regel nur ein Vormund bestellt werden soll (sog. **Alleinvormundschaft**). Nur bei Ehepaaren ist eine gemeinschaftliche Vormundschaft möglich, ohne dass besondere Gründe hierfür vorliegen müssen. Ziel der Regelung ist es, sicherzustellen, dass das Mündel eine Bezugsperson hat, die sich um ihn kümmert und sich für ihn verantwortlich fühlt. [1]

B. Anwendungsvoraussetzungen

I. Grundsatz: Bestellung nur eines Vormunds

Grundsätzlich soll für einen einzelnen Minderjährigen nur ein Vormund bestellt werden, wie sich zusätzlich auch aus § 1786 Abs. 1 Nr. 8 BGB ergibt. Im Interesse des Familienzusammenhalts gilt dies auch für (Halb-)Geschwister. Rechtlich handelt es sich, wenn ein Vormund für mehrere Geschwister bestellt wurde, um so viele Vormundschaften, wie Mündel vorhanden sind; nur im Sinne des § 1786 Abs. 1 Nr. 8 BGB gelten sie als eine einzige Vormundschaft. [2]

II. Ausnahme: Bestellung mehrerer Vormünder (Mitvormünder)

Mit Ausnahme der Bestellung von Ehegatten zu gemeinschaftlichen Vormündern, deren gleichberechtigte Übernahme der elterlichen Sorge am ehesten die Gewähr dafür bietet, dass das Kind in ihrem Haushalt ein einem Elternhaus ähnliches Heim findet,[1] ist die Bestellung mehrerer Vormünder **nur aus besonderen Gründen** möglich. Ob solche Gründe vorliegen, entscheidet das Familiengericht nach freiem Ermessen.[2] [3]

Als **besondere Gründe** werden angesehen: **schwierige Vermögensverwaltung** (wenn z.B. das Vermögen des Mündels sowohl im Inland als auch im Ausland belegen ist), **verschiedene religiöse Bekenntnisse von Mündel und Vormund**,[3] wenn nur so eine dem Bekenntnis des Mündels entsprechende religiöse Erziehung erreicht werden kann, **dauernder Interessenwiderstreit der Geschwister**, weil diese z.B. Mitglieder einer Personengesellschaft sind usw.[4] Liegt lediglich ein kurzfristiger **Interessenwiderstreit** vor, weil etwa ein Vertrag unter den Geschwistern geschlossen werden soll, kann der Vormund nur ein Mündel vertreten; für die anderen sind Pfleger zu bestellen.[5] Eine vorübergehende Behinderung des Vormunds[6] reicht als besonderer Grund ebenso wenig aus wie seine Überwachung[7] oder die Vorbereitung seiner Entlassung.[8] [4]

Strittig wird derzeit die Frage der Bestellung eines Mitvormunds bei **unbegleitet eingereisten ausländischen Jugendlichen** von der Rechtsprechung beurteilt. Diese stellt zum Teil darauf ab, dass in Über- [5]

---

[1] OLG Frankfurt v. 21.12.2007 - 2 UF 290/07 - juris Rn. 35.
[2] *Bettin* in: Bamberger/Roth, § 1775 Rn. 2.
[3] BayObLG v. 19.01.1966 - BReg 1a Z 52/65 - FamRZ 1966, 323-326.
[4] Zu weiteren Beispielsfällen: *Götz* in: Palandt, § 1775 Rn. 2.
[5] BayObLG München v. 30.07.1976 - BReg 3 Z 129/75 - juris Rn. 21 - FamRZ 1977, 209.
[6] BayObLG München v. 30.07.1976 - BReg 3 Z 129/75 - FamRZ 1977, 209.
[7] LG Berlin v. 18.12.1969 - 83 T 524/69 - Rpfleger 1970, 91.
[8] BayObLG München v. 26.06.1970 - 3 Z 51/70 - NJW 1970, 1687.

einstimmung mit der Selbsteinschätzung der Jugendämter zumindest gegenwärtig nicht davon ausgegangen werden, dass die dort als Amtsvormünder zur Verfügung stehenden Mitarbeiter über ausreichende Spezialkenntnisse des Asyl- und Ausländerrechts verfügen.[9] Dem unbegleitet eingereisten ausländischen Jugendlichen sei daher ein Mitvormund in Person eines Rechtsanwalts für die Betreuung in asyl- und ausländerrechtlichen Angelegenheiten zu bestellen, da dieser Eignungsmangel vor dem Hintergrund der Verordnung (EU) Nr. 604/2013 des europäischen Parlaments und des Rates vom 26.06.2013 (sogenannte Dublin-III-Verordnung) bei dieser Rechtsmaterie nicht einfach dadurch ausgeräumt werden, dass sich das Jugendamt externen fachlichen Rat beschaffe.[10]

6   Haben nicht miteinander verheiratete Pflegeeltern auch schon bislang die Versorgung des Kindes gemeinschaftlich durchgeführt und damit gemeinschaftlich die Elternrolle übernommen, so kann auch dies die Bestellung mehrerer Vormünder rechtfertigen.[11]

7   **Mitvormund** kann jeder sein, der auch zum alleinigen Vormund bestellt werden könnte, also auch das Jugendamt (§ 1791c BGB) oder der Vormundschaftsverein (§ 1791a BGB). Soll ein Verein einen Mitvormund erhalten, so soll dieser allerdings nach § 1791a Abs. 4 BGB vor der familiengerichtlichen Entscheidung gehört werden. Eine Zustimmung des Vormunds ist ansonsten grds. nicht erforderlich. Allerdings kann derjenige, der mit einem anderen zur gemeinschaftlichen Vormundschaft bestellt werden soll, die Übernahme der Vormundschaft gem. § 1786 Nr. 7 BGB **ablehnen**. Ausnahmsweise besteht gem. § 1778 Abs. 4 BGB eine Zustimmungspflicht für den Vormund, der von den Eltern des Kindes i.S.v. § 1776 BGB berufen wurde. Selbst in diesem Fall ist es den Eltern nicht möglich, die Bestellung mehrerer Vormünder zu untersagen, ebenso wenig können sie anordnen, dass mehrere Mitvormünder zu bestellen sind. Es besteht lediglich die Möglichkeit, vorsorglich Mitvormünder zu benennen, hinsichtlich derer das Familiengericht im Rahmen der §§ 1776-1778 BGB gebunden ist.

8   Mitvormünder führen die Vormundschaft grds. **gemeinschaftlich** (§ 1797 Abs. 1 BGB).

---

[9] OLG Frankfurt v. 28.01.2014 - 6 UF 289/13 - juris Rn. 5 - JAmt 2014, 166-170; OLG Frankfurt v. 19.02.2014 - 6 UF 28/14 - juris Rn. 10 - FamRB 2014, 182-183; a.A.: wohl OLG Düsseldorf v. 17.04.2013 - 3 UF 106/13 - juris Rn. 2; OLG Frankfurt v. 02.12.2013 - 5 UF 310/13 - juris Rn. 10 - FamRZ 2014, 673-674.

[10] OLG Frankfurt v. 28.01.2014 - 6 UF 289/13 - juris Rn. 5 - JAmt 2014, 166-170.

[11] AG Ibbenbüren v. 13.11.2008 - 40 F 166/08 - juris Rn. 14 - FamRZ 2009, 1331-1332.

§ 1776 BGB Benennungsrecht der Eltern

(Fassung vom 02.01.2002, gültig ab 01.01.2002)

(1) Als Vormund ist berufen, wer von den Eltern des Mündels als Vormund benannt ist.

(2) Haben der Vater und die Mutter verschiedene Personen benannt, so gilt die Benennung durch den zuletzt verstorbenen Elternteil.

Gliederung

A. Grundlagen 1	II. Keine einvernehmliche Benennung (Absatz 2).... 5
B. Anwendungsvoraussetzungen 2	C. Rechtsfolgen 7
I. Umfang des Benennungsrechts 2	D. Prozessuale Hinweise/Verfahrenshinweise 9

A. Grundlagen

§ 1776 BGB gestattet es den Eltern, für den Fall ihres Todes die Person des Vormunds zu bestimmen. Das **elterliche Benennungsrecht** ist Ausfluss der elterlichen Sorge. Es umfasst auch die Benennung eines Mit- und Gegenvormundes (§§ 1775, 1792 Abs. 4 BGB), nicht dagegen die Betreuung. Hinsichtlich der Pflegschaft sind die §§ 1915-1917 BGB zu beachten. Die Vorschrift ist ferner nicht anwendbar, soweit kraft Gesetzes Vormundschaft eintritt (§ 1791c BGB). **1**

B. Anwendungsvoraussetzungen

I. Umfang des Benennungsrechts

Die Eltern können – in der Form einer letztwilligen Verfügung (§ 1777 Abs. 3 BGB) – einen Vormund benennen, wenn ihnen die Personen- und Vermögenssorge zusteht. Zu Einzelheiten bzgl. der Benennungsrechtsberechtigung: vgl. die Kommentierung zu § 1777 BGB. Die ausdrückliche Bezeichnung als Vormund ist dabei nicht erforderlich. Bei der Auswahl der Person sind die Eltern grds. frei. Gem. § 1791b Abs. 1 Satz 2 BGB ist es ihnen allerdings nicht möglich, das **Jugendamt** zu benennen. Hingegen kann ein vom Landesjugendamt für geeignet erklärter **Verein** nach § 1791a Abs. 1 Satz 2 BGB von den Eltern benannt werden. **2**

Das Benennungsrecht ist einigen Beschränkungen unterworfen. So kann es **nicht** auf einen **Dritten übertragen** werden.[1] Auch ein **Verzicht** auf das Recht ist nicht möglich.[2] Bedingungen und Zeitbestimmungen sind hingegen zulässig, sonstige Regelungen dagegen nur nach Maßgabe der §§ 1797 Abs. 3, 1803 Abs. 1, 1852-1857a BGB.[3] Die Benennung kann zudem widerrufen werden. **3**

Musterklauseln: Eine beispielhafte Formulierung für die Benennung beider Eltern findet sich in der Kommentierung zu § 1777 BGB. **4**

II. Keine einvernehmliche Benennung (Absatz 2)

Im Falle der Benennung verschiedener Personen entscheidet die Benennung des Letztverstorbenen. Dies gilt selbst dann, wenn die Benennung des Letztverstorbenen vor derjenigen des erstverstorbenen Elternteils erfolgt ist, da der Letztverstorbene der Vormundschaft zeitlich näher steht und bis zu seinem Tode die Benennung noch ändern konnte oder kann.[4] Eine ähnliche Regelung gilt nach § 1856 Satz 2 BGB auch für widersprüchliche Befreiungen des Vormunds durch beide Elternteile. Sterben die Eltern **gleichzeitig**, so ist für § 1776 Abs. 2 BGB kein Raum. Vielmehr trifft das Familiengericht die Entscheidung dann nach § 1779 BGB. Gleichzeitiges Versterben ist auch dann zu bejahen, wenn zwischen dem Tod der beiden Elternteile zwar wenige Tage vergehen, dieser aber auf demselben Ereignis beruht und auch der zuletzt verstorbene Elternteil bis zum Tod einer Willensbildung oder -äußerung nicht mehr fähig war.[5] **5**

---

[1] *Wagenitz* in: MünchKomm-BGB, § 1776 Rn. 9.
[2] *Veit* in: Staudinger, § 1777 Rn. 25.
[3] *Veit* in: Staudinger, § 1776 Rn. 10; vgl. zu weiteren Einzelheiten die Kommentierung zu § 1778 BGB.
[4] *Wagenitz* in: MünchKomm-BGB, § 1776 Rn. 6.
[5] BayObLG München v. 12.03.1981 - BReg 1 Z 3/81 - BayObLGZ 1981, 79-88.

§ 1776

6 § 1777 Abs. 2 BGB regelt ausdrücklich nur den Fall, dass der Vater vor der Geburt stirbt. Stirbt hingegen die Mutter, bevor die Geburt des Kindes vollendet ist, ist § 1777 Abs. 2 BGB entsprechend anzuwenden.[6]

C. Rechtsfolgen

7 Der von den Eltern Benannte wird **nicht kraft Gesetzes** Vormund. Die Vormundschaft muss vielmehr angeordnet werden (§ 1774 BGB) und der Berufene zum Vormund bestellt werden (§ 1789 BGB). Allerdings hat der Benannte ein **subjektiv-öffentliches Recht auf Bestellung**.[7] Er darf daher vom Familiengericht nur unter den Voraussetzungen des § 1778 BGB bzw. der §§ 1780, 1781, 1784 BGB übergangen werden. Die entgegen § 1776 BGB vorgenommene Bestellung einer anderen Person zum Vormund ist allerdings wirksam. Dem Übergangenen steht in diesem Fall nur die Beschwerde nach den §§ 58, 59 Abs. 1 FamFG zu.

8 Auf der anderen Seite ergibt sich aus der Benennung allein noch keine Pflicht zur Übernahme der Vormundschaft. Der Benannte kann vielmehr auf sein Recht auf Bestellung **verzichten**.[8] Dies ergibt sich mittelbar aus § 1778 Abs. 1 und 2 BGB.[9] Erst ab Auswahl durch das Familiengericht (§ 1779 BGB) ist der Benannte zur Übernahme der Vormundschaft nach § 1785 BGB verpflichtet.

D. Prozessuale Hinweise/Verfahrenshinweise

9 Wird ein Benannter übergangen, ohne dass einer der in § 1778 BGB aufgezählten Gründe vorliegt, kann dieser gegen die Bestellung eines anderen **Beschwerde** nach den §§ 58, 59 Abs. 1 FamFG einlegen.[10]

---

[6] *Bauer* in: PWW, § 1778 Rn. 2.
[7] *Veit* in: Staudinger, § 1776 Rn. 15; *Wagenitz* in: MünchKomm-BGB, § 1776 Rn. 1.
[8] *Kemper* in: HKBGB, § 1778 Rn. 5.
[9] *Veit* in: Staudinger, § 1776 Rn. 16.
[10] OLG Thüringen v. 15.01.2004 - 1 UF 134/03 - FamRZ 2004, 1389-1390.

§ 1777 BGB Voraussetzungen des Benennungsrechts

(Fassung vom 02.01.2002, gültig ab 01.01.2002)

(1) Die Eltern können einen Vormund nur benennen, wenn ihnen zur Zeit ihres Todes die Sorge für die Person und das Vermögen des Kindes zusteht.

(2) Der Vater kann für ein Kind, das erst nach seinem Tode geboren wird, einen Vormund benennen, wenn er dazu berechtigt sein würde, falls das Kind vor seinem Tode geboren wäre.

(3) Der Vormund wird durch letztwillige Verfügung benannt.

Gliederung

A. Grundlagen 1	4. Benennungsrecht bei lediger Mutter 8
B. Anwendungsvoraussetzungen 2	II. Form der Benennung (Absatz 3) 9
I. Benennungsberechtigung (Absätze 1 und 2) 2	1. Musterklauseln 10
1. Benennungsrecht bei bestehender Ehe 3	2. Praktische Hinweise 11
2. Benennungsrecht bei Scheidung 6	C. Rechtsfolgen 12
3. Benennungsrecht bei Tod des Vaters 7	

A. Grundlagen

§ 1777 BGB bestimmt in seinen ersten zwei Absätzen, welche Elternteile Inhaber des Benennungsrechts nach § 1776 BGB sind. § 1777 Abs. 3 BGB regelt die einzuhaltende Form für die Benennung einer Person zum Vormund. **1**

B. Anwendungsvoraussetzungen

I. Benennungsberechtigung (Absätze 1 und 2)

Zu einer Benennung nach § 1776 BGB sind nur diejenigen **Eltern** berechtigt, denen im Zeitpunkt ihres Todes die **Personen- und Vermögenssorge** zustand. Dies macht deutlich, dass das Benennungsrecht **auf die Fälle beschränkt** wird, in denen **die elterliche Sorge durch den Tod endet** und gerade nicht in den Situationen gewährt werden soll, in denen die elterliche Sorge anderweitig verloren geht.[1] Zur genaueren Konkretisierung, wem das Benennungsrecht zusteht, müssen folgende Konstellationen unterschieden werden: **2**

1. Benennungsrecht bei bestehender Ehe

Bei einer **bestehenden Ehe** ist die Benennung wirksam, wenn den Eltern oder den diesen rechtlich Gleichgestellten[2] im Zeitpunkt des Todes die Personen- und Vermögenssorge zustand. Unerheblich ist damit, ob diese Voraussetzung auch im Zeitpunkt der Benennung oder in der Zeit zwischen Benennung und Tod vorhanden war. **3**

Auch bei bestehender Ehe sind jedoch einige **Ausnahmen** zu beachten, bei deren Vorliegen das Benennungsrecht für einen Elternteil oder sogar für beide Elternteile ausgeschlossen ist. Zum einen hat der Elternteil kein Benennungsrecht, dem entweder die Vermögens- oder die Personensorge – und damit gemäß § 1629 Abs. 1 Satz 1 BGB auch die gesetzliche Vertretung – wegen Kindeswohlgefährdung (§§ 1666, 1667 BGB) bzw. im Rahmen von Sorgerechtsregelungen bei Getrenntleben der gemeinsam sorgeberechtigten Eltern entzogen wurde.[3] Gleiches gilt, wenn die elterliche Sorge zur Zeit des Todes ruht (§§ 1673, 1674 BGB), wenn also dem betroffenen Elternteil die elterliche Sorge zwar zusteht, dieser aber nicht berechtigt ist, sie auszuüben (§ 1675 BGB).[4] Darüber hinaus hat auch der Elternteil kein Benennungsrecht, dem die tatsächliche Personensorge nicht zustand. **4**

Eine **Gegenausnahme** besteht nur für das verheiratete minderjährige Kind: Zwar ist das Personensorgerecht seiner Eltern auf die gesetzliche Vertretung beschränkt (§ 1633 BGB), aber aus § 1778 Abs. 3 **5**

---

[1] Brandenburgisches OLG v. 19.03.2012 - 9 UF 232/11 - juris Rn. 18 - ZKJ 2012, 312-314.
[2] Wie z.B. Adoptiveltern oder Einzeladoptierende.
[3] *Veit* in: Staudinger, § 1777 Rn. 7.
[4] BayObLG München v. 04.05.1992 - BReg 1 Z 6/90 - juris Rn. 18 - DAVorm 1992, 1137-1141.

BGB ergibt sich nach h.M. für sie dennoch ein Benennungsrecht.[5] Ist die **Personen- oder Vermögenssorge nur in bestimmten einzelnen Beziehungen beschränkt** (wie etwa in den Fällen der §§ 1629 Abs. 2, 1630 Abs. 1, 1638, 1666 BGB), so beeinträchtigt dies das Benennungsrecht der Eltern ebenfalls nicht.[6]

2. Benennungsrecht bei Scheidung

6   Ist die Ehe **geschieden**, aufgehoben oder für nichtig erklärt oder leben die Eltern getrennt, ist zu unterscheiden, ob beide Elternteile gemeinsam die elterliche Sorge behalten oder nicht. Nur in ersterem Fall steht beiden trotz Scheidung oder Getrenntleben weiterhin das Benennungsrecht zu. Wurde dagegen die elterliche Sorge auf einen Elternteil übertragen, so steht nur diesem das Benennungsrecht zu. Stirbt dieser Elternteil zuerst, kommt es darauf an, ob das Familiengericht dem überlebenden Elternteil gemäß § 1680 Abs. 2 BGB die Sorge überträgt oder nicht. Geschieht dies, so wird die Benennung des Erstverstorbenen wirkungslos, ansonsten kommt die Benennung zum Tragen. Wurde die elterliche Sorge in der Weise auf beide Elternteile verteilt, dass dem einen die Personensorge, dem anderen hingegen die Vermögensvorsorge oder Teile von ihr übertragen wird (§ 1671 Abs. 1 BGB), kann keiner von ihnen einen Vormund benennen, da keinem die vollumfängliche Personen- und Vermögenssorge zusteht. Stirbt ein Elternteil, so kommt es darauf an, ob das Familiengericht dem überlebenden Elternteil nach § 1680 BGB das volle Sorgerecht überträgt; nur dann kann eine wirksame Benennung erfolgen.

3. Benennungsrecht bei Tod des Vaters

7   Ist der **Vater vor der Geburt des Kindes gestorben** (§ 1777 Abs. 2 BGB), so hängt die Wirksamkeit einer Benennung durch ihn davon ab, ob er das Sorgerecht gehabt hätte, wenn das Kind vor seinem Tod geboren wäre. Die Mutter ist in § 1777 Abs. 2 BGB nicht genannt, weil das Gesetz davon ausgeht, dass sie in der Regel noch lebt, wenn das Kind geboren wird. Ist die Mutter jedoch unmittelbar vor oder bei der Geburt gestorben (etwa durch Kaiserschnitt), kann die Vorschrift entsprechend angewandt werden.[7]

4. Benennungsrecht bei lediger Mutter

8   Sind die Eltern **nicht miteinander verheiratet**, können sie im Falle des § 1626a Abs. 1 Nr. 1 BGB wirksam einen Vormund benennen. Liegen hingegen keine Sorgeerklärungen vor, hat nach § 1626a Abs. 2 BGB die Mutter die elterliche Sorge und damit auch das alleinige Recht zur Benennung eines Vormunds.

II. Form der Benennung (Absatz 3)

9   Die Benennung erfolgt in der Form der **letztwilligen Verfügung**, also durch (gemeinschaftliches) Testament oder durch Erbvertrag (§§ 1937, 2299 Abs. 1 BGB). Dies ist auch nachträglich möglich, sofern das Formerfordernis der letztwilligen Verfügung gewahrt bleibt. Aus dem Formerfordernis ergibt sich auch, dass die Benennung stets widerruflich ist (§§ 2253, 2270 Abs. 3, 2299 Abs. 2 BGB).

1. Musterklauseln

10   **Gemeinschaftliches Testament**

Ich, _____ (Ehefrau), benenne als Vormund unseres minderjährigen Sohnes _____, geb. am _____ in _____, meine Schwester, Frau _____, geb. am _____ in _____, wohnhaft in _____.

Ich, _____ (Ehemann), benenne als Vormund unseres oben genannten Kindes die Schwester meiner Ehefrau, Frau _____, geb. am _____ in _____, wohnhaft in _____.

Ort, Datum und Unterschriften beider Ehegatten

---

[5] *Veit* in: Staudinger, § 1777 Rn. 9; *Zimmermann* in: Soergel, § 1777 Rn. 5.
[6] *Götz* in: Palandt, § 1777 Rn. 1.
[7] *Wagenitz* in: MünchKomm-BGB, § 1777 Rn. 8.

2. Praktische Hinweise

Umstritten ist, ob der Benannte als **Urkundsbeamter** bei Errichtung der letztwilligen Verfügung mitwirken darf (§§ 7, 27 BeurkG).[8] Dies ist vor dem Hintergrund zu sehen, dass ein Vormund bei vorhandenem Vermögen des Mündels praktisch immer eine Vergütung erhält. Um Streitigkeiten zu vermeiden, sollte daher stets eine andere Person zur Beurkundung ausgewählt werden.

C. Rechtsfolgen

Die Benennung hat nicht zur Folge, dass der Berufene kraft Gesetzes Vormund wird. Es ist vielmehr eine Anordnung und Bestellung seitens des Familiengerichts erforderlich, vgl. weitere Einzelheiten zu dem hier behandelten Thema in der Kommentierung zu § 1776 BGB sowie in der Kommentierung zu § 1789 BGB.

Die Benennung ist stets widerruflich (§§ 2253, 2270 Abs. 3, 2299 Abs. 2 BGB).

---

[8] *Zimmermann* in: Soergel, § 1777 Rn. 10.

§ 1778 BGB Übergehen des benannten Vormunds

(Fassung vom 17.12.2008, gültig ab 01.09.2009)

(1) Wer nach § 1776 als Vormund berufen ist, darf ohne seine Zustimmung nur übergangen werden,

1. wenn er nach den §§ 1780 bis 1784 nicht zum Vormund bestellt werden kann oder soll,
2. wenn er an der Übernahme der Vormundschaft verhindert ist,
3. wenn er die Übernahme verzögert,
4. wenn seine Bestellung das Wohl des Mündels gefährden würde,
5. wenn der Mündel, der das 14. Lebensjahr vollendet hat, der Bestellung widerspricht, es sei denn, der Mündel ist geschäftsunfähig.

(2) Ist der Berufene nur vorübergehend verhindert, so hat ihn das Familiengericht nach dem Wegfall des Hindernisses auf seinen Antrag anstelle des bisherigen Vormunds zum Vormund zu bestellen.

(3) Für einen minderjährigen Ehegatten darf der andere Ehegatte vor den nach § 1776 Berufenen zum Vormund bestellt werden.

(4) Neben dem Berufenen darf nur mit dessen Zustimmung ein Mitvormund bestellt werden.

Gliederung

A. Grundlagen 1	5. Gefährdung des Wohl des Mündels (Absatz 1 Nr. 4) 10
B. Anwendungsvoraussetzungen 2	6. Widerspruch des Mündels (Absatz 1 Nr. 5) 11
I. Übergehungsgründe 2	7. Vorrang der Berufung des Ehegatten (Absatz 3) 12
1. Übergehung mit Zustimmung des Benannten...... 3	
2. Untauglichkeit oder Unfähigkeit zur Vormundschaft (Absatz 1 Nr. 1) 6	II. Bestellung eines Mitvormunds (Absatz 4) 13
3. Dauernde Verhinderung an der Übernahme der Vormundschaft (Absatz 1 Nr. 2) 7	C. Rechtsfolgen 14
4. Verzögerung der Übernahme der Vormundschaft durch den Benannten (Absatz 1 Nr. 3) 9	D. Prozessuale Hinweise/Verfahrenshinweise.... 17

A. Grundlagen

1 Die §§ 1776, 1777 BGB als Ausfluss des elterlichen Sorgerechts ermöglichen es den Eltern, eine bestimmte Person zum Vormund zu benennen. Benannt werden können dabei auch ungeeignete Personen. Im Interesse des Mündels sind diese jedoch bei der Bestellung zu übergehen. Wann dies der Fall ist, regelt § 1778 Abs. 1-3 BGB. § 1778 Abs. 2 BGB bezieht sich auf den Ablehnungsgrund des § 1778 Abs. 1 Nr. 2 BGB. Darüber hinaus privilegiert § 1778 Abs. 4 BGB den Benannten im Falle einer anvisierten Mitvormundschaft.

B. Anwendungsvoraussetzungen

I. Übergehungsgründe

2 Die wichtigste Folge der Benennung durch die Eltern ist, dass der Benannte bei der Auswahl des Vormunds nur **unter den in § 1778 Abs. 1 BGB und § 1778 Abs. 3 BGB genannten Voraussetzungen übergangen werden kann**. Der entgegengesetzte Fall, also der Zwang, eine Vormundschaft zu übernehmen, ist in § 1785 BGB geregelt (vgl. für weitere Einzelheiten die Kommentierung zu § 1785 BGB); hierbei kommt es nicht mehr darauf an, ob jemand von den Eltern benannt wurde oder nicht.

1. Übergehung mit Zustimmung des Benannten

Aus dem Wortlaut des § 1778 Abs. 1 BGB ergibt sich im Umkehrschluss, dass eine **Übergehung mit Zustimmung des Benannten ohne Vorliegen besonderer Gründe möglich ist**. Dies ist auch sinnvoll, da die Bestellung einer Vormundschaft gegen den Willen des Benannten nicht im Interesse des Mündels sein kann. Die Zustimmung kann ausdrücklich oder konkludent erfolgen. Zu empfehlen ist indes die ausdrückliche Erklärung **gegenüber dem Familiengericht**, auch wenn dies nach h.M. nicht zwingend erforderlich ist.[1]

Ob eine Zustimmung **widerrufen** werden kann, ist ebenso strittig wie die Frage, ob die Zustimmung zur Übergehung auch dann noch Geltung hat, wenn der zunächst zum Vormund Bestellte wegfällt.[2]

Die Zustimmung kann auch **nachträglich**, d.h. nach unzulässiger Übergehung, erteilt werden und wirkt dann nach h.M. entsprechend § 184 Abs. 1 BGB zurück.[3]

2. Untauglichkeit oder Unfähigkeit zur Vormundschaft (Absatz 1 Nr. 1)

Ohne Zustimmung übergangen werden kann ein Benannter, wenn entweder ein Untauglichkeitsgrund (§ 1780 BGB) oder ein Unfähigkeitsgrund (§§ 1781-1784 BGB) in seiner Person gegeben ist. § 1782 BGB hat in diesem Zusammenhang keine praktische Bedeutung, da seine Voraussetzungen denen des § 1776 Abs. 1 BGB widersprechen. Wird der Benannte wegen Untauglichkeit oder Unfähigkeit übergangen und entfallen später die Gründe für die Übergehung, so ist der inzwischen Bestellte nicht zu entlassen, da § 1778 Abs. 2 BGB auf § 1778 Abs. 1 Nr. 1 BGB keine Anwendung findet. Erst wenn ein neuer Vormund zu bestellen ist, kommt der Benannte wieder zum Zuge.[4]

3. Dauernde Verhinderung an der Übernahme der Vormundschaft (Absatz 1 Nr. 2)

Übergangen werden kann der Benannte auch, wenn er dauerhaft an der Übernahme der Vormundschaft verhindert ist. Eine **tatsächliche dauerhafte** Verhinderung liegt beispielsweise bei Krankheit, hohem Alter oder Abwesenheit im Ausland vor.[5] Bei nur **vorübergehender Verhinderung** (z.B. bis zur Erreichung eines bestimmten Alters oder bis zum Abschluss der von den Eltern geforderten Ausbildung) wird zwar zunächst ein anderer Vormund bestellt. Bei Wegfall der Verhinderung muss dieser aber auf Antrag des Benannten entlassen und der Benannte zum Vormund ernannt werden (§ 1778 Abs. 2 BGB). War der Berufene aus **Rechtsgründen** (z.B. aus den Gründen der §§ 1780, 1781, 1784 BGB) verhindert, greift § 1778 Abs. 2 BGB allerdings nicht. In diesem Fall kann der Benannte erst nach Wegfall des an seiner Stelle zum Vormund Bestellten wieder berücksichtigt werden.

§ 1778 Abs. 1 Nr. 2 BGB findet entsprechend Anwendung, wenn die Eltern eine Person unter einer **Bedingung** oder einer **Befristung** zum Vormund benennen oder wenn die Ausschließung i.S.v. § 1782 BGB bedingt oder befristet erfolgt.[6] Anders als die bedingte oder befristete Bestellung des Vormunds (§ 1789 BGB), die außerhalb von § 1790 BGB nicht zulässig ist, kann die Benennung nämlich bedingt oder befristet erfolgen. Ist die **aufschiebende Bedingung** noch nicht eingetreten, so gilt der Berufene als verhindert. Tritt die Bedingung jedoch später ein, so ist der bestellte Vormund gem. § 1788 Abs. 2 BGB zu entlassen. Dem Familiengericht ist in einem solchen Fall zu raten, die Entlassung gem. § 1790 BGB vorzubehalten. Doch selbst wenn dies nicht geschehen ist, muss grds. eine Entlassung erfolgen. Etwas anderes gilt nur, wenn der Wechsel des Vormunds das Wohl des Mündels gefährden würde. In diesem Fall kann das Familiengericht den Berufenen nach § 1778 Abs. 1 Nr. 4 BGB übergehen und den Vormund in seinem Amt belassen. Auch bei **Eintritt einer auflösenden Bedingung** endet die Vormundschaft nicht von selbst. Vielmehr ist auch hier der Vormund zu entlassen, selbst wenn die Entlassung nicht nach § 1790 BGB vorbehalten wurde. Allerdings hat das Familiengericht auch in einem solchen Fall von Amts wegen zu prüfen, ob nicht der Wechsel das Wohl des Mündels gefährden würde.

---

[1] *Veit* in: Staudinger, § 1778 Rn. 4.
[2] Dies verneinend: *Zimmermann* in: Soergel, § 1778 Rn. 2.
[3] *Veit* in: Staudinger, § 1778 Rn. 5.
[4] *Bettin* in: Bamberger/Roth, § 1778 Rn. 4.
[5] *Veit* in: Staudinger, § 1778 Rn. 15.
[6] Str.; *Zimmermann* in: Soergel, § 1778 Rn. 3; a.A. wohl: *Bettin* in: Bamberger/Roth, § 1778 Rn. 11.

4. Verzögerung der Übernahme der Vormundschaft durch den Benannten (Absatz 1 Nr. 3)

9 Verzögert der Benannte die Übernahme, so kann er übergangen werden, selbst wenn er die Verzögerung nicht verschuldet hat.[7] Allerdings ist dem Benannten eine angemessene Überlegungsfrist zuzubilligen.[8] Bei einer verschuldeten Verzögerung können, sofern der Benannte vom Familiengericht nach § 1779 BGB ausgewählt wurde und daher eine Übernahmepflicht für ihn besteht, Schadensersatzansprüche nach § 1787 BGB in Betracht kommen.

5. Gefährdung des Wohl des Mündels (Absatz 1 Nr. 4)

10 Eine Übergehung ist ferner ist zulässig, wenn die Bestellung des Benannten das Wohl des Mündels gefährden würde. Hierfür muss die **objektive Möglichkeit einer Schädigung** gegeben sein, d.h. es muss die konkrete Besorgnis begründet sein, durch die Bestellung könnten die persönlichen Interessen oder Vermögensinteressen des Kindes erheblich beeinträchtigt werden. Auf ein Verschulden des Benannten kommt es dabei nicht an.[9] Die Frage, ob eine solche Gefährdung vorliegt, ist also stets eine Frage des Einzelfalles. Dabei kommt dem Gericht bei seiner Beurteilung kein Ermessen zu. Es hat vielmehr die Voraussetzungen eines unbestimmten Rechtsbegriffs festzustellen, die mit Rechtsmitteln überprüfbar sind. Eine solche Gefährdung wurde von den Familiengerichten beispielsweise bei einem Interessenkonflikt zwischen dem Benannten und dem Mündel (der Benannte will das Mündel selbst adoptieren)[10], bei tief greifender Entfremdung oder bei Unfähigkeit zur Führung einer schwierigen Vermögensverwaltung oder Nichtbeachtung der Vermögensinteressen des Mündels in der Vergangenheit[11] angenommen.

6. Widerspruch des Mündels (Absatz 1 Nr. 5)

11 Darüber hinaus kann der Benannte übergangen werden, wenn der nicht geschäftsunfähige Mündel, der das 14. Lebensjahr vollendet hat, der Bestellung widerspricht. Eine Übergehung ist aber nicht zwingend. Auf der anderen Seite ist auch der Widerspruch eines Mündels unter 14 Jahren nicht zwingend unbeachtlich. Nach Maßgabe des § 159 Abs. 2 FamFG ist der Minderjährige auch vor Vollendung des 14. Lebensjahres vor der Entscheidung anzuhören. Bei Nichtbeachtung des Widerspruchs steht dem Minderjährigen allerdings das Rechtsmittel der Beschwerde nach §§ 58, 60 FamFG zu.

7. Vorrang der Berufung des Ehegatten (Absatz 3)

12 Für einen verheirateten Minderjährigen kann gem. § 1778 Abs. 3 BGB dessen Ehegatte einer von den Eltern benannten Person als Vormund vorgezogen werden. Wird der Ehegatte aber übergangen, so steht ihm die Beschwerde nach § 59 Abs. 1 FamFG offen.[12]

II. Bestellung eines Mitvormunds (Absatz 4)

13 Eine Mitvormundschaft ist, wenn nicht die Eltern mehrere Vormünder benannt haben und so das Recht des Berufenen von Anfang an beschränkt ist, nur mit der Zustimmung des Benannten zulässig. Entsprechend hat der insoweit privilegierte Benannte, wenn neben ihm noch ein anderer Vormund bestellt werden soll, ein Recht zur Ablehnung der Vormundschaft (§ 1786 Abs. 1 Nr. 7 BGB) bzw. auf Entlassung (§ 1889 Abs. 1 BGB). Der Benannte hat mithin zwar keine Möglichkeit, über die Persönlichkeit des Mitvormunds mitzubestimmen; aufgrund von § 1778 Abs. 4 BGB kann er aber mittelbar Einfluss auf die Auswahl des Mitvormunds nehmen. Unter bestimmten Umständen, z.B. bei einem umfangreichen Mündelvermögen, kann die unbegründete Verweigerung der Zustimmung dem Familiengericht Anlass geben, Maßnahmen zur Vermeidung der Gefährdung des Mündelinteresses zu treffen (beispielsweise nun eine Übergehung nach § 1778 Abs. 1 Nr. 4 BGB). § 1778 Abs. 4 BGB gilt nicht für den Gegenvormund.

---

[7] *Bettin* in: Bamberger/Roth, § 1778 Rn. 12.
[8] *Bettin* in: Bamberger/Roth, § 1778 Rn. 12.
[9] BayObLG München v. 28.02.1997 - 1Z BR 253/96 - juris Rn. 13 - BayObLGZ 1997, 94-98.
[10] BayObLG München v. 04.05.1992 - BReg 1 Z 6/90 - juris Rn. 19 - DAVorm 1992, 1137-1141.
[11] BayObLG München v. 28.02.1997 - 1Z BR 253/96 - juris Rn. 14 - BayObLGZ 1997, 94-98.
[12] *Unger* in: Schulte-Bunert/Weinreich, FamFG, § 59 Rn. 7.

C. Rechtsfolgen

Muss der zum Vormund Benannte übergangen werden, so hat das Familiengericht eine weitere geeignete Person auszuwählen (§ 1779 BGB), und wenn dies nicht möglich ist, die Vereins- oder Amtsvormundschaft anzuordnen (§§ 1791a, 1791b BGB). 14

Die Übergehung erfolgt **ausdrücklich**, z.B. durch Ablehnung eines Antrags des Benannten auf Bestellung, oder **konkludent**, indem das Familiengericht einen anderen zum Vormund bestellt. Das Familiengericht muss diese Entscheidung nicht einmal bewusst getroffen haben. Eine Übergehung liegt mithin auch dann vor, wenn das Familiengericht gar keine Kenntnis von der Benennung hatte.[13] 15

Hat das Familiengericht einen anderen als den von den Eltern Benannten zum Vormund bestellt, obwohl keiner der in § 1778 BGB genannten Gründe vorlag, so ist die **Bestellung gleichwohl wirksam**. Dem Übergangenen stehen in diesem Fall nur die unten genannten Rechtsmittel zur Verfügung. 16

D. Prozessuale Hinweise/Verfahrenshinweise

Gegen die Übergehung kann der Benannte binnen einer **Frist von einem Monat** nach Kenntniserlangung **Beschwerde** (§§ 58, 59 Abs. 1, 63 Abs. 1 FamFG) erheben. 17

Bei **stillschweigender Übergehung** richtet sich die Beschwerde gegen die Bestellung des anderen zum Vormund mit dem Ziel, dass dieser entlassen wird. Wird der Benannte hingegen **ausdrücklich** übergangen, so muss sich seine Beschwerde gegen den Zurückweisungsbeschluss, nicht gegen die Ernennung des anderen richten.[14] 18

Bezüglich der **Beschwerdeberechtigung** ist allerdings die **bloße Verwandtenstellung nicht ausreichend**, um eine Beschwerdeberechtigung gem. § 59 Abs. 1 FamFG zu begründen. So ergibt sich etwa aus dem berechtigten Interesse der Großeltern an einer Entscheidung für sich allein genommen kein subjektives Recht, aus dem sich die Beschwerdeberechtigung ergeben könnte.[15] 19

Die **Beschwerdefrist** beginnt gem. § 63 Abs. 3 Satz 1 FamFG für jeden Beteiligten gesondert mit dem Zeitpunkt, in dem diesem der Beschluss jeweils schriftlich bekannt gegeben worden ist, spätestens jedoch mit Ablauf von 5 Monaten nach Erlass des Beschlusses, wenn die schriftliche Bekanntgabe an einen Beteiligten nicht bewirkt werden kann (§ 63 Abs. 3 Satz 2 FamFG). 20

Bei **begründetem Rechtmittel** ist der andere Vormund zu entlassen, auch wenn kein Entlassungsgrund der §§ 1886-1889 BGB gegeben ist. Der zu Unrecht Übergangene ist dann zum Vormund zu bestellen. Dies gilt auch dann, wenn z.B. wegen Wegfall des anderen Vormunds ein neuer bestellt werden muss. 21

---

[13] *Diederichsen* in: Palandt, § 1778 Rn. 1.
[14] *Zimmermann* in: Soergel, § 1778 Rn. 10.
[15] BGH v. 26.06.2013 - XII ZB 31/13 - juris Rn. 12 - FamRZ 2013, 1380-1383.

§ 1779 BGB Auswahl durch das Familiengericht

(Fassung vom 17.12.2008, gültig ab 01.09.2009)

(1) Ist die Vormundschaft nicht einem nach § 1776 Berufenen zu übertragen, so hat das Familiengericht nach Anhörung des Jugendamts den Vormund auszuwählen.

(2) ¹Das Familiengericht soll eine Person auswählen, die nach ihren persönlichen Verhältnissen und ihrer Vermögenslage sowie nach den sonstigen Umständen zur Führung der Vormundschaft geeignet ist. ²Bei der Auswahl unter mehreren geeigneten Personen sind der mutmaßliche Wille der Eltern, die persönlichen Bindungen des Mündels, die Verwandtschaft oder Schwägerschaft mit dem Mündel sowie das religiöse Bekenntnis des Mündels zu berücksichtigen.

(3) ¹Das Familiengericht soll bei der Auswahl des Vormunds Verwandte oder Verschwägerte des Mündels hören, wenn dies ohne erhebliche Verzögerung und ohne unverhältnismäßige Kosten geschehen kann. ²Die Verwandten und Verschwägerten können von dem Mündel Ersatz ihrer Auslagen verlangen; der Betrag der Auslagen wird von dem Familiengericht festgesetzt.

Gliederung

A. Grundlagen 1	III. Anhörungspflichten (Absatz 1, Absatz 3) 17
B. Anwendungsvoraussetzungen 2	1. Anzuhörender Personenkreis 17
I. Normstruktur 2	2. Verstoß gegen die Anhörungspflichten 19
II. Auswahlkriterien (Absatz 2) 3	IV. Auslagenersatz (Absatz 3 Satz 2) 20
1. Eignung zum Vormund 4	C. Rechtsfolgen 22
2. Auswahl unter mehreren geeigneten Personen 10	D. Prozessuale Hinweise/Verfahrenshinweise 23

A. Grundlagen

1 Die Vorschrift bestimmt das **Verfahren** und die **Kriterien** für die **Auswahl eines Vormunds**, wenn entweder kein Vormund von den Eltern wirksam benannt wurde oder der Benannte zu übergehen ist.

B. Anwendungsvoraussetzungen

I. Normstruktur

2 § 1779 Abs. 1 BGB legt fest, dass die Auswahl des Vormundes dem Familiengericht obliegt, wenn von den Eltern niemand gem. den §§ 1776, 1777 BGB wirksam benannt wurde oder der von diesen Benannte nach § 1778 BGB zu übergehen ist. Lediglich im Falle des § 1697 BGB kommt diese Aufgabe dem Familiengericht zu. § 1779 Abs. 1, Abs. 3 BGB enthalten darüber hinaus Vorschriften über die vor der Auswahl Anzuhörenden. § 1779 Abs. 3 Satz 2 BGB betrifft den Auslagenersatz von Verwandten oder Verschwägerten. § 1779 Abs. 2 BGB enthält die Auswahlkriterien, die das Familiengericht seiner Entscheidung zugrunde legen muss.

II. Auswahlkriterien (Absatz 2)

3 Die Auswahl des Vormunds erfolgt in **zwei Stufen**: Zunächst ist zu ermitteln, welche Personen als für dieses Amt geeignet anzusehen sind. Unter diesen Personen ist in einem nächsten Schritt sodann ein Vormund nach freiem Ermessen auszuwählen, wobei die Kriterien des § 1779 Abs. 2 Satz 2 BGB zu beachten sind.

1. Eignung zum Vormund

4 Kriterium für die Auswahl des Vormunds ist nach § 1779 Abs. 2 Satz 1 BGB seine **Eignung** für die Führung der Vormundschaft. Unter Eignung ist die Fähigkeit zu verstehen, das Amt im Mündelinteresse zu führen.[1] Ob jemand als Vormund geeignet ist, bestimmt sich nach seinen gesamten persönli-

---

[1] BayObLG München v. 16.02.1965 - BReg 1b Z 340/64 - FamRZ 1965, 283-284.

chen Verhältnissen einschließlich seiner Vermögenslage (§ 1779 Abs. 2 Satz 1 BGB). Entscheidend sind also Charakter, Kenntnisse und Erfahrungen sowie die persönlichen und wirtschaftlichen Verhältnisse (Gesundheit, berufliche oder familiäre Belastungen).[2]

Zu berücksichtigen sind dabei beispielsweise auch:
- Belastungen mit anderen Vormundschaften, auch wenn die Schwelle des § 1786 BGB nicht erreicht ist,
- die fehlende Bereitschaft zur Übernahme der Vormundschaft,
- eine Vorbestrafung wegen Kindesmisshandlung oder
- wirtschaftliche Interessenkonflikte
- sowie das Verhältnis zwischen dem Kandidaten und dem Mündel.[3]
- Wirtschaftliche Unzuverlässigkeit bzw. Fehlgriffe bei früheren Vermögensverwaltungen können ebenfalls die Ungeeignetheit eines Kandidaten begründen.

Neben der persönlichen Eignung hat das Familiengericht damit auch die Eignung des Kandidaten im Hinblick auf seine **Vermögenslage** festzustellen, da sich aus der wirtschaftlichen Unzuverlässigkeit einer Person deren Ungeeignetheit als Vormund ergeben kann. Im Hinblick darauf wird von der Rechtsprechung auch teilweise die Pflicht des Familiengerichts angenommen, die Vermögensverhältnisse des Vormundes durch Einsichtnahme in die Schuldnerkartei zu überprüfen.[4] Geschieht dies nicht, so stellt dies eine Amtspflichtverletzung dar.[5]

Strittig wird derzeit die Frage der Bestellung eines Mitvormunds bei **unbegleitet eingereisten ausländischen Jugendlichen** von der Rechtsprechung beurteilt. Diese stellt zum Teil darauf ab, dass in Übereinstimmung mit der Selbsteinschätzung der Jugendämter zumindest gegenwärtig nicht davon ausgegangen werden kann, dass die dort als Amtsvormünder zur Verfügung stehenden Mitarbeiter über ausreichende Spezialkenntnisse des Asyl- und Ausländerrechts verfügen.[6] Dem unbegleitet eingereisten ausländischen Jugendlichen sei daher ein Mitvormund in Person eines Rechtsanwalts für die Betreuung in asyl- und ausländerrechtlichen Angelegenheiten zu bestellen, da dieser Eignungsmangel vor dem Hintergrund der Verordnung (EU) Nr. 604/2013 des europäischen Parlaments und des Rates vom 26.06.2013 (sogenannte Dublin-III-Verordnung) bei dieser Rechtsmaterie nicht einfach dadurch ausgeräumt werden könne, dass sich das Jugendamt externen fachlichen Rat beschaffe.[7]

Der grundsätzliche Vorrang der Einzelvormundschaft vor der Vereins- oder der Amtsvormundschaft ermöglicht auch die Bestellung geeigneter Pflegeeltern zu Vormündern ihrer Pflegekinder.[8]

Bei dem Merkmal Eignung handelt es sich um einen so genannten **unbestimmten Rechtsbegriff**. Das bedeutet, dass das Beschwerdegericht an die vom Tatrichter rechtlich einwandfrei festgestellten Einzeltatsachen zur Eignung des Vormundes gebunden ist, es aber die richtige Subsumtion dieser Tatsachen unter dem unbestimmten Rechtsbegriff voll nachzuprüfen hat.[9]

2. Auswahl unter mehreren geeigneten Personen

Unter **mehreren geeigneten Personen** ist nach § 1779 Abs. 2 Satz 1 BGB der am besten geeignete Kandidat auszuwählen.[10] Maßgebend ist das Wohl des Mündels.[11] Es ist daher neben dem Willen der Eltern und dem des Kindes zu prüfen, welche Person den Bedürfnissen des Kindes nach einer Prognose

---

[2] *Götz* in: Palandt, § 1779 Rn. 5.
[3] *Kemper* in: Hk-BGB, § 1779 Rn. 3; *Bauer* in: PWW, § 1779 Rn. 4.
[4] LG Freiburg v. 05.05.2004 - 14 O 410/02 - juris Rn. 26 - FamRZ 2007, 2104-2106.
[5] LG Freiburg v. 05.05.2004 - 14 O 410/02 - juris Rn. 26 - FamRZ 2007, 2104-2106 (auch zur Frage der Anwendbarkeit des Spruchrichterprivilegs des § 839 Abs. 2 BGB auf die Entscheidung des Rechtspflegers über die Bestellung des Vormunds).
[6] OLG Frankfurt v. 28.01.2014 - 6 UF 289/13 - juris Rn. 5 - JAmt 2014, 166-170; OLG Frankfurt v. 19.02.2014 - 6 UF 28/14 - juris Rn. 10 - FamRB 2014, 182-183; a.A.: wohl OLG Düsseldorf v. 17.04.2013 - 3 UF 106/13 - juris Rn. 2; OLG Frankfurt v. 02.12.2013 - 5 UF 310/13 - juris Rn. 10 - FamRZ 2014, 673-674.
[7] OLG Frankfurt v. 28.01.2014 - 6 UF 289/13 - juris Rn. 5 - JAmt 2014, 166-170.
[8] LG Flensburg v. 18.02.2000 - 5 T 187/99 - FamRZ 2001, 445-446; LG Wiesbaden v. 03.09.2008 - 4 T 663/07 - FamRZ 2009, 2103.
[9] OLG Hamm v. 26.02.1996 - 15 W 122/95 - juris Rn. 18 - FGPrax 1996, 142-143.
[10] OLG Hamm v. 26.02.1996 - 15 W 122/95 - FGPrax 1996, 142-143.
[11] BayObLG München v. 16.02.1965 - BReg 1b Z 340/64 - FamRZ 1965, 283-284; BayObLG München v. 16.12.1958 - BReg 1 Z 69/58 - FamRZ 1959, 125-127.

§ 1779

am ehesten gerecht werden kann.[12] Durch § 1779 Abs. 2 BGB hat der Gesetzgeber dabei die Grundlage für einen verfassungsgemäßen Ausgleich zwischen den verfassungsrechtlichen Positionen der Betroffenen, insbesondere mit dem durch Art. 6 Abs. 2 GG geschützten Elternrecht, geschaffen.[13]

11 Nach heute ganz herrschender Meinung kann das Familiengericht diese Auswahl **nach freiem Ermessen** treffen. Allerdings sind in § 1779 Abs. 2 Satz 2 BGB bestimmte Kriterien genannt, die – ohne gesetzliche Rangfolge[14] – vom Familiengericht zu beachten sind.[15] Insbesondere wurde der früher bestehende Vorrang von **Verwandten** aufgehoben. Dennoch kommt der Verwandtschaft als Kriterium immer noch ein besonderes Gewicht zu; die Einrichtung einer Amtsvormundschaft mit der Folge, dass das Kind in einer Pflegefamilie groß wird, kommt bei Vorhandensein aufnahmewilliger geeigneter Verwandter daher nur aus triftigen Gründen in Betracht.[16]

12 Wichtigstes Auswahlkriterium ist – aufgrund seiner Nennung als erstes Auswahlkriterium – der **mutmaßliche Wille der Eltern**. Auf diesen kann z.B. geschlossen werden, wenn die Eltern eine Person nicht in der gem. § 1777 Abs. 3 BGB vorgeschriebenen Form benannt haben. Ihr Wille muss jedoch nicht zwingend schriftlich niedergelegt sein; mutmaßlicher Wille der Eltern kann auch ihr lediglich wahrscheinlicher Wille sein. Dabei ist etwa auch der Wille eines ursprünglich sorgeberechtigten Elternteils, der für die Tötung des anderen Elternteils verantwortlich ist, zu beachten, da durch die Tat nicht die in Art. 6 GG verbrieften Elternrechte genommen werden, die sich nicht allein in der elterlichen Sorge niederschlagen.[17]

13 Besonders zu berücksichtigen sind aber auch die **persönlichen Bindungen des Mündels**, die durch das Betreuungsänderungsgesetz in diese Vorschrift eingeführt worden sind. Familiennahen Freunden kann daher selbst dann der Vorzug gegeben werden, wenn zur Übernahme der Vormundschaft bereite, fernstehende Verwandte existieren.[18]

14 Im Übrigen ist **innerhalb der Verwandten** (§ 1589 BGB) und **Verschwägerten** (§ 1590 BGB) **des Mündels** unabhängig vom Grad der geeignetste Kandidat auszuwählen.[19] Diese haben allerdings außerhalb des § 1776 BGB kein Recht auf Bestellung.[20] Einzubeziehen ist auch der Ehegatte, während dem nicht mit der Mutter verheirateten Vater des Kindes die elterliche Sorge gem. § 1680 BGB unmittelbar zusteht oder übertragen werden kann. Seine Verwandten stehen denen der Mutter bei der Auswahl des Vormunds vollkommen gleich.

15 Hinter der Auswahl eines Angehörigen des Mündels tritt das Kriterium der gleichen **religiösen Bekenntnis** von Vormund und Mündel zurück.[21] Dieses Auswahlkriterium hat in der heutigen Zeit an Gewicht verloren. Es ist heutzutage in der Regel nur bei entsprechender religiöser Erziehung oder Gewähr für eine bessere Förderung des Mündels besonders zu berücksichtigen. Schon früh hat die Rechtsprechung klargestellt, dass Konfessionsunterschiede bei besserer Eignung nicht schaden.[22] In diesem Sinne ist auch der bekenntnisfremde Einzelvormund dem konfessionsnahen Vereinsvormund vorzuziehen.[23] Darüber hinaus besteht die Möglichkeit, dem Mündel für die Wahrnehmung seiner religiösen Angelegenheiten einen Pfleger zu bestellen (§§ 1801, 1909 BGB).

16 Das Auswahlermessen ist schließlich durch den Grundsatz des § 1775 BGB gebunden, dass für **mehrere Geschwister** ein gemeinsamer Vormund bestellt werden soll. Dieser Grundsatz steht nach gängiger Ansicht grds. mit dem der Konfessionsgleichheit auf einer Stufe.[24] Ob dies auch heute noch so unbedingt anzunehmen ist, ist allerdings angesichts der zurückgehenden Bedeutung der religiös geprägg-

---

[12] OLG Frankfurt v. 21.12.2007 - 2 UF 290/07 - juris Rn. 27.
[13] BVerfG v. 08.03.2012 - 1 BvR 206/12 - juris Rn. 25.
[14] OLG Thüringen v. 15.01.2004 - 1 UF 134/03 - juris Rn. 32 - FamRZ 2004, 1389-1390; *Götz* in: Palandt, § 1779 Rn. 6; anders: BT-Drs. 13/7158, S. 22.
[15] OLG Hamm v. 26.02.1996 - 15 W 122/95 - juris Rn. 21 - FGPrax 1996, 142-143.
[16] OLG Frankfurt v. 21.12.2007 - 2 UF 290/07 - juris Rn. 23.
[17] OLG Frankfurt v. 21.12.2007 - 2 UF 290/07 - juris Rn. 26.
[18] BT-Drs. 13/7158, S. 22.
[19] BayObLG München v. 08.05.1980 - BReg 3 Z 37/80 - juris Rn. 11 - BayObLGZ 1980, 138-141.
[20] RG v. 24.06.1889 - IV 89/89 - RGZ 24, 283-293.
[21] *Wagenitz* in: MünchKomm-BGB, § 1779 Rn. 15.
[22] OLG Frankfurt v. 13.04.1962 - 6 W 13/62 - MDR 1962, 737.
[23] BayObLG v. 19.01.1966 - BReg 1a Z 52/65 - FamRZ 1966, 323-326.
[24] *Zimmermann* in: Soergel, § 1779 Rn. 7.

ten Erziehung fraglich. Unserer Ansicht nach sollte der Grundsatz des § 1775 BGB, mit dem sichergestellt wird, dass mehrere Geschwister nur eine Bezugsperson haben, generell Vorrang haben. Ausnahmen bleiben aufgrund des Ermessens des Familiengerichts im Einzelfall dennoch möglich.

III. Anhörungspflichten (Absatz 1, Absatz 3)

1. Anzuhörender Personenkreis

Gem. § 1779 Abs. 1 BGB hat das Familiengericht das **Jugendamt** vor seiner Entscheidung anzuhören. Das Jugendamt ist im Rahmen des § 53 Abs. 1 SGB VIII verpflichtet, dem Familiengericht Vorschläge zu unterbreiten, an die jedoch das Gericht nicht gebunden ist.[25] In seltenen Eilfällen kann von der Anhörung des Jugendamtes abgesehen werden. Diese muss jedoch nachgeholt werden. 17

Auch **Verwandte** und **Verschwägerte** des Mündels sind von dem Familiengericht nach § 1779 Abs. 3 Satz 1 BGB in seine Ermittlungen mit einzubeziehen, soweit diese zu der Auswahl eines geeigneten Vormunds beitragen können, z.B. weil sie den Mündel gut kennen. Bei der Bestimmung, welche Angehörigen des Mündels anzuhören sind und ob die Anhörung jeweils mündlich, persönlich oder schriftlich erfolgt, sind auch Gesichtspunkte wie eine erhebliche Verzögerung oder unverhältnismäßige Kosten zu berücksichtigen.[26] Die **Eltern** des Mündels sowie der **Minderjährige** selbst sind nach Maßgabe der §§ 159, 160 FamFG anzuhören. Anhörungsrechte haben auch die möglicherweise vorhandenen **Pflegeeltern** (§ 161 Abs. 2 FamFG). 18

2. Verstoß gegen die Anhörungspflichten

Ein **Verstoß** gegen die Anhörungspflichten des § 1779 Abs. 1, Abs. 3 BGB oder die der §§ 159-161 FamFG führt nicht zur Unwirksamkeit der Bestellung zum Vormund.[27] 19

IV. Auslagenersatz (Absatz 3 Satz 2)

Angehörige des Mündels, die vor der Auswahl des Vormunds angehört wurden, können nach § 1779 Abs. 3 Satz 2 BGB von dem Mündel Ersatz ihrer Auslagen verlangen. Dieser Anspruch ist **privatrechtlicher Natur**. Bei Mittellosigkeit des Mündels kann daher kein Ersatz aus der Staatskasse verlangt werden. Auf Antrag setzt das Familiengericht die Höhe der Auslagen – für das Prozessgericht bindend – fest. Gegen die Festsetzung besteht ein Beschwerderecht (§§ 58, 59 FamFG). Erfolgt keine freiwillige Zahlung, muss der angehörte Verwandte oder Verschwägerte gegen den durch den Vormund vertretenen Minderjährigen vor dem Zivilgericht klagen. Dies gilt nur dann nicht, wenn die Festsetzung durch das Familiengericht in den Ausführungsgesetzen der Länder zu § 801 ZPO zum Vollstreckungstitel erklärt worden ist. Ist dies im jeweiligen Bundesland nicht der Fall, empfiehlt sich bei Mittellosigkeit des Mündels die Anordnung einer Beweisaufnahme, denn dann besteht für den angehörten Verwandten ein Entschädigungsanspruch aus der Staatskasse. 20

Ersatzfähig sind nach § 1779 Abs. 3 Satz 2 BGB nur die **erforderlichen Auslagen**.[28] Hierzu zählen beispielsweise Reisekosten, Porto, Fotokopien, Verpflegungsmehraufwand sowie die Kosten für einen Vertreter. Kein Ersatz kann indes verlangt werden für einen etwaigen Verdienstausfall oder Einkommensverlust wegen Zeitversäumnis. 21

C. Rechtsfolgen

Mit der Auswahl einer Person durch das Familiengericht entsteht die **Pflicht zur Annahme** (§ 1785 BGB), es sei denn, in der Person des Ausgewählten liegen Unfähigkeits- oder Untauglichkeitsgründe (§§ 1780-1782, 1784 BGB) oder Ablehnungsgründe (§ 1786 BGB) vor. 22

D. Prozessuale Hinweise/Verfahrenshinweise

Zuständig für die Auswahl des Vormunds ist das **Familiengericht**. Funktionell zuständig ist der **Rechtspfleger** (§§ 3 Nr. 2a, 14 RPflG). Die Ermittlungen des Gerichts sind von Amts wegen zu führen (§ 26 FamFG). 23

---

[25] *Wagenitz* in: MünchKomm-BGB, § 1779 Rn. 3.
[26] *Wagenitz* in: MünchKomm-BGB, § 1779 Rn. 18.
[27] BayObLG München v. 13.11.1973 - BReg 3 Z 107/73 - FamRZ 1974, 219-222.
[28] *Wagenitz* in: MünchKomm-BGB, § 1779 Rn. 19.

24 Gegen die Auswahl des Vormunds ist die **Beschwerde** (§ 58 FamFG) gegeben.[29] Allerdings kann sich die Beschwerde nicht darauf richten, dass eine dritte Person zum Vormund bestellt wird.[30]

25 Neben dem minderjährigen **Kind** (nach Vollendung des 14. Lebensjahres, § 60 FamFG) haben seine **Eltern** ein Beschwerderecht i.S.v. § 59 FamFG.[31] Für die Eltern des Mündels gilt dies auch dann, wenn ihre elterliche Sorge ruht.[32] Dem **Jugendamt** steht eine verfahrensrechtliche Beschwerdebefugnis nach § 162 Abs. 3 FamFG zu. Hingegen steht den **Großeltern** eines minderjährigen Kindes gegen die Bestellung einer anderen Person als Vormund keine Beschwerde zu, da sie nicht in eigenen Rechtspositionen betroffen werden, denn es gibt keinen Anspruch eines Großelternteils darauf, zum Vormund für das Enkelkind bestellt zu werden.[33]

26 Die Beschwerde gegen die Auswahl des Vormunds kann **vor** der Bestellung des Vormunds,[34] aber auch erst **nach** der Bestellung erhoben werden.[35] Ziel ist im letzten Fall die Entlassung des Vormunds.[36] Allerdings wirkt die Entlassung nur ex nunc, damit der Mündel keine Nachteile durch das zeitweise Fehlen eines gesetzlichen Vertreters hat.

---

[29] OLG Thüringen v. 15.01.2004 - 1 UF 134/03 - juris Rn. 23 - FamRZ 2004, 1389-1390.
[30] OG Hamburg v. 03.03.2014 - 7 UF 150/13 - JAmt 2014, 172-173.
[31] OLG Naumburg v. 23.11.2004 - 8 UF 189/04, 8 UF 190/04, 8 UF 199/04 - juris Rn. 7 - FamRZ 2005, 1861.
[32] KG Berlin v. 19.10.1971 - 1 W 1405/71 - FamRZ 1972, 44-46.
[33] BGH v. 26.06.2013 - XII ZB 31/13 - juris Rn. 12 - FamRZ 2013, 1380-1383; OLG Hamm v. 19.01.2011 - 8 UF 263/10, II-8 UF 263/10 - juris Rn. 2 - NJW-RR 2011, 585; vgl. auch: *Hoffmann*, jurisPR-FamR 21/2013, Anm. 3.
[34] BayObLG München v. 17.05.1983 - BReg 1 Z 134/82 - DAVorm 1984, 517-519.
[35] BayObLG München v. 01.07.1983 - BReg 1 Z 37/83 - FamRZ 1984, 205-207.
[36] BayObLG München v. 01.07.1983 - BReg 1 Z 37/83 - FamRZ 1984, 205-207.

§ 1780 BGB Unfähigkeit zur Vormundschaft

(Fassung vom 02.01.2002, gültig ab 01.01.2002)
Zum Vormund kann nicht bestellt werden, wer geschäftsunfähig ist.

Gliederung

A. Grundlagen 1
B. Anwendungsvoraussetzungen 2
C. Rechtsfolgen 5
D. Prozessuale Hinweise/Verfahrenshinweise 8

A. Grundlagen

Die Vorschrift bestimmt abschließend, wann eine Bestellung zum Vormund wegen in seiner Person liegenden Gründen nicht zulässig ist. Eine trotz **Unfähigkeit des Vormunds** erfolgte Bestellung ist nichtig. Hiervon zu unterscheiden sind die in den §§ 1781-1784 BGB enthaltenen Untauglichkeitsgründe, die auf eine einmal vorgenommene Bestellung keinen Einfluss haben. 1

B. Anwendungsvoraussetzungen

Unfähigkeit zum Vormund: Nach dem Wortlaut der Norm kann derjenige nicht Vormund sein, der **selbst geschäftsunfähig** i.S.v. § 104 Nr. 2 BGB ist. Schon aus der Vorschrift des § 104 Nr. 2 BGB ergibt sich, dass es, um die Unfähigkeit zur Vormundschaft zu bejahen, nicht ausreicht, wenn dieser Zustand nicht von dauerhafter Natur ist. Eine vorübergehende Störung der Geistestätigkeit berührt also das Amt des Vormunds nicht. Allerdings sind Willenserklärungen, die der Vormund in diesem Zustand abgegeben hat, nach § 105 Abs. 2 BGB nichtig. Dies gilt auch für den Bestellungsakt. Ist der zum Vormund zu Bestellende in diesem Moment vorübergehend in seiner Geistestätigkeit gestört, so ist keine wirksame Bestellung zustande gekommen. Wird der Vormund erst nach seiner Bestellung geschäftsunfähig, so ist er gemäß § 1886 BGB zu entlassen.[1] 2

Für den wegen **Minderjährigkeit** beschränkt Geschäftsfähigen gilt § 1780 BGB nicht. Hier liegt eine bloße Untauglichkeit nach § 1781 BGB vor, an die sich andere Rechtsfolgen knüpfen (vgl. für weitere Einzelheiten die Kommentierung zu § 1781 BGB). 3

Auch wenn dies nicht ausdrücklich in § 1780 BGB aufgeführt ist, sind auch **juristische Personen** vormundschaftsunfähig. Dies ergibt sich zwar nicht unmittelbar aus § 1780 BGB, lässt sich aber aus den insoweit abschließenden Vorschriften der §§ 1791a, 1791b BGB schließen. Ausnahmen bestehen insoweit nur für den als für geeignet erklärten Verein (§ 1791a BGB) sowie das Jugendamt (§ 1791b BGB). 4

C. Rechtsfolgen

Wird ein Geschäftsunfähiger zum Vormund bestellt, so ist diese **Bestellung** unheilbar **nichtig**. Dies gilt auch für alle von ihm vorgenommenen Rechtsgeschäfte. Da die nichtige Bestellung den Unfähigen nicht zum gesetzlichen Vertreter des Mündels macht, ist § 47 FamFG nicht anwendbar. Zwar hat der BGH[2] in einer Entscheidung die Vorgängernorm (§ 32 FGG) entsprechend angewandt. Die Reichweite dieser Entscheidung ist allerdings umstritten. Ihr lag der Fall zugrunde, dass statt des Anstaltsvorsitzenden eine Anstalt zum Vormund bestellt worden war und die Bestellung deshalb unwirksam war. Der BGH hat jedoch die Bestellung umgedeutet in die wirksame Bestellung des Anstaltsvorstandes, sodass kein mit dem Anwendungsbereich des § 1780 BGB vergleichbarer Fall vorliegt. 5

Ein im Sinne dieser Vorschrift Unfähiger ist **nicht zur Übernahme der Vormundschaft verpflichtet** (§ 1785 BGB). Er läuft daher nicht in Gefahr, dass gegen ihn gem. § 1788 BGB Zwangsgelder festgesetzt werden oder er sich dem Mündel gegenüber nach § 1787 Abs. 1 BGB schadensersatzpflichtig macht. Auf der anderen Seite kann er allerdings auch ohne seine Zustimmung übergangen werden (§ 1778 Abs. 1 Nr. 1 BGB). 6

Nimmt der geschäftsunfähige Vormund Rechtsgeschäfte für den Minderjährigen vor, so handelt er als Vertreter ohne Vertretungsmacht (§§ 177-180 BGB), wobei allerdings § 179 Abs. 3 Satz 2 BGB zu beachten ist. Er haftet dem Mündel aus Geschäftsführung ohne Auftrag, ungerechtfertigter Bereicherung 7

---

[1] *Bettin* in: Bamberger/Roth, § 1780 Rn. 2.
[2] BGH v. 07.07.1956 - IV ZR 358/55.

§ 1780

oder unerlaubter Handlung, nicht jedoch nach § 1833 BGB.³ Für den Schaden aus einer nichtigen Bestellung haftet der Staat bei Verschulden gemäß § 839 BGB i.V.m. Art. 34 GG.

D. Prozessuale Hinweise/Verfahrenshinweise

8   Da die Bestellung als nichtig angesehen wird, bedarf es – im Gegensatz zu den Fällen der Untauglichkeit in den §§ 1781-1784 BGB – an sich keiner Entlassung des Vormunds. Allerdings besteht seit der Abschaffung der Entmündigung keine Möglichkeit mehr, die Geschäftsunfähigkeit durch einen Gerichtsbeschluss deklaratorisch feststellen zu lassen. Daher sollte zum Schutze der Rechtssicherheit und Aktenklarheit zumindest ein Aktenvermerk angefertigt werden. Wird der Vormund dagegen erst nach seiner Bestellung geschäftsunfähig, so muss er gemäß § 1886 BGB entlassen werden.⁴

---

³ *Wagenitz* in: MünchKomm-BGB, § 1780 Rn. 8.
⁴ *Bettin* in: Bamberger/Roth, § 1780 Rn. 2.

§ 1781 BGB Untauglichkeit zur Vormundschaft

(Fassung vom 02.01.2002, gültig ab 01.01.2002)

Zum Vormund soll nicht bestellt werden:

1. wer minderjährig ist,
2. derjenige, für den ein Betreuer bestellt ist.

Gliederung

A. Grundlagen 1
B. Anwendungsvoraussetzungen 2
I. Normstruktur... 2
II. Beschränkt geschäftsfähige Minderjährige (Nr. 1)... 3
III. Unter Betreuung stehende Personen (Nr. 2)...... 4
IV. Insolvenz... 5
C. Rechtsfolgen 6

A. Grundlagen

Ebenso wie die §§ 1782, 1784 BGB regelt diese Norm, wer zur Übernahme einer Vormundschaft ungeeignet ist. Im Gegensatz zu § 1780 BGB handelt es sich bei diesen Normen allerdings lediglich um Soll-Vorschriften. Eine trotz **Untauglichkeit** erfolgte Bestellung ist daher wirksam. 1

B. Anwendungsvoraussetzungen

I. Normstruktur

Untauglich, eine Vormundschaft zu übernehmen, sind nach dieser Bestimmung zwei Gruppen: 2

II. Beschränkt geschäftsfähige Minderjährige (Nr. 1)

Hiervon erfasst sind ausschließlich Personen unter 18 Jahren i.S.v. § 106 BGB. Ist der Minderjährige geschäftsunfähig, da er noch nicht das siebente Lebensjahr vollendet hat, gilt § 1780 BGB. 3

III. Unter Betreuung stehende Personen (Nr. 2)

Ferner führt die von Amts wegen oder auf Antrag erfolgten Bestellung eines Betreuers im Sinne von § 1896 BGB zur Untauglichkeit. Dies gilt selbst im Falle einer einstweiligen Bestellung. Auch der Wirkungskreis des Betreuers ist nicht entscheidend. Somit ist auch bei einer Bestellung eines Betreuers für Rentenangelegenheiten gemäß § 1896 Abs. 3 BGB[1] oder wegen bloß körperlicher Behinderung nach § 1896 Abs. 1 Satz 3 BGB Untauglichkeit im Sinne dieser Vorschrift zu bejahen[2]. Dies entspricht auch dem ausdrücklichen Willen des Gesetzgebers: Danach soll nicht Vormund werden, wer selbst der Hilfe bedarf.[3] 4

IV. Insolvenz

Bis zum 01.01.1999 war in der Vorschrift noch ein weiterer Untauglichkeitsgrund, die Konkurseröffnung, enthalten. Diese Vorschrift wurde jedoch im Zuge der Einführung der Insolvenzordnung gestrichen. Nunmehr führt Insolvenz nicht mehr zur Untauglichkeit, möglich ist aber eine Übergehung nach § 1778 Abs. 1 Nr. 4 BGB oder eine Nichtberücksichtigung wegen Nichteignung.[4] 5

C. Rechtsfolgen

Da es sich bei § 1781 BGB um eine bloße Soll-Vorschrift handelt, ist die Bestellung zum Vormund – anders als bei § 1780 BGB – wirksam. Es besteht jedoch ein Entlassungsgrund nach § 1886 BGB. Jemand, der im Sinne dieser Vorschrift untauglich ist, ist nicht verpflichtet, eine Vormundschaft nicht zu übernehmen (§ 1785 BGB). Er kann aber auch ohne seine Zustimmung übergangen werden (§ 1778 Abs. 1 Nr. 1 BGB). 6

---

[1] *Zimmermann* in: Soergel, § 1781 Rn. 3.
[2] *Wagenitz* in: MünchKomm-BGB, § 1781 Rn. 4.
[3] BT-Drs. 11/4528, S. 204.
[4] *Veit* in: Staudinger, § 1781 Rn. 5.

7   Der trotz seiner Untauglichkeit zum Vormund Bestellte ist gesetzlicher Vertreter des Mündels. Bis zu seiner Entlassung haftet er dem Mündel gegenüber nach § 1833 BGB, wobei jedoch die Einschränkungen der §§ 827, 828 BGB zu beachten sind. Auch eine Amtshaftung des Staates nach § 839 BGB, Art. 34 GG ist möglich. Diese kann jedoch nur dem Mündel, nicht Dritten gegenüber bestehen, da § 1781 BGB nicht ihrem Schutz dient.

§ 1782 BGB Ausschluss durch die Eltern

(Fassung vom 02.01.2002, gültig ab 01.01.2002)

(1) ¹Zum Vormund soll nicht bestellt werden, wer durch Anordnung der Eltern des Mündels von der Vormundschaft ausgeschlossen ist. ²Haben die Eltern einander widersprechende Anordnungen getroffen, so gilt die Anordnung des zuletzt verstorbenen Elternteils.

(2) Auf die Ausschließung sind die Vorschriften des § 1777 anzuwenden.

Gliederung

A. Grundlagen 1	C. Rechtsfolgen 7
B. Anwendungsvoraussetzungen 2	D. Prozessuale Hinweise/Verfahrenshinweise 10
I. Ausschlussfähiger Personenkreis 2	
II. Recht zum Ausschluss und Form des Ausschlusses 4	

A. Grundlagen

Neben den §§ 1781, 1784 BGB regelt auch diese Vorschrift einen Fall der **Untauglichkeit**. Ausfluss des Erziehungsrechts der Eltern ist es, dass diese bestimmte Personen von der Vormundschaft ausschließen können. Erfolgt dennoch eine Bestellung des Ausgeschlossenen, berührt dies nach allerdings umstrittener Ansicht nicht die Wirksamkeit der Bestellung.   **1**

B. Anwendungsvoraussetzungen

I. Ausschlussfähiger Personenkreis

Der Ausschluss muss bestimmte Personen betreffen. Eine namentliche Erwähnung ist indes nicht erforderlich; vielmehr reicht es aus, wenn sich die Personen durch Auslegung ermitteln lassen.[1] Zulässig ist auch der Ausschluss eines **begrenzbaren Personenkreises**, bei dem sich die Eltern nur Schreibarbeit sparen wollen (z.B. „alle Geschwister"). Das Jugendamt kann wegen § 1791b Abs. 1 Satz 2 BGB nicht als Vormund des Mündels ausgeschlossen werden, wohl aber ein bestimmter Vereinsvormund (§ 1791a BGB).[2]   **2**

Widersprechen sich die Anordnungen beider Elternteile, so gilt nach § 1782 Abs. 1 Satz 2 BGB die Anordnung des Letztversterbenden, auch wenn sie zeitlich vor der Anordnung des zuerst verstorbenen Elternteils getroffen worden ist. Denn nach dem Tod des einen Elternteils ist der andere alleiniger Sorgerechtsträger.   **3**

II. Recht zum Ausschluss und Form des Ausschlusses

Das Recht zum Ausschluss und die hierbei einzuhaltende Form bestimmen sich gemäß § 1782 Abs. 2 BGB nach § 1777 BGB. Ein Ausschluss ist daher nur möglich durch **letztwillige Verfügung**, d.h. durch Testament oder Erbvertrag (§§ 1937, 2299 Abs. 1 BGB). Vgl. weitere Einzelheiten zum Ausschlussrecht und der zu beachtenden Form in der Kommentierung zu § 1777 BGB. Ausschließung und Benennung nach § 1776 BGB können miteinander kombiniert werden. So kann beispielsweise eine bestimmte Person benannt und gleichzeitig verfügt werden, dass für den Fall des Scheiterns dieser Bestimmung jedenfalls eine bestimmte andere Person ausgeschlossen ist.   **4**

Gründe für den Ausschluss brauchen nicht genannt zu werden.[3] Daher führt auch eine eventuelle Unrichtigkeit des angegebenen Grundes nicht zur Unwirksamkeit des Ausschlusses.[4]   **5**

---

[1] BayObLG München v. 13.06.1961 - BReg 1 Z 55/61 - NJW 1961, 1865.
[2] *Veit* in: Staudinger, § 1782 Rn. 11.
[3] *Veit* in: Staudinger, § 1782 Rn. 12.
[4] *Zimmermann* in: Soergel, § 1782 Rn. 2.

6 **Musterklauseln**:

Gemeinschaftliches Testament
Ich, _____ (Ehefrau), benenne als Vormund unserer minderjährigen Tochter _____, geb. am _____ in _____, meine Schwester, Frau _____, geb. am _____ in _____, wohnhaft in _____ -. Sollte sie das Amt nicht führen können, so soll das Familiengericht einen anderen Vormund benennen. Jedoch schließe ich den Bruder meines Ehemannes, Herrn_____, geb. am _____ in ____, wohnhaft in _____ aus.
Ich, _____ (Ehemann), benenne als Vormund unseres oben genannten Kindes die Schwester meiner Ehefrau, Frau _____, geb. am _____ in _____, wohnhaft in _____. Sollte sie das Amt nicht führen können, so soll das Familiengericht einen anderen Vormund benennen. Jedoch schließe ich meinen Bruder, Herrn_____, geb. am _____ in ____, wohnhaft in_____ aus.
Ort, Datum und Unterschriften beider Ehegatten

C. Rechtsfolgen

7 Strittig ist, ob das Familiengericht an einen wirksamen Ausschluss gebunden ist, auch wenn eine Bestellung der ausgeschlossenen Person im Interesse des Mündels zu sein scheint. Zum Teil wird dies bejaht.[5] Die Gegenansicht stellt indes auf den Wortlaut der Vorschrift („soll nicht") bzw. auf eine entsprechende Anwendung von § 1778 Abs. 1 Nr. 4 BGB bzw. § 1778 Abs. 1 Nr. 5 BGB ab.[6] Unseres Erachtens ist dieser Ansicht zu folgen. Zum einen handelt es sich bei § 1782 BGB ebenso wie bei § 1781 BGB um eine Sollvorschrift. Schon der Wortlaut der Norm indiziert, dass in der Regel eine Bindungswirkung besteht, in begründeten Ausnahmefällen jedoch davon abgewichen werden kann. Auch bei § 1781 BGB stellt man auf den bloßen Soll-Charakter der Vorschrift ab. Beide Normen unterscheiden sich insoweit von § 1780 BGB. Darüber hinaus ist es auch im Interesse des Mündels, einen geeigneten Vormund zu erhalten, selbst wenn diese Person nicht dem Willen der Eltern entspricht. § 1779 Abs. 2 Satz 2 BGB zeigt insofern auch auf, dass der Elternwille nicht stets das entscheidende Kriterium ist. Im Übrigen besteht auch bei den Gegnern einer Bindungswirkung Einigkeit darüber, dass eine Bestellung gegen den wirksam erklärten Willen der Eltern nur in Ausnahmefällen in Betracht kommt, z.B. weil der Ausgeschlossene die einzige zum Vormund geeignete und zur Übernahme bereite Person ist und der Ausschluss nur aufgrund von Streitigkeiten mit den Eltern erfolgt ist.

8 Die Bestellung eines Ausgeschlossenen zum Vormund ist **wirksam**. Jedoch kann mit der Beschwerde gemäß § 58 FamFG im Interesse des Mündels die **Entlassung** des Vormunds verlangt werden, ohne dass die Voraussetzungen des § 1886 BGB vorliegen müssen.[7] Eine Entlassung **von Amts wegen** ist hingegen nur unter den zusätzlichen Voraussetzungen der §§ 1886, 1888 BGB möglich, da § 1886 BGB eine solche Entlassung nur für den Fall des § 1781 BGB vorsieht.[8]

9 Bis zur Entlassung **haftet** der Vormund dem Mündel gegenüber nach § 1833 BGB. Auch eine Amtshaftung des Staates nach § 839 BGB, Art. 34 GG ist denkbar. Diese kann jedoch nur dem Mündel, nicht Dritten gegenüber bestehen, da § 1782 BGB nicht ihrem Schutz dient.

D. Prozessuale Hinweise/Verfahrenshinweise

10 Wird eine Person **trotz** eines entsprechenden **Ausschlusses** und unbeachtlich ihrer eigenen Weigerung **zum Vormund ausgewählt**, kann Beschwerde nach den §§ 58, 59 FamFG gegen die Zurückweisung der Weigerung erhoben werden. Auch wenn § 1782 BGB an sich den Schutz des Mündels bezweckt, so wird dennoch auch in die Rechtspositionen des Benannten eingegriffen. Hält hingegen der Ausgeschlossene seine **Ausschließung** durch die Eltern **nicht** für **wirksam**, so besteht für ihn die Möglichkeit, mit der Beschwerde nach den §§ 58, 59 FamFG gegen die Bestellung einer anderen Person zum Vormund vorzugehen. Beruft er sich auf eine Benennung nach § 1776 BGB, z.B. durch den anderen Elternteil, so steht ihm ebenfalls die Beschwerde zu.

---

[5] *Wagenitz* in: MünchKomm-BGB, § 1782 Rn. 8.
[6] *Veit* in: Staudinger, § 1782 Rn. 17.
[7] BayObLG München v. 13.06.1961 - BReg 1 Z 55/61 - NJW 1961, 1865.
[8] *Wagenitz* in: MünchKomm-BGB, § 1782 Rn. 13; sehr strittig; ausführlich hierzu: *Veit* in: Staudinger, § 1782 Rn. 20.

§ 1783 BGB (weggefallen)

(Fassung vom 01.01.1964, gültig ab 01.01.1980, gültig bis 31.12.2001)

(weggefallen)

§ 1783 BGB in der Fassung vom 01.01.1964 ist durch § 48 Abs. 1 Satz 1 des Gesetzes vom 090.7.1922 – BGBl I 1922, 633 – mit Wirkung vom 31.12.2001 weggefallen.

§ 1784 BGB Beamter oder Religionsdiener als Vormund

(Fassung vom 02.01.2002, gültig ab 01.01.2002)

(1) Ein Beamter oder Religionsdiener, der nach den Landesgesetzen einer besonderen Erlaubnis zur Übernahme einer Vormundschaft bedarf, soll nicht ohne die vorgeschriebene Erlaubnis zum Vormund bestellt werden.

(2) Diese Erlaubnis darf nur versagt werden, wenn ein wichtiger dienstlicher Grund vorliegt.

Gliederung

A. Grundlagen 1	II. Versagung der Erlaubnis (Absatz 2) 6
B. Anwendungsvoraussetzungen 2	C. Rechtsfolgen 8
I. Erfordernis einer Erlaubnis 2	

A. Grundlagen

1 Diese Norm enthält neben §§ 1781, 1782 BGB einen weiteren Untauglichkeitsgrund. Ihr Zweck ist es, die Beeinträchtigung dienstlicher Belange zu verhindern. Daher wird die Bestellung eines Beamten bzw. eines Religionsdieners an die Erlaubnis des Dienstherrn bzw. der Religionsgemeinschaft geknüpft.

B. Anwendungsvoraussetzungen

I. Erfordernis einer Erlaubnis

2 Die Einholung einer vorherigen Erlaubnis ist dann erforderlich, wenn eine solche gesetzlich bzw. durch die interne Rechtsordnung der Religionsgemeinschaft vorgeschrieben ist.

3 Das Genehmigungserfordernis für **Landesbeamte** findet sich in den einzelnen Landesgesetzen. Diese Vorschriften gelten entsprechend für **Richter im Landesdienst**.[1] Für **Bundesbeamte** fehlt zwar, historisch bedingt, eine Regelung. Hier ist aber § 65 BBG anzuwenden, aus dem sich ergibt, dass die Übernahme einer unentgeltlichen Vormundschaft für Angehörige keiner Genehmigung bedarf.[2] Für **Bundesrichter** ist § 46 DRiG entsprechend anzuwenden.

4 Zu beachten ist, dass der Vorschrift des § 1784 BGB kein enger beamtenrechtlicher Begriff zu Grunde zu legen ist. Angesichts des mit dieser Regelung verfolgten Zieles, das öffentliche Interesse zu schützen, muss sie auch auf **Angestellte** und **Arbeiter im öffentlichen Dienst** angewandt werden.[3] Verpflichtet der Staat seine Angestellten und Arbeiter daher in Tarif- und Anstellungsverträgen zur Einholung einer solchen Genehmigung, so handelt er im öffentlichen Interesse. Vor diesem Hintergrund ist eine entsprechende Anwendung des § 1784 BGB geboten. Für **Soldaten** gilt § 21 SG.

5 Für **Religionsdiener** (z.B. Pfarrer, Kirchenbeamter) gilt das Recht der Religionsgemeinschaft; die die Religionsgemeinschaft privilegierenden Gesetze wie etwa § 1784 BGB werden durch Art. 137 Abs. 3 GG nicht aufgehoben. Ob es sich um eine Religionsgemeinschaft handelt, muss ggf. durch Auslegung ermittelt werden.

II. Versagung der Erlaubnis (Absatz 2)

6 Nach § 1784 Abs. 2 BGB darf die Erlaubnis nur aus wichtigem Grund versagt werden. Was als wichtiger Grund zu qualifizieren ist, ergibt sich für Beamte aus dem beamtenrechtlichen Nebentätigkeitsrecht.[4]

7 **Praktische Hinweise**: Gegen die Versagung der Erlaubnis kann der Beamte verwaltungsgerichtliche Klage erheben.[5] Hingegen ist das Familiengericht an die Versagung gebunden und kann sich nicht darüber hinwegsetzen.

---

[1] *Zimmermann* in: Soergel, § 1784 Rn. 2.
[2] *Diederichsen* in: Palandt, § 1784 Rn. 1.
[3] *Zimmermann* in: Soergel, § 1784 Rn. 2.
[4] BVerwG v. 29.06.1995 - 2 C 32/94 - juris Rn. 24 - NJW 1996, 139-140.
[5] *Zimmermann* in: Soergel, § 1784 Rn. 6.

C. Rechtsfolgen

Ist **noch keine Erlaubnis** erteilt worden, soll das Familiengericht den Beamten bzw. den Religionsdiener nicht zum Vormund bestellen, selbst wenn mit der Erteilung der Erlaubnis zu rechnen ist. Hiermit soll ein in der Regel ungünstiger Wechsel des Vormunds für das Mündel vermieden werden. Für eine Bestellung unter Entlassungsvorbehalt (§ 1790 BGB) ist daher im Anwendungsbereich dieser Vorschrift kein Platz. Auf der anderen Seite hat der Beamte bzw. Religionsdiener gemäß § 1785 BGB ein **Ablehnungsrecht**. Nach umstrittener Ansicht besteht dieses Ablehnungsrecht allerdings erst nach der Versagung der Erlaubnis.[6]

Wird die **Erlaubnis versagt**, ist der Beamte bzw. Religionsdiener zu übergehen (§ 1778 Abs. 1 Nr. 1 BGB).

Eine Bestellung unter **Verletzung** der Vorschrift des § 1784 BGB berührt deren **Wirksamkeit** jedoch nicht. Dies lässt sich aus dem „Soll"-Charakter der Vorschrift herleiten. Gleiches gilt, wenn im Anschluss an die Bestellung die Genehmigung versagt oder zurückgenommen wird. Allerdings ist der Beamte bzw. Religionsdiener in diesem Fall gemäß § 1888 BGB zu entlassen.

---

[6] *Bettin* in: Bamberger/Roth, § 1784 Rn. 5.

§ 1785 BGB Übernahmepflicht

(Fassung vom 17.12.2008, gültig ab 01.09.2009)

Jeder Deutsche hat die Vormundschaft, für die er von dem Familiengericht ausgewählt wird, zu übernehmen, sofern nicht seiner Bestellung zum Vormund einer der in den §§ 1780 bis 1784 bestimmten Gründe entgegensteht.

Gliederung

A. Grundlagen 1	II. Ausländer und Staatenlose 4
B. Anwendungsvoraussetzungen 2	C. Rechtsfolgen 5
I. Deutsche Staatsbürger 2	D. Prozessuale Hinweise/Verfahrenshinweise 6

A. Grundlagen

1 Um die Versorgung des Mündels zu sichern, normiert diese Vorschrift die Pflicht zur Übernahme der Vormundschaft.

B. Anwendungsvoraussetzungen

I. Deutsche Staatsbürger

2 Die Verpflichtung zur Übernahme einer Vormundschaft obliegt jedem Deutschen i.S.v. Art. 116 GG im Rahmen seiner staatsbürgerlichen Pflichten. Ausgenommen sind nur die gemäß den §§ 1780-1784 BGB Unfähigen und Untauglichen sowie die Ablehnungsberechtigten i.S.v. § 1786 BGB. Erfasst werden zunächst **alle natürlichen Personen**. Dies ergibt sich aus § 1791a Abs. 1 Satz 2 BGB, der die Bestellung eines **Vereins** zum Vormund von dessen Zustimmung abhängig macht. Das **Jugendamt** hingegen kann sich einer Übernahme nicht entziehen. Dies folgt aus dem Auffangcharakter der Amtsvormundschaft (§ 1791b BGB). Subsidiär kommt also auch ihm eine Pflicht zur Übernahme zu, wenn kein anderer Vormund zur Verfügung steht.

3 Die Verpflichtung **entsteht** erst mit der Auswahl durch das Familiengericht (§ 1779 BGB), eine Benennung durch die Eltern nach § 1776 BGB reicht hierfür indes noch nicht. Nach verfassungsgerichtlicher Rechtsprechung handelt es sich im Übrigen dabei nicht um eine nach dem Grundgesetz verbotene Zwangsarbeit, sondern um eine ehrenamtliche Tätigkeit, die vom Schutzbereich des Art. 12 Abs. 2 GG nicht erfasst wird.[1]

II. Ausländer und Staatenlose

4 **Keine Verpflichtung** zur Übernahme einer Vormundschaft besteht im Umkehrschluss **für Ausländer** und Staatenlose. Die fehlende Staatsangehörigkeit ist jedoch weder ein Entlassungsgrund, noch kann der Ausländer oder Staatenlose die Vormundschaft aus diesem Grund niederlegen.

C. Rechtsfolgen

5 Weigert sich ein deutscher Staatsbürger unberechtigt, eine Vormundschaft zu übernehmen, so können gegen ihn nach § 1788 BGB **Zwangsgelder** verhängt werden. Unter Umständen macht sich der Ablehnende dem Mündel gegenüber zudem gemäß § 1787 BGB **schadensersatzpflichtig**.

D. Prozessuale Hinweise/Verfahrenshinweise

6 Gegen eine die Weigerung zurückweisende Verfügung ist die **Beschwerde** statthaft (§§ 58, 59 FamFG). Unzweifelhaft kann die sofortige Beschwerde dabei auf eine Untauglichkeit im Sinne der §§ 1782, 1784 BGB gestützt werden, nicht jedoch darauf, dass die Eltern nach § 1776 BGB einen anderen Vormund benannt haben. Strittig ist hingegen, ob in diesem Zusammenhang auch eine mangelnde Eignung i.S.v. § 1779 Abs. 2 BGB vorgebracht werden kann.[2] Dies sollte jedoch unseres Erachtens im Interesse des Mündels möglich sein. Im Übrigen stellt sich die Frage, ob es überhaupt dem Wohle des Mündels dient, jemanden mit der Führung der Vormundschaft zu betrauen, der hierzu nicht gewillt ist. Bis zur Entscheidung über die sofortige Beschwerde kann das Familiengericht den Ablehnenden nach § 1787 Abs. 2 BGB zu einer **vorläufigen Übernahme der Vormundschaft** auffordern.

---

[1] BVerfG v. 01.07.1980 - 1 BvR 349/75, 1 BvR 378/76 - NJW 1980, 2179-2181.
[2] Ablehnend insoweit: *Kemper* in: Hk-BGB, § 1785 Rn. 4; dies bejahend: *Wagenitz* in: MünchKomm-BGB, § 1785 Rn. 11.

§ 1786 BGB Ablehnungsrecht

(Fassung vom 17.12.2008, gültig ab 01.09.2009)

(1) Die Übernahme der Vormundschaft kann ablehnen:

1. ein Elternteil, welcher zwei oder mehr noch nicht schulpflichtige Kinder überwiegend betreut oder glaubhaft macht, dass die ihm obliegende Fürsorge für die Familie die Ausübung des Amts dauernd besonders erschwert,
2. wer das 60. Lebensjahr vollendet hat,
3. wem die Sorge für die Person oder das Vermögen von mehr als drei minderjährigen Kindern zusteht,
4. wer durch Krankheit oder durch Gebrechen verhindert ist, die Vormundschaft ordnungsmäßig zu führen,
5. wer wegen Entfernung seines Wohnsitzes von dem Sitz des Familiengerichts die Vormundschaft nicht ohne besondere Belästigung führen kann,
6. (weggefallen)
7. wer mit einem anderen zur gemeinschaftlichen Führung der Vormundschaft bestellt werden soll,
8. wer mehr als eine Vormundschaft, Betreuung oder Pflegschaft führt; die Vormundschaft oder Pflegschaft über mehrere Geschwister gilt nur als eine; die Führung von zwei Gegenvormundschaften steht der Führung einer Vormundschaft gleich.

(2) Das Ablehnungsrecht erlischt, wenn es nicht vor der Bestellung bei dem Familiengericht geltend gemacht wird.

Gliederung

A. Grundlagen 1	4. Die Hinderung an der ordnungsgemäßen Führung der Vormundschaft durch Krankheit oder Gebrechen (Absatz 1 Nr. 4) 8
B. Anwendungsvoraussetzungen 2	
I. Normstruktur... 2	
II. Anwendungsbereich................................. 3	5. Eine besondere Belästigung bei der Führung der Vormundschaft aufgrund der Entfernung vom Familiengericht (Absatz 1 Nr. 5) 9
III. Ablehnungsgründe 4	
1. Die Betreuung von mindestens zwei noch nicht schulfähigen Kindern oder eine sonstige dauernde besondere Erschwerung des Amts wegen der Fürsorge für die Familie (Absatz 1 Nr. 1) 4	6. Die beabsichtigte Bestellung eines Mitvormunds (Absatz 1 Nr. 7) 10
2. Die Vollendung des 60. Lebensjahres (Absatz 1 Nr. 2) 5	7. Die Führung von bereits einer Vormundschaft, Pflegschaft oder Betreuung (Absatz 1 Nr. 8).... 11
3. Die Personen- und/oder Vermögenssorge für mindestens vier Minderjährige (Absatz 1 Nr. 3) 6	8. Musterklauseln 12
	C. Prozessuale Hinweise/Verfahrenshinweise 13

A. Grundlagen

Die Norm regelt die Gründe, warum eine zum Vormund berufene Person ihre Bestellung ablehnen darf.   1

B. Anwendungsvoraussetzungen

I. Normstruktur

Die Aufzählung in § 1786 BGB ist nach ganz herrschender Meinung abschließend.[1] Die Gegenansicht[2] ist abzulehnen. Diese stützt sich teilweise auf § 21 SG, der Soldaten eine Ablehnung des vormund-   2

---

[1] *Kemper* in: Hk-BGB, § 1786 Rn. 1; *Veit* in: Staudinger, § 1786 Rn. 5.
[2] LG Bielefeld v. 02.10.1987 - 3 T 976/87 - NJW-RR 1988, 713-714.

§ 1786

schaftlichen Amtes ermöglicht.[3] Hierbei handelt es sich zwar um einen weiteren Ablehnungsgrund, der tatsächlich nicht in § 1786 BGB genannt ist. Dennoch sollten unserer Ansicht nach keine ungeschriebenen Ablehnungsgründe angenommen werden. Zudem besteht gar kein Bedürfnis für die Annahme einer nicht abschließenden Aufzählung. Zwar kann keine Ablehnung erfolgen mit der Begründung, der Berufene sei ungeeignet.[4] Aber eine unberechtigte Weigerung kann das Gericht zur Bejahung der Nichteignung veranlassen. Im Interesse des Mündels sollte das Familiengericht stets überprüfen, ob die Übertragung der Vormundschaft auf eine zum Vormund berufene Person sinnvoll ist, wenn diese Person sich weigert, die Vormundschaft zu übernehmen, selbst wenn dies aus einem nicht in § 1786 BGB genannten Grund geschieht.

II. Anwendungsbereich

3 § 1786 BGB gilt für den vom Familiengericht gem. § 1779 BGB ausgewählten Vormund. Denjenigen, der von den Eltern des Mündels nach § 1776 BGB benannt worden ist, trifft nach § 1785 BGB noch keine Übernahmepflicht, deshalb bedarf es auch noch keiner Ablehnungsgründe. Ebenso wenig besteht eine Übernahmepflicht für Ausländer (vgl. die Kommentierung zu § 1785 BGB), sodass es für sie keines Rechtfertigungsgrundes i.S.v. § 1786 BGB bedarf. § 1786 BGB findet darüber hinaus weder auf den gesetzlichen oder bestellten Amtsvormund (arg e contrario aus § 1889 BGB) noch auf den Vereinsvormund (§ 1791a Abs. 1 Satz 2 BGB) Anwendung.

III. Ablehnungsgründe

1. Die Betreuung von mindestens zwei noch nicht schulfähigen Kindern oder eine sonstige dauernde besondere Erschwerung des Amts wegen der Fürsorge für die Familie (Absatz 1 Nr. 1)

4 § 1786 Abs. 1 Nr. 1 BGB enthält zwei Ablehnungsgründe. Hiernach ist derjenige zur Ablehnung einer Vormundschaft berechtigt, der entweder mindestens zwei noch nicht schulpflichtige Kinder hat oder glaubhaft machen kann, dass seine Familienfürsorge die Ausübung des Vormundsamtes besonders erschwert. In beiden Alternativen kommt es entgegen dem, was der Wortlaut der Vorschrift vermuten lässt, nur auf die Inhaberschaft einer **faktischen Elternrolle** an, nicht aber auf die Verwandtschaftsverhältnisse. Die Formulierung „Elternteil", die anstelle der früheren Formulierung „Frau" aus Gründen der Gleichberechtigung in das Gesetz aufgenommen wurde, ist mithin weit auszulegen. So kann die erste Alternative beispielsweise unabhängig davon gegeben sein, ob der Betreuende auch das Sorgerecht für die Kinder innehat. Ebenso kann sich auch eine kinderlose Frau oder ein kinderloser Mann, der sich um seine Eltern oder Neffen kümmert, auf die zweite Alternative, die Familienfürsorge, als Ablehnungsgrund stützen. Es muss dann lediglich die Erschwernis der Familienfürsorge glaubhaft gemacht werden. Neben diesen Ablehnungsgründen kann auch der des § 1786 Abs. 1 Nr. 3 BGB geltend gemacht werden.

2. Die Vollendung des 60. Lebensjahres (Absatz 1 Nr. 2)

5 Ein Ablehnungsgrund besteht weiterhin ab Vollendung des 60. Lebensjahres. Nicht ausreichend ist hingegen, wenn die berufene Person demnächst diese Altersgrenze erreicht. In diesem Fall bleibt dem Vormund nur die Möglichkeit, mit Vollendung des 60. Lebensjahres seine Entlassung gem. § 1889 BGB zu beantragen. Das Familiengericht muss in einer solchen Situation daher prüfen, ob es tatsächlich im Interesse des Mündels ist, jemanden zu bestellen, der demnächst das 60. Lebensjahr vollendet.

3. Die Personen- und/oder Vermögenssorge für mindestens vier Minderjährige (Absatz 1 Nr. 3)

6 Maßgeblich für diesen Ablehnungsgrund ist, dass dem Berufenen für vier oder mehr minderjährige Kinder jeweils mindestens die Personen- oder die Vermögenssorge zusteht. Die Grundlage des Sorgerechts ist dabei unerheblich. Ausgeschlossen sind indes familienfremde Kinder, deren Betreuung in einer (üblicherweise jederzeit widerruflichen) Vereinbarung entgeltlich oder unentgeltlich übernommen wurde.[5]

---

[3] *Zimmermann* in: Soergel, § 1786 Rn. 2.
[4] LG Bielefeld v. 02.10.1987 - 3 T 976/87 - NJW-RR 1988, 713-714.
[5] *Veit* in: Staudinger, § 1786 Rn. 7.

Es kommt auch nicht darauf an, ob man die Sorge allein oder zusammen mit dem anderen Elternteil innehat. Nur Kinder, für die dem Berufenen das Sorgerecht entzogen wurde, können, wie sich schon aus dem Wortlaut ergibt, nicht mitgezählt werden. Wegen der höheren Mindestanzahl der Minderjährigen kommt es im Gegensatz zu § 1786 Abs. 1 Nr. 1 BGB bei diesem Ablehnungsgrund weder darauf an, wer die Kinder betreut, noch darauf, ob eine besondere Belastung besteht. Beide Ablehnungsgründe können jedoch nebeneinander geltend gemacht werden.

4. Die Hinderung an der ordnungsgemäßen Führung der Vormundschaft durch Krankheit oder Gebrechen (Absatz 1 Nr. 4)

Ein Gebrechen liegt vor, wenn ein Zustand der länger dauernden Schwächung der körperlichen oder geistigen Kräfte gegeben ist.[6] Zum Begriff der Krankheit als objektiv feststellbarer regelwidriger Zustand vgl. hinsichtlich weiterer Einzelheiten die Kommentierung zu § 1572 BGB. Sowohl die Krankheit als auch das Gebrechen müssen zur Überzeugung des Familiengerichts feststehen. Es liegt dann in dessen Ermessen, ob die Krankheit oder das Gebrechen zur Verhinderung der Vormundschaft führt.

5. Eine besondere Belästigung bei der Führung der Vormundschaft aufgrund der Entfernung vom Familiengericht (Absatz 1 Nr. 5)

Ob ein Ablehnungsgrund nach dieser Vorschrift besteht, muss anhand der Umstände des Einzelfalles entschieden werden. Eine schematische Anknüpfung z.B. an Gerichtsbezirke ist daher nicht zulässig.[7] Eine besondere Belästigung kann einerseits daher sogar bei Wohnsitz im Gerichtsbezirk des Familiengerichts gegeben sein, wenn z.B. die Verkehrsverbindungen schlecht und viele Gänge zu Gericht erforderlich sind.[8] Auf der anderen Seite liegt selbst bei großer Entfernung kein Ablehnungsgrund vor, wenn das Familiengericht schriftliche Berichte akzeptiert.[9] Entscheidend sind mithin stets die persönlichen Verhältnisse wie etwa das Vorhandensein eines Pkw auf der einen und die konkrete Vormundschaftssache auf der anderen Seite. Ob eine Entfernung eine besondere, **nicht zumutbare Belästigung** hervorruft, ist nach pflichtgemäßem Ermessen zu beurteilen. Bei einem nachträglichen Wohnsitzwechsel kann der Vormund Antrag auf Entlassung stellen.

6. Die beabsichtigte Bestellung eines Mitvormunds (Absatz 1 Nr. 7)

Diese Vorschrift betrifft nur die gemeinschaftliche Führung nach § 1797 Abs. 1 BGB. Zum einen soll im Interesse des Mündels niemandem zugemutet werden, mit einer Person zusammenzuarbeiten, mit der er nicht kooperieren will. Zum anderen soll auch niemand für einen Mitvormund gem. § 1833 Abs. 2 BGB haften, mit dem er nicht einverstanden ist. Daher ist ein Ablehnungsgrund nach dieser Vorschrift nicht gegeben, wenn keine gemeinschaftliche Führung besteht, weil die Mitvormünder gem. § 1797 Abs. 2 BGB getrennte Wirkungskreise haben. Das Ablehnungsrecht steht aber demjenigen zu, der neben dem Jugendamt zum Mitvormund bestellt werden soll.[10]

7. Die Führung von bereits einer Vormundschaft, Pflegschaft oder Betreuung (Absatz 1 Nr. 8)

Ein Ablehnungsgrund besteht schließlich für Personen, die bereits mindestens zwei weitere Vormundschaften, Pflegschaften oder Betreuungen übernommen haben. Es bleibt dem Berufenen aber unbenommen, noch weitere Vormundschaften, Pflegschaften oder Betreuungen zu übernehmen, die **Sammelvormundschaft** ist nach oben nicht begrenzt. Nach dem Wortlaut der Vorschrift gilt die Sammelvormundschaft für (Halb-)Geschwister allerdings nur als eine einzige Vormundschaft, selbst wenn sie für die einzelnen Kinder vor verschiedenen Familiengerichten geführt wird. Mehr als eine Vormundschaft bedeutet nicht notwendig zwei Vormundschaften, es reicht vielmehr **jede Überschreitung** aus.[11] Daraus folgt, dass schon derjenige ablehnungsberechtigt ist, der bereits eine Vormundschaft und eine Gegenvormundschaft führt, obgleich nach dem Wortlaut von § 1786 Abs. 1 Nr. 8 BGB erst zwei Gegenvormundschaften einer Vormundschaft entsprechen. Die nicht erwähnte Gegenbetreuung ist wie eine Gegenvormundschaft zu behandeln.[12]

---

[6] *Bettin* in: Bamberger/Roth, § 1786 Rn. 6.
[7] *Kemper* in: Hk-BGB, § 1786 Rn. 2.
[8] *Bettin* in: Bamberger/Roth, § 1786 Rn. 7.
[9] *Kemper* in: Hk-BGB, § 1786 Rn. 2.
[10] *Zimmermann* in: Soergel, § 1786 Rn. 7.
[11] *Veit* in: Staudinger, § 1786 Rn. 22.
[12] *Wagenitz* in: MünchKomm-BGB, § 1786 Rn. 11.

8. Musterklauseln

12 Beispielhaft könnte die Ablehnung einer Vormundschaft folgendermaßen formuliert werden:
An das Amtsgericht
- Familiengericht -
Betr. Vormundschaft für das Kind_____
Bezug: Ihr Schreiben vom____ (Az:_____)
Die mir angetragene Vormundschaft für das Kind_____ lehne ich ab. Meine beiden Kinder _____ gehen zwar in den Kindergarten, sind aber zum Mittagessen wieder zu Hause. Darüber hinaus wohnt meine Mutter bei mir. Wegen ihrer Gehbehinderung aufgrund eines Schlaganfalls kann sie selbst kurze Strecken im Haus nicht alleine bewältigen und ist auf meine ständige Anwesenheit angewiesen.
Mit der Übernahme der Vormundschaft wäre ich deshalb überfordert und könnte meine Familie nicht mehr ordentlich vorsorgen.
Unterschrift

C. Prozessuale Hinweise/Verfahrenshinweise

13 Der Ablehnungsgrund muss **vor der Bestellung** zum Vormund beim Familiengericht geltend gemacht werden. Unterbleibt dies, ist das Ablehnungsrecht nach § 1787 Abs. 2 BGB verwirkt.[13] Ein Verzicht auf das Ablehnungsrecht wird erst mit der Bestellung bindend.[14]

14 Ist ein Ablehnungsgrund rechtzeitig geltend gemacht worden, findet gegen die den Grund zurückweisende Verfügung die Beschwerde nach den §§ 58, 59 FamFG statt. Bis zur Entscheidung muss die Vormundschaft jedoch nach § 1787 Abs. 2 BGB vorläufig übernommen werden, der sofortigen Beschwerde kommt also keine aufschiebende Wirkung zu.

15 Bei einem erst **nachträglich auftretenden Ablehnungsgrund** ist der Vormund auf seinen Antrag hin zu entlassen (§ 1889 BGB).

---

[13] *Veit* in: Staudinger, § 1786 Rn. 27.
[14] *Wagenitz* in: MünchKomm-BGB, § 1786 Rn. 12.

§ 1787 BGB Folgen der unbegründeten Ablehnung

(Fassung vom 17.12.2008, gültig ab 01.09.2009)

(1) Wer die Übernahme der Vormundschaft ohne Grund ablehnt, ist, wenn ihm ein Verschulden zur Last fällt, für den Schaden verantwortlich, der dem Mündel dadurch entsteht, dass sich die Bestellung des Vormunds verzögert.

(2) Erklärt das Familiengericht die Ablehnung für unbegründet, so hat der Ablehnende, unbeschadet der ihm zustehenden Rechtsmittel, die Vormundschaft auf Erfordern des Familiengerichts vorläufig zu übernehmen.

Gliederung

A. Grundlagen 1	1. Voraussetzungen 3
B. Anwendungsvoraussetzungen 2	2. Ersatzfähiger Schaden 6
I. Schadensersatz bei grundloser und schuldhafter Ablehnung (Absatz 1) 2	3. Praktische Hinweise 7
	II. Vorläufige Vormundschaft (Absatz 2) 9

A. Grundlagen

§ 1787 BGB regelt die Folgen einer unberechtigten Ablehnung der Vormundschaft. Eine solche kann zum einen zu einem Schadensersatzanspruch des Mündels gegen den Ablehnenden führen (§ 1787 Abs. 1 BGB). Dies gilt selbst dann, wenn die Übernahme der Vormundschaft nicht abgelehnt, sondern lediglich schuldhaft verzögert wird. Zum anderen kann der Ablehnende selbst bei eingelegtem Rechtsmittel zur vorläufigen Übernahme der Vormundschaft gezwungen werden (§ 1787 Abs. 2 BGB). § 1788 BGB ermöglicht es dem Familiengericht darüber hinaus, ein Zwangsgeld zu verhängen, um die vorläufige oder endgültige Übernahme durchzusetzen. **1**

B. Anwendungsvoraussetzungen

I. Schadensersatz bei grundloser und schuldhafter Ablehnung (Absatz 1)

Weigert sich der vom Familiengericht Ausgewählte grundlos, die Vormundschaft zu übernehmen oder verzögert er die Übernahme, so greift § 1787 Abs. 1 BGB ein. Zwischen dem Ausgewählten und dem Mündel kommt ein **gesetzliches Schuldverhältnis** zustande. **2**

1. Voraussetzungen

Voraussetzung der Schadensersatzpflicht ist zunächst, dass es sich um einen zur Vormundschaft Ausgewählten i.S.v. § 1779 BGB handelt. Es muss mit anderen Worten also eine **Übernahmepflicht** nach § 1785 BGB bestehen: Diese obliegt noch nicht dem lediglich von den Eltern nach § 1776 BGB Benannten, sondern nur demjenigen, der weder unfähig noch untauglich ist, die Vormundschaft zu übernehmen (§§ 1780-1784 BGB). **3**

Des Weiteren muss der Ausgewählte die Übernahme der Vormundschaft **grundlos ablehnen oder verzögern.** Es darf demnach keine Ablehnungsberechtigung nach der abschließenden Vorschrift des § 1786 BGB bestehen. Einer Ablehnung steht es gleich, wenn der zum Vormund Ausgewählte im Termin zu seiner Verpflichtung (§ 1789 BGB) nicht erscheint oder auf die Anfrage, ob er zur Übernahme der Vormundschaft bereit sei, nicht binnen angemessener Frist reagiert.[1] **4**

§ 1787 Abs. 1 BGB statuiert schließlich eine **verschuldensabhängige Haftung**, die sich nach der allgemeinen Regelung des § 276 BGB richtet. Der Anspruch wird nicht dadurch ausgeschlossen, dass das Gericht selbst Anordnungen treffen könnte, indem es z.B. einen Pfleger bestellt (§ 1909 Abs. 3 BGB) oder einstweilige Maßregeln nach § 1846 BGB anordnet. Auch die Einlegung eines Rechtmittels durch den Ausgewählten gegen seine Auswahl rechtfertigt nicht die Ablehnung. Wird nämlich die Übernahmepflicht bestätigt, so liegt eine grundlose Ablehnung vor, die auch trotz der Rechtsmitteleinlegung fahrlässig erfolgt sein kann. Hier kommt es auf das Gewicht der zur Ablehnung vorgetragenen Gründe an. **5**

---

[1] *Wagenitz* in: MünchKomm-BGB, § 1787 Rn. 4.

2. Ersatzfähiger Schaden

6 **Ersatzfähig** ist jeder **Schaden**, der dem Mündel durch die Verzögerung der Bestellung eines Vormunds entsteht. Hierunter fällt demnach nicht der Schaden, der durch die ersatzweise Bestellung eines ungeeigneten Vormunds oder Pflegers (§ 1909 Abs. 3 BGB) hervorgerufen wird.

3. Praktische Hinweise

7 Will das Mündel Schadensersatzansprüche geltend machen, so muss es nach den allgemeinen Regeln der **Beweislast** das Verschulden des Gegners, die Kausalität und den eigenen Schaden beweisen. Zu beachten ist, dass das Prozessgericht an die Entscheidung des Familiengericht, dass der Vormund die Übernahme nicht ablehnen durfte, nicht gebunden ist, da es hierzu an der notwendigen Bestimmung fehlt.[2]

8 Vor der Schuldrechtsreform war die Frage, ob durch § 1787 Abs. 1 BGB ein gesetzliches Schuldverhältnis entsteht oder ob es sich hierbei nicht vielmehr um einen Schadensersatzanspruch aus unerlaubter Handlung handelt, wegen der unterschiedlichen Dauer der **Verjährung** bedeutsam. Diese Abgrenzung hat jetzt jedoch an Bedeutung verloren, da in jedem Fall die regelmäßige Verjährungsfrist von 3 Jahren nach § 195 BGB gilt. Dennoch liegt aufgrund des Wortlautes der Vorschrift die Annahme eines gesetzlichen Schuldverhältnisses näher.

II. Vorläufige Vormundschaft (Absatz 2)

9 Lehnt der zum Vormund Ausgewählte die Übernahme der Vormundschaft ab, und erklärt das Familiengericht die Ablehnung für unbegründet, so kann es zugleich anordnen, dass der Ausgewählte die Vormundschaft nach § 1787 Abs. 2 BGB **vorläufig zu übernehmen** hat. Praktisch bedeutet diese Regelung, dass der Beschwerde (§ 58 FamFG) gegen die Verfügung, mit der das Familiengericht die Weigerung, eine Vormundschaft zu übernehmen, als unberechtigt zurückweist, keine aufschiebende Wirkung zukommt.

10 Da der Ausgewählte die Anordnung der vorläufigen Übernahme nicht ablehnen kann, kann diese mit Zwangsmitteln nach § 1788 BGB erzwungen werden und die diesbezügliche Weigerung Schadenersatzansprüche nach § 1787 Abs. 1 BGB auslösen. Dies gilt selbst dann, wenn einer Beschwerde des Ausgewählten gegen seine Auswahl schließlich stattgegeben wird.

11 **Praktische Hinweise**: Dem Familiengericht steht die Möglichkeit zu, im Fall von § 1787 Abs. 2 BGB die Bestellung zum Vormund mit dem **Vorbehalt der Entlassung** im Falle der Rechtmäßigkeit der Weigerung vorzunehmen (§ 1790 BGB). Geschieht dies nicht, so kann, wenn sich die Weigerung als berechtigt herausstellt, der vorläufige Vormund seine Entlassung beantragen.

---

[2] Ausführlich hierzu: *Wagenitz* in: MünchKomm-BGB, § 1787 Rn. 8.

§ 1788 BGB Zwangsgeld

(Fassung vom 17.12.2008, gültig ab 01.09.2009)

(1) Das Familiengericht kann den zum Vormund Ausgewählten durch Festsetzung von Zwangsgeld zur Übernahme der Vormundschaft anhalten.

(2) ¹**Die Zwangsgelder dürfen nur in Zwischenräumen von mindestens einer Woche festgesetzt werden.** ²**Mehr als drei Zwangsgelder dürfen nicht festgesetzt werden.**

Gliederung

A. Grundlagen 1	II. Zwangsgeld als Beugemittel 6
B. Anwendungsvoraussetzungen 2	C. Rechtsfolgen 7
I. Zulässigkeit der Festsetzung des Beugemittels.... 2	D. Prozessuale Hinweise/Verfahrenshinweise 9

A. Grundlagen

§ 1788 BGB regelt, wie die Übernahme einer Vormundschaft erzwungen werden kann. Wegen der Einschränkung auf eine dreimalige Zwangsgeldfestsetzung in § 1788 Abs. 2 Satz 2 BGB kommt ihr jedoch nur eine begrenzte Wirkung zu. Zu beachten ist auch § 1787 BGB, der ebenfalls Rechtsfolgen für den Fall vorsieht, dass sich jemand unberechtigt einer Vormundschaft zu entziehen versucht.   1

B. Anwendungsvoraussetzungen

I. Zulässigkeit der Festsetzung des Beugemittels

Voraussetzung für die Festsetzung bzw. der (zunächst erforderlichen) Androhung von Zwangsgeld ist, dass der Betroffene gem. § 1779 BGB zum Vormund ausgewählt wurde (eine bloße Benennung i.S.v. § 1776 BGB genügt hierfür noch nicht) und nach § 1785 BGB zur Übernahme verpflichtet ist, ohne ein Ablehnungsrecht nach § 1786 BGB zu haben.¹ Ausreichend ist allerdings schon eine vorläufige Pflicht zur Übernahme nach § 1787 Abs. 2 BGB.   2

Des Weiteren muss ein **schuldhaftes Zuwiderhandeln** oder Unterlassen vorliegen.²   3

Auf die **Vereinsvormundschaft** ist § 1788 BGB nicht anwendbar, weil für Vereine keine Übernahmepflicht besteht. Gleiches gilt für das **Jugendamt**. Das BGB verbietet eine Zwangsgeldsetzung in diesen Fällen zwar nicht direkt. Indirekt ergibt sich dies jedoch aus der Regelung des § 1837 Abs. 3 Satz 2 BGB, die die Festsetzung von Zwangsgeld gegen den sich schon im Amt befindlichen Vormund zur Befolgung der Anordnungen des Familiengerichts nicht zulässt, sofern es sich um einen Verein oder das Jugendamt handelt. Hieraus wird geschlossen, dass auch die Festsetzung von Zwangsgeld zum Zwecke der Erzwingung einer Vormundschaftsübernahme nicht zulässig ist. Zudem lässt sich anführen, dass die Bestellung bei der Vereins- sowie bei der Amtsvormundschaft jeweils durch schriftliche Verfügung (§§ 1791a Abs. 2, 1791b Abs. 2 BGB) und nicht im Wege des § 1789 BGB erfolgt. Für eine Weigerung, an der Bestellung mitzuwirken, ist daher in diesen Fällen gar kein Platz.   4

Praktische Hinweise: Vor der Festsetzung muss das Zwangsgeld auch nach Inkrafttreten des FamFG in entsprechender Anwendung des § 35 Abs. 2 FamFG **angedroht** werden.   5

II. Zwangsgeld als Beugemittel

§ 1788 BGB sieht das Zwangsgeld als einziges zulässiges Beugemittel vor. Daraus folgt, dass sowohl die Zwangshaft als auch die Umwandlung des Zwangsgeldes in Haft bei Nichteintreibbarkeit des Geldes nicht zulässig ist.³   6

---

[1] *Wagenitz* in: MünchKomm-BGB, § 1774 Rn. 4.
[2] *Wagenitz* in: MünchKomm-BGB, § 1788 Rn. 5.
[3] *Kemper* in: HK-BGB, § 1788 Rn. 1.

§ 1788

C. Rechtsfolgen

7 Für die **Höhe** des Zwangsgeldes gilt § 35 Abs. 3 FamFG[4]: Danach darf das einzelne Zwangsgeld den Betrag von 25.000 € nicht übersteigen. Eine Umwandlung in eine Freiheitsstrafe ist ebenso wenig zulässig wie eine zwangsweise Vorführung.[5]

8 Hat auch die Festsetzung des Zwangsgeldes nach zweimaliger Wiederholung **keinen Erfolg**, muss in Ausnahme von § 1837 Abs. 3 BGB ein anderer zum Vormund bestellt werden.

D. Prozessuale Hinweise/Verfahrenshinweise

9 **Zuständig** für die Beitreibung des Zwangsgeldes sowie der Verfahrenskosten (§ 35 Abs. 3 Satz 2 FamFG) ist der Rechtspfleger (§ 3 Nr. 2a RPflG).

10 Gegen die Festsetzung eines Zwangsgeldes ist Beschwerde (§§ 58, 59 FamFG) mit dem Ziel der nachträglichen Aufhebung der Festsetzung (§ 48 FamFG) möglich. Gem. § 93 FamFG kann die Vollstreckung einstweilen eingestellt werden.

---

[4] *Schulte-Bunert* (*Schulte-Bunert* in: FamFG, § 35 Rn. 3), der wegen der Sonderregelung in § 1788 BGB die Anwendung des § 35 FamFG ablehnt, übersieht insoweit, dass § 1788 BGB bezüglich der Höhe des Zwangsgeldes etc. keine Regelung vorsieht; ein Rückgriff auf § 35 FamFG ist insoweit erforderlich.

[5] *Bettin* in: Bamberger/Roth, § 1788 Rn. 2.

§ 1789 BGB Bestellung durch das Familiengericht

(Fassung vom 17.12.2008, gültig ab 01.09.2009)

¹Der Vormund wird von dem Familiengericht durch Verpflichtung zu treuer und gewissenhafter Führung der Vormundschaft bestellt. ²Die Verpflichtung soll mittels Handschlags an Eides Statt erfolgen.

Gliederung

A. Grundlagen 1	III. Fehler bei der Bestellung 6
B. Anwendungsvoraussetzungen 2	C. Rechtsfolgen 8
I. Rechtsnatur der Bestellung 2	D. Prozessuale Hinweise/Verfahrenshinweise 10
II. Die Anforderungen an die Bestellung (Verpflichtung) 3	

A. Grundlagen

Die Norm regelt die Bestellung des Vormunds. Hierdurch erhält die ausgewählte Person die rechtliche Stellung eines Vormunds. § 1789 BGB gilt nur für die Vormundschaft natürlicher Personen. Für eine **gesetzliche Amtsvormundschaft** i.S.v. § 1791c BGB bedarf es nämlich keiner Bestellung, diese Vormundschaft tritt vielmehr kraft Gesetzes ein. Bei einem **bestellten Amtsvormund** sowie einem **Vereinsvormund** genügt jeweils die schriftliche Verfügung des Familiengerichts (§§ 1791a Abs. 2, 1791b Abs. 2 BGB). 1

B. Anwendungsvoraussetzungen

I. Rechtsnatur der Bestellung

Die rechtliche Einordnung der Bestellung ist umstritten. Nach h.M. handelt es sich nicht um ein Privatrechtsgeschäft, sondern um einen **mitwirkungsbedürftigen Verwaltungsakt**, der aus der Beauftragung durch den Rechtspfleger des Familiengerichts und dem Versprechen des Bestellten besteht.[1] Bedeutung hat die Frage nach der Rechtsnatur jedoch nur im Bezug auf eine eventuelle **Anfechtung oder Rücknahme**. Hier sind sich indes alle Stimmen einig: Mangels Vorliegen eines Rechtsgeschäfts ist sowohl die Rücknahme als auch die Anfechtung der Übernahmeerklärung nicht möglich.[2] Ist jemand zum Vormund bestellt worden, bleibt als einzige Möglichkeit die Entlassung mit ex-nunc-Wirkung, wenn die Voraussetzungen der §§ 1886-1889 BGB gegeben sind. 2

II. Die Anforderungen an die Bestellung (Verpflichtung)

Wegen ihrer Bedeutung ist die Bestellung **förmlich** vorzunehmen. Eine konkludente Bestellung ist daher nicht zulässig.[3] Andernfalls könnten Unklarheiten entstehen, ob noch ein Ablehnungsrecht des zu Bestellenden besteht oder nicht, da dieses mit Bestellung erlischt. Allerdings muss für die Bestellung nicht am Wortlaut des Gesetzes festgehalten werden, es reicht aus, wenn die Verpflichtung die dort genannten Prinzipien zum Ausdruck bringt. Aus § 1789 Satz 2 BGB, der bestimmt, dass die Verpflichtung grundsätzlich durch Handschlag erfolgen soll, ergibt sich, dass eine **persönliche Anwesenheit** des Vormunds[4] beim Familiengericht erforderlich ist. Eine Vertretung ist daher ausgeschlossen,[5] eine schriftliche Bestellung nur bei Vereins- oder Amtsvormündern sowie bei der allgemeinen Bestellung, soweit man diese als zulässig ansieht,[6] möglich. 3

Eine **bedingte** oder **befristete Bestellung** ist aus Gründen der Rechtsunsicherheit unzulässig; erlaubt ist lediglich die Bestellung unter Vorbehalt nach § 1790 BGB. 4

Führt der zu Bestellende Vormundschaften berufsmäßig, so hat das Familiengericht dies bei der Bestellung festzuhalten (§ 1836 Abs. 1 Satz 2 BGB). 5

---

[1] *Götz* in: Palandt, § 1789 Rn. 1.
[2] *Götz* in: Palandt, § 1789 Rn. 1; *Wagenitz* in: MünchKomm-BGB, § 1789 Rn. 8.
[3] *Bettin* in: Bamberger/Roth, § 1789 Rn. 2.
[4] OLG Saarbrücken v. 25.08.2004 - 2 WF 5/04 - juris Rn. 18 - FamRZ 2005, 927.
[5] *Götz* in: Palandt, § 1789 Rn. 1.
[6] *Götz* in: Palandt, § 1789 Rn. 1.

III. Fehler bei der Bestellung

6 Liegt ein Verstoß gegen § 1789 Satz 1 BGB vor, ist also gar **keine förmliche Bestellung** durchgeführt worden, sondern beispielsweise nur die Bestallungsurkunde ausgehändigt worden, so liegt keine wirksame Bestellung vor. Ein solcher Verstoß ist allerdings nicht schon dann gegeben, wenn der Wortlaut des Gesetzes bei der Verpflichtung nicht eingehalten wurde. Es genügt hierfür nämlich, dass der zu Bestellende zu erkennen gibt, dass er bereit ist, die Pflichten eines Vormunds zu übernehmen. Ist der zum Vormund zu Bestellende beim Bestellungsakt geistig gestört i.S.v. § 105 BGB, so fehlt es an einer wirksamen Bestellung.

7 § 1789 Satz 2 BGB hingegen ist nur eine Soll-Vorschrift. Das Versprechen an Eides Statt dient ebenso wie der Händedruck lediglich einer gewissen Feierlichkeit und hat keine strafrechtlichen Auswirken, wenn das Amt später schlecht geführt wird. Aus dem Charakter dieser Regelung als bloße Ordnungsvorschrift ergibt sich weiterhin, dass ein Abweichen von den dort genannten Voraussetzungen die Wirksamkeit der Bestellung nicht berührt.[7]

C. Rechtsfolgen

8 Durch die Bestellung wird der Verpflichtete zum Vormund. Die Bestallungsurkunde (§ 1791 BGB) stellt nur einen Nachweis darüber dar, ihre spätere Ausstellung ist daher für die Verpflichtung einer Person ohne Bedeutung. In den Fällen der §§ 1791a, 1791b BGB, in denen gerade keine Verpflichtung erforderlich ist, beginnt das Amt mit Zugang der Verfügung des Familiengerichts.

9 Ab der Verpflichtung hat der Vormund insbesondere die Befugnis zur **gesetzlichen Vertretung**. Im Verhältnis zum Mündel entsteht zugleich ein **gesetzliches Schuldverhältnis**, das als Haftungsgrundlage dienen kann.[8] Mit der Verpflichtung erlöschen auch die Ablehnungsrechte i.S.v. § 1786 BGB. Der Vormund kann nun sein Amt nur noch durch Entlassung nach den §§ 1886-1889 BGB wieder verlieren.

D. Prozessuale Hinweise/Verfahrenshinweise

10 Zuständig für die Bestellung ist nach den §§ 3 Nr. 2a, 14 RPflG der **Rechtspfleger**. Die Bestellung durch eine unzuständige Stelle, z.B. durch eine Behörde oder ein Gericht eines anderen Gerichtszweigs, ist nichtig, die lediglich örtliche Unzuständigkeit eines Gerichts ist jedoch nach § 2 FamFG unschädlich.

11 Auch wenn die Errichtung eines **Protokolls** für die Wirksamkeit einer Bestellung nicht erforderlich ist, so ist dies jedoch zweckmäßig und üblich.

---

[7] *Bettin* in: Bamberger/Roth, § 1789 Rn. 4.
[8] BGH v. 30.03.1955 - IV ZB 23/55 - BGHZ 17, 108-116.

§ 1790 BGB Bestellung unter Vorbehalt

(Fassung vom 02.01.2002, gültig ab 01.01.2002)

Bei der Bestellung des Vormunds kann die Entlassung für den Fall vorbehalten werden, dass ein bestimmtes Ereignis eintritt oder nicht eintritt.

Gliederung

A. Grundlagen 1
B. Anwendungsvoraussetzungen 2
I. Zulässigkeit des Entlassungsvorbehalts 2
II. Entlassung ohne Vorbehalt 3
C. Rechtsfolgen 4

A. Grundlagen

Grundsätzlich kann der einmal bestellte Vormund nur unter den Voraussetzungen der §§ 1886-1888 BGB entlassen werden. Darüber hinaus ist es jedoch nach § 1790 BGB möglich, die **Entlassung** bei seiner Bestellung ausdrücklich **vorzubehalten**. Hiermit soll der Tatsache Rechnung getragen werden, dass eine Bestellung des Vormunds unter einer Bedingung oder Befristung nicht möglich ist, da es sich hierbei nicht um ein Rechtsgeschäft handelt. Um diese Lücke zu schließen, hat der Gesetzgeber die Möglichkeit des Entlassungsvorbehalts vorgesehen. 1

B. Anwendungsvoraussetzungen

I. Zulässigkeit des Entlassungsvorbehalts

Der Entlassungsvorbehalt ist bei der Bestellung jeglichen Vormunds, also auch beim **Amts-** (§ 1791b BGB) oder **Vereinsvormund** (§ 1791a BGB) zulässig.[1] Allerdings steht die Anordnung eines Entlassungsvorbehalts nicht im Belieben des Familiengerichts. Hiermit darf insbesondere nicht das Benennungsrecht der Eltern nach § 1776 BGB eingeschränkt werden. **Inhaltlich** ist ein Vorbehalt angebracht, wenn z.B. eine als Vormund geeignet erscheinende Person sich zum Zeitpunkt der Anordnung der Vormundschaft noch im Ausland aufhält. Der Entlassungsvorbehalt kann bei Mitvormundschaft auch zur Erledigung bestimmter Aufgaben sinnvoll sein. 2

II. Entlassung ohne Vorbehalt

Außer in den Fällen der §§ 1886-1888 BGB und des Entlassungsvorbehalts ist eine Entlassung nur in folgenden Ausnahmefällen möglich: 3
- wenn der berufene Vormund zu Unrecht übergangen worden ist und seine Beschwerde Erfolg hatte,
- wenn der vorübergehend verhinderte Vormund nicht mehr verhindert ist (§ 1778 Abs. 2 BGB), oder
- wenn ein ungeeigneter oder von den Eltern wirksam ausgeschlossener Vormund ausgewählt war, gegen dessen Bestellung mit Erfolg Beschwerde eingelegt worden ist.

C. Rechtsfolgen

Der Entlassungsvorbehalt führt **nicht automatisch zur Beendigung** des Amts. Diese tritt vielmehr erst durch die Entlassungsverfügung ein.[2] Ist die Entlassung vorbehalten worden, so kann sie unabhängig davon erfolgen, ob die Entlassungsgründe der §§ 1886-1888 BGB gegeben sind. 4

---

[1] *Wagenitz* in: MünchKomm-BGB, § 1790 Rn. 4.
[2] *Bettin* in: Bamberger/Roth, § 1790 Rn. 1.

§ 1791 BGB Bestallungsurkunde

(Fassung vom 02.01.2002, gültig ab 01.01.2002)

(1) Der Vormund erhält eine Bestallung.

(2) Die Bestallung soll enthalten den Namen und die Zeit der Geburt des Mündels, die Namen des Vormunds, des Gegenvormunds und der Mitvormünder sowie im Falle der Teilung der Vormundschaft die Art der Teilung.

Gliederung

A. Grundlagen 1
B. Anwendungsvoraussetzungen 2
I. Bedeutung der Bestallung 2
II. Inhalt der Bestallung (Absatz 2) 4
C. Rechtsfolgen 5
D. Prozessuale Hinweise/Verfahrenshinweise 6

A. Grundlagen

1 § 1791 BGB bestimmt, dass der Vormund eine Bestallung erhält und regelt Einzelheiten des **Inhalts der Bestallungsurkunde,** die allerdings lediglich als Ausweis über die Bestellung dient. Auf die Amts- sowie die Vereinsvollmacht ist diese Vorschrift nicht anwendbar (§§ 1791a Abs. 2, 1791b Abs. 2 BGB).

B. Anwendungsvoraussetzungen

I. Bedeutung der Bestallung

2 Die Bestallungsurkunde ist ein **Zeugnis** über die Bestellung zum Vormund. Sie bescheinigt lediglich, dass und mit welchen Maßgaben die darin bezeichnete Person als Vormund bestellt ist; sie hat keinerlei materiell-rechtliche Wirkung.[1] Für den Wirkungskreis des Einzelvormunds ist allein die Verpflichtungsverhandlung gem. § 1789 BGB maßgeblich, die Bestallungsurkunde enthält diesbezüglich keine Vollmacht. Das Fehlen einer Bestallungsurkunde hat daher auch keine Auswirkung auf den Bestand der Vormundschaft. Anders als z.B. der Erbschein bewirkt die Bestallungsurkunde **keinerlei Rechtsschein**, d.h. es gibt keinerlei Schutz des guten Glaubens an den Inhalt der Bestallung, wenn diese von der Verpflichtungsverhandlung abweicht.[2] Auch § 174 BGB ist nicht anwendbar.[3]

3 **Praktische Hinweise**: Dritte, die über den Vormund mit dem Mündel Geschäfte abschließen wollen, sollten sich aus den oben genannten Gründen immer zuvor beim Familiengericht erkundigen, ob und in welchem Umfang der Vormund für das Mündel handeln kann. Hierzu steht ihnen das Akteneinsichtsrecht nach § 13 FamFG zu.

II. Inhalt der Bestallung (Absatz 2)

4 Neben den in § 1791 Abs. 2 BGB genannten Angaben können weitere Daten aufgenommen werden. Dies ist vor allem dann zweckmäßig, wenn sie die Stellung des Vormunds beeinflussen wie etwa Befreiungen und deren Aufhebung (§§ 1817, 1852-1857 BGB), allgemeine Ermächtigungen nach § 1825 BGB, Anordnungen gemäß § 1803 BGB, Entlassungsvorbehalte (§ 1790 BGB) oder die Entziehung der Vertretungsmacht (§ 1796 BGB). Befreiungen sind vollständig anzuführen; andernfalls ist der Vormund beschwerdeberechtigt.[4] Sinnvoll ist darüber hinaus die Angabe des Tages der Bestellung zum Vormund. Bei **Änderungen** ist die Bestallungsurkunde zu **berichtigen**.

C. Rechtsfolgen

5 Abgesehen von dem **Beweiswert** für ein Bestehen der Vormundschaft (§ 417 ZPO) liegt die Bedeutung der Bestallungsurkunde daher nur negativ in der Möglichkeit (eines Dritten oder des Mündels)[5], bei

---

[1] *Wagenitz* in: MünchKomm-BGB, § 1791 Rn. 4.
[2] *Bettin* in: Bamberger/Roth, § 1791 Rn. 3.
[3] RG v. 12.10.1910 - III 60/10 - RGZ 74, 263-269, 263.
[4] *Wagenitz* in: MünchKomm-BGB, § 1791 Rn. 7.
[5] *Veit* in: Staudinger, § 1791 Rn. 10.

Unrichtigkeit den Staat im Rahmen eines **Amtshaftungsanspruches** gemäß § 839 BGB i.V.m. Art. 34 GG haftbar zu machen.

D. Prozessuale Hinweise/Verfahrenshinweise

Bei Entlassung des Vormunds ist die Bestallung dem Familiengericht zurückzugeben (§ 1893 Abs. 2 BGB). 6

§ 1791a BGB Vereinsvormundschaft

(Fassung vom 17.12.2008, gültig ab 01.09.2009)

(1) ¹Ein rechtsfähiger Verein kann zum Vormund bestellt werden, wenn er vom Landesjugendamt hierzu für geeignet erklärt worden ist. ²Der Verein darf nur zum Vormund bestellt werden, wenn eine als ehrenamtlicher Einzelvormund geeignete Person nicht vorhanden ist oder wenn er nach § 1776 als Vormund berufen ist; die Bestellung bedarf der Einwilligung des Vereins.

(2) Die Bestellung erfolgt durch Beschluss des Familiengerichts; die §§ 1789, 1791 sind nicht anzuwenden.

(3) ¹Der Verein bedient sich bei der Führung der Vormundschaft einzelner seiner Mitglieder oder Mitarbeiter; eine Person, die den Mündel in einem Heim des Vereins als Erzieher betreut, darf die Aufgaben des Vormunds nicht ausüben. ²Für ein Verschulden des Mitglieds oder des Mitarbeiters ist der Verein dem Mündel in gleicher Weise verantwortlich wie für ein Verschulden eines verfassungsmäßig berufenen Vertreters.

(4) Will das Familiengericht neben dem Verein einen Mitvormund oder will es einen Gegenvormund bestellen, so soll es vor der Entscheidung den Verein hören.

Gliederung

A. Grundlagen 1	I. Führung der Vormundschaft durch Mitglieder oder Mitarbeiter des Vereins 10
B. Anwendungsvoraussetzungen 2	II. Überwachung des Vereins 13
I. Voraussetzungen der Bestellung 2	III. Vergütung des Vereins 14
II. Die Bestellung 8	IV. Haftung des Vereins 15
III. Entlassungsgründe 9	
C. Rechtsfolgen 10	

A. Grundlagen

1 Die Vorschrift gestattet – unter Bekräftigung des Prinzips der Einzelvormundschaft – die Bestellung eines Vereins zum Vormund, der vom Landesjugendamt hierfür für geeignet erklärt worden ist. Sie enthält darüber hinaus Einzelheiten zur Bestellung einer solchen Vormundschaft sowie zu ihrer Führung.

B. Anwendungsvoraussetzungen

I. Voraussetzungen der Bestellung

2 Neben der allgemeinen Voraussetzungen jeder Vormundschaft – ein nicht unter elterlicher Sorge stehendes Kind (§ 1773 BGB) – müssen nach § 1791a Abs. 1 BGB folgende Voraussetzungen erfüllt sein:

3 Es muss sich zum einen um einen **rechtsfähigen Verein** i.S.v. § 21 BGB handeln. Sonstige Zusammenschlüsse kommen ebenso wenig in Betracht wie Stiftungen oder Körperschaften. Vereinszweck muss ferner die Förderung der Jugendwohlfahrt sein.[1]

4 Der Verein muss darüber hinaus zur Zeit der Bestellung nach § 54 SGB VIII die **Erlaubnis des Landesjugendamtes** haben, eine Vormundschaft führen zu dürfen. Trotz der verschiedenen Begriffe decken sich Eignungserklärung i.S.v. § 1791a Abs. 1 BGB und Erlaubniserklärung nach § 54 SGB VIII. Die Bestellung eines nicht zugelassenen Vereins ist zwar nicht nichtig; der Verein ist in diesem Falle jedoch zu entlassen. Gleiches gilt, wenn die Erlaubnis später widerrufen wird.[2]

5 Des Weiteren darf zur Zeit der Bestellung **keine zur Bestellung als Einzelvormund geeignete Person** vorhanden sein. Eine Ausnahme von diesem **Subsidiaritätsgrundsatz** gilt nur, wenn die Eltern den Verein im Rahmen ihres Benennungsrechts nach § 1776 BGB benannt haben. Ein Übergehen des Vereins ist dann nur in den Grenzen des § 1778 Abs. 1 BGB möglich. Durch das zum 01.07.2005 in Kraft getretene Zweite Betreuungsrechtsänderungsgesetz wurde die Subsidiarität auf das Vorhandensein ei-

---

[1] *Kemper* in: Hk-BGB, § 1791a Rn. 2.
[2] *Bettin* in: Bamberger/Roth, § 1791a Rn. 2.

ner als **ehrenamtlicher** Einzelvormund geeigneten Person beschränkt. Mit dieser Gesetzesänderung sollte erreicht werden, dass als Einzelvormünder nicht einzelne Berufsvormünder, sondern lediglich ehrenamtlich tätige Vormünder Vorrang vor einem Verein genießen.

Schließlich muss der Verein, d.h. der Vorstand oder das sonst berufene satzungsmäßige Organ dem Familiengericht gegenüber, der Bestellung **zustimmen**. Ein Antrag des Vereins ist indes nicht erforderlich, da die nach dieser Vorschrift geeigneten Vereine ihre Bereitschaft zur Übernahme von Vormundschaften allgemein erklärt haben. Die Einwilligung ist nicht nur für die Bestellung als Vormund, sondern auch für die Bestellung als Gegenvormund oder Mitvormund eines bestimmten Mündels sowie für die Beschränkung auf bestimmte Wirkungskreise i.S.v. § 1797 Abs. 2 BGB erforderlich. In allen Fällen kann der Verein seine Zustimmung ohne Begründung verweigern.

Will das Familiengericht umgekehrt neben dem Verein einen Mit- oder Gegenvormund bestellen, so soll es gem. § 1791a Abs. 4 BGB den Verein vor der Entscheidung anhören. Ein Ablehnungsrecht wie nach § 1786 Abs. 1 Nr. 7 BGB steht dem Verein allerdings nicht zu.[3] Dies ergibt sich auch daraus, dass nur der Einzelvormund gem. § 1889 Abs. 1 BGB seine Entlassung beantragen kann, wenn nach seiner Bestellung ein Entlassungsgrund auftritt. Dem Verein ist dies nicht möglich.

II. Die Bestellung

Die Bestellung erfolgt gem. § 1791a Abs. 2 BGB durch **schriftliche Verfügung**; die §§ 1789, 1791 BGB gelten nicht. Die Verfügung des Familiengerichts wird gem. § 40 FamFG mit Bekanntgabe an den Verein wirksam.

III. Entlassungsgründe

Der Verein ist als Vormund zu **entlassen**, sobald ein geeigneter Einzelvormund vorhanden ist (§§ 1887, 1889 Abs. 2 BGB), bei Widerruf der Erlaubnis des Landesjugendamtes sowie auf seinen Antrag hin bei Vorliegen eines wichtigen Grundes.[4] In allen Fällen hat der Verein die bei Bestellung erhaltene schriftliche Verfügung gem. § 1893 Abs. 2 BGB zurückzugeben.

C. Rechtsfolgen

I. Führung der Vormundschaft durch Mitglieder oder Mitarbeiter des Vereins

Zur **Führung der Vormundschaft** hat sich der Verein nach § 1791a Abs. 3 BGB zwingend eines Mitglieds oder eines Mitarbeiters zu bedienen. Unter Mitarbeitern sind angestellte Personen zu verstehen, nicht jedoch ehrenamtlich tätige Personen, die nicht Mitglied des Vereins sind.[5] Dieser Grundsatz ergibt sich aus den Verpflichtungen des Vereins: Er muss nämlich die Personalhoheit über die für ihn tätigen Personen entweder aufgrund der Vereinssatzung oder aufgrund eines Anstellungsvertrags haben, da er andernfalls auch nicht haften könnte. Unzulässig ist des Weiteren nach § 1791a Abs. 3 Satz 1 BGB die Heranziehung von Personen, die den Mündel in einem Heim betreuen, selbst wenn diese Vereinsmitglieder oder Mitarbeiter des Vereins sind. Uneinig ist sich die Literatur darüber, ob ein trotz dieses Verbotes mit der Führung der Vormundschaft Betrauter wirksam Rechtsgeschäfte für das Mündel abschließen kann.[6] Unseres Erachtens sollte die Wirksamkeit bejaht werden. Allerdings ist die gesetzeswidrige Tätigkeit unverzüglich zu unterbinden und ein dem Mündel ggf. entstandener Schaden zu ersetzen.

Obwohl der Verein die Führung der Vormundschaft überträgt, bleibt er selbst Vormund. Es liegt hier ein Fall der **Untervertretung** vor. Bei Pflichtverstößen der Hilfsperson kann das Familiengericht daher nicht diese entlassen, sondern lediglich den Verein zu entsprechenden vereinsinternen Maßnahmen anhalten.[7]

Regelmäßig teilt der Verein dem Familiengericht mit, welche Person die Vormundschaft führt. Das Gericht kann den Verein hierzu auch nach § 1839 BGB auffordern. Schon nach dem Wortlaut des Gesetzes ist es dem Verein möglich, die Aufgaben des Vormunds auf verschiedene Personen entsprechend ihrer beruflichen Qualifikation zu **verteilen**.

---

[3] *Götz* in: Palandt, § 1791a Rn. 2.
[4] *Veit* in: Staudinger, § 1791a Rn. 13.
[5] *Zimmermann* in: Soergel, § 1791a Rn. 5.
[6] *Wagenitz* in: MünchKomm-BGB, § 1791a Rn. 13; *Götz* in: Palandt, § 1791a Rn. 3; noch a.A.: *Diederichsen* in: Palandt, 71. Aufl., § 1791a Rn. 7.
[7] BayObLG München v. 19.03.1993 - 1Z BR 6/93 - juris Rn. 12 - Rpfleger 1993, 403.

II. Überwachung des Vereins

13 Der Vereinsvormund ist von der **Überwachung durch das Jugendamt** weitgehend freigestellt (§ 53 Abs. 4 Satz 2, Abs. 3 SGB VIII). Dem Familiengericht ist es auch nicht möglich, zur Befolgung seiner Anordnungen ein Zwangsgeld festzusetzen (§ 1837 Abs. 3 Satz 2 BGB). Im Übrigen stehen dem Vereinsvormund die bei der Vermögensverwaltung zulässigen **Befreiungen** kraft Gesetzes zu (§ 1857a BGB i.V.m. den §§ 1852 Abs. 2, 1853, 1854 BGB).

III. Vergütung des Vereins

14 Gem. den §§ 1836 Abs. 4, 1835a Abs. 5 BGB kann der Vereinsvormund weder eine **Vergütung** noch eine **Aufwandsentschädigung** verlangen. Darüber hinaus gilt § 1835 Abs. 5 BGB.

IV. Haftung des Vereins

15 Für ein Verschulden seiner Mitglieder und Mitarbeiter **haftet** der Verein gegenüber dem Mündel nach § 1791a Abs. 3 Satz 2 BGB i.V.m. § 1833 BGB wie für Organe nach § 31 BGB. Die Vorschriften der §§ 278, 831 BGB sind nicht anwendbar.[8] Allerdings verringern die Befreiungen das Haftungsrisiko.

---

[8] *Bettin* in: Bamberger/Roth, § 1791a Rn. 5.

§ 1791b BGB Bestellte Amtsvormundschaft des Jugendamts

(Fassung vom 17.12.2008, gültig ab 01.09.2009)

(1) ¹Ist eine als ehrenamtlicher Einzelvormund geeignete Person nicht vorhanden, so kann auch das Jugendamt zum Vormund bestellt werden. ²Das Jugendamt kann von den Eltern des Mündels weder benannt noch ausgeschlossen werden.

(2) Die Bestellung erfolgt durch Beschluss des Familiengerichts; die §§ 1789, 1791 sind nicht anzuwenden.

Gliederung

A. Grundlagen 1	II. Freistellungen des Amtsvormundes 14
B. Anwendungsvoraussetzungen 2	III. Vergütung des Amtsvormundes 16
I. Voraussetzungen der Bestellung 2	**D. Prozessuale Hinweise/Verfahrenshinweise** 17
II. Die Bestellung 7	I. Rechtsmittel gegen die Bestellung eines Amts-
III. Entlassungsgründe 10	vormundes 17
C. Rechtsfolgen 12	II. Einsichtsrecht des Mündels in die Akten 20
I. Führung der Amtsvormundschaft 12	

A. Grundlagen

Diese Vorschrift gestattet die Bestellung des Jugendamtes zum Vormund, sie macht jedoch zugleich auch deutlich, dass eine solche Bestellung nur als **ultima ratio** in Betracht kommt, wenn kein anderer geeigneter ehrenamtlicher Vormund vorhanden ist. Der Gesetzgeber geht dabei davon aus, dass ein Einzelvormund dem Wohl des Mündels im Allgemeinen besser und individueller dienen kann als ein Amtsvormund.[1]

B. Anwendungsvoraussetzungen

I. Voraussetzungen der Bestellung

Erforderlich für die Bestellung des Jugendamtes zum Vormund ist **neben den allgemeinen Voraussetzungen** des § 1773 BGB, dass **kein anderer geeigneter Vormund** vorhanden ist. Durch das zum 01.07.2005 in Kraft getretene Zweite Betreuungsrechtsänderungsgesetz wurde die Subsidiarität auf das Vorhandensein einer als **ehrenamtlicher** Einzelvormund geeigneten Person beschränkt. Mit dieser Gesetzesänderung sollte erreicht werden, dass als Einzelvormünder nicht einzelne Berufsvormünder, sondern lediglich ehrenamtlich tätige Vormünder Vorrang vor dem Jugendamt genießen. Nach h.M gilt diese Subsidiarität auf der anderen Seite nicht nur im Hinblick auf die Einzelvormundschaft. Vielmehr hat auch die Vereinsvormundschaft Vorrang vor der Amtsvormundschaft des Jugendamtes.[2]

Unerheblich ist der Grund für das Fehlen einer geeigneten Person. Um das Fehlen eines anderen geeigneten Vormunds nachzuweisen, muss das Familiengericht selbst intensive Nachforschungen anstellen (§ 26 FamFG). Dazu gehört auch die Anfrage an das Jugendamt, ob dieses gemäß § 53 Abs. 1 SGB VIII geeignete Personen vorschlagen kann.[3] Das Familiengericht darf sich aber nicht lediglich auf die i.S.v. § 53 Abs. 1 SGB VIII erfolgten Vorschläge des Jugendamtes beschränken, ohne die Geeignetheit der Person zu überprüfen. Die Intensität der Ermittlungen richtet sich dabei nach der Schwierigkeit der Rechts- und Vermögenslage.[4]

Eine Amtsvormundschaft kommt insbesondere bei minderjährigen unbegleiteten Flüchtlingen in Betracht, da das Jugendamt gemäß § 42 Abs. 1 Satz 1 Nr. 3 SGB VIII berechtigt und verpflichtet ist, ein ausländisches unbegleitetes Kind in Obhut zu nehmen, und somit schon von Beginn an mit dem Fall befasst ist.[5]

---

[1] LG Wiesbaden v. 03.09.2008 - 4 T 663/07 - FamRZ 2009, 2103.
[2] Statt vieler *Wagenitz* in: MüKomm, § 1791b Rn 3; a.A. mit ausführlicher Begründung nunmehr: OLG Celle v. 19.04.2011 - 15 UF 76/10 - JAmt 2011, 352-354.
[3] OLG Hamm v. 09.03.2010 - II-1 UF 46/10, 1 UF 46/10 - FamRZ 2010, 1684.
[4] BayObLG München v. 01.07.1983 - BReg 1 Z 37/83 - FamRZ 1984, 205-207.
[5] OLG Karlsruhe v. 05.03.2012 - 18 UF 274/11 - juris Rn. 35.

5   Im Gegensatz zur Vereinsvormundschaft bedarf die Amtsvormundschaft **nicht der Einwilligung des Jugendamtes**. Das Jugendamt kann sich also bei Fehlen einer zur Vormundschaft geeigneten Person nicht gegen seine Bestellung wehren. Dies ist vor dem Hintergrund zu sehen, dass eine Amtsvormundschaft sowieso nur subsidiär in Betracht kommt, damit ein Mündel überhaupt einen Vormund bekommt. Könnte sich auch das Jugendamt weigern, so wäre gerade dies nicht mehr sichergestellt.

6   Die Zulässigkeit der Bestellung eines Amtsvormunds ist schließlich **nicht** von einer **Benennung durch die Eltern** abhängig (§ 1791b Abs. 1 Satz 2 BGB), da ein öffentliches Interesse daran besteht, unnötige Belastungen der Behörde zu vermeiden. Auch ein Ausschluss durch die Eltern ist wegen der Subsidiarität der Bestellung des Jugendamtes nicht möglich, da eine Vormundschaft des Mündels gewährleistet sein muss.

II. Die Bestellung

7   Die Bestellung erfolgt gem. § 1791b Abs. 2 BGB durch **schriftliche Verfügung**; §§ 1789, 1791 BGB gelten nicht. Die Verfügung des Familiengerichts wird gem. § 40 FamFG mit Bekanntgabe an das Jugendamt wirksam.

8   Grds. muss nach § 87c Abs. 3 Satz 1 SGB VIII das Jugendamt bestellt werden, in dessen Bereich das Mündel seinen gewöhnlichen Aufenthalt hat. Aus sachlichen Gründen wie etwa der Kontinuität kann ausnahmsweise indes auch ein anderes Jugendamt zum Vormund bestellt werden.[6]

9   Das Jugendamt kann als Vormund oder **Gegenvormund** bestellt werden, während ihm selbst kein Gegenvormund bestellt werden kann (§ 1792 Abs. 1 Satz 2 BGB). Auch eine **Mitvormundschaft** wird grds. gem. § 1775 BGB für möglich gehalten.[7] Allerdings muss hier die Frage gestellt werden, ob dann nicht eine andere als Vormund geeignete Person vorliegt, sodass eine Bestellung des Jugendamtes gar nicht zulässig ist.

III. Entlassungsgründe

10 Da eine Vormundschaft des Jugendamtes nur als ultima ratio in Betracht kommt, ist das Jugendamt zu entlassen, wenn ein geeigneter anderer Vormund zur Verfügung steht und dies dem Wohl des Mündels dient (§§ 1887, 1889 Abs. 2 Satz 1 BGB). Die **Entlassung** erfolgt von Amts wegen oder auf Antrag. Das Jugendamt hat selbst in der Regel jährlich zu prüfen, ob durch die Bestellung einer Einzelperson oder eines Vereins die Amtsvormundschaft beendet werden kann (§ 56 Abs. 4 SGB VIII). Im Gegensatz zu den Regelungen bei der Vereinsvormundschaft ist eine Entlassung des Jugendamtes aus wichtigem Grund nicht möglich, da § 1889 Abs. 2 Satz 2 BGB nur den Vereinsvormund, nicht jedoch den bestellten Amtsvormund erfasst, um eine durchgehende Vormundschaft des Mündels sicherzustellen. Nach der Entlassung ist die schriftliche Verfügung des Familiengerichts nach § 1893 Abs. 2 Satz 1 BGB zurückzugeben.

11 Gem. § 87c Abs. 3 Satz 3 SGB VIII ist das Jugendamt darüber hinaus verpflichtet, einen Antrag auf Entlassung zu stellen, sobald das Mündel seinen gewöhnlichen Aufenthalt wechselt mit der Folge, dass ein anderes Jugendamt örtlich zuständig wäre, oder, sofern das Mündel keinen gewöhnlichen Aufenthalt hat, sein Wohl eine Entlassung erfordert.

C. Rechtsfolgen

I. Führung der Amtsvormundschaft

12 Ebenso wie bei der Vereinsvormundschaft hat auch das Jugendamt gem. § 55 Abs. 2 SGB VIII die **Führung der Vormundschaft** auf einzelne Mitarbeiter – Beamte oder Angestellte – zu übertragen. Damit soll dem Interesse des Mündels an einer individuellen Betreuung Rechnung getragen werden. Mehrere Mitarbeiter können dabei zur gemeinschaftlichen Wahrnehmung der Geschäfte oder mit getrennten Wirkungskreisen betraut werden.

13 Hierbei wird allerdings nicht die Amtsvormundschaft als solche, sondern nur ihre Ausübung übertragen. In diesem Rahmen ist der entsprechende Mitarbeiter zwar gem. § 55 Abs. 2 Satz 3 SGB VIII **gesetzlicher Vertreter** des Mündels. Er handelt aber für die Behörde, die mithin selber Vormund bleibt.[8]

---

[6] BayObLG München v. 17.05.1996 - 1Z BR 72/96 - juris Rn. 11 - DAVorm 1996, 729-733.
[7] *Wagenitz* in: MüKomm, § 1791b Rn. 7.
[8] BGH v. 20.06.1966 - IV ZB 60/66 - juris Rn. 20 - BGHZ 45, 362-372.

Die Handlungen und Erklärungen des Mitarbeiters sind daher dem Jugendamt als dem öffentlichrechtlichen Träger der Amtsvormundschaft zuzurechnen und stellen folglich Handlungen und Erklärungen einer Behörde dar.

II. Freistellungen des Amtsvormundes

Im Rahmen der Geltung der Vorschriften des bürgerlichen Rechts (§ 56 Abs. 1 SGB VIII) genießt das Jugendamt noch weitergehende **Freistellungen** als der Vereinsvormund. Wie dem Verein stehen ihm zunächst nach § 1857a BGB die bei der Vermögensverwaltung zulässigen **Befreiungen** kraft Gesetzes zu (§§ 1852 Abs. 2, 1853, 1854 BGB). Darüber hinaus erhält es nach § 1792 Abs. 1 Satz 2 BGB keinen Gegenvormund zu seiner Kontrolle. Zudem darf das Jugendamt das Mündelgeld in Ausnahme zu der grundsätzlichen Anlegungsform auch bei seiner Trägerkörperschaft anlegen (§ 1805 Satz 2 BGB). Das Jugendamt kann ferner nicht zur Hinterlegung von Wertpapieren und Kostbarkeiten des Mündels verpflichtet werden (§ 1818 BGB, § 56 Abs. 2 Satz 1 SGB VIII). Schließlich sind ungenügende Vermögensverzeichnisse des Jugendamtes nicht durch die zuständigen Behörden oder durch einen Notar aufzunehmen (§ 1802 Abs. 3 BGB, § 56 Abs. 2 Satz 1 SGB VIII). 14

Dem Familiengericht ist es auch nicht möglich, zur Befolgung seiner Anordnungen Zwangsgeld festzusetzen (§ 1837 Abs. 3 Satz 2 BGB). Darüber hinaus können nach Landesrecht weitergehende Ausnahmen von der **Aufsicht** des Familiengerichts in vermögensrechtlicher Hinsicht sowie beim Abschluss von Lehr- und Arbeitsverträgen bestimmt werden (§ 56 Abs. 2 Satz 3 SGB VIII). 15

III. Vergütung des Amtsvormundes

Gem. den §§ 1836 Abs. 4, 1835a Abs. 5 BGB kann das Jugendamt weder eine **Vergütung** noch eine **Aufwandsentschädigung** verlangen. Darüber hinaus gilt § 1835 Abs. 5 BGB. 16

D. Prozessuale Hinweise/Verfahrenshinweise

I. Rechtsmittel gegen die Bestellung eines Amtsvormundes

Gegen die Bestellung des Jugendamtes zum Vormund kann von einem Übergangenen die Beschwerde nach §§ 58, 59 FamFG eingelegt werden. Auch Angehörigen des Mündels und Dritten kann ein Beschwerderecht nach § 59 FamFG zustehen. Der Mündel selbst hat ein Beschwerderecht, sofern er das 14. Lebensjahr vollendet hat (§ 60 FamFG). 17

Hat sich das **Jugendamt** vor seiner Bestellung hiergegen **geweigert**, so steht auch ihm ein Beschwerderecht zu.[9] Daneben besteht die Möglichkeit, die Zurückweisung der Weigerung nach § 59 FamFG mit der Beschwerde anzufechten. Wird ein Jugendamt zum Vormund bestellt, obwohl seiner Ansicht nach ein anderer Amtsvormund hätte bestellt werden müssen, so steht ihm nach der noch zum FGG ergangenen Rechtsprechung ebenfalls die Beschwerde zu.[10] 18

Hebt das Beschwerdegericht die Bestellungsverfügung auf, bleibt das Jugendamt allerdings so lange Vormund, bis es entlassen ist.[11] 19

II. Einsichtsrecht des Mündels in die Akten

Das Mündel hat nach Maßgabe des § 68 Abs. 3 SGB VIII ein Recht auf Kenntnis der zu seiner Person in Akten oder auf sonstigen Datenträgern gespeicherten Informationen. Ein darüber hinausgehendes **Akteneinsichtsrecht** in Akten des Jugendamtes besteht – auch nach Beendigung der Vormundschaft – nicht, auch nicht auf dem Verwaltungsrechtsweg. Das Jugendamt ist insoweit nicht anders zu behandeln als der Verein, Berufsvormund oder Einzelvormund, die zwar Rechenschaft schulden, nicht aber Gestattung der Einsicht in Akten und Aufzeichnungen.[12] Hinsichtlich einzelner in den Akten befindlicher Urkunden kann allerdings unter Umständen ein Vorlegungsanspruch aus § 810 BGB gegeben sein. Die Einsicht in Akten des Familiengerichts ist durch § 13 FamFG geregelt. 20

---

[9] *Veit* in: Staudinger, § 1791b Rn. 32.
[10] BayObLG München v. 17.04.1989 - BReg 1 a Z 8/89 - DAVorm 1989, 710-713.
[11] *Götz* in: Palandt, § 1791b Rn. 2.
[12] OVG Münster v. 06.03.1978 - VIII A 1236/75 - NJW 1979, 1220-1221.

§ 1791c BGB Gesetzliche Amtsvormundschaft des Jugendamts

(Fassung vom 17.12.2008, gültig ab 01.09.2009)

(1) ¹Mit der Geburt eines Kindes, dessen Eltern nicht miteinander verheiratet sind und das eines Vormunds bedarf, wird das Jugendamt Vormund, wenn das Kind seinen gewöhnlichen Aufenthalt im Geltungsbereich dieses Gesetzes hat; dies gilt nicht, wenn bereits vor der Geburt des Kindes ein Vormund bestellt ist. ²Wurde die Vaterschaft nach § 1592 Nr. 1 oder 2 durch Anfechtung beseitigt und bedarf das Kind eines Vormunds, so wird das Jugendamt in dem Zeitpunkt Vormund, in dem die Entscheidung rechtskräftig wird.

(2) War das Jugendamt Pfleger eines Kindes, dessen Eltern nicht miteinander verheiratet sind, endet die Pflegschaft kraft Gesetzes und bedarf das Kind eines Vormunds, so wird das Jugendamt Vormund, das bisher Pfleger war.

(3) Das Familiengericht hat dem Jugendamt unverzüglich eine Bescheinigung über den Eintritt der Vormundschaft zu erteilen; § 1791 ist nicht anzuwenden.

Gliederung

A. Grundlagen	1	III. Nachträglicher Wegfall der Vaterschaft (Absatz 1 Satz 2)	6
B. Anwendungsvoraussetzungen	2	IV. Vorherige Pflegschaft des Jugendamtes (Absatz 2)	7
I. Normstruktur	2	C. Rechtsfolgen	9
II. Nichteheliche Geburt und Fehlen eines sorgeberechtigten Elternteils (Absatz 1 Satz 1)	3	D. Prozessuale Hinweise/Verfahrenshinweise	13

A. Grundlagen

1 Diese Norm dient dem Interesse des Kindes, zu keinem Zeitpunkt ohne gesetzlichen Vertreter zu sein. Aus diesem Grund ordnet sie an, dass in den Fällen, in denen ein nichteheliches Kind geboren wird, welches eines Vormundes bedarf, **kraft Gesetzes** die Amtsvormundschaft des Jugendamtes eintritt. Hintergrund dieser Regelung der gesetzlichen Amtsvormundschaft ist, dass nicht in eine Ehe hineingeborene Kinder schutzbedürftiger sind als eheliche Kinder, weil die elterliche Sorge der Mutter dann grds. alleine zusteht. Fällt die Mutter in einem solchen Fall als Sorgeberechtigte weg, sind die Voraussetzungen des § 1773 BGB gegeben, während bei einem ehelichen Kind der zweite Elternteil die Sorge übernehmen kann. Daher wird bei nichtehelichen Kindern, die eines Vormunds bedürfen, auf das zeitraubende Verfahren bei der Bestellung verzichtet und das Jugendamt von Gesetzes wegen bei Geburt des Kindes dessen gesetzlicher Vertreter.

B. Anwendungsvoraussetzungen

I. Normstruktur

2 Gesetzliche Amtsvormundschaft gibt es außer im Falle des § 1751 Abs. 1 Satz 2 BGB in **drei** Fällen:

II. Nichteheliche Geburt und Fehlen eines sorgeberechtigten Elternteils (Absatz 1 Satz 1)

3 Voraussetzung für diese Alternative ist, dass die Eltern bei Geburt des Kindes **nicht miteinander verheiratet** sind. Dies ist auch dann der Fall, wenn ihre Ehe vor der Geburt aufgehoben oder durch Scheidung aufgelöst wurde.[1]

4 Darüber hinaus ist nach der Grundnorm des § 1773 BGB erforderlich, dass **das Mündel eines Vormunds bedarf**. Hierbei muss unterschieden werden: Haben die nicht miteinander verheirateten Eltern Sorgerechtserklärungen im Sinne der §§ 1626a Abs. 1 Nr. 1, 1626b Abs. 2 BGB abgegeben, findet § 1791c BGB keine Anwendung, da in diesem Fall unabhängig davon, ob die Mutter die elterliche Sorge ausübt, dies der Vater tut. Selbst bei Wegfall der Sorgeberechtigung der Mutter gibt es also noch

---

[1] *Veit* in: Staudinger, § 1791c Rn. 11.

eine sorgeberechtigte Person, sodass die Voraussetzung des § 1773 BGB nicht erfüllt ist. Eines Vormunds bedarf es auch dann nicht, wenn schon vor der Geburt ein Vormund bestellt wurde (§ 1791c Abs. 1 Satz 1 BGB). Steht der Mutter das Sorgerecht alleine zu (§ 1626a Abs. 2 BGB), so scheidet die gesetzliche Amtsvormundschaft ebenfalls aus. Der Mutter ist es in diesem Fall jedoch möglich, die Beistandschaft des Jugendamtes zu beantragen (§§ 1712, 1713 Abs. 1 BGB). Erst wenn die Mutter als allein Sorgeberechtigte ausfällt, ist der Anwendungsbereich des § 1791c BGB eröffnet. Dies ist etwa der Fall, wenn sie bei der Geburt verstorben ist oder das ihr zustehende Sorgerecht wegen Minderjährigkeit oder Geschäftsunfähigkeit nicht ausüben kann (§§ 1673, 1677 BGB).

Ferner muss das Mündel seinen **gewöhnlichen Aufenthalt** im Inland haben. § 1791c BGB gilt allerdings auch, wenn das Kind seinen Aufenthalt vom Ausland ins Inland verlegt.[2] Schlichter Aufenthalt auf dem Gebiet der Bundesrepublik Deutschland, z.B. bei einer bloßen Durchreise oder für einen kurzen Besuch bei Verwandten, reicht hierfür allerdings nicht aus.[3] Die Staatsangehörigkeit des Mündels spielt indes keine Rolle.

III. Nachträglicher Wegfall der Vaterschaft (Absatz 1 Satz 2)

Ausreichend ist aber auch, wenn die Mutter des Kindes an der Ausübung ihres Sorgerechts verhindert ist und durch eine Gerichtsentscheidung eine Vaterschaft nach § 1593 Nr. 1, Nr. 2 BGB beseitigt wird. Denn diese Situation gleicht derjenigen eines Kindes, das nicht in eine Ehe hineingeboren wird. Das Jugendamt wird daher mit der Rechtskraft der Anfechtungsentscheidung Amtsvormund. Dies gilt allerdings nur, sofern dem Mündel nicht bereits vorher ein Vormund bestellt worden war, da diese Gegenausnahme des § 1791c Abs. 1 Satz 1 BGB auch auf § 1791c Abs. 1 Satz 2 BGB Anwendung findet.

IV. Vorherige Pflegschaft des Jugendamtes (Absatz 2)

Dem eigentlichen Hauptanwendungsfall der Vorschrift ist durch das Beistandsgesetz mit Wirkung zum 01.07.1998 der Boden entzogen worden. Bis zu diesem Zeitpunkt wurde das Jugendamt mit der Geburt eines nichtehelichen Kindes gesetzlicher Amtspfleger. Verstarb in einem solchen Fall die Mutter, entfiel mit ihrem Sorgerecht auch die Grundlage für die Pflegschaft (§ 1918 Abs. 1 BGB). In diesem Fall sicherte § 1791c Abs. 2 BGB, dass die erforderliche Vormundschaft automatisch wieder an das Jugendamt, das bisher Pfleger gewesen war, zurückfiel.

Heutzutage findet § 1791c Abs. 2 BGB nur noch in wenigen Fällen Anwendung. Bei der Geburt eines nichtehelichen Kindes hat die Mutter im Regelfall das Sorgerecht (§ 1626a Abs. 2 BGB). Verliert nun die Mutter das Sorgerecht aus irgendeinem Grund, so muss nach den §§ 1678 Abs. 2, 1680 Abs. 2 Satz 2, 1680 Abs. 3 BGB dem Vater die elterliche Sorge übertragen werden, sofern dies dem Wohle des Mündels dient. Anwendung findet § 1791c BGB daher nur noch dann, wenn dem allein sorgeberechtigten Elternteil unter Bestellung des Jugendamtes als Amtspfleger ein Teil des Sorgerechts wegen Gefährdung des Kindeswohls entzogen wird und wenn dieser Elternteil stirbt, ohne dass der andere Elternteil als Vormund in Betracht kommt.[4] Dies gilt jedoch nur insoweit, als dass nicht zugleich mit der Entziehung des Sorgerechts ein Einzelvormund bestellt worden ist.

C. Rechtsfolgen

Die Amtsvormundschaft tritt **automatisch** ein, um die kontinuierliche Betreuung des Kindes zu gewährleisten. Durch die Anzeigepflichten von Standesbeamten und Jugendamt (§ 168a FamFG, § 57 SGB VIII) wird gewährleistet, dass das Jugendamt seine Aufgaben ohne zeitliche Zäsur wahrnehmen kann.

Zwar stellt das Familiengericht dem Jugendamt nach § 1791c Abs. 3 BGB eine **Bescheinigung** über den Eintritt der Vormundschaft aus, die die Bestallungsurkunde bzw. die Bestellungsverfügung ersetzt. Wegen der kraft Gesetzes eintretenden Vormundschaft aber kommt dieser Bescheinigung lediglich **deklaratorische Bedeutung** zu. Es bleibt dem Familiengericht darüber hinaus unbenommen, einen feststellenden, anfechtbaren Beschluss über den Eintritt der Amtsvormundschaft zu erlassen.[5]

---

[2] *Veit* in: Staudinger, § 1791c Rn. 13.
[3] *Kemper* in: Hk-BGB, § 1791c Rn. 3.
[4] *Wagenitz* in: MünchKomm-BGB, § 1791c Rn. 10.
[5] Noch zur Amtspflegschaft, die früher an Stelle der Amtsvormundschaft eintrat BayObLG München v. 16.03.1988 - BReg 1 Z 67/87 - JMBl BY 1988, 68.

§ 1791c   jurisPK-BGB / B. Hamdan

11 Ist Amtsvormundschaft eingetreten, weil die nicht verheiratete Mutter bei Geburt des Kindes minderjährig war, so **endet** die Amtsvormundschaft kraft Gesetzes, wenn die Mutter volljährig wird.

12 Im Übrigen unterscheidet sich die Stellung des gesetzlichen Amtsvormunds nicht von der des bestellten Amtsvormunds i.S.v. § 1791b BGB. Weitere Einzelheiten können daher in der Kommentierung zu § 1791b BGB nachgelesen werden.

D. Prozessuale Hinweise/Verfahrenshinweise

13 Welches Jugendamt **örtlich zuständig** ist, richtet sich nach § 87c Abs. 1 SGB VIII. Danach ist das Jugendamt für die Vormundschaft zuständig, in dessen Bereich die Mutter ihren **gewöhnlichen**, hilfsweise ihren tatsächlichen **Aufenthalt** hat.

14 **Wechselt die Mutter** ihren gewöhnlichen Aufenthalt in den Bereich eines anderen Jugendamtes, hat das die Amtsvormundschaft führende Jugendamt beim Jugendamt des anderen Bezirks nach § 87c Abs. 2 Satz 1 SGB VIII die Weiterführung der Vormundschaft zu beantragen. Der Antrag kann jedoch auch von dem anderen Jugendamt, von jedem Elternteil und von jedem, der ein berechtigtes Interesse des Mündels geltend macht, bei dem die Amtsvormundschaft führenden Jugendamt gestellt werden (§ 87c Abs. 2 Satz 1 SGB VIII). Die Vormundschaft geht dann gem. § 87c Abs. 2 Satz 2 SGB VIII mit der Erklärung des übernehmenden Jugendamtes auf dieses über. Dies muss das abgebende Jugendamt sowohl dem Familiengericht als auch den Eltern unverzüglich mitteilen (§ 87c Abs. 2 Satz 3 SGB VIII). Wird der Antrag auf Übernahme seitens des bisherigen Jugendamtes oder des neuen Jugendsamtes abgelehnt, kann nach § 87c Abs. 2 Satz 4 SGB VIII das Familiengericht angerufen werden.

15 **Wechselt** dagegen **das Kind** seinen gewöhnlichen Aufenthalt in den Bezirk eines anderen Jugendamtes, weil es z.B. in eine Pflegefamilie kommt, ist dies im Hinblick auf die Zuständigkeit grds. ohne Bedeutung. § 87c Abs. 3 Satz 3 SGB VIII findet nämlich nur auf die bestellte Amtsvormundschaft, nicht auf die gesetzliche Amtsvormundschaft Anwendung. Allerdings untersagt die Norm auch keinen Zuständigkeitswechsel, sodass dieser vorgenommen werden kann bzw. sogar muss, wenn dies im Interesse des Mündels ist.

§ 1792 BGB Gegenvormund

(Fassung vom 02.01.2002, gültig ab 01.01.2002)

(1) ¹Neben dem Vormund kann ein Gegenvormund bestellt werden. ²Ist das Jugendamt Vormund, so kann kein Gegenvormund bestellt werden; das Jugendamt kann Gegenvormund sein.

(2) Ein Gegenvormund soll bestellt werden, wenn mit der Vormundschaft eine Vermögensverwaltung verbunden ist, es sei denn, dass die Verwaltung nicht erheblich oder dass die Vormundschaft von mehreren Vormündern gemeinschaftlich zu führen ist.

(3) Ist die Vormundschaft von mehreren Vormündern nicht gemeinschaftlich zu führen, so kann der eine Vormund zum Gegenvormund des anderen bestellt werden.

(4) Auf die Berufung und Bestellung des Gegenvormunds sind die für die Begründung der Vormundschaft geltenden Vorschriften anzuwenden.

Gliederung

A. Grundlagen 1	III. Berufung und Bestellung des Gegenvormunds (Absatz 4) 4
B. Anwendungsvoraussetzungen 2	C. Rechtsfolgen 5
I. Unzulässigkeit der Bestellung eines Gegenvormunds 2	D. Prozessuale Hinweise/Verfahrenshinweise 6
II. Zulässige Bestellung des Gegenvormunds 3	

A. Grundlagen

Anders als die Mitvormundschaft, bei der der Mitvormund die übrigen Vormünder in der Führung der Vormundschaft unterstützen soll (§§ 1775, 1797 BGB), dient das Institut des Gegenvormunds einer **besseren Beaufsichtigung des Vormunds**, als dies bei Aufsicht durch das Vormundschaftsgericht allein erfolgen könnte. **1**

B. Anwendungsvoraussetzungen

I. Unzulässigkeit der Bestellung eines Gegenvormunds

Die Bestellung eines Gegenvormunds ist in folgenden Fällen unzulässig: **2**

- Es liegt eine gesetzliche (§ 1791c BGB) oder eine bestellte (§ 1791b BGB) **Amtsvormundschaft** vor (§ 1792 Abs. 1 Satz 2 BGB). Zwar kann das Jugendamt selbst Gegenvormund sein (§ 1792 Abs. 1 Satz 2 BGB), aber es soll als Vormund keinen Gegenvormund erhalten. Ein Verstoß gegen diese Vorschrift macht die Bestellung unwirksam.[1]
- Darüber hinaus können die **Eltern** die Gegenvormundschaft **ausgeschlossen** haben (§§ 1852, 1855 BGB). Eine Bestellung ist in diesem Fall nur dann zulässig, wenn ansonsten die Interessen des Mündels gefährdet werden würden (§ 1857 BGB). Wird ohne eine solche Gefährdung und gegen den Wunsch der Eltern ein Gegenvormund bestellt, so ist diese Bestellung allerdings dennoch wirksam. In diesem Fall ist der Gegenvormund jedoch von Amts wegen ex nunc zu entlassen.[2] Hingegen ist es den Eltern nicht möglich, bindend die Bestellung eines Gegenvormunds vorzuschreiben.
- Bei der **Pflegschaft** ist eine Gegenvormundschaft zwar zulässig, aber nicht erforderlich (§ 1915 Abs. 2 BGB).

II. Zulässige Bestellung des Gegenvormunds

Ein Gegenvormund **kann** stets bestellt werden, wenn die Bestellung nicht durch einen der oben genannten Gründe ausgeschlossen ist. Nach § 1792 Abs. 2 BGB **soll** er bestellt werden, wenn mit der Vormundschaft eine **Vermögensverwaltung** verbunden ist. Von diesem Grundsatz bestehen nur **zwei Ausnahmen**: **3**

---

[1] *Wagenitz* in: MünchKomm-BGB, § 1792 Rn. 4.
[2] *Wagenitz* in: MünchKomm-BGB, § 1792 Rn. 5.

§ 1792

- Zum einen braucht ein Gegenvormund selbst bei vermögensverwaltender Tätigkeit gem. § 1792 Abs. 2 BGB dann nicht bestellt zu werden, wenn ein **Mitvormund** für die gleichen Angelegenheiten bestellt ist, da in diesem Fall eine ausreichende Kontrolle durch den Mitvormund gewährleistet wird. Diese Ausnahme gilt jedoch nur, soweit die Mitvormünder die Vormundschaft gemeinschaftlich führen (§ 1797 Abs. 1 BGB). Sind die Aufgabenkreise indes getrennt (§ 1797 Abs. 2 BGB), tritt das Kontrollbedürfnis wieder hervor. In diesem Fall greift zur Vereinfachung jedoch § 1792 Abs. 3 BGB ein, nach dem die für getrennte Aufgabenbereiche bestellten Vormünder jeweils zum Gegenvormund der anderen bestimmt werden können.
- Ein Gegenvormund braucht zum anderen auch dann nicht bestellt zu werden, wenn die Vermögensverwaltung **nicht erheblich** ist. Maßgeblich für die Erheblichkeit ist dabei nicht zwingend die Größe des Mündelvermögens, sondern der Umfang der zu erbringenden Tätigkeit[3], d.h. die Erheblichkeit der zu erbringenden Verwaltungsaufgaben wie etwa die Verrechnung laufender Einnahmen und Ausgaben. Dass zur Vermögensverwaltung genehmigungsbedürftige Rechtsgeschäfte gehören, macht die Bestellung eines Gegenvormunds nicht zwingend, wie sich aus den §§ 1810 Satz 2, 1812 Abs. 3 BGB ergibt.

III. Berufung und Bestellung des Gegenvormunds (Absatz 4)

4   Hier gelten gemäß § 1792 Abs. 4 BGB die allgemeinen Vorschriften zur Berufung und Bestellung eines Vormunds (§§ 1776-1791 BGB). Zulässig ist auch die Bestellung mehrerer Gegenvormünder, wie sich aus dem Verweis in § 1792 BGB auf § 1775 BGB ergibt. Im Übrigen hat das Jugendamt gemäß § 53 Abs. 1, Abs. 4 SGB VIII dem Vormundschaftsgericht eine geeignete Person vorzuschlagen.

C. Rechtsfolgen

5   Gemäß § 1799 BGB tritt der Gegenvormund neben den Vormund, um diesen zu beaufsichtigen. Diese **Kontrollfunktion** wird bei bestimmten Geschäften durch seine Genehmigung ausgeübt (§§ 1809, 1810, 1812, 1813, 1814, 1823 BGB). In anderen Fällen soll der Gegenvormund vom Vormundschaftsgericht angehört werden (§ 1826 BGB). Darüber hinaus hat der Gegenvormund die Befugnis, die Rechnung des Vormunds zu überprüfen (§§ 1842, 1891 BGB). Dem Gegenvormund steht indes **kein Vertretungsrecht** zu; er kann also selbst dann nicht den Vormund als Vertreter des Mündels ersetzen, wenn dieser verhindert ist oder sich in einem Interessenwiderstreit befindet.

D. Prozessuale Hinweise/Verfahrenshinweise

6   Die Entscheidung, ob ein Gegenvormund wegen § 1792 Abs. 2 BGB zu bestellen ist, trifft das Familiengericht nach pflichtgemäßem Ermessen. Unter Umständen kann sich der Staat nach § 839 BGB i.V.m. Art. 34 GG schadensersatzpflichtig machen, wenn versäumt wurde, einen Gegenvormund zu bestellen, obwohl dies angezeigt war.

7   **Gegen die Anordnung** der Gegenvormundschaft kann der **Vormund** nach herrschender Ansicht aus eigenem Recht mit der Beschwerde vorgehen,[4] weil er ein rechtlich geschütztes Interesse daran hat, die Vermögensverwaltung ungestört durchzuführen. Für diese Auffassung spricht zudem, dass der Vormund bei der Ausübung der vormundschaftlichen Tätigkeit ein Haftungsrisiko eingeht. Er muss sich daher gegen die Mitwirkung eines Gegenvormunds wehren können. Für die Beschwerdeberechtigung des **Gegenvormunds** gilt § 59 Abs. 1 FamFG. Dem **Mündel** selbst steht gem. § 60 FamFG unter den dort genannten Voraussetzungen (Vollendung des 14. Lebensjahres) ein Beschwerderecht zu.

---

[3] BayObLG München v. 28.10.1993 - 3Z BR 220/93 - juris Rn. 8 - FamRZ 1994, 325-326.
[4] LG Frankfurt v. 12.01.1977 - 2/9 T 32/77 - MDR 1977, 579.

Untertitel 2 - Führung der Vormundschaft
§ 1793 BGB Aufgaben des Vormunds, Haftung des Mündels

(Fassung vom 29.06.2011, gültig ab 06.07.2011)

(1) ¹Der Vormund hat das Recht und die Pflicht, für die Person und das Vermögen des Mündels zu sorgen, insbesondere den Mündel zu vertreten. ²§ 1626 Abs. 2 gilt entsprechend. ³Ist der Mündel auf längere Dauer in den Haushalt des Vormundes aufgenommen, so gelten auch die §§ 1618a, 1619, 1664 entsprechend.

(1a) ¹Der Vormund hat mit dem Mündel persönlichen Kontakt zu halten. ²Er soll den Mündel in der Regel einmal im Monat in dessen üblicher Umgebung aufsuchen, es sei denn, im Einzelfall sind kürzere oder längere Besuchsabstände oder ein anderer Ort geboten.

(2) Für Verbindlichkeiten, die im Rahmen der Vertretungsmacht nach Absatz 1 gegenüber dem Mündel begründet werden, haftet der Mündel entsprechend § 1629a.

Gliederung

A. Grundlagen 1	b. Aufgaben des Vormunds 64
I. Kurzcharakteristik 1	c. Das Besitzrecht des Vormunds 75
II. Gesetzgebungsmaterialien 2	4. Gesetzliche Vertretung des Mündels als
III. Entstehungsgeschichte 3	Aufgabe des Vormunds 78
1. Die ursprüngliche Fassung des BGB 3	a. Inhalt der gesetzlichen Vertretungsmacht 78
2. Das Sorgerechtsneuregelungsgesetz 14	b. Einschränkungen und Grenzen der gesetz-
3. Das Kindschaftsrechtsreformgesetz 16	lichen Vertretungsmacht 82
4. Das Betreuungsrechtsänderungsgesetz 17	c. Wirkungen der Vertretungsmacht 88
5. Das Minderjährigenhaftungsbeschränkungs-	d. Zulässigkeit der Vertretung des Mündels oder
gesetz 18	des Handelns im eigenen Namen 98
6. Das Gesetz zur Änderung des Vormund-	**D. Grundsätze der Pflege und Erziehung**
schafts- und Betreuungsrechts 19	(Absatz 1 Satz 2) 102
IV. Regelungsprinzipien 21	I. Anwendungsvoraussetzungen 102
1. Die Vormundschaft als Substitut der elter-	1. Die Bestellung zum Vormund 102
lichen Sorge 21	2. Pflege und Erziehung 103
2. Die Selbständigkeit der Vormundschaft 31	II. Rechtsfolgen 104
3. Die persönliche Führung der Vormundschaft ... 35	1. Die Pflicht zur Berücksichtigung der Fähig-
4. Die Amtsvormundschaft 41	keiten und Bedürfnisse des Mündels 104
B. Praktische Bedeutung 50	2. Die Pflicht zum Gespräch und zum Eini-
I. Der unmittelbare Anwendungsbereich 50	gungsversuch 107
II. Die entsprechende Anwendung auf die	**E. Der in den Haushalt des Vormunds auf-**
Pflegschaft 51	**genommene Mündel (Absatz 1 Satz 3)** 109
III. Keine Anwendung auf die Betreuung 52	I. Anwendungsvoraussetzungen 109
C. Die Aufgaben des Vormunds (Absatz 1	1. Die Bestellung zum Vormund 109
Satz 1) 53	2. Der Haushalt des Vormunds 110
I. Anwendungsvoraussetzung: Die Bestellung	3. Die Aufnahme in den Haushalt 111
zum Vormund 53	4. Die Aufnahme auf längere Dauer 112
II. Rechtsfolgen: 55	II. Rechtsfolgen 113
1. Allgemeine Grundsätze der vormundschaft-	**F. Der persönliche Kontakt (Absatz 1a)** 116
lichen Sorge 55	I. Grundlagen 116
2. Tatsächliche Personensorge als Aufgabe des	II. Anwendungsvoraussetzungen 119
Vormunds 57	III. Rechtsfolgen 120
a. Inhalt der tatsächlichen Personensorge 57	1. Persönlicher Kontakt 120
b. Einschränkungen der Personensorge 58	2. In der üblichen Umgebung des Mündels 125
c. Hilfsangebote für den Vormund 59	3. Einmal im Monat 126
3. Tatsächliche Vermögenssorge als Aufgabe	4. Folgen von Verstößen 135
des Vormunds 62	**G. Die Haftung für Verbindlichkeiten**
a. Erfasstes Vermögen 62	**(Absatz 2)** 140

§ 1793

I. Anwendungsvoraussetzungen 140	d. Die Haftung wegen der Verletzung von Nebenpflichten im Rahmen rechtsgeschäftlich begründeter Schuldverhältnisse 153
1. Die Bestellung zum Vormund 140	
2. Gegenüber dem Mündel begründete Verbindlichkeiten 141	II. Rechtsfolgen 158
3. Im Rahmen der Vertretungsmacht nach Absatz 1 begründet 143	1. Die Grundsätze der Haftung des Mündels 158
	2. Die Beschränkung der Haftung des Mündels ... 160
a. Bezug zur Vertretungsmacht 143	H. Prozessuale Hinweise/Verfahrenshinweise 162
b. Die Haftung für rechtsgeschäftlich begründete Primärverbindlichkeiten 149	I. Arbeitshilfen – Dokumentation der Besuchskontakte 167
c. Die Haftung für Sekundärverbindlichkeiten im Rahmen rechtsgeschäftlich begründeter Schuldverhältnisse 151	

A. Grundlagen

I. Kurzcharakteristik

1 Die Vormundschaft tritt an die Stelle einer nicht vorhandenen oder ungenügenden elterlichen Sorge.[1] Demgemäß umschreibt § 1793 Abs. 1 Satz 1 BGB den Aufgabenkreis des Vormunds: Ihm obliegen die Personensorge und die Vermögenssorge einschließlich der Vertretung des Mündels. § 1793 Abs. 1 Satz 2 BGB überträgt die Grundsätze der elterlichen Pflege und Erziehung auf die Vormundschaft. Ist der Mündel auf längere Zeit in den Haushalt des Vormunds aufgenommen, so nähert § 1793 Abs. 1 Satz 3 BGB die Vormundschaft in besonderer Weise dem Eltern-Kind-Verhältnis an.[2] § 1793 Abs. 2 BGB beschränkt die Haftung des Mündels für Verbindlichkeiten, die im Rahmen seiner Vertretungsmacht begründet werden, entsprechend den Bestimmungen des Minderjährigenhaftungsbeschränkungsgesetzes für das Eltern-Kind-Verhältnis.

II. Gesetzgebungsmaterialien

2 E I §§ 1648, 1649; E II § 1673; E III §§ 1769 – Mot. IV, 1082; Prot. IV, 755.

III. Entstehungsgeschichte

1. Die ursprüngliche Fassung des BGB

3 Gesichert sind heute verschiedene germanische und römischrechtliche Erscheinungsformen von Instituten zum Schutz bestimmter Schutzbedürftiger. Inwiefern sie sich jedoch bis zum ausgehenden Mittelalter berührt und beeinflusst haben, lässt sich heute nur noch ansatzweise beurteilen. Die Entstehung der modernen Führung der Vormundschaft wurde jedoch von verschiedenen Wurzeln germanischer und römischrechtlicher Vorstellungen der Vormundschaft inspiriert.

4 Das Römische Recht unterschied zunächst tutela (impuberis) und cura (minoris). Die altrömische tutela, die durch den nächsten Erben des Mündels geführt wurde, wurde sowohl im Interesse des Mündels als auch im Interesse des Vormunds geführt.[3] Der Vormund verwaltete das Mündelvermögen treuhänderisch.[4] Die cura wurde für Fälle der Geisteskrankheit und Verschwendungssucht entwickelt und auf Minderjährige bis 25 Jahre ausgedehnt.[5] Beide Schutzformen verschmolzen faktisch schon etwa zur Zeit Justinians.[6] Im römischen Recht war die Vormundschaft privatrechtlich ausgestaltet.[7]

5 Das Germanische Recht kannte ursprünglich nur ein einheitliches Institut der Vormundschaft.[8] Im Germanischen Recht waren ursprünglich sowohl die Erbringung als auch die Gewährleistung, also die Sicherstellung und die Kontrolle über die Durchführung der Vormundschaft, innerhalb des Familien-

---

[1] Vgl. *Dickescheid* in: BGB-RGRK, § 1793 Rn. 1; teilweise wird deshalb – etwas zu weitgehend – von einer Ersatzelternschaft gesprochen, vgl. die Nachweise bei *Jans/Happe/Saurbier/Maas*, Jugendhilferecht, 3. Aufl. 2003, § 53 Art. 1 KJHG Rn. 1.

[2] So auch VG Saarlouis v. 22.08.2008 - 11 K 90/07 - juris Rn. 48 - EuG 2009, 296-308; vgl. hierzu auch Rn. 11 f.

[3] Vgl. *Kaser/Knütel*, Römisches Privatrecht, 19. Aufl. 2008, § 62 Rn. 2.

[4] *Kaser/Knütel*, Römisches Privatrecht, 19. Aufl. 2008, § 62 Rn. 17.

[5] Vgl. *Kaser/Knütel*, Römisches Privatrecht, 19. Aufl. 2008, § 64 Rn. 2 ff.

[6] Vgl. *Pelz*, Die Vormundschaft in den Stadt- und Landreformationen des 16. und 17. Jh., 1966, S. 39.

[7] Vgl. *Pelz*, Die Vormundschaft in den Stadt- und Landreformationen des 16. und 17. Jh., 1966, S. 23.

[8] Vgl. *Pelz*, Die Vormundschaft in den Stadt- und Landreformationen des 16. und 17. Jh., 1966, S. 40.

bzw. Sippenverbandes verortet⁹. Für eine Fürsorge durch das Gemeinwesen bestand deshalb zunächst offenbar schlicht kein Bedürfnis.¹⁰ Ab dem 13. Jahrhundert ging mit der Umgestaltung der Obervormundschaft zu einem öffentlichen Rechtsinstitut die Gewährleistungsverpflichtung sukzessive zu einem öffentlichen Rechtsinstitut über, wobei allerdings die Vormundschaft bis in die Neuzeit hinein regelmäßig mit der tatsächlichen Aufnahme des Mündels in die Familie verknüpft blieb.¹¹ Schon in der frühen Neuzeit entwickelte sich die Vormundschaft zu einem Instrument zum Schutz von Waisen und Witwen.¹² Zielte die Obervormundschaft zunächst noch darauf ab, den Erhalt des Familienvermögens für die Familie zu gewährleisten, rückte im Lauf der Zeit die Funktion des Schutzes von Witwen und Waisen immer stärker in den Vordergrund.¹³ Noch weitgehend unerforscht ist, welchen Einfluss die Christianisierung des europäischen Rechtsdenkens auf die Entwicklung der deutschen Vormundschaftsformen hatte.¹⁴

Einige Stadtrechte gaben die römisch-rechtliche Unterscheidung zwischen tutela und cura bereits im 16. Jahrhundert auf.¹⁵ Andere behielten die Unterscheidung bei, so dass die Unterscheidung noch bis in die Rechtswissenschaft des 19. Jahrhunderts lebendig blieb¹⁶. Sie führte die Vormundschaft teilweise auf das germanische Rechtsinstitut Munt (Hand) zurück und deutete sie als ein ursprünglich von den römischen Wurzeln unabhängiges Rechtsinstitut, das dem Schutz der standesbedingt nicht vollkommen freien und wehrlosen Personen diente.¹⁷ 6

Bei Schaffung des Bürgerlichen Gesetzbuchs war die Führung der Vormundschaft in den bestehenden Rechten uneinheitlich geregelt. Im gemeinen Recht lag die vormundschaftliche Verwaltung in der Hand des Vormunds, der sie nach eigenem Ermessen und auf eigene Verantwortung führte. Nur in Ausnahmefällen, etwa hinsichtlich der Bestimmung des Aufenthalts, konnte die Obervormundschaft Handlungen der eigentlichen vormundschaftlichen Verwaltung übernehmen. In der preußischen Rechtsprechung war im Einzelnen umstritten, inwiefern das Vormundschaftsgericht aufgrund seines Aufsichtsrechts unter Zweckmäßigkeitsgesichtspunkten in die Tätigkeit des Vormunds eingreifen durfte.¹⁸ Dem Vormundschaftsgericht stand ein in den Ländern unterschiedlich organisierter Gemeindewaisenrat als Helfer bei den Aufsichtsaufgaben zur Verfügung.¹⁹ Preußisches A.L.R., österreichisches und Zürcher Recht erlegten dem Vormund über das gemeine Recht hinaus Beschränkungen auf. Im Allgemeinen Landrecht wurde der Vormund sogar nur als Organ des Vormundschaftsgerichts, als Bevollmächtigter des Staates angesehen.²⁰ Während im preußischen Recht der staatliche Schutzgedanke des Vormunds im Vordergrund stand, betonte der französische Code Civil stärker die Einbindung des Mündels in die Familie. Er gewährte dem Vormund weitgehende Selbständigkeit, unterwarf bestimmte Geschäfte und Handlungen jedoch der Genehmigung des Familienrates (conseil de famille) bzw. des Kollegialgerichts.²¹ 7

Die Regelungen zur Führung der Vormundschaft im BGB gehen zu einem nicht unerheblichen Teil auf die Ausgestaltung der preußischen Vormundschaftsordnung vom 05.07.1875 zurück. Insbesondere am Prinzip der Selbständigkeit des Vormunds sollte festgehalten werden.²² Ferner sollten alle Maßnahmen 8

---

9 *Hansbauer/Mutke* in: Hansbauer/Mutke/Oelerich, Vormundschaft in Deutschland, 2004, S. 22.
10 *Roth* in: Festschrift für Wadle, 2009, S. 946.
11 *Hansbauer/Mutke* in: Hansbauer/Mutke/Oelerich, Vormundschaft in Deutschland, S. 23 ff.
12 Vgl. *Pelz*, Die Vormundschaft in den Stadt- und Landreformationen des 16. und 17. Jh., 1966, S. 24 ff.
13 Vgl. hierzu *Pelz*, Die Vormundschaft in den Stadt- und Landreformationen des 16. und 17. Jh., 1966, S. 28 ff.
14 Vgl. hierzu *Landau*, Die Vormundschaft als Prinzip des deutschen Privatrechts und der Staatstheorie im 19. Jahrhundert, in: Festschrift für Karl Kroeschell, München 1997, S. 577, 594.
15 Zum Freiburger Stadtrecht und Württemberger Landrecht etwa *Roth* in: Festschrift für Wadle, 2009, S. 946, 948.
16 Vgl. *Runde*, Grundsätze des gemeinen deutschen Privatrechts, 8. Aufl. 1829, S. 633.
17 *Kraut*, Die Vormundschaft nach den Grundsätzen des Deutschen Rechts, Band 1, 1835, S. III; vgl. zum Ganzen auch *Landau*, Die Vormundschaft als Prinzip des deutschen Privatrechts und der Staatstheorie im 19. Jahrhundert, in: Festschrift für Karl Kroeschell, München 1997, S. 577, 594; *Jans/Happe/Saurbier/Maas*, Jugendhilferecht, 3. Aufl. 2003, § 53 Art. 1 KJHG Rn. 1.
18 Vgl. Motive, Band IV – Familienrecht, 1888, S. 1023 m.w.N.
19 Hierzu etwa *Jans/Happe/Saurbier/Maas*, Jugendhilferecht, 3. Aufl. 2003, § 53 Art. 1 KJHG Rn. 2; *Wiesner* in: Wiesner, SGB VIII - Kinder- und Jugendhilfe, 3. Aufl. 2006, § 53 Rn. 1.
20 Vgl. zum Ganzen *Böhm*, Das Vormundschaftsrecht des Bürgerlichen Gesetzbuchs, 1899, S. 66.
21 Vgl. hierzu etwa *Hansbauer/Mutke* in: Hansbauer/Mutke/Oelerich, Vormundschaft in Deutschland, S. 27.
22 Motive, zitiert nach *Mugdan*, Die gesammten Materialien zum Bürgerlichen Gesetzbuch für das Deutsche Reich, IV. Band: Familienrecht, 1899, S. 1082; vgl. hierzu auch BGH v. 05.11.2009 - III ZR 6/09 - juris Rn. 19 - FamRZ 2010, 207-209.

der Vormundschaft ausschließlich dem Interesse des Mündels – und nicht etwa denen der Familie oder des Vormunds – dienen.[23] Die Vormundschaft wurde als Ausdruck der allgemeinen Fürsorge begriffen.[24] Gleichzeitig sollte eine größere Sicherung des Mündelvermögens durch die Ausweitung von Genehmigungserfordernissen des Vormundschaftsgerichts oder des Gegenvormunds sowie durch eine Erweiterung der Aufsichtsrechte des Vormundschaftsgerichts gewährleistet werden.[25] Die Väter des BGB erachteten eine selbständige Führung der Vormundschaft durch den Vormund nach dem Vorbild der elterlichen Gewalt als „natürliche und zweckentsprechende Form"[26]. In ihr sah man den Vorteil der Einheitlichkeit und ungeteilten Verantwortlichkeit. Diese Verantwortlichkeit sah man im französischen Familienrat fast vollständig verflüchtigt, während man sie unter dem preußischen A.L.R. als eine Energie und Verwaltung hemmende Fessel empfunden hatte. Die Einführung eines obligatorischen Familienrates wurde deshalb abgelehnt. Soweit das Gesetz in seiner ursprünglichen Fassung die Einsetzung eines Familienrates auf Anordnung von Vater oder Mutter oder auf Antrag von Verwandten oder Verschwägerten nach dem Ermessen des Vormundschaftsgerichts ermöglichte, erlangte diese Regelung kaum praktische Bedeutung.[27] Das Vormundschaftsgericht sollte grundsätzlich nicht selbst in die Verwaltung eingreifen dürfen, da die Gefahr gesehen wurde, dass es von einer solchen Befugnis ohne Not in vielen Fällen Gebrauch machen und dem Vormund dadurch „Lust und Liebe" zur Führung der Vormundschaft nehmen könnte.[28] Allerdings sollte dem Vormundschaftsgericht ein umfassendes Aufsichtsrecht eingeräumt werden, das neben einem Auskunfts- und Hinweisrecht auch das allgemeine Recht einschließt, gegen Pflichtwidrigkeiten des Vormunds durch geeignete Gebote und Verbote einzuschreiten.[29] Die Annahme einer Pflichtwidrigkeit sollte aber nicht schon dann gestattet sein, wenn das Gericht ein anderes Verhalten als das des Vormunds als zweckmäßiger erachtet.[30]

9 Die Vertretungsbefugnis wurde in Übereinstimmung mit dem gemeinen Recht und den meisten Ausgangs des 19. Jahrhunderts geltenden Rechten geregelt.

10 Das BGB ging in seiner ursprünglichen Form wie auch das preußische Allgemeine Landrecht zunächst von der Einzelvormundschaft aus, obwohl sich insbesondere in den Städten sowie unter dem Einfluss des Code Civil bereits Formen der Anstaltsvormundschaft entwickelt hatten. Es herrschte offenbar die Vorstellung von der Vormundschaft als einem erstrebenswerten Ehrenamt für besonders verdiente Bürger vor, die allerdings wohl schon damals nur bedingt der Wirklichkeit entsprach.[31] Berufsvormundschaften wurden erst über landesrechtliche Regelungen auf der Grundlage des inzwischen aufgehobenen Art. 136 EGBGB möglich.[32] Sie haben sich mehr und mehr zum tatsächlichen Regelfall entwickelt.[33]

11 In Anlehnung an das gemeine Recht und die neueren Gesetze sollte dem Vormund die umfassende Vertretungsmacht eingeräumt werden.[34] Für den Fall, dass für Personen- und Vermögenssorge unterschiedliche Vormünder bestellt sind, bedarf es nach dem Willen des Gesetzgebers der Mitwirkung beider Vormünder, wenn eine Handlung in den Bereich beider fällt.[35] Ausnahmen von der umfassenden Vertretungsmacht wurden insbesondere für eine Reihe höchstpersönlicher Angelegenheiten des Mün-

---

[23] Vgl. hierzu auch *Hansbauer/Mutke* in: Hansbauer/Mutke/Oelerich, Vormundschaft in Deutschland, S. 28.
[24] Motive, zitiert nach *Mugdan*, Die gesammten Materialien zum Bürgerlichen Gesetzbuch für das Deutsche Reicht, IV. Band: Familienrecht, 1899, S. 1082.
[25] Motive, Band IV – Familienrecht, 1888, S. 1008 ff.
[26] Motive, Band IV – Familienrecht, 1888, S. 1025.
[27] Vgl. hierzu *Rachel*, Die Diskussion um den französischen Familienrat in Deutschland im 19. Jahrhundert, 1994, S.180 ff.
[28] Motive, Band IV – Familienrecht, 1888, S. 1025.
[29] Motive, Band IV – Familienrecht, 1888, S. 1026 f.
[30] Motive, Band IV – Familienrecht, 1888, S. 1027.
[31] Vgl. etwa *Jans/Happe/Saurbier/Maas*, Jugendhilferecht, 3. Aufl. 2003, § 53 Art. 1 KJHG Rn. 2.
[32] *Hansbauer/Mutke* in: Hansbauer/Mutke/Oelerich, Vormundschaft in Deutschland, S. 32 f. m.w.N.
[33] Amtsvormundschaften machen heute rund 80% aller Vormundschaften aus, vgl. *Dethloff*, Familienrecht, 30. Aufl. 2012, § 16 Rn. 27.
[34] Motive, zitiert nach *Mugdan*, Die gesammten Materialien zum Bürgerlichen Gesetzbuch für das Deutsche Reicht, IV. Band: Familienrecht, 1899, S. 1083.
[35] Motive, zitiert nach *Mugdan*, Die gesammten Materialien zum Bürgerlichen Gesetzbuch für das Deutsche Reicht, IV. Band: Familienrecht, 1899, S. 1084.

dels vorgesehen.³⁶ Auch hat der Gesetzgeber erwogen, die Vermögenssorge einem allgemeinen Genehmigungsvorbehalt zu unterwerfen, dies jedoch verworfen, da sich eine praktisch brauchbare, den Interessen gleichmäßig Rechnung tragende allgemeine Vorschrift dieser Art nicht finden ließ.³⁷

Der Gesetzentwurf ging ferner davon aus, dass der Vormund, wenn er materiell Geschäfte des Mündels besorgt, diese grundsätzlich auch in dessen Namen schließen soll, dass sich dieser Grundsatz jedoch nicht stets durchhalten lässt, etwa nicht bei Bargeschäften des täglichen Lebens.³⁸

Letztlich abgelehnt wurde eine Haftung des Mündels für den Schaden, den der Vormund in Ausübung seiner Vertretungsmacht durch rechtswidriges Handeln verursacht. Eine Parallele zur Haftung der juristischen Person für Ihre gesetzlichen Vertreter sei nicht gerechtfertigt, da die Vormundschaft zum Schutz physischer Personen bestehe. Die Frage einer Haftung des Vertreters aus culpa in contrahendo und ihre Einordnung als rechtsgeschäftliche oder deliktische Haftung wurde bewusst offen gelassen.³⁹ In Abkehr vom gemeinen Recht hat sich der Gesetzgeber auch bewusst dafür ausgesprochen, dass selbst ein arglistiger Eingriff des Vormunds in das Vermögen des Mündels nicht unwirksam ist. Der Sicherheit des Rechtsverkehrs und dem daraus erwachsenden Interesse des Mündels wurde größeres Gewicht beigemessen als der Gefahr eines verbrecherischen Verhaltens, vor dem auch kein Gesetz schützen könne.⁴⁰

2. Das Sorgerechtsneuregelungsgesetz

Der Entwurf eines Gesetzes zur Neuregelung des Rechts der elterlichen Sorge vom 10.02.1977 sah eine Neuformulierung von § 1793 Abs. 1 Satz 1 BGB vor. Danach sollte es heißen, der Vormund habe „die Pflicht und das Recht", für die Person und das Vermögen des Mündels zu sorgen, insbesondere den Mündel zu vertreten.⁴¹ Auf die Beschlussempfehlung des Rechtsausschusses des Bundestags hin verblieb es jedoch bei der Reihenfolge „das Recht und die Pflicht". Zur Begründung führte der Rechtsausschuss aus, die Pflichtgebundenheit der elterlichen Sorge komme hinreichend durch die neue Bezeichnung „elterliche Sorge" selbst und durch die einzelnen Vorschriften zum Ausdruck, so dass es nicht mehr notwendig erscheine, die in allen Gesetzen sonst übliche Reihenfolge „Recht und Pflicht" gerade beim Eltern-Kind-Verhältnis umzustellen. Durch die bisherige Reihenfolge komme zum Ausdruck, dass die elterliche Sorge das Recht gebe, andere auszuschließen; daraus könne nicht entnommen werden, dass die Eltern im Verhältnis zu den Kindern sich nicht um eine verständnisvolle Beziehung bemühen sollten.⁴² Damit schloss sich der Ausschuss im Ergebnis der oppositionellen Ausschussminderheit an.

Gesetz geworden ist die Einfügung des § 1793 Abs. 1 Satz 2 BGB.⁴³ Durch diese Einfügung sollte wie bei der elterlichen Sorge das Bedürfnis und die Fähigkeit zu selbständigem verantwortungsbewusstem Handeln bei dem Mündel berücksichtigt werden.⁴⁴

3. Das Kindschaftsrechtsreformgesetz

Durch das Gesetz zur Reform des Kindschaftsrechts vom 16.12.1997 (Kindschaftsrechtsreformgesetz – KindRG)⁴⁵ wurde in § 1626 Abs. 1 Satz 1 BGB die Reihenfolge der Begriffe „Recht" und „Pflicht" vertauscht. Zur Begründung heißt es in dem Gesetzentwurf, dies entspreche einerseits der Lebenswirklichkeit, in der mit der elterlichen Sorge wesentlich mehr Pflichten als Rechte verbunden seien. Andererseits werde damit einer verbreiteten Tendenz entgegengewirkt, den Begriff der „elterlichen Sorge"

---

36 Motive, zitiert nach *Mugdan*, Die gesammten Materialien zum Bürgerlichen Gesetzbuch für das Deutsche Reicht, IV. Band: Familienrecht, 1899, S. 1085.
37 Motive, zitiert nach *Mugdan*, Die gesammten Materialien zum Bürgerlichen Gesetzbuch für das Deutsche Reicht, IV. Band: Familienrecht, 1899, S. 1085 f.
38 Motive, zitiert nach *Mugdan*, Die gesammten Materialien zum Bürgerlichen Gesetzbuch für das Deutsche Reicht, IV. Band: Familienrecht, 1899, S. 1087.
39 Motive, zitiert nach *Mugdan*, Die gesammten Materialien zum Bürgerlichen Gesetzbuch für das Deutsche Reicht, IV. Band: Familienrecht, 1899, S. 1084.
40 Motive, zitiert nach *Mugdan*, Die gesammten Materialien zum Bürgerlichen Gesetzbuch für das Deutsche Reicht, IV. Band: Familienrecht, 1899, S. 1086.
41 Vgl. BT-Drs. 8/111, S. 7 f.
42 BT-Drs. 8/2788, S. 36.
43 BGBl I 1979, 1061, 1066.
44 Vgl. die Beschlussempfehlung des Rechtsausschusses des Bundestages: BT-Drs. 8/2788, S. 69.
45 BGBl I 1997, 2942, 2945.

auf ein „Sorgerecht" zu verkürzen.[46] Damit wurde eine Änderung Gesetz, die bereits im Entwurf des Sorgerechtsneuregelungsgesetzes vorgesehen, dann aber bewusst verworfen worden war. Offenbar sah der Gesetzgeber binnen kurzer Zeit aufgrund geänderter gesellschaftlicher Verhältnisse Anlass, durch eine Umstellung der Reihenfolge in besonderer Weise an die Pflichtenstellung der Eltern zu appellieren. Rechtliche Auswirkungen auf die Auslegung der Norm hat die Umstellung jedoch nicht.[47] Eine – an sich nahe liegende – Änderung der Reihenfolge in § 1793 Abs. 1 Satz 1 BGB ist nicht erfolgt, wohl weil das Vormundschaftsrecht nicht im Blickpunkt der Reform stand.

4. Das Betreuungsrechtsänderungsgesetz

17 Mit dem Gesetz zur Änderung des Betreuungsrechts sowie weiterer Vorschriften vom 25.06.1998 (Betreuungsrechtsänderungsgesetz – BtÄndG)[48] griff der Gesetzgeber nebenbei auch eine Stellungnahme des Bundesrates auf, der im Gesetzgebungsverfahren zum Betreuungsgesetz darauf hingewiesen hatte, dass eine Reform des Rechts der Vormundschaft und Pflegschaft über Minderjährige ausstehe.[49] Der Gesetzgeber erteilte zwar weitergehenden Forderungen nach einem subjektiven Recht jedes betroffenen Kindes auf eine persönliche Bezugsperson (Vormund) eine Absage, wollte jedoch das Verhältnis des Minderjährigen zu seinem Vormund stärken. Zu diesem Zweck wurde u.a. § 1793 Abs. 1 Satz 3 BGB eingefügt. Nach dem Willen des Gesetzgebers sollte dadurch in Fällen, in denen der Mündel im Haushalt des Vormundes lebt, der in diesen Fällen elternähnliche Stellung des Vormundes Rechnung getragen und auch insoweit der personale Bezug des Vormundsamtes stärker verdeutlicht werden.[50]

5. Das Minderjährigenhaftungsbeschränkungsgesetz

18 Mit Beschluss vom 13.05.1986 hat das Bundesverfassungsgericht § 1629 Abs. 1 BGB in Verbindung mit § 1643 Abs. 1 BGB in der Fassung des SorgeRNG in Teilen für verfassungswidrig erklärt. Mit Art. 2 Abs. 1 GG in Verbindung mit Art. 1 Abs. 1 GG sei es unvereinbar, dass Eltern nach den vorbezeichneten Bestimmungen ein zum Nachlass gehörendes Handelsgeschäft fortführen und dabei ohne vormundschaftsgerichtliche Genehmigung Verbindlichkeiten zu Lasten ihrer minderjährigen Kinder eingehen konnten, die über deren Haftung mit dem ererbten Vermögen hinausgehen.[51] In Umsetzung des daraus resultierenden Gesetzgebungsauftrags führte der Gesetzgeber durch das Gesetz zur Beschränkung der Haftung Minderjähriger vom 25.08.1998 (Minderjährigenhaftungsbeschränkungsgesetz – MHbeG)[52] die Möglichkeit einer Haftungsbeschränkung des volljährig Gewordenen für die von seinen Eltern im Rahmen ihrer gesetzlichen Vertretungsmacht oder von sonstigen vertretungsberechtigten Personen im Rahmen ihrer Vertretungsmacht durch Rechtsgeschäft oder eine sonstige Handlung mit Wirkung für das Kind eingegangenen Verbindlichkeiten ein.[53] Zugleich wurde § 1793 Abs. 2 BGB eingeführt, der die Haftungsbeschränkung auf Verbindlichkeiten erstreckt, die durch den Vormund mit Wirkung gegenüber dem minderjährigen Kind begründet werden.[54]

6. Das Gesetz zur Änderung des Vormundschafts- und Betreuungsrechts

19 Durch das Gesetz zur Änderung des Vormundschafts- und Betreuungsrechts[55] vom 29.06.2011 wurde § 1793 Abs. 1a BGB eingefügt. Dadurch sollte die Pflicht des Vormunds zum persönlichen Kontakt zu dem Mündel konkretisiert werden. Nach dem Willen des Gesetzgebers soll der Vormund den Mündel in dem erforderlichen Umfang und am üblichen Aufenthaltsort des Mündels treffen (vgl. § 278 Abs. 1 Satz 3 FamFG), um in regelmäßigen Abständen ein genaues Bild von den persönlichen Lebensumständen des Mündels zu machen. Eine geringere Besuchsfrequenz als einmal im Monat sollte nach der Gesetzesbegründung beispielsweise in Betracht kommen, wenn der Mündel in stabilen Verhältnissen lebt und nach seinem Alter und seiner Persönlichkeitsstruktur in der Lage ist, auf eventuelle Missstände oder Anliegen in geeigneter Weise selbst hinzuweisen. Eine Kontaktaufnahme außerhalb der gewohn-

---

[46] BR-Drs. 180/96, S. 103.
[47] *Engler* in: Staudinger, Neubearb. 2004, § 1793 Rn. 2.
[48] BGBl I 1998, 1580.
[49] Vgl. BR-Drs. 960/96, 96, S. 19.
[50] BR-Drs. 960/96, S. 21.
[51] Vgl. BVerfG v. 13.05.1986 - 1 BvR 1542/84 - juris Rn. 45 ff. - BVerfGE 72, 155-175.
[52] BGBl I 1998, 2487.
[53] Vgl. § 1629a BGB.
[54] Vgl. BR-Drs. 366/96, S. 35.
[55] BGBl I 2011, 1306.

ten Umgebung wurde etwa als angezeigt angesehen, wenn der Mündel in der Anwesenheit der Pflegepersonen nicht frei reden kann oder will. Auch seien Treffen von Mündel und Vormund im Rahmen gemeinsamer Aktivitäten geeignet, ein Vertrauensverhältnis zwischen Mündel und Vormund entstehen zu lassen oder zu vertiefen. Auf die Pflegschaft soll die Vorschrift nach § 1915 BGB entsprechend anwendbar sein, wobei allerdings nach dem Regierungsentwurf im Fall einer reinen Vermögenspflegschaft regelmäßig ein Abweichen von § 1793 Abs. 1a BGB geboten sein soll.[56]

Der Gesetzentwurf der Bundesregierung hatte noch folgende Fassung von Satz 2 vorgesehen: „Er soll den Mündel in der Regel einmal im Monat in dessen üblicher Umgebung aufsuchen, wenn nicht im Einzelfall andere Besuchsabstände oder ein anderer Ort erforderlich sind".[57] Die Gesetz gewordene Fassung geht auf die Beschlussempfehlung des Rechtsausschusses des Bundestags zurück.[58] Mit der Änderung sollte ohne jeden Zweifel klargestellt werden, dass im Einzelfall ein Abweichen von dem monatlichen Regelbesuch nach unten (kürzerer Zeitabstand), aber auch nach oben (längerer Zeitabstand) möglich ist.[59] Der Bundesrat hatte eine abweichende Formulierung vorgeschlagen, die keine Regelfrequenz für die Kontakte vorsah.[60] Die Bundesregierung hat diesen Vorschlag mit der Begründung abgelehnt, zentrales Anliegen der beabsichtigten Reform sei die Stärkung des persönlichen Kontakts zwischen Vormund und Mündel, um den Interessen des Mündels besser gerecht zu werden und der Gefahr von Kindesmisshandlungen und -vernachlässigungen besser begegnen zu können. Ohne die Festschreibung einer konkreten Regelkontakthäufigkeit sei eine tatsächliche Änderung im Verhalten der Vormünder nicht zu erwarten.[61] 20

IV. Regelungsprinzipien

1. Die Vormundschaft als Substitut der elterlichen Sorge

Die Vormundschaft wird angeordnet, wenn der Mündel gar nicht unter elterlicher Sorge steht (§ 1773 Abs. 1 Alt. 1 BGB) oder die elterliche Sorge in besonders gravierendem Maße ungenügend ist, weil die Eltern weder in Angelegenheiten der Personen- noch in Angelegenheiten der Vermögenssorge vertretungsberechtigt sind (§ 1773 Abs. 1 Alt. 2 BGB) oder eine elterliche Sorge nicht stattfinden kann, weil der Familienstand nicht zu ermitteln ist (§ 1773 Abs. 2 BGB). In diesen Fällen besonders schwerer Störung der elterlichen Sorge tritt die Vormundschaft an die Stelle der elterlichen Sorge, sie ist ganz oder teilweise ein Substitut elterlicher Sorge.[62] 21

In ihren Rechtsfolgen ist die Vormundschaft – nach allgemeinem Verständnis – der elterlichen Sorge nachgebildet, da sie die Personensorge, die Vermögenssorge und die Vertretung des Mündels umfasst.[63] Aus der Parallele der Vormundschaft zur elterlichen Sorge werden Rückschlüsse auf die Rechtsnatur der Vormundschaft gezogen. So wird die elterliche Sorge teilweise auch als subjektives, höchstpersönliches Recht spezifisch familienrechtlicher Natur begriffen.[64] Hieraus werden dann weitere Ableitungen vorgenommen, etwa – im Ergebnis zutreffend –, dass die Vormundschaft ihrem höchstpersönlichen Charakter entsprechend nicht übertragbar ist.[65] 22

Wird die Vormundschaft im dargestellten Sinne als Recht verstanden, so ist es freilich wichtig zu betonen, dass sie zuvörderst auch eine Pflicht zur Wahrung des Kindeswohls beinhaltet. Dies wird teilweise aus Art. 6 Abs. 3 GG abgeleitet, wonach auch die Elternschaft zugleich als Recht und Pflicht ausgestaltet ist.[66] Ohne dass es dieser verfassungsrechtlichen Ableitung bedürfte, folgt dies zumindest aber 23

---

[56] Zum Ganzen BT-Drs. 17/3617, S. 7.
[57] BT-Drs. 17/3617, S. 5.
[58] Vgl. BT-Drs. 17/5512, S. 4.
[59] Vgl. BT-Drs. 17/5512, S. 12.
[60] Vgl. BT-Drs. 17/3617, S. 11.
[61] BT-Drs. 17/3617, S. 13. Zur Rechtsvergleichung vgl. *Lafontaine* in: jurisPK-BGB, 6. Aufl. 2012, § 1793 Rn. 26 ff.
[62] *Stern* in: Das Staatsrecht der Bundesrepublik Deutschland, Band IV/1, § 100 VIII 9 verwendet den Begriff des „Elternsubstituts".
[63] Vgl. etwa *Dickescheid* in: RGRK, 12. Aufl., § 1793 Rn. 1; *Veit* in: Staudinger, § 1793 Rn. 2; *Bettin* in: BeckOK BGB, 30. Ed., § 1793 Rn. 1; *Wagenitz* in: MünchKomm-BGB, § 1793 Rn. 2; *Affolter* in: Basler Kommentar – Zivilgesetzbuch I, 3. Aufl. 2007, Art. 405 Rn 19.
[64] So *Gernhuber/Coester/Waltjen*, Familienrecht, 6. Aufl. 2010, § 71 II, Rn. 7.
[65] KG v. 27.03.1914 - 1a X 233/14 - KGJ 46, 63, 65, m.w.N.; *Lüderitz/Dethloff*, Familienrecht, 28. Aufl. 2007, § 16 Rn. 26; *Wiesner* in: Wiesner, SGB VIII – Kinder- und Jugendhilfe, 3. Aufl. 2006, § 53 Rn. 73.
[66] Hierzu ausführlich *Jestaedt* in: Münder/Wiesner, Kinder- und Jugendhilferecht, 2007, S. 114 ff.

aus der einfachgesetzlichen Regelung und der darin zum Ausdruck kommenden Funktion der Vormundschaft.

24 Die Vormundschaft unterscheidet sich jedoch auch wesentlich von der elterlichen Sorge. Das hat seinen Grund unter anderem darin, dass von dem Vormund wegen der fehlenden engen Verwandtschaft und der häufig fehlenden Lebensgemeinschaft weniger Uneigennützigkeit erwartet werden kann und deshalb die Gemeinschaft zwischen Vormund und Mündel weniger eng als die zwischen Eltern und ihren Kindern ist.[67] Hieraus folgen etwa spezifische Kontrollmechanismen und Beschränkungen der Kompetenzen des Vormunds. Auch besteht keine gegenseitige Pflicht zur Gemeinschaft zwischen Mündel und Vormund.[68] Hinzu kommt, dass die dem Vormund eingeräumten Rechte ihre Rechtfertigung nicht in einer biologischen oder sozialen, von der Rechtsordnung um ihrer selbst willen schützenswerten Bindung des Vormunds zu dem Mündel, sondern in der staatlichen Fürsorge für das Mündelwohl haben.[69] Idealtypischerweise dürfte es deshalb nicht zu einem Gegensatz zwischen den Belangen des Vormunds und des Staates kommen. Zwar werden dem Vormund auch gegenüber dem Staat Befugnisse – etwa Beschwerdebefugnisse in Gerichtsverfahren – eingeräumt, durch die er in die Lage versetzt wird, das Mündelwohl auch in Verfahren und gegenüber dem Staat zur Geltung zu bringen. Es stellt sich jedoch die Frage, ob sich die Vormundschaft damit dergestalt gegenüber dem Staat verselbständigt, dass ihr subjektive verfassungsrechtliche Abwehrrechte zuzuerkennen sind.

25 Das Verständnis der Vormundschaft als Substitut der elterlichen Sorge hat teilweise Anlass zu der Annahme gegeben, der Vormund nehme am Grundrechtsschutz des Art. 6 Abs. 2 GG teil.[70] Die bislang herrschende Literatur lehnte diese Auffassung zumindest im Grundsatz ab.[71] Auch der Beschluss des Bundesverfassungsgerichts vom 10.02.1960 las sich noch als grundsätzliche Ablehnung der Einbeziehung des Vormunds in den Schutzbereich des Art. 6 GG. Darin führt der 1. Senat aus, der Vormund sei nicht Mitglied der Familie, sondern Vertrauensperson des fürsorgenden Staates, seine Gewalt sei nicht elterliche Gewalt, wenn sie auch dieser nachgebildet sei. Art. 6 GG könne durch eine Beschränkung vormundschaftlicher Befugnisse nicht betroffen sein.[72] Ohne nähere Begründung hat das Bundesverfassungsgericht diesen Grundsatz in seinem Urteil vom 06.12.1972 aufgeweicht. Darin heißt es, dass den zu Vormündern bestellten Großeltern, da sie anstelle der Eltern für die Erziehung und Pflege des Kindes verantwortlich seien, in diesem Bereich der Schutz des Art. 6 Abs. 2 GG zustehe.[73] Hieran hält auch die neuere Rechtsprechung fest.[74] Im Lichte von Art. 8 EMRK bezieht das Bundesverfassungsgericht in neuerer Rechtsprechung nahe Verwandte, die die Erziehung und Pflege übernommen haben – etwa Großeltern – in den Schutz der Familiengemeinschaft ein.[75]

26 Eigene Stellungnahme: Der Ausgangspunkt der verfassungsgerichtlichen Rechtsprechung ist zutreffend. Die Einbeziehung des Vormunds in den Schutzbereich des Art. 6 Abs. 2 GG wird weder vom Wortlaut der Norm gedenkt, noch entspräche sie dem Verständnis des historischen Gesetzgebers von der Familie und dem Eltern-Kind-Verhältnis. Soweit die Abwehrfunktion des Grundrechts gegenüber dem Staat in Frage steht, würde die Einbeziehung gerade der „Vertrauensperson des Staates" in den Grundrechtsschutz mitunter auch mehr Verwirrung stiften, als der Effektivierung des Mündelschutzes dienen. Das wird in dem praktischen Regelfall der Amtsvormundschaft besonders deutlich. Soweit den Eltern noch Teilbereiche der elterlichen Sorge verblieben sind, würde das Grundrechtsverständnis ge-

---

[67] So *Gernhuber/Coester-Waltjen*, Familienrecht, 6. Aufl. 2010, § 71 II 1, Rn. 6; *Dickescheid* in: RGRK, 12. Aufl., § 1793 Rn. 1; *Veit* in: Staudinger, § 1793 Rn. 1.

[68] Zum Schweizer Recht *Affolter* in: Basler Kommentar – Zivilgesetzbuch I, 3. Aufl. 2007, Art. 405 Rn. 21.

[69] Kritisch zur Einordnung der Vormundschaft als öffentlicher Fürsorge allerdings *Gernhuber/Coester-Waltjen*, Familienrecht, 6. Aufl. 2010, § 71 I. 2, Rn. 2.

[70] So *Lindacher*, FamRZ 1964, 116; *Schüler-Springorum*, FamRZ 1961, 296, 298, die sich auf *Klein* in: Mangoldt-Klein, Grundgesetz, 2. Aufl., Art. 6, Erl. IV 2 b, beziehen.

[71] Vgl. *Robbers* in: Mangoldt/Klein/Starck, Kommentar zum Grundgesetz, 6. Aufl., Art. 6 Abs. 2, Rn. 178; *Badura* in: Maunz/Dürig, GG, 41. Lfg., Art. 6 Rn. 99; *Stern* in: Das Staatsrecht der Bundesrepublik Deutschland, Band IV/1, § 100 VIII 9 m.w.N.

[72] BVerfG v. 10.02.1960 - 1 BvR 526/53, 1 BvR 29/58 - juris Rn. 77 ff. - BVerfGE 10, 302; kritisch auch schon *Maurer*, FamRZ 1960, 468, 472.

[73] BVerfG v. 06.12.1972 - 1 BvR 230/70, 1 BvR 95/71 - juris Rn. 128 - BVerfGE 34, 165-200.

[74] Vgl. BVerfG v. 16.01.2003 - 2 BvR 716/01 - juris Rn. 72 - BVerfGE 107, 104-133; BVerfG v. 25.11.2003 - 1 BvR 1248/03 - juris Rn. 8 - FamRZ 2004, 771-772.

[75] Vgl. BVerfG v. 18.12.2008 - 1 BvR 2604/06 - juris Rn. 20 ff. - FamRZ 2009, 291-294; BGH v. 26.06.2013 - XII ZB 31/13 - juris Rn. 13 - FamRZ 2013, 1380-1383.

radezu verkehrt, könnte sich der staatlich bestellte Vormund im Rahmen seiner Befugnisse gegenüber den Eltern auf sein verfassungsrechtliches Elternrecht berufen. Soweit in der Rechtsprechung offenbar ein Bedürfnis für die Einbeziehung des Vormunds in den Schutz des Art. 6 Abs. 2 GG gesehen wird, hat dies – entgegen der von dem Bundesverfassungsgericht gegebenen Begründung – seine Rechtfertigung jedenfalls nicht darin, dass die Großeltern anstelle der Eltern für die Erziehung und Pflege des Kindes verantwortlich sind. Denn diese Aussage gilt unterschiedslos für jeden Vormund.[76] Worin liegt die Rechtfertigung aber dann? Angesichts der spätestens mit dem Betreuungsrechtsänderungsgesetz offenkundigen Absicht des Gesetzgebers, die persönliche Bindung des Mündels an den Vormund zu stärken, könnte erwogen werden, das maßgebliche Kriterium in der durch Pflege und Erziehung im Haushalt manifestierten engen persönlichen Bindung zu sehen. Diese enge Bindung genügt jedoch nach der Rechtsprechung noch nicht, um etwa Großeltern oder gar Dritten, die keine Vormünder sind, ein Elternrecht zuzuerkennen.[77] Zwar ist die soziale Beziehung rechtlich nicht bedeutungslos. So wird etwa auch dem biologischen Vater, der nicht zugleich rechtlicher Vater ist, das verfassungsrechtliche Elternrecht zuerkannt, wenn er tatsächliche Verantwortung für das Kind übernimmt und daraus eine soziale Beziehung zwischen beiden entsteht.[78] Bei den zu Vormündern bestellten Großeltern kommt es gar zur Kombination von sozialer Beziehung und Sorgerechtseinräumung. Aber wenn der Satz stimmt, dass Träger des Elternrechts für ein Kind nur Vater oder Mutter sein können,[79] ist die Einbeziehung der zu Vormündern bestellten Großeltern nicht begründbar. Hielte man die biologische Abstammung ersten Grades hingegen für verzichtbar, müsste berechtigterweise gefragt werden, ob die verwandtschaftliche Verbindung zu den Großeltern so starkes Gewicht hat, dass ihr nicht auch andere Verwandtschaftsverhältnisse oder gar enge soziale Bindungen ohne verwandtschaftliche Bindung gleichgestellt werden könnten.

Praktischer Hinweis: Die verfassungsrechtliche Bewertung des Verhältnisses zwischen Vormund und Mündel hat nicht nur auf familienrechtliche Entscheidungen, sondern etwa auch auf ausländerrechtliche Entscheidungen Auswirkungen. 27

Zu § 22 Abs. 6 Satz 1 AsylVfG a.F. bestand Streit darüber, inwiefern die persönliche Bindung zwischen Vormund und Mündel bei der landesinternen Verteilung von Ausländern ähnliches Gewicht wie eine Haushaltsgemeinschaft von Eltern mit ihren Kindern beanspruchen können. Eine Auffassung hat dies mit der Begründung bejaht, dass die Vormundschaft die gesamte elterliche Personensorge umfasst und die damit verbundenen Rechte und Pflichten über größere räumliche Distanz hinweg nur schwer zu erledigen sind.[80] Nach der Gegenauffassung genügt das rechtliche Band zwischen Mündel und Vormund allein jedenfalls dann nicht, wenn der Mündel nicht mit dem Vormund zusammen wohnt und auch sonst keine gewichtigen Gesichtspunkte dafür vorliegen, dass der Betroffene einen ständigen engen persönlichen Kontakt zu seinem Vormund benötigt.[81] Die Problematik stellt sich im Rahmen des § 50 Abs. 4 Satz 4 AsylVfG n.F. in gleicher Weise.[82] 28

Eigene Stellungnahme: Die Vormundschaft steht den in § 50 Abs. 4 Satz 4 AsylVfG genannten besonderen Umständen nicht gleich. Mit der Haushaltsgemeinschaft stellt das Gesetz auf eine in besonderer Weise tatsächlich verfestigte enge Bindung ab, die bei der rechtlichen Vormundschaft weder gewährleistet ist noch auch nur dem Regelfall entspricht. Für eine Analogie ist hiernach kein Raum. Bedeutsam wird die Vormundschaft für die Ermessensentscheidung nach § 50 AsylVfG jedoch – wie auch im Rahmen anderer Ermessensentscheidungen – wenn die Vormundschaft durch eine besondere persönliche Beziehung – etwa durch die Aufnahme des Mündels in den Haushalt – verfestigt ist. Hierfür bedarf es indes keiner Analogie zu § 50 Abs. 4 Satz 4 AsylVfG. Eine Ermessensentscheidung kann nämlich unabhängig von der gesetzlichen Regelung besonderer zu berücksichtigender Umstände nur dann Bestand haben, wenn für die Ermessensentscheidung alle sachlich wesentlichen Aspekte berücksich- 29

---

[76] Zutreffend *Stern* in: Das Staatsrecht der Bundesrepublik Deutschland, Band IV/1, § 100 VIII 9.
[77] BVerfG v. 08.12.1965 - 1 BvR 662/65 - juris Rn. 20 - BVerfGE 19, 323 ff.
[78] Vgl. BVerfG v. 09.04.2003 - 1 BvR 1493/96, 1 BvR 1724/01 - juris Rn. 54 ff. - BVerfGE 108, 82-122; EuGMR v. 21.06.1988 - 10730/84 - EuGRE 4, 109, 113 - Berrehab ./. Niederlande, hierzu etwa auch *Völker/Clausius*, Das familienrechtliche Mandat - Sorge- und Umgangsrecht, 6. Aufl. 2014, §1 Rn. 7.
[79] So BVerfG v. 09.04.2003 - 1 BvR 1493/96, 1 BvR 1724/01 - juris Rn. 58 - BVerfGE 108, 82-122.
[80] So Hessischer Verwaltungsgerichtshof v. 26.04.1989 - 10 TH 972/89 - juris Rn. 19 - ESVGH 39, 225-227.
[81] So Hamburgisches Oberverwaltungsgericht v. 22.02.1991 - Bs IV 8/91 - juris Rn. 3 f. - FamRZ 1992, 57-58 m.w.N.
[82] Vgl. hierzu *Bergmann* in: Renner/Bergmann/Dienelt, Ausländerrecht, 10. Aufl. 2013, § 50 AsylVfG, Rn. 28 ff.

§ 1793

tigt wurden. Daran kann es – unabhängig von der verfassungsrechtlichen Einordnung – im Einzelfall fehlen, wenn eine in besonderer Weise verfestigte Vormundschaft bei der Ermessensentscheidung ganz unberücksichtigt geblieben ist.

30 Nach Art. 10 Abs. 3 b) der Richtlinie 2003/86/EG des Rates vom 22.09.2003 betreffend das Recht auf Familienzusammenführung[83] können die Mitgliedstaaten die Einreise und den Aufenthalt des gesetzlichen Vormunds oder eines anderen Familienangehörigen eines unbegleiteten Minderjährigen zum Zwecke der Familienzusammenführung gestatten, wenn der Flüchtling keine Verwandten in gerader aufsteigender Linie hat oder diese unauffindbar sind. § 36 AufenthG hat von dieser Möglichkeit jedoch keinen Gebrauch gemacht. Einen Nachzugsanspruch für Vormünder gibt es danach – soweit der Vormund nicht aus anderem Grunde die sonstigen Voraussetzungen des § 36 AufenthG erfüllt – nicht.[84]

2. Die Selbständigkeit der Vormundschaft

31 Wesentliches Merkmal der Annäherung der Vormundschaft an die Elternschaft ist der Grundsatz der **Selbständigkeit** der Amtsführung des Vormunds (vgl. § 1797 Abs. 2 Satz 2 BGB).[85] Die Selbständigkeit der Amtsführung des Vormunds hat eine formale und eine materielle Komponente. In formaler Hinsicht bedeutet sie, dass der Vormund weder Beamter ist[86] noch als Beliehener staatliche Eingriffsbefugnisse selbst ausübt noch Gehilfe oder ausführendes Organ des Familiengerichts ist, sondern dass er Maßnahmen und Entscheidungen im Aufgabenbereich der Vormundschaft grundsätzlich aus eigenem Antrieb vorzunehmen hat, wo die Interessen des Mündels es erfordern. Hierbei handelt der Vormund im eigenen Namen und in eigener Verantwortung.[87]

32 In **materieller Hinsicht** bedeutet der Grundsatz der Selbständigkeit der Amtsführung des Vormunds, dass dem Vormund grundsätzlich ein autonomer Entscheidungs- und Handlungsspielraum eingeräumt ist, den er nach pflichtgemäßem Ermessen ausüben kann. Eine pflichtgemäße Ermessensentscheidung des Vormunds hat das Familiengericht zu respektieren[88], d.h. es darf die Entscheidung oder das Verhalten des Vormunds weder aus Gründen der Zweckmäßigkeit beanstanden, noch dem Vormund in Zweckmäßigkeitsfragen Weisungen erteilen[89] oder sonst versuchen, mit gerichtlicher Autorität Einfluss auszuüben.[90] Vielmehr beschränkt sich die Kompetenz des Familiengerichts grundsätzlich auf die Führung der Rechtsaufsicht über den Vormund, d.h. es hat grundsätzlich nur gegen Pflichtwidrigkeiten des Vormunds einzuschreiten.[91] Eine Pflichtwidrigkeit des Vormunds liegt vor, wenn er gegen zwingende Normen des Gesetzes verstößt oder seiner Verpflichtung zu treuer und gewissenhafter Führung seines Amtes zuwiderhandelt und dadurch seiner Hauptpflicht, die Interessen des Mündels wahrzunehmen, nicht nachkommt.[92] Ist nach Maßgabe dieser Grundsätze ein Einschreiten des Familiengerichts erforderlich, so muss sich auch die Maßnahme oder Entscheidung des Familiengerichts ebenfalls mit Rücksicht auf den Grundsatz der Selbständigkeit der Amtsführung des Vormunds auf das für das Mündelwohl Notwendige beschränken; sie ist nur statthaft, wenn anders gewichtigen persönlichen oder wirtschaftlichen Mündelinteressen gewichtige Nachteile drohen.[93] Darüber hinaus soll das Familien-

---

[83] ABl. EG Nr. L 251, S. 12 v. 03.10.2003.
[84] So auch *Dienelt* in: Renner, Ausländerrecht, 9. Aufl., § 36 AufenthG, Rn. 8.
[85] Vgl. zu diesem Grundsatz auch BGH v. 05.11.2009 - III ZR 6/09 - juris Rn. 20 - FamRZ 2010, 207-209; BGH v. 30.03.1955 - IV ZB 23/55 - juris Rn. 13 - BGHZ 17, 108, 116; BayObLG v. 09.01.1997 - 1Z BR 255/96 - juris Rn. 8 - FamRZ 1997, 1560-15661; OLG München v. 23.07.2009 - 5St RR 134/09 - juris Rn. 19 - NJW 2009, 2837-2838; *Saar* in: Erman, § 1793 Rn. 12; *Damrau* in: Damrau/Zimmermann, Betreuung und Vormundschaft, 2. Aufl. 1995, § 1793 Rn. 2, auch zum Nachfolgenden; *Lüderitz/Dethloff*, Familienrecht, 28. Aufl. 2007, § 16 Rn. 61; *Rauscher*, Familienrecht, 2. Aufl. 2008, § 39 II Rn. 1207.
[86] So auch BGH v. 30.03.1955 - IV ZB 23/55 - juris Rn. 13 - BGHZ 17, 108, 116.
[87] So auch *Zimmermann* in: Soergel, § 1793 Rn. 2.
[88] BayObLG v. 05.06.1951 - BeschwReg II 33/50 - BayObLGZ 1951, 440.
[89] BGH v. 30.03.1955 - IV ZB 23/55 - juris Rn. 13 - BGHZ 17, 108, 116; BayObLG v. 27.06.1991 - BReg 3 Z 52/91 - juris Rn. 8 - FamRZ 1992, 108-109; BayObLG v. 09.01.1997 - 1Z BR 255/96 - juris Rn. 8 - FamRZ 1997, 1560-15661; BayObLG v. 19.05.1999 - 3Z BR 38/99 - juris Rn. 8 - BayObLGZ 1999, 117-120; *Saar* in: Erman, § 1793 Rn. 12; *Zimmermann* in: Soergel, 13. Aufl., § 1793 Rn. 2.
[90] *Wagenitz* in: MünchKomm-BGB, § 1837 Rn. 18.
[91] Vgl. BGH v. 30.03.1955 - IV ZB 23/55 - juris Rn. 13 - BGHZ 17, 108, 116; BayObLG v. 27.06.1991 - BReg 3 Z 52/91 - juris Rn. 8 - FamRZ 1992, 108-109; für die Betreuung auch Saarländisches OLG v. 26.01.2004 - 5 W 299/03 - juris Rn. 9 - OLGR 2004, 318.
[92] BayObLG v. 27.06.1991 - BReg 3 Z 52/91 - juris Rn. 8 - FamRZ 1992, 108-109.
[93] BayObLG v. 27.06.1991 - BReg 3 Z 52/91 - juris Rn. 8 - FamRZ 1992, 108-109, m.w.N.

gerichts sich zur Wahrung der Selbständigkeit des Vormunds auch mit Ratschlägen eher zurückzuhalten.[94] Meines Erachtens betrifft dies jedoch nicht den Fall, in dem sich der Vormund selbst mit der Bitte an das Familiengericht wendet, die Rechtmäßigkeit eines beabsichtigten Verhaltens zu beurteilen.[95] Denn zu den Aufgaben des Familiengerichts gehört auch die Beratung des Vormunds.[96]

Versteht man den Grundsatz der Selbständigkeit des Vormunds in diesem weiten Sinn auch als Freiheit vor staatlichen Versuchen der Beeinflussung, so stellen die in § 53 Abs. 3 SGB VIII geregelten Befugnisse des Jugendamtes eine Einschränkung dieses Grundsatzes dar. Danach hat das Jugendamt darauf zu achten, dass der Vormund für die Person des Mündels, insbesondere seine Erziehung und Pflege Sorge trägt. Es hat auf die Behebung von Mängeln im Einvernehmen hinzuwirken, dem Vormundschaftsgericht Auskunft zu erteilen und ggf. eine Gefährdung des Vermögens des Mündels anzuzeigen. Zwar fehlen dem Jugendamt insofern jegliche Eingriffsbefugnisse, d.h. das Jugendamt hat z.B. weder Betretungs- noch Weisungsbefugnisse gegenüber dem Vormund.[97] Jedoch kann sich schon das ungefragte Beraten oder Hinwirken, wegen der Anzeige- und Auskunftspflichten u.U. sogar auch schon das zielgerichtete Nachfragen als staatlicher Versuch der Einflussnahme auf das Handeln des Vormunds auswirken. Daraus folgt, dass § 53 Abs. 2 SGB VIII restriktiv dahingehend auszulegen ist, dass die Selbständigkeit der Vormundschaft möglichst weitgehend gewahrt bleibt. Kontroll- und Hinwirkungsmöglichkeiten des Jugendamts sind deshalb auf die Überwachung etwaigen pflichtwidrigen Handelns beschränkt.

33

Der Grundsatz der Selbständigkeit wird auch dann nicht aufgehoben, wenn eine Vereins- oder Amtsvormundschaft angeordnet wird. Im Fall der Vereinsvormundschaft (§ 54 SGB VIII) folgt das schon aus der rechtlichen Verselbständigung des Vereins gegenüber dem Staat. Es gilt aber auch für die Amtsvormundschaft.

34

3. Die persönliche Führung der Vormundschaft

Das BGB geht – verstärkt noch durch das BtÄndG vom 25.06.1998 – von der Vorstellung einer **persönlichen Führung** der Vormundschaft aus.[98] Die Führung der Vormundschaft soll einen personalen Bezug zwischen Vormund und Mündel begründen, der die fehlende Eltern-Kind-Beziehung möglichst weitgehend zu kompensieren vermag. In diesem Sinne wurde etwa die Möglichkeit einer gemeinschaftlichen Bestellung von Ehegatten zu Vormündern in § 1775 Satz 1 BGB sowie die besondere Annäherung der Vormundschaft an die Elternschaft in den Fällen einer häuslichen Gemeinschaft nach § 1793 Abs. 1 Satz 3 BGB geregelt.[99]

35

Zur persönlichen Führung der Vormundschaft gehört insbesondere der persönliche Kontakt des Vormunds zum Mündel, der nun in Absatz 1a näher geregelt ist (vgl. hierzu nun Rn. 106). Der persönlichen Führung der Vormundschaft entspricht es auch, dass der Vormund sein Amt oder seine Aufgaben nicht übertragen kann.[100] Die Annäherung der Vormundschaft an die elterliche Sorge geht allerdings nicht so weit, dass der Vormund sämtliche Angelegenheiten, die zur Sorge gehören, in eigener Person ausüben müsste. So kann die widerrufliche[101] Übertragung einzelner Angelegenheiten der persönlichen Sorge zur Ausübung zulässig sein. Die Grenzen der Zulässigkeit sind unter Berücksichtigung aller Umstände des Einzelfalles nach dem Mündelinteresse zu bestimmen.[102] So ist etwa die Übertragung bloßer Hilfstätigkeiten zulässig.[103] Auch kann beispielsweise die Übertragung der Erziehung des Mündels an ein Internat zulässig sein, wenn dies die bessere persönliche und schulische Förderung des Mündels

36

---

[94] Vgl. hierzu auch *Gernhuber/Coester-Waltjen*, Familienrecht, 6. Aufl. 2010, § 71 IV, Rn. 19.
[95] Kritisch hierzu *Wagenitz* in: MünchKomm-BGB, § 1837 Rn. 18.
[96] Zutreffend BayObLG v. 19.05.1999 - 3Z BR 38/99 - juris Rn. 8 - BayObLGZ 1999, 117-120.
[97] Vgl. *Wiesner*, SGB VIII – Kinder- und Jugendhilfe, 3. Aufl. 2006, § 53 SGB VIII Rn. 13 f.
[98] Vgl. BGH v. 09.11.2005 - XII ZB 49/01 - juris Rn. 17 - FamRZ 2006, 111-114; vgl. hierzu etwa auch *Jans/Happe/Saurbier/Maas*, Jugendhilferecht, 3. Aufl. 2003, § 55 Art. 1 KJHG Rn. 29.
[99] Vgl. hierzu auch BT-Drs. 13/7158, S. 21.
[100] *Engers/Wagenitz*, FamRZ 1998, 1273-1280; *Veit* in: Staudinger, § 1793 Rn. 60; *Dickescheid* in: BGB-RGRK, § 1793 Rn. 15; *Saar* in: Erman, § 1793 Rn. 13; vgl. zur Betreuung etwa auch BGH v. 09.11.2005 - XII ZB 49/01 - juris Rn. 17 - FamRZ 2006, 111-114.
[101] *Veit* in: Staudinger, § 1793 Rn. 70.
[102] Allg. A., vgl. *Saar* in: Erman, § 1793 Rn. 13.
[103] Vgl. BGH v. 09.11.2005 - XII ZB 49/01 - juris Rn. 17 - FamRZ 2006, 111-114.

darstellt. Ebenso ist ihm die Inpflegegabe des Mündels grundsätzlich gestattet.[104] Allerdings unterliegt auch diese Entscheidung pflichtgemäßem Ermessen. Insbesondere wenn der Vormund mit dem Mündel familiär verbunden ist und die Möglichkeiten vorhanden sind, entspricht die Aufnahme in den eigenen Haushalt regelmäßig am besten dem Wohl des Mündels.[105]

37 Zu Recht wird allerdings die Unterbringung in einer Einrichtung als unzulässig angesehen, zu der der Vormund in einem Abhängigkeitsverhältnis steht[106]. M.E. stellt sich hier weitergehend sogar die Frage einer analogen Anwendbarkeit des § 1897 Abs. 3 BGB. Als Faustformel im Übrigen kann gelten: Was ein volljähriger, gesunder Mensch selbst zu erledigen pflegt, muss auch der Vormund persönlich erledigen; was dagegen nicht selten in fremde Hände gegeben wird, darf auch der Vormund einem Dritten anvertrauen.[107] Am ehesten kommt eine solche Delegation bei Angelegenheiten in Betracht, die besonders zeitintensiv sind oder aufgrund besonderer Sachkunde besser von Dritten erledigt werden.[108]

38 Die Mitwirkung Dritter bei Ausübung der elterlichen Sorge erfolgt durch die Ermächtigung zur Ausübung der Sorge. Es handelt sich hierbei um eine – ggf. auch durch schlüssiges Verhalten mögliche – einseitige, empfangsbedürftige Willenserklärung.[109]

39 Ist die Übertragung zur Ausübung zulässig, so hat der Vormund den Dritten sorgfältig auszuwählen, zu unterweisen und zu überwachen. Zur Haftung für den Dritten vgl. die Kommentierung zu § 1833 BGB Rn. 37.

40 Da die uneingeschränkte Förderung des Mündelinteresses – anders als in einem intakten Eltern-Kind-Verhältnis – nicht zwingend dem natürlichen Bestreben des Vormunds entsprechen muss, sieht das Gesetz schließlich ein gesteigertes Bedürfnis nach Beschränkung der Handlungsbefugnis für den Mündel und nach staatlicher Aufsicht und Kontrolle[110]: So können etwa bestimmte Bereiche der Sorge, wie die religiöse Erziehung (§ 1801 Abs. 1 BGB), der Sorge des Vormunds von vornherein entzogen sein. Auch wird die Sorge des Vormunds durch eine (Ergänzungs-)Pflegerbestellung (vgl. die §§ 1794 ff. BGB) oder die Mitwirkung eines Mitvormunds (vgl. die §§ 1797 f. BGB) beschränkt. Erblasser oder Schenker können bestimmte Anordnungen treffen (§ 1803 BGB). Für bestimmte Rechtsgeschäfte bedarf der Vormund der Genehmigung durch das Gericht (z.B. die §§ 1821, 1822 BGB) oder durch den Gegenvormund (z.B. § 1812 BGB). Auch sonst unterliegt der Vormund spezifischen Auskunfts- und Rechnungslegungspflichten sowie der allgemeinen familiengerichtlichen Aufsicht (§§ 1837 ff. BGB). Schließlich treffen den Vormund Mitteilungspflichten, etwa das Jugendamt die Pflicht zur regelmäßigen Überprüfung und ggf. Meldung des Wegfalls der Notwendigkeit der Amtsvormundschaft nach § 56 Abs. 4 SGB VIII.

4. Die Amtsvormundschaft

41 Die Betrachtung der Regelungsprinzipien der Führung der Vormundschaft wäre unvollständig, würde sie ausblenden, dass ein Großteil der Vormundschaften – etwa 80%[111] – durch die spezifischen Vorschriften der Amtsvormundschaft nach dem SGB VIII geprägt sind. § 55 Abs. 1 SGB VIII bestimmt, dass das Jugendamt in den durch das BGB vorgesehenen Fällen Vormund wird (Amtsvormundschaft). Dazu kommt es entweder unmittelbar kraft Gesetzes (so genannte gesetzliche Amtsvormundschaft) – **Beispiel:** § 1791c BGB – oder aufgrund Bestellung durch das Familiengericht (so genannte bestellte Amtsvormundschaft) – vgl. die §§ 1773, 1791b BGB.[112] § 55 Abs. 1 SGB VIII bewirkt, dass nicht etwa der vollrechtsfähige Träger der Jugendhilfe, sondern das ansonsten nicht rechtsfähige Jugendamt selbst

---

[104] BayObLG v. 09.01.1997 - 1Z BR 255/96 - juris Rn. 7 f. - FamRZ 1997, 1560; *Dickescheid* in: BGB-RGRK, § 1793 Rn. 2; *Wagenitz* in: MünchKomm-BGB, § 1793 Rn. 18; *Rauscher*, Familienrecht, 2. Aufl. 2008, § 39 II Rn. 1216.

[105] Zutreffend insoweit *Schroeder*, Das Deutsche Vormundschaftsrecht, 1900, S. 188 f.

[106] Vgl. hierzu etwa auch *Gernhuber/Coester-Waltjen*, Familienrecht, 6. Aufl. 2010, § 72 I, Rn. 2.

[107] *Saar* in: Erman, § 1793 Rn. 13.

[108] So auch *Saar* in: Erman, § 1793 Rn. 13.

[109] Vgl. *Wagenitz* in: MünchKomm-BGB, § 1793 Rn. 36.

[110] So auch *Lüderitz/Dethloff*, Familienrecht, 28. Aufl. 2007, § 16 Rn. 27; *Hansbauer/Mutke* in: Hansbauer/Mutke/Oelerich, Vormundschaft in Deutschland, S. 43.

[111] *Dethloff*, Familienrecht, 30. Aufl. 2012, § 16 Rn. 27; *Jans/Happe/Saurbier/Maas*, Jugendhilferecht, 3. Aufl. 2003, § 53 Art. 1 KJHG Rn. 3.

[112] Vgl. *Wiesner*, SGB VIII – Kinder- und Jugendhilfe, 3. Aufl. 2006, § 55 Rn. 61.

als Träger der Vormundschaft selbst Träger von Rechten und Pflichten wird.[113] Es ist insoweit teilrechtsfähig.

Soweit nichts Abweichendes bestimmt ist, gelten die Vorschriften des BGB auch für die Amtsvormundschaft. Auch das Amt des Amtsvormunds ist deshalb im Kern privatrechtlicher Natur.[114] Allerdings wird die zivilrechtliche Vormundschaft durch die Bestimmungen über die Amtsvormundschaft öffentlich-rechtlich überlagert. So unterliegt der Amtsvormund der Amtshaftung, weil er in Ausübung eines öffentlichen Amtes tätig wird.[115] Dafür spricht, dass die Zielsetzung, in deren Sinn der Amtsvormund tätig wird, nämlich die öffentliche Fürsorge, dem öffentlichen Recht zuzuordnen ist.[116] Nach herrschender Meinung ist die Amtsvormundschaft durch Beamte sogar Ausübung öffentlicher Gewalt.[117] Das erscheint freilich nicht unproblematisch, soweit der Amtsvormund lediglich von zivilrechtlichen Kompetenzen nach dem BGB Gebrauch macht.

Nach § 55 Abs. 2 Satz 1 SGB VIII überträgt das Jugendamt die Ausübung der Aufgaben des Amtsvormunds einzelnen seiner Beamten oder Angestellten. Die Übertragung erfolgt regelmäßig durch Einzelverfügung oder Zuweisung kraft Geschäftsverteilungsplan.[118] Eine Übertragung auf andere Ämter des Trägers der Jugendhilfe, etwa auf das Rechtsamt, wäre mit dem Wortlaut des Gesetzes unvereinbar.[119] Mit der Übertragung der Ausübung nähert das Gesetz die Amtsvormundschaft der Einzelvormundschaft an, soweit diese vom Grundsatz der persönlichen und selbständigen Führung geprägt wird. Allerdings handelt es sich bei der Übertragung der „Ausübung der Aufgaben" nicht um eine echte Delegation, d.h. Inhaber der Vormundschaft bleibt das Jugendamt.[120] Nach § 55 Abs. 2 Satz 3 SGB VIII ist der Beamte oder Angestellte in dem durch die Übertragung umschriebenen Rahmen gesetzlicher Vertreter des Mündels (so genannter „Realvertreter") und übt ebenso wie der Einzelvormund privatrechtliche Funktionen aus.[121] Das Jugendamt selbst bleibt sog. „Legalvertreter".[122]

Die Vorschriften des BGB für den Vormund sind unmittelbar auch auf die Führung der Amtsvormundschaft anwendbar. Dies stellt § 56 Abs. 1 SGB VIII (deklaratorisch) klar. Damit gelten insbesondere auch die Grundsätze der Selbständigkeit und persönlichen Führung der Vormundschaft. Hieraus folgt – entsprechend dem Zweck der Übertragung der Ausübung der Aufgaben des Amtsvormunds nach § 55 Abs. 2 Satz 1 SGB VIII –, dass der Amtsvormund bei der Ausübung seiner Tätigkeit über einen Beurteilungsspielraum verfügt, in dessen Grenzen er Weisungen der Leitung des Jugendamtes nicht entgegenzunehmen braucht.[123] Danach darf der Vorgesetzte nur Weisungen erteilen, wenn und soweit sie zur Vermeidung eines rechtswidrigen Handelns oder eines unmittelbar bevorstehenden Schadens für das Mündelwohl erforderlich sind; im Übrigen steht dem Realvertreter ein Beurteilungsspielraum

---

[113] Vgl. *Jans/Happe/Saurbier/Maas*, Jugendhilferecht, 3. Aufl. 2003, § 55 Art. 1 KJHG Rn. 6; *Tillmanns* in: MünchKomm-BGB, § 55 SGB VIII Rn. 3.

[114] Vgl. zur Betreuung etwa OLG München v. 23.07.2009 - 5St RR 134/09 - juris Rn. 13 ff. - NJW 2009, 2837-2838; so auch *Wiesner*, SGB VIII, 3. Aufl. 2006, § 55 Rn. 61.

[115] Vgl. BGH v. 20.04.1953 - IV ZR 155/52 - juris Rn. 6 f. - BGHZ 9, 255-262; BGH v. 02.04.1987 - III ZR 149/85 - juris Rn. 11 - BGHZ 100, 313-321; *Tillmanns* in: MünchKomm-BGB, § 55 SGB VIII Rn. 11.

[116] Vgl. BGH v. 02.04.1987 - III ZR 149/85 - juris Rn. 13 - BGHZ 100, 313-321; kritisch zur Einordnung der Vormundschaft als öffentlicher Fürsorge allerdings *Gernhuber/Coester-Waltjen*, Familienrecht, 6. Aufl. 2010, § 71 I. 2, Rn. 2.

[117] BVerfG v. 10.02.1960 - 1 BvR 526/53; 1 BvR 29/58 - juris Rn. 72 - BVerfGE 10, 302-331; BVerwG v. 04.02.1988 - 5 C 88/85 - juris Rn. 12 - NJW 1988, 2399-2400.

[118] Ob letzteres genügt, ist allerdings streitig, ablehnend etwa *Hoffmann* in: Münder/Wiesner, Kinder- und Jugendhilferecht, 2007, S. 336; wie hier aber *Jans/Happe/Saurbier/Maas*, Jugendhilferecht, 3. Auf. 2003, § 55 Art. 1 KJHG Rn. 39; *Wiesner*, SGB VIII – Kinder- und Jugendhilfe, 3. Aufl. 2006, § 55 Rn. 78; a.A. nunmehr *Tillmanns* in: MünchKomm-BGB, § 55 SGB VIII Rn. 9.

[119] So zu § 55 Abs. 2 KJHG a.F. OLG Frankfurt v. 28.04.2000 - 20 W 549/99 - juris Rn. 4 - DAVorm 2000, 485-488; zustimmend *Tillmanns* in: MünchKomm-BGB, § 55 SGB VIII Rn. 9.

[120] Vgl. *Tillmanns* in: MünchKomm-BGB, § 55 SGB VIII Rn. 9 m.w.N.

[121] *Zenz*, DAVorm 2000, 365, 366; *Hoffmann* in: Münder/Wiesner, Kinder- und Jugendhilferecht, 2007, S. 337; *Rauscher*, Familienrecht, 2. Aufl. 2008, § 39 II. Rn. 1206.

[122] *Münder/Wiesner*, Kinder- und Jugendhilferecht, 2007, S. 336.

[123] BGH v. 17.06.1999 - III ZR 248/98 - juris Rn. 11 - FamRZ 1999, 1342-1345; zustimmend *Tillmanns* in: MünchKomm-BGB, § 55 SGB VIII Rn. 10.

§ 1793

zu.[124] Die Rechtslage ähnelt insofern den Grenzen der vormundschaftsgerichtlichen Aufsicht über den Einzelvormund.

45 Im Einzelnen ist die Amtsvormundschaft gegenüber der Einzelvormundschaft nach dem BGB modifiziert, soweit das BGB Sondervorschriften für die Amtsvormundschaft enthält (etwa in den §§ 1792 Abs. 1 Satz 2, 1835 Abs. 5 BGB), soweit Vorschriften des BGB sich ausdrücklich nur auf die Einzelvormundschaft beziehen (etwa in § 1801 BGB) oder sich auf Regelungen beziehen, die aus anderen Gründen nicht auf die Amtsvormundschaft anwendbar sind (etwa § 1799 BGB wegen § 1792 BGB, oder § 1793 Abs. 1 Satz 3 BGB) oder soweit das SGB VIII Befreiungen vorsieht (etwa in § 56 Abs. 2 SGB VIII hinsichtlich §§ 1802, 1803, 1811, 1822 Nr. 6 und 7 und 1818 BGB) oder soweit befreiendes Landesrecht nach § 56 Abs. 3 SGB VIII ergangen ist.

46 Besondere Probleme ergeben sich aus dem Bedürfnis nach einer Vertretung des Beamten oder Angestellten, dem das Jugendamt die Ausübung der Aufgaben des Amtsvormunds nach § 55 Abs. 2 SGB VIII übertragen hat. Für den Einzelvormund ergibt sich schon aus dem Grundsatz der persönlichen Führung der Vormundschaft (vgl. Rn. 35 ff.), dass er seine Aufgaben nicht etwa mit Antritt des Urlaubs „abgeben" kann. Soweit einzelne Angelegenheiten nach ihrer Bedeutung und Dringlichkeit sein persönliches Handeln erfordern, muss er zur Verfügung stehen, notfalls das Familiengericht zum Handeln aufgerufen ist. Für den Einzelvormund gibt es also keinen Urlaub (was freilich nicht bedeutet, dass er rund um die Uhr erreichbar sein müsste.[125] Beim Amtsvormund liegen die Dinge komplizierter. Das liegt weniger daran, dass es dem zuständigen Sachbearbeiter nach Arbeitsvertrag oder Status unzumutbar wäre, gleichermaßen allzeit erreichbar zu sein, als vielmehr daran, dass Amtsvormund nun einmal das Amt und nicht der zuständige Sachbearbeiter ist. Die gesetzlich vorgesehene Möglichkeit zur Übertragung der Ausübung der Aufgaben des Amtsvormunds impliziert grundsätzlich auch die Möglichkeit zur vertretungsweisen Übertragung auf einen anderen Sachbearbeiter.[126] Insbesondere ist die bloße Bevollmächtigung eines Dritten durch den Sachbearbeiter hierfür kein Ersatz. Denn sie unterliegt in der Sache gleichen Beschränkungen wie die Übertragung einzelner Befugnisse durch den Einzelvormund auf Dritte.[127] Aus Sinn und Zweck der Vormundschaft und der zuletzt durch den Gesetzgeber erneut besonders betonten persönlichen Beziehung zwischen Mündel und Vormund ergibt sich jedoch, dass die Ausgestaltung der vertretungsweisen Aufgabenzuweisung so zu erfolgen hat, dass die persönliche Bindung an den Sachbearbeiter soweit als möglich gewahrt bleibt. Daraus lassen sich folgende Grundsätze ableiten:

47 Der zuständige Sachbearbeiter muss bei planbaren Vertretungsfällen (z.B. Urlaub) alle anstehenden Angelegenheiten, die sich vorziehen lassen, vorziehen oder, wenn sie ohne Nachteil Aufschub dulden, auf die Zeit nach der Vertretung zurückstellen. Insbesondere Regelkontakte sind grundsätzlich vorzuziehen.

- Insbesondere Angelegenheiten von großer Bedeutung, sind so rechtzeitig zu planen, dass der Sachbearbeiter sie nicht dem Vertreter überlassen muss.
- Die Vertretung muss sich auf Handlungen beschränken, die unaufschiebbar sind.
- Vertretungszeiträume dürfen einen überschaubaren Umfang nicht übersteigen. Bei mehrmonatigen (z.B. krankheitsbedingten) Ausfallzeiten ist eine vertretungsweise Miterledigung nicht hinnehmbar. Die Aufgabenwahrnehmung ist dann insgesamt neu zuzuweisen.

48 Gegenüber dem mit der Ausübung der Aufgaben des Amtsvormunds beauftragten Beamten oder Angestellten ist der Leiter des Jugendamtes nur begrenzt weisungsbefugt.[128] Das schließt einzelfallbezogene Weisungen in der Regel aus. Die Grenze dieser eingeschränkten Unabhängigkeit des Sachbearbeiters sind jedoch erreicht, wenn er pflichtwidrig handelt.[129] Der Dienstherr kann und muss deshalb – z.B. auf eine Dienstaufsichtsbeschwerde hin – gegen ein pflichtwidriges Verhalten der Fachkraft ein-

---

[124] So auch BGH v. 17.06.1999 - III ZR 248/98 - juris Rn. 11 - FamRZ 1999, 1342 f.; *Wiesner* in: Wiesner, SGB VIII – Kinder- und Jugendhilfe, 3. Aufl. 2006, § 55 Rn. 84; *Hoffmann* in: Münder/Wiesner, Kinder- und Jugendhilferecht 2007, S. 337; im Grundsatz auch DIJuF-Rechtsgutachten v. 04.01.2013 - V 6.100 Ka - JAmt 1793, 147-149, 147; etwas enger möglicherweise *Rauscher*, Familienrecht, 2. Aufl. 2008, § 39 II Rn. 1207.

[125] Vgl. DIJuF-Rechtsgutachten vom 12.10.2012 - V 2.000 Ka - JAmt 2012, 597-598.

[126] So auch DIJuF-Rechtsgutachten 11.02.2013 - V 6.000 Ka - JAmt 2013, 95-97 (96); *Veit* in: Staudinger, § 1793 Rn. 28.

[127] Ähnlich in der Sache DIJuF-Rechtsgutachten 11.02.2013 - V 6.000 Ka - JAmt 2013, 95-97, 96.

[128] *Tillmanns* in: MünchKomm-BGB, § 55 SGB VIII Rn. 10.

[129] Vgl. DIJuF-Rechtsgutachten vom 04.01.2013 - V 6.100 Ka - JAmt 2013, 147-149, 147.

schreiten.¹³⁰ Insoweit darf er auch Einzelweisungen erteilen. Notfalls muss er die Delegationsverfügung widerrufen. Daneben steht ihm – je nach Status – das vollständige Instrumentarium des Dienstrechts oder die Abmahnung zur Verfügung.

Die Wahrnehmung des Schutzauftrags nach § 8a SGB VIII obliegt auch weiterhin nicht dem (Amts-)Vormund in seiner Funktion als solchem.¹³¹ Des ungeachtet hat der (Amts-)Vormund natürlich Hinweisen die eine Kindeswohlgefährdung begründen könnten schon wegen der ihm allgemein obliegenden Sorge nachzugehen. 49

B. Praktische Bedeutung

I. Der unmittelbare Anwendungsbereich

§ 1793 BGB ist die Grundsatznorm für die Führung der Vormundschaft. Insbesondere im Bereich der Vermögenssorge erfährt sie allerdings eine erhebliche Präzisierung durch die Bestimmungen der 1802 ff. BGB. § 1793 BGB gilt grundsätzlich für alle Arten von Vormundschaften einschließlich Amts- und Vereinsvormundschaften. Freilich entspricht der gesetzliche Regelfall der Einzelvormundschaft, von dem das BGB ausgeht, nicht mehr der praktischen Realität, da schätzungsweise 80% der Vormundschaften heute als Amtsvormundschaften geführt werden.¹³² Ende 2009 wurden in Deutschland 7.297 gesetzliche Amtsvormundschaften und 31.082 bestellte Amtsvormundschaften gezählt.¹³³ In diesen Fällen werden die Vorschriften des BGB über die Vormundschaft durch die Bestimmungen des SGB VIII überlagert. Die praktische Bedeutung des § 1793 Abs. 1 Satz 2 BGB ist gering. Insbesondere im praktischen Regelfall der Amtsvormundschaft scheidet die Aufnahme in den Haushalt des Vormunds aus. 50

II. Die entsprechende Anwendung auf die Pflegschaft

Über den unmittelbar durch § 1793 BGB eröffneten Anwendungsbereich hinaus findet § 1793 BGB nach § 1915 Abs. 1 BGB auf die Pflegschaft entsprechende Anwendung. Die entsprechende Anwendung bedeutet, dass ein Rückgriff auf die Bestimmungen des Vormundschaftsrechts nur möglich ist, soweit dies dem Sinn der Vormundschaft entspricht.¹³⁴ Diese Einschränkung ist insbesondere vor dem Hintergrund der Verschiedenartigkeit der innerhalb und außerhalb des BGB vorgesehenen Pflegschaften bedeutsam. Die entsprechende Anwendung des § 1793 BGB hat zur Folge, dass der Pfleger in den Grenzen seines Wirkungskreises die Personen- und Vermögenssorge sowie die Vertretung für den Mündel wahrnimmt, § 1793 Abs. 1 Satz 1 BGB.¹³⁵ Auch § 1793 Abs. 2 BGB ist entsprechend anwendbar. Für eine entsprechende Anwendung von § 1793 Abs. 1 Satz 2 BGB dürfte demgegenüber kaum ein praktisches Bedürfnis bestehen. § 1793 Abs. 1a BGB ist zwar grundsätzlich auch entsprechend anwendbar.¹³⁶ Bei reinen Vermögenspflegschaften können jedoch Abweichungen geboten sein.¹³⁷ Auch bei Ergänzungspflegschaften ergibt die gesetzliche Konkretisierung der Kontaktpflicht mitunter keinen Sinn.¹³⁸ 51

---

[130] Vgl. auch DIJuF-Rechtsgutachten vom 04.01.2013 - V 6.100 Ka - JAmt 2013, 147-149, 147.
[131] Vgl. DIJuF-Rechtsgutachten vom 12.10.2012 - V 2.000 Ka - JAmt 2012, 597-598, 597.
[132] *Dethloff*, Familienrecht, 30. Aufl. 2012, § 16 Rn. 3; *Jans/Happe/Saurbier/Maas*, Jugendhilferecht, 3. Aufl. 2003, § 53 Art. 1 KJHG Rn. 3.
[133] Statistisches Bundesamt, Statistiken der Kinder- und Jugendhilfe 2009. Dabei werden als bestellte Amtsvormundschaften solche verstanden, die durch den Entzug der elterlichen Sorge eintreten, und unter gesetzlichen Amtsvormundschaften solche in Fällen der Geburt eines Kindes von einer minderjährigen Mutter, die nicht mit dem Vater des Kindes verheiratet ist oder die Freigabe zur Adoption, vgl. Statistisches Bundesamt, Statistiken der Kinder- und Jugendhilfe 2009, S. 3.
[134] Vgl. *Bienwald* in: Staudinger, § 1915 Rn. 2; *Schwab* in: MünchKomm-BGB, § 1915 Rn. 8, ohne Differenzierung gegen die Anwendbarkeit *Wagenitz* in: MünchKomm-BGB, § 1793 Rn. 57.
[135] Vgl. *Bienwald* in: Staudinger, § 1915 Rn. 14.
[136] Für die Anwendung auf Pfleger deshalb *Götz* in: Palandt, § 1793 Rn. 3.
[137] Vgl. BT-Drs. 17/3617, S. 7; vgl. auch *Gojowczyk*, Rpfleger 2013, 1-9, 2.
[138] So auch DIJuF, Zur Umsetzung des Gutachtens zur Änderung des Vormundschafts- und Betreuungsrechts – erste Hinweise – S. 10 f, *Gojowczyk*, Rpfleger 2013, 1-9, 2; *Veit* in: Staudinger, § 1793 Rn. 37.

§ 1793

III. Keine Anwendung auf die Betreuung

52 Während ein Großteil der Bestimmungen zur Führung der Vormundschaft auf die Betreuung entsprechend anwendbar ist, gilt dies nicht für § 1793 BGB. § 1908i BGB verweist nicht auf § 1793 BGB. Der Umfang der Betreuung richtet sich nach den jeweiligen Angelegenheiten, für die wegen eines Betreuungsbedürfnisses die Betreuung eingerichtet ist. Der Betreuer ist hingegen nicht umfassender Inhaber der Personen- und Vermögenssorge des Betreuten. Allerdings lassen sich einzelne zur Vormundschaft entwickelte Grundsätze auch zur Beschreibung der Betreuung heranziehen. Das gilt etwa für den auch im Bereich der Betreuung gültigen Grundsatz der Eigenverantwortlichkeit und Selbständigkeit[139] sowie für den Grundsatz der persönlichen Betreuung, der es dem Betreuer etwa verbietet, sämtliche Betreuungsaufgaben auf Dritte zu delegieren.[140]

C. Die Aufgaben des Vormunds (Absatz 1 Satz 1)

I. Anwendungsvoraussetzung: Die Bestellung zum Vormund

53 § 1793 BGB setzt grundsätzlich die wirksame Bestellung zum Vormund voraus (sog. Bestellungsprinzip).[141] Das bloße Bedürfnis für die Bestellung eines Vormunds genügt nicht. Keiner Bestellung bedarf es, soweit auch ohne Bestellung schon kraft Gesetzes eine Vormundschaft eintritt (vgl. § 1791c BGB). Der historische Gesetzgeber hat sich ausdrücklich gegen ein Handeln des Vormunds vor seiner Bestellung ausgesprochen und insoweit auf die Möglichkeit des Vormundschaftsgerichts verwiesen, vorläufige Maßregeln zu erlassen. Auf ein Tätigwerden anwesender Freunde oder Nachbarn sollte die Geschäftsführung ohne Auftrag Anwendung finden.[142]

54 **Hinweis für die Praxis**: Tritt ein Bedürfnis für familiengerichtliche Handlungen schon vor der Bestellung des Vormunds ein, so kann das Familiengericht Eilentscheidungen nach § 1846 BGB treffen. Diese sind jedoch die absolute Ausnahme. Auch im richterlichen Bereitschaftsdienst ist vorrangig zu prüfen, ob kurzfristig ein Vormund bzw. Betreuer bestellt werden kann. Ist dies kurzfristig nicht möglich, so wird das Gericht zunächst prüfen, ob dem Handlungsbedürfnis nicht nach anderen Rechtsgrundlagen Rechnung getragen werden kann. Tritt etwa das Bedürfnis nach einer Unterbringung auf, kommt bei fehlendem Vormund oder Betreuer ggf. eine öffentlich-rechtliche Unterbringung auf Antrag der zuständigen Behörde in Betracht. Wegen des Vorrangs der persönlichen Führung der Vormundschaft darf die Entscheidung nach § 1846 BGB nicht weiter reichen, als bis zur Bestellung des Vormunds erforderlich ist, eine Unterbringung ist also beispielsweise stets zu befristen. Gleichzeitig wird das Gericht die Bestellung des Vormunds in die Wege leiten, damit nicht – wie in der Praxis mitunter anzutreffen – die unbefriedigende Situation eintritt, dass am Tage des Auslaufens der Anordnung erneut eine Eilentscheidung getroffen werden muss, weil immer noch kein Vormund vorhanden ist.

II. Rechtsfolgen:

1. Allgemeine Grundsätze der vormundschaftlichen Sorge

55 Die Sorge für Person und Vermögen ist im **Interesse** und zum **Wohl des Mündels** auszuüben.[143] Dies schließt eine Berücksichtigung der Belange Dritter – etwa der Angehörigen des Mündels – nicht aus.[144] Häufig wird diese im Interesse des Mündels liegen, etwa wenn es um die Wahrung des Familienfriedens, um die Einhaltung des allgemeinen Geschäftsanstandes oder um sozial akzeptierte Höflichkeit und Rücksichtnahme geht. Voraussetzung für eine Rücksichtnahme auf solche fremden Belange ist je-

---

[139] Vgl. OLG Frankfurt v. 13.10.2003 - 20 W 300/03 - juris Rn. 8 - FGPrax 2004, 29-30; OLG Zweibrücken v. 22.10.1999 - 3 W 214/99 - juris Rn. 16 - OLGR Zweibrücken 2000, 114-116; vgl. hierzu etwa auch KG v. 31.08.2001 - 25 U 1018/00 - juris Rn. 34 - ZMR 2002, 265.

[140] Vgl. OLG Frankfurt v. 13.10.2003 - 20 W 300/03 - juris Rn. 8 - FGPrax 2004, 29-30; OLG Dresden v. 13.08.2001 - 15 W 839/01 - juris Rn. 5 - Rpfleger 2002, 25; OLG Brandenburg v. 02.08.2001 - 11 Wx 20/01 - juris Rn. 19 - OLGR Brandenburg 2001, 556-559.

[141] Vgl. hierzu schon Motive, Band IV – Familienrecht, 1888, S. 1082; so auch *Veit* in: Staudinger, § 1793 Rn. 6.

[142] Vgl. Motive, zitiert nach *Mugdan*, Die gesammten Materialien zum Bürgerlichen Gesetzbuch für das Deutsche Reicht, IV. Band: Familienrecht, 1899, S. 1083.

[143] Vgl. etwa KG v. 01.07.2008 - 1 W 360/07; 1 W 361/07 - juris Rn. 15 - KGR 2008, 910-913; *Wagenitz* in: Münch-Komm-BGB, § 1793 Rn. 2; *Zimmermann* in: Soergel, 13. Aufl., § 1793 Rn. 3.

[144] RG v. 19.10.1911 - 702/10 IV - JW 1912, 67; *Damrau* in: Damrau/Zimmermann, Betreuung und Vormundschaft, 2. Aufl. 1995, § 1793 Rn. 3; *Veit* in: Staudinger, § 1793 Rn. 9; *Zimmermann* in: Soergel, § 1793 Rn. 3; *Dickescheid* in: BGB-RGRK, § 1793 Rn. 1.

doch stets, dass diese im Interesse des Mündels liegt.[145] Der Vormund ist weder Wahrer des öffentlichen Interesses, noch ist er den Erben[146] oder sonstigen Angehörigen des Mündels verpflichtet. Das Kindeswohl kann definiert werden als Inbegriff der Voraussetzungen, von denen in einer gegebenen Situation die optimale Entwicklung der Persönlichkeit des Kindes abhängt.[147] Das wohlverstandene Interesse des Mündels ist unter Berücksichtigung aller Umstände des Einzelfalls zu ermitteln.[148] Die dabei vorzunehmende Interessenabwägung hat alle affektiven und intellektuellen, körperlichen und gesundheitlichen, sozialen und rechtlichen Aspekte der Persönlichkeit des Mündels zu umfassen.[149] Dabei kommt dem wirtschaftlichen Interesse des Mündels eine gesteigerte Bedeutung zu. Im Einzelfall kann jedoch auch das ideelle Interesse des Mündels so schwer wiegen, dass seinetwegen ein wirtschaftlicher Nachteil hinzunehmen ist.[150]

2. Tatsächliche Personensorge als Aufgabe des Vormunds

a. Inhalt der tatsächlichen Personensorge

Zu den Aufgaben des Vormunds zählt die tatsächliche Personensorge, deren Inhalt in den §§ 1800, 1801 BGB näher präzisiert wird. Zum Inhalt der Personensorge im Einzelnen vgl. die Kommentierung zu § 1800 BGB. Im Rahmen der Ausübung des Sorgerechts stehen dem Vormund auch Bestimmungsbefugnisse zu, etwa die Befugnis, auf das Verhalten des Mündels durch Ge- und Verbote einzuwirken.[151] Zur Möglichkeit der Übertragung der Personensorge auf Dritte vgl. Rn. 36.

b. Einschränkungen der Personensorge

§ 1793 Abs. 1 Satz 1 BGB weist dem Vormund die Sorge scheinbar ebenso umfassend zu wie den leiblichen Eltern. Durch die gesetzliche Regelung im Einzelnen wird dieser Grundsatz jedoch im Hinblick auf die fehlende natürliche Verbundenheit in erheblichem Maße eingeschränkt. Im Einzelnen:
- Für die Vormundschaft ist von vornherein nur Raum, soweit nicht den Eltern das Sorgerecht zusteht. Kommt es zur Anordnung einer Vormundschaft, weil das Familiengericht die elterliche Sorge wegen einer Kindeswohlgefährdung nach § 1666 BGB entzieht, wird die Vormundschaft regelmäßig umfassend sein. Wenn die Maßnahme jedoch die Personensorge ausnimmt, kann sich die Vormundschaft auf diese von vornherein nicht erstrecken.[152]
- In den Fällen des § 1673 Abs. 2 Satz 2 BGB (so genanntes **Nebensorgerecht**[153]) kommt es zum Auseinanderfallen von Personensorge und gesetzlicher Vertretungsmacht. Dem in der Geschäftsfähigkeit beschränkten (insbesondere: minderjährigen) Elternteil steht die tatsächliche Personensorge (nicht: Vermögenssorge) zu, die gesetzliche Vertretung erfolgt durch den Vormund. Bei Meinungsverschiedenheiten, d.h. wenn eine Frage die Personensorge betrifft und ein rechtsgeschäftliches Handeln erfordert, geht nach § 1673 Satz 3 BGB die Meinung des minderjährigen Elternteils grundsätzlich[154] vor, d.h. der Vormund hat den Mündel entsprechend dem Willen des Elternteils zu vertreten. Das gilt grundsätzlich dann, wenn die Meinungsverschiedenheit die tatsächliche und die rechtliche Personensorge betrifft, der Vormund den Mündel also vertreten muss. Zwar steht den Eltern auch in diesem Fall nicht das Vertretungsrecht zu. Doch dient die Vertretung in diesem Fall der Umsetzung der tatsächlichen Personensorge. Von dem Vorrang der elterlichen Personensorge nach § 1673 Abs. 2 Satz 3 BGB bliebe in der Praxis aber kein substanzieller Gehalt übrig, müsste der Vormund dem Elternteil nicht auch im Rahmen der rechtlichen Personensorge folgen. Eine Grenze der Folgepflicht ist allerdings bei Gefährdung des Kindeswohls erreicht.[155]

---

[145] *Veit* in: Staudinger, § 1793 Rn. 9; *Dickescheid* in: BGB-RGRK, § 1793 Rn. 1; *Wagenitz* in: MünchKomm-BGB, § 1793 Rn. 2.
[146] Vgl. hierzu OLG Düsseldorf v. 28.06.2001 - 13 U 70/00 - juris Rn. 5 - OLGR 2002, 104-105.
[147] *Affolter* in: Basler Kommentar – Zivilgesetzbuch I, 4. Aufl.2010, Art. 405 Rn. 14, m.w.N.
[148] Vgl. zur Problematik der Generalklausel auch *Brauchli*, Das Kindeswohl als Maxime des Rechts, 1982, S. 31 ff.
[149] *Affolter* in: Basler Kommentar – Zivilgesetzbuch I, 3. Aufl. 2007, Art. 405 Rn. 14 m.w.N.
[150] *Damrau* in: Damrau/Zimmermann, Betreuung und Vormundschaft, 2. Aufl. 1995, § 1793 Rn. 3; *Zimmermann* in: Soergel, § 1793 Rn. 3.
[151] *Wagenitz* in: MünchKomm-BGB, § 1793 Rn. 3.
[152] So auch *Zimmermann* in: Soergel, § 1793 Rn. 4.
[153] Vgl. *Wagenitz* in: MünchKomm-BGB, § 1793 Rn. 10; *Zimmermann* in: Soergel, 13. Aufl., § 1793 Rn. 4.
[154] Im Grundsatz entsprechend dem Wortlaut des Gesetzes allgemeine Ansicht, vgl. etwa *Dickescheid* in: BGB-RGRK, § 1793 Rn. 2.
[155] Vgl. OLG Koblenz v. 07.03.2005 - 13 UF 859/04 - juris Rn. 20 - OLGR Koblenz 2005, 949-951; *Ollmann*, JAmt 2003, 572 ff.; *Götz* in: Palandt, § 1673 Rn. 4.

§ 1793

- Gemäß § 1800 BGB in Verbindung mit § 1633 BGB beschränkt sich die Personensorge für den Mündel, der verheiratet war oder ist, auf die Vertretung in den persönlichen Angelegenheiten (zu diesem Begriff vgl. etwa die Kommentierung zu § 1800 BGB).
- Ist der Mündel verheiratet und haben die Ehegatten den Güterstand der Gütergemeinschaft vereinbart, so obliegt die Verwaltung des Gesamtguts nach § 1458 BGB nicht dem Vormund des Mündels, sondern dem anderen Ehegatten allein.[156]
- Generell unterliegt das elterliche Erziehungs- und Entscheidungsrecht Schranken, die sich aus den Persönlichkeits- und Grundrechten des Mündels ergeben.[157]

c. Hilfsangebote für den Vormund

59 Der Vormund kann sich in der Ausübung der Personensorge vom Familiengericht (§ 1800 BGB in Verbindung mit § 1631 Abs. 3 BGB), aber auch vom Jugendamt (§ 53 Abs. 2 SGB VIII), oder dem Vormundschaftsverein (§ 54 Abs. 2 Nr. 2 SGB VIII), ggf. auch von einem Erziehungsbeistand oder Betreuungshelfer (§ 30 SGB VIII) unterstützen lassen.[158] Nimmt der Vormund den Mündel in seine Familie auf, kann dem Vormund auch Hilfe zur Erziehung in Vollzeitpflege zustehen.[159] Das Jugendamt wirkt in diesen Fällen in Wahrnehmung eigener gesetzlicher Aufgaben bei der Vormundschaft mit. Es ist nicht bloß Hilfsorgan des Familiengerichts.[160] Der Rechtsanspruch nach § 53 Abs. 2 SGB VIII auf Beratung und Unterstützung umfasst nicht nur die Auskunftserteilung auf konkrete Fragen hin, sondern soll den Vormund umfassend, z.B. im Hinblick auf die pädagogischen Standards sowie die einschlägigen rechtlichen Bestimmungen anleiten und schulen.[161]

60 **Hinweis für die Praxis**: Die Inanspruchnahme der Hilfe des Vormundschaftsvereins nach § 54 Abs. 2 Nr. 2 SGB VIII dürfte in der Praxis wohl auf geringere Vorbehalte stoßen, da der Verein anders als das Jugendamt nicht zugleich auch mit Kontrollfunktionen gegenüber dem Einzelvormund befasst ist.[162]

61 Insbesondere in den häufigen Fällen, in denen eine Vormundschaft wegen Vernachlässigung der Kinder durch die leiblichen Eltern angeordnet wird, kann die Beantragung und Begleitung der Hilfen des Kinder- und Jugendhilferechts einen wichtigen Bestandteil der Personensorge darstellen.[163]

3. Tatsächliche Vermögenssorge als Aufgabe des Vormunds

a. Erfasstes Vermögen

62 Die Vermögenssorge umfasst grundsätzlich das gesamte Vermögen des Mündels. Der Vermögensbegriff in diesem Sinne umfasst alle Rechte und Pflichten, insbesondere also
- Aktiv- und Passivvermögen,
- auch im Ausland belegene Vermögensgegenstände,[164]
- sämtliche Vermögensgegenstände unabhängig von ihrer Zusammensetzung.[165]

63 In folgenden Ausnahmefällen unterliegt Vermögen des Mündels nicht der Vermögenssorge des Vormunds:
- Der Vermögensbestandteil unterliegt einer separaten Vermögensverwaltung, etwa der durch einen Testamentsvollstrecker oder Nachlassverwalter.[166]
- Der Ehegatte des verheirateten Mündels verwaltet das Gesamtgut allein, § 1458 BGB.

---

[156] Vgl. aber auch § 1436 BGB zur Vormundschaft über den Ehegatten, der das Gesamtgut verwaltet.
[157] Vgl. *Affolter* in: Basler Kommentar – Zivilgesetzbuch I, 3. Aufl. 2007, Art. 405 Rn. 13.
[158] Vgl. hierzu auch BVerwG v. 15.12.1995 - 5 C 2/94 - juris Rn. 7 ff. - BVerwGE 100, 178-183; in diesem Sinne auch *Wagenitz* in: MünchKomm-BGB, § 1793 Rn. 17.
[159] BVerwG v. 15.12.1995 - 5 C 2/94 - juris Rn. 14 ff. - BVerwGE 100, 178-183; OVG Bremen v. 16.11.2005 - 2 A 111/05 - juris Rn. 35 - NordÖR 2006, 218-219.
[160] *Jans/Happe/Saurbier/Maas*, Jugendhilferecht, 3. Aufl. 2003, § 53 Art. 1 KJHG Rn. 9.
[161] *Wiesner*, SGB VIII, 3. Aufl. 2006, § 53 Rn. 8.
[162] So zutreffend *Wiesner*, SGB VIII, 3. Aufl. 2006, § 53 Rn. 8.
[163] Zutreffend auch *Hansbauer/Mutke* in: *Hansbauer/Mutke/Oelerich*, Vormundschaft in Deutschland, S. 42.
[164] Vgl. *Götz* in: Palandt, § 1793 Rn. 8; *Dickescheid* in: BGB-RGRK, § 1793 Rn. 5.
[165] *Dickescheid* in: BGB-RGRK, § 1793 Rn. 5.
[166] RG v. 08.10.1917 - IV 124/17 - RGZ 91, 69, 70; *Damrau* in: Damrau/Zimmermann, Betreuung und Vormundschaft, 2. Aufl., § 1793 Rn. 5; *Dickescheid* in: BGB-RGRK, § 1793 Rn. 4; *Götz* in: Palandt, § 1793 Rn. 4; a.A. *Veit* in: Staudinger, § 1793 Rn. 21.

b. Aufgaben des Vormunds

§ 1793 BGB weist die Vermögenssorge lediglich dem Vormund zu. Die mit der tatsächlichen Vermögenssorge verbundenen Befugnisse und Pflichten des Vormunds sind in den §§ 1802-1832 BGB eingehend geregelt. Im Rahmen seiner Vermögenssorge hat der Vormund das Mündelvermögen zu verwalten, es möglichst zu erhalten und zu vermehren.[167] Angesichts der hohen Zahl verschuldeter Haushalte wird man hinzufügen müssen: und eine überschuldete Vermögenslage möglichst zu verbessern. 64

aa. Die Pflicht zur Erhaltung des Mündelvermögens

Dem Gebot der Erhaltung des Mündelvermögens kommt im Rahmen der Vormundschaft besondere Bedeutung zu.[168] Denn dem Mündel soll bei Eintritt in die Volljährigkeit sein Vermögen möglichst ungeschmälert erhalten sein.[169] Dies bedeutet jedoch nicht, dass der Vormund von Geschäften mit einem Verlustrisiko von vornherein absehen müsste. Die Eingehung kalkulierbarer Risiken kann unter Berücksichtigung der Gesamtumstände des Einzelfalles im Interesse der Erhaltung und Mehrung des Mündelvermögens erlaubt und geboten sein (vgl. zu den Einzelheiten in der Kommentierung zu § 1811 BGB). 65

Die Pflicht zur Erhaltung des Mündelvermögens erfährt insofern eine Einschränkung, als der Unterhalts- oder Erziehungsbedarf des Mündels es rechtfertigen kann, den Vermögensstamm anzugreifen.[170] Dies entspricht einer bewussten Entscheidung des historischen Gesetzgebers.[171] Dies gilt beim Mündel insbesondere für die Finanzierung einer seinen Fähigkeiten und Neigungen entsprechenden Ausbildung,[172] aber auch, wenn nur so der Unterhalt des Mündels finanziert werden kann.[173] Dementsprechend dienen Unterhaltszahlungen Dritter typischerweise nicht dazu, angespart zu werden, sondern können regelmäßig zur Bestreitung des Unterhaltsbedarfs eingesetzt werden.[174] 66

Praxishinweis: Im Verhältnis zu einem Unterhaltspflichtigen kann ein z.B. schwerbehinderter Mündel nicht ohne weiteres darauf verwiesen werden, einen zur Sicherung des Unterhaltsbedarfs im Alter gebildeten maßvollen Vermögensstamm einzusetzen.[175] 67

Eine Inanspruchnahme des Vermögensstammes kann beim Mündel oder beim Betreuten insbesondere auch zur Linderung der Gebrechen des Mündels oder Betreuten oder zur Deckung des gesteigerten Bedarfs aufgrund einer Behinderung in Betracht kommen[176]. Eine Verwertung des Vermögensstamms kann schließlich auch dann in Betracht kommen, wenn die Erhaltung des Vermögensgegenstandes – etwa einer Immobilie – nur mit unverhältnismäßig hohen Kosten möglich und deshalb unwirtschaftlich wäre.[177] Allerdings ist dann regelmäßig die Umwandlung in andere Vermögenswerte – etwa eine Geldanlage – geboten und nicht etwa der Verbrauch des Vermögenswertes.[178] 68

---

[167] RG v. 13.11.1911 - 147/11 IV - JW 1912, 67-68; BGH v. 04.06.1980 - IVb ZR 514/80 - juris Rn. 8 - BGHZ 77, 224-233; BayObLG v. 20.09.1990 - BReg 3 Z 103/90 - juris Rn. 13 - BayObLGZ 1990, 249-255; OLG Karlsruhe v. 27.06.2007 - 7 U 248/06 - juris Rn. 24 - OLGR Karlsruhe 2007, 702-704, zur Nachlasspflegschaft; *Veit* in: Staudinger, § 1793 Rn. 16; *Bienwald* in: Bienwald/Sonnenfeld/Hoffmann, Betreuungsrecht, 4. Aufl. 2005, Anhang zu § 1908i BGB Rn. 3; *Zimmermann* in: Soergel, § 1793 Rn. 5; *Wagenitz* in: MünchKomm-BGB, § 1793 Rn. 20.

[168] Allg. A., vgl. *Saar* in: Erman, § 1793 Rn. 3; *Veit* in: Staudinger, § 1793 Rn. 16.

[169] *Veit* in: Staudinger, § 1793 Rn. 16.

[170] Allg. A., vgl. *Wagenitz* in: MünchKomm-BGB, § 1793 Rn. 20; *Dickescheid* in: BGB-RGRK, § 14793 Rn. 3; *Schroeder*, Das Deutsche Vormundschaftsrecht, 1900, S. 192.

[171] Motive, zitiert nach *Mugdan*, Die gesammten Materialien zum Bürgerlichen Gesetzbuch für das Deutsche Reich, IV. Band: Familienrecht, 1899, S. 1096 f.

[172] BVerwG v. 17.01.1991 - 5 C 71/86 - NJW 1991, 1626-1627; *Veit* in: Staudinger, § 1793 Rn. 16; *Götz* in: Palandt, § 1793 Rn. 4.

[173] BGH v. 22.02.1967 - IV ZR 279/65 - LM Nr. 4 zu § 1915 BGB; *Bettin* in: BeckOK BGB, Ed. 30, § 1793 Rn. 5.

[174] Vgl. OLG Zweibrücken v. 20.06.2000 - 5 UF 7/00 - juris Rn. 27 - FamRZ 2000, 1324-1325.

[175] Vgl. OLG Karlsruhe v. 10.11.1999 - 2 UF 229/98 - juris Rn. 38 ff. - OLGR Karlsruhe 2000, 369-370.

[176] BayObLG München v. 20.09.1990 - BReg 3 Z 103/90 - NJW 1991, 432-433; BGH v. 22.02.1967 - IV ZR 279/65 - LM Nr. 4 zu § 1915 BGB; so auch *Wagenitz* in: MünchKomm-BGB, § 1793 Rn. 20; *Damrau* in: Damrau/Zimmermann, Betreuung und Vormundschaft, 2. Aufl., § 1793 Rn. 5.

[177] Vgl. *Dickescheid* in: BGB-RGRK, § 1793 Rn. 3.

[178] Vgl. *Dickescheid* in: BGB-RGRK, § 1793 Rn. 3.

69 Großzügigere Maßstäbe sind im Fall der Betreuung angezeigt. Nach Sinn und Zweck soll die Betreuung einen verantwortungsbewussten Umgang mit dem Vermögen des Betreuten sicherstellen, ihn jedoch nicht vom Genuss seines Vermögens ausschließen[179]. Das gilt in besonderem Maße für das Recht der Betreuung, das weniger stark als die Vormundschaft auf Erhalt und Mehrung des Vermögens angelegt ist.[180] Auch der Vermögensstamm kann deshalb dazu eingesetzt werden, die Lebenssituation des Betreuten zu erleichtern und ihm den früher gewohnten Lebensstandard zu erhalten.[181] Dabei ist freilich nicht auf Lebensgewohnheiten abzustellen, die in dem Zeitraum unmittelbar vor Anordnung der Betreuung schon Ausdruck eines verantwortungslosen Umgangs mit dem eigenen Vermögen sind. Eine Inanspruchnahme des Vermögensstammes kann aber auch im Hinblick auf die zu respektierende Lebensplanung des Betreuten im Einzelfall in Betracht kommen, etwa wenn sie unter Berücksichtigung der wirtschaftlichen Verhältnisse des Betreuten nicht ganz unvernünftig ist. Das kann auch der Fall sein, wenn der Betreute sich einen vertretbaren Luxus gönnen will. So hat es etwa das OLG Karlsruhe[182] unbeanstandet gelassen, dass der Betreuer für die Reparatur eines fast 18 Jahre alten Pkw eine Abschlagszahlung von 12.000 € aufwandte. Der Pkw war Teil einer Erbschaft von über 6 Mio. € und die Betreute empfand für das zuvor von ihrer verstorbenen Mutter geführte Fahrzeug eine besondere emotionale Verbundenheit.

70 Zu beachten ist, dass dem Wunsch des Betreuten auch im Rahmen der Vermögensverwaltung maßgeblich Rechnung zu tragen ist. Ein beachtlicher Gegensatz zwischen Wohl und Wille des Betreuten entsteht erst, wenn die Erfüllung der Wünsche höherrangige Rechtsgüter des Betreuten gefährden oder seine gesamte Lebens- und Versorgungssituation erheblich verschlechtern würde. Danach darf der Betreuer einen Wunsch des Betreuten nicht wegen Vermögensgefährdung ablehnen, solang dieser sich von seinen Einkünften und aus seinem Vermögen voraussichtlich bis zu seinem Tod wird unterhalten können, selbst wenn dadurch sein Vermögen erheblich geschmälert würde. Etwas anderes gilt nur, wenn der Wunsch des Betreuten nicht Ausdruck der Erkrankung des Betreuten ist. Unbeachtlich ist der Wunsch eines Betreuten, wenn der Betreute infolge seiner Erkrankung entweder nicht mehr in der Lage ist, eigene Wünsche und Vorstellungen zu bilden und zur Grundlage und Orientierung seiner Lebensgestaltung zu machen, oder wenn er die der Willensbildung zugrunde liegenden Tatsachen infolge seiner Erkrankung verkennt.[183] Vor diesem Hintergrund wirft die zum Teil geforderte[184] Beachtung eines (krankheitsbedingt) nur noch mutmaßlichen Willens praktische Probleme auf.

bb. Die Pflicht zur Verwaltung des Mündelvermögens

71 Zur Verwaltungspflicht des Vormunds gehören u.a. folgende Tätigkeiten:
- die Vornahme der nach Umfang und Zusammensetzung des Mündelvermögens angemessenen Anlagegeschäfte. Dabei ist allerdings zu berücksichtigen, dass der Mündel ab seiner Volljährigkeit berechtigt ist, selbst über die Verwendung seines Vermögens zu entscheiden. Die Vermögensverwaltung des Vormunds darf den Mündel nicht mehr als unbedingt erforderlich über den Eintritt der Volljährigkeit hinaus einschränken[185]. Hieraus ergeben sich insbesondere Beschränkungen bei langfristigen Geldanlagen (vgl. hierzu die Kommentierung zu § 1811 BGB).
- die Geltendmachung von Forderungen und Rechten und die Begleichung von Verbindlichkeiten aller Art, auch die Vornahme vertraglich oder gesetzlich geschuldeter Handlungen[186].
- die Ausschlagung einer Erbschaft,[187]
- auch die Geltendmachung künftiger Forderungen,[188]

---

[179] *Bienwald* in: Bienwald/Sonnenfeld/Hoffmann, Betreuungsrecht, 4. Aufl. 2005, Anhang zu § 1908i BGB Rn. 5.
[180] Vgl. BayObLG v. 20.09.1990 - BReg 3 Z 103/90 - NJW 1991, 481 ff.
[181] So auch BayObLG München v. 20.09.1990 - BReg 3 Z 103/90 - NJW 1991, 432-433.
[182] OLG Karlsruhe v. 15.06.2010 - 12 U 235/09 - FamRZ 2010, 2018.
[183] Vgl. BGH v. 22.07.2009 - XII ZR 77/06 - juris Rn. 18 ff. - BGHZ 182, 116-140.
[184] Vgl. etwa *Harm*, Rpfleger 2012, 185-186.
[185] *Bienwald* in: Bienwald/Sonnenfeld/Hoffmann, Betreuungsrecht, 4. Aufl. 2005, Anhang zu § 1908i BGB Rn. 4.
[186] *Bienwald* in: Bienwald/Sonnenfeld/Hoffmann, Betreuungsrecht, 4. Aufl. 2005, Anhang zu § 1908i BGB Rn. 11.
[187] Vgl. Saarländisches Oberlandesgericht v. 17.02.2011 - 5 W 245/10 - juris Rn. 24 - Rpfleger 2011, 607-609.
[188] Vgl. OLG Schleswig v. 30.08.2002 - 1 U 176/01 - juris Rn. 22 - OLGR Schleswig 2003, 8-11; LG Berlin v. 10.05.2001 - 31 O 658/99 - juris Rn. 27 ff. - BtPrax 2001, 215-216.

- insbesondere auch die Geltendmachung von Bereicherungs- und Schadensersatzansprüchen, die auf Vorgängen beruhen, die vor der Bestellung des Vormunds entstanden sind, etwa wenn die geschäftsunfähige Person vor Anordnung der Betreuung umfassende Vollmachten zur Übertragung von Vermögenswerten erteilt hat.[189] Etwas anderes kann gelten, wenn Schenkungen schon vor Eintritt der Geschäftsunfähigkeit getätigt wurden.[190]
- die Geltendmachung von Bereicherungs- und Schadensersatzansprüchen, die auf Vorgängen beruhen, die vor der Bestellung des Vormunds entstanden sind, etwa wenn die geschäftsunfähige Person vor Anordnung der Betreuung umfassende Vollmachten zur Übertragung von Vermögenswerten erteilt hat.[191] Etwas anderes kann gelten, wenn Schenkungen schon vor Eintritt der Geschäftsunfähigkeit getätigt wurden.[192]
- im Bedarfsfall eine ordnungsgemäße Buchführung,[193]
- die Aufstellung eines Vermögensverzeichnisses, vgl. § 1802 BGB,
- die Dokumentation seines die Vermögensverwaltung im Übrigen betreffenden Handelns, um dem Familiengericht die Aufsicht über die Vormundschaft zu ermöglichen und – im eigenen Interesse – sein Handeln bei Bedarf rechtfertigen zu können,[194]
- die Abgabe öffentlich-rechtlich vorgeschriebener Erklärungen, z.B. der Steuererklärung.[195]

Hingegen gehen folgende Tätigkeiten über dasjenige hinaus, was von dem Vormund im Rahmen seiner Verwaltungspflicht verlangt werden kann: **72**
- die Führung eines kaufmännischen Unternehmens[196]; will der Vormund freiwillig ein Unternehmen führen oder Gesellschafterpflichten wahrnehmen, kann die Bestellung eines qualifizierten Pflegers erforderlich werden.
- die Übernahme der Geschäftsführung in einer Gesellschaft.[197]

Auch die Verwaltung von Einkommen aus Renten oder Sozialhilfe wird von der Vermögenssorge umfasst[198], was allerdings nicht bedeutet, dass eine Betreuung in Vermögensangelegenheiten immer schon dann erforderlich wäre, wenn Einkommen aus Renten oder Sozialhilfe anfallen.[199] **73**

Umstritten ist, ob auch die Geltendmachung von Unterhaltsansprüchen zur Vermögenssorge[200] oder zum Bereich der Personensorge[201] zählt. Die Frage wird bei getrennten Aufgabenkreisen relevant. Für die Zuordnung zur Personensorge wird angeführt, dass nicht die formale Anknüpfung an das Vermögen des Kindes, sondern der mit der Geltendmachung verfolgte Zweck maßgeblich sei. Zweck der Geldmittel sei es in dieser Konstellation aber nicht, angesammelt und als Vermögen erhalten zu werden.[202] Demgegenüber wird schon in Frage gestellt, dass es auf den Zweck der Geltendmachung von Geldmitteln ankommen soll.[203] Als sichersten Weg sollte der Vormund bei getrennten Aufgabenbereichen in solchen Grenzfällen das Einvernehmen mit dem jeweiligen Mitvormund suchen und notfalls den Weg des § 1797 BGB gehen. **74**

---

[189] Vgl. OLG Münster v. 04.08.2005 - 33 Wx 029/05, 33 Wx 29/05 - juris Rn. 13 ff. - Rpfleger 2006, 14-16; zustimmend *Harm*, Rpfleger 2007, 374 f.
[190] Vgl. hierzu BayObLG v. 24.02.2005 - 3Z BR 262/04 - BtPrax 2005, 110, 111.
[191] Vgl. OLG Münster v. 04.08.2005 - 33 Wx 029/05, 33 Wx 29/05 - juris Rn. 13 ff. - Rpfleger 2006, 14-16; zustimmend *Harm*, Rpfleger 2007, 374 f.
[192] Vgl. hierzu BayObLG v. 24.02.2005 - 3Z BR 262/04 - BtPrax 2005, 110, 111.
[193] *Saar* in: Erman, § 1793 Rn. 3; *Zimmermann* in: Soergel, 13. Aufl., § 1793 Rn. 5; *Wagenitz* in: MünchKomm-BGB, § 1793 Rn. 20.
[194] Zutreffend *Dickescheid* in: BGB-RGRK, § 1793 Rn. 4.
[195] *Veit* in: Staudinger, § 1793 Rn. 20; *Bettin* in: BeckOK BGB, Ed. 30, § 1793 Rn. 5; *Wagenitz* in: MünchKomm-BGB, § 1793 Rn. 20; *Saar* in: Erman, § 1793 Rn. 3; *Zimmermann* in: Soergel, 13. Aufl., § 1793 Rn. 5.
[196] *Bettin* in: BeckOK BGB, Ed. 30, § 1793 Rn. 5; *Damrau* in: Damrau/Zimmermann, Betreuung und Vormundschaft, 2. Aufl. 1995, § 1793 Rn. 5; *Zimmermann* in: Soergel, § 1793 Rn. 5; *Wagenitz* in: MünchKomm-BGB, § 1793 Rn. 20.
[197] *Zimmermann* in: Soergel, 13. Aufl. § 1793 Rn. 5; *Wagenitz* in: MünchKomm-BGB, § 1793 Rn. 20.
[198] OLG Köln v. 25.11.1992 - 16 Wx 172/92 - FamRZ 1993, 850.
[199] Vgl. hierzu auch *Bienwald* in: Bienwald/Sonnenfeld/Hoffmann, Betreuungsrecht, 4. Aufl. 2005, Anhang zu § 1908i BGB Rn. 39.
[200] So AG Westerstede v. 09.01.2002 - 81 F 1075/01 - FamRZ 2003, 552 f.
[201] So OLG Zweibrücken v. 20.06.2000 - 5 UF 7/00 - FamRZ 2000, 1324.
[202] So OLG Zweibrücken v. 20.06.2000 - 5 UF 7/00 - FamRZ 2000, 1324.
[203] So *Bienwald*, Anmerkung zu OLG Zweibrücken v. 20.06.2000 - 5 UF 7/00 - FamRZ 2000, 1325 ff.

c. Das Besitzrecht des Vormunds

75 Die tatsächliche Vermögenssorge umfasst auch das Recht zum Besitz der Sachen des Mündels.[204] Kann der Vormund unmittelbar über Sachen des Mündels verfügen, so ist er unmittelbarer Fremdbesitzer, der Mündel mittelbarer Eigenbesitzer.[205] Hat der Mündel die tatsächliche Verfügungsgewalt über die Sachen, so ist er – je nach Alter und Gegenstand – Besitzdiener oder unmittelbarer Eigenbesitzer.[206] Aufgrund seines Rechts zum Besitz kann der Vormund die zum Mündelvermögen gehörende Sache von einem nicht zum Besitz berechtigten Dritten herausverlangen. Bei seinem Verlangen handelt er in Vertretung des Mündels. Die Möglichkeit des Vormunds, einen eigenen unmittelbaren Vorbesitz im eigenen Namen geltend zu machen, bleibt daneben unbenommen (vgl. die §§ 858, 859, 1007 BGB). Auch gegenüber dem Mündel kann der Vormund den Besitz einer zum Mündelvermögen gehörenden Sache herausverlangen. Ist der Mündel zur Herausgabe an den Vormund nicht bereit, so kann nach wohl herrschender Meinung das Familiengericht die Wegnahme der Sache durch den Gerichtsvollzieher anordnen. Diese Auffassung wurde unter Geltung des FGG auf § 33 Abs. 2 FGG gestützt.[207] Anders als gegenüber Dritten bedarf es also im Verhältnis zum Mündel keiner Klage. Nach der Gegenansicht soll der Prozessweg zu beschreiten sein.[208] Für erstere Ansicht dürfte die Annäherung der Vormundschaft an die elterliche Sorge sprechen. Durch das FamFG haben sich die Rechtsgrundlagen für Zwangsmittel geändert. Die Neuregelung (§§ 35, 86 ff. FamFG) strebt eine klare Trennung von Zwangsmitteln im Verfahren und in der Vollstreckung an.[209] Die Änderung bleibt jedoch im Ergebnis ohne Auswirkung auf die hier diskutierte Streitfrage.[210]

76 **Hinweis für die Praxis**: Im Verfahren gegen den Mündel ist dieser selbst prozessfähig. Für ihn ist ggf. ein Verfahrensbeistand zu bestellen.[211]

77 **Hinweis für die Praxis**: Gerade im Bereich der Vermögenssorge hat der Vormund eine Reihe von Genehmigungsvorbehalten zu beachten. Vgl. hierzu die Kommentierung zu § 1812 BGB ff. und die Kommentierung zu § 1821 BGB ff.

4. Gesetzliche Vertretung des Mündels als Aufgabe des Vormunds

a. Inhalt der gesetzlichen Vertretungsmacht

78 § 1793 Abs. 1 Satz 1 BGB räumt dem Vormund die (rechtsgeschäftliche) Vertretungsmacht für den Mündel ein. Sie ist Teil des Sorgerechts („insbesondere"). Die Vertretungsmacht umfasst die aktive wie die passive Stellvertretung.[212] Sie entspricht im Grundsatz der gesetzlichen Vertretung durch die Eltern, erstreckt sich auf alle dem Vormund übertragenen Sorgebereiche – insbesondere also sowohl auf die Personen- als auch die Vermögenssorge – und ist gegenständlich grundsätzlich (vgl. aber die Einschränkungen Rn. 64 ff.) nicht beschränkt. In den Fällen, in denen die Personensorge des Vormunds nach den §§ 1800, 1633 BGB oder den §§ 1673 f. BGB beschränkt ist, geht sie über die Personensorge noch hinaus.

79 Die gesetzliche Vertretungsmacht umfasst auch die Vertretung bei der Stellung eines Strafantrags nach § 77 Abs. 3 StGB. Der Mündel selbst kann keinen Strafantrag stellen, solange er nicht volljährig geworden ist. Die Erstattung einer Strafanzeige (§ 158 StPO) bleibt ihm jedoch unbenommen.[213]

---

[204] Allg. A., vgl. *Damrau* in: Damrau/Zimmermann, Betreuung und Vormundschaft, 2. Aufl. 1995, § 1793 Rn. 5; *Wagenitz* in: MünchKomm-BGB, § 1793 Rn. 19; *Saar* in: Erman, § 1793 Rn. 2.

[205] *Damrau* in: Damrau/Zimmermann, Betreuung und Vormundschaft, 2. Aufl. 1995, § 1793 Rn. 5; *Wagenitz* in: MünchKomm-BGB, § 1793 Rn. 19.

[206] *Damrau* in: Damrau/Zimmermann, Betreuung und Vormundschaft, 2. Aufl. 1995, § 1793 Rn. 5; *Veit* in: Staudinger, § 1793 Rn. 18; *Wagenitz* in: MünchKomm-BGB, § 1793 Rn. 19.

[207] Vgl. zum alten Recht etwa BGH v. 26.02.1954 - V ZR 135/52 - juris Rn. 26 - BGHZ 12, 380-400; *Dickescheid* in: BGB-RGRK, § 1793 Rn. 4; *Saar* in: Erman, § 1793 Rn. 2.

[208] *Damrau* in: Damrau/Zimmermann, Betreuung und Vormundschaft, 2. Aufl. 1995, § 1793 Rn. 5; *Zimmermann* in: Soergel, § 1793 Rn. 5.

[209] Vgl. BR-Drs. 309/07, S. 423.

[210] Vgl. zum neuen Recht *Götz* in: Palandt, § 1793 Rn. 4; *Veit* in: Staudinger, § 1793 Rn. 19; *Wagenitz* in: MünchKomm-BGB, § 1793 Rn. 19; *Bettin* in: BeckOK BGB, Ed. 30, § 1793 Rn. 5.

[211] Zutreffend zur alten Rechtslage (Verfahrenspfleger): *Dickescheid* in: BGB-RGRK, § 1793 Rn. 4.

[212] Allg. A., vgl. etwa *Dickescheid* in: BGB-RGRK, § 1793 Rn. 6.

[213] Vgl. *Schroeder*, Das Deutsche Vormundschaftsrecht, 1900, S. 229.

Hinweis für die prozessuale Praxis: Zustellungen im Zivilprozess erfolgen nach § 170 ZPO an den Vormund, soweit nicht ein spezieller Pfleger bestellt ist, also nicht an den Mündel!

Im Fall der Amtsvormundschaft gibt die Erklärung für den Mündel der sog. Realvertreter – also ein Beamter oder Angestellter – ab, auf den das Jugendamt die Ausübung der vormundschaftlichen Befugnisse nach § 55 Abs. 2 Satz 1 SGB VIII überträgt.

b. Einschränkungen und Grenzen der gesetzlichen Vertretungsmacht

Die Vertretungsmacht des Vormunds unterliegt verschiedenen Beschränkungen. Soweit schon die allgemeinen Regeln über die Geschäftsfähigkeit die **beschränkte Geschäftsfähigkeit** anerkennen, kann auch der unter Vormundschaft stehende Minderjährige ohne den Vormund handeln. So ist der Vormund etwa im Rahmen der partiellen Vollgeschäftsfähigkeit des Minderjährigen nach den §§ 112, 113 BGB nicht vertretungsberechtigt. Im Anwendungsbereich des „Taschengeldparagraphen" § 110 BGB bedarf es der Vertretung des Vormunds ebenfalls nicht.

Es liegt in der Natur **höchstpersönlicher Rechtsgeschäfte**, dass den Mündel hierbei auch der Vormund nicht vertreten kann.[214] Dies gilt etwa für

- die Anfechtung der Ehelichkeit durch den minderjährigen Vater (§ 1600a Abs. 2 Satz 2 HS. 2 BGB),
- die Errichtung eines Testaments (§§ 2064, 2229 Abs. 2 BGB),[215]
- die Eingehung eines Erbvertrags als Erblasser (§§ 2274, 2275 Abs. 1 BGB),[216]
- die Eheschließung (§ 1312 Satz 1 BGB)[217], freilich nur in dem Ausnahmefall des § 1304 Abs. 3 BGB,
- die Wahl des religiösen Bekenntnisses, wenn der Mündel mindestens 14 Jahre alt ist (§ 5 Satz 1 KErzG),[218]
- die Änderung der Namenswahl (§ 1617c Abs. 1 Satz 2 BGB),
- die Erklärung der Einwilligung in die Annahme als Kind (§ 1750 Abs. 3 Sätze 1, 2 BGB).

Zu anderen Rechtsgeschäften, die der Mündel alleine vornehmen kann, bedarf er allerdings der Zustimmung des Vormunds, etwa zum Abschluss eines Ehevertrages (§ 1411 Abs. 1 Satz 1 BGB) oder zur Anerkennung der Vaterschaft (§ 1596 Abs. 1, 2 BGB). Auch der Befreiung des minderjährigen Ehegatten nach § 1303 Abs. 2 BGB kann der Vormund widersprechen, es sei denn, es liegen keine triftigen Gründe vor, § 1304 Abs. 3 BGB. Einer darüber hinausgehenden Einwilligung des Vormunds zur Eingehung der Ehe bedarf es im Falle der Befreiung allerdings nicht, § 1303 Abs. 4 BGB.

Im Einzelnen streitig ist vieles bei den sogenannten **höchstpersönlichen geschäftsähnlichen Handlungen**, also insbesondere bei der Einwilligung in ärztliche Heileingriffe, Freiheitsbeschränkungen und Ausprägungen des allgemeinen Persönlichkeitsrechts (z.B. Recht am eigenen Bild und Wort). Verbreitet werden auf die geschäftsähnlichen Handlungen die Vorschriften über Rechtsgeschäfte analog angewandt.[219] Wie weit die Analogie reicht, wird jedoch uneinheitlich beurteilt. Wegen ihres höchstpersönlichen Charakters wird bei Einwilligungen der vorbezeichneten Art von der herrschenden Auffassung angenommen, dass es nicht auf die Geschäftsfähigkeit ankomme, sondern der Minderjährige selbst einwilligen müsse, wenn er seiner Verstandesreife nach die Tragweite seiner Entscheidung zu erkennen vermag.[220] Umstritten ist, ob es zusätzlich noch der Einwilligung durch den gesetzlichen Vertreter bedarf.[221] Die Praxis – und zwar sowohl der Vormund als auch der Eingreifende – hat hier im eigenen Interesse den sichersten Weg zu wählen und für die Erteilung und Dokumentation beider Einwilligungen zu sorgen.

---

[214] Hierzu näher etwa auch *Dickescheid* in: BGB-RGRK, § 1793 Rn. 8; *Zimmermann* in: Soergel, 13. Aufl., § 1793 Rn. 7.

[215] *Dickescheid* in: BGB-RGRK, § 1793 Rn. 8.

[216] *Dickescheid* in: BGB-RGRK, § 1793 Rn. 8.

[217] *Dickescheid* in: BGB-RGRK, § 1793 Rn. 8.

[218] *Dickescheid* in: BGB-RGRK, § 1793 Rn. 8.

[219] Vgl. *Wolf/Neuner*, Allgemeiner Teil des Bürgerlichen Rechts, 10. Aufl. 2012, § 28 II 1. Rn. 10; *Medicus*, Allgemeiner Teil, 10. Aufl. 2010, Rn. 198.

[220] BGH v. 05.12.1958 - VI ZR 266/57 - BGHZ 29 ff.; *Ellenberger* in: Palandt, Überbl. v. § 104 Rn. 8, m.w.N.; *Zimmermann* in: Soergel, 13. Aufl., § 1793 Rn. 13.

[221] So BayObLG v. 05.09.1986 - BReg 1 Z 41/86 - FamRZ 1987, 87, 89; BGH v. 16.11.1971 - VI ZR 76/70 - NJW 1972, 335-338, 337; *Medicus*, Allgemeiner Teil, 10. Aufl. 2010, Rn. 201; *Ellenberger* in: Palandt, Überbl. v. § 104 Rn. 8; *Zimmermann* in: Soergel, 13. Aufl., § 1793 Rn. 13; a.A. aber *Berger*, JZ 2000, 797, 803, Fn. 79.

86 **Praktischer Hinweis**: Von der Einwilligung in die Heilbehandlung ist der Abschluss des Behandlungs- oder Krankenhausvertrages zu unterscheiden. Bei diesen handelt es sich um Rechtsgeschäfte, die der Vormund im Rahmen seiner Vertretungsmacht abschließen muss.[222]

87 Zum Schutz vor bestimmten Rechtsgeschäften kann der Vormund kraft spezialgesetzlicher Anordnung bestimmte Rechtsgeschäfte nicht vornehmen, etwa keine Schenkungen tätigen (§ 1804 BGB) und keine Wettbewerbsverbote für den minderjährigen Handlungsgehilfen vereinbaren (§ 74a Abs. 2 Satz 1 HGB). Von der Vertretungsbefugnis sind ferner solche Bereiche ausgenommen, für die ein Pfleger bestellt ist (§ 1794 BGB). Gleiches gilt, wenn die Vormundschaft gemäß § 1797 Abs. 2 Satz 1 BGB nach bestimmten Wirkungskreisen aufgeteilt ist. Der Vormund ist dann in dem jeweils anderen Wirkungskreis von der Vertretungsmacht ausgeschlossen. Aufgrund gesetzlich unterstellter Gefahr einer Interessenkollision ist der Vormund bei bestimmten Geschäften von Gesetzes wegen von der Vertretung ausgeschlossen (§§ 181, 1795 BGB). In anderen Fällen der Interessenkollision entzieht das Familiengericht dem Vormund die Vertretungsmacht gemäß § 1796 Abs. 1 BGB. Einen weiteren Fall der Entziehung der Vertretungsmacht enthält § 1801 Abs. 1 BGB. Außerdem beschränkt das Gesetz die Vertretungsmacht des Vormunds bei der Eingehung besonders folgenschwerer Rechtsgeschäfte durch Genehmigungsvorbehalte des Gegenvormunds oder des Familiengerichts (§§ 1809-1832 BGB). In die Sterilisation kann der Vormund ebenso wenig wie der Mündel einwilligen (§§ 1800, 1631c BGB).

c. Wirkungen der Vertretungsmacht

88 Die von dem Vormund abgegebene Willenserklärung bindet den Mündel gemäß den §§ 164 ff. BGB, wenn und soweit der Vormund den Mündel wirksam vertreten hat. Das erfordert ein Handeln im Rahmen der Vertretungsmacht des Vormunds. Ferner müssen die allgemeinen rechtsgeschäftlichen Voraussetzungen des Vertreterhandelns erfüllt sein, nämlich die Abgabe einer Willenserklärung durch den Stellvertreter (= Vormund), ein Handeln im Namen des Mündels, § 164 BGB (Offenheitsprinzip) und die Zulässigkeit der Stellvertretung.

89 **Handeln im Namen des Mündels**: Dem Offenkundigkeitsprinzip ist genügt, wenn der Vormund ausdrücklich oder stillschweigend im fremden Namen handelt. Danach genügt es etwa, dass sich aus den Umständen ergibt, dass der Vormund nicht sich, sondern den Mündel verpflichten will. Ein solcher Fall kann etwa anzunehmen sein, wenn sich der Vormund bei seiner Erklärung auf seine Funktion als Vormund beruft und damit stillschweigend zugleich auf seine Vertretungsmacht verweist. Voraussetzung ist aber stets, dass der Wille, im fremden Namen zu handeln, für den Dritten erkennbar zum Ausdruck kommt.[223]

90 Fehlt es am Handeln im fremden Namen, wird der Vormund selbst berechtigt und verpflichtet, § 164 Abs. 2 BGB, d.h. die Wirkungen des Rechtsgeschäfts treten in der Person des Vormunds ein, beispielsweise erwirbt der Vormund die für den Mündel gekaufte Sache selbst.

91 Soll das im eigenen Namen abgeschlossene Rechtsgeschäft den Mündel berechtigen und verpflichten, muss der Vormund dafür sorgen, dass die Wirkungen des Rechtsgeschäfts auf den Mündel übertragen werden. Bei Abschluss eines Kaufvertrags muss er beispielsweise den Anspruch auf die Übereignung der gekauften Sache an den Mündel abtreten oder – falls der Vormund bereits Eigentum erlangt hat – die Sache an den Mündel übereignen. Im Gegenzug kann er aus dem Mündelvermögen seine Auslagen bestreiten (z.B. den Kaufpreis, Vertragskosten etc.). Handelt es sich um ein Geschäft, das objektiv dem Geschäftskreis des Mündels zuzurechnen ist (z.B. der Eigentumserwerb an einer Sache, über die der Mündel einen Kaufvertrag abgeschlossen hat), ist der Vormund zur Erstreckung der rechtlichen Wirkungen des Geschäfts auf den Mündel verpflichtet.

92 **Praxishinweis**: Der Vormund sollte stets den „sichersten Weg gehen", d.h. deutlich machen, wenn er den Mündel berechtigen oder verpflichten will, etwa mit der Formulierung, er „erkläre im Namen und mit Wirkung für und gegen den Mündel". Überhaupt wird das Handeln im fremden Namen häufig vorzugswürdig sein, da es unnötige Übertragungsgeschäfte entbehrlich macht und keinen Zweifel über die Abgrenzung der Vermögenssphären von Vormund und Mündel entstehen lässt. Ausnahme: Geschäfte des täglichen Lebens (z.B. der Vormund kauft dem Mündel ein Eis). Dies entspricht auch dem Willen des historischen Gesetzgebers.[224]

---

[222] Zutreffend *Zimmermann* in: Soergel, 13. Aufl., § 1793 Rn. 13.

[223] Vgl. zu diesen Grundsätzen allgemein BGH v. 05.10.1961 - VII ZR 207/60 - juris Rn. 27 - BGHZ 36, 33.

[224] Vgl. Motive, zitiert nach *Mugdan*, Die gesammten Materialien zum Bürgerlichen Gesetzbuch für das Deutsche Reicht, IV. Band: Familienrecht, 1899, S. 1087.

Im Fall der gemeinschaftlichen Mitvormundschaft besteht grundsätzlich Gesamtvertretung. Ein Mitvormund allein kann den Mündel nach den allgemeinen Regeln jedoch bei der Entgegennahme von Zustellungen gemäß § 170 Abs. 2 ZPO sowie in Not- und Eilfällen vertreten.[225]

93

Im Rahmen seiner Vertretungsmacht vermag der Vormund auch Prozesse für den Mündel zu führen (vgl. § 51 ZPO), Strafanträge zu stellen (§ 77 Abs. 3 StGB) und Rechtsmittel in FamFG-Verfahren einzulegen.[226] Die Vertretungsmacht des Vormunds umfasst auch nach neuem Recht gemäß § 56 Abs. 1 FamFG die Befugnis, im Namen des Mündels Beschwerde einzulegen, soweit dessen Rechte betroffen sind.[227] Der geschäftsfähige, mindestens 14 Jahre alte Mündel hat daneben allerdings auch selbst ein Beschwerderecht aus § 60 FamFG.

94

Die im Namen des Mündels erteilte Vollmacht erlischt nach den allgemeinen Grundsätzen der §§ 167-173 BGB. Kraft seiner gesetzlichen Vertretung kann der Vormund – soweit nicht anderweitig Beschränkungen bestehen (vgl. etwa § 1822 Nr. 5-7 BGB) – den Mündel deshalb auch durch Eingehung von Rechtsgeschäften verpflichten, die noch nach Beendigung der Vormundschaft ihre Wirkungen zeitigen.[228] Die Beendigung des Amtes des Vormunds führt im Zweifel nicht zum Erlöschen der Vollmacht, anders jedoch, wenn die Vollmacht im Namen des Vormunds erteilt wird.[229] Denn hier ergibt sich im Wege der Auslegung, dass die Vollmacht auf den Zeitraum der bestehenden Vormundschaft beschränkt sein soll.

95

Hinweis für die prozessuale Praxis: Wird der Mündel volljährig, geht der Rechtsstreit ohne Unterbrechung auf den Mündel über.[230] Die vom Vormund zuvor erteilte Prozessvollmacht besteht fort, § 86 ZPO.

96

Die Haftung des Mündels für Verbindlichkeiten, die der Vormund für ihn eingeht, beschränkt sich bei Eintritt der Volljährigkeit nach Maßgabe des § 1629a BGB.

97

d. Zulässigkeit der Vertretung des Mündels oder des Handelns im eigenen Namen

Von der Frage, ob der Mündel durch die Erklärung des Vormunds berechtigt und verpflichtet wird, ist die Frage zu unterscheiden, ob und unter welchen Voraussetzungen der Vormund im eigenen/fremden Namen handeln darf oder muss. Diese Unterscheidung zwischen dem „Können" und dem „Dürfen" wird bisweilen nicht hinreichend deutlich unterschieden. Das „Können", – also die Frage nach der Wirksamkeit der Erklärung für oder gegen den Mündel – richtet sich nach den Vorschriften über die Stellvertretung. Das „Dürfen" – also die Frage nach der Pflichtgemäßheit des Vertreterhandelns – ist nach dem Innenverhältnis zwischen Vertreter und Vertretenem, hier also nach den gesetzlichen Pflichten des Vormunds zu beantworten.

98

Grundsätzlich ist der Vormund nicht verpflichtet, Rechtsgeschäfte, die den Mündel betreffen, in dessen Namen vorzunehmen.[231] Etwas anderes kann jedoch gelten, wenn ein Handeln im eigenen Namen den gesetzlichen Mündelschutz gefährden würde: so muss der Vormund etwa beim Erwerb von Rechten, die dem Mündel zustehen, wegen § 1805 BGB regelmäßig im fremden Namen handeln.[232] Deckt der Vormund das Vertretungsverhältnis nicht auf, so wird häufig ein Rechtserwerb in der Person des Mündels nach den Regeln des Geschäfts, für den es angeht, in Betracht kommen. Eine Surrogation, etwa im Sinne des § 1646 BGB, gibt es im Verhältnis zum Vormund jedoch nicht.[233]

99

Umstritten ist, inwiefern der Vormund Dritten Vollmacht erteilen darf. Die herrschende Meinung bejaht dies im Grundsatz. Auch die Einräumung einer Generalvollmacht wird verbreitet für zulässig erachtet.[234] Dem wird entgegengehalten, dass der Vormund sein Amt nicht insgesamt einem anderen

100

---

[225] Vgl. etwa *Gernhuber/Coester-Waltjen*, Familienrecht, 6. Aufl. 2010, § 71 Rn. 16-18.
[226] So auch *Veit* in: Staudinger, § 1793 Rn. 45; *Damrau* in: Damrau/Zimmermann, Betreuung und Vormundschaft, 2. Aufl., § 1793 Rn. 6.
[227] BR-Drs. 309/07, S. 449.
[228] Zutreffend *Veit* in: Staudinger, § 1793 Rn. 52; *Dickescheid* in: BGB-RGRK, § 1793 Rn. 21.
[229] Vgl. hierzu *Veit* in: Staudinger, § 1793 Rn. 82 f.; *Wagenitz* in: MünchKomm-BGB, § 1793 Rn. 43; *Dickescheid* in: BGB-RGRK, § 1793 Rn. 19.
[230] *Greger* in: Zöller, ZPO, 25. Aufl. 2006, § 241 Rn. 5.
[231] RG v. 17.12.1934 - VI 400/34 - RGZ 146, 231-241; *Wagenitz* in: MünchKomm-BGB, § 1793 Rn. 25; kritisch *Dickescheid* in: BGB-RGRK, § 1793 Rn. 7.
[232] Ebenso *Dickescheid* in: BGB-RGRK, § 1793 Rn. 7; *Veit* in: Staudinger, § 1793 Rn. 41; *Wagenitz* in: MünchKomm-BGB, § 1793 Rn. 25.
[233] Allg. A., *Wagenitz* in: MünchKomm-BGB, § 1793 Rn. 25.
[234] So etwa *Saar* in: Erman, § 1793 Rn. 14; *Dickescheid* in: BGB-RGRK, § 1793 Rn. 17.

§ 1793

übertragen darf (vgl. Rn. 36).[235] Bei dieser Streitfrage wird mitunter nicht hinreichend deutlich zwischen der Zulässigkeit und der Wirksamkeit der Vollmacht unterschieden. In der Tat ist eine allumfassende Vollmacht aufgrund der nunmehr vom Gesetzgeber besonders betonten persönlichen Führung der Vormundschaft unzulässig, da eine delegierte Vormundschaft dem gesetzlich gewünschten persönlichen Bezug zwischen Vormund und Mündel nicht genügt. Dies dürfte jedoch im Grundsatz nichts an der Wirksamkeit einer solchen Vollmacht ändern. Es entspricht dem Charakter der Vertretungsmacht, dass sie auf die Pflichten im Innenverhältnis grundsätzlich keine Rücksicht nimmt. Etwas anderes dürfte auch nicht aufgrund des übergeordneten, gesetzlichen Belangs des Mündelschutzes folgen. Die Überwachung der pflichtgerechten Ausübung des Amtes obliegt dem Familiengericht, nicht dem Geschäftsgegner. Lediglich unter dem Gesichtspunkt des offensichtlichen Missbrauchs der Vertretungsmacht kann ausnahmsweise etwas anderes gelten.

101 Entsprechendes gilt für die Erteilung einer unwiderruflichen Vollmacht. Sie ist regelmäßig nur zulässig, wenn sie eine rechtfertigende Grundlage findet.[236] Allerdings dürfte sie – mit Ausnahme des Falles des Missbrauchs der Vertretungsmacht – wirksam sein.[237]

D. Grundsätze der Pflege und Erziehung (Absatz 1 Satz 2)

I. Anwendungsvoraussetzungen

1. Die Bestellung zum Vormund

102 Vgl. hierzu Rn. 26.

2. Pflege und Erziehung

103 Zum Begriff der Pflege vgl. die Kommentierung zu § 1800 BGB Rn. 10. Zum Begriff der Erziehung vgl. die Kommentierung zu § 1800 BGB Rn. 16. Das Begriffspaar „Pflege und Erziehung" beschreibt den zentralen Bereich der Personensorge (vgl. § 1631 Abs. 1 BGB). Die Formulierung des Gesetzes darf indes nicht so verstanden werden, dass die in den §§ 1793 Abs. 1 Satz 2, 1626 Abs. 2 BGB geregelten Grundsätze für die übrigen Bereiche der Personen- und Vermögenssorge keine Beachtung zu finden hätten. So stellt etwa die Aufenthaltsbestimmung eine Entscheidung mit wesentlichen Auswirkungen auf die Entwicklung des Mündels dar, die je nach Entwicklungsstand des Kindes dessen Einbeziehung erfordert. Entsprechendes gilt für zahlreiche Entscheidungen aus dem Bereich der Vermögenssorge, die Auswirkungen im Bereich der Personensorge haben. Konsequenterweise beschränkt sich § 1626 Abs. 2 Satz 2 BGB deshalb auch nicht auf Pflege und Erziehung, sondern erstreckt sich auf die gesamte Sorge.

II. Rechtsfolgen

1. Die Pflicht zur Berücksichtigung der Fähigkeiten und Bedürfnisse des Mündels

104 Gemäß § 1793 Abs. 1 Satz 2 BGB in Verbindung mit § 1626 Abs. 2 BGB hat der Vormund bei der Pflege und Erziehung die wachsende Fähigkeit und das wachsende Bedürfnis des Mündels zu selbständigem, verantwortungsvollem Handeln zu berücksichtigen. Mit wachsender Einsichtsfähigkeit und Reife des Kindes wird das Erziehungsrecht durch das Recht des Mündel auf freie Entfaltung der Persönlichkeit begrenzt; je mehr das Kind in seiner körperlichen, geistigen und seelischen Entwicklung zu einer eigenständigen Persönlichkeit reift, hat das Erziehungsrecht zurückzutreten.[238] Das bedeutet allerdings nicht, dass sich der Vormund aus seiner Erziehungsaufgabe zurückzuziehen hat. Vielmehr sieht die Vorschrift den Vormund in der Verantwortung, entsprechend den individuellen Bedürfnissen des Mündels an seiner Entwicklung zu einer gereiften Persönlichkeit mitzuwirken. Zu diesem Zweck muss der Vormund auf den individuellen Entwicklungsstand des Mündels eingehen. Dabei ist der Mündel einerseits davor zu schützen, dass ihm bereits Verantwortung in einem Maß auferlegt wird, das er noch nicht zu bewältigen vermag.

---

[235] *Wagenitz* in: MünchKomm-BGB, § 1793 Rn. 40.; *Bettin* in: BeckOK BGB, Ed. 30, § 1793 Rn. 10.

[236] So auch *Zimmermann* in: Soergel, § 1793 Rn. 15; differenzierend *Wagenitz* in: MünchKomm-BGB, § 1793 Rn. 41.

[237] Streitig, anders: *Zimmermann* in: Soergel, § 1793 Rn. 15.

[238] Vgl. OLG Karlsruhe v. 02.06.1989 - 5 Wx 1/89 - juris Rn. 10 - FamRZ 1989, 1322, zur elterlichen Sorge.

Beispiel: Die Wahl der geeigneten Schulform wird der Mündel nach dem Besuch der Grundschule häufig nur bedingt einschätzen können.

Andererseits verlangt § 1793 Abs. 1 Satz 2 BGB von dem Vormund aber auch, dem Mündel mit voranschreitendem Entwicklungsstand zunehmend Spielräume zur Verantwortungsübernahme und autonomen Entscheidung einzuräumen. Das kann es etwa gebieten, dem Mündel nicht entgegen seinem erklärten Willen ein anderes religiöses Bekenntnis aufzuzwingen oder ihn zum Besuch von Einrichtungen eines bestimmten religiösen Bekenntnisses zu zwingen.[239] Die vom Gesetz geforderte Berücksichtigung der Fähigkeiten und Bedürfnisse des Mündels bedeutet nicht, dass der Vormund dem Mündelwillen zu folgen hat.[240] Die Entscheidung kontroverser Fragen richtet sich vielmehr nach § 1793 Abs. 1 Satz 2 BGB in Verbindung mit § 1626 Abs. 2 Satz 2 BGB.

2. Die Pflicht zum Gespräch und zum Einigungsversuch

§ 1626 Abs. 2 Satz 2 BGB gebietet dem Vormund, mit dem Mündel Fragen der Sorge zu besprechen, soweit es nach dessen Entwicklungsstand angezeigt ist, und Einvernehmen anzustreben. Die Norm umfasst zunächst ein Gebot zum Dialog.[241] Dieses Dialogs bedarf es, damit der Vormund die Fähigkeiten und das Bedürfnis des Mündels zu selbständigem, verantwortungsbewusstem Handeln überhaupt berücksichtigen kann. Die Form und Häufigkeit des Dialogs gibt das Gesetz nicht ausdrücklich vor. Sie folgt aus dem individuellen Entwicklungsstand des Mündels. Entsprechend den Bedürfnissen des Mündels ist der persönliche Dialog als der gebotene Regelfall anzusehen. Der Vormund muss das Gespräch mit dem Mündel von sich aus suchen, ggf. Bedürfnisse erfragen, den Mündel zum Abwägen der entscheidungserheblichen Gesichtspunkte anleiten und ggf. versuchen, dem Mündel die Einsicht in die Notwendigkeit einer beabsichtigten Maßnahme zu verschaffen.[242] Ziel des Dialogs ist die Herstellung eines Einvernehmens mit dem Mündel, § 1626 Abs. 2 Satz 2 HS. 2 BGB. Insofern geht „Überzeugen" vor „Überreden". Ziel einer den Bedürfnissen des Mündels angemessenen Erziehung kann im Einzelfall jedoch auch die Übernahme von Eigenverantwortung für eine Entscheidung sein, die nicht der Idealvorstellung des Vormunds entspricht. Ist ein Einvernehmen nicht möglich, so ist der Vormund bei seinen Entscheidungen und seinem konkreten Erziehungshandeln jedoch nicht an die Zustimmung des Mündels gebunden. Vielmehr ist er befugt, auch gegen den Willen des Mündels Entscheidungen zu treffen.[243] Die Berücksichtigung des Kindes in seinen Bedürfnissen erschöpft sich dann in der Beteiligung des Mündels an der Suche nach geeigneten Pflege- und Erziehungsmaßnahmen entsprechend seinem Verständnis und Entwicklungsprozess.[244] Die ältere Rechtsprechung hat dies mit einem so genannten „Überordnungsverhältnis" zwischen Vormund und Mündel begründet.[245] Unabhängig von diesem mit einer modernen „partnerschaftlichen"[246] Erziehung nur schwer vereinbaren Begriff folgt es jedenfalls aus dem Konzept der vormundschaftlichen Sorge.

Praktischer Hinweis: Bei Entscheidungen von weitreichender Bedeutung kann es sich anbieten, auch zur haftungsrechtlichen Absicherung des Vormunds oder Betreuers den Inhalt eines Gesprächs über eine konkrete Entscheidung zu dokumentieren. Bei genehmigungsbedürftigen Geschäften kann die Äußerung des angehörten Mündels oder Betreuten ggf. auch gerichtlich protokolliert werden.

---

[239] Vgl. zum Besuch von Einrichtungen der Scientology Church AG Tempelhof-Kreuzberg v. 08.08.2008 - 160 F 10520/07 - juris Rn. 2 - FamRZ 2009, 987; zustimmend *Völker/Clausius*, Das familienrechtliche Mandat - Sorge- und Umgangsrecht, 6. Aufl. 2014, § 1 Rn. 82.

[240] OLG Karlsruhe v. 02.06.1989 - 5 Wx 1/89 - juris Rn. 12 - FamRZ 1989, 1322, zur elterlichen Sorge.

[241] So auch *Völker/Clausius*, Das familienrechtliche Mandat - Sorge- und Umgangsrecht, 6. Aufl. 2014, § 1 Rn. 82.

[242] Vgl. hierzu etwa auch *Hansbauer/Mutke* in: Hansbauer/Mutke/Oelerich, Vormundschaft in Deutschland, S. 42 f.

[243] BGH v. 28.04.1967 - IV ZB 448/66 - juris Rn. 18 - BGHZ 48, 147-163; BayObLG v. 29.06.1979 - 3 Z 42/79 - Rpfleger 1974, 422.

[244] Vgl. OLG Karlsruhe v. 02.06.1989 - 5 Wx 1/89 - juris Rn. 12 - FamRZ 1989, 1322, zur elterlichen Sorge.

[245] Vgl. BGH v. 28.04.1967 - IV ZB 448/66 - juris Rn. 18 - BGHZ 48, 147-163; terminologisch wird der Begriff des Überordnungsverhältnisses freilich auch in der Literatur verwendet, vgl. *Dickescheid* in BGB-RGRK, § 1793 Rn. 1.

[246] Vgl. etwa *Völker/Clausius*, Das familienrechtliche Mandat - Sorge- und Umgangsrecht, 6. Aufl. 2014, § 1 Rn. 68.

E. Der in den Haushalt des Vormunds aufgenommene Mündel (Absatz 1 Satz 3)

I. Anwendungsvoraussetzungen

1. Die Bestellung zum Vormund

109 Vgl. hierzu Rn. 26.

2. Der Haushalt des Vormunds

110 Haushalt ist die häusliche Wohn- und Verbrauchsgemeinschaft.[247] Ähnlich wie in anderen Rechtsgebieten liegt ein gemeinsamer Haushalt nicht schon allein dadurch vor, dass Vormund und Mündel die Einrichtungen einer Wohnung teilen (z.B. Küche und Bad teilen).[248] Der gemeinsame Haushalt wird insbesondere durch das regelmäßige Übernachten unter einem gemeinsamen Dach und das gemeinsame Wirtschaften hinsichtlich der üblichen Verbrauchsgüter (z.B. gemeinsames Einkaufen, Kochen und Verbrauchen von Pflegeprodukten) sowie die gemeinsame Einnahme von Mahlzeiten geprägt.

3. Die Aufnahme in den Haushalt

111 Aufgenommen wird der Mündel in den Haushalt des Vormunds, wenn er dergestalt in den Haushalt integriert wird, dass er als Mitbewohner und nicht bloß als Gast an der häuslichen Wohn- und Verbrauchsgemeinschaft teilnimmt, also insbesondere an den zentralen Merkmalen des Haushalts (gemeinsames Übernachten, Wirtschaften und Essen) teilnimmt. Die polizeirechtliche Meldung nach dem Meldegesetz ist keine zwingende Voraussetzung[249], kann aber Indiz für die Aufnahme in den Haushalt sein.

4. Die Aufnahme auf längere Dauer

112 Das Tatbestandsmerkmal der „längeren Dauer" ist neben dem Tatbestandsmerkmal der „Aufnahme" im Wesentlichen inhaltsleer. Denn die ausreichende Länge der Dauer bestimmt sich danach, ob der Mündel bereits im oben dargestellten Sinne in den Haushalt des Vormunds aufgenommen ist. Der Zeitraum des Verbleibs im Haushalt des Vormunds ist deshalb weniger konstitutives Merkmal als äußeres Anzeichen für die Integration in den Haushalt. Dementsprechend lässt sich die ausreichende Dauer nur dahingehend präzisieren, dass der Mündel auf so lange Zeit in den Haushalt aufgenommen sein muss, dass seine Anwesenheit nicht mehr als Besuch, sondern als dauerhafter Verbleib gedacht ist. Jedenfalls im Falle eines mehrwöchigen Verbleibs unter Einrichtung eines dauerhaften Aufenthalts ist regelmäßig eine Aufnahme auf längere Dauer gegeben.[250] Die Formulierung „auf" längere Dauer statt „seit" längerer Dauer weist darauf hin, dass es nicht darauf ankommt, dass der Mündel im Zeitpunkt des haftungsbegründenden Ereignisses bereits längere Zeit aufgenommen war. Vielmehr tritt die Rechtsfolge des § 1793 Abs. 1 Satz 3 BGB schon ab dem ersten Tag der Aufnahme ein, wenn für die Zukunft eine längere Aufnahme beabsichtigt ist.[251]

II. Rechtsfolgen

113 Ist der Mündel auf längere Dauer in den Haushalt des Vormunds aufgenommen, so führt der durch die Hausgemeinschaft verstärkte personale Bezug zwischen Mündel und Vormund zu einer gegenseitigen Beistands- und Rücksichtspflicht (§ 1618a BGB), zu Dienstleistungspflichten in Haushalt und Geschäft (§ 1619 BGB) sowie zur Haftungsreduzierung auf die eigenübliche Sorgfalt (§ 1664 BGB). Die Verweisung soll als Ausfluss des personalen Rechtsverhältnisses zwischen Eltern und Kind das Verhältnis zwischen Mündel und Vormund dem Eltern-Kind-Verhältnis annähern.[252] Zum Inhalt der in Be-

---

[247] So etwa auch *Köbler*, Rechtswörterbuch, Stichwort Haushalt.
[248] Vgl. etwa zum Gewaltschutzgesetz *Philippi* in: Zöller, ZPO, 27. Aufl., § 621 Rn. 66c.
[249] Kritisch insofern *Wesche*, Rpfl 1998, 93, 94.
[250] Vgl. auch *Veit* in: Staudinger, § 1793 Rn. 13; de lege ferenda zweifelnd *Wesche*, Rpfleger 1998, 93-99.
[251] Vgl. *Wagenitz* in: MünchKomm-BGB, 5. Aufl. 2008, § 1793 Rn. 46.
[252] Vgl. hierzu BT-Drs. 13/7158, S. 21; *Wagenitz* in: MünchKomm-BGB, § 1793 Rn. 51; vgl. hierzu auch VG Saarlouis v. 22.08.2008 - 11 K 90/07 - juris Rn. 48 - EuG 2009, 296-308. Die Entscheidung zeigt, dass die dauerhafte Aufnahme des Mündels in den Haushalt des Vormunds als Ausdruck einer gesteigerten Übernahme von Verantwortung auch in anderen Rechtsbereichen rechtliche Relevanz erlangen kann, etwa im Rahmen von § 6 Abs. 3 SGB VIII die Ermessensentscheidung über die Gewährung von Hilfen zur Erziehung nach §§ 27, 33, 39 SGB VIII im Ausland mit beeinflussen kann.

zug genommenen Pflichten vgl. im Einzelnen die Kommentierung zu § 1618a BGB, die Kommentierung zu § 1619 BGB, die Kommentierung zu § 1664 BGB.

Die Beschränkung der Haftungsreduzierung auf die eigenübliche Sorgfalt erscheint rechtspolitisch bedenklich. Mag auch das gesetzgeberische Bestreben sinnvoll sein, das Vormundschaftsverhältnis im Interesse des Kindes dem Eltern-Kind-Verhältnis weitgehend anzugleichen, so führt die de lege ferenda schon bei § 1664 BGB nicht ganz zweifelsfreie Haftungsprivilegierung für den Vormund erst recht zu bedenklichen Folgen zum Nachteil des Mündels.[253] Zwischen Vormund und Eltern verbleiben nicht geringe Unterschiede, die in vielen Fällen eine Privilegierung nicht ohne weiteres als gerechtfertigt erscheinen lassen. Hinzu kommt: Das Kind hat seine Eltern so zu nehmen, wie sie sind. Für den Mündel hat das Familiengericht jedoch einen nach objektiven Maßstäben sorgfältigen Vormund auszuwählen. Dieser wird sich deshalb kaum auf eine geringere eigenübliche Sorgfalt berufen können. 114

Auch die aus der Verweisung auf § 1618a BGB resultierende Pflicht zum Beistand durch den Mündel begegnet Bedenken.[254] Es liegt im Wesen der Vormundschaft, dass sie gerade eine Unterstützung für den Mündel, nicht für den Vormund herstellen soll. 115

F. Der persönliche Kontakt (Absatz 1a)

I. Grundlagen

Zur persönlichen Führung der Vormundschaft gehört – nicht erst seit der Einfügung von Absatz 1a – insbesondere auch der persönliche Kontakt zu dem Mündel.[255] In der Praxis wurde diesem Gebot nur unzureichend Rechnung getragen. Hintergrund ist zum einen der Mangel an übernahmewilligen Einzelvormündern, der dazu führt, dass die große Mehrheit der Vormundschaften entgegen dem gesetzlichen Subsidiaritätsgrundsatz vom Jugendamt geführt wird, und zum anderen der durch haushalterische Zwänge und mangelnde politische Einsicht bedingte Personalengpass im Bereich der Jugendämter. So kommen Studien etwa zu dem Ergebnis, dass ungefähr 60% der Kinder und Jugendlichen ihren Amtsvormund oder -pfleger nur einmal jährlich sehen und dass ein Drittel der Amtsvormünder/-pfleger den Kindern oder Jugendlichen nur in Ausnahmefällen bzw. gar nicht als persönlicher Ansprechpartner zur Verfügung stehen, selbst wenn diese einen Kontakt wünschen[256]. Von Seiten der Jugendamtsvertreter wird berichtet, dass ein Großteil der Realvertreter ihr Mündel gar nicht kennen oder den Kontakt davon abhängig machen, ob der ASD diesen Kontakt für notwendig erachtet.[257] In Einzelfällen wird von einem Zeitaufwand von 30 Minuten pro Fall jährlich berichtet.[258] Diese Ergebnisse sind unannehmbar. Sie entsprechen nicht der gesetzlichen Ausgestaltung der Vormundschaft. Zum Vergleich: Als grobe Faustformel gelten im Bereich der Betreuung ein bis zwei Besuche im Monat[259]. Weitere Anhaltspunkte ergeben sich aus den pauschalierten Stundenansätzen des Betreuers nach § 5 VBVG (Gesetz über die Vergütung von Vormündern und Betreuern). Soweit teilweise gesagt wird, dem Fehlen der persönlichen Bindung habe der Gesetzgeber durch Möglichkeiten zur Einschränkung des Wirkungskreises Rechnung getragen[260], darf dies nicht darüber hinwegtäuschen, dass Mitvormünder, Gegenvormünder oder Pfleger spezifische Aufgaben haben, die den persönlichen Kontakt des Vormunds zu seinem Mündel in den seltensten Fällen ausgleichen sollen und können. Der Vormund, der ohne ein angemessenes Maß des persönlichen Kontakts sein Amt ausübt, handelt pflichtwidrig. Denn ohne diesen Kontakt kann er nicht – wie es das Gesetz fordert – die Fähigkeit und das wachsende Bedürfnis des Mündels zu selbständigem verantwortungsbewusstem Handeln berücksichtigen (§§ 1793 Abs. 1, 1626 Abs. 2 BGB) und auf Eignung und Neigung des Kindes Rücksicht nehmen (§§ 1800, 1631a BGB).[261] 116

---

[253] Kritisch auch *Engler* in: Staudinger, Neubearb. 2004, § 1793 Rn. 55.
[254] So auch *Engler* in: Staudinger, Neubearb. 2004, § 1800 Rn. 17; vgl. aber auch *Veit* in: Staudinger, § 1793 Rn. 13.
[255] So auch DIJuF-Rechtsgutachten vom 03.02.2004 - J 2.120 My - JAmt 2004, 138, 139; *Hoffmann* in: Münder/Wiesner, Kinder- und Jugendhilferecht, 2007, S. 337.
[256] Vgl. etwa *Hoffmann*, JAmt 2005, 113-119, 116; *Wiesner*, SGB VIII – Kinder- und Jugendhilfe, 3. Aufl. 2006, § 55 Rn. 89.
[257] *Wolf*, DAVorm 2000, 283, 290; kritisch zum Nachvollzug von Entscheidungen des ASD durch den Amtsvormund etwa auch *Flemming* ZKJ 2010, 97.
[258] *Wolf*, DAVorm 2000, 283, 290.
[259] *Zimmermann* in: Damrau/Zimmermann, Betreuung und Vormundschaft, 2. Aufl. 1995, § 1836a Rn. 14.
[260] So *Lüderitz/Dethloff*, Familienrecht, 28. Aufl. 2007, § 16 Rn. 27.
[261] Im Ergebnis wie hier auch *Hansbauer/Mutke* in: *Hansbauer/Mutke/Oelerich*, Vormundschaft in Deutschland, S. 43.

Die Realitäten in der Praxis der Vormundschaft mögen auch damit zusammenhängen, dass das Verhältnis von Vormund, Pflegeheim und Allgemeinem Sozialem Dienst häufig nicht klar genug wahrgenommen wird.[262]

117 **Hinweis für die Praxis**: Sind die personellen oder organisatorischen Ausstattungen des Jugendamtes für eine den Anforderungen des Gesetzes angemessene Führung der Vormundschaft nicht ausreichend und entsteht aus diesem Grund ein Schaden, so macht sich das Jugendamt haftbar.[263] Bei Vorsatz oder grober Fahrlässigkeit kann allerdings auch ein Innenregress der Behörde in Betracht kommen.[264] Der zuständige Sachbearbeiter sollte deshalb schon zu seiner eigenen Absicherung auf bestehende Defizite gegenüber seinem Vorgesetzten hinweisen. Erreicht die Mitteilung die Behördenleitung, ist diese zur Schaffung von Abhilfe rechtlich – und nicht minder politisch – verpflichtet.

118 Mit der Einfügung von Absatz 1a BGB sollte dem bisherigen Missstand begegnet werden. Das ist grundsätzlich zu begrüßen.[265] Dass der Vorschlag in den Ländern teilweise auf Vorbehalte gestoßen ist, dürfte seinen Grund darin haben, dass er nach der maßgeblichen Kostentragungsregelung zu Mehrkosten in den Justizhaushalten führen wird, obwohl das mit dem Gesetzentwurf verfolgte Ziel einer intensiveren Betreuung von Kindern zum Schutz vor Vernachlässigung und Misshandlung primär Aufgabe der Jugendressorts ist. Diese Diskrepanz kann jedoch nicht im Rahmen des § 1793 BGB, sondern nur über die Kostenverteilung aufgelöst werden.

II. Anwendungsvoraussetzungen

119 Anwendungsvoraussetzung ist eine wirksame Bestellung zum Vormund.

III. Rechtsfolgen

1. Persönlicher Kontakt

120 Der Vormund hat mit dem Mündel persönlichen Kontakt zu halten. Kontakt meint Kommunikation. Persönlich ist der Kontakt, wenn Vormund und Mündel gleichzeitig anwesend sind. Telefonischer Kontakt – auch per Bildtelefon – oder E-Mail-Kontakt sowie ein Austausch über sonstige moderne Medien ist nicht ausreichend.[266]

121 Persönlicher Kontakt meint den Kontakt durch den Vormund, also nicht etwa bloß durch seine Anstellungskörperschaft. Eine generelle Delegation, etwa auf den ASD, ist damit ausgeschlossen.[267] Unter bestimmten Umständen (vgl. hierzu schon Rn. 47) kann jedoch keine Vertretung in Betracht kommen.

122 Worauf sich die Kommunikation erstrecken muss, ist nach Sinn und Zweck der Vorschrift zu bestimmen. Zum einen geht es um den Austausch von Sachinformationen. Der Kontakt soll dem Vormund die Beschaffung der Informationen ermöglichen, die er benötigt, um seine Funktion sachgerecht auszuüben. Dafür ist er mitunter auf die Mithilfe des Mündels angewiesen, etwa beim Auffinden vorhandener Vermögenswerte bei Übernahme der Vormundschaft, beim Erkennen von Missständen in der Pflegefamilie, bei der Beurteilung des Leistungsvermögens zur Vorbereitung schulischer Entscheidungen, bei der Einschätzung etwaigen Steuerungsbedarfs im persönlichen Umgang des Mündels usw. Umgekehrt hat auch der Mündel ein Recht darauf, unter Berücksichtigung seiner jeweiligen Erkenntnis- und Verständnismöglichkeiten und in den Grenzen des Mündelwohls von dem Vormund über dessen Tätigkeiten und über die ihn betreffenden Angelegenheiten unterrichtet zu werden, etwa über getroffene Vermögensdispositionen, über ärztliche Diagnosen, über die Einholung sonstiger Informationen und beabsichtigte oder getroffene schulische Entscheidungen usw. Nicht weniger wichtig als der Austausch von Sachinformationen ist, dass der Vormund die individuellen Wünsche und Bedürfnisse des Mündels erfährt, um sie bei seiner Amtsführung berücksichtigen zu können, etwa seinen schulischen Ehrgeiz, besondere Begabungen und Neigungen, seine Risikofreude, sein Sicherheitsbedürfnis, seine Reife im persönlichen Umgang usw. Schließlich soll der Kontakt zwischen Vormund und Mündel ein Vertrauensverhältnis entstehen und reifen lassen, durch das der Mündel den Vormund als zu-

---

[262] Vgl. hierzu auch *Meysen*, JAmt 2005, 105-113.
[263] *Jans/Happe/Saurbier/Maas*, Jugendhilferecht, 3. Aufl. 2003, § 55 Art. 1 KJHG Rn. 53; *Deinert/Schreibauer*, DAVorm 1993, 1143 ff.
[264] *Wiesner* in: Wiesner, SGB VIII – Kinder- und Jugendhilfe, 3. Aufl. 2006, Rn. 88; *Hoffmann* in: Münder/Wiesner, Kinder- und Jugendhilferecht, 2007, S. 341.
[265] So auch *Katzenstein* JAmt 2010, 414, 415.
[266] So auch *Gojowczyk*, Rpfleger 2013, 1-9, 2; *Götz* in: Palandt, § 1793 Rn. 3; *Veit* in: Staudinger, § 1793 Rn. 27.
[267] So auch *Veit* in: Staudinger, § 1793 Rn. 28.

verlässigen Ansprechpartner in allen Lebenslagen erfährt und annimmt.[268] Zwar wird der Vormund in den wenigsten Fällen – erst recht kaum in Fällen der Amtsvormundschaft – einen gleichwertigen Ersatz für eine Elternbeziehung sein können. Aber es obliegt ihm, zumindest dafür zu sorgen, dass die persönlichen Anliegen des Mündels – ggf. unter Hinzuziehung Dritter – einer Lösung zugeführt werden. Das gilt nicht nur für die Erledigung rechtlicher oder geschäftlicher Angelegenheiten, sondern auch für persönliche Anliegen und setzt bis zu einem gewissen Grad auch voraus, dass sich der Vormund dieser Anliegen persönlich annimmt.

Das Gebot, Kontakt zu halten, trifft den Vormund. Eine gesetzliche Pflicht zur Teilnahme an dem Kontakt seitens des Mündels sieht das Gesetz nicht vor. Allerdings kann der Vormund im Rahmen der Erziehung des Mündels als Teil seiner Sorgebefugnis den Mündel zur Teilnahme anhalten. Eine Pflicht, aktiv mitzuwirken, lässt sich daraus jedoch nicht ableiten. 123

Kontakt halten bedeutet auch nicht, dass immer sämtliche Aspekte der Vormundschaft besprochen werden müssten. Liegt nichts Besonderes an und lebt der Mündel in stabilen Verhältnissen, können Kontaktbesuche kurz ausfallen. Allerdings darf der Vormund sich nicht darauf beschränken, abzuwarten, ob der Mündel selbst ein Anliegen hat. Unter Umständen bedarf es erst eines Anstoßes von außen, um Missstände zu Tage zu fördern, zumal wenn ihre Erörterung für anwesende Personen unangenehm sein kann. 124

2. In der üblichen Umgebung des Mündels

Der Mündel soll in seiner üblichen Umgebung aufgesucht werden, um das Vertrauen in den Vormund zu stärken und dem Kontakt den Anschein autoritär-hoheitlicher Gewaltausübung zu nehmen. Übliche Umgebung ist regelmäßig die Wohnung des Mündels, etwa die Pflegefamilie oder das Pflegeheim.[269] Insbesondere in Fällen, in denen der Mündel in einer Pflegefamilie untergebracht ist, sollen so Misshandlungen oder Vernachlässigungen leichter festgestellt werden. Entgegen teilweise hiergegen vorgebrachter Kritik[270] dürfte die Regelung hierfür auch nicht von vornherein ungeeignet sein. Die Gesetzesbegründung sieht ausdrücklich vor, dass in geeigneten Fällen auch ein anderer Ort gewählt werden kann, etwa wenn Missstände in der Pflegefamilie erörtert werden müssen und/oder der Mündel nicht frei reden kann oder will.[271] Da gemeinsame Aktivitäten zur Stärkung des Vertrauensverhältnisses sinnvoll sein können, spricht auch nichts dagegen, in geeigneten Fällen solche Aktivitäten für den Kontakt zu nutzen. Allerdings solle der Mündel nicht als Regel außerhalb seiner Wohnung getroffen werden, schon gar nicht etwa zur Reduzierung des Aufwandes jeweils in der Schule oder dergleichen. Denn häufig ist der Einblick in das unmittelbare persönliche Wohnumfeld von hoher Aussagekraft. 125

3. Einmal im Monat

Ein Kontakt im Monat soll die Regel sein. Nach dem Gesetz können die Umstände des Einzelfalls häufigere oder seltenere Kontakte gebieten. Umstände des Einzelfalls sind nach der Vorstellung des Gesetzes nur solche, die sich aus den persönlichen Umständen des Mündels ergeben. Stets sind alle Umstände des Einzelfalls im Rahmen einer Gesamtbetrachtung zu würdigen. 126

Obwohl § 1793 Abs. 1a BGB dem Wortlaut nach für alle Vormünder gilt, folgt aus der angeordneten Rechtsfolge, dass die Bestimmung von vornherein nicht für solche Einzel- oder Mitvormünder einschlägig ist, die den Mündel in ihren Haushalt aufgenommen haben. Es versteht sich von selbst, dass sich ein Vormund, der die Pflege und Erziehung des Mündels selbst übernimmt, nicht auf die Erfüllung seiner Pflichten berufen kann, wenn er einmal monatlich Kontakt zu seinem Mündel hält. Rechtskonstruktiv ist diese stillschweigende Differenzierung des Gesetzes bedauerlich, da sie von der ursprünglich einheitlichen rechtlichen Konzeption des Vormundes abrückt und in Ansehung der tatsächlichen Verhältnisse der in der Literatur de lege ferenda geforderten Unterscheidung in Organisations- und Erziehungsvormundschaft[272] Vorschub leistet, ohne sich bewusst mit den Vor- und Nachteilen einer einheitlichen oder dualistischen Konzeption der Vormundschaft auseinanderzusetzen. 127

Für eine Unterschreitung der gesetzlichen Regelkontaktfrequenz können folgende Anhaltspunkte sprechen[273]: 128

---

[268] In diesem Sinne etwa auch DIJuF, Zur Umsetzung des Gesetzes zur Änderung des Vormundschafts- und Betreuungsrechts – erste Hinweise, S. 12 f.
[269] So auch *Gojowczyk*, Rpfleger 2013, 1-9, 2; *Götz* in: Palandt, § 1793 Rn. 3; *Veit* in: Staudinger, § 1793 Rn. 29.
[270] *Katzenstein* JAmt 2010, 414, 415.
[271] Vgl. BT-Drs. 17/3617, S. 7; *Gojowczyk*, Rpfleger 2013, 1-9, 2.
[272] So *Veit* in: Staudinger, § 1793 Rn. 104 ff.
[273] Einen Kriterienkatalog, der in der Sache zu ähnlichen Ergebnissen führen dürfte, hält das DIJuF vor, vgl. DIJuF, Zur Umsetzung des Gesetzes zur Änderung des Vormundschafts- und Betreuungsrechts – erste Hinweise, S. 14 f.

- fortgeschrittenes Alter des Mündels und altersentsprechende Reife,
- eine kontinuierliche, stabile Entwicklung der Persönlichkeit ohne besondere Krisen und Erschwernisse,[274]
- die Fähigkeit, Bedürfnisse und Missstände zu erkennen und in geeigneter Weise zu artikulieren,[275]
- stabile persönliche Kontakte des Mündels zu geeigneten Bezugspersonen,[276]
- Kontinuität in der örtlichen und sozialen Umgebung des Mündels,
- gefestigtes Vertrauensverhältnis des Mündels zum Vormund auf der Grundlage länger andauernder Vormundschaft mit zahlreichen vorausgegangenen persönlichen Kontakten,
- Einbindung des Mündels in ein funktionierendes Netz von Personen, die bei auftretenden Problemen/Bedürfnissen den Kontakt zum Vormund suchen.

129 Für eine Erhöhung der gesetzlichen Regelkontaktfrequenz können folgende Anhaltspunkte sprechen:
- alters- oder verstandesbedingt noch fehlende Fähigkeit, Bedürfnisse und Probleme zu erkennen und/oder in geeigneter Weise zu artikulieren,
- instabile persönliche Entwicklung, Krisenphasen, auch wenn sie schon einige Zeit zurückliegen,
- Wechsel der Bezugspersonen (etwa Herausnahme aus einer Familie), der örtlichen Umgebung (etwa Umzug) oder der sozialen Kontakte (etwa Schulwechsel),
- bevorstehende, anhängige oder nachwirkende Rechtsstreitigkeiten unter Beteiligung des Mündels oder zwischen nahen Bezugspersonen des Mündels, etwa Umgangs- und Sorgerechtsverfahren,
- Phasen mit besonders starken persönlichen Entwicklungen, etwa in der Pubertät,
- bei Anzeige von Problemen aus dem Umfeld, auch wenn es sich um bloße Verdachtsanzeigen handelt
- individuell gesteigerter Hilfebedarf, etwa infolge Behinderung oder Traumatisierung.[277]

130 Erhebliche Bedenken bestehen gegen Arbeitshilfen, die suggerieren, dass sich die Zahl der gebotenen Besuchskontakte nach einem Punkteschema abschließend bestimmen lasse.[278]

131 Besondere Vorsicht ist geboten, wenn sich bei früheren Kontakten Anhaltspunkte für Missstände, etwa in der Pflegefamilie, ergeben haben. Insbesondere wenn – etwa nach dem Alter – nicht zu erwarten ist, dass der Mündel solche Missstände von sich aus in geeigneter Weise mitteilt, ist ein eher engmaschiger Kontakt geboten. Das gilt nicht nur, wenn ein Missbrauch oder eine Vernachlässigung bereits erwiesen ist, sondern schon bei bloßen Verdachtsfällen.

132 Grundsätzlich nicht gemeint sind mit den Umständen des Einzelfalls solche, die ihren Grund in der Sphäre des Vormunds haben. Insofern bleibt es dabei, dass eine mangelnde Arbeitsorganisation oder Personalisierung keine Reduzierung der Besuchsfrequenz rechtfertigt. Allerdings wird man angesichts der für berufsmäßige Vormünder vergleichsweise strengen Kontaktfrequenz gewisse Ausnahmen zulassen müssen. Das gilt etwa für eine Erkrankung des Vormunds. Die Inanspruchnahme des Vormundes dürfte auch nicht so weit gehen, ihn in seiner Urlaubsplanung so weit einzuschränken, dass er höchstens ein bis zwei Wochen in Urlaub fahren kann, um seinen Pflichten während der restlichen Zeit in diesem Monat nachzukommen. Umgekehrt dürfte es nicht mehr mit dem Willen des Gesetzes vereinbar sein, wenn der Vormund unter Verweis auf Sommer-, Herbst-, Weihnachts-, Fastnachts- und Osterferien jeweils einen Monat ganz auslässt.

133 Über die Dauer des jeweiligen Kontakts sagt das Gesetz nichts. Nach Sinn und Zweck der Norm kann die Dauer variieren, je nachdem ob sich die Führung der Vormundschaft als schwierig erweist und ob besondere Anliegen anstehen oder nicht. Das Gesetz geht aber ersichtlich davon aus, dass der Termin ausreichen muss, um alle anstehenden Anliegen hinreichend ausführlich zu klären und das Vertrauens-

---

[274] Vgl. *Veit* in: Staudinger, § 1793 Rn. 30.
[275] So auch *Götz* in: Palandt, § 1793 Rn. 3; *Veit* in: Staudinger, § 1793 Rn. 30.
[276] So auch *Götz* in: Palandt, § 1793 Rn. 3; *Veit* in: Staudinger, § 1793 Rn. 30.
[277] Vgl. *Veit* in: Staudinger, § 1793 Rn. 30. Eine weitere „Arbeitshilfe zur Umsetzung des Gesetzes zur Änderung des Vormundschafts- und Betreuungsrechts vom 19.06.2011" hält die Arbeitsgemeinschaft der Jugendämter der Länder Niedersachsen und Bremen vor (www.agjae.de, abgerufen am 21.01.2015).
[278] In diese Richtung etwa die „Hinweise zur Arbeits- und Orientierungshilfe „Beteiligung des Mündels" mit Blick auf § 1793 BGB – Kontakthäufigkeit" des Landschaftsverbandes Rheinland (LVR) (verfügbar unter www.lvr.de/media/wwwlvrde/jugend/service/arbeitshilfen/dokumente_94/jugend_mter_1/amtsvormundschaft/Hinweise_Par_1793_BGB.pdf, abgerufen am 21.01.2015), die zu Ergebnissen führen, die weit hinter der gesetzlichen Vorstellung zurückbleiben.

verhältnis zwischen Mündel und Vormund zu stärken. Ein bloßer „Durchlauftermin" erreicht dieses Ziel nicht. Auch ein bloßes Abklären etwaiger Vernachlässigungen oder Misshandlungen genügt nicht.[279]

Die Entscheidung über Häufigkeit, Dauer und Ausgestaltung des Kontakts trifft der Vormund im Rahmen seiner selbständigen Führung der Vormundschaft. Inhaltliche Vorgaben – etwa in Form von Dienstanweisungen – sind insofern nicht verbindlich.[280]

4. Folgen von Verstößen

Die Wahrnehmung des Kontakts in dem gebotenen Umfang ist Amtspflicht des Vormunds. Das Familiengericht hat die Einhaltung des Kontakts – auch eines ausreichenden Umfangs des Kontakts – im Rahmen der laufenden Aufsicht nach § 1837 BGB zu überwachen und ggf. mit Zwangsmitteln sicherzustellen, notfalls den Vormund zu entlassen. Gegenstand der familiengerichtlichen Kontrolle ist dabei die Überschreitung des dem Vormund im Rahmen seiner selbständigen Führung der Vormundschaft zukommenden Ermessens.[281] Die Verletzung der Amtspflicht kann zum Schadensersatz nach § 1833 BGB führen, und zwar auch schon vor Inkrafttreten der Änderung zu § 1837 Abs. 2 Satz 2 BGB.[282] War dies bisher kaum praktisch relevant, hat sich durch die gesetzliche Formulierung einer Regelfrequenz eine Verschärfung ergeben. Kommt der Mündel in einer Zeit, in der kein monatlicher Kontakt stattgefunden hat, durch ein Ereignis zu Schaden, das im Falle einer regelmäßigen Kontaktaufnahme typischerweise hätte vermieden werden können, spricht eine Vermutung dafür, dass die unzureichende Kontaktaufnahme für den Schaden ursächlich war. Das kann etwa der Fall sein, wenn ein Kind verhungert, nachdem es über längere Zeit nicht ausreichend ernährt worden ist, oder wenn es über einen längeren Zeitraum hinweg immer wieder zu Misshandlungen kommt. Die Verletzung der Pflicht zur persönlichen Führung der Vormundschaft, insbesondere die schuldhaft unterlassene Kontaktpflicht kann aufgrund der strafrechtlichen Garantenpflicht des Vormunds im Einzelfall auch die Strafbarkeit des Vormunds wegen Unterlassungsdelikten begründen.[283]

Hinweis für die Praxis: Soweit der Kontakt seltener wahrgenommen wird als die gesetzliche Regel vorsieht, sind die Gründe dafür zu dokumentieren. Das kann in geeigneten Fällen im Rahmen einer Sammeldokumentation erfolgen (z.B. bei Krankheit des Vormunds). Auch spricht grundsätzlich nichts gegen die Verwendung von Formularen mit hinreichend konkreten Textbausteinen.

Beispiel: „Der Mündel ist nach seiner Einsichts- und Verständnisfähigkeit altersgerecht entwickelt und ist in der Lage und gewillt, etwaige auftretende Anliegen und Missstände im Bedarfsfall von sich aus vorzubringen. Er lebt in stabilen persönlichen Verhältnissen. Die Pflegefamilie ist seit vielen Jahren als zuverlässig bekannt. Besondere Probleme oder Schwierigkeiten sind in nächster Zeit nicht zu erwarten. Vor diesem Hintergrund erscheint ein persönlicher Kontakt erst wieder in zwei Monaten geboten. Dies entspricht auch der Einschätzung des Mündels, mit dem dies eingehend besprochen wurde".

Eine hinreichende Dokumentation hat das Familiengericht zu fordern, um seiner Aufsichtspflicht nachkommen zu können (vgl. auch § 1840 Abs. 1 BGB).[284] Nicht weniger wichtig ist, dass eine solche Dokumentation den Vormund entlasten kann, wenn dem Mündel unerwartet Schaden widerfährt. Es versteht sich, dass die Akten belegbar zeitnah zu führen sind. Ideal sind dafür etwa elektronische Dokumentenmanagementsysteme.

Tipp: Ein telefonischer Kontakt kann den persönlichen Kontakt nicht ersetzen, kann in geeigneten Fällen jedoch bei der Bemessung der Besuchsfrequenz Bedeutung haben. Wenn der Mündel etwa in einigermaßen regelmäßigem telefonischem Kontakt zu seinem Vormund steht, ein gutes Vertrauensverhältnis besteht und keine besonderen Anliegen anstehen, kann eine höhere Besuchsfrequenz eher zu vertreten sein, als wenn telefonischer Kontakt ganz fehlt. Ergänzend mag auch der Einsatz von E-Mail in Betracht kommen. Es ist jedoch nicht zu unterschätzen, dass ein persönliches Gespräch ungleich mehr Dimensionen eröffnet.

---

[279] So aber wohl *Gojowczyk*, Rpfleger 2013, 1-9, 2, unter Hinweis auf BT-Drs. 17/3617, S. 7.
[280] So auch DIJuF, Zur Umsetzung des Gesetzes zur Änderung des Vormundschafts- und Betreuungsrechts – erste Hinweise, S. 15.
[281] DIJuF, Zur Umsetzung des Gesetzes zur Änderung des Vormundschafts- und Betreuungsrechts – erste Hinweise, S. 18.
[282] Vgl. Voraufl. Rn. 193.
[283] Hierzu etwa DIJuF, Zur Umsetzung des Gesetzes zur Änderung des Vormundschafts- und Betreuungsrechts – erste Hinweise, S. 21 f.
[284] So auch DIJuF-Rechtsgutachten v. 04.01.2013 - V 6.100 Ka - JAmt 2013, 147-149, 148.

G. Die Haftung für Verbindlichkeiten (Absatz 2)

I. Anwendungsvoraussetzungen

1. Die Bestellung zum Vormund

140 Vgl. hierzu Rn. 26.

2. Gegenüber dem Mündel begründete Verbindlichkeiten

141 Gegenüber dem Mündel begründete Verbindlichkeiten sind solche, bei denen der Mündel Schuldner und ein Dritter Gläubiger ist. § 1793 Abs. 2 BGB betrifft also die Haftung des Mündels gegenüber außenstehenden Dritten.

142 **Ergänzender Hinweis**: Die Haftung des Vormunds gegenüber dem Mündel richtet sich nach § 1833 BGB.

3. Im Rahmen der Vertretungsmacht nach Absatz 1 begründet

a. Bezug zur Vertretungsmacht

143 Der Begriff der „Vertretungsmacht" beschreibt in der Rechtsgeschäftslehre die Rechtsmacht, Wirkungen einer rechtsgeschäftlichen Willenserklärung für und gegen einen anderen als den Vertretenen entstehen zu lassen.[285] Er ist damit auf den Bereich rechtsgeschäftlichen Handelns beschränkt. Von vornherein nicht erfasst wird damit die deliktische Haftung, die keinen Bezug zur rechtsgeschäftlichen Vertretung des Mündels aufweist.[286]

144 **Beispiel**: Der Vormund gibt dem Jugendamtsmitarbeiter eine Ohrfeige.

145 Dies ist unproblematisch, da der Mündel für ein deliktisches Verhalten des Vormunds nicht haftet, da dieser nicht Verrichtungsgehilfe des Mündels nach § 831 BGB ist.[287]

146 Eine Zurechnung des Vertreterhandelns ist ebenfalls ausgeschlossen, wenn sich der Vormund zwar auf seine Vertretungsmacht als Vormund stützt, seine Vertretungsmacht aber überschreitet oder offenkundig und vorsätzlich missbraucht[288], etwa wenn er unter Verstoß gegen § 1795 Abs. 2 BGB, § 181 BGB ein Darlehen an sich selbst gewährt und damit insolvenzrechtliche Pflichten des Schuldners verletzt.[289] Ähnlich liegt der Fall, dass das Rechtsgeschäft außerhalb des gesetzlichen Zuständigkeitsbereichs des Vertreters liegt.[290] Hier lässt sich eine Verschuldenszurechnung nicht begründen, da der Wirkungskreis des Vormunds seine Handlungsbefugnis generell umgrenzt, der Vormund mithin bei einem Handeln außerhalb dieses Bereichs wie ein unbeteiligter Dritter tätig wird. Da dem Vormund die Sorge in der Regel ungeteilt zusteht, ist dieser Fall freilich häufiger bei einem Betreuer mit beschränktem Wirkungskreis vorstellbar.

147 **Beispiel**: Der Betreuer mit Aufgabenkreis Vermögenssorge schädigt den Arzt bei Eingehung eines Behandlungsvertrags für den Betreuten.

148 § 1793 Abs. 2 BGB verlangt nicht, dass der Vormund die die Haftung begründende Willenserklärung selbst abgegeben hat. Es genügt, dass – etwa im Rahmen von 107 BGB – der Mündel die Erklärung mit Zustimmung des Vormunds abgibt.[291]

b. Die Haftung für rechtsgeschäftlich begründete Primärverbindlichkeiten

149 Ohne weiteres erstreckt sich § 1793 Abs. 2 BGB hingegen auf rechtsgeschäftlich begründete Primärleistungspflichten, die der Vormund durch wirksame Vertretung des Mündels gemäß § 164 BGB begründet.

150 **Beispiel**: Der Anspruch auf Zahlung des Kaufpreises.

---

[285] Vgl. *Ellenberger* in: Palandt, Einf. v. § 164 Rn. 5; vgl. zur Rechtsnatur der Vollmacht etwa BayObLG v. 09.04.2003 - 3Z BR 242/02 - juris Rn. 11 ff. - BayObLGZ 2003, 106-112.

[286] RG v. 27.04.1928 - III 386/27; *Dickescheid* in: BGB-RGRK, § 1793 Rn. 24; *Götz* in: Palandt, § 1793 Rn. 14.

[287] Vgl. etwa *Veit* in: Staudinger, BGB, § 1793 Rn. 97, m.w.N.

[288] So auch *Veit* in: Staudinger, § 1793 Rn. 95 m.w.N.; *Damrau* in: Damrau/Zimmermann, Betreuung und Vormundschaft, § 1793 Rn. 6; vgl. auch *Wagenitz* in: MünchKomm-BGB, § 1793 Rn. 24.

[289] AG Duisburg v. 06.12.2005 - 62 IN 302/05 - juris Rn. 4 - NZI 2006, 182 f. zu einer Betreuung.

[290] Vgl. *Wagenitz* in: MünchKomm-BGB, § 1793 Rn. 52; *Damrau* in: Damrau/Zimmermann, Betreuung und Vormundschaft, 2. Aufl., § 1793 Rn. 10.

[291] *Veit* in: Staudinger, § 1793 Rn. 91; *Saar* in: Erman, § 1793 Rn. 17.

c. Die Haftung für Sekundärverbindlichkeiten im Rahmen rechtsgeschäftlich begründeter Schuldverhältnisse

Die weite Formulierung des Gesetzes erfasst darüber hinaus auch Sekundäransprüche, in die sich eine rechtsgeschäftlich begründete Primärleistungspflicht durch die Ausübung von Gestaltungsrechten oder kraft gesetzlicher Anordnung umwandelt, etwa die Haftung wegen Schlecht- oder Nichterfüllung. 151

Beispiel: Der Anspruch auf Schadensersatz wegen Nichterfüllung des Kaufvertrags. 152

d. Die Haftung wegen der Verletzung von Nebenpflichten im Rahmen rechtsgeschäftlich begründeter Schuldverhältnisse

Darüber hinaus werden auch solche Verbindlichkeiten erfasst, die im Rahmen eines vertraglich begründeten Rechtsverhältnisses durch ein nicht rechtsgeschäftliches Handeln des Vormunds begründet werden. 153

Beispiel: Der Anspruch auf Schadensersatz wegen der Verletzung einer Verkehrssicherungspflicht im Rahmen eines bestehenden Mietverhältnisses. 154

Das gilt selbst dann, wenn der Anspruch bereits im Rahmen der Anbahnung des rechtsgeschäftlich zu begründenden Rechtsverhältnisses entsteht. So wird auch die Haftung aus Verschulden bei Vertragsabschluss (sog. **culpa in contrahendo**)[292], die den Mündel nach § 278 BGB trifft, erfasst. Das muss für alle in § 311 Abs. 2 BGB beschriebenen Konstellationen im Vorfeld des Vertragsabschlusses gelten. Das gilt sogar dann, wenn der Vormund arglistig handelt[293]. Der Grund hierfür liegt in dem Konzept des an der Vertragsbeziehung orientierten Schutzpflichtenverhältnisses.[294] 155

Beispiel: Der Vormund täuscht eine nicht bestehende Absicht zur Eingehung des Rechtsgeschäfts vor. 156

Ausnahmen: Ausnahmsweise haftet der Mündel bereits nicht aus culpa in contrahendo für das schuldhafte Verhalten des Vormunds, wenn das Verschulden gerade in einem Verstoß gegen vormundschaftsrechtliche Normen besteht, die den Mündel vor einer Haftung schützen sollen. Dies ist etwa der Fall, wenn der gesetzliche Vertreter bei der Kontaktaufnahme mit dem Geschäftspartner eines genehmigungsbedürftigen, aber nicht familiengerichtlich genehmigten Geschäfts eine Pflichtwidrigkeit begeht. In diesem Fall scheidet eine Haftung des Mündels aus, da und soweit das Genehmigungserfordernis eine Haftung des Mündels aus Vertrag gerade verhindern soll[295]. 157

II. Rechtsfolgen

1. Die Grundsätze der Haftung des Mündels

Die rechtsgeschäftliche Haftung des Mündels richtet sich nach den allgemeinen Vorschriften. Danach wird der Mündel wird im Rahmen der durch § 1793 Abs. 1 Satz 1 BGB begründeten gesetzlichen Vertretungsmacht durch die Erklärung des Vormunds im Namen des Mündels verpflichtet. Er haftet ferner für die von ihm selbst rechtsgeschäftlich übernommenen Verpflichtungen, soweit er sich selbst verpflichten kann (vgl. § 110 BGB) oder der Vormund seine Zustimmung erteilt hat (vgl. § 107 BGB) und erforderlichenfalls das Familiengericht seine Genehmigung erteilt hat. 158

Für deliktische Handlungen des Vormunds haftet der Mündel demgegenüber von vornherein nicht[296], weder aus § 831 BGB noch aus § 833 Satz 2 BGB oder § 836 BGB. Das schließt eine deliktische Haftung freilich nicht aus, soweit diese nicht an ein Verschulden des Vormunds anknüpft, sondern als bloße Gefährdungshaftung ausgestaltet ist wie etwa im Fall der Tierhalterhaftung.[297] 159

---

[292] So auch *Flume*, Allgemeiner Teil des Bürgerlichen Rechts, 2. Band – Das Rechtsgeschäft, 4. Aufl. 1992, § 46 Rn. 6; *Bettin* in: BeckOK BGB, Ed. 30, § 1793 Rn. 8; *Wagenitz* in: MünchKomm-BGB, § 1793 Rn. 52; *Zimmermann* in: Soergel, § 1793 Rn. 17; differenzierend nach *Josef*, AcP 114, 383, 392 ff.; ablehnend aber *Veit* in: Staudinger, § 1793 Rn. 96.

[293] RG v. 01.11.1913 - V 176/13 - RGZ 83, 241-245; *Götz* in: Palandt, § 1793 Rn. 14.

[294] Zutreffend etwa *Wagenitz* in: MünchKomm-BGB, § 1793 Rn. 52.

[295] So *Wagenitz* in: MünchKomm-BGB, § 1793 Rn. 52; *Dickescheid* in: BGB-RGRK, § 1793 Rn. 23; ähnlich im Grundsatz auch *Götz* in: Palandt, § 1793 Rn. 14.

[296] RG v. 27.04.1928 - III 386/27 - RGZ 121, 114-118; BGH v. 08.03.1951 - III ZR 65/50 - juris Rn. 4 - BGHZ 1, 248; *Veit* in: Staudinger, § 1793 Rn. 97; *Dickescheid* in: BGB-RGRK, § 1793 Rn. 24; *Götz* in: Palandt, § 1793 Rn. 14; *Josef*, AcP 114, 382; *Wagenitz* in: MünchKomm-BGB, § 1793 Rn. 56.

[297] *Josef*, AcP 114, 382, 383 f.; *Dickescheid* in: RGRK, § 1793 Rn. 24.

2. Die Beschränkung der Haftung des Mündels

160 Die Haftung des Mündels für Verbindlichkeiten, die im Rahmen der gesetzlichen Vertretungsmacht eingegangen werden, beschränkt sich gemäß § 1793 Abs. 2 BGB in Verbindung mit § 1629a BGB auf den Bestand des Mündelvermögens bei Beendigung der Vormundschaft. Der Mündel soll also nicht mit Schulden aus der Vormundschaft entlassen werden. Eine Ausnahme gilt allerdings für Verbindlichkeiten aus dem selbständigen Betrieb eines Erwerbsgeschäfts sowie für Verbindlichkeiten aus Rechtsgeschäften, die allein der Befriedigung der persönlichen Bedürfnisse des Mündels dienten (§ 1793 Abs. 2 in Verbindung mit § 1629a Abs. 2 BGB). Wegen der Einzelheiten wird auf die Kommentierung zu § 1629a BGB verwiesen. Im Falle der Überschreitung der gesetzlichen Vertretungsmacht haftet der Mündel nicht.[298]

161 § 1793 Abs. 2 BGB betrifft nur die Haftung des Mündels gegenüber Dritten. Die Haftung des Vormunds gegenüber Dritten richtet sich bei Fehlen der Vertretungsmacht nach § 179 BGB.

H. Prozessuale Hinweise/Verfahrenshinweise

162 Die Führung der Vormundschaft unterliegt der Aufsicht des Familiengerichts. Hinsichtlich der Zuständigkeit der Gerichte haben sich durch das FamFG erhebliche Änderungen ergeben. Nach der neuen Terminologie des Gesetzes werden Verfahren, die die Vormundschaft betreffen, nunmehr gemäß § 151 Nr. 4 FamFG als Kindschaftssachen bezeichnet. Als solche fallen sie nach der Neuregelung des § 151 FamFG in die Zuständigkeit des Familiengerichts (§§ 23a Abs. 1 Nr. 1, 23b GVG). Die bisher im Einzelnen kontroverse Abgrenzung der Zuständigkeiten zwischen Familien- und Vormundschaftsgericht – etwa für die Anordnung der Vormundschaft sowie die Auswahl und Bestellung des Vormundes – entfällt deshalb durch die Gesetzesreform. Für Betreuungssachen nach § 271 FamFG (wie auch für Unterbringungssachen (§ 312 FamFG) und betreuungsgerichtliche Zuweisungssachen (§ 340 FamFG)) sind nach neuer Rechtslage die Betreuungsgerichte zuständig (§§ 23a Abs. 1 Nr. 2, Abs. 2 Nr. 1, 23c GVG n.F.). Damit ist nunmehr eine neue Differenzierung entstanden. Für die Praxis ist überdies zu beachten, dass es auch nach August 2009 noch Sachen gibt, die in die Zuständigkeit des Vormundschaftsgerichts fallen. Gemäß Art. 111 des Gesetzes zur Reform des Verfahrens in Familiensachen und in den Angelegenheiten der freiwilligen Gerichtsbarkeit (FGG-Reformgesetz – FGG-RG) vom 17.12.2008[299] sind auf Verfahren, die bis zum Inkrafttreten des Gesetzes zur Reform des Verfahrens in Familiensachen und in den Angelegenheiten der freiwilligen Gerichtsbarkeit eingeleitet worden sind oder deren Einleitung bis zum Inkrafttreten dieses Gesetzes beantragt wurde, weiter die vor Inkrafttreten geltenden Vorschriften anzuwenden. In Betreuungs- und Kindschaftssachen kann die danach maßgebliche Frage, wann das Verfahren eingeleitet oder seine Einleitung beantragt wurde, mitunter Schwierigkeiten bereiten, da die Vormundschaft/Betreuung grundsätzlich auf eine gewisse Dauer angelegt ist. Wird im Rahmen einer bestehenden Vormundschaft/Betreuung ein neues Verfahren mit dem Ziel des Erlasses einer selbständigen Endentscheidung eingeleitet, kommt es auf die Einleitung dieses konkreten Verfahrens an. Für sonstige unselbständige Zwischenentscheidungen kann jedoch u.U. auch noch erhebliche Zeit nach Inkrafttreten des FamFG das Vormundschaftsgericht zuständig sein.[300]

163 Das Familiengericht wird auf Antrag oder von Amts wegen tätig (§ 1774 BGB). Funktionell ist grundsätzlich der Rechtspfleger zuständig. Dies folgt für Kindschaftssachen aus § 3 Nr. 2a RpflG n.F., für Betreuungssachen aus § 3 Nr. 2b RpflG n.F. So ist etwa für die Abgabe der Führung der Vormundschaft und ggf. auch zur Vorlage zur Herbeiführung einer Entscheidung über eine diesbezügliche Meinungsverschiedenheit die Vorlage durch den Rechtspfleger ausreichend.[301]

164 Gegen Entscheidungen des Rechtspflegers ist die Beschwerde statthaft. Mit dem FamFG entfällt die Unterscheidung zwischen einfacher und sofortiger Beschwerde. Gegen erstinstanzliche Endentscheidungen des Amts- (und des Land-)Gerichts ist künftig die Beschwerde eröffnet, § 58 FamFG. Sie ist befristet, wobei die Frist regelmäßig einen Monat beträgt, § 63 Abs. 1 FamFG. Die kürzere Frist von zwei Wochen findet im Vormundschaftsrecht insbesondere bei der Genehmigung von Rechtsgeschäften Anwendung, § 63 Abs. 2 Nr. 2 FamFG, also insbesondere in den Fällen der §§ 1821 f. BGB. Ne-

---

[298] Vgl. etwa zur Folge schuldhafter Versäumnisse bei der Wahrnehmung insolvenzrechtlicher Pflichten und Obliegenheiten AG Duisburg v. 06.12.2005 - 62 IN 302/05 - ZVI 2006, 36.
[299] BGBl I 2008, 2586.
[300] Vgl. hierzu auch *Dodegge* in: Handbuch der Rechtspraxis, Band 5b – Familienrecht – 2. Halbband, 7. Aufl. 2010, Rn. 136, m.w.N.
[301] OLG Zweibrücken v. 18.05.2005 - 2 AR 14/05 - juris Rn. 3 - OLGR Zweibrücken 2005, 661-662.

ben- und Zwischenentscheidungen unterliegen keiner selbständigen Anfechtung. Einen weiteren wichtigen Anwendungsfall der kurzen Frist bilden einstweilige Anordnungen (etwa im Bereich der Unterbringung).

Das Verfahren unterliegt den Vorschriften der freiwilligen Gerichtsbarkeit. Anwendbar sind die allgemeinen Regeln des Buches 1 des FamFG (§§ 1-110 FamFG), die Regeln über Verfahren in Familiensachen des Buches 2 Abschnitt 1 des FamFG (§§ 111-120 FamFG), da es sich bei Kindschaftssachen um Familiensachen handelt (§ 111 Nr. 2 FamFG), sowie des Buches 2 Abschnitt 3 bzw. des Buches 3, soweit ein Fall der Betreuung vorliegt. Einem modernen Gesetzesaufbau entsprechend enthält das Gesetz allgemeine Vorschriften, die „vor die Klammer" gezogen sind und die durch speziellere Regelungen der Bücher zum Kindschafts- bzw. Betreuungsverfahren ergänzt und ggf. verdrängt werden können. Wichtige Verfahrensgrundsätze sind hiernach der Grundsatz der Amtsermittlung, § 26 FamFG, und die Anhörungserfordernisse, §§ 34, 159, 160, 278, 279 FamFG. Im Zusammenhang mit den Anhörungserfordernissen wird das Gericht nach dem FamFG in Vormundschafts- und Betreuungssachen besonderes Augenmerk darauf zu richten haben, in welchem Umfang es Dritte am Verfahren beteiligt. Die Neuregelung der Beteiligten (§ 7 FamFG) stellt ein zentrales Anliegen des FamFG dar. Für das Betreuungsrecht regelt § 274 FamFG, welche Personen beteiligt werden müssen (Muss-Beteiligte) und welche beteiligt werden können (Kann-Beteiligte). Die Regelung der Kann-Beteiligten darf nicht dahingehend missverstanden werden, dass das Gesetz ihren (Eigen-)Interessen rechtliche Anerkennung beimessen würde. Maßgebliches Entscheidungskriterium für die Entscheidung über die Beteiligung ist vielmehr allein, ob die Beteiligung im Interesse des Mündels/Betreuten liegt.[302] Das kann insbesondere der Fall sein, wenn zu erwarten ist, dass der Kann-Beteiligte dem Gericht Informationen zu verschaffen vermag, deren Kenntnis eine bessere Entscheidung im Sinne des Mündels/Betreuten eröffnet. Davon abgesehen kann eine Beteiligung aber auch dann angezeigt sein, wenn aufgrund der Beziehung des Kann-Beteiligten zu dem Mündel/Betreuten zu erwarten ist, dass die Beteiligung am Verfahren – etwa durch Sachvortrag und Argumentation, durch das Stellen von Beweisanträgen oder die Einlegung von Rechtsmitteln – im wohlverstandenen Interesse des Mündels liegt. Bei seiner Entscheidung wird das Gericht jedoch auch zu würdigen haben, dass Beteiligungen Dritter die Effizienz des Verfahrens belasten können und dass bei Bedarf auch im Wege der Beweisaufnahme die Möglichkeit besteht, etwaige Erkenntnisse Dritter bei der Entscheidungsfindung zu nutzen. In dringenden Eilfällen dürften gesetzlich vorgesehene Anhörungserfordernisse freilich auch weiterhin verzichtbar sein, obwohl die gesetzliche Regelung teilweise das gegenteilige Ergebnis nahelegt (vgl. etwa § 331 FamFG, der sich seinem Wortlaut nach nur auf den Betroffenen und den Verfahrenspfleger bezieht).

Zuständiges Jugendamt ist nach § 87c SGB VIII grundsätzlich dasjenige am gewöhnlichen Aufenthalt des Mündels. Ist der Mündel in einer Einrichtung oder bei einer Pflegefamilie untergebracht, ist auf das Jugendamt an deren Sitz abzustellen, wenn es an einer Rückkehroption im Hilfeplan fehlt.[303]

---

[302] Vgl. BR-Drs. 309/07, S. 392.
[303] *Hoffmann* in: Münder/Wiesner, Kinder- und Jugendhilferecht, 2007, S. 340.

Muster zu § 1793

I. Arbeitshilfen – Dokumentation der Besuchskontakte

167 Eine Dokumentation der Besuchskontakte nach neuer Rechtslage könnte etwa wie folgt aussehen, vgl. das Muster 1.

    Geschäftszeichen: _____

    Mündel: _____.

Dokumentation des Besuchskontakts

1. Vermerk

Heute, am ___.___.20___ habe ich den Mündel in der Zeit von ___.___ h bis ___.___ h besucht. Der Besuch erfolgte

  ☐ in der üblichen Umgebung des Mündels, nämlich

    ☐ in der Wohnung des Mündels

    ☐ in der Wohnung der Pflegefamilie des Mündels

    ☐ in dem Pflegeheim des Mündels

    ☐ in _____.

  ☐ nicht in der üblichen Umgebung des Mündels, sondern in _____, denn

    ☐ dies war aus konkretem Anlass zur Gewährleistung eines vertraulichen Kontaktes geboten

    ☐ dies entsprach anlassbezogen dem Wunsch des Mündels

    ☐ eine gemeinsame Aktivität war zur Förderung des Kontaktes zum Vormund geboten.

    ☐ _____.

Seit dem letzten Besuchskontakt ist

  ☐ entsprechend der gesetzlichen Regelbesuchsfrequenz nicht mehr als ein Monat vergangen.

  ☐ wie geplant – vgl. Dokumentation des letzten Besuchskontakts – mehr als ein Monat vergangen.

  ☐ unvorhergesehen aus triftigem Grund mehr als ein Monat vergangen, weil _____.

Der nächste Besuchskontakt ist geplant nach

  ☐ einem Monat entsprechend der gesetzlichen Regelbesuchsfrequenz

  ☐ mehr als einem Monat, nämlich in/am _____. Dies ist ausreichend, weil

    ☐ der Mündel seinem fortgeschrittenen Alter entsprechend gereift ist,

    ☐ sich die Persönlichkeit des Mündels stabil und ohne Krisen und besondere Erschwernisse entwickelt,

jurisPK-BGB / Lafontaine Muster zu § 1793

☐ der Mündel imstande ist, Bedürfnisse und Missstände zu erkennen und in geeigneter Weise zu artikulieren,

☐ der Mündel über stabile persönliche Kontakte zu geeigneten Bezugspersonen verfügt, die im Bedarfsfall Kontakt zum Vormund herstellen werden,

☐ ein gefestigtes Vertrauensverhältnis zwischen Mündel und Vormund auf der Grundlage länger andauernder Vormundschaft besteht und ein ständiger Kontakt via Telefon / E-Mail besteht.

☐ _____ .

☐ weniger als einem Monat, nämlich _____. Dies ist geboten, weil

☐ _____ .

Zum Inhalt des Besuchsgesprächs ist festzuhalten:
_____
_____
_____ .

Weiter zu veranlassen:
_____
_____
_____ .

2. WV zu dem unter 1. notierten Termin
_____, den ___.___.20___

_____
(Unterschrift)

§ 1794 BGB Beschränkung durch Pflegschaft

(Fassung vom 02.01.2002, gültig ab 01.01.2002)

Das Recht und die Pflicht des Vormunds, für die Person und das Vermögen des Mündels zu sorgen, erstreckt sich nicht auf Angelegenheiten des Mündels, für die ein Pfleger bestellt ist.

Gliederung

A. Grundlagen 1	II. Zeitlicher Anwendungsbereich 8
I. Kurzcharakteristik 1	III. Praktische Hinweise 10
II. Entstehungsgeschichte 2	**D. Rechtsfolgen** 12
1. Die ursprüngliche Fassung des BGB 2	I. Wirkung der Pflegerbestellung 12
2. Das Sorgerechtsneuregelungsgesetz 4	II. Der Streit zwischen Vormund und Pfleger 17
B. Praktische Bedeutung 5	**E. Prozessuale Hinweise/Verfahrenshinweise** 18
C. Anwendungsvoraussetzungen – Pflegerbestellung 7	I. Das Beschwerderecht des Vormunds 18
I. Sachlicher Anwendungsbereich 7	II. Abgrenzung zu sonstigen Maßnahmen 20

A. Grundlagen

I. Kurzcharakteristik

1 Entsprechend der Regelung des § 1630 Abs. 1 BGB im Recht der elterlichen Sorge regelt § 1794 BGB im Recht der Vormundschaft den Ausschluss der Vormundschaft im Wirkungskreis eines bestellten Pflegers.

II. Entstehungsgeschichte

1. Die ursprüngliche Fassung des BGB

2 E I § 1650; E II § 1674; E III § 1770 – Mot. IV 1087.

3 Die Unterscheidung zwischen Vormundschaft und Pflegschaft war bei Entstehung des Bürgerlichen Gesetzbuchs in den bestehenden Rechten im Einzelnen unterschiedlich ausgeprägt. Nach den Motiven sollte die Vormundschaft prinzipiell die allgemeine Fürsorge sowohl für die Person als auch für das Vermögen sowie die Vertretung umfassen. Die Befugnisse des Pflegers sollten hingegen auf besondere Angelegenheiten, sei es auf einzelne oder auf einen bestimmten Kreis von Angelegenheiten beschränkt sein.[1] Die Aufnahme der als selbstverständlich angesehenen Regelung erfolgte zur Klarstellung des Verhältnisses von Vormundschaft und Pfleger.[2]

2. Das Sorgerechtsneuregelungsgesetz

4 Der Entwurf eines Gesetzes zur Neuregelung des Rechts der elterlichen Sorge vom 10.02.1977 sah eine Neuformulierung von § 1794 BGB vor. Danach sollten die Worte „das Recht und die Pflicht" umgestellt werden.[3] Auf die Beschlussempfehlung des Rechtsausschusses des Bundestags blieb es jedoch bei der bisherigen Fassung.[4] Zu den Einzelheiten vgl. die Kommentierung zu § 1793 BGB Rn. 11 f.

B. Praktische Bedeutung

5 Die Bestellung eines Pflegers neben dem Vormund kommt vergleichsweise seltener vor als neben den Eltern. Anwendungsfälle, in denen ein Pfleger bestellt wird, sind:
- Verhinderung des Vormunds nach § 1909 Abs. 1 Satz 1 BGB beim Insichgeschäft (§§ 181, 1795 BGB), bei Ausschluss von der Vertretungsmacht nach § 1795 BGB im Übrigen, bei Entziehung der Vertretungsmacht wegen Interessenkollision nach § 1796 BGB, bei Entziehung der Vertretungs-

---

[1] Motive, Band IV – Familienrecht, 1888, S. 1043 f.
[2] *Mugdan*, Die gesammten Materialien zum Bürgerlichen Gesetzbuch für das Deutsche Reich, IV. Band: Familienrecht, 1899, S. 1087.
[3] Vgl. BT-Drs. 8/111, S. 7 f.
[4] Vg. BT-Drs. 8/2788, S. 16.

macht wegen unterschiedlichen Bekenntnisses nach § 1801 Abs. 1 BGB, bei Entziehung der Vertretungsmacht wegen Gefährdung des Kindeswohls nach den §§ 1837, 1666 BGB. In den Fällen der Ergänzungspflegschaft nach § 1909 Abs. 1 Satz 1 BGB bedarf es eines Rückgriffs auf § 1797 BGB eigentlich nicht, da die Bestellung eines Pflegers in diesen Fällen nur bei ausnahmsweisem Fehlen oder bei Entziehung der Vertretungsmacht in Betracht kommt, also wenn der Vormund an der Wahrnehmung seiner Pflichten ohnehin verhindert ist.[5]

- Verwaltung eines von Todes wegen oder unter Lebenden unentgeltlich erworbenen Vermögens bei zulässigem Ausschluss des Vormunds von der Verwaltung nach den §§ 1901 Abs. 1 Satz 2, 1803 BGB. In diesem Fall schließt § 1794 BGB den Vormund mit konstitutiver Wirkung von der Sorge im Hinblick auf das erworbene Vermögen aus. Da eine dem § 1638 BGB entsprechende Vorschrift im Recht der Vormundschaft fehlt, bliebe die Vermögenssorge ohne § 1794 BGB beim Vormund.[6]
- Die Übertragung der Angelegenheiten der elterlichen Sorge auf die Pflegeperson nach § 1630 Abs. 3 Satz 1 BGB. Zwar wird die Pflegeperson damit nicht zum Pfleger. Nach § 1630 Abs. 3 Satz 3 BGB hat die Pflegeperson im Umfang der Übertragung jedoch die Rechte und Pflichten eines Pflegers. Diese Parallelwertung rechtfertigt die analoge Anwendung von § 1794 BGB.[7]

§ 1794 BGB ist auf den Pfleger nach § 1915 Abs. 1 BGB entsprechend anzuwenden.[8] Auch auf die Verfahrenspflegschaft ist § 1794 BGB anwendbar.[9] Ist der Betreuer verhindert, so findet nicht § 1794 BGB Anwendung, sondern es ist gemäß § 1899 BGB ein weiterer Betreuer zu bestellen.[10]

C. Anwendungsvoraussetzungen – Pflegerbestellung

I. Sachlicher Anwendungsbereich

Vgl. hierzu bereits die Rn. 5 ff.

II. Zeitlicher Anwendungsbereich

Die Norm greift ein, wenn ein Ergänzungspfleger gemäß § 1909 Abs. 1 BGB bestellt ist.[11] Darauf, ob die Bestellung zu Recht erfolgt ist, kommt es nicht an.[12] Ist die Bestellung zu Unrecht erfolgt, muss die Pflegerbestellung aufgehoben werden. Erst dann greift die Vertretungsmacht des Vormunds wieder ein.[13] Allein das Bestehen eines Bedürfnisses für die Bestellung eines Ergänzungspflegers beschränkt die Sorge des Vormunds noch nicht.[14] Allerdings kann die gesetzliche Vertretungsmacht auch schon vor der Pflegerbestellung aus anderen Gründen eingeschränkt oder ausgeschlossen sein (so etwa im Fall des § 1795 BGB).[15]

Zum Fortbestehen der Befugnisse des Vormunds bei Unkenntnis von der Pflegerbestellung vgl. Rn. 14.

III. Praktische Hinweise

Wenn eine Ergänzungspflegschaft erforderlich wird, so hat der Vormund dies dem Familiengericht anzuzeigen (§ 1909 Abs. 2 BGB). Eine entsprechende Pflicht trifft auch das Jugendamt, §§ 50 Abs. 3 Satz 1, 53 Abs. 3 Satz 5 SGB VIII. Auch für Gerichte kann sich eine Mitteilungspflicht ergeben, wenn das Verfahren eine Pflegerbestellung erforderlich macht (vgl. etwa § 22a FamFG). Ergibt sich das Erfordernis einer Pflegerbestellung einmal in einem nicht der freiwilligen Gerichtsbarkeit unterliegenden

---

[5] Vgl. hierzu auch *Saar* in: Erman, § 1794 Rn. 1; *Zimmermann* in: Soergel, § 1794 Rn. 1.

[6] Zutreffend *Zimmermann* in: Soergel, § 1794 Rn. 1; *Saar* in: Erman, § 1794 Rn. 2; *Engler* in: Staudinger, Neubearb. 2004, § 1794 Rn. 2.

[7] So auch *Fritsche* in: Kaiser/Schnitzler/Friederici, AnwKomm-BGB, Band 4: Familienrecht, 2004, § 1794 Rn. 5; *Wagenitz* in: MünchKomm-BGB, § 1794 Rn. 1; *Dickescheid* in: BGB-RGRK, § 1794 Rn. 3.

[8] So auch *Zimmermann* in: Soergel, § 1794 Rn. 1.

[9] Str., wie hier *Holzhauer* in: Erman, 11. Aufl. 2004, § 1794 Rn. 1.

[10] *Damrau* in: Damrau/Zimmermann, Betreuung und Vormundschaft, 2. Aufl. 1995, § 1794 Rn. 3.

[11] Vgl. *Saar* in: Erman, § 1794 Rn. 2; *Zimmermann* in: Soergel, § 1794 Rn. 1; *Dickescheid* in: BGB-RGRK, § 1794 Rn. 2; *Wagenitz* in: MünchKomm-BGB, § 1794 Rn. 1.

[12] KG v. 24.02.1966 - 1 W 3402/65 - NJW 1966, 1320-1322 (1321); *Veit* in: Staudinger, § 1794 Rn. 6; *Saar* in: Erman, § 1794 Rn. 2; *Dickescheid* in: BGB-RGRK, § 1794 Rn. 2.

[13] BayObLG v. 06.10.1905 - Reg. III 61/1905 - BayObLGZ 6, 553-560, 558; *Wagenitz* in: MünchKomm-BGB, § 1794 Rn. 5; *Dickescheid* in: BGB-RGRK, § 1794 Rn. 2.

[14] Allg. A., *Dickescheid* in: BGB-RGRK, § 1794 Rn. 2.

[15] So auch *Dickescheid* in: BGB-RGRK, § 1794 Rn. 2 m.w.N.; *Wagenitz* in: MünchKomm-BGB, § 1794 Rn. 4.

Verfahren, dürfte sich eine entsprechende Mitteilungspflicht häufig schon aus dem Gesichtspunkt der prozessualen Fürsorgepflicht des Gerichts ergeben. So hat etwa das Prozessgericht auch beim Abschluss von Vergleichen im Rahmen seiner Fürsorgepflicht darauf hinzuwirken, dass keine mangels Vertretungsmacht unwirksamen Vergleiche abgeschlossen werden.

11 Weniger die Anwendungsvoraussetzungen des § 1794 BGB bereiten in der Praxis Probleme als vielmehr die Notwendigkeit, die Erforderlichkeit einer Pflegerbestellung zu erkennen. Zu den Voraussetzungen der Bestellung vgl. im Einzelnen die Kommentierung zu § 1909 BGB.

D. Rechtsfolgen

I. Wirkung der Pflegerbestellung

12 Wird ein Ergänzungspfleger bestellt, so gehen das Sorgerecht und die Sorgepflicht im Wirkungskreis des Pflegers auf diesen über. Das betrifft nach dem insoweit unmissverständlichen Wortlaut des § 1794 BGB sowohl die Personen- als auch die Vermögenssorge. Von besonderer praktischer Relevanz ist dabei, dass der Vormund damit im Wirkungskreis des Pflegers auch von der Vertretungsmacht als Teil des Sorgerechts (vgl. § 1793 Abs. 1 Satz 1 BGB: „insbesondere") ausgeschlossen wird.

13 Ob ein vorzunehmendes Rechtsgeschäft oder eine sonstige vorzunehmende Entscheidung in den Wirkungskreis des Pflegers fällt, ist im Wege der Auslegung der Pflegerbestellung nach den allgemeinen Grundsätzen zu ermitteln.

14 Handelt der Vormund in einem ihm aufgrund von § 1794 BGB nicht zustehenden Wirkungskreis, so handelt er als Vertreter ohne Vertretungsmacht mit den Folgen der §§ 177-180 BGB. Ferner kann sich der Vormund nach § 1833 BGB haftbar machen.

15 Der Wortlaut des § 1794 BGB legt es nahe anzunehmen, dass der Vormund ab dem Zeitpunkt der Bestellung des Pflegers im Umfang seiner Bestellung von der Sorge ausgeschlossen ist. Indes sind hier die §§ 1893, 1698a BGB entsprechend anzuwenden.[16] Danach gelten die Befugnisse des Vormundes im Falle der Beendigung seines Amtes weiter, wenn und solange er ohne Fahrlässigkeit noch keine Kenntnis von der Beendigung der Vormundschaft hat. Die entsprechende Anwendung dieser Vorschrift bedeutet, dass die Ausschlusswirkung des § 1794 BGB noch nicht eingreift, solange der Vormund ohne Fahrlässigkeit noch keine Kenntnis von der Bestellung des Pflegers hat. In der Folge kann der Vormund den Mündel wirksam vertreten und handelt bei Tätigwerden im Rahmen der Sorge nicht pflichtwidrig und haftet deshalb nicht schon aufgrund seines Tätigwerdens.

16 **Beachte**: Die analoge Anwendung des § 1893 BGB beschränkt sich auf den (konstitutiven) Ausschluss von der Sorge durch § 1794 BGB. Ist der Vormund schon anderweitig kraft Gesetzes von der Vertretung ausgeschlossen, also in den Fällen des § 1901 Abs. 1 Satz 1 BGB, vermag auch § 1893 BGB keine Fortwirkung der Befugnisse des Vormundes zu begründen.[17]

II. Der Streit zwischen Vormund und Pfleger

17 Entstehen Meinungsverschiedenheiten zwischen Vormund und Pfleger über die Zugehörigkeit eines Geschäfts zum jeweiligen Wirkungskreis, so entscheidet das Familiengericht entsprechend § 1798 BGB[18] durch den Richter (§ 14 Abs. 1 Nr. 5 RPflG). Vorrangig ist dabei allerdings stets zu prüfen, ob der Vormund trotz Pflegerbestellung überhaupt noch für das jeweilige Geschäft zuständig ist.

E. Prozessuale Hinweise/Verfahrenshinweise

I. Das Beschwerderecht des Vormunds

18 Der Vormund kann gegen die Bestellung des Pflegers aus eigenem Recht Beschwerde erheben[19] oder als gesetzlicher Vertreter des Mündels in dessen Namen Beschwerde erheben.[20] Allein die Wahrneh-

---

[16] So auch *Zimmermann* in: Soergel, § 1794 Rn. 1; *Damrau* in: Damrau/Zimmermann, Betreuung und Vormundschaft, 2. Aufl. 1995, § 1794 Rn. 1; *Veit* in: Staudinger, § 1794 Rn. 7; *Wagenitz* in: MünchKomm-BGB, § 1794 Rn. 6.

[17] *Zimmermann* in: Soergel, § 1794 Rn. 1.

[18] *Veit* in: Staudinger, § 1794 Rn. 8; *Götz* in: Palandt, § 1794 Rn. 1; *Bettin* in: BeckOK BGB, Ed. 30, § 1794 Rn. 2; *Saar* in: Erman, § 1794 Rn. 3; *Zimmermann* in: Soergel, § 1794 Rn. 1.

[19] HM, vgl. *Saar* in: Erman, § 1794 Rn. 3; *Zimmermann* in: Soergel, § 1794 Rn. 1; *Dickescheid* in: BGB-RGRK, § 1794 Rn. 5 mit Nachw. auch zur Gegenansicht.

[20] Inzwischen ganz herrschend *Saar* in: Erman, § 1794 Rn. 3; *Veit* in: Staudinger, § 1794 Rn. 14; *Dickescheid* in: BGB-RGRK, § 1794 Rn. 5.

mung berechtigter Interessen des Mündels begründet hingegen nach § 59 FamFG keine Beschwerdeberechtigung mehr.[21] Umstritten ist allerdings, ob sich der Vormund aus eigenem Recht auch gegen die Auswahl des konkreten Pflegers wenden kann. Dies ist zu verneinen.[22] Ihn kann nur die Einschränkung der Sorge an sich in seinen Rechten beschränken. Ist sein Sorgerecht erst einmal beschränkt, wirkt sich die Auswahl des Pflegers nicht mehr auf seine Rechtsstellung aus. Ist der Pfleger bestellt, so steht dem Vormund kein Beschwerderecht mehr hinsichtlich einer in dessen Wirkungskreis fallenden Entscheidung des Familiengerichts zu.[23] Vielmehr geht das Beschwerderecht auf den Pfleger über. Etwas anderes gilt, wenn der Pfleger ein Geschäft außerhalb seines Wirkungskreises vornimmt.[24] Probleme kann die Frage aufwerfen, wann ein Handeln des Pflegers dessen Wirkungskreis überschreitet. Das ist noch nicht bei jeder Rechtswidrigkeit des Handelns des Pflegers der Fall, sondern beurteilt sich nach dem Umfang der erfolgten Bestellung.

Nimmt der Vormund im Wirkungskreis des Pflegers eine Rechtswidrigkeit wahr, dürfte er unabhängig vom Fehlen eines Beschwerderechts gehalten sein, darauf gegenüber dem Pfleger und – falls keine Abhilfe erfolgt – gegenüber dem Familiengericht hinzuweisen. Auch wenn im Hinblick auf die konkrete Maßnahme insofern keine förmlichen Rechtsbehelfe zustehen, bleibt er in einem umfassenden Sinn sorgeberechtigt, was es ausschließen dürfte, dass der Vormund sehenden Auges Unrecht geschehen lässt. Spezifische Informations- und Kontrollrechte stehen ihm freilich im Wirkungskreis des Pflegers nicht zu. 19

II. Abgrenzung zu sonstigen Maßnahmen

Bestehen Gründe zur teilweisen Entziehung des Sorgerechts, so liegt es häufig näher, den Vormund ganz auszutauschen, als einen Pfleger zu bestellen. 20

---

[21] Zutreffend *Veit* in: Staudinger, § 1794 Rn. 13; *Wagenitz* in: MünchKomm-BGB, § 1794 Rn. 8; Aufgabe der in der Voraufl. hier noch vertretenen Auffassung.
[22] Vgl. hierzu *Saar* in: Erman, § 1794 Rn. 2; so auch *Dickescheid* in: BGB-RGRK, § 1794 Rn. 5; *Veit* in: Staudinger, § 1794 Rn. 12.
[23] BayObLG München v. 04.07.1991 - BReg 3 Z 73/91 - Rpfleger 1992, 23-24; *Saar* in: Erman, § 1794 Rn. 2; *Götz* in: Palandt, § 1794 Rn. 1, *Veit* in: Staudinger, § 1794 Rn. 15; *Dickescheid* in: BGB-RGRK, § 1795 Rn. 5.
[24] So *Veit* in: Staudinger, § 1794 Rn. 15; *Zimmermann* in: Soergel, § 1794, Rn. 1; *Saar* in: Erman, § 1794 Rn. 2; vgl. auch KG v. 27.05.1938 - 1a Wx 570/38 - JW 1938, 2141, zur Beschwerde des zur Personensorge bestellten Pflegers im Namen des Pflegebefohlenen gegen die Genehmigung eines das Vermögen des Pflegebefohlenen betreffenden Rechtsgeschäfts.

§ 1795 BGB Ausschluss der Vertretungsmacht

(Fassung vom 02.01.2002, gültig ab 01.01.2002)

(1) Der Vormund kann den Mündel nicht vertreten:

1. bei einem Rechtsgeschäft zwischen seinem Ehegatten, seinem Lebenspartner oder einem seiner Verwandten in gerader Linie einerseits und dem Mündel andererseits, es sei denn, dass das Rechtsgeschäft ausschließlich in der Erfüllung einer Verbindlichkeit besteht,
2. bei einem Rechtsgeschäft, das die Übertragung oder Belastung einer durch Pfandrecht, Hypothek, Schiffshypothek oder Bürgschaft gesicherten Forderung des Mündels gegen den Vormund oder die Aufhebung oder Minderung dieser Sicherheit zum Gegenstand hat oder die Verpflichtung des Mündels zu einer solchen Übertragung, Belastung, Aufhebung oder Minderung begründet,
3. bei einem Rechtsstreit zwischen den in Nummer 1 bezeichneten Personen sowie bei einem Rechtsstreit über eine Angelegenheit der in Nummer 2 bezeichneten Art.

(2) Die Vorschrift des § 181 bleibt unberührt.

Gliederung

A. Grundlagen 1	1. Insichgeschäft 48
I. Kurzcharakteristik 1	a. Grundlagen 48
II. Entstehungsgeschichte 2	b. Vormund 49
1. Die ursprüngliche Fassung des BGB 2	c. Vornahme eines Rechtsgeschäfts 50
2. Die Verordnung zur Durchführung des Gesetzes über Rechte an eingetragenen Schiffen und Schiffsbauwerken 4	d. Vornahme im Namen des Vertretenen 54
	e. mit sich im eigenen Namen oder als Vertreter eines Dritten 55
3. Das Gesetz zur Beendigung der Diskriminierung gleichgeschlechtlicher Gemeinschaften: Lebenspartnerschaften 5	f. Ausnahmen 73
	g. Einzelfälle: 85
III. Regelungsprinzipien 6	2. Abdingbarkeit und Gestattung 89
B. Praktische Bedeutung 8	3. Praktische Hinweise 90
C. Anwendungsvoraussetzungen 11	**D. Rechtsfolgen** 100
I. Besondere Ausschlussgründe des Vormundschaftsrechts (Absatz 1) 11	I. Die Bestellung eines Ergänzungspflegers/ -betreuers 100
1. Rechtsgeschäfte mit Ehegatten, eingetragenen Lebenspartnern oder in gerader Linie Verwandten des Vormunds (Nr. 1) 11	II. Die Regeln der Vertretung ohne Vertretungsmacht 105
a. Grundlagen 11	**E. Prozessuale Hinweise/Verfahrenshinweise** 113
b. Erfasster Personenkreis 12	I. Gerichtliche Entscheidung: Zuständigkeit 113
c. Erfasste Rechtsgeschäfte 17	II. Verfahren 114
d. Ausnahmen 23	III. Entscheidung 115
e. Analogien 28	IV. Rechtsbehelf 119
2. Rechtsgeschäfte über gesicherte Forderungen gegen den Vormund (Nr. 2) 32	V. Sonstige Wirkungen 120
a. Rechtsgeschäft 32	**F. Arbeitshilfen** 122
b. Erfasste Sicherungsmittel 38	I. Prüfungsschema zu § 1795 BGB: 122
c. Forderung gegen den Vormund 39	II. Muster – Anzeige des Ausschlusses der Vertretungsmacht 124
3. Rechtsstreitigkeiten nach Nr. 1 und 2 (Nr. 3) 40	III. Muster – Bestellung eines Ergänzungspflegers 125
II. Verbot des Insichgeschäfts (Absatz 2) 48	

A. Grundlagen

I. Kurzcharakteristik

Zum Schutz des Mündels vor einem Missbrauch der Vertretungsmacht schließt § 1795 BGB die Vertretungsmacht des Vormunds in Fällen einer abstrakten[1] Gefahr der Interessenkollision zwischen Vormund und Mündel aus. In den Fällen des § 1795 BGB ist die Vertretungsmacht aus Gründen der Rechtssicherheit unabhängig vom Bestehen einer tatsächlichen Gefährdung im konkreten Einzelfall ausgeschlossen.[2] Die Norm unterscheidet sich insofern von der einzelfallbezogenen Entziehung der Vertretungsmacht durch das Familiengericht nach § 1796 BGB. § 1795 Abs. 1 BGB enthält besondere Ausschlussgründe des Vormundschaftsrechts. Dabei betrifft Nr. 1 Rechtsgeschäfte zwischen dem Mündel und einer dem Vormund nahestehenden Person und Nr. 2 Rechtsgeschäfte mit bestimmten Gegenständen. Nr. 3 erstreckt den Anwendungsbereich der Nummern 1 und 2 auf Rechtsstreitigkeiten. § 1795 Abs. 2 BGB wiederholt zur Klarstellung[3] die allgemeine Geltung des § 181 BGB für den Vormund als gesetzlichen Vertreter.

II. Entstehungsgeschichte

1. Die ursprüngliche Fassung des BGB

E I § 1651 Nr. 1-3, E II § 1675, E III § 1771 – Prot. IV, 756.

Schon in den Stadtrechten der frühen Neuzeit finden sich Regelungen, die ein Selbstkontrahieren des Vormundes mit dem Mündel ausschließen.[4] Die Landesrechte des 19. Jahrhunderts verhielten sich uneinheitlich zur Zulässigkeit des Selbstkontrahierens. Nach gemeinem Recht konnte der Vormund Mündelsachen nicht rechtsgeschäftlich erwerben, wohl aber aus dem Mündelvermögen ein Darlehen an sich selbst gewähren.[5] Das Kontrahierungsverbot der §§ 181, 1795 BGB geht auf die Fassung der zweiten Kommission zurück. Die erste Kommission wollte das Kontrahieren noch in weitem Maße zulassen.[6] Der historische Gesetzgeber sah ein Bedürfnis zum Schutz des Mündels gegen die Verfolgung eigenmäßiger Interessen des Vormundes.[7] In Anlehnung an das gemeine und das französische Recht nahm der historische Gesetzgeber Rechtsgeschäfte in Erfüllung einer Verbindlichkeit vom Verbot des Selbstkontrahierens aus.[8] In den Materialien ist ferner klargestellt, dass in diesen Fällen etwaige vormundschaftsgerichtliche Genehmigungsvorbehalte unberührt bleiben.[9] Ein in der preußischen Vormundschaftsordnung enthaltenes Verbot, eine auf dem Grundstück des Vormundes haftende Hypothek oder Grundschuld für den Mündel zu erwerben, wurde als zu kasuistisch befunden und deshalb nicht übernommen.[10] Das in verschiedenen Gesetzen enthaltene Verbot, Rechte, insbesondere Forderungen Dritter gegen den Mündel zu erwerben, hat der Gesetzgeber bewusst nicht rezipiert. Dabei spielte unter anderem die Überlegung eine Rolle, dass es im Einzelfall durchaus im Sinne des Mündels sein kann,

---

[1] Vgl. *Wagenitz* in: MünchKomm-BGB, § 1795 Rn. 1; *Dickescheid* in: BGB-RGRK, § 1795 Rn. 1; *Saar* in: Erman, § 1795 Rn. 1.

[2] BGH v. 09.07.1956 - V BLw 11/56 - juris Rn. 27 - BGHZ 21, 229-234, 230 f.; BGH v. 23.02.1968 - V ZR 188/64 -BGHZ 50, 8-14, 11; OLG Hamm v. 25.10.2011 - 10 U 36/11 - juris Rn. 58; *Veit* in: Staudinger, § 1795 Rn. 1; *Dickescheid* in: BGB-RGRK, § 1795 Rn. 1; *Wagenitz* in: MünchKomm-BGB, § 1795 Rn. 1.

[3] Allg. A., vgl. *Zimmermann* in: Soergel, BGB, 13. Aufl., § 1795 Rn. 1; *Wagenitz* in: MünchKomm-BGB, § 1795 Rn. 3.

[4] Vgl. etwa zu Nürnberg: *Roth* in: Festschrift für Wadle, 2009, S. 946, 951.

[5] Vgl. Motive, zitiert nach *Mugdan*, Die gesammten Materialien zum Bürgerlichen Gesetzbuch für das Deutsche Reicht, IV. Band: Familienrecht, 1899, S. 1088 f.

[6] Vgl. hierzu auch RG v. 13.05.1909 - Reg. IV 248/08 - RGZ 71, 162-170, 165 f.

[7] *Mugdan*, Die gesammten Materialien zum Bürgerlichen Gesetzbuch für das Deutsche Reich, IV. Band: Familienrecht, 1899, S. 1088 f.

[8] *Mugdan*, Die gesammten Materialien zum Bürgerlichen Gesetzbuch für das Deutsche Reich, IV. Band: Familienrecht, 1899, S. 1090.

[9] *Mugdan*, Die gesammten Materialien zum Bürgerlichen Gesetzbuch für das Deutsche Reich, IV. Band: Familienrecht, 1899, S. 1090 f.

[10] *Mugdan*, Die gesammten Materialien zum Bürgerlichen Gesetzbuch für das Deutsche Reich, IV. Band: Familienrecht, 1899, S. 1092.

wenn der Vormund eine Forderung Dritter an sich zieht.[11] Rechtspolitisch blieb die Regelung des § 1795 BGB bis weit in das 20. Jahrhundert hinein umstritten.[12]

2. Die Verordnung zur Durchführung des Gesetzes über Rechte an eingetragenen Schiffen und Schiffsbauwerken

4 Durch die Verordnung zur Durchführung des Gesetzes über Rechte an eingetragenen Schiffen und Schiffsbauwerken vom 21.12.1940[13] wurde in § 1795 Abs. 1 Nr. 2 BGB die Schiffshypothek aufgenommen. Die Aufhebung der zuletzt nur noch Übergangsvorschriften enthaltenden Verordnung durch Art. 30 des Gesetzes über die weitere Bereinigung von Bundesrecht vom 08.12.2010[14] berührt die gesetzliche Regelung nicht.

3. Das Gesetz zur Beendigung der Diskriminierung gleichgeschlechtlicher Gemeinschaften: Lebenspartnerschaften

5 Durch das Gesetz zur Beendigung der Diskriminierung gleichgeschlechtlicher Gemeinschaften: Lebenspartnerschaften vom 16.02.2001[15] wurden in § 1795 Abs. 1 Satz 1 BGB die Worte „einem Lebenspartner" eingefügt. Wegen des engen persönlichen Verhältnisses zwischen Lebenspartnern sollten diese in die Regelung einbezogen werden.[16]

III. Regelungsprinzipien

6 Der Sinn und Zweck des § 1795 BGB liegt in der unverfälschten Verwirklichung des Mündelwohls auch bei der rechtsgeschäftlichen Vertretung des Mündels. Zu diesem Zweck soll der Vormund schon beim Vorliegen einer abstrakten, d.h. von den konkret handelnden Personen und den im Einzelfall verfolgten Interessen losgelösten Gefahr der Interessenkollision von der Vertretung des Mündels ausgeschlossen sein.[17]

7 Der Sinn und Zweck der Norm ist – wie stets – bei der Auslegung zu berücksichtigen. Allerdings ist es grundsätzlich zu respektieren, wenn der Gesetzgeber in bestimmten Konstellationen – etwa im Fall des Selbstkontrahierens – eine zu vermeidende abstrakte Gefahrenlage sieht. Diese gesetzgeberische Entscheidung, die insbesondere auch dem Grundsatz der Rechtssicherheit dient[18], darf nicht unter Hinweis auf eine im konkreten Einzelfall fehlende tatsächliche Interessenkollision konterkariert werden. § 1795 BGB wird deshalb zum Teil als formale Ordnungsvorschrift verstanden.[19] Dies schließt nach zutreffender, wenngleich nicht unumstrittener Auffassung Einschränkungen im Wege der teleologischen Reduktion freilich nicht vollständig aus.[20] Allerdings kommen sie nur in Betracht, soweit in bestimmten Konstellationen bereits abstrakt, also unabhängig von den konkret handelnden Personen und den von ihnen verfolgten Interessen eine Interessenkollision nicht eintreten kann. Entsprechendes gilt für Analogien (vgl. hierzu Rn. 21).

B. Praktische Bedeutung

8 § 1795 BGB ist über das Recht der Vormundschaft hinaus auch anwendbar auf den Pfleger (§ 1915 Abs. 1 BGB) und den Betreuer (§ 1908i Abs. 1 Satz 1 BGB). § 1629 Abs. 2 BGB verweist auch für die Eltern auf § 1795 BGB. Hierin liegt in der Praxis der häufigste Anwendungsfall.[21]

---

[11] *Mugdan*, Die gesammten Materialien zum Bürgerlichen Gesetzbuch für das Deutsche Reicht, IV. Band: Familienrecht, 1899, S. 1093.
[12] Kritisch etwa *Riedel*, JR 1950, 140.
[13] RGBl I 1940, 1609.
[14] BGBl I 2010, 1867.
[15] BGBl I 2001, 266, 271.
[16] BT-Drs. 14/3751, S. 45.
[17] Allgemeine Meinung, vgl. BGH v. 23.02.1968 - V ZR 188/64 - juris Rn. 17 - BGHZ 50, 8-14; Thüringer Oberlandesgericht v. 27.06.1995 - 6 W 219/95 - juris Rn. 14 - FamRZ 1996, 185-186.
[18] Vgl. BGH v. 09.07.1956 - V BLw 11/56 - juris Rn. 27 - BGHZ 21, 229-234.
[19] Vgl. BGH v. 23.02.1968 - V ZR 188/64 - juris Rn. 17 - BGHZ 50, 8-14.
[20] Vgl. zu § 181 BGB etwa BGH v. 19.04.1971 - II ZR 98/68 - juris Rn. 15 ff. - BGHZ 56, 97-105.
[21] So auch *Wagenitz* in: MünchKomm-BGB, § 1795 Rn. 40; *Dickescheid* in: BGB-RGRK, § 1795 Rn. 1; *Saar* in: Erman, § 1795 Rn. 1.

Im Anwendungsbereich der Amtsvormundschaft und -pflegschaft gelten allerdings Einschränkungen. Nach § 56 Abs. 2 Satz 3 SGB VIII kann Landesrecht für das Jugendamt als Amtspfleger oder Amtsvormund Ausnahmen von § 1795 BGB vorsehen. Im Einzelnen gelten folgende Ausnahmen:

- **Baden-Württemberg**: Es existiert keine Ausnahme von § 1795 BGB. Nach § 24 des Kinder- und Jugendhilfegesetzes – LKJHG[22] ist das Jugendamt als Amtsvormund oder Amtspfleger von der Aufsicht des Familiengerichts nach den §§ 1802, 1803 Abs. 2, 1811, 1812 und 1818-1821, 1822 Nr. 1-11 und 13 BGB sowie nach §§ 1823, 1824 und 1854 Abs. 2 BGB ausgenommen. Dasselbe gilt bei § 1822 Nr. 12 BGB, soweit es sich um die Aufsicht in vermögensrechtlicher Hinsicht handelt. Anstelle der Rechnungslegung bei der Beendigung der Amtspflegschaft oder Amtsvormundschaft nach § 1892 Abs. 1 BGB, § 1915 BGB genügt die Einreichung einer zusammenfassenden Darstellung der Einnahmen mit Ausgaben sowie der Vermögensentwicklung, soweit das Familiengericht nicht im Einzelfall etwas anderes anordnet. Die Verpflichtung aus § 1809 BGB bleibt davon unberührt.
- **Bayern**: Art. 59 des Gesetzes zur Ausführung der Sozialgesetze – AGSG[23] nimmt das Jugendamt als Amtsvormund und Amtspfleger von der Aufsicht des Familiengerichts nach den §§ 1802 Abs. 1, 1812, 1819 und 1820 BGB aus. Unter den Voraussetzungen des § 56 Abs. 3 Satz 1 SGB VIII ist bei der Bereithaltung und Anlegung von Mündelgeld auf Sammelkonten des Jugendamts eine Genehmigung des Familiengerichts nicht erforderlich. Art 59 Satz 2 GSG enthält eine Ermächtigung zur Regelung weitergehender Ausnahmen nach § 56 Abs. 2 Satz 3 SGB VIII durch Rechtsverordnung.
- **Brandenburg**: Es existiert keine Ausnahme zu § 1795 BGB. § 21 des Ersten Gesetzes zur Ausführung des Achten Buches Sozialgesetzbuch – Kinder- und Jugendhilfe (AGKJHG)[24] sieht lediglich eine Ausnahme von § 1822 Nr. 5 BGB vor.
- **Bremen**: Nach § 12 des Ersten Gesetzes zur Ausführung des Achten Buches Sozialgesetzbuch – Gesetz zur Ausführung des Kinder- und Jugendhilfegesetzes im Lande Bremen (BremAGKJHG)[25] bleiben die §§ 1802, 1821-1824, und 1854 Abs. 2 BGB gegenüber der Amtsvormundschaft oder Amtspflegschaft außer Anwendung, soweit sie die Aufsicht des Familiengerichts in vermögensrechtlicher Hinsicht sowie beim Abschluss von Lehr- und Arbeitsverträgen betreffen.
- **Hamburg**: Nach § 20 des Hamburgischen Gesetzes zur Ausführung des Achten Buchs Sozialgesetzbuch – Kinder- und Jugendhilfe – (AG SGB VIII)[26] dürfen die Vorschriften der §§ 1802, 1821-1824, 1854 Abs. 2 BGB soweit sie die Aufsicht des Familiengerichts in vermögensrechtlicher Hinsicht sowie beim Abschluss von Arbeits- und Berufsausbildungsverträgen betreffen, gegenüber den Bezirksämtern als Vormund, Pfleger, Beistand oder Gegenvormund nicht angewendet werden.
- **Hessen**: Nach § 14 des Hessischen Kinder- und Jugendhilfegesetzbuchs (HKJGB)[27] bleiben die Vorschriften der §§ 1802 Abs. 1, 1819-1821, 1822 Nr. 1-5, 8-11 und 13 BGB sowie der §§ 1823, 1824 BGB und des § 1854 Abs. 2 BGB gegenüber dem Jugendamt außer Anwendung. Das gilt auch für § 1822 Nr. 12 BGB, soweit es sich um die Aufsicht in vermögensrechtlicher Hinsicht handelt.
- **Nordrhein-Westfalen**: Nach § 26 des Ersten Gesetz zur Ausführung des Kinder- und Jugendhilfegesetzes – AG-KJHG[28] ist auch im Falle des § 1822 Nr. 5 BGB eine Genehmigung des Vormundschafts- (jetzt: Familien-)Gerichts nicht erforderlich. Das gleiche gilt im Fall des § 1822 Nr. 12 BGB, soweit der Vermögenswert 2.500 € nicht übersteigt.
- **Saarland**: Nach § 32 des Gesetzes Nr. 1317 - Erstes Gesetz zur Ausführung des Kinder- und Jugendhilfegesetzes (AGKJHG)[29] ist auch in den Fällen des § 1822 Nr. 5 und 12 BGB eine Genehmigung des Vormundschafts- (jetzt: Familien-)Gerichts im Fall der Amtsvormundschaft entbehrlich.

---

[22] Kinder- und Jugendhilfegesetz – LKJHG in der Fassung vom 14.04.2005.
[23] Gesetz zur Ausführung der Sozialgesetze – AGSG vom 08.12.2006.
[24] Erstes Gesetz zur Ausführung des Achten Buches Sozialgesetzbuch – Kinder- und Jugendhilfe (AGKJHG) in der Fassung der Bekanntmachung vom 06.06.1997.
[25] Erstes Gesetz zur Ausführung des Achten Buches Sozialgesetzbuch – Gesetz zur Ausführung des Kinder- und Jugendhilfegesetzes im Lande Bremen (BremAGKJHG) vom 17.09.1991.
[26] Hamburgisches Gesetz zur Ausführung des Achten Buches Sozialgesetzbuch – Kinder- und Jugendhilfe – (AG SGB VIII) vom 25.06.1997.
[27] Hessisches Kinder- und Jugendhilfegesetzbuch (HKJHGB) vom 18.12.2006.
[28] Erstes Gesetz zur Ausführung des Kinder- und Jugendhilfegesetzes – AG-KJHG vom 12.12.1990.
[29] Gesetz Nr. 1317 – Erstes Gesetz zur Ausführung des Kinder- und Jugendhilfegesetzes (AG KJHG) vom 09.07.1993, zuletzt geändert durch Gesetz vom 14.01.2009.

- **Sachsen**: Nach § 34 Landesjugendhilfegesetz (LJHG)[30] ist das Jugendamt als Amtsvormund oder Amtspfleger von der Aufsicht des Familiengerichts nach den §§ 1803 Abs. 2, 1811, 1819 BGB sowie nach § 1854 Abs. 2 BGB ausgenommen.
- **Sachsen-Anhalt**: Nach § 29 des Kinder- und Jugendhilfegesetzes des Landes Sachsen-Anhalt (KJHG-LSA)[31] ist auch im Fall des § 1822 Nr. 5 BGB die Genehmigung des Familiengerichts entbehrlich. Das gilt auch im Fall des § 1822 Nr. 12 BGB, soweit der Vermögenswert 3.000,00 € nicht übersteigt.
- **Schleswig-Holstein**: Nach § 46 des Ersten Gesetzes zur Ausführung des Kinder- und Jugendhilfegesetzes (Jugendförderungsgesetz – JuFöG)[32] ist das Jugendamt von der Genehmigung des Familiengerichts und der Rechnungslegung nach den §§ 1822 Nr. 5, 1840, 1854 Satz 2 BGB befreit.

10 Die Ausnahmemöglichkeiten nach § 56 SGB VIII bestehen auch unter dem FamFG fort. Soweit die Landesgesetze die Anpassung an die neue Terminologie des FamFG noch nicht nachvollzogen haben, ist der sich auf das „Vormundschaftsgericht" beziehende jeweilige Gesetzesbefehl des Landesrechts einstweilen auch ohne diesen Nachvollzug auf das „Familiengericht" zu beziehen.

C. Anwendungsvoraussetzungen

I. Besondere Ausschlussgründe des Vormundschaftsrechts (Absatz 1)

1. Rechtsgeschäfte mit Ehegatten, eingetragenen Lebenspartnern oder in gerader Linie Verwandten des Vormunds (Nr. 1)

a. Grundlagen

11 Die Norm schließt die Vertretungsmacht beim Abschluss von Rechtsgeschäften mit bestimmten Personengruppen aus. Die Vorschrift dient dem präventiven Ausschluss einer Gefährdung des Mündelinteresses durch Missbrauch der Vertretungsmacht. Sie greift unabhängig davon ein, ob im konkreten Fall tatsächlich eine konkrete Gefahr für das Mündelinteresse besteht.[33] Die Vorschrift ist formal auszulegen. Selbst wenn im Einzelfall bei wirtschaftlicher Betrachtungsweise eine Interessengefährdung ausgeschlossen erscheint, fehlt die Vertretungsmacht. Etwas anderes gilt jedoch, wenn das Rechtsgeschäft dem Mündel lediglich rechtlich vorteilhaft ist (vgl. Rn. 24).

b. Erfasster Personenkreis

aa. Der Ehegatte

12 Der Ehegatte muss zum Zeitpunkt des Geschäfts mit dem Vormund verheiratet sein.[34] Der geschiedene Ehegatte wird nicht erfasst, ebenso wenig der frühere Ehegatte nach Aufhebung oder Nichtigerklärung der Ehe.[35] Eine Analogiebildung ist grundsätzlich unzulässig. Allein dass ein Aufhebungsgrund vorliegt, hindert die Anwendung von § 1795 Abs. 1 Nr. 1 BGB jedoch nicht. Im Fall der späteren Aufhebung der Ehe bleibt es dabei, dass das frühere unter § 1795 Abs. 1 Nr. 1 BGB fallende Rechtsgeschäft ohne Vertretungsmacht vorgenommen worden ist.[36] Nicht vom Vertretungsverbot des § 1795 Abs. 1 Nr. 1 BGB werden Verwandte des Ehegatten erfasst.

---

[30] Landesjugendhilfegesetz (LJHG) vom 04.09.2008.
[31] Kinder- und Jugendhilfegesetz des Landes Sachsen-Anhalt (KJHG-LSA) vom 05.05.2000.
[32] Erstes Gesetz zur Ausführung des Kinder- und Jugendhilfegesetzes (Jugendförderungsgesetz – JuFöG) vom 05.02.1992.
[33] BGH v. 09.07.1956 - V BLw 11/56 - BGHZ 21, 229-234, 230 f.; BGH v. 23.02.1968 - V ZR 188/64 - BGHZ 50, 8-14, 11; *Veit* in: Staudinger, § 1795 Rn. 2; *Dickescheid* in: BGB-RGRK, § 1795 Rn. 1.
[34] OLG Stuttgart v. 29.06.1955 - 8 W 110/55 - NJW 1955, 1721-1722, 1722; *Wagenitz* in: MünchKomm-BGB, § 1795 Rn. 26; *Saar* in: Erman, § 1795 Rn. 2.
[35] Vgl. OLG Düsseldorf v. 30.12.1964 - 3 W 366/64 - NJW 1965, 400-401; *Zimmermann* in: Damrau/Zimmermann, Betreuungsrecht, 4. Aufl. 2011, § 1795 Rn. 23; *Bettin* in: BeckOK BGB, Ed. 30, § 1795 Rn. 3; *Veit* in: Staudinger, § 1795 Rn. 30; *Kölmel*, RNotZ 2010, 1, 12, 13.
[36] *Wagenitz* in: MünchKomm-BGB, § 1795 Rn. 26.

bb. Verwandte in gerader Linie

Lediglich **Verwandte in gerader Linie** im Sinne des § 1589 Abs. 1 Satz 1 BGB fallen unter den Ausschluss der Vertretungsmacht, also z.B. Kinder, Enkelkinder, Eltern und Großeltern, nicht hingegen – auch nicht analog – sonstige Verwandte in der Seitenlinie oder Verschwägerte.[37] Letzterenfalls ist jedoch zu prüfen, ob im Einzelfall ein Ausschluss nach § 1796 BGB angezeigt ist.[38]

Praktischer Hinweis: In der Praxis besteht die Schwierigkeit häufig weniger in der korrekten Rechtsanwendung als darin, dass das Vertretungsverbot leicht übersehen wird. Beispiele:

- Es werden während des noch anhängigen Scheidungsverfahrens Unterhaltsansprüche für ein Kind geltend gemacht. Das Vertretungsverbot wird insbesondere leicht übersehen, wenn sich das Kind nicht mehr in der Obhut eines oder beider Elternteile befindet.[39]
- An einer Erbengemeinschaft sind zwei Geschwister beteiligt, von denen eines minderjährig ist. Die vertretungsberechtigten Eltern sind nicht an der Erbengemeinschaft beteiligt. Wenn sie das minderjährige Kind bei der Erbauseinandersetzung vertreten, gilt § 1795 Abs. 1 Nr. 1 BGB, da sie mit dem weiteren Kind in gerader Linie verwandt sind.[40]
- Der Vater will seine Mutter zur Geschäftsführerin einer GmbH bestellen, deren Alleingesellschafter der von ihm vertretene minderjährige Sohn ist.[41]

cc. Der eingetragene Lebenspartner

Nur der eingetragene (gleichgeschlechtliche) Lebenspartner im Sinne des LPartG fällt unter die Norm, nicht hingegen der sonstige nichteheliche (gleich- oder andersgeschlechtliche) Lebensgefährte. Bei sonstigen nahe stehenden Personen kann nach den Umständen des Einzelfalles § 1796 BGB in Betracht kommen (vgl. hierzu die Kommentierung zu § 1796 BGB Rn. 9). Wie bei der Ehe muss auch die eingetragene Lebenspartnerschaft im Zeitpunkt der Vornahme des Rechtsgeschäfts noch gültig sein.[42] Nicht vom Vertretungsverbot des § 1795 Abs. 1 Nr. 1 BGB erfasst werden Verwandte des Lebenspartners.[43]

dd. Erweiterungen

Ernsthaft diskussionswürdig erscheint die Einbeziehung des nicht verheirateten Elternteils, dem die gemeinsame Sorge zusteht, im Rahmen des Anwendungsbereichs des § 1629 Abs. 2 BGB. Da es bei Entstehung des § 1795 BGB noch keine gemeinsame elterliche Vertretung nach einer Scheidung oder im Fall der nichtehelichen Geburt gab, dürfte für diesen Fall eine planwidrige Regelungslücke vorliegen. Dementsprechend ist der Elternteil etwa bei der Einwilligung für das Kind in die Erstellung eines DNA-Identifizierungsmusters ausgeschlossen.[44]

c. Erfasste Rechtsgeschäfte

Die Vorschrift gilt für **Rechtsgeschäfte** jeder Art, also für jeden Tatbestand, der aus mindestens einer Willenserklärung – und gegebenenfalls aus weiteren Elementen – besteht und an den die Rechtsordnung den Eintritt des gewollten rechtlichen Erfolges knüpft.

Hierunter fallen **einseitige** Rechtsgeschäfte wie etwa Kündigungs-[45] und Anfechtungserklärungen[46], ferner Zustimmungen[47] (etwa nach § 185 BGB) des Mündels. Auch die Geltendmachung eines Pflichtteilsanspruchs kann hierunter fallen.[48]

---

[37] BayObLG München v. 08.10.1997 - 3Z BR 192/97 - juris Rn. 5 - BayObLGR 1998, 5-6; OLG Hamm v. 14.09.1964 - 15 W 128/64 - FamRZ 1965, 86 f.; *Zimmermann* in: Damrau/Zimmermann, Betreuungsrecht, 4. Aufl. 2011, § 1795 Rn. 23; *Bettin* in: BeckOK BGB, Ed. 30, § 1795 Rn. 3; *Saar* in: Erman, § 1793 Rn. 2; *Veit* in: Staudinger, § 1795 Rn. 30; *Wagenitz* in: MünchKomm-BGB, 5. Aufl. 2008, § 1795 Rn. 27.

[38] Zutreffend *Dickescheid* in: BGB-RGRK, § 1795 Rn. 13; *Saar* in: Erman, § 1795 Rn. 2, m.w.N.

[39] Vgl. zu einem solchen Fall OLG Stuttgart v. 26.04.2005 - 16 UF 65/05 - NJW-RR 2005, 1382 ff.

[40] Vgl. OLG Koblenz v. 10.05.2006 - 11 UF 68/06 - juris Rn. 10 - OLGR Koblenz 2006, 1003-1004.

[41] Vgl. OLG Düsseldorf v. 11.10.2005 - I-3 Wx 137/05 - juris Rn. 15 - MittBayNot 2007, 327-328; vgl. hierzu auch BayObLG v. 17.11.2000 - 3Z BR 271/00 - juris Rn. 6 - BayObLGZ 2000, 325-328; zur Problematik der Anwendbarkeit von § 181 BGB im Gesellschaftsrecht vgl. auch Rn. 49.

[42] *Saar* in: Erman, § 1795 Rn. 2, m.w.N.

[43] Zutreffend *Veit* in: Staudinger, § 1795 Rn. 30.

[44] So auch *Wolf*, NJW 2005, 2417, 2421.

[45] Vgl. *Wagenitz* in: MünchKomm-BGB, § 1795 Rn. 23; *Dickescheid* in: BGB-RGRK, § 1795 Rn. 4.

[46] *Saar* in: Erman, § 1795 Rn. 3.

[47] *Saar* in: Erman, § 1795 Rn. 3.

[48] Vgl. OLG Hamm v. 25.10.2011 - 10 U 36/11 - juris Rn. 59; BayObLG v. 18.09.2003 - 3Z BR 167/03 - Rpfleger 2004, 42-43, 42; vgl. hierzu auch *Bauer* in: HK-BUR, § 1795 Rn. 4.

§ 1795

19 Erfasst werden ferner **Verträge**. „Zwischen" dem Ehegatten/Lebenspartnern/Verwandten des Vormunds einerseits und Mündel andererseits erfolgen solche Rechtsgeschäfte eigentlich nur, wenn die genannten Gruppen als Parteien an den Verträgen beteiligt sind. Eine entsprechende Anwendung ist jedoch geboten, wenn der Vertrag nach seinem Inhalt Wirkungen zwischen Mündel und Ehegatte/Lebenspartner/Verwandtem zeitigt, etwa auch im Fall der Einbeziehung in einen Vertrag zugunsten Dritter im Sinne des § 328 BGB.[49] Entsprechendes gilt für Erklärungen gegenüber dem Grundbuchamt zugunsten Dritter nach § 873 Abs. 2 BGB oder § 875 BGB.[50]

20 Grundsätzlich werden auch **mehrseitige** Rechtsgeschäfte, insbesondere Beschlüsse, vom Ausschluss der Vertretungsmacht erfasst. Für die praktisch wichtigsten Fälle sind allerdings Ausnahmen zu beachten. Maßgeblich kommt es in solchen Fällen darauf an, ob der Fallkonstellation die von § 1795 BGB vorausgesetzte abstrakte Gefahr eines typischen Interessengegensatzes inhärent ist. So soll bei Handelsgesellschaften etwa zwischen Grundlagenbeschlüssen und Maßnahmen der Geschäftsführung zu unterscheiden sein (vgl. hierzu noch Rn. 30). In der Konsequenz dieser Grundsätze ist die Bestellung eines Elternteils zum Geschäftsführer einer GmbH unter Beteiligung des von dem anderen Elternteil vertretenen Kindes genehmigungsbedürftig.[51]

21 § 1795 Abs. 1 Nr. 1 BGB betrifft lediglich die rechtsgeschäftliche Vertretung, nicht jedoch unmittelbar die Frage, ob der Vormund sonstige nicht-rechtsgeschäftliche Tätigkeiten entfalten darf.[52] Er hat jedoch mittelbar auch für die Frage Bedeutung, ob für solche Tätigkeiten – etwa die Prüfung von Ansprüchen gegen den Betreuer – ein Ergänzungspfleger zu bestellen ist.

22 Aus dem Wortlaut „der Vormund kann nicht" wird geschlussfolgert, dass nur die aktive Vertretung des Mündels, nicht auch die Entgegennahme einseitiger Rechtsgeschäfte durch den anderen Teil ausgeschlossen ist.[53] Da es sich auch insofern um eine (passive) Stellvertretung handelt, mag man sich über das Wortlautargument streiten. Im Ergebnis ist der Auffassung jedoch schon deshalb zuzustimmen, weil der Zugang einer Willenserklärung kein Rechtsgeschäft ist und weil der Zweck eines Schutzes vor einer Übervorteilung des Mündels durch den Vormund im Fall der passiven Stellvertretung nicht greift.

d. Ausnahmen

aa. Gesetzliche Ausnahmen: Die Erfüllung einer Verbindlichkeit

23 Einschränkend belässt § 1795 Abs. 1 Nr. 1 BGB am Ende dem Vormund die Vertretungsmacht, wenn das Rechtsgeschäft ausschließlich in der **Erfüllung** einer Verbindlichkeit besteht. Erfüllungssurrogate werden hiervon allerdings – anders als die Aufrechnung – nicht erfasst.[54]

bb. Rechtsgrundsatz des § 107 BGB: Das rechtlich lediglich vorteilhafte Rechtsgeschäft

24 Im Rahmen des § 1795 BGB ist grundsätzlich eine an Rechtssicherheit und Verkehrsschutz orientierte Auslegung geboten (vgl. hierzu ausführlich Rn. 28). Wie auch bei dem allgemeinen Verbot des Insichgeschäfts (vgl. dazu Rn. 48) kommt jedoch auch unter Berücksichtigung dieser Grundsätze bei § 1795 Abs. 1 Nr. 1 BGB eine Einschränkung der Norm in Betracht, wenn das Rechtsgeschäft für den Mündel nur rechtlich vorteilhaft ist.[55]

---

[49] *Zimmermann* in: Damrau/Zimmermann, Betreuungsrecht, 4. Aufl. 2011, § 1795 Rn. 34; *Roth* in: Dodegge/Roth, Betreuungsrecht, 2003, D Rn. 86; *Dickescheid* in: BGB-RGRK, § 1793 Rn. 3; *Wagenitz* in: MünchKomm-BGB, § 1795 Rn. 24; *Kölmel*, RNotZ 2010, 1, 12, 13.

[50] *Wagenitz* in: MünchKomm-BGB, § 1795 Rn. 24 m.w.N.; *Kölmel*, RNotZ 2010, 1, 12, 13.

[51] OLG Düsseldorf v. 11.10.2005 - I-3 Wx 137/05 - RNotZ 2006, 68 f.; zustimmend *Zimmermann* in: Damrau/Zimmermann, Betreuungsrecht, 4. Aufl. 2011, § 1795 Rn. 3.

[52] Ungenau insofern BayObLG v. 24.02.2005 - 3Z BR 262/04 - juris Rn. 14 - BtPrax 2005, 110-111.

[53] So OLG Nürnberg v. 06.06.2013 - 15 W 764/13 - juris Rn. 24 - NJW 2013, 2509-2511; BayObLG v. 17.05.1976 - BReg 1 Z 37/76 - juris Rn. 38 - FamRZ 1977, 141-144; *Zimmermann* in: Soergel, § 1795 Rn. 26; *Wagenitz* in: MünchKomm-BGB, § 1795 Rn. 23; *Saar* in: Erman, § 1795 Rn. 3; *Gerono*, MittBayNot 2014, 74-76, 75; a.A. *Keim*, ZEV 2013, 452-453, 452; *Hausmann*, notar 2014, 58-62, 60 f.

[54] *Saar* in: Erman, § 1795 Rn. 8; *Wagenitz* in: MünchKomm-BGB, § 1795 Rn. 29.

[55] BGH v. 16.04.1975 - V ZB 15/74 - juris Rn. 10 - MDR 1975, 746; BayObLG München v. 01.08.1974 - BReg 2 Z 29/74 - BayObLGZ 1974, 326-329; BayObLG v. 29.05.1998 - 2Z BR 85/98 - juris Rn. 5 - BayObLGZ 1998, 139-145; OLG Hamm v. 12.02.1999 - 8 WF 32/99 - juris Rn. 4 - NJW-RR 2001, 437; OLG Zweibrücken v. 14.01.1999 - 3 W 253/98 - juris Rn. 11 - OLGR Zweibrücken 1999, 389-391; *Zimmermann* in: Damrau/Zimmermann, Betreuungsrecht, 4. Aufl. 2011, § 1795 Rn. 28; *Wagenitz* in: MünchKomm-BGB, § 1795 Rn. 30.

cc. Teleologische Reduktion: Keine Begründung von Rechtswirkungen zwischen Mündel und Rechtsgeschäftsgegner

Die formale, an Rechtssicherheit und Verkehrsschutz orientierte Auslegung des § 1795 Abs. 1 Nr. 1 BGB wird auch dann nicht verletzt, wenn nach den durch das Rechtsgeschäft begründeten Wirkungen formal keine Rechte oder Pflichten zwischen dem Mündel und dem weiteren Beteiligten begründet, aufgehoben, geändert oder übertragen werden. 25

Dies ist insbesondere der Fall, wenn die in § 1795 Abs. 1 Nr. 1 BGB bezeichnete Person und der Mündel „**parallele**" **Willenserklärungen** abgeben werden, weil beide Erklärende auf derselben Seite eines Vertrages stehen, etwa wenn sie als Miteigentümer ein Grundstück verkaufen.[56] Soweit man in diesen Fällen nicht schon vom Fehlen eines „zwischen" diesen Personen abgeschlossenen Rechtsgeschäfts ausgehen muss, ist mangels abstrakter Gefahr einer Interessenkollision jedenfalls eine teleologische Reduktion der Norm geboten.[57] Dabei ist allerdings stets genau zu prüfen, ob wirklich nur „parallele" Willenserklärungen abgegeben werden. Das ist grundsätzlich nicht der Fall, wenn die Erklärungen, um Wirkungen entfalten zu können, jeweils gegenüber jedem anderen Beteiligten abgegeben werden müssen, also insbesondere bei notwendigen Vereinbarungen. So fehlt es etwa an gleichläufigen, parallelen Willenserklärungen, wenn das Recht die Aufhebung einer Bruchteilsgemeinschaft zu verlangen ausgeschlossen werden soll. Denn dazu bedarf es gemäß § 749 Abs. 2 BGB einer Vereinbarung der Teilhaber.[58] 26

Auch für Beschlüsse einer Gesellschafterversammlung, die keine Grundlagengeschäfte, sondern nur Maßnahmen der Geschäftsführung darstellen, soll nach herrschender Meinung eine teleologische Reduktion möglich sein (vgl. hierzu sowie zu den Bedenken hiergegen Rn. 36). 27

e. Analogien

Analogieschlüsse zu § 1795 Abs. 1 BGB sind, da es sich um eine Norm mit Ausnahmecharakter handelt, nur in engen Grenzen zulässig, nämlich nicht schon dann, wenn die konkreten Umstände des Einzelfalles eine konkrete Gefahr der Interessenkollision befürchten lassen[59], wohl aber bei Vorliegen von Umgehungstatbeständen. Dies soll etwa der Fall sein, wenn der Vormund Untervollmacht erteilt, wenn der Ehegatte/Lebenspartner/Verwandte des Vormunds einen Dritten zur Vornahme des Rechtsgeschäfts bevollmächtigt oder wenn ein Rechtsgeschäft gegenüber verschiedenen Personen mit gleicher Wirkung vorgenommen werden kann, der erklärende Vormund es aber bewusst den anderen gegenüber vornimmt.[60] 28

Auch auf Rechtsgeschäfte, die formal betrachtet gegenüber einer **Behörde** – etwa dem Grundbuchamt[61] – oder gegenüber dem **Gericht** zu tätigen sind, materiell aber eine der in § 1795 Abs. 1 Nr. 1 BGB bezeichneten Personen als Quasi-Gegnerin des Rechtsgeschäfts betreffen, ist § 1795 Abs. 1 Nr. 1 BGB analog anwendbar.[62] Dies gilt etwa für Erklärungen gegenüber dem Grundbuchamt, durch die zugunsten einer Person ein Recht geändert, etwa ein Grundstück belastet werden[63] oder die Zustimmung zum Rangrücktritt erklärt werden soll.[64] In diesen Fällen tritt die Behörde beziehungsweise das Gericht lediglich aus rechtstechnischen Gründen an die Stelle des Geschäftsgegners. Dabei ist allerdings stets erforderlich, dass der Dritte dem Mündel typischerweise in der Rolle eines Quasi-Geschäftsgegners gegenübersteht, dem Mündel hieraus also zumindest abstrakt rechtlich nachteilige Wirkungen im Ver- 29

---

[56] Vgl. auch *Dickescheid* in: BGB-RGRK, § 1795 Rn. 7; als nicht genehmigungsbedürftig wird deshalb die Vertretung des minderjährigen Kindes angesehen, wenn die aus Elternteil und Kind bestehende Miterbengemeinschaft ein Nachlassgrundstück verkauft, vgl. OLG Stuttgart v. 23.04.2003 - 15 AR 1/03 - Rpfleger 2003, 501-502.

[57] So auch *Zimmermann* in: Damrau/Zimmermann, Betreuungsrecht, 4. Aufl. 2011, § 1795 Rn. 27; *Saar* in: Erman, § 1795 Rn. 7.

[58] Vgl. OLG Frankfurt v. 02.04.2012 - 20 W 57/11 - juris Rn. 15 - NotBZ 2012, 303-305.

[59] Vgl. *Wagenitz* in: MünchKomm-BGB, § 1795 Rn. 1.

[60] Vgl. hierzu etwa *Zimmermann* in: Damrau/Zimmermann, Betreuungsrecht, 4. Aufl. 2011, § 1795 Rn. 30 ff.

[61] Hierzu etwa BayObLG v. 30.06.1908 - Reg. III 60/1908 - SeuffA 64, 73-75, 73; *Dickescheid* in: BGB-RGRK, § 1795 Rn. 4.

[62] So auch BayObLG v. 30.06.1908 - Reg III 60/1908 - BayObLGZ 9, 413; *Saar* in: Erman, § 1795 Rn. 5, *Zimmermann* in: Damrau/Zimmermann, Betreuungsrecht, 4. Aufl. 2011, § 1795 Rn. 33; *Dickescheid* in: BGB-RGRK, § 1795 Rn. 4.

[63] Vgl. OLG Frankfurt v. 02.04.2012 - 20 W 57/11 - juris Rn. 16 - NotBZ 2012, 303-305.

[64] So auch *Engler* in: Staudinger, Neubearb. 2004, § 1795 Rn. 14; *Dickescheid* in: BGB-RGRK, § 1795 Rn. 4 m.w.N.; vgl. aber auch LG Mönchengladbach v. 13.11.1986 - 5 T 214/86 - MittRhNotK 1986, 265.

§ 1795

hältnis zu dem Dritten erwachsen können. Daran fehlt es etwa bei der Einwilligung des Mündels in die Namenserteilung nach § 1618 Satz 3 BGB und wohl im Wesentlichen auch bei der Adoption nach § 1746 BGB[65], ebenso bei der Ausschlagung, die ja nicht an den nächstberufenen Erben zu richten ist[66]. Auch die Handelsregisteranmeldung wird nicht erfasst.[67]

30 Bei Rechtsgeschäften, an denen eine in § 1795 Abs. 1 Nr. 1 BGB bezeichnete Person nicht förmlich beteiligt ist, kann eine analoge Anwendung der Norm nur dann in Betracht gezogen werden, wenn das Rechtsgeschäft unmittelbar zu einer Begründung, Übertragung, Belastung, Aufhebung oder Änderung eines Rechts oder einer Pflicht dieser Person führt. Das wird etwa angenommen bei Verträgen zugunsten Dritter (§ 328 BGB) oder bei der Zustimmung des Mündels als Nacherbe zu einer Verfügung des Angehörigen des Vormunds als Vorerbe.[68]

31 Zu einer weiteren erwogenen Analogie vgl. oben Rn. 13 und Rn. 19.

2. Rechtsgeschäfte über gesicherte Forderungen gegen den Vormund (Nr. 2)

a. Rechtsgeschäft

32 Die Vorschrift bezieht sich auf Rechtsgeschäfte. Vgl. hierzu schon Rn. 24.

33 Der Inhalt des Rechtsgeschäfts muss gerichtet sein auf
- die Übertragung oder Belastung einer Forderung, die durch eine der genannten Sicherheiten gesichert ist oder
- die Aufhebung oder Minderung einer Sicherheit oder
- die Verpflichtung zu einem der vorbezeichneten Rechtsgeschäfte (Übertragung, Belastung, Aufhebung oder Minderung).

aa. Übertragung

34 Übertragung einer Forderung ist ein Inhaberwechsel.

bb. Belastung

35 Belastung ist jede Auferlegung einer Beschränkung oder eines Nachteils.[69] Erfasst wird beispielsweise die Verpfändung einer hypothekarisch gesicherten Forderung.[70]

cc. Aufhebung und Minderung

36 Aufhebung einer Sicherheit ist die vollständige Beseitigung, Minderung die Reduzierung der Sicherheit.[71] Unter den Fall der Aufhebung wird auch die Kündigung oder Einziehung einer hypothekarisch gesicherten Forderung subsumiert; denn sie führt unmittelbar zum Erlöschen der Sicherheit.[72] Auch die Erfüllung der Forderung wird als Aufhebung angesehen.[73] Allerdings erscheint im Falle der Erfüllung richtigerweise eine Differenzierung angebracht: Führt die Erfüllung zum automatischen Wegfall der Sicherheit, so liegt ein Fall der Aufhebung vor. Ist der Sicherungsnehmer aufgrund der Erfüllung lediglich zur Rückgabe der Sicherheit vertraglich verpflichtet, so dürfte noch kein Fall der Aufhebung einer Sicherheit vorliegen. Allerdings handelt es sich dann um ein rechtlich nicht lediglich vorteilhaftes Geschäft, das nach § 181 BGB bzw. § 1795 Abs. 1 Nr. 1 BGB zu beurteilen sein kann. Als Minderung wird etwa die Bewilligung des Rangrücktritts angeführt.[74]

37 Verpflichtung ist das schuldrechtliche Geschäft, das einen Anspruch (§ 194 BGB) zu einer der vorbezeichneten Handlungen begründet.[75]

---

[65] Vgl. BGH v. 27.02.1980 - IV ZB 167/79 - juris Rn. 6 ff. - MDR 1980, 740-741; OLG Zweibrücken v. 08.02.2001 - 3 W 266/00 - juris Rn. 8 - OLGR Zweibrücken 2001, 428-430; *Veit* in: Staudinger, § 1795 Rn. 22.
[66] Zutreffend *Holzhauer* in: Erman, 11. Aufl., § 1795 Rn. 5; *Dickescheid* in: BGB-RGRK, § 1795 Rn. 4.
[67] Vgl. *Gebele*, BB 2012, 728-731, 729; *Maier-Reimer/Marx*, NJW 2005, 3025-3028, 3026.
[68] So *Wagenitz* in: MünchKomm-BGB, § 1795 Rn. 24 m.w.N.; vgl. aber auch OLG Hamm v. 11.04.2003 - 10 WF 53/03 - juris Rn. 4 ff. - DNotZ 2003, 635-637.
[69] So etwa auch *Kölmel*, RNotZ 2010, 1, 12, 13 f.
[70] *Zimmermann* in: Soergel, § 1795 Rn. 37.
[71] So etwa auch *Kölmel*, RNotZ 2010, 1, 12, 13 f.
[72] Vgl. *Veit* in: Staudinger, § 1795 Rn. 44; *Götz* in: Palandt, § 1795 Rn. 5; *Zimmermann* in: Soergel, § 1795 Rn. 38; *Wagenitz* in: MünchKomm-BGB, § 1795 Rn. 33.
[73] So etwa *Zimmermann* in: Soergel, § 1795 Rn. 38.
[74] KG v. 31.10.1929 - 1 x 672/29 - Recht 34 (1930), 20-21, 21, Nr. 55; *Götz* in: Palandt, § 1795 Rn. 5.
[75] So etwa auch *Kölmel*, RNotZ 2010, 1, 12, 14.

b. Erfasste Sicherungsmittel

Neben Pfandrecht, Hypothek, Schiffshypothek oder Bürgschaft soll nach wohl herrschender Auffassung der Ausschluss der Vertretungsmacht analog auch auf andere Sicherungsmittel anwendbar sein, soweit Funktionsgleichheit mit den Pfandrechten besteht, insbesondere auf Sicherungseigentum[76] und Sicherungsgrundschuld.[77] Für die Zulässigkeit des Analogieschlusses dürfte maßgeblich sein, dass solche Sicherungsmittel ihrer Funktion nach den gesetzlich genannten Sicherungsmitteln gleichstehen. Umgekehrt gilt § 1795 Abs. 1 Nr. 2 BGB deshalb nicht für eine isolierte Grundschuld, die gerade keinen Sicherungszweck verfolgt.[78] Ob das Sicherungsrecht auf dem Eigentum des Vormunds oder eines Dritten lastet, ist unerheblich.[79] Eine analoge Anwendung der Vorschrift wird in den Fällen befürwortet, in denen das belastete Grundstück an den die persönliche Schuld übernehmenden Erwerber veräußert wird.[80]

c. Forderung gegen den Vormund

Die Formulierung des § 1795 Abs. 1 Nr. 2 BGB bezieht sich in sämtlichen Konstellationen auf Forderungen des Mündels gegen den Vormund. Forderungen gegen Dritte – auch nahestehende Dritte – werden nicht erfasst. Gegebenenfalls kann § 1796 BGB zu prüfen sein.

3. Rechtsstreitigkeiten nach Nr. 1 und 2 (Nr. 3)

Rechtsstreitigkeiten im Sinne der Nr. 3 sind alle echten Streitverfahren. Hierzu zählen neben dem Zivilprozess – einschließlich einstweiliger Verfügungsverfahren, selbständiger Beweisverfahren und familienrechtlicher Zivilprozesse[81] etc. – auch streitige Verfahren der freiwilligen Gerichtsbarkeit[82], etwa das Verfahren nach dem WEG in seiner bis 2007 geltenden Fassung, nicht hingegen das Verfahren der Rechtsfürsorge, etwa das Erbscheinsverfahren.[83] Auch Strafverfahren werden nicht von § 1795 Abs. 1 Nr. 3 BGB erfasst, selbst wenn sich Täter und Opfer quasi wie streitige Parteien gegenüberstehen.[84]

Soweit das Gesetz dem Kind eine parteiähnliche prozessuale Rolle einräumt, die es in die Lage versetzen soll, seine Interessen unabhängig von den Interessen der Prozessparteien zu vertreten, kann § 1795 Abs. 1 Nr. 3 BGB entsprechend anwendbar sein. Dies wurde etwa für das zwischen den Eltern geführte Ehestatusverfahren angenommen.[85]

Die Frage, inwiefern auch Verfahren der freiwilligen Gerichtsbarkeit unter § 1795 Abs. 1 Nr. 3 BGB fallen, wird für Kindschaftssachen nach dem FamFG diskutiert. Das BMJ vertritt die Auffassung, die Eltern seien nicht nach den §§ 1629 Abs. 2 Satz 1, 1795 Abs. 1 Nr. 3 BGB von der gesetzlichen Vertretung des noch nicht verfahrensfähigen Kindes (unter 14 Jahren, vgl. § 9 Abs. 1 FamFG) ausge-

---

[76] *Zimmermann* in: Soergel, § 1795 Rn. 36; *Saar* in: Erman, § 1795 Rn. 10; *Wagenitz* in: MünchKomm-BGB, § 1795 Rn. 32.

[77] So etwa *Bettin* in: BeckOK BGB, Ed. 30, § 1796 Rn. 4; *Roth* in: Dodegge/Roth, Betreuungsrecht, 2003, D Rn. 87; *Saar* in: Erman, § 1795 Rn. 10; *Wagenitz* in: MünchKomm-BGB, § 1795 Rn. 32; *Kölmel*, RNotZ 2010, 12, 14; a.A. allerdings *Veit* in: Staudinger, § 1795 Rn. 46; *Gernhuber/Coester-Waltjen*, Lehrbuch des Familienrechts, 6. Aufl. 2010, § 61 IV 3 Rn. 38; zu der Frage einer analogen Anwendbarkeit auf die Schuldübernahme vgl. *Zimmermann* in: Soergel, § 1795 Rn. 40.

[78] H.M., vgl. *Götz* in: Palandt, § 1795 Rn. 5; *Dickescheid* in: BGB-RGRK, § 1795 Rn. 1 m.w.N.

[79] *Zimmermann* in: Damrau/Zimmermann, Betreuungsrecht, 4. Aufl. 2011, § 1795 Rn. 36; *Veit* in: Staudinger, § 1795 Rn. 45.

[80] Vgl. hierzu *Zimmermann* in: Damrau/Zimmermann, Betreuungsrecht, 4. Aufl. 2011, § 1795 Rn. 40; *Holzhauer* in: Erman, 11. Aufl., § 1795 Rn. 17.

[81] Vgl. etwa zum Unterhaltsprozess OLG Koblenz v. 03.07.2006 - 11 UF 164/06 - juris Rn. 9 - OLGR Koblenz 2007, 17-18.

[82] OLG Düsseldorf v. 24.09.2010 - II-7 UF 112/10 - juris Rn. 16 - JAmt 2010, 505-507; *Dickescheid* in: BGB-RGRK, § 1795 Rn. 16; *Götz* in: Palandt, § 1795 Rn. 6; *Saar* in: Erman, § 1795 Rn. 11; *Veit* in: Staudinger, § 1795 Rn. 49 f.; *Wagenitz* in: MünchKomm-BGB, § 1795 Rn. 34.

[83] *Veit* in: Staudinger, § 1795 Rn. 50; *Dickescheid* in: BGB-RGRK, § 1795 Rn. 16; *Zimmermann* in: Soergel, § 1795 Rn. 43; *Wagenitz* in: MünchKomm-BGB, § 1795 Rn. 34; allgemein zu Rechtsfürsorgeverfahren BayObLG v. 09.01.1962 - Reg 2 Z 212/61 - BayObLGZ 1962, 1-4, 2; vgl. auch zum Erbscheinsverfahren BayObLG v. 25.09.1961 - BReg 1 Z 141, 149/61 - BayObLGZ 1961, 277.

[84] Saarländisches Oberlandesgericht v. 22.03.2011 - 6 UF 34/11 - juris Rn. 12 - NJW 2011, 2306-2307.

[85] BGH v. 27.03.2002 - XII ZR 203/99 - juris Rn. 24 - FamRZ 2002, 880-883.

schlossen, da es sich nicht um einen kontradiktorischen Rechtsstreit handele. Im Einzelfall könne aber die Vertretung des Kindes nach § 1796 BGB entzogen werden.

43 Infolge der FGG-Reform ist die Anfechtung der Vaterschaft nicht mehr als kontradiktorisches Streitverfahren ausgestaltet. Die formale Gegnerschaft ist entfallen. Das hat Anlass zu der Frage gegeben, ob die Anfechtung der Vaterschaft noch als Rechtsstreit § 1795 Abs. 1 Nr. 3 BGB unterfällt mit der Folge, dass der anfechtende Vater von der Vertretung des minderjährigen Kindes ausgeschlossen ist. Der Bundesgerichtshof hat zu Recht entschieden, dass die FGG-Reform nicht zum Ziel hatte, dem anfechtenden Vater abweichend von der bisherigen Rechtslage die gesetzliche Vertretung des Kindes einzuräumen. Die Anfechtung der Vaterschaft ist bei materiell-rechtlicher Betrachtung weiterhin durch den abstrakten Interessengegensatz von Kind und rechtlichem Vater gekennzeichnet. Es bedarf deshalb weiterhin einer Ergänzungspflegschaft.[86] Mit dem Wegfall der förmlichen Antragsgegnerschaft im Anfechtungsverfahren ist auch die Grundlage für eine differenzierende Behandlung der Vertretungsbefugnis nach dem Antragsteller entfallen. Der Vertretungsausschluss ist deshalb nach neuer Rechtslage ausschließlich nach materiellen Kriterien zu beurteilen. Diese sprechen für einen einheitlichen Vertretungsausschluss.[87] Die Mutter ist im Vaterschaftsanerkennungsverfahren von der gesetzlichen Vertretung entsprechend § 1795 Abs. 1 Nr. 3 BGB ausgeschlossen, wenn sie mit dem Vater verheiratet ist.[88] Nach einer Entscheidung des OLG Oldenburg[89] gilt das auch dann, wenn der Kindesmutter das gemeinsame Sorgerecht mit dem anfechtenden Vater zusteht. § 1795 Abs. 1 BGB soll insoweit wegen der vergleichbaren Konfliktlage erweiternd auszulegen sein. Ist die Kindesmutter mit dem Vater nicht verheiratet, kann zumindest eine Entziehung der gesetzlichen Vertretung wegen der Gefahr eines konkreten Interessenkonflikts nach § 1796 BGB naheliegen.[90]

44 § 1795 Abs. 1 Nr. 3 BGB ist nicht entsprechend auf die Nebenklagevertretung von Kindern in gegen ihre Eltern gerichteten Strafverfahren anwendbar. Vielmehr kommt in diesen Fällen bei Vorliegen einer konkreten Interessenkollision eine Anwendung von § 1796 BGB in Betracht.[91]

45 Dem Buchstaben des Gesetzes nach nicht erfasst wird ein Rechtsstreit zwischen dem Mündel und dem Vormund selbst. Dass dieser Fall unter § 1795 Abs. 1 Nr. 3 BGB fällt, wird vom Gesetz allerdings als selbstverständlich vorausgesetzt.[92] Es liegt also kein Fall des § 1796 BGB (sondern ein Fall des § 1795 BGB) vor.

46 Keine Anwendung findet Nr. 3 auf die außergerichtliche Geltendmachung eines Anspruchs[93] oder die Befriedigung eines solchen.[94] Nach ganz herrschender Auffassung betrifft § 1795 Abs. 1 Nr. 3 BGB auch nicht die Frage, ob ein Prozess geführt werden soll[95]. Dem ist im Grundsatz zuzustimmen. Die alltägliche Teilnahme am Geschäftsleben beinhaltet unzählige Entscheidungen, bestehende Verbindlichkeiten ohne Rechtsstreit zu befriedigen oder möglicherweise bestehende Ansprüche nicht geltend zu machen. Diese Entscheidungen gehören zur allgemeinen Sorgebefugnis des Vormunds. Die Be-

---

[86] Vgl. BGH v. 21.03.2012 - XII ZB 510/10 - juris Rn. 11 f. - BGHZ 193, 1-10; zustimmend *Rauscher*, JR 2013, 213-214; OLG Düsseldorf v. 24.09.2010 - II-7 UF 112/10 - juris Rn. 18 - JAmt 2010, 505-507; KG v. 21.09.2010 - 16 UF 60/10 - juris Rn. 6 - Rpfleger 2011, 157-158; Hanseatisches OLG Hamburg v. 04.06.2010 - 12 UF 224/09 - juris Rn. 11 ff. - NJW 2011, 235-236.

[87] Vgl. BGH v. 21.03.2012 - XII ZB 510/10 - juris Rn. 15 ff. - BGHZ 193, 1-10; vgl. auch OLG Brandenburg v. 21.10.2009 - 9 WF 84/09 - juris Rn. 10 - JAmt 2009, 611-612.

[88] Vgl. BGH v. 21.03.2012 - XII ZB 510/10 - juris Rn. 21 - BGHZ 193, 1-10.

[89] Vgl. OLG Oldenburg v. 27.11.2012 - 13 UF 128/12 - juris Rn. 6 ff. - NJW 2013, 397-398.

[90] Vgl. *Rauscher* JR 2013, 213-214, 214.

[91] So OLG Frankfurt v. 22.10.2008 - 6 UF 174/08; unklar *Meyer-Goßner*, StPO, 51. Aufl. 2008, Vorbemerkungen zu § 395 Rn. 7; im Ergebnis a.A. aber OLG Stuttgart v. 31.03.1999 - 4 Ws 57/99, 4 Ws 58/99 - Justiz 1999, 348-349.

[92] So auch BGH v. 27.03.2002 - XII ZR 203/99 - juris Rn. 23 - FamRZ 2002, 880-883; BayObLG v. 24.06.1982 - 3 Z 38/81 - FamRZ 1982, 1134-1136, 1135; *Veit* in: Staudinger, § 1795 Rn. 48; *Dickescheid* in: BGB-RGRK, § 1796 Rn. 16.

[93] BayObLG v. 25.09.1961 - BReg 1 Z 141, 149/61 - BayObLGZ 1961, 277; *Veit* in: Staudinger, § 1795 Rn. 67; *Dickescheid* in: BGB-RGRK, § 1795 Rn. 16; *Zimmermann* in: Soergel, § 1795 Rn. 44.

[94] So auch *Zimmermann* in: Soergel, § 1795 Rn. 44.

[95] BayObLG v. 18.09.2003 - 3Z BR 167/03 - Rpfleger 2004, 42-43, 42; BayObLG v. 06.03.1981 - BReg 3 Z 93/80 - juris Rn. 23 - BayObLGZ 1981, 62-68; KG v. 24.02.1966 - 1 W 3402/65 - NJW 1966, 1320-1322 (1320); *Zimmermann* in: Damrau/Zimmermann, Betreuungsrecht, 4. Aufl. 2011, § 1795 Rn. 45; *Dickescheid* in: BGB-RGRK, § 1795 Rn. 16; *Wagenitz* in: MünchKomm-BGB, § 1795 Rn. 36; *Bauer* in: HK-BUR, §§ 1795, 1796 Rn. 4.

lange des Mündels werden hier durch § 1796 BGB angemessen gewahrt. Wenn es allerdings zum Prozess kommt, hat der Pfleger in der Führung des Prozesses freie Hand, d.h. er unterliegt insofern nicht der Weisung des Vormundes. Es dürfte deshalb kaum zulässig sein, dass der Vormund seine Entscheidung für den Prozess gegen den Willen des bestellten Pflegers im Prozess wieder korrigiert. § 1795 BGB kann jedoch bedeutsam für die Frage sein, ob ein Pfleger für die Prüfung von Ansprüchen des Mündels zu bestellen ist.[96]

Ist ein Pfleger bereits bestellt, ist eine Klage an ihn zuzustellen.[97] Ist noch kein Pfleger bestellt, so kann der Kläger beim Familiengericht die Bestellung eines Pflegers anregen oder nach § 57 ZPO bei Gefahr im Verzug die Bestellung eines Prozesspflegers veranlassen. Die Klagezustellung an den Vormund dürfte deshalb nicht zulässig sein. Für den Kläger kann das Prozessgericht demgegenüber keinen Prozesspfleger nach § 57 ZPO bestimmen.[98] Soll der Mündel klagen, hat deshalb das Familiengericht den Pfleger zu bestellen.

II. Verbot des Insichgeschäfts (Absatz 2)

1. Insichgeschäft

a. Grundlagen

§ 1795 Abs. 2 BGB stellt klar[99], dass das Verbot des Insichgeschäfts nach § 181 BGB auch für den Vormund gilt. Wegen der Reichweite dieses Verbots im Allgemeinen kann auf die Kommentierung zu § 181 BGB verwiesen werden.

b. Vormund

§ 1795 Abs. 2 BGB gilt für jede Art von Vormund, grundsätzlich auch für den Amts- oder Vereinsvormund[100], den Mit[101]- und Gegenvormund. Ist ein Mitvormund nach § 1795 BGB ausgeschlossen, soll dies nach teilweise vertretener Auffassung wegen des Grundsatzes der gemeinschaftlichen Führung der Mitvormundschaft nach § 1797 Abs. 1 Satz 1 BGB auch für den anderen Vormund gelten.[102] Dies erscheint indes nach Wortlaut und Sinn des § 1797 BGB nicht zwingend. Ist das **Jugendamt** Amtsvormund, so können Rechtsgeschäfte zwischen zwei Mündeln, die unter der Vormundschaft desselben Jugendamtes stehen, wegen § 181 BGB nicht durch das Jugendamt abgeschlossen werden. Dies gilt auch, wenn die Mündel von verschiedenen Beamten betreut werden, denn lediglich die Ausübung der Aufgaben des Jugendamtes, nicht aber die Vormundschaft als Ganzes ist den Beamten übertragen.[103]

c. Vornahme eines Rechtsgeschäfts

§ 181 BGB bezieht sich nach seinem Wortlaut auf die Vornahme eines Rechtsgeschäfts. Erforderlich ist danach mindestens eine Willenserklärung. Erfasst werden:
- einseitige Rechtsgeschäfte[104] (Beispiel: Anfechtung, Kündigung[105], Rücktrittserklärung, Widerruf) und mehrseitige Rechtsgeschäfte[106] (Beispiel: Kaufvertrag; Schulaufnahmevertrag),
- Verpflichtungsgeschäfte (Beispiel: Kaufvertrag) und Verfügungsgeschäfte (Beispiel: dingliche Übereignung)[107] usw.

---

[96] Vgl. BayObLG v. 24.02.2005 - 3Z BR 262/04 - juris Rn. 14 - BtPrax 2005, 110-111.
[97] So auch *Zimmermann* in: Soergel, § 1795 Rn. 44.
[98] *Vollkommer* in: Zöller, ZPO, 29. Aufl. 2012, § 57 Rn. 1; vgl. dazu auch BAG v. 28.05.2009 - 6 AZN 17/09 - juris Rn. 12 - NZA 2009, 1109-1111.
[99] Zutreffend etwa *Zimmermann* in: Soergel, § 1795, 13. Aufl., Rn. 1; *Wagenitz* in: MünchKomm-BGB, § 1795 Rn. 3.
[100] Vgl. *Wagenitz* in: MünchKomm-BGB, § 1795 Rn. 21; vgl. hierzu auch Rn. 6.
[101] *Wagenitz* in: MünchKomm-BGB, § 1795 Rn. 6; *Dickescheid* in: BGB-RGRK, § 1795 Rn. 4.
[102] So *Saar* in: Erman, § 1795 Rn. 1.
[103] Vgl. *Zimmermann* in: Damrau/Zimmermann, Betreuungsrecht, 3. Aufl. 2001, § 1795 Rn. 46; *Wagenitz* in: MünchKomm-BGB, § 1795 Rn. 21.
[104] Vgl. BayObLG v, 05.11.2003 - 3Z BR 215/03 - juris Rn. 13 - BtPrax 2004, 69 f.; BayObLG v. 30.07.2004 - Reg. III 53/1904 - BayObLGZ 1905, 412-414, 412 f.; *Veit* in: Staudinger, § 1795 Rn. 9; *Zimmermann* in: Soergel, § 1795, 13. Aufl., Rn. 4.
[105] Vgl. BayObLG v. 05.11.2003 - 3Z BR 215/03 - juris Rn. 13 - BtPrax 2004, 69 f.
[106] Allg. A., vgl. *Zimmermann* in: Soergel, § 1795, 13. Aufl., Rn. 3.
[107] Vgl. zu dieser Unterscheidung allgemein etwa *Ellenberger* in: Palandt, Überbl v. 104 Rn. 19 ff.

51 Ebenfalls unter § 1795 Abs. 2 BGB fallen so genannte rechtsgeschäftsähnliche Handlungen.

52 **Beispiel:** Die Stellungnahme im Rahmen der Anhörung zu einem Erbauseinandersetzungsplan nach § 2204 Abs. 1 BGB.[108]

53 Besteht das Rechtsgeschäft aus mehr als einer Willenserklärung, so ist nicht zwingend erforderlich, dass der Vormund als Erklärender und Erklärungsempfänger dieser einen Willenserklärung handelt, vielmehr genügt es, dass nur ein Teil der Willenserklärungen von dem einen gegenüber dem anderen Teil abgegeben wird.[109] Ob mehrere Akte ein einheitliches Rechtsgeschäft bilden, ist nach den Grundsätzen des § 139 BGB zu entscheiden.[110] Rechtsgeschäft im Sinne des § 181 BGB ist auch die Einwilligung in das von dem Mündel selbst vorgenommene Rechtsgeschäft nach § 107 BGB.[111] *Heuser*[112] weist im Ausgangspunkt zutreffend darauf hin, dass die Einwilligung des gesetzlichen Vertreters nach § 107 BGB nichts daran ändert, dass das Rechtsgeschäft durch eine Willenserklärung des Minderjährigen, also durch ein Handeln im eigenen Namen zustande kommt. Ein Fall des Handelns im fremden Namen, wie ihn § 181 BGB voraussetzt, liegt mithin nicht vor. *Heuser* zieht hieraus die Konsequenz, die von dem beschränkt Geschäftsfähigen mit Einwilligung des gesetzlichen Vertreters erklärte Auflassung sei – unabhängig von der rechtlichen Vorteilhaftigkeit des Rechtsgeschäfts – wirksam. Er meint, dieses Ergebnis sei auch materiellrechtlich durch die Unterschiede zwischen Selbst- und Fremdbestimmung gerechtfertigt. Ich teile diese Einschätzung nicht. § 107 BGB betrifft – wie *Heuser* nicht verkennt – eine Entscheidung des gesetzlichen Vertreters in Ausübung der elterlichen Sorge. Die elterliche Sorge obliegt dem gesetzlichen Vertreter zur Wahrung des Kindeswohls. Die Privatautonomie des beschränkt Geschäftsfähigen endet danach an der Grenze des – grundsätzlich von dem gesetzlichen Vertreter zu beurteilenden – Kindeswohls. Die §§ 1795, 181 BGB betreffen nun aber gerade den Fall, dass dem gesetzlichen Vertreter eine uneigennützige Beurteilung des Kindeswohls abstrakt nicht zugetraut wird. Die Auffassung von *Heuser* liefe darauf hinaus, eine verfahrensmäßig hinreichend abgesicherte Kontrolle des Rechtsgeschäfts auf die Vereinbarkeit mit dem Kindeswohl nur deshalb auszuschließen, weil der beschränkt Geschäftsfähige selbst einen entsprechenden Willen gebildet hat. Damit würden große Lücken in den Minderjährigenschutz geschnitten, die in § 107 BGB nicht angelegt sind. Auch die praktischen Ergebnisse überzeugen nicht: Es dürfte nicht der Lebensrealität entsprechen anzunehmen, dass ein Rechtsgeschäft, nur weil der beschränkt Geschäftsfähige es im eigenen Namen erklärt, in Wahrheit (stets) maßgeblich von der Willensbildung des Minderjährigen geprägt wird. Wünscht der dahinter stehende gesetzliche Vertreter eine entsprechende Erklärung des beschränkt Geschäftsfähigen, wird sich der Minderjährige dem kaum widersetzen.

d. Vornahme im Namen des Vertretenen

54 Weitere Voraussetzung ist, dass der Vormund das Rechtsgeschäft im Namen des Vertretenen vornimmt, der Vormund muss also Stellvertreter (§§ 164 ff. BGB) des Vertretenen – hier des Mündels – sein. Die Formulierung des § 181 BGB, wonach der Vertreter „im Namen des Vertretenen" das Rechtsgeschäft nicht „vornehmen" kann, könnte darauf hindeuten, dass nur solche Willenserklärungen erfasst sind, die der Vormund im Namen des Mündels abgibt, nicht hingegen solche, die der Vormund im eigenen Namen gegenüber dem (vertretenen) Mündel abgibt. Das Gesetz ist insofern allerdings zu eng formuliert. Nach Sinn und Zweck der Norm, einen Missbrauch der Vertretungsmacht zu vermeiden, werden Willenserklärungen des Vormunds im eigenen Namen gleichermaßen erfasst.[113]

e. mit sich im eigenen Namen oder als Vertreter eines Dritten

55 Darüber hinaus muss der Vormund entweder selbst oder als Vertreter eines Dritten an dem Rechtsgeschäft beteiligt sein. Er steht im Falle des Insichgeschäfts also zumindest auf zwei Seiten des Rechtsgeschäfts.

---

[108] OLG Hamm v. 13.01.1993 - 15 W 216/92 - juris Rn. 27 - OLGZ 1993, 392-398.
[109] Vgl. BGH v. 23.02.1968 - V ZR 188/64 - juris Rn. 20 - BGHZ 50, 8-14.
[110] Vgl. BGH v. 23.02.1968 - V ZR 188/64 - juris Rn. 18 - BGHZ 50, 8-14.
[111] *Wagenitz* in: MünchKomm-BGB, § 1795 Rn. 10 m.w.N.; *Saar* in: Erman, § 1795 Rn. 3.
[112] *Heusser*, JR 2013, 125 ff.
[113] Vgl. BayObLG v. 05.11.2003 - 3Z BR 215/03 - juris Rn. 13 - Rpfleger 2004, 284; *Zimmermann* in: Soergel, § 1795, 13. Aufl., Rn. 4; *Wagenitz* in: MünchKomm-BGB, § 1795 Rn. 3.

aa. Die Mehrvertretung

Damit erfasst § 181 BGB auch den Fall der Mehrvertretung, d.h. die Vertretung mehrerer Mündel auf verschiedenen Seiten eines Rechtsgeschäfts durch einen Vormund.[114] 56

Praktischer Hinweis: Stehen auf beiden Seiten des Rechtsgeschäfts Mündel, so ist für jeden ein Pfleger zu bestellen.[115] 57

§ 1795 Abs. 1 BGB bleibt auch anwendbar, wenn auf einer Seite des Rechtsgeschäfts noch weitere Personen an dem Rechtsgeschäft beteiligt sind, etwa wenn mehrere Geschäftsführer einer Gesellschaft[116] oder mehrere Mitgesellschafter, Miterben[117] oder Gesamthandseigentümer gemeinschaftlich eine Erklärung abgeben. 58

bb. Parallele Willenserklärungen

Nach dem Wortlaut der Norm „mit sich" müsste § 181 BGB eigentlich auch parallele Willenserklärungen erfassen, d.h. solche, bei denen Vertreter und Vertretener auf derselben Seite des Rechtsgeschäfts stehen. Ebenso wie nach Absatz 1 (vgl. Rn. 18) ist dieses Ergebnis jedoch im Wege der teleologischen Reduktion zu korrigieren. Denn in diesen Fällen fehlt es an einer abstrakten Gefahr der Interessenkollision zwischen Vertreter und Vertretenem.[118] 59

Beispiel: Die Veräußerung eines Nachlassgrundstücks durch die sorgeberechtigten Eltern und ihr Kind an einen Dritten. 60

Praktischer Hinweis: Bei Rechtsgeschäften mit mehreren Beteiligten ist allerdings stets genau zu prüfen, ob nicht neben dem „Hauptgeschäft" zugleich auch rechtliche Wirkungen zugunsten eines Dritten begründet werden. Ist dies der Fall, greift § 181 BGB ein. 61

Beispiel: Vater und Sohn verkaufen ein im gemeinschaftlichen Eigentum stehendes Grundstück an einen Dritten. Im Kaufvertrag wird bestimmt, dass der Sohn die Maklerkosten und Vertragskosten trägt. Hier wird der Vater im Verhältnis zum Sohn freigestellt! 62

Schwierige Abgrenzungsfragen können sich allerdings bei der Frage ergeben, ob parallele Willenserklärungen vorliegen. Kontrovers wird insofern etwa diskutiert, ob die Einbenennungserklärung der Mutter und die Einwilligung des Mündels parallele Willenserklärungen in diesem Sinne darstellen.[119] Dass die Willenserklärungen auf dasselbe Ziel gerichtet sind, dürfte für die Annahme paralleler Willenserklärungen nicht genügen. Denn das gilt letztlich auch für jeden synallagmatischen Vertrag. Entscheidend dürfte vielmehr sein, ob Vormund und Mündel auch in derselben Funktion an einem Rechtsgeschäft beteiligt sind. Das ist etwa der Fall, wenn beide Verkäufer eines Kaufgegenstandes sind, aber wohl nicht mehr, wenn sie in der Funktion des einzubenennenden Kindes und des Elternteils abgegeben werden. 63

cc. Rechtsgeschäfte in Gesellschaften

Bei gesellschaftsrechtlichen Rechtsgeschäften ist zu differenzieren. Nach allgemeiner Meinung unterfällt der **Gründungsakt** einer Personengesellschaft, d.h. der Abschluss des Gesellschaftsvertrags § 1795 Abs. 2 BGB.[120] Dass der gemeinsame Zweck das verbindende Merkmal des Gesellschaftsvertrages ist, schließt nicht aus, dass auf Seiten der Gesellschafter divergierende Individualinteressen vorhanden sein können, aus denen sich die Gefahren ergeben können, vor denen § 1795 Abs. 2 BGB 64

---

[114] Allg. A., vgl. BGH v. 09.07.1956 - V BLw 11/56 - juris Rn. 27 f. - BGHZ 21, 229-234; OLG Hamm v. 13.01.1993 - 15 W 216/92 - juris Rn. 27 - OLGZ 1993, 392-398; *Zimmermann* in: Soergel, § 1795, 13. Aufl., Rn. 5.
[115] Vgl. BGH v. 09.07.1956 - V BLw 11/56 - juris Rn. 27 f. - BGHZ 21, 229-234.
[116] Vgl. RG v. 03.02.1917 - V 341/16 - RGZ 89, 367-383, 373.
[117] Vgl. *Wagenitz* in: MünchKomm-BGB, § 1795 Rn. 6; *Dickescheid* in: BGB-RGRK, § 1795 Rn. 4.
[118] Thüringer Oberlandesgericht v. 27.06.1995 - 6 W 219/95 - juris Rn. 14 - FamRZ 1996, 185; *Zimmermann* in: Soergel, § 1795, 13. Aufl., Rn. 6, der allerdings von einer einschränkenden Auslegung spricht.
[119] Bejahend etwa BayObLG v. 17.03.1977 - BReg 1 Z 169/76 - juris Rn. 14 ff. - MDR 1977, 755-756 m.w.N.; *Veit* in: Staudinger, § 1795 Rn. 38; a.A. aber OLG Frankfurt v. 25.06.2001 - 20 W 201/00 - juris Rn. 18 - OLGR Frankfurt 2001, 239-242; OLG Zweibrücken v. 01.07.1999 - 5 WF 46/99 - juris Rn. 16 - OLGR Zweibrücken 2000, 261-263; *Wagenitz* in: MünchKomm-BGB, § 1795 Rn. 23; *Dölle*, Familienrecht, Band 2, 1965, § 124 II 6 a.E. (S. 705 f.).
[120] Vgl. BGH v. 26.01.1961 - II ZR 240/59 - juris Rn. 20 - LM HGB § 138 Nr. 8; *Wagenitz* in: MünchKomm-BGB, § 1795 Rn. 7; *Dickescheid* in: BGB-RGRK, § 1795 Rn. 5; *Gebele*, BB 2012, 728-731, 729.

schützen soll. Nichts anderes gilt auch für die Gründung einer Kapitalgesellschaft.[121] Gleiches muss dann für den Abschluss eines **Aufhebungsvertrages** als „actus contrarius" und für eine **Änderung des Gesellschaftsvertrages** gelten.[122]

65 Einen im Einzelnen kontrovers diskutierten Grenzfall bildet hingegen die **Beschlussfassung** in Personengesellschaften und Personenzusammenschlüssen. Nach herrschender Rechtsprechung kann der Vertreter grundsätzlich zugleich für sich und den Vertretenen an der Abstimmung teilnehmen[123] (vgl. hierzu noch Rn. 89). Einschränkungen werden zum Teil allerdings für solche Beschlüsse gemacht, die sich nicht als Maßnahmen der Geschäftsführung darstellen, sondern die Grundlagen der Gesellschaft betreffen.[124]

66 Um die damit verbundenen Problemstellungen dogmatisch korrekt zu erfassen, ist zunächst der Charakter des Beschlusses als Rechtsgeschäft zu klären. Während die gesellschaftsrechtliche Dogmatik des 19. Jahrhunderts den Beschluss als gemeinschaftlichen Willensentschluss von Gesamthändern begriff und dabei teilweise losgelöst von der Kategorie des Rechtsgeschäfts verstand[125], ist der Beschluss auf der Grundlage der heutigen Rechtsgeschäftslehre als Rechtsgeschäft eigener Art anzuerkennen, das zwar nicht selbst Willenserklärung ist, aber aus gleichgerichteten Willenserklärungen der Beschließenden besteht.[126]

67 Unter der vorbezeichneten Einschränkung bei parallelen Willenserklärungen ist allerdings problematisch, ob es sich bei Beschlüssen um Rechtsgeschäfte „mit" (im Sinne des § 181 BGB) dem Mündel handelt. Seinem schwerpunktmäßigen Anwendungsbereich nach scheint § 181 BGB eher auf Austauschverträge mit Interessengegensatz zugeschnitten zu sein. Noch deutlicher wird dies in § 1795 Abs. 1 Nr. 1 BGB, der von Rechtsgeschäften „zwischen" Mündel und bestimmten Personen spricht. Das könnte dafür sprechen, Beschlüsse generell von § 1795 BGB auszunehmen. Hiergegen spricht allerdings, dass bestimmte Beschlüsse, sogenannte Grundlagenbeschlüsse, die Grundlagen des Rechtsverhältnisses der Gesellschafter ebenso modifizieren können wie der Gründungsakt, den das Gesetz zumindest bei einzelnen Gesellschaftsformen, etwa § 705 BGB, dem Vertragsrecht zuordnet. Es spricht deshalb vieles dafür, die Anwendbarkeit des § 1795 BGB nicht schon am Fehlen eines Rechtsgeschäfts im Verhältnis zwischen Mündel und Vertreter scheitern zu lassen, sondern im Rahmen der Vorteilhaftigkeit des Rechtsgeschäfts zu problematisieren (hierzu Rn. 75).

dd. Amtsempfangsbedürftige, gerichtsempfangsbedürftige Willenserklärungen

68 „Mit sich" kann ein Rechtsgeschäft entsprechend den zu § 1795 Abs. 1 BGB entwickelten Grundsätzen (vgl. Rn. 19) auch dann vorgenommen werden, wenn die Erklärung gegenüber einer Behörde oder einem Gericht abgegeben wird, sie aber Rechtswirkungen gegenüber dem anderen Teil begründen soll (so genannte **amts-** oder **gerichtsempfangsbedürftige Willenserklärungen**).[127]

69 **Beispiele**: Der Widerruf des Vergleichs gegenüber dem Gericht; die Anfechtung der letztwilligen Verfügung.[128]

70 **Gegenbeispiel**: Die Ausschlagung der Erbschaft, da sie nicht an den nächstberufenen Erben zu richten ist und die Rechtsfolgen kraft Gesetzes eintreten.[129]

---

[121] So auch *Wagenitz* in: MünchKomm-BGB, § 1795 Rn. 7 m.w.N.
[122] Vgl. BGH v. 26.01.1961 - II ZR 240/59 - juris Rn. 20 - LM HGB § 138 Nr. 8; BGH v. 18.09.1975 - II ZB 6/74 - juris Rn. 9 - BGHZ 65, 93-102; *Dickescheid* in: BGB-RGRK, § 1795 Rn. 5.
[123] Vgl. BGH v. 22.09.1969 - II ZR 144/68 - juris Rn. 9 - BGHZ 52, 316-321 zum Gesellschafterbeschluss in der GmbH; *Dickescheid* in: BGB-RGRK, § 1795 Rn. 5.
[124] Vgl. etwa *Wagenitz* in: MünchKomm-BGB, § 1795 Rn. 7.
[125] Vgl. hierzu *von Gierke*, Deutsches Privatrecht I – Allgemeiner Teil, Personenrecht, 1936 (Neudruck), S. 501; hierzu auch *Schmidt*, Gesellschaftsrecht, 4. Aufl. 2002, § 15 I 2. a).
[126] So auch *Schmidt*, Gesellschaftsrecht, 4. Aufl. 2002, § 15 I 2. a), *Brox/Walker*, Allgemeiner Teil des BGB, 37. Aufl. 2013 Rn. 100; *Wolf/Neuner*, Allgemeiner Teil des Bürgerlichen Rechts, § 29 Rn. 10 ff.
[127] *Wagenitz* in: MünchKomm-BGB, § 1795 Rn. 4 m.w.N.
[128] Vgl. BayObLG v. 05.08.1983 - BReg 1 Z 25/83 - juris Rn. 56 - BayObLGZ 1983, 213-223; *Saar* in: Erman, § 1795 Rn. 3.
[129] Vgl. BayObLG v. 05.08.1983 - BReg 1 Z 25/83 - juris Rn. 56 - BayObLGZ 1983, 213-223; *Wagenitz* in: MünchKomm-BGB, § 1795 Rn. 5; a.A. aber *Dickescheid* in: BGB-RGRK, § 1795 Rn. 4; zu § 1795 Abs. 1 s. auch schon Rn. 35.

ee. Die Erbauseinandersetzung

Bei Eingehung eines Erbauseinandersetzungsvertrages für den Mündel ist der Vormund ausgeschlossen, wenn er selbst Erbe ist oder einen anderen Miterben vertritt.[130] Denn beim Erbauseinandersetzungsvertrag schließt jeder Miterbe mit jedem anderen Miterben den Vertrag ab. Etwas anderes kann lediglich dann gelten, wenn die Auseinandersetzung exakt nach den gesetzlichen Bestimmungen erfolgt, die erforderlichen Rechtsgeschäfte mithin lediglich Erfüllungsgeschäfte darstellen.[131] Dies folgt allerdings nicht aus dem Fehlen eines Insichgeschäfts, sondern dem Charakter des Vertrages als Erfüllung einer Verbindlichkeit. Wird demgegenüber zur Vorbereitung der Erbauseinandersetzung ein Gegenstand der Erbmasse veräußert, so sollen nur parallele Willenserklärungen zwischen den Erben einerseits und dem Erwerber andererseits vorliegen, der Vormund als Vertreter des miterbenden Mündels soll deshalb nicht von der Vertretung ausgeschlossen sein.[132] Dies ist nicht ganz unproblematisch, wenn in der Veräußerung auch der Beschluss der Miterben untereinander liegt, das Erbe durch Veräußerung zu verwerten. Auf die Abschichtung des (z.B. gegen Abfindung) aus der Erbengemeinschaft ausscheidenden Mündels ist § 1795 Abs. 2 BGB anwendbar. Sie stellt einen Vertrag unter Beteiligung aller Miterben dar.[133]

71

Für die Auslegung des § 1795 Abs. 2 BGB gelten im Wesentlichen die allgemeinen Grundsätze der Gesetzesanwendung und -auslegung. Entgegen einer früheren Tendenz in der Rechtsprechung besteht kein Grund, in § 1795 Abs. 2 BGB eine rein formale Auslegung[134] unter Ausschluss teleologischer Erwägungen vorzunehmen. Allerdings führen schon die allgemeinen Auslegungsgrundsätze dazu, dass teleologische Ausdehnungen oder Einschränkungen der Norm nur sehr zurückhaltend in Betracht kommen können: Zum einen gebietet der Ausnahmecharakter der enumerativen Aufzählung der Fälle, in denen der Vormund den Mündel nicht vertreten kann, Zurückhaltung bei Analogieschlüssen. Zum anderen entspricht es der Regelungstechnik des § 1795 BGB, auf das Vorliegen einer abstrakten Gefahr einer Interessenkollision abzustellen. Damit nimmt es das Gesetz in Kauf, dass auch Einzelfälle, in denen konkret keine Interessenkollision besteht, erfasst werden, und dass umgekehrt andere Fälle konkreter Interessenkollision nur mittels anderer Instrumentarien, etwa über § 1796 BGB bewältigt werden können. Schließlich besteht im Anwendungsbereich des § 1795 BGB wegen der weitreichenden Folgen einer fehlenden Vertretungsmacht ein besonders gesteigertes Bedürfnis nach Rechtssicherheit und Verkehrsschutz. Analogien und Reduktionen sind deshalb nur in engen Grenzen für Fallgruppen in Betracht zu ziehen, bei denen die abstrakte Gefahr einer Interessenkollision von vornherein fehlt oder grundsätzlich besteht.

72

f. Ausnahmen

Danach ergeben sich folgende Durchbrechungen beziehungsweise **Einschränkungen** des Verbots des Selbstkontrahierens:

73

aa. Die Erfüllung einer Verbindlichkeit

Schon aus § 181, letzter Halbsatz BGB folgt, dass das Verbot des Insichgeschäfts nicht gilt, wenn das Geschäft ausschließlich der **Erfüllung einer Verbindlichkeit** dient. Dies ist etwa der Fall, wenn der Vormund Geld, das ihm der Mündel als Aufwendungsersatz schuldet, entnimmt.[135] Einen – reinen – Fall der Erfüllung soll auch die Mitwirkung an der Auseinandersetzung einer Erbengemeinschaft darstellen, wenn sie ganz nach den gesetzlichen Vorschriften vonstatten geht.[136] Auch die Erfüllung eines

74

---

[130] Nahezu allg. A., OLG Hamm v. 13.01.1993 - 15 W 216/92 - juris Rn. 27 - OLGZ 1993, 392-398; *Götz* in: Palandt, § 1795, Rn. 8; *Dickescheid* in: BGB-RGRK, § 1795 Rn. 6; *Veit* in: Staudinger, § 1795 Rn. 10; *Wagenitz* in: MünchKomm-BGB, § 1795 Rn. 8; *Zimmermann*, ZEV 2013, 315-320, 319; weiter nur *Riedel*, JR 1950, 140, 143.

[131] So BGH v. 09.07.1956 - V BLw 11/56 - BGHZ 21, 229-234; *Saar* in: Erman, § 1795 Rn. 6; *Dickescheid* in: BGB-RGRK, § 1795 Rn. 6; *Wagenitz* in: MünchKomm-BGB, § 1795 Rn. 8.

[132] So OLG Frankfurt v. 23.02.2007 - 1 UF 371/06 - juris Rn. 14 f. - OLGR Frankfurt 2007, 856-857; OLG Stuttgart v. 23.04.2003 -15 AR 1/03 - Rpfleger 2003, 501; Thüringer Oberlandesgericht v. 27.06.1995 - 6 W 219/95 - FamRZ 1996, 185, *Wagenitz* in: MünchKomm-BGB, § 1795 Rn. 8; differenzierend *Wesche*, Rpfleger 1996, 198 f.

[133] Vgl. zur Rechtsnatur der Abschichtung auch BGH v. 21.01.1998 - IV ZR 346/96 - BGHZ 138, 8-14.

[134] Vgl. zu einer solchen früher verbreiteten Auslegung etwa *Zimmermann* in: Soergel, § 1795 Rn. 3.

[135] Vgl. RG v. 17.01.1930 - III 160/29 - RGZ 127, 103-110, 106; BayObLG v. 06.03.1981 - BReg 3 Z 93/80 - juris Rn. 16 - BayObLGZ 1981, 62-68; *Wagenitz* in: MünchKomm-BGB, § 1795 Rn. 17.

[136] BGH v. 09.07.1956 - V BLw 11/56 - BGHZ 21, 229-234; *Saar* in: Erman, § 1795 Rn. 6; *Dickescheid* in: BGB-RGRK, § 1795 Rn. 6.

Vermächtnisses ist die Erfüllung einer Verbindlichkeit.[137] Gleiches gilt für die Erfüllung von Nachlassverbindlichkeiten, etwa die Übereignung eines Grundstücks durch die Erben in Erfüllung eines vor dem Erbfall abgeschlossenen Vertrages.[138] Die Erfüllung eines Vermächtnisses zugunsten des Minderjährigen durch den erbenden gesetzlichen Vertreter erfolgt in Erfüllung einer Verbindlichkeit (nämlich des Anspruchs aus § 2174 BGB). Sie erfordert deshalb – unabhängig davon, ob sie lediglich rechtlich vorteilhaft ist – keiner Bestellung des Ergänzungspflegers.[139] Bei der Bewilligung einer aus dem Nachlass zu begleichenden Nachlasspflegervergütung ist eine Beteiligung der unbekannten Erben durch Bestellung eines Ergänzungs- bzw. Unterpflegers zu gewährleisten.[140] Erfolgt das Rechtsgeschäft in Erfüllung einer Verbindlichkeit, kommt es auf die Frage, ob das Geschäft rechtlich vorteilhaft ist, nicht mehr an.[141]

bb. Das rechtlich lediglich vorteilhafte Geschäft

75 Keine Anwendung findet das Verbot des Insichgeschäfts ferner, wenn das Geschäft dem Mündel lediglich einen **rechtlichen Vorteil** bietet oder rechtlich neutral ist. Diese Einschränkung ergibt sich aus der Wertung des § 107 BGB, der auf § 181 BGB[142] und damit auch auf § 1795 BGB zu übertragen ist.[143] Denn diesen Vorschriften liegt dieselbe Wertung zugrunde, wonach der Vertretene vor Willenserklärungen des Vertreters geschützt werden soll, bei deren Abgabe der Vertreter sich von seiner eigenen Beteiligung an dem Geschäft leiten lassen könnte. Dieses Schutzes bedarf es aber dann nicht, wenn das Geschäft für den Vertretenen lediglich einen rechtlichen Vorteil beinhaltet.[144]

76 § 107 BGB stellt insofern auf einen rechtlichen, **nicht** auf einen **wirtschaftlichen Vorteil** ab. Diese Differenzierung hat nach wie vor berechtigten Bestand.[145] Lediglich rechtlich vorteilhaft ist eine Willenserklärung, wenn durch sie oder durch das mit ihr eingegangene Geschäft die rechtlichen Pflichten des Vertretenen vermindert werden oder die Rechte des Vertretenen vermehrt werden, ohne dass eine rechtliche Pflicht des Vertretenen begründet würde (vgl. die Kommentierung zu § 107 BGB). Ob das Geschäft gemessen an den Marktbedingungen wirtschaftlich als günstig zu bewerten ist und wie gewichtig der jeweilige Vor- oder Nachteil ist, muss für die notwendigerweise abstrakte Betrachtung der rechtlichen Vorteilhaftigkeit unbeachtet bleiben. Diese formale Abgrenzung vermeidet weitestgehend die Unsicherheiten, die bei einer Abgrenzung nach wirtschaftlichen Kriterien entstehen würden. Gleichwohl besteht weitgehende Einigkeit darüber, dass das Kriterium des lediglich rechtlichen Vorteils nicht formalistisch gehandhabt werden darf. So werden gewisse rechtliche Nachteile als unerheblich ausgeschieden. So sollen etwa öffentliche Lasten wie Steuern, Abgaben und Gebühren einen im Übrigen lediglich rechtlich vorteilhaften Erwerb nicht nachteilig machen.[146]

77 Die dogmatische Erfassung solcher Ausnahmen bereitet allerdings Schwierigkeiten. Als überholt dürfte die Differenzierung zwischen rechtlichen Nachteilen kraft Gesetzes oder aufgrund Rechtsgeschäfts gelten.[147] Die Gefährdung des Mündelvermögens ist nicht von der – in einigen Fällen auch nicht ganz zweifelsfreien – Zuordnung zum Rechtsgrund des Nachteils abhängig. Auch findet dieses Kriterium keinerlei Anhaltspunkt im Gesetz. Gleiches gilt für die Differenzierung zwischen privatrechtli-

---

[137] BayObLG v. 08.04.2004 - 2Z BR 068/04, 2Z BR 68/04 - juris Rn. 8 - NotBZ 2004, 280.
[138] Vgl. BayObLG v. 10.11.1999 - 3Z BR 185/99 - juris Rn. 12 - FamRZ 2001, 51-52.
[139] Vgl. OLG München v. 22.08.2012 - 34 Wx 200/12 - juris Rn. 14 - FamRZ 2013, 494-495; OLG München v. 23.09.2011 - 34 Wx 311/11 - juris Rn. 10 - NJW-RR 2012, 137-138, in Abkehr von OLG München v. 08.02.2011 - 34 Wx 018/11 - MDR 2011, 239-240; zustimmend *Röhl*, MittBayNot 2013, 189, 190; *Kölmel*, NotBZ 2013, 95-104, 99 ff., ebenso bereits BayObLG v. 08.04.2004 - 2Z BR 068/04 - juris Rn. 8 - BayObLGR 2004, 333-334; kritisch aber *Keim*, ZEV 2012, 660, 661.
[140] LG Berlin v. 03.12.2007 - 87 T 233 - 234/07 - Rpfleger 2008, 308-309.
[141] Vgl. BayObLG v. 08.04.2004 - 2Z BR 068/04, 2Z BR 68/04 - NotBZ 2004, 280.
[142] Vgl. BGH v. 27.09.1972 - IV ZR 225/69 - juris Rn. 10 ff. - BGHZ 59, 236-242.
[143] Vgl. BGH v. 25.04.1985 - IX ZR 141/84 - juris Rn. 18 - BGHZ 94, 232-240; OLG München v. 08.02.2011 - 34 Wx 18/11 - juris Rn. 6 ff. - MDR 2011, 546-547; OLG Karlsruhe v. 03.12.1999 - 11 Wx 134/99 - juris Rn. 6 - OLGR Karlsruhe 2000, 259-260; KG v. 31.08.2010 - 1 W 167/10 - juris Rn. 17 - FamRZ 2011, 736-739; *Zimmermann* in: Soergel, BGB, 13. Aufl., § 1795 Rn. 7.
[144] Vgl. auch *Maier-Reimer* in: Erman, § 181 Rn. 23; *Dickescheid* in: BGB-RGRK, § 1795 Rn. 1.
[145] Kritisch aber etwa *Riedel*, JR 1950, 140, 142.
[146] BGH v. 10.11.1954 - II ZR 165/53 - BGHZ 15, 168 ff.; *Preuß*, JuS 2006, 305, 306; *H.-F. Müller* in: Erman, § 107 Rn. 6.
[147] So *Krüger-Nieland* in: BGB-RGRK, 12. Aufl. 1982, § 107 Rn. 17; allerdings auch noch *Schmitt* in: MünchKomm-BGB, § 107 Rn. 39.

chen und öffentlichrechtlichen Pflichten.[148] Teilweise wird zwischen unmittelbaren, durch das Rechtsgeschäft begründeten und mittelbaren Wirkungen des Geschäfts differenziert.[149] Die Abgrenzung mittelbarer und unmittelbarer Wirkungen ist jedoch im Zweifelsfall wenig trennscharf. So könnte man durchaus daran zweifeln, ob die Folgen des Eintritts in ein Mietverhältnis mittelbar oder unmittelbar mit dem Erwerb des vermieteten Objekts verbunden sind.[150] Andere Ansätze differenzieren nach dem Schutzzweck des § 107 BGB. Die sorgerechtliche Betrachtungsweise von *Köhler* stellt dabei darauf ab, ob die mit dem Geschäft verbundenen Nachteile nach Art und Umfang so groß sind, dass eine Kontrolle durch den gesetzlichen Vertreter geboten ist.[151] Dieses Kriterium bringt jedoch eine erhebliche Rechtsunsicherheit mit sich und führt verdeckt eine wirtschaftliche Betrachtungsweise ein, die gerade nicht auf einen rechtlichen Vorteil abstellt.[152] Ähnliches gilt für den Ansatz von *Stürner*, der darauf abstellt, ob das Geschäft Rechtsnachteile mit sich bringt, die unter Zugrundelegung einer wirtschaftlichen Betrachtungsweise nach ihrer abstrakten Natur keine Gefährdung des Minderjährigen bedeuten.[153] Ihm hat sich allerdings im Grundsatz auch der Bundesgerichtshof angeschlossen, der darauf abstellt, ob der Nachteil wegen seines typischerweise ganz unerheblichen Gefährdungspotentials nach dem Schutzzweck der Norm als von dem Anwendungsbereich der Vorschrift nicht erfasst anzusehen ist.[154] Im Wesentlichen dürfte sich die Abgrenzung der Fälle eines rechtlichen Vorteils jedoch auch ohne wirtschaftliche Betrachtungsweise bewerkstelligen lassen, wenn man solche Nachteile außer Betracht lässt, die nicht über die Einbuße des mit dem Geschäft verbundenen Vorteils hinausgehen (etwa die Belastung eines Grundstücks mit einer Hypothek oder die Belastung mit Abgaben, die typischerweise aus den Erträgen des zugewandten Gegenstandes bestritten werden können) oder die ihren Grund in einem Verhalten des Vertretenen haben (wie dies etwa bei Einstandspflichten aus Delikt der Fall ist[155]).

Es wird deshalb auch gesagt, rechtlich vorteilhaft sei ein Geschäft, wenn der Vertretene aus seinem Vermögen, welches er bei Abschluss des Vertrages besitzt, nichts aufgeben und keine neuen Belastungen auf sich nehmen muss, damit der Vertrag zustande kommt.[156] **78**

Nach der obigen Einschränkung aufgrund des Schutzzwecks der Norm ist der Vertreter auch bei **rechtlich neutralen Geschäften**, d.h. bei solchen, die weder einen rechtlichen Vorteil noch einen rechtlichen Nachteil begründen, nicht von der Vertretung ausgeschlossen.[157] **79**

Nach dieser Definition sind **Verpflichtungsgeschäfte** rechtlich vorteilhaft, wenn der Vertretene selbst keine rechtsgeschäftlichen Verpflichtungen übernimmt. Dies ist bei einseitig verpflichtenden Verträgen, bei denen der andere Vertragsteil eine Verpflichtung eingeht, der Fall, etwa bei der Schenkung zugunsten des Vertretenen. Gegenseitige Verträge scheiden demgegenüber ebenso aus wie unvollkommen zweiseitig verpflichtende Verträge. Denn auch wenn der vertraglichen Hauptleistungspflicht kein Entgelt gegenübersteht, treffen den Vertretenen in diesen Fällen Pflichten wie etwa Verwendungsersatz- und Rückgabepflichten gemäß den §§ 601, 604 BGB. **80**

Ein **Verfügungsgeschäft** ist dann lediglich rechtlich vorteilhaft, wenn die Aufhebung, Übertragung, Belastung oder inhaltliche Änderung des Rechts zugunsten des Vertretenen wirkt. **81**

Bei **Schenkungen** ergibt sich das Problem, dass die Erfüllung eines lediglich rechtlich vorteilhaften Schenkungsversprechens mit rechtlichen Nachteilen verbunden sein kann, das Erfüllungsgeschäft jedoch entsprechend § 181 letzter Halbsatz BGB ebenfalls vom Vertreter bewirkt werden könnte. Ob der Erwerb rechtlich nachteilig ist, entschied die von der Rechtsprechung früher vertretene Gesamtbetrachtungslehre[158] anhand einer Gesamtbetrachtung des schuldrechtlichen Vertrages und des dinglichen Er- **82**

---

[148] So etwa *Bürger*, RNotZ 2006, 156, 162; vgl. hierzu *Schmitt* in: MünchKomm-BGB, § 107 Rn. 39.
[149] Kritisch hierzu aber auch *Medicus*, Allgemeiner Teil des BGB, 10. Aufl. 2010, Rn. 562 f.
[150] Kritisch hierzu etwa auch *Preuß*, JuS 2006, 305, 306.
[151] *Köhler*, JZ 1983, 225, 228; ähnlich *Müßig*, JZ 2006, 150, 152.
[152] Kritisch etwa auch *Preuß*, JuS 2006, 305, 306.
[153] *Stürner*, AcP 173 (1973), 402, 418 ff.; ihm folgend *Röthel/Krackhardt*, Jura 2006, 161, 165.
[154] So BGH v. 25.11.2004 - V ZB 13/04 - NJW 2005, 415, 417; zustimmend *Preuß*, JuS 2006, 305, 307.
[155] Vgl. hierzu *Staudinger*, Jura 2005, 547, 551; *Bürger*, RNotZ 2006, 156, 162 sowie BGH v. 25.11.2004 - V ZB 13/04 - NJW 2005, 415, 417.
[156] KG v. 31.08.2010 - 1 W 167/10 juris Rn, 17 - FamRZ 2011, 736-739; OLG Köln v. 11.06.2003 - 2 Wx 18/03 - juris Rn. 20 - OLGR Köln 2003, 290-293.
[157] Vgl. auch *H.-F. Müller* in: Erman, § 107 Rn. 10; *Wendtland* in: BeckOK BGB, Ed. 30, § 107 Rn. 9; enger wohl *Maier-Reimer* in: Erman, § 181 Rn. 23.
[158] BGH v. 09.07.1980 - V ZB 16/79 - BGHZ 78, 28-35; OLG Köln v. 11.06.2003 - 2 Wx 18/03 - Rpfleger 2003, 570; BayObLG v. 31.03.2004 - 2Z BR 045/04, 2Z BR 45/04 - BayObLGZ 2004, 86-90.

füllungsgeschäftes.[159] Dem war ein Großteil der Lehre entgegengetreten.[160] Die Rechtsprechung hat die Gesamtbetrachtungslehre inzwischen aufgegeben.[161]

83 Auch **einseitige Rechtsgeschäfte** können im Einzelfall rechtlich vorteilhaft sein, etwa die Mahnung.[162] Die meisten einseitigen Rechtsgeschäfte sind jedoch rechtlich nachteilhaft, etwa die Kündigung oder die Ausschlagung einer Erbschaft, aber auch die Annahme einer Erbschaft.[163]

cc. Erklärungen des Jugendamts gegenüber einem anderen Amt desselben Trägers

84 Nach einer jüngeren Entscheidung soll die Bestellung eines Ergänzungspflegers entbehrlich sein, wenn das Jugendamt als Vormund bei einem anderen Amt desselben Rechtsträgers, etwa bei dem Ausländeramt, einen Antrag stellt.[164] Zur Begründung wird gesagt, ein Interessengegensatz bestehe nicht, weil die Behörde an Recht und Gesetz gebunden sei. Es fehle deshalb an einem Interessengegensatz. Das erscheint nicht unproblematisch: Erstens besteht eine rechtliche Bindung auch bei jedem anderen Vormund. Zweitens stellt § 1795 BGB gerade nicht auf einen konkreten Interessengegensatz ab, sondern unterstellt gerade einen abstrakten Interessengegensatz. Drittens erscheint es nicht von vornherein ausgeschlossen, dass auch zwischen Ämtern desselben Trägers sachfremde Gesichtspunkte eine Rolle spielen – etwa wenn der Sachbearbeiter des Ausländeramtes über den Antrag des „Zimmernachbarn" zu entscheiden hat. Auch § 16 Abs. 1 Nr. 3 SGB X erscheint nicht ausreichend, um einen „In-sich-Rechtsstreit" des Jugendamtes zuzulassen. Diese Norm betrifft nur die Frage, durch welche natürliche Person die Behörde vertreten werden darf. Diese Frage ist jedoch nicht mit der Frage zu verwechseln, ob der Vertreter des Mündels gegen sich selbst (d.h. den gleichen Rechtsträger) vorgehen darf. Auch das DIJuF[165] erkennt an, dass es schwer nachvollziehbar sei, wenn das „Jugendamt als Vormund" gegen das „Jugendamt als Leistungsbehörde" vorgehe.

g. Einzelfälle:

85
- Ein **Darlehnsvertrag** stellt auch für den Empfänger des Darlehns nicht lediglich einen rechtlichen Vorteil dar.[166]
- Der Abschluss eines **Versicherungsvertrages** ist, da er Pflichten wie z.B. die Prämienzahlung auslöst, nicht lediglich rechtlich vorteilhaft, mag er auch im Einzelfall wirtschaftlich sinnvoll sein.[167]
- Die mit einer Schenkung verbundene **Ausgleichsanordnung** nach § 2050 Abs. 3 BGB macht das Rechtsgeschäft nicht rechtlich nachteilhaft.[168] Etwas anderes kann unter Umständen in der Bestimmung zur Anrechnung auf den Pflichtteil oder auf den gesetzlichen Erbteil liegen.[169]
- Die Übereignung von Grundbesitz bringt auch dann lediglich einen rechtlichen Vorteil, wenn das Grundstück mit **Grundpfandrechten** (z.B. Hypothek, Grundschuld) belastet ist[170]. Der Erwerber ist

---

[159] BGH v. 09.07.1980 - V ZB 16/79 - BGHZ 78, 28-35; OLG Köln v. 11.06.2003 - 2 Wx 18/03 - Rpfleger 2003, 570; BayObLG v. 31.03.2004 - 2Z BR 045/04, 2Z BR 45/04 - BayObLGZ 2004, 86-90.
[160] Vgl. hierzu *Lafontaine* in: jurisPK-BGB, 6. Aufl. 2012, § 1795 Rn. 114.
[161] Vgl. BGH v. 30.09.2010 - V ZB 206/10 - juris Rn. 6 - BGHZ 187, 119-126; BGH v. 03.02.2005 - V ZB 44/04 - NJW 2005, 1430; OLG Frankfurt v. 02.04.2012 - 20 W 57/11 - juris Rn. 20 - NotBZ 2012, 303-305; OLG Jena v. 02.03.2012 - 9 W 42/12 - juris Rn. 5 - NotBZ 2012, 429-430; *Böttcher*, Rpfleger 2006, 293, 299; *Preuß*, JuS 2006, 305, 309; anders noch *Gebele*, BB 2012, 728-731 (729); noch offen gelassen von BGH v. 25.11.2004 - V ZB 13/04 - NJW 2005, 415, 416; darin sahen *Führ/Menzel*, FamRZ 2005, 1729, und *Emmerich*, JuS 2005, 457, 459, allerdings bereits die Aufgabe der Gesamtbetrachtungslehre; anders noch *Wojcik*, DNotZ 2005, 655, 657 ff.; offenbar anders auch der Ausgangspunkt von *Bürger*, RNotZ 2006, 156, 162.
[162] *Emmerich*, JuS 1995, 124.
[163] Gegen die Anwendung von §1795 BGB aber *Zimmermann*, ZEV 2013, 315-320, 316.
[164] So OLG Düsseldorf v. 20.07.2010 - II-2 UF 62/10 - juris-Rn. 3 f.; zustimmend *Saar* in: Erman, § 1795 Rn. 7; vgl. auch DIJuF-Rechtsgutachten vom 01.10.2012 - V 1.100 Ho - JAmt 2013, 36-37.
[165] Vgl. DIJuF-Rechtsgutachten vom 10.12.2012 - V 6.100 Ka - JAmt 2013, 97-98.
[166] OLG Düsseldorf v. 25.11.1994 - 22 U 23/94 - NJW-RR 1995, 755, 757.
[167] Vgl. BGH v. 02.10.2002 - IV ZR 309/01 - NJW 2003, 514 für Kfz-Haftpflichtversicherungen.
[168] So auch BGH v. 10.11.1954 - II ZR 165/53 - BGHZ 15, 168, vgl. zur Schenkungsauflage nach § 525 BGB OLG Stuttgart v. 07.02.1992 - 2 U 187/91 - FamRZ 1992, 1423.
[169] So auch *Maier-Reimer/Marx*, NJW 2005, 3025, 3026; *Gebele*, BB 2012, 728-731 (729); a.A. aber OLG Dresden v. 02.04.1996 - 3 W 336/96 - MittRhNot 1997, 184-186; zum Ganzen auch *Everts*, Rpfleger 2005, 180 f.
[170] Vgl. BGH v. 25.11.2004 - V ZB 13/04 - juris Rn. 15 f. - FamRZ 2005, 359-362; OLG Jena v. 02.03.2012 - 9 W 42/12 - juris Rn. 5 - NotBZ 2012, 429-430; BayObLG München v. 15.02.1979 - BReg 2 Z 29/78 - MDR 1979, 669; BGH v. 25.11.2004 - V ZB 13/04 - NJW 2005, 415, 417.

lediglich zur Duldung der Zwangsvollstreckung in das Grundstück verpflichtet. Die mit dem Erwerb verbundene Haftung ist demnach auf die zugewandte Sache beschränkt. Dies gilt zumindest, wenn sich der Erwerber der sofortigen Zwangsvollstreckung unterworfen hat und mithin keine weiteren Kosten eines zur Zwangsvollstreckung erforderlichen Titels anfallen.[171] Gleiches kann für Belastungen in Abteilung II des Grundbuchs, etwa der Verpflichtung zur Anlage eines Vorgartens gelten.[172]

- Auch die mit dem Grunderwerb verbundene Begründung **öffentlich-rechtlicher Pflichten** (Gebühren, Abgaben etc.) führen nicht zur Nachteilhaftigkeit des Geschäfts.[173] Nach der Rechtsprechung liegt dies daran, dass es sich um Rechtsnachteile handelt, die wegen ihres typischerweise ganz unerheblichen Gefährdungspotentials als von dem Anwendungsbereich der Vorschrift nicht erfasst anzusehen sind. Es könnte auch argumentiert werden, dass die Belastungen typischerweise aus dem Ertrag der Sache bestritten werden können, bei abstrakter Betrachtungsweise der erworbene Vorteil mithin nicht über seinen Bestand hinaus gemindert wird. Dem wird seitens einer wirtschaftlichen Betrachtungsweise entgegengehalten, dass außerordentliche Grundstückslasten wie etwa Erschließungsbeiträge anfallen könnten und dass die Einziehung von Erträgnissen durchaus zweifelhaft sei.[174] Dem dürfte entgegenzuhalten sein, dass hier eine typisierende Betrachtungsweise genügend ist: Der Belastung mit Erschließungsbeiträgen steht typischerweise ein entsprechender Wertzugewinn des Grundstücks gegenüber. In jedem Fall sind die Belastungen schon aus verfassungsrechtlichen Gründen so bemessen, dass sie den Wert des Grundstücks nicht insgesamt aufzehren.[175] Die gegenteilige Ansicht verkennt zudem, dass der Vormund stets zu prüfen hat, inwiefern das Halten des Grundstücks unter wirtschaftlichen Gesichtspunkten noch sinnvoll ist. Ggf. hat er die Möglichkeit – und Pflicht – es wieder zu verwerten.

- Bei der schenkweisen Übereignung von **Wohnungs- oder Teileigentum** ist hingegen zu beachten, dass der Wohnungseigentümer regelmäßig auch in eine rechtliche Beziehung zu den anderen Wohnungseigentümern tritt. Die wohl herrschende Auffassung ging zunächst davon aus, dass es sich hierbei um eher unbedeutende Pflichten handelt, die für sich betrachtet keinen rechtlichen Nachteil begründen.[176] Gleichwohl wurde die Übereignung des Wohnungseigentumsanteils regelmäßig als zumindest auch nachteilhaft angesehen, da der Erwerber in der Regel auch in einen Verwaltervertrag eintrete.[177] In der Konsequenz müsste allerdings der Eintritt in die selbstverwaltete WEG lediglich rechtlich vorteilhaft sein. Das erschien schon nach altem Recht nicht unproblematisch. Die Stellung als Wohnungseigentümer umfasst auch eine Pflichtenstellung, die im Einzelfall über die Substanz des eigenen Anteils weit hinausgeht. So kann die Gemeinschaftsordnung im Einzelfall etwa umfassende Gebrauchsregelungen, Vertragsstrafversprechen, Kostenverteilungsschlüssel etc. enthalten. Auch haftet der Wohnungseigentümer grundsätzlich gesamtschuldnerisch für Verbindlichkeiten der Gemeinschaft, etwa aus der Durchführung von Sanierungsbeschlüssen hinsichtlich des Gesamtvorhabens. Solche Pflichten können im Einzelfall weit über die Substanz des eigenen Anteils hinausgehen. Nach neuem Recht ist die schenkweise Übertragung von Wohnungs- oder Sondereigentum schon im Hinblick auf die unbegrenzte Haftung der Wohnungseigentümer nach § 10 Abs. 8 WEG (vgl. hierzu die Kommentierung zu § 10 WEG) nicht mehr lediglich rechtlich vorteilhaft.[178] Auch der Bundesgerichtshof geht nunmehr generell davon aus, dass der Erwerb einer Eigentumswohnung nicht lediglich rechtlich vorteilhaft ist.[179]

---

[171] Vgl. hierzu BGH v. 25.11.2004 - V ZB 13/04 - NJW 2005, 415, 417.
[172] Vgl. OLG Jena v. 02.03.2012 - 9 W 42/12 - juris Rn. 5 - NotBZ 2012, 429-430.
[173] BGH v. 10.11.1954 - II ZR 165/53 - BGHZ 15, 168-171; BGH v. 25.11.2004 - V ZB 13/04 - NJW 2005, 415, 417; BFH 27.04.2005 - II R 52/02 - DStR 2005, 1937, 1939 f.; OLG Koblenz v. 13.07.2005 - 13 UF 165/05 - Rpfleger 2005, 6654 f.
[174] So etwa *Röthel/Krackhardt*, Jura 2006, 161, 165 f.
[175] Vgl. etwa BVerfG v. 22.06.1995 - 2 BvL 37/91 - BVerfGE 93, 121, 136 ff.; ähnlich etwa auch *Preuß*, JuS 2006, 305, 307.
[176] Vgl. etwa *Böttcher*, Rpfleger 2006, 293.
[177] So auch OLG Hamm v. 23.05.2000 - 15 W 119/00 - NJW-RR 2000, 1611-1614; BayObLG München v. 04.09.2003 - 2Z BR 162/03 - ZNotP 2004, 25-26; OLG Celle v. 29.07.1976 - 4 Wx 9/76 - NJW 1976, 2214; *Böttcher*, Rpfleger 2006, 293.
[178] Vgl. hierzu auch OLG München v. 06.03.2008 - 34 Wx 14/08 - OLGR München 2008, 397 ff.; OLG Hamm v. 06.07.2010 - I-15 W 330/10 - juris Rn. 5 f. - ZWE 2010, 370; *Zimmermann* in: Damrau/Zimmermann, Betreuungsrecht, 4. Aufl. 2011, § 1795 Rn. 7.
[179] BGH v. 30.09.2010 - V ZB 206/10 - juris Rn. 11 - BGHZ 187, 1119-126.

§ 1795

- Der Erwerb **vermieteten Immobiliareigentums** ist nicht lediglich rechtlich vorteilhaft.[180] Denn der gemäß den §§ 566 Abs. 1, 581 Abs. 2, 593b BGB in das Mietverhältnis eintretende Erwerber haftet persönlich, etwa auf Schadens- und Aufwendungsersatz (§§ 536a, 581 Abs. 2, 586 Abs. 2 BGB), und ist zur Rückgewähr der Mietkaution verpflichtet (§§ 566a, 581 Abs. 2, 593b BGB). Die Schenkung vermieteten Immobiliareigentums unter der aufschiebenden Bedingung, dass das Kind das 18. Lebensjahr vollendet, ist rechtlich nachteilig, wenn der Vertrag vorsieht, dass der Mündel vom Tag des 18. Geburtstags an mit sämtlichen Rechten und Pflichten in das Mietverhältnis eintreten soll. Damit wird der Mündel zwar nicht automatisch Partei des Mietvertrages. Jedoch begründet diese vertragliche Bestimmung einen Freistellungsanspruch gegen den Mündel wegen aller aus dem Mietverhältnis entstehenden Pflichten unabhängig von dem dinglichen Rechtserwerb.[181]

- Umstritten ist, ob der Erwerb eines Grundstücks, an dem ein **Nießbrauch** besteht, allein schon aufgrund des bestehenden Nießbrauchs die Genehmigungsbedürftigkeit auslöst. Den Eigentümer trifft nach den §§ 1049, 677 ff. BGB eine persönliche Haftung für Verwendungen. Es wird deshalb vertreten, der Erwerb des nießbrauchsbelasteten Grundstücks sei nicht lediglich rechtlich vorteilhaft.[182] Die herrschende Lehre nimmt demgegenüber keinen rechtlichen Nachteil an, da die gesetzlichen Pflichten des Eigentümers gegenüber dem Nießbraucher nicht den Erwerber, sondern den Eigentümer als solchen treffen.[183] Dem dürfte zuzustimmen sein, da insofern nichts anderes gilt als für die Belastung mit öffentlichen Gebühren. Für die Praxis ist im Sinne des sichersten Weges gleichwohl zu empfehlen, die Bestellung eines Ergänzungspflegers zu beantragen. Unproblematisch ist allerdings der Fall, in dem der Nießbraucher sich verpflichtet, auch die Kosten außergewöhnlicher Ausbesserungen und Erneuerungen sowie die außergewöhnlichen Grundstückslasten zu tragen, da der Eigentümer dann nicht zum Aufwendungs- und Verwendungsersatz gemäß den §§ 1049, 677 ff. BGB verpflichtet ist.[184]

- Auch ein **Rückforderungs- oder Widerrufsrecht** nach § 528 BGB bzw. § 530 BGB begründet für sich allein noch keinen rechtlichen Nachteil, da der Umfang der Rückabwicklung auf die vorhandene Bereicherung beschränkt ist. Etwas anderes gilt allerdings, wenn ein Rücktrittsrecht vertraglich vereinbart ist, das eine Rückgewähr ohne Beschränkung auf die noch vorhandene Bereicherung vorsieht oder auch nur eine einseitige Regelung der Kostentragung im Rücktrittsfall enthält.[185]

- Umstritten ist, ob die Veräußerung eines **vermieteten** Grundstücks rechtlich vorteilhaft ist, wenn sich der Veräußerer den **Nießbrauch** an dem Grundstück vorbehält. In diesem Fall tritt der Erwerber nicht unmittelbar, sondern erst mit Beendigung des Nießbrauchs, regelmäßig im Todeszeitpunkt des Veräußerers in die Vermieterstellung ein. Nach Auffassung des OLG Celle[186] soll das Geschäft lediglich rechtlich vorteilhaft sein. Es trete lediglich eine sekundäre Haftungsfolge aufgrund der Eigentümerstellung, nicht aber aus einer persönlichen Verpflichtung des Erwerbers ein. *Fernbacher* argumentiert, wenn die Veräußerung des nießbrauchsbelasteten Grundstücks dann rechtlich vorteilhaft sei, wenn das Grundstück noch nicht vermietet sei (vgl. hierzu oben), und das Grundstück anschließend vermietet werde, so träfen den Erwerber dieselben Rechtsfolgen, wie wenn bereits im Zeitpunkt der Veräußerung ein Mietverhältnis bestehe. Für eine unterschiedliche Behandlung der bereits vorhandenen Vermietung und der nachträglichen Vermietung bestehe kein Grund.[187] Das

---

[180] BGH v. 03.02.2005 - V ZB 44/04 - NotBZ 2005, 156-158; BayObLG v. 05.12.2002 - 2Z BR 108/02 - NJW 2003, 1129-1130; KG v. 31.08.2010 - 1 W 167/10 - juris Rn. 18 - FamRZ 2011, 736-739; OLG München v. 08.02.2011 - 34 Wx 18/11 - juris Rn. 6 - FamRZ 2011, 828-829.

[181] KG v. 31.08.2010 - 1 W 167/10 - juris Rn. 20 - FamRZ 2011, 736-739.

[182] So BFH v. 13.05.1980 - VIII R 75/79 - NJW 1981, 141; *Petersen*, Jura 2003, 399, 402; *Schreiber*, Jura 1991, 24, 29; *Preuß*, JuS 2006, 305, 308; vgl. zu der bejahten Anwendbarkeit von § 1795 BGB bei Schenkung eines mit Nießbrauch und Leibgedinge belasteten Grundstücks auch LG Coburg v. 15.10.2007 - 41 T 98/07 - MittBayNot 2008, 224-225. Das Gericht stellt entscheidend auf die persönliche Haftung nach § 1108 BGB ab.

[183] So im Ergebnis BayObLG v. 31.03.2004 - 2Z BR 45/04 - BayObLGZ 2004, 86-90; *Mansel* in: Jauernig, BGB, 15. Aufl. 2014, § 107 Rn. 5.

[184] BGH v. 25.11.2004 - V ZB 13/04 - NJW 2005, 415, 417. Vgl. zur (bejahten) Anwendbarkeit von § 1795 BGB bei Schenkung eines mit Nießbrauch und Leibgedinge belasteten Grundstücks auch LG Coburg v. 15.10.2007 - 41 T 98/07 - MittBayNot 2008, 224-225. Das Gericht stellt entscheidend auf die persönliche Haftung nach § 1108 BGB ab.

[185] BayObLG v. 31.03.2004 - 2Z BR 45/04 - BayObLGZ 2004, 86-90.

[186] OLG Celle v. 16.02.2001 - 4 W 324/00 - MDR 2001, 931-932; zustimmend *Everts*, ZEV 2004, 231-234; ebenso *H.-F. Müller* in: Erman, § 107 Rn. 7.

OLG Karlsruhe[188] und das BayObLG[189] vertreten die Gegenansicht. Letztgenannter Auffassung dürfte zuzustimmen sein, da der Erwerber spätestens mit Beendigung des Nießbrauchs in die Vermieterpflichten eintritt. *Fernbacher* wird entgegnet, dass es einen rechtlichen Unterschied mache, ob der Minderjährige dem bereits bestehenden Damoklesschwert des absehbaren Eintritts in einen schon bestehenden Mietvertrag ausgesetzt wird oder ob lediglich die abstrakte Gefahr besteht, dass ein solches Damoklesschwert durch einen späteren Mietvertrag entstehen könnte.[190] In der Tat dürfte der von *Fernbacher* herangezogene Vergleich eher dafür sprechen, die Behandlung des nießbrauchsbelasteten, nicht vermieteten Erwerbs zu überdenken als den Erwerb des nießbrauchsbelasteten, vermieteten Grundstücks für rechtlich vorteilhaft zu charakterisieren.

- Das OLG Frankfurt vertritt die Auffassung, die schenkweise Übertragung eines Grundstücks sei nicht lediglich rechtlich vorteilhaft, wenn das Grundstück **verpachtet** ist. Dies gelte auch dann, wenn der Schenker Verpächter sei und sich zugleich mit der Übertragungsverpflichtung einen Nießbrauch vorbehalte. Es hatte wegen Abweichung von der Position des OLG Celle dem Bundesgerichtshof vorgelegt.[191] Der Bundesgerichtshof[192] hat inzwischen entschieden, dass ein auf den Erwerb eines vermieteten oder verpachteten Grundstücks gerichtetes Rechtsgeschäft für einen Minderjährigen nicht lediglich rechtlich vorteilhaft ist, auch wenn sich der Veräußerer den Nießbrauch an dem zu übertragenden Grundstück vorbehalten hat. Das Gericht begründet dies damit, dass der Vermieter nicht nur zur Überlassung des vermieteten bzw. verpachteten Grundstücks verpflichtet ist, sondern dass ihn auch Schadensersatz- und Aufwendungsersatzpflichten sowie die Pflicht zur Rückgewähr einer von dem Mieter oder Pächter geleisteten Sicherheit treffen können. Anders als die mit dem Grundstückserwerb verbundene Verpflichtung zur Tragung laufender öffentlicher Lasten seien die aus dem Eintritt in ein Miet- oder Pachtverhältnis resultierenden Pflichten ihrem Umfang nach nicht begrenzt. Ob die von der Vermietung oder Verpachtung ausgehenden Gefahren für das Vermögen des Minderjährigen im Hinblick auf die mit dem Grundstückserwerb verbundenen Vorteile hingenommen werden können, ließe sich nicht abstrakt beurteilen, sondern erfordere eine entsprechende einzelfallbezogene Prüfung durch den gesetzlichen Vertreter. Der Erwerb eines vermieteten oder verpachteten Grundstücks sei für einen Minderjährigen deshalb nicht lediglich rechtlich vorteilhaft. Dies gelte auch, wenn sich der Veräußerer den Nießbrauch an dem zu übertragenden Grundstück vorbehalten hat, da der Erwerber jedenfalls mit der Beendigung des Nießbrauchs entsprechend § 1056 Abs. 1 BGB in die Pflichten aus dem dann noch bestehenden Miet- oder Pachtvertrag eintrete. Die damit begründete persönliche Haftung des Minderjährigen sei nicht etwa deshalb unbeachtlich, weil es sich um einen mittelbaren Rechtsnachteil handelt, der aus der Eigentümerstellung als solcher resultiere. Tatsächlich sei die Belastung mit miet- oder pachtvertraglichen Pflichten eine Folge des dinglichen Erwerbsgeschäfts. Dass sie von dem rechtsgeschäftlichen Willen der Parteien nicht umfasst sein muss, sondern kraft gesetzlicher Anordnung eintritt, sei im Hinblick auf den von § 107 BGB verfolgten Schutzzweck ohne Belang. Dieser Einschätzung ist weiterhin zuzustimmen.
- Insbesondere im Rahmen einer vorweggenommenen Erbfolge erlangt die Übertragung von Gesellschaftsbeteiligungen praktische Bedeutung. Hier ist zwischen den verschiedenen Gesellschaftsformen zu differenzieren: Die schenkweise Übertragung voll eingezahlter **Aktien** beinhaltet anerkanntermaßen lediglich einen rechtlichen Vorteil.[193] Anders verhält es sich mit dem Erwerb von **GmbH-Anteilen**.[194] Der Erwerb von GmbH-Anteilen setzt den Erwerber der Gefahr einer Haftung auf die von anderen Gesellschaftern nicht voll eingezahlten Anteile nach § 24 GmbHG aus. Auch im Fall der Rückzahlung des Stammkapitals kann es nach § 31 Abs. 3 GmbHG zu einer subsidiären Haftung kommen. Aus entsprechenden Gründen ist etwa auch die **Kapitalerhöhung** bei der GmbH als nicht lediglich vorteilhaft zu qualifizieren.[195]

---

[187] *Fernbacher*, DNotZ 2005, 627 f.
[188] OLG Karlsruhe v. 03.12.1999 - 11 Wx 134/99 - OLGR Karlsruhe 2000, 259-260.
[189] BayObLG v. 27.05.2003 - 2Z BR 104/03 - ZNotP 2003, 307-308.
[190] *Feller*, MittBayNot 2005, 415; *Böttcher*, Rpfleger 2006, 293, 294.
[191] OLG Frankfurt v. 11.11.2004 - 20 W 279/04 - OLGR Frankfurt 2005, 329-330.
[192] BGH v. 03.02.2005 - V ZB 44/04 - NotBZ 2005, 156-158.
[193] *Maier-Reimer/Marx*, NJW 2005, 3025; *Gebele*, BB 2012, 728-731, 729; *Zimmermann* in: Soergel, § 1795 Rn. 7.
[194] *Maier-Reimer/Marx*, NJW 2005, 3025; *Gebele*, BB 2012, 728-731, 729; *Rust*, DStR 2005, 1942, 1944; *Bürger*, RNotZ 2006, 156, 162; *Werner*, GmbHR 2006, 737, 738.
[195] *Werner*, GmbHR 2006, 737, 738; *Rust*, DStR 2005, 1942, 1944; insofern ist allerdings streitig, ob überhaupt ein Rechtsgeschäft mit dem Vormund vorliegt, vgl. *Reimann*, DNotZ 1999, 179, 191 einerseits, *Werner*, GmbHR 2006, 737, 738 andererseits.

- Auch die Zuwendung eines Anteils an einer **Personengesellschaft** wie der Gesellschaft bürgerlichen Rechts oder der oHG an einen bisherigen Nichtgesellschafter stellt als Übergang eines „Bündels" von Rechten und Pflichten nicht nur einen rechtlichen Vorteil dar.[196] Dabei kommt es nicht darauf an, ob die Beteiligung derivat durch Übertragung des Anteils oder originär durch Bildung eines neuen Gesellschaftsanteils erworben wird.[197]
- Umstritten ist, ob der Erwerb des voll eingezahlten **Kommanditanteils** rechtliche Nachteile mit sich bringt.[198] Nach dem Schutzzweck der Norm ist diese Frage unter Würdigung der maßgeblichen gesellschaftsrechtlichen Pflichten des Kommanditisten zu beantworten.[199] Den Kommanditisten trifft keine Ausfallhaftung für andere Gesellschafter. Die Haftung bei Rückgewähr der Einlage aus § 172 Abs. 2 HGB ist dem Umfang nach auf die Rückzahlung an den Kommanditisten selbst beschränkt. Darin dürfte auch kein Nachteil liegen. Probleme bereitet allerdings die mögliche Haftung für Verbindlichkeiten, die in der Zeit zwischen dem Eintritt in die Gesellschaft und der Eintragung als Kommanditist im Handelsregister begründet werden (§ 176 Abs. 2 HGB). Umstritten ist insofern bereits die Frage der Anwendbarkeit von § 176 Abs. 2 HGB auf den derivaten Erwerb.[200] In der Praxis lässt sich dieses Risiko allerdings dadurch vermeiden, dass die Übertragung des Kommanditanteils unter der aufschiebenden Bedingung der Eintragung des Erwerbers im Handelsregister erfolgt.[201] Dann bliebe – von außergewöhnlichen Sonderkonstellationen abgesehen[202] – lediglich noch die „Belastung" mit der gesellschaftsrechtlich gesteigerten Treuepflicht. Ob diese genügt, einen rechtlichen Nachteil auszulösen, erscheint durchaus zweifelhaft.[203] Vom Erwerb des Kommanditanteils zu unterscheiden ist allerdings die Frage, inwiefern die Wahrnehmung der Rechte des Mündels als Komplementär nach erfolgter Bestellung durch den Vormund ohne Pflegerbestellung möglich ist. Insofern ist zu berücksichtigen, dass der Vormund gerade in Fällen der Familien-KG regelmäßig mit der Aufnahme des Mündels in die KG nicht unerhebliche Eigeninteressen verfolgt.[204] Allerdings dürfte dieser Umstand für sich betrachtet nicht ohne weiteres die Einrichtung einer Dauerpflegschaft rechtfertigen[205]. Der Grund dafür dürfte freilich weniger in der Unzumutbarkeit der dauerhaften Einbindung eines Fremden in familieninterne Angelegenheiten liegen[206], sondern in dem Umstand, dass es aufgrund der beschränkten Rechtsstellung des Mündels als Komplementär kaum zu Rechtsgeschäften im Rahmen des Gesellschaftsverhältnisses kommt, die dem Mündel über seine Stellung als Komplementär hinausgehende Nachteile bringen können. In den wenigen Fällen, in denen es zu solchen Rechtsgeschäften kommt, greift § 1795 BGB ein. Flankierend kann § 1796 BGB Schutz bieten.[207]
- Die Vereinbarung des Ausschlusses des Rechts, die Aufhebung einer Bruchteilsgemeinschaft verlangen zu können, ist kein rechtlich lediglich vorteilhaftes Geschäft.[208]

---

[196] BFH v. 27.04.2005 - II R 52/02 - DStR 2005, 1937, 1940; *Maier-Reimer/Marx*, NJW 2005, 3025, 3026; *Rust*, DStR 2005, 1942 f.; *Ivo*, ZEV 2005, 193, 194.

[197] Vgl. hierzu *Ivo*, ZEV 2005, 193, 194.

[198] So *Stürner*, AcP 173 (1973), 432, 436; *Ivo*, ZEV 2005, 193, 194; LG Köln v. 10.03.1970 - 2 W 13/70 - Rpfleger 1970, 245; LG Aachen v. 21.06.1993 - 3 T 128/93 - NJW-RR 1994, 1319; a.A. etwa Hanseatisches Oberlandesgericht Bremen v. 16.06.2008 - 2 W 38/08 - OLGR Bremen 2008, 746-748; *Peschel-Gutzeit* in: Staudinger, § 1629 Rn. 246.

[199] So auch *Weinbrenner*, FPR 2009, 266; *Götz* in: Palandt, § 1795 Rn. 13.

[200] Bejahend BGH v. 21.03.1983 - II ZR 113/82 - NJW 1983, 2259; verneinend etwa *Roth* in: Baumbach/Hopt, HGB, 36. Aufl. 2014, § 176 Rn. 11; wohl auch *Werner*, GmbHR 2006, 737, 739 f.

[201] Vgl. hierzu *Maier-Reimer/Marx*, NJW 2005, 3025, 3026; *Rust*, DStR 2005, 1942, 1946.

[202] Vgl. hierzu OLG Hamm v. 23.03.1974 - 15 W 174/73 - DB 1974, 815-818; hierzu auch *Oberloskamp*, FamRZ 1974, 296, 298.

[203] So auch *Maier-Reimer/Marx*, NJW 2005, 3025, 3026; *Weinbrenner*, FPR 2009, 266; a.A. aber möglicherweise BGH v. 08.05.1989 - II ZR 229/88 - NJW 1989, 2687; *Rust*, DStR 2005, 1942, 1943, der allerdings auf S. 1946 der Einschätzung von *Maier-Reimer/Marx* zuneigt.

[204] Vgl. hierzu *Oberloskamp*, FamRZ 1974, 296, 298 ff.

[205] So auch OLG Hamm v. 22.03.1974 - 15 W 174/73 - DB 1974, 815; a.A. aber *Oberloskamp*, FamRZ 1974, 296, 299 f.

[206] So *Dickescheid* in: BGB-RGRK, § 1795 Rn. 5.

[207] Vgl. etwa für Handlungen, die über den gewöhnlichen Betrieb des Handelsgewerbes hinausgehen *Schmitz-Hangbers*, Die Dauerpflegschaften nach dem Bürgerlichen Gesetzbuch – Insbesondere der Dauerergänzungspfleger in Familiengesellschaft, 1977, S. 155 ff.; *Zimmermann* in: Soergel, § 1796 Rn. 5.

[208] Vgl. OLG Frankfurt v. 02.04.2012 - 20 W 57/11 - juris Rn. 19 - NotBZ 2012, 303-305.

Hinweis für die Praxis: Für die rechtsberatende Praxis empfiehlt sich wegen der verbleibenden Unsicherheiten für den Erwerb des KG-Anteils der sichere Weg einer Ergänzungspflegerbestellung. 86

- Ebenfalls umstritten ist die Behandlung des Eintritts in eine stille Gesellschaft. Die wohl herrschende Meinung nimmt wegen der langfristigen Bindungen einen rechtlichen Nachteil an.[209] Die besseren Argumente könnten auch hier für eine Betrachtung der konkreten Ausgestaltung, insbesondere der etwaigen Beteiligung am Verlust oder an Nachschusspflichten sprechen.[210] Der Rechtsberater wird aber auch insofern den sicheren Weg der Ergänzungspflegerbestellung wählen.

- Vom Erwerb einer gesellschaftsrechtlichen Beteiligung zu unterscheiden ist die Vertretungsmacht bei **Beschlussfassung in Personengesellschaften.** Verbreitet wird die Anwendbarkeit des § 181 BGB für Maßnahmen der Geschäftsführung generell verneint, da diese vom Interessengleichlauf der Beschließenden geprägt seien. Die wohl herrschende Auffassung unterscheidet zwischen **Grundlagenbeschlüssen**, etwa satzungsändernde Beschlüsse oder die Bestellung des Vormunds zum Geschäftsführer[211], für die die Bestellung eines Pflegers notwendig sei[212], und **Maßnahmen der Geschäftsführung**, bei denen der Vormund den Mündel vertreten könne.[213] Zur Begründung wird angeführt, dass Grundlagenbeschlüsse das Verhältnis der Mitglieder zueinander regelten, woraus sich die abstrakte Gefahr einer Interessenkollision ergebe. Maßnahmen der Geschäftsführung dienten hingegen der gemeinschaftlichen Verfolgung des Gesellschaftszwecks. Hierbei sei eine Interessenkollision nicht zu befürchten[214]. Auch sei es mit den gemeinschaftlichen Belangen der Personengesellschaft unvereinbar, wenn für jedes minderjährige Mitglied einer Familienpersonengesellschaft ständig ein Fremder an den gesellschaftlichen Angelegenheiten teilnehmen müsste.[215]

- An dieser Auffassung trifft zu, dass die Gesellschaft ein durch Interessenverbindung oder Interessengleichgerichtetheit gekennzeichnetes Gemeinschaftsverhältnis darstellt[216] und dass die Geschäftsführung als die auf Verwirklichung des Gesellschaftszwecks im Innenverhältnis gerichtete Tätigkeit[217] sich von dieser Interessengleichrichtung tragen lassen sollte. Doch dürfte es eine mit der Realität nicht übereinstimmende Idealisierung darstellen, hieraus zu schlussfolgern, die Auswahl einer Geschäftsführungsmaßnahme sei frei von der – im Rahmen von § 1795 BGB allein maßgeblichen – abstrakten Gefahr eines Interessengegensatzes zwischen den Gesellschaftern. Selbst wenn es ein maßgebliches Kriterium der Geschäftsführungsmaßnahme darstellt, dass sie mit dem Gesellschaftszweck vereinbar ist[218], schließt dies nicht aus, dass damit zugleich individuelle Zwecke verfolgt werden. So kann beispielsweise die Erteilung eines Auftrages oder die Gewährung (oder Verweigerung) eines Darlehens an einen nahe stehenden Dritten, wenn die Konditionen für die Gesellschaft günstig sind, im Interesse der Gesellschaft liegen, wohingegen ein Interesseneinklang der Gesellschafter zu dieser Maßnahme nicht bestehen muss. § 1795 BGB dürfte deshalb richtiger Ansicht nach uneingeschränkt auch auf Gesellschafterbeschlüsse Anwendung finden. Diese Lösung bietet überdies den Vorteil der Rechtssicherheit; gerade auch bei Gesellschaften, die – wie etwa die Gesellschaft bürgerlichen Rechts – keine gesetzliche Grenzziehung zwischen Geschäftsführungs- und Grundlagengeschäften aufweisen. Die bloße Anwendung von § 1796 BGB im Einzelfall würde den

---

[209] Vgl. BFH v. 28.11.1973 - I R 101/72 - BFHE 111, 85; zustimmend *Rust*, DStR 2005, 1942, 1944; so auch *Wagenitz* in: MünchKomm-BGB, § 1822 Rn. 26.

[210] So auch BGH v. 28.01.1957 - III ZR 155/55 - JZ 1957, 382; Finanzgericht Sachsen-Anhalt v. 23.05.2013 - 1 K 1568/07 - juris Rn. 29; *Klüsener*, Rpfleger 1993, 133, 136; im Ergebnis ebenso *Oberloskamp*, FamRZ 1974, 296, 300.

[211] Vgl. *Werner*, GmbHR 2006, 737, 739.

[212] Vgl. zu Änderungen des Gesellschaftsvertrages etwa BayObLG v. 17.11.2000 - 3Z BR 271/00 - NJW-RR 2001, 469; *Ellenberger* in: Palandt, § 181, Rn. 11a; *Zimmermann* in: Soergel, § 1795 Rn. 8; *Dickescheid* in: BGB-RGRK, § 1795 Rn 5.

[213] So etwa BGH v. 18.09.1975 - II ZB 6/74 - BGHZ 65, 93-102; *Götz* in: Palandt, § 1795 Rn. 9; *Saar* in: Erman, § 1795 Rn. 6; *Zimmermann* in: Damrau/Zimmermann, Betreuungsrecht, 4. Aufl. 2011, § 1795 Rn. 8; ähnlich *Ellenberger* in: Palandt, § 181 Rn. 11; *Dickescheid* in: BGB-RGRK, § 1795 Rn. 5; vgl. auch BGH v. 18.09.1975 - II ZB 6/74 - BGHZ 65, 93-102.

[214] Vgl. BGH v. 18.09.1975 - II ZB 6/74 - BGHZ 65, 93-102; so auch *Fritsche* in: Kaiser/Schnitzler/Friederici, AnwKomm-BGB, Band 4: Familienrecht, 1. Aufl. 2004, § 1796 Rn. 9.

[215] So *Dickescheid* in: BGB-RGRK, § 1795 Rn. 5.

[216] Vgl. hierzu *Martinek* in: Staudinger, § 675 Rn. A 39.

[217] Vgl. hierzu *Schmidt*, Gesellschaftsrecht, 4. Aufl. 2002, § 47 V 1.

[218] So auch *Schmidt*, Gesellschaftsrecht, 4. Aufl. 2002, § 47 VI.) c).

Betroffenen keine ausreichende Rechtssicherheit gewähren. Soweit es als misslich empfunden wird, dauerhaft einen Fremden an den Entscheidungen einer Familienpersonengesellschaft beteiligen zu müssen, mag in Betracht gezogen werden, ob nicht die Wahl einer Rechtsform als Kapitalgesellschaft oder die Beschränkung auf eine Komplementärsstellung den Besonderheiten der Beteiligung Minderjähriger besser Rechnung trägt. Es versteht sich, dass der Pfleger in Wahrnehmung seiner Tätigkeit auch der allgemeinen Pflicht zur Verschwiegenheit über die in Ausübung seiner Tätigkeit erfahrenen Kenntnisse unterliegt.

- Die Schenkung eines Darlehens stellt sich als lediglich rechtlicher Vorteil dar. Wenn etwa der beherrschende Gesellschafter ein Gesellschafterdarlehen seinen Kindern schenkweise abtritt, ist dies wirksam. Gewähren die Kinder der Gesellschaft sodann jedoch das Darlehen zu veränderten Konditionen, liegt ein hiervon unabhängiger Vertrag vor, für den § 1795 BGB eingreifen kann.[219]

87 **Hinweis für die Praxis:** Es darf nicht übersehen werden, dass auch einseitige Rechtsgeschäfte unter § 1795 Abs. 2 BGB fallen, etwa der Ausspruch der Kündigung oder die Erteilung einer Vollmacht.[220]

88 § 1795 Abs. 2 BGB greift auch bei der **Geltendmachung von Pflichtteils- oder Pflichtteilsergänzungsansprüchen** gegen den Vormund ein.[221] Soweit solche Ansprüche gegen andere Personen als den Vormund in Betracht kommen, ist an § 1795 Abs. 1 Nr. 1 und 3 BGB zu denken. Auch die Erklärung der Annahme eines Vermächtnisses ist ein Rechtsgeschäft, das an § 1795 BGB zu messen ist. Sie kann rechtlich nachteilhaft sein, wenn der Mündel zugleich konkret pflichtteilsberechtigt ist. Denn mit der Annahme entgeht ihm der Pflichtteil. Ist der Mündel nicht pflichtteilsberechtigt, kann sich ein rechtlicher Nachteil im Einzelfall aus einer Belastung des vermachten Vermögensgegenstandes ergeben.[222]

2. Abdingbarkeit und Gestattung

89 § 181 BGB sieht die Möglichkeit einer Gestattung vor. Im Anwendungsbereich des § 1795 BGB verbietet sich eine Gestattung durch den Mündel selbst schon aufgrund des Schutzcharakters der Norm zugunsten des Minderjährigen. Auch die Eltern oder ein zuwendender Dritter können das Rechtsgeschäft nicht gestatten.[223] Im Rahmen des § 1795 Abs. 2 BGB wird allerdings die Möglichkeit der Gestattung durch das Familiengericht diskutiert.[224] Hiergegen dürfte – ungeachtet der praktischen Vorteile einer solchen Vorgehensweise – unter dogmatischen Gesichtspunkten sprechen, dass das Gesetz dem Familiengericht nicht die Rolle eines Organs zuweist, das eine solche Gestattung vornehmen könnte. Denn es ist nicht Vertreter des Mündels, sondern Aufsichtsorgan.[225] Teilweise wird des Weiteren angenommen, der geschäftsfähige Betreute könne die Vertretungsmacht des Betreuers dadurch erweitern, dass er das Insichgeschäft gestattet oder genehmigt.[226] Dem ist zu widersprechen.[227] § 1795 BGB ist zwingend. Dem Betreuten die Gestattung zu erlauben, würde den Schutzzweck der Betreuung ernsthaft gefährden. Auch eine Genehmigung nach den §§ 1812, 1821 BGB oder § 1822 BGB vermag über die fehlende Vertretungsmacht nicht hinweg zu helfen.[228]

---

[219] Vgl. BFH v. 19.12.2007 - VIII R 15/06 - BFHE 197, 517, mit Anmerkung *Steinhauff*, jurisPR-SteuerR 18/2008, Anm. 2.

[220] *Zimmermann* in: Soergel, § 1795 Rn. 4, nennt als weiteres Beispiel die Kündigung der Gewährung von Kost und Logis, was freilich nur gelten dürfte, soweit die Gewährung von Kost und Logis rechtlich bindenden Charakter hatte.

[221] Vgl. OLG Hamm v. 25.10.2011 - 10 U 36/11 - juris Rn. 59; BayObLG v. 18.09.2003 - 3Z BR 167/03 - Rpfleger 2004, 42-43, 42; *Bauer* in: HK-BUR, §§ 1795, 1796 Rn. 4.

[222] Vgl. *Röhl*, MittBayNot 2013, 189-195, 191 ff.

[223] Nahezu allgemeine Ansicht, vgl. etwa OLG Hamm v. 27.12.1974 - 15 W 75/73 - FamRZ 1975, 510-514, 511 f.; *Dickescheid* in: BGB-RGRK, § 1795 Rn. 2; a.A. aber *Riedel*, JR 1950, 140, 142.

[224] Befürwortend *Larenz/Wolf*, Allgemeiner Teil des Bürgerlichen Rechts, 8. Aufl. 1997, § 46 Rn. 132, S. 891; a.A. etwa BGH v. 09.07.1956 - V BLw 11/56 - BGHZ 21, 229-234; *Veit* in: Staudinger, § 1795 Rn. 25; *Gernhuber/Coester-Waltjen*, Lehrbuch des Familienrechts, 6. Aufl. 2010, § 61 III 1 Rn. 19; *Wagenitz* in: MünchKomm-BGB, § 1795 Rn. 13; *Dickescheid* in: BGB-RGRK, § 1795 Rn. 2; *Götz* in: Palandt, § 1795 Rn. 11; *Siedrat*, ZBlFG 2, 507.

[225] So auch BGH v. 19.06.1961 - III ZR 89/60 - FamRZ 1961, 473-477, 475; OLG Hamm v. 27.12.1974 - 15 W 75/73 - FamRZ 1975, 510-514, 511 f.; *Veit* in: Staudinger, § 1795 Rn. 25, unter Hinweis auf RG v. 13.05.1909 - IV 248/08 - RGZ 71, 162-170; im Ergebnis ebenso *Dickescheid* in: BGB-RGRK, § 1795 Rn. 2; *Zimmermann* in: Soergel, § 1795 Rn. 45.

[226] So *Freiherr von Crailsheim* in: Jürgens, Betreuungsrecht, 4. Aufl. 2010, § 1795 Rn. 19.

[227] So etwa auch *Saar* in: Erman, § 1795 Rn. 8.

[228] Vgl. OLG Frankfurt v. 02.04.2012 (20 W 57/11 - juris Rn. 22 - NotBZ 2012, 303-305.

3. Praktische Hinweise

Besteht die konkrete Gefahr einer Interessenkollision, ohne dass die Voraussetzungen des § 1795 BGB erfüllt wären, so ist an die Möglichkeit einer Entziehung der Vertretung nach § 1796 BGB zu denken.

Bei Rechtsgeschäften unter nahen Angehörigen ergibt sich mitunter die Besonderheit, dass die steuerrechtliche Anerkennung des Geschäfts nicht durchweg der zivilrechtlichen Wirksamkeit folgt. Nach § 41 AO ist es für die Besteuerung zwar grundsätzlich unerheblich, ob ein Rechtsgeschäft zivilrechtlich wirksam ist, soweit und solange alle Beteiligten das wirtschaftliche Ergebnis dieses Rechtsgeschäfts eintreten und bestehen lassen. Diese so genannte wirtschaftliche Betrachtungsweise wird aber gerade im Falle von Verträgen zwischen nahen Angehörigen durch das Erfordernis der Einhaltung der gesetzlichen Form eingeschränkt.[229] Bei Rechtsgeschäften, die unter § 1795 Abs. 1 Nr. 1 BGB fallen, bedarf es deshalb zur steuerrechtlichen Anerkennung der Vertretung durch den Ergänzungspfleger. Dabei vermag eine rückwirkende Genehmigung durch den nachträglich eingeschalteten Ergänzungspfleger für das Geschäft zwar gemäß § 184 Abs. 1 BGB die zivilrechtliche Wirksamkeit zu begründen. Steuerrechtlich können aus einem solchen Rechtsgeschäft jedoch erst vom Zeitpunkt der Genehmigung an steuerrechtliche Folgerungen gezogen werden.[230] Für die steuerrechtliche Betrachtung eines Rechtsgeschäfts, das unter Verstoß gegen § 1795 BGB zustande gekommen ist, kann im Einzelfall eine aktuelle Entscheidung des BFH bedeutsam sein: Danach bildet die zivilrechtliche Wirksamkeit des Rechtsgeschäfts kein eigenständiges Tatbestandsmerkmal dergestalt, dass allein die Nichtbeachtung zivilrechtlicher Formvorschriften die steuerrechtliche Nichtanerkennung des Vertragsverhältnisses zur Folge hat. Vielmehr handelt es sich lediglich um Beweisanzeichen (Indizien) bei der im Rahmen einer Gesamtbetrachtung zu treffenden Entscheidung, ob die streitigen Aufwendungen in einem sachlichen Zusammenhang mit der Erzielung von Einkünften stehen oder dem nicht steuerbaren privaten Bereich zugehörig sind. Im Rahmen eines nach § 1795 Abs. 1 Nr. 1 BGB zunächst schwebend unwirksamen Rechtsgeschäfts kann dann zugunsten der steuerrechtlichen Anerkennung im Einzelfall zu würdigen sein, dass die Parteien nach Erkennen der Unwirksamkeit zeitnah auf eine Genehmigung durch den Ergänzungspfleger hinwirkten[231]. Nach der Rechtsprechung des FG Baden-Württemberg kommt der für eine steuerrechtliche Anerkennung erforderliche ernsthafte Bindungswille allerdings nur in Betracht, wenn den Vertragsparteien die Nichtbeachtung von Formvorschriften nicht angelastet werden kann. Das soll aber nicht der Fall sein, wenn sich die Notwendigkeit einer Ergänzungspflegschaft unmittelbar aus dem Gesetz ergibt.[232] Die Rechtsentwicklung in diesem Bereich erscheint noch nicht abgeschlossen. Bei entsprechenden steuerrechtlichen Gestaltungen ist deshalb Vorsicht geboten.

In seinem Urteil vom 07.06.2006 hält der BFH daran fest, dass die zivilrechtliche Unwirksamkeit des Rechtsgeschäfts nur ein Beweisanzeichen gegen die Ernstlichkeit des Vertrages darstelle. Im Rahmen der vorzunehmenden Gesamtbetrachtung sei auch zu würdigen, dass die Verträge durchgeführt worden seien und die Parteien, nachdem sie die zivilrechtliche Unwirksamkeit erkannt hätten, auf die Genehmigung durch einen Ergänzungspfleger hingewirkt hätten. Nach dem Nichtanwendungserlass des BMF vom 02.04.2007[233] sollen diese Grundsätze nicht verallgemeinerungsfähig sein. Die Finanzverwaltung geht davon aus, dass Verträge zwischen nahen Angehörigen grundsätzlich bürgerlich-rechtlich wirksam geschlossen und tatsächlich wie vereinbart durchgeführt werden müssen. Danach scheidet eine Rückwirkung der nachträglich herbeigeführten Genehmigung des Ergänzungspflegers regelmäßig aus. Nur ausnahmsweise gilt etwas anderes, wenn den Vertragspartnern die Nichtbeachtung der Formvorschriften nicht angelastet werden kann und sie zeitnah nach dem Erkennen der Unwirksamkeit oder dem Auftauchen von Zweifeln an der Wirksamkeit des Vertrages die erforderlichen Maßnahmen einleiten, um die Wirksamkeit herbeizuführen oder klarzustellen. Zuzurechnen sein soll die Nichtbeachtung der Formvorschriften den Vertragsparteien, wenn sie sich unmittelbar aus dem Gesetz ergibt. Mit dem Urteil des BFH vom 22.02.2007[234] haben sich die Positionen des BFH und der Finanzverwal-

---

[229] BFH v. 31.10.1989 - IX R 216/84 - NJW-RR 1990, 1035-1036, einschränkend allerdings BFH v. 13.07.1999 - VIII R 29/97 - NJW-RR 2000, 1195-1197.

[230] FG Hannover v. 17.12.2003 - 1 K 10543/00 - DStRE 2004, 1193-1194; BFH v. 31.10.1989 - IX R 216/84 - NJW-RR 1990, 1035-1036; zum Beispielsfalls der vermögensverwaltenden Familien-Kommanditgesellschaft etwa auch *Eickmann/Hohaus*, BB 2004, 1707-1712.

[231] BFH v. 07.06.2006 - IX R 4/04 - BFHE 214, 173; vgl. zu der Indizwirkung auch BFH v. 22.02.2007 - IX R 45/06 - BFHE 217, 409.

[232] FG Baden-Württemberg v. 19.09.2006 - 4 K 177/02 - EFG 2006, 1824 ff.

[233] Nichtanwendungserlass des BMF v. 02.04.2007 - IV B 2 S 2144/0 - DStR 2007, 805 f.

[234] BFH v. 22.02.2007 - IX R 45/06 - BFHE 217, 409.

tung weitgehend angenähert. Die steuerrechtliche Anerkennung war in dem konkreten Fall nicht allein aufgrund der zivilrechtlichen Unwirksamkeit verweigert worden, sondern mit der Begründung, die Nichteinhaltung des § 1795 Abs. 1 Nr. 1 BGB sei der Partei anzulasten. Dass die Einhaltung der bürgerlich-rechtlichen Vorschriften nicht als tatbestandliche Voraussetzung für die steuerrechtliche Anerkennung behandelt, die Zurechenbarkeit der Nichtbeachtung jedoch im Rahmen der Gesamtbetrachtung gewürdigt wurde, hat das BFH nicht beanstandet.[235] Die Rechtsprechung ist von *Tiedke/Möllmann*[236] kritisiert worden, die Bedenken im Hinblick auf das Willkürverbot hegen und darauf verweisen, dass einem Indiz keine ausschlaggebende Bedeutung mehr beigemessen werden dürfe, wenn ein Sachverhalt aus anderer Quelle mit hinreichender Sicherheit festgestellt werden könne. Der BFH hält an seiner bisherigen Rechtsprechung weiterhin fest.[237] Für die Praxis ist weiterhin die Wahl des sichersten Weges, d.h. der Abschluss durch einen Ergänzungspfleger von Beginn an zu empfehlen.

93 Praktisch besonders relevante Anwendungsfälle für die Rechtsprechung zur steuerrechtlichen Anerkennung von Verträgen zwischen nahen Angehörigen sind insbesondere Ehegattenarbeitsverhältnisse, Miet- und Pachtverträge sowie Versorgungsverträge[238].

94 Für die rechtsberatende Praxis kann vor allem die Einräumung einer Beteiligung an einer so genannten Familien-Kommanditgesellschaft eine interessante Gestaltungsmöglichkeit darstellen. Auf diese Weise können etwa Vermögenswerte an die nächste Generation übertragen werden, ohne dass der übertragende Teil die Kontrolle über das Familienunternehmen bereits gänzlich aus der Hand geben müsste. Dies kann auch im Sinne einer frühzeitigen Einbindung des Nachwuchses in die unternehmerische Verantwortung sinnvoll sein.[239] Insbesondere aber steuerliche Gründe lassen die Familien-Kommanditgesellschaft ins Blickfeld der Rechtsgestaltung geraten: So können Erträge auf mehrere Personen mit der Folge verteilt werden, dass die ESt-Grundfreibeträge mehrfach in Anspruch genommen werden können. Werden im Zehnjahres-Rhythmus weitere Anteile übertragen, lassen sich auch die Erbschaftsteuer-Freibeträge nach § 16 Abs. 1 ErbStG mehrfach ausnutzen.[240] Aber auch hier ist zu beachten, dass die steuerliche Anerkennung bei Außerachtlassen der vormundschaftsrechtlichen Beschränkungen häufig versagt wird.

95 Gerade im Bereich der Zuwendung von Gesellschaftsanteilen ist manches streitig. In Zweifelsfällen empfiehlt sich für die rechtsberatende Praxis stets der sicherste Weg.

96 Ausgehend von der Aufgabe der Gesamtbetrachtung (vgl. Rn. 82) werden die Grundbuchämter darauf zu achten haben, ob die einzutragende Übereignung von Grundstücken mit rechtlichen Nachteilen verbunden ist, etwa aufgrund eines damit verbundenen Eintritts in eine persönliche Haftung. Um insofern Rückfragen zu vermeiden, empfiehlt sich für die notarielle Praxis, hierzu bereits Angaben in die notariellen Urkunden aufzunehmen.[241]

97 Ist die Schenkung von Immobiliareigentum vereinbart worden, liegt die notwendige Erklärung des Ergänzungspflegers aber noch nicht vor, so wäre die Vorlage des – ansonsten vollzugsreifen! – Geschäfts beim Grundbuchamt pflichtwidrig, da es noch an einem wirksamen schuldrechtlichen Rechtsgrund fehlt. Dem Notar ist deshalb für den Regelfall zu empfehlen, in die notarielle Urkunde die Anweisung an den Notar aufzunehmen, dass die Auflassung im Grundbuch erst nach Genehmigung durch den Ergänzungspfleger beantragt werden soll.[242]

98 In der Praxis wird die Bestellung eines Pflegers insbesondere dann häufig in Betracht zu ziehen sein, wenn der Mündel im Haushalt des Vormunds lebt. In diesem Fall ergibt es Sinn, einen Vertrag über eine pauschale Abgeltung der entstehenden Aufwendungen abzuschließen. Für den Abschluss dieses Vertrages bedarf es eines eigens bestellten Pflegers[243].

---

[235] Hierzu auch *Fischer*, jurisPR-SteuerR 23/2007, Anm. 4; *Jachmann*, jurisPR-SteuerR 31/2007, Anm. 4.
[236] *Tiedke/Möllmann*, DStR 2007, 1940-1947; *Tiedke/Möllmann*, BB 2009, 1737 f.; vgl. auch die Entscheidung des Niedersächsischen FG v. 26.06.2008 - 1 K 381/06.
[237] BFH v. 12.05.2009 - IX R 46/08 - BFHE 225, 12; BFH v. 23.04.2009 - IV R 24/08.
[238] Zu ihrer rechtlichen Behandlung vgl. *Hamdan/Hamdan*, DStZ 2008, 113.
[239] Zu weiteren Vorteilen gegenüber der Gesellschaft bürgerlichen Rechts bei Vermögensverwaltungsgesellschaften vgl. etwa *von Oertzen/Hermann*, ZEV 2003, 400 f.
[240] Vgl. zu den Vorteilen der Familien-Kommanditgesellschaft etwa auch *Hohaus/Eickmann*, BB 2004, 1707, 1711.
[241] So auch *Sonnenfeld*, NotBZ 2005, 154, 156; *Böttcher*, Rpfleger 2006, 293, 298.
[242] So auch *Böttcher*, Rpfleger 2006, 293, 298.
[243] H.M., vgl. *Gernhuber/Coester-Waltjen*, Familienrecht, 6. Aufl. 2010, § 72 I 2. Rn. 3.

Zu warnen ist vor Versuchen der Umgehung des § 1795 BGB. Die Umgehung durch Erteilung einer Untervollmacht ist schon in analoger Anwendung des § 1795 BGB unwirksam.[244] Soweit Umgehungsversuche nicht unmittelbar an § 1795 BGB zu messen sind, wären sie jedenfalls nach § 242 BGB gleichzustellen.[245] Das gilt etwa für das Ausweichen auf Geschäfte zugunsten des Mündels nach § 328 BGB oder für die Einschaltung eines Strohmanns als Übergangserwerbers.[246]

99

D. Rechtsfolgen

I. Die Bestellung eines Ergänzungspflegers/-betreuers

Soweit der Vormund an der Vertretung des Mündels nach § 1795 BGB gehindert ist, muss durch das Familiengericht ein Ergänzungspfleger nach § 1909 Abs. 1 Satz 1 BGB bestellt werden. Die Bestellung eines Verfahrensbeistands genügt nicht.[247] Im Fall der Betreuung ist ein Ergänzungsbetreuer nach § 1899 Abs. 4 BGB zu bestellen.[248] Dadurch soll die Geltung des Betreuungsrechts – einschließlich des Willensvorrangs des Betreuten nach § 1901 Abs. 3 Satz 1 BGB – sichergestellt werden.[249]

100

Die Vertretungsbefugnis ist auf das konkrete Rechtsgeschäft zu beschränken. Eine Dauerpflegschaft – etwa für alle weiteren künftigen Geschäfte dieser Art – wird nicht angeordnet.

101

Wegen des Verbots der Mehrfachvertretung (§ 181 BGB) kann der Ergänzungspfleger als Vertreter des einen Mündel ein Geschäft nicht mit sich selbst als Vertreter eines anderen Mündel abschließen. Liegt ein Rechtsgeschäft zwischen mehreren Mündeln vor, so müssen mehrere Ergänzungspfleger bestellt werden,[250] wenn die Mündel nicht auf derselben Seite des Rechtsgeschäfts stehen.[251]

102

Die Frage, ob tatsächlich ein Rechtsgeschäft zwischen den beiden Betroffenen abgeschlossen wird, kann im Einzelfall Schwierigkeiten bereiten:

103

- Werden etwa Beteiligungen von Kapitalgesellschaften an zwei Kinder verschenkt, so kommt es zu zwei Schenkungsverträgen mit Beteiligung jeweils eines Kindes. Die übrigen Gesellschafter, nicht aber das gleichzeitig beschenkte weitere Kind müssen dem einzelnen Schenkungsvertrag zustimmen.[252]
- Bei Eintritt in eine Personengesellschaft ist zu differenzieren: Der originäre Anteilserwerb erfolgt durch Abschluss eines Aufnahmevertrages, an dem beide Kinder beteiligt sind. Durch ihn werden wechselseitige gesellschaftsvertragliche Pflichten zwischen allen Alt- und Neugesellschaftern begründet. Es bedarf deshalb der Bestellung mehrerer Ergänzungspfleger.[253] Der derivate Anteilserwerb erfolgt demgegenüber durch Abtretung eines Anteils zwischen dem Zuwendenden und dem Kind. Die Gesellschaft ist an diesem Rechtsgeschäft nicht beteiligt. Entgegen teilweise vertretener Auffassung[254] dürfte deshalb für das Verfügungsgeschäft wohl keine Bestellung mehrerer Ergänzungspfleger erforderlich sein. Diskutiert wird allerdings, ob die erforderliche Zustimmung der Mitgesellschafter die Genehmigungsbedürftigkeit auslöst. Einer solchen ad-hoc-Zustimmung bedarf es freilich nur, wenn sie nicht schon im Gesellschaftsvertrag zugelassen ist. Die herrschende Meinung wendet auf die Zustimmung der Mitgesellschafter das Verbot des Insichgeschäfts nicht an. Die Begründungen differieren.[255]

Hinweis für die Praxis: Im Einzelnen ist hier manches streitig, weshalb sich für die rechtsberatende Praxis stets der sicherste Weg, d.h. die Bestellung eines Pflegers, empfiehlt.

104

---

[244] Vgl. OLG Frankfurt v. 22.01.1974 - 20 W 810/73 - OLGZ 1974, 347-350, 349; *Zimmermann* in: Soergel, § 1795 Rn. 30; *Wagenitz* in: MünchKomm-BGB, § 1795 Rn. 14; *Saar* in: Erman, § 1795 Rn. 3.

[245] Vgl. auch *Kölmel*, RNotZ 2010, 1, 12, 14.

[246] Vgl. hierzu etwa *Dickescheid* in: BGB-RGRK, § 1793 Rn. 3; *Zimmermann* in: Soergel, § 1795 Rn. 34; *Wagenitz* in: MünchKomm-BGB, § 1795 Rn. 14.

[247] OLG Düsseldorf v. 24.09.2010 - II-7 UF 112/10 - juris Rn. 21 - JAmt 2010, 505-507.

[248] Also insbesondere nicht ein Ergänzungspfleger, vgl. *Wagenitz* in: MünchKomm-BGB, § 1795 Rn. 37.

[249] Vgl. *Bauer* in: HK-BUR, § 1899 BGB Rn. 72.

[250] Im Grundsatz wohl unstrittig, vgl. *Veit* in: Staudinger, § 1795 Rn. 74; *Wagenitz* in: MünchKomm-BGB, § 1795 Rn. 37; *Kölmel*, RNotZ 2010, 1, 12, 15; *Zimmermann*, ZEV 2013, 315-320, 319.

[251] Vgl. OLG München v. 17.06.2010 - 31 Wx 070/10 - juris Rn. 8 - MDR 2011, 49; *Gebele*, BB 2012, 728-731, 730.

[252] *Maier-Reimer/Marx*, NJW 2005, 3025, 3027.

[253] So auch *Ivo*, ZEV 2005, 193, 194; in diese Richtung auch *Maier-Reimer/Marx*, NJW 2005, 3025, 3027.

[254] So offenbar OLG Zweibrücken v. 14.01.1999 - 3 W 253/98 - NJW-RR 1999, 1174; so auch *Reimann*, DNotZ 1999, 179, 190.

[255] Vgl. hierzu im Einzelnen *Ivo*, ZEV 2005, 193, 195.

- Mehrere Pfleger sind auch erforderlich, wenn eine Erbengemeinschaft unter Geschwistern auseinander gesetzt wird, es sei denn, die Auseinandersetzung weicht von den gesetzlichen Vorgaben nicht ab. Letzterenfalls liegt die Erfüllung einer Verbindlichkeit vor.[256]

II. Die Regeln der Vertretung ohne Vertretungsmacht

105 Nimmt der Vormund ein Rechtsgeschäft vor, obwohl er nach § 1795 BGB von der Vertretung ausgeschlossen ist, so gelten die Regeln über die Vertretung ohne Vertretungsmacht der §§ 177-180 BGB[257]. Das bedeutet:

- Der Vertrag ist zunächst schwebend unwirksam, § 177 Abs. 1 BGB.
- Ist der Mündel geschäftsfähig geworden, so kann er das ohne Vertretungsmacht abgeschlossene, noch genehmigungsfähige Geschäft selbst mit Rückwirkung auf den Zeitpunkt der Vornahme gemäß § 184 Abs. 1 BGB genehmigen.[258] Ansonsten obliegt die Genehmigung dem nach § 1909 BGB zu bestellenden Pfleger bzw. – im Fall der Betreuung – dem Ergänzungsbetreuer.
- Soweit ersichtlich wird die Bedeutung des § 177 Abs. 2 BGB in diesem Zusammenhang nicht diskutiert. Danach kann der andere Teil den Vertretenen zur Erklärung über die Genehmigung auffordern. Da der Mündel nicht voll geschäftsfähig ist, muss die Aufforderung nach § 131 Abs. 1, 2 BGB dem gesetzlichen Vertreter zugehen. Im Falle der Betreuung ohne Einwilligungsvorbehalt kann auch eine Erklärung gegenüber dem Betreuten erfolgen. Problematisch könnte aber sein, ob der Vormund für den Empfang dieser Erklärung trotz § 1795 BGB überhaupt der gesetzliche Vertreter ist. Das wird zu bejahen sein. Denn die Aufforderung nach § 177 Abs. 2 BGB beinhaltet ein Rechtsgeschäft, das nicht zu den in § 1795 BGB aufgeführten zählt. Diese Auslegung vermeidet das unbillige Ergebnis, dass sich der andere Teil nicht von der Schwebelage befreien könnte, solange kein Pfleger bestellt ist. Denn der andere Teil kann die Bestellung des Vormundes/Betreuers nur anregen, aber nicht erzwingen. Ist bereits ein Pfleger bestellt, dürfte die Aufforderung allerdings ausschließlich ihm gegenüber wirksam erklärbar sein. Die Genehmigung kann nur der zu bestellende Pfleger erteilen.

106 **Hinweis für die Praxis**: Fordert der andere Teil den Vormund zur Genehmigung auf, so ist zu beachten, dass die Zweiwochenfrist des § 177 Abs. 2 Satz 2 BGB läuft. Diese wird den Interessen der Beteiligten mitunter nicht gerecht, da die Pflegerbestellung Zeit brauchen kann. In diesem Fall sollte der andere Teil – zulässigerweise[259] – eine längere Frist bestimmen, der Vormund hierum gegebenenfalls nachsuchen, damit das Rechtsgeschäft nicht endgültig hinfällig wird.

- Der andere Teil ist bis zur Genehmigung durch den Pfleger nach § 178 BGB zum Widerruf berechtigt, es sei denn, dass er den Mangel der Vertretungsmacht bei dem Abschluss des Vertrages gekannt hat. Auch wenn die Vertretungsmacht nach § 1795 BGB fehlt, genügt fahrlässige Unkenntnis nicht. Es bedarf vielmehr positiver Kenntnis vom Fehlen der Vertretungsmacht.[260] Schon fahrlässige Unkenntnis von der fehlenden Vertretungsmacht lässt allerdings die Haftung des Vormunds nach § 179 Abs. 3 Satz 1 BGB entfallen.
- Sonst haftet der Vormund, wenn er den Vertrag ohne Vertretungsmacht abgeschlossen hat, nach § 179 BGB nach Wahl des anderen Teils auf Erfüllung oder Schadensersatz.

107 **Hinweis für die Praxis**: Die Haftung des Vormundes entfällt nicht schon dann, wenn das Familiengericht die Voraussetzungen des § 1795 BGB nicht als erfüllt ansieht und eine Pflegerbestellung ablehnt. Sie ist in solchen Fällen regelmäßig lediglich nach § 179 Abs. 2 BGB auf das Negativinteresse bis maximal zur Höhe des Erfüllungsinteresses beschränkt. Der Vormund muss die Voraussetzungen des § 1795 BGB deshalb selbständig prüfen und muss gegebenenfalls aus eigener Entscheidung von dem Rechtsgeschäft absehen. Die weitgehend formale Auslegung des § 1795 BGB sollte ihm dabei helfen, eine Haftpflichtversicherung kann in Zweifelsfällen ergänzend wertvoll sein.

---

[256] So auch *Zimmermann* in: Soergel, § 1795 Rn. 5.
[257] Vgl. BGH v. 08.10.1975 - VIII ZR 115/74 - juris Rn. 17 - BGHZ 65, 123-127; OLG Frankfurt v. 02.04.2012 - 20 W 57/11 - juris Rn. 21 - NotBZ 2012, 303-305; *Zimmermann* in: Soergel, § 1795 Rn. 45; nunmehr auch *Veit* in: Staudinger, § 1795 Rn. 69.
[258] BGH v. 08.10.1975 - VIII ZR 115/74 - BGHZ 65, 123-127; OLG Frankfurt v. 02.04.2012 - 20 W 57/11 - juris Rn. 21 - NotBZ 2012, 303-305; *Veit* in: Staudinger, § 1795 Rn. 69; *Dickescheid* in: BGB-RGRK, § 1795 Rn. 12.
[259] Vgl. etwa *Valentin* in: BeckOK BGB, Ed. 30, § 177 Rn. 35.
[260] So etwa auch allgemein zu § 178 BGB auch *Valentin* in: BeckOK BGB, Ed. 30, § 178, Rn. 4 f.

Das einseitige Rechtsgeschäft (z.B. die Kündigung, Anfechtungserklärung, Widerrufserklärung, Rücktrittserklärung etc.) ist, wenn nicht der andere Teil das Fehlen der Vertretungsmacht gekannt, aber nicht beanstandet hat oder damit einverstanden war, nach § 180 BGB nichtig. Eine Genehmigungsmöglichkeit besteht nicht.   **108**

Das ohne Vertretungsmacht durch den Vormund im Namen des Mündels abgeschlossene Geschäft kann auch nicht in ein im Namen des Vormunds zugunsten des Mündels abgeschlossenes Rechtsgeschäft umgedeutet werden.[261]   **109**

Demgegenüber kann der Vormund selbst dem Rechtsgeschäft nicht durch Genehmigung zur Wirksamkeit verhelfen, da sonst das Vertretungsverbot umgangen würde.[262]   **110**

Im Zivilprozess richten sich die Folgen des Fehlens der Prozessvollmacht nach § 56 ZPO, § 89 ZPO. Die gerichtliche Praxis hat darauf zu achten, dass ein Ausschluss nach § 1795 BGB nicht übersehen wird. Denn das Fehlen der Prozessvollmacht ist von dem Prozessgericht von Amts wegen zu prüfen.[263] Ist der Vormund ausgeschlossen, die Bestellung eines Verfahrenspflegers jedoch abzusehen, kann das Gericht nach § 89 ZPO unverzüglich in die Sachverhandlung eintreten, was sich aber regelmäßig nur empfiehlt, wenn dadurch unnötige Mehrkosten vermieden werden können (z.B. durch eine Beweisaufnahme). Alternativ kommt die Vertagung in Betracht. Wird kein Verfahrenspfleger bestellt, so liegt im Fehlen der Prozessvollmacht ein absoluter Revisionsgrund (§ 547 Nr. 4 ZPO). Auch die Nichtigkeitsklage kann gemäß § 579 Nr. 4 ZPO erhoben werden. Ist ein Verfahrenspfleger bestellt, so darf die Vertretungsbefugnis regelmäßig nicht allein schon mit der Begründung verneint werden, es seien nicht alle materiell-rechtlichen Voraussetzungen für eine Verfahrenspflegerbestellung gegeben gewesen.[264]   **111**

Scheitert ein anvisiertes Vertragsverhältnis an § 1795 BGB, ist darauf zu achten, dass die Ziele des Mündelschutzes nicht durch die Rückabwicklung des Schuldverhältnisses – etwa durch einen Bereicherungsanspruch – umgangen werden. Ehe jedoch Korrekturen eigentlich erfüllter Rückabwicklungsansprüche erwogen werden, ist stets zu prüfen, ob solche Abwicklungsansprüche tatsächlich bestehen, oder nicht – z.B. gemäß § 814 BGB – ausgeschlossen sind.[265]   **112**

E. Prozessuale Hinweise/Verfahrenshinweise

I. Gerichtliche Entscheidung: Zuständigkeit

Für die Bestellung des Ergänzungspflegers ist das Familiengericht zuständig (vgl. die Kommentierung zu § 1793 BGB Rn. 162). Die örtliche Zuständigkeit folgt aus § 152 FamFG. Danach ist – neu – primär darauf abgestellt, ob eine Ehesache anhängig ist. Ist dies nicht der Fall, kommt es auf den gewöhnlichen Aufenthalt, danach den Ort des Fürsorgebedürfnisses an. Zur Zuständigkeit in Betreuungssachen vgl. § 272 FamFG. Funktional ist nach § 3 Nr. 2a RPflG regelmäßig der Rechtspfleger zuständig, für Angehörige eines fremden Staates aber der Richter, § 14 Abs. 1 Nr. 10 RPflG. Im Falle der Verhinderung der Eltern war nach Inkrafttreten des KindRG streitig, ob das Familien- oder das Vormundschaftsgericht für die Anordnung der Ergänzungspflegschaft zuständig ist.[266] Mit dem neuen Recht ist der Streit zugunsten des Familiengerichts entschieden. Denn bis auf Übergangsfälle entfällt das Vormund-   **113**

---

[261] BGH v. 24.05.1962 - VII ZR 46/61 - BGHZ 37, 154-156; *Dickescheid* in: BGB-RGRK, § 1795 Rn. 3.
[262] BayObLG München v. 16.10.1959 - BReg 1 Z 128/57, BReg 1 Z 129/57 - NJW 1960, 577; *Wagenitz* in: Münch-Komm-BGB, § 1795 Rn. 38; *Dickescheid* in: BGB-RGRK, § 1795 Rn. 12.
[263] Allg. A., vgl. *Dickescheid* in: BGB-RGRK, § 1795 Rn. 12; *Vollkommer* in: Zöller, ZPO, 29. Aufl. 2012, § 56 Rn. 4.
[264] BGH v. 06.10.1960 - VII ZR 136/59 - BGHZ 33, 195 ff.
[265] Vgl. OVG Saarlouis v. 26.09.2008 - 3 A 30/08 - BtPrax 2008, 261-265.
[266] Für die Zuständigkeit des Familiengerichts BayObLG v. 16.12.1999 - 4Z AR 66/99 - FamRZ 2000, 568-569, 568; OLG Zweibrücken v. 14.06.1999 - 3 W 132/99 - FamRZ 2000, 243-245, 244; OLG Hamm v. 15.08.2000 - 2 UF 320/00 - FamRZ 2001, 717-719, 718; OLG Dresden v. 06.07.2000 - 10 ARf 15/00 - RPfleger 2000, 497 f.; so etwa auch *Diederichsen* in: Palandt, 66. Aufl. Einf. v. § 1909, Rn. 8; a.A. OLG Karlsruhe v. 07.12.1999 - 19 AR 20/99 - FamRZ 2000, 568; *Bestelmeyer*, FamRZ 2001, 718 f.; *Coester*, FamRZ 2001, 439 f.; *Bienwald*, FamRZ 1999, 1601; OLG Stuttgart v. 15.11.1999 - 16 AR 9/99 - DNotZ 2000, 19 in Aufgabe der Rechtsprechung des OLG Stuttgart v. 16.12.1998 - 18 WF 562/98 - FamRZ 1999, 1601-1602; vgl. auch OLG Stuttgart v. 25.07.2006 - 16 AR 3/06 - BWNotZ 2007, 38-39, das maßgeblich darauf abstellt, dass in erster Linie nicht eine Pflegerbestellung, sondern die Erteilung einer gerichtlichen Genehmigung ersucht worden sei; KG v. 12.09.2000 - 29 AR 115/00 - FamRZ 2001, 719.

§ 1795

schaftsgericht künftig (vgl. die Kommentierung zu § 1793 BGB Rn. 162). Im Fall der Betreuung ist für die Bestellung des Ergänzungsbetreuers nach herrschender Ansicht gemäß § 14 Abs. 1 Nr. 10 RPflG der Richter zuständig.[267]

II. Verfahren

114 Das Familiengericht prüft die Voraussetzungen des § 1795 BGB von Amts wegen, § 26 FamFG. Ist der Vormund an der Vertretung des Mündels gemäß § 1795 BGB gehindert, so trifft ihn eine Anzeigepflicht gegenüber dem Familiengericht (§ 1909 Abs. 2 BGB). Das gilt auch für das Jugendamt als Amtsvormund (vgl. § 56 Abs. 1 SGB VIII). Im Zivilprozess prüft das Gericht den Mangel der Vertretungsmacht von Amts wegen (§ 56 Abs. 1 ZPO).

III. Entscheidung

115 Die Anordnung der Ergänzungspflegschaft erfolgt durch Beschluss, § 38 Abs. 1 Satz 1 FamFG. Die Anforderungen an den Beschlussinhalt ergeben sich nach neuem Recht aus § 38 FamFG. Der Beschluss ist grundsätzlich zu begründen, § 38 Abs. 3 FamFG. Wenig systematisch enthält das Gesetz Spezialregelungen für Kindschaftssachen in § 164 Sätze 2, 3 FamFG und für Betreuungssachen in § 38 Abs. 5 FamFG und in § 288 FamFG. Die Ausnahme des § 38 Abs. 4 Nr. 2 FamFG ist in Kindschaftssachen gemäß § 164 Satz 3 FamFG und in Betreuungssachen nach § 38 Abs. 5 FamFG unanwendbar. Die Ausnahme des § 38 Abs. 4 Nr. 1 FamFG ist in Betreuungssachen nach § 38 Abs. 5 FamFG ebenfalls unanwendbar, in Kindschaftssachen hingegen offenbar anwendbar (Umkehrschluss zu § 164 Satz 3 FamFG). Anerkenntnis-, Verzichts- und Versäumnisentscheidungen sollen in Kindschaftssachen also ohne Begründung möglich sein – zweifelhaft.

116 In Kindschaftssachen soll dem Kind eine Begründung nicht mitgeteilt werden, wenn Nachteile für dessen Entwicklung, Erziehung oder Gesundheit zu befürchten sind, § 164 Satz 2 FamFG. Zur Auslegung kann auf die einschlägigen Kommentierungen zu § 59 Abs. 2 FGG a.F. verwiesen werden. Mit der Regelung wird nicht die Begründung insgesamt entbehrlich. Sie kann vielmehr geboten sein, soweit weitere Beteiligte zu verbescheiden sind. In Betreuungssachen kann gemäß § 288 FamFG von der Bekanntgabe der Gründe eines Beschlusses an den Betreuten abgesehen werden, wenn dies nach ärztlichem Zeugnis erforderlich ist, um erhebliche Nachteile für seine Gesundheit zu vermeiden. Anders als in Kindschaftssachen ist also in jedem Fall ein ärztliches Zeugnis erforderlich, wenn die Gründe nicht bekannt gegeben werden sollen. Die Vorschrift entspricht § 69a Abs. 1 FGG a.F. und ist auch nach ihren materiellen Anforderungen ("erhebliche Nachteile") auf Ausnahmefälle beschränkt.

117 Der Beschluss muss den Umfang der Pflegschaft hinreichend genau beschreiben. Der Beschluss ist gemäß § 39 FamFG n.F. mit einer Rechtsbehelfsbelehrung zu versehen. Diese könnte etwa wie folgt lauten: „Gegen diesen Beschluss ist das Rechtsmittel der Beschwerde statthaft. Die Beschwerde muss binnen einem Monat ab der Zustellung oder der gerichtlich protokollierten Bekanntmachung dieser Entscheidung bei dem Amtsgericht Saarbrücken, Franz-Josef-Röder-Straße 15, 66119, eingelegt werden. Soweit der/die Betroffene bereits untergebracht ist, kann die Beschwerde auch bei dem für den Unterbringungsort zuständigen Amtsgericht eingelegt werden. Die Einlegung der Beschwerde erfolgt durch Einreichung einer Beschwerdeschrift oder durch Erklärung zu Protokoll der Geschäftsstelle des genannten Gerichts. Die Beschwerde muss die Bezeichnung des angefochtenen Beschlusses sowie die Erklärung enthalten, dass Beschwerde gegen diesen Beschluss eingelegt wird. Sie ist von dem Beschwerdeführer oder seinem Bevollmächtigten zu unterzeichnen. Die Einreichung einer Beschwerdeschrift bei einem anderen als dem genannten Gericht wahrt die Beschwerdefrist nur, wenn die Beschwerdeschrift innerhalb der Frist bei dem Amtsgericht Saarbrücken eingeht. Die Einlegung einer Beschwerdeschrift in einer anderen als der deutschen Sprache wahrt die Frist nicht".

118 **Wichtig**: Die Beschwerde kann nicht bei dem Beschwerdegericht eingelegt werden.

IV. Rechtsbehelf

119 Sowohl gegen die Anordnung der Ergänzungspflegschaft als auch gegen die Auswahl des Ergänzungspflegers ist die (einfache) Beschwerde eröffnet, § 58 FamFG.[268] Die Beschwerdefrist beträgt einen Monat, § 63 FamFG.

---

[267] So auch zum alten Recht *Bauer* in: HK-BUR, § 1899 Rn. 3; *Spanl*, RPfleger 1992, 142, 143; kritisch *Klüsener*, RPfleger 1991, 225, 231.

[268] Vgl. etwa Saarländisches Oberlandesgericht v. 22.03.2011 - 6 UF 34/11 - juris Rn. 7 - NJW 2011, 2306-2307; KG v. 21.09.2010 - 16 UF 60/10 - juris Rn. 4 - Rpfleger 2011, 157-158; OLG Hamburg v. 04.06.2010 - 12 UF 224/09 - juris Rn. 8 - FamRZ 2010, 1825-1826.

V. Sonstige Wirkungen

Das Familiengericht hat zu beachten, dass es keine Weisungen erteilen darf, die auf ein rechtlich unmögliches Verhalten hinausliefen. Es hat deshalb zu prüfen, ob die verlangte Vornahme eines Rechtsgeschäfts überhaupt von der Vertretungsmacht des Vormunds gedeckt wäre. 120

Beispiel: Der Weisung, ein Mietverhältnis des Vormunds mit dem Mündel aufzulösen, kann der Vormund nicht nachkommen.[269] 121

F. Arbeitshilfen

I. Prüfungsschema zu § 1795 BGB:

A. Tatbestand 122
I. Vormundschaft, Pflegschaft, Betreuung oder elterliche Sorge
II. Falls Jugendamt: keine Befreiung nach Landesrecht
III. Absatz 2: Verbot des Insichgeschäfts
1. Rechtsgeschäft (einseitig, mehrseitig, nicht parallel, auch gegenüber Behörde etc.)
2. zwischen Mündel und Vormund oder Mündel und Mündel (Mehrvertretung)
IV. Absatz 1: Ausschluss bei bestimmten Geschäften
1. Nummer 1: Geschäfte mit bestimmten Personen
a) Rechtsgeschäft (einseitig, mehrseitig, nicht parallel, auch gegenüber Behörde etc.)
b) zwischen Mündel und Person nach § 1795 Abs. 1 Nr. 1 BGB
2. Nummer 2: Rechtsgeschäfte über Sicherheiten
a) Rechtsgeschäft
b) der in Nummer 2 bezeichneten Art
3. Nummer 3: Rechtsstreit
a) zwischen Personen nach Nummer 1 oder
b) über Angelegenheiten nach Nummer 2
V. Ausnahmen:
1. Nicht bloß Erfüllung einer Verbindlichkeit
2. Nicht bloß rechtlich vorteilhaft oder rechtlich neutral

B. Rechtsfolge 123
– Handeln wie Vertreter ohne Vertretungsmacht, § 177 ff. BGB
– Notwendigkeit der Pflegerbestellung

II. Muster – Anzeige des Ausschlusses der Vertretungsmacht

Vgl. das Muster 1. 124

III. Muster – Bestellung eines Ergänzungspflegers

Der Tenor für die Bestellung eines Ergänzungspflegers kann etwa wie folgt lauten: 125
„1. Zur Vertretung des Mündels beim Abschluss des Kaufvertrages über das Grundstück Hauptstraße 1 in München zwischen dem Mündel und Frau Inga Groß wird Herr Rechtsanwalt Klug aus München zum Ergänzungspfleger bestellt.
2. Beim Abschluss des unter 1. bezeichneten Rechtsgeschäfts ist Herr Otto Groß als Vormund des Mündels von dessen Vertretung ausgeschlossen.
3. Die Entscheidung zu 1) wird mit ihrer Rechtskraft wirksam."
Ziffer 2) der Tenorierung hat lediglich klarstellende Funktion. 126

---

[269] Vgl. BayObLG v. 05.11.2003 - 3Z BR 215/03 - juris Rn. 13 - Rpfleger 2004, 284.

Muster zu § 1795 jurisPK-BGB / Lafontaine

Name, Vorname
_____

Straße u. Hausnummer
_____

PLZ Ort
_____

_____, den _____

An das
Amtsgericht – Familiengericht/Betreuungsgericht-
Straße u. Hausnummer
_____

PLZ Ort
_____

Vormundschaft/Betreuung betreffend Herrn/Frau
Name, Vorname
_____

Straße u. Hausnummer
_____

PLZ Ort
_____

geboren am
_____

Aktenzeichen
_____

Sehr geehrte Damen und Herren,
durch Beschluss des Amtsgerichts _____ vom _____ wurde ich zum (Mit-) Vormund/Betreuer des/r Herrn/Frau _____ bestellt.
Hiermit zeige ich an, dass ich gemäß § 1795 Abs. ___ Nr. ___ BGB / § 1796 Abs. 1 BGB den Mündel/Betreuten
bei
_____ (Bezeichnung des Rechtsgeschäfts/Rechtsstreits nach Inhalt und Beteiligten)
nicht vertreten kann/möglicherweise nicht vertreten kann, weil
_____. Ich bitte Sie deshalb, die Anordnung einer Ergänzungspflegschaft/Ergänzungsbetreuung zu prüfen. Ergänzend weise ich darauf hin, dass die Sache eilbedürftig ist, weil das Vertragsangebot bis zum _____ befristet ist / in dem Rechtsstreit bis zum _____ Verteidigungsanzeige abzugeben ist / _____.

Mit freundlichen Grüßen
Unterschrift
_____

§ 1796 BGB Entziehung der Vertretungsmacht

(Fassung vom 17.12.2008, gültig ab 01.09.2009)

(1) Das Familiengericht kann dem Vormund die Vertretung für einzelne Angelegenheiten oder für einen bestimmten Kreis von Angelegenheiten entziehen.

(2) Die Entziehung soll nur erfolgen, wenn das Interesse des Mündels zu dem Interesse des Vormunds oder eines von diesem vertretenen Dritten oder einer der in § 1795 Nr. 1 bezeichneten Personen in erheblichem Gegensatz steht.

Gliederung

A. Grundlagen 1	II. Für einzelne Angelegenheiten oder einen bestimmten Kreis von Angelegenheiten 27
I. Kurzcharakteristik 1	III. Ermessen oder gebundene Entscheidung 28
II. Entstehungsgeschichte – Das FGG-Reformgesetz 2	IV. Folgen der unterbliebenen Entziehung der Vertretungsmacht 29
B. Praktische Bedeutung 3	**E. Prozessuale Hinweise/Verfahrenshinweise** 30
C. Anwendungsvoraussetzungen 4	I. Zuständigkeit 30
I. Normstruktur 4	II. Verfahren 31
II. Vormund als gesetzlicher Vertreter 5	1. Verfahrenseinleitung von Amts wegen 31
III. Erheblicher Interessengegensatz 6	2. Anzeigepflichten 33
1. Relevante Interessenträger 8	3. Anhörungserfordernisse 34
2. Anlass des Interessengegensatzes 10	III. Form der Entscheidung 35
3. Interessengegensatz 11	IV. Wirksamwerden der Entscheidung 38
4. Erheblichkeit des Interessengegensatzes 12	V. Rechtsbehelf 39
5. Einzelfälle 16	VI. Alternative Eingriffsmöglichkeiten 40
6. Verhältnismäßigkeit 20	**F. Arbeitshilfen** 43
D. Rechtsfolgen 25	
I. Entziehung der Vertretungsmacht 25	

A. Grundlagen

I. Kurzcharakteristik

Wie § 1795 BGB verfolgt auch § 1796 BGB das Ziel, einem Missbrauch der Vertretungsmacht bei Vornahme von Rechtsgeschäften aufgrund von Interessenkollisionen zwischen Mündel und Vormund vorzubeugen. Während § 1795 BGB die Vertretungsmacht in bestimmten Fallkonstellationen aufgrund einer abstrakt bestehenden Gefahr der Interessenkollision ausschließt, eröffnet § 1795 BGB die Möglichkeit der Entziehung der Vertretungsmacht durch das Familiengericht bei Vorliegen einer konkreten Gefahr der Interessenkollision im Einzelfall. 1

II. Entstehungsgeschichte – Das FGG-Reformgesetz

Durch das Gesetz zur Reform des Verfahrens in Familiensachen und in den Angelegenheiten der freiwilligen Gerichtsbarkeit (FGG-Reformgesetz – FGG-RG) vom 17. Dezember 2008[1] wurde das Wort Vormundschaftsgericht durch das Wort Familiengericht ersetzt. Ausgehend von einem Auftrag der Justizministerkonferenz aus dem Jahr 2003 hat sich der Reformgesetzgeber entschlossen, den Kreis der Familiensachen und die Zuständigkeiten des Familiengerichts zu erweitern. Nach der Gesetzesbegründung sollte Ordnungskriterium dabei allein die Sachnähe des Familiengerichts zum Verfahrensgegenstand sein. Im Interesse aller Beteiligten sollte es dem Familiengericht ermöglicht werden, alle durch den sozialen Verband von Ehe und Familie sachlich verbundenen Rechtsstreitigkeiten zu entscheiden. Auf diese Weise würden ineffektive und zudem alle Beteiligten belastenden Verfahrensverzögerungen, Aussetzungen und Mehrfachbefassungen von Gerichten vermieden. Das Vormundschaftsgericht solle aufgelöst werden. Die Vormundschaft sei Ersatz für die elterliche Sorge und gehöre deshalb sachlich in die Zuständigkeit des Familiengerichts und nicht mehr in die des Vormundschaftsgerichts.[2] Zu der neuen Zuständigkeitsverteilung insgesamt vgl. die Kommentierung zu § 1793 BGB Rn. 162. 2

---

[1] BGBl I 2008, 2586, 2723 f.
[2] BR-Drs. 309/07, S. 367.

B. Praktische Bedeutung

3 § 1796 BGB ist über das Recht der Vormundschaft hinaus auch auf den Pfleger (§ 1915 Abs. 1 BGB) und den Betreuer (§ 1908i Abs. 1 Satz 1 BGB) anwendbar. § 1629 Abs. 2 BGB verweist auch für die Eltern auf § 1796 BGB. Hier liegt in der Praxis der häufigste Anwendungsfall. § 1796 BGB gilt grundsätzlich auch für Amtsvormundschaft und -pflegschaft (§ 56 Abs. 1 SGB VIII). Allerdings kann Landesrecht hiervon Ausnahmen vorsehen (§ 56 Abs. 2 Satz 3 SGB VIII, vgl. hierzu auch die Kommentierung zu § 1795 BGB Rn. 9).

C. Anwendungsvoraussetzungen

I. Normstruktur

4 Die beiden Absätze des § 1796 BGB sind im Zusammenhang zu lesen. Die Vertretungsmacht darf nur bei Vorliegen der Voraussetzungen des § 1796 Abs. 2 BGB entzogen werden. Insbesondere ergibt sich keine Unterscheidung aus dem „kann" des Absatzes 1 und dem „soll nur" des Absatzes 2.[3]

II. Vormund als gesetzlicher Vertreter

5 § 1796 BGB setzt voraus, dass dem Vormund die gesetzliche Vertretungsmacht zusteht, was nach § 1793 Abs. 1 Satz 1 BGB der Regelfall ist. Die Vertretungsmacht kann dem Vormund aber ausnahmsweise nach § 1795 BGB fehlen. Dann kommt § 1796 BGB nicht zur Anwendung.[4] § 1796 BGB gilt auch für Behörde oder Verein als Vormund/Betreuer.[5]

III. Erheblicher Interessengegensatz

6 Nach § 1796 Abs. 2 BGB "soll" die Vertretungsmacht bei Vorliegen eines erheblichen Interessengegensatzes zwischen dem Mündel und dem Vormund oder eines von diesem vertretenen Dritten oder einer der in § 1795 Nr. 1 BGB bezeichneten Personen entzogen werden.

7 Ist zweifelhaft, ob ein Fall des § 1795 BGB vorliegt, so soll das Familiengericht die Möglichkeit einer vorsorglichen Entziehung haben.[6] Dem ist zuzustimmen. Nur so wird das Mündelwohl effektiv geschützt.

1. Relevante Interessenträger

8 Der von § 1796 BGB geforderte Interessengegensatz muss zwischen dem Mündel einerseits und einer der genannten Personen andererseits bestehen. Dies sind:
- der Vormund,
- ein vom Vormund vertretener Dritter (die Vertretung kann auf (rechtsgeschäftlicher) Vollmacht beruhen oder kraft Gesetzes erfolgen. Im Fall der Mehrvertretung – etwa bei Führung mehrerer Mündel – sind allerdings vorrangig schon die §§ 1795 Abs. 2, 181 BGB zu beachten),
- eine der in § 1795 Abs. 1 Nr. 1 BGB bezeichneten Personen (mit der in „§ 1795 Nr. 1 BGB" bezeichneten Personengruppe sind die Fälle des § 1795 Abs. 1 Nr. 1 BGB gemeint; insofern liegt ein Redaktionsversehen vor (vgl. die Kommentierung zu § 1795 BGB).

9 Die Aufzählung der Personenkonstellationen in § 1796 Abs. 2 BGB ist abschließend. Zu Fällen einer behutsamen Korrektur des § 1795 Abs. 1 Nr. 1 BGB vgl. Kommentierung zu § 1795 BGB Rn. 9. Nicht ohne weiteres anwendbar ist die Norm deshalb bei Bestehen von Interessengegensätzen zwischen dem Mündel und anderen Personen, auch wenn sie dem Vormund nahe stehen. Allerdings kann die Interessenlage des Vormunds selbst im Einzelfall durch die Interessen ihm nahestehender Personen derart geprägt sein, dass das fremde Interesse gleichsam in sein Eigeninteresse aufgenommen wird. In diesen Fällen kommt eine Entziehung der Vertretungsmacht nach § 1796 BGB in Betracht.[7] Ansonsten kann allenfalls ein Vorgehen nach § 1837 BGB oder § 1886 BGB zu prüfen sein.

---

[3] Allg. A., vgl. *Dickescheid* in: BGB-RGRK, § 1796 Rn. 5; *Zimmermann* in: Soergel, § 1796 Rn. 3; *Veit* in: Staudinger, § 1796 Rn. 5; *Wagenitz* in: MünchKomm-BGB, § 1796 Rn. 3; vgl. hierzu auch noch unten Rn. 17.

[4] Allg. A., vgl. *Dickescheid* in: BGB-RGRK, § 1796 Rn. 5.

[5] *Zimmermann* in: Damrau/Zimmermann, Betreuungsrecht, 4. Aufl. 2011, § 1796 Rn. 3.

[6] So *Dickescheid* in: BGB-RGRK, § 1796 Rn. 1.

[7] So auch *Veit* in: Staudinger, § 1795 Rn. 11; *Zimmermann* in: Soergel, § 1795 Rn. 4; OLG Köln v. 28.02.2000 - 27 UF 24/00 - FamRZ 2001, 430-431 spricht insofern von einem „gleichgelagerten eigenen Interesse".

2. Anlass des Interessengegensatzes

Aus der Rechtsfolge – Entziehung nur der Vertretungsmacht, nicht der Sorge – folgt, dass sich der Interessengegensatz aufgrund einer anstehenden **rechtsgeschäftlichen Handlung** ergeben muss. Das bedeutet indes nicht, dass sich der Interessengegensatz auf die vermögensrechtlichen Interessen des Mündels gründen müsste.[8] Aspekte der persönlichen Sorge können ebenso zu einem Interessengegensatz führen.

3. Interessengegensatz

Interesse im Sinne des § 1796 BGB ist nicht das Interesse im Sinne des Schuldrechts. Gemeint ist jeder auf die Person des Interessenträgers bezogene Belang, Nutzen oder Vorteil, der ein rechtsgeschäftliches Verhalten zu beeinflussen geeignet ist. Hieraus folgt, dass das Bestehen bloßer Meinungsverschiedenheiten zwischen dem Vormund und dem Familiengericht über das Mündelinteresse für sich allein noch keinen Interessengegensatz begründet.[9] Denn sowohl Vormund als auch Familiengericht beurteilen in diesem Fall nur die Belange eines einzigen Interessenträgers unterschiedlich. § 1796 BGB zielt aber nicht auf die Ersetzung einer Meinung des Vormunds durch eine bessere Meinung, sondern nur auf die Ersetzung einer von unzulässigen Interessen gesteuerten Meinung.[10] Ein Interessengegensatz besteht mithin, wenn die unterschiedlichen Belange, Nutzen oder Vorteile der beiden Interessenträger ein rechtsgeschäftliches Verhalten in gegensätzlichem Sinne beeinflussen können, wenn also die Förderung des einen Interesses nur auf Kosten des anderen möglich ist.[11] Der Interessengegensatz muss feststehen; die bloße Möglichkeit des Interessengegensatzes genügt nicht.[12]

4. Erheblichkeit des Interessengegensatzes

Der Interessengegensatz muss erheblich sein. Damit werden nicht bloß nach Art einer de-minimis-Regel Fälle unterhalb einer Geringfügigkeitsschwelle ausgeschieden. Vielmehr handelt es sich um ein konstitutives Tatbestandsmerkmal, das den Anwendungsbereich der Norm unter Verhältnismäßigkeitsgesichtspunkten beschränkt. Unter welchen Voraussetzungen ein Interessengegensatz als erheblich anzusehen ist, wird allerdings nicht einheitlich beurteilt. Teilweise wird die Erheblichkeit verneint, wenn nach den konkreten Umständen des Einzelfalles zu erwarten ist, dass der Vormund trotz bestehenden Interessengegensatzes aufgrund seiner persönlichen Integrität eine dem Mündelwohl entsprechende Entscheidung treffen wird.[13] Die Gegenauffassung argumentiert, auch in Fällen, in denen der Vormund als pflichttreue, integre Persönlichkeit über den Verdacht eines Missbrauchs der Vertretungsmacht erhaben sei, könne ein „erheblicher Widerstreit" der unmittelbaren materiellen Interessen bestehen.[14] Richtiger Ansicht nach traut das Gesetz dem Vormund grundsätzlich auch bei Vorliegen eines Interessengegensatzes zu, sein Amt pflichtgemäß auszuüben und bei seinem Handeln das Mündelinteresse – gegebenenfalls unter Zurückstellung eigener Interessen – zu wahren. Erst wenn unter Berücksichtigung aller persönlichen und sachlichen Umstände des Einzelfalles zu befürchten ist, dass der

---

[8] So auch OLG Oldenburg v. 26.11.2009 - 14 UF 149/09 - JAmt 2010, 34; anders aber wohl *Engler* in: Staudinger, Neubearb. 2004, § 1796 Rn. 8, der eine Bestimmung des Interessengegensatzes anhand objektiver Merkmale für möglich hält, da unter Interesse nur das Vermögensinteresse zu verstehen sei.

[9] *Zimmermann* in: Damrau/Zimmermann, Betreuungsrecht, 4. Aufl. 2011, § 1796 Rn. 2; *Veit* in: Staudinger, § 1796 Rn. 9; *Bauer* in: HK-BUR, § 1899 BGB Rn. 71.

[10] Vgl. hierzu auch BayObLG v. 14.05.1926 - Reg. III 42/1926 - BayObLGZ 25, 200-204, 203; *Veit* in: Staudinger, § 1796 Rn. 9.

[11] Vgl. OLG Frankfurt v. 02.07.2013 - 6 WF 104/13 - juris Rn. 11 - JAmt 2013, 667-669; OLG Karlsruhe v. 27.03.2003 - 16 UF 15/03 - 302 F 151/02, 16 UF 25/03 - juris Rn. 9 - FamRZ 2004, 51-52; OLG Köln v. 28.02.2000 - 27 UF 24/00 - juris Rn. 6 - OLGR Köln 2000, 423-424; OLG Hamm v. 13.01.1993 - 15 W 216/92 - juris Rn. 18 - OLGZ 93, 392-398; OLG Stuttgart v. 06.05.1983 - 8 W 162/83 - juris Rn. 12 - OLGZ 1983, 299-301; KG v. 24.02.1966 - 1 W 3402/65 - NJW 1966, 1320-1322, 1321; LG Bochum v. 21.05.2010 - 7 T 617/09 - juris Rn. 58; *Zimmermann* in: Damrau/Zimmermann, Betreuungsrecht, 4. Aufl. 2011, § 1796 Rn. 4; *Saar* in: Erman, § 1796 Rn. 2; *Dickescheid* in: BGB-RGRK, § 1796 Rn. 3.

[12] Vgl. OLG Koblenz v. 03.08.2010 - 7 UF 513/10 - juris Rn. 7 - NJW 2011, 236-237; *Horn*, ZEV 2013, 297-303, 298.

[13] Vgl. etwa BGH v. 22.11.1954 - IV ZB 80/54 - NJW 1955, 217-218, 218; so auch *Dickescheid* in: BGB-RGRK, § 1796, Rn. 3.

[14] So *Engler* in: Staudinger, Neubearb. 2004, § 1796, Rn. 8; vgl. hierzu eingehend *Lafontaine* in: jurisPK-BGB, 12. Aufl. 2012, § 1796.

Vormund keine dem Wohl des Mündels entsprechende Entscheidung trifft, ist der Interessengegensatz erheblich.[15] Nicht ausreichend ist also eine abstrakte Gefährdungslage. Es bedarf vielmehr einer wirklichen, konkreten Gefahr eines nicht bloß möglichen Widerstreits.[16] Diese ist gegeben, wenn konkrete Umstände darauf hinweisen, dass der Vormund in seinem eigenen Interesse handeln wird statt im Interesse des Mündels.[17] Im Sinne eines effektiven Schutzes des Mündelinteresses sind allerdings keine übertriebenen Anforderungen an das Vorliegen einer konkreten Gefahr zu stellen. Es muss nicht zugewartet werden, bis der Interessengegensatz offen zutage tritt oder gar die nachteilige Handlung schon vorgenommen wurde. Vielmehr kann auch eine vorbeugende Entziehung in Betracht kommen, da schon die „Gefahr" genügt.[18] „Das Vorliegen eines „typischen" Interessengegensatzes wird dabei in der Regel die Annahme rechtfertigen, dass es im Einzelfall zu Konfliktsituationen kommen kann, denen durch die Bestellung eines Pflegers rechtzeitig vorgebeugt werden soll. Es genügt die Befürchtung, der Vormund werde bei einer Entscheidung das Kindeswohl nicht mit der gebotenen Zielstrebigkeit verfolgen.[19] Die Risikogeneigtheit eines „typischen" Interessengegensatzes führt indes nicht zwangsläufig zur Anordnung einer Pflegschaft. Vielmehr liegt es auch hier im Rahmen tatrichterlicher Verantwortung, nach einer Abwägung aller Umstände zu entscheiden, ob eine vorbeugende Pflegschaftsanordnung geboten oder ein Zuwarten ratsam erscheint."[20] Die Rechtsprechung betont insofern zu Recht die Bedeutung der tatrichterlichen Würdigung des Einzelfalls bei der Prüfung des konkreten und erheblichen Interessengegensatzes.

13 Eines Verschuldens des Vormundes bedarf es nicht.[21] Insoweit ist vielmehr die objektive Interessenlage ist maßgeblich.

14 Für die Beurteilung des Interessengegensatzes kommt es auf den Zeitpunkt an, in dem der Vormund handelt oder handeln muss.[22]

15 Bei dem Tatbestandsmerkmal des erheblichen Interessengegensatzes handelt es sich richtiger Ansicht nach um einen gerichtlich nachprüfbaren unbestimmten Rechtsbegriff.[23]

5. Einzelfälle

16 Ein erheblicher Interessengegensatz wurde etwa in folgenden Fällen **bejaht**:
- Bei Ausschlagung einer Erbschaft des Mündels, wenn der Vormund dadurch selbst Erbe wird.[24] Während in dieser Konstellation teilweise stets ein erheblicher Interessengegensatz angenommen wird,[25] stellt die Gegenansicht gesteigerte Anforderungen an die Feststellung eines solchen Interessengegensatzes nach den Umständen des jeweiligen Einzelfalls.[26] Richtigerweise bedarf es zwar der Feststellung des tatsächlichen, erheblichen Interessengegensatzes im Einzelfall, an den allerdings in dieser Konstellation keine überzogenen Anforderungen gestellt werden dürfen.

---

[15] Vgl. BayObLG v. 26.02.1981 - BReg 3 Z 5/81 - BayObLGZ 1981, 44-50, 49 f.; OLG Hamm v. 08.05.1963 - 15 W 148/63 - FamRZ 1963, 580-581, 580; *Engler* in: Staudinger, Neubearb. 2004, § 1796 Rn. 7.

[16] Vgl. OLG Frankfurt v. 02.07.2013 - 6 WF 104/13 - juris Rn. 11 - JAmt 2013, 667-669; Hanseatisches OLG Hamburg v. 28.10.2009 - 12 UF 110/09 - juris Rn. 17 - FamRZ 2010, 745-746; OLG Frankfurt v. 22.10.2008 - 6 UF 174/08 - juris Rn. 7 - OLGR Frankfurt 2009, 482-484; OLG Karlsruhe v. 26.03.2012 - 2 WF 42/12 - juris Rn. 26 - MDR 2012, 653-654; OLG Stuttgart v. 06.05.1983 - 8 W 162/83 - MDR 1983, 841.

[17] OLG Karlsruhe v. 27.03.2003 - 16 UF 25/03 - juris Rn. 9 - FamRZ 2004, 51-52; OLG Stuttgart v. 06.05.1983 - 8 W 162/83 - MDR 1983, 841; *Horn*, ZEV 2013, 297-303, 298.

[18] Vgl. hierzu *Dickescheid* in: BGB-RGRK, § 1796 Rn. 9; *Engler* in: Staudinger, Neubearb. 2004, § 1796 Rn. 11.

[19] OLG Oldenburg v. 26.11.2009 - 14 UF 149/09 - juris Rn. 19 - JAmt 2010, 34-36.

[20] So BGH v. 05.03.2008 - XII ZB 2/07 - FamRZ 2008, 1156-1158; OLG Zweibrücken v. 21.12.2006 - 5 UF 190/06 - OLGR Zweibrücken 2007, 199-200.

[21] OLG Hamburg v. 07.05.1923 - OLGE 43, 365-366, 366; *Veit* in: Staudinger, § 1796 Rn. 8.

[22] So auch *Götz* in: Palandt, § 1796 Rn. 3.

[23] *Saar* in: Erman, § 1796 Rn. 6; *Zimmermann* in: Damrau/Zimmermann, Betreuungsrecht, 4. Aufl. 2011, § 1796 Rn. 4; *Dickescheid* in: BGB-RGRK, § 1795 Rn. 5 gegen BGH v. 27.11.1974 - IV ZB 42/73 - NJW 1975, 345-347, 347.

[24] OLG Köln v. 04.07.2011 - 21 UF 105/11 - juris Rn. 21 - FamRZ 2012, 579-581; BayObLG München v. 05.08.1983 - BReg 1 Z 25/83 - BayObLGZ 1983, 213-223; zustimmend *Götz* in: Palandt, § 1796 Rn. 4; *Saar* in: Erman, § 1796 Rn. 3; *Veit* in: Staudinger, § 1796 Rn. 23.

[25] KG v. 04.03.2010 - 17 UF 5/10 - juris Rn. 12 - FamRZ 2010, 1171-1173.

[26] So OLG Brandenburg v. 06.12.2010 - 9 UF 61/10 - juris Rn. 11 ff. - MittBayNot 2011, 240-242, m.w.N.

- Wenn der Vormund Testamentsvollstrecker eines Nachlasses ist, an dem der Mündel als Erbe beteiligt ist[27], insbesondere, wenn der Mündel als Vorerbe und ein naher Angehöriger des Vormunds als Nacherbe berufen ist.[28] Der Bundesgerichtshof ist insoweit allerdings einer generalisierenden Betrachtungsweise entgegengetreten. Die Risikogeneigtheit eines „typischen" Interessengegensatzes führe nicht zwangsläufig zur Anordnung einer Pflegschaft. Vielmehr liege es auch hier im Rahmen tatrichterlicher Verantwortung, nach einer Abwägung aller Umstände zu entscheiden, ob eine vorbeugende Pflegerbestellung geboten sei. Daran könne es etwa fehlen, wenn aufgrund der bisherigen Erfahrungen und der engen persönlichen Verhältnisse der Beteiligten keinerlei Anlass zu der Annahme besteht, der Vertreter werde unbeschadet seiner eigenen Interessen die Belange des Vertretenen nicht in dem gebotenen Maße wahren und fördern.[29] Der Hinweis auf die tatrichterliche Prüfung aller Umstände des Einzelfalles ist sicher berechtigt. Jedoch betrifft § 1796 BGB gerade die Fälle, in denen ein Interessengegensatz besteht, ohne dass sich zunächst erweisen muss, ob der Vormund diesen einseitig zu Lasten des Mündels auflöst. An die tatrichterliche Überzeugung von einem ausreichenden Interessengegensatz sind deshalb bei typischerweise risikogeneigten Konstellationen keine überzogenen Anforderungen zu stellen.
- Bei Geltendmachung von Pflichtteils- und Pflichtteilsergänzungsansprüchen gegen den Vormund oder Betreuer, auch wenn ein Sozialhilfeträger die Ansprüche nach § 90 BSHG auf sich übergeleitet hat.[30]
- Wenn der Vater im Erbscheinsverfahren die Auffassung vertritt, das Testament des Erblassers sei dahin zu verstehen, dass seine Kinder nicht neben ihm zu Miterben berufen seien.[31]
- Wenn die Ehelichkeit eines Kindes angefochten werden soll und das Interesse des Kindes nach den konkreten Umständen in Gegensatz zu dem sorgeberechtigten Elternteil gerät.[32] Im Verfahren der Anfechtung der Vaterschaft ist der anfechtende rechtliche Vater generell von der Vertretung des Kindes ausgeschlossen.[33]
- Im Verfahren zur Übertragung der elterlichen Sorge sowie generell, wenn eine Änderung der bestehenden Obhutsverhältnisse in Rede steht, insbesondere, wenn die Eltern über den Aufenthalt des Kindes streiten und die Wohnorte der Eltern weit entfernt voneinander liegen.[34]
- Bei der Entscheidung über die Ausübung eines Zeugnisverweigerungsrechts in einem Prozess, an dem der Vormund selbst beteiligt ist.[35] Vor Bestellung eines Ergänzungspflegers ist jedoch von dem Gericht zu prüfen, ob der Mündel überhaupt aussagebereit ist.[36] Das OLG Karlsruhe[37] hat dahinstehen lassen, ob ein erheblicher Interessengegensatz zwischen Sohn und allein sorgeberechtigter Mutter besteht, wenn der Sohn in einem Strafverfahren gegen den leiblichen Vater wegen gefährlicher Körperverletzung, Vergewaltigung, Entziehung Minderjähriger und Bedrohung aussagen soll. Im konkreten Fall lehnt das Gericht eine Entziehung der Vertretungsmacht mit der Begründung ab, dass jedenfalls selbst bei einem konkret festgestellten oder erkennbaren Interessenstreit hier zu erwarten sei, dass der Sorgerechtsinhaber im Interesse seines Kindes handeln werde. Die Entscheidung dürfte jedoch nicht verallgemeinerungsfähig sein, sondern von den Umständen des Einzelfalles ge-

---

[27] OLG Hamm v. 13.01.1993 - 15 W 216/92 - OLGZ 1993, 392-398; OLG Nürnberg v. 29.06.2001 - 11 UF 1441/01 - FamRZ 2002, 272; OLG Zweibrücken v. 03.12.2003 - 3 W 235/03 - FGPrax 2004, 30 f.; BayObLG v. 13.07.1977 - BReg 3 Z 40/76 - juris Rn. 20 ff. - Rpfleger 1977, 440; LG Frankfurt v. 10.01.1990 - 2/9 T 1299/89 - Rpfleger 1990, 207, mit zustimmender Anmerkung *Meyer-Stolte*; *Zimmermann* in: Soergel, § 1796 Rn. 5; zu einem Fall, in dem die Angehörige zugleich Nacherbin war, auch OLG Zweibrücken v. 03.12.2003 - 3 W 235/03 - juris Rn. 5 ff. - OLGR Zweibrücken 2004, 84-85.
[28] OLG Zweibrücken v. 03.12.2003 - 3 W 235/03 - FGPrax 2004, 30-31.
[29] BGH v. 05.03.2008 - XII ZB 2/07 - juris Rn. 16 - FamRZ 2008, 1156-1158.
[30] BayObLG München v. 18.09.2003 - 3Z BR 167/03 - BayObLGZ 2003, 248-254; vgl. hierzu auch *Bauer* in: HK-BUR, § 1795 Rn. 4.
[31] OLG Köln v. 28.02.2000 - 27 UF 24/00 - NJWE-FER 2000, 231-232; *Veit* in: Staudinger, § 1796 Rn. 23.
[32] LG Oldenburg v. 18.05.1988 - 8 T 336/88 - FamRZ 1989, 539-540; *Veit* in: Staudinger, § 1796 Rn. 18.
[33] Vgl. BGH v. 21.03.2012 - XII ZB 510/10 - juris Rn. 18 - BGHZ 193, 1-10.
[34] BGH v. 07.09.2011 - XII ZB 12/11 - juris Rn. 11 - MDR 2011, 1293-1295.
[35] OLG München v. 17.10.1966 - BReg 1b Z 64/66 - NJW 1967, 206.
[36] Vgl. OLG Schleswig v. 20.11.2012 - 10 WF 187/12 - juris Rn. 12 - FamRZ 2013, 571-573; Saarländisches Oberlandesgericht v. 22.03.2011 - 6 UF 34/11 - juris Rn. 9 - NJW 2011, 2306-2307.
[37] Vgl. OLG Karlsruhe v. 26.03.2012 - 2 WF 42/12 - juris Rn. 24 ff. - MDR 2012, 653-654.

prägt sein. Das Abstellen auf die Erwartung einer konkret interessengerechten Entscheidung impliziert freilich immer auch das vom Gesetz so nicht bezweckte Risiko einer ergebnisorientierten Entscheidung über die Entziehung der Vertretungsmacht.
- Für die Entscheidung, ob ein Rechtsstreit geführt oder eine sonstige Maßnahme der Rechtsverfolgung ergriffen werden soll. Denn hier greift § 1795 Abs. 1 Nr. 3 BGB noch nicht unmittelbar ein.[38]
- Ein erheblicher Interessengegensatz kann bestehen, wenn die Einwilligung in eine mit gesundheitlichen Risiken oder Beeinträchtigungen verbundene Spende von Organen, Knochenmark o. dgl. zugunsten des gesetzlichen Vertreters vorgesehen ist. Anderes soll gelten, wenn die Spende einem Dritten, etwa dem Bruder des Spenders zugute kommen soll.[39]
- Soweit nicht § 56 Abs. 2 Satz 3 SGB VIII entgegensteht, kann § 1796 BGB auch auf das Jugendamt Anwendung finden. Dabei sollte tendenziell keine großzügige Auslegung angezeigt sein. Denn die Praxis zeigt das wenig befriedigende Ergebnis, dass Amtsvormünder häufig davon zurückschrecken, gegen Entscheide des eigenen Amtes Rechtsmittel einzulegen.[40]
- Der Abschluss eines Lehrvertrags zwischen Mündel und der Körperschaft, die zugleich Trägerin des Jugendamtes ist, soll einen Fall des § 1796 BGB darstellen.[41]
- Die Einweisung des im Haushalt des Vormunds lebenden Mündels in eine Anstalt kann aufgrund der damit für den Vormund verbundenen Erleichterungen einen Fall des § 1796 BGB begründen.[42]
- Schwierige Abgrenzungsfragen können sich beim Handeln für eine Gesellschaft stellen, an der auch der Mündel beteiligt ist. Im Rahmen von Grundlagenbeschlüssen wird hier oft schon ein Fall des § 1795 BGB vorliegen, was stets vorrangig zu prüfen ist. Insbesondere wenn der Mündel an der Beschlussfassung nicht beteiligt ist, etwa als Kommanditist, kann allerdings § 1796 BGB in Betracht kommen. Das kann etwa bei Beschlüssen über ungewöhnliche Handlungen nach § 164 HGB der Fall sein.[43] Handelt es sich nicht nur um eine einmalige Handlung ist zur Not auch eine Dauerpflegschaft in Betracht zu ziehen.[44] Unter dem Gesichtspunkt der Erforderlichkeit kann diese jedoch nur ultima ratio sein.[45]

17 Ein erheblicher Interessengegensatz wurde etwa in folgenden Fällen **verneint**:
- Bei bloßer Streitgenossenschaft von Vormund und Mündel ohne Hinzutreten besonderer Umstände.[46]
- Wenn die Bestellung eines Pflegers allein dem Zweck dienen soll, dass der Vormund in einem Prozess als Zeuge aussagen kann.[47]
- Wenn die Bestellung des Ergänzungspflegers lediglich dazu dienen soll, die Rechnungslegung des Vormunds überprüfen zu lassen.[48]
- Dass der Betreute gesetzlicher Erbe wäre, rechtfertigt im Verfahren zur Erteilung des Erbscheins an den testamentarisch bedachten Betreuer für sich allein keine Annahme eines konkreten Interessengegensatzes.[49]

---

[38] Vgl. hierzu *Saar* in: Erman, § 1795 Rn. 11; *Dickescheid* in: BGB-RGRK, § 1796 Rn. 9; *Engler* in: Staudinger, Neubearb. 2004, § 1796 Rn. 15.
[39] Vgl. DIJuF-Rechtsgutachten vom 09.08.2013 - V 2.800 Lh/S - JAmt 2013, 583-585, 584 f.
[40] Hierzu *Hansbauer* in: Hansbauer/Mutke/Oelerich, Vormundschaft in Deutschland, S. 97; für die Anwendbarkeit bei Einlegung von Rechtsbehelfen gegen Bescheide des Jugendamtes auch *Dickescheid* in: BGB-RGRK, § 1796 Rn. 11.
[41] So *Zimmermann* in: Soergel, § 1796 Rn. 2; *Dickescheid* in: BGB-RGRK, § 1796 Rn. 10; erscheint mir nicht in jedem Fall zwingend.
[42] BayObLG v. 21.01.1910 - III 4/10 - Recht 1910, Nr. 1266; *Zimmermann* in: Soergel, § 1796 Rn. 5.
[43] Vgl. hierzu *Dickescheid* in: BGB-RGRK, § 1796 Rn. 10; *Zimmermann* in: Soergel, § 1796 Rn. 5; vgl. hierzu auch BGH v. 18.09.1975 - II ZB 6/74 - BGHZ 65, 93-102, 97, der die Bedeutung wertender Gesichtspunkt betont.
[44] Vgl. hierzu *Schmitz-Hangbers*, Die Dauerpflegschaften nach dem Bürgerlichen Gesetzbuch – Insbesondere der Dauerergänzungspfleger in Familiengesellschaften, 1977, S. 155 ff.; *Zimmermann* in: Soergel, § 1796 Rn. 5.
[45] Kritisch zur Dauerergänzungsbetreuung auch *Spanl*, Rpfleger 1992, 142, 143; *Bauer* in: HK-BUR, § 1899 Rn. 73.
[46] *Dickescheid* in: BGB-RGRK, § 1796 Rn. 7.
[47] OLG Hamm v. 16.02.1984 - 15 W 42/84 - Rpfleger 1984, 270-271; *Engler* in: Staudinger, Neubearb. 2004, § 1796 Rn. 14.
[48] BayObLG v. 06.03.1981 - 3 Z 93/80 - Rpfleger 1981, 302-303; *Dickescheid* in: BGB-RGRK, § 1796 Rn. 7.
[49] AG Hameln v. 18.01.2010 - 40 XVII P 54 - juris Rn. 12 - FamRZ 2010, 1272-1272; zustimmend *Götz* in: Palandt, § 1796 Rn. 2.

- Bei Bestehen von Pflichtteilsansprüchen des Vormunds gegen den Mündel, solange keine Gefährdung der Erfüllung des Pflichtteilsanspruchs zu besorgen ist.[50]
- Im Rahmen der Anfechtung der Vaterschaft soll es einer Ergänzungspflegerbestellung für die Kindesmutter nicht bedürfen, wenn das Kind zwar seine Aufenthaltsberechtigung von dem Vater ableitet, nach den Angaben der Kindesmutter jedoch nur ein weiterer Vater in Betracht kommt, bei dessen Vaterschaft die Aufenthaltsberechtigung in Deutschland ebenfalls gewährleistet wäre.[51]
- Wenn die Kindesmutter eine Vaterschaftsanfechtung unterlässt, obwohl nach einem eingeholten Abstammungsgutachten davon auszugehen ist, dass das erklärte Vaterschaftsanerkenntnis falsch ist, rechtfertigt dies noch nicht den Entzug der elterlichen Vertretungsmacht, wenn eine Gesamtabwägung aller Gesichtspunkte ergibt, dass es mit Rücksicht auf das Alter des Kindes oder die derzeitigen Lebensumstände gute Gründe gibt, von einer Anfechtung abzusehen[52]. Zwar ist nach der Entscheidung des OLG Celle grundsätzlich von einem natürlichen Interesse des Kindes an der Feststellung der wirklichen Abstammung auszugehen. Das Gericht wertet im vorliegenden Fall jedoch den drohenden Verlust der deutschen Staatsangehörigkeit sowie die mögliche Verschlechterung der Lebensumstände des im Anfechtungsfalle vaterlosen Kindes als gewichtigen Grund, von einer Anfechtung abzusehen.
- Nach der Rechtsprechung des Bundesgerichtshofs rechtfertigt die Stellung des Vormunds als Testamentsvollstrecker in Ansehung des von dem Mündel ererbten Vermögens für sich genommen noch nicht die Anordnung der Pflegschaft. Insbesondere im Eltern-Kind-Verhältnis kann es auf der Grundlage einer tatrichterlichen Würdigung aller Umstände des Einzelfalles unter Berücksichtigung der bisherigen Erfahrungen und des engen persönlichen Verhältnisses der Beteiligten im Einzelfall keinen Anlass zu der Annahme geben, der Vertreter werde unbeschadet seiner eigenen Interessen die Belange des Vertretenen nicht im gebotenen Maße wahren und fördern[53].
- Ist die elterliche Sorge einem Elternteil übertragen, kann dieser grundsätzlich ohne Bestellung eines Ergänzungspflegers das Kind bei der Erklärung über den Beitritt zur strafrechtlichen Nebenklage in einem Strafverfahren gegen den anderen Elternteil wegen des Vorwurfs des Totschlags zum Nachteil der Kinder vertreten, da insoweit regelmäßig nicht zu befürchten ist, dass zwischen den Interessen des sorgeberechtigten Elternteils und des Kindes ein Interessengegensatz besteht. Ob die Nebenklage im Interesse des Kindes liegt, ist im Rahmen der Anwendung des § 1796 BGB nicht entscheidend.[54] Dieser Entscheidung kann im konkreten Fall zugestimmt werden, da kein konkreter Anhaltspunkt dafür vorliegt, dass die Interessen der (nicht tatbeteiligten und auch sonst nicht erkennbar den Vater begünstigenden) Mutter und des möglichen Tatopfers kollidieren. Anders wäre der Fall zu beurteilen, wenn der Vater sorgeberechtigt wäre. Ein erheblicher Interessengegensatz kann etwa auch bestehen, wenn eine Tatbeteiligung des Kindes in Betracht kommen kann. Aber auch sonst sind stets alle Umstände des Einzelfalles zu würdigen. Problematisch sind insbesondere Fälle, in denen aufgrund der Beziehung des sorgeberechtigten Elternteils zu dem Beschuldigten die Gefahr besteht, dass der Sorgeberechtigte ein persönliches Interesse an einer Verurteilung des Beschuldigten hat – etwa im Hinblick auf eine Sorgerechtsentscheidung oder eine unterhaltsrechtliche Verwirkung – und dieses Interesse in Widerstreit zu den Bindungen des Mündels zu dem Beschuldigten tritt. Ob eine solche Interessenkollision vorliegt, wird in der Situation des Beitritts zur Nebenklage mitunter nicht verlässlich zu klären sein.

Umstritten ist, ob ein erheblicher Interessengegensatz ohne weiteres auch dann vorliegt, wenn eine Entscheidung über eine familiengerichtliche Genehmigung eines Rechtsgeschäfts bekanntzugeben ist. Hintergrund der Kontroverse ist, dass ein solcher Beschluss nach § 41 Abs. 3 FamFG auch demjenigen bekannt zu geben ist, für den das Rechtsgeschäft genehmigt wird, regelmäßig also auch dem Mündel.[55] Durch diese Bekanntgabe soll dem Mündel vor Eintritt der Rechtskraft Gelegenheit gegeben werden,

---

[50] BayObLG München v. 11.02.1982 - BReg 1 Z 117/81 - BayObLGZ 1982, 86-89; *Zimmermann* in: Soergel, § 1796 Rn. 6; kritisch *Horn*, ZEV 2013, 297-303, 300.
[51] Vgl. Hanseatisches Oberlandesgericht Hamburg v. 28.10.2009 - 12 UF 110/09 - juris Rn. 19 - FamRZ 2010, 745-746; zustimmend *Veit* in: Staudinger, § 1796 Rn. 18.
[52] OLG Celle v. 06.01.2006 - 19 UF 1/06 - AuAS 2006, 81-82.
[53] BGH v. 05.03.2008 - XII ZB 2/07 - FamRZ 2008, 1156-1158 im Anschluss an OLG Zweibrücken v. 21.12.2006 - 5 UF 190/06 - OLGR Zweibrücken 2007, 199-200.
[54] OLG Frankfurt v. 22.10.2008 - 6 UF 174/08.
[55] Allg. A., vgl. OLG Celle v. 04.05.2011 - 10 UF 78/11 - juris Rn. 11 - Rpfleger 2011, 436-437; *Heinemann*, DNotZ 2009, 6-43, 17; *Kölmel*, MittBayNot 2012, 108-111, 109; *Veit* in: Staudinger, § 1796 Rn. 12.

den Beschluss des Familiengerichts anzufechten. Dass der in seinen Rechten Betroffene die Möglichkeit haben muss, die Entscheidung des Familiengerichts einer richterlichen Überprüfung zu unterziehen, ist verfassungsrechtlich geboten.[56] Ist der Mündel nicht selbst verfahrensfähig (vgl. § 9 Abs. 1 Nr. 2, 3 FamFG), ist der Beschluss den nach bürgerlichem Recht dazu befugten Personen bekannt zu geben (§ 9 Abs. 2 FamFG). In Kindschaftssachen sind die Eltern nicht verfahrensfähiger Kinder nicht schon nach den §§ 1629 Abs. 1 Satz 1, 1795 Abs. 1 Nr. 3 BGB von der gesetzlichen Vertretung des Kindes ausgeschlossen.[57] Soll die Entscheidung deshalb an den gesetzlichen Vertreter bekannt gegeben werden, kann es zu einem Interessengegensatz zwischen dem Interesse des Mündels an der Überprüfung der Entscheidung und dem Interesse der Eltern/des Vormunds an der Bestätigung des von ihm vorgenommenen Rechtsgeschäfts kommen. Eine Ansicht bejaht schon deshalb einen erheblichen Interessengegensatz.[58] Diese Auffassung beruft sich insbesondere auf die Aussage des Bundesverfassungsgerichts, wonach das rechtliche Gehör im Regelfall nicht durch demjenigen vermittelt werden kann, dessen Handeln im Genehmigungsverfahren überprüft werden soll.[59] Nach der Gegenauffassung genügt die Doppelfunktion des gesetzlichen Vertreters in dieser Konstellation noch nicht für sich allein zur Annahme eines konkreten Interessengegensatzes; dieser müsse vielmehr nach den Umständen des konkreten Falles begründet werden.[60] Während die Gegenauffassung teilweise ein Bedürfnis für die Bestellung eines Verfahrenspflegers verneint,[61] nehmen wieder andere ein verfahrensrechtliches Vertretungsverbot des gesetzlichen Vertreters an. Dabei wird zur Begründung teilweise eine analoge Anwendung von § 1795 Abs. 2 BGB favorisiert,[62] teilweise wird argumentiert, der Vertretungsausschluss ergebe sich aus § 41 Abs. 3 FamFG.[63] In der Tat bestehen Bedenken, ob allein die abstrakte Doppelfunktion des gesetzlichen Vertreters ohne Hinzutreten besonderer Umstände bereits einen konkreten Interessengegensatz begründet. Auch dürfte § 1795 Abs. 2 BGB gerade nicht analogiefähig sein. Meines Erachtens spricht jedoch viel für die Annahme eines gesetzlichen Vertretungsausschlusses nach § 41 Abs. 3 FamFG.

19 Darüber hinaus ist streitig, ob bei Annahme eines erheblichen Interessengegensatzes die Bestellung eines Verfahrenspflegers zwingend ist oder als milderes Mittel die Bestellung eines Verfahrensbeistands genügt (dazu Rn. 21).

6. Verhältnismäßigkeit

20 Die gerichtliche Entziehung der Vertretungsmacht unterliegt der – ungeschriebenen – weiteren Voraussetzung der Verhältnismäßigkeit.[64] Diese rechtfertigt sich im Eltern-Kind-Verhältnis ohne weiteres aus dem Eingriff in das verfassungsrechtlich gewährleistete Elternrecht; das Übermaßverbot beansprucht aber auch in den Fällen, in denen die verfassungsrechtliche Absicherung der Position des Vormundes zweifelhaft ist (vgl. dazu die Kommentierung zu § 1793 BGB), Geltung.

21 Nach höchstrichterlicher Rechtsprechung kann insbesondere die Bestellung eines Verfahrensbeistandes nach § 158 Abs. 2 Nr. 1 FamFG ein milderes Mittel gegenüber der Bestellung eines Verfahrenspflegers darstellen.[65] Diese Rechtsprechung hat der Bundesgerichtshof auf sämtliche Verfahren, die die

---

[56] Vgl. hierzu schon BVerfG v. 18.01.2000 - 1 BvR 321/96 - juris Rn. 24 ff. - BVerfGE 101, 397-410.
[57] Vgl. hierzu auch OLG Oldenburg v. 26.11.2009 - 14 UF 149/09; OLG Stuttgart v. 26.10.2009 - 18 WF 229/09.
[58] Vgl. KG v. 04.03.2010 - 17 UF 5/10 - juris Rn. 12 - FamRZ 2010, 1171-1173; *Heggen*, NotBZ 2010, 393-401, 394; DIJuF-Rechtsgutachten vom 28.10.2009 - Vf 1.120 Ho - JAmt 2009, 553-555, 555.
[59] Vgl. BVerfG v. 18.01.2000 - 1 BvR 321/96 - juris Rn. 32 - BVerfGE 101, 397-410; für die vorliegende Konstellation in diesem Sinne wohl auch BGH v. 07.09.2011 - XII ZB 12/11 - juris Rn. 11 - BGHZ 191, 48-59.
[60] So etwa OLG Brandenburg v. 06.12.2010 - 9 UF 61/10 - juris Rn. 12 f. - MittBayNot 2011, 240-242; ähnlich *Veit* in: Staudinger, § 1796 Rn. 13.
[61] Vgl. OLG Brandenburg v. 06.12.2010 - 9 UF 61/10 - juris Rn. 12 f. - MittBayNot 2011, 240-242.
[62] So wohl *Heggen*, NotBZ 2010, 393-401, 397.
[63] So OLG Celle v. 04.05.2011 - 10 UF 78/11 - juris Rn. 11 - Rpfleger 2011, 436-437; *Kölmel*, RNotZ 2010, 466-469, 467; *ders*. MittBayNot 2012, 108-111, 110; *Zorn*, FamRZ 2012, 1070-1071; *Wagenitz* in: Münch-Komm-BGB, § 1796 Rn. 13a.
[64] Vgl. BGH v. 18.01.2012 - XII ZB 489/11 - juris Rn. 7 - FamRZ 2012, 436-437; BGH v. 07.09.2011 - XII ZB 12/11 - juris Rn. 18 - BGHZ 191, 48-59; OLG Koblenz v. 03.08.2010 - 7 UF 513/10 - juris Rn. 8 - NJW 2011, 236-237; OLG Stuttgart v. 26.10.2009 - 18 WF 229/09 - juris Rn. 22 - FamRZ 2010, 1166-1167; BT-Drs. 16/6308, S. 238; *Schael*, FamRZ 2009, 265, 269; *Veit* in: Staudinger, § 1796, Rn. 26.
[65] Vgl. BGH v. 18.01.2012 - XII ZB 489/11 - juris Rn. 7 - FamRZ 2012, 436-437; BGH v. 07.09.2011 - XII ZB 12/11 - juris Rn. 18 - BGHZ 191, 48-59; OLG Koblenz v. 03.08.2010 - 7 UF 513/10 - juris Rn. 8 - NJW 2011, 236-237; OLG Stuttgart v. 26.10.2009 - 18 WF 229/09 - juris Rn. 22 - FamRZ 2010, 1166-1167; *Wellenhofer*, JuS 2012, 462-464.

Person des Kindes betreffen, erstreckt,[66] und jüngst für den Fall der Erbausschlagung bekräftigt.[67] Diesem Ansatz war zuvor entgegengehalten worden, dass der Verfahrensbeistand keine Vertretungsmacht besitzt, aufgrund derer er rechtsgeschäftliche Erklärungen abgeben, Zustellungen entgegennehmen und Rechtsmittel im Namen des Mündels einlegen könne.[68] Der Bundesgerichtshof vertritt jedoch die Auffassung, dass es nach der Vorstellung des Reformgesetzgebers selbst bei Interessenkonflikten mit der Bestellung eines Verfahrensbeistands sein Bewenden haben solle. Der Gesetzgeber habe sich bewusst dafür entschieden, die Anfechtbarkeit der Verfahrensbeistandschaft auszuschließen und der Verfahrensbeschleunigung den Vorzug einzuräumen.

Gleichwohl bleibt die von dem Bundesgerichtshof favorisierte Lösung in der Praxis anfällig für Fehler. 22
So genügt die Bestellung eines Verfahrensbeistands schon nach dem Wortlaut des § 158 Abs. 1 BGB etwa nicht in Verfahren, die nicht die Person, sondern das Vermögen des Mündels betreffen.[69] Auch dürfen die Entscheidungen des Bundesgerichtshofs nicht den Blick dafür versperren, dass beim Vorliegen eines konkreten Interessengegensatzes aus anderem Grunde, etwa in Abstammungssachen, die Bestellung eines Vefahrensbeistandes unabhängig von der hier dargelegten Kontroverse nicht genügt.[70]

Ist bereits ein Ergänzungspfleger bestellt, so bedarf es umgekehrt keiner Bestellung eines Verfahrensbeistands mehr.[71] 23

Die Möglichkeit zur Entziehung der Vertretungsmacht nach § 1796 BGB ist im Kontext mit den weiteren familiengerichtlichen Interventionsmechanismen, etwa nach den §§ 1666, 1667 BGB, auszulegen. Diese bilden ein abgestuftes System. Hieraus folgt, dass etwa die vollständige Entziehung der Vermögenssorge gemäß § 1666 BGB bei einer Gefährdung von Vermögensinteressen nur als letztes Mittel in Betracht kommt, wenn Maßnahmen nach § 1667 BGB nicht mehr ausreichen. Dies kann auch nicht dadurch umgangen werden, dass bereits bei jeder denkbaren Vermögensgefährdung ein erheblicher Interessengegensatz angenommen und die Vertretungsmacht nach § 1629 Abs. 2 Satz 3 BGB i.V.m. § 1796 BGB ausgeschlossen wird.[72] 24

D. Rechtsfolgen

I. Entziehung der Vertretungsmacht

Rechtsfolge des § 1796 BGB ist die Entziehung der dem Vormund nach § 1793 Abs. 1 Satz 1 BGB zustehenden Vertretungsmacht. Maßnahmen, die über die Entziehung der Vertretungsmacht hinausgehen, etwa der Entzug der Personen- oder Vermögenssorge, werden von § 1796 BGB nicht gedeckt.[73] Zu weiterreichenden Eingriffsmöglichkeiten vgl. Rn. 40 ff. 25

Der Vormund ist erst ab Wirksamwerden der gerichtlichen Entscheidung von der Vertretungsmacht ausgeschlossen, nicht schon ab Entstehen des Interessengegensatzes. Die Entziehung der Vertretungsmacht ist also konstitutiv.[74] Vgl. hierzu auch Rn. 38. Tätigt der Vormund das Rechtsgeschäft trotz Ent- 26

---

[66] Vgl. BGH v. 18.01.2012 - XII ZB 489/11 - juris Rn. 9 - FamRZ 2012, 436-437.
[67] Vgl. BGH v. 12.02.2014 - XII ZB 592/12 - juris Rn. 13 - MDR 2014, 420-421.
[68] Vgl. OLG Köln v. 04.07.2011 - 21 UF 105/11 - juris Rn. 16 - FamRZ 2012, 579-581; KG v. 04.03.2010 - 17 UF 5/10 - juris Rn. 17 - FamRZ 2010, 1171-1173; OLG Celle v. 04.05.2011 - 10 UF 78/11 - juris Rn. 17 - Rpfleger 2011, 436-437; OLG Oldenburg v. 26.11.2009 - 14 UF 149/09; zustimmend *Gräfin Pilati*, jurisPR-FamR 6/2010, Anm. 6; *Götz*, NJW 2010, 897, 898; *Wagenitz* in: MünchKomm-BGB, § 1828 Rn. 39; *Sonnenfeld* ZKJ 2010, 271 f.; *Bestelmeyer*, Rpfleger 2010, 635-651, 647; anderer Ansicht *Brambring*, FGPrax 2010, 113; *Litzenburger* RNotZ 2010, 32, 34; *Harders* DNotZ 2009, 725, 730; *Heinemann*, DNotZ 2009, 6-42, 17.
[69] Vgl. BGH v. 07.09.2011 - XII ZB 12/11 - juris Rn. 15 - BGHZ 191, 48-59; OLG Zweibrücken v. 14.06.2012 - 6 UF 148/11 - juris Rn. 9 - FamRZ 2012, 1287-1288; *Veit* in: Staudinger, § 1796 Rn. 28, str.
[70] Vgl. etwa BGH v. 21.03.2012 - XII ZB 510/10 - juris Rn. 18 - BGHZ 193, 1-10; *Rauscher*, JR 2013, 213-214.
[71] BT-Drs. 16/6308, S. 238; *Schael*, FamRZ 2009, 265, 269.
[72] OLG Frankfurt v. 04.04.2005 - 5 UF 317/04 - NJW-RR 2005, 1382.
[73] Nahezu allg. A., vgl. KG v. 27.12.1913 - 1a X 1378/13 - KGJ 45, A 42-44, 44; *Veit* in: Staudinger, § 1796 Rn. 3; *Dickescheid* in: BGB-RGRK, § 1796 Rn. 1; *Zimmermann* in: Damrau/Zimmermann, Betreuungsrecht, 4. Aufl. 2011, § 1796 Rn. 2 m.w.N.
[74] BGH v. 06.12.2006 - XII ZR 164/04 - juris Rn. 14 - BGHZ 170, 161-175; BayObLG v. 25.04.1963 - BReg 1 Z 33/63 - BayObLGZ 1963, 132-136, 134; OLG Hamm v. 19.03.1965 - 15 W 46/65 - NJW 1965, 1489-1491, 1490; KG v. 24.02.1966 - 1 W 3402/65 - NJW 1966, 1320-1322, 1321; *Veit* in: Staudinger, § 1796 Rn. 31; *Dickescheid* in: BGB-RGRK, § 1796 Rn. 12; *Götz* in: Palandt, § 1796 Rn. 5; *Bettin* in: BeckOK BGB, Ed. 30, § 1797 Rn. 6; *Kölmel*, RNotZ 2010, 466-469, 467.

ziehung der Vertretungsmacht, so richten sich die Folgen nach den Vorschriften über den Vertreter ohne Vertretungsmacht, §§ 177 ff. BGB (vgl. hierzu auch die Kommentierung zu § 1795 BGB).[75]

II. Für einzelne Angelegenheiten oder einen bestimmten Kreis von Angelegenheiten

27 Wie sich aus § 1796 Abs. 1 BGB ergibt, rechtfertigt das Vorliegen eines Interessengegensatzes nicht die Entziehung der Vertretungsmacht insgesamt, sondern nur für eine einzelne Angelegenheit oder einen bestimmten Kreis von Angelegenheiten. Eine einzelne Angelegenheit ist ein einzelner, konkreter Anlass, mag er ein oder mehrere Rechtsgeschäfte (z.B. Verpflichtungs- und Erfüllungsgeschäft) zur Folge haben. Die Entziehung der Vertretungsmacht für einen bestimmten Kreis von Angelegenheiten ist geboten, wenn eine bestimmte wiederkehrende Konstellation auch in der Zukunft für bestimmte Rechtsgeschäfte zu einem erheblichen Interessengegensatz führen wird. In diesem Fall kann die Vertretungsmacht für gegenständlich näher bezeichnete Geschäfte auch auf Dauer oder für eine bestimmte Zeit entzogen werden.[76] Allerdings darf die Entziehung zeitlich und gegenständlich nicht weiterreichen, als der Interessengegensatz besteht. Deshalb ist es für die Praxis wichtig, im Falle einer Dauerpflegschaft durch angemessene Wiedervorlagefristen den Fortbestand des Bedürfnisses für die Pflegschaft zu überprüfen. Die bloße Befürchtung, künftig könnten sich neue Interessengegensätze bilden, rechtfertigt eine vorsorgliche Entziehung nicht. Soll die Vertretungsmacht insgesamt entzogen werden, so müssen andere Rechtsgrundlagen herangezogen werden, vgl. Rn. 40 ff.

III. Ermessen oder gebundene Entscheidung

28 Die Formulierung insbesondere des § 1796 Abs. 1 BGB legt die Annahme nahe, dass die Entziehung der Vertretungsmacht im Ermessen des Familiengerichts steht. Dies entspricht gefestigter Rechtsprechung.[77] Die Literatur vertritt demgegenüber ganz überwiegend die Auffassung, es handele sich um eine gebundene Entscheidung.[78] Richtiger Ansicht nach dürfte sich kaum bestreiten lassen, dass der „erhebliche Interessengegensatz" einen unbestimmten Rechtsbegriff darstellt, also der Tatbestandsseite zuzuordnen ist. Die Tatbestandsseite erweist sich – insbesondere bei angemessener Auslegung des Merkmals der Verhältnismäßigkeit – auch als hinreichend flexibel. So wird es etwa für möglich erachtet, dass das Familiengericht selbst Tatsachen schafft, die zum Entfallen des erheblichen Interessengegensatzes führen. So soll etwa nach einer Auffassung die Bestellung eines Verfahrensbeistands den Interessengegensatz im Sinne des § 1796 BGB abmildern und dadurch eine ansonsten erforderliche Verfahrenspflegerbestellung im Einzelfall entbehrlich machen können.[79]

IV. Folgen der unterbliebenen Entziehung der Vertretungsmacht

29 Hat der Vormund ein Rechtsgeschäft getätigt, obwohl ein erheblicher Interessengegensatz bestand, ohne dass ihm die Vertretungsmacht entzogen worden wäre, so ist das Rechtsgeschäft grundsätzlich wirksam.[80] Im Einzelfall kann sich allerdings etwas anderes nach der allgemeinen Lehre vom Missbrauch der Vertretungsmacht ergeben. Voraussetzung für die Unwirksamkeit ist dabei allerdings, wenn Vormund und Geschäftsgegner kollusiv zusammenwirken oder der Geschäftsgegner im Einzelfall erkennt, dass der Vertreter zum Nachteil des Vertretenen pflichtwidrig handelt.[81] Die unterbliebene Entziehung kann zur Amtshaftung nach Art. 34 GG in Verbindung mit § 839 BGB führen.

---

[75] Vgl. *Veit* in: Staudinger, § 1796 Rn. 32.
[76] *Veit* in: Staudinger, § 1796 Rn. 30; *Dickescheid* in: BGB-RGRK, § 1796 Rn. 1.
[77] So etwa BGH v. 27.11.1974 - IV ZB 42/73 - NJW 1975, 345-347, 347; OLG Zweibrücken v. 03.12.2002 - 3 W 235/03 - juris Rn. 5 - OLGR Zweibrücken 2004, 84-85; OLG Stuttgart v. 06.05.1983 - 8 W 162/83 - juris Rn. 10 - OLGZ 1983, 299-301; BayObLG v. 24.06.1982 - 3 Z 38/81 - juris Rn. 25 - FamRZ 1982, 1134-1136; OLG Hamm v. 08.05.1963 - 15 W 148/63 - FamRZ 1963, 580 f.; offen noch *Engler* in: Staudinger, Neubearb. 2004, § 1796 Rn. 9.
[78] So *Zimmermann* in: Damrau/Zimmermann, Betreuungsrecht, 4. Aufl. 2011, § 1796 Rn. 4; *Roth* in: Dodegge/Roth, Betreuungsrecht, 2003, D Rn. 90; *Veit* in: Staudinger, § 1796 Rn. 25; *Götz* in: Palandt, § 1796 Rn. 1; *Dickescheid* in: BGB-RGRK, § 1796 Rn. 5.
[79] Vgl. OLG Düsseldorf v. 24.09.2010 - II-7 UF 112/10 - juris Rn. 21 - JAmt 2010, 505-507.
[80] *Dickescheid* in: BGB-RGRK, § 1796 Rn. 12.
[81] Vgl. *Larenz/Wolf*, Allgemeiner Teil des Bürgerlichen Rechts, 8. Aufl. 1997, § 46 Rn. 148 m.w.N.; *Dickescheid* in: BGB-RGRK, § 1796 Rn. 12.

E. Prozessuale Hinweise/Verfahrenshinweise

I. Zuständigkeit

Zuständig für die Entziehung der Vertretungsmacht nach § 1796 BGB ist das Amtsgericht (§ 23a Abs. 1 Nr. 1 GVG, §§ 111 Nr. 2, 151 Nr. 4 FamFG) – Familiengericht – bzw. (in Betreuungssachen) das Betreuungsgericht (§ 23a Abs. 1 Nr. 2, Abs. 2 Nr. 1 GVG). Die örtliche Zuständigkeit ist in § 152 FamFG neu geregelt. Danach kommt es maßgeblich – neu – auf die Anhängigkeit einer Ehesache an. Danach sind der gewöhnliche Aufenthalt des Kindes und schließlich der Ort des Fürsorgebedürfnisses maßgeblich. Funktional zuständig ist nach § 3 Nr. 2a RPflG weiterhin regelmäßig der Rechtspfleger.[82] Das Familiengericht ist für die Anordnung der Pflegschaft sowie die Auswahl und die Bestellung des Pflegers zuständig.[83]

30

II. Verfahren

1. Verfahrenseinleitung von Amts wegen

Die Entziehung der Vertretungsmacht erfolgt nicht bloß auf Antrag. Das Familiengericht hat gemäß § 26 FamFG von Amts wegen zu ermitteln, ob die Voraussetzungen für eine Entziehung der Vertretungsmacht vorliegen. Zur Prüfung der Frage, ob ein erheblicher Interessengegensatz besteht, muss das Gericht zunächst die Interessen des Mündels ermitteln. Das gebotene Mittel der Wahl besteht deshalb in der Anhörung des Mündels. Gegebenenfalls können aber auch weitere Erkundigungen, etwa die Anhörung nahestehender Personen geboten sein.

31

Des Weiteren ist die Interessenlage des Vormundes zu ermitteln. Dazu ist dieser anzuhören. Ggf. können auch insofern ergänzende Erkundigungen geboten sein. Wenn der Vormund ankündigt das Rechtsgeschäft in dem Sinne vornehmen zu wollen, wie es den vom Gericht konkret festgestellten Interessen des Mündels entspricht, bedarf es keiner weiteren Nachforschungen zur Interessenlage des Vormundes mehr. Stimmt der Vormund mit der Interesseneinschätzung durch das Familiengericht nicht überein, bedarf es einer positiven Feststellung des Interessengegensatzes sowie der konkreten Möglichkeit, dass der Vormund nicht allein nach dem Interesse des Mündels handeln wird.

32

2. Anzeigepflichten

Da das Familiengericht den Vormund nicht „auf Schritt und Tritt" überwacht, erlangt es häufig erst durch Anzeige Kenntnis von Umständen, die eine Entziehung der Vertretungsmacht rechtfertigen. Der Vormund ist gemäß § 1909 Abs. 2 BGB verpflichtet, das Bedürfnis nach einer Pflegerbestellung von sich aus anzuzeigen. Das gilt auch für das Jugendamt als Amtsvormund (vgl. § 56 Abs. 1 SGB VIII). Die Versäumung der Pflicht kann die Haftung des Vormunds nach § 1833 BGB auslösen. Das Gericht ist nach § 22a FamFG zur Anzeige verpflichtet und berechtigt. Das Prozessgericht prüft zwar die Vertretungsmacht von Amts wegen (§ 56 Abs. 1 ZPO), es kann jedoch nicht von sich aus eine ordnungsgemäße Vertretung bei Vorliegen eines Interessengegensatzes annehmen[84], d.h. es muss das Familiengericht informieren.

33

3. Anhörungserfordernisse

Vormund und Mündel sind vor der familiengerichtlichen Entscheidung zu hören.[85] Umfassende Anhörungserfordernisse sieht das neue Recht in den §§ 34, 159, 160, 278, 279 FamFG vor. Der Mündel ist regelmäßig gemäß § 159 Abs. 2 FamFG anzuhören. Geht es etwa um die Bestellung eines Ergänzungspflegers zur Ausübung des Zeugnisverweigerungsrechts ist eine Anhörung zumindest aus sonstigen Gründen (§ 159 Abs. 2, 2. Alt. FamFG) geboten. Denn im Rahmen der Amtsermittlung ist zu prüfen, ob das Kind überhaupt aussagebereit ist.[86] Des Weiteren bedarf es in dem Verfahren zur Bestellung eines Ergänzungspflegers der Bestellung eines Verfahrensbeistands nach § 158 Abs. 1, 2 Nr. 1 FamFG.[87]

34

---

[82] So auch Saarländisches Oberlandesgericht v. 22.03.2011 - 6 UF 34/11 - juris Rn. 12 - NJW 2011, 2306-2307.
[83] Kölmel, RNotZ 2010, 1, 12, 15.
[84] OLG Düsseldorf v. 30.12.1964 - 3 W 366/64 - OLGZ 1965, 275-277, 277; OLG Celle v. 29.05.1975 - 14 W 40/75 - FamRZ 1976, 97; Veit in: Staudinger, § 1796 Rn. 31.
[85] So auch Zimmermann in: Damrau/Zimmermann, Betreuungsrecht, 4. Aufl. 2011, § 1796 Rn. 8; Roth in: Dodegge/Roth, Betreuungsrecht, 2003, D Rn. 93.
[86] Vgl. etwa OLG Schleswig v. 20.11.2012 - 10 WF 187/12 - juris Rn. 11 f. - FamRZ 2013, 571-573.
[87] Vgl. OLG Schleswig v. 20.11.2012 - 10 WF 187/12 - juris Rn. 11 f. - FamRZ 2013, 571-573.

III. Form der Entscheidung

35 Die Entziehung der Vertretungsmacht erfolgt durch Beschluss, § 38 Abs. 1 FamFG.[88] Dabei kann die Entziehung auch in der Bestellung eines Pflegers und der entsprechenden Mitteilung an den Vormund liegen.[89] Jedoch muss der Beschluss die Reichweite der Entziehung der Vertretungsmacht genau bezeichnen.[90] Er bedarf der Begründung, § 38 Abs. 3 FamFG.[91]

36 Ist die Entziehung nicht von vornherein zeitlich befristet oder auf ein bestimmtes Rechtsgeschäft beschränkt, so erlangt der Vormund erst wieder durch das Wirksamwerden eines Aufhebungsbeschlusses des Familiengerichts die Vertretungsmacht zurück.[92] Dies sollte jedoch nach Möglichkeit vermieden werden. Das Familiengericht sollte deshalb in der Praxis primär versuchen das Wiederaufleben der Vertretungsmacht schon in dem Entziehungsbeschluss zu regeln. Ist dies nicht möglich – etwa wenn eine Dauerpflegschaft anzuordnen ist – muss eine angemessene Wiedervorlage zwecks Überprüfung des fortdauernden Bedürfnisses für eine Dauerpflegschaft notiert werden. Die Amtshaftung nach Art. 34 GG in Verbindung mit § 839 BGB tritt ein, wenn die Vertretungsmacht nicht gemäß § 1796 BGB entzogen wird, kann u.U. aber auch eingreifen, wenn sie zu Unrecht entzogen wird.

37 Die Entziehung der Vertretungsmacht ist schon aus Gründen der Verhältnismäßigkeit zeitlich bzw. gegenständlich auf das erforderliche Maß zu beschränken und diese Beschränkung auch im Beschluss hinreichend zu präzisieren.

IV. Wirksamwerden der Entscheidung

38 Der Beschluss wird nach neuem Recht gemäß § 40 Abs. 1 FamFG mit der Bekanntgabe an den Beteiligten, für den sie ihrem wesentlichen Inhalt nach bestimmt ist, wirksam.[93] Nach der Spezialregelung des § 287 Abs. 1 FamFG kommt es auf die Bekanntgabe an den Betreuer an. Eine entsprechende Regelung fehlt im Vormundschaftsrecht. Dass die Entscheidung gemäß § 164 Satz 1 FamFG dem mindestens 14 Jahre alten Kind, soweit es nicht geschäftsunfähig ist, bekannt zu machen ist, hat für das Wirksamwerden der Entscheidung keine Relevanz. Für den Anwendungsbereich des § 1796 BGB dürfte § 40 Abs. 1 FamFG eine § 287 Abs. 1 FamFG entsprechende Rechtsfolge zu entnehmen sein: maßgeblich ist also die Bekanntgabe an den Vormund.

V. Rechtsbehelf

39 Gegen den Beschluss ist die Beschwerde nach den §§ 58 f. FamFG eröffnet.[94] Die Beschwerdefrist beträgt einen Monat, § 63 FamFG. Gegen die Übertragung der Pflegschaft kann auch der Pfleger Beschwerde einlegen, weil er in seinen Rechten beeinträchtigt wird (§ 59 Abs. 1 FamFG).[95] In der Beschwerdeinstanz ist das Vorliegen eines erheblichen Interessengegensatzes nachprüfbar, wenn man mit der hier vertretenen Auffassung von einem unbestimmten Rechtsbegriff ausgeht.

VI. Alternative Eingriffsmöglichkeiten

40 § 1796 BGB lässt nur die Entziehung der Vertretungsmacht, nicht hingegen die Entziehung der Sorge zu. Ist das Interesse des Mündels nicht bloß im Rahmen einer rechtsgeschäftlichen Handlung in Gefahr, muss das Familiengericht weitergehende Eingriffsmöglichkeiten prüfen, die auch die – vollständige oder teilweise – Entziehung der Sorge ermöglichen: Die Sorge für die religiöse Entziehung kann nach den Voraussetzungen des § 1801 Abs. 1 BGB entzogen werden.

---

[88] Vgl. *Veit* in: Staudinger, § 1796 Rn. 29; nach *Dickescheid* in: BGB-RGRK, § 1796 Rn. 6 sollte auch eine Verfügung genügen, zweifelhaft, nun aber durch § 38 FamFG überholt.

[89] BayObLG München v. 18.09.2003 - 3Z BR 167/03 - BayObLGZ 2003, 248-254; KG v. 24.02.1966 - 1 W 3402/65 - NJW 1966, 1320-1322, 1321; *Zimmermann* in: Damrau/Zimmermann, Betreuungsrecht, 4. Aufl. 2011, § 1796 Rn. 8; *Veit* in: Staudinger, § 1796 Rn. 29.

[90] *Bauer* in: HK-BUR, §§ 1795, 1796 Rn. 5; § 1899 Rn. 69.

[91] *Veit* in: Staudinger, § 1796 Rn. 29; so auch zum alten Recht bereits KG v. 24.02.1966 - 1 W 340/65 - NJW 1966, 1320-1322, 1321; *Dickescheid* in: BGB-RGRK, § 1796 Rn. 6.

[92] Allg. A., *Dickescheid* in: BGB-RGRK, § 1796 Rn. 15.

[93] Allg. A., vgl. etwa *Kölmel*, RNotZ 2010, 1, 12, 15.

[94] So schon zum alten Recht die ganz h.M., KG v. 16.08.1965 - 1 W 1854/65 - OLGZ 1965, 237-239, 237 f.; *Dickescheid* in: BGB-RGRK, § 1796 Rn. 16; zum neuen Recht auch *Veit* in: Staudinger, § 1796 Rn. 37; *Bettin* in: BeckOK-BGB, Ed. 30, § 1796 Rn. 6.

[95] Vgl. KG v. 04.03.2010 - 17 UF 5/10 - juris Rn. 7 - FamRZ 2010, 1171-1173.

Teilweise wird gesagt, nach den §§ 1800, 1631 BGB bestehe die Möglichkeit, dem Vormund die Entscheidung über den Beruf zu entziehen.[96] Es erscheint indes zweifelhaft, ob die angeführten Normen eine solche Entscheidung zu tragen vermögen, legen sie die Entscheidung hinsichtlich der Personensorge doch gerade in die Hände des Vormunds.

Weiterreichende Eingriffsmöglichkeiten für das Gericht bieten die §§ 1837 Abs. 2 und §§ 1837 Abs. 4 BGB i.V.m. den §§ 1666, 1666a, 1996 BGB sowie als äußerste Maßnahme § 1886 BGB. Die Eingriffsmöglichkeiten haben unterschiedlich strenge Voraussetzungen. Stets ist der geringstmögliche Eingriff im Sinne der Verhältnismäßigkeit zu wählen. § 1796 BGB bietet keine Grundlage, um dem Vormund die Vertretungsmacht wegen persönlicher Unzulänglichkeit zu entziehen.[97]

F. Arbeitshilfen

Zu einem Vorschlag für eine Mitteilung des Vormunds über einen möglichen Interessenkonflikt und einer möglichen Tenorierung vgl. die Kommentierung zu § 1795 BGB.

---

[96] So *Zimmermann* in: Soergel, § 1795 Rn. 1.
[97] Vgl. BGH v. 29.05.2013 - XII ZB 124/12 - juris Rn. 18 - JA 2013, 426-429; OLG Frankfurt v. 08.11.2013 - 2 UF 320/13 - juris Rn. 11 - FamRZ 2014, 502-503.

§ 1797 BGB Mehrere Vormünder

(Fassung vom 17.12.2008, gültig ab 01.09.2009)

(1) ¹Mehrere Vormünder führen die Vormundschaft gemeinschaftlich. ²Bei einer Meinungsverschiedenheit entscheidet das Familiengericht, sofern nicht bei der Bestellung ein anderes bestimmt wird.

(2) ¹Das Familiengericht kann die Führung der Vormundschaft unter mehrere Vormünder nach bestimmten Wirkungskreisen verteilen. ²Innerhalb des ihm überwiesenen Wirkungskreises führt jeder Vormund die Vormundschaft selbständig.

(3) Bestimmungen, die der Vater oder die Mutter für die Entscheidung von Meinungsverschiedenheiten zwischen den von ihnen benannten Vormündern und für die Verteilung der Geschäfte unter diese nach Maßgabe des § 1777 getroffen hat, sind von dem Familiengericht zu befolgen, sofern nicht ihre Befolgung das Interesse des Mündels gefährden würde.

Gliederung

A. Grundlagen 1	II. Rechtsfolgen 37
I. Kurzcharakteristik 1	1. Inhalt der Entscheidung 38
II. Entstehungsgeschichte 2	2. Entscheidungsmaßstab 39
1. Die ursprüngliche Fassung des BGB 2	3. Wirkung 40
2. Das FGG-Reformgesetz 3	4. Verfahren 43
B. Praktische Bedeutung 4	E. Nach Wirkungskreisen geteilte Vormundschaft (Absatz 2) 48
C. Gemeinschaftliche Mitvormundschaft (Absatz 1 Satz 1) 7	I. Anwendungsvoraussetzungen 48
I. Anwendungsvoraussetzung: mehrere Vormünder 7	II. Rechtsfolgen 54
II. Rechtsfolge: gemeinschaftliche Mitvormundschaft 12	1. Selbständige Führung der Vormundschaft im Wirkungskreis 54
1. Grundlagen 12	2. Vertretung 57
2. Führung der gemeinschaftlichen Mitvormundschaft 13	3. Haftung des Mitvormundes 58
3. Gesamtvertretung 15	F. Bestimmung der Eltern (Absatz 3) 59
a. Aktivvertretung 15	I. Anwendungsvoraussetzungen 59
b. Passivvertretung 20	1. Bestimmung im Sinne des § 1777 BGB 59
4. Gestaltungsmöglichkeiten der Mitvormünder 22	2. Keine Gefährdung des Mündelinteresses 60
5. Wegfall eines Mitvormundes 28	II. Rechtsfolgen 61
6. Haftung gemeinschaftlicher Mitvormünder 30	G. Arbeitshilfen – Muster für Rubrum, Tenorierungen und Entscheidungen 63
D. Meinungsverschiedenheit bei Mitvormundschaft (Absatz 1 Satz 2) 31	I. Rubrum 63
I. Anwendungsvoraussetzungen 31	II. Tenorierung 64
1. Meinungsverschiedenheit 31	III. Gründe 70
2. Mitvormundschaft 32	IV. Rechtsbehelfsbelehrung 71
3. Keine vorrangige Bestimmung 33	H. Arbeitshilfen – Muster einer Entscheidung des Familiengerichts 72

A. Grundlagen

I. Kurzcharakteristik

1 Regelfall der Vormundschaft ist die Einzelvormundschaft. Das Gericht kann jedoch abweichend hiervon einen Gegenvormund (§ 1792 BGB) oder einen Mitvormund (vgl. insbesondere § 1775 BGB) bestellen, um eine effektivere Wahrung der ideellen und wirtschaftlichen Interessen des Mündels oder eine verstärkte Kontrolle zu gewährleisten. Wenn nicht gerade eine der Eingliederung in eine vollständige Familie angenäherte Situation herbeigeführt werden soll, wird das Gericht dies allerdings regelmäßig nur aus besonderen Gründen tun, etwa wenn die Verwaltung großer Vermögen komplexe Ge-

schäfte erfordert[1] oder besondere Rechtskenntnisse auf einem Spezialgebiet erforderlich sind.[2] § 1797 BGB regelt das Verhältnis mehrerer Vormünder zueinander. § 1797 Abs. 1 BGB behandelt die gemeinschaftliche Vormundschaft, § 1797 Abs. 2 BGB die nach Wirkungskreisen geteilte Vormundschaft und § 1797 Abs. 3 BGB das Bestimmungsrecht der Eltern bei mehreren Vormündern.

II. Entstehungsgeschichte

1. Die ursprüngliche Fassung des BGB

Nach gemeinem Recht konnte von mehreren Vormündern jeder für sich allein gültig handeln. In Abkehr hiervon folgt das BGB der preußischen VormO und dem sächsischen Gesetzbuch.[3] Im Interesse der Rechtssicherheit sollten Meinungsverschiedenheiten unter den Vormündern nicht durch Mehrheitsentscheid, sondern durch das Gericht entschieden werden. Dabei entsprach es bereits dem Willen des historischen Gesetzgebers, dass das Gericht grundsätzlich nur entweder dem einen oder dem anderen Teile beitreten, nicht aber eine neue Ansicht aufstellen kann, wenn nicht ein aufsichtsrechtliches Eingreifen erforderlich ist. Die Teilung der Vormundschaft nach Wirkungskreisen sollte im Ermessen des Gerichts stehen. Die Bestimmung eines Hauptvormundes hielt der Gesetzgeber nicht für notwendig.[4]

2. Das FGG-Reformgesetz

Seit dem FGG-Reformgesetz[5] ist nicht mehr das Vormundschaftsgericht, sondern das Familiengericht zur Entscheidung berufen. Zu der neuen Zuständigkeitsverteilung insgesamt vgl. die Kommentierung zu § 1793 BGB Rn. 162.

B. Praktische Bedeutung

Die Vorschrift gilt gemäß § 1915 BGB für Pfleger entsprechend. Hiervon dürfte allerdings § 1797 Abs. 2 BGB ausgenommen sein, da Pfleger von vornherein verschiedene Wirkungskreise haben.
§ 1908i Abs. 1 Satz 1 BGB verweist für das Recht der Betreuung auf § 1797 Abs. 1 Satz 1 und 2 BGB. Die Absätze 2 und 3 gelten demnach nicht für die Betreuung. Anstelle von § 1797 Abs. 2 BGB gilt bei der Betreuung § 1899 Abs. 1 Satz 2 und Abs. 3 BGB. Für § 1797 Abs. 3 BGB ist mangels Bestimmungsrecht der Eltern kein Raum.[6] Lediglich der Betreute selbst kann mehrere Betreuer nach § 1897 Abs. 4 BGB vorschlagen.
Auch für Streitigkeiten unter Gegenvormündern und unter Gegenbetreuern gilt § 1797 Abs. 1 BGB entsprechend.[7]

C. Gemeinschaftliche Mitvormundschaft (Absatz 1 Satz 1)

I. Anwendungsvoraussetzung: mehrere Vormünder

§ 1797 Abs. 1 Satz 1 BGB setzt voraus, dass mehrere Vormünder/Betreuer bestellt sind.
Ungeschriebene weitere Voraussetzung ist, dass das Familien-/Betreuungsgericht nicht getrennte Wirkungskreise für die Vormünder/Betreuer bestimmt hat. Das folgt aus dem systematischen Zusammenhang mit den Absätzen 2 und 3.
Ob eine gemeinschaftliche oder nach Wirkungskreisen geteilte Vormundschaft vorliegt, hängt also von der Anordnung des Familiengerichts ab. Fehlt eine entsprechende Bestimmung, so liegt im Zweifel eine gemeinschaftliche Mitvormundschaft nach § 1797 Abs. 1 Satz 1 BGB vor[8].

---

[1] Vgl. *Gernhuber/Coester-Waltjen*, Familienrecht, 6. Aufl. 2010, § 70 VI 1. Rn. 61; *Schmid* in: Handbuch der Rechtspraxis, Band 5a – Familienrecht – 1. Halbband, 7. Aufl. 2010, Rn. 1204.
[2] Vgl. OLG Frankfurt v. 19.02.2014 - 6 UF 28/14 - juris Rn. 16; OLG Frankfurt v. 28.01.2014 - 6 UF 289/13 - juris Rn. 7, zu asyl- und ausländerrechtlichen Angelegenheiten.
[3] Vgl. *Mugdan*, Die gesammten Materialien zum Bürgerlichen Gesetzbuch für das Deutsche Reicht, IV. Band: Familienrecht, 1899, S. 1093.
[4] Zum Ganzen *Mugdan*, Die gesammten Materialien zum Bürgerlichen Gesetzbuch für das Deutsche Reicht, IV. Band: Familienrecht, 1899, S. 1094.
[5] Gesetz zur Reform des Verfahrens in Familiensachen und in den Angelegenheiten der freiwilligen Gerichtsbarkeit (FGG-Reformgesetz – FGG-RG) vom 17.12.2008, BGBl I 2008, 2586, 2723 f.
[6] Hierzu auch *Zimmermann* in: Damrau/Zimmermann, Betreuungsrecht, 4. Aufl. 2011, § 1797 Rn. 1, 8.
[7] So auch *Zimmermann* in: Soergel, § 1797 Rn. 9; *Bettin* in: Bamberger/Roth, BeckOK BGB, Ed. 30, § 1797 Rn. 8, leitet dies aus § 1792 Abs. 4 BGB her, dem Wortlaut nach zweifelhaft.
[8] So auch OLG Posen v. 30.06.1916 - OLGE 33, 368; *Veit* in: Staudinger, § 1797 Rn. 7; *Gernhuber/Coester-Waltjen*, Familienrecht, 6. Aufl. 2010, § 70 VI 2. Rn. 63 m.w.N.

§ 1797

10 Typischer Beispielsfall der gemeinschaftlichen Mitvormundschaft ist die Bestellung eines Ehepaares zu Mitvormündern.

11 **Praktischer Hinweis für die Bestellung:** In der Bestallungsurkunde sollen sowohl die Namen der Mitvormünder als auch – im Falle der Teilung – die Art der Teilung enthalten sein (§ 1791 Abs. 2 BGB).

II. Rechtsfolge: gemeinschaftliche Mitvormundschaft

1. Grundlagen

12 § 1797 Abs. 1 Satz 1 BGB ordnet an, dass mehrere Vormünder/Betreuer gemeinschaftliche Mitvormünder/Mitbetreuer sind.

2. Führung der gemeinschaftlichen Mitvormundschaft

13 Die gemeinschaftliche Mitvormundschaft zeigt eine der gemeinschaftlichen elterlichen Sorge vergleichbare Struktur[9]. Gemeinschaftliche Mitvormundschaft bedeutet, dass die Vormünder die **Gesamtverantwortung** für die Führung der Vormundschaft haben. Danach müssen sämtliche Maßnahmen und Entscheidungen, die die Vormundschaft betreffen, grundsätzlich gemeinschaftlich vorgenommen werden.[10]

14 Im Rahmen ihrer Gesamtverantwortung müssen sich die Mitvormünder auch wechselseitig kontrollieren und beaufsichtigen.[11] Das lässt sich mittelbar aus dem Umstand ableiten, dass die Bestellung eines Gegenvormundes im Fall der gemeinschaftlichen Mitvormundschaft nach § 1792 Abs. 2 BGB entbehrlich ist.

3. Gesamtvertretung

a. Aktivvertretung

15 Als Ausdruck der Gesamtverantwortung für die Führung der Vormundschaft gilt für gemeinschaftliche Mitvormünder bei rechtsgeschäftlichem Tätigwerden der Grundsatz der Gesamtvertretung, d.h. Willenserklärungen müssen grundsätzlich von allen Mitvormündern gemeinschaftlich abgegeben werden.

16 Allerdings erfordert dies nicht notwendig gleichzeitiges Handeln der Mitvormünder.[12] Die Mitvormünder können sich auch gegenseitig zur Eingehung von Rechtsgeschäften bevollmächtigen[13] oder die ohne Einwilligung des anderen Mitvormunds eingegangenen Rechtsgeschäfte nachträglich – sogar stillschweigend[14] – genehmigen.[15] Die Genehmigung kann – auch bei formbedürftigen Rechtsgeschäften – formlos erfolgen.[16] Bis zur Genehmigung des anderen Mitvormunds handelt der erklärende Mitvormund gemäß der §§ 177-180 BGB als Vertreter ohne Vertretungsmacht[17], es sei denn, er macht bei Abgabe der Erklärung nach außen deutlich, dass er nur eine Teilerklärung im Rahmen der Gesamtvertretung abgeben will.[18] Denn dann fehlt es an einem uneingeschränkten Rechtsbindungswillen zur Vertretung des Mündels.

17 **Hinweis für die prozessuale Praxis:** Vorstehende Vorschriften gelten insbesondere auch prozessuale Erklärungen, etwa für die Erteilung der Prozessvollmacht.[19]

---

[9] *Gernhuber/Coester-Waltjen*, Familienrecht, 6. Aufl. 2010, § 70 VI 3. Rn. 64.

[10] Vgl. hierzu etwa *Dickescheid* in: BGB-RGRK, § 1797 Rn. 2; *Veit* in: Staudinger, § 1797 Rn. 7.

[11] Vgl. auch *Dickescheid* in: BGB-RGRK, § 1797 Rn. 4; *Veit* in: Staudinger, § 1797 Rn. 9; *Zimmermann* in: Soergel, § 1797 Rn. 2.

[12] Allg. A., RG v. 11.07.2005 - II 139/05 - RGZ 61, 223-226, 224; *Dickescheid* in: BGB-RGRK, § 1797, Rn. 2.

[13] RG v. 11.12.1925 - VI 417/25 - RGZ 112, 215-221; *Zimmermann* in: Damrau/Zimmermann, Betreuungsrecht, 4. Aufl. 2011, § 1797 Rn. 2; *Veit* in: Staudinger, § 1797 Rn. 10; *Dickescheid* in: BGB-RGRK, § 1797 Rn. 2; vgl. auch RG v. 08.10.1912 - II 271/12 - RGZ 80, 180-183, 182 zum Recht bei der Genossenschaft.

[14] RG v. 04.10.1927 - II 37/27 - RGZ 118, 168-171, 171; *Dickescheid* in: BGB-RGRK, § 1797 Rn. 2.

[15] RG v. 27.05.1913 - VII 89/13 - RGZ 82, 320-326; *Lion*, Die Mitvormundschaft, 1905, S. 41 f.

[16] RG v. 04.10.1927 - II 37/27 - RGZ 118, 168, 171; *Dickescheid* in: BGB-RGRK, § 1797 Rn. 2.

[17] *Dickescheid* in: BGB-RGRK, § 1797 Rn. 2; *Zimmermann* in: Damrau/Zimmermann, Betreuungsrecht, 4. Aufl. 2011, § 1797 Rn. 3; vgl. für den Fall von zwei Mittestamentsvollstreckern auch BGH v. 22.06.1965 - V ZR 55/64 - LM Nr. 1 zu § 178 BGB.

[18] Vgl. *Veit* in: Staudinger, § 1797 Rn. 19.

[19] Ganz h.M., vgl. *Veit* in: Staudinger, § 1797 Rn. 11; *Dickescheid* in: BGB-RGRK, § 1797 Rn. 1; *Götz* in: Palandt, § 1797 Rn. 3.

Nach soweit ersichtlich allgemeiner Ansicht kann ein Mitvormund auch in dringenden Fällen nicht alleine handeln.[20] Etwas anderes gilt lediglich für Mitbetreuer nach § 1899 Abs. 3 BGB. Richtig ist, dass das Gesetz eine Alleinvertretungsbefugnis in eiligen Fällen nicht ausdrücklich anordnet. Es stellt sich jedoch die Frage, ob eine solche nicht aus einem allgemeinen Rechtsgrundsatz hergeleitet werden kann. Zunächst bietet sich die Parallele zur Betreuung an (§ 1899 Abs. 3 BGB). Daneben finden sich Parallelen einer Notgeschäftsführung beim Testamentsvollstrecker (§ 2224 Abs. 2 BGB) und bei der Gemeinschaft (§ 744 Abs. 2 BGB).[21] In der Praxis wird der Raum für eine solche Notgeschäftsführungsbefugnis jedoch wegen der – ggf. vertretungsweise sicherzustellenden – Erreichbarkeit des Familiengerichts gering sein.

Bedenkt man, dass die gemeinschaftliche Vormundschaft den Ausnahmefall darstellt, in dem das Familiengericht ein gesteigertes Bedürfnis nach Herstellung des „Vieraugenprinzips" sieht, so folgt hieraus für den Mitvormund die Empfehlung, zur Vermeidung der eigenen Haftung bei rechtsgeschäftlichem Handeln für den Mündel möglichst schon im Vorfeld die Einwilligung des Mitvormunds einzuholen und in angemessener Weise zu dokumentieren.

b. Passivvertretung

Zur Passivvertretung genügt nach herrschender Auffassung eine Inempfangnahme durch einen der Mitvormünder.[22] Dies entspricht § 1629 Abs. 1 Satz 2 BGB und der zur Gesamtvertretung im Allgemeinen vertretenen Ansicht.[23] Für diese Ansicht sprechen auch praktische Gesichtspunkte: Der außenstehende Dritte kann nicht durch die Mehrheit der vertretungsberechtigten Personen belastet werden. Entsprechendes gilt für Zustellungen nach § 170 Abs. 3 ZPO.

Auch im Fall der Passivvertretung kann es für den Mitvormund wichtig sein, die eigene Haftung zu vermeiden, indem er dem Mitvormund unverzüglich und zuverlässig Kenntnis von wichtigen zugehenden Willenserklärungen verschafft und dies in angemessener Weise dokumentiert.

4. Gestaltungsmöglichkeiten der Mitvormünder

Nach wohl noch herrschender Auffassung können sich Mitvormünder ihrer Gesamtverantwortung nicht wirksam durch interne Bildung von Geschäftskreisen entziehen.[24] Dieser Auffassung ist zu folgen. Mit Anordnung der gemeinschaftlichen Mitvormundschaft hat sich das Familiengericht gerade gegen die Schaffung getrennter Wirkungskreise entschieden. Die weitreichenden Folgen der Mitvormundschaft, insbesondere etwa der Entfall der Notwendigkeit zur Bestellung eines Gegenvormunds nach § 1792 Abs. 2 BGB, aber auch der Verzicht auf bestimmte Familiengerichtliche Genehmigungserfordernisse, §§ 1810 Satz 2, 1812 Abs. 3 BGB, lassen sich nur rechtfertigen, wenn die Mitvormundschaft nach Art eines „Vieraugenprinzips" auch die wechselseitige Kontrolle umfasst, die bei Bildung autonomer Geschäftskreise nicht gewährleistet wäre.

Praktischer Hinweis: Wer der Gegenauffassung folgt, muss sich zumindest der Tatsache bewusst sein, dass die interne Bildung autonomer Geschäftskreise die Gesamtverantwortung nach außen unberührt lässt. Die Arbeitserleichterung im Innenverhältnis wird so u.U. durch ein Haftungsrisiko im Außenverhältnis teuer erkauft.

Das steht der Erteilung mehr oder weniger umfassender Vollmachten – auch für eine Mehrzahl von u.U. noch nicht abschließend bestimmten Rechtsgeschäften – indes nicht entgegen.[25] Dabei sind allerdings folgende Grundsätze zu beachten:

---

[20] So *Veit* in: Staudinger, § 1797 Rn. 12; *Götz* in: Palandt, § 1797 Rn. 3; *Rauscher*, Familienrecht, 2. Aufl. 2008, § 39 II Rn. 1212.

[21] Allerdings ist zumindest bei letzterer Norm streitig, ob sie nur eine Geschäftsführungsbefugnis oder auch eine Vertretungsmacht gewährt, vgl. einerseits *Sprau* in: Palandt, § 744 Rn. 3, *Gehrlein* in: BeckOK-BGB, Ed. 30, § 744 Rn. 7 andererseits.

[22] *Götz* in: Palandt, § 1797 Rn. 3; *Veit* in: Staudinger, § 1797 Rn. 13; *Dickescheid* in: BGB-RGRK, § 1797 Rn. 3; *Zimmermann* in: Damrau/Zimmermann, Betreuungsrecht, 4. Aufl. 2011, § 1797 Rn. 2; nach RG v. 31.12.1902 - I 320/02 - RGZ 53, 227-232, 230 handelt es sich um ein allgemeines Rechtsprinzip.

[23] Vgl. etwa BGH v. 17.09.2001 - II ZR 378/99 - DNotZ 2002, 302, 304; *Maier-Reimer* in: Erman, § 164 Rn. 27.

[24] So *Dickescheid* in: BGB-RGRK, § 1797 Rn. 2; *Engler* in: Staudinger, Neubearb. 2004, § 1797 Rn. 12; s. zur Gesamtverantwortung im Gesellschaftsrecht auch BGH v. 12.12.1960 - II ZR 255/59 - BGHZ 34, 27-31; anders aber wohl *Zimmermann* in: Damrau/Zimmermann, Betreuungsrecht, 4. Aufl. 2011, § 1797 Rn. 2; *Veit* in: Staudinger, § 1797 Rn. 16; *Wagenitz* in: MünchKomm-BGB, § 1797 Rn. 5.

[25] Kritisch hierzu noch *Dickescheid* in: BGB-RGRK, § 1797 Rn. 2; *Engler* in: Staudinger, 13. Bearb., § 1797 Rn. 12.

- Unstreitig darf eine solche Vollmacht nicht unwiderruflich erteilt werden.[26]
- Die Vollmacht darf ihrem Umfang nach nicht ganze Geschäftsbereiche einem Vormund übertragen.[27]

25 Ob eine Arbeitsteilung durch Aufteilung von Geschäftskreisen zugleich die Erteilung einer umfassenden Vollmacht für diese Geschäftskreise beinhaltet, wird streitig diskutiert.[28] Die Frage ist nach den allgemeinen Auslegungsregeln – einschließlich der Regeln zur Duldungsvollmacht – zu entscheiden.

26 Kaum problematisiert wird, welche Rechtsfolgen ein Verstoß gegen das Verbot der Bildung von Geschäftsbereichen zeitigt. Ein Bevollmächtigungsverbot führt nach den allgemeinen Grundsätzen der Rechtsgeschäftslehre nicht automatisch auch zur Unwirksamkeit der erteilten Vollmacht. In Betracht käme deshalb, einen Verstoß gegen das Verbot nur dadurch zu sanktionieren, dass den Erklärenden die Folgen der §§ 177 ff. BGB träfen und die Mitvormünder sich nach § 1833 BGB haftbar machen würden. Eine solche Lösung würde insbesondere dem Schutzbedürfnis des Dritten Rechnung tragen, der ansonsten das Risiko tragen müsste, dass die Bevollmächtigung des Mitvormundes wegen einer zu allgemeinen Vollmachtserteilung unwirksam ist. Gegen diese Lösung könnte allerdings sprechen, dass die Mitvormundschaft im Fall des § 1812 BGB gerade auch materielle Genehmigungserfordernisse ersetzt. Wäre das Rechtsgeschäft trotz Verstoßes gegen das Verbot der Bildung von Geschäftsbereichen wirksam, würde der Mündelschutz an einer empfindlichen Stelle beeinträchtigt. Zumindest in diesen letztgenannten Fällen ist deshalb von einer Unwirksamkeit der Vollmacht auszugehen.

27 **Praxishinweis:** Die dargestellten Probleme legen für die Praxis die Empfehlung nahe, bei der Erteilung von Vollmachten für allgemein bezeichnete Kreise von Rechtsgeschäften größte Zurückhaltung walten zu lassen. Es droht die Haftung nach § 1833 BGB ebenso wie die Folge des § 179 BGB. Ferner ist auch dem Dritten zu empfehlen, nicht nur das „ob" der Vollmacht des Mitvormundes zu prüfen, sondern auch das „wie", d.h. den Umfang der erteilten Vollmacht. Schließlich folgt für das Familiengericht die Anregung zur sorgfältigen Überprüfung, ob die Bestellung eines Mitvormunds wirklich gerade in den Fällen, in denen die Vormundschaft besondere Schwierigkeiten mit sich bringt, die bessere Lösung ist.

5. Wegfall eines Mitvormundes

28 Fällt ein Mitvormund weg, so sollen nach den Motiven zum BGB die übrigbleibenden Vormünder bis zur etwaigen Bestellung eines neuen Mitvormunds die Vormundschaft allein fortführen.[29] Die heute wohl herrschende Auffassung differenziert: Verbleibt – wie im Regelfall – nur ein weiterer Vormund, so ist dieser bis zur Bestellung eines neuen Mitvormundes (ggf. nach Mitteilung an das Familiengericht) grundsätzlich nicht befugt, die Geschäfte alleine weiterzuführen.[30] Denn die Anordnung der Mitvormundschaft impliziert zugleich, dass dem einzelnen Vormund die alleinige Führung der Vormundschaft nicht zugemutet oder zugetraut wird. M.E. kann allenfalls in engen Grenzen eine Notgeschäftsführung in Betracht zu ziehen sein.[31] Vorrangig ist allerdings eine Entscheidung des Familiengerichts (ggf. § 1846 BGB) anzustreben. Verbleiben indes mehrere Mitvormünder, so führen sie die Vormundschaft alleine weiter bis ein neuer Mitvormund bestellt ist, falls sich die Notwendigkeit zur Bestellung eines neuen Mitvormundes überhaupt noch ergibt.[32] Nach der Gegenansicht[33] soll der verbleibende Mitvormund auch im ersten Fall befugt sein, die Vormundschaft einstweilen weiterzuführen. Dies entspreche häufig dem Willen der Eltern, die die Vormünder benannt haben und werde auch dem Schutz des Mündels in der Praxis regelmäßig gerecht.

---

[26] *Wagenitz* in: MünchKomm-BGB, § 1797 Rn. 5; kritisch hierzu noch *Dickescheid* in: BGB-RGRK, § 1797 Rn. 2; *Engler* in: Staudinger, 13. Bearb., § 1797 Rn. 12.

[27] Ähnlich wohl auch *Wagenitz* in: MünchKomm-BGB, § 1797 Rn. 5.

[28] Vgl. *Fritsche* in: Kaiser/Schnitzler/Friederici, AnwKomm-BGB, Band 4: Familienrecht, 1. Aufl. 2004, § 1797 Rn. 2; *Dickescheid* in: BGB-RGRK, § 1797 Rn. 6; *Veit* in: Staudinger, § 1797 Rn. 15; *Rauscher*, Familienrecht, 2. Aufl. 2008, § 39 II Rn. 1212.

[29] Vgl. *Mugdan*, Die gesammten Materialien zum Bürgerlichen Gesetzbuch für das Deutsche Reich, IV. Band: Familienrecht, 1899, S. 1094.

[30] So auch *Dickescheid* in: BGB-RGRK, § 1797 Rn. 7; *Saar* in: Erman, § 1797 Rn. 10; *Zimmermann* in: Damrau/Zimmermann, Betreuungsrecht, 4. Aufl. 2011, § 1797 Rn. 3.

[31] Vgl. zu den Voraussetzungen oben Rn. 18.

[32] So auch *Dickescheid* in: BGB-RGRK, § 1797 Rn. 7; *Saar* in: Erman, § 1797 Rn. 10; *Götz* in: Palandt, § 1797 Rn. 1.

[33] Vgl. etwa *Veit* in: Staudinger, § 1797 Rn. 35; *Wagenitz* in: MünchKomm-BGB, § 1797 Rn. 12.

In der Praxis werden die Unterschiede beider Auffassungen regelmäßig gering sein, denn Einigkeit besteht darüber, dass das Familiengericht unverzüglich entscheiden muss, ob es eines neuen Mitvormundes bedarf. Zur Vermeidung von Rechtsunsicherheit in der Zwischenzeit erscheint es sinnvoll, dass das Familiengericht im Wege einer einstweiligen Entscheidung – ggf. auf Antrag des verbliebenen Vormundes – entscheidet, ob der verbliebene Mitvormund einstweilen allein tätig werden darf.

6. Haftung gemeinschaftlicher Mitvormünder

Die aus der gemeinschaftlichen Mitvormundschaft resultierende Gesamtverantwortung hat auch eine haftungsrechtliche Komponente. Zwar setzt die Haftung des Mitvormunds eine eigene Verantwortlichkeit, d.h. ein eigenes Verschulden jedes haftenden Mitvormunds voraus (§ 1833 Abs. 1 Satz 1 BGB). Eine eigene Pflichtverletzung kann jedoch auch in einer Verletzung der Überwachungspflicht des einen Mitvormunds gegenüber dem anderen Mitvormund durch Gewährenlassen des anderen Mitvormunds oder Unterlassen der gebotenen Kontrolle liegen. § 1833 Abs. 2 Satz 2 BGB stellt den aufsichtsführenden Vormund dann lediglich im Innenverhältnis frei. Im Außenverhältnis haften sie gesamtschuldnerisch (§ 1833 Abs. 2 Satz 1 BGB).

D. Meinungsverschiedenheit bei Mitvormundschaft (Absatz 1 Satz 2)

I. Anwendungsvoraussetzungen

1. Meinungsverschiedenheit

Eine Meinungsverschiedenheit liegt vor, wenn die Vormünder über das Ob oder Wie einer Maßnahme oder Entscheidung in ihrem Aufgabenkreis unterschiedlicher Meinung sind.

2. Mitvormundschaft

§ 1797 Abs. 1 Satz 2 BGB betrifft primär Meinungsverschiedenheiten bei gemeinschaftlicher Mitvormundschaft. Das folgt aus der systematischen Stellung der Regelung. Eine Meinungsverschiedenheit kann allerdings auch unter Mitvormündern mit getrennten Wirkungskreisen entstehen, wenn eine Maßnahme oder Entscheidung beide Wirkungskreise betrifft oder wenn Streit darüber besteht, welchem Wirkungskreis die Aufgabe zuzuordnen ist. Auch auf solche Streitigkeiten ist § 1797 Abs. 1 Satz 2 BGB anwendbar.[34] Stehen Personen- und Vermögenssorge verschiedenen Vormündern zu, ist allerdings § 1798 BGB anwendbar.[35]

3. Keine vorrangige Bestimmung

Das Familiengericht entscheidet nach § 1797 Abs. 1 Satz 2 BGB nur, sofern nicht bei der Bestellung ein anderes bestimmt worden ist. Anderweitige Bestimmung in diesem Sinne ist eine Anordnung des Familiengerichts. Diese kann auf einer Bestimmung der Eltern nach den §§ 1776, 1777 BGB beruhen, an die das Familiengericht nach § 1797 Abs. 3 BGB gebunden ist. Die Bestimmung der Eltern wirkt jedoch nicht ipso jure, sondern bedarf der Umsetzung durch die Anordnung des Familiengerichts.[36] Eine Anordnung des Familiengerichts kann allerdings auch unabhängig von einer Bestimmung durch die Eltern nach § 1777 BGB erfolgen, wenn das Mündelinteresse eine solche Bestimmung gebietet.[37]

Das Familiengericht kann solche Anordnungen über den Wortlaut des Gesetzes hinaus nach heute herrschender Auffassung auch noch nachträglich erlassen.[38] Es ist kein sachlicher Grund ersichtlich, die Möglichkeit zu solchen Anordnungen auf den Zeitpunkt der Bestellung zu beschränken. Eine spätere Bestimmung entfaltet freilich keine Rückwirkung.

---

[34] *Dickerscheid* in: BGB-RGRK, § 1797 Rn. 14; *Rauscher*, Familienrecht, 2. Aufl. 2008, § 39 II Rn. 1213; *Götz* in: Palandt, § 1797 Rn. 6; enger aber wohl *Zimmermann* in: Damrau/Zimmermann, Betreuungsrecht, 4. Aufl. 2011, § 1798 Rn. 1, für die Anwendbarkeit von § 1798 BGB.

[35] Vgl. *Veit* in: Staudinger, § 1797 Rn. 48; *Wagenitz* in: MünchKomm-BGB, § 1797 Rn. 17.

[36] Allg. A., *Dickerscheid* in: BGB-RGRK, § 1797 Rn. 15; *Götz* in: Palandt, § 1797 Rn. 4; *Veit* in: Staudinger, § 1797 Rn. 28.

[37] Vgl. *Veit* in: Staudinger, § 1797 Rn. 23.

[38] So auch *Dickerscheid* in: BGB-RGRK, § 1797 Rn. 8; *Götz* in: Palandt, § 1797 Rn. 4; *Zimmermann* in: Damrau/Zimmermann, Betreuungsrecht, 4. Aufl. 2011, § 1897 Rn. 7a; *Veit* in: Staudinger, § 1797 Rn. 24; a.A. *Wagenitz* in: MünchKomm-BGB, § 1797 Rn. 7.

35 Bei der Bestimmung im Sinne des § 1797 Abs. 1 Satz 2 BGB handelt es sich um allgemeine, nicht auf den konkreten Streitfall bezogene Anordnungen.[39] So kann etwa in dem seltenen Fall, dass mehr als zwei Vormünder bestellt sind, ein Mehrheitsentscheid angeordnet sein.[40]

36 Umstritten ist, ob angeordnet werden darf, dass im Streitfall ein Dritter entscheiden soll[41] oder dass einem Mitvormund in einem bestimmten Geschäftsbereich ein Stichentscheid zukommt[42]. In jedem Fall dürfte es unzulässig sein, einem Vormund stets den Stichentscheid einzuräumen. Darüber hinaus bestehen aber auch gegen die weiteren hier vorgeschlagenen Ansätze Bedenken. Wer als Mitvormund Kontrolle ausüben soll, Gesamtverantwortung trägt und hierfür auch haftet, muss auch effektive Einflussmöglichkeiten haben. Auch der Stichentscheid eines Dritten erscheint unzulässig, denn damit würde die Verantwortung – und Haftung – auf einen Dritten verlagert, der weder dem Pflichtenprogramm noch den haftungsrechtlichen Konsequenzen der Vormundschaft unterläge. Dies kann nicht dem Wohl des Mündels entsprechen.

II. Rechtsfolgen

37 Ist keine allgemeine Anordnung getroffen, so entscheidet das Familiengericht.

1. Inhalt der Entscheidung

38 Bei der Entscheidung können sich mehrere Konstellationen ergeben:
- Liegt die von einem Mitvormund unterbreitete Meinung im Interesse des Mündels, die andere aber nicht, so entscheidet das Gericht für erstere. Sieht das Gericht eine von den Vormündern nicht unterbreitete dritte Handlungsmöglichkeit, die es gegenüber beiden ihm unterbreiteten Meinungen als vorzugswürdig erachtet, so kann es nach heute[43] herrschender Auffassung nicht diese Alternative wählen, sondern hat, wenn einer der ihm unterbreiteten Vorschläge dem Mündel günstig ist, diesen zu wählen.[44] Dies folgt zum einen aus dem Grundsatz der selbständigen Führung der Vormundschaft und zum anderen aus der beschränkten Funktion des Familiengerichts als Überwachungsinstanz. Es entspricht auch der Vorstellung des historischen Gesetzgebers.[45] Dies schließt freilich eine Anregung des Gerichts für die dritte Alternative nicht aus.
- Liegen beide dem Gericht unterbreiteten Handlungsvorschläge im Interesse des Mündels, so entscheidet das Gericht unter Ausübung seines pflichtgemäßen Ermessens für die Option, die dem Wohl des Mündels nach seiner Überzeugung am ehesten gerecht wird. Auch hier gilt, dass das Gericht nicht die von ihm bevorzugte dritte Handlungsoption an die Stelle der von den Mitvormündern gemachten Meinungen setzen kann, wohl aber Anregungen geben darf.
- Liegen beide Handlungsalternativen nicht im Interesse des Mündels und würden beide unterbreiteten Handlungsalternativen eine Pflichtwidrigkeit darstellen, so verwirft das Gericht beide Meinungen.[46] In diesem Fall hat das Familiengericht weiterhin zu prüfen, ob das Unterlassen jeder Handlungsmöglichkeit im Interesse des Mündels liegt. Ist ein Handeln erforderlich, so kann das Gericht nach vorherrschender Meinung ausnahmsweise seine eigene Auffassung an die Stelle der ihm unterbreiteten Handlungsvorschläge setzen. Teilweise wird selbst dieses Recht bezweifelt.[47] Indes ergibt sich die Ersetzungsbefugnis des Familiengerichts in diesem Fall aus § 1837 Abs. 2 Satz 1 BGB.[48]

---

[39] Hierzu näher *Veit* in: Staudinger, § 1797 Rn. 26 f.

[40] Allg. A., vgl. *Zimmermann* in: Damrau/Zimmermann, Betreuungsrecht, 4. Aufl. 2011, § 1897 Rn. 7a; *Veit* in: Staudinger, § 1797 Rn. 27.

[41] So *Zimmermann* in: Damrau/Zimmermann, Betreuungsrecht, 4. Aufl. 2011, § 1797 Rn. 7a; *Veit* in: Staudinger, § 1797 Rn. 33; *Dickescheid* in: BGB-RGRK, § 1797 Rn. 8; a.A. *Saar* in: Erman, 13. Aufl. 2011, § 1797 Rn. 8.

[42] Vgl. *Veit* in: Staudinger, § 1797 Rn. 27; *Wagenitz* in: MünchKomm-BGB, § 1797 Rn. 7; a.A. *Saar* in: Erman, § 1797 Rn. 8; *Zimmermann* in: Damrau/Zimmermann, Betreuungsrecht, 4. Aufl. 2011, § 1797 Rn. 7a.

[43] Anders allerdings noch *Lion*, Die Mitvormundschaft, 1905, S. 40 unter Bezugnahme auf *Dernburg* und andere.

[44] So auch *Dickescheid* in: BGB-RGRK, § 1797 Rn. 9; *Veit* in: Staudinger, § 1797 Rn. 29; *Schaub*, DJZ 1908, 700; im Grundsatz auch *Zimmermann* in: Damrau/Zimmermann, Betreuungsrecht, 4. Aufl. 2011, § 1797 Rn. 7.

[45] Vgl. *Mugdan*, Die gesammten Materialien zum Bürgerlichen Gesetzbuch für das Deutsche Reich, IV. Band: Familienrecht, 1899, S. 1094.

[46] *Veit* in: Staudinger, § 1797 Rn. 30; *Dickescheid* in: BGB-RGRK, § 1797 Rn. 9; *Götz* in: Palandt, § 1797 Rn. 4; *Zimmermann* in: Damrau/Zimmermann, Betreuungsrecht, 4. Aufl. 2011, § 1797 Rn. 7; a.A. aber wohl OLG Dresden v. 09.11.1918 - OLGE 40, 95-96.

[47] So *Schaub*, DJZ 1908, 700, 701.

[48] So auch *Dickescheid* in: BGB-RGRK, § 1797 Rn. 9.

Richtig ist allerdings, dass das Familiengericht bei anhaltender Weigerung der Vormünder, eine im Mündelinteresse gelegene Handlungsmöglichkeit zu befürworten, auch eine Entlassung in Betracht zu ziehen hat.

2. Entscheidungsmaßstab

Die Entscheidung richtet sich nach dem Mündelinteresse. Dabei sind alle für die Entscheidung nach den Umständen des Einzelfalles maßgeblichen Gesichtspunkte zu ermitteln, ihre rechtliche Relevanz zu bewerten und im Rahmen einer Gesamtabwägung zu einem gelungenen Ausgleich zu bringen. Mit zunehmendem Alter verdient der nicht unvernünftige Wunsch des Mündels dabei gesteigerte Berücksichtigung.

3. Wirkung

Die Wirkung der Entscheidung des Familiengerichts ist umstritten. Die wohl herrschende Meinung geht davon aus, dass die Entscheidung eine Zustimmung des Mitvormunds, der die Zustimmung verweigern wollte, ersetzt.[49] Danach bedarf es keiner Mitwirkung dieses Mitvormunds mehr zur Umsetzung der Entscheidung. Die Gegenmeinung sieht hierin einen unzulässigen Eingriff in das System der selbständigen Führung der Vormundschaft.[50]

Der herrschenden Auffassung ist zuzustimmen. Sie vermeidet nicht nur in der Praxis eine schwerfällige Einbindung des widerstrebenden Mitvormundes. Auch ist der Grundsatz der selbständigen Führung der Vormundschaft nicht verletzt. Die Entscheidungskompetenz des Familiengerichts im Einzelfall beschränkt gerade die selbständige Führung der Vormundschaft. In solchen Fällen den Vormund zur Mitwirkung beim Vollzug einer von ihm nicht mitgetragenen Entscheidung zu zwingen, würde nicht bloß einen Formalismus darstellen, sondern die Verantwortlichkeiten verschwimmen lassen, die nach dem Grundsatz der selbständigen Führung der Vormundschaft den Vormund nur treffen können, weil und soweit er autonom entscheiden kann.

Wenn die Entscheidung ausnahmsweise doch über die Abgabe einer konkreten Willenserklärung hinaus noch der Vornahme weiterer Handlungen oder Entscheidungen bedarf, ist der Mitvormund bei diesen zur Mitwirkung unter Beachtung der gerichtlichen Entscheidung verpflichtet.[51]

4. Verfahren

Für die Entscheidung ist nach § 14 Abs. 1 Nr. 5 RPflG bzw. – im Fall der Betreuung nach § 15 Nr. 7 RPflG – der Richter zuständig. Es gilt der Grundsatz der Amtsermittlung, § 26 FamFG. Die Mitvormünder und auch der Mündel selbst sind zu hören. Nach § 38 Abs. 1 FamFG bedarf die Entscheidung der Beschlussform.[52] Der Beschluss ist zu begründen, § 38 Abs. 3 FamFG.

Der Beschluss wird grundsätzlich mit seiner Bekanntgabe wirksam (§ 40 Abs. 1 FamFG).[53] Bezieht er sich aber auf den Abschluss eines Rechtsgeschäfts, wird man nach Sinn und Zweck § 40 Abs. 2 bzw. 3 FamFG entsprechend anzuwenden haben.[54] Nach hier vertretener Auffassung ist das Folge der Einordnung des Beschlusses als Ersetzung der Zustimmung.[55]

Hinweis für die Praxis: In eilbedürftigen Fällen wird das Gericht von Amts wegen prüfen, ob es die sofortige Wirksamkeit der Entscheidung anordnet (§ 40 Abs. 3 Satz 2 FamFG). Der Vormund wird dies in geeigneten Fällen beantragen.

Versteht man die Entscheidung des Familiengerichts im Sinne einer Ersetzung der Zustimmung, so war gegen den Beschluss nach altem Recht die sofortige Beschwerde nach § 60 Abs. 1 Nr. 6 FGG eröffnet.[56] Nunmehr ist die (befristete) Beschwerde nach § 63 Abs. 1 FamFG einschlägig, wobei die nor-

---

[49] So KG v. 16.03.1903 - OLGE 7, 208; *Saar* in: Erman, § 1797 Rn. 9; *Zimmermann* in: Damrau/Zimmermann, Betreuungsrecht, 4. Aufl. 2011, § 1797 Rn. 7b.
[50] So *Veit* in: Staudinger, § 1797 Rn. 32; *Wagenitz* in: MünchKomm-BGB, § 1797 Rn. 9.
[51] Vgl. hierzu auch *Dickescheid* in: BGB-RGRK, § 1797 Rn. 10.
[52] So schon zum alten Recht *Zimmermann* in: Damrau/Zimmermann, Betreuungsrecht, 3. Aufl., § 1797 Rn. 6.
[53] So generell *Veit* in: Staudinger, § 1797 Rn. 31.
[54] So auch *Wagenitz* in: MünchKomm-BGB, § 1797 Rn. 10; *Saar* in: Erman, § 1797 Rn. 9; *Zimmermann* in: Damrau/Zimmermann, Betreuungsrecht, 4. Aufl. 2011, § 1797 Rn. 7b; *Bettin* in: BeckOK-BGB, Ed. 30, § 1979 Rn. 4; a.A. *Veit* in: Staudinger, § 1797 Rn. 31.
[55] Vgl. zum Meinungsstand unter § 53 FGG auch *Zimmermann* in: Damrau/Zimmermann, Betreuungsrecht, 3. Aufl. 2001, § 1797 Rn. 6; *Meyer-Holz* in: Keidel FamFG, 18. Aufl. 2014, § 40 Rn. 40.
[56] So *Wagenitz* in: MünchKomm-BGB, 5. Aufl. 2008, § 1797 Rn. 10 m.w.N.; *Dickescheid* in: BGB-RGRK, § 1797 Rn. 11; a.A. *Gernhuber/Coester-Waltjen*, Familienrecht, 5. Aufl. 2006, § 70 VI Rn. 64; *Engler* in: Staudinger, Neubearb. 2004, § 1797 Rn. 37.

male Beschwerdefrist von einem Monat gilt.[57] Weil sich die Differenzierung von § 40 Abs. 2 und 3 FamFG so nicht in § 63 FamFG wiederfindet und die Entscheidung nach § 1797 Abs. 1 Satz 2 BGB teilweise auch § 40 Abs. 2 BGB zugeordnet wird,[58] ist im Sinne des „sichersten Weges" vorsichtshalber die Wahrung der Frist des § 63 Abs. 2 FamFG zu empfehlen.

47 Beschwerde kann der Mitvormund im eigenen Namen (§ 59 Abs. 1 FamFG) oder im Namen des Mündels erheben (vgl. zur Betreuung § 303 Abs. 4 Satz 2 FamFG).

E. Nach Wirkungskreisen geteilte Vormundschaft (Absatz 2)

I. Anwendungsvoraussetzungen

48 Anwendungsvoraussetzung ist eine nach Wirkungskreisen geteilte Vormundschaft. Für die Trennung der Wirkungskreise Personen- und Vermögenssorge gilt allerdings § 1798 BGB.

49 Das Familiengericht kann die Führung der Vormundschaft nach Wirkungskreisen verteilen, etwa um einer Anordnung der Eltern (§ 1777 Abs. 1 BGB) gerecht zu werden oder um für bestimmte Bereiche (z.B. die Vermögenssorge) adäquaten Sachverstand zu gewährleisten. Letzteres dürfte regelmäßig aber nur bei komplexen Vermögensverhältnissen in Betracht kommen. Auch sollte in diesem Fall sorgfältig geprüft werden, ob die Vormundschaft nicht gleich insgesamt einem anlageerfahrenen Vormund anvertraut werden kann.

50 Die Anordnung ist nicht formgebunden[59], soll jedoch in die Bestallungsurkunde aufgenommen werden (§ 1791 Abs. 2 BGB). Sie kann auch erst nach Bestellung der Mitvormünder erfolgen, die dann bis dahin gemeinschaftliche Vormünder sind. Im Interesse der Rechtsklarheit sollte auf die Formulierung der Wirkungskreise große Sorgfalt verwendet werden, um Abgrenzungsstreitigkeiten möglichst zu vermeiden.

51 Die Abgrenzung der Wirkungskreise obliegt – sofern nicht eine Bindung nach Absatz 3 vorliegt – pflichtgemäßem Ermessen des Gerichts unter Berücksichtigung des Kindeswohls.[60] Das Gericht kann die Wirkungskreise so zuschneiden, dass jeder Vormund einen getrennten Wirkungskreis hat. Es ist aber auch möglich, einem Vormund einen separaten Wirkungskreis einzuräumen, im Übrigen aber gemeinschaftliche Mitvormundschaft anzuordnen.[61]

52 Während die Motive[62] noch davon ausgehen, dass eine Hauptvormundschaft im Sinne einer Oberleitung oder Aufsicht über die übrigen Vormünder möglich ist, wird eine solche Gestaltung heute allgemein abgelehnt.[63] Eine solche Ausgestaltung würde gegen den Grundsatz der selbständigen Führung der Vormundschaft[64] verstoßen, der eine klare Zuweisung von eigenständigen Handlungskompetenzen (und Haftungsfolgen!) erfordert.

53 Die Praxis übt bei der Anordnung von nach Wirkungskreisen geteilten Vormundschaften zu Recht Zurückhaltung. In vielen Bereichen, etwa bei der Geltendmachung von Forderungen mit personalem Bezug oder bei Entscheidungen zu Ausbildung und Beruf lassen sich die Wirkungskreise nur schwer abgrenzen. Hier sind Meinungsverschiedenheiten häufig vorprogrammiert. Es sollte deshalb insbesondere von der Verteilung nach „Personensorge" und „Vermögenssorge" möglichst abgesehen werden und eine gegenständliche Abgrenzung (z.B. im Hinblick auf die Verwaltung eines bestehenden Unternehmens oder dergleichen) bevorzugt werden.

---

[57] So auch *Zimmermann* in: Damrau/Zimmermann, Betreuungsrecht, 4. Aufl. 2011, § 1797 Rn. 7c.
[58] So *Wagenitz* in: MünchKomm-BGB, § 1797 Rn. 10.
[59] Vgl. OLG Dresden v. 03.10.1916 - OLGE 36, 212-214, 213; *Veit* in: Staudinger, § 1797 Rn. 40; *Dickescheid* in: BGB-RGRK, § 1797 Rn. 12.
[60] BayObLG v. 04.03.2004 - Reg III 16/1904 - BayObLGZ 5, 118; *Veit* in: Staudinger, § 1797 Rn. 41; *Dickescheid* in: BGB-RGRK, § 1797 Rn. 12; *Wagenitz* in: MünchKomm-BGB, § 1797 Rn. 15.
[61] *Veit* in: Staudinger, § 1797 Rn. 42; *Wagenitz* in: MünchKomm-BGB, § 1797 Rn. 15; vgl. zu den Kombinationsmöglichkeiten auch *Dickescheid* in: BGB-RGRK, § 1797 Rn. 7.
[62] Motive, Band IV – Familienrecht, 1888, S. 1094.
[63] So etwa *Dickescheid* in: BGB-RGRK, § 1797 Rn. 13; *Veit* in: Staudinger, § 1797 Rn. 46, m.w.N.
[64] Vgl. hierzu schon die Kommentierung zu § 1793 BGB; a.A. in der Begründung aber *Engler* in: Staudinger, Neubearb. 2004, § 1797 Rn. 24.

II. Rechtsfolgen

1. Selbständige Führung der Vormundschaft im Wirkungskreis

Innerhalb des ihm zugewiesenen Wirkungskreises führt jeder Vormund die Vormundschaft selbständig.[65] Das bedeutet, dass der Vormund Entscheidungen im eigenen Wirkungskreis eigenverantwortlich vorbereitet und trifft und der jeweils andere Vormund in diesem Bereich keinerlei Mitbestimmungsrechte – und damit verbunden auch keine Informationsrechte – hat.

Die selbständige Führung der Vormundschaft bedeutet allerdings nicht, dass für eine Entscheidung stets nur ein Vormund zuständig wäre. Gerade im Falle einer Verteilung der Vormundschaft nach Personen- und Vermögenssorge kommt es häufig vor, dass ein Rechtsgeschäft in beide Wirkungskreise fällt. In diesen Fällen muss der jeweilige Vormund von sich aus prüfen, ob das Geschäft auch den anderen Wirkungskreis betrifft und den anderen Vormund ggf. beteiligen.

Jeder Vormund hat nur im eigenen Geschäftskreis das Recht zur Beschwerde.[66]

2. Vertretung

Der Vormund kann den Mündel in seinem Wirkungskreis allein vertreten, soweit das Geschäft nicht zugleich auch den anderen Wirkungskreis betrifft.[67] Ansonsten wird der Vormund von beiden Vormündern vertreten. Die Wirksamkeit der im unzuständigen Rechtskreis getätigten Rechtsgeschäfte richtet sich nach den §§ 177 ff. BGB.

3. Haftung des Mitvormundes

Der Mitvormund haftet bei nach Wirkungskreisen geteilter Vormundschaft nur im Rahmen seines eigenen Geschäftskreises. Zu einer allgemeinen Beaufsichtigung und Kontrolle des anderen Mitvormundes in dessen Wirkungskreis ist er nicht verpflichtet, soweit er nicht zugleich auch als Gegenvormund bestellt ist (vgl. § 1792 Abs. 3 BGB).

F. Bestimmung der Eltern (Absatz 3)

I. Anwendungsvoraussetzungen

1. Bestimmung im Sinne des § 1777 BGB

§ 1797 Abs. 3 BGB meint Bestimmungen der Eltern von Todes wegen nach § 1777 BGB (vgl. die Kommentierung zu § 1777 BGB). Die Voraussetzungen des § 1777 BGB müssen erfüllt sein, d.h.:
- Den Eltern muss zur Zeit des Todes die Sorge zugestanden haben.
- Die Verfügung muss durch letztwillige Verfügung erfolgen. Nicht erforderlich ist dabei eine gemeinschaftliche oder auch nur gleichzeitige letztwillige Verfügung.[68]
- Es muss sich um eine inhaltlich zulässige Bestimmung handeln. Als inhaltlich zulässige Bestimmung kommt die Bestimmung der Personen der Mitvormünder ebenso in Betracht wie die Konkretisierung der Wirkungskreise oder eine Vorgabe für die Entscheidung von Meinungsverschiedenheiten.[69]

2. Keine Gefährdung des Mündelinteresses

Weitere Voraussetzung für die Bindung des Familiengerichts an die Bestimmung nach § 1777 BGB ist, dass ihre Befolgung das Mündelinteresse nicht gefährdet. Zur Bestimmung des Mündelinteresses vgl. schon die Kommentierung zu § 1793 BGB. Das Mündelinteresse definiert sich sowohl über materielle als auch über immaterielle Aspekte. An die Gefährdung sind keine übertriebenen Anforderungen zu stellen. Anders als noch der erste Entwurf[70] setzt das Gesetz keine „erhebliche" Gefährdung voraus.[71]

---

[65] OLG München v. 20.04.2011 - 31 Wx 274/10 - juris Rn. 7 - ErbR 2011, 189-191; OLG Dresden v. 03.10.1916 - OLGE 36, 212-214, 213; *Veit* in: Staudinger, § 1797 Rn. 43; *Wagenitz* in: MünchKomm-BGB, § 1797 Rn. 16.
[66] Vgl. *Veit* in: Staudinger, § 1797 Rn. 43.
[67] Vgl. OLG München v. 20.04.2011 - 31 Wx 274/10 - juris Rn. 10 - ErbR 2011, 189-191.
[68] *Dickescheid* in: BGB-RGRK, § 1797 Rn. 15.
[69] *Dickescheid* in: BGB-RGRK, § 1797 Rn. 15.
[70] Prot. IV, 756.
[71] Darauf weist zutreffend auch *Engler* in: Staudinger, Neubearb. 2004, § 1797 Rn. 17 hin.

II. Rechtsfolgen

61 Das Familiengericht ist an die – rechtlich zulässige – Bestimmung der Eltern gebunden, soweit sie das Mündelinteresse nicht gefährden. Wirksamkeit erlangen solche Bestimmungen erst durch ihre Umsetzung in einer familiengerichtlichen Anordnung (vgl. Rn. 20).

62 **Praktischer Hinweis:** Für die Praxis sei angeraten, von Bestimmungen nach § 1777 BGB sparsam Gebrauch zu machen. Häufig ist im Zeitpunkt der Bestimmung noch nicht erkennbar, inwieweit die Bestimmungen bei Eintritt – und ggf. längerer Fortdauer – der Vormundschaft dem Mündel noch günstig sind. Nicht alles, was unzweckmäßig ist, gefährdet aber schon das Mündelinteresse. Die Eltern sollten die Vormundschaft deshalb nicht ohne Not zu unflexibel ausgestalten.

G. Arbeitshilfen – Muster für Rubrum, Tenorierungen und Entscheidungen[72]

I. Rubrum

63 Das Rubrum ist nach dem FamFG nunmehr einzuleiten mit: „In der Familiensache" und nicht mehr mit „In der Vormundschaftssache". Neben dem Mündel sind ein etwaiger Verfahrensbeistand sowie die Mitvormünder im Rubrum aufzunehmen. Der Betreff kann etwa lauten: „wegen Entscheidung einer Meinungsverschiedenheit unter gemeinschaftlichen Vormündern".

II. Tenorierung

64 Tritt das Familiengericht der Meinung eines Vormunds bei, kann der Tenor etwa wie folgt lauten:
„1. Der Meinung des Mitvormunds Groß,
dem Mündel sei ein monatliches Taschengeld in Höhe von 30 € zur freien Verfügung zu überlassen, wird gefolgt/beigetreten/zugestimmt. Die Meinung des Mitvormunds Klein,
dem Mündel sei ein monatliches Taschengeld in Höhe von 10 € zur freien Verfügung zu überlassen, wird abgelehnt.
2. Die Entscheidung wird mit Rechtskraft wirksam."

65 Die Hervorhebung der jeweils vertretenen Meinungen zwingt dazu, diese – auch in ihren inhaltlichen Unterschieden zueinander – klar herauszuarbeiten. Der Hauptsachetenor könnte sich eigentlich auf den ersten Satz beschränken. Satz 2 dient der Klarstellung.

66 Ziffer 2) entspricht § 40 Abs. 3 Satz 1 FamFG und ist lediglich klarstellender Natur.

67 Verwirft das Familiengericht beide Meinungen, kann der Hauptsachetenor etwa wie folgt lauten:
„1. Die Meinung des Mitvormunds Groß,
die dem Mündel angefallene Erbschaft nach dem Tod des A. solle zur Gründung der „Big Deal Spielhallen GmbH" eingesetzt werden,
und die Meinung des Mitvormunds Klein,
die dem Mündel angefallene Erbschaft nach dem Tod des A. solle auf dem Girokonto des Mündels bei der Kreissparkasse B. verbleiben,
werden abgelehnt."

68 In geeigneten Fällen wird das Gericht die Ablehnung beider Meinungen mit einer Weisung nach § 1837 BGB ergänzen.

69 Wenn Gefahr im Verzug es erfordert, wird das Gericht gemäß § 40 Abs. 3 Satz 2 FamFG weiter tenorieren:
„2. Die Entscheidung ist sofort wirksam."

III. Gründe

70 Da die Entscheidung beschwerdefähig ist, sind die Tatsachen und Entscheidungsgründe kurz mitzuteilen.

IV. Rechtsbehelfsbelehrung

71 Die Rechtsbehelfsbelehrung kann etwa wie folgt lauten:
„Gegen diese Entscheidung ist das Rechtsmittel der Beschwerde statthaft.[73] Die Beschwerde muss bin-

---

[72] Zu einem Beispiel vgl. etwa *Dodegge*, Handbuch der Rechtspraxis – Familienrecht, 2. Halbband, Vormundschafts- und Betreuungsrecht sowie andere Rechtsgebiete der freiwilligen Gerichtsbarkeit, 6. Aufl., München 1999, Rn. 265 f.

[73] Vgl. § 58 FamFG.

nen eines Monats[74] ab der Zustellung oder der gerichtlich protokollierten Bekanntmachung dieser Entscheidung bei dem Amtsgericht in _____ [75] eingelegt werden. Soweit der/die Betroffene bereits untergebracht ist, kann die Beschwerde auch bei dem für den Unterbringungsort zuständigen Amtsgericht eingelegt werden.[76] Die Einlegung der Beschwerde erfolgt durch Einreichung einer Beschwerdeschrift oder durch Erklärung zu Protokoll der Geschäftsstelle des genannten Gerichts.[77] Die Beschwerde muss die Bezeichnung des angefochtenen Beschlusses sowie die Erklärung enthalten, dass Beschwerde gegen diesen Beschluss eingelegt wird.[78] Sie ist von dem Beschwerdeführer oder seinem Bevollmächtigten zu unterzeichnen.[79] Die Einreichung einer Beschwerdeschrift bei einem anderen als dem genannten Gericht wahrt die Beschwerdefrist nur, wenn die Beschwerdeschrift innerhalb der Frist bei dem Amtsgericht in _____ eingeht.[80] Die Einlegung einer Beschwerdeschrift in einer anderen als der deutschen Sprache wahrt die Frist nicht. Die Beschwerde soll begründet werden.[81]"

---

[74] Vgl. hierzu Rn. 46.
[75] Vgl. § 64 Abs. 1 FamFG.
[76] Vgl. §§ 167, 336 FamFG. Der Satz ist entbehrlich, wenn keine Unterbringung vorliegt.
[77] Vgl. § 64 Abs. 2 Satz 1 FamFG.
[78] Vgl. § 64 Abs. 2 Satz 2 FamFG.
[79] Vgl. § 64 Abs. 2 Satz 3 FamFG.
[80] Vgl. etwa BayObLG v. 24.08.2001 - 3Z BR 231/01 - juris Rn. 7 f. - BayObLGR 2001, 88 (nur Leitsatz).
[81] Vgl. § 65 Abs. 1 FamFG. Dieser Zusatz ist optional.

Muster zu § 1797

H. Arbeitshilfen – Muster einer Entscheidung des Familiengerichts[82]

72 Für ein Beispiel einer Entscheidung des Familiengerichts vgl. das Muster 1.

AMTSGERICHT SAARBRÜCKEN

BESCHLUSS

In der Familiensache

<u>betreffend</u>: Herrn Peter Mündeling, geboren am 14.03.1992, Hauptstraße 115, 66111 Saarbrücken, als Mündel

- Verfahrensbeistand: Rechtsanwältin Silvia Schlau, Hügelweg 5-7, 66114 Saarbrücken -

<u>weitere Beteiligte</u>:   1.) Karl Groß, Bergallee 20, 66111 Saarbrücken

2.) Hans Klein, Talstraße 15, 66111 Saarbrücken

als gemeinschaftliche Vormünder

wegen Entscheidung einer Meinungsverschiedenheit unter gemeinschaftlichen Vormündern
hat das Amtsgericht – Familiengericht – in Saarbrücken
am 22.03.2010
durch den Richter am Amtsgericht Dr. Umsicht

beschlossen:

1. Der Meinung des Mitvormunds Groß,

    wonach dem Mündel ein monatliches Taschengeld in Höhe von 30,00 € zur freien Verfügung

    zu überlassen ist,

wird gefolgt. Die Meinung des Mitvormunds Klein,

    wonach dem Mündel ein monatliches Taschengeld in Höhe von 10,00 € zur freien Verfügung

    zu überlassen sei,

wird abgelehnt.

2. Die Entscheidung wird mit Rechtskraft wirksam.

---

[82] Zu einem weiteren Beispiel vgl. etwa *Dodegge*, Handbuch der Rechtspraxis – Familienrecht, 2. Halbband, Vormundschafts- und Betreuungsrecht sowie andere Rechtsgebiete der freiwilligen Gerichtsbarkeit, 6. Aufl., München 1999, Rn. 265 f.

GRÜNDE

I.

Die durch Beschluss des Amtsgerichts Saarbrücken vom 05.10.2009 zu gemeinschaftlichen Vormündern bestellten Vormünder begehren eine Entscheidung über die Höhe des dem Mündel zur freien Verfügung zu überlassenden Taschengeldes.

Der Mündel ist ausweislich des Inventars vom 05.11.2009 u.a. Inhaber verschiedener Sparguthaben. Gemäß der Mitteilung der gemeinschaftlichen Vormünder vom 13.11.2009 hat er ferner Wohnungseigentum an einer 3-Zimmerwohnung im Wert von rund 180.000,00 € sowie weitere Bar- und Sachwerte geerbt. Der Mündel erhält derzeit ein Taschengeld in Höhe von 10,00 € pro Monat. Er wünscht eine Erhöhung auf 30,00 €.

Der Vormund Groß hält ein Taschengeld in Höhe von monatlich 30,00 € für angemessen. Auch die Klassenkameraden des Mündels erhielten ein Taschengeld in dieser Größenordnung.

Der Vormund Klein meint, es genüge ein monatliches Taschengeld in Höhe von 10,00 €. Ein höheres Taschengeld würde nur sinnlos ausgegeben. Dadurch würde der Erhalt des Mündelvermögens gefährdet.

Der Verfahrensbeistand hat sich der Auffassung des Vormunds Groß angeschlossen.

Der Mündel wurde persönlich angehört. Dem Jugendamt wurde Gelegenheit zur Stellungnahme gewährt.

Wegen der Einzelheiten wird auf den Anhörungsvermerk vom 20.03.2010 verwiesen.

II.

1.
Im Rahmen seiner Entscheidung nach § 1797 Abs. 2 Satz 1 BGB, für die das erkennende Gericht gemäß §§ 111 Nr. 2, 151 Nr. 4, 152 Abs. 2 FamFG, § 14 Abs. 1 Nr. 5 RPflG zuständig ist, schließt sich das Gericht der Meinung des Vormunds Groß an.

Die Überlassung von Taschengeld dient unter anderem dazu, dass der Minderjährige den verantwortungsbewussten Umgang mit Geld üben kann. Damit der Minderjährige lernen kann, Geld maßvoll und vorausschauend einzusetzen und den Wert von Waren und Leistungen zu ermessen, ist dem Mündel – unter Berücksichtigung seiner wirtschaftlichen Verhältnisse – ein seinem Alter und seiner persönlichen Reife angemessenes Taschengeld zu überlassen, das diesen Zweck erfüllen kann. Es ist nicht Aufgabe der Vormundschaft, den Mündel vom Genuss seines Vermögens insgesamt auszuschließen.

Danach ist im vorliegenden Fall der höhere Betrag als angemessen zu bezeichnen (zu Empfehlungen zur Höhe vgl. etwa Stadt Köln, Die Höhe des Taschengeldes, http://www.stadt-koeln.de/kind_jugend_familie/ratundtat/artikel/08915/index.html; Landeshauptstadt München, Wie viel Taschengeld?, http://www.muenchen.de/Rathaus/soz/stadtjugendamt/elterninfo/akthema/archiv/155004/taschengeld.html#a5). Der von dem Vormund Klein zugestandene Betrag würde von dem Mündel eine seinem Alter nicht entsprechende Beschränkung in seinem Freizeitverhalten erfordern. Wenn das Taschengeld schon bei dem geringsten Konsumverhalten (z.B.: einmaliger Kinobesuch) erschöpft ist, kann der Mündel einen verantwortungsbewussten Umgang auch mit größeren Beträgen nicht erlernen. Das höhere Taschengeld ist umso mehr angemessen, als dem Mündel aufgrund einer Erbschaft ein gewisses Vermögen zur Verfügung steht, das eine großzügigere Lebensweise als angemessen erscheinen lässt.

2.
Gegen diesen Beschluss ist das Rechtsmittel der Beschwerde statthaft. Die Beschwerde muss binnen eines Monats ab der Zustellung oder der gerichtlich protokollierten Bekanntmachung dieser Entscheidung bei dem Amtsgericht Saarbrücken eingelegt werden. Die Einlegung der Beschwerde erfolgt durch Einreichung einer Beschwerdeschrift oder durch Erklärung zu Protokoll der Geschäftsstelle des genannten Gerichts. Die Beschwerde muss die Bezeichnung des angefochtenen Beschlusses sowie die Erklärung enthalten, dass Beschwerde gegen diesen Beschluss eingelegt wird. Sie ist von dem Beschwerdeführer oder seinem Bevollmächtigten zu unterzeichnen. Die Einreichung einer Beschwerdeschrift bei einem anderen als dem genannten Gericht wahrt die Beschwerdefrist nur, wenn die Beschwerdeschrift innerhalb der Frist bei dem Amtsgericht Saarbrücken eingeht. Die Einlegung einer Beschwerdeschrift in einer anderen als der deutschen Sprache wahrt die Frist nicht. Die Beschwerde soll begründet werden.

gez. Dr. Umsicht
Richter

§ 1798 BGB Meinungsverschiedenheiten

(Fassung vom 17.12.2008, gültig ab 01.09.2009)

Steht die Sorge für die Person und die Sorge für das Vermögen des Mündels verschiedenen Vormündern zu, so entscheidet bei einer Meinungsverschiedenheit über die Vornahme einer sowohl die Person als das Vermögen des Mündels betreffenden Handlung das Familiengericht.

Gliederung

A. Grundlagen 1	II. Meinungsverschiedenheit über die Vornahme einer beide Wirkungskreise betreffenden Handlung 8
I. Kurzcharakteristik 1	
II. Entstehungsgeschichte 2	
1. Die ursprüngliche Fassung des BGB 2	III. Keine anderweitige Bestimmung 11
2. Das FGG-Reformgesetz 3	D. Rechtsfolgen 12
B. Praktische Bedeutung 4	E. Prozessuale Hinweise/Verfahrenshinweise 13
C. Anwendungsvoraussetzungen 7	F. Arbeitshilfen – Muster für Rubrum,
I. Nach Wirkungskreisen geteilte Vormundschaft.... 7	Tenorierungen und Entscheidungen 14

A. Grundlagen

I. Kurzcharakteristik

Ist die Führung der Vormundschaft unter mehreren Vormündern nach § 1797 Abs. 2 BGB aufgeteilt, so kann es unter den Vormündern zu Meinungsverschiedenheiten kommen, wenn eine Angelegenheit in mehrere Wirkungskreise fällt, zum Beispiel bei der Frage, welche Aufwendungen für die Ausbildung des Mündels erfolgen sollen. Über solche Meinungsverschiedenheiten entscheidet das Familiengericht. 〔1〕

II. Entstehungsgeschichte

1. Die ursprüngliche Fassung des BGB

Der historische Gesetzgeber hielt die Regelung für notwendig, damit eine im Interesse des Mündels wünschenswerte Maßregel, die in den Wirkungskreis verschiedener Vormünder fällt, nicht in Folge des materiell unbegründeten Widerspruchs eines der Vormünder unterbleibt. Zwar kannten die bis dahin bestehenden Rechte keine solche Regelung. Insbesondere im Hinblick auf die Selbständigkeit des Vormundes erschien eine Regelung jedoch unverzichtbar. Wie im Rahmen des § 1797 BGB sollte das Vormundschaftsgericht auch im Fall des § 1798 BGB nur befugt sein, der Meinung des einen oder des anderen Vormunds beizutreten.[1] 〔2〕

2. Das FGG-Reformgesetz

Durch das FGG-Reformgesetz[2] wurde die Zuständigkeit vom Vormundschaftsgericht auf das Familiengericht übertragen. Zu der neuen Zuständigkeitsverteilung insgesamt vgl. die Kommentierung zu § 1793 BGB Rn. 162. 〔3〕

B. Praktische Bedeutung

Zweifelhaft ist, welche Bedeutung § 1798 BGB neben § 1797 BGB hat. Nimmt man an, dass § 1797 Abs. 1 Satz 2 BGB nicht nur für Meinungsverschiedenheiten unter gemeinschaftlichen Mitvormündern, sondern auch für Meinungsverschiedenheiten unter Mitvormündern nach bestimmten Wirkungskreisen gilt, wenn Streit über die Betroffenheit des Wirkungskreises oder über die im Zuständigkeits- 〔4〕

---

[1] Zum Ganzen *Mugdan,* Die gesammten Materialien zum Bürgerlichen Gesetzbuch für das Deutsche Reich, IV. Band: Familienrecht, 1899, S. 1095.

[2] Gesetz zur Reform des Verfahrens in Familiensachen und in den Angelegenheiten der freiwilligen Gerichtsbarkeit (FGG-Reformgesetz – FGG-RG) vom 17.12.2008, BGBl I 2008, 2586, 2723 f.

bereich mehrerer Wirkungskreise zu treffende Entscheidung besteht (vgl. hierzu die Kommentierung zu § 1797 BGB Rn. 34), dann ist der Fall des § 1798 BGB in § 1797 Abs. 1 Satz 2 BGB mit enthalten, § 1798 BGB damit neben § 1797 BGB überflüssig.[3]

5 Nach der Vorstellung des historischen Gesetzgebers[4] liegt die Funktion der Vorschrift darin klarzustellen, dass bei Meinungsverschiedenheiten zwischen dem mit der Personensorge und dem mit der Vermögenssorge betrauten Mitvormund eine im Interesse des Mündels liegende Vorschrift nicht ganz zu unterbleiben hat.[5] Anlass zu einer solchen Klarstellung kann insbesondere deshalb bestehen, weil eine Meinungsverschiedenheit von Mitvormündern unterschiedlicher Wirkungskreise aufgrund ihrer selbständigen Führung der Vormundschaft im eigenen Wirkungskreis (vgl. § 1797 Abs. 2 Satz 2 BGB) nicht auf einer Pflichtwidrigkeit eines Mitvormundes beruhen muss, sondern auf der spezifischen Funktion des Mitvormundes in seinem Wirkungskreis beruhen kann.

6 Die Vorschrift ist gemäß § 1915 Abs. 1 BGB entsprechend anwendbar, wenn Personen- und Vermögenssorge verschiedenen Pflegern zustehen.[6] Ferner findet sie entsprechende Anwendung auf das Verhältnis zwischen einem Vormund und einem neben ihm bestellten Pfleger.[7] Gemäß § 1908i Abs. 1 Satz 1 BGB gilt die Vorschrift sinngemäß auch bei Meinungsverschiedenheiten zwischen Mitbetreuern mit unterschiedlichen Wirkungskreisen, außerdem zwischen Betreuer und Ergänzungsbetreuer.[8] Für die gemeinschaftliche Mitbetreuung nach § 1899 Abs. 3 BGB gilt § 1797 BGB. Sind Gegenvormünder oder Gegenbetreuer mit unterschiedlichem Aufgabenkreis bestellt, so gilt die Vorschrift entsprechend auch für sie, nicht aber für das Verhältnis zwischen Vormund und Gegenvormund.[9]

C. Anwendungsvoraussetzungen

I. Nach Wirkungskreisen geteilte Vormundschaft

7 Die Vormundschaft muss nach Wirkungskreisen gemäß § 1797 Abs. 2 Satz 1 BGB aufgeteilt sein. Über den Wortlaut hinaus genügt es nach ganz herrschender Auffassung, wenn der Wirkungskreis nach anderen Kriterien als nach Personen- und Vermögenssorge aufgeteilt ist.[10]

II. Meinungsverschiedenheit über die Vornahme einer beide Wirkungskreise betreffenden Handlung

8 Jedes aktive Tun oder Unterlassen, das eine Entscheidung des Vormunds über seine Vornahme erfordert, kann zu einer Meinungsverschiedenheit führen. „Handlung" im Sinne des Gesetzes muss kein Rechtsgeschäft sein.

9 Die Handlung ist beiden Wirkungskreisen zuzurechnen, wenn nach Sinn und Zweck der Bestimmung der Wirkungskreise eine Entscheidung über die Handlung nicht ohne Mitbestimmung beider Vormünder erfolgen soll.

10 Entsprechend ist § 1798 BGB anwendbar, wenn die Mitvormünder über die konkrete Abgrenzung der ihnen zugewiesenen Aufgabenkreise streiten.[11]

III. Keine anderweitige Bestimmung

11 Eine Entscheidung des Familiengerichts nach § 1798 BGB kommt nicht in Betracht, soweit bereits bei Bestellung der Vormünder eine anderweitige Bestimmung durch die Eltern oder durch das Familien-

---

[3] So *Diederichsen* in: Palandt, 66. Aufl. 2007, § 1798 Rn. 1.
[4] Vgl. hierzu Motive, Band IV – Familienrecht, 1888, S. 1095.
[5] Ähnlich wohl auch *Dickescheid* in: BGB-RGRK, § 1798 Rn. 1; *Veit* in: Staudinger, § 1798 Rn. 1.
[6] Vgl. zur Nachlasspflegschaft OLG München v. 20.04.2011 - 31 Wx 274/10 - juris Rn. 10 - ErbR 2011, 189-191.
[7] *Dickescheid* in: BGB-RGRK, § 1798 Rn. 6; *Saar* in: Erman, § 1798 Rn. 2; *Veit* in: Staudinger, § 1798 Rn. 2.
[8] *Zimmermann* in: Damrau/Zimmermann, Betreuungsrecht, 4. Aufl. 2011, § 1798 Rn. 3.
[9] So auch *Zimmermann* in: Soergel, § 1798 Rn. 3.
[10] Vgl. *Saar* in: Erman, § 1798 Rn. 1; *Zimmermann* in Damrau/Zimmermann, Betreuungsrecht, 4. Aufl. 2011, § 1798 Rn. 3; *Dickescheid* in: BGB-RGRK, § 1798 Rn. 6; *Wagenitz* in: MünchKomm-BGB, § 1798 Rn. 3; *Veit* in: Staudinger, § 1798 Rn. 2; *Bettin* in: Bamberger/Roth, BeckOK BGB, Ed. 3, § 1798 Rn. 3; *Bauer* in: HK-BUR, § 1798 Rn. 5.
[11] Vgl. *Wagenitz* in: MünchKomm-BGB, § 1798 Rn. 3; *Veit* in: Staudinger, § 1798 Rn. 2; *Freiherr von Crailsheim* in: Jürgens, Betreuungsrecht, 4. Aufl. 2010, § 1798 Rn. 2.

gericht erfolgt ist.¹² Dies folgt daraus, dass § 1798 BGB konstruktiv § 1797 Abs. 1 Satz 2 BGB ausdehnt. Zu den Einzelheiten vgl. die Kommentierung zu § 1797 BGB.

D. Rechtsfolgen

Es ergeht ein Stichentscheid zwischen den beiden Meinungen der Vormünder (oder gegen beide) durch das Familiengericht.¹³ Zum Inhalt der Entscheidung des Familiengerichts vgl. die Kommentierung zu § 1797 BGB. 12

E. Prozessuale Hinweise/Verfahrenshinweise

Es gelten im Wesentlichen die zu § 1797 BGB gemachten Ausführungen. Vgl. die Kommentierung zu § 1797 BGB Rn. 65. Auch gegen die Entscheidung nach § 1798 BGB steht dem Vormund die Beschwerde gemäß §§ 58 ff. FamFG zu. Ggf. steht auch dem Mündel das Beschwerderecht zu. Zur Notwendigkeit einer Rechtsbehelfsbelehrung nach neuem Recht (§ 39 FamFG) vgl. die Kommentierung zu § 1795 BGB Rn. 117 f. 13

F. Arbeitshilfen – Muster für Rubrum, Tenorierungen und Entscheidungen

Wegen der Formulierung von Rubren, Tenorierungen, Entscheidungsgründen und Rechtsbehelfsbelehrungen kann im Wesentlichen auf die Kommentierung zu § 1797 BGB verwiesen werden. 14

---

[12] *Saar* in: Erman, § 1798 Rn. 1; *Wagenitz* in: MünchKomm-BGB, § 1798 Rn. 4; *Veit* in: Staudinger, § 1798 Rn. 3.
[13] Vgl. hierzu schon *Mugdan*, Die gesammten Materialien zum Bürgerlichen Gesetzbuch für das Deutsche Reich, IV. Band: Familienrecht, 1899, S. 1095.

§ 1799 BGB Pflichten und Rechte des Gegenvormunds

(Fassung vom 17.12.2008, gültig ab 01.09.2009)

(1) ¹Der Gegenvormund hat darauf zu achten, dass der Vormund die Vormundschaft pflichtmäßig führt. ²Er hat dem Familiengericht Pflichtwidrigkeiten des Vormunds sowie jeden Fall unverzüglich anzuzeigen, in welchem das Familiengericht zum Einschreiten berufen ist, insbesondere den Tod des Vormunds oder den Eintritt eines anderen Umstands, infolge dessen das Amt des Vormunds endigt oder die Entlassung des Vormunds erforderlich wird.

(2) Der Vormund hat dem Gegenvormund auf Verlangen über die Führung der Vormundschaft Auskunft zu erteilen und die Einsicht der sich auf die Vormundschaft beziehenden Papiere zu gestatten.

Gliederung

A. Grundlagen 1	2. Maßnahmen zur Ausübung der Kontroll- und Aufsichtspflicht 15
I. Kurzcharakteristik 1	II. Anzeigepflicht des Gegenvormunds (Absatz 1 Satz 2) 19
II. Regelungsprinzipien 2	
III. Entstehungsgeschichte 8	III. Auskunfts- und Einsichtsrecht des Gegenvormunds (Absatz 2) 21
B. Praktische Bedeutung 9	
C. Anwendungsvoraussetzung 11	1. Inhalt des Auskunftsanspruchs 22
D. Rechtsfolgen 12	2. Inhalt des Einsichtsrechts 24
I. Allgemeine Kontroll- und Aufsichtspflicht (Absatz 1 Satz 1) 12	3. Durchsetzung der Rechte nach Absatz 2 ... 27
	IV. Pflichtverletzungen des Gegenvormundes ... 29
1. Inhalt der Kontroll- und Aufsichtspflicht 12	E. Prozessuale Hinweise/Verfahrenshinweise 31

A. Grundlagen

I. Kurzcharakteristik

1 § 1799 BGB regelt die rechtliche Stellung des Gegenvormunds, soweit ein solcher bestellt ist. § 1799 Abs. 1 Satz 1 BGB formuliert die Aufsichts- und Kontrollfunktion des Gegenvormunds allgemein. § 1799 Abs. 1 Satz 2 BGB begründet Anzeigepflichten des Gegenvormunds. § 1799 Abs. 2 BGB regelt Auskunfts- und Einsichtsrechte gegenüber dem Vormund. Das Gesetz enthält darüber hinaus verstreut weitere Regelungen zu einzelnen Rechten und Pflichten des Gegenvormunds (vgl. Rn. 2).

II. Regelungsprinzipien

2 § 1792 BGB regelt die Voraussetzungen für die Bestellung eines Gegenvormunds, gibt aber nur mittelbar Aufschluss über Regelungszweck und -inhalt der Gegenvormundschaft. Im Zentrum der Aufgaben des Vormunds steht die allgemeine Aufsichtsfunktion des Gegenvormundes über den Vormund. Sie ist im Wesentlichen in § 1799 BGB geregelt. Der Gegenvormund bildet danach eine zusätzliche Kontrollinstanz.[1] Allerdings beschreibt § 1799 BGB die Aufgaben des Gegenvormunds nicht abschließend. Neben der allgemeinen Aufsichtstätigkeit wirkt der Gegenvormund in gesetzlich näher bestimmter Weise bei der Ausübung der Sorge für den Mündel mit.[2] So ist der Gegenvormund etwa zur Mitwirkung bei der Erstellung des Vermögensverzeichnisses (§ 1802 Abs. 1 Satz 2 BGB), bei der Jahresrechnung (§ 1842 BGB) und bei der Schlussrechnung (§ 1992 Abs. 1 BGB) verpflichtet. Bestimmte Geschäfte darf der Vormund nur mit Zustimmung des Gegenvormunds vornehmen (vgl. etwa die §§ 1809, 1810, 1812, 1813, 1824, 1832 BGB). Weitere Pflichten finden sich etwa in den §§ 1826, 1842 BGB.

---

[1] Vgl. etwa OLG Frankfurt v. 21.08.2008 - 20 W 105/08 - juris Rn. 8 - OLGR Frankfurt 2009, 408-409.

[2] Hierzu ausführlich etwa *Fuchs*, Die rechtliche Stellung des Gegenvormundes nach dem bürgerlichen Gesetzbuch für das deutsche Reich unter gleichzeitiger Berücksichtigung landesgesetzlicher Vorschriften, 1907, S. 59 ff.

Beiläufig verfolgt die Einrichtung des Gegenvormundes auch die Entlastung des Familiengerichts.[3] 3

Der Schwerpunkt der Aufgabe des Gegenvormunds liegt in der Kontrolle und Aufsicht über die Tätigkeit des Vormunds. Er hat zur Wahrung des Mündels darauf zu achten, dass die Amtsführung des Vormunds pflichtgemäß erfolgt.[4] Zur Wahrnehmung von Tätigkeiten, die zur regulären Verwaltung des Vormunds gehören, ist er demgegenüber weder berechtigt, noch verpflichtet. D.h. er kann insbesondere auch nicht den verhinderten Vormund in Wahrnehmung seiner Rechte vertreten, also etwa den Mündel rechtsgeschäftlich vertreten.[5] Nicht ausgeschlossen ist damit freilich, dass der Gegenvormund, der aufgrund seiner Einsicht in die Führung der Vormundschaft hierzu besonders prädestiniert ist, den Vormund auch über seine Pflichten hinaus berät und in der Verrichtung einzelner Sorgemaßnahmen unterstützt.[6] Schon die Motive[7] beschreiben „Rat, Halt und Unterstützung" als Aufgaben des Gegenvormundes. 4

Die Kontrollbefugnis des Gegenvormunds umfasst den gesamten Aufgabenbereich des Vormunds. Zwar kann sich die Notwendigkeit einer zusätzlichen Kontrolle sowie der Unterstützung der Überwachung des Vormundschaftsgerichts insbesondere im Zusammenhang mit dem Aufgabenbereich der Vermögenssorge ergeben, wenn es insoweit um eine umfangreiche und schwierige Verwaltung geht.[8] Die Kontrollbefugnis des Gegenvormunds ist jedoch nicht auf die Vermögenssorge beschränkt, sondern erstreckt sich auch auf die Personensorge.[9] Der Schwerpunkt liegt freilich nicht nur in der gesetzlichen Ausgestaltung der Aufgaben des Vormunds, sondern auch in der Praxis in der Kontrolle der Vermögensangelegenheiten. 5

Einen Ergänzungspfleger zu beaufsichtigen, ist nicht Aufgabe des regulären Gegenvormunds. Ggf. ist vielmehr speziell für den Pfleger ein Gegenvormund zu bestellen.[10] 6

Der Gegenvormund untersteht der Aufsicht des Familiengerichts, § 1837 Abs. 2 BGB. Er haftet dem Mündel gemäß § 1833 BGB. 7

III. Entstehungsgeschichte

Durch das FGG-Reformgesetz[11] trat in Absatz 1 Satz 2 das Familiengericht an die Stelle des Vormundschaftsgerichts. Zu der neuen Zuständigkeitsverteilung insgesamt vgl. die Kommentierung zu § 1793 BGB Rn. 162. 8

B. Praktische Bedeutung

§ 1799 BGB ist gemäß § 1908i Abs. 1 Satz 1 BGB auf die Betreuung und gemäß § 1915 BGB auch auf die Pflegschaft entsprechend anwendbar. Es kann also neben dem Pfleger ein Gegenvormund bestellt werden.[12] Allerdings ist § 1915 Abs. 2 BGB zu entnehmen, dass abweichend von § 1792 Abs. 2 BGB 9

---

[3] BayObLG v. 05.11.1996 - 3Z AR 81/96 - BayObLGZ 1996, 274-276, 275; OLG Frankfurt v. 21.08.2008 - 20 W 105/08 - juris Rn. 8 - OLGR Frankfurt 2009, 408-409; *Veit* in: Staudinger, § 1799 Rn. 6; *Bauer* in: HK-BUR, § 1799 Rn. 6; *Rauscher*, Familienrecht, 2. Aufl. 2008, § 39 II. Rn. 1214; *Zimmermann* in: Damrau/Zimmermann, Betreuungsrecht, 4. Aufl. 2011, § 1799 Rn. 2.

[4] BGH v. 14.03.1956 - IV ZR 288/55 - LM Nr. 2 zu § 1833 BGB.

[5] BGH v. 14.03.1956 - IV ZR 288/55 - LM Nr. 2 zu § 1833 BGB; vgl. hierzu etwa auch *Dickescheid* in: BGB-RGRK, § 1799 Rn. 2; *Zimmermann* in: Damrau/Zimmermann, Betreuungsrecht, 3. Aufl. 2001, § 1799 Rn. 1; *Bettin* in: BeckOK BGB, Ed. 30, § 1799 Rn. 2; das gilt auch im Fall der Verhinderung des Vormunds, von der das Familiengericht in Kenntnis zu setzen ist, damit es ggf. einstweilige Maßregeln einleiten kann, vgl. *Bauer* in: HK-BUR, § 1799 Rn. 5.

[6] Vgl. hierzu auch *Fuchs*, Die rechtliche Stellung des Gegenvormundes nach dem bürgerlichen Gesetzbuch für das deutsche Reich unter gleichzeitiger Berücksichtigung landesgesetzlicher Vorschriften, 1907, S. 60 ff.

[7] Motive, Band IV - Familienrecht, 1888, S. 1031 zum Ehrenvormund.

[8] Vgl. OLG Frankfurt v. 21.08.2008 - 20 W 105/08 - juris Rn. 8 - OLGR Frankfurt 2009, 408-409.

[9] Allg. Ansicht, vgl. OLG Frankfurt v. 21.08.2008 - 20 W 105/08 - juris Rn. 8 - OLGR Frankfurt 2009, 408-409; *Saar* in: Erman, § 1799 Rn. 1; *Dickescheid* in: BGB-RGRK, § 1799 Rn. 3.

[10] *Saar* in: Erman, § 1799 Rn. 6; *Dickescheid* in: BGB-RGRK, § 1799 Rn. 8; *Zimmermann* in: Soergel, § 1799 Rn. 1.

[11] Gesetz zur Reform des Verfahrens in Familiensachen und in den Angelegenheiten der freiwilligen Gerichtsbarkeit (FGG-Reformgesetz - FGG-RG) vom 17.12.2008, BGBl I 2008, 2586, 2723 f.

[12] So auch schon *Fuchs*, Die rechtliche Stellung des Gegenvormundes nach dem bürgerlichen Gesetzbuch für das deutsche Reich unter gleichzeitiger Berücksichtigung landesgesetzlicher Vorschriften, 1907, S. 54.

auch im Fall einer Vermögensverwaltung die Bestellung eines Gegenvormunds neben dem Pfleger nur in besonders gelagerten Fällen erfolgen soll.

10 **Praktischer Hinweis:** Die Praxis sollte generell Zurückhaltung bei der Anordnung der Gegenvormundschaft üben, beeinträchtigt sie doch die Flexibilität der Vormundschaft in nicht unerheblicher Weise.

C. Anwendungsvoraussetzung

11 Die Norm setzt die (wirksame) Bestellung zum Gegenvormund (bzw. -betreuer) voraus. Ob hinreichender Anlass für die Bestellung zum Gegenvormund gegeben war, ist unerheblich. Die Voraussetzungen der Bestellung zum Gegenvormund sind in § 1792 BGB geregelt. Im Fall einer befreiten Vormundschaft kann die Bestellung eines Gegenvormunds nach § 1852 Abs. 2 BGB ausgeschlossen sein.

D. Rechtsfolgen

I. Allgemeine Kontroll- und Aufsichtspflicht (Absatz 1 Satz 1)

1. Inhalt der Kontroll- und Aufsichtspflicht

12 § 1799 Abs. 1 Satz 1 BGB spricht nicht ausdrücklich von einer „Aufsicht" über den Vormund. Der bewusst gewählte Sprachgebrauch des „darauf achtens" sollte den Eindruck einer Vorgesetztenstellung des Gegenvormunds vermeiden.[13] In der Sache lässt sich die Funktion des Gegenvormunds gleichwohl als Kontroll- und Aufsichtspflicht beschreiben.

13 Die Kontrolle des Vormundes bezieht sich auf den gesamten Aufgabenbereich des Vormunds, d.h. insbesondere sowohl auf die Vermögenssorge als auch auf die Personensorge.[14] Im Fall der Gegenbetreuung kommt eine Aufsicht über die persönliche Betreuung jedoch nur in sehr eingeschränktem Maße in Betracht.[15]

14 Die Aufsicht bezieht sich auf die Pflichtmäßigkeit der Führung der Vormundschaft (vgl. Rn. 4). Danach übt der Gegenvormund eine Rechtmäßigkeitskontrolle über das Handeln des Vormunds aus. Kaum problematisiert wird, ob der Gegenvormund darüber hinaus auch die Zweckmäßigkeit der Führung der Vormundschaft zu prüfen hat. Die Parallele zur Funktion des Familiengerichts, das der Gegenvormund entlasten soll, spricht gegen eine durchgängige Zweckmäßigkeitskontrolle. Allerdings ist zu beachten, dass auch eine unzweckmäßige Handlung dann unrechtmäßig ist, wenn sie nicht mehr dem Interesse des Mündels entspricht. Auch eine Verletzung der Interessen des Mündels stellt dann eine Pflichtverletzung dar, die der Gegenvormund zu kontrollieren hat.[16] Weitergehend folgt hieraus eine umfassende Pflicht zur Achtung auf das Interesse des Mündels.[17]

2. Maßnahmen zur Ausübung der Kontroll- und Aufsichtspflicht

15 Wesentliche Voraussetzung für die Wahrnehmung seiner Pflichten ist die Kenntnis des Gegenvormunds von allen relevanten Umständen der Führung der Vormundschaft. Aus der Existenz der Kontroll- und Aufsichtspflicht des Gegenvormundes folgt allerdings keine automatische Pflicht des Vormundes, den Gegenvormund von sich aus mit allen relevanten Informationen zu versorgen.[18] Zur „ersten Pflicht" des Gegenvormunds gehört es deshalb, dass er sich bei Antritt seines Amtes Kenntnis von dem vorhandenen Mündelvermögen verschafft.[19] Auch muss er sich vergewissern, dass das Mündelvermögen ordnungsgemäß angelegt ist.[20] Da die Rolle des Gegenvormunds nicht auf den Bereich der

---

[13] *Fuchs,* Die rechtliche Stellung des Gegenvormundes nach dem bürgerlichen Gesetzbuch für das deutsche Reich unter gleichzeitiger Berücksichtigung landesgesetzlicher Vorschriften, 1907, S. 60.

[14] Motive, Band IV - Familienrecht, 1888, S. 1034; *Dickescheid* in: BGB-RGRK, § 1799 Rn. 3; *Veit* in: Staudinger, § 1799 Rn. 6; *Götz* in: Palandt, § 1799 Rn. 2.

[15] Vgl. hierzu *Bauer* in: HK-BUR, § 1799 Rn. 2.

[16] So ausdrücklich auch *Fuchs,* Die rechtliche Stellung des Gegenvormundes nach dem bürgerlichen Gesetzbuch für das deutsche Reich unter gleichzeitiger Berücksichtigung landesgesetzlicher Vorschriften, 1907, S. 65.

[17] So auch BGH v. 14.03.1956 - IV ZR 288/55 - NJW 1956, 789-790; *Veit* in: Staudinger, § 1799 Rn. 10.

[18] *Fuchs,* Die rechtliche Stellung des Gegenvormundes nach dem bürgerlichen Gesetzbuch für das deutsche Reich unter gleichzeitiger Berücksichtigung landesgesetzlicher Vorschriften, 1907, S. 68.

[19] RG v. 05.01.1912 - III 62/11 - RGZ 79, 9-16, 11; *Dickescheid* in: BGB-RGRK, § 1799 Rn 3; *Saar* in: Erman, § 1799 Rn. 3; *Veit* in: MünchKomm-BGB, § 1799 Rn. 7.

[20] RG v. 05.01.1912 - III 62/11 - RGZ 79, 9-17.

Vermögenssorge beschränkt ist, wird man den Gegenvormund auch für verpflichtet halten, sich ein eigenes Bild von der Personensorge des Mündels zu machen.[21] Dazu ist regelmäßig erforderlich, dass der Gegenvormund auch Kontakt zu dem Mündel aufnimmt und maßgebliche Umstände seiner Lebenssituation (Unterbringung, Schulbesuch, berufliche Vorstellungen etc.) in Erfahrung bringt.

Praktischer Hinweis: Wichtige Anhaltspunkte für eine erste Orientierung, aber auch für in der Vergangenheit aufgetretene Problembereiche kann für den Gegenvormund die Einsicht in die Akte des Familiengerichts bieten.

Das Gesetz sagt nichts dazu aus, inwiefern der Gegenvormund Angaben des Vormundes nachprüfen muss. Damit der Gegenvormund effektiv die Führung der Vormundschaft überprüfen kann, hat er die Richtigkeit der Angaben grundsätzlich zu überprüfen.[22] Dass andererseits Einsicht und Auskunft nach § 1799 Abs. 2 BGB nur „auf Verlangen" und nicht sua sponte zu erteilen sind, zeigt, dass das Gesetz nicht durch eine Nachprüfungspflicht hinsichtlich jedes noch so unwichtigen Details die Zusammenarbeit zwischen Vormund und Gegenvormund stören will. Die Überprüfungspflicht erstreckt sich deshalb nicht auf jedes Einzelheit der Führung der Vormundschaft, was bei Ausübung der Sorge durch Aufnahme in den Haushalt des Vormunds ohnehin nicht zu praktizieren wäre. Die Überprüfungsdichte ist vielmehr risikoorientiert unter Berücksichtigung der Bedeutung der Angelegenheit und der sich ergebenden Gefahren für das Mündelinteresse vorzunehmen. Eine Beschränkung auf Stichproben genügt allerdings nicht. Der Gegenvormund muss sich bei der Ausübung seiner Kontrolle darüber im Klaren sein, dass er nach § 1833 BGB haftet, wenn er Pflichtverletzungen des Vormundes durch eine zu geringe Überprüfungsdichte nicht bemerkt.

Die Überprüfung erfolgt regelmäßig durch Wahrnehmung der Auskunfts- und Einsichtsrechte nach Absatz 2.

II. Anzeigepflicht des Gegenvormunds (Absatz 1 Satz 2)

Pflichtwidrigkeiten des Vormunds sind nach § 1799 Abs. 1 Satz 2 BGB unverzüglich, also ohne schuldhaftes Zögern (§ 121 Abs. 1 Satz 1 BGB) dem Familiengericht anzuzeigen. Zum Begriff der Pflichtwidrigkeit vgl. schon Rn. 14.

Darüber hinaus trifft den Gegenvormund immer dann eine Anzeigepflicht, wenn ein Sachverhalt vorliegt, der ein Einschreiten des Familiengerichts angezeigt erscheinen lässt. Das Gesetz nennt insoweit exemplarisch den Tod des Vormunds, das Erlöschen des Amtes oder das Vorliegen eines Entlassungsgrundes.

III. Auskunfts- und Einsichtsrecht des Gegenvormunds (Absatz 2)

Der Vormund hat dem Gegenvormund zur Wahrnehmung seiner Funktion auf Verlangen über seine Amtsführung Auskunft zu erteilen und Einsicht in die sich auf die Vormundschaft beziehenden Papiere zu gestatten.

1. Inhalt des Auskunftsanspruchs

Mit dem Auskunftsrecht kann der Vormund Mitteilung von Tatsachen durch den Vormund verlangen. Als Gegenstand der Auskunft kommen auch innere Tatsachen wie die Absicht, ein bestimmtes Rechtsgeschäft abzuschließen, in Betracht.

Die Auskunft muss sich auf die Führung der Vormundschaft beziehen. Sie erstreckt sich damit umfassend auf alle mit der Amtsführung verbundenen Umstände. Dass § 1839 BGB eine Auskunftspflicht hinsichtlich der Führung der Vormundschaft und der persönlichen Verhältnisse des Mündels statuiert, schließt nicht aus, dass auch der Gegenvormund über die persönlichen Verhältnisse des Mündels Auskunft begehren kann, soweit dies zur Wahrnehmung seiner Aufgaben geboten ist.[23]

2. Inhalt des Einsichtsrechts

Einsicht ist das In Augenschein nehmen und Lesen des Objekts der Einsicht. Das Recht umfasst nicht die Pflicht des Vormunds, auf eigene Kosten Kopien für den Gegenvormund anzufertigen oder dem Gegenvormund Originale zu überlassen. Allerdings besteht für den Gegenvormund die Möglichkeit, selbst Kopien anzufertigen.

---

[21] Zutreffend *Dickescheid* in: BGB-RGRK, § 1799 Rn. 4.
[22] So auch *Dickescheid* in: BGB-RGRK, § 1799 Rn. 4.
[23] So auch *Fuchs*, Die rechtliche Stellung des Gegenvormundes nach dem bürgerlichen Gesetzbuch für das deutsche Reich unter gleichzeitiger Berücksichtigung landesgesetzlicher Vorschriften, 1907, S. 69.

§ 1799

25 Das Einsichtsrecht erstreckt sich auf „die sich auf die Vormundschaft beziehenden Papiere". Hierzu zählen etwa der Ausweis über die Tätigkeit des Vormundes, Briefwechsel, Rechnungen, Belege, Urteile, Beschlüsse, Verfügungen, Verträge etc.[24] Demgegenüber soll die Vorlage von Urkunden, die einen Vermögenswert repräsentieren, etwa von Wertpapieren, nach teilweise vertretener Auffassung nicht umfasst sein.[25] Dies erscheint zweifelhaft, kann doch die Vorlage solcher Urkunden nicht nur zum Zwecke des Nachweises des Vermögensbestandes anlässlich der Rechnungslegung, sondern auch zwecks Überprüfung der Einhaltung der Vorschriften über die mündelsichere Geldanlage insgesamt geboten sein.

26 Anders als zur Zeit der Entstehung des BGB tritt heute vermehrt auch ein Bedürfnis zur Einsicht in elektronisch erfasste Dokumente zutage. Die vom historischen Gesetzgeber noch nicht erkennbare Regelungslücke ist im Wege einer Analogie zu schließen.

3. Durchsetzung der Rechte nach Absatz 2

27 Bei dem Auskunfts- und Einsichtsrecht handelt es sich nach allgemeiner Auffassung nicht um klagbare Ansprüche des Gegenvormunds. Die wohl herrschende Meinung begründet das damit, dass der Verpflichtung des Vormunds öffentlich-rechtlicher Natur sei.[26] Die Frage, ob die Verpflichtung des Vormundes wirklich öffentlich-rechtlicher oder eher privatrechtlicher Natur ist[27], erscheint müßig. Für eine privatrechtliche Einordnung spricht, dass die Vormundschaft insgesamt ihrer Funktion und Organisation nach der elterlichen Sorge stark angenähert ist und der Gegenvormund – ggf. ein Rechtssubjekt des Privatrechts – diese Struktur lediglich systemimmanent modifiziert, ohne dabei spezifische dem Staat zugewiesene Befugnisse zu gebrauchen. Jedenfalls widerspräche die Einräumung eines klagbaren subjektiven Zivilrechts der Überwachungskonzeption des Vormundschaftsrechts.[28]

28 Die Durchsetzung des Auskunfts- und Einsichtsrechts erfolgt ggf. durch Maßnahmen des Familiengerichts nach den §§ 1837 Abs. 2, 1886 BGB.

IV. Pflichtverletzungen des Gegenvormundes

29 Verletzt der Gegenvormund seine Pflichten, so kann das Familiengericht nach den §§ 1837, 1886 BGB vorgehen.

30 Ferner haftet der Gegenvormund dem Mündel aus § 1833 Abs. 1 Satz 2 BGB. Hat neben dem Gegenvormund auch der Vormund schuldhaft eine Pflicht verletzt, haften beide dem Mündel im Außenverhältnis gesamtschuldnerisch, § 1833 Abs. 2 BGB. Für die Haftungsverteilung im Innenverhältnis ist zu differenzieren: Beschränkt sich das Verschulden des Gegenvormundes auf eine Verletzung der Aufsichtspflicht, so ist der Vormund im Innenverhältnis zum Gegenvormund allein verpflichtet, § 1833 Abs. 2 Satz 2 BGB. Etwas anderes gilt jedoch, soweit den Gegenvormund ein darüber hinausgehendes Verschulden trifft. Das kann insbesondere im Rahmen der Mitwirkungsbefugnisse des Gegenvormundes der Fall sein.

E. Prozessuale Hinweise/Verfahrenshinweise

31 Zur Durchsetzung des Anspruchs aus § 1799 Abs. 2 BGB gegen den Vormund vgl. bereits Rn. 27.

32 Nach altem Recht stand dem Gegenvormund insbesondere in folgenden Fällen ein selbständiges Beschwerderecht zu:
   - Das Vormundschaftsgericht weist den Antrag zurück, gegen den Vormund wegen eines pflichtwidrigen Verhaltens einzuschreiten (§ 57 Abs. 1 Nr. 6 FGG).

---

[24] *Fuchs*, Die rechtliche Stellung des Gegenvormundes nach dem bürgerlichen Gesetzbuch für das deutsche Reich unter gleichzeitiger Berücksichtigung landesgesetzlicher Vorschriften, 1907, S. 69.

[25] So *Fuchs*, Die rechtliche Stellung des Gegenvormundes nach dem bürgerlichen Gesetzbuch für das deutsche Reich unter gleichzeitiger Berücksichtigung landesgesetzlicher Vorschriften, 1907, S. 69.

[26] Ähnlich *Saar* in: Erman, § 1799 Rn. 3; *Götz* in: Palandt, § 1799 Rn. 2; *Zimmermann* in: Damrau/Zimmermann, Betreuungsrecht, 4. Aufl. 2011, § 1799 Rn. 4; *Veit* in: Staudinger, § 1799 Rn. 8; *Fuchs*, Die rechtliche Stellung des Gegenvormundes nach dem bürgerlichen Gesetzbuch für das deutsche Reich unter gleichzeitiger Berücksichtigung landesgesetzlicher Vorschriften, 1907, S. 68.

[27] So *Gernhuber/Coester-Waltjen*, Familienrecht, 6. Aufl. 2010, § 71 I 2. Rn. 2; kritisch auch *Dickescheid* in: BGB-RGRK, § 1799 Rn. 6; *Wagenitz* in: MünchKomm-BGB, § 1799 Rn. 7; nunmehr auch *Saar* in: Erman, § 1799 Rn. 3; im Ergebnis hinsichtlich der Begründung wohl offen *Rauscher*, Familienrecht, 2. Aufl. 2008, § 39 II Rn. 1214.

[28] So auch *Dickescheid* in: BGB-RGRK, § 1799 Rn. 6; *Wagenitz* in: MünchKomm-BGB, § 1799 Rn. 7.

- Das Vormundschaftsgericht bewilligt dem Vormund eine Vergütung (§ 57 Abs. 1 Nr. 7 FGG).
- Das Vormundschaftsgericht trifft eine Entscheidung über die Personensorge (§ 57 Abs. 1 Nr. 9 FGG).

Diese Spezialvorschriften zu § 20 FGG hat der Reformgesetzgeber nicht übernommen, ohne dies näher zu begründen.[29] Die wohl vorherrschende Auffassung lehnt ein selbständiges Beschwerderecht des Gegenvormunds nach neuem Recht danach ab.[30] Teilweise wird aber auch weiterhin ein selbständiges Beschwerderecht bejaht.[31] Das dürfte nach neuer Rechtslage kaum noch vertretbar sein. § 59 Abs. 1 FamFG verlangt die Beeinträchtigung eines subjektiven Rechtes. Die allgemeinen Aufsichts- und Kontrollbefugnisse des Gegenvormundes sind jedoch nicht in solcher Weise verselbständigt. So ist – und war schon nach altem Recht – allgemein anerkannt, dass der Gegenvormund kein Beschwerderecht gegen die Erteilung einer vormundschaftsgerichtlichen Genehmigung oder gegen eine sonstige Nichtberücksichtigung seiner Bedenken im Rahmen einer gerichtlichen Entscheidung hat.[32]

Umstritten war, ob allein das Unterbleiben einer vorgeschriebenen Anhörung des Gegenvormunds ein eigenes Beschwerderecht des Gegenvormunds begründet[33]. Die besseren Argumente dürften auch nach neuer Rechtslage für das Beschwerderecht sprechen, wenn die Anhörung geboten war.[34] Denn nur so wird der Gegenvormund in die Lage versetzt, die ihm ausschließlich zugewiesene subjektive Kontrollbefugnis überhaupt erst auszüben.

---

[29] Vgl. BR-Drs. 309/07, S 449.
[30] Vgl. *Veit* in: Staudinger, § 1799 Rn. 17; *Wagenitz* in: MünchKomm-BGB, § 1799 Rn. 11; kritisch zu einem diesbezüglichen Beschwerderecht des Gegenvormunds nach neuem Recht etwa *Zimmermann* in: Damrau/Zimmermann, Betreuungsrecht, 4. Aufl. 2011, § 1799 Rn. 5.
[31] Vgl. *Freiherr von Crailsheim* in: Jürgens, Betreuungsrecht, 4. Aufl., 2010, § 1799 Rn. 4; *Götz* in: Palandt, § 1799 Rn. 3.
[32] *Zimmermann* in: Damrau/Zimmermann, Betreuungsrecht, 4. Aufl. 2011, § 1799 Rn. 5; *Veit* in: Staudinger, § 1799 Rn. 18; so auch schon zur alten Rechtslage KG v. 02.07.1909 - 1a X 535/09 - KGJ 38, A 44-50, 47; *Dickescheid* in: BGB-RGRK, § 1799 Rn. 9.
[33] Bejahend *Dickescheid* in: BGB-RGRK, § 1799 Rn. 9; *Saar* in Erman, § 1799 Rn. 8, *Wagenitz* in: MünchKomm-BGB, 5. Aufl. 2008, § 1799 Rn. 11; verneinend *Zimmermann* in: Damrau/Zimmermann, Betreuungsrecht, 3. Aufl. 2001, § 1799 Rn. 5; allgemein zu Gehörsverletzungen auch *Meyer-Holz* in: Keidel, FamFG, 18. Aufl. 2014, § 59 Rn. 7.
[34] So auch *Veit* in: Staudinger, § 1799 Rn. 17; *Wagenitz* in: MünchKomm-BGB, § 1799 Rn. 11; a.A. *Zimmermann* in: Damrau/Zimmermann, Betreuungsrecht, 4. Aufl. 2011, § 1799 Rn. 5.

§ 1800 BGB Umfang der Personensorge

(Fassung vom 29.06.2011, gültig ab 06.07.2011)

¹Das Recht und die Pflicht des Vormunds, für die Person des Mündels zu sorgen, bestimmen sich nach §§ 1631 bis 1633. ²Der Vormund hat die Pflege und Erziehung des Mündels persönlich zu fördern und zu gewährleisten.

Gliederung

A. Grundlagen 1	3. Ausbildung und Beruf (§ 1631a BGB) 34
I. Kurzcharakteristik 1	a. Inhalt der Verweisung 34
II. Gesetzgebungsmaterialien 2	b. Verfahren 38
III. Entstehungsgeschichte 3	4. Mit Freiheitsentziehung verbundene Unter-
1. Die ursprüngliche Fassung des BGB 3	bringung (§ 1631b BGB) 40
2. Das Familienrechtsänderungsgesetz 4	a. Inhalt der Verweisung 40
3. Das Sorgerechtsneuregelungsgesetz 5	b. Verfahren 46
4. Das Kindschaftsrechtsreformgesetz 6	5. Verbot der Sterilisation (§ 1631c BGB) 51
5. Das Gesetz zur Änderung des Vormundschafts- und Betreuungsrechts 7	6. Beschneidung des männlichen Kindes (§1631d BGB) 52
B. Praktische Bedeutung 8	7. Herausgabe des Mündels und Umgang
C. Personensorge (Satz 1) 9	(§ 1632 BGB) 53
I. Anwendungsvoraussetzungen 9	a. Inhalt der Verweisung 53
II. Rechtsfolgen 10	b. Verfahren 56
1. Grundlagen 10	8. Personensorge für verheiratete Minderjährige
2. Inhalt und Grenzen der Personensorge (§ 1631 BGB) 11	(§ 1633 BGB) 57
a. Pflege 13	**D. Pflege und Erziehung (Satz 2)** 58
b. Erziehung 23	I. Anwendungsvoraussetzungen 58
c. Beaufsichtigung 27	II. Rechtsfolgen 59
d. Aufenthalt 30	1. Pflege und Erziehung 59
	2. Persönliche Förderung und Gewährleistung 60

A. Grundlagen

I. Kurzcharakteristik

1 § 1800 BGB verweist wegen des Umfangs der Personensorge weitgehend auf die Vorschriften zur elterlichen Sorge. Die Regelung nimmt die Aufgabenbeschreibung von § 1793 Abs. 1 Satz 1 BGB auf und konkretisiert sie. Satz 2 betont die mit der Annäherung an die elterliche Sorge verbundene persönliche Bindung, ohne die bestehenden Unterschiede zur elterlichen Sorge – etwa hinsichtlich der Kontrolle durch Familiengericht (§ 1837 BGB) und Aufsicht des Gegenvormunds (§ 1799 BGB) sowie die Einschränkungen der Vertretungsmacht (§§ 1795 f. BGB) – einzuebnen.

II. Gesetzgebungsmaterialien

2 E I § 1655, E II § 1680 - Mot. IV, 1096, Prot. IV, 757.

III. Entstehungsgeschichte

1. Die ursprüngliche Fassung des BGB

3 Als Ausdruck der Selbständigkeit der Vormundschaft und Anlehnung an die elterliche Gewalt sollten dem Vormund die gleichen Rechte und Pflichten in Ansehung der Personensorge zukommen wie dem elterlichen Sorgerechtsinhaber. Dabei entschied sich der Gesetzgeber insbesondere dagegen, das Erziehungsrecht in die Hand einer Obervormundschaft zu legen, weil der Vormund die Verhältnisse besser beurteilen kann. Im Rahmen seines Ermessens soll der Vormund nach dem Willen des Gesetzgebers selbst und ohne vormundschaftsgerichtliche Genehmigung über den notwendigen Aufwand für Unterhalt und Erziehung entscheiden, selbst wenn dafür der Vermögensstamm des Mündels angegriffen werden muss. Ein gerichtliches Genehmigungserfordernis erachtete der Gesetzgeber als unzweckmä-

ßig, da die Gerichte hierbei erfahrungsgemäß oft zu ängstlich verfahren seien und zum Schaden des künftigen Fortkommens des Mündels auf die Erhaltung des Stammvermögens zu großes Gewicht gelegt hätten.[1]

2. Das Familienrechtsänderungsgesetz

Nach dem Inkrafttreten von Art. 104 Abs. 2 Satz 1 GG wurde zunächst kontrovers diskutiert, ob der Vormund für die Unterbringung des Mündels in einer geschlossenen Einrichtung einer richterlichen Entscheidung bedarf.[2] Der Bundesgerichtshof hatte dies zunächst mit der Begründung verneint, Art. 104 Abs. 2 Satz 1 GG sei einschränkend dahin auszulegen, dass das dort vorgesehene richterliche Zulassungsverfahren nur Platz greife, wenn die Freiheitsentziehung von einem Träger der öffentlichen Gewalt angeordnet werde. Der Vormund handele jedoch nicht in Ausübung öffentlicher Gewalt.[3] Mit Beschluss vom 10.02.1960 entschied das Bundesverfassungsgericht in einem Fall der Erwachsenenvormundschaft hingegen, dass die bis dahin praktizierte Anstaltsunterbringung ohne richterliche Entscheidung nicht mit Art. 104 Abs. 2 Satz 1 GG vereinbar sei. Zur Begründung stellte es maßgeblich darauf ab, dass nach den Grundvorstellungen des Verfassungsgebers die persönliche körperliche Freiheit als erste Voraussetzung für jede freiheitliche Betätigung des Menschen überhaupt vom Grundgesetz hoch angeschlagen werde und vorgängige richterliche Entscheidung nicht nur in „kriminellen", sondern auch in „fürsorgerischen" Fällen erforderlich sei.[4] Die überwiegende Rechtsprechung und Literatur übertrug dieses Ergebnis auf die Vormundschaft über Minderjährige.[5] Das Gesetz zur Vereinheitlichung und Änderung familienrechtlicher Vorschriften vom 11.08.1961 (Familienrechtsänderungsgesetz) fügte als Reaktion hierauf in § 1800 BGB folgenden Absatz 2 an:
„(2) Eine Unterbringung des Mündels, die mit Freiheitsentziehung verbunden ist, ist nur mit Genehmigung des Vormundschaftsgerichts zulässig; das Vormundschaftsgericht soll den Mündel vor der Entscheidung hören. Ohne die Genehmigung ist die Unterbringung nur zulässig, wenn mit dem Aufschub Gefahr verbunden ist; die Genehmigung ist unverzüglich nachzuholen. Das Gericht hat die Genehmigung zurückzunehmen, wenn das Wohl des Mündels die Unterbringung nicht erfordert."[6]

3. Das Sorgerechtsneuregelungsgesetz

Das Sorgerechtsneuregelungsgesetz[7] hob Absatz 2 wieder auf, unterstellte gleichzeitig jedoch eine mit Freiheitsentziehung verbundene Unterbringung eines Kindes allgemein in § 1631b BGB dem vormundschaftsgerichtlichen Genehmigungserfordernis. Das Genehmigungserfordernis bleibt damit – für die Vormundschaft unverändert – bestehen, ergibt sich heute aber aus § 1800 BGB i.V.m. § 1631b BGB.[8] Des Weiteren sah das Sorgerechtsneuregelungsgesetz vor, dass der Begriff der „elterlichen Gewalt" durch den der „elterlichen Sorge" ersetzt werden sollte, um den Pflichtcharakter der Eltern hervorzuheben.[9] In § 1800 BGB wurde der Begriff der „elterlichen Gewalt" in diesem Zuge ersatzlos gestrichen.

4. Das Kindschaftsrechtsreformgesetz

Das Kindschaftsrechtsreformgesetz[10] hat die Zuständigkeit des Familiengerichts auf Entscheidungen nach § 1632 Abs. 3, 4 BGB ausgedehnt. Verfahren betreffend die Vormundschaft sollten hingegen nach der Gesetzesbegründung nicht in die Zuständigkeit der Familiengerichte übertragen werden.[11] Die danach unklar gebliebene Frage, welches Gericht zuständig sei, wenn § 1632 BGB über die Verwei-

---

[1] Zum Ganzen *Mugdan*, Die gesammten Materialien zum Bürgerlichen Gesetzbuch für das Deutsche Reich, IV. Band: Familienrecht, 1899, S. 1097.
[2] Vgl. die Nachweise bei BGH v. 30.03.1955 - IV ZB 23/55 - juris Rn. 9 - BGHZ 17, 108-116.
[3] So BGH v. 30.03.1955 - IV ZB 23/55 - juris Rn. 9, 13 - BGHZ 17, 108-116.
[4] BVerfG v. 10.02.1960 - 1 BvR 526/53, 1 BvR 29/58 - juris Rn. 64 ff. - BVerfGE 10, 302-331.
[5] Vgl. etwa OLG Hamm v. 26.08.1960 - 15 W 283/60 - NJW 1960, 2239-2240; zum Ganzen mit weiteren Nachweisen *Engler* in: Staudinger, 10./11. Aufl., § 1800 Rn. 23; *Dickescheid* in: BGB-RGRK, § 1800 Rn. 14.
[6] BGBl I 1961, 1222, 1226.
[7] Gesetz zur Neuregelung des Rechts der elterlichen Sorge (SorgeRG) vom 18.07.1979, BGBl I 1979, 1061, 1066.
[8] Vgl. hierzu etwa auch *Dickescheid* in: BGB-RGRK, § 1800 Rn. 1; *Veit* in: Staudinger, § 1800 Rn. 2.
[9] Vgl. BT-Drs. 8/111, S. 13.
[10] Gesetz zur Reform des Kindschaftsrechts vom 16.12.1997 (Kindschaftsrechtsreformgesetz – KindRG), BGBl I 1997, 2942, 2946.
[11] BR-Drs. 180/96, S. 81.

§ 1800

sung des § 1800 BGB zur Anwendung kam,[12] ist durch die Neuordnung der Zuständigkeiten durch das FamFG hinfällig geworden. Danach ist für neu anhängige Verfahren in Vormundschaftssachen nunmehr das Familiengericht zuständig, in Betreuungssachen das Betreuungsgericht (vgl. hierzu die Kommentierung zu § 1793 BGB Rn. 162).

5. Das Gesetz zur Änderung des Vormundschafts- und Betreuungsrechts

7   Durch das Gesetz zur Änderung des Vormundschafts- und Betreuungsrechts[13] vom 29.06.2011 wurde § 1800 Satz 2 BGB eingefügt. Mit der Änderung sollte betont werden, dass der Vormund der Gewährleistung von Pflege und Erziehung in eigener Person nachkommen muss und es nicht ausreicht, diese Pflicht ausschließlich anderen zu überlassen, etwa den Mitarbeitern des Sozialen Dienstes des Jugendamtes oder den Pflegeeltern, die den Mündel in ihren Haushalt aufgenommen haben.[14] Insoweit soll das Gesetz den Grundsatz der persönlichen Führung der Vormundschaft verdeutlichen.[15] § 55 Abs. 3 Satz 2 SGB VIII – neu[16] – stellt dies auch für die Amtsvormundschaft ausdrücklich klar.[17] Die im weiteren Gesetzgebungsverfahren auf die Beschlussempfehlung des Rechtsausschusses zurückgehende Änderung von § 55 Abs. 3 Satz 2 SGB VIII hat den Beistand von der Regelung ausgenommen.[18]

B. Praktische Bedeutung

8   § 1800 BGB ist nicht auf die Betreuung anwendbar. § 1908i BGB enthält lediglich eine Verweisung auf § 1632 Abs. 1-3 BGB. Die Vorschrift ist über § 1915 BGB auf die Pflegschaft anwendbar.[19] Zu einer weiteren Verweisung auf die Regeln zur elterlichen Sorge vgl. § 1793 BGB.

C. Personensorge (Satz 1)

I. Anwendungsvoraussetzungen

9   § 1800 BGB setzt eine Vormundschaft voraus, die den Aufgabenkreis Personensorge umfasst.

II. Rechtsfolgen

1. Grundlagen

10 Zur Bestimmung der Rechte und Pflichten des Vormunds im Bereich der Personensorge verweist § 1800 BGB auf bestimmte Regelungen des Eltern-Kind-Verhältnisses. Die Anwendung der Verweisungsnorm ist in der Praxis von zwei gegenläufigen Tendenzen geprägt: einerseits von dem Bemühen, die vom Gesetzgeber immer wieder betonte[20] Annäherung der Vormundschaft an das Eltern-Kind-Verhältnis mit Leben zu füllen, andererseits von dem Bemühen, Unterschiede zwischen der natürlich gewachsenen und von Art. 6 GG geschützten Lebensgemeinschaft einerseits und der auf staatlichem Hoheitsakt fußenden staatlichen Schutzeinrichtung andererseits herauszuarbeiten.[21] Eine beiden Aspekten in ausgewogener Weise Rechnung tragende Auslegung wird dem Sinngehalt der Norm am ehesten gerecht. Dabei sind der Auslegung freilich insofern Grenzen gesetzt, als die Verweisung nicht etwa nur eine analoge Anwendung eröffnet, sondern die unmittelbare und uneingeschränkte Geltung der in Be-

---

[12] Für Vormundschaftsgericht: OLG Dresden v. 08.07.2005 - 21 WF 473/05 - juris Rn. 2 - JAmt 2006, 161; OLG Brandenburg v. 29.09.2003 - 9 WF 177/03 - juris Rn. 12 ff. - Rpfleger 2004, 43-44; OLG Hamburg v. 24.09.1998 - 12 WF 137/98 - juris Rn. 2 f. - MDR 1999, 164; *Diederichsen* in: Palandt, 66. Aufl. 2007, § 1800 Rn. 5; *Wagenitz* in: MünchKomm-BGB, 5. Aufl. 2008, § 1800 Rn. 1; *Saar* in: Erman, § 1800 Rn. 5; a.A. OLG Hamburg v. 29.05.2007 - 2 AR 5/07 - juris Rn. 10 ff. - OLGR Hamburg 2007, 771-773; *Holzhauer* in: Erman, 11. Aufl., § 1800 Rn. 5, 10; *Lüderitz/Dethloff*, Familienrecht, 28. Aufl. 2007, § 16 Rn. 3.
[13] BGBl I 2011, 1306.
[14] BT-Drs. 17/3617, S. 7.
[15] BT-Drs. 17/3617, S. 7.
[16] Zu beachten ist, dass diese Vorschrift erst zum 05.07.2012 in Kraft getreten ist.
[17] BT-Drs. 17/3617, S. 8.
[18] Vgl. BT-Drs. 17/5512, S. 12.
[19] OLG Dresden v. 08.07.2005 - 21 WF 473/05 - JAmt 2006, 161.
[20] Vgl. etwa BT-Drs. 13/7158, S. 19.
[21] Vgl. hierzu etwa *Engler* in: Staudinger, Neubearb. 2004, § 1800 Rn. 8 ff.

zug genommenen Vorschriften anordnet. Soweit einzelne Rechtsfolgen als unpassend angesehen werden, bedarf es also der Begründung einer teleologischen Reduktion, um die Norm unangewendet zu lassen.

2. Inhalt und Grenzen der Personensorge (§ 1631 BGB)

Vgl. zunächst die Kommentierung zu § 1631 BGB.

Der Verweis auf § 1631 Abs. 1 BGB räumt dem Vormund die Pflicht und das Recht zur Pflege, Erziehung, Beaufsichtigung und Bestimmung des Aufenthalts ein. Pflege und Erziehung umfassen die allgemeine Sorge für das Kind, für sein körperliches, geistiges und seelisches Wohl.

a. Pflege

Die Pflege des Kindes beschreibt die Sorge für das Wohlergehen und die Gesundheit des Kindes in einem umfassenden Sinne. Sie erstreckt sich auf das körperliche wie auf das psychische Wohl des Mündels. Wesentliche Elemente der Sorge um das körperliche Wohlergehen des Mündels sind
- eine angemessene, hygienischen Standards entsprechende Körperpflege,
- eine gesunde, dem Alter und der Entwicklung des Mündels entsprechende Ernährung,
- eine angemessene Gesundheitsvorsorge und medizinische Versorgung im Krankheitsfall,
- eine angemessene Bekleidung und eine altersentsprechende Wohnung.[22]

Die gebotenen Pflegestandards sind rechtlich kaum normiert. Eine optimale Pflege ist nicht geboten. Jedoch sind anerkannte ernährungs- und gesundheitswissenschaftliche Standards einzuhalten. Insofern können sich Anhaltspunkte für die Grenze zur Pflichtwidrigkeit auch aus solchen Normwerken ergeben, die keine unmittelbare Rechtsverbindlichkeit für den Sorgerechtsinhaber erzeugen, aber dem wissenschaftlichen Erkenntnisstand entsprechende Empfehlungen enthalten. Zu solchen angemessenen Maßnahmen der Gesundheitsvorsorge gehört etwa ein angemessener Impfschutz, soweit er aufgrund eines Beschlusses des Gemeinsamen Bundesausschusses empfohlen und von den Gesetzlichen Krankenkassen finanziert wird. Gleiches gilt für Kinderfrüherkennungsuntersuchungen, die nach Art und Umfang den vom Gemeinsamen Bundesausschuss gemäß § 26 SGB V geregelten Untersuchungen entsprechen. Zur Gesundheitssorge als Teil der Personensorge gehört auch die Pflicht, für einen ausreichenden Krankenversicherungsschutz zu sorgen.[23]

Mit der Personensorge ist das Recht verbunden, den Mündel selbst in Pflege zu nehmen, ohne dass der Vormund hierfür einer Pflegeerlaubnis bedürfte (§ 44 Abs. 1 Satz 2 SGB VIII). Eine Pflicht zur Inpflegenahme besteht allerdings nicht.[24] Die Aufnahme in den Haushalt des Vormunds stellt keine Gewährung von Unterhalt dar. Zur Unterhaltsgewährung ist der Vormund nicht verpflichtet.[25] Nimmt der Vormund den Mündel in eigene Pflege, kann er – unter Mitwirkung eines Pflegers nach den §§ 1795 Abs. 2, 181 BGB – einen Pflegevertrag abschließen[26] oder ohne einen solchen Vertrag Aufwendungsersatz nach § 1835 BGB und gegebenenfalls auch eine Vergütung nach § 1836 BGB geltend machen.[27] Nimmt der Vormund den Mündel in seine Familie auf, kann ihm auch Hilfe zur Erziehung nach dem SGB VIII zustehen.[28] Zu weiteren Rechtsfolgen der Aufnahme des Mündels in den Haushalt vgl. die Kommentierung zu § 1793 BGB.

Der Vormund kann den Mündel auch in die Hände einer Pflegeperson oder Einrichtung mit einer Pflegererlaubnis nach § 44 SGB VIII geben. Gibt der Vormund den Mündel in fremde Pflege, kann der Vormund entweder den Mündel unmittelbar verpflichten oder den Pflegevertrag im eigenen Namen abschließen und die Kosten aus Aufwendungen nach § 1835 BGB geltend machen. In einem solchen Fall

---

[22] Vgl. zum Schweizer Recht *Affolter* in: Basler Kommentar – Zivilgesetzbuch I, 3. Aufl., Art. 405 Rn. 40 m.w.N.

[23] LG Dessau-Roßlau v. 10.02.2010 - 4 O 215/09 - BtPrax 2010,192-193; vgl. hierzu auch bereits OLG Brandenburg v. 08.01.2008 - 6 U 49/07 - OLGR Brandenburg 2008, 614-616.

[24] OVG Bremen v. 16.11.2005 - 2 A 111/05 - NordÖR 2006, 218-219; *Damrau* in: Damrau/Zimmermann, Betreuung und Vormundschaft, 2. Aufl. 1995, § 1800 Rn. 3; *Bettin* in: BeckOK BGB, Ed. 30, § 1800 Rn. 3; *Dickescheid* in: BGB-RGRK, § 1800 Rn. 3; *Rauscher*, Familienrecht, 2. Aufl. 2008, § 39 II Rn. 1216.

[25] Allg. A., *Dickescheid* in: BGB-RGRK, § 1800 Rn. 3; *Wagenitz* in: MünchKomm-BGB, § 1800 Rn. 8; *Rauscher*, Familienrecht, 2. Aufl. 2008, § 39 II Rn. 1216.

[26] Zur Bemessung des Entgelts vgl. *Damrau* in: Damrau/Zimmermann, Betreuung und Vormundschaft, 2. Aufl. 1995, § 1800 Rn. 3.

[27] Allg. A., vgl. *Dickescheid* in: BGB-RGRK, § 1800 Rn. 3.

[28] OVG Bremen v. 16.11.2005 - 2 A 111/05 - NordÖR 2006, 218-219; BVerwG v. 15.12.1995 - 5 C 2/94 - BVerwGE 100, 178-183; hierzu auch *Veit* in: Staudinger, § 1800 Rn. 12.

kann der Pflegeperson entsprechend § 1630 Abs. 3 BGB ein Teil der Personensorge übertragen werden.[29] Die Ermächtigung zur Ausübung der Sorge ist jederzeit widerruflich. Nur dies entspricht der Letztverantwortlichkeit des Vormunds.[30]

17 In der Auswahl der Pflegeperson soll der Vormund nicht an Weisungen des Familiengerichts gebunden sein[31]. Bei Gefährdung des Kindeswohls kann und muss das Familiengericht allerdings einschreiten.

18 Wesentliche Elemente der Sorge um das psychische Wohlergehen des Mündels sind
- die Gewährung und Förderung des Umgangs mit Bezugspersonen des Mündels,
- die soziale Integration des Mündels[32],
- die schulische Förderung des Mündels,
- die Förderung der Begabungen und individuellen Anlagen des Mündels[33],
- der Schutz vor Überforderung und altersunangemessenen Einflüssen,
- die Förderung der Entwicklung zu einem selbständigen, verantwortungsbewussten, gefestigten Menschen.

19 Damit umfasst bereits die Sorge um die psychischen Grundbedürfnisse des Mündels Aspekte, die in ihrem Kern der Erziehung zuzuordnen sind (vgl. hierzu Rn. 23 ff.).

20 Dem Vormund steht, auch wenn er den Mündel in Pflege gibt, aufgrund der Personensorge das Recht zum regelmäßigen Kontakt und Umgang sowie zur Information über relevante Entwicklungen des Mündels zu.[34] Dieses Recht korrespondiert mit der ihm obliegenden Pflicht zum persönlichen Kontakt und zur persönlichen Führung der Vormundschaft (vgl. hierzu die Kommentierung zu § 1793 BGB Rn. 18).

21 Das Umgangsrecht des Vormunds hindert nicht, dass u.U. weiteren Personen ein Umgangsrecht, ja sogar ein Personensorgerecht zustehen kann, etwa vorhandenen minderjährige Eltern, denen die Personensorge nach § 1673 Abs. 2 BGB neben dem Vormund zusteht. Der Vormund hat insofern einvernehmliche Regelungen mit den Eltern anzustreben. Einseitig kann der Vormund den Umgang jedoch nicht zum Nachteil der Eltern einschränken.[35] Im Streitfall entscheidet über die Ausübung das Familiengericht.[36]

22 Die Personensorge umfasst auch die Wahrnehmung von Statusinteressen des Mündels, etwa die Ermittlung des Vaters eines nichtehelichen Mündels.[37]

b. Erziehung

23 Zur Personensorge zählt auch die Erziehung des Mündels. Unter dem Begriff der Erziehung versteht man die Sorge für die sittliche, geistige und seelische Entwicklung des Mündels, d.h. den Inbegriff aller pädagogischen Maßnahmen, die die ein Kind zum Erwachsensein gelangen soll, so dass es in der Lage ist, seine Motive unter Kontrolle zu halten, seine Persönlichkeit im gedeihlichen Zusammenleben mit anderen Menschen fortzuentwickeln sowie sein Leben durch selbständig getroffene Entscheidungen innerhalb der Rechts- und Lebensordnung der Gesellschaft zu halten.[38] Der Vormund hat die Entwicklung des Mündels zu fördern und ihn zu einer eigenverantwortlichen und gemeinschaftsfähigen Persönlichkeit zu erziehen (§ 1 Abs. 1 SGB VIII). Die Erziehungsverantwortung besteht auch dann, wenn der Mündel bei den Eltern lebt.[39]

---

[29] So auch *Damrau* in: Damrau/Zimmermann, Betreuung und Vormundschaft, 2. Aufl. 1995, § 1800 Rn. 3; *Dickescheid* in: BGB-RGRK, § 1800 Rn. 3.

[30] *Wagenitz* in: MünchKomm-BGB, § 1800 Rn. 9; *Dickescheid* in: BGB-RGRK, § 1800 Rn. 3.

[31] So BayObLG v. 09.01.1997 - 1Z BR 255/96 - FamRZ 1997, 1560-1561, *Fritsche* in: AnwKomm-BGB, § 1800 Rn. 4.

[32] *Affolter* in: Basler Kommentar – Zivilgesetzbuch I, 3. Aufl., Art. 405 Rn. 39 mwN.

[33] Vgl. hierzu *Affolter* in: Basler Kommentar – Zivilgesetzbuch I, 3. Aufl., Art. 405 Rn. 37 m.w.N.

[34] So auch DIJuF-Rechtsgutachten vom 03.02.2004 - J 2.120 My, JAmt 2004, 138, 139.

[35] *Rauscher*, Familienrecht, 2. Aufl. 2008, § 39 II: Rn. 1218.

[36] So auch *Gernhuber/Coester-Waltjen*, Familienrecht, 6. Aufl. 2010, § 72 I. 4. Rn. 6; a.A. noch *Dickescheid* in: BGB-RGRK, § 1800 Rn. 9.

[37] So auch KG v. 03.03.1902 - OLGE 4, 414; *Wagenitz* in: MünchKomm-BGB, § 1800 Rn. 4; *Fritsche* in: AnwKomm-BGB, § 1800 Rn. 3.

[38] So *Völker/Clausius*, Das familienrechtliche Mandat – Sorge- und Umgangsrecht in der Praxis, 6. Aufl. 2014, § 1 Rn. 81, m.w.N.

[39] OLG Köln v. 14.06.1963 - 2 Wx 91/63 - FamRZ 1963, 653-654, 654; *Dickescheid* in: BGB-RGRK, § 1800 Rn. 3; *Engler* in: Staudinger, Neubearb. 2004, § 1800 Rn. 12; *Rauscher*, Familienrecht, 2. Aufl. 2008, § 39 II Rn. 1216.

Im Rahmen der Erziehung hat der Vormund den Mündel zum regelmäßigen Schulbesuch anzuhalten.[40] 24
Auch für den Vormund gilt das Gebot der gewaltfreien Erziehung (§ 1631 Abs. 2 BGB). Inhalt und 25
Grenzen zulässiger Erziehungsmaßnahmen eines Vormunds dürften nach Neufassung des § 1631
Abs. 2 BGB insgesamt denen eines Inhabers der elterlichen Sorge entsprechen. Für eine Differenzierung der angemessenen Zuchtmittel nach dem persönlichen Kontakt zwischen Mündel und Vormund
verbleibt praktisch kein Raum. Zu den Möglichkeiten einer teilweisen Übertragung der Ausübung der
Erziehungsbefugnis im Rahmen eines Pflegevertrages vgl. die Kommentierung zu § 1793 BGB.
Zur religiösen Erziehung vgl. auch die Kommentierung zu § 1801 BGB Rn. 7 ff. 26

c. Beaufsichtigung

Die Beaufsichtigung umfasst die Pflicht, Schaden von dem Mündel abzuhalten, aber auch Dritte vor 27
Schädigungen durch das Kind zu schützen.[41] Kommt der Vormund letzterer Pflicht nicht nach, kann er
sich der Haftung nach § 832 BGB aussetzen.

Der Umfang der Aufsichtspflicht entspricht dem der Eltern als Sorgerechtsinhaber. Er richtet sich nach 28
dem Alter und der körperlichen und geistigen Entwicklung sowie nach der Eigenart und dem Charakter
des Mündels, ferner nach den konkreten örtlichen Umständen des Einzelfalles[42], aber auch nach der
Neigung des Mündels zu gefährlichem Handeln.[43]

Der Vormund kann die Ausübung der Aufsichtspflicht einer zuverlässig ausgewählten Person übertragen. Eine solche Übertragung erfolgt beispielsweise auch im Rahmen des Besuchs eines Kindergeburtstages.[44] Ob der Vormund durch die Übertragung von seiner Haftung frei wird, hängt von den Umständen des Einzelfalles ab.[45] Für die Praxis sind wegen der insofern bestehenden Unsicherheiten klare 29
Absprachen sowie eine Dokumentation von Auswahl und Überwachung der Aufsichtsperson zu empfehlen.

d. Aufenthalt

Den Aufenthalt des Mündels bestimmt der Vormund nach pflichtgemäßem Ermessen unter Berück- 30
sichtigung des Kindeswohls. Bestehende Umgangsrechte nach §§ 1684, 1685 BGB setzen dem Ermessen Grenzen. Auch bei Rückkehr des Mündels aus der Familienpflege sind dem Aufenthaltsbestimmungsrecht Grenzen gesetzt, vgl. §§ 1800, 1632 Abs. 4 BGB. Im Übrigen schreitet das Familiengericht jedoch nur bei pflichtwidrigem Verhalten des Vormunds ein.[46]

Im Rahmen seines Aufenthaltsbestimmungsrechts darf der Vormund, soweit dies dem Wohl des Mün- 31
dels entspricht, auch gegenüber Verwandten des Mündels dessen Aufenthalt verheimlichen.[47]

Zur Durchsetzung des Aufenthalts kann sich der Vormund der Unterstützung des Familiengerichts 32
nach § 1631 Abs. 3 BGB bedienen. Dieses kann den Mündel ermahnen, ihm Weisungen oder Verwarnungen erteilen und ihn vorladen. In Betracht kommt ferner die Ermittlung seines Aufenthalts[48], die
Anwendung unmittelbaren Zwangs aber nur unter den Voraussetzungen des § 90 FamFG.[49]

---

[40] *Schroeder*, Das Deutsche Vormundschaftsrecht, 1900, S. 192.
[41] Allg. A., *Dickescheid* in: BGB-RGRK, § 1800 Rn. 4; *Veit* in: Staudinger, § 1800 Rn. 17.
[42] Vgl. etwa BGH v. 10.07.1984 - VI ZR 273/82 - NJW 1984, 2574-2576; BGH v. 18.03.1997 - VI ZR 91/96 - FamRZ 1997, 799-800, 800; BGH v. 11.06.1968 - VI ZR 144/67 - FamRZ 1968, 454-456, 455; *Veit* in: BeckOK BGB, Ed. 30, § 1631 Rn. 7.
[43] Vgl. etwa zur Neigung zum Zündeln BGH v. 27.02.1996 - VI ZR 86/95 - NJW 1996, 1404-1405; OLG Düsseldorf v. 11.10.1996 - 22 U 71/96 - NJW-RR 1997, 343; zu einer besonderen Aggressionsbereitschaft oder sonstigen Verhaltensstörungen BGH v. 18.03.1997 - VI ZR 91/96 - NJW 1997, 2047-2048; allgemein *Michalski/Döll* in: Erman, BGB, § 1631 Rn. 12.
[44] Vgl. OLG Celle v. 01.07.1987 - 9 U 36/86 - NJW-RR 1987, 1384-1385; *Veit* in: BeckOK BGB, § 1631 Rn. 6.1.
[45] Vgl. *Dickescheid* in: BGB-RGRK, § 1800 Rn. 4; *Veit* in: BeckOK-BGB, Ed. 30, § 1631 Rn. 6 ff.; vgl. auch BGH v. 11.06.1968 - VI ZR 144/67 - FamRZ 1968, 454-456, 455, zur Übertragung der Aufsicht an eine zuverlässige und gewissenhafte Person, wenn einem Inhaber eines kleinen landwirtschaftlichen Betriebes die Mittel für die Inanspruchnahme einer eigenen Aufsichtsperson fehlen.
[46] Vgl. OLG Hamm v. 19.12.2011 - 8 UF 220/10 - juris Rn. 4 ff. - FamRZ 2012, 1312-1313.
[47] KG v. 29.11.1918 - OLGE 40, 99, 100 f.; *Bettin* in: BeckOK BGB, Ed. 16, § 1800 Rn. 3; *Dickescheid* in: BGB-RGRK, § 1800 Rn. 5.
[48] Vgl. *Veit* in: Staudinger, § 1800 Rn. 19.
[49] Vgl. *Veit* in: Staudinger, § 1800 Rn. 19; unter § 33 FGG a.F. war teilweise noch die unmittelbare Inanspruchnahme des Gerichtsvollziehers für möglich gehalten worden, vgl. *Damrau* in: Damrau/Zimmermann, Betreuung und Vormundschaft, 2. Aufl. 1995, § 1800 Rn. 5.

33 Aus der jugendamtlichen Praxis wird berichtet, dass Vorentscheidungen des Sozialen Dienstes bezüglich des Aufenthalts des Kindes von den Vormündern/Pflegern teilweise nur noch nachvollzogen würden.[50] Indes kann nicht zweifelhaft sein, dass das Aufenthaltsbestimmungsrecht dem Vormund und nicht dem ASD obliegt.[51] Eine Praxis, in der sich das Aufenthaltsbestimmungsrecht des Vormunds auf den bloßen Nachvollzug der Entscheidung des ASD beschränkt, ist deshalb nicht gesetzeskonform. Auch „Kooperationsvereinbarungen", die zur Abstimmung der Entscheidungsbefugnisse von Jugendamt und ASD diskutiert werden, können allenfalls in engen Grenzen akzeptiert werden. Es muss jeweils gewährleistet sein, dass die Entscheidungsbefugnis über den Aufenthalt rechtlich und faktisch bei dem Vormund bleibt. Verwaltungsinterne Entscheidungsrichtlinien sind allerdings grundsätzlich zulässig. Denn die Leitung des Jugendamtes hat eine Art Richtlinienkompetenz.[52]

3. Ausbildung und Beruf (§ 1631a BGB)

a. Inhalt der Verweisung

34 Der Vormund bestimmt – unter Berücksichtigung des Grundsatzes partnerschaftlicher Erziehung – auch die Ausbildung oder den Beruf des Mündels (vgl. hierzu zunächst die Kommentierung zu § 1631a BGB). **Beruf** ist die auf gewisse Dauer angelegte, der Schaffung und Erhaltung einer Lebensgrundlage dienende Tätigkeit, Ausbildung der Erwerb einer berufsbezogenen Qualifikation.[53] Die schulische Bildung fällt nicht hierunter[54], ist aber unter dem Gesichtspunkt der Erziehung Teil der Personensorge (vgl. hierzu Rn. 22 ff.).

35 Der Vormund nimmt dabei insbesondere auf Eignung oder Neigung des Kindes Rücksicht, § 1631a Satz 1 BGB. Zur **Eignung** des Mündels gehören insbesondere Begabung, Fähigkeiten, Fertigkeiten sowie physische und psychische Eigenschaften wie Belastbarkeit, Konzentrationsfähigkeit, Kommunikationsfähigkeit etc., die für die jeweilige (Aus-)Bildung erforderlich sind.[55] **Neigungen** sind die Vorlieben und Interessen des Mündels.[56] Teilweise wird gesagt, es sei in erster Linie auf die Eignung und erst in zweiter Linie auf die Neigung abzustellen.[57] Daran ist richtig, dass Ausbildungs- oder Berufswünsche, für die der Mündel ungeeignet ist, die er also nicht erfolgreich wird ausüben können, nicht realisiert werden können, mag der Mündel sie auch anstreben. Andererseits kann allerdings einer den Neigungen des Mündels entsprechenden Wahl der Vorzug einzuräumen sein, mag der Mündel auch noch größere Talente in anderen Bereichen aufweisen. Es ist Ausdruck der verfassungsrechtlich gewährleisteten allgemeinen Handlungsfreiheit und Berufsfreiheit, dass der Einzelne Bildung, Ausbildung und Beruf grundsätzlich nach seinen Neigungen wählen können soll. Die Minderjährigkeit des Mündels rechtfertigt es nicht, einen der Eignung des Mündels entsprechenden, verständig gebildeten Berufswunsch abzulehnen. Die gesetzlich vorgegebenen Merkmale schließen nicht aus, dass daneben auf weitere Gesichtspunkte Rücksicht zu nehmen ist, etwa die Arbeitsmarktsituation.[58] Der Vormund ist stets umfassend dem Wohl des Mündels verpflichtet. Bei Zweifeln soll der Vormund den Rat eines Lehrers oder anderer geeigneter Personen in Anspruch nehmen, § 1631a Satz 2 BGB. Andere geeignete Personen können insbesondere Personen sein, die engen persönlichen Umgang mit dem Mündel haben, etwa Freunde und Verwandte, insbesondere bei geistigen Defiziten aber auch Ärzte, Psychiater oder Psychologen. Allerdings sollte die Einholung psychologischer Gutachten wegen der damit verbundenen Belastungen auf Ausnahmefälle beschränkt bleiben. Die Befugnis zur Auswahl der Ausbildung umfasst auch die Befugnis, den für die Ausbildung einzusetzenden finanziellen Aufwand zu bestimmen.[59]

---

[50] Vgl. DIJuF-Rechtsgutachten vom 10.12.2012 - V 6.100 Ka - JAmt 2013, 97-98, 97.
[51] So auch DIJuF-Rechtsgutachten vom 10.12.2012 - V 6.100 Ka - JAmt 2013, 97-98, 97.
[52] Vgl. DIJuF-Rechtsgutachten vom 04.01.2013 - V 6.100 Ka - JAmt 2013, 147-149, 147.
[53] Vgl. BVerfG v. 16.07.2012 - 1 BvR 2983/10 - juris Rn. 14 - NZA 2013, 193-198; BVerfG v. 08.06.2010 - 1 BvR 2011/07 - juris Rn. 85 - BVerfGE 126, 112-158.
[54] So aber offenbar *Dickescheid* in: BGB-RGRK, § 1800 Rn. 10.
[55] Vgl. *Veit* in: BeckOK BGB, Ed. 30, § 1631a Rn. 3.
[56] *Huber* in: MünchKomm-BGB, § 1631a Rn. 6; *Veit* in: BeckOK BGB, Ed. 30, § 1631a Rn. 3.
[57] So *Dickescheid* in: BGB-RGRK, § 1800 Rn. 11.
[58] *Michalski/Döll* in: Erman, § 1631a Rn. 7; *Strätz*, FamRZ 1975, 541, 549.
[59] KG v. 26.11.1900 - RJA 1, 178, 179 f.; *Wagenitz* in: MünchKomm-BGB, § 1800 Rn. 10; *Dickescheid* in: BGB-RGRK, § 1800 Rn. 10.

Grundlegende Weichenstellungen im Bereich der Schul- und Ausbildungswahl bedürfen generell besonnener Abwägung unter altersangemessener Berücksichtigung der Wünsche des Mündels. Das gilt in besonderem Maße, wenn ein bereits eingeschlagener Ausbildungsweg abgebrochen werden soll.[60]

Zum Abschluss eines Lehr-, Dienst- oder Arbeitsvertrages für längere Zeit als ein Jahr, muss der Vormund die Genehmigung des Familiengerichts nach § 1822 Nr. 6, Nr. 7 BGB einholen. Im Einzelfall kann auch eine Genehmigungspflichtigkeit nach § 1822 Nr. 5 BGB in Betracht kommen. Das Familiengericht kann im Rahmen seiner Kompetenz zur Ersetzung von Erklärungen des Vormunds nach den §§ 1666 Abs. 3 Nr. 5, 1837 Abs. 4 BGB auch selbst einen Ausbildungsvertrag abschließen oder kündigen.[61]

b. Verfahren

Berufs- oder ausbildungsbezogene Entscheidungen hat der Vormund von sich aus vorzubereiten und zu treffen, wenn sie anstehen. Ein etwaiger Gegenvormund hat dies zu überwachen. Werden erforderliche Entscheidungen nicht oder ggf. ohne eine gesetzlich vorgesehene Genehmigung des Familiengerichts getroffen, kann das Familiengericht auf Anregung des Mündels oder Dritter – häufig des Jugendamtes[62] – oder von Amts wegen einschreiten. Dabei ist es nicht auf Weisungen gegenüber dem Vormund beschränkt, sondern kann selbst die erforderlichen Rechtshandlungen vornehmen.[63]

Wegen der weitreichenden Bedeutung ausbildungs- und berufsbezogener Entscheidungen empfiehlt sich in diesem Bereich besonders die Dokumentation der entscheidungsvorbereitenden Schritte, insbesondere also die des Gesprächs mit dem Mündel sowie mit etwaigen weiteren Kontaktpersonen wie Lehrern etc.

4. Mit Freiheitsentziehung verbundene Unterbringung (§ 1631b BGB)

a. Inhalt der Verweisung

Der Genehmigungsvorbehalt für die Unterbringung in einer geschlossenen Einrichtung trägt der außergewöhnlichen Tragweite einer solchen Entscheidung für die Entwicklung eines Kindes Rechnung, angesichts derer an der Verfassungsmäßigkeit eines solchen Eingriffs in das elterliche Erziehungsrecht aus Art. 6 Abs. 2 Satz 1 GG kein ernstlicher Zweifel bestehen sollte.[64] Es entspricht den Gewährleistungen der Art. 2 Abs. 2 GG in Verbindung mit Art. 104 Abs. 2 GG.[65] Dies gilt umso mehr bei Anwendung im Rahmen der Verweisung des § 1800 BGB, da sich der Vormund nicht auf Art. 6 Abs. 2 Satz 1 GG stützen kann.

Eine **Unterbringung** im Sinne des § 1631 b BGB ist das Verbringen des Mündels in einen von seinen bisherigen Lebensverhältnissen verschiedenen Lebensraum[66], insbesondere durch die Zuweisung eines ständigen, auf eine gewisse Dauer ausgerichteten Aufenthalts in einer Anstalt oder einer anderen Familie.

Hinzukommen muss eine **Freiheitsentziehung**. Diese ist von der bloßen Freiheitsbeschränkung abzugrenzen. Eine Freiheitsentziehung liegt nur vor, wenn sie dem Mündel umfassend die Möglichkeit nimmt, einen Raum seinem Willen entsprechend frei zu verlassen.[67] Entscheidend für das Vorliegen einer Freiheitsentziehung sind allein die tatsächlichen Verhältnisse der Beschränkung der Bewegungsfreiheit, unerheblich ist der Grund, der die Maßnahme rechtfertigen soll.[68] Danach kommen als Freiheitsentziehungen etwa in Betracht:

---

[60] Vgl. hierzu OLG Karlsruhe v. 18.12.1973 - 11 W 170/73 - FamRZ 1974, 661 f.; zustimmend *Münder*, JuS 1976, 74, 76 f.; *Michalski/Döll* in: Erman, § 1631 Rn. 7.

[61] BayObLG München v. 13.02.1981 - BReg 1 Z 141/80 - FamRZ 1981, 595-597; auf § 1666 Abs. 1 BGB abstellend *Wagenitz* in: MünchKomm-BGB, § 1800 Rn 12.

[62] Darauf weist zutreffend *Dickescheid*, BGB-RGRK, § 1800 Rn. 13 hin.

[63] So auch *Wagenitz* in: MünchKomm-BGB, § 1800 Rn. 12; *Veit* in: Staudinger, § 1800 Rn. 34.

[64] Vgl. *Huber* in: MünchKomm-BGB, § 1631b Rn. 1 gegen *Schmitt-Glaeser*, Das elterliche Erziehungsrecht in staatlicher Reglementierung, 1980, S. 58 f.

[65] Vgl. bezogen auf Art. 104 Abs. 2 GG auch schon OLG Hamm v. 26.08.1960 - 15 W 283/60 - NJW 1960, 2239-2240; BayObLG v. 17.08.1960 - WbeschwReg 41/60 - BayObLGZ 60, 357-361, 359; *Dickescheid* in: BGB-RGRK, § 1800 Rn. 14.

[66] So *Wagenitz* in: MünchKomm-BGB, § 1800 Rn. 23; ähnl. auch *Dickescheid* in: BGB-RGRK, § 1800 Rn. 15.

[67] AG Kamen v. 21.10.1982 - 5 VII P 682 - FamRZ 1983, 299; *Huber* in: MünchKomm-BGB, § 1631b Rn. 4.

[68] Vgl. AG Wennigsen v. 04.11.1961 - 2 XV 153 G - FamRZ 1962, 40, 42.

- der Aufenthalt in einer Entziehungsanstalt[69], etwa in Form eines geschlossenen Heimes.[70]
- die Einweisung in eine stationäre Kur in einer sogenannten halboffenen Anstalt ohne freien Zutritt oder Ausgang.[71]
- der Aufenthalt in einer jugendpsychiatrischen Klinik, auch wenn er nur vorübergehend zur Begutachtung erfolgt.[72]

Demgegenüber stellen keine Freiheitsentziehungen dar:
- der Besuch eines Internats.
- die Unterbringung in einer Pflegefamilie.
- die Unterbringung in einer sogenannten offenen Anstalt[73].
- ein zeitlich eng begrenztes Ausgehverbot.[74]
- die Unterbringung im Krankenhaus zur Durchführung einer Operation.[75]

Umstritten ist, ob die Freiheitsentziehung begrifflich voraussetzt, dass der Mündel mit der Einschränkung seiner Fortbewegungsfreiheit nicht einverstanden ist.[76] Für die Praxis hat diese Kontroverse indes kaum Bedeutung. Das Einverständnis des Mündels kann höchstens relevant sein, wenn der seiner Einsichtsfähigkeit nach den Bedeutungsgehalt und die Tragweite seiner freiverantwortlich getroffenen Erklärung erkannt hat.[77] Daran fehlt es in den einschlägigen Fällen regelmäßig.

43 **Unterbringungsähnliche Maßnahmen** sind demgegenüber nicht – auch nicht analog § 1906 Abs. 4 BGB – genehmigungsbedürftig. Das Gesetz geht von einem engen Unterbringungsbegriff aus, und der Gesetzgeber hat § 1906 Abs. 4 BGB bewusst auf das Betreuungsrecht beschränkt.[78] Genehmigungsbedürftig sind allerdings auch alle weiteren, im Rahmen einer freiheitsentziehenden Unterbringung erfolgenden Maßnahmen zur Freiheitsentziehung, etwa das Einsperren in ein Zimmer[79] oder eine Fixierung der Extremitäten zur Zwangsmedikation.[80]

44 Die materiellen Voraussetzungen für eine zwangsweise Beschränkung der Aufenthaltsbestimmung sind zwar nur ansatzweise, aber in einer dem verfassungsrechtlichen Ermächtigungserfordernis[81] noch genügenden Weise geregelt[82]. Danach sind folgende Voraussetzungen zu beachten:
- Es muss eine **erhebliche Gefahr für das Mündelwohl** bestehen.[83] Dies ergibt sich aus der Orientierung der Vormundschaft am Wohl des Mündels in Verbindung mit dem Verhältnismäßigkeitsgrundsatz. Wegen der Schwere des Eingriffs kommen Zwangsmaßnahmen erst bei einem gesteigerten Gefahrenpotential in Betracht. Die Gefährdung des Mündelwohls kann dabei entweder in einer

---

[69] Vgl. BT-Drs. 8/2788, S. 51.
[70] AG Wennigsen v. 04.11.1961 - 2 XV 153 G - FamRZ 1962, 40, 42; vgl. auch BT-Drs. 8/2788, S. 51.
[71] Vgl. AG Kamen v. 21.10.1982 - 5 VII P 682 - FamRZ 1983, 299; so auch *Dickescheid* in: BGB-RGRK, § 1800 Rn. 18.
[72] OLG Stuttgart v. 01.03.1976 - 8 W 67/76 - FamRZ 1976, 538, 539.
[73] Vgl. LG Mannheim v. 14.01.1974 - 4 T 72/73 - Justiz 1974, 380-381, 382; *Dickescheid* in: BGB-RGRK, § 1800 Rn. 17.
[74] *Dickescheid* in: BGB-RGRK, § 1800 Rn. 19.
[75] *Dickescheid* in: BGB-RGRK, § 1800 Rn. 20.
[76] In diesem Sinne wohl BayObLG v. 23.11.1954 - BReg 1 Z 174/54 - BayObLGZ 1954, 298, 302; *Dickescheid* in: BGB-RGRK, § 1800 Rn. 21; a.A. *Wagenitz* in: MünchKomm-BGB, § 1800 Rn. 28.
[77] Vgl. etwa BayObLG v. 23.11.1954 - BReg 1 Z 174/54 - BayObLGZ 1954, 298, 302; *Dickescheid* in: BGB-RGRK, § 1800 Rn. 21.
[78] Vgl. BGH v. 07.08.2013 - XII ZB 559/11 - juris Rn. 11 ff. - MDR 2013, 1166-1167; OLG Frankfurt v. 19.11.2012 - 5 UF 187/12 - juris Rn. 5 ff. - FamRZ 2013, 1225-1227; OLG Oldenburg v. 26.09.2011 - 14 UF 66/11 - FamRZ 2012, 39-42; LG Essen v. 12.03.1993 - 7 T 148/93 - FamRZ 1993, 1347 f.; AG Hamburg-Barmbek v. 24.06.2008 - 887 F 49/06 - juris Rn. 7 ff. - FamRZ 2009, 792; *Wagenitz* in: MünchKomm-BGB, § 1800 Rn. 27; zur Gegenansicht vgl. etwa *Huber* in: MünchKomm-BGB, § 1631b Rn. 6 ff.; *Dodegge*, FamRZ 1993, 1348 f.
[79] *Wagenitz* in: MünchKomm-BGB, § 1800 Rn. 30.
[80] So für einen Betreuungsfall OLG München 30.03.2005 - 33 Wx 38/05 - NJW-RR 2005, 1530 f.
[81] Vgl. zur Betreuung BGH v. 11.10.2000 - XII ZB 69/00 - NJW 2001, 888-891.
[82] Im Ergebnis ebenso das DIJuF-Rechtsgutachten vom 02.03.2005 - F 2.200 Ho - JAmt 2005, 189-190.
[83] Vgl. etwa OLG Brandenburg v. 31.08.2010 - 10 WF 177/10 - juris Rn. 4 - FamRZ 2011, 489; Saarländisches Oberlandesgericht v. 18.03.2010 - 6 UF 134/09 - juris Rn. 19 f. - FamRZ 2010, 1920-1922; BayObLG v. 17.08.1960 - WBeschwReg 41/1960 - FamRZ 1960, 411, 412-413, 412; *Dickescheid* in: BGB-RGRK, § 1800 Rn. 23.

Eigengefährdung (z.B. Suizidgefahr) oder aber in der Gefahr einer Fremdgefährdung liegen. Die Neigung zu bloßen Belästigungen Dritter genügt aber nicht.[84] Im Rahmen der Betreuung ist eine zivilrechtliche Unterbringung bei Fremdgefährdung ausgeschlossen, § 1906 Abs. 1 BGB.

- Die Maßnahme muss **verhältnismäßig** sein. Es muss sich unter Berücksichtigung des in Art. 2 Abs. 2 Satz 2 GG gewährleisteten Freiheitsgrundrechts[85] um das angemessene Mittel zur Abwehr einer anders nicht abwendbaren Gefahr sein. Der Widerstand des Mündels allein führt dabei noch nicht automatisch zur Unzulässigkeit der Zwangsmaßnahme. Denn auch eine dem Willen des Betroffenen entgegenstehende Maßnahme kann im Einzelfall im objektiven Interesse des Mündels liegen. Allerdings sind in einem solchen Fall die Erfolgsaussichten der mit der Maßnahme verfolgten Ziele (z.B. kinder- und jugendpsychiatrische Behandlung, Entwöhnung) kritisch zu hinterfragen. Ferner sind die nachteiligen Auswirkungen eines etwaigen mit der Maßnahme verbundenen, zumindest vorübergehenden Vertrauensverlustes im Rahmen einer Gesamtabwägung zu würdigen[86]. Die Maßnahme muss auch in ihrer konkreten Ausgestaltung dem Verhältnismäßigkeitsgrundsatz genügen. So ist etwa die Dauer der Maßnahme kritisch zu würdigen; weniger einschneidende Alternativen – etwa eine nicht geschlossene Unterbringung – sind in Betracht zu ziehen.
- Die Maßnahme muss den Anforderungen des **§ 1631 Abs. 2 BGB** genügen. Danach dürften zwar Zwangsmaßnahmen nicht von vornherein ausgeschlossen sein. Der Art ihrer Durchführung sind jedoch Grenzen gesetzt.[87] Es ist insbesondere darauf zu achten, dass der Zwang dem Alter des Mündels angemessen ausgeführt wird.

Die zivilrechtliche Unterbringung ist von der landesrechtlich geregelten öffentlich-rechtlichen Unterbringung zu unterscheiden, die meist eine Gefahr für Leben, Gesundheit, bedeutende eigene Rechtsgüter oder bedeutende Rechtsgüter Dritter voraussetzt,[88] also sowohl bei Fremd- als auch bei Eigengefährdung in Betracht kommt. Für die Praxis bedeutsam ist das zwingende Antragserfordernis der Unterbringungsbehörde.[89]

b. Verfahren

Die Unterbringung steht grundsätzlich unter einem **Richtervorbehalt** (Art. 104 Abs. 2 Satz 1 GG, § 1631b BGB). Ausnahmsweise genügt es, die Genehmigung der einstweiligen Unterbringung nachzuholen, wenn Gefahr droht und keine – auch keine einstweilige – Entscheidung des Gerichts erreichbar ist.[90]

Das Verfahren zur Einholung der Genehmigung richtet sich nach den §§ 167, 312 FamFG. Zuständig ist das Familiengericht (§ 151 Nr. 6 FamFG, § 1631b Abs. 1 Satz 1 BGB). Zu beteiligen sind das Kind, die gesetzlichen Vertreter und der Verfahrensbeistand (§§ 167 Abs. 1, 315 Abs. 1 FamFG). Auch die Pflegeeltern oder die Einrichtung, in der der Mündel lebt, können beteiligt werden (§§ 167 Abs. 1, 315 Abs. 4 FamFG). Die gebotenen Anhörungen (vgl. § 319 FamFG) können bei Gefahr in Verzug ggf. nachgeholt werden.[91] Das Gericht hat ein Sachverständigengutachten einzuholen (§ 321 FamFG). Die Anforderungen an den Gutachter richten sich nach § 167 Abs. 6 FamFG.

Die gerichtliche Entscheidung ergeht durch Beschluss und bezeichnet die Unterbringungsmaßnahme inhaltlich und zeitlich (§ 323 FamFG), wobei die zeitlichen Grenzen des § 329 FamFG zu beachten sind. Er muss sich auf die konkret-individuell vorgesehene Freiheitsentziehung beschränken.[92] Der Beschluss ist mit einer Rechtsmittelbelehrung zu versehen und zu begründen (§§ 38 f. FamFG). Das Gericht kann die sofortige Wirksamkeit anordnen (§ 324 Abs. 2 FamFG). Beschwerdeberechtigt sind Mündel, Eltern und ggf. Vertrauenspersonen und Pflegeeltern (§§ 59, 335 FamFG).

Die Vollstreckung kann als „ultima ratio" mit unmittelbarem Zwang durchgesetzt werden (arg. § 326 FamFG).

---

[84] So auch *Dickescheid* in: BGB-RGRK, § 1800 Rn. 23.
[85] Vgl. Saarländisches Oberlandesgericht v. 18.03.2010 - 6 UF 134/09 - juris Rn. 20 - FamRZ 2010, 1920-1922.
[86] So auch das DIJuF-Rechtsgutachten vom 02.03.2005 - F 2.200 Ho - JAmt 2005, 189-190.
[87] Über die Einzelheiten besteht weiterhin Streit, vgl. etwa *Roxin*, JuS 2004, 177-180, 177 ff.
[88] So etwa § 4 Saarländisches Unterbringungsgesetz.
[89] §§ 5, 6 Saarländisches Unterbringungsgesetz.
[90] Vgl. *Hamdan* in: jurisPK-BGB, § 1631b Rn. 16; *Veit* in: BeckOK-BGB, Ed. 30, § 1631b Rn. 9.
[91] Vgl. OLG Naumburg v. 10.07.2012 - 8 UF 144/12 - juris Rn. 22 - Jamt 2013, 48-51; OLG Naumburg v. 19.07.2012 - 3 UF 149/12 (EAO) - juris Rn. 4; a.A. OLG Naumburg v. 14.12.2009 - 8 UF 213/09 - juris Rn. 8 - FamRZ 2010, 1919-1920.
[92] Zutreffend *Dickescheid* in: BGB-RGRK, § 1800 Rn. 22.

50 Bei Gefahr in Verzug kann das Gericht anstelle einer Unterbringung nach § 1631b BGB auch eine einstweilige Anordnung nach § 1846 BGB erlassen. Diese als Ausnahme restriktiv anzuwendende Vorschrift wird am ehesten im richterlichen Bereitschaftsdienst Raum greifen. Die §§ 331 ff. FamFG regeln die Möglichkeiten der Unterbringung im Wege der einstweiligen Anordnung bei gesteigerter Dringlichkeit. Im Hinblick auf § 57 Satz 1 FamFG sind Zweifel darüber entstanden, inwiefern die einstweilige Anordnung einer Unterbringung des Mündels mit der Beschwerde angegriffen werden kann. Dies ist zu bejahen und ergibt sich mittelbar aus den §§ 167 Abs. 1 Satz 1, 312 ff., 335 FamFG. Eine gesetzgeberische Klarstellung ist in Vorbereitung.

5. Verbot der Sterilisation (§ 1631c BGB)

51 Das Verbot der Sterilisation Minderjähriger gilt fast[93] ausnahmslos. Weder Familiengericht noch Ergänzungspfleger können sie gestatten. Aus medizinischer Sicht wird dieses Verbot in letzter Zeit zum Teil kritisiert, etwa in dem Fall eines stark geistig behinderten Mädchens, das absehbar dauerhaft einwilligungsunfähig sein wird und einsetzende Menstruationsbeschwerden als undefinierbare Symptome nicht wird verarbeiten können. Für die Praxis ist es in diesem Zusammenhang wichtig zu wissen, dass das Verbot de lege lata unabhängig von solchen Bedenken uneingeschränkt gilt und der Verstoß hiergegen zur Strafbarkeit nach den §§ 223, 224, 226 StGB führen kann. Bedenken gegen die Verfassungsgemäßheit der Norm haben bislang keinen Konsens gefunden.[94] Eine Klärung könnte allenfalls dadurch erreicht werden, dass im Hinblick auf § 1796 BGB dem Familiengericht die Absicht zur Veranlassung einer Sterilisation angezeigt wird und das Gericht die Frage der Verfassungsgemäßheit vorlegt.

6. Beschneidung des männlichen Kindes (§1631d BGB)

52 Die Verweisung umfasst nun auch den neu eingefügten § 1631d BGB.

7. Herausgabe des Mündels und Umgang (§ 1632 BGB)

a. Inhalt der Verweisung

53 Der Vormund kann gemäß § 1632 Abs. 1 BGB die Herausgabe des Mündels von jedem verlangen, der ihn widerrechtlich vorenthält. Dieses Recht kann er insbesondere auch gegenüber den Eltern durchsetzen, wenn ihnen die Personensorge entzogen ist.[95] Der Anspruch liegt in der Konsequenz des Aufenthaltsbestimmungsrechts gemäß §§ 1800, 1631 Abs. 1 BGB.

54 **Vorenthalten** ist jedes wesentliche Erschweren der Durchsetzung des Herausgabeanspruchs. Ein rein passives Verhalten genügt hierfür nicht.[96] **Widerrechtlich** ist die Vorenthaltung dann nicht, wenn der Mündel im Rahmen einer Strafhaft oder einer Schulpflicht gehalten wird. Streitig ist die Behandlung der Heimerziehung nach § 34 SGB VIII.[97] Die auf freiwilliger Basis erfolgenden, jederzeit zu beendenden Hilfen zur Erziehung dürften mit einer Strafhaft nicht ohne weiteres vergleichbar sein. Auch ein Arbeits- oder Ausbildungsvertrag rechtfertigt keine Vorenthaltung.[98]

55 Wird die Herausgabe gegenüber der **Pflegefamilie** geltend gemacht, ist § 1632 Abs. 4 BGB zu beachten. Diese Vorschrift ist dahingehend auszulegen, dass das Kind im Interesse seines persönlichen und seelischen Wohls nicht zur Unzeit aus der Pflegefamilie herausgenommen werden darf, wenn es bereits seit längerer Zeit in dieser Pflegefamilie lebt. Insofern ist – insbesondere bei kleinen Kindern – auf das Zeitgefühl eines Kindes abzustellen.[99] Allein aus der vertraglichen Inpflegegabe folgt jedoch keine Einrede, die die Pflegefamilie dem Vormund entgegenhalten könnte. Denn da die Personensorge als solche nicht übertragbar ist, ist auch die Inpflegegabe jederzeit widerruflich.[100] Würde die Herausnahme aus der Pflegefamilie zu einer Kindeswohlgefährdung führen, muss sie ganz unterbleiben.[101]

---

[93] Zur medizinisch indizierten Sterilisation vgl. etwa *Salgo* in: Staudinger, § 1631c Rn. 7; *Hamdan* in: jurisPK-BGB, § 1631c Rn. 6.

[94] Vgl. hierzu etwa *Salgo* in: Staudinger, § 1631c Rn. 5.

[95] Vgl. *Engler* in: Staudinger, § 1800 Rn. 20.

[96] LG Köln v. 27.01.1972 - 2 O 533/71 - FamRZ 1972, 376; *Wagenitz* in: MünchKomm-BGB, § 1800 Rn. 17; *Michalski/Döll* in: Erman, § 1632 Rn. 4; *Dickescheid* in: BGB-RGRK, § 1800 Rn. 6; *Veit* in: BeckOK BGB, Ed. 230 § 1632 Rn. 3 f.

[97] Für Widerrechtlichkeit *Michalski/Döll* in: Erman, § 1632 Rn. 4.

[98] So auch *Michalski* in: Erman, § 1632 Rn. 4; a.A. *Strätz* in: Soergel, BGB, 12. Aufl. 1987, § 1632 Rn. 7.

[99] OLG Köln v. 04.09.2006 - 27 UF 198/06 - FamRZ 2007, 658-659.

[100] Vgl. *Schröder*, Deutsches Vormundschaftsrecht, 1900, S. 190.

[101] AG Siegen v. 08.12.2008 - 15 F 756/08 - FamRZ 2009, 1501-1502.

Strenge Anforderungen sind insbesondere zu stellen, wenn die Herausgabe nicht zum Zwecke der Zuführung zu den leiblichen Eltern erfolgt, sondern zum Zwecke der Unterbringung in einer anderen Pflegefamilie oder in einem Heim. In diesem Fall kommt eine Trennung von den Pflegeeltern nur in Betracht, wenn mit hinreichender Sicherheit eine Gefährdung des körperlichen, geistigen oder seelischen Wohls des Kindes aufgrund der Herausnahme ausgeschlossen werden kann.[102]

b. Verfahren

Zuständig ist nach § 1632 Abs. 3 BGB das Familiengericht. Bei Herausnahme aus längerer Familienpflege haben auch die Pflegeeltern gemäß §§ 1800, 1632 Abs. 4 BGB das Recht, eine Entscheidung des Familiengerichts herbeizuführen. Die Zwangsvollstreckung richtet sich nach den §§ 89, 90 FamFG. Danach kommen Ordnungsmittel und – subsidiär – die Anwendung unmittelbaren Zwangs zur Anwendung, letzteres allerdings nur, wenn dies unter Berücksichtigung des Kindeswohls gerechtfertigt ist und eine Durchsetzung der Verpflichtung mit milderen Mitteln nicht möglich ist, § 90 Abs. 2 Satz 2 FamFG.

56

8. Personensorge für verheiratete Minderjährige (§ 1633 BGB)

Für den verheirateten oder verheiratet gewesenen Mündel schränkt § 1633 BGB die Personensorge auf das Vertretungsrecht ein. Die Vermögenssorge bleibt davon unberührt.

57

D. Pflege und Erziehung (Satz 2)

I. Anwendungsvoraussetzungen

Anwendungsvoraussetzung ist eine wirksame Vormundschaft, die sich auf die Personensorge erstreckt. Regelungsadressat ist der Vormund, beim Amtsvormund also die Behörde selbst. Das ist auf berechtigte Kritik[103] gestoßen, denn die „persönliche" Förderung kann sinnvoll nur durch eine natürliche Person, also den einzelnen Mitarbeiter der Behörde erfolgen. Das schließt gleichwohl nicht aus, aus der Vorschrift Argumente für die konkrete Ausgestaltung der (auch Amts-)vormundschaft abzuleiten, etwa den Grundsatz, dass der persönliche Kontakt möglichst durch ein und denselben Mitarbeiter zu erfolgen hat.

58

II. Rechtsfolgen

1. Pflege und Erziehung

§ 1800 Satz 2 BGB präzisiert einen spezifischen Aspekt der Personensorge.

59

2. Persönliche Förderung und Gewährleistung

Die Neufassung betont den Aspekt der persönlichen Führung der Vormundschaft, ohne ihr einen neuen Aspekt hinzuzufügen. Durch das Wort „**gewährleisten**" wird zum Ausdruck gebracht, dass der Vormund lediglich verantwortlich dafür ist, dass Pflege und Erziehung entsprechend dem Mündelwohl erfolgen. Auch nach neuer Rechtslage muss der Vormund Pflege und Erziehung nicht in eigener Person übernehmen.[104] Die Pflicht zur **Förderung** ist sprachlich verunglückt. Denn wenn der Vormund den Mündel in seinen Haushalt aufgenommen hat, muss er Pflege und Erziehung nicht nur fördern, sondern selbst ausführen.[105] Die dann den Vormund treffenden Pflichten sind keineswegs abgeschwächt worden. Die Formulierung hat vielmehr ersichtlich die praktisch relevante Amtsvormundschaft im Blick. Die Amtsvormundschaft wird verbreitet als bloße Organisationsvormundschaft verstanden, die sich auf die Organisation der tatsächlichen Sorge beschränkt, aber kein emotionales Band zwischen Vormund und Mündel entstehen lässt.[106] Das Gesetz ist diesem Verständnis mit der Formulierung des

60

---

[102] BVerfG v. 14.04.1987 - 1 BvR 332/86 - NJW 1988, 125 ff.; OLG Köln v. 03.04.2008 - 14 UF 72/07; OLG Bremen v. 24.04.2002 - 5 WF 26/02 b - FamRZ 2003, 54-55; OLG Rostock v. 15.05.2001 - 10 UF 130/01 - FamRZ 2001, 1633-1634.
[103] Vgl. *Wagenitz* in: MünchKomm-BGB, § 1800 Rn. 35; *Veit* in: Staudinger, § 1800 Rn. 43 ff.
[104] So auch DIJuF, Zur Umsetzung des Gesetzes zur Änderung des Vormundschafts- und Betreuungsrechts – erste Hinweise, S. 24 f., vgl. zur alten Rechtslage etwa OVG Bremen v. 16.11.2005 - 2 A 111/05 - juris Rn. 35 - NordÖR 2006, 218-219.
[105] Zutreffend *Veit* in: Staudinger, § 1800 Rn. 43.
[106] So *Veit* in: Staudinger, § 1800 Rn. 50.

§ 1800 Satz 2 BGB jedoch gerade entgegengetreten. Es gibt gute Gründe dafür, dass die Person, die über zentrale Fragen der Lebensführung und des Werdegangs eines jungen Menschen entscheidet, dies nicht ohne persönliche Bindung tun soll. Zwar mag eine Vormundschaft von glücklichen Ausnahmen abgesehen das emotionale Band einer intakten Eltern-Kind-Beziehung nie vollständig ersetzen können. Das hindert den Gesetzgeber jedoch nicht, auch in der Beziehung zwischen Vormund und Mündel eine so weitgehende Annäherung an das Eltern-Kind-Verhältnis anzustreben, wie dies mit verständigem Aufwand überhaupt möglich ist. Dies wird durch die gesetzliche Regelung betont und ist bei der Ausübung der Vormundschaft zu beachten.

§ 1801 BGB Religiöse Erziehung

(Fassung vom 17.12.2008, gültig ab 01.09.2009)

(1) Die Sorge für die religiöse Erziehung des Mündels kann dem Einzelvormund von dem Familiengericht entzogen werden, wenn der Vormund nicht dem Bekenntnis angehört, in dem der Mündel zu erziehen ist.

(2) Hat das Jugendamt oder ein Verein als Vormund über die Unterbringung des Mündels zu entscheiden, so ist hierbei auf das religiöse Bekenntnis oder die Weltanschauung des Mündels und seiner Familie Rücksicht zu nehmen.

Gliederung

A. Grundlagen 1	2. Bekenntnisverschiedenheit 7
I. Kurzcharakteristik 1	3. Gefahr der nachteiligen Entwicklung des Mündels 8
II. Entstehungsgeschichte................................ 2	II. Rechtsfolgen 12
1. Die ursprüngliche Fassung des BGB.............. 2	D. Unterbringung des Mündels (Absatz 2) 17
2. Das Gesetz über die rechtliche Stellung der nichtehelichen Kinder... 3	I. Anwendungsvoraussetzungen 17
3. Das FGG-Reformgesetz 4	1. Amts- oder Vereinsvormundschaft 17
B. Praktische Bedeutung 5	2. Unterbringung 18
C. Entziehung der Sorge für die religiöse Erziehung (Absatz 1) 6	II. Rechtsfolgen 19
I. Anwendungsvoraussetzungen 6	III. Mittelbare Schlussfolgerungen 20
1. Einzelvormundschaft 6	E. Prozessuale Hinweise/Verfahrenshinweise 24

A. Grundlagen

I. Kurzcharakteristik

§ 1801 BGB sichert die verfassungsrechtlich durch Art. 4 GG gewährleistete individuelle Religions- und Weltanschauungsfreiheit des Mündels ab, indem er einen Gleichlauf des Bekenntnisses von Vormund und Mündel favorisiert, um so die religiös-weltanschauliche Entwicklung des Mündels zu fördern. § 1801 Abs. 1 BGB enthält einen – nicht abschließenden – Tatbestand der Entziehung der Sorge für die religiöse Erziehung. § 1801 Abs. 2 BGB regelt das Gebot der Rücksichtnahme auf religiöses Bekenntnis oder Weltanschauung bei Unterbringung des Mündels.

1

II. Entstehungsgeschichte

1. Die ursprüngliche Fassung des BGB

Der historische Gesetzgeber hat sich bewusst gegen eine Gesetzesfassung ausgesprochen, wonach dem Vormund die Sorge für die Person des Mündels entzogen werden kann, wenn der Mündel nach Maßgabe der Vorschriften über die religiöse Erziehung nicht in dem religiösen Bekenntnis des Vormunds zu erziehen ist.[1]

2

2. Das Gesetz über die rechtliche Stellung der nichtehelichen Kinder

Das Gesetz über die rechtliche Stellung der nichtehelichen Kinder (NEhelG) vom 19.08.1969[2], das die Übernahme der Vorschriften des Amts- und Vereinsvormunds in das BGB vorsah, ersetzte in dem heutigen Absatz 1 die Worte „dem Vormunde" durch die Worte „dem Einzelvormund". Ferner wurde der heutige Absatz 2 angefügt.

3

3. Das FGG-Reformgesetz

Durch das Gesetz zur Reform des Verfahrens in Familiensachen und in den Angelegenheiten der freiwilligen Gerichtsbarkeit (FGG-Reformgesetz – FGG-RG) vom 17.12.2008[3] ist an die Stelle des Vormundschaftsgerichts das Familiengericht getreten.

4

---

[1] Mugdan, Die gesammten Materialien zum Bürgerlichen Gesetzbuch für das Deutsche Reich, IV. Band: Familienrecht, 1899, S. 1099.
[2] BGBl I 1969, 1243, 1252.
[3] BGBl I 2008, 2586, 2723 f.

B. Praktische Bedeutung

5   Gemäß § 1915 BGB ist die Vorschrift auf den Pfleger, der die Personensorge innehat, entsprechend anzuwenden. Auf die Betreuung findet § 1801 BGB, der in § 1908i Abs. 1 BGB nicht in Bezug genommen ist, keine Anwendung. Auf das religiöse Bekenntnis und Verhalten des Betreuten darf der Betreuer nicht einwirken. So darf er etwa nicht allein unter dem Gesichtspunkt der Vermögenssorge den Kirchenaustritt des Betreuten erklären.[4] Denn die Religionszugehörigkeit ist keine Frage der Vermögenssorge.[5] Allerdings kann das religiöse Bekenntnis u.U. bei der Auswahl des Betreuers Bedeutung erlangen, etwa wenn der Betreuer als ungeeignet erscheint, religiös motivierten Wünschen des Betreuten zu Heilbehandlungen, angemessen Rechnung zu tragen. Falls nicht durch einen Gegenbetreuer Abhilfe geschaffen werden kann, kommt dann ggf. eine Entlassung nach § 1908b BGB in Betracht.

C. Entziehung der Sorge für die religiöse Erziehung (Absatz 1)

I. Anwendungsvoraussetzungen

1. Einzelvormundschaft

6   § 1801 Abs. 1 BGB findet – das ergibt sich aus dem bewusst[6] einschränkenden Wortlaut – nur auf den Einzelvormund Anwendung, nicht auf die Amts- oder Vereinsvormundschaft. Gemäß § 1779 Abs. 2 Satz 2 BGB ist bereits bei der Auswahl des Einzelvormundes auf das religiöse Bekenntnis des Mündels Rücksicht zu nehmen. Wegen dieser Vorschrift ist es auch möglich, den Vormund von vornherein mit der Einschränkung zu bestellen, dass ihm die Sorge für die religiöse Erziehung nicht zusteht.[7] Allerdings dürfte eine solche Entscheidung nur in seltenen Fällen ermessensgerecht sein, da eine einheitliche Führung der Personensorge aus einer Hand im Interesse der Entwicklung des Mündels liegt.

2. Bekenntnisverschiedenheit

7   Weitere Voraussetzung ist, dass der Vormund nicht dem Bekenntnis angehört, in dem der Mündel zu erziehen ist. Der Begriff des Bekenntnisses ist im Lichte des Art. 4 GG weit auszulegen. Die individuelle Religions- und Weltanschauungsfreiheit umfasst die Freiheit, eine religiöse oder areligiöse Sinndeutung von Welt und Mensch zu haben.[8] Bekenntnis im Sinne des § 1801 Abs. 1 BGB ist dann jede Kundgabe von Glauben und religiöser oder weltanschaulicher Überzeugung im Sinne des Art. 4 GG. Da die Religionsfreiheit als negative Komponente auch das Recht umfasst, keinen Glauben zu haben, ist Bekenntnis in diesem Sinne auch die Bekenntnisfreiheit. Nicht erforderlich ist, dass das Bekenntnis von einer organisierten Religions- oder Weltanschauungsgemeinschaft im Sinne des Art. 137 Abs. 2, Abs. 7 WRV getragen wird.[9] Der Gegenansicht[10] würde auf eine institutionalisierte Sichtweise abstellen, die der verfassungsrechtlichen Religionsfreiheit fremd ist.

3. Gefahr der nachteiligen Entwicklung des Mündels

8   Weitere – ungeschriebene – Voraussetzung ist die Gefahr einer nachteiligen Entwicklung des Mündels.[11] § 1801 BGB ist nach Sinn und Zweck der Norm eng auszulegen. Das Erfordernis des wichtigen Grundes folgt zum einen aus dem Grundsatz der Selbständigkeit des vormundschaftlichen Amtes,[12] in dessen Betätigung das Familiengericht nicht eigene Zweckmäßigkeitserwägungen oder Anschauungen an die Stelle der religiösen Überzeugungen des Vormunds setzen darf. Zum anderen folgt es aus der

---

[4] Zweifelnd auch *Zimmermann* in: Damrau/Zimmermann, Betreuungsrecht, 4 Aufl. 2011, § 1801.
[5] Vgl. *Deinert*, FamRZ 2006, 243, 244; zu den landesrechtlichen Regelungen über den Kirchenaustritt, die von dem Betreuer zu beachten sind, vgl. auch *Deinert*, FamRZ 2006, 243, 245 f.
[6] Vgl. hierzu BT-Drs. V/2370, S. 85; *Engler* in: Staudinger, Neubearb. 2004, § 1801 Rn. 4.
[7] *Damrau* in: Damrau/Zimmermann, Betreuung und Vormundschaft, 2. Aufl. 1995, § 1801 Rn. 2; *Saar* in: Erman, § 1801 Rn. 2; kritisch aber wohl *Engler* in: Staudinger, Neubearb. 2004, § 1801 Rn. 9.
[8] Vgl. BVerfG v. 27.01.2007 - 2 BvR 26/07 - juris Rn. 21 - NJW 2007, 1865-1869; BVerwG v. 19.02.1992 - 6 C 5/91 - BVerwGE 89, 368, 370; *Pieroth/Schlink*, Grundrechte – Staatsrecht II, 29. Aufl. 2013, Rn. 548.
[9] So auch *Dickescheid* in: BGB-RGKR, § 1801 Rn. 4.
[10] So *Bettin* in: BeckOK BGB, Ed. 30, § 1801 Rn. 2; wohl auch *Veit* in: Staudinger, § 1801 Rn. 6.
[11] Dass es einer Einschränkung dieser Art bedarf, entspricht allgemeiner Ansicht, vgl. statt vieler etwa KG v. 12.06.1914 - 1a X 656/14 - KGJ 46, 79; *Saar* in: Erman, § 1801 Rn. 3; *Dickescheid* in: BGB-RGRK, § 1801 Rn. 5; *Veit* in: Staudinger, § 1801, Rn. 7; *Bettin* in: BeckOK BGB, Ed. 30, § 1801 Rn. 2.
[12] So *Saar* in: Erman, § 1801 Rn. 3.

Orientierung des gesamten Vormundschaftsrechts am Wohl des Mündels. Die Bedeutung des Bekenntnisses des Vormunds kann je nach den Umständen des Einzelfalls für die Entwicklung des Mündels von unterschiedlich starkem Gewicht sein. Daneben ist jedoch zu berücksichtigen, dass weitere Gesichtspunkte, etwa die Kontinuität der vormundschaftlichen Bezugsperson für die Entwicklung des Mündels von zentraler Bedeutung sein können. Nur wenn von der Bekenntnisverschiedenheit unter Abwägung aller Umstände des konkreten Einzelfalls eine nachteilige Entwicklung des Mündels zu erwarten ist, kommt eine Sorgeentziehung in Betracht.[13]

Ein Religionswechsel oder Kirchenaustritt des Vormunds genügt hierfür noch nicht ohne weiteres[14], ebenso wenig die Unterbringung des Mündels durch den Vormund in einer konfessionsverschiedenen Familie[15]. Ausreichend kann demgegenüber sowohl religiöser Übereifer als auch eine Vernachlässigung der religiösen oder weltanschaulichen Bedürfnisse des Mündels sein. Gleiches gilt, wenn der Vormund den Mündel in seinem Bekenntnis zu beeinflussen versucht[16], was freilich nicht schon dann anzunehmen ist, wenn der Vormund den vorhandenen Glauben des Mündels zu stärken sucht.

Eine heute verbreitete Tendenz neigt dazu, der Bekenntnisgleichheit von Vormund und Mündel nur noch geringe Bedeutung beizumessen[17]. Indes ist auch darauf zu achten, dass die noch in der Entwicklung befindliche Persönlichkeit des minderjährigen Mündels mitunter gerade in Glaubensfragen einer Orientierung auch durch ihre Bezugspersonen bedarf, die nicht durch eine falsch verstandene besonders liberale Einstellung gegenüber anderen Bekenntnissen gefährdet werden darf. Überdies sind auch religiös bedingte Rücksichten auf Fragen des täglichen Lebens, etwa die Ernährung[18] oder die Ausübung von Sport zu würdigen.

Nach verbreiteter Ansicht, muss sich der zu befürchtende Nachteil auf die religiös-weltanschauliche Entwicklung des Kindes beziehen.[19] Dafür spricht, dass die Norm gerade auf die Bekenntnis-Verschiedenheit abstellt und nicht etwa darauf, dass ein bestimmtes Bekenntnis innerhalb einer wertepluralistischen Gesellschaft als solche nachteilige Auswirkungen auf die Entwicklung des Mündels haben könnte. Folgt man dem, so ist jedoch zu beachten, dass § 1886 BGB unberührt bleibt, wenn das Bekenntnis des Mündels zu erheblichen Beeinträchtigungen der sonstigen Bedürfnisse des Mündels führt. Dies kann etwa der Fall sein, wenn der Vormund gesundheitliche Vorsorgemaßnahmen oder Heilbehandlungen, die zur Abwendung erheblicher Schäden medizinische indiziert sind, aus religiösen Motiven ablehnt. Entsprechendes gilt, wenn Kinder unter Berufung auf den Glauben vom Schulunterricht ferngehalten werden. Dies folgt daraus, dass der Staat aufgrund von Art. 2 Abs. 2 GG zum Schutz des Mündel vor gesundheitlichen Schäden verpflichtet ist bzw. er nach Art. 7 Abs. 1 GG einen Erziehungsauftrag wahrnimmt, in dessen Rahmen er das Sorgerecht einschränken darf. Das gilt auch für die Pflicht zur Teilnahme an einem meinungs- und wertepluralistisch ausgerichteten Schulunterricht, mit dem der Entstehung von religiös oder weltanschaulich motivierten „Parallelgesellschaften" entgegengewirkt werden soll und Minderheiten integriert werden sollen.[20]

II. Rechtsfolgen

Der historische Gesetzgeber hat § 1801 Abs. 1 BGB bewusst als Ermessensnorm ausgestaltet („kann").[21] Legt man indes § 1801 BGB so aus, dass tatbestandliche Voraussetzung die Gefahr einer nachteiligen Entwicklung des Mündels ist, so bleibt für ein Ermessen auf der Rechtsfolgenseite kaum mehr praktischer Raum.

---

[13] Vgl. auch *Bettin* in: BeckOK BGB, Ed. 30, § 1801 Rn. 2; *Damrau* in: Damrau/Zimmermann, Betreuung und Vormundschaft, 2. Aufl. 1995, § 1801 Rn. 2.
[14] *Saar* in: Erman, § 1801 Rn. 3; *Veit* in: Staudinger, § 1801, Rn. 7; *Götz* in: Palandt, § 1801 Rn. 1.
[15] BayObLG v. 12.09.1908 - Reg III 79/1908 - BayObLGZ 9, 483-486; *Damrau* in: Damrau/Zimmermann, Betreuung und Vormundschaft, 2. Aufl. 1995, § 1801 Rn. 2.
[16] So *Rauscher*, Familienrecht, 2. Aufl. 2008, § 39 II. Rn. 1217.
[17] Vgl. etwa bezogen auf die Auswahl des Vormundes sowie das Bekenntnis des Sachbearbeiters im Jugendamt *Rauscher*, Familienrecht, 2. Aufl. 2008, § 39 II. Rn. 1217.
[18] Auf die für Muslime insofern bestehenden Probleme weist zu Recht auch *Rauscher*, Familienrecht, 2. Aufl. 2008, § 39 II Rn. 1217, hin.
[19] So etwa *Wagenitz* in: MünchKomm-BGB, § 1801 Rn. 5; *Rauscher*, Familienrecht, 2. Aufl. 2008, § 39 II Rn. 1217; *Veit* in: Staudinger, § 1801, Rn. 7.
[20] BVerfG v. 31.05.2006 - 2 BvR 1693/04 - www.bverfg.de/entscheidungen/rk20060531_2bvr169304.html (abgerufen am 22.01.2015).
[21] Vgl. hierzu *Veit* in: Staudinger, § 1801 Rn. 5, m.w.N.

13 Dem Vormund wird nach § 1801 Abs. 1 BGB die Sorge für die religiöse Erziehung entzogen. Die weitergehende Entziehung der Personensorge insgesamt lässt sich mit § 1801 Abs. 1 BGB nicht begründen. Soweit die Sorge für die religiöse Erziehung entzogen wird, umfasst dies automatisch auch die Entziehung der Vertretungsmacht.

14 Mit der Entziehung der Sorge für die religiöse Erziehung ist gemäß § 1909 Abs. 1 Satz 1 BGB ein Pfleger[22] oder gemäß der §§ 1775, 1797 Abs. 2 BGB ein Mitvormund zu bestellen.[23] Teilweise wird letzteres als vorzugswürdig empfohlen.[24] Allerdings ist die Mitvormundschaft sehr unflexibel und gibt dem Mündel häufig „Steine statt Brot", indem eine Bezugsperson mit zweifelhaftem Einfluss auf den Mündel durch eine weitere nur ergänzt wird. Zumindest bei der erstmaligen Bestellung des Vormundes sollte grundsätzlich nur eine (einzige) in jeder Hinsicht geeignete Person ausgewählt werden.

15 Ein pflichtwidriges Verhalten des Vormunds im Zusammenhang mit dem religiösen oder weltanschaulichen Bekenntnis des Mündels kann zu weitergehenden Maßnahmen nach den §§ 1666, 1837 Abs. 4, 1886 BGB Anlass geben.

16 Die Probleme einer Bekenntnisverschiedenheit von Mündel und Vormund können nicht dadurch gelöst werden, dass ein Glaubenswechsel des Mündels veranlasst wird. Dabei ist zu berücksichtigen, dass eine Bestimmung über die religiöse Erziehung im Sinne des § 3 RKEG nicht nur durch die Taufe, sondern auch durch schlüssiges Handeln vorgenommen werden kann.[25]

D. Unterbringung des Mündels (Absatz 2)

I. Anwendungsvoraussetzungen

1. Amts- oder Vereinsvormundschaft

17 § 1801 Abs. 2 BGB findet – als Gegenstück zu § 1801 Abs. 1 BGB – nur auf die Amts- oder Vereinsvormundschaft Anwendung.

2. Unterbringung

18 Unterbringung im Sinne des § 1801 Abs. 2 BGB ist allgemein die Beschaffung einer Unterkunft für den Mündel, nicht lediglich die freiheitsentziehende Unterbringung. Erfasst wird damit etwa die Aufnahme in eine Familie, ein Heim oder Internat.

II. Rechtsfolgen

19 Bei der Unterbringung des Mündels nach § 1801 Abs. 2 BGB ist auf das religiöse oder weltanschauliche Bekenntnis des Mündels – oder das Fehlen eines solchen – Rücksicht zu nehmen. Rücksicht bedeutet weniger als zwingende Bekenntnisgleichheit.[26] Im Einzelfall können deshalb andere Gesichtspunkte ein Zurücktreten der Bekenntnisgleichheit gebieten.[27] Die Pflicht zur Rücksichtnahme fordert, dass „die religiöse oder weltanschauliche Entwicklung des Mündels und seine Selbstbestimmung auf diesem Gebiet gewährleistet sind".[28] Dazu ist nach Möglichkeit die aufnehmende Stelle, aber auch der zuständige Sachbearbeiter entsprechend dem Bekenntnis des Mündels auszuwählen. Ist das nicht möglich, ist nach einer Alternative zu suchen, die dem Bekenntnis des Mündels möglichst nahe kommt. So kann etwa für einen evangelischen Mündel eine katholische Einrichtung einer nicht-christlichen Einrichtung im Einzelfall vorzuziehen sein. Allerdings sind bei der Entscheidung stets alle Umstände des Einzelfalles in eine Gesamtabwägung einzustellen. Maßgeblich ist stets die persönliche Entwicklung des Mündels insgesamt.

---

[22] Vgl. BGH v. 29.05.2013 - XII ZB 124/12 - juris Rn. 18 - JA 2013, 426-429.
[23] Zu letzterer Möglichkeit vgl. BayObLG v. 19.01.1966 - BReg 1a Z 52/65 - FamRZ 1966, 323-326; ebenso *Saar* in: Erman, § 1801 Rn. 3; *Dickescheid* in: BGB-RGRK, § 1801 Rn. 6.
[24] So *Veit* in: Staudinger, § 1801 Rn. 10.
[25] Vgl. OLG Düsseldorf v. 23.04.2012 - 8 UF 70/12 - juris Rn. 4.
[26] So auch *Dickescheid* in: BGB-RGRK, § 1801 Rn. 10.
[27] So etwa auch *Dickescheid* in: BGB-RGRK, § 1801 Rn. 10.
[28] So etwa *Veit* in: Staudinger, § 1801 Rn. 17.

III. Mittelbare Schlussfolgerungen

§ 1801 BGB stellt eine der wenigen Normen des Vormundschaftsrechts dar, die die Bedeutung der Religion in der Vormundschaft ansprechen. Im Lichte des Art. 4 GG lassen sich ihm weitere Aussagen für die Bedeutung von Religion und Weltanschauung in der Vormundschaft entnehmen. Insbesondere § 1801 Abs. 2 BGB enthält über den Teilaspekt der Unterbringung hinaus einen umfassenderen Grundsatz der Rücksichtnahme auf das religiöse oder weltanschauliche Bekenntnis des Mündels bei Führung der Vormundschaft durch Jugendamt oder Vereinsvormund.[29] Eigentlich ergibt sich dieser schon allgemein auch für den Einzelvormund aus dem Grundsatz der dem Mündelinteresse entsprechenden Führung der Vormundschaft (vgl. die Kommentierung zu § 1793 BGB). § 1801 BGB kommt in diesem Zusammenhang die Bedeutung zu, gerade auch dem religiösen oder weltanschaulichen Bekenntnis des Mündels zur Geltung zu verhelfen.

Über hieraus konkret zu schlussfolgernden Konsequenzen besteht freilich kein Konsens. So wird etwa darüber gestritten, ob das Jugendamt einen bekenntnisgleichen Sachbearbeiter stellen muss.[30] Da das Jugendamt in der Regel die Pflege und Erziehung des Mündels nicht in Person des Sachbearbeiters übernimmt, kann hier ein weniger strenger Maßstab anzulegen sein, was die Pflicht zur Rücksichtnahme auf das Merkmal des Bekenntnisses im Rahmen der Möglichkeiten des Jugendamtes freilich unberührt lässt.[31]

Hat der Mündel im Zeitpunkt der Bestellung des Vormundes bereits ein religiöses oder weltanschauliches Bekenntnis, so ist er in diesem Bekenntnis zu erziehen. Wenn in der älteren Literatur geschrieben wird, dies umfasse etwa die Pflicht, den Mündel zur Erfüllung der äußerlichen kirchlichen Pflichten, zum regelmäßigen Besuch des Gottesdienstes und dergleichen anzuhalten und ihn auch innerlich zu einem gottesfürchtigen Menschen heranzubilden,[32] mag es heute antiquiert anmuten, dass dies die Aufgabe des staatlich eingesetzten Vormunds sein soll. Aber wenn man die Funktion des Vormunds als Ersatz der ausfallenden Eltern ernst nimmt und die sich aus der jeweiligen Religion ergebenden Pflichten ernst nimmt, ist auch das die Pflicht des Vormunds, wobei freilich der durch den Vormund betreute Mündel nicht „päpstlicher" als der Papst zu erziehen ist, d.h. eine gesellschaftlich allgemein verbreitete Nachlässigkeit in der Befolgung religiöser Pflichten nicht mit den Mitteln staatlicher Vormundschaft bekämpft werden kann.

Eine grundlegende Änderung der religiösen Erziehung können Vormund oder Pfleger gemäß § 3 Abs. 2 Satz 6 RelKErzG nicht anordnen. Dies betrifft einen Kirchenwechsel ebenso wie einen Kirchenaustritt. Hat der Mündel im Zeitpunkt der Bestellung des Vormundes noch kein religiöses oder weltanschauliches Bekenntnis, so bestimmt der Vormund in den Grenzen des RelKErzG das Bekenntnis des Mündels. Hierzu bedarf er der Genehmigung durch das Familiengericht gemäß § 3 Abs. 2 Satz 2 RelKErzG. Wurde der Mündel vor Anordnung der Vormundschaft bewusst bekenntnisfrei erzogen, so liegt bereits hierin eine weltanschauliche Entscheidung, die der Vormund nicht in seinem Sinne durch Wahl eines neuen Bekenntnisses ändern darf. Auch eine Änderung der Religionszugehörigkeit kann er nicht herbeiführen.[33]

E. Prozessuale Hinweise/Verfahrenshinweise

Zuständig für die Entscheidung nach § 1801 Abs. 1 BGB ist gemäß § 14 Abs. 1 Nr. 11 RPflG der Richter. Gegen die Entscheidung des Familiengerichts steht dem Vormund das Beschwerderecht nach § 59 Abs. 1 FamFG zu.

---

[29] So auch *Dickescheid* in: BGB-RGRK, § 1801 Rn. 9; *Veit* in: Staudinger, § 1801 Rn. 18.
[30] Verneinend etwa *Veit* in: Staudinger, § 1801 Rn. 18; *Rauscher*, Familienrecht, 2. Aufl. 2008, § 39 II Rn. 1217, jeweils mit Nachweisen zu Gegenmeinung.
[31] Ähnlich wohl auch *Dickescheid* in: BGB-RGRK, § 1801 Rn. 9.
[32] So etwa *Schroeder*, Das Deutsche Vormundschaftsrecht, 1900, S. 194.
[33] *Gernhuber/Coester-Waltjen*, Familienrecht, 6. Aufl. 2010, § 71 V 6. Rn. 27; DIJuF-Rechtsgutachten, JAmt 2005, 359 f.

§ 1802 BGB Vermögensverzeichnis

(Fassung vom 17.12.2008, gültig ab 01.09.2009)

(1) ¹Der Vormund hat das Vermögen, das bei der Anordnung der Vormundschaft vorhanden ist oder später dem Mündel zufällt, zu verzeichnen und das Verzeichnis, nachdem er es mit der Versicherung der Richtigkeit und Vollständigkeit versehen hat, dem Familiengericht einzureichen. ²Ist ein Gegenvormund vorhanden, so hat ihn der Vormund bei der Aufnahme des Verzeichnisses zuzuziehen; das Verzeichnis ist auch von dem Gegenvormund mit der Versicherung der Richtigkeit und Vollständigkeit zu versehen.

(2) Der Vormund kann sich bei der Aufnahme des Verzeichnisses der Hilfe eines Beamten, eines Notars oder eines anderen Sachverständigen bedienen.

(3) Ist das eingereichte Verzeichnis ungenügend, so kann das Familiengericht anordnen, dass das Verzeichnis durch eine zuständige Behörde oder durch einen zuständigen Beamten oder Notar aufgenommen wird.

Gliederung

A. Grundlagen 1	II. Hilfe Dritter (Absatz 2) 27
I. Kurzcharakteristik 1	III. Gerichtliche Prüfung des Inventars
II. Entstehungsgeschichte 2	(Absatz 3) 30
1. Die ursprüngliche Fassung des BGB 2	1. Zuständigkeit 30
2. Das Zweite Betreuungsrechtsänderungsgesetz 4	2. Inhalt der gerichtlichen Prüfung 31
3. Das FGG-Reformgesetz 5	3. Folgen des ungenügenden Vermögens-
B. Praktische Bedeutung 6	verzeichnisses 33
C. Anwendungsvoraussetzungen 7	IV. Praktische Hinweise 38
I. Vormund (Absatz 1 Satz 1) 7	1. Informationsmöglichkeiten des Vormunds 38
II. Mitvormund 9	a. Der Mündel 38
III. Gegenvormund (Absatz 1 Satz 2) 11	b. Die Vormundschaftsakte 39
IV. Amtsvormund 12	c. Weitere Vormünder 40
D. Rechtsfolgen 13	d. Unterlagen des Mündels 41
I. Pflicht zur Aufstellung des Vermögens-	e. Auskunft von Dritten 42
verzeichnisses (Absatz 1) 13	f. Vorbehalte bei der Versicherung der Richtig-
1. Inhalt des Vermögensverzeichnisses 13	keit und Vollständigkeit 45
2. Form des Vermögensverzeichnisses 19	2. Befugnisse gegenüber dem Mündel 46
3. Stichtag der Inventarisierung 20	3. Schwierigkeiten beim Ansatz einzelner
4. Zeitpunkt der Aufstellung 21	Vermögenswerte 47
5. Versicherung der Richtigkeit und Vollstän-	4. Übernahme der Vormundschaft in besonderen
digkeit 23	Konstellationen 51
6. Kosten der Vermögensaufstellung 24	**E. Arbeitshilfen – Muster eines Vordrucks**
7. Abdingbarkeit 25	**zur Erstellung des Inventars** 52
8. Muster 26	

A. Grundlagen

I. Kurzcharakteristik

1 Das Vermögensverzeichnis dient als Grundlage für die Aufsicht des Familiengerichts über die mit der Vermögenssorge verbundene Vormundschaft. Die Pflicht zur Erstellung des Vermögensverzeichnisses wird deshalb als öffentlich-rechtliche Pflicht und nicht als eine dem Vormund gegenüber dem Mündel obliegende privatrechtliche Pflicht angesehen.[1] Daneben dient das Vermögensverzeichnis als Ausgangspunkt für die Erstellung der Jahresrechnungslegung nach § 1840 BGB und der Schlussrechnung nach § 1896 BGB. Ein privatrechtlicher Nebeneffekt der Inventarisierungspflicht liegt in der mit ihr verbundenen Transparenz in der Abgrenzung der Vermögen von Mündel und Vormund sowie in der erleichterten Durchsetzung von Herausgabeansprüchen nach § 1890 BGB. Das Inventar kann deshalb

---

[1] *Veit* in: Staudinger, § 1802 Rn. 1; *Saar* in: Erman, § 1802 Rn. 1; *Dickescheid* in: BGB-RGRK, § 1802 Rn. 1.

auch dazu beitragen, den Vormund zu entlasten, wenn ihm vorgeworfen wird, er habe Vermögensbestandteile während der Betreuung veruntreut. Der Vormund sollte deshalb im eigenen Interesse bei der Inventarerrichtung größtmögliche Sorgfalt walten lassen. Schließlich ermöglicht das Inventar dem Familiengericht, die Vermögenslage des Mündels einzuschätzen, um hiernach über Auslagenersatz, Vergütungen und Gerichtskosten zu entscheiden.[2]

II. Entstehungsgeschichte

1. Die ursprüngliche Fassung des BGB

Schon in den Stadtrechten der frühen Neuzeit finden sich Vorschriften über die Inventarisierungspflicht des Vormunds.[3]

Der Gesetzentwurf hat die Pflicht zur Errichtung eines Inventars als eine rein öffentlich-rechtliche Pflicht aufgefasst. Die Zuziehung des Gegenvormunds geht auf die preußische Vormundschaftsordnung zurück. Für eine eidliche Bestärkung des Verzeichnisses sah der historische Gesetzgeber kein Bedürfnis. Der Entwurf ging davon aus, dass das Vormundschaftsgericht im Aufsichtswege die Einreichung eines von einem öffentlichen Beamten aufgenommenen Verzeichnisses verlangen kann, wenn das eingereichte Verzeichnis ungenügend erscheint. Von einer besonderen Regelung wurde jedoch wegen der Befürchtung abgesehen, die Vormundschaftsgerichte könnten zu strenge Anforderungen stellen. Der Entwurf nahm an, dass in vielen Fällen die Zuziehung einer anderen sachverständigen Person der Zuziehung eines öffentlichen Beamten vorzugswürdig sei. Die heute nicht mehr selbstverständliche Begründung lautete, dass dies mit geringeren Kosten verbunden sei. Nach dem Willen des historischen Gesetzgebers können die Eltern dem Vormund nicht die Aufnahme und Einreichung des Inventars erlassen.[4] Während die früheren Rechte eine Verletzung der Inventarisierungspflicht zum Teil mit besonders schweren Sanktionen versahen, hielt der historische Gesetzgeber es für ausreichend, die allgemeinen zivil- und ggf. strafrechtlichen Vorschriften für Pflichtverletzungen des Vormunds anzuwenden.[5]

2. Das Zweite Betreuungsrechtsänderungsgesetz

Mit dem Zweiten Gesetz zur Änderung des Betreuungsrechts (Zweites Betreuungsrechtsänderungsgesetz – 2. BtÄndG) vom 21.04.2005[6] wurde die Verweisung in § 1908i Abs. 1 Satz 1 BGB, die sich zunächst nur auf § 1802 Abs. 1 Satz 1, Abs. 2 und Abs. 3 BGB bezogen hatte, auch auf die für den Gegenbetreuer maßgebliche Norm des § 1802 Abs. 1 Satz 2 BGB erstreckt. Der Gesetzgeber wollte den Gegenbetreuer „unter Aufsichtsaspekten" bewusst erhalten.[7]

3. Das FGG-Reformgesetz

Durch das Gesetz zur Reform des Verfahrens in Familiensachen und in den Angelegenheiten der freiwilligen Gerichtsbarkeit (FGG-Reformgesetz – FGG-RG) vom 17.12.2008[8] wurde das Wort Vormundschaftsgericht durch das Wort Familiengericht ersetzt und damit der Wechsel in der Zuständigkeit nach dem FamFG im BGB vollzogen.

B. Praktische Bedeutung

Die Vorschrift ist gemäß § 1915 BGB auch auf die Pflegschaft und gemäß § 1908i Abs. 1 Satz 1 BGB auch auf die Betreuung – einschließlich Gegenbetreuer – anwendbar. Für Eltern enthalten die §§ 1640, 1667 Abs. 1, 1683 Abs. 1 BGB spezielle Inventarisierungspflichten. Eine allgemeine Inventarisierungspflicht gibt es jedoch nicht. Für das Jugendamt gilt Absatz 3 gemäß § 56 Abs. 2 Satz 1 SGB VIII nicht. Zu landesrechtlichen Befreiungstatbeständen vgl. die Kommentierung zu § 1795 BGB Rn. 13.

---

[2] Vgl. hierzu auch näher *Deinert* in: HK-BUK, § 1802 Rn. 6.
[3] Vgl. *Roth* in: Festschrift für Wadle, 2009, S. 945, 950.
[4] Zum Ganzen *Mugdan*, Die gesammten Materialien zum Bürgerlichen Gesetzbuch für das Deutsche Reich, IV. Band: Familienrecht, 1899, S. 1099 ff.
[5] *Mugdan*, Die gesammten Materialien zum Bürgerlichen Gesetzbuch für das Deutsche Reich, IV. Band: Familienrecht, 1899, S. 1102.
[6] Zweites Gesetz zur Änderung des Betreuungsrechts vom 21.04.2005 (BGBl I 2005, 1073, 1074).
[7] Vgl. BT-Drs. 15/2494, S. 31.
[8] BGBl I 2008, 2586, 2723 f.

C. Anwendungsvoraussetzungen

I. Vormund (Absatz 1 Satz 1)

7 § 1802 Abs. 1 Satz 1 BGB wendet sich an den Vormund. Für den Betreuer gilt die Vorschrift nur dann entsprechend, wenn ihm Angelegenheiten übertragen sind, die die Vermögenssorge betreffen.

8 Die Inventarisierungspflicht gilt nicht nur bei erstmaliger Anordnung der Vormundschaft, sondern auch bei einem Wechsel des Vormunds.[9] Denn jeder Vormund ist während der Dauer seiner Amtszeit rechnungslegungspflichtig. Der neue Vormund kann auf das bereits bestehende Vermögensverzeichnis Bezug nehmen, muss dieses jedoch mit seiner eigenen Versicherung der Richtigkeit und Vollständigkeit versehen. Soweit verbreitet angenommen wird, der neue Vormund habe kein neues Verzeichnis aufzustellen, entlastet dies den neuen Vormund kaum, da er auch nach dieser Ansicht verpflichtet ist, das früher eingereichte Vermögensverzeichnis zu prüfen und gegebenenfalls von sich aus zu korrigieren.

II. Mitvormund

9 Mitvormünder, die die Vormundschaft wenigstens hinsichtlich der Vermögenssorge gemeinschaftlich führen, haben das Inventar gemeinsam zu erstellen und einzureichen.[10] Umstritten ist die Reichweite der Inventarisierungspflicht bei Mitvormündern mit getrennten Wirkungskreisen. Während nach einer Auffassung jeder Mitvormund nur das seiner Verwaltung unterliegende Vermögen zu verzeichnen hat[11] und nach anderer Meinung zusätzlich lediglich das Vermögen zu verzeichnen ist, das dem Wirkungskreis keines Mitvormunds unterliegt[12], muss nach der Gegenmeinung jeder Vormund das gesamte Vermögen, auch soweit es von dem anderen Mitvormund verwaltet wird, verzeichnen[13]. Letzterer Auffassung ist zuzustimmen. Die Gegenansicht riskiert, dass Vermögensbestandteile, deren Zuordnung zu einem Wirkungskreis zweifelhaft ist, von keinem der Mitvormünder berücksichtigt werden oder dass aufgrund unterschiedlicher Bezeichnungen einzelne Vermögensgegenstände unbemerkt doppelt aufgenommen werden. Nur ein einheitliches Gesamtverzeichnis gewährleistet deshalb einen zuverlässigen Überblick über die wirtschaftlichen Verhältnisse des Mündels. Einschränkend ist allerdings darauf hinzuweisen, dass die Inventarisierungspflicht wegen ihres engen Bezuges zur Vermögenssorge nur dann gilt, wenn der Wirkungskreis zumindest auch Teilbereiche der Vermögenssorge betrifft.[14] Bei atypischen Ausgestaltungen der Zuständigkeitsbereiche kann vereinfachend gesagt werden, dass alles, was nicht rein zur Personensorge zählt, zur Vermögenssorge gehört.[15] Soweit teilweise eine weitere Einschränkung für den Fall vertreten wird, dass dem Vormund oder Betreuer nur konkrete, einzelne vermögensrechtliche Angelegenheiten übertragen sind, etwa die Geltendmachung ganz bestimmter Ansprüche[16], erscheint eine solche Einschränkung vertretbar. Die Pflicht des weiteren Vormundes zur Aufnahme auch solcher Vermögensbestandteile, die einer anderweitigen Verwaltung unterliegen, sichert hier die vollständige Verzeichnung. Es genügt dann, dass sich der für die einzelne Angelegenheit bestellte Vormund davon überzeugt, dass der Vermögensgegenstand durch den weiteren Vormund aufgenommen wird. Es wäre unverhältnismäßig, ihn mit der Erstellung des umfassenden Vermögensverzeichnisses auch über alle weiteren Vermögensgegenstände zu belasten.

10 Gegen ein Zusammenwirken der Mitvormünder bei der Errichtung oder gar die Einreichung eines gemeinschaftlichen Verzeichnisses bestehen keine Bedenken. Im Gegenteil fördert dies den Abgleich beider Verzeichnisse und mindert den mit der Erstellung verbundenen Aufwand. Allerdings bleibt jeder Mitvormund für seine Erklärung insgesamt verantwortlich.

---

[9] *Zimmermann* in: Damrau/Zimmermann, Betreuungsrecht, 4. Aufl. 2011, § 1803 Rn. 2; zur Gegenansicht vgl. auch *Veit* in: Staudinger, § 1802 Rn. 7; *Bienwald* in: Bienwald/Sonnenfeld/Hoffmann, Betreuungsrecht, 4. Aufl. 2005, Anhang zu § 1908i BGB, Rn. 21; *Dickescheid* in: BGB-RGRK, § 1802 Rn. 3: „nicht immer"; *Deinert* in: HK-BUR, § 1802 Rn. 9.

[10] So auch *Veit* in: Staudinger, § 1802 Rn. 8.

[11] So *Holzhauer* in: Erman, 11. Aufl. 2004, § 1802 Rn. 6, m.w.N., anders nunmehr *Saar* in: Erman, § 1802 Rn. 3.

[12] So *Dickescheid* in: BGB-RGRK, § 1802 Rn. 5, wobei zweifelhaft ist, ob es solches zuständigkeitsloses Vermögen überhaupt geben kann.

[13] So *Veit* in: Staudinger, § 1802 Rn. 9.

[14] Zutreffend etwa auch *Deinert* in: HK-BUR, § 1802 Rn. 40.

[15] Vgl. hierzu auch *Herdemerten*, FamRZ 1966, 16, 17.

[16] So auch *Deinert* in: HK-BUR, § 1802 Rn. 2 f., m.w.N. zur Gegenansicht.

III. Gegenvormund (Absatz 1 Satz 2)

Nach § 1802 Abs. 1 Satz 2 BGB muss ein vorhandener Gegenvormund zur Aufnahme des Verzeichnisses zugezogen werden. Der Gegenvormund hat die Richtigkeit und Vollständigkeit des Vermögensverzeichnisses zu bestätigen. Hieraus folgt, dass der Gegenvormund selbst in vollem Umfang Verantwortlichkeit für das Vermögensverzeichnis übernehmen muss. In der Konsequenz kann sich der Gegenvormund nicht auf eine bloße Überprüfung des Vormundschaftsverzeichnisses beschränken, sondern muss aktiv an der Ermittlung des Vermögens des Mündels mitwirken.[17] Kommt es zwischen Vormund und Gegenvormund zu Differenzen über das Verzeichnis, so hat der Gegenvormund das Verzeichnis mit Vorbehalten zu versehen. Das Familiengericht muss diese nach Einreichung des Verzeichnisses aufklären.[18]

11

IV. Amtsvormund

Landesrechtlich sind gemäß § 56 Abs. 2 Satz 3 SGB VIII Ausnahmen für das Jugendamt zulässig.[19] § 1802 Abs. 3 BGB gilt für das Jugendamt nach § 56 Abs. 1 Satz 1 BGB nicht. Für Betreuungsbehörden können die landesrechtlichen Vorschriften nach § 1908i Abs. 1 Satz 2 BGB Ausnahmen vorsehen. Für die Praxis ist jedoch dringend zu empfehlen, von dieser Erleichterung keinen Gebrauch zu machen und – wenigstens für den internen Gebrauch – Vermögensverzeichnisse zu erstellen. Sie halten zur vollständigen Prüfung des vorhandenen Vermögens an, dokumentieren die Tätigkeit des Vormunds und können so eine geeignete Grundlage zur haftungsrechtlichen Entlastung bilden.

12

D. Rechtsfolgen

I. Pflicht zur Aufstellung des Vermögensverzeichnisses (Absatz 1)

1. Inhalt des Vermögensverzeichnisses

Das Vermögensverzeichnis muss das gesamte Vermögen ausweisen. Nach Sinn und Zweck der Norm, eine zuverlässige Beurteilung der wirtschaftlichen Verhältnisse des Mündels zu ermöglichen[20], ist der Begriff des Vermögens weit auszulegen. Er umfasst alle dem Mündel zustehenden Güter und Rechte von wirtschaftlichem Wert. Hierzu gehören sämtliche Aktiva, gleichviel, in welcher Anlageform sie sich befinden, an welchem Ort – im Inland oder Ausland[21] – sie belegen sind und wie sie erworben wurden[22], ferner sämtliche Passiva, gleichviel, auf welchem Rechtsgrund sie beruhen und wer der Gläubiger ist.

13

Für die Praxis ist darauf zu achten, dass in anderen rechtlichen Zusammenhängen teilweise abweichende Vermögensbegriffe zugrunde gelegt werden.[23] Ein für andere Zwecke erstelltes Vermögensverzeichnis darf deshalb nicht ungeprüft übernommen werden.

14

Die Inventarisierungspflicht erstreckt sich auch auf Vermögen des Mündels, das bei Anordnung der Vormundschaft vorhanden ist, aber nicht von dem Vormund verwaltet wird, etwa ein dem Testamentsvollstrecker oder Pfleger unterstehender Vermögensbestandteil.[24] Zur praktischen Durchsetzung vgl. Rn. 38 ff. Das Vermögensverzeichnis stellt eine Momentaufnahme zum Zeitpunkt des Stichtages dar, keine Abbildung des Verlaufs von Einnahmen und Ausgaben. Deshalb ist etwa das laufende Einkommen nicht anzugeben.[25] Allerdings hat das Vermögensverzeichnis auch eine Aufstellung der Einkommensquellen zu enthalten.[26] Wegen der sich aus ihnen ergebenden Aussichten auf künftigen Einkom-

15

---

[17] So auch *Dickescheid* in: BGB-RGRK, § 1802 Rn. 9.
[18] Allg. A., *Dickescheid* in: BGB-RGRK, § 1802 Rn. 9.
[19] Zu Einzelheiten vgl. *Veit* in: Staudinger, § 1791b Rn. 25 ff.
[20] Vgl. hierzu OLG Schleswig v. 10.05.2004 - 2 W 74/04 - juris Rn. 5 - FamFG 2004, 238-239.
[21] Vgl. *Mugdan*, Die gesammten Materialien zum Bürgerlichen Gesetzbuch für das Deutsche Reicht, IV. Band: Familienrecht, 1899, S. 1101.
[22] Vgl. im Einzelnen etwa auch *Veit* in: Staudinger, § 1802 Rn. 4.
[23] Vgl. etwa *Deinert* in: HK-BUR, § 1802 Rn. 13.
[24] So auch *Veit* in: Staudinger, § 1802 Rn. 6; *Zimmermann* in: Damrau/Zimmermann, Betreuungsrecht, 4. Aufl. 2011, § 1802 Rn. 2; *Spanl*, Vermögensverwaltung durch Vormund und Betreuer, 2. Aufl. 2009, S. 30; *Meier/Neumann*, Handbuch Vermögenssorge, S. 114.
[25] Zu Art. 398 ZGB ebenso *Guler* in: Basler Kommentar – Zivilgesetzbuch I, 3. Aufl. 2007, Art. 398 Rn. 3; a.A. aber *Herdemerten*, FamRZ 1966, 16, 17.
[26] So auch *Saar* in: Erman, § 1802 Rn. 2; einschränkend *Zimmermann* in: Damrau/Zimmermann, Betreuungsrecht, 4. Aufl. 2011, § 1802 Rn. 4.

menserwerb gehören sie bereits zum Vermögen. Erwirbt der Mündel – etwa durch Erbschaft, Schenkung, Rentennachzahlung usw. – neues Vermögen, ist ein Nachtragsverzeichnis aufzustellen.[27] Wird demgegenüber Vermögen, das bei Erstellung des Vermögensverzeichnisses bereits vorhanden war, nachträglich erst gefunden, so ist das bereits erstellte Vermögensverzeichnis zu ergänzen. Veränderungen des Vermögens innerhalb einzelner Vermögensbestandteile – etwa Zinsgutschriften, Wertberichtigungen etc. – werden in der laufenden Rechnung dargestellt.[28] Soweit vorhanden kann der Vormund auch auf ein bereits bestehendes Vermögensverzeichnis (etwa eines früheren Vormundes) Bezug nehmen. Dies entbindet ihn jedoch nicht von der Pflicht zur Prüfung seiner Richtigkeit und Vollständigkeit. Allein verantwortlich bleibt auch in diesem Fall der die Richtigkeit und Vollständigkeit attestierende Vormund.

16 Die Inventarisierung muss die einzelnen Vermögensbestandteile so konkret ausweisen, dass keine Zweifel hinsichtlich ihrer Identität verbleiben und der weitere Verbleib des Vermögensgegenstandes nachvollzogen werden kann.[29] Der Vormund muss die inventarisierten Vermögensbestandteile richtiger Ansicht nach auch bewerten.[30] Nur so erlaubt das Verzeichnis eine Einschätzung des Mündelvermögens. Diese ist – entgegen der Gegenansicht – auch nicht nur zur Klärung der Mittellosigkeit und zur Berechnung der Gerichtsgebühr erforderlich, sondern auch zur sachgerechten Erfüllung der Aufsichts- und Kontrollfunktion des Familiengerichts. So ist etwa die Genehmigung von Rechtsgeschäften, die Beurteilung etwaiger Entlassungsgründe usw. ohne verlässliche Kenntnis der Vermögenslage des Vormunds kaum sachgerecht möglich.

17 Für die ordnungsgemäße Registrierung einzelner Bestandteile des Vermögens ergeben sich hieraus folgende Grundsätze:

- **Bargeld** ist mit seinem Bestand aufzunehmen. Fremdwährungen sind zum Sortenankaufskurs anzugeben.[31]
- **Einlageforderungen** sind mit Betrag, Kreditinstitut und Kontonummer zu verzeichnen.[32] Bei gemeinschaftlichen Konten besteht nur eine Mitberechtigung. Beim sog. „Und"-Konto, bei dem die Verfügungsberechtigten nur gemeinsam verfügen können, besteht eine Forderungsgemeinschaft nach Bruchteilen. Beim „Oder"-Konto sind die Inhaber Gesamtgläubiger im Sinne des § 428 BGB.[33] Es ist jeweils der dem Mündel zustehende Anteil anzugeben. Ob darüber hinaus auch Zinssatz und Zinszeitpunkt mitteilungsbedürftig sind[34], erscheint mir zweifelhaft: Es geht um eine Bestandsaufnahme, nicht um eine allumfassende Auskunft über alle Entwicklungsmöglichkeiten des Vermögens. Die Praxis achte darauf, dass nicht versteckte Einlageforderungen übersehen werden, etwa das Mietkautionskonto.
- **Wertpapiere** sind mit ihrer Kennnummer zu verzeichnen.[35] Darüber hinaus ist eine Angabe des Marktwertes zum Stichtag geboten. Bei börslich gehandelten Papieren ist das der amtliche Kurswert, bei nicht börslich gehandelten Papieren kann der Verkehrswert häufig durch Anfrage bei den Kreditinstituten ermittelt werden.[36] Bei Aktien ist für den Wert mitbestimmend und damit anzugeben, ob es sich um Stamm- oder Vorzugsaktien handelt.[37] Teilweise wird weiter gefordert, dass auch das depotführende Kreditinstitut bzw. die Kundennummer der Bundeswertpapierverwaltung anzugeben

---

[27] *Bienwald* in: Bienwald/Sonnenfeld/Hoffmann, Betreuungsrecht, 4. Aufl. 2005, Anhang zu § 1908i BGB, Rn. 29; *Veit* in: Staudinger, § 1802 Rn. 21; *Saar* in: Erman, § 1802 Rn. 2.

[28] So auch *Veit* in: Staudinger, § 1802 Rn. 21.

[29] *Roth* in: Dodegge/Roth, Betreuungsrecht, 2003, D Rn. 23; *Veit* in: Staudinger, § 1802 Rn. 11.

[30] So auch OLG Schleswig v. 10.05.2004 - 2 W 74/04 - juris Rn. 5 - OLGR Schleswig 2004, 396-397; *Roth* in: Dodegge/Roth, Betreuungsrecht, 2003, D Rn. 24. *Götze* in: Palandt, § 1802 Rn. 2; a.A. aber *Zimmermann* in: Damrau/Zimmermann, Betreuungsrecht, 4. Aufl. 2011, § 1802 Rn. 9, und der historische Gesetzgeber, vgl. *Mugdan*, Die gesammten Materialien zum Bürgerlichen Gesetzbuch für das Deutsche Reich, IV. Band: Familienrecht, 1899, S. 1101.

[31] *Deinert* in: HK-BUR, § 1802 Rn. 19.

[32] So auch *Deinert* in: HK-BUR, § 1802 Rn. 20.

[33] Vgl. hierzu *Sandkühler*, Bankrecht, 2. Aufl. 1993, S. 49.

[34] Vgl. *Zimmermann* in: Damrau/Zimmermann, Betreuungsrecht, 4. Aufl. 2011, § 1802 Rn. 3; *Deinert* in: HK-BUR, § 1802 Rn. 20.

[35] *Saar* in: Erman, § 1802 Rn. 2.

[36] Vgl. *Deinert* in: HK-BUR, § 1802 Rn. 24.

[37] *Deinert* in: HK-BUR, § 1802 Rn. 24.

sind.[38] Man sollte die Anforderungen, wenn Verwechslungen auszuschließen sind, allerdings nicht überspannen: Es geht um die Individualisierung sowie um die Wertbestimmung, nicht darum, die Vermögenswerte anhand des Verzeichnisses örtlich zu lokalisieren.

- **Bausparverträge** und **Versicherungen** sind mit Institut, Vertragsnummer und Vertragsbedingungen anzugeben. Der Wert der Lebensversicherung kann mit dem Rückkaufswert angegeben werden.[39]
- **Geldforderungen** sind unter Angabe von Gläubiger, Schuldner, Schuldgrund und Forderungshöhe aufzunehmen.[40] Bei verzinslichen Forderungen ist der Zinssatz anzugeben.[41] Dies gilt auch für Renten oder wiederkehrende Leistungen.[42]
- **Forderungen**, die nicht auf Zahlung eines Geldbetrages gerichtet sind, etwa Herausgabeansprüche, sind ebenfalls anzugeben. Es sind Betrag, Person des Schuldners, Schuldgrund und Zinshöhe anzugeben[43]. Es kann sich anbieten, des Weiteren wertbestimmende Faktoren wie Bestrittenheit und Durchsetzbarkeit der Forderung anzugeben.[44] Die Aufnahme von Forderungen kann auch Nachforschungen erforderlich machen, die vor die Zeit der Bestellung zum Vormund zurückreichen, etwa wenn es um die Herausgabe abhanden gekommener Sachen geht.
- Das **Sachvermögen** ist – bei Gegenständen von einigem Wert – gegenständlich so präzise zu verzeichnen, dass die Identifizierung einzelner Gegenstände möglich ist. Während der historische Gesetzgeber für eine Bewertung des Sachvermögens regelmäßig kein Bedürfnis sah,[45] wird heute verbreitet eine Wertangabe gefordert[46], wobei eine Schätzung genügen kann. Sie erscheint regelmäßig erforderlich, um dem Familiengericht eine Beurteilung der wirtschaftlichen Lage des Mündels zu ermöglichen.[47] Insbesondere bei Hausrat, Wäsche und Büchern, deren Wert verhältnismäßig gering ist, ist eine zusammenfassende Angabe zulässig.[48] Allerdings folgt aus einem Umkehrschluss aus § 1640 Abs. 1 Satz 3 BGB, dass Haushaltsgegenstände nicht pauschal nur mit dem Wert anzusetzen sind.[49] Selbst bei Geschirr und technischen Geräten soll eine zusammenfassende Angabe deshalb unzulässig sein.[50] Bei wertvollen Gegenständen kann – schon zur Absicherung des Vormunds (§ 1833 BGB!) – eine Schätzung durch einen Sachverständigen angezeigt sein.[51] Verzeichnisse mit vereidigten Sachverständigen halten Industrie- und Handelskammer sowie Handwerkskammer vor. Für die praktisch relevante Bewertung von Kraftfahrzeugen kann auf Datenbanken wie die sog. Schwacke-Liste abgestellt werden; in geeigneten Fällen mag eine Bewertung anhand von Portalen wie „mobile.de" genügen. Viel Erfahrung erfordert häufig die Bewertung von Schmuck. Insofern ist eine genaue Beschreibung erforderlich, damit das Gericht die Wertangabe nachvollziehen kann. Ein Fotografieren ist demgegenüber für die Erstellung des Vermögensverzeichnisses nicht erforderlich.[52] Bei Gemälden soll die Angabe von Größe und Gegenstand zur Identifizierung geboten sein.[53] Soweit bekannt sind ferner Maler und Titel anzugeben. Bei Briefmarkensammlungen bietet sich die Angabe nach Sammelgebiet, den gesammelten Jahren, etwaigen Frankierungen und Besonderheiten an.

---

[38] So *Deinert* in: HK-BUR, § 1802 Rn. 22.
[39] So auch *Zimmermann* in: Damrau/Zimmermann, Betreuungsrecht, 4. Aufl. 2011, § 1803 Rn. 11.
[40] OLG Schleswig v. 10.05.2004 - 2 W 74/04 - juris Rn. 5 - OLGR Schleswig 2004, 396-397.
[41] OLG Schleswig v. 10.05.2004 - 2 W 74/04 - juris Rn. 5 - OLGR Schleswig 2004, 396-397; *Bettin* in: BeckOK BGB, Ed. 30, § 1802 Rn. 3; RG v. 11.07.1912 - IV 3/12 - RGZ 80, 65-68.
[42] *Engler* in: Staudinger, Neubearb. 2004, § 1802 Rn. 6.
[43] OLG Schleswig v. 10.05.2004 - 2 W 74/04 - OLGR Schleswig 2004, 396-397.
[44] *Bienwald* in: Bienwald/Sonnenfeld/Hoffmann, Betreuungsrecht, 4. Aufl. 2005, Anhang zu § 1908i BGB, Rn. 27.
[45] Vgl. *Mugdan*, Die gesammten Materialien zum Bürgerlichen Gesetzbuch für das Deutsche Reich, IV. Band: Familienrecht, 1899, S. 1101.
[46] Vgl. *Deinert* in: HK-BUR, § 1802 Rn. 14, m.w.N.; *Roth* in: Dodegge/Roth, Betreuungsrecht, 2003, D Rn. 24; *Birkenfeld*, FamRZ 1976, 197; a.A. und eine generelle Wertangabepflicht ablehnend *Zimmermann* in: Damrau/Zimmermann, Betreuungsrecht, 4. Aufl. 2011, § 1802 Rn. 9; differenzierend *Veit* in: Staudinger, § 1802 Rn. 13.
[47] Vgl. *Veit* in: Staudinger, § 1802 Rn. 13.
[48] OLG Schleswig v. 10.05.2004 - 2 W 74/04 - juris Rn. 5 - OLGR Schleswig 2004, 396-397.
[49] So auch *Dickescheid* in: BGB-RGRK, § 1802 Rn. 8.
[50] Vgl. *Weidlich*, ErbR 2013,134-146, 136, m.w.N., zweifelhaft.
[51] *Bienwald* in: Bienwald/Sonnenfeld/Hoffmann, Betreuungsrecht, 4. Aufl. 2005, Anhang zu § 1908i BGB, Rn. 26.
[52] Dieses empfehlen etwa *Meier/Neumann*, Handbuch Vermögenssorge, 2006, S. 114.
[53] *Zimmermann* in: Damrau/Zimmermann, Betreuungsrecht, 4. Aufl., § 1802 Rn. 3.

- Auch **Rechte** und Anwartschaften sind zu verzeichnen.[54] Soweit ihnen Passiva gegenüberstehen, sind doppelte Ansätze zu vermeiden. Beispiel: Beim Kauf unter Eigentumsvorbehalt wird bereits der Passivposten Kaufpreisverbindlichkeit in dem Umfang reduziert, in dem Raten gezahlt werden. Insofern darf der anteilige Wert des künftig zu erwerbenden Eigentums nicht zusätzlich in Ansatz gebracht werden.
- Anders als bei Eltern (§ 1640 Abs. 1 Satz 3 BGB) sind auch **Haushaltsgegenstände** aufzunehmen. Die Angabe eines Gesamtwertes genügt nicht,[55] wohl aber eine Zusammenfassung in Gruppen.[56] Die Inventarisierung soll nicht in eine Erbsenzählerei ausarten. Es geht darum, einen Überblick über die Gesamtvermögensverhältnisse zu ermöglichen. Der Wert ist zu schätzen.
- **Grundstücke** sind mit den Grundbuchdaten zu verzeichnen, bei Wohnungseigentum auch mit Angabe des Eigentumsanteils. Die Bezeichnung eines Grundstücks nach Straße und Hausnummer soll allerdings nach einer Auffassung genügen, wenn dies nicht zu Unklarheiten über Lage und Größe des Grundstücks führen würde.[57] Da das Vermögensverzeichnis einen verlässlichen Überblick über den tatsächlichen Wert des Vermögens geben soll, genügt bei der Wertermittlung nicht der geschätzte Einheitswert.[58] Maßgeblich ist vielmehr der Verkehrswert[59], der – je nach Art der Nutzung – nach der Sachwertmethode oder der Ertragswertmethode zu ermitteln ist. Insbesondere bei fremdvermieteten Immobilien, bei denen Renditeüberlegungen im Vordergrund stehen, erscheint das Ertragswertverfahren angemessen. Bei selbstgenutzten Eigenheimen, Wohnungen oder Geschäften, bei denen für den potentiellen Erwerber Herstellungskosten von vorrangiger Bedeutung sind, kann die Sachwertmethode anzuwenden sein. Umstritten ist, ob Mischkalkulationen zulässig sind.[60] Damit die Richtigkeit der Wertermittlung beurteilt werden kann, ist auch die Art der Nutzung mitzuteilen.[61] Für die Praxis ist darauf hinzuweisen, dass sachverständige Wertermittlungen leicht Kosten im vierstelligen Bereich erreichen. Günstiger sind demgegenüber häufig die bei den Landkreisen angesiedelten Gutachterkommissionen, noch günstiger ist der Blick in Bodenrichtwertatlanten. Anhaltspunkte für den Wert auf Grundstücken aufstehender Gebäude kann auch der Brandversicherungswert geben[62], der allerdings auf das Datum der Erstellung des Vermögensverzeichnisses hochzurechnen ist. Auch ist zu berücksichtigen, dass der Wert des Gebäudes je nach Modernisierungs- und Erhaltungsstand Schwankungen unterliegt. Wertmindernd zu berücksichtigen sind stets auch vorhandene Belastungen, die durch Einsicht in das Grundbuch in Erfahrung zu bringen sind.
- Auch **Mitgliedschaften** in Personengesellschaften und **Beteiligung** an ungeteilten Vermögensgemeinschaften, etwa an Erbengemeinschaften sind aufzunehmen.[63] Dabei ist sowohl die Größe des Anteils des Mündels als auch der Bestand des Vermögens der Gemeinschaft anzugeben.[64] Eine ins Detail gehende Inventarisierung des Vermögens der Gemeinschaft ist jedoch dort nicht gefordert, wo der Mündel aufgrund seiner rechtlichen Befugnisse nicht in der Lage ist, sich selbst ein hinreichendes Bild von dem Vermögensbestand zu verschaffen. Bei der oHG, der KG und – je nach Ausgestaltung – bei einer GbR genügt deshalb grundsätzlich die Einreichung von Bilanz und Inventar der Gesellschaft.[65]

---

[54] Zu Art. 398 ZGB etwa *Guler* in: Basler Kommentar – Zivilgesetzbuch I, 3. Aufl. 2007, Art. 398 Rn. 7.

[55] H.M., vgl. *Veit* in: Staudinger, § 1802 Rn. 14; *Roth* in: Dodegge/Roth, Betreuungsrecht, 2003, D Rn. 23; a.A. *Saar* in: Erman, § 1820 Rn. 5, allerdings nur für geringwertigen Hausrat.

[56] Zu Art. 398 ZGB auch *Guler* in: Basler Kommentar – Zivilgesetzbuch I, 3. Aufl. 2007, Art. 398 Rn. 7.

[57] OLG Schleswig v. 10.05.2004 - 2 W 74/04 - OLGR Schleswig 2004, 396-397; zustimmend *Zimmermann* in: Damrau/Zimmermann, Betreuungsrecht, 4. Aufl., § 1811 Rn. 3.

[58] So aber *Roth* in: Dodegge/Roth, Betreuungsrecht, 2003, D Rn. 23.

[59] So auch *Zimmermann* in: Damrau/Zimmermann, Betreuungsrecht, 4. Aufl., § 1811 Rn. 10; *Deinert* in: HK-BUR, § 1802 Rn. 26; *Saar* in: Erman, § 1802 Rn. 2.

[60] Bejahend im Rahmen von § 2311 BGB etwa BGH v. 23.10.1985 - IVb ZR 62/84 - juris Rn. 20 - LM Nr. 12 zu § 1375 BGB; abl. OLG Düsseldorf v. 11.03.1988 - 7 U 4/86 - BB 1988, 1001-1002.

[61] So auch *Roth* in: Dodegge/Roth, Betreuungsrecht, 2003, D Rn. 23.

[62] Auf ihn stellen *Meier/Neumann*, Handbuch Vermögenssorge, 2006, S. 114; *Zimmermann* in: Damrau/Zimmermann, Betreuungsrecht, 4. Aufl. 2011, § 1802 Rn. 10 ab.

[63] *Bettin* in: BeckOK BGB, Ed. 30, § 1802 Rn. 3; *Veit* in: Staudinger, § 1802 Rn. 16; *Dickescheid* in: BGB-RGRK, § 1802 Rn. 6; zum Schweizer Recht auch *Guler* in: Basler Kommentar – Zivilgesetzbuch I, 3. Aufl. 2007, Art. 398 Rn. 7.

[64] So auch *Spanl*, Vermögensverwaltung durch Vormund und Betreuer, 2. Aufl. 2009, S. 30; *Zimmermann* in: Damrau/Zimmermann, Betreuungsrecht, 4. Aufl., § 1802 Rn. 5.

[65] So auch *Götze* in: Palandt, § 1802 Rn. 2; *Veit* in: Staudinger, § 1802 Rn. 16.

- Ein **Erwerbsgeschäft** ist mit Firma, Geschäftsgegenstand und Handelsregisternummer zu identifizieren. Zur Wertbestimmung ist hier die Einreichung einer Bilanz geboten.[66] Die Bilanz stellt alle aktiven und passiven Werte des Erwerbsgeschäfts dar (vgl. § 242 HGB, § 152 AktG). Hinsichtlich der Anforderungen an die Bilanzierung ist zu beachten, dass Erwerbsgeschäfte teilweise über die allgemeinen Anforderungen hinaus spezialgesetzlichen Buchführungsregeln unterliegen (z.B. Krankenhausbuchführungsverordnung etc.). Wird das Unternehmen nicht bilanziert, ist eine aktuelle Einnahmen- Ausgabenüberschussrechnung einzureichen.[67] Darüber hinaus sollte die Einnahmen-Ausgaben-Rechnung aber auch bei bilanzierten Unternehmen eingereicht werden, da erst durch Bilanz und Einnahmen-Ausgaben-Rechnung ein vollständiger Überblick über die Vermögenslage und -entwicklung hergestellt wird.[68] Wird das Erwerbsgeschäft fortgeführt oder soll es veräußert werden, kann eine Bewertung des Substanz- und Ertragswertes geboten sein.[69] Hierfür wird regelmäßig die Hinzuziehung kaufmännischen Sachverstandes geboten sein. Im Liquidationsstadium der Gesellschaft ist das **Auseinandersetzungsguthaben** dem Grunde und der Höhe nach zu beschreiben.[70]
- Der Pflichtteilsanspruch des Mündels ist mit dem Reinbestand des **Nachlasses** und dem auf den Mündel entfallenden Teil zu verzeichnen[71]. Der Inventarisierung des Nachlasses bedarf es nicht, da der Pflichtteilsanspruch nach § 2303 BGB eine reine Geldforderung darstellt. Zur Vermeidung seiner eigenen Haftung mag es jedoch für den Vormund nahe liegen, von den Erben Auskunft nach § 2314 BGB zu verlangen, wenn er Zweifel hinsichtlich des Nachlasswertes hat. Der Anspruch des Nacherben ist mit dem vollen Bestand des Nachlasses aufzunehmen.[72] Dies gilt selbst dann, wenn der Vorerbe nach § 2136 BGB befreit ist.[73]
- Zu dem aufzunehmenden Vermögen des Mündels gehören auch seine **Schulden**.[74] Sie sind mit Schuldgrund, Summe und Zinssatz zu registrieren.[75] Zu erfassen sind auch Verbindlichkeiten, die noch nicht fällig sind.[76] Zur Feststellung des Schuldenstandes vgl. Rn. 38 ff.

Ist kein Vermögen vorhanden, so hat der Vormund dies zu erklären.[77]

2. Form des Vermögensverzeichnisses

Das Verzeichnis muss – dies setzt der Begriff voraus – in Textform erstellt werden. Schriftform im engeren Sinne dürfte dabei allerdings nicht erforderlich sein[78], so dass z.B. auch eine Übermittlung auf elektronischem Wege möglich erscheint, soweit die Gerichte für die Entgegennahme technisch eingerichtet sind. Wegen der erforderlichen Versicherung der Richtigkeit und Vollständigkeit muss freilich in jedem Fall die Identität des Absenders gewährleistet sein – bei schriftlicher Erklärung durch Unterschrift, bei elektronischer Übermittlung durch elektronische Signatur. Die Verwendung der Vordrucke der Gerichte ist nicht obligatorisch. Das Beifügen von Belegen kann die Übersichtlichkeit der hierdurch verschlankten Vermögensübersicht fördern. Zwingend erforderlich ist es jedoch nicht.[79] Allerdings kann das Familiengericht im Rahmen seiner allgemeinen Aufsichtstätigkeit Belege anfordern.

---

[66] Unklar insofern *Deinert*, HK-BUR, § 1802 Rn. 31, der die Einreichung der Bilanz offenbar nur für den Fall der Liquidierung geboten hält.
[67] *Deinert* in: HK-BUR, § 1802 Rn. 31.
[68] So auch *Birkenfeld*, FamRZ 1976, 197, 199.
[69] So auch *Deinert* in: HK-BUR, § 1802 Rn. 30.
[70] So auch *Veit* in: Staudinger, § 1802 Rn. 17.
[71] *Veit* in: Staudinger, § 1802 Rn. 19.
[72] Vgl. aber auch *Zimmermann*, ZEV 2013, 315-320 (316, 320).
[73] So auch OLG Hamm v. 15.07.1969 - 15 W 209/69 - FamRZ 1969, 660-662; *Veit* in: Staudinger, § 1802 Rn. 20; *Götz* in: Palandt, § 1802 Rn. 2.
[74] *Veit* in: Staudinger, § 1802 Rn. 12; *Dodegge* in: Handbuch der Rechtspraxis, Band 5b – Familienrecht – 2. Halbband, 7. Aufl. 2010, Rn. 339.
[75] RG v. 11.07.1912 - IV 3/12 - RGZ 80, 65-68.
[76] Zu Art. 398 ZGB auch *Guler* in: Basler Kommentar – Zivilgesetzbuch I, 3. Aufl. 2007, Art. 398 Rn. 7.
[77] *Spanl*, Vermögensverwaltung durch Vormund und Betreuer, 2. Aufl. 2009, S. 30; *Zimmermann* in: Damrau/Zimmermann, Betreuungsrecht, 4. Aufl., § 1802 Rn. 8.
[78] A.A. möglicherweise jedoch OLG Schleswig v. 10.05.2004 - 2 W 74/04 - juris Rn. 5 - OLGR Schleswig 2004, 396-397.
[79] OLG Jena v. 27.02.2013 - 2 U 352/12 - juris Rn. 33; *Deinert* in: HK-BUR, § 1802 Rn. 12; *Meier/Neumann*, Handbuch Vermögenssorge, 2006, S. 115; *Spanl*, Vermögensverwaltung durch Vormund und Betreuer, 2. Aufl. 2009, S. 29; *Veit* in: Staudinger, § 1802 Rn. 28; *Dickescheid* in: BGB-RGRK, § 1802 Rn. 8; *Zimmermann* in: Damrau/Zimmermann, Betreuungsrecht, 4. Aufl., § 1802 Rn. 6; *Weidlich*, ErbR 2013,134-146, 138.

Dies ist in der Praxis nicht unüblich. Es empfiehlt sich deshalb, schon vor Einreichung des Verzeichnisses mit dem zuständigen Familiengericht abzuklären, ob die Einreichung von Belegen gewünscht wird. Gibt es zu den Angaben keine schriftlichen Belege, kann das Familiengericht auch eine eidesstattliche Versicherung des Vormunds nach § 31 Abs. 1 FamFG fordern.[80]

3. Stichtag der Inventarisierung

20 Das Vermögensverzeichnis hat den Bestand des Vermögens zu einem bestimmten Stichtag auszuweisen. Der Wortlaut der Norm legt es nahe, insofern auf die Anordnung der Vormundschaft, also den Zeitpunkt, in dem der vormundschaftliche Beschluss zur Anordnung der Vormundschaft ergeht, abzustellen.[81] Nach a.A. ist hingegen auf den Tag der Verpflichtung des Vormunds bzw. des Betreuers abzustellen.[82] Denn erst mit ihr erlange der Vormund die Vermögensverwaltungsbefugnis. Demgegenüber stellt die wohl h.M. darauf ab, wann dem Vormund die Anordnung der Vormundschaft mitgeteilt wird.[83] Der h.M. gebührt der Vorrang. Gegen die erstgenannte Auffassung spricht, dass § 40 FamFG die materielle Wirksamkeit des Beschlusses noch nicht mit ihrem Erlass anordnet.[84] Gemäß § 40 (§ 287) FamFG wird die Vormundschaft mit der Bekanntmachung der Anordnung der Vormundschaft gegenüber dem Vormund wirksam. Dass die Ernennung des Vormunds (bzw. Betreuers) u.U. erst zu einem späteren Zeitpunkt erfolgt, steht einer rückwirkenden Erstellung des Inventars nicht entgegen. Die Unterschiede der Meinungen sind allerdings gering. Vermögensveränderungen, die zwischen der Anordnung der Vormundschaft und ihrer Bekanntgabe erfolgen, können in jedem Fall zu berücksichtigen sein, und sei es nur als Aufnahme der entsprechenden Forderung auf Rückzahlung oder Herausgabe.

4. Zeitpunkt der Aufstellung

21 Der Vormund hat das Vermögensverzeichnis unaufgefordert unverzüglich, d.h. innerhalb angemessener Frist nach seiner Bestellung zu erstellen.[85] Was als angemessen anzusehen ist, richtet sich nach Umfang und Zusammensetzung des Mündelvermögens sowie nach etwaigen Schwierigkeiten bei der Erstellung des Verzeichnisses. Entgegen der Beurteilung durch den historischen Gesetzgeber[86] liegt diese Frage nicht im Ermessen des Gerichts. Im Regelfall sollte ein Monat ausreichend sein, wenn nicht besondere Umstände die Aufstellung verkomplizieren[87]. Insbesondere bei älteren Betreuten kann jedoch ein behutsames Vorgehen im Sinne der Vertrauensbildung gegenüber dem Betroffenen angezeigt sein, der in für ihn ungewohnter Weise seine Vermögensverhältnisse offenbaren soll. Das am Wohl des Betreuten orientierte Gesetz respektiere eine vertrauensbildende Vorgehensweise[88]. Der Vormund/Betreuer wird gegebenenfalls beim Familiengericht um Fristverlängerung bitten (und diese Bitte begründen).

22 Für die Praxis folgt hieraus, dass der Vormund nach seiner Bestellung unverzüglich mit der Erfassung des Vermögens zu beginnen hat. Es ist zu bedenken, dass die Rückläufe der Anfragen bei Behörden, Verbänden und Kreditinstituten einige Zeit in Anspruch nehmen, zumal diese teilweise – wie etwa die

---

[80] *Spanl*, Vermögensverwaltung durch Vormund und Betreuer, 2. Aufl. 2009, S. 34.
[81] So *Veit* in: Staudinger, § 1802 Rn. 24; *Bienwald* in: Bienwald/Sonnenfeld/Hoffmann, Betreuungsrecht, 4. Aufl. 2005, Anhang zu § 1908i BGB, Rn. 30; *Dickescheid* in: BGB-RGRK, § 1802 Rn. 3.
[82] So *Freiherr von Crailsheim* in: Jürgens, Betreuungsrecht, 4. Aufl. 2010, § 1800 Rn. 3; *Bettin* in: BeckOK BGB, Ed. 30, § 1802 Rn. 2.
[83] So etwa OLG Schleswig v. 10.05.2004 - 2 W 74/04 - juris Rn. 5 - OLGR Schleswig 2004, 396-397; LG Berlin v. 21.11.1980 - 83 T 416/80 - Rpfleger 1981, 110-111; *Zimmermann* in: Damrau/Zimmermann, Betreuungsrecht, 4. Aufl. 2011, § 1803 Rn. 7; *Meier/Neumann*, Handbuch Vermögenssorge, 2006, S. 111; *Deinert* in: HK-BUR, § 1802 Rn. 4; *Spanl*, Rpfleger 1990, 278 ff.
[84] Hierzu ausführlich *Spanl*, Rpfleger 1990, 278, 279; *Dews*, Rpfleger 1980, 178 f.
[85] Allg. A., vgl. etwa *Zimmermann* in: Damrau/Zimmermann, Betreuungsrecht, 4. Aufl. 2011, § 1802 Rn. 2; so auch schon *Mugdan*, Die gesammten Materialien zum Bürgerlichen Gesetzbuch für das Deutsche Reich, IV. Band: Familienrecht, 1899, S. 1100.
[86] Vgl. *Mugdan*, Die gesammten Materialien zum Bürgerlichen Gesetzbuch für das Deutsche Reich, IV. Band: Familienrecht, 1899, S. 1100.
[87] Vgl. OLG Schleswig v. 10.05.2004 - 2 W 74/04 - OLGR Schleswig 2004, 396-397; *Weidlich*, ErbR 2013,134-146, 142; großzügiger *Meier/Neumann*, Handbuch Vermögenssorge, S. 111: ca. 6-8 Wochen.
[88] So auch *Bienwald* in: Bienwald/Sonnenfeld/Hoffmann, Betreuungsrecht, 4. Aufl. 2005, Anhang zu § 1908i BGB, Rn. 32.

Deutsche Rentenversicherung – erst selbst Sammelauskünfte einholen und die Möglichkeit besteht, dass sich erst aus den angefragten Auskünften neue Anhaltspunkte ergeben können, die wiederum Anlass zu weiteren Anfragen sein können.

5. Versicherung der Richtigkeit und Vollständigkeit

Der Vormund hat die Richtigkeit und Vollständigkeit zu versichern. Eine eidesstattliche Versicherung kann von ihm während der Dauer seines Amtes wegen des öffentlich-rechtlichen Charakters der Inventarisierungspflicht nicht verlangt werden.[89]

6. Kosten der Vermögensaufstellung

Die Kosten der Erstellung des Vermögensverzeichnisses – auch die der Erstellung eines berufsmäßig tätig werdenden Vormunds[90] – treffen grundsätzlich den Mündel.[91] Zu Einschränkungen im Rahmen von § 1802 Abs. 2 BGB vgl. Rn. 27.

7. Abdingbarkeit

Aufgrund ihres öffentlich-rechtlichen Charakters ist die Inventarisierungspflicht zwingend. Weder das Familiengericht noch die Eltern des Mündels noch zuwendende Dritte können von ihr Befreiung erteilen.[92] Anders als bei den Eltern nach § 1640 Abs. 2 Nr. 2 BGB kann bei der Vormundschaft auch nicht die Befugnis zur Anordnung eines öffentlichen Inventars nach § 1802 Abs. 3 BGB ausgeschlossen werden.[93] Zu Besonderheiten bei Jugendamt und Vereinsvormund vgl. bereits Rn. 12.

8. Muster

Die Gerichte halten (unverbindliche) Vordrucke zur Erstellung des Inventars bereit. Diese sind gerade für unerfahrene Vormünder hilfreich. (vgl. auch das Muster in Rn. 52).

II. Hilfe Dritter (Absatz 2)

Der Vormund kann sich bei der Erstellung des Inventars der Hilfe eines Beamten, eines Notars oder eines Sachverständigen bedienen. Die Zuständigkeit des Beamten regelt das Landesrecht, § 61 Abs. 1 Nr. 2 BGB. Als Beamter kommt hier der zuständige Beamte des Jugendamtes oder der Betreuungsbehörde in Betracht.[94] Die Funktion der Regelung erscheint nicht ganz zweifelsfrei. Die Beiziehung kompetenter Dritter ist dem Vormund – wie auch sonst – ohnehin gestattet und bedarf keiner konstitutiven Bestimmung. Sinn und Zweck der Vorschrift kann auch nicht darin liegen, zu gewährleisten, dass nur besonders vertrauenswürdige Hilfspersonen mit der Erstellung des Vermögensverzeichnisses befasst sind. Denn die Letztverantwortung verbleibt bei dem Vormund. Sinn und Zweck der Bestimmung kann danach nur sein, sicherzustellen, dass der Vormund einen fachkompetenten und – zumindest in dem Beamten und dem Notar – einen zur Unterstützung verpflichteten Ansprechpartner findet, und ihn zu ermutigen, im Bedarfsfall deren Hilfe auch in Anspruch zu nehmen. Diese Aufforderung darf in der Praxis jedoch nicht zu dem falschen Schluss führen, dass der Vormund leichtfertig die Aufgabe der Erstellung des Inventars abwälzen dürfte. Es handelt sich vielmehr um eine Tätigkeit, die das Gesetz, dem Vormund grundsätzlich allein zutraut. Mühe und Aufwand des Vormunds werden im Rahmen der allgemeinen Vergütung des Vormunds abgegolten. Diese Aussage verbunden mit der aus § 1793 BGB folgenden Pflicht des Vormundes, das Vermögen des Mündels möglichst zu schonen, führen dazu, dass

---

[89] *Veit* in: Staudinger, § 1802 Rn. 27; *Zimmermann* in: Damrau/Zimmermann, Betreuungsrecht, 4. Aufl. 2011, § 1802 Rn. 12.

[90] BayObLG v. 23.07.1998 - 3Z BR 125/98 - FamRZ 1999, 462-463, 463; *Roth* in: Dodegge/Roth, Betreuungsrecht, 2003, D, Rn. 25; *Deinert* in: HK-BUR, § 1802 Rn. 48; *Zimmermann* in: Damrau/Zimmermann, Betreuungsrecht, 4. Aufl. 2011, § 1802 Rn. 19.

[91] Allg. A., *Zimmermann* in: Damrau/Zimmermann, Betreuungsrecht, 4. Aufl. 2011, § 1802 Rn. 19; so auch schon *Mugdan*, Die gesammten Materialien zum Bürgerlichen Gesetzbuch für das Deutsche Reich, IV. Band: Familienrecht, 1899, S. 1100.

[92] Vgl. hierzu bereits *Mugdan*, Die gesammten Materialien zum Bürgerlichen Gesetzbuch für das Deutsche Reich, IV. Band: Familienrecht, 1899, S. 1101; allg. A., *Roth* in: Dodegge/Roth, Betreuungsrecht, 2003, D Rn. 22; *Zimmermann* in: Damrau/Zimmermann, Betreuungsrecht, 4. Aufl. 2011, § 1802 Rn. 2; *Veit* in: Staudinger, § 1802 Rn. 2; *Götz* in: Palandt, § 1802 Rn. 1; *Bettin* in: BeckOK BGB, Ed. 30, § 1802 Rn. 1; *Dickescheid* in: BGB-RGRK, § 1802 Rn. 1; für das Jugendamt lässt allerdings § 56 SGB VIII Befreiungen zu.

[93] *Saar* in: Erman, § 1802 Rn. 1; *Veit* in: Staudinger, § 1802 Rn. 2.

[94] So zu letzterer *Deinert* in: HK-BUR, § 1802 Rn 42.

in der Praxis nur in Ausnahmefällen die – regelmäßig kostenintensive – Inanspruchnahme Dritter gerechtfertigt ist.[95] Denn die Kosten der Vermögensaufstellung und damit auch die der Inanspruchnahme Dritter gehen im Grundsatz zu Lasten des Mündels (vgl. Rn. 24). Die Pflicht zur Vermeidung von Belastungen für das Mündelvermögen wird gerade im Zusammenhang mit der Beiziehung Dritter bei der Inventarerstellung streng ausgelegt. Von einem Berufsbetreuer wird die generelle Fähigkeit zur eigenständigen Erstellung des Vermögensverzeichnisses erwartet, und auch bei ehrenamtlich tätigen Betreuern im Falle der Zuziehung Dritter die Frage nach der Eignung des Betreuers aufgeworfen.[96] Teilweise wird die Zuziehung Dritter vom Vermögen des Mündels abhängig gemacht.[97] Die Notwendigkeit zur Beiziehung des Notars wird teilweise weitestgehend abgelehnt[98]. Diese Strenge hat unter dem Gesichtspunkt der Kostenschonung im Kern durchaus ihre Berechtigung. Andererseits ist die Erstellung eines ordnungsgemäßen Vermögensverzeichnisses durchaus nicht regelmäßig ganz einfach. Das gilt insbesondere im Fall der Betreuung, in dem häufig Vermögenswerte unterschiedlicher Art anzutreffen sind. Schon das Vorfinden des Eigenheims, eines Pkw sowie einiger Schmuckstücke kann auch in durchschnittlichen Konstellationen zu Schwierigkeiten führen, denen der geschäftsunerfahrene Betreuer oder Vormund nicht ohne weiteres gewachsen ist. Die h.M. führt hier zu dem wenig befriedigenden Ergebnis, dass die Zuhilfenahme kompetenten Sachverstandes aus Angst vor der Kostentragung mitunter versäumt wird. Hier kann ein großzügigerer Maßstab im Mündelinteresse angebracht sein, denn auch durch eine zu restriktive Anwendung der Bestimmung kann dem Mündel bei Verkennung der vorhandenen Vermögenswerte Schaden drohen. Im Fall der Vormundschaft Minderjähriger ist überdies zu bedenken, dass es mitunter dem Mündelinteresse entsprechen kann, einen zwar in geschäftlichen Dingen wenig erfahrenen, jedoch dem Mündel nahe stehenden ehrenamtlichen Vormund zu bestellen. Wenn es dafür gute Gründe gibt, sollte dies nicht dazu führen, dass dieser die Kosten einer Hilfe tragen muss, derer ein geschäftserfahrener Vormund nicht bedürfte.

28 **Empfehlung für die Praxis:** In erster Linie muss der Vormund selbst alle ihm möglichen Schritte zur Erstellung eines Vermögensverzeichnisses vornehmen. Anfragen bei Behörden, Kreditinstituten, Versicherungsträgern etc. sind jedermann möglich. Gleichermaßen muss der Vormund einfache Vermögensbestandteile selbst erfassen und bewerten können. Trifft der Vormund auf Schwierigkeiten, sollte er zunächst die Hilfe des Jugendamtes und des Familiengerichts suchen. Sie belastet das Mündelvermögen nicht und führt aufgrund der dort vorhandenen Erfahrung nicht selten zum Erfolg. Kann das Problem auch auf diesem Weg nicht gelöst werden, spricht schon einiges für die Notwendigkeit der Hilfe Dritter. Der Vormund sollte nun zunächst kostengünstige Alternativen gegenüber der Inanspruchnahme sachverständiger Hilfe in Betracht ziehen, etwa den Erwerb einer Schwacke-Liste im Buchhandel statt der Inauftraggabe eines Sachverständigengutachtens. Genügt dies nach der Vermögenszusammensetzung nicht (z.B. bei großen Vermögen, Gewerbebetrieben, Antiquitäten etc.), wird die Beiziehung der Hilfe eines Beamten oder Notars setzen weiterhelfen. Geboten ist dann regelmäßig die Hilfe eines Sachverständigen.

29 Die gesetzlich vorgesehene Hilfe durch den Beamten oder Notar gehört zu deren Amtspflichten, d.h. diese dürfen die ihnen abverlangte Hilfe nicht ablehnen. Für den Sachverständigen gilt dies nicht. Der Beamte oder Notar darf sich nicht darauf beschränken, die ihm mitgeteilten Vermögenswerte zu verzeichnen. Vielmehr muss er etwaigen weiteren Vermögenswerten nachforschen und dabei vorhandene Erkenntnismöglichkeiten ausschöpfen. Dieser Aufgabe darf sich der Notar auch nicht dadurch entziehen, dass lediglich eine Erklärung oder eidesstattliche Versicherung des Vormunds über den Vermögensbestand notariell beurkundet wird.[99] Dies ist kein ordnungsgemäßes notarielles Inventar. Der Notar muss vielmehr aufgrund eigener Ermittlung selbst die Richtigkeit der Angaben erklären. Für die Aufnahme einer eidesstattlichen Versicherung ist ohnehin nur Raum, soweit sie in dem jeweiligen Verfahren vor der zuständigen Behörde vorgesehen ist.

---

[95] So etwa auch *Dickescheid* in: BGB-RGRK, § 1802 Rn. 10.
[96] Vgl. *Meier/Neumann*, Handbuch Vermögenssorge, 2006, S. 115; *Deinert*, HK-BUR, § 1802 Rn. 42.
[97] *Dickescheid* in: BGB-RGRK, § 1802 Rn. 10.
[98] *Zimmermann* in: Damrau/Zimmermann, Betreuungsrecht, 3. Aufl. 2001, § 1802 Rn. 16; weniger streng *Zimmermann* in: Damrau/Zimmermann, Betreuungsrecht, 4. Aufl. 2001, § 1811 Rn. 19.
[99] Vgl. *Weidlich*, ErbR 2013, 134-146, 138 f.

III. Gerichtliche Prüfung des Inventars (Absatz 3)

1. Zuständigkeit

Für die Prüfung des Vermögensverzeichnisses ist der Rechtspfleger zuständig.[100]

2. Inhalt der gerichtlichen Prüfung

Nach § 1802 Abs. 3 BGB kann das Familiengericht die Aufnahme des Verzeichnisses durch eine zuständige Behörde oder durch einen zuständigen Beamten oder Notar anordnen, wenn das eingereichte Verzeichnis ungenügend ist. Hieraus folgt, dass das Familiengericht das Verzeichnis nach Eingang prüft, und zwar darauf, dass das Verzeichnis rechtzeitig eingeht und inhaltlich „genügend" ist. Wann das Vermögensverzeichnis genügend ist, sagt das Gesetz nicht ausdrücklich. Nach h.M. hat das Gericht das Verzeichnis lediglich auf seine formelle Richtigkeit hin zu prüfen. Die materielle Richtigkeit und Vollständigkeit seien von Amts wegen nur zu prüfen, wenn Anhaltspunkte für eine Unrichtigkeit oder Unvollständigkeit bestehen[101], etwa wenn der Gegenvormund das Verzeichnis mit Gegenbemerkungen versehen hat. Dabei wird unter der materiellen oder sachlichen Richtigkeit regelmäßig wohl die Frage verstanden, ob die angegebenen Vermögenswerte vorhanden und nach Inhalt, Beschreibung und Bewertung richtig angegeben sind. Teilweise wird gesagt, es sei zunächst nur zu prüfen, ob das Verzeichnis Aktiva und Passiva enthält und ob die einzelnen Vermögensposten präzise bezeichnet sind.[102] Richtigerweise wird man eine differenzierte Prüfungspflicht annehmen müssen: Das Familiengericht überwacht im Rahmen des § 1802 BGB – wie auch sonst – die Rechtmäßigkeit des Handelns des Vormundes umfassend. Da die Erstellung des Vermögensverzeichnisses eine Tatsachenermittlung und keine Ermessensentscheidung im Rahmen der selbständigen Führung der Vormundschaft beinhaltet, hat das Familiengericht umfassend zu überwachen, ob das Vermögensverzeichnis alle rechnerischen und sachlichen Anforderungen an ein ordnungsgemäßes Vermögensverzeichnis umfasst. Die Prüfung umfasst also neben der rechnerischen Richtigkeit auch die sachliche Richtigkeit, einschließlich z.B. der Fragen, ob die Vermögensbestandteile vollständig erfasst, dem richtigen Rechtsträger zugeordnet, bei der richtigen Position des Vermögensverzeichnisses verzeichnet, inhaltlich richtig beschrieben und nach der gebotenen Methode richtig bewertet wurden. Der Gegenstand der Prüfung ist demnach nicht eingeschränkt. Wohl aber ist die Prüfungsdichte eingeschränkt. Eine lückenlose Kontrolle des Vormundes ist hier – wie auch sonst – praktisch nicht durchführbar und angesichts der Selbständigkeit der Führung der Vormundschaft und der – auch haftungsrechtlichen – Verantwortlichkeit des Vormundes nicht geboten. Daraus folgt ein differenzierter, risikoorientierter und ggf. anlassbezogen intensivierter Prüfungsmaßstab. Danach hat das Familiengericht stets zu prüfen, ob das Vermögensverzeichnis die bekannten – oder jedenfalls doch ganz nahe liegenden – Vermögenspositionen enthält, die bekanntermaßen dem Mündel nicht zustehenden Positionen nicht ausweist, Vermögenspositionen der Art nach ordnungsgemäß beschreibt und zuordnet, soweit geboten eine Bewertung vornimmt und diese anhand gebotener Methoden begründet. Eine weitergehende Prüfung, etwa ob die Vermögenswerte tatsächlich vorhanden sind, ob nicht noch weitere Vermögenswerte vorhanden sind, ob die Bewertungen und Beschreibungen sachlich zutreffen etc., ist demgegenüber regelmäßig nicht veranlasst, es sei denn, aus dem Inventar selbst, aus den Vorbehalten des Gegenvormundes oder aus sonstiger Kenntnis des Gerichts ergäben sich konkrete Anhaltspunkte für Fehler. Gesteigerte Anforderungen an die ordnungsgemäße Beschreibung und Begründung der Bewertung wird man indes bei besonders großen Vermögen und bei Vermögen mit besonderen Risiken (z.B. riskante Anlageformen, große Bewertungsschwierigkeiten) anzulegen haben.

Über die Prüfung der Ordnungsgemäßheit des Vermögensverzeichnisses hinaus ist das Inventar Grundlage für weitere Prüfungen des Familiengerichts im Rahmen seiner allgemeinen Aufsichtsfunktion. So prüft das Gericht anhand des vorgelegten Vermögensverzeichnisses auch, ob das Mündelvermögen in rechtlich zulässiger Weise angelegt ist, etwa ob das Vermögen verzinslich angelegt ist (§ 1806 BGB), ob Sperrvermerke vorhanden sind (§ 1809 BGB), ob Befreiungen in Betracht kommen (§ 1817 BGB) oder ob Hinterlegungen notwendig sind (§ 1818 BGB).

---

[100] So auch *Deinert* in: HK-BUR, § 1802 Rn. 47.
[101] LG Berlin v. 02.01.1955 - 3 T 799/54 – JR 1955, 261 261; *Roth* in: Dodegge/Roth, Betreuungsrecht, 2003, D Rn. 22; *Saar* in: Erman, § 1802 Rn. 5; *Zimmermann* in: Damrau/Zimmermann, Betreuungsrecht, 4. Aufl. 2011, § 1802 Rn. 16; *Veit* in: Staudinger, § 1802 Rn. 33; strenger demgegenüber für eine umfassende Prüfpflicht selbst bei Erwerbsgeschäften *Birkenfeld*, FamRZ 1976, 197, 199 ff.
[102] *Dickescheid* in: BGB-RGRK, § 1802 Rn. 11.

3. Folgen des ungenügenden Vermögensverzeichnisses

33 Reicht der Vormund innerhalb angemessener Zeit kein Vermögensverzeichnis ein oder ist das Vermögensverzeichnis ungenügend, so wird das Familiengericht dies beanstanden und dem Vormund Gelegenheit zur Nachbesserung binnen einer Nachfrist geben. Dabei wird es den Vormund im Rahmen seiner Möglichkeiten auch hinsichtlich der von ihm für erforderlich gehaltenen Angaben leiten. Führt auch dies nicht zum Erfolg, kann das Gericht nach § 1802 Abs. 3 BGB die Aufnahme des Verzeichnisses durch eine zuständige Behörde, einen zuständigen Beamten oder Notar anordnen. Nicht anwendbar ist die Vorschrift auf den Amtsvormund, § 56 Abs. 2 Satz 1 SGB VIII. Auf die Behörde als Betreuer soll die Vorschrift allerdings anwendbar sein.[103] Die Aufnahme durch einen Notar wird in der Praxis regelmäßig allerdings nicht geboten sein, da sie regelmäßig zu nicht unerheblichen Kosten führt, die auch das Familiengericht möglichst zu vermeiden hat.

34 Für die Kosten der Aufnahme des Vermögensverzeichnisses gelten grundsätzlich die zu § 1802 Abs. 2 BGB ausgeführten Gesichtspunkte. Regelmäßig hat in den Fällen des § 1802 Abs. 3 BGB der Vormund die Kosten nach § 1833 BGB zu tragen, da das Gesetz von ihm die Erstellung eines genügenden Vermögensverzeichnisses grundsätzlich erwartet, die Einreichung eines ungenügenden Verzeichnisses deshalb häufig schuldhaft ist. Die durch eine Pflichtwidrigkeit des Vormunds ausgelösten Kosten hat dieser selbst zu tragen.[104]

35 Der Weg des § 1802 Abs. 3 BGB ist indes regelmäßig nicht zu empfehlen. Er entlässt den Vormund im Ergebnis aus seiner Verantwortlichkeit für einen nicht unerheblichen Teil seiner vermögenssorgerechtlichen Aufgaben, was auch hinsichtlich seiner Führung der Vormundschaft im Übrigen Gefahren aufwirft. Das Gericht hat demgegenüber noch weitere Möglichkeiten: Im Rahmen seiner allgemeinen Aufsicht kann das Familiengericht den unwilligen Vormund gemäß § 1837 Abs. 3 BGB in Verbindung mit § 35 FamFG erforderlichenfalls durch Androhung und Festsetzung von Zwangsgeld (§ 1837 Abs. 3 Satz 1 BGB) zur Einreichung des Verzeichnisses anhalten. Dies gilt jedoch nicht für Amts- und Vereinsvormund (§ 1837 Abs. 3 Satz 2 BGB). Unter dem Gesichtspunkt der Verhältnismäßigkeit und Zweckmäßigkeit ist es regelmäßig geboten, dem Vormund zunächst die Möglichkeit einer Nachbesserung zu eröffnen. Das Zwangsgeld hat keinen Strafcharakter, sondern Beugemittelcharakter. Kommt der Vormund nach Erlass des Zwangsgeldbeschlusses seiner Inventarisierungspflicht nach, so besteht keine Notwendigkeit zur Anwendung von Beugemitteln mehr und der Zwangsgeldbeschluss ist wieder aufzuheben.[105]

36 Ist der Vormund für die Errichtung des Vermögensverzeichnisses nicht geeignet, so kann sich für das Familiengericht die Frage stellen, ob der Vormund für die Vermögensverwaltung oder gar für die Führung des Vormundschaftsrechts überhaupt geeignet ist. Denn zumindest bei weniger komplizierten Fällen kann von dem Vormund die Erstellung des Vormundschaftsverzeichnisses erwartet werden, ohne dass durch die Zuziehung einer Behörde oder eines Notars zusätzliche Kosten entstehen. Ggf. kann das Familiengericht die Vermögenssorge des Vormundes – nicht des Betreuers – nach §§ 1837 Abs. 4, 1666 BGB entziehen.[106] Schließlich besteht insbesondere bei wiederholter Unzulänglichkeit der vormundschaftlichen Inventarisierung die Möglichkeit, den Vormund zu entlassen (§§ 1886, 1908b BGB).[107]

37 Neben den familiengerichtlichen Mechanismen zur Überwachung der Vormundschaft wirkt auch die drohende Haftung des Vormundes nach § 1833 BGB auf die ordnungsgemäße Wahrnehmung der Inventarisierungspflicht hin. Die ungenügende Überwachung der Pflicht nach § 1802 BGB durch das Familiengericht kann zur Amtshaftung nach Art. 34 GG, § 839 BGB führen.[108]

---

[103] *Zimmermann* in: Damrau/Zimmermann, Betreuungsrecht, 4. Aufl. 2011, § 1802 Rn. 18.

[104] *Zimmermann* in: Damrau/Zimmermann, Betreuungsrecht, 4. Aufl. 2011, § 1802 Rn. 19.

[105] BayObLG v. 18.03.2002 - 3Z BR 51/02 - FGPrax 2002, 118; *Jurgeleit*, FGPrax 2005, 1, 5.

[106] Vgl. hierzu auch *Spanl*, Vermögensverwaltung durch Vormund und Betreuer, 2. Aufl. 2009, S. 31.

[107] So auch BayObLG v. 06.03.1996 - 3Z BR 351/95 - FamRZ 1996, 1105-1107, 1106 f.; BayObLG v. 14.09.1999 - 3Z BR 187/99 - BayObLGR 2000, 21 f.; *Meier/Neumann*, Handbuch Vermögenssorge, S. 118; *Dickescheid* in: BGB-RGRK, § 1802 Rn. 12; *Zimmermann* in: Damrau/Zimmermann, Betreuungsrecht, 4. Aufl. 2011, § 1802 Rn. 15.

[108] *Zimmermann* in: Damrau/Zimmermann, Betreuungsrecht, 4. Aufl. 2011, § 1802 Rn. 15 m.w.N.

IV. Praktische Hinweise

1. Informationsmöglichkeiten des Vormunds

a. Der Mündel

Erste Informationsquelle für den Vormund bei der Aufstellung des Vermögensverzeichnisses ist der Mündel. Der Vormund darf sich aber nicht auf dessen Angaben allein verlassen. Insbesondere der Minderjährige wird u.U. keinen vollständigen Überblick über seine Vermögenslage haben. Bei Betreuten ist, wenn sich dieser überhaupt kooperationswillig zeigt, ferner die Möglichkeit in Betracht zu ziehen, dass er dem Betreuer vorhandene Vermögenswerte verschweigt, um den Zugriff auf sie nicht zu verlieren oder einen gewissen Schutz seiner Privatsphäre zu wahren. Hier kann es sinnvoll sein, behutsam vorzugehen, dem Betreuten angemessene Zeit zu lassen, um sich an die neue Situation zu gewöhnen und ihm auch in wirtschaftlicher Hinsicht gewisse Freiräume zuzugestehen, die ihm die Angst nehmen, ihm werde „alles weggenommen". 38

b. Die Vormundschaftsakte

Gerade wenn der Vormund nicht der erste Vormund ist, kann davon ausgegangen werden, dass sich bei der Vormundschaftsakte schon Informationen über das Vermögen des Mündels befinden. Ggf. kann auch das Gericht Angaben zu weiteren Kontaktpersonen machen, über die Informationen erlangt werden können. 39

c. Weitere Vormünder

Soweit der Vormund zur Erstellung eines vollständigen Vermögensverzeichnisses auch Vermögensbestandteile aufnehmen muss, die einer anderweitigen Verwaltung unterstehen (vgl. Rn. 15), hat er einen Auskunftsanspruch gegen den jeweiligen Vermögensverwalter.[109] 40

d. Unterlagen des Mündels

Darüber hinaus können Urkunden, die bei dem Mündel vorgefunden werden, weitere Hinweise auf Vermögen liefern. Eine besonders wertvolle Informationsquelle liefert insofern die Sammlung der Girokontoauszüge, über die – insbesondere bei bestehenden Dauerschuldverhältnissen – sowohl potentielle Gläubiger und Schuldner als auch Anhaltspunkte für etwaige Zahlungsrückstände ermittelt werden können. Sind die Auszüge unvollständig, können von dem Kreditinstitut zurückliegende Auszüge gegen eine – nicht immer ganz geringe – Gebühr erneut angefordert werden. Bereitet die Einsicht in solche Dokumente im Fall der Vormundschaft regelmäßig keine großen Probleme (wenn sie denn vorhanden sind), ist im Fall der Betreuung zu beachten, dass sich der Vormund nicht eigenmächtig in den Besitz solcher Unterlagen bringen kann (vgl. hierzu Rn. 46). 41

e. Auskunft von Dritten

Der Vormund kann und sollte auch nahe Verwandte oder ggf. sonstige nahe stehende Personen (Nachbarn, Lebensgefährte, Freunde) befragen. Bei Nachforschungen gegenüber Dritten wird der Vormund darauf bedacht sein, dem Wohl des Mündels nicht durch den Eindruck unklarer Vermögensverhältnisse zu schaden. Auch wird er Rücksicht auf private Beziehungen des Mündels nehmen. Darüber hinaus ist die Einholung von Auskünften gegenüber solchen Stellen in Betracht zu ziehen, mit denen nach der Lebenserfahrung häufig Leistungsbeziehungen bestehen.[110] Zu denken ist insbesondere an: 42

- **Arbeitgeber.** Er kann regelmäßig über den Mündel/Betreuten oder über den Kontoauszug ermittelt werden. Ist dieser Weg versperrt, kann eine Anfrage über die Deutsche Rentenversicherung zum Ziel führen.[111] Beamtenverhältnisse können demgegenüber nur über den möglichen Dienstherrn (Bund/Land/Kommunalträger) erfragt werden. Die Bundesagentur für Arbeit bestätigt ggf. den Erwerb von Leistungen nach SGB II. Man bedenke die heute Möglichkeit von Zweitjobs und Nebentätigkeiten.

---

[109] So auch *Zimmermann* in: Damrau/Zimmermann, Betreuungsrecht, 4. Aufl. 2011, § 1802 Rn. 2.
[110] Einen guten Überblick mit zahlreichen Musterschreiben bieten *Meier/Neumann*, Handbuch Vermögenssorge, 2006, S. 72 ff.
[111] Zutreffend *Meier/Neumann*, Handbuch Vermögenssorge, 2006, S. 72.

- **Kreditinstitute.** Insbesondere bei nicht nur geringen Vermögen und bei Erwachsenen ist durchaus in Betracht zu ziehen, dass Guthaben bei oder Kredite gegenüber verschiedenen Instituten bestehen. Der Vormund sollte sich deshalb nicht mit einer Anfrage bei der Hausbank zufrieden geben. Eine Sammelanfrage bei den Bankenverbänden der Länder kann Einzelanfragen ersparen. Man beachte, dass Sparkassen, Postbank und Volks- und Raiffeisenbanken mitunter eigenen Verbänden angehören. Zu bedenken ist auch, dass die Anfrage bei den Banken des jeweiligen Bundeslandes heute häufig nicht mehr genügt. Es ist nicht nur in der Nähe der Landesgrenzen mit der Inanspruchnahme der Leistungen auswärtiger Banken zu rechnen. Vielmehr eröffnen die Möglichkeiten des Internet-Banking ganz neue Möglichkeiten der Kundenbeziehungen.
- **Lebensversicherungen und Bausparkassen.**
- **Rentenversicherungsträger.** Erster Adressat ist regelmäßig die Deutsche Rentenversicherung. Bei Beamten können die Dienstherren sowie die jeweilige Beihilfestelle Auskünfte geben.
- **Krankenversicherungsträger.** Sind aufgrund von Kontoauszügen oder Mitteilungen des Mündels keine Informationen erhältlich, kann insbesondere eine Anfrage bei den Allgemeinen Ortskrankenkassen immer noch nützlich sein. Selbst wenn der Mündel dort nicht versichert ist, haben diese doch häufig noch aus früheren Zeiten Informationen über Wechsler. Man bedenke die Möglichkeit, dass private Zusatzversicherungen bestehen können. Bei Beamten und Selbständigen denke man an private Krankenversicherungsträger, bei Beamten ferner an die Beihilfestelle.
- Träger der **Leistungen nach SGB II und SGB XII.** Einen wichtigen Ansprechpartner bildet hier die Bundesagentur für Arbeit. Hier sind z.T. regionale Besonderheiten in der Zuständigkeit zu beachten (z.B. optierende Kommunen).
- Träger von **Versorgungsleistungen** – etwa Deutsche Telekom AG, örtlicher Strom-, Gas-, Kabelanschlussanbieter, GEZ, Stadt und Gemeinde (Müllabfuhr etc.). Man denke auch an andere Telefonanbieter (Handys).
- **Vermieter, Pflegeheim** oder die **Wohnungseigentümergemeinschaft.** Ist der Mündel/Betreute Wohnungseigentümer, gibt der Wohnungseigentumsverwalter (ggf. über den Hausmeister zu erfragen) Auskunft über etwaige Wohngeldrückstände. Von ihm sollte man sich auch einen Wirtschaftsplan sowie eine Jahresabrechnung geben lassen.
- **Finanzverwaltung.** Zur Vermeidung von Säumniszuschlägen bietet sich eine frühzeitige bei dem zuständigen Finanzamt an. Bei Liegenschaften denke man an Stadt oder Gemeinde.
- **Schufa** und **Zwangsvollstreckungsabteilung** des zuständigen Amtsgerichts. Sie geben insbesondere bei notleidenden Krediten, überzogenen Konten und abgegebenen eidesstattlichen Versicherungen wichtige Hinweise.
- **Bundeszentralamt für Steuern.** Es hat Kenntnis von sämtlichen deutschen Bankverbindungen des Mündels. Der Vormund gehört zwar nicht zu den Auskunftsberechtigten nach der AO. Aber es ist eigentlich kein Grund ersichtlich, warum dem Vormund eine Auskunft verweigert werden sollte.[112] Als mögliche Anspruchsgrundlage könnte § 1 Informationsfreiheitsgesetz herangezogen werden.

43 Die vorbezeichneten Stellen erteilen regelmäßig nur auf schriftliche Anfrage hin Auskünfte. Die Anfrage sollte folgende Punkte erkennen lassen:
- Legitimation des Anfragenden. Eine Kopie der Bestellungsurkunde genügt regelmäßig nur, wenn der Anfragende persönlich bekannt ist. Deshalb sollte man sich mit einem Vorrat an beglaubigten Kopien versorgen. Z.T. wird auch das Original verlangt. Der Ausweis muss insbesondere erkennen lassen, dass die Vormundschaft – sofern sie gegenständlich beschränkt ist – auch den Aufgabenkreis Vermögenssorge umfasst. Teilweise wird darüber hinaus die Identifizierung des Anfragenden durch Vorlage eines Ausweisdokuments erwartet.
- Inhalt der Anfrage. Präzise Fragen gewährleisten präzise Antworten. Für welchen Stichtag sollen Kontenbestände oder bestehende Forderungen ermittelt werden? Nach welchen Vermögenswerten suchen Sie (Konten, Bausparverträge, Versicherungsverträge, Kredite, Depots, Schließfächer, etc.)? Welche Belege wünschen Sie (Kontoauszüge, Vertragsurkunden, Rentenbescheide)? Welche Zahlungsmodalitäten sind vereinbart (Fälligkeit, Einzugsermächtigung oder Abbuchungsauftrag)?
- Weitere Anträge. Zur Vermeidung der eigenen Haftung kann es sich anbieten, fristwahrend formlos Anträge zu stellen, z.B. auf Bezug von Sozialleistungen[113], auf Stundung von Steuerschulden, auf Fristverlängerung für die Abgabe bestimmter Erklärungen.

---

[112] So auch *Zimmermann*, ZEV 2014, 76-81, 76.
[113] So auch *Meier/Neumann*, Handbuch Vermögenssorge, 2006, S. 79.

- Mitteilung, an welche Adresse künftige Korrespondenz ausschließlich zu richten ist und über welches Konto Zahlungen ausschließlich erfolgen sollen.

Fraglich ist, welche Stellen der Vormund stets anschreiben muss. Für die Betreuung wird vertreten, dass Bankenverband, bekannte Bankinstitute, regionale Sparkasse, Postgiroamt, Postsparkassenamt München und Hamburg, Deutsche Rentenversicherung, Sozialamt/Jobcenter, Pensionsanstalten, Lebensversicherungsunternehmen, Vermieter, Versorgungseinrichtungen (Gas, Wasser), GEZ, Telekom und Gläubiger stets anzuschreiben seien.[114] M.E. verbieten sich pauschale Aussagen. Bei Minderjährigen bestehen häufig noch keine umfassenden Leistungsbeziehungen zu vorbezeichneten Stellen. Hier ist nach dem Alter zu differenzieren. Aber auch bei Betreuten kann ein differenziertes Vorgehen geboten sein. Grundsätzlich gilt: Je kooperativer der Betreute Informationen angibt und je vollständiger vorhandene Leistungsbeziehungen über eine geordnete Buchführung und über vollständige Kontounterlagen vorhanden sind, desto niedriger sind die Anforderungen an Nachforschungen des Betreuers. Im Zweifel sollte der Vormund zu seiner eigenen Absicherung jedoch eher großzügig Anfragen stellen.

f. Vorbehalte bei der Versicherung der Richtigkeit und Vollständigkeit

Richtigkeit und Vollständigkeit können jeweils nur nach bestem Wissen und Gewissen versichert werden. Ist jedoch – etwa bei hoch verschuldeten oder unkooperativen Betreuten – schon bei der Errichtung des Vermögensverzeichnisses absehbar, dass möglicherweise derzeit unaufklärbare Fehler enthalten sind, kann es ausreichen, das Vermögensverzeichnis als vorläufiges zu bezeichnen und lediglich die vorläufige Richtigkeit und Vollständigkeit zu versichern.[115] Nachträglich festgestellte Vermögensbestandteile sind dann – wie auch bei dem als endgültig eingereichten Verzeichnis – nachzutragen.

2. Befugnisse gegenüber dem Mündel

Der Mündel oder Betreute selbst ist – ebenso wie seine Angehörigen – außerhalb sonstiger vertraglicher oder gesetzlicher Rechtsverhältnisse nicht zur Mitwirkung an der Erstellung des Inventars verpflichtet[116]. Der Vormund sollte ihm allerdings vor Augen führen, dass die Verweigerung der Mitwirkung Nachforschungen bei Dritten zur Folge haben wird. Erteilt der Mündel oder Betreute nicht die erforderlichen Informationen, stellt sich die Frage nach Möglichkeiten, auch gegen dessen Willen nach Vermögenswerten zu suchen. Unproblematisch sind insoweit Anfragen bei Dritten. Gewalt gegen die Person darf der Vormund oder Betreuer nur anwenden, soweit das Familiengericht dies ausdrücklich angeordnet hat.[117] Inwiefern das Familiengericht dies überhaupt gestatten darf, wird – insbesondere im Fall der Betretung der Wohnung – streitig diskutiert.[118] Art. 13 GG setzt hier enge Grenzen. Im Fall der Vormundschaft kann mitunter eine Abhilfe geschaffen werden, wenn der Mündel keine eigene Wohnung hat und seine Pflegefamilie Zutritt hat und Nachschau halten kann. Steht dieser Weg nicht offen, darf der Vormund nicht ohne vormundschaftlichen Beschluss die Wohnung gegen oder ohne den Willen des Mündels betreten (§ 123 StGB!).

3. Schwierigkeiten beim Ansatz einzelner Vermögenswerte

Ziel der Bewertung von Vermögensbestandteilen ist immer die Ermittlung des tatsächlichen Marktwertes.[119] Bei neuwertigen Gegenständen kann dieser aus den Anschaffungs- oder Herstellungskosten ermittelt werden.[120] Bei gebrauchten Gegenständen kann eine erste Orientierung in vielen Fällen anhand von Internetportalen gewonnen werden. Vorsicht ist insbesondere bei Sachwerten geboten, deren Bewertung besondere Markt- oder Sachkunde erfordern, etwa bei Kunstgegenständen, Antiquitäten, Sammlerstücken, Teppichen etc. Auch bestimmte Autos und Motorräder gewinnen ab einem bestimmten Alter wieder an Wert. Pauschale Empfehlungen lassen sich hier nicht geben.

---

[114] So *Meier/Neumann*, Handbuch Vermögenssorge, 2006, S. 72.
[115] So auch *Meier*, Handbuch Betreuungsrecht, 2000 Rn. 593.
[116] *Bienwald* in: Bienwald/Sonnenfeld/Hoffmann, Betreuungsrecht, 4. Aufl. 2005, Anhang zu § 1908i BGB, Rn. 24.
[117] So auch implizit BGH v. 11.10.2000 - XII ZB 69/00 - BGHZ 145, 297 ff.; ihm folgend etwa *Meier/Neumann*, Handbuch Vermögenssorge, 2006, S. 117.
[118] Zustimmend etwa LG Berlin v. 08.02.1996 – 83 T 490/95 - FamRZ 1996, 821-825, 823 f.; LG Freiburg v. 25.02.2000 - 4 T 349/99 - FamRZ 2000, 1316 ff.; ablehnend demgegenüber OLG Frankfurt v. 28.11.1995 - 20 W 507/95 - BtPrax 1996, 71; LG Frankfurt v. 19.07.1994 - 2-28 T 54/94 - FamRZ 1994, 1617.
[119] *Birkenfeld*, FamRZ 1976, 197.
[120] *Birkenfeld*, FamRZ 1976, 197.

48 Im Stadium der Aufstellung des Inventars kann es vorkommen, dass bereits Forderungen gegen den Mündel geltend gemacht werden. Der Vormund sollte bei der Anerkennung und Begleichung solcher Forderungen Vorsicht walten lassen, ehe er sich einen Überblick über das Vermögen des Mündels verschafft hat. Es kann nämlich sein, dass sich die Forderung als unberechtigt oder verjährt herausstellt, dass er zum Wohle des Mündels vorrangig andere Verbindlichkeiten des Mündels tilgen müsste oder dass eine Aufrechnung günstiger für den Mündel wäre. Im Rahmen des Vermögensverzeichnisses sind solche Forderungen allerdings – ggf. mit einer Anmerkung zur Umstrittenheit – aufzunehmen.[121]

49 Gerade bei verheirateten Betreuten kommt es häufig vor, dass Mitbeteiligungen Dritter bestehen, deren Vermögen nicht in das Inventar aufzunehmen ist. Gegebenenfalls müssen Miteigentumsanteile bestimmt, Nebenkosten und Lasten aufgeteilt und Mitverpflichtungen bewertet werden.

50 Betreuungsvereine und -behörden sowie Rechtspfleger der Familiengerichte sind im Rahmen ihrer Möglichkeiten bei Fragen zur Erstellung von Vermögensverzeichnissen behilflich.

4. Übernahme der Vormundschaft in besonderen Konstellationen

51 Bei der Aufstellung des Inventars ist Sorgfalt im eigenen Interesse des Vormundes angezeigt, da ihn ein vollständiges und richtiges Inventar gegen etwaige Veruntreuungsvorwürfe schützen kann. Dies gilt besonders im Fall der Übernahme der Vormundschaft von einem anderen Vormund. Der Wechsel des Vormunds hat häufig gravierende Gründe in der Person des ersten Vormundes. Der neue Vormund sollte deshalb dessen Vermögensverzeichnis sorgfältig prüfen.

---

[121] In diese Richtung auch *Dickescheid* in: BGB-RGRK, § 1802 Rn. 3.

jurisPK-BGB / Lafontaine   **Muster zu § 1802**

E. Arbeitshilfen – Muster eines Vordrucks zur Erstellung des Inventars
Für ein Beispiel eines Vordrucks zur Erstellung des Inventars vgl. das Muster 1.   **52**

Name, Vorname
_____   _____, den _____
Straße u. Hausnummer
_____

PLZ   Ort
_____

An das
Amtsgericht – Familiengericht/Betreuungsgericht-
_____

Straße u. Hausnummer
_____

PLZ   Ort
_____

Vormundschaft/Betreuung betreffend Herrn/Frau
Name, Vorname
_____

Straße u. Hausnummer
_____

PLZ   Ort
_____

geboren am
_____

Aktenzeichen
_____

Sehr geehrte Damen und Herren,
durch Beschluss des Amtsgerichts _____ vom _____ wurde ich zum (Mit-) Vormund/Betreuer des/r Herrn/Frau _____ bestellt. Der Bestellungsbeschluss ging mir am _____ zu. Ich habe das Vermögen des/r Betreuten für diesen Zeitpunkt geprüft und wie folgt verzeichnet:

A. Aktivvermögen

I. Immobiliarvermögen

1. Grundstücke

_____   _____ €
[Anschrift, Grundbuchdaten, Bebauung, Verkehrswert, ggf. Miteigentumsanteil in %]

2. Wohnungs- /Teileigentum

_____   _____ €
[Anschrift, Grundbuchdaten, Eigentumsanteil, Marktwert des Anteils]

3. Nießbrauchs-, Wohnrechte, Erbbaurechte u. dgl.

_____   _____ €
[Grundbuchdaten, gemeiner Wert]

Muster zu § 1802

II. Geld, Wertpapiere

1. Bargeld

_____ _____ €
[Fremdwährungen umgerechnet nach Tages-Sortenankaufskurs]

2. Girokonten

_____ _____ €
[Kreditinstitut, Kontonummer, Betrag]

3. Sparkonten, Festgeld, Termingeld

_____ _____ €
[Kreditinstitut, Nummer, Betrag]

4. Beteiligung an gemeinschaftlichen Konten

_____
[Kreditinstitut, Kontonummer, weiterer Beteiligter,
Beteiligung in %, Betrag der Gesamtforderung]
Wert der Beteiligung entsprechend dem Anteil: _____ €

5. Aktien, Aktienfonds, Rentenfonds u. dgl.

_____ _____ €
[genaue Bezeichnung, Wertpapier-Kennnummer, Tages-(Verkaufs-)Kurswert]

6. Inhaberschuldverschreibungen, Anleihen und sonstige Wertpapiere

_____ _____ €
[genaue Bezeichnung, Wertpapier-Kennnummer, Marktwert]

III. Forderungen

1. Rentenforderungen und wiederkehrende Leistungen

_____ _____ €
[Rechtsgrund, Schuldner, Höhe]

2. Lebensversicherungen

_____ _____ €
[Institut, Vertragsnummer, Rückkaufswert]

3. Bausparguthaben

_____ _____ €
[Institut, Vertragsnummer, Guthaben, Zuteilungsreife]

4. sonstige Geldforderungen

_____ _____ €
[Rechtsgrund, Schuldner, ggf. Zinshöhe, Höhe]

5. sonstige Forderungen (z.B. Herausgabeforderungen, Auseinandersetzungsforderungen, Grundschulden und Hypotheken)

_____ _____ €
[Rechtsgrund, Schuldner, Gegenstand der Forderung, ggf. Grundbuchdaten, Wert]

IV. Unternehmen

_____ _____ €
[Firma, Handelsregister, Unternehmenswert einschließlich Zubehör und Bestand]

jurisPK-BGB / Lafontaine **Muster zu § 1802**

Die aktuelle Bilanz und eine Aufstellung des Inventars sind beigefügt.

V. Unternehmensbeteiligungen, Genossenschaftsanteile, Nachlassbeteiligungen, Beteiligungen an Bruchteils- und Gesamthandsgemeinschaften

_____ €

[Firma, Handelsregister, Anteil, Wert]

VI. Kostbarkeiten

_____ €

[Bezeichnung von Schmuck, Edelsteinen, Antiquitäten, Münzsammlungen etc., Schätz- oder Gutachtenwert]

VII. Hausrat

_____ €

[Zusammenfassung in Einzelposten]

VIII. Fahrzeuge, Maschinen etc.

_____ €

[Fahrzeugtyp, Baujahr, Laufleistung, Wert]

IX. Gegenstände des persönlichen Gebrauchs

_____ €
_____ €

[Musikinstrumente, Kleider, etc., Wert]

Aktiva insgesamt _____ €

B. Passivvermögen

I. Grundschulden, Hypotheken etc.

_____ €

[Rechtsgrund, Schuldner, Gegenstand der Forderung, ggf. Grundbuchdaten, Wert]

II. Debetsaldo aus Girokonto

_____ €

[Kreditinstitut, Kontonummer, Betrag]

III. Geldforderungen

_____ €

[Versicherungen, Abzahlungskäufe, Steuerschuld, etc.]

IV. sonstige Forderungen

_____ €

[Herausgabeforderungen, Leistungspflichten etc.]

Passiva insgesamt _____ €

C. Einkommen

I. Einkünfte aus Erwerbstätigkeit

_____ €

Muster zu § 1802

II. Einkommensersatzleistungen und -ergänzungen, Hilfen zum Lebensunterhalt, Erziehungsgeld, Kindergeld,
_____ _____ €

III. Einkünfte aus Vermietung, Verpachtung
_____ _____ €

IV. Einkünfte aus Kapitalanlagen
_____ _____ €

V. Rentenansprüche
_____ _____ €

VI. Unterhaltsansprüche
_____ _____ €

VII. Bezüge aus Versicherungen
_____ _____ €

VIII. sonstige Einkünfte
_____ _____ €

Bruttoeinkommen insgesamt _____ €

D. Abzüge

I. Mietzins und Nebenkosten, Wohngeld, Unterbringungskosten
_____ _____ €

II. Steuern und Abgaben (Grundsteuer, Müll, Abwasser etc.)
_____ _____ €

III. private Versicherungen (Kranken-, Pflege-, Lebens-, Unfall-, Invaliditäts-, Renten-, Rechtsschutz-, Haftpflicht-, Gebäudeversicherung)
_____ _____ €

IV. Tilgungs- und Zinsleistungen
_____ _____ €

V. Beiträge und Mitgliedschaften
_____ _____ €

VI. Sonstige
_____ _____ €

Ich versichere die Richtigkeit und Vollständigkeit der vorstehenden Angaben.

Ort, Datum

_____
Unterschrift

jurisPK-BGB / Lafontaine   **Muster zu § 1802**

Ich, _____, wohnhaft _____, erkläre in meiner Eigenschaft als Mit-/Gegen- -vormund/-betreuer:

☐ Ich schließe mich der vorstehenden Erklärung an und versichere in eigener Person die Richtigkeit und Vollständigkeit des vorstehenden Inventars.

☐ ich schließe mich der vorstehenden Erklärung mit folgender Einschränkung an:
_____
Ich versichere die Richtigkeit und Vollständigkeit des vorstehenden Inventars mit dieser Maßgabe.

☐ Ich schließe mich der vorstehenden Erklärung nicht an und reiche beigefügt ein eigenes Inventar ein.

Ort, Datum

_____
Unterschrift

§ 1803 BGB Vermögensverwaltung bei Erbschaft oder Schenkung

(Fassung vom 17.12.2008, gültig ab 01.09.2009)

(1) Was der Mündel von Todes wegen erwirbt oder was ihm unter Lebenden von einem Dritten unentgeltlich zugewendet wird, hat der Vormund nach den Anordnungen des Erblassers oder des Dritten zu verwalten, wenn die Anordnungen von dem Erblasser durch letztwillige Verfügung, von dem Dritten bei der Zuwendung getroffen worden sind.

(2) Der Vormund darf mit Genehmigung des Familiengerichts von den Anordnungen abweichen, wenn ihre Befolgung das Interesse des Mündels gefährden würde.

(3) ¹Zu einer Abweichung von den Anordnungen, die ein Dritter bei einer Zuwendung unter Lebenden getroffen hat, ist, solange er lebt, seine Zustimmung erforderlich und genügend. ²Die Zustimmung des Dritten kann durch das Familiengericht ersetzt werden, wenn der Dritte zur Abgabe einer Erklärung dauernd außerstande oder sein Aufenthalt dauernd unbekannt ist.

Gliederung

A. Grundlagen 1	3. Inhalt der Anordnung 15
I. Kurzcharakteristik 1	a. Allgemeines 15
II. Entstehungsgeschichte 2	b. Beschränkungen 16
1. Die ursprüngliche Fassung des BGB 2	c. Befreiungen 18
2. Das FGG-Reformgesetz 3	**D. Rechtsfolgen** 19
B. Praktische Bedeutung 4	I. Grundsatz 19
C. Anwendungsvoraussetzungen 5	II. Abweichungen bei Erwerb von Todes wegen
I. Gegenstand des Erwerbs 5	(Absatz 2) 21
II. Erwerb von Todes wegen (Alternative 1) ... 6	1. Erwerb von Todes wegen 21
III. Unentgeltliche Zuwendung unter Lebenden	2. Gefährdung des Mündelinteresses 22
(Alternative 2) 7	3. Ausnahme: Jugendamt 25
1. Zuwendung 7	4. Praktische Hinweise 26
2. Unentgeltlichkeit 8	III. Abweichungen bei Erwerb aufgrund unent-
IV. Anordnung des Erblassers oder des Dritten ... 9	geltlicher Zuwendung (Absatz 3) 27
1. Person des Anordnenden 9	1. Erwerb unter Lebenden 27
2. Form und Zeitpunkt der Anordnung 10	2. Zustimmung des Anordnenden 28
a. Allgemeines 10	3. Ersetzung der Zustimmung 29
b. Bei Erwerb von Todes wegen 11	**E. Prozessuale Hinweise/Verfahrenshinweise** 31
c. Bei Zuwendung unter Lebenden 14	

A. Grundlagen

I. Kurzcharakteristik

1 Im Falle einer unentgeltlichen Zuwendung unter Lebenden oder beim Erwerb durch Verfügung von Todes wegen kommt es vor, dass der Zuwendende mit seiner Zuwendung bzw. mit der Verfügung von Todes wegen bestimmte, regelmäßig uneigennützige Zwecke verbindet, die über den bloßen Rechtsübergang hinausgehen und die Art und Weise der Verwendung des Zugewendeten durch den Zuwendungsempfänger betreffen. Der Gesetzgeber hält diese Motivation für privilegierungswürdig und gewährt dem Zuwendenden bestimmte Möglichkeiten, auf die Verwaltung des einem Mündel zugewendeten Vermögens Einfluss zu nehmen, indem er in § 1803 BGB bestimmt, dass der Vormund dieses Vermögen nicht verwalten soll, oder dem Vormund in der Verwaltung des Vermögens Beschränkungen auferlegt.

II. Entstehungsgeschichte

1. Die ursprüngliche Fassung des BGB

Der Gesetzgeber hat sich bewusst dagegen ausgesprochen, dem Vater oder der Mutter als Ausfluss der elterlichen Gewalt die Befugnis einzuräumen, über die Verwaltung des Mündelvermögens ohne Rücksicht darauf bindende Anordnungen zu treffen, ob sie dem Mündel Vermögen hinterlassen haben. Die Zweckmäßigkeit einer Maßnahme der Vermögensverwaltung hänge nämlich maßgeblich davon ab, dass sie den Verhältnissen der unmittelbaren Gegenwart in gebührender Weise Rechnung tragen könne. Es könne dem Mündel aber leicht zum Nachteil gereichen, wenn die Eltern Anordnungen treffen, ohne übersehen zu können, ob und inwieweit sie auch in der Zukunft dem Interesse des Mündels entsprechen. Die getroffene Regelung lehnt sich an die der preußischen Vormundschaftsordnung an.[1]

2. Das FGG-Reformgesetz

Durch das Gesetz zur Reform des Verfahrens in Familiensachen und in den Angelegenheiten der freiwilligen Gerichtsbarkeit (FGG-Reformgesetz – FGG-RG) vom 17. Dezember 2008[2] wurde das Wort Vormundschaftsgericht durch das Wort Familiengericht ersetzt. Zu der neuen Zuständigkeitsverteilung insgesamt vgl. die Kommentierung zu § 1793 BGB Rn. 162.

B. Praktische Bedeutung

Gemäß § 1908i Abs. 1 Satz 1 BGB ist die Vorschrift auf die Betreuung entsprechend anwendbar. Die Vermögensverwaltungsbefugnis der Eltern kann der Zuwendende durch die Parallelvorschriften der §§ 1638, 1639 BGB beschränken. Im Falle der Amtsvormundschaft bedarf eine Abweichung von der Anordnung nach § 1803 Abs. 2 BGB gemäß § 56 Abs. 2 Satz 2 SGB VIII nicht der Genehmigung des Familiengerichts.

C. Anwendungsvoraussetzungen

I. Gegenstand des Erwerbs

Jedes Vermögensobjekt kann Gegenstand des Erwerbs nach § 1803 BGB sein, also z.B. Eigentum an beweglichen und unbeweglichen Sachen, die Inhaberschaft von Forderungen, Gesellschaftsanteilen, Immaterialgüterrechten etc. Die Wirkungen des § 1803 BGB erfassen entsprechend § 1638 Abs. 2 BGB auch Surrogate des Erworbenen.[3]

II. Erwerb von Todes wegen (Alternative 1)

Erfasst wird jeder Erwerb von Todes wegen, insbesondere also der Erwerb nach §§ 1922 ff. BGB. Im Regelfall handelt es sich um einen Erwerb durch letztwillige Verfügung, z.B. durch Testament. Der Erwerb an sich muss jedoch nicht zwingend auf einer letztwilligen Verfügung beruhen. Ausreichend ist auch ein Erwerb als gesetzlicher Erbe[4], ferner der Erwerb aufgrund Vermächtnisses oder Pflichtteilsberechtigung[5]. Ebenfalls genügend ist auch die Begünstigung des Mündels durch die mit einer Erbeinsetzung verbundene Auflage zum Vorteil des Mündels.[6]

---

[1] Zum Ganzen *Mugdan*, Die gesammten Materialien zum Bürgerlichen Gesetzbuch für das Deutsche Reich, IV. Band: Familienrecht, 1899, S. 11002 ff.
[2] BGBl I 2008, 2586, 2723 f.
[3] *Zimmermann* in: Damrau/Zimmermann, Betreuungsrecht, 4. Aufl. 2011, § 1803 Rn. 4; *Veit* in: Staudinger, § 1803 Rn. 11; *Dickescheid* in: BGB-RGRK, § 1803 Rn. 6; vgl. hierzu auch schon *Mugdan*, Die gesammten Materialien zum Bürgerlichen Gesetzbuch für das Deutsche Reich, IV. Band: Familienrecht, 1899, S. 1105.
[4] BayObLG v. 26.07.1964 - BReg 1 Z 166/64 - FamRZ 1964, 522-523; *Veit* in: Staudinger, § 1803 Rn. 3.
[5] So auch OLG Hamm v. 08.08.1969 15 W 172/69 FamRZ 1969, 662-663; *Veit* in: Staudinger, § 1803 Rn. 3; *Dickescheid* in: BGB-RGRK, § 1803 Rn. 2; *Götz* in: Palandt, § 1803 Rn. 1; *Zimmermann* in: Damrau/Zimmermann, Betreuungsrecht, 4. Aufl. 2011, § 1803 Rn. 5.
[6] *Veit* in: Staudinger, § 1803 Rn. 3; *Zimmermann* in: Damrau/Zimmermann, Betreuungsrecht, 4. Aufl. 2011, § 1803 Rn. 4; *Dickescheid* in: BGB-RGRK, § 1803 Rn. 2.

III. Unentgeltliche Zuwendung unter Lebenden (Alternative 2)

1. Zuwendung

7   Zuwendung unter Lebenden ist jede willentliche Hingabe eines Vermögensgegenstandes an einen anderen.

2. Unentgeltlichkeit

8   Unentgeltlich erfolgt die Zuwendung, wenn sie objektiv und subjektiv, d.h. nach dem Willen der Beteiligten unabhängig von einer Gegenleistung gewährt wird (vgl. hierzu etwa die Kommentierung zu § 1821 BGB Rn. 74). Neben der Schenkung nach § 516 BGB kommt etwa eine Ausstattung nach § 1624 BGB in Betracht.[7]

IV. Anordnung des Erblassers oder des Dritten

1. Person des Anordnenden

9   Anordnungen kann der Zuwendende treffen. Die Eltern des Mündels können nicht als solche, sondern nur hinsichtlich eines von ihnen zugewandten Vermögens eine Anordnung treffen.[8]

2. Form und Zeitpunkt der Anordnung

a. Allgemeines

10   Ob eine Anordnung vorliegt und ggf. welchen Inhalt sie hat, ist im Wege der Auslegung zu ermitteln. Die Anordnung muss nicht ausdrücklich, sondern kann auch stillschweigend erfolgen.[9] Allerdings muss der Wille auf eine bindende Anordnung und nicht nur auf die Äußerung eines unverbindlichen Wunsches gerichtet sein.[10] Genau genommen ist dabei zwischen der Auslegung einer Verfügung von Todes wegen und der Anordnung eines lebenden Zuwenders zu unterscheiden. Nach herrschender – wenngleich nicht unangefochtener[11] – Rechtsprechung wird die Auslegung letztwilliger Verfügungen von der sog. Anhalts- oder Andeutungstheorie bestimmt. Danach ist die Auslegung letztwilliger Verfügungen nicht auf eine Analyse des Wortlautes beschränkt, sondern es ist zu klären, was der Erblasser wirklich sagen wollte. Damit die Erklärung formgerecht ist, muss der Erblasserwille im Testament allerdings zumindest andeutungsweise zum Ausdruck gekommen sein.[12] Es ist deshalb konsequent, auch bei Prüfung einer Anordnung nach § 1803 BGB im Rahmen letztwilliger Verfügungen darauf abzustellen, ob der Wille zur Vornahme einer Anordnung in der Verfügung einen wenn auch unvollkommenen Ausdruck gefunden hat.[13] Zuwendungen unter Lebenden unterliegen demgegenüber den allgemeinen Auslegungsregeln nach §§ 133, 157 BGB.

b. Bei Erwerb von Todes wegen

11   Der Erblasser kann, wie sich aus § 1803 Abs. 1 HS. 3 BGB ergibt, die Anordnung nur in der Form der letztwilligen Verfügung treffen. Es sind sämtliche Voraussetzungen für die wirksame Verfügung von Todes wegen einzuhalten, insbesondere also:
- Testierfähigkeit (insbesondere § 2229 BGB),
- Testierwille (Auslegung nach § 133 BGB, vgl. auch die §§ 116-118 BGB),
- keine gesetzlichen Verbote (Heimgesetz, §§ 134, 138, 2077 BGB),
- Form der §§ 2231 ff. BGB,
- keine wirksame Anfechtung, §§ 1078 f. BGB.

---

[7] So auch RG v. 14.10.1912 - IV 133/12 - RGZ 80, 217-219 (217 f.); *Dickescheid* in: BGB-RGRK, § 1803 Rn. 3; *Veit* in: Staudinger, § 1803 Rn. 4.

[8] Vgl. *Veit* in: Staudinger, § 1803, Rn. 5; *Götz* in: Palandt, § 1803 Rn. 1.

[9] Vgl. *Veit* in: Staudinger, § 1803 Rn. 8; *Dickescheid* in: BGB-RGRK, § 1802 Rn. 4; *Zimmermann* in: Damrau/Zimmermann, Betreuungsrecht, 4. Aufl. 2011, § 1803 Rn. 5; *Götz* in: Palandt, § 1803 Rn. 1.

[10] Vgl. *Veit* in: Staudinger, § 1803 Rn. 8; *Götze* in: Palandt, § 1803 Rn. 1.

[11] Vgl. etwa *Foerste*, DNotZ 1993, 84 ff.; *Kuschinke*, DNotZ 1990, 427.

[12] So etwa BGH v. 09.04.1981 - IVa ZB 4/80 - BGHZ 80, 242-245, 246; BayObLG v. 16.11.1993 - 1Z BR 73/93 - FamRZ 1994, 853-855, 854.

[13] Vgl. BayObLG v. 28.07.1964 - BReg 1 166/64 - FamRZ 1964, 522-523; *Veit* in: Staudinger, § 1803 Rn. 8.

Allerdings müssen die Zuwendung von Todes wegen und die Anordnung nicht in derselben Verfügung von Todes wegen enthalten sein. Unerheblich ist auch, ob die beschränkende Anordnung zur gleichen Zeit, vor oder nach der Verfügung erfolgt, die den Erwerb von Todes wegen zur Folge hat.[14] Anders als für den Fall der Zuwendung unter Lebenden fordert § 1803 BGB nämlich gerade keine Anordnung „bei" der den Erwerb begründenden Verfügung von Todes wegen. Erforderlich ist lediglich, dass die anordnende Verfügung zum Zeitpunkt des Todes noch gültig ist.

In der Praxis ist bei mehreren Verfügungen von Todes wegen insbesondere die Möglichkeit des Widerrufs von letztwilligen Verfügungen durch
- Widerrufstestament, § 2254 BGB,
- Vernichtung des Testaments, § 2255 BGB,
- Rücknahme des öffentlichen Testaments aus amtlicher Verwahrung, § 2256 BGB,
- widersprechende letztwillige Verfügung, § 2258 BGB,

in Betracht zu ziehen. Dabei ist stets im Wege der Auslegung genau zu prüfen, ob und ggf. welche Anordnungen genau von dem Widerruf betroffen sind. Man beachte ferner, dass auch der Widerruf eines Widerrufs den Anforderungen der Verfügung von Todes wegen unterliegt.

c. Bei Zuwendung unter Lebenden

Der Dritte muss die Anordnung „bei der Zuwendung" treffen, § 1803 Abs. 1 HS. 4 BGB. Eine vor der Zuwendung getätigte Anordnung genügt, wenn sich ihr im Wege der Auslegung hinreichend sicher entnehmen lässt, dass sie sich auf die konkrete Zuwendung beziehen soll und fortgilt. Eine nachträgliche Anordnung ist bereits dem Wortlaut der Norm nach ausgeschlossen.

3. Inhalt der Anordnung

a. Allgemeines

Anordnung im Sinne des § 1803 BGB ist jede Bestimmung, die die Verwaltung des zugewandten Vermögens durch den Vormund regelt, nicht hingegen eine Anordnung von Auflagen oder sonstigen Beschwerungen oder Beschränkungen, die den Empfänger selbst einschränken. Denn nach dem Wortlaut des § 1803 Abs. 1 BGB bezieht sich die Anordnung auf das „Verwalten" durch den Vormund. Eine Anordnung, mit der der Mündel selbst in seiner Verwendung des Vermögens beschränkt werden soll, fiele nicht unter § 1803 BGB.[15] Im Übrigen sagt das Gesetz nichts dazu, welchen Inhalt die Anordnung haben kann. In Betracht kommen grundsätzlich die Auferlegung zusätzlicher Bindungen und Einschränkungen sowie die Anordnung von Befreiungen des Vormundes von einzelnen Bindungen.

b. Beschränkungen

Wie sich aus § 1909 Abs. 1 Satz 2 BGB ergibt, kann der Vormund durch die Anordnung ganz von der Verwaltung des zugewandten Vermögensgegenstandes ausgeschlossen werden. Zu den Rechtsfolgen dieser Anordnung vgl. Rn. 19 f. Möglich sind aber auch sonstige Beschränkungen. So kann der Vormund auf eine bestimmte Anlageform festgelegt werden und die Bestimmungen über die Hinterlegungs- oder Umwandlungspflichten nach den § 1814 ff. BGB können ausgedehnt werden.[16] Ausgeschlossen ist demgegenüber die Anordnung von Bindungen, die bestimmte Geschäfte dem Genehmigungserfordernis oder einer sonstigen Mitwirkung des Familiengerichts oder sonstiger öffentlicher Stellen unterwerfen würden. Denn die Zuständigkeit des Familiengerichts oder sonstiger öffentlicher Stellen unterliegt nicht der Disposition privater Dritter.[17]

Empfehlung für die Praxis: Von Beschränkungen sollte nur sehr zurückhaltend Gebrauch gemacht werden. Schon die allgemeinen Vorschriften für die Anlage des Mündelvermögens sind vergleichsweise streng. Durch noch weitergehende Einengung besteht – insbesondere bei Anordnungen von Todes wegen, die der Zuwendende nicht mehr selbst korrigieren kann – die Gefahr, dass die Beschränkungen sich nachteilig auf die Vermögensinteressen des Mündels auswirken, etwa weil sich die tatsächlichen Umstände geändert haben. So kann beispielsweise eine Zuwendung unter der Anordnung einer besonders sicheren Anlageform eher hinderlich erscheinen, wenn der Mündel aufgrund anderen, hinzugewonnenen Vermögens über angemessene sichere Rücklagen verfügt und die gesamtwirtschaft-

---

[14] Vgl. *Dickescheid* in: BGB-RGRK, § 1803, Rn. 2; *Veit* in: Staudinger, § 1803 Rn. 6.
[15] Zutreffend *Dickescheid* in: BGB-RGRK, § 1803 Rn. 6.
[16] Allg. A., vgl. *Veit* in: Staudinger, § 1803, Rn. 9; *Dickescheid* in: BGB-RGRK, § 1803 Rn. 5.
[17] So auch KG v. 17.10.1910 - 1 X 316/10 - KGJ 40, 227-232 (230); *Dickescheid* in: BGB-RGRK, § 1803 Rn. 5.

liche Entwicklung von anderen Anlageformen wesentlich höhere Renditen bei kalkulierbaren Risiken erwarten lässt. Gerade im Fall der Verfügung von Todes wegen sollte sich der Verfügende der Tatsache bewusst sein, dass er dem Vormund u.U. langfristige Bindungen auflädt, die auch unter veränderten Umständen fortbestehen können, die zum Zeitpunkt der Verfügung noch nicht absehbar sind.

c. Befreiungen

18 Nicht unproblematisch ist, inwieweit der Vormund durch Anordnung auch freier gestellt werden kann, als es das gesetzliche Vorbild vorsieht. Denn das vom Gesetzgeber grundsätzlich anerkannte Bedürfnis des Zuwendenden, seine Vorstellungen in die Verwaltung des Mündelvermögens einfließen zu lassen, kann in diesem Fall mit der öffentlich-rechtlichen Schutzfunktion der Vorschriften über die Vormundschaft kollidieren.[18] Im Grundsatz wird die Möglichkeit zur Anordnung von Befreiungen von der h.M. bejaht, etwa im Hinblick auf die Pflicht zur Anlegung von Mündelgeld (§ 1806 ff. BGB) oder zur Hinterlegung von Inhaberpapieren (§ 1814 BGB).[19] Demgegenüber können die familiengerichtlichen Genehmigungserfordernisse nicht beschränkt werden.[20] Dem steht der öffentlich-rechtliche Charakter der §§ 1821-1822 BGB entgegen. Der Schutzzweck dieser Normen gebietet die Einholung der Genehmigung auch bei zugewendetem Vermögen. Die Differenzierung beruht letztlich auf wertenden Gesichtspunkten. Denn auch die Vorschriften zur Anlegung von Mündelgeld oder zur Hinterlegung von Inhaberpapieren dienen ja dem öffentlich-rechtlichen Zweck des Mündelschutzes. Entscheidend ist, ob die gesetzliche Pflicht nach ihrem Sinn und Zweck einen über das Interesse am Erhalt des Zugewendeten als solchem hinausgehenden Schutz des Mündels bezweckt. Das ist insbesondere im Fall der §§ 1821-1822 BGB zu bejahen. Überdies wird man bei kumulativen Befreiungen zu prüfen haben, ob die Summe von einzeln zulässigen Befreiungen bei bewertender Gesamtbetrachtung den vormundschaftsrechtlichen Schutz nicht so weit aushöhlt, dass dieser de facto leer läuft.

D. Rechtsfolgen

I. Grundsatz

19 Der Vormund hat die wirksamen Anordnungen zu beachten. Diese verdrängen die gesetzliche Anlagebeschränkung des § 1810 BGB[21]. Die Anordnung beschränkt jedoch nicht die Vertretungsmacht des Vormunds. Verstößt der Vormund gegen sie durch Vornahme eines Rechtsgeschäfts, so ist dieses Rechtsgeschäft wirksam.[22] Ist der Vormund ganz von der Verwaltung ausgeschlossen, dann ist für die Verwaltung dieses Vermögens ein Pfleger zu bestellen (§§ 1909 Abs. 1 Satz 2, 1917 BGB). Die Anordnungen verlieren – wenn nicht der Anordnende das Ende früher festlegt – mit Beendigung der Vormundschaft/Betreuung ihre Wirkungen.[23] Befolgt der Vormund die Anordnung schuldhaft nicht, so haftet er dem Mündel gemäß § 1833 BGB.

20 Aufgrund seiner Aufsichtspflicht hat das Familiengericht die Einhaltung der Anordnungen gemäß § 1837 Abs. 2 BGB sicherzustellen. Kommt das Gericht dieser Pflicht nicht nach, so steht dem Dritten die Beschwerde gemäß § 59 Abs. 1 FamFG offen.[24]

---

[18] *Zimmermann* in: Damrau/Zimmermann, Betreuungsrecht, 4. Aufl. 2011, § 1803 Rn. 7.
[19] So etwa *Dickescheid* in: BGB-RGRK, § 1803, Rn. 5; *Veit* in: Staudinger, § 1803, Rn. 9; *Götz* in: Palandt, § 1803 Rn. 1; *Spanl*, Vermögensverwaltung durch Vormund und Betreuer, 2. Aufl. 2009, 99 f.
[20] OLG Hamburg v. 17.01.1908 - OLGE 16, 247; *Götz* in: Palandt, § 1803 Rn. 1; *Dickescheid* in: BGB-RGRK, § 1803 Rn. 5; *Veit* in: Staudinger, § 1803 Rn. 10, m.w.N.; *Spanl*, Vermögensverwaltung durch Vormund und Betreuer, 2. Aufl. 2009, 99.
[21] *Fiala/Stenger*, Geldanlagen für Mündel und Betreute – Rechtliche und finanzmathematische Grundlagen für Vormünder und Betreuer, 2. Aufl. 2004, 20.
[22] Allg. A., vgl. *Veit* in: Staudinger, § 1803, Rn. 12; *Dickescheid* in: BGB-RGRK, § 1803 Rn. 7; *Zimmermann* in: Damrau/Zimmermann, Betreuungsrecht, 4. Aufl. 2011, § 1803 Rn. 9.
[23] Zur Betreuung: *Zimmermann* in: Damrau/Zimmermann, Betreuungsrecht, 4. Aufl. 2011, § 1803 Rn. 12.
[24] Allg. A., *Zimmermann* in: Damrau/Zimmermann, Betreuungsrecht, 4. Aufl. 2011, § 1803 Rn. 9; *Götze* in: Palandt, § 1803 Rn 1; *Veit* in: Staudinger, § 1803 Rn. 13.

II. Abweichungen bei Erwerb von Todes wegen (Absatz 2)

1. Erwerb von Todes wegen

§ 1803 Abs. 2 BGB betrifft nur Anordnungen über ein von Todes wegen erworbenes Vermögen. Zwar scheint der Wortlaut auch Anordnungen anlässlich von unentgeltlichen Zuwendungen unter Lebenden zu umfassen, so dass von der wohl herrschenden Meinung angenommen wird, Anordnungen des unentgeltlich Zuwendenden unter Lebenden seien nach dem Tod des Zuwendenden nach § 1803 Abs. 2 BGB zu beurteilen.[25] Diese Auffassung führt allerdings zu dem Wertungswiderspruch, dass das Familiengericht die Anordnung auch ohne Gefährdung des Mündelwohls abändern könnte, solange der Zuwendende – etwa wegen Krankheit – zur Abgabe seiner Zustimmung dauernd außerstande ist (§ 1803 Abs. 3 Satz 2 BGB). Stirbt der Zuwendende, bedürfte es aber der höheren Anforderungen des § 1803 Abs. 2 BGB.

2. Gefährdung des Mündelinteresses

Abweichungen von Anordnungen von Todes wegen sind gemäß § 1803 Abs. 2 BGB mit Genehmigung des Familiengerichts statthaft, wenn das Interesse des Mündels gefährdet ist. Wann eine solche Gefährdung vorliegt, ist im Einzelnen streitig. Dabei wird zumeist gesagt, allein die Möglichkeit, dass ein größerer Gewinn entgehen könnte, sowie Zweckmäßigkeitserwägungen rechtfertigten keine Abweichung.[26] In ähnlicher Weise hatte sich auch der historische Gesetzgeber geäußert.[27] Andererseits sollen je nach den Motiven des Zuwendenden keine hohen Anforderungen an eine Abweichung zu stellen sein.[28] Teilweise wird gesagt, eine Gefährdung des Mündelinteresses liege erst vor, wenn die Befolgung der Anordnung eine vernünftige Vermögensverwaltung unmöglich macht.[29] Ausgehend vom systematischen Zusammenhang der Gesamtregelung lässt sich das Zusammenspiel der Absätze 1, 2 und 3 nur dahin gehend deuten, dass gemäß § 1803 Abs. 1 BGB möglichst umfassend der Wille des Anordnenden gelten soll (Grundsatz), soweit nicht (Ausnahme) eine normative, an dem objektiven Interesse des Mündels ausgerichtete Inhaltskontrolle nach § 1803 Abs. 1 BGB das Festhalten am Willen des Zuwendenden verbietet. Dementsprechend ist auf einer ersten Stufe zunächst im Wege der Auslegung nach Möglichkeit der Wille des Anordnenden zu verwirklichen. Auch wenn dieser Wille dem Wortlaut der Anordnung nach scheinbar eindeutig ist, kann eine verdeckte Regelungslücke vorliegen, die im Wege der ergänzenden Auslegung nach dem hypothetischen Erblasserwillen ausgefüllt werden kann. Zweideutige Formulierungen sind im Wege der wohlwollenden Auslegung (§ 2084 BGB) zu behandeln. Diese erste Stufe ist auszuschöpfen, bevor eine Abweichung von Anordnungen in Betracht gezogen wird. Da der Zuwendende in der Regel uneigennützige Motive verfolgt, ist also primär zu prüfen, ob dem Mündelinteresse nicht schon durch eine in der Verfügung andeutungsweise zum Ausdruck kommende Deutung Rechnung getragen werden kann. Im Rahmen der zweiten Stufe ist sodann eine objektive Inhaltskontrolle der Anordnung durchzuführen, bei der die Motive des Anordnenden keine Rolle spielen. Es ist nicht Aufgabe des Familiengerichts, die objektiv eindeutig verlautbarte, aber vielleicht wenig durchdachte Anordnung des Zuwendenden unter Hinweis auf die Motive des Zuwendenden abzuändern.

Bei der Frage, welche Anordnungen die Interessen des Mündels gefährden, ist davon auszugehen, dass das Gesetz immerhin Abweichungen von den gesetzlichen Regelungen der Verwaltung zulässt. Es kann deshalb weder um die Optimierung des Mündelinteresses noch um bloße Zweckmäßigkeitserwägungen gehen. Vielmehr muss die Gefahr bestehen, dass die Einhaltung der Anordnung im Vergleich zu einer den gesetzlichen Bestimmungen entsprechenden wenig risikobehafteten Anlageform nicht unerhebliche Beeinträchtigungen der vermögensrechtlichen oder sonstigen berechtigten Mündelinteressen mit sich brächte.

---

[25] *Saar* in: Erman, § 1803 Rn. 4; *Veit* in: Staudinger, § 1803 Rn. 21; nicht ganz klar *Dickescheid* in: BGB-RGRK, § 1802 Rn. 9: danach soll § 1803 Abs. 2 BGB gelten, „wenn der Zuwendende verstorben ist, insbesondere also in allen Fällen des Erwerbs von Todes wegen".

[26] Vgl. etwa KG v. 19.12.2007 - 1 X 1472/07 - KGJ 35, A 26-29, 29; *Veit* in: Staudinger, § 1803 Rn. 19; *Dickescheid* in: DGB-RGRK, § 1803 Rn. 9; *Götz* in: Palandt, § 1803 Rn. 2.

[27] *Mugdan*, Die gesammten Materialien zum Bürgerlichen Gesetzbuch für das Deutsche Reich, IV. Band: Familienrecht, 1899, S. 1105.

[28] Vgl. etwa *Veit* in: Staudinger, Rn. 20.

[29] *Wagenitz* in: MünchKomm-BGB, § 1803 Rn. 10; *Veit* in: Staudinger, § 1803 Rn. 19.

24 Das Gesetz sagt nichts darüber aus, ob die Vermögensverwaltung im Falle einer notwendigen Abweichung von den Anordnungen des Erblassers vollständig dispositivem Recht unterliegt oder ob der Grundgedanke der Anordnung, soweit zulässig, geltungserhaltend fortgeführt werden muss. Die grundsätzliche Verbindlichkeit der Anordnung des Erblassers nach Absatz 1 verbunden mit dem Verhältnismäßigkeitsgrundsatz spricht für letzteres, kann im Einzelfall allerdings dazu führen, dass dem Mündelinteresse nur bedingt Rechnung getragen wird. Während der Zuwendende bei Verfügungen unter Lebenden nach Absatz 3 noch die Möglichkeit hat, eine Anordnung, die sich als dem Interesse des Mündels nicht entsprechend erwiesen hat, insgesamt aufzuheben, wäre das Familiengericht nach Absatz 2 möglicherweise an eine abgeschwächte Anordnung gebunden, die selbst der Erblasser unter Berücksichtigung nach seinem Tod eingetretener Ereignisse nicht gewollt hätte. Richtiger Ansicht nach hat das Gericht deshalb das objektive Interesse des Mündels und den Grundgedanken der Anordnung im Rahmen einer Gesamtabwägung zu einem Ausgleich zu bringen.[30]

3. Ausnahme: Jugendamt

25 Das Jugendamt ist gemäß § 56 Abs. 2 Satz 2 SGB VIII von der Einholung der Genehmigung des Familiengerichts befreit. Das bedeutet indes nicht, dass dem Jugendamt ein Ermessen bei der Abweichung nach § 1803 Abs. 2 BGB zukäme. Die Überprüfung der Rechtmäßigkeit der Abweichung bleibt dem Familiengericht als Ausfluss seiner allgemeinen Überwachungskompetenz auch im Falle der Amtsvormundschaft vorbehalten.[31]

4. Praktische Hinweise

26 Den Schwierigkeiten bei der Auslegung des § 1803 Abs. 2 BGB sollte möglichst schon bei der Rechtsgestaltung Rechnung getragen werden. Häufig können Erblasser oder Zuwendende bei ihren Zuwendungen bzw. Verfügungen noch nicht absehen, welche Bedürfnisse sich für den Mündel zu einem späteren Zeitpunkt ergeben. Hier besteht die Gefahr, dass es durch allzu enge Anordnungen später zu Einschränkungen kommt, die auch nicht den Vorstellungen des Zuwendenden oder des Erblassers entsprochen hätten. Solche Gefahren vorausschauend zu erkennen und ggf. für die Vorzüge einer offen formulierten Anordnung zu werben, ist das Verdienst einer guten Rechtsberatung.

III. Abweichungen bei Erwerb aufgrund unentgeltlicher Zuwendung (Absatz 3)

1. Erwerb unter Lebenden

27 § 1803 Abs. 2 BGB betrifft nur Anordnungen über ein Vermögen, das aufgrund unentgeltlicher Zuwendung unter Lebenden erworben wurde.

2. Zustimmung des Anordnenden

28 Von solchen Anordnungen kann grundsätzlich nur mit Zustimmung des Anordnenden abgewichen werden. Eine Gefährdung des Interesses des Mündels nach § 1803 Abs. 3 BGB ist weder erforderlich noch ausreichend, wie sich aus dem systematischen Zusammenhang von Abs. 2 und 3 und dem Wortlaut der Norm ergibt. Auch eine grundlose Weigerung des Dritten kann das Familiengericht nicht ersetzen.[32]

3. Ersetzung der Zustimmung

29 Die Zustimmung des Familiengerichts kann die Zustimmung (nur) ersetzen, wenn der Dritte zur Abgabe einer Erklärung dauernd außerstande oder sein Aufenthalt dauernd unbekannt ist. **Dauernd** ist das Hindernis, wenn in absehbarer Zeit keine Änderung zu erwarten ist. Kurzfristige Verhinderung – etwa die vorübergehende Unerreichbarkeit wegen Urlaubs, Kur oder heilbarer Krankheit – genügen nicht. Praktisch häufigster Fall dürfte die dauerhafte Geschäftsunfähigkeit sein.[33] Wegen des höchstpersönlichen Charakters der Anordnung kann in diesem Fall die Zustimmung auch nicht durch den Betreuer abgegeben werden. **Aufenthalt** ist der Ort, an dem der Dritte in tatsächlicher Hinsicht für eine gewisse

---

[30] So für den Fall der Abweichungen von einer Anordnung im Fall der unentgeltlichen Zuwendung unter Lebenden auch *Engler* in: Staudinger, Neubearb. 2004, § 1803, Rn. 16. Diese Aussage dürfte indes auch für Abweichungen von letztwilligen Zuwendungen gelten.
[31] So auch *Dickescheid* in: BGB-RGRK, § 1803 Rn. 11.
[32] So auch ausdrücklich *Dickescheid* in: BGB-RGRK, § 1803 Rn. 8.
[33] Als Anwendungsfall nennt diesen Fall auch *Dickescheid* in: BGB-RGRK, § 1803 Rn. 8.

Dauer oder mit einer gewissen Regelmäßigkeit verweilt. Auf den Wohnsitz im Sinne des § 7 BGB kommt es nicht an. Entscheidend ist die durch die tatsächlichen Verhältnisse geprägte Erreichbarkeit des Dritten.

Das Gesetz sagt nichts darüber aus, nach welchen Kriterien die Zustimmung zu erteilen ist. Der (mutmaßliche) Wille des Anordnenden und die familiengerichtliche Aufgabe der Wahrung des objektiven Mündelinteresses sind deshalb beide maßgeblich, ohne dass einem von beiden Gesichtspunkten unbedingter Vorrang einzuräumen wäre. Vielmehr sind beide im Rahmen einer Gesamtabwägung zum Ausgleich zu bringen. 30

E. Prozessuale Hinweise/Verfahrenshinweise

Der Vormund hat im Rahmen pflichtgemäßen Ermessens zu prüfen, ob Veranlassung besteht, eine Entscheidung des Vormundschaftsgerichts einzuholen.[34] Für die Erteilung der Genehmigung ist der Rechtspfleger gemäß § 3 Nr. 2a RPflG zuständig. Gemäß § 1826 BGB ist ein vorhandener Gegenvormund zu hören. Inwiefern der Mündel/Betreute anzuhören ist, folgt nach neuem Recht aus den §§ 34, 159 FamFG. 31

---

[34] *Mugdan*, Die gesammten Materialien zum Bürgerlichen Gesetzbuch für das Deutsche Reicht, IV. Band: Familienrecht, 1899, S. 1106.

§ 1804 BGB Schenkungen des Vormunds

(Fassung vom 02.01.2002, gültig ab 01.01.2002)

¹Der Vormund kann nicht in Vertretung des Mündels Schenkungen machen. ²Ausgenommen sind Schenkungen, durch die einer sittlichen Pflicht oder einer auf den Anstand zu nehmenden Rücksicht entsprochen wird.

Gliederung

A. Grundlagen 1	2. Einzelfälle 16
B. Praktische Bedeutung 2	III. Auf den Anstand zu nehmende Rücksicht 17
C. Anwendungsvoraussetzungen 3	IV. Besonderheiten bei der Betreuung 19
I. Schenkung 3	V. Praktische Hinweise 20
II. Sittliche Pflicht 14	D. Rechtsfolgen 24
1. Allgemeines 14	

A. Grundlagen

1 § 1804 BGB basiert auf dem Grundsatz, dass fremdverwaltetes Vermögen in seinem Bestand zu erhalten ist. Schenkungen als typisches Instrument zur Minderung des Vermögensbestandes sind deshalb verboten. Für Schenkungen, die einer sittlichen Pflicht oder einer auf den Anstand zu nehmenden Rücksicht entsprechen, macht das Gesetz eine Ausnahme, da solche Schenkungen nicht außerhalb des Zwecks der Vermögensverwaltung und letztlich auch im Mündelinteresse liegen.[1]

B. Praktische Bedeutung

2 Für die Eltern enthält § 1641 BGB eine Parallelvorschrift. Gemäß § 1915 Abs. 1 BGB findet § 1804 BGB auf den Pfleger entsprechende Anwendung. Auf die Betreuung findet § 1804 BGB gemäß § 1908i Abs. 2 BGB entsprechende Anwendung, allerdings mit der Einschränkung, dass in Erweiterung der nach § 1804 BGB zulässigen Geschäfte auch Gelegenheitsgeschenke zulässig sind, die dem Wunsch des Betreuten entsprechen und nach seinen Lebensverhältnissen üblich sind. Nach einer Entscheidung des Bayerischen Obersten Landesgerichts[2] gilt das Verbot des § 1804 BGB nur für einen Betreuer, dem kraft Amtes die gesetzliche Vertretung und damit die Befugnis zur Verfügung über das Vermögen des Betroffenen obliegt, nicht hingegen, wenn die Vermögenssorge vom Aufgabenkreis des Betreuers ausgenommen ist, weil der Betroffene durch Vollmacht oder in sonstiger Weise Verfügungen über sein Vermögen gestattet hat.

C. Anwendungsvoraussetzungen

I. Schenkung

3 Der Begriff der Schenkung verweist auf die Schenkung im technischen Sinne des § 516 BGB. Danach ist die Schenkung eine Zuwendung, durch die jemand aus seinem Vermögen einen anderen bereichert, wenn beide Teile darüber einig sind, dass die Zuwendung unentgeltlich ist.[3] Zuwendung ist die willentliche Hingabe eines Vermögensgegenstandes von einer Person an eine andere.[4] Unentgeltlich ist sie, wenn sie unabhängig von einer Gegenleistung erfolgt. Schließlich müssen sich beide Parteien über die Unentgeltlichkeit der Zugabe einig sein (zu den Einzelheiten vgl. die Kommentierung zu § 516 BGB). Erfasst werden sowohl Handschenkungen, die sogleich vollzogen werden (§ 516 BGB), als auch formbedürftige Schenkungsversprechen (§ 518 BGB).

Schenkung im Sinne der Vorschrift ist nicht nur die Zuwendung von Eigentum an Sachen. Eine Schenkung kann auch in der Zuwendung eines sonstigen Vermögensvorteils liegen, etwa in der Änderung des Bezugsrechts aus einer Lebensversicherung.[5] Auch gemischte oder verschleierte Schenkungen sind

---

[1] So auch Motive, Bd. IV – Familienrecht, 1888, S. 1107.
[2] BayObLG v. 07.04.2004 - 3Z BR 17/04 - FamRZ 2004, 1229-1231; so auch *Deinert* in: HK-BUR, § 1804 Rn. 2, der allerdings zu Unrecht die Anwendung des § 1804 BGB schon mit § 1908i Abs. 1 Satz 1 BGB begründet.
[3] *Gehrlein* in: BeckOK BGB, Ed. 30, § 516 Rn. 2; *Veit* in: Staudinger, § 1804 Rn. 5.
[4] *Gehrlein* in: BeckOK BGB, Ed. 30, § 516 Rn. 3; hierzu eingehend *Chiusi* in: Staudinger, § 516 Rn. 9 ff.
[5] Vgl. LG Düsseldorf v. 15.11.2012 - 11 O 259/12 - juris Rn. 24.

Schenkungen, wenn die Unentgeltlichkeit überwiegt.[6] Bei der Beurteilung der Frage, ob eine gemischte Schenkung vorliegt, können auch in Geld nicht messbare Einschränkungen der Lebensführung, etwa ein Verzicht auf eine Veräußerung oder Belastung sowie eine Bindung hinsichtlich des Wohnsitzes zu berücksichtigen sein.[7] An einer gemischten Schenkung kann es beim Hofübergabevertrag fehlen, wenn Zweck der Übertragung die Wahrung der Wirtschaftseinheit als Existenzgrundlage ist.[8] Ob die Übernahme von Verpflichtungen zu einem entgeltlichen Rechtsgeschäft oder wenigstens zu einer gemischten Schenkung führt, ist im Rahmen tatrichterlicher Würdigung unter Berücksichtigung sämtlicher den Vertrag ausmachender Leistungen und Gegenleistungen zu prüfen.[9]

4   Keine Schenkung im Sinne des § 1804 BGB ist, was § 517 BGB vom Schenkungsbegriff ausnimmt, also das Unterlassen eines Vermögenserwerbs oder der Verzicht auf ein angefallenes, noch nicht endgültig gewordenes Recht sowie die Ausschlagung von Erbschaft oder Vermächtnis.[10] Dies gilt auch für den Verzicht auf das Pflichtteilsrecht, soweit der Pflichtteilsanspruch noch nicht entstanden ist.[11] Ebenfalls keine Schenkungen, sondern unentgeltliche Zuwendungen familienrechtlicher Art sind Ausstattungen (vgl. etwa § 1624 BGB).[12] Auf sie ist § 1804 BGB nicht anwendbar. Wird jedoch das Maß der Angemessenheit der Gegenleistung des Übernehmers bei einem Übergabevertrag gemäß § 1624 Abs. 1 BGB überschritten, kann dies zur Anwendbarkeit des § 1804 BGB führen.[13] Für die Praxis wird eine Orientierung bis maximal zur Höhe des Pflichtteilsanspruchs empfohlen.[14] Gleiches gilt für unbenannte Zuwendungen unter Ehegatten.[15]

5   Teilweise werden die in Satz 2 angesprochenen Pflichtschenkungen schon nicht als Schenkungen im technischen Sinne eingeordnet.[16] Dies widerspricht dem Verständnis des historischen Gesetzgebers und bringt jedenfalls für die Abgrenzungsproblematik im Rahmen des § 1804 BGB keinen Gewinn.

6   Schenkung ist nur das schuldrechtliche Verpflichtungsgeschäft. Ein wirksames – etwa vor Eintritt der Vormundschaft bereits bestehendes oder im Erbgang erworgebens – Schenkungsversprechen kann deshalb erfüllt werden.[17] Eine andere Frage ist, ob die Erfüllung eines gegen § 1804 BGB verstoßenden Schenkungsversprechens wirksam ist (vgl. dazu Rn. 25).

7   Scheitert die beabsichtigte Übertragung von Grundeigentum aufgrund einer versehentlichen Falschbezeichnung und überträgt der Vormund den beabsichtigten Vertragsgegenstand, so schenkt er nicht, sondern handelt zum Zweck der Erfüllung einer bereits begründeten Verpflichtung.[18]

8   Nach einer Entscheidung des BayObLG widerspricht eine Geldanlage mit der Maßgabe, dass im Falle des Todes des Betreuten der Rückzahlungsbetrag einem Drittbegünstigten zufließen soll (§ 331 BGB), nicht dem Schenkungsverbot.[19] Das erscheint im Hinblick auf das Valutaverhältnis bedenklich.

---

[6] Zur gemischten Schenkung etwa OLG Hamm v. 23.05.1991 - 22 U 160/90 - NJW-RR 1992, 1170-1172; *Deinert* in: HK-BUR, § 1804 Rn. 20; vgl. hierzu und zur Zweckwürdigungstheorie auch *Gehrlein* in: BeckOK BGB, Ed. 30, § 516 Rn. 12 f.; *Koch* in: MünchKomm-BGB, § 516 Rn. 34 ff.

[7] Vgl. OLG Hamm v. 23.05.1991 - 22 U 160/90 - juris Rn. 24 - NJW-RR 1992, 1170-1172.

[8] BayObLG v. 12.02.1996 - 1Z RR 15/94 - BayObLGZ 1996, 20; *Deinert* in: HK-BUR, § 1804 Rn. 21; OLG Stuttgart v. 30.06.2004 - 8 W 495/03 - FamRZ 2005, 62-63, fordert, dass bei einem Vergleich des Wertes des übergebenen Anwesens mit dem Wert der Gegenleistung das Merkmal der Unentgeltlichkeit überwiegt.

[9] OLG Frankfurt v. 10.09.2007 - 20 W 69/07 - juris Rn. 13 - Rpfleger 2008, 72-74.

[10] Allg. A., vgl. *Zimmermann* in: Damrau/Zimmermann, Betreuungsrecht, 4. Aufl. 2011, § 1804 Rn. 7.

[11] So auch *Götz* in: Palandt, § 1804 Rn. 1; *Dickescheid* in: BGB-RGRK, § 1804 Rn. 2.

[12] Allg. A., *Zimmermann* in: Damrau/Zimmermann, Betreuungsrecht, 4. Aufl. 2011, § 1804 Rn. 5; *Deinert* in: HK-BUR, § 1804 Rn. 42; *Bobenhausen*, BtPrax 1994, 158, 160.

[13] OLG Stuttgart v. 30.06.2004 - 8 W 495/03 - Rpfleger 2004, 695-697. Vgl. zu den Möglichkeiten und Grenzen der Zulässigkeit unentgeltlicher Zuwendungen als angemessene Ausstattung nach § 1624 BGB auch *Böhmer*, MittBayNot 2005, 232-234; generell gegen die Anwendung von § 1804 BGB allerdings LG Kassel v. 12.10.2012 - 3 T 349/12 - juris Rn. 20 - NJW-RR 2013, 199-200.

[14] Vgl. hierzu *Ziegler*, BWNotZ 1997, 149; *Deinert* in: HK-BUR, § 1804 Rn. 42.

[15] *Roth* in: Dodegge/Roth, Betreuungsrecht, 2003, D Rn. 37; *Deinert* in: HK-BUR, § 1804 Rn. 4; differenzierend *Holzhauer*, FamRZ 2000, 1063-1068, 1066.

[16] So Migsch, AcP 173, 46 ff.

[17] Vgl. *Veit* in: Staudinger, § 1804 Rn. 3; *Saar* in: Erman, § 1804 Rn. 2; *Götz* in: Palandt, § 1804 Rn. 1.

[18] OLG Frankfurt v. 30.08.2007 - 20 W 153/07 - NJW 2008, 1003-1005.

[19] BayObLG München v. 11.07.2002 - 3Z BR 111/02 - NJW-RR 2003, 4-5.

§ 1804

9 § 1804 BGB betrifft auch Schenkungen des unter Einwilligungsvorbehalt stehenden Betreuten.[20] Demgegenüber kann der geschäftsfähige Betreute, für den kein Einwilligungsvorbehalt angeordnet ist, Schenkungen wirksam vornehmen.[21]

10 Nicht anwendbar ist § 1804 BGB, wenn die Schenkung von einer anderen Rechtsperson, etwa von einer oHG vorgenommen wird, der der Mündel angehört[22], wohl aber wenn die Schenkung von einer Gesamthandsgemeinschaft vorgenommen wird, der der Mündel angehört[23]. Die als rechtsfähig anzusehende BGB-Gesellschaft ist nunmehr erstgenannter Konstellation zuzurechnen.

11 Schenkungscharakter können beispielsweise haben:
- die Änderung der Bezugsberechtigung einer Lebensversicherung,[24]
- die unentgeltliche Aufgabe oder Minderung einer Sicherheit,[25]
- der unentgeltliche Rangrücktritt,
- die Bestellung einer Sicherheit, auf die kein Anspruch besteht,[26]
- die Einräumung eines Vorrangs[27],
- unentgeltliche Zuwendungen im Wege der vorweggenommenen Erbfolge,[28]
- die Übertragung von Immobiliareigentum im Wege der vorweggenommenen Erbfolge, wenn ihr lediglich die Übernahme stark beschränkter Pflegeverpflichtungen gegenübersteht,[29]
- unentgeltliche Zuwendungen von Mitteln, die gemäß § 110 BGB zur freien Verfügung überlassen wurden[30].

12 Keinen Schenkungscharakter haben demgegenüber:
- der Abschluss eines Vergleichs bei echtem wechselseitigem Nachgeben,[31]
- Zuwendungen zur Vermeidung einer (möglicherweise) erfolgreichen Klage,
- Zuwendungen zur Finanzierung von Besuchen bei dem Mündel,[32]
- Baukostenzuschüsse, wenn sie mit der Absicht verbunden sind, die Wohnung des Mündels zu sichern.[33]

13 Nach einer Entscheidung des BGH[34] soll es an einer Schenkung fehlen, wenn der Betreuer auf ein Wohnungsrecht des Betreuten verzichtet und der Betreute den Willen gefasst hat, endgültig nicht mehr in die frühere Wohnung zurückzukehren. Denn in diesem Fall fehle es an einem Vermögenswert, der den Schutz des §1804 BGB rechtfertige. Ich halte diese Entscheidung für problematisch. Dabei kann dahinstehen, ob der BGH hier stillschweigend einen anderen Schenkungsbegriff als den des § 516 BGB zugrunde legt.[35] Entscheidend scheint mir zu sein, dass der Wille des Menschen flüchtig ist. Was

---

[20] OLG Stuttgart v. 30.08.1968 - 2 U 46/1968, 2 U 46/68; *Zimmermann* in: Damrau/Zimmermann, Betreuungsrecht, 4. Aufl. 2011, § 1804 Rn. 7; *Müller*, ZEV 1998, 219; *Deinert* in: HK-BUR, § 1804 Rn. 6.

[21] AG Ansbach v. 17.08.1987 - 4 T 738/87 - NJW 1988, 2387-2388, 2388; *Deinert* in: HK-BUR, § 1804 Rn. 6.

[22] RG v. 30.09.1929 - IV 800/28 - RGZ 125, 380-385, 381; *Veit* in: Staudinger, § 1804 Rn. 9; *Zimmermann* in: Damrau/Zimmermann, Betreuungsrecht, 3. Aufl. 2001, § 1804 Rn. 8; *Dickescheid* in: BGB-RGRK, § 1804 Rn. 4.

[23] RG v. 02.11.1917 - II 168/17 - RGZ 91, 40-41, 41; *Bettin* in: Bamberger/Roth, BeckOK BGB, Ed. 16, § 1804 Rn. 3; *Zimmermann* in: Damrau/Zimmermann, Betreuungsrecht, 3. Aufl. 2001, § 1804 Rn. 6; *Dickescheid* in: BGB-RGRK, § 1804 Rn. 4.

[24] OLG Hamm v. 16.04.1984 - 15 W 105/84 - FamRZ 1985, 206-208, 207; *Roth* in: Dodegge/Roth, Betreuungsrecht, 2003, D Rn. 37; *Deinert* in: HK-BUR, § 1804 Rn. 4; *Zimmermann* in: Damrau/Zimmermann, Betreuungsrecht, 4. Aufl. 2011, § 1804 Rn. 7.

[25] Vgl. hierzu etwa RG v. 12.02.1894 - IV 295/93 - RGZ 33, 209, 210-213, 210 f.; KG v. 22.07.1937 - 1 Wx 325/37 - JW 1937, 2597.

[26] *Zimmermann* in: Damrau/Zimmermann, Betreuungsrecht, 4. Aufl. 2011, § 1802 Rn. 7.

[27] *Zimmermann* in: Damrau/Zimmermann, Betreuungsrecht, 4. Aufl. 2011, § 1802 Rn. 7.

[28] OLG Hamm v. 07.01.1987 - 15 W 242/85 - FamRZ 1987, 751-752; *Spanl*, Vermögensverwaltung durch Vormund und Betreuer, 2. Aufl. 2009, S. 74.

[29] OLG Frankfurt v. 10.09.2007 - 20 W 69/07 - Rpfleger 2008, 72-74.

[30] *Veit* in: Staudinger, § 1804 Rn. 11.

[31] *Veit* in: Staudinger, § 1804 Rn. 7; *Dickescheid* in: BGB-RGRK, § 1804 Rn. 3; *Spanl*, Vermögensverwaltung durch Vormund und Betreuer, 2. Aufl. 2009, S. 74.

[32] *Deinert* in: HK-BUR, § 1804 Rn. 18.

[33] OLG Hamm v. 11.12.1992 - 29 U 214/91 - FamRZ 1993, 1434-1436, 1435; *Deinert* in: HK-BUR, § 1804 Rn. 18.

[34] BGH v. 25.01.2012 - XII ZB 479/11 - juris Rn. 17 f. - MDR 2012, 652-653; zustimmend *Zimmer*, NJW 2012, 1919-1922, 1920.

[35] So *Emmert*, jurisPR-MietR 17/2012, Anm. 5; wohl auch OLG Nürnberg v. 22.07.2013 - 4 U 1571/12 - juris Rn. 15 - MDR 2014, 22-23; kritisch hierzu *Müller*, NotBZ 2013, 425-426.

dem Betreuten heute wertlos erscheint, kann ihm schon morgen lieb und teuer sein. An die Annahme der völligen Wertlosigkeit eines Wohnrechts dürften deshalb hohe Anforderungen zu stellen sein. Es kann bereits einen Vermögenswert darstellen, im Falle einer Änderung der eigenen Absichten doch wieder auf ein Wohnrecht zurückkommen zu können. Hinzu kommt, dass das Wohnrecht insoweit von Wert sein kann, als es einen Verbleib von Möbeln ermöglichen kann, die in das Pflegeheim nicht mitgenommen werden können. Überdies ist selbst das Bestehen eines Rechts mit bloßer Sperrwirkung insoweit nicht ohne jeden wirtschaftlichen Wert, als es dem Wohnungseigentümer etwas wert sein kann, für die Aufhebung dieses Rechts eine Gegenleistung anzubieten. Folgt man diesem strengeren Verständnis, wird einmal mehr deutlich, dass die Vereinbarung von Wohnrechten sorgfältiger Vorbereitung bedarf, damit keine Sperrwirkungen erzeugt werden, die einer wirtschaftlich sinnvollen Nutzung entgegenstehen. Im Hinblick auf die Entscheidung des BGH wird – nachvollziehbar – für die Praxis empfohlen, die Beweggründe dafür, dass die Löschung des Wohnungsrechts ohne Gegenleistung erklärt werden soll, möglichst detailliert in die Urkunde mitaufzunehmen.[36] Ob das hilft, erscheint jedoch zweifelhaft. Die subjektiven Vorstellungen der Parteien sind zwar für die Frage relevant, ob sie ein unentgeltliches Geschäft wünschen. Wenn sie sich aber für ein unentgeltliches Geschäft entschieden haben, dürften die Beweggründe nicht mehr für die Frage relevant sein, ob ein Vermögenswert weggegeben wird oder nicht. Von anderen wird eine Vereinbarung über die Beseitigung des Wohnrechts bei dauerhaftem Umzug in ein Heim vorgeschlagen.[37]

II. Sittliche Pflicht

1. Allgemeines

Einer sittlichen Pflicht (vgl. hierzu auch die Kommentierung zu § 534 BGB) entspricht, was über die Gebote allgemeiner Nächstenliebe und Wohltätigkeit hinausgehend unter Berücksichtigung der konkreten Umstände des Einzelfalls nach dem Anstandsgefühl aller billig und gerecht Denkenden nicht nur gerechtfertigt, sondern für ein gedeihliches zwischenmenschliches Zusammenleben unverzichtbar ist.[38] Maßgebliche Kriterien zur Beurteilung einer sittlichen Pflicht sind unter anderem die Vermögensverhältnisse der Beteiligten einschließlich der bestehenden Instrumentarien sozialer Absicherung, ihre Lebensstellungen sowie die zwischen ihnen bestehenden persönlichen und familiären Beziehungen.[39] Dabei ist einerseits die Eignung der Schenkung zur Verwirklichung des bezweckten Erfolges auch unter Erwägung möglicher Handlungsalternativen zu würdigen[40] und andererseits das Wohl des Mündels, das regelmäßig keine Verschlechterung seines Lebensstandards zulässt, im Auge zu behalten.

14

Es entspricht im Grundsatz allgemeiner Einschätzung, dass bei der Annahme einer sittlichen Pflicht Zurückhaltung zu üben ist.[41] Es genügt nicht, dass der Schenker aus Nächstenliebe hilft oder die Schenkung im Rahmen des sittlich noch zu Rechtfertigenden bleibt oder objektive Umstände den Mündel zu einer solchen Schenkung veranlassen konnten[42], dass die Freigiebigkeit nach sittlichen Maßstäben anständig erscheint oder gar nur für den Betroffenen vorteilhaft ist.[43] Vielmehr muss das Unterlassen derselben als Verstoß gegen eine sittliche Pflicht, also als anstößig zu betrachten sein.[44] Die Anknüpfung

15

---

[36] Vgl. *Michael*, notar 2012, 355-362, 357.
[37] So *Zimmer*, NJW 2012, 1919-1922, 1922.
[38] Vgl. BGH v. 09.04.1986 - IVa ZR 125/84 - juris Rn. 7 - LM Nr. 3 zu § 534 BGB; OLG Naumburg v. 05.11.1999 - 6 U 51/99 - OLGR Naumburg 2000, 433; *Gehrlein* in: BeckOK BGB, Ed. 30, § 534 Rn. 1; *Chiusi* in: Staudinger, § 534 Rn. 6.
[39] RG v. 16.10.1908 - VII 595/07 - RGZ 70, 15-20, 19; OLG Frankfurt v. 10.09.2007 - 20 W 69/07 - Rpfleger 2008, 72-74; *Gehrlein* in: BeckOK BGB, Ed. 30, § 534 Rn. 1; *Roth* in: Dodegge/Roth, Betreuungsrecht, 2003, D Rn. 39; *Spanl*, Vermögensverwaltung durch Vormund und Betreuer, 2. Aufl. 2009, S. 75.
[40] In ähnliche Richtung etwa auch OLG Hamm v. 07.01.1987 - 15 W 242/85 - NJW-RR 1987, 453-455; *Zimmermann* in: Damrau/Zimmermann, Betreuungsrecht, 4. Aufl. 2011, § 1804 Rn. 13.
[41] KG v. 05.03.1901 - OLGE 3, 109-111, 110 f.; *Zimmermann* in: Damrau/Zimmermann, 4. Aufl. 2011, § 1804 Rn. 13; *Dickescheid* in: BGB-RGRK, § 1804 Rn. 7.
[42] Vgl. Vgl. BayObLG v. 24.05.1996 - 3Z BR 104/96 - juris Rn. 17 - BayObLGZ 1996, 118-122; *Zimmermann* in: Damrau/Zimmermann, 4. Aufl. 2011, § 1804 Rn. 13.
[43] Vgl. hierzu dezidiert OLG Frankfurt v. 10.09.2007 - 20 W 69/07 - Rpfleger 2008, 72-74, gegen OLG Hamm v. 07.01.1987 - 15 W 242/85.
[44] So auch BGH v. 19.09.1980 - V ZR 78/79 - NJW 1981, 111; BayObLG v. 22.10.1997 - 3Z BR 112/97 - BtPrax 1998, 72-74, 74; OLG Frankfurt v. 10.09.2007 - 20 W 69/07 - Rpfleger 2008, 72-74; *Roth* in: Dodegge/Roth, Betreuungsrecht, 2003, D Rn. 39; *Deinert* in: HK-BUR, § 1804 Rn. 24.

an das Sittengesetz bringt es mit sich, dass sich die Auslegung auch veränderten Moralvorstellungen anpasst. Insofern bedürfen alte Entscheidungen heute zum Teil kritischer Reflexion. Das gilt insbesondere unter Berücksichtigung der Tatsache, dass Menschen in wirtschaftlichen Notlagen heute in einem umfassend ausgebauten Sozialstaat vor elementaren Risiken weitgehend geschützt sind.

2. Einzelfälle

16
- Ein im Übrigen vermögensloser, pflegebedürftiger Betreuter ist sittlich nicht verpflichtet, seiner vermögenden Tochter zur Verbesserung ihrer **beengten Wohnungssituation** einen Teil des von beiden gemeinsam bewohnten Hauses als Eigentumswohnung zu überlassen.[45]
- Allein die **Erbringung persönlicher Pflegeleistungen** unter engen Familienangehörigen rechtfertigt noch keine sittliche Pflicht zu größeren Schenkungen.[46] Etwas anderes kann allerdings gelten, wenn die Pflegeleistungen zwischen weiter entfernten Verwandten oder unter besonders schweren persönlichen Opfern erbracht wurden.[47] Pflegeleistungen in Heimen dürfen kraft gesetzlichen Verbots nach dem Heimgesetz nicht durch Schenkungen belohnt werden.[48]
- Auch bei **Unterstützung naher Angehöriger**, die keinen rechtlichen Unterhaltsanspruch gegen den Leistenden haben, kommt eine Pflichtschenkung in Betracht.[49] Auch noch in jüngerer Zeit bejaht wurde das für Schenkungen des Miteigentums am Familienwohnheim an die unversorgte Ehefrau, die zum gemeinsamen Nutzen im Gewerbebetrieb des Ehemannes mitgearbeitet hatte[50], sowie für notleidende Geschwister oder andere nicht unterhaltsberechtigte Verwandte.[51] Allerdings kommt es auf die Gesamtumstände des Einzelfalles an.[52] Denn existenzieller Not beugt heute der Sozialstaat weitgehend vor. Auch kommt eine Übertragung des ganzen Familienwohnheims, zumal unter Verkürzung erbrechtlicher Ansprüche, kaum in Betracht.[53] Eine allgemeine sittliche Pflicht, die getrennt lebende Ehefrau, gegen die Scheidungsklage erhoben ist, für die Zeit nach dem eigenen Tode zu versorgen, besteht nicht.[54]
- Einer sittlichen Pflicht kann es entsprechen, den allgemein bekannten **letzten Willen** eines verstorbenen nahen Verwandten auch dann zu vollziehen, wenn der letzte Wille fehlerhaft nicht formwirksam erklärt wurde.[55] Der Familienfrieden kann im Einzelfall auch noch heute für die Annahme einer solchen sittlichen Pflicht sprechen.[56] Ähnliches kann für ein **formunwirksames Schenkungsversprechen** gelten.[57]
- Auch die Möglichkeit, durch Schenkungen **Steuern zu sparen**, begründet keine sittliche Pflicht.[58]

---

[45] BayObLG München v. 06.06.2003 - 3Z BR 88/03 - Rpfleger 2003, 649-651.
[46] So auch BayObLG München v. 08.10.1997 - 3Z BR 192/97 - BayObLGR 1998, 5-6; OLG Frankfurt v. 10.09.2007 - 20 W 69/07 - juris Rn. 17 - Rpfleger 2008, 72-74; *Zimmermann* in: Damrau/Zimmermann, Betreuungsrecht, 4. Aufl. 2011, § 1804 Rn. 15; *Deinert* in: HK-BUR, § 1804 Rn. 29; *Meier/Neumann*, Handbuch Vermögenssorge, 2006, S. 186.
[47] Vgl. *Gehrlein* in: BeckOK BGB, § 534 Rn. 1; *Chiusi* in: Staudinger, § 534 Rn. 8; *Koch* in: MünchKomm-BGB, § 534 Rn. 3.
[48] Zutreffend etwa *Meier/Neumann*, Handbuch Vermögenssorge, 2006, S. 184.
[49] *Veit* in: Staudinger, § 1804 Rn. 20; *Chiusi* in: Staudinger, § 534 Rn. 7; *Gehrlein* in: BeckOK BGB, Ed. 30, § 534 Rn. 1; zurückhaltend *Zimmermann* in: Damrau/Zimmermann, Betreuungsrecht, 4. Aufl. 2011, § 1804 Rn. 14; vgl. auch BGH v. 09.04.1986 - IVa ZR 125/84 - LM Nr. 3 zu § 534 BGB.
[50] OLG Karlsruhe v. 14.02.1990 - 6 U 169/89 - OLGZ 1990, 457-462, 459; *Deinert* in: HK-BUR, § 1804 Rn. 26; *Meier/Neumann*, Handbuch Vermögenssorge, 2006, S. 184; ablehnend aber *Zimmermann* in: Damrau/Zimmermann, Betreuungsrecht, 4. Aufl. 2011, § 1804 Rn. 14.
[51] So BGH v. 09.04.1986 - Iva ZR 125/84 - FamRZ 1986, 1079-1080, 1080; *Deinert* in: HK-BUR, § 1804 Rn. 26; *Meier/Neumann*, Handbuch Vermögenssorge, 2006, S. 184; ablehnend aber *Zimmermann* in: Damrau/Zimmermann, Betreuungsrecht, 4. Aufl. 2011, § 1804 Rn. 14.
[52] Vgl. etwa auch OLG Frankfurt v. 10.09.2007 - 20 W 69/07 - Rpfleger 2008, 72-74.
[53] OLG Karlsruhe v. 14.02.1990 - 6 U 169/89 - OLGZ 1990, 457-462, 459.
[54] Vgl. BGH v. 11.11.1981 - IVa ZR 235/80 - juris Rn. 11 - FamRZ 1982, 165-166.
[55] KG v. 15.11.1935 - 1a Wx 1633/35 - JW 1936, 393-394, 393; *Deinert* in: HK-BUR, § 1802 Rn. 25.
[56] Zweifelnd *Zimmermann* in: Damrau/Zimmermann, Betreuungsrecht, 4. Aufl. 2011, § 1804 Rn. 14.
[57] *Bobenhausen*, BtPrax 1994, 158, 160; *Deinert* in: HK-BUR, § 1802 Rn. 25.
[58] So auch BayObLG v. 24.05.1996 - 3Z BR 104/96 - FamRZ 1996, 1359; *Zimmermann* in: Damrau/Zimmermann, Betreuungsrecht, 4. Aufl. 2011, § 1804 Rn. 15.

- Besondere Zurückhaltung ist bei Schenkungen an Personen zu üben, die nicht in engen persönlichen Verbindungen zu dem Schenker stehen, etwa an Pensionskassen, Religionsgemeinschaften oder kommunale Körperschaften.[59]
- Teilweise wird in einer Hof- oder Betriebsübergabe gegen Übernahme eines Leibgedinges eine Pflichtschenkung gesehen.[60] Das erscheint nicht unproblematisch. Allerdings kann zu prüfen sein, inwiefern unter solchen Umständen überhaupt eine Schenkung vorliegt (vgl. Rn. 3).

III. Auf den Anstand zu nehmende Rücksicht

Eine Anstandsschenkung liegt vor, wenn die Schenkung nach den Anschauungen der sozialen Gruppe des Schenkers nicht unterbleiben kann, ohne dass der Schenker an Achtung und Anerkennung dieses Kreises verlöre.[61] Das Vorliegen einer Anstandsschenkung ist nach den persönlichen und wirtschaftlichen Verhältnissen des Schenkenden unter Berücksichtigung der örtlichen und schichtspezifischen Verkehrsanschauung zu beurteilen. Als Anstandsschenkungen kommen etwa im Rahmen des Üblichen Geschenke aus Anlass von Festtagen (z.B. Weihnachten), persönlichen Feiern (z.B. Geburtstag) sowie Gastgeschenke in Betracht.[62] Teilweise wird auch das übliche Trinkgeld als Anstandsschenkung angesehen.[63] Für diese Einordnung und gegen die als Gelegenheitsgeschenk im Sinne des § 1908i Abs. 2 Satz 1 BGB spricht, dass in Übereinstimmung mit der alltäglichen Anstandsbewertung auch im unmittelbaren Anwendungsbereich der Vormundschaft Trinkgeld gegeben werden kann. Im Regelfall betreffen Anstandsschenkungen Geschenke von vergleichsweise geringem Wert. Anstandsgeschenke zu hohem Wert sind im Einzelfall grundsätzlich denkbar, wenn dadurch Vermögen und Lebensstandard des Mündels nicht nennenswert berührt werden[64], kommen in politisch und wirtschaftlich normalen Zeiten aber kaum vor. Eine solche Anstandsschenkung wurde etwa bejaht bei Grundstücksschenkung durch einen Großgrundbesitzer in dringendster Wohnungsnot.[65] 17

Im Einzelfall kann in intakter Familie eine Anstandsschenkung auch über größere Beträge zu bejahen sein, wenn sie dazu dient, schwere Nachteile (etwa eine drohende Privatinsolvenz oder den Entzug einer Berufszulassung) abzuwenden, wenn weiter der Unterhalt des Betroffenen anderweitig gesichert ist und der Begünstigte an anderer Stelle (etwa bei dem Verzicht auf den Pflichtteil) selbstlos gegenüber der Familie gehandelt hat.[66] Zurückhaltung ist allerdings angebracht, wenn angesichts einer bestehenden Pflegebedürftigkeit scheinbar große finanzielle Polster rasch aufgebraucht werden können. 18

IV. Besonderheiten bei der Betreuung

Für die Betreuung gilt § 1804 BGB nach § 1908i Abs. 2 Satz 2 BGB „sinngemäß". Die Bedeutung dieser Verweisung wird nicht einheitlich beurteilt. Während die vorstehenden Grundsätze teilweise ohne weiteres auf das Betreuungsrecht übertragen werden[67], lässt die wohl herrschende Auffassung hier einen großzügigeren Maßstab walten[68]. Die Einschränkungen des § 1804 BGB werden verbreitet als für Erwachsene unangemessen eng empfunden. Im Hinblick auf die auch gesetzlich in § 1901 BGB ver- 19

---

[59] In diese Richtung etwa auch *Engler* in: Staudinger, Neubearb. 2004, § 1804 Rn. 15; *Zimmermann* in: Damrau/Zimmermann, Betreuungsrecht, 4. Aufl. 2011, § 1804 Rn. 14, gegen BayObLGZ 22, 249, 251.

[60] Vgl. BayObLG v. 08.10.1997 - 3Z BR 192/97 - BtPrax 1998, 72-74, 74; LG Traunstein v. 07.04.2004 - 4 T 1365/04 - MittBayNot 2005, 231-232.

[61] RG v. 16.04.1920 - VII 480/19 - RGZ 98, 323-326, 326; BayObLG München v. 08.10.1997 - 3Z BR 192/97 - juris Rn. 24 - BayObLGR 1998, 5-6; LG Kassel v. 12.10.2012 - 3 T 349/12 - juris Rn. 26 - FamRZ 2013, 579-580; *Gehrlein* in: BeckOK BGB, Ed. 30, § 534 Rn. 2; *Veit* in: Staudinger, § 1804 Rn. 21; *Zimmermann* in: Damrau/Zimmermann, Betreuungsrecht, 4. Aufl. 2011, § 1804 Rn. 16; *Meier/Neumann*, Handbuch Vermögenssorge, 2006, S. 184; tendenziell ähnlich BGH v. 19.09.1980 - V ZR 78/79 - NJW 1981, 111-112.

[62] BGH v. 13.02.1963 - V ZR 82/62 - LM Nr. 1 zu § 534 BGB; *Gehrlein* in: BeckOK BGB, Ed. 30, § 534 Rn. 2; *Veit* in: Staudinger, § 1804 Rn. 21; zurückhaltend *Zimmermann* in: Damrau/Zimmermann, Betreuungsrecht, 4. Aufl. 2011, § 1804 Rn. 16; großzügiger *Roth* in: Dodegge/Roth, Betreuungsrecht, 2003, D Rn. 39.

[63] So *Deinert* in: HK-BUR, § 1804 Rn. 31.

[64] So etwa BayObLG v. 01.07.1987 - 3 Z 91/87 - Rpfleger 1988, 22-23; *Deinert* in: HK-BUR, § 1804 Rn. 33; *Meier/Neumann*, Handbuch Vermögenssorge, 2006, S. 184; *Roth* in: Dodegge/Roth, Betreuungsrecht, 2003, D Rn. 39; ablehnend *Zimmermann* in: Damrau/Zimmermann, 4. Aufl. 2011, § 1804 Rn. 16.

[65] BayObLG v. 26.05.1923 - Reg III 23/1923 - RGZ 22, 249, 251-252, 251.

[66] Vgl. LG Kassel v. 12.10.2012 (3 T 349/12 - juris Rn. 20 - NJW-RR 2013, 199-200.

[67] So BayObLG München v. 24.05.1996 - 3Z BR 104/96 - NJW-RR 1997, 452-453; wohl auch *Engler* in: Staudinger, § 1804 Rn. 19.

[68] So etwa *Saar* in: Erman, § 1804 Rn. 4; *Holzhauer*, FamRZ 2000, 1063 ff.

ankerte Berücksichtigung der Wünsche des Betreuten wird deshalb die Berücksichtigung des Willens des Betreuten bei der Auslegung des § 1804 BGB für zulässig erachtet[69], ohne dass dabei freilich immer ganz klar würde, inwiefern dieser Wille maßgeblich ist. Zu den Einzelheiten vgl. die Kommentierung zu § 1908i BGB. Eine weitere Ausnahme enthält § 1908i Abs. 2 BGB für Gelegenheitsgeschenke.

V. Praktische Hinweise

20 Zweifelt der Vormund, ob es sich um eine nach § 1804 BGB zulässige Zuwendung handelt, so empfiehlt es sich, bei dem Familiengericht oder bei einem Rechtsanwalt Rat einzuholen. Handelt es sich um ein aus anderen Gründen (außen-)genehmigungspflichtiges Geschäft, so kann sich der Vormund auch durch Beantragung dieser Genehmigung Gewissheit verschaffen, denn das Familiengericht prüft in diesem Fall auch die rechtliche Zulässigkeit der Schenkung im Übrigen[70]. In den anderen Fällen kann freilich kein Antrag auf Genehmigung gestellt werden, denn die Zuwendung ist dann nicht genehmigungsbedürftig. In Zweifelsfragen ist dem Vormund – besonders dem nicht anwaltlich beratenen – zu Vorsicht bei der Vornahme von Schenkungen zu raten, denn im Falle einer verbotenen Schenkung sieht sich der Vormund schnell dem Untreuevorwurf (§ 266 StGB) ausgesetzt.[71] Stets ist zwischen der Wirksamkeit des Geschäfts und der Haftung des Vormunds zu unterscheiden. Genehmigt das Familiengericht unzulässigerweise ein gegen § 1804 BGB verstoßendes Geschäft, so ändert dies nichts an seiner Nichtigkeit.[72] Allerdings kann der Vormund in diesem Fall wie auch im Fall einer unzutreffenden Beratung durch das Gericht oder den Rechtsanwalt der eigenen Haftung nach § 1833 BGB entgehen.

21 Bei Rechtsgeschäften, die in der Nähe des § 1804 BGB anzusiedeln sind, kann es sich empfehlen, sich rückzuvergewissern, dass dem Geschäft auch kein Genehmigungserfordernis, etwa nach § 1822 Nr. 2, 10 oder 13 BGB entgegensteht. Insbesondere macht das Vorliegen einer Ausnahme nach § 1804 Satz 2 BGB die familiengerichtliche Genehmigung nicht entbehrlich.[73] Bei Schenkungen an den Vormund oder bestimmte nahe stehende Personen ist ferner an die §§ 1795, 1796 BGB zu denken. Im Falle der Ausstattung denke der Betreuer an § 1908 BGB.

22 In der Praxis der Betreuung tritt häufig der Fall ein, dass der Betreute in ein Heim umziehen muss, ohne dass eine Rückkehr in seine Wohnung zu erwarten ist. Der Betreuer wird dann regelmäßig den bisherigen Haushalt auflösen und sich fragen, wie er mit Gegenständen verfahren soll, deren Einlagerung angesichts der nicht zu erwartenden Rückkehr des Betreuten wenig sinnvoll erscheint, die aber für die Angehörigen mit persönlichem Erinnerungswert verbunden sind. Schenkungen scheiden in diesem Fall wegen § 1804 BGB aus. In dieser Situation wird die leihweise Übergabe (gegen Quittung) an Angehörige empfohlen.[74] Dem kann für den Regelfall zugestimmt werden. Zu beachten ist allerdings, dass auch die Einräumung einer unentgeltlichen Nutzungsmöglichkeit im Einzelfall eine verbotene Schenkung darstellen kann. Allerdings steht hier regelmäßig nicht die unentgeltliche Zuwendung von Vermögenswerten, sondern die Verwahrung als sinnvolle Alternative zur Einlagerung oder Verwertung im Vordergrund.

23 Wegen der restriktiven Grenzen des § 1804 BGB kann es erwägenswert sein, im Rahmen von Vorsorgevollmachten eine Befreiung auch von den Grenzen des § 1804 BGB in Betracht zu ziehen.[75]

D. Rechtsfolgen

24 Das gegen § 1804 BGB verstoßende Geschäft ist nichtig. Die dogmatische Begründung hierfür ist uneinheitlich: Teilweise wird § 1804 Satz 1 BGB als Ausschluss der Vertretungsberechtigung angese-

---

[69] OLG Karlsruhe v. 18.04.2000 - 11 Wx 148/99 - NJW-RR 2000, 1313-1314; *Meier/Neumann*, Handbuch Vermögenssorge, 2006, S. 183; *Zimmermann* in: Damrau/Zimmermann, 4. Aufl. 2011, § 1804 Rn. 14; vgl. auch *Holzhauer*, FamRZ 2000, 1063.
[70] Vgl. BayObLG v. 24.05.1996 - 3Z BR 104/96 - juris Rn. 15 - BayObLGZ 1996, 118-122; BayObLG v. 08.10.1997 - 3Z BR 192/97 - juris Rn. 11 - BayObLGR 1998, 5-6; OLG Hamm v. 07.01.1987 - 15 W 242/85 - OLGZ 1987, 162-166.
[71] Vgl. etwa zu einem instruktiven Beispiel der Fall bei *Meier/Neumann*, Handbuch Vermögenssorge, 2006, S. 188.
[72] Vgl. BayObLG v. 24.05.1996 - 3Z BR 104/96 - juris Rn. 14 - BayObLGZ 1996, 118-122 m.w.N.
[73] BayObLG v. 09.07.1987 - 3 Z 91/87 - Rpfleger 1988, 22-23, 22; BayObLG v. 08.10.1997 - 3Z BR 192/97 - juris Rn. 11 - BayObLGR 1998, 5-6; *Veit* in: Staudinger, § 1804 Rn. 22.
[74] So *Deinert* in: HK-BUR, § 1804 Rn. 37.
[75] So zu Recht *Heitmann*, jurisPR-FamR 14/2013, Anm. 7.

hen[76], teilweise als gesetzliches Verbot[77]. Das folgt aus der Formulierung „kann nicht". Dogmatisch konsequenter dürfte letzere Ansicht sein, die von der Rechtsfolge her (§ 134 BGB) zum richtigen Ergebnis führt (nicht: § 177 BGB). Im Ergebnis besteht jedenfalls Einigkeit, dass das „kann nicht" in § 1804 Satz 1 BGB zur unheilbaren Nichtigkeit führt. Dies gilt auch dann, wenn das Familiengericht das Geschäft zu Unrecht genehmigt hat.[78]

Hiergegen wurde teilweise eingewandt, das Schenkungsverbot des § 1804 BGB sei unter dem Gesichtspunkt des Übermaßverbots verfassungswidrig.[79] Zuzugeben ist dieser Auffassung, dass § 1804 BGB eine sehr restriktive Regelung beinhaltet, die sozial akzeptierte, ja sogar erwünschte Freigiebigkeiten des Mündelvermögens weitgehend ausschließt. So erscheint es etwa rechtspolitisch unbefriedigend, dass auch große Privatvermögen, wenn sie der Verwaltung des Vormundes oder des Betreuers unterstehen, nicht in angemessenem Umgang für ein karitatives Engagement eingesetzt werden können. Auch wird der Mündel beziehungsweise der Betreute von ansonsten legalen wirtschaftlichen und steuerlichen Gestaltungsmöglichkeiten – etwa der Schenkung im Wege vorweggenommener Erbfolge zur Minimierung der Steuerbelastung – ausgeschlossen. Unter Berücksichtigung des übergeordneten Schutzzwecks der Norm, das Mündelvermögen umfassend zu schützen und im Hinblick auf die Schwierigkeiten einer weniger restriktiven, aber die Mündelinteressen gleichwohl hinreichend wahrenden Regelung dürfte dem Gesetzgeber allerdings ein gewisser Ermessensspielraum bei der Ausgestaltung generalisierender Regelungen zukommen, der das Verbot im Ergebnis noch als verfassungsgemäß erscheinen lässt.[80]

Eine Genehmigung des Geschäfts durch den Mündel nach Aufhebung der Vormundschaft mit Wirkung ex tunc scheidet nach allgemeiner Auffassung aus.[81] Er kann das Rechtsgeschäft lediglich ex nunc neu vornehmen.

Nichtig ist nach zutreffender Ansicht auch das in Erfüllung des vom Vormund entgegen § 1804 BGB abgegebenen Schenkungsversprechens abgeschlossene Erfüllungsgeschäft.[82] Dies gebietet der Schutzzweck der Norm. Denn das Vermögen des Mündels wäre gefährdet, könnte die Zuwendung nur noch nach den Grundsätzen der ungerechtfertigten Bereicherung zurückgefordert werden.

Das Grundbuchamt, das Bedenken gegen die Wirksamkeit des Erfüllungsgeschäfts hat, verfügt im Antragsverfahren nicht selbst über die Befugnis Ermittlungen zur Unentgeltlichkeit anzustellen. § 16 FamFG findet hier keine Anwendung. Das Familien-/Betreuungsgericht kann demgegenüber die subjektiven Beweggründe der Beteiligten, die für die Beurteilung der Unentgeltlichkeit von zentraler Bedeutung sind, sicherer feststellen. Hat das Familien-/Betreuungsgericht das Rechtsgeschäft genehmigt und dies etwa damit begründet, dass das Rechtsgeschäft den wirtschaftlichen Interessen und der Unterhaltssicherung der Betroffenen diene, spricht dies gegen die Annahme einer gemischten Schenkung, was vom Grundbuchamt zu berücksichtigen ist.[83]

Probleme bereitet die dogmatische Erfassung einer Überweisung vom Konto des Mündels auf das Konto des Vormunds durch den Vormund. Liegt der Überweisung eine Schenkung des Mündels, vertreten durch den Vormund, an den Vormund selbst zugrunde, so stellt sich die Frage, wie sich die Nichtigkeit des Schenkungsvertrages auf den Überweisungsvorgang auswirkt. Im Deckungsverhältnis zwischen Kreditinstitut und Mündel greifen §§ 1795, 181 BGB nicht ein[84], da es an der Personenidentität

---

[76] So *Veit* in: Staudinger, § 1804 Rn. 13; *Spanl*, Vermögensverwaltung durch Vormund und Betreuer, 2. Aufl. 2009, S. 73.

[77] Vgl. etwa *Veit* in: Staudinger, § 1804 Rn. 13.

[78] BayObLG v. 09.07.1987 - BReg 3 Z 91/87 - Rpfleger 1988, 22-23; BayObLG München v. 24.05.1996 - 3Z BR 104/96 - NJW-RR 1997, 452-453; *Bettin* in: BeckOK BGB, Ed. 30, § 1804 Rn. 4; *Veit* in: Staudinger, § 1804 Rn. 13; *Dickescheid* in: BGB-RGRK, § 1804 Rn. 5.

[79] So *Canaris*, JZ 1987, 993-1004; für eine Reduktion des Schenkungsverbots auch *Holzhauer*, FamRZ 2000, 1063-1068.

[80] So im Ergebnis auch BayObLG München v. 24.05.1996 - 3Z BR 104/96 - juris Rn. 19 - NJW-RR 1997, 452-453; *Zimmermann* in: Damrau/Zimmermann, Betreuungsrecht, 4. Aufl. 2011, § 1804 Rn. 17.

[81] So auch *Veit* in: Staudinger, § 1804 Rn. 14; *Götz* in: Palandt, § 1804 Rn. 1; *Zimmermann* in: Damrau/Zimmermann, Betreuungsrecht, 4. Aufl. 2011, § 1804 Rn. 9.

[82] Vgl. KG v. 13.03.2012 - 1 W 542/11 - juris Rn. 11 - MDR 2012, 654 655; LG Kassel v. 12.10.2012 - 3 T 349/12 - juris Rn. 16 - NJW-RR 2013, 199-200; *Saar* in: Erman, § 1804 Rn. 1; *Deinert* in: HK-BUR, § 1804 Rn. 11; *Dickescheid* in: BGB-RGRK, § 1804 Rn. 5.

[83] Vgl. KG v. 13.03.2012 - 1 W 542/11 - juris Rn. 14 - MDR 2012, 654-655.

[84] BGH v. 15.06.2004 - XI ZR 220/03 - NJW 2004, 2517, 2518 m.w.N.

der Vertragschließenden fehlt. Auch an der Voraussetzung einer Schenkung im Sinne des § 1804 BGB fehlt es im Deckungsverhältnis. § 1804 BGB ist aber nur auf Rechtsgeschäfte zwischen dem Mündel als Schenker und dem Beschenkten anwendbar.[85] Der Bundesgerichtshof geht nun des Weiteren davon aus, dass die Parallelnorm des § 1643 BGB nicht die Vertretungsmacht der Eltern zum Abschluss eines Überweisungsvertrages im Außenverhältnis zu dem Kreditinstitut einschränke.[86] Dem ist unter Schutzzweckgesichtspunkten entgegengetreten worden. Der Minderjährigenschutz wäre ansonsten nur unzureichend verwirklicht, wenn allein der schuldrechtliche Schenkungsvertrag verhindert würde, nicht aber das vermögensmindernde Erfüllungsgeschäft.[87] Akzeptiert man diese Argumentation für die Bar- oder Handschenkung, so ist in der Tat kein Grund ersichtlich, die Überweisung abweichend zu behandeln. Dies hat weitreichende Folgen für die Bankpraxis: Kennt das Kreditinstitut die Schenkung im Valutaverhältnis, darf es die Überweisung nicht ausführen. Ausgehend vom Prinzip der formalen Auftragsstrenge[88] wird man das Kreditinstitut allerdings nicht für verpflichtet ansehen können, das Valutaverhältnis zu erforschen. Eine generelle Prüfpflicht des Kreditinstituts hinsichtlich der Einhaltung des § 1804 BGB des Kreditinstituts besteht deshalb nicht.[89] Das Kreditinstitut kann allerdings ein originäres Interesse an der Prüfung haben. Da bei Verstoß gegen § 1804 BGB auch die Überweisung des Kreditinstituts an den Vormund nichtig ist, muss das Kreditinstitut in diesem Fall wegen des bestehenden sogenannten Doppelmangels die Bereicherung (mit entsprechendem Ausfallrisiko) bei dem Vormund kondizieren. Dies ist nicht unproblematisch, ist doch angesichts der bankvertraglichen Pflichten durchaus nicht ohne Zweifel, ob die Bank überhaupt ein Recht zur Prüfung des Valutaverhältnisses (mit entsprechender Einmischung in die Geschäfte des Mündels) hat.[90]

30 Die Rückabwicklung der erfüllten Schenkung folgt den §§ 985, 812 BGB. Ein gutgläubiger Erwerb ist nicht möglich. Dies liegt allerdings nicht daran, dass sich § 932 BGB nicht auf das Fehlen der Vertretungsmacht bezöge.[91] Denn wenn § 1804 BGB lediglich die Vertretungsmacht ausschlösse, müsste eine Genehmigung entsprechend § 177 BGB möglich sein. § 1804 BGB stellt vielmehr ein absolutes Verbotsgesetz dar. Ein Verstoß hiergegen ist freilich durch den guten Glauben nach § 932 BGB ebenfalls nicht zu überwinden.

31 Schenkt der Vormund im eigenen Namen, so haftet er dem Mündel nach § 1833 BGB. Der gutgläubig nach § 932 BGB Erwerbende ist dem Mündel nach § 816 Abs. 1 Satz 2 BGB zur Herausgabe verpflichtet.

---

[85] So zutreffend in Bezug auf § 1641 BGB BGH v. 15.06.2004 - XI ZR 220/03 - NJW 2004, 2517, zu wenig differenzierend insofern *Madaus*, BKR 2006, 58.
[86] BGH v. 15.06.2004 - XI ZR 220/03 - NJW 2004, 2517, 2518 unter Berufung auf *Canaris*, Bankvertragsrecht, 2. Aufl. 1981, Rn. 168; *Schramm* in: Schimansky/Bunte/Lwowski, Bankrechts-Handbuch, 2. Aufl. 1997, § 32 Rn. 17.
[87] So *Madaus*, BKR 2006, 58, 59.
[88] Vgl. hierzu etwa BGH v. 15.06.2004 - XI ZR 220/03 - NJW 2004, 2517, 2518; *Grundmann*, WM 2000, 2269, 2277 f.
[89] So für § 1641 BGB auch *Madaus*, BKR 2006, 58, 61.
[90] Ohne weiteres für ein solches Prüfrecht aber offenbar *Madaus*, BKR 2006, 58, 62.
[91] So aber *Veit* in: Staudinger, § 1804 Rn. 16.

§ 1805 BGB Verwendung für den Vormund

(Fassung vom 02.01.2002, gültig ab 01.01.2002)

¹Der Vormund darf Vermögen des Mündels weder für sich noch für den Gegenvormund verwenden. ²Ist das Jugendamt Vormund oder Gegenvormund, so ist die Anlegung von Mündelgeld gemäß § 1807 auch bei der Körperschaft zulässig, bei der das Jugendamt errichtet ist.

Gliederung

A. Grundlagen 1	3. Entsprechende Anwendung im Fall der Betreuung 18
I. Kurzcharakteristik 1	4. Praktische Hinweise 20
II. Entstehungsgeschichte – Das Gesetz über die rechtliche Stellung der nichtehelichen Kinder.... 2	II. Für den Vormund oder Gegenvormund 21
B. Praktische Bedeutung 3	III. Anlegung von Mündelgeld durch den Amtsvormund (Satz 2) 22
C. Anwendungsvoraussetzungen 4	1. Gestattete Anlage bei dem Träger 22
I. Verwendung 4	2. Gestattete Anlage auf Sammelkonten 23
1. Grundsätze 4	3. Sonstige Befreiungsmöglichkeit 24
2. Einzelfälle 7	D. Rechtsfolgen 25

A. Grundlagen

I. Kurzcharakteristik

Nach dem Willen des Gesetzgebers[1] soll § 1805 Satz 1 BGB den Grundsatz der Vermögenstrennung zum Ausdruck bringen. Zur Vermeidung einer Beeinträchtigung des Mündelvermögens durch Vermischung mit dem Vermögen des Vormunds sollen beide Vermögen transparent und getrennt gehalten werden. § 1805 Satz 2 BGB soll eine einfache und kostensparende Anlegung von Mündelgeld auch bei der das Jugendamt tragenden Körperschaft ermöglichen, da in diesem Fall eine sichere Verwahrung und eine hinreichend transparente Vermögenstrennung gewährleistet ist.

1

II. Entstehungsgeschichte – Das Gesetz über die rechtliche Stellung der nichtehelichen Kinder

Das Gesetz über die rechtliche Stellung der nichtehelichen Kinder (NEhelG) vom 19.08.1969[2] fügte in § 1805 Satz 1 BGB die Worte „oder für den Gegenvormund" ein. Satz 2 in der heutigen Fassung wurde angefügt. Die Erstreckung auf den Gegenvormund erfolgte lediglich klarstellungshalber.[3]

2

B. Praktische Bedeutung

Die Vorschrift gilt gemäß § 1908i Abs. 1 Satz 1 BGB für den Betreuer und gemäß § 1915 Abs. 1 BGB für den Pfleger entsprechend. Die Bedeutung der Vorschrift ist nicht zu unterschätzen, da praktisch jede Vormundschaft und Betreuung mit dem Aufgabenbereich der Vermögenssorge die Verwaltung von Vermögenswerten mit sich bringt. Insbesondere im Rahmen des Untreuetatbestandes strahlt die Vorschrift auch in das Strafrecht. Für das Jugendamt wird der Grundsatz des § 1805 Satz 1 BGB in § 1805 Satz 2 BGB inhaltsgleich mit § 56 Abs. 3 Satz 2 SGB VIII eingeschränkt. Die landesrechtlichen Befreiungen (vgl. hierzu etwa die Kommentierung zu § 1795 BGB Rn. 13) gelten nicht für § 1805 BGB.

3

C. Anwendungsvoraussetzungen

I. Verwendung

1. Grundsätze

Die sprachliche Formulierung des Trennungsprinzips ist missglückt. Der herkömmliche Sprachgebrauch des Wortes Verwendung legt es nahe, hierunter nur einen zweckorientierten Einsatz von Ver-

4

---

[1] Vgl. Motive, Bd. IV – Familienrecht, 1888, S. 1107.
[2] BGBl I 1969, 1243, 1252.
[3] Vgl. zur Entstehungsgeschichte auch *Veit* in: Staudinger, § 1805 Rn. 3.

mögen zu fassen. Die – möglicherweise auch nur versehentliche – Vermischung von Bargeldbeständen oder Girokontoguthaben von Mündel und Vormund wäre dann nicht erfasst.

5 Das Trennungsgebot ist jedoch umfassender. Es verbietet jede Vermischung oder Vermengung von Vermögenswerten verschiedener Rechtsträger[4] und verlangt, dass das Mündelvermögen so transparent vom Vermögen des Vormunds getrennt gehalten wird, dass kein Zweifel darüber entstehen kann, ob ein konkreter Vermögensgegenstand dem Vermögen des Mündels oder dem Vermögen des Vormunds zuzuordnen ist.[5] Das impliziert auch, dass sowohl der vorhandene Vermögensstamm als auch alle Nutzungen und Vorteile, die das Mündelvermögen abwirft, in das Mündelvermögen fallen. Das so verstandene Trennungsprinzip ergibt sich, auch soweit es nicht in § 1805 BGB klargestellt ist, schon aus der Konstruktion der Vormundschaft, die nicht zu einer Vermögensvermischung führt, sondern nur eine Fremdverwaltung des Mündelvermögens statuiert.

6 Umstritten ist, ob das Verwendungsverbot – wie eine weit verbreitete Auffassung annimmt – auch die entgeltliche Inanspruchnahme von Mündelvermögen durch den Vormund verbietet.[6] Diese Meinung begegnet indes Bedenken, da sie die wirtschaftliche Freiheit des Mündels ohne Not einschränkt. Die entgeltliche, also von einer Gegenleistung abhängige Nutzung von Mündelvermögen kann nur auf einem Vertrag zwischen dem Vormund und dem gesetzlichen Vertreter des Mündels beruhen. Der Gesetzgeber hat die sich hieraus ergebenden Gefahren gesehen und angemessene Instrumentarien zu ihrer Bewältigung geschaffen, etwa das Verbot des Insichgeschäfts nach den §§ 1795 Abs. 2, 181 BGB oder das Schenkungsverbot nach § 1804 BGB. Nutzt der Vormund unter Einhaltung dieser Vorschriften das Mündelvermögen, so sind auch die Anforderungen an eine transparente Trennung beider Vermögen gewahrt.

2. Einzelfälle

7 Aus **Sachen** des Mündels darf der Vormund keine unentgeltlichen Nutzungen ziehen. Zulässig ist hingegen die entgeltliche Überlassung in Form einer Miete oder Pacht zu marktüblichen Bedingungen.[7]

8 Keine unentgeltliche Eigennutzung stellen **Gebrauchshandlungen** dar, die zur Wahrung der Interessen des Mündels notwendig sind, mögen sie auch gleichzeitig im Interesse des Vormunds liegen, etwa das Ausreiten des Pferdes im Interesse seiner Gesundheit[8], die gemeinsame Fahrt zum Krankenhaus, wo sich der Vormund ebenfalls einer Behandlung unterzieht[9] oder das gelegentliche Bewegen des wegen eines längeren Krankenhausaufenthalts des Betreuten ungenutzten Autos. Freilich sind solche Maßnahmen auf ein angemessenes Maß zu beschränken und dürfen nicht zu einer Vermögenseinbuße führen. Im Beispielfall darf der Vormund das Auto des Betreuten also nicht während des Krankenhausaufenthalts des Betreuten für seine täglichen Fahrten gebrauchen.

9 Zulässig ist die Beteiligung des Vormunds an der Leitung eines **Erwerbsgeschäfts** des Mündels durch Einräumung einer Prokura.[10] Zwar muss der Vormund das Erwerbsgeschäft nicht selbst leiten. Wenn er es aber tut, liegt hierin eine Verwaltungstätigkeit im Interesse des Mündels. Die Anlegung von Mündelgeld bei einer oHG, deren Gesellschafter der Vormund ist, würde demgegenüber eine unzulässige Verwendung darstellen.[11]

---

[4] So etwa auch *Meier/Neumann*, Handbuch Vermögenssorge, 2006, S. 89; *Bauer* in: HK-BUR, § 1805 Rn. 3; *Zimmermann* in: Damrau/Zimmermann, Betreuungsrecht, 4. Aufl. 2011, § 1805 Rn. 2.

[5] So auch LG Münster v. 28.07.2011 - 5 T 309/11 - juris Rn. 17.

[6] So *Veit* in: Staudinger, § 1805 Rn. 5; in diese Richtung auch *Gernhuber/Coester-Waltjen*, Lehrbuch des Familienrechts, 6. Aufl. 2010, § 72 II 1 Rn. 10; a.A. aber *Dickescheid* in: BGB-RGRK, § 1805 Rn. 2; für die vertragliche Inanspruchnahme auch *Zimmermann* in: Damrau/Zimmermann, Betreuungsrecht, 4. Aufl. 2011, § 1805 Rn. 4.

[7] So *Zimmermann* in: Damrau/Zimmermann, Betreuungsrecht, 4. Aufl. 2011, § 1805 Rn. 3; ähnlich auch *Berger*, Die Vorschriften über die Verwaltung von Mündelvermögen im Vergleich mit entsprechenden Regelungen außerhalb des Vormundschaftsrechts, S. 41; im Ergebnis zumindest für die Wohnung des Mündels auch *Veit* in: Staudinger, § 1805 Rn. 6; in der Sache auch *Götz* in: Palandt, § 1805 Rn. 1.

[8] Vgl. das Beispiel bei *Veit* in: Staudinger, § 1805 Rn. 7.

[9] Vgl. das Beispiel von *Dickescheid* in: RGRK-BGB, § 1805 Rn. 3.

[10] BayObLG v. 13.04.1917 - Reg III 17/1917 - BayObLGZ 18, 53; *Veit* in: Staudinger, § 1805 Rn. 10; *Götz* in: Palandt, § 1805 Rn. 1; *Bauer* in: HK-BUR, § 1805 Rn. 4.

[11] So auch *Berger*, Die Vorschriften über die Verwaltung von Mündelvermögen im Vergleich mit entsprechenden Regelungen außerhalb des Vormundschaftsrechts, S. 41; *Dickescheid* in: BGB-RGRK, § 1805 m.w.N.

Mündelgeld ist grundsätzlich getrennt von Geldern des Vormundes anzulegen. Bargeld ist in einer separaten Kasse, Buchgeld auf getrennten Konten zu führen.[12] Dies gilt auch für das laufend benötigte Geld, mögen zwischen Vormund und Mündel auch noch so enge verwandtschaftliche Beziehungen bestehen,[13] und zwar unabhängig davon, ob die Bezüge des Betroffenen ausreichen, den Lebensunterhalt zu bestreiten oder nicht.[14] Idealerweise wird das Mündelvermögen auf einem sogenannten offenen Fremdkonto verwaltet. Dabei ist Kontoinhaber der Mündel, zeichnungsberechtigt aber der Vormund. Unzulässig ist demgegenüber die Verwaltung von Mündelgeldern auf einem auf den Namen des Vormunds lautenden Eigenkonto, mögen sich auch sonst keine privaten Gelder des Vormunds hierauf befinden. Denn der Grundsatz der Klarheit und Transparenz erfordert, dass die Zugehörigkeit zum Mündelvermögen auch nach außen deutlich wird.

Umstritten ist die Zulässigkeit der Führung eines offenen Treuhandkontos. Bei einem solchen Konto ist der Vormund Kontoinhaber, das Konto wird jedoch mit dem Zusatz versehen, dass es sich um Treuhandgelder handelt. Verbreitet werden solche Konten für zulässig erachtet.[15] Hiergegen bestehen Bedenken.[16] Beim offenen Treuhandkonto ist der Vormund fiduziarischer Vollrechtsinhaber. Die sich aus dem Treuhandverhältnis ergebenden Bindungen betreffen das Innenverhältnis, werden jedoch im Außenverhältnis nicht hinreichend transparent gemacht. Im Falle der Zwangsvollstreckung oder der Insolvenz des Vormunds ist die Durchsetzung der Ansprüche des Mündels erschwert (vgl. § 771 ZPO, § 47 InsO). Weitere Probleme können sich beim Wechsel des Vormunds ergeben, da es in einem solchen Fall der Übertragung des Kontos bedarf. Die Führung eines offenen Treuhandkontos dürfte deshalb insgesamt nicht mehr einer ordnungsgemäßen Führung der Vormundschaft entsprechen, zumal für eine solche Konstruktion keine Notwendigkeit besteht, da sämtliche erforderlichen Vorgänge auch über die sicherere Kontoform des offenen Fremdkontos ausgeführt werden können. Das gilt auch für bereitzuhaltende Gelder (so genanntes Verfügungsgeld).[17] Will der Betreuer verhindern, dass der Betreute eigenmächtig über das Guthaben verfügt, so kann auch ein Ausschluss der Verfügungsmacht des Betreuten von einem auf seinen Namen eingerichteten Konto eingerichtet werden.

Für die Praxis ist von der Einrichtung eines offenen Treuhandkontos in jedem Fall schon deshalb abzuraten, weil allzu häufig der Versuch, ein solches Konto zu eröffnen, scheitert, wenn etwa ein Eigenkonto lediglich mit einem bestimmten Verwendungszweck eröffnet wird. Der Vormund sollte in diesem Bereich besonders vorsichtig sein, da er sich sonst rasch nicht nur einer zivilrechtlichen Haftung, sondern auch strafrechtlichen Vorwürfen ausgesetzt sehen kann (vgl. dazu Rn. 25).

Es ist in Zweifel gezogen worden, ob auch im Rahmen der nur entsprechenden Anwendung der Vorschrift für die Betreuung eine getrennte Kontoführung zu verlangen ist.[18] Gewiss trifft diese Rechtsfolge häufig – z.B. bei intakter Ehe zwischen Betreuer und Betreutem – auf nachvollziehbares Unverständnis. Indes: Das Gesetz muss pauschalieren und macht die Geltung der Vorschriften über die Vormundschaft aus gutem Grund nicht von einer staatlichen Erkundung der (veränderlichen) Qualität der persönlichen Beziehungen zwischen den Beteiligten abhängig. Wunsch und Wille des Betreuten werden dort beeinträchtigt, wo dem Betreuten verwehrt wird, seinen Vorstellungen entsprechend Vermögen für bestimmte Zwecke einzusetzen. Die getrennte Kontoführung führt hingegen, wenn die notwendigen Umstellungen erst einmal bewerkstelligt sind, nicht zu solchen Beeinträchtigungen, sondern bietet durch die hergestellte Transparenz eine Absicherung gegen – gewollte oder versehentliche – Zweckentfremdung des Vermögens.

---

[12] Statt vieler: LG Krefeld v. 06.02.2001 - 6 T 435/00 - Rpfleger 2001, 302.

[13] So auch *Bienwald* in: Bienwald/Sonnenfeld/Hoffmann, Betreuungsrecht, 4. Aufl. 2005, Anhang zu § 1908i BGB, Rn. 3.

[14] Zu Unrecht differenzierend OLG Rostock v. 18.01.2005 - 3 W 120/04 - OLGR Rostock 2005, 497-498.

[15] So für laufende Ausgaben etwa *Veit* in: Staudinger, § 1805 Rn. 9; *Saar* in: Erman, § 1805 Rn. 4; *Götz* in: Palandt, § 1805 Rn. 1.

[16] Kritisch auch KG v. 17.11.1966 - 1 W 1743/66 - NJW 1967, 883-884; OLG Köln v. 04.07.1996 - 16 Wx 139/96, 16 Wx 140/96 - OLGR Köln 1997, 51; OLG Oldenburg v. 30.06.1978 - 6 U 31/78 - juris Rn. 21 - Rpfleger 1979, 90-91; LG Münster v. 28.07.2011 - 5 T 309/11 - juris Rn. 18; *Zimmermann* in: Damrau/Zimmermann, Betreuungsrecht, 4. Aufl. 2011, § 1805 Rn. 2; *Bettin* in: BeckOK BGB, Ed. 30, § 1805 Rn. 2; *Roth* in: Dodegge/Roth, Betreuungsrecht, 2003, D Rn. 44; *Berger*, Die Vorschriften über die Verwaltung von Mündelvermögen im Vergleich mit entsprechenden Regelungen außerhalb des Vormundschaftsrechts, S. 41 f.; *Dodegge* in: Handbuch der Rechtspraxis, Band 5b – Familienrecht – 2. Halbband, 7. Aufl. 2010, Rdn. 345.

[17] OLG Köln v. 04.07.1996 - 16 Wx 139/96, 16 Wx 140/96 - juris Rn. 4 - OLGR Köln 1997, 51.

[18] So wohl *Harm*, Rpfleger 2012, 185-186.

14 Als zulässig erachtet werden nach verbreiteter Meinung die Anderkonten und -depots, die nach den Allgemeinen Geschäftsbedingungen der Banken und Sparkassen allerdings nur für Rechtsanwälte, Notare und andere anderkontoführungsberechtigte Personen angeboten werden.[19] Nach ihrer rechtlichen Konstruktion stellen diese Anderkonten allerdings auch offene Treuhandkonten dar[20], weshalb die hier aufgeführten Bedenken bleiben.[21] Zur Besonderheit bei Amtsvormündern vgl. Rn. 22 f.

15 Die Inanspruchnahme eines verzinslichen **Darlehens** dürfte zulässig sein,[22] freilich nicht aufgrund eigenmächtiger Inanspruchnahme, sondern nach Abschluss eines entsprechenden Vertrages unter Beachtung der §§ 1795 Abs. 2, 181, 1804 BGB. Der Darlehensvertrag stellt genauso wie etwa der Mietvertrag einen synallagmatischen Vertrag dar, bei dem einer Leistung eine nach den Gesetzen des Marktes zu bestimmende Gegenleistung gegenübersteht. Eine Differenzierung ist hier dogmatisch nicht zu begründen.

16 Da es an einer dem § 1619 BGB entsprechenden Vorschrift fehlt, darf der Vormund auch die **Arbeitskraft** des Mündels nicht unentgeltlich nutzen.[23] Etwas anderes gilt gemäß §§ 1793 Abs. 1 Satz 3, 1619 BGB nunmehr allerdings, wenn der Mündel für längere Zeit in den Haushalt des Vormunds aufgenommen ist. Im Rahmen der Erziehung und Ausbildung durch den Vormund ist er dann verpflichtet, seinen Kräften und seiner Lebensstellung entsprechend angemessen im Hauswesen und im Geschäft des Vormundes Dienste zu erbringen. Obschon der Betreuer gegenüber dem Betreuten keine derartige Erziehungsaufgabe hat, soll die Pflicht zur Mitarbeit in diesen Fällen auch für den Betreuten gelten.[24] Fraglich ist, ob der Vormund die Arbeitskraft des Mündels gegen Entgelt nutzen darf. Dies wird von der herrschenden Meinung bereits mit der Begründung bejaht, dass die Arbeitskraft des Mündels gar nicht zu seinem Vermögen gehöre.[25]

17 Die Entnahme von Geldern vom Konto des Vormundes zwecks Deckung der im Rahmen der Vormundschaft anfallenden Auslagen des Vormundes wird von § 1805 BGB nicht untersagt.[26] Es handelt sich hier nicht um eine Verwendung fremden Vermögens für eigene Zwecke, sondern um die Übertragung von Vermögenswerten auf der Rechtsgrundlage der Vorschriften über den Aufwendungsersatz.

3. Entsprechende Anwendung im Fall der Betreuung

18 Die entsprechende Anwendung des § 1805 BGB erfordert im Fall der Betreuung die Berücksichtigung der Wünsche des Betreuten. Dabei hat der Betreuer den Wünschen des Betreuten grundsätzlich zu entsprechen, soweit dies dessen Wohl nicht zuwiderläuft (§ 1901 Abs. 3 BGB). Dabei kommt es auf den natürlichen Willen des Betroffenen an, es ist also nicht erforderlich, dass der Betreute seinen Willen im Zustand der Geschäftsfähigkeit formulieren kann.[27]

19 Aus diesen Grundsätzen wird abgeleitet, der zum Betreuer ernannte Ehegatte des Betreuten könne die bis dahin gemeinschaftlich geführten Konten unverändert fortführen.[28] Das erscheint nicht unproblematisch. Der Gesetzgeber ging davon aus, dass der Wunsch des Betreuten nicht erst dann unbeachtlich sei, wenn die Gefahr einer schweren Selbstschädigung besteht.[29] Vielmehr genügt es, dass ein etwaiger

---

[19] So *Veit* in: Staudinger, § 1805 Rn. 9; *Saar* in: Erman, § 1805 Rn. 4; *Schütz*, NJW 1967, 1569.
[20] Vgl. *Sandkühler*, Bankrecht, 2. Aufl. 1993, S. 51 f.
[21] So auch *Meier/Neumann*, Handbuch Vermögenssorge, 2006, S. 90; *Zimmermann* in: Damrau/Zimmermann, Betreuungsrecht, 4. Aufl. 2011, § 1805 Rn. 2; *Dickescheid* in: BGB-RGRK, § 1805 Rn. 2.
[22] Wie hier auch *Dickescheid* in: BGB-RGRK, § 1805 Rn. 2; *Zimmermann* in: Damrau/Zimmermann, Betreuungsrecht, 4. Aufl. 2011, § 1805 Rn. 4; anders allerdings *Veit* in: Staudinger, § 1805 Rn. 8; *Bauer* in: HK-BUR, § 1805 Rn. 4; *Berger*, Die Vorschriften über die Verwaltung von Mündelvermögen im Vergleich mit entsprechenden Regelungen außerhalb des Vormundschaftsrechts, S. 41.
[23] Allgemeine Ansicht, vgl. *Veit* in: Staudinger, § 1805 Rn. 12; *Roth* in: Dodegge/Roth, Betreuungsrecht, 2003, D Rn. 45; *Götz* in: Palandt, § 1805 Rn. 1; für eine analoge Anwendung *Zimmermann* in: Damrau/Zimmermann, Betreuungsrecht, 4. Aufl. 2011, § 1805 Rn. 4; *Bauer* in: HK-BUR, § 1805 Rn. 4; vgl. auch *Gernhuber/Coester-Waltjen*, Familienrecht, 6. Aufl. 2010, § 72 II. 1. Rn. 11.
[24] So *Zimmermann* in: Damrau/Zimmermann, Betreuungsrecht, 4. Aufl. 2011, § 1805 Rn. 4; *Roth* in: Dodegge/Roth, Betreuungsrecht, 2003, D Rn. 45; auf die Selbstbestimmung des Betreuten abstellend *Freiherr von Crailsheim* in: Jürgens, Betreuungsrecht, 4. Aufl. 2010, § 1805 Rn. 9.
[25] So *Dickescheid* in: BGB-RGRK, § 1805 Rn. 3; *Engler* in: Staudinger, § 1805 Rn. 10; im Ergebnis ebenso *Zimmermann* in: Damrau/Zimmermann, Betreuungsrecht, 4. Aufl. 2011, § 1805 Rn. 4.
[26] So auch *Meier/Neumann*, Handbuch Vermögenssorge, 2006, S. 90.
[27] Vgl. hierzu auch BT-Drs. 11/4528, S. 133.
[28] So *Harm*, Rpfleger 2012, 185.
[29] Vgl. BT-Drs. 11/4528, S. 133.

Wunsch des Betreuten seinem Wohl zuwiderläuft. Zwar widerspricht die Führung gemeinsamer Konten innerhalb intakter Verbindungen nicht generell dem Wohl des Betroffenen. Doch fehlt bei Anordnung der Betreuung in Vermögensangelegenheiten häufig ein ausreichender Selbstschutzmechanismus, aufgrund dessen der Betreute ein etwaiges von der Führung gemeinschaftlicher Konten für ihn ausgehendes Gefährdungspotential zuverlässig erkennen könnte. Dass dem Betreuten wegen der selbständigen Führung der Vormundschaft bei der Berücksichtigung des Wunsches des Betreuten ein Gestaltungsspielraum eingeräumt wird,[30] hilft nicht weiter, soweit – wie hier – die einschlägige Bestimmung gerade zum Schutz des Betreuten vor dem Handeln des Betreuers dient.

4. Praktische Hinweise

Die Auslegung des § 1805 BGB erfordert viel Augenmaß. Eine zu kleinliche Auslegung bei alltäglichen Geschäftsvorgängen mit geringem Risikopotential würde die Verwaltung des Vormundes unangemessen behindern und – was gewichtiger ist – dem Anwendungsbereich des relativ unbestimmten § 266 StGB einen weiten Anwendungsbereich einräumen, ohne dass einem Wirtschaften von Vormund und Mündel im gemeinschaftlichen Interesse immer ein Unwertgehalt entspräche. Gerade bei der Anlegung von Geldern ist jedoch allergrößte Zurückhaltung geboten, da hier nur eine strikte Anwendung der Trennung die für den Vormund wichtige Rechtssicherheit bei der Anwendung der Norm gewährleistet.

II. Für den Vormund oder Gegenvormund

Nur die Verwendung zugunsten des Vormunds oder des Gegenvormundes ist durch § 1805 BGB verboten. Entsprechendes gilt für Betreuer und Gegenbetreuer. Daraus darf nicht im Umkehrschluss gefolgert werden, dass eine Verwendung zugunsten sonstiger Dritter uneingeschränkt zulässig wäre. Soweit Vermögenswerte des Mündels Dritten ganz oder teilweise unentgeltlich zugutekommen, ist dies an § 1804 BGB zu messen. Stets ist auch an die Schranken der §§ 1795, 1796 BGB sowie an Genehmigungserfordernisse – z.B. nach §§ 1821, 1822 BGB – zu denken.

III. Anlegung von Mündelgeld durch den Amtsvormund (Satz 2)

1. Gestattete Anlage bei dem Träger

§ 1805 Satz 2 BGB gestattet dem Jugendamt bzw. der Betreuungsbehörde, Mündelgeld auch bei der – nach dem jeweiligen Landesrecht zu bestimmenden – Körperschaft anzulegen, bei der das Jugendamt bzw. die Betreuungsbehörde errichtet ist. Die Vorschrift entspricht § 56 Abs. 3 Satz 2 SGB VIII. Gemäß dem ähnlichen § 1908g Abs. 2 BGB kann der Behördenbetreuer Gelder bei seiner Beschäftigungskörperschaft anlegen. Erlaubt ist die Geldanlage danach insbesondere bei Sparkassen der kommunalen Gebietskörperschaften. Es handelt sich um einen Fall des zulässigen Selbstkontrahierens. Auf den Vereinsvormund und den Betreuungsverein ist die Ausnahmeregelung nicht übertragbar.[31]

2. Gestattete Anlage auf Sammelkonten

§ 56 Abs. 3 Satz 1 SGB VIII gestattet im Grundsatz die Anlegung von Mündelgeld durch den Amtsvormund auf Sammelkonten. Voraussetzungen hierfür sind:

- Jugendamt als Amtsvormund. Umstritten ist, ob diese Norm entsprechend für Betreuungsbehörden anwendbar ist.[32] Der Vereinsvormund ist jedenfalls nicht erfasst.
- Den Interessen des Mündels dienend. Damit wird klargestellt, dass allein die einfache Handhabung für das Jugendamt nicht genügt.[33] Ein Interesse des Mündels kann dann bestehen, wenn durch die Führung von Sammelkonten Gebühren gespart werden – was freilich angesichts der heute verbreiteten Führung auch gebührenfreier Konten durch zahlreiche Kreditinstitute kritisch zu würdigen ist – oder wenn durch die Führung des Sammelkontos eine Verzinsung erreicht oder eine besonders

---

[30] So etwa *Schwab* in: MünchKomm-BGB, § 1901 Rn. 16, unter Bezugnahme auf die Entscheidung des BayObLG v. 08.09.1999 - 3Z BR 260/99 - juris Rn. 5 - BayObLGR 2000, 22-23.
[31] Allg. A., *Dickescheid* in: BGB-RGRK, § 1805 Rn. 6; *Zimmermann* in: Damrau/Zimmermann, Betreuungsrecht, 4. Aufl. 2011, § 1805 Rn. 8.
[32] Verneinend *Zimmermann* in: Damrau/Zimmermann, Betreuungsrecht, 4. Aufl. 2011, § 1813 Rn. 7 m.w.N.
[33] So auch *Jans/Happe/Saurbier/Maas*, Jugendhilferecht, 3. Aufl. 2003, KJHG Erl. Art. 1 § 56 Rn. 32.

schnelle Verfügbarkeit gewährleistet werden kann. Angesichts der beschränkten Risiken bei Anlegung in einer Kommunalsparkasse dürften die Anforderungen an ein Mündelinteresse nicht zu hoch anzulegen sein.
- Gewährleistung der sicheren Verwaltung, Trennbarkeit und Rechnungslegung. Die Sicherheit bezieht sich sowohl auf die Einlagensicherheit als auch auf den Schutz vor unbefugtem Zugriff sowie vor Zugriff durch potentielle Gläubiger. Trennbarkeit und Rechnungslegung bezeichnen die Transparenz im Sinne der hier kommentierten Vorschrift.
- Genehmigung durch das Familiengericht.

3. Sonstige Befreiungsmöglichkeit

24 Das Familiengericht kann von § 1805 Satz 1 BGB keine Befreiung erteilen, ebenso wenig ein Pfleger oder Betreuer.[34]

D. Rechtsfolgen

25 Eine Verwaltungsmaßnahme, die gegen § 1805 BGB verstößt, ist nicht aus diesem Grunde nichtig, da § 1805 Satz 1 BGB kein gesetzliches Verbot im Sinne des § 134 BGB darstellt.[35] Der Vormund macht sich allerdings nach § 1833 BGB haftbar, u.U. auch nach § 823 Abs. 2 BGB in Verbindung mit den §§ 246, 247, 266 StGB.[36] Das Familiengericht hat gegen eine dem § 1805 BGB zuwiderlaufende Verwaltung im Rahmen seiner Aufsicht nach § 1837 BGB einzuschreiten. Besonders schwerwiegende oder wiederholte Verstöße können zur Entlassung des Vormunds nach § 1886 BGB führen.[37]

26 Die Praxis sei daran erinnert, dass auch ein Geschäft, das nicht mehr vom Verbot des § 1805 BGB erfasst wird, den allgemeinen Vorschriften der Führung der Vormundschaft unterliegt. Häufig ist insbesondere an eine Pflegerbestellung nach § 1795 BGB zu denken.

---

[34] Allg. A., *Zimmermann* in: Damrau/Zimmermann, Betreuungsrecht, 4. Aufl. 2011, § 1805 Rn. 5.
[35] Herrschende Meinung, so auch *Bienwald* in: Bienwald/Sonnenfeld/Hoffmann, Betreuungsrecht, 4. Aufl. 2005, Anhang zu § 1908i BGB, Rn. 2; *Veit* in: Staudinger, § 1805 Rn. 14; *Zimmermann* in: Damrau/Zimmermann, Betreuungsrecht, 4. Aufl. 2011, § 1805 Rn. 5.
[36] Zur Verdeutlichung der Haftungsrisiken vgl. auch das unter *Lafontaine* in: jurisPK-BGB, 6. Aufl. 2012, § 1805 Rn. 38 angeführte Rechenbeispiel.
[37] So auch *Veit* in: Staudinger, § 1805 Rn. 16.

§ 1806 BGB Anlegung von Mündelgeld

(Fassung vom 02.01.2002, gültig ab 01.01.2002)

Der Vormund hat das zum Vermögen des Mündels gehörende Geld verzinslich anzulegen, soweit es nicht zur Bestreitung von Ausgaben bereitzuhalten ist.

Gliederung

A. Grundlagen 1	2. Sonstige nutzbare Anlageformen 12
I. Kurzcharakteristik 1	IV. Befreiungsmöglichkeiten 13
II. Gesetzgebungsmaterialien 3	V. Praktische Hinweise 15
B. Praktische Bedeutung 4	D. Rechtsfolgen 19
C. Anwendungsvoraussetzungen 5	I. Anlagepflicht 19
I. Geld 5	II. Rechtsfolgen eines Verstoßes gegen § 1806 BGB 21
II. Zum Vermögen des Mündels gehörend 9	III. Nicht anlagepflichtiges Geld 22
III. Bereitzuhaltendes Geld 10	E. Prozessuale Hinweise 23
1. Grundlagen 10	

A. Grundlagen

I. Kurzcharakteristik

§ 1806 BGB schreibt im Interesse der Erhaltung und Mehrung des Mündelvermögens die verzinsliche Anlage von Mündelgeldern, die nicht zur Bestreitung von Ausgaben bereitzuhalten sind, vor. Insbesondere soll sichergestellt werden, dass diejenigen Gelder, die nicht zur Bestreitung der alltäglichen Ausgaben benötigt werden, zum Wohl des Mündels oder Betreuten für den Notfall bzw. zur Bestreitung unvorhergesehener Ausgaben angelegt werden.[1] Für den Mündel, der in der Regel noch nicht über eine eigene Lebensgrundlage verfügt, tritt noch der Gesichtspunkt des Vermögensaufbaus zur erstmaligen Schaffung einer Lebensgrundlage hinzu. Beim Betreuten kann der Aspekt der Alterssicherung hinzutreten.

Die Einzelheiten der zulässigen Anlageart sind in den §§ 1807-1811 BGB geregelt. Bei kleineren Beträgen, die in absehbarer Zeit auszugeben sind, sieht das Gesetz von der Pflicht zur verzinslichen Anlage ab, da der zu erwartende geringe Zinsertrag einer kurzfristigen Anlage außer Verhältnis zu dem Anlageaufwand wäre und eine gewisse Flexibilität für kurzfristige, unvorhergesehene Ausgaben bleiben muss, wenn die Verwaltung nicht unangemessen erschwert werden soll.

II. Gesetzgebungsmaterialien

Vgl. zur Entstehungsgeschichte der §§ 1806 ff. BGB ausführlich etwa die Ausführungen bei *Berger*[2]. Erst das Gesetz zur Neuregelung des Rechts der elterlichen Sorge vom 18.07.1979 (SorgeRG) hat die Eltern von der Verpflichtung zur mündelsicheren Anlage entbunden.[3]

B. Praktische Bedeutung

Die Vorschrift gilt gemäß § 1915 Abs. 1 BGB für den Pfleger[4] und gemäß § 1908i Abs. 1 Satz 1 BGB für den Betreuer entsprechend. Ist neben dem Vormund ein Pfleger bestellt, so haben beide jeweils nur das ihrer Verwaltung unterliegende Vermögen verzinslich anzulegen. Die landesrechtlichen Befreiungen (vgl. hierzu etwa die Kommentierung zu § 1795 BGB Rn. 13) gelten nicht für § 1806 BGB. Die Vorschriften über die mündelsichere Geldanlage sind darüber hinaus aufgrund zahlreicher Verweisungen von nicht unerheblicher praktischer Relevanz. Zu nennen sind etwa folgende Inbezugnahmen:

- Die allgemeinen schuldrechtlichen Vorschriften über die Sicherheitsleistung verweisen in § 234 Abs. 1 Satz 1 BGB und in § 238 Abs. 1 BGB auf bestimmte Einzelnormen zur mündelsicheren Geldanlage.

---

[1] BayObLG v. 11.08.2004 - 3Z BR 102/04 juris Rn. 15 BayObLG R 2004, 447-448.
[2] *Berger*, Die Vorschriften über die Verwaltung von Mündelvermögen im Vergleich mit entsprechenden Regelungen außerhalb des Vormundschaftsrechts, 1975, S. 7 ff.
[3] Vgl. hierzu auch *Veit* in: Staudinger, § 1642 Rn. 3.
[4] Vgl. etwa zum Nachlasspfleger RG v. 26.06.1916 - Rep. III 51/16 - RGZ 88, 264-267, 265.

- Der Nießbraucher an einem Recht und der Gläubiger sind zur Anlegung des eingezogenen Kapitals nach den für die Anlegung von Mündelgeld geltenden Vorschriften verpflichtet, § 1079 BGB.
- Die Wiederanlegung eingezogener Gelder aus einem Pfandrecht an Rechten soll, soweit es ohne Beeinträchtigung des Interesses des Pfandgläubigers tunlich ist, nach den für die Anlegung von Mündelgeld geltenden Vorschriften erfolgen, § 1288 BGB.
- Der Vorerbe hat den Nachlass nach den Grundsätzen der ordnungsgemäßen Verwaltung zu verwalten, § 2130 Abs. 1 Satz 1 BGB, was bei dauernd anzulegenden Geldern gemäß § 2119 BGB eine Anlegung nach den für Mündelgelder geltenden Vorschriften gebietet.
- Weitere Verweisungen sind in den Bestimmungen zu Sicherheitsleistungen und zur Anlegung bestimmter Vermögen in Regelungen außerhalb des BGB verstreut (vgl. etwa § 18 ErbbauRG, zu Bestimmungen über mündelsichere Anlagen etwa auch § 4 Abs. 3 KredAnstWiAG; § 2 Abs. 5 PostUmwG; § 12 Abs. 1 DGBankUmwG; § 9 Abs. 1 DSLBUmwG; § 2 Abs. 2 SBkBG; § 13a LwRentBkG).[5]

C. Anwendungsvoraussetzungen

I. Geld

5 Das Gesetz knüpft in verschiedenen Zusammenhängen an den Geldbegriff an, etwa in den §§ 244, 270 BGB, § 244 Abs. 1 BGB. Dabei wird unter Geld jedes staatlich beglaubigte Zahlungsmittel verstanden, das für den Umlauf in der Öffentlichkeit bestimmt ist. In diesem Sinne umfasst der technische Geldbegriff nur Hart- und Papiergeld.[6] Im Rahmen des § 1806 BGB ist dem **Hart- und Papiergeld** nach heute allgemeiner, zutreffender Ansicht das **Buchgeld** gleichzustellen.[7] Denn bei wirtschaftlicher Betrachtung hat Buchgeld heute die gleiche Funktion wie Bargeld. Das muss um so mehr im Kontext des § 1806 BGB gelten: § 1806 BGB soll dazu dienen, nicht für Ausgaben benötigte, liquide Vermögensbestandteile einer rentablen Anlage zuzuführen. Das erscheint auch im Hinblick auf Buchgeld geboten. Versteht man den Geldbegriff in einem untechnischen Sinn, kann Buchgeld bereits unter den Wortlaut des Gesetzes gefasst werden.[8] Jedenfalls wäre § 1806 BGB aber analog anzuwenden. Aus denselben Gründen sollten auch **Schecks** wie Geld behandelt werden.[9] Auch Geld in ausländischer Währung ist verzinst anzulegen.

6 Sonstige **Forderungen**, die nicht nach dem Adressaten (Kreditinstitut) und ihrer Funktion (Geldersatzfunktion) dem Buchgeld gleichwertig sind, unterfallen nicht § 1806 BGB, auch wenn sie auf die Zahlung eines Geldbetrages gerichtet sind (z.B. die Forderung auf Zahlung des Kaufpreises nach § 433 Abs. 2 BGB).[10]

7 § 1806 BGB erstreckt sich neben dem bereits bei Beginn der Vormundschaft vorhandenen Vermögen auch auf das, was der Mündel später erwirbt, etwa auf den Überschuss aus laufenden Einkünften oder auf Ersparnisse aus den dem Mündel zum Lebensunterhalt überlassenen Mitteln.[11] Allerdings enthält

---

[5] Vgl. zu einem – allerdings nicht mehr in jeder Hinsicht aktuellen, aber umfassenden – Überblick Berger, Die Vorschriften über die Verwaltung von Mündelvermögen im Vergleich mit entsprechenden Regelungen außerhalb des Vormundschaftsrechts, 1975, S. 127 ff.

[6] So auch Berger, Die Vorschriften über die Verwaltung von Mündelvermögen im Vergleich mit entsprechenden Regelungen außerhalb des Vormundschaftsrechts, 1975, S. 45.

[7] Heute allgemeine Auffassung; vgl. Berger, Die Vorschriften über die Verwaltung von Mündelvermögen im Vergleich mit entsprechenden Regelungen außerhalb des Vormundschaftsrechts, 1975, S. 45 f.; Veit in: Staudinger, § 1806 Rn. 5 ff.; Zimmermann in: Damrau/Zimmermann, Betreuungsrecht, 4. Aufl. 2011, § 1806 Rn. 2; Götz in: Palandt, § 1806 Rn. 3; Dickescheid in: BGB-RGRK, § 1806 Rn. 4; Spanl, Vermögensverwaltung durch Vormund und Betreuer, 2. Aufl. 2009, S. 140.

[8] Vgl. etwa auch Köbler, Juristisches Wörterbuch, Stichwort Geld, der unter den Geldbegriff auch Buchgeld fasst.

[9] So auch Bettin in: BeckOK BGB, Ed. 30, § 1806 Rn. 2; Dickescheid in: BGB-RGRK, § 1806 Rn. 4; Spanl, Vermögensverwaltung durch Vormund und Betreuer, 2. Aufl. 2009, S. 140.

[10] So auch Veit in: Staudinger, § 1806 Rn. 5; ebenso Berger, Die Vorschriften über die Verwaltung von Mündelvermögen im Vergleich mit entsprechenden Regelungen außerhalb des Vormundschaftsrechts, 1975, S. 46.

[11] Veit in: Staudinger, § 1806 Rn. 6; Berger, Die Vorschriften über die Verwaltung von Mündelvermögen im Vergleich mit entsprechenden Regelungen außerhalb des Vormundschaftsrechts, 1975, S. 46; Perlwitz in: HK-BUR, § 1806 Rn. 7.

§ 1806 BGB keine Verpflichtung, aus den Einnahmen des Mündels Ersparnisse zu bilden.[12] Inwiefern Ersparnisse zu bilden sind, ist im Rahmen der allgemeinen Pflicht des Vormunds zur Wahrung der Vermögensinteressen des Mündels zu prüfen.

Nach herrschender Auffassung lässt sich aus § 1806 BGB allerdings keine weitergehende Pflicht zur Umwandlung anderer Vermögensgegenstände in verzinsliche Geldanlagen herleiten.[13] So müssen etwa Wertpapiere oder Wertsachen nicht umgewandelt werden. Allerdings hat der Vormund unabhängig von § 1806 BGB im Rahmen seiner allgemeinen Pflicht zur Wahrung der Mündelinteressen zu prüfen, ob unter dem Gesichtspunkt der Sicherheit und der Rendite der Anlage eine andere Anlageform vorzugswürdig ist. Darin liegt eine nicht unerhebliche Einschränkung des vorbezeichneten Grundsatzes.

II. Zum Vermögen des Mündels gehörend

Das Geld muss zum Vermögen des Mündels gehören. Bei Hart- und Papiergeld muss der Mündel Eigentümer des Geldes im Sinne des § 903 BGB sein. Unerheblich ist die Frage, ob der Mündel oder der Vormund das Geld tatsächlich in den Händen hält.[14] Dies ist lediglich eine Frage des Besitzes. Bei Buchgeld muss der Mündel Forderungsinhaber gegen die Bank sein. Nicht zum Mündelvermögen gehört das Vermögen einer Gesamthandsgemeinschaft, an der der Mündel beteiligt ist.[15] Erst recht nicht erfasst wird das Vermögen juristischer Personen, an denen der Mündel Anteile hält.

III. Bereitzuhaltendes Geld

1. Grundlagen

§ 1806 HS. 2 BGB enthält eine Ausnahme für das zur Bestreitung von Ausgaben bereitzuhaltende Geld. Hierdurch soll vermieden werden, dass um eines vergleichsweise geringen Zinsgewinnes wegen ein unangemessen hoher Aufwand getrieben wird und dass gebundene Gelder wegen kurzfristiger Ausgaben nur unter Zahlung von Vorfälligkeitszinsen disponibel sind. Dementsprechend ist der Umfang des bereitzuhaltenden Geldes danach zu bestimmen, welche Ausgaben innerhalb welcher Zeit voraussichtlich anstehen. Zu berücksichtigen sind hierbei die notwendigen Kosten des laufenden Unterhalts des Mündels, die Wohnungsmiete, Ausgaben für bevorstehende Heilbehandlungen sowie für kleinere Reparaturen und Anschaffungen.[16] Gehört zum Mündelvermögen ein Erwerbsgeschäft, so ist auch der für die Betriebsmittel laufend benötigte Betrag erfasst.[17] Für Steuerrückzahlungen oder größere Anschaffungen können u.U. auch höhere einmalige Bereithaltungen angezeigt sein.[18]

Für die Praxis lässt sich kein Betrag beziffern, der in allen Fällen bereitzuhalten wäre. Entsprechende Pauschalierungen sind deshalb mit Zurückhaltung zu würdigen. Entscheidend sind stets die Umstände des Einzelfalles. Als Faustformel kann gelten, dass Gelder für die in den nächsten drei Monaten voraussichtlich fälligen Zahlungsverpflichtungen bereitzuhalten sind.[19] Nach *Gernhuber/Coester-Waltjen*[20] kann heute ein Betrag von etwa 1.000,00 € als angemessen angesehen werden. Allerdings dürfte es sich dabei nur um eine Richtschnur handeln. Höhere oder niedrigere Beträge können in Betracht zu ziehen sein, wenn die Vermögensverhältnisse und die sich daraus ergebenden individuellen Bedürf-

---

[12] So auch OLG Düsseldorf v. 29.08.1980 - 3 W 147/80 - juris Rn. 6 - Rpfleger 1980, 471; *Berger*, Die Vorschriften über die Verwaltung von Mündelvermögen im Vergleich mit entsprechenden Regelungen außerhalb des Vormundschaftsrechts, 1975, S. 46 f.; *Veit* in: Staudinger, § 1806 Rn. 6; *Zimmermann* in: Damrau/Zimmermann, Betreuungsrecht, 3. Aufl. 2001, § 1806 Rn. 6; *Dickescheid* in: BGB-RGRK, § 1804 Rn. 4.

[13] So auch *Veit* in: Staudinger, § 1806 Rn. 9; *Zimmermann* in: Damrau/Zimmermann, Betreuungsrecht, 4. Aufl. 2011, § 1806 Rn. 6; *Dickescheid* in: BGB-RGRK, § 1806 Rn. 4; *Gernhuber/Coester-Waltjen*, Familienrecht, 6. Aufl. 2010, § 72 III. 7. Rn. 36; *Zimmermann*, ZEV 2013, 315-320, 317 f.

[14] Vgl. hierzu auch BayObLG v. 02.06.1916 - Reg III 48/1916 - BayObLGZ 17, 124-129.

[15] So auch *Veit* in: Staudinger, § 1806 Rn. 8; *Dickescheid* in: BGB-RGRK, § 1806 Rn. 4.

[16] Ähnlich auch *Zimmermann* in: Soergel, § 1806 Rn. 3; *Veit* in: Staudinger, § 1806 Rn. 17; *Dickescheid* in: BGB-RGRK, § 1806 Rn. 5; *Spanl*, Vermögensverwaltung durch Vormund und Betreuer, 2. Aufl. 2009, S. 142.

[17] So auch *Veit* in: Staudinger, § 1806 Rn. 17.

[18] *Meier/Neumann*, Handbuch Vermögenssorge, 2006, S. 91.

[19] *Fiala/Stenger*, Geldanlagen für Mündel und Betreute – Rechtliche und finanzmathematische Grundlagen für Vormünder und Betreuer, 2. Aufl. 2004, S. 33. Nicht angelegte Gelder bis zu dieser Grenze bezeichnen auch *Meier/Neumann*, Handbuch Vermögenssorge, 2006, S. 90, als „haftungsrechtlich irrelevant". Nach *Guler* in: Basler Kommentar – Zivilgesetzbuch I, 3. Aufl. 2007, Art. 399 Rn. 7, trifft die Aufbewahrungspflicht des Art. 399 ZGB nicht den Netto-Jahresbedarf.

[20] *Gernhuber/Coester-Waltjen*, Familienrecht, 6. Aufl. 2010, § 72 III 1. Rn. 24.

nisse für eine angemessene Lebensführung und den Erhalt der vorhandenen Vermögenswerte dies gebieten. Bei der Beurteilung der Höhe des bereitzuhaltenden Betrages ist dem Vormund ein gewisser Beurteilungsspielraum zuzugestehen.[21] Ein „Notgroschen" stellt kein bereitzuhaltendes Geld dar, da er nicht für demnächst fällige Ausgaben gedacht ist. Er ist deshalb verzinslich – wenn auch nicht notwendig langfristig – anzulegen.[22] Auch bereitzuhaltendes Geld darf nach § 1805 BGB nicht auf Treuhand- oder Sammelkonten geführt werden.[23]

2. Sonstige nutzbare Anlageformen

12   Im technischen Sinne versteht man unter einer Ausgabe jeden Vermögensabfluss einschließlich eines bewerteten Verbrauchs.[24] Eine normative Einschränkung unter dem Gesichtspunkt des Zwecks ist diesem Ausgabenbegriff fremd. Die Motive zum BGB[25] gehen in der Konsequenz dieses Wortlautes auch davon aus, dass es dem Vormund gestattet sei, Mündelvermögen auch in anderer Art als durch zinsbare Anlegung nutzbar zu machen, etwa durch Ankauf von Grundstücken oder durch Anlegung der Gelder in einem Handelsgewerbe oder in einem anderen gewerblichen Betrieb. Hieraus wurde früher in der Rechtsprechung und einem Teil der Literatur geschlussfolgert, dem Vormund sei grundsätzlich auch jede andere nutzbare, aber nicht verzinsliche Anlegung von Mündelgeldern erlaubt. Entscheide sich der Vormund für eine andere Anlageform, unterfalle das für diese Ausgabe erforderliche Geld nicht der Pflicht des § 1806 BGB – und in der Konsequenz auch nicht der Anwendung des § 1811 BGB.[26] Diese Auffassung wird heute jedoch ganz überwiegend abgelehnt[27]. Dabei wird dem subjektiven Willen des historischen Gesetzgebers für den objektiven Gehalt der Norm keine ausschlaggebende Bedeutung mehr beigemessen, sondern vielmehr unter Berücksichtigung der systematischen Stellung der Norm Sinn und Zweck der Regelung ermittelt. § 1806 BGB soll gewährleisten, dass liquide Vermögensbestandteile gewinnbringend und sicher zugleich angelegt werden. Wenn aber die §§ 1806 ff. BGB zu diesem Zweck an der Spitze der Vorschriften über die Anlegung von Mündelvermögen detaillierte und strenge Regeln enthalten, kann es nicht richtig sein, die regelmäßig mit größeren Sach- und Wertverlustgefahren verbundene Anlage in Sachvermögen im Rahmen der nur lückenhaften Kontrolle der Genehmigungsvorbehalte der §§ 1821 ff. BGB in das Ermessen des Vormunds zu legen. Die Gegenauffassung würde gerade bei besonders einschneidenden Geschäften über hohe Summen zu einer unkontrollierten Verfügungsmacht des Vormundes führen, was mit dem Schutzzweck der Vorschriften über die mündelsichere Anlageform unvereinbar wäre. Die herrschende Auffassung entnimmt § 1806 BGB deshalb den Grundsatz, dass Mündelgeld regelmäßig verzinslich anzulegen ist und eine anderweitige nutzbare Anlageform nicht von der Anwendung der §§ 1806 ff. BGB befreit.[28] Dogmatisch lässt sich dies an dem Merkmal festmachen, dass Gelder, die für eine anderweitige Anlage bestimmt sind, nicht zur Bestreitung von Auslagen „bereitzuhalten" sind. Darin liegt ein normatives Element, das in diesen Fällen nicht erfüllt ist.

---

[21] *Spanl*, Vermögensverwaltung durch Vormund und Betreuer, 2. Aufl. 2009, S. 143; ähnlich auch LG Berlin v. 17.07.1973 - 81 T 343/73 - Rpfleger 1973, 356.
[22] OLG Celle v. 01.12.1958 - 5 Wx 82/58 - MDR 1959, 212-213, 213; *Zimmermann* in: Soergel, § 1806 Rn. 3; *Veit* in: Staudinger, § 1806 Rn. 20, m.w.N.
[23] OLG Köln v. 04.07.1996 - 16 Wx 139/96, 16 Wx 140/96 - juris Rn. 4 - OLGR Köln 1997, 51;
[24] Ähnlich auch *Berger*, Die Vorschriften über die Verwaltung von Mündelvermögen im Vergleich mit entsprechenden Regelungen außerhalb des Vormundschaftsrechts, S. 55, m.w.N.
[25] Motive IV, 1108, 1110.
[26] So noch BayObLG v. 12.01.1922 - Reg III 126/1921 - BayObLGZ 2-29; OLG Frankfurt v. 15.08.1952 - 6 W 373/52 - NJW 1953, 67-68; tendenziell auch noch *Dickescheid* in: BGB-RGRK, § 1806 Rn. 2; zu Nachweisen der früheren Literatur vgl. etwa die Nachweise bei *Berger*, Die Vorschriften über die Verwaltung von Mündelvermögen im Vergleich mit entsprechenden Regelungen außerhalb des Vormundschaftsrechts, 1975, S. 49; *Derlien*, Die Vorschriften über die mündelsichere Anlegung von Vermögen, 1963, S. 5 ff.; vermittelnd *Spanl*, Vermögensverwaltung durch Vormund und Betreuer, 2. Aufl. 2009, S. 142, der zwar die anderweitige Geldanlage außerhalb von § 1806 BGB zulassen, aber gleichwohl an § 1811 BGB messen will.
[27] So etwa *Zimmermann* in: Damrau/Zimmermann, Betreuungsrecht, 4. Aufl. 2011, § 1806 Rn. 10; *Veit* in: Staudinger, § 1806 Rn. 18; *Bettin* in: BeckOK BGB, Ed. 30, § 1806 Rn. 3.
[28] Hierzu ausführlich *Berger*, Die Vorschriften über die Verwaltung von Mündelvermögen im Vergleich mit entsprechenden Regelungen außerhalb des Vormundschaftsrechts, 1975, S. 53 ff.; *Derlien*, Die Vorschriften über die mündelsichere Anlegung von Vermögen, 1963, S. 5 ff.

IV. Befreiungsmöglichkeiten

§ 1806 BGB ist zwingend. Abweichungen sind allerdings durch Anordnungen Zuwendender nach § 1803 BGB[29] und mit Genehmigung des Familiengerichts unter den Voraussetzungen des § 1817 BGB möglich. Danach kann das Familiengericht den Vormund von der Pflicht des § 1806 BGB entbinden, soweit der Umfang der Vermögensverwaltung dies rechtfertigt und eine Gefährdung des Mündelvermögens nicht zu besorgen ist, was nach § 1817 Abs. 1 Satz 2 BGB im Regelfall anzunehmen ist, wenn der Wert des Vermögens ohne Berücksichtigung von Grundbesitz 6.000 € nicht übersteigt. Es gilt dann der Grundsatz zur wirtschaftlichen Vermögensverwaltung nach § 1642 BGB entsprechend. Die praktische Relevanz der Befreiung nach § 1817 BGB ist gering, da sie ohne gleichzeitige Befreiung von der Genehmigung einer andersartigen Anlegung nach § 1811 BGB keinen substanziellen Spielraum eröffnet.[30]

13

Die Vorschriften über die mündelsichere Geldanlage gelten unabhängig davon, ob der Betroffene den Sinn der Regelung einzusehen vermag. Im Fall der Betreuung kann allerdings der Wunsch des Betreuten zu beachten sein (vgl. die Kommentierung zu § 1793 BGB Rn. 70). Bei anhaltender Weigerung des Betreuers, die Gelder gegen den Willen des Betreuten anzulegen, stellt sich die Frage, ob er als Betreuer noch geeignet ist.[31]

14

V. Praktische Hinweise

Insbesondere wenn die Vormundschaft schon in vorgerücktem Alter des Mündels angeordnet wird und in Fällen der Betreuung findet der Vormund/Betreuer häufig bereits Vermögen bei dem Betroffenen in unterschiedlichen Erscheinungsformen vor (z.B. Bargeld, Festgeld, Fonds- und Aktienanlagen, Immobilienbesitz). Aufgrund der §§ 1806 ff. BGB stellt sich für ihn dann häufig unmittelbar die Frage, ob er Vermögenswerte umschichten kann (um eine günstigere Anlageform zu wählen) oder gar muss (um die gesetzlich geforderte Mündelsicherheit zu gewährleisten oder ein angemessenes Verhältnis von Ertrag und Risiko herbeizuführen). Das Recht und die Pflicht zu einem entsprechenden Vorschlag hat der Vormund, während der Rechtspfleger ggf. die Rechtmäßigkeit der ihm vorgelegten Entscheidung des Vormunds nachvollzieht. Insbesondere wenn größere Umschichtungen anstehen, kann es sich – schon zur Vermeidung der eigenen Haftung nach § 1833 BGB – anbieten, ein betriebswirtschaftliches Gutachten durch einen zertifizierten Finanzplaner einzuholen.[32] Fehlt dem Gericht das erforderliche Fachwissen zur Beurteilung einer Anlageform, hat es sich dieses durch ein entsprechendes Gutachten selbst zu beschaffen. Es kann jedoch zu einer erheblichen Zeitersparnis führen, ein solches Gutachten bereits mit einem etwaig nach § 1811 BGB erforderlichen Genehmigungsantrag bei dem Gericht einzureichen.[33]

15

Auch wenn § 1606 BGB eine Rechtspflicht für den Vormund begründet, ist es – bei entsprechendem Alter und entsprechender Einsichtsfähigkeit – geboten, den Mündel oder Betreuten in die beabsichtige Geldanlage rechtzeitig einzuweihen. Bei Betreuten wird die beabsichtigte Geldanlage mitunter auf Widerstand stoßen. Auch unter Berücksichtigung von § 1901 Abs. 2, 3 BGB kann es jedoch problematisch sein, deshalb ganz auf die mündelsichere Anlage zu verzichten.[34] Nach der Rechtsprechung ist der Wunsch des Betreuten zu beachten, wenn seine Erfüllung nicht höherrangige Rechtsgüter des Betreuten gefährden oder seine gesamte Lebens- und Versorgungssituation erheblich verschlechtern würde und der Wunsch aufgrund ausreichender Tatsachenkenntnis gefasst wurde, Ausfluss des Selbstbestimmungsrechts des Betreuten ist und sich nicht nur als bloße Zweckmäßigkeitserwägung darstellt.[35] Diese Voraussetzungen abzuklären erfordert Zeit und Aufwand. Eine gewisse Verzögerung der Geldanlage kann deshalb durch das Bemühen gerechtfertigt sein, zunächst einmal ein Vertrauensverhältnis zwi-

16

---

[29] So auch *Zimmermann* in: Damrau/Zimmermann, Betreuungsrecht, 4. Aufl. 2011, § 1806 Rn. 6, gegen BayObLG v. 20.01.1923 - Reg III 126/1922 - BayObLGZ 22, 154-156.

[30] So auch *Spanl*, Vermögensverwaltung durch Vormund und Betreuer, 2. Aufl. 2009, S. 142.

[31] BayObLG v. 11.08.2004 - 3Z BR 102/04 - juris Rn. 17 - BayObLGR 2004, 447-448.

[32] Zu weiterführenden Hinweisen, insbesondere auch zur Auswahl des Finanzplaners vgl. *Fiala/Stenger*, Geldanlagen für Mündel und Betreute – Rechtliche und finanzmathematische Grundlagen für Vormünder und Betreuer, 2. Aufl. 2004, S. 45 ff.

[33] Vgl. zu dieser Möglichkeit etwa *Fiala/Stenger*, Geldanlagen für Mündel und Betreute – Rechtliche und finanzmathematische Grundlagen für Vormünder und Betreuer, 2. Aufl. 2004, S. 39 ff.

[34] In diese Richtung wohl auch *Meier/Neumann*, Handbuch Vermögenssorge 2006, S. 90 f.; für einen großzügigen Maßstab allerdings *Harm*, Rpfleger 2012, 185.

[35] Vgl. BGH v. 22.07.2009 - XII ZR 77/06 - BGHZ 182, 116 ff.

schen Betreuer und Betreutem herzustellen, um so nach Möglichkeit doch noch ein Einvernehmen über die verzinsliche Geldanlage herzustellen.[36] Um Nachfragen des Familiengerichts zum Jahresbericht vorzubeugen und einer etwaigen Haftung zu entgehen, sollte der Betreuer das entsprechende Gespräch mit dem Betreuten aktenkundig machen und das Familiengericht hiervon informieren. Der Vermerk sollte insbesondere auch Angaben dazu enthalten, wie sich der Betreuer davon überzeugt hat, dass der Betreute über eine ausreichende Tatsachenkenntnis verfügt und selbstbestimmt entscheiden konnte.

17 Bei der Betreuung kann es sinnvoll sein, neben einem Konto für laufende Einnahmen und Ausgaben ein Konto einzurichten, das allein dem privaten Zugriff des Betreuten vorbehalten ist und auf das ein monatlicher Betrag überwiesen wird, der nach Abzug der laufenden Verbindlichkeiten und anzulegenden Gelder verbleibt. Diese Verfahrensweise kann den Vorteil haben, dass Streitigkeiten über die Höhe der dem Betreuten zu überlassenden Beträge vermieden werden. Allerdings darf diese Methode nicht dazu missbraucht werden, dem Betreuten einen Überblick über die Verwaltung seines Vermögens vorzuenthalten. Der Betreute soll nämlich – soweit unter Berücksichtigung seiner Interessen möglich – an der Verwaltung seines Vermögens beteiligt werden.

18 Die Erlangung von Geldern zur Anlage kann auf Schwierigkeiten stoßen, wenn der Betreute diese nicht freiwillig herausgibt. Ein zivilprozessual durchsetzbarer Anspruch kommt nur gegen den geschäftsunfähigen Betreuten oder bei Bestehen eines Einwilligungsvorbehalts in Betracht. Fehlt es daran, ist der Betreuer darauf angewiesen, dass der Betreute das in seinen Händen befindliche Geld freiwillig herausgibt. Andere Möglichkeiten, sich den Besitz hieran zu verschaffen, hat er nicht.[37]

D. Rechtsfolgen

I. Anlagepflicht

19 Mündelgelder sind nach § 1806 BGB verzinslich anzulegen. Nähere Vorgaben zur erlaubten Anlageart enthält § 1807 BGB. Zins ist die nach der Laufzeit bemessene gewinn- und umsatzunabhängige Vergütung für den Gebrauch eines auf Zeit überlassenen Kapitals.[38] Hierunter fallen auch die Abzinsung sowie eine Zinsthesaurierung.[39] Nicht hingegen fallen hierunter Dividenden, Gewinnbeteiligungen oder Ausschüttungen von Renten- und Geldmarkt- oder Aktienfonds.[40] Eine bestimmte Mindesthöhe der Verzinsung ist durch § 1806 BGB nicht vorgegeben. Anlageformen mit gesetzlicher Kündigungsfrist und entsprechend geringen Zinsen genügen dem Erfordernis des § 1806 BGB allerdings.[41] Allerdings werden heute insbesondere im Bereich des Internet-Banking verbreitet auch für Konten mit jederzeitiger Verfügbarkeit Konditionen angeboten, die denen einer längerfristigen Geldanlage nahe kommen. Bei angemessener Verzinsung – und nicht erst bei Sonderkonditionen für Erstanleger – sind solche Anlageformen durchaus geeignet. Eine Pflicht zur Anlage im Internet-Banking besteht jedoch nicht. Die Pflicht zur verzinslichen Mündelgeldanlage fordert auch nicht die höchstmögliche Verzinsung.[42] Allerdings ergibt sich aus der allgemeinen Pflicht zur Wahrung des Mündelvermögens die Pflicht, ernsthaft in Betracht kommende Anlagemöglichkeiten auch nach der Zinshöhe auszuwählen.[43] Welche Zinshöhe ausreichend ist, muss unter Berücksichtigung des jeweils verfügbaren Zinsniveaus bestimmt werden.[44]

20 Die verzinsliche Anlegung hat, so wird teilweise gefordert, unverzüglich[45] nach Beginn der Vormundschaft beziehungsweise nach Erwerb des Vermögens zu erfolgen. Dieser Einschätzung ist im Grund-

---

[36] Ähnlich auch *Meier/Neumann*, Handbuch Vermögenssorge, 2006, S. 91.
[37] Vgl. *Zimmermann* in: Damrau/Zimmermann, Betreuungsrecht, 4. Aufl. 2011, § 1806 Rn. 14.
[38] BGH v. 09.11.1978 - III ZR 21/77 - LM Nr. 18 zu § 138 BGB; BGH v. 24.01.1992 - V ZR 267/90 - LM BGB § 289 Nr. 9 (9/1992); *Zimmermann* in: Damrau/Zimmermann, Betreuungsrecht, 4. Aufl. 2011, § 1806 Rn. 2; *Roth* in: Dodegge/Roth, Betreuungsrecht, 2003, E Rn. 43.
[39] So auch *Meier/Neumann*, Handbuch Vermögenssorge 2006, S. 90; *Roth* in: Dodegge/Roth, E Rn. 43.
[40] So etwa *Zimmermann* in: Damrau/Zimmermann, Betreuungsrecht, 4. Aufl. 2011, § 1806 Rn. 2.
[41] So auch AG Bremen v. 14.02.1992 - 7 C 453/91 - NJW 1993, 205-206; LG Bremen v. 03.09.1992 - 8 S 154/92 - Rpfleger 1993, 338; *Götz* in: Palandt, § 1806 Rn. 3; *Veit* in: Staudinger, § 1806 Rn. 10; *Spanl*, Vermögensverwaltung durch Vormund und Betreuer, 2. Aufl. 2009, S. 141; *Fiala/Behrendsen*, Rpfleger 1997, 281, 286.
[42] So auch *Spanl*, Vermögensverwaltung durch Vormund und Betreuer, 2. Aufl. 2009, S. 141.
[43] Vgl. zu dieser allgemeinen Pflicht von Vermögensverwaltern auch *Fiala/Behrendsen*, Rpfleger 1997, 281, 284 ff.
[44] Vgl. etwa zu den Anforderungen in einer Hochzinsperiode LG Kassel v. 16.05.2002 - 8 O 1391/97 - juris Rn. 75 - FamRZ 2003, 626-627.
[45] So ausdrücklich *Spanl*, Vermögensverwaltung durch Vormund und Betreuer, 2. Aufl. 2009, S. 141.

satz beizutreten: Der Vormund darf nicht schuldhaft zögern, § 121 BGB. Dies folgt schon aus der gesetzlichen Verzinsungspflicht an sich, die keine Einschränkung vornimmt. Der Maßstab für die Unverzüglichkeit sollte jedoch nicht übertrieben werden: Bei kleineren Geldbeträgen kann ein gewisses Zuwarten gestattet sein, bis ein zur Anlage geeigneter Betrag zusammengekommen ist.[46] Auch die unter Rn. 15 ff. erörterten Gesichtspunkte sind bei der Würdigung der Unverzüglichkeit zu berücksichtigen. Gegen eine zu strenge Anwendung der Unverzüglichkeit spricht auch, dass der Gesetzgeber in Abkehr von früheren Rechten gerade keine feste Frist fixiert hat.[47] Keinesfalls kann die im Rahmen einer unmittelbaren Anwendung des § 121 BGB übliche Faustformel von einer knappen Woche zugrunde gelegt werden.

II. Rechtsfolgen eines Verstoßes gegen § 1806 BGB

Genügt der Vormund den Anforderungen des § 1806 BGB nicht, so ist ein unter Verstoß hiergegen abgeschlossenes Rechtsgeschäft gleichwohl wirksam.[48] Etwas anderes kann allenfalls bei kollusivem Zusammenwirken von Vormund und Drittem, also bei bewusster Ausnutzung des mitwissenden Dritten der Fall sein.[49] Eine verzögerte Anlage oder eine Anlage mit zu niedriger Verzinsung kann die Haftung des Vormunds auslösen.[50] Das Familiengericht überwacht die ordnungsgemäße Anlage der Mündelgelder im Rahmen seiner Aufsicht nach § 1837 BGB. Dabei genügt es seinen Pflichten nicht schon, wenn es erst bei der Rechnungslegung die Einhaltung des § 1806 BGB prüft. Das folgt aus § 1837 Abs. 2 BGB, wonach das Familiengericht über die gesamte Tätigkeit des Vormunds die Aufsicht zu führen und gegen Pflichtwidrigkeiten einzuschreiten hat. Da der Vormund anlagepflichtige Gelder alsbald anzulegen hat, muss sich auch das Gericht alsbald erkundigen, ob der Vormund sie in der gesetzlich vorgeschriebenen Weise angelegt hat.[51] Dabei stehen dem Familiengericht die Zwangsmittel des § 1837 BGB zu Gebote. Notfalls kann und muss es den Vormund entlassen (§§ 1886, 1908b BGB).

21

III. Nicht anlagepflichtiges Geld

Soweit Geld nach § 1806 HS. 2 BGB nicht anlagepflichtig ist, kann der Vormund das Geld bar aufbewahren oder es ohne Sperrvermerk auf einem Konto deponieren. In der Praxis ist ggf. darauf zu dringen, dass ein solcher Sperrvermerk unterbleibt[52], denn nicht selten versehen Kreditinstitute Konten für Mündel automatisch mit einem solchen Sperrvermerk. In jedem Fall ist allerdings eine Vermischung mit eigenem Vermögen des Vormundes zu vermeiden (vgl. § 1805 BGB). Gegen eine Einbringung in ein offenes Treuhandkonto bestehen Bedenken (vgl. die Kommentierung zu § 1805 BGB Rn. 10). Solche Gelder darf der Vormund gemäß § 1813 Abs. 1 Nr. 3, Abs. 2 BGB auch ohne Genehmigung des Familiengerichts abheben.[53]

22

E. Prozessuale Hinweise

Das Familiengericht prüft die Einhaltung der Vorschrift. Zuständig ist der Rechtspfleger, § 3 Nr. 2a RPflG.

23

---

[46] BayObLG v. 09.10.1902 - Reg III 53/1902 - BayObLGZ 3, 798; *Veit* in: Staudinger, § 1806 Rn. 11.
[47] Vgl. hierzu *Veit* in: Staudinger, § 1806 Rn. 11.
[48] Allg. A., vgl. statt vieler *Zimmermann* in: Soergel, BGB, § 1806 Rn. 7; *Dickescheid* in: BGB-RGRK, § 1806 Rn. 12.
[49] Vgl. *Zimmermann* in: Damrau/Zimmermann, Betreuungsrecht, 4. Aufl. 2011, § 1806 Rn. 12.
[50] AG Bremen v. 14.02.1992 - / C 453/91 - NJW 1993, 205-206.
[51] RG v. 26.06.1916 - Rep. III 51/16 - RGZ 88, 264-267, 266 f.
[52] So auch *Zimmermann* in: Soergel, § 1806 Rn. 4; *Dickescheid* in: BGB-RGRK, § 1806 Rn. 6.
[53] Allg. A., vgl. etwa *Perlwitz* in: HK-BUR, § 1806 Rn. 5.

§ 1807 BGB Art der Anlegung

(Fassung vom 19.04.2006, gültig ab 25.04.2006)

(1) Die im § 1806 vorgeschriebene Anlegung von Mündelgeld soll nur erfolgen:

1. in Forderungen, für die eine sichere Hypothek an einem inländischen Grundstück besteht, oder in sicheren Grundschulden oder Rentenschulden an inländischen Grundstücken;
2. in verbrieften Forderungen gegen den Bund oder ein Land sowie in Forderungen, die in das Bundesschuldbuch oder Landesschuldbuch eines Landes eingetragen sind;
3. in verbrieften Forderungen, deren Verzinsung vom Bund oder einem Land gewährleistet ist;
4. in Wertpapieren, insbesondere Pfandbriefen, sowie in verbrieften Forderungen jeder Art gegen eine inländische kommunale Körperschaft oder die Kreditanstalt einer solchen Körperschaft, sofern die Wertpapiere oder die Forderungen von der Bundesregierung mit Zustimmung des Bundesrates zur Anlegung von Mündelgeld für geeignet erklärt sind;
5. bei einer inländischen öffentlichen Sparkasse, wenn sie von der zuständigen Behörde des Landes, in welchem sie ihren Sitz hat, zur Anlegung von Mündelgeld für geeignet erklärt ist, oder bei einem anderen Kreditinstitut, das einer für die Anlage ausreichenden Sicherungseinrichtung angehört.

(2) Die Landesgesetze können für die innerhalb ihres Geltungsbereichs belegenen Grundstücke die Grundsätze bestimmen, nach denen die Sicherheit einer Hypothek, einer Grundschuld oder einer Rentenschuld festzustellen ist.

Gliederung

A. Grundlagen 1	IV. Verbriefte Forderungen mit gewährleisteter
I. Kurzcharakteristik 1	Verzinsung (Absatz 1 Nr. 3) 24
II. Gesetzgebungsmaterialien 2	1. Verbriefte Forderung 25
1. Das Betreuungsgesetz 3	2. Gewährleistung der Verzinsung 26
2. Das Bundeswertpapierverwaltungsgesetz ... 4	V. Für geeignet erklärte verbriefte Forderungen
3. Erstes Bundesrechtbereinigungsgesetz 5	(Absatz 1 Nr. 4) 29
B. Praktische Bedeutung 6	1. Wertpapier 31
C. Anwendungsvoraussetzungen 7	2. Verbriefte Forderung gegen kommunale Körperschaft oder Kreditinstitut einer solchen 32
I. Grundlagen 7	a. Verbriefte Forderung 32
II. Durch Grundpfandrechte gesicherte Forderungen (Absatz 1 Nr. 1) 10	b. Inländische kommunale Körperschaft oder Kreditinstitut einer solchen 33
1. Forderung 11	3. Eignungserklärung durch Bundesregierung mit Zustimmung des Bundesrates 36
2. Grundpfandrechte 12	VI. Bei öffentlichen Sparkassen und sicheren Kreditinstituten (Absatz 1 Nr. 5) 39
3. Grundstück 13	1. Anlage bei einer geeigneten Inländische öffentliche Sparkasse (Alternative 1) 41
4. Im Inland 14	a. Inländische öffentliche Sparkasse 41
5. Sicherheit 15	b. Eignung zur Mündelanlage 42
6. Praktische Hinweise 16	c. Anlage 44
III. Verbriefte oder eingetragene Forderungen gegen Bund oder Land (Absatz 1 Nr. 2) 17	2. Anlage bei einem Kreditinstitut, das einer ausreichenden Sicherungseinrichtung angehört (Alternative 2) 45
1. Verbriefte Forderung gegen Bund oder Land 19	a. Kreditinstitut 45
a. Grundlagen 19	
b. Beispiele 20	
c. Anspruchsgegner Bund oder Land 21	
2. Buchschulden 22	
3. Praktische Hinweise 23	

b. Zugehörigkeit zu einer ausreichenden Sicherungseinrichtung 46	VIII. Praktische Hinweise 60
c. Anlageformspezifisch ausreichende Sicherheit .. 57	IX. Landesrechtliche Vorschriften zur Anlagesicherheit (Absatz 2) 62
d. Sondergesetzliche Regelungen 58	**D. Rechtsfolgen** 63
VII. Befreiungsmöglichkeiten 59	

A. Grundlagen

I. Kurzcharakteristik

§ 1807 BGB konkretisiert die in § 1806 BGB aufgestellte Pflicht zur mündelsicheren Geldanlage, indem er zulässige Anlageformen vorgibt. Dabei enthält § 1807 Abs. 1 Nr. 1-4 BGB Anlagen, die ihrer Ausgestaltung nach als sicher angesehen werden (sogenannte objektive Mündelsicherheit[1]). Die in § 1807 Abs. 1 Nr. 5 BGB geregelte Anlage sieht das Gesetz aufgrund der Ausgestaltung des anlageführenden Instituts als geeignet an.

1

II. Gesetzgebungsmaterialien

Die Entwicklung der staatsrechtlichen Institutionen wurde im Wortlaut des § 1807 BGB durch mehrere Änderungen[2] weitgehend nachvollzogen.[3] Nach dem Einigungsvertrag sind die Vorschriften des BGB über die Anlegung von Mündelgeld in den neuen Bundesländern erst seit dem 01.01.1992 anzuwenden.[4]

2

1. Das Betreuungsgesetz

Durch das Gesetz zur Reform des Rechts der Vormundschaft und Pflegschaft für Volljährige (Betreuungsgesetz – BtG) vom 12.09.1990[5] wurde in § 1807 Abs. 1 Nr. 5 BGB die zweite Alternative („oder bei einem anderen Kreditinstitut, das einer für die Anlage ausreichenden Sicherungseinrichtung angehört") angefügt. Dadurch sollte eine Gleichstellung dieser Kreditinstitute mit den Sparkassen erreicht werden.[6]

3

2. Das Bundeswertpapierverwaltungsgesetz

Durch das Gesetz zur Neuordnung des Schuldbuchrechts des Bundes und der Rechtsgrundlagen der Bundesschuldenverwaltung (Bundeswertpapierverwaltungsgesetz – BWpVerwG) vom 11.12.2001[7] wurden die Bezeichnungen der Bundesschuldenverwaltung an die staatsorganisatorischen Gegebenheiten angepasst. In der Folge wurden auch die Bezeichnungen in § 1807 Nr. 2 und 3 BGB angepasst. So heißt es nun statt „Reich" „Bund", statt „Bundesstaat" „Land", statt „Reichsschuldbuch" „Bundesschuldbuch" und statt „Staatsschuldbuch eines Bundesstaats" „Landesschuldbuch eines Landes".

4

3. Erstes Bundesrechtbereinigungsgesetz

Durch das erste Gesetz über die Bereinigung von Bundesrecht im Zuständigkeitsbereich des Bundesministeriums der Justiz vom 19.04.2006[8] wurde in § 1807 Abs. 1 Nr. 5 BGB das Wort „Bundesstaates" durch das Wort „Landes" ersetzt.

5

B. Praktische Bedeutung

§ 1807 BGB gilt gemäß § 1908i Abs. 1 BGB für den Betreuer und gemäß § 1915 BGB für den Pfleger entsprechend, für das Jugendamt freilich nur mit der Einschränkung des § 56 Abs. 2 Satz 1 SGB VIII.

6

---

[1] Vgl. zu dieser Begrifflichkeit etwa schon *Sichtermann*, Das Recht der Mündelsicherheit, 1958, S. 9; *Berger*, Die Vorschriften über die Verwaltung von Mündelvermögen im Vergleich mit entsprechenden Regelungen außerhalb des Vormundschaftsrechts, 1975, S. 63.

[2] Zweites Gesetz über die Mündelsicherheit von Wertpapieren und Forderungen vom 23.03.1931; Entscheidung der Bundesregierung vom 21.06.1950.

[3] Hierzu *Veit* in: Staudinger, § 1807 Rn. 2.

[4] Art. 234 § 14 Abs. 4 Vertrag zwischen der Bundesrepublik Deutschland und der Deutschen Demokratischen Republik über die Herstellung der Einheit Deutschlands – Einigungsvertrag – Anlage I, Kap III B II Anlage I Kapitel III, Sachgebiet B – Bürgerliches Recht Abschnitt II, BGBl II 1990, 889.

[5] BGBl I 1990, 2002, 2003.

[6] Vgl. Beschlussempfehlung und Bericht des Bundestags-Rechtsausschusses, BT-Drs. 11/6949, S. 69.

[7] BGBl I 2001, 3519, 3524.

[8] BGBl I 2006, 866, 882.

§ 1807 BGB ist kraft Verweisung in verschiedenen weiteren Rechtsgebieten innerhalb und außerhalb des BGB zu beachten. Vgl. hierzu die Kommentierung zu § 1806 BGB Rn. 7.

C. Anwendungsvoraussetzungen

I. Grundlagen

7 Das Verhältnis zwischen den Anlagen nach § 1807 BGB und denen nach § 1811 BGB wird häufig als Regel-Ausnahme-Verhältnis beschrieben.[9] Soweit damit lediglich formal die Genehmigungsfreiheit der Anlagen nach § 1807 BGB und die Genehmigungsbedürftigkeit der Anlagen nach § 1811 BGB beschrieben wird, ist hiergegen nichts einzuwenden. Der Wortlaut der Vorschriften „soll nur erfolgen" und „kann gestatten" legt die Annahme nahe, dass auch materiell-rechtlich betrachtet eine Subsidiarität besteht, wonach die Anlage nach § 1807 BGB regelmäßig zulässig, die Anlage nach § 1811 BGB hingegen nur ausnahmsweise zulässig wäre. Dem ist jedoch nicht so. Freilich ist § 1807 BGB in materieller Hinsicht für die Frage, welchen Anforderungen eine Anlage genügen muss, nicht völlig wertfrei. Da es sich bei § 1807 BGB um Anlagen handelt, die nach ihrer inhaltlichen Ausgestaltung oder dem anlageführenden Institut besonders sicher sind, lässt sich der Norm zugleich entnehmen, dass der Gesetzgeber der Sicherheit der Anlageform besonders große Bedeutung beimisst. Die Sicherheit der Anlage ist im Zweifel wichtiger als die Rendite.

8 Neben den §§ 1806 ff. BGB ergeben sich weitere Anforderungen an die geeignete Mündelgeldanlage aus dem aus § 1793 BGB fließenden allgemeinen Grundsatz der umfassenden Wahrung des Mündelinteresses (vgl. hierzu die Kommentierung zu § 1793 BGB). Aus ihm folgt – im Ergebnis ebenso wie bei den Eltern (vgl. § 1642 BGB) – das Gebot, eine unter allen Gesichtspunkten möglichst geeignete, wirtschaftliche Anlage zu wählen. Dabei spielen neben der Sicherheit auch die Rendite, die Liquidität[10], die Fungibilität, steuerliche Folgen etc. eine Rolle. Diese verschiedenen Ziele stehen regelmäßig in einem Spannungsverhältnis. Die Aufgabe des Vormundes besteht darin, sämtliche Ziele zu einem nach den konkreten Umständen des Einzelfalles gelungenen Ausgleich zu bringen. Dieser Ausgleich kann je nach den Rahmenbedingungen – etwa nach der Höhe der am Markt verfügbaren Zinsen – unterschiedlich ausfallen.[11] Angesichts der Angebotsvielfalt im Anlagebereich kann von dem Vormund zwar nicht die Wahl der optimalen Anlage verlangt werden. Aber im Rahmen ernsthaft in Betracht kommender, nahe liegender Anlagen wird man von ihm eine Optimierung erwarten dürfen. Die Annahme eines schematischen Regel-Ausnahmeverhältnisses in § 1807 BGB und § 1811 BGB würde dieser komplexen Aufgabe nicht gerecht. Daraus lassen sich folgende Anforderungen an eine geeignete Mündelgeldanlage ableiten:
- Die Anlage muss alle Anlageziele (Sicherheit, Rendite, Liquidität, Fungibilität etc.) zu einem gelungenen Ausgleich bringen.
- Wichtigstes Anlageziel ist die Anlagesicherheit. Sie ist bei Anlagen nach § 1807 BGB immer gewährleistet. Bei Anlagen nach § 1811 BGB muss sie geprüft werden.
- Die weiteren Anlageziele (Rentabilität etc.) sind stets – sowohl bei Anlagen nach § 1807 BGB als auch bei Anlagen nach § 1811 BGB – zu prüfen.
- Nicht jede unter § 1807 BGB fallende Anlage ist für die Anlegung geeignet, eine Anlage nach § 1811 BGB kann zulässig, u.U. sogar geboten sein.

9 § 1807 BGB zählt Anlageformen auf, die als besonders sicher gelten. Wenn bei der Auswahl unter mehreren Anlagemöglichkeiten in Betracht gezogen wird, eine andere als eine der in § 1807 BGB aufgeführten Regelanlagen vorzuziehen, dann üblicherweise vor dem Hintergrund einer höheren Renditeerwartung. Kaum diskutiert wird, ob es auch unter dem Gesichtspunkt der Sicherheit der Anlage sinnvoll sein kann, eine andere Anlage zu wählen, oder ob gar die Auswahl einer Anlage nach § 1807 BGB wegen mangelnder Sicherheit im Einzelfall pflichtwidrig sein kann. Die Erfahrungen einer über mehrere Jahrzehnte vergleichsweise stabilen wirtschaftlichen Entwicklung lassen dies kaum vorstellbar erscheinen. Das Gesetz schließt dies indes nicht aus. Dass das Gesetz die Anlegung von Mündelgeld für den Regelfall auf bestimmte Anlageformen beschränkt, schließt das Recht und die Pflicht des Vormunds, die Zweckmäßigkeit der Anlage umfassend zu prüfen, nicht aus. Das gilt auch im Hinblick auf

---

[9] So etwa *Spanl*, Vermögensverwaltung für Vormund und Betreuer, 2. Aufl. 2009, S. 141; *Berger*, Die Vorschriften über die Verwaltung von Mündelvermögen im Vergleich mit entsprechenden Regelungen außerhalb des Vormundschaftsrechts, 1975, S. 62; *Perlwitz* in: HK-BUR, § 1810 Rn. 7.

[10] Vgl. etwa LG Kassel v. 16.05.2002 - 8 O 1391/97 - juris Rn. 71 - FamRZ 2003, 626-627.

[11] Vgl. etwa LG Kassel v. 16.05.2002 - 8 O 1391/97 - juris Rn. 75 - FamRZ 2003, 626-627.

die Sicherheit. Daraus können sich – im Einzelfall durchaus praktisch relevante – Anforderungen an die Anlage ergeben. So erfordert die Entscheidung für Anlagen in dinglich gesicherte Forderungen die Berücksichtigung elementarer Risiken, die die Sicherheit gefährden könnten (z.B. nicht versicherte oder versicherbare Elementarschäden). Einlagen bei den Sparkassen sind zwar durch den Haftungsverbund der Sparkassen-Finanzgruppe abgesichert und zählen deshalb trotz Wegfalls der Gewährträgerhaftung mit zu den sichersten Anlagen überhaupt. Der Haftungsverbund umfasst allerdings auch die Landesbanken, die nach ihrer Risikostruktur nicht ohne weiteres mit den Sparkassen vergleichbar sind. Überhaupt dürfte die Konstruktion des Haftungsverbundes primär auf die Krise einzelner Kreditinstitute ausgelegt sein, im Falle einer den Gesamtmarkt erfassenden Krise jedoch nur über beschränkte Reserven verfügen.

II. Durch Grundpfandrechte gesicherte Forderungen (Absatz 1 Nr. 1)

Voraussetzungen für eine Anlage nach § 1807 Abs. 1 Nr. 1 BGB sind:
- Forderung,
- Sicherung durch Hypothek, Grund- oder Rentenschuld,
- an einem Grundstück,
- im Inland,
- Sicherheit des Grundpfandrechts.

1. Forderung

Das Gesetz präzisiert den Inhalt der Forderung nicht näher. In Betracht kommt jede im Rahmen einer Geldanlage vorstellbare Forderung. Zu beachten ist allerdings, dass Austauschgeschäfte, wie etwa ein Grundstückskaufvertrag, gerade keine Geldanlage darstellen.[12] Gleiches ist für den Fall der aufgrund Erbauseinandersetzungsvertrages bestehenden Sicherung anzunehmen.[13]

2. Grundpfandrechte

Theoretisch kommen Hypotheken nach § 1113 BGB, Grundschulden nach § 1191 BGB und Rentenschulden nach § 1199 BGB in Betracht. Praktisch dürften zumindest letztere kaum geeignet sein.[14] Auch die Verwendung von Hypotheken ist heute kaum noch üblich.

3. Grundstück

Grundstück im technischen Sinn ist ein Teil der Erdoberfläche, der im Grundbuch unter einer besonderen Nummer im Bestandsverzeichnis als Grundstück geführt wird.[15] Dem Grundstück stehen Wohnungs- und Teileigentum nach § 13 WEG gleich, ebenso das Erbbaurecht nach ErbbauRG, ferner die nach Landesrecht grundstücksgleichen Rechte, etwa das Bergwerkseigentum (vgl. z.B. Art. 67, 68 EGBGB).[16] Diese Arten des Immobiliareigentums eignen sich nach ihrer Funktion und Ähnlichkeit gleichermaßen für eine werthaltige Sicherung von Forderungen. Praktisch relevant sind allerdings einzig das Wohnungs- und Teileigentum sowie das Erbbaurecht. Eine Sicherung durch eine Schiffshypothek genügt demgegenüber nicht.[17] Nicht ausreichend ist auch der nur treuhänderische Erwerb des Grundpfandrechts.[18]

---

[12] So auch *Veit* in: Staudinger, § 1807 Rn. 26.
[13] So *Dickescheid* in: BGB-RGRK, § 1807 Rn. 8; *Zimmermann* in: Damrau/Zimmermann, Betreuungsrecht, 4. Aufl. 2011, § 1807 Rn. 8.
[14] So auch *Sichtermann*, Das Recht der Mündelsicherheit, 1958, S. 17; *Veit* in: Staudinger, § 1807 Rn. 26.
[15] *Baur/Stürner*, Sachenrecht, 18. Aufl. 2009, § 15 III. 1. Rn. 18; *Westermann*, BGB-Sachenrecht, 12. Aufl. 2012, § 12 I 1 Rn. 349.
[16] So auch *Dickescheid* in: BGB-RGRK, § 1807 Rn. 8; *Veit* in: Staudinger, § 1807 Rn. 18; *Zimmermann* in: Damrau/Zimmermann, Betreuungsrecht, 3. Aufl. 2001, § 1807 Rn. 6; *Spanl*, Vermögensverwaltung durch Vormund und Betreuer, 2. Aufl. 2009, S. 144; *Berger*, Die Vorschriften über die Verwaltung von Mündelvermögen im Vergleich mit entsprechenden Regelungen außerhalb des Vormundschaftsrechts, 1975, S. 66.
[17] So auch *Veit* in: Staudinger, § 1807 Rn. 20; *Dickescheid* in: BGB-RGRK, § 1807 Rn. 8; *Spanl*, Vermögensverwaltung durch Vormund und Betreuer, 2. Aufl. 2009, S. 144.
[18] RG v. 06.10.1938 - V 54/38 - JW 1938, 3167; *Bettin* in: BeckOK BGB, Ed. 30, § 1807 Rn. 3; *Zimmermann* in: Damrau/Zimmermann, Betreuungsrecht, 3. Aufl. 2001, § 1807 Rn. 6; *Veit* in: Staudinger, § 1807 Rn. 25; *Saar* in: Erman, § 1807 Rn. 2; *Dickescheid* in: BGB-RGRK, § 1807 Rn. 8.

4. Im Inland

14 Das Grundstück muss im Inland belegen sein. Die mitunter in Grenznähe vorstellbare Sicherung durch Grundpfandrechte an einem ausländischen Grundstück ist nicht nach § 1807 Abs. 1 Satz 1 BGB zulässig, sondern bedarf der familiengerichtlichen Genehmigung nach § 1811 BGB.[19] Das folgt aus dem ausdrücklichen Wortlaut des Gesetzes. Ob diese Beschränkung angesichts des weiteren Kriteriums der Sicherheit des Pfandrechts vor dem Hintergrund des Gemeinschaftsrechts uneingeschränkt Bestand haben kann, erscheint überprüfungswürdig.

5. Sicherheit

15 Das Gesetz fordert die Sicherheit des Grundpfandrechts. Unter welchen Voraussetzungen ein Grundpfandrecht sicher ist, sagt das Bundesrecht – entgegen dem ursprünglichen Entwurf der Norm[20] – nicht. Eine Definition der hinreichenden Sicherheit ist vielmehr nach § 1807 Abs. 2 BGB dem Landesgesetzgeber überlassen. Rechtspolitisch handelt es sich hierbei um einen Anachronismus, der den praktischen Gebrauch einer Anlageform nach § 1807 Abs. 1 Nr. 1 BGB vollends vereitelt.[21] Die meisten Länder verlangen eine Sicherung in der ersten Hälfte des Grundstückswertes (vgl. dazu Rn. 62). Für die Praxis bedeutet dies, dass folgende Berechnung vorzunehmen ist[22]: Sicherheit ist gegeben, wenn: Grundstückswert : 2 > Summe aus der gesicherten Forderung und allen dem diese Forderung sichernden Pfandrecht vorgehenden Rechten. Für Länder, in denen eine entsprechende Regelung fehlt, kann sich der Vormund an dieser Grenze orientieren[23], bei Rentenschulden an ihrer Ablösungssumme[24]. Amtlichen Taxierungen ist mit Vorsicht zu begegnen.[25] Die Sicherung muss nicht notwendig erstrangig sein.[26] Für den Fall der Besicherung durch Hypothek an einem Erbbaurecht enthalten die §§ 18 ff. ErbbauRG eine spezielle bundesrechtliche Regelung der Mündelsicherheit. Danach muss die Mündelhypothek eine Tilgungshypothek sein und insbesondere die Hälfte des Wertes des nach § 19 ErbbauRG zu ermittelnden Erbbaurechts nicht übersteigen

6. Praktische Hinweise

16 Für die Praxis dürfte von einer Anlageform nach § 1807 Abs. 1 Nr. 1 BGB regelmäßig abzuraten sein. Sie wird vielfach als überholt angesehen.[27] Abgesehen von der Frage, welche Sicherheit das Landesrecht jeweils fordert, verursacht auch die für die Einrichtung der Sicherheit erforderliche Wertbestimmung häufig einige Kosten. Auch ist zu beachten, dass die Sicherung durch Grundpfandrechte – obwohl als mündelsicher bezeichnet – keineswegs risikolos ist. Die Kostennachteile und Risiken werden in den seltensten Fällen durch eine angemessene Verzinsung ausgeglichen. Schließlich ist zu beachten, dass bei kurzfristigem Finanzbedarf des Mündels die vorzeitige Rückzahlung der Geldanlage Probleme bereiten kann. Die Anlage nach § 1807 Abs. 1 Nr. 1 BGB dürfte deshalb nur in Betracht kommen, wenn auf andere Weise keine Sicherheit zu erlangen ist und der Mündel nicht auf Liquidität angewiesen ist.[28]

---

[19] So auch *Zimmermann* in: Damrau/Zimmermann, Betreuungsrecht, 4. Aufl. 2011, § 1807 Rn. 8.

[20] Vgl. E I § 1664 Abs. 2.

[21] So musste etwa ein Anleger im Saarland vor dem In-Kraft-Treten von § 31 des Gesetzes zur Ausführung bundesrechtlicher Justizgesetze vom 05.02.1997 (AGJusG) prüfen, ob das Grundstück in den ehemals preußischen Landesteilen Art. 73 AGBGB in der Fassung von § 23 Abs. 1 des Schätzungsamtsgesetzes vom 08.06.1918 unterlag oder in den ehemals bayerischen Landesteilen Art. 32 der bayerischen Übergangsgesetze vom 06.06.1899.

[22] Vgl. auch das Beispiel bei *Spanl*, Vermögensverwaltung durch Vormund und Betreuer, 2. Aufl. 2009, S. 145.

[23] So auch *Veit* in: Staudinger, § 1807 Rn. 23; *Zimmermann* in: Damrau/Zimmermann, Betreuungsrecht, 3. Aufl. 2001, § 1807 Rn. 6; *Fiala/Stenger*, Geldanlagen für Mündel und Betreute – Rechtliche und finanzmathematische Grundlagen für Vormünder und Betreuer, 2. Aufl. 2004, S. 18; *Spanl*, Vermögensverwaltung durch Vormund und Betreuer, 2. Aufl. 2009, S. 145; *Perlwitz* in: HK-BUR, § 1807 Rn. 11; vgl. auch *Götz* in: Palandt, § 1807 Rn. 4.

[24] *Holzhauer* in: Erman, 11. Aufl., § 1807 Rn. 5; generell ablehnend zu Rentenschulden *Saar* in: Erman, § 1807 Rn. 2.

[25] Vgl. *Götz* in: Palandt, § 1807 Rn. 4; *Saar* in: Erman, § 1807 Rn. 2.

[26] So auch *Veit* in: Staudinger, § 1807 Rn. 21.

[27] So etwa *Zimmermann* in: Damrau/Zimmermann, Betreuungsrecht, 4. Aufl. 2011, § 1807 Rn. 8; *Meier/Neumann*, Vermögenssorge, 2006, S. 92.

[28] Noch restriktiver inzwischen *Zimmermann* in: Damrau/Zimmermann, Betreuungsrecht, 4. Aufl. 2011, § 1807 Rn. 9.

III. Verbriefte oder eingetragene Forderungen gegen Bund oder Land (Absatz 1 Nr. 2)

Voraussetzungen für eine Anlage nach § 1807 Abs. 1 Nr. 2 Alt. 1 BGB sind: 17
- Forderung,
- verbrieft,
- gegen Bund oder Land.

Voraussetzungen für eine Anlage nach § 1807 Abs. 1 Nr. 2 Alt. 2 BGB sind: 18
- Forderung,
- eingetragen in das Bundesschuldenbuch oder Landesschuldenbuch.

1. Verbriefte Forderung gegen Bund oder Land

a. Grundlagen

Verbrieft ist eine Forderung, wenn über sie eine Urkunde ausgestellt ist. Hierbei muss es sich nicht um 19
ein Wertpapier handeln, bei dem das Recht aus dem Papier dem Recht am Papier folgt.[29]

b. Beispiele

Hierunter fallen etwa: 20
- Wechsel,
- Schuldverschreibungen und Schuldscheine[30],
- Anleihen[31],
- Darlehen gegen Schuldschein.

c. Anspruchsgegner Bund oder Land

Inwiefern Bund und Land unmittelbarer Anspruchsgegner ist, kann im Einzelfall zweifelhaft sein. Im 21
Einzelnen:
- Das Postsparbuch der früheren Bundespost war als Schuldschein ebenfalls erfasst.[32] Nach ihrer Umwandlung in Aktiengesellschaften sind die Post- und Bahnanleihen nicht mehr nach § 1807 Abs. 1 Nr. 2 BGB mündelsicher. Lediglich hinsichtlich ihrer Altschulden kommt noch eine mündelsichere Anlage nach § 1807 Abs. 1 Nr. 3 BGB in Betracht (vgl. Rn. 28).[33]
- Sparguthaben bei Landesbanken und Sparkassen sind nicht nach § 1807 Abs. 1 Nr. 2 BGB mündelsicher. Zwar stellen sie auch verbriefte Forderungen dar. Für sie haftet jedoch nicht der Bund oder das Land, da die jeweiligen Kreditinstitute eigene Rechtspersönlichkeit haben.[34]

2. Buchschulden

Bei den Buchschulden wird der Gläubiger in das Bundes- oder Landesschuldbuch eingetragen. Der 22
Ausgabe einer Schuldurkunde bedarf es nicht. An Buchschulden haben praktische Relevanz insbesondere Bundesschatzbriefe, Finanzierungsschätze und Bundesobligationen. Sie können bei der Bundesrepublik Deutschland – Finanzagentur GmbH[35], die zum 01.08.2006 das Privatkundengeschäft für Bundeswertpapiere von der früheren Bundeswertpapierverwaltung übernommen hat, gebührenfrei deponiert, angekauft und verkauft werden. Zu den landesrechtlichen Schuldbüchern vgl. Art. 97 EGBGB.

---

[29] Vgl. Protokolle, Bd. IV, S. 764; *Zimmermann* in: Damrau/Zimmermann, Betreuungsrecht, 4. Aufl. 2011, § 1807 Rn. 10; *Dickescheid* in: BGB-RGRK, § 1807 Rn. 9; *Veit* in: Staudinger, § 1807 Rn. 31; *Berger*, Die Vorschriften über die Verwaltung von Mündelvermögen im Vergleich mit entsprechenden Regelungen außerhalb des Vormundschaftsrechts, 1975, S. 69; *Perlwitz* in: HK-BUR, § 1807 Rn. 13.

[30] Vgl. etwa Protokolle, Bd. IV, S. 764; *Zimmermann* in: Damrau/Zimmermann, Betreuungsrecht, 4. Aufl. 2011, § 1807 Rn. 10; *Dickescheid* in: BGB-RGRK, § 1807 Rn. 9; *Veit* in: Staudinger, § 1807 Rn. 31; *Berger*, Die Vorschriften über die Verwaltung von Mündelvermögen im Vergleich mit entsprechenden Regelungen außerhalb des Vormundschaftsrechts, 1975, S. 69; *Perlwitz* in: HK-BUR, § 1807 Rn. 13.

[31] Vgl. § 1 Anleihegesetz vom 29.03.1951, BGBl I 1951, 218.

[32] Vgl. zur früheren Rechtslage etwa *Berger*, Die Vorschriften über die Verwaltung von Mündelvermögen im Vergleich mit entsprechenden Regelungen außerhalb des Vormundschaftsrechts, 1975, S. 70.

[33] Vgl. hierzu: *Götz* in: Palandt, § 1807 Rn. 5; *Dickescheid* in: BGB-RGRK, § 1807 Rn. 9; *Spanl*, Vermögensverwaltung durch Vormund und Betreuer, 2. Aufl. 2009, S. 147.

[34] Wie hier auch *Dickescheid* in: BGB-RGRK, § 1807 Rn. 9; *Zimmermann* in: Damrau/Zimmermann, Betreuungsrecht, 4. Aufl. 2011, § 1807 Rn. 11; a.A. *Dölle*, Familienrecht – Band 2, 1965, § 126 II 3. b) bb), S. 735.

[35] Bundesrepublik Deutschland – Finanzagentur GmbH, Lurgiallee 5, 60439 Frankfurt, Tel.: 0 69 / 25 616 0; Fax: 0 69 / 25 616 14 76; www.deutsche-finanzagentur.de (abgerufen am 01.04.2014).

3. Praktische Hinweise

23 In der Praxis haben heute insbesondere noch die Bundesschatzbriefe eine gewisse Bedeutung. Der Vormund beachte, dass die Verwaltung solcher Papiere nur durch die Finanzagentur der Bundesrepublik Deutschland gebührenfrei ist (u.U. aber nicht bei Verwaltung im Depot eines Kreditinstituts). Besteht die Möglichkeit, Mündelgelder längerfristig anzulegen, kann der Vormund alternativ auch Tagesgeldanlagen in Betracht ziehen, die in einem dynamischer werdenden Anlagemarkt häufig bessere Konditionen bei vergleichbarer Sicherheit bieten.

IV. Verbriefte Forderungen mit gewährleisteter Verzinsung (Absatz 1 Nr. 3)

24 Voraussetzungen für eine mündelsichere Anlage nach § 1807 Abs. 1 Nr. 3 BGB sind:
- Forderung,
- verbrieft,
- Gewährleistung der Verzinsung,
- durch Bund oder Land.

1. Verbriefte Forderung

25 Zum Begriff der verbrieften Forderung vgl. schon Rn. 19.

2. Gewährleistung der Verzinsung

26 Gewährleistung bedeutet die Übernahme jeglicher Art von Haftung, beispielsweise in Form einer Schuldmitübernahme oder Bürgschaft[36], aber auch die sogenannten harten Garantie- und Patronatserklärungen.[37] Es genügt aber auch die Übernahme einer allgemeinen Gewährträgerhaftung.[38]

27 Die Haftung muss sich nach dem Wortlaut der Norm nicht notwendig auch auf die Rückzahlung des Kapitals erstrecken[39], wird dieses in der Praxis aber häufig umfassen. Von § 1807 Abs. 1 Nr. 3 BGB werden beispielsweise Schuldverschreibungen von Landeszentralbanken erfasst. Soweit sie regelmäßig nur die Verzinsung, nicht jedoch die Rückzahlung der Kapitalforderung garantieren, wird vielfach angenommen, dass sich hieraus regelmäßig keine relevanten Risiken ergeben, da die Gewährleistung der Verzinsung nur für Forderungen gegen Unternehmen übernommen wird, die öffentliche Aufgaben übernehmen[40]. Das ist nicht zweifelsfrei, da für den Fall einer systemischen Krise auch einzelne Landesbanken nicht als über jeden Zweifel erhaben angesehen werden können. In Anbetracht der zahlreichen Anlagealternativen und angesichts der rechtlich bestehenden Unverbindlichkeit dürfte es regelmäßig pflichtwidrig sein, in solche Forderungen zu investieren, die – ausnahmsweise – einmal die Kapitalrückzahlung nicht garantieren sollten.[41]

28 Eine staatliche Gewährleistung kommt etwa bei öffentlichen Unternehmen in Betracht. So gewährleistet der Bund etwa die Schulden von Bundespost und Bundesbahn nach ihrer Umwandlung im Rahmen des § 17 Abs. 4 Satz 1 ENeuOG, § 2 Abs. 4 PostUmwG fort. Soweit die Verzinsung unmittelbar vom Bund oder Land gewährleistet wird, kommen auch Schuldverschreibungen von juristischen Personen in Betracht, die nicht mit dem Bund oder dem Land identisch sind, etwa der KfW oder der Landeskreditinstitute, aber auch verschiedener staatlicher Unternehmen. In der Praxis beachte man allerdings, dass nicht alle von Instituten mit staatlicher Beteiligungsform angebotenen Anlageformen eine Verzinsung garantieren.

---

[36] Vgl. *Zimmermann* in: Damrau/Zimmermann, Betreuungsrecht, 4. Aufl. 2011, § 1807 Rn. 12.
[37] Zu der Vielfalt denkbarer Konstellationen vgl. etwa den Überblick bei *Sandkühler*, Bankrecht, 1993, S. 149 ff.
[38] So auch *Veit* in: Staudinger, § 1807 Rn. 32; zu weiteren Beispielen vgl. etwa *Sichtermann*, Das Recht der Mündelsicherheit, 3. Aufl. 1980, S. 24.
[39] Allg. A., vgl. *Dickescheid* in: BGB-RGRK, § 1807 Rn. 12; *Spanl*, Vermögensverwaltung durch Vormund und Betreuer, 2. Aufl. 2009, S. 148; *Veit* in: Staudinger, § 1807 Rn. 32; *Zimmermann* in: Damrau/Zimmermann, Betreuungsrecht, 4. Aufl. 2011, § 1807 Rn. 12; *Fritsche*, Rpfleger 2007, 53-62, 59.
[40] So *Fiala/Stenger*, Geldanlagen für Mündel und Betreute – Rechtliche und finanzmathematische Grundlagen für Vormünder und Betreuer, 2. Aufl. 2004, S. 18 m.w.N.; *Spanl*, Vermögensverwaltung durch Vormund und Betreuer, 2. Aufl. 2009, S. 148.
[41] Ähnlich auch *Zimmermann* in: Damrau/Zimmermann, Betreuungsrecht, 4. Aufl. 2011, § 1807 Rn. 12.

V. Für geeignet erklärte verbriefte Forderungen (Absatz 1 Nr. 4)

Als mündelsicher können Bundesregierung und Bundesrat Wertpapiere, insbesondere Pfandbriefe sowie verbriefte Forderungen gegen inländische kommunale Körperschaften oder Kreditanstalten derselben bezeichnen. Voraussetzungen für eine mündelsichere Anlage nach § 1807 Abs. 1 Nr. 4 Alt. 1 BGB sind: 29
- Wertpapier,
- Eignungserklärung der Bundesregierung mit Zustimmung des Bundesrates.

Voraussetzungen für eine mündelsichere Anlage nach § 1807 Abs. 1 Nr. 4 Alt. 2 BGB sind: 30
- verbriefte Forderung,
- gegen inländische kommunale Körperschaft oder Kreditanstalt einer solchen,
- Eignungserklärung der Bundesregierung mit Zustimmung des Bundesrates.

1. Wertpapier

Wertpapiere im Sinne des § 1807 Abs. 1 Nr. 4 BGB sind alle Wertpapiere im weiteren Sinne, d.h. schriftlich verkörperte Gedankenerklärungen, die ein privates Recht in der Weise verkörpern, dass zur Geltendmachung des Rechts die Innehabung der Urkunde erforderlich ist.[42] Neben Inhaber- und Orderpapieren fallen hierunter auch Rektapapiere. Erfasst werden im Hinblick auf ihre wirtschaftlich vergleichbare Funktion auch Aktien und Investmentanteile.[43] Da das Gesetz keine Einschränkung auf inländische Wertpapiere macht, kommen auch ausländische Wertpapiere in Betracht.[44] In der Praxis ist bei solchen Wertpapieren allerdings eine Genehmigung nach § 1811 BGB erforderlich, da die Bundesregierung solche Forderungen nicht für sicher erklärt hat. Zur Eignungserklärung vgl. Rn. 36 ff. 31

2. Verbriefte Forderung gegen kommunale Körperschaft oder Kreditinstitut einer solchen

a. Verbriefte Forderung

Zum Begriff der verbrieften Forderung vgl. schon Rn. 19. Zu Beispielen sei auf die Spezialliteratur verwiesen.[45] 32

b. Inländische kommunale Körperschaft oder Kreditinstitut einer solchen

Kommunale Körperschaft ist jeder öffentlich-rechtlich ausgestaltete, mitgliedschaftlich organisierte, rechtsfähige Zusammenschluss einer Personenmehrheit unterhalb der Ebene von Bund und Ländern.[46] Hierunter fallen Gemeinden, Gemeindeverbände, Landkreise, Zweckverbände, Sparkassen- und Giroverbände. 33

Zu ihren **Kreditinstituten** zählen insbesondere die Sparkassen, Girozentralen und Landesbanken, soweit sie öffentlich-rechtlichen Charakter haben. Hieran kann es vereinzelt bei einigen Girozentralen und Landesbanken[47] fehlen. Derzeit bestehen in den Ländern Tendenzen zur Privatisierung von Sparkassen. Das macht es für den Vormund erforderlich, sich von der Trägerschaft der Sparkasse zu überzeugen. Auf die bloße Bezeichnung als Sparkasse kann er nicht vertrauen. Der öffentlich-rechtliche Charakter geht allerdings nicht allein schon dadurch verloren, dass die Einrichtung einer Sparkasse in der Form einer öffentlich-rechtlichen (nicht: privatrechtlichen) Stiftung zugelassen wird.[48] In der Praxis kommt dann jedoch häufig eine Anlegung nach § 1807 Abs. 1 Nr. 5 BGB in Betracht.[49] Allerdings 34

---

[42] Vgl. zum Wertpapierbegriff etwa Baumbacg/Hefermehl/Caspar, Wechselgesetz Scheckgesetz, 23. Aufl. 2008, WPR Rn. 3 ff.; *Marburger* in: Staudinger, Vorb. 1 ff. zu den §§ 793 ff.; *Veit* in: Staudinger, § 1807 Rn. 34.

[43] *Engler* in: Staudinger, § 1807 Rn. 32; *Zimmermann* in: Damrau/Zimmermann, Betreuungsrecht, 4. Aufl. 2011, § 1807 Rn. 13; *Diederichsen* in: Palandt, 71. Aufl. 2012, § 1807 Rn. 7; *Vogt*, Rpfleger 1996, 389-391; *Perlwitz* in: HK-BUR, § 1807 Rn. 15.

[44] So etwa auch *Perlwitz* in: HK-BUR, § 1807 Rn. 15.

[45] Vgl. etwa *Dickescheid* in: BGB-RGRK, § 1807 Rn. 14 ff.; *Spanl*, Vermögensanlage durch Vormund und Betreuer, 2. Aufl. 2009, S. 149 f.

[46] Enger *Veit* in: Staudinger, § 1807 Rn. 36, der eine Gebietskörperschaft fordert. Daran fehlt es aber beispielsweise bei Sparkassen- und Giroverbänden.

[47] Vgl. *Sichtermann*, Das Recht der Mündelsicherheit, 3. Aufl. 1980, S. 34; zustimmend *Zimmermann* in: Damrau/Zimmermann, Betreuungsrecht, 4. Aufl. 2011, § 1807 Rn. 16.

[48] So sieht etwa § 1 Abs. 1 Saarländisches Sparkassengesetz die Möglichkeit einer Sparkassen-Stiftung vor.

[49] Vgl. etwa § 31 des saarländischen Gesetzes zur Ausführung bundesrechtlicher Justizgesetze (AGJusG).

dürfte § 1807 Abs. 1 Nr. 5 BGB nicht als für öffentliche Sparkassen speziellere Norm den Anwendungsbereich des § 1807 Abs. 1 Nr. 4 BGB von vornherein ausschließen.[50]

35 Es muss sich um eine inländische kommunale Körperschaft handeln. Erfolgt die Anlage bei einem Kreditinstitut nach Nr. 4, muss dieses seinen Sitz nach dem Wortlaut der Norm nicht zwingend in Deutschland haben. Entscheidend ist, dass die es tragende Körperschaft eine inländische kommunale Körperschaft ist. Die Inlandsbeschränkung in Nr. 4 begegnet auch vor dem Hintergrund des Gemeinschaftsrechts keinen Bedenken. Da der deutsche Gesetzgeber auf die Ausgestaltung der ausländischen Gewährträgerhaftung keinen Einfluss hat, steht ihm die Privilegierung deutscher kommunaler Körperschaften frei. Allerdings muss die Zulassung der Anlage bei ausländischen kommunalen Körperschaften bei gegebener Sicherheit grundsätzlich gewährleistet sein.

3. Eignungserklärung durch Bundesregierung mit Zustimmung des Bundesrates

36 Die genannten Papiere sind nur mündelsicher, wenn die Bundesregierung dies mit Zustimmung des Bundesrates erklärt hat. Wegen der Änderungen der Zuständigkeit im Wandel der staatsrechtlichen Zuständigkeiten sind mündelsicher auch die Anlagen, die seinerzeit vom Bundesrat, vom Staatenausschuss, vom Reichsrat beziehungsweise von der Reichsregierung mit Zustimmung des Reichsrats für mündelsicher erklärt wurden.[51]

37 Hinzuweisen ist insbesondere auf die Verordnung über die Mündelsicherheit von Pfandbriefen und verwandten Schuldverschreibungen vom 07.05.1940[52], auf die Verordnung über die Mündelsicherheit der Schiffspfandbriefe vom 18.03.1941[53], auf die Bekanntmachung vom 07.07.1901[54] betreffend verbriefte Forderungen gegen kommunale Körperschaften oder Kreditanstalten[55]. Danach sind im Wesentlichen Pfandbriefe und Schuldverschreibungen der Schiffspfandbriefe generell, Forderungen gegen kommunale Körperschaften und deren Kreditinstitute, soweit sie vom Gläubiger gekündigt werden können oder einer regelmäßigen Tilgung unterliegen, für mündelsicher erklärt. Zu weiteren Sonderbestimmungen vgl. Rn. 58.

38 Nach Art. 212 EGBGB bleiben landesrechtliche Erklärungen zur Mündelsicherheit in Kraft. Sie gelten jedoch nur für Vormundschaften, die in dem jeweiligen Land geführt werden (so genannte Landesmündelsicherheit). Ob sie nur verbriefte Forderungen betreffen, die vor In-Kraft-Treten des BGB ausgegeben wurden, richtet sich danach, ob konkrete Anlagen oder allgemein bestimmte Anlageformen für mündelsicher erklärt wurden. Zu Beispielen vgl. etwa Art. 74 AGBGB NW. In Zweifelsfällen sollte sich der Vormund bei den Hauptverwaltungen der Deutschen Bundesbank[56] erkundigen.

VI. Bei öffentlichen Sparkassen und sicheren Kreditinstituten (Absatz 1 Nr. 5)

39 Anders als § 1807 Abs. 1 Nr. 1-4 BGB stellt § 1807 Abs. 1 Nr. 5 BGB nicht auf die Anlageform, sondern auf das Kreditinstitut ab. Voraussetzungen für eine mündelsichere Anlage nach § 1807 Abs. 1 Nr. 5 Alt. 1 BGB sind:
- Anlage,
- bei einer inländischen öffentlichen Sparkasse,
- Eignungserklärung durch die zuständige Stelle.

---

[50] So allerdings wohl *Spanl*, Vermögensverwaltung durch Vormund und Betreuer, 2. Aufl. 2009, S. 154, gegen *Fritsche*, Rpfleger 2007, 59.
[51] Vgl. zur Entwicklung der Norm *Engler* in: Staudinger, § 1807 Rn. 2.
[52] RGBl I, 756.
[53] RGBl I, 156.
[54] RGBl, 263.
[55] Zu weiteren Einzelregelungen vgl. etwa *Sichtermann*, Das Recht der Mündelsicherheit, 3. Aufl. 1980, S. 29 ff.; *Engler* in: Staudinger, § 1807 Rn. 36 ff.; *Holzhauer* in: Erman, 11. Aufl. 2004, § 1807 Rn. 11 ff.
[56] Baden-Württemberg: Hauptverwaltung Stuttgart: Marstallstraße 3, 70049 Stuttgart, Tel.: 0 711 / 944-0; Bayern: Hauptverwaltung München, Ludwigstraße 13, 80539 München, Tel.: 0 89 / 28 89-5; Berlin, Brandenburg: Hauptverwaltung Berlin, Steinplatz 2, 10591 Berlin, Tel.: 030 / 34 75-0; Bremen, Niedersachsen, Sachsen-Anhalt: Hauptverwaltung Hannover, Georgsplatz 5, 30002 Hannover, Tel.: 0 511 / 30 33-0; Hamburg, Mecklenburg-Vorpommern, Schleswig-Holstein: Hauptverwaltung Hamburg, Ost-West-Straße 73, 22772 Hamburg, Tel.: 0 40 / 37 07-0; Hessen: Hauptverwaltung Frankfurt, Taunusanlage 5, 60047 Frankfurt am Main, Tel. 0 69 / 23 88-0; Nordrhein-Westfalen: Hauptverwaltung Düsseldorf, Berliner Allee 14, 40002 Düsseldorf, Tel.: 0 211 / 874-0; Rheinland-Pfalz, Saarland: Hauptverwaltung Mainz, Hegelstraße 65, 55122 Mainz, 0 61 31 / 377-0; Thüringen, Sachsen: Hauptverwaltung Leipzig, Straße des 18. Oktober 1948, 04103 Leipzig, Tel. 0 341 / 860-0; www.bundesbank.de (abgerufen am 14.02.2013).

Voraussetzungen für eine mündelsichere Anlage nach § 1807 Abs. 1 Nr. 5 Alt. 2 BGB sind: 40
- Anlage bei einem anderen Kreditinstitut,
- Zugehörigkeit zu einer für die Anlage ausreichenden Sicherungseinrichtung.

1. Anlage bei einer geeigneten Inländische öffentliche Sparkasse (Alternative 1)

a. Inländische öffentliche Sparkasse

Welche Sparkasse öffentlich-rechtlichen Charakter hat, bestimmt gemäß Art. 99 EGBGB das Landesrecht.[57] In der Vergangenheit galten alle Kreditinstitute, die gemäß § 40 Abs. 1 KWG die Bezeichnung „Sparkasse" führen durften, unabhängig von ihrer Trägerschaft als öffentlich-rechtlich.[58] Das ist heute angesichts der Tendenzen der Länder zur Privatisierung von Sparkassen nicht mehr durchgängig gewährleistet. Der Vormund darf deshalb nicht mehr auf die Führung der Bezeichnung „Sparkasse" vertrauen, sondern muss sich über die Rechtsgrundlage des Instituts vergewissern.[59] Nicht unter den Begriff der öffentlichen Sparkasse fallen Bausparkassen[60], wie sich schon aus § 40 Abs. 1, 2 KWG ergibt. Bei ihnen kann Mündelgeld nur nach § 1811 BGB angelegt werden.[61] Ausländische Sparkassen werden nicht erfasst, können aber als „anderes Kreditinstitut" nach § 1807 Abs. 1 Nr. 5 Alt. 2 BGB subjektiv mündelsicher sein. 41

b. Eignung zur Mündelanlage

Die Sparkasse muss ferner als für die Anlegung von Mündelgeld geeignet erklärt sein. Zuständig für die Entscheidung über die subjektive Mündelsicherheit ist die nach Landesrecht zuständige Behörde. § 1807 Abs. 1 Nr. 5 BGB räumt dem Land das Recht ein, die subjektive Mündelsicherheit eines seiner Hoheit unterstehenden Kreditinstituts verbindlich zu erklären. Die Erklärung hat deshalb auch für Vormundschaften Geltung, die in anderen Bundesländern angeordnet wurden.[62] Von dieser Möglichkeit haben die Länder Gebrauch gemacht (vgl. etwa Art. 2 Abs. 2 SpkG BY; § 46 AGBGB BW; § 1 MündelgeldVO HB; § 5 BGBAV HH; § 3 HNVersANOG HE; § 29 AGBGB HE; § 26 AGBGB NI; § 1 Abs. 4 SpkG RP; § 31 Abs. 1 AGJusG SL; § 1 Abs. 3 SpkG SH; § 27 Abs. 1 AGBGB TH). 42

Dass die Sparkasse einer besonderen Einlagensicherungseinrichtung angehört, fordert das Gesetz – anders als bei sonstigen Kreditinstituten – nicht. Dies hatte seinen Grund ursprünglich darin, dass die Einlagen durch die in den Sparkassengesetzen der Länder statuierte Gewährträgerschaft der Gemeinden und Gemeindeverbände grundsätzlich vollumfänglich abgesichert waren[63]. Nach der Verständigung über Anstaltslast und Gewährträgerhaftung vom 17.07.2001 zwischen der Europäischen Kommission und der Bundesrepublik Deutschland gilt die Gewährträgerhaftung für Verbindlichkeiten, die bis zum 17.07.2001 vereinbart waren, unbegrenzt. Für Forderungen, die danach bis zum 18.07.2005 vereinbart waren, nur, wenn ihre Laufzeit nicht über den 31.12.2015 hinausgeht. Danach eingegangene Verbindlichkeiten unterliegen keiner Gewährträgerhaftung mehr.[64] Auf die mündelsichere Geldanlage hat dies jedoch keine unmittelbaren Auswirkungen. Maßgeblich ist allein die Formulierung des § 1807 Abs. 1 Nr. 1 BGB. 43

c. Anlage

Da § 1807 Abs. 1 BGB schon nach dem Wortlaut des ersten Halbsatzes die „Anlegung" betrifft, erscheint es auf den ersten Blick pleonastisch, als Tatbestandsmerkmal die „Anlage" zu prüfen. Das 44

---

[57] RG v. 15.06.1927 - V 347/26 - RGZ 117, 257-267; *Dickescheid* in: BGB-RGRK, § 1807 Rn. 20; *Berger*, Die Vorschriften über die Verwaltung von Mündelvermögen im Vergleich mit entsprechenden Regelungen außerhalb des Vormundschaftsrechts, 1975, S. 80; *Zimmermann* in: Damrau/Zimmermann, Betreuungsrecht, 4. Aufl. 2011, § 1807 Rn. 19.
[58] Vgl. hierzu *Sichtermann*, Das Recht der Mündelsicherheit, 3. Aufl. 1980, S. 34; *Veit* in: Staudinger, § 1807 Rn. 46; *Dickescheid* in: BGB-RGRK, § 1807 Rn. 20; *Spanl*, Vermögensverwaltung durch Vormund und Betreuer, 2. Aufl. 2009, S. 151; *Perlwitz* in: HK-BUR, § 1807 Rn. 18.
[59] So im Ergebnis auch schon *Berger*, Die Vorschriften über die Verwaltung von Mündelvermögen im Vergleich mit entsprechenden Regelungen außerhalb des Vormundschaftsrechts, 1975, S. 75, für die sog. freien Sparkassen; anders aber *Spanl*, Vermögensverwaltung durch Vormund und Betreuer, 2. Aufl. 2009, S. 151.
[60] So auch *Veit* in: Staudinger, § 1807 Rn. 46; *Berger*, Die Vorschriften über die Verwaltung von Mündelvermögen im Vergleich mit entsprechenden Regelungen außerhalb des Vormundschaftsrechts, 1975, S. 81.
[61] So auch *Zimmermann* in: Damrau/Zimmermann, Betreuungsrecht, 4. Aufl. 2011, § 1807 Rn. 19.
[62] Allg. A., *Zimmermann* in: Damrau/Zimmermann, Betreuungsrecht, 4. Aufl. 2011, § 1807 Rn. 19.
[63] Zu Einzelheiten des Sicherungssystems der deutschen Sparkassen vgl. etwa *Fiala/Stenger*, Geldanlagen für Mündel und Betreute – Rechtliche und finanzmathematische Grundlagen für Vormünder und Betreuer, 2. Aufl. 2004, S. 18.
[64] Vgl. Entscheidung der Europäischen Kommission zu Anstaltslast und Gewährträgerhaftung bei öffentlich-rechtlichen Kreditinstituten in Deutschland vom 27.03.2002, C (2002) 1286; vgl. auch Presseerklärung IP/02/343.

Merkmal hat seine Bedeutung darin, dass nicht Rechtsgeschäfte jeder Art mit einer Sparkasse privilegiert werden, sondern nur solche, die dem Einlagen- und Obligationengeschäft zuzurechnen sind. Die Anlage muss verzinslich sein, § 1806 BGB. Als Anlage bei einer öffentlichen Sparkasse gelten demnach Sparbücher, Sparkassenbriefe, Sparkassenobligationen, Namensschuldverschreibungen sowie Inhaber- und Orderschuldverschreibungen der Sparkassen, ferner Termingelder.[65] Nicht erfasst ist beispielsweise das Depotgeschäft oder der Erwerb von Wertpapieren wie Aktien über eine Sparkasse.

2. Anlage bei einem Kreditinstitut, das einer ausreichenden Sicherungseinrichtung angehört (Alternative 2)

a. Kreditinstitut

45 Kreditinstitute sind Unternehmen, die Bankgeschäfte gewerbsmäßig oder in einem Umfang betreiben, der einen in kaufmännischer Weise eingerichteten Geschäftsbetrieb erfordert (§ 1 Abs. 1 Satz 1 KWG). Dass es sich um ein inländisches Kreditinstitut handelt, fordert das Gesetz nicht. Zu Tochtergesellschaften und Zweigniederlassungen vgl. Rn. 48.

b. Zugehörigkeit zu einer ausreichenden Sicherungseinrichtung

46 Das Kreditinstitut, das nicht Sparkasse ist, muss nicht durch behördliche Erklärung für mündelsicher erklärt worden sein. Es muss „nur" einer für die Anlage ausreichenden Sicherungseinrichtung angehören. Ob dies der Fall ist, hat also der Vormund zu prüfen. Welche Sicherungseinrichtung ausreichend ist, sagt das Gesetz nicht. Im Hinblick auf Sinn und Zweck der Sicherungseinrichtung, nämlich einen ausreichenden Schutz des Mündelvermögens zu gewährleisten, muss das Sicherungssystem strukturell, betragsmäßig und anlageformspezifisch ausreichend sein.

aa. Strukturell ausreichende Sicherungseinrichtung

47 Strukturell ausreichend sind die in Deutschland existierenden Einlagensicherungssysteme der privaten Geschäftsbanken und Genossenschaftsbanken. Denn Einlagensicherungseinrichtungen dieser Art hatte der Gesetzgeber zum Zeitpunkt der Einfügung des 2. Halbsatzes vor Augen. Hierzu gehört der Einlagensicherungsfonds des Bundesverbandes des deutschen Bankgewerbes e.V.,[66] dem nahezu alle deutschen Geschäftsbanken sowie die meisten Zweigniederlassungen ausländischer Banken beigetreten sind. Zwar schließt § 7 Abs. 10 des Statuts (Stand: Juli 2013) einen Rechtsanspruch auf Leistungen des Einlagensicherungsfonds ausdrücklich aus. Aus der Gesamtkonstruktion des Sicherungsinstrumentariums lassen sich jedoch durchaus Ansprüche herleiten.[67]

48 Zu beachten ist, dass Tochtergesellschaften deutscher Banken im Ausland dem jeweiligen ausländischen Sicherungsrecht unterliegen. Sie sind also nicht automatisch dem Einlagensicherungsfonds des Bundesverbandes des deutschen Bankgewerbes e.V. angegliedert. Etwas anderes gilt allerdings für unselbständige Zweigniederlassungen im Ausland. Zu beachten ist ferner, dass aufgrund der aktuellen Rechtsprechung des Europäischen Gerichtshofs davon auszugehen ist, dass Gesellschaften aus anderen Mitgliedstaaten der Europäischen Gemeinschaft ihren Sitz identitätswahrend unter Beibehaltung ihrer ausländischen Rechtsform nach Deutschland verlegen können[68]. Auch eine solche Bank würde nicht automatisch dem deutschen Einlagensicherungssystem angehören.

49 Ebenfalls strukturell ausreichend ist das von den Genossenschaftsbanken unterhaltene eigenständige Einlagensicherungssystem[69] und der Einlagensicherungsfonds des Bundesverbandes Öffentlicher Banken Deutschlands e.V. (VÖB).[70]

---

[65] Wie hier auch *Zimmermann* in: Damrau/Zimmermann, Betreuungsrecht, 4. Aufl. 2011, § 1807 Rn. 19; *Meier/Neumann*, Handbuch Vermögenssorge, 2006, S. 93.

[66] Statt vieler: *Zimmermann* in: Damrau/Zimmermann, Betreuungsrecht, 4. Aufl. 2011, § 1807 Rn. 20.

[67] So auch *Canaris* in: Staub, GroßKomm-HGB, 3. Aufl., Rn. 2725; tendenziell ähnlich *Bunte* in: Schimansky/Bunte/Lwowski, Bankrechts-Handbuch, 3. Aufl. 2007, § 25 Rn. 22; *Holzhauer* in: Erman, 11. Aufl. 2004, § 1807 Rn. 20; a.A. *Veit* in: Staudinger, § 1807 Rn. 49; *Zimmerman* in: Damrau/Zimmermann, Betreuungsrecht, 4. Aufl. 2011, 3 1807 Rn. 20.

[68] Vgl. EuGH v. 30.09.2003 - C-167/01 - EuGHE I 2003, 10155-10238.

[69] Statt vieler: *Zimmermann* in: Damrau/Zimmermann, Betreuungsrecht, 4. Aufl. 2011, § 1807 Rn. 20; das Statut ist beim Bundesverband der deutschen Volksbanken und Raiffeisenbanken e.V., Heussallee 5, 53113 Bonn, Tel.: 0 228 / 509-0. www.bvr.de (abgerufen am 23.01.2015), erhältlich.

[70] Statt vieler: *Zimmermann* in: Damrau/Zimmermann, Betreuungsrecht, 4. Aufl. 2011, § 1807 Rn. 20; das Statut ist beim Bundesverband der Öffentlichen Banken Deutschlands, VÖB, e.V., Lennéstraße 11, 10785 Berlin, Tel.: 030 / 81 92 0, www.voeb.de (abgerufen am 23.01.2015), erhältlich.

Damit sind nahezu alle Kreditinstitute in Deutschland erfasst. Zur eigenen Sicherheit ist jedoch in jedem Fall eine entsprechende Erkundigung zu empfehlen, da eine Pflicht zur Teilnahme an einem Einlagensicherungssystem nicht existiert. Bei Zweifelsfällen erteilen die Hauptverwaltungen der Deutschen Bundesbank (zu Adressen vgl. bereits bei Rn. 38), ferner die Bundesanstalt für Finanzdienstleistungsaufsicht[71] und der Bundesverband Deutscher Banken[72] Auskunft.

bb. Betragsmäßig ausreichende Sicherheit

Dieses Erfordernis ergibt sich aus der Spezifikation „für die Anlage". Die Sicherheit muss damit auch für den Anlagebetrag der konkreten Höhe nach ausreichend sein. In aller Regel ist das Einlagensicherungssystem der deutschen Privatbanken auch der Höhe nach ausreichend. Denn die Einlagen des einzelnen Kunden sind bis zu 30% des maßgeblichen haftenden Eigenkapitals der Bank zum Zeitpunkt des letzten veröffentlichten Jahresabschlusses gesichert. Die aktuelle Sicherungsgrenze einer Mitgliedschaftsbank kann beim Bundesverband deutscher Banken e.V.[73] erfragt werden. Bei deutschen Genossenschaftsbanken sind Einlagen regelmäßig vollumfänglich abgesichert.

Genügt die Sicherheit betragsmäßig nicht für den anzulegenden Betrag, hat der Vormund den Anlagebetrag auf mehrere Kreditinstitute aufzuspalten, so dass nach den jeweils geltenden Bestimmungen der Gesamtbetrag abgedeckt ist.

Die wenigen kleineren deutschen Kreditinstitute, die keinem der dargestellten Einlagensicherungssysteme beigetreten sind, unterliegen dem Sparerschutz nach dem Einlagensicherungs- und Anlegerentschädigungsgesetz.[74] In der Vergangenheit war problematisch, inwiefern Kreditinstitute, die nur dem gesetzlich vorgeschriebenen Mindestschutz unterliegen, eine ausreichende Sicherheit bieten.[75] Diese Bedenken haben sich durch die Verschärfung des Einlagensicherungsrechts aufgrund der Änderungsrichtlinie zur EU-Einlagensicherungsrichtlinie im Wesentlichen erledigt. Nach § 4 Abs. 2 des Einlagensicherungs- und Anlegerentschädigungsschutzgesetzes ist der Entschädigungsanspruch begrenzt auf den Gegenwert von 100.000,00 € der Einlagen (sowie 90% der Verbindlichkeiten aus Wertpapiergeschäften und den Gegenwert von 20.000,00 €). Des Weiteren sind verbindliche Prüf- und Erfüllungsfristen vorgesehen. Die Neuregelung wird flankiert durch weitere Vorgaben zur Finanzierung der Entschädigungseinrichtungen sowie zu Prüfungen zur Einschätzung des Risikos des Eintritts des Entschädigungsfalls. Soweit die Anlage die Mindestdeckung nicht übersteigt, bestehen gegen eine auch im Übrigen mündelsichere Anlage bei solchen Kreditinstituten nun keine Bedenken mehr.

Inwieweit Einlagensicherungssysteme, die nicht dem deutschen Einlagensicherungssystem genügen, ausreichend sind, ist völlig offen. Die gesetzliche Regelung sieht sich deshalb unter dem Gesichtspunkt des Bestimmtheitsgrundsatzes erheblichen verfassungsrechtlichen Bedenken ausgesetzt.[76] Für die Praxis kann freilich im Mündelinteresse nicht angeraten werden, die Grenzen des § 1807 Abs. 1 Nr. 5 BGB auszutesten. Schon um der Vermeidung eines etwaigen Risikos willen hat der Vormund sich im Zweifel auf eine auch unter rechtlichen Gesichtspunkten sichere Anlage bei einem Kreditinstitut nach deutscher Einlagensicherung zu entscheiden. Bei ausländischen Anlagen sollte eine Absicherung zu 100% bis zur Höhe des Maximalbetrages der Sicherung ausreichend sein, wenn ein Funktionieren des Einlagensicherungssystems auch im Krisenfall gewährleistet ist.

Für Anlagen in einer das jeweilige Sicherungssystem übersteigenden Höhe kann die Mündelsicherheit nicht unter Hinweis auf die Garantieerklärung der Bundesregierung vom 05. bzw. 07.10.2008 bejaht werden. Die Erklärung der Bundeskanzlerin, dass die Bundesregierung dafür einstehe, dass die Einlagen der Sparerinnen und Sparer in Deutschland sicher seien[77], deutet ihrem Wortlaut nach zwar auf eine

---

[71] Bundesanstalt für Finanzdienstleistungsaufsicht, Graurheindorfer Str. 108, 53117 Bonn und Lurgiallee 12, 60439 Frankfurt, www.bafin.de (abgerufen am 23.01.2015).
[72] Bundesverband deutscher Banken e.V., Burgstraße 28, 10178 Berlin, Tel.: 030 / 16 63-0, www.bdb.de (abgerufen am 23.01.2015).
[73] Bundesverband deutscher Banken e.V., Burgstraße 28, 10178 Berlin, Tel.: 030 / 16 63-0, www.bdb.de (abgerufen am 23.01.2015).
[74] Einlagensicherungs- und Anlegerentschädigungsgesetz vom 16.07.1998 (BGBl I 1998, 1842), zuletzt geändert durch Gesetz vom 28.08.2013 (BGBl I 2013, 3395).
[75] Vgl. hierzu 5. Aufl., § 1807 Rn. 76 f.
[76] Kritisch etwa auch *Engler* in: Staudinger, § 1807 Rn. 47.
[77] Vgl. hierzu auch www.bundesfinanzministerium.de/DE/Buergerinnen_und_Buerger/Alter_und_Vorsorge/ 038_Spareinlagen.html (inzwischen gelöscht). Danach sollen Privatpersonen bei Geldanlagen in Sparbücher, Girokonten, Termingelder und Sparbriefe betragsmäßig unbeschränkt vor Verlust geschützt sein.

Rechtsverbindlichkeit hin, kann jedoch schon mangels gesetzlicher Regelung keine rechtsverbindliche Zusicherung begründen.[78]

56 Die Einlage bei einer Bausparkasse, die dem Einlagensicherungssystem nicht angehört, ist nicht ohne weiteres bedenkenfrei.[79]

c. Anlageformspezifisch ausreichende Sicherheit

57 Schließlich muss auch die Anlageart von der Sicherungseinrichtung erfasst sein.[80] Denn nur dann greift überhaupt ein Schutz des Mündelvermögens ein. Aus diesem Grunde sind etwa die von den Kreditinstituten ausgegebenen Inhaberpapiere, die nach dem Statut der Geschäftsbanken nicht vom Einlagensicherungsfonds erfasst sind, nicht nach § 1807 Abs. 1 Nr. 5 BGB zulässig. Vom Einlagensicherungssystem des Bundesverbandes deutscher Banken erfasst sind demgegenüber etwa Sicht-, Termin- und Spareinlagen und auf den Namen lautende Sparbriefe. Nicht erfasst sind etwa Genossenschaftsanteile.[81] Vorsicht ist auch bei Anlagen in andere Währungen geboten[82]. Ebenfalls nicht von dem Einlagensicherungssystem erfasst werden Zertifikate (z.B. sog. „Lehmann-Brothers"-Zertifikate[83]).

d. Sondergesetzliche Regelungen

58 Durch Sondergesetze wurden Schuldverschreibungen weiterer Geldinstitute, etwa der Kreditanstalt für Wiederaufbau,[84] der Landwirtschaftlichen Rentenbank[85] für mündelsicher erklärt. Auch Schuldverschreibungen der früheren Deutschen Genossenschaftsbank waren mündelsicher.[86] Für die „DG BANK Deutsche Genossenschafsbank AG" sieht das Gesetz die Mündelsicherheit bei Anlage durch Unternehmen in gedeckte Schuldverschreibungen, die nicht auf ausländische Zahlungsmittel lauten vor.[87] Gleiches galt für Schuldverschreibungen der Lastenausgleichsbank.[88]

VII. Befreiungsmöglichkeiten

59 Der Erblasser sowie der zuwendende Dritte können den Vormund von den Vorgaben des § 1807 BGB nach § 1803 BGB, das Familiengericht nach Maßgabe der §§ 1811, 1817 BGB befreien.

VIII. Praktische Hinweise

60 In Anbetracht der zahlreichen eindeutigen Möglichkeiten einer mündelsicheren Anlage sollte der Vormund nicht ohne Not eine nach den dargestellten Grundsätzen zweifelhafte Anlageform wählen. Falls doch eine „exotische" Auswahl getroffen wird, sollte zuvor Rücksprache mit dem Familiengericht oder sonstigen geeigneten Stellen, etwa den Hauptverwaltungen der Deutschen Bundesbank gehalten und das Ergebnis beweissicher dokumentiert werden. Bei Spareinlagen über 100.000,00 € ist, wenn nicht andere Anlageformen bevorzugt werden, im Hinblick auf die Höchstgrenzen der Einlagensicherung eine Aufteilung auf mehrerer Kreditinstitute in Betracht zu ziehen.

61 Das beliebte Sparbuch ist zwar sicher im Sinne des § 1807 Abs. 1 Nr. 5 BGB, aber regelmäßig wegen seiner geringen Verzinsung ungeeignet zur Mündelgeldanlage.[89]

---

[78] Zu letzterem vgl. *Roth* NJW 2009, 566 ff.
[79] A.A. *Spanl*, Vermögensverwaltung für Vormund und Betreuer, 2. Aufl. 2009, S. 153.
[80] So auch *Zimmermann* in: Damrau/Zimmermann, Betreuungsrecht, 4. Aufl. 2011, § 1807 Rn. 21.
[81] So auch *Spanl*, Vermögensverwaltung durch Vormund und Betreuer, 2. Aufl. 2009, S. 154.
[82] Vgl. *Fiala/Stenger*, Geldanlagen für Mündel und Betreute – Rechtliche und finanzmathematische Grundlagen für Vormünder und Betreuer, 2. Aufl. 2004, S. 23; generell ablehnend *Zimmermann* in: Damrau/Zimmermann, Betreuungsrecht, 4. Aufl. 2011, § 1807 Rn. 21.
[83] Vgl. hierzu *Nieding*, jurisPR-BKR 2/2009, Anm. 4.
[84] § 4 Abs. 3 Gesetz über die Kreditanstalt für Wiederaufbau, neugefasst durch Bekanntmachung vom 23.06.1969, BGBl I 1969, 573; zuletzt geändert durch Gesetz vom 04.07.2013, BGBl I 2013, 2178.
[85] § 13a Gesetz über die Landwirtschaftliche Rentenbank, neugefasst durch Bekanntmachung vom 12.12.2013, BGBl I 2013, 4120.
[86] § 4 Abs. 3 Gesetz über die Deutsche Genossenschaftsbank vom 23.06.1969, BGBl I 1969, 574.
[87] Vgl. § 12 Abs. 1 Gesetz zur Umwandlung der Deutschen Genossenschaftsbank, zuletzt geändert durch Gesetz vom 22.05.2005, BGBl I 2005, 1373.
[88] § 15 Abs. 1 Gesetz über die Lastenausgleichsbank vom 22.12.1975, BGBl I 1975, 3171; aufgehoben durch Art. 15 des Gesetzes zur Neustrukturierung der Förderbanken des Bundes vom 15.08.2003 – BGBl I 2003, 1657.
[89] So ausdrücklich auch *Perlwitz* in: HK-BUR, § 1807 Rn. 19. Vgl. hierzu auch die Kommentierung zu § 1806 BGB.

IX. Landesrechtliche Vorschriften zur Anlagesicherheit (Absatz 2)

In einzelnen Ländern existieren landesrechtliche Vorschriften zur Sicherheit von Anlagen nach § 1807 Abs. 1 Nr. 1 BGB. Die Vorschriften der Länder Bayern (Art. 67 AGBGB BY), Baden-Württemberg (§ 45 AGBGB BW), Brandenburg (§ 33 AGBGB BB), Hessen (§ 28 AGBGB HE), Saarland (§ 31 Abs. 2 AGJusG) und Thüringen (§ 27 AGBGB TH) bestimmen, dass eine Hypothek, Grundschuld oder Rentenschuld nur als sicher anzusehen ist, wenn sie innerhalb der ersten Hälfte des Grundstückswertes/Verkehrswertes des Grundstücks liegt. In Hamburg stellt das Gesetz auf die erste Hälfte des Einheitswertes ab, wobei das Vormundschaftsgericht die Sicherheit abweichend feststellen kann, wenn der Einheitswert von dem Verkehrswert des Grundstücks wesentlich abweicht (§ 74 AGBGB HH). In Bremen ist eine Hypothek, Grundschuld oder Rentenschuld nur dann als sicher anzusehen, wenn sie innerhalb der ersten Hälfte des gemeinen Wertes (Verkehrswertes) zu stehen kommt, der nach den Vorschriften des 7. Teiles des Bundesbaugesetzes vom 23.06.1960 ermittelt worden ist. Für den Betrag einer Rentenschuld ist die Ablösungssumme maßgebend. Auf Gebäude, welche nicht oder nicht in einem für die Sicherheit der Belegung ausreichenden Maße gegen Feuergefahr versichert sind, dürfen Mündelgelder nicht belegt werden. Nach § 1 AGBGB Berlin ist eine Hypothek, Grundschuld oder Rentenschuld an einem in „Preußen" belegenen Grundstück für die Anlegung von Mündelgeld als sicher anzusehen, wenn sie innerhalb des Betrags zu stehen kommt, der durch die Schätzung eines öffentlichen „Schätzungsamts (Ortsgerichts)" als mündelsicher festgestellt ist, oder wenn sie bei städtischen Grundstücken hinsichtlich der Gebäude innerhalb der ersten Hälfte des durch Schätzung einer öffentlichen Feuerversicherungsanstalt festgestellten Wertes oder bei ländlichen Grundstücken innerhalb der Beleihungsgrenze einer öffentlichen landschaftlichen („ritterschaftlichen") Kreditanstalt zu stehen kommt. Der vom „Schätzwert (Ortsgericht)" festzustellende Betrag darf jedoch bei städtischen Grundstücken die ersten sechs Zehntel, bei ländlichen Grundstücken die ersten zwei Drittel des Grundstücks nicht übersteigen. Nach § 1 AGBGB Nordrhein-Westfahlen ist eine Hypothek, Grundschuld oder Rentenschuld an einem in „Preußen" belegenen Grundstück für die Anlegung von Mündelgeld als sicher anzusehen, wenn sie innerhalb des Fünfzehnfachen oder, sofern ihr kein anderes der Eintragung bedürfendes Recht im Range vorgeht oder gleichsteht, innerhalb des Zwanzigfachen des staatlich ermittelten Grundsteuerreinertrags oder bei einem ländlichen Grundstück innerhalb der Beleihungsgrenze einer öffentlichen landschaftlichen („ritterlichen") Kreditanstalt, bei einem städtischen Grundstück innerhalb der ersten Hälfte des Wertes zu stehen kommt. Der Wert ist bei ländlichen Grundstücken durch Taxe einer „Preußischen öffentlichen Kreditanstalt", die durch Vereinigung von Grundbesitzern gebildet ist und durch staatliche Verleihung Rechtsfähigkeit erlangt hat, oder durch Taxe einer „Preußischen provinzial (kommunal) ständischen öffentlichen Grundkreditanstalt" oder durch „gerichtliche Taxe", bei städtischen Grundstücken in gleicher Weise oder durch Taxe einer öffentlichen Feuerversicherungsanstalt festzustellen.

D. Rechtsfolgen

Der Vormund darf Mündelgelder in den Formen des § 1807 BGB anlegen. Einer Genehmigung des Familiengerichts bedarf es hierzu nicht. Der Vormund soll jedoch gemäß § 1810 BGB die Genehmigung des Gegenvormunds einholen, die durch eine Genehmigung des Familiengerichts ersetzt werden kann (§ 1810 BGB). Zur Genehmigung durch Gegenvormund und Familiengericht im Einzelnen – einschließlich der Befreiungsmöglichkeiten – vgl. die Kommentierung zu § 1810 BGB.

Im Fall der Anlage nach § 1807 Abs. 1 Nr. 1-4 BGB denke der Vormund an den obligatorischen Sperrvermerk nach § 1809 BGB.

Zur Möglichkeit einer generellen Befreiung von den Anlagebestimmungen vgl. die Kommentierung zu § 1817 BGB. Eine solche generelle Befreiung ist jedoch regelmäßig nur bei geringen Vermögen möglich.

Die dargestellten Beschränkungen gelten schließlich auch nicht bei Bestimmung der Anlageart im Rahmen eines Erbgangs oder einer Schenkung nach § 1803 BGB.

Der Vormund hat sowohl das Vorliegen der Voraussetzungen des § 1807 BGB als auch zu prüfen, ob die ausgewählte Anlageform dem Interesse des Mündels entspricht. Dabei sind Rendite, Sicherheit, Liquidität und Flexibilität zu berücksichtigen.

68 Das Familiengericht prüft im Rahmen seiner allgemeinen Aufsicht nach § 1837 BGB, ob die gewählte Anlageform den gesetzlichen Voraussetzungen und den Grundsätzen wirtschaftlicher Vermögensverwaltung entspricht. Bei Fehlern kann es den Vormund zu einer Änderung der Anlage mit Zwangsmitteln anhalten und ihn notfalls entlassen. Der Vormund haftet im Fall einer pflichtwidrig fehlerhaften Anlage nach § 1833 BGB.

§ 1808 BGB (weggefallen)

(Fassung vom 01.01.1964, gültig ab 01.01.1980, gültig bis 31.12.1991)
(weggefallen)

§ 1808 BGB in der Fassung vom 12.09.1990 ist durch Art. 1 Nr. 31 des Gesetzes vom 12.09.1990 – BGBl I 1990, 2002 – mit Wirkung vom 01.01.1992 weggefallen.

§ 1809 BGB Anlegung mit Sperrvermerk

(Fassung vom 17.12.2008, gültig ab 01.09.2009)

Der Vormund soll Mündelgeld nach § 1807 Abs. 1 Nr. 5 nur mit der Bestimmung anlegen, dass zur Erhebung des Geldes die Genehmigung des Gegenvormunds oder des Familiengerichts erforderlich ist.

Gliederung

A. Grundlagen 1	a. Rechtspflicht 13
I. Kurzcharakteristik 1	b. Erhebung 14
II. Entstehungsgeschichte 2	c. Geld 16
B. Praktische Bedeutung 4	d. Genehmigung des Gegenvormunds oder des Familiengerichts 17
C. Anwendungsvoraussetzungen 5	2. Wirkungsweise des Sperrvermerks 18
I. Mündelgeld nach § 1807 Abs. 1 Nr. 5 BGB 5	3. Folgen von Pflichtverstößen 23
1. Angelegtes Mündelgeld 5	II. Möglichkeit der Entsperrung 26
2. Anlage nach § 1807 Abs. 1 Nr. 5 BGB 6	III. Genehmigung durch Gegenvormund oder Familiengericht 27
II. Befreiungsmöglichkeiten 9	1. Das Wahlrecht zwischen Gegenvormund und Familiengericht 27
1. Die Befreiung durch den Erblasser oder zuwendenden Dritten nach § 1803 BGB 9	2. Die Voraussetzungen für die Erteilung der Genehmigung 30
2. Die Entbindung durch das Familiengericht nach § 1817 BGB 10	E. Prozessuale Hinweise/Verfahrenshinweise 33
3. Die befreite Vormundschaft nach den §§ 1852 Abs. 2, 1855 BGB 11	I. Die Kontrolle des Familiengerichts 33
4. Die Befreiung des Amts- oder Vereinsvormunds nach § 1857a BGB 12	II. Das Genehmigungsverfahren 34
D. Rechtsfolgen 13	F. Muster – Muster für einen Antrag auf Genehmigung einer Abhebung durch den Gegenvormund 39
I. Pflicht zur Eintragung des Sperrvermerks 13	
1. Inhalt der Pflicht 13	

A. Grundlagen

I. Kurzcharakteristik

1 § 1809 BGB soll verhindern, dass der Vormund unkontrolliert Mündelgeld abhebt und womöglich für sich verwendet. Es soll also nicht nur sichergestellt werden, dass Beträge, die nicht zur Bestreitung der alltäglichen Ausgaben benötigt werden, zum Wohl des Mündels für den Notfall bzw. zur Bestreitung unvorhergesehener Ausgaben angelegt werden.[1] Durch das Zusammenwirken von Genehmigungsvorbehalt und Sperrvermerk sichern die §§ 1809, 1812, 1813 BGB die Kontrolle von Gegenvormund oder Familiengericht über Abhebungen des Vormunds. § 1812 BGB schränkt die Vertretungsmacht des Vormunds bei Verfügungen über Geldanlagen durch das Erfordernis der Genehmigung des Gegenvormunds, ersatzweise des Familiengerichts, ein. Hiervon macht zwar § 1813 Abs. 1 Nr. 3 BGB für die Rückzahlung von angelegtem Geld eine Ausnahme. Durch die Gegenausnahme des § 1813 Abs. 2 BGB werden Gelder, bei deren Anlegung ein anderes bestimmt worden ist, sowie Geldanlagen nach § 1807 Abs. 1 Nr. 1-4 BGB allerdings wieder dem Genehmigungsvorbehalt unterstellt. Damit die Kontrolle auch bei Geldern nach § 1807 Abs. 1 Nr. 5 BGB gewährleistet ist, verpflichtet § 1809 BGB den anlegenden Vormund zu einer entsprechenden Bestimmung.

II. Entstehungsgeschichte

2 Ursprünglich erstreckte sich die Pflicht zur Anlage mit Sperrvermerk auch auf eine Anlage nach § 1808 BGB. Danach war Geld, wenn es den Umständen nach nicht in der im § 1807 BGB bezeichneten Weise angelegt werden konnte, bei bestimmten staatlichen Instituten oder bei einer Hinterlegungsstelle anzulegen (vgl. hierzu die Kommentierung zu § 1807 BGB). Mit der Streichung von § 1808 BGB durch das Gesetz zur Reform des Rechts der Vormundschaft und der Pflegschaft für Volljährige (Betreuungsgesetz – BtG) vom 12.09.1990[2] entfiel auch die Einbeziehung dieser Norm in § 1809 BGB.

---

[1] In der Formulierung zu eng deshalb BayObLG v. 11.08.2004 - 3Z BR 102/04 - juris Rn. 15 - BayobLGR 2004, 447-448.
[2] BGBl I 1990, 2002, 2003.

Mit Einführung des Gesetzes über das Verfahren in Familiensachen und in den Angelegenheiten der freiwilligen Gerichtsbarkeit (FamFG) vom 17.12.2008[3] wurde das Wort „Vormundschaftsgericht" in „Familiengericht" geändert und damit der Wechsel in der Zuständigkeit nach dem FamFG im BGB nachvollzogen. Zu der neuen Zuständigkeitsverteilung insgesamt vgl. die Kommentierung zu § 1793 BGB Rn. 162.

B. Praktische Bedeutung

§ 1809 BGB gilt gemäß § 1908i Abs. 1 Satz 1 BGB für den Betreuer und gemäß § 1915 BGB für den Pfleger entsprechend. § 1809 BGB gilt indes nicht für Amts- und Vereinsvormund (vgl. dazu unter den Befreiungen, Rn. 12). Zur praktischen Bedeutung der Vorschriften über die mündelsichere Vermögensanlage insgesamt vgl. die Kommentierung zu § 1806 BGB Rn. 7.

C. Anwendungsvoraussetzungen

I. Mündelgeld nach § 1807 Abs. 1 Nr. 5 BGB

1. Angelegtes Mündelgeld

Angelegtes Mündelgeld ist nur das angelegte Kapital. Die aus dem Guthaben erzielten Zinsen sind nach § 99 Abs. 2 BGB Früchte des Guthabens. Der Anspruch auf sie gehört gemäß § 100 BGB zu den Nutzungen des Vermögens, die nach § 1813 Abs. 1 Nr. 4 BGB genehmigungsfrei abgehoben werden können. Etwas anderes gilt erst, wenn die Zinsen dem Kapital zugeschlagen wurden.[4] Ob und wann dies geschieht, richtet sich nach den jeweiligen Anlagebedingungen.[5] Dem Wortlaut des Gesetzes nach dürfte eigentlich nur solches Geld betroffen sein, das der Vormund selbst angelegt hat. In diesem Sinne wurde teilweise das Reichsgericht[6] verstanden. Diese Auslegung erscheint indes im Hinblick auf den Schutzzweck des Sperrvermerks zu eng. Es kann keinen Unterschied machen, ob der Vormund selbst das Geld angelegt hat oder ob es schon vor Beginn seiner Tätigkeit angelegt war.[7]

2. Anlage nach § 1807 Abs. 1 Nr. 5 BGB

Ein Sperrvermerk ist nach dem eindeutigen Wortlaut der Vorschrift nur für Mündelgelder in einer Anlageform nach § 1807 Abs. 1 Nr. 5 BGB anzubringen, nicht – auch nicht analog[8] – in den Fällen des § 1807 Abs. 1 Nr. 1-4 BGB. In analoger Anwendung wurde die Pflicht zur Anbringung des Sperrvermerks wegen der wirtschaftlich vergleichbaren Funktion früher auch auf das Postsparguthaben der früheren Bundespost angewandt. Dies wird heute ganz überwiegend abgelehnt.[9] Erst recht ist § 1809 BGB aber auf Anlagen bei Geldanlagen anwendbar, die keinem Einlagensicherungssystem angehören.[10]

---

[3] BGBl I 2008, 2586.
[4] Allg. A., *Wagenitz* in: MünchKomm-BGB, § 1809 Rn. 2; *Zimmermann* in: Damrau/Zimmermann, Betreuungsrecht, 4. Aufl. 2011, § 1809 Rn. 2; *Bettin* in: BeckOK BGB, Ed. 30, § 1809 Rn. 2; *Dodegge* in: Handbuch der Rechtspraxis, Band 5b – Familienrecht – 2. Halbband, 7. Aufl. 2010, Rn. 341.
[5] Vgl. *Veit* in: Staudinger, § 1809 Rn. 6; *Perlwitz* in: HK-BUR, § 1809 Rn. 5; *Dickescheid* in: BGB-RGRK, § 1809 Rn. 4; *Zimmermann* in: Soergel, § 1809 Rn. 3; *Schultheis*, DJZ 1905, 448-450.
[6] So RG v. 24.02.1937 - V 168/36 - RGZ 154, 110-117, 113, bezogen auf die Haftung des Nachlassrichters.
[7] Heute ganz herrschende Ansicht, vgl. *Wagenitz* in: MünchKomm-BGB, § 1809 Rn. 3; *Veit* in: Staudinger, § 1809 Rn. 4; *Zimmermann* in: Damrau/Zimmermann, Betreuungsrecht, 4. Aufl. 2011, § 1809 Rn. 3, 10; *Roth* in: Dodegge/Roth, Betreuungsrecht, 2003, E Rn. 47; *Perlwitz* in: HK-BUR, § 1809 Rn. 7; *Bettin* in: BeckOK BGB, Ed. 30, § 1809 Rn. 2; nunmehr auch *Dickescheid* in: BGB-RGRK, § 1809 Rn. 5.
[8] *Wagenitz* in: MünchKomm-BGB, § 1809 Rn. 2, m.w.N.
[9] *Wagenitz* in: MünchKomm-BGB, 5. Aufl. 2008, § 1809 Rn. 2; *Veit* in: Staudinger, § 1809 Rn. 3; a.A. noch *Perlwitz* in: HK-BUR, § 1809 Rn. 4.
[10] Vgl. *Zimmermann* in: Damrau/Zimmermann, Betreuungsrecht, 4. Aufl. 2011, § 1809 Rn. 3; *Freiherr von Crailsheim* in: Jürgens, Betreuungsrecht, 4. Aufl. 2010, § 1809 Rn. 6; möglicherweise auch BayObLG v. 11.08.2004 - 3Z BR 102/04 - juris Rn. 11 - BayObLGR 2004,447-448, das obiter dictum von Geldanlagen „bei einem anderen Kreditinstitut" spricht.

7   Unanwendbar ist § 1809 BGB auf Gelder, die gemäß § 1806 BGB, letzter Halbsatz, zur Bestreitung von Ausgaben bereitzuhalten sind und deshalb nur kurzfristig angelegt sind.[11] Das gilt selbst dann, wenn sie bei einem Kreditinstitut nach § 1807 Abs. 1 Nr. 5 BGB angelegt sind. Denn der in Bezug genommene § 1807 BGB erfasst von vornherein nur die in § 1806 BGB „vorgeschriebene" Anlegung von Mündelgeld.

8   Fraglich ist, inwiefern Geldanlagen, deren Entgegennahme dem Vormund gemäß § 1813 BGB ohne Genehmigung des Gegenvormunds gestattet ist, von vornherein nicht mit einem Sperrvermerk nach § 1809 BGB versehen werden müssen. Das wird für Giro- und Kontokorrentguthaben nach § 1813 Nr. 3 Alt. 1 BGB bejaht[12], nicht hingegen generell für Anlagen bis 3.000 € nach § 1813 Nr. 2 BGB.[13] Rechtsdogmatisch stellt § 1813 BGB, der die Annahme der geschuldeten Leistung unter bestimmten Voraussetzungen von der Genehmigung des Gegenvormunds freistellt, keine Ausnahmeregelung zu § 1809 BGB dar, der die Anbringung eines Sperrvermerks bei Vornahme der Anlage regelt. Das wird ohne weiteres anhand von § 1813 Abs. 1 Nr. 3 Alt. 2 BGB deutlich. Dass die Rücknahme angelegten Geldes nach § 1813 Abs. 1 Nr. 3 Alt. 2 BGB grundsätzlich genehmigungsfrei gestellt wird, kann, wenn § 1809 BGB nicht leerlaufen soll, nicht dazu führen, dass Geldanlagen generell ohne Sperrvermerk vorzunehmen wären. Die Ausnahme für Giro- und Kontokorrentguthaben ist vielmehr darin begründet, dass es sich von vornherein nicht um eine Geldanlage handelt.

II. Befreiungsmöglichkeiten

1. Die Befreiung durch den Erblasser oder zuwendenden Dritten nach § 1803 BGB

9   Der Erblasser sowie der zuwendende Dritte können dem Vormund bezüglich des von ihnen zugewendeten Vermögens nach § 1803 BGB Befreiung erteilen.

2. Die Entbindung durch das Familiengericht nach § 1817 BGB

10 Das Familiengericht kann den Vormund unter den Voraussetzungen des § 1817 BGB von § 1809 BGB befreien.

3. Die befreite Vormundschaft nach den §§ 1852 Abs. 2, 1855 BGB

11 Die Eltern können den Vormund gemäß §§ 1852 Abs. 2, 1855 BGB von der Beschränkung des § 1809 BGB befreien. Davon ist automatisch auszugehen, wenn sie die Bestellung eines Gegenvormunds ausgeschlossen haben (§ 1852 Abs. 2 Satz 2 BGB).

4. Die Befreiung des Amts- oder Vereinsvormunds nach § 1857a BGB

12 Amts- und Vereinsvormund sind nach den §§ 1857a, 1852 Abs. 2 BGB automatisch befreit. Nicht genügend ist es demgegenüber, wenn Jugendamt oder Verein als Gegenvormund bestellt sind.

D. Rechtsfolgen

I. Pflicht zur Eintragung des Sperrvermerks

1. Inhalt der Pflicht

a. Rechtspflicht

13 Der Vormund hat Mündelgelder nach § 1807 Abs. 1 Nr. 5 BGB mit der Bestimmung anzulegen, dass zur Erhebung des Geldes die Genehmigung des Gegenvormunds oder des Familiengerichts erforderlich ist (Sperrvermerk). Das Wort „soll" bezeichnet ungenau eine Rechtspflicht.[14] Das bedeutet: Der Vormund darf eine Anlegung nicht vornehmen, wenn das Institut die Eintragung des Vermerks verweigert.[15] Die Pflicht zur Versperrung des Guthabens kann – und muss ggf. – durch Zwangsmaßnahmen

---

[11] Allg.A., *Wagenitz* in: MünchKomm-BGB, § 1809 Rn. 2; *Zimmermann* in: Damrau/Zimmermann, Betreuungsrecht, 4. Aufl. 2011, § 1809 Rn. 3; *Veit* in: Staudinger, § 1809 Rn. 5.
[12] *Zimmermann* in: Damrau/Zimmermann, Betreuungsrecht, 4. Aufl. 2011, § 1809 Rn. 3.
[13] *Zimmermann* in: Damrau/Zimmermann, Betreuungsrecht, 4. Aufl. 2011, § 1809 Rn. 3; *Wagenitz* in: MünchKomm-BGB, § 1809 Rn. 2; *Freiherr von Crailsheim* in: Jürgens, Betreuungsrecht, 4. Aufl. 2010, § 1809 Rn. 6.
[14] Allg. A., vgl. *Zimmermann* in: Damrau/Zimmermann, Betreuungsrecht, 4. Aufl. 2011, § 1809 Rn. 5.
[15] Allg. A., vgl. *Wagenitz* in: MünchKomm-BGB, § 1809 Rn. 4; *Götz* in: Palandt, § 1809 Rn. 1.

durchgesetzt werden.[16] Sind Gelder bei Übernahme der Vormundschaft bereits unversperrt angelegt, hat der Vormund den Sperrvertrag nachzuholen.[17] Entbehrlich kann die Vereinbarung sein, soweit schon Gesetz oder Satzung – insbesondere bei Sparkassen – das Institut verpflichten, erkennbares Mündelgeld nur unter den Voraussetzungen des § 1809 BGB auszuzahlen.[18] In diesen Fällen ist der Vormund aber zumindest verpflichtet, dafür zu sorgen, dass die Eigenschaft als angelegtes Mündelgeld erkannt wird.[19]

b. Erhebung

Erhebung ist neben der Abhebung auch jede sonstige rechtsgeschäftliche Verfügung, etwa die Überweisung. 14

Das Gesetz sagt nicht ausdrücklich, auf wessen Erhebung es ankommt. Da es nach Sinn und Zweck der Norm nur um den Schutz des Mündels vor der Verwendung durch den Vormund geht, ist lediglich zu fordern, dass die Anlage gegen Verfügungen des Vormundes gesperrt wird. Eine Sperre gegen Verfügungen des geschäftsfähigen Betreuten ist demgegenüber nicht gefordert.[20] Man würde deshalb besser von einem „Vormundsperrvermerk" als einem „Mündelsperrvermerk" sprechen. Umstritten ist, ob der Vormund eine Sperrung vornehmen darf, die auch den geschäftsfähigen Betreuten von der Verfügung ausnimmt.[21] Die besseren Gründe sprechen für die Möglichkeit einer solchen Sperre, wenn es zur Wahrung des Wohles des Betreuten erforderlich ist. Allerdings bedarf es hierfür einer bewussten Entscheidung. Es ist deshalb in jedem Fall darauf zu achten, dass nicht durch eine unzulängliche Formulierung der Betreute versehentlich mit ausgesperrt wird. Soll der Betreute auch ausgesperrt werden, so wird sich häufig auch die Frage nach einem Einwilligungsvorbehalt stellen. Eine pragmatische Lösung kann darin bestehen, dem Betreuten ein Sparbuch zur eigenen Verwaltung zu belassen.[22] 15

c. Geld

Der Begriff „Geld" ist hier in einem untechnischen Sinne zu verstehen. Bei der Geldanlage wird das Eigentum am Geld in Forderungen umgewandelt. 16

d. Genehmigung des Gegenvormunds oder des Familiengerichts

In den Fällen der Betreuung ist zu lesen: „des Gegenbetreuers oder des Betreuungsgerichts". 17

2. Wirkungsweise des Sperrvermerks

Bei dem Sperrvermerk handelt es sich nicht um eine einseitige Bestimmung des Vormunds, sondern um eine Vereinbarung mit dem Kreditinstitut, wonach die Geltung des § 808 BGB insoweit abbedungen wird, als sich das Institut selbst einer Verfügungsbeschränkung unterwirft.[23] Bei Geltung des Sperrvermerks darf das Kreditinstitut nur bei Vorliegen der Genehmigung auszahlen. Leistet es trotzdem ohne Vorliegen der Genehmigung, so hat die Leistung keine befreiende Wirkung.[24] 18

Die Sperrwirkung der Bestimmung nach § 1809 BGB erstreckt sich nur auf rechtsgeschäftliche Verfügungen. Eine Zwangsvollstreckung gegen den Mündel wird durch sie nicht behindert.[25] 19

---

[16] Vgl. BayObLG v. 11.08.2004 - 3Z BR 102/04 - juris Rn. 4 ff. - BayObLGR 2004, 447-448; BayObLG v. 13.05.1976 - BReg 1 Z 59/79 - juris Rn. 31 - FamRZ 1977, 144-148; zustimmend *Zimmermann* in: Damrau/Zimmermann, Betreuungsrecht, 4. Aufl. 2011, § 1809 Rn. 5.

[17] *Schmid* in: Handbuch der Rechtspraxis, Band 5a – Familienrecht – 1. Halbband, 7. Aufl. 2010, Rn. 1211.

[18] Vgl. *Zimmermann* in: Damrau/Zimmermann, Betreuungsrecht, 4. Aufl. 2001, § 1811 Rn. 7; *Dickescheid* in: BGB-RGRK, § 1809 Rn. 2.

[19] *Dickescheid* in: BGB-RGRK, § 1809 Rn. 2.

[20] So ausdrücklich auch *Meier/Neumeier*, Handbuch Vermögenssorge, 2006, S. 93; *Perlwitz* in: HK-BUR, § 1809 Rn. 12.

[21] Bejahend *Holzhauer* in: Erman, 11. Aufl., § 1809 Rn. 8, verneinend etwa *Meier/Neumann*, Handbuch Vermögenssorge, S. 94.

[22] So *Perlwitz* in: HK-BUR, § 1809 Rn. 12.

[23] RG v. 03.11.1914 - Rep. III 267/14 - RGZ 85, 416-423, 422.

[24] Allg. A. *Zimmermann* in: Damrau/Zimmermann, Betreuungsrecht, 4. Aufl. 2011, § 1809 Rn. 4; vgl. hierzu auch KG v. 20.06.1912 - 1a X 630/12 - KGJ 43, 58-61, 59 f., zu Auszahlungen entgegen §§ 1812, 1813 BGB auch BGH v. 08.11.2005 - XI ZR 74/05 - juris Rn. 16 - WM 2006, 179-180.

[25] Allgemeine Ansicht, vgl. KG v. 20.06.1912 - 1a X 630/12 - KGJ 43, 58-61, 59 f.; *Götz* in: Palandt, § 1809 Rn. 1; *Veit* in: Staudinger, § 1809 Rn. 12; *Roth* in: Dodegge/Roth, Betreuungsrecht, 2003, E Rn. 48; *Zimmermann* in: Damrau/Zimmermann, Betreuungsrecht, 4. Aufl. 2011, § 1809 Rn. 4; *Perlwitz* in: HK-BUR, § 1809 Rn. 13.

20 Üblicherweise wird der Sperrvermerk in der Weise angebracht, dass die Urkunde – z.B. das Sparbuch – sowie der elektronische Datensatz bei dem Kreditinstitut mit dem Vermerk „Mündelgeld" versehen wird. Diese als Warninstrument für das Kassenpersonal und als Beweisinstrument für den Vormund nützlichen Vermerke haben jedoch nur deklaratorische Wirkung. Für die Wirksamkeit des Sperrvermerks ist allein entscheidend, ob eine entsprechende Bestimmung Vertragsbestandteil wurde. Dies bedeutet: Wurde der Vermerk versehentlich nicht aufgedruckt oder in die EDV eingegeben, so braucht und darf das Kreditinstitut nicht leisten, wenn der Sperrvermerk wirksam vereinbart wurde.[26] Der Mündel muss die ohne Genehmigung erfolgte Auszahlung nur gegen sich gelten lassen, wenn der Sperrvermerk wirksam vereinbart ist.

21 Mit Ende der Vormundschaft endet die Wirkung des Sperrvermerks automatisch.[27] Das ist der getroffenen Vereinbarung im Wege der Auslegung nach den objektivierten Empfängerhorizont unter Berücksichtigung der begrenzten Funktion des Sperrvermerks nach § 1809 BGB sowie der dann nicht mehr gegebenen Anwendbarkeit des § 1813 Abs. 2 Satz 1 BGB zu entnehmen. Für die Praxis kann sich in diesem Zusammenhang die Frage stellen, wann das Kreditinstitut trotz bislang bestehenden Sperrvermerks leisten darf. Dabei hat es zu beachten, dass es im Fall der Leistung selbst das Risiko trägt, dass noch eine Sperrung fortbesteht. Soweit teilweise gesagt wird, der Vormund könne dem Kreditinstitut zum Nachweis eine Geburtsurkunde vorlegen[28], kann dies für die Praxis nicht durchgängig empfohlen werden. Denn unterstellt, für den Mündel ist bei Eintritt in die Volljährigkeit eine Betreuung angeordnet, bedarf es keiner neuen Sperrung, vielmehr besteht die Sperrung fort. Das Kreditinstitut sollte deshalb auf einer Bescheinigung des Familiengerichts bestehen. Ferner muss es unabhängig vom Sperrvermerk genau prüfen, ob der Vormund nach Beendigung der Vormundschaft überhaupt noch nach den vertraglichen Bedingungen verfügungsbefugt hinsichtlich der Anlage ist.

22 Der geschäftsfähige Betreute ohne Einwilligungsvorbehalt wird durch den Sperrvermerk nicht an der Verfügung gehindert.[29] Allerdings ist kein Grund ersichtlich, warum der Betreuer nicht auch den Betreuten durch eine entsprechende Vereinbarung mit dem Kreditinstitut von der Verfügung ausschließen können sollte, wenn dies dem Schutz des Betreuten vor Verfügungen entgegen seinem Wohl dient.[30]

3. Folgen von Pflichtverstößen

23 Der Vormund wird in seiner Vertretungsmacht nicht schon durch die Pflicht des § 1809 BGB, sondern erst durch die Anbringung des Sperrvermerks eingeschränkt. Unterlässt es der Vormund, einen Sperrvermerk zu vereinbaren oder darauf hinzuweisen, dass es sich um zu sperrende Mündelgelder handelt, bleibt das Rechtsgeschäft – die Abhebung oder Überweisung – wirksam.[31] Verstößt der Vormund gegen § 1809 BGB, so handelt er pflichtwidrig. Er setzt sich der Haftung nach § 1833 BGB aus. Zur Kontrolle des Familiengerichts vgl. Rn. 33 ff.

24 Häufig liegt in der Verfügung über zu sperrende Mündelgelder auch der objektive Tatbestand der Untreue vor, der die Haftung des Vormunds nach § 823 Abs. 2 BGB in Verbindung mit § 266 StGB begründen kann.

25 Das Kreditinstitut soll eine Haftung aus Verschulden bei Vertragsabschluss (so genannte culpa in contrahendo) treffen, wenn es den Vormund schuldhaft nicht auf die Pflicht des Sperrvermerks nach § 1809 BGB hinweist.[32] An dieser Auffassung ist zutreffend, dass sich das rechtskundige Kreditinstitut nicht sehenden Auges an einer gegen § 1809 BGB verstoßenden Anlage von Mündelgeldern beteiligen kann, ohne selbst zu haften. Allerdings kann eine Hinweispflicht des Kreditinstituts nur angenommen werden, wenn das Institut weiß, dass es sich bei dem anzulegenden Geld um Mündelgeld handelt.[33] Da-

---

[26] *Zimmermann* in: Damrau/Zimmermann, Betreuungsrecht, 4. Aufl. 2011, § 1809 Rn. 6; *Götz* in: Palandt, § 1809 Rn. 4.

[27] Heute wohl allg. A.: *Zimmermann* in: Damrau/Zimmermann, Betreuungsrecht, 4. Aufl. 2011, § 1809 Rn. 11; *Veit* in: Staudinger, § 1809 Rn. 28; *Dickescheid* in: BGB-RGRK, § 1809 Rn. 9; *Wagenitz* in: MünchKomm-BGB, § 1809 Rn. 5.

[28] So *Engler* in: Staudinger, Neubearb. 2004, § 1809 Rn. 27.

[29] *Roth* in: Dodegge/Roth, Betreuungsrecht, 2003, E Rn. 48; *Zimmermann* in: Damrau/Zimmermann, Betreuungsrecht, 4. Aufl. 2011, § 1809 Rn. 12.

[30] So auch *Holzhauer* in: Erman, 11. Aufl., § 1809 Rn. 8, str., a.A. etwa *Bobenhausen*, BtPrax 1994, 158, 159 f.

[31] Allg. A., *Dickescheid* in: BGB-RGRK, § 1809 Rn. 7; *Berger*, Die Vorschriften über die Verwaltung von Mündelvermögen im Vergleich mit entsprechenden Regelungen außerhalb des Vormundschaftsrechts, 1975, S. 89.

[32] So *Zimmermann* in: Damrau/Zimmermann, Betreuungsrecht, 4. Aufl. 2011, § 1809 Rn. 5.

[33] So auch *Wagenitz* in: MünchKomm-BGB, § 1809 Rn. 12; *Veit* in: Staudinger, § 1809 Rn. 22.

von kann jedoch nicht ohne weiteres bei jeder Anlage von Geldern in fremdem Namen ausgegangen werden. Auch dürfte, da sich § 1809 BGB allein an den Vormund wendet, im Innenverhältnis regelmäßig wohl ein überwiegendes Verschulden des Vormunds anzunehmen sein. Etwas anderes mag für Sparkassen gelten, die kraft Gesetzes verpflichtet sind, Geld, das erkennbar Mündelgeld ist, nur unter den Voraussetzungen des § 1809 BGB zurückzuzahlen.

II. Möglichkeit der Entsperrung

Fraglich ist, ob der Vormund den Sperrvermerk wieder wirksam beseitigen kann. Als actus contrarius zu der Vereinbarung des Sperrvermerks müsste ihm dies eigentlich möglich sein. Durch Rechtsgeschäft lässt sich die Verfügungsbefugnis nach § 137 BGB nämlich nicht aufheben. Dieses Ergebnis kann jedoch schon deshalb nicht zutreffen, weil dann jede Erhebung entgegen dem Sperrvermerk als wirksame Entsperrung auszulegen wäre. Dogmatisch ist das Ergebnis dadurch zu begründen, dass die Verfügungsbefugnis nicht durch Rechtsgeschäft begründet wird, sondern die Rechtsfolge kraft Gesetzes eintritt. Denn nach § 1813 Abs. 2 Satz 1 BGB ist der Vormund in seiner Vertretungsmacht eingeschränkt. Eine Entsperrung mit Genehmigung des Familiengerichts wird demgegenüber für zulässig erachtet.[34] Verbreitet wird gesagt, die Genehmigung könne alternativ auch von dem Gegenvormund erteilt werden.[35] Abgesehen von den allgemeinen Bedenken (vgl. Rn. 33) gegen diese Alternativität dürfte diese Auffassung auch insofern Zweifeln ausgesetzt sein, als die Entsperrung nur den Sinn haben kann, das Geld anderweitig zu verwenden, wozu aber ohnehin regelmäßig die Genehmigung des Familiengerichts erforderlich sein dürfte.[36]

26

III. Genehmigung durch Gegenvormund oder Familiengericht

1. Das Wahlrecht zwischen Gegenvormund und Familiengericht

Ist kein Gegenvormund vorhanden, kann nur das Familiengericht die Genehmigung zur Erhebung erteilen.

27

Ist ein Gegenvormund vorhanden, so können das Familiengericht oder der Gegenvormund die Genehmigung erteilen. Nach wohl allgemeiner Ansicht hat der Vormund die Wahl, ob er den Gegenvormund oder das Familiengericht um die Genehmigung ersucht[37]: Hat der Gegenvormund die Genehmigung verweigert, so kann das Familiengericht – nach Anhörung des Gegenvormunds gemäß § 1826 BGB – die Genehmigung noch erteilen. Sogar das Umgekehrte soll gelten.[38]

28

Diese Auffassung erscheint nicht unproblematisch. Denn § 1813 Abs. 2 Satz 1 BGB dürfte als Gegenausnahme zu § 1812 BGB so zu lesen sein, dass die Bestimmung eines anderen, nämlich der Sperre nach § 1809 BGB, gerade wieder zu der Genehmigungsregelung nach § 1812 Abs. 1, 2 BGB führt. Die Gegenansicht hätte überdies die zweifelhafte Konsequenz, dass selbst nach Verweigerung der Genehmigung durch das Familiengericht eine Genehmigung durch den Gegenvormund nicht automatisch pflichtwidrig wäre. Richtiger Ansicht nach sollte deshalb der Genehmigungsweg vom Gegenvormund zum Familiengericht führen. Im Außenverhältnis zu dem Kreditinstitut ist es allerdings in der Tat unerheblich, welche Genehmigung vorliegt und wie sie zustande gekommen ist. Dies folgt aus der Gleichstellung beider Genehmigungen nach § 1809 BGB, der für das Außenverhältnis allein relevant ist.[39]

29

2. Die Voraussetzungen für die Erteilung der Genehmigung

Folgt man der Auffassung, dass der Vormund wählen kann, ob er den Gegenvormund oder das Familiengericht um die Genehmigung ersucht, so führt das Familiengericht, auch wenn es erst nach Weigerung des Gegenvormundes angerufen wird, keine Überprüfung seiner Entscheidung durch, sondern entscheidet unmittelbar.[40] Die hier vertretene Auffassung führt indes nicht zur gegenteiligen Ansicht.

30

---

[34] vgl. *Wagenitz* in: MünchKomm-BGB, § 1809 Rn. 5; *Götz* in: Palandt, § 1809 Rn. 1; am Sinn zweifelnd allerdings *Veit* in: Staudinger, § 1809 Rn. 30.

[35] So etwa *Zimmermann* in: Damrau/Zimmermann, Betreuungsrecht, 3. Aufl. 2001, § 1809 Rn. 9.

[36] So auch *Veit* in: Staudinger, § 1809 Rn. 22; ähnlich *Perlwitz* in: HK-BUR, § 1809 Rn. 24.

[37] So dezidiert etwa *Veit* in: Staudinger, § 1809 Rn. 16; *Götz* in: Palandt, § 1809 Rn. 2; *Zimmermann* in: Soergel, § 1809 Rn. 7.

[38] So *Zimmermann* in: Soergel, § 1809 Rn. 7.

[39] Im Ergebnis offenbar bei § 1809 BGB auch für ein Stufenverhältnis der Genehmigungen *Saar* in: Erman, § 1810 Rn. 1.

[40] So etwa auch *Veit* in: Staudinger, § 1809 Rn. 16.

§ 1809

Tritt eine Kontrollinstanz (Familiengericht) an die Stelle einer anderen Kontrollinstanz (Gegenvormund), erfolgt immer noch eine Kontrolle der kontrollierten Instanz (Vormund) und nicht der ersten Kontrollinstanz (Gegenvormund).

31 Der Grundsatz der selbständigen Führung der Vormundschaft (vgl. hierzu die Kommentierung zu § 1793 BGB) räumt dem Vormund bei der Entscheidung über die Erhebung von Mündelgeld einen Beurteilungsspielraum[41] ein. Nur wenn dieser überschritten und die Erhebung deshalb pflichtwidrig wäre, weil die Anlage nicht den Grundsätzen einer wirtschaftlichen Anlage genügt, ist die Genehmigung zu verweigern.[42]

32 Zum Genehmigungsverfahren vgl. Rn. 34.

E. Prozessuale Hinweise/Verfahrenshinweise

I. Die Kontrolle des Familiengerichts

33 Das Familiengericht überprüft im Rahmen seiner allgemeinen Aufsicht nach § 1837 BGB den Eintrag des Sperrvermerks. Dabei genügt es seinen Pflichten nicht schon, wenn es erst bei der Rechnungslegung die Einhaltung des § 1809 BGB prüft. Das folgt aus § 1837 Abs. 2 BGB, wonach das Familiengericht über die gesamte Tätigkeit des Vormunds die Aufsicht zu führen und gegen Pflichtwidrigkeiten einzuschreiten hat. Da der Vormund anlagepflichtige Gelder alsbald anzulegen hat, muss sich auch das Gericht alsbald erkundigen, ob der Vormund sie in der gesetzlich vorgeschriebenen Weise angelegt hat. Hierfür muss es die Vorlage der Anlagedokumente oder eine Bescheinigung des Kreditinstituts unmittelbar nach erfolgter Anlage verlangen.[43] Es kann deren Vorlage gegebenenfalls durch Zwangsmittel nach § 1837 BGB herbeiführen. Notfalls muss es den Vormund entlassen (§§ 1886, 1908b BGB). Demgegenüber kann das Familiengericht den Sperrvermerk nicht selbst vornehmen.[44] Denn hierdurch würde in ein Vertragsverhältnis mit einem an der Vormundschaft unbeteiligten Dritten eingegriffen. Dazu fehlt es an einer Ermächtigungsgrundlage.

II. Das Genehmigungsverfahren

34 Die Genehmigung des Gegenvormunds kann dem Vormund oder dem anderen Teil (vgl. § 182 Abs. 1 BGB) gegenüber formlos erfolgen.

35 Für die Genehmigung durch das Familiengericht gelten die §§ 1828 ff. BGB.[45]

36 Der Gegenvormund ist – soweit vorhanden – nach § 1826 BGB zu hören.

37 Die Entscheidung des Familiengerichts ergeht in Form eines begründeten Beschlusses, §§ 38 f. FamFG.

38 Der Beschluss wird gemäß § 40 Abs. 2 FamFG mit Rechtskraft wirksam.[46]

---

[41] Nach anderer Auffassung handelt es sich um ein Ermessen, vgl. *Dickescheid* in: BGB-RGRK, § 1809 Rn. 8.
[42] So auch BayObLG v. 09.01.1959 - BReg 1 Z 105/1958 - BayObLGZ 1959, 1-5, 3; *Veit* in: Staudinger, § 1809 Rn. 14; *Dickescheid* in: BGB-RGRK, § 1809 Rn. 8; *Perlwitz* in: HK-BUR, § 1809 Rn. 16.
[43] RG v. 26.05.1916 - Rep. III 51/16 - RGZ 88, 264-267, 266 f.; OLG Oldenburg (Oldenburg) v. 30.06.1978 - 6 U 31/78 - VersR 1979, 90-91; *Zimmermann* in: Damrau/Zimmermann, Betreuungsrecht, 4. Aufl. 2011, § 1809 Rn. 8; vgl. auch *Bettin* in: BeckOK BGB, Ed. 30, § 1809 Rn. 4; *Veit* in: Staudinger, § 1809 Rn. 19; *Dickescheid* in: BGB-RGRK, § 1809 Rn. 7; *Perlwitz* in: HK-BUR, § 1809 Rn. 15.
[44] Allgemeine Ansicht, vgl. BayObLG München v. 13.05.1976 - BReg 1 Z 59/76 - juris Rn. 38 - FamRZ 1977, 144-148; *Götz* in: Palandt, § 1809 Rn. 4; *Zimmermann* in: Damrau/Zimmermann, Betreuungsrecht, 4. Aufl. 2011, § 1809 Rn. 8; *Veit* in: Staudinger, § 1809 Rn. 20.
[45] So auch *Zimmermann* in: Damrau/Zimmermann, Betreuungsrecht, 4. Aufl. 2011, § 1809 Rn. 10.
[46] *Zimmermann* in: Damrau/Zimmermann, Betreuungsrecht, 4. Aufl. 2011, § 1809 Rn. 9.

F. Muster – Muster für einen Antrag auf Genehmigung einer Abhebung durch den Gegenvormund

Für ein Beispiel eines Antrags auf Genehmigung einer Abhebung durch den Gegenvormund vgl. das Muster.

Otto Groß
Überlinger Weg 16
78123 Unterlingen

Unterlingen, den 27. Mai 2012

Herrn
Gernot Schmidt
Höristraße 2
78321 Sipplingen

Vormundschaft betreffend Georg Däumeling, geb. 02.03.2000, Gz.: XVII 52/08
hier: gegenvormundschaftliche Genehmigung einer Abhebung nach § 1809 BGB

Sehr geehrter Herr Schmidt,

für o.a. Mündel ist bei der Raiffeisenkasse Konstanz, BLZ 543 210 987, ein Festgeldkonto Nr. 123 456 789 über 2.000,00 € eingerichtet, das gemäß § 1809 BGB versperrt angelegt ist. Die Anlage läuft am 15. Juni 2012 ab.

Ich beabsichtige, diesen Betrag nebst anfallenden Zinsen mit Ablauf der Anlage abzuheben. Von dem Geld möchte ich dem Mündel ein Klavier kaufen. Der Mündel nimmt seit zwei Jahren regelmäßig und mit großer Begeisterung Klavierunterricht. Die Übungsmöglichkeiten im Jugendhaus Theresia genügen seinem inzwischen erreichten Spielniveau nicht mehr. Die Anschaffung dient damit der Förderung der Talente des Mündels. Die Vermögenslage des Mündels im Übrigen lässt ein Angreifen des Stammvermögens bedenkenlos zu.

Ich bitte deshalb um Ihre Genehmigung der Abhebung als Gegenvormund, gerne durch Rücksendung der nachfolgenden Erklärung.

Mit freundlichen Grüßen

Otto Groß

Vorstehenden Ausführungen schließe ich mich nach erfolgter Unterredung mit dem Mündel an und genehmige hiermit die Abhebung in meiner Eigenschaft als Gegenvormund. Kopie meiner Bestellungsurkunde lege ich zwecks Vorlage bei dem o.a. Kreditinstitut bei.

Gernot Schmidt

§ 1810 BGB Mitwirkung von Gegenvormund oder Familiengericht

(Fassung vom 17.12.2008, gültig ab 01.09.2009)

¹Der Vormund soll die in den §§ 1806, 1807 vorgeschriebene Anlegung nur mit Genehmigung des Gegenvormunds bewirken; die Genehmigung des Gegenvormunds wird durch die Genehmigung des Familiengerichts ersetzt. ²Ist ein Gegenvormund nicht vorhanden, so soll die Anlegung nur mit Genehmigung des Familiengerichts erfolgen, sofern nicht die Vormundschaft von mehreren Vormündern gemeinschaftlich geführt wird.

Gliederung

A. Grundlagen 1
 I. Kurzcharakteristik 1
 II. Entstehungsgeschichte 2
  1. Das Betreuungsgesetz 2
  2. Das FGG-Refomgesetz 3
B. Praktische Bedeutung 4
C. Anwendungsvoraussetzungen 5
 I. Persönlicher Anwendungsbereich 5
 II. Anlegung von Mündelgeldern 6
 III. Gegen-/Mitvormundschaft 7
  1. Vorhandensein eines Gegenvormundes
   (Satz 1) 7
  2. Fehlen von Gegen- und Mitvormund (Satz 2 Halbsatz 1) 8
  3. Vorhandensein keines Gegenvormundes, aber eines Mitvormunds (Satz 2 Halbsatz 2) 9
 IV. Befreiungsmöglichkeit 10
  1. Die Befreiung durch den Erblasser oder zuwendenden Dritten nach § 1803 BGB 10
  2. Die Entbindung durch das Familiengericht nach § 1817 BGB 11
  3. Die befreite Vormundschaft nach den §§ 1852 Abs. 2, 1855 BGB 12
  4. Die Befreiung des Amts- oder Vereinsvormunds nach § 1857a BGB 13
D. Rechtsfolgen 15
 I. Allgemeine Grundsätze 15
  1. Rechtscharakter der Ersetzung 15
  2. Entscheidungskriterien 16
  3. Folgen von Rechtsverstößen 17
 II. 1. Konstellation 19
 III. 2. Konstellation 22
 IV. 3. Konstellation 24
E. Prozessuale Hinweise/Verfahrenshinweise 25
 I. Zuständigkeit 25
 II. Verfahren 26
 III. Rechtsbehelfe 31

A. Grundlagen

I. Kurzcharakteristik

1 Durch § 1810 BGB soll gewährleistet werden, dass der Vormund bei der Anlegung von Mündelvermögen die Vorgaben der §§ 1806, 1807 BGB einhält. Hierzu bedient sich das Gesetz der Kontrolle des Gegenvormunds bzw. des Familiengerichts. Indem das Gesetz die Vornahme einer gebotenen Anlage von der Genehmigung des Gegenvormunds oder des Familiengerichts beziehungsweise von der Mitwirkung des Mitvormunds abhängig macht, kann es zwar nicht ausschließen, dass der Vormund eigenmächtig eine verbotene Anlage vornimmt. Aber es kann einer fehlerhaften Anwendung der §§ 1806, 1807 BGB entgegengewirkt werden. Es handelt sich um eine bloße Ordnungsvorschrift; die ohne Genehmigung vorgenommene Anlegung ist wirksam.[1]

II. Entstehungsgeschichte

1. Das Betreuungsgesetz

2 Als Folgeänderung der Streichung von § 1808 BGB a.F. durch das Gesetz zur Reform des Rechts der Vormundschaft und der Pflegschaft für Volljährige (Betreuungsgesetz – BtG) vom 12.09.1990[2] wurde auch der Verweis in § 1810 Satz 1 BGB auf die §§ 1806 bis 1808" durch die Verweisung auf „§§ 1806, 1807" ersetzt.

---

[1] *Dickescheid* in: BGB-RGRK, § 1810 Rn. 1; *Veit* in: Staudinger, § 1810 Rn. 12; *Zimmermann* in: Damrau/Zimmermann, Betreuungsrecht, 4. Aufl. 2011, § 1810 Rn. 1; *Wesche* Rpfleger 2010, 403, 405.
[2] BGBl I 1990, 2002, 2003.

2. Das FGG-Reformgesetz

Mit Einführung des Gesetzes über das Verfahren in Familiensachen und in den Angelegenheiten der freiwilligen Gerichtsbarkeit (FamFG) vom 17.12.2008[3] wurde der Zuständigkeitswechsel vom „Vormundschaftsgericht" auf das „Familiengericht" im BGB nachvollzogen.

B. Praktische Bedeutung

§ 1810 BGB gilt gemäß § 1908i Abs. 1 Satz 1 BGB für den Betreuer und gemäß § 1915 Abs. 1 BGB für den Pfleger entsprechend. Zuständig ist im Falle der Betreuung das Betreuungsgericht.[4] Von der Anwendung des § 1810 BGB sind befreit:
- Vormundschaftsverein oder Jugendamt (Vormundschaftsbehörde) nach §§ 1857a, 1852 BGB,
- Betreuungsverein oder Betreuungsbehörde nach § 1908i Abs. 1 Satz 1 BGB in Verbindung mit §§ 1857a, 1852 BGB,
- Vereinsbetreuer oder Behördenbetreuer nach § 1908i Abs. 2 Satz 2 BGB, soweit das Betreuungsgericht nichts Abweichendes anordnet,
- Vater, Mutter, Ehegatten, Lebenspartner (nach dem Lebenspartnerschaftsgesetz) oder Abkömmling des Betreuten nach § 1908i Abs. 2 Satz 2 BGB, soweit das Betreuungsgericht nichts Abweichendes anordnet,
- die Fälle, in denen das Familiengericht nach § 1817 BGB die Befreiung ausgesprochen hat,
- die Fälle, in denen eine wirksame Bestimmung nach § 1803 BGB getroffen ist.

C. Anwendungsvoraussetzungen

I. Persönlicher Anwendungsbereich

Zum persönlichen Anwendungsbereich vgl. schon Rn. 3.

II. Anlegung von Mündelgeldern

§ 1810 BGB setzt die Anlegung von Mündelgeld nach den §§ 1806, 1807 BGB voraus. Der Umgang mit dem gemäß § 1806 HS. 2 BGB zur Bestreitung von Ausgaben bereitzuhaltenden Geld wird nicht erfasst. Werden solche Gelder etwa auf ein Konto eingezahlt, ist keine Genehmigung erforderlich.[5]

III. Gegen-/Mitvormundschaft

1. Vorhandensein eines Gegenvormundes (Satz 1)

§ 1810 Satz 1 BGB geht in seiner Grundkonstellation vom Vorhandensein eines Gegenvormunds aus (1. Konstellation; zu den Rechtsfolgen vgl. Rn. 19). Im Fall der Vormundschaft stellt dies wegen § 1792 Abs. 1 BGB den gesetzlichen Regelfall dar, ist bei der Betreuung indes eher selten. Zu dieser Konstellation zählen auch die Fälle, in denen zusätzlich zu dem Gegenvormund noch ein Mitvormund bestellt ist, mag er ebenfalls zur Vermögenssorge berufen sein oder nicht.[6]

2. Fehlen von Gegen- und Mitvormund (Satz 2 Halbsatz 1)

§ 1810 Satz 2 HS. 1 BGB schließlich regelt den Fall, dass weder Gegenvormund noch Mitvormund bestellt sind (2. Konstellation, zu den Rechtsfolgen vgl. Rn. 22).

3. Vorhandensein keines Gegenvormundes, aber eines Mitvormunds (Satz 2 Halbsatz 2)

§ 1810 Satz 2 HS. 2 BGB geht von der eher seltenen Konstellation aus, dass zwar ein Gegenvormund fehlt, aber eine Mitvormundschaft angeordnet ist (3. Konstellation, zu den Rechtsfolgen vgl. Rn. 22). Voraussetzung für die Genehmigungsfreiheit des Handelns mehrerer Mitvormünder ist, dass die Mitvormünder auch für den Aufgabenkreis bestellt sind, in den das Geschäft fällt (insbesondere: Vermögenssorge).[7]

---

[3] BGBl I 2008, 2586.
[4] *Zimmermann* in: Damrau/Zimmermann, Betreuungsrecht, 4. Aufl. 2011, § 1810 Rn. 1.
[5] So auch *Veit* in: Staudinger, § 1810 Rn. 5.
[6] *Zimmermann* in: Damrau/Zimmermann, Betreuungsrecht, 4. Aufl. 2011, § 1810 Rn. 5; unklar insofern *Freiherr von Crailsheim* in: Jürgens, Betreuungsrecht, 4. Aufl. 2010, § 1810 Rn. 2.
[7] Allg. A., vgl. *Dickescheid* in: BGB-RGRK, § 1810 Rn. 4; *Zimmermann* in: Soergel, § 1810 Rn. 3.

IV. Befreiungsmöglichkeit

1. Die Befreiung durch den Erblasser oder zuwendenden Dritten nach § 1803 BGB

10 Der Erblasser sowie der zuwendende Dritte können dem Vormund bezüglich des von ihnen zugewendeten Vermögens nach § 1803 BGB Befreiung erteilen.

2. Die Entbindung durch das Familiengericht nach § 1817 BGB

11 Das Familiengericht kann den Vormund ferner unter den Voraussetzungen des § 1817 BGB befreien.

3. Die befreite Vormundschaft nach den §§ 1852 Abs. 2, 1855 BGB

12 Die Eltern können den Vormund gemäß §§ 1852 Abs. 2, 1855 BGB von der Beschränkung des § 1810 BGB befreien. Davon ist automatisch auszugehen, wenn sie die Bestellung eines Gegenvormunds ausgeschlossen haben (§ 1852 Abs. 2 Satz 2 BGB).

4. Die Befreiung des Amts- oder Vereinsvormunds nach § 1857a BGB

13 Amts- und Vereinsvormund sind nach den §§ 1857a, 1852 Abs. 2 BGB automatisch befreit. Nicht genügend ist es demgegenüber, wenn Jugendamt oder Verein als Gegenvormund bestellt sind. Zu Besonderheiten bei der Betreuung vgl. schon Rn. 4.

14 Gemäß §§ 1857, 1908i Abs. 2 Satz 2 BGB kann das Familiengericht einzelne Befreiungen mit der Folge aufheben, dass die Genehmigungspflicht wieder eingreift.

D. Rechtsfolgen

I. Allgemeine Grundsätze

1. Rechtscharakter der Ersetzung

15 Die nach den §§ 1806 f. BGB vorgeschriebene Anlegung ist grundsätzlich genehmigungsbedürftig. Unter Genehmigung im Sinne des § 1810 BGB wird teilweise die Genehmigung im rechtstechnischen Sinne des § 184 Abs. 1 BGB verstanden.[8] Das vermag nicht zu überzeugen: Nachträglich kann der durch § 1810 BGB bezweckte Schutz des Mündels nicht mehr erreicht werden. Wegen der dann bereits eingegangenen vertraglichen Bindung kann eine durch unzulässige Anlage bereits eingetretene Schädigung oder Gefährdung des Mündelvermögens nicht mehr rückgängig gemacht, allenfalls eingedämmt werden. Korrespondierend damit vermag eine ex post-Kontrolle den Vormund auch nicht vor drohenden Haftungsrisiken zu bewahren. § 1810 BGB enthält eine Ordnungsvorschrift. Das Fehlen einer danach erforderlichen Genehmigung macht das Anlagegeschäft nicht unwirksam.[9]

2. Entscheidungskriterien

16 Die Ersetzungsentscheidung umfasst eine Rechtmäßigkeits- und eine Zweckmäßigkeitsprüfung. Im Rahmen der Rechtmäßigkeitskontrolle prüft das Gericht insbesondere, ob die Anlegung den Vorschriften über die mündelsichere Geldanlage entspricht. Im Rahmen der Zweckmäßigkeitsprüfung hat das Gericht freilich nicht seine eigene Überzeugung von der Sinnhaftigkeit einer Anlage an die Stelle der Entscheidung des Vormunds zu stellen. Das widerspräche dem Grundsatz der selbständigen Führung der Vormundschaft (vgl. § 1793 BGB). Jedoch ist zu prüfen, ob die Anlage den Grundsätzen einer wirtschaftlichen Geldanlage entspricht.[10]

3. Folgen von Rechtsverstößen

17 Der gegen § 1810 BGB verstoßende Vormund handelt pflichtwidrig. Erfährt das Familiengericht hiervon, hat es den Vormund gegebenenfalls durch aufsichtsrechtliche Maßnahmen nach § 1837 Abs. 2 BGB zur Beachtung anzuhalten, ihn notfalls zu entlassen.[11]

---

[8] So *Dickescheid* in: BGB-RGRK, § 1810 Rn. 3.
[9] *Dickescheid* in: BGB-RGRK, § 1810 Rn. 1; *Veit* in: Staudinger, § 1810 Rn. 12.
[10] Vgl. *Zimmermann* in: Damrau/Zimmermann, Betreuungsrecht, 4. Aufl. 2011, § 1810 Rn. 1; *Freiherr von Crailsheim* in: Jürgens, Betreuungsrecht, 4. Aufl. 2010, § 1810 Rn. 3; *Kierig*, NJW 2010, 1436.
[11] Vgl. OLG Frankfurt v. 28.01.1983 - 20 W 3/83 - juris Rn. 5 - Rpfleger 1983, 151; *Wesche*, Rpfleger 2010, 403, 405.

Der Vormund haftet für einen entstehenden Schaden nach § 1833 BGB. Kommt es bei der Anlage von Mündelgeld zu einem Schaden, dürfte dieser häufig nicht erst durch eine Außerachtlassung des § 1810 BGB, sondern schon durch einen Verstoß gegen die §§ 1806 ff. BGB bzw. die allgemeine Pflicht zur Wahrung des Mündelwohls eintreten. Die Missachtung des § 1810 BGB dürfte demgegenüber für sich betrachtet eher selten schadensursächlich sein, da nicht selten spekulativ ist, ob Gegenvormund oder Familiengericht die Genehmigung erteilt hätten. Die haftungsrechtliche Relevanz des § 1810 BGB liegt demgegenüber eher in einer Entlastungsfunktion des Vormundes: Sie dient insofern der Absicherung des Vormunds, als insbesondere im Falle der Genehmigung durch das Familiengericht der Vorwurf eines schuldhaften Verstoßes gegen die Grundsätze der §§ 1806, 1807 BGB sowie der wirtschaftlichen Verwaltung regelmäßig ausscheiden dürfte.

II. 1. Konstellation

In der 1. Konstellation (vgl. Rn. 12) muss der Vormund die Geldanlage durch den Gegenvormund oder das Familiengericht genehmigen lassen. Dabei ist – soweit ersichtlich – ganz allgemeine Meinung, dass beide Genehmigungen als gleichwertige Alternativen nebeneinander stehen.[12] Die Genehmigung des Familiengerichts soll keine Ersetzung im technischen Sinne darstellen. Es wird gesagt, das Familiengericht spreche nicht die Ersetzung der Genehmigung des Gegenvormunds, sondern unmittelbar die Genehmigung der Anlage aus.[13]

Diese Auffassung wird – wenn überhaupt – damit begründet, dass das Gesetz hier anders als bei den Genehmigungen mit Außenwirkung nicht formuliert, das Familiengericht könne ersetzen und habe zu ersetzen.[14] Dies erscheint nicht zweifelsfrei. Zunächst gibt zu bedenken, dass die in § 1810 BGB gebrauchte Terminologie „ersetzt" an anderer Stelle des Gesetzes eindeutig als rechtstechnische Begrifflichkeit verwendet wird. In Anbetracht der unterschiedlichen Rechtsfolgen (vgl. § 40 Abs. 1, 2 FamFG) kann dann nicht ohne weiteres von einem terminologischen Fehlgriff des Gesetzgebers gesprochen werden, zumal es, wenn eine gleichwertige Alternativität beider Genehmigungen beabsichtigt gewesen wäre, nahe gelegen hätte, zu formulieren: „Der Vormund soll (…) nur mit Genehmigung des Gegenvormunds oder des Familiengerichts bewirken." So formuliert der Gesetzgeber schließlich auch in § 1809 BGB. Auch die Entstehungsgeschichte stützt die herrschende Ansicht nicht unbedingt. In den Motiven heißt es, die Vorschrift des § 1666 Abs. 1 Satz 2 bezwecke, für den Fall, wenn der Vormund nach Maßgabe des § 1664 BGB in einer bestimmten Art die Mündelgelder anlegen will, das erforderliche Einverständnis des Gegenvormunds aber nicht zu erlangen ist, dem Vormunde im Interesse einer angemessenen Vermögensverwaltung ein Mittel zu Gebote zu stellen, den unbegründeten Widerstand des Gegenvormunds zu brechen"[15]. Schließlich spricht die funktionale Konstruktion gegen eine gleichberechtigte Alternativität beider Genehmigungen. Der Gegenvormund soll, da er mit den tatsächlichen Umständen des konkreten Falles unmittelbar befasst ist, eine vorgeschaltete Aufsicht und Kontrolle mit einer Art Filterfunktion erfüllen. Wäre es anders, könnte einerseits der Gegenvormund seiner funktionalen Rolle durch unmittelbares Angehen des Familiengerichts praktisch weitgehend enthoben werden und würde andererseits das Familiengericht zwecks Absicherung des Vormunds häufig ohne Not angegangen.

Die Ersetzung der Genehmigung des Gegenvormunds vermag nicht auch eine fehlende Zustimmung des Mitvormunds zu ersetzen.[16]

III. 2. Konstellation

In der 2. Konstellation (vgl. Rn. 8) ist die Genehmigung des Familiengerichts erforderlich. In dieser Konstellation stellt sich die Genehmigung des Familiengerichts nicht als Ersetzung dar, denn ohne Gegenvormund gibt es nichts zu ersetzen.

Die Genehmigung wird mit Bekanntmachung nach § 40 Abs. 1 FamFG wirksam. § 40 Abs. 2 FamFG findet keine Anwendung.

---

[12] *Dickescheid* in: BGB-RGRK, § 1810 Rn. 2; *Veit* in: Staudinger, § 1810 Rn. 9; *Perlwitz* in: HK-BUR, § 1810 Rn. 4; *Zimmermann* in: Damrau/Zimmermann, Betreuungsrecht, 4. Aufl. 2011, § 1810 Rn. 4; *Wagenitz* in: MünchKomm-BGB, § 1810 Rn. 4.

[13] So etwa *Veit* in: Staudinger, § 1810 Rn. 8; *Saar* in: Erman, § 1810 Rn. 2; *Zimmermann* in: Damrau/Zimmermann, Betreuungsrecht, 4. Aufl. 2011, § 1810 Rn. 4.

[14] So *Veit* in: Staudinger, § 1810 Rn. 8.

[15] Motive, Bd. IV – Familienrecht, 1888, S. 1118 f.

[16] *Wagenitz* in: MünchKomm-BGB, § 1810 Rn. 5; *Veit* in: Staudinger, § 1810 Rn. 10.

IV. 3. Konstellation

24 Ist kein Gegenvormund, aber ein Mitvormund bestellt (3. Konstellation, vgl. Rn. 14), so bedarf es keiner familiengerichtlichen Genehmigung, wenn sich die Mitvormünder einigen. Kommt es zu keiner Einigung, entscheidet das Familiengericht durch den Richter nach § 1797 BGB, § 14 Abs. 1 Nr. 5 RPflG. Dabei handelt es sich nicht um einen Fall der Ersetzung.

E. Prozessuale Hinweise/Verfahrenshinweise

I. Zuständigkeit

25 **Die Entscheidung des Familiengerichts/Betreuungsgerichts**: Zuständig für die Erteilung der Genehmigung ist der Rechtspfleger (§ 3 Nr. 2a RPflG bzw. § 3 Nr. 2b RPflG in Betreuungssachen).

II. Verfahren

26 Das Familiengericht hat einen vorhandenen Gegenvormund vor seiner Entscheidung nach § 1826 BGB zu hören.

27 Eine besondere Form für die Genehmigung des Gegenvormunds schreibt das Gesetz nicht vor.[17] Wenngleich es danach wirksam sein mag, dass die Genehmigung dem anderen Teil – z.B. der Anlagestelle gegenüber erklärt wird[18] (vgl. auch § 182 Abs. 1 BGB) – sollte die Genehmigung gegenüber dem Vormund erteilt werden. Dies schafft für den Vormund Gewissheit.

28 Für die Entscheidung des Familien- bzw. Betreuungsgerichts gelten die §§ 38 f. FamFG, d.h. es bedarf eines begründeten Beschlusses.

29 Die Bestimmungen der §§ 1828-1831 BGB sind nicht anwendbar, da keine Entscheidung mit Außenwirkung vorliegt.[19]

30 Nach herrschender Meinung wird die Genehmigung des Familiengerichts gemäß § 40 Abs. 1 FamFG mit Bekanntmachung an den Vormund wirksam. § 40 Abs. 2 FamFG ist nicht anwendbar.[20] Auch § 40 Abs. 3 FamFG ist schon deshalb nicht anwendbar, weil es sich bei § 1810 BGB um eine bloße Ordnungsvorschrift handelt, die auf die Wirksamkeit des Rechtsgeschäfts keine Auswirkung hat.[21]

III. Rechtsbehelfe

31 Dem Vormund steht gegen den die Ersetzung ablehnenden Beschluss des Familiengerichts die Beschwerde nach den §§ 58 f. FamFG zu. Nach herrschender Meinung hat der Gegenvormund ein Beschwerderecht nur, wenn er nicht in der vorgeschriebenen Weise gehört wurde.[22]

---

[17] *Zimmermann* in: Damrau/Zimmermann, Betreuungsrecht, 4. Aufl. 2011, § 1810 Rn. 3; *Wagenitz* in: MünchKomm-BGB, § 1810 Rn. 3.

[18] *Wagenitz* in: MünchKomm-BGB, § 1810 Rn. 3; *Bettin* in: BeckOK BGB, Ed. 30, § 1810 Rn. 2; *Berger/Mansel* in: Jauernig, BGB, 14. Aufl. 2011, § 1811 Rn. 11.

[19] So auch *Dickescheid* in: BGB-RGRK, § 1810 Rn. 3; *Veit* in: Staudinger, § 1810 Rn. 12; *Saar* in: Erman, 13. Aufl. 2011, § 1810 Rn. 4.

[20] *Saar* in: Erman, § 1810 Rn. 2; *Bettin* in: BeckOK BGB, Ed. 30, § 1810 Rn. 2; *Wesche*, Rpfleger 2010, 403, 405; *Kierig*, NJW 2010, 1436, 1437; a.A. nun aber *Zimmermann* in: Damrau/Zimmermann, Betreuungsrecht, 4. Aufl. 2011, § 1810 Rn. 4: Wirksamwerden nach § 40 Abs. 2 FamFG; wie hier bereits zu den §§ 16 Abs. 1, 53 Abs. 1 FGG auch *Zimmermann* in: Soergel, § 1810 Rn. 3; *Veit* in: Staudinger, § 1810 Rn. 13; *Dickescheid* in: BGB-RGRK, § 1810 Rn. 3.

[21] So auch *Zimmermann* in: Damrau/Zimmermann, Betreuungsrecht, 4. Aufl. 2011, § 1810 Rn. 4.

[22] *Saar* in: Erman, § 1810 Rn. 2; so auch zum alten Recht KG v. 16.11.1903 - ohne Az. - RJA 4, 73-76; *Veit* in: Staudinger, § 1810 Rn. 14; *Zimmermann* in: Damrau/Zimmermann, Betreuungsrecht, 3. Aufl. 2001, § 1810 Rn. 4; *Dickescheid* in: BGB-RGRK, § 1810 Rn. 2; *Wagenitz* in: MünchKomm-BGB, § 1810 Rn. 7, § 1826 Rn. 5.

§ 1811 BGB Andere Anlegung

(Fassung vom 17.12.2008, gültig ab 01.09.2009)

¹Das Familiengericht kann dem Vormund eine andere Anlegung als die in § 1807 vorgeschriebene gestatten. ²Die Erlaubnis soll nur verweigert werden, wenn die beabsichtigte Art der Anlegung nach Lage des Falles den Grundsätzen einer wirtschaftlichen Vermögensverwaltung zuwiderlaufen würde.

Gliederung

A. Grundlagen 1	7. Anlagen in Rentenfonds 54
I. Kurzcharakteristik 1	a. Kurzcharakteristik 54
II. Entstehungsgeschichte 2	b. Vor- und Nachteile der Anlage in Rentenfonds in Kurzform 55
B. Praktische Bedeutung 6	8. Anlagen in Immobilien 56
C. Anwendungsvoraussetzungen 7	a. Kurzcharakteristik 56
I. Anlegung 7	b. Vor- und Nachteile der Anlage in Immobilien in Kurzform 57
II. Andere als die in § 1807 BGB vorgeschriebene Anlegung 8	9. Anlagen in Immobilienfonds 58
III. Grundsätze einer wirtschaftlichen Vermögensverwaltung 10	a. Kurzcharakteristik 58
1. Allgemeine Grundsätze 10	b. Vor- und Nachteile der Anlage in offenen Immobilienfonds in Kurzform 60
2. Anlageziel Sicherheit 13	c. Vor- und Nachteile der Anlage in geschlossenen Immobilienfonds in Kurzform 61
3. Anlageziel Ertrag 15	10. Ausländische Investitionen 62
4. Anlageziel Flexibilität 17	11. Anlagen in Unternehmen 65
5. Individuelle Verhältnisse des Mündels 19	a. Kurzcharakteristik 65
6. Gesamtwürdigung der Anlageform 24	b. Vor- und Nachteile der Anlage in Unternehmensbeteiligungen in Kurzform 68
IV. Einzelne Anlageformen 29	12. Anlagen in Rohstoffen und sonstigen Sachwerten 69
1. Grundlagen: 29	a. Kurzcharakteristik 69
2. Einlagen bei anderweitigen Kreditinstituten 30	b. Vor- und Nachteile der Anlage in Sachwerten in Kurzform 72
a. Kurzcharakteristik 30	13. Anlagen in Derivaten, Optionen, Swaps usw. 73
b. Vor- und Nachteile der Anlage in Girokonten in Kurzform 32	a. Kurzcharakteristik 73
c. Vor- und Nachteile der Anlage in sonstigen Bankeinlagen in Kurzform 33	b. Vor- und Nachteile der Anlage in Derivaten in Kurzform 74
3. Anlagen in Lebensversicherungen 34	14. Anlagen in Schuldverschreibungen oder Zertifikate 75
a. Kurzcharakteristik 34	V. Befreiungsmöglichkeiten 76
b. Vor- und Nachteile der Anlage in Lebensversicherungen in Kurzform 39	VI. Praktische Hinweise 77
4. Anlagen in Bausparverträge 40	D. Rechtsfolgen 83
a. Kurzcharakteristik 40	I. Entscheidung des Gerichts 83
b. Vor- und Nachteile der Anlage in Bausparverträgen in Kurzform 43	II. Rechtsfolgen der unterlassenen Gestattung 87
5. Anlagen in Aktien 44	E. Prozessuale Hinweise/Verfahrenshinweise ... 88
a. Kurzcharakteristik 44	F. Arbeitshilfen – Antrag auf Genehmigung des Ankaufs eines Investmentfonds nach § 1811 BGB 92
b. Vor- und Nachteile der Anlage in Aktien in Kurzform 47	
6. Anlage in Aktienfonds 48	
a. Kurzcharakteristik 48	
b. Vor- und Nachteile der Anlage in Aktienfonds in Kurzform 53	

§ 1811

A. Grundlagen

I. Kurzcharakteristik

1 § 1811 BGB lässt auch andere als die nach § 1807 BGB als mündelsicher erachteten Anlagen zu, knüpft sie allerdings an das Erfordernis einer Genehmigung des Familiengerichts. Maßgebliche Genehmigungskriterien sind die Grundsätze einer wirtschaftlichen Vermögensverwaltung. Dabei können neben der Sicherheit auch andere Kriterien, etwa die Rendite eine erhebliche Rolle spielen.

II. Entstehungsgeschichte

2 Die Norm wurde als Reaktion auf die Weltwirtschaftskrise und die mit ihr verbundene Inflation durch das Gesetz über die Anlegung von Mündelgeld vom 23.06.1923 geändert.[1] In seiner ursprünglichen Fassung konnte die andere Anlegung nur „aus besonderen Gründen" gestattet werden. Damit waren besondere, gerade in den Umständen der einzelnen Vormundschaft begründete Umstände gemeint[2], also beispielsweise familiäre Gründe.[3] Demgegenüber sollten gesamtwirtschaftliche, politische oder geldmarktspezifische Entwicklungen, die sich auf die Anlage alle Vormundschaften mehr oder weniger gleichermaßen auswirken, nicht zu einer Ausnahme von der Regel der mündelsicheren Anlage nach §§ 1806, 1807 BGB berechtigen.[4] Damit war der Vormund generell auf eine konservative Anlagepolitik festgelegt. Das damit verbundene Ziel der Gewährleistung einer hohen Sicherheit der Geldanlage hat sich freilich in der Weltwirtschaftskrise nicht bewährt. Denn gerade reguläre Spareinlagen traf die Geldentwertung besonders stark.

3 Die Gesetzesänderung von 1923 hielt an der Beschränkung der Anlage von Mündelgeld auf die in § 1807 BGB katalogisierten Anlageformen dem Grundsatz nach fest. Allerdings sollten im Rahmen der einzelfallbezogenen Genehmigung durch das Familiengericht nach § 1811 BGB nunmehr auch die allgemeinen wirtschaftlichen Verhältnisse berücksichtigungsfähig sein.[5] Dazu wurde der Maßstab der „besonderen Gründe" durch den „einer wirtschaftlichen Vermögensverwaltung" „nach Lage des Falles" in der geltenden Gesetzesfassung ersetzt.

4 Der Aufhebung des § 1808 BGB a.F. wurde durch die Anpassung der Verweisung durch das Betreuungsgesetz vom 12.09.1990 Rechnung getragen.

5 Mit Einführung des Gesetzes über das Verfahren in Familiensachen und in den Angelegenheiten der freiwilligen Gerichtsbarkeit (FamFG) vom 17.12.2008[6] wurde das Wort „Vormundschaftsgericht" in „Familiengericht" geändert und damit der Wechsel in der Zuständigkeit nach dem FamFG im BGB nachvollzogen. Zu der neuen Zuständigkeitsverteilung insgesamt vgl. die Kommentierung zu § 1793 BGB Rn. 162.

B. Praktische Bedeutung

6 § 1811 BGB gilt gemäß § 1908i Abs. 1 Satz 1 BGB für den Betreuer und gemäß § 1915 Abs. 1 BGB für den Pfleger entsprechend. Zur Anwendung auf Jugendamt und Betreuungsbehörde vgl. Rn. 76.

C. Anwendungsvoraussetzungen

I. Anlegung

7 Der Begriff der Anlegung knüpft an § 1806 BGB an. Gemeint ist primär die Anlegung von dem Mündel gehörendem Geld. Zu dem im Rahmen von § 1806 BGB maßgeblichen Begriff des Geldes vgl. die Kommentierung zu § 1806 BGB. Nicht erfasst werden Gelder, die nach § 1806 BGB zur Bestreitung von Ausgaben bereitzuhalten sind. Schon bei der Definition des Geldes im Sinne von § 1806 BGB wurde jedoch deutlich, dass bestimmte Papiere wie etwa Schecks, die nicht dem technischen Geldbegriff unterfallen, bei wirtschaftlicher Betrachtung gleichgestellt werden müssen. Das gilt umso mehr

---

[1] Vgl. RGBl I, 411.
[2] Vgl. hierzu *Veit* in: Staudinger, § 1811 Rn. 2 ff.; *Berger*, Die Vorschriften über die Verwaltung von Mündelvermögen im Vergleich mit entsprechenden Regelungen außerhalb des Vormundschaftsrechts, 1975, S. 92 f.
[3] Vgl. etwa KG v. 12.11.1908 - 1a X 852/08 - KGJ 37, A 65-68, 66.
[4] Vgl. etwa BayObLG v. 12.01.1922 - Reg III 126/1921 - BayObLGZ 22, A 26-29, 27 f.
[5] Vgl. hierzu ausführlich *Berger*, Die Vorschriften über die Verwaltung von Mündelvermögen im Vergleich mit entsprechenden Regelungen außerhalb des Vormundschaftsrechts, 1975, S. 95; *Veit* in: Staudinger, § 1811 Rn. 5.
[6] BGBl I 2008, 2586.

im Rahmen von § 1811 BGB. Beispielsweise unterfallen Aktien, Investmentanteile, Fondsanteile, Lebensversicherungen und dergleichen nicht dem Geldbegriff. Als klassische Anlageformen sind sie für die Zwecke der Anlagegenehmigung wirtschaftlich jedoch vergleichbar und wurden deshalb schon früh unter § 1811 BGB gefasst.[7] Lange Zeit umstritten war demgegenüber, inwiefern § 1811 BGB auch für jede andere Anlageform, etwa auch für die Anlegung von Sachwerten (z.B. Kunstwerke, Immobilien, Immaterialgüterrechte) gilt. Dies wird von der heute ganz herrschenden Meinung bejaht.[8] Es folgt zum einen aus dem Wortlaut der Norm und zum anderen aus Sinn und Zweck der Vorschrift. Wenn selbst die sicheren Geldanlagen nach § 1810 BGB genehmigungsbedürftig sind, dann kann die riskante Anlage in Sachwerte nicht genehmigungsfrei sein.

II. Andere als die in § 1807 BGB vorgeschriebene Anlegung

Die in § 1807 BGB katalogisierten Anlageformen unterliegen nicht der familiengerichtlichen Genehmigung nach § 1811 BGB. Der Vormund kann sie auch ohne Beantragung einer Genehmigung tätigen. Freilich ist nicht jede nach § 1807 BGB vorgenommene Anlegung automatisch pflichtgemäß. Vgl. hierzu die Kommentierung zu § 1807 BGB.

Kaum diskutiert wird die Frage, wie zu verfahren ist, wenn der Vormund die Erteilung einer Genehmigung für eine unter § 1807 BGB fallende Anlage beantragt. Das Familiengericht darf diese jedenfalls nicht schon deshalb erteilen, weil die Anlage unter § 1807 BGB fällt. Denn auch eine unter § 1807 BGB fallende Anlage kann im Einzelfall pflichtwidrig sein. Richtigerweise wird das Familiengericht die Genehmigung mit der Begründung ablehnen, dass das Gesetz eine Genehmigung nur für die Anlage nach § 1811 BGB vorsieht. Denn der Vormund hat keinen Anspruch auf gesetzlich nicht vorgesehene Genehmigungen. Für die Praxis kann ein Antrag nach § 1811 BGB im Einzelfall jedoch dann von Nutzen sein, wenn Zweifel bestehen, ob eine Anlage unter § 1807 BGB fällt. Bejaht das Gericht dies zu Unrecht, kann ein entsprechender Entscheid die Fahrlässigkeit des Vormunds bei Tätigung der Anlage ausschließen.

III. Grundsätze einer wirtschaftlichen Vermögensverwaltung

1. Allgemeine Grundsätze

Die Kernproblematik des § 1811 BGB liegt in der Frage, welche Anlagen als den Grundsätzen einer wirtschaftlichen Vermögensverwaltung entsprechend zu genehmigen sind. Unter Berücksichtigung der historischen Entwicklung der Norm könnte in Erwägung gezogen werden, nur solche Anlagen zu genehmigen, die die allgemeinen wirtschaftlichen Verhältnisse deshalb als geboten erscheinen lassen, weil eine nach § 1807 BGB mündelsichere Anlage ansonsten zu einer Aufzehrung des Mündelvermögens führen würde. Während nämlich die ursprüngliche Fassung des § 1811 BGB nur aufgrund ausnahmsweise vorliegender besonderer Umstände im konkreten Einzelfall eine Abweichung zuließ, erfolgte die Ausweitung der Norm vor dem Hintergrund des Verfalls der deutschen Währung und der damit einhergehenden Schädigung angelegter Mündelvermögen.[9] Die ursprüngliche Rechtsprechung zu § 1811 BGB hielt dementsprechend überwiegend an einer grundsätzlichen Pflicht zur mündelsicheren Geldanlage nach § 1807 BGB fest und forderte besondere wirtschaftliche Vorteile zur Vornahme einer abweichenden Anlegung.[10] Zwar dürfte heute anerkannt sein, dass nicht bloß die den Reformgesetzgeber zur Änderung des Gesetzes veranlassende Gefahr einer Aufzehrung des Mündelvermögens einen Grund für die Genehmigung einer anderweitigen Anlage darstellt. Doch zeigen sich auch noch in der

---

[7] So auch BayObLG v. 12.01.1922 - OLGE 42, 112-114, 112 f.; OLG Schleswig-Holstein v. 03.11.1999 - 2 W 154/99 - FGPrax 2000, 23-24; *Dickescheid* in: BGB-RGRK, § 1811 Rn. 3.

[8] Wie hier auch *Josef*, AcP 117, 395, 397 ff.; *Veit* in: Staudinger, § 1811 Rn. 10; *Götz* in: Palandt, § 1811 Rn. 1; *Roth* in: Dodegge/Roth, Betreuungsrecht, 2003, E Rn. 51; *Zimmermann* in: Damrau/Zimmermann, Betreuungsrecht, 4. Aufl. 2011, § 1811 Rn. 3, m.w.N.; *Spanl*, Vermögensverwaltung durch Vormund und Betreuer, 2. Aufl. 2009, S. 157; *Perlwitz* in: HK-BUR, § 1811 Rn. 11; *Berger*, Die Vorschriften über die Verwaltung von Mündelvermögen im Vergleich mit entsprechenden Regelungen außerhalb des Vormundschaftsrechts, 1975, S. 90; enger aber noch *Dickescheid* in: BGB-RGRK, § 1811 Rn. 3, sowie die ältere Rechtsprechung, vgl. BayObLG v. 12.01.1922 - OLGE 42, 112-114, 112; OLG Frankfurt am Main v. 15.08.1952 - 6 W 373/52 - Rpfleger 1953, 181-182, 182.

[9] Vgl. zur Entstehungsgeschichte *Veit* in: Staudinger, § 1811 Rn. 2 ff.

[10] In diese Richtung etwa RG v. 03.04.1930 - IV B 6/30 - RGZ 128, 309-316, 314; ObLG München v. 04.02.1928 - Reg. III Nr. 1/28 - JFG 5, 104-108, 108; vgl. etwa auch Saarländisches OLG v. 15.10.1969 - 5 W 113/69 - OLGZ 1970, 212-215, 213 f.

jüngeren Rechtsprechung teilweise Tendenzen, über eine gleichwertige Sicherheit hinaus zusätzliche wirtschaftliche Vorteile für eine andere Anlegung zu verlangen.[11] Eine systematische Betrachtung der Neufassung des § 1811 BGB könnte zu der gegenteiligen Auslegung führen, wonach die Gestattung durch das Familiengericht die Regel, ihre Versagung die Ausnahme darstellt.[12] Teilweise wird mit ähnlichen Konsequenzen gesagt, die Genehmigung sei zu erteilen, wenn die Anlage nicht schlechter – oder unsicherer[13] – ist als die mündelsichere Anlage im Sinne des § 1807 BGB.[14]

11 Die Konstruktion eines Regel-Ausnahme-Verhältnisses führt inhaltlich jedoch nicht weiter. Richtig ist, dass der Grundsatz der selbständigen Führung der Vormundschaft durch den Vormund die Funktion des Familiengerichts auf eine Kontrolle der Ermessensentscheidung des Vormunds beschränkt.[15] Das Gericht kann deshalb die Genehmigung einer Anlageform nicht allein deshalb verweigern, weil es bei Ausübung eines eigenen Ermessens eine andere Anlageform vorziehen würde. Dies besagt jedoch noch nichts für die materiellen Kriterien einer wirtschaftlichen, dem Wohl des Mündels entsprechenden Verwaltung.

12 Wenn sich einerseits aus einer Gesamtschau der Anlageformen nach § 1807 BGB der Willen des Gesetzgebers nach Substanzerhalt als wichtiges Anlageziel ermitteln lässt, der Gesetzgeber andererseits aber in § 1811 BGB eine anderweitige, von den Grundsätzen einer wirtschaftlichen Vermögensverwaltung geprägte Anlegung zulässt, dann sind divergierende Anlageziele in Relation zueinander zu setzen. Der Begriff der „Grundsätze einer wirtschaftlichen Verwaltung" erfordert eine Gesamtabwägung aller maßgeblichen Faktoren einer Geldanlage unter Berücksichtigung der Umstände des Einzelfalles. Besonders wichtige Kriterien sind dabei Sicherheit, Rentabilität und Liquidität[16], aber auch die individuellen Verhältnisse des Mündels.[17] Nur diese Gesamtabwägung trägt auch dem Ziel des historischen Gesetzgebers, eine verantwortliche Einzelfallbeurteilung vorzunehmen, hinreichend Rechnung.[18]

2. Anlageziel Sicherheit

13 Unter dem Kriterium der Sicherheit sind mögliche Risiken der Anlage zu prüfen, etwa: Ist die Valuta der Anlage in voller Höhe oder anteilig gegen Insolvenz abgesichert? Wie ist die Bonität des Schuldners zu bewerten? Wie wirken sich Währungs-, Zins- und Konjunkturschwankungen auf die Anlage aus? Ist die Anlage besonders anfällig für psychologische oder politisch bedingte Marktschwankungen? Welchen Einfluss haben Nebenkosten und Kreditfinanzierungsrisiken? Welche besonderen Risiken ergeben sich aus der Anlageform (Kündigungsrecht, Auslosungsrisiko)? Welche rechtlichen Risiken bestehen (Transferrisiko, Änderung der Besteuerung)?

14 Die Erhaltung des Mündelvermögens ist nach wie vor das wichtigste Ziel der Anlage. Ihr gebührt der Vorrang vor der Mehrung des Vermögens[19]. Anlagen, bei denen das angelegte Kapital nicht gesichert ist oder die durch ihre Verwaltungskosten das vorhandene Vermögen aufzehren, bedürfen deshalb be-

---

[11] Vgl. etwa OLG Frankfurt am Main v. 23.12.1983 - 20 W 590/83 - Rpfleger 1984, 147 f.; OLG Köln v. 09.08.2000 - 16 Wx 93/00 - FamRZ 2001, 708-709.

[12] So ähnlich schon früh KG v. 18.06.1926 - 1a X 540/26 - JFG 4, 60-63; OLG Darmstadt v. 16.02.1928 - W 37/28 - JW 1928, 1515; auch *Engler* in: Staudinger, Neubearb. 2004, § 1811 Rn. 13; *Perlwitz* in: HK-BUR, § 1811 Rn. 15; a.A. nunmehr *Veit* in: Staudinger, § 1811 Rn. 17.

[13] So *Berger*, Die Vorschriften über die Verwaltung von Mündelvermögen im Vergleich mit entsprechenden Regelungen außerhalb des Vormundschaftsrechts, 1975, S. 100.

[14] In diese Richtung etwa LG Mannheim v. 17.11.1961 - 4 T 73/61 - NJW 1962, 1017; LG Bielefeld v. 17.10.1999 - 3a T 106/69 - NJW 1970, 203, mit zustimmender Anmerkung *Schütze*; *Zimmermann* in: Damrau/Zimmermann, Betreuungsrecht, 4. Aufl. 2011, § 1811 Rn. 6; *Spanl*, Vermögensverwaltung durch Vormund und Betreuer, 2. Aufl. 2009, S. 158.

[15] Zum Charakter der Anlageentscheidung als Ermessensausübung vgl. auch OLG München v. 05.06.2009 - 33 Wx 124/09 - OLGR München 209, 615-626.

[16] So auch *Zimmermann* in: Damrau/Zimmermann, Betreuungsrecht, 4. Aufl. 2011, § 1811 Rn. 5, der von einem „magischen Dreieck" spricht; *Fritsche*, Rpfleger 2007, 53- 62, 60 stellt demgegenüber im Ausgangspunkt nur auf Erhaltung und Vermehrung des Mündelvermögens ab.

[17] In diesem Sinne etwa auch *Wagenitz* in: MünchKomm-BGB, § 1811 Rn. 14; *Fiala/Stenger*, Geldanlagen für Mündel und Betreute – Rechtliche und finanzmathematische Grundlagen für Vormünder und Betreuer, 2. Aufl. 2004, S. 30.

[18] Die Einzelfallbetrachtung betonen etwa auch OLG Frankfurt am Main v. 18.07.2002 - 20 W 451/01 - Rpfleger 2002, 266 f.; *Perlwitz* in: HK-BUR, § 1811 Rn. 14.

[19] Vgl. etwa auch OLG Dresden v. 20.03.1929 - 6 Reg 64/29 - JFG 6, 96, 97 ff.; *Spanl*, Vermögensverwaltung durch Vormund und Betreuer, 2. Aufl. 2009, S. 158.

sonderer Rechtfertigung. Dabei ist freilich zu berücksichtigen, dass auch Anlagen, die nach Steuern weniger Ertrag abwerfen als dem inflationsbedingten Wertverlust entspricht, insoweit zu einem Verlust führen, also in gewisser Weise „unsicher" sind.[20]

3. Anlageziel Ertrag

Unter dem Kriterium des Ertrags oder der Rentabilität sind zu prüfen: Wie hoch ist die prognostizierte effektive Rendite unter Berücksichtigung aller Ausgabekosten und laufenden Kosten? Gibt es eine garantierte Mindestrendite? Wann fallen Zinsen an und wie können Zwischengewinne neu angelegt werden? In einem erweiterten Sinn können auch steuerliche Vor- oder Nachteile hier Beachtung finden.

Das Anlageziel der Rentabilität ist schon von § 1806 BGB vorgegeben.[21] Es kann insbesondere in Widerstreit zum Anlageziel der Sicherheit geraten.

4. Anlageziel Flexibilität

Unter dem Kriterium der Flexibilität ist zu prüfen: Welche Kündigungsfristen sind zu beachten? Über welche Beträge kann bereits vorzeitig verfügt werden? Welche Einbußen sind mit vorzeitiger Liquidation verbunden? Kann der Handel mit dem Finanzprodukt ausgesetzt werden?

Die Flexibilität der Anlage ist von Bedeutung zur Gewährleistung der Liquidität für anstehende Zahlungsverpflichtungen, zum anderen für die Möglichkeit zum möglichst kurzfristigen und verlustfreien Wechsel in Anlageformen, die sich aufgrund einer künftigen Bewertung als besser erweisen.

5. Individuelle Verhältnisse des Mündels

Daneben sind freilich auch die individuellen Verhältnisse des Mündels von maßgeblicher Bedeutung[22]. Insofern sind etwa folgende Aspekte von Relevanz:

- Die **voraussichtliche Dauer der Vormundschaft/Betreuung**: Kurz vor Erreichen der Volljährigkeit sind Anlagen, die den Mündel in seinen Dispositionsfreiheiten über den Eintritt der Volljährigkeit hinaus langfristig beschränken, nach Möglichkeit zu vermeiden.[23] Die Entscheidungsfreiheit des Mündels darf nicht durch eigene Vermögensdispositionen des Vormunds mehr als unbedingt erforderlich eingeschränkt werden[24]. So kann es etwa pflichtwidrig sein, den Betroffenen durch umfangreiche Sanierungsmaßnahmen in den wirtschaftlichen Auswirkungen an ein Behalten einer Immobilie zu binden, weil solche Maßnahmen bei einem Verkauf der Immobilie nicht wieder zu erlösen sind. Sanierungsmaßnahmen sind deshalb, wenn der Eintritt der Volljährigkeit bevorsteht, auf das Maß desjenigen zu beschränken, was bis zum Eintritt der Volljährigkeit unabdingbar erforderlich ist, sei es auch nur, um einen vorübergehend tragbaren Zustand zu gewährleisten, der die Möglichkeit offen hält, dass der Betroffene nach Eintritt seiner Volljährigkeit grundlegende Entscheidungen selbst treffen kann.[25] Etwas anderes kann allerdings u.U. bei sich abzeichnendem Ende einer Hochzinsphase gelten sowie im Hinblick auf angemessene Teile des Vermögens bei größeren Vermögen. Auch können bestimmte Anlageformen, etwa der Abschluss einer Lebensversicherung unter Berücksichtigung auch steuerlicher Gesichtspunkte einen längerfristigen Anlagehorizont als sinnvoll erscheinen lassen[26].

- Im Fall der Betreuung orientiert sich der Anlagehorizont grundsätzlich an der **Lebenserwartung des Betreuten**. Es ist nicht die Aufgabe des Betreuers, eine Vermögensplanung über die Lebenserwartung hinaus auch für die potentiellen Erben vorzunehmen[27]. Allerdings ist die Lebenserwartung mit zahlreichen Unwägbarkeiten verbunden. So kann die individuelle Lebenserwartung von der abstrakten Lebenserwartung divergieren und sich mitunter – zum Guten oder Schlechten – rasch ändern. Auch ist zu beachten, dass sich die statistische Lebenserwartung mit steigendem Alter ändert. Ist nach medizinischer Einschätzung der Tod des Betreuten zeitlich absehbar zu erwarten, soll es gebo-

---

[20] Vgl. auch *Werkmüller/Oyen*, Rpfleger 2003, 66-70.
[21] Vgl. zur Bedeutung des Vermögensaufbaus etwa auch *Werkmüller/Oyen*, Rpfleger 2003, 66-70.
[22] So auch OLG Frankfurt v. 18.07.2002 - 20 W 451/01 - BtPrax 2002, 266 ff.; *Perlwitz* in: HK-BUR, § 1811 Rn. 16.
[23] Vgl. auch *Veit* in: Staudinger, § 1811 Rn. 25.
[24] OLG Hamm v. 13.04.2010 - I-15 Wx 263/09 - juris Rn. 20 - FamRZ 2010, 1997-1998; *Bienwald* in: Bienwald/Sonnenfeld/Hoffmann, Betreuungsrecht, 4. Aufl. 2005, Anhang zu § 1908i BGB Rn. 4.
[25] OLG Hamm v. 13.04.2010 - I-15 Wx 263/09 - juris Rn. 20 - FamRZ 2010, 1997-1998.
[26] So auch *Fiala/Stenger*, Geldanlagen für Mündel und Betreute – Rechtliche und finanzmathematische Grundlagen für Vormünder und Betreuer, 2. Aufl. 2004, S. 37.
[27] *Bienwald* in: Bienwald/Sonnenfeld/Hoffmann, Betreuungsrecht, 4. Aufl. 2005, Anhang zu § 1908i BGB Rn. 6.

ten sein, im Hinblick auf kurzfristig zu erwartende Zahlungsverpflichtungen einen Teil des Vermögens kurzfristig anzulegen[28]. Bei derartigen Dispositionen ist allerdings auf die Gefühle des Betreuten größte Rücksicht zu nehmen, was im konkreten Fall auch ganz gegen Dispositionen für den nahen Todesfall sprechen kann. Des Weiteren kann es selbst bei einer nach medizinischer Einschätzung begrenzten Lebenserwartung unter Berücksichtigung des Wohles des Betreuten im Einzelfall sinnvoll sein, Vermögensanlagen unabhängig von der Lebenserwartung zu tätigen, nämlich dann, wenn es dem Willen des Betroffenen entspricht, Teile seines Vermögens der nachfolgenden Generation zu hinterlassen.

- Die **Höhe des Mündelvermögens**: Je geringer das Vermögen des Mündels ist, umso stärker er mithin darauf angewiesen ist, dieses ungeschmälert zu erhalten, umso geringer ist der Spielraum für renditeträchtige, aber risikoreiche Anlageformen.
- Das **allgemeine Marktumfeld**: Die Geldanlageentscheidung kann unterschiedlich ausfallen, je nachdem, ob sie in einer Hochzinsphase oder in einer Niedrigzinsphase erfolgt, je nachdem, ob die Preisentwicklung von Inflation oder Deflation geprägt ist, je nachdem, ob die Wirtschaft robust, das Wachstum stark, die Finanzen privater und öffentlicher Marktakteure gesund sind oder nicht. Freilich ist jede Geldanlageentscheidung eine Prognoseentscheidung für die Zukunft, und ob das jeweilige Marktumfeld günstig war oder nicht, kann bei nachträglicher Betrachtung ganz anderer Bewertung unterliegen. Gleichwohl wäre es pflichtwidrig, bekannte Risiken zu ignorieren.
- Damit eng verbunden ist die Frage, in welchem Umfang das vorhandene Vermögen überhaupt für eine Anlage zur Verfügung steht und in welchem Umfang der Vermögensbestand oder wenigstens die Erträge für die **Bestreitung des Lebensunterhalts** benötigt werden[29]. Der Betreuer darf den Betreuten nicht gegen seinen Willen zu einer besonders sparsamen Lebensführung zwingen[30]. Allerdings kann durch eine Steuerung auch der Passivseite (sog. Liabilities) ein Risikomanagement betrieben werden, das eine geringe Liquiditätshaltung erfordert. Zu diesem Zweck können (und müssen großteils) insbesondere elementare Risiken wie Krankheit, Pflegebedürftigkeit, Langlebigkeit, Erwerbsunfähigkeit etc. durch Versicherungen abgedeckt werden.
- Auch **die in der Vergangenheit von dem Betroffenen getätigten Anlageentscheidungen** sind zu berücksichtigen[31]. Wer etwa in der Vergangenheit besonders sichere Anlagen getätigt hat, dem wird auch nach Eintritt des Betreuungsfalls eine tendenziell eher defensive Anlagestrategie zuzumuten sein. Umgekehrt kann ein besonders risikofreudiges Anlageverhalten schon deshalb nicht ohne weiteres gebieten, dass auch der Betreuer in erheblichem Umfang Risikogeschäfte eingeht, weil es zur Vermeidung von Haftungsrisiken dazu regelmäßig eines eingehenden und fortlaufenden Studiums des betroffenen Marktgeschehens bedarf, das dem Vormund/Betreuer unzumutbar wäre[32].
- Auch **persönliche Interessen des Mündels** können eine Rolle spielen, etwa das Empfinden einer sittlichen Pflicht zur Unterstützung eines nahen Familienangehörigen durch ein Darlehen[33] – allerdings nur wenn und soweit ein solches persönliches Interesse des Mündels besteht, nicht allein weil es im Interesse des Dritten liegt, und nur dann, wenn die wirtschaftlichen Bedingungen, zu denen das Darlehen gewährt wird, den Mündelinteressen nicht zuwiderlaufen.

20 Demgegenüber sind Wünsche und Belange Dritter, etwa verwandter und nahe stehender Personen sowie potentieller Erben, für sich betrachtet unerheblich. Das Handeln des Vormunds hat sich ausschließlich am Wohl des Mündels zu orientieren. Auch im Todesfall haftet er gegenüber den Erben nicht, wenn diesen Vorteile entgehen, sondern nur, wenn dem Mündel Vorteile entgangen sind.

21 Die Anwendung des § 1811 BGB kann im Fall der **Betreuung** wegen § 1901 Abs. 2, Abs. 3 BGB einer gewissen Modifikation bedürfen. Zum Wohl des Betreuten gehört auch die Möglichkeit, im Rahmen seiner Fähigkeiten sein Leben nach eigenen Vorstellungen zu gestalten.[34] Die Berücksichtigung von Wünschen des Betreuten kann eine seiner Lebensführung entsprechende Anlage unter Umständen auch

---

[28] *Fiala/Stenger*, Geldanlagen für Mündel und Betreute – Rechtliche und finanzmathematische Grundlagen für Vormünder und Betreuer, 2. Aufl. 2004, S. 30.
[29] OLG Frankfurt v. 18.07.2002 - 20 W 451/01 - BtPrax 2002, 266 f.; vgl. auch *Dodegge* in: Handbuch der Rechtspraxis, Band 5b – Familienrecht – 2. Halbband, 7. Aufl. 2010, Rn. 345.
[30] BayObLG v. 20.09.1990 - BReg 3 Z 103/90 - FamRZ 1991, 481-483.
[31] OLG Frankfurt v. 18.07.2002 - 20 W 451/01 - BtPrax 2002, 266 f.
[32] Vgl. auch *Fiala/Stenger*, Geldanlagen für Mündel und Betreute – Rechtliche und finanzmathematische Grundlagen für Vormünder und Betreuer, 2. Aufl. 2004, S. 28.
[33] *Saar* in: Erman, § 1811 Rn. 4; *Engler* in: Staudinger, Neubearb. 2004, § 1811 Rn. 15.
[34] Vgl. hierzu etwa *Klie*, BtPrax 2001, 10, 14.

dann noch als genehmigungsfähig erscheinen lassen, wenn sie nur eingeschränkt den Grundsätzen einer wirtschaftlichen Vermögensverwaltung entspricht.[35] Hat der Betreute beispielsweise ein gesteigertes Sicherheitsbedürfnis, kann es sinnvoll sein, verstärkt festverzinsliche Anlageformen zu wählen, auch wenn angesichts eines großen Vermögens eine stärkere Streuung und die Eingehung risikoträchtigerer Anlagen in größerem Umfang finanzwissenschaftlich sinnvoll wäre. Umgekehrt kann auch der Wunsch nach einer möglichst hochverzinslichen Anlage eines bestimmten Vermögensbausteins seine Berechtigung haben, wenn ein Großteil des sonstigen, nicht geringen Vermögens breit gestreut und verhältnismäßig sicher angelegt ist. Der Betreuer hat in solchen Fällen den ernsthaften Wunsch des Betreuten nach Möglichkeit zu realisieren.[36] Probleme können sich ergeben, wenn der Wunsch den objektiven Interessen des Betreuten grob zuwiderläuft. Zu den Voraussetzungen, unter denen der Wunsch des Betreuten beachtlich ist, vgl. die Kommentierung zu § 1793 BGB Rn. 70.

Hinweis für die Praxis: Ein vom Betreuten geäußerter Wunsch sollte zur haftungsrechtlichen Absicherung des Betreuten und um eine Genehmigung des Gerichts zu erleichtern, aktenkundig gemacht und dem Gericht zugänglich gemacht werden. 22

Hinzuweisen ist darauf, dass die Gesichtspunkte, die nach § 1901 Abs. 2, 3 BGB eine Berücksichtigung des Wunsches des Betreuten rechtfertigen können, im Einzelfall auch beim Vormund Relevanz erlangen können. Auch im Rahmen der Vermögenssorge für den Mündel ist die wachsende Fähigkeit und das wachsende Bedürfnis des Kindes zu selbständigem verantwortungsbewusstem Handeln nach § 1626 Abs. 2 Satz 1 BGB zu berücksichtigen. Dies verbietet es geradezu, Geldanlageentscheidungen bis zum Eintritt der Volljährigkeit ohne jede Beteiligung des Mündels vorzunehmen. Die Vorstellung, dass Minderjährige aufgrund ihres in der Regel fehlenden wirtschaftlichen Sachverstandes nicht in der Lage seien, bezüglich der Geldanlage eine auch nur halbwegs sinnvolle Meinung zu haben[37], kann zumindest bei älteren Jugendlichen mit entsprechendem Interesse an dieser Materie nicht ohne weiteres gelten. Man wird bei der Wahl der richtigen Anlageform allerdings ihre häufig noch fehlende Erfahrung ungleich stärker berücksichtigen müssen und bei Berücksichtigung etwaiger Wünsche des Jugendlichen besonderes Augenmerk darauf legen müssen, dass sich dem Jugendlichen auch eine ihm verständliche und inhaltlich angemessene Entscheidungsgrundlage bietet. 23

6. Gesamtwürdigung der Anlageform

Anerkannt ist, dass es einer Würdigung der gesamten Vermögenssituation des Mündels bedarf[38]. Hierfür wird der Vormund zunächst den aktuellen Finanzstatus des Mündels bestimmen. Hierzu gehören die Ermittlung der vorhandenen Werte sowie die Möglichkeiten für Umschichtungen auch unter Berücksichtigung noch laufender vertraglicher Bindungen. 24

Des Weiteren ist der voraussichtliche Anlagehorizont zu ermitteln. Im Fall der Vormundschaft kommt insofern dem Eintritt in die Volljährigkeit maßgebliches Gewicht zu. Wertende Gesichtspunkte unter Berücksichtigung des Mündelinteresses können jedoch ausnahmsweise Abweichungen hinsichtlich bestimmter Vermögensbausteine rechtfertigen. Im Fall der Betreuung kommt der Lebenserwartung Bedeutung zu. Wertende Aspekte können hier stärker hinzutreten als bei der Vormundschaft (vgl. Rn. 19). Ferner ist der Finanzbedarf des Mündels im Anlagehorizont zu prognostizieren. Dabei sind insbesondere die voraussichtlichen Zahlungsverpflichtungen in Betracht zu ziehen. Damit steht fest, welche Vermögenswerte maximal wie lange gebunden werden können. 25

In einem weiteren Schritt kann die Grundausrichtung der Anlageform nach der Anlagementalität des Mündels oder – häufiger – des Betreuten bestimmt werden, soweit dessen Wille im konkreten Fall berücksichtigungsfähig ist (vgl. hierzu schon Rn. 19). 26

Nun werden konkrete, in Betracht kommende Anlageformen für einzelne Vermögensbausteine nach Sicherheit, Ertrag, Flexibilität und Fungibilität bewertet und an der für den Betroffenen geeigneten Grundausrichtung der Anlageform gemessen. Wie die Abwägung der Kriterien ausfällt, kann nicht pauschal beurteilt werden. Jedoch können einige Grundaussagen getroffen werden: Der Gesetzeswortlaut fordert weder eine vollständige Absicherung der Geldanlage, noch lässt er auch nur eine Priorität 27

---

[35] So auch *Roth* in: Dodegge/Roth, Betreuungsrecht, 2003, E Rn. 55.
[36] Vgl. auch *Harm*, Rpfleger 2012, 185-186.
[37] So *Fiala/Stenger*, Geldanlagen für Mündel und Betreute – Rechtliche und finanzmathematische Grundlagen für Vormünder und Betreuer, 2. Aufl. 2004, S. 28.
[38] *Wagenitz* in: MünchKomm-BGB, § 1811 Rn. 13; *Fiala/Stenger*, Geldanlagen für Mündel und Betreute – Rechtliche und finanzmathematische Grundlagen für Vormünder und Betreuer, 2. Aufl. 2004, S. 30, auch zum gesamten Nachfolgenden.

der Sicherheit gegenüber der Rentabilität erkennen. Die Gesetzessystematik der §§ 1807, 1811 BGB ist freilich immer noch von der Vorstellung geprägt, dass die Geldanlage nach § 1807 BGB den Regelfall bildet und § 1811 BGB die Ausnahme. Dies entspricht der lange Zeit vorherrschenden Geldanlagekultur in Deutschland und dem unter wirtschaftlich stabilen Verhältnissen bewährten Erfahrungssatz, dass eine Geldanlage in der Form des § 1807 BGB den Mündel gegen einen Verlust seiner Vermögenssubstanz hinreichend absichert. Unter diesen Verhältnissen liegt es nahe, bis zur Volljährigkeit des Mündels den Schwerpunkt auf die Erhaltung, nicht auf die Mehrung des Mündelvermögens zu legen und die Entscheidung über die Risikobereitschaft in der Anlage seines Vermögens nicht vorwegzunehmen. Diese konservative Anlagepolitik bedarf freilich einer kritischen Überprüfung. Die Wirtschaftskrise der Zwanziger Jahre hat gezeigt, dass auch eine „sichere" Geldanlage nicht immer vor einer Vermögenseinbuße schützen kann. Der Wert eines Vermögens ist keine statische Größe, sondern hängt auch von gesamtwirtschaftlichen Faktoren, etwa von der Inflationsrate ab.[39] Auch geht die konservative Anlagepolitik von der Prämisse aus, dass die mit ihr erzielten Ersparnisse die Interessen des Mündels ausreichend wahren. In Zeiten defizitärer öffentlicher Haushalte und Rentenkassen entsteht jedoch für viele Menschen ein gesteigerter Bedarf eigener Vorsorge. Anlageformen wie etwa Aktienfonds, die zwar kurzfristig und einzelfallbezogen ein hohes Risikopotential aufweisen, langfristig und global betrachtet aber nach bisheriger Erfahrung mit hoher Wahrscheinlichkeit vergleichsweise hohe Renditen erbringen, können – in ausgewogenen Maßen – zur Deckung dieser Versorgungslücken durchaus angemessen erscheinen. Das gilt insbesondere für Minderjährige mit einem langen Anlagezeitraum. Bei großen Vermögen schließlich kann die progressive Besteuerung es erforderlich machen, zur Erhaltung des Vermögens nicht nur auf konservative Anlageformen zu setzen. Damit soll nicht geleugnet werden, dass der Sicherheit der Geldanlage bei Mündelgeldern ein besonders hoher Stellenwert zukommt. Aber die für den Vormund (haftungsrechtlich) vermeintlich sicherste Anlage wahrt nicht zwingend am besten das Interesse des Mündels. Ungeachtet dieses Appells zu Offenheit gegenüber geeigneten neuen Anlageformen bleibt das oberste Gebot der Mündelgeldanlage freilich die der „Sicherheit, Wirtschaftlichkeit und Besonnenheit"[40]. Vermögenserhalt geht vor Vermögensmehrung.[41]

28 Die Genehmigungsfähigkeit einer Anlage ist nach dem dargestellten Mechanismus immer unter Berücksichtigung der gesamten Finanzplanung des Mündels zu tätigen. Auch eine für sich betrachtet mit beträchtlichen Risiken versehene Anlageform kann, wenn sie nur einen kleinen Teil eines großen Vermögens ausmacht, zulässig, ja sogar geboten sein. Der Vermögensverwalter hat nämlich auf eine angemessene Mischung der Risiken zu achten[42]. Da sich unmöglich alle denkbaren Anlageformen miteinander vergleichen lassen, kann es nicht darum gehen, die optimale Anlage zu finden. Die Anlage muss sich aber in der vertretbaren Spannungsbreite bewegen, die die Anlageziele sinnvoll zu einem Ausgleich bringt. Ausgangspunkt der Prüfung kann häufig der bei Eintritt der Vormundschaft oder Betreuung vorhandene Vermögensbestand sein. Etwas anderes kann etwa gelten, wenn der Vormund oder Betreuer einen hochspekulativen Vermögensbestand vorfindet (vgl. dazu schon Rn. 19).

IV. Einzelne Anlageformen

1. Grundlagen:

29 Aussagen zur Genehmigungsfähigkeit einzelner Anlageformen sind stets problematisch, da sich die Genehmigungsfähigkeit letztlich nur aufgrund der dargestellten Gesamtwürdigung des Gesamtvermögensbestandes unter Berücksichtigung aller auch individuellen Umstände des Einzelfalles beurteilen lässt. Unter diesem Vorbehalt sollen gleichwohl zur Orientierung an dieser Stelle Einzelaussagen zu konkreten Anlageformen zusammengetragen werden.

---

[39] Vgl. hierzu *Hoffmann*, BtPrax 2000, 242-242.
[40] Vgl. auch *Fiala/Stenger*, Geldanlagen für Mündel und Betreute – Rechtliche und finanzmathematische Grundlagen für Vormünder und Betreuer, 2. Aufl. 2004, S. 28 m.w.N.; ähnlich auch *Dickescheid* in: BGB-RGRK, § 1811 Rn. 5.
[41] Vgl. *Dodegge* in: Handbuch der Rechtspraxis, Band 5b – Familienrecht – 2. Halbband, 7. Aufl. 2010, Rn. 345.
[42] BGH v. 29.03.1994 - XI ZR 31/93 - ZIP 1994, 693 f.; OLG Frankfurt v. 18.07.2002 - 20 W 451/01 - BtPrax 2002, 266 ff.; so auch *Engler* in: Staudinger, Neubearb. 2004, § 1811 Rn. 18; *Perlwitz* in: HK-BUR, § 1811 Rn. 17.

2. Einlagen bei anderweitigen Kreditinstituten

a. Kurzcharakteristik

Vor dem Hintergrund der vom Gesetzgeber eng umgrenzten Erweiterung der Anlagemöglichkeiten bei Kreditinstituten mit ausreichendem Einlagensicherungssystem nach § 1807 Abs. 1 Nr. 5 BGB ist problematisch, inwiefern – insbesondere ausländische – Kreditinstitute ohne Einlagensicherungssystem nach deutschem Vorbild für eine Anlage in Betracht kommen (vgl. dazu schon die Kommentierung zu § 1807 BGB Rn. 53). Einerseits darf das Erfordernis der Einlagensicherungseinrichtung nicht über § 1811 BGB umgangen werden.[43] Andererseits erschiene eine Beschränkung allein auf die deutschen Einlagensicherungssysteme im Hinblick auf die Art. 14, 56, 49 EGVtr bedenklich. (Gerade noch) europarechtskonform dürfte § 1807 Abs. 1 Nr. 5 BGB dahin gehend auszulegen sein, dass er eine den deutschen Einlagensicherungssystemen gleichwertige Sicherheit erfordert. Denn da es auch den ausländischen Kreditinstituten freisteht, ein gleichwertiges System zu schaffen, liegt hierin wohl keine Diskriminierung ausländischer Marktteilnehmer. Über § 1811 BGB wäre es dann möglich, Anlagen bei Kreditinstituten, die diese Voraussetzungen – wie bei vielen ausländischen Instituten – nicht erfüllen, zuzulassen, wenn kein institutionalisiertes Einlagensicherungssystem besteht, jedoch nach sachkundiger Einschätzung ein signifikantes Insolvenzrisiko nicht besteht. Letzteres bedarf freilich der Prüfung im Einzelfall.

Bei der Anlage von Mündelgeld in Bankeinlagen ist unabhängig davon zu differenzieren zwischen Einlagen in Girokonten und sonstigen Bankeinlagen. Eine Anlage auf Girokonten scheidet regelmäßig schon mangels ausreichender Verzinsung aus (vgl. § 1806 BGB). Sonstige, verzinsliche Anlagen werden unter unterschiedlichen Bezeichnungen angeboten, wobei teilweise eine feste Anlagedauer vorgesehen ist (Festgeld), teilweise die Einlage nach bestimmten Kündigungsfristen verfügbar ist (Kündigungsgeld) und teilweise eine tägliche Verfügbarkeit gegeben ist (Tagesgeld). Hierher zählt grundsätzlich auch das Sparbuch, das regelmäßig allerdings nur eine geringe Verzinsung aufweist.

b. Vor- und Nachteile der Anlage in Girokonten in Kurzform[44]

Vorteile	Nachteile	Prophylaxestrategien	Eignung zur Mündelanlage
- hohe Einlagensicherheit - sofortige Verfügbarkeit - geringe Kosten - geringer Verwaltungsaufwand - Wahrung einer gewissen Selbständigkeit des Betreuten, wenn Verfügungsmacht - Erlernen des Umgangs mit Geldkarten beim Mündel	- keine oder niedrige Rendite - hohes Inflationsrisiko - Währungsrisiko bei Auslandskonten - Missbrauchsanfälligkeit (z.B. EC-Kartenbetrug; Verfügungen des Betreuten)	- Wahl eines Instituts mit Einlagensicherungssystem - Aushandeln einer Sonderverzinsung (z.B. Onlinebanking) - Wahl eines gebührenfreien Kontos - Kombination mit sonderverzinsten Konten über Dauer-Abbuchungsauftrag - Konto für Betreuten/Mündel mit beschränktem Verfügungsrahmen	i.d.R. nein (§ 1806 BGB)

---

[43] Kritisch deshalb *Roth* in: Dodegge/Roth, Betreuungsrecht, 2003, R Rn. 52; *Dickescheid* in: BGB-RGRK, § 1811 Rn. 5.

[44] Die folgenden Übersichten über Vor- und Nachteile einzelner Anlageformen bauen teilweise auf der Übersicht von *Fiala/Stenger*, Geldanlagen für Mündel und Betreute, 2. Aufl. 2004, S. 59 f., auf.

c. Vor- und Nachteile der Anlage in sonstigen Bankeinlagen in Kurzform

33

Vorteile	Nachteile	Prophylaxestrategien	Eignung zur Mündelanlage
- hohe Einlagensicherheit - geringe Kosten - geringer Verwaltungsaufwand	- niedrige Rendite - eingeschränkte Verfügbarkeit - hohes Inflationsrisiko - Währungsrisiko bei Auslandskonten - Besteuerung von Kapitaleinkünften	- Wahl eines Instituts mit Einlagensicherungssystem - Aushandeln einer Sonderverzinsung - Marktvergleich einholen - Wahl von Produkten mit kurzer Kündigungsfrist - Wahl langer Anlagezeiträume in Hochzinsphasen - zeitliche Staffelung zur Ausschöpfung steuerlicher Freibeträge - evtl. Streuung auf verschiedene Währungen - evtl. Schuldverschreibungen oder Rentenfonds als Alternative/Ergänzung	i.d.R. hoch

3. Anlagen in Lebensversicherungen

a. Kurzcharakteristik

34 Auch Lebensversicherungen können als anderweitige Anlageform in Betracht kommen.[45]

35 Vorteile dieser Anlageform sind:
- vergleichsweise hohe Gewinnchancen durch Überschussbeteiligungen,
- in Deutschland garantierte Mindestverzinsung,
- je nach Laufzeit steuerliche Vorteile,
- Möglichkeit der Absicherung individueller Risiken.

36 Freilich sind auch Nachteile in Betracht zu ziehen, insbesondere:
- lange Vertragsbindung,
- hohe Verluste bei vorzeitiger Kündigung oder Veräußerung,
- nicht garantierte Überschussbeteiligungen,
- begrenzte Anlagesicherheit,
- unterschiedliche Rechtslage hinsichtlich Aufsicht und Anlagevorschriften in unterschiedlichen Staaten.

37 Wenn der Umfang des Vermögens eine umfassende Finanzplanung lohnt, kann es sinnvoll sein, insofern auch ausländische Versicherungsprodukte ins Blickfeld zu nehmen. In Anlageberatungskreisen wird insbesondere britischen Lebensversicherungen ein hohes Maß an Sicherheit und eine geringe Volatilität zugestanden[46]. Stets kommt es insofern aber auf die Parameter der Versicherungsgesellschaft (etwa Rating und Reserven) sowie des konkreten Vertragsangebotes an.

38 Der Abschluss einer Lebensversicherung bedarf ferner regelmäßig der familiengerichtlichen Genehmigung nach § 1822 Nr. 5 BGB oder § 1907 Abs. 3 BGB.[47]

---

[45] *Fiala/Stenger*, Geldanlagen für Mündel und Betreute – Rechtliche und finanzmathematische Grundlagen für Vormünder und Betreuer, 2. Aufl. 2004, S. 67 ff.; *Spanl*, Vermögensverwaltung durch Vormund und Betreuer, 2. Aufl. 2009, S. 161.

[46] So etwa *Fiala/Stenger*, Geldanlagen für Mündel und Betreute – Rechtliche und finanzmathematische Grundlagen für Vormünder und Betreuer, 2. Aufl. 2004, S. 67 ff.

[47] Allg. A., vgl. *Meier/Neumann*, Handbuch Vermögenssorge, 2006, S. 181; *Spanl*, Vermögensverwaltung durch Vormund und Betreuer, 2. Aufl. 2009, S. 161.

b. Vor- und Nachteile der Anlage in Lebensversicherungen in Kurzform

Vorteile	Nachteile	Prophylaxestrategien	Eignung zur Mündelanlage
- hohe Sicherheit bzgl. der Garantie - Versicherungsschutz als Mehrwert - evtl. steuerliche Vorteile und sonstige Förderanreize	- Überschussbeteiligung nicht garantiert - u.U. Insolvenzgefahr - intransparente Kostenstruktur - Kosten durch Vertriebsprovisionen - geringe Verfügbarkeit; ggf. lange Bindungsdauer - ggf. Mehrkosten durch Risikoversicherung	- Wahl von Produkten mit hoher Mindestverzinsung - Marktvergleich einholen; auch Direktanbieter prüfen - Berücksichtigung der Bonität und der effektiven Auszahlung in der Vergangenheit - evtl. unterschiedliche Anlageformen im Ausland in Betracht ziehen. - klare Bedürfnisanalyse hinsichtlich Kapitalbildung und Risikoabsicherung	mittel

4. Anlagen in Bausparverträge

a. Kurzcharakteristik

Ist der Abschluss eines Bausparvertrages nicht nach § 1807 Abs. 1 Nr. 4 oder 5 BGB genehmigungsfrei (vgl. hierzu die Kommentierung zu § 1807 BGB), kann eine Genehmigung nach § 1811 BGB in Betracht kommen, wenn der Erwerb oder Bau/Umbau einer Immobilie beabsichtigt ist.[48] Vorteil dieser Anlageform ist insbesondere:
- die Möglichkeit der günstigen Darlehensgewährung,
- nur geringe Vermittlungsgebühren bei Kündigung.

Dem stehen als Nachteile gegenüber:
- begrenzte Gewinnmöglichkeiten,
- Einschränkungen in der Verwendbarkeit und Flexibilität,
- regelmäßig langfristige Zahlungen.

Freilich bedarf es sehr gewichtiger Gründe für eine Genehmigung nach § 1811 BGB, wenn – wie regelmäßig – Alternativen zur Verfügung stehen, die einen ausreichenden Sicherungsschutz nach § 1807 BGB bieten.

Der Abschluss eines Bausparvertrages dürfte in der Regel einer Rechtfertigung aufgrund der individuellen Lebensplanung bedürfen. Denn er schränkt den Mündel in der Verwendung wesentlich stärker ein als andere Anlageformen. Unproblematisch erscheint der Abschluss eines Bausparvertrages daher am ehesten, wenn in wirtschaftlich komfortablen Verhältnissen ein späterer Immobilienerwerb nahe liegt und das Geld anderweitig voraussichtlich nicht benötigt wird.

b. Vor- und Nachteile der Anlage in Bausparverträgen in Kurzform

Vorteile	Nachteile	Prophylaxestrategien	Eignung zur Mündelanlage
- hohe Sicherheit soweit Sicherungseinrichtung vorhanden - staatliche Förderung - flexible Nutzung bei beabsichtigtem Bauvorhaben - mäßige Verluste bei vorzeitiger Kündigung	- lange Laufzeit, u.U. über Eintritt der Volljährigkeit hinaus (§ 1822 Nr. 5 BGB!) - Risiko der Entwicklung des Kreditzinses - geringe Verfügbarkeit - Ermittlung der Kosten und Rendite z.T. nicht ganz leicht	- Wahl von Bausparkasse mit Sicherungseinrichtung - klare Bedürfnisanalyse hinsichtlich eventueller Wohnnutzung	u.U. schon § 1807 Abs. 1 Nr. 4, 5 BGB

---

[48] So *Spanl*, Vermögensverwaltung durch Vormund und Betreuer, 2. Aufl. 2009, S. 161.

5. Anlagen in Aktien

a. Kurzcharakteristik

44 Der Inhaber eines Unternehmens ist Träger eines unternehmerischen Risikos. Er nimmt unmittelbar an den Gewinnchancen und Verlustrisiken des Unternehmens teil. Auf der einen Seite ist er über die Dividende am Unternehmenserfolg beteiligt. Auf der anderen Seite führt der Unternehmensmisserfolg im schlimmsten Fall – der Insolvenz des Unternehmens – zum vollständigen Verlust der Beteiligung. Eine Absicherung hiergegen – wie etwa für Geldeinlagen bei einem Kreditinstitut, das einem Einlagensicherungssystem angehört – gibt es nicht. Allerdings ist der Aktionär gegen eine Nachhaftung oder gar eine Haftung mit dem gesamten persönlichen Vermögen – anders als bei manch anderen unternehmerischen Beteiligungen – geschützt. Wie hoch die aus der unternehmerischen Beteiligung resultierenden Anlagechancen und -risiken sind, hängt maßgeblich vom unternehmerischen Erfolg ab. Geldanlagen in Aktien erfordern deshalb eine vergleichsweise intensive Beschäftigung mit dem jeweiligen Unternehmen und auch mit dem Markt, auf dem sich das Unternehmen betätigt. Dabei genügt die einmalige Beschäftigung mit dem Unternehmen zur Vorbereitung der Kaufentscheidung nicht. Vielmehr bedarf es einer kontinuierlichen Beobachtung. Die Anlageentscheidung muss also stets neu bewertet werden. Je nach dem Umfang der Beteiligung hat der Aktionär freilich auch über sein Stimmrecht die Möglichkeit, auf das Unternehmen Einfluss auszuüben. Chancen und Risiken ergeben sich freilich nicht nur aus den individuellen Merkmalen des Unternehmens. Häufig – nicht immer! – werden Aktien an Börsen gehandelt. Das hat für den Aktionär den Vorteil der hohen Verfügbarkeit, auch in Krisenzeiten. Bei nicht börsennotierten Unternehmen kann es mitunter äußerst aufwendig bis praktisch unmöglich sein, eine Unternehmensbeteiligung wieder zu veräußern. Der Börsenhandel setzt die Aktie jedoch zugleich den unmittelbaren Einflüssen des Marktgeschehens aus. Die daraus resultierenden Kursgewinnchancen machen Aktien für die Mündelgeldanlage interessant. Allerdings ist die Aktie so auch den allgemeinen Marktrisiken ausgesetzt. Unabhängig von den konkreten Merkmalen des Unternehmens kann die Aktie so Gegenstand von Konjunkturprognosen, Spekulationen, psychologischen Stimmungen am Markt usw. werden. Deshalb genügt im Fall einer Aktienanlage nicht die Beobachtung des Unternehmens. Der Aktionär muss vielmehr das gesamte Marktgeschehen aufmerksam und regelmäßig beobachten. Wenngleich sich die Risiken plötzlicher Marktbewegungen mit vorbestimmten Kauf- und Verkaufsordern eingrenzen lassen, scheitert die Mündelgeldanlage in Aktien regelmäßig schon daran, dass die Marktbeobachtung viel Aufwand erfordert. Wegen der mitunter starken Schwankungen des Börsengeschehens gelten Aktien als vergleichsweise riskant. Allerdings steht der Unternehmensbeteiligung auch ein Gegenwert gegenüber. Denn über die Aktie ist der Inhaber an den zum Unternehmen gehörenden Sachwerten, dem Know-How, dem Goodwill des Unternehmens usw. unmittelbar beteiligt. Damit verfügt die Aktie über einen vergleichsweise hohen Inflationsschutz. Bei ausländischen Aktien kommen zu den dargestellten Risiken noch Fremdwährungsrisiken hinzu. Aktien werden regelmäßig in Bankdepots verwahrt. Für diese Verwahrung und ggf. die Wahrnehmung von Stimmrechten fällt zumeist eine Vergütung an. Je nach Umfang der angestrebten Beteiligung ist zu prüfen, ob diese Kosten noch in einer günstigen Relation zu den Vorteilen der Anlage stehen.

45 Die Praxis betont, dass eine Anlage in Aktien nicht schon von vornherein ausscheidet.[49] Kurzfristige Anlagen in Aktien oder Investmentpapiere zur Ausnutzung von Kursschwankungen sind bei nicht unerheblichem Kursrisiko allerdings nicht als sicher zu betrachten.[50] Auch langfristige Anlagen in Einzelaktien dürften wegen des ungesicherten Risikos eines Totalausfalls bei Insolvenz des Unternehmens in der Praxis regelmäßig ausscheiden.[51] Etwas anderes kann unter Berücksichtigung der Umstände des Einzelfalles allerdings dann gelten, wenn der Mündel über ein hinlänglich großes, sicher angelegtes restliches Vermögen verfügt, es sich bei der Aktie um eine Standardaktie mit nach sachverständiger Beurteilung langfristig günstiger Prognose handelt und das Engagement seinem Umfang nach den wirtschaftlichen Verhältnissen des Mündels angemessen erscheint. In solchen Fällen kann das Mündelinteresse die Wahrnehmung gewisser Restrisiken angemessen erscheinen lassen.[52] Entgegen zum Teil

---

[49] OLG München v. 05.06.2009 - 33 Wx 124/09 - OLGR München 2009, 615-626, m.w.N.; OLG Köln v. 09.08.2000 - 16 Wx 93/00 - juris Rn. 8 - OLGR Köln 2001, 78-79; *Dodegge* in: Handbuch der Rechtspraxis, Band 5b – Familienrecht – 2. Halbband, 7. Aufl. 2010, Rn. 345; zur Zurückhaltung mahnend allerdings *Fritsche*, Rpfleger 2007, 53- 62, 60.

[50] So auch *Roth* in: Dodegge/Roth, Betreuungsrecht, 2003, E Rn. 52; dazu auch *Behrendsen/Fiala*, Rpfleger 1997, 281-288, 287 f.

[51] So etwa auch LG Berlin v. 03.02.1961 - 83 T 32/61 - JR 1961, 183-184; *Spanl*, Vermögensverwaltung durch Vormund und Betreuer, 2. Aufl. 2009, S. 162 f.

[52] Ähnlich auch *Roth* in: Dodegge/Roth, Betreuungsrecht, 2003, E Rn. 52; in diese Richtung auch OLG Schleswig v. 03.11.1999 - 2 W 154/99 - SchlHA 2000, 117.

noch vertretener Auffassung[53] ist es nämlich nicht zwingend erforderlich, dass die Anlage nach § 1811 BGB ebenso sicher ist wie die nach § 1807 BGB. Nach einer Entscheidung des OLG Düsseldorf soll bei konservativer Anlagementalität eine Investition bis zu maximal 30% der Depotwerte in Aktien noch zulässig sein[54]. Diese Entscheidung dürfte jedoch nicht ohne weiteres auf die Verwaltung von Mündelgeldern übertragbar sein. Bei einer Investition von 30% des Mündelvermögens in Aktien dürfte die Grenze der Zulässigkeit regelmäßig schon deutlich überschritten sein.

Der Erwerb von Belegschaftsaktien zu Vorzugskonditionen kann im Einzelfall genehmigungsfähig sein, da die günstigen Erwerbsmöglichkeiten, teilweise sogar verbunden mit öffentlicher Förderung, das Verlustrisiko oft überwiegen werden.[55]

b. Vor- und Nachteile der Anlage in Aktien in Kurzform

Vorteile	Nachteile	Prophylaxestrategien	Eignung zur Mündelanlage
- hohe Renditechancen (Kursgewinn, Dividende) - hoher Inflationsschutz - hohe Verfügbarkeit - ggf. Beteiligung an unternehmerischen Entscheidungen in der Hauptversammlung - ggf. Mitwirken im großen Familienunternehmen - steuerliche Vorteile - günstiger Erwerb bei Belegschaftsaktien etc. - keine Kosten für aktive Fondsverwaltung	- sehr hohe Verlustrisiken, resultierend aus allgemeinen Marktrisiken und individuell unternehmensbezogenen Risiken - hoher Verwaltungsaufwand - Verfügbarkeit in Krisen gefährdet - ggf. Währungsrisiken - Depotkosten - Besteuerung von Gewinnen - Genehmigung setzt häufig Einholung eines Gutachtens voraus	- Kombination mit sicheren Anlageformen - Angemessene Streuung auf mehrere Werte, ggf. in mehreren Branchen und Ländern - fortlaufende, fachlich qualifizierte Beobachtung der Unternehmen - Beschränkung der Anzahl der Einzelwerte zur Reduzierung des Aufwandes - Erteilung von Orderzusätzen, z.B. „stop-loss"; „stop-buy" - Berücksichtigung der zu erwartenden Ausschüttung - Wahl günstiger Depots - Berücksichtigung steuerlicher Folgen - evtl. Fonds als Alternative - Wahl von Aktien, die bereits in anderen Fällen gerichtlich auf Eignung geprüft wurden	i.d.R. niedrig, als Beimischung bei größeren Vermögen höher

6. Anlage in Aktienfonds

a. Kurzcharakteristik

Eine Anlage in Aktienfonds kann u.U. genehmigungsfähig sein.[56]

---

[53] In diese Richtung wohl OLG Frankfurt v. 23.12.1983 - 20 W 590/83 - Rpfleger 1984, 147-148; KG Berlin v. 03.05.1967 - 1 W 690/67 - NJW 1968, 55; *Zimmermann* in: Damrau/Zimmermann, Betreuungsrecht, 4. Aufl. 2011, § 1811 Rn. 6; bedingt auch *Engler* in: Staudinger, Neubearb. 2004, § 1811 Rn. 13 ff.

[54] OLG Düsseldorf vom 13.06.1990 - 6 U 234/89 - NJW-RR 1991, 308.

[55] So auch *Spanl*, Vermögensverwaltung durch Vormund und Betreuer, 2. Aufl. 2009, S. 164.

[56] So auch OLG Köln v. 09.08.2000 - 16 Wx 93/00 - juris Rn. 16 - OLGR Köln 2001, 78-79; OLG Schleswig v. 03.11.1999 - 2 W 154/99 - juris Rn. 6 - OLGR Schleswig 2000, 139-140; *Roth* in: Dodegge/Roth, Betreuungsrecht, 2003, E Rn 52; *Zimmermann* in: Damrau/Zimmermann, Betreuungsrecht, 4. Aufl. 2011, § 1811 Rn. 9; *Münchmeyer*, DRiZ 1963, 229-231; *Spanl*, Vermögensverwaltung durch Vormund und Betreuer, 2. Aufl. 2009, S. 170 ff.; *Fiala/Stenger*, Geldanlagen für Mündel und Betreute – Rechtliche und finanzmathematische Grundlagen für Vormünder und Betreuer, 2. Aufl. 2004, S. 36; auch OLG Schleswig v. 03.11.1999 - 2 W 154/99 - SchlHA 2000, 117; OLG Köln v. 09.08.2000 - 16 Wx 93/00 - NJW-RR 2001, 577-578; mit Einschränkungen auch *Saar* in: Erman, 13. Aufl. 2011, § 1811 Rn. 3.

49 Aktienfonds bündeln mehrere Aktien. Sie enthalten damit grundsätzlich dieselben unternehmerischen Chancen und Risiken wie Aktien (vgl. hierzu Rn. 44 ff.). Fonds bieten den erheblichen Vorteil, dass das Risiko der Einzelinsolvenz durch eine Streuung auf eine Vielzahl von Werten minimiert wird. Aber auch die – immer noch hohen – Gewinnmöglichkeiten werden durch die in Einzelfällen entstehenden Verluste etwas geschmälert. Wie börsennotierte Aktien zeichnen sich Fonds durch eine vergleichsweise hohe Verfügbarkeit aus. Daraus resultieren ähnliche Marktrisiken wie bei Aktien. Da der Inhaber über den Fonds mittelbar auch am Unternehmensvermögen beteiligt ist, nimmt er auch am vergleichsweise hohen Inflationsschutz der Unternehmensbeteiligung teil. Spezifische Chancen und Risiken können sich aus der Zusammenstellung des Fonds ergeben. Je breiter der Fonds über Branchen- und Ländergrenzen hinweg gestreut ist, umso mehr schwächen sich Risiken – aber auch Gewinnchancen – ab. Besonders enge Fonds (z.B. Biotechnologie- oder Telekommunikationsfonds) bieten mitunter besonders hohe Gewinnchancen, aber auch Verlustrisiken. Je nach den Regionen, in denen der Fonds investiert, können sich aus den rechtlichen und wirtschaftlichen Marktrisiken spezifische Chancen und Risiken ergeben (z.B. bei Investitionen in politischen Krisengebieten oder Staaten mit ungewisser wirtschaftlicher Entwicklung).

50 Bei Fonds, die von einer Fondsgesellschaft verwaltet werden, versucht die Fondsgesellschaft, durch Auswahl möglichst guter Aktien die jeweiligen Vergleichsindizes und -fonds zu schlagen. Der damit verbundene Verwaltungsaufwand ist allerdings vergleichsweise hoch, was zu hohen Kosten für den Anleger führt. Diese Mehrkosten lohnen nicht immer. Hinzu kommt, dass die Zusammensetzung des Fonds durch die aktive Verwaltung – je nach den Anlageregeln des Fonds – nicht unerheblich schwanken kann. Der Anleger ist also auch insofern der Qualität der Prognoseentscheidung der Fondsgesellschaft ausgesetzt. Eine Alternative hierzu können so genannte Indexfonds sein, die – meist zu deutlich günstigeren Verwaltungsgebühren – einen Aktienindex mehr oder weniger genau abbilden. Allerdings gibt es auch insofern zum Teil erhebliche Unterschiede.

51 Fonds unterliegen einer staatlichen Aufsicht – in Deutschland der Aufsicht der BaFin – und müssen bestimmte kapitalanlagerechtliche Schutzanforderungen erfüllen. Allerdings ist auch hier eine umfassende Würdigung aller Umstände des Einzelfalls vorzunehmen. Spezialfonds für bestimmte Staaten oder Regionen, für einzelne Branchen oder gar Technologien, für Start-ups oder KMUs sind zu meiden. Auch hier kommt eine Genehmigung umso eher in Frage, je größer das sicher angelegte sonstige Mündelvermögen, je länger der Anlagehorizont, je weiter die Risiken der gewünschten Anlage gestreut und je moderater der Anlagebetrag ist. Die gezielte Beimischung risikoreicherer Themenfonds im angemessenen Verhältnis kann unter Umständen im Rahmen einer wissenschaftlichen Standards genügenden Finanzplanung mit dem Ziel einer Renditeoptimierung bei gleichzeitig niedrigem Risiko gerechtfertigt werden.[57] Jedenfalls kann die Genehmigung der Anlage in einen Fonds nicht allein unter Hinweis auf das allgemeine Risiko von Kursschwankungen eines Aktienfonds und die mögliche künftige Fehleinschätzung bei der Gewichtung innerhalb des Fonds verweigert werden.[58] Der Bundesverband Deutscher Investmentgesellschaften stellt eine Liste bereits ergangener positiver Entscheidungen zur Anlage von Mündelgeldern in Wertpapierfonds zur Verfügung.[59] Solche Listen sind jedoch mit ähnlicher Vorsicht zu genießen wie Schmerzensgeldtabellen: Maßgeblich ist stets eine Gesamtschau aller Umstände des Einzelfalles. Es gibt deshalb keinen generell als mündelsicher anzusehenden Fonds, sondern nur Fonds, die unter Berücksichtigung der Größe des Vermögens, der Risikostreuung im Übrigen und des besonderen persönlichen Bedarfs des Mündels etc. im Einzelfall zur Anlage geeignet ist. Insbesondere bei größerem Vermögen kann eine Streuung verschiedener Anlageformen angezeigt sein.[60]

52 Die Verwaltung größerer Wertpapiervermögen durch den Vormund kann als Finanzdienstleistung genehmigungspflichtig nach § 32 KWG sein.[61]

---

[57] Vgl. hierzu *Fiala/Stenger*, Geldanlagen für Mündel und Betreute – Rechtliche und finanzmathematische Grundlagen für Vormünder und Betreuer, 2. Aufl. 2004, S. 64 f.

[58] OLG Köln v. 09.08.2000 - 16 Wx 93/00 - NJW-RR 2001, 577-578; zustimmend *Oyen/Werkmüller*, Rpfleger 2003, 66-70, 67; *Bienwald* in: Bienwald/Sonnenfeld/Hoffmann, Betreuungsrecht, 4. Aufl. 2005, Anhang zu § 1908i BGB Rn. 58; vgl. zur Relevanz der Streuung auf mehrere Anlageformen zur Risikominimierung OLG Frankfurt v. 18.07.2002 - 20 W 451/01 - NJW-RR 2002, 1660-1662.

[59] Vgl. etwa auch die Liste bei *Fiala/Stenger*, Geldanlagen für Mündel und Betreute, 2. Aufl. 2004, S. 134 ff. Zu weiteren Nachweisen vgl. etwa *Spanl*, Vermögensverwaltung bei Vormundschaft und Betreuung, 2. Aufl. 2009, S. 172.

[60] So allgemein auch *Zimmermann*, ZEV 2014, 76-81, 78; zu einem Portfoliovorschlag vgl. etwa *Oyen/Werkmüller*, Rpfleger 2003, 66-70.

[61] Vgl. dazu *Zimmermann*, ZEV 2014, 76-81, 78.

b. Vor- und Nachteile der Anlage in Aktienfonds in Kurzform

Vorteile	Nachteile	Prophylaxestrategien	Eignung zur Mündelanlage
- relativ hoher Inflationsschutz - hohe Renditechancen - Minderung von Risiken durch Streuung - hohe Verfügbarkeit - bei Indexfonds keine Verwaltungskosten	- hohe marktbezogene Verlustrisiken - evtl. Währungsrisiken - ggf. hohe Kosten für Fondsverwaltung - niedrige Kostentransparenz - hoher Verwaltungsaufwand - Verfügbarkeit in Krisen z. T. gefährdet - Besteuerung von Gewinnen (Abgeltungssteuer) - Kauf zum aktuellen Kurs wegen Dauer des Genehmigungsverfahrens kaum möglich	- angemessene Mischung hoher und niedriger Risiken, ggf. mit sichereren Anlageformen kombinieren – langfristiges Engagement anstreben, Sicherheiten einbauen (z.B. Stopp-loss) - Meidung marktenger Fonds zur Risikostreuung - Wahl von nicht aktiv verwalteten, kostengünstigen Indexfonds - Wahl kostengünstiger Depots, ggf. Aushandeln eines Verzichts auf den Ausgabeaufschlag - fortlaufende Marktbeobachtung - Berücksichtigung steuerlicher Folgen - evtl. Rentenfonds als sicherere Alternative	mäßig, als Beimischung höher

7. Anlagen in Rentenfonds

a. Kurzcharakteristik

Rentenpapiere unterliegen nicht dem Schutz der Einlagensicherungssysteme der Kreditinstitute. Es besteht deshalb ein Verlustrisiko. Dafür sind die Renditeaussichten häufig günstiger als bei Bankeinlagen. Im Vergleich zu Aktien oder Aktienfonds sind die Chancen, aber auch die Risiken regelmäßig eher gering. Die Zusammenfassung in einem Fonds bewirkt eine Streuung des Verlustrisikos und erhöht dadurch die Sicherheit dieser Geldanlageform damit beträchtlich. Das macht Rentenfonds interessant für die Mündelgeldanlage. Als einzige Anlageform ist sie wegen der verbleibenden Risiken regelmäßig ungeeignet. Gerade bei größeren Vermögen kann die Geldanlage in Rentenfonds jedoch neben anderen Geldanlagen im Einzelfall genehmigungsfähig sein.[62]

b. Vor- und Nachteile der Anlage in Rentenfonds in Kurzform

Vorteile	Nachteile	Prophylaxestrategien	Eignung zur Mündelanlage
- Renditechancen höher als bei Bankeinlagen - Verlustrisiko niedriger als bei Aktienfonds - hohe Verfügbarkeit	- Renditechancen schlechter als bei Aktienfonds - Verlustrisiko - Inflationsrisiko - u.U. Währungsrisiko - u.U. hohe Verwaltungskosten	- Kombination mit renditestärkeren und mit sicheren Produkten - Meidung marktenger Fonds zur Risikostreuung - Wahl kostengünstiger Depots - fortlaufende Marktbeobachtung - evtl. Aktienfonds als renditestärkere Alternative	vergleichsweise hoch

---

[62] Vgl. etwa OLG Schleswig v. 03.11.1999 - 2 W 154/99 - juris Rn. 6 - OLGR Schleswig 2000, 139-140.

8. Anlagen in Immobilien

a. Kurzcharakteristik

56 Eine Anlage in Immobilien wird in der Bevölkerung wegen ihrer vermeintlichen Inflationsbeständigkeit verbreitet als sichere Anlageform beurteilt. Für die Anlage von Mündelgeldern ist demgegenüber darauf hinzuweisen, dass Immobiliareigentum mit nicht unbeträchtlichen Risiken verbunden sein kann. Insofern ist etwa darauf hinzuweisen, dass sich schon bei der Veranschlagung von Baukosten Unwägbarkeiten ergeben können, die häufig nur gegen Eingehung zusätzlicher Verbindlichkeiten abgesichert werden können (z.B. Höchstkostengarantien), dass die Instandhaltung Folgekosten produziert, die sich insbesondere bei einem Engagement in Teil- und Wohnungseigentum der eigenen Einflussmöglichkeit leicht entziehen können, dass sich der allgemeine Wertzuwachs von Immobilien in den vergangenen Jahren mäßig entwickelt hat, dass in einzelnen Marktsegmenten die Fungibilität beschränkt sein kann, dass die Bonität der Mieter sowie etwaige Leerstände die Rendite mindern können, wenn sie nicht teuer durch Mietgarantien abgesichert wird, dass die Attraktivität eines Standortes Veränderungen unterworfen ist, dass die steuerrechtliche Einordnung einer Anlageform einer sich verändernden Rechtsauffassung unterworfen sein kann usw.[63] Bei der Bewertung der Nettorendite ist schließlich zu berücksichtigen, dass vom Ertrag als Aufwand auch der zeitliche Aufwand für die Planung und Abwicklung der erforderlichen Geschäfte in Abzug zu bringen ist. Was sich für den in seiner Freizeit bauenden und erwerbenden Eigentümer lohnen kann, muss deshalb für den zu vergütenden Vormund oder Betreuer nicht unbedingt sinnvoll sein. Das Gericht wird allerdings bei der Frage der Genehmigung von Immobilienanlagen neben diesen wirtschaftlichen Aspekten auch das Interesse am Wohnen im eigenen Heim als legitimes Ziel der Lebensplanung nach den Wünschen des Vormunds oder – häufiger – des Betreuten und damit als Entscheidung auch der Personensorge zu würdigen haben. Findet der Vormund umgekehrt Immobiliarbestand vor, so darf gleichwohl nicht voreilig aus dieser Anlageform geflüchtet werden. Insbesondere in Zeiten ansteigender Preise kann der Vormund sich sonst haftbar machen.[64] Generell empfiehlt es sich für den Vormund, Immobilien nicht ohne Wertgutachten zu veräußern, um sich nicht dem Vorwurf der Untreue auszusetzen.

b. Vor- und Nachteile der Anlage in Immobilien in Kurzform

57

Vorteile	Nachteile	Prophylaxestrategien	Eignung zur Mündelanlage
- hoher Inflationsschutz - Wohnen im Eigenheim als ideeller Mehrwert - reduziert Liquiditätsbedarf im Alter - evtl. Renditechance - evtl. steuerliche und sonstige Förderanreize	- Risiko des Wertverlusts und der Zerstörung - Risiken aus der Entwicklung der Umgebung - hohe Anlauf- und Folgekosten - hoher Verwaltungsaufwand - Risiken aus Kauf- oder Werkverträgen mit Unternehmen - Risiken aus Teil- und Wohnungseigentümergemeinschaften - steuerliche Risiken, etwa aufgrund des Wertansatzes mit dem gemeinen Wert[65] - eingeschränkte Verfügbarkeit - Beschränkung der individuellen Mobilität	- Höchstpreise und Mietgarantien vereinbaren - Beratung durch Architekten, Steuerberater und Rechtsanwälte - Auswahl von Unternehmern mit hoher Qualität und Bonität - nicht allein aus steuerlichen Gründen bauen - angemessene Eigenfinanzierung sichern - Festschreibung der Konditionen/Anschlussfinanzierung sichern - auf die Lage achten - Planungs- und Verwaltungsaufwand quantifizieren - langfristigen Anlagehorizont prüfen	mäßig

---

[63] Eingehend hierzu auch *Fiala/Stenger*, Geldanlagen für Mündel und Betreute – Rechtliche und finanzmathematische Grundlagen für Vormünder und Betreuer, 2. Aufl. 2004, S. 92 ff.

[64] BGH v. 22.02.1967 - IV ZR 279/65 - MDR 1967, 473.

[65] Vgl. zu den hieraus bei der Übertragung folgenden Verschlechterungen etwa *Roth/Fischl*, NJW 2008, 401-407, 402.

9. Anlagen in Immobilienfonds

a. Kurzcharakteristik

In ähnlicher Weise wie bei Aktienfonds ist bei offenen Immobilienfonds eine Gesamtabwägung vorzunehmen.[66] Offene Immobilienfonds sind durch unseriöse Angebote[67] und einzelne größere Fonds, die die Rücknahme ihrer Anteile aussetzen oder gar ganz abgewickelt werden mussten, in Verruf geraten. Diese Fälle zeigen, dass bei einem offenen Immobilienfonds nicht weniger als bei einer Investition in eine Immobilie eine besonders sorgfältige Auswahl erforderlich ist. Im Vergleich zur Anlage in einer einzelnen Immobilie hat ein offener Immobilienfonds allerdings den Vorteil, dass eine Anlage auch schon bei vergleichsweise geringen Anlagebeträgen in Betracht kommt, für die eine lukrative Immobilie nicht zu erwerben wäre.[68] Je nach Zusammensetzung des Fonds kann ein weiterer Vorteil in der Ausnutzung der Chancen besonders exponierter Projekte oder der Risikostreuung liegen. Zwar sind Immobilienfonds – bedingt durch Agios und Provisionen – mit nicht unerheblichen Kosten verbunden. Ob sie deshalb teurer sind als der Erwerb einer Immobilie (Grunderwerbsteuer, Notarkosten, Maklerkosten!) muss jedoch im Einzelfall geprüft werden. Immerhin unterliegen offene Immobilienfonds einer beschränkten staatlichen Überwachung und weisen eine gewisse Flexibilität auf. Besonders kritisch ist die Verfügbarkeit eines Anteils zu würdigen. Das zum 22.07.2013 in Kraft getretene Kapitalanlagegesetzbuch[69] hat insoweit Neuerungen gebracht. Nunmehr kann eine Mindesthaltefrist von einem Jahr zu beachten sein (vgl. §§ 1 Abs. 4 Nr. 2, 98 Abs. 1, 110 Abs. 2 Satz 2, 125 Abs. 2 Satz 2, 133 Abs. 1 Satz 1 KAGB). Anteile an einem schlechten Fonds können sich im Einzelfall allerdings auch als völlig unveräußerlich erweisen. Das ist freilich bei einer schlechten Immobilie häufig auch nicht viel besser.

Bei geschlossenen Immobilienfonds ist wegen der erheblichen Risiken besondere Vorsicht angezeigt. Der Erwerb von Anteilen an geschlossenen Immobilienfonds in Form einer GmbH & Co. KG wäre übrigens auch nach § 1822 Nr. 3 BGB genehmigungsbedürftig.[70] Die Anlage in geschlossenen Immobilienfonds ist auf Ausnahmefälle besonders großer Vermögen beschränkt.[71] Das Investmentgesetz war auf sie nicht anwendbar, die Marktgängigkeit durch Ausschluss der Rücknahme häufig stark eingeschränkt und die Risikostreuung in Abhängigkeit vom Fondsvolumen beschränkt. Das Kapitalanlagegesetzbuch regelt nunmehr verschiedene Arten geschlossener Fonds. Schon der Umstand, dass bestimmte geschlossene Fonds nur noch von professionellen oder semiprofessionellen Anlegern gezeichnet werden können, weist auf die besonderen Anforderungen dieser Anlageklasse hin. Hinzu kommen die steuerrechtlichen Folgen und sonstigen aus der Miteigentümerstellung resultierenden Pflichten.[72]

---

[66] Vgl. hierzu OLG Frankfurt v. 18.07.2002 - 20 W 451/01 - NJW-RR 2002, 1660-1662, zustimmend *Bienwald* in: Bienwald/Sonnenfeld/Hoffmann, Betreuungsrecht, 4. Aufl. 2005, Anhang zu § 1908i BGB Rn. 58; *Spanl*, Vermögensverwaltung durch Vormund und Betreuer, 2. Aufl. 2009, S. 172 ff.

[67] Vgl. etwa zu der Werbung mit der Mündelsicherheit der Geldanlage *Stumpf/Kotte*, BB 2013, 1613-1620, 1616.

[68] Für die Anlage in offenen Immobilienfonds plädierend deshalb jüngst etwa *Looman*, F.A.Z. vom 05.05.2012 – Nr. 105, S. 22.

[69] Kapitalanlagegesetzbuch vom 04.07.2013 (BGBl I 2013, 1981), zuletzt geändert durch Gesetz vom 20.09.2013 (BGBl I 2013, 3642).

[70] OLG Frankfurt v. 19.11.1998 - 6 UF 262/98 - NJW-RR 1999, 1236 f.

[71] Ähnlich *Spanl*, Vermögensverwaltung durch Vormund und Betreuer, 2. Aufl. 2009, S. 173; einen solchen Fall betraf auch OLG Frankfurt v. 19.11.1998 - 6 UF 262/98 - NJW-RR 1999, 1236 f.

[72] Vgl. hierzu auch *Spanl*, Vermögensverwaltung durch Vormund und Betreuer, 2. Aufl. 2009, S. 172.

b. Vor- und Nachteile der Anlage in offenen Immobilienfonds in Kurzform

60

Vorteile	Nachteile	Prophylaxestrategien	Eignung zur Mündelanlage
- Renditechancen - hoher Inflationsschutz - ggf. hohe Verfügbarkeit - Beteiligung an Immobiliarvermögen schon bei mittleren Anlagebeträgen möglich - kein eigener Immobilienverwaltungsaufwand	- Verlustrisiken - Renditechancen nur mäßig - geringe Transparenz der Risiken - hoher Verwaltungsaufwand - hohe Kosten - Mindesthalte- und Kündigungsfristen - im Einzelfall Verfügbarkeitsrisiken - nur als Einmalanlage sinnvoll	- fortlaufendes, qualifiziertes Markt- und Produktstudium - Rentenfonds als sicherere, Aktienfonds als renditestärkere Alternative	niedrig

c. Vor- und Nachteile der Anlage in geschlossenen Immobilienfonds in Kurzform

61

Vorteile	Nachteile	Prophylaxestrategien	Eignung zur Mündelanlage
- Renditechancen - hoher Inflationsschutz - evtl. steuerliche Anreize	- hohe Verlustrisiken - geringe Transparenz der Risiken und Kosten - hoher Verwaltungsaufwand - hohe Kosten - Verfügbarkeit beschränkt, insbesondere in Krisen - teilweise Vertrieb durch wenig seriöse Marktteilnehmer	- qualifiziertes Markt- und Produktstudium - finanzielle Absicherung erforderlich - Rentenfonds als sicherere, Aktienfonds als renditestärkere Alternative	i.d.R. nein

10. Ausländische Investitionen

62 Bei ausländischen Investments kommt es auf den Einzelfall an, ob eine ausreichende Sicherheit gewährleistet ist.[73] Die Rechtsprechung ist insofern tendenziell zurückhaltend. Hier ist zu beachten, dass ausländische Investmentfonds nicht unbedingt schlechter sein müssen. Fondsgesellschaften aus Ländern mit einer ausgeprägteren Aktien- und Fondskultur können mitunter sogar auf längere Erfahrung und einen größeren Stab an Mitarbeitern zur Marktbeobachtung verweisen. Allerdings können hier unter Umständen Wechselkursrisiken in Betracht zu ziehen sein. Auch wird der Aufwand zur Darlegung der Risiko- und Ertragserwartung wegen fehlender Vertrautheit mit den ausländischen Bedingungen größer sein als bei inländischen Anlageformen. Hilfreiche Hinweise, die allerdings nicht automatisch zur Anerkennung der Anlage in der Zukunft führen müssen, können insofern Referenzen bereits als mündelsicher von Gerichten entschiedener Fonds sein[74].

63 Zur Absicherung der Verlustrisiken bietet es sich insbesondere an, Fonds mit hoher Diversifikation hinsichtlich geographischer Verteilung und Branchenzugehörigkeit zu wählen. Eine weitere Absicherungsmöglichkeit stellt die Wahl gemischter Fonds dar, bei denen festverzinsliche Wertpapiere beigemischt sind.

---

[73] Für US-Investmentanteile bejahend LG Bielefeld v. 17.10.1969 - 3a T 106/69 - NJW 70, 203; zu kanadischen Staatsanleihen vgl. etwa BayObLG v. 11.09.1984 - 3 Z 179/84 - Rpfleger 1985, 182.

[74] Eine Übersicht bieten hierfür etwa *Fiala/Stenger*, Geldanlagen für Mündel und Betreute – Rechtliche und finanzmathematische Grundlagen für Vormünder und Betreuer, 2. Aufl. 2004, S. 149 m.w.N.

Die aktuellen Wertpapier-Risikogruppen der Banken, der Stiftung Warentest oder von Rating-Agenturen bieten erste Anhaltspunkte für die Sicherheit einer Anlage. In Zweifelsfällen bedarf es allerdings einer Klärung durch Einholung eines Sachverständigengutachtens.[75] Als Sachverständige kommen beispielsweise solche eines Bankenverbandes oder der Bundesanstalt für Finanzdienstleistungsaufsicht[76] in Betracht. 64

11. Anlagen in Unternehmen

a. Kurzcharakteristik

Bei unmittelbaren Unternehmensengagements sind regelmäßig umfassende Analysen des Unternehmens und des Marktes erforderlich. Die Beurteilung des Unternehmens muss den (ggf. von einem Wirtschafsprüfer zu ermittelnden) Unternehmenswert umfassen. Dabei sind der Geschäftszweck, die Bonität des Unternehmens, bestehende Vertragsverhältnisse, vorhandene Vermögenswerte (einschließlich gewerblicher Schutzrechte und des Goodwills des Unternehmens) etc. zu prüfen. Auch die Marktsituation sowie das wirtschaftliche Betätigungsfeld kann eine Rolle spielen[77]. Häufig ist eine spezifische Branchenkenntnis von Nöten, um auch produktspezifische Risiken erkennen und einschätzen zu können. Aus diesem Grund dürfte ein direktes Unternehmensengagement als Mündelanlage immer problematisch sein. 65

Direkte Unternehmensbeteiligungen in Familienunternehmen sowie Darlehen an nahe Angehörige sollen im Einzelfall trotz geringer Sicherheit und Rendite zulässig sein.[78] Hierfür bedarf es jedoch ganz besonderer Umstände in der Beziehung der Beteiligten. Nur ganz ausnahmsweise kann das Mündelinteresse an diesen Beziehungen die objektiven wirtschaftlichen Interessen überwiegen. Wichtiges Kriterium ist insbesondere die Gefahr einer persönlichen Haftung des Mündels über die Einlage hinaus. 66

Ernsthaft in Betracht kommen kann im Einzelfall eine Beteiligung an bestimmten Genossenschaften[79]. So können insbesondere Beteiligungen an genossenschaftlich organisierten Kreditinstituten vergleichsweise hohe Renditen erzielen. Allerdings stehen diesem Vorteil Verlustrisiken gegenüber, da der Genossenschaftsanteil keine über das Einlagensicherungssystem abgedeckte Einlage darstellt. Der Genosse ist sogar regelmäßig in begrenzter Höhe über seinen Anteil hinaus nachschusspflichtig. Die Vielfalt der Genossenschaften hinsichtlich Zusammensetzung, Zweck, Nachschusspflichten, Kündigungsfristen und Risiken ist groß. Insofern bedarf es stets einer Einzelfallentscheidung. 67

---

[75] OLG Schleswig v. 03.11.1999 - 2 W 154/99 - SchlHA 2000, 117; OLG Köln v. 09.08.2000 - 16 Wx 93/00 - FamRZ 2001, 708, so auch *Roth* in: Dodegge/Roth, Betreuungsrecht, 2003, E Rn. 53; *Zimmermann* in: Damrau/Zimmermann, Betreuungsrecht, 4. Aufl. 2011, § 1811 Rn. 8; *Engler* in: Staudinger, Neubearb. 2004, § 1811 Rn. 23.

[76] Bundesanstalt für Finanzdienstleistungsaufsicht, Graurheindorfer Straße 108, 53117 Bonn, Tel.: 0 228/4108-0, www.bafin.de.

[77] Zum Fall einer mit ausländischen Immobilien spekulierenden GmbH-Komplementärin LG Darmstadt v. 13.09.1978 - 5 T 863/78 - NJW 1979, 274.

[78] So *Engler* in: Staudinger, Neubearb. 2004, § 1811 Rn. 15.

[79] So auch *Spanl*, Vermögensverwaltung durch Vormund und Betreuer, 2. Aufl. 2009, S. 169 f.

b. Vor- und Nachteile der Anlage in Unternehmensbeteiligungen in Kurzform

68

	Vorteile	Nachteile	Prophylaxestrategien	Eignung zur Mündelanlage
Beteiligungen in Unternehmen	- hohe Renditechancen - hoher Inflationsschutz - evtl. steuerliche Anreize - Teilnahme an unternehmerischen Entscheidungen in Familienunternehmen	- sehr hohe Verlustrisiken - unterschiedliche Haftungsrisiken je nach Rechtsform - hoher Verwaltungsaufwand - geringe Verfügbarkeit - u.U. politische und Währungsrisiken - steuerliche Folgen	- qualifiziertes, fortlaufendes Markt- und Unternehmens- bzw. Sachstudium - finanzielle Absicherung erforderlich - Aktienfonds als sicherere Alternative	i.d.R. nein
Genossenschaftsanteile	- u.U. recht hohe Renditechancen (z.B. bei Banken) - vergleichsweise hoher Inflationsschutz	- keine Einlagensicherung - Risiko der Nachschusspflicht - sehr unterschiedliche Bonität	- sorgfältige Auswahl nach Bonität - Risikostreuung durch diversifizierte Anlage	unterschiedlich

12. Anlagen in Rohstoffen und sonstigen Sachwerten

a. Kurzcharakteristik

69 Ähnlich wie Unternehmensbeteiligungen und Immobilienanlagen bieten auch Anlagen in Sachwerten wie Rohstoffen einen vergleichsweise hohen Inflationsschutz, da der Anlage ein konkreter Gegenwert gegenübersteht. Einen besonderen Stellenwert haben dabei Gold und andere Edelmetalle.

70 Nach einer Entscheidung des LG Kempten[80] kann unter Berücksichtigung der Höhe des vorhandenen Vermögens (hier etwa 400.000 €) und der Streuung des Vermögens der Kauf von 1 kg Gold genehmigungsfähig sein. Dem ist bezogen auf den Einzelfall zuzustimmen. Stets ist eine Gesamtbetrachtung aller Umstände des Einzelfalles vorzunehmen. Dabei ist der Anlagesicherheit – gerade in unsicheren Zeiten – gesteigerte Bedeutung beizumessen. Gold gilt weiterhin als vergleichsweise sicher. Zu berücksichtigen ist allerdings, dass auch Gold Wertschwankungen unterliegt, dass es keine Zinsen bringt und seine Aufbewahrung mit Kosten verbunden ist. Es ist deshalb – wie hier auch von dem Gericht berücksichtigt – auf eine angemessene Streuung der Anlageformen zu achten.

71 Gegen eine Anlage in Rohstoffen kann sprechen, dass ihr physischer Besitz kostenaufwändige Vorkehrungen für Lagerung und Sicherung erfordert. Je nach Art der Anlage muss der Anleger auch das Risiko erheblicher Preisschwankungen durch das Marktgeschehen und äußerliche Einflüsse (z.B. Missernten, Erschließung neuer Rohstoffquellen, politische Entwicklungen) in Kauf nehmen. Für den Mündel dürften andere Anlagen als in Edelmetallen regelmäßig ausscheiden.

---

[80] LG Kempten v. 21.11.2008 - 42 T 2071/08 - FamRZ 2009, 724.

b. Vor- und Nachteile der Anlage in Sachwerten in Kurzform

72

	Vorteile	Nachteile	Prophylaxestrategien	Eignung zur Mündelanlage
Rohstoffe	- hohe Renditechancen - sehr hoher Inflationsschutz - i.d.R. gute Verfügbarkeit	- sehr hohe Verlustchancen - hoher Aufwand für Erwerb, Veräußerung, Lagerung - ggf. Risiko des Verderbs - ggf. politische und wirtschaftliche Risiken in den Erzeugerstaaten - u.U. Anfall von Umsatzsteuer	- Wahl von Rohstoffen mit geringen Preisschwankungen - nur Beimischung in angemessenen Mengen	i.d.R. nein

13. Anlagen in Derivaten, Optionen, Swaps usw.

a. Kurzcharakteristik

Börslich und außerbörslich wurden inzwischen eine Vielzahl von Finanzinstrumenten entwickelt, bei denen sich der Anbieter verpflichtet, beim Eintreten einer bestimmten Bedingung eine Leistung zu einem bestimmten Wert zu erbringen. Wie jede Wette hängt die Sicherheit solcher Finanzinstrumente von ihrem konkreten Inhalt ab. Sinnvoll eingesetzt können sie u.U. zur Absicherung gegen den Eintritt bestimmter Risikoszenarien in Betracht kommen. Vor allem Finanzinstrumente, die über den Einsatz von Hebelwirkungen bei Eintritt eines bestimmten Ereignisses besonders hohe Gewinne versprechen, sind jedoch häufig entweder sehr riskant, d.h. die Wahrscheinlichkeit des Eintritts der Bedingung ist sehr gering, das Verlustrisiko mithin hoch, oder sie sind sehr kostspielig. Im Regelfall einer Vormundschaft werden sie, wenn man sie überhaupt für genehmigungsfähig hält[81], keine Rolle spielen.

73

b. Vor- und Nachteile der Anlage in Derivaten in Kurzform

74

	Vorteile	Nachteile	Prophylaxestrategien	Eignung zur Mündelanlage
Derivate	- hohe Renditechancen	- sehr hohe Verlustrisiken - evtl. Nachschusspflicht - geringe Transparenz - hoher Verwaltungsaufwand	- profunde Marktkenntnis und finanzielle Absicherung erforderlich - Aktienfonds als sicherere Alternative	nein

14. Anlagen in Schuldverschreibungen oder Zertifikate

Zertifikate sind Schuldverschreibungen von Kreditinstituten. Bei ihnen wird der Kunde Gläubiger des emittierenden Kreditinstituts, die Anlage unterliegt jedoch nicht der Einlagensicherung. Solche Anlagen sind mithin nicht generell mündelsicher.[82] Die Beimischung dieser vergleichsweise höher rentierlichen Anlagen in abgewogenen Proportionen ist jedoch im Rahmen des § 1811 BGB nicht von vornherein ausgeschlossen. Zur Beurteilung der Risiken von Anleihen kann das von Ranking-Agenturen aufgrund wirtschaftlicher Informationen erstellte Ranking einen ersten Anhaltspunkt liefern.[83]

75

---

[81] Verneinend etwa *Zimmermann*, ZEV 2014, 76-81, 78.
[82] Vgl. etwa *Nieding*, jurisPR-BKR 2/2009, Anm. 4.
[83] Vgl. dazu auch *Fritsche*, Rpfleger 2007, 53-62, 61.

V. Befreiungsmöglichkeiten

76 Der Erblasser sowie der zuwendende Dritte können dem Vormund bezüglich des von ihnen zugewendeten Vermögens nach § 1803 BGB Befreiung erteilen. Das Familiengericht kann den Vormund ferner unter den Voraussetzungen des § 1817 BGB befreien. Das Jugendamt als Amtsvormund oder Amtspfleger bedarf nach § 56 Abs. 2 Satz 2 SGB VIII keiner Gestattung nach § 1811 BGB. Für die Betreuung gilt dies jedoch nicht, da § 56 SGB VIII nicht von der Verweisung des § 1908i BGB in Bezug genommen wird.[84] Allerdings haben einzelne Länder – Bayern, Berlin, Hamburg, Hessen, Sachsen-Anhalt – die Behörde als Betreuerin in ihren Ausführungsgesetzen von § 1811 BGB ausgenommen.[85] Die Entbehrlichkeit einer familiengerichtlichen Gestattung und die Befreiung von § 1807 BGB entbinden die Behörde allerdings nicht von der Pflicht zur Wahrung des Mündelinteresses bei der Anlage.

VI. Praktische Hinweise

77 Kaum eine andere Vorschrift des Familiengerichts unterlag in ihrer praktischen Anwendung abhängig von den aktuellen wirtschaftlichen Bedingungen einem ähnlichen Wandel wie die des § 1811 BGB. Das Pendel scheint derzeit wieder in Richtung auf eine sehr sicherheitsbewusste, restriktive Anwendung zu schwingen.[86] Der Vormund sollte nicht um der Vermeidung einer eigenen Haftung willen Anlagemöglichkeiten nach § 1811 BGB von vornherein außer Betracht lassen. Zwar wird es bei kleinen Vermögen regelmäßig nicht fahrlässig sein (bei größeren Vermögen schon eher), sich ausschließlich an Anlageformen des § 1807 BGB zu halten. Aber eine gute Amtsführung verlangt von ihm mehr, nämlich die Suche nach der dem individuellen Mündelinteresse angemessenen Anlageform. Die Eingehung größerer Risiken ist dem Vormund freilich verboten. Damit stellt die Möglichkeit des § 1811 BGB den Vormund – wie auch das Gericht – vor eine anspruchsvolle Aufgabe mit erheblichem Haftungspotential. Die Genehmigungspflicht entlastet den Vormund freilich in weitem Umfang vom Vorwurf einer schuldhaft unzutreffenden Beurteilung.

78 Damit die Wahl einer andersartigen Anlegung jedoch nicht schon an einer betont sicherheitsorientierten Ablehnung der Genehmigung des Familiengerichts scheitert, ist dem Vormund in der Praxis eine sorgfältige Vorbereitung des Genehmigungsantrags zu empfehlen. Insbesondere, wenn größere Vermögensumschichtungen zu tätigen sind, etwa weil der Betreute bei Eintritt des Betreuungsfalls schon über zahlreiche Vermögensbausteine verfügt (z.B. Bargeld, Festgeld, Fonds, Immobilien, bewegliches Vermögen), kann es sich empfehlen, bereits mit dem Antrag auf Genehmigung der andersartigen Anlegung ein Privatgutachten eines zertifizierten Finanzplaners einzureichen, das die wirtschaftlichen Vorteile und Risiken der vorgeschlagenen Anlage darstellt, im Rahmen einer Finanzplanung die Finanzierung etwaiger laufenden Ausgaben präsentiert und unter Abwägung aller in Betracht zu ziehenden Aspekte einer Anlage einen maßgeblichen Vorteil prognostiziert.

79 Vor der Inauftraggabe eines solchen Gutachtens sollte sich der Betreuer jedoch vergewissern, ob und inwiefern er die Kosten einer solchen Anlageberatung eingehen darf. Auszugehen ist insofern vom Grundsatz der persönlichen Führung der Vormundschaft (vgl. hierzu die Kommentierung zu § 1793 BGB Rn. 8). Der Vormund kann sein Amt oder seine Aufgaben mithin nicht an einen Dritten übertragen. Allerdings muss der Vormund nicht auch solche Tätigkeiten selbst übernehmen, für die ein besonderer Sachverstand erforderlich ist, der auch ohne Vorliegen einer Vormundschaft oder Betreuung sinnvollerweise genutzt würde. Die Zulässigkeit der Inanspruchnahme einer professionellen Anlageberatung beurteilt sich mithin danach, ob diese auch ohne Vormundschaft oder Betreuung erforderlich und angemessen wäre. Dies wird verbreitet von einem – allerdings sehr unterschiedlich hoch angesetzten – Mindestvermögen abhängig gemacht[87]. In der Tat dürften die Kosten einer Finanzplanung sich nur bei großen Vermögen rechnen. Ein nicht minder bedeutsames Kriterium für die Angemessenheit einer professionellen Finanzplanung dürfte allerdings die Komplexität der aktuellen Vermögenssituation sein. Auch Art und Umfang der Finanzplanung unterliegen dem Gebot der Erforderlichkeit. So hat der Betreuer gegebenenfalls einen fachlich geeigneten Berater zu wählen. Insofern können Ausbildungs- und Studienabschlüsse sowie anerkannte Zertifikate der Berufsverbände Hinweise auf die Eig-

---

[84] So auch *Zimmermann* in: Soergel, § 1811 Rn. 11; a.A. *Perlwitz* in: HK-BUR, § 1811 Rn. 22.
[85] Vgl. hierzu *Zimmermann* in: Damrau/Zimmermann, Betreuungsrecht, 4. Aufl. 2011, § 1811 Rn. 12; *Spanl.* Vermögensverwaltung durch Vormund und Betreuer, 2001, S. 136.
[86] Vgl. *Stötzel*, Handelsblatt vom 24.05.2005, Wirtschaftsrecht Meldungen.
[87] Vgl. hierzu die Nachweise bei *Fiala/Stenger*, Geldanlagen für Mündel und Betreute – Rechtliche und finanzmathematische Grundlagen für Vormünder und Betreuer, 2. Aufl. 2004, S. 51 f.

nung geben[88]. Ferner muss eine kostenpflichtige Finanzplanung die Unabhängigkeit von Produktanbietern gewährleisten. Die Beratung muss sich auch inhaltlich auf das Erforderliche beschränken und darf nicht ohne Vorliegen besonderer Umstände die marktüblichen – idealerweise vorher vereinbarten, zeitabhängigen – Honorare überschreiten. Die Einholung einer solchen Finanzplanung kann dazu führen, dass dem Vormund bei fehlerhafter Anlage kein Verschulden anzulasten ist. Es entlässt den Vormund jedoch nicht automatisch aus der Haftung, da er das ausgearbeitete Finanzkonzept zumindest auf seine Plausibilität hin kontrollieren muss.

Das Gericht kann – und muss – ein entsprechendes betriebswirtschaftliches Gutachten auch selbst in Auftrag geben, wenn es nicht über die erforderliche wirtschaftliche Sachkenntnis verfügt. Die Einreichung eines Privatgutachtens kann allerdings unter dem Gesichtspunkt der Beschleunigung vorteilhaft sein, wenn die Qualität und Unabhängigkeit des Gutachters gewährleistet ist. Im Zweifelsfall kann es nützlich sein, schon im Vorfeld eines Genehmigungsantrages den Kontakt mit dem Gericht zu suchen, um die Einschätzung andersartiger Anlageformen oder die Akzeptanz eines Gutachtens ermessen zu können.

Die Einschätzung bestimmter Anlageformen in Publikationen der Wirtschaftspresse, etwa in so genannten Börsenbriefen, gewährleistet für sich betrachtet regelmäßig keine Gewähr für eine mündeltaugliche Geldanlage. Dies gilt insbesondere, wenn keine hinreichend aussagekräftigen, belastbare Datengrundlagen für eine Einschätzung mitgeteilt, sondern lediglich aufgrund von Gesprächen mit Unternehmensvertretern subjektive Beurteilungen abgegeben werden.

Die einmalige Gestattung bedeutet nicht, dass die Anlage von nun an dauernd den Grundsätzen wirtschaftlicher Vermögensverwaltung entspricht. Der Vormund hat – insbesondere bei längerfristigen Aktien- oder Fondsanlagen – die Anlage ständig im Auge zu behalten. Dies bedeutet zwar nicht, dass er etwa einen Fonds bei fallenden Kursen sofort verkaufen müsste. Denn die Eignung zur Anlage ergibt sich gerade daraus, dass ein langfristiges Engagement bezweckt ist, bei dem Kursschwankungen in Kauf genommen werden können. Wenn sich aber die wirtschaftlichen Rahmenbedingungen einer Anlage grundlegend verändern, etwa das Rating des Unternehmens zurückgestuft wird, kann dies Anlass zur Überprüfung geben. Da das Fortbestehenlassen der Anlage eine ständig neue Entscheidung für diese Anlageform darstellt, sollte es zulässig sein, auch die erneute Gestattung durch das Familiengericht einzuholen.

D. Rechtsfolgen

I. Entscheidung des Gerichts

Teilweise wird in Abhängigkeit davon, wie deutlich die Vorteile der vom Vormund ausgewählten Anlageform ausfallen angenommen, dass die Genehmigung erteilt werden kann, erteilt werden muss oder nicht erteilt werden darf.[89] Dies entspricht jedoch nicht der gesetzlichen Systematik: Die von dem Vormund ausgewählten Anlagen sind zu gestatten, wenn sie den gesetzlichen Anforderungen, insbesondere den Grundsätzen wirtschaftlicher Verwaltung entsprechen. Entgegen dem ungenauen Wortlaut des § 1811 BGB („kann") hat das Familiengericht richtiger Auffassung nach kein Ermessen.[90] Dies gebietet die selbständige Amtsführung des Vormunds. Danach obliegt die Auswahl der Anlageform dem Vormund. Dem Gericht kommt lediglich eine überprüfende Funktion zu. Freilich ist nicht zu verkennen, dass dem Gericht auf der Tatbestandsseite – nicht auf der Rechtsfolgenseite – wegen der Vielzahl von zu berücksichtigenden Kriterien, wegen der Komplexität der Materie und wegen des normativen Gehalts der Beurteilung einer „wirtschaftlichen Vermögensverwaltung" ein erheblicher Auslegungsspielraum zukommt. Indem der Vormund Chancen und Risiken einer Anlageform darlegt, ggf. sogar sachverständig bewerten lässt, kann er jedoch das Gericht dazu zwingen, sich mit seiner Argumentation auseinanderzusetzen und so die Entscheidung häufig mit beeinflussen.

---

[88] Hierzu etwa *Fiala/Stenger*, Geldanlagen für Mündel und Betreute – Rechtliche und finanzmathematische Grundlagen für Vormünder und Betreuer, 2. Aufl. 2004, S. 53 f.

[89] So etwa *Fiala/Stenger*, Geldanlagen für Mündel und Betreute – Rechtliche und finanzmathematische Grundlagen für Vormünder und Betreuer, 2. Aufl. 2004, S. 31.

[90] So auch *Zimmermann* in: Damrau/Zimmermann, Betreuungsrecht, 4. Aufl. 2011, § 1811 Rn. 8; a.A. freilich OLG München v. 05.06.2009 - 33 Wx 124/09 - juris Rn. 9 - OLGR München 2009, 615-625; OLG Köln v. 09.08.2000 - 16 Wx 93/00 - juris Rn. 8 - OLGR Köln 2001, 78-79; wohl auch OLG Schleswig v. 03.11.1999 - 2 W 154/99 - juris Rn. 5 - OLGR Schleswig 2000, 139-140; *Dickescheid* in: BGB-RGRK, § 1811 Rn. 8; ähnlich auch *Wagenitz* in: MünchKomm-BGB, § 1811 Rn. 5.

84 Erkennt das Gericht die gewünschte Anlage als nicht den Grundsätzen einer wirtschaftlichen Verwaltung entsprechend, so muss es nach verbreiteter Auffassung die Gestattung zurückweisen.[91] Freilich wird die wirtschaftliche Verwaltung nach den oben dargestellten Grundsätzen auch von den individuellen Verhältnissen und – in vernünftigen Maßen – Wünschen des Mündels mitgeprägt.

85 Bei Bedarf muss sich auch das Gericht sachverständig beraten lassen. Für die Beweiserhebung gelten die §§ 26, 29, 30 FamFG. Danach genügt im Rahmen von § 1811 BGB auch weiterhin grundsätzlich der Freibeweis, es sei denn, ein Beteiligter bestreitet ausdrücklich eine entscheidungsrelevante Tatsachenvoraussetzung, vgl. § 30 Abs. 3 FamFG. Die Wahl des geeigneten Beweismittels muss jedoch ermessensgerecht erfolgen. Ermessensgerecht kann es insbesondere auch sein, dass sich das Gericht an die Bundesanstalt für Finanzdienstleistungsaufsicht oder die Bankenverbände wendet.[92]

86 Gestattungen nach § 1811 BGB sind Einzelfallentscheidungen. Auch wenn der Vormund dieselbe Anlage zu einem späteren Zeitpunkt erneut vornehmen möchte, muss er um eine neue Gestattung nachsuchen.[93]

II. Rechtsfolgen der unterlassenen Gestattung

87 Die Gestattung nach § 1811 BGB hat Ordnungscharakter. Ein ohne die Gestattung abgeschlossenes Rechtsgeschäft ist nicht unwirksam (sog. Innengenehmigung).[94] Für eine Fehlanlage – nicht aber allein wegen versäumter Genehmigung nach § 1811 BGB – kann sich der Vormund nach § 1833 BGB haftbar machen. Wurde die Genehmigung zu Unrecht erteilt, so kommt eine Staatshaftung nach Art. 34 GG, § 839 BGB in Betracht. Die Haftung des Vormunds nach § 1833 BGB ist daneben zwar nicht von vornherein ausgeschlossen, da dieser dem Mündel in jedem Fall für die pflichtgemäße Wahrung seines Wohles haftet. Meist wird es in solchen Fällen jedoch an einem Verschuldensvorwurf fehlen, wenn selbst das Familiengericht die mangelnde Eignung der Geldanlage nicht erkannt hat.

E. Prozessuale Hinweise/Verfahrenshinweise

88 Die Genehmigung erfolgt auf Antrag des Vormunds. Zuständig für die Gestattung ist der Rechtspfleger (§ 3 Nr. 2a RPflG).

89 Der Betreute hat vor Erteilung der Gestattung Anspruch auf rechtliches Gehör.[95] Nach § 34 Nr. 1 FamFG ist eine persönliche, d.h. mündliche Anhörung des Mündels nur geboten, soweit dies zur Gewährleistung rechtlichen Gehörs geboten ist. Das mindestens 14 Jahre alte Kind ist gemäß § 159 Abs. 1 Satz 2 FamFG grundsätzlich anzuhören, jedoch (da es sich um eine Entscheidung im Bereich der Vermögenssorge handelt) nicht zwingend mündlich. Jüngere Kinder sind nach Maßgabe von § 159 Abs. 2 FamFG anzuhören. Auch ein vorhandener Gegenvormund ist nach § 1826 BGB zu hören. Diese Vorschrift gilt entsprechend auch für einen vorhandenen Gegenbetreuer.[96] Unter Umständen kann auch die Anhörung weiterer nahe stehender Personen nach § 1847 BGB tunlich sein. Nach neuem Recht kann sogar eine Beteiligung nahestehender Personen nach § 7 FamFG in Erwägung zu ziehen sein. Häufig wird jedoch eine Anhörung genügen.

90 Die für Außengenehmigungen geltenden §§ 1828-1831 BGB sind nicht anwendbar.[97]

91 Gegen die Ablehnung der Gestattung ist die Beschwerde nach § 58 FamFG eröffnet.[98] Sie ist befristet, § 63 FamFG. Die Vorschrift des § 63 Abs. 2 Nr. 2 FamFG sieht eine verkürzte Beschwerdefrist von zwei Wochen für Beschlüsse, die die Genehmigung eines Rechtsgeschäfts zum Gegenstand haben, vor.

---

[91] Str., so etwa *Dickescheid* in: BGB-RGRK, § 1811 Rn. 7; ähnlich etwa auch *Rauscher*, Familienrecht, 2. Aufl. 2008, Rn. 1225.

[92] Vgl. hierzu auch OLG Schleswig v. 03.11.1992 - 2 W 154/99 - Rpfleger 2000, 112-113, 113; *Engler* in: Staudinger, § 1811 Rn. 23.

[93] LG Göttingen v. 02.06.1957 - 1 T 28/57 - BB 1957, 907-908, 907; *Dickescheid* in: BGB-RGRK, § 1811 Rn. 9.

[94] Allg. A., vgl. *Roth* in: Dodegge/Roth, Betreuungsrecht, 2003, E Rn. 56; *Perlwitz* in: HK-BUR, § 1811 Rn. 19; *Fritsche*, Rpfleger 2007, 53- 62, 60; *Zimmermann*, ZEV 2014, 76-81, 77.

[95] Vgl. *Perlwitz* in: HK-BUR, § 1811 Rn. 7, vgl. auch BVerfG v. 18.01.2000 - 1 BvR 321/96 - RPfl 2000, 205-209, 207 ff.

[96] *Perlwitz* in: HK-BUR, § 1811 Rn. 8.

[97] Allg. A., vgl. *Dickescheid* in: BGB-RGRK, § 1811 Rn. 9; *Engler* in: Staudinger, § 1811 Rn. 21; *Perlwitz* in: HK-BUR, § 1811 Rn. 19.

[98] *Perlwitz* in: HK-BUR, § 1811 Rn. 9; *Roth* in: Dodegge/Roth, Betreuungsrecht, 2003, E Rn. 56; *Zimmermann* in: Damrau/Zimmermann, Betreuungsrecht, 4. Aufl. 2011, § 1811 Rn. 10; a.A. noch *Dickescheid* in: BGB-RGRK, § 1811 Rn. 9: Erinnerung nach § 11 RPflG.

jurisPK-BGB / Lafontaine   **Muster zu § 1811**

Da das BGB jedoch Gestattung im Sinne von § 1811 BGB und Genehmigung im Sinne etwa der §§ 1828 ff. BGB unterscheidet, verbleibt es im Rahmen von § 1811 BGB bei der Monatsfrist nach § 63 Abs. 1 FamFG.

F. Arbeitshilfen – Antrag auf Genehmigung des Ankaufs eines Investmentfonds nach § 1811 BGB

Für ein Beispiel eines Antrags auf Genehmigung des Ankaufs eines Investmentfonds vgl. das Muster.   92

Karl Groß   Saarbrücken, den 03.03.2010

Bergallee 20

66111 Saarbrücken

An das

Amtsgericht – Betreuungsgericht – Saarbrücken

Franz-Josef-Röder-Straße 13

66119 Saarbrücken

Betreuung des Herrn Conrad Greis, geboren am 15.01.1951, Caritas-Stift am Triller, Auf der Höhe 15, Saarbrücken, Gz.: 15 XVII 152/01

Antrag auf Genehmigung einer anderweitigen Geldanlage nach § 1811 BGB

Sehr geehrte Damen und Herren,

hiermit **beantrage** ich,

den Erwerb von Anteilen des Investmentfonds „India Gigant" der Fondsgesellschaft Fidelius (Wertpapier-Kennziffer: 123 456 789) im Wert von 10.000 € bei einem Ausgabepreis von bis zu 13,50 € zu genehmigen.

Begründung

Durch Beschluss des Vormundschaftsgerichts Saarbrücken vom 05.02.2004, Gz. 15 XVII 152/01, wurde ich als Betreuer des Herrn Greis mit dem Aufgabenkreis Vermögenssorge bestimmt.

Aufgrund des Alters und Gesundheitszustandes des heute 59 Jahre alten Herrn Greis kommt ein längerfristiger Anlagezeitraum in Betracht. Herr Greis verfügt über ein Gesamtvermögen von zurzeit rund 800.000 €, darin sind insbesondere enthalten:

ein Eigenheim im Wert von rund	280.000 €
eine vermietete Wohnung im Wert von rund	120.000 €
Sach- und Barvermögen im Wert von rund	90.000 €

Muster zu § 1811

Kapitallebens- und Rentenversicherungen im Wert von rund	110.000 €
Bankeinlagen im Wert von rund	170.000 €
Anteile des Investmentfonds Globaluniversal	30.000 €.

Wegen der Zusammensetzung im Einzelnen verweise ich auf das Inventar vom 10.03.2004.

Herr Greis ist in der Lage, seinen monatlichen Finanzbedarf aus seinem laufenden Arbeitseinkommen, einer Zusatzrente sowie den Mieteinnahmen seiner Wohnung vollständig zu decken. Sollte die Erkrankung von Herrn Greis einen finanziellen Mehrbedarf auslösen, würden die derzeitigen laufenden Einnahmen einen monatlichen Finanzbedarf bis zur Höhe von 4.900 € abdecken.

Im persönlichen Gespräch hat mir Herr Greis am 02.02.2010 dargelegt, dass ihm daran gelegen sei, die Rendite seines Vermögens zu erhöhen. Zwar wünscht er, dass ein Großteil seines Vermögens weiterhin gegen Verlust geschützt sein soll. Doch möchte er von den aktuell steigenden Börsenkursen profitieren, wie er dies vor Eintritt des Betreuungsfalles selbst durch An- und Verkauf verschiedener Investmentfonds tun konnte. Er ist sich dabei aus eigener Erfahrung, wie er mir versichert, des möglichen Verlustes bewusst. In gleichem Sinne hat Herr Greis seinen Wunsch bereits in einem Gespräch vom 15.12.2009 und vom 10.01.2010 mir gegenüber geäußert.

Der in Vorschlag gebrachte Investmentfonds bietet erhebliche Gewinnchancen. Im Jahr 1995 aufgelegt, kann er einen durchschnittlichen jährlichen Zuwachs von 56% verzeichnen. Der größte Verlust betrug im Jahr 1999 16%. Der Fonds investiert in indische Aktien, wobei Standardwerte einen Anteil von zwischen 50 und 60% aufweisen. Die Fondsgesellschaft Fidelius legt seit über 40 Jahren Investmentfonds mit Ausrichtung auf den indischen Markt auf. Sie unterliegt der Aufsicht der BaFin und den deutschen Kapitalanlagebestimmungen. Wegen der Einzelheiten wird auf den beigefügten Prospekt verwiesen. Ausgehend von der derzeitigen politischen und wirtschaftlichen Lage sehen Anlageberater im indischen Markt hervorragende Entwicklungspotentiale. Insofern verweise ich auf die beigefügten Marktanalysen.

Das Verlustrisiko des spezialisierten Länderfonds wird durch die Kombination mit den bereits vorhandenen Anlagen abgefedert. Der aktuelle wie auch ein etwaiger im üblichen Rahmen erhöhter Finanzbedarf von Herrn Greis ist durch die bestehenden sicheren Anlageformen abgedeckt. Die Beimischung des India Gigant-Fonds zu dem bereits vorhandenen internationalen Aktienfonds, dessen Ankauf mit Beschluss des Amtsgerichts Saarbrücken vom 05.05.2009 genehmigt worden war, optimiert die Renditeerwartungen bei gleichzeitig niedrigem Risiko. Insofern wird auf die beigefügte Markowitz-Risikoanalyse der Mündelwohl-Anlageberatungsgesellschaft mbH, Frankfurt, verwiesen, deren verantwortlicher Sachbearbeiter als zertifizierter Finanzplaner dem Deutschen Verband Financial Planer angehört.

Die Verwaltungskosten sind als niedrig anzusehen: Die Gutmündelbank, bei der Herr Greis bereits ein Depot unterhält, hat sich bereit erklärt, auf eine laufende Verwaltungsgebühr zu verzichten. Es fällt lediglich ein Ausgabeaufschlag von 0,8% an.

Die Verfügbarkeit der Anlage ist gewährleistet.

Es ist beabsichtigt, die Umschichtung aus einem am 01.04.2006 fällig werdenden Sparbrief der Kreissparkasse Saarlouis vorzunehmen. Eine Neuanlage in einen Sparbrief würde bei vierjähriger Laufzeit Zinsen von lediglich 1,40% erbringen.

Angesichts der hohen Renditeerwartungen einerseits und der Risikominimierung durch die diversifizierten Anlageformen des hohen Vermögens von Herrn Greis andererseits und unter Berücksichtigung des ausdrücklichen, mehrfach geäußerten Wunsches von Herrn Greis wird die vorgeschlagene Anlageform dem Wohl von Herrn Greis am besten gerecht.

Rein vorsorglich wird darauf hingewiesen, dass die Genehmigungsfähigkeit einer Anlageform aufgrund einer Gesamtwürdigung der Vermögenssituation des Betreuten unter Abwägung aller Anlageziele vorzunehmen ist, wobei insbesondere bei großen Vermögen eine wirtschaftliche Vermögensverwaltung es rechtfertigen kann, auch Investmentfonds in angemessenem Umfang beizumischen (vgl. Fiala/Stenger, Geldanlagen für Mündel und Betreute, 2. Aufl. 2004, S. 61 ff.).

Mit freundlichen Grüßen

Karl Groß

§ 1812 BGB Verfügungen über Forderungen und Wertpapiere

(Fassung vom 17.12.2008, gültig ab 01.09.2009)

(1) ¹Der Vormund kann über eine Forderung oder über ein anderes Recht, kraft dessen der Mündel eine Leistung verlangen kann, sowie über ein Wertpapier des Mündels nur mit Genehmigung des Gegenvormunds verfügen, sofern nicht nach den §§ 1819 bis 1822 die Genehmigung des Familiengerichts erforderlich ist. ²Das Gleiche gilt von der Eingehung der Verpflichtung zu einer solchen Verfügung.

(2) Die Genehmigung des Gegenvormunds wird durch die Genehmigung des Familiengerichts ersetzt.

(3) Ist ein Gegenvormund nicht vorhanden, so tritt an die Stelle der Genehmigung des Gegenvormunds die Genehmigung des Familiengerichts, sofern nicht die Vormundschaft von mehreren Vormündern gemeinschaftlich geführt wird.

Gliederung

A. Grundlagen 1	b. Die allgemeine Ermächtigung (§ 1825 BGB) ... 37
I. Kurzcharakteristik 1	c. Die befreite Vormundschaft (§§ 1852 Abs. 2, 1857a BGB) 38
II. Entstehungsgeschichte 2	2. Weiterreichende Genehmigungserfordernisse .. 39
B. Praktische Bedeutung 3	3. Pflicht zur Vornahme des Rechtsgeschäfts? 40
C. Anwendungsvoraussetzungen 4	4. Praktische Hinweise 41
I. Verfügung oder Verpflichtung 4	**D. Rechtsfolgen** 42
1. Verfügung 5	I. Allgemeine Grundsätze 42
a. Grundlagen 5	II. Genehmigung durch den Gegenvormund (Absatz 1) 44
b. Anwendungsfälle 10	III. Ersetzung der Genehmigung durch das Familiengericht (Absatz 2) 45
2. Verpflichtung 18	
II. Des Vormunds 21	IV. Keine Genehmigung bei Mitvormundschaft (Absatz 3 Halbsatz 2) 46
III. Forderung 23	
IV. Anderes Recht, eine Leistung zu verlangen 28	V. Genehmigung durch das Familiengericht (Absatz 3 Halbsatz 1) 47
V. Keine Genehmigung nach den §§ 1819-1822 BGB erforderlich 33	
VI. Ausnahmetatbestände 34	VI. Praktische Hinweise 48
1. Befreiungsmöglichkeiten 35	E. Prozessuale Hinweise/Verfahrenshinweise 50
a. Die Entbindung durch das Familiengericht (§ 1817 BGB) 36	

A. Grundlagen

I. Kurzcharakteristik

1 § 1812 BGB soll den Mündel vor der Gefahr von Veruntreuungen durch den Vormund schützen.[1] Zu diesem Zweck werden Verfügungen über Forderungen, andere Leistungsrechte oder Wertpapiere sowie die Verpflichtungsgeschäfte hierzu dem Grundsatz nach der Genehmigung des Gegenvormunds unterstellt. Der historische Gesetzgeber wollte hierdurch insbesondere die Veruntreuung von „Kapitalien", also von besonders leicht umzusetzenden Werten verhindern.[2] Es ist nicht Ziel des § 1812 BGB, einen umfassenden Schutz des Mündels dergestalt zu erreichen, dass nach § 1812 Abs. 1 Satz 2 BGB alle Verpflichtungen des Mündels einer umfassenden Genehmigungspflicht zu unterstellen sind.[3] § 1812 BGB bewirkt den Schutz des Mündels, indem er die Vertretungsmacht des Vormunds einschränkt.[4] § 1813 BGB enthält Einschränkungen des in seiner Allgemeinheit sehr weit gefassten § 1812 BGB.

---

[1] BGH v. 05.11.2009 - III ZR 6/09 - juris Rn. 20 - WM 2010, 478-481.

[2] Vgl. hierzu auch OLG Karlsruhe v. 15.03.2007 - 3 W 15/06 - juris Rn. 10 - OLGR Karlsruhe 2007, 508-509.

[3] BGH v. 05.11.2009 - III ZR 6/09 - juris Rn. 23 - WM 2010, 478-481; OLG Karlsruhe v. 15.03.2007 - 3 W 15/06 - juris Rn. 10 - OLGR Karlsruhe 2007, 508-509.

[4] Allg. A., *Veit* in: Staudinger, § 1812 Rn. 1; *Dickescheid* in: BGB-RGRK, § 1812 Rn. 1; *Perlwitz* in: HK-BUR, § 1812 Rn. 12.

II. Entstehungsgeschichte

Mit der Entstehungsgeschichte befasst sich eine jüngere Entscheidung des Bundesgerichtshofs.[5] Der Bundesgerichtshof betont, mit der Regelung habe das preußische Prinzip der Selbständigkeit des Vormunds bewusst übernommen werden sollen. Damit habe sich der Gesetzgeber nicht zuletzt aus Gründen der Praktikabilität sowie im Hinblick auf die Bedürfnisse des Rechtsverkehrs gegen einen allumfassenden Schutz des Mündels vor etwaigen unzweckmäßigen oder böswilligen Handlungen des Vormunds durch Einführung allgemeiner Genehmigungserfordernisse entschieden. Das Genehmigungserfordernis in § 1812 Abs. 1 BGB habe auf die vom Gesetzgeber als besonders schutzbedürftig angesehenen Leistungsansprüche des Mündels abgezielt und habe der Gefahr entgegenwirken sollen, dass mit der Erfüllung der Obligation der Gegenstand der Leistung im Vermögen des Mündels an die Stelle des aufgehobenen Anspruchs trete und dass nach der Natur dieses Gegenstands eine Schädigung des Mündels durch Verfügungen des Vormunds erleichtert werde. Die Verfügung über bewegliche Sachen des Mündels – auch Geld und Kostbarkeiten – habe hingegen nicht als solche erfasst werden sollen. Der historische Gesetzgeber sei in diesem Zusammenhang ersichtlich nicht von der Genehmigungsbedürftigkeit schuldrechtlicher Verträge ausgegangen, durch die der Mündel einen Anspruch auf eine Leistung – z.B. auf Übereignung eines Kaufgegenstands, auf eine Dienst- oder Werkleistung erwirbt. Es sei nicht um den Schutz vor gegebenenfalls unwirtschaftlichen Rechtsgeschäften, sondern um den Schutz vor möglichen Untreuehandlungen des Vormunds bezüglich des von ihm verwalteten Mündelvermögens gegangen.[6]

B. Praktische Bedeutung

§ 1812 BGB gilt gemäß § 1908i Abs. 1 Satz 1 BGB für den Betreuer und gemäß § 1915 Abs. 1 BGB für den Pfleger – etwa den Nachlasspfleger[7] – entsprechend. Jugendamt und Vereinsvormund bzw. die Betreuungsbehörde und der Betreuungsverein sind allerdings gemäß §§ 1857a, 1852 Abs. 2 BGB ausgeschlossen.

C. Anwendungsvoraussetzungen

I. Verfügung oder Verpflichtung

§ 1812 Abs. 1 Satz 1 BGB unterwirft Verfügungen über bestimmte Vermögensgegenstände der Genehmigungspflicht. Satz 2 erstreckt die Genehmigungspflicht auf entsprechende Verpflichtungsgeschäfte.

1. Verfügung

a. Grundlagen

Als Verfügung versteht man heute jedes Rechtsgeschäft, durch das der Verfügende auf ein Recht unmittelbar einwirkt, es also entweder auf einen Dritten überträgt oder mit einem Recht belastet, das Recht aufhebt oder es sonstwie in seinem Inhalt ändert.[8]

Dieses Verständnis geht weit über den Anwendungsbereich hinaus, den der historische Gesetzgeber § 1812 BGB beimessen wollte. Danach sollte nur die Veräußerung, einschließlich der Aufgabe des

---

[5] BGH v. 05.11.2009 - III ZR 6/09 - juris Rn. 19 - WM 2010, 478-481.
[6] BGH v. 05.11.2009 - III ZR 6/09 - juris Rn. 19 - WM 2010, 478-481.
[7] Vgl. OLG Karlsruhe v. 27.06.2007 - 7 U 248/06 - juris Rn. 11 - OLGR Karlsruhe 2007, 702-704; anders bei der Nachlassverwaltung, vgl. OLG Hamm v. 27.03.1995 - 22 U 74/94 - juris Rn. 35 - OLGR Hamm 1995, 243-244.
[8] Vgl. BGH v. 05.11.2009 - III ZR 6/09 - juris Rn. 15 - WM 2010, 478-481; BGH v. 15.03.1951 - IV ZR 9/50 - BGHZ 1, 294-307, 304; BGH v. 24.10.1979 - VIII ZR 289/78 - juris Rn. 20 - BGHZ 75, 221-229; BGH v. 04.05.1987 - II ZR 211/86 - juris Rn. 9 - BGHZ 101, 24-29; BGH v. 04.05.1984 - V ZR 82/83 - juris Rn. 9 - MDR 1985, 37-37; BGH v. 24.10.1979 - VIII ZR 289/78 - juris Rn. 20 - BGHZ 75, 221-229; BGH v. 15.03.1951 - IV ZR 9/50 - BGHZ 1, 294-307; OLG Karlsruhe v. 27.06.2007 - 7 U 248/06 - juris Rn. 22 - OLGR Karlsruhe 2007, 702-704; LG Meiningen v. 30.01.2013 - 3 S 140/12 - ZEV 2013, 513-516; *Veit* in: Staudinger, § 1812 Rn. 10; *Perlwitz* in: HK-BUR, § 1812 Rn. 22; *Zimmermann* in: Damrau/Zimmermann, Betreuungsrecht, 4. Aufl. 2011, § 1812 Rn. 7; *Dickescheid* in: BGB-RGRK, § 1812 Rn. 7; *Meier/Neumann*, Handbuch Vermögenssorge, 2006, S. 140; eine Verfügung bejahend bezogen auf eine Kündigung auch BGH v. 15.03.1951 - IV ZR 9/50 - BGHZ 1, 294-307, 304.

Rechts sowie die Belastung des Rechts und die Kündigung der Leistung erfasst sein.[9] Das weitere Verständnis des Verfügungsbegriffs wird dem objektiven Wortlaut des Gesetzes eher gerecht und wahrt die Einheit der Rechtsordnung, die den Begriff der Verfügung an verschiedenen Stellen verwendet (etwa auch in §§ 185, 893 BGB). Damit geht freilich die Gefahr einer Beeinträchtigung der wirtschaftlichen Freiheit des Rechtsverkehrs auch in Fällen einher, in denen vielleicht kein Schutzbedürfnis des Mündels wegen einer gesteigerten Gefahr der Veruntreuung besteht. Diskutiert werden deshalb Möglichkeiten einer einschränkenden Auslegung bzw. einer teleologischen Reduktion.[10] *Damrau* hat vorgeschlagen, das Genehmigungserfordernis gegenständlich auf Leistungsansprüche auf Geld und Wertpapiere zu begrenzen. Auch der Verfügungsbegriff solle auf die Veräußerung einschließlich der Aufgabe des Rechts, die Belastung sowie die Kündigung der Leistung begrenzt werden.[11] *Schwab/Wagenitz* haben vorgeschlagen, den Anwendungsbereich des § 1812 BGB auf Geschäfte, die die Vermögenssorge betreffen, zu begrenzen.[12] *Bienwald* schlägt in Anlehnung an § 1806 BGB vor, dem Vormund für diejenigen Rechtsgeschäfte freie Hand zu lassen, die im Rahmen einer wirtschaftlichen Gesichtspunkten entsprechenden laufenden Geschäftsführung erforderlich sind.[13] In eine ähnliche Richtung geht der Vorschlag *Dickescheids*, nach Sinn und Zweck der Norm solche Geschäfte vom Anwendungsbereich des § 1812 BGB auszunehmen, bei denen nach den Umständen generell keine Gefahr der Veruntreuung besteht.[14] Wieder andere bestehen auf einer dem Wortlaut entsprechenden Anwendung der Norm.[15]

7   Bisher vermochte sich keine Auffassung durchzusetzen. Die erwogenen Einschränkungen des § 1812 BGB können jedenfalls nicht für sich reklamieren, im Wege der Auslegung den objektiven Wortsinn der Bestimmung zu wahren.[16] Für eine teleologische Reduktion bedürfte es einer planwidrigen Regelungslücke im Sinne einer planwidrigen Unvollständigkeit des Gesetzes; die bloße Unzweckmäßigkeit der gesetzlichen Regelung genügt hierfür noch nicht.[17] Dabei müsste anhand des Gesetzeszwecks nicht nur die Unvollständigkeit des Gesetzes zu begründen sein, sondern auch die konkrete Art und Weise, auf die diese Lücke zu schließen wäre. Bezogen auf § 1812 BGB erscheint jedoch problematisch, ob sich der Normzweck im Detail überhaupt eindeutig anhand der Gesetzesmaterialien klären lässt. Wenn der historische Gesetzgeber in den Materialien ausdrücklich eine erhebliche Gefährdung des Mündelinteresses nur dort ausmachte, wo Geld oder Wertpapiere Gegenstand der Leistung sind, so hätte es angesichts der Erörterung in den Materialien nahe gelegen, dies auch im Gesetzeswortlaut zum Ausdruck zu bringen, wenn sich der Gesetzgeber hierauf wirklich hätte beschränken wollen. Gegen die Auffassung von *Damrau* spricht weiter, dass sie, wie bereits *Schwab* herausgearbeitet hat, zu neuen Wertungswidersprüchen führen müsste. Es kann jedoch nicht Sinn und Zweck einer teleologischen Reduktion sein, neue Wertungswidersprüche in der gesetzlichen Regelung zu begründen. Schließlich wird der Vorschlag von *Damrau* auch dem eigenen Ansatz, die Veruntreuung in besonders gefährdeten Bereichen zu erschweren, insofern nicht gerecht, als er einerseits nicht alle Geschäfte, bei denen eine Veruntreuung nahe liegt, erfasst, andererseits aber eine Vielzahl von Geschäften eher unbedeutender Art, die sich nicht unmittelbar auf Geld oder Wertpapiere beziehen, nach wie vor genehmigungspflichtig blieben.[18] So kann etwa bei Kostbarkeiten wie Schmuck eine Veruntreuungsgefahr genauso nahe liegen wie bei Geld.[19] Umgekehrt wäre etwa die Kündigung eines Zeitschriftenabonnements nach wie vor genehmigungspflichtig. Man mag der Meinung sein, die allgemeine Kontrollbefugnis des Familiengerichts biete insoweit genügenden Schutz.[20] Zu begründen wäre allerdings weiter, dass dies auch

---

[9] Vgl. hierzu etwa Prot. IV, 782; *Damrau*, FamRZ 1984, 842-851, 842 f.; *Zimmermann* in: Damrau/Zimmermann, Betreuungsrecht, 4. Aufl. 2011, § 1812 Rn. 2.

[10] Offen gelassen in BGH v. 05.11.2009 - III ZR 6/09 - juris Rn. 25 - WM 2010, 478-481.

[11] *Damrau*, FamRZ 1984, 842-851; *Zimmermann* in: Damrau/Zimmermann, Betreuungsrecht, 4. Aufl. 2011, § 1812 Rn. 3; im Kern zustimmend auch *Veit* in: Staudinger, § 1812 Rn. 30 ff.

[12] *Wagenitz* in: MünchKomm-BGB, § 1812 Rn. 13; zustimmend *Roth* in: Dodegge/Roth, Betreuungsrecht, 2003, E Rn. 59; ähnlich *Meier/Neumann*, Handbuch Vermögenssorge, 2006, S. 141.

[13] *Bienwald* in: Bienwald/Sonnenfeld/Hoffmann, Betreuungsrecht, 4. Aufl. 2005, Anhang zu § 1908i BGB, Rn. 17.

[14] *Dickescheid* in: BGB-RGRK, § 1812 Rn. 6.

[15] So etwa *Bettin* in: BeckOK BGB, Ed. 30, § 1812 Rn. 4.

[16] So auch *Lambertz*, FamRZ 2012, 162-167, 163; *Veit* in: Staudinger, § 1812 Rn. 24.

[17] Vgl. BGH v. 26.11.2008 - VIII ZR 200/05 - juris Rn. 22 ff. - BGHZ 179, 27-43.

[18] Kritisch auch OLG Hamm v. 24.10.1990 - 15 W 306/90 - juris Rn. 17 - OLGZ 1991, 131-134.

[19] So auch *Veit* in: Staudinger, § 1812 Rn. 32.

[20] So das Gegenargument von *Veit* in: Staudinger, § 1812 Rn. 32.

der teleologischen Konzeption des Gesetzes und nicht bloß einer rechtspolitischen Zweckmäßigkeitserwägung entspricht. Auch bei Anwendung der Auffassung von *Schwab/Wagenitz* wären mitunter schwere Abgrenzungsprobleme bei Geschäften zu befürchten, die im Grenzbereich von Vermögens- und Personensorge liegen.[21] Schließlich lässt sich auch nicht sagen, dass jede im Bereich der Vermögenssorge liegende Verfügung besonders veruntreuungsgefährdet wäre et vice versa.

Das Ziel einer angemessenen Einschränkung der Norm de lege lata erscheint schon deshalb nur schwer erreichbar, weil Bedenken gegen die Wirksamkeit des Kontrollmechanismus der Genehmigung bestehen:[22] Für die Verfügung, durch welche der veruntreuungsgefährdete Wert in den unmittelbaren Zugriffsbereich des Vormundes gelangt, wird sich häufig ein plausibler Genehmigungsgrund finden lassen. Wenn kein konkreter Untreueverdacht besteht, wird allein die Zugriffsmöglichkeit des Vormundes in den seltensten Fällen die Verweigerung der Genehmigung zulassen. Aber nach der erteilten Genehmigung kann es dann, vor den Augen des Gegenvormunds verborgen, möglicherweise zu einer Veruntreuung kommen, die mitunter erst im Rahmen der Rechnungslegung oder gar noch später ans Licht kommt. Sieht man hierüber hinweg, so erschiene im Hinblick auf das allgemein angestrebte Ziel, unbedeutende Kleingeschäfte von der Genehmigungspflicht auszunehmen, eine Ausnahmeregelung erwägenswert, die vergleichbar § 1813 Abs. 1 Nr. 2 BGB wertabhängig Rechtsgeschäfte geringen Wertes von der Genehmigungspflicht insgesamt ausnimmt.[23] Dabei müsste eine Umgehung durch Aufsplittung in Teilleistungen natürlich unwirksam sein. Gewisse Probleme, die sich mitunter bei der Wertermittlung einer Verfügung ergeben könnten, sollten entsprechend den Streitwertermittlungen im gerichtlichen Verfahren überwindbar sein.[24] De lege lata dürfte eine solche Einschränkung freilich ebenfalls mit dem Wortlaut der Norm unvereinbar sein. Der Vorschlag von *Dickescheid* steht als Anwendungsfall der teleologischen Auslegung oder jedenfalls doch der teleologischen Reduktion auf dogmatisch sicherem Grund, nimmt freilich – wie *Dickescheid* selbst einräumt – Rechtsunsicherheiten bei der Anwendung im Einzelfall in Kauf.

Für die Praxis sei angesichts des unübersichtlichen Meinungsbildes der sicherste Weg empfohlen: Der Vormund kann sich durch ein Genehmigungsersuchen entlasten.[25]

b. Anwendungsfälle

§ 1812 Abs. 1 Satz 1 BGB betrifft nach seinem Wortlaut nicht jede, sondern nur ganz bestimmte Verfügungen über das Vermögen des Mündels[26], hingegen z.B. nicht Verfügungen über bewegliche Sachen wie etwa Bargeld, Schmuck oder sonstige Kostbarkeiten.[27]

Unter den Verfügungsbegriff fällt insbesondere die **Annahme der geschuldeten Leistung**, da sie den Anspruch auf die Leistung zum Erlöschen bringt.[28] Ferner gehören hierher Veräußerung, Erlass, Verzicht, Abtretung, Belastung und Aufrechnung.[29] Der historische Gesetzgeber ging noch von einem engeren Verfügungsbegriff aus, der neben der Aufgabe des Rechts nur die Belastung des Rechts sowie die Kündigung der Leistung erfasste.[30] Der Abschluss eines Vertrages, mit dem der Vormund/Betreute zur Vergütung einer Dienstleistung verpflichtet wird, ist keine Verfügung im Sinne des § 1812 Abs. 1 Satz 1 BGB.[31] Wegen der besonderen Rechte und Pflichten der Nachlasspflegschaft soll die Annahme der geschuldeten Leistung dort – obwohl es sich um eine Verfügung handelt – nicht genehmigungsbe-

---

[21] So auch *Lambertz*, FamRZ 2012, 162-167, 163.
[22] So nun auch *Veit* in: Staudinger, § 1812 Rn. 82.
[23] Ähnlich *Lambertz*, FamRZ 2012, 162-167, 163.
[24] Vgl. auch *Veit* in: Staudinger, § 1812 Rn. 82.
[25] De lege ferenda kritisch *Veit* in: Staudinger, § 1812 Rn. 81.
[26] Vgl. zur Beschränkung auf das Mündelvermögen auch OLG München v. 22.12.2011 - 1 U 5388/10 - juris Rn. 40 - BtPrax 2012, 69-73.
[27] BGH v. 05.11.2009 - III ZR 6/09 - juris Rn. 17 - WM 2010, 478-481; OLG Karlsruhe v. 15.03.2007 - 3 W 15/06 - juris Rn. 10 - OLGR Karlsruhe 2007, 508-509.
[28] So etwa für die Annahme der Zahlung OLG Karlsruhe v. 27.06.2007 - 7 U 248/06 - juris Rn. 22 - OLGR Karlsruhe 2007, 702-704; OLG Karlsruhe v. 03.09.1998 - 9 U 177/97 - VersR 1999, 1529; LG Berlin v. 21.10.1987 - 18 O 186/87 - Rpfleger 1988, 186-187; zu Einschränkungen vgl. etwa *Veit* in: Staudinger, § 1812 Rn. 40.
[29] OLG Stuttgart v. 22.01.1954 - 2 W 188/53 - MDR 1954, 229-229; *Roth* in: Dodegge/Roth, Betreuungsrecht, 2003, E Rn. 58; zu weiteren Beispielen vgl. *Götz* in: Palandt, § 1812 Rn. 10.
[30] Vgl. *Damrau*, FamRZ 1984, 842-851, 845.
[31] BGH v. 05.11.2009 - III ZR 6/09 - WM 2010, 478-481.

dürftig sein.[32] Das ist nicht ganz zweifelsfrei. Zwar entspricht es der typischen Funktion der Nachlasspflegschaft, Vermögen nicht zu verwalten, sondern erst heranzuschaffen. Doch wenn einzelne Vermögenswerte einmal herangeschafft worden sind, die Nachlasspflegschaft jedoch noch nicht unter Verteilung des Nachlasses an die Erben beendet worden ist, muss das Vermögen verwaltet werden wie im Rahmen der Vormundschaft.

12 Die **Überweisung** von einem gesperrten Konto ist genehmigungsbedürftig,[33] unabhängig davon, ob man den anweisenden Vormund oder das Kreditinstitut als Verfügenden ansieht.[34] Der Sinn und Zweck der Norm, der Schutz des Mündels vor Vermögensverlusten, ist gleichermaßen betroffen, unabhängig davon, ob zur Erfüllung der Bezahlung Dritte zur Geschäftsbesorgung einbezogen werden.[35] Auch eine Überweisung von einem (gesperrten) Mündelkonto auf ein anderes soll eine Verfügung in diesem Sinn darstellen.[36] Auch die **Abhebung** vom Girokonto stellt eine Verfügung nach § 1812 Abs. 1 Satz 1 BGB dar. Der Rückerstattungsanspruch des Mündels gegen das Kreditinstitut wird gemindert.[37] Auch die **Auflösung des Girokontos** stellt eine Verfügung über eine Forderung im Sinne von § 1812 BGB dar, da das Kreditinstitut durch den Girovertrag zur Erbringung von Dienstleistungen verpflichtet ist und die Aufhebung des Kontos diese Pflichten beseitigt.[38]

13 Die Erteilung einer **Quittung** ist im Allgemeinen keine Verfügung.[39] Denn hierbei handelt es sich regelmäßig um eine bloße Wissenserklärung. Im Einzelfall kann sich allerdings etwas anderes ergeben, wenn der Erteilung der Quittung im Wege der Auslegung der materielle Gehalt einer Willenserklärung beigemessen werden kann, nach der nicht bloß das Erlöschen der Schuld bestätigt wird, sondern schlüssig ein Verzicht, Erlass oder negatives Schuldanerkenntnis erklärt wird.

14 Die **Vollmachtserteilung** zu einer Verfügung stellt selbst keine Verfügung dar, da sie allein keine Änderung des Rechts herbeiführt.[40]

15 **Prozesshandlungen** und Zwangsvollstreckungsmaßnahmen sind nur genehmigungsbedürftig, soweit sie materiellrechtliche Verfügungen enthalten, etwa bei Abschluss eines Vergleichs wegen dessen Doppelnatur[41] (zur Genehmigungspflicht nach § 1822 BGB vgl. die Kommentierung zu § 1822 BGB Rn. 141) oder wenn mit der Klageerhebung zugleich ein Gestaltungsrecht ausgeübt wird, z.B. die Kündigung ausgesprochen wird[42]. Nach der heute wohl herrschenden Auffassung soll etwa auch die Zusage der Rücknahme der Berufung, die Abgabe eines Anerkenntnisses oder eines Verzichts genehmigungsfrei sein.[43] Prozesshandlungen bedürfen indes sehr differenzierter Betrachtung. Auch die herrschende Meinung anerkennt, dass die Prozessführung genehmigungsbedürftig ist, soweit in ihr eine materiell-rechtliche Erklärung liegt, etwa im Fall der schlüssigen Kündigung eines Rechtsverhältnisses durch Klageerhebung.[44] Es darf allerdings nicht unterschätzt werden, dass in der Praxis bei materiell wertender Betrachtung Prozesshandlungen sehr häufig auch materiellrechtliche Verfügungen über einen Anspruch enthalten können. Ob dies der Fall ist, muss gemäß §§ 133, 157 BGB im Wege der Auslegung

---

[32] So OLG Karlsruhe v. 27.06.2007 - 7 U 248/06 - juris Rn. 22 ff. - OLGR Karlsruhe 2007, 702-704.
[33] Vgl. BGH v. 09.01.2013 - XII ZB 334/12 - juris Rn. 10 - FamRZ 2013, 438-439.
[34] Im ersteren Sinn AG Herborn v. 02.06.1998 - 5 C 64/98 - FamRZ 1999, 1690, 1691, im letzteren Sinn *Spanl*, Rpfleger 1989, 392, 395; offen gelassen insofern von *Wüstenberg*, Rpfleger 2005, 177, 178.
[35] *Wüstenberg*, Rpfleger 2005, 177, 178; *Spanl*, Rpfleger 1989, 392, 395.
[36] LG Münster v. 22.06.1989 - 5 T 569/89 - Rpfleger 1989, 455, mit zustimmender Anmerkung *Bodenhausen*.
[37] Zutreffend *Spanl*, Vermögensverwaltung durch Vormund und Betreuer, 2. Aufl. 2009, S. 196; *Zimmermann* in: Damrau/Zimmermann, Betreuungsrecht, 4. Aufl. 2011, § 1812 Rn. 8; *Perlwitz* in: HK-BUR, § 1812 Rn. 29.
[38] LG Meiningen v. 03.03.2008 - 3 T 390/07 - FamRZ 2008, 1375-1376, kritisch *Zimmermann* in: Damrau/Zimmermann, Betreuungsrecht, 4. Aufl. 2011, § 1812 Rn. 5; *Zimmermann*, ZEV 2014, 76-81, 77.
[39] So auch *Zimmermann* in: Damrau/Zimmermann, Betreuungsrecht, 4. Aufl. 2011, § 1812 Rn. 19; *Meier/Neumann*, Handbuch Vermögenssorge, 2006, S. 140.
[40] LG Frankfurt v. 07.11.1973 - 2/9 T 1010/73 - FamRZ 1975, 354-355; *Zimmermann* in: Damrau/Zimmermann, Betreuungsrecht, 4. Aufl. 2011, § 1812 Rn. 19; *Lambertz*, FamRZ 2012, 162-167, 164 f.; a.A. BayObLG v. 17.05.1976 - BReg 1 Z 37/76 - juris Rn. 42 - FamRZ 1977, 141-144; offen gelassen von OLG Zweibrücken v. 22.12.2004 - 3 W 130/04 - juris Rn. 10 - OLGR Zweibrücken 2005, 298-300.
[41] So auch RG v. 22.12.1902 - VII 337/03 - RGZ 56, 333-339; *Bettin* in: BeckOK BGB, Ed. 30, § 1812 Rn. 9; *Götz* in: Palandt, § 1812 Rn. 11; *Veit* in: Staudinger, § 1812 Rn. 64; *Zimmermann* in: Damrau/Zimmermann, Betreuungsrecht, 4. Aufl. 2011, § 1812 Rn. 8.
[42] Vgl. OLG Düsseldorf v. 12.03.1981 - 12 U 116/80 - DAVorm 1981, 483-488; *Diederichsen* in: Palandt, 71. Aufl. 2012, § 1812 Rn. 11.
[43] Vgl. etwa *Zimmermann* in: Damrau/Zimmermann, Betreuungsrecht, 4. Aufl. 2011, § 1812 Rn. 16, m.w.N.
[44] Vgl. etwa *Dickescheid* in: BGB-RGRK, § 1812 Rn. 17.

der jeweiligen Erklärung auch unter Berücksichtigung der Umstände der Abgabe der Erklärung ermittelt werden. Maßgebliche Bedeutung kann dabei die Frage haben, inwiefern die Prozesshandlung nach der materiellen Rechtslage geboten war. Ist beispielsweise die Klage unbegründet, liegt in der Klagerücknahme keine Verfügung. Denn es besteht schon keine Forderung, die erlöschen könnte. Besteht hingegen ein Anspruch, bringt die Klagerücknahme den Anspruch ebenfalls nicht zum Erlöschen, da regelmäßig erneut Klage erhoben werden kann. Anders liegt die Rechtslage beim Verzicht, der eine erneute Klageerhebung ausschließt. Ist die Rechtslage unklar, kann eine Verfügung zumindest dann vorliegen, wenn sich die Vornahme der Prozesshandlung als Ergebnis eines materiellen Vergleichs darstellt, wenn sich z.B. die Parteien nach vorausgegangenen Vergleichsverhandlungen darauf einigen, dass ein Teil der Klageforderung anerkannt wird und die Klage im Übrigen zurückgenommen wird. Von der Frage der Genehmigungsbedürftigkeit der mit einer Prozesshandlung verbundenen materiell-rechtlichen Verfügung ist freilich die nach dem Prozessrecht zu beurteilende Wirksamkeit der Prozesshandlung zu unterscheiden. Regelmäßig bleibt die Prozesshandlung wirksam. Der Verstoß gegen das Genehmigungserfordernis kann dann nur Schadensersatzansprüche auslösen. Das gilt beispielsweise für die Berufungsrücknahme.[45]

Auch die Inempfangnahme des Erlöses aus einer Maßnahme der Zwangsvollstreckung ist, da sie die Forderung zum Erlöschen bringt, genehmigungsbedürftig.[46]   16

Wegen des eingeschränkten Schutzzwecks ist § 1812 BGB wird vertreten, dass § 1812 BGB nicht auf die **Kündigung** eines Wohn- und Betreuungsvertrages[47] oder eines Mietvertrages durch den Nachlasspfleger für den Mieter[48] anwendbar sei.   17

2. Verpflichtung

§ 1812 Abs. 1 Satz 2 BGB erstreckt die Genehmigungspflicht auf die Eingehung von Verpflichtungsgeschäften zu Verfügungen nach Satz 1. Ansonsten könnte der Schutzzweck des § 1812 Abs. 1 Satz 1 BGB dadurch umgangen werden, dass zunächst entgegen den Grundsätzen einer ordnungsgemäßen Verwaltung eine Verpflichtung nach Satz 2 begründet würde und dann die Genehmigung nach Satz 1 wegen einer bestehenden Rechtspflicht erteilt werden müsste.   18

Nicht ausreichend ist allerdings die Eingehung vergütungspflichtiger Rechtsgeschäfte, etwa von Dienstverträgen.[49] Sinn und Zweck der Norm ist – auch unter Berücksichtigung der Entstehungsgeschichte – nicht der Schutz vor unwirtschaftlichen Rechtsgeschäften, sondern vor Veruntreuungen durch den Vormund. Um Untreuehandlungen des Vormunds zu erschweren, sollte der Vormund die in § 1812 Abs. 1 Satz 1 BGB bezeichneten Rechte nicht ohne Zustimmung des Gegenvormundes in leichter entziehbare Objekte umwandeln können. Um diesen Zweck nicht zu vereiteln, stellt § 1812 Abs. 1 Satz 2 BGB der Verfügung die Verpflichtung hierzu gleich. Ein umfassendes Genehmigungserfordernis aller vergütungspflichtigen Rechtsgeschäfte ginge über diese Funktion jedoch weit hinaus.   19

Die Genehmigung des Verpflichtungsgeschäfts enthält regelmäßig zugleich auch die des damit verbundenen Erfüllungsgeschäfts.[50]   20

II. Des Vormunds

Erfasst werden nur solche Rechtsgeschäfte, die der Vormund gerade in seiner Funktion als Vormund, d.h. gerade als gesetzlicher Vertreter des Vormunds nach § 1793 BGB vornimmt. Daran fehlt es etwa, wenn der Vormund als Verwalter eines Sondervermögens oder kraft rechtsgeschäftlicher Vollmacht ein Rechtsgeschäft vornimmt.[51]   21

---

[45] LSG Nordrhein-Westphalen v. 16.11.2009 - L 20 SO 31/09.
[46] So auch *Zimmermann* in: Damrau/Zimmermann, Betreuungsrecht, 3. Aufl. 2001, § 1812 Rn. 18.
[47] Vgl. *Harm*, Rpfleger 2012, 53-55, 55.
[48] Vgl. LG Meiningen v. 30.01.2013 - 3 S 140/12 - juris Rn. 45 - ZEV 2013, 513-516; a.A. OLG Hamm v. 24.10.1990 - 15 W 306/90 - Rpfleger 1991, 56-58, 57; LG Berlin v. 28.12.1972 - 81 T 590/72 - MDR 1973, 503.
[49] BGH v. 05.11.2009 - III ZR 6/09 - juris Rn. 12 ff. - WM 2010, 478-481.
[50] *Götz* in: Palandt, § 1812 Rn. 9.
[51] Vgl. etwa RG v. 10.01.1923 - V 385/22 - RGZ 106, 185-187, 186; OLG Celle v. 09.11.1967 - 1 Wx 31/67 - OLGZ 1967, 483-486, 485; *Veit* in: Staudinger, § 1812 Rn. 3; *Zimmermann* in: Damrau/Zimmermann, Betreuungsrecht, 4. Aufl. 2011, § 1812 Rn. 29.

22 Nicht erfasst werden Verfügungen des Betreuten selbst. Der geschäftsfähige Betreute kann selbst Verfügungen wirksam vornehmen. Besteht ein Einwilligungsvorbehalt, so ist zu beachten, dass der Betreute gemäß § 11 SGB X entsprechend § 36 SGB I wie ein fünfzehnjähriger Mündel Sozialleistungen – also z.B. Rentenzahlungen – selbst entgegennehmen kann.[52]

III. Forderung

23 Eine Forderung ist der schuldrechtliche[53] Anspruch auf eine Leistung, also das schuldrechtlich begründete Recht, von einem anderen ein Tun oder Unterlassen zu verlangen. Man beachte, dass Forderungen in diesem Sinn auch außerhalb des 2. Buchs des BGB vorkommen können.[54] Auf den Inhalt der Leistung – z.B. Zahlung, Auskunft, Verschaffung, Unterlassen, Rechnungslegung – kommt es grundsätzlich nicht an.[55]

24 Verfügung über eine Forderung ist insbesondere die **Annahme einer Geldleistung**.[56] Wegen der Ausnahme des § 1813 Abs. 1 Nr. 2, Abs. 2 BGB werden allerdings Erfüllungen in Höhe von nicht mehr als 3.000 € von der Genehmigungspflicht ausgenommen, wenn nicht ein anderes nach § 1813 Abs. 2 Satz 1 BGB bei Anlegung des Geldes vereinbart worden ist.

25 Problematisch ist, ob auch die **Gutschrift auf dem Girokonto** der Genehmigung bedarf. Unabhängig davon, ob man mit der wohl herrschenden Auffassung die Überweisung als Erfüllung des Zahlungsanspruchs gemäß § 362 BGB[57] oder als Leistung an Erfüllungs statt nach § 364 BGB ansieht[58], liegt in ihr eine Verfügung über den Zahlungsanspruch, die freilich schon dadurch vorweggenommen wird, dass das Einverständnis mit der Überweisung zumindest schlüssig erklärt wird. Streng genommen müsste man also eigentlich schon die Mitteilung der Kontoverbindung im Zusammenhang mit der Forderungsbegründung als genehmigungsbedürftig ansehen.[59] Da das überwiesene Geld aber erst durch Vornahme einer weiteren Verfügung – nämlich der Auszahlung oder Überweisung – veruntreut werden könnte, kann auf die Genehmigung der ersten Überweisung ohne Schutzlücke verzichtet werden.[60] In der Kommentarliteratur wird verbreitet vorgeschlagen, diese Wertgrenze auch bei anderen Verfügungen über Geldforderungen, etwa bei Erlass, negativem Schuldanerkenntnis, Abtretung oder Aufrechnung zu beachten, da in diesen Fällen noch weniger als bei der Annahme als geschuldete Leistung eine Veruntreuungsgefahr bestehe.[61]

26 Auch die **Aufrechnung** stellt – ungeachtet der Möglichkeit des Aufrechnungsgegners, selbst eine Aufrechnung zu erklären, die dann nicht dem § 1812 BGB unterfiele – eine Verfügung dar.[62]

27 Die **Kündigung** eines Dauerschuldverhältnisses, etwa eines Mietvertrages durch den Vermieter, stellt eine Verfügung dar.[63] Gleiches gilt für die Kündigung eines Kontokorrentverhältnisses.[64]

---

[52] So auch *Perlwitz* in: HK-BUR, § 1813 Rn. 14; *Zimmermann* in: Damrau/Zimmermann, Betreuungsrecht, 4. Aufl. 2011, § 1813 Rn. 12.

[53] So zutreffend etwa *Dickescheid* in: BGB-RGRK, § 1812 Rn. 3; *Meier/Neumann*, Handbuch Vermögenssorge, 2006, S. 140.

[54] So zutreffend *Perlwitz* in: HK-BUR, § 1812 Rn. 23; freilich handelt es sich deshalb noch nicht um andere als schuldrechtliche Ansprüche, so zutreffend *Veit* in: Staudinger, § 1812 Rn. 15 ff.

[55] Vgl. *Bettin* in: BeckOK BGB, Ed. 30, § 1812 Rn. 7; str., vgl. hierzu auch Rn. 5 ff.

[56] Unstreitig wegen § 1813 BGB, vgl. *Zimmermann* in: Damrau/Zimmermann, Betreuungsrecht, 4. Aufl. 2011, § 1812 Rn. 8; *Veit* in: Staudinger, § 1812 Rn. 40 ff. m.w.N.

[57] So *Fetzer* in: MünchKomm-BGB, § 362 Rn. 20; *Grüneberg* in: Palandt, § 362 Rn. 9.

[58] So BGH v. 13.03.1953 - V ZR 92/51 - NJW 1953, 897-898; OLG Hamm v. 13.11.1987 - 10 UF 266/87 - NJW 1988, 2115-2116.

[59] Zu verkürzt deshalb der Hinweis von *Zimmermann* in: Damrau/Zimmermann, Betreuungsrecht, 4. Aufl. 2011, § 1813 Rn. 5, auf die Vornahme der Gutschrift durch die Bank.

[60] So auch *Spanl*, Vermögensverwaltung durch Vormund und Betreuer, 2. Aufl. 2009, S. 201 f.

[61] So etwa *Veit* in: Staudinger, § 1812 Rn. 41.

[62] So auch OLG Celle v. 11.09.1967 - 1 Wx 31/67 - OLGZ 1967, 484-486; *Dickescheid* in: BGB-RGRK, § 1812 Rn. 9; *Perlwitz* in: HK-BUR, § 1812 Rn. 30; *Meier/Neumann*, Handbuch Vermögenssorge, 2006, S. 140; a.A. *Damrau*, FamRZ 1984, 842-851, 847; im Grundsatz auch *Zimmermann* in: Damrau/Zimmermann, Betreuungsrecht, 4. Aufl. 2011, § 1812 Rn. 9.

[63] OLG Hamm v. 24.10.1990 - 15 W 306/90 - Rpfleger 1991, 56-58, 57; LG Berlin v. 28.12.1972 - 81 T 590/72 - MDR 1973, 503-503; *Perlwitz* in: HK-BUR, § 1812 Rn. 28; vgl. aber auch Rn. 17.

[64] Vgl. LG Hamburg v. 16.07.2010 - 317 O 77/10 - juris Rn. 33 - NJW-RR 2011, 513-514; vgl. aber auch *Zimmermann*, ZEV 2014, 76-81, 77.

IV. Anderes Recht, eine Leistung zu verlangen

Hierunter fällt jede individuell einem Rechtssubjekt zugewiesene Befugnis, von einem anderen ein Tun oder Unterlassen zu verlangen. Der Begriff umfasst dingliche Rechte, auch solche aus Grundpfandrechten.[65]

28

Umstritten ist, ob auch der aus dem Eigentum resultierende Anspruch auf **Herausgabe einer beweglichen Sache** hierunter fällt. Im Hinblick auf den Wortlaut der Norm wird dies zum Teil bejaht[66], überwiegend jedoch mit der Begründung verneint, es könne nicht sein, dass der Vormund eine bewegliche Sache nach den §§ 929, 930 BGB genehmigungsfrei veräußern, nicht jedoch den Herausgabeanspruch nach § 931 BGB abtreten könne[67]. Teilweise wird auch zwischen Kostbarkeiten und anderen Sachen differenziert.[68] Es erscheint zweifelhaft, ob der Herausgabeanspruch allein unter Hinweis auf diesen Widerspruch aus dem Anwendungsbereich der Norm herausgenommen werden kann. Die Frage ist vielmehr Teil der viel umfassenderen Problematik der nach Sinn und Zweck zu weit gefassten Anwendungsvoraussetzungen des § 1812 BGB (vgl. dazu noch Rn. 33). Eine Veruntreuungsgefahr ist zumindest bei Kostbarkeiten nicht zu leugnen. De lege lata dürfte eine Beschränkung hierauf mit dem Gesetzeswortlaut jedoch nicht vereinbar sein.

29

Erfasst wird auch die Ausübung von **Gestaltungsrechten** wie z.B. die Kündigung des Darlehens[69] oder des Mietvertrages,[70] jedenfalls wenn die Gestaltungswirkung das Erlöschen, den Verlust oder die Veränderung eines auf eine Leistung gerichteten Rechts des Mündels zur Folge hat.[71]

30

Auch bei **grundbuchrechtlichen Löschungen** ist stets zu prüfen, inwiefern der Bewilligung ein materielles Rechtsgeschäft zugrunde liegt.[72] Bei der Löschung von Grundpfandrechten wird zum Teil differenziert. Teilweise wird die Bewilligung der Löschung einer Fremd- oder einer Eigentümergrundschuld gleichermaßen als genehmigungsbedürftig angesehen.[73] Teilweise wird die Norm dahin gehend reduziert, dass die Löschung des Grundpfandrechts des Mündels an einem fremden Grundstück dann nicht genehmigungspflichtig sein soll, wenn die Hypothek nicht mehr valutiert, da sie dann nur der Grundbuchberichtigung diene.[74] Die Zustimmung des Mündels zur Löschung einer Hypothek an seinem eigenen Grundstück ist genehmigungspflichtig, da die zu löschende, verdeckte Eigentümergrundschuld eine nicht lediglich formale Rechtsposition darstellt.[75] Eine neuere Entscheidung des OLG Hamm[76] nimmt an, dass die Löschungsbewilligung jedenfalls dann genehmigungsbedürftig ist, wenn sie die Verfügung über ein nicht letztrangiges Recht enthält. Im Einzelnen ist hier vieles streitig.

31

Wertpapier ist jede Urkunde, die ein Recht dergestalt verbrieft, dass das Recht nicht ohne das Papier geltend gemacht werden kann. Hierunter fallen beispielsweise auch qualifizierte Legitimationspapiere nach § 808 BGB wie das Sparbuch.[77] Einer Verfügung über ein Wertpapier ist es gleichzustellen, wenn ein Erbe, der nach österreichischem Recht die Erbschaft angenommen hat, vor der Einantwortung, die nach österreichischem Recht erst zum Übergang des Eigentums führt, das Recht an dem Wertpapier überträgt. Die Rechtsstellung sei bereits soweit derjenigen eines Volleigentümers angenähert, dass es

32

---

[65] Allg. A., vgl. etwa OLG Hamm v. 25.10.2010 - I-15 W 334/10 - juris Rn. 11 - FGPrax 2011, 61-62; *Veit* in: Staudinger, § 1812 Rn. 18; *Perlwitz* in: HK-BUR, § 1812 Rn. 24.

[66] So etwa *Veit* in: Staudinger, § 1812 Rn. 20.

[67] So *Bettin* in: BeckOK BGB, Ed. 30, § 1812 Rn. 7; *Roth* in: Dodegge/Roth, Betreuungsrecht, 2003, E Rn. 57; *Perlwitz* in: HK-BUR, § 1812 Rn. 25.

[68] *Holzhauer* in: Erman, 11. Aufl. 2004, § 1812 Rn. 5; auf Abgrenzungsschwierigkeiten hinweisend *Saar* in: Erman, § 1812 Rn. 7.

[69] BGH v. 15.03.1951 - IV ZR 9/50 - BGHZ 1, 294-307.

[70] OLG Hamm v. 24.10.1990 - 15 W 306/90 - MDR 1991, 251-252; LG Berlin v. 28.12.1972 - 81 T 590/72 - MDR 1973, 503; *Götz* in: Palandt, § 1812 Rn. 7; *Bettin* in: BeckOK BGB, Ed. 30, § 1812 Rn. 8.

[71] *Veit* in: Staudinger, § 1812 Rn. 6; *Wagenitz* in: MünchKomm-BGB, § 1812 Rn. 19.

[72] Vgl. hierzu eingehend *Zimmermann* in: Damrau/Zimmermann, Betreuungsrecht, 4. Aufl. 2012, § 1812 Rn. 23 ff.; *Perlwitz* in: HK-BUR, § 1812 Rn. 32 ff; *Veit* in: Staudinger, § 1812 Rn. 51.

[73] OLG München v. 17.06.2011 - 34 Wx 179/11 - juris Rn. 8 - FamRZ 2012, 662-663.

[74] So *Veit* in: Staudinger, § 1812 Rn. 52; vgl. eingehend auch *Zimmermann* in: Damrau/Zimmermann, Betreuungsrecht, 4. Aufl. 2011, § 1812 Rn. 24 ff.

[75] OLG Hamm v. 24.03.1976 - 15 W 99/76 - OLGZ 1977, 47 53; BayObLG München v. 10.08.1984 - BReg 2 Z 54/84 - MDR 1985, 56-57; *Veit* in: Staudinger, § 1812 Rn. 54 ff.; str., a.A. *Zimmermann* in: Damrau/Zimmermann, Betreuungsrecht, 4. Aufl. 2011, § 1812 Rn. 23 ff.

[76] OLG Hamm v. 25.10.2010 - I-15 W 334/10 - juris Rn. 11 - FGPrax 2011, 61-62.

[77] Allg. A., vgl. *Dickescheid* in: BGB-RGRK, § 1812 Rn. 5.

§ 1812

der Intention des § 1812 BGB entgegenliefe, die Verfügung als genehmigungsfrei anzusehen.[78] Genehmigungspflichtig sind danach die Annahme, Übereignung und Verpfändung von Wertpapieren, auch die Herausgabe der Wertpapiere an den Vormund.[79] Auch bei Vertretern einer teleologischen Reduktion besteht Übereinstimmung darin, dass eine Wertgrenze nach dem Vorbild des § 1813 Abs. 1 Nr. 2 BGB hier nicht zu beachten sein soll.[80]

V. Keine Genehmigung nach den §§ 1819-1822 BGB erforderlich

33 Keine Genehmigungspflicht besteht, wenn das Geschäft schon nach den §§ 1819-1822 BGB genehmigungspflichtig ist.[81] Die zusätzliche Kontrolle durch den Gegenvormund wird in diesen Fällen für überflüssig erachtet, da schon eine Kontrolle durch das Familiengericht erfolgt.

VI. Ausnahmetatbestände

34 Von der Genehmigungspflicht des § 1812 BGB macht § 1813 BGB verschiedene Ausnahmen.

1. Befreiungsmöglichkeiten

35 § 1812 BGB enthält zwingendes Recht. Es kann deshalb nicht vom Vormund im Einvernehmen mit dem Dritten abbedungen werden.[82] Das Gesetz sieht jedoch Möglichkeiten der Befreiung und der pauschalen Ermächtigung vor.

a. Die Entbindung durch das Familiengericht (§ 1817 BGB)

36 Das Familiengericht kann den Vormund unter den Voraussetzungen des § 1817 BGB von der Genehmigungspflicht befreien.

b. Die allgemeine Ermächtigung (§ 1825 BGB)

37 Ferner kann das Familiengericht zu den Rechtsgeschäften im Sinne des § 1812 BGB nach § 1825 BGB eine allgemeine Ermächtigung erteilen, soweit dies zum Zwecke der Vermögensverwaltung, insbesondere zum Betrieb eines Erwerbsgeschäfts, erforderlich ist.

c. Die befreite Vormundschaft (§§ 1852 Abs. 2, 1857a BGB)

38 Im Fall der befreiten Vormundschaft nach § 1852 Abs. 2 BGB greift das Genehmigungserfordernis nicht[83], ebenso wenig für Jugendamt, Vereinsvormund, Betreuungsbehörde und Vereinsbetreuer (§ 1857a BGB).[84]

2. Weiterreichende Genehmigungserfordernisse

39 Bedarf die Vornahme des Rechtsgeschäfts aus anderem Grunde, etwa in den Fällen der §§ 1819 ff. BGB, der Genehmigung des Familiengerichts, kann mit der allgemeinen Ansicht auf die zusätzliche Genehmigung durch den Gegenvormund verzichtet werden.[85] Das gilt auch, wenn man wie hier vertreten im Grundsatz von der vorrangigen Genehmigung durch den Gegenvormund ausgeht. Denn die vorrangige Genehmigung durch den Gegenvormund ist der Entlastung des Familiengerichts, nicht einer Intensivierung der Aufsicht geschuldet.

3. Pflicht zur Vornahme des Rechtsgeschäfts?

40 Allein der Umstand, dass der Mündel dem Dritten gegenüber zur Vornahme der Verfügung verpflichtet ist, enthebt den Vormund noch nicht von der Pflicht zur Einholung der Genehmigung.[86] Dafür spricht

---

[78] OLG München v. 05.12.2008 - 33 Wx 266/08 - OLGR München 2009, 93-95.
[79] Vgl. RG v. 05.01.1912 - III 62/11 - RGZ 79, 9-16, 14.
[80] Vgl. etwa *Veit* in: Staudinger, § 1812 Rn. 48.
[81] Vgl. LG Meiningen v. 03.03.2008 - 3 T 390/07 - juris Rn. 45 - FamRZ 2008, 1375-1376.
[82] Allg. A., RG v. 05.01.1912 - III 62/11 - RGZ 79, 9-16, 13; *Veit* in: Staudinger, § 1812 Rn. 1; *Dickescheid* in: BGB-RGRK, § 1812 Rn. 2.
[83] Vgl. hierzu auch *Veit* in: Staudinger, § 1812 Rn. 6; *Lambertz*, FamRZ 2012, 162-167, 162.
[84] Vgl. zu letzterem etwa OLG Karlsruhe v. 27.06.2007 - 7 U 248/06 - juris Rn. 11 - OLGR Karlsruhe 2007, 702-704.
[85] So auch *Veit* in: Staudinger, § 1812 Rn. 5; *Perlwitz* in: HK-BUR, § 1812 Rn. 13; *Dickescheid* in: BGB-RGRK, § 1812 Rn. 2; *Zimmermann* in: Damrau/Zimmermann, Betreuungsrecht, 4. Aufl. 2011, § 1812 Rn. 29.
[86] So auch *Veit* in: Staudinger, § 1812 Rn. 4; *Zimmermann* in: Damrau/Zimmermann, Betreuungsrecht, 4. Aufl. 2011, § 1812 Rn. 20; *Dickescheid* in: BGB-RGRK, § 1812 Rn. 15, str.

der Wortlaut der Norm. Auch macht es einen Sinn, dass der Gegenvormund prüfen kann, ob die Voraussetzungen einer solchen Verpflichtung überhaupt vorliegen.

4. Praktische Hinweise

Die Auslegung des § 1812 BGB wird in Rechtsprechung und Literatur bisweilen als dogmatischer Hochseilakt betrieben. Der Vormund, dessen Haftung bei einem Verstoß in Frage steht, sollte sich hieran nicht auf eigenes Risiko beteiligen und im Zweifelsfall um die Genehmigung nachsuchen. 41

D. Rechtsfolgen

I. Allgemeine Grundsätze

§ 1812 BGB schränkt die Vertretungsmacht des Vormunds ein.[87] Die Erteilung der Genehmigung richtet sich nach den §§ 1828-1832 BGB. Die Genehmigung ist dem Vormund gegenüber zu erklären. Fehlt die Genehmigung, so hängt die Wirksamkeit eines Vertrages von der nachträglichen Genehmigung ab, das einseitige Rechtsgeschäft ist endgültig unwirksam.[88] Wenn verbreitet gesagt wird, der Leistende werde frei, soweit der gute Glaube des anderen Teils in die Verfügungsbefugnis ausnahmsweise geschützt wird[89], trifft dies für den Fall des § 366 HGB zu. Diese Einschränkung rechtfertigt sich mit der Kaufmannseigenschaft. Gegenüber sonstigen Schutznormen wie § 808 BGB geht der Mündelschutz jedoch vor.[90] 42

Die Genehmigung ist zu erteilen, wenn das Rechtsgeschäft den Grundsätzen einer wirtschaftlichen Vermögensverwaltung entspricht, d.h. wenn es im Interesse des Mündels liegt. Das ist nicht nur, aber jedenfalls immer dann der Fall, wenn der Mündel zur Vornahme des Rechtsgeschäfts verpflichtet ist.[91] Bei der Beurteilung der ordnungsgemäßen Vermögensverwaltung hat der Gegenvormund bzw. das Familiengericht den Grundsatz der Selbständigkeit der Führung der Vormundschaft zu wahren und lediglich die Überschreitung des dem Vormund zustehenden Ermessens zu prüfen.[92] 43

II. Genehmigung durch den Gegenvormund (Absatz 1)

Wenn ein Gegenvormund vorhanden ist (1. Konstellation: § 1812 Abs. 1 BGB) bedarf es grundsätzlich seiner Genehmigung. Seine Genehmigung kann allerdings durch die Genehmigung des Familiengerichts ersetzt werden (dazu sogleich). 44

III. Ersetzung der Genehmigung durch das Familiengericht (Absatz 2)

Nach § 1812 Abs. 2 BGB ersetzt die Genehmigung des Familiengerichts diejenige des Gegenvormunds. Dies bedeutet nach ganz herrschender Auffassung, dass es im Belieben des Vormunds steht, ob er sich zuerst an den Gegenvormund oder an das Familiengericht wendet.[93] Dies wird damit begründet, dass die ursprüngliche Formulierung einer Genehmigung „des Gegenvormunds oder des Familiengerichts" geändert worden sei, ohne dass damit eine inhaltliche Änderung beabsichtigt gewesen sei. Diese Auslegung erscheint nicht zweifelsfrei.[94] Die zu § 1810 BGB angeführten Bedenken (vgl. die Kommentierung zu § 1810 BGB Rn. 22) gelten hier nicht minder. 45

IV. Keine Genehmigung bei Mitvormundschaft (Absatz 3 Halbsatz 2)

Ist kein Gegenvormund vorhanden, sind aber mehrere Vormünder zur gemeinschaftlichen Vormundschaft berufen (2. Konstellation), so ist nach § 1812 Abs. 3 HS. 2 BGB keine Genehmigung durch das Familiengericht erforderlich. Wie bei § 1810 BGB kontrollieren sich die Mitvormünder selbst. Kommt 46

---

[87] Allg. A., *Veit* in: Staudinger, § 1812 Rn. 1; *Dickescheid* in: BGB-RGRK, § 1812 Rn. 1.
[88] Vgl. etwa OLG Karlsruhe v. 27.06.2007 - 7 U 248/06 - juris Rn. 9 - OLGR Karlsruhe 2007, 702-704; OLG Karlsruhe v. 03.09.1998 - 9 U 177/97 - NJW-RR 1999, 230-231; *Perlwitz* in: HK-BUR, § 1812 Rn. 15 f.
[89] RG v. 19.10.1926 - III 488/25 - RGZ 115, 153-157, 156 f.; *Dickescheid* in: BGB-RGRK, § 1812 Rn. 23; vgl. auch *Veit* in: Staudinger, § 1812 Rn. 73.
[90] OLG Karlsruhe v. 03.09.1998 - 9 U 177/97 - NJW-RR 1999, 230-231; *Veit* in: Staudinger, § 1812 Rn. 73.
[91] *Perlwitz* in: HK-BUR, § 1812 Rn. 8.
[92] *Dickescheid* in: BGB-RGRK, § 1812 Rn. 22, *Veit* in: Staudinger, § 1812 Rn. 70 f.; *Perlwitz* in: HK-BUR, § 1812 Rn. 8; *Zimmermann* in: Damrau/Zimmermann, Betreuungsrecht, 4. Aufl. 2011, § 1812 Rn. 31.
[93] So etwa *Veit* in: Staudinger, § 1812 Rn. 66; *Bettin* in: BeckOK BGB, Ed. 30, § 1812 Rn. 11; *Saar* in: Erman, § 1812 Rn. 14; *Perlwitz* in: HK-BUR, § 1812 Rn. 5; *Wesche* Rpfleger 2010, 403, 404.
[94] Im Ergebnis ebenfalls *Wagenitz* in: MünchKomm-BGB, § 1812 Rn. 39.

es zu keiner Einigung, entscheidet das Familiengericht durch den Richter nach § 1797 BGB, § 14 Nr. 5 RPflG.[95] Dabei handelt es sich nicht um einen Fall der Ersetzung.

V. Genehmigung durch das Familiengericht (Absatz 3 Halbsatz 1)

47 Sind weder Gegen- noch Mitvormund vorhanden, so ist nach § 1812 Abs. 3 HS. 1 BGB (3. Konstellation) direkt die Genehmigung des Familiengerichts einzuholen.

VI. Praktische Hinweise

48 Will der Vormund ein nach § 1812 BGB genehmigungsbedürftiges Rechtsgeschäft vornehmen, so ist er verpflichtet, die erforderliche Genehmigung einzuholen. Das folgt allerdings nicht unmittelbar aus § 1812 BGB, der keine Pflicht des Vormunds statuiert, sondern seine Vertretungsmacht beschränkt, sondern aus der sich aus § 1793 BGB ergebenden allgemeinen Pflicht zur Wahrung des Mündelinteresses. Verletzt der Vormund diese Pflicht, kann er sich nach § 1833 BGB schadensersatzpflichtig machen, etwa wenn der für den Mündel günstige Prozessvergleich, der über eine dem Mündel zustehende Forderung verfügt, mangels Genehmigung unwirksam ist. Auch die Verfügung über Wertpapiere ohne Genehmigung des Gegenvormunds kann die Haftung nach § 1833 BGB auslösen.[96]

49 Von besonderer Bedeutung ist § 1812 BGB freilich für Dritte, die an den Mündel leisten. Ihnen gegenüber statuiert § 1812 BGB erst recht keine Pflichten.[97] Aus diesem Grunde ist ein Dritter – beispielsweise ein Kreditinstitut im Girovertragsverhältnis – auch nicht de jure verpflichtet, zum Schutz eines Mündels bei Leistungen die Einhaltung vormundschaftsrechtlicher Vorschriften zu prüfen. Allerdings ergeben sich für den Dritten Probleme daraus, dass die ohne Genehmigung nach §§ 1812, 1813 BGB erfolgte Leistung mangels Verfügungsbefugnis des Vormunds nicht befreiend wirkt. Der Dritte muss deshalb in diesen Fällen noch einmal leisten.[98] Damit stellt sich zugleich die Frage, von wem und auf welcher Grundlage der Dritte die bereits erbrachte Leistung zurückverlangen kann. Dabei ist es zunächst erforderlich, den Gegenstand der Leistung exakt zu bestimmen. So verliert der Leistende bei fehlender Verfügungsbefugnis mitunter seine Rechtsposition gar nicht – er bleibt z.B. Eigentümer und verliert nur Besitz. Er ist dann nicht auf das schwache Bereicherungsrecht verwiesen, sondern kann aus dem Recht selbst – etwa aus § 985 BGB – klagen. Aber auch dieser Schutz kann – etwa im Fall des gutgläubigen Erwerbs oder in Fällen der Vermischung oder Verarbeitung oder im Fall des Untergangs – beschränkt sein. Ist die Leistung tatsächlich in das Vermögens des Mündels übergegangen, ist an § 812 BGB zu denken. Die Geltendmachung dieses Anspruchs – etwa im Wege der Aufrechnung – kann jedoch dem Mündelschutz widersprechen und deshalb unzulässig sein.[99]

E. Prozessuale Hinweise/Verfahrenshinweise

50 Zu Verfahren und Rechtsbehelfen im Einzelnen vgl. die Kommentierung zu § 1828 BGB Rn. 113 ff. Die Genehmigung nach § 1812 BGB erteilt der Rechtspfleger. Seine Zuständigkeit ergibt sich in Kindschaftssachen aus § 3 Nr. 2a RPflG, in Betreuungssachen aus § 3 Nr. 2b RPflG. Der Richter ist lediglich für die Entscheidung über Meinungsverschiedenheiten zwischen mehreren Mitvormündern oder Mitbetreuern nach § 1812 Abs. 3 HS. 2 BGB zuständig (vgl. § 14 Nr. 5 RPflG).[100] Auch im Fall der Ersetzung nach § 1812 Abs. 2 BGB ist richtiger Ansicht nach der Rechtspfleger zuständig.[101] Denn es handelt sich hierbei um einen Fall der Ersetzung[102], nicht der Entscheidung einer Meinungsverschiedenheit.

---

[95] Vgl. zum alten Recht auch *Perlwitz* in: HK-BUR, § 1812 Rn. 9.

[96] Vgl. LG Berlin v. 19.10.2009 - 25 O 456/09 - juris Rn. 25 - FamRZ 2010, 492.

[97] BGH v. 08.11.2005 - XI ZR 74/06 - juris Rn. 16 - BKR 2006, 76 f. Das Reichsgericht hatte die Problematik noch über die Annahme einer Schadensersatzpflicht gelöst, vgl. RG v. 05.01.1912 - III 62/11 - RGZ 79, 9-16, 14.

[98] BGH v. 08.11.2005 - XI ZR 74/06 - juris Rn. 16 - BKR 2006, 76 f.; *Wesche*, Rpfleger 2010, 403, 404.

[99] So auch *Perlwitz* in: HK-BUR, § 1812 Rn. 17 gegen *Zimmermann* in: Damrau/Zimmermann, Betreuungsrecht, 3. Aufl. 2001, § 1812 Rn. 8.

[100] So auch *Zimmermann* in: Damrau/Zimmermann, Betreuungsrecht, 3. Aufl. 2001, § 1812 Rn. 30; *Perlwitz* in: HK-BUR, § 1812 Rn. 9, 10.

[101] So etwa *Veit* in: Staudinger, § 1812 Rn. 74; *Zimmermann* in: Damrau/Zimmermann, Betreuungsrecht, 4. Aufl. 2011, § 1812 Rn. 36; a.A. aber *Dickescheid* in: BGB-RGRK, § 1812 Rn. 22.

[102] Anders aber in der Begründung *Zimmermann* in: Damrau/Zimmermann, Betreuungsrecht, 4. Aufl. 2011, § 1812 Rn. 39.

Erteilt das Familiengericht die Genehmigung, hat es einen vorhandenen Gegenvormund oder Gegen- 51
betreuer anzuhören (§§ 1826, 1908i Abs. 1 BGB). Nach § 7 FamFG ist der Gegenvormund nach neuem
Recht regelmäßig förmlich zu beteiligen. Nach § 34 Nr. 1 FamFG ist eine persönliche, d.h. mündliche
Anhörung des Mündels nur geboten, soweit dies zur Gewährleistung rechtlichen Gehörs geboten ist.
Das mindestens 14 Jahre alte Kind ist gemäß § 159 Abs. 1 Satz 2 FamFG grundsätzlich anzuhören, jedoch (da es sich um eine Entscheidung im Bereich der Vermögenssorge handelt) nicht zwingend mündlich. Jüngere Kinder sind nach Maßgabe von § 159 Abs. 2 FamFG anzuhören. Auch der Betreute ist
grundsätzlich anzuhören[103]. In engen Grenzen wird ein Verzicht auf die Anhörung allerdings vertretbar
sein, soweit die Anhörung zu einer unter Abwägung aller Belange nachteiligen Verzögerung führen
würde. Dies muss allerdings jeweils einzelfallbezogen geprüft werden.[104]

Die Genehmigung erfolgt in Beschlussform, § 38 FamFG, mit Rechtsbehelfsbelehrung, § 39 FamFG. 52
Sie wird gegenüber Mündel und Vormund nach § 40 Abs. 2 FamFG grundsätzlich erst mit Rechtskraft
wirksam.[105]

Der verfahrensfähige Betreute ist selbst beschwerdebefugt.[106] Gegen die Ablehnung der Genehmigung 53
kann der Vormund die Beschwerde nach den §§ 58 ff. FamFG einlegen. Die Beschwerdefrist richtet
sich nach § 63 Abs. 2 Nr. 2 FamFG.[107] Der Gegenvormund kann im Beschwerdeweg aus eigenem
Recht nur die Verletzung des rechtlichen Gehörs rügen.[108] Dem Vormund steht die Beschwerde im eigenen Namen auch gegen die Ablehnung eines Antrags auf Erteilung eines Negativattests zu, mit dem
nach dem Willen des Antragstellers festgestellt werden soll, dass ein Rechtsgeschäft nicht der Gene-
migung bedarf.[109]

Erteilt das Familiengericht die beantragte Genehmigung nicht, weil es zu Unrecht der Auffassung ist, 54
es bedürfe keiner Genehmigung nach § 1812 BGB, kann ein Amtshaftungsanspruch gegeben sein.[110]

Das Grundbuchamt hat vor der Vornahme der beantragten Eintragungen eine Rechtmäßigkeitskont- 55
rolle durchzuführen. In diesem Zusammenhang ist es auch verpflichtet, die Vertretungsmacht des Vormunds zu prüfen.[111] Hierzu hat sich das Grundbuchamt nicht nur die Stellung des Vormundes durch
Vorlage eines entsprechenden Ausweises nachweisen zu lassen, sondern auch die Erteilung der Genehmigung.

Auch vor Erteilung der vollstreckbaren Ausfertigung eines Prozessvergleichs hat der zuständige Ur- 56
kundsbeamte der Geschäftsstelle bzw. der Rechtspfleger den Nachweis der Genehmigung zu verlangen.[112]

---

[103] BVerfG v. 18.01.2000 - 1 BvR 321/96 - Rpfleger 2000, 205-209, 207 ff.; *Perlwitz* in: HK-BUR, § 1812 Rn. 7.
[104] Für eine großzügige Handhabung allerdings *Wesche* Rpfleger 2010, 403, 404.
[105] Vgl. OLG Düsseldorf v. 16.11.2010 - 3 Wx 212/10 - juris Rn. 7 - FamRZ 2011, 921; *Zimmermann* in: Damrau/Zimmermann, Betreuungsrecht, 4. Aufl. 2011, § 1812 Rn. 37.
[106] *Wesche*, Rpfleger 2010, 403, 405.
[107] *Zimmermann* in: Damrau/Zimmermann, Betreuungsrecht, 4. Aufl. 2011, § 1812 Rn. 39.
[108] Vgl. zum alten Recht KG v. 16.11.2003 - 1 U 1205/03 - KGJ 27, A 11-15; OLG Hamm v. 14.01.1966 - 15 W 319/65 - OLGZ 1966, 235; *Dickescheid* in: BGB-RGRK, § 1812 Rn. 23; *Perlwitz* in: HK-BUR, § 1812 Rn. 11.
[109] OLG Hamm v. 24.10.1990 - 15 W 306/90 - juris Rn. 8 ff. - OLGZ 1991, 131-134; LG Meiningen v. 03.03.2008 - 3 T 390/07 - juris Rn. 21 ff. - FamRZ 2008, 1375-1376; *Zimmermann* in: Damrau/Zimmermann, Betreuungsrecht, 4. Aufl. 2011, § 1812 Rn. 39.
[110] Vgl. OLG München v. 22.12.2011 - 1 U 5388/10 - juris Rn. 36 ff. - BtPRax 2012, 69-73.
[111] Allg. A., vgl. etwa *Zimmermann* in: Damrau/Zimmermann, Betreuungsrecht, 4. Aufl. 2011, § 1812 Rn. 22, m.w.N.
[112] So auch *Perlwitz* in: HK-BUR, § 1812 Rn. 38; *Zimmermann* in: Damrau/Zimmermann, Betreuungsrecht, 4. Aufl. 2011, § 1812 Rn. 17.

§ 1813 BGB Genehmigungsfreie Geschäfte

(Fassung vom 06.07.2009, gültig ab 01.09.2009)

(1) Der Vormund bedarf nicht der Genehmigung des Gegenvormunds zur Annahme einer geschuldeten Leistung:

1. wenn der Gegenstand der Leistung nicht in Geld oder Wertpapieren besteht,
2. wenn der Anspruch nicht mehr als 3 000 Euro beträgt,
3. wenn der Anspruch das Guthaben auf einem Giro- oder Kontokorrentkonto zum Gegenstand hat oder Geld zurückgezahlt wird, das der Vormund angelegt hat,
4. wenn der Anspruch zu den Nutzungen des Mündelvermögens gehört,
5. wenn der Anspruch auf Erstattung von Kosten der Kündigung oder der Rechtsverfolgung oder auf sonstige Nebenleistungen gerichtet ist.

(2) ¹Die Befreiung nach Absatz 1 Nr. 2, 3 erstreckt sich nicht auf die Erhebung von Geld, bei dessen Anlegung ein anderes bestimmt worden ist. ²Die Befreiung nach Absatz 1 Nr. 3 gilt auch nicht für die Erhebung von Geld, das nach § 1807 Abs. 1 Nr. 1 bis 4 angelegt ist.

Gliederung

A. Grundlagen 1	1. Guthaben auf einem Giro- oder Kontokorrentkonto als Gegenstand des Anspruchs 14
I. Kurzcharakteristik 1	
II. Entstehungsgeschichte 2	a. Giro- oder Kontokorrentkonto 14
1. Das Betreuungsgesetz 2	b. Guthaben 19
2. Das Fernabsatzvertragsgesetz 3	c. Als Gegenstand des Anspruchs 21
3. Das Gesetz zur Änderung des Zugewinnausgleichs- und Vormundschaftsrechts 4	2. Rückzahlung vom Vormund angelegten Geldes 24
B. Praktische Bedeutung 5	a. Rückzahlung 24
C. Anwendungsvoraussetzungen 6	b. Angelegtes Geld 25
I. Annahme einer geschuldeten Leistung 6	c. Vom Vormund angelegt 28
II. Genehmigungsbedürftigkeit 7	VI. Nutzungen des Mündelvermögens (Absatz 1 Nr. 4) 29
III. Leistung nicht in Geld oder Wertpapieren (Absatz 1 Nr. 1) 8	VII. Nebenleistungen (Absatz 1 Nr. 5) 30
IV. Anspruch beträgt nicht mehr als 3.000 € (Absatz 1 Nr. 2) 9	VIII. Abweichende Bestimmung (Absatz 2 Satz 1) 34
V. Guthaben auf Giro- oder Kontokorrentkonten oder Rückzahlung vom Vormund angelegten Geldes (Absatz 1 Nr. 3) 14	IX. Nach § 1807 Abs. 1 Nr. 1-4 BGB angelegte Gelder (Absatz 2 Satz 2) 35
	D. Rechtsfolgen 36

A. Grundlagen

I. Kurzcharakteristik

1   Die Annahme einer geschuldeten Leistung stellt, wie sich aus dem Wortlaut des § 1813 BGB ergibt, eine nach § 1812 BGB genehmigungspflichtige Verfügung dar (vgl. die Kommentierung zu § 1812 BGB Rn. 24). § 1813 Abs. 1 BGB schränkt den sehr weit gefassten Genehmigungsvorbehalt des § 1812 BGB im Interesse der Praktikabilität der Vormundschaft ein. § 1813 Abs. 2 BGB enthält hierzu Gegenausnahmen.

II. Entstehungsgeschichte

1. Das Betreuungsgesetz

2   Die Wertgrenze des § 1813 Abs. 1 Nr. 2 BGB belief sich in der ursprünglichen Fassung des BGB auf 300 DM. Erst durch das Gesetz zur Reform des Rechts der Vormundschaft und der Pflegschaft für Volljährige (Betreuungsgesetz – BtG) vom 12.09.1990[1] wurde dieser Betrag auf zunächst 5.000 DM

---

[1] BGBl I 1990, 2002, 2003.

angehoben. In der Reformdiskussion galt der ursprüngliche Betrag aufgrund der veränderten wirtschaftlichen Verhältnisse unbestritten als zu niedrig.[2] Der Gesetzentwurf eines Rechtspflege-Vereinfachungsgesetzes[3] hatte eine Anhebung auf 2.000 DM vorgeschlagen. Der Gesetzgeber entschied sich schließlich jedoch für eine Anhebung auf 5.000 DM, da es über den Zweck der Entlastung der Gerichte hinaus gelte, die Arbeit von Vormündern, Betreuern und Pflegern zu erleichtern.[4] Einen völligen Verzicht auf eine Betragsgrenze lehnte der Gesetzgeber hingegen zum Schutz des Mündels ab. Erwogen wurde eine flexible Regelung, die eine Verknüpfung mit den Monatsbezügen des Mündels herstellt. Diese Lösung wurde jedoch aufgrund der sich in der Praxis ergebenden Unklarheiten verworfen.[5]

2. Das Fernabsatzvertragsgesetz

Durch das Gesetz über Fernabsatzverträge und andere Fragen des Verbraucherrechts sowie zur Umstellung von Vorschriften auf Euro vom 27.06.2000[6] wurde die Wertgrenze des § 1813 Abs. 1 Nr. 2 BGB von 5.000 DM auf 3.000 € angehoben. Dabei wurde die Umstellung auf Euro-Beträge zu einer leichten Anpassung genutzt.[7]

3

3. Das Gesetz zur Änderung des Zugewinnausgleichs- und Vormundschaftsrechts

§ 1813 Abs. 1 Nr. 3 BGB lautete ursprünglich: „wenn Geld zurückgezahlt wird, das der Vormund angelegt hat". Das Gesetz zur Änderung des Zugewinnausgleichs- und Vormundschaftsrechts vom 01.09.2009[8] ergänzte diese Ziffer um die Alternative „wenn der Anspruch das Guthaben auf einem Giro- oder Kontokorrentkonto zum Gegenstand hat oder". Der Gesetzgeber wollte damit Schwierigkeiten, denen Vormünder und Betreuer bei der Führung von Giro- und Kontokorrentkontos begegnen, beseitigen. Da sich Kreditinstitute dem Risiko ausgesetzt sehen, nicht mit befreiender Wirkung zu leisten, wenn sie Kontoverfügungen ohne vormundschaftsgerichtliche Genehmigung akzeptieren, obwohl das Guthaben 3.000 € übersteigt, stellten sie die Konten von Mündeln und Betreuten immer häufiger auf manuelle Kontoführung um, wenn die Bestellung eines Betreuers (Vormunds) bekannt wird. Die Praxis behelfe sich bisweilen mit einer Befreiung nach § 1817 Abs. 1 BGB oder einer allgemeinen Ermächtigung nach § 1825 BGB. Beide Vorschriften seien jedoch nach ihrem Zweck nicht darauf gerichtet, die bei der Verwaltung eines Girokontos entstehenden Probleme zu beseitigen. Zudem würden Befreiung und allgemeine Ermächtigung von den Gerichten nicht ohne weiteres erteilt. In seiner ursprünglichen Fassung erfasse § 1813 Abs. 1 Nr. 3 BGB nur das vom Vormund selbst ohne Beachtung der besonderen Auflagen nach den §§ 1807-1811 BGB angelegte Geld, das er für die Bestreitung von Auslagen bereitzuhalten habe, aber noch nicht sofort, sondern erst in einiger Zeit benötige. Bei dem zur Bestreitung der Ausgaben benötigten Geld solle der Vormund von je her freie Hand haben. Durch die Gesetzesänderung solle klargestellt werden, dass der Vormund, Pfleger oder Betreuer auch über das Guthaben des Mündels/Betreuten auf dem Giro- oder Kontokorrentkonto frei verfügen könne. Dabei komme es nicht darauf an, ob der Vormund, der Mündel oder Dritte das Geld auf das Konto eingezahlt haben. Es komme auch nicht darauf an, ob das Guthaben die Betragsgrenze des § 1813 Abs. 1 Nr. 2 BGB einhalte. Die Befreiung von der Genehmigungspflicht gelte für Ansprüche, die das Guthaben auf einem Giro- oder Kontokorrentkonto betreffen. Es sollten dabei nicht nur die Auszahlung des Geldes, sondern alle üblichen Nutzungen eines solchen Kontos, insbesondere also auch die Überweisung von Geld, erfasst werden, in denen zugleich auch eine Annahme der von der Bank dem Mündel/Betreuten geschuldeten Leistung im Sinne von § 1813 Abs. 1 HS. 1 BGB liegt. Legt der Vormund das für Ausgaben benötigte Geld vorübergehend auf einem Termingeldkonto an, stelle dies eine Geldanlage im Sinne des bisherigen und insoweit bestehen bleibenden Teils der Ausnahmeregelung in § 1813 Abs. 1 Nr. 3 BGB dar. Die Anwendung der Betragsgrenze des § 1813 Abs. 1 Nr. 2 BGB biete bei Verfügungen über das Guthaben eines Girokontos eine zusätzliche Kontrolle durch den Genehmigenden. Das Mündelvermögen sei aber bereits nach den vormundschaftsrechtlichen Regelungen grundsätzlich hinreichend geschützt. Eine Änderung im Verhältnis zu der von dem Gesetzgeber vorgenommenen Risikoabwägung bei den vormundschaftsrechtlichen Pflichten gehe mit der Neufassung nicht einher.[9]

4

---

[2] Vgl. BR-Drs. 59/89, S. 368.
[3] BT-Drs. 11/3621.
[4] BR-Drs. 59/89, S. 368.
[5] BR-Drs. 59/89, S. 368.
[6] BGBl I 2000, 897, 901.
[7] Vgl. BR-Drs. 25/00, S. 134.
[8] BGBl I 2009, 1696.
[9] Vgl. BT-Drs. 16/10798, S. 24 f.

B. Praktische Bedeutung

5 Vgl. hierzu schon die Kommentierung zu § 1812 BGB Rn. 5. Die Begründung zur Änderung von § 1813 Abs. 1 Nr. 3 BGB bestätigt, dass die Norm auf Vormundschaft, Betreuung und Pflegschaft Anwendung findet.[10] Das entspricht für die Pflegschaft auch der Rechtsprechung.[11]

C. Anwendungsvoraussetzungen

I. Annahme einer geschuldeten Leistung

6 § 1813 BGB gilt nicht für sämtliche Verfügungen im Sinne des § 1812 BGB, sondern nur für die Annahme einer geschuldeten Leistung. In der Literatur werden verschiedene Analogien vertreten, etwa für die Leistung an Erfüllungs statt[12] oder für die Aufrechnung und die Kündigung[13]. In Anbetracht der mit der Formulierung des § 1812 BGB verbundenen dogmatischen Unsicherheiten erscheinen solche Einschränkungen bei einzelnen Verfügungen – mögen sie nun anhand von § 1812 BGB oder von § 1813 BGB begründet werden – bedenklich.[14] Es geht hier vielmehr um das allgemeine Problem einer sinnvollen Begrenzung des Anwendungsbereichs von § 1812 BGB.

II. Genehmigungsbedürftigkeit

7 Aus Systematik und Regelungsinhalt des § 1813 BGB folgt, dass die Vorschrift solche Handlungen von vornherein nicht erfasst, die nicht nach § 1812 BGB der Genehmigung des Gegenvormunds bedürfen – etwa weil eine allgemeine Ermächtigung nach § 1825 BGB besteht oder das Familien-/Betreuungsgericht eine Befreiung nach § 1817 BGB erteilt hat.

III. Leistung nicht in Geld oder Wertpapieren (Absatz 1 Nr. 1)

8 § 1813 Abs. 1 Nr. 1 BGB nimmt Leistungen, deren Gegenstand nicht in Geld oder Wertpapieren besteht, von der Genehmigungspflicht aus. Zu den Begriffen sei auf die Kommentierung zu § 1806 BGB und die Kommentierung zu § 1812 BGB verwiesen. Dies betrifft etwa die Annahme von gekauften Sachen oder geschuldeten Dienst- oder Werkleistungen.[15] In Wertpapieren kann eine Leistung auch dann bestehen, wenn der Mündel schon Eigentum hieran hat und lediglich der Herausgabe- oder Rückgabeanspruch erfüllt wird.[16] Wird anstelle der Leistung Schadensersatz in Geld geleistet oder nimmt der Vormund an Erfüllungs statt eine Leistung in Geld oder Wertpapieren an, bleibt es bei § 1812 BGB.[17] Nach wohl herrschender Meinung gilt das auch in dem umgekehrten Fall, dass anstelle einer Leistung in Geld oder Wertpapieren eine andere Leistung angenommen wird.[18]

IV. Anspruch beträgt nicht mehr als 3.000 € (Absatz 1 Nr. 2)

9 Die Vorschrift geht von der Erfüllung von Geldforderungen durch Barzahlung aus. Umstritten ist, worauf sich die Wertgrenze bezieht. Während die inzwischen als herrschend anzusehende Auffassung auf die Höhe der Gesamtforderung abstellt, über die verfügt wird[19], kommt es nach der Gegenauffassung

---

[10] BT-Drs. 16/10798, S. 24.
[11] Vgl. LG Hamburg v. 16.07.2010 - 317 O 77/10 - juris Rn. 19 ff. - NJW-RR 2011, 513-514.
[12] So *Zimmermann* in: Damrau/Zimmermann, Betreuungsrecht, 4. Aufl. 2011, § 1813 Rn. 3; *Perlwitz* in: HK-BUR, § 1813 Rn. 4; a.A. *Götz* in: Palandt, § 1813 Rn. 2; *Saar* in: Erman, § 1813 Rn. 2.
[13] *Bettin* in: Bamberger/Roth, BeckOK BGB, 17. Ed. 2010, § 1813 Rn. 2; *Wagenitz* in: MünchKomm-BGB, 5. Aufl. 2008, § 1813 Rn. 2 ff.
[14] Gegen eine Analogie zu § 1813 BGB auch OLG Köln v. 10.07.1986 - 16 Wx 63/86 - Rpfleger 1986, 432-433.
[15] *Veit* in: Staudinger, § 1813 Rn. 4, meint, in solchen Fällen bestehe kein Kontrollbedürfnis. Wenn der Vormund aber selbst gekaufte Kostbarkeiten ohne Genehmigung in Empfang nehmen darf, dann stellt sich die Frage, wann überhaupt noch ein Genehmigungsbedürfnis zur Verhinderung von Unterschlagung und Untreue besteht.
[16] So auch *Götz* in: Palandt, § 1813 Rn. 2; *Veit* in: Staudinger, § 1813 Rn. 8; *Perlwitz* in: HK-BUR, § 1813 Rn. 5.
[17] Vgl. *Veit* in: Staudinger, § 1813 Rn. 6.
[18] Vgl. *Wagenitz* in: MünchKomm-BGB, § 1812 Rn. 5; *Zimmermann* in: Damrau/Zimmermann, Betreuungsrecht, 4. Aufl. 2011, § 1813 Rn. 5; *Götz* in: Palandt, § 1813 Rn. 2; *Dickescheid* in: BGB-RGRK, § 1813 Rn. 2; a.A. *Veit* in: Staudinger, § 1813 Rn. 6.
[19] So OLG Köln v. 29.11.2006 - 16 Wx 230/06 - FamRZ 2007, 1268; OLG Köln v. 20.06.1994 - 16 Wx 86/94 - WM 1994, 1560-1561; OLG Karlsruhe v. 27.10.2000 - 11 Wx 108/00 - WM 2001, 1899-1900; LG Göttingen v. 24.03.1995 - 5 T 11/95 - NdsRpfl 1995, 210; LG Mannheim v. 20.08.2007 - 5 O 96/07 - juris Rn. 15 - FamRZ 2008, 640; *Zimmermann* in: Damrau/Zimmermann, Betreuungsrecht, 4. Aufl. 2011, § 1813 Rn. 5; *Roth* in: Dodegge/Roth, Betreuungsrecht, 2003, E Rn. 63; *Bettin* in: Bamberger/Roth, BeckOK BGB, 17. Ed. 2010, § 1813 Rn. 4; *Götz* in: Palandt, § 1813 Rn. 3; *Perlwitz* in: HK-BUR, § 1813 Rn. 7; *Saar* in: Erman, § 1813 Rn. 3; *Knapp*, EWiR 1994, 1183; *Wesche* Rpfleger 2010, 403; eher zurückhaltend noch *Wesche*, Rpfleger 1993, 110.

auf die Höhe der Teilzahlung an, über die konkret verfügt wird[20]. Der Wortlaut der Norm („Anspruch") ist insofern nicht eindeutig. Erstgenannte Auffassung beruft sich auf den Willen des historischen Gesetzgebers.[21] Erstgenannte Auffassung beruft sich auf den Willen des historischen Gesetzgebers. In der Sache bezweckt sie primär, der Umgehungsgefahr durch treuwidrige Aufsplittung in Teilzahlungen zu begegnen. Letztgenannte Auffassung konnte vor Änderung des § 1813 Abs. 1 Nr. 3 BGB darauf verweisen, dass bei einer Abhebung vom Girokonto die absolute Höhe des Kontostandes über die Veruntreuungsgefahr bei Abhebung eines Teilbetrages kaum Aussagekraft hat. Im Grundsatz dürfte letztgenannte Auffassung vorzugswürdig sein. Nach Sinn und Zweck der Norm hängt die Gefahr einer Unterschlagung allein vom Wert des tatsächlich Erlangten ab. Es würde zudem die von § 1813 BGB bezweckte Vereinfachung der Vormundschaftsverwaltung konterkarieren, wollte man die Abhebung der geringsten Beträge als genehmigungspflichtig ansehen, wenn die Gesamtforderung über 3.000 € liegt. Dem Anliegen der Gegenmeinung kann dadurch hinreichend Rechnung getragen werden, dass die Umgehung der Auszahlung der Gesamtleistung durch Aufsplittung in Tranchen gemäß § 242 BGB der Gesamtleistung gleichgestellt wird. Hinzu kommt, dass die schutzwürdigen Interessen des Vormunds durch die Rechnungslegungspflicht gewahrt bleiben.[22] Zuletzt fand allerdings die erstgenannte Auffassung immer weitere Verbreitung. So hält nun auch das LG Saarbrücken[23] – anders als etwa das OLG Köln[24] – an seiner bisherigen Auffassung nicht mehr fest. Es stellt dabei insbesondere darauf ab, dass die bislang vertretene Auffassung entgegen dem gesetzgeberischen Zweck Unklarheiten in der Praxis nicht verhindert, sondern im Gegenteil neue Probleme geschaffen würden. Da auch die Erteilung eines Negativattests auf der Grundlage der bisherigen Rechtsprechung keinen Einfluss auf die materielle Wirksamkeit des Rechtsgeschäfts hat, bestünde die Gefahr, dass ein Kreditinstitut – etwa eine Direktbank – unter Berufung auf die Rechtsprechung des örtlichen Gerichts den ihr erteilten Überweisungsauftrag trotz des Negativattests nicht ausführt. Auch das Ziel der Entlastung der Gerichte werde nicht erreicht, da etwa zu prüfen sei, ob eine vorsorgliche Genehmigung in Betracht kommt. Die Entwicklung der Praxis in Richtung auf die herrschende Meinung ist verständlich: Gerade der Beispielfall der Direktbank zeigt, dass unterschiedliche Anwendungen des § 1813 BGB durch die Gerichte am Sitz des Kunden und der Direktbank für die Praxis mit sehr unbefriedigenden Ergebnissen verbunden sein können. Ob diese Praktikabilitätserwägung als dogmatisch ausreichendes Argument für die herrschende Meinung genügt, darf freilich bezweifelt werden.

Für die Praxis wurde der Meinungsstreit teilweise als unerheblich angesehen, da das Girokonto des Mündels oder Betreuten in der Regel kein Gesamtguthaben von über 3.000 € aufweise.[25] Das muss – nicht nur angesichts der vorliegenden gerichtlichen Entscheidungen – bezweifelt werden. Gerade wenn eine Heimunterbringung des Betreuten erforderlich ist, fallen oft monatliche Verbindlichkeiten an, die ein nicht unerhebliches Kontoguthaben erforderlich machen. Für die Praxis empfahl sich deshalb im Sinne eines sichersten Weges die Beantragung einer Genehmigung. Die Kontroverse hat sich durch die Änderung von § 1813 Abs. 1 Nr. 3 BGB weitgehend entschärft, da die Verfügung über Giro- und Kontokorrentkonten nunmehr genehmigungsfrei ist. Vgl. hierzu Rn. 36.

10

Bei laufenden Leistungen kommt es nicht auf den kapitalisierten Gesamtwert, sondern auf die laufenden Leistungen an.[26] Bei Auszahlungen für mehrere Mündel als Einzelgläubiger oder für eine Gesamthand, an der der Mündel beteiligt ist, ist der jeweils auf den Mündel entfallende Teil maßgeblich.[27]

11

Zinsen, Kosten und Nebenleistungen bleiben nach soweit ersichtlich unbezweifelter Ansicht unberücksichtigt.[28] Hiergegen bestehen Bedenken. Spätestens mit der auf den Anfall von Zinsen, Kosten und

12

---

[20] So noch LG Saarbrücken v. 05.06.1992 - 5 T 239/92 - WM 1993, 1845; AG Herborn v. 02.06.1998 - 5 C 64/98 - FamRZ 1999, 1690-1692; AG Emden v. 10.03.1995 - 4 XVII 46/94 - FamRZ 1995, 1081-1082; differenzierend *Veit* in: Staudinger, § 1813 Rn. 10 f. Im Sinne der letztgenannten Auffassung nun auch *Wüstenberg*, JAmt 2005, 177.

[21] Vgl. etwa den Hinweis bei *Zimmermann* in: Damrau/Zimmermann, Betreuungsrecht, 4. Aufl. 2011, § 1813 Rn. 5, auf Prot. IV S. 782.

[22] So zutreffend *Wüstenberg*, Rpfleger 2005, 177, 179.

[23] LG Saarbrücken v. 10.03.2005 - 5 T 577/04.

[24] OLG Köln v. 19.11.2006 - 16 Wx 230/06 - FamRZ 2007, 1268.

[25] So *Perlwitz* in: HK-BUR, § 1813 Rn. 8, ähnlich auch *Zimmermann* in: Damrau/Zimmermann, Betreuungsrecht, 4. Aufl. 2011, § 1813 Rn. 6.

[26] *Veit* in: Staudinger, § 1813 Rn. 11; *Götz* in: Palandt, § 1813 Rn. 3.

[27] *Götz* in: Palandt, § 1813 Rn. 3; *Veit* in: Staudinger, § 1813 Rn. 12; *Wagenitz* in: MünchKomm-BGB, § 1813 Rn. 11.

[28] *Veit* in: Staudinger, § 1813 Rn. 9; *Götz* in: Palandt, § 1813 Rn. 3; *Bettin* in: BeckOK BGB, 30. Ed., § 1813 Rn. 4; *Zimmermann* in: Damrau/Zimmermann, Betreuungsrecht, 4. Aufl. 2011, § 1813 Rn. 6.

Nebenleistungen folgenden Saldierung des Kontokorrents verlieren diese Forderungen ihre Selbständigkeit. Es würde zu lebensfernen und dem Zweck der Saldierung gerade widersprechenden Ergebnissen führen, müssten diese Nebenforderungen noch nach Jahr und Tag zur Bestimmung der maßgeblichen Guthabenhöhe isoliert werden. Von vornherein stellen sich diese Fragen nicht, wenn man nicht auf die Höhe des Gesamtanspruchs, sondern auf den jeweiligen Abhebungsbetrag abstellt.

13 Zu Einschränkungen nach § 1813 Abs. 2 BGB vgl. Rn. 34.

V. Guthaben auf Giro- oder Kontokorrentkonten oder Rückzahlung vom Vormund angelegten Geldes (Absatz 1 Nr. 3)

1. Guthaben auf einem Giro- oder Kontokorrentkonto als Gegenstand des Anspruchs

a. Giro- oder Kontokorrentkonto

14 **Girokonto** ist das von einem Kreditinstitut im Rahmen eines Geschäftsbesorgungsvertrags mit Dienstleistungscharakter geführten Vertrages geführte Konto, auf dem eingehende Zahlungen dem Kunden gutzuschreiben und abgeschlossene Überweisungsverträge zu Lasten des Kontos abzuwickeln sind (vgl. §§ 676 f. BGB). **Kontokorrentkonto** ist ein Girokonto mit einer Kontokorrentabrede im Sinne des § 355 HGB zum Zweck der Verrechnung von Soll- und Habenposten. Der Doppelbegriff Giro- oder Kontokorrentkonto könnte zu der Annahme verleiten, mit dem Begriff Kontokorrentkonto könnten auch Konten gemeint sein, die – anders als sämtliche Bankkonten – keine Girokonten sind. Aus der Gesetzesbegründung, die lediglich Ausführungen zu Konten bei Kreditinstituten enthält[29], folgt jedoch mittelbar, dass wohl nicht beabsichtigt war, eine Kontokorrentabrede im Sinne des § 355 HGB allein genügen zu lassen. Es kann deshalb nicht angehen, ganze Geschäftsbeziehungen zu anderen als Kreditinstituten unter Hinweis auf § 1813 Abs. 1 Nr. 3 BGB genehmigungsfrei zu stellen.

15 Termingeldanlagen werden von der Vorschrift nicht erfasst.[30] Gleiches gilt für Sparkonten.[31] Einen Grenzfall bilden verzinste Tagesgeldkonten. Sie lassen sich dem Wortlaut nach unter die Vorschrift fassen. Da Tagesgelder jederzeit verfügbar sind, sich mithin auch zur Bereithaltung für Auslagen eignen, werden Tagesgeldkonten erfasst. Dann kann es keinen Unterschied machen, ob Gelder nur kurzfristig oder von vornherein für eine längere Dauer auf Tagesgeldkonten eingestellt werden.

16 Die Änderung kommt insbesondere dem Wunsch der Kreditinstitute nach Rechtssicherheit und Abwälzung des eigenen Haftungsrisikos im Falle einer versehentlichen Leistung ohne Genehmigung entgegen. Der Preis dafür ist eine erhebliche Einschränkung des Mündelschutzes. Angesichts der praktischen Bedeutung des bargeldlosen Zahlungsverkehrs werden Missbrauchsrisiken in einer neuen Dimension eröffnet. Die hiergegen vorgebrachten Bedenken[32] haben kein Gehör gefunden.

17 Nach der Gesetzesbegründung kommt es nicht darauf an, ob das Kontoguthaben von dem Mündel, dem Vormund oder einem Dritten eingezahlt wird.[33]

18 Die Freistellung von dem Genehmigungserfordernis gilt ausdrücklich ohne betragsmäßige Obergrenze.[34]

b. Guthaben

19 Guthaben ist der nach Verrechnung sämtlicher Soll- und Habenpositionen verbleibende positive Betrag. Die Inanspruchnahme eines Überziehungskredits wird also nicht erfasst.

20 Beachte: Anders als in § 1813 Abs. 1 Nr. 3 Alt. 2 BGB ist für die 1. Alt. nicht Voraussetzung, dass das Guthaben durch den Vormund begründet wurde. Es kommt also nicht darauf an, inwiefern das Guthaben durch Zahlungen des Vormunds oder Dritter begründet worden ist.[35]

---

[29] Vgl. BR-Drs. 625/08, S. 50 f.
[30] Vgl. BT-Drs. 16/10798, S. 24; *Spanl*, Vermögensverwaltung durch Vormund und Betreuer, 2. Aufl. 2009, S. 197; *Zimmermann* in: Damrau/Zimmermann, Betreuungsrecht, 4. Aufl. 2011, § 1813 Rn. 8.
[31] *Zimmermann* in: Damrau/Zimmermann, Betreuungsrecht, 4. Aufl. 2011, § 1813 Rn. 8.
[32] *Grziwotz*, FamRZ 2008, 1908 f.; kritisch auch *Zimmermann* in: Damrau/Zimmermann, Betreuungsrecht, 4. Aufl. 2011, § 1813 Rn. 8; hierzu eingehend auch *Veit* in: Staudinger, § 1813 Rn. 15 ff.
[33] BR-Drs. 625/08, S. 50.
[34] BR-Drs. 625/08, S. 50.
[35] Allg. A., vgl. *Saar* in: Erman, § 1813 Rn. 4.

c. Als Gegenstand des Anspruchs

Die angenommene Leistung muss das Guthaben aus dem Girokonto „zum Gegenstand haben". Damit ist gemeint, dass sämtliche Leistungen aus dem Guthaben zugunsten des Mündels genehmigungsfrei sind. Unerheblich ist, ob eine Barauszahlung oder Überweisung erfolgt.[36] Der Leistung unmittelbar an den Mündel steht die Leistung an Dritte auf Weisung des (vertretenen) Mündels gleich. Ob die Verfügung über das Guthaben durch schriftliche Weisung oder im Wege des Internetbanking erfolgt, ist für die rechtliche Behandlung unerheblich.[37]

21

In Zweifel gezogen wird, ob § 1813 Abs. 1 Nr. 3 Alt. 1 BGB auch die Verfügung des Mündels über seinen Rückzahlungsanspruch gegen das Kreditinstitut aus der unregelmäßigen Verwahrung nach § 700 BGB genehmigungsfrei stellt.[38] Das Gesetz ist insofern untechnisch formuliert. Wenn die Neuregelung nicht leerlaufen soll, kann jedoch nur gemeint sein, dass auch solche Verfügungen genehmigungsfrei möglich sein sollen.

22

Art. 229 § 20 EGBGB stellt klar, dass die Neuregelung auch für bereits vor dem 01.09.2009 anhängige Vormundschaften gilt.

23

2. Rückzahlung vom Vormund angelegten Geldes

a. Rückzahlung

Rückzahlung ist der Empfang des Geldes in bar, ferner die Überweisung.[39] Da letzteres nach alter Rechtslage streitig war, wurde § 1813 Abs. 1 Nr. 3 BGB zur Klarstellung geändert.

24

b. Angelegtes Geld

Angelegt ist Geld, das nicht bereitgehalten wird (sog. Verfügungsgeld).[40]

25

Nach § 1813 Abs. 2 Satz 1 BGB gilt die Befreiung nicht für Gelder, die nach den §§ 1807 Abs. 1 Nr. 5, 1809 BGB bei einer Sparkasse oder einem anderen Kreditinstitut mit der Bestimmung angelegt worden sind, dass zur Erhebung die Genehmigung erforderlich ist.

26

Schließlich findet § 1813 Abs. 1 Nr. 3 BGB keine Anwendung auf Geldanlagen im Sinne des § 1807 Abs. 1 Nr. 1-4 BGB. Damit bleiben im Wesentlichen nur Abhebungen von angelegten Geldern, die nach § 1806 BGB nicht hätten angelegt werden müssen oder die gemäß § 1811 BGB ohne Sperrvermerk angelegt wurden.

27

c. Vom Vormund angelegt

Das Geld muss vom Vormund angelegt worden sein. Dabei dürfte der Begriff „Vormund" allerdings auf den Amtsträger und nicht auf die natürliche Person abstellen, so dass eine Anlage durch den früheren Vormund genügt.[41] Eine Anlage durch eine andere Person genügt nicht.[42] Überweisungen Dritter auf ein Girokonto des Mündels wurden allerdings nach alter Rechtslage – wohl contra legem – von einer verbreiteten Ansicht wie Einzahlungen des Vormunds behandelt.[43] Nach neuer Rechtslage besteht hierfür auch kein praktisches Bedürfnis mehr.

28

---

[36] So auch *Götz* in: Palandt, § 1813 Rn. 4.
[37] *Zimmermann* in: Damrau/Zimmermann, Betreuungsrecht, 4. Aufl. 2011, § 1813 Rn. 9.
[38] Ablehnend *Spanl*, Vermögensverwaltung durch Vormund und Betreuer, 2. Aufl. 2009, S. 200 f.
[39] *Zimmermann* in: Damrau/Zimmermann, Betreuungsrecht, 4. Aufl. 2011, § 1813 Rn. 8; *Freiherr von Crailsheim* in: Jürgens, Betreuungsrecht, 4. Aufl. 2010, § 1813 Rn. 10; *Saar* in: Erman, § 1813 Rn. 4; a.A. nach alter Rechtslage OLG Köln v. 10.07.1986 - 16 Wx 63/86 - Rpfleger 1986, 432-433.
[40] Vgl. *Zimmermann* in: Damrau/Zimmermann, Betreuungsrecht, 4. Aufl. 2011, § 1813 Rn. 10; *Götz* in: Palandt, § 1813 Rn. 4.
[41] *Saar* in: Erman, § 1813 Rn. 4.
[42] OLG Karlsruhe v. 27.10.2000 - 11 Wx 108/00 - juris Rn. 11 - WM 2001, 1899-1900; *Saar* in: Erman, § 1814 Rn. 4; *Veit* in: Staudinger, § 1813 Rn. 24.
[43] So *Zimmermann* in: Damrau/Zimmermann, Betreuungsrecht, 3. Aufl. 2001, § 1813 Rn. 6; *Roth* in: Dodegge/Roth, Betreuungsrecht, 2003, E Rn. 64; *Klüsener* in: Jürgens, Betreuungsrecht, 2. Aufl. 2001, § 1813 Rn. 10; anders aber nunmehr *Zimmermann* in: Damrau/Zimmermann, Betreuungsrecht, 4. Aufl. 2011, § 1813 Rn. 10.

VI. Nutzungen des Mündelvermögens (Absatz 1 Nr. 4)

29 Zum Begriff der Nutzungen vgl. § 100 BGB. Hierunter fallen insbesondere die nicht dem Kapital zugeschlagenen Zinsen aus Spareinlagen, Darlehens-, Hypotheken-, Miet- und Pachtzinsen, möglicherweise auch Rentenzahlungen.[44] Sind die Nutzungen bereits dem Kapital zugeschlagen, bedarf ihre Erhebung der Genehmigung.[45] Wann die Zuschlagung zum Kapital erfolgt, bestimmt sich nach den jeweiligen Vertragsbedingungen, etwa den AGB-Banken oder den AGB-Sparkassen.

VII. Nebenleistungen (Absatz 1 Nr. 5)

30 **Kündigung** ist die einseitige Gestaltungserklärung, mit der ein Dauerschuldverhältnis mit Wirkung für die Zukunft beendigt wird. Rechtsverfolgung ist jedes gerichtliche oder außergerichtliche Bemühen um Durchsetzung eines Rechts.

31 Zum Begriff der **Nebenleistung** vgl. schon die Kommentierung zu § 217 BGB.

32 Kosten einer Kündigung können etwa die Rechtsanwaltskosten sein, Kosten der Rechtsverfolgung auch die Gerichtskosten. Auch Vertragsstrafen oder der Ersatz von Verzugsschäden fallen hierunter.[46]

33 Die Genehmigungsfreiheit der Leistung von Kosten einer Kündigung oder Rechtsverfolgung besagt noch nichts zu der Frage, ob die Kündigung oder Rechtsverfolgung an sich der Genehmigung bedarf.[47]

VIII. Abweichende Bestimmung (Absatz 2 Satz 1)

34 § 1813 Abs. 2 Satz 1 BGB enthält eine Gegenausnahme zu § 1813 Abs. 1 Nr. 2, Nr. 3 BGB. Danach bleibt die Erhebung von Geld genehmigungspflichtig, wenn dies bei seiner Anlegung bestimmt worden ist. Damit wird die Umsetzung des Sperrvermerks nach § 1809 BGB sichergestellt.

IX. Nach § 1807 Abs. 1 Nr. 1-4 BGB angelegte Gelder (Absatz 2 Satz 2)

35 Ebenfalls genehmigungsbedürftig bleiben nach § 1813 Abs. 2 Satz 2 BGB vom Vormund nach § 1807 Abs. 1 Nr. 1-4 BGB angelegte Gelder.

D. Rechtsfolgen

36 Die vom Vormund getätigten Geschäfte sind in den Fällen des § 1813 Abs. 1 BGB von der Genehmigungspflicht des § 1812 BGB freigestellt und deshalb auch ohne Genehmigung wirksam.

37 Die Pflicht zur Einholung der Genehmigung trifft allein den Vormund und das Familiengericht zum Schutz des Mündels, nicht hingegen Dritte.[48] Aus diesem Grunde ist auch beispielsweise ein Kreditinstitut nicht verpflichtet, zum Schutz eines Mündels bei Leistungen aus dem Girovertragsverhältnis die Einhaltung vormundschaftsrechtlicher Vorschriften zu prüfen. Allerdings trägt es ein erhöhtes Ausfallrisiko, da es gegenüber dem Mündel nicht frei wird, wenn es entgegen §§ 1812, 1813 BGB eine Auszahlung an den Vormund vornimmt, ohne dass die erforderliche Genehmigung des Familiengerichts vorläge.[49]

38 Nach einer Entscheidung des LG Hamburg soll wegen der §§ 1812 Abs. 1 Satz 1, 1813 Abs. 1 Nr. 1 und 2 BGB die Auflösung eines Kontos genehmigungsfrei sein.[50]

---

[44] So auch BSG v. 09.12.1981 - 1 RJ 104/80 - juris Rn. 26 - MDR 1982, 698-699; *Saar* in: Erman, § 1813 Rn. 6; *Veit* in: Staudinger, § 1813 Rn. 27; *Zimmermann* in: Damrau/Zimmermann, Betreuungsrecht, 4. Aufl. 2011, § 1813 Rn. 12; *Bettin* in: BeckOK BGB, 30. Ed., § 1813 Rn. 6; zweifelnd *Wagenitz* in: MünchKomm-BGB, § 1813 Rn. 10; tendenziell bejahend, im Ergebnis jedoch offen gelassen von OLG Karlsruhe v. 27.10.2000 - 11 Wx 108/00 - juris Rn. 12 - WM 2001, 1899-1900.

[45] Allg. A., vgl. *Spanl*, Vermögensverwaltung durch Vormund und Betreuer, 2. Aufl. 2009, S. 205; *Zimmermann* in: Damrau/Zimmermann, Betreuungsrecht, 4. Aufl. 2011, § 1813 Rn. 11.

[46] Allg. A., vgl. *Zimmermann* in: Damrau/Zimmermann, Betreuungsrecht, 4. Aufl. 2011, § 1813 Rn. 13; *Veit* in: Staudinger, § 1813 Rn. 29.

[47] Allg. A., vgl. *Veit* in: Staudinger, § 1813 Rn. 30.

[48] BGH v. 08.11.2005 - XI ZR 74/06 - juris Rn. 16 - BKR 2006, 76 f.

[49] BGH v. 08.11.2005 - XI ZR 74/06 - BKR 2006, 76 f.; LG Mannheim vom 20.08.2007 - 5 O 96/07 - juris Rn. 14 - FamRZ 2008, 640.

[50] LG Hamburg v. 16.07.2010 - 317 O 77/10 - juris Rn. 32 ff. - NJW-RR 2011, 513-514.

§ 1814 BGB Hinterlegung von Inhaberpapieren

(Fassung vom 17.12.2008, gültig ab 01.09.2009)

¹Der Vormund hat die zu dem Vermögen des Mündels gehörenden Inhaberpapiere nebst den Erneuerungsscheinen bei einer Hinterlegungsstelle oder bei einem der in § 1807 Abs. 1 Nr. 5 genannten Kreditinstitute mit der Bestimmung zu hinterlegen, dass die Herausgabe der Papiere nur mit Genehmigung des Familiengerichts verlangt werden kann. ²Die Hinterlegung von Inhaberpapieren, die nach § 92 zu den verbrauchbaren Sachen gehören, sowie von Zins-, Renten- oder Gewinnanteilscheinen ist nicht erforderlich. ³Den Inhaberpapieren stehen Orderpapiere gleich, die mit Blankoindossament versehen sind.

Gliederung

A. Grundlagen 1	V. Befreiungsmöglichkeiten 25
I. Kurzcharakteristik 1	1. Anordnung des Erblassers oder des zuwendenden Dritten (§ 1803 BGB) 26
II. Entstehungsgeschichte................................. 2	2. Alternative: Umschreibung oder Umwandlung (§ 1815 BGB) 27
1. Die ursprüngliche Fassung des BGB.................. 2	
2. Das Betreuungsgesetz 5	3. Entbindung durch das Familiengericht (§ 1817 BGB) 28
3. Das Gesetz über das Verfahren in Familiensachen und in den Angelegenheiten der freiwilligen Gerichtsbarkeit 6	4. Befreite Vormundschaft 29
B. Praktische Bedeutung 7	VI. Praktische Hinweise................................. 30
C. Anwendungsvoraussetzungen 8	**D. Rechtsfolgen** 31
I. Inhaberpapiere, Orderpapiere mit Blankoindossament 8	I. Pflicht zur Hinterlegung............................. 31
1. Inhaberpapiere 8	1. Inhalt der Hinterlegungspflicht 31
2. Orderpapiere mit Blankoindossament 16	2. Hinterlegungsstellen 33
3. Praktische Hinweise..................................... 17	3. Kreditinstitute im Sinne des § 1807 Abs. 1 Nr. 5 BGB... 34
II. Zu dem Vermögen des Mündels gehörend ... 18	
III. Keine verbrauchbare Sache (Satz 2)............. 21	II. Wirkungen der Hinterlegung..................... 35
IV. Keine Zins-, Renten- und Gewinnanteilsscheine (Satz 2)... 24	III. Folgen von Verstößen gegen § 1814 BGB...... 38

A. Grundlagen

I. Kurzcharakteristik

Die Vorschrift regelt die Pflicht des Vormunds zur Hinterlegung von Inhaberpapieren. Durch sie soll den Gefahren eines Verlustes nach den §§ 932, 935 Abs. 2 BGB sowie einer Untreue des Vormundes oder eines zufälligen Verlustes vorgebeugt werden.¹ § 1815 BGB räumt dem Vormund alternativ hierzu die Möglichkeit zur Umschreibung von Inhaberpapieren in Namenspapiere oder Buchrechte ein. Andere Hinterlegungspflichten – etwa nach den §§ 1082, 2116 BGB – bleiben hiervon unberührt², das heißt: Der Vormund eines Vorerben muss Papiere nach § 2116 BGB so hinterlegen, dass die Herausgabe nur mit Genehmigung des Familiengerichts und des Nacherben erfolgt. 1

II. Entstehungsgeschichte

1. Die ursprüngliche Fassung des BGB

Die Bestimmung hat keinen unmittelbaren Vorgänger in den zur Zeit der Verabschiedung des BGB bestehenden Rechten. Der Gesetzgeber war sich des Umstands bewusst, dass die Hinterlegungspflicht die Verwaltung des Mündelvermögens erschweren würde. Er hielt den damit verbundenen Schutz vor ei- 2

---

[1] So schon Motive, Band IV – Familienrecht, 1988, 1129 f.; RG v. 29.09.1932 - IV 131/32 RGZ 137, 370-323, 323; *Engler* in: Staudinger, § 1814 Rn. 1; *Dickescheid* in: BGB-RGRK, § 1814 Rn. 1; *Hesse*, Deutsches Vormundschaftsrecht, 1900, § 1814 Rn. 1.

[2] H.M., vgl. *Zimmermann* in: Damrau/Zimmermann, Betreuungsrecht, 4. Aufl. 2011, Betreuungsrecht, 4. Aufl. 2011, § 1814 Rn. 1.

ner Verfügung des Vormunds über die betroffenen Papiere oder einen sonstigen Verlust der Papiere jedoch für erforderlich, zumal das Gesetz nicht mehr die Möglichkeit vorsieht, den Vormund zur Stellung einer Kaution zu zwingen, und dem Mündel auch keine gesetzliche Hypothek an dem Vermögen des Vormunds zusteht.[3]

3 Die zur Hinterlegung geeigneten Stellen wurden wiederholt geändert, nämlich durch Verordnung des Reichspräsidenten über Maßnahmen auf dem Gebiete der Finanzen, der Wirtschaft und der Rechtspflege vom 18.03.1933[4], und durch das Gesetz zur Reform der Vormundschaft und Pflegschaft für Volljährige (Betreuungsgesetz – BtG) vom 12.09.1990.[5]

4 Durch das Gesetz über die Deutsche Genossenschaftsbank und zur Änderung des Gesetzes über die landwirtschaftliche Rentenbank vom 22.12.1975[6] war die Deutsche Genossenschaftsbank an die Stelle der zuvor im Gesetz aufgeführten Deutschen Zentralgenossenschaftskasse getreten.

2. Das Betreuungsgesetz

5 Durch das Betreuungsgesetz[7] wurden Kreditinstitute, die einer für die Anlage ausreichenden Sicherungseinrichtung angehören, Sparkassen gleichgestellt (vgl. die Kommentierung zu § 1807 BGB). In diesem Zuge[8] wurden die Reichsbank, die Deutsche Zentralgenossenschaftskasse und die Deutsche Girozentrale (Deutsche Kommunalbank), die zuvor noch als geeignete Hinterlegungsstellen in § 1814 Satz 1 BGB genannt waren, gestrichen.[9]

3. Das Gesetz über das Verfahren in Familiensachen und in den Angelegenheiten der freiwilligen Gerichtsbarkeit

6 Mit Einführung des Gesetzes über das Verfahren in Familiensachen und in den Angelegenheiten der freiwilligen Gerichtsbarkeit (FamFG) vom 17.12.2008[10] wurde das Wort „Vormundschaftsgericht" in „Familiengericht" geändert und damit der Wechsel in der Zuständigkeit nach dem FamFG im BGB nachvollzogen. Zu der neuen Zuständigkeitsverteilung insgesamt vgl. die Kommentierung zu § 1793 BGB Rn. 162.

B. Praktische Bedeutung

7 § 1814 BGB gilt gemäß § 1908i Abs. 1 Satz 1 BGB für den Betreuer und gemäß § 1915 Abs. 1 BGB für den Pfleger entsprechend. Zur Anwendung auf Amts- und Vereinsvormundschaft vgl. Rn. 29. Für Ehegatten, Eltern und Abkömmlinge eines Betreuten gilt § 1908i Abs. 2 Satz 2 BGB. Das Familiengericht kann die Hinterlegungspflicht nach § 1818 BGB ausdehnen. Eltern sind zur Hinterlegung nur verpflichtet, wenn ihnen dies durch Verfügung des Familiengerichts gemäß § 1667 Abs. 2 Satz 2 BGB auferlegt ist. Zu Befreiungsmöglichkeiten vgl. Rn. 29.

C. Anwendungsvoraussetzungen

I. Inhaberpapiere, Orderpapiere mit Blankoindossament

1. Inhaberpapiere

8 Ein Inhaberpapier liegt nach § 793 Abs. 1 Satz 1 BGB vor, wenn der Schuldner dem Inhaber der Urkunde eine Leistung verspricht.

9 Hierunter fallen etwa
- Schuldverschreibungen auf den Inhaber (§§ 793 ff. BGB),
- Inhabergrundschuldverschreibungen und Inhaberrentenschuldbriefe (§§ 1195, 1199 BGB),
- Inhaberaktien (§ 10 Abs. 1 AktG),
- Inhaberschecks (Art. 5 ScheckG),

---

[3] Vgl. Motive, zitiert nach *Mugdan*, Die gesammten Materialien zum Bürgerlichen Gesetzbuch für das Deutsche Reicht, IV. Band: Familienrecht, 1899, S. 1129 f.
[4] Vgl. Verordnung v. 18.03.1933 I, S. 109.
[5] BGBl I 1990, 2002.
[6] BGBl I 1975, 3171.
[7] BGBl I 1990, 2002, 2003.
[8] Vgl. Beschlussempfehlung und Bericht des Bundestags-Rechtsausschusses, BT-Drs. 11/6949, S. 69.
[9] Vgl. hierzu im Einzelnen *Veit* in: Staudinger, § 1814 Rn. 2.
[10] BGBl I 2008, 2586.

- Hypothekenpfandbriefe auf den Inhaber,
- Wandelschuldverschreibungen (§ 221 AktG),
- Kommunalobligationen, Industrieobligationen auf den Inhaber,
- Investmentanteilscheine (§ 18 KAGG), allerdings nur, wenn sie auf den Inhaber lauten[11],
- Zerobonds[12],
- bestimmte kaufmännische Orderpapiere (z.B. Konnossement, Ladeschein, Lagerschein[13]), wenn sie auf den Inhaber ausgestellt sind.

Wie sich aus dem Wortlaut des § 1814 Satz 1 BGB ausdrücklich ergibt, werden auch die Erneuerungsscheine solcher Inhaberpapiere nach § 805 BGB (sog. Talons) erfasst.[14]

Unerheblich ist, ob die Inhaberpapiere von einem öffentlich-rechtlichen Träger oder von einer Privatperson ausgestellt sind.[15]

Auch ein Lotterielos dürfte § 1814 BGB unterliegen.[16] Richtiger Ansicht nach handelt es sich um ein Inhaberpapier, denn es wird ein aufschiebend bedingter Anspruch verbrieft.[17]

Die qualifizierten Legitimationspapiere im Sinne des § 808 BGB wie z.B. Sparbücher und Sparbriefe sind keine echten Inhaberpapiere. Ihre Vorlage befreit den Leistenden zwar von seiner Leistungspflicht (sog. Liberationswirkung[18]), dem Inhaber kommt aber nicht die Vermutung der Berechtigung zu. Sie werden von § 1814 BGB nicht erfasst.[19] Das Familiengericht kann die Hinterlegung allerdings bei gegebenem Anlass nach § 1818 BGB anordnen. Bei der Wahl von Sparbüchern zwecks Geldanlage setzen allerdings die §§ 1806 ff. BGB, insbesondere die Pflicht zur angemessenen Verzinsung, enge Grenzen (vgl. insbesondere die Kommentierung zu § 1806 BGB Rn. 19 ff.).

Nach wohl allgemeiner Ansicht sollen auch die sog. kleinen Inhaberpapiere nach § 807 BGB nicht von § 1814 BGB erfasst werden.[20] Hierzu werden nach im Einzelnen umstrittener Grenzziehung etwa Papiere wie Garderobenmarken[21], Gepäckscheine, Reparaturscheine[22], Fahrkarten[23], Eintrittskarten[24] und Gutscheine gezählt. Soweit sich bei diesen nicht schon aus den Umständen ergibt, dass in Wahrheit nur der Vertragschließende selbst berechtigt werden soll, passt die Anwendung des § 1814 BGB auf diese Papiere schon deshalb nicht, weil die Hinterlegung mit der Funktion dieser Papiere unvereinbar wäre. Teilweise hat man versucht, diese Ausnahme unter Hinweis auf § 92 BGB zu begründen. Hält man es nicht schon für vertretbar, den Begriff des Inhaberpapiers hier auf die echten Inhaberpapiere unter Ausschluss der sog. kleinen Inhaberpapiere zu beschränken, müsste sich dasselbe Ergebnis jedenfalls auch aus einer teleologischen Reduktion des § 1814 BGB ergeben.

Auch sammelverwahrte Wertpapiere, etwa Fondsanteile oder Bundesschatzbriefe, sind keine Inhaberpapiere.[25] Pfandbriefe kommen sowohl als Namensbriefe (Regel) als auch als Inhaberbriefe vor.[26]

---

[11] *Zimmermann* in: Damrau/Zimmermann, Betreuungsrecht, 4. Aufl. 2011, § 1814 Rn. 7; *Veit* in: Staudinger, § 1814 Rn. 4.
[12] Vgl. hierzu *Ulmer/Ihrig*, ZIP 1985, 1169, 1170.
[13] Vgl. hierzu etwa RG v. 25.10.1933 - I 92/33 - RGZ 142, 150, 151.
[14] Allg. A., *Zimmermann* in: Damrau/Zimmermann, Betreuungsrecht, 4. Aufl. 2011, § 1814 Rn. 8; *Wagenitz* in: MünchKomm-BGB, § 1814 Rn. 3; *Saar* in: Erman, BGB, § 1814 Rn. 2.
[15] Zutreffend *Perlwitz* in: HK-BUR, § 1814 Rn. 5; *Spanl*, Vermögensverwaltung durch Vormund und Betreuer, 2. Aufl. 2009, S. 182.
[16] *Harm* in: HK-BUR, § 1814 Rn. 5.
[17] Str., vgl. *Richardi*, Wertpapierrecht, 1987, § 9 II 2; *Hueck/Canaris*, Recht der Wertpapiere, 12. Aufl. 1986, § 1 II 5; offen gelassen von BayObLG v. 27.02.1979 - 3 Ob OWi 101/78 - juris Rn. 13 - BayObLGSt 1979, 28-34; ablehnend zur umsatzsteuerlichen Behandlung als Wertpapier BFH v. 10.12.1959 - V 317/57 U - juris Rn. 5 - BFHE 70, 209; offen gelassen durch BFH v. 03.06.2009 - XI R 34/08 - juris Rn. 18 - BFHE 226, 369.
[18] Vgl. etwa *Baumbach/Hefermehl/Casper*, Wechselgesetz Scheckgesetz, 23. Aufl. 2008, WPR Rn. 82.
[19] Allg. A., *Veit* in: Staudinger, § 1814 Rn. 6; *Dickescheid* in: BGB-RGRK, § 1814 Rn. 3; *Bettin* in: BeckOK BGB, 30. Ed., § 1814 Rn. 3; *Wagenitz* in: MünchKomm-BGB, § 1814 Rn. 2.
[20] So auch *Veit* in: Staudinger, § 1814 Rn. 6; *Dickescheid* in: BGB-RGRK, § 1814 Rn. 3.
[21] Vgl. *Saar* in: Erman, BGB, § 1814 Rn. 2.
[22] Vgl. *Veit* in: Staudinger, § 1814 Rn. 7.
[23] Vgl. *Veit* in: Staudinger, § 1814 Rn. 7.
[24] Vgl. *Saar* in: Erman, BGB, § 1814 Rn. 2; *Veit* in: Staudinger, § 1814 Rn. 7.
[25] *Harm* in: HK-BUR, § 1814 Rn. 4.
[26] Abweichend offenbar *Roth* in: Dodegge/Roth, E, Rn. 67.

2. Orderpapiere mit Blankoindossament

16 Bei den Orderpapieren verspricht der Schuldner die Leistung an den genannten Gläubiger oder an dessen Order, das heißt an einen anderen, der durch diese Order bestimmt wird. Das Blankoindossament zeichnet sich dadurch aus, dass es nicht den Namen des Indossatars nennt. Es besteht gewöhnlich nur in der Unterschrift des Indossanten auf der Rückseite oder dem Anhang des Papiers. Übliche Erscheinungsformen sind etwa Wechsel (Art. 13 Abs. 2, 14 Abs. 2, 16 WG) und Schecks (Art. 15 Abs. 4, 16 Abs. 2, 17 Abs. 2 Nr. 2 ScheckG), ferner kaufmännische Orderpapiere (vgl. die §§ 363 ff. HGB).[27]

3. Praktische Hinweise

17 Papiere, die nicht von § 1815 BGB erfasst werden, fallen regelmäßig unter § 1812 BGB. Bereits das Vorhandensein solcher Papiere löst die Hinterlegungspflicht aus. Einer besonderen Anordnung bedarf es – von den Fällen des § 1667 Abs. 2 Satz 2 BGB abgesehen – nicht.

II. Zu dem Vermögen des Mündels gehörend

18 Zu hinterlegen sind bestimmte Papiere, die zu dem Vermögen des Mündels gehören. Das sind sowohl die von dem Vormund für das Mündelvermögen erworbenen als auch die bei Anordnung der Vormundschaft schon vorhandenen Papiere.[28] Zum Vermögen des Mündels gehören die Papiere, wenn sie in seinem Alleineigentum stehen. Steht das Eigentum an dem Papier demgegenüber in Gesamthands- oder Miteigentum, so gehört zum Mündelvermögen nur der Anteil an der Gemeinschaft. Die Hinterlegungspflicht greift dann nicht ein.[29] Gleiches gilt, wenn dem Mündel an den Papieren nur ein beschränktes dingliches Recht zusteht.[30] Ferner soll dies gelten, wenn das Eigentum des Mündels an den Papieren durch ein solches Recht eingeschränkt ist.[31] Letztere Aussage geht wohl von der Prämisse aus, dass der Mündel Besitz an den Papieren haben müsse.[32] Diese Prämisse erscheint jedoch zweifelhaft, da der Vermögensbegriff ein Besitzrecht nicht voraussetzt. Ggf. kann sich im Falle des Nießbrauchs jedoch auf Verlangen eine Hinterlegungspflicht nach § 1082 BGB ergeben.

19 Die in den Nachlass fallenden Papiere gehören auch dann zum Vermögen des Mündels, wenn er sie nur als Vorerbe erworben hat.[33]

20 Vertretbare Wertpapiere, also solche, die im Geschäftsverkehr nach Stückzahl und Nennwert bestimmt werden und daher austauschbar sind (§ 91 BGB), werden heute zumeist in Depots verwahrt. Bei der Sonderverwahrung (so genanntes „Streifbanddepot") erlangt das Kreditinstitut Besitz an den Papieren, die körperlich separat und individualisierbar aufbewahrt werden. Der Mündel behält das Eigentum an den einzelnen Papieren (vgl. § 2 DepotG). Auf diese Art der Verwahrung findet § 1814 BGB Anwendung. Bei entsprechender ausdrücklicher und schriftlicher Ermächtigung kann das Kreditinstitut aus Wertpapieren gleicher Art einen Sammelbestand bilden. Dabei verliert der Mündel mit Eingang der Papiere bei dem Verwahrer Eigentum an seinen Papieren und erlangt einen Miteigentumsanteil nach Bruchteilen am Sammelbestand (§§ 5-6 DepotG). Für diese Papiere gilt die Hinterlegungspflicht des § 1814 BGB nicht unmittelbar. Im Ergebnis besteht hierüber weitgehende Einigkeit.[34] Der Grund hierfür liegt jedoch einzig darin, dass der Mündel kein Eigentum an dem einzelnen Wertpapier hat, und nicht etwa in einem verminderten Schutzbedürfnis des Mündels. Deshalb ist der Vormund in solchen Fällen nicht aus § 1814 BGB verpflichtet, die Papiere aus der Sammelverwahrung herauszunehmen

---

[27] Allg. A., *Veit* in: Staudinger, § 1814 Rn. 5.
[28] Zutreffend *Roth* in: Dodegge/Roth, E Rn. 67; *Zimmermann* in: Damrau/Zimmermann, Betreuungsrecht, 4. Aufl. 2011, § 1814 Rn. 1.
[29] *Zimmermann* in: Damrau/Zimmermann, Betreuungsrecht, 4. Aufl. 2011, § 1814 Rn. 13; *Veit* in: Staudinger, § 1814 Rn. 10; *Bettin* in: BeckOK BGB, Ed. 30, § 1814 Rn. 4.
[30] So auch *Engler* in: Staudinger, Neubearb. 2004, § 1814 Rn. 10.
[31] Str., wie hier auch *Veit* in: Staudinger, § 1814 Rn. 10; *Dölle*, Familienrecht Bd. II, 1965; § 126 II 4a) aa), S. 741; *Zimmermann* in: Damrau/Zimmermann, Betreuungsrecht, 4. Aufl. 2001, § 1814 Rn. 13; *Roth* in: Dodegge/Roth, Betreuungsrecht, 2003, E Rn. 68; *Dickescheid* in: BGB-RGRK, § 1814 Rn. 5; nach LG Hamburg v. 06.03.1957 - 1 T 36/57 - MDR 1957, 420, soll die Hinterlegungspflicht auf Fälle beschränkt sein, in denen noch nicht anderweitig hinterlegt ist.
[32] So etwa ausdrücklich *Bettin* in: BeckOK BGB, Ed. 30, § 1814 Rn. 4.
[33] Vgl. *Engler* in: Staudinger, § 1814 Rn. 11.
[34] RG v. 29.09.1932 - IV 131/32 - RGZ 137, 320-324; *Wagenitz* in: MünchKomm-BGB, § 1814 Rn. 6; *Götz* in: Palandt, § 1814 Rn. 3; *Veit* in: Staudinger, § 1814 Rn. 12 f.; *Zimmermann* in: Damrau/Zimmermann, Betreuungsrecht, 4. Aufl. 2001, § 1814 Rn. 3.

und sie sodann nach § 1814 BGB zu hinterlegen. Streitig ist, ob sich eine solche Pflicht aus der allgemeinen Sorgfaltspflicht aus § 1793 BGB ableiten lässt. Das Reichsgericht hat eine solche aus § 1793 BGB resultierende Pflicht nach den Umständen des Einzelfalls als möglich angesehen.[35] Für den Regelfall verneint die herrschende Meinung eine Hinterlegungspflicht jedoch.[36] Teilweise wird auch danach differenziert, ob das verwahrende Kreditinstitut einem Einlagensicherungssystem angehört.[37] Auf letzteres kann es indes nicht ankommen, da solche Sicherungssysteme lediglich verwahrte Papiere nicht erfasst.[38] Auch im Hinblick auf die Kontrollmechanismen der zuständigen Aufsichtsbehörden wird der Vormund regelmäßig auf die Zuverlässigkeit des verwahrenden Kreditinstituts vertrauen dürfen, wenn keine besonderen Umstände bekannt werden, die konkrete Zweifel an der Zuverlässigkeit begründen können. Letzterenfalls kann es u.U. allerdings geboten sein, schnell zu handeln und nicht erst ein Einschreiten der Aufsichtsbehörden abzuwarten.

III. Keine verbrauchbare Sache (Satz 2)

Zum Begriff der verbrauchbaren Sache vgl. § 92 BGB. Es handelt sich hierbei um Sachen, deren bestimmungsgemäßer Gebrauch in Verbrauch oder Veräußerung besteht. 21

Nicht erfasst werden danach Banknoten[39] und Wertpapiere mit Geldsurrogatcharakter, etwa blanko-indossierte Wechsel sowie das zum Betrieb eines Erwerbsgeschäfts notwendig ungebundene Vermögen. Gleiches gilt für von Privatpersonen quasi als Geldersatz ausgegebene Treuemarken etc. („Stadtdollar"; „Saartaler" etc.). 22

Teilweise wird gesagt, als verbrauchbare Sachen seien auch so genannte „kleine Inhaberpapiere" sowie Inhaberzeichen nach § 807 BGB von der Hinterlegungspflicht ausgenommen.[40] Hierunter fallen etwa Garderobenmarken, Reparaturscheine, Fahrkarten und Eintrittskarten. Hierbei dürfte es sich freilich nicht um Sachen handeln, die zum Verbrauch bestimmt sind. Gleichwohl erscheint schwer vorstellbar, dass für solche Papiere Hinterlegungspflicht bestehen soll. Die dogmatische Begründung dieser Ausnahme fällt gleichwohl schwer, da sich – etwa bei Reparaturscheinen – durchaus nicht immer sagen lässt, dass eine gewisse Geringwertigkeit nicht überschritten werde. Man wird hier wohl darauf abstellen können, dass es sich um Liberationspapiere ohne Wertpapiereigenschaft handelt, die § 1814 BGB von vornherein nicht erfasst. 23

IV. Keine Zins-, Renten- und Gewinnanteilsscheine (Satz 2)

Solche Scheine sind ebenfalls gesetzlich von der Hinterlegungspflicht ausgenommen. 24

V. Befreiungsmöglichkeiten

Die Vorschrift ist zwingend, sie kann nicht etwa im Einvernehmen mit dem Mündel oder Betreuten abbedungen werden. Allerdings bestehen folgende Ausnahmen: 25

1. Anordnung des Erblassers oder des zuwendenden Dritten (§ 1803 BGB)

Erblasser oder zuwendende Dritte können gemäß § 1803 BGB eine Befreiung von § 1814 BGB anordnen.[41] 26

2. Alternative: Umschreibung oder Umwandlung (§ 1815 BGB)

Der Vormund hat die Wahl, anstelle der Hinterlegung die Inhaberpapiere in Namenspapiere umschreiben zu lassen bzw. bei Papieren des Bundes oder des Landes, diese in Schuldbuchforderungen umzuwandeln. 27

---

[35] RG v. 29.09.1932 - IV 131/32 - RGZ 137, 320-323, 322.
[36] So *Götz* in: Palandt, § 1814 Rn. 3; a.A. *Veit* in: Staudinger, § 1814 Rn. 14.
[37] *Zimmermann* in: Damrau/Zimmermann, Betreuungsrecht, 4. Aufl. 2011, § 1814 Rn. 3.
[38] A.A. aber *Zimmermann* in: Damrau/Zimmermann, Betreuungsrecht, 4. Aufl. 2011, § 1814 Rn. 3.
[39] Vgl. *Zimmermann* in: Damrau/Zimmermann, Betreuungsrecht, 4. Aufl. 2011, § 1814 Rn. 10; *Veit* in: Staudinger, § 1814 Rn. 7; *Harm* in: HK-BUR, § 1814 Rn. 11.
[40] *Dölle*, Familienrecht Bd. II, 1965, § 126 II 4 a), bb), S. 740; *Götz* in: Palandt, § 1814 Rn. 4; *Bettin* in: BeckOK BGB, Ed. 30, § 1814 Rn. 3.
[41] Allg. A., *Veit* in: Staudinger, § 1814 Rn. 30.

3. Entbindung durch das Familiengericht (§ 1817 BGB)

28 Das Familiengericht kann den Vormund von der Geltung des § 1814 BGB gemäß § 1817 BGB befreien. Damit hat die Norm nur noch eine vergleichsweise geringe praktische Bedeutung.

4. Befreite Vormundschaft

29 Die Eltern können den Vormund nach § 1853 BGB von der Hinterlegungspflicht bei Inhaber- und Orderpapieren befreien. Jugendamt und Verein als Vormund sind gemäß § 1857a BGB ohne weiteres befreit. Entsprechendes gilt für Betreuungsbehörde und Betreuungsverein nach den §§ 1908i Abs. 1, 1857a, 1853 BGB. Vereins- und Behördenbetreuer sind nach § 1908i Abs. 2 Satz 2 BGB befreit, soweit das Betreuungsgericht nichts anderes anordnet.[42]

VI. Praktische Hinweise

30 Im Fall der Betreuung ohne Einwilligungsvorbehalt kann das Problem auftreten, dass der geschäftsfähige Betreute die Papiere aus der Verwahrung nehmen möchte. Da Sinn und Zweck des Sperrvermerks nicht darin bestehen, den Betreuten in seiner ihm nach dem Gesetz verbliebenen Verfügungsbefugnis einzuschränken, muss ihm die Zurücknahme grundsätzlich möglich sein. Ist der Sperrvermerk ohne weitere Präzisierung eingetragen, so kann jedoch zweifelhaft sein, ob das Kreditinstitut an den Betreuten leisten darf. Geboten ist deshalb eine Präzisierung des Sperrvermerks.[43] Im Interesse des Eigenschutzes des Betreuten kann es im Einzelfall freilich auch zu erwägen sein, den Betreuten zu einer – dann für ihn verbindlichen[44] – Zustimmung zu einem umfassenden Sperrvermerk zu bewegen.

D. Rechtsfolgen

I. Pflicht zur Hinterlegung

1. Inhalt der Hinterlegungspflicht

31 Der Vormund hat die in § 1814 BGB bezeichneten Papiere bei einer Hinterlegungsstelle oder bei einem der in § 1807 Abs. 1 Nr. 5 BGB bezeichneten Kreditinstitute mit der Bestimmung zu hinterlegen, dass die Herausgabe der Papiere nur mit Genehmigung des Familiengerichts verlangt werden kann. Alternativ hierzu kann der Vormund die Papiere auch nach § 1815 BGB in Namenspapiere beziehungsweise Buchrechte umschreiben lassen (vgl. dazu die Kommentierung zu § 1815 BGB).

32 Die Hinterlegung hat mit der Bestimmung zu erfolgen, dass die Herausgabe nur mit Genehmigung des Familiengerichts verlangt werden kann. Zur Rechtsnatur des Sperrvermerks vgl. die Kommentierung zu § 1809 BGB Rn. 18. Die Hinterlegung erfolgt regelmäßig durch Eingehung einer Hinterlegungsabrede. Es genügt aber auch, wenn die Hinterlegungsstelle gesetzlich oder kraft Satzung verpflichtet ist, Mündelvermögen nicht ohne Genehmigung des Familiengerichts herauszugeben.[45] Voraussetzung ist dann aber, dass der Vormund die zu hinterlegenden Papiere klar als Mündelpapiere deklariert.

2. Hinterlegungsstellen

33 Hinterlegungsstelle war gemäß § 1 Abs. 2 HinterlO das Amtsgericht. Für Wertpapiere – nicht für Kostbarkeiten – waren ferner die Staatsbanken nach § 30 HinterlO Hinterlegungsstellen.[46] Durch Art. 17 Abs. 2 Nr. 1 des Gesetzes vom 23.11.2007 des Zweiten Gesetzes über die Bereinigung von Bundesrecht im Zuständigkeitsbereich des Bundesministeriums der Justiz[47] wurden die Hinterlegungsordnung und die zur ihrer Durchführung ergangenen Verordnungen wegen fortbestehender Zweifel an ihrer Qualität als Bundesrecht aufgehoben und der Disposition der Länder überantwortet.[48] Das Hinterlegungsrecht findet sich jetzt im jeweiligen Landesrecht:
- Brandenburgisches Hinterlegungsgesetz (BbgHintG) vom 03.11.2010[49],

---

[42] A.A. *Zimmermann* in: Damrau/Zimmermann, Betreuungsrecht, 4. Aufl. 2011, 3 1814 Rn. 19.
[43] So auch *Roth* in: Dodegge/Roth, Betreuungsrecht, 2003, E Rn. 69.
[44] *Roth* in: Dodegge/Roth, Betreuungsrecht, 2003, E Rn. 69.
[45] So auch RG v. 05.01.1912 - Rep. III 62/11 – RGZ 79, 9-16, 15; *Veit* in: Staudinger, § 1814 Rn. 20; *Dickescheid* in: BGB-RGRK, § 1815 Rn. 10.
[46] Vgl. hierzu *Lafontaine* in: jurisPK-BGB, 6. Aufl. 2012, § 1814 Rn. 44.
[47] BGBl I 2007, 2614, 2616.
[48] Vgl. zur Begründung BT-Drs. 16/5051, 35.
[49] GVBl. 2010 I Nr. 37.

- Berliner Hinterlegungsgesetz (BerlHintG) vom 11.04.2011[50],
- Hinterlegungsgesetz (HintG) HB vom 31.08.2010[51],
- Bayerisches Hinterlegungsgesetz (BayHintG) vom 23.11.2010[52],
- Hinterlegungsgesetz (HintG) BW vom 11.05.2010[53],
- Hinterlegungsgesetz (HintG) HE vom 08.10.2010[54],
- Hinterlegungsgesetz (HintG) HH vom 25.11.2010[55],
- Hinterlegungsgesetz (HintG M-V) MV vom 09.11.2010[56],
- Hinterlegungsgesetz Nordrhein-Westfalen (HintG NRW) vom 16.03.2010[57],
- Hinterlegungsordnung RP vom 12.10.1995[58],
- Hinterlegungsgesetz SL vom 18.11.2010[59],
- Gesetz über das Hinterlegungsverfahren im Freistaat Sachsen (Sächsisches Hinterlegungsgesetz – SächsHintG) vom 11.06.2010[60],
- Hinterlegungsgesetz des Landes Sachsen-Anhalt (HintG LSA) vom 22.03.2010[61],
- Thüringer Hinterlegungsgesetz (ThürHintG) vom 09.09.2010[62],
- Hinterlegungsgesetz (HintG) MV vom 03.11.2010[63].

3. Kreditinstitute im Sinne des § 1807 Abs. 1 Nr. 5 BGB

In der Praxis nahezu ausschließliche Relevanz hat die Hinterlegung bei einem der Kreditinstitute im Sinne des § 1807 Abs. 1 Nr. 5 BGB erlangt. Papiere, die bei einem Kreditinstitut ohne Teilnahme an einem Einlagensicherungssystem verwahrt sind, muss der Vormund gegebenenfalls in das Depot einer gesicherten Bank übertragen lassen. Dies folgt aus der dem Wortlaut nach eindeutigen und der Sicherungsfunktion der Norm entsprechenden Verweisung gerade auf die Kreditinstitute im Sinne des § 1807 Abs. 1 Nr. 5 BGB.[64] Allerdings gilt das nur für Papiere, die zu dem Vermögen des Mündels gehören (vgl. Rn. 18). Nicht ausreichend ist freilich die Unterbringung der Papiere in einem bei dem Kreditinstitut angemieteten Bankschließfach[65], da sich die Papiere dann nicht in Verwahrung befinden.

II. Wirkungen der Hinterlegung

Wirksam hinterlegte Papiere dürfen nur mit Genehmigung des Familiengerichts herausgegeben werden. Ist der Sperrvermerk vereinbart, so wird das Kreditinstitut durch Herausgabe der Papiere ohne Genehmigung des Familiengerichts nicht frei und haftet dem Mündel ggf. auf Schadensersatz.[66] Der Vormund ist zugleich in der Verfügung über die hinterlegten Gegenstände beschränkt (§ 1819 Satz 1 BGB). Gleiches gilt für die Verpflichtung hierzu (§ 1819 Satz 2 BGB). Die Zwangsvollstreckung in die Papiere wird durch den Sperrvermerk jedoch nicht beeinträchtigt.[67]

---

[50] GVBl. 2011, 106.
[51] Brem. GBl. 2010, 458.
[52] GVBl. 2010, 738.
[53] GBl. 2010, 398.
[54] GVBl. I 2010, 306.
[55] HmbGVBl. 2010, 614.
[56] GVOBl. M-V 2010, 642.
[57] GV. NRW. 2010, 192.
[58] GVBl. 1995, 421.
[59] Amtsbl. 2010 I 1409.
[60] SächsGVBl. 2010, 154.
[61] GVBl. LSA 2010, 150.
[62] GVBl. 2010, 294.
[63] GVOBl. 2010, 685.
[64] Im Ergebnis ebenso *Dickescheid* in: BGB-RGRK, 13. Aufl. 1999, § 1814 Rn. 5.
[65] Allg. A., *Zimmermann* in: Damrau/Zimmermann, Betreuungsrecht, 4. Aufl. 2011, § 1814 Rn. 3; *Spanl*, Vermögensverwaltung durch Vormund und Betreuer, 2. Aufl. 2009, S. 183.
[66] Allg. A., RG v. 05.01.1912 - Rep. III 62/11 - RGZ 79, 9-16, 16; *Veit* in: Staudinger, § 1814 Rn. 23; *Zimmermann* in: Damrau/Zimmermann, Betreuungsrecht, 4. Aufl. 2011, § 1814 Rn. 15.
[67] *Veit* in: Staudinger, § 1814 Rn. 25; *Diederichsen* in: Palandt, § 1814 Rn. 7; *Zimmermann* in: Damrau/Zimmermann, Betreuungsrecht, 4. Aufl. 2011, § 1814 Rn. 18.

36 Die Kosten der Hinterlegung sind aus dem Mündelvermögen zu bestreiten.[68] Der Vormund hat insbesondere bei der Auswahl der Hinterlegungsstelle auf die Wahl einer möglichst kostengünstigen Hinterlegung zu achten. Dabei sind nicht nur die eigentlichen Hinterlegungskosten in Betracht zu ziehen, sondern auch die Frage, inwiefern mit der Hinterlegung die Ausübung etwaiger Rechte (z.B. Bezugsrechte) durch das Kreditinstitut kostengünstig wahrgenommen werden kann.

37 Hinterlegt der Vormund Papiere oder sonstige Gegenstände, ohne hierzu nach § 1814 BGB verpflichtet zu sein, greifen die hier beschriebenen Rechtsfolgen nicht ein.[69]

III. Folgen von Verstößen gegen § 1814 BGB

38 Das Familiengericht kontrolliert die Einrichtung des Sperrvermerks im Rahmen seiner allgemeinen Aufsicht und dringt notfalls unter Androhung von Zwangsmitteln auf seine Einhaltung (§ 1837 BGB). Als ultima ratio kommt die Entlassung des Vormunds in Betracht. Der gegen § 1814 BGB verstoßende Vormund haftet nach § 1833 BGB.

---

[68] Motive, Band IV – Familienrecht, 1888, S. 1135; *Veit* in: Staudinger, § 1814 Rn. 29.
[69] Allg. A., so auch *Spanl*, Vermögensverwaltung durch Vormund und Betreuer, 2. Aufl. 2009, S. 186; *Zimmermann* in: Damrau/Zimmermann, Betreuungsrecht, 4. Aufl. 2011, § 1814 Rn. 17.

§ 1815 BGB Umschreibung und Umwandlung von Inhaberpapieren

(Fassung vom 17.12.2008, gültig ab 01.09.2009)

(1) ¹Der Vormund kann die Inhaberpapiere, statt sie nach § 1814 zu hinterlegen, auf den Namen des Mündels mit der Bestimmung umschreiben lassen, dass er über sie nur mit Genehmigung des Familiengerichts verfügen kann. ²Sind die Papiere vom Bund oder einem Land ausgestellt, so kann er sie mit der gleichen Bestimmung in Schuldbuchforderungen gegen den Bund oder das Land umwandeln lassen.

(2) Sind Inhaberpapiere zu hinterlegen, die in Schuldbuchforderungen gegen den Bund oder ein Land umgewandelt werden können, so kann das Familiengericht anordnen, dass sie nach Absatz 1 in Schuldbuchforderungen umgewandelt werden.

Gliederung

A. Grundlagen 1	1. Inhaberpapiere des Bundes oder eines Landes 9
I. Kurzcharakteristik 1	2. Die Umwandlung in Buchrechte 12
II. Entstehungsgeschichte – das Bundeswertpapierverwaltungsgesetz 2	3. Die Vereinbarung der Genehmigungsbedürftigkeit 14
B. Praktische Bedeutung 4	III. Anordnung der Umwandlung in Buchforderungen (Absatz 2) 15
C. Anwendungsvoraussetzungen 6	IV. Ausnahmen 17
I. Umschreibung in Namenspapiere (Absatz 1 Satz 1) 6	V. Praktische Hinweise 18
1. Papiere im Sinne des § 1814 BGB 6	**D. Rechtsfolgen** 20
2. Die Umschreibung in Namenspapiere 7	I. Wirkungen der Umschreibung oder Umwandlung 20
3. Die Vereinbarung der Genehmigungsbedürftigkeit 8	II. Folgen von Verstößen gegen Absatz 1 23
II. Umwandlung in Buchrechte (Absatz 1 Satz 2) 9	III. Die Entscheidung nach Absatz 2 25

A. Grundlagen

I. Kurzcharakteristik

§ 1815 Abs. 1 BGB räumt dem Vormund alternativ zur Hinterlegung der in § 1814 BGB bezeichneten Papiere die Möglichkeit einer Umschreibung in Namenspapiere oder Buchrechte ein. Diese bieten ebenfalls einen hohen Mündelschutz, denn ein gutgläubiger Erwerb nach den §§ 929 ff. BGB ist bei diesen nicht möglich. Das Familiengericht kann die Umschreibung in Buchrechte nach § 1815 Abs. 2 BGB auch anordnen.   **1**

II. Entstehungsgeschichte – das Bundeswertpapierverwaltungsgesetz

Durch das Gesetz zur Neuordnung des Schuldbuchrechts des Bundes und der Rechtsgrundlagen der Bundesschuldenverwaltung (Bundeswertpapierverwaltungsgesetz – BWpVerwG) vom 11.12.2001[1] wurden die Bezeichnungen der Bundesschuldenverwaltung an die staatsorganisatorischen Gegebenheiten angepasst. In der Folge wurden auch die Bezeichnungen in § 1815 BGB angepasst. So heißt es nun statt „Reich" „Bund", statt „Bundesstaat" „Land" und statt „Buchforderungen" „Schuldbuchforderungen"   **2**

Mit Einführung des Gesetzes über das Verfahren in Familiensachen und in den Angelegenheiten der freiwilligen Gerichtsbarkeit (FamFG) vom 17.12.2008[2] wurde das Wort „Vormundschaftsgericht" in „Familiengericht" geändert und damit der Wechsel in der Zuständigkeit nach dem FamFG im BGB nachvollzogen. Zu der neuen Zuständigkeitsverteilung insgesamt vgl. die Kommentierung zu § 1793 BGB Rn. 162.   **3**

---

[1] BGBl I 2001, 3519, 3524.
[2] BGBl I 2008, 2586.

B. Praktische Bedeutung

4 § 1815 BGB findet auf die Fälle des § 1814 BGB im unmittelbaren und übertragenen Anwendungsbereich Anwendung. Vgl. hierzu die Kommentierung zu § 1814 BGB Rn. 7. Der Anwendungsbereich erstreckt sich gemäß § 1908i Abs. 1 Satz 1 BGB auch auf die Betreuung. Zur Amts- und Vereinsvormundschaft vgl. die Kommentierung zu § 1814 BGB Rn. 29.

5 Die praktische Bedeutung der Vorschrift ist heute allerdings gering[3], da die Umschreibung nach § 1815 BGB regelmäßig kostenintensiver ist als die Hinterlegung bei einem Kreditinstitut im Sinne des § 1807 Abs. 1 Nr. 5 BGB und überdies regelmäßig kein Anspruch auf eine Umschreibung nach § 1815 BGB besteht (vgl. § 806 Satz 2 BGB). Häufig wird der Aussteller zu einer solchen Umschreibung nicht bereit sein.

C. Anwendungsvoraussetzungen

I. Umschreibung in Namenspapiere (Absatz 1 Satz 1)

1. Papiere im Sinne des § 1814 BGB

6 § 1815 Abs. 1 Satz 1 BGB spricht nur von Inhaberpapieren. Aus der Verweisung auf § 1814 BGB folgt, dass alle Papiere im Sinne des § 1814 BGB gemeint sind.

2. Die Umschreibung in Namenspapiere

7 Der Vormund kann die Umschreibung in ein Rektapapier nach § 806 BGB veranlassen. Voraussetzung ist freilich, dass der Aussteller hierzu bereit ist. Eine Pflicht zur Umschreibung existiert nur ausnahmsweise.[4] Die Umschreibung in ein Rektapapier, die ja gerade die Sicherheit der Anlage erhöht, bedarf nicht der Genehmigung durch das Familiengericht.[5]

3. Die Vereinbarung der Genehmigungsbedürftigkeit

8 Sowohl bei der Umschreibung in Namenspapiere (Satz 1) als auch bei der Umwandlung in Buchrechte (Satz 2) hat der Vormund zusätzlich zu vereinbaren, dass die Verfügung über diese Papiere nur mit Genehmigung des Familiengerichts erfolgen darf. Der Vormund hat die Bestimmung von sich aus zu veranlassen. Ist der Aussteller nicht zur Vereinbarung einer solchen Bestimmung bereit, scheidet die Möglichkeit des § 1815 Abs. 1 Satz 1 BGB aus. Die Bestimmung könnte etwa lauten: „Eine Verfügung über die … (Bezeichnung der Papiere), insbesondere eine Herausgabe dieser Papiere, darf nur mit der Genehmigung des Familiengerichts erfolgen."

II. Umwandlung in Buchrechte (Absatz 1 Satz 2)

1. Inhaberpapiere des Bundes oder eines Landes

9 Zum Begriff des Inhaberpapiers vgl. schon Rn. 6.

10 Erfasst werden Papiere, die vom Bund oder einem Land ausgegeben werden. Nicht erfasst werden Anleihen, die von einer anderen Körperschaft oder juristischen Person ausgegeben werden, an der der Staat beteiligt ist.

11 Die Möglichkeit der Umschreibung wird in Analogie zu § 1815 Abs. 1 Satz 2 BGB auch für Anleihen der kommunalen Gebietskörperschaften bejaht.[6] Ob insofern wirklich eine planwidrige Regelungslücke besteht, ist nicht zweifelsfrei. Der Gesetzgeber mag plausible Gründe haben, die mit Aufwand verbundene Umschreibung in engen Grenzen zu halten.

2. Die Umwandlung in Buchrechte

12 Die Länder haben weitgehend von dem Vorbehalt des Art. 97 Abs. 1 EGBGB Gebrauch gemacht und Gesetze über ihre Schuldbücher erlassen:

---

[3] Allg. Einschätzung, vgl. etwa *Roth* in: Dodegge/Roth, E Rn. 70; *Zimmermann* in: Damrau/Zimmermann, Betreuungsrecht, 4. Aufl. 2011, § 1815 Rn. 1; *Harm* in: HK-BUR, § 1815 Rn. 2 f.
[4] Vgl. Art. 101 EGBGB.
[5] Allg. A., *Veit* in: Staudinger, § 1815 Rn. 7.
[6] So *Zimmermann* in: Damrau/Zimmermann, Betreuungsrecht, 4. Aufl. 2011, § 1815 Rn. 3; *Veit* in: Staudinger, § 1815 Rn. 2.

- Gesetz über das Schuldbuch des Landes Brandenburg (Brandenburgisches Landesschuldbuchgesetz – BbgLSBG) vom 29.06.2004[7],
- Schuldbuch-Gesetz für das Land Berlin vom 17.12.2008[8],
- Gesetz über das Landesschuldbuch (Landesschuldbuchgesetz) BW vom 01.03.2010[9],
- Gesetz über das Staatsschuldbuch des Freistaates Bayern (Staatsschuldbuchgesetz) vom 30.03.2003[10],
- Gesetz über Aufnahme und Verwaltung von Schulden des Landes Hessen vom 04.07.1949[11],
- Gesetz über das Schuldbuch der Freien und Hansestadt Hamburg (Schuldbuchgesetz) vom 29.03.1959[12],
- Gesetz über das Schuldenwesen des Landes Niedersachsen vom 12.12.2003[13],
- Gesetz zur Regelung des Schuldenwesens des Landes Nordrhein-Westfalen (Landesschuldenwesengesetz – LSchuWG) vom 18.11.2008[14],
- Landesgesetz über das Landesschuldbuch für Rheinland-Pfalz vom 20.11.1978[15],
- Gesetz über die Schuldenordnung des Saarlandes (Landesschuldenordnung – LSO) vom 12.12.2002[16], geändert durch Gesetz vom 15.02.2006[17],
- Gesetz über das Staatsschuldbuch des Freistaates Sachsen (Staatsschuldbuchgesetz) vom 24.05.1994[18],
- Schuldenordnung für das Land Sachsen-Anhalt (LSO) vom 21.12.1992[19],
- Gesetz zur Regelung des Schuldenwesens des Landes Schleswig-Holstein (Landesschuldenwesengesetz – LSchuWG) vom 21.12.2011[20],
- Thüringer Gesetz über das Landesschuldbuch (Thüringer Landesschuldbuchgesetz – ThürLSBG) vom 10.02.2011[21], in ihrer jeweils aktuellen Fassung.

Die Regelungen beziehen sich freilich nur auf verbriefte Anleihen. Werden Anleihen – wie heute nicht unüblich – unverbrieft herausgegeben, greift die Regelung nicht ein. Zur Führung von Bundesschulden im Bundesschuldbuch vgl. nunmehr §§ 4 ff. Bundesschuldenwesengesetz.[22]   13

3. Die Vereinbarung der Genehmigungsbedürftigkeit

Auch in den Fällen des § 1815 Abs. 1 Satz 2 BGB ist, wie sich aus dem Wortlaut des Gesetzes ergibt, zusätzlich zur Umwandlung eine „Bestimmung" im Sinne von Satz 1, also eine Bestimmung der Genehmigungsbedürftigkeit der Verfügung erforderlich. Der Vormund hat diese von sich aus zu veranlassen.   14

III. Anordnung der Umwandlung in Buchforderungen (Absatz 2)

Nach § 1815 Abs. 2 BGB kann das Familiengericht die Umwandlung in Buchforderungen – soweit sie rechtlich möglich ist – anordnen. Die Umschreibung in Namenspapieren kann nicht verlangt werden. Die Vorschrift ist zweifelhaft. Das Gesetz besagt nichts über die tatbestandlichen Kriterien einer solchen Anordnung. Es dürfte sich um einen der wenigen Fälle eines echten – allerdings am Wohl des   15

---

[7] GVBl. I 2004, 269.
[8] GVBl. 2008, 477.
[9] GBl. 2010, 265, 268.
[10] GVBl. 2003, 302.
[11] GVBl. 1949, 93.
[12] HmbBl. 1957 I 650-a.
[13] Nds. GVBl. 2003, 446.
[14] GV. NRW 2008, 721.
[15] GVBl. 1978, 709.
[16] Amtsbl. 2003, 2.
[17] Amtsbl. 2006, 474, 530.
[18] SächsGVBl. 1994, 1015.
[19] GVBl. LSA 1992, 870.
[20] GVOBl. 2012, 72.
[21] GVBl. 2011, 1.
[22] Gesetz zur Regelung des Schuldenwesens des Bundes – Bundesschuldenwesengesetz vom 12.07.2006 (BGBl I 2006, 1466).

Mündels orientierten, pflichtgebundenen – Ermessens des Familiengerichts handeln.[23] Entscheidungsrelevant können sein:
- Höhe der Depotgebühren bei Wahl einer Bankverwahrung,
- Voraussichtliche Dauer der Anlage,
- erleichterte Erhebung von Zinsen[24],
- bei weitgehend ausgewogener Abwägung auch die Förderung der Selbständigkeit der Führung der Vormundschaft (vgl. zu dieser auch die Kommentierung zu § 1793 BGB).

16 Keine relevanten Entscheidungskriterien stellen dar:
- Zweifel an der Zuverlässigkeit des Vormunds[25]: Sie würden die Auswechslung des Vormunds gebieten.
- Vereinfachung der Kontrolle durch das Familiengericht.

IV. Ausnahmen

17 Da § 1815 BGB auf § 1814 BGB Bezug nimmt, greift er nur ein, soweit überhaupt eine Pflicht zur Hinterlegung nach § 1814 BGB besteht. Besteht eine solche Pflicht aufgrund der im Rahmen des § 1814 BGB bestehenden Ausnahmen nicht, ist auch § 1815 BGB nicht anwendbar. Dann kann auch das Familiengericht nicht die Umschreibung nach § 1815 Abs. 2 BGB verlangen.[26]

V. Praktische Hinweise

18 Aus Kostengründen ist einer Hinterlegung bei einem Kreditinstitut nach § 1807 Abs. 1 Nr. 5 BGB regelmäßig gegenüber der Umschreibung in Rektapapiere der Vorzug zu geben. Bei Staatsanleihen kann allerdings wegen entfallender Depotgebühren auch eine Umschreibung in Buchforderungen in Betracht kommen.

19 Das Familiengericht sollte von der Anordnung nach § 1815 Abs. 2 BGB nur zurückhaltenden Gebrauch machen, da auch die anderen Möglichkeiten des §§ 1814, 1815 Abs. 1 Satz 1 BGB ein hohes Maß an Sicherheit bieten, und die Selbständigkeit der Führung der Vormundschaft nicht unnötig beeinträchtigt werden sollte. Es gibt sicher Bereiche, in denen eine Intensivierung der familiengerichtlichen Kontrolle mehr von Nöten ist als im Rahmen der Prüfung des § 1815 Abs. 2 BGB.

D. Rechtsfolgen

I. Wirkungen der Umschreibung oder Umwandlung

20 Vgl. vorab die Kommentierung zu § 1814 BGB Rn. 31. Der Vormund wird auch in den Fällen des § 1815 BGB bei Verfügungen über das Recht in seiner Vertretungsmacht beschränkt.[27] Nebenrechte werden hiervon allerdings nicht erfasst.[28] Die Genehmigung des Familiengerichts ist für jede Verfügung über das Recht (und natürlich das Papier) erforderlich, auch zur Rückumwandlung in ein Inhaberpapier.[29]

21 Nach § 1820 BGB ist der Vormund auch bei Abschluss eines Verpflichtungsgeschäfts über eine Verfügung über das umgeschriebene Papier an die Erteilung der Genehmigung des Familiengerichts gebunden. Dies gilt allerdings nicht für Papiere, die der Vormund hat umschreiben lassen, obwohl er schon nicht gemäß § 1814 BGB zu ihrer Hinterlegung verpflichtet gewesen wäre.[30] Es verbleibt dann bei der Anwendung der allgemeinen Grundsätze der §§ 1812-1813 BGB.

22 Nicht ganz zweifelsfrei erscheint, ob die verfügungsbeschränkende Wirkung im Fall des § 1815 Abs. 1 Satz 2 BGB wirklich erst mit Vermerk der Verfügungsbeschränkung im Schuldbuch eintritt.[31] Der

---

[23] So auch *Veit* in: Staudinger, § 1815 Rn. 15; *Wagenitz* in: MünchKomm-BGB, § 1815 Rn. 8.
[24] Ähnlich auch *Veit* in: Staudinger, § 1815 Rn. 15.
[25] So auch *Spanl*, Vermögensverwaltung durch Vormund und Betreuer, 2. Aufl. 2009, S. 191.
[26] So auch *Spanl*, Vermögensverwaltung durch Vormund und Betreuer, 2. Aufl. 2009, S. 187.
[27] Allg. A., *Zimmermann* in: Damrau/Zimmermann, Betreuungsrecht, 4. Aufl. 2011, § 1815 Rn. 5; *Veit* in: Staudinger, § 1815 Rn. 20; *Spanl*, Vermögensverwaltung durch Vormund und Betreuer, 2. Aufl. 2009, S. 187.
[28] So auch *Veit* in: Staudinger, § 1815 Rn. 20.
[29] Allg. A., *Zimmermann* in: Damrau/Zimmermann, Betreuungsrecht, 4. Aufl. 2011, § 1815 Rn. 5.
[30] *Veit* in: Staudinger, § 1815 Rn. 22; *Zimmermann* in: Damrau/Zimmermann, Betreuungsrecht, 4. Aufl. 2011, § 1815 Rn. 9.
[31] So *Dickescheid* in: BGB-RGRK, § 1815 Rn. 4, der im Rahmen des § 1816 BGB gerade auf den Eintritt der Wirkung mit Eingang des Eintragungsbegehrens abstellt.

Mündelschutz dürfte dafür sprechen, auch im Rahmen des § 1815 Abs. 1 Satz 2 BGB auf den Eingang des Umwandlungsbegehrens abzustellen.

II. Folgen von Verstößen gegen Absatz 1

Die Leistung an den Inhaber des Namenspapiers befreit den Aussteller nicht. Gleiches gilt für die ohne Genehmigung des Familiengerichts vorgenommene Leistung. Unerheblich ist, ob der Genehmigungsvorbehalt auf dem Namenspapier vermerkt ist, entscheidend ist allein die wirksame Vereinbarung der Genehmigungsbedürftigkeit.[32] Versäumt es der Vormund, die Bestimmung der Genehmigungspflicht vorzunehmen, haftet er dem Mündel gemäß § 1833 BGB. Das Familiengericht hat die Einhaltung des § 1815 BGB von Amts wegen zu überwachen. Nimmt der Vormund weder eine Hinterlegung noch eine Umschreibung oder Umwandlung vor, kann es Zwangsmaßnahmen nach § 1837 Abs. 3 BGB ergreifen. Außer in den Fällen des § 1815 Abs. 2 BGB kann das Familiengericht den Vormund allerdings nicht auf eine der Möglichkeiten der §§ 1814, 1815 Abs. 1 BGB festlegen. Als ultima ratio kann der Vormund gemäß § 1886 BGB entlassen werden, was freilich nur bei einem hinreichend schweren Verstoß in Betracht kommt, also etwa wenn der Vormund sich sowohl gegen eine Hinterlegung als auch eine Umschreibung oder Umwandlung wehrt.[33]

23

Zu der umstrittenen Frage der Reichweite des § 1818 BGB vgl. die Kommentierung zu § 1818 BGB.

24

III. Die Entscheidung nach Absatz 2

Zuständig für die Entscheidung nach § 1815 Abs. 2 BGB ist der Rechtspfleger (§ 3 Nr. 2a RPflG; in Betreuungssachen § 3 Nr. 2b RPflG). Gegen die Entscheidung des Familiengerichts ist die Beschwerde nach den §§ 58 ff. FamFG eröffnet.

25

---

[32] So auch *Veit* in: Staudinger, § 1816 Rn. 5; *Wagenitz* in: MünchKomm-BGB, § 1816 Rn. 2.
[33] Für die Möglichkeit der Entlassung auch bei Verstoß gegen die Anordnung nach § 1815 Abs. 2 BGB *Dickescheid* in: BGB-RGRK, § 1816 Rn. 6.

§ 1816 BGB Sperrung von Buchforderungen

(Fassung vom 17.12.2008, gültig ab 01.09.2009)

Gehören Schuldbuchforderungen gegen den Bund oder ein Land bei der Anordnung der Vormundschaft zu dem Vermögen des Mündels oder erwirbt der Mündel später solche Forderungen, so hat der Vormund in das Schuldbuch den Vermerk eintragen zu lassen, dass er über die Forderungen nur mit Genehmigung des Familiengerichts verfügen kann.

Gliederung

A. Grundlagen 1
I. Kurzcharakteristik 1
II. Entstehungsgeschichte – das Bundeswertpapierverwaltungsgesetz 2
B. Praktische Bedeutung 4
C. Anwendungsvoraussetzungen 5
I. Buchforderung gegen Bund oder Land ... 5
II. Zum Vermögen des Mündels gehörend ... 6
III. Befreiungsmöglichkeiten 7
D. Rechtsfolgen 8

A. Grundlagen

I. Kurzcharakteristik

1 § 1816 BGB ergänzt die §§ 1814-1815 BGB, indem er den Vormund verpflichtet, auch die schon im Vermögen des Mündels befindlichen Buchforderungen gegen Bund oder Land mit einem Sperrvermerk versehen zu lassen.

II. Entstehungsgeschichte – das Bundeswertpapierverwaltungsgesetz

2 Durch das Gesetz zur Neuordnung des Schuldbuchrechts des Bundes und der Rechtsgrundlagen der Bundesschuldenverwaltung (Bundeswertpapierverwaltungsgesetz – BWpVerwG) vom 11.12.2001[1] wurden die Bezeichnungen der Bundesschuldenverwaltung an die staatsorganisatorischen Gegebenheiten angepasst. In der Folge wurden auch die Bezeichnungen in § 1816 BGB angepasst. So heißt es nun statt „Reich" „Bund" und statt „Bundesstaat" „Land".

3 Mit Einführung des Gesetzes über das Verfahren in Familiensachen und in den Angelegenheiten der freiwilligen Gerichtsbarkeit (FamFG) vom 17.12.2008[2] wurde das Wort „Vormundschaftsgericht" in „Familiengericht" geändert und damit der Wechsel in der Zuständigkeit nach dem FamFG im BGB nachvollzogen. Zu der neuen Zuständigkeitsverteilung insgesamt vgl. die Kommentierung zu § 1793 BGB Rn. 162.

B. Praktische Bedeutung

4 § 1816 BGB gilt gemäß § 1908i Abs. 1 Satz 1 BGB für den Betreuer und gemäß § 1915 Abs. 1 BGB für den Pfleger entsprechend. Der befreite Vormund sowie Amts- und Vereinsvormund bzw. -betreuer, sind gemäß §§ 1857a, 1853 BGB (in Verbindung mit § 1908i Abs. 1 BGB) hiervon ausgenommen.

C. Anwendungsvoraussetzungen

I. Buchforderung gegen Bund oder Land

5 Die Norm setzt eine Schuldbuchforderung gegen den Bund oder das Land im Vermögen des Mündels voraus (vgl. hierzu im Einzelnen schon in der Kommentierung zu § 1814 BGB und der Kommentierung zu § 1815 BGB). Hierzu können beispielsweise Bundesschatzbriefe und Bundesobligationen gehören. Dabei sollen die aus der Anlage erzielten Zinsen nicht der Pflicht zur Sperrung unterliegen.[3] Das ist nicht zweifelsfrei, da auch der Anspruch auf die Zinsen Teil der in das Staatsschuldbuch eingetragenen Forderungen ist. Anders liegt es hingegen mit den ausgeschütteten Zinsen, für die die allgemeinen Vorschriften zur Anlage von Mündelvermögen gelten.

---

[1] BGBl I 2001, 3519, 3524.
[2] BGBl I 2008, 2586.
[3] So *Zimmermann* in: Damrau/Zimmermann, Betreuungsrecht, 4. Aufl. 2011, § 1816 Rn. 2.

II. Zum Vermögen des Mündels gehörend
Vgl. hierzu schon die Kommentierung zu § 1814 BGB ff. 6

III. Befreiungsmöglichkeiten
Zu den Befreiungsmöglichkeiten vgl. bereits die Kommentierung zu § 1814 BGB Rn. 29. Amts- und Vereinsvormund sind gemäß §§ 1857a, 1853 BGB von der Verpflichtung des § 1816 BGB befreit. 7

D. Rechtsfolgen
Durch die Sperrung der Buchforderung tritt die gleiche Wirkung wie nach §§ 1815 Abs. 1 Satz 2, Abs. 2 BGB ein, insbesondere ist der Vormund in seiner Verfügungsmacht beschränkt. Der Vormund hat die Bestimmung unverzüglich i.S.d. § 121 Abs. 1 Satz 1 BGB zu treffen und den Nachweis der Bestimmung der Genehmigungsbedürftigkeit von sich aus und nicht erst nach Aufforderung durch das Familiengericht diesem vorzulegen.[4] 8

Die Wirkung der Verfügungsbeschränkung dürfte richtiger Ansicht nach nicht erst mit der Eintragung im Schuldbuch, sondern schon mit Eingang des Eintragungsersuchens eingreifen.[5] Da die Pflicht zur Eintragung nicht an besondere Bedingungen geknüpft ist, kommt es auf die Vornahme der Bestimmung an. 9

Im Falle der Nichtbefolgung kann das Familiengericht die Durchsetzung der Verpflichtung gemäß § 1837 Abs. 3 BGB erzwingen. Es widerspräche jedoch der Selbständigkeit der Führung der Vormundschaft, anzunehmen, dass das Familiengericht unmittelbar die Bestimmung herbeiführen könnte.[6] 10

---

[4] *Bettin* in: BeckOK BGB, Ed. 30, § 1816 Rn. 2; *Roth* in: Dodegge/Roth, E Rn. 72; *Dickescheid* in: BGB-RGRK, § 1816 Rn. 2.
[5] So auch *Dickescheid* in: BGB-RGRK, § 1816 Rn. 2.
[6] Heute allg. A., vgl. *Wagenitz* in: MünchKomm-BGB, § 1816 Rn. 3; *Zimmermann* in: Damrau/Zimmermann, Betreuungsrecht, 4. Aufl. 2011, § 1816 Rn. 1; *Veit* in: Staudinger, § 1816 Rn. 3; *Dickescheid* in: BGB-RGRK, § 1817 Rn. 2; a.A. noch *Dölle*, Familienrecht II, 1965, § 126 II 4 c) (744).

§ 1817 BGB Befreiung

(Fassung vom 17.12.2008, gültig ab 01.09.2009)

(1) ¹Das Familiengericht kann den Vormund auf dessen Antrag von den ihm nach den §§ 1806 bis 1816 obliegenden Verpflichtungen entbinden, soweit

1. der Umfang der Vermögensverwaltung dies rechtfertigt und
2. eine Gefährdung des Vermögens nicht zu besorgen ist.

²Die Voraussetzungen der Nummer 1 liegen im Regelfall vor, wenn der Wert des Vermögens ohne Berücksichtigung von Grundbesitz 6 000 Euro nicht übersteigt.

(2) Das Familiengericht kann aus besonderen Gründen den Vormund von den ihm nach den §§ 1814, 1816 obliegenden Verpflichtungen auch dann entbinden, wenn die Voraussetzungen des Absatzes 1 Nr. 1 nicht vorliegen.

Gliederung

A. Grundlagen 1	b. Vermögen 16
I. Kurzcharakteristik 1	c. Ohne Grundbesitz 17
II. Entstehungsgeschichte 2	d. Wert des Vermögens 18
1. Das Betreuungsrechtsänderungsgesetz 2	e. Das Verhältnis zu Absatz 1 Satz 1 19
2. Das „Euro-Einführungsgesetz" 3	II. Befreiung aus besonderen Gründen
3. Das FGG-Reformgesetz 4	(Absatz 2) 20
B. Praktische Bedeutung 5	III. Praktische Hinweise 25
C. Anwendungsvoraussetzungen 6	D. Rechtsfolgen 27
I. Befreiung im Hinblick auf den Umfang der Vermögensverwaltung (Absatz 1) 6	E. Prozessuale Hinweise/Verfahrenshinweise 32
1. Antrag 6	I. Zuständigkeit 32
2. Rechtfertigung durch den Umfang der Vermögensverwaltung (Nr. 1) 7	II. Verfahren 34
3. Keine Gefährdung des Mündelvermögens (Nr. 2) 8	1. Antrag 34
	2. Verfahrenspflegschaft/-beistandschaft 36
4. Regelfall (Absatz 1 Satz 2) 13	3. Anhörung 37
a. Grundlagen 13	4. Entscheidung 38
	5. Rechtsbehelf 40

A. Grundlagen

I. Kurzcharakteristik

1 § 1817 Abs. 1 BGB eröffnet die Möglichkeit einer Befreiung von den Pflichten nach den §§ 1806-1816 BGB. § 1817 Abs. 2 BGB enthält eine weitere Befreiungsmöglichkeit von den §§ 1814, 1816 BGB „aus besonderen Gründen".

II. Entstehungsgeschichte

1. Das Betreuungsrechtsänderungsgesetz

2 In seiner ursprünglichen Fassung ermöglichte § 1817 BGB entsprechend dem heutigen § 1817 Abs. 2 BGB lediglich die Befreiung des Vormunds von den ihm nach den §§ 1814, 1816 BGB obliegenden Verpflichtungen „aus besonderen Gründen". Durch das Gesetz zur Änderung des Betreuungsrechts sowie weiterer Vorschriften vom 25.06.1998 (Betreuungsrechtsänderungsgesetz – BtÄndG)[1] wurde der heutige Absatz 1 eingefügt, wobei sich der Regelbetrag zunächst allerdings auf 10.000 DM belief. Dabei ging der Gesetzgeber davon aus, dass die Anlagevorschriften der §§ 1806 ff. BGB einen doppelten Zweck verfolgen: Zum einen sollen sie den Mündel vor Schäden aufgrund einer mangelhaften Vermögensverwaltung durch den Vormund bewahren. Zum anderen sollen sie auch dem Vormund selbst verlässliche Handlungsanweisungen an die Hand geben und ihn damit vor Schadensersatzansprüchen sei-

---

[1] BGBl I 1998, 1580.

nes Mündels schützen.[2] Der Gesetzgeber ging davon aus, dass die Vorschriften dieser Funktion grundsätzlich gerecht werden. Durch die zusätzliche Befreiungsmöglichkeit wollte er jedoch die Führung von Vormundschaften erleichtern, die Bereitschaft zur Übernahme des Vormundsamtes fördern und – durch eine stärkere Annäherung der für die Vermögenssorge von Vormündern und Eltern geltenden Regelungen – den personalen Charakter des Vormundsamtes in den Vordergrund rücken.[3]

2. Das „Euro-Einführungsgesetz"

Durch das Gesetz zur Einführung des Euro in Rechtspflegegesetzen und in Gesetzen des Straf- und Ordnungswidrigkeitenrechts, zur Änderung der Mahnvordruckverordnung sowie zur Änderung weiterer Gesetze vom 13.12.2001[4] wurde die Regelbetragsgrenze des § 1817 Abs. 1 Satz 2 BGB von 10.000 DM auf 6.000 € angehoben. Damit sollte die Regelgrenze in Anlehnung an die Änderungen der §§ 1813 Abs. 1 Nr. 2, 1822 Nr. 12 BGB durch das Fernabsatzgesetz maßvoll erhöht werden.[5]

3. Das FGG-Reformgesetz

Mit Einführung des Gesetzes über das Verfahren in Familiensachen und in den Angelegenheiten der freiwilligen Gerichtsbarkeit (FamFG) vom 17.12.2008[6] wurde das Wort „Vormundschaftsgericht" in „Familiengericht" geändert und damit der Wechsel in der Zuständigkeit nach dem FamFG im BGB nachvollzogen. Zu der neuen Zuständigkeitsverteilung insgesamt vgl. die Kommentierung zu § 1793 BGB Rn. 162.

B. Praktische Bedeutung

§ 1814 BGB gilt gemäß § 1908i Abs. 1 Satz 1 BGB für den Betreuer und gemäß § 1915 Abs. 1 BGB für den Pfleger entsprechend. Zu den Befreiungen von Betreuungsverein und -behörde sowie von bestimmten nahen Angehörigen kraft Gesetzes vgl. § 1908i Abs. 2 Satz 2 BGB in Verbindung mit den §§ 1857a, 1852-1854 BGB.

C. Anwendungsvoraussetzungen

I. Befreiung im Hinblick auf den Umfang der Vermögensverwaltung (Absatz 1)

1. Antrag

Die Befreiung nach § 1817 Abs. 1 Satz 1 BGB setzt die Stellung eines Antrags durch den Vormund voraus. Vgl. hierzu Rn. 34 ff.

2. Rechtfertigung durch den Umfang der Vermögensverwaltung (Nr. 1)

Die Befreiung nach § 1817 Abs. 1 BGB setzt kumulativ voraus, dass der Umfang der Vermögensverwaltung die Befreiung rechtfertigt und eine Gefährdung des Vermögens nicht zu besorgen ist. Der Wortlaut des Gesetzes stellt ausdrücklich nicht auf den Umfang des Vermögens, sondern auf den Umfang der Vermögensverwaltung ab. Es gibt deshalb keine allgemeine Regel, wonach unterhalb einer bestimmten Menge Geldvermögen stets eine Befreiung nach § 1817 Abs. 1 Nr. 1 BGB vorzunehmen wäre (vgl. aber zu § 1817 Abs. 1 Satz 2 BGB Rn. 13 ff.). Die Formulierung des Gesetzes entspricht dem Regelungszweck, den Vormund in den Fällen zu befreien, in denen die Anzahl, Art, Kompliziertheit und Gefährlichkeit der mit der Vermögensverwaltung verbundenen Geschäfte den Schutz der §§ 1806 ff. BGB als entbehrlich erscheinen lässt.[7] Die Beurteilung der Vermögensverwaltung erfordert eine Gesamtschau aller die jeweilige Vermögensverwaltung kennzeichnenden Merkmale, insbesondere die Anzahl, Bedeutung, Schwierigkeit der mit der Vermögensverwaltung abzuwickelnden Geschäfte. Auch der Umfang des Vermögens selbst ist insofern von Relevanz. Denn der Umfang der Vermögensverwaltung nimmt mit der Größe des Vermögens häufig zu. Allerdings kann nicht etwa aus § 1718 Abs. 1 Satz 2 BGB der Schluss gezogen werden, dass es sich hierbei um ein besonders gewich-

---

[2] Vgl. zum Ganzen BR-Drs. 96/96, S. 21 f.
[3] Vgl. BR-Drs. 960/96, S. 22; vgl. hierzu etwa auch *Veit* in: Staudinger, § 1817 Rn. 1; *Hoffmann* in: HK-BUR, § 1817 Rn. 9 f.
[4] BGBl I 2001, 3574, 3579.
[5] Vgl. BR-Drs. 244/1/01, S. 4.
[6] BGBl I 2008, 2586.
[7] Vgl. hierzu auch *Veit* in: Staudinger, § 1817 Rn. 6 ff.; *Hoffmann* in: HK-BUR, § 1817 Rn. 24.

tiges Kriterium handeln würde. Der Satz, dass bei besonders kleinem Vermögensumfang auch der Umfang der Vermögensverwaltung regelmäßig eine Befreiung rechtfertigt, berechtigt nicht zum Umkehrschluss, dass bei größerem Vermögensumfang die Befreiung in der Regel unangebracht wäre[8]. Einen gesteigerten Umfang der Vermögensverwaltung können etwa begründen:
- das Bestehen eines Erwerbsgeschäfts,
- der häufigere Gebrauch von Wechseln oder ähnlichen Wertpapieren,
- das Vorhandensein von Geldanlagen in größerer Zahl oder von gesteigerter Kompliziertheit,
- die Verwaltung fremdvermieteter Wohnungen in nicht unerheblichem Umfang.

3. Keine Gefährdung des Mündelvermögens (Nr. 2)

8   Die Konkretisierung dieses Tatbestandsmerkmals bereitet Probleme. Diese liegen insbesondere darin begründet, dass Vormund und Familiengericht bei ihren Entscheidungen ohnehin von solchen Maßnahmen und Entscheidungen absehen müssen, die eine Gefährdung des Mündelvermögens besorgen ließen. Wenn § 1817 Abs. 1 Satz 1 Nr. 2 BGB einen konstitutiven Gehalt haben soll, dann müsste er über diesen allgemeinen Grundsatz hinausgehen, ohne dass das Gesetz allerdings erkennen ließe, inwiefern.

9   Da § 1817 BGB gerade der Erleichterung der Führung der Vormundschaft dient, kann mit der „Gefährdung des Mündelvermögens" nicht die Beeinträchtigung durch übermäßige Beschwerung der Verwaltungsrestriktionen gemeint sein. Im Hinblick auf die Schutzzwecke der §§ 1806-1816 BGB muss es deshalb um die Vermeidung einer Gefährdung des Vermögensbestandes durch zufälligen Verlust, Veruntreuung oder Auswahl einer unsicheren Anlageform gehen.

10 Problematisch ist, inwiefern Umstände, die in der Person des Vormunds begründet sind, für eine solche Gefährdung maßgeblich sein können.[9] Einerseits kann das Entscheidungskriterium nicht in der Frage liegen, ob von dem Vormund eine vorsätzliche Schädigung zu erwarten ist. Denn bejahendenfalls wäre nicht nur die Befreiung zu verweigern, sondern der Vormund insgesamt abzuberufen.[10] Umgekehrt dürfte allerdings der Umstand, dass ein Vormund dem Gericht seit Jahren als zuverlässiger Vormund bekannt ist, tendenziell für eine Befreiung sprechen.[11] Allerdings können daneben weitere Faktoren entscheidungserheblich sein. So muss etwa zu der persönlichen Integrität des Vormunds auch die Eignung hinzukommen, die Geschäfte, die ihm gestattet werden sollen, sachgerecht zu führen. Wer jahrelang zuverlässig Sparbücher verwaltet hat, muss noch nicht zwingend in der Lage sein, verantwortungsbewusst Aktien zu verwalten.

11 Schließlich kann sich ein Gefährdungspotential daraus ergeben, dass nach dem vorhandenen Vermögen oder den beabsichtigten Geschäften gerade die Art der beabsichtigten Verwaltung Bedenken hervorruft, etwa wenn der Vormund ankündigt, Mündelvermögen bei einem Kreditinstitut ohne Einlagensicherung anzulegen, und die Sicherheit nicht auf andere Weise hinreichend gewährleistet erscheint.

12 Ob eine Gefährdung des Vermögens danach zu besorgen ist, muss im Einzelfall aufgrund einer Gesamtwürdigung dieser Faktoren beurteilt werden. Dabei ist insbesondere auch danach zu differenzieren, wie weit der Umfang der Befreiung gefasst werden soll.

4. Regelfall (Absatz 1 Satz 2)

a. Grundlagen

13 § 1817 Abs. 1 Satz 2 BGB beschreibt einen gesetzlichen Regelfall für eine dem Umfang der Vermögensverwaltung angemessene Befreiung. Dies bedeutet, dass beim Vorliegen der tatbestandlichen Voraussetzungen zwar regelmäßig, aber nicht zwingend der Umfang der Vermögensverwaltung die Befreiung rechtfertigt.

14 Das alleinige Abstellen des Gesetzes auf den Vermögenswert erscheint im Sinne einer notwendigerweise pauschalisierenden gesetzlichen Regelfallbildung noch vertretbar. Bei derart kleinen Vermögen spricht die Lebenserfahrung dafür, dass der Aufwand für die Verwaltung gering ist und kompliziertere

---

[8] So auch *Veit* in: Staudinger, § 1817 Rn. 7 f.
[9] Vgl. hierzu etwa in: *Zimmermann* in: Damrau/Zimmermann, Betreuungsrecht, 4. Aufl. 2011, § 1817 Rn. 4; gänzlich ablehnend zur Relevanz der Person des Vormundes in diesem Zusammenhang etwa *Roth* in: Dodegge/Roth, Betreuungsrecht, 2003, E Rn. 78; ähnlich *Hoffmann* in: HK-BUR, § 1817 Rn. 28.
[10] So auch *Engler* in: Staudinger, Neubearb. 2004, § 1817 Rn. 19.
[11] Vgl. *Zimmermann* in: Damrau/Zimmermann, Betreuungsrecht, 4. Aufl. 2011, § 1817 Rn. 4; ähnlich auch *Bettin* in: BeckOK BGB, Ed. 30, § 1817 Rn. 3; *Wesche*, BtPrax 2004, 49, 53.

Anlageformen, die besonderer Betreuung bedürften, selten vorkommen. Zweifelhafte Ergebnisse werden insbesondere durch das von § 1817 Abs. 1 Satz 2 BGB unberührte Erfordernis der Wahrung des Mündelvermögens vermieden. Unter diesem Gesichtspunkt wird bei kleinen Vermögen regelmäßig besonders stark ins Gewicht fallen, dass Fehler des Vormundes für den Mündel besonders einschneidende wirtschaftliche Konsequenzen haben können.

Die praktische Bedeutung der Befreiungsmöglichkeit dürfte allerdings gering sein, da die gesetzliche Regelgrenze nur wenig über dem sozialhilferechtlichen Schonbetrag liegt. Schon für die Begleichung laufender Ausgaben werden Vermögensbeträge in dieser Größenordnung häufig schon gemäß § 1806 BGB nicht der Pflicht zur verzinslichen Anlage unterliegen. 15

b. Vermögen

§ 1817 Abs. 1 Satz 2 BGB stellt auf den Wert des „Vermögens" ab. Vermögen ist die Gesamtheit der einer Person zustehenden Güter und Rechte von wirtschaftlichem Wert[12]. Soweit der Vermögensbegriff überhaupt problematisiert wird, wird angenommen, dass lediglich das Aktivvermögen in Betracht zu ziehen sei.[13] Dem kann gefolgt werden, da es im Rahmen der §§ 1806 ff. BGB um den Schutz des vorhandenen Aktivvermögens unabhängig von der Frage geht, inwiefern diesem Passiva gegenüberstehen. 16

c. Ohne Grundbesitz

§ 1817 Abs. 1 Satz 2 BGB stellt allein auf den Wert des Vermögens ohne Berücksichtigung des „Grundbesitzes" ab. Damit sind alle Vermögenswerte außer Eigentum und anderen dinglichen Rechten an Grundstücken gemeint. Auch Wohnungs- und Sondereigentum sowie Erbbaurechte sind außer Betracht zu lassen. 17

d. Wert des Vermögens

Der Wert des Vermögens ist nach den üblichen Wertermittlungsverfahren zu schätzen. Es ist der jeweilige Marktwert in Ansatz zu bringen. In der Praxis kann das Vermögensverzeichnis zur Information über den Vermögenswert herangezogen werden. Renten und wiederkehrende Leistungen sind allerdings nicht zu kapitalisieren.[14] 18

e. Das Verhältnis zu Absatz 1 Satz 1

Die Regelungstechnik des Regelbeispiels bedeutet nicht, dass das Familiengericht ohne Rücksicht auf die konkreten Umstände des Einzelfalles stets bei Vorliegen des § 1817 Abs. 1 Satz 2 BGB Befreiung erteilen dürfte. Vielmehr sind stets alle Umstände des Einzelfalles zu prüfen. So kann etwa bei Vorhandensein von vermietetem Grundbesitz in größerem Umfang selbst bei geringem sonstigem Vermögen die Verweigerung der Befreiung im Einzelfall angezeigt sein. Auch ist zu bedenken, dass gerade bei kleinen Vermögen die Befreiung rasch zu einem Totalverlust des Vermögens führen kann, was gerade bei Vorhandensein gefährlicher Anlagen zu vermeiden ist. Umgekehrt kann eine Befreiung nach den Umständen des Einzelfalls auch dann gerechtfertigt sein, wenn die tatbestandlichen Voraussetzungen des § 1817 Abs. 1 Satz 2 BGB nicht vorliegen. Im Ergebnis ändern sich nur die Begründungsanforderungen. 19

II. Befreiung aus besonderen Gründen (Absatz 2)

Bei Vorliegen „besonderer Gründe" soll eine Befreiung von den §§ 1814, 1816 BGB auch dann möglich sein, „wenn die Voraussetzungen des Absatzes 1 Nr. 1 (gemeint: des Absatzes 1 Satz 1 Nr. 1) nicht vorliegen". Aus dieser Aussage des Gesetzes ergibt sich zunächst, dass eine Befreiung nicht auch von den §§ 1806-1813 BGB aus „besonderen Gründen" möglich ist, ferner, dass eine Befreiung von Absatz 1 Satz 1 Nr. 2 nicht möglich ist. Die sprachlich missglückte Verweisung auf Absatz 1 (Satz 1) Nr. 1 wird man dahin gehend auszulegen haben, dass eine Befreiung aus besonderen Gründen auch dann möglich sein soll, wenn ein gehobener Umfang der Vermögensverwaltung ohne Vorliegen dieser besonderen Gründe gegen eine Befreiung spräche. Zeichnet sich schon § 1817 Abs. 1 BGB durch seine unbestimmten Rechtsbegriffe aus, so enthält das Erfordernis „besonderer Gründe" eine noch unspezi- 20

---

[12] Vgl. BGH v. 15.11.2012 - IX ZB 88/09 - juris Rn. 17 ff. - BGHZ 195, 322-336; FG Sachsen-Anhalt v. 19.11.2013 - 5 K 957/08 - juris Rn. 33.
[13] So *Hoffmann* in: HK-BUR, § 1817 Rn. 26; *Roth* in: Dodegge/Roth, Betreuungsrecht, 2003, E Rn. 77.
[14] So auch *Götz* in: Palandt, § 1817 Rn. 2; *Saar* in: Erman, § 1817 Rn. 2.

fischere Weite.¹⁵ Als maßgebliches Kriterium verbleibt, dass aufgrund der besonderen Umstände eine Gefahr für das Vermögen des Mündels auch ohne Einhaltung der Vorschriften der §§ 1814, 1816 BGB ausscheidet.

21   Beispielfälle hierfür sind eine Sicherheitsleistung durch den Vormund¹⁶ oder eine Abdeckung des Verlustrisikos durch eine Versicherung.¹⁷ Ebenfalls ausreichend soll es sein, wenn der Mündel durch die Vermögensverhältnisse des Vormunds ausreichend gesichert ist.¹⁸ Nach Sinn und Zweck der Norm, den Mündel vor nachteiliger Vermögensentwicklung zu bewahren, kommt auch eine Befreiung in Betracht, wenn die Hinterlegungskosten gegenüber dem zu hinterlegenden Vermögen unverhältnismäßig groß wären und sich keine kostengünstigere Anlagealternative bietet.¹⁹

22   Nicht unbedenklich erscheint demgegenüber die Befreiung allein aufgrund gleichgerichteter Interessen zwischen Mündel und Vormund.²⁰ Dies gilt zum einen unter dem Gesichtspunkt des Schutzes vor zufälligem Verlust, der auch bei gleichem Interesse des Vormunds vorkommen kann, zum anderen aber auch unter dem Gesichtspunkt der Prävention einer Veruntreuung. Die §§ 1814, 1816 BGB dienen – ohne den Vormund einem Generalverdacht auszusetzen – gerade dazu, das Gericht von der schwierigen Beurteilung der Frage freizustellen, wann eine so starke Interessenkonkordanz besteht, dass eine Veruntreuung mit hinreichender Gewissheit ausgeschlossen werden kann. Unter letzterem Gesichtspunkt erscheint auch das Vorhandensein eines eigenen Banksafes als nicht ausreichender „besonderer" Grund.²¹

23   Kontroversen hat die Frage ausgelöst, ob die besondere Vertrauenswürdigkeit des Vormundes für sich betrachtet einen ausreichenden besonderen Grund darstellt.²² Bei Anwendung dieses Kriteriums ist zumindest große Zurückhaltung angebracht. Entscheidend ist allerdings weniger, dass eine Differenzierung zwischen verschiedenen Kategorien von Vormündern nicht gestattet wäre. Denn das Kriterium des „bekannten und bewährten" Vormunds gegenüber demjenigen Vormund, über den bloß Negatives bislang nicht bekannt ist, kennzeichnet einen tatsächlichen, anhand konkreter Merkmale präzisierungsfähigen Unterschied. Eine gesetzliche Anknüpfung an dieses Kriterium wäre deshalb nicht von vornherein unzulässig. Auch eine Berücksichtigung dieses Kriteriums im Rahmen einer Gesamtschau mehrerer „besonderer Gründe" begegnet deshalb keinen Bedenken. Zweifelhaft ist allerdings, ob es sich bei der persönlichen Vertrauenswürdigkeit schon allein für sich betrachtet um einen „besonderen" Grund handelt. Der von der herrschenden Meinung häufig herangezogene Verweis auf die Protokolle²³ vermag nur noch eingeschränkt zu überzeugen, nachdem der Gesetzgeber die ursprünglich allein bestehende Befreiungsregelung des § 1817 Abs. 2 BGB um § 1817 Abs. 1 BGB ergänzt hat. Auch wenn der historische Gesetzgeber damit keine Einengung der Befreiungsmöglichkeiten bezweckt haben mag, so präsentiert sich § 1817 Abs. 2 BGB nun in Anbetracht der allgemeinen Ausnahmeregelung des § 1817 Abs. 1 BGB mehr denn je als Ausnahmefall.²⁴ In den – von § 1817 Abs. 2 BGB allein erfassten – Fällen einer umfangreichen Vermögensverwaltung wird eine Gefährdung des Mündelvermögens überdies umso eher in Betracht kommen. Hinzu kommt schließlich: Die längere unbeanstandete Amtsführung des Vormunds als das wohl wichtigste Kriterium zur Beurteilung der persönlichen Unbedenklichkeit des Vormunds wird vom Gesetz als Erfüllung einer von jedem Vormund geschuldeten Pflicht, nicht als überobligationsmäßige Anstrengung angesehen. Zu diesem moderaten Vertrauensbonus muss

---

[15] Kritisch etwa auch *Veit* in: Staudinger, § 1817 Rn. 25.
[16] *Zimmermann* in: Damrau/Zimmermann, Betreuungsrecht, 4. Aufl. 2011, § 1817 Rn. 6.
[17] So auch *Dickescheid* in: BGB-RGRK, § 1817 Rn. 2.
[18] *Zimmermann* in: Damrau/Zimmermann, Betreuungsrecht, 4. Aufl. 2011, § 1817 Rn. 6.
[19] Ähnlich *Roth* in: Dodegge/Roth, Betreuungsrecht, 2003, E Rn. 80.
[20] Dafür etwa *Roth* in: Dodegge/Roth, Betreuungsrecht, 2003, E Rn. 80; *Holzhauer* in: Erman, 11. Aufl., § 1817 Rn. 6.
[21] In diese Richtung möglicherweise etwa *Wagenitz* in: MünchKomm-BGB, § 1817 Rn. 12; a.A. aber *Zimmermann* in: Damrau/Zimmermann, Betreuungsrecht, 4. Aufl. 2011, § 1817 Rn. 6; *Götz* in: Palandt, § 1817 Rn. 3; *Dickescheid* in: BGB-RGRK, § 1817 Rn. 2.
[22] So die h.M.: *Zimmermann* in: Damrau/Zimmermann, Betreuungsrecht, 4. Aufl. 2011, § 1817 Rn. 7; *Veit* in: Staudinger, § 1817 Rn. 27 ff.; *Roth* in: Dodegge/Roth, Betreuungsrecht, 2003, E Rn. 80; a.A. *Wagenitz* in: MünchKomm-BGB, § 1817 Rn. 12; *Dickescheid* in: BGB-RGRK, § 1817 Rn. 2; *Gernhuber/Coester-Waltjen*, Lehrbuch des Familienrechts, 6. Aufl. 2010, § 72 III 7. Rn. 39; *Saar* in: Erman, § 1817 Rn. 5.
[23] Protokolle, Bd. IV, S. 786 f.
[24] Gerade die gegenteilige Schlussfolgerung zieht freilich *Veit* in: Staudinger, § 1817 Rn. 30.

die hieran anknüpfende Bevorzugung in einem angemessenen Verhältnis stehen. Dies wird noch am ehesten in Betracht kommen, wenn der Vormund an anderer Stelle schon den verantwortungsvollen Umgang mit einer gleichartigen Befreiung unter Beweis gestellt hat.

Nach zutreffender herrschender Ansicht[25] sind die „besonderen Gründe" ein unbestimmter Rechtsbegriff, also im Rechtsweg vollständig überprüfbar.

III. Praktische Hinweise

Der Befreiungsantrag sollte angeben, welche Befreiung konkret gewünscht wird und aus welchen Gründen diese für zulässig erachtet wird. Das Familiengericht muss bei seiner Prüfung nämlich die Rechtfertigung der Befreiung im Hinblick auf jede einzelne der Vorgaben der §§ 1806-1816 BGB hin prüfen und auf das notwendige Minimum beschränken. Hinsichtlich des Vermögenswertes kann auf das einzureichende Vermögensverzeichnis verwiesen werden. Hinzuweisen ist darauf, dass neben § 1817 BGB andere Befreiungstatbestände vorliegen können, etwa
- die allgemeine Ermächtigung nach § 1825 BGB,
- die Befreiung für Jugendamt und Verein nach § 1857a BGB (ggf. im Falle der Betreuung in Verbindung mit § 1908i Abs. 1 Satz 1 BGB),
- die Befreiung für bestimmte nahe Angehörige nach § 1908i Abs. 2 Satz 2 BGB.

Umstritten ist, inwiefern der geschäftsfähige Betreute den Betreuer wirksam befreien kann.[26] Der Schutzzweck der Vorschriften über die Vormundschaft gebietet insofern Zurückhaltung.

D. Rechtsfolgen

Das Gericht kann von den §§ 1806-1816 BGB befreien, „soweit" die tatbestandlichen Voraussetzungen des § 1817 BGB vorliegen. Die Befreiung muss sich also nicht notwendig auf die §§ 1806-1816 BGB insgesamt beziehen, sondern kann sich auch auf einen Ausschnitt hieraus beschränken. Demgemäß sind auch die tatbestandlichen Voraussetzungen des § 1817 BGB jeweils bezogen auf die intendierte Befreiung zu prüfen.

Im Einzelnen:
- Eine Befreiung von § 1806 BGB dürfte nur ganz ausnahmsweise vorkommen. Denn die Pflicht zur verzinslichen Anlegung von Mündelgeldern dürfte in ihrem Kern, nämlich in der Pflicht zur sinnvollen, auf Erhalt und – soweit risikolos möglich – auf Mehrung gerichteten Verwaltung schon Teil der allgemeinen Vermögenssorgepflicht des Vormunds aus § 1793 BGB sein, von der das Familiengericht keine Befreiung erteilen kann.[27]
- Eine Befreiung von § 1807 BGB kann in Betracht kommen, wenn der Vormund Mündelvermögen in einer Anlageform investieren will, die unter den Gesichtspunkten Ertrag und Liquidität besonders attraktiv erscheint und – obwohl nicht im Sinne des Katalogs des § 1807 BGB von Gesetzes wegen als sicher angesehen – mit vertretbaren Risiken verbunden ist. Der Anwendungsbereich dieser Befreiungsmöglichkeit wird freilich dadurch eingeschränkt, dass für gelegentliche Anlagen dieser Art wegen der Möglichkeit einer Gestattung nach § 1811 BGB kein generelles Befreiungsbedürfnis besteht. Wenn der Umfang der Vermögensverwaltung nicht ständig neue Gestattungsanträge erfordert, wird der Vormund auch im eigenen Interesse eher eine Gestattung wählen, da die einzelfallbezogene Prüfung der konkreten Anlage durch das Familiengericht den Vormund im Falle einer Fehlanlage entlasten kann (vgl. hierzu die Kommentierung zu § 1811 BGB). Im Fall der Befreiung haftet er demgegenüber vollständig, wenn die einzelne Geldanlage nicht dem Mündelinteresse entspricht. Denn die allgemeinen Vermögenssorgepflichten des § 1793 BGB entfallen nicht. Weiter eingeschränkt wird der Anwendungsbereich der Befreiung von § 1817 BGB dadurch, dass § 1807 Nr. 5 BGB inzwischen die Auswahl der Kreditinstitute für eine Anlage deutlich erweitert hat.
- Auf die Mitwirkung von Gegenvormund oder Familiengericht nach § 1810 BGB kann mitunter verzichtet werden, wenn der Vormund nach wie vor den Pflichten der §§ 1806-1807 BGB unterliegt, aufgrund der bisherigen Führung der Vormundschaft und der Zusammensetzung des Vermögens und der zu erwartenden künftigen Geschäfte kein besonderes Kontrollbedürfnis besteht. Möglicherweise wird sich dann allerdings auch die Frage stellen, ob es der Gegenvormundschaft überhaupt bedarf.

---

[25] *Zimmermann* in: Damrau/Zimmermann, Betreuungsrecht, 4. Aufl., 2011, § 1817 Rn. 8.
[26] Dafür *Hoffmann* in: HK-BUR, § 1817 Rn. 48; vgl. hierzu etwa auch *Götz* in: Palandt, § 1902 Rn. 2 m.w.N.
[27] Ähnlich auch *Veit* in: Staudinger, § 1817 Rn. 18 f.

- Die Befreiung kann sich bei den §§ 1812, 1814 BGB auf bestimmte Papiere beschränken. Zu beachten ist, dass eine Befreiung nicht bloß deshalb pauschal erteilt werden darf, weil bestimmte Papiere gar nicht vorhanden sind. Denn es ist die Möglichkeit des künftigen Erwerbs in Betracht zu ziehen.
- Zulässig sind auch Begrenzungen der Befreiung nach dem Umfang oder Zeitraum, ferner Befreiungen unter Auflage.[28]

29 Eine Befreiung von der Verpflichtung zur laufenden Rechnungslegung (§ 1840 Abs. 2 BGB) ist nicht möglich.[29] Des Weiteren bleiben die Erfordernisse familiengerichtlicher Genehmigungen etwa in den Fällen der §§ 1819, 1821, 1822 BGB und ggf. § 1907 BGB unberührt.

30 Das Vorliegen der tatbestandlichen Voraussetzungen des § 1817 BGB ist der gerichtlichen Überprüfung zugänglich. „Rechtfertigung durch den Umfang der Vermögensverwaltung", „Gefährdung des Vermögens" und „besondere Gründe" sind unbestimmte Rechtsbegriffe, die der Überprüfung zugänglich sind.[30] Die Prüfung, inwiefern eine Befreiung geboten ist, beschränkt sich nicht auf die Auswahl der zu dispensierenden Paragraphen. Vielmehr hat das Gericht auch zu prüfen, inwiefern zeitliche Beschränkungen oder die Erteilung von Auflagen zur Sicherung des Mündelinteresses geboten sind.[31]

31 Die erteilte Befreiung erstreckt sich nicht auch auf andere Vorschriften, etwa auf § 1831 BGB.[32]

E. Prozessuale Hinweise/Verfahrenshinweise

I. Zuständigkeit

32 Die Entscheidung über die Befreiung nach § 1817 BGB trifft gemäß § 3 Nr. 2a RPflG der Rechtspfleger (in Betreuungssachen: § 3 Nr. 2b RPflG).

33 Erfolgt die Befreiung bereits im Rahmen des Bestellungsverfahrens, kann der Richter hierüber entscheiden.[33]

II. Verfahren

1. Antrag

34 Die Befreiung nach § 1817 Abs. 1 BGB setzt einen Antrag des Vormunds voraus. Nimmt der Vormund im Fall des § 1817 Abs. 1 BGB den Antrag zurück – was möglich ist –, so kann keine Befreiung mehr erteilt werden.[34] Das Antragserfordernis wird auch mit dem Schutz des Vormunds vor etwaigen Schadensersatzansprüchen begründet.[35] De lege ferenda sieht sich das Antragserfordernis teilweise der Kritik ausgesetzt, da auch die Genehmigung des Einzelgeschäfts den Vormund nicht per se entlaste und das Erteilen einer Befreiung keinen Eingriff in die Amtsführung des Betreuers darstelle[36]. Dieser Einschätzung kann nicht gefolgt werden. Zum einen vermag die Erteilung der Genehmigung des Einzelgeschäfts unter dem Gesichtspunkt des Verschuldens durchaus Relevanz für die Haftung des Vormunds zu entfalten. Zum anderen ist es Ausdruck der selbständigen Führung der Vormundschaft, dass der Vormund selbst entscheiden kann, inwiefern er von den Möglichkeiten der Befreiung Gebrauch macht.

35 Die Befreiung nach § 1817 Abs. 2 BGB kann – nach dem insoweit weniger engen Wortlaut – auch von Amts wegen erfolgen. Entgegen einer dem Antragserfordernis generell kritisch gegenüberstehenden

---

[28] *Roth* in: Dodegge/Roth, Betreuungsrecht, 2003, E Rn. 80; *Wagenitz* in: MünchKomm-BGB, § 1817 Rn. 14.
[29] Kritisch hierzu *Wesche,* Rpfleger 1998, 93, 94; *Freiherr von Crailsheim* in: Jürgens, Betreuungsrecht, 4. Aufl. 2010, § 1817, Rn. 5.
[30] *Zimmermann* in: Damrau/Zimmermann, Betreuungsrecht, 3. Aufl. 2001, § 1817 Rn. 6; *Roth* in: Dodegge/Roth, Betreuungsrecht, 2003, E Rn. 80; *Veit* in: Staudinger, § 1817 Rn. 38; a.A. *Hoffmann* in: HK-BUR, § 1817 Rn. 37 ff.; *Dickescheid* in: BGB-RGRK, § 1817 Rn. 3: Ermessen.
[31] So auch *Hoffmann* in: HK-BUR, § 1817 Rn. 38.
[32] Vgl. LG Düsseldorf v. 15.11.2012 - 11 O 259/12 - juris Rn. 25 - FamRZ 2013, 1836-1837.
[33] *Hoffmann* in: HK-BUR, § 1817 Rn. 3; *Roth* in: Dodegge/Roth, Betreuungsrecht, 2003, E Rn. 79; *Fiala/Stenger,* Genehmigungen bei Betreuung und Vormundschaft, 2. Aufl. 2009, S. 136.
[34] *Roth* in: Dodegge/Roth, Betreuungsrecht, 2003, E Rn. 80.
[35] Vgl. etwa *Roth* in: Dodegge/Roth, Betreuungsrecht, 2003, E Rn. 79; *Fiala/Stenger,* Genehmigungen bei Betreuung und Vormundschaft, 2. Aufl. 2009, S. 136.
[36] So *Hoffmann* in: HK-BUR, § 1817 Rn. 31.

Auffassung[37], wird das Gericht aber auch von den §§ 1814, 1816 BGB regelmäßig nur auf Anregung des Vormunds befreien[38], um den Vormund vor etwaigen Schadensersatzansprüchen zu schützen.

2. Verfahrenspflegschaft/-beistandschaft

Unter Berücksichtigung des Umfangs der Befreiung kann die Bestellung eines Verfahrenspflegers in Betracht zu ziehen sein.[39] Anders als im Bereich der Betreuung, in dem die Verfahrenspflegschaft erhalten bleibt (§ 276 FamFG), genügt in Kindschaftssachen nun die Bestellung eines Verfahrensbeistands (§ 158 FamFG).[40]

36

3. Anhörung

Vor der Entscheidung ist ein etwaiger vorhandener Gegenvormund gemäß § 1826 BGB zu hören. Das gilt entsprechend auch im Fall der Betreuung[41] und folgt nun bereits aus § 7 FamFG. Weitere Beteiligte müssen unabhängig davon angehört werden, ob ihre Verfahrensbeteiligung zwingend geboten war.

37

4. Entscheidung

Die Befreiung muss zwar nicht um Wirksamkeit zu erlangen, sollte aber zum Nachweis gegenüber Dritten in der Bestallungsurkunde vermerkt werden, wenn sie schon mit Bestellung des Vormunds erteilt wird.[42] Konsequenterweise ist dann allerdings auch eine etwaige Aufhebung der Befreiung einzutragen.[43]

38

Die Entscheidung des Familiengerichts ist quasi wie eine pauschale Genehmigung zu behandeln, wird also nach § 40 Abs. 2 FamFG erst mit Rechtskraft wirksam.[44]

39

5. Rechtsbehelf

Dem Vormund steht gegen die Entscheidung des Gerichts die Beschwerde nach den §§ 58 ff. FamFG offen, wenn seinem Befreiungsantrag nicht vollumfänglich stattgegeben wurde.[45]

40

---

[37] *Hoffmann* in: HK-BUR, § 1817 Rn. 31.
[38] So auch *Veit* in: Staudinger, § 1817 Rn. 34; *Roth* in: Dodegge/Roth, Betreuungsrecht, 2003, E Rn. 80; *Wagenitz* in: MünchKomm-BGB, § 1817 Rn. 9.
[39] So auch *Hoffmann* in: HK-BUR, § 1817 Rn. 4.
[40] So auch *Saar* in: Erman, § 1817 Rn. 6; a.A. *Veit* in: Staudinger, § 1817 Rn. 37: Verfahrenspfleger erforderlich, da es sich um keine Kindschaftssache handele.
[41] Allg. A., *Hoffmann* in: HK-BUR, § 1817 Rn. 5.
[42] *Hoffmann* in: HK-BUR, § 1817 Rn. 8; *Fiala/Stenger*, Genehmigungen bei Betreuung und Vormundschaft, 2. Aufl. 2009, S. 135; *Zimmermann* in: Damrau/Zimmermann, Betreuungsrecht, 4. Aufl. 2011, § 1817 Rn. 8.
[43] So auch *Hoffmann* in: HK-BUR, § 1817 Rn. 8.
[44] Vgl. *Wagenitz* in: MüchKomm-BGB, § 1817 Rn. 15; *Veit* in: Staudinger, § 1817 Rn. 37.
[45] So auch *Veit* in: Staudinger, § 1817 Rn. 38; a.A. *Hoffmann* in: HK-BUR, § 1817 Rn. 7: Erinnerung nach § 11 RPflG.

§ 1818 BGB Anordnung der Hinterlegung

(Fassung vom 17.12.2008, gültig ab 01.09.2009)

Das Familiengericht kann aus besonderen Gründen anordnen, dass der Vormund auch solche zu dem Vermögen des Mündels gehörende Wertpapiere, zu deren Hinterlegung er nach § 1814 nicht verpflichtet ist, sowie Kostbarkeiten des Mündels in der im § 1814 bezeichneten Weise zu hinterlegen hat; auf Antrag des Vormunds kann die Hinterlegung von Zins-, Renten- und Gewinnanteilscheinen angeordnet werden, auch wenn ein besonderer Grund nicht vorliegt.

Gliederung

A. Grundlagen 1
  I. Kurzcharakteristik 1
  II. Entstehungsgeschichte 2
B. **Praktische Bedeutung** 3
C. Anwendungsvoraussetzungen 4
  I. Nicht hinterlegungspflichtige Wertpapiere und Kostbarkeiten (Halbsatz 1) 4
    1. Zum Vermögen des Mündels gehörend 4
    2. Andere Wertpapiere 5
    3. Kostbarkeiten 6
    4. Besondere Gründe 7

  II. Zins-, Renten- und Gewinnanteilscheine (Halbsatz 2) 10
  III. Befreite Vormundschaft 13
D. **Rechtsfolgen** 14
  I. Rechtfolgen der Anordnung 14
  II. Entscheidung des Gerichts 15
    1. Zuständigkeit 15
    2. Verfahren 16
    3. Entscheidungskriterien 17
    4. Rechtsbehelf 18

A. Grundlagen

I. Kurzcharakteristik

1 Durch eine Anordnung nach § 1818 BGB kann das Familiengericht die Hinterlegungspflicht über die Fälle des § 1814 BGB hinaus auf weitere Vermögensgegenstände des Mündels ausdehnen.

II. Entstehungsgeschichte

2 Mit Einführung des Gesetzes über das Verfahren in Familiensachen und in den Angelegenheiten der freiwilligen Gerichtsbarkeit (FamFG) vom 17.12.2008[1] wurde das Wort „Vormundschaftsgericht" in „Familiengericht" geändert und damit der Wechsel in der Zuständigkeit nach dem FamFG im BGB nachvollzogen. Zu der neuen Zuständigkeitsverteilung insgesamt vgl. die Kommentierung zu § 1793 BGB Rn. 162.

B. Praktische Bedeutung

3 § 1818 BGB gilt gemäß § 1908i Abs. 1 Satz 1 BGB für den Betreuer und gemäß § 1915 Abs. 1 BGB für den Pfleger entsprechend. Nur der Amtsvormund ist hiervon ausgenommen (§ 56 Abs. 2 Satz 1 SGB VIII), nicht hingegen Vereinsvormund und -betreuer sowie die Betreuungsbehörde, für die § 56 Abs. 2 Satz 1 SGB VIII nicht gilt.

C. Anwendungsvoraussetzungen

I. Nicht hinterlegungspflichtige Wertpapiere und Kostbarkeiten (Halbsatz 1)

1. Zum Vermögen des Mündels gehörend

4 Vgl. zu diesem Merkmal die Kommentierung zu § 1814 BGB Rn. 18.

2. Andere Wertpapiere

5 Nach § 1818 BGB kann die Hinterlegung von Wertpapieren, zu deren Hinterlegung der Vormund nicht schon nach § 1818 BGB verpflichtet ist, angeordnet werden. Wertpapiere im Sinne des § 1818 BGB sind alle Wertpapiere im weiteren Sinne, also Urkunden, die ein privates Recht in der Weise verbriefen,

---

[1] BGBl I 2008, 2586.

dass zur Geltendmachung des Rechts die Innehabung der Urkunde erforderlich ist[2], wenn der Schuldner dem Inhaber der Urkunde eine Leistung verspricht. Über die in § 1814 BGB aufgeführten Inhaberpapiere, technische Orderpapiere und Erneuerungsscheine hinaus können damit insbesondere Rektapapiere – z.B. Namensaktien –, qualifizierte Legitimationspapiere – z.B. Sparbücher und Sparbriefe – sowie Hypotheken-, Grundschuld- und Rentenschuldbriefe der Hinterlegungspflicht unterstellt werden.[3] Andere Urkunden ohne Wertpapiercharakter – z.B. Schuldscheine oder Bargeld – werden demgegenüber nicht erfasst.[4]

3. Kostbarkeiten

Kostbarkeiten sind bewegliche Sachen, die nach allgemeiner Verkehrsanschauung[5] aufgrund ihres Umfangs und Gewichts im Vergleich mit anderen Sachen ähnlichen Umfangs und Gewichts einen ungewöhnlich hohen Wert haben.[6] Maßgeblich für die Einordnung als Kostbarkeit ist danach, dass aufgrund ihrer äußerlichen Beschaffenheit ihr Verlust eine vergleichsweise hohe Vermögenseinbuße mit sich brächte. Hierunter fallen z.B. Edelmetall, echter Schmuck, Edelsteine, wertvolle Briefmarken und Münzen, antike Bücher, wertvolle Gemälde, Filme etc.[7], bei entsprechendem objektivem Wert beispielsweise aber auch Autogramme.[8] Während Art. 399 schweiz. ZGB eine weite Auslegung zulässt, die auch die Einbeziehung von Sachen gestattet, die (nur) subjektiv für den Mündel von besonderem Wert sind,[9] ist die auf Kostbarkeiten beschränkte Formulierung des § 1818 BGB hierfür zu eng. Nach Sinn und Zweck der Norm sind nur solche Gegenstände erfasst, die ihrer Art und Beschaffenheit nach überhaupt hinterlegungsfähig sind.

4. Besondere Gründe

Es müssen besondere Gründe für die Anordnung der Hinterlegungspflicht bestehen. Gemäß § 1793 BGB sind die besonderen Gründe im Mündelinteresse zu suchen.[10] Es muss eine über das gewöhnliche Maß hinaus gesteigerte Gefahr der Vermögenseinbuße hinsichtlich der erfassten Gegenstände bestehen. Diese kann etwa vorliegen, wenn angemessene Schutzvorrichtungen zum Schutz vor Diebstahl, Beschädigung oder Untergang fehlen[11], etwa wenn kein Safe zur Verfügung steht, das Hausanwesen nicht ausreichend gegen Einbruch gesichert ist, sich Mündel und Vormund längerfristig nicht im Eigenheim aufhalten etc.

Soweit teilweise gesagt wird, Zweifel an der Zuverlässigkeit des Vormunds könnten solche besonderen Gründe darstellen[12], ist dem im Grundsatz zuzustimmen. Allerdings können sie nur einstweilige Sicherungsmaßnahmen rechtfertigen. Kommen konkrete Zweifel an der Eignung des Vormunds auf, so hat das Gericht diese unverzüglich zu prüfen und den Vormund notfalls zu entlassen.[13] In der Phase der Ungewissheit kann die Anordnung nach § 1818 BGB unter Umständen als milderes Mittel gegenüber einer sofortigen Übernahme einer Amtsvormundschaft in Betracht kommen. Dabei muss sich das Familiengericht allerdings vergewissern, dass das Mündelinteresse durch die begrenzte Reichweite der Anordnung nach § 1818 BGB wirklich hinreichend gesichert ist.

---

[2] *Veit* in: Staudinger, § 1818 Rn. 5; zum Wertpapierbegriff vgl. auch *Marburger* in: Staudinger, Vorb. 1 ff zu §§ 793 ff.

[3] Allg. Ansicht, vgl. *Zimmermann* in: Damrau/Zimmermann, Betreuungsrecht, 4. Aufl. 2011, § 1818 Rn. 4; *Veit* in: Staudinger, § 1818 Rn. 5; *Saar* in: Erman, § 1818 Rn. 1; *Dickescheid* in: BGB-RGRK, § 1818 Rn. 3.

[4] *Dickescheid* in: BGB-RGRK, § 1818 Rn. 3; *Veit* in: Staudinger, § 1818 Rn. 6.

[5] Vgl. RG v. 19.09.1922 - VII 684/21 - RGZ 105, 202-205, 204; *Dickescheid* in: BGB-RGRK, § 1818 Rn. 3; *Zimmermann* in: Damrau/Zimmermann, Betreuungsrecht, 4. Aufl. 2011, § 1818 Rn. 5.

[6] *Engler* in: Staudinger, Neubearb. 2004, § 1818 Rn. 6; *Grüneberg* in: Palandt, § 372 Rn. 2.

[7] So etwa auch *Dickescheid* in: BGB-RGRK, § 1818 Rn. 3; kritisch zu der Relevanz der Entscheidungen des Reichsgerichts allerdings *Engler* in: Staudinger, Neubearb. 2004, § 1818 Rn. 6, offenbar allerdings ohne dass damit abweichende Ergebnisse erzielt werden sollten.

[8] *Guler* in: Basler Kommentar – Zivilgesetzbuch I, 3. Aufl. 2007, Art. 399 Rn. 6.

[9] So zu Art. 399 ZGB *Guler* in: Basler Kommentar – Zivilgesetzbuch I, 3. Aufl. 2007, Art. 399 Rn. 6.

[10] Zutreffend *Veit* in: Staudinger, § 1818 Rn. 9.

[11] *Zimmermann* in: Damrau/Zimmermann, Betreuungsrecht, 4. Aufl. 2011, § 1818 Rn. 6.

[12] So *Wagenitz* in: MünchKomm-BGB, § 1818 Rn. 5; *Veit* in: Staudinger, § 1818 Rn. 9; vgl. auch *Saar* in: Erman, § 1818 Rn. 2.

[13] *Zimmermann* in: Damrau/Zimmermann, Betreuungsrecht, 4. Aufl. 2011, § 1818 Rn. 6.

§ 1818

9   Bei der Prüfung der besonderen Gründe hat das Familiengericht allerdings auch den verständigen Willen des Mündels angemessen zu berücksichtigen, soweit dieser bereits nach seinem Alter und Entwicklungsstand zur Bildung eines solchen Willens im Stande ist. Das gilt in besonderem Maße für Betreute. Gerade bei Kostbarkeiten wie etwa einer Briefmarkensammlung oder Schmuck trägt die Hinterlegung dem berechtigten Interesse, diese Gegenstande betrachten und tragen zu können, häufig nicht angemessen Rechnung.[14]

II. Zins-, Renten- und Gewinnanteilscheine (Halbsatz 2)

10   Bei Zins-, Renten- und Gewinnanteilscheinen kann das Gericht nach dem letzten Halbsatz der Norm auch ohne besondere Gründe auf Antrag des Vormunds die Hinterlegung anordnen. Dafür besteht indes regelmäßig keine Notwendigkeit, da es dem Vormund freisteht, diese Scheine auch ohne gerichtliche Anordnung zu hinterlegen.[15]

11   Immerhin kann der Vormund – unabhängig vom Ausgang der gerichtlichen Entscheidung – sein Haftungsrisiko mindern, indem er die Anordnung der Hinterlegung beantragt.

12   Bei Vorliegen besonderer Gründe ordnet das Familiengericht die Hinterlegung von Zins-, Renten und Gewinnanteilscheinen auch ohne Antrag des Vormunds an.

III. Befreite Vormundschaft

13   Zu den Ausnahmen für den Amtsvormund vgl. bereits Rn. 3. Die Eltern können den Vormund nicht durch Anordnung nach den §§ 1852-1855 BGB von § 1818 BGB befreien. § 1853 BGB ist nicht analog anwendbar.[16] § 1818 BGB ist deshalb auch für den Vereinsvormund anwendbar.[17]

D. Rechtsfolgen

I. Rechtfolgen der Anordnung

14   Die Rechtsfolgen der Anordnung entsprechen der Hinterlegungspflicht nach § 1814 BGB. Die Hinterlegung hat auch im Fall des § 1818 BGB mit der Maßgabe zu erfolgen, dass die hinterlegten Papiere oder Kostbarkeiten nicht ohne Genehmigung des Familiengerichts herausgegeben werden dürfen.

II. Entscheidung des Gerichts

1. Zuständigkeit

15   Zuständig für die Anordnung nach § 1818 BGB ist der Rechtspfleger (§ 3 Nr. 2a RPflG, im Falle der Betreuung § 3 Nr. 2b RPflG).

2. Verfahren

16   Teilweise wird angenommen, die Entscheidung könne ohne vorherige Anhörungen ergehen.[18] Das mag für den Gegenvormund vertretbar sein, da die Anordnung die Sicherheit der Vermögensverwaltung gerade erhöht und nicht schwächt. Wenn aber der Wille des Mündels, vor allem aber der des Betreuten im Rahmen der Prüfung des § 1818 BGB relevant ist (vgl. hierzu Rn. 9), erscheint seine Anhörung unverzichtbar. Nach dem FamFG ist eine persönliche, d.h. mündliche Anhörung des Mündels nur geboten, soweit dies zur Gewährleistung rechtlichen Gehörs geboten ist. Das mindestens 14 Jahre alte Kind ist gemäß § 159 Abs. 1 Satz 2 FamFG grundsätzlich anzuhören, jedoch (da es sich um eine Entscheidung im Bereich der Vermögenssorge handelt) nicht zwingend mündlich. Jüngere Kinder sind nach Maßgabe von § 159 Abs. 2 FamFG anzuhören. Nach neuem Recht ist ferner eine Beteiligung des Gegenvormunds/-betreuers nach § 7 FamFG in Betracht zu ziehen.

---

[14] Zutreffend *Harm* in: HK-BUR, § 1818 Rn. 6.
[15] So zutreffend auch *Veit* in: Staudinger, § 1818 Rn. 11.
[16] So auch *Veit* in: Staudinger, § 1818 Rn. 20; *Freiherr von Crailsheim* in: Jürgens, Betreuungsrecht, 4. Aufl. 2010, § 1818, Rn. 8.
[17] So ausdrücklich auch *Götz* in: Palandt, § 1818 Rn. 2; *Dickescheid* in: BGB-RGRK, § 1818 Rn. 8; *Veit* in: Staudinger, § 1818 Rn. 19.
[18] So *Harms* in: HK-BUR, § 1818 Rn. 7.

3. Entscheidungskriterien

Umstritten ist, ob dem Gericht im Rahmen einer Anordnung nach § 1818 HS. 1 BGB ein Entscheidungsermessen zusteht.[19] Die besseren Gründe sprechen für die Annahme eines unbestimmten Rechtsbegriffs. Damit die Beschwerdeinstanz die Entscheidung nachvollziehen kann, ist eine Begründung der Anordnung unter Offenlegung der maßgeblichen Entscheidungskriterien geboten. Im Rahmen seiner Entscheidung nach § 1818 HS. 2 BGB wird dem Familiengericht hingegen zumeist ein eigenes Ermessen eingeräumt.[20]

4. Rechtsbehelf

Gegen die Entscheidung des Gerichts ist die Beschwerde zulässig (§§ 58 ff. FamFG). Beschwerdeberechtigt ist der Mündel und – sofern die Anordnung gegen den Willen des Vormunds ergeht – auch dieser.

---

[19] So *Wagenitz* in: MünchKomm-BGB, § 1818 Rn. 5; *Veit* in: Staudinger, § 1818 Rn. 10; dagegen *Dickescheid* in: BGB-RGRK, § 1818 Rn. 4; *Zimmermann* in: Damrau/Zimmermann, Betreuungsrecht, 3. Aufl. 2001, § 1818 Rn. 5.
[20] So etwa *Dickescheid* in: BGB-RGRK, § 1818 Rn. 5.

§ 1819 BGB Genehmigung bei Hinterlegung

(Fassung vom 17.12.2008, gültig ab 01.09.2009)

¹Solange die nach § 1814 oder nach § 1818 hinterlegten Wertpapiere oder Kostbarkeiten nicht zurückgenommen sind, bedarf der Vormund zu einer Verfügung über sie und, wenn Hypotheken-, Grundschuld- oder Rentenschuldbriefe hinterlegt sind, zu einer Verfügung über die Hypothekenforderung, die Grundschuld oder die Rentenschuld der Genehmigung des Familiengerichts. ²Das Gleiche gilt von der Eingehung der Verpflichtung zu einer solchen Verfügung.

Gliederung

A. Grundlagen 1	I. Nach § 1814 BGB oder § 1818 BGB hinterlegte Wertpapiere oder Kostbarkeiten 4
I. Kurzcharakteristik 1	II. Verfügung (Satz 1) 5
II. Entstehungsgeschichte 2	III. Verpflichtung (Satz 2) 6
B. Praktische Bedeutung 3	D. Rechtsfolgen 7
C. Anwendungsvoraussetzungen 4	E. Prozessuale Hinweise/Verfahrenshinweise 8

A. Grundlagen

I. Kurzcharakteristik

1   Schon nach den §§ 1814, 1818 BGB bedarf die Zurücknahme der nach diesen Vorschriften hinterlegten Gegenstände der Genehmigung durch das Familiengericht. § 1819 Satz 1 BGB erweitert die Genehmigungspflicht für Verfügungen über die hinterlegten Gegenstände während der Hinterlegung und für Verfügungen über die in hinterlegten Hypotheken-, Grundschuld- oder Rentenschuldbriefen verbrieften Kapitalforderungen. § 1819 Satz 2 BGB erfasst schließlich die hierauf bezogenen Verpflichtungsgeschäfte.

II. Entstehungsgeschichte

2   Mit Einführung des Gesetzes über das Verfahren in Familiensachen und in den Angelegenheiten der freiwilligen Gerichtsbarkeit (FamFG) vom 17.12.2008[1] wurde das Wort „Vormundschaftsgericht" in „Familiengericht" geändert und damit der Wechsel in der Zuständigkeit nach dem FamFG im BGB nachvollzogen. Zu der neuen Zuständigkeitsverteilung insgesamt vgl. die Kommentierung zu § 1793 BGB Rn. 162.

B. Praktische Bedeutung

3   § 1819 BGB gilt gemäß § 1908i Abs. 1 Satz 1 BGB für den Betreuer und gemäß § 1915 Abs. 1 BGB für den Pfleger entsprechend. Der befreite Vormund sowie Amts- und Vereinsvormund bzw. -betreuer, nicht aber der Behörden- bzw. Vereinsbetreuer sind gemäß §§ 1857a, 1853 BGB (in Verbindung mit § 1908i Abs. 1 BGB) hiervon ausgenommen.[2] Unberührt bleibt hiervon allerdings eine gemäß § 1818 BGB angeordnete Hinterlegungspflicht. Nur gegenüber dem Jugendamt kann diese nach § 56 Abs. 2 Satz 1 SGB VIII nicht ergehen.

C. Anwendungsvoraussetzungen

I. Nach § 1814 BGB oder § 1818 BGB hinterlegte Wertpapiere oder Kostbarkeiten

4   Vgl. zu den einschlägigen Gegenständen die Kommentierung zu § 1814 BGB Rn. 8 und die Kommentierung zu § 1818 BGB Rn. 5. Nebenleistungen der Grundschuldforderungen – etwa Grundschuldzinsen – werden nicht erfasst, soweit eine Verfügung über sie ohne Briefübergabe möglich ist.[3] Nicht nach

---

[1] BGBl I 2008, 2586.
[2] Vgl. etwa *Zimmermann* in: Damrau/Zimmermann, Betreuungsrecht, 4. Aufl. 2011, § 1819 Rn. 6.
[3] Vgl. hierzu *Zimmermann* in: Damrau/Zimmermann, Betreuungsrecht, 4. Aufl. 2011, § 1819 Rn. 1; *Freiherr von Crailsheim* in: Jürgens, Betreuungsrecht, 4. Aufl. 2010, § 1819, Rn. 4; a.A. allerdings *Wagenitz* in: Münch-Komm-BGB, § 1819 Rn. 4; auf letzteres Erfordernis verzichtend *Dickescheid* in: BGB-RGRK, § 1819 Rn. 3.

den §§ 1814, 1818 BGB hinterlegt sind die freiwillig hinterlegten Gegenstände, etwa die durch den befreiten Vormund hinterlegten Gegenstände.[4] Gleiches soll für die aufgrund einer Anordnung nach § 1803 BGB hinterlegten Gegenstände gelten. Denn der Anordnende vermag den Kreis der Genehmigungspflichten nicht privatautonom zu erweitern.[5] Mit der Rückgabe der Gegenstände aus der Hinterlegung entfallen die Verfügungsbeschränkungen jedoch auch, wenn die Rückgabe ohne die erforderliche Genehmigung erfolgt ist. Verfügungs- und Verpflichtungsgeschäfte sind dann – selbst gegenüber dem bösgläubigen Dritten – wirksam.[6] Das Genehmigungserfordernis des § 1812 BGB bleibt hiervon allerdings unberührt.

II. Verfügung (Satz 1)

Zum Begriff der Verfügung vgl. bereits die Kommentierung zu § 1812 BGB Rn. 5. Insbesondere eine Verfügung nach § 931 BGB soll durch die Norm verhindert werden. Verfügung ist auch die Einlösung eines Wertpapiers.[7] § 1819 Satz 1 BGB erfasst ausdrücklich auch die Verfügung über die Hypothekenforderung, die Grundschuld oder die Rentenschuld, wenn Hypotheken-, Grundschuld- oder Rentenschuldbrief hinterlegt sind.

5

III. Verpflichtung (Satz 2)

Auch das schuldrechtliche Geschäft, durch das der Vormund sich zu der unmittelbar die Rechtsänderung bewirkenden Verfügung verpflichtet, wird durch § 1819 Satz 2 BGB der Genehmigungspflicht unterstellt.

6

D. Rechtsfolgen

§ 1819 BGB beschränkt die Verfügungsmacht des Vormunds.[8] Die entgegen § 1819 BGB ohne Genehmigung vorgenommenen Verfügungs- und Verpflichtungsgeschäfte sind wirkungslos. Nimmt der Vormund ein Rechtsgeschäft unter Verstoß gegen § 1819 BGB vor, haftet er dem Mündel gemäß § 1833 BGB. Auch die hinterlegende Stelle kann aus einer Verletzung der vertraglich übernommenen Pflicht haften.

7

E. Prozessuale Hinweise/Verfahrenshinweise

Für die Erteilung der Genehmigung gelten die §§ 1828-1831 BGB. Für die Erteilung der Genehmigung ist der Rechtspfleger zuständig (§ 3 Nr. 2a RPflG, im Fall der Betreuung § 3 Nr. 2b RPflG).

8

Der Mündel bzw. Betreute ist vor Erteilung der Genehmigung anzuhören.[9] Nach § 34 Nr. 1 FamFG ist eine persönliche, d.h. mündliche Anhörung nur geboten, soweit dies zur Gewährleistung rechtlichen Gehörs geboten ist. Das mindestens 14 Jahre alte Kind ist gemäß § 159 Abs. 1 Satz 2 FamFG grundsätzlich anzuhören, jedoch (da es sich um eine Entscheidung im Bereich der Vermögenssorge handelt) nicht zwingend mündlich. Jüngere Kinder sind nach Maßgabe von § 159 Abs. 2 FamFG anzuhören. Nach § 7 FamFG, § 1826 BGB ist auch der Gegenvormund oder -betreuer anzuhören.[10]

9

Gemäß § 40 Abs. 2 Satz 1 FamFG wird der Beschluss, der die Genehmigung eines Rechtsgeschäfts zum Gegenstand hat, erst mit Rechtskraft wirksam. Dies ist in dem Beschluss auszusprechen. Durch dieses Verfahren wird der Erlass eines Vorbescheides entbehrlich. Gegen die ablehnende Entscheidung des Gerichts ist die Beschwerde zulässig (§§ 58 ff. FamFG).

10

---

[4] Allg. A., *Wagenitz* in: MünchKomm-BGB, 5. Aufl. 2008, § 1819 Rn. 3; *Engler* in: Staudinger, Neubearb. 2004, § 1819 Rn. 8; *Dickescheid* in: BGB-RGRK, § 1819 Rn. 5.

[5] So auch *Zimmermann* in: Damrau/Zimmermann, Betreuungsrecht, 4. Aufl. 2011, § 1819 Rn. 4; *Saar* in: Erman, § 1819 Rn. 3.

[6] So auch *Götz* in: Palandt, § 1819 Rn. 1; *Saar* in: Erman, § 1819 Rn. 2; *Zimmermann* in: Damrau/Zimmermann, Betreuungsrecht, 4. Aufl. 2011, § 1819 Rn. 4; *Dickescheid* in: BGB-RGRK, § 1819 Rn. 7.

[7] *Freiherr von Crailsheim* in: Jürgens, Betreuungsrecht, 4. Aufl. 2010, § 1819, Rn. 3; *Veit* in: Staudinger, § 1819, Rn. 4; *Dickescheid* in: BGB-RGRK, § 1819 Rn. 2; *Zimmermann* in: Damrau/Zimmermann, Betreuungsrecht, 4. Aufl. 2011, § 1819 Rn. 2.

[8] Allg. A., *Dickescheid* in: BGB-RGRK, § 1819 Rn. 8.

[9] Vgl. hierzu etwa *Harm* in: HK-BUR, § 1819 Rn. 7.

[10] Vgl. zum alten Recht *Harm* in: HK-BUR, § 1819 Rn. 7; *Dickescheid* in: BGB-RGRK, § 1819 Rn. 9.

§ 1820 BGB Genehmigung nach Umschreibung und Umwandlung

(Fassung vom 17.12.2008, gültig ab 01.09.2009)

(1) Sind Inhaberpapiere nach § 1815 auf den Namen des Mündels umgeschrieben oder in Schuldbuchforderungen umgewandelt, so bedarf der Vormund auch zur Eingehung der Verpflichtung zu einer Verfügung über die sich aus der Umschreibung oder der Umwandlung ergebenden Stammforderungen der Genehmigung des Familiengerichts.

(2) Das Gleiche gilt, wenn bei einer Schuldbuchforderung des Mündels der im § 1816 bezeichnete Vermerk eingetragen ist.

Gliederung

A. Grundlagen 1	B. Praktische Bedeutung 4
I. Kurzcharakteristik 1	C. Anwendungsvoraussetzungen 5
II. Entstehungsgeschichte 2	I. Papiere im Sinne der §§ 1815 f. BGB ... 5
1. Das Bundeswertpapierverwaltungsgesetz ... 2	II. Verpflichtung zu einer Verfügung 6
2. Das Gesetz über das Verfahren in Familiensachen und in den Angelegenheiten der freiwilligen Gerichtsbarkeit 3	D. Rechtsfolgen 7
	E. Prozessuale Hinweise/Verfahrenshinweise 8

A. Grundlagen

I. Kurzcharakteristik

1 § 1820 BGB ergänzt den Schutz der nach §§ 1815, 1816 BGB umgewandelten beziehungsweise umgeschriebenen Papiere, indem er bereits die Verpflichtung zur Verfügung über sie unter einen Genehmigungsvorbehalt stellt. Hierdurch soll verhindert werden, dass die Eingehung entsprechender Verpflichtungsgeschäfte das Familiengericht bei seiner Entscheidung über die Erteilung der Genehmigung vor vollendete Tatsachen stellt. Zugleich entlastet diese Regelung das Mündelvermögen – und mittelbar den Vormund – von einer Haftung wegen Nichterfüllung des Vertrages.

II. Entstehungsgeschichte

1. Das Bundeswertpapierverwaltungsgesetz

2 Durch das Gesetz zur Neuordnung des Schuldbuchrechts des Bundes und der Rechtsgrundlagen der Bundesschuldenverwaltung (Bundeswertpapierverwaltungsgesetz – BWpVerwG) vom 11.12.2001[1] wurden die Bezeichnungen der Bundesschuldenverwaltung an die staatsorganisatorischen Gegebenheiten angepasst. In der Folge wurden auch die Bezeichnungen in § 1820 BGB angepasst. So heißt es nun statt „Buchforderungen" „Schuldbuchforderungen".

2. Das Gesetz über das Verfahren in Familiensachen und in den Angelegenheiten der freiwilligen Gerichtsbarkeit

3 Mit Einführung des Gesetzes über das Verfahren in Familiensachen und in den Angelegenheiten der freiwilligen Gerichtsbarkeit (FamFG) vom 17.12.2008[2] wurde das Wort „Vormundschaftsgericht" in „Familiengericht" geändert und damit der Wechsel in der Zuständigkeit nach dem FamFG im BGB nachvollzogen. Zu der neuen Zuständigkeitsverteilung insgesamt vgl. die Kommentierung zu § 1793 BGB Rn. 162.

B. Praktische Bedeutung

4 § 1814 BGB gilt gemäß § 1908i Abs. 1 Satz 1 BGB für den Betreuer und gemäß § 1915 Abs. 1 BGB für den Pfleger entsprechend. Zum Anwendungsbereich im Einzelnen vgl. die Kommentierung zu

---

[1] BGBl I 2001, 3519, 3524.
[2] BGBl I 2008, 2586.

§ 1815 BGB Rn. 4. Nicht anwendbar ist die Vorschrift auf den von den Pflichten der §§ 1814-1816 BGB entbundenen Betreuer/Vormund.

C. Anwendungsvoraussetzungen

I. Papiere im Sinne der §§ 1815 f. BGB

§ 1820 BGB verweist ausdrücklich auf die §§ 1815, 1816 BGB. Der Anwendungsbereich der Norm ist deshalb auf gemäß § 1815 BGB umgeschriebene oder umgewandelte Papiere sowie auf gesperrte Buchforderungen nach § 1816 BGB beschränkt. Wie § 1819 BGB entfaltet auch § 1820 BGB seine Wirkungen nur, solange die Papiere noch umgeschrieben sind beziehungsweise der Sperrvermerk eingetragen ist.[3] Keine Anwendung findet § 1820 BGB auf Papiere, die außerhalb des Anwendungsbereichs dieser Normen freiwillig oder aufgrund einer Anordnung nach § 1803 BGB gesperrt wurden.[4] Der Regelungsbereich der Norm erfasst – wie auch bei den §§ 1815, 1816 BGB – nur die Stammforderung, nicht hingegen die Zinsen oder Nebenleistungen.[5]

II. Verpflichtung zu einer Verfügung

Eine Verpflichtung zu einer Verfügung geht der Vormund durch jedes Rechtsgeschäft ein, das einen Anspruch auf eine Verfügung begründet. Zum Verfügungsbegriff vgl. bereits die Kommentierung zu § 1812 BGB.

D. Rechtsfolgen

§ 1820 BGB beschränkt die Vertretungsmacht des Vormunds. Die Wirkungen entsprechen denen des § 1819 BGB (vgl. die Kommentierung zu § 1819 BGB Rn. 7).

E. Prozessuale Hinweise/Verfahrenshinweise

Die Erteilung der Genehmigung des Familiengerichts richtet sich nach den §§ 1828-1831 BGB. Zuständig ist der Rechtspfleger (§ 3 Nr. 2a RPflG, in Betreuungssachen § 3 Nr. 2b RPflG).

Der Mündel bzw. Betreute ist vor Erteilung der Genehmigung anzuhören.[6] Nach § 34 Nr. 1 FamFG ist eine persönliche, d.h. mündliche Anhörung nur geboten, soweit dies zur Gewährleistung rechtlichen Gehörs geboten ist. Das mindestens 14 Jahre alte Kind ist gemäß § 159 Abs. 1 Satz 2 FamFG grundsätzlich anzuhören, jedoch (da es sich um eine Entscheidung im Bereich der Vermögenssorge handelt) nicht zwingend mündlich. Jüngere Kinder sind nach Maßgabe von § 159 Abs. 2 FamFG anzuhören. Nach § 7 FamFG, § 1826 BGB ist auch der Gegenvormund oder -betreuer anzuhören.[7]

Gemäß § 40 Abs. 2 Satz 1 FamFG wird der Beschluss, der die Genehmigung eines Rechtsgeschäfts zum Gegenstand hat, erst mit Rechtskraft wirksam. Dies ist in dem Beschluss auszusprechen. Durch dieses Verfahren wird der Erlass eines Vorbescheides entbehrlich. Gegen die ablehnende Entscheidung des Gerichts ist die Beschwerde zulässig (§§ 58 ff. FamFG).

---

[3] *Dickescheid* in: BGB-RGRK, § 1820, Rn. 3.
[4] *Bettin* in: BeckOK BGB, Ed. 30, § 1820 Rn. 2; *Götz* in: Palandt, § 1820 Rn. 1, 1815 Rn. 1; *Zimmermann* in: Damrau/Zimmermann, Betreuungsrecht, 4. Aufl. 2011, § 1820 Rn. 2; *Veit* in: Staudinger, § 1820 Rn. 4.
[5] Allg. A., *Zimmermann* in: Damrau/Zimmermann, Betreuungsrecht, 4. Aufl. 2011, § 1820 Rn. 3.
[6] Vgl. hierzu etwa *Harm* in: HK-BUR, § 1819 Rn. 7.
[7] Vgl. zum alten Recht *Harm* in: HK-BUR, § 1819 Rn. 7; *Dickescheid* in: BGB-RGRK, § 1819 Rn. 9.

§ 1821 BGB Genehmigung für Geschäfte über Grundstücke, Schiffe oder Schiffsbauwerke

(Fassung vom 17.12.2008, gültig ab 01.09.2009)

(1) Der Vormund bedarf der Genehmigung des Familiengerichts:

1. zur Verfügung über ein Grundstück oder über ein Recht an einem Grundstück;
2. zur Verfügung über eine Forderung, die auf Übertragung des Eigentums an einem Grundstück oder auf Begründung oder Übertragung eines Rechts an einem Grundstück oder auf Befreiung eines Grundstücks von einem solchen Recht gerichtet ist;
3. zur Verfügung über ein eingetragenes Schiff oder Schiffsbauwerk oder über eine Forderung, die auf Übertragung des Eigentums an einem eingetragenen Schiff oder Schiffsbauwerk gerichtet ist;
4. zur Eingehung einer Verpflichtung zu einer der in den Nummern 1 bis 3 bezeichneten Verfügungen;
5. zu einem Vertrag, der auf den entgeltlichen Erwerb eines Grundstücks, eines eingetragenen Schiffes oder Schiffsbauwerks oder eines Rechts an einem Grundstück gerichtet ist.

(2) Zu den Rechten an einem Grundstück im Sinne dieser Vorschriften gehören nicht Hypotheken, Grundschulden und Rentenschulden.

Gliederung

A. Grundlagen 1	4. Forderung, die auf Begründung eines Rechts am Grundstück gerichtet ist 52
I. Kurzcharakteristik 1	5. Forderung, die auf Übertragung eines Rechts am Grundstück gerichtet ist 53
II. Entstehungsgeschichte 2	6. Forderung, die auf Befreiung eines Grundstücks gerichtet ist 54
1. Die ursprüngliche Fassung des BGB 2	7. Verfügung über die Forderung 55
2. Die SchiffsGDVO 5	VII. Verfügung über eingetragene Schiffe und Schiffsbauwerke (Absatz 1 Nr. 3) 56
3. Das Gesetz über das Verfahren in Familiensachen und in den Angelegenheiten der freiwilligen Gerichtsbarkeit 6	VIII. Eingehung einer Verpflichtung zur Verfügung (Absatz 1 Nr. 4) 58
B. Praktische Bedeutung 7	1. Einführung 58
C. Anwendungsvoraussetzungen 8	2. Verhältnis von Genehmigung der Verpflichtung und der Verfügung 59
I. Auslegungsgrundsätze 8	3. Erfasste Verpflichtungsgeschäfte 60
II. Persönlicher Anwendungsbereich 9	IX. Auf entgeltlichen Erwerb gerichtete Verträge (Absatz 1 Nr. 5) 65
III. Sachlicher Anwendungsbereich 11	1. Einführung 65
IV. Befreiung von der Genehmigungspflicht ... 16	2. Auf Erwerb gerichtete Verträge 66
V. Verfügung über Grundstück und Recht am Grundstück (Absatz 1 Nr. 1) 17	3. Erfasste Gegenstände und Rechte 70
1. Einführung 17	4. Entgeltlichkeit 73
2. Grundstück oder Recht am Grundstück ... 18	X. Ausnahme für Hypotheken, Grund- und Rentenschulden 80
3. Verfügung über das Grundstück 22	D. Rechtsfolgen 82
a. Aufgabe des Eigentums 25	I. Genehmigungserfordernis 82
b. Übertragung eines Grundstücks 26	II. Folgen des Fehlens der Genehmigung 86
c. Belastung eines Grundstücks 33	III. Genehmigungskriterien 91
d. Inhaltliche Änderung eines Grundstücks .. 43	E. Prozessuale Hinweise/Verfahrenshinweise ... 97
4. Verfügung über das Recht an einem Grundstück 44	F. Arbeitshilfen – Antrag auf Genehmigung des Verkaufs und der Veräußerung eines Grundstücks nach § 1821 BGB 100
VI. Verfügung über Forderungen, die auf bestimmte Grundstücksgeschäfte gerichtet sind (Absatz 1 Nr. 2) 47	
1. Einführung 47	
2. Forderung 48	
3. Forderung, die auf Übertragung des Eigentums an einem Grundstück gerichtet ist ... 49	

A. Grundlagen

I. Kurzcharakteristik

Die §§ 1821, 1822 BGB beschränken zur Wahrung des Mündelinteresses die Vertretungsmacht des Vormunds bei den vom Gesetzgeber als besonders bedeutsam oder besonders riskant angesehenen Geschäften. § 1821 BGB erfasst Geschäfte über Grundstücke, Schiffe und Schiffsbauwerke, § 1822 BGB sonstige Geschäfte. Weitere Genehmigungsvorbehalte finden sich etwa in §§ 1812, 1820, 1824 BGB, für den Betreuten ferner in §§ 1904, 1905, 1906, 1907 und 1908 BGB.[1] Für in der Geschäftsfähigkeit beschränkte Personen sind des Weiteren etwa die §§ 112 Abs. 1 Satz 1, 1411, 1596 Abs. 1 Satz 3, 2275 Abs. 2 und 2282 Abs. 2 BGB zu beachten. § 1821 BGB ist gegenüber § 1812 BGB die speziellere Regelung. § 1812 BGB bleibt hilfsweise anwendbar.[2]

II. Entstehungsgeschichte

1. Die ursprüngliche Fassung des BGB

Nach den Motiven beruht die Vorschrift auf dem Gedanken, dass in Ansehung besonders wichtiger und über die Grenzen einer gewöhnlichen Verwaltung hinausgehender Rechtsgeschäfte die Vertretungsmacht des Vormunds durch das Erfordernis einer gerichtlichen Genehmigung eingeschränkt werden soll. Die enumerative Aufzählung wurde gewählt, da es nicht für möglich erachtet wurde, die außerhalb einer gewöhnlichen Verwaltung liegenden Geschäfte durch eine allgemeine prinzipielle Vorschrift zu treffen.[3]

Das Genehmigungserfordernis für Rechtsgeschäfte, durch die ein Grundstück veräußert wird, beruht auf der Überlegung, dass der Grundbesitz als eine, namentlich in sozialer Hinsicht, besonders wertvolle Art des Vermögens dem Mündel regelmäßig zu erhalten ist und nur unter erschwerenden Voraussetzungen soll veräußert werden können.[4] Eine Ausnahme von dem Genehmigungserfordernis für Fälle, in denen eine Verpflichtung des Mündels zur Veräußerung besteht, wurde abgelehnt.[5]

Während das römische Recht die Erteilung der Genehmigung nur aus Gründen der Notwendigkeit, nicht jedoch aus Gründen der Zweckmäßigkeit gestattete, sah der Gesetzentwurf von solchen einschränkenden Direktiven bewusst ab. Dabei gehen die Motive davon aus, dass das Vormundschaftsgericht eine Genehmigung nicht schon dann erteilen darf, wenn das Rechtsgeschäft keine Pflichtwidrigkeit des Vormunds beinhaltet, sondern nur dann, wenn es die Überzeugung gewonnen hat, dass die Vornahme des Rechtsgeschäfts dem Interesse des Mündels entspricht.[6]

2. Die SchiffsGDVO

§ 1821 Abs. 1 Nr. 3 BGB wurde eingeführt durch Art. 2 Nr. 26 SchiffsGDVO vom 21.12.1940.[7] Die früheren Nr. 3 und Nr. 4 wurden zu Nr. 4 bzw. Nr. 5.

3. Das Gesetz über das Verfahren in Familiensachen und in den Angelegenheiten der freiwilligen Gerichtsbarkeit

Mit Einführung des Gesetzes über das Verfahren in Familiensachen und in den Angelegenheiten der freiwilligen Gerichtsbarkeit (FamFG) vom 17.12.2008[8] wurde das Wort „Vormundschaftsgericht" in „Familiengericht" geändert und damit der Wechsel in der Zuständigkeit nach dem FamFG im BGB

---

[1] Zu einer umfassenden Zusammenstellung weiterer Genehmigungserfordernisse vgl. *Wagenitz* in: Münch-Komm-BGB, § 1821 Rn. 2.
[2] OLG Hamm v. 24.10.1990 - 15 W 306/90 - Rpfleger 1991, 56-58.
[3] Zum Ganzen Motive, zitiert nach *Mugdan*, Die gesammten Materialien zum Bürgerlichen Gesetzbuch für das Deutsche Reicht, IV. Band: Familienrecht, 1899, S. 1136.
[4] Motive, zitiert nach *Mugdan*, Die gesammten Materialien zum Bürgerlichen Gesetzbuch für das Deutsche Reicht, IV. Band: Familienrecht, 1899, S. 1136.
[5] Vgl. Motive, zitiert nach *Mugdan*, Die gesammten Materialien zum Bürgerlichen Gesetzbuch für das Deutsche Reicht, IV. Band: Familienrecht, 1899, S. 1138.
[6] Motive, zitiert nach *Mugdan*, Die gesammten Materialien zum Bürgerlichen Gesetzbuch für das Deutsche Reicht, IV. Band: Familienrecht, 1899, S. 1139.
[7] RGBl I, 1609.
[8] BGBl I 2008, 2586.

nachvollzogen. Zu der neuen Zuständigkeitsverteilung insgesamt vgl. die Kommentierung zu § 1793 BGB Rn. 162.

B. Praktische Bedeutung

7 Praktische Bedeutung erlangt die Vorschrift über die Fälle der Vormundschaft hinaus gemäß § 1643 Abs. 1 BGB für die Genehmigung von Geschäften der Eltern durch das Familiengericht. § 1821 BGB ist ferner gemäß § 1908i Abs. 1 Satz 1 BGB auf die Betreuung anwendbar, und zwar auch dann, wenn dem Betreuer der Aufgabenkreis der Vermögenssorge übertragen ist. Schließlich verweist § 1915 BGB auch für die Pflegschaft auf § 1821 BGB. § 1821 BGB ist deshalb etwa auch in den Fällen der Nachlasspflegschaft anwendbar[9]. In den Fällen der Nachlasspflegschaft ist gemäß § 1962 BGB das Nachlassgericht zur Anwendung berufen. Nach § 11b Abs. 1 Satz 4 VermG ist § 1821 BGB sinngemäß anzuwenden auf den Vertreter des Eigentümers nach dem VermG.

C. Anwendungsvoraussetzungen

I. Auslegungsgrundsätze

8 Das Interesse des Rechtsverkehrs an Gewissheit über die Genehmigungsbedürftigkeit eines Geschäfts gebietet eine **formale Auslegung** der Norm.[10] § 1821 BGB ist deshalb grundsätzlich keiner analogen Anwendung zugänglich.[11] In den Grenzen des Wortlautes kommt aber gleichwohl eine Auslegung nach dem Schutzzweck der Norm in Betracht.[12] Diese rechtfertigt etwa eine Ausnahme von der Genehmigungspflicht für wirtschaftlich unbedeutende Geschäfte.[13] Umgekehrt soll entgegen dem Wortlaut der Norm die Genehmigung auch für den Abschluss des Vorvertrages erforderlich sein.[14] Zur Anwendung von § 1821 Abs. 1 Nr. 5 BGB in der Zwangsversteigerung vgl. Rn. 68. In dieser engen Ausnahme erscheint eine ausdehnende Anwendung angemessen, ohne dass es hierdurch zu einer Verwässerung des Prinzips der formalen Auslegung käme.

II. Persönlicher Anwendungsbereich

9 Vgl. zunächst Rn. 8. Die Genehmigung ist unabhängig davon erforderlich, ob der Vormund selbst oder der Mündel bzw. der unter Einwilligungsvorbehalt (§ 1903 BGB) stehende Betreute oder ein von ihnen bevollmächtigter Vertreter das Geschäft abschließt.[15] Die Erteilung einer solchen Vollmacht ist nicht per se genehmigungsbedürftig.[16] Etwas anderes gilt nach h.M. nur, wenn die Wirkungen der Vollmacht

---

[9] So etwa auch FG Düsseldorf v. 04.08.2006 - 1 K 2312/04 E; *Zimmermann* in: Damrau/Zimmermann, Betreuungsrecht, 4. Aufl. 2011, § 1821 Rn. 2.

[10] BGH v. 20.09.1962 - II ZR 209/61 - BGHZ 38, 26-36; BGH v. 04.04.1968 - II ZR 26/67 - juris Rn. 13 - LM Nr. 30 zu § 164 BGB; BGH v. 22.09.1969 - II ZR 144/68 - juris Rn. 11 - BGHZ 52, 316-321; BGH v. 20.02.1989 - II ZR 148/88 - juris Rn. 13 - BGHZ 107, 24-32; OLG Hamm v. 20.09.2013 - 15 W 251/13 - juris Rn. 12 - FamRZ 2014, 492-493; OLG Köln v. 26.04.2012 - II 12 UF 10/12 - juris Rn. 17 - DnotZ 2012, 855-859; OLG Köln v. 22.04.2012 - II-12 UF 21/12 - juris Rn. 17 - FamRZ 2012, 1832-1834; KG Berlin v. 17.11.1992 - 1 W 4462/92 - NJW-RR 1993, 331-332; OLG Zweibrücken v. 22.12.2004 - 3 W 130/04 - juris Rn. 11 - OLGR Zweibrücken 2005, 298-300; OLG Düsseldorf v. 11.10.2005 - I-3 Wx 137/05 - juris Rn. 16 - RNotZ 2006, 68-69; *Veit* in: Staudinger, Vorbem. zu § 1821, 1822, Rn. 9 ff.; *Bettin* in: BeckOK BGB, Ed. 30, § 1821 Rn. 3.

[11] OLG Düsseldorf v. 11.10.2005 - I-3 Wx 137/05 - juris Rn. 16 - RNotZ 2006, 68-69; *Saar* in: Erman, Vorbem. zu §§ 1821, 1822, Rn. 1.

[12] BGH v. 27.01.1982 - Iva ZR 240/80 - BGHZ 83, 44-51; OLG Köln v. 09.12.1994 - 6 U 228/93 - Rpfleger 1995, 353-354; *Zimmermann* in: Damrau/Zimmermann, Betreuungsrecht, 4. Aufl. 2011, vor §§ 1821, 1822 BGB Rn. 11; *Wagenitz* in: MünchKomm-BGB, § 1821 Rn. 5; *Freiherr von Crailsheim* in: Jürgens, Betreuungsrecht, 4. Aufl. 2010, § 1821 Rn. 4.

[13] *Roth* in: Dodegge/Roth, Betreuungsrecht, 2003, E Rn. 86; vgl. hierzu auch BGH v. 20.09.1962 - II ZR 209/61 - BGHZ 38, 26-36.

[14] So OLG Köln v. 09.12.1994 - 6 U 228/93 - juris Rn. 71 - Rpfleger 1995, 353-354; *Roth* in: Dodegge/Roth, Betreuungsrecht, 2003, E Rn. 86; *Saar* in: Erman, § 1821 Rn. 12.

[15] LG Mannheim v. 14.02.1962 - 5 S 190/61 - NJW 1992, 1112; *Saar* in: Erman, vor §§ 1821, 1822 Rn. 3; *Freiherr von Crailsheim* in: Jürgens, Betreuungsrecht, 4. Aufl. 2010, § 1821 Rn. 5; *Zimmermann* in: Damrau/Zimmermann, Betreuungsrecht, 4. Aufl. 2011, vor §§ 1821, 1822 Rn. 5; *Sonnenfeld/Zorn*, Rpfleger 2004, 533.

[16] *Zimmermann* in: Damrau/Zimmermann, Betreuungsrecht, 4. Aufl. 2011, vor §§ 1821, 1822 Rn. 5.

das genehmigungsbedürftige Rechtsgeschäft bereits quasi vorwegnehmen, insbesondere also im Fall der unwiderruflichen Vollmacht.[17]

Die Genehmigungsbedürftigkeit entfällt auch nicht, wenn der Betroffene mit seinem Ehegatten in Gütergemeinschaft lebt. § 1458 BGB ist nicht anzuwenden, wenn für den betreffenden Ehegatten ein Betreuer bestellt ist.[18]

III. Sachlicher Anwendungsbereich

Vom Genehmigungsvorbehalt des § 1821 BGB sind alle Rechtsgeschäfte erfasst, die der Vormund kraft seiner **gesetzlichen Vertretungsmacht** vornimmt und die **das Mündelvermögen betreffen**.[19]

Tätigt der Betreuer demgegenüber im Rahmen seines Aufgabenkreises aufgrund rechtsgeschäftlich erteilter Vollmacht ein Geschäft für den Betreuten, so ist § 1821 BGB jedenfalls nicht unmittelbar anwendbar. Die Gesetzesbegründung geht davon aus, dass der Genehmigungsvorbehalt nicht durch den Umweg der Bevollmächtigung unterlaufen werden kann.[20] Dem Gesetzeswortlaut lässt sich keine – stillschweigende – Untersagung solcher Geschäfte entnehmen. Sinn und Zweck der Vorschrift gebieten einen Schutz des geschäftsfähigen Betreuten ebenfalls nicht. Schließlich spricht für die Nichtanwendbarkeit des Genehmigungsvorbehalts § 1829 Abs. 3 BGB, wonach ein geschäftsfähig gewordener Mündel die Genehmigung grundsätzlich selbst erteilen kann. Die Vollmacht des geschäftsfähigen Betreuten ist deshalb richtiger Ansicht nach wirksam.[21] Freilich sollte der Betreuer in diesen Fällen das Haftungsrisiko bedenken, wenn nachträglich Streit über die Frage der Geschäftsfähigkeit des Betreuten entsteht.

Das Mündelvermögen ist auch dann betroffen, wenn der Mündel an dem Vermögensgegenstand lediglich bruchteilsberechtigt ist.[22] Gleiches soll für die Gesamthandsberechtigung – also etwa die Beteiligung an der Erbengemeinschaft oder dem Gesamtgut der fortgesetzten Gütergemeinschaft – gelten.[23] Zumindest für die Gesellschaft bürgerlichen Rechts erscheint diese Ansicht jedoch nicht zweifelsfrei.[24] Unstreitig sind Rechtsgeschäfte, die nur mit Wirkung für oder gegen eine juristische Person, eine oHG oder eine KG abgeschlossen werden, genehmigungsfrei, da der einzelne Gesellschafter hieraus nicht verpflichtet wird[25]. Gesteht man der Gesellschaft bürgerlichen Rechts mit der neueren Rechtsprechung aber gleichfalls Rechtsfähigkeit zu und nimmt man mit der Akzessorietätstheorie an, dass allein die Gesellschaft bürgerlichen Rechts, nicht aber der Gesellschafter unmittelbar verpflichtet werde[26], so spricht dies für eine Gleichbehandlung mit der oHG[27]. Die wohl herrschende Meinung differenziert in-

---

[17] Str., vgl. zu dieser Differenzierung etwa BayObLG v. 17.05.1976 - BReg 1 Z 37/76 - juris Rn. 42 - FamRZ 1977, 141-144; KG v. 17.11.1992 - 1 W 4462/92 - juris Rn. 4 - OLGZ 1993, 266-270; OLG Zweibrücken v. 22.12.2004 - 3 W 130/04 - OLGR Zweibrücken 2005, 298-300; *Wagenitz* in: MünchKomm-BGB, § 1821 Rn. 12, m.w.N.; a.A. *Saar* in: Erman, BGB, § 1821 Rn. 4; *Veit* in: Staudinger, § 1821 Rn. 29; *Lamberz*, FamRZ 2012, 162-167, 165.

[18] BayObLG v. 13.10.2004 - 3Z BR 138/04 - BtPrax 2005, 32-33.

[19] Vgl. *Zimmermann* in: Damrau/Zimmermann, Betreuungsrecht, 4. Aufl. 2011, Vor §§ 1821, 1822 Rn. 7.

[20] BT-Drs. 11/4528, S. 135 f.

[21] Wie hier auch *Roth* in: Dodegge/Roth, Betreuungsrecht, 2003, E Rn. 87; *Zimmermann* in: Damrau/Zimmermann, Betreuungsrecht, 3. Aufl. 2001, § 1902 Rn. 3 m.w.N; a.A. allerdings OLG Köln v. 31.03.2000 - 19 U 128/99 - NJW-RR 2001, 652-654.

[22] Vgl. OLG Köln v. 20.05.1996 - 2 Wx 10/96 - juris Rn. 23 - Rpfleger 1996, 446-447; *Kölmel*, RNotZ 2010, 12, 16; *Wagenitz* in: MünchKomm-BGB, § 1821 Rn. 7, m.w.N.; *Veit* in: Staudinger, Vorbem. zu §§ 1821, 1822, Rn. 21; *Bettin* in: BeckOK BGB, Ed. 30, § 1821 Rn. 4.

[23] Vgl. OLG Hamm v. 20.09.2013 - 15 W 251/13 - juris Rn. 9 - FamRZ 2014, 492-493; OLG Koblenz v. 22.08.2002 - 9 UF 397/02 - juris Rn. 16 - OLGR Koblenz 2003, 9-11; OLG Köln v. 20.05.1996 - 2 Wx 10/96 - juris Rn. 23 - Rpfleger 1996, 446-447; *Veit* in: Staudinger, Vorbem. zu §§ 1821, 1822, Rn. 21; *Bettin* in: BeckOK BGB, Ed. 30, § 1821 Rn. 4; *Götz* in: Palandt, § 1821 Rn. 3; *Zimmermann* in: Damrau/Zimmermann, Betreuungsrecht, 4. Aufl. 2011, vor §§ 1821, 1822 Rn. 8 m.w.N; *Roth* in: Dodegge/Roth, Betreuungsrecht, 2003, E Rn. 91; *Kölmel*, RNotZ 2010, 12, 16.

[24] Kritisch nunmehr auch OLG Nürnberg v. 04.10.2012 - 15 W 1623/12 - juris Rn. 22 - MDR 2012, 1344-1345.

[25] BGH v. 29.06.1970 - II ZR 158/69 - BGHZ 55, 5-10; OLG Nürnberg v. 04.10.2012 - 15 W 1623/12 - juris Rn. 22 - MDR 2012, 1344-1345; OLG Koblenz v. 22.08.2002 - 9 UF 397/02 - juris Rn. 16 - OLGR Koblenz 2003, 9-11; OLG Schleswig v. 21.06.2001 - 2 W 133/01 - juris Rn. 7 - OLGR Schleswig 2002, 220-221.

[26] Vgl. die Grundsatzentscheidung BGH v. 29.01.2001 - II ZR 331/00 - BGHZ 146, 341-361.

[27] So OLG Koblenz v. 22.08.2002 - 9 UF 397/02 - juris Rn. 16 - OLGR Koblenz 2003, 9-11, m.w.N.; *Freiherr von Crailsheim* in: Jürgens Betreuungsrecht, 4. Aufl. 2010, § 1821 Rn. 8.

§ 1821

sofern allerdings danach, ob die GbR auf eine Erwerbstätigkeit gerichtet ist oder ihr ausschließlich vermögensverwaltende Funktion zukommt.[28] Die Behandlung von Rechtsgeschäften der Gesellschaft bürgerlichen Rechts unter Beteiligung eines Minderjährigen ist noch nicht abschließend geklärt. In zwei jüngeren Entscheidungen[29] verneint das OLG Schleswig die Genehmigungsbedürftigkeit von Grundstücksgeschäften der als Erwerbsgeschäft betriebenen Gesellschaft bürgerlichen Rechts. Demgegenüber bejaht das OLG Koblenz die Genehmigungsbedürftigkeit von Grundstücksgeschäften der rein vermögensverwaltenden Gesellschaft bürgerlichen Rechts.[30] Dabei wird offenbar danach differenziert, inwieweit die Veräußerung von Teilen des Gesellschaftsvermögens durch den Geschäftsführer bereits mit der Genehmigung des Beitritts zur Gesellschaft umfasst ist. Die rechtswissenschaftliche Literatur ist über die Behandlung von Geschäften der Gesellschaft bürgerlichen Rechts gespalten. Während die grundsätzliche Genehmigungsbedürftigkeit nur noch vereinzelt angenommen wird[31], wird zunehmend im Hinblick auf die Änderung der Rechtsprechung zur Rechtsfähigkeit der Gesellschaft bürgerlichen Rechts die vollständige Gleichstellung mit oHG und KG gefordert[32]. Letztgenannter Auffassung dürfte zuzustimmen sein. Für die Praxis empfiehlt sich allerdings im Hinblick auf die Entscheidung des OLG Koblenz als sicherster Weg die vorsorgliche Einholung der Genehmigung.

14 Dem Geschäft über ein Recht steht ein Geschäft über den Anteil an diesem Recht gleich.

15 Dass der Mündel zur Vornahme eines Rechtsgeschäfts rechtlich verpflichtet ist, ändert an der Genehmigungsbedürftigkeit nichts.[33]

IV. Befreiung von der Genehmigungspflicht

16 Das Jugendamt kann gemäß § 56 Abs. 2 Satz 2 SGB VIII durch Landesrecht vom Genehmigungsvorbehalt des § 1821 BGB befreit sein. Für die Betreuung kann gemäß § 1908i Abs. 1 Satz 2 BGB durch Landesrecht bestimmt werden, dass die Vorschrift gegenüber der zuständigen Betreuungsbehörde außer Anwendung bleibt. Zu den landesrechtlichen Bestimmungen im Einzelnen vgl. die Kommentierung zu § 1795 BGB Rn. 13. Das Gesetz ermächtigt also nur zur Befreiung des Jugendamtes bzw. der Betreuungsbehörde, nicht hingegen zur Befreiung des Behördenbetreuers oder Vereinsbetreuers und auch nicht zur Befreiung des Vereins als Vormund oder Betreuer.

V. Verfügung über Grundstück und Recht am Grundstück (Absatz 1 Nr. 1)

1. Einführung

17 § 1821 Abs. 1 Nr. 1 BGB dient dem Schutz des vorhandenen Grundvermögens.[34] Die Norm erfasst Verfügungen über ein Grundstück oder ein Recht am Grundstück.

2. Grundstück oder Recht am Grundstück

18 Grundstück ist ein katastermäßig vermessener und bezeichneter, gegen andere Teile räumlich abgegrenzter Teil der Erdoberfläche, der im Grundbuch als „Grundstück" geführt wird.[35] Eine Verfügung über ein Grundstück liegt auch in der Verfügung über Bestandteile des Grundstücks. Was Bestandteil

---

[28] So OLG Nürnberg v. 04.10.2012 - 15 W 1623/12 - juris Rn. 22 ff. - MDR 2012, 1344-1345; OLG Schleswig v. 21.06.2001 - 2 W 133/01 - juris Rn. 7 - OLGR Schleswig 2002, 220-221; *Kölmel*, RNotZ 2010, 12, 16 f. m.w.N.; *Götz* in: Palandt, § 1821 Rn. 7; Veit in: Staudinger, Vorbem. zu §§ 1821, 1822 Rn. 24; vgl. hierzu auch *Wagenitz* in: MünchKomm-BGB, § 1821 Rn. 9.

[29] OLG Schleswig v. 01.08.2001 - 2 W 133/01 - NJW-RR 2002, 737-738; OLG Schleswig v. 21.06.2001 - 2 W 133/01 - SchlHA 2002, 239.

[30] OLG Koblenz v. 22.08.2002 - 9 UF 397/02 - NJW 2003, 1401-1402; ablehnend *Wertenbruch*, FamRZ 2003, 1714; zustimmend *Freiherr von Crailsheim* in: Jürgens, Betreuungsrecht, 4. Aufl. 2010, § 1821 Rn. 8.

[31] So etwa *Zimmermann* in: Damrau/Zimmermann, Betreuungsrecht, 4. Aufl. 2011, vor §§ 1821, 1822 Rn. 8.

[32] DNotI-Report 2004, 29-32 m.w.N.

[33] BayObLG v. 17.05.1976 - BReg 1 Z 37/76 - juris Rn. 42 - FamRZ 1977, 141-144; *Wagenitz* in: MünchKomm-BGB, § 1821 Rn. 16, m.w.N.; vgl. hierzu auch schon Motive, zitiert nach *Mugdan*, Die gesammten Materialien zum Bürgerlichen Gesetzbuch für das Deutsche Reicht, IV. Band: Familienrecht, 1899, S. 1138; einschränkend allerdings *Saar* in: Erman, BGB, Vorbem. zu §§ 1821, 1822, Rn. 3.

[34] Allg. A., vgl. RG v. 01.07.1924 - V B. 2/24 - RGZ 108, 356-365, 363; BGH v. 07.10.1997 - XI ZR 129/96 - juris Rn. 12 - LM BGB § 1821 Nr. 2 (7/1998); *Zimmermann* in: Damrau/Zimmermann, Betreuungsrecht, 4. Aufl. 2011, § 1821 Rn. 3.

[35] Vgl. RG v. 12.03.1914 - V. 368/13 - RGZ 84, 265-284, 270; *Baur/Stürner*, Sachenrecht, 18. Aufl. 2009, § 15 III 1. Rn. 15; *Westermann*, BGB-Sachenrecht, 12. Aufl. 2012, § 12 I 1 Rn. 349.

eines Grundstücks ist, richtet sich nach den §§ 93 ff. BGB.[36] Der Verfügung über das Grundstück steht die Verfügung über einen Anteil hieran gleich.[37] Keine Verfügung über das Grundstück ist die Verfügung über den bloßen Besitz an dem Grundstück, etwa die Gebrauchsüberlassung im Rahmen der Vermietung.[38]

Rechte am Grundstück im Sinne von § 1821 Abs. 1 Nr. 1 BGB sind etwa Nießbrauch, Dienstbarkeit, Reallast, Vorkaufsrecht[39], Erbbaurecht sowie beschränkte persönliche Dienstbarkeiten, etwa Wohnungsrechte nach § 1093 Abs. 1 BGB[40] und Dauernutzungsrecht nach § 31 WEG, also dingliche – nicht obligationsrechtliche – Rechte. 19

Dem Grundstück stehen ferner Wohnungseigentum und Teileigentum nach dem WEG gleich[41], ferner das Erbbaurecht nach ErbbauRG[42], das Bergwerkseigentum nach Art. 67 EGBGB und landesrechtliche Erbpachtrechte,[43] nicht jedoch ein nach Art. 231 § 5 Abs. 1 EGBGB fortbestehendes unabhängiges Gebäudeeigentum nach dem Recht der DDR.[44] 20

Gemäß § 1821 Abs. 2 BGB findet die Vorschrift auf Hypotheken, Grund- und Rentenschulden keine Anwendung. Allerdings können sich bei Abtretung, Aufhebung oder Kündigung dieser Rechte Beschränkungen aus § 1812 BGB und § 1819 BGB ergeben. Nach anderer Auffassung liegt in der Abtretung einer Eigentümergrundschuld schon eine nach § 1821 Abs. 1 Nr. 1 BGB genehmigungsbedürftige Belastung des Grundstücks.[45] 21

3. Verfügung über das Grundstück

Verfügung ist jede eine unmittelbare Rechtsänderung bewirkende Einwirkung auf ein bestehendes Recht durch Aufhebung, Übertragung, Belastung oder inhaltliche Veränderung des Rechts.[46] Entscheidend ist nicht die von den Parteien im Vertrag gewählte Bezeichnung, sondern die zutreffende rechtliche Qualifikation. Auch die in einem notariellen Vertrag als „Übertragung" bezeichnete Verpflichtung ist keine Verfügung, wenn die Eingehung einer schuldrechtlichen Verpflichtung gemeint ist.[47] 22

Zum Verpflichtungsgeschäft vgl. § 1821 Abs. 1 Nr. 4 BGB. Der die Verpflichtung zur Verfügung begründende Vertrag stellt noch keine Verfügung dar. Allerdings enthält die Genehmigung des Verpflichtungsgeschäfts regelmäßig auch die Genehmigung des Verfügungsgeschäfts[48], es sei denn, es 23

---

[36] Vgl. *Hesse*, Deutsches Vormundschaftsrecht, 1900, § 1821 Rn. 3.
[37] *Zimmermann* in: Damrau/Zimmermann, Betreuungsrecht, 4. Aufl. 2011, § 1821 Rn. 4.
[38] Vgl. RG v. 22.12.1922 - III 520/22 - RGZ 106, 109-114, 112; *Zimmermann* in: Damrau/Zimmermann, Betreuungsrecht, 4. Aufl. 2011, § 1821 Rn. 5.
[39] *Hesse*, Deutsches Vormundschaftsrecht, 1900, § 1821 Rn. 3.
[40] Vgl. BGH v. 25.01.2012 - XII ZB 479/11 - juris Rn. 8 - MDR 2012, 652-653; zur Genehmigungsbedürftigkeit des Verzichts auf ein im Rahmen des Leibgedingevertrags bestelltes Wohnrecht vgl. BayObLG v. 09.08.2002 - 3Z BR 151/02 - Rpfleger 2003, 27 f.
[41] Allg. A., vgl. *Wagenitz* in: MünchKomm-BGB, § 1821 Rn. 17.
[42] OLG Stuttgart v. 28.11.2001 - 17 WF 321/01 - juris Rn. 9 - Rpfleger 2002, 203-204; OLG Brandenburg v. 22.07.2002 - 10 UF 183/01 - juris Rn. 3 - FamRZ 2004, 1049-1051 (im Zusammenhang mit § 1821 Nr. 5 BGB); zum Wohnungserbbaurecht OLG Stuttgart v. 28.11.2001 - 17 WF 321/01 - juris Rn. 9 - Rpfleger 2002, 203-204; *Zimmermann* in: Damrau/Zimmermann, Betreuungsrecht, 4. Aufl. 2011, § 1821 Rn. 10; *Saar* in: Erman, § 1821 Rn. 4; *Hesse*, Deutsches Vormundschaftsrecht, 1900, § 1821 Rn. 3.
[43] *Zimmermann* in: Damrau/Zimmermann, Betreuungsrecht, 4. Aufl. 2011, § 1821 Rn. 10.
[44] Vgl. LG Mühlhausen v. 22.09.2011 - 1 T 212/11 - juris Rn. 15 - FamRZ 2012, 1324-1325.
[45] So *Lamberz*, FamRZ 2012, 162-167, 166.
[46] Vgl. BGH v. 05.11.2009 - III ZR 6/09 - juris Rn. 15 - WM 2010, 478-481; BGH v. 04.05.1987 - II ZR 211/86 - juris Rn. 9 - BGHZ 101, 24-29; BGH v. 04.05.1984 - V ZR 82/83 - juris Rn. 9 - MDR 1985, 37-37; BGH v. 24.10.1979 - VIII ZR 289/78 - juris Rn. 20 - BGHZ 75, 221-229; BGH v. 15.03.1951 - IV ZR 9/50 - BGHZ 1, 294-307; OLG Hamm v. 20.09.2013 - 15 W 251/13 - juris Rn. 9 - FamRZ 2014, 492-493; *Veit* in: Staudinger, § 1821 Rn. 8; *Perlwitz* in: HK-BUR, § 1812 Rn. 22; *Zimmermann* in: Damrau/Zimmermann, Betreuungsrecht, 4. Aufl. 2011, § 1812 Rn. 7; *Dickescheid* in: BGB-RGRK, § 1812 Rn. 7; *Meier/Neumann*, Handbuch Vermögenssorge, 2006, 3. 140; *Wagenitz* in: MünchKomm-BGB, § 1821 Rn. 21.
[47] Vgl. KG v. 31.08.2010 - 1 W 167/10 - juris Rn. 23 - FamRZ 2011, 736-739.
[48] Vgl. BayObLG v. 22.01.1985 - BReg 1 Z 88/84 - juris Rn. 16 - BayObLGZ 1985, 43-47; KG v. 17.11.1992 - 1 W 4462/92 - juris Rn. 8 - OLGZ 1993, 266-270; *Wagenitz* in: MünchKomm-BGB, § 1821 Rn. 16; *Zimmermann* in: Damrau/Zimmermann, Betreuungsrecht, 4. Aufl. 2011, § 1821 Rn. 4.

§ 1821

24 handelt sich um eine bedingte Vertragspflicht. Hier ist die Einholung einer weiteren Genehmigung erforderlich, da noch zu überprüfen ist, ob die Bedingung eingetreten ist.[49] Umgekehrt enthält die Genehmigung der Verfügung im Zweifel auch die Genehmigung des Verpflichtungsgeschäfts.[50]
Die im Rahmen eines Kaufgeschäfts erteilte Belastungsvollmacht enthält für sich betrachtet allerdings nicht ohne weiteres auch die Genehmigung zur Eintragung der Grundpfandrechte.[51]

a. Aufgabe des Eigentums

25 Die Aufgabe des Eigentums nach § 928 Abs. 1 BGB ist eine Verfügung im Sinne des § 1821 Abs. 1 Nr. 1 BGB.[52]

b. Übertragung eines Grundstücks

26 Grundstücksübertragung ist die Übereignung durch Auflassung und Eintragung.[53] Hierunter fällt auch die rechtsgeschäftliche Rückauflassung, etwa aufgrund eines Rücktrittsrechts.[54] Die Erteilung einer unwiderruflichen Vollmacht zur Auflassung des Grundstücks steht der Auflassung selbst gleich[55], ebenso die Bewilligung einer Auflassungs- oder Löschungsvormerkung[56].

27 Gleichgestellt wird der Grundstücksübertragung auch die Bewilligung der Grundbuchberichtigung zum Nachteil des Mündels[57], ferner der Verzicht auf die Grundbuchberichtigung.[58] Grund für die Gleichstellung der Grundbuchberichtigung ist, dass das Familiengericht prüfen können muss, ob tatsächlich nur eine Buchposition betroffen ist. Konsequenterweise wird eine Genehmigung deshalb nicht für erforderlich gehalten, wenn der Unrichtigkeitsnachweis nach § 22 GBO geführt ist.[59]

28 Zur Übertragung von Bruchteils- oder Gesamthandseigentum vgl. bereits Rn. 13. Nimmt man an, dass ein Rechtsgeschäft der Gesamthand genehmigungsbedürftig ist, so gilt dies auch für die Umwandlung des gesamthänderischen Eigentums in Bruchteilseigentum.[60]

29 Keine Grundstücksübertragung liegt in der Abtretung des Anspruchs auf Herausgabe des Grundstücks, der lediglich den Besitz an dem Grundstück betrifft.[61] Ebenfalls keine Grundstücksübertragung liegt in der Abtretung des Auflassungsanspruchs[62], da die Abtretung dieses Anspruchs keinen unmittelbaren Rechtsübergang bewirkt.

30 Der Antrag auf Durchführung der Teilungsversteigerung des im Miteigentum stehenden Grundstücks ist keine Verfügung über das Grundstück.[63] Allerdings begründet § 181 Abs. 2 Satz 2 ZVG hier eine Genehmigungspflicht.

---

[49] BayObLG München v. 17.05.1976 - BReg 1 Z 37/76 - juris Rn. 42 - FamRZ 1977, 141-144.
[50] RG v. 27.10.1930 - VI. 802/29 - RGZ 130, 148-154, 150; *Zimmermann* in: Damrau/Zimmermann, Betreuungsrecht, 4. Aufl. 2011, § 1821 Rn. 4; *Wagenitz* in: MünchKomm-BGB, § 1821 Rn. 43.
[51] LG Saarbrücken v. 09.03.1981 - 5 T 528/80 - Rpfleger 1982, 25-26; OLG Zweibrücken v. 22.12.2004 - 3 W 130/04 - Rpfleger 2005, 193 f.; *Saar* in: Erman, BGB, § 1821 Rn. 5.
[52] OLG Frankfurt v. 22.10.2009 - 20 W 175/09.
[53] Allg. A., OLG Hamm v. 20.09.2013 - 15 W 251/13 - juris Rn. 9 - FamRZ 2014, 492-493.
[54] Vgl. BayObLG v. 17.05.1976 - BReg 1 Z 37/76 - juris Rn. 43 - FamRZ 1977, 141-144; *Schmid* in: Handbuch der Rechtspraxis, Band 5a – Familienrecht – 1. Halbband: Familiensachen, 7. Aufl. 2010, Rn. 1186.
[55] Vgl. auch RG v. 07.07.1917 - V 66/17 - RGZ 90, 395-400; *Kölmel*, RNotZ 2010, 12, 16; a.A. *Veit* in: Staudinger, § 1821 Rn. 29.
[56] KG v. 31.08.2010 - 1 W 167/10 - juris Rn. 24 - FamRZ 2011, 736-739; OLG Frankfurt v. 13.12.1996 - 20 W 356/96 - NJW-RR 1997, 719-720; OLG Celle v. 26.02.1980 - 4 Wx 4/80 - Rpfleger 1980, 187; *Saar* in: Erman, § 1821 Rn. 4; vgl. zur Löschungsvormerkung allerdings auch *Wagenitz* in: MünchKomm-BGB, § 1821 Rn. 27; *Veit* in: Staudinger, § 1821 Rn. 36.
[57] OLG Frankfurt v. 30.08.2007 - 20 W 153/07 - NJW 2008, 1003-1005, 1004 f.; *Saar* in: Erman, § 1821 Rn. 7; *Zimmermann* in: Damrau/Zimmermann, Betreuungsrecht, 4. Aufl. 2011, § 1821 Rn. 4.
[58] H.M., vgl. RG v. 07.07.1931 - III 299/30 - RGZ 133, 259-260, 260; BGH v. 01.07.1955 - V ZR 56/50 - WM 1955, 1203; *Saar* in: Erman, § 1821 Rn. 10; *Zimmermann* in: Damrau/Zimmermann, Betreuungsrecht, 4. Aufl. 2011, § 1821 Rn. 4.
[59] So *Freiherr von Crailsheim* in: Jürgens, Betreuungsrecht, 4. Aufl. 2010, § 1821 Rn. 9.
[60] BGH v. 18.06.1971 - V ZB 4/71 - BGHZ 56, 275-285; *Zimmermann* in: Damrau/Zimmermann, Betreuungsrecht, 4. Aufl. 2011, § 1821 Rn. 4.
[61] Zutreffend *Fiala/Stenger*, Genehmigungen bei Betreuung und Vormundschaft – Ein Leitfaden mit zahlreichen Beispielen, 2. Aufl. 2009, S. 137; *Zimmermann* in: Damrau/Zimmermann, Betreuungsrecht, 4. Aufl. 2011, § 1821 Rn. 5.
[62] *Zimmermann* in: Damrau/Zimmermann, Betreuungsrecht, 4. Aufl. 2011, § 1821 Rn. 5.
[63] RG v. 26.05.1932 - IV 388/31 - RGZ 136, 353-359; *Saar* in: Erman, § 1821 Rn. 8.

Nach § 1821 Abs. 1 Nr. 1 BGB ist nur die Veräußerung, nicht auch der Erwerb eines Grundstücks 31
durch Annahme des Auflassungsangebots genehmigungsbedürftig.[64] Der entgeltliche Erwerb kann allerdings nach § 1821 Abs. 1 Nr. 5 BGB genehmigungsbedürftig sein.

Verfügt der Vorerbe nach § 2113 BGB über ein Grundstück, so ist die Zustimmung des Nacherben genehmigungspflichtig.[65] 32

c. Belastung eines Grundstücks

Typische Grundstücksbelastungen sind die Bestellung einer Hypothek, Grund[66]- oder Rentenschuld[67], 33
die Bewilligung eines Vorkaufsrechts oder einer Auflassungs- oder Löschungsvormerkung.[68] Erfasst werden auch in diesem Zusammenhang selbstverständlich nur Vormerkungen zu Lasten – nicht zu Gunsten – des Mündels.[69] Auch die Übernahme einer Baulast fällt hierunter.[70] Das gilt etwa auch für den Verzicht auf den Widerspruch gegen eine Abrissverfügung.[71]

Auch die inhaltliche Änderung eines das Grundstück belastenden Rechts kann eine Verfügung über das 34
Grundstück darstellen, wenn sie die Haftung des Grundstücks betrifft. Eine Belastung liegt zumindest dann vor, wenn die Haftung des Grundstücks hierdurch verstärkt wird[72], so etwa bei Erhöhung der Hypothekenzinsen[73] oder bei Ausschluss eines Kündigungsrechts bei der Hypothek oder bei nachteiliger Änderung der Fälligkeit der Hypothek.[74] Nicht erfasst werden Belastungen im Zusammenhang mit dem Erwerb des Grundstücks, wenn die Belastung den Erwerbspreis nicht übersteigt.[75]

Die Umwandlung der Hypothek in eine Grundschuld soll ebenfalls als Verfügung über das Grundstück 35
genehmigungsbedürftig sein.[76] Umstritten ist, ob dies auch für die Umwandlung der Grundschuld in eine Hypothek gilt. Dies wird zum Teil mit der Begründung abgelehnt, dass der verfügende Teil hier der Grundschuldgläubiger sei.[77] Zumindest soweit Umwandlungen einzelner Rechte mit einer weitergehenden Beschwerung des Eigentümers einhergehen, ist jedenfalls von einer Genehmigungspflicht auszugehen.[78]

---

[64] Vgl. BGH v. 30.09.2010 - V ZB 206/10 - juris Rn. 17 - BGHZ 187, 119-126; OLG Jena v. 02.03.2012 - 9 W 42/12 - juris Rn. 4 - NotBZ 2012, 429-430; OLG München v. 08.02.2011 - 34 Wx 40/11 - juris Rn. 11 - Rpfleger 2011, 595-596; *Saar* in: Erman, § 1821 Rn. 3.

[65] OLG Hamm v. 11.02.1997 - 15 W 439/96 - NJW-RR 1997, 1095 f.; *Bettin* in: BeckOK BGB, Ed. 30, § 1821 Rn. 4; *Veit* in: Staudinger, § 1821 Rn. 32; vgl. zu den inhaltlichen Anforderungen an eine solche Zustimmung auch RG v. 03.09.1935 - III 36/35 - RGZ 148, 385-395, 390 ff.

[66] Streitig für die Bestellung der Eigentümergrundschuld, vgl. *Lambertz*, FamRZ 2012, 162-167, 165 f.

[67] Allg. A., RG v. 01.07.1924 - V B. 2/24 - RGZ 108, 356-365, 362; RG v. 12.02.1937 - III 105/36 - RGZ 154, 41-50, 46; OLG Hamm v. 20.09.2013 - 15 W 251/13 - juris Rn. 9 - FamRZ 2014, 492-493; LG Nürnberg-Fürth v. 28.08.2006 - 13 T 4282/06 - MittBayNot 2007, 218/220; *Zimmermann* in: Damrau/Zimmermann, Betreuungsrecht, 4. Aufl. 2011, § 1821 Rn. 6; *Saar* in: Erman, § 1821 Rn. 6.

[68] So die h.M., vgl. OLG Frankfurt v. 13.12.1996 - 20 W 356/96 - juris Rn. 6 - NJW-RR 1997, 719-720; KG v. 31.08.2010 - 1 W 167/10 - juris Rn. 24; OLG Oldenburg - DNotZ 1971, 484; OLG Celle v. 26.02.1980 - 4 Wx 4/80 - Rpfleger 1980, 187; OLG Frankfurt v. 13.12.1996 - 20 W 356/96 - FGPrax 1997, 84; *Saar* in: Erman, § 1821 Rn. 7.

[69] KG v. 31.08.2010 - 1 W 167/10 - juris Rn. 24.

[70] OVG Münster v. 09.05.1995 - 11 A 4010/92 - NJW 1996, 275-276.

[71] Vgl. OVG Münster v. 15.07.2002 - 7 A 1717/01 - juris Rn. 65; *Veit* in: Staudinger, § 1821 Rn. 11.

[72] So *Dölle*, Familienrecht Bd. II, 1965, § 128 II 2. b) aa), S. 770; *Bettin* in: BeckOK BGB, Ed. 30, § 1821 Rn. 9; weiter *Zimmermann* in: Damrau/Zimmermann, Betreuungsrecht, 4. Aufl. 2011, § 1821 Rn. 7.

[73] Vgl. *Saar* in: Erman, § 1821 Rn. 7, m.w.N.; *Wagenitz* in: MünchKomm-BGB, § 1821 Rn. 26.

[74] Vgl. *Saar* in: Erman, § 1821 Rn. 7, m.w.N.

[75] BGH v. 07.10.1997 - XI ZR 129/96 - LM BGB § 1821 Nr. 2 (7/1998); OLG München v. 23.09.2011 - 34 Wx 311/11 - juris Rn. 22 - FamRZ 2012, 740-742.

[76] So BayObLG v. 12.01.2001 - Reg III 79/1901 - BayObLGZ 2, 795-800; *Zimmermann* in: Damrau/Zimmermann, Betreuungsrecht, 4. Aufl. 2011, § 1821 Rn. 7, *Wagenitz* in: MünchKomm-BGB, § 1821 Rn. 26; *Saar* in: Erman, § 1821 Rn. 7; a.A. *Gernhuber/Coester-Waltjen*, Familienrecht, 6. Aufl. 2010, § 60 VI 4. Rn. 97.

[77] So *Zimmermann* in: Damrau/Zimmermann, Betreuungsrecht, 4. Aufl. 2011, § 1821 Rn. 7; im Ergebnis ebenso *Wagenitz* in: MünchKomm-BGB, § 1821 Rn. 26.

[78] *Saar* in: Erman, § 1821 Rn. 7, m.w.N.

§ 1821

36 Keine Grundstücksbelastung ist die Zustimmung zum Rangrücktritt einer Hypothek oder zu ihrer Löschung.[79]

37 Keine Grundstücksbelastung ist auch die Unterwerfung unter die Zwangsvollstreckung nach § 794 ZPO oder § 800 ZPO.[80]

38 Keine Grundstücksbelastung ist auch die Vereinbarung einer Sicherungsabrede, in der festgelegt werden soll, für welche Forderung die Grundschuld haften soll.[81] Wird die Zweckerklärung allerdings in die Grundschuldbestellung einbezogen, kann eine Änderung der nach § 1822 Nr. 8 BGB oder § 1822 Nr. 10 BGB genehmigten Forderung nicht mehr ohne familiengerichtliche Genehmigung erfolgen.

39 Ohne Genehmigung zulässig sind Grundstücksbelastungen, die in einem unmittelbaren rechtlichen und tatsächlichen **Zusammenhang mit dem Erwerb** des Grundstücks stehen[82] und deren Höhe den Erwerbspreis nicht übersteigt.[83] Dies ergibt sich aus Sinn und Zweck der Vorschrift, die nur den bereits vorhandenen Grundstücksbestand schützen soll[84]. Eine Grundstücksbelastung im Zusammenhang mit dem Erwerb stellt lediglich eine Modalität der Gegenleistung dar[85]. Diese Modalität ist zugleich im Rahmen der Genehmigung des Erwerbs nach § 1821 Abs. 1 Nr. 5 BGB mit genehmigt.[86] Dies gilt etwa für die Genehmigung des Kaufvertrages, aber auch für das Gebot im Rahmen der Zwangsversteigerung. Unerheblich ist, ob die Belastung der Finanzierung des Kaufpreises dient oder die dadurch beschafften Mittel zur Finanzierung anderer Zwecke dienen sollen.[87]

40 Anders liegt der Fall, wenn sich der Vormund auf Verkäuferseite befindet[88]. Die Bestellung einer Grundschuld bedarf grundsätzlich auch dann der familiengerichtlichen Genehmigung, wenn sie in Ausübung einer so genannten Belastungsvollmacht erfolgt.[89] Für die Praxis ist deshalb zu empfehlen, die familiengerichtliche Genehmigung bereits vorab einzuholen und darauf hinzuwirken, dass das Gericht die Genehmigung ausdrücklich ausspricht. In diesem Zusammenhang soll auch angeregt werden, die im Kaufvertrag enthaltene Belastungsverpflichtung sowie die Sicherungsvereinbarung mit zu genehmigen. Soll die Belastungsverpflichtung mehrfach ausgenutzt werden, ist auch dies zu berücksichtigen. Dabei sind dem Gericht die wesentlichen Inhalte der Grundschulden und der Sicherungsvereinbarung mitzuteilen.[90]

41 Nicht mehr im Zusammenhang mit dem Erwerb steht die nachträgliche Belastung, auch wenn diese Finanzierungsweise bei Erwerb bereits vorbehalten wurde.[91]

---

[79] H.M., vgl. OLG Hamm v. 24.03.1976 - 15 W 99/76 - OLGZ 1977, 47-53; *Saar* in: Erman, § 1821 Rn. 8, m.w.N; *Zimmermann* in: Damrau/Zimmermann, Betreuungsrecht, 4. Aufl. 2011, § 1821 Rn. 7.

[80] H.M., vgl. *Saar* in: Erman, § 1821 Rn. 8, m.w.N.; *Zimmermann* in: Damrau/Zimmermann, Betreuungsrecht, 4. Aufl. 2011, § 1821 Rn. 7; *Veit* in: Staudinger, § 1821 Rn. 39.

[81] BayObLG München v. 31.01.1986 - BReg 1 Z 55/85 - WM 1986, 774-776; *Roth* in: Dodegge/Roth, Betreuungsrecht, 2003, E Rn. 89. *Zimmermann* in: Damrau/Zimmermann, Betreuungsrecht, 4. Aufl. 2011, § 1821 Rn. 8. Es kommt allerdings eine Genehmigungspflicht nach § 1812 BGB in Betracht.

[82] So auch RG v. 01.07.1924 - V B 2/24 - RGZ 108, 356-365, 363; BGH v. 06.06.1957 - IV ZB 53/57 - BGHZ 24, 372-378; BGH v. 07.10.1997 - XI ZR 129/96 - juris Rn. 12 - LM BGB § 1821 Nr. 2 (7/1998).

[83] Vgl. hierzu BGH v. 07.10.1997 - XI ZR 129/96 - juris Rn. 12 - LM BGB § 1821 Nr. 2 (7/1998); *Saar* in: Erman, § 1821 Rn. 6.

[84] Vgl. hierzu auch RG v. 01.07.1924 - V B 2/24 - RGZ 108, 356-365, 363; BGH v. 07.10.1997 - XI ZR 129/96 - Rpfleger 1998, 110.

[85] BayObLG v. 14.11.1991 - BReg 2 Z 135/91 - Rpfleger 1992, 62.

[86] *Zimmermann* in: Damrau/Zimmermann, Betreuungsrecht, 4. Aufl. 2011, § 1821 Rn. 9.

[87] Vgl. BGH v. 07.10.1997 - XI ZR 129/96 - juris Rn. 12 - LM BGB § 1821 Nr. 2 (7/1998); BGH v. 06.06.1957 - IV ZB 53/57 - BGHZ 24, 372-378.

[88] OLG Hamm v. 20.09.2013 - 15 W 251/13 - juris Rn. 12 - FamRZ 2014, 492-493; OLG Zweibrücken v. 22.12.2004 - 3 W 130/04 - MDR 2005, 579-580.

[89] OLG Hamm v. 20.09.2013 - 15 W 251/13 - juris Rn. 12 - FamRZ 2014, 492-493; OLG Frankfurt v. 16.06.2011 - 20 W 251/11 - juris Rn. 17; OLG Zweibrücken v. 22.12.2004 - 3 W 130/04 - MDR 2005, 579-580; *Braun*, DNotZ 2005, 730 ff.; *Bettin* in: BeckOK BGB, Ed. 30, § 1821 Rn. 8.

[90] *Braun*, DNotZ 2005, 730 ff.

[91] A.A. allerdings OLG Frankfurt v. 09.09.1980 - 20 W 168/80 - MDR 1981, 139; *Zimmermann* in: Damrau/Zimmermann, Betreuungsrecht, 4. Aufl. 2011, § 1821 Rn. 9. Wie hier auch *Fiala/Stenger*, Genehmigungen bei Betreuung und Vormundschaft – Ein Leitfaden mit zahlreichen Beispielen, 2. Aufl. 2009, S. 137; *Freiherr von Crailsheim* in: Jürgens, Betreuungsrecht, 4. Aufl. 2010, § 1821 Rn. 19, m.w.N.

Die Form der Belastung im Zusammenhang mit dem Grundstückserwerb ist unerheblich. Die Bestellung einer Restkaufpreishypothek ist ebenso genehmigungsfrei wie die Bestellung einer Grundschuld[92] oder die Übernahme einer Hypothek nebst persönlicher Schuld. Gleiches gilt für die Einräumung eines Nießbrauchs oder Wohnrechts an den Schenker des Grundstücks.[93] 42

d. Inhaltliche Änderung eines Grundstücks

Die Vereinigung mehrerer Grundstücke zu einem Grundstück nach § 890 Abs. 1 BGB stellt zwar eine Verfügung dar. Da sie jedoch vermögensneutral ist, erscheint eine teleologische Reduktion des § 1821 Abs. 1 Nr. 1 BGB angezeigt. Die reine Vereinigung – ohne Änderung der Eigentumsverhältnisse – ist deshalb nicht genehmigungsbedürftig.[94] Etwas anderes gilt allerdings, wenn eines der Grundstücke belastet ist. Denn in diesem Fall erstreckt sich die Belastung des einen Grundstücks gemäß § 1131 BGB auf die Belastung des vereinigten Grundstücks.[95] 43

4. Verfügung über das Recht an einem Grundstück

§ 1821 Abs. 1 Nr. 1 Alt. 2 BGB betrifft Verfügungen über Rechte an einem Grundstück. Eine Verfügung durch Aufgabe des Rechts an einem Grundstück liegt etwa bei einem Verzicht auf das Recht vor, beispielsweise in der Bewilligung der Löschung eines Wohnrechts.[96] Gleiches gilt für die Bewilligung eines Rangrücktritts.[97] Keine Verfügung über ein Recht an einem Grundstück liegt in der Verfügung über ein Recht an einem Grundstücksrecht, etwa in der Bestellung eines Nießbrauchs an einer Grundschuld.[98] 44

Die Zustimmung des Inhabers eines das Grundstücksrecht belastenden Rechts zur Aufhebung des belasteten Rechts gemäß § 876 BGB stellt eine Verfügung über das belastete Recht dar. Eine Verfügung über das belastende Recht soll hierin allerdings nicht liegen, da der Wegfall des belastenden Rechts lediglich mittelbare Folge des Wegfalls des belasteten Rechts sei.[99] 45

Zur Verfügung über eine Hpothek, Grundschuld oder Rentenschuld des Mündels vgl. schon Rn. 21. 46

VI. Verfügung über Forderungen, die auf bestimmte Grundstücksgeschäfte gerichtet sind (Absatz 1 Nr. 2)

1. Einführung

Forderungen, die auf bestimmte Grundstücksgeschäfte gerichtet sind, sind zwar regelmäßig nicht in gleichem Maße werthaltig wie das Eigentum an dem Grundstück selbst oder die Inhaberschaft des jeweiligen sonstigen Sachenrechts. Für den Inhaber können solche Forderungen jedoch nicht minder bedeutsam, die Verfügung über solche Forderungen deshalb nicht minder gefährlich sein. § 1821 Abs. 1 Nr. 2 BGB stellt solche Forderungen deshalb ebenfalls unter einen Genehmigungsvorbehalt. 47

2. Forderung

Forderung ist das Recht des Gläubigers, vom Schuldner eine Leistung verlangen zu dürfen.[100] 48

3. Forderung, die auf Übertragung des Eigentums an einem Grundstück gerichtet ist

Auf Übertragung des Eigentums gerichtete Forderungen liegen etwa im Auflassungsanspruch[101] und in den Rechten aus dem Meistgebot[102]. Eine Verfügung hierüber ist etwa die Abtretung oder der Verzicht 49

---

[92] BGH v. 07.10.1997 - XI ZR 129/96 - juris Rn. 12 - LM BGB § 1821 Nr. 2 (7/1998); *Wagenitz* in: MünchKomm-BGB, § 1821 Rn. 23.
[93] BGH v. 06.06.1957 - IV ZB 53/57 - BGHZ 24, 372-378; *Wagenitz* in: MünchKomm-BGB, § 1821 Rn. 23.
[94] So auch *Brüggemann*, FamRZ 1990, 124-129, 128; *Saar* in: Erman, § 1821 Rn. 9; *Fiala/Stenger*, Genehmigungen bei Betreuung und Vormundschaft – Ein Leitfaden mit zahlreichen Beispielen, 2. Aufl. 2009, S. 137.
[95] Zutreffend *Zimmermann* in: Damrau/Zimmermann, Betreuungsrecht, 4. Aufl. 2011, § 1821 Rn. 6.
[96] BGH v. 25.01.2012 - XII ZB 479/11 - juris Rn. 8 - MDR 2012, 652-653.
[97] Vgl. LG Regensburg v. 14.12.2011 - 7 T 419/11 - juris Rn. 16 - MittBayNot 2012, 225-227.
[98] *Zimmermann* in: Damrau/Zimmermann, Betreuungsrecht, 4. Aufl. 2011, § 1821 Rn. 11.
[99] OLG Düsseldorf v. 03.02.1993 - 3 Wx 34/93 - MittRhNotK 1993, 89-90; hierzu auch *Zimmermann* in: Damrau/Zimmermann, Betreuungsrecht, 4. Aufl. 2011, § 1821 Rn. 11.
[100] Vgl. etwa *Medicus*, Schuldrecht I, 13. Aufl. Rn. 6.
[101] *Wagenitz* in: MünchKomm-BGB, § 1821 Rn. 32; *Saar* in: Erman, § 1821 Rn. 10; *Bettin* in: BeckOK BGB, Ed. 30, § 1821 Rn. 10.
[102] *Wagenitz* in: MünchKomm-BGB, § 1821 Rn. 32; *Saar* in: Erman, § 1821 Rn. 10; *Bettin* in: BeckOK BGB, Ed. 30, § 1821 Rn. 10.

auf diese Ansprüche. Aber auch die Wiederaufhebung eines Kauf-, Tausch- oder Schenkungsvertrages[103] fallen hierunter.

50 Keine genehmigungsbedürftige Verfügung durch Aufhebung eines Rechts ist die Annahme der geschuldeten Leistung[104], ebenso wenig die Ausübung eines Options- oder Ankaufsrechts.[105] Denn die Genehmigungspflicht soll nach Sinn und Zweck der Erhaltung des Mündelvermögens dienen und lediglich die Verminderung des Grundbesitzes von einer Genehmigung abhängig machen, nicht hingegen die Mehrung des Mündelvermögens behindern.[106] Aus dem gleichen Grunde fällt auch die Bewilligung der Löschung der Auflassungsvormerkung nach Eigentumsumschreibung nicht unter § 1821 Abs. 1 Nr. 2 BGB.[107]

51 Eine Verfügung durch Übertragung des Rechts liegt etwa in der Übertragung eines Vorkaufsrechts gemäß § 514 BGB oder eines Wiederkaufsrechts gemäß § 497 BGB, schließlich in der Übertragung eines Anwartschaftsrechts auf Erwerb des Grundstücks.[108]

4. Forderung, die auf Begründung eines Rechts am Grundstück gerichtet ist

52 Hierunter fällt etwa der Erlass eines Anspruchs auf Bestellung eines Nießbrauchs oder der Verzicht auf ein Recht zur Bestellung der Reallast.[109] Verfügungen über Ansprüche auf Bestellung von Hypotheken oder Grundschulden werden gemäß § 1821 Abs. 2 BGB nicht erfasst.[110]

5. Forderung, die auf Übertragung eines Rechts am Grundstück gerichtet ist

53 Zu nennen ist beispielsweise die Abtretung des Anspruchs auf Übertragung eines Nießbrauchs oder der Reallast.

6. Forderung, die auf Befreiung eines Grundstücks gerichtet ist

54 Der Erlass des Befreiungsanspruchs stellt eine Verfügung über einen Anspruch dar, der auf die Befreiung eines Grundstücks von einem Recht gerichtet ist.[111]

7. Verfügung über die Forderung

55 Zum Begriff der Verfügung vgl. schon Rn. 22. Genehmigungsbedürftig sind etwa die Abtretung oder der Verzicht. Die Annahme der Leistung, die zum Erlöschen der Forderung führt, also etwa die Annahme der Auflassungserklärung, ist hingegen nicht nach § 1821 Abs. 1 Nr. 2 BGB genehmigungsbedürftig, da die rechtliche Stellung des Mündels hierdurch nicht geschwächt, sondern gestärkt wird.[112]

VII. Verfügung über eingetragene Schiffe und Schiffsbauwerke (Absatz 1 Nr. 3)

56 Die Vorschrift erfasst nur gemäß § 76 Abs. 1 SchRG nicht im Schiffsregister eingetragene Schiffe und Schiffsbauwerke. Andere Schiffe sind bewegliche Sachen. Auf sie findet § 1821 Abs. 1 Nr. 3 BGB keine (entsprechende) Anwendung.[113] Schiffswracks werden nicht erfasst.[114] Schiffsbauwerk im Sinne des § 1821 Abs. 1 Nr. 3 BGB ist ein auf einer Werft in Bau befindliches See- oder Binnenschiff.[115]

---

[103] Vgl. etwa OLG Karlsruhe v. 08.05.1973 - 5 W 120/72 - FamRZ 1973, 378-380; *Zimmermann* in: Damrau/Zimmermann, Betreuungsrecht, 4. Aufl. 2011, § 1821 Rn. 13; *Wagenitz* in: MünchKomm-BGB, § 1821 Rn. 33.

[104] BGH v. 30.09.2010 - V ZB 206/10 - juris Rn. 17 - BGHZ 187, 119-126; RG v. 01.07.1924 - V B 2/24 - RGZ 108, 356-366, 364; *Zimmermann* in: Damrau/Zimmermann, Betreuungsrecht, 4. Aufl. 2011, § 1821 Rn. 16; *Saar* in: Erman, § 1821 Rn. 10.

[105] Ebenso *Kölmel*, RNotZ 2010, 12, 18; *Wagenitz* in: MünchKomm-BGB, § 1821 Rn. 34, m.w.N.

[106] Vgl. RG v. 01.07.1924 - V B 2/24 - RGZ 108, 357-365, 364; *Zimmermann* in: Damrau/Zimmermann, Betreuungsrecht, 4. Aufl. 2011, § 1821 Rn. 16.

[107] LG Oldenburg v. 30.05.1972 - 6 T 244/72 - Rpfleger 1972, 401-402; vgl. aber auch LG Mainz v. 03.09.1992 - 8 T 111/92 - Rpfleger 1993, 149.

[108] *Zimmermann* in: Damrau/Zimmermann, Betreuungsrecht, 4. Aufl. 2011, § 1821 Rn. 13.

[109] *Zimmermann* in: Damrau/Zimmermann, Betreuungsrecht, 4. Aufl. 2011, § 1821 Rn. 14.

[110] *Zimmermann* in: Damrau/Zimmermann, Betreuungsrecht, 4. Aufl. 2011, § 1821 Rn. 14.

[111] Vgl. etwa *Zimmermann* in: Damrau/Zimmermann, Betreuungsrecht, 4. Aufl. 2011, § 1821 Rn. 15.

[112] Vgl. BGH v. 30.09.2010 - V ZB 206/10 - juris Rn. 17 - BGHZ 187, 119-126; OLG München v. 23.09.2011 - 34 Wx 311/11 - juris Rn. 22 - FamRZ 2012, 740-742; OLG München v. 08.02.2011 - 34 Wx 40/11 - juris Rn. 13 - Rpfleger 2011, 595-596.

[113] Vgl. *Saar* in: Erman, § 1821 Rn. 11.

[114] Vgl. *Veit* in: Staudinger, § 1821 Rn. 61.

[115] *Wagenitz* in: MünchKomm-BGB, § 1821 Rn. 38.

Genehmigungsbedürftig ist die Verfügung über das Eigentum (1. Alt.) sowie die Verfügung über einen schuldrechtlichen Anspruch auf Übertragung des Eigentums (2. Alt.), also z.B. die Abtretung eines Anspruchs aus dem Kauf-[116] oder Werkvertrag.

VIII. Eingehung einer Verpflichtung zur Verfügung (Absatz 1 Nr. 4)

1. Einführung

Könnte der Vormund den Mündel zur Vornahme von Geschäften nach den Nummern 1 bis 3 genehmigungsfrei verpflichten, so könnte er zum Schadensersatz wegen Nichterfüllung im Außenverhältnis verpflichtet sein, wenn die Genehmigung der Geschäfte nach den Nummern 1 bis 3 verweigert würde. Die Genehmigungspflicht bereits des Verpflichtungsgeschäfts soll dem vorbeugen. Daneben erschwert sie auch die Umgehung der Genehmigungsvorbehalte der Nummern 1 bis 3.

2. Verhältnis von Genehmigung der Verpflichtung und der Verfügung

Zu dem Verhältnis der Genehmigung des Verpflichtungsgeschäfts zu der Genehmigung des Verfügungsgeschäfts vgl. bereits Rn. 18 f.

3. Erfasste Verpflichtungsgeschäfte

Erfasst werden Kausalgeschäfte, durch die sich der Mündel zu einer der in den Nummern 1-3 bezeichneten Verfügungen verpflichtet. Im Grundsatz unerheblich ist, ob sich das die Verfügung betreffende Grundstück oder Grundstücksrecht zum Zeitpunkt der Eingehung des Geschäfts bereits im Vermögen des Mündels befindet. Diese Auslegung entspricht dem Wortlaut der Norm. Die verbreitet angestellten Überlegungen zu einer Beschränkung des § 1821 BGB auf den Schutz bereits vorhandenen Grundvermögens[117] müssen deshalb auf eine Diskussion de lege ferenda beschränkt bleiben.

Typische Verpflichtungsgeschäfte sind der Verkauf eines Grundstücks oder die Verpflichtung zur Bestellung einer Hypothek (zu Nr. 1) oder die Verpflichtung zur Abtretung des Auflassungsanspruchs, soweit sie noch nicht selbst die Abtretung enthält (zu Nr. 2). Im Einzelfall kann auch ein Vorvertrag bereits unter § 1821 Abs. 1 Nr. 4 BGB fallen.[118]

Erfasst wird auch die Übernahme einer bedingten Rückübertragungsverpflichtung im Rahmen eines entgeltlichen Übergabevertrages.[119]

Die Schenkung stellt für den Schenker, regelmäßig jedoch nicht für den Beschenkten ein Verpflichtungsgeschäft zu einer der in Nummern 1 bis 3 bezeichneten Verfügungen dar. Das gilt auch, wenn sich der Schenker die Rechte nach den §§ 528, 530 BGB vorbehält. Denn die Rückgabepflicht ist gemäß § 531 Abs. 2 BGB auf den erlangten Vermögensvorteil beschränkt. Das gilt auch, wenn der Rückforderungsanspruch einem Dritten zustehen soll.[120] Auch die Annahme einer Schenkung unter einer aufschiebend bedingten Pflicht zur Rückübertragung ist nach Sinn und Zweck der Vorschrift genehmigungsfrei[121], da sie dem Mündel nicht mehr entziehen kann, als ihm durch die Schenkung zufließen kann. Dies gilt selbst dann, wenn die Rückübertragungspflicht mit einer Vormerkung gesichert ist.[122]

Die Genehmigungspflicht soll jedoch ausgelöst werden, wenn sich der Schenker über die §§ 528, 530 BGB hinaus weitere Fälle der Rückübereignung ausbedingt und sich der Mündel zur Mitwirkung an der Rückübertragung verpflichtet.[123] Dies erscheint bedenklich. Auch hier verliert der Mündel im

---

[116] Vgl. *Saar* in: Erman, § 1821 Rn. 11.
[117] So im Zusammenhang mit § 1821 Abs. 1 Nr. 1 BGB etwa *Roth* in: Dodegge/Roth, Betreuungsrecht 2003, E 91, unter Hinweis auf *Wagenitz* in: MünchKomm-BGB, § 1821 Rn. 23; im hier vertretenen Sinne allerdings auch OLG Köln v. 09.12.1994 - 6 U 228/93 - FamRZ 1995, 1232; *Saar* in: Erman, § 1821 Rn. 12.
[118] OLG Köln v. 09.12.1994 - 6 U 228/93 - juris Rn. 71 - Rpfleger 1995, 353-354; *Roth* in: Dodegge/Roth, Betreuungsrecht, 2003, E Rn. 86; *Saar* in: Erman, § 1821 Rn. 12, vgl. hierzu im Einzelnen bereits Rn. 8.
[119] OLG München v. 17.07.2007 - 31 Wx 18/07 - Rpfleger 2007, 603-605; a.A. allerdings *Wagenitz* in: MünchKomm-BGB, § 1821 Rn. 42.
[120] OLG Köln v. 10.11.1997 - 14 Wx 10/97 - juris Rn. 12 - NJW-RR 1998, 363.
[121] Str., wie hier auch etwa *Zimmermann* in: Damrau/Zimmermann, Betreuungsrecht, 3. Aufl. 2001, § 1821 Rn. 19 m.w.N.
[122] LG Saarbrücken v. 10.01.1990 - 5 T 13/90 - MittRhNotK 1990, 109-110; LG Hechingen v. 04.11.1994 - 4 T 100/94 - BWNotZ 1995, 67-68; *Wagenitz* in: MünchKomm-BGB, § 1821 Rn. 42; anderes mag für die Erteilung einer unwiderruflichen Auflassungsvollmacht gelten, vgl. *Veit* in: Staudinger, § 1821 Rn. 65.
[123] Vgl. OLG München v. 17.07.2007 - 31 Wx 18/07 - juris Rn. 7 - FamRZ 2008, 820-821; BayObLG v. 31.03.2004 - 2Z BR 45/04 - juris Rn. 14 - BayObLGZ 2004, 86-90; OLG Köln v. 10.11.1997 - 14 Wx 10/97 - juris Rn. 15 - NJW-RR 1998, 363; ebenso *Zimmermann* in: Damrau/Zimmermann, Betreuungsrecht, 4. Aufl. 2011, § 1821 Rn. 18; *Veit* in: Staudinger, § 1821 Rn. 65.

Rückgabefall nur das, was er schon durch die Erfüllung der Schenkung erlangt.[124] Nach einer Entscheidung des LG München II[125] begründet ein lediglich bereicherungsrechtlich ausgestaltetes Rückforderungsrecht im Rahmen der Grundstücksüberlassung an einen Minderjährigen keine Genehmigungsbedürftigkeit, wenn sichergestellt ist, dass der Minderjährige im Rahmen der Rückforderung nichts aus seinem Vermögen aufwenden muss. Letztgenannte Voraussetzung dürfte das entscheidende Kriterium darstellen: Es muss sichergestellt sein, dass der Mündel nicht über den Umfang des Geschenkten hinaus aus seinem eigenen Vermögen verpflichtet wird – etwa zur Leistung von Schadensersatz.[126] Die Annahme der Schenkung eines belasteten Grundstücks ist nicht genehmigungsbedürftig. Gleiches gilt, wenn die Belastung erst im Zusammenhang mit der Schenkung erfolgen soll.[127] Zur Begründung vgl. bereits Rn. 39.

64 Auf Verpflichtungen zur Verfügung über Hypotheken, Grundschulden und Rentenschulden ist § 1821 Abs. 1 Nr. 4 BGB wegen § 1821 Abs. 2 BGB nicht anwendbar.

IX. Auf entgeltlichen Erwerb gerichtete Verträge (Absatz 1 Nr. 5)

1. Einführung

65 Könnte der Vormund die in § 1821 Abs. 1 Nr. 5 BGB aufgeführten Geschäfte ohne Genehmigung eingehen, so sähe sich der Mündel unter Umständen Schadensersatzansprüchen des Veräußerers ausgesetzt, wenn das Familiengericht die Genehmigung des eigentlichen Erwerbsgeschäfts verweigern würde. Das Familiengericht wäre vor vollendete Tatsachen gestellt und müsste das Erwerbsgeschäft unter Umständen allein wegen der drohenden Ersatzansprüche genehmigen. § 1821 Abs. 1 Nr. 5 BGB soll verhindern, dass der Vormund auf diese Weise Mündelgelder unabhängig von den Anlageformen der §§ 1816 ff. BGB anlegt oder gar ohne Mitwirkung des Familiengerichts Kredite aufnimmt.

2. Auf Erwerb gerichtete Verträge

66 Gemeint sind die Kausalgeschäfte, in denen sich der Vertragspartner zur Einräumung einer rechtlich relevanten Stellung verpflichtet. Dabei genügt es, dass der Vertrag ein Vorkaufsrecht, Wiederkaufsrecht oder ein Optionsrecht begründet.[128]

67 Nicht erfasst wird das in Erfüllung eines entsprechenden Verpflichtungsgeschäftes getätigte dingliche Rechtsgeschäft.[129]

68 Auch das Mitbieten in der Zwangsversteigerung ist genehmigungsbedürftig.[130] § 1821 Abs. 1 Nr. 5 BGB ist hier analog anwendbar.

69 **Praktischer Hinweis:** Nach Maßgabe der §§ 1828 ff. BGB kann die Genehmigung eines Vertrages grundsätzlich als Vor- oder Nachgenehmigung erteilt werden, d.h. es ist ausreichend, wenn der Vertrag nachträglich genehmigt wird. In der Zwangsversteigerung genügt jedoch nur eine Vorgenehmigung, da das ohne die offenkundige oder durch öffentlich beglaubigte Urkunde bewiesene Genehmigung abgegebene Gebot gemäß § 71 Abs. 2 ZVG zurückzuweisen ist. Eine Erkundigungspflicht des Gerichts der Zwangsversteigerung besteht nicht. Ähnliche Regeln bestehen teilweise auch nach den Geschäftsbedingungen privater Auktionen.

3. Erfasste Gegenstände und Rechte

70 Gegenstand des Erwerbs können Grundstücke, eingetragene Schiffe oder Schiffsbauwerke im Sinne des § 76 Abs. 1 SchiffsRG oder Rechte an einem Grundstück sein. Zu den dem Eigentum gleichstehenden Rechten vgl. bereits Rn. 18 ff.

---

[124] So auch *Wagenitz* in: MünchKomm-BGB, § 1821 Rn. 42; zur Übernahme einer Pflicht zur Wiederherstellung des zerstörten Gebäudes vgl. BayObLG München v. 18.09.1997 - 2Z BR 85/97 - Rpfleger 1998, 70-71.

[125] LG München II v. 15.11.2004 - 6 T 5313/04 - MittBayNot 2005, 234-235; zustimmend *Wagenitz* in: MünchKomm-BGB, § 1821 Rn. 42.

[126] So in der Sache etwa auch BayObLG München v. 31.03.2004 - 2Z BR 045/04 - juris Rn. 14, 18 - BayObLGZ 2004, 86-90; *Wagenitz* in: MünchKomm-BGB, § 1821 Rn. 42.

[127] BayObLG München v. 14.06.1967 - BReg 2 Z 26/67.

[128] Vgl. *Wagenitz* in: MünchKomm-BGB, § 1821 Rn. 44.

[129] RG v. 01.07.1924 - V B 2/24 - RGZ 108, 357-365, 364; KG v. 15.07.2010 - 1 W 312/10 - juris Rn. 2; BayObLG v. 27.09.1989 - BReg 2 Z 101/89 - juris Rn. 12 - NJW-RR 1990, 87; OLG München v. 08.02.2011 - 34 Wx 40/11 - juris Rn. 14 - Rpfleger 2011, 374-375.

[130] *Götz* in: Palandt, § 1821 Rn. 15; *Zimmermann* in: Damrau/Zimmermann, Betreuungsrecht, 4. Aufl. 2011, § 1821 Rn. 22; *Hesse*, Deutsches Vormundschaftsrecht, 1900, § 1821 Rn. 6; *Brüggemann*, FamRZ 1990, 5-12.

Hypotheken, Grund- und Rentenschulden sind nach § 1821 Abs. 2 BGB nicht erfasst.

Problematisch erscheint, ob § 1821 Abs. 1 Nr. 5 BGB auf den Erbschaftskauf analog anwendbar ist, wenn zum Nachlass ein Grundstück zählt.[131] Die im Interesse der Rechtssicherheit gebotene formale Auslegung (vgl. Rn. 8) darf nicht über Gebühr strapaziert werden. Gegenstand des Erwerbs ist hier gerade nicht das Grundstück, sondern der Inbegriff der Erbschaft.

4. Entgeltlichkeit

Entgeltlich ist der Erwerb, wenn der Erwerb unter Zugrundelegung der objektiven Sachlage in Abhängigkeit von einer Gegenleistung erfolgt oder die Parteien zumindest den Willen hatten, die Gewährung von einer Gegenleistung abhängig zu machen.[132] Auf die Art der Gegenleistung kommt es nicht an.[133] Hierunter fallen etwa der Kauf, selbst wenn der Kaufpreis vollständig durch die Hypothekenbestellung gedeckt wird, ferner etwa auch der Tausch[134] oder etwa die Inzahlungnahme eines gebrauchten Schiffes in Form eines gemischten Kauf-Tausch-Geschäfts. Ein entgeltlicher Erwerb liegt auch dann vor, wenn die Gegenleistung wesentlich unter dem Wert des Erwerbs liegt.

Problematisch ist die Behandlung gemischter Schenkungen, also solcher Schenkungen, bei denen eine Gegenleistung vereinbart wird, die jedoch – auch nach dem Willen der Parteien – hinter dem Wert der Leistung zurückbleibt. Im Grundsatz besteht Einigkeit darüber, dass auch die gemischte Schenkung entgeltlich, mithin genehmigungsbedürftig ist.[135] Ist das geschenkte Grundstück belastet, so liegt hierin regelmäßig zwar eine Minderung des Wertes der Schenkung, aber keine Gegenleistung. Die Schenkung eines belasteten Grundstücks ist deshalb grundsätzlich nicht als entgeltlich anzusehen.[136] Das gilt etwa auch für die Belastung mit einem beschränkt dinglichen Recht.[137] Etwas anderes kann dann gelten, wenn in der Belastung eine verdeckte Gegenleistung besteht.[138] Die Schenkung eines Miteigentumsanteils unter zeitlich befristetem Ausschluss des Auseinandersetzungsrechts wird als lediglich rechtlich vorteilhaft angesehen.[139]

Eine entgeltliche gemischte Schenkung liegt auch vor, wenn dem Minderjährigen nicht nur eine mit einem Grundpfandrecht belastete Immobilie übertragen werden soll, sondern der Minderjährige zugleich die persönliche Haftung aus der Grundschuld übernimmt.[140] Entscheidend ist, ob nach dem Inhalt des Vertrages eine über den erlangten Erwerbswert hinausgehende persönlich verpflichtende Gegenleistung übernommen wird.[141] Die Übernahme der persönlichen Haftung bildet ein abstraktes Schuldversprechen nach § 780 BGB[142] und begründet eine Forderung, der das gesamte persönliche Vermögen haftet. Das gilt freilich auch schon für die Darlehensforderung, die in dem vom OLG Brandenburg entschiedenen Fall mitübernommen werden sollte.

Die Schenkung von Immobiliareigentum ist auch dann zumindest teilweise entgeltlich und deshalb genehmigungsbedürftig, wenn der Erwerber sich vertraglich verpflichtet, den Veräußerer nach § 566

---

[131] So etwa *Roth* in: Dodegge/Roth, Betreuungsrecht, 2003, E Rn. 95; *Saar* in: Erman, § 1821 Rn. 13; *Kölmel*, RNotZ 2010, 12, 18.

[132] Vgl. etwa zum Begriff der Unentgeltlichkeit OLG Hamm v. 11.12.1992 - 29 U 214/91 - juris Rn. 21 - NJW-RR 1993, 1412-1413; *Kölmel*, RNotZ 2010, 12, 19.

[133] Vgl. KG v. 31.08.2010 - 1 W 167/10 - juris Rn. 25 - FGPrax 2011, 79-81.

[134] Vgl. LG München v. 01.03.2001 - 13 T 3239/01 - FamRZ 2001, 1396-1397; *Kölmel*, RNotZ 2010, 12, 19; *Zimmermann* in: Damrau/Zimmermann, Betreuungsrecht, 4. Aufl. 2011, § 1821 Rn. 20; *Saar* in: Erman, § 1821 Rn. 13.

[135] Vgl. OLG Brandenburg v. 23.09.2008 - 10 UF 70/08 - juris Rn. 5 - OLGR Brandenburg 2009, 496-499; KG v. 31.08.2010 - 1 W 167/10 - juris Rn. 25 - FamRZ 2011, 736-739; *Wagenitz* in: MünchKomm-BGB, § 1821 Rn. 47; *Saar* in: Erman, § 1821 Rn. 14.

[136] So auch OLG Brandenburg v. 23.09.2008 - 10 UF 70/08 - juris Rn. 5 - OLGR Brandenburg 2009, 496-499; BayObLG v. 12.01.1968 - BReg 2Z 94/67 - NJW 1968, 940; LG Coburg v. 15.10.2007 - 41 T 98/07 - MittBayNot 2008, 224 f.

[137] Vgl. LG Coburg v. 15.10.2007 - 41 T 98/07 - juris Rn. 45 - MittBayNot 2008, 224-225.

[138] So auch *Roth* in: Dodegge/Roth, Betreuungsrecht, 2003, E Rn. 95; *Zimmermann* in: Damrau/Zimmermann, Betreuungsrecht, 4. Aufl. 2011, § 1821 Rn. 20.

[139] LG Münster v. 30.09.1998 - 5 T 757/98 - Rpfleger 1999, 73-74.

[140] OLG Brandenburg v. 23.09.2008 - 10 UF 70/08 - OLGR Brandenburg 2009, 496-499.

[141] Vgl. OLG Köln v. 20.05.1996 - 2 Wx 10/96 - juris Rn. 23 - Rpfleger 1996, 446-447, m.w.N.

[142] Vgl. BGH v. 19.09.1986 - V ZR 72/85 - BGHZ 98, 256-263; BGH v. 10.12.1991 - XI ZR 48/91 - NJW 1992, 971-972.

BGB von sämtlichen Verpflichtungen aus dem Mietverhältnis freizustellen.[143] Dies gilt nicht minder, wenn eine Freistellung nur für einzelne Verpflichtungen aus dem Mietverhältnis vereinbart wird, selbst wenn sich das Entstehen solcher Verbindlichkeiten noch gar nicht abzeichnet. In dem vom KG zu entscheidenden Fall bestand eine Besonderheit darin, dass die Schenkung unter der auflösenden Bedingung der Vollendung des 18. Lebensjahres der Erwerberin stand. Zu Recht hat der Senat entschieden, dass es insoweit nicht darauf ankommt, dass der Freistellungsanspruch erst entsteht, wenn die Volljährigkeit erreicht ist. Denn § 1822 BGB schützt auch vor der Begründung von Verbindlichkeiten, die erst nach Eintritt der Volljährigkeit entstehen, ohne dass das Kind hierauf Einfluss nehmen könnte.

77 Eine Schenkung unter einer Auflage (§ 525 BGB) ist genehmigungsbedürftig, wenn die Haftung des Beschenkten nicht auf die unentgeltliche Zuwendung beschränkt ist.[144] Wie bei der gemischten Schenkung (vgl. Rn. 74) gilt auch hier eine Ausnahme, wenn die Auflage eine verdeckte Gegenleistung darstellt.[145]

78 Bei Eingehung eines Gesellschaftsvertrages zum Erwerb eines Hausgrundstücks, das im Wege der Zwangsversteigerung erworben werden soll, kann auch der Abtretungsvertrag über die Abtretung der Ansprüche aus dem Zuschlagsbeschluss verbunden mit einer Darlehensaufnahme genehmigungsbedürftig sein.[146] Gleiches wird zum Teil für den Abschluss eines Gesellschaftsvertrages angenommen, der auf die Verwaltung des in die Gesellschaft eingebrachten Grundstücks gerichtet ist.[147] Das erscheint indes problematisch, da der Gesellschaftsvertrag kein „entgeltlicher" Austauschvertrag ist und regelmäßig nicht unmittelbar die Pflicht zum Erwerb von Gegenständen umfasst.

79 Auch die Ausübung des Miterbenvorkaufsrechts nach § 2034 BGB wird zum Teil als genehmigungspflichtig erachtet, wenn zu dem Nachlass ein Grundstück gehört.[148] Hiergegen dürfte allerdings die gebotene formale Auslegung (vgl. Rn. 8) sprechen. Der Erwerb des Erbteils stellt keinen Erwerb des Grundstücks selbst dar.[149]

X. Ausnahme für Hypotheken, Grund- und Rentenschulden

80 Für Hypotheken, Grund- und Rentenschulden gelten die Genehmigungserfordernisse des § 1821 Abs. 1 BGB nicht. Diese stellen nach der Konzeption des BGB Kapitalvermögen, nicht Grundvermögen dar.[150]

81 Verfügungen über diese Rechte können allerdings nach § 1812 BGB genehmigungsbedürftig sein. Geschäfte, die auf den entgeltlichen Erwerb solcher Rechte gerichtet sind, können nach den §§ 1807 Abs. 1, 1810 BGB der Genehmigung bedürfen.

D. Rechtsfolgen

I. Genehmigungserfordernis

82 Liegen die tatbestandlichen Voraussetzungen vor, so hat der Vormund die Genehmigung des Familiengerichts einzuholen. Zuständig ist gemäß § 3 Nr. 2a RPflG (in Betreuungssachen § 3 Nr. 2b RPflG) der Rechtspfleger.

83 Für Nachlasspflegschaften nach § 1962 BGB ist das Nachlassgericht zuständig.

84 Streitig war, ob die Zuständigkeit des Vormundschaftsgerichts auch dann gilt, wenn § 1821 BGB nicht im unmittelbaren Anwendungsbereich des Vormundschaftsrechts, sondern im Verhältnis Eltern – Kind zur Anwendung kommt.[151] Die Streitfrage hat sich durch die neue Zuständigkeitsregelung nach dem FamFG erledigt (vgl. hierzu die Kommentierung zu § 1793 BGB Rn. 162).

85 Das Genehmigungserfordernis ist zwingend. Anders als bei den §§ 1810, 1823 BGB handelt es sich nicht nur um eine Ordnungsvorschrift.

---

[143] KG v. 31.08.2010 - 1 W 167/10 - juris Rn. 25.
[144] OLG Köln v. 10.11.1997 - 14 Wx 10/97 - NJW-RR 1998, 363.
[145] Vgl. *Veit* in: Staudinger, § 1821 Rn. 77.
[146] OLG Naumburg v. 18.09.2001 - 3 UF 108/01 - OLGR Naumburg 2002, 183-185.
[147] So offenbar OLG Hamm v. 07.09.2000 - 22 U 18/00 - juris Rn. 9 f. - OLGR Hamm 2001, 163-166.
[148] OLG Köln v. 20.05.1996 - 2 Wx 10/96 - Rpfleger 1996, 446-447; *Wagenitz* in: MünchKomm-BGB, § 1821 Rn. 44.
[149] So auch *Zimmermann* in: Damrau/Zimmermann, Betreuungsrecht, 4. Aufl. 2011, § 1821 Rn. 21; *Veit* in: Staudinger, § 1821 Rn. 74.
[150] Vgl. *Zimmermann* in: Damrau/Zimmermann, Betreuungsrecht, 4. Aufl. 2011, § 1821 Rn. 23.
[151] Vgl. hierzu die Vorauflage.

II. Folgen des Fehlens der Genehmigung

Das Fehlen der (Außen-)Genehmigung macht ein einseitiges Rechtsgeschäft nach § 1831 BGB unwirksam, einen Vertrag schwebend unwirksam. **86**

§ 1829 BGB eröffnet allerdings die Möglichkeit einer nachträglichen Genehmigung. **87**

Das Fehlen der Genehmigung ist unerheblich, wenn der Mündel zur Abgabe einer Willenserklärung durch das Gericht verurteilt worden ist. Denn gemäß § 894 ZPO gilt die Willenserklärung mit Rechtskraft des Urteils als abgegeben, ohne dass es noch eines Zutuns durch den Vormund bedürfte. Freilich darf eine Verurteilung erst erfolgen, wenn nicht die erforderliche Genehmigung vorliegt. Dass eine einklagbare Pflicht zur Vornahme des Rechtsgeschäfts besteht, macht die Einholung der Genehmigung nicht schon per se entbehrlich.[152] **88**

Auch Prozesshandlungen werden aufgrund ihrer besonderen Natur unabhängig vom Vorliegen der familiengerichtlichen Genehmigung wirksam.[153] Gleichwohl ist der Vormund zur Einholung der erforderlichen Genehmigung verpflichtet. Diese für die Wirksamkeit der Prozesshandlung nach außen unerhebliche Genehmigung wird auch als Innengenehmigung bezeichnet.[154] **89**

Der Prozessvergleich ist jedoch bei Fehlen der (Außen-)Genehmigung unwirksam.[155] Dies ergibt sich aus der Doppelrechtsnatur des Prozessvergleichs. Denn er ist Prozesshandlung und materielles Rechtsgeschäft zugleich. **90**

III. Genehmigungskriterien

Nach herrschender, allerdings nicht unproblematischer (vgl. die Kommentierung zu § 1828 BGB Rn. 51 f.) Auffassung erteilt das Gericht die Genehmigung nach pflichtgemäßem Ermessen.[156] Danach kann etwa das Gericht der weiteren Beschwerde die Ermessensentscheidung nur als rechtsfehlerhaft beanstanden, wenn der Tatrichter sich des ihm zustehenden Ermessens nicht bewusst war, von ungenügenden oder verfahrenswidrig zustande gekommenen Feststellungen ausgegangen ist, wesentliche Umstände außer Betracht gelassen hat, bei der Bewertung relevanter Umstände unrichtige Maßstäbe zugrunde gelegt, von seinem Ermessen einen dem Sinn und Zweck des Gesetzes zuwiderlaufenden Gebrauch gemacht oder die Grenzen des Ermessens überschritten hat.[157] Da der Vormund sein Amt grundsätzlich selbständig führt, ist der Ermessensrahmen des Gerichts jedoch eingeschränkt. Es hat nur zu prüfen, ob der Vormund seinerseits den Rahmen einer ermessensgerechten Ausübung seines Amtes überschritten hat.[158] Zu den Einzelheiten vgl. die Kommentierung zu § 1828 BGB. **91**

Maßgeblich ist das Mündelinteresse, wie es sich zum Zeitpunkt der Entscheidung des Gerichts darstellt.[159] Der Vormund ist zur Beachtung der Grundsätze der Wirtschaftlichkeit gehalten. Dabei kommt es insbesondere auf die Angemessenheit der jeweiligen Gegenleistung an. Die Wertbeständigkeit einer Anlage kann gegenüber der höheren Rendite den Vorzug verdienen. Auch steuerliche Gesichtspunkte müssen beachtet werden. **92**

Veräußert der Mündel ein Grundstück, so steht der Genehmigung nicht entgegen, dass eine Belastungsvollmacht erteilt wird und der Grundschuldbetrag der Belastung den Kaufpreis übersteigt. Es ist jedoch darauf zu achten, dass der Mündel durch entsprechende Bestimmungen in der Sicherungsabrede davor geschützt wird, im Fall der Rückabwicklung des Rechtsgeschäfts zur Lastenfreistellung des Grund- **93**

---

[152] BayObLG München v. 17.05.1976 - BReg 1 Z 37/76 - juris Rn. 43 - FamRZ 1977, 141-144; *Saar* in: Erman, § 1821 Rn. 5; *Zimmermann* in: Damrau/Zimmermann, Betreuungsrecht, 4. Aufl. 2011, vor §§ 1821, 1822 Rn. 6; *Roth* in: Dodegge/Roth, Betreuungsrecht, 2003, E Rn. 84.

[153] H.M., vgl. *Roth* in: Dodegge/Roth, Betreuungsrecht, 2003, E Rn. 85; *Freiherr von Crailsheim* in: Jürgens, Betreuungsrecht, 4. Aufl. 2010, § 1821 Rn. 10; *Zimmermann* in: Damrau/Zimmermann, Betreuungsrecht, 4. Aufl. 2011, vor §§ 1821, 1822 Rn. 6.

[154] Vgl. etwa *Dodegge* in: Handbuch der Rechtspraxis, Band 5b – Familienrecht – 2. Halbband, 7. Aufl. 2010, Rdn. 347.

[155] *Zimmermann* in: Damrau/Zimmermann, Betreuungsrecht, 4. Aufl. 2011, vor §§ 1821, 1822 Rn. 6; *Roth* in: Dodegge/Roth, Betreuungsrecht, 2003, E Rn. 85; vgl. zur Rechtsnatur des Prozessvergleichs in einem Falle des § 1822 BGB RG v. 22.12.1902 - VII 337/03 - RGZ 56, 333-339.

[156] OLG München v. 07.01.2010 - 31 Wx 154/09 - juris Rn. 10 - FamRZ 2010, 838; BayObLG München v. 17.10.2001 - 3Z BR 327/01 - juris Rn. 13 - NotBZ 2002, 30-31; OLG Brandenburg v. 23.09.2008 - 10 UF 70/08 - MittBayNot 2009, 155-157, m.w.N.

[157] München v. 07.01.2010 - 31 Wx 154/09 - juris Rn. 10 - FamRZ 2010, 838.

[158] So auch *Bienwald*, DNotZ 2002, 549-551; *Roth* in: Dodegge/Roth, Betreuungsrecht, 2003, E Rn. 87.

[159] OLG Brandenburg v. 23.09.2008 - 10 UF 70/08 - MittBayNot 2009, 155-157.

stücks aufgelaufene Zinsen, Disagio, Nichtabnahme- oder Vorfälligkeitsentschädigungen etc. leisten zu müssen. Das kann etwa durch die folgende Bestimmung geschehen, deren Inhalt auch in die Grundschuldbestellungsurkunde aufzunehmen ist, geschehen:

„Der Käufer verpflichtet sich, den Verkäufer von sämtlichen mit der Erteilung der Vollmacht zur Belastung des vertragsgegenständlichen Grundbesitzes und der Unterwerfung unter die sofortige Zwangsvollstreckung wegen dieser zusammenhängenden Kosten freizustellen. Die Vollmacht darf nur von dem beurkundenden Notar oder dessen Vertreter ausgeübt werden. Im Innenverhältnis ist der Käufer verpflichtet, dabei durch eine Zweckbestimmungserklärung sicherzustellen, dass die Grundschuld bis zur Kaufpreiszahlung bzw. Eigentumsumschreibung nur vertragsgemäß bezahlte Kaufpreise sichert."[160]

94 Der Vormund hat allerdings auch auf die persönlichen Interessen und Wünsche des Mündels Rücksicht zu nehmen. So kann ein ideelles Interesse am Behalt eines Grundstücks gegenüber einem sehr lukrativen Verkaufspreis überwiegen.[161] Dies schließt eine Veräußerung des Gebäudes selbst gegen den erklärten Willen des Betreuten jedoch nicht aus, wenn z.B. erhebliche Schäden vorliegen, die das Gebäude unbewohnbar machen und wenn ein weiterer Verfall sowie Schadensersatz- und Instandsetzungsforderungen von Nachbarn drohen und weder der Betreute noch ein Miteigentümer in der Lage sind, die hohen Kosten der Sanierung zu tragen.[162]

95 Durch den Genehmigungsvorbehalt soll nicht jedes Risiko von dem Mündel fern gehalten werden. Es genügt vielmehr, wenn ein genehmigungsbedürftiges Geschäft im Ganzen gesehen für den Mündel vorteilhaft ist.[163] Dabei ist allerdings – insbesondere etwa bei gestaltenden Konzepten mit Immobilien, die weit in die Zukunft weisen –, im Rahmen der Vormundschaft ein strengerer Maßstab anzulegen, als etwa im Verhältnis des Minderjährigen zu seinen Eltern.[164]

96 Die Veräußerung eines Grundstücks, das den wesentlichen Gegenstand eines Nachlasses darstellt, durch den Nachlassverwalter kann trotz eines auf den Erhalt des Grundstücks gerichteten Willens des Erblassers genehmigungsfähig sein, wenn dies zur Befriedigung von Nachlassverbindlichkeiten geboten ist und das Grundstück aus den laufenden Erträgen allein nicht unterhalten werden kann.[165]

E. Prozessuale Hinweise/Verfahrenshinweise

97 Zum Genehmigungsverfahren und zu den Rechtsbehelfen vgl. die Kommentierung zu § 1828 BGB.

98 Zuständig ist der Rechtspfleger (§ 3 Nr. 2a RPflG). Findet § 1821 BGB sinngemäß nach § 11b Abs. 1 Satz 3 VermG Anwendung, ist die Verwaltungsbehörde zuständig.[166]

99 **Hinweis für den Notar**: Der Notar hat auf Genehmigungserfordernisse nach § 1821 BGB hinzuweisen und dies in der Niederschrift zu vermerken, § 18 BeurkG. Im Rahmen der Belehrung über die Genehmigung nach § 1828 BGB ist darauf hinzuweisen, dass das Rechtsgeschäft schwebend unwirksam ist, bis die Genehmigung erteilt und dem anderen Teil mitgeteilt worden ist.[167]

---

[160] Vgl. die hierzu ergangene Entscheidung des LG Nürnberg-Fürth v. 28.08.2006 - 13 T 4282/06 - MittBayNot 2007, 218-220.

[161] Vgl. BayObLG München v. 13.08.1997 - 3Z BR 234/97 - juris Rn. 11 - NJW-RR 1998, 158-159.

[162] OLG Frankfurt v. 19.07.2004 - 20 W 232/04 - OLGR Frankfurt 2004, 380.

[163] Vgl. zu dem Problemkreis BGH v. 25.10.2002 - V ZR 243/01 - juris Rn. 18 - MDR 2003, 324-325; OLG Rostock v. 20.04.2004 - 7 W 10/04 - OLGR Rostock 2004, 325-327; OLG Jena v. 10.04.1996 - 6 W 100/96 - juris Rn. 8 - OLGR Jena 1997, 6-7; OLG Dresden v. 02.08.1995 - 3 W 608/95 - FGPrax 1996, 7-8; OLG Koblenz v. 13.07.2005 - 13 UF 165/05 - Rpfleger 2005, 665, 666 – zu einem Grundstückskaufvertrag eines Minderjährigen als Gesellschafter einer Grundstücksverwaltungsgesellschaft.

[164] So zutreffend *Harm*, Rpfleger 2007, 374 f.

[165] OLG München v. 07.01.2010 - 31 Wx 154/09 - juris Rn. 12 - FamRZ 2010, 838.

[166] KG v. 02.07.1996 - 1 W 5155/96 - juris Rn. 6 - KGR 1996, 193; LG Berlin v. 22.06.1995 - 83 T 259/95 - juris Rn. 13 - FamRZ 1996, 56-57.

[167] Vgl. *Kölmel*, RNotZ 2010, 12, 16.

F. Arbeitshilfen – Antrag auf Genehmigung des Verkaufs und der Veräußerung eines Grundstücks nach § 1821 BGB

Für ein Beispiel eines Antrages auf Erteilung einer Genehmigung zu einem Grundstücksgeschäft nach § 1821 BGB vgl. das Muster 1.

Karl Groß
Bergallee 20
66111 Saarbrücken

Saarbrücken, den 03.03.2010

An das

Amtsgericht – Familiengericht – Saarbrücken

Franz-Josef-Röder-Straße 13

66119 Saarbrücken

Vormundschaft des Veit Vormittag, Bergallee 20, 66111 Saarbrücken, Gz.: 15 XVII 152/01

Antrag auf Genehmigung des Verkaufs und der Veräußerung eines Grundstücks nach § 1821 Abs. 1 Nr. 1, 5 BGB

Sehr geehrte Damen und Herren,

hiermit **beantrage** ich,

den Verkauf des im Eigentum von Veit Vormittag stehenden Grundstücks Gemarkung Alt-Saarbrücken, Flur 1, Nr. 23456 (Wohnhaus mit Hausgarten), 880 qm, gemäß den in beigefügtem Vertragsentwurf dargelegten Bedingungen,

die Bewilligung der Auflassungsvormerkung zugunsten des Käufers des unter a) bezeichneten Kaufvertrages und

die Auflassung des unter a) bezeichneten Grundstücks nach vollständiger Zahlung des in dem unter a) bezeichneten Kaufvertrag vereinbarten Kaufpreises,

jeweils hinsichtlich meiner Erklärung als Vormund für den Mündel Vormittag zu genehmigen.

Begründung

Durch Beschluss des Vormundschaftsgerichts Saarbrücken vom 03.12.2009, Gz. 15 XVII 152/01, wurde ich als Vormund von Veit Vormittag mit dem Aufgabenkreis Vermögenssorge bestimmt.

Der beabsichtigte Verkauf entspricht nach Abwägung aller materiellen und immateriellen Gesichtspunkte dem Interesse des Mündels.

Muster zu § 1821

Seit dem Tod der Eltern von Veit Vormittag steht das Haus leer. Eine Eigennutzung des Wohnhauses durch den Mündel ist aufgrund dessen Alters auf absehbare Zeit ausgeschlossen. Die vorhandene Wohnfläche von 230 qm wird den Wohnbedarf des Mündels auch in den nächsten Jahren voraussichtlich übersteigen.

Kosten und Lasten des Hauses können nicht aus den laufenden Einnahmen von Veit Vormittag bestritten werden. Im Gegenteil muss zur Deckung seiner Lebenshaltungs-, Betreuungs- und Pflegekosten mangels ausreichender laufender Einnahmen schon jetzt der Vermögensstock von Veit Vormittag angegriffen werden. Ich verweise insofern auf mein Inventar vom 03.01.2010.

Der Kaufpreis ist marktgerecht. Das Grundstück wurde in der Saarbrücker Zeitung zum Kauf angeboten. Darauf haben sich fünf Interessenten gemeldet. Ein Interessent wurde wegen seiner unsicheren Bonität nicht in Betracht gezogen. Ich verweise insofern auf die beigefügte Schufa-Auskunft. Von den verbleibenden Interessenten bot Herr Felix Freibeut mit 180.000 € den höchsten Kaufpreis. Dieser Preis entspricht dem gutachtlich festgestellten Grundstückswert. Insofern wird auf das beigefügte Wertgutachten von Dipl.-Ing. Karl Kalkulax verwiesen. Eine signifikante Wertsteigerung des Grundstücks ist in absehbarer Zeit nicht zu erwarten. Auch insofern verweise ich auf das beigefügte Gutachten.

Nach Erklärung der Genehmigung werde ich unaufgefordert über meine Mitteilung dieses Rechtsgeschäfts an Herrn Freibeut sowie über die weiteren Schritte zur Erfüllung des Geschäfts berichten.

Mit freundlichen Grüßen

Karl Groß

Anlage: Vertragsentwurf des Notars Dr. Weitschau vom 03.03.2010

§ 1822 BGB Genehmigung für sonstige Geschäfte

(Fassung vom 17.12.2008, gültig ab 01.09.2009)

Der Vormund bedarf der Genehmigung des Familiengerichts:

1. zu einem Rechtsgeschäft, durch das der Mündel zu einer Verfügung über sein Vermögen im Ganzen oder über eine ihm angefallene Erbschaft oder über seinen künftigen gesetzlichen Erbteil oder seinen künftigen Pflichtteil verpflichtet wird, sowie zu einer Verfügung über den Anteil des Mündels an einer Erbschaft,
2. zur Ausschlagung einer Erbschaft oder eines Vermächtnisses, zum Verzicht auf einen Pflichtteil sowie zu einem Erbteilungsvertrag,
3. zu einem Vertrag, der auf den entgeltlichen Erwerb oder die Veräußerung eines Erwerbsgeschäfts gerichtet ist, sowie zu einem Gesellschaftsvertrag, der zum Betrieb eines Erwerbsgeschäfts eingegangen wird,
4. zu einem Pachtvertrag über ein Landgut oder einen gewerblichen Betrieb,
5. zu einem Miet- oder Pachtvertrag oder einem anderen Vertrag, durch den der Mündel zu wiederkehrenden Leistungen verpflichtet wird, wenn das Vertragsverhältnis länger als ein Jahr nach dem Eintritt der Volljährigkeit des Mündels fortdauern soll,
6. zu einem Lehrvertrag, der für längere Zeit als ein Jahr geschlossen wird,
7. zu einem auf die Eingehung eines Dienst oder Arbeitsverhältnisses gerichteten Vertrag, wenn der Mündel zu persönlichen Leistungen für längere Zeit als ein Jahr verpflichtet werden soll,
8. zur Aufnahme von Geld auf den Kredit des Mündels,
9. zur Ausstellung einer Schuldverschreibung auf den Inhaber oder zur Eingehung einer Verbindlichkeit aus einem Wechsel oder einem anderen Papier, das durch Indossament übertragen werden kann,
10. zur Übernahme einer fremden Verbindlichkeit, insbesondere zur Eingehung einer Bürgschaft,
11. zur Erteilung einer Prokura,
12. zu einem Vergleich oder einem Schiedsvertrag, es sei denn, dass der Gegenstand des Streites oder der Ungewissheit in Geld schätzbar ist und den Wert von 3 000 Euro nicht übersteigt oder der Vergleich einem schriftlichen oder protokollierten gerichtlichen Vergleichsvorschlag entspricht,
13. zu einem Rechtsgeschäft, durch das die für eine Forderung des Mündels bestehende Sicherheit aufgehoben oder gemindert oder die Verpflichtung dazu begründet wird.

Gliederung

A. Grundlagen 1	**C. Anwendungsvoraussetzungen** 8
I. Kurzcharakteristik 1	I. Auslegungsgrundsätze 8
II. Entstehungsgeschichte 2	II. Persönlicher Anwendungsbereich 9
1. Das Gesetz zur Neuregelung des Volljährigkeitsalters 2	III. Sachlicher Anwendungsbereich 10
2. Das Betreuungsgesetz 3	IV. Befreiung von der Genehmigungspflicht 11
3. Das Fernabsatzvertragsgesetz 5	V. Verpflichtungen zur Verfügung und Verfügungen (Nr. 1) 12
4. Das FGG-Reformgesetz 6	
B. Praktische Bedeutung 7	1. Einführung 12

2. Verpflichtung zur Verfügung über das Vermögen als Ganzes 14
3. Verpflichtung zur Verfügung über eine angefallene Erbschaft 20
4. Verpflichtung zur Verfügung über einen künftigen Erb-/Pflichtteil 22
5. Verfügung über den Erbanteil 23
VI. Ausschlagung, Pflichtteilsverzicht und Erbteilungsvertrag (Nr. 2) 25
1. Einführung 25
2. Ausschlagung der Erbschaft und des Vermächtnisses 26
3. Verzicht auf den Pflichtteil 30
4. Erbteilungsvertrag 31
5. Praktische Hinweise 35
VII. Entgeltlicher Erwerb und Veräußerung eines Erwerbsgeschäfts (Nr. 3) 38
1. Einführung 38
2. Erwerbsgeschäft 39
3. Auf entgeltlichen Erwerb oder Veräußerung gerichteter Vertrag 48
4. Gesellschaftsvertrag zum Betrieb eines Erwerbsgeschäfts 67
5. Praktische Hinweise 84
VIII. Pachtvertrag über Landgut oder gewerblichen Betrieb (Nr. 4) 88
IX. Mietvertrag, Pachtvertrag, Pflicht zu wiederkehrenden Leistungen (Nr. 5) 92
1. Miet- oder Pachtvertrag 93
2. Vertragliche Pflicht des Mündels zu wiederkehrenden Leistungen 94
3. Fortdauer des Vertragsverhältnis länger als ein Jahr nach Eintritt der Volljährigkeit 101

X. Lehrvertrag für längere Zeit als ein Jahr (Nr. 6) 106
XI. Dienst- oder Arbeitsverhältnis für längere Zeit als ein Jahr (Nr. 7) 110
1. Dienst- oder Arbeitsverhältnis 110
2. Praktische Hinweise 111
XII. Aufnahme von Geld auf Kredit (Nr. 8) 113
1. Kredit 113
2. Praktische Hinweise 116
XIII. Inhaberschuldverschreibung, Wechsel, Orderpapier (Nr. 9) 118
XIV. Übernahme fremder Verbindlichkeit, Bürgschaft (Nr. 10) 121
1. Einführung 121
2. Erfasste Verbindlichkeiten 122
3. Praktische Hinweise 136
XV. Erteilung einer Prokura (Nr. 11) 138
XVI. Vergleich, Schiedsvertrag (Nr. 12) 141
XVII. Aufhebung oder Minderung einer Sicherheit (Nr. 13) 155
D. Rechtsfolgen 161
I. Genehmigungserfordernis 161
II. Folgen des Fehlens der Genehmigung 162
III. Genehmigungskriterien 168
1. Zu Nummer 1 169
2. Zu Nummer 2 170
3. Zu Nummer 3 182
4. Zu Nummer 7 187
5. Zu Nummer 9 188
6. Zu Nummer 10 189
7. Zu Nummer 11 190
8. Zu Nummer 12 192
E. Prozessuale Hinweise/Verfahrenshinweise 193

A. Grundlagen

I. Kurzcharakteristik

1   Vgl. zunächst die Kommentierung zu § 1821 BGB Rn. 1. § 1822 BGB enthält weitere, über die grundstücksbezogenen Fälle des § 1821 BGB hinausgehende Genehmigungstatbestände.

II. Entstehungsgeschichte

1. Das Gesetz zur Neuregelung des Volljährigkeitsalters

2   § 1822 Nr. 5 BGB hatte in seiner ursprünglichen Fassung darauf abgestellt, ob das Vertragsverhältnis länger als ein Jahr „nach der Vollendung des einundzwanzigsten Lebensjahrs" des Mündels fortdauern sollte. Mit der Absenkung der Volljährigkeit durch das Gesetz zur Neuregelung des Volljährigkeitsalters vom 31.07.1974[1] erhielt § 1822 Nr. 5 BGB im Wesentlichen die heutige Fassung.

2. Das Betreuungsgesetz

3   Die Wertgrenze des § 1822 Nr. 12 BGB wurde durch das Gesetz zur Reform des Rechts der Vormundschaft und Pflegschaft für Volljährige (Betreuungsgesetz – BtG) vom 12.09.1990[2] von 300 DM auf zunächst 5.000 DM angehoben. Die Änderung erfolgte in einem Zuge mit der Anhebung der Wertgrenze des § 1813 Abs. 1 Nr. 2 BGB (vgl. zu den Hintergründen im Einzelnen die Kommentierung zu § 1813 BGB).

---

[1] BGBl I 1974, 1713, 1714.
[2] BGBl I 1990, 2002, 2003.

Ferner wurden in § 1822 Nr. 12 BGB die Worte „oder der Vergleich einem schriftlichen oder protokollierten gerichtlichen Vergleichsvorschlag entspricht" eingefügt. Der Gesetzgeber ging davon aus, dass es in diesen Fällen zum Schutz des Mündels nicht geboten sei, den Vergleich einer nochmaligen Prüfung zu unterziehen. Das Verfahren sollte damit zugleich entbürokratisiert werden.[3] Die Formulierung „gerichtlicher Vergleichsvorschlag" (statt: Vergleichsvorschlag des Gerichts) sollte zum Ausdruck bringen, dass es sich nicht notwendig um einen Vorschlag des Gerichts in seiner vollen Besetzung handeln müsse, sondern dass auch Vergleiche erfasst werden, die auf Vorschlag des Vorsitzenden oder des Berichterstatters zustande kommen.[4] Des Weiteren erläutert die Gesetzesbegründung, dass der Vergleich nicht zwingend vor dem zuständigen Gericht geschlossen worden sein muss und auch weitere, über den Streitgegenstand des Verfahrens hinausgehende Ansprüche einbeziehen kann.[5]

3. Das Fernabsatzvertragsgesetz

Durch das Gesetz über Fernabsatzverträge und andere Fragen des Verbraucherrechts sowie zur Umstellung von Vorschriften auf Euro vom 27.06.2000[6] wurde die Wertgrenze des § 1822 Nr. 12 BGB von 5.000 DM auf 3.000 € angehoben. Dabei wurde die Umstellung auf Euro-Beträge zu einer leichten Anpassung genutzt.[7]

4. Das FGG-Reformgesetz

Mit Einführung des Gesetzes über das Verfahren in Familiensachen und in den Angelegenheiten der freiwilligen Gerichtsbarkeit (FGG-Reformgesetz – FGG-RG) vom 17.12.2008[8] wurde das Wort „Vormundschaftsgericht" in „Familiengericht" geändert und damit der Wechsel in der Zuständigkeit nach dem FamFG im BGB nachvollzogen. Zu der neuen Zuständigkeitsverteilung insgesamt vgl. die Kommentierung zu § 1793 BGB Rn. 162.

B. Praktische Bedeutung

Gemäß § 1915 BGB gilt § 1822 BGB für die Pflegschaft entsprechend. Mit Ausnahme von § 1822 Nr. 5 BGB gilt die Vorschrift gemäß § 1908i Abs. 1 Satz 1 BGB auch für die Betreuung. An die Stelle des § 1822 Nr. 5 BGB tritt der speziellere § 1907 BGB. Für Geschäfte der Eltern gelten nach § 1643 BGB lediglich die Nr. 1, 3, 5 und 8-11. Die in § 1822 Nr. 2 BGB enthaltenen Regelungsgegenstände werden bei der Ausschlagung durch die Eltern in § 1643 Abs. 2 BGB speziell geregelt. Die Vorschrift hat erhebliche praktische Bedeutung. Sie bietet teilweise immer noch Anlass zu erheblichen dogmatischen Kontroversen. Für die Praxis ist insbesondere darauf zu achten, dass die Genehmigungsbedürftigkeit nach § 1822 BGB nicht schlicht übersehen wird.

C. Anwendungsvoraussetzungen

I. Auslegungsgrundsätze

Die Auslegungsgrundsätze des § 1821 BGB (vgl. die Kommentierung zu § 1821 BGB Rn. 8) gelten auch im Rahmen des § 1822 BGB.

II. Persönlicher Anwendungsbereich

Vgl. zunächst Rn. 7.

III. Sachlicher Anwendungsbereich

Die Ausführungen zur grundsätzlichen Anwendbarkeit des § 1821 BGB (vgl. die Kommentierung zu § 1821 BGB Rn. 10) gelten im Rahmen des § 1822 BGB entsprechend.

IV. Befreiung von der Genehmigungspflicht

Vgl. zunächst die Befreiungsmöglichkeiten bei § 1821 BGB (vgl. die Kommentierung zu § 1821 BGB Rn. 16). Landesrechtliche Befreiungen finden sich in den Ausführungsgesetzen verschiedener Länder.

---

[3] BR-Drs. 59/89, S. 368.
[4] BR-Drs. 59/89, S. 369.
[5] BR-Drs. 59/89, S. 369.
[6] BGBl I 2000, 897, 901.
[7] Vgl. BR-Drs. 25/00, S. 134.
[8] BGBl I 2008, 2586.

V. Verpflichtungen zur Verfügung und Verfügungen (Nr. 1)

1. Einführung

12 Sinn und Zweck des Genehmigungsvorbehalts bestehen im Schutz des Mündels vor der Gefahr, dass der Verfügende – bzw. schon der Versprechende – bei der Verfügung über einen Inbegriff von Vermögenswerten die Tragweite seines Handelns verkennt und übereilt seine wirtschaftliche Existenz ruiniert.[9]

13 Damit ergänzt die Norm § 311b Abs. 2, 3 BGB.

2. Verpflichtung zur Verfügung über das Vermögen als Ganzes

14 Vgl. zum Begriff der Verfügung bereits die Kommentierung zu § 1821 BGB Rn. 23. Der Gesetzeswortlaut ist hier insofern unpräzise, als das Vermögen als Ganzes regelmäßig nicht durch eine Verfügung sondern durch eine Vielzahl von Einzelverfügungen nach den auf den einzelnen Verfügungsgegenstand jeweils anwendbaren Regeln übertragen wird (vgl. aber auch noch zur Gesamttheorie Rn. 18). Gewissermaßen uno acto geht das Vermögen als Ganzes nur ausnahmsweise, etwa bei der Begründung der Gütergemeinschaft oder bei der Übertragung eines Erbteils über. Das Gesetz meint die Verpflichtung zu Verfügungen über Gegenstände und Rechte, die das Vermögen des Mündels als Ganzes ausmachen.

15 Die erste Alternative von § 1822 Nr. 1 BGB erfasst nur das Kausalgeschäft, nicht auch das/die dingliche(n) Erfüllungsgeschäft(e).[10] Das ergibt sich unmittelbar aus dem Wortlaut.

16 Der Verfügung über das Vermögen als Ganzes steht die Verfügung über einen Bruchteil des Gesamtvermögens gleich.[11] Zwar ist der Wortlaut insofern – anders als der des § 311b Abs. 2, 3 BGB – nicht eindeutig. Die Streichung eines entsprechenden Zusatzes erfolgte jedoch lediglich, weil die Erfassung auch des Vermögensbruchteils der zweiten Kommission als selbstverständlich erschien.[12]

17 Aus den § 311b Abs. 2, 3 BGB folgt, dass die Verpflichtung zur Verfügung über das Vermögen als Ganzes nur wirksam ist, wenn sie sich auf gegenwärtiges Vermögen bezieht und notariell beurkundet wird.

18 Im Rahmen des § 1822 Nr. 1 BGB entspricht die **Gesamttheorie** herrschender Ansicht. D.h.: Der Genehmigungsvorbehalt greift nur ein, wenn über die Gesamtheit des Vermögens als solche verfügt wird. Es genügt nicht, dass die Verfügung einen oder mehrere einzelne Vermögensgegenstände betrifft, die nahezu das gesamte Vermögen ausmachen.[13] Die Einzeltheorie[14] will demgegenüber hier wie im Rahmen von § 1365 BGB die Verfügung über Einzelgegenstände genügen lassen. Offenbar folgt auch das Sächsische Oberverwaltungsgericht hier der Einzeltheorie. In einem PKH-Beschluss[15] verneint es die Wirksamkeit der Abtretung eines Anspruchs aus einem Bausparvertrag mit der Begründung, diese verstoße gegen § 1822 Nr. 1 BGB, weil der Gegenstand des Abtretungsvertrages das ganze Vermögen der Partei betreffe (insoweit nicht ausgeführt in dem Beschluss des Sächsischen Oberverwaltungsgerichts). Der konkrete Inhalt der Abtretung wird allerdings nicht mitgeteilt. Für die Einzeltheorie könnten Sinn und Zweck der Norm sowie der systematische Zusammenhang der Regelung sprechen. Nimmt man an, § 1822 Nr. 1 BGB bezwecke ebenso wie die weiteren Genehmigungstatbestände der §§ 1822, 1821 BGB die Kontrolle des Vormundschaftsgerichts bei Rechtsgeschäften mit erheblicher wirtschaftlicher Bedeutung, so liegt eine Auslegung im Sinne der Einzeltheorie nahe. Allerdings hat sich der Gesetzgeber im Interesse der Rechtssicherheit bewusst gegen eine Generalklausel und für eine enumerative Aufzählung der genehmigungsbedürftigen Geschäfte entschieden. Diese Wertung ist aufgrund der berechtigten Interessen des Geschäftsverkehrs auch auf die Gefahr hin, dass die Aufsicht des Vormundschaftsgerichts keinen lückenlosen Schutz bietet, zu respektieren.[16] Die vorzugswürdige Gesamttheo-

---

[9] Vgl. hierzu etwa auch *Engler* in: Staudinger, Neubearb. 2004, § 1822 Rn. 2.

[10] Allg. A., vgl. *Zimmermann* in: Damrau/Zimmermann, Betreuungsrecht, 4. Aufl. 2011, § 1822 Rn. 4.

[11] Allg. A., *Veit* in: Staudinger, § 1822 Rn. 3; *Saar* in: Erman, § 1822 Rn. 1.

[12] Protokolle, Bd. IV, S. 791.

[13] BGH v. 28.01.1957 - III ZR 155/55 - LM Nr. 2 zu § 1643 BGB; BayVGH v. 26.10.2005 - 12 B 03.3198 - juris Rn. 25; BayVGH v. 04.12.2003 - 12 ZB 03.2286 - juris Rn. 35; *Zimmermann* in: Damrau/Zimmermann, Betreuungsrecht, 4. Aufl. 2011, § 1822 Rn. 4; *Götz* in: Palandt, § 1822 Rn. 2; *Roth* in: Dodegge/Roth, Betreuungsrecht, 2003, E Rn. 97; *Wagenitz* in: MünchKomm-BGB, § 1822 Rn. 3; *Freiherr von Crailsheim* in: Jürgens, Betreuungsrecht, 4. Aufl. 2010, § 1822 Rn. 2; *Kölmel*, RNotZ 2010, 12, 20.

[14] *Kurz*, NJW 1992, 1798-1804, 1799; *Gernhuber/Coester-Waltjen*, Familienrecht, 6. Aufl. 2010, § 60 VI 5. Rn. 102.

[15] Sächsisches Oberverwaltungsgericht v. 01.07.2010 - 1 A 355/10 - juris Rn. 6.

[16] Vgl. hierzu auch *Kurz*, NJW 1992, 1798-1804, 1799; *Gernhuber/Coester-Waltjen*, Familienrecht, 6. Aufl. 2010, § 60 VI 5. Rn. 102.

rie entspricht der bei § 1822 BGB gebotenen formalen Auslegung (vgl. die Kommentierung zu § 1821 BGB Rn. 8). Aufgrund der zahlreichen weiteren gesetzlichen Genehmigungsvorbehalte dürften bei dieser Auslegung ohnehin keine gravierenden Schutzlücken bleiben. Einen signifikant weiteren Anwendungsbereich dürfte die Einzeltheorie deshalb wohl nur bei relativ kleinen Vermögen bieten. Gerade in diesen Fällen besteht aber auch auf Seiten des Erwerbers ein erhöhtes Bedürfnis nach Rechtssicherheit, da sich ihm in diesen Fällen eine Verfügung über das Vermögen im Ganzen noch weniger aufdrängen wird als beim Erwerb großer Vermögenswerte.

Eine Verfügung über das Vermögen im Ganzen liegt nicht schon im Beschluss zur Liquidation einer Gesellschaft. Denn durch sie ändert sich lediglich der Zweck der Gesellschaft.[17]   19

3. Verpflichtung zur Verfügung über eine angefallene Erbschaft

Hierunter fallen der Erbschafts(ver)kauf (§ 2371 BGB) sowie die Verpflichtung zur Bestellung eines Nießbrauchs an der Erbschaft (§ 1089 BGB)[18], ferner Erbauseinandersetzungsverträge und erbrechtliche Auslegungsverträge.[19]   20

Gemäß § 1922 Abs. 2 BGB steht das Geschäft über den Erbteil dem Geschäft über die Erbschaft gleich.   21

4. Verpflichtung zur Verfügung über einen künftigen Erb-/Pflichtteil

Solche Verpflichtungen sind nur im Rahmen des § 311b Abs. 5 BGB möglich. Die Vorschrift betrifft auch die Verpflichtung zum Erb- oder Pflichtteilsverzicht auf Seiten des Verzichtenden. Ein Genehmigungserfordernis ergibt sich überdies aus § 2347 Abs. 1 BGB.   22

5. Verfügung über den Erbanteil

Nicht nur die Verpflichtung zur Verfügung über den Erbanteil, sondern die Verfügung selbst ist in diesem Fall genehmigungsbedürftig, wie das Gesetz in § 1822 Nr. 1 a.E. BGB ausdrücklich vorgibt.[20] Hierunter fällt beispielsweise auch die Verpfändung an den Sozialhilfeträger.[21] Gleiches gilt für das formfreie Ausscheiden aus der Erbengemeinschaft gegen Abfindung (sog. Abschichtung).[22]   23

Die Annahme der Erbschaft bedarf indes keiner Genehmigung.[23] Dies gilt auch für die Annahme des Vermächtnisses.   24

VI. Ausschlagung, Pflichtteilsverzicht und Erbteilungsvertrag (Nr. 2)

1. Einführung

Ähnlich wie bei Nr. 1 soll der Gefahr einer unbedachten Weggabe unter Umständen beträchtlicher Vermögenswerte durch Geschäfte über einen Inbegriff von Vermögenswerten begegnet werden.   25

2. Ausschlagung der Erbschaft und des Vermächtnisses

Die Norm betrifft die Ausschlagung der Erbschaft nach § 1942 BGB – auch die Ausschlagung eines angefallenen Erbteils[24] – sowie die Ausschlagung des Vermächtnisses nach § 2180 BGB, ferner die Ausschlagung eines angefallenen Erbhofes nach § 11 HöfeO.   26

---

[17] Vgl. BGH v. 22.09.1969 - II ZR 144/68 - juris Rn. 10 - BGHZ 52, 316-321.

[18] Vgl. *Wagenitz* in: MünchKomm-BGB, § 1822 Rn. 5; *Saar* in: Erman, § 1822 Rn. 2.

[19] Zur Anwendung der Vorschriften über den Erbschaftskauf auf Erbauslegungsverträge: BGH v. 22.01.1986 - IVa ZR 90/84 - juris Rn. 21 - LM Nr. 1 Bl 1 zu § 2104 BGB; zustimmend *Freiherr von Crailsheim* in: Jürgens, Betreuungsrecht, 4. Aufl. 2010, § 1822 Rn. 3; *Zimmermann* in: Damrau/Zimmermann, Betreuungsrecht, 4. Aufl. 2011, § 1822 Rn. 5.

[20] Zu einem Beispielsfall etwa BayObLG v. 29.09.1980 - BReg 1 Z 86/80 - juris Rn. 15 - BayObLGZ 1980, 294-299.

[21] Allg. A., vgl. *Zimmermann* in: Damrau/Zimmermann, Betreuungsrecht, 4. Aufl. 2011, § 1822 Rn. 7.

[22] So auch *Freiherr von Crailsheim* in: Jürgens, Betreuungsrecht, 4. Aufl. 2010, § 1822 Rn. 6; vgl. zur Rechtsnatur der Anwachsung auch BGH v. 21.01.1998 - IV ZR 346/96 - BGHZ 138, 8-14; BGH v. 27.10.2004 - IV ZR 174/03 - NJW 2005, 284-286.

[23] OLG Koblenz v. 16.07.2007 - 5 W 535/07 - juris Rn. 10 - OLGR Koblenz 2008, 231-232; BayObLG München v. 15.05.1996 - 1Z BR 103/96 - BayObLG 1996, 59 60; BGH v. 08.10.1984 - II ZR 223/83 - juris Rn. 23 - BGHZ 92, 259-269; *Zimmermann*, ZEV 2013, 315-320, 316.

[24] Vgl. etwa KG v. 13.03.2012 - 1 W 747/11 - passim; Saarländisches Oberlandesgericht v. 17.02.2011 - 5 W 245/10 - passim - Rpfleger 2011, 607-609; OLG Stuttgart v. 25.06.2001 - 8 W 494/99 - passim - OLGR Stuttgart 2001, 452-455.

27 Die Annahme der Erbschaft sowie das Verstreichenlassen der Ausschlagungsfrist ist demgegenüber nicht genehmigungsbedürftig.[25] Eine Ausdehnung des Genehmigungserfordernisses im Wege des Analogieschlusses ist ausgeschlossen.[26]

28 Die Anfechtung der Annahme der Erbschaft steht der Ausschlagung gemäß den §§ 1954, 1957 Abs. 1 BGB gleich.[27] Die Anfechtung der Ausschlagung, die als Annahme der Erbschaft gemäß § 1957 BGB gilt, ist genehmigungsfrei.[28] Die Anfechtung der Annahme eines Vermächtnisses ist hingegen nicht genehmigungsbedürftig, da sie mangels gesetzlicher Anordnung der Ausschlagung des Vermächtnisses nicht gleichsteht.[29]

29 Die Zurückweisung einer Berechtigung, die durch Vertrag zugunsten Dritter auf den Todesfall begründet worden ist, stellt einen Verzicht auf einen Vorteil aus einem Rechtsgeschäft unter Lebenden dar und ist deshalb nicht genehmigungsbedürftig.[30]

3. Verzicht auf den Pflichtteil

30 Dieser Genehmigungsvorbehalt soll den Erlassvertrag im Sinne des § 397 BGB über den bereits entstandenen Pflichtteilsanspruch erfassen. Verpflichtungen über den künftigen Pflichtteil fallen unter § 1822 Nr. 1 BGB und sind nach den §§ 2347 Abs. 1, Abs. 2 Satz 2, 2346 Abs. 2 BGB genehmigungsbedürftig.

4. Erbteilungsvertrag

31 Erbteilungsverträge, auch Auseinandersetzungsverträge genannt, sind Verträge unter den Miterben, durch die die Aufhebung der Erbengemeinschaft hinsichtlich des ganzen Nachlasses oder einzelner Nachlassgegenstände geregelt wird.[31] Hierunter fällt auch eine Regelung über den Aufschub der Auseinandersetzung.[32] Erfasst werden sollen sowohl das Kausalgeschäft als auch das dingliche Erfüllungsgeschäft.[33] Die Genehmigungsbedürftigkeit gilt dabei für gerichtliche wie für außergerichtliche Erbteilungen.[34] Die Genehmigungspflicht soll allerdings nach wohl h.M. nur dann ausgelöst werden, wenn der Vertrag ein materielles Element enthält, d.h. wenn von dem gesetzlichen Modell der Teilung abgewichen wird.[35] Sobald allerdings mehrere Möglichkeiten einer Teilung in Betracht kommen, ist für eine einschränkende Auslegung des Genehmigungserfordernisses in diesem Sinne kein Platz mehr. Die Genehmigungsbedürftigkeit erstreckt sich allerdings nicht auf eine in dem Erbteilungsvertrag enthaltene Regelung der Kosten, die für den Entwurf des Vertrages aufzuwenden sind.[36]

32 Problematisch ist die Genehmigungsbedürftigkeit der Veräußerung einzelner Nachlassgegenstände. Teilweise wird angenommen, bereits die Veräußerung eines zum Nachlass gehörigen Gegenstandes sei genehmigungsbedürftig.[37] Nach anderer Auffassung bedarf erst die anschließende Aufteilung des Erlöses der Genehmigung.[38] Streng genommen betrifft die Veräußerung des Nachlassgegenstandes nur

---

[25] Vgl. *Saar* in: Erman, § 1822 Rn. 3; *Wagenitz* in: MünchKomm-BGB, § 1822 Rn. 8; *Veit* in: Staudinger, § 1822 Rn. 14.

[26] OLG Koblenz v. 16.07.2007 - 5 W 535/07 - juris Rn. 10 - OLGR Koblenz 2008, 231-232.

[27] Vgl. *Zimmermann*, ZEV 2013, 315-320, 316.

[28] Allg. A., vgl. *Zimmermann* in: Damrau/Zimmermann, Betreuungsrecht, 4. Aufl. 2011, § 1822 Rn. 14.

[29] *Zimmermann* in: Damrau/Zimmermann, Betreuungsrecht, 4. Aufl. 2011, § 1822 Rn. 14; *Bettin* in: BeckOK BGB, Ed. 30, § 1822 Rn. 6; *Fiala/Stenger*, Genehmigungen bei Betreuung und Vormundschaft – Ein Leitfaden mit zahlreichen Beispielen, 2. Aufl. 2009, S. 140; zweifelnd *Wagenitz* in: MünchKomm-BGB, § 1822 Rn. 8; a.A. aber *Veit* in: Staudinger, § 1822 Rn. 16.

[30] So *Zimmermann* in: Damrau/Zimmermann, Betreuungsrecht, 4. Aufl. 2011, § 1822 Rn. 14, m.w.N.

[31] Vgl. hierzu *Zimmermann* in: Damrau/Zimmermann, Betreuungsrecht, 4. Aufl. 2011, § 1822 Rn. 13; *Roth* in: Dodegge/Roth, Betreuungsrecht, 2003, E Rn. 98.

[32] *Saar* in: Erman, § 1822 Rn. 4.

[33] So *Zimmermann* in: Damrau/Zimmermann, Betreuungsrecht, 4. Aufl. 2011, § 1822 Rn. 13; *Gernhuber/Coester-Waltjen*, Familienrecht, 6. Aufl. 2010, § 71 VI 7. Rn. 49.

[34] LG Memmingen v. 29.10.1975 - 4 T 1849/75 - juris Rn. 55 - FamRZ 1977, 662-664.

[35] *Saar* in: Erman, § 1822 Rn. 4; a.A. etwa *Freiherr von Crailsheim* in: Jürgens, Betreuungsrecht, 4. Aufl. 2010, § 1822 Rn. 9; *Gernhuber/Coester-Waltjen*, Familienrecht, 6. Aufl. 2010, § 71 VI 7., Rn. 48.

[36] So LG Berlin v. 22.11.1990 - 83 T 393/90; vgl. aber auch LG Wuppertal v. 20.10.2000 - 6 T 742/00.

[37] So jedenfalls für die Veräußerung an den Miterben *Saar* in: Erman, § 1822 Rn. 4; *Klüsener*, Rpfleger 1993, 133-140, 134.

[38] So OLG Jena v. 27.06.1995 - 6 W 219/95 - NJW 1995, 3126-3127; *Zimmermann* in: Damrau/Zimmermann, Betreuungsrecht, 4. Aufl. 2011, § 1822 Rn. 13; *Wagenitz* in: MünchKomm-BGB, § 1822 Rn. 10.

das Außenverhältnis der Erbengemeinschaft zu dem Erwerber. Da die gemeinschaftliche Nachlassverwaltung jedoch eine interne Abstimmung über die Veräußerung erfordert, kommt es auch hier zu einer internen Willensbildung, die als Erbteilungsvertrag gedeutet werden kann. Lediglich wenn man den Begriff des Erbteilungsvertrages in einem engen Sinne auf die Verteilung der Erben untereinander beschränken wollte, wäre § 1822 Nr. 2 BGB nicht anwendbar. Eine solche Deutung erscheint jedoch problematisch, da die Entscheidung, einzelne Vermögensgegenstände zu veräußern, zugleich auch die Entscheidung enthält, diesen Gegenstand nicht als solchen unter den Erben zu verteilen. Zwar mag man mit der in Rn. 31 erwähnten Einschränkung annehmen, eine ordnungsgemäßer Verwaltung im Sinne der §§ 2038, 745 BGB entsprechende Veräußerung weise keinen materiellen Vertragsgehalt auf. Aber es entspricht gerade auch Sinn und Zweck der familiengerichtlichen Genehmigung, die im Einzelfall zweifelhaften Grenzen einer ordnungsgemäßen Verwaltung zu bestimmen. Das Gebot der formalen Auslegung (vgl. die Kommentierung zu § 1821 BGB Rn. 8) ließe es unerträglich erscheinen, die Genehmigungsbedürftigkeit von der konkreten Interessengefährdung des Mündels abhängig zu machen. Es erscheint deshalb vorzugswürdig, die Veräußerung des Nachlassgegenstandes grundsätzlich als genehmigungsbedürftig anzusehen.

Die Berufung auf die fehlende Genehmigung einer Erbauseinandersetzung Jahrzehnte nach ihrer Vereinbarung kann im Einzelfall eine unzulässige Rechtsausübung sein.[39] 33

Die Erhebung einer Teilungsklage oder ein Antrag auf Vermittlung der Erbauseinandersetzung durch das Nachlassgericht sind nicht genehmigungspflichtig.[40] Allerdings kann der mit der Klageschrift einzureichende Teilungsplan genehmigungspflichtige Rechtsgeschäfte enthalten, die den Teilungsplan genehmigungspflichtig machen.[41] 34

5. Praktische Hinweise

Bei Anfall einer Erbschaft hat der Vormund den Nachlass auf eine etwaige Überschuldung hin zu prüfen. Dies kann nicht nur mit einigem Aufwand, sondern auch mit Unwägbarkeiten verbunden sein, wenn die Gefahr besteht, dass bestehende, aber dem Vormund unbekannte Forderungen erst zu einem späteren Zeitpunkt entdeckt werden. Bei der Ermittlung etwaiger Verbindlichkeiten ist wegen der Ausschlagungsfrist des § 1944 BGB Eile geboten. Ggf. ist eine Beschränkung der Erbenhaftung in Betracht zu ziehen. Hierzu können Nachlassgläubiger im Aufgebotsverfahren zur Anmeldung ihrer Forderungen aufgefordert werden (§§ 946 ff. ZPO) und es kann ggf. unverzüglich Nachlassinsolvenz angemeldet werden (§§ 1975 ff. BGB). Im Fall der Betreuung bedarf es dazu u.U. der Erweiterung des Aufgabenkreises. 35

Wurde die Genehmigungsbedürftigkeit der Ausschlagung übersehen, kann die Erbschaft wegen unwirksamer Ausschlagung angenommen sein. Die Annahme ist jedoch anfechtbar.[42] Da die Anfechtung nach § 1957 Abs. 1 BGB die Ausschlagung herbeiführt, ist die Anfechtung entsprechend § 1822 Abs. 1 Nr. 2 BGB genehmigungsbedürftig.[43] 36

Der Eingang des Antrags auf Genehmigung der Ausschlagung hemmt nach ganz herrschender Ansicht die Ausschlagungsfrist.[44] 37

VII. Entgeltlicher Erwerb und Veräußerung eines Erwerbsgeschäfts (Nr. 3)

1. Einführung

Die Führung eines Erwerbsgeschäfts ist ebenso wie ein gesellschaftsrechtliches Engagement häufig mit wirtschaftlichen Risiken behaftet und erfordert auch nach dem Erwerbs- bzw. Gründungsakt fortlaufend qualifizierte unternehmerische Entscheidungen. Wegen der unter Umständen weitreichenden Konsequenzen solcher Betätigungen für das Mündelvermögen sind der entgeltliche Erwerb und die Veräußerung eines Erwerbsgeschäfts sowie der Abschluss eines Gesellschaftsvertrages zum Betrieb eines Erwerbsgeschäftes genehmigungsbedürftig. 38

---

[39] Vgl. BGH v. 18.01.1961 - VIII ZR 235/59 - LM Nr. 3 zu § 1829 BGB.

[40] Vgl. OLG Frankfurt v. 20.07.1993 - 20 W 232/93 - Rpfleger 1993, 505-506; *Wagenitz* in:MünchKomm-BGB, § 1822 Rn. 10; *Saar* in: Erman, § 1822 Rn. 4.

[41] *Freiherr von Crailsheim* in: Jürgens, Betreuungsrecht, 4. Aufl. 2010, § 1822 Rn. 10, m.w.N.

[42] BayObLG v. 13.01.1983 - 1 Z 27/82 - Rpfleger 1983, 152.

[43] *Klüsener*, Rpfleger 1993, 133, 134.

[44] Statt vieler *Dickescheid* in: BGB-RGRK, § 1822 Rn. 6; *Zimmermann* in: Damrau/Zimmermann, Betreuungsrecht, 4. Aufl. 2011, § 1831 Rn. 7.

2. Erwerbsgeschäft

39 Der Begriff des Erwerbsgeschäfts umfasst jede berufsmäßig ausgeübte, dauerhafte (regelmäßige), auf selbständigen Erwerb gerichtete Tätigkeit in Gewinnerzielungsabsicht.[45]

40 **Tätigkeit:** Gegenstand der Erwerbstätigkeit können neben gewerblichen Tätigkeiten auch wissenschaftliche, künstlerische, handwerkliche oder landwirtschaftliche Tätigkeiten sein.[46]

41 Auch die Ausübung freier Berufe erfüllt den Tatbestand des Erwerbsgeschäfts. Das Reichsgericht[47] vertrat noch die Auffassung, bei einer ärztlichen oder zahnärztlichen Praxis trete die Organisation sachlicher und persönlicher Mittel wegen des besonderen Vertrauensverhältnisses hinter die Tätigkeit des Praxisinhabers derart zurück, dass das Erwerbsgeschäft durch den Inhaberwechsel seine Identität verliere.[48] Diese Auffassung ist jedoch überholt. Nach heutiger Verkehrsanschauung begründet das besondere Vertrauensverhältnis zu einem Arzt, Rechtsanwalt, Steuerberater oder Wirtschaftsprüfer zwar gesteigerte Vertrauensschutzpflichten, schließt es aber nicht aus, die Praxis oder Kanzlei als ein normales Wirtschaftsunternehmen zu betrachten, das – auch – auf Gewinnerzielung gerichtet ist und einen Unternehmenswert verkörpert, der – zumal unter Berücksichtigung gestiegener Einrichtungskosten und dem heute anerkannten Marktwert eines Kundenstamms – wenigstens in seinem Kern einen Inhaberwechsel überdauert.[49]

42 Ohne Relevanz ist die Rechtsform des Erwerbsgeschäfts. Eine Einzelunternehmung fällt ebenso darunter wie eine Personen- oder Kapitalgesellschaft.

43 **Dauerhaftigkeit:** Ein Gewerbebetrieb verliert seine Eigenschaft als Erwerbsgeschäft nicht durch eine vorübergehende Schließung.[50]

44 **Auf Erwerb gerichtet:** Kein Erwerbsgeschäft ist die bloße Kapitalbeteiligung ohne Gewinn- und Verlustbeteiligung.

45 Auch die Beteiligung an einer Vermögensverwaltungsgesellschaft begründet für sich betrachtet kein Erwerbsgeschäft.[51] Über die nutzbringende Anlage des Vermögens hinaus müssen besondere Umstände dazukommen, die aus der Vermögensverwaltung ein Erwerbsgeschäft machen, etwa dass der Umfang des Vermögens eine geschäftsmäßige, gleichsam berufliche Tätigkeit erfordert, dass die Vermögensanlage ein gesteigertes unternehmerisches Risiko birgt, oder dass die Dauer der Bindung sich deutlich vom Typ des Privatvermögens entfernt.[52] So stellt etwa eine Vermögensverwaltung in Gesellschaftsform kein Erwerbsgeschäft dar, wenn die Gesellschaft lediglich ein Grundstück verwaltet, das zu Wohnzwecken selbst genutzt wird.[53]

46 Die bisher zur Abgrenzung von Erwerbsgeschäft und Vermögensverwaltungsgesellschaft ergangene Rechtsprechung hat sich ganz überwiegend mit Gesellschaften bürgerlichen Rechts befasst. Für eine erwerbsgeschäftlich ausgerichtete Tätigkeit spricht es, wenn die Gesellschaft auf Dauer ausgerichtet ist, neues Vermögen erworben wird und die Gesellschafter ein unternehmerisches Risiko tragen.[54] Weniger der Umfang des verwalteten Bestandes als Umfang und Komplexität der entfalteten Tätigkeit

---

[45] Vgl. BayObLG München v. 06.07.1995 - 1Z BR 157/94 - juris Rn. 15 - DB 1995, 1800-1801; OLG München v. 06.11.2008 - 31 Wx 76/08 - OLGR München 2009, 8-9; *Zimmermann* in: Damrau/Zimmermann, Betreuungsrecht, 4. Aufl. 2011, § 1822 Rn. 16; *Götz* in: Palandt, § 1822 Rn. 5.

[46] Motive, Bd. I, S. 142.

[47] RG v. 23.03.1934 - I 214/33 - RGZ 144, 1-6, 2.

[48] So im Grundsatz (jedenfalls für Rechtsanwälte, Steuerberater und Wirtschaftsprüfer) auch noch *Holzhauer* in: Erman, 10. Aufl. 2000, § 1822 Rn. 7; a.A. *Saar* in: Erman, § 1822 Rn. 6.

[49] Im Ergebnis wie hier auch *Veit* in: Staudinger, § 1822 Rn. 40; *Zimmermann* in: Damrau/Zimmermann, Betreuungsrecht, 4. Aufl. 2011, § 1822 Rn. 16; *Wagenitz* in: MünchKomm-BGB, § 1822 Rn. 11; *Roth* in: Dodegge/Roth, Betreuungsrecht, 2003, E Rn. 101.

[50] BGH v. 25.09.1952 - IV ZR 22/52 - BGHZ 7, 208-218.

[51] OLG München v. 06.11.2008 - 31 Wx 76/08 - juris Rn. 7 - OLGR München 2009, 8-9; LG Münster v. 18.07.1996 - 5 T 383/96 - FamRZ 1997, 842.

[52] Vgl. hierzu *Saar* in: Erman, § 1822 Rn. 14, mit einzelnen Beispielen. Zu Beispielen aus der Rechtsprechung vgl. etwa BayObLG München v. 06.07.1995 - 1Z BR 157/94 - DB 1995, 1800-1801; LG Münster v. 18.07.1996 - 5 T 383/96 - FamRZ 1997, 842.

[53] OLG München v. 06.11.2008 - 31 Wx 76/08 - OLGR München 2009, 8-9; Hanseatisches OLG Bremen v. 16.06.2008 - 2 W 38/08 - OLGR Bremen 2008, 746-748.

[54] Vgl. BayObLG v. 06.07.1995 - 1Z BR 157/94 - BayObLGZ 1995, 230-238; OLG Schleswig v. 21.06.2001 - 2 W 133/01 - FamRZ 2003, 55.

sind insofern von Relevanz.[55] Besonderer Bedeutung kommt insofern das Auftreten der Gesellschaft nach außen, etwa durch Eingehung von Verträgen mit Dritten zu[56].

Für die in der Beratungspraxis zunehmend empfohlene vermögensverwaltende Kommanditgesellschaft[57] gelten die dargestellten Grundsätze entsprechend.[58] So kann vom Vorliegen einer Kommanditgesellschaft nicht automatisch auf ein Erwerbsgeschäft geschlossen werden[59], da diese Gesellschaftsform seit Inkrafttreten des Handelsrechtsreformgesetzes 1998 nicht mehr auf Handelsgewerbe beschränkt ist. Zwar mag die bloße Verwaltung eines eigengenutzten Hauses durch Ehegatten nicht dem Bild einer Vermögensverwaltungsgesellschaft entsprechen, der mit der Neufassung des § 105 Abs. 2 HGB die Eintragungsoption eröffnet werden sollte. Wenn sich jedoch keine konkreten Anhaltspunkte dafür ergeben, dass die Gesellschaft eine darüber hinausgehende Tätigkeit entfaltet, bedarf die Übertragung einer solchen Gesellschaft keiner vormundschaftsgerichtlichen Genehmigung.[60] Aus Gründen der Vorsicht ist für die rechtsgestaltende Praxis gleichwohl vorsorglich die Einholung einer Genehmigung bzw. eines Negativattests empfehlenswert, da die Rechtsentwicklung insoweit noch nicht als gesichert gelten kann.[61]

3. Auf entgeltlichen Erwerb oder Veräußerung gerichteter Vertrag

Entgeltlichkeit: Die Entgeltlichkeit definiert sich über das Vertragsverhältnis zwischen Erwerber und Veräußerer. Zur Entgeltlichkeit vgl. bereits die Kommentierung zu § 1821 BGB Rn. 74.[62] Vgl. zum schenkweisen Erwerb von Geschäftsanteilen Rn. 84.

Vertrag: Das Gesetz fordert einen Vertrag. Damit scheidet eine Genehmigung des erbrechtlichen Erwerbs aus. Eine Ausdehnung auf den erbrechtlichen Erwerb kommt auch nicht unter dem Gesichtspunkt des allgemeinen Persönlichkeitsrechts in Betracht. Zwar hat das Bundesverfassungsgericht entschieden, es sei mit diesem Verfassungsrecht nicht vereinbar, dass ein Minderjähriger durch die Fortführung eines erworbenen Gesellschaftsanteils finanziell einer unbegrenzten Haftung ausgesetzt werde.[63] Nachdem der Gesetzgeber hierauf jedoch nicht mit einer Erweiterung der Genehmigungstatbestände, sondern mit der Einführung des § 1629a BGB reagiert hat, ist eine analoge Anwendung von § 1822 Nr. 3 BGB ausgeschlossen.[64] Diese Auffassung ist allerdings nicht unumstritten. Die Praxis sollte deshalb den sichersten Weg wählen.

Erwerb oder Veräußerung: Der auf den Erwerb oder die Veräußerung gerichtete Vertrag ist das Kausalgeschäft, also insbesondere der Kaufvertrag.

Daneben sollen nach einer Ansicht auch die dinglichen Erfüllungsgeschäfte genehmigungsbedürftig sein.[65] Hiergegen spricht, dass sich dies der am Wortlaut orientierten, gebotenen formalen Auslegung (vgl. die Kommentierung zu § 1821 BGB Rn. 8) nicht entnehmen lässt und auch kein zwingendes, über die Überprüfung des Kausalgeschäfts hinausgehendes Schutzbedürfnis für eine ausdrückliche Genehmigung des Erfüllungsgeschäfts erkennbar ist. Das Erfüllungsgeschäft ist deshalb – soweit es nicht aufgrund anderweitiger Vorschriften der Genehmigung bedarf – genehmigungsfrei.[66]

Ein Erwerb des Erwerbsgeschäfts liegt unabhängig davon vor, ob auch die Firma sowie sämtliche Aktiva und Passiva des Unternehmens übergehen. Es genügt der Erwerb mit mehreren anderen Erwerbern zusammen, ebenso im Grundsatz auch der Erwerb eines Geschäftsanteils. Denn aus ihm können nicht minder gravierende wirtschaftliche Risiken erwachsen.[67]

---

[55] Vgl. etwa LG Aachen v. 21.06.1993 - 3 T 128/93 - Rpfleger 1994, 104 einerseits und LG Münster v. 18.07.1996 - 5 T 383/96 - FamRZ 1997, 842.
[56] Vgl. hierzu *Wertenbruch*, FamRZ 2003, 1714, 1715.
[57] Vgl. hierzu *Eickmann/Hohaus*, BB 2004, 1707-1712.
[58] Zustimmend OLG Jena v. 22.03.2013 - 2 WF 26/13 - juris Rn. 25 - FamRZ 2014, 140-142.
[59] OLG Jena v. 22.03.2013 - 2 WF 26/13 - juris Rn. 19 ff. - FamRZ 2014, 140-142.
[60] So etwa OLG München v. 06.11.2008 - 31 Wx 76/08 - MDR 2009, 32-33
[61] So auch *Werner*, GmbHR 2008, 1266 f.
[62] Vgl. auch die Übersicht bei *Fortun*, NJW 1999, 754-757.
[63] So BVerfG v. 13.05.1986 - 1 BvR 1542/84 - NJW 1986, 1859-1861.
[64] Wie hier jedenfalls für volljährige Betreute auch *Zimmermann* in: Damrau/Zimmermann, Betreuungsrecht, 4. Aufl. 2011, § 1822 Rn. 18; insgesamt im Ergebnis wie hier *Veit* in: Staudinger, § 1822 Rn. 55, m.w.N.
[65] So *Zimmermann* in: Damrau/Zimmermann, Betreuungsrecht, 4. Aufl. 2011, § 1822 Rn. 13; *Roth* in: Dodegge/Roth, Betreuungsrecht, 2003, E Rn. 101.
[66] Im Ergebnis ebenso OLG München vom 08.02.2011 - 34 Wx 40/11 - juris Rn. 15 - Rpfleger 2011, 374-375; *Wagenitz* in: MünchKomm-BGB, § 1822 Rn. 13; *Veit* in: Staudinger, § 1822 Rn. 43.
[67] So auch schon RG v. 04.12.1928 - II 486/28 - RGZ 122, 370-373.

53 Probleme wirft die Behandlung des **Erwerbs von Anteilen an Kapitalgesellschaften** auf. Denn Träger des Erwerbsgeschäfts ist hier die Kapitalgesellschaft. Dieser und nicht dem Anteilinhaber ist deshalb im Grundsatz das Erwerbsgeschäft zuzuordnen. Umstritten ist, inwiefern dieses Ergebnis im Rahmen einer wertenden Betrachtung der hinter der Kapitalgesellschaft stehenden Inhaber korrigiert werden kann. Während teilweise jeder Erwerb eines einzelnen Geschäftsanteils als genehmigungsbedürftig angesehen wurde[68], nimmt die Gegenposition Genehmigungsbedürftigkeit nur beim Erwerb sämtlicher Anteile an[69]. Dass der Erwerb sämtlicher Geschäftsanteile einer Erwerbsgesellschaft ausreichend ist, entspricht jedenfalls ganz herrschender Auffassung.

54 Zwischen den beiden Extrempositionen hat die frühere Rechtsprechung des KG eine wertende Betrachtung anhand der Zahl der Mitgesellschafter, des Maßes der Beteiligung und der persönlichen Verhältnisse des Mündels unternommen.[70] Der Bundesgerichtshof sieht die Veräußerung von GmbH-Anteilen „jedenfalls" dann als genehmigungsbedürftig an, wenn die Beteiligung 50% übersteigt oder wenn nur Minderjährige an einer GmbH beteiligt sind und sie alle Anteile und damit das Unternehmen der GmbH insgesamt veräußern.[71] Diese Auslegung ist jedoch unvereinbar mit den Grundsätzen der formalen Auslegung (vgl. die Kommentierung zu § 1821 BGB Rn. 8) des § 1822 BGB. Heute wird verbreitet vertreten, der Anteilserwerb sei genehmigungsbedürftig, wenn dem Geschäft über die bloße Kapitaleinlage hinaus eine unternehmerische Bedeutung zukommt.[72] Aber auch diese Formulierung impliziert eine erhebliche wertungsmäßige Unsicherheit.

55 Das teilweise favorisierte Abstellen auf die Überschreitung von Sperrminoritäten[73] trägt nur auf den ersten Blick zur Rechtssicherheit bei.[74] Das deutsche Recht sieht in den einzelnen Gesetzen verstreut verschiedene Quoren vor, die teilweise überdies einer satzungsmäßigen Regelung zugänglich sind. Vergleichsweise einfach scheint insofern die deutsche GmbH zu sein: Gemäß § 50 Abs. 1 GmbHG kann ein Quorum von 10% des Stammkapitals die Einberufung einer Gesellschafterversammlung verlangen, gemäß § 66 Abs. 2 GmbHG kann dasselbe Quorum die Bestellung von Liquidatoren verlangen und gemäß § 61 Abs. 2 Satz 2 GmbHG kann dasselbe Quorum die Auflösungsklage erheben. Aber schon die Beteiligung an der Aktiengesellschaft wirft Probleme auf: In ihr kann die Einberufung der Hauptversammlung nach § 122 Abs. 1 AktG von 1/20 des Grundkapitals, je nach Satzung aber auch von einem geringeren Quorum verlangt werden. Die Einsetzung eines Abwicklers kann gemäß § 265 Abs. 3 AktG von 1/20 des Grundkapitals oder einem Anteil von 500.000 € verlangt werden. Die Inhaber von 1/10 des vertretenen Grundkapitals können nach den §§ 50, 93 Abs. 4, 309 Abs. 3 AktG auf Ersatzansprüche verzichten. Für die Durchführung von Sonderprüfungen gelten gemäß § 142 Abs. 2 AktG bzw. § 258 Abs. 2 AktG wieder etwas andere Vorgaben. Die Probleme verstärken sich, wenn man ausländische Gesellschaftsformen in die Betrachtung einbezieht, die nach der „Inspire-Art"-Rechtsprechung des EuGH in verstärktem Maße auch in Deutschland praktische Relevanz erlangen werden. Auch können Quoren je nach der sonstigen Beteiligungsstruktur des Unternehmens eine vergleichsweise geringe Aussagekraft hinsichtlich der tatsächlichen unternehmerischen Relevanz einer Beteiligung haben. Die Prüfung, ob eine Beteiligung unternehmerische Relevanz hat, ist deshalb nicht selten schwerer als die Prüfung ihrer Genehmigungsfähigkeit.

56 Im Interesse der Rechtssicherheit erscheint deshalb ausgehend vom Wortlaut der Norm eine restriktive Anwendung angebracht. Als genehmigungsbedürftig sollte der Erwerb von Anteilen nach § 1822 Nr. 3 Alt. 1 BGB daher nur dann angesehen werden, wenn der Erwerber durch den Erwerb gleichsam wie beim Erwerb des gesamten Erwerbsgeschäfts eine dem Alleinunternehmer vergleichbare Rolle erlangt. Die soeben ansatzweise wiedergegebene Diskussion belegt jedoch, wie wichtig es in diesem Bereich für die Praxis ist, den sichersten Weg zu gehen und eine Genehmigung zu beantragen.

57 Unstreitig ist jedenfalls der Erwerb einer Ein-Mann-GmbH genehmigungsbedürftig.[75]

---

[68] So *Müller*, JR 1961, 326-329, 329.
[69] So *Winkler*, ZGR 1990, 131-141, 132 ff.; *Gerken*, Rpfleger 1989, 270-273, 272.
[70] So etwa KG v. 07.10.1926 - 1 X 598/26 - JW 1927, 2578-2578-2579.
[71] BGH v. 28.01.2003 - X ZR 199/99 - ZEV 2003, 375-377. Das OLG München lässt eine Beteiligung von 1/8 der Anteile jedenfalls nicht genügen, vgl. OLG München v. 20.08.2002 - 17 WF 1191/02 - FamRZ 2003, 392.
[72] So etwa *Roth* in: Dodegge/Roth, Betreuungsrecht, 2003, E Rn. 101; ähnlich *Götz* in: Palandt, § 1822 Rn. 6; *Klüssner*, Rpfleger 1993, 133-140, 135 f.
[73] So etwa *Saar* in: Erman, § 1822 Rn. 9.
[74] So auch *Veit* in: Staudinger, § 1822 Rn. 61.
[75] Vgl. *Veit* in: Staudinger, § 1822 Rn. 59, m.w.N.

Allerdings darf diese restriktive Auslegung nicht darüber hinwegtäuschen, dass der Anteilserwerb in weitaus größerem Umfang gemäß § 1811 BGB genehmigungspflichtig ist. Denn soweit der Erwerber nicht wie der Träger des Erwerbsgeschäfts schalten und walten kann, liegt regelmäßig eine genehmigungsbedürftige Kapitalanlage vor. 58

Auch der Erwerb von Gesellschaftsanteilen vor der Eintragung ins Handelsregister kann eine Genehmigungsbedürftigkeit in Betracht kommen.[76] 59

Unabhängig davon ist es dem Vormund in Zweifelsfällen stets anzuraten, um eine Genehmigung zu ersuchen. Bei der Beurteilung umstrittener Rechtsfragen kann er so einer Haftung nach § 1833 BGB entgehen. 60

Der Eintritt in eine bestehende Personengesellschaft gegen Entgelt ist dann genehmigungsbedürftig nach § 1822 Nr. 3 Alt. 1 BGB, wenn der Anteilserwerb durch Vertrag zwischen dem ausscheidenden und dem eintretenden Gesellschafter erfolgt.[77] Zur Genehmigungsbedürftigkeit des Eintritts in eine Personengesellschaft durch Vertrag mit den übrigen Gesellschaftern vgl. Rn. 67 ff. 61

Veräußerung ist das Kausalgeschäft, das auf die Übertragung der Rechtsinhaberschaft an dem Erwerbsgeschäft gerichtet ist. 62

Der Gesetzeswortlaut könnte zu der Annahme führen, dass sowohl die entgeltliche als auch die unentgeltliche Veräußerung eines Erwerbsgeschäfts genehmigungspflichtig ist. Die unentgeltliche Veräußerung ist jedoch schon gemäß § 1804 BGB nicht genehmigungsfähig. 63

Auch die Veräußerung von Beteiligungen an Personengesellschaften ist nach § 1822 Nr. 3 Alt. 1 BGB genehmigungspflichtig, und zwar unabhängig von der Anteilshöhe.[78] 64

Zur Veräußerung von Beteiligungen an Kapitalgesellschaften gelten die für den derivaten Erwerb aufgestellten Regeln entsprechend.[79] Nach Auffassung des BGH ist die Veräußerung von Anteilen an einer Kapitalgesellschaft jedenfalls dann genehmigungsbedürftig, wenn die Beteiligung 50% übersteigt oder wenn nur Minderjährige an einer GmbH beteiligt sind und sie alle Anteile und damit die GmbH im Ganzen veräußern.[80] Im Einzelnen ist hier vieles streitig. 65

Die Kündigung oder Auflösung einer Gesellschaft ohne Übergang der Rechtsinhaberschaft auf Dritte stellt keinen Tatbestand der Veräußerung dar,[81] wohl aber ein Vertrag, durch den Geschäftsanteile an einen Gesellschafter übertragen werden.[82] 66

4. Gesellschaftsvertrag zum Betrieb eines Erwerbsgeschäfts

Genehmigungsbedürftig ist auch die Eingehung eines Gesellschaftsvertrages zum Betrieb eines Erwerbsgeschäftes. Sinn und Zweck der Regelung liegen im Schutz vor einem dauerhaften wirtschaftlichen Engagement mit den sich aus der Vertretungsmacht des vertretungsberechtigten Gesellschafters ergebenden Haftungsrisiken.[83] Aus diesem Grund ist es für die Genehmigungspflichtigkeit auch unerheblich, ob die Gründung der Gesellschaft entgeltlich oder unentgeltlich ausgestaltet ist.[84] 67

Die **Eingehung eines Gesellschaftsvertrags** ist jede Beteiligung an einem Gesellschaftsvertrag unter Übernahme von Gesellschafterpflichten. Hierunter fallen insbesondere die Gründungsverträge zu Personengesellschaften, etwa zu einer Gesellschaft bürgerlichen Rechts[85], einer oHG, oder einer KG, selbst wenn der Mündel nur als Kommanditist beteiligt sein soll (vgl. dazu Rn. 69). Auch die Beteiligung an der Gründung einer Kapitalgesellschaft, etwa einer GmbH oder einer AG, stellt einen Gesellschaftsvertrag dar. Schließlich ist § 1822 Nr. 3 BGB nicht auf den Abschluss von Gesellschaftsverträ- 68

---

[76] Vgl. hierzu BGH v. 20.02.1989 - II ZR 148/88 - BGHZ 107, 24, 28.
[77] Vgl. *Rust*, DStR 2005, 1942, 1946.
[78] So auch *Rust*, DStR 2005, 1992; *Hohaus/Eickmann*, BB 2004, 1707, 1711.
[79] So auch *Rust*, DStR 2005, 1992 mit einer kritischen Würdigung von BGH v. 28.01.2003 - X ZR 199/99 - ZEV 2003, 375-377.
[80] BGH v. 28.01.2003 - X ZR 199/99 - juris Rn. 29 - ZEV 2003, 375-377.
[81] Vgl. *Rust*, DStR 2005, 1992, 1993; *Veit* in: Staudinger, § 1822 Rn. 68; vgl. zur Unterscheidung auch BGH v. 22.09.1969 - II ZR 144/68 - NJW 1970, 33.
[82] Vgl. etwa Hanseatisches OLG Bremen v. 13.03.2013 - 4 UF 7/12 - FamRZ 2014, 137-140.
[83] BayObLG München v. 04.07.1989 BReg 1 a Z 7/89 - juris Rn. 9 - Rpfleger 1989, 455-456; OLG Hamm v. 11.04.2000 - 2 UF 53/00 - FamRZ 2001, 53.
[84] OLG Braunschweig v. 30.10.2000 - 2 W 237/00 - ZEV 2001, 75; OLG Zweibrücken v. 14.01.1999 - 3 W 253/98 - FamRZ 2000, 117-119; BayObLG v. 05.03.1997 - 1Z BR 210/96 - FGPrax 1997, 105-107.
[85] Vgl. etwa BFH v. 25.06.1998 - VIII B 45/97 - juris Rn. 17 - ZEV 1999, 240-242.

§ 1822

gen nach deutschem Recht beschränkt, sondern erfasst auch die Gründung von Gesellschaften nach ausländischem Recht, die nach der Inspire-Art-Rechtsprechung des Europäischen Gerichtshofs verstärkte praktische Relevanz erlangen dürften, etwa die Limited.

69 Allerdings löst nicht jeder Abschluss eines Gesellschaftsvertrages die Genehmigungspflicht nach § 1822 Nr. 3 Alt. 2 BGB aus. Die Eingehung des Vertrages muss **„zum Betrieb eines Erwerbsgeschäfts"** erfolgen. Unproblematisch ist dies bei der Gründung von Gesellschaften, die bereits kraft gesetzlicher Definition auf den Betrieb eines Handelsgewerbes gerichtet sind, etwa bei der oHG oder der KG, mag auch der Mündel nur als Kommanditist an der KG beteiligt werden.[86]

70 Etwas anderes gilt allerdings, wenn der Erbe die Einräumung einer Kommanditistenstellung nach § 139 Abs. 1 HGB begehrt. In diesem Fall ist die Gesellschafterstellung bereits in der Person des Mündels vorhanden und wird durch das Begehren lediglich in eine sicherere Kommanditistenstellung umgewandelt[87]. Die Behandlung gesellschaftsrechtlicher Nachfolgeklauseln ist umstritten. Die wohl herrschende Ansicht nimmt sie von dem Genehmigungserfordernis des § 1822 Nr. 3 BGB aus.[88] Die Gegenmeinung hält für eine entsprechende Anwendung des § 1822 Nr. 3 Fall 2 BGB.[89] Richtigerweise wird man danach differenzieren müssen, ob es sich um eine sogenannte erbrechtliche oder eine rechtsgeschäftliche Nachfolgeklausel handelt. Im Fall der erbrechtlichen Nachfolgeklausel geht der Gesellschaftsanteil kraft Erbfolge automatisch auf den Erben über.[90] In diesem Fall bedarf es deshalb weder eines rechtsgeschäftlichen Erwerbs noch des Abschlusses eines Gesellschaftsvertrages.[91] Im Fall der rechtsgeschäftlichen Nachfolgeklausel soll der Gesellschaftsanteil bei Tod des Gesellschafters kraft Vereinbarung im Gesellschaftsvertrag auf den Erben übergehen. Hierzu bedarf es einer rechtsgeschäftlichen Mitwirkung des Begünstigten, da die Gesellschafterstellung auch Pflichten begründet.[92] Ebenso wie bei der Eintrittsklausel kommt in diesem Fall eine vertragliche Vereinbarung zustande, die familiengerichtlicher Genehmigung bedarf.

71 Die Vereinbarung über die Fortsetzung der durch Tod aufgelösten oder in Liquidation befindlichen Gesellschaft ist ebenfalls genehmigungsbedürftig.[93]

72 Die Gesellschaft bürgerlichen Rechts ist jedenfalls dann zum Betrieb eines Erwerbsgeschäfts gegründet, wenn sie ein Kleingewerbe betreibt[94] oder eine Erwerbsgesellschaft darstellt[95]. Umstritten ist die Behandlung der Beteiligung an einer **Gesellschaft bürgerlichen Rechts,** wenn kein Erwerbsgeschäft betrieben wird. Teilweise wird hier die Genehmigungspflicht schon mit der Möglichkeit begründet, dass die Gesellschaft bürgerlichen Rechts in der Zukunft einmal gewerblich tätig werden könnte.[96] Die Formulierung des § 1822 Abs. 3 Alt. 2 BGB dürfte allerdings eine Gründung verlangen, die gerade zielgerichtet zu dem Zweck der Aufnahme des Erwerbsgeschäfts erfolgt. Das dürfte einer zu weiten Auslegung entgegenstehen. Teilweise wird darauf abgestellt, ob die Gesellschaft Gesamthandsvermögen gebildet hat und als sogenannte Außengesellschaft darauf ausgerichtet ist, durch Abschluss von Verträgen Einnahmen zu erzielen.[97] Letzteres wird damit begründet, dass das Risiko einer Haftung der persönlichen Gesellschafter analog § 128 HGB nach der neueren Rechtsprechung des Bundesgerichts-

---

[86] Für die KG etwa OLG Bremen v. 24.02.1999 - 4 UF 16/99 - NJW-RR 1999, 876-877; BGH v. 30.04.1955 - II ZR 202/53 - BGHZ 17, 160-168; OLG Zweibrücken v. 02.03.2000 - 5 UF 4/00 - NJW-RR 2001, 145; *Veit* in: Staudinger, § 1822, Rn. 78; *Rust*, DStR 2005, 1942, 1943.

[87] So auch BGH v. 21.12.1970 - II ZR 258/67 - BGHZ 55, 267-274, 269; *Zimmermann* in: Damrau/Zimmermann, Betreuungsrecht, 4. Aufl. 2011, § 1822 Rn. 27; *Hopt*, HGB, 32. Aufl. 2006, § 139 Rn. 39.

[88] Statt vieler *Götz* in: Palandt, § 1822 Rn. 10.

[89] So *Freiherr von Crailsheim* in: Jürgens, Betreuungsrecht, 4 Aufl. 2010, § 1822 Rn. 20, m.w.N.

[90] Allg. Ansicht, vgl. BGH v. 22.11.1956 - II ZR 222/55 - BGHZ 22, 186-197, 191; BGH v. 10.02.1977 - II ZR 120/75 - BGHZ 68, 225-241, 229 f.; zur Terminologie vgl. etwa *Martinek/Wimmer-Leonhardt*, Handels-, Gesellschafts- und Wertpapierrecht, 3. Aufl. 2001, S. 155; *Schmidt*, Gesellschaftsrecht, 4. Aufl. 2002, § 45 V, S. 1338 ff.

[91] *Zimmermann* in: Damrau/Zimmermann, Betreuungsrecht, 4. Aufl. 2011, § 1822 Rn. 27; a.A. allerdings *Roth* in: Dodegge/Roth, Betreuungsrecht, 2003, E Rn. 103.

[92] BGH v. 10.02.1977 - II ZR 120/75 - BGHZ 68, 225-241, 229 f.; BGH v. 14.07.1971 - III ZR 91/70 - WM 1971, 1339.

[93] *Zimmermann* in: Damrau/Zimmermann, Betreuungsrecht, 4. Aufl. 2011, § 1822 Rn. 28.

[94] BayObLG v. 26.07.1979 - BReg 1 Z 49/79 - DB 1979, 2314-2315.

[95] Vgl. hierzu etwa LG Münster v. 18.07.1996 - 5 T 383/96 - FamRZ 1997, 842.

[96] In diese Richtung offenbar BayObLG v. 05.03.1997 - 1Z BR 210/96 - BayObLGZ 1997, 113-121.

[97] So *Wertenbruch*, FamRZ 2003, 1714 ff.

hofs davon abhängt, inwiefern die Gesellschaft bürgerlichen Rechts nach außen in Erscheinung tritt und sich durch Rechtsgeschäfte verpflichtet. Es sollen danach auch vermögensverwaltende BGB-Gesellschaften erfasst werden, sofern die Gesellschaft nach außen in Erscheinung tritt und Verträge mit Dritten abschließt. Auch hier stellt sich die Frage, ob nicht mit im Kern berechtigten Schutzzwecküberlegungen zur Abwendung unkalkulierbarer Haftungsfolgen für den Mündel allzu leicht eine Auslegung gewählt wird, die mit dem Wortlaut der Norm, die einen Gesellschaftsvertrag „zum Betrieb eines Erwerbsgeschäfts" fordert nicht mehr vereinbar ist.

Für die rechtsgestaltende Praxis ist es aufgrund der dogmatischen Unsicherheiten in diesem Bereich allerdings unter dem Gesichtspunkt des sichersten Weges empfehlenswert, eine Genehmigung zu beantragen. 73

In welcher gesellschaftlichen Rolle der Gesellschafter am Betrieb des Erwerbsgeschäfts teilnimmt, ist dabei grundsätzlich unerheblich[98], sofern die Beteiligung wenigstens die Übernahme eines gewissen Unternehmerrisikos beinhaltet[99]. So genügt etwa auch die Beteiligung eines Mündels als Kommanditist.[100] 74

Umstritten ist die Behandlung der Beteiligung als **stiller Gesellschafter.** Wird der Gesellschafter im Rahmen einer atypischen stillen Gesellschaft auch an den Verlusten beteiligt, so trifft ihn ein die Genehmigungspflicht auslösendes unternehmerisches Risiko. Nach teilweise vertretener Auffassung soll die Genehmigungspflicht demgegenüber nicht eingreifen, wenn sich die Pflicht des Stillen in der einmaligen Leistung der Kapitaleinlage erschöpft, er am Verlust und Geschäftsbetrieb nicht – oder jedenfalls nicht über den Umfang seiner Beteiligung hinaus – teilnimmt und der Stille an der Betriebsführung nicht beteiligt ist.[101] Die Gegenansicht argumentiert, das Risiko des Einlageverlustes entspreche dem des genehmigungspflichtigen Eintritts als Kommanditist.[102] Hiergegen dürfte jedoch sprechen, dass Kommanditisten – wenngleich in gemindertem Umfang – an der unternehmerischen Tätigkeit beteiligt sind. So sind sie etwa gemäß den §§ 164 Satz 1, 116 Abs. 2 HGB bei außergewöhnlichen Geschäftsführungsmaßnahmen zu beteiligen. Letztlich dürfte die Behandlung des Stillen von der konkreten Ausgestaltung im Einzelfall abhängen. Nur wenn sich seine Pflicht in der Erbringung der Einlage erschöpft und er an der Betriebsführung nicht beteiligt ist, scheidet eine Genehmigungsbedürftigkeit aus. Im Zweifelsfall ist deshalb auch für die stille Gesellschaft stets dazu zu raten, eine gerichtliche Genehmigung einzuholen.[103] 75

Auch der Erwerb von Anteilen an einem geschlossenen Immobilienfonds in der Form der GmbH & Co. KG kann genehmigungspflichtig sein.[104] 76

Gleichfalls genehmigungspflichtig ist die Beteiligung an der Gründung einer **Kapitalgesellschaft.**[105] Zwar wird das Erwerbsgeschäft der errichteten Gesellschaft von der juristischen Person und nicht von den Gesellschaftern betrieben. Etwas anderes folgt jedoch für das Stadium vor der Eintragung der Gesellschaft für die AG aus § 41 Abs. 1 AktG und für die GmbH aus § 11 Abs. 2 GmbHG (sogenannte Handelndenhaftung). 77

Genehmigungsbedürftig ist grundsätzlich auch die **Änderung** von Gesellschaftsverträgen.[106] Auch sie ist ein Gesellschaftsvertrag.[107] Die Genehmigungsbedürftigkeit des Abschlusses eines Gesellschaftsvertrages ließe sich leicht umgehen, wollte man den eine materielle Umgestaltung des Gesellschaftsverhältnisses enthaltenden Änderungsvertrag nicht als genehmigungsbedürftig ansehen. Die insofern 78

---

[98] So *Grube*, Rpfleger 1990, 67-69.
[99] OLG Hamm v. 11.04.2000 - 2 UF 53/00 - juris Rn. 3 - FamRZ 2001, 53-54.
[100] So auch BGH v. 30.04.1955 - II ZR 202/53 - juris Rn. 12 - BGHZ 17, 160-168.
[101] Vgl. Finanzgericht Sachsen-Anhalt v. 23.05.2013 - 1 K 1568/07 - juris Rn. 32; *Zimmermann* in: Damrau/Zimmermann, Betreuungsrecht, 4. Aufl. 2011, § 1822 Rn. 30; *Götz* in: Palandt, § 1822 Rn. 9.
[102] Vgl. *Veit* in: Staudinger, § 1822 Rn. 90 f.; für generelle Genehmigungsbedürftigkeit LG München II v. 06.11.1998 - 1 O 4221/98 - NJW-RR 1999, 1018-1019; *Freiherr von Crailsheim* in: Jürgens, Betreuungsrecht, 4. Aufl. 2010, § 1822 Rn. 19.
[103] So auch *Rust*, DStR 2005, 1942, 1945.
[104] OLG Frankfurt v. 19.11.1998 - 6 UF 262/98 - NJW-RR 1999, 1236.
[105] So auch *Zimmermann* in: Damrau/Zimmermann, Betreuungsrecht, 4. Aufl. 2011, § 1822 Rn. 29 ff.; *Saar* in: Erman, § 1822 Rn. 15; *Rust*, DStR 2005, 1942, 1944, der insofern allerdings bei der Einmann-GmbH differenziert.
[106] So auch *Freiherr von Crailsheim* in: Jürgens, Betreuungsrecht, 4. Aufl. 2010, § 1822 Rn. 21; *Kölmel*, RNotZ 2010, 12, 21; differenzierend allerdings BGH v. 07.10.1991 - II ZR 194/90 - juris Rn. 16 - LM BGB § 123 Nr. 72 (6/1992); a.A. *Veit* in: Staudinger, § 1822 Rn. 94.
[107] Zutreffend *Wagenitz* in: MünchKomm-BGB, § 1822 Rn. 28.

differenzierende Ansicht des Bundesgerichtshofs ist zumindest in den Fällen problematisch, in denen Änderungen vorgenommen werden, die dazu führen könnten, dass der Mündel durch den Verlust seines Vermögens oder eine hohe Verschuldung jeglichen Handlungsspielraum für ein selbstbestimmtes Leben bei Eintritt in die Volljährigkeit genommen wird.[108] Der schwierigen Abgrenzungsfrage, ob eine Änderung des Gesellschaftsvertrages solche Risiken zur Folge haben kann, dürfte durch eine umfassende Genehmigungspflichtigkeit von Vertragsänderungen Rechnung zu tragen sein. Die Gegenansicht kann allerdings mit beachtlichen Gründen auf die Rechtsunsicherheit verweisen, die entstehen kann, wenn ein Gesellschaftsvertrag – u.U. konkludent und ohne, dass die Betroffenen sich dessen bewusst wären – mit der Folge geändert würde, dass die Gesellschaft fehlerhaft wird.[109] Diese Gefahr dürfte sich allerdings relativieren, da in diesem Fall nur die Änderung nicht aber die Beteiligung an der Gesellschaft insgesamt fehlerhaft werden dürfte.

79 Folgt man der hier vertretenen Auffassung nicht, so muss bei der Prüfung der Genehmigung des Erwerbs einer Unternehmensbeteiligung oder der Beteiligung an einer Unternehmensgründung berücksichtigt werden, dass in der Folge der Genehmigung künftige Änderungen des Gesellschaftsvertrages nicht mehr genehmigungsbedürftig sind. Dadurch ergibt sich ein zusätzliches Spektrum an Risiken. Man wird deshalb schon die Eingehung der unternehmerischen Beteiligung restriktiver handhaben müssen als nach der hier vertretenen Auffassung.

80 Folgt man der hier zur Änderung von Gesellschaftsverträgen vertretenen Auffassung, so sind auch gesellschaftsrechtliche **Umwandlungen** als genehmigungspflichtig anzusehen. Die Fallkonstellationen der Umwandlung zeigen anschaulich, dass die Grenzen zwischen bloßer Änderung und Neugründung fließend sein können. Die Gegenansicht müsste wohl jedenfalls bei errichtenden Umwandlungen entsprechend den zur Neugründung vertretenen Ansichten Genehmigungspflicht annehmen.[110]

81 Die Beteiligung an einer **bereits bestehenden Personengesellschaft** kann dann nach § 1822 Nr. 3 Alt. 2 BGB genehmigungspflichtig sein, wenn sich der Gesellschafterwechsel durch Vertrag mit den übrigen Gesellschaftern vollzieht.[111] Erfolgt der Gesellschafterwechsel durch Vertrag zwischen dem ausscheidenden und dem eintretenden Gesellschafter, so ist streitig, ob ein Zustimmungserfordernis der übrigen Gesellschafter einen Gesellschaftsvertrag darstellt.[112] Die Frage kann jedoch zumindest bei entgeltlichem Erwerb offen bleiben, da dann schon § 1822 Nr. 3 Alt. 1 BGB eingreift. Vgl. hierzu Rn. 64.

82 Umstritten ist insbesondere auch, ob auch der derivate Erwerb eines Kommanditanteils als Abschluss eines Gesellschaftsvertrages im Sinne des § 1822 Nr. 3 Alt. 2 BGB anzusehen ist. Relevant wird diese Frage insbesondere bei der unentgeltlichen Übertragung von Kommanditanteilen im Rahmen der vorweggenommenen Erbfolge, da hier § 1822 Nr. 3 Alt. 1 BGB an der Unentgeltlichkeit scheitert. Die Annahme eines Gesellschaftsvertrages ist beim derivaten Anteilserwerb problematisch, da die übrigen Gesellschafter unter Umständen noch nicht einmal dem Eintritt zustimmen müssen, etwa wenn die Veräußerung schon im ursprünglichen Gesellschaftsvertrag gestattet ist. Ohne eine Willenserklärung der übrigen Gesellschafter kann beim derivaten Anteilserwerb von einem Gesellschaftsvertrag aber keine Rede sein.[113] In der Konsequenz wird vertreten, der derivate Erwerb des Kommanditanteils sei nicht genehmigungsbedürftig.[114] Die wohl herrschende Auffassung bejaht demgegenüber in analoger Anwendung des § 1822 Nr. 3 Alt. 2 BGB eine Genehmigungsbedürftigkeit.[115] Dass der derivate Erwerb von Gesellschaftsanteilen nicht weniger gefährlich für den Mündel ist als es die Beteiligung an der Gesellschaftsgründung sein kann, leuchtet ohne weiteres ein. Angesichts der abschließenden gesetzlichen Aufzählung genehmigungspflichtiger Rechtsgeschäfte, die auch unter dem Eindruck der Rechtsprechung des Bundesverfassungsgerichts zur Minderjährigenhaftungsbeschränkung[116] nicht im

---

[108] Vgl. hierzu die Rechtsprechung des BVerfG v. 13.05.1986 - 1 BvR 1542/84 - BVerfGE 72, 155-175.
[109] Hierauf weisen etwa *Veit* in: Staudinger, § 1822 Rn. 94; *Hopt*, Handels- und Gesellschaftsrecht, Band II, 4. Aufl. 1996, Rn. 50, hin.
[110] Vgl. hierzu auch *Rust*, DStR 2005, 1942, 1994.
[111] BGH v. 20.09.1962 - II ZR 209/61 - BGHZ 38, 26; *Rust*, DStR 2005, 1942, 1946; *Zimmermann* in: Damrau/Zimmermann, Betreuungsrecht, 4. Aufl. 2011, § 1822 Rn. 20; vgl. auch den Fall BayObLG v. 04.07.1989 - BReg 1 a Z 7/89 - juris Rn. 9 - FamRZ 1990, 208-209.
[112] Bejahend *Reimann*, DNotZ 1999, 179, 190 f.; verneinend *Brüggemann*, FamRZ 1990, 124, 127.
[113] Vgl. hierzu etwa *Maier-Reimer/Marx*, NJW 2005, 3025, 3027.
[114] So *Damrau*, ZEV 2000, 209, 210.
[115] Vgl. OLG Frankfurt v. 27.05.2008 - 20 W 123/08 - NJW-RR 2008, 1568; *Reimann*, DNotZ 1999, 179, 190; *Ivo*, ZEV 2005, 193, 195 f.; *Veit* in: Staudinger, § 1822 Rn. 80; *Fritsche* in: Anwaltskommentar BGB, § 1822, Rn. 19.
[116] Vgl. BVerfG v. 13.05.1986 - 1 BvR 1542/84 - BVerfGE 72, 155-175.

Sinne der vorgeschlagenen Analogie erweitert wurde, stellt sich jedoch die Frage, ob der Gesetzgeber nicht bewusst in Kauf genommen hat, dass nicht alle abstrakt gefährlichen Rechtsgeschäfte der Genehmigungspflicht unterstellt sind. Für die rechtsgestaltende Praxis ist allerdings der sicherste Weg der Einholung einer Genehmigung dringend anzuraten.

Der derivate Erwerb von Anteilen an Kapitalgesellschaften ist regelmäßig nicht nach § 1822 Nr. 3 Alt. 2 BGB genehmigungsbedürftig, da er sich ohne Abschluss eines Gesellschaftsvertrages vollzieht.[117] Er kann jedoch unter Umständen schon nach § 1822 Nr. 3 Alt. 1 BGB genehmigungsbedürftig sein. Vgl. auch zur möglichen Anwendbarkeit des § 1822 Nr. 10 BGB Rn. 124 ff.

5. Praktische Hinweise

Im Einzelnen ist zu den vorstehenden Abgrenzungsfragen vieles streitig. Dem Vormund ist dazu zu raten, in Zweifelsfällen vorsorglich eine Genehmigung des Vormundschaftsgerichts zu beantragen. Dies entspricht dem vom Vormund erwarteten sicheren Weg und kann ihn vor erheblichen Haftungsrisiken bewahren.

Ist § 1822 Nr. 3 BGB nicht erfüllt, etwa weil es an einem Erwerbsgeschäft fehlt, muss stets auch eine Genehmigungspflichtigkeit nach § 1822 Nr. 10 BGB in Betracht gezogen werden. Im Einzelfall kann sich eine Genehmigungspflicht auch aus anderen Tatbeständen, etwa bei Einbringung von Grundstücken in eine Gesellschaft (§ 1821 Abs. 1 Nr. 1 BGB) oder bei der Erbringung von wiederkehrenden Nebenleistungen als Gesellschaftspflicht (§ 1822 Nr. 5 BGB) ergeben.

Gerade bei Unternehmensinhabern bedarf die Rechtsfolge des § 1822 Nr. 3 BGB mitunter einer weitsichtigen Rechtsberatung. In dem häufig nicht bedachten Fall einer möglichen Geschäftsunfähigkeit könnte der eingesetzte Betreuer das Unternehmen nur mit familiengerichtlicher Genehmigung veräußern. Die damit verbundenen Einsichtsmöglichkeiten staatlicher Stellen in Vermögens- und Firmenangelegenheiten können dem Firmenethos im Einzelfall zuwiderlaufen.[118] Beruflich geprägte Vorsorgevollmachten können hier Abhilfe schaffen.[119]

Für die rechtsberatende Praxis kann vor allem die Einräumung einer Beteiligung an einer sogenannten Familien-Kommanditgesellschaft eine interessante Gestaltungsmöglichkeit darstellen. Auf diese Weise können etwa Vermögenswerte an die nächste Generation übertragen werden, ohne dass der übertragende Teil die Kontrolle über das Familienunternehmen bereits gänzlich aus der Hand geben müsste. Dies kann auch im Sinne einer frühzeitigen Einbindung des Nachwuchses in die unternehmerische Verantwortung sinnvoll sein.[120] Insbesondere aber steuerliche Gründe lassen die Familien-Kommanditgesellschaft ins Blickfeld der Rechtsgestaltung geraten: So können Erträge auf mehrere Personen verteilt werden mit der Folge dass die ESt-Grundfreibeträge mehrfach in Anspruch genommen werden können. Werden im Zehnjahres-Rhythmus weitere Anteile übertragen, lassen sich auch die Erbschaftsteuer-Freibeträge nach § 16 Abs. 1 ErbStG mehrfach ausnutzen.[121] Aber auch hier ist zu beachten, dass die steuerliche Anerkennung bei Außerachtlassen der vormundschaftsrechtlichen Beschränkungen versagt wird. Insofern ist allerdings aufgrund der Entscheidung des BFH vom 07.06.2006[122] die Einschränkung zu machen, dass die Einhaltung der zivilrechtlichen Wirksamkeitsvoraussetzungen nur ein Beweisanzeichen dafür darstellt, dass es sich nicht um Vorgänge handelt, die dem nicht steuerbaren privaten Bereich zuzuordnen sind.

VIII. Pachtvertrag über Landgut oder gewerblichen Betrieb (Nr. 4)

§ 1822 Nr. 4 BGB findet auf Geschäfte der Eltern für ihre Kinder keine Anwendung. Vgl. hierzu schon Rn. 7. Allerdings kann eine Genehmigungspflicht nach § 1822 Nr. 5 BGB in Betracht kommen.

Zum Begriff des Pachtvertrages vgl. die Kommentierung zu § 581 BGB. Pachtverträge fallen unabhängig davon unter § 1822 Nr. 4 BGB, ob der Mündel auf Pächter- oder Verpächterseite steht.

---

[117] BGH v. 20.02.1989 - II ZR 148/88 - NJW 1989, 1926; *Rust*, DStR 2005, 1942, 1948; für die GmbH so auch *Bürger*, RNotZ 2006, 156, 164.
[118] Vgl. hierzu *Reymann*, ZEV 2005, 457.
[119] So Gestaltungsmöglichkeiten etwa *Reymann*, ZEV 2005, 457 ff., vgl. hierzu auch *Joehor*, notar 2014, 3-13.
[120] Zu weiteren Vorzügen der Kommanditgesellschaft gegenüber der Gesellschaft bürgerlichen Rechts bei Vermögensverwaltungsgesellschaften vgl. etwa *von Oertzen/Hermann*, ZEV 2003, 400 f.
[121] Vgl. zu den Vorteilen der Familien-Kommanditgesellschaft etwa auch *Hohaus/Eickmann*, BB 2004, 1707, 1711.
[122] BFH v. 07.06.2006 - IX R 4/04.

§ 1822   jurisPK-BGB / Lafontaine

90   Unter einem Landgut versteht man eine zum selbständigen Betrieb der Landwirtschaft eingerichtete Grundstückseinheit oder -mehrheit nebst den darauf befindlichen Gebäuden und Einrichtungen, vgl. die Kommentierung zu § 585 BGB.

91   Einen gewerblichen Betrieb stellt jede berufsmäßige, selbständig ausgeübte Tätigkeit in Gewinnerzielungsabsicht dar. Hierunter fallen auch freiberufliche Praxen und Kanzleien.[123] Vgl. hierzu bereits Rn. 41.

IX. Mietvertrag, Pachtvertrag, Pflicht zu wiederkehrenden Leistungen (Nr. 5)

92   § 1822 Nr. 5 BGB findet auf die Betreuung keine Anwendung. Der Sachverhalt ist in § 1907 BGB speziell geregelt.

1. Miet- oder Pachtvertrag

93   Miet- und Pachtverträge sind genehmigungsbedürftig, unabhängig davon, ob der Mündel auf Mieter-/Pächter- oder Vermieter-/Verpächterseite steht.[124] Verträge, die bewegliche Sachen zum Gegenstand haben, sind ebenso genehmigungsbedürftig wie solche über unbewegliche Gegenstände.

2. Vertragliche Pflicht des Mündels zu wiederkehrenden Leistungen

94   Diese Alternative stellt allein auf die Pflichten des **Mündels** ab.

95   Die Pflicht zur Erbringung wiederkehrender Leistungen muss **vertraglich** übernommen worden sein. Es genügt nicht, dass sich die Pflicht zur Beteiligung an laufenden Kosten und Lasten aus dem Gesetz ergibt, etwa die Beteiligung des Wohnungseigentümers nach den §§ 16 Abs. 2, 28 WEG. Keine vertragliche Übernahme im Sinne des § 1822 Nr. 5 BGB liegt beim Erwerb eines vermieteten Grundstücks vor, bei dem der Eintritt in die bestehenden Mietverträge kraft Gesetzes eintritt.[125]

96   Es kommen **Leistungen** jeder Art in Betracht, z.B. Geld-, Sach- oder Dienstleistungen. Hierunter fällt etwa auch ein Vertrag über die Übernahme einer Unterhaltspflicht,[126] nicht jedoch die Anerkennung der Vaterschaft und das einseitige Anerkenntnis einer bestehenden gesetzlichen Unterhaltspflicht.[127] Unter § 1822 Nr. 5 BGB fällt auch ein Lebensversicherungsvertrag.[128] Die Kündigungsmöglichkeit des § 165 VVG hat bei der Frage der Dauer des Vertrages außer Betracht zu bleiben, da der dem Kündigenden bei vorzeitiger Kündigung nach § 176 VVG zustehende Rückkaufswert nur unter Inkaufnahme von Verlusten die Abstandnahme vom Vertrag ermöglicht.[129] Die Fortzahlung der Beiträge nach Eintritt der Volljährigkeit stellt auch keine Genehmigung dieser Verträge dar.[130] Des Weiteren werden Bausparverträge[131], Ratensparverträge, Rentenversprechen und Abzahlungsgeschäfte[132] von § 1822 Nr. 5 BGB erfasst. Auch der Leasingvertrag fällt – unabhängig von seiner Rechtsnatur[133] – unter § 1822 Nr. 5 BGB.

97   Zum Teil unklar sind die Grenzbereiche zwischen wiederkehrenden Leistungen und Dauerleistungen. Auch Dienstverträge werden verbreitet unter die Pflicht zu wiederkehrenden Leistungen subsumiert.[134] Teilweise wird darüber hinausgehend gesagt, auch Dauerleistungen wie etwa ein Unterlassen oder eine dauerhafte Bereitstellung einer Nutzungsmöglichkeit stellten eine wiederkehrende Leistung dar.[135] Damit wird der Begriff der wiederkehrenden Leistung weitgehend dem des Dauerschuldverhältnisses angepasst. Dies erscheint nicht über jeden Zweifel erhaben. Nach dem Wortsinn kehrt nur das wieder, was nicht andauernd vorhanden ist. Auch der systematische Zusammenhang mit § 1822 Nr. 6 BGB

---

[123] So auch *Roth* in: Dodegge/Roth, Betreuungsrecht, 2003, E Rn. 105; *Zimmermann* in: Damrau/Zimmermann, Betreuungsrecht, 4. Aufl. 2011, § 1822 Rn. 35.
[124] Vgl. *Veit* in: Staudinger, § 1822 Rn. 103, m.w.N.
[125] LG München II v. 15.11.2004 - 6 T 5313/04 - MittBayNot 2005, 234-235.
[126] Vgl. *Veit* in: Staudinger, § 1822 Rn. 116.
[127] Vgl. *Veit* in: Staudinger, § 1822 Rn. 116.
[128] BGH v. 30.06.1958 - II ZR 117/57 - BGHZ 28, 78-84.
[129] Zutreffend hierzu etwa OLG Hamm v. 03.04.1992 - 20 U 322/91 - juris Rn. 11 - NJW-RR 1992, 1186-1188; *Saar* in: Erman, § 1822 Rn. 21; *Klüsener*, Rpfleger 1993, 133, 137.
[130] AG Hamburg v. 09.11.1993 - 9 C 1432/93 - NJW-RR 1994, 721-724.
[131] *Bettin* in: BeckOK BGB, Ed. 30, § 1822 Rn. 19
[132] So auch OLG Stuttgart v. 10.04.1996 - 11 U 20/96, 11 W 5/96 - NJW-RR 1996, 1288-1289; *Götz* in: Palandt, § 1822 Rn. 14; *Bettin* in: BeckOK BGB, Ed. 30, § 1822 Rn. 19.
[133] Hierzu etwa *Martinek*, Moderne Vertragstypen, 1991, S. 64 ff.
[134] So etwa *Bettin* in: BeckOK BGB, Ed. 30, § 1822 Rn. 19; a.A. *Saar* in: Erman, § 1822 Rn. 23.
[135] So *Götz* in: Palandt, § 1822 Rn. 14; gegen BGH v. 25.01.1974 - V ZR 69/72 - LM Nr. 5 zu § 1822 Ziff. 5 BGB.

spricht dafür, dass Dienstverträge und sonstige Dauerleistungen noch nicht von § 1822 Nr. 5 BGB erfasst werden sollen. Auch hier gilt allerdings für die Praxis: Wählen Sie den sichersten Weg. Nach wohl herrschender Auffassung werden auch Lehrverträge nicht von Nummer 5 erfasst.[136]

Diese Problematik wurde jüngst im Zusammenhang mit der Wirksamkeit von Künstlerverträgen – etwa für Casting-Shows – relevant. Zwar fallen solche Verträge regelmäßig schon unter § 1822 Nr. 7 BGB. Für Minderjährige, die nicht unter Vormundschaft stehen, kommt es jedoch auf § 1822 Nr. 5 BGB an, da § 1643 BGB nicht auf § 1822 Nr. 7 BGB verweist. Teilweise wird in diesem Zusammenhang die Erstreckung von § 1822 Nr. 5 BGB auf Künstlerverträge vorgeschlagen.[137] Dabei wird zwar zu Recht darauf hingewiesen, dass das Bundesverfassungsgericht in seinem Beschluss vom 13.05.1986 dem Minderjährigen ein für die Zukunft selbstbestimmtes und selbstverantwortliches Leben sichern wollte.[138] Allerdings bleiben erhebliche Zweifel, ob sich aus dieser allgemeinen Vorgabe derart konkrete Vorgaben für die Auslegung des § 1822 Nr. 5 BGB ergeben, dass dieser über seinen nahe liegenden Wortlautsinn hinaus nicht nur (regelmäßig) wiederkehrende Leistungen erfassen müsste, zumal der Gesetzgeber die Verweisung des § 1643 BGB gerade nicht auf § 1822 Nr. 7 BGB erstreckt hat. Ausgehend von der Prämisse der Verfassungswidrigkeit der derzeitigen Rechtslage erschiene es dann konsequenter, § 1822 Nr. 7 BGB im Eltern-Kind-Verhältnis analog anzuwenden. Dies scheitert jedoch mangels einer planwidrigen Regelungslücke. Die intendierte Inhaltskontrolle der „Superstar"-Verträge kann deshalb wohl nicht über § 1822 Nr. 5 BGB geleistet werden.[139]

Problematisiert wird die Anwendbarkeit des § 1822 Nr. 5 BGB auch im Hinblick auf langzeitbefristete Arbeitsverträge, etwa im Berufssport.[140] Die bei vergröbernder Betrachtung regelmäßig immer wieder erfolgende Erbringung gleicher oder gleichartiger Leistungen könnte hier eher die Annahme wiederkehrender Leistungen nahe legen. Letztlich scheitert eine Anwendung des § 1822 Nr. 5 BGB aber auch hier an dem Charakter des § 1822 Nr. 7 BGB als lex specialis.[141] Diese Auslegung wird noch durch den historischen Befund bestätigt: Die nachträgliche Einfügung der Nr. 7 hätte keinen Sinn ergeben, wenn schon Nr. 5 Dienst- und Arbeitsverhältnisse hätte umfassen sollen.[142]

Zur Möglichkeit einer Vertragskorrektur bei langfristigen Arbeitsverhältnissen nach den Grundsätzen des Wegfalls der Geschäftsgrundlage (§ 313 BGB) vgl. Rn. 110.

3. Fortdauer des Vertragsverhältnis länger als ein Jahr nach Eintritt der Volljährigkeit

Die Voraussetzung bezieht sich sowohl auf Miet- oder Pachtverträge als auch auf sonstige unter Ziffer 5 fallende Verträge.

Über das 19. Lebensjahr hinaus reicht die Verpflichtung, wenn sie nicht aufgrund vertraglicher Vereinbarung bis zu diesem Zeitpunkt endet und ein Kündigungsrecht bis zu diesem Zeitpunkt nicht besteht.

Der Vertrag muss wenigstens mit Wirkung binnen Jahresfrist „frei" kündbar sein.[143] Nicht genügend ist ein Kündigungsrecht unter Inkaufnahme erheblicher Vermögenseinbußen, etwa unter Verweisung auf den Restkaufpreis bei Kündigung des Lebensversicherungsvertrages (dazu bereits Rn. 97). Gleiches dürfte für eine Einschränkung durch die mietrechtlichen Sozialklauseln gelten.[144]

Bei Abonnements, Giroverträgen und der Mitgliedschaft in Vereinen, Gewerkschaften[145] und Parteien sind die jeweiligen Kündigungsmodalitäten maßgeblich. Wegen der regelmäßig kurzfristigen Kündigungsmöglichkeiten fallen sie meist nicht unter § 1822 Nr. 5 BGB.

Bei Verträgen auf unbestimmte Dauer ist umstritten, ob das Genehmigungserfordernis entfällt, wenn das Bewusstsein der konkreten Lebenserwartung des Vertragspartners die Parteien mit einer früheren Beendigung des Vertragsverhältnisses rechnen lässt.[146] Vorzugswürdig dürfte die Gegenansicht sein. Dem Wortlaut der Norm lässt sich die Einschränkung der Genehmigungspflicht jedenfalls nicht ent-

---

[136] Vgl. *Veit* in: Staudinger, § 1822 Rn. 114, m.w.N.
[137] So *Fomferek*, NJW 2004, 410-412.
[138] Vgl. hierzu auch *Reuter*, AcP 192, 108-152, 138.
[139] Im Ergebnis wie hier OLG Köln v. 22.09.2000 - 6 U 19/96 - ZUM 2001, 166-173.
[140] Vgl. hierzu *Schlachter*, FamRZ 2006, 155, 157.
[141] So auch LGA Mecklenburg-Vorpommern v. 15.09.2011 - 5 Sa 19/11 - juris Rn. 48 - SpuRt 2012, 80-84.
[142] So zutreffend auch *Schlachter*, FamRZ 2006, 155, 157.
[143] LG Wuppertal v. 18.01.2007 - 6 T 38/07 - FamRZ 2007, 1269.
[144] So auch *Veit* in: Staudinger, § 1822 Rn. 120; *Götz* in: Palandt, § 1822 Rn. 15.
[145] Vgl. zur umstrittenen Genehmigungsbedürftigkeit des Beitritts zu Gewerkschaften *Saar* in: Erman, § 1822 Rn. 26.
[146] So BGH v. 24.01.1969 - V ZR 41/65 - LM Nr. 4 zu § 1822 Nr. 5 BGB; *Holzhauer* in: Erman, 11. Aufl., § 1822 Rn. 23; a.A. *Götz* in: Palandt, § 1822 Rn. 15; nunmehr auch a.A. *Saar* in: Erman, § 1822 Rn. 24.

nehmen. Die Lebenserwartung des anderen Vertragspartners ist kein Vertragsbestandteil. Damit kann sich die Gegenansicht unter dem Gesichtspunkt der Rechtssicherheit auf das Gebot der formalen Auslegung (vgl. die Kommentierung zu § 1821 BGB Rn. 8) berufen. Das Schutzbedürfnis des Mündels ist auch nicht gemindert, wenn sich die lange Vertragsdauer erst aus einer Fehleinschätzung der Vertragsbeteiligten ergibt.

X. Lehrvertrag für längere Zeit als ein Jahr (Nr. 6)

106 Dem Lehrvertrag steht der Berufsausbildungsvertrag gleich.[147] Die Genehmigungspflicht wird nach Sinn und Zweck der Norm nur ausgelöst, wenn der Mündel Lehrling bzw. Auszubildender ist.

107 Verträge, die auf unbestimmte Zeit oder für länger als ein Jahr geschlossen sind, fallen dann unter § 1822 Nr. 6 BGB, wenn sie nicht innert kürzerer Frist ohne Vermögensnachteil gekündigt werden können.

108 Die Kündigung eines Lehr-/Ausbildungsvertrages ist nicht genehmigungsbedürftig.[148] Gleiches gilt für die Vertragsaufhebung.[149] Wird ein nach § 1822 Nr. 6 BGB genehmigter Vertrag einvernehmlich geändert, so bedarf die Änderung der Genehmigung[150], da der Vertrag nur unter Geltung sämtlicher ursprünglicher Modalitäten genehmigt ist.

109 Für das Jugendamt als Amtsvormund enthält § 56 Abs. 2 Satz 2 SGB VIII eine Ausnahme vom Genehmigungserfordernis.

XI. Dienst- oder Arbeitsverhältnis für längere Zeit als ein Jahr (Nr. 7)

1. Dienst- oder Arbeitsverhältnis

110 Die Ausführungen zum Lehrvertrag (vgl. Rn. 106) gelten für Dienst- und Arbeitsverhältnisse entsprechend. Zu den unter Nummer 7 fallenden Arbeitsverträgen zählen etwa auch Spielverträger im Sport.[151]

2. Praktische Hinweise

111 In Fällen, in denen § 1822 Nr. 7 BGB nicht zur Anwendung kommt, weil § 1643 BGB diese Ziffer gerade ausnimmt, bietet auch § 1822 Nr. 5 BGB keinen Rettungsanker. Hierzu näher unter Rn. 97 ff. Wird die Lösung aus langfristigen, bindenden Vertragsverhältnissen angestrebt, wie sie etwa im Bereich der Talentförderung im Jugendsport vorkommen, können allerdings die Grundsätze der Störung der Geschäftsgrundlage gemäß § 313 BGB in Verbindung mit dem verfassungsmäßigen Minderjährigenschutz nach Art. 6 Abs. 2 Satz 2 GG unter Umständen zu einem Anspruch auf vorzeitige Vertragsentlassung führen.[152] Allein der Umstand, dass sich das Äquivalenzgefüge eines Vertragsverhältnisses mit der Zeit verändert, genügt hierfür jedoch noch nicht. Vielmehr kann es, z.B. im Bereich der Talentförderung, gerade Sinn und Zweck einer langfristigen Bindung sein, dem Förderer die Vorzüge einer vergleichsweise moderaten Entgeltzahlung bei günstiger Entwicklung des Talents in der Zukunft zu sichern und dem in Aussicht genommenen Talent die vergleichsweise ansprechende Förderung unabhängig von der Leistungsentwicklung zu sichern. Verträge, die gerade die Zuweisung solcher Risiken zum Gegenstand haben, sind nicht unter Berufung auf vorhersehbare, veränderte Umstände zu ändern.[153] Allerdings lässt sich der Grundgedanke der Rechtsprechung des Bundesverfassungsgerichts zur Haftungsbegrenzung Minderjähriger[154] auf solche Verträge übertragen. Mit dem allgemeinen Persönlichkeitsrecht dürfte es nicht ohne weiteres vereinbar sein, wenn Kinder kraft elterlicher Vertretungsmacht über den Eintritt in die Volljährigkeit hinaus unbegrenzt verpflichtet werden können. Es wird deshalb angenommen, dass dies erst recht bei Begründung höchstpersönlicher Leistungspflichten gelten müsse.[155] Dem dürfte im Grundsatz zuzustimmen sein. Allerdings dürften damit nur grundlose vertrag-

---

[147] Allg. A., *Veit* in: Staudinger, § 1822 Rn. 132; *Saar* in: Erman, 12. Aufl. 2008, § 1822 Rn. 26.

[148] Allg. A., *Götz* in: Palandt, § 1822 Rn. 16; *Schmid* in: Handbuch der Rechtspraxis, Band 5a – Familienrecht – 1. Halbband, 7. Aufl. 2010, Rn. 1191.

[149] *Schmid* in: Handbuch der Rechtspraxis, Band 5a – Familienrecht – 1. Halbband, 7. Aufl. 2010, Rn. 1191.

[150] So *Zimmermann* in: Damrau/Zimmermann, Betreuungsrecht, 4. Aufl. 2011, § 1822 Rn. 39.

[151] Vgl. LGA Mecklenburg-Vorpommern v. 15.09.2011 - 5 Sa 19/11 - juris Rn. 48 - SpuRt 2012, 80-84.

[152] Zum Nachfolgenden auch *Schlachter*, FamRZ 2006, 155 ff.

[153] BGH v. 08.02.1978 - VIII ZR 221/76 - WM 1978, 322; BGH v. 28.09.1990 - V ZR 109/89 - BGHZ 112, 259, 261; *Schlachter*, FamRZ 2006, 155, 159 f.

[154] BVerfG v. 13.05.1986 - 1 BvR 1542/84 - BVerfGE 72, 155, 171 ff.

[155] So *Schlachter*, FamRZ 2006, 155, 160.

liche Bindungen über den Eintritt der Volljährigkeit hinaus ausgeschlossen sein. Gerade im Berufssport kann jedoch zur Sicherung der Entwicklung auch im Jugendstadium eine längerfristige Bindung über den Eintritt in die Volljährigkeit hinaus dem Mündelinteresse entsprechen. Die Beurteilung dürfte deshalb letztlich von einer Einzelfallbetrachtung u.a. der bei Eintritt in die Volljährigkeit verbleibenden Restlaufzeit, der Gesamtlaufzeit und der Entwicklungsperspektive des Betroffenen im Zeitpunkt des Vertragsabschlusses abhängen.

Für die rechtsgestaltende Praxis folgt hieraus der Rat, nach Möglichkeit keine den Eintritt in die Volljährigkeit deutlich überschreitenden Laufzeiten zu vereinbaren und, sollte dies einmal aus wichtigen Gründen gleichwohl geboten sein, die Gesichtspunkte, die hierfür maßgeblich waren, ausdrücklich in den Vertrag aufzunehmen. 112

XII. Aufnahme von Geld auf Kredit (Nr. 8)

1. Kredit

Genehmigungsbedürftig ist die Aufnahme eines Geldkredits für den Mündel. Kredit im Sinne von § 1822 Nr. 8 BGB ist unter anderem das Darlehn, der Kontokorrentkredit, sowie der Dispositions- oder Überziehungskredit.[156] Ferner werden Sachdarlehen erfasst.[157] Auch die Abgabe eines Schuldversprechens oder Schuldanerkenntnisses im Sinne der §§ 780, 781 BGB kann einen Kredit darstellen, wenn sie die Rückzahlung des gewährten Geldes betrifft[158]. Die Stundung des Kaufpreises ist nach herrschender Meinung nicht genehmigungspflichtig[159]. Im Hinblick auf die enge Formulierung des Wortlautes ist dieser Auffassung unter Berücksichtigung der Grundsätze zur formalen Auslegung (vgl. die Kommentierung zu § 1821 BGB Rn. 8) des § 1822 BGB zuzustimmen. Zwar liegt ein Fall der Kreditgewährung vor. Jedoch wird kein Geld aufgenommen. De lege ferenda ist diese Lösung freilich wenig überzeugend, da der Abzahlungskauf nicht minder gefährlich erscheint als der finanzierte Kaufvertrag.[160] 113

Genehmigungsfähig kann auch die Kreditaufnahme durch eine Miterbengemeinschaft sein, an der der Mündel als Mehrheitserbe beteiligt ist.[161] 114

Dem Vormund kann zu den nach § 1822 Nr. 8 BGB genehmigungsbedürftigen Geschäften gemäß § 1825 BGB eine allgemeine Ermächtigung erteilt werden. Die Genehmigung eines in Anspruch genommenen Darlehens ist auch für die förderungsrechtliche Anerkennung des Rechtsgeschäfts (etwa im Sinne des BAföG) – ähnlich wie im Steuerrecht – entscheidungsrelevant.[162] 115

2. Praktische Hinweise

Es kann sinnvoll sein, die Aufnahme bestimmter Kreditarten in bestimmtem Umfang generell zu genehmigen, wenn sie nach den Vermögensverhältnissen des Mündels geboten erscheint. Dies gilt etwa für die kurzfristige Inanspruchnahme von Überziehungskrediten in beschränkter Höhe. Die Folge einer ungenehmigten Überziehung wäre nämlich, dass der Mündel keine Überziehungszinsen schuldet.[163] Allerdings ist zu beachten, dass die Inanspruchnahme von Überziehungskrediten wegen ihrer vergleichsweise hohen Verzinsung einer ordnungsgemäßen Wirtschaftsführung nur ausnahmsweise genügen kann. 116

Die Inanspruchnahme des Überziehungskredits kann nach §§ 1812, 1813 BGB zu beurteilen sein.[164] 117

---

[156] KG v. 13.10.2009 - 1 W 161/08 - BtPrax 2009, 297-298; LG Karlsruhe v. 11.02.2013 - 11 T 404/12 - juris Rn. 8; *Freiherr von Crailsheim* in: Jürgens, Betreuungsrecht, 4. Aufl. 2010, § 1822 Rn. 26; *Zimmermann*, ZEV 2014, 76-81, 78.

[157] Vgl. hierzu auch *Fiala/Stenger*, Genehmigungen bei Betreuung und Vormundschaft – Ein Leitfaden mit zahlreichen Fallbeispielen, 2. Aufl. 2009, S. 143.

[158] So etwa *Saar* in: Erman, § 1822 Rn. 27; *Zimmermann* in: Damrau/Zimmermann, Betreuungsrecht, 4. Aufl. 2011, § 1822 Rn. 40; *Kölmel*, RNotZ 2010, 12, 22.

[159] So etwa BGH v. 13.04.1972 - III ZR 3/69 - WM 1972, 698-700; *Roth* in: Dodegge/Roth, Betreuungsrecht, 2003, E Rn. 109; *Fiala/Stenger*, Genehmigungen bei Betreuung und Vormundschaft – Ein Leitfaden mit zahlreichen Fallbeispielen, 2. Aufl. 2009, S. 143.

[160] Zustimmend *Veit* in: Staudinger, § 1822 Rn. 150.

[161] Vgl. *Zimmermann*, ZEV 2013, 315-320, 318 f.

[162] Vgl. Chemnitz v. 25.05.2009 - 4 K 285/05; vgl. hierzu auch BVerwG v. 04.09.2008 - 5 C 30/07 - BVerwGE 132, 10-31.

[163] *Freiherr von Crailsheim* in: Jürgens, Betreuungsrecht, 4. Aufl. 2010, § 1822 Rn. 26.

[164] Vgl. *Klüsener*, Rpfleger 1993, 133, 137.

XIII. Inhaberschuldverschreibung, Wechsel, Orderpapier (Nr. 9)

118 Wegen ihrer Gefährlichkeit soll die Eingehung jeder wechselmäßigen Haftung der Genehmigung des Vormundschaftsgerichts unterliegen.

119 Erfasst werden Inhaberschuldverschreibungen nach den §§ 793 ff. BGB. Beim Wechsel ist jede die wechselrechtliche Haftung begründende Begebung genehmigungsbedürftig, mag sie durch den Aussteller, den Akzeptanten oder den Indossanten erfolgen (vgl. Art. 9, 28, 43 WG). Abzulehnen ist eine Ansicht[165], nach der der zur Erfüllung einer Verbindlichkeit hingegebene Wechsel nicht genehmigungsbedürftig sei. Die Gefährlichkeit des Wechsels besteht gerade darin, dass er eine von Einwendungen aus dem Erfüllungsgeschäft losgelöste Haftung begründet. Richtiger Ansicht nach ist § 1822 Nr. 9 BGB auch auf den Inhaberscheck anwendbar. Zwar wird er nicht durch Indossament übertragen. Jedoch ist ihm wegen seiner gesteigerten Umlauffähigkeit eine mindestens ebenso große Gefährlichkeit inhärent.[166] Es empfiehlt sich, den Genehmigungsvermerk auf dem Papier anbringen zu lassen. Dies ist zwar keine Wirksamkeitsvoraussetzung, ermöglicht jedoch die Klage im Urkundsprozess. Denn mit dem Genehmigungsvermerk ergeben sich sämtliche Voraussetzungen für den wechselrechtlichen Anspruch aus der Urkunde.

120 Dem Vormund kann zu den nach § 1822 Nr. 9 BGB genehmigungsbedürftigen Geschäften gemäß § 1825 BGB eine allgemeine Ermächtigung erteilt werden.

XIV. Übernahme fremder Verbindlichkeit, Bürgschaft (Nr. 10)

1. Einführung

121 Dieser Genehmigungstatbestand wurde in Anlehnung an die gemeinrechtliche Interzession geregelt. Bezweckt war ein besonderer Schutz des Mündels vor der Übernahme von Verbindlichkeiten in der Erwartung, wegen der Haftung eines Dritten entweder selbst nicht leisten zu müssen oder wenigstens Regress nehmen zu können.[167] Dies kommt wenigstens ansatzweise auch im Wortlaut der Norm zum Ausdruck, die als typisches Beispiel für eine solche Verbindlichkeit die Eingehung der Bürgschaft anführt.

2. Erfasste Verbindlichkeiten

122 Im Hinblick auf den beschriebenen Gesetzeszweck wird § 1822 Nr. 10 BGB allgemein dahingehend teleologisch reduziert, dass nur solche Verbindlichkeiten erfasst werden, für die eine Rückgriffsmöglichkeit beim Primärschuldner besteht.[168]

123 Genehmigungsbedürftig sind danach die Bürgschaft (§ 765 BGB)[169], ferner Schuldübernahme[170] und Schuldbeitritt (§§ 414 ff. BGB), soweit der Mündel mit dem Beitritt bzw. der Übernahme einen Ersatzanspruch gegen den Primärschuldner erlangt. Einen Ausgleichsanspruch erlangt der Mündel auch gemäß § 426 BGB im Fall der Eingehung einer gesamtschuldnerischen Haftung. Ebenfalls anwendbar ist § 1822 Nr. 10 BGB auf die Sicherungsübereignung bzw. Verpfändung eigener Sachen zur Sicherung fremder Verbindlichkeiten. Gleiches gilt für den Austausch von Sicherheiten.[171]

124 Umstritten ist die Genehmigungsbedürftigkeit im Falle der Beteiligung des Mündels an Genossenschaften und an der GmbH. Diese Frage ist insbesondere bei der GmbH dann von Relevanz, wenn die GmbH kein Erwerbsgeschäft im Sinne von § 1822 Nr. 3 BGB betreibt.

---

[165] *Veit* in: Staudinger, § 1822 Rn. 165.
[166] Wie hier auch *Saar* in: Erman, § 1822 Rn. 28; im Ergebnis auch *Zimmermann* in: Damrau/Zimmermann, Betreuungsrecht, 3. Aufl. 2001, § 1822 Rn. 36; a.A. *Veit* in: Staudinger, § 1822 Rn. 164; *Klüsener*, Rpfleger 1993, 133, 137, wobei letzterer aber dazu rät, auf die Verwendung von Schecks bei der Vermögensverwaltung durch den gesetzlichen Vertreter zu verzichten.
[167] RG v. 21.01.1938 - III 150/36 - RGZ 158, 210-216; hierzu ausführlich auch *Veit* in: Staudinger, § 1822 Rn 167.
[168] RG v. 12.05.1931 - II 294/30 - RGZ 133, 7-16; LG Coburg v. 15.10.2007 - 41 T 98/07 - MittBayNot 2008, 224 f.; *Zimmermann* in: Damrau/Zimmermann, Betreuungsrecht, 4. Aufl. 2011, § 1822 Rn. 44; *Bettin* in: BeckOK BGB, Ed. 30, § 1822 Rn. 25; *Saar* in: Erman, § 1822 Rn. 30.
[169] LG Coburg v. 15.10.2007 - 41 T 98/07 - MittBayNot 2008, 224 f.
[170] Offen gelassen von OLG Brandenburg v. 23.09.2008 - 10 UF 70/08 - OLGR Brandenburg 2009, 496-499.
[171] Vgl. zu den Anwendungsfällen im Einzelnen etwa auch *Veit* in: Staudinger, § 1822 Rn. 170 ff.; *Saar* in: Erman, § 1822 Rn. 29 f.

Für den Beitritt zu einer Genossenschaft verneint der Bundesgerichtshof das Genehmigungserfordernis mit der Begründung, den Genossen treffe eine bloße Nachschusspflicht.[172] Die Gegenansicht befürwortet unter dem Gesichtspunkt der Schutzbedürftigkeit des Mündels eine Analogie zu § 1822 Nr. 10 BGB. Lediglich bei formaler Betrachtung übernehme der Mündel eine Verbindlichkeit gegenüber der juristischen Person. Bei wirtschaftlicher Betrachtung gehe es jedoch um ein Einstehen für die Schulden der juristischen Person gegenüber deren Gläubigern.[173]   125

Bei der GmbH nimmt die wohl herrschende Meinung an, die Beteiligung sei dann genehmigungspflichtig, wenn die Einlage noch nicht voll geleistet sei. Denn dann bestehe noch das Risiko einer Haftung für Fehlbeträge der Mitgesellschafter nach § 24 GmbHG.[174] Im Hinblick auf § 31 Abs. 3 GmbHG wird teilweise auch eine generelle Genehmigungsbedürftigkeit angenommen.[175] Die Gegenansicht hält die Beteiligung für grundsätzlich genehmigungsfrei, da es an einer rechtsgeschäftlichen Übernahme fremder Verbindlichkeit fehle.[176] Teilweise wird eine Genehmigungsbedürftigkeit auf Fälle der Gründungsbeteiligung beschränkt, in der regelmäßig Verbindlichkeiten Dritter bestehen und ein konkretes Haftungsrisiko begründen.[177]   126

Bei der Lösung dieser Fälle erscheint es wenig überzeugend, darauf abzustellen, ob die Haftung kraft ausdrücklicher Haftungsübernahmeerklärung oder kraft Gesetzes eintritt. In sämtlichen diskutierten Fällen tritt die Haftung ein, weil das Gesetz an die Eingehung eines entsprechenden Rechtsgeschäfts bestimmten Haftungsfolgen knüpft. Darauf abzustellen, ob der Mündel eine fremde Schuld übernimmt oder rechtlich eine eigene Schuld begründet, ist demgegenüber nicht rein formalistisch, sondern macht gerade im Hinblick auf den beschriebenen Schutzzweck der Norm auch bei materieller Betrachtung einen Unterschied. Nur in den erstgenannten Fällen besteht ein Bedürfnis zum Schutz vor der leichtfertigen Erwartung, wegen eines Regressanspruchs gegen Dritte nicht haften zu müssen. Bei Begründung einer eigenen Primärschuld ist für eine solche Erwartung kein Raum. Das Risiko des Mündels liegt in diesen Fällen vielmehr gerade im Umfang der eingegangenen Schuld.   127

Der Beitritt zur Genossenschaft dürfte nicht genehmigungsbedürftig sein. Der Genosse übernimmt schon keine fremde Verbindlichkeit, sondern haftet nur gegenüber der Genossenschaft.   128

Der Beitritt zur GmbH ist nicht schon wegen der Gefahr einer späteren Haftung nach § 31 Abs. 3 GmbHG genehmigungspflichtig.[178] Diese ist vielmehr Ausfluss der typischen Gesellschafterpflicht. Allerdings dürfte, wenn die übrigen Gesellschafter ihre Einlagen noch nicht geleistet haben, wegen der Haftung nach § 24 GmbHG eine Übernahme deren Verbindlichkeit vorliegen, die die Genehmigungspflicht auslöst.[179] Für die Praxis ist in jedem Fall die Wahl des sichersten Weges anzuraten.   129

Bei Gründung einer Gesellschaft bürgerlichen Rechts wird man annehmen müssen, dass die Verbindlichkeiten der Gesellschaft, für die der Gesellschafter persönlich haftet, als „fremde" übernommen werden.[180] § 1822 Nr. 10 BGB dürfte deshalb allenfalls noch bei einer rein vermögensverwaltenden Gesellschaft bürgerlichen Rechts in Betracht kommen.[181] Im Sinne des sichersten Weges ist jedoch – auch vor dem Hintergrund des § 1822 Nr. 3 BGB – zu empfehlen, eine Genehmigung zu beantragen. Entsprechendes gilt für den Eintritt in eine bereits bestehende Personengesellschaft.   130

Die Eingehung von Unterbeteiligungen ist differenziert zu betrachten. Hierbei handelt es sich um Innengesellschaften bürgerlichen Rechts, die nicht ohne weiteres auf die Übernahme einer fremden Verbindlichkeit gerichtet sein dürften, wenn eine Verlustbeteiligung ausgeschlossen ist.[182] Die Frage ist jedoch umstritten. Schon aus diesem Grund sollte die rechtsgestaltende Praxis hier den sichersten Weg der Einholung einer Genehmigung gehen.   131

---

[172] BGH v. 03.02.1964 - II ZB 6/63 - BGHZ 41, 71-79; zustimmend *Veit* in: Staudinger, § 1822 Rn. 186; *Schaffland* in: Lang/Weidmüller/Metz/Schaffland, GenG, 15 Rn. 14, jew. m.w.N.

[173] So OLG Braunschweig v. 07.10.1963 - 2 W 123/63 - FamRZ 1963, 657; *Zimmermann* in: Damrau/Zimmermann, Betreuungsrecht, 4. Aufl. 2011, § 1822 Rn. 48.

[174] So etwa KG v. 26.09.1961 - 2 U 266/61 - NJW 1962, 54-56; BGH v. 20.02.1989 - II ZR 148/88 - juris Rn. 26 - BGHZ 107, 24-32; *Götz* in: Palandt, § 1822 Rn. 21; *Rust*, DStR 2005, 1942, 1944; *Saar* in: Erman, § 1822 Rn. 30.

[175] So OLG Stuttgart v. 20.09.1978 - 8 W 128/78 - OLGZ 1978, 426-428; *Rust*, DStR 2005, 1942, 1948; vgl. hierzu auch *Dümig*, FamRZ 2003, 1, 4.

[176] So *Winkler*, ZGR 1990, 131-141, 138.

[177] So *Bürger*, RNotZ 2006, 156, 160.

[178] So auch *Veit* in: Staudinger, § 1822 Rn. 184, m.w.N.

[179] So etwa auch *Veit* in: Staudinger, § 1822 Rn. 183.

[180] So auch *Dümig*, FamRZ 2003, 1, 3.

[181] So wohl *Rust*, DStR 2005, 1942, 1943 f.

[182] So auch *Rust*, DStR 2005, 1942, 1945.

132 Genehmigungspflichtig ist auch der Erwerb eines Bruchteils an einem Wohnungseigentumsanteil. Hierin liegt grundsätzlich die Übernahme einer fremden Verbindlichkeit. Denn für die Kosten und Lasten des gemeinschaftlichen Eigentums haften die Mitinhaber des Wohnungseigentumsanteils gesamtschuldnerisch.[183] Anderes soll hingegen nach soweit ersichtlich allgemeiner Auffassung für den Erwerb einer Wohnungs- oder Sondereigentumseinheit im Ganzen gelten.[184] Denn der Wohnungs-/Sondereigentümer haftet nach neuem Recht grundsätzlich nicht gesamtschuldnerisch für Verbindlichkeiten der Gemeinschaft. Das erscheint nicht unproblematisch, soweit – wie regelmäßig – Landesgesetze die gesamtschuldnerische Haftung der Wohnungseigentümer für bestimmte Forderungen (z.B. Ent- und Versorgungsleistungen) anordnen. Diese Übernahme einer Gesamtschuld erfüllt die tatbestandlichen Anforderungen des § 1822 Nr. 10 BGB. Erwogen werden könnte, ob nicht § 1822 Nr. 10 BGB teleologisch zu reduzieren ist. Dies könnte mit dem Argument befürwortet werden, es handele sich bei diesen Verbindlichkeiten lediglich um öffentlich-rechtliche Lasten, die schon im Rahmen von § 1795 BGB keinen rechtlichen Nachteil zu begründen vermögen. Aber abgesehen davon, dass die §§ 1795, 1822 BGB verschiedenes regeln, sind beide Fälle nicht vergleichbar. Während der Erwerber eines Hauses eben nur für eigene Verbindlichkeiten haftet, die er regelmäßig aus den Erträgen des Eigentums erwirtschaften kann, besteht für den Erwerber einer Wohnungseigentumseinheit die Gefahr, für eine Vielzahl zahlungsunwilliger oder –fähiger Wohnungseigentümer herangezogen zu werden.

133 Nicht von § 1822 Nr. 10 BGB erfasst wird der Eintritt in den Mietvertrag nach § 571 BGB.[185]

134 Ebenfalls genehmigungsfrei ist bei einem geschenkten Grundstück die Übernahme der auf ihm ruhenden Lasten.[186]

135 Dem Vormund kann zu den nach § 1822 Nr. 10 BGB genehmigungsbedürftigen Geschäften gemäß § 1825 BGB eine allgemeine Ermächtigung erteilt werden.

3. Praktische Hinweise

136 Gerade bei gesellschaftsrechtlichen Gründungs- und Erwerbsvorgängen ist es geboten, über eine Prüfung des § 1822 Nr. 10 BGB hinaus auch § 1822 Nr. 3 BGB im Auge zu behalten.

137 Soweit der derivate Erwerb von Anteilen einer Kapitalgesellschaft von der herrschenden Meinung von der Gefahr einer Haftung für fremde Verbindlichkeiten nach § 24 GmbHG abhängig gemacht wird, ist zu beachten, dass diese konkrete Betrachtungsweise den Mündel der Gefahr aussetzt, dass sich erst nach geraumer Zeit herausstellen kann, dass Einlagen nicht geleistet oder zurückgezahlt worden sind. Solche erst später erkannten Gesichtspunkte dürften die Genehmigungspflicht wohl nicht entbehrlich machen.[187] Schon aus diesem Grund empfiehlt sich für die rechtsgestaltende Praxis der sicherste Weg einer Einholung der familiengerichtlichen Genehmigung. Die Einholung eines Negativattests genügt insofern nicht, da es keine Rechtskraft entfaltet.[188] Der Vormund kann versuchen, das Gericht von der Zulässigkeit einer vorsorglichen Genehmigung zu überzeugen[189].

XV. Erteilung einer Prokura (Nr. 11)

138 Die Erteilung der Prokura gemäß den §§ 48 ff. HGB bedarf der Genehmigung. Der Genehmigungsvorbehalt betrifft allerdings nur den Fall, dass der Mündel selbst Inhaber des Handelsgeschäfts ist und gilt nicht, wenn er an einer Personen- oder Kapitalgesellschaft lediglich beteiligt ist.[190] Genehmigungsbedürftig ist nur die Erteilung, nicht auch der Widerruf der Prokura.

139 Die Vorschrift ist nicht analog anwendbar auf die Erteilung sonstiger Vollmachten, auch nicht auf die Bestellung eines Handlungsbevollmächtigten nach § 54 HGB[191].

---

[183] Vgl. OLG München v. 22.08.2012 - 34 Wx 200/12 - juris Rn. 15 - FamRZ 2013, 494-495; KG v. 15.07.2010 - 1 W 312/10 - juris Rn. 3; ebenso *Röhl*, MittBayNot 2013, 189-195, 193 ff.; *Kölmel*, NotBZ 2013, 95-105, 103 f.
[184] Vgl. *Röhl*, MittBayNot 2013, 189-195, 193 ff.
[185] BGH v. 27.10.1982 - V ZR 177/81 - LM Nr. 27 zu § 571 BGB.
[186] Vgl. *Zimmermann* in: Damrau/Zimmermann, Betreuungsrecht, 4. Aufl. 2011, § 1822 Rn. 51.
[187] So auch *Bürger*, RNotZ 2006, 156, 164 f.
[188] Vgl. etwa BGH v. 30.11.1965 - V ZR 58/63 - FamRZ 1966, 139, 141; OLG Zweibrücken v. 14.01.1999 - 3 W 253/98 - NJW-RR 1999, 1174 f.
[189] Ob dies zulässig ist, wird bestritten, vgl. etwa *Bürger*, RNotZ 2006, 156, 765.
[190] *Zimmermann* in: Damrau/Zimmermann, Betreuungsrecht, 4. Aufl. 2011, § 1822 Rn. 52; *Bettin* in: BeckOK BGB, Ed. 30, § 1822 Rn. 28; *Saar* in: Erman, § 1822 Rn. 31; *Kölmel*, RNotZ 2010, 12, 23.
[191] *Fiala/Stenger*, Genehmigungen bei Betreuung und Vormundschaft – Ein Leitfaden mit zahlreichen Fallbeispielen, 2. Aufl. 2009, S. 145.

Ist der Prokurist mit Genehmigung des Familiengerichts bestellt, benötigt er auch für solche Geschäfte, die für den Mündel als Geschäftsinhaber genehmigungspflichtig wären, keine weitere Genehmigung mehr.[192]

XVI. Vergleich, Schiedsvertrag (Nr. 12)

Von der Genehmigungspflicht werden Vergleiche im materiellen Sinne des § 779 BGB und Schiedsverträge im Sinne des § 1025 ZPO erfasst.

Vergleich im materiellen Sinne ist – wegen seiner Doppelnatur – auch der Prozessvergleich.[193] Nach Sinn und Zweck der Vorschrift kommt eine Einschränkung des Genehmigungserfordernisses in Betracht, wenn dem Vergleich jeder materielle Gehalt fehlt, etwa nur die sich aus dem Gesetz ergebende Rechtslage festgehalten wird.[194] Dies gilt allerdings nicht, wenn mit dem Vergleich eine Ungewissheit in tatsächlicher oder rechtlicher Hinsicht ausgeräumt werden soll.

Nach einer Ansicht[195] soll auch die Stimmabgabe im Insolvenzverfahren gemäß § 237 InsO genehmigungspflichtig sein. Dies dürfte indes vom Wortlaut des § 1822 Nr. 12 BGB kaum mehr abgedeckt sein, mag auch die Stimmabgabe den Zwangsvergleich im Konkurs- oder Vergleichsverfahren übernommen haben. In der Praxis wähle man aber den sichersten Weg.

Unter den Begriff des Schiedsvertrages fällt auch ein Prozessfinanzierungsvertrag mit Erfolgsbeteiligung und Schiedsgerichtsvereinbarung.[196] Stellt die Schiedsvereinbarung nur einen Bestandteil eines umfangreicheren Vertrages dar, so ist es die Pflicht des Familiengerichts, den Vertrag insgesamt unter dem Gesichtspunkt des Mündelwohls zu prüfen.[197]

Weitere Voraussetzung der Genehmigungsbedürftigkeit ist, dass der Gegenstand des Streites oder der Ungewissheit in Geld nicht schätzbar ist oder den Wert von 3.000 € übersteigt. Mit ersterer Alternative sind nichtvermögensrechtliche Ansprüche gemeint. Die Streitwertberechnung folgt den Regeln der §§ 3 ff. ZPO. Dabei ist zu beachten, dass der Streitwert über den Wert im Vergleich geregelten Klageforderung hinaus auch noch einen Vergleichsüberhang enthalten kann, etwa wenn weitere Ansprüche geregelt oder eine Abgeltungsklausel hinsichtlich weiterer Ansprüche aufgenommen wird. Enthält die Abgeltungsklausel eine Beschränkung auf bestimmte Ansprüche, ist deren Streitwert maßgeblich. Bei nicht auf konkrete Forderungen beschränkten Abgeltungsklauseln (z.B. „auf alle wechselseitigen Ansprüche") ist der Streitwert unter Berücksichtigung der Umstände des Einzelfalles danach zu schätzen, welche Ansprüche möglicherweise noch bestehen können.

Nicht genehmigungsbedürftig sind Vergleiche, die einem schriftlichen oder protokollierten Vergleichsvorschlag entsprechen. Diese Ausnahme trägt dem Umstand Rechnung, dass das Gericht, wenn es einen Vergleich vorschlägt, die berechtigten Interessen beider Parteien angemessen zu berücksichtigen hat. Ein bloß mündlicher Vorschlag genügt nicht.[198]

Nicht erforderlich ist, dass das Gericht für die streitige Entscheidung über den im Vergleich behandelten Anspruch zuständig ist.[199] Auch können in den Vergleich weitere, über den Streitgegenstand des Verfahrens hinausgehende Ansprüche einbezogen werden.[200]

Das Gesetz fordert auch nicht, dass der gerichtlich vorgeschlagene Vergleich auch vor dem vorschlagenden Gericht abgeschlossen wird.

Aus der Formulierung „gerichtlicher Vergleichsvorschlag" (statt: „Vergleichsvorschlag des Gerichts") folgt nach dem Willen des Gesetzgebers, dass es genügt, dass der Vorsitzende oder der Berichterstatter den Vorschlag unterbreitet.[201] Entsprechendes soll für den Vergleichsvorschlag durch den Rechtspfle-

---

[192] RG v. 10.01.1923 - V 385/22 - RGZ 106, 185-188.
[193] Heute allg. A., vgl. *Veit* in: Staudinger, § 1822 Rn. 203; *Zimmermann* in: Damrau/Zimmermann, Betreuungsrecht, 4. Aufl. 2011, § 1822 Rn. 53.
[194] Vgl. auch *Odersky*, FamRZ 1971, 137-140, 140; *Götz* in: Palandt, § 1822 Rn. 23.
[195] So *Gernhuber/Coester-Waltjen*, Familienrecht, 6. Aufl. 2010, § 71 VI 9. Rn. 51.
[196] So OLG Hamm v. 10.07.2000 - 15 W 229/00 - Rpfleger 2000, 547-549; zur Rechtsnatur dieser modernen Vertragstypen vgl. etwa *Lafontaine*, Die rechtliche Stellung des selbständigen Individualerfinders im europäischen Patentrecht, 2002, S. 448 ff.
[197] OLG Hamm v. 10.07.2000 - 15 W 229/00 - FamRZ 2001, 373-374.
[198] Vgl. LG Berlin v. 28.02.2011 - 67 S 109/10 - juris Rn. 4 ZMR 2011, 873-874.
[199] Vgl. die Gesetzesbegründung, BR-Drs. 59/89, S. 369; a.A. *Veit* in: Staudinger, § 1822 Rn. 217.
[200] BR-Drs. 59/89, S. 369.
[201] Vgl. die Gesetzesbegründung, BR-Drs. 59/89, S. 369; so auch *Zimmermann* in: Damrau/Zimmermann, Betreuungsrecht, 4. Aufl. 2011, § 1822 Rn. 56.

ger gelten.²⁰² Schlägt der Rechtspfleger jedoch einen Vergleich unter Einbeziehung von Regelungspunkten vor, die außerhalb seines gesetzlichen Zuständigkeitsbereichs liegen, so dürfte dies nicht zum Wegfall der Genehmigungspflicht führen.²⁰³

150 Soweit teilweise angenommen wird, der mündliche Vergleichsvorschlag könne nachträglich schriftlich fixiert werden²⁰⁴, bestehen hiergegen Bedenken. Dem Wortlaut des Gesetzes dürfte eine solche Verfahrensweise nicht entsprechen. Denn der nachträglich verschriftlichte Vergleich ist kein schriftlicher Vergleichsvorschlag mehr. Daneben mag es auch einen praktischen Zweck erfüllen, dass das Gericht sich zu der von ihm vorgeschlagenen Würdigung der Belange der Parteien schon in einem Verfahrensstadium schriftlich bekennen soll, in dem die Akten noch nicht geschlossen sind.²⁰⁵

151 Anderweitige Genehmigungsvorbehalte – etwa nach § 1821 Abs. 1 Nr. 1 BGB – bleiben von § 1822 Nr. 12 BGB unberührt.

152 **Hinweis für den Rechtsanwalt**: Die üblichen Formulare für die Erteilung einer Prozessvollmacht umfassen auch eine Vollmacht zum Abschluss eines Prozessvergleichs. Steht der Mandant unter Vormundschaft, folgt aus § 1822 Nr. 12 BGB, dass der Prozessbevollmächtigte, selbst wenn ihm eine entsprechend umfassende Vollmacht von dem Vormund erteilt wurde, vor Erteilung der familiengerichtlichen Genehmigung keinen unwiderruflichen Prozessvergleich abschließen darf.

153 **Hinweis für die Praxis**: Fehlt es an der Genehmigung des ordnungsgemäß protokollierten Vergleichs, ist der Vergleich unwirksam, aber nach Form und Inhalt vollstreckungsfähig. Der Schuldner muss deshalb die Unwirksamkeit im Wege der Vollstreckungsgegenklage analog § 767 ZPO geltend machen. Droht die Vollstreckung, muss er den Erlass einer einstweiligen Anordnung nach § 769 ZPO beantragen.²⁰⁶

154 Ist auf der Grundlage eines mangels Genehmigung unwirksamen Vergleichs ein Kostenfestsetzungsbeschluss ergangen, ist dieser wirksam. Dass es an einer wirksamen Kostengrundentscheidung fehlt, muss zunächst im Wege der Vollstreckungsgegenklage gegen den Vergleich geltend gemacht werden. Es genügt also nicht, wenn der Kostenschuldner nur den Kostenfestsetzungsbeschluss angreift.²⁰⁷

XVII. Aufhebung oder Minderung einer Sicherheit (Nr. 13)

155 Erfasst werden alle Sicherheiten, die der Sicherung einer Forderung bei Zahlungsunfähigkeit dienen.

156 Genehmigungsbedürftig sind sowohl das Verpflichtungsgeschäft als auch das Verfügungsgeschäft.

157 Nicht unter § 1822 Nr. 13 BGB fallen Rechtsgeschäfte, durch die die zu sichernde Forderung mit aufgegeben wird.²⁰⁸ Es kommt dann jedoch eine Genehmigungspflicht etwa nach den §§ 1812, 1813, 1821 Abs. 1 Nr. 1, 2 BGB in Betracht.

158 Die Aufhebung der Sicherheit führt zum vollständigen Wegfall der Sicherheit. Hierunter fallen etwa der Verzicht auf eine Hypothek, die Aufhebung der Hypothek, die Aufhebung des Sicherungseigentums, die Aufhebung eines Pfandrechts, der Verzicht auf eine Sicherheit nach § 232 BGB oder die Entlassung des Bürgen aus seiner Haftung. Durch die Rücknahme des Versteigerungsantrages geht das relative Veräußerungsverbot nach § 23 Abs. 2 ZVG verloren.²⁰⁹

159 Die Minderung der Sicherheit führt zur Reduzierung der Sicherheit. Hierunter fällt etwa der Rangrücktritt nach § 880 BGB oder die Umwandlung einer Briefhypothek in eine Sicherungshypothek.²¹⁰

160 Ist eine Forderung unzweifelhaft wertlos, so soll die Aufhebung einer sie sichernden Hypothek nicht genehmigungspflichtig sein.²¹¹ Aber was ist schon zweifellos?

---

²⁰² So *Zimmermann* in: Damrau/Zimmermann, Betreuungsrecht, 4. Aufl. 2011, § 1822 Rn. 56.
²⁰³ Anders aber *Zimmermann* in: Damrau/Zimmermann, Betreuungsrecht, 4. Aufl. 2011, § 1822 Rn. 56.
²⁰⁴ So *Zimmermann* in: Damrau/Zimmermann, Betreuungsrecht, 4. Aufl. 2011, § 1822 Rn. 56.
²⁰⁵ So auch *Veit* in: Staudinger, § 1822 Rn. 219.
²⁰⁶ Vgl. Hanseatisches Oberlandesgericht Bremen v. 25.05.2012 - 2 W 34/12 - juris Rn. 4 - FamRZ 2012, 450.
²⁰⁷ Vgl. Hanseatisches Oberlandesgericht Bremen v. 25.05.2012 - 2 W 34/12 - juris Rn. 5 - FamRZ 2012, 450.
²⁰⁸ Allg. A., vgl. *Veit* in: Staudinger, § 1822 Rn. 227; *Götz* in: Palandt, § 1822 Rn. 24.
²⁰⁹ Zu Beispielsfällen im Einzelnen vgl. auch *Veit* in: Staudinger, § 1822 Rn. 223.
²¹⁰ Durch sie wird nämlich die Rechtsverfolgung erschwert, vgl. *Zimmermann* in: Damrau/Zimmermann, Betreuungsrecht, 4. Aufl. 2011, § 1822 Rn. 59; *Roth* in: Dodegge/Roth, Betreuungsrecht, 2003, E Rn. 114.
²¹¹ LG Mönchengladbach v. 12.06.2003 - 5 T 233/03 - Rpfleger 2003, 651.

D. Rechtsfolgen

I. Genehmigungserfordernis

Vgl. hierzu schon die Kommentierung zu § 1821 BGB Rn. 82.

II. Folgen des Fehlens der Genehmigung

Vgl. hierzu zunächst die Kommentierung zu § 1821 BGB Rn. 86. Im Falle des § 1822 Nr. 3 BGB ist der auf den Erwerb oder eine Veräußerung eines Erwerbsgeschäfts gerichtete Kausalvertrag unwirksam, die dinglichen Übertragungsakte bleiben allerdings wirksam, soweit keine anderweitigen Genehmigungsvorbehalte bestehen. Der Vertrag ist deshalb kondiktionsrechtlich rückabzuwickeln.[212]

Erfolgte eine Gesellschaftsgründung ohne die erforderliche Genehmigung, so soll der Mündel nach wohl herrschender Auffassung nicht wirksam an der Gesellschaft beteiligt sein.[213] Vorzugswürdig dürfte demgegenüber die Gegenauffassung[214] sein, wonach der Mündel Mitglied einer fehlerhaften, freilich aus wichtigem Grund auflösbaren Gesellschaft wird. Der Schutz des Mündels erfordert nämlich nicht, dem Mündel die vorteilhaften Regelungen des faktischen Gesellschaftsverhältnisses vorzuenthalten.

Ist der Mündel an der Gründung einer Kapitalgesellschaft beteiligt, so folgt aus § 75 GmbHG, der nur für bestimmte Fälle eine Nichtigkeit des Gesellschaftsvertrages annimmt, dass der Mangel der Genehmigung der Existenz der Gesellschaft nicht entgegensteht.

Im Falle des § 1822 Nr. 6 BGB führt das Fehlen der Genehmigung lediglich zur Unwirksamkeit ex nunc.[215]

Wird im Falle des § 1822 Nr. 8 BGB der Kredit ohne Genehmigung aufgenommen und die Genehmigung später verweigert, ist das aufgenommene Geld nach § 812 Abs. 1 Satz 1 Alt. 1 BGB zurückzugewähren. § 819 BGB kann unanwendbar sein, wenn der Vormund das Geschäft nicht für genehmigungsbedürftig hielt. Positive Kenntnis muss sich der Mündel jedoch gemäß § 166 BGB zurechnen lassen.[216]

Wird im Falle des § 1822 Nr. 11 BGB die Prokura ohne Vorgenehmigung des Familiengerichts erteilt, so ist sie gemäß § 1831 BGB unheilbar unwirksam. Da der Schutz des Mündels dem Schutz des Rechtsverkehrs vorgeht, erzeugt insofern auch die Eintragung im Handelsregister keinen guten Glauben an die Wirksamkeit der Prokura.[217]

III. Genehmigungskriterien

Vgl. zu den Kriterien für die Entscheidung über die Genehmigung allgemein vorab die Kommentierung zu § 1821 BGB Rn. 91. Maßgebliches Kriterium ist das Mündelinteresse.

1. Zu Nummer 1

Entscheidungskritierium für eine Genehmigung nach § 1822 Nr. 1 BGB ist im Schwerpunkt die Frage, ob der Mündel eine adäquate Gegenleistung für seine Verfügung erlangt. Ein vernünftiger Grund für eine Verfügung über das Vermögen im Ganzen dürfte kaum einmal auszumachen sein.

2. Zu Nummer 2

Für die Genehmigung einer Erklärung nach § 1822 Nr. 2 BGB kommt es im Regelfall darauf an, ob der Nachlass überschuldet ist.[218] Deshalb muss das Familiengericht ggf. die Vermögensverhältnisse des Erblassers ermitteln.[219]

---

[212] Ebenso *Kölmel*, RNotZ 2010, 12, 20.
[213] BGH v. 30.04.1955 - II ZR 202/53 - BGHZ 17, 160-168; *Zimmermann* in: Damrau/Zimmermann, Betreuungsrecht, 4. Aufl. 2011, § 1822 Rn. 34; *Veit* in: Staudinger, § 1822 Rn. 99; *Bürger*, RNotZ 2006, 156, 161.
[214] *Martinek/Wimmer-Leonhardt*, Handels-, Gesellschafts- und Wertpapierrecht, 3. Aufl. 2001, S. 124; *Hueck/Windbichler*, Gesellschaftsrecht, 20. Aufl. 2003, § 13 Rn. 17; anders aber *Windbichler*, Gesellschaftsrecht, 23. Aufl., § 12 Rn. 10.
[215] *Roth* in: Dodegge/Roth, Betreuungsrecht, 2003, E Rn. 107.
[216] So auch *Zimmermann* in: Damrau/Zimmermann, Betreuungsrecht, 4. Aufl. 2011, § 1822 Rn. 42, str.
[217] RG v. 24.01.1930 - III 75/29 - RGZ 127, 153-160.
[218] Vgl. Veit in: Staudinger, § 1822 Rn. 19.
[219] BGH v. 06.10.1994 - III ZR 134/93 - LM BGB § 839 (Ca) Nr. 97 (4/1995).

171 Dass die Ausschlagungsfrist möglicherweise schon verstrichen ist, steht einer Genehmigung der Ausschlagung der Erbschaft nach § 1822 Nr. 2 BGB nicht entgegen.[220] Das Gericht hat sich im Zweifelsfall bei der Erteilung seiner Genehmigung darauf zu beschränken, ob die Ausschlagung dem Mündelinteresse dient.

172 Ob die Ausschlagung einer Erbschaft genehmigungsfähig ist, hängt nicht allein von dem wirtschaftlichen Interesse des Mündels unter Berücksichtigung des Nachlassbestandes ab. Auch seine Gesamtbelange sind umfassen zu würdigen. Die Ausschlagung kann abzulehnen sein, wenn der nicht befreite Vorerbe den Stamm des ihm zustehenden Vermögens erhält und aus seinem Ertrag die in der letztwilligen Verfügung vorgesehenen Zuwendungen bestreiten kann.[221]

173 So darf das Familiengericht nicht zu einer sittenwidrigen[222] Ausschlagung der Erbschaft zur Verhinderung des Zugriffs durch den Sozialhilfeträger die Hand reichen. Jedoch muss nicht jede Ausschlagung bei Vorhandensein eines (positiven) Nachlassvermögens sittenwidrig sein[223]. Maßgeblich sind jeweils die Umstände des Einzelfalles.[224] Das OLG Stuttgart[225] hatte die Ausschlagung der Erbschaft für einen Behinderten als nicht genehmigungsfähig angesehen, da sie mit dem sozialhilferechtlichen Nachranggrundsatz nicht vereinbar sei. Es werde der Zugriff des Sozialhilfeträgers auf das ihm gebührende Vermögen vereitelt. Dem hat sich das OLG Hamm angeschlossen.[226] Es argumentiert insbesondere, das Ausschlagungsrecht könne nach der Rechtsordnung dem Nachrangprinzip des § 2 SGB XII nicht entzogen bzw. gegenüber diesem vorrangig sein.

174 Der BGH ist dem OLG Stuttgart entgegengetreten. Danach sind Verfügungen von Todes wegen, in denen Eltern eines behinderten Kindes die Nachlassverteilung durch eine kombinierte Anordnung von Vor- und Nacherbschaft sowie einer – mit konkreten Verwaltungsanweisungen versehenen – Dauertestamentsvollstreckung so gestalten, dass das Kind zwar Vorteile aus dem Nachlassvermögen erhält, der Sozialhilfeträger auf dieses jedoch nicht zugreifen kann, grundsätzlich nicht sittenwidrig, sondern vielmehr Ausdruck der sittlich anzuerkennenden Sorge für das Wohl des Kindes über den Tod der Eltern hinaus. Danach ist auch der von dem Leistungsbezieher erklärte Pflichtteilsverzicht grundsätzlich nicht sittenwidrig.[227] Diese Grundsätze dürften auch auf Vermächtnislösungen mit ähnlichen Zielen anwendbar sein.[228]

175 Nach Einschätzung des LG Aachen[229] ist die Ausschlagung eines Sozialhilfeempfängers hingegen nicht sittenwidrig. Die Entscheidung über die Annahme oder Ausschlagung obliege einer höchstpersönlichen Entscheidung des Erben. Es gebe keinen Zwang zur Annahme im Interesse eines Gläubigers. Dem entspricht auch die Wertung des § 83 Abs. 1 Satz 1 InsO.

176 Wieder andere sehen in der Ausschlagung einer werthaltigen Erbschaft unabhängig von der Frage der Sittenwidrigkeit eine mangelhafte Vermögensverwaltung.[230]

177 Rechtsdogmatisch verbleiben Bedenken, den Mündel aus sozialrechtlichen Gründen in seiner zivilrechtlichen Entscheidungsfreiheit über die Ausschlagung einer Erbschaft zu beschränken. Konsequenter wäre es, insofern nach einer sozialrechtlichen Lösung zu suchen.[231] Die Schwierigkeit de lege ferenda dürfte freilich darin bestehen, dass das weitgehend auf die Sicherung des Existenzminimums ausgerichtete Sozial(hilfe)recht schon aus verfassungsrechtlichen Gründen einer Sanktionierung eines als nicht sittenwidrig anzusehenden Handelns weitgehend entzogen sein dürfte. Geboten sein dürfte jeweils eine Würdigung des gesamten Nachlasses. Dabei ist zu beachten, dass je nach Zusammensetzung des Nachlasses mit der Annahme der Erbschaft auch Aufwand (z.B. Verwaltung von Aktienbeständen,

---

[220] BayObLG v. 14.01.1969 - BReg 1a Z 111/68 - FamRZ 1969, 434-436.
[221] OLG Köln v. 29.06.2007 - 16 Wx 112/07 - juris Rn. 4 - OLGR Köln 2008, 350-351; OLG Bremen v. 06.04.1961 - 3 W 38/61 - FamRZ 1962, 209.
[222] Vgl. hierzu OLG Stuttgart v. 25.06.2001 - 8 W 494/99 - NJW 2001, 3484-3486.
[223] Strenger aber offenbar *Freiherr von Crailsheim* in: Jürgens, Betreuungsrecht, 4. Aufl. 2010, § 1822 Rn. 7.
[224] Vgl. OLG Stuttgart v. 25.06.2001 - 8 W 494/99 - NJW 2001, 3484-3486; zustimmend *Veit* in: Staudinger, § 1822 Rn. 19.
[225] OLG Stuttgart v. 25.06.2001 - 8 W 494/99 - NJW 2001, 3484-3486.
[226] OLG Hamm v. 16.07.2009 - I-15 Wx 85/09 - juris Rn. 12 f. - FamRZ 2009, 2036-2038; zustimmend etwa *Zimmermann* in: Damrau/Zimmermann, Betreuungsrecht, 4. Aufl. 2011, § 1822 Rn. 9.
[227] BGH v. 19.01.2011 - IV ZR 7/10 - juris Rn. 17 ff. - BGHZ 188, 96-109.
[228] *Frhr v. Proff*, RNotZ 2012, 272-280.
[229] LG Aachen v. 04.11.2004 - 7 T 99/04 - NJW-RR 2005, 307 f.
[230] Vgl. *Zimmermann*, ZEV 2013, 315-320, 317.
[231] In diesem Sinne auch *Baumann*, RNotZ 2009, 606 ff.

Abwicklung unternehmerischer Beteiligungen, Verwertung von Immobiliarvermögen), Risiken (etwa wegen möglicher Verbindlichkeiten) und Ärger (z.B. Auseinandersetzung der Erbengemeinschaft) verbunden sein können, deren Eingehung – unter Würdigung auch der Möglichkeiten einer fachkundigen Betreuung – dem Betroffenen zumutbar sein muss, wenn die Ausschlagung als sittenwidrig angesehen werden soll.

Angesichts der divergierenden Entscheidungen zur Zulässigkeit der Ausschlagung durch den Vormund empfiehlt es sich für die rechtsgestaltende Praxis, den drohenden Sozialhilferegress von vornherein zu vermeiden. Hierfür bieten sich testamentarische Lösungen, etwa in Form des klassischen Behindertentestamtens[232] an. Dabei wird der Behinderte als nicht befreiter Mitvorerbe zu einer Quote eingesetzt, die die Hälfte des gesetzlichen Erbteils übersteigt, und es wird Dauertestamentsvollstreckung angeordnet. 178

Im Einzelfall kann eine Ausschlagung sogar pflichtwidrig sein, wenn der Sozialhilfeträger durch den Pflichtteilsanspruch befreit wird (§ 2 SGB XII), und sich diese Folge durch eine testamentarische Lösung hätte vermeiden lassen.[233] 179

Bei der Frage, ob einer Teilungsanordnung zugestimmt wird, hat das Familiengericht zu prüfen, ob sich der Mündel so besser stünde, als wenn die Auseinandersetzung mangels Vereinbarung gar nicht stattfände. 180

Praxishinweis: Es empfiehlt sich, den familiär mit dem Mündel verbundenen Betreuer nicht zugleich zum Testamentsvollstrecker zu berufen, da hier ein Interessenkonflikt nach § 1796 BGB angenommen werden kann.[234] Zur Lösung kommen Klauseln in Betracht, die den Testamentsvollstrecker zur Benennung eines Nachfolgers ermächtigen.[235] 181

3. Zu Nummer 3

Bei der Genehmigung der Geschäfte nach § 1822 Nr. 3 BGB hat das Familiengericht besonders umfassend Vor- und Nachteile der Eingehung einer unbeschränkten persönlichen Haftung des Mündels im Rahmen einer Gesamtschau zu prüfen und abzuwägen.[236] Dazu muss es gegebenenfalls von Amts wegen alle erforderlichen Erkundigungen einholen – bis hin zur Prüfung der charakterlichen Eignung der geschäftsführenden Mitgesellschafter.[237] Häufig wird darüber hinaus auch eine ohne sachverständige Hilfe nicht mögliche Markt- und Unternehmensanalyse erforderlich sein. Alle Vorteile, Risiken, Erträge und Aufwendungen gehen in die Gesamtbetrachtung ein.[238] Allerdings sind neben den Regeln der Wirtschaftlichkeit auch die Wünsche und das Wohl des Mündels zu berücksichtigen. Soll der Mündel an einem Erwerbsgeschäft teilnehmen, in das er sich persönlich unternehmerisch einbringen soll, so darf sich die Prüfung nicht allein auf eine Betrachtung des unternehmerischen und finanziellen Risikos beschränken, sondern muss darüber hinaus auch würdigen, ob der Mündel über die dafür erforderlichen psychischen und geistigen Fähigkeiten sowie die charakterliche Reife verfügt.[239] 182

Wegen der häufig nicht sicher kalkulierbaren Risiken dürfte bei Eingehung einer persönlichen Haftung eine Genehmigung häufig nicht in Betracht kommen. Denn es ist insbesondere auch die Möglichkeit einer Beteiligung in der Stellung eines Kommanditisten als Alternative ernsthaft in Betracht zu ziehen und das Risiko des vollständigen Vermögensverlustes gegenüber den – mitunter ungewissen – Renditeaussichten abzuwägen. Eine differenzierte Betrachtung kann bei der Fortführung eines bereits bestehenden und der Eingehung eines neuen Erwerbsgeschäfts geboten sein. 183

Die Beteiligung als Kommanditist dürfte zumindest bei Bestehen erheblicher Gewinnchancen in einem wirtschaftlich gesunden Unternehmen häufig genehmigungsfähig sein.[240] Aber auch unabhängig davon bereitet die Beteiligung als Kommanditist regelmäßig keine Probleme, wenn eine über die Einlage hinausgehende Haftung ausgeschlossen ist.[241] Insbesondere bei Schenkung des voll eingezahlten Kom- 184

---

[232] Vgl. hierzu etwa *Golpayegani*, ZEV 2005, 377 ff.; *Klinger*, NJW-Spezial 2006, 109.
[233] *Golpayegani*, ZEV 2005, 377, 378.
[234] Vgl. OLG Zweibrücken v. 03.12.2003 - 3 W 235/03 - ZEV 2004, 161; OLG Nürnberg v. 29.06.2001 - 11 UF 1441/01 - ZEV 2002, 158.
[235] Vgl. *Klinger*, NJW-Spezial 2006, 109; *Ruby*, ZEV 2006, 66, 70 mit Formulierungsvorschlägen.
[236] OLG Braunschweig v. 30.10.2000 - 2 W 237/00 - ZEV 2001, 75 f.
[237] BayObLG v. 04.07.1989 - BReg 1 a Z 7/89 - FamRZ 1990, 208, 209; OLG Hamm v. 11.04.2000 - 2 UF 53/00 - FamRZ 2001, 53.
[238] Vgl. OLG Zweibrücken v. 02.03.2000 - 5 UF 4/00 - juris Rn. 11 - OLGR Zweibrücken 2001, 60-62.
[239] Vgl. AG Koblenz v. 14.12.2012 - 206 F 365/12 - juris Rn. 7 f. - Rpfleger 2013, 203-204.
[240] So auch OLG Zweibrücken v. 02.03.2000 - 5 UF 4/00 - NJW-RR 2001, 145 f.
[241] Vgl. OLG Jena v. 22.03.2013 - 2 WF 26/13 - juris Rn. 27 ff. - FamRZ 2014, 140-142.

manditanteils ist sie regelmäßig unproblematisch.[242] Soll die Kommanditgesellschaft erst gegründet werden, so dürfte der Mündel jedoch regelmäßig von dem eigentlichen Gründungsvorgang wegen des Risikos der persönlichen Haftung im Gründungs- und Beitrittsstadium (§ 176 HGB) von dem eigentlichen Gründungsvorgang auszuschließen sein.[243] In Betracht kommt hier eine Genehmigung unter der aufschiebenden Bedingung der Handelsregistereintragung.[244]

185 Bei der Beurteilung eines Geschäftsanteilsübertragungsvertrages, durch den der Mündel seinen Anteil gegen eine Abfindung veräußert, kommt es darauf an, ob die vereinbarte Abfindung dem tatsächlichen Abfindungsanspruch entspricht. Ist der Abfindungsanspruch durch den Gesellschaftsvertrag auf den Buchwert des Unternehmens beschränkt, hat sich der wirkliche Wert des Unternehmens aber weit darüber hinaus entwickelt, kann eine Abfindung zum Buchwert unzumutbar sein.[245] Dass der Anteil dem Mündel zuvor geschenkt worden war, spielt bei der Beurteilung der Genehmigungsfähigkeit des Übertragungs- und Abfindungsvertrages keine Rolle mehr.[246]

186 **Praktischer Hinweis:** Soll der Minderjährige zum selbständigen Betrieb eines Erwerbsgeschäfts ermächtigt werden, kann es sich anbieten, gesellschaftsrechtlich zu vereinbaren, dass nur volljährige Gesellschafter Rechtsgeschäfte abschließen dürfen, die der familiengerichtlichen Genehmigung bedürfen (wie z.B. die Aufnahme eines Darlehens). Das erhöht die Handlungsfähigkeit der Gesellschaft und wird auch von der Rechtsprechung gebilligt.[247]

4. Zu Nummer 7

187 Maßgebliches Kriterium für die Genehmigung von Ausbildungs- und Arbeitsverträgen sind neben dem wirtschaftlichen Aspekt die Eignung und Neigung des Mündels.[248]

5. Zu Nummer 9

188 Für die Aufnahme eines Dispositionskredits kann im Einzelfall sprechen, dass sie die wirtschaftliche Flexibilität des Betroffenen erhöht. Sie kann vertretbar sein, wenn sie mit überschaubaren Risiken verbunden ist und die Lebens- und Versorgungssituation des Betroffenen nicht erheblich verschlechtert.[249] Allerdings ist auch zu berücksichtigen, dass die Kreditaufnahme mit Kosten verbunden ist, die möglichst zu vermeiden sind. Die bloße Ausweitung des für den allgemeinen Konsum verfügbaren Rahmens rechtfertigt ihre Eingehung deshalb nicht. Bei dem Mündel fortgeschrittenen Alters kommt hinzu, dass dieser lernen soll, verantwortungsvoll mit Vermögen umzugehen. Dazu gehört nicht nur die Vermeidung von Schulden, sondern auch der Vermögensaufbau zur Begründung einer nachhaltigen Lebensgrundlage und zur Vorsorge gegen Risiken wie Alter, Arbeitslosigkeit usw. Insofern gelten für einen Mündel ganz andere Maßstäbe als etwa für einen hochbetagten Betreuten.

6. Zu Nummer 10

189 Die Genehmigungspflicht der in § 1822 Nr. 10 BGB bezeichneten Geschäfte deutet darauf hin, dass der Gesetzgeber solche Geschäfte per se als gefährlich ansieht. Ihre Eingehung durch den Mündel muss sich deshalb durch schwerwiegende persönliche Gründe rechtfertigen lassen.[250]

7. Zu Nummer 11

190 Im Fall des § 1822 Nr. 11 BGB hat das Familiengericht bei der Erteilung der Genehmigung zu beachten, dass die Erteilung der Prokura die weitere unternehmerische Tätigkeit des Prokuristen dem Einflussbereich des Familiengerichts weitgehend enthebt (vgl. hierzu schon Rn. 140).

---

[242] Vgl. OLG Jena v. 22.03.2013 - 2 WF 26/13 - juris Rn. 27 ff. - FamRZ 2014, 140-142; OLG Bremen v. 24.02.1999 - 4 UF 16/99 - NJW-RR 1999, 876; *Ivo*, ZEV 2005, 193, 196; *v. Oertzen/Hermann*, ZEV 2003, 400, 401.

[243] In diesem Sinne auch *Klüsener*, Rpfleger 1993, 133, 135.

[244] BGH v. 21.03.1983 - II ZR 113/82 - NJW 1983, 2258, OLG Jena v. 22.03.2013 - 2 WF 26/13 - juris Rn. 30 - FamRZ 2014, 140-142; so auch *Freiherr von Crailsheim* in: Jürgens, Betreuungsrecht, 4. Aufl. 2010, § 1822, Rn. 19.

[245] Vgl. Hanseatisches OLG Bremen v. 13.03.2013 - 4 UF 7/12 - juris Rn. 16 - FamRZ 2014, 137-140.

[246] Hanseatisches OLG Bremen v. 13.03.2013 - 4 UF 7/12 - juris Rn. 20 - FamRZ 2014, 137-140.

[247] Vgl. AG Koblenz v. 14.12.2012 - 206 F 365/12 - juris Rn. 9 - Rpfleger 2013, 203-204.

[248] Vgl. *Veit* in: Staudinger, § 1822 Rn. 140.

[249] Vgl. KG v. 13.10.2009 - 1 W 161/08 - juris Rn. 10 - BtPrax 2009, 297.

[250] So auch *Bettin* in: BeckOK BGB, Ed. 30, § 1822 Rn. 27.

Bei der Auswahl des Prokuristen ist zu beachten, dass der Vormund sich selbst wegen den §§ 1795 Abs. 2, 181 BGB keine Prokura erteilen kann. Dies schließt allerdings eine Bestellung des Vormundes zum Prokuristen durch einen Pfleger mit Genehmigung des Familiengerichts nicht aus.[251] 191

8. Zu Nummer 12

Bei der Genehmigung einer Schiedsvereinbarung ist die Schiedsabrede im Einzelnen zu würdigen, insbesondere soweit diese dem Gericht eine Entscheidung nach billigem Ermessen eröffnet.[252] Sieht die Schiedabrede die formlose nachträgliche Abänderbarkeit der Schiedsabrede vor, so dürfte eine nachträgliche Abrede als actus contrarius selbst wieder genehmigungsbedürftig sein. Folgt man dem nicht,[253] müssen die sich daraus ergebenden Risiken zumindest schon im Rahmen der Entscheidung über die Genehmigung der Schiedsvereinbarung berücksichtigt werden. 192

E. Prozessuale Hinweise/Verfahrenshinweise

Zum Genehmigungsverfahren und zu den Rechtsbehelfen vgl. die Kommentierung zu § 1828 BGB. 193

Hinweis für den Notar: Der Notar hat auf Genehmigungserfordernisse nach § 1821 BGB hinzuweisen und dies in der Niederschrift zu vermerken, § 18 BeurkG. Im Rahmen der Belehrung über die Genehmigung nach § 1828 BGB ist darauf hinzuweisen, dass das Rechtsgeschäft schwebend unwirksam ist, bis die Genehmigung erteilt und dem anderen Teil mitgeteilt worden ist.[254] 194

---

[251] *Götz* in: Palandt, § 1822 Rn. 22.
[252] Vgl. *Veit* in: Staudinger, § 1822 Rn. 209.
[253] So wohl *Veit* in: Staudinger, § 1822 Rn. 209.
[254] Vgl. *Kölmel*, RNotZ 2010, 12, 16.

§ 1823 BGB Genehmigung bei einem Erwerbsgeschäft des Mündels

(Fassung vom 17.12.2008, gültig ab 01.09.2009)
Der Vormund soll nicht ohne Genehmigung des Familiengerichts ein neues Erwerbsgeschäft im Namen des Mündels beginnen oder ein bestehendes Erwerbsgeschäft des Mündels auflösen.

Gliederung

A. Grundlagen 1
  I. Kurzcharakteristik 1
  II. Entstehungsgeschichte 2
B. Praktische Bedeutung 3
C. Anwendungsvoraussetzungen 4
  I. Erwerbsgeschäft 4
  II. Betrieb durch den Vormund 5
  III. Beginn 7
  IV. Auflösung 8

  V. Praktische Hinweise 9
D. Rechtsfolgen 10
  I. Innengenehmigung 10
    1. Rechtsnatur der Innengenehmigung 10
    2. Genehmigungskriterien 11
    3. Inhalt der Genehmigung 13
  II. Folgen der Rechtsverletzung 14
E. Prozessuale Hinweise/Verfahrenshinweise 16

A. Grundlagen

I. Kurzcharakteristik

1   Die Norm soll einerseits verhindern, dass der Vormund nur um der Absicherung seiner eigenen Haftungsrisiken willen ein bestehendes Erwerbsgeschäft aufgibt. Andererseits soll das Mündelvermögen aber auch nicht durch den Beginn eines neuen Erwerbsgeschäfts mit vordem nicht bestehenden Risiken belastet werden. Die Genehmigung ist – anders als in den Fällen der §§ 1821, 1822 BGB – eine bloße Ordnungsvorschrift („soll nicht")[1].

II. Entstehungsgeschichte

2   Mit Einführung des Gesetzes über das Verfahren in Familiensachen und in den Angelegenheiten der freiwilligen Gerichtsbarkeit (FamFG) vom 17.12.2008[2] wurde das Wort „Vormundschaftsgericht" in „Familiengericht" geändert und damit der Wechsel in der Zuständigkeit nach dem FamFG im BGB nachvollzogen. Zu der neuen Zuständigkeitsverteilung insgesamt vgl. die Kommentierung zu § 1793 BGB Rn. 162.

B. Praktische Bedeutung

3   Die Vorschrift findet gemäß § 1908i Abs. 1 Satz 1 BGB auch auf die Betreuung und gemäß § 1915 Abs. 1 BGB auf die Pflegschaft Anwendung. Gemäß § 1645 BGB gilt hinsichtlich des Beginns, nicht aber hinsichtlich der Auflösung dasselbe für die Eltern.

C. Anwendungsvoraussetzungen

I. Erwerbsgeschäft

4   Vergleiche hierzu bereits die Kommentierung zu § 1822 BGB Rn. 39.

---

[1] Allgemeine Ansicht, statt vieler: *Freiherr von Crailsheim* in: Jürgens, Betreuungsrecht, 4. Aufl. 2010, § 1823 Rn. 2; *Dickescheid* in: BGB-RGRK, § 1823 Rn. 1; *Götz* in: Palandt, § 1823 Rn. 1; *Bettin* in: BeckOK BGB, Ed. 30, § 1823 vor Rn. 1; so auch schon Motive, zitiert nach *Mugdan*, Die gesammten Materialien zum Bürgerlichen Gesetzbuch für das Deutsche Reicht, IV. Band: Familienrecht, 1899, S. 1108.

[2] BGBl I 2008, 2586.

II. Betrieb durch den Vormund

§ 1823 BGB betrifft nur das von dem Vormund im Rahmen seiner gesetzlichen Vertretungsmacht nach § 1793 BGB betriebene Erwerbsgeschäft des Mündels. Betreibt der Mündel bzw. der Betreute mit Einwilligungsvorbehalt selbst das Erwerbsgeschäft, gilt § 112 BGB (in Verbindung mit § 1903 Abs. 1 Satz 2 BGB). Der Mündel ist dann nach § 112 Abs. 1 Satz 1 BGB für Rechtsgeschäfte, die der Geschäftsbetrieb mit sich bringt, unbeschränkt geschäftsfähig. Nach § 112 Abs. 1 Satz 2 BGB bleiben familiengerichtliche Genehmigungserfordernisse für bestimmte Geschäfte hiervon aber unberührt.

Der Betrieb eines eigenen Erwerbsgeschäfts durch den Mündel begründet die Gefahr der Überschuldung, ohne dass die Haftung des volljährig Gewordenen beschränkt werden könnte (§ 1629a Abs. 2 BGB). Es wird deshalb teilweise gesagt, eine Genehmigung nach § 112 BGB sei schwer erteilbar.[3] Demgegenüber ist zwar rechtsdogmatisch darauf hinzuweisen, dass der bloße Umstand, dass der Mündel der Vormundschaft unterliegt, nicht dazu führen kann, dass Erwerbsgeschäfte nach § 112 BGB von vornherein ausscheiden. In der Tat ist bei Erteilung der Genehmigung nach § 112 BGB wegen der drohenden Überschuldung jedoch besondere Zurückhaltung geboten – was übrigens auch für Eltern gelten dürfte. Für Betreute mit Einwilligungsvorbehalt scheidet § 112 BGB regelmäßig ohnedies aus, da ein bestehender Einwilligungsvorbehalt dann als nicht erforderlich aufzuheben oder jedenfalls einzuschränken wäre.[4]

III. Beginn

Beginn und Auflösung eines Erwerbsgeschäfts können, müssen aber keine Rechtsgeschäfte sein.[5] Unter dem Beginn des Erwerbsgeschäfts wird die erstmalige Aufnahme des Erwerbsgeschäfts verstanden. Nicht hierher gehört die Fortführung oder Änderung eines bestehenden Erwerbsgeschäfts[6], selbst wenn sie mit einer Erweiterung der Erwerbstätigkeit verbunden ist. Nicht nach § 1823 BGB genehmigungsbedürftig ist deshalb etwa die Fortführung des durch Schenkung oder Erbfall zugefallenen Erwerbsgeschäfts.[7] Etwas anderes soll gelten, wenn der Miterbe eines einzelkaufmännischen Unternehmens mit den weiteren Miterben vereinbart, das Erwerbsgeschäft in der Form einer Gesellschaft fortzuführen, oder wenn er als Erbe eines Gesellschafters die Fortsetzung der aufgelösten, aber nicht auseinandergesetzten Gesellschaft vereinbart oder als Erbe eines Gesellschafters vom Eintrittsrecht Gebrauch macht.[8] Das erscheint jedenfalls in den beiden erstgenannten Konstellationen nicht zweifelsfrei, besteht doch das Erwerbsgeschäft ohne Unterbrechung fort. Die Frage ist jedoch von untergeordneter praktischer Bedeutung, da jedenfalls der erforderliche Gesellschaftsvertrag nach § 1822 Abs. 1 Nr. 3 BGB genehmigungsbedürftig ist.[9] Auch die Änderung des Geschäftszwecks für sich betrachtet stellt keinen Beginn eines neuen Erwerbsgeschäfts dar, wenn sie nicht so erheblich ist, dass sie einer Neugründung gleich kommt.[10] Die Gründung eines Erwerbsgeschäfts durch Abschluss eines Gesellschaftsvertrages fällt unter § 1822 Nr. 3 BGB, der Abschluss eines Pachtvertrages über ein bestehendes Geschäft unter § 1822 Nr. 4 BGB. Dingliche Rechtsgeschäfte wie etwa die Bestellung eines Nießbrauchs an einem gewerblich genutzten Grundstück fallen nicht unter § 1823 BGB.[11]

---

[3] So *Spanl*, Vermögensverwaltung durch Vormund und Betreuer, 2. Aufl. 2009, S. 302.

[4] Zutreffend *Roth* in: Dodegge/Roth, Betreuungsrecht, 2003, A Rn. 83.

[5] So zutreffend für den Einzelkaufmann *Saar* in: Erman, § 1823 Rn. 1.

[6] *Dickescheid* in: BGB-RGRK, § 1823 Rn. 2; *Götz* in: Palandt, § 1823 Rn. 1; *Bettin* in: BeckOK BGB, Ed. 30, § 1823 Rn. 2.

[7] Allg. A., *Spanl*, Vermögensverwaltung durch Vormund oder Betreuer, 2. Aufl. 2009, S. 301; *Dickescheid* in: BGB-RGRK, § 1823 Rn. 4; *Wagenitz* in: MünchKomm-BGB, § 1823 Rn. 3; *Bettin* in: BeckOK BGB, Ed. 30, § 1823 Rn. 2.

[8] So *Dickescheid* in: BGB-RGRK, § 1823 Rn. 3; *Zimmermann* in: Damrau/Zimmermann, Betreuungsrecht, 4. Aufl. 2011, Rn. 2; *Wagenitz* in: MünchKomm-BGB, § 1823 Rn. 3; *Bettin* in: BeckOK BGB, Ed. 30, § 1823 Rn. 2.

[9] *Dickescheid* in: BGR-RGRK, § 1823 Rn. 3; *Zimmermann* in: Damrau/Zimmermann, Betreuungsrecht, 4. Aufl. 2011, Rn. 2.

[10] Vgl. zu diesen Konstellationen auch BGH v. 20.09.1962 - II ZR 209/61 - BGHZ 38, 26-36, 27; *Veit* in: Staudinger, § 1823 Rn. 6; *Dickescheid* in: BGB-RGRK, § 1823, Rn. 4.

[11] Vgl. OLG München v. 08.02.2011 - 34 Wx 040/11 - juris Rn. 15 - NJW-RR 2011, 595-596.

IV. Auflösung

8 Auflösung ist die Beendigung des Erwerbsgeschäfts.[12] Hierunter fällt auch der Beschluss zur Auflösung sowie die Kündigung der Erwerbsgesellschaft oder die Veräußerung einer Beteiligung[13]. Die Veräußerung des Erwerbsgeschäfts soll keine Auflösung darstellen[14], ist aber nach § 1822 Nr. 3 BGB genehmigungspflichtig. Vollzieht sich die Umwandlung einer Komplementärstellung in eine Kommanditbeteiligung mit dem Tod des Gesellschafters aufgrund einer Nachfolgeklausel erbrechtlich, d.h. ohne entsprechende rechtsgeschäftliche Erklärungen des Erben, bedarf es keiner Genehmigung nach § 1823 BGB.[15]

V. Praktische Hinweise

9 § 1823 BGB ist in der Praxis von eher untergeordneter Bedeutung, da § 1822 Nr. 3 und Nr. 4 BGB einen Großteil der einschlägigen Geschäfte erfassen und überdies eine Außengenehmigung erforderlich machen. Es ist deshalb stets auch zu prüfen, ob nicht eine Genehmigungsbedürftigkeit nach jenen Normen gegeben ist.

D. Rechtsfolgen

I. Innengenehmigung

1. Rechtsnatur der Innengenehmigung

10 Beginn und Auflösung eines Erwerbsgeschäfts stellen als solche keine Rechtsgeschäfte dar. Schon deshalb kann das Fehlen der Genehmigung nicht die Unwirksamkeit dieser tatsächlichen Vorgänge zur Folge haben. Ist der Beginn oder die Auflösung eines Erwerbsgeschäfts jedoch mit Rechtshandlungen verbunden, so hindert das Fehlen der Genehmigung die Wirksamkeit dieser Rechtshandlungen nicht.[16] Dieses Ergebnis hält auch einer verfassungskonformen Auslegung im Lichte des allgemeinen Persönlichkeitsrechts Minderjähriger stand.[17] Die weitreichenden Folgen der wirksamen Begründung eines Erwerbsgeschäfts ohne Möglichkeit der Haftungsbeschränkung sind allerdings durch eine restriktive, am Mündelwohl orientierte Genehmigungspraxis angemessen zu begrenzen. Das Registergericht darf deshalb die Eintragung des Beginns oder der Beendigung des Geschäfts nicht vom Nachweis der familiengerichtlichen Genehmigung abhängig machen.[18] Allerdings kann[19] und muss es das Familiengericht informieren, vgl. § 22a FamFG. Auch der Erwerb der Kaufmannseigenschaft nach § 1 HGB erfolgt unabhängig von der Erteilung der familiengerichtlichen Genehmigung.[20]

2. Genehmigungskriterien

11 Die Genehmigungsfähigkeit einer Handlung nach § 1823 BGB richtet sich nach dem Mündelwohl. Die Entscheidung wird verbreitet als Ermessensentscheidung verstanden.[21] Zur Wahrung der selbständigen Führung der Vormundschaft wird das Familiengericht seine Kontrolle zwar auch im Rahmen von

---

[12] Vgl. *Veit* in: Staudinger, § 1823 Rn. 9.
[13] Herrschende Meinung, vgl. *Rust*, DStR 2005, 1992, 1993; *Dickescheid* in: BGB-RGRK, § 1823 Rn. 5; *Zimmermann* in: Damrau/Zimmermann, Betreuungsrecht, 4. Aufl. 2011, § 1823 Rn. 4; *Saar* in: Erman, BGB, § 1823 Rn. 3; *Bettin* in: Bamberger/Roth, BeckOK BGB, Ed. 22, § 1823 Rn. 2. Die bloße Veräußerung einer Beteiligung ist hingegen nach § 1822 Nr. 2 BGB zu beurteilen, vgl. OLG Karlsruhe v. 09.07.1973 - 11 W 87/72 - NJW 1973, 1977-1978; *Freiherr von Crailsheim* in: Betreuungsrecht, 4. Aufl. 2010, § 1823 Rn. 4.
[14] Vgl. hierzu BGH v. 22.09.1969 - II ZR 144/68 - NJW 1970, 33.
[15] Vgl. OLG Brandenburg v. 06.05.2003 - 10 U 18/01 - FamRZ 2004, 981.
[16] *Dickescheid* in: BGB-RGRK, § 1823 Rn. 1; *Zimmermann* in: Damrau/Zimmermann, Betreuungsrecht, 4. Aufl. 2011, § 1823 Rn. 5; *Veit* in: Staudinger, § 1823 Rn. 10.
[17] Vgl. hierzu *Veit* in: Staudinger, § 1823 Rn. 11.
[18] Statt vieler: KG v. 06.06.1900 - OLGE 1, 286-288, 288; *Wagenitz* in: MünchKomm-BGB, § 1823 Rn. 5; *Zimmermann* in: Damrau/Zimmermann, Betreuungsrecht, 4. Aufl. 2011, § 1823 Rn. 5; *Götz* in: Palandt, § 1823 Rn. 1; *Saar* in: Erman, BGB, § 1823 Rn. 4; *Gernhuber/Coester-Waltjen*, Familienrecht, 6. Aufl. 2010, § 71 VII 11. Rn. 54-57; *Dickescheid* in: BGB-RGRK, § 1823 Rn. 1.
[19] *Saar* in: Erman, BGB, § 1823 Rn. 4; zum alten Recht bereits *Veit* in: Staudinger, § 1823 Rn. 12; *Dickescheid* in: BGB-RGRK, § 1823 Rn. 1.
[20] *Dickescheid* in: BGB-RGRK, § 1823 Rn. 1; *Götz* in: Palandt, § 1823 Rn. 1.
[21] *Spanl*, Vermögensverwaltung durch Vormund und Betreuer, 2. Aufl. 2009, S. 299.

§ 1823 BGB zurücknehmen. Allerdings darf die Selbständigkeit der Führung der Vormundschaft angesichts der Risiken, die mit der Aufnahme einer Erwerbstätigkeit verbunden sind, gerade hier nicht überstrapaziert werden. Dass das Gesetz den Beginn eines Erwerbsgeschäfts überhaupt für genehmigungsfähig erachtet, bedeutet nicht, dass der Gesetzgeber die damit verbundenen Risiken generell hätte hinnehmen wollen.[22] Das Gericht hat eine Gesamtschau aller materiellen und immateriellen Aspekte abzuwägen. Relevant sind insoweit sowohl die Erwerbschancen als auch alle Verlustrisiken nach der Art des jeweiligen Erwerbsgeschäfts. Auch die Vermögenslage des Mündels im Übrigen kann bei der Beurteilung der Genehmigungsfähigkeit eine Rolle spielen, ebenso die persönlichen und familiären Beziehungen des Mündels zu weiteren Mitgesellschaftern. Bei der Beurteilung der Chancen und Risiken hat das Gericht auch die fachliche und charakterliche Eignung der Mitgesellschafter und deren Vermögensverhältnisse wie auch den Geschäftsgegenstand sowie etwaige erbrechtliche Auswirkungen zu prüfen.[23]

Zu Recht wird konstatiert, dass der Beginn eines Erwerbsgeschäfts selten zu genehmigen sein wird.[24] **12**
Er wird jedoch auch nicht aus grundsätzlichen Erwägungen von vornherein abzulehnen sein, wenn das Risiko überschaubar ist und der Mündel nach seiner Entwicklung hinreichend gereift erscheint.

3. Inhalt der Genehmigung

Die Genehmigung nach § 1823 BGB bezieht sich stets auf die konkret im Antrag des Vormunds umschriebene tatsächliche oder rechtliche Handlung. Die Genehmigung nach § 1823 BGB umfasst nicht **13**
automatisch auch eine ggf. erforderliche weitere Genehmigung nach § 1822 BGB.[25] Denn jene greift schon nach ihrer Außenwirkung weiter. Allerdings ist das Familiengericht verpflichtet, die zu genehmigende Handlung unter allen rechtlich relevanten Gesichtspunkten zu prüfen. Da der Antrag nach § 1823 BGB regelmäßig auch als Antrag zur Erteilung einer nach § 1822 BGB erforderlichen Genehmigung ausgelegt werden kann, hat das Familiengericht deren Voraussetzungen ebenfalls zu prüfen. Seine Entscheidung muss deutlich machen, inwiefern auch eine (Außen-)Genehmigung nach § 1822 BGB erteilt ist.

II. Folgen der Rechtsverletzung

Obwohl die Soll-Vorschrift des § 1823 BGB bloße Ordnungsvorschrift ist, begründet sie eine echte **14**
Rechtspflicht des Vormunds. Ihre Verletzung kann deshalb grundsätzlich zur Schadensersatzpflicht nach § 1833 BGB führen.[26] Problematisch kann in diesem Zusammenhang allerdings sein, inwieweit ein Schaden durch diese Pflichtverletzung im Sinne einer gesetzlichen Bedingung verursacht wurde. Der Vormund sollte gleichwohl schon im eigenen Interesse § 1823 BGB strikt beachten. Eine unternehmerische Betätigung ist für das Mündelvermögen stets mit gesteigerten Verlustrisiken verbunden. Insbesondere angesichts einer fehlenden Möglichkeit zur Haftungsbeschränkung setzt sich der Vormund bei Missachtung erheblichen Risiken aus.

Das Familiengericht hält den Vormund nach § 1837 BGB zur Einhaltung der Vorschrift an und kann **15**
ihn als ultima ratio entlassen, wenn er sich weigert, die nach § 1823 BGB erforderliche Genehmigung einzuholen.[27]

E. Prozessuale Hinweise/Verfahrenshinweise

Zuständig für die Erteilung der Genehmigung ist nach § 3 Nr. 2a RPflG (im Falle der Betreuung § 3 **16**
Nr. 2b RPflG) der Rechtspfleger.

Vor der Entscheidung ist der Mündel anzuhören. Nach § 34 Nr. 1 FamFG ist eine persönliche, d.h. **17**
mündliche Anhörung nur geboten, soweit dies zur Gewährleistung rechtlichen Gehörs geboten ist. Das mindestens 14 Jahre alte Kind ist gemäß § 159 Abs. 1 Satz 2 FamFG grundsätzlich anzuhören, jedoch (da es sich um eine Entscheidung im Bereich der Vermögenssorge handelt) nicht zwingend mündlich. Jüngere Kinder sind nach Maßgabe von § 159 Abs. 2 FamFG anzuhören. Im Falle der Betreuung folgt

---

[22] Zutreffend *Klüsener*, Rpfleger 1990, 321, 330; *Spanl*, Vermögensverwaltung durch Vormund und Betreuer, 2. Aufl. 2009, S. 300.
[23] BayObLG v. 04.07.1989 - BReg 1 a Z 7/89 - FamRZ 1990, 208-209; *Spanl*, Vermögensverwaltung durch Vormund und Betreuer, 2. Aufl. 2009, S. 300.
[24] Vgl. *Zimmermann* in: Damrau/Zimmermann, Betreuungsrecht, 4. Aufl. 2011, § 1823 Rn. 6.
[25] So auch *Veit* in: Staudinger, § 1823 Rn. 3.
[26] Allg. A., vgl. *Veit* in: Staudinger, § 1823 Rn. 13.
[27] So auch *Veit* in: Staudinger, § 1823 Rn. 14; *Götz* in: Palandt, § 1823 Rn. 1; *Saar* in: Erman, § 1823 Rn. 4.

die Anhörungspflicht des Betreuten aus § 299 FamFG. Ein vorhandener Gegenvormund ist nach § 1826 BGB anzuhören. Angelegenheiten, die den Beginn oder die Auflösung eines Erwerbsgeschäfts betreffen, sind regelmäßig auch wichtige Angelegenheiten im Sinne des § 1847 BGB, so dass regelmäßig auch weitere Verwandte oder Verschwägerte anzuhören, wenn nicht gar zu beteiligen sind.

18 Gerade bei Unternehmensinhabern bedarf die Rechtsfolge des § 1823 BGB mitunter einer weitsichtigen Rechtsberatung. In dem häufig nicht bedachten Fall einer möglichen Geschäftsunfähigkeit könnte der eingesetzte Betreuer das Unternehmen nur mit familiengerichtlicher Genehmigung auflösen. Die damit verbundenen Einsichtsmöglichkeiten staatlicher Stellen in Vermögens- und Firmenangelegenheiten können dem Firmenethos im Einzelfall zuwiderlaufen.[28] Beruflich geprägte Vorsorgevollmachten können hier Abhilfe schaffen.[29]

---

[28] Vgl. hierzu *Reymann*, ZEV 2005, 457.
[29] So Gestaltungsmöglichkeiten etwa *Reymann*, ZEV 2005, 457 ff.; vgl. auch *Jocher*, notar 2014, 3-13.

§ 1824 BGB Genehmigung für die Überlassung von Gegenständen an den Mündel

(Fassung vom 17.12.2008, gültig ab 01.09.2009)

Der Vormund kann Gegenstände, zu deren Veräußerung die Genehmigung des Gegenvormunds oder des Familiengerichts erforderlich ist, dem Mündel nicht ohne diese Genehmigung zur Erfüllung eines von diesem geschlossenen Vertrags oder zu freier Verfügung überlassen.

Gliederung

A. Grundlagen ... 1	II. Genehmigungsbedürftige Veräußerung ... 5
I. Kurzcharakteristik ... 1	III. Überlassung zur Erfüllung oder zu freier Verfügung ... 6
II. Entstehungsgeschichte ... 2	
B. Praktische Bedeutung ... 3	IV. Überlassung durch den Vormund ... 9
C. Anwendungsvoraussetzungen ... 4	D. Rechtsfolgen ... 10
I. Gegenstände ... 4	E. Prozessuale Hinweise/Verfahrenshinweise ... 13

A. Grundlagen

I. Kurzcharakteristik

§ 1824 BGB soll zum Schutz des Mündelvermögens verhindern, dass der Mündel unter Umgehung der familiengerichtlichen Genehmigungsvorbehalte gemäß § 110 BGB wirksam über sein Vermögen verfügt.[1]

II. Entstehungsgeschichte

Mit Einführung des Gesetzes über das Verfahren in Familiensachen und in den Angelegenheiten der freiwilligen Gerichtsbarkeit (FamFG) vom 17.12.2008[2] wurde das Wort „Vormundschaftsgericht" in „Familiengericht" geändert und damit der Wechsel in der Zuständigkeit nach dem FamFG im BGB nachvollzogen. Zu der neuen Zuständigkeitsverteilung insgesamt vgl. die Kommentierung zu § 1793 BGB Rn. 162.

B. Praktische Bedeutung

Die Vorschrift findet gemäß § 1908i Abs. 1 Satz 1 BGB auch auf die Betreuung Anwendung. Vgl. aber auch Rn. 6. Für die Pflegschaft gilt sie gemäß § 1915 BGB entsprechend. Für Eltern findet sich in § 1644 BGB eine entsprechende Regelung.

C. Anwendungsvoraussetzungen

I. Gegenstände

Das Gesetz spricht nicht nur von körperlichen Gegenständen. Mithin kann alles, was Gegenstand einer Berechtigung sein kann, darunter fallen.

II. Genehmigungsbedürftige Veräußerung

Veräußerung ist die Übertragung der Berechtigung an dem Gegenstand. Die Veräußerung muss genehmigungsbedürftig sein. Genehmigungsbedürftige Geschäfte, die eine Veräußerung zum Gegenstand haben, finden sich etwa in den §§ 1812, 1813, 1819, 1820, 1821 Abs. 1 Nr. 1, Nr. 2, Nr. 3, 1822 Nr. 1, Nr. 2, Nr. 3, Nr. 12, Nr. 13 BGB.

---

[1] *Bettin* in: BeckOK-BGB, 30. Ed., § 1824 vor Rn. 1; *Veit* in: Staudinger, § 1824 Rn. 2; allg. A.
[2] BGBl I 2008, 2586.

III. Überlassung zur Erfüllung oder zu freier Verfügung

6   Überlassen ist der Gegenstand dem Mündel, wenn er die tatsächliche Möglichkeit hat, darüber zu verfügen. Die Überlassung kann auch stillschweigend erfolgen. So verbleibt dem Mündel etwa ein Arbeitsverdienst, wenn er ihm nicht abverlangt wird, regelmäßig zur freien Verfügung.[3] Insofern gelten die zu § 110 BGB entwickelten Grundsätze. Auch die Änderung der Zweckbestimmung hinsichtlich eines zu bestimmten Zwecken bereits überlassenen Gegenstandes kann als neue Zweckbestimmung eine Überlassung in diesem Sinne sein.[4]

7   Wie in § 110 BGB wird die Überlassung zur Erfüllung eines von dem Mündel geschlossenen oder noch zu schließenden[5] Vertrages sowie die Überlassung zur freien Verfügung erfasst.

8   Nicht anwendbar ist die Norm auf den geschäftsfähigen Betreuten, der nicht unter Einwilligungsvorbehalt steht.[6] Dies folgt daraus, dass der Betreute über dieses Vermögen selbst uneingeschränkt verfügen kann.

IV. Überlassung durch den Vormund

9   Während § 110 BGB der Überlassung durch den Vertreter die Überlassung durch einen Dritten mit Zustimmung des Vertreters gleichstellt, fehlt eine entsprechende Parallele in § 1824 BGB. Teilweise wird die Differenzierung für unerheblich erachtet. Auch die Überlassung durch einen Dritten könne nicht anders behandelt werden als die Fälle, in denen der Vormund die Mittel überlässt.[7] Gleichzeitig entspricht es soweit ersichtlich aber allgemeiner Auffassung, dass § 1824 BGB nicht anwendbar ist, wenn der Mündel gemäß § 110 BGB über einen Vermögensgegenstand verfügt, den der Vormund ihm aus seinem eigenen Vermögen zur Erfüllung eines Vertrages überlassen hat.[8] Entscheidend für die Beurteilung dieser Fälle ist, dass sich der Schutzzweck § 1824 BGB mit dem des § 110 BGB nicht vollständig deckt. Während § 110 BGB die Sicherung der Sorge der Eltern und die Abwendung nachteiliger Folgen des Rechtsgeschäfts insgesamt zum Ziel hat (z.B. die Abwendung schädlicher Auswirkungen des Erwerbs jugendgefährdender Schriften, Waffen etc.), dient § 1824 BGB der Absicherung des spezifischen Zwecks der familiengerichtlichen Genehmigungsvorbehalte. Diese zielen aber primär auf die Sicherung des Mündelvermögens ab. Es kommt deshalb im Rahmen von § 1824 BGB maßgeblich darauf an, ob dem Mündel etwas aus dem Mündelvermögen überlassen worden ist. Daran fehlt es regelmäßig in dem oben dargestellten Fall der Überlassung aus dem Vermögen des Vormunds. Das tatsächliche Geschehen würde künstlich aufgespalten, wollte man annehmen, der Vermögensgegenstand gehe für eine logische Sekunde zunächst in das Vermögen des Mündels über, wodurch die Genehmigungspflicht ausgelöst werde. Etwas anderes gilt allerdings dann, wenn der dem Mündel zur freien Verfügung überlassene Gegenstand zunächst dem Mündelvermögen eingegliedert wird und der Mündel in ganz anderem Zusammenhang dann über den Gegenstand verfügt. Der Gegenstand gehört dann zum geschützten Mündelvermögen.

D. Rechtsfolgen

10 Die Vorschrift unterstellt die Überlassung des Gegenstandes scheinbar dem für das Veräußerungsgeschäft geltenden Genehmigungserfordernis. Der Wortlaut „kann (...) nicht (...) überlassen" suggeriert, bei fehlender Genehmigung sei die Überlassung an den Mündel unwirksam.[9] Die Vorschrift dient jedoch nicht dazu, schon die Erlangung von Besitz und tatsächlicher Verfügungsmöglichkeit durch den Mündel zu verhindern, die der Mündel auch aus anderem Grunde genehmigungsfrei erlangen kann. Vielmehr soll eine Veräußerung an Dritte unter Umgehung der Genehmigungsvorschriften zum Schutz des Mündelvermögens unterbunden werden. Nach heute allgemeiner Auffassung ist deshalb bei Fehlen

---

[3] Vgl. BGH v. 12.10.1976 - VI ZR 172/75 - juris Rn. 19 - FamRZ 1977, 44-46 (45) m.w.N.; OLG Celle v. 29.01.1970 - 5 U 144/69 - NJW 1970, 1850-1851 (1850); *Ellenberger* in: Palandt, § 110 Rn. 2.
[4] Zutreffend *Wagenitz* in: MünchKomm-BGB, § 1824 Rn. 2.
[5] Zutreffend entgegen dem Wortlaut der Norm *Wagenitz* in: MünchKomm-BGB, § 1824 Rn. 2.
[6] So auch *Zimmermann* in: Damrau/Zimmermann, Betreuungsrecht, 4. Aufl. 2011, § 1824 Rn. 3; *Roth* in: Dodegge/Roth, Betreuungsrecht, 2003, E Rn. 116.
[7] So *Veit* in: Staudinger, § 1824 Rn. 5; *Saar* in: Erman, § 1824 Rn. 1; *Enneccerus/Kipp*, § 115 III a.E.
[8] So auch *Veit* in: Staudinger, § 1824 Rn. 6; *Saar* in: Erman, § 1824 Rn. 1.
[9] So ausdrücklich etwa *Hesse*, Deutsches Vormundschaftsrecht, 1900, § 1824 Rn. 1.

der Genehmigung nicht die Überlassung, sondern das Veräußerungsgeschäft unwirksam.¹⁰ In den Fällen, in denen die gesetzlichen Genehmigungserfordernisse eine echte Außengenehmigung begründen, richtet sich die Wirksamkeit des Veräußerungsgeschäfts in der Tat nach den §§ 107, 108, 1812, 1829 BGB. Die Wirkung des § 110 BGB tritt nicht ein.

Soweit freilich die gesetzlichen Genehmigungserfordernisse lediglich Ordnungsvorschriften enthalten, mithin die nicht genehmigte Veräußerung schon nicht unwirksam wäre, vermag auch ein Verstoß gegen § 1824 BGB diese Unwirksamkeitsfolge nicht zu begründen. **11**

Hängt die Veräußerung von der Genehmigung des Gegenvormunds ab, so wird diese durch die des Familiengerichts ersetzt¹¹, soweit nach dem jeweiligen Genehmigungserfordernis eine Ersetzung in Betracht kommt. **12**

E. Prozessuale Hinweise/Verfahrenshinweise

Für die Erteilung der Genehmigung ist der Rechtspfleger zuständig (§ 3 Nr. 2a RPflG, im Falle der Betreuung § 3 Nr. 2b RPflG). **13**

---

[10] So etwa *Zimmermann* in: Damrau/Zimmermann, Betreuungsrecht, 4. Aufl, 2011, § 1824 Rn. 1; *Bettin* in: BeckOK BGB, Ed. 30, § 1824 Rn. 2; *Dickescheid* in: BGB-RGRK § 1824 Rn. 3.

[11] Soweit allg. A., vgl. *Dieckescheid* in: BGB-RGRK, § 1824 Rn. 2; *Veit* in: Staudinger, § 1824 Rn. 8; *Saar* in: Erman, § 1824 Rn. 2; *Zimmermann* in: Damrau/Zimmermann, Betreuungsrecht, 4. Aufl. 2011, § 1824 Rn. 2; *Wagenitz* in: MünchKomm-BGB, § 1824 Rn. 3; *Bettin* in: BeckOK BGB, Ed. 30, § 1824 Rn. 2.

§ 1825 BGB Allgemeine Ermächtigung

(Fassung vom 17.12.2008, gültig ab 01.09.2009)

(1) Das Familiengericht kann dem Vormund zu Rechtsgeschäften, zu denen nach § 1812 die Genehmigung des Gegenvormunds erforderlich ist, sowie zu den im § 1822 Nr. 8 bis 10 bezeichneten Rechtsgeschäften eine allgemeine Ermächtigung erteilen.

(2) Die Ermächtigung soll nur erteilt werden, wenn sie zum Zwecke der Vermögensverwaltung, insbesondere zum Betrieb eines Erwerbsgeschäfts, erforderlich ist.

Gliederung

A. Grundlagen 1	1. Grundlagen 6
I. Kurzcharakteristik 1	2. Beispielsfall Erwerbsgeschäft 12
II. Entstehungsgeschichte 2	III. Praktische Hinweise 14
1. Die ursprüngliche Fassung des BGB 2	D. Rechtsfolgen 15
2. Das Gesetz über das Verfahren in Familiensachen und in Angelegenheiten der freiwilligen Gerichtsbarkeit 3	E. Prozessuale Hinweise/Verfahrenshinweise 19
	I. Antrag 19
B. Praktische Bedeutung 4	II. Zuständigkeit 20
C. Anwendungsvoraussetzungen 5	III. Verfahren 21
I. Erfasste Rechtsgeschäfte (Absatz 1) 5	IV. Entscheidung 23
II. Erforderlichkeit zum Zwecke der Vermögensverwaltung (Absatz 2) 6	V. Rechtsbehelf 25

A. Grundlagen

I. Kurzcharakteristik

1 § 1825 BGB macht eine Ausnahme von dem Grundsatz, dass die familiengerichtliche Genehmigung grundsätzlich einzelfallbezogen nur für ein konkretes Rechtsgeschäft erfolgt.[1] Durch die Möglichkeit einer allgemeinen Ermächtigung bei den häufiger vorkommenden Geschäften des § 1822 Nr. 8, Nr. 9, Nr. 10 BGB und den Verfügungen über Forderungen und Wechselpapiere im Sinne des § 1812 BGB soll die Vermögensverwaltung in Fällen erleichtert werden, in denen ansonsten die Einholung einer Vielzahl von Genehmigungen die Tätigkeit des Betreuers unzumutbar erschweren würde. Damit wird zugleich der Geschäftsverkehr insgesamt erleichtert.[2] § 1825 BGB ergänzt die Befreiungstatbestände des § 1817 BGB.

II. Entstehungsgeschichte

1. Die ursprüngliche Fassung des BGB

2 Der historische Gesetzgeber entschied sich einerseits bewusst dagegen, dem Vormundschaftsgericht allgemein die Befugnis zu geben, dem Vormund die Ermächtigung zu bestimmten Rechtsgeschäften im Voraus zu erteilen. Andererseits erschien ihm die preußische Vormundschaftsordnung, wonach eine solche Ermächtigung nur für die Eingehung von wechselmäßigen Verbindlichkeiten vorgesehen war, nicht als ausreichend. Eine allgemeine Ermächtigung erschien dem historischen Gesetzgeber vielmehr namentlich zur Aufnahme von Geld auf den Kredit des Mündels, für die Übernahme fremder Verbindlichkeiten sowie für die Rechtsgeschäfte, zu denen die Genehmigung des Gegenvormunds erforderlich ist, geboten.[3] Die Motive zum Entwurf sprachen sich ferner ausdrücklich dagegen aus, der Aufnahme der allgemeinen Ermächtigung in die Bestallungsurkunde konstitutive Bedeutung beizumessen.[4]

---

[1] *Zimmermann* in: Damrau/Zimmermann, Betreuungsrecht, 4. Aufl. 2011, § 1825 Rn. 1.
[2] *Wagenitz* in: MünchKomm-BGB, § 1825 Rn. 1; *Bettin* in: BeckOK BGB, Ed. 30, § 1825 Rn. 1; *Saar* in: Erman, § 1825 Rn. 1.
[3] Zum Vorstehenden insgesamt Motive, zitiert nach *Mugdan*, Die gesammten Materialien zum Bürgerlichen Gesetzbuch für das Deutsche Reicht, IV. Band: Familienrecht, 1899, S. 1147.
[4] Motive, zitiert nach *Mugdan*, Die gesammten Materialien zum Bürgerlichen Gesetzbuch für das Deutsche Reicht, IV. Band: Familienrecht, 1899, S. 1148.

2. Das Gesetz über das Verfahren in Familiensachen und in Angelegenheiten der freiwilligen Gerichtsbarkeit

Mit Einführung des Gesetzes über das Verfahren in Familiensachen und in den Angelegenheiten der freiwilligen Gerichtsbarkeit (FamFG) vom 17. Dezember 2008[5] wurde das Wort „Vormundschaftsgericht" in „Familiengericht" geändert und damit der Wechsel in der Zuständigkeit nach dem FamFG im BGB nachvollzogen. Zu der neuen Zuständigkeitsverteilung insgesamt vgl. die Kommentierung zu § 1793 BGB Rn. 162.

B. Praktische Bedeutung

Die Vorschrift ist gemäß § 1908i Abs. 1 Satz 1 BGB auf die Betreuung und gemäß § 1915 BGB entsprechend auch auf die Pflegschaft anwendbar. Gemäß § 1643 Abs. 3 BGB ist die Vorschrift auch auf das Handeln der Eltern entsprechend anwendbar.

C. Anwendungsvoraussetzungen

I. Erfasste Rechtsgeschäfte (Absatz 1)

Eine allgemeine Ermächtigung kann nur zu den abschließend aufgezählten Geschäften nach § 1812 BGB und § 1822 Nr. 8, Nr. 9, Nr. 10 BGB erteilt werden.

II. Erforderlichkeit zum Zwecke der Vermögensverwaltung (Absatz 2)

1. Grundlagen

Nach § 1825 Abs. 2 BGB soll die Ermächtigung nur erteilt werden, wenn sie zum Zwecke der Vermögensverwaltung, insbesondere zum Betrieb eines Erwerbsgeschäfts erforderlich ist. Erforderlich ist eine allgemeine Ermächtigung zum Zwecke der Vermögensverwaltung, wenn die Verwaltung der Vormundschaft unter Berücksichtigung der Umstände des Einzelfalles die Einholung einer Vielzahl von familiengerichtlichen Genehmigungen erforderlich machen würde, durch die eine ordnungsgemäße Verwaltung unzumutbar behindert würde und durch die Erteilung einer konkret gefassten allgemeinen Ermächtigung das Mündelinteresse hinreichend gewahrt werden kann.[6] Eine allgemeine Ermächtigung kann in Betracht kommen, wenn Umfang und Art der Zusammensetzung des Mündelvermögens die Eingehung genehmigungspflichtiger Geschäfte in erheblichem Umfang erfordern.

Bei der Betreuung kann eine Befreiung von § 1812 BGB insbesondere dann in Betracht kommen, wenn zur Finanzierung einer Heimunterbringung regelmäßige Verfügungen über Beträge erforderlich sind, die den nach § 1813 Abs. 1 Nr. 2 BGB genehmigungsfreien Betrag übersteigen.[7]

Allein der Umstand, dass die Beschränkung auf einen bestimmten Verfügungsrahmen dazu führt, dass ein Konto nicht mehr als Online-Konto geführt werden kann, rechtfertigt eine allgemeine Ermächtigung nach § 1825 Abs. 2 BGB nicht. Denn alle in Betracht kommenden Geschäfte können auch über ein herkömmliches Konto geführt werden.[8] Es fehlt damit an der Erforderlichkeit zum Zwecke der Vermögensverwaltung.

Wesentliches Kriterium für die Erforderlichkeit im Sinne des § 1825 Abs. 2 BGB ist die Häufigkeit, mit der genehmigungsbedürftige Rechtsgeschäfte zu erwarten sind.[9] Empfängt etwa der nicht unvermögende Betreute in regelmäßigen Abständen größere Zahlungen auf sein Konto, kann dies für die Erforderlichkeit sprechen.

---

[5] BGBl I 2008, 2586.
[6] Vgl. etwa LG Duisburg v. 14.06.2007 - 12 T 41/07; *Veit* in: Staudinger, § 1825 Rn. 5; *Dickescheid* in: BGB-RGRK, § 1825 Rn. 3.
[7] So auch *Saar* in: Erman, § 1825 Rn. 2; *Zimmermann* in: Damrau/Zimmermann, Betreuungsrecht, 4. Aufl. 2011, § 1825 Rn. 3, gegen OLG Karlsruhe v. 27.10.2000 - 11 Wx 108/00 - juris Rn, 14 - WM 2001, 1899-1900; ähnlich wie hier auch OLG Köln v. 29.11.2006 - 16 Wx 230/06 - OLGR 2007, 442-444.
[8] LG Duisburg v. 14.06.2007 - 12 T 41/07.
[9] OLG Köln v. 29.11.2006 - 16 Wx 230/06 - juris Rn. 14 - OLGR 2007, 442-444, m.w.N.; so auch *Saar* in: Erman, § 1825 Rn. 2; *Bettin* in: BeckOK BGB, Ed. 30, § 1825 Rn. 2.

10 Die Arbeitsentlastung für das Gericht ist kein die Ermächtigung nach § 1825 BGB rechtfertigender Grund. Eine grundlose Ermächtigung kann Amtshaftungsansprüche auslösen (§ 839 BGB). Gegebenenfalls bedarf es einer angemessenen Sachverhaltsaufklärung über die Umstände, die die Ermächtigung erforderlich machen[10].

11 Die Erforderlichkeit ist nicht nur hinsichtlich des „ob" der Ermächtigung, sondern auch hinsichtlich der Reichwerte der Ermächtigung zu prüfen. Allerdings kann insbesondere auch die Ermächtigung zur Kreditaufnahme (§ 1822 Nr. 8 BGB) bei Vorliegen eines Erwerbsgeschäfts in vielen Branchen, nicht nur bei Kreditinstituten, nahe liegen.[11]

2. Beispielsfall Erwerbsgeschäft

12 Das Gesetz nennt beispielhaft („insbesondere") den Betrieb eines Erwerbsgeschäfts. Vergleiche zu diesem Begriff schon die Kommentierung zu § 1822 BGB Rn. 39.

13 Schon die Systematik des Gesetzes verlangt jedoch auch in diesem Fall, dass die Ermächtigung „zum Betrieb eines Erwerbsgeschäfts erforderlich ist". Es genügt deshalb nicht bloß formal der Betrieb eines Erwerbsgeschäfts. Vielmehr bedarf es auch in diesem Fall einer Erforderlichkeitsprüfung unter Berücksichtigung der Frage, ob das Mündelvermögen auch im Falle einer allgemeinen Ermächtigung hinreichend gewahrt bleibt.

III. Praktische Hinweise

14 Es kann sinnvoll sein, eine allgemeine Ermächtigung nach § 1825 BGB mit einer Befreiung nach § 1817 Abs. 2 BGB zu verbinden. Die allgemeine Ermächtigung nach § 1825 BGB allein ist nicht auf diese Vorschriften ausdehnungsfähig.

D. Rechtsfolgen

15 **Gerichtliche Entscheidung:** Nicht schon das sich aus der Verwaltungstätigkeit ergebende Erfordernis einer Ermächtigung, sondern erst die gerichtliche Entscheidung selbst führt zur Entbehrlichkeit der Einzelgenehmigung. Umgekehrt ist eine erteilte Ermächtigung auch dann wirksam, wenn sie nicht erforderlich gewesen wäre.[12] In einem solchen Fall kann allerdings eine Amtshaftung des Familiengerichts in Betracht kommen.[13]

16 Kommt das Gericht nach Erteilung der Ermächtigung zu der Erkenntnis, dass die Ermächtigung nicht erforderlich ist, muss sie zurückgenommen werden, was gemäß § 48 Abs. 1 FamFG allerdings nur mit Wirkung für die Zukunft möglich ist.[14]

17 Das „kann" in § 1825 Abs. 1 BGB wird regelmäßig als Ausdruck einer gebundenen Ermessensentscheidung des Gerichts ausgelegt.[15] Für ein substanzielles Ermessen kann freilich kaum mehr Raum bleiben, wenn die Erforderlichkeit nach § 1825 Abs. 2 BGB auf der Tatbestandsseite nicht nur im Sinne einer Erforderlichkeit zur Erreichung einer hinreichend leichtgängigen Vermögensverwaltung ausgelegt wird, sondern im Rahmen dieser Prüfung auch geprüft wird, ob die Zwecke der Vermögensverwaltung insgesamt einschließlich der Gewährleistung der Sicherheit und des Erhalts des Mündelvermögens für die Ermächtigung sprechen.

18 Die Entscheidung des Gerichts muss die Reichweite der Ermächtigung so weit konkretisieren, wie dies zur Wahrung des Mündelinteresses erforderlich ist. Die Reichweite der Ermächtigung darf das Erforderliche nicht überschreiten. Gegebenenfalls ist die Ermächtigung auf bestimmte Rechtsgeschäfte, Zeiträume oder Geschäftsvolumina zu beschränken. In Betracht kommen etwa Beschränkungen hinsichtlich der Höchstbeträge der Einzelverfügungen oder der Anzahl der Verfügungen. Die Befreiung kann sich nur auf die in § 1825 Abs. 1 BGB aufgeführten Geschäfte erstrecken. Eine gerichtliche Entscheidung zur Befreiung von anderen Geschäften ist wirkungslos.[16]

---

[10] OLG Karlsruhe v. 27.10.2000 - 11 Wx 108/00 - FamRZ 2001, 786-787.
[11] So auch *Veit* in: Staudinger, § 1825 Rn. 5; ähnlich wohl auch *Götz* in: Palandt, § 1825 Rn. 2.
[12] *Wagenitz* in: MünchKomm-BGB, § 1825 Rn. 3; *Veit* in: Staudinger, § 1825 Rn. 6; *Saar* in: Erman, § 1825 Rn. 3; *Dickescheid* in: BGB-RGRK, § 1825 Rn. 4.
[13] *Hesse*, Deutsches Vormundschaftsrecht, 1900, S. 117.
[14] *Saar* in: Erman, § 1825 Rn. 3; *Wagenitz* in: MünchKomm-BGB, § 1825 Rn. 3.
[15] So etwa *Wagenitz* in: MünchKomm-BGB, § 1825 Rn. 3; *Dickescheid* in: BGB-RGRK, § 1826 Rn. 3; *Saar* in: Erman, § 1825 Rn. 5.
[16] So auch *Dickescheid* in: BGB-RGRK, § 1825 Rn. 2; *Wagenitz* in: MünchKomm-BGB, § 1825 Rn. 2.

E. Prozessuale Hinweise/Verfahrenshinweise

I. Antrag

Da die allgemeine Ermächtigung zugleich eine Genehmigung enthält, bedarf sie eines Antrages durch den Vormund.[17] 19

II. Zuständigkeit

Für die Entscheidung ist gemäß § 3 Nr. 2a RPflG (in Betreuungssachen § 3 Nr. 2b RPflG) der Rechtspfleger zuständig. 20

III. Verfahren

Der Mündel ist vor der Entscheidung grundsätzlich zu hören. Nach § 34 Nr. 1 FamFG ist eine persönliche, d.h. mündliche Anhörung nur geboten, soweit dies zur Gewährleistung rechtlichen Gehörs geboten ist. Das mindestens 14 Jahre alte Kind ist gemäß § 159 Abs. 1 Satz 2 FamFG grundsätzlich anzuhören, jedoch (da es sich um eine Entscheidung im Bereich der Vermögenssorge handelt) nicht zwingend mündlich. Jüngere Kinder sind nach Maßgabe von § 159 Abs. 2 FamFG anzuhören. Ferner ist ein Gegenvormund/-betreuer zu hören, § 1826 BGB, § 7 FamFG. 21

Das Familiengericht muss gegebenenfalls von Amts wegen die notwendige Sachverhaltsaufklärung vornehmen, um die Begründung der allgemeinen Ermächtigung hinreichend abzusichern.[18] Eine ohne hinreichenden Grund gewährte Ermächtigung kann zur Amtshaftung nach § 839 BGB führen. 22

IV. Entscheidung

Gemäß § 38 FamFG ergeht die Entscheidung in Beschlussform. Der Beschluss ist gemäß § 39 FamFG mit einer Rechtsbehelfsbelehrung zu versehen. Die Entscheidung wird gemäß § 40 Abs. 2 FamFG erst mit Rechtskraft wirksam.[19] Denn die Ermächtigung tritt an die Stelle einer Vielzahl von Einzelgenehmigungen. 23

Die Entscheidung des Gerichts sollte in die Bestallungsurkunde aufgenommen werden (§ 290 FamFG). Wirksamkeitsvoraussetzung ist die Aufnahme in die Bestallungsurkunde aber nicht.[20] Umgekehrt ist die Bestallungsurkunde zu berichtigen, wenn die Ermächtigung wegfällt.[21] Der gute Glaube in das Fortbestehen der in der Urkunde ausgewiesenen Ermächtigung wird jedoch vom Gesetz nicht geschützt. 24

V. Rechtsbehelf

Dem Vormund steht die Beschwerde gegen eine seinen Antrag ganz oder teilweise ablehnende Entscheidung offen, § 58 FamFG. Dem Gegenvormund steht gegen die Entscheidung des Rechtspflegers die Beschwerde nur bei unterlassener Anhörung zu.[22] 25

---

[17] Ebenso bezogen auf § 1825 BGB auch *Veit* in: Staudinger, § 1825 Rn. 9; *Saar* in: Erman, § 1825 Rn. 5.
[18] Vgl. hierzu auch OLG Karlsruhe v. 27.10.2000 - 11 Wx 108/00 - FamRZ 2001, 786-787.
[19] So auch *Wagenitz* in: MünchKomm-BGB, § 1825 Rn. 5; *Veit* in: Staudinger, § 1825 Rn. 11.
[20] Allg. A., *Saar* in: Erman, § 1825 Rn. 4; vgl. hierzu auch bereits Motive, zitiert nach *Mugdan*, Die gesammten Materialien zum Bürgerlichen Gesetzbuch für das Deutsche Reich, IV. Band: Familienrecht, 1899, S. 1148.
[21] *Zimmermann* in: Damrau/Zimmermann, Betreuungsrecht, 4. Aufl. 2011, § 1825 Rn. 4; *Wagenitz* in: MünchKomm-BGB, § 1825 Rn. 4.
[22] Zutreffend *Dickescheid* in: BGB-RGRK, § 1825 Rn. 3; *Wagenitz* in: MünchKomm-BGB, § 1825 Rn. 5, § 1810 Rn. 8; a.A. *Bettin* in: BeckOK BGB, Ed. 30, § 1825 Rn. 3; *Veit* in: Staudinger, § 1825 Rn. 13.

§ 1826 BGB Anhörung des Gegenvormunds vor Erteilung der Genehmigung

(Fassung vom 17.12.2008, gültig ab 01.09.2009)

Das Familiengericht soll vor der Entscheidung über die zu einer Handlung des Vormunds erforderliche Genehmigung den Gegenvormund hören, sofern ein solcher vorhanden und die Anhörung tunlich ist.

Gliederung

A. Grundlagen 1	C. Anwendungsvoraussetzungen 5
I. Kurzcharakteristik 1	I. Genehmigungsbedürftigkeit 5
II. Entstehungsgeschichte 2	II. Tunlichkeit der Anhörung 6
1. Die ursprüngliche Fassung des BGB 2	III. Vorhandener Gegenvormund 8
2. Das Gesetz über das Verfahren in Familiensachen und in den Angelegenheiten der freiwilligen Gerichtsbarkeit 3	D. Rechtsfolgen 9
	I. Inhalt und Art der Anhörung 9
	II. Folgen der unterbliebenen Anhörung 15
B. Praktische Bedeutung 4	E. Praktisches/Verfahren 16

A. Grundlagen

I. Kurzcharakteristik

1 § 1826 BGB enthält eine Ordnungsvorschrift[1], die der Wahrnehmung der Kontrollaufgaben des Gegenvormundes nach § 1799 BGB dienen soll.

II. Entstehungsgeschichte

1. Die ursprüngliche Fassung des BGB

2 E I § 1679; E II § 1705; E III § 1802 – Mot. IV 1152; Prot. IV 796. Der historische Gesetzgeber hat insgesamt großen Wert darauf gelegt, die Anhörungspflichten im Sinne einer umfassenden Entscheidungsvorbereitung auszuweiten.[2] Die Anhörungspflicht des Gegenvormunds geht auf die preußische Vormundschaftsordnung zurück.[3] Die Wendung, der Gegenvormund sei zu hören, „sofern ein solcher vorhanden" ist, geht auf die Gesetzesberatungen zurück, wonach es nicht als erforderlich angesehen wurde, erst die Bestellung eines neuen Gegenvormunds abzuwarten, wenn ein Gegenvormund weggefallen ist.[4] Die Formulierung „Handlung des Vormunds" wurde gewählt, da neben Rechtsgeschäften auch faktisches Handeln erfasst werden sollte. Nach den Motiven handelt es sich um eine reine Ordnungsvorschrift.[5]

2. Das Gesetz über das Verfahren in Familiensachen und in den Angelegenheiten der freiwilligen Gerichtsbarkeit

3 Mit dem Gesetz über das Verfahren in Familiensachen und in den Angelegenheiten der freiwilligen Gerichtsbarkeit (FamFG) vom 17.12.2008[6] wurde zum 01.09.2009 das Wort „Vormundschaftsgericht" durch das Wort „Familiengericht" ersetzt und dadurch an die Änderung der Zuständigkeiten nach dem FamFG angepasst (vgl. hierzu die Kommentierung zu § 1793 BGB).

---

[1] Allg. A., *Veit* in: Staudinger, § 1826 Rn. 4; *Wagenitz* in: MünchKomm-BGB, § 1826 Rn. 5; *Zimmermann* in: Damrau/Zimmermann, Betreuungsrecht, 4. Aufl. 2011, § 1826 Rn. 1; *Bettin* in: BeckOK BGB, Ed. 30, § 1826 vor Rn. 1.

[2] Vgl. etwa zur Beteiligung von Verwandten und Verschwägerten Motive, zitiert nach *Mugdan*, Die gesammten Materialien zum Bürgerlichen Gesetzbuch für das Deutsche Reicht, IV. Band: Familienrecht, 1899, S. 1150 f.

[3] Motive, zitiert nach *Mugdan*, Die gesammten Materialien zum Bürgerlichen Gesetzbuch für das Deutsche Reicht, IV. Band: Familienrecht, 1899, S. 1152.

[4] Vgl. hierzu Motive IV 1118; Prot. IV 796; *Veit* in: Staudinger, § 1826 Rn. 2.

[5] Zum Ganzen Motive, zitiert nach *Mugdan*, Die gesammten Materialien zum Bürgerlichen Gesetzbuch für das Deutsche Reicht, IV. Band: Familienrecht, 1899, S. 1152.

[6] BGBl I 2008, 2586.

B. Praktische Bedeutung

Gemäß § 1908i Abs. 1 Satz 1 BGB in der Fassung des 2. BtÄndG ist § 1826 BGB auch auf den Gegenbetreuer anwendbar. Entsprechendes gilt für den seltenen Fall des Gegenpflegers.[7] Die Anhörung des Gegenvormunds hat insbesondere in den Fällen praktische Bedeutung, in denen das Familiengericht die von dem Gegenvormund verweigerte Genehmigung nach den §§ 1810 Satz 1, 1812 Abs. 2 BGB ersetzt.

C. Anwendungsvoraussetzungen

I. Genehmigungsbedürftigkeit

Das Anhörungserfordernis erstreckt sich auf sämtliche Genehmigungsvorbehalte des Familiengerichts (etwa die §§ 1811, 1812, 1821, 1822 BGB), auch auf Genehmigungen, die sich – wie etwa bei § 1823 BGB – nicht auf den Abschluss eines Rechtsgeschäfts, sondern auf ein tatsächliches Handeln beziehen. Das wird durch den Begriff „Handlung" zum Ausdruck gebracht. Innengenehmigungen werden ebenso wie Außengenehmigungen erfasst. Erfasst werden auch Fälle, in denen die Genehmigung des Gegenvormunds durch das Familiengericht ersetzt werden soll.[8]

II. Tunlichkeit der Anhörung

Die Frage der Tunlichkeit ist insbesondere eine solche der Eilbedürftigkeit. Bei dringlichen Genehmigungen kann von der Anhörung des kurzfristig – z.B. telefonisch – nicht erreichbaren Gegenvormunds abgesehen werden. Soweit teilweise angenommen wird, die Verauslagung unverhältnismäßig hoher Kosten sei untunlich[9], dürfte diese auf die Gesetzesberatungen zurückgehende[10] Hypothese nur selten in Betracht kommen. Da die Anhörung keiner besonderen Form bedarf, kommt eine kostengünstige schriftliche[11] oder telefonische Anhörung in Betracht. Die hierfür anfallenden Kosten dürften kaum einmal außer Verhältnis zu der vom Gesetzgeber als genehmigungsbedürftig angesehenen Angelegenheit stehen. Häufig wird die Anhörung des Gegenvormundes schon unter dem Gesichtspunkt der Amtsermittlungspflicht des Gerichts (§ 26 FamFG) geboten sein. Ist ein Gegenvormund nach § 7 FamFG beteiligt, ist er auch nach § 34 FamFG persönlich anzuhören.

Über die Anhörung ist ein Vermerk zu fertigen, § 28 Abs. 4 FamFG. Damit ist die Errichtung eines Protokolls – wie bisher – nicht mehr erforderlich, jedoch m.E. auch nicht unzulässig und dürfte regelmäßig vorzugswürdig sein. Zu einem Protokollentwurf für eine Anhörung des Mündels vor einer Entscheidung des Familiengerichts vgl.: Protokollentwurf (Anlage 1).

III. Vorhandener Gegenvormund

Dass ein nicht vorhandener Gegenvormund nicht angehört werden kann, ist selbstverständlich. Dass das Gesetz gleichwohl das Erfordernis des vorhandenen Gegenvormunds ausdrücklich aufnimmt, soll klarstellen, dass ein Gegenvormund nicht allein deshalb bestellt werden muss, weil er nach § 1816 BGB anzuhören wäre.[12]

D. Rechtsfolgen

I. Inhalt und Art der Anhörung

Das Erfordernis der Anhörung bedeutet zunächst, dass dem Mündel die zu genehmigende Handlung oder die zu genehmigende Erklärung mitgeteilt wird. Liegt der beabsichtigten Genehmigung ein Antrag des Vormundes zugrunde, ist dieser (in Kopie) zur Verfügung zu stellen. Denn aus diesem ergeben sich mitunter gewichtige Aspekte für die Willensbildung des Gegenvormundes. Zu einer darüber hinausgehenden umfassenden Unterrichtung über den Sachverhalt und alle genutzten Erkenntnisquellen ist das Gericht demgegenüber nicht verpflichtet. Denn es ist Aufgabe des Gegenvormundes, sich die

---

[7] *Wagenitz* in: MünchKomm-BGB, § 1825 Rn. 7.
[8] *Veit* in: Staudinger, § 1826 Rn. 3; *Wagenitz* in: MünchKomm-BGB, § 1826 Rn. 2; *Götz* in: Palandt, § 1826 Rn. 1.
[9] So *Veit* in: Staudinger, § 1826 Rn. 2; *Wagenitz* in: MünchKomm BGB, § 1826 Rn. 4; *Veit* in: Palandt, § 1826 Rn. 1.
[10] Vgl. Prot. IV 796.
[11] *Hesse*, Deutsches Vormundschaftsrecht, 1900, § 1826 Rn. 1.
[12] Allg. A., vgl. etwa *Dickescheid* in: BGB-RGRK, § 1826 Rn. 1.

Grundlagen für seine Stellungnahme selbst zu beschaffen, ggf. durch Nachfrage beim Vormund oder durch Akteneinsicht. Das Gericht wird allerdings auf bedeutsame Erkenntnisquellen – etwa eingeholte Sachverständigengutachten – hinweisen und diese von sich aus dem Gegenvormund zugänglich machen, soweit sie für die Entscheidungsfindung erheblich sind.

10 Das Gesetz schreibt keine bestimmte Form für die Anhörung vor. Das Gericht kann insofern im Rahmen pflichtgemäßen Ermessens – insbesondere unter Berücksichtigung der Eilbedürftigkeit – schriftlich, in Textform (z.B. E-Mail), mündlich oder fernmündlich anhören. Auch bei fehlender Eilbedürftigkeit muss nicht jede Anhörung schriftlich erfolgen. Soweit eine angemessene Stellungnahme erwartet werden darf, kommen auch im Hinblick auf eine einfache Handhabung der Vormundschaft telefonische Rückfragen etc. in Betracht. Das Gericht muss eine solche Anhörung aktenkundig machen. Gesteigerte Anforderungen an die aktenmäßige Dokumentation der Anhörung stellt das Gericht nicht. So genügt es grundsätzlich zu notieren, dass die Anhörung stattgefunden hat.[13]

11 Der Gegenvormund muss in angemessener Weise Gelegenheit zur Reflexion und zur Stellungnahme haben. Dazu kann insbesondere die Gewährung einer angemessenen Zeit zur Äußerung geboten sein. Im Interesse der Rechtsklarheit sollte das Gericht eine verbindliche Frist zur Stellungnahme setzen. Die Gelegenheit zur Stellungnahme ist allerdings auch dann gewahrt, wenn das Gericht keine ausdrückliche Frist setzt, die Entscheidung jedoch zu einer Zeit ergeht, zu der nach den Umständen des Falles, insbesondere der Bedeutung und Komplexität der Sache, mit einer Stellungnahme nicht mehr zu rechnen war. Hat das Gericht eine Frist gesetzt, so ist diese grundsätzlich abzuwarten. Gibt der Gegenvormund jedoch eine Stellungnahme vor Ablauf der Frist ab, ist sein Anhörungsrecht auch dann gewahrt, wenn das Gericht vor Ablauf der gesetzten Frist entscheidet, wenn nicht nach dem Inhalt der Stellungnahme davon ausgegangen werden muss, dass noch eine ergänzende Stellungnahme beabsichtigt ist. Dem Gegenvormund ist zu raten, eine solche Absicht deutlich zum Ausdruck zu bringen.

12 § 34 FamFG ist insofern strenger: Ist der Gegenvormund Beteiligter, bedarf es der persönlichen Anhörung. Dem genügt die schriftliche Anhörung nicht.

13 Fraglich ist, inwiefern das Familiengericht die Stellungnahme des Gegenvormunds zu berücksichtigen hat. Verbreitet wird eine Pflicht zur Berücksichtigung verneint.[14] Das ist nur haltbar, wenn man unter Berücksichtigung eine inhaltliche Auseinandersetzung mit der Stellungnahme des Gegenvormunds in der Genehmigungsentscheidung oder gar die vollständige oder teilweise Übernahme der Ansicht des Gegenvormunds versteht. Soll das Anhörungserfordernis nicht zur Farce werden, muss man zumindest verlangen, dass das Familiengericht eine eingegangene Stellungnahme des Gegenvormunds zur Kenntnis nimmt und sie in seine Überlegungen mit einfließen lässt.

14 Aus § 1826 BGB folgt keine Pflicht zur Abgabe einer Stellungnahme durch den Gegenvormund. Diese kann sich allerdings aus den ihm obliegenden Pflichten, insbesondere der Kontrolle des Vormunds ergeben (vgl. § 1799 BGB).

II. Folgen der unterbliebenen Anhörung

15 Die Vorschrift ist bloße Ordnungsvorschrift. Ihre Nichteinhaltung allein macht die Erteilung der Genehmigung nicht unwirksam.[15] Ist dem Mündel aus dem ohne Einhaltung der Anhörungspflicht genehmigten Rechtsgeschäft ein Schaden entstanden, so kann ein Schadensersatzanspruch aus § 839 BGB in Verbindung mit Art. 34 GG in Betracht kommen.[16]

E. Praktisches/Verfahren

16 Der nicht angehörte Gegenvormund hat ein eigenes Beschwerderecht gemäß § 59 Abs. 1 FamFG.[17] Ist die Anhörung erfolgt, ohne dass sich das Familiengericht der Auffassung des Gegenvormunds ange-

---

[13] *Hesse*, Deutsches Vormundschaftsrecht, 1900, § 1826 Rn. 1.
[14] KG v. 16.11.2003 - 1 U 1205/03 - KGJ 27, A 11-15; *Dickescheid* in: BGB-RGRK, § 1826 Rn. 2; *Veit* in: Staudinger, § 1826 Rn. 5.
[15] *Dickescheid* in: BGB-RGRK, § 1826 Rn. 2; *Saar* in: Erman, § 1826 Rn. 2; *Wagenitz* in: MünchKomm-BGB, § 1826 Rn. 5.
[16] Allg. A., *Zimmermann* in: Damrau/Zimmermann, Betreuungsrecht, 4. Aufl. 2011, § 1826 Rn. 1; *Dickescheid* in: BGB-RGRK, § 1826 Rn. 2.
[17] So auch *Zimmermann* in: Damrau/Zimmermann, Betreuungsrecht, 4. Aufl. 2011, § 1826 Rn. 2; *Saar* in: Erman, § 1826 Rn. 2; *Bettin* in: BeckOK BGB, Ed. 30, § 1826 Rn. 3; zum FGG auch: OLG Hamm v. 14.01.1966 - 15 W 319/65 - NJW 1966, 1126 f.; *Freiherr von Crailsheim* in: Jürgens, Betreuungsrecht, 4. Aufl. 2010, § 1826 Rn. 2; *Wagenitz* in: MünchKomm-BGB, § 1826 Rn. 6.

schlossen hätte, kann hierauf jedoch kein Beschwerderecht des Gegenvormunds gegründet werden.[18] Das Beschwerderecht entfällt nach den Grundsätzen des § 48 Abs. 4 FamFG, wenn die Genehmigung dem Dritten gegenüber wirksam geworden ist und damit das Rechtsgeschäft vollzogen worden ist. Allein der Umstand, dass das Familiengericht der Stellungnahme des Vormundes nicht folgt, begründet keine Beschwerdebefugnis des Gegenvormunds.[19] Dem Gegenvormund steht insofern kein eigenes Recht nach § 59 Abs. 1 FamFG zu.

---

[18] *Wagenitz* in: MünchKomm-BGB, § 1826 Rn. 6; *Zimmermann* in: Damrau/Zimmermann, Betreuungsrecht, 4. Aufl. 2011, § 1826 Rn. 2; *Freiherr von Crailsheim* in: Jürgens, Betreuungsrecht, 4. Aufl. 2010, § 1826 Rn. 2; ähnlich auch *Veit* in: Staudinger, § 1826 Rn. 5.
[19] So auch *Saar* in: Erman, § 1826 Rn. 2.

Muster zu § 1826   jurisPK-BGB / Lafontaine

Vermerkentwurf[1]

Amtsgericht Saarbrücken   Saarbrücken, den 04.06.2012
1 VII 127/04

Heute erscheinen:

Peter Mündeling, geboren am 14.03.1997, wohnhaft Hauptstraße 115, 66111 Saarbrücken, sich ausweisend durch Personalausweis.

– betroffener Mündel –

Karl Groß, Bergallee 20, 66111 Saarbrücken

– Vormund –

Rechtsanwalt Dr. Kurt Klügler, Paradeplatz 2-4, 66114 Saarbrücken

– Gegenvormund –

Der Vormund überreicht ein Ausbildungsvertragsangebot mit der Firma Breitschmal Bau GmbH, ein Schulzeugnis und ein Praktikumszeugnis.

Der Vormund erklärt, Peter Mündeling habe gerade die Abschlussprüfung der Sekundarschule mit der Note 2,2 absolviert. Im Februar habe er ein berufsvorbereitendes Schulpraktikum bei der Firma Breitschmal Bau GmbH absolviert. Die Firma Breitschmal Bau GmbH sei sehr zufrieden mit ihm und habe ihm einen Vertrag zur Ausbildung zum Dachdeckergesellen angeboten.

Der Vormund beantragt, den Abschluss des Vertrages zu genehmigen."

lt. d. u. g.[2]

Der Gegenvormund erklärt, es bestünden keine grundsätzlichen Bedenken gegen den Berufswunsch des Peter Mündeling. Ihm sei jedoch aus anderen Verfahren bekannt, dass im vergangenen Jahr die Eröffnung des Insolvenzverfahrens über die Firma Breitschmal Bau GmbH nur durch eine glücklichen Umständen geschuldete Rücknahme des Insolvenzantrags habe abgewendet werden können. Es bestünde angesichts der wirtschaftlichen Situation des Unternehmens weiterhin Zweifel, ob die Firma die Ausbildung zum Abschluss bringen könne.

Der Gegenvormund beantragt, den Antrag zurückzuweisen.

lt. d. u. g.

Der Mündel, altersgerecht persönlich angehört, erklärt auf Frage des Gerichts:

Mir hat das Arbeiten am Bau gut gefallen. Ich habe auch nicht nur Handlangerdienste gemacht, sondern durfte auch schon richtig auf dem Dach mithelfen. Ich bin in der Firma Breitschmal auch gut mit den Kollegen ausgekommen. Auch mit meinen Vorgesetzten hat es keine Probleme gegeben. Nach

---

[1] Nach § 28 Abs. 4 FamFG werden Anhörungen nicht mehr als förmliches Protokoll, sondern nur mehr als Vermerk aufgenommen. Für die Niederschrift kann jedoch weiterhin ein Urkundsbeamter der Geschäftsstelle hinzugezogen werden.

[2] Dies entspricht eigentlich der Protokollform. Zwar erbringt der Vermerk nicht dieselbe Beweiskraft wie ein Protokoll (vgl. § 165 ZPO). Aber gerade deshalb erscheint es auch weiterhin sinnvoll, wichtige Äußerungen, insbesondere Anträge wörtlich aufzunehmen und die Abfrage der Richtigkeit zu vermerken.

meinen Erfahrungen glaube ich, dass mir die handwerkliche Tätigkeit liegt. Ich möchte in jedem Fall die Gesellenprüfung ablegen.

lt. d. u. g.

Der Ausbildungsvertrag wird sodann mit dem Mündel durchgegangen.

Der Mündel erklärt:
Ich habe das alles verstanden und bin mit dem Vertrag einverstanden. Was es mit der Insolvenz auf sich hat, weiß ich nicht. Aber unser Vorarbeiter hat mal zu den anderen gesagt, dass es sein könnte, dass die Löhne in dem Monat etwas später kommen.

lt. d. u. g.

Auf Frage des Gerichts:
Ich kann mir auch gut vorstellen, bei einer anderen Firma zu arbeiten. Mein Freund, der Ernst, hat sein Praktikum bei der Kreuzquer KG absolviert. Die machen Rohbauarbeiten. Er hat dort sogar eine hausinterne Schulung machen können.

lt. d. u. g.

Die Angelegenheit wird sodann mit den Beteiligten beraten.

Der Vormund erklärt sodann:
Ich erhalte den Antrag vorsorglich aufrecht. Ich gebe zu bedenken, dass die Firma Breitschmal sich nur für zwei Wochen an ihr Angebot gebunden fühlt. Wir werden jedoch noch andere Ausbildungsmöglichkeiten prüfen und dem Gericht hiervon kurzfristig Kenntnis geben.

Der Gegenvormund gibt hierzu keine Stellungnahme ab.

Ich erkläre, dass ich am 18.06.2012 eine Entscheidung treffen werde.[3]

Vorsicht, Rechtspfleger (Unterschrift)

Mündeling (Unterschrift)   Groß (Unterschrift)   Dr. Klügler (Unterschrift)[4]

---

[3] Die Beschlussfassung über einen Entscheidungs- oder Verkündungstermin „passt" nicht in ein Vermerk. Gleichwohl sollten die Beteiligten auch förmlich über den weiteren Gang des Verfahrens in Kenntnis gesetzt werden. Die Bestimmung eines festen Entscheidungszeitpunktes ist dabei möglich, aber nicht zwingend erforderlich.

[4] Konstitutiv ist lediglich die Unterschrift des Rechtspflegers/Richters, im Falle der Beiziehung auch die des Urkundsbeamten der Geschäftsstelle. Zur Dokumentation der richtigen Aufnahme ist es jedoch nicht verboten, auch die übrigen Beteiligten unterschreiben zu lassen.

§ 1827

§ 1827 BGB (weggefallen)

(Fassung vom 18.07.1979, gültig ab 01.01.1980, gültig bis 31.12.2001)
(weggefallen)

1 § 1827 BGB in der Fassung vom 18.07.1979 ist durch Art. 1 Nr. 50 des Gesetzes vom 18.07.1979 – BGBl I 1979, 1061 – mit Wirkung vom 01.01.1980 - weggefallen.

§ 1828 BGB Erklärung der Genehmigung

(Fassung vom 17.12.2008, gültig ab 01.09.2009)

Das Familiengericht kann die Genehmigung zu einem Rechtsgeschäft nur dem Vormund gegenüber erklären.

Gliederung

A. Grundlagen 1	1. Rechtsgeschäft 56
I. Kurzcharakteristik 1	2. Genehmigungsbedürftiges Rechtsgeschäft 57
II. Regelungsprinzipien 3	3. Rechtmäßigkeit des Rechtsgeschäfts 62
III. Entstehungsgeschichte 5	4. Zweckmäßigkeit des Rechtsgeschäfts 65
1. Die ursprüngliche Fassung des BGB 5	a. Maßgebliche Zweckmäßigkeitskriterien 65
2. Das Gesetz über das Verfahren in Familiensachen und in Angelegenheiten der freiwilligen Gerichtsbarkeit 6	b. Ermessensentscheidung oder gebundene Entscheidung 71
	5. Maßgeblicher Zeitpunkt 72
B. Praktische Bedeutung 7	V. Nachträgliche Änderung der Genehmigung 74
C. Anwendungsvoraussetzungen 8	VI. Abdingbarkeit 79
I. Antrag 8	VII. Muster 80
1. Erforderlichkeit eines Antrags 8	**D. Rechtsfolgen** 83
2. Form und Inhalt des Antrags 9	I. Inhalt der Entscheidung 83
II. Zuständigkeit 11	II. Die erteilte Genehmigung 84
III. Genehmigungsverfahren 12	1. Wirkungsweise der Genehmigung 84
1. Amtsermittlung 12	2. Sonstige Wirkungen 95
2. Hinweispflichten des Gerichts 15	3. Umfang der Genehmigung 97
3. Beteiligte 16	a. Gegenständliche Reichweite 97
4. Verfahrensfähigkeit des Mündels 17	b. Bedingungen und Auflagen 103
5. Bestellung eines Verfahrensbeistands 18	c. Praktische Hinweise 105
6. Anhörung 19	4. Keine Heilungswirkung 106
a. Anhörung des Mündels 20	5. Zeitliche Reichweite 107
b. Anhörung des Betreuten 23	III. Die verweigerte Genehmigung 108
c. Anhörung weiterer Beteiligter 25	IV. Die Erteilung eines Negativattests 110
d. Art der Anhörung 28	**E. Prozessuale Hinweise/Verfahrenshinweise** 112
7. Vorbescheid 29	I. Beweislast 112
8. Form und Inhalt der Entscheidung 33	II. Zuständigkeit 113
a. Beschlussform 33	III. Rechtsbehelfe 114
b. Bezeichnung der Beteiligten 34	1. Statthaftigkeit der Beschwerde 114
c. Bezeichnung des Gerichts und Namen der Gerichtspersonen 35	2. Beschwerdeberechtigung 115
	3. Frist 120
d. Beschlussformel 36	4. Adressat 121
e. Begründung 38	5. Form 124
f. Erlassdatum und Unterschrift 41	6. Begründung 125
g. Rechtsbehelfsbelehrung 42	7. Beschwerdeverfahren 126
9. Bekanntgabe der Entscheidung 45	8. Sprungrechtsbeschwerde 128
a. Grundlagen 45	9. Rechtsbeschwerde 130
b. Doppelbevollmächtigung 50	IV. Anwendung des Spruchrichterprivilegs? 131
IV. Materielle Genehmigungsvoraussetzungen 56	

A. Grundlagen

I. Kurzcharakteristik

Die §§ 1828-1831 BGB regeln die Wirksamkeitsvoraussetzungen der familiengerichtlichen Genehmigung, insbesondere hinsichtlich der Empfangszuständigkeit und des Empfangszeitpunktes. Indem § 1828 BGB festlegt, dass die Genehmigung nur dem Vormund gegenüber erklärt werden kann, räumt das Gesetz dem Vormund die Letztentscheidungskompetenz darüber ein, ob von der Genehmigung im Außenverhältnis wirklich Gebrauch gemacht wird. Dadurch soll gewährleistet werden, dass der Vor-

1

§ 1828

mund prüfen kann, ob das beabsichtigte Rechtsgeschäft auch noch im Zeitpunkt der Eingehung opportun erscheint.[1]

2 Die zwingende[2] Vorschrift gilt für alle Außengenehmigungen des Familiengerichts, die Wirksamkeitsvoraussetzungen des Rechtsgeschäfts sind.[3] Im Bereich familiengerichtlicher Genehmigungen werden so genannte **Innengenehmigungen** und so genannte Außengenehmigungen unterschieden.[4] Bei den Innengenehmigungen handelt es sich um Ordnungsvorschriften, die die ordnungsgemäße Führung der Betreuung sicherstellen sollen. Sie stehen nicht zur Disposition des Mündels bzw. des Betreuten. Sie beinhalten eine vollgültige Rechtspflicht, deren Verletzung den Vormund der Haftung nach § 1833 BGB aussetzen kann. Ihre Nichtbeachtung führt demgegenüber nicht zur Unwirksamkeit des vorgenommenen Rechtsgeschäfts. Der Vormund wird durch sie nicht in seiner Vertretungsmacht beschränkt. Solche Innengenehmigungen verlangen beispielsweise die §§ 1803, 1810, 1823 BGB. Zu weiteren Beispielen wird auf die Arbeitshilfe verwiesen. Demgegenüber schränken **Außengenehmigungen** die Rechtsmacht des Vormunds ein. Ihre Nichteinholung stellt ein Wirksamkeitshindernis des Rechtsgeschäfts dar. Zu ihnen zählen etwa die Genehmigungserfordernisse der §§ 1812, 1819, 1820, 1821, 1822 BGB. Zu weiteren Beispielen wird auf die Arbeitshilfe verwiesen.

II. Regelungsprinzipien

3 Das Familiengericht hat das von dem Vormund in Aussicht genommene Rechtsgeschäft in den Fällen des § 1828 BGB lediglich zu prüfen und ggf. zu billigen. Demgegenüber ist es nicht die Aufgabe des Familiengerichts, selbst derartige Rechtsgeschäfte vorzubereiten oder vorzuschlagen. Dies obliegt vielmehr dem Vormund, der die Vormundschaft selbständig und eigenverantwortlich zu führen hat (vgl. § 1793 BGB). Unberührt bleibt davon allerdings die Befugnis des Familiengerichts, dem Vormund beratend und helfend zur Seite zu stehen.

4 Die Genehmigung des Familiengerichts stellt einen gerichtlichen Hoheitsakt der freiwilligen Gerichtsbarkeit dar.[5] Die frühere Rechtsprechung, wonach die Genehmigung zugleich rechtsgeschäftliche Eigenschaften besitze, da das Familiengericht gleichsam als gesetzlicher Mitvertreter des Mündels tätig werde[6], ist überholt. Allein der Umstand, dass der Gerichtsbeschluss privatrechtsgestaltende Wirkungen zeitigt, ändert hier – wie auch bei anderen gerichtlichen Entscheidungen – nichts an seiner Rechtsnatur. Das Rechtsgeschäft des Vormunds und die Genehmigung desselben dürfen insofern nicht vermengt werden.[7] Die Regeln über Willenserklärungen finden deshalb nur insoweit entsprechende Anwendung, als sie einen allgemeinen, auch auf staatliche Hoheitsakte anwendbaren Rechtsgrundsatz darstellen. Nicht anwendbar sind insbesondere die Vorschriften zur Anfechtung nach den §§ 119-124 BGB.[8] Nach neuem Recht kann die Entscheidung des Gerichts nach Eintritt der Rechtskraft nur noch

---

[1] Allg. A., vgl. RG v. 10.06.1911 - Reg. V 528/10 - RGZ 76, 364-366, 366; RG v. 27.10.1930 - VI 802/29 - RGZ 130, 151-154, 151; *Dickescheid* in: BGB-RGRK, § 1828 Rn. 1; *Veit* in: Staudinger, § 1828 Rn. 1; *Sonnenfeld/Zorn*, Rpfleger 2004, 533, 534.

[2] Allg. A., *Winhold-Schött* in: HK-BUR, § 1828 Rn. 3; *Zimmermann* in: Damrau/Zimmermann, Betreuungsrecht, 4. Aufl. 2011, § 1828, Rn. 2; *Wagenitz* in: MünchKomm-BGB, § 1828 Rn. 1; zu § 1829 BGB: OLG Düsseldorf v. 07.08.1958 - 3 W 145/58 - NJW 1959, 391-392; BayObLG v. 22.06.1989 - BReg 3 Z 40/89 - juris Rn. 31 - BayObLGZ 1989, 242-255.

[3] *Wagenitz* in: MünchKomm-BGB, § 1828 Rn. 2 f.; *Veit* in: Staudinger, § 1828 Rn. 3.

[4] Vgl. hierzu und zum nachfolgenden *Zimmermann* in: Damrau/Zimmermann, Betreuungsrecht, 4. Aufl. 2011, § 1828, Rn. 4; *Dodegge* in: Dodegge in: Handbuch der Rechtspraxis, Band 5b - Familienrecht - 2. Halbband, 7. Aufl. 2010, Rn. 346 ff.; *Fiala/Stenger*, Genehmigungen bei Betreuung und Vormundschaft, 2. Aufl. 2009, S. 38; *Veit* in: Staudinger, § 1828 Rn. 3; *Kierig*, NJW 2010, 1436 f.

[5] Heute ganz h.M., vgl. *Zimmermann* in: Damrau/Zimmermann, Betreuungsrecht, 4. Aufl. 2011, § 1828 Rn. 5; *Götz* in: Palandt, § 1828 Rn. 1; *Saar* in: Erman, § 1828 Rn. 4; *Bettin* in: BeckOK BGB, Ed. 30, § 1828 Rn. 2; *Roth* in: Dodegge/Roth, Betreuungsrecht, 2003, E Rn. 129; *Dickescheid* in: BGB-RGRK, § 1828 Rn. 3; *Winhold-Schött* in: HK-BUR, § 1828 Rn. 10; *Veit* in: Staudinger, § 1828 Rn. 7.

[6] So RG v. 13.05.1909 - IV 248/08 - RGZ 71, 162-170; RG v. 09.07.1932 - VI 205/32 - RGZ 137, 324-355, 345; *Lange*, AcP 152, 241, 245; vgl. hierzu auch näher *Wagenitz* in: MünchKomm-BGB, § 1828 Rn. 5.

[7] Heute wohl allgemeine Ansicht, vgl. *Dickescheid* in: BGB-RGRK, § 1828 Rn. 3; *Saar* in: Erman, § 1828 Rn. 4; *Habscheid*, FamRZ 1957, 109, 113.

[8] Heute weitgehend allgemeine Ansicht, vgl. *Roth* in: Dodegge/Roth, Betreuungsrecht, 2003, E Rn. 129; *Wagenitz* in: MünchKomm-BGB, § 1828 Rn. 6; *Dickescheid* in: BGB-RGRK, § 1828 Rn. 3; *Freiherr von Crailsheim* in: Jürgens, Betreuungsrecht, 4. Aufl. 2010, § 1829 Rn. 2; *Veit* in: Staudinger, § 1828 Rn. 9; *Saar* in: Erman, § 1829 Rn. 1; anders noch *Scheffler* in: BGB-RGRK, § 1828 Rn. 1; *Dodegge* in: Handbuch der Rechtspraxis, Band 5b - Familienrecht - 2. Halbband, 7. Aufl. 2010, Rn. 348.

in den Grenzen des § 48 Abs. 1, 3 FamFG geändert werden. Eine Möglichkeit zur unbefristeten Änderung etwa wegen Irrtums des genehmigenden Gerichts, wie sie zuvor § 18 FGG ermöglichte, besteht nicht mehr. Vgl. dazu im Einzelnen Rn. 74.

III. Entstehungsgeschichte

1. Die ursprüngliche Fassung des BGB

Die Motive gingen davon aus, dass die Genehmigung des Vormundschaftsgerichts denselben Charakter habe wie die zu einem Rechtsgeschäft des Mündels erforderliche Einwilligung oder Genehmigung des Vormunds. Die Genehmigung des Vormundschaftsgerichts wurde deshalb in Anlehnung an die Einwilligung zum Abschluss eines Rechtsgeschäfts ausgestaltet. Dass § 1828 BGB gleichwohl nur die Möglichkeit eröffnet, die Genehmigung gegenüber dem Vormund – und nicht auch gegenüber dem anderen Teil zu erklären, wurde damit begründet, dass dies der Stellung des Vormundschaftsgerichts und der Stellung des Vormunds entspreche.[9]

5

2. Das Gesetz über das Verfahren in Familiensachen und in Angelegenheiten der freiwilligen Gerichtsbarkeit

Zum 01.09.2009 wurde das Wort „Vormundschaftsgericht" durch das Wort „Familiengericht" ersetzt. Die Neuformulierung trägt der mit Einführung des Gesetzes über das Verfahren in Familiensachen und in den Angelegenheiten der freiwilligen Gerichtsbarkeit (FamFG) vom 17.12.2008[10] vorgenommenen Neuregelung der Zuständigkeiten Rechnung. Zu der Neuregelung der gerichtlichen Zuständigkeiten im Einzelnen vgl. die Kommentierung zu § 1793 BGB Rn. 125.

6

B. Praktische Bedeutung

§ 1828 BGB ist gemäß § 1908i Abs. 1 Satz 1 BGB auf die Betreuung, gemäß § 1915 Abs. 1 BGB auf die Pflegschaft und gemäß § 1643 Abs. 3 BGB auf Eltern entsprechend anwendbar.

7

C. Anwendungsvoraussetzungen

I. Antrag

1. Erforderlichkeit eines Antrags

Weder das BGB noch das FamFG verlangen ausdrücklich, dass der Vormund einen Antrag stellt.[11] Nach verbreiteter Ansicht bedarf die Erteilung der Genehmigung deshalb keines Antrages, sondern kann von Amts wegen erfolgen.[12] Diese Auffassung begegnet Bedenken. Abgesehen davon, dass das Familiengericht ohne eine Anregung des Vormunds in den seltensten Fällen Kenntnis von einem beabsichtigten Geschäft erlangen dürfte, setzt eine Genehmigung durch das Familiengericht wenigstens voraus, dass das von dem Vormund beabsichtigte oder vorgenommene Rechtsgeschäft eine hinreichende inhaltliche Konkretisierung erfahren hat, um genehmigungsfähig zu sein. Aber selbst wenn das konkrete Rechtsgeschäft feststeht, ist nicht ersichtlich, warum das Familiengericht dieses ohne Anstoß von außen kontrollieren sollte. Wollte man annehmen, das Familiengericht könne ein Genehmigungsverfahren von Amts wegen durchführen, dann müsste das Gericht bei Kenntnis von einem beabsichtigten Geschäft auch verpflichtet sein, ein solches Verfahren einzuleiten. Denn die Einleitung eines von Amts wegen durchzuführenden Verfahrens kann nicht ins Belieben des Gerichts gestellt werden. Dann aber müsste das Familiengericht eine permanente Kontrolle über die Genehmigungsbedürftigkeit und -fähigkeit sämtlicher Rechtsgeschäfte des Vormundes für den Mündel ausüben – eine Aufgabe, die die personelle Ausstattung und die investigativen Instrumentarien des Familiengerichts überfordern dürfte

8

---

[9] Zum Ganzen Motive, zitiert nach *Mugdan*, Die gesammten Materialien zum Bürgerlichen Gesetzbuch für das Deutsche Reicht, IV. Band: Familienrecht, 1899, S. 1153.
[10] BGBl I 2008, 2586.
[11] Vgl. auch die §§ 23, 24 FamFG.
[12] So zum FamFG *Kölmel*, RNotZ 2010, 12, 25; *Zimmermann* in Damrau/Zimmermann, Betreuungsrecht, 4. Aufl. 2011, § 1828 Rn. 25; *Bettin* in: BeckOK BGB, Ed. 30, § 1828 Rn. 7; *Fiala/Stenger*, Genehmigungen bei Betreuung und Vormundschaft, 2. Aufl. 2009, S. 51; *Götz* in: Palandt, § 1828 Rn. 17; zum FGG ebenso: *Dickescheid* in: BGB-RGRK, § 1828 Rn. 12; *Winhold-Schött* in: HK-BUR, § 1828 Rn. 46; einschränkend BGH v. 04.10.1966 - VI ZR 13/65 - VersR 1966, 1186; *Saar* in: Erman, § 1828 Rn. 11.

und vom Gesetzgeber wohl auch nicht beabsichtigt ist.[13] Denn nach dem Grundsatz der selbständigen Führung der Vormundschaft ist es primär die Aufgabe des Vormundes, die Einhaltung der Wirksamkeitsvoraussetzungen eines Rechtsgeschäfts für den Mündel sicherzustellen. Dass das Familiengericht u.U. in der Lage ist, eine einmal erteilte Genehmigung nachträglich von Amts wegen abzuändern, steht dieser Auffassung nicht entgegen, da das Gesetz auch sonst Verfahren kennt, bei denen das Gericht nach erstmaliger Antragstellung das Verfahren von Amts wegen fortführt. In jedem Fall darf die Genehmigung nicht ohne oder gegen den Willen des Vormunds erteilt werden.[14] Umgekehrt bestehen keine Bedenken gegen die Versagung einer Genehmigung, wenn das Familiengericht von einem beabsichtigten Geschäft Kenntnis erlangt, dessen Genehmigungsbedürftigkeit der Vormund verneint.[15] Hierbei handelt es sich um die Weisung des Familiengerichts im Rahmen seiner allgemeinen Aufsicht.

2. Form und Inhalt des Antrags

9 Der nach hier vertretener Auffassung erforderliche Antrag bedarf keiner besonderen Form, sondern kann sogar durch schlüssiges Verhalten gestellt werden. Erforderlich ist lediglich, dass das Rechtsgeschäft hinreichend konkret mitgeteilt und der Wunsch nach Erteilung einer Genehmigung erkennbar wird.[16]

10 Nach § 23 Abs. 1 FamFG soll der Antrag begründet werden. Die zur Begründung dienenden Tatsachen und Beweismittel sollen angegeben werden. Empfehlenswert erscheint es, das Rechtsgeschäft in dem Antrag möglichst detailliert darzustellen. Zwar steht es der Genehmigungsfähigkeit nicht entgegen, wenn einzelne Details noch nicht feststehen. Doch bergen solche Regelungslücken die Gefahr, dass ihre Auffüllung Nachteile für den Mündel erzeugt, die die Wirksamkeit des gesamten Vertrages in Frage stellen können. Ist ein in Text- oder Schriftform abzuschließendes Rechtsgeschäft beabsichtigt, sollten die entsprechenden Entwürfe vollständig und von selbst dem Antrag beigefügt werden. Das Gericht kann und muss ihre Einreichung ansonsten verlangen. Soll das Rechtsgeschäft nur mündlich abgeschlossen werden, empfiehlt sich im Hinblick auf die aktenmäßige Dokumentation des Genehmigungsvorgangs gleichfalls die Beifügung einer schriftlichen Fixierung. Das Gericht kann diese jedoch im Fall des nur mündlichen Rechtsgeschäfts nicht verlangen.[17] Auch die Personen, die als Beteiligte in Betracht kommen, sollen bezeichnet werden, § 23 Abs. 1 Satz 2 FamFG. Damit sind Verfahrensbeteiligte nach § 7 FamFG gemeint, also z.B. (Mit-)Vormund, Betreuer und ein bestellter Verfahrensbeistand (§ 158 FamFG), nicht aber der Vertragspartner des zu genehmigenden Rechtsgeschäfts, denn die Genehmigung berührt kein Recht des Dritten unmittelbar (vgl. § 7 Abs. 2 Nr. 1 FamFG).

II. Zuständigkeit

11 Im Falle der Vormundschaft ist das Amtsgericht – Familiengericht – sachlich zuständig, §§ 23a Abs. 1 Nr. 1, 23b GVG, § 151 Nr. 1, § 111 Nr. 2 FamFG. Die örtliche Zuständigkeit richtet sich nach § 152 FamFG. Danach ist bei Anhängigkeit einer Ehesache das Gericht, bei dem die Ehesache anhängig ist, sonst das Gericht, in dessen Bezirk das Kind seinen gewöhnlichen Aufenthalt hat, zuständig. Funktional ist nach § 3 Nr. 2a RpflG grundsätzlich der Rechtspfleger zuständig. Steht das Geschäft mit einem vom Richter wahrzunehmenden Geschäft in so engem Zusammenhang, dass eine getrennte Bearbeitung nicht sachdienlich wäre, so soll der Richter entscheiden, § 6 RpflG. Die Entscheidung durch den Rechtspfleger ist jedoch auch in diesen Fällen wirksam. Im Falle der Betreuung ist das Amtsgericht – Betreuungsgericht – sachlich zuständig, §§ 23a Abs. 1 Nr. 2, Abs. 2 Nr. 1, 23c GVG, § 271 Nr. 3 FamFG. Die örtliche Zuständigkeit richtet sich nach § 272 FamFG. Funktional ist nach § 3 Nr. 2b RpflG grundsätzlich der Rechtspfleger zuständig. Für Unterbringungssachen sind die §§ 312 ff. FamFG zu beachten. Für die Genehmigung freiheitsentziehender Maßnahmen, etwa die Genehmigung einer Unterbringung, besteht ein Richtervorbehalt (vgl. § 14 RpflG, Art. 104 Abs. 2 Satz 1 GG).

---

[13] Vgl. zu einem Fall der nur beiläufigen Erwähnung eines Rechtsgeschäfts OLG Celle v. 18.12.1953 - 4 U 65/53 - NJW 1954, 1729.

[14] BayObLG München v. 17.05.1976 - BReg 1 Z 37/76 - FamRZ 1977, 141-144; *Wagenitz* in: MünchKomm-BGB, § 1828 Rn. 33; *Saar* in: Erman, § 1828 Rn. 11; *Winhold-Schött* in: HK-BUR, § 1828 Rn. 47; *Götz* in: Palandt, § 1828 Rn. 19.

[15] So auch KG v. 20.01.1976 - 1 W 1341/75 - NJW 1976, 1946 f.; *Winhold-Schött* in: HK-BUR, § 1828 Rn. 48; *Veit* in: Staudinger, § 1828 Rn. 56.

[16] A.A. *Spanl*, Vermögensverwaltung durch Vormund und Betreuer, 2. Aufl. 2009, S. 52: schriftlich oder zur Niederschrift der Geschäftsstelle nach § 25 FamFG.

[17] OLG Frankfurt v. 13.05.1977 - 20 W 394/77 - Rpfleger 1977, 362; *Winhold-Schött* in: HK-BUR, § 1828 Rn. 23.

III. Genehmigungsverfahren

1. Amtsermittlung

Das Familiengericht hat gemäß § 26 FamFG von Amts wegen zu ermitteln, ob die Voraussetzungen für die Erteilung einer Genehmigung vorliegen, insbesondere, ob das Rechtsgeschäft dem Interesse des Mündels entspricht. Es erhebt die erforderlichen Beweise in geeigneter Form, ohne dabei an das Vorbringen der Beteiligten gebunden zu sein, § 29 FamFG. Die Beteiligten sollen bei der Sachverhaltsermittlung mitwirken, § 27 Abs. 1 Abs. 1 FamFG. Kommen die Beteiligten dieser Pflicht nicht nach, kann das Gericht Zwangsmaßnahmen nach den §§ 33 Abs. 3, 35 FamFG verhängen. Im Rahmen der Sachverhaltsermittlung hat das Gericht alle vernünftigerweise erforderlichen Angaben zur Beurteilung der Genehmigungsfähigkeit des Rechtsgeschäfts zu ermitteln, bei Bedarf auch unter Einholung eines Sachverständigengutachtens.[18] Dabei darf die Einholung eines Sachverständigengutachtens nicht von der Einzahlung eines Vorschusses abhängig gemacht werden.[19] Das Gericht braucht allerdings nicht von sich aus ganz fernliegende Möglichkeiten eines Verstoßes gegen das Mündelinteresse zu verfolgen, soweit sich nicht nach den Umständen des konkreten Falles Anhaltspunkte hierfür bieten.

Das Gericht sollte seine Entscheidung zwar mit der gebotenen Beschleunigung treffen, sich bei seiner Sachverhaltsaufklärung jedoch nicht ohne sachlichen Grund von den Vertragsparteien zu einer vorschnellen Genehmigung drängen lassen.[20] Es ist für die inhaltliche Richtigkeit seiner Entscheidung verantwortlich. Die Folgen einer sich verzögernden Genehmigung sind mitunter – verglichen mit den Folgen einer etwaigen Fehlentscheidung – weitaus weniger gravierend, als die Betroffenen glauben machen wollen. Insbesondere bei Grundstücksgeschäften sollte regelmäßig ein Wertgutachten eingeholt werden, es sei denn, es liegen bereits anderweitig verlässliche Anhaltspunkte für den Wert des Grundstücks vor.[21]

Ungeachtet der Tatsache, dass das Gericht sich alle notwendigen Kenntnisse zur Beurteilung des Rechtsgeschäfts selbst beschaffen muss, empfiehlt es sich für die Praxis, schon mit dem Genehmigungsantrag geeignete Unterlagen, ggf. sogar ein sachverständiges Gutachten vorzulegen, um die Entscheidungsfindung zu beschleunigen und den nach Einschätzung des Antragstellers maßgeblichen Gesichtspunkten Gehör zu verschaffen. Ggf. kann durch die Auswahl eines geeigneten Gutachters auch gewährleistet werden, dass eine qualitativ geeignete Entscheidungsgrundlage entsteht. Von der Einreichung eines Gefälligkeitsgutachtens ist jedoch dringend abzuraten, da sich die Frage nach der Haftung des Vormunds stellen kann, wenn er den Charakter des Gutachtens erkennen konnte.

2. Hinweispflichten des Gerichts

Nach § 28 FamFG hat das Gericht darauf hinzuwirken, dass sich die Beteiligten rechtzeitig über alle entscheidungserheblichen Tatsachen erklären und ungenügende Angaben ergänzen. Auch ist auf rechtliche Gesichtspunkte, die die Beteiligten abweichend beurteilen, hinzuweisen. Solche Hinweise sind früh zu erteilen und aktenkundig zu machen. Die Vorschrift ist an § 139 ZPO angelehnt.

3. Beteiligte

An dem Verfahren beteiligt sind der Vormund (§ 7 Abs. 1 FamFG; nach a.A. § 7 Abs. 2 Nr. 1 FamFG) und der Mündel (§ 7 Abs. 2 Nr. 1 FamFG),[22] bzw. der Betreute und der Betreuer (§§ 7 Abs. 2, 274 Abs. 1 Nr. 1, 2 FamFG), ferner im Fall der Vormundschaft ein bestellter Verfahrensbeistand (§ 158 FamFG), im Fall der Betreuung ein bestellter Verfahrenspfleger (§ 276 FamFG), nicht aber der Vertragspartner.[23]

---

[18] BGH v. 22.05.1986 - III ZR 237/84 - juris Rn. 25 - VersR 1986, 994-997; *Zimmermann* in: Damrau/Zimmermann, Betreuungsrecht, 4. Aufl. 2011, § 1828 Rn. 25; *Saar* in: Erman, § 1828 Rn. 11.

[19] Vgl. OLG Hamm v. 19.07.2013 - 2 WF 95/13 - juris Rn. 26 - Rpfleger 2014, 18-20.

[20] Vgl. hierzu auch in Bezug auf die Genehmigung eines Verzichtsvertrages ohne vorherige Anstellung von Ermittlungen über die Einkommens- und Vermögensverhältnisse BGH v. 06.10.1994 - III ZR 134/93 - Rpfleger 1995, 156 f.

[21] Zu letztgenannter Möglichkeit vgl. etwa BayObLG v. 11.12.2002 - 3Z BR 209/02 - Rpfleger 2003, 361 f.

[22] Vgl. hierzu *Veit* in: Staudinger, § 1828 Rn. 60, m.w.N., die mit § § 41 Abs. 3 FamFG argumentiert.

[23] Vgl. *Litzenburger*, RNotZ 2010, 32, 33; *Veit* in: Staudinger, § 1828 Rn. 61.

4. Verfahrensfähigkeit des Mündels

17 Die Verfahrensfähigkeit des Kindes ist nunmehr – abschließend[24] – in § 9 FamFG geregelt. Soweit der Betroffene nicht bereits nach bürgerlichem Recht als geschäftsfähig anerkannt ist (etwa nach den §§ 112 f. BGB, vgl. § 9 Abs. 1 Nr. 2 FamFG), ist das nicht geschäftsunfähige Kind verfahrensfähig, soweit es das 14. Lebensjahr vollendet hat und es in einem Verfahren, das seine Person betrifft, ein ihm nach bürgerlichem Recht zustehendes Recht geltend macht. Voraussetzung für eine Verfahrensfähigkeit des Kindes ist hiernach, dass das Verfahren nicht ausschließlich das Vermögen des Kindes betrifft. Die Verfahrensfähigkeit setzt ferner voraus, dass das Kind selbst aktiv ein Recht geltend macht, d.h. für sich in Anspruch nimmt. Fasst das Kind keinen dahingehenden Willen oder entschließt es sich im Verlauf des Verfahrens, nicht mehr an dem Verfahren teilzunehmen, entfällt die Verfahrensfähigkeit.[25] Nach dem Gesetzeswortlaut muss das geltend gemachte Recht dem Kind tatsächlich zustehen. Danach genügt es nicht, dass ein Recht lediglich behauptet wird.[26] Das erscheint sehr weitgehend, dient das gerichtliche Verfahren doch gerade zur Klärung des Inhalts und der Reichweite konkreter Rechte. Man wird die Verfahrensfähigkeit deshalb allenfalls dann verneinen können, wenn das geltend gemachte Recht auch abstrakt gar nicht existiert, nicht hingegen, wenn in Frage steht, inwiefern sich aus dem existenten, geltend gemachten Recht eine konkrete Rechtsfolge für den Einzelfall ergibt.

5. Bestellung eines Verfahrensbeistands

18 Umstritten ist, ob für ein Kind unter 14 Jahren ein Ergänzungspfleger zu bestellen ist oder die Bestellung eines Verfahrensbeistands entsprechend § 158 FamFG genügt. Die besseren Gründe dürften für letztere Ansicht sprechen.[27] Der Verfahrenspfleger – gleiches gilt für den Verfahrensbeistand – ist ein Institut des Verfahrensrechts und nicht des materiellen Rechts. Ihm kommt deshalb nur die Sicherung der Verfahrensrechte des Betroffenen zu. Weitergehende materiellrechtliche Prüfungs- und Aufklärungspflichten (und -rechte) hat er nicht[28].

6. Anhörung

19 Der Gesetzgeber hat die Anhörungserfordernisse – ohne triftige Not – stark ausdifferenziert. Zu unterscheiden ist zwischen der Anhörung des Betroffenen und weiterer Beteiligter, zwischen Vormundschaft und Betreuung, und im Rahmen der Vormundschaft zwischen Personen- und Vermögenssorge sowie nach dem Alter des Mündels. Die komplizierte und verstreute Gesamtregelung wird insgesamt von der Überlegung getragen, dass alle Beteiligten, die bei vernünftiger Würdigung der Sache entscheidungserhebliche Erkenntnisse liefern können, anzuhören sind.

a. Anhörung des Mündels

20 Das Gericht hat den Mündel nach § 159 Abs. 1 FamFG persönlich anzuhören, wenn er das 14. Lebensjahr vollendet hat. Dieser Grundsatz gilt in Sachen, die die Personensorge betreffen, ausnahmslos. In Verfahren, die ausschließlich das Vermögen des Mündels betreffen, kann von einer persönlichen Anhörung abgesehen werden, wenn eine solche nach der Art der Angelegenheit nicht angezeigt ist. Diese Ausnahme betrifft nur die persönliche Anhörung und enthebt nicht von der Anhörung insgesamt.[29] Nur scheinbar wird dem Gericht mit § 159 Abs. 1 Satz 2 FamFG ein weites Ermessen eingeräumt. Wichtig ist zunächst, dass es nicht genügt, dass der Schwerpunkt der Entscheidung im Bereich der Vermögenssorge liegt. Die Personensorge darf überhaupt nicht mitbetroffen sein. Überdies wird ein Mündel, der das 14. Lebensjahr vollendet hat, nach seiner Verstandesreife regelmäßig auch schon Vermögensentscheidungen von einiger Komplexität nach ihrem Inhalt und ihrer Bedeutung zu erfassen vermögen und in der Lage sein, dazu einen Willen – u.U. kindgemäß – zu äußern. In diesen Fällen ist die persönliche Anhörung geboten. Das bestätigt schließlich auch der Vergleich mit § 159 Abs. 2 FamFG. Danach ist eine persönliche Anhörung des Mündels, der das 14. Lebensjahr noch nicht vollendet hat, geboten, wenn die Neigungen, Bindungen oder der Wille des Kindes für die Entschei-

---

[24] Vgl. *Heiter*, FamRZ 2009, 85, 86.
[25] So auch *Heiter*, FamRZ 2009, 85, 86.
[26] So auch *Heiter*, FamRZ 2009, 85, 87.
[27] So auch *Diederichsen* in: Palandt, 71. Aufl. 2012, § 1828 Rn. 19; *Brambring*, FGPrax 2010, 113 f.; *Litzenburger*, RNotZ 2010, 32, 34. *Harders*, DNotZ 2009, 725, 731; *Veit* in: Staudinger, § 1828 Rn 68; a.A. etwa *Wagenitz* in: MünchKomm-BGB, § 1828 Rn. 39.
[28] *Bienwald*, Rpfleger 2012, 309-311.
[29] Zutreffend *Zorn*, Rpfleger 2009, 421, 428; *Stößer*, FamRZ 2009, 656, 659.

dung von Bedeutung sind. Es erscheint aber weder vorstellbar, bei einem 15-jährigen Mündel in Sachen der Vermögenssorge ohne seine Anhörung zu entscheiden, wenn die Neigungen, Bindungen und der Wille des Kindes für die Entscheidung von Bedeutung sind, wohingegen dies bei einem 13-jährigen unzulässig wäre. § 159 Abs. 2 FamFG sieht keine starre Altersgrenze vor. Eine solche wäre mit dem Gesetz unvereinbar.[30] Aus schwerwiegenden Gründen – etwa wegen besonderer Eilbedürftigkeit oder weil ausnahmsweise bereits die Befassung mit der Sache das Kindeswohl gefährden würde –, kann das Gericht von der Anhörung absehen. Unterbleibt die Anhörung allein wegen Gefahr im Verzug, ist sie unverzüglich nachzuholen, § 159 Abs. 3 FamFG. Ist ein Verfahrensbeistand bestellt, soll – d.h. muss im Regelfall – die Anhörung in seiner Anwesenheit erfolgen, § 159 Abs. 4 Satz 2 FamFG. Eine Anhörung über den Verfahrensbeistand scheidet demgegenüber aus, da der Verfahrensbeistand nicht Vertreter des Kindes ist.[31] Von der Anhörung des Kindes kann deshalb auch nicht etwa abgesehen werden, weil ein Verfahrensbeistand bestellt ist.[32]

Die spezielle Regelung des § 159 FamFG verdrängt nicht § 34 Abs. 2 FamFG. Danach kann eine Anhörung unterbleiben, wenn hiervon erhebliche Nachteile für die Gesundheit des Betroffenen zu besorgen sind oder er offensichtlich nicht in der Lage ist, seinen Willen kundzutun. Ein erheblicher Nachteil liegt erst vor, wenn wirklich erhebliche gesundheitliche Schäden zu erwarten sind, etwa wenn ein Herzinfarkt oder ein Suizid droht. Kurzfristige, mäßig gewichtige Beeinträchtigungen des körperlichen Wohlbefindens genügen nicht.[33] Für die Praxis ist darauf hinzuweisen, dass nicht vorschnell zum Absehen von der Anhörungspflicht gegriffen wird. Erforderlich ist in jedem Fall die Einholung eines ärztlichen Gutachtens, das die zu erwartenden gesundheitlichen Beeinträchtigungen attestiert.[34]

Die Fähigkeit, den eigenen Willen kundzutun, ist von der Fähigkeit, einen rechtsgeschäftlichen Willen zu bilden (Geschäftsfähigkeit), zu unterscheiden. Praktisch ist die zweite Alternative des § 34 Abs. 2 FamFG kaum vorstellbar, da sich das Gericht persönlich einen Eindruck davon verschaffen muss, ob der Betroffene in der Lage ist, seinen Willen kundzutun, d.h. es muss ihn anhören.

b. Anhörung des Betreuten

Der Betreute soll persönlich angehört werden (= ist grundsätzlich anzuhören), vgl. § 299 FamFG. Ist eine Anhörung nicht möglich – etwa aus den Gründen des § 34 Abs. 2 FamFG –, ist ein Verfahrenspfleger zu bestellen, § 276 Abs. 1 FamFG. Zu den Voraussetzungen des § 34 Abs. 2 FamFG vgl. Rn. 20.

Gemäß § 275 FamFG ist der Betroffene in Verfahren, die die Betreuung betreffen, ohne Rücksicht auf seine Geschäftsfähigkeit verfahrensfähig. Er kann auch einen Rechtsanwalt bestellen (§ 10 Abs. 2 FamFG). Voraussetzung hierfür ist allerdings das Vorhandensein eines „natürlichen Willens". Dieser fehlt etwa, wenn der Betroffene jegliche Fähigkeiten eingebüßt hat, sich verständlich zu artikulieren, Sinn und Folge seiner Erklärungen auch nur ansatzweise zu erkennen oder sich eine wenigstens ungefähre Vorstellung von seiner Lage zu bilden.[35]

c. Anhörung weiterer Beteiligter

Soweit vorhanden, soll das Gericht in Verfahren, die die Person des Mündels betreffen – nicht also in ausschließlich vermögensrechtlichen Angelegenheiten[36] –, die Eltern persönlich anhören, § 160 Abs. 1 Satz 1 FamFG. In sonstigen Kindschaftssachen hat das Gericht die Eltern anzuhören. Letztere Regel ist einerseits weniger streng, weil die Anhörung keine persönliche sein muss, also z.B. eine schriftliche Anhörung genügt. Andererseits besteht hier kein Ermessen (soll/hat). Der Sinn der Differenzierung erschließt sich nicht ohne weiteres. Verwandte oder Verschwägerte sollen nach § 1847 BGB angehört werden. Lebt das Kind seit längerer Zeit in einer Pflegefamilie, kann (Ermessen) das Gericht die Pflegepersonen als Beteiligte hinzuziehen, § 161 Abs. 1 FamFG. Sind sie beigezogen, muss das Gericht sie (wenn auch nicht zwingend persönlich) anhören (Absatz 2). Es war Anliegen des Reformgesetzgebers, gegenüber der bisherigen Rechtslage die Stellung der Pflegepersonen bewusst zu stärken. Wenngleich

---

[30] Vgl. aber auch *Stößer*, FamRZ 2009, 656, 660, der von einer Anhörungspflicht ab sechs Jahren ausgeht, m.w.N.
[31] Zutreffend *Zorn*, FamRZ 2009, 421, 428.
[32] *Stößer*, FamRZ 2009, 656, 660.
[33] Vgl. *Fiala/Stenger*, Genehmigungen bei Betreuung und Vormundschaft, 2. Aufl. 2009, S. 52.
[34] So auch *Fiala/Stenger*, Genehmigungen bei Betreuung und Vormundschaft, 2. Aufl. 2009, S. 52.
[35] Vgl. zum FGG Saarländisches Oberlandesgericht v. 09.02.1999 - 5 W 397/98 - 117, 5 W 397/98 - BTPrax 1999, 153-155.
[36] Vgl. BGH v. 23.11.2011 - XII ZB 293/11 - juris Rn. 10 - FamRZ 2012, 292-293.

§ 1828

die Beteiligung der Pflegepersonen u.U. die Flexibilität und Schnelligkeit des Verfahrens beeinträchtigen kann, und der Mündel bereits mit dem Verfahrensbeistand über einen objektiven Interessenwahrer verfügt, ist die Wertung des Gesetzgebers zu respektieren. Das dem Gericht zustehende Ermessen ist deshalb regelmäßig dahin auszuüben, dass Pflegepersonen am Verfahren beteiligt werden.

26 In Verfahren, die die Person des Mündels betreffen, ist das Jugendamt anzuhören. Unterbleibt die Anhörung wegen Gefahr im Verzug, ist sie unverzüglich nachzuholen, § 162 Abs. 1 FamFG. Das Jugendamt ist auf seinen Antrag hin am Verfahren zu beteiligen, § 162 Abs. 2 FamFG. Zu beachten ist, dass die Anhörung – wie auch schon nach altem Recht[37] –nicht automatisch die Verfahrensbeteiligung nach sich zieht, vgl. § 7 Abs. 6 FamFG. Ist ein Verfahrensbeistand gemäß § 158 Abs. 4 FamFG bestellt, so ist auch dieser anzuhören. Der Gegenvormund ist nach § 1826 BGB anzuhören.

27 Die ausdifferenzierte Regelung der anzuhörenden Beteiligten sowie § 34 Abs. 2 FamFG könnten den Eindruck vermitteln, die Anhörung von nicht beteiligten Personen sei unzulässig. Dem ist jedoch nicht so. Im Rahmen des Freibeweises (§ 29 FamFG) kann das Gericht auch weitere Auskunftspersonen befragen. Das können etwa auch sonstige Verwandte oder Verschwägerte sowie Freunde und Bekannte sein. Dabei ist allerdings stets das Recht des Vormunds oder des Mündels/Betreuten auf informationelle Selbstbestimmung zu wahren. Es ist deshalb unzulässig, Angehörige allein schon aufgrund ihrer Erbstellung am Verfahren zu beteiligen.[38]

d. Art der Anhörung

28 Soweit das Gesetz die persönliche Anhörung vorschreibt, meint es die mündliche Anhörung des persönlich vor dem Gericht erschienenen Beteiligten. Eine schriftliche Anhörung genügt ebenso wenig wie eine Anhörung in Textform (z.B. E-Mail) oder per Telefon. Allerdings kann in Eilfällen eine telefonische Anhörung dem vollständigen Zurückstellen der Anhörung vorzuziehen sein. Wegen des fehlenden persönlichen Eindrucks macht dies die Nachholung der Anhörung jedoch nicht entbehrlich. Die Anhörung des Mündels kann regelmäßig auch nicht durch den Vormund vermittelt werden, dessen Handeln ja gerade überprüft werden soll.[39] Ist keine persönliche Anhörung vorgeschrieben, kommen auch andere Anhörungsarten in Betracht, sofern die gewählte Anhörungsart im konkreten Fall nicht erkennbar ungeeignet ist.[40] Letzterenfalls würde eine schriftliche Anhörung eine Verletzung der Amtsermittlungspflicht darstellen. Soweit keine persönliche Anhörung vorgeschrieben ist, wird doch häufig das persönliche Gespräch geboten sein, um die Wünsche des Mündels oder Betreuten sachgerecht zu ermitteln.[41] Die Anhörung kann auch im Wege der Rechtshilfe erfolgen.[42] Der Grundsatz des rechtlichen Gehörs verbietet es, Tatsachen bei der Entscheidung zu berücksichtigen, zu denen sich die Beteiligten nicht äußern konnten. Hieraus folgt etwa im Fall der Entscheidung über die Genehmigung eines Grundstückskaufvertrages, dass das Familiengericht den Betroffenen Kenntnis vom Inhalt eines vollständigen, bei den Akten befindlichen Grundbuchauszuges geben muss, auch wenn sich der Vormund pflichtwidrig nicht selbst um einen vollständigen Grundbuchauszug gekümmert hat.[43]

7. Vorbescheid

29 Nach alter Rechtslage ergab sich aus §§ 55, 62 FGG die Gefahr, dass Betroffene, die vor der Entscheidung nicht gehört wurden, gegen die Genehmigung nicht mehr im Beschwerdeweg vorgehen konnten, weil die Entscheidung nicht mehr geändert werden konnte, wenn sie einem Dritten gegenüber wirksam geworden war. U.a. in solchen Fällen bestand aus verfassungsrechtlichen Gründen die Notwendigkeit zum Erlass eines ankündigenden Vorbescheides.[44] Nach neuem Recht wird der Beschluss gemäß § 40

---

[37] Vgl. BGH v. 25.08.1999 - XII ZB 109/98 - NJW 1999, 3718-3720; BayObLG v. 14.05.2003 - 3Z BR 94/03 - BtPrax 2003, 220-222, a.A. möglicherweise Saarländisches Oberlandesgericht v. 13.10.2000 - 5 W 259/00 - 95, 5 W 259/00 - OLGR Saarbrücken 2001, 103-105.

[38] Saarländisches Oberlandesgericht v. 13.10.2000 - 5 W 259/00 - 95, 5 W 259/00 - OLGR Saarbrücken 2001, 103-105; vgl. hierzu auch OLG Köln v. 21.07.2003 - 16 Wx 147/03 - FamRZ 2004, 1124.

[39] BVerfG v. 18.01.2000 - 1 BvR 321/96 - BVerfGE 101, 397-410.

[40] Vgl. zum FGG: BayObLG v. 21.01.1998 - 3Z BR 453/97 - FamRZ 1998, 1185, vgl. hierzu auch BayObLG v. 14.05.2003 - 3Z BR 94/03 - BtPrax 2003, 220-222, 221.

[41] Vgl. zum FGG BayObLG v. 14.05.2003 - 3Z BR 94/03 - BtPrax 2003, 220-222, 221.

[42] OLG Karlsruhe v. 04.11.1993 - 11 AR 28/93 - Rpfleger 1994, 203-204.

[43] BayObLG München v. 03.12.2003 - 3Z BR 214/03 - BtPrax 2005, 75.

[44] Vgl. *Lafontaine* in: jurisPK-BGB, 6. Aufl. 2012, § 1828 Rn. 52.

Abs. 2 Satz 1 FamFG erst mit Rechtskraft wirksam. Dadurch wurde eine nachträgliche Überprüfungs- und Änderungsmöglichkeit geschaffen. Ein Vorbescheid ist danach nicht mehr erforderlich und deshalb auch nicht mehr zulässig.[45]

Hinweis für die Praxis: Das Gericht beachte, dass die Wirkungen des § 40 Abs. 2 FamFG nach Satz 2 in der Entscheidung auszusprechen sind. Der Beschwerdeführer beachte die abgekürzte Beschwerdefrist nach § 63 Abs. 2 Nr. 2 FamFG. 30

Hinweis für die Praxis: Ebenso wie die frühere Erteilung eines Vorbescheides führt auch die hinausgezögerte Wirksamkeit des Beschlusses nach § 63 Abs. 2 Nr. 2 FamFG zu Verzögerungen. Sollen im Einzelfall die Wirkungen des Beschlusses möglichst rasch eintreten, kann dies durch einen allseitigen Rechtsmittelverzicht herbeigeführt werden.[46] Es ist jedoch darauf zu achten, dass wirklich alle Beschwerdeberechtigten verzichten. Streitig ist in diesem Zusammenhang, ob ein für den Betreuten bestellter Verfahrenspfleger auf Rechtsmittel nur aus eigenem Recht oder auch für den Betreuten verzichten kann.[47] Idealerweise sollte bereits vor Abschluss des Rechtsgeschäfts die voraussichtliche Verzögerung berücksichtigt und die Genehmigung frühzeitig eingeholt werden, damit der Vertragspartner das Rechtsgeschäft nicht nach § 1829 Abs. 2 BGB zu Fall bringt. 31

Beachte: Der Rechtsmittelverzicht dürfte erst nach Erlass des Beschlusses möglich sein.[48] 32

8. Form und Inhalt der Entscheidung

a. Beschlussform

Nach alter Rechtslage bedurfte die Genehmigung zu ihrer Wirksamkeit grundsätzlich keiner Form, sondern konnte auch durch schlüssiges Verhalten erfolgen.[49] Nunmehr bestimmt § 38 Abs. 1 Satz 1 FamFG, dass die Entscheidung in Beschlussform zu ergehen hat. Die Entscheidung hat damit die Überschrift „Beschluss" zu tragen. Eine Falschbezeichnung als „Verfügung" soll jedoch nach neuem Recht umdeutungsfähig sein.[50] Mit der neuen Rechtslage dürfte es allerdings unvereinbar sein, regelmäßig unter Anwendung von § 15 Abs. 3 FamFG formlos über Genehmigungsanträge zu entscheiden.[51] 33

b. Bezeichnung der Beteiligten

Gemäß § 38 Abs. 2 FamFG hat der Beschluss bestimmten inhaltlichen Mindesterfordernissen zu genügen. Die Beteiligten, ihre gesetzlichen Vertreter und deren Bevollmächtigte sind zu bezeichnen. Zur hinreichenden Identifizierbarkeit ist ein volles Rubrum mit vollem Namen und Anschrift geboten.[52] 34

c. Bezeichnung des Gerichts und Namen der Gerichtspersonen

Anzugeben sind Gericht, Gerichtsort, Spruchkörper und Name des Entscheidungsträgers. Üblicherweise wird in der Überschrift nur das Gericht angegeben (z.B.: „Amtsgericht Saarbrücken"), in der Einleitungsformel folgt dann die vollständige Bezeichnung (z.B.: „... hat die 15. Abteilung des Amtsgerichts – Familiengericht – in Saarbrücken durch den Richter am Amtsgericht Meyer ..."). Die Unterschrift wird ferner mit Namen und Dienstbezeichnung des Entscheidungsträgers versehen (z.B.: „Schmidt, Richter am Amtsgericht"). 35

---

[45] So auch *Zorn*, Rpfleger 2009, 421, 431; *Wesche*, Rpfleger 2010, 403, 404; *Veit* in: Staudinger, § 1828 Rn. 70; vgl. auch *Wagenitz* in: MünchKomm-BGB, § 1828 Rn. 14: kein Bedürfnis mehr; ähnlich KG v. 04.03.2010 - 17 UF 5/10 - juris Rn. 14 - FamRZ 2010, 1171-1173.

[46] *Borth/Grandel* in: Musielak/Borth, FamFG, 4. Aufl. 2013, § 40 Rn. 5; *Wagenitz* in: MünchKomm-BGB, § 1828 Rn. 37.

[47] Im ersteren Sinne *Wesche*, Rpfleger 2010, 403, 404, m.w.N. auch zur Gegenansicht.

[48] So auch *Bolkart*, MittBayNot 2009, 268, 273; *Litzenburger*, RNotZ 2010, 32, 38.

[49] RG v. 27.10.1930 - VI 802/29 - RGZ 130, 148; *Dickescheid* in: BGB-RGRK, § 1828 Rn. 20; ablehnend aber *Winhold-Schött* in: HK-BUR, § 1828 Rn. 26; *Bettin* in: BeckOK BGB, Ed. 30, § 1828 Rn. 2; nach neuem Recht auch weiterhin unter Berufung auf § 15 Abs. 3 FamFG: *Götz* in: Palandt, § 1828 Rn. 5; ebenso *Veit* in: Staudinger, § 1828 Rn. 20.

[50] So *Zimmermann* in: Damrau/Zimmermann, Betreuungsrecht, 4. Aufl. 2011, § 1828 Rn. 28.

[51] So aber wohl *Götz* in: Palandt, § 1828 Rn. 5; wohl auch *Dodegge* in: Handbuch der Rechtspraxis, Band 5b - Familienrecht - 2. Halbband, 7. Aufl. 2010, Rn. 348.

[52] So auch *Reichold* in: Thomas/Putzo, ZPO, § 38 Rn. 6 ff.

§ 1828

d. Beschlussformel

36 Gemeint ist der Tenor der Entscheidung. Das Gericht hat nach § 40 Abs. 2 Satz 2 FamFG auszusprechen, dass der Beschluss, der die Genehmigung ausspricht, erst mit Rechtskraft wirksam wird. Zu beachten ist, dass § 81 Abs. 1 Satz 3 FamFG nunmehr in Familiensachen stets eine Kostenentscheidung vorsieht (vgl. hierzu das FamGKG). In Betreuungssachen ist eine Kostenentscheidung hingegen regelmäßig entbehrlich, da sich die Kosten unmittelbar aus der KostO ergeben.[53] Die Reichweite der Genehmigung ist unter Berücksichtigung der Entscheidungsgründe im Wege der Auslegung nach § 157 BGB zu ermitteln.

37 Der Tenor der Entscheidung kann etwa wie folgt lauten:
„1. Die von Herrn Gerhard Weiß als Vormund des Leon Weiß in dessen Vertretung am 5. Mai 2012 gegenüber dem Amtsgericht Homburg erklärte Ausschlagung der Erbschaft nach dem am 3. Mai 2012 in Kirkel verstorbenen Gustav Schmidt (geb. am 5. Februar 1936) wird hiermit genehmigt.
2. Die Genehmigung wird mit Eintritt der Rechtskraft dieses Beschlusses wirksam."

e. Begründung

38 Nach altem Recht war die Entscheidung nur zu begründen, wenn die Genehmigung verweigert wird oder wenn sie in Rechte Beteiligter, insbesondere des Mündels, gegen deren Willen eingriff. Nach neuer Rechtslage ist die Entscheidung grundsätzlich zu begründen, § 38 Abs. 3 Satz 1 FamFG. Der Mindestinhalt der Begründung ist nicht geregelt. Da die Entscheidung jedoch einer gerichtlichen Überprüfung zugänglich ist, muss die Begründung den Mindestanforderungen einer solchen Überprüfung genügen. Danach ist eine wenigstens knappe Darstellung des Sachverhalts und – soweit vorhanden – des Vorbringens bzw. der Anträge der Beteiligten geboten. Ferner sind die rechtlichen Erwägungen und ggf. eine Beweiswürdigung darzulegen. Ansonsten unterliegt der Beschluss ohne weiteres der Aufhebung.[54] Ein formelhafter Hinweis auf die gesetzliche Grundlage – etwa durch Zitierung der einschlägigen Paragraphen – genügt dem Begründungserfordernis nicht. Es müssen vielmehr einzelfallbezogen die für die Entscheidung maßgeblichen Gründe dargelegt werden. Insbesondere die Auslegung unbestimmter Rechtsbegriffe sowie die Ausübung eines Entscheidungsermessens bedürfen gesteigerter Begründung.

39 Widerspricht die Entscheidung nicht dem erklärten Willen eines Beteiligten (§ 38 Abs. 4 Nr. 2, 2. Fall FamFG) oder wird der Beschluss in Gegenwart aller Beteiligten mündlich bekannt gegeben und verzichten alle Beteiligten auf Rechtsmittel (§ 38 Abs. 4 Nr. 3 FamFG), so bedarf der Beschluss auch nach neuer Rechtslage keiner Begründung.

40 Dem Mündel soll die Begründung allerdings nach § 164 Satz 2 FamFG nicht mitgeteilt werden, wenn Nachteile für dessen Entwicklung, Erziehung oder Gesundheit zu befürchten sind. Die Entscheidung, von der Bekanntgabe der Begründung abzusehen, ist als separate Entscheidung dem Mündel mitzuteilen[55], bedarf naturgemäß aber allenfalls knapper Begründung. Gegenüber dem Betreuten kann von der Bekanntgabe der Gründe abgesehen werden, wenn dies nach einem ärztlichen Zeugnis erforderlich ist, um erhebliche Nachteile für die Gesundheit des Betreuten abzuwenden, § 288 Abs. 1 FamFG. Anders als beim Mündel bedarf es insofern also stets eines ärztlichen Attests. Auch die Entscheidung nach § 288 FamFG ist dem Betroffenen mitzuteilen.

f. Erlassdatum und Unterschrift

41 Nach § 38 Abs. 3 FamFG ist das Datum der Übergabe an die Geschäftsstelle oder der Bekanntgabe der Beschlussformel (Erlass) auf dem Beschluss zu vermerken. Der Beschluss ist zu unterschreiben, § 38 Abs. 3 FamFG.

g. Rechtsbehelfsbelehrung

42 Das Gesetz fordert nun eine Rechtsbehelfsbelehrung. Sie muss die Art des statthaften Rechtsbehelfs, das Gericht, bei dem der Rechtsbehelf einzulegen ist, seinen Sitz sowie Form und Frist des Rechtsbehelfs bezeichnen, § 39 FamFG. Da die Einlegung eines Rechtsbehelfs in einer anderen Sprache als der deutschen zur Fristwahrung nicht genügt[56], muss die Rechtsbehelfsbelehrung auch den Hinweis enthal-

---

[53] *Spanl*, Vermögensverwaltung durch Vormund und Betreuer, 2. Aufl. 2009, S. 49.
[54] Vgl. BGH v. 20.06.2006 - VI ZB 75/05 - VersR 2006, 1423.
[55] *Bumiller/Harders*, FamFG – Freiwillige Gerichtsbarkeit, 10. Aufl. 2011, § 164 Rn. 9.
[56] Vgl. BGH v. 17.07.1982 - 1 StR 815/80 - MDR 1981, 949; *Bumiller/Harders*, FamFG – Freiwillige Gerichtsbarkeit, 10. Aufl. 2011, § 39 Rn. 6.

ten, dass die Rechtsmitteleinlegung in deutscher Sprache erfolgen muss.[57] Die Rechtsmittelbelehrung kann deshalb etwa lauten: „Gegen diesen Beschluss ist das Rechtsmittel der Beschwerde statthaft. Die Beschwerde muss binnen zwei Wochen ab der Zustellung oder der gerichtlich protokollierten Bekanntmachung dieser Entscheidung bei dem Amtsgericht Saarbrücken eingelegt werden. Soweit der/die Betroffene bereits untergebracht ist, kann die Beschwerde auch bei dem für den Unterbringungsort zuständigen Amtsgericht eingelegt werden. Die Einlegung der Beschwerde erfolgt durch Einreichung einer Beschwerdeschrift oder durch Erklärung zu Protokoll der Geschäftsstelle des genannten Gerichts. Die Beschwerde muss die Bezeichnung des angefochtenen Beschlusses sowie die Erklärung enthalten, dass Beschwerde gegen diesen Beschluss eingelegt wird. Sie ist von dem Beschwerdeführer oder seinem Bevollmächtigten zu unterzeichnen. Die Einreichung einer Beschwerdeschrift bei einem anderen als dem genannten Gericht wahrt die Beschwerdefrist nur, wenn die Beschwerdeschrift innerhalb der Frist bei dem Amtsgericht Saarbrücken eingeht. Die Einlegung einer Beschwerdeschrift in einer anderen als der deutschen Sprache wahrt die Frist nicht."

Entgegen der Rechtsprechung zum FGG folgt aus § 17 Abs. 2 FamFG, wonach bei Fehlen der Rechtsbehelfsbelehrung lediglich eine Vermutung für das Fehlen des Verschuldens an der Fristwahrung besteht, dass die Rechtsbehelfsfrist auch bei Fehlen der Rechtsbehelfsbelehrung zu laufen beginnt.[58] **43**

Wenngleich sich eine Pflicht hierzu nicht unmittelbar aus § 37 FamFG ergeben dürfte, sollte das Gericht auch darauf hinweisen, dass der Vormund von der Genehmigung vor Eintritt der Rechtskraft keinen Gebrauch machen darf.[59] **44**

9. Bekanntgabe der Entscheidung

a. Grundlagen

Der genehmigende Beschluss ist nach § 1828 BGB dem Vormund bekannt zu geben. Dies gilt auch, wenn sich die Genehmigung auf ein von dem Mündel selbst mit Zustimmung des Vormunds getätigtes Rechtsgeschäft bezieht.[60] Ist der Vormund von der Vertretung des Mündels beim Abschluss des Rechtsgeschäfts – etwa nach §§ 1795 f. BGB – ausgeschlossen, ist Genehmigungsadressat der Ergänzungspfleger.[61] Denn er muss in diesem Fall prüfen, ob von der Genehmigung Gebrauch zu machen ist. Hat der Vormund gewechselt, ist die Entscheidung dem neuen Vormund bekannt zu geben.[62] **45**

Bekannt gegeben ist die Genehmigung, wenn sie zugeht (§§ 130 ff. BGB). Voraussetzung dafür ist, dass die Genehmigung an den Vormund gerichtet wird. Dass der Vormund bloß zufällig Kenntnis davon erlangt, dass die Genehmigung einer anderen Person mitgeteilt wurde, genügt hierfür nicht.[63] **46**

Gemäß § 41 Abs. 1 Satz 1 FamFG ist die Genehmigung allen Beteiligten, also insbesondere auch dem Mündel bzw. Betreuten, bekannt zu geben. Sieht man entgegen der hier vertretenen Auffassung Mündel bzw. Betreuten nicht als Beteiligten an[64], so ist die Bekanntgabe an den Mündel bzw. Betreuten zumindest nach § 41 Abs. 3 FamFG geboten. Danach ist ein Beschluss, der die Genehmigung eines Rechtsgeschäfts zum Gegenstand hat, auch demjenigen, für den das Rechtsgeschäft genehmigt wird, bekannt zu geben. § 41 Abs. 3 FamFG meint hingegen nicht den Dritten, mit dem das Rechtsgeschäft abgeschlossen werden soll.[65] Eine Bekanntmachung durch das Gericht gegenüber dem Dritten sieht das Gesetz nicht vor. Sie würde regelmäßig auch nur verwirren, da sie die Bekanntgabe durch den Vormund nach § 1829 BGB nicht ersetzen kann. **47**

Die Art der Bekanntmachung regelt § 15 Abs. 2 FamFG. Demjenigen, dessen erklärtem Willen der Genehmigungsbeschluss widerspricht, ist er zuzustellen, § 41 Abs. 1 Satz 2 FamFG. Empfehlenswert ist – für die Erteilung des Rechtskraftzeugnisses (§ 46 FamFG) – eine Bekanntgabe durch Zustellung. Nur so kann (halbwegs) Gewissheit über die Rechtskraft und die damit eintretenden Wirkungen der Geneh- **48**

---

[57] BGH v. 17.07.1982 - 1 StR 815/80 - MDR 1981, 949; *Bumiller/Harders*, FamFG – Freiwillige Gerichtsbarkeit, 10. Aufl. 2011, § 39 Rn. 6.
[58] So auch *Wesche*, Rpfleger 2010, 403, 404.
[59] Weitergehend für eine Pflicht zum Hinweis *Wesche*, Rpfleger 2010, 403, 404.
[60] *Bettin* in: BeckOK BGB, Ed. 30, § 1828 Rn. 4; *Veit* in: Staudinger, § 1828 Rn. 5.
[61] Vgl. OLG Frankfurt v. 02.04.2012 (20 W 57/11 - juris Rn. 23 - NotBZ 2012, 303-305).
[62] *Winhold-Schött* in: HK-BUR, § 1828 Rn. 32; *Götz* in: Palandt, § 1828 Rn. 6; *Veit* in: Staudinger, § 1828 Rn. 27; *Sonnenfeld/Zorn*, Rpfleger 2004, 533, 534.
[63] Vgl. OLG Frankfurt v. 02.04.2012 - 20 W 57/11 - juris Rn. 23 - NotBZ 2012, 303-305; RG v. 07.12.1904 - Rep. V 239/04 - RGZ 59, 277-279, 278; *Veit* in: Staudinger, § 1828 Rn. 26; sehr weitgehend OLG Frankfurt am Main v. 01.06.1973 - 20 W 218/71 - FamRZ 1973, 481-483, 482.
[64] So *Bumiller/Harders*, Freiwillige Gerichtsbarkeit – FamFG, 9. Aufl. 2009, § 41 Rn. 8.
[65] So auch *Brambring*, FGPrax 2010, 113.

migung erzielt werden.⁶⁶ Die Bekanntgabe gegenüber dem Betreuten erfolgt unmittelbar an diesen, § 275 FamFG. Gleiches gilt für den Mündel, der das 14. Lebensjahr vollendet hat, § 164 FamFG. Nicht ausdrücklich geregelt ist, wie die Bekanntgabe an den jüngeren Mündel erfolgt. Erforderlich ist in jedem Fall die Bestellung eines Verfahrensvertreters zum Zwecke der Bekanntmachung.⁶⁷ Nicht abschließend geklärt ist, ob es sich hierbei um einen Verfahrensbeistand oder einen Ergänzungspfleger handeln muss.

49 **Hinweis für die Praxis:** Teilweise wird empfohlen, dem Betreuer den genehmigenden Beschluss erst dann mitzuteilen, wenn er rechtskräftig ist.⁶⁸ Durch diese Praxis würden zwar versehentliche Betätigungen einer noch unwirksamen Genehmigung vermieden. Gleichwohl ist ihr nicht zu folgen. Kommt es zum Beschwerdeverfahren, muss der Vormund/Betreuer ohnehin Kenntnis von dem Beschluss erlangen, um sich mit dem Gegenstand des Beschwerdeverfahrens vertraut machen zu können. Aber schon im Vorfeld eines etwaigen Beschwerdeverfahrens kann die Übersendung des Beschlusses nützlich sein, etwa um mit potentiellen Beschwerdeführern das weitere Verfahren zu erörtern. Selbst wenn keine Beschwerde zu erwarten ist, kann der Vormund/Betreuer die Zeit bis zur Rechtskraft bereits nutzen, um zu prüfen, ob er von der Genehmigung Gebrauch machen wird, und die hierfür notwendigen Vorbereitungen treffen. Gerade wenn ein Rechtsgeschäft zu genehmigen ist, das eine zügige, aber aufwendige Abwicklung erfordert, und Rechtsmittel nicht zu erwarten sind, kann bereits die Kenntnis von der Genehmigung wichtig sein, um frühzeitig mit den Vorbereitungen der Vertragsdurchführung zu beginnen.

b. Doppelbevollmächtigung

50 Allgemein für zulässig erachtet wird, dass der Vormund einen Dritten zur Inempfangnahme der Genehmigung bevollmächtigt (vgl. hierzu näher die Kommentierung zu § 1829 BGB Rn. 33).⁶⁹ Die Vollmacht kann grundsätzlich formlos erteilt werden.⁷⁰ Das Familiengericht hat das Bestehen einer Vollmacht von Amts wegen zu prüfen, wenn nicht als Bevollmächtigter ein Rechtsanwalt oder Notar auftritt (§ 11 Satz 4 FamFG). Dabei liegt es in seinem pflichtgemäßen Ermessen, ob es einen besonderen Nachweis der Vollmacht verlangt.⁷¹ Hat sich ein Verfahrensbevollmächtigter bestellt, ist zwingend an diesen zuzustellen (vgl. § 15 Abs. 2 FamFG, § 172 ZPO).

51 Die vom Vormund erteilte Vollmacht zur Entgegennahme der Genehmigung – etwa in der Person des doppelt bevollmächtigten Notars – wirkt, soweit sie nicht widerrufen wird, auch nach Beendigung des Amtes des Vormunds fort.⁷² Freilich spricht keine Vermutung für die Bevollmächtigung des Notars.⁷³

52 Nach nahezu allgemeiner Ansicht ist eine Bevollmächtigung auch in der Weise zulässig, dass ein Notar (widerruflich) gleichzeitig zum Empfang der Genehmigung des Familiengerichts und zur Mitteilung der Genehmigung gegenüber dem anderen Teil ermächtigt wird (sog. Doppelbevollmächtigung).⁷⁴ Zu

---

⁶⁶ So auch *Spanl*, Vermögensverwaltung durch Vormund und Betreuer, 2. Aufl. 2009, S. 50.
⁶⁷ So etwa *Bolkart*, MittBayNot 2009, 268, 270; offengelassen von *Veit* in: Staudinger, § 1828 Rn. 73.
⁶⁸ So *Zimmermann* in: Damrau/Zimmermann, Betreuungsrecht, 4. Aufl. 2011, § 1828 Rn. 30;
⁶⁹ BGH v. 21.10.1954 - IV ZR 93/54 - BGHZ 15, 97-102, 99; BayObLG München v. 29.10.1997 - 3Z BR 196/97 - juris Rn. 9 - MittBayNot 1998, 107-108; so auch *Bettin* in: BeckOK BGB, Ed. 30, § 1828 Rn. 4; *Roth* in: Dodegge/Roth, Betreuungsrecht, 2003, E Rn. 122, 128; *Winhold-Schött* in: HK-BUR, § 1828 Rn. 35; *Dickescheid* in: BGB-RGRK, § 1828 Rn. 23; *Veit* in: Staudinger, § 1828 Rn. 30.
⁷⁰ *Baronin von König* in: Jansen, FGG, 3. Aufl. 2005, § 13 Rn. 45.
⁷¹ OLG Frankfurt v. 10.03.1980 - 20 W 84/80 - OLGZ 1980, 278-283, 281; *Baronin von König* in: Jansen, FGG, 3. Aufl. 2006, § 13 Rn. 47.
⁷² Vgl. hierzu *Sonnenfeld/Zorn*, Rpfleger 2004, 533, 534.
⁷³ *Zimmermann* in: Damrau/Zimmermann, Betreuungsrecht, 4. Aufl. 2011, § 1828 Rn. 19. Nach einer Ansicht soll die Vollmacht zur Entgegennahme der Genehmigung nicht auch die Vollmacht zur Entgegennahme der Verweigerung enthalten, vgl. *Zimmermann* in: Damrau/Zimmermann, Betreuungsrecht, 4. Aufl. 2011, § 1828 Rn. 19 m.w.N.; zweifelhaft.
⁷⁴ BGH v. 21.10.1954 - IV ZR 93/54 - BGHZ 15, 97-102, 99; OLG Düsseldorf v. 23.07.2013 - 3 Wx 2000/03 - juris Rn. 22 - OLGR Düsseldorf 2004, 90-92; OLG Schleswig v. 25.04.2001 - 2 W 12/01 - juris Rn. 33 - OLGR Schleswig 2001, 409-412; BayObLG München v. 29.10.1997 - 3Z BR 196/97 - juris Rn. 9 - MittBayNot 1998, 107-108; OLG Schleswig v. 12.06.1996 - 2 W 80/96 - juris Rn. 6 - OLGR Schleswig 1997, 160-161; OLG Frankfurt v. 26.10.1995 - 16 U 211/93 - juris Rn. 30 - OLGR Frankfurt 1997, 9-11; OLG Düsseldorf v. 07.08.1958 - 3 W 145/58 - NJW 1959, 391-392; BayObLG v. 11.05.1988 - 3 Z 51/88 - Rpfleger 1988, 482; OLG Düsseldorf v. 07.08.1958 - 3 W 145/58 - NJW 1959, 391-392, 391; BayObLG München v. 22.06.1989 - BReg 3 Z 40/89 - FamRZ 1989, 1113-1118; so auch *Roth* in: Dodegge/Roth, Betreuungsrecht, 2003, E Rn. 122, 128; *Dickescheid* in: BGB-RGRK, § 1829 Rn. 13; *Zimmermann* in: Damrau/Zimmermann, Betreuungsrecht, 4. Aufl. 2011, § 1829 Rn. 9; *Dodegge* in: Handbuch der Rechtspraxis, Band 5b - Familienrecht - 2. Halbband, 7. Aufl. 2010, Rn. 352.

Recht wird darauf hingewiesen, dass ein Verzicht auf die Mitteilung der Genehmigung, etwa indem bestimmt wird, dass die Genehmigung mit Eingang bei dem Notar als wirksam erteilt gelten soll, unwirksam wäre.[75]

Zu einem Muster für eine Doppelvollmacht vgl. Rn. 80.

Mit der Gestattung der Doppelbevollmächtigung wird die Norm insgesamt in weiten Bereichen ad absurdum geführt. Wenn ein Dritter – etwa ein Notar – gleichzeitig zur Inempfangnahme der Genehmigung, zur Mitteilung der Genehmigung an den Geschäftspartner und – als Doppelvertreter – zum Abschluss des Rechtsgeschäfts bevollmächtigt werden kann, dann beschränkt sich die Letztentscheidungsbefugnis des Vormunds über den Abschluss des Rechtsgeschäfts auf die Widerruflichkeit der Ermächtigung im Verhältnis zu dem Dritten. Nichts anderes würde aber gelten, wenn das Familiengericht widerruflich zur Bekanntgabe der Genehmigung gegenüber einem Dritten bevollmächtigt werden könnte. Diesen Schritt wagt die ganz herrschende Ansicht allerdings in Anbetracht des Wortlautes des § 1828 BGB nicht zu gehen. Konsequent wären eigentlich nur zwei Lösungsmodelle: Entweder man hält es für unverzichtbar, dass der Betreuer persönlich nach Erteilung der Genehmigung über deren Mitteilung durch erneute, aktive Willensbildung entscheidet, und betrachtet die Bevollmächtigung des Dritten zur Inempfangnahme und gleichzeitigen Mitteilung an den Geschäftspartner als unzulässiges Umgehungsgeschäft, oder man erkennt, dass diese Bevollmächtigungskonstruktion als legale Rechtskonstruktion den Schutzzweck des § 1818 BGB weitgehend leer laufen lässt und nimmt die Außerachtlassung der Norm insgesamt wegen dieser Inkonsequenz des Gesetzgebers hin. Dies dürfte jedenfalls in den Fällen vertretbar sein, in denen der Vormund eine nur widerrufliche Vollmacht erteilt. Das Ausbleiben des Widerrufs stellt sich dann als ständig neue Betätigung des Geschäftsabschlusswillens dar. Für die Praxis empfiehlt sich freilich im Interesse des sichersten Weges eine Befolgung der traditionellen Auffassung.

Eine Doppelbevollmächtigung ist gemäß §§ 133, 157 BGB im Zweifel dahingehend auszulegen, dass sie nicht auch die Bevollmächtigung zur Mitteilung der Verweigerung der Genehmigung durch das Familiengericht an den Geschäftspartner umfasst. Denn damit wäre das Rechtsgeschäft endgültig gescheitert, ohne dass Mündel bzw. Vormund die Genehmigung im Beschwerdeweg erstreiten könnten.[76]

IV. Materielle Genehmigungsvoraussetzungen

1. Rechtsgeschäft

§ 1828 BGB findet auf einseitige wie mehrseitige Rechtsgeschäfte Anwendung.[77] Er betrifft nicht nur Rechtsgeschäfte des Vormunds für den Mündel, sondern auch Rechtsgeschäfte, die der Mündel mit Zustimmung des Vormundes oder der Vormund im eigenen Namen für den Mündel vornimmt.[78] Auch Geschäfte, die ein Dritter mit Vollmacht des Mündels abschließt, werden erfasst. Rechtsgeschäfte, die ein geschäftsfähiger Betreuter selbst abschließt, sind nur im Fall des Einwilligungsvorbehalts genehmigungspflichtig.[79]

2. Genehmigungsbedürftiges Rechtsgeschäft

§ 1828 BGB ist anwendbar, wenn das Familiengericht die Genehmigung eines Gegenvormunds ersetzt, vorausgesetzt, die Genehmigung ist nicht bloße Ordnungsvorschrift (vgl. etwa die §§ 1832, 1809, 1812, 1813 BGB).[80] § 1828 BGB enthält eine Wirksamkeitsvoraussetzung für das zu genehmigende Rechtsgeschäft. Die Vorschrift ist deshalb nur auf Außengenehmigungen anwendbar, also auf solche Genehmigungen, ohne die das einzugehende Rechtsgeschäft unwirksam wäre (vgl. Rn. 2).[81] Soweit das Gesetz Genehmigungserfordernisse als bloße Ordnungsvorschriften enthält, findet § 1828 BGB keine Anwendung.

---

[75] *Dodegge* in: Handbuch der Rechtspraxis, Band 5b - Familienrecht - 2. Halbband, 7. Aufl. 2010, Rn. 352.
[76] So auch BayObLG v. 11.05.1988 - BReg 3 Z 51/88 - FamRZ 1988, 1321; *Winhold-Schött* in: HK-BUR, § 1828 Rn. 42; *Veit* in: Staudinger, § 1828 Rn. 48.
[77] Vgl. hierzu auch *Sonnenfeld/Zorn*, Rpfleger 2004, 533 ff.; *Winhold-Schött* in: HK-BUR, § 1828 Rn. 7; *Götz* in: Palandt, § 1828 Rn. 2; *Veit* in: Staudinger, § 1828 Rn. 1.
[78] *Götz* in: Palandt, § 1828 Rn. 2; *Zimmermann* in: Damrau/Zimmermann, Betreuungsrecht, 4. Aufl. 2011, § 1828 Rn. 4; *Dickescheid* in: BGB-RGRK, § 1828 Rn. 1; *Veit* in: Staudinger, § 1828 Rn. 5.
[79] *Winhold-Schött* in: HK-BUR, § 1828 Rn. 5; nach *Bienwald* in: Staudinger, § 1908i Rn. 150, im Allgemeinen nicht erfasst.
[80] *Veit* in: Staudinger, § 1828, Rn. 4; *Dickescheid* in: BGB-RGRK, § 1828 Rn. 2; *Götz* in: Palandt, § 1828 Rn. 2; *Winhold-Schött* in: HK-BUR, § 1828 Rn. 6.
[81] Allg. A., *Winhold-Schött* in: HK-BUR, § 1828 Rn. 4.

58 Ersetzt das Familiengericht die verweigerte Genehmigung des Vormunds – etwa nach § 113 Abs. 3 BGB –, so findet § 1828 BGB keine Anwendung.[82] Das folgt schon aus dem Wortlaut des Gesetzes, der nur die Genehmigung des Rechtsgeschäfts, nicht hingegen die Ersetzung der Genehmigung erfasst. Überdies widerspräche es Sinn und Zweck der Ersetzung der Genehmigung des Vormunds, dem Vormund durch Mitteilung der Ersetzung an diesen die Letztentscheidung über die Mitteilung der Genehmigung zu überlassen.

59 Auch im Falle des § 1811 BGB ist § 1828 BGB nicht anwendbar.[83] D.h. in diesen Fällen wird die Genehmigung schon wirksam, wenn das Familiengericht sie gegenüber dem Vormund erteilt.

60 Zur Ersetzung der Genehmigung des Gegenvormunds vgl. § 1832 BGB.

61 Die Genehmigung eines ansonsten genehmigungsbedürftigen Rechtsgeschäfts ist auch nicht etwa deshalb entbehrlich, weil eine Rechtspflicht zur Vornahme des Rechtsgeschäfts besteht.[84] Hier ist es insbesondere die Pflicht des Familiengerichts, das Bestehen der Rechtspflicht zu prüfen. Die Erfüllung der Rechtspflicht liegt grundsätzlich im Interesse des Mündels.[85] Das Gegenteil könnte nur ausnahmsweise bei konkurrierenden Pflichten, die nicht alle erfüllt werden können, einmal angenommen werden.

3. Rechtmäßigkeit des Rechtsgeschäfts

62 Nicht genehmigungsfähig sind rechtswidrige oder sittenwidrige Rechtsgeschäfte.[86] So ist etwa ein sittenwidriger Vertrag zur Übertragung eines Grundstücks auf einen Angehörigen, um es dem Zugriff des Sozialhilfeträgers zu entziehen, nicht zu genehmigen.[87] Auch hat das Familiengericht beispielsweise zu überprüfen, ob der Vormund von der Vertretung ausgeschlossen ist[88], etwa nach § 1795 BGB.

63 In Zweifelsfällen ist freilich eine Differenzierung vorzunehmen.[89] Soweit der zur Rede stehende Verstoß gerade die Interessen des Mündels verletzten würde, kommt eine Genehmigung nicht in Betracht. Denn das Familiengericht ist primärer Wahrer der Mündelinteressen. Soweit allerdings eine sonstige Rechts- oder Sittenwidrigkeit in Frage steht, die keine nachteilige Auswirkung auf das Mündelinteresse hat, kommt ebenso wie bei zweifelhafter Genehmigungsbedürftigkeit auch bei – ernsthaft – zweifelhafter Gesetz- und Sittenwidrigkeit eine vorsorgliche Genehmigung in Betracht.[90] Denn zur Wahrung der Einhaltung der allgemeinen Verbotsgesetze und der guten Sitten ist primär das Prozessgericht berufen. Zweifel hinsichtlich der Gesetz- oder Sittenwidrigkeit eines Vertrages sollte das Familiengericht allerdings offen legen, damit der vorsorgliche Charakter der Genehmigung erkennbar wird.[91] Auch entbindet die Möglichkeit einer vorsorglichen Genehmigung in echten Zweifelsfällen das Gericht nicht von einer ernsthaften Prüfung der Rechts- und Sittenwidrigkeit. Das Gericht darf sich insbesondere nicht mit einer summarischen Prüfung zufrieden geben. Auch eine Aussetzung des Genehmigungsverfahrens bis zur Entscheidung des Prozessgerichts ist nicht zulässig.[92]

---

[82] *Götz* in: Palandt, § 1828 Rn. 2; *Dickescheid* in: BGB-RGRK, § 1828 Rn. 2.

[83] RG v. 01.12.1916 - 330/16 II - JW 1917, 288-191; *Götz* in: Palandt, § 1828 Rn. 2; *Zimmermann* in: Damrau/Zimmermann, Betreuungsrecht, 4. Aufl. 2011, § 1828 Rn. 4; *Dickescheid* in: BGB-RGRK, § 1828 Rn. 2.

[84] Allg. A., *Winhold-Schött* in: HK-BUR, § 1828 Rn. 18.

[85] BayObLG v. 10.11.1999 - 3Z BR 185/99 - MittBayNot 1999, 118-119; *Dickescheid* in: BGB-RGRK, § 1828 Rn. 10.

[86] OLG Hamm v. 16.07.2009 - 15 Wx 85/09 - juris Rn. 11 - OLGR Hamm 2009, 758-760; OLG Frankfurt v. 22.06.2004 - 20 W 332/03 - juris Rn. 19 - OLGR Frankfurt 2004, 320-323; *Bettin* in: BeckOK BGB, Ed. 30, § 1828 Rn. 3; *Winhold-Schött* in: HK-BUR, § 1828 Rn. 12.

[87] OLG Frankfurt v. 22.06.2004 - 20 W 332/03 - OLGR Frankfurt 2004, 320-323; zustimmend *Götz* in: Palandt, § 1828 Rn. 7.

[88] BayObLG v. 22.06.1982 - BReg 1 Z 52/82 - FamRZ 1983, 92-94; *Götz* in: Palandt, § 1828 Rn. 7; *Winhold-Schött* in: HK-BUR, § 1828 Rn. 14; *Veit* in: Staudinger, § 1828 Rn. 14.

[89] Für grundsätzliche Genehmigungspflicht hingegen *Zimmermann* in: Damrau/Zimmermann, Betreuungsrecht, 4. Aufl. 2011, § 1828 Rn. 11 f.

[90] So auch BayObLG v. 14.01.1969 - 1a Z 111/68 - FamRZ 1969, 434-436, 346; BayObLG v. 27.11.1975 - BReg 1 Z 59/75 - FamRZ 1976, 539-545, 544; *Dickescheid* in: BGB-RGRK, § 1828 Rn. 15; *Winhold-Schött* in: HK-BUR, § 1828 Rn. 13; *Wagenitz* in: MünchKomm-BGB, § 1828 Rn. 22; *Dodegge* in: Handbuch der Rechtspraxis, Band 5b - Familienrecht - 2. Halbband, 7. Aufl. 2010, Rn. 348.

[91] Die herrschende Praxis dürfte demgegenüber von einer vorbehaltlosen Genehmigung ausgehen, vgl. *Götz* in: Palandt, § 1828 Rn. 7, m.w.N.

[92] Vgl. *Winhold-Schött* in: HK-BUR, § 1828 Rn. 13; *Zimmermann* in: Damrau/Zimmermann, Betreuungsrecht, 4. Aufl. 2011, § 1828 Rn. 12.

Eine ganz andere Frage ist, ob ein Rechtsgeschäft, dessen Rechtmäßigkeit zweifelhaft ist, nicht dem   64
Wohl des Mündels entspricht, da es das Risiko eines anschließenden Prozesses mit der Gefahr erheblicher Kosten und Regressansprüche in sich birgt. Dies zu beurteilen, ist eine Frage der Zweckmäßigkeit des Rechtsgeschäfts und hängt von den Umständen des Einzelfalls ab.[93] Im Regelfall entspricht es jedenfalls nicht dem Interesse des Betroffenen, auf geltend gemachte Ansprüche zu leisten, wenn die Berechtigung der Forderungen zweifelhaft ist und eine mögliche Rechtsverfolgung nach den im Genehmigungsverfahren getroffenen Feststellungen keine hinreichende Aussicht auf Erfolg hat.[94] Auch von dieser Regel dürften allerdings Ausnahmen nach den besonderen Umständen des Falles denkbar sein.

4. Zweckmäßigkeit des Rechtsgeschäfts

a. Maßgebliche Zweckmäßigkeitskriterien

Das Familiengericht prüft auch die Zweckmäßigkeit des Rechtsgeschäfts.[95] Maßgebliches Beurtei-   65
lungskriterium ist dabei das Mündelinteresse.[96] Das Gericht hat dabei eine Gesamtabwägung aller Vor- und Nachteile sowie der Risiken des zu prüfenden Geschäfts für den Betreuten vorzunehmen.[97] Bei der Ermittlung dessen, was dem Wohl und dem Interesse des Mündels entspricht, hat sich das Gericht auf den Standpunkt eines verständigen, die Tragweite des Geschäfts überblickenden Betrachters zu stellen und insbesondere auch Gesichtspunkte der Nützlichkeit und Zweckmäßigkeit zu erwägen.[98] Dabei sind alle materiellen und immateriellen[99] Aspekte des Rechtsgeschäfts im Rahmen einer Gesamtschau umfassend abzuwägen. Durch den Genehmigungsvorbehalt soll nicht jedes Risiko von dem Mündel fern gehalten werden.[100] Es genügt vielmehr, wenn ein genehmigungsbedürftiges Geschäft im Ganzen ge-

---

[93] Vgl. auch *Wagenitz* in: MünchKomm-BGB, § 1828 Rn. 22.
[94] Vgl. BGH v. 09.01.2013 - XII ZB 334/12 - juris Rn. 14 - FamRZ 2013, 438-439.
[95] Allg. A., vgl. OLG Celle v. 28.09.2011 - 17 UF 154/11 - juris Rn. 8 - FamRZ 2012, 1066-1068; *Dodegge* in: Handbuch der Rechtspraxis, Band 5b - Familienrecht - 2. Halbband, 7. Aufl. 2010, Rn. 348.
[96] Allg. A., vgl. BGH v. 09.01.2013 - XII ZB 334/12 - juris Rn. 11 - FamRZ 2013, 438-439; BGH v. 25.01.2012 - XII ZB 479/11 - juris Rn. 9 - FamRZ 2012, 967-968; OLG Jena v. 22.03.2013 - 2 WF 26/13 - juris Rn. 27 - FamRZ 2014, 140-142; OLG Celle v. 28.09.2011 - 17 UF 154/11 - juris Rn. 8 - FamRZ 2012, 1066-1068; OLG Hamm v. 16.07.2009 - 15 Wx 85/09 - juris Rn. 8 - OLGR Hamm 2009, 758-760; OLG Brandenburg v. 23.09.20008 - 10 UF 70/08 - juris Rn. 9 - OLGR Brandenburg 2009, 155-157; BayObLG v. 09.08.2002 - 3Z BR 151/02 - FamRZ 2003, 631-632, 632; OLG Bremen v. 24.02.1999 - 4 UF 16/99 - NJW-RR 1999, 876-877, 877; BayObLG v. 04.07.1989 - BReg 1 a Z 7/89 - juris Rn. 10 - FamRZ 1999, 208-209; *Veit* in: Staudinger, § 1828 Rn. 17; *Bolkart*, MittBayNot 2009, 268, 271.
[97] Vgl. BGH v. 09.01.2013 - XII ZB 334/12 - juris Rn. 11 - FamRZ 2013, 438-439; BGH v. 25.01.2012 - XII ZB 479/11 - juris Rn. 9 - FamRZ 2012, 967-968; OLG München v. 17.7.2007 - 31 Wx 18/07 - Rpfleger 2007, 603605; OLG Koblenz v. 13.07.2005 - 13 UF 165/05 - OLGR 2006, 439-440; BayObLG v. 09.08.2002 - 3Z BR 151/02 - Rpfleger 2003, 27-28; OLG Hamm v. 10.07.2000 - 15 W 229/00 - OLGR 2001, 48-49; OLG Celle v. 28.09.2011 - 17 UF 154/11 - juris Rn. 8 - Rpfleger 2012, 144-145; *Veit* in: Staudinger, § 1828 Rn. 18; vgl. beispielhaft zu verschiedenen maßgeblichen Faktoren OLG Braunschweig v. 30.10.2000 - 2 W 237/00 - juris Rn. 5 - ZEV 2001, 75-76.
[98] Vgl. BGH v. 09.01.2013 - XII ZB 334/12 - juris Rn. 11 - FamRZ 2013, 438-439; OLG Hamm v. 02.10.2003 - 15 W 331/03 - Rpfleger 2004, 214-216, 216; BayObLG v. 26.07.1979 - 1 Z 49/79 - Rpfleger 1979, 455-457, 456; BayObLG v. 04.07.1989 - BReg 1 a Z 7/89 - FamRZ 1990, 208-209; *Dickescheid* in: BGB-RGRK, § 1828 Rn. 10; *Winhold-Schött* in: HK-BUR, § 1828 Rn. 15.
[99] So auch OLG Celle v. 28.09.2011 - 17 UF 154/11 - juris Rn. 8 - FamRZ 2012, 1066-1068; OLG Hamm v. 16.07.2009 - 15 Wx 85/09 - juris Rn. 8 - OLGR Hamm 2009, 758-760; BayObLG v. 07.12.1988 - BReg 1a Z 8/88 - FamRZ 1989, 540; OLG Celle v. 28.09.2011 - 17 UF 154/11 - juris Rn. 8 - Rpfleger 2012, 144-145; *Bettin* in: BeckOK BGB, Ed. 30, § 1828 Rn. 3; *Winhold-Schött* in: HK-BUR, § 1828 Rn. 17; *Dickescheid* in: BGB-RGRK, § 1828 Rn. 10; *Dodegge* in: Handbuch der Rechtspraxis, Band 5b - Familienrecht - 2. Halbband, 7. Aufl. 2010, Rn. 348.
[100] BayObLG v. 26.07.1979 - 1 Z 49/79 - Rpfleger 1979, 455-457, 456; BayObLG München v. 04.07.1989 - BReg 1 a Z 7/89 - Rpfleger 1989, 455 456; OLG Hamm v. 10.07.2000 - 15 W 229/00 - FamRZ 2001, 373-374, 374; OLG Zweibrücken v. 20.06.2000 - 5 UF 20/00 - FamRZ 2001, 75; OLG Koblenz v. 13.07.2005 - 13 UF 165/05 - OLGR 2006, 439-440; OLG Brandenburg v. 23.09.2008 - 10 UF 70/08 - OLGR Brandenburg 2009, 496-499; *Zimmermann* in: Damrau/Zimmermann, Betreuungsrecht, 4. Aufl. 2011, § 1828 Rn. 10; *Saar* in: Erman, § 1828 Rn. 7.

§ 1828

sehen für den Mündel vorteilhaft ist.[101] Besteht ein Gesamtregelungspaket aus einem Bündel von teils vorteilhaften, teil nachteiligen Einzelregelungen, kann die Eingehung nachteiliger Einzelregelungen zur Erlangung eines insgesamt günstigen Geschäfts erforderlich sein.

66 An wirtschaftlichen Aspekten sind die ökonomischen Vor- und Nachteile, Erträge und Aufwendungen sowie die steuerlichen Folgen, ferner die Risiken des Geschäfts sowie sein Nutzen für den Mündel zu berücksichtigen. Wenn der Bestand des vorhandenen Mündelvermögens schon gewisse Risiken impliziert, etwa ein Erwerbsgeschäft vorliegt, kann die Eingehung weiterer Geschäfte mit einem gewissen – allerdings kalkulierbaren – Risikopotential genehmigungsfähig sein. Maßgebliches Kriterium bei der Beurteilung materieller Aspekte ist, dass das Geschäft den Grundsätzen einer wirtschaftlichen Vermögensverwaltung genügt.[102] So kann im Einzelfall etwa der wertbeständigen Anlage der Vorzug vor einer höher rentierlichen Anlage einzuräumen sein.[103] Die Erfüllung einer bestehenden Rechtspflicht liegt grundsätzlich im Interesse des Mündels und ist deshalb regelmäßig genehmigungsfähig.[104] Anderes kann ausnahmsweise gelten, wenn von konkurrierenden Pflichten nicht alle erfüllt werden können. Lassen sich die Risiken eines Geschäfts – auch nach der im Rahmen der Amtsermittlung ggf. nachzuholenden Prüfung – nicht verlässlich abschätzen, ist die Genehmigung zu versagen.[105]

67 An ideellen Aspekten ist etwa das Interesse an der Wahrung des Familienfriedens in Betracht zu ziehen.[106] Die Interessen Dritter – etwa der Familienmitglieder – sind jedoch nicht als solche berücksichtigungsfähig.[107] Die Erhaltung des Vermögens allein zugunsten der Erben ist deshalb kein relevanter Gesichtspunkt.[108] Hingegen kann eine gerechte erbrechtliche Regelung eine Genehmigung rechtfertigen.[109] Diesen externen Interessen darf dann auch nicht mit dem Argument zur Geltung verholfen werden, dass ihre Nichtbeachtung aufgrund des Verhaltens der Familienangehörigen gegenüber dem Mündel sonst den Familienfrieden beeinträchtigen könnte.[110]

68 Es sind stets alle Umstände des konkreten Einzelfalls zu würdigen. Dabei können das hohe Alter eines Betreuten, dessen Gesundheitszustand sowie die mit Erwerb und Vermietung einer Immobilie verbundenen Kosten und Risiken nicht ohne weiteres durch den Hinweis auf zu erwartende Steuervorteile aufgewogen werden.[111] Aber auch sonstige ideelle Interessen, etwa die Erhaltung des gewohnten Lebensstandards[112], oder die Möglichkeit, durch Abschluss eines Grundstückkaufvertrages seinem Umfeld

---

[101] So OLG Brandenburg v. 23.09.2008 - 10 UF 70/08 - OLGR Brandenburg 2009, 496-499; OLG Koblenz v. 13.07.2005 - 13 UF 165/05 - Rpfleger 2005, 665, 666 - zu einem Grundstückskaufvertrag eines Minderjährigen als Gesellschafter einer Grundstücksverwaltungsgesellschaft; *Dickescheid* in: BGB-RGRK, § 1828 Rn. 10, m.w.N.

[102] Vgl. BGH v. 09.01.2013 - XII ZB 334/12 - juris Rn. 11 - FamRZ 2013, 438-439; OLG Frankfurt am Main v. 19.11.1998 - 6 UF 262/98 - NJW-RR 1999, 1236-1237, 1236; *Götz* in: Palandt, § 1828 Rn. 9; *Freiherr von Crailsheim* in: Jürgens, Betreuungsrecht, 4. Aufl. 2010, § 1828 Rn. 9.

[103] *Götz* in: Palandt, § 1828 Rn. 10, m.w.N.

[104] BayObLG v. 10.11.1999 - 3Z BR 185/99 - MittBayNot 1999, 118-119; *Dickescheid* in: BGB-RGRK, § 1828 Rn. 10; *Engler* in: Staudinger, Neubearb. 2004, § 1828 Rn. 12.

[105] Vgl. BGH v. 09.01.2013 - XII ZB 334/12 - juris Rn. 11 - FamRZ 2013, 438-439; OLG Hamm v. 11.04.2000 - 2 UF 53/00 - FamRZ 2001, 53-54, 53; *Winhold-Schött* in: HK-BUR, § 1828 Rn. 17.

[106] So im Grundsatz auch OLG Brandenburg v. 23.09.2008 - 10 UF 70/08 - OLGR Brandenburg 2009, 496-499, BayObLG München v. 04.07.1989 - BReg 1 a Z 7/89 - juris Rn. 10 - Rpfleger 1989, 455-456; OLG Hamm v. 07.01.1987 - 15 W 242/85 - NJW-RR 1987, 453-455; KG v. 08.07.1938 - 1a Wx 714/38 - JW 1938, 2352 f.; *Saar* in: Erman, § 1828 Rn. 8; *Götz* in: Palandt, § 1828 Rn. 8; kritisch zu einem vorschnellen Rückgriff auf den Familienfrieden *Winhold-Schött* in: HK-BUR, § 1828 Rn. 17; *Wagenitz* in: MünchKomm-BGB, § 1828 Rn. 19.

[107] Vgl. BGH v. 09.01.2013 - XII ZB 334/12 - juris Rn. 11 - FamRZ 2013, 438-439; OLG Celle v. 28.09.2011 - 17 UF 154/11 - juris Rn. 5 - FamRZ 2012, 1066-1068; OLG Hamm v. 11.04.2000 - 2 UF 53/00 - FamRZ 2001, 53-54, 53; OLG Hamm v. 10.07.2000 - 15 W 229/00 - FamRZ 2001, 373-374, 374; BayObLG München v. 04.07.1989 - BReg 1 a Z 7/89 - Rpfleger 1989, 455-456; *Götz* in: Palandt, § 1828 Rn. 8; *Dickescheid* in: BGB-RGRK, § 1828 Rn. 10.

[108] So auch OLG Düsseldorf v. 18.05.1992 - 3 Wx 180/92 - BtPrax 1993, 103-105; BayObLG München v. 20.09.1990 - BReg 3 Z 103/90 - NJW 1991, 432-433; *Roth* in: Dodegge/Roth, Betreuungsrecht, 2003, E Rn. 124.

[109] LG Lübeck v. 22.01.1962 - 7 T 357/61 - FamRZ 1962, 312-313, 313; zustimmend *Winhold-Schött* in: HK-BUR, § 1828 Rn. 17; *Veit* in: Staudinger, § 1828 Rn. 18.

[110] Im Ergebnis ebenso BayObLG München v. 04.07.1989 - BReg 1 a Z 7/89 - Rpfleger 1989, 455-456; OLG Hamm v. 11.04.2000 - 2 UF 53/00 - FamRZ 2001, 53-54, 53; *Wagenitz* in: MünchKomm-BGB, § 1828 Rn. 18 f.; *Bettin* in: BeckOK BGB, Ed. 30, § 1828 Rn. 3; *Winhold-Schött* in: HK-BUR, § 1828 Rn. 19.

[111] OLG Frankfurt v. 05.06.2003 - W 357/02 - FamRZ 2003, 1971.

[112] So auch *Roth* in: Dodegge/Roth, Betreuungsrecht, 2003, E Rn. 124 f.

auszuweichen, das der Betroffene als belastend empfindet[113], fordern Berücksichtigung. Auch „Anstand und Sitte" können zu berücksichtigen sein.[114] Ob rein ideelle Vorteile es rechtfertigen, einen wirtschaftlich nicht vorteilhaften Vertrag zu genehmigen, bedarf freilich stets besonders genauer Abwägung.[115]

Im Falle der Betreuung hat das Gericht neben dem objektiven Interesse des Betreuten gemäß § 1901 Abs. 1-3 BGB auch dem Wunsch des Betreuten Beachtung zu schenken.[116] So kann es beispielsweise geboten sein, von der Veräußerung eines Grundstücks, auf dessen Erlös der Betreute nicht angewiesen ist, oder von der Vermietung des Hauses des im Heim lebenden dementen Betreuten Abstand zu nehmen[117] oder von der Kündigung eines Dauergrabpflegevertrages zur Tilgung der Kosten für ein Pflegeheim abzusehen.[118] Ein Handeln entgegen seinem Willen dürfte nur bei ganz unvernünftigen Wünschen in Betracht kommen. 69

Öffentliche Interessen sind demgegenüber für die Beurteilung der Genehmigungsfähigkeit unerheblich[119], soweit sie nicht – etwa über § 138 BGB – zu einem zivilrechtlichen Verbot führen. Die Genehmigung kann deshalb im Einzelfall auch mit der Begründung verweigert werden, das der gesetzlichen Regelung entsprechende Rechtsgeschäft sei zu ungünstig, da die rechtlichen Bestimmungen zu ungünstig seien.[120] Ob das Rechtsgeschäft wirksam ist, ist für sich betrachtet nicht Gegenstand der Prüfung.[121] Freilich: Ob das Rechtsgeschäft zweckmäßig ist, kann nur beurteilt werden, wenn auch klar ist, welche Rechtsfolgen es auslösen kann. 70

b. Ermessensentscheidung oder gebundene Entscheidung

Die Entscheidung des Gerichts ist entgegen weitverbreiteter Auffassung[122] keine Ermessensentscheidung.[123] Der Bundesgerichtshof nähert die Entscheidung jedoch weiterhin einer Ermessensentscheidung an und geht davon aus, dass die vorzunehmende Abwägung eine Aufgabe des Tatrichters sei, die nur daraufhin überprüft werden könne, ob der Tatrichter die gesetzlichen Grenzen seines Beurteilungsspielraums überschritten oder einen unsachgemäßen, dem Sinn und Zweck des Gesetzes zuwiderlaufenden Gebrauch von seiner Entscheidungsbefugnis gemacht hat.[124] Die Auffassung, dem Gericht stehe ein Ermessen zu, erscheint bedenklich. Sie wird der Kontroll- und Aufsichtsfunktion des Gerichts 71

---

[113] BayObLG München v. 03.12.2003 - 3Z BR 214/03 - BtPrax 2005, 75.
[114] BayObLG München v. 04.07.1989 - BReg 1 a Z 7/89 - Rpfleger 1989, 455-456.
[115] OLG Celle v. 28.09.2011 - 17 UF 154/11 - juris Rn. 8.
[116] So auch OLG Hamm v. 16.07.2009 - 15 Wx 85/09 - juris Rn. 8 - OLGR Hamm 2009, 758-760; BayObLG München v. 01.10.1997 - 3Z BR 358/97 - EzFamR aktuell 1998, 43-45; BayObLG München v. 03.12.2003 - 3Z BR 214/03 - BtPrax 2005, 75; OLG Köln v. 29.06.2007 - 16 Wx 112/07 - juris Rn. 4 - OLGR Köln 208, 350-351; ebenso *Götz* in: Palandt, § 1828 Rn. 9.
[117] BayObLG München v. 01.10.1997 - 3Z BR 358/97 - EzFamR aktuell 1998, 43-45; OLG Schleswig v. 23.05.2001 - 2 W 7/01 - FGPrax 2001, 194-195.
[118] Vgl. OLG Köln v. 08.05.2002 - 16 Wx 79/02 - juris Rn. 5 - OLGR Köln 2002, 337-338.
[119] Zutreffend soweit *Winhold-Schött* in: HK-BUR, § 1828 Rn. 19; *Spanl*, Vermögensverwaltung durch Vormund und Betreuer, 2. Aufl. 2009, S. 51; *Dickescheid* in: BGB-RGRK, § 1828 Rn. 11; nicht mehr vertretbar demgegenüber OLG München v. 20.05.1942 - 8 Wx 317/42 - JFG 23, 275-288.
[120] So auch *Zimmermann* in: Damrau/Zimmermann, Betreuungsrecht, 4. Aufl. 2011, § 1828 Rn. 11.
[121] Vgl. OLG Frankfurt v. 05.01.2012 - 20 W 242/11 - juris Rn. 18 - FamRZ 2012, 1831-1832; OLG Hamm v. 16.07.2009 - I-15 Wx 85/09 - juris Rn. 11 - OLGR Hamm 2009, 758-760.
[122] BGH v. 22.05.1986 - III ZR 237/84 - juris Rn. 23 - NJW 1986, 2829-2832; OLG München v. 07.01.2010 - 31 Wx 154/09 - juris Rn. 10 - FamRZ 2010, 838; OLG Brandenburg v. 23.09.20008 - 10 UF 70/08 - juris Rn. 9 - OLGR Brandenburg 2009, 155-157; OLG München v. 17.07.2007 - 31 Wx 18/07 - Rpfleger 2007, 603-605; BayObLG München v. 10.11.1999 - 3Z BR 185/99 - juris Rn. 9 - NJW-RR 2000, 1030-1031; BayObLG v. 06.07.1995 - 1Z BR 157/94 - juris Rn. 23 - BayObLGZ 1995, 230-238; BayObLG München v. 03.12.2003 - 3Z BR 214/03 - BtPrax 2005, 75; BayObLG München v. 04.07.1989 - BReg 1 a Z 7/89 - Rpfleger 1989, 455-456; OLG Hamm v. 10.07.2000 - 15 W 229/00 - FamRZ 2001, 373-374, 374; OLG Köln v. 13.04.1994 - 16 Wx 52/94 - juris Rn. 2 - OLGR Köln 1994, 263-264; *Roth* in: Dodegge/Roth, Betreuungsrecht, 2003, E Rn. 125; *Götz* in: Palandt, § 1828 Rn. 8; *Bolkart*, MittBayNot 2009, 268, 271; *Bettin* in: BeckOK BGB, Ed. 30, § 1828 Rn. 3.
[123] Im Ausgangspunkt auch DGII v. 25.01.2012 XII ZB 479/11 - juris Rn. 10 - FamRZ 2012, 967-968: „ähnlich einer Ermessensentscheidung".
[124] Vgl. BGH v. 25.01.2012 - XII ZB 479/11 - juris Rn. 10 - FamRZ 2012, 967-968; die in diesem Zusammenhang in Bezug genommene Entscheidung (vgl. BGH v. 30.11.2011 - XII ZB 79/11 - juris Rn. 21 - MDR 2012, 226) zum Versorgungsausgleichsrecht ist insoweit allerdings nicht einschlägig.

nicht gerecht. Die Vormundschaft wird grundsätzlich selbständig durch den Vormund geführt. Die Entscheidung, ob und gegebenenfalls welche Geschäfte für den Mündel vorgenommen werden, obliegt deshalb primär dem Vormund. Das Familiengericht beaufsichtigt und kontrolliert ihn dabei. Die gesetzlichen Genehmigungserfordernisse bewirken, dass die vom Gesetz als besonders wichtig angesehenen Geschäfte in jedem Einzelfall dem Gericht zur Kenntnis gebracht und tatsächlich einer gerichtlichen Prüfung zugeführt werden. Die Einräumung eines zusätzlichen Ermessens lässt sich ihnen nicht entnehmen. Wenn die Entscheidung über die Vornahme oder Nichtvornahme eines Geschäfts grundsätzlich dem Vormund obliegt, dann hat das Gericht lediglich die Ausübung des Ermessens durch den Vormund anhand der ihm unterbreiteten Geschäfte zu prüfen. Entscheidet sich der Vormund, ein bestimmtes Rechtsgeschäft nicht vorzunehmen, so kann das Familiengericht dieses Geschäft nicht allein deshalb herbeiführen, weil es dieses Geschäft für opportun erachtet. Dann aber kann das Gericht auch die Genehmigung eines ihm vom Vormund zur Genehmigung vorgelegten Geschäftes nicht mit der Begründung verwerfen, der Vormund hätte ein noch günstigeres Geschäft vornehmen können. Es bleibt die Überprüfung, ob das konkrete Geschäft noch als zweckdienlich angesehen werden kann. Dabei handelt es sich um die Überprüfung eines unbestimmten Rechtsbegriffs, der durch das Beschwerdegericht und ggf. das Rechtsbeschwerdegericht voll nachprüfbar ist.[125] Es ist deshalb etwa auch konsequent, dem Vormund eine gewisse Spanne freier Vermögensverwaltung einzuräumen.[126] Für die Genehmigung von Rechtsgeschäften der Eltern wird in der Konsequenz sogar eine nur beschränkt überprüfbare Dispositionsbefugnis angenommen.[127]

5. Maßgeblicher Zeitpunkt

72 Maßgeblicher Zeitpunkt für die Prüfung der Genehmigung ist der Zeitpunkt der gerichtlichen Entscheidung.[128] Dies gilt zumindest im Fall der Nachgenehmigung.

73 Ob der Vormund bei mehrseitigen Rechtsgeschäften eine Vor- oder eine Nachgenehmigung einholt, ist – soweit das Gesetz nicht etwas anders vorsieht, wie etwa bei § 1831 BGB – grundsätzlich in das pflichtgemäße Ermessen des Vormundes gestellt.[129] Entscheidend ist, dass eine Genehmigung erst dann erteilt werden kann, wenn der Vertragsinhalt im Wesentlichen feststeht.[130] Nur dann kann das Gericht aus ihm die Vorteile und Risiken des Rechtsgeschäfts für den Mündel erkennen.[131] Zwar darf das Gericht die Einzelheiten der Vereinbarung den Beteiligten überlassen.[132] Von einer pauschalisierten Genehmigung sollte jedoch nur sehr zurückhaltend Gebrauch gemacht werden, um sicherzustellen, dass diejenigen Gefahren, deren Kontrolle durch die familiengerichtliche Genehmigung erreicht werden soll, sicher ausgeschlossen sind. Zur Vermeidung unnötigen Arbeitsaufwandes kann es sinnvoll

---

[125] OLG Karlsruhe v. 08.05.1973 - 5 W 120/72 - FamRZ 1973, 378-380; OLG Stuttgart v. 24.10.1979 - 8 W 373/79 - OLGZ 1980, 114-115; *Zimmermann* in: Damrau/Zimmermann, Betreuungsrecht, 4. Aufl. 2011, § 1828 Rn. 9; *Veit* in: Staudinger, § 1828 Rn. 17; *Dickescheid* in: BGB-RGRK, § 1828 Rn. 9; *Wagenitz* in: MünchKomm-BGB, § 1828 Rn. 15.

[126] So auch OLG Zweibrücken v. 02.03.2000 - 5 UF 4/00 - FamRZ 2001, 181; *Winhold-Schött* in: HK-BUR, § 1828 Rn. 15.

[127] Vgl. OLG Jena v. 22.03.2013 - 2 WF 26/13 - juris Rn. 28 - FamRZ 2014, 140-142; OLG Frankfurt v. 19.11.1998 - 6 UF 262/98 - juris Rn. 6 - NJW-RR 1999, 1236-1237.

[128] So auch OLG München v. 27.04.2010 - 4 Wx 9/10 - juris Rn. 22 - FamRZ 2010, 1760-1762; OLG Brandenburg v. 23.09.20008 - 10 UF 70/08 - juris Rn. 9 - OLGR Brandenburg 2009, 155-157; OLG Koblenz v. 13.07.2005 - 13 UF 165/05 - juris Rn. 14 - OLGR Koblenz 2006, 439-440; OLG Zweibrücken v. 20.06.2000 - 5 UF 20/00 - juris Rn. 12 - FamRZ 2001, 1236-1237; KG v. 20.10.1922 - ZS 1a - OLGE 43, 382; *Zimmermann* in: Damrau/Zimmermann, Betreuungsrecht, 4. Aufl. 2011, § 1828 Rn. 9; *Dickescheid* in: BGB-RGRK, § 1828 Rn. 10; *Spanl*, Vermögensverwaltung durch Vormund und Betreuer, 2. Aufl. 2009, S. 51; *Veit* in: Staudinger, § 1828 Rn. 19.

[129] BayObLG v. 13.09.2000 - Reg III 52/1900 - BayObLGZ 1, 419-423; *Winhold-Schött* in: HK-BUR, § 1828 Rn. 7; *Spanl*, Vermögensverwaltung durch Vormund und Betreuer, 2. Aufl. 2009, S. 53.

[130] So auch KG v. 13.10.2009 - 1 W 181/08 - juris Rn. 9 - BtPrax 2009, 297; vgl. auch BayObLG v. 11.12.2002 - 3Z BR 209/02 - Rpfleger 2003, 361-362; KG v. 18.10.1965 - 1 W 2678/65 - OLGZ 66, 78-81; LG Memmingen v. 29.10.1975 - 4 T 1849/75 - juris Rn. 56 - FamRZ 1977, 662-664; *Götz* in: Palandt, § 1828 Rn. 4.

[131] Vgl. zu diesem Kriterium KG v. 18.10.1965 - 1 W 2678/65 - MDR 1966, 238; LG Memmingen v. 29.10.1975 - 4 T 1849/75 - FamRZ 1977, 663-664, 663; *Dickescheid* in: BGB-RGRK, § 1828 Rn. 6.

[132] So auch BayObLG v. 11.12.2002 - 3Z BR 209/02 - Rpfleger 2003, 361-362; BayObLG v. 25.09.1975 - VI 1365.74 - FamRZ 1976, 539-545, 544; BayObLG v. 22.06.1982 - BReg 1 Z 52/82 - FamRZ 1983, 92-94; *Dickescheid* in: BGB-RGRK, § 1828 Rn. 5; *Winhold-Schött* in: HK-BUR, § 1828 Rn. 8.

sein, zunächst den beabsichtigten Vertragsinhalt mit dem Vertragspartner abschließend zu besprechen und zu dokumentieren und diesen noch vor Eingehung der vertraglichen Bindung dem Gericht vorzulegen.

V. Nachträgliche Änderung der Genehmigung

Gegenüber der Änderung der Genehmigung ist die Auslegung vorrangig.[133] Die Abänderung der Entscheidung richtet sich nach § 48 FamFG. Nach § 48 Abs. 1 FamFG kann eine wesentliche nachträgliche Änderung der Sach- oder Rechtslage die Änderung einer rechtskräftigen Entscheidung rechtfertigen. Im Umkehrschluss folgt hieraus, dass vor Eintritt der Rechtskraft eine Abänderung auch ohne eine solche wesentliche Änderung zulässig ist. Nach § 48 Abs. 3 FamFG ist eine Änderung – wie grundsätzlich auch schon nach alter Rechtslage[134] – ausgeschlossen, wenn die Genehmigung oder ihre Verweigerung gegenüber dem Dritten wirksam geworden ist. Im Falle der Nachgenehmigung ist dies der Fall, wenn der Vormund die Genehmigung dem Dritten mitteilt[135], im Falle der Vorgenehmigung schon mit Vornahme des Rechtsgeschäfts. 74

Die Voraussetzungen der Rücknahme mehrerer Genehmigungen für verschiedene Beteiligte eines Rechtsgeschäfts sind jeweils getrennt zu prüfen. 75

Die Genehmigung des Antrags auf Teilungsversteigerung kann bis zur Erteilung des Zuschlags zurückgenommen werden, da die Rechte erst mit dem Zuschlag gemäß § 181 Abs. 2 Satz 2 ZVG entstehen.[136] 76

Die Folgen der Unabänderlichkeit der Genehmigung können im Einzelfall dazu führen, dass nicht sachgerechte Rechtsgeschäfte Bestand haben. Das kann in Extremfällen zu schwer erträglichen Ergebnissen führen. Die Rechtsprechung versuchte unter alter Rechtslage in diesen Fällen korrigierend zu helfen. Angesichts des das gesamte materielle und Prozessrecht durchziehenden Grundsatzes von Treu und Glauben gelang dies noch vergleichsweise leicht, wenn die Beteiligten in unlauterer, den Mündel schädigender Weise zusammenwirken.[137] Eine weitere Ausnahme wurde gemacht, wenn über gewichtige Rechtsfehler und die Verletzung des rechtlichen Gehörs hinaus die Mindestanforderungen an ein rechtsstaatliches Verfahren nicht gewahrt sind.[138] Inwiefern diese „Rettungsversuche" angesichts der dem Wortlaut nach eindeutigen Regelung des § 48 Abs. 3 FamFG auch weiterhin noch gangbar sind, wird noch einer Klärung durch die Rechtsprechung bedürfen. Die Literatur neigt teilweise dazu, diese Ausnahmen auch weiterhin zuzulassen.[139] Teilweise wird für den Fall, dass die Mindestanforderungen an ein rechtsstaatliches Verfahren nicht gewahrt sind, vertreten, dass die strikte Diktion des § 48 Abs. 3 FamFG einer Abänderung nun entgegenstehe.[140] 77

Hinweis für die Praxis: Stellt der Vormund Tatsachen fest, die eine Rücknahme der Genehmigung rechtfertigen könnten, muss er mehrgleisig vorgehen: Erstens teilt er diese Tatsachen dem Familiengericht mit, damit dieses die Rücknahme der Genehmigung prüfen kann. Zweitens prüft er etwaige Anfechtungsrechte des Rechtsgeschäfts selbst und übt diese ggf. aus. Schließlich kann eine Anfechtung der Mitteilung der Genehmigung in Betracht kommen[141], wenn man diese mit der hier vertretenen Meinung (vgl. Rn. 91) als Willenserklärung einordnet. Ersteres Vorgehen ist für die Fälle wichtig, in denen zwar kein Anfechtungsgrund im Sinne der §§ 119 ff. BGB vorliegt, aber die als bloße Motivirrtümer vielleicht im Rahmen der §§ 119 ff. BGB unbeachtlichen Tatsachen dazu führen können, dass die Genehmigung widerrufen wird. Letztere sind für die Fälle wichtig, in denen das Familiengericht die Genehmigung nicht widerruft, etwa wegen der Grenze des § 48 Abs. 3 FamFG. Nur unverzügliches Handeln (§ 121 BGB) sichert dann die Abstandnahme vom Rechtsgeschäft. 78

---

[133] Vgl. zur Auslegungsfähigkeit etwa RG v. 09.07.1932 - VI 205/32 - RGZ 137, 324-355, 345; BayObLG v. 22.01.1985 - 1 Z 88/84 - Rpfleger 1985, 235; *Winhold-Schött* in: HK-BUR, § 1828 Rn. 11.

[134] Allg. A. zur alten Rechtslage, vgl. BayObLG v. 22.06.1989 - BReg 3 Z 40/89 - FamRZ 1989, 1113-1118, 1115; OLG Stuttgart v. 30.07.1997 - 8 W 321/96 - FamRZ 1998, 1323-1325, 1324; OLG Celle v. 19.02.1996 - 18 W 1/96 - FamRZ 1997, 899; *Winhold-Schött* in: HK-BUR, § 1828 Rn. 11.

[135] Vgl. *Dodegge* in: Handbuch der Rechtspraxis, Band 5b - Familienrecht - 2. Halbband, 7. Aufl. 2010, Rn. 351.

[136] Vgl. zur alten Rechtslage *Holzhauer* in: Erman, 11. Aufl., § 1828 Rn. 4.

[137] Vgl. hierzu etwa *Sonnenfeld* in: Jansen, FGG, 3. Aufl. 2005, § 62 Rn. 9 m.w.N.; zur missbräuchlichen Verwendung der Doppelvollmacht auch BayObLG v. 22.06.1989 - BReg 3 Z 40/89 - FamRZ 1989, 1113-1118.

[138] So OLG Stuttgart v. 30.07.1997 - 8 W 321/96 - FamRZ 1998, 1323-1325, 1325; *Winhold-Schött* in: HK-BUR, § 1828 Rn. 40; *Diederichsen* in: Palandt, 67. Aufl. 2008, § 1828 Rn. 19.

[139] So *Zimmermann* in: Damrau/Zimmermann, Betreuungsrecht, 4. Aufl. 2011, § 1828 Rn. 32.

[140] So *Wagenitz* in: MünchKomm-BGB, § 1828 Rn. 46.

[141] So auch *Wagenitz* in: MünchKomm-BGB, § 1828 Rn. 6.

VI. Abdingbarkeit

79 Die Vorschrift ist – auch für den Betreuten[142] – zwingendes Recht. Ein Verzicht des Vormundes ist unwirksam.[143] Das folgt aus der Rechtsnatur der familiengerichtlichen Genehmigung als Akt staatlicher Fürsorge für den Mündel. Es stünde dem Schutzzweck der Norm entgegen, wenn eine Bekanntgabe der Genehmigung direkt an einen Dritten, etwa den Geschäftsgegner oder das den Prozessvergleich protokollierende Gericht ausbedungen würde.[144] Denn die unter Umständen erst einige Zeit nach ihrer Beantragung erteilte Genehmigung soll vor Eingehung des Rechtsgeschäfts noch einmal von dem Betreuer auf ihre Opportunität hin überprüft werden. Allerdings kann sich der Vormund bei der Entgegennahme der Genehmigung vertreten lassen. Vollmachten müssen jedoch widerruflich erteilt sein, um die Möglichkeit einer Kenntnisnahme und damit der Letztentscheidung über das Gebrauchmachen von der Genehmigung zu wahren.[145]

VII. Muster

80 Bedarf ein Vertrag der familiengerichtlichen Genehmigung, so kann der Notar etwa folgende Formulierung in den Vertrag aufnehmen:

„Der [Verkäufer] bevollmächtigt hiermit den Notar, die erforderliche familiengerichtliche Genehmigung des Vertrages bei dem Familiengericht zu beantragen und den [Verkäufer] in dem Verfahren vor dem Familiengericht zu vertreten. Diese Vollmacht umfasst die Abgabe der zur Erteilung der Genehmigung erforderlichen Erklärungen, die Entgegennahme von Erklärungen, Entscheidungen und Zustellungen des Familiengerichts an den [Verkäufer] und die Einholung eines Rechtskraftvermerks. Der [Verkäufer] bevollmächtigt den Notar ferner widerruflich, die rechtskräftige Genehmigung dem [Käufer] mitzuteilen und damit von der Genehmigung Gebrauch zu machen, sobald ihm ein Rechtskraftvermerk vorliegt. Der [Käufer] bevollmächtigt den Notar, die Mitteilung der familiengerichtlichen Genehmigung des Rechtsgeschäfts entgegenzunehmen."

81 Den Vermerk über die Bekanntgabe der Genehmigung kann der Notar etwa wie folgt fassen:

„Am _____ , ging mir als bevollmächtigtem Vertreter des Vormunds, Herrn _____ , die Genehmigung des Grundstückskaufvertrags, Az.: _____ , durch das Familiengericht zu. Heute, am _____ ging mir der Rechtskraftvermerk zu. Anhaltspunkte, aufgrund derer der Rechtskraftvermerk unrichtig sein könnten, sind nicht ersichtlich. Ich habe die Genehmigung als hierzu von dem Vormund Bevollmächtigter mir selbst als gleichzeitig Bevollmächtigtem des Vertragspartners, Frau _____ , mitgeteilt und zugleich für den Vertragspartner entgegengenommen."[146]

82 Zu einem Verfügungsbeispiel für den Rechtspfleger vgl. die Kommentierung zu § 1829 BGB.

D. Rechtsfolgen

I. Inhalt der Entscheidung

83 Das Familiengericht kann a) die begehrte Genehmigung unverändert oder mit Modifikationen erteilen, b) die begehrte Genehmigung verweigern, c) ein Negativattest ausstellen.

II. Die erteilte Genehmigung

1. Wirkungsweise der Genehmigung

84 Genehmigung im Sinne des § 1828 BGB ist – abweichend von der Terminologie der §§ 183 f. BGB – sowohl die Nachgenehmigung, d.h. die nach Eingehung des Rechtsgeschäfts eingeholte Genehmigung,

---

[142] *Winhold-Schött* in: HK-BUR, § 1828 Rn. 3.
[143] RG v. 13.04.1928 - IV B 11/28 - RGZ 121, 30-37, 36; BayObLG München v. 22.06.1989 - BReg 3 Z 40/89 - BayObLGZ 1989, 242-255; OLG Düsseldorf v. 07.08.1958 - 3 W 145/58 - NJW 1959, 391; *Dickescheid* in: BGB-RGRK, § 1828 Rn. 1; *Zimmermann* in: Damrau/Zimmermann, Betreuungsrecht, 4. Aufl. 2011, § 1828 Rn. 2; *Dodegge* in: Handbuch der Rechtspraxis, Band 5b - Familienrecht - 2. Halbband, 7. Aufl. 2010, Rn. 348; *Sonnenfeld/Zorn*, Rpfleger 2004, 533, 534.
[144] BayObLG v. 28.11.1901 - Reg. III 73/1901 - BayObLGZ 2, 746-748; OLG Düsseldorf v. 07.08.1958 - 3 W 145/58 - NJW 1959, 391-392; OGH Köln v. 30.09.1948 - II ZS 9/48 - NJW 1949, 64-66; *Götz* in: Palandt, § 1828 Rn. 6; *Winhold-Schött* in: HK-BUR, § 1828 Rn. 34; *Veit* in: Staudinger, § 1828 Rn. 29.
[145] Vgl. *Sonnenfeld/Zorn*, Rpfleger 2004, 533, 534; *Veit* in: Staudinger, § 1828 Rn. 33.
[146] Ähnlich auch *Dodegge* in: Handbuch der Rechtspraxis, Band 5b - Familienrecht - 2. Halbband, 7. Aufl. 2010, Rn. 352.

als auch die sonst als Einwilligung bezeichnete Vorgenehmigung.[147] Für einseitige Rechtsgeschäfte ist freilich die Besonderheit des § 1831 BGB zu beachten. Die Genehmigung wird mit der Rechtskraft der Entscheidung wirksam, § 40 Abs. 2 FamFG. Vor Rechtskraft darf der Vormund die Genehmigung dem Dritten richtiger Ansicht nach nicht mitteilen.[148]

Hinweis für die Praxis: Vorsicht: Rechtskraft tritt nicht zwingend bereits mit Ablauf der Beschwerdefrist ein, vgl. § 71 Abs. 1 Satz 1 FamFG! Der vom Gesetzgeber mit der abgekürzten Beschwerdefrist verfolgte Beschleunigungseffekt wird wegen der langen Rechtsbeschwerdefrist verfehlt. Um die sich daraus ergebenden Verzögerungen zu vermeiden, ist im Einzelfall in Betracht zu ziehen, dass die Beteiligten vorab auf die Einlegung der Rechtsbeschwerde verzichten (eingeschränkter Rechtsmittelverzicht). Der gleiche Effekt wird erzielt, wenn wenigstens ein Beteiligter unwiderruflich erklärt, dass er in die Übergehung der Beschwerdeinstanz nicht einwilligt. 85

Empfehlung für eilige Fälle: Die beste Vorsorge ist die rechtzeitige Einholung schon vor dem beabsichtigten Rechtsgeschäft. In eiligen Fällen kann die Sache auch im Erörterungstermin behandelt werden, § 32 Abs. 1 Satz 1 FamFG, und im Anschluss an die Verlesung der Entscheidung im Tenor Rechtsmittelverzicht eingelegt werden, § 67 Abs. 1 FamFG.[149] 86

Der Vormund sollte darauf achten, dass alle in ihren Rechten Betroffenen auch formell am Verfahren beteiligt wurden und auch ihnen der Beschluss des Gerichts zugestellt wird, da die Rechtskraft sonst frühestens nach fünf Monaten eintritt.[150] 87

Achtung: Die Erklärung des Rechtsmittelverzichts ist dann nicht gefahrlos, wenn Zweifel an der Fähigkeit des Betroffenen zur Abgabe einer wirksamen Erklärung bestehen. De lege ferenda wird die Einführung einer Anordnung der sofortigen Wirksamkeit in dringenden Fällen diskutiert. Damit verbleiben jedoch Haftungsrisiken bei dem Vormund, wenn er von der Genehmigung Gebrauch macht, die Genehmigung nachträglich jedoch aufgehoben wird. Denn eine solche Anordnung könnte den Vormund nicht von seiner eigenen Prüfungspflicht entlasten. 88

Allein das Wirksamwerden der Genehmigung hat noch nicht das Wirksamwerden auch des Rechtsgeschäfts zur Folge. Das Wirksamwerden der Genehmigung hat lediglich zur Folge, dass der Vormund die Genehmigung nun dem Geschäftspartner mitteilen und damit dem Rechtsgeschäft zur Wirksamkeit verhelfen kann. Erst diese Mitteilung der Genehmigung durch den Vormund an den Geschäftspartner führt gemäß § 1829 Abs. 1 Satz 2 BGB zur Wirksamkeit des Rechtsgeschäfts. 89

Anders als die Bekanntgabe der gerichtlichen Genehmigung, die sich in der Übermittlung des zuvor gefassten Beschlusses erschöpft, ist die Mitteilung der Genehmigung durch den Vormund an den Geschäftspartner eine empfangsbedürftige Willenserklärung.[151] Denn sie enthält nicht bloß eine Wissenserklärung über die Erteilung der Genehmigung, sondern – soweit nichts Gegenteiliges ausdrücklich verlautbart – zugleich auch die stillschweigende Erklärung, dass das Geschäft nunmehr gelten soll. Dieser Willenserklärung kommt konstitutive Bedeutung zu. Denn der Vormund ist nicht verpflichtet, von der erteilten Genehmigung Gebrauch zu machen.[152] Er kann die Opportunität des Rechtsgeschäfts auch nach Erteilung der Genehmigung durch das Familiengericht im Rahmen seiner selbständigen Tätigkeit prüfen. 90

Damit müssen zur Wirksamkeit des Rechtsgeschäfts kumulativ vorliegen: a) die Vornahme des Rechtsgeschäfts, b) eine wirksame Genehmigung des Familiengerichts und c) im Falle der Nachgenehmigung die Mitteilung der Genehmigung durch den Vormund in dem Willen, das Geschäft vorzunehmen. Hieraus folgt: Teilt der Vormund dem Geschäftsgegner zutreffenderweise mit, dass das Familiengericht die Genehmigung erteilt hat, dann bestätigt er damit regelmäßig zugleich das Rechtsgeschäft. Dieses wird wirksam. Teilt der Vormund die erteilte Genehmigung dem Geschäftspartner hingegen nicht mit, 91

---

[147] RG v. 08.01.1919 - V 279/18 - WarnRspr 1919 Nr. 59 (S. 84-85); *Dickescheid* in: BGB-RGRK, § 1828 Rn. 3; *Götz* in: Palandt, § 1828 Rn. 4; *Spanl*, Vermögensverwaltung durch Vormund und Betreuer, 2. Aufl. 2009, S. 47; *Dickescheid* in: BGB-RGRK, § 1828 Rn. 17; *Veit* in: Staudinger, § 1828 Rn. 6.

[148] Vgl. *Veit* in: Staudinger, § 1828 Rn. 41.

[149] Hierzu rät auch *Spanl*, Vermögensverwaltung durch Vormund und Betreuer, 2. Aufl. 2009, S. 66.

[150] Vgl. *Brambring*, FGPrax 2010,113; *Litzenburger*, RNotZ 2010,32, 36; *Harders*, DNotZ 2009, 725, 730 f.; weitergehend für unbefristete Anfechtbarkeit *Bolkart*, 2009, 268, 270.

[151] So auch *Roth* in: Dodegge/Roth, Betreuungsrecht, 2003, E Rn. 127, *Zimmermann* in: Damrau/Zimmermann, Betreuungsrecht, 4. Aufl. 2011, § 1828 Rn. 8.

[152] Vgl. OLG Celle v. 28.09.2011 - 17 UF 154/11 - juris Rn. 5 - FamRZ 2012, 1066-1068; BayObLG München v. 22.06.1989 - BReg 3 Z 40/89 - BayObLGZ 1989, 242-255; *Zimmermann* in: Damrau/Zimmermann, Betreuungsrecht, 4. Aufl. 2011, § 1828 Rn. 3; *Bettin* in: BeckOK BGB, Ed. 30, § 1828 Rn. 6.

tritt die Genehmigungswirkung nicht ein. Dasselbe gilt, wenn der Vormund dem Geschäftspartner mitteilt, dass die Genehmigung zwar erteilt worden sei, das Rechtsgeschäft jedoch nicht gelten solle.[153] Teilt der Vormund unzutreffenderweise mit, die Genehmigung sei erteilt worden, wird das Rechtsgeschäft ebenso wenig wirksam wie im umgekehrten Fall, dass er unzutreffenderweise mitteilt, die Genehmigung sei nicht erteilt worden. Hieraus folgt für den Geschäftsgegner die Empfehlung, sich die Genehmigung des Familiengerichts stets in Original oder beglaubigter Abschrift vorlegen zu lassen.

92 Eine nach Beendigung der Vormundschaft erteilte Genehmigung geht ins Leere.[154] Stirbt der Vormund, so bleibt die Genehmigung allerdings wirksam. Die Genehmigung hat keinen Bezug zur Person des Vormunds, sondern nur zu der Funktion des Vormunds. Einer Wiederholung der Antragstellung bedarf es deshalb nicht.[155]

93 Teilt das Familiengericht die Genehmigung einem nicht Empfangsberechtigten mit, so entfaltet sie noch keine Wirkung, selbst wenn der Vormund über diese dritte Person von der Genehmigung Kenntnis erlangt.

94 Im Fall der Vorgenehmigung, d.h. wenn das Rechtsgeschäft erst nach Erteilung der Genehmigung abgeschlossen wird, ist das Rechtsgeschäft wirksam, ohne dass es einer Mitteilung der Genehmigung an den Geschäftspartner bedürfte.[156]

2. Sonstige Wirkungen

95 Die Genehmigungspflichtigkeit hat keine Auswirkungen auf etwaige Rechtspflichten zur Eingehung des genehmigungsbedürftigen Rechtsgeschäfts. Insbesondere hindert sie weder den Eintritt der Fälligkeit noch des Verzugs.[157]

96 Ein Negativattest, das bestätigt, dass nach Einschätzung des Familiengerichts keine Genehmigung erforderlich ist, ersetzt eine erforderliche Genehmigung nicht.[158] Es verhält sich nämlich insbesondere nicht zur Genehmigungsfähigkeit (Rechtmäßigkeit und Zweckmäßigkeit) des Geschäfts.[159] Es stellt auch nicht die Genehmigungsfreiheit des Geschäfts verbindlich fest.[160] Hierüber entscheidet allein das Prozessgericht. Die darin liegende Gefahr divergierender gerichtlicher Entscheidungen erscheint de lege ferenda unbefriedigend. Eine Rechtskrafterstreckung scheitert de lege lata jedoch schon daran, dass der Geschäftsgegner nicht Beteiligter des Genehmigungsverfahrens ist. Auch das Grundbuchamt ist an ein Negativattest nicht gebunden.[161]

3. Umfang der Genehmigung

a. Gegenständliche Reichweite

97 Der Umfang der Genehmigung erfasst das konkrete Rechtsgeschäft, so wie es dem Familiengericht zur Genehmigung vorgelegt wurde. Hieraus folgt, dass der gesamte Vertragsinhalt dem Familiengericht vorzulegen ist. Das gilt auch etwa für die einbezogenen Allgemeinen Geschäftsbedingungen.[162] Wei-

---

[153] *Spanl*, Vermögensverwaltung durch Vormund und Betreuer, 2001, S. 48.
[154] Wohl zu Unrecht zweifelnd BayObLG v. 27.10.1964 - BReg 1a Z 110/64 - BayObLGZ 1964, 350-357.
[155] Zutreffend *Wagenitz* in: MünchKomm-BGB, § 1828 Rn. 49 Fn. 119.
[156] KG v. 18.10.1965 - 1 W 2678 - OLGZ 66, 78-81; *Götz* in: Palandt, § 1828 Rn. 11; *Spanl*, Vermögensverwaltung durch Vormund und Betreuer, 2. Aufl. 2009, S. 55; *Dickescheid* in: BGB-RGRK, § 1828 Rn. 17.
[157] Vgl. hierzu auch BGH v. 15.11.1996 - V ZR 292/95 - NJW 1997, 581-582.
[158] H.M., vgl. BGH v. 30.11.1965 - V ZR 58/63 - BGHZ 44, 325-328; *Zimmermann* in: Damrau/Zimmermann, Betreuungsrecht, 4. Aufl. 2011, § 1828 Rn. 22; *Wagenitz* in: MünchKomm-BGB, § 1828 Rn. 23.
[159] Vgl. BGH v. 30.11.1965 - V ZR 58/63 - juris Rn. 28 - BGHZ 44, 325-328; *Dodegge* in: Handbuch der Rechtspraxis, Band 5b - Familienrecht - 2. Halbband, 7. Aufl. 2010, Rn. 353.
[160] So auch *Wagenitz* in: MünchKomm-BGB, § 1828 Rn. 23; etwas unklar spricht *Zimmermann* in: Damrau/Zimmermann, Betreuungsrecht, 4. Aufl. 2011, § 1828 Rn. 22, unter Hinweis auf OLG Hamm v. 24.10.1990 - 15 W 306/90 - MDR 1991, 251-252 von einer Vermutung. Es gibt indes keine rechtlich relevante Vermutungswirkung für die Richtigkeit einer nicht bindenden gerichtlichen Feststellung. In jenem Sinne allerdings auch LG Meiningen v. 03.03.2008 - 3 T 390/07 - juris Rn. 28 - FamRZ 2008, 1365-1366; *Wagenitz* in: MünchKomm-BGB, § 1828 Rn. 23.
[161] OLG Köln v. 11.06.2003 - 2 Wx 18/03 - Rpfleger 2003, 560, 572; OLG Zweibrücken v. 14.01.1999 - 3 W 253/98 - FamRZ 2000, 117, gegen LG Braunschweig v. 22.11.1985 - 8 T 496/85 - Rpfleger 1986, 90.
[162] Zutreffend *Winhold-Schött* in: HK-BUR, § 1828 Rn. 22.

tergehende Abreden sind nicht von der Genehmigung gedeckt. Sie bleiben unwirksam.[163] Das gilt selbst dann, wenn der nicht bekannt gewordene Sachverhalt für den Mündel günstiger wäre.[164] Auch Hilfsgeschäfte – etwa Geschäfte zur Finanzierung des Geschäfts – sind nicht ohne weiteres erfasst.

Wird ein genehmigungsbedürftiges Geschäft nicht genehmigt, so kann eine im Zusammenhang mit dem genehmigungsbedürftigen Geschäft getroffene Abreden gemäß § 139 BGB unabhängig von einer Genehmigung des genehmigungsbedürftigen Geschäfts wirksam sein, wenn sie nicht selbst genehmigungsbedürftig ist und die Beteiligten sie auch ohne das die Genehmigungsbedürftigkeit begründende Geschäft abgeschlossen hätten.[165] 98

Bei Scheingeschäften ist nach den allgemeinen Regeln des § 117 BGB nur der Scheinvertrag genehmigt, nicht auch der dahinter verborgene Vertrag.[166] 99

Die Reichweite der Genehmigung im Einzelnen ist im Wege der Auslegung gemäß § 157 BGB zu ermitteln. Im Zweifel ist davon auszugehen, dass die Genehmigung eines Kausalgeschäftes auch die stillschweigende Genehmigung des dinglichen Erfüllungsgeschäftes umfasst.[167] Ob umgekehrt die Genehmigung eines dinglichen Verfügungsgeschäftes auch die Genehmigung des ihm zugrunde liegenden Verpflichtungsgeschäftes umfasst, hängt von den Umständen des Einzelfalles ab. Eine solche Genehmigung des Kausalgeschäftes kommt von vornherein nur in Betracht, wenn das Gericht von diesem auch Kenntnis hatte. 100

Das Inaussichtstellen einer Genehmigung stellt jedenfalls keine Genehmigung dar.[168] Das Gericht hat insbesondere bei informellen Ratschlägen und Empfehlungen an den Vormund darauf zu achten, dass seine Erklärungen nicht im Sinne einer verbindlichen Erklärung über eine Genehmigung missverstanden werden können. 101

Die Genehmigung einer Grundschuld impliziert nicht automatisch auch die Genehmigung der Aufnahme des Darlehens, das durch die Grundschuld gesichert werden soll.[169] 102

b. Bedingungen und Auflagen

Das Gericht kann die begehrte Genehmigung grundsätzlich auch unter einer aufschiebenden Bedingung erteilen.[170] Hierdurch wird der umständliche Weg einer Ablehnung der beantragten Genehmigung verbunden mit dem Hinweis auf den der Genehmigung entgegenstehenden Umstand und Neubeantragung einer modifizierten Genehmigung vermieden. Hierbei handelt es sich nicht lediglich um eine Verweigerung der Genehmigung unter gleichzeitiger Erteilung einer Vorgenehmigung für das neue Geschäft.[171] Denn die bedingte Genehmigung stellt die künftige Genehmigung des modifizierten Geschäfts nicht nur in Aussicht, sondern enthält sie selbst. Die Genehmigung unter einer Auflage oder Bedingung wird teilweise kritisch gesehen, weil sie die selbständige und eigenverantwortliche Führung der Vormundschaft beeinträchtige.[172] Indes ist der Vormund nicht gezwungen, von der Genehmigung des modifizierten Geschäfts Gebrauch zu machen. Es steht ihm deshalb frei, die Genehmigung in der ursprünglich begehrten Form im Rechtswege zu erstreiten, das Geschäft in durch die Genehmigung 103

---

[163] BGH v. 28.01.2003 - X ZR 199/03 - juris Rn. 31 - ZEV 2003, 375-377; RG v. 05.03.1931 - VI 526/30 - RGZ 132, 76-81; *Roth* in: Dodegge/Roth, Betreuungsrecht, 2003, E Rn. 126; *Bettin* in: BeckOK BGB, Ed. 30, § 1828 Rn. 5; *Dickescheid* in: BGB-RGRK, § 1828 Rn. 6; *Winhold-Schött* in: HK-BUR, § 1828 Rn. 21.

[164] OGH Köln v. 21.12.1949 - IIa ZS 101/49 - JR 1950, 245-246; *Dickescheid* in: BGB-RGRK, § 1828 Rn. 6.

[165] BGH v. 28.01.2003 - X ZR 199/99 - juris Rn. 32 ff. - ZEV 2003, 375-377; BGH v. 23.04.1954 - V ZR 159/52 - FamRZ 1954, 110; *Götz* in: Palandt, § 1828 Rn. 14.

[166] Vgl. *Götz* in: Palandt, § 1828 Rn. 13.

[167] BayObLG München v. 22.01.1985 - BReg 1 Z 88/84 - BayObLGZ 1985, 43-47; OLG Celle v. 18.12.1953 - 4 U 65/53 - NJW 1954, 1729; *Roth* in: Dodegge/Roth, Betreuungsrecht, 2003, E Rn. 126; *Bettin* in: BeckOK BGB, Ed. 30, § 1828 Rn. 5; *Zimmermann* in: Damrau/Zimmermann, Betreuungsrecht, 4. Aufl. 2011, § 1828 Rn. 16; *Winhold-Schött* in: HK-BUR, § 1828 Rn. 24; *Wagenitz* in: MünchKomm-BGB, § 1828 Rn. 8; *Dodegge* in: Handbuch der Rechtspraxis, Band 5b - Familienrecht - 2. Halbband, 7. Aufl. 2010, Rn. 348.

[168] Vgl. BayObLG v. 19.09.1904 - Reg III 64/1904 - BayObLGZ 5, 450, 450-454, 453.

[169] OLG Celle v. 18.12.1953 - 4 U 65/53 - NJW 1954, 1729; *Götz* in: Palandt, § 1828 Rn. 13; *Winhold-Schött* in: HK-BUR, § 1828 Rn. 24.

[170] So etwa auch *Spanl*, Vermögensverwaltung durch Vormund und Betreuer, 2. Aufl. 2009, S. 47; *Dickescheid* in: BGB-RGRK, § 1828 Rn. 19; *Dodegge* in: Handbuch der Rechtspraxis, Band 5b - Familienrecht - 2. Halbband, 7. Aufl. 2010, Rn. 348.

[171] So aber OLG München v. 12.02.1974 - 1 Z 104/73 - NJW 1974, 1142; *Zimmermann* in: Damrau/Zimmermann, Betreuungsrecht, 4. Aufl. 2011, § 1828 Rn. 18.

[172] Vgl. etwa *Winhold-Schött* in: HK-BUR, § 1828 Rn. 25; *Wagenitz* in: MünchKomm-BGB, § 1828 Rn. 13.

modifizierter Form vorzunehmen oder die Genehmigung für eine dritte, von ihm zu bestimmende Form des Rechtsgeschäfts zu ersuchen. Zu Recht wird allerdings darauf hingewiesen, dass die familiengerichtliche Entscheidung im Sinne der Rechtssicherheit eine klare Entscheidung treffen muss, das Risiko künftiger ungewisser Umstände also nicht schlicht durch Formulierung einer Bedingung in die Genehmigung aufnehmen darf.[173]

104 Für die Erteilung einer auflösenden Genehmigung ist demgegenüber aus Gründen der Rechtssicherheit grundsätzlich kein Raum.[174] Die Genehmigung kann nicht unter einer Auflage erteilt werden.[175] Die Einhaltung der Auflage könnte im Wege der Zwangsvollstreckung sichergestellt werden. Aber wenn der Vormund nicht von der Genehmigung Gebrauch machen muss (vgl. Rn. 1), dann kann die Einhaltung einer bestimmten Auflage der Genehmigung erst recht nicht durchgesetzt werden.

c. Praktische Hinweise

105 Auch der Geschäftsgegner sollte darauf achten, dass alle Gesichtspunkte, die für den Abschluss des Rechtsgeschäfts entscheidungserheblich sind, in den Vertragstext aufgenommen werden, der dem Familiengericht zur Genehmigung vorgelegt wird. Das gilt etwa auch für mündliche Zusicherungen (z.B. hinsichtlich des Vermietungsstandes, der Bebaubarkeit, Unfallfreiheit etc.). Denn auch sie sind nur verbindlich, wenn das Familiengericht sie genehmigt.[176]

4. Keine Heilungswirkung

106 Die familiengerichtliche Genehmigung bewirkt keine Heilung sonstiger Mängel des Rechtsgeschäfts, etwa des Fehlens der Vertretungsmacht oder der Überschreitung des Aufgabenkreises des Vormunds.[177] Umgekehrt kann die fehlende Genehmigung auch nicht durch eine formgültige Vornahme des Rechtsgeschäfts im Übrigen geheilt werden, etwa durch Auflassung und Eintragung im Grundbuch.[178]

5. Zeitliche Reichweite

107 Im Falle der Nachgenehmigung wirkt die Genehmigung auf den Zeitpunkt der Vornahme des Rechtsgeschäfts zurück.[179] War das Rechtsgeschäft befristet, kann die Genehmigung ihre Wirkung ex tunc jedoch nur noch entfalten, wenn die Frist noch nicht abgelaufen ist. Denn nach Fristablauf ist das befristete Rechtsgeschäft endgültig unwirksam (vgl. § 163 BGB). Eine Ausnahme wird allerdings für die Ausschlagung gemacht.[180]

---

[173] Vgl. *Wagenitz* in: MünchKomm-BGB, § 1828 Rn. 13.

[174] *Zimmermann* in: Damrau/Zimmermann, Betreuungsrecht, 4. Aufl. 2011, § 1828 Rn. 18; *Roth* in: Dodegge/Roth, Betreuungsrecht, 2003, E Rn. 126 m.w.N.; *Saar* in: Erman, § 1828 Rn. 10; *Götz* in: Palandt, § 1828 Rn. 11; *Spanl*, Vermögensverwaltung durch Vormund und Betreuer, 2. Aufl. 2009, S. 47; *Dickescheid* in: BGB-RGRK, § 1828 Rn. 19.

[175] *Zimmermann* in: Damrau/Zimmermann, Betreuungsrecht, 4. Aufl. 2011, § 1828, Rn. 18; *Veit* in: Staudinger, § 1828 Rn. 45; a.A. aber *Dickescheid* in: BGB-RGRK, § 1828, Rn. 19; *Spanl*, Vermögensverwaltung durch Vormund und Betreuer, 2. Aufl. 2009, S. 47; *Dodegge* in: Handbuch der Rechtspraxis, Band 5b - Familienrecht - 2. Halbband, 7. Aufl. 2010, Rn. 348; für aufsichtsrechtlich begründete Auflagen auch *Saar* in: Erman, § 1828 Rn. 10.

[176] Zutreffend *Dickescheid* in: BGB-RGRK, § 1828 Rn. 6.

[177] Vgl. OLG Frankfurt v. 02.04.2012 - 20 W 57/11 - juris Rn. 12 - NotBZ 2012, 303-305; OLG Frankfurt v. 13.04.2010 - 20 W 90/10 - juris Rn. 17 - FamRZ 2010, 1762; BayObLG München v. 18.07.1986 - BReg 2 Z 60/86 - BayObLGZ 1986, 294-301; BayObLG München v. 08.10.1997 - 3Z BR 192/97 - FamRZ 1999, 47-48, 48 zu § 1804 BGB; *Roth* in: Dodegge/Roth, Betreuungsrecht, 2003, E Rn. 126; *Bettin* in: BeckOK BGB, Ed. 30, § 1828 Rn. 6; *Winhold-Schött* in: HK-BUR, § 1828 Rn. 14, 57; *Zimmermann* in: Damrau/Zimmermann, Betreuungsrecht, 4. Aufl. 2011, § 1828 Rn. 24.

[178] Zutreffend BayObLG München v. 12.11.1927 - Reg III 128/1927 - BayObLGZ 27, 208-210; *Dickescheid* in: BGB-RGRK, § 1828 Rn. 6; *Winhold-Schött* in: HK-BUR, § 1828 Rn. 21; *Zimmermann* in: Damrau/Zimmermann, Betreuungsrecht, 4. Aufl. 2011, § 1828 Rn. 24.

[179] RG v. 28.09.1933 - IV 178/33 - RGZ 142, 59-63, 62 f.; *Götz* in: Palandt, § 1828 Rn. 11; *Roth* in: Dodegge/Roth, Betreuungsrecht, 2003, E Rn. 123; *Winhold-Schött* in: HK-BUR, § 1828 Rn. 10.

[180] *Roth* in: Dodegge/Roth, Betreuungsrecht, 2003, E Rn. 123; *Zimmermann* in: Damrau/Zimmermann, Betreuungsrecht, 4. Aufl. 2011, § 1831 Rn. 7.

III. Die verweigerte Genehmigung

Das Familiengericht verweigert die Genehmigung, wenn das genehmigungsbedürftige Rechtsgeschäft nicht genehmigungsfähig ist, sei es unrechtmäßig oder unzweckmäßig. Ist das Rechtsgeschäft schon nicht genehmigungsbedürftig, verweigert das Gericht die Genehmigung nicht, sondern erteilt ein Negativattest (vgl. dazu Rn. 110).

Auch die Verweigerung der Genehmigung ist gegenüber dem Vormund zu erklären.[181] Dies gewährleistet, dass der Vormund die Verweigerung der Genehmigung gerichtlich überprüfen lassen kann, ehe das Rechtsgeschäft endgültig gescheitert ist.[182] § 41 Abs. 3 FamFG dürfte allerdings nicht entsprechend anzuwenden sein.[183] Endgültig unwirksam wird das Rechtsgeschäft auch im Falle der Verweigerung erst mit der Mitteilung an den Geschäftspartner (§ 1829 Abs. 1 Satz 2 BGB).

IV. Die Erteilung eines Negativattests

Ist das Rechtsgeschäft nicht genehmigungsbedürftig, so hat das Familiengericht ein Negativattest auszustellen.[184] Denn der Antrag auf Erteilung der Genehmigung enthält stillschweigend regelmäßig auch den Antrag auf Erteilung eines Negativattests. Das Negativattest ersetzt eine erforderliche Genehmigung freilich nicht.[185] Es verhält sich nämlich insbesondere nicht zur Genehmigungsfähigkeit (Rechtmäßigkeit und Zweckmäßigkeit) des Geschäfts. Es stellt auch nicht die Genehmigungsfreiheit des Geschäfts verbindlich fest.[186] Hierüber entscheidet allein das Prozessgericht. Die darin liegende Gefahr divergierender gerichtlicher Entscheidungen erscheint de lege ferenda unbefriedigend. Eine Rechtskrafterstreckung scheitert de lege lata jedoch schon daran, dass der Geschäftsgegner nicht Beteiligter des Genehmigungsverfahrens ist. Auch das Grundbuchamt ist an ein Negativattest nicht gebunden.[187] Hat das Negativattest demnach keine Auswirkungen auf die Wirksamkeit des Rechtsgeschäfts, so kann es wenigstens den Vormund gegen etwaige Schadensersatzansprüche absichern, wenn durch den Abschluss eines genehmigungsbedürftigen Rechtsgeschäfts ohne Erteilung einer Genehmigung ein Schaden entstanden ist.

Ist die Genehmigungsbedürftigkeit rechtlich umstritten oder aufgrund der tatsächlichen Besonderheiten des Rechtsgeschäfts problematisch, so dürfte die Erteilung einer vorsorglichen Genehmigung geboten sein.[188] Für den Fall der Genehmigungsbedürftigkeit trägt sie dem Genehmigungsinteresse des Mündels Rechnung, für den Fall der fehlenden Genehmigungsbedürftigkeit ist sie unschädlich, da sie dann ins Leere geht.

E. Prozessuale Hinweise/Verfahrenshinweise

I. Beweislast

Im Rechtsverhältnis gegenüber Dritten obliegt nach allgemeinen Beweislastgrundsätzen der Nachweis einer wirksamen Genehmigung dem Teil, der sie in seinem Interesse behauptet.[189] Das ist regelmäßig der Mündel bzw. Vormund. Da die Genehmigung nunmehr in Beschlussform ergehen muss, wird der

---

[181] *Spanl*, Vermögensverwaltung durch Vormund und Betreuer, 2001, S. 49; *Dickescheid* in: BGB-RGRK, § 1828 Rn. 26; *Veit* in: Staudinger, § 1828 Rn. 47; str.

[182] Zutreffend *Veit* in: Staudinger, § 1828 Rn. 1.

[183] Vgl. *Wagenitz* in: MünchKomm-BGB, § 1828 Rn. 39; a.A. *Veit* in: Staudinger, § 1828 Rn. 76.

[184] BayObLG München v. 12.02.1974 - BReg 1 Z 104/73 - NJW 1974, 1142; LG Mühlhausen v. 22.09.2011 - 1 T 212/11 - juris Rn. 17 - FamRZ 2012, 1324-1325; LG Meiningen v. 03.03.2008 - 3 T 390/07 - juris Rn. 27 f. - FamRZ 2008, 1375-1376; *Götz* in: Palandt, § 1828 Rn. 16; *Dickescheid* in: BGB-RGRK, § 1828 Rn. 16.

[185] H.M., vgl. BGH v. 30.11.1965 - V ZR 58/63 - BGHZ 44, 325-328; *Zimmermann* in: Damrau/Zimmermann, Betreuungsrecht, 4. Aufl. 2011, § 1828 Rn. 22; *Dickescheid* in: BGB-RGRK, § 1828 Rn. 16.

[186] Etwas unklar spricht *Zimmermann* in: Damrau/Zimmermann, Betreuungsrecht, 3. Aufl. 2001, § 1828 Rn. 22, unter Hinweis auf OLG Hamm v. 24.10.1990 - 15 W 306/90 - MDR 1991, 251-252 von einer Vermutung. Es gibt indes keine rechtlich relevante Vermutungswirkung für die Richtigkeit einer nicht bindenden gerichtlichen Feststellung.

[187] OLG Köln v. 11.06.2003 - 2 Wx 18/03 - Rpfleger 2003, 560, 572; OLG Zweibrücken v. 14.01.1999 - 3 W 253/98 - FamRZ 2000, 117, gegen LG Braunschweig v. 22.11.1985 - 8 T 496/85 - Rpfleger 1986, 90.

[188] So auch *Veit* in: Staudinger, § 1828 Rn. 52; a.A., wenn bei erheblichen Zweifeln die Vermeidung eines Prozesses im Interesse des Mündels liegt, *Saar* in: Erman, § 1828 Rn. 10.

[189] Vgl. *Hesse*, Deutsches Vormundschaftsrecht, 1900, § 1828 Rn. 2.

Beweis regelmäßig unproblematisch zu führen sein. Zu achten ist allerdings auch auf den Rechtskraftvermerk.

II. Zuständigkeit

113 Zur Zuständigkeit für die Erteilung der Genehmigung vgl. schon Rn. 11.

III. Rechtsbehelfe

1. Statthaftigkeit der Beschwerde

114 Gegen die Versagung der Genehmigung ist die Beschwerde eröffnet § 58 Abs. 1 FamFG, § 11 Abs. 1 RpflG. In vermögensrechtlichen Angelegenheiten ist die Beschwerde nach § 61 Abs. 1 FamFG nur zulässig, wenn der Wert des Beschwerdegegenstandes 600,00 € übersteigt, also wenigstens 600,01 € beträgt. Ansonsten kann das Gericht die Beschwerde nach Maßgabe des § 61 Abs. 2, 3 FamFG zulassen. Hat der Rechtspfleger entschieden, die Beschwerde aber nicht zugelassen, ist nach § 11 Abs. 2 RpflG gegen die Entscheidung die Erinnerung statthaft. Anstelle der Beschwerde eröffnet § 75 Abs. 1 Satz 1 FamFG unter spezifischen Voraussetzungen die Sprungrechtsbeschwerde.

2. Beschwerdeberechtigung

115 Die Beschwerdeberechtigung nach § 59 Abs. 1 FamFG hängt davon ab, wessen materielles Recht durch die Entscheidung des Gerichts beeinträchtigt wird, d.h. in wessen Rechtsstellung durch Aufhebung, Beschränkung oder Minderung des Rechts, durch Störung oder Erschwerung der Rechtsausübung unmittelbar eingegriffen wird.[190] Keine Beschwer besteht, wenn dem Antrag vollständig entsprochen wurde.[191] Beschwerdeberechtigt können danach sein:
- § 60 FamFG der Mündel, wenn er das 14. Lebensjahr vollendet hat und geschäftsfähig ist;[192] nach dem Tod des Mündels dessen Erben,[193]
- nach § 158 Abs. 4 Satz 5 FamFG ein bestellter Verfahrensbeistand oder Ergänzungspfleger (relevant immer, wenn der Mündel nicht selbst beschwerdeberechtigt ist),
- nach § 303 Abs. 3 FamFG ein bestellter Verfahrenspfleger[194] (relevant immer, wenn der Betreute nicht selbst beschwerdeberechtigt ist),
- nach § 275 FamFG der Betreute stets, soweit er in der Lage ist, einen natürlichen Willen selbst zu bilden[195],
- nach § 59 Abs. 1 FamFG im Falle der Ablehnung der Genehmigung der Vormund bzw. Betreuer aus eigenem Recht, da in seine Amtsführung eingegriffen wird;[196] nach einem Wechsel des Vormunds ist der neue Vormund beschwerdeberechtigt;[197]

---

[190] Vgl. zum alten Recht BayObLG v. 05.05.1988 - BReg 1 a Z 21/88 - NJW 1988, 2745-2746; zum neuen Recht s. *Spanl*, Vermögensverwaltung durch Vormund und Betreuer, 2. Aufl. 2009, S. 61.
[191] Vgl. OLG Koblenz v. 17.01.2014 - 13 WF 1135/13 - juris Rn. 8.
[192] So auch *Wagenitz* in: MünchKomm-BGB, § 1828 Rn. 55.
[193] OLG Schleswig v. 25.04.2001 - 2 W 12/01 - SchlHA 2001, 290-292; BayObLG München v. 27.10.1964 - BReg 1a Z 110/64 - FamRZ 1965, 101-104; *Winhold-Schött* in: HK-BUR, § 1828 Rn. 60; *Götz* in: Palandt, § 1828 Rn. 18.
[194] Vgl. OLG Rostock v. 17.05.2006 - 3 W 137/05 - juris Rn. 18 - OLGR Rostock 2006, 864-866.
[195] Zum neuen Recht vgl. *Wesche*, Rpfleger 2010, 403, 405; zum alten Recht Saarländisches OLG v. 09.02.1999 - 5 W 397/98 - FGPrax 1999, 108-109, 109; zum neuen Recht vgl. *Spanl*, Vermögensverwaltung durch Vormund und Betreuer, 2. Aufl. 2009, S. 61.
[196] Str., wie hier zum alten Recht auch OLG Rostock v. 17.05.2006 - 3 W 137/05 - juris Rn. 18 - OLGR Rostock 2006, 864-866; LG Meiningen v. 03.03.2008 - 3 T 390/07 - juris Rn. 23 - FamRZ 2008, 1375-1376; a.A. OLG Stuttgart v. 25.06.2001 - 8 W 494/99 - juris Rn. 10 - OLGR Stuttgart 2001, 452-455; BayObLG v. 07.12.1988 - BReg 1a Z 8/88 - BayObLGZ 1988, 385-392, 387; KG v. 14.10.1965 - 1 W 1770/65 - OLGZ 1965, 375-376; *Dickescheid* in: BGB-RGRK, § 1828 Rn. 27; zum neuen Recht ebenso *Wagenitz* in: MünchKomm-BGB, § 1828 Rn. 39; *Spanl*, Vermögensverwaltung durch Vormund und Betreuer, 2. Aufl. 2009, S. 62; *Veit* in: Staudinger, § 1828 Rn. 83; a. A. *Zimmermann*, ZEV 2013, 315-320 (317).
[197] *Veit* in: Staudinger, § 1828 Rn. 58.

- nach § 59 Abs. 1 FamFG der Vormund als Vertreter des Mündels.[198]

Nur im Fall der Verletzung seines Anhörungsrechts ist auch der Gegenvormund beschwerdeberechtigt.[199] 116

Der Geschäftspartner ist regelmäßig ebenfalls nicht beschwerdeberechtigt, selbst wenn er einen Anspruch auf die Vornahme des Geschäfts hat.[200] Ausnahmsweise kann auch der Geschäftspartner das Beschwerdeverfahren durchführen, wenn eine bereits wirksame Genehmigung geändert oder widerrufen wird.[201] Gleiches soll gelten, wenn der Geschäftspartner geltend macht, das Geschäft sei nicht genehmigungsbedürftig.[202] 117

Im Falle der Erteilung der Genehmigung ist der Vormund nur beschwerdeberechtigt, wenn er geltend macht, die Genehmigung sei ohne oder gegen seinen Willen erteilt worden[203] oder das Geschäft sei nicht genehmigungsbedürftig[204] oder einem Pfleger sei die Genehmigung zu einem Geschäft erteilt worden, das in den Zuständigkeitsbereich des Vormunds falle.[205] 118

Die Genehmigung eines Rechtsgeschäfts des nicht befreiten Vorerben kann der Nacherbe hingegen nicht anfechten. Die Rechte des Nacherben werden durch § 2113 Abs. 1 BGB hinreichend und abschließend gewahrt.[206] 119

3. Frist

Es gilt die abgekürzte Beschwerdefrist von zwei Wochen, § 63 Abs. 2 Nr. 2 FamFG. Die Frist beginnt mit der schriftlichen Bekanntgabe der Entscheidung an die Beteiligten, § 63 Abs. 3 FamFG. Kann die schriftliche Bekanntgabe an einen Beteiligten nicht bewirkt werden, beginnt die Frist spätestens mit Ablauf von fünf Monaten nach Erlass des Beschlusses. Fraglich ist, ob das auch gilt, wenn die Bekanntgabe des Beschlusses an einen Beteiligten versehentlich unterblieben ist.[207] Der Fristbeginn ist für jeden Beteiligten separat zu prüfen. Unerheblich ist, ob der Beschluss einem anderen Beteiligten erst später zugegangen ist. 120

---

[198] Vgl. zum alten Recht etwa BayObLG v. 26.09.2001 - 3Z BR 302/01 - FPR 2002, 160; vgl. auch *Veit* in: Staudinger, § 1828 Rn. 84.

[199] *Dickescheid* in: BGB-RGRK, § 1828 Rn. 27; nicht ganz eindeutig *Götz* in: Palandt, § 1828 Rn. 18, die einerseits darauf abstellt, dass die Genehmigung erteilt worden sei, daneben aber § 1826 BGB zitiert.

[200] Zu § 59 Abs. 1 FamFG ebenso OLG Celle v. 28.09.2011 - 17 UF 154/11 - juris Rn. 5 - Rpfleger 2012, 144-145; *Litzenburger*, RNotZ 2010, 32, 33; zum alten Recht OLG Frankfurt v. 12.06.1979 - 20 W 248/79 - FRES 2, 334-336; OLG München v. 15.06.2009 - 33 Wx 079/09 - OLGR München 2009, 622-623; OLG Rostock v. 17.05.2006 - 3 W 137/05 - OLGR Rostock 2006, 864-866; OLG Schleswig v. 10.05.1994 - 2 W 8/94 - SchlHA 1994, 206-2007; *Bettin* in: BeckOK BGB, Ed. 30, § 1828 Rn. 9; *Zimmermann* in: Damrau/Zimmermann, Betreuungsrecht, 4. Aufl. 2011, § 1828 Rn. 34; *Spanl*, Vermögensverwaltung durch Vormund und Betreuer, 2. Aufl. 2009, S. 62; *Dickescheid* in: BGB-RGRK, § 1828 Rn. 28; *Dodegge* in: Handbuch der Rechtspraxis, Band 5b - Familienrecht - 2. Halbband, 7. Aufl. 2010, Rn. 353.

[201] BayObLG München v. 17.05.1976 - BReg 1 Z 37/76 - FamRZ 1977, 141-144; OLG Schleswig v. 10.05.1994 - 2 W 8/94 - SchlHA 1994, 206-2007; *Bettin* in: BeckOK BGB, Ed. 30, § 1828 Rn. 9; *Zimmermann* in: Damrau/Zimmermann, Betreuungsrecht, 4. Aufl. 2011, § 1828 Rn. 37; *Winhold-Schött* in: HK-BUR, § 1828 Rn. 62; *Dickescheid* in: BGB-RGRK, § 1828 Rn. 28; *Veit* in: Staudinger, § 1828 Rn. 87.

[202] So OLG Hamm v. 09.07.1984 - 15 W 33/83 - WM 1984, 1314-1316; BayObLG v. 13.10.2004 - 3Z BR 138/04 - BtPrax 2005, 32-33; OLG München v. 15.06.2009 - 33 Wx 079/09, OLGR München 2009, 622-623; *Dickescheid* in: BGB-RGRK, § 1828 Rn. 28; *Veit* in: Staudinger, § 1828 Rn. 87; differenzierend aber, wenn nicht die Versagung der Genehmigung, sondern die Erteilung eines Negativattests begehrt wird, OLG Rostock v. 17.05.2006 - 3 W 137/05 - OLGR 2006, 864-866.

[203] BayObLG München v. 07.01.1963 - BReg 1 Z 171/61 - BayObLGZ 1963, 1-14, 6; OLG Hamm v. 02.10.2003 - 15 W 331/03 - FamRZ 2004, 1386-1389; *Winhold-Schött* in: HK-BUR, § 1828 Rn. 58; *Saar* in: Erman, § 1828 Rn. 17; *Dickescheid* in: BGB-RGRK, § 1828 Rn. 29; *Veit* in: Staudinger, § 1828 Rn. 87.

[204] Hierzu BayObLG v. 07.01.1963 - BReg 1 Z 171/61 - BayObLGZ 1963, 1-14; *Winhold-Schött* in: HK-BUR, § 1828 Rn. 58; *Dickescheid* in: BGB-RGRK, § 1828 Rn. 29; *Saar* in: Erman, § 1828 Rn, 18; *Bettin* in: BeckOK BGB, Ed. 30, § 1828 Rn. 10.

[205] Vgl. KG v. 27.05.1938 - 1 a Wx 570/38 - JW 1938, 2141-2142; *Bettin* in: BeckOK BGB, Ed. 30, § 1828 Rn. 10; vgl. hierzu auch BayObLG v. 07.01.1963 BReg 1 Z 171/61 - BayObLGZ 1963, 1-14.

[206] OLG Frankfurt v. 22.10.2009 - 20 W 175/09.

[207] So *Brambring*, FGPrax 2010, 113; *Litzenburger*, RNotZ 2010, 32, 37; weitergehend *Bolkart*, MittBayNot 2009, 268, 270; vgl. zum Ganzen auch *Wagenitz* in: MünchKomm-BGB, § 1828 Rn. 41; *Veit* in: Staudinger, § 1828 Rn. 79, mit ausführlicher Argumentation.

4. Adressat

121 Die Beschwerde ist bei dem Gericht einzulegen, dessen Beschluss angefochten wird, § 64 Abs. 1 FamFG, also bei dem Amtsgericht – Familiengericht bzw. Betreuungsgericht.

122 **Hinweis für die Praxis: Achtung:** Das bisherige Wahlrecht nach § 21 FGG ist entfallen.

123 Ist der Betroffene untergebracht, kann er auch bei dem Amtsgericht Beschwerde einlegen, in dessen Bezirk er untergebracht ist, § 305 FamFG. Die Einlegung bei dem Oberlandesgericht in Familiensachen bzw. bei dem Landgericht in Betreuungssachen genügt nicht. Geht eine Beschwerdeschrift bei Land- oder Oberlandesgericht ein, ist diese zunächst im Rahmen des normalen Geschäftsgangs dem Amtsgericht zuzuleiten. Erst der Eingang bei dem Amtsgericht entscheidet über die Fristwahrung.

5. Form

124 Die Beschwerde ist durch Einreichung einer Beschwerdeschrift oder zur Niederschrift der Geschäftsstelle des Amtsgerichts eingelegt, § 64 Abs. 2 Satz 1 FamFG. Sie muss die Bezeichnung des angefochtenen Beschlusses sowie die Erklärung enthalten, dass Beschwerde gegen diesen Beschluss eingelegt wird, und ist von dem Beschwerdeführer zu unterschreiben. Der eingelegte Rechtsbehelf ist der Auslegung fähig. Eine Falschbezeichnung – etwa als Widerspruch – schadet nicht.[208] Legt der Vormund Beschwerde ein, ohne dass ausdrücklich erkennbar würde, in wessen Namen die Beschwerde eingelegt wird, kann die Auslegung ergeben, dass Beschwerde namens des Mündels eingelegt wird.[209]

6. Begründung

125 Gemäß § 65 FamFG soll die Beschwerde begründet werden.

7. Beschwerdeverfahren

126 Das Betreuungsgericht hat zunächst – unabhängig von der Zulässigkeit der Beschwerde – zu prüfen, ob es der Beschwerde abhilft, § 68 Abs. 1 Satz 1 FamFG. Das gilt jedoch nicht für das Familiengericht, § 68 Abs. 1 Satz 2 FamFG. Hilft das Betreuungsgericht nicht ab, legt es die Sache dem Landgericht vor. Das Familiengericht legt die Sache ohne weiteres dem Oberlandesgericht vor.

127 Das Beschwerdegericht prüft die Zulässigkeit und Begründetheit der Beschwerde. Nur unter den engen Voraussetzungen des § 69 Abs. 1 FamFG kommt eine Aufhebung und Zurückverweisung in Betracht.

8. Sprungrechtsbeschwerde

128 Voraussetzungen der Sprungrechtsbeschwerde sind:
- Die angegriffene Entscheidung unterliegt der Beschwerde ohne Zulassung. Das ist in vermögensrechtlichen Sachen der Fall, wenn der Beschwerdewert 600 € übersteigt, vgl. § 61 Abs. 1 FamFG. In nicht-vermögensrechtlichen Angelegenheiten ist die Sprungrechtsbeschwerde generell eröffnet.[210]
- Alle Beteiligten willigen in die Übergehung der Beschwerdeinstanz ein.
- Zulassung der Sprungrechtsbeschwerde durch das Rechtsbeschwerdegericht. Zulassungsgründe sind die des § 70 Abs. 2 FamFG.

129 **Hinweis für die Praxis:** Sowohl der Beschwerdeführer als auch die weiteren Beteiligten sollten bedenken, dass die Nichtzulassung der Sprungrechtsbeschwerde nach § 75 Abs. 1 Satz 2 FamFG als Verzicht auf die Beschwerde gilt. Gerade in Sachen, die nach Auffassung der Beteiligten für die Rechtsfortbildung besonders bedeutsam erscheinen, riskieren die Beteiligten ohne Überprüfung in der Sache zu bleiben, wenn das Rechtsbeschwerdegericht die Voraussetzungen des § 70 Abs. 2 FamFG verneint. Dies erscheint bedenklich.

9. Rechtsbeschwerde

130 Die Rechtsbeschwerde ist eröffnet, wenn sie nach § 70 Abs. 1 FamFG zugelassen wird.

---

[208] OLG Zweibrücken v. 20.06.2000 - 5 UF 20/00 - FamRZ 2001, 75.
[209] KG v. 14.10.1965 - 1 W 1770/65 - OLGZ 1965, 375-376; *Winhold-Schött* in: HK-BUR, § 1828 Rn. 58; *Dickescheid* in: BGB-RGRK, § 1828 Rn. 27.
[210] So auch *Bumiller/Harders*, FamFG – Freiwillige Gerichtsbarkeit, 10. Aufl. 2011, § 75 Rn. 1.

IV. Anwendung des Spruchrichterprivilegs?

Das Spruchrichterprivileg wird bislang von der herrschenden Auffassung auf die Genehmigung nach § 1828 BGB nicht angewandt.[211] Während teilweise angenommen wird, das Spruchrichterprivileg gelte im Bereich der freiwilligen Gerichtsbarkeit gar nicht[212] oder nur in Streitsachen[213], stellt die Rechtsprechung darauf ab, ob es sich bei der Entscheidung um „urteilsvertretende Beschlüsse" handelt, was insbesondere der Fall sein soll, wenn nach dem Gehalt des Streitgegenstandes und der materiellen Bedeutung der Entscheidung eine jederzeitige neue Befassung des Gerichts mit der formell rechtskräftig entschiedenen Sache ausgeschlossen ist, vielmehr eine Sperrwirkung entsteht, die eine erneute Befassung des Gerichts nur unter den engen Voraussetzungen zulässt, unter denen auch eine durch rechtskräftiges Urteil abgeschlossene Sache wieder aufgenommen werden kann.[214] Nach geltendem Recht spricht dann vieles für die Anwendung des Spruchrichterprivilegs. Denn die Möglichkeit zur Abänderung der Entscheidung ist deutlich eingeschränkt. Nach Rechtskraft der Entscheidung scheidet sie grundsätzlich aus.

131

---

[211] So auch *Klüsener*, Rpfleger 1993, 133, 140; *Sprau* in: Palandt, § 839, Rn. 65; einschränkend aber *Coeppicus*, NJW 1996, 1947.
[212] Vgl. hierzu etwa *Reinert* in: BeckOK BGB, Ed. 30, § 839 Rn. 97 ff.
[213] Offen gelassen in BGH v. 03.07.2003 - III ZR 326/02 - NJW 2003, 3052 f., unter Hinweis auf *Thomas* in: Palandt, 62. Aufl. 2003, § 839 Rn. 69.
[214] So BGH v. 03.07.2003 - III ZR 326/02 - NJW 2003, 3052 f.

§ 1829 BGB Nachträgliche Genehmigung

(Fassung vom 17.12.2008, gültig ab 01.09.2009)

(1) ¹Schließt der Vormund einen Vertrag ohne die erforderliche Genehmigung des Familiengerichts, so hängt die Wirksamkeit des Vertrags von der nachträglichen Genehmigung des Familiengerichts ab. ²Die Genehmigung sowie deren Verweigerung wird dem anderen Teil gegenüber erst wirksam, wenn sie ihm durch den Vormund mitgeteilt wird.

(2) Fordert der andere Teil den Vormund zur Mitteilung darüber auf, ob die Genehmigung erteilt sei, so kann die Mitteilung der Genehmigung nur bis zum Ablauf von vier Wochen nach dem Empfang der Aufforderung erfolgen; erfolgt sie nicht, so gilt die Genehmigung als verweigert.

(3) Ist der Mündel volljährig geworden, so tritt seine Genehmigung an die Stelle der Genehmigung des Familiengerichts.

Gliederung

A. Grundlagen 1	1. Abschluss des Vertrages vor Erteilung der Genehmigung 36
I. Kurzcharakteristik 1	2. Anderer Teil 38
II. Entstehungsgeschichte 2	3. Aufforderung zur Mitteilung über die Erteilung der Genehmigung 39
1. Die ursprüngliche Fassung des BGB 2	a. Inhalt der Aufforderung 39
2. Das Gesetz über das Verfahren in Familiensachen und in den Angelegenheiten der freiwilligen Gerichtsbarkeit 3	b. Form der Aufforderung 40
B. Praktische Bedeutung 5	c. Zeitpunkt der Aufforderung 41
C. Wirksamwerden durch nachträgliche Genehmigung (Absatz 1) 6	d. Person des Erklärenden 44
I. Anwendungsvoraussetzungen 6	e. Adressat der Aufforderung 45
1. Vertrag 6	II. Rechtsfolgen 46
2. Genehmigungsbedürftigkeit 7	1. Beendigung des Schwebezustandes 46
3. Erteilung der Genehmigung 8	2. Sonstige Arten der Beendigung des Schwebezustandes 47
4. Abschluss des Vertrages vor Erteilung der Genehmigung 9	3. Mittelbare Auswirkungen auf das Genehmigungsverfahren 48
II. Rechtsfolgen 10	E. Wirksamwerden nach Eintritt der Volljährigkeit (Absatz 3) 49
1. Bedeutung der schwebenden Unwirksamkeit 10	I. Anwendungsvoraussetzungen 49
2. Die Entscheidung über die Mitteilung der Genehmigung 13	1. Volljährigkeit des Mündels 49
a. Entscheidungskriterien 13	2. Schwebende Unwirksamkeit 50
b. Inhalt der Mitteilung 17	3. Beendigung der Vormundschaft durch den Tod des Mündels 51
c. Erklärung der Mitteilung 23	4. Beendigung der Betreuung 52
d. Wirkung der Mitteilung 25	II. Rechtsfolgen 53
e. Der Zeitpunkt der Mitteilung 29	F. Prozessuale Hinweise 57
3. Die Doppelbevollmächtigung 31	G. Arbeitshilfen – Beschluss wegen einer familiengerichtlichen Genehmigung 58
D. Unwirksamwerden nach Aufforderung durch den anderen Teil (Absatz 2) 36	
I. Anwendungsvoraussetzungen 36	

A. Grundlagen

I. Kurzcharakteristik

1 § 1829 BGB betrifft die nachträgliche Genehmigung von Verträgen, d.h. die Genehmigung von Verträgen, die bereits vor Erteilung der Genehmigung abgeschlossen wurden. Absatz 1 bestimmt, dass das Rechtsgeschäft in dieser Konstellation bis zur Erteilung der Genehmigung – genauer: bis zur rechtskräftigen Erteilung der Genehmigung (vgl. § 40 Abs. 2 FamFG n.F.) und Mitteilung der Genehmigung

an den anderen Teil – schwebend unwirksam ist.[1] § 1829 Abs. 2 BGB räumt dem Geschäftspartner die Möglichkeit ein, den Schwebezustand durch Fristsetzung zu beenden. § 1829 Abs. 3 BGB regelt, dass der Mündel bei Beendigung der Vormundschaft durch Eintritt der Volljährigkeit den Schwebezustand durch seine eigene Genehmigung beenden kann.

II. Entstehungsgeschichte

1. Die ursprüngliche Fassung des BGB

Die Motive gingen davon aus, dass die Genehmigung des Vormundschaftsgerichts denselben Charakter habe wie die zu einem Rechtsgeschäft des Mündels erforderliche Einwilligung oder Genehmigung des Vormunds. Die Genehmigung des Vormundschaftsgerichts wurde deshalb in Anlehnung an die Einwilligung zum Abschluss eines Rechtsgeschäfts ausgestaltet. Dass die Genehmigung sowie deren Verweigerung erst durch die Mitteilung seitens des Vormunds gegenüber dem anderen Teil wirksam wird, erschien dem Gesetzgeber nicht allein wegen der prinzipiellen Stellung des Vormunds als Repräsentant des Mündels nach außen, sondern auch deshalb angezeigt, weil so dem Vormund die Möglichkeit gewährt werden sollte, die Verfügung des Vormundschaftsgerichts im Wege der Beschwerde erfolgreich anzufechten, wenn sie seiner Meinung nach dem Mündelinteresse widerstreitet. Solange die Wirksamkeit des Vertrages noch in der Schwebe ist, sollte der Vormund nach den Motiven die Möglichkeit haben, von dem Vertrag wirksam „zurückzutreten".[2] Im Übrigen ist die Vorschrift § 108 Abs. 2 BGB nachgebildet.

2. Das Gesetz über das Verfahren in Familiensachen und in den Angelegenheiten der freiwilligen Gerichtsbarkeit

Mit Einführung des Gesetzes über das Verfahren in Familiensachen und in den Angelegenheiten der freiwilligen Gerichtsbarkeit (FamFG) vom 17.12.2008[3] wurde das Wort „Vormundschaftsgericht" in „Familiengericht" geändert und damit der Wechsel in der Zuständigkeit nach dem FamFG im BGB nachvollzogen. In Kindschaftssachen ist nach neuem Recht das Familiengericht (§ 151 FamFG, §§ 23a Abs. 1 Nr. 1, 23b GVG), in Betreuungssachen das Betreuungsgericht (§§ 271, 312 FamFG, §§ 23a Abs. 1 Nr. 2, Abs. 2 Nr. 1, 23c GVG) und in Nachlasssachen das Nachlassgericht zuständig (vgl. § 1962 BGB, § 23 Abs. 1 Nr. 2, Abs. 2 Nr. 2 GVG). Zu der neuen Zuständigkeitsverteilung insgesamt vgl. die Kommentierung zu § 1793 BGB Rn. 162.

Des Weiteren wurde durch das FGG-Reformgesetz die Frist, die der andere Teil dem Vormund zur Beendigung des Schwebezustandes nach § 1829 Abs. 2 BGB setzen kann, von zwei auf vier Wochen verlängert. Mit dieser Änderung wollte der Gesetzgeber die Frist an die in § 40 Abs. 2 Satz 1 FamFG vorgesehene Wirksamkeitsvoraussetzung der Rechtskraft anpassen.[4] Vom Zeitpunkt der Erteilung der Genehmigung bis zu der die Wirksamkeit der Genehmigung herbeiführenden Rechtskraft vergehen nach § 63 Abs. 2 Satz 2 FamFG zwei Wochen, sofern kein Rechtsmittelverzicht erklärt wird. Um diese zwei Wochen wollte der Gesetzgeber die Frist zur Mitteilung der nachträglichen Genehmigung verlängern. Für die Mitteilung einer notwendigen Genehmigung des Gegenvormunds hat der Gesetzgeber diese Verlängerung in § 1832 BGB nicht vorgenommen, da diese als Rechtsgeschäft sofort wirksam wird.[5]

B. Praktische Bedeutung

Die Vorschrift gilt gemäß § 1915 Abs. 1 BGB entsprechend für die Pflegschaft und gemäß § 1908i Abs. 1 Satz 1 BGB entsprechend für die Betreuung, ferner gemäß § 1643 Abs. 3 BGB für die Eltern.

---

[1] Vgl. BGH v. 21.10.1954 - IV ZR 93/54 - BGHZ 15, 97-102, 99; OLG Hamm v. 13.02.2013 - 15 W 374/13 - juris Rn. 12; OLG München v. 21.10.2004 - 6 U 2945/04 - juris Rn. 77 - OLGR München 2005, 87-88; BayObLG München v. 22.06.1989 - BReg 3 Z 40/89 - FamRZ 1989, 1113-1118; *Götz* in: Palandt, § 1829 Rn. 1; *Roth* in: Dodegge/Roth, Betreuungsrecht, 2003, E Rn. 130; *Veit* in: Staudinger, § 1829 Rn. 7; *Zimmermann* in: Damrau/Zimmermann, Betreuungsrecht, 4. Aufl. 2011, § 1829 Rn. 4.

[2] Vgl. zum Ganzen Motive, zitiert nach *Mugdan*, Die gesammten Materialien zum Bürgerlichen Gesetzbuch für das Deutsche Reich, IV. Band: Familienrecht, 1899, S. 1153 f. Zu einer Einschränkung dieses Grundsatzes vgl. auch die Kommentierung zu § 1830 BGB Rn. 2.

[3] BGBl I 2008, 2586.

[4] Vgl. BT-Drs. 16/6308, S. 347.

[5] BT-Drs. 16/6308, S. 347.

§ 1829
C. Wirksamwerden durch nachträgliche Genehmigung (Absatz 1)
I. Anwendungsvoraussetzungen
1. Vertrag

6 § 1829 BGB findet nur auf Verträge Anwendung. Für einseitige Rechtsgeschäfte gilt § 1831 BGB. Vertrag ist jedes Rechtsgeschäft, das aus mindestens zwei übereinstimmenden, in Bezug aufeinander abgegebenen Willenserklärungen besteht.[6] § 1829 BGB gilt auch für dingliche Verträge.[7] Erfasst werden sowohl Verträge, die der Vormund in Vertretung des Mündels abgeschlossen hat, als auch Verträge, die der Mündel mit Zustimmung des Vormunds selbst abgeschlossen hat.[8]

2. Genehmigungsbedürftigkeit

7 Wie § 1828 BGB gilt auch § 1829 BGB nur für die zur Wirksamkeit des Rechtsgeschäfts erforderlichen Außengenehmigungen (vgl. die Kommentierung zu § 1828 BGB).[9]

3. Erteilung der Genehmigung

8 Vgl. zur Erteilung der Genehmigung die Kommentierung zu § 1828 BGB.

4. Abschluss des Vertrages vor Erteilung der Genehmigung

9 § 1829 BGB setzt voraus, dass die Genehmigung im Zeitpunkt des Vertragsabschlusses noch nicht vorliegt (sog. Nachgenehmigung[10]). Nicht ausdrücklich gesetzlich geregelt ist der Fall der Vorgenehmigung. Liegt bei Abschluss des Geschäfts die Genehmigung bereits vor, so ist das Geschäft sofort endgültig wirksam, wenn es sich in den Grenzen der Genehmigung hält.[11] Ob die Genehmigung dem Vertragspartner bekannt ist, spielt hierbei keine Rolle. Der Vertragspartner hat in diesem Fall auch nicht die Möglichkeit einer Fristsetzung nach § 1829 Abs. 2 BGB. Will der Geschäftsgegner sich im Fall einer Vorgenehmigung Gewissheit über das Bestehen der Genehmigung verschaffen, so kann er gemäß § 13 Abs. 2 FamFG Akteneinsicht beantragen.[12] Unkomplizierter dürfte es regelmäßig sein, sich schon vor Abschluss des Vertrages den Genehmigungsbeschluss vom Vormund vorlegen zu lassen.

II. Rechtsfolgen
1. Bedeutung der schwebenden Unwirksamkeit

10 Zur Funktionsweise des Genehmigungsmechanismus vgl. vorab bereits die Kommentierung zu § 1828 BGB Rn. 84. § 1829 Abs. 1 Satz 1 BGB macht die Wirksamkeit des vor Einholung der Genehmigung abgeschlossenen Vertrages von der Erteilung der nachträglichen Genehmigung des Familiengerichts und der Mitteilung dieser Genehmigung abhängig. Der ohne Genehmigung abgeschlossene Vertrag ist zunächst schwebend unwirksam.[13] Unerheblich ist, ob die Genehmigung erteilt worden wäre oder hätte

---

[6] Vgl. etwa BGH v. 10.09.1989 - V ZB 11/98 - juris Rn. 23 - BGHZ 139, 289-299.

[7] *Zimmermann* in: Damrau/Zimmermann, Betreuungsrecht, 4. Aufl. 2011, § 1829 Rn. 4 m.w.N.

[8] *Dickescheid* in: BGB-RGRK, § 1829 Rn. 1; *Veit* in: Staudinger, § 1829 Rn. 3.

[9] RG v. 25.01.1917 - IV 328/16 - WarnRspr 1917, 119-123, 121, Nr. 84; *Dickescheid* in: BGB-RGRK, § 1829 Rn. 1; *Roth* in: Dodegge/Roth, Betreuungsrecht, 2003, E Rn. 130; *Veit* in: Staudinger, § 1829 Rn. 2; *Saar* in: Erman, § 1829 Rn. 1.

[10] Allg. A., *Zimmermann* in: Damrau/Zimmermann, Betreuungsrecht, 4. Aufl. 2011, § 1829 Rn. 3 f.; *Dickescheid* in: BGB-RGRK, § 1829 Rn. 1; *Veit* in: Staudinger, § 1829 Rn. 4.

[11] KG v. 18.10.1965 - 1 W 2678/65 - OLGZ 66, 78-81, 79; *Spanl*, Vermögensverwaltung durch Vormund und Betreuer, 2. Aufl. 2009, S. 53; *Dickescheid* in: BGB-RGRK, § 1828 Rn. 17; *Veit* in: Staudinger, § 1829 Rn. 4; *Zimmermann* in: Damrau/Zimmermann, Betreuungsrecht, 4. Aufl. 2011, § 1829 Rn. 2; *Meier/Neumann*, Handbuch Vermögenssorge, 2006, S. 65.

[12] Vgl. *Zimmermann* in: Damrau/Zimmermann, Betreuungsrecht, 4. Aufl. 2011, § 1829 Rn. 2; zum alten Recht auch *Engler* in: Staudinger, Neubearb. 2004, § 1829 Rn. 44.

[13] Vgl. BGH v. 21.10.1954 - IV ZR 93/54 - BGHZ 15, 97-102, 99; OLG Hamm v. 13.12.2013 - 15 W 374/13 - juris Rn. 12; OLG München v. 21.10.2004 - 6 U 2945/04 - juris Rn. 77 - OLGR München 2005, 87-88; BayObLG München v. 22.06.1989 - BReg 3 Z 40/89 - FamRZ 1989, 1113-1118; *Götz* in: Palandt, § 1829 Rn. 1; *Roth* in: Dodegge/Roth, Betreuungsrecht, 2003, E Rn. 130; *Veit* in: Staudinger, § 1829 Rn. 7; *Zimmermann* in: Damrau/Zimmermann, Betreuungsrecht, 4. Aufl. 2011, § 1829 Rn. 4.

erteilt werden müssen.[14] In der Schwebezeit ist der Vertragspartner des Mündels – mit der Einschränkung des § 1829 Abs. 2 BGB – an den Vertrag gebunden.[15] Der Mündel selbst ist – außer im Fall des § 1830 BGB – nicht gebunden. Dies folgt aus § 1829 Abs. 1 Satz 2 BGB: Der Vertrag wird nicht allein durch die Erteilung der Genehmigung seitens des Familiengerichts wirksam. Es bedarf vielmehr noch der Mitteilung der Genehmigung durch den Vormund an den Vertragspartner. Diese Mitteilung besteht zum einen aus der Wissenserklärung über die vom Familiengericht erteilte Genehmigung. Zum anderen bringt sie den verbindlichen Geltungswillen des Vormundes hinsichtlich der Gültigkeit des Rechtsgeschäfts zum Ausdruck. Insofern ist sie Willenserklärung.[16]

Hinweis für die Praxis: Ein Notar muss bei Abschluss eines der Genehmigung nach § 1828 BGB unterliegenden Vertrages die – regelmäßig rechtsunkundigen – Vertragsparteien über die Bedeutung des § 1829 BGB belehren.[17]

11

Der Dritte hat nicht die Möglichkeit, die Genehmigung selbst herbeizuführen. Er kann sich auch nicht darauf berufen, der Vormund habe treuwidrig entgegen § 162 Abs. 1 BGB die Mitteilung der Genehmigung unterlassen.[18] Sollte einmal versehentlich auf seinen Antrag hin die Genehmigung erteilt werden, ersetzt dies gleichfalls nicht die Entscheidung des Vormunds über die Mitteilung der Genehmigung an den Dritten.

12

2. Die Entscheidung über die Mitteilung der Genehmigung

a. Entscheidungskriterien

Ausgehend vom Charakter der Mitteilung über die Genehmigungsentscheidung als Willenserklärung – und nicht nur Wissenserklärung – muss sich der Vormund entscheiden, ob er die mit der Mitteilung verbundenen Rechtsfolgen herbeiführen möchte oder nicht. Diese Entscheidung trifft der Vormund nach pflichtgemäßem Ermessen.[19] Maßgebliches Kriterium ist das Wohl des Mündels. Es wird deshalb vielfach gesagt, der Vormund sei weder verpflichtet, die Genehmigung einzuholen noch sie mitzuteilen.[20] Daran ist richtig, dass das Gesetz durch § 1829 Abs. 1 BGB dem Vormund die Letztentscheidungsbefugnis über die Gültigkeit des Vertrages bis zur Erteilung der Genehmigung vorbehält.[21] Entspricht der Abschluss des Rechtsgeschäfts nicht (mehr) dem Wohl des Mündels, so hat der Vormund es zu unterlassen.[22] § 162 BGB wird insofern durch die Spezialregelung des § 1829 BGB verdrängt.[23] Auf diese Entscheidungsfreiheit kann der Vormund auch nicht wirksam verzichten.[24] Denn der Vormund darf sich seiner im Interesse des Mündels liegenden Letztentscheidungsbefugnis nicht begeben.

13

Diese alleinige Ausrichtung der Entscheidung am Mündelwohl kann in Kollision geraten mit den Belangen des anderen Teils. Solche Belange des anderen Teils sind zwar für den Vormund nicht unbeachtlich. Denn schon die Anbahnung des Vertrages kann den Vormund – wie jeden anderen Vertragspartner auch – zur Rücksichtnahme auf die berechtigten Belange des anderen Teils verpflichten (§ 241 Abs. 2 BGB). Doch die bloße Entscheidung gegen den Vertrag im Mündelinteresse kann keinen Verstoß gegen diese Rücksichtnahmepflichten darstellen. Hat der Vormund in unredlicher Weise das Vertrauen des anderen Teils in das Zustandekommen des Vertrages gestärkt oder einseitig die Bindung des

14

---

[14] OGH Köln v. 21.12.1949 - IIa ZS 101/99 - JR 1950, 245-246, 245.
[15] Allg. A., BGH v. 21.10.1954 - IV ZR 93/54 - BGHZ 15, 97-102, 99; *Dickescheid* in: BGB-RGRK, § 1829 Rn. 3.
[16] So auch BayObLG München v. 07.12.1988 - BReg 1 a Z 8/88 - BayObLGZ 1988, 385-392; *Roth* in: Dodegge/Roth, Betreuungsrecht, 2003, E Rn. 127; *Zimmermann* in: Damrau/Zimmermann, Betreuungsrecht, 4. Aufl. 2011, § 1828 Rn. 8; § 1829 Rn. 4; nunmehr auch *Saar* in: Erman, § 1829 Rn. 4.
[17] BGH v. 03.11.1955 - III ZR 119/54 - BGHZ 19, 6-12, 9; *Dickescheid* in: BGB-RGRK, § 1829 Rn. 3.
[18] *Saar* in: Erman, § 1829 Rn. 3; *Zimmermann* in: Damrau/Zimmermann, Betreuungsrecht, 4. Aufl. 2011, § 1829 Rn. 5.
[19] RG v. 31.03.1931 - III 233/30 - RGZ 132, 257-262, 261; BayObLG München v. 22.06.1989 - BReg 3 Z 40/89 - FamRZ 1989, 1113-1118; *Dickescheid* in: BGB-RGRK, § 1829 Rn. 1.
[20] So etwa *Bettin* in: BeckOK BGB, Ed. 30, § 1829 Rn. 3; *Meier/Neumann*, Handbuch Vermögenssorge, 2006, S. 66.
[21] Vgl. BGH v. 18.09.2003 - XII ZR 13/01 - NJW 2004, 220-221; OLG Koblenz v. 17.01.2014 - 13 WF 1135/13 - juris Rn. 8.
[22] Vgl. OLG Koblenz v. 17.01.2014 - 13 WF 1135/13 - juris Rn. 8.
[23] BGH v. 22.05.1970 - V ZR 130/67 - juris Rn. 12 - BGHZ 54, 71-75; *Veit* in: Staudinger, § 1829 Rn. 10.
[24] So auch BayObLG München v. 22.06.1989 - BReg 3 Z 40/89 - BayObLGZ 1989, 242-255; *Bettin* in: BeckOK BGB, Ed. 30, § 1829 Rn. 3; *Zimmermann* in: Damrau/Zimmermann, Betreuungsrecht, 4. Aufl. 2011, § 1829 Rn. 4.

Vertragspartners ausgenutzt, hintertreibt er aber andererseits die Erteilung der Genehmigung, kann dies zur Haftung des Vormundes wegen eines Verschuldens bei Vertragsabschluss führen; die allein am Mündelwohl orientierte Entscheidung über die Mitteilung der Genehmigung darf es jedoch grundsätzlich nicht beeinflussen.

15 Der Mechanismus des § 1829 BGB ist für den Mündel nicht nur mit Vorteilen verbunden. Zwar erhöht er die Sicherheit bei Abschluss bestimmter Rechtsgeschäfte. Doch erschwert er zugleich den Abschluss bestimmter Rechtsgeschäfte, bei denen es dem Geschäftsgegner auf eine unverzügliche Bindung ankommt.[25] Rechtskonstruktionen, die diese Folge zu vermeiden versuchen, verstoßen regelmäßig gegen das Umgehungsverbot. Verbreitet wird ferner gesagt, dass sich auch der Vormund nicht gegenüber dem Dritten zur Herbeiführung der Genehmigung verpflichten könne.[26] Eine solche Verpflichtung ist in der Tat schon deshalb unzulässig, weil im Falle der Zwangsvollstreckung ein dem Mündelwohl widerstrebendes Ergebnis erzielt werden könnte. Demgegenüber halte ich die Eingehung von Strafversprechen und dergleichen in der Person des Vormundes für den Fall, dass der Vertrag nicht zustande kommt, nicht für durchweg unzulässig. Ihre Zahlung würde das Mündelvermögen nicht betreffen. Allerdings kann in diesen Fällen bei der Entscheidung über die Mitteilung der Genehmigung ein Interessengegensatz im Sinne von § 1796 Abs. 2 BGB entstehen. Der Vormund ist freilich zur Übernahme solcher eigenen Verbindlichkeiten nicht verpflichtet. Er geht mit ihnen ein persönliches, nicht immer kalkulierbares Risiko ein.

16 Die Berufung eines Bereicherungsgläubigers auf den mangels familiengerichtlicher Genehmigung fehlenden Rechtsgrund eines Geschäfts kann jedoch treuwidrig sein, solange der Gläubiger die Erlangung der Genehmigung nicht betreibt, obwohl er dazu verpflichtet ist.[27]

b. Inhalt der Mitteilung

17 Nicht ganz einheitlich beurteilt wird, ob die Mitteilung der Entscheidung über die Genehmigung eine einseitige, empfangsbedürftige Willenserklärung oder eine Tatsachenanzeige mit rechtsgeschäftlicher Wirkung darstellt.[28] Der natürliche Sprachgebrauch versteht unter einer Mitteilung wohl eher nur die Wissenserklärung. Die Anordnung des Gesetzes knüpft die Rechtsfolge des Wirksamwerdens der Genehmigung an diese Mitteilung. Gleichwohl besteht Einigkeit darin, dass es letztlich nicht auf die bloße Kenntnisverschaffung, sondern auf die Kundgabe eines Betätigungswillens ankommt. Grundsätzlich muss die Mitteilung deshalb erkennen lassen, a) ob das Familiengericht die Genehmigung erteilt hat und b) falls die Genehmigung erteilt ist, ob der Vormund sie gelten lassen will[29] oder jedenfalls den Vertrag jetzt noch billigt.[30] Die Unterscheidung zwischen Willenserklärung und Tatsachenanzeige mit rechtsgeschäftlicher Wirkung dürfte sich danach auf den Fall beschränken, in dem zu der bloßen Mitteilung der Genehmigungserteilung keine weiteren Umstände hinzutreten, die auf einen Betätigungswillen schließen lassen. In diesem Fall dürfte § 1829 Abs. 1 Satz 2 BGB im Sinne einer Auslegungsregel darauf schließen lassen, dass der Vormund von der Genehmigung auch Gebrauch machen will. Für die Praxis ist deshalb dringend zu raten, über die Erteilung der Genehmigung nur dann ohne ausdrücklichen Vorbehalt zu informieren, wenn von der Genehmigung Gebrauch gemacht werden soll.

18 Aus dem Charakter der Mitteilung als Willenserklärung mit dem Ausdruck der Geltungserklärung folgt, dass die Mitteilung der Genehmigung mit der Einschränkung, von ihr vorläufig keinen Gebrauch machen zu wollen, den Schwebezustand nicht beendet.[31] Allerdings dürfte eine solche Erklärung unter Berücksichtigung der Umstände des Einzelfalles gemäß §§ 133, 157 BGB sorgfältig daraufhin zu prü-

---

[25] Zutreffend *Zimmermann* in: Damrau/Zimmermann, Betreuungsrecht, 4. Aufl. 2011, § 1829 Rn. 5.

[26] So etwa *Engler* in: Staudinger, Neubearb. 2004, § 1829 Rn. 14.

[27] OLG München v. 21.10.2004 - 6 U 2945/04 - OLGR München 2005, 87 f.

[28] Im ersteren Sinne BayObLG München v. 07.12.1988 - BReg 1 a Z 8/88 - BayObLGZ 1988, 385-392; *Roth* in: Dodegge/Roth, Betreuungsrecht, 2003, E Rn. 127; *Zimmermann* in: Damrau/Zimmermann, Betreuungsrecht, 4. Aufl. 2011, § 1828 Rn. 8; § 1829 Rn. 4; *Veit* in: Staudinger, § 1829 Rn. 15; *Dickescheid* in: BGB-RGRK, § 1829 Rn. 6; *Meier/Neumann*, Handbuch Vermögenssorge, 2006, S. 66; nunmehr auch *Saar* in: Erman, § 1829 Rn. 4.

[29] Vgl. KG v. 13.06.1924 - 1a X 503 - OLGE 44, 82-83, 83; BayObLG München v. 16.07.1927 - III 105/1927 - BayObLGZ 27, 85-88, 86; *Dickescheid* in: BGB-RGRK, § 1829 Rn. 6; *Veit* in: Staudinger, § 1829 Rn. 16.

[30] So BGH v. 21.10.1954 - IV ZR 93/54 - BGHZ 15, 97-102.

[31] So auch *Zimmermann* in: Damrau/Zimmermann, Betreuungsrecht, 4. Aufl. 2011, § 1829 Rn. 7; *Götz* in: Palandt, § 1829 Rn. 4.

fen sein, ob der Vormund nicht von dem konkret geplanten und genehmigten Geschäft Abstand nimmt. Denn die spätere Vornahme des Rechtsgeschäfts unter veränderten Rahmenbedingungen kann ein anderes Rechtsgeschäft darstellen.

Die Mitteilung, dass die Genehmigung nur eingeschränkt erteilt worden sei, ist auslegungsbedürftig. Die modifizierte Genehmigung stellt die Versagung der begehrten Genehmigung, verbunden mit der antizipierten Genehmigung eines anderen Rechtsgeschäfts dar (vgl. hierzu die Kommentierung zu § 1828 BGB). Die bloße Mitteilung der gerichtlichen Entscheidung stellt dann keine Betätigung des wirksamen Vertrages dar, mag auch die Abänderung den Dritten nicht beschweren.[32] Ohne weitere Angaben dürfte vom Scheitern des konkreten Rechtsgeschäfts auszugehen sein. Dem Vormund steht es aber frei, mitzuteilen, dass er gegen die teilweise Ablehnung der Genehmigung Beschwerde einlegen will. Dann bleibt das Rechtsgeschäft in der Schwebe.[33] Alternativ mag sich der Vormund mit den Modifikationen begnügen und dem anderen Teil den Abschluss des modifizierten Vertrages neu anbieten. Für die Praxis ist in jedem Fall eine ausdrückliche Mitteilung über das beabsichtigte Vorgehen empfehlenswert. 19

Keine Bindung an den Vertrag erzeugen etwa folgende Formulierungen: 20
- „Ich teile Ihnen mit, dass das Familiengericht den Vertrag vom ... nicht genehmigt hat. Ich beabsichtige nicht, gegen die Entscheidung Beschwerde einzulegen. Damit ist der Vertrag nicht wirksam."
- „Ich teile Ihnen mit, dass zwar das Familiengericht den Vertrag vom ... inzwischen genehmigt hat. Aus Gründen, die im Wohl des Mündels begründet liegen, nämlich ..., habe ich mich jedoch entschlossen, von der Genehmigung durch das Familiengericht keinen Gebrauch zu machen. Bitte betrachten Sie den Vertrag als endgültig nicht zustande gekommen."

Bindung an den Vertrag erzeugt etwa die folgende Formulierung: 21
„Ich teile Ihnen mit, dass das Familiengericht den Vertrag vom ... genehmigt hat und dass ich von dieser Genehmigung Gebrauch mache. Damit ist der Vertrag wirksam zustande gekommen. Eine beglaubigte Abschrift des Beschlusses des Familiengerichts ist beigefügt."

Der Schwebezustand bleibt mit folgender Formulierung bestehen: 22
„Ich teile Ihnen mit, dass das Familiengericht den Vertrag vom ... nur mit Änderungen genehmigt hat. Damit ist der Vertrag noch nicht wirksam geworden. Ich beabsichtige, meinen Antrag auf Genehmigung des ursprünglichen Vertrags im Wege der Beschwerde weiterzuverfolgen und werde Sie vom Ergebnis der Beschwerde unaufgefordert unterrichten."

c. Erklärung der Mitteilung

Die Mitteilung der Genehmigung hat durch den im Zeitpunkt der Mitteilung wirksam bestellten Vormund zu erfolgen.[34] Wird die Genehmigung unmittelbar von dem Familiengericht an den Dritten übersandt, liegt darin keine Mitteilung nach § 1829 Abs. 1 Satz 2 BGB.[35] Die Mitteilung kann formfrei[36] und auch durch stillschweigendes Verhalten erfolgen.[37] Dabei kann beispielsweise auch vereinbart werden, dass die Mitteilung dadurch erfolgt, dass der Vertrag beim Grundbuchamt eingereicht wird.[38] § 151 Satz 1 BGB ist anwendbar.[39] Bloßes Schweigen, insbesondere also Untätigkeit auf den Erhalt der Genehmigung hin, lässt sich gemäß §§ 133, 157 BGB nicht als Erklärung über die Genehmigung aus- 23

---

[32] Zutreffend *Dickescheid* in: BGB-RGRK, § 1829 Rn. 6; str.
[33] Ähnlich auch OLG München v. 20.05.1942 - 8 Wx 317/42 - JFG 23, 275-288, 279; *Dickescheid* in BGB-RGRK, § 1829 Rn. 6.
[34] BayObLG München v. 22.06.1989 - BReg 3 Z 40/89 - BayObLGZ 1989, 242-255; *Bettin* in: BeckOK BGB, Ed. 30, § 1829 Rn. 4; ebenso LG Hamburg v. 21.06.2013 - 316 O 122/12 - juris Rn. 16 - ZMR 2013, 1006-1007, das allerdings etwaige Möglichkeiten der Vertretung in diesem Zusammenhang nicht erörtert.
[35] Vgl. BayObLG München v. 06.07.1995 - 1Z BR 52/95 - juris Rn. 8 - FGPRax 1995, 196; *Bettin* in: BeckOK BGB, Ed. 30, § 1829 Rn. 5.
[36] OLG Düsseldorf v. 07.08.1958 - 3 W 145/58 - NJW 1959, 391-302, 301; BGH v. 21.10.1954 - IV ZR 93/54 - BGHZ 15, 97-102, 101; *Dickescheid* in; BGB-RGRK, § 1829 Rn. 9.
[37] RG v. 13.04.1928 - IV 1311/28 - RGZ 121, 30-37, 33; BGH v. 21.10.1954 - IV ZR 93/54 - BGHZ 15, 97-102; OLG Düsseldorf v. 07.08.1958 - 3 W 145/58 - NJW 1959, 391-302, 301; *Veit* in: Staudinger, § 1829 Rn. 27; *Zimmermann* in: Damrau/Zimmermann, Betreuungsrecht, 4. Aufl. 2011, § 1829 Rn. 15.
[38] *Zimmermann* in: Damrau/Zimmermann, Betreuungsrecht, 4. Aufl. 2011, § 1829 Rn. 6 m.w.N.
[39] So etwa ausdrücklich *Zimmermann* in: Damrau/Zimmermann, Betreuungsrecht, 4. Aufl. 2011, § 1829 Rn. 6.

legen, auch wenn der Vormund die Entscheidung in Gegenwart des anderen Teils in Empfang nimmt.[40] Etwaige grundbuchrechtliche Formerfordernisse bleiben unberührt. So muss die Genehmigung im Fall der Auflassung eines Grundstücks des Vormunds (§ 20 GBO) und anders als etwa im Verfahren nach § 19 GBO (z.B. bei Bestellung von Grundpfandrechten) in der Form des § 29 GBO nachgewiesen werden, etwa dadurch, dass der Erwerber den Genehmigungsbeschluss beim Grundbuchamt einreicht.

24 Stellvertretung ist zulässig, auch in Form der so genannten Doppelbevollmächtigung (vgl. hierzu bereits die Kommentierung zu § 1828 BGB Rn. 50) oder in Form einer Generalvollmacht.[41] Der Vormund darf allerdings nach herrschender Auffassung[42] keine unwiderrufliche Vollmacht erteilen, da er sich sonst der durch § 1828 BGB garantierten Letztentscheidungskompetenz begäbe.

d. Wirkung der Mitteilung

25 Mit der Mitteilung der Genehmigung an den Geschäftspartner wird der Vertrag entsprechend § 184 BGB voll wirksam. Eine Rücknahme oder Abänderung der Genehmigung ist jetzt – von besonderen Ausnahmen abgesehen – nicht mehr möglich (vgl. § 48 Abs. 3 FamFG).

26 Die Mitteilung unterliegt allerdings den Regeln der §§ 116 ff. BGB.[43] Die irrtümliche Annahme, zur Mitteilung verpflichtet zu sein, stellt allerdings einen unbeachtlichen Motivirrtum dar.[44] Auch der Irrtum über die Rechtsfolgen der bloßen Mitteilung ist hier – ausnahmsweise – kein Bedeutungsirrtum, da das Gesetz die Rechtsfolge bereits an die Mitteilung und nicht an die Äußerung des Betätigungswillens knüpft. Etwas anderes gilt allerdings, wenn der Erklärende über die Mitteilung hinaus äußern will, dass er von der Genehmigung keinen Gebrauch macht, hierbei jedoch irrig den Bedeutungsgehalt des verwendeten Ausdrucks verkennt.

27 Die Erklärung wirkt auf den Zeitpunkt des Vertragsabschlusses zurück.[45] Das entspricht dem allgemeinen Rechtsgrundsatz des § 184 Abs. 1 BGB. Etwaige Zwischenverfügungen werden hierdurch allerdings nicht unwirksam.[46]

28 Mit der Mitteilung der Verweigerung der Genehmigung oder der Mitteilung, von einer Genehmigung endgültig keinen Gebrauch machen zu wollen, wird der Vertrag endgültig unwirksam.[47] Das gilt auch dann, wenn der Vormund zu Unrecht mitteilt, die Genehmigung sei versagt worden.

e. Der Zeitpunkt der Mitteilung

29 Die Genehmigung wird nach § 40 Abs. 2 FamFG erst mit Rechtskraft wirksam. Zum Eintritt der Rechtskraft vgl. bereits die Kommentierung zu § 1828 BGB Rn. 85. Macht der Vormund vor Eintritt der Rechtskraft von einer – hiernach also noch nicht wirksamen – Genehmigung Gebrauch, wird auch der Vertrag noch nicht wirksam. Wird die Genehmigung in der Folge aufgehoben, bleibt der Vertrag unwirksam. Da der andere Vertragsteil die fehlende Rechtskraft nicht kennen muss, riskiert der Vormund in diesem Fall die Eigenhaftung nach § 179 BGB. Deshalb ist es dringend empfehlenswert, die Genehmigung erst mit ihrer Rechtskraft mitzuteilen.[48]

30 Fraglich ist, ob der Vormund nicht sogar von Rechts wegen gezwungen ist, mit der Mitteilung der Genehmigung bis Eintritt der Rechtskraft zuzuwarten.[49] Immerhin besteht die Gefahr, dass sich das Ver-

---

[40] So auch KG v. 20.01.1922 - OLGE 42, 114; *Veit* in: Staudinger, § 1829 Rn. 27; *Zimmermann* in: Damrau/Zimmermann, Betreuungsrecht, 4. Aufl. 2011, § 1829 Rn. 16; a.A. LG Duisburg v. 24.04.1958 - 8 O 19/58 - NJW 1959, 820-821.
[41] *Zimmermann* in: Damrau/Zimmermann, Betreuungsrecht, 4. Aufl. 2011, § 1829 Rn. 9.
[42] Vgl. etwa *Saar* in: Erman, 12. Aufl. 2008, § 1829 Rn. 4; *Engler* in: Staudinger, Neubearb. 2004, § 1829 Rn. 24.
[43] Allg. A. vgl. *Saar* in: Erman, § 1829 Rn. 4.
[44] So im Ergebnis auch *Saar* in: Erman, § 1829 Rn. 4.
[45] Allg. A., RG v. 28.09.1933 - IV 178/33 - BGHZ 142, 59-63, 62 f.; BayLSG v. 20.03.2013 - L 1 LW 29/11 - juris Rn. 70; *Zimmermann* in: Damrau/Zimmermann, Betreuungsrecht, 4. Aufl. 2011, § 1829 Rn. 17; *Veit* in: Staudinger, § 1829 Rn. 54; *Bettin* in: BeckOK BGB, Ed. 30, § 1829 Rn. 5; vgl. hierzu auch schon Motive, zitiert nach *Mugdan*, Die gesammten Materialien zum Bürgerlichen Gesetzbuch für das Deutsche Reicht, IV. Band: Familienrecht, 1899, S. 1155.
[46] *Zimmermann* in: Damrau/Zimmermann, Betreuungsrecht, 4. Aufl. 2011, § 1829 Rn. 17; *Veit* in: Staudinger, § 1829 Rn. 54.
[47] Allg. A., KG v. 24.11.1902 - 1 U 1299/02 - KGJ 25, A 17-21; *Dickescheid* in: BGB-RGRK, § 1829 Rn. 15; *Zimmermann* in: Damrau/Zimmermann, Betreuungsrecht, 4. Aufl. 2011, § 1829 Rn. 19.
[48] So auch *Saar* in: Erman, § 1829 Rn. 2, m.w.N.
[49] So *Wesche*, Rpfleger 2010, 403, 404; *Litzenburger*, RNotZ 2010, 32, 38; *Veit* in: Staudinger, § 1829 Rn. 20; *Bolkart*, MittBayNot 2009, 268, 273, hielte ein Gebrauchmachen vor Rechtskraft zumindest für wagemutig; zweifelnd *Wagenitz* in: MünchKomm-BGB, § 1829 Rn. 12.

fahren zur Überprüfung der Genehmigung einige Zeit hinzieht, wenn noch keine Rechtskraft eingetreten ist. Unabhängig vom Ausgang dieser Überprüfung besteht die Möglichkeit, dass sich die tatsächlichen Verhältnisse in dieser Zeit ändern und der Vormund bei späterer nochmaliger Prüfung zu dem Ergebnis kommen könnte, es sei vorzugswürdig, von der – dann ggf. erteilten – Genehmigung keinen Gebrauch mehr zu machen. Durch die Mitteilung der Genehmigung vor Eintritt der Rechtskraft begäbe sich der Vormund dieser Möglichkeit in unzulässiger Weise.

3. Die Doppelbevollmächtigung

Bei der Doppelbevollmächtigung (eigentlich sogar eine „Dreifachbevollmächtigung") kann ein Dritter – etwa der Notar – bevollmächtigt werden, a) die Genehmigung zu beantragen, b) die Erteilung der Genehmigung entgegenzunehmen und sie c) dem Geschäftspartner gegenüber einschließlich der Erklärung, dass das Rechtsgeschäft gelten soll, mitzuteilen.[50] Ferner kann der Geschäftspartner unter Gestattung des Insichgeschäfts nach § 181 BGB den Dritten bevollmächtigen, die Mitteilung der Genehmigung entgegenzunehmen. Hierdurch wird es möglich, dass all diese Vorgänge in einer Willensbildung zusammenfallen.

Im Interesse der Rechtssicherheit ist es erforderlich, dass dieser einheitliche innere Vorgang nach außen zutage tritt.[51] Dabei ist erforderlich, aber auch ausreichend, dass erkennbar wird, dass der Bevollmächtigte von der Genehmigung Gebrauch machen will. Es genügt deshalb die Anfertigung eines Vermerks über das Gebrauchmachen von der Genehmigung durch den Dritten[52] oder aber die Vollziehung des Rechtsgeschäfts, etwa die Einreichung der Eintragungsunterlagen beim Grundbuchamt[53], nicht hingegen die Anfertigung eines Vermerks über die Kenntnisnahme von der Genehmigung[54].

Nach wohl h.M. bedarf die Mitteilung der Genehmigung bei Grundstücksgeschäften keines förmlichen Nachweises nach § 29 GBO,[55] Denn Mitteilung und Empfang der Genehmigung für den Vertragspartner stellten einen einheitlichen Vorgang dar. Dieser Auffassung kann nur eingeschränkt gefolgt werden. Zwar genügt es, wenn in öffentlich beglaubigter Weise nachgewiesen ist, dass der Notar Doppelvollmacht hat und er die Vertragsurkunde nebst Ausfertigung der Genehmigung beim Grundbuchamt einreicht. Denn dann stellt sich sein der Wahrnehmung des Grundbuchamtes zugängliches Verhalten selbst als Erklärung der Genehmigung dar. Ist jedoch das Vorliegen einer Doppelvollmacht nicht förmlich erwiesen, so kann auf den gesonderten Nachweis der Genehmigung nicht verzichtet werden. Das tatsächliche Zusammenfallen von Mitteilung und Empfang der Genehmigung darf nicht darüber hinwegtäuschen, dass rechtstechnisch zwei unterschiedliche Vorgänge vorliegen und die – wenn auch nur stillschweigende – Erklärung der Genehmigung als eine zu der Eintragung erforderliche Erklärung nicht ersatzlos wegfällt. Unverzichtbar ist in jedem Fall der förmliche Nachweis der Genehmigung durch das Familiengericht.

Die Doppelbevollmächtigung hat zur Folge, dass dem Vormund bzw. dem Betreuten in der Praxis die Möglichkeit abgeschnitten wird, gegen eine unerwünschte Genehmigung gerichtlich vorzugehen, da eine Änderung der Entscheidung nicht mehr möglich ist, nachdem von ihr Gebrauch gemacht wurde (§ 48 Abs. 3 FamFG). Der bevollmächtigte Notar wie auch das Familiengericht haben auf diese Folgen hinzuweisen.[56] Wegen der Unabänderlichkeit der dem Dritten gegenüber erteilten Genehmigung darf

---

[50] Ganz herrschende Auffassung, vgl. *Dickescheid* in: BGB-RGRK, § 1829 Rn. 13; *Meier/Neumann*, Handbuch Vermögenssorge, 2006, S. 66; *Veit* in: Staudinger, § 1829 Rn. 24; implizit auch BayObLG München v. 11.05.1988 - BReg 3 Z 51/88 - FamRZ 1988, 1321; kritisch aber *Zimmermann* in: Damrau/Zimmermann, Betreuungsrecht, 4. Aufl. 2011, § 1829 Rn. 14.

[51] Vgl. OLG Frankfurt v. 26.10.1995 - 16 U 211/93 - juris Rn. 30 - OLGR Frankfurt 1997, 9-11; BayObLG v. 29.10.1997 - 3Z BR 196/97 - FamRZ 1997, 1426.

[52] BayObLG v. 29.10.1997 - 3Z BR 196/97 - FamRZ 1997, 1426; OLG Hamm v. 24.05.1963 - 15 W 116/63 - Rpfleger 1964, 313-315; *Saar* in: Erman, § 1829 Rn. 6.

[53] BayObLG v. 22.06.1989 - BReg 3 Z 40/89 - FamRZ 1989, 1113-1118; *Saar* in: Erman, § 1829 Rn. 6.

[54] *Zimmermann* in: Damrau/Zimmermann, Betreuungsrecht, 4. Aufl. 2011, § 1829 Rn. 11.

[55] So *Zimmermann* in: Damrau/Zimmermann, Betreuungsrecht, 4. Aufl. 2011, § 1829 Rn. 12; *Dickescheid* in: BGB-RGRK, § 1829 Rn. 13; *Saar* in: Erman, § 1829 Rn. 6.

[56] Vgl. zum alten Recht *Klüsener* in: Jürgens, Betreuungsrecht, 3. Aufl. 2005, § 1829 Rn. 6; *Dickescheid* in: BGB-RGRK, § 1829 Rn. 13; zum neuen Recht *Zimmermann* in: Damrau/Zimmermann, Betreuungsrecht, 4. Aufl. 2011, § 1829 Rn. 13.

der Vormund bzw. Betreuer auch nicht ohne zwingenden Grund eine Doppelvollmacht erteilen.[57] Kennt das Gericht den entgegenstehenden Willen des Betreuten, so darf es nicht genehmigen.

35 Die Doppelbevollmächtigung muss deutlich erteilt werden. Die formularmäßig verwendete Bevollmächtigung zur Abgabe der mit der Durchführung eines notariellen Vertrages erforderlichen Erklärungen umfasst noch keine Doppelbevollmächtigung im Sinne von § 1829 BGB.[58]

D. Unwirksamwerden nach Aufforderung durch den anderen Teil (Absatz 2)

I. Anwendungsvoraussetzungen

1. Abschluss des Vertrages vor Erteilung der Genehmigung

36 § 1829 Abs. 2 BGB bezieht sich auf § 1829 Abs. 1 BGB. Damit setzt er einen Fall der Nachgenehmigung voraus. Hat das Familiengericht die Genehmigung bereits vor Abschluss des Vertrages erteilt, so folgt aus dem Grundsatz der sofortigen Bindung (vgl. hierzu Rn. 9), dass für eine Aufforderung nach § 1829 Abs. 2 BGB kein Raum ist.[59] Der andere Teil könnte sonst erst einen sonst gar nicht bestehenden Schwebezustand herbeiführen.

37 **Hinweis für die Praxis:** Sowohl der Vormund als auch das Familiengericht[60] sind in einem solchen Fall verpflichtet, dem anderen Teil Auskunft über eine erteilte Genehmigung zu erteilen.

2. Anderer Teil

38 Der andere Teil ist jeder am Vertragsabschluss als Partei Beteiligte, dem gegenüber die Erklärung des Mündels (vertreten durch den Vormund) erfolgt.

3. Aufforderung zur Mitteilung über die Erteilung der Genehmigung

a. Inhalt der Aufforderung

39 Um Gewissheit über die Erteilung der Genehmigung zu erlangen, muss der andere Teil den Vormund zur Mitteilung über die Erteilung der Genehmigung auffordern. Diese Aufforderung stellt eine empfangsbedürftige Willenserklärung dar.[61] Ihrem Inhalt nach muss sie zum Ausdruck bringen, dass der andere Teil eine verbindliche Erklärung darüber begehrt, ob die Genehmigung erteilt wurde. Dafür ist einerseits weder erforderlich, dass der andere Teil sich des Wortlauts des § 1829 Abs. 2 BGB bedient, noch dass er auch nur in dem Bewusstsein handelt, die gesetzlich vorgesehene Folge herbeizuführen.[62] Andererseits genügt eine bloße Anfrage zum Stand des Genehmigungsverfahrens nicht.[63] Es muss deutlich werden, dass die Mitteilung des Vormunds Folgen für die vertragliche Bindung haben soll.[64] Die Aufforderung könnte etwa wie folgt formuliert werden:
„Hiermit fordere ich Sie auf, mir binnen vier Wochen mitzuteilen, ob das Familiengericht den Vertrag vom … genehmigt hat und ob Sie von der Genehmigung Gebrauch machen."

---

[57] BayObLG v. 29.10.1997 - 3Z BR 196/97 - FamRZ 1998, 1325-1326; *Klüsener* in: Jürgens, Betreuungsrecht, 3. Aufl. 2005, § 1829 Rn. 7; a.A. zum neuen Recht *Freiherr von Crailsheim* in: Jürgens, Betreuungsrecht, 4. Aufl. 2010, § 1829 Rn. 6.
[58] LG Oldenburg v. 31.07.1984 - 5 T 474/84 - Rpfleger 1984, 414; zustimmend *Saar* in: Erman, 12. Aufl. 2008, § 1829 Rn. 4.
[59] So auch *Dickescheid* in: BGB-RGRK, § 1829 Rn. 2.
[60] *Dickescheid* in: BGB-RGRK, § 1829 Rn. 2; *Zimmermann* in: Damrau/Zimmermann, Betreuungsrecht, 4. Aufl. 2011, § 1829 Rn. 2.
[61] So auch *Wagenitz* in: MünchKomm-BGB, § 1829 Rn. 28; *Veit* in: Staudinger, § 1829 Rn. 31; nunmehr auch *Saar* in: Erman, § 1829 Rn. 7; str., a.A. (rechtsgeschäftsähnliche Handlung) etwa *Dickescheid* in: BGB-RGRK, § 1829 Rn. 16, ohne dass damit allerdings weitreichende Abweichungen von den hier gefundenen Ergebnissen verbunden wären.
[62] Vgl. hierzu auch *Veit* in: Staudinger, § 1829 Rn. 32; *Dickescheid* in: BGB-RGRK § 1829 Rn. 17.
[63] OLG Düsseldorf v. 23.07.2003 - 3 Wx 200/03 - DNotZ 2003, 863-865; *Veit* in: Staudinger, § 1829 Rn. 32; *Dickescheid* in: BGB-RGRK, § 1829 Rn. 17; *Saar* in: Erman, § 1829 Rn. 5.
[64] OLG Düsseldorf v. 23.07.2003 - 3 Wx 200/03 - DNotZ 2003, 863-865; *Veit* in: Staudinger, § 1829 Rn. 32.

b. Form der Aufforderung

Das Gesetz fordert nicht die Einhaltung einer bestimmten Form. Es empfiehlt sich jedoch die Einhaltung einer beweissicheren Form, um aus dem erfolglosen Fristablauf Rechte herleiten zu können[65] oder verbindliche Gewissheit darüber zu haben, dass der endgültig nicht wirksame Vertrag nicht erfüllt werden muss. Zu denken ist etwa an eine Aufforderung unter Zeugen, gegen Empfangsbekenntnis oder per Einschreiben mit Rückschein.

c. Zeitpunkt der Aufforderung

Die Aufforderung kann ab dem Abschluss des Vertrages erklärt werden. Insbesondere muss die Entscheidung des Gerichts nicht abgewartet werden.[66]

Hinweis für die Praxis: Die Verlängerung der Frist von zwei auf vier Wochen darf nicht dazu verleiten, erst nach Abschluss des Vertrages die Genehmigung zu beantragen. Wenn die Prüfung der Genehmigung nämlich zwei Wochen oder länger in Anspruch nimmt, wird sie vor Ablauf der Frist nicht mehr rechtskräftig.

Die Vertragsparteien können die Vierwochenfrist einvernehmlich abkürzen oder verlängern.[67] Eine etwaige, von dem anderen Teil nach § 1829 Abs. 2 BGB gesetzte Frist zur Erklärung über die Genehmigung läuft auch im Fall des Eintritts der Volljährigkeit des Mündels oder einer Beendigung der Vormundschaft aus anderem Grund weiter.[68]

d. Person des Erklärenden

Bei mehreren Beteiligten auf einer Seite eines Vertragsabschlusses ist nach den allgemeinen Regeln zu differenzieren, wer wem gegenüber auffordern muss.[69] Für die Praxis kann es sich insbesondere in Dauerschuldverhältnissen (z.B. Mietverträgen) anbieten, hierzu Regelungen zu vereinbaren. Allerdings können diese Regelungen nur für künftige Erklärungen im Vertragsverhältnis eingreifen, nicht schon für die erst noch zu genehmigende Regelung selbst. Nach herrschender Meinung[70] müssen mehrere auf einer Seite stehende Vertragsbeteiligte die Aufforderung gemeinsam abgeben, während die Gegenansicht allein auf das jeweilige Innenverhältnis abstellt.[71]

e. Adressat der Aufforderung

Die Aufforderung ist an den im Zeitpunkt des Zugangs der Erklärung wirksam bestellten Vormund zu richten. Nach Beendigung der Vormundschaft ist sie analog § 177 BGB an den volljährigen Mündel bzw. im Todesfall an seine Erben zu richten.[72]

II. Rechtsfolgen

1. Beendigung des Schwebezustandes

Mit der Aufforderung nach § 1829 Abs. 2 BGB kann der Vertragspartner den Schwebezustand beenden. Diese Aufforderung stellt eine empfangsbedürftige Willenserklärung dar.[73] Mit ihrem Zugang beginnt eine vierwöchige Frist, nach deren Ablauf das Rechtsgeschäft endgültig unwirksam wird, wenn nicht rechtzeitig die Genehmigung mitgeteilt wird. Unerheblich ist, ob die Genehmigung vorliegt oder beantragt wurde.[74] Gemäß § 187 Abs. 1 BGB wird der Tag, an dem die Aufforderung zugeht, bei der Fristberechnung nicht berücksichtigt. Das Fristende bestimmt sich nach § 188 Abs. 2 BGB.

---

[65] So schon *Hesse*, Deutsches Vormundschaftsrecht, 1900, § 1829 Rn. 6.
[66] Ganz h.M., RG v. 27.10.1930 - VI 802/29 - RGZ 130, 148, 152; *Veit* in: Staudinger, § 1829 Rn. 39; *Dickescheid* in: BGB-RGRK, § 1829 Rn. 16.
[67] *Roth* in: Dodegge/Roth, Betreuungsrecht, 2003, E Rn. 130; *Bettin* in: BeckOK BGB, Ed. 30, § 1829 Rn. 6; *Zimmermann* in: Damrau/Zimmermann, Betreuungsrecht, 4. Aufl. 2011, § 1829 Rn. 23; *Dickescheid* in: BGB-RGRK, § 1829 Rn. 20; *Wagenitz* in: MünchKomm-BGB, § 1829 Rn. 29.
[68] OGH Köln v. 21.12.1949 - IIa ZS 101/49 - JR 1950, 245-246, 245; *Dickescheid* in: BGB-RGRK § 1829 Rn. 20; *Veit* in: Staudinger, § 1829 Rn. 47.
[69] Vgl. im Einzelnen etwa *Veit* in: Staudinger, § 1829 Rn. 36; *Dickescheid* in: BGB-RGRK, § 1829 Rn. 18.
[70] So etwa *Saar* in: Erman, § 1829 Rn. 7; *Zimmermann* in: Damrau/Zimmermann, Betreuungsrecht, 4. Aufl. 2011, § 1829 Rn. 22.
[71] *Veit* in: Staudinger, § 1829 Rn. 36.
[72] *Veit* in: Staudinger, § 1829 Rn. 35.
[73] So auch *Wagenitz* in: MünchKomm-BGB, § 1829 Rn. 28.
[74] RG v. 27.10.1930 - VI 802/29 - RGZ 130, 148, 152.

2. Sonstige Arten der Beendigung des Schwebezustandes

47 Der Schwebezustand endet auch, wenn der Vormund mitteilt, dass die Genehmigung verweigert wurde oder dass er von einer Genehmigung keinen Gebrauch mache.

3. Mittelbare Auswirkungen auf das Genehmigungsverfahren

48 Das Vormundschaftsgericht ist auch bei der Ausgestaltung seines Verfahrens auf das Mündelinteresse verpflichtet. Es hat deshalb sein Genehmigungsverfahren nach Möglichkeit so zu gestalten, dass über eine Genehmigung entschieden werden kann, ehe die Bindung des anderen Teils an das Geschäft gemäß § 1829 Abs. 2 BGB entfällt.[75] Genügt die Frist jedoch nicht zur Schaffung einer ausreichenden Entscheidungsgrundlage – was insbesondere auch auf einer mangelnden Information durch den Vormund beruhen kann –, so hat die inhaltlich richtige Entscheidung grundsätzlich Vorrang vor der schnellen Entscheidung, d.h. das Gericht muss notfalls in Kauf nehmen, dass die Bindung des anderen Teils entfällt, wenn eine abschließende Prüfung nicht innerhalb der Frist möglich ist.

E. Wirksamwerden nach Eintritt der Volljährigkeit (Absatz 3)

I. Anwendungsvoraussetzungen

1. Volljährigkeit des Mündels

49 Voraussetzung des § 1829 Abs. 3 BGB ist der Eintritt der Volljährigkeit, d.h. die Vollendung des 18. Lebensjahres.

2. Schwebende Unwirksamkeit

50 § 1829 Abs. 3 BGB setzt voraus, dass das Rechtsgeschäft noch schwebend unwirksam ist. Nur dann kann der Mündel es noch genehmigen.[76]

3. Beendigung der Vormundschaft durch den Tod des Mündels

51 § 1829 Abs. 3 BGB regelt einen Fall der Beendigung der Vormundschaft. Als weiterer Beendigungsgrund kommt der Tod des Mündels in Betracht. Endet die Vormundschaft durch den Eintritt des Todes, so geht das Recht zur Genehmigung entsprechend § 1829 Abs. 3 BGB auf die Erben über.[77] Bis zur Kenntnis des Vormunds vom Todeseintritt kommt allerdings eine Fortführung der Vormundschaft nach den §§ 1893 Abs. 1, 1698a Abs. 1 BGB in Betracht.[78]

4. Beendigung der Betreuung

52 Ebenso wie der volljährig gewordene Mündel kann der vormals Betreute nach Aufhebung der Betreuung den Vertrag selbst genehmigen.[79] Dies gilt auch, wenn der Aufgabenkreis, in den das Rechtsgeschäft fällt, von der Betreuung ausgeschlossen wurde.[80]

II. Rechtsfolgen

53 Mit Eintritt der Volljährigkeit endet die Vormundschaft. § 1829 Abs. 3 BGB stellt klar, dass die Genehmigung nunmehr dem früheren Mündel obliegt. Nach Eintritt der Volljährigkeit kann der Mündel selbst die Genehmigung erklären.[81] Die Erklärung erfolgt gegenüber dem anderen Vertragsteil.[82]

---

[75] Vgl. *Hesse*, Deutsches Vormundschaftsrecht, 1900, § 1829 Rn. 7.

[76] Vgl. hierzu etwa RG v. 27.10.1930 - VI 220/30 - RGZ 130, 124-128; *Dickescheid* in: BGB-RGRK, § 1829 Rn. 20; *Zimmermann* in: Damrau/Zimmermann, Betreuungsrecht, 4. Aufl. 2011, § 1829 Rn. 24.

[77] BayObLG v. 27.10.1964 - BReg 1a Z 110/64 - BayObLGZ 1964, 350-357; KG v. 05.04.1902 - OLGE 4, 416-417, 417; *Bettin* in: BeckOK BGB, Ed. 30, § 1829 Rn. 7; *Roth* in: Dodegge/Roth, Betreuungsrecht, 2003, E Rn. 130; *Götz* in: Palandt, § 1829 Rn. 7; *Wagenitz* in: MünchKomm-BGB, § 1829 Rn. 34; *Veit* in: Staudinger, § 1829 Rn. 51; *Dickescheid* in: BGB-RGRK, § 1829 Rn. 20.

[78] Vgl. hierzu etwa *Veit* in: Staudinger, § 1829 Rn. 52.

[79] *Zimmermann* in: Damrau/Zimmermann, Betreuungsrecht, 4. Aufl. 2011, § 1829 Rn. 24.

[80] *Roth* in: Dodegge/Roth, Betreuungsrecht, 2003, E Rn. 130.

[81] Vgl. OLG Hamm v. 13.12.2013 - 15 W 374/13 - juris Rn. 13.

[82] RG v. 27.10.1930 - VI 220/03 - RGZ 130, 124-128, 128; *Veit* in: Staudinger, § 1829 Rn. 45; *Dickescheid* in: BGB-RGRK, § 1829 Rn. 20.

Teilt der Vormund nach Beendigung seines Amtes gleichwohl noch eine Genehmigung mit, so entfaltet diese keine Wirkungen.[83] Die von ihm vor Beendigung seines Amtes erteilte Vollmacht behält jedoch ihre Geltung über die Beendigung des Amtes hinaus, so dass der Bevollmächtigte auch noch nach Beendigung der Vormundschaft die Genehmigung erteilen kann. Es ist Sache des Mündels, nach Beendigung der Vormundschaft die zuvor erteilte Vollmacht zu widerrufen.

Die Genehmigungserklärung stellt eine Willenserklärung dar, die der Auslegung zugänglich ist. Sie kann auch durch schlüssiges Handeln erfolgen.[84]

Regelmäßig wird gesagt, eine Genehmigung durch den (ehemaligen) Mündel setze als Willenserklärung voraus, dass der Mündel die schwebende Unwirksamkeit kennt und heilen will.[85] Da es sich indes auch bei dieser Genehmigung um eine Willenserklärung handelt, die gemäß §§ 133, 157 BGB auszulegen ist, bedarf es nach allgemeinen Regeln keines positiven Erklärungsbewusstseins.[86] Auch ohne tatsächliche Kenntnis des Mündels von der fehlenden Genehmigung kann nach dem objektiven Empfängerhorizont danach von einer Genehmigung auszugehen sein, wenn der Mündel das genehmigungsbedürftige Rechtsgeschäft bejaht und nicht lediglich ein hiervon unabhängiges neues Geschäft eingehen will. Dafür kann es ausreichend sein, dass der Mündel die Unwirksamkeit des Rechtsgeschäfts für möglich hält.[87] Für eine solche Annahme müssen jedoch konkrete Anhaltspunkte vorhanden sein.[88] Ein bloßes Schweigen, etwa das Unterlassen eines Widerspruchs gegen die Einziehung von Versicherungsbeiträgen, enthält jedoch auch hier – wie stets – keinen Erklärungswert.[89] Allerdings kann die Berufung auf das Fehlen der familiengerichtlichen Genehmigung nach erheblichem Zeitablauf eine unzulässige Rechtsausübung darstellen.[90] Dies wird insbesondere für die langjährige Fortzahlung von Prämien auf eine Lebensversicherung angenommen.[91]

F. Prozessuale Hinweise

Beweisbelastet für die Erteilung der Genehmigung und die Mitteilung der Genehmigung ist nach den allgemeinen Regeln, wer sich auf die Wirksamkeit des Vertrages beruft.[92] Im Falle des § 1829 Abs. 2 BGB hat derjenige, der sich auf die Wirksamkeit des Vertrages beruft, auch zu beweisen, dass die Mitteilung innerhalb der Vierwochenfrist erfolgt ist. Umgekehrt hat derjenige, der sich auf die Unwirksamkeit des Vertrages beruft, die Verweigerung der Genehmigung zu beweisen[93], also insbesondere den Zeitpunkt des Zugangs der Aufforderung.[94]

---

[83] Allg. A., *Veit* in: Staudinger, § 1829 Rn. 44; *Holzhauer* in: Erman, 11. Aufl. 2004, § 1830 Rn. 8.
[84] BayObLG, 15.01.1926 - ZS III 133/25 - LZ 1926, 493-494; LG Bremen v. 01.04.1963 - 5 S 601/62 - FamRZ 1963, 658-661, 660; OGH Köln v. 21.12.1949 - IIa ZS 101/49 - JR 1950, 245-246; *Veit* in: Staudinger, § 1829 Rn. 49; *Dickescheid* in: BGB-RGRK, § 1829 Rn. 20.
[85] So etwa OLG Hamm v. 03.04.1992 - 20 U 322/91 - juris Rn. 15 - MDR 1992, 1037; *Saar* in: Erman, § 1829 Rn. 8; *Zimmermann* in: Damrau/Zimmermann, Betreuungsrecht, 4. Aufl. 2011, § 1829 Rn. 24; *Götz* in: Palandt, § 1829 Rn. 6; *Veit* in: Staudinger, § 1829 Rn. 49.
[86] Vgl. hierzu *Ellenberger* in: Palandt, Einf. v. § 116 Rn. 17.
[87] Vgl. OLG Koblenz v. 18.05.1990 - 10 U 285/89 - juris Rn. 6 - VersR 1991, 209-210.
[88] LG Waldshut-Tiengen v. 14.03.1985 - 2 S 3/85 - juris Rn. 5 - VersR 1985, 939.
[89] Vgl. OLG Koblenz v. 18.05.1990 - 10 U 285/89 - juris Rn. 8 - VersR 1991, 209-210.
[90] BGH v. 18.01.1961 - VIII ZR 235/59 - FamRZ 1961, 216-217; *Dickescheid* in: BGB-RGRK, § 1829 Rn. 20; *Veit* in: Staudinger, § 1829 Rn. 50.
[91] So etwa LG Freiburg (Breisgau) v. 07.03.1997 - 5 O 358/96 - RuS 1997, 401-402; LG Verden v. 07.05.1997 - 2 S 469/96 - NJWE-VHR 1998, 5; restriktiv aber LG Frankfurt v. 13.04.1999 - 2/8 S 114/98, 2-08 S 114/98 - NJW 1999, 3566-3567; zur Annahme einer konkludenten Genehmigung bei aktiver Rückforderung von Prämien und Äußerung von Gestaltungswünschen vgl. LG Regensburg v. 26.09.2003 - 4 O 1024/03 - VersR 2004, 722-723.
[92] Zutreffend *Veit* in: Staudinger, § 1829 Rn. 59.
[93] Vgl. BGH v. 25.01.1989 - IVb ZR 44/88 - NJW 1989, 1728-1729.
[94] *Veit* in: Staudinger, § 1829 Rn. 60.

Muster zu § 1829

G. Arbeitshilfen – Beschluss wegen einer familiengerichtlichen Genehmigung

58 Für ein Beispiel eines Beschlusses wegen familiengerichtlicher Genehmigung vgl. das Muster 1.

Geschäftsnummer: Der Geschäftsstelle übergeben
1 F 125/09   am 22.03.2010 um 10.00 Uhr.
Bitte bei allen
Eingaben angeben

AMTSGERICHT SAARBRÜCKEN

BESCHLUSS[1]

In der Familiensache[2]

betreffend: Herrn Peter Mündeling, geboren am 14.03.1988, Hauptstraße 115, 66111 Saarbrücken, als Mündel, gesetzlich vertreten durch Herrn Karl Groß, Bergallee 20, 66111 Saarbrücken, als Vormund

- Verfahrensbeistand: Rechtsanwältin Silvia Schlau, Hügelweg 5-7, 66114 Saarbrücken -

wegen familiengerichtlicher Genehmigung

hat das Amtsgericht – Familiengericht[3] – in Saarbrücken am 22.03.2010 durch den Rechtspfleger[4] Vorsicht

beschlossen:

1.
Der von
Herrn Karl Groß in seiner Funktion als Vormund in Vertretung des Betroffenen
gegenüber
Frau Clara Wiese, Bergstraße 5, 66123 Saarbrücken,
angegebene Angebotserklärung[5]
zum Abschluss des Grundstücksveräußerungsvertrags vom 12.02.2010 über das Grundstück Gemarkung Alt-Saarbrücken, Flur 1, Nr. 2345 (Hausgrundstück mit Garten), 880 qm, gemäß notarieller Urkunde des Notars Dr. Weitsicht in Saarbrücken (UR-Nr. 2514/10)
wird familiengerichtlich genehmigt.

---

[1] Vgl. § 38 FamFG.
[2] Vgl. §§ 111, 99 FamFG.
[3] Vgl. §§ 23a Abs. 1 Nr. 1, 23b GVG, § 151 Nr. 1, § 111 Nr. 2 FamFG.
[4] Vgl. § 3 Nr. 2a RpflG.
[5] Teilweise wird formuliert, das Rechtsgeschäft werde genehmigt (so etwa Schmid, Handbuch der Rechtspraxis, Band 5a – Familienrecht – 1. Halbband, 7. Aufl. 2010, Rn. 1186). Das entspricht der Diktion des Gesetzes. M.E. genügt jedoch die Genehmigung der Erklärung des Vormunds. So wird deutlich, dass etwaige Genehmigungsbedürfnisse hinsichtlich der Erklärung des anderen Teils weder geprüft noch erfüllt werden.

2.

Die Entscheidung wird mit Rechtskraft wirksam.[6]

Gründe

I.

Durch notariellen Vertrag vom 12. Februar 2010 (UR-Nr. 2514/10) hat der Vormund als Vertreter des Betroffenen das im Tenor bezeichnete Grundstück zum Kaufpreis von 60.000,00 € an Frau Clara Wiese verkauft. Wegen des Inhalts des Vertrages wird auf die Urkunde Nr. 2514/10, errichtet vor dem Notar Dr. Weitsicht aus Saarbrücken Bezug genommen.

Mit Antrag vom gleichen Tage hat der Vormund um die familiengerichtliche Genehmigung des Rechtsgeschäfts nachgesucht. Zur Begründung hat er darauf hingewiesen, dass die Heimkosten des Mündels von den laufenden Einnahmen nicht gedeckt würden, das Grundstück für den Unterhalt des Mündels keinerlei Ertrag abwerfe und anderweitige Verwertungsmöglichkeiten zur Bestreitung des Unterhalts des Mündels nicht bestünden. Der vereinbarte Kaufpreis entspreche gemäß dem Gutachten des Gutachterausschusses der Landeshauptstadt Saarbrücken vom 10. Januar 2010 dem aktuellen Marktwert.

Das Familiengericht hat den Mündel und den Gegenvormund angehört. Wegen des Inhalts der Anhörung wird auf dem Anhörungsvermerk[7] vom 20. Februar 2010 Bezug genommen.

II.

Der zulässige Antrag des Vormunds ist begründet. Das gemäß § 1821 Nr. 4 BGB genehmigungsbedürftige Rechtsgeschäft ist hinsichtlich der Erklärung des Vormunds gemäß §§ 1828, 1829 BGB zu genehmigen, weil das Rechtsgeschäft rechtmäßig ist und dem Mündelwohl entspricht. […].

Der Ausspruch über die Wirksamkeit der Genehmigung entspricht § 40 Abs. 2 FamFG.

III.

Das Gericht gibt ergänzend folgende Hinweise:[8]

Das genehmigte Rechtsgeschäft wird gemäß § 1829 Absatz 1 Satz 1 BGB erst dann wirksam, wenn der Vormund diese Genehmigung dem anderen Teil – hier der Vertragspartnerin Frau Weise – mitteilt. Durch diese Regelung wird dem Vormund die Möglichkeit und Pflicht eingeräumt, nochmals zu prüfen, ob der Vertrag noch dem Wohl des Mündels entspricht. Falls zwischenzeitlich Umstände eingetreten sind, die das Rechtsgeschäft als nicht mehr dem Wohl des Mündels entsprechend erscheinen lassen, darf von der Genehmigung kein Gebrauch gemacht, d.h. die Genehmigung nicht dem anderen Teil mitgeteilt werden.

Die Genehmigung gilt nur für das vorbezeichnete Rechtsgeschäft. Beabsichtigt der Vormund, das Rechtsgeschäft in abgeänderter Form abzuschließen, kann dies eine erneute Genehmigungspflicht auslösen, d.h. der Vormund muss in diesem Fall eine neue Genehmigung beantragen.

---

[6] Vgl. § 40 Abs. 2 FamFG.
[7] Vgl. § 28 Abs. 4 FamFG.
[8] Bei Doppelbevollmächtigung kommt regelmäßig eine Überordnung unmittelbar an den Notar in Betracht. in diesem Fall bedarf es keiner Belehrung, allerdings sollte auch dann ein Bericht über den Vollzug durch den Notar bzw. den Vormund erboten werden.

Wird die Genehmigung dem anderen Teil mitgeteilt, so erfordert ein Vollzug des Rechtsgeschäfts im Grundbuch neben der Vorlage dieser Genehmigung nach § 29 Absatz 1 Satz 2 der Grundbuchordnung, dass die Mitteilung der Genehmigung durch den Vormund an den anderen Teil durch öffentliche Urkunde nachgewiesen wird. Dieser Nachweis kann z.B. durch die Zustellung eines Gerichtsvollziehers erfolgen.[9]

IV.

Für den Fall, dass der Vormund von der Genehmigung Gebrauch macht, wird dem Vormund aufgegeben, eine Kopie der Zustellungsurkunde über die Mitteilung der Genehmigung oder eine schriftliche Bestätigung des anderen Teils – hier der Vertragspartnerin Frau Wiese – über die Mitteilung und den Zeitpunkt der Mitteilung unter o.a. Aktenzeichen nach hier zu übersenden.

Für den Fall, dass der Vormund von der Genehmigung keinen Gebrauch macht, wird um Mitteilung zum hiesigen Aktenzeichen binnen eines Monats gebeten.

V.

Gegen diese Entscheidung ist das Rechtsmittel der Beschwerde statthaft.[10] Die Beschwerde muss binnen zwei Wochen[11] ab der Zustellung oder der gerichtlich protokollierten Bekanntmachung dieser Entscheidung bei dem Amtsgericht in _____[12] eingelegt werden. Soweit der/die Betroffene bereits untergebracht ist, kann die Beschwerde auch bei dem für den Unterbringungsort zuständigen Amtsgericht eingelegt werden.[13] Die Einlegung der Beschwerde erfolgt durch Einreichung einer Beschwerdeschrift oder durch Erklärung zu Protokoll der Geschäftsstelle des genannten Gerichts.[14] Die Beschwerde muss die Bezeichnung des angefochtenen Beschlusses sowie die Erklärung enthalten, dass Beschwerde gegen diesen Beschluss eingelegt wird.[15] Sie ist von dem Beschwerdeführer oder seinem Bevollmächtigten zu unterzeichnen.[16] Die Einreichung einer Beschwerdeschrift bei einem anderen als dem genannten Gericht wahrt die Beschwerdefrist nur, wenn die Beschwerdeschrift innerhalb der Frist bei dem Amtsgericht in _____ eingeht.[17] Die Einlegung einer Beschwerdeschrift in einer anderen als der deutschen Sprache wahrt die Frist nicht. Die Beschwerde soll begründet werden.[18]

gez. Vorsicht
Rechtspfleger[19]

---

[9] Im Fall der zulässigen, widerruflichen Doppelbevollmächtigung kommt auch ein entsprechender Vermerk des Notars in Betracht.
[10] Vgl. § 58 FamFG.
[11] Vgl. § 63 Abs. 2 Nr. 2 FamFG..
[12] Vgl. § 64 Abs. 1 FamFG.
[13] Vgl. §§ 167, 336 FamFG. Der Satz ist entbehrlich, wenn keine Unterbringung vorliegt.
[14] Vgl. § 64 Abs. 2 Satz 1 FamFG.
[15] Vgl. § 64 Abs. 2 Satz 2 FamFG.
[16] Vgl. § 64 Abs. 2 Satz 3 FamFG.
[17] Vgl. etwa BayObLG v. 24.08.2001 – 3Z BR 231/01 – juris-Rn. 7 f. – BayObLGR 2001, 88 (nur Leitsatz).
[18] Vgl. § 65 Abs. 1 FamFG. Dieser Zusatz ist optional.
[19] In der familiengerichtlichen Praxis werden die Hinweise verbreitet in Form eines Begleitschreibens dem Beschluss beigefügt. Die hier vorgeschlagene Beschlussform ermöglicht weitere verbindliche Anordnungen, etwa Fristsetzungen zur Berichtsfrist, und unterstreicht die Bedeutung der – wenngleich nur deklarativ erwähnten – Prüfpflicht des Vormunds. Zu ähnlichen Mustern in Verfügungsform schon *Dodegge* in: Handbuch der Rechtspraxis, Band 5b – Familienrecht – 2. Halbband, 7. Aufl. 2010, Rn. 350 ff.

§ 1830 BGB Widerrufsrecht des Geschäftspartners

(Fassung vom 17.12.2008, gültig ab 01.09.2009)

Hat der Vormund dem anderen Teil gegenüber der Wahrheit zuwider die Genehmigung des Familiengerichts behauptet, so ist der andere Teil bis zur Mitteilung der nachträglichen Genehmigung des Familiengerichts zum Widerruf berechtigt, es sei denn, dass ihm das Fehlen der Genehmigung bei dem Abschluss des Vertrags bekannt war.

Gliederung

A. Grundlagen 1	II. Genehmigungsbedürftigkeit des Vertrages 6
I. Kurzcharakteristik 1	III. Wahrheitswidrige Behauptung der Genehmigung 7
II. Entstehungsgeschichte................................ 2	
1. Die ursprüngliche Fassung des BGB.................. 2	1. Behauptung des Vorliegens der Genehmigung ... 7
2. Das Gesetz über das Verfahren in Familiensachen und in den Angelegenheiten der freiwilligen Gerichtsbarkeit 3	2. Fehlen der Genehmigung 10
	IV. Keine Kenntnis des Vertragspartners 11
B. Praktische Bedeutung 4	V. Kein Ausschluss des Widerrufsrechts.............. 12
C. Anwendungsvoraussetzungen 5	VI. Beweislast 13
I. Vertrag 5	D. Rechtsfolgen 14

A. Grundlagen

I. Kurzcharakteristik

Schließt der Vormund einen genehmigungsbedürftigen Vertrag ab und teilt er dabei wahrheitsgemäß mit, dass die Genehmigung erteilt ist, so ist der Vertragspartner gebunden (zur Wirkungsweise der nachträglichen Genehmigung vgl. zunächst die Kommentierung zu § 1828 BGB Rn. 84). Entspricht die Mitteilung der Genehmigung nicht der Wahrheit, so räumt § 1830 BGB dem Vertragspartner ein Widerrufsrecht ein. Es schützt ihn damit vor einer Bindung an einen vermeintlich endgültigen Vertrag, der noch von der Mitteilung einer Genehmigung abhängt. Eine Anfechtung wegen Irrtums oder arglistiger Täuschung scheidet daneben aus, soweit sie allein die wahrheitswidrige Behauptung der Genehmigung betrifft.[1]

1

II. Entstehungsgeschichte

1. Die ursprüngliche Fassung des BGB

E I § 1681 Abs. 2, 4; E II § 1710; E III § 1806 – Mot. IV 1153 f.; Prot. IV 797; VI 311, 395. Der ursprüngliche Gesetzesentwurf geht davon aus, dass der Vormund von dem Vertrag wirksam „zurücktreten" kann, solange die Wirksamkeit des Vertrages noch in der Schwebe ist. Wenngleich die Fassung des zweiten Entwurfs anderes suggerierte, ging der Gesetzgeber im Grundsatz davon aus, dass dem anderen Teil bis zur Mitteilung der Genehmigung kein Rücktrittsrecht zusteht.[2] Im Rahmen der Lesung wurde Einigkeit darüber erzielt, dass der andere Teil jedoch grundsätzlich zum Rücktritt berechtigt sein sollte, wenn der Vormund das Vorliegen einer Genehmigung wahrheitswidrig behauptet hat.[3]

2

2. Das Gesetz über das Verfahren in Familiensachen und in den Angelegenheiten der freiwilligen Gerichtsbarkeit

Mit Einführung des Gesetzes über das Verfahren in Familiensachen und in den Angelegenheiten der freiwilligen Gerichtsbarkeit (FamFG) vom 17.12.2008[4] wurde das Wort „Vormundschaftsgericht" in „Familiengericht" geändert und damit der Wechsel in der Zuständigkeit nach dem FamFG im BGB

3

---

[1] Allg. A., vgl. *Dickescheid* in: BGB-RGRK, § 1830 Rn. 7.
[2] Hierzu ausführlich *Veit* in: Staudinger, BGB, Neubearb. 2004, § 1830 Rn. 1.
[3] Vgl. zum Ganzen ausführlich *Veit* in: Staudinger, § 1830 Rn. 1.
[4] BGBl I 2008, 2586.

§ 1830

nachvollzogen. Zu der neuen Zuständigkeitsverteilung insgesamt vgl. die Kommentierung zu § 1793 BGB Rn. 162.

B. Praktische Bedeutung

4 § 1830 BGB ist gemäß § 1908i Abs. 1 Satz 1 BGB auf die Betreuung, gemäß § 1915 BGB auf die Pflegschaft und gemäß § 1643 Abs. 3 BGB auf die Elternschaft entsprechend anwendbar.

C. Anwendungsvoraussetzungen

I. Vertrag

5 § 1830 BGB ist nur auf Verträge, nicht auf einseitige Rechtsgeschäfte anwendbar. Dies ergibt sich aus dem Wortlaut des § 1830 BGB am Ende sowie daraus, dass er die in § 1829 BGB nur für Verträge geregelte Schwebelage voraussetzt.

II. Genehmigungsbedürftigkeit des Vertrages

6 § 1830 BGB findet auf Verträge Anwendung, bei denen die Genehmigung durch das Vormundschaftsgericht zum wirksamen Zustandekommen des Geschäfts notwendig ist, nicht, wenn die Genehmigung nur durch Ordnungsvorschriften vorgeschrieben ist (vgl. hierzu auch die Kommentierung zu § 1829 BGB).

III. Wahrheitswidrige Behauptung der Genehmigung

1. Behauptung des Vorliegens der Genehmigung

7 Der Vormund muss das Vorliegen einer Genehmigung behaupten. Im Einzelnen umstritten ist, welche Anforderungen an das Tatbestandsmerkmal des Behauptens zu stellen sind. Teilweise wird angenommen, hierfür bedürfe es einer ausdrücklichen Äußerung[5]. Teilweise wird ein treuwidriges Ausnutzen eines beim Geschäftsgegner bestehenden Irrtums ausreichen gelassen.[6] Der Wortlaut der Norm als äußerste Grenze der Auslegung dürfte es erforderlich machen, zumindest einen Erklärungstatbestand zu fordern, ein bloßes Schweigen hingegen nicht genügen zu lassen. Konkludentes Handeln kann aber auch hier einen Erklärungswert entfalten. Nach der gesetzlichen Risikoverteilung dürfte es jedoch grundsätzlich Sache des Dritten sein, sich über eine Genehmigungsbedürftigkeit Klarheit zu verschaffen. Ob ein Schweigen bei erkanntem Irrtum des Geschäftsgegners aufgrund des Hinzutretens besonderer Umstände treuwidrig ist und die Bindungswirkung deshalb gemäß § 242 BGB entfallen kann, muss einer Beurteilung aller Umstände des Einzelfalls vorbehalten bleiben. Für die rechtsgestaltende Praxis ist es deshalb umso wichtiger, von vornherein Klarheit über eine etwaige Genehmigungsbedürftigkeit des Geschäfts zu schaffen. Hierfür ist es wichtig, die in Betracht kommenden Genehmigungstatbestände zu prüfen, gegebenenfalls die notwendigen Angaben zur Sachverhaltsfeststellung zu ermitteln und diese vertraglich festzuhalten.

8 Tätigt der Mündel das Rechtsgeschäft mit Zustimmung des Vormundes, so genügt es, wenn einer von beiden das Vorliegen der Genehmigung behauptet hat. Behauptet der Mündel das Vorliegen der Genehmigung, so ist § 1830 BGB analog anwendbar[7]. Gleiches gilt beim Handeln des Betreuten unter Einwilligungsvorbehalt.[8]

9 Die Behauptung der Genehmigung muss vor oder bei Abschluss des Rechtsgeschäfts erfolgen. Eine nachträgliche Behauptung genügt nicht[9], ebenso wenig wie die Behauptung, es liege eine Genehmigung vor, man wolle von ihr aber keinen Gebrauch machen.[10] Einer Kausalität zwischen Behauptung und Vertragsabschluss bedarf es nicht.[11]

---

[5] So *Dickescheid* in: BGB-RGRK, 12. Aufl. 1999, § 1830 Rn. 2; *Zimmermann* in: Soergel, BGB, 13. Aufl. 2000, § 1830 Rn. 1.

[6] So *Wagenitz* in: MünchKomm-BGB; § 1830 Rn. 2; *Veit* in: Staudinger, § 1830 Rn. 8.

[7] *Saar* in: Erman; § 1830, Rn. 2; *Veit* in: Staudinger, § 1830 Rn. 5.

[8] *Roth* in: Dodegge/Roth, Betreuungsrecht, 2003, E Rn. 631.

[9] Allg. A., *Zimmermann* in: Damrau/Zimmermann, Betreuungsrecht, 4. Aufl. 2011, § 1830 Rn. 1.

[10] Allg. A., *Dickescheid* in: BGB-RGRK, § 1830 Rn. 3; *Engler* in: Staudinger, Neubearb. 2004, § 1830 Rn. 7.

[11] *Zimmermann* in: Damrau/Zimmermann, Betreuungsrecht, 4. Aufl. 2011, § 1830 Rn. 1; *Dickescheid* in: BGB-RGRK, § 1829 Rn. 3.

2. Fehlen der Genehmigung

Die Genehmigung darf noch nicht erteilt, d.h. dem Vormund bekannt gegeben sein. Vgl. zur Bekanntgabe der Genehmigung die Kommentierung zu § 1828 BGB. Es kommt allein auf das objektive Vorliegen der Genehmigung an. Unerheblich ist, ob der Vormund bewusst oder unbewusst die Unwahrheit angibt und ob ihm ein Verschulden zur Last fällt.[12] Unerheblich ist auch, ob der Vertragspartner das Rechtsgeschäft für genehmigungsbedürftig hält.[13]

IV. Keine Kenntnis des Vertragspartners

Das Widerrufsrecht ist ausgeschlossen, wenn der Vertragspartner das Fehlen der Genehmigung kennt. Bloßes Kennenmüssen steht der positiven Kenntnis nicht gleich. Unerheblich ist, ob der Vertragspartner das Rechtsgeschäft für genehmigungsbedürftig hält.[14]

V. Kein Ausschluss des Widerrufsrechts

Es gelten die allgemeinen Ausschlussgründe, etwa Verzicht und Verwirkung. Allein die Aufforderung des Vertragspartners nach § 1829 Abs. 2 BGB dürfte regelmäßig einen solchen Verzicht auf das Widerrufsrecht beinhalten, da diese Fristsetzung zu erkennen gibt, dass der Vertragspartner um das Fehlen der Genehmigung weiß und sich bis Ablauf der Frist binden will.[15] Schließlich erlischt das Widerrufsrecht mit Erteilung der Genehmigung.

VI. Beweislast

Die unrichtige Behauptung der Genehmigung hat nach den allgemeinen Regeln der Vertragspartner zu beweisen. Die Beweislast für die Kenntnis des Vertragspartners vom Fehlen der Genehmigung trifft den Mündel.[16]

D. Rechtsfolgen

Die Regelung betrifft die Loslösung vom Vertrag durch den anderen Teil. Der Vormund hat grundsätzlich kein Widerrufs- oder Rücktrittsrecht. Er muss allerdings nach pflichtgemäßem Ermessen über Berücksichtigung des Mündelwohls entscheiden, ob er von einer Genehmigung Gebrauch macht.

Der Vertragspartner eines nach § 1829 BGB genehmigungsbedürftigen Vertrages ist bis zur Mitteilung der erteilten Genehmigung gebunden und kann sich von dieser – allgemeinen vertraglichen – Bindung grundsätzlich nur durch die Aufforderung zur Mitteilung über die Erteilung der Genehmigung nach § 1829 Abs. 2 BGB befreien. Abweichend hiervon kann sich der Vertragspartner bei Vorliegen der Voraussetzungen des § 1830 BGB durch Widerruf vom Vertrag lösen. Die Widerrufserklärung – eine einseitige empfangsbedürftige Willenserklärung[17] – ist dem Vormund gegenüber abzugeben. Dies gilt auch im Fall der analogen Anwendung des § 1830 BGB, wenn nicht der Vormund, sondern der Mündel das Vorliegen der Genehmigung behauptet hat[18].

§ 1830 BGB enthält eine spezielle Regelung der Folgen einer wahrheitswidrigen Behauptung des Vorliegens der Genehmigung. Eine Anfechtung wegen Irrtums oder arglistiger Täuschung über das Vorliegen der Genehmigung ist daneben ausgeschlossen.[19]

---

[12] Allg. A., *Dickescheid* in: BGB-RGRK, § 1830 Rn. 4; *Veit* in: Staudinger, § 1830 Rn. 7; *Roth* in: Dodegge/Roth, Betreuungsrecht, 2003, E Rn. 131; *Zimmermann* in: Damrau/Zimmermann, Betreuungsrecht, 4. Aufl. 2011, § 1830 Rn. 2.

[13] So auch *Veit* in: Staudinger, § 1830 Rn. 4.

[14] Allg. A., vgl. *Wagenitz* in: MünchKomm-BGB, § 1830 Rn. 4; *Zimmermann* in: Damrau/Zimmermann, Betreuungsrecht, 4. Aufl. 2011, § 1830 Rn. 2; *Dickescheid* in: BGB-RGRK, § 1830 Rn. 4; *Engler* in: Staudinger, Neubearb. 2004, § 1830 Rn. 9.

[15] So auch *Bettin* in: BeckOK BGB, Ed. 30, § 1830 Rn. 3; *Dickescheid* in: BGB-RGRK, § 1830 Rn. 8; ähnlich auch *Veit* in: Staudinger, § 1830 Rn. 15; *Roth* in: Dodegge/Roth, Betreuungsrecht, 2003, E Rn. 131; ablehnend aber *Zimmermann* in: Damrau/Zimmermann, Betreuungsrecht, 4. Aufl. 2011, § 1830 Rn. 3; vgl. auch *Wilhelm*, NJW 1992, 1666 f.

[16] Allg. A., *Dickescheid* in: BGB-RGRK, § 1830 Rn. 9; *Zimmermann* in: Damrau/Zimmermann, Betreuungsrecht, 4. Aufl. 2011, § 1830 Rn. 5; vgl. auch *Saar* in: Erman, § 1830 Rn. 3: Beweislast des „Vormunds"; ebenso *Bettin* in: BeckOK BGB, Ed. 30, § 1830 Rn. 5.

[17] *Zimmermann* in: Damrau/Zimmermann, Betreuungsrecht, 4. Aufl. 2011, § 1830 Rn. 2.

[18] *Saar* in: Erman, § 1830 Rn. 2.

[19] Allg. A., vgl. *Dickescheid* in: BGB-RGRK, § 1830 Rn. 7; *Veit* in: Staudinger, § 1830 Rn. 16; *Zimmermann* in: Damrau/Zimmermann, Betreuungsrecht, 4. Aufl. 2011, § 1830 Rn. 3.

§ 1830

17 Wegen der wahrheitswidrig behaupteten Genehmigung des Vormundschaftsgerichts haftet der Vormund dem Mündel nach § 1833 BGB. Eine unmittelbare Haftung des Vormunds gegenüber dem Dritten kann sich aus den allgemeinen Regeln, insbesondere aus § 823 und § 826 BGB ergeben.[20] Im Einzelfall kann auch eine vertragliche Eigenhaftung des Vertreters in Betracht kommen. § 179 BGB ist nicht entsprechend anwendbar.[21]

---

[20] So auch *Veit* in: Staudinger, § 1829 Rn. 16.
[21] *Veit* in: Staudinger, § 1830 Rn. 18; *Bettin* in: BeckOK BGB, Ed. 30, § 1830 Rn. 4.

§ 1831 BGB Einseitiges Rechtsgeschäft ohne Genehmigung

(Fassung vom 17.12.2008, gültig ab 01.09.2009)

¹Ein einseitiges Rechtsgeschäft, das der Vormund ohne die erforderliche Genehmigung des Familiengerichts vornimmt, ist unwirksam. ²Nimmt der Vormund mit dieser Genehmigung ein solches Rechtsgeschäft einem anderen gegenüber vor, so ist das Rechtsgeschäft unwirksam, wenn der Vormund die Genehmigung nicht vorlegt und der andere das Rechtsgeschäft aus diesem Grunde unverzüglich zurückweist.

Gliederung

A. Grundlagen 1	b. Sonderfall amtsempfangsbedürftige Willenserklärung 13
I. Kurzcharakteristik 1	c. Sonderfall genehmigungsbedürftige Klage 19
II. Entstehungsgeschichte 2	II. Unwirksamkeit bei unverzüglicher Zurückweisung (Satz 2) 20
B. Praktische Bedeutung 4	1. (Privat-)Empfangsbedürftige Willenserklärung 21
C. Anwendungsvoraussetzungen 5	2. Form 23
I. Erfordernis der Vorgenehmigung bei einseitigem Rechtsgeschäft (Satz 1) 5	3. Zurückweisung 28
1. Genehmigungsbedürftiges Rechtsgeschäft 5	4. „Unverzüglich" 29
2. Einseitiges Rechtsgeschäft 6	D. Rechtsfolgen 30
3. Person des Erklärenden 11	
4. Zeitpunkt der Genehmigung 12	
a. Grundlagen 12	

A. Grundlagen

I. Kurzcharakteristik

§ 1831 BGB schützt den Geschäftsgegner eines einseitigen Rechtsgeschäfts vor der Ungewissheit über die Wirksamkeit des ohne vormundschaftliche Genehmigung vorgenommenen Rechtsgeschäfts.[1] Anders als bei mehrseitigen Rechtsgeschäften (vgl. hierzu die §§ 1828-1830 BGB) setzt die Wirksamkeit des einseitigen Rechtsgeschäfts voraus, dass die Genehmigung schon bei Vornahme des Rechtsgeschäfts vorliegt. Es gibt also keine Nachgenehmigung des einseitigen Rechtsgeschäfts. § 1831 Satz 2 BGB eröffnet dem Geschäftsgegner die Möglichkeit, sich bei empfangsbedürftigen Rechtsgeschäften Gewissheit über das Vorliegen der Genehmigung zu verschaffen. Durch die unverzügliche Zurückweisung des Geschäfts, das der Vormund ohne Vorlage einer schriftlichen Genehmigung vornimmt, kann er das Geschäft vernichten. 1

II. Entstehungsgeschichte

Mit Einführung des Gesetzes über das Verfahren in Familiensachen und in den Angelegenheiten der freiwilligen Gerichtsbarkeit (FGG-ReformG – FGG-RG) vom 17.12.2008[2] wurde das Wort „Vormundschaftsgericht" in „Familiengericht" geändert und damit der Wechsel in der Zuständigkeit nach dem FamFG im BGB nachvollzogen. Zu der neuen Zuständigkeitsverteilung insgesamt vgl. die Kommentierung zu § 1793 BGB Rn. 164. 2

Ursprünglich bestimmte § 1831 Satz 2 BGB, dass das Rechtsgeschäft unwirksam ist, wenn der Vormund die Genehmigung nicht „in schriftlicher Form" vorlegt. Dieser Zusatz wurde mit dem Gesetz zur Reform des Verfahrens in Familiensachen und in anderen Angelegenheiten der freiwilligen Gerichtsbarkeit (FGG-ReformG – FGG-FG)[3] mit Wirkung zum 01.09.2009 gestrichen. Die Gesetzesbegründung sah hierin eine Anpassung an die §§ 38, 40 FamFG n.F., wonach familiengerichtliche Genehmigungen nur noch durch schriftlichen Beschluss und nicht mehr – wie noch unter alter Rechtslage – auch mündlich erteilt werden können.[4] 3

---

[1] Vgl. hierzu etwa RG v. 29.09.1927 - IV B 32/27 - RGZ 118, 145-149 (147); *Dickescheid* in: BGB-RGRK, § 1831 Rn. 1; *Veit* in: Staudinger, § 1831 Rn. 1; *Bettin* in: BeckOK BGB, Ed. 30, § 1831 Rn. 1.
[2] BGBl I 2008, 2586.
[3] BGBl I 2008, 2586.
[4] Vgl. BT-Drs. 16/6308, S. 347.

§ 1831

B. Praktische Bedeutung

4 § 1831 BGB ist gemäß § 1908i Abs. 1 Satz 1 BGB auf die Betreuung, gemäß § 1915 BGB auf die Pflegschaft und gemäß § 1643 Abs. 3 BGB auf Eltern entsprechend anwendbar. Im Fall der Betreuung ist das Betreuungsgericht zuständig, im Fall der Nachlasspflegschaft das Nachlassgericht (vgl. § 1962 BGB).

C. Anwendungsvoraussetzungen

I. Erfordernis der Vorgenehmigung bei einseitigem Rechtsgeschäft (Satz 1)

1. Genehmigungsbedürftiges Rechtsgeschäft

5 Aus der Rechtsfolge des § 1831 BGB folgt, dass sich die Vorschrift nur auf Außengenehmigungen (vgl. die Kommentierung zu § 1828 BGB) beziehen kann, die für die Wirksamkeit der jeweiligen Willenserklärungen konstitutiv sind. Genehmigungserfordernisse mit dem Charakter reiner Ordnungsvorschriften fallen nicht hierunter.

2. Einseitiges Rechtsgeschäft

6 § 1831 BGB gilt nur für einseitige Rechtsgeschäfte. Als einseitig werden Rechtsgeschäfte definiert, die nur eine Willenserklärung enthalten.[5] Erfasst werden etwa:
- die Aufrechnung (als Verfügung über eine Geldforderung nach § 1812 BGB),
- die Kündigung (als Verfügung über ein anderes Recht nach § 1812 BGB); vgl. hierzu auch § 1907 Abs. 1 Satz 1 BGB; besonders relevant wird dies etwa im Fall der Kündigung von Mietverhältnissen,[6]
- die Anfechtung (etwa eines Erbvertrages nach § 2282 Abs. 2 BGB),
- der Vertragsrücktritt (etwa wenn er eine nach § 1822 Nr. 3 BGB genehmigungsbedürftige Veräußerung bedeutet)[7],
- die Genehmigung der Verfügung eines Nichtberechtigten nach § 185 BGB,
- die Aufgabeerklärung nach § 875 BGB[8] (vgl. dazu noch Rn. 18),
- die Ausschlagung der Erbschaft nach § 1822 Nr. 2 BGB[9] (vgl. dazu noch Rn. 15),
- die Erklärung der Annahme einer Erbschaft,[10]
- die Erteilung der Prokura nach § 1822 Nr. 11 BGB,[11]
- der Rücktritt von einem Vertrag, wenn er zu genehmigungspflichtigen Geschäften wie Erwerb oder Veräußerung führt (§ 1822 Nr. 3),[12]
- die Ausübung eines Vorkaufsrechts,[13]
- die Ermächtigung zum selbständigen Betrieb eines Erwerbsgeschäfts nach § 112 BGB,[14]
- die Änderung des Bezugsrechts einer Versicherung.[15]

7 Nicht unter § 1831 BGB fallen Willenserklärungen, die lediglich Bestandteile eines mehrseitigen Rechtsgeschäfts sind, etwa Angebot und Annahme eines Vertrages. Denn für sie enthält § 1829 BGB die speziellere Regelung.[16]

---

[5] *Larenz/Wolf*, Allgemeiner Teil des Bürgerlichen Rechts, 8. Aufl. 1997, § 23 Rn. 2; *Brox/Walker*, Allgemeiner Teil des BGB, 37. Aufl. 2013, Rn. 99; ähnlich auch *Veit* in: Staudinger, § 1831 Rn. 4.

[6] Vgl. hierzu etwa LG Berlin v. 13.10.2000 - 65 S 563/99 - NZM 2001, 807-808.

[7] Ebenso *Saar* in: Erman, BGB, 12. Aufl. 2008, § 1831 Rn. 2.

[8] So auch KG v. 19.02.1925 - I x 79 - OLG 44 81-82 (82); *Götz* in: Palandt, § 1831 Rn. 1; *Zimmermann* in: Damrau/Zimmermann, Betreuungsrecht, 4. Aufl. 2011, § 1831 Rn. 4; *Bettin* in: BeckOK BGB, Ed. 30, § 1831 Rn. 2.

[9] Ebenso *Saar* in: Erman, § 1831 Rn. 2; *Wagenitz* in: MünchKomm-BGB, § 1833 Rn. 3.

[10] *Saar* in: Erman, § 1831 Rn. 2; *Götz* in: Palandt, § 1831 Rn. 1; *Wagenitz* in: MünchKomm-BGB, § 1833 Rn. 3.

[11] Allg. A., *Saar* in: Erman, § 1831 Rn. 2; *Zimmermann* in: Damrau/Zimmermann, Betreuungsrecht, 4. Aufl. 2011, § 1831 Rn. 4; *Götz* in: Palandt, § 1831 Rn. 1; *Wagenitz* in: MünchKomm-BGB, § 1833 Rn. 3.

[12] Vgl. hierzu *Veit* in: Staudinger, § 1831 Rn. 4; *Saar* in: Erman, § 1831 Rn. 2.

[13] *Götz* in: Palandt, § 1831 Rn. 1; *Wagenitz* in: MünchKomm-BGB, § 1833 Rn. 3.

[14] *Saar* in: Erman, § 1831 Rn. 2; *Wagenitz* in: MünchKomm-BGB, § 1833 Rn. 3.

[15] Vgl. LG Düsseldorf v. 15.11.2012 - 11 O 259/12 - juris Rn. 25 - FamRZ 2013, 1836-1837.

[16] Allgemeine Meinung, vgl. RG v. 14.02.1929 - VI 355/28 - Gruchot 71 (1931), 77-79 (78); *Zimmermann* in: Damrau/Zimmermann, Betreuungsrecht, 4. Aufl. 2011, § 1831 Rn. 5; *Bettin* in: BeckOK BGB, Ed. 30, § 1831 Rn. 2; *Dickescheid* in: BGB-RGRK, § 1831 Rn. 2; *Veit* in: Staudinger, § 1831 Rn. 5.

Schließt der Mündel selbst einen genehmigungsbedürftigen Vertrag, so bezieht sich die Genehmigung des Vormundschaftsgerichts auf diesen Vertrag und nicht auf die Genehmigung des Vormunds. Es gelten deshalb die §§ 1829, 1830 BGB, nicht § 1831 BGB.[17] Gleiches gilt für die Zustimmung des Betreuers zu einem Rechtsgeschäft des unter Einwilligungsvorbehalt stehenden Betreuten[18].

Die Erteilung einer Vollmacht ist zwar auch ein einseitiges Rechtsgeschäft, doch unterfällt sie regelmäßig noch nicht selbst der Genehmigungspflicht[19] (vgl. auch die Kommentierung zu § 1821 BGB). § 1831 BGB ist dann nicht anwendbar.

Umstritten ist die Behandlung der Annahme einer geschuldeten Leistung. Diese ist nach den §§ 1812, 1813 BGB genehmigungsbedürftig. Eine Ansicht sieht den Schwerpunkt der Annahme in der (schlüssigen) Erklärung des Vormunds, die angebotene Leistung als die geschuldete gelten zu lassen und unterwirft diese Erklärung § 1831 BGB.[20] Dies bedeutet aber noch nicht zwingend, dass sich die Wirksamkeit der Erfüllung zwingend nach den §§ 1829, 1830 BGB richtet, was im Falle fehlender Genehmigung die Unwirksamkeit zur Folge hätte. Der Normzweck des Mündelschutzes dürfte das Vorliegen der Genehmigung lediglich erfordern, um die Empfangszuständigkeit des Vormunds zu begründen.[21]

3. Person des Erklärenden

Erfasst werden sowohl Erklärungen, die der Vormund in Vertretung des Mündels abgibt, als auch solche, die der Mündel selbst mit Einwilligung des Vormunds abgibt.[22]

4. Zeitpunkt der Genehmigung

a. Grundlagen

Nach § 1831 Satz 1 BGB muss die Genehmigung bei Wirksamwerden des einseitigen Rechtsgeschäfts vorliegen.[23] Dies ist bei nicht empfangsbedürftigen Rechtsgeschäften im Zeitpunkt ihrer Vornahme, bei empfangsbedürftigen Rechtsgeschäften im Zeitpunkt ihres Zugangs der Fall, § 130 Abs. 1 Satz 1 BGB. Dies gilt auch bei befristeten oder aufschiebend bedingten Rechtsgeschäften.[24] Denn die befristete oder bedingte Wirksamkeit des Rechtsgeschäfts soll bei diesen Erklärungen schon im Zeitpunkt ihres Zugangs eintreten. Etwas anderes gilt nach wohl noch herrschender Auffassung nur dann, wenn die Wirkung des Rechtsgeschäfts vom Zugang der vormundschaftsgerichtlichen Genehmigung abhängig gemacht wird. In diesem Fall verschiebt der Erklärende selbst die Wirkungen seiner Erklärung auf den Genehmigungszeitpunkt, so dass für den Geschäftsgegner keine Unsicherheit eintritt.[25]

b. Sonderfall amtsempfangsbedürftige Willenserklärung

Umstritten ist, ob § 1831 BGB auch auf so genannte amtsempfangsbedürftige Willenserklärungen Anwendung findet, also auf solche Erklärungen im Sinne des § 130 Abs. 3 BGB, die gegenüber einer Behörde abzugeben sind. Hierzu zählen zum Beispiel der Antrag auf Teilungsversteigerung (§ 181 Abs. 2 Satz 2 ZVG) und die Ausschlagung der Erbschaft.

---

[17] *Götz* in: Palandt, § 1831 Rn. 1; *Saar* in: Erman, BGB, 12. Aufl. 2008, § 1831 Rn. 2; *Zimmermann* in: Damrau/Zimmermann, Betreuungsrecht, 4. Aufl. 2011, § 1831 Rn. 5.

[18] *Freiherr von Crailsheim* in: Jürgens, Betreuungsrecht, 4. Aufl. 2010, § 1831 Rn. 3.

[19] So auch *Dickescheid* in: BGB-RGRK, § 1831 Rn. 2; *Zimmermann* in: Damrau/Zimmermann, Betreuungsrecht, 4. Aufl. 2011, § 1831 Rn. 5; anders aber möglicherweise *Engler* in: Staudinger, Neubearb. 2004, § 1831 Rn. 8.

[20] So im Ergebnis RG v. 27.02.1929 - 221/28 - HRR 1929 Nr. 1441; *Damrau* in: Soergel, 12. Aufl. 1987, § 1831 Rn. 3; a.A. *Zimmermann* in: Damrau/Zimmermann, Betreuungsrecht, 4. Aufl. 2011, § 1831 Rn. 5; *Veit* in: Staudinger, § 1831 Rn. 5; *Dickescheid* in: BGB-RGRK, § 1831 Rn. 2; *Götz* in: Palandt, § 1831 Rn. 1; *Wagenitz* in: MünchKomm-BGB, § 1833 Rn. 3.

[21] Vgl. *Freiherr von Crailsheim* in: Jürgens, Betreuungsrecht, 4. Aufl. 2010, § 1831 Rn. 4; *Saar* in: Erman, § 1831 Rn. 2 m.w.N.

[22] *Veit* in: Staudinger, § 1831 Rn. 6; *Zimmermann* in: Damrau/Zimmermann, Betreuungsrecht, 4. Aufl. 2011, § 1831 Rn. 4; *Saar* in: Erman, § 1831 Rn. 1.

[23] *Dickescheid* in: BGB-RGRK, § 1831 Rn. 5; *Götz* in: Palandt, § 1831 Rn. 2.

[24] *Zimmermann* in: Damrau/Zimmermann, Betreuungsrecht, 4. Aufl. 2011, § 1831 Rn. 2; *Veit* in: Staudinger, § 1831 Rn. 8; *Dickescheid* in: BGB-RGRK, § 1831 Rn. 5.

[25] *Zimmermann* in: Damrau/Zimmermann, Betreuungsrecht, 4. Aufl. 2011, § 1831 Rn. 2; *Dickescheid* in: BGB-RGRK, § 1831 Rn. 5; a.A. *Veit* in: Staudinger, § 1831 Rn. 9; *Wagenitz* in: MünchKomm-BGB, § 1831 Rn. 5.

§ 1831

14 Eine neuere Auffassung in Rechtsprechung[26] und Literatur[27] hält § 1831 Satz 2 BGB für unanwendbar. Dabei wird zum Teil gesagt, es widerspreche dem Verhältnismäßigkeitsgrundsatz, die Erklärung sofort zurückzuweisen, obwohl die Möglichkeit einer Nachreichung der Genehmigung möglich sei. Konsequenterweise wird § 1831 BGB bei Erklärungen gegenüber Behörden vollständig aufgegeben.[28] In dieser Allgemeinheit kann dieser Auffassung indes nicht gefolgt werden. Der Gesetzgeber ist grundsätzlich frei, auch gegenüber der Behörde im Interesse der Rechtssicherheit Klarheit über die Geltung einer Willenserklärung zum Zeitpunkt ihrer Abgabe zu verschaffen. Inwiefern § 1831 BGB wegen eines Verstoßes gegen das aus dem Rechtsstaatsprinzip und der Geltung der Grundrechte hergeleiteten Verhältnismäßigkeitsprinzip einer Einschränkung bedarf, lässt sich deshalb nur im Einzelfall unter Berücksichtigung der nachteiligen Folgen für den Erklärenden beurteilen. Dabei sind zunächst sämtliche verfahrensrechtlich vorgesehenen Möglichkeiten zur Nachforderung der Genehmigung auszuschöpfen. Hiervon ausgehend haben sich folgende Grundsätze herausgebildet:

15 Im Fall der Ausschlagung der Erbschaft genügt es, wenn die Genehmigung innerhalb der Ausschlagungsfrist nach § 1944 BGB nachgereicht wird.[29] Darüber hinaus wird die Verzögerung der Genehmigung, die der Vormund nicht zu vertreten hat, als höhere Gewalt angesehen, die gemäß § 206 BGB eine Hemmung der Ausschlagungsfrist bewirkt (§ 1944 Abs. 2 Satz 3 BGB). Es genügt deshalb, wenn die Genehmigung vor Ablauf der Ausschlagungsfrist beantragt wird.[30] Den Mündel in diesen Fällen auf einen Staatshaftungsanspruch zu verweisen[31], überzeugt schon deshalb nicht, weil die Prüfung der Genehmigung auch ohne schuldhafte Verzögerung eine gewisse Zeit dauern kann. Ist die Genehmigung erteilt, so muss der Vormund von ihr allerdings innerhalb der nun weiterlaufenden Ausschlagungsfrist gegenüber dem Nachlassgericht Gebrauch machen. Das Vormundschaftsgericht hat ihn darauf hinzuweisen.[32] Demgegenüber kann das Vormundschaftsgericht die Genehmigung nicht unmittelbar dem Nachlassgericht mitteilen.[33] Der Vormund soll selbst die Entscheidung darüber in der Hand haben, ob er von der Genehmigung Gebrauch macht. Dies folgt aus § 1828 BGB, der auch auf einseitige Rechtsgeschäfte Anwendung findet.[34] Entsprechendes gilt für die Namensanschließung durch den Mündel.[35]

---

[26] So etwa OLG Celle v. 26.02.1980 - 4 Wx 4/80 - Rpfleger 1980, 187; BayObLG München v. 02.05.1996 - 1Z BR 181/95 - juris Rn. 19 - StAZ 1996, 231-233; OLG Zweibrücken v. 21.09.1995 - 3 W 100/95 - juris Rn. 15 - FamRZ 1996, 430-431.

[27] So etwa *Zimmermann* in: Damrau/Zimmermann, Betreuungsrecht, 4. Aufl. 2011, § 1831 Rn. 6; *Roth* in: Dodegge/Roth, Betreuungsrecht, 2003, E Rn. 132; *Wagenitz* in: MünchKomm-BGB, § 1831 Rn. 9; *Dickescheid* in: BGB-RGRK, § 1831 Rn. 9.

[28] Sehr weitgehend etwa *Zimmermann* in: Damrau/Zimmermann, Betreuungsrecht, 4. Aufl. 2001, § 1831 Rn. 6, 8.

[29] Vgl. hierzu auch BGH v. 03.06.1966 - IV ZR 90/65 - MDR 1966, 745-746; BayObLG v. 14.01.1969 - BReg 1a Z 111/68, FamRZ 1969, 434-436; *Wagenitz* in: MünchKomm-BGB, § 1831 Rn. 7; implizit auch Saarländisches Oberlandesgericht v. 17.02.2011 - 5 W 245/10 - juris Rn. 25 - Rpfleger 2011, 607-609; *Götz* in: Palandt, § 1831 Rn. 2; *Veit* in: Staudinger, § 1831 Rn. 11; *Saar* in: Erman, § 1831 Rn. 3; a.A. noch RG v. 26.02.1915 - IV 378/14, Gruchot 60, 138-140 (140).

[30] Str., wie hier OLG Koblenz v. 17.01.2014 - 13 WF 1135/13 - juris Rn. 16; Saarländisches Oberlandesgericht v. 17.02.2011 - 5 W 245/10 - juris Rn. 26 - Rpfleger 2011, 607-609; OLG Frankfurt v. 22.11.1965 - 6 W 153/65 - FamRZ 1966, 259 f.; BayObLG München v. 13.01.1983 - BReg 1 Z 27/82 - BayObLGZ 1983, 9-14; *Lange*, jurisPR-FamR 19/2011, Anm. 8; *Becker*, JA 2013, 336-343 (341); *Zimmermann*, ZEV 2013, 315-320 (317); *Bettin* in: BeckOK BGB, Ed. 30, § 1831 Rn. 3; *Dickescheid* in: BGB-RGRK, § 1831 Rn. 6; *Götz* in: Palandt, § 1831 Rn. 2; a.A. *Dölle*, Familienrecht, Band II, 1965, § 128 IV 6. c) bb), 807.

[31] So *Dölle*, Familienrecht Bd. II, 1965, § 128 VI 6. c) bb), 807; *Gernhuber/Coester-Waltjen*, Familienrecht, 6. Aufl. 2010, § 60 IV 4 Rn. 49; kritisch hierzu auch *Zimmermann* in: Damrau/Zimmermann, Betreuungsrecht, 4. Aufl. 2011, § 1831 Rn. 7.

[32] *Freiherr von Crailsheim* in: Jürgens, Betreuungsrecht, 4. Aufl. 2010, § 1831 Rn. 5; *Klüsener*, Rpfleger 1993, 133, 134.

[33] So nun auch *Zimmermann*, ZEV 2013, 315-320 (317); soweit nach *Sonnenfeld/Zorn*, Rpfleger 2004, 533, 537, eine Mitteilung der Genehmigung durch das Vormundschafts-/Familiengericht diskutiert wird, betrifft dies nur die Frage des Nachweises, nicht die Frage der wirksamen Erteilung der Genehmigung.

[34] So im Ergebnis auch *Freiherr von Crailsheim* in: Jürgens, Betreuungsrecht, 4. Aufl. 2010, § 1831 Rn. 5 entgegen *Sonnenfeld/Zorn*, Rpfleger 2004, 533, 536.

[35] OLG Zweibrücken v. 21.09.1995 - 3 W 100/95 - FamRZ 1996, 430; BayObLG v. 02.05.1996 - 1Z BR 181/95 - FamRZ 1996, 430, 1161-1163 (1163); *Götz* in: Palandt, § 1831 Rn. 2.

Für die Praxis ist darauf hinzuweisen, dass der Ausschlagende nur dann in den Genuss der Verjährungshemmung wegen höherer Gewalt kommt, wenn er nicht durch einen eigenen Sorgfaltspflichtverstoß die Versäumung der Frist herbeigeführt hat. Da der sorgfältige Vormund aber damit rechnen muss, dass die Erteilung der Genehmigung einige Zeit in Anspruch nimmt, ist er gehalten, die Genehmigung möglichst frühzeitig, jedenfalls aber so rechtzeitig einzuholen, dass unter gewöhnlichen Umständen die Erteilung einer Genehmigung noch erwartet werden kann.[36] Dazu sollten einige Arbeitstage genügen. Der Vormund weise ggf. auf die einzuhaltende Frist in seinem Antrag hin. Der hier vertretenen Auffassung kann auch nicht entgegengehalten werden, dass auch der Mündel zur vollen Ausschöpfung der Ausschlagungsfrist berechtigt sein muss. Kommt die Ausschlagung ernsthaft in Betracht, kann der Vormund nämlich vorsorglich die Genehmigung einholen, die Erklärung der Ausschlagung jedoch bei neuen Erkenntnissen ggf. bis zum letzten Tag der Frist zurückstellen.

Da die Genehmigung nach § 41 Abs. 3 FamFG nunmehr von der Bekanntgabe auch an den betroffenen Mündel bzw. seinen Verfahrenspfleger abhängt, genügt die Mitteilung der dem Vormund zugegangenen, aber noch nicht rechtskräftigen Genehmigung nicht zwingend zur Fristwahrung. Empfohlen wird deshalb, die dem Vormund zugegangene Genehmigung unverzüglich mitzuteilen, ferner selbständig anhand der Zustelltermine an weitere Beteiligte den Zeitpunkt der Rechtskraft zu ermitteln und den rechtskräftigen Genehmigungsbeschluss erneut mitzuteilen.[37]

Sieht das Verfahrensrecht die Möglichkeit zur Setzung einer Nachfrist zur Vorlage der Genehmigung vor, so kommt es auf den Ablauf dieser Frist an. So kann etwa das Grundbuchamt dem Antragsteller im Wege der Zwischenverfügung gemäß § 18 GBO die Nachreichung der Genehmigung aufgeben.[38]

c. Sonderfall genehmigungsbedürftige Klage

Bei genehmigungsbedürftigen Klagen[39] genügt nach herrschender Auffassung die Nachreichung der Genehmigung bis zum Schluss der letzten mündlichen Verhandlung der letzten Instanz.[40] Praktischer Anwendungsfall für diese Konstellation ist die Einreichung des Antrags auf Scheidung oder Aufhebung der Ehe (vgl. § 125 Abs. 2 Satz 2 FamFG). Zu beachten ist allerdings, dass etwaige für die Klage bestehende Fristen nicht überschritten werden.[41]

II. Unwirksamkeit bei unverzüglicher Zurückweisung (Satz 2)

Die Ungewissheit über die Wirksamkeit des einseitigen Rechtsgeschäfts kann durch § 1831 Satz 1 BGB allein nicht beseitigt werden, solange der Erklärungsgegner nicht weiß, ob die Genehmigung erteilt wurde. § 1831 Satz 2 BGB gibt dem Erklärungsgegner die Möglichkeit, sich hierüber Gewissheit zu verschaffen, wenn der Vormund die Genehmigung nicht in schriftlicher Form vorlegt.

1. (Privat-)Empfangsbedürftige Willenserklärung

Die Vorschrift setzt eine empfangsbedürftige Willenserklärung voraus.[42]

Nach ganz herrschender Auffassung gilt § 1831 Satz 2 BGB nicht für Erklärungen gegenüber Behörden.[43] Diese Auffassung ist Bedenken ausgesetzt. In den Grenzen, in denen § 1831 BGB überhaupt auf amtsempfangsbedürftige Erklärungen anwendbar ist (vgl. dazu Rn. 13), ist kein Grund ersichtlich, die Formanforderungen abzuschwächen, zumal sich auch Behörden zwanglos unter den Begriff des „an-

---

[36] So auch *Veit* in: Staudinger, § 1831 Rn. 14; *Dickescheid* in: BGB-RGRK, § 1831 Rn. 6.
[37] Vgl. *Knittel*, JAmt 2012, 445-448 (447 f.).
[38] So auch LG Flensburg v. 13.10.1965 - 5 T 183/65 - Rpfleger 1966, 267-268 mit zust. Anm. *Haegele*; *Saar* in: Erman, § 1831 Rn. 3 m.w.N.; *Demharter*, Grundbuchordnung, 24. Aufl. 2002, § 19 Rn. 69; *Dickescheid* in: BGB-RGRK, § 1831 Rn. 7 f.; *Veit* in: Staudinger, § 1831 Rn. 16; *Zimmermann* in: Damrau/Zimmermann, Betreuungsrecht, 4. Aufl. 2011, § 1831 Rn. 9.
[39] Heute etwa noch bei dem Antrag auf Ehescheidung oder -aufhebung, vgl. § 125 Abs. 2 Satz 1 FamFG.
[40] Vgl. RG v. 12.11.1914 - Rep. IV 346/14, RGZ 86, 15-17 (16 f.); BGH v. 03.06.1966 - IV ZR 90/65 - juris Rn. 23 - MDR 1966, 745-746; *Götz* in: Palandt, § 1831 Rn. 2; *Bettin* in: BeckOK BGB, Ed. 30, § 1831 Rn. 3; *Saar* in: Erman, § 1831 Rn. 4; *Dickescheid* in: BGB-RGRK, § 1831 Rn. 10; *Veit* in: Staudinger, § 1831 Rn. 20; *Zimmermann* in: Damrau/Zimmermann, Betreuungsrecht, 4. Aufl. 2011, § 1831 Rn. 11.
[41] Vgl. hierzu BGH v. 03.06.1966 - IV ZR 90/65 - juris Rn. 26 - MDR 1966, 745-746.
[42] Zutreffend *Dickescheid* in: BGB-RGRK, § 1831 Rn. 11.
[43] So *Veit* in: Staudinger, § 1831 Rn. 22; *Dickescheid* in: BGB-RGRK, § 1831 Rn. 14; *Götz* in: Palandt, § 1831 Rn. 3; *Zimmermann* in: Damrau/Zimmermann, Betreuungsrecht, 4. Aufl. 2011, § 1831 Rn. 6; *Freiherr von Crailsheim* in: Jürgens, Betreuungsrecht, 4. Aufl. 2010, § 1831 Rn. 8; vgl. hierzu auch BayObLG v. 05.04.1991 - 3 Z 44/91 - Rpfleger 1991, 457, 458; a.A. *Saar* in: Erman, § 1831 Rn. 5.

§ 1831

deren" fassen lässt. Unabhängig davon schließt § 1831 Satz 2 BGB aber auch nach herrschender Meinung nicht aus, dass das anwendbare Verfahrensrecht der Behörde das Recht einräumt, die Vorlage bestimmter Nachweis zu verlangen.

2. Form

23 In der bis zur FamFG-Reform geltenden Fassung von § 1831 Satz 2 FamFG war die Genehmigung „in schriftlicher Form" vorzulegen. Bei der Auslegung dieser Bestimmung bestand Einigkeit, dass mit der Schriftform nicht auf § 126 BGB verwiesen werden sollte.[44] Denn dieser erfasst nur die Form des Rechtsgeschäfts. Bei der Genehmigung handelt es sich jedoch um einen hoheitlichen Akt der freiwilligen Gerichtsbarkeit (vgl. die Kommentierung zu § 1828 BGB). Die Formbestimmung wurde dahingehend ausgelegt, dass neben der Vorlage der Urschrift oder einer Ausfertigung auch die Vorlage einer beglaubigten Abschrift[45], nicht jedoch die einer einfachen Fotokopie genügen sollte.

24 Die Streichung des Zusatzes „in schriftlicher Form" durch das FGG-Reformgesetz wurde damit begründet, dass die Möglichkeit zur Erteilung von familiengerichtlichen Genehmigungen in mündlicher Form entfallen sei.[46] Der Gesetzgeber wollte die Formanforderungen also offenkundig nicht absenken. Dementsprechend hält die herrschende Meinung an der bisherigen Auslegung der Norm fest.[47] Insbesondere soll auch weiterhin etwa die Einreichung eines Telefaxes oder einer E-Mail nicht genügen.[48]

25 Für den Regelfall, dass die Genehmigung den Anforderungen der §§ 38, 40 FamFG genügt, ist dem zu folgen. Ob gleich strenge Anforderungen auch noch an solche Genehmigungen gestellt werden können, die noch unter alter Rechtslage erteilt wurden oder die unter neuer Rechtslage entgegen den Anforderungen der §§ 38, 40 FamFG ergangen sind, erscheint indes zweifelhaft. Immerhin lässt sich der aktuellen Gesetzesfassung entnehmen, dass die „Genehmigung" und nicht etwa nur eine Kopie oder dergleichen einzureichen ist und dass diese in textlicher Form „vorzulegen" und nicht etwa nur mitzuteilen ist. Wenn die Genehmigung ausnahmsweise jedoch z.B. in Form eines Telefaxes übermittelt wurde, dürfte der Vorlage dieses Dokuments § 1831 Satz 2 BGB nicht entgegenstehen.

26 Wie sich auch aus der Gesetzesbegründung ergibt[49], ist nach neuer Rechtslage die Beifügung eines Rechtskraftzeugnisses erforderlich, da die Genehmigung nach § 40 Abs. 2 Satz 2 FamFG erst nach Ablauf der Beschwerdefrist wirksam wird.

27 **Praxishinweis:** Der Vormund kann entweder bis zur Rechtskraft der Genehmigung zuwarten und dann Erklärung, Genehmigung und Rechtskraftzeugnis vorlegen. Dann kann der Erklärungsgegner das Rechtsgeschäft nicht zurückweisen. Die Erklärung ist wirksam abgegeben. Nimmt der Vormund die Erklärung schon vor Rechtskraft vor – etwa weil bestimmte Fristen einzuhalten sind –, so kann der Gegner die Erklärung zurückweisen. Sie ist dann endgültig unwirksam, selbst wenn später Rechtskraft der Genehmigung eintritt. Weist der Erklärungsgegner die Erklärung nicht zurück und wird die Genehmigung später rechtskräftig, ist die Erklärung wirksam abgegeben. Wird die Genehmigung jedoch erfolgreich angefochten, ist die Erklärung unwirksam.

3. Zurückweisung

28 Zurückweisung ist jede Erklärung, die erkennen lässt, dass der Geschäftsgegner die Erklärung gerade wegen des Fehlens der vormundschaftlichen Genehmigung nicht gelten lassen will. Sie muss verbindlich erklärt werden. Das Äußern bloßer Zweifel genügt nicht.

4. „Unverzüglich"

29 „Unverzüglich" bedeutet „ohne schuldhaftes Zögern" im Sinne von § 121 Abs. 1 Satz 1 BGB. Dem Erklärungsgegner ist die angemessene Zeit für eine Überlegung und rechtliche Beratung zuzugestehen. Allerdings ist hierfür regelmäßig nicht mehr Zeit als eine knappe Woche in Betracht zu ziehen, da die

---

[44] Allg. A., *Dickescheid* in: BGB-RGRK, § 1831 Rn. 12; *Veit* in: Staudinger, § 1831 Rn. 24; *Zimmermann* in: Damrau/Zimmermann, Betreuungsrecht, 3. Aufl. 2001, § 1831 Rn. 11.
[45] *Götz* in: Palandt, § 1831 Rn. 3; *Roth* in: Dodegge/Roth, Betreuungsrecht, 2003, E Rn. 132; *Zimmermann* in: Damrau/Zimmermann, Betreuungsrecht, 4. Aufl. 2011, § 1831 Rn. 12.
[46] BT-Drs. 16/6308, S. 347.
[47] Vgl. etwa *Wagenitz* in: MünchKomm-BGB, § 1833 Rn. 2.
[48] Vgl. *Zimmermann* in: Damrau/Zimmermann, Betreuungsrecht, 4. Aufl. 2011, § 1831 Rn. 12.
[49] BT-Drs. 16/6308, S. 347.

Entscheidung über die Zurückweisung im Kern nur von der Überlegung abhängt, ob sich der Erklärungsgegner auf die bloße Erklärung des Vormundes verlassen will oder nicht. Etwaige an die Wirkungen der Erklärung geknüpfte Folgen sind davon unabhängig.

D. Rechtsfolgen

Bei Vornahme des Rechtsgeschäfts hat der Geschäftsgegner zwei Möglichkeiten: 30
- Besteht er nach § 1831 Satz 2 BGB unverzüglich auf der Vorlage eines schriftlichen Genehmigungsnachweises, so ist das Geschäft wirksam, wenn dieser Nachweis vorgelegt wird. Wird der Genehmigungsnachweis nicht vorgelegt, ist das Geschäft unwirksam, unabhängig davon, ob die Genehmigung tatsächlich erteilt war oder nicht.
- Weist der Erklärungsgegner das Geschäft nicht unverzüglich wegen Fehlens des Genehmigungsnachweises zurück, so hängt die Wirksamkeit des Geschäfts vom tatsächlichen Vorliegen der Genehmigung ab.

Ist einmal Unwirksamkeit des Rechtsgeschäfts eingetreten, so kann keine nachträgliche Heilung mehr 31
erfolgen. Das Geschäft muss neu vorgenommen werden.[50]

---

[50] Allg. A. *Saar* in: Erman, § 1831 Rn. 1; *Wagenitz* in: MünchKomm-BGB, § 1831 Rn. 1; *Götz* in: Palandt, § 1831 Rn. 1.

§ 1832 BGB Genehmigung des Gegenvormunds

(Fassung vom 17.12.2008, gültig ab 01.09.2009)

Soweit der Vormund zu einem Rechtsgeschäft der Genehmigung des Gegenvormunds bedarf, finden die Vorschriften der §§ 1828 bis 1831 entsprechende Anwendung; abweichend von § 1829 Abs. 2 beträgt die Frist für die Mitteilung der Genehmigung des Gegenvormunds zwei Wochen.

Gliederung

A. Grundlagen 1	C. Anwendungsvoraussetzungen 5
I. Kurzcharakteristik 1	I. Gegenvormund 5
II. Entstehungsgeschichte 2	II. Außengenehmigung 6
1. Zweites Betreuungsrechtsänderungsgesetz 2	D. Rechtsfolgen 7
2. FamFG-Reformgesetz 3	I. Anwendbarkeit der §§ 1828 ff. BGB 7
B. Praktische Bedeutung 4	II. Mitteilungsfrist zwei Wochen 12

A. Grundlagen

I. Kurzcharakteristik

1 § 1832 BGB erstreckt die Rechtsfolgen der §§ 1828-1831 BGB auf die Genehmigung des Gegenvormunds (Rechtsfolgenverweisung).[1] Diese unterscheidet sich zwar von der familiengerichtlichen Genehmigung in ihrer Rechtsnatur. Denn die Genehmigung des Gegenvormunds ist Rechtsgeschäft, nicht Hoheitsakt.[2] Wegen der gleichgerichteten Kontrollfunktion ist jedoch eine weitgehend parallele Behandlung geboten.

II. Entstehungsgeschichte

1. Zweites Betreuungsrechtsänderungsgesetz

2 § 1908i Abs. 1 Satz 1 BGB verwies ursprünglich nicht auf § 1832 BGB. Dieses Redaktionsversehen[3] wurde mit dem Zweiten Betreuungsrechtsänderungsgesetz[4] zum 01.07.2005 behoben.

2. FamFG-Reformgesetz

3 § 1832 Satz 2 BGB wurde mit dem FamFG-Reformgesetz[5] zum 01.09.2009 eingefügt. Die Verlängerung der Frist für die Mitteilung in § 1829 Satz 2 BGB wurde nicht nachvollzogen, da der Gegenvormund die Genehmigung als sofort wirksame rechtsgeschäftliche Erklärung abgibt.[6] Vgl. zu der Änderung der Frist zur Mitteilung einer nachträglich erteilten familiengerichtlichen Genehmigung die Kommentierung zu § 1829 BGB Rn. 36 ff.

B. Praktische Bedeutung

4 Gemäß § 1908i Abs. 1 Satz 1 BGB gilt die Vorschrift für den Gegenbetreuer entsprechend.

C. Anwendungsvoraussetzungen

I. Gegenvormund

5 Zu Aufgaben und Bestellung des Gegenvormunds vgl. § 1791 BGB.

---

[1] Allg. A., *Bettin* in: BeckOK BGB, Ed. 30, § 1832 Rn. 1.
[2] Herrschende Meinung, so auch *Freiherr von Crailsheim* in: Jürgens, Betreuungsrecht, 4. Aufl. 2010, § 1832 Rn. 2; *Veit* in: Staudinger, § 1832 Rn. 13; *Wagenitz* in: MünchKomm-BGB, § 1832 Rn. 3; *Dickescheid* in: BGB-RGRK, § 1832 Rn. 2; *Saar* in: Erman, BGB, § 1832 Rn. 1.
[3] So auch *Zimmermann* in: Damrau/Zimmermann, Betreuungsrecht, 3. Aufl. 2001, § 1832 Rn. 1; *Klüsener* in: Jürgens, Betreuungsrecht, 2. Aufl. 2001, § 1832 Rn. 1; *Engler* in: Staudinger, Neubearb. 2004, § 1832 Rn. 7.
[4] Gesetz vom 21.04.2005 (BGBl I 2005, 1073).
[5] Gesetz vom 17.12.2008 (BGBl I 2008, 2586).
[6] BT-Drs. 16/6308, S. 347.

II. Außengenehmigung

Aus dem Anwendungsbereich der §§ 1828-1931 BGB folgt, dass § 1832 BGB nur auf solche Außengenehmigungen Anwendung findet, die die Vertretungsmacht des Vormunds beschränken, bei denen also die Wirksamkeit des Rechtsgeschäfts von der Genehmigung abhängt, nicht aber auf bloße Ordnungsvorschriften.[7] Das folgt aus den in Bezug genommenen Vorschriften, die allesamt Außengenehmigungen voraussetzen. Als solche kommen etwa die Genehmigungen nach §§ 1809, 1812, 1813 BGB in Betracht, nicht aber die Genehmigung nach § 1810 BGB.

D. Rechtsfolgen

I. Anwendbarkeit der §§ 1828 ff. BGB

Entsprechend § 1828 BGB kann die Genehmigung des Gegenvormunds nur gegenüber dem Vormund erklärt werden (zu den Einzelheiten vgl. die Kommentierung zu § 1828 BGB).

Da es sich um ein Rechtsgeschäft handelt, gelten abweichend von den Regeln zur Änderung familiengerichtlicher Genehmigungen jedoch die allgemeinen Grundsätze für Willenserklärung. Die Genehmigung des Gegenvormunds ist deshalb z.B. aufgrund von Willensmängeln anfechtbar.[8]

Gemäß §§ 1832, 1829 Abs. 1 Satz 1 BGB ist der ohne Genehmigung abgeschlossene Vertrag zunächst schwebend unwirksam. Die Genehmigung wird dem anderen Teil gegenüber erst wirksam, wenn der Vormund sie ihm mitteilt (§ 1829 Abs. 1 Satz 2 BGB). Der Vormund kann den Gegenvormund nach § 1829 Abs. 2 BGB zur Mitteilung der Genehmigung auffordern und hierdurch den Schwebezustand befristen. Der Mündel kann nach Beendigung der Vormundschaft gemäß § 1829 Abs. 3 BGB selbst genehmigen (zu den Einzelheiten vgl. die Kommentierung zu § 1829 BGB).

Behauptet der Vormund wahrheitswidrig das Vorliegen einer Genehmigung des Gegenvormunds, so hat der Vertragspartner ein Widerrufsrecht entsprechend § 1830 BGB (zu den Einzelheiten vgl. die Kommentierung zu § 1830 BGB).

Bei einseitigen Rechtsgeschäften bedarf es der Vorgenehmigung nach § 1831 BGB. Der Geschäftsgegner kann die nicht schriftlich vorgelegte Genehmigung zurückweisen (zu den Einzelheiten vgl. die Kommentierung zu § 1831 BGB). Anders als bei der familiengerichtlichen Genehmigung gelten für den Nachweis der Genehmigung des Gegenvormunds allerdings die §§ 125, 126 BGB, da es sich bei der Genehmigung des Gegenvormunds um ein Rechtsgeschäft handelt.[9]

II. Mitteilungsfrist zwei Wochen

Die Frist für die Mitteilung der Genehmigung des Gegenvormunds beträgt weiterhin zwei Wochen. Die Änderung des § 1829 Satz 2 BGB wurde nicht nachvollzogen, da die Genehmigung des Gegenvormunds sofort wirksam ist.

---

[7] Allg A *Veit* in: Staudinger, § 1832, Rn. 2; *Dickescheid* in: BGB-RGRK, § 1832 Rn. 1; *Götz* in: Palandt, § 1832 Rn. 1; *Saar* in: Erman, § 1832 Rn. 1; *Bauer* in: Prütting/Wegen/Weinreich, BGB, 8. Aufl. 2013, § 1833 Rn. 1.

[8] Vgl. hierzu auch *Klüsener* in: Jürgens, Betreuungsrecht, 3. Aufl. 2005, § 1832, Rn. 2; *Veit* in: Staudinger, § 1832 Rn. 13; *Dickescheid* in: BGB-RGRK, § 1832 Rn. 2.

[9] So auch *Veit* in: Staudinger, § 1832 Rn. 10; *Zimmermann* in: Damrau/Zimmermann, Betreuungsrecht, 3. Aufl. 2001, § 1832 Rn. 2; *Wagenitz* in: MünchKomm-BGB, § 1832 Rn. 4.

§ 1833 BGB Haftung des Vormunds

(Fassung vom 02.01.2002, gültig ab 01.01.2002)

(1) ¹Der Vormund ist dem Mündel für den aus einer Pflichtverletzung entstehenden Schaden verantwortlich, wenn ihm ein Verschulden zur Last fällt. ²Das Gleiche gilt von dem Gegenvormund.

(2) ¹Sind für den Schaden mehrere nebeneinander verantwortlich, so haften sie als Gesamtschuldner. ²Ist neben dem Vormund für den von diesem verursachten Schaden der Gegenvormund oder ein Mitvormund nur wegen Verletzung seiner Aufsichtspflicht verantwortlich, so ist in ihrem Verhältnis zueinander der Vormund allein verpflichtet.

Gliederung

A. Grundlagen 1	3. Einstehenmüssen für das Verhalten Dritter 35
I. Kurzcharakteristik 1	4. Haftung des Vormundschaftsvereins 43
II. Entstehungsgeschichte 2	5. Haftung der Vormundschaftsbehörde 48
B. Praktische Bedeutung 5	6. Mitverschulden des Mündels 53
C. Anwendungsvoraussetzungen 6	IV. Haftungsausschluss und Haftungserleichterungen 54
I. Persönlicher Anwendungsbereich 6	
II. Pflichtverletzung 8	1. Haftungsbefreiung durch die Eltern 54
1. Allgemeine Grundsätze 8	2. Die Betreuungsverfügung 55
2. Pflichtverletzungen im Bereich der Personensorge 15	3. Praktische Hinweise 56
	D. Rechtsfolgen 60
3. Pflichtverletzungen im Bereich der Vermögenssorge 16	I. Allgemeine Grundsätze 60
	II. Mehrere Schuldner 63
4. Pflichtverletzungen des Gegenvormunds 24	III. Weitere Anspruchsgrundlagen 66
III. Verschulden 25	E. Prozessuale Hinweise/Verfahrenshinweise 77
1. Allgemeine Grundsätze 25	F. Arbeitshilfe – Checkliste zu § 1833 BGB 83
2. Relevanz der familiengerichtlichen Genehmigung 33	

A. Grundlagen

I. Kurzcharakteristik

1 § 1833 BGB enthält eine Anspruchsgrundlage für die Haftung des Vormunds gegenüber dem Mündel. Der Grund für die verschuldensabhängig ausgestaltete Haftung liegt darin, dass die Rechte und Rechtsgüter des Mündels aufgrund der Übernahme des Amtes in besonderer Weise den Risiken einer unzureichenden Sorge des Vormunds ausgesetzt sind. Da die Haftung ihren Grund in diesem besonderen Verhältnis zwischen Mündel und Vormund hat, ist sie weder der deliktischen noch der vertraglichen Haftung zuzuordnen. Der Vormund nimmt auch keine hoheitliche Tätigkeit wahr.[1] Es handelt sich vielmehr um einen eigenständigen familienrechtlichen Anspruch eigener Art.[2]

II. Entstehungsgeschichte

2 Die Zivilgesetze des 19. Jahrhunderts enthielten entweder ausdrücklich einen Haftungstatbestand für Pflichtwidrigkeiten des Vormunds oder setzten eine solche Haftung als selbstverständlich voraus.[3]

---

[1] BGH v. 30.03.1955 - IV ZB 23/55 - BGHZ 17, 108-116, str., a.A. *Pardey*, FamRZ 1989, 1030, 1034.
[2] So auch BGH v. 30.03.1955 - IV ZB 23/55 - BGHZ 17, 108-116; KG v. 31.08.2001 - 25 U 1018/00 - ZMR 2002, 265; LG Koblenz v. 03.09.2010 - 12 T 103/10 - juris Rn. 2 - FamRZ 2011, 1090; *Götz* in: Palandt, § 1833 Rn. 1; *Bettin* in: BeckOK BGB, Ed. 30, § 1833 Rn. 1; *Roth* in: Dodegge/Roth, Betreuungsrecht, 2003, D Rn. 115; *Saar* in: Erman, § 1833 Rn. 1; *Bauer* in: Prütting/Wegen/Weinreich, BGB, 8. Aufl. 2013, § 1833 Rn. 1; *Zimmermann* in: Damrau/Zimmermann, Betreuungsrecht, 4. Aufl. 2011, § 1833 Rn. 1; *Wagenitz* in: MünchKomm-BGB, § 1833 Rn. 1.
[3] *Mugdan*, Die gesammten Materialien zum Bürgerlichen Gesetzbuch für das Deutsche Reich, IV. Band: Familienrecht, 1899, S. 1177.

Nach gemeinem Recht haftete der Vormund nur für die Sorgfalt in eigenen Angelegenheiten, wohingegen etwa die preußische Vormundschaftsordnung den Vormund für die Anwendung der Sorgfalt eines ordentlichen Hausvaters haften ließ.[4] Der Gesetzentwurf entschied sich gegen eine Haftungsprivilegierung. Zwar sah man die Gefahr, dass die damit in Teilen Deutschlands einhergehende Verschärfung des Haftungsmaßstabs die Abneigung zur Übernahme einer Vormundschaft verstärken könnte. Jedoch hielt man den strengeren Sorgfaltsmaßstab im Hinblick auf die größere Verfügungsfreiheit, die das Gesetz dem Vormund einräumt, zum Schutz vor den sich daraus ergebenden Gefahren für geboten.[5]

3

Der Gesetzentwurf hielt es für selbstverständlich und deshalb nicht regelungsbedürftig, dass das Vorliegen einer vormundschaftsgerichtlichen Genehmigung den Vormund nicht von seiner Haftung befreit. Allerdings geht der Entwurf zugleich davon aus, dass eine Genehmigung des Vormundschaftsgerichts den Vormund nach den tatsächlichen Umständen des Einzelfalls u.U. entschuldigen kann.[6] Bei Haftung mehrerer folgt das BGB der schon im gemeinen Recht angenommenen gesamtschuldnerischen Haftung.[7]

4

B. Praktische Bedeutung

Die Vorschrift findet gemäß § 1833 Abs. 1 Satz 1 BGB auf den „Vormund" Anwendung. Darunter fallen Einzel- und Mitvormund, ferner Vereins- und Amtsvormund gemäß den §§ 1791a ff. BGB (vgl. auch § 56 Abs. 1 SGB VIII). Nach § 1833 Abs. 1 Satz 2 BGB gilt Gleiches für den Gegenvormund. Die Haftung des Amtsvormunds nach § 1833 BGB tritt neben eine etwaige Amtshaftung nach § 839 BGB in Verbindung mit Art. 34 GG. § 839 Abs. 3 BGB findet im Rahmen von § 1833 BGB keine Anwendung.[8] Allerdings begründet nicht schon die zivilrechtliche Stellung als Vormund ein öffentliches Amt im Sinne des Art. 34 GG; der Vormund ist nicht per se Beamter.[9] Eine Amtshaftung kommt deshalb nur für den Amtsvormund in Betracht. Unberührt bleibt eine Haftung des Staates für die in die Aufsicht des Vormunds eingebundenen Beamten. § 1833 BGB findet gemäß § 1908i Abs. 1 Satz 1 BGB auch auf den – berufsmäßigen wie ehrenamtlichen – Betreuer Anwendung (vgl. Rn. 6), ferner gemäß § 1915 Abs. 1 BGB auf den Pfleger, auch auf den Verfahrenspfleger.[10] Nach § 1833 Abs. 1 Satz 2 BGB gilt Gleiches für den Gegenbetreuer. Auch auf die Beistandschaft ist die Vorschrift anwendbar.[11]

5

C. Anwendungsvoraussetzungen

I. Persönlicher Anwendungsbereich

Die Vorschrift findet zunächst auf die natürliche Person als Vormund (respektive Betreuer) Anwendung, und zwar auf den Einzelvormund ebenso wie auf den Mitvormund nach § 1797 BGB. Ferner unterliegt der Haftung der Vereinsvormund nach § 1791a BGB (wie auch der Vereinsbetreuer nach § 1900 Abs. 1 BGB). Zur Haftung des Vereins im Falle der Vereinsvormundschaft bzw. der Vereinsbetreuung vgl. Rn. 43 ff. Schließlich haftet auch der bestellte oder gesetzliche Amtsvormund gemäß §§ 1791b, 1791c BGB, § 56 Abs. 1 SGB VIII (wie auch die Betreuungsbehörde nach § 1900 Abs. 4 BGB).

6

---

[4] Vgl. *Mugdan*, Die gesammten Materialien zum Bürgerlichen Gesetzbuch für das Deutsche Reich, IV. Band: Familienrecht, 1899, S. 1175 f.

[5] *Mugdan*, Die gesammten Materialien zum Bürgerlichen Gesetzbuch für das Deutsche Reich, IV. Band: Familienrecht, 1899, S. 1177.

[6] *Mugdan*, Die gesammten Materialien zum Bürgerlichen Gesetzbuch für das Deutsche Reich, IV. Band: Familienrecht, 1899, S. 1177.

[7] *Mugdan*, Die gesammten Materialien zum Bürgerlichen Gesetzbuch für das Deutsche Reich, IV. Band: Familienrecht, 1899, S. 1178.

[8] Vgl. zum Verhältnis der Haftung von § 1833 BGB zu § 839 BGB auch BGH v. 20.04.1953 - IV ZR 155/52 - BGHZ 9, 255-262; *Bauer* in: Prütting/Wegen/Weinreich, BGB, 8. Aufl. 2013, § 1833 Rn. 2.

[9] Vgl. BGH v. 30.03.1955 - IV ZD 23/55 - juris Rn. 13 - BGHZ 17, 108-116; *Saar* in: Erman, § 1833 Rn. 1; *Bauer* in: Prütting/Wegen/Weinreich, BGB, 8. Aufl. 2013, § 1833 Rn. 1.

[10] BGH v. 22.07.2009 - XII ZR 77/06 - juris Rn. 42 - BGHZ 182, 116-140; a.A. *Bienwald* in: Staudinger, BGB, Neubearbeitung 2006, Vorb. §§ 1909-1921 Rn. 5.

[11] Saarländisches Oberlandesgericht v. 13.12.2011 - 4 U 456/10 - 139 - juris Rn. 76 - FamRZ 2012, 801-804.

§ 1833

7 Die Haftung beginnt mit der Bestellung zum Vormund nach § 1789 BGB[12] und endet mit der Beendigung der Vormundschaft oder mit dem Ende des Amtes.[13] Unerheblich ist, ob die Voraussetzungen für die Anordnung der Vormundschaft bzw. Betreuung tatsächlich gegeben waren.[14] Im Rahmen der Fortführung der Geschäfte nach Beendigung der Vormundschaft gemäß § 1893 BGB in Verbindung mit den §§ 1698a, 1698b BGB verlängert sich die Haftung. Entgegen einer in Rechtsprechung und Literatur zum Teil vertretenen Auffassung[15] ist eine darüber hinausgehende Haftung nach Beendigung der Vormundschaft jedoch ausgeschlossen. Die Voraussetzungen für die Annahme eines gesetzlichen familienrechtlichen Schuldverhältnisses bestehen nach Beendigung von Vormundschaft oder Amt auch dann nicht mehr, wenn alle Beteiligten weiterhin so verfahren, als bestehe die Vormundschaft fort.[16] Hier kommt deshalb nur noch eine Haftung nach den allgemeinen Regeln, etwa nach den Grundsätzen der Geschäftsführung ohne Auftrag in Betracht.[17]

II. Pflichtverletzung

1. Allgemeine Grundsätze

8 Der Vormund haftet nach § 1833 Abs. 1 Satz 1 BGB, wenn er seine Pflichten verletzt. Gemeint ist damit der Verstoß gegen eine rechtliche, nicht nur eine moralische Verpflichtung.

9 Die Pflichten des Vormunds ergeben sich aus den gesetzlichen Einzelregelungen der Vormundschaft, aus familiengerichtlichen Anordnungen sowie aus dem allgemeinen, aus den §§ 1789, 1793 BGB herzuleitenden Gebot einer treuen und gewissenhaften Amtsführung.[18] Gegebenenfalls sind auch Anordnungen Dritter nach § 1803 BGB zu beachten.

10 Was im Einzelfall einer treuen und gewissenhaften Amtsführung entspricht, ist maßgeblich nach dem Wohl des Mündels zu beurteilen. Dabei sind neben dem objektiven Interesse des Mündels auch seine subjektiven Wünsche zu berücksichtigen. Noch strenger sind die Anforderungen im Bereich der Betreuung. Zum Wohl des Betreuten gehört auch die Möglichkeit, im Rahmen seiner Fähigkeiten sein Leben nach seinen eigenen Wünschen und Vorstellungen zu gestalten (§ 1901 Abs. 2 Satz 2 BGB). Der Betreuer hat deshalb den Wünschen des Betreuten zu entsprechen, soweit dies dessen Wohl nicht zuwiderläuft und dem Betreuer zumutbar ist (§ 1901 Abs. 3 Satz 1 BGB). Die höchstrichterliche Rechtsprechung hat das dahingehend konkretisiert, dass ein beachtlicher Gegensatz zwischen Wohl und Wille des Betreuten erst entsteht, wenn die Erfüllung der Wünsche höherrangige Rechtsgüter des Betreuten gefährden oder seine gesamte Lebens- und Versorgungssituation erheblich verschlechtern würde. Danach darf der Betreuer einen Wunsch des Betreuten nicht wegen Vermögensgefährdung ablehnen, solange dieser sich von seinen Einkünften und aus seinem Vermögen voraussichtlich bis zu seinem Tod unterhalten können, selbst wenn dadurch sein Vermögen erheblich geschmälert würde. Etwas anderes gilt nur, wenn der Wunsch des Betreuten nicht Ausdruck der Erkrankung des Betreuten ist. Unbeachtlich ist der Wunsch eines Betreuten, wenn der Betreute infolge seiner Erkrankung entweder nicht mehr in der Lage ist, eigene Wünsche und Vorstellungen zu bilden und zur Grundlage und Orientierung seiner Lebensgestaltung zu machen, oder wenn er die der Willensbildung zugrunde liegenden Tatsachen infolge seiner Erkrankung verkennt.[19] Hieraus ergeben sich für den Vormund erheb-

---

[12] Vgl. *Mugdan*, Die gesammten Materialien zum Bürgerlichen Gesetzbuch für das Deutsche Reich, IV. Band: Familienrecht, 1899, S. 1177.

[13] Allg. A., vgl. Saarländisches Oberlandesgericht v. 13.12.2011 - 4 U 456/10 - juris Rn. 96 ff. - FamRZ 2012, 801-804; *Zimmermann* in: Damrau/Zimmermann, Betreuungsrecht, 4. Aufl. 2011, § 1833 Rn. 1; *Dickescheid* in: BGB-RGRK, § 1833 Rn. 2.

[14] RG v. 26.01.1914 - Rep. III 290/13 - RGZ 84, 92-96, 94 f.; *Dickescheid* in: BGB-RGRK, § 1833 Rn. 2; *Zimmermann* in: Damrau/Zimmermann, Betreuungsrecht, 4. Aufl. 2011, § 1833 Rn. 1; *Wagenitz* in: MünchKomm-BGB, § 1833 Rn. 5.

[15] *Dickescheid* in: BGB-RGRK, § 1833 Rn. 2; RG v. 19.09.1938 - IV 54/38 - JW 1938, 3116; *Saar* in: Erman, § 1833 Rn 2.

[16] *Zimmermann* in: Damrau/Zimmermann, Betreuungsrecht, 4. Aufl. 2011, § 1833 Rn. 1.

[17] So auch *Zimmermann* in: Damrau/Zimmermann, Betreuungsrecht, 3. Aufl. 2001, § 1833 Rn. 1.

[18] Vgl. BGH v. 04.12.2013 - XII ZR 157/12 - juris Rn. 13 - FamRZ 2014, 290-292; BGH v. 30.03.1955 - IV ZB 23/55 - BGHZ 17, 108, 116; BGH v. 03.11.2004 - XII ZR 332/01 - FamRZ 2005, 358; Saarländisches Oberlandesgericht v. 13.12.2011 - 4 U 456/10 - 139 - juris Rn. 82 - FamRZ 2012, 801-804; *Dickescheid* in: BGB-RGRK, § 1833 Rn. 5; *Zimmermann* in: Damrau/Zimmermann, Betreuungsrecht, 4. Aufl. 2011, § 1833 Rn. 11; *Bettin* in: BeckOK BGB, Ed. 30, § 1833 Rn. 4; *Günther*, jurisPR-FamR 10/2005, Anm. 1.

[19] Vgl. BGH v. 22.07.2009 - XII ZR 77/06 - juris Rn. 18 ff. - BGHZ 182, 116-140.

liche Haftungsrisiken. Er riskiert, entweder die verfassungsrechtlich gewährleistete freie Entfaltung der Persönlichkeit des Betreuten rechtswidrig zu beschneiden oder von den Erben in Haftung genommen zu werden. Da die vorzunehmenden Abwägungen vielschichtig sind, wird man dem Betreuer bei der Beurteilung des Betreutenwohls einen Beurteilungsspielraum zuzugestehen haben.[20] Will der Betreuer bei der Beurteilung des Betreutenwohls von einer objektiv vernünftigen Vermögensverwaltung abweichen, empfiehlt es sich, den Wunsch des Betreuten ausdrücklich beweissicher zu dokumentieren, wobei sich aus der Erklärung des Betreuten auch die Einsicht des Betreuten in die der Entscheidung zugrunde liegenden Tatsachen ergeben sollte. Ist die Einsichtsfähigkeit des Patienten nicht ganz zweifelsfrei, sollte ferner – insbesondere bei größeren Vermögensdispositionen – eine fachärztliche Begutachtung zu der Auswirkung der Erkrankungen des Betreuten auf die Bildung seiner Wünsche und Vorstellungen und seine Lebensgestaltung eingeholt werden.

Im Einzelfall kann auch ein Verstoß gegen eine bloße Sollvorschrift die Haftung des Vormunds begründen[21], wenn sein Ermessen bei der Beurteilung des Mündelwohls reduziert ist.

Stets ist jedoch zu beachten, dass es dem Vormund nicht angelastet werden kann, wenn er nach dem gebräuchlichen Geschäftsanstand verfährt.[22] Danach muss nicht jeder Vorteil bis zur Grenze der rechtlichen Zulässigkeit realisiert werden. Denn auch eine dem Anstand oder den Geschäftsgebräuchen entsprechende Rücksichtnahme liegt im Interesse des Mündels.

Da sich die Befugnis zum Handeln des Vormunds auf seinen Aufgabenkreis beschränkt, ist ein Handeln außerhalb dieses Aufgabenkreises, wenn es nicht anderweitig gestattet ist, pflichtwidrig.[23] Dem steht nicht entgegen, dass auch der in seinem Aufgabenkreis beschränkte Vormund Bedürfnisse des Mündels, die aus anderen Lebensbereichen herrühren, bei seiner Entscheidung zu berücksichtigen hat.

Die Beurteilung, ob ein Verhalten des Vormunds eine Pflichtverletzung darstellt, ist im Wesentlichen tatrichterlicher Natur. Allerdings unterliegt revisionsgerichtlicher Kontrolle, ob das Berufungsgericht bei seiner Würdigung den Rechtsbegriff der Pflichtverletzung verkannt hat.[24]

2. Pflichtverletzungen im Bereich der Personensorge

Im Bereich der Personensorge stellt eine Pflichtverletzung beispielsweise dar:
- die unterlassene Mitteilung von Umständen, die eine Aufhebung oder Änderung der Betreuung sowie die Anordnung eines Einwilligungsvorbehalts bei der Betreuung rechtfertigen würden (§ 1901 Abs. 5 BGB)[25];
- das Nichteinholen einer familiengerichtlichen Genehmigung bei Einwilligung in einen ärztlichen Eingriff oder eine Sterilisation nach den §§ 1904, 1905 BGB[26];
- das Nichteinholen einer familien-/betreuungsgerichtlichen Genehmigung für den Abbruch einer angebotenen lebenserhaltenden Maßnahme (z.B. künstliche Beatmung, Sondenernährung). Die Rechtsprechung differenziert insofern danach, ob nach ärztlicher Indikation noch ein sinnvolles Therapieziel erkennbar ist und deshalb eine lebenserhaltende Maßnahme „angeboten" wird.[27] Im Sinne des sichersten Weges kann nur angeraten werden, im Zweifelsfall die Genehmigung einzuholen. Wenn der Arzt keine lebenserhaltende Maßnahme anbietet, ist darauf zu dringen, dass dies ausdrücklich dokumentiert wird. Bestehen Zweifel an der Richtigkeit der gestellten ärztlichen Diagnose, kann ferner die Pflicht bestehen, notfalls unter Inanspruchnahme des Gerichts die Durchführung der lebensverlängernden oder -erhaltenden Maßnahme einzufordern.[28]
- die Vornahme freiheitsentziehender Maßnahmen nach § 1906 BGB ohne Genehmigung oder das Nichtbeenden derselben nach Fortfall der Unterbringungsvoraussetzungen[29]; ist dem Betreuer nur

---

[20] Vgl. BayObLG München v. 08.09.1999 - 3Z BR 260/99 - juris Rn. 5 - NJWE-FER 2000, 9; *Roth* in: Dodegge/Roth, Betreuungsrecht, 2003, D Rn. 118.
[21] So auch *Götz* in: Palandt, § 1833 Rn. 4; *Bauer* in: Prütting/Wegen/Weinreich, BGB, 8. Aufl. 2010, § 1833 Rn. 5.
[22] *Zimmermann* in: Damrau/Zimmermann, Betreuungsrecht, 3. Aufl. 2001, § 1833 Rn. 13.
[23] *Zimmermann* in: Damrau/Zimmermann, Betreuungsrecht, 3. Aufl. 2001, § 1833 Rn. 11.
[24] BGH v. 26.01.1984 - I ZR 188/81 - WM 1984, 556, 558; BGH v. 03.07.1986 - I ZR 171/84 - WM 1986, 1413 f.; BGH v. 03.11.2004 - XII ZR 332/01 - FamRZ 2005, 358.
[25] So auch *Meier*, Handbuch Betreuungsrecht, 2000, Rn. 1178; *Bauer/Deinert* in: HK-BUR, § 1833 Rn. 23.
[26] *Bauer/Deinert* in: HK-BUR, § 1833 Rn. 23; *Zimmermann* in: Damrau/Zimmermann, Betreuungsrecht, 3. Aufl. 2001, § 1833 Rn. 12.
[27] Vgl. OLG München v. 25.01.2007 - 33 Wx 6/07 - juris Rn. 34 ff. - OLGR München 2007, 163-165.
[28] OLG München v. 25.01.2007 - 33 Wx 6/07 - juris Rn. 34 - OLGR München 2007, 163-165.
[29] *Roth* in: Dodegge/Roth, Betreuungsrecht, 2003, D Rn. 116; *Bauer/Deinert* in: HK-BUR, § 1833 Rn. 23; *Zimmermann* in: Damrau/Zimmermann, Betreuungsrecht, 3. Aufl. 2001, § 1833 Rn. 12.

der Aufgabenkreis „Gesundheitsfürsorge" übertragen, so überschreitet er seine Kompetenzen pflichtwidrig, wenn er die geschlossene Unterbringung des Betreuten veranlasst[30]; ausreichend ist es demgegenüber, wenn der Aufgabenkreis die „Aufenthaltsbestimmung" (ggf. neben der „Gesundheitsfürsorge") umfasst[31]; auch die zwangsweise Verbringung eines Betreuten in ein – wenngleich offenes – Altenpflegeheim gegen dessen Willen stellt eine Pflichtverletzung dar[32];

- in Fällen, in denen umstritten ist, ob eine Pflicht zu einem bestimmten Aufgabenkreis gehört – etwa ob die Geltendmachung sozialrechtlicher Ansprüche oder Unterhaltsansprüche zur Personensorge zählt oder ob die Weiterversicherung des Betreuten in der gesetzlichen Krankenversicherung in den Aufgabenkreis der Sorge für die Gesundheit fällt – ist zu beachten, dass den Betreuer eine allgemeine Pflicht zur Anzeige anderweitigen Betreuungsbedarfs trifft (§ 1901 Abs. 5 BGB), deren Nichtbeachtung zur Haftung führen kann[33];
- das Unterlassen einer Weiterversicherung des Mündels oder Betreuten in der gesetzlichen Krankenversicherung nach dem Ausscheiden aus einer Familienversicherung[34]; insofern muss sich der Vormund selbst davon überzeugen, dass Krankenversicherungsschutz besteht und darf grundsätzlich auch nicht auf Wunsch des Betreuten von einer Krankenversicherung absehen;
- die zwangsweise Verbringung eines Betreuten in ein offenes Altenpflegeheim[35];
- die Wohnungskündigung ohne Genehmigung nach § 1907 BGB[36];
- umgekehrt kann es aber auch die Haftung des Betreuers begründen, wenn er die Wohnung des Betreuten nicht rechtzeitig nach erfolgter Unterbringung des Betreuten in einem Heim auflöst.[37] Dabei ist allerdings zu beachten, dass eine sofortige oder auch nur zeitnahe Kündigung dem Wohl des Betreuten regelmäßig zuwider laufen würde. Gerade wenn nach einem – auch längeren – Heimaufenthalt eine Rückkehr in die eigene Wohnung möglich ist, kann die Integration in die vertraute Umgebung, die vielfach mit persönlichen Erinnerungen und sozialen Kontakten verbunden ist, für die Rehabilitation alter und kranker Menschen von entscheidender Bedeutung sein.[38] Eine überhastete Wohnungsauflösung ist deshalb unter allen Umständen zu vermeiden. Bei einem Betreuten kann auch der Wunsch des Betroffenen Berücksichtigung verdienen.[39] Eine Haftung des Betreuers dürfte deshalb regelmäßig nur in Betracht kommen, wenn er die Wohnung ohne Genehmigung des Familiengerichts auflöst, wenn er die Auflösung nach erteilter Genehmigung pflichtwidrig verzögert oder wenn er die Genehmigung verspätet einholt.[40] Im Hinblick auf einen späteren Nachvollzug der Entscheidung – etwa auf Verlangen des Erben des Betreuten – empfiehlt es sich, einen etwaigen, vom Betreuten geäußerten Willen zu dokumentieren.[41]

---

[30] OLG Hamm v. 09.01.2001 - 29 U 56/00 - FamRZ 2001, 861; *Frhr. v. Crailsheim* in: Jürgens, Betreuungsrecht, 4. Aufl. 2010, § 1833 Rn. 6.

[31] OLG Stuttgart v. 29.06.2004 - 8 W 239/04 - FRP 2004, 711; so auch *Frhr. v. Crailsheim* in: Jürgens, Betreuungsrecht, 4. Aufl. 2010, § 1833 Rn. 6.

[32] Vgl. hierzu auch LG Offenburg v. 08.07.1996 - 4 T 88/96 - FamRZ 1997, 899-900, 900; *Bauer/Deinert* in: HK-BUR, § 1833 Rn. 23.

[33] Darauf weist zutreffend etwa *Freiherr von Crailsheim* in: Jürgens, Betreuungsrecht, 4. Aufl. 2010, § 1833 Rn. 8, hin.

[34] BSG v. 14.05.2002 - B 12 KR 14/01 R - juris Rn. 14 - NJW 2002, 2413-2414; OLG Brandenburg v. 08.01.2008 - 6 U 49/07 - OLGR Brandenburg 2008, 614-616; *Zimmermann* in: Damrau/Zimmermann, Betreuungsrecht, 3. Aufl. 2001, § 1833 Rn. 12.

[35] LG Offenburg v. 08.07.1996 - 4 T 88/96 - FamRZ 1997, 899-900; *Roth* in: Dodegge/Roth, Betreuungsrecht, 2003, D Rn. 118.

[36] LG Berlin v. 13.10.2000 - 65 S 563/99 - NZM 2001, 807; *Meier*, Handbuch Betreuungsrecht, 2000, Rn. 1178; vgl. auch *Roth* in: Dodegge/Roth, Betreuungsrecht, 2003, D Rn. 118; *Bauer/Deinert* in: HK-BUR, § 1833 Rn. 23, 31, zur Wohnungsaufgabe.

[37] Vgl. LG Berlin v. 20.12.1999 - 34 O 433/99 - ZMR 2000, 297-300; KG v. 31.08.2001 - 25 U 1018/00 - ZMR 2002, 265; *Zimmermann* in: Damrau/Zimmermann, Betreuungsrecht, 3. Aufl. 2001, § 1833 Rn. 6; *Deinert*, BtPrax 1993, 185, 187.

[38] BayObLG München v. 05.11.2003 - 3Z BR 215/03 - BayObLGR 2004, 85-86.

[39] Vgl. BGH v. 22.07.2009 - XII ZR 77/06 - juris Rn. 18 ff. - BGHZ 182, 116-140; OLG Schleswig v. 23.05.2001 - 2 W 7/01 - MDR 2001, 1299-1300, zur Vermietung eines Einfamilienhauses des Betreuten.

[40] So auch *Meier*, Handbuch Betreuungsrecht, 2000, Rn. 1175; *Zimmermann* in: Damrau/Zimmermann, Betreuungsrecht, 3. Aufl. 2001, § 1833 Rn. 6; *Bauer/Deinert* in: HK-BUR, § 1833 Rn. 31; KG Berlin v. 31.08.2001 - 25 U 1018/00 - ZMR 2002, 265-270.

[41] So auch *Frhr. v. Crailsheim* in: Jürgens, Betreuungsrecht, 4. Aufl. 2010, § 1833 Rn. 7.

- Die Verschlechterung der Mietsache durch den Betreuten – z.B. die Verwahrlosung einer Wohnung – begründet für sich allein keine Pflichtverletzung des Betreuers.[42] Denn er ist nicht für das Verhalten des Mündels verantwortlich. Freilich kann sich die Frage stellen, ob der Betreuer es bei Verwahrlosungstendenzen versäumt hat, dem Betreuten angemessene psychologische Betreuung zukommen zu lassen.
- Betreuer mit dem Aufgabenkreis Gesundheitssorge ist auch verpflichtet, für einen durchgängigen Krankenversicherungsschutz des Betreuten zu sorgen[43], etwa wenn mit der Ehescheidung die Mitversicherung über den Ehepartner endet.[44] Ggf. muss er etwa fristgerecht den Beitritt zur freiwilligen Versicherung in der gesetzlichen Krankenversicherung beantragen.[45] Sollte das Amtsgericht – womöglich gar in „ständiger Praxis" – die unrichtige Auffassung vertreten, eine Verpflichtung zum Abschluss einer Krankenversicherung werde erst durch den Inhalt einer qualifizierten Bestallungsurkunde begründet, wäre dies unerheblich.[46] Dies hätte allenfalls bei der Prüfung des Verschuldens relevant werden können. Erst im Rahmen des Verschuldens hätte auch die Frage Relevanz erlangen können, ob es sich um eine ehrenamtliche oder eine Berufsbetreuerin handelte.[47]
- Die Räumung eines Platzes in einem Altenwohnheim bei Verlegung eines Betreuten in ein Hospiz gehört nicht zu den Pflichten des mit der Vermögenssorge befassten Betreuers.[48]

3. Pflichtverletzungen im Bereich der Vermögenssorge

Im Bereich der Vermögenssorge stellt eine Pflichtverletzung etwa dar:

Vermögensanlage:

- Die fehlerhafte oder unterbliebene Anlage von Mündelvermögen[49], etwa die Wahl einer zu gering verzinslichen Anlageform entgegen § 1806 BGB[50].
- Die Anlage in unsicheren ausländischen Wertpapieren.[51]
- Die Anlage bei einem Kreditinstitut ohne ausreichende Einlagensicherung.[52]
- Das unkritische Übernehmen eines den gesetzlichen Anforderungen an die mündelsichere Geldanlage nicht entsprechenden Rates eines Finanzmaklers.[53]
- Im Einzelfall kann es noch pflichtgemäß sein, für die Reparatur eines fast 18 Jahre alten Pkws eine Abschlagszahlung von 12.000 € aufzuwenden – so in einem Fall, in dem der Pkw Teil einer Erbschaft von über 6 Mio. € war und die Betreute für das zuvor von ihrer verstorbenen Mutter geführte Fahrzeug eine besondere emotionale Verbundenheit empfand.[54]
- Pflichtwidrig ist die Entnahme von Geldbeträgen aus dem Mündelvermögen, die nicht bestimmungsgemäß verwendet werden.[55] Dabei ist zu beachten, dass die Quittierung des Erhalts durch den

---

[42] Vgl. LG Flensburg v. 07.03.2008 - 1 S 77/07 - juris Rn. 20 - FamRZ 2008, 2232; so auch *Frhr. v. Crailsheim* in: Jürgens, Betreuungsrecht, 4. Aufl. 2010, § 1833 Rn. 19.
[43] OLG Brandenburg v. 08.01.2008 - 6 U 49/07 - OLGR Brandenburg 2008, 614-616.
[44] LG Dessau-Roßlau v. 10.02.2010 - 4 O 215/09 - BtPrax 2010, 192-193.
[45] Vgl. OLG Sachsen-Anhalt v. 26.09.2013 - 1 U 8/13 - juris Rn. 34; OLG Nürnberg v. 17.12.2012 - 4 U 2022/12 - juris Rn. 6 - BtPrax 2013, 70-71.
[46] LG Dessau-Roßlau v. 10.02.2010 - 4 O 215/09 - BtPrax 2010, 192-193.
[47] *Heitmann*, jurisPR-FamR 23/2010, Anm. 3.
[48] Vgl. AG Saarbrücken v. 12.12.2013 - 121 C 194/13 (09) - juris Rn. 21.
[49] Vgl. etwa BayObLG v. 11.08.2004 - 3Z BR 102/04 - juris Rn. 9 - FamRZ 2005, 389; *Meier*, Handbuch Betreuungsrecht, 2000, Rn. 1178; *Zimmermann* in: Damrau/Zimmermann, Betreuungsrecht, 4. Aufl. 2011, § 1833 Rn. 12.
[50] Vgl. etwa AG Bremen v. 14.02.1992 - 7 C 453/91 - NJW 1993, 205-206; DIV-Gutachten, DAVorm 1988, 370; *Frhr. v. Crailsheim* in: Jürgens, Betreuungsrecht, 4. Aufl. 2010, § 1833 Rn. 5; *Bauer/Deinert* in: HK-BUR, § 1833 Rn. 25; *Deinert*, BtPrax 1993, 185, 186; zur Geldanlage durch Eltern auch LG Kassel v. 16.05.2002 - 8 O 1391/97 - juris Rn. 71 - FamRZ 2003, 626-627.
[51] DIV-Gutachten, DAV 1992, 1212; *Roth* in: Dodegge/Roth, Betreuungsrecht, 2003, D Rn. 117; *Bauer/Deinert* in: HK-BUR, § 1833 Rn. 25.
[52] LG Waldshut-Tiengen v. 30.10.2007 - 1 O 336/06 - juris Rn. 42 - BtPrax 2008, 87-89; *Zimmermann* in: Damrau/Zimmermann, Betreuungsrecht, 4. Aufl. 2011, § 1833 Rn. 12
[53] Auf eine Haftung für Dritte abstellend LG Waldshut-Tiengen v. 30.10.2007 - 1 O 336/06 - FamRZ 2008, 916-917.
[54] OLG Karlsruhe v. 15.06.2010 - 12 U 235/09 - FamRZ 2010, 2018.
[55] Vgl. Saarländisches Oberlandesgericht v. 12.06.2013 - 1 U 374/11 - juris Rn. 56.

§ 1833

Betreuten den Betreuer nicht entlastet, wenn (z.B. infolge Demenz/Geschäftsunfähigkeit) Zweifel an der inhaltlichen Richtigkeit der Quittung bestehen.[56]

18 **Sozialleistungsbezug:**

- Die Versäumung der Beantragung von Sozialhilfe, Wohngeld, Prozesskostenhilfe[57] oder sonstigen staatlichen Leistungen; hiergegen kann nicht angeführt werden, die Stellung von Sozialhilfeanträgen sei keine Angelegenheit der Vermögenssorge[58], denn zur Vermögenssorge gehört auch die Mehrung von Vermögen durch Geltendmachung bestehender Ansprüche; etwas anderes gilt allerdings, wenn der Lebensbedarf von einem privaten Dritten gedeckt wird, denn die Gewährung von Sozialhilfe dient nicht dem Vermögensaufbau[59].
- Das Unterlassen einer Mitteilung an das Sozialamt über die Festsetzung des Übergangsgeldes für den Sozialhilfe empfangenden Betreuten; selbst wenn der Betreute aufgrund seines gesundheitlichen und geistigen Zustandes in der Lage gewesen wäre, die Angelegenheit mit dem Sozialamt selbst zu klären, bestünde im Rahmen der Vermögenssorge zumindest die Verpflichtung, als Betreuer eine von dem Betreuten erwartete Tätigkeit zu kontrollieren.[60]
- Die Verzögerung eines Rentenantrags.[61]
- Die unterlassene Geltendmachung zukünftiger Ansprüche[62] – um solche handelt es sich regelmäßig bei der Geltendmachung von Sozialleistungen.

19 **Unterhaltsbezug:**

- Die Unterlassung der Unterhaltsbeitreibung[63] oder das Geltendmachen zu niedriger Unterhaltsbeiträge[64]; oder das Versäumnis, einen unbefristeten dynamischen Unterhaltstitel zu erstreiten[65].
- Die zu Unrecht gewährte Unterhaltsstundung.[66]
- Das Unterlassen einer aussichtsreichen Abänderungsklage zur Geltendmachung eines höheren Unterhalts.[67]
- Mit großer praktischer Bedeutung: der Unterhaltsvergleich zur Unzeit[68]; freilich ist zu beachten, dass auch die Ablehnung des Abschlusses eines günstigen Vergleichs zur Haftung führen kann.
- Das Unterlassen angemessener Maßnahmen, um zu verhindern, dass sich der Schuldner durch Absetzen ins Ausland der Unterhaltsbeitreibung entzieht, etwa durch Hinweise an die Passbehörde, die dem Schuldner einen Reisepass ausstellt.[69]

---

[56] Vgl. LG Mainz v. 08.03.2012 - 1 O 250/11 - juris Rn. 16 - FamRZ 2012, 1325.
[57] Zur Hinterbliebenenrente vgl. OLG Stuttgart v. 26.11.1955 - 5 U 109/55 - MDR 1956, 169; DIV-Gutachten v. 24.05.1988 - R 1.136 - DAVorm 1988, 605-606, 606; *Bauer/Deinert* in: HK-BUR, § 1833 Rn. 23.
[58] So aber OLG Zweibrücken v. 20.06.2000 - 5 UF 7/00 - juris Rn. 29 - OLGR Zweibrücken 2001, 36-37; LG Köln v. 14.05.1997 - 13 S 17/97 - FamRZ 1998, 919; abl. hierzu auch *Bienwald*, FamRZ 1998, 1567; im Ergebnis wohl ebenso *Freiherr von Crailsheim* in: Jürgens, Betreuungsrecht, 4. Aufl. 2010, § 1833 Rn. 5; offen *Bauer/Deinert* in: HK-BUR, § 1833 Rn. 28.
[59] LG Offenburg v. 06.06.1994 - 2 O 475/93 - FamRZ 1996, 1356; *Saar* in: Erman, § 1833 Rn. 4.
[60] AG Kirchhain v. 29.12.2004 - 7 C 277/04 - RdLH 2005, 35.
[61] LG Berlin v. 20.09.2000 - 11 O 75/00 - BtPrax 2001, 83-84 zur Beantragung einer Erwerbsunfähigkeitsrente.
[62] OLG Schleswig v. 30.08.2002 - 1 U 176/01 - SchlHA 2003, 74, gegen LG Köln v. 14.05.1997 - 13 S 17/97 - FamRZ 1998, 919; und *Klüsener/Rausch*, NJW 1993, 618; wie hier auch *Saar* in: Erman, § 1833 Rn. 5.
[63] LG Siegen v. 21.08.1987 - 2 O 112/87 - DAVorm 1988, 722-724; LG Berlin v. 30.04.1973 - 248/72 - DAV 1974, 62-66; KG v. 29.10.1973 - 21 U 1637/73 - DAVorm 1975, 439-446; DIV-Gutachten v. 04.07.1990 - J 2.130 - DAVorm 1990, 790; *Roth* in: Dodegge/Roth, Betreuungsrecht, 2003, D Rn. 117; *Bauer/Deinert* in: HK-BUR, § 1833 Rn. 24.
[64] *Bauer* in: Prütting/Wegen/Weinreich, BGB, 8. Aufl. 2013, § 1833 Rn. 5.
[65] Vgl. *Knittel*, JAmt 2014, 37-39 (38).
[66] OLG Köln v. 10.01.1991 - 7 U 151/90 - juris Rn. 5 - NJW-RR 1991, 711-712; DIV-Gutachten v. 04.07.1990 - J 2.130 - DAVorm 1990, 790-791; *Roth* in: Dodegge/Roth, Betreuungsrecht, 2003, D Rn. 117; *Bauer/Deinert* in: HK-BUR, § 1833 Rn. 24.
[67] Saarländisches Oberlandesgericht v. 13.12.2011 - 4 U 456/10 - 139 - juris Rn. 84 - FamRZ 2012, 801-804, m.w.N.
[68] BGH v. 24.10.1956 - IV ZR 103/56 - BGHZ 22, 72; *Bauer/Deinert* in: HK-BUR, § 1833 Rn. 24; *Gernhuber/Coester-Waltjen*, Familienrecht, 6. Aufl. 2010, § 71 VI 33. Rn. 33, m.w.N.
[69] *Bauer* in: Prütting/Wegen/Weinreich, BGB, 8. Aufl. 2013, § 1833 Rn. 5.

- Das Feststellen des Einkommens des Unterhaltsschuldners – auch durch mehrfache Routineanfragen, spätestens alle zwei Jahre,[70] – und bei konkreten Anhaltspunkten für unrichtige Angaben die Einleitung einer Überprüfung der Einkommens- und Vermögensverhältnisse, und zwar auch im Rahmen einer bloßen Beistandschaft[71].

Das Verhalten im Zusammenhang mit der Geltendmachung von Unterhalt gibt besonders häufig Anlass zu Haftungsklagen.[72] Insofern ist dem Vormund dringend die Inanspruchnahme von Fachkompetenz – etwa durch einen Fachanwalt für Familienrecht – anzuraten.

Prozessführung: 20

- Das Eintretenlassen der Verjährung[73] (vgl. zu den Grenzen des Geschäftsanstandes jedoch schon Rn. 12).
- Das Führen aussichtsloser – nicht bloß unsicherer – Prozesse[74]. Dies gilt insbesondere, aber nicht nur für den juristisch geschulten Vormund. Verfügt der Vormund nicht über die erforderlichen Kenntnisse, um die Aussichten einer ernsthaft in Betracht kommenden Klage oder Klageverteidigung abschätzen zu können, muss er sich fachkundig beraten lassen[75]; gerade bei Rechtsstreitigkeiten, die von einer schwierigen Würdigung des ausländischen Rechts abhängen, sind allerdings keine übertriebenen Anforderungen zu stellen[76].
- Eine fehlerhafte Prozessführung[77], insbesondere das Versäumen von Rechtsmittelfristen[78], allerdings nur bei nach sorgfältiger Prüfung erfolgversprechendem Rechtsmittel.
- Die Abgabe von Anerkenntnissen auf der Basis von Sachverständigengutachten, ohne diese zuvor einer kritischen Prüfung zu unterziehen. Dabei ist allerdings kein übertrieben strenger Maßstab anzulegen.[79] Es ist gerade Sinn und Zweck des Gutachtens, dem Auftraggeber den erforderlichen Sachverstand zur Verfügung zu stellen, über den er selbst nicht verfügt. Deshalb muss der Vormund das Gutachten lediglich daraufhin überprüfen, ob die sachverständigen Ausführungen verständlich, vollständig, logisch und plausibel sind.

Versicherungen: 21

- Der unterlassene Abschluss einer Haftpflichtversicherung im Falle erhöhter Gefahrneigung: Das Unterlassen des Abschlusses einer Haftpflichtversicherung stellt nicht per se einen Pflichtverstoß dar.[80] Nur wenn eine gesteigerte Gefahr einer haftpflichtrechtlichen Inanspruchnahme besteht, stellt der Nichtabschluss derselben einen Pflichtverstoß des Vormunds dar.[81] Davon ist etwa auszugehen, wenn der Mündel ein besonderes Fremdgefährdungspotential aufweist, etwa wenn sich diese erhöhte Gefahr bereits in früheren Haftpflichtfällen gezeigt hat. Problematisch ist die Auffassung[82],

---

[70] Vgl. hierzu *Knittel*, JAmt 2014 37-39 (38).

[71] Vgl. BGH v. 04.12.2013 - XII ZR 157/12 - juris Rn. 13 ff. - FamRZ 2014, 290-292; Saarländisches Oberlandesgericht v. 13.12.2011 - 4 U 456/10 - 139 - juris Rn. 84 - FamRZ 2012, 801-804; LG Saarbrücken v. 20.04.2001 - 4 O 82/00 - juris Rn. 84.

[72] So auch *Saar* in: Erman, § 1833 Rn. 6 m.w.N.

[73] BGH v. 27.09.1968 - VI ZR 163/67 - VersR 1968, 1165; *Bettin* in: BeckOK BGB, Ed. 30, § 1833 Rn. 7; *Zimmermann* in: Damrau/Zimmermann, Betreuungsrecht, 3. Aufl. 2001, § 1833 Rn. 7; *Bauer/Deinert* in: HK-BUR, § 1833 Rn. 23; *Deinert*, BtPrax 1993, 185, 186.

[74] OLG Hamburg v. 14.12.1959 - 8 U 36/59 - NJW 1960, 1207-1208; *Bettin* in: BeckOK BGB, Ed. 30, § 1833 Rn. 7; *Meier*, Handbuch Betreuungsrecht, 2000, Rn. 1178; *Frhr. v. Crailsheim* in: Jürgens, Betreuungsrecht, 4. Aufl. 2010, § 1833 Rn. 5; *Roth* in: Dodegge/Roth, Betreuungsrecht, 2003, D Rn. 118; *Bauer/Deinert* in: HK-BUR, § 1833 Rn. 23; *Deinert*, BtPrax 1993, 185, 186.

[75] *Meier*, Handbuch Betreuungsrecht, 2000, Rn. 1196a.

[76] OLG Hamburg v. 14.12.1959 - 8 U 36/59 - NJW 1960, 1207-1208.

[77] OLG Stuttgart v. 26.11.1955 - 5 U 109/55 - MDR 1956, 169; *Bettin* in: BeckOK BGB, Ed. 30, § 1833 Rn. 7.

[78] BGH v. 27.09.1968 - VI ZR 163/67 - VersR 1968, 1165; *Roth* in: Dodegge/Roth, Betreuungsrecht, 2003, D Rn. 118; *Bauer/Deinert* in: HK-BUR, § 1833 Rn. 23; *Deinert*, BtPrax 1993, 185, 186.

[79] BGH v. 05.05.1983 - III ZR 57/82 - juris Rn. 13 - LM Nr. 136 zu Art 34 GrundG; vgl. auch *Bettin* in: BeckOK BGB, Ed. 30, § 1833 Rn. 7; *Roth* in: Dodegge/Roth, Betreuungsrecht, 2003, D Rn. 117; *Dickescheid* in: BGB-RGRK, § 1833 Rn 6.

[80] BGH v. 04.06.1980 - IVb ZR 514/80 - NJW 1980, 2249-2250; OLG Hamm v. 13.01.1981 - 11 U 208/77 - VersR 1982, 77-78; *Dickescheid* in: BGB-RGRK, § 1833 Rn. 6; *Deinert*, BtPrax 1993, 185, 187.

[81] So auch BGH v. 04.06.1980 - IVb ZR 514/80 - juris Rn. 18 - BGHZ 77, 224-233; OLG Hamm v. 13.01.1981 - 11 U 208/77 - VersR 1982, 77-78; *Meier*, Handbuch Betreuungsrecht, 2000, Rn. 1179; *Roth* in: Dodegge/Roth, Betreuungsrecht, 2003, D Rn. 120; *Bauer* in: Prütting/Wegen/Weinreich, BGB, 8. Aufl. 2013, § 1833 Rn. 5.

[82] So *Roth* in: Dodegge/Roth, Betreuungsrecht, 2003, D Rn. 120.

bei Sozialhilfeempfängern entfalle die Versicherungspflicht. Denn nach dem Bedarfsdeckungsprinzip sind die Sozialämter verpflichtet, eine erforderliche Versicherungsprämie zu tragen.[83] Allerdings stellen die finanziellen Verhältnisse des Mündels durchaus ein Kriterium bei der Frage dar, ob der Abschluss einer Versicherung im Interesse des Mündels liegt. Bei günstigen Vermögensverhältnissen kann dies eher der Fall sein. Soweit der Mündel aufgrund seines Alters bzw. der Betreuer aufgrund eines Ausschlusses seiner Verantwortlichkeit gemäß §§ 827, 828 BGB nur im Rahmen einer Billigkeitshaftung nach § 829 BGB haften würde, entspricht der Abschluss einer Haftpflichtversicherung regelmäßig nicht dem Interesse des Mündels, zumal für diese Fälle ein Versicherungsschutz regelmäßig nur zu vergleichsweise ungünstigen Konditionen zu erreichen ist[84]. Das Unterlassen des Abschlusses einer Berufshaftpflichtversicherung stellt nach LG Nürnberg-Fürth[85] keine Pflichtverletzung dar. Das dürfte jedoch näherer Untersuchung bedürfen. Zwar ist der Nutzen der Haftpflichtversicherung für außenstehende Dritte nur von begrenztem Wert, da die Haftpflichtversicherung nur eingreift, wenn ein Schadensersatzanspruch gegen den Vormund besteht. Sie kann deshalb nicht eingreifen, wenn die Schädigung vom Mündel ausgeht, und auch nicht in dem häufigen Fall, dass ein schädigendes Verhalten des Vormundes gemäß § 278 BGB dem Mündel zuzurechnen ist (vgl. hierzu die Kommentierung zu § 1793 BGB ff.). Bedeutsam wird die Haftpflicht allerdings, wenn der Vormund den Mündel schädigt. Zumindest wenn zum Aufgabenkreis des Vormunds Geschäfte von erheblichem Umfang oder Risiko zählen, sollte die Vermögenssorge nach § 1793 BGB von einer Schutzpflicht zum Abschluss einer Haftpflichtversicherung begleitet werden. Vgl. hierzu auch noch Rn. 57.

- Das Unterlassen des Abschlusses einer Sachversicherung kann im Einzelfall ebenfalls pflichtwidrig sein.[86]
- Die Nichtanzeige einer Gefahrerhöhung an die Brandversicherung bei einem dementen Betreuten.[87]

Beim Abschluss der Haftpflichtversicherung ist die Unterscheidung zwischen der Absicherung gegen Körper- und Sachschäden einerseits und Vermögensschäden andererseits zu beachten. Während beim Mündel insbesondere eine Haftung für fremde Körper- und Sachschäden in Betracht kommt, sind es bei dem zur Vermögenssorge berufenen Vormund typischerweise Vermögensschäden.

In der Praxis des Amtsvormundes verdient Beachtung, dass der im Haushalt der Pflegeeltern lebende Mündel regelmäßig in eine etwaige Haftpflichtversicherung der Pflegeeltern einbezogen ist. Der Abschluss einer zusätzlichen Haftpflichtversicherung kann dann entbehrlich sein. Das Jugendamt hat aber die Versicherung ggf. entsprechend zu informieren.[88] Ferner ist abzuklären, welchen genauen Umfang die jeweilige Versicherung hat, und es ist in angemessenen Abständen zu überprüfen, ob die Versicherung noch besteht.

22 **Geltendmachung von Ansprüchen:**
- Das Unterlassen der Geltendmachung von Ansprüchen. Der Vormund ist im Rahmen seiner treuen und gewissenhaften Amtsführung verpflichtet, alle Ansprüche zu ermitteln, geltend zu machen und zu prüfen, ob der Anspruch erfüllt wird.[89] Dabei ist allerdings im Einzelfall zu berücksichtigen, dass der Geschäftsanstand (vgl. Rn. 12) es gebieten kann, nicht jeden rechtlich zulässigen Vorteil zu realisieren. Von praktischer Relevanz sind insbesondere folgende Pflichtverstöße:
  - das Unterlassen der Geltendmachung von Unterhaltsansprüchen,[90]
  - das Unterlassen der Geltendmachung von gerechtfertigten Mieterhöhungen,[91]

---
[83] Vgl. *Meier*, Handbuch Betreuungsrecht, 2000, Rn. 1179.
[84] Vgl. hierzu *Roth* in: Dodegge/Roth, Betreuungsrecht, 2003, D Rn. 120.
[85] LG Nürnberg-Fürth v. 13.07.2005 - 17 O 8674/03 - BtPrax 2006, 112 f. m. Anm. *Meier*; kritisch nunmehr *Saar* in: Erman, BGB, § 1833 Rn. 7.
[86] *Engler* in: Staudinger, Neubearb. 2004, § 1893, Rn. 21.
[87] OLG Nürnberg v. 13.03.2002 - IV ZR 148/01 - NJW-RR, 820-821; LG Nürnberg-Fürth v. 13.07.2005 - 17 O 8674/03 - BtPrax 2006, 112 f., m. Anm. *Meier*.
[88] DIJuF-Rechtsgutachten v. 19.05.2008 - V 3.200 Ho - JAmt 2008, 321-322.
[89] BGH v. 03.11.2004 - XII ZR 332/01 - NJW-RR 2005, 297-298 zur Geltendmachung von Gewinnanteilen eines Unternehmens.
[90] *Zimmermann* in: Damrau/Zimmermann, Betreuungsrecht, 4. Aufl. 2011, § 1833 Rn. 12; *Bauer* in: Prütting/Wegen/Weinreich, BGB, 8. Aufl. 2013, § 1833 Rn. 5.
[91] *Zimmermann* in: Damrau/Zimmermann, Betreuungsrecht, 4. Aufl. 2011, § 1833 Rn. 12; *Meier*, Handbuch Betreuungsrecht, 2000, Rn. 1178.

- das Unterlassen der Geltendmachung einer Rente,[92]
- das Unterlassen der rechtzeitigen Geltendmachung von Sozialhilfeansprüchen, wenn der Anspruch allein wegen der verspäteten Antragstellung erlischt,[93]
- das Unterlassen der Geltendmachung von Bereicherungsansprüche, und zwar auch dann, wenn die ungerechtfertigte Bereicherung bereits vor Eintritt des Betreuungsfalls erfolgt ist,[94]
- das Versäumnis, der (Un-)Wirksamkeit von Schenkungen (etwa wegen unzulässiger Insichgeschäfte) nachzugehen und eventuelle Rückforderungen gegebenenfalls geltend zu machen[95];
- die Aufklärung der Höhe und des Verbleibs eines fällig werdenden Gewinns aus einem Nießbrauchsanteil, selbst wenn die Wirksamkeit der Abtretung des Nießbrauchsanteils an den Vormund streitig ist[96];
- die unterlassene Geltendmachung von Ausgleichsansprüchen: Kann der Vormund oder der Betreute ein ihm eingeräumtes Wohnrecht nach dem Umzug in ein Heim dauerhaft nicht mehr nutzen, steht ihm ein Ausgleich in Geld gegen den Wohnungsberechtigten zu[97]. Dieser Anspruch ist geltend zu machen;[98]
- die unterlassene Geltendmachung des Ausgleichs wegen ersparter Aufwendungen: Kann der Grundstücksübernehmer, der dem Grundstücksübergeber „Wart und Pflege" versprochen hat, diese nicht mehr übernehmen, da der Grundstücksübergeber entgegen der beidseitigen Erwartungen der Parteien nicht mehr zu Hause gepflegt werden kann, so kommt u.U. eine ergänzende Vertragsauslegung in Betracht, der zufolge dem Absicherungsinteresse des Grundstücksübergebers dadurch Rechnung getragen werden kann, dass sich der Grundstücksübernehmer im Umfang der ersparten Aufwendungen an den Pflegekosten beteiligen muss[99]; der Vormund hat ggf. auf die Geltendmachung eines solchen Anspruchs hinzuwirken.

Sonstige Vermögensverwaltung: 23
- Die unkritische Übernahme der Bewertung von Grundvermögen.[100]
- Der Verkauf von Immobiliareigentum bei zu erwartenden Preissteigerungen.[101]
- Die Löschung einer Auflassungsvormerkung, wenn nicht sichergestellt ist, dass eine bereits geleistete Anzahlung auf einen beabsichtigten Grundstückskauf wieder zurückgezahlt wird.[102]
- Die Übertragung des beweglichen Inventars eines Unternehmens gegen Freistellung von den Verbindlichkeiten ohne eine geeignete rechtliche Verknüpfung beider Geschäfte zur Sicherung der wirksamen Verbindlichkeitsübernahme.[103]
- Die Begleichung von Verbindlichkeiten aus dem Vermögen des Mündels zum Nachteil von Insolvenzgläubigern (vgl. die §§ 133, 290 Abs. 1 Nr. 4 InsO) unter Missbrauch der Vertretungsmacht.[104]
- Das Unterlassen von Notmaßnahmen zur Schadensabwehr, auch im Hinblick auf den Nachlass eines verstorbenen Mündels im Rahmen des ehemaligen Aufgabenkreises, etwa die Versorgung von Haustieren oder das Inkasso laufender Zahlungen.[105]
- Die Verfügung über Wertpapiere ohne die erforderliche Zustimmung des Gegenvormunds.[106]
- Das Überlassen eines unverhältnismäßig hohen Betrages an den Mündel zur freien Verfügung.[107]

---

[92] LG Köln v. 29.11.2004 - 4 O 215/04 - juris Rn. 16 - FamRZ 2006, 1874; *Zimmermann* in: Damrau/Zimmermann, Betreuungsrecht, 4. Aufl. 2011, § 1833 Rn. 12.
[93] Vgl. BGH v. 04.05.2011 - XII ZR 86/10 - juris Rn. 21 - NJW-RR 2011, 1009-1011.
[94] OLG München v. 04.08.2005 - 33 Wx 29/05 - juris Rn. 19 - OLGR München 2006, 192-194; *Zimmermann* in: Damrau/Zimmermann, Betreuungsrecht, 4. Aufl. 2011, § 1833 Rn. 12.
[95] OLG Zweibrücken v. 24.06.2004 - 3 W 100/04 - BtPrax 2004, 246.
[96] BGH v. 03.11.2004 - XII ZR 332/01 - NJW-RR 2005, 297-298.
[97] Vgl. OLG Celle v. 13.07.1998 - 4 W 129/98 - NJW-RR 1999, 10.
[98] Vgl. OLG Celle v. 13.07.1998 - 4 W 129/98 - NJW-RR 1999, 10; *Frhr. v. Crailsheim* in: Jürgens, Betreuungsrecht, 4. Aufl. 2010, § 1833 Rn. 5.
[99] BGH v. 21.11.2002 - V ZB 40/02 - NJW 2003, 1126, 1127.
[100] BGH v. 05.05.1983 - III ZR 57/82 - FamRZ 1983, 1220-1221, 1221; *Bauer/Deinert* in: HK-BUR, § 1833 Rn. 25.
[101] BGH v. 22.02.1967 - IV ZR 279/65 - MDR 1967, 473; *Bauer/Deinert* in: HK-BUR, § 1833 Rn. 25; *Deinert*, BtPrax 1993, 185, 186.
[102] OLG Hamm v. 14.10.1994 - 29 U 231/93 - FamRZ 1995, 696-968.
[103] BGH v. 18.09.2003 - XII ZR 13/01 - NJW 2004, 220-221.
[104] AG Duisburg v. 06.12.2005 - 62 IN 302/05 - NZI 2006, 182.
[105] Vgl. hierzu *Klinger*, NJW-Spezial 2005, 253.
[106] LG Berlin v. 19.10.2009 - 25 O 456/09 - juris Rn. 25 - FamRZ 2010, 492.
[107] LG Berlin v. 19.10.2009 - 25 O 456/09 - juris Rn. 25 - FamRZ 2010, 492.

- Das Überlassen von Bankkarten mit PIN oder Kreditkarten an Dritte.[108]
- Das Unterlassen von Maßnahmen zur Abwendung von Schäden an einem Gebäude im Eigentum des Mündels, etwa das Entlüften einer Wasserleitung bei Frostgefahr.[109]
- Die Veräußerung von Teilflächen, wenn dadurch eine Eigenjagd verlorengeht.[110]

4. Pflichtverletzungen des Gegenvormunds

24 Der Gegenvormund haftet vor allem für die ordnungsgemäße Überwachung des Betreuers, insbesondere für die pflichtwidrige Erteilung einer Genehmigung.[111] Aber auch wenn der Gegenvormund eine im Rahmen seines Aufgabenkreises gebotene Anzeige gegenüber dem Familiengericht – etwa die Mitteilung von Unregelmäßigkeiten – unterlässt, begeht er eine Pflichtwidrigkeit. Hat der Gegenvormund hingegen alles in seiner Macht Stehende getan, um Pflichtverletzungen des Vormundes zu unterbinden – etwa durch entsprechende Anzeige an das Familiengericht –, beanstandet das Familiengericht jedoch dessen Handeln nicht, kommt eine Haftung des Gegenvormunds mangels Pflichtverletzung nicht in Betracht. Da dem Gegenvormund auch die verwaltende Tätigkeit des Vormunds selbst nicht obliegt, haftet er auch für diese selbst nicht.[112]

III. Verschulden

1. Allgemeine Grundsätze

25 Der Vormund haftet gemäß § 276 Abs. 1 Satz 1 BGB für Vorsatz und Fahrlässigkeit.[113] Vorsatz ist die Verwirklichung des Tatbestandes der Pflichtverletzung in Kenntnis aller Tatumstände, Fahrlässigkeit die Außerachtlassung der im Verkehr erforderlichen Sorgfalt. Fahrlässig handelt, wer die im Verkehr erforderliche Sorgfalt außer Acht lässt (§ 276 Abs. 2 BGB).

26 Der an den Vormund anzulegende Sorgfaltsmaßstab bestimmt sich nach dem Lebenskreis sowie der Rechts- und Geschäftserfahrung des Vormunds.[114] Dementsprechend sind an einen rechts- und geschäftskundigen Berufsvormund – etwa an den Beamten des Jugendamts[115] – also höhere Anforderungen zu stellen als an einen ehrenamtlichen, wenig erfahrenen und nicht speziell ausgebildeten Einzelvormund.[116]

27 Allerdings stellt es auch für einen rechts- und geschäftsunerfahrenen Vormund eine Pflichtverletzung dar, wenn er sich in einer Situation, die ihn überfordert – etwa in einem gerichtlichen Rechtsstreit mit nicht ganz einfach gelagerten Rechtsfragen – nicht fachkundiger Hilfe – etwa durch einen Rechtsanwalt – bedient.[117]

28 Handelt es sich bei dem Vormund um einen Rechtsanwalt, so ist ihm auch eine Prüfung unter Zuhilfenahme der anwaltlichen Kommentarliteratur zuzumuten.[118] Gegebenenfalls muss er nach rechtlicher Prüfung auch Vorkehrungen treffen, um rechtliche Risiken auszuschließen.[119] Der Rechtsanwalt darf

---

[108] LG Berlin v. 19.10.2009 - 25 O 456/09 - juris Rn. 25 - FamRZ 2010, 492.

[109] Lediglich unter den besonderen Umständen des Falles verneinend OLG München v. 29.07.1999 - 1 U 4973/98 - juris Rn. 22 ff. - OLGR München 2000, 318-320.

[110] Vgl. OLG Hamm v. 30.09.2013 - 13 U 6/12 - juris Rn. 51.

[111] *Roth* in: Dodegge/Roth, Betreuungsrecht, 2003, D Rn. 119; *Bauer/Deinert* in: HK-BUR, § 1833 Rn. 22; *Dickescheid* in: BGB-RGRK, § 1833 Rn. 15.

[112] *Dickescheid* in: BGB-RGRK, § 1833 Rn. 15.

[113] Jüngst zur Verschuldenshaftung etwa OLG Brandenburg v. 13.12.2010 - 13 UF 96/10 - juris Rn. 14 - ZKJ 2011, 139-140.

[114] BGH v. 18.09.2003 - XII ZR 13/01 - FamRZ 2003, 1924; BGH v. 14.07.1964 - IV ZR 106/63 - LM Nr. 8 zu § 840 BGB; BGH v. 05.05.1983 - III ZR 57/82 - FamRZ 1983, 1220; OLG Schleswig v. 06.12.1996 - 1 U 91/96 - NJWE-FER 1997, 105-106; KG v. 31.08.2001 - 25 U 1018/00 - ZMR 2002, 265; vgl. zum Nachlasspfleger auch OLG Hamm v. 14.10.1994 - 29 U 231/93 - NJW-RR 1995, 1159-1161; *Roth* in: Dodegge/Roth, Betreuungsrecht, 2003, D Rn. 122; *Meier*, Handbuch Betreuungsrecht, 2000, Rn. 1193; *Götz* in: Palandt, § 1833 Rn. 6; *Saar* in: Erman, § 1833 Rn. 3; *Bauer/Deinert* in: HK-BUR, § 1833 Rn. 28; *Deinert*, BtPrax 1993, 185, 186; *Wagenitz* in: MünchKomm-BGB, § 1833 Rn. 4.

[115] Vgl. hierzu etwa BGH v. 05.05.1983 - III ZR 57/82 - juris Rn. 15 - FamRZ 1983, 1220-1221.

[116] So auch KG v. 31.08.2001 - 25 U 1018/00 - ZMR 2002, 265; *Wagenitz* in: MünchKomm-BGB, § 1833 Rn. 4.

[117] Vgl. hierzu auch BGH v. 05.05.1983 - III ZR 57/82 - juris Rn. 13 - LM Nr. 136 zu Art 34 GrundG; OLG Hamm v. 14.10.1994 - 29 U 231/93 - NJW-RR 1995, 1159-1161; *Bauer* in: Prütting/Wegen/Weinreich, BGB, 8. Aufl. 2013, § 1833 Rn. 7.

[118] OLG Hamm v. 09.01.2001 - 29 U 56/00 - FamRZ 2001, 861.

[119] BGH v. 18.09.2003 - XII ZR 13/01 - FamRZ 2003, 1924.

sich in diesem Zusammenhang auch nicht auf eine – angeblich – anders lautende örtliche Praxis verlassen, weil von ihm die allgemein übliche Sorgfalt (ohne lokalen Bezug) erwartet werden muss[120]. Umgekehrt wird man allerdings dann, wenn eine Rechtsfrage umstritten ist und die in Fachkreisen bekannte örtliche Praxis einen strengeren Standpunkt einnimmt, im Sinne des „sichersten Weges" von dem Rechtsanwalt auch erwarten können, dass er bei seinem Handeln von diesem Standpunkt ausgeht. Auch ein Sachverständigengutachten darf der Vormund nicht blind hinnehmen, sondern muss es mit den von ihm auch als Nichtfachmann zu erwartenden Möglichkeiten kritisch überprüfen.[121]

29

Versäumt es der Vormund, gegen einen rechtswidrigen belastenden Verwaltungsakt Widerspruch einzulegen, so ist das Verschulden des Vormunds nach den Umständen des Einzelfalls zu beurteilen. Wenn ein solcher Bescheid einleuchtend begründet ist, so dass der Vormund nicht an der Richtigkeit der Entscheidung hat zweifeln müssen, fehlt es am Verschulden.[122] Das gilt zumindest dann, wenn nicht besondere Umstände des Einzelfalls, etwa die besondere Komplexität der Sache, eine rechtliche Beratung erforderlich erscheinen lassen.

30

Eine weitergehende Reduzierung des Sorgfaltsmaßstabes auf die eigenübliche Sorgfalt findet grundsätzlich nicht statt.[123] Nur wenn der Mündel von dem Vormund auf längere Dauer in seinem Haushalt aufgenommen wird, tritt die Privilegierung der §§ 1793 Abs. 2 Satz 2, 1664 BGB ein. Vgl. die Kommentierung zu § 1793 BGB.

31

Keinen Entschuldigungsgrund stellen etwa eine Arbeitsüberlastung des Vormunds, das Ausstehen einer eigenen Vergütung oder Aufwandsentschädigung des Vormunds oder die Besorgung eigener wichtiger Angelegenheiten dar; insbesondere kann sich auch das Vormundschaftsamt nicht auf eine mangelnde sächliche oder personelle Ausstattung der Behörde zurückziehen.[124]

32

2. Relevanz der familiengerichtlichen Genehmigung

Die Erteilung einer familiengerichtlichen Genehmigung schließt eine Haftung des Vormunds wegen schuldhafter Pflichtverletzung nicht von vornherein aus.[125] Das war für den historischen Gesetzgeber selbstverständlich.[126] Gleiches gilt für die Erteilung einer betreuungsgerichtlichen Genehmigung. Wie sich insbesondere aus § 1828 BGB ergibt, soll der Vormund nach Erteilung der Genehmigung (noch einmal) selbständig prüfen, ob die Vornahme des Rechtsgeschäfts dem Wohl des Mündels entspricht. Haben sich die Verhältnisse so erheblich geändert, dass es angezeigt ist, von der Genehmigung keinen Gebrauch zu machen, und macht der Vormund gleichwohl von ihr Gebrauch, setzt er sich der Haftung aus. Gleiches gilt, wenn der Vormund dem Familiengericht die tatsächlichen Umstände, die für die Erteilung der Genehmigung von Relevanz sind, nicht vollständig und zutreffend mitgeteilt hat. Hinsichtlich der rechtlichen Würdigung der Genehmigungsfähigkeit kann sich die familiengerichtliche Genehmigung demgegenüber – von grob willkürlichen Entscheidungen abgesehen – entschuldigend auswirken.[127] Gleiches gilt, wenn sich der Vormund mit der Bitte um Rat oder Auskunft an das Familiengericht wendet[128] bzw. sein Vorgehen insgesamt mit dem Familiengericht abstimmt und dabei dem Fa-

33

---

[120] So OLG Hamm v. 09.01.2001 - 29 U 56/00 - FamRZ 2001, 861.
[121] BGH v. 05.05.1983 - III ZR 57/82 - FamRZ 1983, 1220.
[122] So etwa Schleswig-Holsteinisches Oberlandesgericht v. 06.12.1996 - 1 U 91/96 - FamRZ 1997, 1427-1428 für einen ablehnenden Sozialhilfebescheid.
[123] So auch BGH v. 15.01.1964 - IV ZR 106/63 - FamRZ 1964, 199-200; *Wagenitz* in: MünchKomm-BGB, § 1833 Rn. 4; *Meier*, Handbuch Betreuungsrecht, 2000, Rn. 1193.
[124] Allg. A., vgl. OLG Stuttgart v. 14.02.1966 - 2 W 1/66 - DAVorm 1966, 155, auch zur Arbeitsüberlastung; *Dickescheid* in: BGB-RGRK, § 1833 Rn. 7; *Zimmermann* in: Damrau/Zimmermann, Betreuungsrecht, 4. Aufl. 2011, § 1833 Rn. 14; *Götz* in: Palandt, § 1833 Rn. 6; *Bauer* in: Prütting/Wegen/Weinreich, BGB, 8. Aufl. 2013, § 1833 Rn. 5.
[125] BGH v. 18.09.2003 - XII ZR 13/01 - NJW 2004, 220-221; BGH v. 14.03.1962 - IV ZR 143/61 - LM Nr. 3 zu § 1910 BGB; BGH v. 15.01.1964 - IV ZR 106/63 - LM Nr. 3 zu § 1915 BGB; KG v. 31.08.2001 - 25 U 1018/00 - ZMR 2002, 265; *Meier* in: Handbuch Betreuungsrecht, 2000, Rn. 1185; *Roth* in: Dodegge/Roth, Betreuungsrecht, 2003, D Rn. 121; *Veit* in: Palandt, 71. Aufl. 2012, § 1833 Rn. 4; *Bauer/Deinert* in: HK-BUR, § 1833 Rn. 40; *Deinert*, BtPrax 1993, 185, 186.
[126] *Mugdan*, Die gesammten Materialien zum Bürgerlichen Gesetzbuch für das Deutsche Reich, IV. Band: Familienrecht, 1899, S. 1176 f.
[127] Vgl. hierzu etwa auch BGH v. 18.09.2003 - XII ZR 13/01 - NJW 2004, 220-221; *Bauer/Deinert* In: HK-BUR, § 1833 Rn. 40; *Kummer*, jurisPR-BGHZivilR 12/2003, Anm. 6; vgl. hierzu auch schon *Mugdan*, Die gesammten Materialien zum Bürgerlichen Gesetzbuch für das Deutsche Reich, IV. Band: Familienrecht, 1899, S. 1177.
[128] *Meier*, Handbuch Betreuungsrecht, 2000, Rn. 1195; *Bauer/Deinert* in: HK-BUR, § 1833 Rn. 41.

miliengericht keine überlegenen oder aktuelleren Kenntnisse vorenthält.[129] In diesen Fällen ist dem juristisch nicht vorgebildeten Vormund das Gericht „wie ein Rechtsanwalt zur weiteren Hilfe an die Seite gestellt".[130] Soweit das Gericht dem Vormund eine verbindliche Weisung erteilt, an deren Richtigkeit der Vormund Zweifel haben muss, ist es dem Vormund allerdings zumutbar, hiergegen mit einem zulässigen Rechtsbehelf vorzugehen.[131]

34 In einer Entscheidung zur Pflicht zum Abschluss einer Krankenversicherung durch den Betreuer bejaht das LG Dessau-Roßlau[132] eine Amtshaftung, obwohl das Amtsgericht in „regelmäßiger Praxis" die Auffassung vertrat, eine Verpflichtung zum Abschluss einer Krankenversicherung werde erst durch den Inhalt einer qualifizierten Bestallungsurkunde begründet. Inwiefern dies dem Betreuer bekannt war und er darauf vertraute, wird allerdings nicht ganz deutlich. Der Fall zeigt, dass es kein sicheres Vertrauen in die „regelmäßige Praxis" gibt. Für die Praxis ist deshalb in Zweifelsfällen zu empfehlen, zumindest ausdrücklich bei dem Vormundschaftsgericht nach der richtigen Vorgehensweise nachzufragen.

3. Einstehenmüssen für das Verhalten Dritter

35 Bei der Haftung des Vormunds für das Verhalten Dritter wird danach unterschieden, ob die Hinzuziehung Dritter zulässig war oder nicht:

36 Ist die Einschaltung Dritter unzulässig, weil der Vormund die Tätigkeit in eigener Person hätte vornehmen müssen, so haftet der Vormund aus § 1833 BGB für den von diesen dritten Personen verursachten Schaden.[133] Die Haftung beruht in diesem Fall auf der schuldhaften Verletzung der Pflicht des Vormunds, die in der unzulässigen Einschaltung Dritter liegt.[134] Auf ein Verschulden des Dritten kommt es nicht an.[135] Allerdings muss der eingetretene Schaden bei dieser Haftung – wie auch bei jeder anderen Haftung des Vormunds für eine schuldhafte Verletzung seiner Pflichten – durch diese Pflichtverletzung adäquat-kausal verursacht worden sein. Eine bloße Erhöhung der Schadenswahrscheinlichkeit genügt demgegenüber nicht.[136] D.h. der Schaden muss gerade auf die Beiziehung Dritter zurückgehen. Hieran fehlt es, wenn der Schaden auch eingetreten wäre, wenn der Vormund die Aufgabe nicht delegiert hätte.

37 Die Hilfspersonen selbst haften nicht aus § 1833 BGB, denn sie fallen nicht in den persönlichen Anwendungsbereich der Norm. Allerdings kommt eine Haftung nach den allgemeinen Vorschriften, etwa aus Delikt oder Verletzung einer vertraglichen Pflicht in Betracht.

38 Umstritten ist die Haftung des Vormunds, wenn die Heranziehung Dritter zur Erfüllung der Aufgabe des Vormunds zulässig ist. Eine Auffassung differenziert in diesem Fall weiter danach, ob der Vormund das Geschäft selbst hätte vornehmen können oder ob die Heranziehung Dritter notwendig war, etwa zur Gewährleistung der erforderlichen Fachkunde. Ersterenfalls soll der Vormund entsprechend § 278 BGB für das Verschulden der Hilfsperson wie für eigenes Verschulden einstehen müssen. Letzterenfalls soll er nur für eine fehlerhafte Auswahl, Anweisung und Überwachung der Hilfsperson einstehen müssen, wenn er das Geschäft auch selbst hätte vornehmen können.[137] Nach der Gegenansicht, der sich die Rechtsprechung ohne nähere Diskussion angeschlossen hat[138], haftet der Vormund für den von zulässigerweise herangezogenen Hilfspersonen verursachten Schaden generell nur, wenn den Vormund selbst bei Auswahl, Unterweisung oder Beaufsichtigung ein Verschulden trifft.[139]

---

[129] KG v. 31.08.2001 - 25 U 1018/00 - ZMR 2002, 265.

[130] OLG Schleswig v. 06.12.1996 - 1 U 91/96 - FamRZ 1997, 1427 f.; so auch *Frhr. v. Crailsheim* in: Jürgens, Betreuungsrecht, 4. Aufl. 2010, § 1833 Rn. 9.

[131] *Hesse*, Deutsches Vormundschaftsrecht, 1900, § 1933 Rn. 2, m.w.N.

[132] LG Dessau-Roßlau v. 10.02.2010 - 4 O 215/09 - BtPrax 2010,192-193.

[133] Allg. A. *Dickescheid* in: BGB-RGRK, § 1833 Rn. 13; *Zimmermann* in: Damrau/Zimmermann, Betreuungsrecht, 4. Aufl. 2011, § 1833 Rn. 16; *Bauer/Deinert* in: HK-BUR, § 1833 Rn. 46; *Deinert*, BtPrax 1993, 185, 186.

[134] So auch *Dickescheid* in: BGB-RGRK, § 1833 Rn. 13; *Zimmermann* in: Damrau/Zimmermann, Betreuungsrecht, 4. Aufl. 2011, § 1833 Rn. 16; *Bauer/Deinert* in: HK-BUR, § 1833 Rn. 46.

[135] *Saar* in: Erman, § 1833 Rn. 8; *Zimmermann* in: Damrau/Zimmermann, Betreuungsrecht, 4. Aufl. 2011, § 1833 Rn. 16; *Roth* in: Dodegge/Roth, Betreuungsrecht, 2003, D Rn. 123.

[136] Vgl. hierzu auch *Saar* in: Erman, § 1833 Rn. 8.

[137] So *Wagenitz* in: MünchKomm-BGB, § 1833 Rn. 9; *Gernhuber/Coester-Waltjen*, Lehrbuch des Familienrechts, 6. Aufl. 2010, § 71 V 3. Rn. 35-37; *Bettin* in: BeckOK BGB, Ed. 30, § 1833 Rn. 5; *Bauer/Deinert* in: HK-BUR, § 1833 Rn. 49; *Deinert*, BtPrax 1993, 185, 186; a.A. *Veit* in: Staudinger, § 1833 Rn. 47.

[138] Vgl. BGH v. 23.02.2006 - III ZR 164/05 - juris Rn. 15 - BGHZ 166, 268-278.

[139] *Zimmermann* in: Damrau/Zimmermann, Betreuungsrecht, 4. Aufl. 2011, § 1833 Rn. 16; *Veit* in: Staudinger, § 1833 Rn. 47; wohl auch *Saar* in: Erman, § 1833 Rn. 9; *Frhr. v. Crailsheim* in: Jürgens, Betreuungsrecht, 4. Aufl. 2010, § 1833 Rn. 10.

Ausgangspunkt für die Lösung der Haftungsfrage ist § 278 BGB. Da das Gesetz ein Pflichtenverhältnis des Vormunds gegenüber dem Mündel begründet, liegt ein (familienrechtlich überformtes) gesetzliches Schuldverhältnis vor.[140] Aufgrund der durch gesetzliche Anordnung über das Normalmaß hinaus gesteigerten Rechte- und Pflichtenbeziehung zwischen Vormund und Mündel muss der Vormund dann grundsätzlich für fremdes Verschulden wie für eigenes einstehen. Dass es dem Vormund in weitem Umfang erlaubt sein mag, seine Aufgaben auf Dritte zu delegieren, ändert hieran nichts. Denn § 278 BGB geht gerade von der Zulässigkeit der Einschaltung Dritter zur Erfüllung einer Verbindlichkeit aus. Im Grundsatz erscheint die Haftung für Erfüllungsgehilfen nach § 278 BGB auch nicht unbillig. Wenn sich der Vormund zur Erfüllung einer Aufgabe, die primär ihm selbst obliegt, eines Dritten bedient, soll hierdurch keine Haftungslücke für den Mündel entstehen. Diese wäre aber zu besorgen, wenn sich der Dritte beispielsweise eine Haftung für leichte Fahrlässigkeit abbedingt und ein Auswahlverschulden des Vormunds nicht nachweisbar ist oder wenn durch die Haftungsverschiebung dem Mündel das Insolvenzrisiko des Dritten aufgebürdet wird, der unter Umständen anders als der Vormund nicht über eine entsprechende Versicherung für seine Tätigkeit verfügt.

Zu klären bleibt damit, ob mit der ganz herrschenden Auffassung hiervon eine Ausnahme zu machen ist, wenn die Delegation an einen Dritten – etwa wegen der erforderlichen Sachkunde – notwendig ist. Zunächst ist darauf hinzuweisen, dass sich diese Frage nicht stellt, wenn der Vormund im Rahmen seiner gesetzlichen Vertretungsmacht (vgl. hierzu die Kommentierung zu § 1793 BGB) den Dritten nicht im eigenen Namen, sondern im Namen des Mündels einschaltet, er also etwa Prozessvollmacht erteilt oder einen ärztlichen Behandlungsvertrag für den Mündel im fremden Namen abschließt. Der Dritte wird dann nicht Hilfsperson des Vormunds. Auch hat die Haftungsfrage bei notwendigerweise eingeschalteten Hilfspersonen häufig nur geringe praktische Brisanz, da diese aufgrund ihrer berufsmäßigen Tätigkeit meist über eine Haftpflichtversicherung verfügen. Unabhängig davon kann in dieser Fallgruppe die von der herrschenden Meinung befürwortete Haftungsbeschränkung auf ein Verschulden bei Auswahl, Unterweisung und Überwachung vertretbar sein. Für sie spricht nicht nur die Parallele zu der im Eltern-Kind-Verhältnis vertretenen Rechtslage[141], sondern auch die Überlegung, dass der Vormund nicht selbst die Bereitstellung der speziellen Fachkompetenz des Dritten schuldet, sondern nur die Beiziehung eines solchen. Der Dritte wird dann gerade nicht im Sinne des § 278 BGB zur Erfüllung einer dem Vormund (selbst) obliegenden Verbindlichkeit eingeschaltet.

In jedem Fall erfordert die Annahme der Haftung des Vormunds eine nach vorstehenden Gesichtspunkten differenzierte Begründung. Dem wird in der Praxis nicht immer genügt. Einen Automatismus der Haftung für den zur Erfüllung hinzugezogenen Dritten gibt es nicht.[142]

Zur Frage, welche Aufgaben der Vormund delegieren darf, vgl. bereits die Kommentierung zu § 1793 BGB.

4. Haftung des Vormundschaftsvereins

§ 1833 BGB gilt auch für den Vereinsvormund. Der zum Vormund/Betreuer bestellte Verein haftet für ein Verschulden seiner Organe – also für den Vorstand bzw. für seine verfassungsmäßig berufenen Vertreter – nach § 31 BGB.[143] Überträgt der zum Vormund bestellte Verein die Wahrnehmung seiner Aufgaben seinen Mitgliedern oder angestellten Mitarbeitern, so haftet er für ein Verschulden dieser zur Führung der Vormundschaft eingesetzten Mitglieder und angestellten Mitarbeiter gleichermaßen nach den § 1791a Abs. 3 Satz 2 BGB.[144] Die Haftung des Vereinsvormunds entspricht gemäß § 1908i Abs. 1 Satz 1 BGB derjenigen der Vereinsbetreuung.

Inwiefern der Verein bei dem Mitarbeiter oder Mitglied Rückgriff nehmen kann, richtet sich nach dem Mitgliedschafts- bzw. Arbeitsverhältnis. Neben der Satzung enthalten die Tarifverträge hierfür Bestimmungen. Nach dem bis zum 01.10.2005 maßgeblichen § 14 BAT war ein Rückgriff nur bei Vorsatz

---

[140] Vgl. BGH v. 30.03.1955 - IV ZB 23/55 - juris Rn. 13 - BGHZ 17, 108-116; Saarländisches Oberlandesgericht v. 13.12.2011 - 4 U 456/10 - juris Rn. 108 - FamRZ 2012, 801-804.

[141] Hierzu *Veit* in: BeckOK BGB, Ed. 30, § 1664 Rn. 5.1 m.w.N.

[142] Zu knapp etwa die Begründung des LG Waldshut-Tiengen v. 30.10.2007 - 1 O 336/06 - FamRZ 2008, 916-917.

[143] Allg. A., *Zimmermann* in: Damrau/Zimmermann, Betreuungsrecht, 4. Aufl. 2011, § 1833 Rn. 8; *Bauer/Deinert* in: HK-BUR, § 1833 Rn. 9; *Roth* in: Dodegge/Roth, Betreuungsrecht, 2003, D 129; *Götz* in: Palandt, § 1834 Rn. 2; *Saar* in: Erman, § 1833 Rn. 13.

[144] Ebenfalls allg. A., *Zimmermann* in: Damrau/Zimmermann, Betreuungsrecht, 4. Aufl. 2011, § 1833 Rn. 8; *Bauer/Deinert* in: HK-BUR, § 1833 Rn. 9; *Roth* in: Dodegge/Roth, Betreuungsrecht, 2003, D 129; *Saar* in: Erman, § 1833 Rn. 13.

oder grober Fahrlässigkeit möglich.[145] Nunmehr ist zu differenzieren: Im Bereich der Landesangestellten verweist § 3 Abs. 7 TV-L, der in den meisten Bundesländern (nicht in Hessen und Berlin) gilt, auf das jeweilige Landesrecht. Im kommunalen Bereich gilt der TVöD. In diesen wurde die frühere Regelung des § 14 BAT nicht übernommen. Damit gelten die allgemeinen Grundsätze zur Arbeitnehmerhaftung.

45 Für Personen, die über den Verein zwar angeworben, aber selbständig als Einzelbetreuer bestellt werden, haftet der Verein hingegen nicht.[146] Vielmehr haftet der Betreuer persönlich.[147] Gleiches gilt für den Vereinsbetreuer im Sinne des § 1897 Abs. 2 BGB.

46 Umstritten ist, ob der Verein auch neben dem persönlich zum Vereinsvormund oder -betreuer bestellten Mitarbeiter als Einzelbetreuer nach § 1833 Abs. 1 BGB haftet. Dies wird von der wohl herrschenden Auffassung in der Kommentarliteratur unter Hinweis auf die Gesetzesbegründung verneint.[148] Die Gegenansicht tritt für eine Haftung in analoger Anwendung des § 1791a Abs. 3 Satz 2 BGB ein.[149] Begründet wird dies damit, dass beide Formen der Betreuung vergleichbar seien, in beiden Fällen Mitarbeiter des Vereins die Betreuung persönlich und nach dienstlicher Weisung wahrnähmen und die dem Verein zustehenden Befreiungen auch für den Vereinsbetreuer gälten. Gleichwohl dürften gegen die Analogiebildung Bedenken bestehen. Mag auch die Differenzierung zwischen Vereinsbetreuer und Verein als Betreuer in der heutigen Praxis nur noch schwer nachvollziehbar erscheinen, liegen der Konzeption des historischen Gesetzgebers doch unterschiedliche Regelungsmodelle zugrunde, die gerade angesichts der Ausführungen in der Gesetzesbegründung Zweifel am Vorliegen einer planwidrigen Regelungslücke aufkommen lassen. Auch dürfte es an einer weisungsgebundenen Aufgabenwahrnehmung fehlen.[150]

47 **Hinweis für die Praxis:** Für den in Vormundschaft und Betreuung engagierten Einzelnen ist es wichtig, sich angesichts der unterschiedlichen Konstruktionen Gewissheit über die gewählte Konstruktion zu verschaffen. Im Fall der Wahrnehmung von Aufgaben des Vereins als Vormund oder Betreuer sollte sich der Mitarbeiter einen Versicherungsnachweis des Vereins vorlegen lassen. Eine angemessene Versicherung ist für den Betreuungsverein nach § 1908f Abs. 1 Nr. 1 BGB obligatorisch. Für den in eigener Person zum Vormund/Betreuer Bestellten empfiehlt sich dringend der Abschluss einer eigenen Versicherung.[151]

5. Haftung der Vormundschaftsbehörde

48 Gemäß § 1833 BGB in Verbindung mit § 56 Abs. 1 SGB VIII haftet auch die Gebietskörperschaft, bei der das Jugendamt nach § 69 SGB VIII errichtet ist, für das Verschulden der mit der Führung der Vormundschaft betrauten Mitarbeiter. Unabhängig hiervon haftet auch die (damit meist identische) Anstellungskörperschaft nach § 839 BGB in Verbindung mit Art. 34 GG, denn die vormundschaftlichen Pflichten stellen zugleich Amtspflichten dar.[152] Dieser deliktische Anspruch folgt indes anderen Regeln als der Anspruch aus § 1833 BGB. Dies galt früher insbesondere hinsichtlich der Verjährung und gilt weiterhin bezüglich der Beweislastregel des § 280 Abs. 1 Satz 2 BGB. Auch unterliegt der Anspruch aus § 1833 BGB nicht der Beschränkung des § 839 Abs. 3 BGB.

---

[145] So auch *Roth* in: Dodegge/Roth, Betreuungsrecht, 2001, D 129; *Bauer/Deinert* in: HK-BUR, § 1833 Rn. 10; *Spanl*, Vermögensverwaltung durch Vormund und Betreuer, 2001, S. 109.

[146] *Zimmermann* in: Damrau/Zimmermann, Betreuungsrecht, 4. Aufl. 2011, § 1833 Rn. 8; *Bauer/Deinert* in: HK-BUR, § 1833 Rn. 15.

[147] Vgl. OLG Sachsen-Anhalt v. 26.09.2013 - 1 U 8/13 - juris Rn. 43.

[148] So *Saar* in: Erman, § 1833 Rn. 13; *Zimmermann* in: Damrau/Zimmermann, Betreuungsrecht, 3. Aufl. 2001, § 1833 Rn. 8; *Bauer/Deinert* in: HK-BUR, § 1833 Rn. 12; *Schulz*, BtPrax 1995, 56 f.; *Roth* in: Dodegge/Roth, Betreuungsrecht, 2003, D 130.

[149] So etwa *Frhr. v. Crailsheim* in: Jürgens, Betreuungsrecht, 4. Aufl. 2010, § 1833 Rn. 12; *Schwab*, FamRZ 1992, 493, 498.

[150] Offen gelassen von *Saar* in: Erman, § 1833 Rn. 16.

[151] So etwa auch *Deinert*, BtPrax 1993, 185, 190, mit einer – allerdings nicht mehr ganz aktuellen – Übersicht über angebotene Versicherungen.

[152] BGH v. 02.04.1987 - III ZR 149/85 - juris Rn. 11 - BGHZ 100, 313-321; BGH v. 05.05.1983 - III ZR 57/82 - juris Rn. 8 - FamRZ 1983, 1220-1221; BGH v. 04.06.1980 - IVb ZR 514/80 - BGHZ 77, 224-233; BGH v. 20.04.1953 - IV ZR 155/52 - juris Rn. 6 - BGHZ 9, 255-262; *Roth* in: Dodegge/Roth, Betreuungsrecht, 2003, D 131; *Bauer/Deinert* in: HK-BUR, § 1833 Rn. 16; *Spanl*, Vermögensverwaltung durch Vormund und Betreuer, 2001, S. 109.

Für die Praxis relevant ist insbesondere die Haftung wegen Organisationsmangels[153], insbesondere wegen unzureichender Personalisierung.

Ein Rückgriff der Behörde gegen Beamte der Behörde ist gemäß § 839 BGB in Verbindung mit Art. 34 GG nur bei Vorsatz und grober Fahrlässigkeit möglich, da (und soweit) es sich bei der Tätigkeit des Beamten im Rahmen der Vormundschaft um die Wahrnehmung hoheitlicher Aufgaben handelt. Sollte die Arbeit durch einen nicht beamteten Bediensteten erfolgen, gelten diese Regeln ebenfalls, da mangels ausdrücklicher Regelung im TVöD die allgemeinen Grundsätze zur Arbeitnehmerhaftung gelten.

Man beachte: Auch in der unterlassenen Anzeige einer Überlastung kann eine Pflichtverletzung liegen.

Umstritten ist, ob die Vormundschaftsbehörde auch für den persönlich bestellten Mitarbeiter haftet. Das OLG Köln hat dies entgegen einer verbreiteten Tendenz in der Literatur[154] für einen hauptamtlich als Einzelvormund tätigen Beamten eines Jugendamtes verneint.[155] Zum Meinungsstand gelten die Ausführungen unter Rn. 46 entsprechend. In diesem Zusammenhang wird teilweise die Frage diskutiert, ob der Dienstherr wenigstens im Rahmen seiner Fürsorgepflicht zur Übernahme einer Versicherung verpflichtet ist.[156] Richtiger dürfte es sein, schon bei der Frage anzusetzen, ob sich der Staat durch die Wahl dieser Konstruktion seiner Haftung entziehen kann.

6. Mitverschulden des Mündels

Ein Mitverschulden des Mündels ist nach § 254 BGB zu berücksichtigen.[157] In der Praxis dürfte eine Haftungsminderung wegen des mit der Vormundschaft verbundenen Sorgeverhältnisses jedoch nur selten in Betracht kommen. Insbesondere ist nach vorzugswürdiger Ansicht kaum Raum für den Gedanken einer Entlastung durch mitwirkendes Verschulden bei unterlassener Einlegung von Rechtsmitteln durch den Vormund.[158]

IV. Haftungsausschluss und Haftungserleichterungen

1. Haftungsbefreiung durch die Eltern

Anerkannt ist, dass Eltern einen von ihnen benannten Vormund nicht von der Haftung befreien können. Darin läge ein unzulässiger Vertrag zu Lasten Dritter.[159]

2. Die Betreuungsverfügung

Diskutiert wird, ob der Betreute in einer Betreuungsverfügung die Haftung des § 1833 BGB ganz ausschließen oder dem Betreuer wenigstens Haftungserleichterungen zukommen lassen kann.[160] Auch dies ist abzulehnen.[161] Auch hierin läge eine unzulässige Begünstigung zum Nachteil Außenstehender. Soweit dem Betreuer überhaupt in zulässiger Weise Entlastung für die Führung der Betreuung erteilt wird, enthält eine solche Erklärung im Zweifel allerdings noch nicht zugleich auch den Verzicht auf die Geltendmachung solcher Schadensersatzansprüche, die im Zeitpunkt der Erklärung zwischen den Parteien noch nicht in Streit stehen.[162]

---

[153] So auch schon *Dickescheid* in: BGB-RGRK, § 1833 Rn. 3; vgl. hierzu auch *Wagenitz* in: MünchKomm-BGB, § 1833 Rn. 2, m.w.N.

[154] *Freiherr von Crailsheim* in: Jürgens, Betreuungsrecht, 4. Aufl. 2010, § 1833 Rn. 3; *Schwab* in: MünchKomm-BGB, 6. Aufl. 2012, § 1897 Rn. 19; *Bauer/Deinert* in: HK-BUR, § 1833 Rn. 17.

[155] OLG Köln v. 29.02.1988 - 7 W 50/87 - FamRZ 1988, 1097 f.

[156] Vgl. *Deinert*, BtPrax 1993, 190; offen *Spanl*, Vermögensverwaltung durch Vormund und Betreuer, 2001, S. 110.

[157] Im Grundsatz allg. A., vgl. Saarländisches Oberlandesgericht v. 13.12.2011 - 4 U 456/10 - juris Rn. 115 - FamRZ 2012, 801-804; KG v. 02.04.1932 - 15 U 307/32 - JW 1933, 184-185, 185; *Bauer/Deinert* in: HK-BUR, § 1833 Rn. 43; *Deinert*, BtPrax 1993, 185, 186.

[158] *Gernhuber/Coester-Waltjen*, Familienrecht, 6. Aufl. 2010, § 71 VI 2. Rn. 33, kritisch nunmehr auch *Wagenitz* in: MünchKomm-BGB, § 1833 Rn. 10; gegen *Götz* in: Palandt, § 1833 Rn. 7; *Zimmermann* in: Soergel, § 1833 Rn. 6.

[159] *Zimmermann* in: Soergel, § 1833 Rn. 13.

[160] So etwa *Frhr. v. Crailsheim* in: Jürgens, Betreuungsrecht, 4. Aufl. 2010, § 1833 Rn. 3.

[161] So auch *Epple*, BtPrax 1993, 156, 158; *Bauer/Deinert* in: HK-BUR, § 1833 Rn. 5.

[162] Vgl. LG München v. 08.04.2009 - 34 O 17817/08 - juris Rn. 17 - FamRZ 2009, 2117-2118; *Veit* in: Staudinger, § 1833 Rn. 23.

3. Praktische Hinweise

56 Lässt sich die Haftung nach § 1833 BGB schon nicht ausschließen, so kann die Praxis doch die Haftungsrisiken des Vormunds nicht unerheblich mindern. Hierfür kommen insbesondere folgende Maßnahmen in Betracht:

- Folgt der Vormund oder Betreuer in einer Entscheidung dem Willen des Vormundes bzw. des Betreuten und könnten Zweifel daran entstehen, ob dieser Wille auch dem objektiven Wohl des Betroffenen entspricht, so kann es sinnvoll sein, den Willen des Betroffenen zu dokumentieren und durch geeignete Beweismittel abzusichern.[163]
- Generell ist bei der Dokumentation der Vormundschaftstätigkeit schon im eigenen Interesse Sorgfalt angezeigt.
- Zwar nicht die Pflichtwidrigkeit, aber das Verschulden kann der Vormund häufig dadurch ausschließen, dass er den rechtlichen Rat oder die Auskunft des Familiengerichts einholt (vgl. hierzu schon Rn. 33). Ähnliche Wirkung kann die Einholung anwaltlichen Rates entfalten.

57 Im Grundsatz kann sich der Vormund gemäß § 1835 Abs. 2 BGB auf Kosten des Mündels gegen Haftungsrisiken aus der Tätigkeit als Vormund versichern. Hiervon sind jedoch Vereine, Behörden, Vereins- und Behördenbetreuer sowie freiberufliche Berufsbetreuer ausgeschlossen, vgl. § 1835 Abs. 2 Satz 2, Abs. 4 BGB. Für die Tätigkeit des Mitarbeiters des Betreuungsvereins sieht § 1908f Abs. 1 Nr. 1 BGB eine Versicherungspflicht (auf Kosten des Vereins, vgl. § 1835 Abs. 4 BGB) vor. In den Ländern existieren verbreitet Sammelhaftpflichtversicherungen für ehrenamtliche Betreuungen.[164] Diese sind – auch ihrer Deckungssumme nach! – regelmäßig für Betreuungen mit geringem Haftungsrisiko ausgelegt.

58 Dem in der Vormundschaft oder Betreuung Engagierten ist insbesondere die Prüfung folgender Fragen zur versicherungsrechtlichen Absicherung empfohlen:

- Besteht für mich bereits Versicherungsschutz? Achtung: Nicht in allen Ländern bestehen Sammelhaftpflichtversicherungen. Achtung: Die Pflichtversicherung nach § 1908f Abs. 1 Nr. 1 BGB versichert nur die Mitarbeiter, nicht den Verein selbst.
- Ist die Tätigkeit als Vormund oder Betreuer erfasst? Insbesondere bei Berufshaftpflichtversicherungen ist zu prüfen, ob sie gerade auch die Tätigkeit als Vormund oder Betreuer umfasst.
- Ist die Haftpflichtversicherung auf die Tätigkeit in Ausübung bestimmter Aufgabenkreise beschränkt?
- Sind bestimmte Tätigkeiten/Schäden vom Versicherungsschutz ausgeschlossen? Die Sammelhaftpflichtversicherungen schließen z.B. kaufmännische Kalkulations-, Spekulations- und Organisationstätigkeiten sowie Schäden aufgrund nicht eingehaltener Versicherungsverträge aus.[165] Zu beachten ist insbesondere auch, dass die Versicherer zwischen Vermögensschadenshaftpflicht- und allgemeinen Haftpflichtversicherungen unterscheiden. Letztere leisten nur bei der Beschädigung von Sachen oder Personen, nützen also bei reinen Vermögensschäden nichts und sind deshalb für die Vormundschaft und Betreuung ungenügend.
- Wie hoch ist die Deckung? Die angemessene Höhe ergibt sich aus den eingegangenen Risiken und vorhandenen Vermögen.
- Sind Eigenbeteiligungen vereinbart?
- Kann ich ggf. den Nachweis meiner Versicherung führen? Es ist deshalb zu empfehlen, sich eine entsprechende Bescheinigung des Vereins/der Behörde – periodisch wiederholt! – vorlegen zu lassen.

Wird die Vormundschaft/Betreuung in Ausübung einer Tätigkeit als Rechtsanwalt/Steuerberater wahrgenommen, greift grundsätzlich die allgemeine Berufshaftpflicht ein. Aber auch hier sehen die Verträge zum Teil unterschiedliche Einschränkungen vor.[166] Je nach dem Gegenstand der Vormundschaft/Betreuung kann eine einzelfallbezogene Zusatzversicherung sinnvoll sein. Diese sind freilich regelmäßig eher teuer und mit einer u.U. aufwendigen Risikoprüfung verbunden.

---

[163] So auch *Frhr. v. Crailsheim* in: Jürgens, Betreuungsrecht, 4. Aufl. 2010, § 1833 Rn. 7.
[164] Weitere Nachweise hierzu etwa bei *Roth* in: Dodegge/Roth, Betreuungsrecht, 2003, D 128.
[165] *Bauer/Deinert* in: HK-BUR, § 1833 Rn. 53.
[166] Darauf weist zur Recht *Zimmermann* in: Damrau/Zimmermann, Betreuungsrecht, 4. Aufl. 2011, § 1833 Rn. 2, hin.

Das Familiengericht sollte bedenken, dass eine angemessene Versicherung nicht nur im Interesse des Vormunds, sondern auch des Mündels liegt. Es sollte deshalb nicht zögern, dem Vormund den Abschluss einer Haftpflichtversicherung aufzugeben.[167] Das gilt insbesondere in den Ländern, in denen keine Sammelhaftpflichtversicherungen bestehen.[168] 59

D. Rechtsfolgen

I. Allgemeine Grundsätze

Für die Haftung des Vormunds gelten die allgemeinen Regeln der §§ 249 ff. BGB. Insbesondere gelten die allgemeinen Regeln zur Kausalität: Ein pflichtwidriges Verhalten des Vormunds führt nur dann zur Schadensersatzpflicht, wenn die Pflichtverletzung für den Schadenseintritt ursächlich war, nicht aber, wenn der Schaden auch bei einem pflichtgemäßen Verhalten des Vormunds eingetreten wäre.[169] 60

Zu ersetzen ist der gesamte Schaden (Totalreparation). Dabei ist gemäß § 249 Abs. 1 BGB der Zustand herzustellen, der bestünde, wenn der zum Ersatz verpflichtende Umstand nicht eingetreten wäre (Naturalrestitution). Es gelten die allgemeinen Regeln zu Schadensumfang und haftungsausfüllender Kausalität. Zu ersetzen ist jeder Vermögensschaden, in den Fällen des § 253 BGB auch ein Nichtvermögensschaden. Es kommt deshalb beispielsweise eine Verpflichtung zur Zahlung von Schmerzensgeld bei pflichtwidriger Unterbringung in Betracht.[170] 61

Einzelfälle: 62
- Am Schadenseintritt fehlt es, wenn der Vormund pflichtwidrig einen (z.B. Unterhalts-)Anspruch nicht erfolgreich durchgesetzt hat, der Anspruchsgegner aber mittellos ist.[171] Allerdings kann dann noch ein Schaden entstehen, wenn der Anspruchsgegner zu Vermögen kommt.
- Umstritten ist, ob es an der Kausalität der pflichtwidrig unterlassenen Beantragung einer familiengerichtlichen Genehmigung für einen Schaden fehlt, wenn das Gericht die Genehmigung nicht erteilt hätte.[172] Hier ist zunächst das Vorliegen einer Pflichtverletzung kritisch zu prüfen: Nur wenn der Abschluss des Geschäftes auch ex ante vorteilhaft und weder rechts- noch sittenwidrig war, kommt überhaupt ein Pflichtverstoß in Betracht. Dann wäre aber auch kaum die Genehmigung verweigert worden. Denn es darf nicht unterstellt werden, das Gericht hätte den Antrag falsch beschieden.
- Ein ersatzfähiger Schaden können auch Auslagen – etwa Prozesskosten – sein, die der Mündel aufgrund haltloser Prozessführung tätigen musste.[173]
- An der Kausalität fehlt es, wenn die Mitteilung gefahrerhöhender Umstände an die Feuerversicherung unterblieben war, eine Haftung der Versicherung im Schadensfall jedoch aus anderen, vom Vormund nicht zu vertretenden Gründen nicht eingegriffen hätte.
- An der Kausalität fehlt es, wenn die Zuziehung eines Dritten unzulässig war, weil der Vormund persönlich hätte tätig werden müssen, der Schaden jedoch auch bei persönlicher Erledigung durch den Vormund eingetreten wäre.[174]

II. Mehrere Schuldner

Mehrere Schuldner haften im Außenverhältnis gemäß § 1833 Abs. 2 Satz 1 BGB in Verbindung mit § 421 BGB als Gesamtschuldner, d.h. der Geschädigte darf seinen Schaden nach Wahl von jedem der Schädiger ganz oder teilweise ersetzt verlangen, insgesamt jedoch nicht über seinen Schaden hinaus. Bis zur vollständigen Befriedigung bleiben beide Schuldner dem Geschädigten verpflichtet. Gestritten wird zum Teil darüber, ob die gesamtschuldnerische Haftung auch im Fall geteilter Aufgabenkreise 63

---

[167] In geeigneten Fällen nutzt auch die Rechtsprechung immer wieder die Gelegenheit, den Abschluss einer Haftpflichtversicherung wenigstens zu empfehlen, vgl. etwa KG v. 31.08.2001 - 25 U 1018/00 - ZMR 2002, 265.
[168] So auch *Spanl*, Vermögensverwaltung durch Vormund und Betreuer, 2001, S. 111; *Bauer/Deinert* in: HK-BUR, § 1833 Rn. 58.
[169] LG Nürnberg-Fürth v. 13.07.2005 - 17 O 8674/03 - BtPrax 2006, 112 f. m. Anm. *Meier*.
[170] Zu den Erfordernissen hinsichtlich des Aufgabenkreises des Betreuers bei der Unterbringung vgl. etwa OLG Stuttgart v. 29.06.2004 - 8 W 239/04 - FPR 2004, 711.
[171] So auch *Dickescheid* in: DGD-RGRK, § 1833 Rn. 11
[172] Offen gelassen von RG JW 1911, 984; für Kausalität *Dickescheid* in: BGB-RGRK, § 1833 Rn. 11.
[173] RG v. 18.02.1932 - IV 368/31 - WarnRspr. 1932, Nr. 76, S. 156-158; *Dickescheid* in: BGB-RGRK, § 1833 Rn. 10.
[174] *Saar* in: Erman, BGB, 12. Aufl. 2008, § 1833 Rn. 6.

eintritt.¹⁷⁵ Dieser Scheinstreit verdeckt den Blick auf die entscheidende Frage, wessen Verschulden adäquat-kausal zu dem Schaden geführt hat. Nur wenn dies für beide zu bejahen ist, obwohl sie unterschiedliche Aufgabenkreise haben – etwa weil sich ihre Aufgabenkreise überschneiden –, haften sie auch gesamtschuldnerisch.

64 Im Innenverhältnis schränkt § 1833 Abs. 2 Satz 2 BGB die Regel des § 426 Abs. 1 Satz 1 BGB ein. Im Zweifelsfall sind Gesamtschuldner im Innenverhältnis zu gleichen Teilen verpflichtet. Haftet ein Mit- oder Gegenvormund jedoch nur wegen Verletzung seiner Aufsichtspflicht, so ist er im Innenverhältnis zu dem weiteren haftenden Vormund von der Haftung befreit.¹⁷⁶ Dies kann beispielsweise der Fall sein, wenn der Gegenvormund lediglich die Anzeige einer gegenüber dem Familiengericht anzeigepflichtigen Geldanlage durch den Vormund unterlässt.¹⁷⁷

65 Der Anspruch aus § 1833 BGB kann einen übergangsfähigen, kongruenten Anspruch im Sinne des § 116 SGB X darstellen, so wenn der Sozialleistungsträger Sozialleistungen erbringen muss, weil der Vormund/Betreuer es versäumt hat, den Beitritt zur freiwilligen Krankenversicherung zu erklären.¹⁷⁸

III. Weitere Anspruchsgrundlagen

66 Neben dem Anspruch aus § 1833 BGB werden die allgemeinen Schadensersatzanspruchsgrundlagen nicht verdrängt¹⁷⁹:

67 Zur Amtshaftung des Amtsvormunds vgl. bereits Rn. 5. Der Amtsvormund kann wegen der Verletzung einer Amtspflicht aus § 839 BGB in Verbindung mit Art. 34 GG haftbar sein. Unter dem Gesichtspunkt bestehender Haftungsbeschränkungen kann der Anspruch aus § 1833 BGB jedoch leichter durchsetzbar sein. Die Amtshaftung geht allerdings insofern über den Anspruch aus § 1833 BGB hinaus, als auch eine Haftung gegenüber Dritten in Betracht kommen kann, wenn gegenüber Dritten bestehende Amtspflichten verletzt werden, etwa wenn eine Pflicht zum Hinweis auf eine krankhafte Neigung des Mündels zum Feuerlegen besteht.¹⁸⁰

68 Gegenüber Dritten haftet der Vormund nicht aus § 1833 BGB.¹⁸¹ Denn § 1833 BGB dient ausschließlich dem Schutz des Mündels. Er hat keine drittschützende Wirkung. Dementsprechend kann beispielsweise die Staatskasse den Vormund nicht aus § 1833 BGB haftbar machen, weil die gebildeten Rücklagen nicht zur Deckung des Vergütungsanspruchs des Vormunds ausreichen¹⁸². Auch die Beitragsfreistellung einer Lebensversicherung führt nicht zu einer Haftung des Vormunds gegenüber dem begünstigten Dritten aus § 1833 BGB.¹⁸³

69 Gemäß § 1787 Abs. 1 BGB kann eine Schadensersatzpflicht auch bei unbegründeter Ablehnung der Übernahme der Vormundschaft bzw. der Betreuung eintreten.

70 Gegenüber Dritten kann eine deliktische Haftung wegen Verletzung einzelner Rechte oder Rechtsgüter nach § 823 Abs. 1 BGB ebenso in Betracht kommen wie eine Haftung wegen Verletzung von Schutzgesetzen nach § 823 Abs. 2 BGB. Zu denken ist insofern etwa an die Verletzung der Mitteilungspflichten nach § 16 Abs. 5 Infektionsschutzgesetz oder nach § 37 Abs. 1 Nr. 2 WaffG. Die Vorschriften über die Anlegung von Mündelvermögen sind allerdings keine Schutzgesetze im Sinne des § 823 Abs. 2 BGB zugunsten Dritter.¹⁸⁴ Nicht ausgeschlossen ist auch eine Haftung wegen vorsätzlicher sittenwidriger Schädigung nach § 826 BGB.

---

¹⁷⁵ Dafür *Roth* in: Dodegge/Roth, Betreuungsrecht, 2003, D Rn. 127; *Dickescheid* in: BGB-RGRK, § 1833 Rn. 14; dagegen *Zimmermann* in: Damrau/Zimmermann, Betreuungsrecht, 4. Aufl. 2011, § 1833 Rn. 20; *Wagenitz* in: MünchKomm-BGB, § 1833 Rn. 8.

¹⁷⁶ *Bauer/Deinert* in: HK-BUR, § 1833 Rn. 51; *Götz* in: Palandt, § 1834 Rn. 8; *Saar* in: Erman, § 1833 Rn. 17.

¹⁷⁷ Vgl. etwa *Freiherr von Crailsheim* in: Jürgens, Betreuungsrecht, 4. Aufl. 2010, § 1833 Rn. 15.

¹⁷⁸ Vgl. OLG Nürnberg v. 17.12.2012 - 4 U 2022/12 - juris Rn. 4 - BtPrax 2013, 70-71.

¹⁷⁹ Es besteht Anspruchskonkurrenz, vgl. BGH v. 05.05.1983 - III ZR 57/82 - FamRZ 1983, 1220-1221, 1220; Saarländisches Oberlandesgericht v. 13.12.2011 - 4 U 456/10 - 139 - juris Rn. 75 - FamRZ 2012, 801-804; *Dickescheid* in: BGB-RGRK, § 1833 Rn. 16.

¹⁸⁰ BGH v. 02.04.1987 - III ZR 149/85 - BGHZ 100, 313-321, 317; so auch *Veit* in: Staudinger, § 1833 Rn. 38; *Dickescheid* in: BGB-RGRK, § 1833 Rn. 16; *Deinert*, BtPrax 1993, 185, 188; *Götz* in: Palandt, § 1834 Rn. 2; *Saar* in: Erman, § 1833 Rn. 7.

¹⁸¹ Allg. A., vgl. OLG Düsseldorf v. 04.08.1998 - 25 Wx 108/97 - NJW-RR 1999, 1677-1678, 1678; LG Flensburg v. 07.03.2008 - 1 S 77/07 - FamRZ 2008, 2232 f.; *Dickescheid* in: BGB-RGRK, § 1833 Rn. 16; *Veit* in: Staudinger, § 1833 Rn. 52; *Saar* in: Erman, § 1833 Rn. 16; *Bettin* in: BeckOK BGB, Ed. 30, § 1833 Rn. 1.

¹⁸² OLG Düsseldorf v. 04.08.1998 - 25 Wx 108/97 - BtPrax 1999, 74 f.

¹⁸³ AG Hamburg-Haburg v. 09.10.2001 - 641 C 609/00 - NJW-RR 2002, 511.

¹⁸⁴ So auch *Dickescheid* in: BGB-RGRK, § 1833 Rn. 16.

Werden Dritte durch das Verhalten des Mündels geschädigt, kommt ferner eine Haftung des aufsichtspflichtigen Vormundes nach § 832 BGB in Frage.[185] Problematischer erscheint, ob dies auch für den Betreuer gilt, der im Gegensatz zum Vormund keine Erziehungsfunktion ausübt. Es dürfte hier darauf ankommen, ob dem Betreuer die Personensorge einschließlich der Beaufsichtigung ausdrücklich auferlegt wurde.[186] Denn ohne eine solche Anordnung ist grundsätzlich jeder für sein eigenes Handeln allein verantwortlich. Der Betreuer haftet deshalb etwa nicht für Schädigungen durch den Mündel oder gar für Straftaten des Mündels. Erst recht ist der Betreuer nach zutreffender, wenngleich umstrittener Ansicht nicht Garant im strafrechtlichen Sinne für die Verhinderung von Straftaten des Betreuten.[187] 71

Eine rechtsgeschäftliche Haftung des Vormunds gegenüber Dritten anstelle des Mündels kann auch unter dem Gesichtspunkt der so genannten Sachwalterhaftung in Betracht kommen, wenn der Vormund dem Geschäftspartner in einer Weise gegenübertritt, durch die er in besonderem Maße persönliches Vertrauen in Anspruch nimmt oder eigene wirtschaftliche Interessen in Anspruch nimmt.[188] Bei der Annahme der Voraussetzungen einer solchen Eigenhaftung ist jedoch Zurückhaltung geboten: So kann ein persönliches wirtschaftliches Eigeninteresse gerade Anlass zu Misstrauen gegenüber dem Vertreter sein.[189] Dieses Kriterium ist denn auch nicht in § 311 Abs. 3 BGB enthalten. Die Haftung wegen Inanspruchnahme besonderen Vertrauens erfordert über ein normales Verhandlungsvertrauen hinaus ein zusätzliches, gerade in der außergewöhnlichen Sachkunde oder in der besonderen persönlichen Zuverlässigkeit des Handelnden begründetes Vertrauen auf die Vollständigkeit und Richtigkeit seiner Erklärungen.[190] 72

Kommt ein in Überschreitung der Vertretungsmacht des Vormunds abgeschlossenes Geschäft nicht durch Genehmigung doch noch zustande, haftet der Vormund aus § 179 Abs. 1 BGB. 73

Da das Auftragsrecht in weiten Teilen ergänzend auch für Vormundschaft und Betreuung eingreift, kann auch ein Anspruch aus § 667 BGB ähnliche Rechtsfolgen zeitigen wie die Haftung nach § 1833 BGB,[191] etwa bei nicht bestimmungsgemäßer Verwendung von Mündelgeldern.[192] 74

Im Fall der unbegründeten Amtsablehnung folgt eine Haftung des Vormunds aus § 1787 BGB. 75

Im Fall des unberechtigten Sozialhilfebezugs kann der Vormund bzw. Betreuer gemäß § 103 Abs. 1 Satz 2 SGB XII bei grob fahrlässiger Unkenntnis der Rechtswidrigkeit des Bewilligungsbescheides zum Kostenersatz verpflichtet sein.[193] 76

E. Prozessuale Hinweise/Verfahrenshinweise

Für die Geltendmachung des Anspruchs aus § 1833 BGB ist das Prozessgericht zuständig.[194] Die Gegenansicht[195] dürfte mit § 1843 Abs. 2 BGB nicht vereinbar sein, der auf „den Rechtsweg" verweist. 77

---

[185] Vgl. hierzu im Einzelnen etwa *Roth* in: Dodegge/Roth, Betreuungsrecht, 2003, D 135; so auch *Saar* in: Erman, § 1833 Rn. 16.

[186] Für diesen Fall bejahend etwa LG Bielefeld v. 26.05.1998 - 20 S 48/98 - NJW 1998, 2682-2683; ähnlich auch AG Düsseldorf v. 29.11.2007 - 27 C 11629/06 - juris Rn. 21 - BtPrax 2008, 89-90; *Roth* in: Dodegge/Roth, Betreuungsrecht, 2003, D Rn. 135; kritisch aber *Bauer/Knieper*, BtPrax 1998, 123-125, *Bauer/Knieper*, BtPrax 1998, 168-171.

[187] So aber OLG Celle v. 21.11.2007 - 32 Ss 99/07 - juris Rn. 15 ff. - FamRZ 2008, 1026-1028, zustimmend *Frhr. v. Crailsheim* in: Jürgens, Betreuungsrecht, 4. Aufl. 2010, § 1833 Rn. 19; ablehnend *Tachau*, BtPrax 2008, 195-198; *Zimmermann* in: Damrau/Zimmermann, Betreuungsrecht, 4. Aufl. 2011, § 1833 Rn. 27; kritisch auch *Bienwald*, FamRZ 2008, 1028; vgl. zur Problematik auch *Bernau/Rau/Zwiesack*, NJW 2008, 3756-3761.

[188] Vgl. hierzu etwa OLG Düsseldorf v. 26.08.2009 - I-15 U 26/09 - juris Rn. 5 - FamRZ 2010, 138-140; OLG Schleswig v. 30.08.2002 - 1 U 176/01 - juris Rn. 13 - OLGR Schleswig 2003, 8-11; *Saar* in: Erman, § 1833 Rn. 16; *Deinert*, BtPrax 1993, 185, 188. Die Lehre von der Eigenhaftung des Vertreters geht auf *Ballerstedt*, AcP 151, 501 ff. zurück.

[189] Vgl. hierzu etwa BGH v. 06.06.1994 - II ZR 292/91 - BGHZ 126, 181-201.

[190] Hierzu auch BGH v. 29.01.1992 - VIII ZR 80/91 - WM 1992, 699-701.

[191] Vgl. Saarländisches Oberlandesgericht v. 12.06.2013 - 1 U 157/12 - juris Rn. 19 - NJW-RR 2013, 1476-1478; Saarländisches Oberlandesgericht v. 22.12.2010 - 8 U 622/09 - juris Rn. 32 - FamRZ 2011, 1170.

[192] LG Mainz v. 08.03.2012 (1 O 250/11 - juris Rn. 14 - FamRZ 2012, 1325; zustimmend *Jahreis*, jurisPR-FamR 10/2013, Anm. 6.

[193] Vgl. hierzu etwa *Frhr. v. Crailsheim* in: Jürgens, Betreuungsrecht, 4. Aufl. 2010, § 1833 Rn. 19.

[194] So ausdrücklich etwa BayObLG v. 04.06.1997 - 3Z BR 42/97 - juris Rn. 7 - Rpfleger 1997, 476-477; *Frhr. v. Crailsheim* in: Jürgens, Betreuungsrecht, 4. Aufl. 2010, § 1833 Rn. 21; *Veit* in: Staudinger, § 1833 Rn. 57 ff.; *Zimmermann* in: Damrau/Zimmermann, Betreuungsrecht, 4. Aufl. 2011, § 1833 Rn. 21.

[195] So LG Koblenz v. 03.09.2010 - 12 T 103/10 - juris Rn. 2 ff. - FamRZ 2011, 1090.

78 Für Klagen aus § 1833 BGB ist neben dem allgemeinen Gerichtsstand der besondere Gerichtsstand des § 31 ZPO eröffnet,[196] nicht jedoch der deliktische Gerichtsstand des § 32 ZPO. Denn es handelt sich um einen familienrechtlichen, nicht um einen deliktischen Anspruch.[197]

79 Der Anspruch kann gemäß § 1843 Abs. 2 BGB schon vor Beendigung des Vormundschaftsverhältnisses geltend gemacht werden. Nach neuer Rechtslage[198] verjährt er gemäß § 195 BGB in drei Jahren.[199] Zu den Übergangsvorschriften vgl. Art. 229 § 17 EGBGB. Die Verjährung ist während der Dauer des Vormundschafts- bzw. Betreuungsverhältnisses nach § 207 Abs. 1 Satz 2 Nr. 3, 4 BGB gehemmt. Dadurch soll das Verhältnis zwischen Mündel und Vormund vor Belastungen durch Rechtsstreitigkeiten geschützt werden.[200]

80 Die Beweislast für die Pflichtverletzung, den Schaden und die Ursächlichkeit der Pflichtverletzung für den Schaden trifft den Anspruchsgläubiger, d.h. den Mündel, nach den allgemeinen Regeln der Beweislast.[201] Allerdings können dem Mündel Beweiserleichterungen – nämlich der Anscheinsbeweis – bei dem Nachweis der Kausalität zugutekommen.[202]

81 **Praxishinweis:** Die vollständige Substantiierung sämtlicher Anspruchsvoraussetzungen kann im Einzelfall Schwierigkeiten bereiten. Konkurrierende Anspruchsgrundlagen können u.U. leichter darzulegen sein. Hat der Vormund beispielsweise Gelder des Mündels abgehoben, kann es schwierig sein, eine eigennützige Verwendung durch den Vormund darzulegen, da der Mündel die tatsächliche Verwendung im Zweifel nicht kennt. Hier kann § 667 BGB helfen, der auf Vormundschaft und Betreuung entsprechend anwendbar ist.[203] Denn hier muss der Vormund nachweisen, dass er das Erlangte bestimmungsgemäß verwendet hat.[204] So kann der Mündel etwa entsprechend § 667 BGB die Herausgabe von Vermögenswerten verlangen, die der Vormund nicht in der gebotenen Weise für den Mündel angelegt hat.

82 Für die Geltendmachung des Anspruchs bedarf es der Bestellung eines Pflegers.[205]

F. Arbeitshilfe – Checkliste zu § 1833 BGB

83 (1) Zulässigkeit: zuständiges Prozessgericht: §§ 12, 13, 31 ZPO; §§ 23 Nr. 1, 71 Abs. 1 GVG
    (2) Begründetheit
        (a) Vormundschaft
            (aa) zeitlich: ab Bestellung bis Beendigung oder Ende des Amtes, auch bei Fortführung nach Beendigung der Vormundschaft
            (bb) persönlich: Einzelvormund, Mitvormund, Vereinsvormund, Amtsvormund, entsprechend für Betreuer
        (b) Pflichtverletzung
            (aa) Rechtspflicht aus gesetzlichen Einzelregelungen, vormundschaftlichen Anordnungen, Anordnungen Dritter nach § 1803 BGB, Gebot einer treuen und gewissenhaften Amtsführung

---

[196] So auch *Saar* in: Erman, § 1833 Rn. 12; *Wagenitz* in: MünchKomm-BGB, § 1833 Rn. 13.

[197] Vgl. BGH v. 04.05.2011 - XII ZR 86/10 - juris Rn. 21 - NJW-RR 2011, 1009-1011; so auch *Zimmermann* in: Damrau/Zimmermann, Betreuungsrecht, 4. Aufl. 2011, § 1833 Rn. 24; *Dickescheid* in: BGB-RGRK, § 1833 Rn. 17.

[198] Vgl. zu dem Meinungsstreit zur alten Rechtslage *Lafontaine* in: jurisPK-BGB, 6. Aufl. 2012, § 1833 Rn. 109.

[199] Überholt insoweit *Bauer* in: Prütting/Wegen/Weinreich, BGB, 8. Aufl. 2013, § 1833 Rn. 2.

[200] Vgl. BGH v. 27.02.1980 - IV ZR 125/78 - BGHZ 76, 295.

[201] So auch BGH v. 04.05.2011 - XII ZR 86/10 - juris Rn. 21 - NJW-RR 2011, 1009-1010; RG v. 01.05.1911 - IV 413/10 - RGZ 76, 185; Saarländisches Oberlandesgericht v. 13.12.2011 - 4 U 456/10 - 139 - juris Rn. 83 - FamRZ 2012, 801-804; OLG Hamburg v. 14.12.1959 - 8 U 36/59 - NJW 1960, 1207-1208, 1207; *Dickescheid* in: BGB-RGRK, § 1833 Rn. 17; *Wagenitz* in: MünchKomm-BGB, § 1833 Rn. 14.

[202] So auch Saarländisches Oberlandesgericht v. 13.12.2011 - 4 U 456/10 - 139 - juris Rn. 84 - FamRZ 2012, 801-804; *Dickescheid* in: BGB-RGRK, § 1833 Rn. 17; *Zimmermann* in: Damrau/Zimmermann, Betreuungsrecht, 4. Aufl. 2011, § 1833 Rn. 23 m.w.N.

[203] Vgl. zur Betreuung Saarländisches Oberlandesgericht v. 22.12.2010 - 8 U 622/09 - juris Rn. 32 - FamRZ 2011, 1170; OLG Karlsruhe v. 08.08.2003 - 15 U 76/01 - juris Rn. 29 - OLGR Karlsruhe 2004, 376-378; OLG Sachsen-Anhalt v. 05.08.2005 - 4 W 19/05 - juris Rn. 4.

[204] Vgl. BGH v. 04.11.2002 - II ZR 210/00 - juris Rn. 11 - BGHReport 2003, 331-332; BGH v. 18.11.1986 - IVa ZR 79/85 - juris Rn. 8 - WM 1987, 79-80; Saarländisches Oberlandesgericht v. 22.12.2010 - 8 U 622/09 - juris Rn. 32 - FamRZ 2011, 1170; LG Mainz v. 08.03.2012 - 1 O 250/11 - juris Rn. 14 - FamRZ 2012, 1325.

[205] *Saar* in: Erman, § 1833 Rn. 11.

knüpft. Geld ist danach jedenfalls jedes in- und ausländische, staatlich beglaubigte Zahlungsmittel, also insbesondere Metall- und Papiergeld.

2. Geldforderungen

In unterschiedlichem Zusammenhang wird der Geldbegriff jedoch auch weiter verwendet. So wird dem Bargeld das Buchgeld gegenübergestellt, bestehend aus Geldforderungen gegen Kreditinstitute. Da beide „Geldarten" bei wirtschaftlicher Betrachtungsweise funktional gleichwertig erscheinen, wird im Rahmen von § 1834 BGB der Verwendung von Bargeld verbreitet die Verwendung von Geldforderungen gleichgestellt.[6] Bei Giroguthaben oder Spareinlagen liegt diese Gleichstellung nahe. Gleichwohl ist sie dogmatisch nicht zweifelsfrei. Denn Geldforderung ist neben der Einlagenforderung im Sinne des § 700 BGB auch jede andere auf Zahlung gerichtete Forderung, etwa eine Kaufpreisforderung. Konsequenterweise müsste dann auch die Abtretung einer zum Mündelvermögen gehörenden Geldforderung an den Gläubiger des Vormunds erfasst werden. Für eine solche über den Wortlaut hinausgehende Anwendung besteht jedoch keine Notwendigkeit, da der Vormund regelmäßig aufgrund der Verletzung von § 1805 BGB nach § 1833 BGB bzw. gemäß § 823 Abs. 2 BGB in Verbindung mit den §§ 246, 266 StGB zum Schadensersatz verpflichtet ist. Freilich sind die Voraussetzungen dieser Verschuldenshaftung strenger.

3. Sonstige Vermögenswerte

Für den Eigengebrauch sonstiger Vermögenswerte des Mündels – z.B. den Gebrauch von Sachen oder die Nutzung von Rechten – gilt § 1834 BGB nicht.[7] Der Eigengebrauch solcher Vermögenswerte kann jedoch Schadensersatzforderungen nach § 1833 BGB sowie Ansprüche nach den allgemeinen Vorschriften (z.B. Bereicherungsansprüche) nach sich ziehen.

II. Verwendung

Verwendung ist jeder Eigengebrauch. Darunter fällt etwa das Ausgeben zu eigenen Zwecken. Ein Verschulden ist nicht erforderlich.[8] Auch ein Schadenseintritt zum Nachteil des Mündels ist keine Tatbestandsvoraussetzung.[9]

Das Vermischen fremden Bargeldes mit eigenem Bargeld führt dazu, dass Mündel und Vormund Miteigentum nach dem Verhältnis der Geldbestände erlangen (§ 948 BGB). Eine Verwendung liegt darin noch nicht.[10] Allerdings kann eine – anteilige – Verzinsungspflicht entstehen, wenn vermischte Geldbestände verwendet werden.[11] Etwas anderes soll bei der Einzahlung auf das Konto des Vormundes gelten.[12] Auch hier erscheint indes eine Differenzierung angebracht. Die Einzahlung auf das Privatkonto des Vormunds dient regelmäßig dem individuellen Nutzen des Vormundes, da das Geld in dieser Form Zinsen für den Vormund abwerfen kann, Deckung für private Ausgaben bereitstellen und den Dispositionskredit des Vormunds erhöhen kann. Wenn aber – wie häufig – die Eröffnung eines offenen Treuhandkontos fehlschlägt, weil der Vormund im eigenen Namen ein Konto eröffnet, das lediglich mit dem Bestimmungszweck des Vormunds versehen ist, so ist eine Verwendung zugunsten des Vormundes nicht ohne weiteres erkennbar. Gleichwohl ist dem Vormund insofern zu allergrößter Vorsicht zu raten, da die Verbuchung von Fremdgeld auf dem eigenen Konto leicht zum strafrechtlichen Untreuevorwurf führt.

Teilweise wird gesagt, § 1834 BGB sei auf die Verwendung von Mündelgeld für den Gegenvormund durch den Vormund nicht anwendbar.[13] Das erscheint zu pauschal. Es macht keinen Unterschied, ob

---

[6] *Zimmermann* in: Damrau/Zimmermann, Betreuungsrecht, 4. Aufl. 2011, § 1834 Rn. 2; *Dickescheid* in: BGB-RGRK, § 1834, Rn. 2.

[7] Allg. A., vgl. *Wagenitz* in: MünchKomm-BGB, Rn. 2, m.w.N.

[8] Allg. A., vgl. *Dickescheid* in: BGB-RGRK, § 1834 Rn. 2; *Götz* in: Palandt, § 1834 Rn. 1; *Zimmermann* in: Damrau/Zimmermann, Betreuungsrecht, 4. Aufl. 2011, § 1834 Rn. 2; *Wagenitz* in: MünchKomm-BGB, § 1834 Rn. 5.

[9] Zutreffend *Saar* in: Erman, § 1834 Rn. 1; *Götz* in: Palandt, § 1834 Rn. 1.

[10] Allg. A., vgl. *Zimmermann* in: Damrau/Zimmermann, Betreuungsrecht, 4. Aufl. 2011, § 1834 Rn. 2; *Dickescheid* in: BGB-RGRK, § 1834, Rn. 2; *Götz* in: Palandt, § 1834 Rn. 1; *Veit* in: Staudinger, § 1834 Rn. 8.

[11] *Zimmermann* in: Damrau/Zimmermann, Betreuungsrecht, 4. Aufl. 2011, § 1834 Rn. 2.

[12] So etwa *Wagenitz* in: MünchKomm-BGB, § 1834 Rn. 3; *Zimmermann* in: Damrau/Zimmermann, Betreuungsrecht, 4. Aufl. 2011, § 1834 Rn. 2; *Bettin* in: BeckOK BGB, Ed. 30, § 1834 Rn. 2; *Dickescheid* in: BGB-RGRK, § 1834 Rn. 2.

[13] *Saar* in: Erman, § 1834 Rn. 1; *Veit* in: Staudinger, § 1834 Rn. 7.

der Vormund Mündelgeld in eigener Person verbraucht, es zur Tilgung von Forderungen des Gegenvormunds verwendet oder freigiebig weiterreicht. In allen Fällen maßt er sich die Stellung eines Rechtsinhabers an. Etwas anderes gilt nur, wenn auf eine Forderung (z.B. des Gegenvormunds) gegen den Mündel geleistet wird.

D. Rechtsfolgen

I. Pflicht zur Verzinsung

10 Das verwendete Geld ist in Höhe des gesetzlichen Zinssatzes nach § 246 BGB mit 4% zu verzinsen. Im Vergleich zur Höhe des Verzugszinses nach § 288 Abs. 1 Satz 2 BGB erscheint dieser Zinssatz gering. Gleichwohl lädt das Gesetz – auch in Hochzinsphasen – nicht zur Verwendung von Mündelgeld ein, da darüber hinausgehende Schadensersatzansprüche unberührt bleiben und der Vormund zumindest bei vorsätzlicher Verwendung von Mündelgeld ohne Mahnung gemäß § 286 Abs. 2 Nr. 4 BGB in Verzug gerät. Wird vermischtes Geld verbraucht, bezieht sich die Verzinsungspflicht auf den Anteil des enthaltenen Mündelgeldes.[14]

II. Sonstige Rechtsfolgen

11 Eine etwaige, über § 1834 BGB hinausgehende Haftung nach § 1833 BGB oder aus sonstigen Haftungsgründen bleibt unberührt. Zu denken ist insbesondere an § 823 Abs. 2 BGB in Verbindung mit § 266 StGB.

12 Da § 1834 BGB seiner Rechtsnatur nach eine Art pauschalierten Schadensersatzanspruch darstellt[15], ist das nach § 1834 BGB Geleistete ggf. auf einen Anspruch aus anderem Grund anzurechnen.

13 Erwirbt der Vormund mit Mündelgeldern Gegenstände, fallen diese nicht automatisch in das Eigentum des Mündels. Eine Mittelsurrogation findet auch nicht in entsprechender Anwendung des § 1646 BGB statt.[16] Der Mündel kann jedoch nach § 816 BGB die Herausgabe des Erlangten verlangen.

E. Prozessuale Hinweise/Verfahrenshinweise

14 Meist wird gesagt, der Anspruch verjähre gemäß § 195 BGB.[17] Dies ist zweifelhaft, wenn man vom Vorliegen eines familienrechtlichen Schuldverhältnisses im Sinne des § 197 Abs. 1 Nr. 2 BGB ausgeht.[18]

15 Während der Dauer des Vormundschaftsverhältnisses bzw. der Betreuung ist die Verjährung allerdings gehemmt, § 207 Abs. 1 Satz 2 Nr. 3, 4 BGB. Dadurch soll das Verhältnis zwischen Mündel und Vormund vor Belastungen durch Rechtsstreitigkeiten geschützt werden.[19]

16 Stellt das Familiengericht einen Eigengebrauch von Mündelgeld durch den Vormund fest, weist es den Vormund an, diesen einzustellen. Hierfür stehen ihm die Zwangsmittel des § 1837 BGB zur Verfügung. Nach herrschender Meinung soll es den Vormund ferner auffordern können, die nach § 1834 BGB angefallenen Zinsen an den Mündel zu zahlen.[20] Anders als das Prozessgericht kann das Vormundschaftsgericht den Zinsanspruch jedoch nicht titulieren. Vielmehr muss es einen Ergänzungspfleger bestellen, der den Anspruch vor dem Prozessgericht durchsetzt.[21]

---

[14] *Saar* in: Erman, § 1834 Rn. 2; *Zimmermann* in: Damrau/Zimmermann, Betreuungsrecht, 4. Aufl. 2011, § 1834 Rn. 2.

[15] Vgl. hierzu etwa *Dickescheid* in: BGB-RGRK, § 1834, Rn. 1; *Saar* in: Erman, § 1834 Rn. 2.

[16] Allg. A., vgl. *Zimmermann* in: Damrau/Zimmermann, Betreuungsrecht, 4. Aufl. 2011, § 1834 Rn. 5.

[17] So *Zimmermann* in: Damrau/Zimmermann, Betreuungsrecht, 4. Aufl. 2011, § 1834 Rn. 3; *Saar* in: Erman, § 1834 Rn. 2; *Wagenitz* in: MünchKomm-BGB, § 1834 Rn. 7; *Veit* in: Staudinger, § 1834 Rn. 15.

[18] So auch *Saar* in: Erman, BGB, 12. Aufl. 2008, § 1834 Rn. 1.

[19] Vgl. BGH v. 27.02.1980 - IV ZR 125/78 - BGHZ 76, 295.

[20] *Zimmermann* in: Damrau/Zimmermann, Betreuungsrecht, 4. Aufl. 2011, § 1834 Rn. 2.

[21] So auch für die Betreuung *Zimmermann* in: Damrau/Zimmermann, Betreuungsrecht, 4. Aufl. 2011, § 1834 Rn. 2.

§ 1835 BGB Aufwendungsersatz

(Fassung vom 17.12.2008, gültig ab 01.09.2009)

(1) ¹Macht der Vormund zum Zwecke der Führung der Vormundschaft Aufwendungen, so kann er nach den für den Auftrag geltenden Vorschriften der §§ 669, 670 von dem Mündel Vorschuss oder Ersatz verlangen; für den Ersatz von Fahrtkosten gilt die in § 5 des Justizvergütungs- und -entschädigungsgesetzes für Sachverständige getroffene Regelung entsprechend. ²Das gleiche Recht steht dem Gegenvormund zu. ³Ersatzansprüche erlöschen, wenn sie nicht binnen 15 Monaten nach ihrer Entstehung gerichtlich geltend gemacht werden; die Geltendmachung des Anspruchs beim Familiengericht gilt dabei auch als Geltendmachung gegenüber dem Mündel.

(1a) ¹Das Familiengericht kann eine von Absatz 1 Satz 3 abweichende Frist von mindestens zwei Monaten bestimmen. ²In der Fristbestimmung ist über die Folgen der Versäumung der Frist zu belehren. ³Die Frist kann auf Antrag vom Familiengericht verlängert werden. ⁴Der Anspruch erlischt, soweit er nicht innerhalb der Frist beziffert wird.

(2) ¹Aufwendungen sind auch die Kosten einer angemessenen Versicherung gegen Schäden, die dem Mündel durch den Vormund oder Gegenvormund zugefügt werden können oder die dem Vormund oder Gegenvormund dadurch entstehen können, dass er einem Dritten zum Ersatz eines durch die Führung der Vormundschaft verursachten Schadens verpflichtet ist; dies gilt nicht für die Kosten der Haftpflichtversicherung des Halters eines Kraftfahrzeugs. ²Satz 1 ist nicht anzuwenden, wenn der Vormund oder Gegenvormund eine Vergütung nach § 1836 Abs. 1 Satz 2 in Verbindung mit dem Vormünder- und Betreuervergütungsgesetz erhält.

(3) Als Aufwendungen gelten auch solche Dienste des Vormunds oder des Gegenvormunds, die zu seinem Gewerbe oder seinem Beruf gehören.

(4) ¹Ist der Mündel mittellos, so kann der Vormund Vorschuss und Ersatz aus der Staatskasse verlangen. ²Absatz 1 Satz 3 und Absatz 1a gelten entsprechend.

(5) ¹Das Jugendamt oder ein Verein kann als Vormund oder Gegenvormund für Aufwendungen keinen Vorschuss und Ersatz nur insoweit verlangen, als das einzusetzende Einkommen und Vermögen des Mündels ausreicht. ²Allgemeine Verwaltungskosten einschließlich der Kosten nach Absatz 2 werden nicht ersetzt.

Gliederung

A. Gesetzesänderungen 1	b. Beispiele aus der Rechtsprechung 32
I. FGG-Reformgesetz/FamFG (vom 17.12.2008) ... 1	c. Tätigkeiten Dritter 41
1. Auflösung der Vormundschaftsgerichte 1	3. Fahrtkosten (Halbsatz 2) 47
2. Außerkrafttreten des FGG 4	4. Gegenvormund (Satz 2) 50
3. Übergangsrecht 5	5. Ausschlussfrist (Absatz 1 Satz 3, Absatz 1a) 51
II. Zweites Betreuungsrechtsänderungsgesetz	a. Gesetzliche Ausschlussfrist (Absatz 1 Satz 3) ... 52
(vom 21.04.2005) 7	b. Fristbestimmung durch das Familiengericht
B. Grundlagen 11	(Absatz 1a) 62
C. Anwendungsbereich 14	III. Ersatz der Kosten einer Versicherung
D. Praktische Bedeutung 21	(Absatz 2) 67
E. Anwendungsvoraussetzungen 22	1. Ersatzfähige Versicherungskosten (Absatz 2
I. Normstruktur 22	Satz 1 Halbsatz 1) 69
II. Aufwendungsersatzanspruch (Absatz 1) 23	2. Nicht ersatzfähige Versicherungskosten
1. Vormund 24	(Absatz 2 Satz 1 Halbsatz 2) 72
2. Ersatzfähige Aufwendungen (Satz 1) 27	3. Berufsvormund (Absatz 2 Satz 2) 74
a. Aufwendungen zum Zwecke der Vormund-	IV. Ersatz berufsbezogener Dienste (Absatz 3) 75
schaft 28	1. Voraussetzungen 76

§ 1835

2. Art der Abrechnung 81	V. Mittellosigkeit des Mündels (Absatz 4) 100
3. Wahlrecht 82	VI. Jugendamt oder Verein als Vormund
4. Sonderfälle 86	(Absatz 5) 104
a. Rechtsanwalt als Vormund (Betreuer) 86	**F. Rechtsfolgen** 107
b. Rechtsanwalt als Verfahrenspfleger 94	**G. Prozessuale Hinweise/Verfahrens-**
c. Rechtsanwalt als Ergänzungspfleger 98	**hinweise** 109

A. Gesetzesänderungen

I. FGG-Reformgesetz/FamFG (vom 17.12.2008)

1. Auflösung der Vormundschaftsgerichte

1   Am 01.09.2009 ist das Gesetz zur Reform des Verfahrens in Familiensachen und in den Angelegenheiten der freiwilligen Gerichtsbarkeit vom 17.12.2008 (FGG-Reformgesetz – FGG-RG) in Kraft getreten. Kernstück der Reform war das neu erlassene Gesetz über das Verfahren in Familiensachen und in den Angelegenheiten der freiwilligen Gerichtsbarkeit (FamFG). Im Zuge dieser gesetzlichen Reformierung sind die Zuständigkeiten des Familiengerichts in mehrfacher Hinsicht erweitert worden (Entwicklung hin zum sog. „Großen Familiengericht"). Zahlreiche Verfahren, für die bislang das Vormundschaftsgericht zuständig gewesen ist, fallen nun in den Kompetenzbereich der **Familiengerichte**. Mit dieser Verlagerung wurde u.a. dem Umstand Rechnung getragen, dass die Vormundschaft seit Inkrafttreten des Betreuungsgesetzes zum 01.01.1992 ohnehin nur noch Minderjährige betrifft und als Ersatz für die elterliche Sorge sachlich dem Zuständigkeitsbereich der Familiengerichte naheliegt.

2   Diejenigen vormundschaftsgerichtlichen Kompetenzen, die nicht zu Familiensachen geworden sind, wurden im Zuge der Gesetzesreform auf **neu zu schaffende Betreuungsgerichte** übertragen.

3   Vor diesem Hintergrund sind die **Vormundschaftsgerichte** obsolet geworden: Im Zuge der Gesetzesreform wurden sie vollständig **aufgelöst**, in den §§ 1835 ff. BGB jeweils das Wort „Vormundschaftsgericht" durch „Familiengericht" ersetzt (vgl. dazu Art. 50 des FGG-Reformgesetzes zur Änderung des Bürgerlichen Gesetzbuches Nr. 34-46; ferner auch die Gesetzesbegründung zu den Nrn. 42-50[1]).

2. Außerkrafttreten des FGG

4   Mit Inkrafttreten des FGG-Reformgesetzes zum 01.09.2009 ist zugleich das bisherige Gesetz über die Angelegenheiten der freiwilligen Gerichtsbarkeit – **FGG außer Kraft** gesetzt worden. An die Stelle der FGG-Vorschriften sind vielfach entsprechende, teils gleichlautende Regelungen im neuen FamFG getreten.

3. Übergangsrecht

5   Das **Übergangsrecht** ist in Art. 111 des FGG-Reformgesetzes geregelt. Danach ist für Verfahren, die vor Inkrafttreten des FGG-Reformgesetzes eingeleitet wurden oder deren Einleitung bis zu diesem Zeitpunkt beantragt wurde, das vor dem 01.09.2009 geltende Recht anwendbar. Gleiches gilt für Abänderungs-, Verlängerungs- und Aufhebungsverfahren, wenn sie vor Inkrafttreten des FGG-Reformgesetzes eingeleitet wurden oder ihre Einleitung bis zu diesem Zeitpunkt beantragt wurde. Das neue Recht ist also grundsätzlich dann anzuwenden, wenn die Einleitung/Antragstellung nach dem 01.09.2009 erfolgt.

6   Die nachfolgende **Kommentierung bezieht sich auf die aktuelle Rechtslage** (nach Inkrafttreten des FGG-Reformgesetzes). Für Altfälle wird auf die Kommentierung zu den Vorauflagen verwiesen.

II. Zweites Betreuungsrechtsänderungsgesetz (vom 21.04.2005)

7   Mit In-Kraft-Treten des **Zweiten Betreuungsrechtsänderungsgesetzes** (2. BtÄndG) vom 21.04.2005[2] ist das Recht der Vergütung und des Aufwendungsersatzersatzes von Vormündern, Betreuern und Pflegern neu geregelt worden (vgl. hierzu die Vorbem. VBVG).

8   Im Gegensatz zu § 1836 BGB, der durch die Reform stark verkürzt wurde, hat § 1835 BGB mit Ausnahme einer geringfügigen Anpassung des Wortlauts in § 1835 Abs. 2 Satz 2 BGB durch das 2. BtÄndG **keinerlei Änderungen** erfahren.

---

[1] BT-Drs. 16/6308.
[2] BGBl I 2005, 1073.

Veränderungen haben sich allerdings im Hinblick auf den **Anwendungsbereich** der Norm ergeben. 9
Während § 1835 BGB früher gleichermaßen für ehrenamtliche und berufsmäßig handelnde Vormünder, Betreuer und Pfleger galt, sind die Aufwendungen des berufsmäßig handelnden Betreuers nun nach § 4 Abs. 2 Satz 1 VBVG grundsätzlich durch die Vergütung mit abgegolten. Ein Aufwendungsersatzanspruch kommt daher im Regelfall nur noch bei ehrenamtlichen Betreuern Betracht (vgl. Näheres dazu in Rn. 14).

Das 2. BtÄndG ist am 01.07.2005 in Kraft getreten und gilt unabhängig vom Zeitpunkt der Amtsübernahme grundsätzlich für alle **Ansprüche**, die **nach dem 01.07.2005** entstanden sind. Für Ansprüche vor dem 01.07.2005 (Altfälle) gelten die vorherigen Regelungen, Art. 229 § 14 EGBGB. 10

B. Grundlagen

§ 1835 BGB regelt den **Aufwendungsersatzanspruch** des Vormunds. Dieser ist zu trennen von einem 11
eventuellen **Vergütungsanspruch** nach § 1836 Abs. 1 Sätze 2 und 3 BGB i.V.m. den Vorschriften des Vormünder- und Betreuervergütungsgesetzes (VBVG). Während Vergütung als eine Art Entgelt für die aufgewendete Zeit und die Mühen des Vormunds zu sehen ist, sind im Rahmen des Aufwendungsersatzanspruchs die vom Vormund zum Zwecke der Vormundschaft erbrachten Vermögensopfer (insbesondere verauslagte Geldbeträge) zu erstatten.

Nach § 1835 BGB kann der Vormund unabhängig davon, ob er die Vormundschaft berufsmäßig führt, 12
für Aufwendungen, die er zum Zwecke der Vormundschaft tätigt, vom Mündel Ersatz bzw. Vorschuss verlangen. Die Vorschrift verweist hinsichtlich des Aufwendungsersatzanspruchs grundsätzlich **auf die für den Auftrag geltenden Vorschriften** (§§ 669, 670 BGB).

Schuldner des Aufwendungsersatzanspruches ist grundsätzlich der Mündel (Betreute). Ausnahms- 13
weise (bei Mittellosigkeit des Schuldners) besteht ein Anspruch gegen die Staatskasse nach § 1835 Abs. 4 Satz 1 BGB (zu Einzelheiten vgl. Rn. 104).

C. Anwendungsbereich

Die Norm gilt für den **Vormund** sowie über Absatz 1 Satz 2 für den **Gegenvormund** (vgl. Rn. 50). 14

Im Rahmen der **Betreuung** ist zu differenzieren. Grundsätzlich ist die Norm wegen des Verweises in 15
§ 1908i Abs. 1 BGB auch auf Betreuer anwendbar. Bei berufsmäßigen Betreuern ist jedoch seit In-Kraft-Treten des 2. BtÄndG die Regelung des § 4 Abs. 2 Satz 1 VBVG zu beachten, wonach eventuelle Aufwendungen bereits durch die dem Betreuer zu gewährende Vergütung abgegolten sind. Eine Ausnahme gilt gemäß § 4 Abs. 2 Satz 1 VBVG lediglich beim Ersatz berufsspezifischer Dienste nach § 1835 Abs. 3 BGB (zum Ersatz berufsbezogener Dienste vgl. Rn. 75) und in den Fällen des § 6 VBVG. Im Übrigen kommt ein Aufwendungsersatzanspruch nur noch beim ehrenamtlichen Betreuer in Betracht.

Wegen des Verweises in § 277 Abs. 1 FamFG ist § 1835 Abs. 1-2 BGB grundsätzlich auch auf **Verfahrenspfleger** anzuwenden. Zu beachten ist, dass die Vorschrift nur auf § 1835 Abs. 1-2 BGB, nicht aber auf § 1835 Abs. 3 BGB verweist. Bei einem zum Verfahrenspfleger bestellten Rechtsanwalt kann § 1835 Abs. 3 BGB aber dennoch zur Anwendung kommen (vgl. hierzu Rn. 94). 16

§ 1835 Abs. 1-2 BGB ist darüber hinaus auch für den Ersatz von Aufwendungen des nicht berufsmä- 17
ßigen **Verfahrensbeistands** maßgeblich, der mit Inkrafttreten des FGG-Reformgesetzes bei minderjährigen Kindern an die Stelle des Verfahrenspflegers getreten ist, § 158 Abs. 7 FamFG i.V.m. § 277 Abs. 1 FamFG.

Gemäß § 1915 Abs. 1 BGB gilt die Norm auch für sonstige **Pflegschaften**. Auf die **Nachlasspfleg-** 18
schaft als besondere Form der Personenpflegschaft ist über § 1915 Abs. 1 BGB ebenfalls grundsätzlich Vormundschaftsrecht anzuwenden.[3] Gleiches gilt für den **Ergänzungspfleger**.[4]

Wird ein **Verein** oder das **Jugendamt** zum Vormund (Betreuer) bestellt, kommt ein Aufwendungser- 19
satzanspruch nur in den Grenzen des § 1835 Abs. 5 BGB in Betracht (vgl. dazu Rn. 104). Für einen Verein oder eine Behörde, die als Verfahrenspfleger tätig werden, gilt § 277 Abs. 1 Satz 3 FamFG – sie erhalten keinen Aufwendungsersatz.

Wenn nicht der Verein bzw. die Behörde selbst, sondern einer ihrer **Mitarbeiter** zum Vormund, Be- 20
treuer oder Pfleger bestellt wird, ist zu differenzieren: Für Betreuungen gelten insoweit die §§ 7, 8 VBVG, wonach der Verein bzw. die Behörde grundsätzlich für ihren zum Betreuer bestellten Mitar-

---

[3] BayObLG München v. 08.02.2000 - 1Z BR 150/99 - juris Rn. 9 - NJW-RR 2000, 1392-1396.
[4] OLG Brandenburg v. 13.05.2002 - 10 WF 176/01 - FGPrax 2003, 265-266.

beiter (sog. Vereins- bzw. Behördenbetreuer) Aufwendungsersatz beanspruchen kann. Für den Verfahrenspfleger gilt § 277 Abs. 4 FamFG. Demgegenüber ist eine entsprechende Vorschrift im Vormundschaftsrecht nicht vorgesehen: Das Gesetz enthält keine Regelung, wonach einem Vormundschaftsverein ein Vergütungs- bzw. Aufwendungsersatzanspruch für seinen Mitarbeiter zu bewilligen ist. Der BGH hat hierin bereits in seinem Beschluss vom 14.03.2007 eine planwidrige Regelungslücke gesehen und einen Aufwendungsersatzanspruch eines Vereins für den als Vormund tätigen Mitarbeiter analog § 67a Abs. 4 FGG (entspricht nunmehr § 277 Abs. 4 FamFG) hergeleitet.[5] In seiner Entscheidung vom 25.05.2011 hat der BGH an dieser Auffassung im Ergebnis festgehalten, nicht jedoch an seinen Ausführungen zur Herleitung des Anspruchs: In Abgrenzung zum Senatsbeschluss vom 14.03.2007 hat der BGH nunmehr nicht mehr die Vorschriften zum Vergütungs- und Aufwendungsersatzanspruch einer Verfahrenspflegschaft entsprechend herangezogen, sondern diejenigen des Betreuungsrechts. Danach kann der Vormundschaftsverein für seinen als Vormund tätigen Mitarbeiter Aufwendungsersatz und Vergütung in entsprechender Anwendung der § 1897 Abs. 2 Satz 1 BGB, § 7 VBVG beanspruchen.[6]

D. Praktische Bedeutung

21   § 1835 BGB war bis zum In-Kraft-Treten des 2. BtÄnG von erheblicher praktischer Bedeutung, weil er den Aufwendungsersatz für das gesamte Vormundschafts-, Betreuungs- (i.V.m. § 1908 i Abs. 1 BGB) und Pflegschaftsrecht (i.V.m. § 1915 Abs. 1 BGB) regelte. Mit In-Kraft-Treten des 2. BtÄndG hat die Norm jedoch **an Bedeutung verloren**, da Berufsbetreuer nunmehr weitgehend aus dem Anwendungsbereich des § 1835 BGB ausgeschlossen sind (vgl. hierzu Rn. 9, allgemein zum Anwendungsbereich vgl. Rn. 14).

E. Anwendungsvoraussetzungen

I. Normstruktur

22   Während die Norm in den Absätzen 1 und 1a eher allgemeine Bestimmungen über die Geltendmachung des Aufwendungsersatzanspruchs enthält, hat der Gesetzgeber in den Absätzen 2 (Ersatz von Versicherungskosten) und 3 (Ersatz berufsbezogener Dienste) besondere Fälle des Aufwendungsersatzes geregelt. § 1835 Abs. 4 BGB legt fest, gegen wen sich der Anspruch im Fall der Mittellosigkeit des Vormunds richtet. Werden Jugendamt oder Vereine als Vormund tätig, ist § 1835 Abs. 5 BGB zu beachten.

II. Aufwendungsersatzanspruch (Absatz 1)

23   § 1835 Abs. 1 BGB normiert in Satz 1 Halbsatz 1 den Erstattungsanspruch des Vormunds. Danach kann der Vormund bzw. Gegenvormund (Satz 2) Ersatz für solche Aufwendungen verlangen, die er zum Zwecke der Vormundschaft tätigt. Voraussetzung ist die fristgerechte Geltendmachung des Anspruchs innerhalb von 15 Monaten nach seiner Entstehung (§ 1835 Abs. 1 Satz 3 BGB).

1. Vormund

24   Vormund ist, wer hierzu durch das Familiengericht bestellt ist (§ 1789 BGB), Einzelheiten vgl. die Kommentierung zu § 1789 BGB.

25   Voraussetzung für den Aufwendungsersatzanspruch ist eine **wirksame Bestellung** des Vormunds (Betreuers). Für Tätigkeiten **vor der Bestellung** kann der Vormund (Betreuer) grundsätzlich keinen Ersatz verlangen. Ob von diesem Erfordernis in Ausnahmefällen abgewichen werden kann, wird in der Rechtsprechung nicht einheilig und unter Berücksichtigung der Umstände des Einzelfalles beurteilt.[7] Dabei scheint sich jedoch in der jüngeren Rechtsprechung eine Tendenz dahin abzuzeichnen, dass der Grund-

---

[5] BGH v. 14.03.2007 - XII ZB 148/03.
[6] BGH v. 25.05.2011 - XII ZB 625/10 - juris Rn. 22 - NJW 2011, 2727-2730.
[7] So hat etwa das BayObLG München einem Betreuungsverein einen Anspruch auf Aufwendungsersatz in einem Fall zugebilligt, in dem der bestellte Vereinsbetreuer dauerhaft verhindert war und das Gericht die Bestellung eines anderen Mitarbeiters zum Ergänzungsbetreuer trotz frühzeitiger Anregung durch den Betreuungsverein erst mit erheblicher Verzögerung vorgenommen hat, BayObLG München v. 17.09.2003 - 3Z BR 118/03 - BtPrax 2004, 34-35. Für eine restriktive Handhabung demgegenüber: OLG Stuttgart v. 15.06.2004 - 8 W 509/03 - MDR 2005, 219. Für § 1836 BGB vgl. LG Hildesheim v. 24.10.2003 - 5 T 416/03 - juris Rn. 8 - FamRZ 2006, 291; OLG Braunschweig v.12.12.2003 - 2 W 141/03 - juris Rn. 12 - FamRZ 2006, 290-291; LG Nürnberg-Fürth v. 21.12.2006 - 13 T 1059/06 - FamRZ 2007, 1269-1270.

satz von Treu und Glauben (§ 242 BGB) die Zubilligung eines Anspruchs jedenfalls in solchen Fällen gebietet, in denen die vor Bestellung entfaltete Tätigkeit auf gerichtliche Veranlassung bzw. in enger Abstimmung mit dem Gericht unternommen wurde und ein unverzügliches Tätigwerden geboten schien.[8]

Nach Beendigung der Vormundschaft getätigte Aufwendungen sind keine i.S.d. § 1835 BGB und folglich im Regelfall nicht ersatzfähig.[9] Etwas anderes kann sich in Fällen des § 1893 Abs. 1 i.V.m. §§ 1698a, 1698b BGB ergeben, wenn der Vormund in Unkenntnis der Beendigung handelt oder dringende Geschäfte fortführt (zu Einzelheiten vgl. die Kommentierung zu § 1893 BGB). Die Kosten der Bestattung des Mündels sind jedenfalls nicht erstattungsfähig[10], die Bestattung ist Sache der Erben. 26

2. Ersatzfähige Aufwendungen (Satz 1)

Der Vormund kann nach Satz 1 Halbsatz 1 vom Mündel Ersatz oder Vorschuss für die Aufwendungen verlangen, die er zum Zwecke der Führung der Vormundschaft macht/gemacht hat. 27

a. Aufwendungen zum Zwecke der Vormundschaft

Aufwendungen sind – **im Regelfall freiwillige** – **Vermögensopfer für die Interessen eines anderen**, hier des Mündels (Einzelheiten zum Aufwendungsbegriff in der Kommentierung zu § 670 BGB). 28

Aufwendungen zum Zwecke der Vormundschaft sind solche, die **zur Ausübung der Vormundschaft (der Betreuung)** erforderlich sind und zu diesem Zwecke getätigt werden. Erstattungsfähig nach § 1835 BGB sind also Vermögensopfer, die der Vormund (Betreuer) zum Zwecke der Führung der Vormundschaft (Betreuung) auf sich nimmt oder die sich als notwendige Folge der Übernahme der Vormundschaft (Betreuung) ergeben.[11] 29

Die Aufwendungen müssen für die **konkrete** Vormundschaft erforderlich gewesen sein. Allgemeine Kosten etwa für Aus- oder Weiterbildungsveranstaltungen sind keine ersatzfähigen Aufwendungen, auch wenn die Teilnahme daran letztlich dem Betroffenen zugutekommt.[12] 30

Für die Ersatzfähigkeit der Aufwendungen kommt es entscheidend darauf an, ob der Vormund (Betreuer) die von ihm vorgenommenen Tätigkeiten nach Art und Umfang aus seiner Sicht zur pflichtgemäßen Erfüllung seiner Aufgaben für **erforderlich** halten durfte. Pflichtwidriges Handeln darf der Vormund (Betreuer) grundsätzlich nicht für erforderlich halten. Ersatzfähig sind daher nur solche Tätigkeiten, die in pflichtgemäßer Ausübung der Vormundschaft (Betreuung) vorgenommen werden.[13] 31

b. Beispiele aus der Rechtsprechung

Ersatzfähige Aufwendungen sind etwa die **Kosten für Abschriften**, die der Vormund/Betreuer für seine Handakten gefertigt hat[14], nicht jedoch die Urschriften, die er zu den Gerichtsakten gegeben hat[15]. 32

Die Kosten für die Hinzuziehung eines **Beraters** sind nur in Ausnahmefällen ersatzfähig und nur, wenn der Anspruchsteller darlegt, dass die Inanspruchnahme eines solchen Beraters im konkreten Fall erforderlich war.[16] 33

Für die Aufrechterhaltung des Kontakts mit dem untergebrachten Betreuten sind die Aufwendungen für ein bis maximal zwei **Besuche** im Monat erstattungsfähig.[17] 34

Kopierkosten sind ebenfalls erstattungsfähig. Zum Teil ist in der Rechtsprechung vertreten worden, diese entsprechend dem bis Juni 2004 anzuwendenden § 11 Abs. 2 ZSEG i.V.m. Nr. 9000 GKVerz zu bestimmen.[18] Dem kann aber nicht gefolgt werden[19], entscheidend ist vielmehr regelmäßig der tatsäch- 35

---

[8] OLG Saarbrücken v. 12.09.2011 - 6 UF 132/11 - juris Rn. 17 - ZKJ 2012, 33-34 m.w.N.; vgl. auch OLG Frankfurt v. 13.02.2012 - 5 UF 407/11.
[9] *Wagenitz* in: MünchKomm-BGB, § 1835 Rn. 23.
[10] OLG Zweibrücken v. 12.11.2009 - 4 U 135/08 - juris Rn. 26; LG Bochum v. 08.01.1985 - 7 T 702/84 - Rpfleger 1985, 147-148.
[11] OLG Brandenburg v. 05.09.2000 - 9 Wx 27/00 - juris Rn. 8 - MDR 2001, 33.
[12] BGH v. 20.06.2007 - XII ZB 220/04 - juris Rn. 16 zur Verfahrenspflegschaft.
[13] BayObLG München v. 29.09.2004 - 3Z BR 163/04 - NJW-RR 2005, 156-157.
[14] LG München I v. 02.10.1996 - 13 T 15104/96 - FamRZ 1997, 450-451.
[15] LG München I v. 02.10.1996 - 13 T 15104/96 - FamRZ 1997, 450-451.
[16] BGH v. 20.06.2007 - XII ZB 220/04 - juris Rn. 17.
[17] Vgl. LG Mainz v. 28.07.1997 - 8 T 144/97 - BtPrax 1997, 245.
[18] LG Koblenz v. 18.04.2000 - 2 T 224/2000, 2 T 224/00 - BtPrax 2000, 180, LG München I v. 02.10.1996 - 13 T 15104/96 - FamRZ 1997, 450 451.
[19] OLG Zweibrücken v. 23.02.2001 - 3 W 274/00 - FGPrax 2001, 115-116; zustimmend: BayObLG München v. 11.07.2001 - 3Z BR 177/01 - juris Rn. 7 - NJWE-FER 2001, 292.

liche Aufwand[20], der jedoch im Einzelfall geschätzt werden kann[21]; so ist etwa eine Pauschale von 0,30 DM pro Kopie angenommen worden, soweit kein höherer Aufwand nachgewiesen wurde[22]. In seiner Entscheidung vom 04.12.2013 hat nunmehr auch der **BGH** zur Erstattungsfähigkeit von Kopierkosten Stellung genommen. Danach hat das Gericht, wenn die entstandenen Kopierkosten nicht konkret dargelegt werden können, grundsätzlich die Höhe der zu erstattenden Kosten zu schätzen. Auch nach Auffassung des BGH kann als Schätzungsgrundlage allerdings nicht auf § 7 Abs. 2 JVEG, der seit dem Inkrafttreten des Gesetzes zur Modernisierung des Kostenrechts vom 05.05.2004[23] die Regelung des § 11 ZSEG ersetzt, abgestellt werden. Zulässig ist nach Ansicht des BGH aber eine Schätzung auf der Grundlage der Dokumentenpauschale in Nr. 7000 Nr. 1 RVG-VV, dies gilt jedenfalls dann, wenn der im konkreten Fall als Verfahrenspfleger bestellte Rechtsanwalt die für die Führung der Verfahrenspflegschaft erforderlichen Fotokopien auf einem in seinem Büro vorhandenen Fotokopiergerät angefertigt hat. Im konkreten Fall wurde daher eine Pauschale von **0,50 € für die ersten 50 Kopien** für angemessen erachtet.[24]

36 Die **Kosten für einen Postnachsendeauftrag** sind dem mit der Postkontrolle betrauten Vormund (Betreuer) als Aufwendungen zu erstatten, wenn dadurch gewährleistet ist, dass der Vormund (Betreuer) von der gesamten eingehenden Post des Mündels (Betreuten) Kenntnis nehmen kann. Dabei ist unerheblich, ob der Postnachsendeantrag im Namen des Vormunds (Betreuers) oder des Betroffenen selbst gestellt wurde, entscheidend ist allein, dass der Vormund (Betreuer) den Postnachsendeantrag ausschließlich zu dem Zweck gestellt hat, die zur Erfüllung des ihm übertragenen Aufgabenkreises erforderliche Kontrolle über die eingehende Post des Betroffenen zu erlangen.[25]

37 Werden im Zusammenhang mit der Vormundschaft/Betreuung Reisen unternommen, so sind neben den Fahrtkosten auch sonstige mit der Reise notwendigerweise verbundene Ausgaben, d.h. **Reisekosten** erstattungsfähig. Das können z.B. die Kosten für eine notwendige Übernachtung sein. Unter Umständen sind dem Vormund/Betreuer auch Verpflegungskosten zu erstatten, allerdings rechtfertigt allein die Tatsache, dass ein Vormund/Betreuer während einer eintägigen Reise an einem Werktag sein Büro oder seine Wohnung nicht aufsuchen kann, um sich dort zu verpflegen, noch keinen Aufwendungsersatzanspruch.[26]

38 Aufwendungsersatz für die Übernahme einer **Strafverteidigung** kann grundsätzlich nur verlangt werden, wenn sich der dem Vormund (Betreuer) übertragene Aufgabenkreis ausdrücklich hierauf erstreckt. Allein die Zuweisung des Bereiches „Vertretung gegenüber Behörden und anderen Institutionen" genügt in diesem Zusammenhang nicht, da hiervon nur solche Angelegenheiten erfasst werden, die für den Betroffenen nicht von größerer persönlicher und/oder wirtschaftlicher Bedeutung sind. In solchen Fällen ist daher ggf. eine Erweiterung des Aufgabenkreises unter konkreter Benennung des Strafverfahrens zu veranlassen.[27]

39 Nicht erstattungsfähig sind grundsätzlich die Kosten für eine **Supervision**, da sie lediglich der Erhaltung und Förderung der besonderen Qualifikation des Berufsvormundes dient, welche den Grund für seine Auswahl zum Berufsvormund bildet.[28]

40 Zur Erforderlichkeit von Mehraufwendungen eines Verfahrenspflegers, die dadurch entstanden sind, dass die Anhörung des betroffenen Kindes nicht in den Büroräumen des Verfahrenspflegers, sondern im elterlichen Haushalt durchgeführt wurden, vgl. die Entscheidung des OLG Brandenburg vom 20.07.2012.[29]

---

[20] OLG Dresden v. 21.05.2001 - 15 W 542/01, 15 W 0542/01 - juris Rn. 5 - VersR 2001, 492-493.
[21] OLG Dresden v. 21.05.2001 - 15 W 542/01, 15 W 0542/01 - juris Rn. 6 - VersR 2001, 492-493: Schätzung von 0,30 DM nicht beanstandet.
[22] BayObLG München v. 11.07.2001 - 3Z BR 177/01 - NJWE-FER 2001, 292.
[23] BGBl I 2004, 718.
[24] BGH v. 04.12.2013 - XII ZB 159/12 - juris Rn. 12 ff.
[25] OLG Zweibrücken v. 02.06.2005 - 3 W 1/05 - FGPrax 2005, 216-217.
[26] OLG Frankfurt v. 11.04.2002 - 20 W 512/01 - Bt-Prax 2002, 170-171; BayObLG München v. 10.09.2003 - 3Z BR 73/03 - FamRZ 2004, 565-566.
[27] Schleswig-Holsteinisches OLG v. 15.03.2007 - 2 W 20/07 - juris Rn. 4.
[28] OLG Frankfurt v. 17.12.2003 - 20 W 282/03 - FamRZ 2004, 1751.
[29] OLG Brandenburg v. 20.07.2012 - 9 WF 172/09 - juris Rn. 6 ff. - FamFR 2012, 424.

c. Tätigkeiten Dritter

Werden Dritte an Stelle des Vormunds tätig, so ist hinsichtlich des Erstattungsanspruchs danach zu differenzieren, ob die Delegation **zulässig** war. Grundsätzlich ist das Amt des Vormunds ein höchstpersönliches (Grundsatz der **persönlichen Amtsausübung**), weshalb eine Übertragung sämtlicher Vormundschaftsaufgaben – etwa im Falle einer Urlaubs- oder Krankheitsvertretung – unzulässig ist. Da ein entsprechender Verstoß nicht durch die Zuerkennung von Ausgleichsansprüchen honoriert werden darf, sind auch die hierfür aufgewendeten Kosten nicht erstattungsfähig.[30] Etwas anderes gilt jedoch, wenn dem Dritten nur untergeordnete Hilfstätigkeiten ohne nennenswerte Entscheidungskompetenzen übertragen werden.[31] So wird die Delegation als zulässig angesehen, wenn der Vormund (Betreuer) bei vorübergehender Abwesenheit eine Hilfsperson bestimmt, die als Ansprechpartnerin für den Betroffenen fungiert und dabei untergeordnete Aufgaben (wie etwa die Entgegennahme oder Weitergabe von Mitteilungen, die Beschaffung und Vorbereitung von Unterlagen oder die Ausführung vorbereiteter Überweisungen) wahrnimmt. In solchen Fällen bleibt der Grundsatz der persönlichen Amtsausübung gewahrt, so dass die mit der Einschaltung des Dritten verbundenen Kosten als Aufwendungen zu erstatten sind.[32]

41

Umstritten war bislang, inwieweit ein berufsmäßiger Betreuer **Schreib- bzw. Büroarbeiten** im Zusammenhang mit der Betreuung auf Dritte delegieren und für die dadurch entstehenden Kosten neben der ihm ohnehin zustehenden Vergütung Aufwendungsersatz beanspruchen konnte. Während die Verlagerung von Büroarbeiten auf externe Kräfte (z.B. Schreibbüro) nach wohl allgemeiner Auffassung einen solchen zusätzlichen Aufwendungserstattungsanspruch begründen konnte,[33] wurde dies im Falle der Beauftragung **eigener Büroangestellter** des Betreuers zum Teil anders beurteilt. So hat insbesondere das BayObLG in Abweichung etwa zur Auffassung des OLG Bremens[34] vertreten, dass ein zusätzlicher Aufwendungsersatzanspruch bei der Beauftragung eigenen Büropersonals nicht in Betracht komme[35].

42

Dieser Ansicht hat der **BGH in seinem Beschluss vom 09.11.2005** eine Absage erteilt und dem Betreuer neben dem Vergütungsanspruch auch Erstattung für den Aufwand eigener Büroangestellter zugebilligt.[36] Ein derartiger Erstattungsanspruch ist nach Auffassung des BGH jedoch bereits dem Grunde nach an enge Voraussetzungen gebunden. So soll ein finanzieller Ausgleich ausscheiden, wenn die Delegation unzulässig war oder der Betreuer die Aufwendungen den Umständen nach nicht für erforderlich halten durfte. Des Weiteren sei – so der BGH – der Anspruch der Höhe nach durch die dem Betreuer zu gewährenden Vergütungsstundensätze begrenzt, da ansonsten die gesetzlichen Vorgaben des Berufsvormündervergütungsgesetzes unterlaufen würden.

43

Allerdings ist zu beachten, dass der BGH in dem zu entscheidenden Fall entsprechend der in Art. 229 § 14 EGBGB enthaltenen Übergangsvorschrift zum Zweiten Betreuungsrechtsänderungsgesetz vom 21.04.2005 die vor dem 01.07.2005 geltenden Vorschriften anzuwenden hatte (vgl. hierzu Rn. 10). Im Hinblick auf künftige, nach dem 01.07.2005 entstandene Ansprüche weist der BGH ausdrücklich darauf hin, dass das am 01.07.2005 in Kraft getretene BtÄndG den Ersatz derartiger Aufwendungen des Berufsbetreuers nicht mehr zulässt. Dies erkläre sich zum einen mit den im Gegensatz zur früheren Rechtslage sehr viel höheren Stundensätzen, die nunmehr für die Vergütung des Berufsbetreuers maß-

44

---

[30] OLG Frankfurt v. 11.04.2002 - 20 W 512/01 - FamRZ 2002, 1362; BayObLG München v. 25.11.2002 - 3Z BR 189/02 - BayObLGZ 2002, 353-359.
[31] BGH v. 09.11.2005 - XII ZB 49/01 - FamRZ 2006, 111-114.
[32] BayObLG München v. 10.09.2003 - 3Z BR 73/03 - FamRZ 2004, 565-566.
[33] BGH v. 09.11.2005 - XII ZB 49/01 - FamRZ 2006, 111-114 m.w.N.
[34] OLG Bremen v. 15.11.1999 - 4 W 15/99 - FamRZ 2000, 555-556.
[35] BayObLG München v. 07.02.2001 - 3Z BR 237/00 - FamRZ 2001, 653-654: „Der für einen mittellosen Betroffenen bestellte Berufsbetreuer kann für die Erledigung einfacher Schreibarbeiten durch eine bei ihm beschäftigte Schreibkraft Aufwendungsersatz nicht verlangen". Zur Begründung hat das BayObLG darauf verwiesen, dass schon nach der vor dem BtÄndG vom 04.05.1998 (BGBl I 1998, 833) geltenden Rechtslage neben der Betreuervergütung eine besondere Bezahlung von Bürokosten des Betreuers durch die Staatskasse nicht in Betracht gekommen sei. Da mit dem Betreuungsrechtsänderungsgesetz aber erkennbar eine Entlastung der Staatskasse erstrebt worden sei, müsse dies erst recht nach In-Kraft-Treten dieses Gesetzes gelten. Vgl. zum Ganzen auch OLG Celle v. 05.04.2000 - 15 W 3/00 - juris Rn. 3 - FamRZ 2002, 1221-1222.
[36] BGH v. 09.11.2005 - XII ZB 49/01 - FamRZ 2006, 111-114.

§ 1835

geblich seien, zum anderen weise § 4 Abs. 2 Satz 1 des neu geschaffenen VBVG ausdrücklich darauf hin, dass durch die höhere Vergütung des Berufsbetreuers dessen Ansprüche auf Aufwendungsersatz mit abgegolten sein sollten (vgl. hierzu auch Rn. 9).

45 Die Frage der Erstattung von Kosten wird daher künftig vornehmlich im Rahmen der ehrenamtlichen Betreuung und bei Vormundschaften relevant werden: So greift die Argumentation des BGH grundsätzlich nur im Hinblick auf künftige Ansprüche von Berufsbetreuern. Bei Berufsvormündern ist zu berücksichtigen, dass deren Stundensätze durch das neu geschaffene VBVG in deutlich geringerem Maße angehoben worden und insgesamt sehr viel niedriger sind als die des Betreuers. Entscheidend ist zudem, dass eine § 4 Abs. 2 Satz 1 VBVG entsprechende Regelung betreffend die Abgeltung von Aufwendungsersatzansprüchen durch die Vergütung des Vormunds fehlt.

46 Nach hier vertretener Auffassung muss daher künftig wie folgt **differenziert** werden:
- Für den **berufsmäßig handelnden Betreuer** gilt, dass bei Anwendung der bis zum 01.07.2005 geltenden Vorschriften neben dem Vergütungsanspruch grundsätzlich ein zusätzlicher Aufwendungsersatzanspruch in Betracht zu ziehen ist. Greift demgegenüber bereits das am 01.07.2005 in Kraft getretene VBVG, scheidet ein derartiger Anspruch des Berufsbetreuers aus, da der Aufwand bereits durch die Vergütung abgegolten ist.[37]
- Für **ehrenamtliche Betreuer** und **Vormünder** gilt, dass ein Aufwendungsersatzanspruch immer, d.h. auch nach neuer Rechtslage in Betracht zu ziehen ist. Dabei ist in Fällen der ehrenamtlichen Amtsführung (Vormundschaft oder Betreuung) zu berücksichtigen, dass die Vormünder (Betreuer), soweit sie die Tätigkeit selbst ausführen würden, gerade kein Entgelt dafür erhielten. Im Interesse des Betroffenen (Mündel oder Betreuten) scheint daher eine eher restriktive Handhabung geboten, so dass im Einzelfall jeweils zu prüfen ist, ob die Kosten verursachende Heranziehung von Dritten auch tatsächlich geboten war.[38]

3. Fahrtkosten (Halbsatz 2)

47 Für die Erstattung von Fahrtkosten gilt nach der Neufassung des § 1835 Abs. 1 Satz 1 HS. 2 BGB seit dem 01.07.2004 die für Sachverständige getroffene Regelung des § 5 JVEG.[39]

48 Danach ist dem anspruchsberechtigten Vormund, der ein eigenes oder ihm unentgeltlich zur Nutzung überlassenes Kfz gebraucht, grundsätzlich eine Kilometer-Pauschale in Höhe von 0,30 €[40] zuzüglich eventueller durch die Benutzung des Fahrzeugs anfallender barer Auslagen (etwa Parkentgelte) zu erstatten, § 1835 Abs. 1 Satz 1 HS. 2 BGB in Verbindung mit den §§ 5 Abs. 2 Nr. 2, 1 Abs. 1 Nr. 1 JVEG. Bei Nutzung von öffentlichen, regelmäßig verkehrenden Beförderungsmitteln sind die tatsächlich entstandenen Auslagen maßgeblich, § 1835 Abs. 1 Satz 1 HS. 2 BGB in Verbindung mit § 5 Abs. 1 JVEG.

49 Durch die Verweisung in § 1835 Abs. 1 Satz 1 HS. 2 BGB werden lediglich Regelungen bezüglich der Höhe des geltend zu machenden Anspruchs getroffen. Die Vorschrift trifft keine Aussage darüber, wann der Vormund Ersatz für die Kosten einer Fahrt verlangen kann. Die Erstattungsfähigkeit der Fahrtkosten bestimmt sich daher nach § 1835 Abs. 1 Satz 1 HS. 1 BGB, entscheidend ist, ob eine Aufwendung zum Zwecke der Vormundschaft vorliegt.

4. Gegenvormund (Satz 2)

50 Satz 2 der Norm stellt klar, dass die Regeln über die Aufwandsentschädigung in gleichem Maße auf den Gegenvormund anwendbar sind. Grundlegendes zum Gegenvormund vgl. die Kommentierung zu § 1792 BGB.

5. Ausschlussfrist (Absatz 1 Satz 3, Absatz 1a)

51 Der Anspruch auf Aufwendungsersatz unterliegt grundsätzlich einer gesetzlichen Ausschlussfrist. Das Familiengericht kann jedoch nach § 1835 Abs. 1a BGB eine hiervon abweichende Frist für die Geltendmachung der Ansprüche bestimmen.

---

[37] Welche Vorschriften jeweils anzuwenden sind, ergibt sich aus Art. 229 § 14 EGBGB.
[38] So auch *Maier* in: Jurgeleit, Hk-Bt, 1. Aufl. 2006, § 1835 Rn. 41.
[39] § 1835 Abs. 1 Satz 1 BGB enthielt zuvor einen Verweis auf die bis dahin anzuwendende Vorschrift des § 9 ZuSEG. Der neue Verweis auf § 5 JVEG trägt dem Umstand Rechnung, dass das ZuSEG durch das am 01.07.2004 in Kraft getretene JVEG abgelöst wurde.
[40] Vor In-Kraft-Treten des JVEG am 01.07.2004 belief sich dieser Betrag auf 0,27 €.

a. Gesetzliche Ausschlussfrist (Absatz 1 Satz 3)

Nach § 1835 Abs. 1 Satz 3 HS. 1 BGB erlöschen Ersatzansprüche, wenn sie nicht **binnen 15 Monaten** 52
nach ihrer Entstehung gerichtlich geltend gemacht werden. Sinn und Zweck der Vorschrift ist die zügige Geltendmachung des Anspruchs durch den Vormund (Betreuer). Die Ansprüche sollen zeitnah und effektiv überprüft werden können, um die Leistungsfähigkeit des Betroffenen (Mündel/Betreuter) nicht zu überfordern und letztlich auch die Ersatzhaftung der Staatskasse zu vermeiden.[41]

Die 15-monatige Ausschlussfrist greift auch, wenn **berufsspezifische Dienste nach dem RVG** abgerechnet werden (Einzelheiten dazu vgl. Rn. 86 ff. und Rn. 94 ff.), weil es sich um Aufwendungsersatzansprüche im Sinne des § 1835 Abs. 3 BGB handelt.[42] 53

Die Frist beginnt mit Entstehung des Anspruchs, also **mit der Entfaltung der den Aufwendungsersatz auslösenden Tätigkeit** und nicht erst nach Beendigung des Vormundschaftsamtes.[43] 54

Fraglich ist, inwieweit das Gericht gehalten ist, den Vormund (Betreuer) **auf den drohenden Fristablauf hinzuweisen**, um ihn vor dem Erlöschen seiner Ansprüche zu bewahren. Eine entsprechende Hinweispflicht wird jedenfalls bei berufsmäßiger Führung der Vormundschaft (Betreuung) abgelehnt.[44] Dieser Auffassung ist zuzustimmen: Von einem Berufsvormund (Berufsbetreuer) kann grundsätzlich erwartet werden, dass er sich mit den gesetzlich vorgesehenen Fristen für die Geltendmachung von Aufwendungsersatzansprüchen und den mit Fristablauf eintretenden Rechtsfolgen vertraut macht.[45] Ist die Belehrung unterblieben, kann der Geltendmachung der Ausschlussfrist daher nicht der **Einwand der unzulässigen Rechtsausübung** entgegengehalten werden.[46] Anders liegt der Fall, wenn eine fehlerhafte Belehrung erfolgt ist, die dazu geführt hat, dass der Vormund die rechtzeitige Antragstellung unterlassen hat. In solchen Fällen kann sich die Berufung auf die Ausschlussfrist als rechtsmissbräuchlich darstellen.[47] 55

Dass über einen vorherigen Erstattungsantrag noch nicht entschieden worden ist, steht dem Ablauf der gesetzlichen Frist nicht entgegen.[48] 56

Form und Inhalt der Geltendmachung von Ansprüchen auf Aufwendungsersatz sind im Gesetz nicht näher geregelt. Die diesbezüglichen Mindestanforderungen ergeben sich aus dem Zweck der gesetzlichen Regelung: der zeitnahen Abrechnung. Dieses Ziel kann nur dann erreicht werden, wenn ein Antrag vorliegt, der dem Familiengericht die gesetzlich vorgeschriebene Überprüfung und Festsetzung ermöglicht. Daher muss die Geltendmachung zumindest **nachvollziehbare Angaben** über den Zeitaufwand sowie **Art und Umfang der Aufwendungen** beinhalten.[49] Ein Antrag, in dem ein Gesamtbetrag ohne jegliche Aufschlüsselung (Phantombetrag/Phantasiebetrag) benannt ist, genügt diesen Anforderungen jedenfalls nicht.[50] 57

---

[41] Vgl. BT-Drs. 13/7158, S. 22-23; OLG Naumburg v. 30.11.2002 - 8 Wx 28/02 - juris Rn. 16; für den gleichlautenden § 1836 Abs. 2 Satz 4 BGB: OLG Schleswig v. 06.02.2002 - 2 W 193/01 - juris Rn. 3 - NJW-RR 2002, 1227-1228.
[42] BGH v. 27.06.2012 - XII ZB 685/11 - juris Rn. 10.
[43] BGH v. 25.01.2012 - XII ZB 461/11 - juris Rn. 16 - FamRZ 2012, 627-629; OLG Saarbrücken v. 18.01.2011 - 6 WF 1/11 - juris Rn. 2; OLG Frankfurt v. 13.08.2001 - 20 U 113/01 - juris Rn. 6 - OLGR Frankfurt 2001, 293-294.
[44] BayObLG München v. 04.02.2004 - 3Z BR 270/03 - MDR 2004, 814; OLG Dresden v. 04.08.2003 - 15 W 1456/02. Auch für den ehrenamtlichen Betreuer (jeweils zur Ausschlussfrist nach § 1835a Abs. 4 BGB): LG Meiningen v. 11.12.2006 - 3 T 315/06 - juris Rn. 35; LG Koblenz v. 02.02.2006 - 2 T 62/06 - juris Rn. 8.
[45] Brandenburgisches Oberlandesgericht v. 23.07.2007 - 10 WF 164/07 - juris Rn. 6; OLG Brandenburg v. 18.07.2012 - 9 WF 209/12 - juris Rn. 6 ff. - FamRZ 2013, 319; BGH v. 24.10.2012 - IV ZB 13/12 - juris Rn. 11-13; OLG Köln v. 30.01.2013 - I-2 Wx 265/12, 2 Wx 265/12 - juris Rn. 13 - FamRZ 2013, 1837-1839.
[46] OLG Brandenburg v. 18.07.2012 - 9 WF 209/12 - juris Rn. 6 ff. - FamRZ 2013, 319.
[47] OLG Brandenburg v. 18.07.2012 - 9 WF 209/12 - juris Rn. 6 ff. - FamRZ 2013, 319; vgl. auch BGH v. 24.10.2012 - IV ZB 13/12 - juris Rn. 11-13; vgl. ferner auch OLG Köln v. 30.01.2013 - I-2 Wx 265/12, 2 Wx 265/12 - juris Rn. 13 - FamRZ 2013, 1837-1839.
[48] LG Nürnberg-Fürth v. 20.08.2003 - 13 T 5399/02, 13 T 2265/03 - FamRZ 2004, 138.
[49] OLG Frankfurt v. 13.08.2001 - 20 U 113/01 - juris Rn. 8 - OLGR Frankfurt 2001, 293-294; vgl. zur Parallelproblematik bei Vergütungsanträgen nach § 1836 BGB auch KG Berlin v. 31.01.2013 - 1 W 169/12 - juris Rn. 8 - FamRZ 2013, 1606-1607.
[50] OLG Frankfurt v. 13.08.2001 - 20 U 113/01 - juris Rn. 9 - OLGR Frankfurt 2001, 293-294.

58 Wird der Aufwendungsersatzanspruch beim Familiengericht geltend gemacht, genügt dies auch hinsichtlich des Anspruchs gegenüber dem Mündel (Halbsatz 2). Diese Regelung verdient Zustimmung, da der Vormund andernfalls gezwungen wäre, bei Zweifeln über die Mittellosigkeit des Mündels parallel gegen diesen und die Staatskasse vorzugehen.[51]

59 Wird die Ausschlussfrist gewahrt, **verjährt** der Aufwendungsersatzanspruch gemäß § 195 BGB in **drei Jahren**.[52] Die Verjährung kann jedoch nach § 207 Abs. 1 Satz 2 BGB für die Dauer des Vormundschafts-/Betreuungs-/Pflegschaftsverhältnisses gehemmt sein, dies gilt allerdings nicht, wenn sich der Anspruch nach § 1835 Abs. 4 BGB gegen die Staatskasse richtet[53] oder gemäß § 1836e BGB auf die Staatskasse übergegangen ist[54]. Die **Mittellosigkeit** des Betreuten/Vormunds im Sinne von § 1836d BGB steht dem Verjährungsbeginn nicht entgegen und führt **nicht zu einer Hemmung** der Verjährung nach § 205 BGB.[55]

60 Eine Wiedereinsetzung in den vorigen Stand bei **Fristversäumnis** kommt nicht in Betracht.[56]

61 Die Ausschlussfrist, die mit dem am 01.01.1999 in Kraft getretenen Betreuungsrechtsänderungsgesetz eingeführt wurde, gilt nicht für Ansprüche, die auf Lebenssachverhalten vor dem 31.12.1998 beruhen.[57]

b. Fristbestimmung durch das Familiengericht (Absatz 1a)

62 Nach § 1835 Abs. 1a BGB kann das Familiengericht von der 15-Monats-Frist des Absatzes 1 Satz 3 **abweichen**. Absatz 1a wurde mit Wirkung zum 01.07.2004 neu eingeführt. Die Vorschrift ist an die Stelle des früheren § 1835 Abs. 1 Satz 4 BGB getreten, der für die Bestimmung einer abweichenden Frist die sinngemäße Anwendung des § 15 Abs. 3 Satz 1-5 ZuSEG vorsah. Die Neueinführung des Absatzes 1a trägt dem Umstand Rechnung, dass das bis dahin geltende Gesetz über die Entschädigung von Zeugen und Sachverständigen (ZuSEG) mit Wirkung zum 01.07.2004 durch das neu erlassene Justizvergütungs- und -entschädigungsgesetz (JVEG) abgelöst wurde. Durch Absatz 1a ist die Regelung des früheren § 15 Abs. 3 Satz 1-5 ZuSEG sinngemäß Bestandteil des § 1835 BGB geworden, die Neueinführung des Absatzes 1a gewährleistet also, dass die vor dem 01.07.2004 geltende Rechtslage hinsichtlich der Bestimmung abweichender Fristen aufrechterhalten wird.

63 Soweit das Familiengericht nach Absatz 1a eine von Absatz 1 Satz 3 abweichende Frist bestimmt, ist zu beachten, dass diese zwei Monate nicht unterschreiten darf. Die Frist kann auf Antrag vom Gericht **verlängert** werden, dies gilt allerdings nicht rückwirkend für bereits erloschene Ansprüche. An den Antrag sind keine übertriebenen Anforderungen zu stellen, irgendwelche Formvorschriften sind nicht zu beachten.[58]

64 Eine Fristverlängerung liegt nur dann vor, wenn das Familiengericht dem Vormund/Betreuer einen Schlusszeitpunkt für die Einreichung seines Antrags mitteilt, die bloße Erinnerung an die Nachreichung von Tätigkeitsnachweisen reicht insoweit nicht.[59]

65 Gemäß § 1835 Abs. 1a Satz 2 BGB hat das Gericht den Vormund (Betreuer) bei Bestimmung einer von Absatz 1 Satz 3 abweichenden Frist über die Folgen der Fristversäumnis zu **belehren**. Die Vorschrift erklärt sich vor dem Hintergrund, dass der Anspruchsverlust in solchen Fällen nicht mit dem Ablauf der gesetzlich vorgesehenen Frist eintritt, sondern mit dem Verstreichen einer vom Gericht bestimmten Frist.[60] Der Vormund (Betreuer) darf regelmäßig darauf vertrauen, seine Ansprüche innerhalb von 15 Monaten nach Entstehung geltend machen zu können. Verkürzt oder verlängert das Gericht diese Frist, hat es den Vormund (Betreuer) entsprechend zu belehren.

---

[51] *Diederichsen* in: Palandt, BGB § 1835 Rn. 18.
[52] BGH v. 25.01.2012 - XII ZB 461/11 - juris Rn. 11 - FamRZ 2012, 627-629.
[53] *Wagenitz* in: MünchKomm-BGB, § 1835 Rn. 51.
[54] BGH v. 25.01.2012 - XII ZB 461/11 - juris Rn. 20 - FamRZ 2012, 627-629.
[55] BGH v. 25.01.2012 - XII ZB 605/10 - BtPrax 2012, 118-120; BGH v. 07.11.2012 - XII ZB 17/12 - juris Rn. 8 - FamRZ 2013, 214-215; LG Koblenz v. 24.09.2012 - 2 T 549/12 - Rpfleger 2013, 29-30.
[56] *Diederichsen* in: Palandt, BGB § 1835 Rn. 18. Für die Ausschlussfrist nach § 1835a BGB: LG Meiningen v. 11.12.2006 - 3 T 315/06 - juris Rn. 24; LG Stendal 29.06.2007 - 25 T 94/07 - juris Rn. 12.
[57] OLG Dresden v. 30.07.2001 - 15 W 550/01, 15 W 0550/01 - Rpfleger 2001, 592-593.
[58] OLG Bremen v. 15.03.2012 - 5 W 19/11 - juris Rn. 6: Danach kann ein berufsmäßiger Nachlasspfleger den Antrag auf Fristverlängerung auch wirksam für alle von ihm künftig bei dem zuständigen Gericht zu übernehmenden Angelegenheiten im Voraus stellen.
[59] OLG Schleswig v. 19.01.2006 - 2 W 219/05 - juris Rn. 19 - OLGR Schleswig 2006, 279-282; vgl. dazu auch OLG München v. 02.04.2008 - 33 Wx 327/07 - OLGR München 2008, 407-408.
[60] Vgl. hierzu BayObLG München v. 04.02.2004 - 3Z BR 270/03 - MDR 2004, 814.

Eine Wiedereinsetzung in den vorigen Stand bei **Fristversäumnis** kommt nicht in Betracht. Dies ergibt 66
sich daraus, dass schon nach der bisherigen Rechtslage eine Verweisung auf die die Wiedereinsetzung
regelnde Vorschrift des § 15 Abs. 3 Satz 6 ZuSEG fehlte (§ 1835 Abs. 1 Satz 4 BGB a.F. verwies nur
auf § 15 Abs. 3 Satz 1-5 ZuSEG) und der Gesetzgeber bei der Neueinführung des Absatzes 1a hieran
offensichtlich nichts ändern wollte, eine entsprechende Regelung ist in Absatz 1a jedenfalls nicht vorgesehen.

III. Ersatz der Kosten einer Versicherung (Absatz 2)

§ 1835 Abs. 2 BGB hat gegenüber Absatz 1 klarstellende Funktion. Danach sind die Kosten für be- 67
stimmte Versicherungen als Aufwendungen zu betrachten und folglich in Verbindung mit Absatz 1 erstattungsfähig.

Die Vorschrift ermöglicht es dem (ehrenamtlichen) Vormund, sich gegen das zusätzliche Haftungsri- 68
siko, das durch die Übernahme der Vormundschaft entsteht, zu versichern, ohne die Kosten hierfür tragen zu müssen.

1. Ersatzfähige Versicherungskosten (Absatz 2 Satz 1 Halbsatz 1)

Nach Absatz 2 Satz 1 Halbsatz 1 sind die Kosten bestimmter Haftpflichtversicherungen Aufwendun- 69
gen. Erfasst sind Versicherungen gegen Schäden, die der Vormund (Gegenvormund) dem Mündel aus
Anlass der Amtsführung zufügt. Dabei kommen in erster Linie Versicherungen in Betracht, die die
Haftung nach § 1833 BGB abdecken (Einzelheiten dazu vgl. die Kommentierung zu § 1833 BGB).
Denkbar sind aber auch Versicherungen gegen Haftung aus Delikt sowie aus Gefährdung, soweit diese
im Zusammenhang mit der Führung der Vormundschaft stehen.

Von Absatz 2 Satz 1 Halbsatz 1 gleichermaßen erfasst sind Versicherungen gegen die Ersatzpflicht bei 70
Schädigung Dritter durch den Vormund, dies gilt allerdings nur, soweit die Ersatzpflicht durch die Führung der Vormundschaft ausgelöst wurde.

Die Versicherungen müssen angemessen sein, der Vormund hat also kostengünstige Versicherungen 71
zu wählen. Das ist insbesondere dann bedeutsam, wenn die Möglichkeit preiswerter Sammelversicherung besteht. Eine Versicherung ist auch dann nicht angemessen, wenn bereits (gesetzlicher) Versicherungsschutz besteht; so haben fast alle Bundesländer Sammelversicherungen abgeschlossen, durch die
ehrenamtlich tätige Vormünder (Betreuer) automatisch versichert sind.[61]

2. Nicht ersatzfähige Versicherungskosten (Absatz 2 Satz 1 Halbsatz 2)

Als nicht ersatzfähig ordnet Halbsatz 2 die Kosten des Halters für die Kfz-Haftpflichtversicherung ein. 72
Diese Regelung ist angemessen, weil die zum Zwecke der Vormundschaft getätigten Fahrten ersatzfähig sind und mit der km-Pauschale nach § 5 Abs. 2 Nr. 2 JVEG auch Unterhalts- und Betriebskosten
abgegolten werden sollen.

Die Kosten für andere als die in Halbsatz 1 genannten Versicherungen sind ebenfalls nicht erstattungs- 73
fähig. Nicht erfasst sind daher die Kosten für Versicherungen gegen Eigenschäden des Vormunds (z.B.
Vollkaskoversicherung für das für die Vormundschaft eingesetzte Fahrzeug).[62]

3. Berufsvormund (Absatz 2 Satz 2)

Aus dem Sinn und Zweck von Absatz 2 Satz 1 Halbsatz 1, den Vormund vor zusätzlicher Belastung zu 74
schützen, ergibt sich auch die Ausnahme des Satzes 2. Danach kann sich der Berufsvormund die Versicherungskosten nicht als Aufwendung ersetzen lassen; durch die Vergütung nach § 1836 Abs. 2
Satz 1 BGB sind die Versicherungskosten bereits mit abgegolten. Das gilt wegen des fehlenden Verweises auf § 1836 Abs. 2 BGB nicht für die (ausnahmsweise) dem ehrenamtlichen Vormund gewährte
Vergütung.

IV. Ersatz berufsbezogener Dienste (Absatz 3)

Auch Dienste des Vormunds, die zu seinem Gewerbe oder Beruf gehören, gelten gemäß § 1835 Abs. 3 75
BGB als Aufwendungen, die er ersetzt verlangen kann. Der Mündel (Betreute) soll keinen Vorteil daraus ziehen, dass die kostenrelevante Heranziehung eines Dritten nur wegen der (zufälligen) Qualifikation des Betreuers unterbleiben konnte.[63]

---

[61] *Diederichsen* in: Palandt, BGB § 1835 Rn. 11; *Wagenitz* in: MünchKomm-BGB, § 1835 Rn. 37.
[62] *Wagenitz* in: MünchKomm-BGB, § 1835 Rn. 36.
[63] BayObLG München v. 17.02.1998 - 3Z BR 333/97 - juris Rn. 14 - NJW-RR 1999, 6-7.

§ 1835

1. Voraussetzungen

76 Erstattungsfähige Aufwendungen gemäß § 1835 Abs. 3 BGB sind diejenigen gewerbe- bzw. berufsspezifischen Dienste des Vormunds (Betreuers), für die ein anderer Vormund (Betreuer) ohne die hierfür erforderliche Qualifikation berechtigterweise einen entsprechend qualifizierten Dritten hinzugezogen hätte und für die er die Kosten hätte ersetzt verlangen können.[64]

77 Voraussetzung für den Erstattungsanspruch ist demnach zunächst ein spezifischer **Berufsbezug**[65]: Dass der Vormund infolge seiner fachlichen/beruflichen Qualifikation besonders für die Ausübung einer bestimmten Tätigkeit geeignet ist, genügt für die Erstattung nach § 1835 Abs. 3 BGB nicht.[66] Vielmehr muss es sich bei der vom Vormund vorgenommenen Tätigkeit gerade um eine berufs- oder gewerbetypische handeln, d.h. um eine üblicherweise vergütungspflichtige Tätigkeit, die kennzeichnend für den Beruf bzw. das Gewerbe des Vormunds ist.

78 Erforderlich ist zudem, dass ein anderer **Vormund (Betreuer) ohne die erforderliche berufliche Qualifikation** einen **entsprechend qualifizierten Dritten hinzugezogen hätte**.[67] Dies wird regelmäßig dann zu bejahen sein, wenn es zur Erledigung der abzurechnenden Tätigkeit besonderer Fähigkeiten bedurfte, über die typischerweise gerade die Angehörigen einer bestimmten Berufsgruppe verfügen (so etwa bei medizinischer Heilbehandlung durch einen Arzt, bei schwierigeren Reparaturen durch einen Handwerker etc.).

79 Da § 1835 Abs. 3 BGB nicht die Erstattungsfähigkeit von Aufwendungen über Absatz 1 ausweitet, sondern lediglich klarstellt, dass unter den Aufwendungsbegriff bei der Vormundschaft – anders als beim Auftrag – auch der Einsatz eigener Arbeitskraft fallen kann[68], müssen im Übrigen die **nach § 1835 Abs. 1 i.V.m. §§ 669, 670 BGB maßgeblichen Voraussetzungen** vorliegen. Daher ist auch für den Ersatz berufsbezogener Dienste entscheidend, ob der Vormund (Betreuer) eine Angelegenheit des Mündels (Betreuten) innerhalb seines Aufgabenkreises besorgt hat und die Erledigung dieser Angelegenheit aus seiner Sicht für **erforderlich** halten durfte.[69]

80 Als Aufwendungen unterliegen die berufsspezifischen Dienste zudem der für den Aufwendungsersatz vorgesehenen Ausschlussfrist des § 1835 Abs. 1 Satz 3 BGB (Einzelheiten zur Ausschlussfrist vgl. Rn. 51).[70]

2. Art der Abrechnung

81 Liegen die Voraussetzungen des § 1835 Abs. 3 i.V.m. §1835 Abs. 1 BGB und den §§ 669, 670 BGB vor, so kann der Vormund grundsätzlich Aufwendungsersatz nach Maßgabe der einschlägigen berufsspezifischen Gebührenordnungen verlangen (RVG, StBGebV, GOÄ etc.).

3. Wahlrecht

82 Nach in der Rechtsprechung vertretener Auffassung soll dem berufsmäßig tätigen Vormund zudem ein **Wahlrecht** dahin gehend zukommen, ob er für seine berufsspezifischen Dienste Aufwendungsersatz nach § 1835 Abs. 1, 3 BGB oder Vergütung nach § 1836 Abs. 1 Satz 2, 3 BGB i.V.m. den Vorschriften des VBVG verlangen will.[71] Gegen ein derartiges Wahlrecht spricht jedoch, dass Aufwendungs- und Vergütungsanspruch streng genommen nicht für dieselbe Tätigkeit gewährt werden können: Die (ausnahmsweise zu zahlende) Vergütung wird dem berufsmäßig handelnden Vormund allein für die Wahrnehmung seiner vormundschaftlichen Aufgaben gewährt. Der Vergütungsanspruch setzt daher voraus,

---

[64] Z.B. OLG Frankfurt v. 29.05.2001 - 20 W 328/2000, 20 W 328/00 - NJW-RR 2001, 1516-1518 m.w.N.
[65] *Wagenitz* in: MünchKomm-BGB, § 1835 Rn. 48.
[66] Vgl. dazu auch den Beschluss des OLG München vom 22.02.2008 (OLG München v. 22.02.2008 - 33 Wx 34/08 - juris Rn. 16, 20). Darin wurde einer als Betreuerin tätigen Dipl. Betriebswirtin mit Berufserfahrung im Bereich der Vermögensverwaltung die Abrechnung nach den Honorarordnungen für Steuerberater oder Wirtschaftsprüfer u.a. deshalb versagt, weil sie den Beruf des Steuerberaters oder Wirtschaftsprüfers nie (auch nicht zu einem früheren Zeitpunkt) ausgeübt habe.
[67] BayObLG München v. 17.02.1998 - 3Z BR 333/97 - NJW-RR 1999, 6-7.
[68] Vgl. *Wagenitz* in: MünchKomm-BGB, § 1835 Rn. 43.
[69] OLG Frankfurt v. 29.05.2001 - 20 W 328/2000, 20 W 328/00 - juris Rn. 2 - NJW-RR 2001, 1516-1518; BayObLG München v. 17.02.1998 - 3Z BR 333/97 - juris Rn. 13 - NJW-RR 1999, 6-7.
[70] OLG Frankfurt v. 03.09.2003 - 20 W 125/03 - NJW 2003, 3642-3643; OLG Frankfurt v. 23.02.2004 - 20 W 49/04 - FGPrax 2004, 121-122.
[71] KG Berlin v. 13.09.2011 - 1 W 462/10 - juris Rn. 4, 6 - FamRZ 2012, 63-64; Hamm v. 25.01.2007 - 15 W 311/06 - juris Rn. 17; zum alten Recht vgl. z.B. BayObLG v. 29.10.2003 - 3Z BR 171/03 - BtPrax 2004, 70-71 m.w.N.

dass der Vormund im Rahmen seiner allgemeinen Amtsführung tätig wird. Demgegenüber knüpft § 1835 Abs. 3 BGB gerade an solche Tätigkeiten an, die von einem „normalen" Vormund ohne besondere Kenntnisse regelmäßig nicht mehr bewältigt werden können. Derartige Tätigkeiten, die unter normalen Umständen von einem besonders qualifizierten Dritten wahrgenommen würden, gehören gerade nicht mehr zur allgemeinen Amtsführung, für die der Berufsvormund nach § 1836 BGB i.V.m. dem VBVG eine Vergütung erhält.[72]

Gegen eine solche Trennung zwischen berufsspezifischen Diensten und allgemeiner Amtsführung wird in der Literatur eingewandt, dass § 1835 Abs. 3 BGB entbehrlich wäre, wenn man die zu vergütende Dienstleistung als außerhalb der Amtstätigkeit erbracht ansähe. Fiele die Dienstleistung nicht mehr in den Rahmen der vormundschaftlichen Aufgaben, ließe sich – so die Argumentation – der Anspruch auf ein Entgelt auch „aus anderen Vorschriften … (Vertrag, spezifische Vertragstypen)" herleiten, so dass es der Vorschrift des § 1835 Abs. 3 BGB nicht bedürfte.[73] Jedoch zeigt gerade der Hinweis auf alternative Herleitungen die praktische Bedeutung des § 1835 Abs. 3 BGB. So kann wegen § 1835 Abs. 3 BGB gerade darauf verzichtet werden, den Nachweis für einen wirksamen, ggf. an § 181 BGB zu messenden Vertrag zu führen, da die Vorschrift den Anspruch an das bloße berufsspezifische Tätigwerden knüpft. Die eigentliche Funktion der Norm kann somit darin gesehen werden, sicherzustellen, dass dem Vormund, unabhängig davon, ob die Voraussetzungen für andere Anspruchsgrundlagen erfüllt sind, Ersatz für seine berufsspezifischen Tätigkeiten gewährt wird. 83

Nach hier vertretener Auffassung ist daher zu unterscheiden: Wird der Vormund im Rahmen seiner allgemeinen Amtsführung tätig, kann er Vergütung gemäß § 1836 BGB i.V.m. dem VBVG beanspruchen. Für darüber hinausgehende, berufsspezifische Tätigkeiten kann er gegebenenfalls Ersatz nach § 1835 Abs. 3 BGB verlangen. Ein Wahlrecht zwischen beiden Ansprüchen scheidet indes naturgemäß aus. 84

Davon abgesehen ist mit Blick auf die – in der Praxis vor allem relevanten – Fälle der **Berufsbetreuung** zu berücksichtigen, dass mit der Einführung des pauschalierten Stundenansatzes im Zuge des 2. BtÄndG ein eventuelles Wahlrecht für Berufsbetreuer ohnehin **obsolet** geworden sein dürfte.[74] Da es dem Berufsbetreuer nach neuem Recht möglich ist, den Aufwendungsersatz nach § 1835 Abs. 3 BGB zusätzlich zu der pauschalierten Vergütung zu beanspruchen – nur so kann § 4 Abs. 2 Satz 2 VBVG verstanden werden –, wird der (gut beratene) Berufsbetreuer grundsätzlich beide Ansprüche geltend machen. 85

4. Sonderfälle

a. Rechtsanwalt als Vormund (Betreuer)

Wird ein Rechtsanwalt zum Berufsvormund (Berufsbetreuer) bestellt, so steht ihm für die **allgemeine Amtsführung** nur eine **Vergütung nach** § 1836 Abs. 1 Sätze 2, 3 BGB **i.V.m. den Vorschriften des VBVG** zu. Eine Abrechnung nach dem RVG (früher BRAGO) scheidet aus. Dies ergibt sich aus § 1 Abs. 2 Satz 1 RVG, wonach das RVG ausdrücklich nicht für die Tätigkeit als Vormund (Betreuer) gilt. Davon unberührt bleiben nach § 1 Abs. 2 Satz 2 RVG allerdings Aufwendungsersatzansprüche nach § 1835 Abs. 3 BGB. § 1 Abs. 2 Satz 1 RVG stellt somit lediglich klar, dass nicht schon die allgemeine Amtstätigkeit einen Abrechnungsanspruch nach dem RVG begründet. **Berufsspezifische Dienste** i.S.d. § 1835 Abs. 3 BGB können demgegenüber **nach dem anwaltlichen Gebührenrecht** liquidiert werden. Der BGH hat dies in seinem Beschluss vom 20.12.2006 nochmals ausdrücklich klargestellt und hierzu ausgeführt, dass die Abrechnung nach anwaltlichem Gebührenrecht dann zulässig sei, wenn sich die zu bewältigende Aufgabe als eine für den Beruf des Rechtsanwalts spezifische Tätigkeit darstelle. Dies folgt auch hier aus dem Grundsatz, dass der Betroffene – und bei mittellosen Betroffenen die Staatskasse – keinen Vorteil daraus ziehen soll, dass sein Vormund (Betreuer) zufällig aufgrund einer besonderen beruflichen Qualifikation etwas verrichten kann, wozu ein anderer berechtigterweise die entgeltlichen Dienste eines Dritten in Anspruch nehmen würde.[75] 86

---

[72] Für eine strikte Abgrenzung auch *Wagenitz* in: MünchKomm-BGB, § 1835 Rn. 43.
[73] *Bienwald* in: Bienwald/Sonnenfeld/Hoffmann, Bt-Komm, 4. Aufl. 2005, § 1835 Rn. 31.
[74] So auch *Maier* in: Jurgeleit, Hk-Bt, 1. Aufl. 2006, § 1835 Rn. 47.
[75] BGH v. 20.12.2006 - XII ZB 118/03 - juris Rn. 14.

87 Für die Einstufung als speziell anwaltliche Tätigkeit ist maßgeblich, ob ein Laie in gleicher Weise vernünftiger Weise einen Rechtsanwalt zuziehen würde.[76] Eine **Prozessvertretung** ist daher auch dann nach § 1835 Abs. 3 BGB erstattungsfähig, wenn kein Anwaltszwang besteht, soweit ein fachfremder Vormund anwaltliche Hilfe in Anspruch genommen hätte.[77] Das liegt wiederum vor, wenn im fraglichen Fall üblicherweise für die Prozessführung ein Anwalt zugezogen zu werden pflegt.[78]

88 Unterschiedlich beurteilt wurde in der Rechtsprechung die Frage, ob ein als Anwalt tätiger Vormund/Betreuer ggf. zunächst **Prozesskostenhilfe** für den Mündel/Betreuten zu beantragen hat, um die Beiordnung auf diesem Wege zu erreichen. Dies wurde von einem Teil der Obergerichte bejaht[79]; da der Vormund/Betreuer die Aufwendungen im Interesse des Mündels/Betreuten möglichst niedrig zu halten habe. Ein Aufwendungsersatzanspruch nach § 1835 Abs. 3 BGB für Prozessvertretung ist daher dann abgelehnt worden, wenn der Vormund einen PKH-Antrag nicht gestellt hat, dem Betroffenen aber Prozesskostenhilfe hätte bewilligt werden können.[80] Dagegen wurde eingewandt, dass Prozesskostenhilfe (PKH) und Aufwendungsersatz unterschiedliche Voraussetzungen haben, der Höhe nach nicht gleich sein müssen und sich gegen personenverschiedene Schuldner richten können; die Erforderlichkeit der Aufwendungen könne daher nicht allein mit der Begründung verneint werden, dass der Vormund (Betreuer) sich anderweitig (etwa über die PKH) eine Vergütung für seine Tätigkeit beschaffen könne.[81] Nach hier in den Vorauflagen vertretener Auffassung sollte wegen der Verpflichtung des Vormunds/Betreuers zu kostensparender Amtsführung in solchen Fällen zumindest ein Schadensersatzanspruch des Mündels in Betracht kommen, sofern der (höhere) Aufwendungsersatzanspruch durch PKH-Antragstellung hätte vermieden werden können (vgl. dazu die Kommentierung in den Vorauflagen).

89 In seinem **Beschluss vom 20.12.2006** hat der **BGH** zu der vorstehenden Problematik grundsätzlich Stellung bezogen.[82] Darin hat auch der BGH die Auffassung vertreten, dass der Vormund/Betreuer aus dem Gesichtspunkt einer kostensparenden Amtsführung dazu verpflichtet ist, für die gerichtliche Vertretung des Betroffenen Prozesskostenhilfe zu beantragen, so dass er im Falle der Bewilligung die entsprechenden Gebühren eines beigeordneten Rechtsanwalts gemäß § 49 RVG erhält.[83] Dieser Ansicht sei bereits deshalb zuzustimmen, weil sie mit dem allgemeinen Grundsatz korrespondiere, dass der Rechtsanwalt im Rahmen seiner umfassenden Beratungspflicht jeden erkennbar mittellosen Mandanten auf die Möglichkeiten der Inanspruchnahme von Prozesskostenhilfe hinzuweisen hat und bei Verletzung dieser Pflicht dem mittellosen Mandanten gegen den Rechtsanwalt ein auf die Befreiung von den Gebührenansprüchen gerichteter Gegenanspruch auf Schadenersatz zustehe.[84]

90 Der Ansicht des BGH haben sich in der jüngsten Vergangenheit verschiedene Oberlandesgerichte angeschlossen[85], so dass die vorstehende Frage nunmehr endgültig geklärt sein dürfte. Im Ergebnis ist daher festzuhalten, dass ein Vormund/Betreuer bei Mittellosigkeit des Betroffenen grundsätzlich dazu verpflichtet ist, für die gerichtliche Vertretung des Betroffenen Prozesskostenhilfe zu beantragen.

91 Ausgehend von diesen Grundsätzen stellt sich die weitere Frage nach einem Aufwendungsersatzanspruch in Fällen, in denen die beantragte **Prozesskostenhilfe** für die anwaltliche Prozessvertretung mangels Erfolgsaussicht **abgelehnt** wird und der Anwaltsvormund (Betreuer) dennoch für den Mündel (Betreuten) gerichtlich tätig wird. Nach weit verbreiteter Auffassung sollte ein Aufwendungsersatzanspruch des Vormunds (Betreuers) in solchen Fällen grundsätzlich möglich sein, da der Beurteilungsspielraum des Vormunds (Betreuers) sonst unzulässig beschnitten würde.[86] In seinem Beschluss vom 20.12.2006 hat sich der BGH[87] jedoch auch hierzu geäußert und gegen diese Auffassung grundlegende

---

[76] BGH v. 27.03.2013 - XII ZB 679/11 - juris Rn. 17; zum Verfahrenspfleger: BGH v. 17.11.2010 - XII ZB 244/10 - juris Rn. 13.
[77] OLG Frankfurt v. 29.05.2001 - 20 W 328/2000, 20 W 328/00 - juris Rn. 4 - NJW-RR 2001, 1516-1518.
[78] BayObLG München v. 29.10.2003 - 3Z BR 171/03 - juris Rn. 23 - BtPrax 2004, 70-71.
[79] Vgl. etwa OLG Jena v. 15.11.2001 - 6 W 609/01 - juris Rn. 9 - NJ 2002, 45.
[80] OLG Frankfurt v. 29.05.2001 - 20 W 328/2000, 20 W 328/00 - juris Rn. 4 - NJW-RR 2001, 1516-1518.
[81] BayObLG München v. 29.10.2003 - 3Z BR 171/03 - juris Rn. 29 - BtPrax 2004, 70-71.
[82] BGH v. 20.12.2006 - XII ZB 118/03 - juris Rn. 15-18.
[83] BGH v. 20.12.2006 - XII ZB 118/03 - juris Rn. 16.
[84] BGH v. 20.12.2006 - XII ZB 118/03 - juris Rn. 16.
[85] OLG Frankfurt v. 16.07.2009 - 20 W 147/06 - juris Rn. 17-18; OLG Köln v. 04.05.2009 - 16 Wx 17/09 - juris Rn. 5.
[86] BayObLG München v. 29.10.2003 - 3Z BR 171/03 - juris Rn. 27 - BtPrax 2004, 70-71.
[87] BGH v. 20.12.2006 - XII ZB 118/03 - juris Rn. 19 ff.

Bedenken erhoben. Danach könne der Aufwendungsersatzanspruch grundsätzlich nicht ohne Rücksicht auf die Voraussetzungen der Prozesskostenhilfe beurteilt werden. Zur Begründung führt der BGH aus, dass § 1835 Abs. 4 BGB nicht dazu führen sollte, dass minderbemittelten Betreuten aus öffentlichen Kassen Sozialleistungen gewährt werden, auf die sie als Unbemittelte ohne Einrichtung einer Betreuung keinen Anspruch hätten. Eine nicht betreute Partei könnte für eine Rechtsverfolgung oder Rechtsverteidigung, mit der sie voraussichtlich nicht durchdringen wird, die ihr aber aus anderen Gründen – etwa zur Verzögerung von Vollstreckungsmaßnahmen des Prozessgegners – objektiv nützlich sei, ebenfalls keine Prozessfinanzierung aus öffentlichen Kassen erlangen.[88] Im Falle der Versagung von Prozesskostenhilfe komme ein nach anwaltlichem Gebührenrecht zu liquidierender Aufwendungsersatz des Anwaltsbetreuers daher allenfalls dann in Betracht, wenn mit einer für den Betreuten ungünstigen Entscheidung im Prozesskostenhilfeprüfungsverfahren nicht gerechnet werden konnte, so etwa in Fällen, in denen die Ablehnung der begehrten Prozesskostenhilfe auf einer offensichtlich nicht tragfähigen Begründung beruht.[89]

Liegen die Voraussetzung für einen **PKH-Anspruch** vor, ist dem Vormund/Betreuer PKH zu **bewilligen**, mit der Folge, dass er die Gebühren eines beigeordneten Anwalts erhält. Die begehrte Prozesskostenhilfe kann ihm nicht mit der Begründung versagt werden, dass sein Anspruch auf anwaltliche Vergütung und Erstattung möglicher Verfahrenskosten bereits durch die §§ 1836 BGB i.V.m. § 4 Abs. 2 Satz 1 VBVG und § 1835 Abs.1 und Abs. 3 BGB, für die bei Mittellosigkeit ggf. die Staatskasse hafte, ausreichend abgedeckt sei.[90] Dabei ist dem Vormund auch dann PKH zu gewähren, wenn er ausnahmsweise selbst als Verfahrensbeteiligter und nicht als Vertreter des mittellosen Mündels auftritt, sofern er im gerichtlichen Verfahren ausschließlich die Interessen des Mündels verfolgt. In solchen Fällen sei, wie der BGH in einer weiteren Entscheidung vom 19.01.2011 ausgeführt hat, die Stellung des Vormunds der einer Partei kraft Amtes vergleichbar, die zwar als Prozesspartei auftrete, aber kraft des ihr übertragenen Amtes nur die Belange anderer vertrete und deshalb nicht mit ihrem eigenen Vermögen für die Kosten aufzukommen habe. Für die Bewilligung der Prozesskostenhilfe sei daher allein auf die wirtschaftlichen Verhältnisse des Mündels abzustellen.[91] 92

Ebenfalls nach den vorstehenden Maßstäben ist die Frage zu beurteilen, ob ein als Anwalt tätiger Vormund/Betreuer für den Betroffenen **Beratungshilfe** in Anspruch nehmen muss. Dies hat der BGH in seinem Beschluss vom 20.12.2006 klargestellt.[92] Danach ist der Anwaltsbetreuer/-vormund, weil er auch außerhalb eines gerichtlichen Verfahrens auf derartige Möglichkeiten hinweisen müsse, grundsätzlich dazu verpflichtet, für die außergerichtliche Beratung und Vertretung des Betroffenen Beratungshilfe in Anspruch zu nehmen.[93] Insoweit wird hinsichtlich der weiteren Einzelheiten auf die vorstehenden Ausführungen verwiesen. 93

b. Rechtsanwalt als Verfahrenspfleger

Wird ein Rechtsanwalt zum Verfahrenspfleger bestellt, so kann ihm für **berufsbezogene Dienste** ebenfalls ein Anspruch auf **Aufwendungsersatz** nach § 1835 Abs. 3, 1 BGB zustehen: Zwar fällt nach § 1 Abs. 2 Satz 1 RVG die allgemeine Amtstätigkeit des Verfahrenspflegers nicht unter das RVG, jedoch bleiben Ansprüche nach § 1835 Abs. 3 BGB hiervon unberührt, wie § 1 Abs. 2 Satz 2 RVG ausdrücklich klarstellt. Ein Rechtsanwalt, der zum Verfahrenspfleger bestellt wird, kann daher ebenso wie ein zum Vormund bestellter Anwalt (vgl. hierzu Rn. 86) seine berufsspezifischen Dienste nach dem RVG abrechnen.[94] 94

Etwas anderes ergibt sich auch nicht aus § 277 FamFG. Zwar verweist diese Norm, die Vergütung und Aufwendungsersatz des Verfahrenspflegers regelt, in Absatz 1 hinsichtlich des Aufwendungsersatzanspruchs von Verfahrenspflegern nur auf § 1835 Abs. 1 und 2 BGB, nicht aber auf § 1835 Abs. 3 BGB. Allerdings ist zu berücksichtigen, dass § 277 FamFG lediglich an die Stelle des bisherigen § 67a FGG 95

---

[88] BGH v. 20.12.2006 - XII ZB 118/03 - juris Rn. 21.
[89] BGH v. 20.12.2006 - XII ZB 118/03 - juris Rn. 21.
[90] BGH v. 19.01.2011 - XII ZB 322/10 - juris Rn. 14.
[91] BGH v. 19.01.2011 - XII ZB 322/10 - juris Rn. 15 ff.
[92] BGH v. 20.12.2006 - XII ZB 118/03 - juris Rn. 23; vgl. hierzu auch OLG Frankfurt v. 16.07.2009 - 20 W 147/06 - juris Rn. 17-18
[93] BGH v. 20.12.2006 - XII ZB 118/03 - juris Rn. 23.
[94] Dies hat der BGH in seiner Entscheidung vom 17.11.2010 nochmals ausdrücklich bestätigt, vgl. dazu BGH v. 17.11.2010 - XII ZB 244/10 - juris Rn. 13, und in seiner Entscheidung vom 27.06.2012 fortgeführt: BGH v. 27.06.2012 - XII ZB 685/11 - juris Rn. 9.

getreten ist, der seinerseits wiederum § 67 FGG a.F. ablöste. In Bezug auf § 67 FGG a.F., der die Anwendung des § 1835 Abs. 3 BGB sogar ausdrücklich ausschloss, hat das BVerfG indessen ausdrücklich klargestellt, dass einem als Verfahrenspfleger tätigen Rechtsanwalt trotz des Ausschlusses von § 1835 Abs. 3 BGB in § 67 Abs. 3 Satz 2 FGG a.F. für Tätigkeiten, bei denen ein Laie in gleicher Lage vernünftigerweise einen Rechtsanwalt hinzuziehen würde, eine Liquidation nach der BRAGO (nunmehr dem RVG) zuzubilligen ist, sofern die konkret erforderlich gewordene Tätigkeit die **normalerweise an Verfahrenspfleger gestellten Anforderungen übersteigt** und **speziell anwaltliche Tätigkeit** abverlangt. Der Ausschluss in § 67 Abs. 3 Satz 2 FGG a.F. solle insoweit nur klarstellen, dass allein die Führung einer Verfahrenspflegschaft noch nicht als Erbringung spezifisch anwaltlicher Dienste zu sehen ist.[95]

96 Für die Einstufung als speziell anwaltliche Tätigkeit ist maßgeblich, ob ein Laie in gleicher Weise vernünftiger Weise einen Rechtsanwalt zuziehen würde.[96] Dies ist zu bejahen, wenn der Verfahrenspfleger in einer **rechtlich besonders schwierigen Sache** tätig wird.[97] Als rechtsanwaltsspezifische Tätigkeiten sind in der Regel die gerichtliche Geltendmachung oder Abwehr von Ansprüchen sowie die außergerichtliche Vertretung in rechtlich besonders schwierig gelagerten Fällen oder Verhandlungen anzusehen. Abzulehnen ist eine spezielle anwaltliche Tätigkeit beispielsweise bei der Bestellung einer Verfahrenspflegschaft zur Überprüfung der Betreuervergütung.[98]

97 Ausnahmsweise kann dem Rechtsanwalt auch bei Verfahrenspflegschaft ohne speziell anwaltliche Tätigkeit ein Anspruch auf Abrechnung nach dem RVG (früher BRAGO) zustehen, so, wenn er bei Übernahme des Amtes auf eine entsprechende Abrechnung vertrauen durfte.[99] Dies ist vor allem in solchen Fällen relevant, in denen bereits mit der Bestellung des Verfahrenspflegers ein gerichtlicher Hinweis darauf erfolgt ist, dass rechtsanwaltsspezifische Tätigkeiten anfallen werden. Eine derartige richterliche Feststellung in den Bestellungsbeschlüssen ist für die Kostenfestsetzung bindend, und zwar unabhängig davon, ob und wie das Gericht seine Einschätzung im Einzelnen begründet hat.[100]

c. Rechtsanwalt als Ergänzungspfleger

98 Der als Ergänzungspfleger bestellte Rechtsanwalt kann gemäß § 1835 Abs. 3 BGB eine Pflegschaftstätigkeit ebenfalls nach anwaltlichem Gebührenrecht abrechnen, wenn und soweit sich die zu bewältigende Aufgabe als eine für den Beruf des Rechtsanwalts spezifische Tätigkeit darstellt. Dies hat der BGH in seiner Entscheidung vom 04.12.2013 ausdrücklich klargestellt und zur Begründung auch hier darauf verwiesen, dass der Betroffene (hier Pflegling) – und bei mittellosen Betroffenen die Staatskasse – keinen Vorteil daraus ziehen soll, dass sein Pfleger zufällig aufgrund einer besonderen beruflichen Qualifikation etwas verrichten kann, wozu ein anderer Pfleger berechtigterweise die entgeltlichen Dienste eines Dritten in Anspruch nehmen würde.[101] Nach Auffassung des BGH ist ein entsprechender Aufwendungsersatzanspruch dabei auch in den umstrittenen Fällen der Bestellung eines Ergänzungspflegers für einen unbegleiteten minderjährigen Flüchtling zu bejahen, in denen der BGH die Bestellung eines Ergänzungspflegers als unzulässig erachtet hat. Die fehlerhafte Anordnung der Ergänzungspflegschaft stehe der Wirksamkeit des Beschlusses insoweit nicht entgegen.[102]

---

[95] BVerfG v. 07.06.2000 - 1 BvR 23/00, 1 BvR 111/00 - FamRZ 2000, 1280-1283. Vgl. zur Problematik insgesamt auch den Beschluss des OLG Düsseldorf v. 28.02.2007 - I-25 Wx 53/06, 25 Wx 53/06 - juris Rn. 6, in dem das OLG Düsseldorf bestätigt hat, dass § 67a FGG die Abrechnung der Vergütung des anwaltlichen Verfahrenspflegers nach den Bestimmungen des RVG nicht grundsätzlich ausschließt. Danach sollten die im Rahmen des 2. BtÄndG vorgenommenen Änderungen die auf der Grundlage der Entscheidung des Bundesverfassungsgerichts vom 07.06.2000 (BVerfG v. 07.06.2000 - 1 BvR 23/00, 1 BvR 111/00 - FamRZ 2000, 1280-1283) entwickelten Rechtsprechungsgrundsätze, wonach der zum Verfahrenspfleger bestellte Rechtsanwalt seine Leistungen als Aufwendungsersatz nach der Gebührenordnung abrechnen kann, wenn die zu erbringenden Dienste derart schwierig und bedeutend waren, dass ein Verfahrenspfleger ohne volljuristische Ausbildung vernünftigerweise einen Rechtsanwalt hinzugezogen hätte, nicht verändern; vgl. weiter auch BGH v. 27.06.2012 - XII ZB 685/11 - juris Rn. 7.
[96] BGH v. 17.11.2010 - XII ZB 244/10 - juris Rn. 13.
[97] OLG Frankfurt v. 07.04.2005 - 20 W 282/04 - OLGR Frankfurt 2006, 131-132; LG Mönchengladbach v. 03.11.2004 - 5 T 481/04 - FamRZ 2005, 922-923 (zur Vergütung).
[98] OLG Frankfurt v. 07.04.2005 - 20 W 282/04 - OLGR Frankfurt 2006, 131-132.
[99] OLG Stuttgart v. 10.01.2003 - 8 W 537/01 - NJW-RR 2004, 424-425 (zur Vergütung).
[100] BGH v. 17.11.2010 - XII ZB 244/10 - juris Rn. 17.
[101] BGH v. 04.12.2013 - XII ZB 57/13 - juris Rn. 11.
[102] BGH v. 04.12.2013 - XII ZB 57/13 - juris Rn. 9.

In seinem Beschluss vom 04.12.2013 hat der BGH weiter entschieden, dass der Aufwendungsersatzanspruch des anwaltlichen Ergänzungspflegers eines mittellosen Pfleglings im Rahmen der Abrechnung nach dem Rechtsanwaltsvergütungsgesetz auf die Gebührensätze der Beratungshilfe beschränkt ist. Dies ergebe sich aus der Pflicht zur kostensparenden Amtsführung.[103] 99

V. Mittellosigkeit des Mündels (Absatz 4)

Bei Mittellosigkeit des Mündels richtet sich der Anspruch des Vormunds (Betreuers) auf Ersatz oder Vorschuss gemäß Absatz 4 gegen die Staatskasse. Der Anspruch gegen den Mündel bleibt daneben bestehen. Der Mündel kann sich allerdings gegenüber dem Vormund (Betreuer) auf seine gemäß § 1836c BGB beschränkte Haftung berufen. Bei Befriedigung des Vormunds (Betreuers) durch die Staatskasse geht der Anspruch gegen den Mündel auf diese über (§ 1836e BGB). Die Mittellosigkeit des Mündels bestimmt sich nach § 1836d BGB (vgl. dazu die Kommentierung zu § 1836c BGB, die Kommentierung zu § 1836d BGB und die Kommentierung zu § 1836e BGB). 100

Nach Absatz 4 Satz 2 gelten für den Anspruch gegen die Staatskasse die Regelungen über die Ausschlussfrist des Absatzes 1 Satz 3 und Absatz 1a entsprechend. Der Vormund hat die Ansprüche binnen 15 Monaten nach ihrer Entstehung geltend zu machen, sofern nicht das Gericht etwas anderes bestimmt (vgl. hierzu Rn. 51). 101

Die Verjährung bestimmt sich auch dann, wenn sich der Anspruch gegen die Staatskasse richtet, nach § 195 BGB.[104] Zu berücksichtigen ist hier, dass der Anspruch gegen die Staatskasse – anders als bei der Geltendmachung gegenüber dem Mündel – nicht nach § 207 Abs. 1 Satz 1 Nr. 3-5 BGB gehemmt ist (vgl. hierzu Rn. 58).[105] 102

Wird der Antrag des Vormundes (Betreuers) auf Vorschuss beziehungsweise Ersatz aus der Staatskasse wegen hinreichenden Privatvermögens des Mündels (Betreuten) abgelehnt, so muss die Rechtskraft dieses Beschlusses einem erneuten Antrag des Vormunds auf Ersatz aus der Staatskasse nicht entgegenstehen.[106] 103

VI. Jugendamt oder Verein als Vormund (Absatz 5)

Absatz 5 schränkt die Ansprüche des Jugendamtes oder eines Vereins als Vormund ein. Ein Anspruch auf Vorschuss besteht nicht und auch der Anspruch auf Aufwendungsersatz ist auf den gegen den Mündel – im Rahmen der §§ 1836c, 1836d BGB – beschränkt; ein Aufwendungsersatzanspruch gegen die Staatskasse (Absatz 4) scheidet folglich aus. Zu beachten sind in diesem Zusammenhang auch die Regelungen des § 1836 Abs. 3 BGB und des § 1835a Abs. 5 BGB, wonach dem Jugendamt oder Verein als Vormund auch keine Vergütung und keine Aufwandsentschädigung gewährt werden können. 104

Dass dem Jugendamt und dem Verein als Vormündern/Betreuern keine Vergütungsansprüche, keine Aufwandsentschädigung und Aufwendungsersatzansprüche nur in den Grenzen des § 1835 Abs. 5 BGB zustehen, ist mittlerweile auch höchstrichterlich anerkannt. Soweit der BGH in seiner Entscheidung vom 14.03.2007 noch eine andere Auffassung vertreten und im Zusammenhang mit der Bewilligung von Vergütungsansprüchen ausgeführt hat, dass es letztlich unerheblich sei, ob ein Mitarbeiter oder Verein selbst zum Vormund bestellt werde[107], hat er diese Rechtsprechung inzwischen aufgegeben.[108] In seinem Beschluss vom 25.05.2011 hat er ausdrücklich klargestellt, dass weder der Wortlaut 105

---

[103] BGH v. 04.12.2013 - XII ZB 57/13 - juris Rn. 14 ff.; a.A. OLG Frankfurt v. 29.01.2013 - 6 UF 344/11 - FamRZ 2013, 1160-1162.
[104] Vgl. dazu BGH v. 25.01.2012 - XII ZB 461/11 - FamRZ 2012, 627-629.
[105] *Wagenitz* in: MünchKomm-BGB, § 1835 Rn. 51.
[106] Vgl. BayObLG München v. 01.10.2003 - 3Z BR 161/03 - BayObLGZ 2003, 261-271.
[107] BGH v. 14.03.2007 - XII ZB 148/03 - juris Rn. 8; i.E. ebenso OLG München v. 27.10.2010 - 33 UF 1538/10 - FamRZ 2011, 998-1001; a.A. OLG Koblenz v. 23.06.2010 - 13 WF 408/10 - juris Rn. 10 ff. - FamRZ 2011, 61-63, das davon ausgegangen ist, dass der BGH sich hier lediglich missverständlich ausgedrückt hat.
[108] BGH v. 25.05.2011 - XII ZB 625/10 - NJW 2011, 2727-2730. Soweit im Leitsatz davon die Rede ist, dass der Vormund als Verein keine Vergütung und keinen Aufwendungsersatz verlangen" könne (ähnlich auch die Formulierung in Rn. 20), dürfte es sich hinsichtlich des generellen Ausschlusses von Aufwendungsersatzansprüchen lediglich um eine Ungenauigkeit handeln. Nach dem Inhalt der Entscheidung, insbesondere den Ausführungen des BGH in Rn. 15, 18 (zitiert nach juris) ist nicht davon auszugehen, dass der BGH Aufwendungsersatzansprüche des zum Vormund bestellten Amts/Vereins generell verneinen wollte. Vielmehr dürfte gemeint sein, dass dem Amt/Verein lediglich Aufwendungsersatzansprüche in den Grenzen des § 1835 Abs. 5 Satz 1 BGB zustehen, während Vergütungsansprüche gemäß § 1836 Abs. 3 BGB grundsätzlich ausgeschlossen sind.

der gesetzlichen Regelungen noch der ausdrücklich erklärte Wille des Gesetzgebers entsprechende Ansprüche des zum Vormund/Betreuer bestellten Vereins zuließen.[109] Auch verfassungsrechtlich seien derartige Ansprüche nicht geboten, da unter diesem Aspekt lediglich zu bemängeln sei, wenn weder für den Verein noch für den Vereinsmitarbeiter eine Vergütung (Entschädigung) gezahlt werde. Wenn aber, was der BGH bejaht (vgl. dazu Rn. 20), ein Vereinsmitarbeiter bestellt werden könne, dessen Tätigkeit entsprechende Ansprüche nach sich zöge, sei dies verfassungsrechtlich ausreichend.[110] Zu der Frage, inwieweit die geänderte Rechtsprechung einen wichtigen Grund im Sinne des § 1889 Abs. 2 Satz 2 BGB darstellt, der die Entlassung des Vereins und sodann Bestellung des Mitarbeiters rechtfertigen kann, vgl. die Kommentierung zu § 1836 BGB Rn. 45.

106 Nach Satz 2 sind fernerhin allgemeine Verwaltungskosten und Kosten nach Absatz 2 nicht zu ersetzen. Das erscheint insoweit sinnvoll, als es sich hierbei nicht um individualisierbare Aufwendungen handelt.[111]

F. Rechtsfolgen

107 Der Vormund kann entweder einen angemessenen **Vorschuss** gemäß § 669 BGB oder **Ersatz** nach § 670 BGB verlangen; Jugendamt oder Verein als Vormund können allenfalls Ersatz verlangen (Absatz 5).

108 Nach überwiegender Auffassung in der Rechtsprechung umfasst der Aufwendungsersatzanspruch des Vormundes auch die **Umsatzsteuer**, die auf seine Auslagen entfällt/entfallen ist.[112]

G. Prozessuale Hinweise/Verfahrenshinweise

109 Bei der **Geltendmachung/Durchsetzung** ist zunächst danach zu unterscheiden, ob der Vormund (Betreuer) gegen den Mündel (Betreuten) vorgeht oder gegen die Staatskasse (Absatz 4). Der Vormund (Betreuer) kann Ansprüche gegen den Mündel (Betreuten) durch **direkten Zugriff** auf das Vermögen des Mündels (Betreuten) durchsetzen, soweit er die Vermögenssorge für ihn hat.[113] Eine Kontrolle erfolgt über § 1843 BGB (vgl. die Kommentierung zu § 1843 BGB).

110 Ist dem Vormund die Vermögenssorge nicht (mehr)[114] übertragen oder verlangt er Ersatz aus der Staatskasse, so setzt das Familiengericht den Aufwendungsersatz fest, wenn entweder Vormund, Gegenvormund oder Mündel die Festsetzung beantragen oder das Gericht sie für angemessen hält, § 168 Abs. 1 FamFG: **gerichtliches Festsetzungsverfahren** (für den Betreuer i.V.m. § 292 Abs. 1 FamFG, für den Pfleger i.V.m. § 168 Abs. 5 FamFG, für den Verfahrenspfleger i.V.m. § 277 Abs. 5 Satz 2 FamFG, ggf. §§ 318, 419 Abs. 5 Satz 1 FamFG; für den Verfahrensbeistand i.V.m. § 158 Abs. 7 Satz 6 FamFG). Dies gilt auch dann, wenn dem Vormund zwar ursprünglich die Vermögenssorge übertragen war, sein Anspruch sich jedoch nunmehr gegen die Erben des mittlerweile verstorbenen Mündels (Betreuten) richtet, in diesen Fällen hat der Vormund kein Entnahmerecht mehr.[115] Wegen des ihm zustehenden Aufwendungsersatzanspruchs kann er sich jedoch u.U. auf ein Zurückbehaltungsrecht gegenüber Ansprüchen der Erben berufen.[116]

111 Verlangt der Vormund (Betreuer) vom nicht mittellosen Mündel (Betreuten) Ersatz und ist ihm die Vermögenssorge übertragen, dann ist für eine gerichtliche Festsetzung kein Raum.[117]

---

[109] BGH v. 25.05.2011 - XII ZB 625/10 - juris Rn. 17, 18 - NJW 2011, 2727-2730.
[110] BGH v. 25.05.2011 - XII ZB 625/10 - juris Rn. 20 - NJW 2011, 2727-2730.
[111] *Wagenitz* in: MünchKomm-BGB, § 1835 Rn. 54.
[112] OLG Zweibrücken v. 15.08.2000 - 3 W 76/00 - juris Rn. 13 - OLGR Zweibrücken 2000, 531-533 mit weiteren Nachweisen zur Rechtsprechung. Ebenso: OLG Hamm v. 19.10.1999 - 15 W 264/99 - NJW-RR 2000, 522-524; OLG Brandenburg v. 05.09.2000 - 9 Wx 27/00 - juris Rn. 10 - MDR 2001, 33; a.A. LG Lüneburg v. 05.03.2001 - 10 T 135/00 - NdsRpfl 2001, 192-193.
[113] LG Koblenz v. 22.01.1998 - 2 T 10/98 - FamRZ 1999, 458-459.
[114] Zur Durchführung des gerichtlichen Festsetzungsverfahrens, wenn der Vormund die ihm ursprünglich übertragene Vermögenssorge wieder verloren hat: BayObLG München v. 07.09.2004 - 1Z BR 070/04, 1Z BR 70/04 - FamRZ 2005, 393.
[115] OLG Hamm v. 20.01.2003 - 15 W 469/02 - JMBl NW 2003, 237-239.
[116] OLG Zweibrücken v. 12.11.2009 - 4 U 135/08 - juris Rn. 19.
[117] BayObLG München v. 23.11.2000 - 3Z BR 320/00 - juris Rn. 22 - BayObLGZ 2000, 331-335.

Weil der Vormund entweder durch direkten Zugriff auf das Vermögen des Mündels oder durch gerichtlichen Festsetzungsbeschluss seine Ansprüche durchsetzen kann, wird teilweise vertreten, dass ihm für eine Klage vor dem Prozessgericht das Rechtsschutzbedürfnis fehlt.[118] 112

Gegen den gerichtlichen Festsetzungsbeschluss findet nach den §§ 58 ff. FamFG die **Beschwerde** statt, wenn der Wert des Beschwerdegegenstandes 600 € übersteigt oder das Gericht des ersten Rechtszugs sie ausdrücklich zulässt, § 61 FamFG. Letzteres setzt voraus, dass entweder die Sache grundsätzliche Bedeutung hat oder dass die Fortbildung des Rechts oder die Sicherung einer einheitlichen Rechtsprechung eine Entscheidung des Beschwerdegerichts erfordert, § 61 Abs. 3 Nr. 1 FamFG. 113

Das Rechtsmittelrecht hat sich insoweit mit Inkrafttreten des FGG-Reformgesetzes zum 01.09.2009 geändert. Der zuvor maßgebliche § 56g Abs. 5 FGG ließ Beschwerden bereits dann zu, wenn der Wert des Beschwerdegegenstandes 150 € überstieg. Der Wert des Beschwerdegegenstandes ist im Zuge der Gesetzesreform somit heraufgesetzt, die maßgebliche Regelung dem für die Statthaftigkeit der Berufung geltenden § 511 Abs. 2 Nr. 1 ZPO angeglichen worden. Dem liegt die generelle Erwägung zugrunde, dass Beteiligten in vermögensrechtlichen Streitigkeiten ein Rechtsmittel nicht zustehen soll, wenn damit Aufwendungen einhergingen, die zu dem angestrebten Erfolg in keinem sinnvollen Verhältnis stehen. 114

Mit der Gesetzesreform sind aber auch die Voraussetzungen für die Zulassung der Beschwerde in Angelegenheiten unterhalb der Wertgrenze geändert worden. Neben den Fällen grundsätzlicher Bedeutung, die auch schon nach dem bisherigen § 56g Abs. 5 FGG zur Zulassung führten, ist die Beschwerde nunmehr ausdrücklich auch dann zuzulassen, wenn die Fortbildung des Rechts oder Sicherung einer einheitlichen Rechtsprechung eine Entscheidung des Beschwerdegerichts erfordert. Die Vorschrift übernimmt die inhaltlich entsprechende Regelung des durch das 1. Justizmodernisierungsgesetz vom 24.08.2004[119] modifizierten § 511 Abs. 4 ZPO auch für die FamFG-Verfahren. Zum FGG-Reformgesetz, insbesondere auch zu dem geltenden Übergangsrecht vgl. auch Rn. 1. 115

Beschwerdeberechtigt ist der Vormund sowie der Mündel, wenn der Anspruch gegen ihn gerichtet ist. Richtet sich der Anspruch gegen die Staatskasse, ist diese beschwerdeberechtigt. 116

Sofern der Beschwerdewert nicht erreicht und die Beschwerde auch nicht zugelassen wird, ist nach § 11 Abs. 2 RPflG die Erinnerung statthaft. 117

---

[118] So *Wagenitz* in: MünchKomm-BGB, § 1835 Rn. 59.
[119] BGBl I 2004, 2198.

§ 1835a BGB Aufwandsentschädigung

(Fassung vom 17.12.2008, gültig ab 01.09.2009)

(1) ¹Zur Abgeltung seines Anspruchs auf Aufwendungsersatz kann der Vormund als Aufwandsentschädigung für jede Vormundschaft, für die ihm keine Vergütung zusteht, einen Geldbetrag verlangen, der für ein Jahr dem Neunzehnfachen dessen entspricht, was einem Zeugen als Höchstbetrag der Entschädigung für eine Stunde versäumter Arbeitszeit (§ 22 des Justizvergütungs- und -entschädigungsgesetzes) gewährt werden kann (Aufwandsentschädigung). ²Hat der Vormund für solche Aufwendungen bereits Vorschuss oder Ersatz erhalten, so verringert sich die Aufwandsentschädigung entsprechend.

(2) Die Aufwandsentschädigung ist jährlich zu zahlen, erstmals ein Jahr nach Bestellung des Vormunds.

(3) Ist der Mündel mittellos, so kann der Vormund die Aufwandsentschädigung aus der Staatskasse verlangen; Unterhaltsansprüche des Mündels gegen den Vormund sind insoweit bei der Bestimmung des Einkommens nach § 1836c Nr. 1 nicht zu berücksichtigen.

(4) Der Anspruch auf Aufwandsentschädigung erlischt, wenn er nicht binnen drei Monaten nach Ablauf des Jahres, in dem der Anspruch entsteht, geltend gemacht wird; die Geltendmachung des Anspruchs beim Familiengericht gilt auch als Geltendmachung gegenüber dem Mündel.

(5) Dem Jugendamt oder einem Verein kann keine Aufwandsentschädigung gewährt werden.

Gliederung

A. Gesetzesänderungen 1	3. Geldbetrag (Höhe der Aufwandsentschädigung) 11
B. Grundlagen 2	4. Wahlrecht 14
I. Kurzcharakteristik 2	5. Anrechnung von bereits erhaltenem Vorschuss/Ersatz (Satz 2) 16
II. Regelungsprinzipien 3	II. Entstehung/Zahlungsweise (Absatz 2) 17
C. Anwendungsbereich 4	III. Mittellosigkeit des Mündels (Absatz 3) 20
D. Praktische Bedeutung 5	IV. Ausschlussfrist (Absatz 4) 22
E. Anwendungsvoraussetzungen 6	V. Jugendamt/Verein (Absatz 5) 28
I. Aufwandsentschädigung (Absatz 1) 6	**F. Rechtsfolgen** 29
1. Unentgeltlich geführte Vormundschaft 6	**G. Prozessuale Hinweise/Verfahrenshinweise** 30
2. Mehrere Vormundschaften/Mehrere Vormünder 7	

A. Gesetzesänderungen

1   Zu den Änderungen im Zusammenhang mit dem Gesetz zur Reform des Verfahrens in Familiensachen und in den Angelegenheiten der freiwilligen Gerichtsbarkeit vom 17.12.2008 (FGG-Reformgesetz – FGG-RG) bzw. dem Gesetz über das Verfahren in Familiensachen und in den Angelegenheiten der freiwilligen Gerichtsbarkeit (FamFG) zum 01.09.2009 vgl. die Kommentierung zu § 1835 BGB Rn. 1 ff.

B. Grundlagen

I. Kurzcharakteristik

2   Die Vorschrift regelt den Anspruch des Vormunds auf Aufwandsentschädigung: Nach § 1835a BGB kann der Vormund anstelle des konkreten Aufwendungsersatzes gem. § 1835 BGB auch eine **pauschale Aufwandsentschädigung** geltend machen, durch die seine Aufwendungen ohne Einzelnachweis abgegolten werden.

II. Regelungsprinzipien

Sinn und Zweck der Norm ist es, dem ehrenamtlich tätigen Vormund die Mühe zu ersparen, seine – meist geringen – Aufwendungen einzeln zu dokumentieren. **Alternativ** zum Ersatz der einzelnen Aufwendungen nach § 1835 BGB kann er daher gemäß § 1835a BGB eine pauschale Aufwandsentschädigung verlangen. Eine **Kumulation** von Ersatz für einzelne Aufwendungen gemäß § 1835 BGB und der Aufwandsentschädigung kommt nach der Neufassung der Norm **nicht** (mehr) **in Betracht**[1], weil die Aufwendungsentschädigung nach dem Wortlaut von § 1835a BGB „zur Abgeltung seines Anspruchs auf Aufwendungsersatz" gewährt wird.

3

C. Anwendungsbereich

Die Vorschrift gilt auch für **Betreuer** (§ 1908i Abs. 1 BGB) und **Pfleger** (§ 1915 Abs. 1 BGB). Auf die **Nachlasspflegschaft** als besondere Form der Personenpflegschaft ist sie über § 1915 Abs. 1 BGB ebenfalls grundsätzlich anzuwenden.[2] Keine Anwendung findet die Norm § 277 FamFG zufolge auf **Verfahrenspfleger**, auch nicht auf den **Verfahrensbeistand**, § 158 Abs. 7 Satz 1 FamFG. Zur Frage der Anwendbarkeit auf Mit- und Gegenvormünder (-betreuer) vgl. Rn. 8 und Rn. 11.

4

D. Praktische Bedeutung

Die Norm ist in der Praxis von großer Bedeutung, da sie ehrenamtlichen Vormündern (Betreuern, Pflegern) die Möglichkeit bietet, auf einfache und unbürokratische Weise Ersatz ihrer jeweiligen Aufwendungen zu erlangen. Da der Betrag der zu gewährenden Pauschale (vgl. hierzu Rn. 11) die tatsächlichen Aufwendungen oftmals übersteigt, besteht für den ehrenamtlichen Vormund (Betreuer, Pfleger) ein zusätzlicher Anreiz, die pauschale Aufwandsentschädigung nach § 1835a BGB geltend zu machen.

5

E. Anwendungsvoraussetzungen

I. Aufwandsentschädigung (Absatz 1)

1. Unentgeltlich geführte Vormundschaft

§ 1835a Abs. 1 BGB setzt voraus, dass dem Vormund (Betreuer) für seine Amtsführung **keine Vergütung** zusteht. Ihm darf weder eine Vergütung nach § 1836 Abs. 1 Satz 2, 3 BGB i.V.m. dem VBVG (Berufsvormund) noch eine Vergütung nach § 1836 Abs. 2 BGB (ehrenamtlicher Vormund) gewährt werden. Unterschreitet allerdings die Vergütung nach § 1836 Abs. 2 BGB die Aufwandsentschädigung, soll nach einer im Schrifttum vertretenen Auffassung der Vormund den Differenzbetrag nach § 1835a BGB geltend machen können, weil ansonsten der ehrenamtliche Vormund durch die Gewährung einer Vergütung nach § 1836 Abs. 2 BGB benachteiligt würde.[3]

6

2. Mehrere Vormundschaften/Mehrere Vormünder

Nach dem eindeutigen Wortlaut des § 1835a BGB kann der Vormund für **jede** unentgeltlich geführte Vormundschaft eine Aufwandsentschädigung verlangen. Wenn ein Vormund **mehrere Vormundschaften** führt, sind diese hinsichtlich der Frage der Aufwandsentschädigung getrennt voneinander zu betrachten. So kann ein Vormund für eine Vormundschaft Vergütung (§ 1836 BGB), für die zweite Aufwendungsersatz (§ 1835 BGB) und die dritte Aufwandsentschädigung (§ 1835a BGB) erhalten.

7

Durch die Aufwandsentschädigung sollen grundsätzlich alle Aufwendungen für die Vormundschaft abgegolten sein. Daher wird die Entschädigung pro Vormundschaft im Regelfall nur einmal gewährt. Problematisch ist die Lage bei mehreren Vormündern: Teilweise wird vertreten, dass **Mitvormünder** die Entschädigung nicht doppelt/zweimal verlangen können, sondern nur einmal.[4] Dagegen wird die Intention des Gesetzgebers angeführt, der das Ehrenamt stärken wolle, sowie die fehlende Differenzierung/Quotelung in der Norm selbst. Bei mehreren Vormündern sei daher – so die Gegenmeinung – je-

8

---

1 LG Koblenz v. 08.11.2000 - 2 T 681/00 - FamRZ 2001, 1324.
2 BayObLG München v. 08.02.2000 - 1Z BR 150/99 - juris Rn. 9 - NJW-RR 2000, 1392-1396.
3 *Wagenitz* in: MünchKomm-BGB, § 1835a Rn. 2; a.A. *Maier* in: Jurgeleit, Hk-Bt, 1. Aufl. 2006, § 1835a Rn. 6, *Bienwald* in: Bienwald/Sonnenfeld/Hoffmann, Bt-Komm, 4. Aufl. 2005, § 1835a Rn. 8.
4 Vgl. LG Kempten v. 20.02.2001 - 4 T 1667/00 - Rpfleger 2001, 348; *Wagenitz* in: MünchKomm-BGB, § 1835a Rn. 4, jedenfalls für Ehegatten als Mitvormünder.

weils die volle Aufwandsentschädigung zu gewähren.[5] Der letztgenannten Auffassung ist zuzustimmen: Der Wortlaut des § 1835a Abs. 1 BGB knüpft lediglich an den Aufwendungsersatzanspruch des Vormundes an („Zur Abgeltung seines Anspruchs auf Aufwendungsersatz"), diesen kann nach § 1835 BGB aber grundsätzlich jeder Vormund (auch der Mitvormund) geltend machen. Nach der hier vertretenen Auffassung scheint es daher konsequent, bei mehreren Vormündern (Betreuern) jedem den (vollen) Aufwandsentschädigungsanspruch nach § 1835a BGB zuzubilligen.

9 Eine Ausnahme gilt, wenn der Vormund (Betreuer) nur für den **Vertretungsfall** bestellt wird. In solchen Fällen ist zu berücksichtigen, dass der Vertreter nur punktuell bzw. anstelle des eigentlichen Amtsinhabers tätig wird, so dass eine zeitanteilige Quotelung zwischen Vertreter und Vertretenem angemessen erscheint.[6]

10 Ob der **Gegenvormund** (Gegenbetreuer) den Anspruch aus § 1835a BGB geltend machen kann, ist umstritten. Für eine Zubilligung der pauschalen Aufwandsentschädigung wird angeführt, dass die Bestellung eines Gegenvormunds (Gegenbetreuer) typischerweise nur bei besonderen Erschwernissen angeordnet wird und durch die doppelte Pauschale der zu vermutende Mehraufwand abgegolten werden könne.[7] Dagegen spricht, dass der Gegenvormund in § 1835a BGB – anders als in § 1835 Abs. 1 Satz 2 BGB – nicht ausdrücklich genannt wird und es an einer für die analoge Anwendung erforderlichen vergleichbaren Interessenlage fehlt: Im Gegensatz zum normalen Vormund bzw. Mitvormund führt der Gegenvormund (Gegenbetreuer) die Vormundschaft (Betreuung) nicht dauerhaft, sondern nimmt (ähnlich wie ein zum Vormund bestellter Vertreter bei Verhinderung des Hauptvormunds) nur punktuell anfallende Aufgaben (Beaufsichtigung, Kontrolle) wahr. Die in diesem Zusammenhang getätigten Aufwendungen kann er gem. § 1835 Abs. 1 Satz 2 BGB abrechnen, ohne dass es des Rückgriffs auf § 1835a BGB bedarf.[8]

3. Geldbetrag (Höhe der Aufwandsentschädigung)

11 Die Höhe der Aufwandsentschädigung wurde mit Wirkung zum 01.07.2004 neu geregelt. Während die bisherige Fassung des § 1835a BGB als Entschädigung das 24fache dessen vorsah, was einem Zeugen als Höchstbetrag der Entschädigung für eine Stunde versäumter Arbeitszeit gewährt werden konnte, soll sich die zu leistende Entschädigung seither auf das 19fache dieses Betrags belaufen. Diese (vermeintliche) Reduzierung erklärt sich angesichts des Umstands, dass an die Stelle des früheren ZuSEG mit Wirkung zum 01.07.2004 das JVEG getreten ist, welches den Entschädigungshöchstbetrag für Zeugen von früher 13 auf mittlerweile 17 € (§ 22 JVEG) heraufgesetzt hat. Die gegenwärtige Regelung führt also nicht zu einer Benachteiligung des Vormunds: Während er früher 24 x 13 €, d.h. 312 €, beanspruchen konnte, ergibt sich nun ein Betrag von 19 x 17 €, d.h. **323 €,** als Aufwandsentschädigung.

12 Es handelt sich bei der Aufwandsentschädigung um einen festen Geldbetrag, der im Regelfall in voller Höhe zu gewähren ist. Endet die Vormundschaft (Betreuung) jedoch **vor Ablauf des Amtsjahres**, soll dem Vormund (Betreuer) nach einer in der Literatur vertretenen Auffassung nur eine zeitanteilige Quote zustehen.[9]

13 Wird Aufwandsentschädigung für ein Vormundschafts-Jahr (Amtsjahr) gewährt, in dem unterschiedliche Sätze gelten, weil sich das Amtsjahr über zwei Kalenderjahre erstreckt (etwa 1998/1999 oder

---

[5] OLG Frankfurt v. 14.02.2002 - 20 W 426/01 - juris Rn. 4 - OLGR Frankfurt 2002, 139-140; BayObLG München v. 16.10.2002 - 3Z BR 188/02 - FamRZ 2003, 479; OLG Zweibrücken v. 24.01.2002 - 3 W 264/01 - MDR 2002, 396; LG Mönchengladbach v. 08.08.2002 - 5 T 121/02 - BtPrax 2002, 269-270; OLG Hamm v. 17.02.2005 - 15 W 465/04 - RdLH 2005, 83; OLG Jena v. 14.10.2004 - 9 W 527/04- FamRZ 2005, 478; für die neuere Rechtsprechung: LG Lübeck v. 03.03.2011 - 7 T 201/10 - juris Rn. 23 - Rpfleger 2011, 503-505; LG Koblenz v. 26.04.2010 - 2 T 220/10 - juris Rn. 10 - BtPrax 2010, 189-191.

[6] *Maier* in: Jurgeleit, Hk-Bt, 1. Aufl. 2006, § 1835a Rn. 10; *Bienwald* in: Bienwald/Sonnenfeld/Hoffmann, Bt-Komm, 4. Aufl. 2005, § 1835a Rn. 15. Für eine anteilige Verteilung der Pauschale auf Betreuer und Verhinderungsbetreuer entsprechend der Zeit der tatsächlichen Tätigkeit auch: LG Frankenthal v. 04.10.2000 - 1 T 213/00 - BtPrax 2001, 88; OLG Köln v. 25.08.2003 - 16 Wx 168/03 - BtPrax 2004, 77-78.

[7] *Wagenitz* in: MünchKomm-BGB, § 1835a Rn. 4.

[8] Ebenso *Bienwald* in: Bienwald/Sonnenfeld/Hoffmann, Bt-Komm, 4. Aufl. 2005, § 1835a Rn. 10; *Maier* in: Jurgeleit, Hk-Bt, 1. Aufl. 2006, § 1835a Rn. 7.

[9] *Wagenitz* in: MünchKomm-BGB, § 1835a Rn. 9; *Maier* in: Jurgeleit, Hk-Bt, 1. Aufl. 2006, § 1835a Rn. 12.

2001/2002), so erhält der Vormund den Betrag, der zum späteren Zeitraum gilt, soweit keine Übergangsregelung vorliegt.[10]

4. Wahlrecht

§ 1835a Abs. 1 Satz 1 BGB räumt dem Vormund lediglich die Möglichkeit ein, zur Abgeltung seines Aufwendungsersatzanspruchs eine pauschale Aufwandsentschädigung zu verlangen. Nach dem eindeutigen Wortlaut der Vorschrift bleibt es dem Vormund überlassen, ob er von dieser Möglichkeit Gebrauch macht oder die Einzelabrechnung nach § 1835 BGB favorisiert, er hat diesbezüglich ein **Wahlrecht**.

Nicht möglich ist die Geltendmachung einer anderen Pauschale als die in § 1835a BGB vorgesehene. Der Vormund (Betreuer) kann also zum Beispiel nicht anstelle der Aufwandspauschale des § 1835a BGB pauschal sechs Besuchsfahrten im Jahr ansetzen und diese als nachgewiesenen Aufwand über § 1835 Abs. 1 BGB abrechnen. In solchen Fällen muss er sich entscheiden, ob er konkret nach § 1835 Abs. 1 BGB abrechnen oder die Pauschale des § 1835a BGB in Anspruch nehmen will.[11]

5. Anrechnung von bereits erhaltenem Vorschuss/Ersatz (Satz 2)

Ein bereits gezahlter Vorschuss und/oder Ersatz schließt die Geltendmachung von Aufwandsentschädigung nicht aus. Vielmehr sieht Satz 2 vor, dass sich in solchen Fällen die Aufwandsentschädigung des Vormunds verringert. Im Ergebnis wird dann nur noch Aufwandsentschädigung gewährt. Für den Vormund eröffnet das die Möglichkeit, zunächst Vorschuss oder Ersatz für einzelne Aufwendungen nach § 1835 BGB zu verlangen und diese dann, wenn er sich für die Pauschale entscheidet, anrechnen zu lassen.

II. Entstehung/Zahlungsweise (Absatz 2)

Die Aufwandsentschädigung ist einmal jährlich zu zahlen. Dabei ist nicht das Kalenderjahr maßgeblich, sondern der Zeitpunkt der Bestellung, das gilt auch für die folgenden Amtsjahre des Vormunds.[12] Bei der Vormundschaft kommt es daher auf die Verpflichtung (§ 1789 BGB), bei der Betreuung auf die Bekanntgabe des Beschlusses über die Bestellung (§ 287 FamFG) an.[13]

Die Pauschale ist erstmals ein Jahr nach der Bestellung und auch danach jeweils am **Ende des Amtsjahres** zu zahlen. Endet die Vormundschaft (Betreuung) während des Amtsjahres, wird der Entschädigungsanspruch sofort fällig.[14] Zur Höhe des Anspruchs in solchen Fällen vgl. Rn. 12).

Ein **Vorschuss** auf die Aufwandsentschädigung kann dem Vormund **nicht gewährt** werden, allerdings kann er zunächst Vorschuss/Ersatz nach § 1835 BGB verlangen und diesen danach gemäß § 1835a Abs. 1 Satz 2 BGB auf die Aufwandsentschädigung anrechnen lassen (vgl. Rn. 16).

III. Mittellosigkeit des Mündels (Absatz 3)

Bei Mittellosigkeit des Mündels richtet sich der Anspruch des Vormunds (Betreuers) – wie bei § 1835 Abs. 4 BGB – gemäß § 1835a Abs. 3 BGB gegen die Staatskasse. Daneben bleibt der Anspruch gegen den Mündel bestehen. Zu weiteren Einzelheiten hinsichtlich der Mittellosigkeit vgl. die Kommentierung zu § 1835 BGB Rn. 106).

In Halbsatz 2 ist eine Besonderheit für die Unterhaltsansprüche des Mündels gegen den Vormund bestimmt. Die Regelung setzt voraus, dass der Vormund (Betreuer) gegenüber dem Mündel (Betreuten) unterhaltspflichtig ist. In der Praxis sind damit vor allem die Fälle erfasst, in denen die unterhaltspflichtigen Eltern für ihr volljähriges Kind zu Betreuern bestellt werden. Sofern eine Unterhaltspflicht besteht, sind die Unterhaltsansprüche Absatz 3 zufolge bei der Bestimmung des Einkommens des Mündels (Betreuten) nach § 1836c Nr. 1 BGB nicht zu berücksichtigen. Wenn nur ein Elternteil bestellt ist, bleiben auch Unterhaltsansprüche gegen den anderen Teil unberücksichtigt.[15] Damit muss die Staatskasse dem Vormund die Aufwandsentschädigung zahlen, sofern der Mündel außer seiner Unterhalts-

---

[10] Jeweils für 1998/1999: unter Verweis auf Art. 170 EGBGB und mit weiteren Nachweisen OLG Jena v. 22.03.2000 - 6 W 159/00 - juris Rn. 4; OLG Hamm v. 09.12.1999 - 15 W 239/99 - BtPrax 2000, 90-91; anderer Auffassung und für eine Quotelung LG München I v. 18.06.1999 - 13 T 9313/99 - BtPrax 1999, 205-206.
[11] LG Lübeck v. 03.03.2011 - 7 T 201/10 - juris Rn. 19 - Rpfleger 2011, 503-505.
[12] Vgl. BT-Drs. 11/4528, S. 112.
[13] *Wagenitz* in: MünchKomm-BGB, § 1835a Rn. 7.
[14] *Wagenitz* in: MünchKomm-BGB, § 1835a Rn. 9; *Maier* in: Jurgeleit, Hk-Bt, 1. Aufl. 2006, § 1835a Rn. 12.
[15] OLG Düsseldorf v. 25.07.2002 - 25 Wx 96/01 - FGPrax 2002, 226-227.

berechtigung gegenüber dem Vormund keine zusätzlichen nach § 1836c BGB einzusetzenden finanziellen Mittel hat. Folgerichtig kann die Staatskasse auch nicht im Regress gegen den Mündel über § 1836e BGB auf die Unterhaltsansprüche zugreifen.[16] Im Ergebnis soll mit der in Halbsatz 2 formulierten Regelung verhindert werden, dass der unterhaltspflichtige Vormund (Betreuer) seine Aufwandsentschädigung selbst zu tragen hat.

IV. Ausschlussfrist (Absatz 4)

22 Die Regelungen über die Ausschlussfrist entsprechen im Wesentlichen den Bestimmungen des § 1835 Abs. 1 Satz 3 BGB (vgl. daher die Kommentierung zu § 1835 BGB Rn. 53).

23 Im Unterschied zu der in § 1835 Abs. 1 Satz 4 BGB getroffenen Regelung beträgt die Frist in § 1835a Abs. 4 BGB allerdings nur **drei Monate**. Dies erklärt sich angesichts des Umstands, dass die Frist hier erst **mit Ablauf des Kalenderjahres** beginnt, in dem der Anspruch entsteht[17], der Anspruch auf Aufwandsentschädigung jedoch wiederum erst **mit Ablauf des Amtsjahres** entsteht[18]. Wurde etwa der Vormund am 01.05.2002 zum Vormund bestellt wurde, so entsteht ein Anspruch auf Aufwandsentschädigung für das erste Amtsjahr mit dem Ende dieses Amtsjahres. Die Frist beginnt mit dem Ablauf des (Kalender-)Jahres zu laufen, in dem der Anspruch entstanden ist, hier also mit Ablauf des Jahres 2003. Der Anspruch auf Aufwandsentschädigung für das erste Amtsjahr würde demgemäß mit Ablauf des 31.03.2004 erlöschen. Weil die dreimonatige Frist zum Jahreswechsel beginnt, müssen alle Ansprüche für das abgelaufene Amtsjahr bis zum 31.03. des Folgejahres geltend gemacht werden.

24 Anders als nach der in § 1835 Abs. 1a BGB vorgesehenen Regelung kann das Familiengericht für die Geltendmachung der pauschalen Aufwandsentschädigung keine abweichende Frist bestimmen. Die gesetzliche Ausschlussfrist ist von Amts wegen zu beachten.

25 Wird die Ausschlussfrist gewahrt, der Anspruch aber nicht erfüllt, **verjährt** der Anspruch auf Aufwandsentschädigung gemäß § 195 BGB in **drei Jahren**.[19] Die Verjährung kann jedoch, soweit sich der Anspruch gegen den Mündel richtet, nach § 207 Abs. 1 Satz 2 BGB für die Dauer des Vormundschafts-/Betreuungs-/Pflegschaftsverhältnisses gehemmt sein. Dies gilt nicht, wenn sich der Anspruch nach § 1835 Abs. 4 BGB gegen die Staatskasse richtet[20] oder gemäß § 1836e BGB auf die Staatskasse übergegangen ist[21]. Die **Mittellosigkeit** des Betreuten/Vormunds im Sinne von § 1836d BGB steht dem Verjährungsbeginn nicht entgegen und führt **nicht zu einer Hemmung** der Verjährung nach § 205 BGB.[22]

26 Nach in der Rechtsprechung vertretener Ansicht ist das Gericht nicht verpflichtet, einen ehrenamtlichen Vormund/Betreuer/Pfleger über die Möglichkeit der Beantragung einer Aufwandsentschädigung gemäß § 1835a BGB zu belehren. Ist die Belehrung unterblieben, kann der Geltendmachung der Ausschlussfrist daher nicht der **Einwand der unzulässigen Rechtsausübung** entgegengehalten werden.[23] Anders liegt der Fall, wenn eine fehlerhafte Belehrung erfolgt ist, die dazu geführt hat, dass der Vormund die rechtzeitige Antragstellung unterlassen hat. In solchen Fällen kann sich die Berufung auf die Ausschlussfrist als rechtsmissbräuchlich darstellen.[24]

27 Eine Wiedereinsetzung in den vorigen Stand bei Fristversäumnis kommt nicht in Betracht.[25]

---

[16] Vgl. BT-Drs. 13/7158, S. 24.
[17] Vgl. OLG Celle v. 19.06.2002 - 10 W 3/02 - juris Rn. 7 - FamRZ 2002, 1591.
[18] Die Gegenauffassung, wonach die Drei-Monats-Frist bereits mit dem Jahrestag der Bestellung beginnen soll, hat im Schrifttum und in der obergerichtlichen Rechtsprechung keinen Anklang gefunden. Einzelheiten hierzu vgl. OLG Frankfurt v. 13.09.2004 - 20 W 276/04 - FGPrax 2004, 288-289 m.w.N.
[19] BGH v. 25.01.2012 - XII ZB 497/11 - juris Rn. 11.
[20] *Wagenitz* in: MünchKomm-BGB, § 1835a Rn. 10 und § 1835 Rn. 31, 51.
[21] BGH v. 25.01.2012 - XII ZB 497/11 - juris Rn. 19.
[22] BGH v. 25.01.2012 - XII ZB 605/10 - BtPrax 2012, 118-120; BGH v. 07.11.2012 - XII ZB 17/12 - juris Rn. 8 - FamRZ 2013, 214-215; LG Koblenz v. 24.09.2012 - 2 T 549/12 - Rpfleger 2013, 29-30.
[23] OLG Brandenburg v. 18.07.2012 - 9 WF 209/12 - juris Rn. 6 ff. - FamRZ 2013, 319.
[24] OLG Brandenburg v. 18.07.2012 - 9 WF 209/12 - juris Rn. 6 ff. - FamRZ 2013, 319; vgl. auch BGH v. 24.10.2012 - IV ZB 13/12 - juris Rn. 11-13; vgl. ferner auch OLG Köln v. 30.01.2013 - I-2 Wx 265/12, 2 Wx 265/12 - juris Rn. 13 - FamRZ 2013, 1837-1839.
[25] Dies gilt selbst dann, wenn der Vormund (Betreuer) das Versäumen der Frist mit langer beziehungsweise schwerer Erkrankung begründet, vgl. hierzu LG Koblenz v. 24.05.2003 - 2 T 409/03 - FamRZ 2003, 1970.

V. Jugendamt/Verein (Absatz 5)

Jugendämter bzw. Vereine als Vormünder erhalten gemäß § 1835a Abs. 5 BGB keine Aufwandsentschädigung, vgl. hierzu die Kommentierung zu § 1835 BGB Rn. 105 f. Entsprechendes gilt wegen des Verweises in § 1908i BGB für zum Betreuer bestellte Vereine und Betreuungsbehörden und auch bei Bestellung von Mitarbeiter des Vereins/der Behörde, §§ 7, 8 VBVG. 28

F. Rechtsfolgen

Der Vormund (Betreuer) kann bei Vorliegen der Voraussetzungen eine Aufwandsentschädigung in entsprechender Höhe verlangen. 29

G. Prozessuale Hinweise/Verfahrenshinweise

Die Geltendmachung des Anspruchs entspricht derjenigen des Aufwendungsersatzanspruches gemäß § 1835 BGB (vgl. daher die Kommentierung zu § 1835 BGB Rn. 111). 30

§ 1836 BGB Vergütung des Vormunds

(Fassung vom 21.04.2005, gültig ab 01.07.2005)

(1) ¹Die Vormundschaft wird unentgeltlich geführt. ²Sie wird ausnahmsweise entgeltlich geführt, wenn das Gericht bei der Bestellung des Vormunds feststellt, dass der Vormund die Vormundschaft berufsmäßig führt. ³Das Nähere regelt das Vormünder- und Betreuervergütungsgesetz.

(2) Trifft das Gericht keine Feststellung nach Absatz 1 Satz 2, so kann es dem Vormund und aus besonderen Gründen auch dem Gegenvormund gleichwohl eine angemessene Vergütung bewilligen, soweit der Umfang oder die Schwierigkeit der vormundschaftlichen Geschäfte dies rechtfertigen; dies gilt nicht, wenn der Mündel mittellos ist.

(3) Dem Jugendamt oder einem Verein kann keine Vergütung bewilligt werden.

Gliederung

A. Gesetzesänderungen 1	d. Formale Anforderungen an die gerichtliche Feststellung 27
I. FGG-Reformgesetz/FamFG (vom 17.12.2008) 1	e. Rechtsmittel gegen die gerichtliche Feststellung 28
II. Zweites Betreuungsrechtsänderungsgesetz (vom 21.04.2005) 2	3. Bewilligung der Vergütung/Verweis auf das VBVG (Absatz 1 Satz 3) 32
B. Grundlagen 7	III. Vergütung eines nicht berufsmäßig tätigen Vormunds (Absatz 2) 34
I. Kurzcharakteristik 7	1. Vormund 35
II. Regelungsprinzipien 8	2. Angemessenheit einer Vergütung wegen Umfang oder Schwierigkeit der vormundschaftlichen Geschäfte 37
C. Anwendungsbereich 9	
D. Praktische Bedeutung 10	
E. Anwendungsvoraussetzungen 11	3. Keine Mittellosigkeit des Mündels 40
I. Normstruktur 11	4. Bewilligung der Vergütung 41
II. Vergütung für den Berufsvormund (Absatz 1 Sätze 2, 3) 12	a. Entstehung des Vergütungsanspruchs 41
1. Vormund 13	b. Höhe der Vergütung 42
2. Gerichtliche Feststellung der berufsmäßigen Führung der Vormundschaft (Absatz 1 Satz 2) 18	c. Anspruchsschuldner 45
a. Die gerichtliche Feststellung als Voraussetzung für den Vergütungsanspruch 18	IV. Jugendamt oder Verein als Vormund (Absatz 3) 46
b. Zum Zeitpunkt der gerichtlichen Feststellung..... 20	F. Rechtsfolgen 49
c. Die Voraussetzungen für die gerichtliche Feststellung 24	G. Prozessuale Hinweise/Verfahrenshinweise ... 51

A. Gesetzesänderungen

I. FGG-Reformgesetz/FamFG (vom 17.12.2008)

1 Zu den Änderungen im Zusammenhang mit dem Gesetz zur Reform des Verfahrens in Familiensachen und in den Angelegenheiten der freiwilligen Gerichtsbarkeit vom 17.12.2008 (FGG-Reformgesetz – FGG-RG) bzw. dem Gesetz über das Verfahren in Familiensachen und in den Angelegenheiten der freiwilligen Gerichtsbarkeit (FamFG) zum 01.09.2009 vgl. die Kommentierung zu § 1835 BGB Rn. 1 ff.

II. Zweites Betreuungsrechtsänderungsgesetz (vom 21.04.2005)

2 Mit In-Kraft-Treten des **Zweiten Gesetzes zur Änderung des Betreuungsrechts** (2. Betreuungsrechtsänderungsgesetz – BtÄndG) vom 21.04.2005[1] am 01.07.2005 ist das Recht der Vergütung und des Aufwendungsersatzes von Vormündern, Betreuern und Pflegern neu geregelt worden. Maßgeblich für die Vergütung von Berufsvormündern und (-betreuern) ist seither das neu erlassene Gesetz über die Vergütung von Vormündern und Betreuern (Vormünder- und Betreuervergütungsgesetz –

---

[1] BGBl I 2005, 1073.

VBVG), das an die Stelle des früheren Berufsvormündervergütungsgesetzes getreten ist, inhaltlich aber darüber hinausgeht (vgl. hierzu die Vorbem. VBVG).

Kern des 2. BtÄndG war die **Neuregelung der Berufsbetreuervergütung**: Berufsbetreuer erhalten seither eine pauschale Vergütung, die sich nicht mehr nach der tatsächlich aufgewandten Zeit, sondern nach feststehenden Stundenzahlen richtet (vgl. hierzu die Kommentierung zu § 5 VBVG). 3

Demgegenüber haben die Vorschriften über die Vergütung von **Berufsvormündern** nur geringfügige inhaltliche Änderungen erfahren. Zu beachten ist vornehmlich, dass viele vergütungsrechtliche Regelungen, die bisher in den §§ 1836 ff. BGB platziert waren, in das neu erlassene Vormünder- und Betreuervergütungsgesetz (VBVG) **überführt** wurden. 4

Im Zuge dieser normativen Verschiebung ist die Vorschrift des § 1836 BGB insgesamt stark **verkürzt** worden: Der Regelungsgehalt des früheren § 1836 Abs. 1 Satz 3 und 4 BGB und des früheren § 1836 Abs. 2 BGB wurde aus dem BGB ausgelagert und in die §§ 1, 2, 3 VBVG verschoben, § 1836 Abs. 1 Satz 3 BGB enthält nur noch einen entsprechenden Verweis auf das VBVG („Das Nähere regelt das Vormünder- und Betreuervergütungsgesetz."). Die bisherigen Absätze 3 und 4 des § 1836 BGB sind „aufgerückt" und finden sich nunmehr inhaltlich unverändert in den Absätzen 2 und 3 der Norm. 5

Grundlage der nachfolgenden Kommentierung ist die seit In-Kraft-Treten des 2. BtÄndG geltende aktuelle Fassung des § 1836 BGB. Für Ansprüche, die vor dem 01.07.2005 entstanden sind, gelten gem. Art. 229 § 14 EGBGB die früheren Regelungen.[2] Dabei ist zu berücksichtigen, dass zahlreiche – auch nach heutigem Recht relevante – Fragen, zu denen bislang in der Kommentierung zu § 1836 BGB a.F. Stellung genommen wurde, nunmehr in der Kommentierung zum neuen VBVG behandelt werden (vgl. hierzu unter Vorbem. VBVG Rn. 1). 6

B. Grundlagen

I. Kurzcharakteristik

§ 1836 BGB statuiert im Grundsatz die Unentgeltlichkeit der Führung von Vormundschaften und legt zugleich fest, in welchen Fällen der Vormund ausnahmsweise eine Vergütung für seine Tätigkeit beanspruchen kann. 7

II. Regelungsprinzipien

§ 1836 Abs. 1 Satz 1 BGB erklärt die **Ehrenamtlichkeit der Vormundschaft** zum **gesetzlichen Leitbild** und normiert damit eines der wesentlichen Prinzipien des Vormundschafts- bzw. Betreuungsrechts. Die Übernahme einer Vormundschaft (Betreuung) ist als „bürgerliche Ehrenpflicht" konzipiert[3], nur in Ausnahmefällen soll die Amtsführung einen Vergütungsanspruch nach sich ziehen. Dabei ist grundsätzlich zwischen zwei Fällen zu unterscheiden, in denen Vergütung gewährt wird: Während § 1836 Abs. 1 Satz 2 BGB an die berufsmäßige Führung der Vormundschaft anknüpft, normiert § 1836 Abs. 2 BGB die Voraussetzungen, die für einen Vergütungsanspruch des ehrenamtlichen Vormunds gegeben sein müssen. Vor allem im zuletzt genannten Fall ist der Vergütungsanspruch an enge Voraussetzungen geknüpft, hier zeigt sich einmal mehr die Intention des Gesetzgebers, das Ehrenamt zu stärken und einen Vergütungsanspruch des Vormunds (Betreuers) nur in Ausnahmefällen zulassen zu wollen. 8

C. Anwendungsbereich

Die Vorschrift ist auf **Betreuer** sinngemäß anzuwenden (§ 1908i Abs. 1 Satz 1 BGB) und gilt auch für **Pfleger** (§ 1915 Abs. 1 Abs. 1 Satz 1 BGB, beachte zum Vergütungsanspruch des Pflegers insbesondere § 1915 Abs. 1 Satz 2 BGB). Für **Verfahrenspfleger** gelten gem. § 277 Abs. 2 Satz 1 FamFG (ggf. über die §§ 318, 419 Abs. 5 Satz 1 FamFG) nur die Absätze 1 und 3 des § 1836 BGB. 9

D. Praktische Bedeutung

Die Vorschrift, die vor dem 01.07.2005 die Vergütung für das gesamte Vormundschafts-, Betreuungs- und Pflegschaftsrecht regelte, hat mit In-Kraft-Treten des 2. BtÄndG an praktischer Bedeutung verloren, da ein Teil ihres Regelungsgehalts im Zuge der gesetzlichen Reformierung in das neu erlassene VBVG verschoben wurde (vgl. hierzu Rn. 1). Wesentlich bleibt jedoch die Feststellung, dass die Vor- 10

---

[2] Vgl. dazu *Klein/Pammler* in: jurisPK-BGB, 2. Aufl., § 1836.
[3] *Maier* in: Jurgeleit, Hk-Bt, 1. Aufl. 2006, § 1836 Rn. 6.

mundschaft (Betreuung) nach ihrer gesetzlichen Konzeption unentgeltlich geführt wird (§ 1836 Abs. 1 Satz 1 BGB) und der Vormund (Betreuer) nur in besonderen Ausnahmefällen eine Vergütung beanspruchen kann (§ 1836 Abs. 1 Satz 2, Abs. 2 BGB).

E. Anwendungsvoraussetzungen

I. Normstruktur

11 Während in § 1836 Abs. 1 Satz 1 BGB das gesetzliche Leitbild der Ehrenamtlichkeit der Vormundschaft statuiert wird (vgl. dazu Rn. 8), geben die folgenden Regelungen Aufschluss darüber, in welchen Fällen Vormünder (Betreuer) ausnahmsweise eine Vergütung verlangen können (berufsmäßige Amtsführung, Absatz 1 Satz 2; besonderer Umfang oder besondere Schwierigkeit der Amtsführung, Absatz 2). Für Einzelheiten zur Vergütung von Berufsvormündern (-betreuern) verweist § 1836 Abs. 1 Satz 3 BGB auf das seit dem 01.07.2005 geltende VBVG. § 1836 Abs. 4 BGB erklärt eine Vergütung für unzulässig, wenn das Jugendamt oder ein Verein als Vormund tätig werden.

II. Vergütung für den Berufsvormund (Absatz 1 Sätze 2, 3)

12 Gemäß § 1836 Abs. 1 Satz 2 BGB wird die Vormundschaft „entgeltlich geführt, wenn das Gericht [...] feststellt, dass der Vormund die Vormundschaft berufsmäßig führt." Damit ist entscheidendes Kriterium für die Entgeltlichkeit der Vormundtätigkeit die **Feststellung berufsmäßiger Amtsführung** durch das Familiengericht (vgl. dazu Rn. 18).

1. Vormund

13 Voraussetzung eines Vergütungsanspruchs ist zunächst eine **wirksame Bestellung** zum Vormund bzw. Gegenvormund. Dass auch der Gegenvormund im Falle berufsmäßigen Handelns einen Vergütungsanspruch geltend machen kann, ergibt sich aus § 1 Abs. 2 Satz 1 VBVG.

14 Tätigkeiten **vor der Bestellung** sind grundsätzlich nicht vergütungsfähig[4]. Näheres hierzu und zu der Frage, ob unter Umständen von dem Erfordernis einer wirksamen Bestellung abgewichen werden kann, vgl. in der Kommentierung zu § 1835 BGB Rn. 24.

15 Ob die (wirksame) Bestellung **zu Unrecht erfolgt** ist, ist für den Vergütungsanspruch unbeachtlich[5], ebenso eine **fehlerhafte Anordnung** der Vormundschaft, die die Wirksamkeit der Bestellung grundsätzlich nicht beseitigt.[6] Auch wenn die Bestellung im Nachhinein wieder aufgehoben wird, kann der Vormund für bereits geleistete Tätigkeiten Vergütung beanspruchen.[7]

16 Der Einwand, der Vormund habe **die Vormundschaft nicht ordnungsgemäß geführt**, führt im Regelfall ebenfalls nicht zum Ausschluss oder zur Minderung des Vergütungsanspruchs. Allerdings ist in solchen Fällen zu prüfen, ob die Tätigkeiten, für die der Vormund Vergütung begehrt, zur pflichtgemäßen Amtsführung erforderlich waren.[8] Ist dieses Erfordernis gewahrt, hat eine ansonsten unsorgfältige oder nachlässige, also mangelhafte Amtsführung regelmäßig keine Minderung oder Kürzung des Vergütungsanspruchs zur Folge.[9]

17 Die Vergütungspflicht endet grundsätzlich mit der **Beendigung des Vormundschaftsamtes**. Dem Vormund kann aber ausnahmsweise ein Vergütungsanspruch zustehen, wenn die Voraussetzungen der §§ 1893, 1698a, 1698b BGB erfüllt sind. Einzelheiten dazu vgl. die Kommentierung zu § 1893 BGB Rn. 16.

---

[4] BayObLG München v. 17.01.2001 - 3Z BR 393/00 - juris Rn. 6 - NJW-RR 2001, 1160 m.w.N.
[5] BayObLG München v. 11.05.1999 - 1Z BR 36/99 - juris Rn. 5 - FamRZ 1999, 1603 m.w.N.
[6] OLG Düsseldorf v. 21.04.2010 - I-3 Wx 7/10, 3 Wx 7/10 - juris Rn. 11 - FamRZ 2011, 141-143.
[7] BayObLG München v. 24.01.1997 - 3Z BR 328/96 - juris Rn. 13 - MDR 1997, 577 m.w.N.
[8] Vgl. zur Rechtslage vor In-Kraft-Treten des BtÄndG m.w.N.; BayObLG München v. 20.05.1999 - 3Z BR 121/99 - juris Rn. 18 - NJW-RR 2000, 149-150.
[9] Vgl. zur Rechtslage vor In-Kraft-Treten des BtÄndG m.w.N.; BayObLG München v. 20.05.1999 - 3Z BR 121/99 - juris Rn. 18 - NJW-RR 2000, 149-150.

2. Gerichtliche Feststellung der berufsmäßigen Führung der Vormundschaft (Absatz 1 Satz 2)

a. Die gerichtliche Feststellung als Voraussetzung für den Vergütungsanspruch

Die Voraussetzung der gerichtlichen Feststellung der berufsmäßigen Führung der Vormundschaft dient der Rechtsklarheit und Kalkulierbarkeit hinsichtlich der Vergütung.[10] Eine entsprechende Feststellung durch das Familiengericht ist für den Vergütungsanspruch von **konstitutiver Wirkung**[11]: Ohne die Feststellung kann der Vormund keine Vergütung verlangen, erfolgt eine Feststellung, hat er einen Anspruch, und zwar unabhängig davon, welche Entscheidung das Gericht hätte treffen müssen.

18

Keine Relevanz kommt der Feststellung der Berufsmäßigkeit ausnahmsweise dann zu, wenn der Vormund (Betreuer) vor In-Kraft-Treten des BtÄndG (01.01.1999) bereits bestellt war; in einem solchen Fall kommt es allein auf die materiellen Voraussetzungen der Berufsmäßigkeit an.[12]

19

b. Zum Zeitpunkt der gerichtlichen Feststellung

Auch wenn die Feststellung berufsmäßiger Führung der Vormundschaft regelmäßig „bei der Bestellung des Vormundes" (Absatz 1 Satz 2) erfolgt, kann sie – namentlich dann, wenn die Voraussetzungen erst nach der Bestellung erfüllt sind – auch **nachträglich erfolgen**.[13] Allerdings wirkt ein solcher Beschluss grundsätzlich nicht auf den Zeitpunkt der Bestellung zurück, sondern lediglich auf den Zeitpunkt einer entsprechenden Antragstellung des Vormunds.[14] Dieser bislang umstrittenen Auffassung[15] hat sich nunmehr auch der **BGH** angeschlossen. In seinem **Beschluss vom 08.01.2014**[16] hat der BGH dazu im Grundsatz Folgendes ausgeführt:

20

- Die Frage, ob ein Vormund/Betreuer die Betreuung berufsmäßig führt, ist gemäß § 1836 Abs. 1 Sätze 1 und 2 BGB **grundsätzlich bei dessen Bestellung** zu klären. Insoweit solle das Verfahren über die Festsetzung der Vergütung (§ 168 FamFG) nicht mit einem Streit über die Berufsmäßigkeit der Betreuung belastet und die Klärung von Zweifelsfragen deshalb in das Bestellungsverfahren vorverlagert werden.[17]

- Eine **nachträgliche Feststellung** der Berufsmäßigkeit ist nur zulässig, wenn sie mit Wirkung für die Zukunft erfolgt: Eine nachträgliche **rückwirkende** Feststellung der Berufsmäßigkeit sei – von den Fällen einer Beschlussberichtigung gemäß § 42 FamFG abgesehen – grundsätzlich unzulässig, da dies der gesetzgeberischen Intention, durch die Bestellungsentscheidung auch hinsichtlich der Vormunds-/Betreuungsvergütung Rechtssicherheit und Klarheit zu gewährleisten, zuwiderlaufe.[18] Eine nachträgliche Feststellung der Berufsmäßigkeit **mit Wirkung für die Zukunft** hingegen sei möglich. Das Gesetz selbst gehe davon aus, dass die ursprüngliche Entscheidung hinsichtlich der Aus-

---

[10] Vgl. BT-Drs. 13/10331, S. 27.
[11] BayObLG München v. 29.09.1999 - 3Z BR 237/99 - juris Rn. 6 - NJW-RR 2001, 580.
[12] OLG Zweibrücken v. 19.11.1999 - 3 W 232/99 - NJWE-FER 2000, 56-58. Zustimmend: OLG Hamm v. 22.01.2001 - 15 W 342/00 - FamRZ 2001, 1398-1400. Zur Vergütung in derartigen Altfällen vgl. auch den Beschluss des OLG Frankfurt v. 26.08.2004 - 20 W 194/04 - FGPrax 2004, 287-288: Danach kann einem Vormund (Betreuer), der vor In-Kraft-Treten des BtÄndG (01.01.1999) zum Berufsvormund (Berufsbetreuer) bestellt wurde, der Vergütungsanspruch für die Tätigkeit als Berufsvormund (-betreuer) nicht dadurch genommen werden, dass das Gericht die Feststellung trifft, die Vormundschaft (Betreuung) werde ab einem bestimmten Zeitpunkt nicht mehr berufsmäßig geführt. Durch eine derartige Entscheidung würde der bisherige Berufsvormund(-betreuer) faktisch dazu gezwungen, die Vormundschaft (Betreuung) nunmehr ehrenamtlich zu führen, eine solche Umwandlung kann jedoch nicht gegen den Willen des Vormunds (Betreuers) herbeigeführt werden.
[13] OLG Naumburg v. 26.01.2011 - 2 Wx 17/10 - juris Rn 11 - FamRZ 2011, 1252-1253; OLG Naumburg v. 09.07.2008 - 4 WF 123/07 - juris Rn. 7 - FamRZ 2009, 370; BayObLG München v. 01.02.2001 - 3Z BR 34/01 - juris Rn. 6 - NJW-RR 2001, 943.
[14] Offen gelassen hinsichtlich der Rückwirkung auf einen Antrag durch BayObLG München v. 01.02.2001 - 3Z BR 34/01 - juris Rn. 10 - NJW-RR 2001, 943. A.A. OLG Naumburg v. 09.07.2008 - 4 WF 123/07 - juris Rn. 7 - FamRZ 2009, 370; OLG Dresden v. 28.06.2002 - 10 WF 269/02 - OLGR Dresden 2002, 386-387: „Hat das erstinstanzliche Gericht die Feststellung der berufsmäßigen Führung einer Verfahrenspflegschaft unterlassen, so kann dies vom Beschwerdegericht mit Rückwirkung nachgeholt werden."
[15] Vgl. dazu *Pammler-Klein* in: jurisPK-BGB, 6. Aufl. 2012, Rn. 20 Fn. 14.
[16] BGH v. 08.01.2014 - XII ZB 354/13 - FamRZ 2014, 468-470.
[17] BGH v. 08.01.2014 - XII ZB 354/13 - juris Rn. 11 - FamRZ 2014, 468-470.
[18] BGH v. 08.01.2014 - XII ZB 354/13 - juris Rn. 15 - FamRZ 2014, 468-470.

wahl des Betreuers/Vormunds jedenfalls bei veränderten Umständen mit Wirkung für die Zukunft abgeändert werden kann. So läge der Fall bei einer Änderung der die Berufsmäßigkeit betreffenden tatsächlichen oder rechtlichen Beurteilung durch das Gericht.[19]

- Die nachträgliche Feststellung kann dabei ab dem **Zeitpunkt der Antragstellung** (und nicht erst ab dem Zeitpunkt der Feststellung) erfolgen, wenn der Betreuer/Vormund ab diesem Zeitpunkt die Voraussetzungen für eine berufsmäßige Führung der Betreuung erfüllt. Ab Antragstellung habe das Gericht Anlass zur Überprüfung der Berufsmäßigkeit, die Dauer dieser Prüfung dürfe nicht dem Betreuer/Vormund zum Nachteil gereichen.[20]

21 In seinem **Beschluss vom 29.01.2014** hat der BGH diese Rechtsprechung fortgeführt und ausdrücklich auch auf Fälle erstreckt, in denen die Feststellung der Berufsmäßigkeit **versehentlich** unterblieben ist. Danach ist auch in solchen Fällen eine nachträgliche rückwirkende Feststellung der Berufsmäßigkeit unzulässig. Eine entsprechende mit Rückwirkung versehene Korrektur der Bestellungsentscheidung ist demnach außer im Verfahren der **Beschwerde** gegen die Ausgangsentscheidung nur unter den Voraussetzungen der **Beschlussberichtigung nach § 42 FamFG** möglich.[21]

22 Die vorstehenden Grundsätze gelten schließlich auch, wenn die Bestellung des Vormunds/Betreuer noch vor dem 01.09.2009 eingeleitet worden ist. In seinem **Beschluss vom 12.02.2014** hat der BGH hierzu ausgeführt, dass auch in **Altfällen** eine nachträgliche rückwirkende Feststellung der Berufsmäßigkeit im Vergütungsfestsetzungsverfahren nicht in Betracht kommt, sondern allenfalls als Korrektur einer fehlerhaften Bestellungsentscheidung auf ein Rechtsmittel erfolgen kann.[22]

23 Eine rückwirkende **Aberkennung** der Eigenschaft als Berufsvormund ist ebenfalls nicht möglich.[23]

c. Die Voraussetzungen für die gerichtliche Feststellung

24 Welche Voraussetzungen für die Feststellung der berufsmäßigen Amtsführung erfüllt sein müssen, ist in § 1 Abs. 1 Satz 1 VBVG geregelt. Diese Vorschrift ist mit In-Kraft-Treten des 2. BtÄndG am 01.07.2005 (vgl. näher dazu Rn. 1, grundlegend zum 2. BtÄndG vgl. die Vorbem. VBVG) an die Stelle der bisherigen § 1836 Abs. 1 Satz 3 BGB getreten, ohne dass dies zu inhaltlichen Änderungen geführt hätte. § 1 Abs. 1 VBVG ist seinem Wortlaut nach mit dem bisherigen § 1836 Abs. 1 Satz 3 BGB nahezu identisch[24], maßgeblich für die Feststellung der Berufsmäßigkeit ist auch weiterhin der **Umfang der vormundschaftlichen Tätigkeit**.[25]

25 Auch die früher in § 1836 Abs. 1 Satz 4 BGB verankerte gesetzliche **Regelvermutung** hinsichtlich der berufsmäßigen Amtsführung gilt unverändert weiter. Bis auf eine geringfügige Abänderung des Wortlauts[26], der lediglich klarstellende Funktion zukommt, ist die Regelung des § 1836 Abs. 1 Satz 4 BGB a.F. vollständig in § 1 Abs. 1 Satz 2 VBVG überführt worden. Wie schon nach der bisherigen Rechtslage wird die berufsmäßige Amtsführung demnach dann **vermutet**, wenn der Vormund **mehr als zehn Vormundschaften** führt oder die aufzuwendende Zeit **20 Wochenstunden nicht unterschreitet**.

26 Da die bisherige Regelung somit ohne wesentlichen Änderungen in das neue VBVG übernommen wurde, wird an dieser Stelle auf die Kommentierung zu § 1 VBVG verwiesen.[27]

---

[19] BGH v. 08.01.2014 - XII ZB 354/13 - juris Rn. 17 ff. - FamRZ 2014, 468-470.

[20] BGH v. 08.01.2014 - XII ZB 354/13 - juris Rn. 24 - FamRZ 2014, 468-470.

[21] BGH v. 29.01.2014 - XII ZB 372/13 - FamRZ 2014, 653-655.

[22] BGH v. 12.02.2014 - XII ZB 46/13 - FamRZ 2014, 736-737.

[23] BayObLG München v. 29.09.1999 - 3Z BR 237/99 - juris Rn. 6 - NJW-RR 2001, 580.

[24] Statt „Das Gericht hat diese Feststellung zu treffen, wenn …" in § 1836 Abs. 1 Satz 3 BGB a.F. heißt es in § 1 Abs. 1 VBVG nunmehr „Das Familiengericht hat die Feststellung der Berufsmäßigkeit gemäß § 1836 Abs. 1 Satz 2 des Bürgerlichen Gesetzbuches zu treffen, wenn …" Im Übrigen deckt sich der Wortlaut des § 1 Abs. 1 VBVG mit der bisherigen Regelung in § 1836 Abs. 1 Satz 2 BGB.

[25] Dabei ist nicht nur auf die Anzahl der Vormundschaften abzustellen sondern auch auf die übernommenen Betreuungsverhältnisse und Pflegschaften, die insoweit gleich gestellt sind. Die Berufsmäßigkeit der übernommenen vormundschaftlichen und vormundschaftsähnlichen Geschäfte (mithin auch der Betreuungen und Pflegschaften) ist also in einer Gesamtschau zu beurteilen, vgl. für die Regelvermutung nach § 1836 Abs. 1 Satz 4 BGB a.F. *Wagenitz* in: MünchKomm-BGB, § 1836 Rn. 14.

[26] „Berufsmäßigkeit liegt im Regelfall vor" (§ 1 Abs. 1 Satz 2 VBVG) anstelle von „Die Voraussetzungen des Satzes 3 erste Alternative liegen im Regelfall vor" (§ 1836 Abs. 1 Satz 4 BGB a.F.).

[27] Für die zu § 1836 Abs. 1 Sätze 3 und 4 BGB a.F. ergangene Rechtsprechung und Literatur vgl. auch *Klein/Pammler* in: jurisPK-BGB, 2. Aufl., § 1886 Rn. 16 ff.

d. Formale Anforderungen an die gerichtliche Feststellung

Die Feststellung der berufsmäßigen Tätigkeit hat durch dem Mündel und dem Vormund bekanntzugebenden Beschluss zu erfolgen. Zwar schreibt das Gesetz weder in § 1836 BGB noch in § 1 VBVG eine bestimmte Form der Entscheidung vor, so dass in der Rechtsprechung zum Teil die Auffassung vertreten wurde, dass die Feststellung der berufsmäßigen Tätigkeit auch formlos, etwa in Gestalt eines der Bestellung nachfolgenden Aktenvermerks erfolgen kann.[28] Nach § 38 Abs. 1 FamFG hat das Gericht jedoch durch Beschluss zu entscheiden, wenn der Verfahrensgegenstand ganz oder teilweise erledigt wird. Aufgrund der für den Vergütungsanspruch konstitutiven Wirkung ist die Feststellung daher durch formalen Beschluss gemäß § 38 Abs. 1 FamFG zu treffen.[29]

27

e. Rechtsmittel gegen die gerichtliche Feststellung

Wenn das Gericht eine Feststellung über die berufsmäßige Führung der Betreuung nicht treffen will, kann die für die Vormundschaft/Betreuung vorgesehene Peron ggf. die Übernahme der Vormundschaft ablehnen. Für Betreuungen ergibt sich dies aus § 1898 Abs. 2 BGB, für Vormundschaften kann sich der Betroffene u.U. auf ein Ablehnungsrecht aus § 1786 Abs. 1 Nr. 8 BGB berufen. Sofern das Gericht die Ablehnung zurückweist, kann dieser Beschluss ggf. mit der Beschwerde angegriffen werden; zu beachten ist allerdings auch § 1787 Abs. 2 BGB.[30]

28

Wird der Vormund bestellt und trifft das Gericht bei Bestellung bewusst keine Feststellung über die berufsmäßige Führung der Vormundschaft, kann der Vormund hiergegen **Beschwerde** einlegen.[31] Darüber hinaus dürfte generell gegen Entscheidungen, durch die das Gericht (auch im weiteren Verlauf der Vormundschaft/Betreuung) eine (ablehnende) Entscheidung über die berufsmäßige Führung der Vormundschaft trifft, die Beschwerde gegeben sein.[32]

29

Der Staatskasse steht allerdings kein Beschwerderecht gegen die Feststellung des Gerichts zu, der Vormund (Betreuer) führe die Betreuung berufsmäßig.[33]

30

Für die bei der Bestellung versehentlich unterbliebene Feststellung wird vertreten, dass der Beschluss gemäß § 42 Abs. 1 FamFG ergänzungsfähig sein soll.[34] Damit mag zwar der Einzelfallgerechtigkeit gedient sein, eine solche Ergänzungsmöglichkeit läuft aber dem Ziel zuwider, Rechtsklarheit und Kalkulierbarkeit hinsichtlich der Vergütung zu schaffen, und lässt sich zudem mit dem konstitutiven Charakter der Feststellung nur schwer vereinbaren (vgl. Rn. 18).

31

3. Bewilligung der Vergütung/Verweis auf das VBVG (Absatz 1 Satz 3)

Stellt das Familiengericht fest, dass der Vormund die Vormundschaft berufsmäßig führt, wird die Vormundschaft gemäß § 1836 Abs. 1 Satz 2 BGB „ausnahmsweise entgeltlich geführt", d.h. dem Vormund (Betreuer) ist eine entsprechende Vergütung zu bewilligen.

32

---

[28] OLG Brandenburg v. 06.01.2004 - 10 WF 251/03 - FamRZ 2004, 1403-1404; so auch die in der Vorauflage vertretene Auffassung.
[29] So auch *Wagenitz* in: MünchKomm-BGB, § 1836 Rn. 6; vgl. die Kommentierung zu § 1 VBVG Rn. 7.
[30] Vgl. dazu auch *Wagenitz* in: MünchKomm-BGB, § 1836 Rn. 10.
[31] Vgl. dazu auch KG Berlin v. 14.12.2010 - 1 W 188/10 - NJW 2011, 1824-1825, wonach ein Betreuer in solchen Fällen gegen den Bestellungsbeschluss Beschwerde mit dem Ziel der Ergänzung um die Feststellung berufsmäßiger Führung einlegen kann.
[32] BayObLG München v. 01.02.2001 - 3Z BR 34/01 - juris Rn. 5 - NJW-RR 2001, 943.
[33] So die mittlerweile wohl herrschende Meinung, vgl. OLG Frankfurt v. 26.02.2004 - 20 W 445/03 - FGPrax 2004, 122-123 sowie BayObLG München v. 03.05.2001 - 3Z BR 85/01 - BayObLGZ 2001, 115-117; OLG Hamm v. 28.08.2000 - 15 W 57/00 - JMBl NW 2001, 56-58, vgl. ferner auch *Bienwald* in: Bienwald/Sonnenfeld/Hoffmann, Bt-Komm, 4. Aufl. 2005, § 1836 Rn. 40. Wohl anderer Auffassung ist OLG Köln v. 11.05.2001 - 16 Wx 77/01 - NJWE-FER 2001, 290-291, danach soll die Landeskasse den Bestellungsbeschluss, wonach ein Verfahrenspfleger „als Rechtsanwalt" bestellt sei, dennoch anfechten können.
[34] *Wagenitz* in: MünchKomm-BGB, § 1836 Rn. 10, vgl. auch OLG Hamm v. 11.12.2007 - 15 W 290/07 - JMBl NW 2008, 125-127 wonach eine spätere Auslegung bzw. Berichtigung zumindest dann mit dem Gesetzeszweck der Rechtsklarheit und Kalkulierbarkeit vereinbar sein soll, wenn der gerichtliche Wille, einen berufsmäßig tätigen Betreuer zu bestellen, im Zeitpunkt der Bestellung klar erkennbar bzw. offenkundig gewesen ist.

§ 1836

33 Die Einzelheiten des Vergütungsanspruchs sind seit In-Kraft-Treten des 2. BtÄndG nicht mehr im früheren § 1836 Abs. 2 BGB geregelt, sondern im neu erlassenen VBVG. Hinsichtlich der zu bewilligenden Vergütung wird daher auf die Kommentierung zu § 1 VBVG ff. verwiesen.[35]

III. Vergütung eines nicht berufsmäßig tätigen Vormunds (Absatz 2)

34 Gemäß § 1836 Abs. 2 BGB[36] kann das Familiengericht auch dem ehrenamtlichen Vormund (Betreuer) eine angemessene Vergütung bewilligen.

1. Vormund

35 Voraussetzung ist auch hier eine **wirksame Bestellung** zum Vormund bzw. Gegenvormund (Einzelheiten hierzu vgl. Rn. 13).

36 Für den ehrenamtlichen **Gegenvormund** gilt grundsätzlich, dass eine Vergütung nur bei Vorliegen „besonderer Gründe" gewährt werden kann. Das Gesetz knüpft die Vergütung hier im Vergleich zum Vergütungsanspruch des ehrenamtlichen Hauptvormunds/-betreuers somit an zusätzliche Voraussetzungen. Da aber schon dem ehrenamtlich tätigen Hauptvormund/-betreuer eine Vergütung nur unter besonderen Umständen gewährt werden kann (vgl. dazu Rn. 37 ff.), führt dies im Ergebnis dazu, dass ein Vergütungsanspruch des ehrenamtlich tätigen Gegenvormunds in der Praxis äußerst selten gewährt werden dürfte.

2. Angemessenheit einer Vergütung wegen Umfang oder Schwierigkeit der vormundschaftlichen Geschäfte

37 Dem ehrenamtlichen Vormund kann das Familiengericht eine Vergütung bewilligen, wenn der Umfang oder die Schwierigkeit der vormundschaftlichen Geschäfte dies rechtfertigen. Schon die Formulierung verdeutlicht die vom Gesetzgeber vorgenommene Wertung: Die Vergütung muss „gerechtfertigt" werden, das heißt sie ist nicht der Regel- sondern der Ausnahmefall. Eine Vergütung ist demnach nur dann zu bewilligen, wenn die unentgeltliche Wahrnehmung der vormundschaftlichen Aufgaben auch als Wahrnehmung einer staatsbürgerlichen Pflicht nicht mehr zumutbar erscheint.[37]

38 Wann eine Ausnahme vom Grundsatz der Unentgeltlichkeit der ehrenamtlichen Vormundschaft wegen des (zeitlichen) Umfangs und/oder der Schwierigkeit der vormundschaftlichen Tätigkeit in Betracht kommt, bestimmt sich nach den Umständen des Einzelfalls. Dabei sind jedoch nur solche Maßnahmen zu berücksichtigen, die für die Führung der Vormundschaft auch erforderlich sind.

39 Das **Vermögen des Mündels** wird wohl nur insoweit herangezogen werden können, als eine Vergütung bei geringem Mündelvermögen regelmäßig ausscheiden muss, weil es diesbezüglich an der Angemessenheit fehlt.[38] Trägt der Vormund eine **hohe Verantwortung**, weil er komplizierte Entscheidungen mit gegebenenfalls existenziellen Auswirkungen treffen muss (etwa Einwilligung in risikoreiche ärztliche Eingriffe), so kann dies im Einzelfall eine Vergütung rechtfertigen.[39] Auch die **Situation des Vormunds** kann zu berücksichtigen sein: Während verwandtschaftliche oder persönliche Bindungen zum Mündel die Zumutbarkeit einer unentgeltlichen Tätigkeit im Regelfall erhöhen, kann die beengte Einkommens- und Vermögenssituation des Vormunds und/oder ein nachweisbarer (teilweiser) Erwerbsverzicht zu Gunsten vormundschaftlicher Tätigkeiten für die Bewilligung einer Vergütung sprechen.[40]

---

[35] Weitere Einzelheiten finden sich auch bei *Pammler-Klein/Pammler* in: jurisPK-BGB, 3. Aufl. 2006, § 1836 BGB Rn. 24 ff., wo die Veränderungen, die sich durch die gesetzlichen Neuerungen ergeben haben, dargestellt werden. Zur Verfassungsmäßigkeit des geltenden Vergütungsrechts nach dem VBVG vgl. BGH v. 21.10.2009 - XII ZB 66/08 - juris Rn. 22 ff.; BVerfG v. 06.02.2007 - 1 BvL 10/06.

[36] Mit In-Kraft-Treten des 2. Betreuungsrechtsänderungsgesetzes am 01.07.2005 (vgl. hierzu Rn. 1, grundlegend zum 2. BtÄndG vgl. die Vorbem. VBVG) wurde die Regelung des § 1836 Abs. 3 BGB a.F. – in ansonsten unveränderter Form – in § 1836 Abs. 2 BGB verschoben.

[37] Vgl. auch *Wagenitz* in: MünchKomm-BGB, § 1836 Rn. 32.

[38] Vgl. hierzu auch BayObLG München v. 31.03.2004 - 3Z BR 250/03 - FamRZ 2004, 1138-1141; *Wagenitz* in: MünchKomm-BGB, § 1836 Rn. 35a, misst dem Vermögen tendenziell eine größere Bedeutung bei.

[39] *Diederichsen* in: Palandt, § 1836 Rn. 9.

[40] *Wagenitz* in: MünchKomm-BGB, § 1836 Rn. 35b.

3. Keine Mittellosigkeit des Mündels

Nach § 1836 Abs. 2 letzter HS. BGB kann dem ehrenamtlichen Vormund nur dann eine Vergütung gewährt werden, wenn der Mündel nicht mittellos ist (zum Begriff der Mittellosigkeit vgl. die Kommentierung zu § 1836d BGB).

4. Bewilligung der Vergütung

a. Entstehung des Vergütungsanspruchs

Anders als der Anspruch des Berufsvormunds entsteht der Vergütungsanspruch des ehrenamtlichen Vormunds erst mit dem wirksam gewordenen Bewilligungsbeschluss des Familiengerichts, der Beschluss hat konstitutive Wirkung.[41]

b. Höhe der Vergütung

Die **Höhe der Vergütung** ist durch das Familiengericht anhand des Umfangs und/oder der Schwierigkeit der vormundschaftlichen Tätigkeit zu ermitteln. Während der – gegebenenfalls zu schätzende – Zeitaufwand von erheblicher Bedeutung ist[42], spielt das Vermögen des Mündels – wenn überhaupt – eine eher untergeordnete Rolle.

Die Vergütungshöhe beim ehrenamtlich tätigen Vormund darf nach der hier vertretenen Auffassung die Stundensätze nach § 3 VBVG keinesfalls überschreiten: Es widerspräche dem Ausnahmecharakter von § 1836 Abs. 2 BGB, wenn der ehrenamtlich Tätige besser gestellt wäre als der berufsmäßig Handelnde.[43] Regelmäßig wird man sogar eine (erheblich) geringere Vergütung als „angemessen" erachten müssen, schließlich muss der ehrenamtlich Tätige mit der Vergütung weder Allgemeinkosten erwirtschaften noch seinen Lebensunterhalt bestreiten. Eine Bemessung der Vergütung nach (niedrigen) Stundensätzen ist grundsätzlich möglich.[44]

Die Bemessung der Vergütungshöhe nach § 1836 Abs. 2 BGB ist eine **Ermessensentscheidung**, sie kann im Rechtsbeschwerdeverfahren nur daraufhin überprüft werden, ob der Tatrichter von seinem Ermessen einen rechtlich fehlerhaften, Sinn und Zweck des Gesetzes zuwiderlaufenden Gebrauch gemacht hat oder von ungenügenden oder verfahrenswidrig zustande gekommenen Feststellungen ausgegangen ist bzw. wesentliche Umstände unberücksichtigt gelassen hat.[45]

c. Anspruchsschuldner

Schuldner des Anspruchs nach § 1836 Abs. 2 BGB kann nur der Mündel (Betreute) sein. Ein Anspruch gegen die Staatskasse kommt nicht in Betracht, weil § 1836 Abs. 2 HS. 2 BGB voraussetzt, dass der Mündel nicht mittellos ist.

IV. Jugendamt oder Verein als Vormund (Absatz 3)

Soweit das Jugendamt oder ein Verein als Vormund bestimmt sind, kann ihnen gemäß § 1836 Abs. 3 BGB grundsätzlich keine Vergütung bewilligt werden. Dies hat der BGH in seiner Entscheidung vom 25.05.2011 für den Verein ausdrücklich klargestellt.[46] Soweit er in seiner, auch in der Vorauflage dargestellten Entscheidung vom 14.03.2007 eine andere Auffassung vertreten hat[47], hat er diese Rechtsprechung inzwischen aufgegeben.[48] Näheres zur Entscheidung des BGH vgl. die Kommentierung zu § 1835 BGB Rn. 106.

---

[41] OLG Zweibrücken v. 13.11.2007 - 5 U 62/06 - juris Rn. 71 - OLGR Zweibrücken 2008, 135-139.

[42] BayObLG München v. 16.03.1998 - 3Z BR 373/97 - NJW-RR 1999, 5-6.

[43] Vgl. für die Nachlasspflegschaft OLG Hamm v. 31.05.2002 - 15 W 146/02 - juris Rn. 19 - NJW-RR 2002, 1445-1446, das jedoch – entgegen der hier vertretenen Ansicht – im Einzelfall auch einen höheren Stundensatz zugesteht.

[44] OLG Hamm v. 31.05.2002 - 15 W 146/02 - juris Rn. 19 - NJW-RR 2002, 1445-1446. Dagegen BayObLG München v. 16.03.1998 - 3Z BR 373/97 - NJW-RR 1999, 5-6.

[45] OLG Hamm v. 31.05.2002 - 15 W 146/02 - juris Rn. 13 - NJW-RR 2002, 1445-1446; vgl. auch OLG Zweibrücken v. 15.08.2000 - 3 W 76/00 - juris Rn. 7 - OLGR Zweibrücken 2000, 531-533.

[46] BGH v. 25.05.2011 - XII ZB 625/10 - NJW 2011, 2727-2730.

[47] BGH v. 14.03.2007 - XII ZB 148/03 - juris Rn. 8.

[48] BGH v. 25.05.2011 - XII ZB 625/10 - NJW 2011, 2727-2730.

47 § 1836 Abs. 3 BGB betrifft allerdings nur die Fälle, in denen der Verein oder die Behörde selbst als juristische Person zum Vormund bzw. Betreuer bestellt sind. Etwas anderes gilt, wenn ein Mitarbeiter eines Vereins bzw. einer Behörde zum Vormund bzw. Betreuer bestellt wird. Für Betreuungen sehen insoweit die §§ 7, 8 VBVG vor, dass dem Verein bzw. der Behörde in solchen Fällen grundsätzlich Vergütung für ihren Mitarbeiter zu gewähren ist. Für den Verfahrenspfleger gilt § 277 Abs. 4 FamFG. Demgegenüber ist eine entsprechende Vorschrift im Vormundschaftsrecht nicht vorgesehen. Der BGH hat hierin bereits in seinem Beschluss vom 14.03.2007 eine planwidrige Regelungslücke gesehen und einen Vergütungsanspruch eines Vereins für den als Vormund tätigen Mitarbeiter analog § 67a Abs. 4 FGG (entspricht nunmehr § 277 Abs. 4 FamFG) hergeleitet.[49] In seiner Entscheidung vom 25.05.2011 hat der BGH an dieser Auffassung im Ergebnis festgehalten, nicht jedoch an seinen Ausführungen zur Herleitung des Anspruchs: In Abgrenzung zum Senatsbeschluss vom 14.03.2007 hat der BGH nunmehr nicht mehr die Vorschriften zum Vergütungs- und Aufwendungsersatzanspruch einer Verfahrenspflegschaft entsprechend herangezogen, sondern diejenigen des Betreuungsrechts. Danach kann der Vormundschaftsverein für seinen als Vormund tätigen Mitarbeiter Aufwendungsersatz und Vergütung in entsprechender Anwendung der § 1897 Abs. 2 Satz 1 BGB, § 7 VBVG beanspruchen.[50]

48 Aufgrund der geänderten Rechtsprechung zur Frage der Vergütungsfähigkeit von Amts- bzw. Vereinsvormund scheinen in der Praxis nunmehr vermehrt Anträge auf Entlassung von Vereinen und stattdessen Bestellung der bislang intern bereits ohnehin schon zuständigen Mitarbeiter gestellt zu werden. Die Rechtsprechung hat – soweit ersichtlich – gegen dieses Vorgehen keine Bedenken erhoben und in der geänderten Rechtsprechung einen wichtigen Grund gemäß § 1886 BGB gesehen, der die Entlassung des Vereins gemäß § 1889 Abs. 2 Satz 2 BGB rechtfertigt[51] (vgl. dazu die Kommentierung zu § 1889 BGB Rn. 18).

F. Rechtsfolgen

49 Der Anspruch auf Vergütung **entsteht** grundsätzlich mit der Ausübung der vergütungspflichtigen Tätigkeit. **Fällig** wird der Anspruch jedoch erst mit der Bewilligung durch das Gericht (§ 168 Abs. 1 Satz 1 Nr. 2 FamFG).[52]

50 Der Vergütungsanspruch gemäß § 1836 Abs. 2 BGB unterliegt den allgemeinen Verjährungsregeln. Bei berufsmäßiger Führung der Vormundschaft gemäß § 1836 Abs. 1 BGB ist für die Geltendmachung des Anspruchs die 15-Monatsfrist des § 2 VBVG zu beachten (Einzelheiten dazu in der Kommentierung zu § 2 VBVG). Wird die Frist gewahrt, gelten die ebenfalls die allgemeinen Verjährungsregeln, d.h. der Vergütungsanspruch **verjährt** gemäß § 195 BGB in drei Jahren.[53] Die Verjährung kann jedoch nach § 207 Abs. 1 Satz 2 BGB für die Dauer des Vormundschafts-/Betreuungs-/Pflegschaftsverhältnisses gehemmt sein, vgl. dazu die Kommentierung zu § 1835 BGB Rn. 62. Die Mittellosigkeit des Betreuten/Vormunds im Sinne von § 1836d BGB steht dem Verjährungsbeginn nicht entgegen und führt nicht zu einer Hemmung der Verjährung nach § 205 BGB.[54]

G. Prozessuale Hinweise/Verfahrenshinweise

51 Der Vormund muss den Vergütungsanspruch grundsätzlich beim Familiengericht geltend machen. Anders als beim Aufwendungsersatzanspruch nach § 1835 BGB kommt eine direkte Entnahme aus dem Vermögen des Betroffenen nicht in Betracht. Dies ergibt sich aus § 168 Abs. 1 Satz 1 Nr. 1 und 2 FamFG, die für den Vergütungsanspruch anders als für den Aufwendungsersatzanspruch nach § 1835 BGB nur die Möglichkeit einer Festsetzung durch das Gericht vorsehen.

52 Das Verfahren über die Vergütungsfestsetzung richtet sich nach § 168 Abs. 1 FamFG. Eventuelle Gegenansprüche des Mündels/Betreuten werden in dem Verfahren nach § 168 Abs. 1 FamFG nicht berücksichtigt, etwaige Schadensersatzansprüche gegen den Vormund (§ 1833 BGB) muss der Betrof-

---

[49] BGH v. 14.03.2007 - XII ZB 148/03.
[50] BGH v. 25.05.2011 - XII ZB 625/10 - juris Rn. 22 - NJW 2011, 2727-2730.
[51] OLG Düsseldorf v. 09.05.2012 - II-1 WF 20/12, 1 WF 20/12 - juris Rn. 6 - FamRZ 2013, 54-55; zur Vereinspflegschaft vgl. OLG Düsseldorf v. 09.05.2012 - II-1 WF 17/12, 1 WF 17/12 - juris Rn. 6 - FamRZ 2013, 477; BGH v. 13.03.2013 - XII ZB 39/12 - juris Rn. 10 - FamRZ 2013, 946-947.
[52] Vgl. *Wagenitz* in: MünchKomm-BGB, § 1836 Rn. 43.
[53] BGH v. 25.01.2012 - XII ZB 461/11 - juris Rn. 11 - FamRZ 2012, 627-629.
[54] BGH v. 25.01.2012 - XII ZB 605/10 - BtPrax 2012, 118-120; BGH v. 07.11.2012 - XII ZB 17/12 - juris Rn. 8 - FamRZ 2013, 214-215; LG Koblenz v. 24.09.2012 - 2 T 549/12 - Rpfleger 2013, 29-30.

fene im Prozesswege geltend machen.[55] Der Einwand, der Vormund, Betreuer oder Pfleger habe die Geschäfte mangelhaft geführt, kann bei der Vergütungsfestsetzung grundsätzlich nicht berücksichtigt werden.[56] Bei schweren Pflichtverletzungen (wie etwa der Veruntreuung von Vermögen) kann sich der Betroffene jedoch unter Umständen auf den Einwand der Verwirkung berufen.[57]

Gegen die Entscheidung des Gerichts findet die Beschwerde statt. Weitere Einzelheiten dazu vgl. die Kommentierung zu § 1835 BGB Rn. 114.

53

---

[55] BGH v. 11.04.2012 - XII ZB 459/10 - juris Rn. 16, 17; OLG Schleswig v. 01.07.2011 - 3 Wx 19/11 - FamRZ 2012, 143-144; KG Berlin v. 10.07.2007 - 1 W 454/03 - juris Rn. 19 - Rpfleger 2007, 608-610 m.w.N.; OLG Celle v. 19.12.2003 - 21 W 18/03 - RVGreport 2004, 120, danach sei das FGG-Verfahren für die Beurteilung streitiger materieller Ansprüche grundsätzlich nicht geeignet; vgl. a. LG Kassel v. 22.03. 2013 - 3 T 81/13 - juris Rn. 36 - BtPrax 2013, 116-118.

[56] BGH v. 11.04.2012 - XII ZB 459/10 - juris Rn. 16, 17; OLG Schleswig v. 01.07.2011 - 3 Wx 19/11 - FamRZ 2012, 143-144.

[57] BayObLG München v. 18.02.2004 - 3Z BR 251/03 - FamRZ 2004, 1323; vgl. auch KG Berlin v. 10.07.2007 - 1 W 454/03 - juris Rn. 19 - Rpfleger 2007, 608-610.

§§ 1836a bis 1836b BGB (weggefallen)

(Fassung vom 21.04.2005, gültig ab 01.07.2005, gültig bis 01.07.2005)

(weggefallen)

1 §§ 1836a bis 1836b BGB in der Fassung vom 21.04.2005 sind durch Art. 1 Nr. 6 des Gesetzes vom 21.04.2005 – BGBl I 2005, 1073 – mit Wirkung vom 01.07.2005 - weggefallen.

§ 1836c BGB Einzusetzende Mittel des Mündels

(Fassung vom 27.12.2003, gültig ab 01.01.2005)

Der Mündel hat einzusetzen

1. nach Maßgabe des § 87 des Zwölften Buches Sozialgesetzbuch sein Einkommen, soweit es zusammen mit dem Einkommen seines nicht getrennt lebenden Ehegatten oder Lebenspartners die nach den §§ 82, 85 Abs. 1 und § 86 des Zwölften Buches Sozialgesetzbuch maßgebende Einkommensgrenze für die Hilfe nach dem Fünften bis Neunten Kapitel des Zwölften Buches Sozialgesetzbuch übersteigt. ²Wird im Einzelfall der Einsatz eines Teils des Einkommens zur Deckung eines bestimmten Bedarfs im Rahmen der Hilfe nach dem Fünften bis Neunten Kapitel des Zwölften Buches Sozialgesetzbuch zugemutet oder verlangt, darf dieser Teil des Einkommens bei der Prüfung, inwieweit der Einsatz des Einkommens zur Deckung der Kosten der Vormundschaft einzusetzen ist, nicht mehr berücksichtigt werden. ³Als Einkommen gelten auch Unterhaltsansprüche sowie die wegen Entziehung einer solchen Forderung zu entrichtenden Renten;
2. sein Vermögen nach Maßgabe des § 90 des Zwölften Buches Sozialgesetzbuch.

Gliederung

A. Gesetzesänderungen 1	d. Addition des Einkommens des Ehegatten/Lebenspartners 20
I. Regelbedarfs-Ermittlungsgesetz – RBEG (vom 24.03.2011) 1	3. Ermittlung der maßgebenden Einkommensgrenze 21
II. FGG-Reformgesetz/FamFG (vom 17.12.2008) ... 2	4. Feststellung, ob das ermittelte Einkommen die Einkommensgrenze übersteigt 27
III. Gesetz zur Einordnung des Sozialhilferechts in das Sozialgesetzbuch (vom 27.12.2003) 3	5. Ermittlung des einzusetzenden Einkommensteils 28
B. Grundlagen 5	III. Einzusetzendes Vermögen (Nr. 2) 31
I. Kurzcharakteristik 5	1. Grundsätzlich einzusetzendes Vermögen (§ 90 Abs. 1 SGB XII) 33
II. Regelungsprinzipien 6	a. Allgemeines 33
C. Anwendungsbereich 7	b. Beispiele aus der Rechtsprechung 36
D. Praktische Bedeutung 8	2. Schonvermögen (§ 90 Abs. 2 SGB XII) 38
E. Anwendungsvoraussetzungen 9	3. Keine unzumutbare Härte (§ 90 Abs. 3 SGB XII) 43
I. Normstruktur 9	a. Zum Begriff der Härte 43
II. Einzusetzendes Einkommen (Nr. 1) 10	b. Beispiele aus der Rechtsprechung 45
1. Prüfungsreihenfolge 11	F. Rechtsfolgen 53
2. Ermittlung des Einkommens 12	G. Prozessuale Hinweise/Verfahrenshinweise 54
a. Zum Begriff des Einkommens 12	
b. Unterhaltsansprüche (Nr. 1 Satz 3) 15	
c. Abzusetzende Beträge 18	

A. Gesetzesänderungen

I. Regelbedarfs-Ermittlungsgesetz – RBEG (vom 24.03.2011)

Mit Wirkung zum 01.01.2011 ist das Gesetz zur Ermittlung von Regelbedarfen und zur Änderung des Zweiten und Zwölften Buches Sozialgesetzbuch[1] in Kraft getreten. Durch dieses Gesetz sind die von § 1836c BGB in Bezug genommenen §§ 82, 85 Abs. 1 SGB XII geringfügig verändert worden. Neu eingeführt wurde insbesondere § 82 Abs. 1 Satz 2 SGB XII sowie die Ausnahme in Satz 3 (vgl. dazu jeweils Rn. 13), darüber hinaus ist an die Stelle des bisherigen „Eckregelsatzes" als Anknüpfungspunkt für den Grundbetrag im Sinne des § 85 Abs. 1 Nr. 1 SGB XII die „Regelbedarfsstufe 1 nach der Anlage zu § 28 SGB XII" getreten (vgl. dazu Rn. 21 ff.).

1

---

[1] BGBl I 2011, 453.

II. FGG-Reformgesetz/FamFG (vom 17.12.2008)

2 Zu den Änderungen im Zusammenhang mit dem Gesetz zur Reform des Verfahrens in Familiensachen und in den Angelegenheiten der freiwilligen Gerichtsbarkeit vom 17.12.2008 (FGG-Reformgesetz – FGG-RG) bzw. dem Gesetz über das Verfahren in Familiensachen und in den Angelegenheiten der freiwilligen Gerichtsbarkeit (FamFG) zum 01.09.2009 vgl. die Kommentierung zu § 1835 BGB Rn. 1 ff.

III. Gesetz zur Einordnung des Sozialhilferechts in das Sozialgesetzbuch (vom 27.12.2003)

3 § 1836c BGB wurde mit Wirkung zum 01.01.2005 durch das „Gesetz zur Einordnung des Sozialhilferechts in das Sozialgesetzbuch" vom 27.12.2003[2] neu gefasst. Die Vorschrift verweist seither nicht mehr auf die §§ 84, 76, 79 Abs. 1 und 3, 81 Abs. 1, 82 und 88 BSHG, sondern auf die inhaltlich entsprechenden Vorschriften des Zwölften Buches Sozialgesetzbuch (auf die §§ 82, 85 Abs. 1, 86 SGB XII nach Maßgabe des § 87 SGB XII für das Einkommen und auf § 90 SGB XII für das Vermögen).

4 Inhaltlich ist die Vorschrift des § 1836c BGB durch diese Gesetzesänderung **im Kern nicht berührt** worden. Es handelt sich im Wesentlichen um eine Anpassung, die der gesetzlichen Reformierung des Sozialhilferechts Rechnung trägt.

B. Grundlagen

I. Kurzcharakteristik

5 Die Norm legt fest, welche (finanziellen) Mittel der Mündel für den Aufwendungsersatz und/oder die Vergütung des Vormunds einzusetzen hat.

II. Regelungsprinzipien

6 § 1836c BGB bestimmt, welches Einkommen (Nr. 1) und welches Vermögen (Nr. 2) der Mündel zur Erfüllung des Vergütungs- bzw. Aufwendungsersatzanspruchs seines Vormunds einsetzen muss. Die Norm ist im Zusammenhang mit § 1836d BGB zu verstehen, der festlegt, wann der Mündel als mittellos gilt und sich die Ansprüche des Vormunds mithin gegen die Staatskasse richten. § 1836c BGB erfüllt somit zwei Funktionen: Zum einen beschränkt er die Haftung des Mündels für die Kosten der Vormundschaft, zum anderen füllt die Vorschrift den Begriff der Mittellosigkeit nach § 1836d BGB aus.

C. Anwendungsbereich

7 Die Vorschrift ist auf die **Betreuung** sinngemäß anzuwenden (§ 1908i Abs. 1 Satz 1 BGB) und gilt auch für **Pflegschaften** (§ 1915 Abs. 1 Satz 1 BGB, hier ist die Bestimmung der Mittellosigkeit insbesondere im Rahmen des § 1915 Abs. 1 Satz 2 BGB von Bedeutung). Im Hinblick auf **Verfahrenspflegschaften** ist zu berücksichtigen, dass sich die Ansprüche des Verfahrenspflegers gem. § 277 Abs. 5 FamFG immer gegen die Staatskasse richten, so dass es der Bestimmung der Mittellosigkeit gem. §§ 1836c, 1836d BGB grundsätzlich nicht bedarf. Allerdings ist die Vorschrift im Rahmen der §§ 93a Abs. 2, 137 Nr. 16 KostO relevant, wonach die an einen Verfahrenspfleger gezahlten Beträge dem Betroffenen als Verfahrensauslagen in Rechnung gestellt werden können.

D. Praktische Bedeutung

8 Die Vorschrift ist vor allem im Rahmen der Betreuung von großer praktischer Bedeutung, da ein Großteil der Betreuten (schätzungsweise 80%) mittellos ist.[3]

E. Anwendungsvoraussetzungen

I. Normstruktur

9 Während § 1836c Abs. 1 BGB das einzusetzende Einkommen regelt, gibt § 1836c Abs. 2 BGB vor, welches Vermögen der Mündel einzusetzen hat.

---

[2] BGBl I 2003, 3022.
[3] *Maier* in: Jurgeleit, Hk-Bt, 1. Aufl. 2006, § 1836c Rn. 4.

II. Einzusetzendes Einkommen (Nr. 1)

§ 1836c Nr. 1 BGB bestimmt, in welchem Umfang (nach welcher Maßgabe) der Mündel (Betreute) 10
sein Einkommen einzusetzen hat: Die Norm verweist diesbezüglich auf die §§ 82, 85 Abs. 1, 86 und
87 SGB XII.

1. Prüfungsreihenfolge

Das Gericht hat bei der Prüfung der nach § 1836c BGB einzusetzenden Mittel folgendermaßen vorzu- 11
gehen:[4]

- Zunächst ist festzustellen, über welches Einkommen der Mündel (Betreute) verfügt (§ 82 SGB XII).
- Danach ist zu klären, ob dieses Einkommen die maßgebliche Einkommensgrenze überschreitet (§§ 85, 86 SGB XII).
- Schließlich ist zu untersuchen, inwieweit es dem Mündel (Betreuten) zuzumuten ist, den die Einkommensgrenze übersteigenden Anteil seines Einkommens für die Kosten der Vormundschaft (Betreuung) einzusetzen (§ 87 SGB XII).

2. Ermittlung des Einkommens

a. Zum Begriff des Einkommens

Einkommen im Sinne des § 82 Abs. 1 Satz 1 SGB XII sind alle Einkünfte in Geld oder Geldeswert 12
mit Ausnahme der Leistungen nach dem SGB XII, der Grundrente nach dem Bundesversorgungsgesetz
und nach den Gesetzen, die eine entsprechende Anwendung des Bundesversorgungsgesetzes vorsehen[5]
und der Renten oder Beihilfen nach dem Bundesentschädigungsgesetz für Schaden an Leben sowie an
Körper oder Gesundheit bis zur Höhe der vergleichbaren Grundrente nach dem Bundesversorgungsgesetz. Soweit Einkünfte aus Rückerstattungen erzielt werden, die auf Vorauszahlungen beruhen, die
Leistungsberechtigte aus dem Regelsatz erbracht haben, zählen diese nach dem mit Wirkung zum
01.01.2011 neu eingeführten § 82 Abs. 1 Satz 2 SGB XII (zur Gesetzesänderung vgl. auch Rn. 2) nicht
zum Einkommen.

Zum Einkommen des minderjährigen Mündels hinzugerechnet wird hingegen das für ihn gezahlte Kin- 13
dergeld, § 82 Abs. 1 Satz 3 SGB XII.[6] Davon ausgenommen sind jedoch seit dem 01.01.2011 (zur Gesetzesänderung vgl. auch Rn. 2) die nach § 34 SGB XII gesondert zu erbringenden Bedarfe für Bildung
und Teilhabe.

Unter den so definierten Einkommensbegriff fallen etwa Arbeitseinkünfte, Renten, Miet- und Zinsein- 14
nahmen etc. Umstritten ist, inwieweit Leistungen der Pflegeversicherung als Einkommen zu berücksichtigen sind.[7] Im Ergebnis kommt es darauf jedoch ohnehin nicht an: Soweit man Leistungen der
Pflegeversicherung als Einkommen ansieht, erhöhen sich zwangsläufig in gleichem Maße die zu berücksichtigenden besonderen Belastungen.[8]

b. Unterhaltsansprüche (Nr. 1 Satz 3)

Zum Einkommen gehören ferner auch **Unterhaltsansprüche** sowie eine wegen ihrer Entziehung zu 15
entrichtenden Rente (etwa gemäß §§ 844, 845 BGB). Dies ist zwar nicht in § 82 SGB XII geregelt, ein
entsprechender Hinweis findet sich jedoch in § 1836c Nr. 1 Satz 3 BGB.

---

[4] Vgl. BayObLG München v. 19.11.1999 - 3Z BR 233/99 - juris Rn. 8 - NJW-RR 2001, 584-585.
[5] Anders als nach der vor dem 01.01.2005 geltenden Regelung in § 76 BSHG werden in dem nunmehr maßgeblichen § 82 Abs. 1 Satz 1 SGB XII ausdrücklich auch solche Grundrenten vom Einkommen ausgenommen, welche nach den Gesetzen, die eine entsprechende Anwendung des Bundesversorgungsgesetzes vorsehen, gewährt werden. In der Begründung zum Gesetzentwurf wird insoweit exemplarisch auf das Opferentschädigungsgesetz und das Infektionsschutzgesetz verwiesen (BT-Drs. 15/1514, S. 65).
[6] Diese Regelung, die im Zuge der Gesetzesänderungen zum 01.01.2005 neu eingeführt wurde, hatte laut Gesetzesbegründung zum Ziel, die gegenwärtig unterschiedliche Anrechnungsregel zu beseitigen und durch die Zurechnung beim Kind, das typischerweise in einem gemeinsam wirtschaftenden Familienhaushalt lebt, die „Sozialhilfebedürftigkeit möglichst vieler Kinder zu beseitigen" (BT-Drs. 15/1514, S. 65). Beim minderjährigen Mündel führt sie dazu, dass bei der Ermittlung seines Einkommens auch das Kindergeld berücksichtigt wird.
[7] LG Koblenz v. 21.06.2000 - 2 T 187/00 - BtPrax 2000, 222; anderer Auffassung: BayObLG München v. 19.11.1999 - 3Z BR 233/99 - juris Rn. 13 - NJW-RR 2001, 584-585.
[8] BayObLG München v. 24.07.2001 - 3Z BR 229/01 - juris Rn. 10 - BtPrax 2001, 254-255.

16 Unterhaltsansprüche gehören somit zwar zu dem nach § 1836c BGB einzusetzenden Einkommen, soweit diese aber ggf. gerichtlich durchgesetzt werden müssten, muss der Vormund im Rahmen seines Aufwendungsersatz- und/oder Vergütungsanspruchs nicht darauf zugreifen. Der Mündel (Betreute) gilt insoweit als mittellos gemäß § 1836d Nr. 2 BGB, so dass der Vormund (Betreuer) die Staatskasse in Anspruch nehmen kann. Allerdings kann die Staatskasse solche Ansprüche dann im Rahmen des Regresses gegen den Mündel/Betreuten (§ 1836e BGB) verfolgen.[9]

17 Im Regressverfahren muss das Familiengericht nicht prüfen, ob die Unterhaltsansprüche auch tatsächlich bestehen. Zwar kann das Familiengericht unterhaltsrechtliche Fragen theoretisch auch selbst klären und sodann nach Maßgabe des § 1836c BGB festsetzen, welchen Teil des Unterhalts der Betroffene gegebenenfalls für die Vergütungen und Aufwendungen einzusetzen hat. Diese Entscheidung würde jedoch gegenüber dem Unterhaltsschuldner keinerlei Wirkungen entfalten, so dass eine entsprechende Prüfung kaum sinnvoll wäre.[10]

c. Abzusetzende Beträge

18 **Vom Einkommen abzusetzen** sind die in § 82 Abs. 2 SGB XII bezeichneten Steuern, Sozialversicherungsbeiträge, Beiträge zu öffentlichen oder privaten Versicherungen oder ähnlichen Einrichtungen, geförderte Altersvorsorgebeiträge, mit der Erzielung des Einkommens notwendigerweise verbundene Ausgaben sowie das Arbeitsförderungsgeld und Erhöhungsbeträge des Arbeitsentgelts im Sinne von § 43 Satz 4 SGB IX jeweils nach Maßgabe der in § 82 Abs. 2 SGB XII statuierten Voraussetzungen.[11]

19 Soweit der Betroffene Hilfe zum Lebensunterhalt und Grundsicherung im Alter bezieht und bei Erwerbsminderung ist ferner ein Betrag in Höhe von 30% des Einkommens aus selbständiger und nichtselbständiger Tätigkeit abzusetzen, höchstens jedoch 50% der Regelbedarfsstufe 1 nach der Anlage zu § 28 SGB XII, § 82 Abs. 3 Satz 1 SGB XII. Dabei liegt die Regelbedarfsstufe 1 seit dem 01.01.2014 bei 391 €. In begründeten Fällen kann von dieser Vorgabe abgewichen werden kann, § 82 Abs. 3 Satz 3 SGB XII, vgl. insbesondere auch die Neuregelung des § 82 Abs. 3 Satz 4 SGB XII. Bei einer Beschäftigung in einer Werkstatt für behinderte Menschen ist von dem Entgelt ein Achtel der Regelbedarfsstufe 1 zuzüglich 25% des diesen Betrag übersteigenden Entgelts abzusetzen, § 82 Abs. 3 Satz 2 SGB XII.

d. Addition des Einkommens des Ehegatten/Lebenspartners

20 Zu dem so ermittelten Einkommen des Mündels (Betreuten) ist ggf. das **Einkommen seines (nicht getrennt lebenden) Ehegatten/Lebenspartners hinzuzurechnen**; § 1836c Nr. 1 Satz 1 BGB. Dies führt jedoch nicht zu einer grundsätzlichen Benachteiligung des verheirateten bzw. in Lebenspartnerschaft lebenden Betroffenen, da in solchen Fällen auch die Einkommensgrenze höher ist.

3. Ermittlung der maßgebenden Einkommensgrenze

21 Maßgeblich für die Ermittlung der zu bestimmenden Einkommensgrenze sind seit In-Kraft-Treten des „Gesetzes zur Einordnung des Sozialhilferechts in das Sozialgesetzbuch" am 01.01.2005 nicht mehr die §§ 79 Abs. 1, 3, 81 Abs. 1, 82 BSHG, sondern die §§ 85 Abs. 1, 86 SGB XII, auf die § 1836c BGB n.F. verweist (vgl. dazu auch Rn. 3).

22 Danach ist Ausgangspunkt für die Ermittlung der **maßgebenden Einkommensgrenze** zunächst der in § 85 Abs. 1 SGB XII bezeichnete **Grundbetrag** in Höhe des Zweifachen der Regelbedarfsstufe 1 nach der Anlage zu § 28 SGB XII.[12] Die Regelbedarfsstufe 1 nach der Anlage zu § 28 SGB XII liegt seit dem 01.01.2014 bei 391 €, wird aber regelmäßig nach Maßgabe der §§ 28, 28a SGB XII neu ermittelt bzw. fortgeschrieben.

---

[9] Vgl. OLG Düsseldorf v. 10.09.2002 - 25 Wx 58/02 - Rpfleger 2003, 28-29.

[10] OLG Schleswig v. 03.02.2005 - 2 W 277/04 - FGPrax 2005, 159-161.

[11] Die Regelung in § 82 Abs. 2 SGB XII deckt sich im Wesentlichen mit dem vor dem 01.01.2005 geltenden § 76 Abs. 2 BSHG. Nicht übernommen wurde lediglich Absatz 2 Nr. 5 der Vorschrift, der die Absetzung eines Betrags für minderjährige, unverheiratete Kinder vorsah. Neu ist außerdem die Absetzung des Arbeitsförderungsgeldes und der Erhöhungsbeträge des Arbeitsentgelts im Sinne von § 43 Satz 4 SGB IX, wie dies § 82 Abs. 2 Nr. 5 SGB XII vorsieht. Einzelheiten hierzu vgl. BT-Drs. 15/1514, S. 65.

[12] Bis zum 31.12.2010 hat § 85 SGB XII noch auf den sog. Eckregelsatz abgestellt, vgl. dazu *Pammler-Klein/Pammler* in: jurisPK-BGB, 5. Aufl. 2010, § 1836c BGB. Zur Gesetzesänderung vgl. auch Rn. 2.

Der für die Bestimmung der Einkommensgrenze maßgebliche Grundbetrag bemisst sich regelmäßig durch das Zweifache der Regelbedarfsstufe 1 nach der Anlage zu § 28 SGB XII. Allerdings bleibt es den Ländern unbenommen, nach Maßgabe des § 86 SGB XII der Einkommensgrenze einen höheren Grundbetrag zu Grunde zu legen.

Der zweifachen Regelbedarfsstufe 1 nach der Anlage zu § 28 SGB XII hinzuzurechnen sind § 85 Abs. 1 Nr. 2, 3 SGB XII zufolge die **Kosten der Unterkunft**, soweit die Aufwendungen hierfür den der Besonderheit des Einzelfalles angemessenen Umfang nicht übersteigen, sowie gegebenenfalls ein **Familienzuschlag** in Höhe des auf volle Euro aufgerundeten Betrags von 70% der Regelbedarfsstufe 1 nach der Anlage zu § 28 SGB XII für den (nicht getrennt lebenden) Ehegatten/Lebenspartner sowie für jede Person, die von dem Betroffenen oder seinem (nicht getrennt lebenden) Ehegatten/Lebenspartner überwiegend unterhalten worden ist oder für die sie nach der Entscheidung über die Erbringung der Sozialhilfe unterhaltspflichtig werden. Soweit der/die Betroffene aufgrund eines bestehenden Wohnrechts keine Kosten für die Unterkunft aufzubringen hat, sind diese nicht in Ansatz zu bringen.[13]

Stehen die Kosten nach § 85 Abs. 1 Nr. 2 SGB XII nicht fest und lassen sie sich nur mit Schwierigkeiten ermitteln, sind sie entsprechend § 287 ZPO im Wege der **Schätzung** festzustellen; ein solcher Fall kann insbesondere dann vorliegen, wenn der Mündel (Betreute) in einem Pflegeheim lebt und Heimkosten bezahlt, mit denen neben den sonstigen Leistungen auch die Kosten der Unterkunft abgegolten werden.[14]

Aus der Addition von Grundbetrag, Kosten der Unterkunft und ggf. dem Familienzuschlag ergibt sich die in § 1836c BGB bezeichnete Einkommensgrenze, die Maßstab für die weitere Berechnung ist. Nicht mehr geklärt werden muss, ob an die Stelle der so ermittelten (allgemeinen) Einkommensgrenze ausnahmsweise eine besondere Einkommensgrenze tritt, weil der Betroffene in einer stationären Einrichtung untergebracht ist. Die entsprechende Regelung in § 81 Abs. 1 Nr. 1 BSHG ist mit Wirkung zum 01.01.2005 abgeschafft worden, um eine „Schlechterstellung des ambulanten gegenüber dem stationären Bereich zu vermeiden"[15]. Es bleibt somit bei der nach § 85 Abs. 1 SGB XII zu ermittelnden Einkommensgrenze.

4. Feststellung, ob das ermittelte Einkommen die Einkommensgrenze übersteigt

Nach der Ermittlung des Einkommens und der maßgebenden Einkommensgrenze sind diese miteinander zu vergleichen. Stellt sich dabei heraus, dass das Einkommen des Mündels (Betreuten) zusammen mit dem seines Ehe-/Lebenspartners unterhalb der maßgebenden Einkommensgrenze liegt, muss er dieses auch nicht einsetzen. Nur in Fällen, in denen das Mündeleinkommen oberhalb der ermittelten Einkommensgrenze liegt, kommt eine Anrechnung in Betracht.

5. Ermittlung des einzusetzenden Einkommensteils

Wenn das Einkommen des Mündels (Betreuten) zusammen mit dem seines Ehe-/Lebenspartners die maßgebende Einkommensgrenze übersteigt, ist gemäß § 87 SGB XII in einem weiteren Schritt zu prüfen, in welchem Umfang das übersteigende Einkommen herangezogen werden kann. Nach § 87 Abs. 1 Satz 1 SGB XII[16] ist die Aufbringung der Mittel „in angemessenem Umfang" zuzumuten. Das bedeutet, der Mündel (Betreute) muss insoweit sein Einkommen nicht einsetzen, als es unangemessen wäre, von ihm die Kosten der Vormundschaft (Betreuung) in diesem Umfang zu verlangen.[17] In diesem Rah-

---

[13] LG Kleve v. 06.06.2011 - 4 T 93/11 - juris Rn. 4 - FamRZ 2011, 1817.

[14] So für die vor dem 01.01.2005 geltende Regelung, aber inhaltlich gleich lautende Regelung des in § 79 Abs. 1 Nr. 2 BSHG: BayObLG München v. 19.11.1999 - 3Z BR 233/99 - juris Rn. 15 - NJW-RR 2001, 584-585.

[15] BT-Drs. 15/1514, S. 65.

[16] § 87 SGB XII ist mit Wirkung zum 01.01.2005 an die Stelle des bisherigen § 84 BSHG getreten, ohne dass sich hieraus wesentliche inhaltliche Änderungen ergeben hätten. Neu ist lediglich die Ergänzung in § 87 Abs. 1 Satz 2 SGB XII, wonach bei der Angemessenheitsprüfung die Art oder Schwere einer eventuellen Behinderung bzw. Pflegebedürftigkeit zu berücksichtigen sind, sowie die Regelung in § 87 Abs. 1 Satz 3 SGB XII, die eine Zumutbarkeitsgrenze bei schwerstpflegebedürftigen Menschen und Blinden aufstellt. Diese Neuerungen erklären sich vor dem Hintergrund, dass mit der Reformierung des Sozialhilferechts vor allem behinderte und pflegebedürftige Menschen darin unterstützt werden sollen, ein möglichst selbständiges und selbst bestimmtes Leben zu führen, vgl. BT-Drs. 15/1514, S. 1. Für den Mündel (Betreuten) sind sie dann von Relevanz, wenn er behindert bzw. schwerstpflegebedürftig oder blind ist.

[17] Vgl. BayObLG München v. 24.07.2001 - 3Z BR 229/01 - juris Rn. 6 - BtPrax 2001, 254-255.

men sind gemäß § 87 Abs. 1 Satz 2 SGB XII besondere Belastungen des Mündels (Betreuten) zu berücksichtigen; hierunter fallen beispielsweise notwendige Aufwendungen für eine Krankheit oder Behinderung.[18]

29 Schließlich ist § 1836c Nr. 1 Satz 2 BGB zu beachten. Danach sind Einkommensteile, die bereits zur Deckung eines bestimmten Bedarfs nach dem SGB XII herangezogen werden und die, weil sie die maßgebende Einkommensgrenze überschreiten, grundsätzlich dem Zugriff von Vormund (Betreuer) oder Staatskasse (§ 1836e BGB) ausgesetzt wären, nicht mehr zu berücksichtigen. Neben der einleuchtenden Folge, dass derselbe Einkommensteil nicht zweimal herangezogen werden kann, wird auf diese Weise bewirkt, dass die Inanspruchnahme für Kosten der Vormundschaft (Betreuung) gegenüber der nach dem SGB XII nachrangig ist.

30 Den so ermittelten Einkommensteil, der die Einkommensgrenze übersteigt, dessen Einsetzung zumutbar ist und der noch nicht zu Deckung eines bestimmten Bedarfs nach dem SGB XII herangezogen wird, muss der Mündel (Betreute) gemäß § 1836c Nr. 1 BGB einsetzen.

III. Einzusetzendes Vermögen (Nr. 2)

31 § 1836c Nr. 2 BGB legt fest, in welchem Maß der Mündel (Betreute) sein Vermögen einsetzen muss, um die Kosten der Vormundschaft (Betreuung) zu begleichen: Er verweist insoweit ausschließlich auf § 90 SGB XII. Andere Vorschriften, die gegebenenfalls abweichende Schongrenzen bestimmen, sind unbeachtlich.[19]

32 § 90 SGB XII ist mit Wirkung zum 01.01.2005 an die Stelle des bisherigen § 88 BSHG getreten. Die Norm ist jedoch – abgesehen von einigen geringfügigen Wortlautveränderungen bzw. redaktionellen Anpassungen – **inhaltlich nahezu völlig identisch** mit dem früheren § 88 BSHG.[20]

1. Grundsätzlich einzusetzendes Vermögen (§ 90 Abs. 1 SGB XII)

a. Allgemeines

33 Zum Vermögen gehört nach § 90 Abs. 1 SGB XII das gesamte verwertbare Vermögen.

34 Dabei ist allein auf das vorhandene Aktivvermögen abzustellen. Eine Gegenüberstellung von Aktiva und Passiva im Sinne einer saldierenden Betrachtungsweise kommt nicht in Betracht. Verbindlichkeiten des Betroffenen sollen selbst dann nicht berücksichtigt werden können, wenn sie bereits tituliert sind.[21]

35 Verwertbarkeit von Vermögen beinhaltet neben der Veräußerung auch jede andere Art der finanziellen Nutzbarmachung. An der „Verwertbarkeit" von Vermögen fehlt es, wenn der Verwertung ein rechtliches oder tatsächliches Hindernis entgegensteht oder die Verwertung wirtschaftlich unvertretbar ist, etwa wenn der Vermögensgegenstand nur weit unter Wert veräußert werden könnte, wobei insoweit vom Verkehrswert auszugehen ist.[22] Nicht verwertbar ist ein Vermögensgegenstand ferner, wenn die Verwertung nicht in angemessener Zeit durchgeführt werden kann.[23]

b. Beispiele aus der Rechtsprechung

36 Verneint wurde die Verwertbarkeit beispielsweise in einem Fall, in dem der Betroffene in Wertpapier angelegtes Vermögen geerbt hat, der Erblasser für den Erbteil des Betreuten jedoch eine **Dauertestamentsvollstreckung** angeordnet und bestimmt hatte, dass nur der (hier nicht hinreichende) Reinertrag des Vermögens monatlich auszuzahlen ist, Sonderzahlungen hingegen nur erlaubt waren, soweit sie der beruflichen Ausbildung oder der Fortbildung des Betreuten dienten.[24]

---

[18] BayObLG München v. 24.07.2001 - 3Z BR 229/01 - juris Rn. 9 - BtPrax 2001, 254-255.

[19] LG Koblenz v. 24.09.2012 - 2 T 549/12 - juris Rn. 9 - Rpfleger 2013, 29-30; OLG Köln v. 29.11.2006 - 16 Wx 192/06 - juris Rn. 5 - FamRZ 2007, 1043-1044; BayObLG München v. 03.01.2002 - 3Z BR 242/01 - BayObLGR 2002, 165-166; OLG Frankfurt v. 10.12.2003 - 20 W 171/03 - FGPrax 2004, 72-73.

[20] Nicht übernommen wurde lediglich die Regelung des § 88 Abs. 3 Satz 3 BSHG (vgl. hierzu BT-Drs. 15/1514, S. 66). Des Weiteren findet sich die bislang in § 88 Abs. 4 BSHG verankerte Verordnungsermächtigung nunmehr (inhaltlich unverändert) in § 96 Abs. 2 SGB XII. Im Übrigen kann bei der Auslegung des § 90 SGB XII ohne weiteres auf Rechtsprechung und Literatur zum bisherigen § 88 BSHG zurückgegriffen werden.

[21] BayObLG München v. 08.10.2003 - 3Z BR 100/03 - BayObLGZ 2003, 271-276.

[22] BayObLG München v. 27.07.2001 - 3Z BR 182/01 - juris Rn. 14 - NJW-RR 2001, 1515-1516.

[23] BayObLG München v. 27.07.2001 - 3Z BR 182/01 - juris Rn. 15 - NJW-RR 2001, 1515-1516; zur Frage der Verwertbarkeit von Nachlassvermögen OLG Schleswig v. 24.03.2014 - 3 Wx 84/13 - juris Rn. 17.

[24] OLG Köln v. 07.01.2009 - 16 Wx 233/08 - juris Rn. 3.

Ein tatsächliches Hindernis steht der Verwertbarkeit eines **landwirtschaftlichen Grundstücks** entgegen, wenn eine realistische Möglichkeit zur Veräußerung des Grundstückes angesichts der Situation im dortigen ländlichen Raum nicht gegeben ist und auch eine Beleihung des landwirtschaftlichen Grundstückes von den Banken abgelehnt wird und deshalb nicht möglich ist. In einem solchen Fall kann die Festsetzung einer Regresszahlung auch nicht zum Zwecke der dinglichen Absicherung durch eine Zwangshypothek für den Fall der späteren Verwertbarkeit erfolgen.[25]   37

2. Schonvermögen (§ 90 Abs. 2 SGB XII)

§ 90 Abs. 2 SGB XII enthält in den Nrn. 1-9 bestimmte Vermögensteile, die nicht zu berücksichtigen sind (sog. Schonvermögen). Dabei sind Hausgrundstücke (§ 90 Abs. 2 Nr. 8 SGB XII, ggf. § 90 Abs. 2 Nr. 3 SGB XII) sowie kleinere Barbeträge (§ 90 Abs. 2 Nr. 9 SGB XII) von besonderer Bedeutung.   38

Ein **Hausgrundstück**, das allein vom Mündel (Betreuten) oder zusammen mit bestimmten anderen Personen bewohnt wird und nach seinem Tod von seinem Angehörigen bewohnt werden soll, fällt unter das nicht zu berücksichtigende Schonvermögen, wenn das Grundstück angemessen im Sinne des (§ 90 Abs. 2 Nr. 8 SGB XII) ist. Die Vorschrift ist in der Rechtsprechung zum Teil so verstanden worden, dass ein Betroffener, der keine Angehörigen hat, die das Grundstück nach seinem Tod bewohnen könnten, von dem Schutzbereich des § 90 Abs. 2 Ziff. 8 SGB XII nicht erfasst wird, sein Hausgrundstück also nicht zum Schonvermögen zählt.[26] Einer derartigen Auslegung hat der BGH jedoch in seiner Entscheidung vom 06.02.2013 eine Absage erteilt. Danach könne der Schutz des Hausgrundstücks nach dem Sinn und Wortlaut der Vorschrift nicht davon abhängig gemacht werden, dass der Leistungsberechtigte Angehörige hat, die nach seinem Tod dort leben sollen. Der Zusatz „und nach ihrem Tod von ihren Angehörigen bewohnt werden soll" beziehe sich vielmehr auf die Angehörigen, die mit dem Leistungsberechtigten oder der anderen Person der Einsatzgemeinschaft in dem Haus wohnten. Diese Angehörigen gehörten dann, wenn sie nach dem Tod der genannten Personen in dem Haus wohnen sollten, ebenfalls zu dem durch § 90 Abs. 2 Ziff. 8 SGB XII geschützten Personenkreis.[27] Die Beurteilung der Angemessenheit bestimmt sich dabei nach der Zahl der Bewohner, dem Wohnungsbedarf, der Grundstücksgröße, der Hausgröße, dem Zuschnitt und der Ausstattung des Wohngebäudes sowie dem Wert des Grundstücks einschließlich des Wohngebäudes.   39

Gemäß § 90 Abs. 2 Nr. 3 SGB XII ist zudem Vermögen geschützt, das nachweislich **zur baldigen Beschaffung oder Erhaltung eines Hausgrundstücks** im Sinne des § 90 Abs. 2 Nr. 8 SGB XII bestimmt ist, soweit dieses Wohnzwecken behinderter oder pflegebedürftiger Menschen dient/dienen soll und dieser Zweck durch den Einsatz oder die Verwertung des Vermögens gefährdet würde. Bei der Auslegung des Begriffs „zur baldigen Beschaffung" ist der enge sachliche Zusammenhang zu Nr. 8 zu beachten. Nachdem ursprünglich nur bereits beschaffte Eigenheime bzw. Eigentumswohnungen zum Schonvermögen gehören sollten, wurde der Schutz im Zuge verschiedener Gesetzesänderungen[28] auf dasjenige angesparte Vermögen erweitert, das dem baldigen Erwerb derartiger Eigenheime dienen sollte. Vor diesem Hintergrund wird die Vorschrift in der Rechtsprechung eher restriktiv ausgelegt. Danach soll der erweiterte Schutz grundsätzlich nur demjenigen zugutekommen, der gerade konkret damit befasst ist, ein entsprechendes Eigenheim zu erbauen oder zu erwerben.[29]   40

Die Schongrenze hinsichtlich **kleinerer Barbeträge** und sonstiger Geldvermögen ist im Einzelnen in einer Durchführungsverordnung geregelt (Verordnung zur Durchführung des § 90 Abs. 2 Nr. 9 SGB XII – DVO[30]). Danach beläuft sich der Schonbetrag, wenn der Betroffene Hilfe zum Lebensunterhalt erhält, auf 1.600 €, ist er über 60 Jahre alt oder liegt ein Fall der Erwerbsminderung vor, ist von einem Betrag in Höhe von 2.600 € auszugehen, § 1 Abs. 1 Nr. 1 a) DVO. Erhält der Betroffene Leistungen nach dem Fünften bis Neunten Kapitel des SGB XII, beträgt der Schonbetrag 2.600 € zuzüglich eines Betrags von 256 € für den Ehegatten/Lebenspartner und für jede von dem Betroffenen überwiegend unterhaltene Person, § 1 Abs. 1 Nr. 1 b) DVO. Der Betrag erhöht sich unter bestimmten Voraussetzungen (vgl. § 1 Abs. 1 Nr. 2, 3 DVO).   41

---

[25] OLG Frankfurt v. 11.08.2008 - 20 W 211/08 - juris Rn. 13 ff.
[26] LG Kassel v. 24.09.2012 - 3 T 420/12 - juris Rn. 26 - BtPrax 2012, 261-262.
[27] BGH v. 06.02.2013 - XII ZB 582/12 - juris Rn. 21 ff.
[28] Vgl. OLG Hamm v. 07.07. 2005 - 15 W 481/04 - FamRZ 2006, 506.
[29] OLG Hamm v. 07.07. 2005 - 15 W 481/04 - FamRZ 2006, 506.
[30] Die Verordnung zur Durchführung des § 90 Abs. 2 Nr. 9 SGB XII ist im Zuge der Gesetzesreform zum 01.05.2005 (vgl. hierzu Rn. 3) an die Stelle der bisher maßgeblichen Verordnung zur Durchführung des § 88 Abs. 2 Nr. 8 des BSHG getreten.

42 Gemäß § 2 Abs. 1 DVO ist der Schonbetrag ferner dann angemessen zu erhöhen, wenn im Einzelfall eine besondere Notlage des Mündels (Betreuten) besteht. Bei der Beurteilung, ob eine besondere Notlage vorliegt und in welchem Umfang der Betrag zu erhöhen ist, ist § 2 Abs. 1 DVO zu beachten. Danach sind vor allem Art und Dauer des Bedarfs sowie besondere Belastungen zu berücksichtigen. In der Rechtsprechung ist eine besondere Notlage insbesondere dann bejaht worden, wenn die Art der Entstehung der Notlage, ihre (voraussichtliche) Dauer und das Ausmaß der zu ihrer Behebung oder Milderung notwendigen Aufwendungen eine Beschränkung des Schonvermögens als unzumutbar erscheinen lassen.[31]

3. Keine unzumutbare Härte (§ 90 Abs. 3 SGB XII)

a. Zum Begriff der Härte

43 Gemäß § 90 Abs. 3 SGB XII muss das Vermögen dann nicht eingesetzt werden, wenn dies für den Mündel (Betreuten) eine Härte bedeuten würde. Von einem solchen Härtefall ist auszugehen, wenn die Verwertung und der Einsatz, mithin der (teilweise) Verlust des Vermögens zu einem Ergebnis führt, das mit den Leitvorstellungen des § 90 SGB XII nicht in Einklang steht, so etwa, wenn dadurch eine angemessene Lebensführung des Mündels (Betreuten) oder die Aufrechterhaltung einer angemessenen Alterssicherung wesentlich erschwert würde (§ 90 Abs. 3 Satz 2 SGB XII).[32]

44 Neben wirtschaftlichen Erwägungen können auch **persönliche Umstände** (etwa aus dem Krankheitsbild des Betroffenen folgende) eine unzumutbare Härte begründen.[33]

b. Beispiele aus der Rechtsprechung[34]

45 Die Verwertung eines **Pkw** kann ggf. aus persönlichen Gründen eine unzumutbare Härte darstellen, allerdings ist in solchen Fällen – soweit keine psychischen Belastungen zu befürchten sind – oftmals eine Verwertung mit der Maßgabe möglich, dass der Betroffene einen Teil des Erlöses zum Erwerb eines preiswerteren Fahrzeugs erhält (Rechtsgedanke des § 811a ZPO).[35]

46 Der Verkauf einer **Eigentumswohnung** kann für den Betroffenen unzumutbar sein, wenn ihm wegen hoher Belastungen nur ein unbedeutender Verkaufserlös verbliebe oder wenn wegen nur geringfügiger Vergütungsansprüche des Vormunds (Betreuers) eine Vermietung als milderes Mittel zur Befriedigung in Betracht kommt.[36]

47 Der Einsatz einer **Sterbegeldversicherung** ist grundsätzlich als unzumutbare Härte im Sinne von § 90 Abs. 3 SGB XII anzusehen.[37] Dies hat der BGH in seiner Entscheidung vom 30.04.2014 ausdrücklich bestätigt.[38] Danach stellt der Einsatz einer angemessenen finanziellen Vorsorge für den Todesfall eine Härte i.S.v. § 90 Abs. 3 Satz 1 SGB XII dar. Voraussetzung ist allerdings, dass die Zweckbindung (Verwendung für Bestattungskosten, Grabpflege etc.) verbindlich festgelegt ist.[39]

48 **Schmerzensgeldzahlungen** unterliegen ebenfalls nicht dem in § 1836c Nr. 2 BGB angeordneten Vermögenseinsatz, da ihr Einsatz eine besondere Härte für den Betroffenen im Sinne von § 90 Abs. 3 Satz 1 SGB XII darstellt.[40] Dies gilt auch hinsichtlich der **Zinsen**, die dem Betroffenen aus einer Geldanlage eines ihm wegen eines Unfalles gezahlten Schmerzensgeldes zufließen.[41]

---

[31] BayObLG München v. 05.02.2002 - 3Z BR 325/01 - juris Rn. 15 - FGPrax 2002, 73-74 zur vor dem 01.01.2005 geltenden, aber inhaltlich gleich lautenden Regelung des § 2 der Verordnung zur Durchführung des § 88 Abs. 2 Nr. 8 des BSHG.

[32] BayObLG München v. 05.02.2002 - 3Z BR 325/01 - juris Rn. 16 - FGPrax 2002, 73-74 (zu § 88 Abs. 3 Satz 3 BSHG).

[33] BayObLG München v. 20.08.2003 - 3Z BR 143/03 - BayObLGR 2004, 88-89 (zu § 88 Abs. 3 Satz 3 BSHG).

[34] Die folgenden Entscheidungen sind zum Teil noch unter Anwendung des vor dem 01.01.2005 geltenden, aber inhaltlich § 90 Abs. 3 SGB XII entsprechenden § 88 Abs. 3 BSHG ergangen.

[35] BayObLG München v. 20.08.2003 - 3Z BR 143/03 - juris Rn. 10 - BayObLGR 2004, 88-89.

[36] OLG Schleswig v. 13.11.2003 - 2 W 185/03, 2 W 187/03 - FamRZ 2004, 979-980.

[37] OLG Zweibrücken v. 10.08.2005 - 3 W 79/05 - juris Rn. 11 - Rpfleger 2005, 666-667; OLG Schleswig v. 14.02.2007 - 2 W 252/06 - juris Rn. 6 - SchlHA 2007, 385-386; OLG München v. 04.04.2007 - 33 Wx 228/06 - juris Rn. 19 - FGPrax 2007, 128-130.

[38] BGH v. 30.04.2014 - XII ZB 632/13.

[39] BGH v. 30.04.2014 - XII ZB 632/13.

[40] OLG Jena v. 14.02.2005 - 9 W 658/04 - FamRZ 2005, 1199.

[41] OLG Frankfurt v. 02.07.2009 - 20 W 491/08 - juris Rn. 11-12.

Mit ähnlicher Argumentation wie bei Schmerzensgeldzahlungen wird auch der Einsatz einer als **Ausgleich für eine in der Zeit des Nationalsozialismus vorgenommene Zwangssterilisierung gezahlte Härtebeihilfe** im Rahmen des Allgemeinen Kriegsfolgengesetztes abgelehnt: Auch hier wird die Härtebeihilfe nicht wegen primärer Bedürftigkeit des Antragstellers gewährt, sondern ihr kommt eine immaterielle Ausgleichsfunktion zu, welche der des Schmerzensgeldes ähnlich ist.[42] 49

Wegen unzumutbarer Härte nicht einzusetzen ist ferner ein **Kapitalbetrag**, den der Mündel (Betreute) aufgrund eines gerichtlichen Vergleichs **als Abfindung für einen laufenden Unterhaltsanspruch** erhalten hat und auf dessen ratenweisen Einsatz er zur Deckung seines laufenden Unterhaltsbedarfs angewiesen ist.[43] 50

Angesparte Zahlungen der **Opferentschädigungsrente** gem. § 1 OEG sind nach neuerer Rechtsprechung nicht einzusetzen, da dies eine unzumutbare Härte bedeuten würde.[44] 51

Bezieht ein 58-jähriger Betroffener nur eine Rente von 733 €, ist die Heranziehung eines nicht allgemein geschonten Vermögens (hier: nach Auszahlung eines Lebensversicherungskapitals) von ca. **13.288 €** zur Erstattung von aus der Staatskasse gezahlter Betreuervergütung eine unzumutbare Härte.[45] 52

F. Rechtsfolgen

Gemäß § 1836c BGB muss der Mündel (Betreute) sein Einkommen und/oder Vermögen nur in einem bestimmten Umfang/Rahmen einsetzen, um die Kosten der Vormundschaft (Betreuung) zu finanzieren. Soweit der Mündel (Betreute) sein Einkommen/Vermögen § 1836c BGB zufolge nicht einsetzen muss, bewirkt die Norm eine **Haftungsbeschränkung** zu Gunsten des Mündels (Betreuten) und zwar sowohl gegenüber Ansprüchen des Vormunds (Betreuers) als auch gegenüber solchen der Staatskasse nach § 1836e BGB.[46] 53

G. Prozessuale Hinweise/Verfahrenshinweise

Vgl. dazu die Kommentierung zu § 1836d BGB Rn. 18. 54

---

[42] OLG Köln v. 27.01.2005 - 16 Wx 3/05 - juris Rn. 6 - BtPrax 2005, 237-238.
[43] OLG Hamm v. 09.06.2003 - 15 W 33/03 - OLGR Hamm 2003, 341-343.
[44] LG Mühlhausen v. 13.11.2013 - 1 T 121/13 - juris Rn. 12 ff. - BtPrax 2014, 96; LG Münster v. 21.02.2011 5 T 861/10 - juris Rn. 15 - FamRZ 2011, 1898; vgl. aber auch BayObLG München v. 24.02.2005 - 3Z BR 261/04 - BtPrax 2005, 108-110.
[45] OLG München v. 27.01.2009 - 33 Wx 197/08 - juris Rn. 14 ff., 23.
[46] Zur dogmatischen Einordnung vgl. *Wagenitz* in: MünchKomm-BGB, § 1836c Rn. 4.

§ 1836d BGB Mittellosigkeit des Mündels

(Fassung vom 02.01.2002, gültig ab 01.01.2002)

Der Mündel gilt als mittellos, wenn er den Aufwendungsersatz oder die Vergütung aus seinem einzusetzenden Einkommen oder Vermögen

1. nicht oder nur zum Teil oder nur in Raten oder
2. nur im Wege gerichtlicher Geltendmachung von Unterhaltsansprüchen

aufbringen kann.

Gliederung

A. Gesetzesänderungen 1	III. Keine, teilweise oder nur ratenweise Aufbringung (Nr. 1) 10
B. Grundlagen 2	
I. Kurzcharakteristik 2	IV. Aufbringung nur im Wege der gerichtlichen Geltendmachung von Unterhaltsansprüchen (Nr. 2) 12
II. Regelungsprinzipien 3	
C. Anwendungsbereich 4	
D. Praktische Bedeutung 5	V. Maßgeblicher Zeitpunkt 13
E. Anwendungsvoraussetzungen 6	F. Rechtsfolgen 17
I. Aufwendungsersatz und Vergütung 8	G. Prozessuale Hinweise/Verfahrenshinweise 18
II. Einzusetzende Mittel 9	

A. Gesetzesänderungen

1 Zu den Änderungen im Zusammenhang mit dem Gesetz zur Reform des Verfahrens in Familiensachen und in den Angelegenheiten der freiwilligen Gerichtsbarkeit vom 17.12.2008 (FGG-Reformgesetz – FGG-RG) bzw. dem Gesetz über das Verfahren in Familiensachen und in den Angelegenheiten der freiwilligen Gerichtsbarkeit (FamFG) zum 01.09.2009 vgl. die Kommentierung zu § 1835 BGB Rn. 1 ff.

B. Grundlagen

I. Kurzcharakteristik

2 § 1836d BGB enthält die Legaldefinition für die Mittellosigkeit des Mündels.

II. Regelungsprinzipien

3 Während § 1836c BGB eine Haftungsbeschränkung zu Gunsten des Mündels (Betreuten) enthält (vgl. die Kommentierung zu § 1836c BGB Rn. 53), dient § 1836d BGB dem Schutz des Vormunds. Die Norm erweitert den Begriff der Mittellosigkeit und damit die Möglichkeiten des Vormunds, Vergütung und Aufwendungsersatz aus der Staatskasse zu verlangen. Der Mündel gilt nicht nur in Fällen tatsächlicher Leistungsunfähigkeit als mittellos, sondern auch bei Vorliegen der übrigen in § 1836d BGB beschriebenen Konstellationen. Der Vormund muss daher weder eine teilweise/ratenweise Zahlung des Mündels abwarten noch eine Verfolgung von Unterhaltsansprüchen veranlassen (§ 1836d Nr. 2 BGB), sondern kann direkt gegen die Staatskasse vorgehen.

C. Anwendungsbereich

4 Die Vorschrift gilt auch für **Betreuungen** (§ 1908i Abs. 1 Satz 1 BGB) und **Pflegschaften** (§ 1915 Abs. 1 Satz 1 BGB, hier ist die Bestimmung der Mittellosigkeit insbesondere im Rahmen des § 1915 Abs. 1 Satz 2 BGB von Bedeutung). Im Hinblick auf **Verfahrenspflegschaften** ist zu berücksichtigen, dass sich die Ansprüche des Verfahrenspflegers gem. § 277 Abs. 5 FamFG immer gegen die Staatskasse richten, so dass es der Bestimmung der Mittellosigkeit gem. § 1836d BGB grundsätzlich nicht bedarf.[1]

---

[1] Im Unterschied zu § 1836c BGB wird § 1836d BGB hier auch nicht im Rahmen der §§ 93a Abs. 2, 137 Nr. 16 KostO relevant, da § 93a Abs. 2 KostO nur auf § 1836c BGB verweist (vgl. hierzu die Kommentierung zu § 1836c BGB Rn. 7).

D. Praktische Bedeutung

Die Vorschrift ist vor allem im Rahmen der Betreuung von großer praktischer Bedeutung, da ein Großteil der Betreuten (schätzungsweise 80%) mittellos ist.[2]

E. Anwendungsvoraussetzungen

Nach § 1836d BGB gilt der Mündel (Betreute) als mittellos, wenn er Aufwendungsersatz oder Vergütung nicht, nur zum Teil oder nur in Raten (Nr. 1) beziehungsweise nur im Wege gerichtlicher Geltendmachung von Unterhaltsansprüchen (Nr. 2) aus seinem einzusetzenden Einkommen oder Vermögen (einzusetzende Mittel) aufbringen kann. Die Aufzählung in § 1836d BGB ist abschließend.

Die **Mittellosigkeit des Nachlasses** bestimmt sich nach § 1836e Abs. 1 Satz 3 BGB (vgl. die Kommentierung zu § 1836e BGB Rn. 27).

I. Aufwendungsersatz und Vergütung

Maßgebliche Bezugsgröße für die Beurteilung der Mittellosigkeit ist die Höhe des vom Vormund (Betreuer) geltend gemachten Vergütungs- bzw. Aufwendungsersatzanspruchs. Diese ist mit den vom Mündel einzusetzenden Mitteln zu vergleichen.

II. Einzusetzende Mittel

Welche Mittel (Einkommen und/oder Vermögen) der Mündel einsetzen muss, um die Ansprüche des Vormunds zu befriedigen, ergibt sich aus § 1836c BGB (vgl. dazu die Kommentierung zu § 1836c BGB).

III. Keine, teilweise oder nur ratenweise Aufbringung (Nr. 1)

Gemäß § 1836d Nr. 1 BGB „gilt" der Mündel als mittellos, wenn er den von ihm geschuldeten Aufwendungsersatz oder die Vergütung nicht, nur teilweise oder nur in Raten aufbringen kann. Soweit der Mündel nicht leistungsfähig ist, handelt es sich um einen Fall tatsächlicher Mittellosigkeit, in den anderen in Nr. 1 beschriebenen Konstellationen wird die Mittellosigkeit des Mündels (Betreuten) fingiert (fiktive Mittellosigkeit). Die Erweiterung auf diese Fälle fiktiver Mittellosigkeit bewahrt den Vormund (Betreuer) davor, zur Durchsetzung seiner Ansprüche teilweise gegen den Mündel (Betreuten) und teilweise gegen den Fiskus vorgehen zu müssen.[3]

Warum der Mündel den von ihm geschuldeten Aufwendungsersatz oder die Vergütung nicht (in voller Höhe) aufbringen kann, ist für die Feststellung der Mittellosigkeit unbeachtlich. Auch wenn die Mittel des Mündels durch Pfändungen, Abtretungen etc. geschmälert sind, sein Einkommen/Vermögen somit an sich höher wäre, liegt Mittellosigkeit vor.[4] § 1836d BGB dient allein dem Schutz des Vormunds, dieser soll in Fällen, in denen die Ansprüche gegen den Mündel nicht oder nur teilweise durchgesetzt werden könnten, mit der Staatskasse einen solventen Schuldner erhalten.

IV. Aufbringung nur im Wege der gerichtlichen Geltendmachung von Unterhaltsansprüchen (Nr. 2)

Einen weiteren Fall fiktiver Mittellosigkeit statuiert § 1836d Nr. 2 BGB. Danach gilt der Mündel (Betreute) auch dann als mittellos, wenn er den Aufwendungsersatz oder die Vergütung nur aufbringen könnte, indem er Unterhaltsansprüche gerichtlich geltend macht. Dies gilt, obwohl derartige Unterhaltsansprüche nach § 1836c Nr. 1 Satz 2 BGB zum einzusetzenden Einkommen gehören. Die Vorschrift schützt den Vormund (Betreuer) vor eventuellen gerichtlichen Auseinandersetzungen: Er soll nicht gezwungen werden, rechtlich gegen den/die Unterhaltsschuldner des Mündels (Betreuten) vorzugehen.[5] Aufwand und Risiko für die Geltendmachung der Anspruchsdurchsetzung werden dadurch auf die Staatskasse verlagert.

---

[2] *Maier* in: Jurgeleit, Hk-Bt, 1. Aufl. 2006, § 1836d Rn. 2.
[3] Vgl. in diesem Zusammenhang auch LG Gießen v. 27.03.2007 - 7 T 79/07 - juris Rn. 14, 15 - FamRZ 2007, 1689-1690.
[4] *Maier* in: Jurgeleit, Hk-Bt, 1. Aufl. 2006, § 1836d Rn. 7.
[5] Vgl. BT-Drs. 13/7158, S. 48.

V. Maßgeblicher Zeitpunkt

13 Der maßgebliche Zeitpunkt für die Beurteilung der Mittellosigkeit ist grundsätzlich der Zeitpunkt der **Entscheidung der letzten Tatsacheninstanz**.[6] Dies hat der BGH in seiner Entscheidung vom 06.02.2013 nunmehr nochmals ausdrücklich bestätigt.[7] Dabei ist die Frage der Mittellosigkeit des Mündels (Betreuten) für den gesamten Abrechnungszeitraum einheitlich und nach den zum Zeitpunkt der Entscheidung der letzten Tatsacheninstanz geltenden materiell-rechtlichen Bestimmungen und den zu diesem Zeitpunkt gegebenen Einkommens- und Vermögensverhältnissen des Betreuten zu beurteilen.[8]

14 Hat hingegen der Betreuer nach der gerichtlichen Festsetzung die Vergütung bereits aus dem Vermögen des Betreuten entnommen, so ist für die Beurteilung der Mittellosigkeit ausnahmsweise nicht auf den Zeitpunkt der Entscheidung der letzten Tatsacheninstanz, sondern auf den **Entnahmezeitpunkt** abzustellen; eine etwaige spätere Verschlechterung der Vermögensverhältnisse des Mündels (Betreuten) ist in einem solchen Fall ohne Belang.[9]

15 In einem eventuellen **Regressprozess des Fiskus** gegen den Mündel (Betreuten) (§ 1836e BGB) kommt es gleichfalls auf den Zeitpunkt der Entscheidung der letzten Tatsacheninstanz an; soweit die Entscheidungen über Vergütung des Vormunds (Betreuers) und die über den Regress der Staatskasse nicht zum gleichen Zeitpunkt getroffen werden, kann es daher zu unterschiedlichen Ergebnissen kommen.[10]

16 Von dem Zeitpunkt der Beurteilung der Mittellosigkeit nach §§ 1836d, 1836e BGB zu unterscheiden ist die Frage, auf welchen Zeitpunkt abzustellen ist, wenn es um die Höhe der Vergütung gemäß § 5 VBVG geht. § 5 VBVG sieht für den bemittelten und den mittellosen Betreuten unterschiedliche Stundenansätze vor, bei mittellosen Betreuten ist der Stundenansatz geringer. Dem liegt offenkundig die Erwägung zugrunde, dass die Betreuung eines bemittelten Betreuten grundsätzlich mit mehr Zeitaufwand verbunden ist als die eines mittellosen.[11] Vor diesem Hintergrund erscheint es gerechtfertigt, bei der Bestimmung der Höhe der Vergütung für die Beurteilung der Mittellosigkeit auf den Abrechnungszeitraum, (und nicht auf den Zeitpunkt der gerichtlichen Entscheidung) abzustellen, wobei die Frage der Mittellosigkeit dann einheitlich für den monatlichen Abrechnungszeitraum jeweils an dessen Ende zu beurteilen ist.[12] Es gilt daher: Für die Frage, ob der Mündel oder die Staatskasse haftet, ist auf den Zeitpunkt der gerichtlichen Entscheidung (letzte Tatsacheninstanz) abzustellen, für den Stundenansatz bzw. die Höhe des Vergütungsanspruchs gemäß § 5 VBVG auf die Mittellosigkeit im (monatlichen) Abrechnungszeitraum.[13]

F. Rechtsfolgen

17 Liegen die Voraussetzungen des § 1836d BGB vor, gilt der Mündel (Betreute) als mittellos. Als Konsequenz kann der Vormund (Betreuer) seine Ansprüche auf Aufwendungsersatz und Vergütung gemäß §§ 1835 Abs. 4, 1835a Abs. 3 BGB bzw. § 1 Abs. 2 Satz 2 VBVG gegenüber der Staatskasse geltend machen. Sofern der Mündel jedoch über einzusetzende Mittel (§ 1836c BGB) verfügt, etwa Unterhalts-

---

[6] BGH v. 06.02.2013 - XII ZB 582/12 - juris Rn. 17; LG Koblenz v. 02.12.2009 - 2 T 798/09 - juris Rn. 9 - FamRZ 2010, 758; OLG Hamm v. 02.12.2008 - 15 W 364/07 - juris Rn. 12; OLG München v. 21.03.2007 - 33 Wx 13/07, 33 Wx 013/07 - juris Rn. 10 - OLGR München 2007, 435-436; OLG Zweibrücken v. 06.06.2005 - 3 W 78/05 - FamRZ 2005, 1778; OLG Frankfurt v. 11.02.2002 - 20 W 312/01 - juris Rn. 3 - EzFamR aktuell 2002, 235 mit weiteren Nachweisen; a.A. unter Hinweis auf das zum 01.07.2005 in Kraft getretene VBVG nunmehr: LG Frankenthal v. 24.01.2007 - 1 T 388/06 - juris Rn. 9 - FamRZ 2007, 1358-1359; LG Koblenz v. 06.03.2006 - 2 T 911/05 - juris Rn. 12 - NJW-RR 2006, 724-725.
[7] BGH v. 06.02.2013 - XII ZB 582/12 - juris Rn. 17.
[8] OLG Schleswig v. 11.02.2005 - 2 W 99/04 - OLGR Schleswig 2005, 198-200; BayObLG München v. 05.02.2002 - 3Z BR 325/01 - FGPrax 2002, 73-74.
[9] OLG Frankfurt v. 11.02.2002 - 20 W 312/01 - juris Rn. 3 - EzFamR aktuell 2002, 235.
[10] *Wagenitz* in: MünchKomm-BGB, § 1836d Rn. 12.
[11] *Wagenitz* in: MünchKomm-BGB, § 1836d Rn. 12.
[12] BGH v. 15.12.2010 - XII ZB 170/08 - juris Rn. 10 ff. - FamRZ 2011, 368-369.
[13] *Wagenitz* in: MünchKomm-BGB, § 1836d Rn. 12.

ansprüche, kann sich der Vormund in diesem Umfang auch an den Mündel (Betreuten) wenden: Da § 1836d BGB allein seinen Interessen dient, kommt dem Vormund insoweit ein Wahlrecht zu.[14]

G. Prozessuale Hinweise/Verfahrenshinweise

Die Feststellung der Mittellosigkeit nach § 1836d BGB hat das Familiengericht von Amts wegen zu treffen. Dabei kann das Gericht Auskünfte einholen, die Vorlage von Urkunden verlangen etc.[15] Zu beachten ist zudem § 168 Abs. 1 Satz 2 FamFG, wonach der Vormund in seinem Antrag die persönlichen und wirtschaftlichen Verhältnisse darzulegen und ggf. glaubhaft zu machen hat (Verweis auf § 118 Abs. 2 Sätze 1 und 2 ZPO). 18

Das Risiko der Unaufklärbarkeit der Vermögensverhältnisse geht zu Lasten der Staatskasse, denn diese haftet immer dann, wenn aus dem Vermögen des Mündels nichts entnommen werden kann.[16] Bei unverhältnismäßigem Ermittlungsaufwand ist § 168 Abs. 2 Satz 3 FamFG zu beachten. 19

---

[14] So auch *Maier* in: Jurgeleit, Hk-Bt, 1. Aufl. 2006, § 1836d Rn. 2, *Wagenitz* in: MünchKomm-BGB, § 1836d Rn. 4.
[15] *Wagenitz* in: MünchKomm-BGB, § 1836d Rn. 13.
[16] LG Zwickau v. 25.09.2008 - 9 T 305/08 - juris Rn. 10 - FamRZ 2009, 250.

§ 1836e BGB Gesetzlicher Forderungsübergang

(Fassung vom 24.09.2009, gültig ab 01.01.2010)

(1) ¹Soweit die Staatskasse den Vormund oder Gegenvormund befriedigt, gehen Ansprüche des Vormundes oder Gegenvormunds gegen den Mündel auf die Staatskasse über. ²Nach dem Tode des Mündels haftet sein Erbe nur mit dem Wert des im Zeitpunkt des Erbfalls vorhandenen Nachlasses; § 102 Abs. 3 und 4 des Zwölften Buches Sozialgesetzbuch gilt entsprechend, § 1836c findet auf den Erben keine Anwendung.

(2) Soweit Ansprüche gemäß § 1836c Nr. 1 Satz 3 einzusetzen sind, findet zugunsten der Staatskasse § 850b der Zivilprozessordnung keine Anwendung.

Gliederung

A. Gesetzesänderungen 1	F. Rechtsfolgen 13
I. Gesetz zur Änderung des Erb- und Verjährungsrechts (vom 24.09.2009) 1	I. Einreden/Einwendungen des Mündels (Betreuten) 17
II. FGG-Reformgesetz/FamFG (vom 17.12.2008) 3	II. Mögliche Regresskonstellationen 18
III. Gesetz zur Einordnung des Sozialhilferechts in das Sozialgesetzbuch (vom 27.12.2003) 4	III. Verjährung 20
B. Grundlagen 6	IV. Haftung der Erben (Absatz 1 Satz 2) 24
I. Kurzcharakteristik 6	1. Beschränkung der Haftung auf den Wert des Nachlasses 27
II. Regelungsprinzipien 7	2. Die Beschränkung der Haftung nach § 102 Abs. 3 SGB XII 30
C. Anwendungsbereich 8	
D. Praktische Bedeutung 9	3. Erlöschen der Haftung des Erben nach § 102 Abs. 4 SGB XII 31
E. Anwendungsvoraussetzungen 10	
I. Bestehen einer Forderung des Vormunds 11	V. Zugriff auf Unterhaltsansprüche (Absatz 2) 32
II. (Teilweise) Befriedigung der Forderung durch die Staatskasse 12	G. Prozessuale Hinweise/Verfahrenshinweise 35

A. Gesetzesänderungen

I. Gesetz zur Änderung des Erb- und Verjährungsrechts (vom 24.09.2009)

1 Durch das Gesetz zur Änderung des Erb- und Verjährungsrechts vom 24.09.2009 (Erb/VerjRÄndG[1]), das mit Wirkung zum 01.01.2010 in Kraft getreten ist, ist der frühere **§ 1836e Abs. 1 Satz 2 BGB**, der für die Regressansprüche der Staatskasse ein zehnjährige Erlöschensfrist vorsah, **ersatzlos weggefallen**. Nachdem der ursprünglich eingebrachte Gesetzentwurf lediglich die Ersetzung der zehnjährigen Erlöschensfrist durch eine dreijährige vorsah, ist der entsprechende Satz auf Anregung des Rechtsausschusses (6. Ausschuss) insgesamt gestrichen worden. Zu weiteren Einzelheiten vgl. die Beschlussempfehlung und den Bericht des Rechtsausschusses (6. Ausschuss) zu dem Gesetzentwurf der Bundesregierung BT-Drs. 16/8954.

2 Der Rückgriffsanspruch der Staatskasse unterliegt jedoch den allgemeinen Verjährungsregeln (vgl. dazu und zu weiteren Einzelheiten im Zusammenhang mit der Gesetzesänderung Rn. 20).

II. FGG-Reformgesetz/FamFG (vom 17.12.2008)

3 Zu den Änderungen im Zusammenhang mit dem Gesetz zur Reform des Verfahrens in Familiensachen und in den Angelegenheiten der freiwilligen Gerichtsbarkeit vom 17.12.2008 (FGG-Reformgesetz – FGG-RG) bzw. dem Gesetz über das Verfahren in Familiensachen und in den Angelegenheiten der freiwilligen Gerichtsbarkeit (FamFG) zum 01.09.2009 vgl. die Kommentierung zu § 1835 BGB Rn. 1 ff.

III. Gesetz zur Einordnung des Sozialhilferechts in das Sozialgesetzbuch (vom 27.12.2003)

4 Mit Wirkung zum 01.01.2005 ist § 1836e Abs. 1 Satz 3 HS. 2 BGB durch das „Gesetz zur Einordnung des Sozialhilferechts in das Sozialgesetzbuch" vom 27.12.2003[2] geändert worden: Es wird nicht mehr

---

[1] BGBl I 2009, 3142.
[2] BGBl I 2003, 3022.

auf § 92c Abs. 3-4 BSHG verwiesen, sondern auf die entsprechende Vorschrift des Zwölften Buches Sozialgesetzbuch: § 102 Abs. 3-4 SGB XII.

Inhaltlich ist die Vorschrift des § 1836c BGB durch diese Gesetzesänderung **nicht berührt** worden, § 102 Abs. 3-4 SGB XII entspricht der bisherigen Regelung des § 92c Abs. 3-4 BSHG. Es handelt sich lediglich um eine Anpassung, die der gesetzlichen Reformierung des Sozialhilferechts Rechnung getragen hat.

B. Grundlagen

I. Kurzcharakteristik

§ 1836e BGB sieht vor, dass die Ansprüche des Vormunds gegen den Mündel auf die Staatskasse übergehen, soweit diese den Vormund befriedigt. Die Vorschrift regelt somit einen Fall des gesetzlichen Forderungsübergangs (**Legalzession**).

II. Regelungsprinzipien

§ 1836e BGB steht in engem Zusammenhang mit den §§ 1836c, 1836d BGB, die festlegen, wann der Mündel als mittellos gilt und der Vormund mithin die Möglichkeit hat, seine Ansprüche auf Aufwendungsersatz und Vergütung gegenüber der Staatskasse geltend zu machen: Gemäß § 1836d BGB ist der Mündel nicht nur in Fällen der nach § 1836c BGB zu ermittelnden tatsächlichen Leistungsunfähigkeit als mittellos anzusehen (tatsächliche Mittellosigkeit), sondern auch dann, wenn er nur teilweise/ratenweise leisten kann oder die Befriedigung nur mittels gerichtlich geltend zu machender Unterhaltsansprüche möglich wäre (fiktive Mittellosigkeit, vgl. die Kommentierung zu § 1836d BGB Rn. 10). Insbesondere in den letztgenannten Fällen kommen gemäß § 1836e BGB Regressansprüche der Staatskasse in Betracht, wenn diese die Ansprüche des Vormunds befriedigt. Gleiches gilt, wenn sich die Vermögenslage des tatsächlich mittellosen Mündels nachträglich verbessert. Bei der Befriedigung der Ansprüche durch die Staatskasse handelt es sich im Ergebnis somit lediglich um eine Vorleistung zu Gunsten des Vormunds, dem dadurch nicht zuletzt Aufwand und Prozessrisiko abgenommen werden.[3]

C. Anwendungsbereich

Die Vorschrift ist auf die **Betreuung** sinngemäß anzuwenden (§ 1908i Abs. 1 Satz 1 BGB) und gilt auch für **Pflegschaften** (§ 1915 Abs. 1 Satz 1 BGB). Keine Anwendung findet sie auf **Verfahrenspflegschaften**, da sich hier die Ansprüche gem. § 277 Abs. 5 FamFG immer gegen die Staatskasse richten. Die an einen Verfahrenspfleger gezahlten Beträge können dem Betroffenen jedoch als Verfahrensauslagen in Rechnung gestellt werden, §§ 93a Abs. 2, 137 Nr. 16 KostO.

D. Praktische Bedeutung

Die Vorschrift ist wegen der großen Anzahl nicht bemittelter Betroffener (vgl. hierzu die Kommentierung zu § 1836c BGB Rn. 8) von erheblicher praktischer Bedeutung.

E. Anwendungsvoraussetzungen

Voraussetzung für den gesetzlichen Forderungsübergang gemäß § 1836e Abs. 1 Satz 1 BGB ist, dass der Fiskus Ansprüche des Vormunds oder Gegenvormunds befriedigt.

I. Bestehen einer Forderung des Vormunds

Voraussetzung ist zunächst das Bestehen eines Vergütungs- oder Aufwendungsersatzanspruchs bzw. Anspruchs auf Aufwandsentschädigung gemäß §§ 1836, 1835, 1835a BGB; maßgeblich ist insoweit das materielle Recht. Eine gerichtliche Festsetzung dahin gehend, dass die Staatskasse an den Vormund (Betreuer) bestimmte Beträge zu zahlen hat, entfaltet keine Rechtskraft gegenüber dem Mündel (Betreuten).[4]

---

[3] Vgl. auch BayObLG München v. 19.09.2001 - 3Z BR 243/01 - juris Rn. 12 - BayObLGZ 2001, 271-275.

[4] *Wagenitz* in: MünchKomm-BGB, § 1836e Rn. 2.

II. (Teilweise) Befriedigung der Forderung durch die Staatskasse

12 Der Fiskus muss die Forderung des Vormunds (Betreuers) auch befriedigt haben. Insoweit kommt es allerdings nicht darauf an, ob die Voraussetzungen der Mittellosigkeit nach § 1836d BGB tatsächlich gegeben waren[5]: Die Staatskasse kann auch dann Regress nehmen, wenn nicht sie, sondern allein der Mündel (Betreute) zur Leistung verpflichtet gewesen wäre.

F. Rechtsfolgen

13 Liegen die Voraussetzungen des § 1836e Abs. 1 Satz 1 BGB vor, gehen die Ansprüche des Vormunds gegen den Mündel auf die Staatskasse über. Es handelt sich um einen Fall des gesetzlichen Forderungsübergangs **(Legalzession)**.

14 Der Begriff der „Staatskasse" ist grundsätzlich weit zu verstehen. Verlegt der Betroffene seinen Aufenthalt in ein anderes Bundesland, kann den Anspruch die Landeskasse des nun örtlich zuständigen Familiengerichts in Verfahrensstandschaft für die zuvor zuständige Landeskasse geltend machen. Dabei kommt es nicht darauf an, ob und wie ein Ausgleich zwischen den verschiedenen Bundesländern stattfindet.[6]

15 Sofern der Anspruch wegen Mittellosigkeit des Betroffenen von vornherein reduziert ist – so wegen der geringeren Pauschale beim Betreuer gem. § 5 Abs. 2 VBVG – ist dieser reduzierte Betrag auch nach dem Anspruchsübergang auf die Staatskasse maßgeblich.

16 Davon abgesehen geht der Anspruch jedoch auch bei Mittellosigkeit des Betroffenen **uneingeschränkt** auf die Staatskasse über. Dies gilt insbesondere dann, wenn der Mündel gemäß § 1836d Nr. 1 BGB nur deshalb als mittellos gilt, weil er den Aufwendungsersatz oder die Vergütung nur in Raten aufbringen kann. Der Betroffene hat dann ggf. die übergegangene Vergütungs-/Aufwendungsersatzforderung in Raten vollständig, d.h. bis zu ihrem Erlöschen, zu begleichen. Dies hat der **BGH** in seinem **Beschluss vom 09.01.2013** entschieden und zugleich klargestellt, dass das im Sozialhilferecht geltende „**Prinzip der Bedarfsdeckung aus dem Einkommen im Zuflussmonat**" für den auf die Staatskasse übergegangenen Vergütungsanspruch **nicht gelte**.[7] Der Betreute ist damit grundsätzlich – anders als im Sozialhilferecht – zur Rückzahlung der Betreuervergütung verpflichtet.[8]

I. Einreden/Einwendungen des Mündels (Betreuten)

17 Der Mündel (Betreute) kann hinsichtlich des übergegangenen Anspruchs alle Einwendungen und Einreden, die ihm gegenüber dem Vormund (Betreuer) zugestanden hätten, auch gegenüber dem Fiskus geltend machen.[9] Darunter fällt neben den Ausschlussfristen (§§ 1835 Abs. 1 Satz 3, 1835a Abs. 4, 1836 Abs. 2 Satz 4 BGB) insbesondere die Haftungsbeschränkung nach § 1836c BGB: Der Mündel kann sich auch gegen den übergegangenen Anspruch auf § 1836c BGB berufen, wie sich aus einem Umkehrschluss zu § 1836e Abs. 1 Satz 3 HS. 2 a.E. BGB ergibt.[10] Der Regress ist aber nur dann ausgeschlossen, wenn der Mündel tatsächlich mittellos ist, bei nur fiktiver Mittellosigkeit kann die Staatskasse genauso gegen den Mündel vorgehen, wie es der Vormund könnte (vgl. die Kommentierung zu § 1836d BGB Rn. 17).

II. Mögliche Regresskonstellationen

18 Weil der Mündel (Betreute) sich auch gegenüber der Staatskasse auf die Einkommensgrenze des § 1836c BGB berufen kann, bleiben letztlich drei Konstellationen, in denen der Fiskus beim Mündel (Betreuten) Regress nehmen kann: Die Staatskasse kann den Mündel (Betreuten) in Anspruch nehmen,
- wenn sie den Vormund (Betreuer) befriedigt hat, obwohl tatsächlich **keine Mittellosigkeit** vorlag[11],

---

[5] *Wagenitz* in: MünchKomm-BGB, § 1836e Rn. 3.
[6] OLG Köln v. 20.11.2008 - 16 Wx 207/08 - juris Rn. 2-5.
[7] BGH v. 09.01.2013 - XII ZB 478/11 - FamRZ 2013, 440-441.
[8] BGH v. 09.01.2013 - XII ZB 478/11 - FamRZ 2013, 440-441.
[9] OLG Hamm v. 25.01.2007 - 15 W 309/06 - juris Rn. 11 - JMBl NW 2007, 213-214; *Wagenitz* in: MünchKomm-BGB, § 1836e Rn. 5.
[10] Vgl. etwa OLG Frankfurt v. 03.12.2002 - 20 W 366/02 - OLGR Frankfurt 2003, 75-76.
[11] LG Detmold v. 26.01.2011 - 3 T 161/10 - juris Rn. 11 - FamRZ 2011, 1003-1005.

- wenn lediglich **fiktive Mittellosigkeit** (vgl. die Kommentierung zu § 1836d BGB Rn. 10) gegeben ist, weil der Mündel (Betreute) zur ratenweisen/teilweisen Befriedigung fähig ist beziehungsweise Unterhaltsansprüche gegeben sind, die im Wege gerichtlicher Geltendmachung durchsetzbar sind oder
- wenn zwar Mittellosigkeit gegeben war, die **Vermögensverhältnisse** sich jedoch **nachträglich verbessert** haben[12].

Ein Regress der Staatskasse ist demgegenüber ausgeschlossen, wenn sich nicht die tatsächlichen Vermögensverhältnisse des Mündels (Betreuten) verbessert haben, sondern die Erweiterung der Regressmöglichkeit nur auf der Nichtübernahme der erweiterten Freibeträge in die nunmehr geltende Regelung des § 90 Abs. 3 SGB VII beruhen würde.[13]

III. Verjährung

Durch das Gesetz zur Änderung des Erb- und Verjährungsrechts vom 24.09.2009 (Erb/VerjRÄndG[14]) ist die bisher geltende zehnjährige Erlöschensfrist für Regressansprüche der Staatskasse aus § 1836e Abs. 1 BGB gestrichen worden.

Nach Auffassung des BGH hat dies jedoch nicht zu Veränderungen der bestehenden Rechtslage geführt, weil die Regressansprüche der Staatskasse schon vor dem Erb/VerjRÄndG der dreijährigen Verjährungsfrist des § 195 BGB unterlagen. Der vor dem Erb/VerjRÄndG geltende § 197 Abs. 1 Nr. 2 BGB, wonach familien- und erbrechtliche Ansprüche in 30 Jahren verjährten, habe nicht für Aufwendungsersatz-, Aufwandsentschädigungs- und Vergütungsansprüche des Vormunds (Betreuers) gegolten, mit der Folge, dass derartige Ansprüche bereits seit der Änderung des Verjährungsrechts im Zusammenhang mit der Einführung des Gesetzes zur Modernisierung des Schuldrechts vom 26.11.2001[15] nur noch einer **dreijährigen Verjährungsfrist** unterlagen. Bereits seit diesem Zeitpunkt sei die 10-jährige Erlöschensfrist des § 1836e Abs. 1 BGB daher nicht mehr erforderlich bzw. bedeutungslos gewesen, was der Gesetzgeber jedoch nicht erkannt habe.[16]

An einer etwaigen Verjährung innerhalb von drei Jahren vermag deshalb auch Art. 229 § 23 EGBGB nichts zu ändern[17], da sich an den maßgeblichen Verjährungsvorschriften durch das Erb/VerjRÄndG nichts geändert hat[18]: Sowohl vor als auch nach Inkrafttreten des Erb/VerjRÄndG verjährten/verjähren die Rückgriffsansprüche nach § 1836e BGB grundsätzlich in drei Jahren.

Anders als der Aufwendungsersatz- bzw. Vergütungsanspruch des Vormunds gegen den Mündel, ist der Rückgriffsanspruch der Staatskasse **nicht** gemäß § 207 Abs. 1 Satz 2 Nr. 3 (bzw. bei Betreuungen und Pflegschaften nach Nr. 4, 5) **gehemmt**. Vielmehr lässt der mit der Befriedigung des Vormunds einhergehende Forderungsübergang auf die Staatskasse die Hemmung entfallen.[19] Auch die Mittellosigkeit des Betroffenen führt nicht zu einer Hemmung der Verjährung. Anders als das bis zum Jahr 2002 geltende Recht sehen die seither geltenden Verjährungsregeln eine Hemmung in Fällen, in denen der Verpflichtete vorübergehend zur Verweigerung der Leistung berechtigt ist (hier wegen Mittellosigkeit), nicht mehr ohne weiteres vor. § 205 BGB setzt für die Hemmung vielmehr voraus, dass das Leistungsverweigerungsrecht aufgrund einer Vereinbarung mit dem Gläubiger besteht. Daran fehlt es hier. Die Mittellosigkeit des Mündels führt somit ebenfalls nicht zu einer Hemmung der Verjährung.[20]

---

[12] Vgl. etwa OLG Brandenburg v. 14.11.2006 - 11 Wx 45/06 - juris Rn. 6 - RdLH 2007, Nr. 1, 32-33; OLG Hamm v. 11.04.2006 - 15 W 322/05 - juris Rn. 8 - JMBl NW 2006, 239-240.

[13] OLG Brandenburg v. 14.11.2006 - 11 Wx 45/06 - juris Rn. 6 - RdLH 2007, Nr. 1, 32-33; OLG Hamm v. 11.04.2006 - 15 W 322/05 - juris Rn. 8 ff. - JMBl NW 2006, 239-240; OLG München v. 14.12.2005 - 33 Wx 122/05 - juris Rn. 21 ff. - OLGR München 2006, 300-301.

[14] BGBl I 2009, 3142.

[15] BGBl I 2001, 3138.

[16] BGH v. 25.01.2012 - XII ZB 461/11 - juris Rn. 11 - FamRZ 2012, 627-629.

[17] So aber LG Schweinfurt v. 29.10.2010 - 11 T 177/10 - juris Rn. 38 - BtPrax 2011, 135-136; LG Würzburg v. 03.11.2010 - 3 T 1458/10 - juris Rn. 7, 8 - BtPrax 2011, 135; LG Kleve v. 06.06.2011 - 4 T 86/11 - BtPrax 2012, 34-35.

[18] BGH v. 25.01.2012 - XII ZB 461/11 - juris Rn. 25 - FamRZ 2012, 627-629.

[19] BGH v. 25.01.2012 - XII ZB 461/11 - juris Rn. 20 - FamRZ 2012, 627-629.

[20] BGH v. 25.01.2012 - XII ZB 461/11 - juris Rn. 21 ff. - FamRZ 2012, 627-629.

IV. Haftung der Erben (Absatz 1 Satz 2)

24 Verstirbt der Mündel, haftet gemäß § 1836e Abs. 1 Satz 2 BGB auch der Erbe für eventuelle Regressforderungen der Staatskasse. Allerdings ist die Haftung auf den Wert des Nachlasses im Zeitpunkt des Erbfalls beschränkt (Halbsatz 1). Des Weiteren sind die Schongrenze nach § 102 Abs. 3 SGB XII und das Erlöschen der Erbenhaftung nach § 102 Abs. 4 SGB XII zu beachten (Halbsatz 2). Eine Berufung auf § 1836c BGB scheidet hingegen aus (Halbsatz 3).[21]

25 Andere Personen als der Erbe können nach dem eindeutigen Wortlaut des § 1836e Abs. 1 Satz 2 BGB nicht in Regress genommen werden.[22]

26 Wenngleich § 1836e Abs. 1 Satz 2 BGB nach seinem Wortlaut nur für Regressansprüche der Staatskasse gilt, ist die Vorschrift auch bei der Prüfung (**entsprechend**) **anzuwenden**, ob der Nachlass mittellos ist und sich Anspruch des Vormunds deshalb gegen die Staatskasse richtet:[23] Die Frage, inwieweit die Vergütung durch den Erben aus dem Nachlass zu entrichten ist oder ob im Ergebnis die Staatskasse einzutreten hat, lässt sich nur einheitlich beantworten, es soll dem Erben insgesamt erspart bleiben, die Rechte der §§ 1975-1992 BGB geltend machen zu müssen.[24]

1. Beschränkung der Haftung auf den Wert des Nachlasses

27 § 1836e Abs. 1 Satz 2 HS. 1 BGB bestimmt zugunsten des Erben, dass die Haftung auf den Wert des Nachlasses im Zeitpunkt des Erbfalls beschränkt ist.

28 Die Berücksichtigung von Vermögensgegenständen des Nachlasses bei der Ermittlung des Nachlasswertes setzt voraus, dass die betreffenden Gegenstände auch verwertbar sind. Hieran fehlt es insbesondere, wenn der Verwertung ein rechtliches oder tatsächliches Hindernis entgegensteht oder sie nicht in angemessener Zeit durchgeführt werden kann.[25]

29 Weil es auf den Wert des Nachlasses im Zeitpunkt des Erbfalls ankommt, sind (vorrangige)[26] **Nachlassverbindlichkeiten** wertmindernd zu berücksichtigen, dazu zählen auch solche Verpflichtungen, deren Rechtsgrund bereits beim Erbfall bestand.[27] Demnach sind auch die Kosten für eine angemessene Beerdigung als Nachlassverbindlichkeit in diesem Sinne einzuordnen[28], gleiches gilt für Rückforderungsansprüche des Sozialhilfeträgers[29]. Auch eine den Erben treffende grundbuchmäßig gesicherte Verpflichtung zur Übertragung eines Grundstücksanteils, welche der verstorbene Betroffene lange vor Errichtung der Betreuung eingegangen ist, kann eine abzugsfähige Nachlassverbindlichkeit sein.[30] Nicht abzugsfähig ist demgegenüber ein Vermächtnis, wonach die Erben einer bestimmten Person (Lebensgefährtin des Betroffenen) ein unentgeltliches Wohnrecht einräumen sollen.[31]

2. Die Beschränkung der Haftung nach § 102 Abs. 3 SGB XII

30 Der Regress der Staatskasse gegenüber dem Erben ist ferner in den Fällen des § 102 Abs. 3-4 SGB XII ausgeschlossen, d.h. namentlich

- soweit der Wert des Nachlasses unter dem Dreifachen des Grundbetrags nach § 85 Abs. 1 SGB XII liegt (vgl. zum Grundbetrag nach § 85 Abs. 1 SGB XII die Kommentierung zu § 1836c BGB), § 102 Abs. 3 Nr. 1 SGB XII;

---

[21] LG Koblenz v. 25.11.2010 - 8 T 71/10 - juris Rn. 5.
[22] Dies gilt auch dann, wenn Dritte als Bezugsberechtigte aus einer Lebensversicherung als Vertrag zugunsten Dritter aus Anlass des Todes des Betreuten einen Anspruch auf Auszahlung der Versicherungssumme erlangen, die dann nicht in den Nachlass fällt: OLG Frankfurt v. 30.07.2003 - 20 W 105/03 - FamRZ 2004, 138.
[23] OLG Frankfurt v. 10.11.2003 - 20 W 269/03 - NJW 2004, 373-374.
[24] OLG Zweibrücken v. 24.01.2002 - 3 W 5/02 - juris Rn. 5 - OLGR Zweibrücken 2002, 280-282.
[25] BayObLG München v. 19.02.2003 - 3Z BR 21/03 - NJW-RR 2003, 1305-1306.
[26] Dazu BayObLG München v. 03.03.2005 - 3Z BR 192/04 - FGPrax 2005, 120-122.
[27] BayObLG München v. 14.11.2001 - 3Z BR 334/01 - juris Rn. 10 - NJW-RR 2002, 1229-1230.
[28] OLG Zweibrücken v. 22.09.2003 - 3 W 196/03 - Rpfleger 2004, 488; BayObLG München v. 14.11.2001 - 3Z BR 334/01 - juris Rn. 10 - NJW-RR 2002, 1229-1230; OLG Düsseldorf v. 16.05.2002 - 25 Wx 5/02 - NJW-RR 2002, 1660; ebenso unter Aufgabe der bisherigen Rechtsprechung LG Koblenz v. 25.08.2003 - 2 T 600/03 - FamRZ 2004, 221-222.
[29] OLG Frankfurt v. 10.11.2003 - 20 W 269/03 - NJW 2004, 373-374.
[30] OLG München v. 28.07.2005 - 33 Wx 065/05, 33 Wx 066/05, 33 Wx 65/05, 33 Wx 66/05 - FamRZ 2006, 508-510.
[31] LG Koblenz v. 22.02.2012 - 2 T 458/11 - juris Rn. 13 ff.

- soweit der Wert des Nachlasses unter dem Betrag von 15.340 € liegt, wenn der Erbe Ehegatte/Lebenspartner des Verstorbenen oder mit diesem verwandt war und mit ihm nicht nur vorübergehend bis zum Tod in häuslicher Gemeinschaft gelebt und ihn gepflegt hat, § 102 Abs. 3 Nr. 2 SGB XII;
- soweit die Inanspruchnahme des Erben nach der Besonderheit des Einzelfalles eine besondere Härte bedeuten würde, § 102 Abs. 3 Nr. 3 SGB XII.

3. Erlöschen der Haftung des Erben nach § 102 Abs. 4 SGB XII

Nach § 102 Abs. 4 Satz 1 SGB XII erlischt die Haftung des Erben innerhalb von drei Jahren nach dem Tod des Mündels (Betreuten). Gemäß § 102 Abs. 4 Satz 2 SGB XII i.V.m. § 103 Abs. 3 Satz 2 SGB XII sind die allgemeinen zivilrechtlichen Vorschriften über die Hemmung, Ablaufhemmung, den Neubeginn und die Wirkung der Verjährung anwendbar.

V. Zugriff auf Unterhaltsansprüche (Absatz 2)

Unterhaltsansprüche des Mündels (Betreuten) sind gemäß § 1836c Nr. 1 Satz 3 BGB zu seinem einzusetzenden Einkommen zu zählen, allerdings ist § 1836d Nr. 2 BGB zufolge dennoch von Mittellosigkeit des Mündels (Betreuten) auszugehen, wenn die Unterhaltsansprüche nur im Wege gerichtlicher Geltendmachung aufgebracht werden können (vgl. die Kommentierung zu § 1836d BGB Rn. 12). Daher kommt es häufig vor, dass die Staatskasse wegen angenommener (fiktiver) Mittellosigkeit nach § 1836d Nr. 2 BGB zunächst in Vorlage tritt. Im Wege des Rückgriffs nach § 1836e BGB ist ihr dann jedoch der Zugriff auf die Unterhaltsansprüche gestattet, wie sich aus § 1836e Abs. 2 BGB ergibt.

Dabei ist das Familiengericht vor der Festsetzung des Regresses grundsätzlich nicht zu der Prüfung verpflichtet, ob derartige (Unterhalts-)Ansprüche tatsächlich bestehen[32], es kann, wenn solche Ansprüche in Betracht kommen, die Rückzahlungsverpflichtung des Mündels aussprechen, muss dabei aber kenntlich machen, dass dieser Ausspruch nur die Grundlage für die Einziehung der Unterhaltsansprüche sein kann.[33]

Der Zugriff der Staatskasse wird durch § 1836e Abs. 2 BGB dahin gehend erleichtert, dass die Norm die an sich bestehende **Unpfändbarkeit** der Unterhaltsansprüche (§ 850b ZPO) beseitigt und so der Staatskasse den Zugriff auf die Unterhaltsansprüche ermöglicht, der ihr ansonsten aus Rechtsgründen verschlossen wäre. Die Staatskasse erlangt mit der Festsetzung des Rückgriffbetrages einen Titel gegen den Mündel (Betreuten), sodass sie den (möglichen) Unterhaltsanspruch im Wege der **Pfändung und Überweisung** (§§ 829, 835 ZPO) einziehen kann.[34]

G. Prozessuale Hinweise/Verfahrenshinweise

Die vom Mündel (Betreuten) an die Staatskasse zu erbringenden Regressleistungen werden durch **Beschluss** festgesetzt. Diesen Beschluss soll das Familiengericht bereits zugleich mit der Festsetzung der an den Vormund (Betreuer) aus der Staatskasse zu leistenden Vergütung treffen (§ 168 Abs. 1 Satz 2 FamFG, vgl. aber auch Satz 3).

Der Regress nach § 1836e BGB setzt die nach § 1836c BGB zu ermittelnde Leistungsfähigkeit des Mündels (Betreuten) voraus, die durch das Familiengericht festzustellen ist.[35] Steht der Ermittlungsaufwand außer Verhältnis zur Höhe der voraussichtlich zu leistenden Zahlungen, kann das Gericht von einer Festsetzung der vom Mündel zu leistenden Zahlungen absehen, § 168 Abs. 2 Satz 3 FamFG.

Das Gericht kann Ratenzahlungen festsetzen, deren Höhe bei Veränderung der der Festsetzung zugrunde liegenden Verhältnisse geändert werden kann, § 168 Abs. 2 Satz 2 FamFG verweist insoweit auf § 120 Abs. 4 Satz 1 ZPO.

Verstirbt der Betreute während des Regressverfahrens gem. § 1836e BGB, ist das Verfahren ohne förmliche Unterbrechung für und gegen die Rechtsnachfolger der verstorbenen Betreuten von Amts wegen fortzusetzen, da der **Tod des Betreuten** nicht zu einem Fortfall des Verfahrensgegenstandes geführt hat. Soweit die Erben unbekannt sind, werden sie durch den Nachlasspfleger gesetzlich vertreten.[36]

---

[32] OLG Düsseldorf v. 10.09.2002 - 25 Wx 58/02 - Rpfleger 2003, 28-29.
[33] BayObLG München v. 19.09.2001 - 3Z BR 243/01 - juris Rn. 11 - BayObLGZ 2001, 271-275.
[34] BayObLG München v. 25.09.2001 - 3Z BR 247/01 - juris Rn. 10 - NJW-RR 2002, 943-944.
[35] Vgl. BayObLG München v. 24.07.2001 - 3Z BR 229/01 - BtPrax 2001, 254-255. Zum Prüfungsumfang speziell bei Unterhaltsansprüchen vgl. OLG Düsseldorf v. 10.09.2002 - 25 Wx 58/02 - Rpfleger 2003, 28-29; BayObLG München v. 19.09.2001 - 3Z BR 243/01 - juris Rn. 11 - BayObLGZ 2001, 271-275.
[36] OLG Stuttgart v. 29.06.2007 - 8 W 245/07 - juris Rn. 7 - ZErb 2007, 313-314.

§ 1836e

39 Gegen die gerichtliche Entscheidung ist die Beschwerde statthaft, §§ 58 ff. FamFG, bei Nichterreichen des Beschwerdewerts und Nichtzulassung die Erinnerung, § 11 Abs. 2 RPflG. Beschwerdeberechtigt sind der Mündel und die Staatskasse, § 59 Abs. 1 FamFG. Ein Sozialhilfeträger, der gegen einen Betreuten Rückforderungsansprüche wegen erbrachter Sozialleistungen geltend macht, ist im Festsetzungsverfahren gemäß § 168 Abs. 1 Sätze 2 und 3 FamFG, in dem das Amtsgericht Höhe und Zeitpunkt der Zahlungen bestimmt, die der Betroffene an die Staatskasse nach § 1836e BGB zu leisten hat, nicht beschwerdebefugt.[37]

---

[37] BGH v. 30.04.2014 - XII ZB 704/13.

Untertitel 3 - Fürsorge und Aufsicht des Familiengerichts

§ 1837 BGB Beratung und Aufsicht

(Fassung vom 29.06.2011, gültig ab 05.07.2012)

(1) ¹Das Familiengericht berät die Vormünder. ²Es wirkt dabei mit, sie in ihre Aufgaben einzuführen.

(2) ¹Das Familiengericht hat über die gesamte Tätigkeit des Vormunds und des Gegenvormunds die Aufsicht zu führen und gegen Pflichtwidrigkeiten durch geeignete Gebote und Verbote einzuschreiten. ²Es hat insbesondere die Einhaltung der erforderlichen persönlichen Kontakte des Vormunds zu dem Mündel zu beaufsichtigen. ³Es kann dem Vormund und dem Gegenvormund aufgeben, eine Versicherung gegen Schäden, die sie dem Mündel zufügen können, einzugehen.

(3) ¹Das Familiengericht kann den Vormund und den Gegenvormund zur Befolgung seiner Anordnungen durch Festsetzung von Zwangsgeld anhalten. ²Gegen das Jugendamt oder einen Verein wird kein Zwangsgeld festgesetzt.

(4) §§ 1666, 1666a und § 1696 gelten entsprechend.

Gliederung

A. Gesetzesänderungen 1	a. Pflichtwidrigkeiten 24
B. Grundlagen 3	b. Einschreiten durch geeignete Gebote und Verbote 30
I. Kurzcharakteristik 3	c. Kasuistik 31
II. Regelungsprinzipien 4	3. Versicherung 33
C. Anwendungsbereich 5	V. Festsetzung von Zwangsgeld (Absatz 3) 36
D. Anwendungsvoraussetzungen 7	1. Zur Befolgung der gerichtlichen Anordnungen 37
I. Familiengericht 7	2. Festsetzung von Zwangsgeld 39
II. Vormund 8	VI. Entsprechende Geltung der §§ 1666, 1666a, 1696 BGB (Absatz 4) 42
III. Beratung und Einführung des Vormunds (Absatz 1) 9	1. Verweis auf die §§ 1666, 1666a BGB 42
1. Beratung 9	a. Gefährdung des Mündelwohls 43
2. Einführung 12	b. Gerichtliche Maßnahmen 45
IV. Beaufsichtigung, Einschreiten gegen Pflichtwidrigkeiten und Versicherung (Absatz 2) 13	2. Verweis auf § 1696 BGB 49
1. Beaufsichtigung 13	**E. Verfahrenshinweise** 51
2. Einschreiten gegen Pflichtwidrigkeiten 21	

A. Gesetzesänderungen

Durch das Gesetz zur Änderung des Vormundschafts- und Betreuungsrechts vom 29.06.2011[1] ist in § 1837 Abs. 2 Satz 2 BGB die ausdrückliche Verpflichtung des Gerichts mit aufgenommen worden, auch die „Einhaltung der erforderlichen persönlichen Kontakte des Vormunds zum Mündel zu beaufsichtigen" (Art. 1 Nr. 3 des Gesetzes zur Änderung des Vormundschafts- und Betreuungsrechts). Hintergrund des Gesetzes sind verschiedene, durch das Bundesministerium der Justiz in Auftrag gegebene Untersuchungen zu den Begleitumständen von Kindesmisshandlungen und -vernachlässigungen, durch die auch die Praxis der Amtsvormundschaft in die Kritik geraten ist. Angesichts hoher Fallzahlen – so der Vorwurf – seien die Mündel den Vormündern oftmals nur aus dem Kontakt bei Übernahme der Vormundschaft bekannt, damit würden die Vormünder ihrer Verantwortung, insbesondere für die Person und nicht nur für das Vermögen des Mündels zu sorgen, nicht gerecht.[2] Durch die gesetzliche Neuregelung soll daher künftig der persönliche Kontakt zwischen Vormund und Mündel gestärkt werden.[3] § 1837 Abs. 2 Satz 2 BGB n.F. trägt dem Rechnung, indem er die Aufsichtspflicht des Gerichts

1

---

[1] BGBl I 2011, 1306.
[2] Vgl. dazu BR-Drs. 537/10, S. 1.
[3] BR-Drs. 537/10, S. 1.

nunmehr auch auf den persönlichen Kontakt zwischen Vormund und Mündel ausweitet. Die Vorschrift ist mit Wirkung zum 05.07.2012 in Kraft getreten.

2 Zu den Änderungen im Zusammenhang mit dem Gesetz zur Reform des Verfahrens in Familiensachen und in den Angelegenheiten der freiwilligen Gerichtsbarkeit vom 17.12.2008 (FGG-Reformgesetz – FGG-RG) bzw. dem Gesetz über das Verfahren in Familiensachen und in den Angelegenheiten der freiwilligen Gerichtsbarkeit (FamFG) zum 01.09.2009 vgl. die Kommentierung zu § 1835 BGB Rn. 1 ff.

B. Grundlagen

I. Kurzcharakteristik

3 § 1837 BGB regelt die Beratungs- und Aufsichtspflichten des Familiengerichts bei Anordnung einer Vormundschaft.

II. Regelungsprinzipien

4 Zwar wird der Vormund bei der Wahrnehmung seiner Aufgaben weitgehend selbständig tätig[4], nach § 1837 BGB ist das Familiengericht jedoch berechtigt und verpflichtet, den Vormund zu beraten und zu beaufsichtigen. Der **Grundsatz der Selbständigkeit** erfährt insoweit eine **Einschränkung**, die ihre Rechtfertigung darin findet, dass der Vormund im Gegensatz zu den Eltern nicht den verfassungsrechtlichen Schutz vor staatlichen Eingriffen aus Art. 6 Abs. 2 GG genießt. Dabei unterscheidet das Gesetz in § 1837 BGB ausdrücklich zwischen Beratung (Absatz 1 der Vorschrift) und Beaufsichtigung (Absatz 2). Durch die Beratungspflicht wird die Stellung des Familiengerichts als **Fürsorgeorgan** offenbar, das Gericht hat den Vormund bei seiner Amtsführung so weit wie möglich zu unterstützen. § 1837 Abs. 2, 3 BGB tragen demgegenüber der Stellung des Familiengerichts als **Aufsichtsorgan** Rechnung, wobei die Verpflichtung zur Beaufsichtigung nunmehr – seit Inkrafttreten des Gesetzes zur Änderung des Vormundschafts- und Betreuungsrechts vom 29.06.2011 – ausdrücklich auch die Einhaltung der erforderlichen persönlichen Kontakte des Vormunds zum Mündel erfasst, § 1837 Abs. 2 Satz 2 BGB (vgl. dazu Rn. 1). Bei pflichtwidrigem Verhalten des Vormunds ist das Gericht dazu berechtigt, durch geeignete Gebote und Verbote einzuschreiten und diese gegebenenfalls durch Festsetzung von Zwangsgeld durchzusetzen. Die Vorschrift ist deshalb auch als allgemeine Ermächtigungsnorm für familiengerichtliche Eingriffe einzuordnen. Daneben sind Eingriffsnormen, die für die elterliche Sorge gelten, entsprechend anwendbar, wie sich aus dem Verweis in § 1837 Abs. 4 BGB ergibt.

C. Anwendungsbereich

5 Die Vorschrift ist auf die Pflegschaft entsprechend anwendbar (§ 1915 Abs. 1 BGB). Zudem findet § 1837 Abs. 1-3 BGB sinngemäß Anwendung auf die Betreuung (§ 1908i Abs. 1 Satz 1 BGB).

6 In den Fällen der freiwilligen Beistandschaft nach § 1712 BGB finden die Vorschriften über die Aufsicht des Familiengerichts gemäß § 1837 Abs. 2 BGB ausdrücklich keine Anwendung, § 1716 Satz 2 BGB.[5]

D. Anwendungsvoraussetzungen

I. Familiengericht

7 Nach § 1837 BGB ist für die Beratung und Aufsicht des Vormunds das Familiengericht zuständig. Dabei richtet sich die örtliche Zuständigkeit nach den §§ 151, 152 FamFG, in funktioneller Hinsicht sind die §§ 3 Nr. 2a, 14 RPflG zu beachten.

II. Vormund

8 Vormund ist, wer hierzu durch das Familiengericht bestellt ist (§ 1789 BGB).

---

[4] Zum Grundsatz der Selbständigkeit vgl. etwa: BayObLG München v. 27.06.1991 - BReg 3 Z 52/91 - juris Rn. 8 - ZfJ 1991, 556-557; OLG Saarbrücken v. 26.01.2004 - 5 W 299/03 - 72; *Wagenitz* in: MünchKomm-BGB, § 1837 Rn. 3; ferner BGH v. 30.03.1955 - IV ZB 23/55 - juris Rn. 13 - BGHZ 17, 108-116.

[5] Vgl. auch OLG Hamm v. 19.04.2013 - II-2 WF 51/13, 2 WF 51/13 - juris Rn. 8 - FamRZ 2014, 324.

III. Beratung und Einführung des Vormunds (Absatz 1)

1. Beratung

Nach § 1837 Abs. 1 Satz 1 BGB ist das Familiengericht dazu verpflichtet, den Vormund zu beraten. Die Norm gewährt dem Vormund ein **subjektiv-öffentliches Recht**, ein Anspruch des Mündels auf Beratung ist demgegenüber auszuschließen.[6]

Der Begriff der Beratung darf nicht zu weit verstanden werden. Das Prinzip der Selbständigkeit (vgl. dazu Rn. 4) lässt nur eine solche Beratung zu, die auf **wichtige Grundfragen der Amtsführung** beschränkt ist. Der Vormund tritt bei der Ausübung der Personen- und Vermögenssorge grundsätzlich an die Stelle der Eltern.[7] Wenngleich er nicht denselben verfassungsrechtlichen Schutz aus Art. 6 Abs. 2 GG genießt wie die Eltern, ist eine ständige Einmischung des Familiengerichts in alltägliche Erziehungsangelegenheiten schon aus Gründen des Kindeswohls zu vermeiden. Zudem ist zu berücksichtigen, dass die Familiengerichte nur beschränkt beratungsfähig sind; es würde die Kapazitäten der Gerichte überlasten, wenn sie den Vormund bei jeder einzelnen erzieherischen Maßnahme zu beraten hätten.[8] Schließlich erscheint eine allumfassende Beratung durch das Familiengericht angesichts des Umstandes, dass auch andere Stellen (Jugendamt; Betreuungsbehörde) zur Beratung des Vormundes bzw. Betreuers verpflichtet sind, nicht erforderlich. Die Beratung durch das Familiengericht hat sich daher auf wichtige Fragen zu beschränken. Das Gericht darf insbesondere die Ermessensausübung des Vormunds nicht durch eigene Ermessenserwägungen ersetzen.[9] **Bindende Anweisungen** seitens des Familiengerichts sind – auch wenn vom Vormund gewünscht – **unzulässig**, es sei denn der Vormund verhält sich pflichtwidrig, so dass schon aus diesem Grund ein gerichtliches Einschreiten geboten ist.[10]

Von der Beratungspflicht erfasst ist insbesondere die **Aufklärung in Rechtsfragen**. Das Familiengericht ist dazu verpflichtet, den (rechtsunkundigen) Vormund auf Anfrage über die Pflichtwidrigkeit beabsichtigter Maßnahmen zu informieren.[11] Bei Konflikten zwischen dem Mündel und seinem Vormund hat das Gericht auf eine Einigung hinzuwirken, wenngleich ein besonderes Verfahren zur Konfliktlösung im Gesetz nicht vorgesehen ist.[12]

2. Einführung

§ 1837 Abs. 1 Satz 2 BGB bestimmt allgemein, dass das Familiengericht an der Einführung des Vormunds mitzuwirken hat. Welche Anforderungen an die Mitwirkung zu stellen sind, lässt sich der Vorschrift nicht entnehmen. Näheres zur Bestellung des Vormundes findet sich indes in den §§ 1789 und 1791 BGB; nach diesen Normen hat das Gericht den Vormund durch Verpflichtung zu treuer und gewissenhafter Führung der Vormundschaft zu bestellen und ihm die Bestallungsurkunde zu übergeben. Allerdings zeigt die Vorschrift des § 1837 Abs. 1 Satz 2 BGB, dass sich die Mitwirkung des Familiengerichts in diesen Handlungen nicht erschöpfen kann, anderenfalls wäre die zusätzliche Normierung in § 1837 Abs. 1 Satz 2 BGB überflüssig. Um dem Vormund die Amtsübernahme zu erleichtern, wird man daher ein **umfassendes Einführungsgespräch** verlangen können, in dem evtl. Fragen hinsichtlich der Amtsführung erörtert werden und der Vormund über die ihn treffenden Verpflichtungen **rechtlich belehrt** wird.[13] Das Familiengericht hat hier letztlich seiner Stellung als Fürsorgeorgan gerecht zu werden.

---

[6] *Wagenitz* in: MünchKomm-BGB, § 1837 Rn. 5.
[7] Vgl. hierzu auch BGH v. 30.03.1955 - IV ZB 23/55 - juris Rn. 13 - BGHZ 17, 108-116.
[8] So auch *Wagenitz* in: MünchKomm-BGB, § 1837 Rn. 5.
[9] BayObLG München v. 27.06.1991 - BReg 3 Z 52/91 - juris Rn. 8 - ZfJ 1991, 556-557.
[10] *Maier* in: Jurgeleit, Hk-Bt, 1. Aufl. 2006, § 1837 Rn. 3; BayObLG München v. 27.06.1991 - BReg 3 Z 52/91 - juris Rn. 8 - ZfJ 1991, 556-557; OLG Karlsruhe v. 12.04.2005 - 19 Wx 7/05 - juris Rn. 23 - FamRZ 2006, 507.
[11] BayObLG München v. 19.05.1999 - 3Z BR 38/99 - juris Rn. 8 - NJW 1999, 3205.
[12] *Wagenitz* in: MünchKomm-BGB, § 1837 Rn. 6.
[13] Vgl. hierzu auch *Diederichsen* in: Palandt, § 1837 Rn. 2.

IV. Beaufsichtigung, Einschreiten gegen Pflichtwidrigkeiten und Versicherung (Absatz 2)

1. Beaufsichtigung

13 § 1837 Abs. 2 Satz 1 BGB verpflichtet das Familiengericht dazu, über die gesamte Tätigkeit von Vormund und Gegenvormund (vgl. dazu die Kommentierung zu § 1792 BGB und die Kommentierung zu § 1799 BGB) Aufsicht zu führen. Wenngleich der Wortlaut der Vorschrift eine umfassende Überwachung durch das Familiengericht nahe legt, ist auch hier der Grundsatz der Selbständigkeit zu berücksichtigen (vgl. dazu Rn. 4). Eine grundlose Gängelung durch das Gericht würde die Bereitschaft zur Übernahme vormundschaftlicher Tätigkeit mindern. Die Beaufsichtigung hat sich daher auf das Notwendige zu beschränken, es soll lediglich sichergestellt werden, dass der Vormund sich **nicht pflichtwidrig verhält** oder den **Interessen des Mündels zuwider**handelt. Dabei darf sich die Beaufsichtigung **ausschließlich am Wohl des Mündels** orientieren.[14] **Interessen Dritter** sind nur insoweit zu berücksichtigen, als ihre Wahrung zugleich dem Interesse des Mündels entspricht.[15]

14 Die Aufsichtspflicht gehört zum Kernbereich gerichtlichen Tätigwerdens. Das Gericht kann sich seiner Verpflichtung zur Beaufsichtigung nicht dadurch entziehen, dass dem Vormund/Betreuer ein weiterer Mit-/Gegenvormund bzw. -Betreuer zur Seite gestellt wird, der den eigentlichen Vormund/Betreuer kontrollieren und etwaigen, befürchteten Missständen entgegenwirken soll. Eine solche Situation kann in einfach gelagerten Fällen gegeben sein, etwa wenn von Seiten Dritter Zweifel an der Eignung des Vormunds/Betreuer zur Amtsführung herangetragen werden und sich das Familiengericht lediglich auf die Bestellung eines Gegenvormunds beschränkt.[16] Bei besonders umfangreichen oder komplexen Vormundschaften ist die Bestellung eines Gegenvormunds hingegen ausdrücklich vorgesehen, so dass es hier letztlich auf die Umstände des Einzelfalles ankommt.

15 Die **Beaufsichtigung erstreckt sich auf die gesamte Tätigkeit des Vormunds**, d.h. sowohl auf den Bereich der **Personensorge** als auch auf den der **Vermögenssorge**. Nach dem durch das Gesetz zur Änderung des Vormundschafts- und Betreuungsrechts neu eingeführten § 1837 Abs. 2 Satz 2 BGB (vgl. dazu Rn. 1) hat das Gericht insbesondere auch die **Einhaltung der persönlichen Kontakte des Vormunds zu dem Mündel** zu beaufsichtigen.

16 Wie sich der Kontakt zwischen Vormund und Mündel zu gestalten hat, ergibt sich für **Vormundschaften** aus dem ebenfalls neu eingeführten § 1793 Abs. 1a BGB. Danach soll der Vormund den Mündel einmal im Monat in dessen persönlicher Umgebung aufsuchen, wenn nicht im Einzelfall kürzere oder längere Besuchsabstände oder ein anderer Ort geboten sind. Das Gericht hat somit nicht nur auf die Häufigkeit und den Umfang der Besuche zu achten, sondern auch darauf, dass der Mündel regelmäßig in seiner persönlichen Umgebung aufgesucht wird. Allerdings kann es in bestimmten Fällen auch erforderlich sein, den Mündel außerhalb seiner gewöhnlichen Umgebung zu treffen, so etwa, wenn er in seinem normalen Umfeld (etwa in Anwesenheit von Pflegepersonen etc.) nicht frei über seine Lebenssituation berichten kann.[17] Abzustellen ist jeweils auf die Umstände des Einzelfalls, entscheidend ist, dass sich der Vormund in regelmäßigen Abständen ein genaues Bild von den Lebensumständen des Mündels verschafft.[18]

17 Für **Betreuungen** ist § 1793 Abs. 1a BGB, wie sich im Umkehrschluss aus § 1908i Abs. 1 Satz 1 BGB entnehmen lässt, nicht anwendbar. Zwar soll auch hier der persönliche Kontakt zwischen Betreuer und Betreutem gestärkt werden, weshalb die Neuregelungen des § 1837 Abs. 2 Satz 2 BGB und § 1840 Abs. 1 Satz 2 BGB grundsätzlich auch für das Betreuungsrecht gelten (§ 1908i Abs. 1 Satz 1 BGB). Allerdings hat sich der Gesetzgeber bewusst gegen eine § 1793 Abs. 1a BGB entsprechende Regelung entschieden, durch die die Häufigkeit und der Ort der Kontakte konkret geregelt worden wären.[19] Wie sich der Kontakt zwischen Betreuer und Betreutem gestaltet, hat der Betreuer daher jeweils im Einzelfall unter Berücksichtigung des Wohls des Betreuten zu bestimmen, wobei er gegenüber dem aufsichtführenden Gericht berichtspflichtig ist.[20]

---

[14] *Wagenitz* in: MünchKomm-BGB, § 1837 Rn. 12.
[15] Vgl. hierzu OLG Hamm v. 11.02.1985 - 15 W 417/84 - Rpfleger 1985, 294-295.
[16] OLG Frankfurt v. 21.08.2008 - 20 W 105/08 - juris Rn. 10.
[17] Vgl. dazu auch die Begründung zum Gesetzentwurf BR-Drs. 537/10, S. 5.
[18] Begründung zum Gesetzentwurf BR-Drs. 537/10, S. 5.
[19] Vgl. dazu die Begründung zum Gesetzentwurf BR-Drs. 537/10, S. 3.
[20] Die nach altem Recht zutreffende Entscheidung des LG Hamburg v. 10.02.2011 - 301 T 583/10 - juris Rn. 17 - FamRZ 2011, 1329-1330 ist nach neuem Recht daher in Teilbereichen (generelle Berichtspflicht) überholt.

Von der Aufsichtspflicht erfasst ist auch das **privatrechtliche Verhältnis** zwischen Mündel und Vormund.[21]

Voraussetzung für die Wahrnehmung seiner Aufsichtspflichten ist, dass das Gericht sich jederzeit und umfassend über die Tätigkeit des Vormunds **informieren** kann. Der Gesetzgeber hat diesem Bedürfnis durch die Vorschriften der §§ 1839, 1840 BGB Rechnung getragen. Während § 1840 BGB die Verpflichtung des Vormunds zu jährlicher Berichterstattung und Rechnungslegung normiert, sieht § 1839 BGB einen jederzeitigen Anspruch des Gerichts auf Auskunftserteilung vor. Des Weiteren ist durch die Genehmigungserfordernisse der §§ 1809 BGB ff. sichergestellt, dass das Familiengericht von wichtigen Rechtsgeschäften des Vormunds Kenntnis erlangt und diese gegebenenfalls durch Verweigerung der Genehmigung verhindern kann.

Die Verpflichtung zur Beaufsichtigung **beginnt mit der Bestellung** des Vormunds. Sie **endet** mit seiner **Entlassung** bzw. der **Beendigung der Vormundschaft**. Nach Ende seiner Amtsführung kann das Familiengericht von dem bisherigen Vormund nur noch die Einreichung der Schlussrechnung (§ 1892 BGB) sowie die Rückgabe der Bestallungsurkunde (§ 1893 Abs. 2 BGB) verlangen. Zwar treffen den ehemaligen Vormund noch weitere Pflichten[22], diese bestehen aber nicht im Verhältnis zum Familiengericht und können somit von diesem auch nicht durch Maßnahmen nach § 1837 Abs. 2 Satz 1 BGB durchgesetzt werden. Insbesondere kann das Familiengericht von dem ehemaligen Vormund nicht mehr die Erteilung von Auskünften gem. § 1839 BGB verlangen.[23]

2. Einschreiten gegen Pflichtwidrigkeiten

Nach § 1837 Abs. 2 Satz 1 BGB hat das Familiengericht gegen Pflichtwidrigkeiten des Vormunds bzw. Gegenvormunds durch geeignete Maßnahmen einzuschreiten.

Die Regelung beinhaltet die Verpflichtung des Gerichts (kein Ermessen), bei Pflichtwidrigkeiten des Vormunds umgehend tätig zu werden. Dabei hat der Vormund grundsätzlich keinen Anspruch darauf, vom Familiengericht mit bindenden Weisungen versehen zu werden. Er kann lediglich verlangen, dass ihn das Gericht unterstützt und berät (vgl. dazu unter Rn. 9).[24]

Ein Anspruch Dritter auf gerichtliches Einschreiten nach § 1837 Abs. 2 Satz 1 BGB besteht ebenfalls nicht.[25]

a. Pflichtwidrigkeiten

Das Familiengericht darf nur dann einschreiten, wenn sich der Vormund **pflichtwidrig** verhält, im Übrigen gilt der Grundsatz der Selbständigkeit vormundschaftlicher Tätigkeit (zum Grundsatz der Selbständigkeit vgl. auch Rn. 4). Sofern sich der Vormund pflichtgemäß verhält, hat das Gericht daher jegliche Einflussnahme – auch in Form von Ermahnungen oder dergleichen – zu unterlassen.[26] Bindende Anweisungen des Gerichts sind selbst dann unzulässig, wenn der Vormund dies wünscht.[27]

Pflichtwidriges Verhalten liegt vor, wenn der Vormund entweder **gegen gesetzliche Vorschriften oder gerichtliche Anordnungen verstößt** oder wenn er durch sein Verhalten **wichtige Interessen des Mündels verletzt**.[28] Dabei kann nach Sinn und Zweck der Vorschrift das pflichtwidrige Verhalten sowohl in einem Tun als auch in einem Unterlassen bestehen, auch ein Verschulden des Vormunds ist nicht erforderlich[29], ebenso wenig ein Schaden beim Mündel[30]. Der Eintritt eines Schadens muss auch

---

[21] *Wagenitz* in: MünchKomm-BGB, § 1837 Rn. 10.
[22] Der Vormund hat beispielsweise die Verpflichtung, nach der Beendigung seines Amtes dem Mündel das verwaltete Vermögen herauszugeben und über die Verwaltung Rechenschaft abzulegen, § 1890 BGB; Einzelheiten hierzu vgl. die Kommentierung zu § 1890 BGB.
[23] BayObLG München v. 06.12.1995 - 3Z BR 312/95 - Rpfleger 1996, 246-247; *Diederichsen* in: § 1837 Rn. 5.
[24] OLG Karlsruhe v. 12.04.2005 - 19 Wx 7/05 - juris Rn. 23 - FamRZ 2006, 507-508.
[25] OLG Zweibrücken v. 17.02.2003 - 3 W 23/03 - NJW-RR 2003, 870-871.
[26] So auch *Wagenitz* in: MünchKomm-BGB, § 1837 Rn. 18.
[27] BayObLG München v. 19.05.1999 - 3Z BR 38/99 - juris Rn. 7 - NJW 1999, 3205; vgl. a. OLG Hamm v. 19.12.2011 - II-8 UF 220/10, 8 UF 220/10 - juris Rn. 3 ff. - FamRZ 2012, 1312-1313.
[28] *Wagenitz* in: MünchKomm-BGB, § 1837 Rn. 13; vgl. auch BayObLG München v. 05.11.2003 - 3Z BR 215/03 - juris Rn. 8 - BayObLGR 2004, 85-86; BayObLG München v. 08.09.1999 - 3Z BR 260/99 - juris Rn 5 - NJWE-FER 2000, 9.
[29] *Diederichsen* in: Palandt, § 1837 Rn. 8.
[30] Hierfür spricht bereits die eindeutige Formulierung des § 1837 Abs. 2 Satz 1 BGB, in dem vom Eintritt eines Schadens nicht die Rede ist; i.E. ebenso *Maier* in: Jurgeleit, Hk-Bt, 1. Aufl. 2006, § 1837 Rn. 11.

nicht unmittelbar bevorstehen, vielmehr genügt es, wenn das Wohl des Mündels im Verlauf seiner weiteren Entwicklung beeinträchtigt würde.[31]

26 Nicht erforderlich ist, dass der Vormund bereits pflichtwidrig gehandelt hat. Die Aufsichtsfunktion des Gerichts beschränkt sich **nicht auf bereits vollzogene Maßnahmen**, vielmehr kann das Gericht auch dazu verpflichtet sein, präventiv aufzuzeigen, ob eine beabsichtigte Maßnahme des Vormundes pflichtwidrig ist oder nicht. Der Erlass einer Weisung setzt dann aber voraus, dass sich die Besorgnis eines pflichtwidrigen Verhaltens hinreichend deutlich manifestiert.[32]

27 Während das Gericht in der Regel ohne Probleme feststellen kann, ob der Vormund gegen gesetzliche Vorschriften oder gerichtliche Anordnungen verstößt, ist die Beurteilung der Frage, was dem Mündelwohl zuwiderläuft, ungleich schwieriger. Die h.M. räumt dem Vormund in diesen Fällen ein **Ermessen** ein und gesteht dem Gericht eine **Eingriffsbefugnis** nur dann zu, wenn der Vormund von seinem **Ermessen keinen Gebrauch macht** oder das ihm eingeräumte **Ermessen überschreitet** bzw. **missbraucht**.[33] Dem ist im Grundsatz zuzustimmen. Das Prinzip der Selbständigkeit des Vormundes gebietet es, ein Einschreiten des Familiengerichts nur in begründeten Fällen zuzulassen. Der Rückgriff auf die öffentlich-rechtlichen Begriffe des Ermessens und des Ermessensfehlgebrauchs erscheint hier insoweit hilfreich als die Eingriffsbefugnis des Gerichts dadurch von vornherein auf bestimmte Situationen beschränkt wird. Dabei darf allerdings nicht außer Acht gelassen werden, dass die Selbständigkeit des Vormundes weiter reicht als der Ermessensspielraum einer Behörde, die regelmäßig in die Grundrechte des Bürgers eingreift und deren Handeln deshalb einer besonderen Rechtfertigung bedarf.[34]

28 Zu Recht kritisiert wird in der Literatur die Bildung eines **Katalogs reiner Zweckmäßigkeitsfragen**, bei denen ein Eingreifen des Gerichts unzulässig sein soll.[35] Ob es sich bei einer Entscheidung des Vormundes um eine reine Zweckmäßigkeitserwägung handelt, lässt sich oft nicht ohne weiteres bestimmen, eine generalisierende Aussage über die Unzulässigkeit gerichtlichen Einschreitens sollte in jedem Fall vermieden werden.[36] Vielmehr kann ein Einschreiten des Gerichts auch dann geboten sein, wenn der Vormund bloße Zweckmäßigkeitsentscheidungen trifft, sofern er dabei die Interessen des Mündels verletzt.[37]

29 Nach der hier vertretenen Auffassung ist deshalb für die Zulässigkeit eines Eingriffs nach § 1837 Abs. 2 Satz 1 Alt. 2 BGB **in jedem Einzelfall** zu überprüfen, ob das Verhalten des Vormundes dem Mündelwohl zuwiderläuft. Maßgebliche Kriterien sind dabei die **Wahrscheinlichkeit der Beeinträchtigung** sowie die **Schwere der drohenden Verletzung**: Je größer die Gefahr einer schwerwiegenden Vernachlässigung der Mündelinteressen ist, umso eher lässt sich ein Eingriff des Gerichts gemäß § 1837 Abs. 2 Satz 1 BGB legitimieren. Kann das Gericht demgegenüber eine drohende Beeinträchtigung des Mündels nicht feststellen, so ist wegen des Grundsatzes der Selbständigkeit Zurückhaltung geboten. Eine derartige Handhabung des § 1837 Abs. 2 Satz 1 BGB entspricht dem Sinn und Zweck der Vorschrift, die allein dem Wohl des Mündels zu dienen bestimmt ist.

b. Einschreiten durch geeignete Gebote und Verbote

30 Gegen Pflichtwidrigkeiten des Vormundes hat das Familiengericht gem. § 1837 Abs. 2 Satz 1 Alt. 2 BGB durch geeignete Gebote und Verbote einzuschreiten. Der Begriff der Geeignetheit wird im Gesetz nicht näher bestimmt, nach dem Sinn und Zweck der Vorschrift muss die Maßnahme jedoch **geeignet**

---

[31] *Wagenitz* in: MünchKomm-BGB, § 1837 Rn. 14.

[32] OLG Saarbrücken v. 26.01.2004 - 5 W 299/03, 5 W 299/03 - 72 - MDR 2004, 1121-1122; OLG Karlsruhe v. 12.04.2005 - 19 Wx 7/05 - juris Rn. 16 - FamRZ 2006, 507-508.

[33] So etwa BayObLG München v. 03.11.1998 - 1Z BR 106/98 - juris Rn. 35 - Rpfleger 1999, 126-128; OLG Stuttgart v. 25.07.1980 - 8 W 302/80 - Justiz 1980, 440; BayObLG München v. 08.09.1999 - 3Z BR 260/99 - juris Rn. 5 - NJWE-FER 2000, 9.

[34] Ähnlich auch *Wagenitz* in: MünchKomm-BGB, § 1837 Rn. 16.

[35] *Wagenitz* in: MünchKomm-BGB, § 1837 Rn. 16.

[36] Wie problematisch eine solche generalisierende Einordnung wäre, zeigt das folgende Beispiel: Als reine Zweckmäßigkeitserwägung ist in der Rechtsprechung die Entscheidung des Pflegers eingeordnet worden, die bislang häusliche Pflege der Betroffenen durch eine Heimpflege zu ersetzen (BayObLG München v. 27.06.1991 - BReg 3 Z 52/91 - ZfJ 1991, 556-557). Dass sich eine derartige Entscheidung fundamental auf die Betroffene auswirken und die Heimunterbringung ihren Interessen zuwiderlaufen kann, liegt auf der Hand. Deshalb muss in solchen Fällen, unabhängig davon, ob eine bloße Zweckmäßigkeitsentscheidung getroffen wird, ein gerichtliches Einschreiten möglich bleiben, maßgeblich kann allein das Wohl des Mündels bzw. der Betroffenen sein.

[37] Vgl. auch *Diederichsen* in: Palandt, § 1837 Rn. 8.

sein, **die Beeinträchtigung der Mündelinteressen abzuwehren**. In der Literatur wird zudem gefordert, dass die Maßnahme verhältnismäßig sein müsse.[38] Dem ist, weil das Familiengericht in Rechtspositionen eingreift, zu folgen; neben der Geeignetheit ist daher auch zu prüfen, ob die Maßnahme **erforderlich** und **angemessen** ist.[39] Maßgebliche Kriterien sind dabei die Wahrscheinlichkeit und die Schwere der drohenden Beeinträchtigung. Unproblematisch werden regelmäßig bloße Ermahnungen sein. Im Übrigen ist wegen des Grundsatzes der Selbständigkeit Zurückhaltung geboten, insbesondere darf das Gericht nicht selbst an Stelle des Vormundes handeln.[40]

c. Kasuistik

Beispiele aus der Rechtsprechung für Pflichtwidrigkeiten:

- Verhinderung des Umgangs mit Geschwistern ohne verständigen Grund.[41]
- Verschwenderischer Umgang in Bezug auf Unterhalts- und Erziehungskosten.[42]
- Dauernde Verstöße gegen die Verpflichtung zur mündelsicheren Vermögensanlage.[43]
- Anordnung einer Kontaktsperre gegenüber den Eltern, wenn der Aufgabenkreis des Betreuers weder allgemein die Personensorge noch im Besonderen die Regelung des Umgangs erfasst.[44]
- Abschluss eines Vertrags, durch den der Betreuer die Verwaltung des persönlichen Budgets übernimmt und hierfür gesondert entgolten wird.[45]
- Überziehung des Girokontos des/der Betreuten ohne die erforderliche Genehmigung des Betreuungsgerichts.[46]

Gegenbeispiele aus der Rechtsprechung (keine Pflichtwidrigkeit):

- Entscheidung des Pflegers zur Heimpflege anstelle der Fortsetzung häuslicher Pflege.[47]
- Entscheidung des Betreuers, die Mietwohnung des Betroffenen trotz dessen Unterbringung aufrechtzuerhalten.[48]
- Betreten von leer stehenden Wohnungen im Anwesen durch den Betreuer.[49]
- Ablehnung des Betreuers, dem Betroffenen einen Kostenvorschuss für ein Klageerzwingungsverfahren zu gewähren.[50]
- Die Entscheidung, ob und vor allem durch wen dem Betroffenen eine bestimmte heilpädagogische Behandlung erteilt wird.[51]
- Die Entscheidung zur Durchführung umfangreicher Sanierungsarbeiten an einem auf den Betroffenen übertragenen Wohngebäude im Rahmen einer Zuwendungspflegschaft. Wenn die Pflegschaft aufgrund der bevorstehenden Volljährigkeit des Betroffenen allerdings nur noch verhältnismäßig kurz besteht, muss zur Wahrung der Interessen des Betroffenen berücksichtigt werden, dass die Ent-

---

[38] *Wagenitz* in: MünchKomm-BGB, § 1837 Rn. 19.
[39] So auch *Maier* in: Jurgeleit, Hk-Bt, 1. Aufl. 2006, § 1837 Rn. 11.
[40] *Diederichsen* in: Palandt, § 1837 Rn. 10, 1; vgl. dazu auch OLG Zweibrücken v. 21.11.2007 - 3 W 201/07 - FamRZ 2008, 818-819; BayObLG München v. 27.06.1991 - BReg 3 Z 52/91 - juris Rn. 8 - ZfJ 1991, 556-557; OLG München v. 13.07.2009 - 33 Wx 005/09, 33 Wx 5/09 - juris Rn. 16. Zur Unzulässigkeit eines amtsgerichtlichen Verbotes, die Betroffene ohne gerichtliche Zustimmung nicht in ein anderes Heim verlegen zu dürfen, vgl. OLG München v. 11.11.2009 - 33 Wx 292/09 - juris Rn. 10 ff.
[41] OLG Hamm v. 11.02.1985 - 15 W 417/84 - Rpfleger 1985, 294-295.
[42] OLG Düsseldorf v. 29.08.1980 - 3 W 147/80 - juris Rn. 6 - Rpfleger 1980, 471.
[43] OLG Frankfurt v. 28.01.1983 - 20 W 3/83 - Rpfleger 1983, 151.
[44] OLG München v. 30.01.2008 - 33 Wx 213/07 - BtPrax 2008, 74-75; danach hat das Amtsgericht, wenn es Kenntnis von Problemen zwischen den Eltern und dem Betroffenen erlangt, von Amts wegen ein Verfahren zur Entscheidung über die Erweiterung des Aufgabenkreises des Betreuers hinsichtlich der Regelung des Umgangs einzuleiten; solange indes der Aufgabenkreis des Betreuers nicht entsprechend erweitert worden ist, ist ein durch den Betreuer ausgesprochenes Kontaktverbot pflichtwidrig.
[45] AG München v. 25.02.2010 - 705 XVII 01055/00, 705 XVII 1055/00 - juris Rn. 4 ff. - BtPrax 2010, 195-196.
[46] LG Karlsruhe v. 11.02.2013 - 11 T 404/12 - juris Rn. 8 ff. - FamRZ 2014, 67.
[47] BayObLG München v. 27.06.1991 - BReg 3 Z 52/91 - juris Rn. 11 - ZfJ 1991, 556-557.
[48] BayObLG München v. 05.11.2003 - 3Z BR 215/03 - BayObLGR 2004, 85-86.
[49] BayObLG München v. 19.05.1999 - 3Z BR 38/99 - juris Rn. 9 - NJW 1999, 3205.
[50] BayObLG München v. 08.09.1999 - 3Z BR 260/99 - juris Rn. 6 - NJWE-FER 2000, 9.
[51] OLG München v. 13.07.2009 - 33 Wx 005/09, 33 Wx 5/09 - juris Rn. 16.

scheidung über langfristige Investitionsmaßnahmen als Alternative zum etwaigen Verkauf des Objektes mit Eintritt der Volljährigkeit ihm zusteht und nicht durch den Pfleger vorweggenommen werden sollte.[52]

- Die Entscheidung des Vormunds, dass der Mündel seinen Aufenthalt in einer neuen, von den Kindeseltern entfernter gelegenen Wohngruppe haben soll.[53]

3. Versicherung

33 Nach § 1837 Abs. 2 Satz 3 BGB kann das Familiengericht dem Vormund und dem Gegenvormund aufgeben, eine Versicherung zur Deckung von Schäden abzuschließen, die sie dem Mündel zufügen können.

34 Wenngleich sich die Vorschrift unmittelbar an die allgemeine Eingriffsnorm des § 1837 Abs. 2 Satz 1 BGB anschließt, setzt die Anordnung nach § 1837 Abs. 2 Satz 3 BGB keine Pflichtwidrigkeit des Vormundes voraus.[54] Dem stehen Sinn und Zweck der Vorschrift entgegen: § 1837 Abs. 2 Satz 3 BGB dient dem Schutz des Mündel. Maßgeblich ist daher, ob dem Mündel durch die Tätigkeit des Vormundes (nicht unerhebliche) Schäden entstehen können, so dass der Abschluss einer Versicherung für den Vormund sinnvoll erscheint. Dabei muss eine Pflichtwidrigkeit seitens des Vormundes nicht vorliegen, denkbar ist beispielsweise, dass der Vormund größeres Vermögen verwaltet[55] und deshalb der Abschluss einer Versicherung vernünftig erscheint.

35 § 1837 Abs. 2 Satz 3 BGB sieht vor, dass das Gericht in Einzelfällen eine Pflichtversicherung anordnen kann. Eine allgemeine Versicherungspflicht für Vormünder bzw. Betreuer und Pfleger besteht demgegenüber nicht.

V. Festsetzung von Zwangsgeld (Absatz 3)

36 § 1837 Abs. 3 BGB ermöglicht es dem Familiengericht, gegen den Vormund und den Gegenvormund ein Zwangsgeld festzusetzen, sofern diese den Anordnungen des Gerichts nicht nachkommen.

1. Zur Befolgung der gerichtlichen Anordnungen

37 Das Zwangsgeld darf nur zur Durchsetzung der vom Gericht angeordneten Maßnahmen festgesetzt werden (vgl. dazu Rn. 30). Es handelt sich lediglich um ein **Beugemittel**, das Zwangsgeld ist keine Sühne oder Buße für begangene Pflichtwidrigkeiten.[56] Daraus folgt, dass die **Befolgung der gerichtlichen Maßnahme noch möglich** sein muss. Unzulässig ist die Festsetzung eines Zwangsgeldes, wenn die gerichtliche Anordnung gegenstandslos geworden bzw. der mit ihr verfolgte Zweck bereits erreicht ist.[57]

38 Nach Beendigung der Vormundschaft kann ein Zwangsgeld nur mehr wegen der Befolgung solcher Pflichten verhängt werden, die gerade den ehemaligen Vormund treffen. Dazu gehört insbesondere die Verpflichtung zur Einreichung einer ordnungsgemäßen Schlussrechnung.[58]

2. Festsetzung von Zwangsgeld

39 Es gilt der mit Wirkung zum 01.09.2009 eingeführte § 35 FamFG. Danach darf das Zwangsgeld der Höhe nach den Betrag von 25.000 € nicht überschreiten, § 35 Abs. 3 FamFG. Eine gesonderte vorherige Androhung des Zwangsgelds ist – anders als nach früherem Recht (vgl. § 33 Abs. 3 Satz 1 FGG) – nicht mehr erforderlich. Allerdings hat das Gericht nunmehr unmittelbar in der Entscheidung, die die Verpflichtung zur Vornahme oder Unterlassung einer Handlung anordnet, auf die Folgen des Zuwiderhandelns hinzuweisen. Der Hinweis tritt an die Stelle der bisher erforderlichen isolierten Androhung der Zwangsmittel und dient damit der Beschleunigung des Verfahrens (vgl. dazu BT-Drs. 16/6308 zu § 35 Abs. 2 FamFG). Zum FGG-Reformgesetz, insbesondere auch zu dem geltenden Übergangsrecht vgl. auch die Kommentierung zu § 1835 BGB Rn. 1 ff.). Bei wiederholter/erneuter Zwangsgeldfestsetzung ist das Zwangsgeld allerdings jeweils nochmals gesondert anzudrohen.[59]

---

[52] OLG Hamm v. 13.04.2010 - I-15 Wx 263/09, 15 Wx 263/09 - juris Rn. 16 ff., 20 - FamRZ 2010, 1997-1998.
[53] OLG Hamm v. 19.12.2011 - II-8 UF 220/10, 8 UF 220/10 - juris Rn. 7 ff. - FamRZ 2012, 1312-1313.
[54] So auch *Wagenitz* in: MünchKomm-BGB, § 1837 Rn. 22.
[55] Ähnlich *Diederichsen* in: Palandt, § 1837 Rn. 10.
[56] BayObLG München v. 04.06.1997 - 3Z BR 42/97 - juris Rn. 9 - Rpfleger 1997, 476-477.
[57] OLG Hamm v. 25.11.1983 - 2 WF 568/83 - FamRZ 1984, 183-184; vgl. auch BayObLG München v. 18.03.2002 - 3Z BR 51/02 - FGPrax 2002, 118-119.
[58] BayObLG München v. 25.10.2000 - 3Z BR 229/00 - juris Rn. 7 - Rpfleger 2001, 74-75.
[59] *Wagenitz* in: MünchKomm-BGB, § 1837 Rn. 29, 23.

Gegen den **Amts- bzw. den Vereinsvormund** (zum Betreuer bestellte Behörden/Vereine) darf ein 40
Zwangsgeld nicht festgesetzt werden, § 1837 Abs. 3 Satz 2 BGB. Dabei erstreckt sich das Verbot des
§ 1837 Abs. 3 Satz 2 BGB nur auf Fälle, in denen das Jugendamt bzw. der Verein zum Vormund bestellt ist und es um die Befolgung von Anordnungen geht, die das Familiengericht und hier der Rechtspfleger im Rahmen seiner Aufsicht über die Tätigkeit des Vormunds verhängt. Keine, auch keine entsprechende Anwendung findet die Vorschrift etwa, wenn es um die Festsetzung eines Ordnungsgeldes im Rahmen der Vollstreckung eines umgangsrechtlichen Vergleichs geht, dem das Jugendamt als förmlich Beteiligter zugestimmt hat. In solchen Fällen kann bei Zuwiderhandlung gegen den gerichtlich festgestellten Vergleich ein Ordnungsgeld gegen das Jugendamt verhängt werden, ohne dass sich dieses auf § 1837 Abs. 3 Satz 2 BGB berufen kann.[60]

§ 1837 Abs. 3 Satz 2 BGB gilt gemäß § 1908g Abs. 1 BGB auch für den Behördenbetreuer. Indessen 41
ergibt sich im Umkehrschluss zu den genannten Vorschriften, dass gegen den Vereinsbetreuer im Sinne
des § 1897 Abs. 2 Satz 2 BGB ein Zwangsgeld festgesetzt werden kann.

VI. Entsprechende Geltung der §§ 1666, 1666a, 1696 BGB (Absatz 4)

1. Verweis auf die §§ 1666, 1666a BGB

Nach § 1837 Abs. 4 BGB sind die §§ 1666, 1666a BGB für die Vormundschaft entsprechend anzuwenden. Danach sind bei Gefährdung des Kindeswohls auch über die in § 1837 Abs. 2 Satz 1 BGB normierten Gebote und Verbote hinausgehende Anordnungen durch das Familiengericht zu treffen. 42

a. Gefährdung des Mündelwohls

Voraussetzung für ein gerichtliches Eingreifen ist nach § 1666 BGB eine Gefährdung des Kindes- bzw. 43
bei der Vormundschaft eine **Gefährdung des Mündelwohls**. Das Gesetz unterscheidet zwischen dem
körperlichen, dem geistigen und dem seelischen Wohl des Kindes bzw. Mündels, daneben lässt es eine
Gefährdung des Vermögens genügen. Einzelheiten zu den Merkmalen des § 1666 BGB vgl. die Kommentierung zu § 1666 BGB.

Die Voraussetzungen des § 1666 BGB können weitgehend auf die Vormundschaft übertragen werden. 44
Modifikationen ergeben sich lediglich im Hinblick auf die in § 1666 Abs. 2 BGB enthaltenen Regelbeispiele. So kommt § 1666 Abs. 2 Alt. 1 BGB bei der Vormundschaft keine Bedeutung zu, da der
Vormund dem Mündel nicht unterhaltspflichtig ist. Denkbar ist indessen, dass der Vormund sonstige
Pflichten bei der Vermögenssorge verletzt oder gerichtlichen Anordnungen nicht nachkommt, so dass
die Vorschrift im Übrigen Anwendung findet.

b. Gerichtliche Maßnahmen

Bei Vorliegen einer entsprechenden Gefährdung des Mündelwohls kann das Gericht die **zur Abwehr** 45
der Gefahr erforderlichen Maßnahmen treffen. Dem Vormund können beispielsweise Teilbereiche
des Sorgerechts – wie etwa das Aufenthaltsbestimmungsrecht[61] – entzogen werden. Erklärungen des
Vormunds kann das Gericht gemäß § 1666 Abs. 3 BGB entsprechend ersetzen.

Sofern dem Vormund die Personensorge gänzlich entzogen werden soll, ist § 1666a Abs. 2 BGB zu 46
beachten. Eine **vollständige Personensorgerechtsentziehung** kommt nur in Betracht, **wenn mildere**
Mittel nicht ersichtlich sind. Fraglich wird in solchen Fällen aber sein, ob nicht die Entlassung des
Vormundes angebracht ist: Zwar kann die Entlassung des Vormundes nicht auf § 1666 BGB gestützt
werden, sondern nur auf § 1886 BGB.[62] Ist jedoch das Wohl des Mündels derart gefährdet, dass dem
Vormund das Personensorgerecht entzogen werden muss, werden oftmals auch die Voraussetzungen
des § 1886 BGB erfüllt sein. Allerdings ist die Entlassung des Vormundes grundsätzlich ultima ratio,
sie ist nur dann statthaft, wenn Maßnahmen nach den §§ 1666, 1666a BGB zur Gefahrenabwehr nicht
genügen. In solchen Fällen ist in jedem Fall neben dem Mündel und etwaigen Angehörigen auch der
Vormund selbst zu hören.[63]

Nach § 1666 Abs. 4 BGB kann das Familiengericht in Angelegenheiten der Personensorge auch **Maß-** 47
nahmen gegen Dritte ergreifen, sofern sie das Mündelwohl gefährden.

---

[60] BGH v. 19.02.2014 - XII ZB 165/13 - FamRZ 2014, 732-735; OLG Frankfurt v. 28.11.2012 - 1 WF 294/12 - juris Rn. 16 - FamRZ 2013, 809-812.
[61] BayObLG München v. 11.06.1997 - 1Z BR 74/97 - juris Rn. 4 - NJW-RR 1997, 1437-1438.
[62] BayObLG München v. 03.11.1998 - 1Z BR 106/98 - juris Rn. 39 - Rpfleger 1999, 126-128.
[63] OLG Köln v. 16.09.2008 - 16 Wx 148/08 - juris Rn. 3 ff.

§ 1837

48 Näheres zu den nach den §§ 1666, 1666a BGB zulässigen Maßnahmen vgl. in der Kommentierung zu § 1666 BGB und der Kommentierung zu § 1666a BGB.

2. Verweis auf § 1696 BGB

49 Die entsprechende Anwendung des § 1696 BGB gewährleistet, dass das Familiengericht die nach den §§ 1666, 1666a BGB getroffenen Maßnahmen in regelmäßigen Abständen **überprüft** und gegebenenfalls **abändert bzw. aufhebt**. Nach § 1696 Abs. 1 BGB muss das Gericht seine Anordnungen zudem dann ändern, wenn dies aus triftigen, das Wohl des Kindes nachhaltig berührenden Gründen angezeigt ist. Die Vorschrift trägt dem Umstand Rechnung, dass sich Kinder fortlaufend weiterentwickeln, so dass mit jederzeitigen Veränderungen der Kindes- bzw. der Mündelsituation gerechnet werden muss. Das Familiengericht ist deswegen zur Überprüfung bzw. Änderung der von ihm angeordneten Maßnahmen nicht nur berechtigt, sondern auch verpflichtet.

50 Einzelheiten zu den Voraussetzungen des § 1696 BGB vgl. in der Kommentierung zu § 1696 BGB.

E. Verfahrenshinweise

51 Es gelten die Vorschriften des zum 01.09.2009 in Kraft getretenen FamFG (vgl. insoweit die Kommentierung zu § 1835 BGB Rn. 1 ff.).

52 Das Gericht wird von Amts wegen tätig, § 26 FamFG.

53 Statthaftes Rechtsmittel gegen die nach § 1837 BGB getroffenen Entscheidungen ist die Beschwerde. Maßgeblich sind die §§ 58 ff. FamFG. Danach ist beschwerdeberechtigt grundsätzlich, wer durch den Beschluss des Gerichtes in seinen Rechten beeinträchtigt ist, § 59 FamFG, d.h. Mündel und Vormund. [64] Für den Mündel ist § 60 FamFG zu beachten.

54 Gegen die Anordnung von Zwangsgeld gemäß § 1837 Abs. 3 Satz 1 BGB ist nach § 35 Abs. 5 FamFG die sofortige Beschwerde in entsprechender Anwendung der §§ 567-572 ZPO statthaft. Die Kosten der Anordnung des Zwangsgelds trägt der Vormund, § 35 Abs. 3 Satz 2 FamFG.

---

[64] Zum Beschwerderecht von Kindseltern, denen die gesamte elterliche Sorge entzogen wurde, gegen Maßnahmen des Gerichts nach §1837 Abs. 2 BGB vgl. OLG Hamm v. 20.10.2011 - II-2 UF 140/11, 2 UF 140/11 - NJW-RR 2012, 388-389. Zum Beschwerderecht von Angehörigen in Betreuungssachen nach § 303 Abs. 2 FamFG gegen Maßnahmen des Gerichts nach § 1837 Abs. 2 BGB vgl. LG Stuttgart v. 15.12.2010 - 10 T 356/10 - FamRZ 2011, 1091, wonach das Beschwerderecht grundsätzlich auf die in § 303 Abs. 1 FamFG genannten Entscheidungen beschränkt ist.

§ 1838 BGB (weggefallen)

(Fassung vom 18.07.1979, gültig ab 01.01.1980, gültig bis 31.12.1990)

(weggefallen)

§ 1838 BGB in der Fassung vom 26.06.1990 ist durch Art. 5 Nr. 4 des Gesetzes vom 26.06.1990 – BGBl I 1991, 1163 – mit Wirkung vom 01.01.1991 - weggefallen.

§ 1839 BGB Auskunftspflicht des Vormunds

(Fassung vom 17.12.2008, gültig ab 01.09.2009)
Der Vormund sowie der Gegenvormund hat dem Familiengericht auf Verlangen jederzeit über die Führung der Vormundschaft und über die persönlichen Verhältnisse des Mündels Auskunft zu erteilen.

Gliederung

A. Gesetzesänderungen 1
B. Grundlagen 2
  I. Kurzcharakteristik 2
  II. Regelungsprinzipien 3
C. Anwendungsbereich 4
D. Anwendungsvoraussetzungen 5
  I. Auskunft über die Amtsführung 7
  II. Auskunft über die persönlichen Verhältnisse des Mündels 8
E. Rechtsfolgen 9

A. Gesetzesänderungen

1 Zu den Änderungen im Zusammenhang mit dem Gesetz zur Reform des Verfahrens in Familiensachen und in den Angelegenheiten der freiwilligen Gerichtsbarkeit vom 17.12.2008 (FGG-Reformgesetz – FGG-RG) bzw. dem Gesetz über das Verfahren in Familiensachen und in den Angelegenheiten der freiwilligen Gerichtsbarkeit (FamFG) zum 01.09.2009 vgl. die Kommentierung zu § 1835 BGB Rn. 1 ff.

B. Grundlagen

I. Kurzcharakteristik

2 § 1839 BGB gewährt dem Familiengericht einen Anspruch auf Auskunftserteilung gegen den Vormund und den Gegenvormund.

II. Regelungsprinzipien

3 § 1839 BGB soll dem Familiengericht die Überwachung von Vormund und Gegenvormund erleichtern.[1] Nach § 1837 Abs. 2 Satz 1 BGB ist das Familiengericht dazu verpflichtet, die Amtsführung des Vormundes und des Gegenvormundes zu beaufsichtigen. Dieser Verpflichtung kann das Gericht nur nachkommen, wenn es die Möglichkeit hat, sich jederzeit und umfassend über die Tätigkeit von Vormund und Gegenvormund zu informieren. Diesem Bedürfnis trägt § 1839 BGB Rechnung.

C. Anwendungsbereich

4 Die Vorschrift ist auf Betreuungen (§ 1908i Abs. 1 Satz 1 BGB) sinngemäß anwendbar und gilt auch für Pflegschaften (§ 1915 Abs. 1 Satz 1 BGB).

D. Anwendungsvoraussetzungen

5 Nach § 1839 BGB kann das Familiengericht von Vormund und Gegenvormund jederzeit die Erteilung von Auskünften über die Amtsführung und die persönlichen Verhältnisse des Mündels verlangen.

6 Zum Familiengericht vgl. die Kommentierung zu § 1837 BGB Rn. 7, zum Vormund die Kommentierung zu § 1837 BGB Rn. 9, zum Gegenvormund vgl. die Kommentierung zu § 1792 BGB und die Kommentierung zu § 1799 BGB.

I. Auskunft über die Amtsführung

7 Das Gericht kann Auskunft über die **gesamte Tätigkeit** des Vormundes verlangen, sowohl hinsichtlich der Vermögens-, als auch der Personensorge. Die Auskunftspflicht erstreckt sich insbesondere auf die Vermögensverwaltung. So hat sich das Familiengericht beispielsweise nach der Verwendung von Mündelgeldern zu erkundigen, wenn es Kenntnis vom Eingang derartiger Gelder erlangt.[2]

---
[1] Vgl. hierzu OLG Stuttgart v. 06.10.1982 - 8 W 378/82 - ZblJugR 1983, 452-454.
[2] OLG Düsseldorf v. 18.03.1993 - 18 U 228/92 - OLGR Düsseldorf 1993, 257.

II. Auskunft über die persönlichen Verhältnisse des Mündels

Der Vormund hat auf Verlangen auch über die persönlichen Verhältnisse des Mündels Auskunft zu erteilen. Davon erfasst sind zum einen Mitteilungen über die **äußeren Lebensumstände** (Unterbringung bzw. Wohnverhältnisse, Aufenthaltsort etc.). Zum anderen hat der Vormund über die **persönliche Entwicklung** des Mündels zu informieren (so etwa über den Gesundheitszustand des Mündels, über schulische Leistungen, Freizeitgestaltung, den Umgang mit anderen Personen etc.).[3]

E. Rechtsfolgen

Das Familiengericht kann den Anspruch jederzeit geltend machen, es bedarf hierzu **keines besonderen Anlasses**.[4] Hat der Vormund dem Auskunftsverlangen des Gerichts jedoch ohnehin jederzeit nachzukommen, so muss dem Gericht auch der Anspruch auf eine **periodische Auskunftserteilung** zugebilligt werden.[5] Diese Forderung tritt gegebenenfalls neben den Anspruch auf jährliche Berichterstattung bzw. Rechnungslegung gemäß § 1840 BGB.

Das Gericht hat sein Auskunftsbegehren **möglichst präzise** darzulegen.[6] Die pauschale Verpflichtung des Vormunds, über die persönlichen Verhältnisse des Mündels und seine Vermögensverwaltung einmal jährlich Bericht zu erstatten bzw. Rechnung zu legen, ergibt sich bereits aus § 1840 BGB. Im Rahmen des § 1839 BGB ist deshalb eine konkrete Aufforderung des Gerichts erforderlich.

Ergänzend zu seiner Forderung kann das Gericht entsprechend § 1799 Abs. 2 BGB Einsicht in die sich auf die Vormundschaft beziehenden Papiere sowie die Vorlage von Belegen und Bescheinigungen verlangen.[7] Voraussetzung ist allerdings, dass der Vormund die entsprechenden Papiere beschaffen kann; insoweit ist der Anspruch des Gerichts auf die dem Vormund bzw. Gegenvormund zumutbaren Maßnahmen zu beschränken.

Das Recht auf Auskunftserteilung besteht **während der gesamten Dauer der Amtsführung**, jedoch nicht mehr nach Beendigung der Vormundschaft.[8]

Das Gericht kann seinen Auskunftsanspruch gegebenenfalls mit Hilfe eines **Zwangsgeldes** durchsetzen, § 1837 Abs. 3 BGB. Sollte der Vormund bzw. der Gegenvormund der Anordnung trotz Festsetzung eines Zwangsgeldes nicht nachkommen, ist eine **Entlassung** gem. § 1886 BGB bzw. § 1895 BGB i.V.m. § 1886 BGB möglich.[9]

---

[3] Vgl. auch *Diederichsen* in: Palandt, § 1839 Rn. 1.
[4] So jedenfalls *Wagenitz* in: MünchKomm-BGB, § 1839 Rn. 3, offen gelassen OLG Saarbrücken v. 08.09.1994 - 6 W 321/94 - DAVorm 1995, 248-250.
[5] So auch *Maier* in: Jurgeleit, Hk-Bt, 1. Aufl. 2006, § 1839 Rn. 2.
[6] LG Saarbrücken v. 05.04.1994 - 5 T 195/94 - DAVorm 1994, 645-646.
[7] *Diederichsen* in: Palandt, § 1839 Rn. 1.
[8] BayObLG München v. 06.12.1995 - 3Z BR 312/95 - Rpfleger 1996, 246-247.
[9] *Wagenitz* in: MünchKomm-BGB, § 1839 Rn. 5.

§ 1840 BGB Bericht und Rechnungslegung

(Fassung vom 29.06.2011, gültig ab 06.07.2011)

(1) ¹Der Vormund hat über die persönlichen Verhältnisse des Mündels dem Familiengericht mindestens einmal jährlich zu berichten. ²Der Bericht hat auch Angaben zu den persönlichen Kontakten des Vormunds zu dem Mündel zu enthalten.

(2) Der Vormund hat über seine Vermögensverwaltung dem Familiengericht Rechnung zu legen.

(3) ¹Die Rechnung ist jährlich zu legen. ²Das Rechnungsjahr wird von dem Familiengericht bestimmt.

(4) Ist die Verwaltung von geringem Umfang, so kann das Familiengericht, nachdem die Rechnung für das erste Jahr gelegt worden ist, anordnen, dass die Rechnung für längere, höchstens dreijährige Zeitabschnitte zu legen ist.

Gliederung

A. Gesetzesänderungen 1	II. Rechnungslegung (Absätze 2-4) 14
B. Grundlagen 3	1. Umfang 15
I. Kurzcharakteristik 3	2. Rechnungslegungszeitraum 18
II. Regelungsprinzipien 4	3. Art und Weise der Rechnungslegung 21
C. Anwendungsbereich 5	4. Rechnungslegungspflicht 22
D. Anwendungsvoraussetzungen 7	5. Verpflichteter 25
I. Berichterstattung über die persönlichen Verhältnisse (Absatz 1)/Angaben über die persönlichen Kontakte 7	E. Prozessuale Hinweise/Verfahrenshinweise ... 27
	I. Durchsetzung der Berichterstattungspflicht 27
	II. Durchsetzung der Rechnungslegungspflicht ... 29

A. Gesetzesänderungen

1 Durch Art. 1 Nr. 4 des Gesetzes zur Änderung des Vormundschafts- und Betreuungsrechts vom 29.06.2011¹ ist die Berichtspflicht in § 1840 Abs. 1 BGB ausdrücklich auch auf „Angaben zu den persönlichen Kontakten des Vormunds zu dem Mündel" erstreckt worden, § 1840 Abs. 1 Satz 2 BGB n.F. Ziel des Gesetzes zur Änderung des Vormundschafts- und Betreuungsrechts ist es, den persönlichen Kontakt des Vormunds zu dem Mündel zu stärken² (Einzelheiten dazu vgl. die Kommentierung zu § 1837 BGB Rn. 1). Das Gesetz sieht daher u.a. eine Änderung von § 1837 BGB dahingehend vor, dass das Gericht gemäß § 1837 Abs. 2 Satz 2 BGB n.F. explizit auch den persönlichen Kontakt des Vormunds zu dem Mündel zu beaufsichtigen hat (Art. 1 Nr. 3 des Gesetzes zur Änderung des Vormundschafts- und Betreuungsrechts). Die Änderung in § 1840 Abs. 1 Satz 2 BGB ist vor diesem Hintergrund zu sehen. Durch die ausdrückliche Verpflichtung des Vormunds, in seinen Bericht auch Angaben über den persönlichen Kontakt zum Mündel aufzunehmen, soll dem Familiengericht die Beaufsichtigung in diesem Punkt erleichtert werden. § 1840 Abs. 1 Satz 2 BGB n.F. ist mit Wirkung zum 06.07.2011 in Kraft getreten.

2 Zu den Änderungen im Zusammenhang mit dem Gesetz zur Reform des Verfahrens in Familiensachen und in den Angelegenheiten der freiwilligen Gerichtsbarkeit vom 17.12.2008 (FGG-Reformgesetz – FGG-RG) bzw. dem Gesetz über das Verfahren in Familiensachen und in den Angelegenheiten der freiwilligen Gerichtsbarkeit (FamFG) zum 01.09.2009 vgl. die Kommentierung zu § 1835 BGB Rn. 1 ff.

B. Grundlagen

I. Kurzcharakteristik

3 § 1840 BGB regelt die Berichterstattungs- und Rechnungslegungspflichten des Vormundes.

---

[1] BGBl I 2011, 1306.
[2] Vgl. dazu BR-Drs. 537/10, S. 1.

II. Regelungsprinzipien

Ebenso wie § 1839 BGB dient § 1840 BGB dazu, dem Familiengericht die Beaufsichtigung des Vormunds zu erleichtern. Zu diesem Zweck verpflichtet § 1840 Abs. 1 BGB den Vormund, das Familiengericht in regelmäßigen Abständen über die persönlichen Verhältnisse des Mündels zu informieren. Dabei muss der Bericht gemäß dem durch das Gesetz zur Änderung des Vormundschafts- und Betreuungsrechts neu eingeführten § 1840 Abs. 1 Satz 2 BGB auch Angaben zu den persönlichen Kontakten des Vormunds zu dem Mündel enthalten (zur gesetzlichen Neuregelung vgl. Rn. 1). Nach § 1840 Abs. 2-4 BGB hat der Vormund dem Gericht zudem Rechnung über die Vermögensverwaltung zu legen. Näheres zur Rechnungslegung findet sich auch in den §§ 1841, 1842, 1843 BGB. 4

C. Anwendungsbereich

Die Vorschrift ist auf Betreuungen (§ 1908i Abs. 1 Satz 1 BGB) sinngemäß anwendbar und gilt auch für Pflegschaften (§ 1915 Abs. 1 Satz 1 BGB). 5

In den Fällen der freiwilligen Beistandschaft nach § 1712 BGB findet § 1840 BGB ausdrücklich keine Anwendung, § 1716 Satz 2 BGB.[3] 6

D. Anwendungsvoraussetzungen

I. Berichterstattung über die persönlichen Verhältnisse (Absatz 1)/Angaben über die persönlichen Kontakte

Der Vormund hat das Gericht mindestens einmal im Jahr über die persönlichen Verhältnisse des Mündels zu informieren. 7

Zum Begriff der persönlichen Verhältnisse vgl. die Kommentierung zu § 1839 BGB Rn. 8. 8

Die Formulierung „mindestens" lässt darauf schließen, dass der Vormund dem Gericht **auch häufiger im Jahr** Bericht erstatten kann, wenn er dies wünscht. Will hingegen das Gericht innerhalb von kürzeren Zeiträumen zusätzlich informiert werden, muss es den Anspruch aus § 1839 BGB geltend machen. Der jährliche Bericht muss **unaufgefordert** erstattet werden.[4] Nicht erforderlich ist die Einhaltung einer bestimmten Form. 9

Während das Gesetz den Inhalt der in § 1840 Abs. 2 BGB geforderten Rechnungslegung in § 1841 BGB genauer bestimmt, fehlt es an einer entsprechenden Vorschrift für den Bericht über die persönlichen Verhältnisse. Welche **inhaltlichen Anforderungen** an den Bericht zu stellen sind, ergeben sich jedoch aus Sinn und Zweck der Vorschrift. Danach ist der Bericht möglichst konkret abzufassen, das Gericht muss in der Lage sein, sich ein genaues Bild von der Situation des Mündels zu machen, nur so kann es Anzeichen einer Gefährdung des Mündelwohls wahrnehmen und gegebenenfalls durch geeignete Ge- und Verbote nach § 1837 Abs. 2 Satz 1 Alt. 1 BGB einschreiten. Pauschale Hinweise auf das Befinden des Mündels können deshalb nicht genügen. 10

Nach dem durch das Gesetz zur Änderung des Vormundschafts- und Betreuungsrechts neu eingeführten § 1840 Abs. 1 Satz 2 BGB hat der Bericht auch **Angaben zu den persönlichen Kontakten des Vormunds zu dem Mündel** zu enthalten. Der Vormund hat daher auch darüber zu informieren, inwieweit er seiner Verpflichtung aus dem ebenfalls neu eingeführten § 1793 Abs. 1a Satz 2 BGB nachkommt, den Mündel in der Regel einmal im Monat in dessen Umgebung aufzusuchen. Sofern er kürzere oder längere Besuchsabstände für geboten hält, hat er die Gründe hierfür mitzuteilen. Ggf. ist darzulegen, warum er den Mündel nicht in dessen üblicher Umgebung, sondern anderenorts aufsucht. Die Angaben hierzu sind so zu fassen, dass sich das Gericht ein genaues Bild von dem persönlichen Kontakt des Vormunds zu dem Mündel machen kann (zum Gesetz zur Änderung des Vormundschafts- und Betreuungsrechts und den damit verbundenen Änderungen vgl. auch Rn. 1 sowie die Kommentierung zu § 1837 BGB Rn. 1, zur Ausgestaltung des Kontakts zwischen Vormund und Mündel die Kommentierung zu § 1837 BGB Rn. 16). 11

Zu beachten ist, dass § 1793 Abs. 1a Satz 2 BGB nicht für Betreuungen gilt, wie sich im Umkehrschluss zu § 1908i Abs. 1 Satz 1 BGB ergibt. Wie sich der Kontakt zwischen Betreuer und Betreutem gestaltet, hat der Betreuer daher jeweils im Einzelfall unter Berücksichtigung des Wohls des Betreuten zu bestimmen (vgl. dazu auch die Kommentierung zu § 1837 BGB Rn. 17). Er muss nach in 12

---

[3] Vgl. auch OLG Hamm v. 19.04.2013 - II-2 WF 51/13, 2 WF 51/13 - juris Rn. 8 - FamRZ 2014, 324.
[4] BayObLG München v. 19.06.2002 - 3Z BR 95/02 - juris Rn. 13 - BtPrax 2002, 218-219.

der Rechtsprechung vertretener Ansicht auch nicht erläutern, warum er den Betroffenen weniger als einmal im Monat besucht.[5] Unabhängig davon ist aber auch der Betreuer dazu verpflichtet, genau darzulegen, wie oft und wo er den Betroffenen jeweils trifft.[6] Zwar hat der Gesetzgeber im Rahmen des Gesetzes zur Änderung des Vormundschafts- und Betreuungsrechts bewusst auf eine § 1793 Abs. 1a Satz 2 BGB entsprechende Vorgabe der regelmäßigen Besuchsfrequenz/des Besuchsorts bei Betreuungen verzichtet[7], die Berichtspflicht in § 1840 Abs. 1 Satz 2 BGB ist aber auch für Betreuungen eingeführt worden, da auch hier der persönliche Kontakt zum Betreutem gestärkt werden soll.[8]

13 Nicht erforderlich ist die Erstattung eines Anfangsberichts bei Beginn der Vormundschaft oder eines Abschlussberichts bei deren **Beendigung**.[9] Für eine entsprechende Verpflichtung des Vormunds gibt das Gesetz keine Anhaltspunkte. Nach Beendigung der Vormundschaft treffen den Vormund lediglich die Pflicht zur Einreichung einer Schlussrechnung, § 1892 BGB, sowie die in § 1890 BGB geregelten Verpflichtungen gegenüber dem Mündel (zu Einzelheiten hierzu vgl. die Kommentierung zu § 1892 BGB und die Kommentierung zu § 1890 BGB).

II. Rechnungslegung (Absätze 2-4)

14 Nach § 1840 Abs. 1-4 BGB hat der Vormund dem Familiengericht einmal jährlich, unter den Voraussetzungen des § 1840 Abs. 4 BGB ggf. auch in längeren Zeitabständen, über seine Vermögensverwaltung Rechnung zu legen.

1. Umfang

15 Die Verpflichtung zur Rechnungslegung bezieht sich auf das **gesamte, vom Vormund zu verwaltende Vermögen des Mündels**. Dazu zählen die regelmäßigen Einkünfte des Mündels (z.B. aus Renten oder Mieteinnahmen) ebenso wie die für ihn getätigten Ausgaben, die Wahl einer besonderen Vermögensanlage etc. Über die Verwendung von Taschengeld, das zur freien Verfügung ausgezahlt oder auf ein Taschengeldkonto überwiesen wird, muss der Vormund nicht Rechnung legen. Er hat lediglich die Beträge, die auf das Taschengeldkonto gezahlt wurden, dort nachzuweisen, wo sie entnommen wurden.[10] Einzelheiten zur Vermögensverwaltung bzw. -sorge durch den Vormund finden sich in § 1793 BGB (vgl. hierzu die Kommentierung zu § 1793 BGB).

16 Sofern Teile des Vermögens **durch einen Dritten verwaltet** werden, ist zu differenzieren: Hat der Vormund die Vermögensverwaltung auf den Dritten delegiert, so ist er zur diesbezüglichen Rechnungslegung ebenso wie bei eigener Vermögensverwaltung verpflichtet. Keine Rechnungslegungspflicht trifft ihn, wenn Dritte kraft gesetzlicher Anordnung mit der Vermögensverwaltung betraut sind (so etwa bei der Verwaltung durch den Nachlassverwalter nach § 1984 BGB, Testamentsvollstrecker, § 2205 BGB, Ehegatten in den Fällen der §§ 1487, 1422 BGB oder Pfleger, § 1794 BGB). Letzteres gilt auch dann, wenn der Vormund selbst die Drittverwaltung ausübt.[11]

17 Auch Vermögensteile, die sich im Besitz eines Pfandgläubigers oder Nießbrauchsberechtigten befinden, sind von der Verpflichtung zur Rechnungslegung erfasst.[12]

2. Rechnungslegungszeitraum

18 Nach § 1840 Abs. 3 BGB hat die Rechnungslegung grundsätzlich jährlich zu erfolgen, wobei das Rechnungsjahr vom Familiengericht festgelegt wird. Der Rechnungszeitraum kann jedoch **auf bis zu drei Jahre verlängert** werden, falls die Verwaltung von geringem Umfang ist, § 1840 Abs. 4 BGB. Zu beachten ist, dass eine derartige Verlängerung bei der ersten Rechnungslegung unzulässig ist.

---

[5] LG Hamburg v. 30.06.2011 - 301 T 559/10 - BtPrax 2012, 81-83; vgl. dazu auch LG Nürnberg-Fürth v. 19.11.2012 - 13 T 7478/12 - BtPrax 2014, 50.

[6] Die nach altem Recht zutreffende Entscheidung des LG Hamburg v. 10.02.2011 - 301 T 583/10 - juris Rn. 17 - FamRZ 2011, 1329-1330 ist nach neuem Recht daher in Teilbereichen bzw. insoweit überholt, als nunmehr auch über die Daten/Häufigkeit der Besuche beim Betreuten zu berichten ist.

[7] Vgl. dazu die Begründung zum Gesetzentwurf BR-Drs. 537/10, S. 3; vgl. ferner LG Nürnberg-Fürth v. 19.11.2012 - 13 T 7478/12 - BtPrax 2014, 50.

[8] Vgl. dazu die Begründung zum Gesetzentwurf BR-Drs. 537/10, S. 6.

[9] Beachte auch LG Osnabrück v. 30.09.1998 - 7 T 114/98 - NJW-RR 1999, 302-303.

[10] LG Mönchengladbach v. 17.02.2010 - 5 T 529/09 - juris Rn. 11 - FamRZ 2010, 1190-1191.

[11] *Wagenitz* in: MünchKomm-BGB, § 1840 Rn. 4.

[12] *Diederichsen* in: Palandt, § 1840 Rn. 3.

Will das Gericht mehr als einmal im Jahr über die Vermögensverwaltung informiert werden, muss es den Anspruch aus § 1839 BGB geltend machen, eine Verkürzung des Rechnungslegungszeitraums aus § 1840 Abs. 3 BGB ist nicht möglich.[13]

Nach **Beendigung** der Vormundschaft/Betreuung ist der Vormund/Betreuer dem Familiengericht nicht mehr gemäß § 1840 BGB zur Rechnungslegung verpflichtet, allerdings treffen ihn dann die Verpflichtungen aus den §§ 1890-1892 BGB.[14]

3. Art und Weise der Rechnungslegung

Die Rechnungslegung hat **unaufgefordert** zu erfolgen.[15] **Inhaltlich** muss sie den Voraussetzungen des § 1841 BGB entsprechen (zu Einzelheiten hierzu vgl. die Kommentierung zu § 1841 BGB).

4. Rechnungslegungspflicht

Umstritten ist, ob die Verpflichtung zur Rechnungslegung nur gegenüber dem Familiengericht besteht[16] oder auch gegenüber dem Mündel.[17] In jedem Fall dürfte ein (einklagbarer) Anspruch des Mündels auf Rechnungslegung abzulehnen sein. Dagegen spricht der Wortlaut und die systematische Einordnung des § 1840 BGB: In § 1840 BGB ist explizit nur vom Familiengericht die Rede, die Vorschrift befindet sich in einem Normenkomplex, der sich mit den Rechten und Pflichten des Familiengerichts befasst. Im Übrigen spricht auch der Umkehrschluss zu § 1890 BGB gegen einen einklagbaren Anspruch des Mündels während der Vormundschaft, da diese Norm dem Mündel einen entsprechenden (Rechenschafts-)Anspruch erst nach Beendigung der Vormundschaft einräumt.[18] Allerdings ist dem Mündel nach hier vertretener Auffassung ein Schadensersatzanspruch zuzugestehen, wenn der Vormund die Verpflichtung zur Rechnungslegung verletzt.[19]

Die Rechnungslegungspflicht **entfällt**, wenn kein zu verwaltendes Vermögen vorhanden ist.[20]

Eine **Befreiung** von der Verpflichtung zur Rechnungslegung durch das Familiengericht ist grundsätzlich unzulässig.[21] Zwar kann das Gericht nach § 1840 Abs. 4 BGB den Rechnungslegungszeitraum auf bis zu drei Jahre verlängern (vgl. hierzu Rn. 18), eine völlige Entbindung von der Rechnungslegungspflicht würde jedoch den Interessen des Mündels zuwiderlaufen und zudem dem eindeutigen Wortlaut des § 1840 Abs. 2 BGB widersprechen. Zu beachten sind indessen die Vorschriften der §§ 1854, 1855 BGB. Danach können Vater oder Mutter den von ihnen benannten Vormund von der Rechnungslegungspflicht entbinden. Dieselben Befreiungen stehen dem Amts- und dem Vereinsvormund nach § 1857a BGB zu.[22] Im Rahmen von Betreuungen ist zu beachten, dass auch ein geschäftsfähiger Betreuter seinen Betreuer von der Verpflichtung zur Rechnungslegung nicht befreien kann.[23]

5. Verpflichteter

Zur Rechnungslegung verpflichtet ist der Vormund. Bei gemeinschaftlicher Führung der Vormundschaft durch mehrere Vormünder müssen diese gemeinschaftlich Rechnung legen, bei geteilter Vormundschaft jeder für seinen Wirkungskreis. Wird die Vormundschaft über mehrere Personen (Geschwister) geführt, ist eine getrennte Rechnungslegung nur bei geteilten Vermögensmassen erforderlich.[24]

Verpflichtet ist der Vormund gegenüber dem Familiengericht. Das Familiengericht darf sich hingegen an der Erstellung der Rechnung nicht beteiligen. Es darf weder Berichtigungen noch Ergänzungen selbst vornehmen noch in einer Art Ersatzvornahme die Rechnung selbst erstellen bzw. durch einen

---

[13] LG Frankfurt v. 18.03.1993 - 2/9 T 206/93 - Rpfleger 1993, 336-337.
[14] LG Saarbrücken v. 23.04.2009 - 5 T 12/09, 5 T 33/09 - juris Rn. 23 ff.
[15] BayObLG München v. 19.06.2002 - 3Z BR 95/02 - juris Rn. 13 - BtPrax 2002, 218-219.
[16] OLG Düsseldorf v. 07.02.2000 - 25 Wx 65/99 - juris Rn. 6 - NJWE-FER 2000, 292.
[17] *Wagenitz* in: MünchKomm-BGB, § 1840 Rn. 2 m.w.N.
[18] So i.E. auch *Wagenitz* in: MünchKomm-BGB, § 1840 Rn. 2, 9; *Diederichsen* in: Palandt, § 1840 Rn. 5.
[19] So auch *Diederichsen* in: Palandt, § 1840 Rn. 5.
[20] *Diederichsen* in: Palandt, § 1840 Rn. 5.
[21] Vgl. hierzu etwa BayObLG München v. 06.11.2002 - 3Z BR 202/02 - Rpfleger 2003, 188-189.
[22] Vgl. zum Ganzen auch BayObLG München v. 06.11.2002 - 3Z BR 202/02 - FamRZ 2003, 326.
[23] BayObLG München v. 26.10.2005 - 33 Wx 171/05 - MDR 2006, 211.
[24] *Diederichsen* in: Palandt, § 1840 Rn. 2.

Sachverständigen erstellen lassen.²⁵ Es hat lediglich gemäß § 1843 Abs. 1 BGB die Rechnung zu prüfen und auf ihre Berichtigung und Ergänzung durch den Vormund hinzuwirken.

E. Prozessuale Hinweise/Verfahrenshinweise

I. Durchsetzung der Berichterstattungspflicht

27 Das Familiengericht kann seinen Anspruch auf jährliche Berichterstattung gegebenenfalls mit Hilfe eines **Zwangsgeldes** durchsetzen, § 1837 Abs. 3 BGB (Einzelheiten zur Zwangsgeldfestsetzung in der Kommentierung zu § 1837 BGB Rn. 39).

28 Kommt der Vormund seinen Berichtspflichten zum wiederholten Mal und über einen längeren Zeitraum hinweg nicht nach, so kann ihn das Familiengericht entlassen.²⁶ Allerdings kommt die **Entlassung** (§ 1886 BGB) nur als äußerstes Mittel in Betracht (vgl. die Kommentierung zu § 1886 BGB Rn. 19). Sie ist beispielsweise dann nicht gerechtfertigt, wenn der Vormund zwar zweimal verspätet Bericht erstattet hat, dem Mündel hieraus aber keine Nachteile entstanden sind und der Vormund im Übrigen die Vormundschaft beanstandungsfrei geführt hat.²⁷

II. Durchsetzung der Rechnungslegungspflicht

29 Auch die Einhaltung der in § 1840 Abs. 2 BGB normierten Verpflichtung kann das Familiengericht durch Festsetzung eines **Zwangsgeldes** erzwingen, § 1837 Abs. 3 BGB (Einzelheiten zur Zwangsgeldfestsetzung in der Kommentierung zu § 1837 BGB Rn. 39).

30 Kommt der Vormund seinen Verpflichtungen trotz auferlegten Zwangsgelds nicht nach, so kann ihm unter den Voraussetzungen der §§ 1837 Abs. 4, 1666 Abs. 1, 2 BGB die **Vermögenssorge entzogen** werden. Bei gravierenden Verstößen ist auch die **Entlassung** des Vormundes (§ 1886 BGB) denkbar²⁸, sie sollte jedoch auch hier nur als äußerstes Mittel in Betracht kommen.

---

[25] OLG Naumburg v. 16.08.2011 - 2 Wx 49/11 - juris Rn. 18 - Rpfleger 2012, 146-147.
[26] BayObLG München v. 10.11.1995 - 3Z BR 267/95 - EzFamR aktuell 1996, 29-30.
[27] BayObLG München v. 19.06.2002 - 3Z BR 95/02 - BtPrax 2002, 218-219.
[28] OLG Schleswig v. 18.11.2005 - 2 W 185/05 - FamRZ 2006, 577; BayObLG München v. 20.01.1982 - BReg 1 Z 98/81 - ZblJugR 1982, 360-363.

§ 1841 BGB Inhalt der Rechnungslegung

(Fassung vom 17.12.2008, gültig ab 01.09.2009)

(1) Die Rechnung soll eine geordnete Zusammenstellung der Einnahmen und Ausgaben enthalten, über den Ab- und Zugang des Vermögens Auskunft geben und, soweit Belege erteilt zu werden pflegen, mit Belegen versehen sein.

(2) ¹Wird ein Erwerbsgeschäft mit kaufmännischer Buchführung betrieben, so genügt als Rechnung ein aus den Büchern gezogener Jahresabschluss. ²Das Familiengericht kann jedoch die Vorlegung der Bücher und sonstigen Belege verlangen.

Gliederung

A. Gesetzesänderungen 1	2. Geordnete Zusammenstellung der Einnahmen und Ausgaben 10
B. Grundlagen 2	3. Auskunft über Ab- und Zugang des Vermögens 11
I. Kurzcharakteristik 2	4. Belege 12
II. Regelungsprinzipien 3	III. Rechnungslegung bei Erwerbsgeschäft (Absatz 2) 13
C. Anwendungsbereich 5	1. Erwerbsgeschäft mit kaufmännischer Buchführung 14
D. Anwendungsvoraussetzungen 6	2. Jahresabschluss 15
I. Normstruktur 6	3. Vorlage der Bücher und sonstiger Belege 16
II. Inhalt der Rechnungslegung im Regelfall (Absatz 1) 7	
1. Rechnung 8	

A. Gesetzesänderungen

Zu den Änderungen im Zusammenhang mit dem Gesetz zur Reform des Verfahrens in Familiensachen und in den Angelegenheiten der freiwilligen Gerichtsbarkeit vom 17.12.2008 (FGG-Reformgesetz – FGG-RG) bzw. dem Gesetz über das Verfahren in Familiensachen und in den Angelegenheiten der freiwilligen Gerichtsbarkeit (FamFG) zum 01.09.2009 vgl. die Kommentierung zu § 1835 BGB Rn. 1 ff. **1**

B. Grundlagen

I. Kurzcharakteristik

§ 1841 BGB bestimmt den Inhalt der in § 1840 Abs. 2 BGB geforderten Rechnungslegung. **2**

II. Regelungsprinzipien

§ 1841 BGB ist in Ergänzung zu § 1840 Abs. 2-4 BGB zu verstehen. Während § 1840 Abs. 2-4 BGB die grundlegende Verpflichtung des Vormundes festschreibt, dem Familiengericht in regelmäßigen Abständen Rechnung über die Verwaltung des Mündelvermögens zu legen (vgl. hierzu die Kommentierung zu § 1840 BGB Rn. 14), bestimmt § 1841 BGB, welchen inhaltlichen Anforderungen eine solche Rechnung genügen muss. Dabei sieht § 1841 Abs. 2 BGB gewisse Erleichterungen für den Fall vor, dass zum Mündelvermögen ein Erwerbsgeschäft mit kaufmännischer Buchführung gehört. **3**

Bei der Anwendung des § 1841 BGB ist zu berücksichtigen, dass es sich um eine Ordnungsvorschrift handelt, die wegen ihres speziellen Charakters die Anwendung des § 259 BGB ausschließt.[1] **4**

C. Anwendungsbereich

Die Vorschrift ist auf Betreuungen (§ 1908i Abs. 1 Satz 1 BGB) sinngemäß anwendbar und gilt auch für Pflegschaften (§ 1915 Abs. 1 Satz 1 BGB). **5**

---

[1] *Wagenitz* in: MünchKomm-BGB, § 1841 Rn. 1.

D. Anwendungsvoraussetzungen

I. Normstruktur

6 § 1841 Abs. 1 BGB gibt den Inhalt vor, den eine Rechnung im Sinne des § 1840 Abs. 2 BGB im Regelfall haben sollte. Demgegenüber wird § 1841 Abs. 2 BGB nur in speziellen Situationen relevant, nämlich wenn ein Erwerbsgeschäft mit kaufmännischer Buchhaltung geführt wird.

II. Inhalt der Rechnungslegung im Regelfall (Absatz 1)

7 Nach § 1841 BGB sollte die Rechnung eine geordnete Zusammenstellung der Einnahmen und Ausgaben enthalten, über den Ab- und Zugang des Vermögens Auskunft geben und gegebenenfalls mit Belegen versehen sein.

1. Rechnung

8 Der Begriff der „Rechnung" bezieht sich auf die Rechnungslegung in § 1840 Abs. 2-4 BGB (vgl. hierzu die Kommentierung zu § 1840 BGB Rn. 14).

9 Dabei gilt § 1841 BGB auch für die Anforderungen an eine formal ordnungsgemäße Schlussrechnung (vgl. hierzu die Kommentierung zu § 1890 BGB und die Kommentierung zu § 1892 BGB).[2]

2. Geordnete Zusammenstellung der Einnahmen und Ausgaben

10 Die Rechnung muss über die Einnahmen und Ausgaben im Rechnungslegungszeitraum Aufschluss geben. Eine bestimmte Form der Abrechnung ist in § 1841 BGB zwar nicht vorgesehen, die Vorschrift verlangt es aber, dass die Rechnung **aus sich heraus verständlich** ist.[3] Es genügt deshalb nicht, wenn lediglich Unterlagen und Belege vorgelegt werden[4], vielmehr hat der Vormund diese in geordneter und übersichtlicher Weise zusammenzustellen: Da die Rechnungslegung letztlich dazu bestimmt ist, dem Familiengericht die Beaufsichtigung des Vormundes zu erleichtern, muss sie so klar wie möglich sein.[5] Das Familiengericht muss sich ohne Zuziehung eines Sachverständigen einen Überblick über die wesentlichen Einnahmen und Ausgaben verschaffen können.[6]

3. Auskunft über Ab- und Zugang des Vermögens

11 In der Rechnung ist insbesondere über Zu- und Abgänge des Vermögens zu berichten. Dabei hat die erste Abrechnung an das Vermögensverzeichnis anzuschließen, das zu Beginn der Vormundschaft erstellt und bei Gericht eingereicht wurde, § 1802 BGB.[7] Alle späteren Rechnungen haben jeweils an die ihnen vorgehende anzuknüpfen, so dass das Familiengericht in der Lage ist, anhand der regelmäßigen Abrechnungen die **Vermögensentwicklung vom Anfang der Vormundschaft bis zur ihrer Beendigung** mitzuverfolgen. Ganz unbedeutende Vorgänge brauchen dabei nicht erwähnt zu werden.

4. Belege

12 Nach § 1841 Abs. 1 BGB ist die Rechnung mit Belegen zu versehen, soweit solche erteilt zu werden pflegen. Belege sind Beweisstücke ohne Eigenwert[8], ob ihre Erteilung im Einzelfall üblich ist, richtet sich nach der Verkehrssitte. Die Belege sind gegebenenfalls näher zu erläutern, Maßstab ist grundsätzlich, ob sie es dem Familiengericht erlauben, die Vermögensab- und -zugänge nachzuvollziehen und damit seiner Beaufsichtigungspflicht nachzukommen.[9]

III. Rechnungslegung bei Erwerbsgeschäft (Absatz 2)

13 Ist ein Erwerbsgeschäft mit kaufmännischer Buchführung Bestandteil des Mündelvermögens, so genügt für den diesbezüglichen Teil der Rechnung ein aus den Büchern gezogener Jahresabschluss, § 1841 Abs. 2 Satz 1 BGB. Das Familiengericht kann jedoch auch in solchen Fällen nach § 1841 Abs. 2 Satz 2 BGB die Vorlage der Bücher oder von Belegen verlangen.

---

[2] OLG Thüringen v. 04.10.2000 - 6 W 559/00 - juris Rn. 13 - FamRZ 2001, 579-58.
[3] *Wagenitz* in: MünchKomm-BGB, § 1841 Rn. 3.
[4] BayObLG München v. 08.10.1992 - 3Z BR 105/92 - FamRZ 1993, 237-238.
[5] BayObLG München v. 08.10.1992 - 3Z BR 105/92 - FamRZ 1993, 237-238.
[6] LG Paderborn v. 08.04.2013 - 5 T 124/13 - juris Rn. 5 - BtPrax 2013, 212.
[7] Vgl. OLG Düsseldorf v. 18.12.1980 - 18 U 175/80 - DAVorm 1982, 209-212.
[8] *Wagenitz* in: MünchKomm-BGB, § 1841 Rn. 4.
[9] Vgl. hierzu LG Berlin v. 29.11.1979 - 83 T 377/79 - juris Rn. 10 - DAVorm 1980, 55-57.

1. Erwerbsgeschäft mit kaufmännischer Buchführung

Unter einem Erwerbsgeschäft ist eine berufsmäßig ausgeübte, auf selbständigen Erwerb ausgerichtete Tätigkeit zu verstehen, die auf Dauer angelegt ist und in der Absicht der Gewinnerzielung ausgeübt wird, durch „Handel, Fabrikationstätigkeit, in Handwerk oder Landwirtschaft, durch wissenschaftliche, künstlerische oder sonstige Tätigkeit, auch in einem freien Beruf".[10] Maßgeblich im Rahmen des § 1841 Abs. 2 Satz 1 BGB ist, dass in kaufmännischer Weise Buch geführt wird, nur dann kann die gewöhnliche Rechnungslegung im Sinne des § 1841 Abs. 1 BGB durch einen aus den Büchern gezogenen Jahresabschluss ersetzt werden.

14

2. Jahresabschluss

Der Begriff des Jahresabschlusses ist in § 242 HGB näher erläutert. Gemäß § 242 Abs. 3 HGB besteht der Jahresabschluss aus der Bilanz sowie der Gewinn- und Verlustrechnung.

15

3. Vorlage der Bücher und sonstiger Belege

Nach § 1841 Abs. 2 Satz 2 BGB muss sich das Gericht nicht mit dem Jahresabschluss begnügen. Vielmehr kann es nach eigenem Ermessen auch die Vorlage der Bücher und sonstiger Belege verlangen. Indes wird man annehmen dürfen, dass sich das Ermessen des Gerichtes auf Null reduziert, wenn der Verdacht auf Unregelmäßigkeiten besteht, die Bilanz nicht richtig aufgestellt wurde etc.: Das Gericht muss in solchen Fällen die Vorlage der Bücher und Belege verlangen, wenn es seinen Aufsichtspflichten aus § 1837 Abs. 2 BGB ordnungsgemäß nachkommen will.[11]

16

---

[10] *Diederichsen* in: Palandt, § 1822 Rn. 5.
[11] Ebenso *Wagenitz* in: MünchKomm-BGB, § 1841 Rn. 7.

§ 1842 BGB Mitwirkung des Gegenvormunds

(Fassung vom 02.01.2002, gültig ab 01.01.2002)

¹Ist ein Gegenvormund vorhanden oder zu bestellen, so hat ihm der Vormund die Rechnung unter Nachweisung des Vermögensbestands vorzulegen. ²Der Gegenvormund hat die Rechnung mit den Bemerkungen zu versehen, zu denen die Prüfung ihm Anlass gibt.

Gliederung

A. Gesetzesänderungen 1	I. Vorlagepflicht gegenüber dem Gegenvormund (Satz 1) 6
B. Grundlagen 2	1. Gegenvormund 7
I. Kurzcharakteristik 2	2. Rechnung 8
II. Regelungsprinzipien 3	3. Nachweisung des Vermögensbestandes 9
C. Anwendungsbereich 5	II. Mitwirkungspflicht des Gegenvormundes (Satz 2) 10
D. Anwendungsvoraussetzungen 6	

A. Gesetzesänderungen

1 Zu den Änderungen im Zusammenhang mit dem Gesetz zur Reform des Verfahrens in Familiensachen und in den Angelegenheiten der freiwilligen Gerichtsbarkeit vom 17.12.2008 (FGG-Reformgesetz – FGG-RG) bzw. dem Gesetz über das Verfahren in Familiensachen und in den Angelegenheiten der freiwilligen Gerichtsbarkeit (FamFG) zum 01.09.2009 vgl. die Kommentierung zu § 1835 BGB Rn. 1 ff.

B. Grundlagen

I. Kurzcharakteristik

2 § 1842 BGB regelt die Mitwirkung des Gegenvormundes bei der nach § 1840 BGB erforderlichen Rechnungslegung.

II. Regelungsprinzipien

3 Während § 1840 Abs. 2-4 BGB die grundlegende Verpflichtung des Vormundes festschreibt, dem Familiengericht in regelmäßigen Abständen Rechnung über die Verwaltung des Mündelvermögens zu legen (vgl. hierzu die Kommentierung zu § 1840 BGB Rn. 14), und § 1841 BGB den genauen Inhalt der zu erstellenden Rechnung bestimmt (vgl. die Kommentierung zu § 1841 BGB Rn. 7), finden sich in § 1842 BGB Regelungen über die Mitwirkung des Gegenvormundes bei der Rechnungslegung.

4 Die Vorschrift erklärt sich unter Hinzuziehung des § 1792 Abs. 2 BGB. Danach soll ein Gegenvormund bestellt werden, wenn mit der Vormundschaft eine (erhebliche) Vermögensverwaltung verbunden ist, in allen anderen Fällen ist die Bestellung eines Gegenvormundes fakultativ, § 1792 Abs. 1 BGB. § 1792 BGB schreibt dem Vormund somit bei der Vermögensverwaltung eine besondere Bedeutung zu. Dem entspricht die Regelung des § 1842 BGB: Die Anordnung der Bestellung eines Gegenvormundes bei der Vermögensverwaltung macht nur Sinn, wenn dem Gegenvormund auch konkrete, das Vermögen betreffende Verwaltungsaufgaben zugewiesen werden.

C. Anwendungsbereich

5 Die Vorschrift ist auf Betreuungen (§ 1908i Abs. 1 Satz 1 BGB) sinngemäß anwendbar. Sie gilt auch für Pflegschaften (§ 1915 Abs. 1 Satz 1 BGB), allerdings ist hier zu beachten, dass die Bestellung eines Gegenvormunds nach § 1915 Abs. 2 BGB grundsätzlich nicht erforderlich ist.

D. Anwendungsvoraussetzungen

I. Vorlagepflicht gegenüber dem Gegenvormund (Satz 1)

6 Ist ein Gegenvormund vorhanden oder muss er bestellt werden, so ist diesem die nach den §§ 1840 Abs. 2-4, 1841 BGB zu erstellende Rechnung unter Nachweisung des Vermögensbestandes vorzulegen.

1. Gegenvormund

Wann ein Gegenvormund zu bestellen ist, richtet sich nach § 1792 Abs. 2 BGB (vgl. dazu die Kommentierung zu § 1792 BGB).

2. Rechnung

Der Begriff der „Rechnung" bezieht sich auf die Rechnungslegung in § 1840 Abs. 2-4 BGB (Einzelheiten hierzu in der Kommentierung zu § 1840 BGB Rn. 14).

3. Nachweisung des Vermögensbestandes

Während gegenüber dem Familiengericht die Auskunft über Ab- und Zugänge des Vermögens im Rechnungslegungszeitraum genügt, hat der Vormund gem. § 1842 Satz 1 BGB dem Gegenvormund Angaben **über den gesamten Vermögensbestand** zu machen und diesbezügliche Nachweise zu erbringen. Damit reicht die Verpflichtung gegenüber dem Gegenvormund weiter als die gegenüber dem Familiengericht. Dem Gegenvormund wird hierdurch eine eingehende Prüfung der Vermögensentwicklung möglich, er kann auf diese Weise zur Entlastung der Gerichte beitragen.

II. Mitwirkungspflicht des Gegenvormundes (Satz 2)

Der Gegenvormund hat die Rechnung zu prüfen und mit Bemerkungen zu versehen, zu denen ihm die Prüfung Anlass gibt. Damit der Gegenvormund seiner Verpflichtung zu rechnerischer und sachlicher Prüfung nachkommen kann, gewährt ihm § 1799 Abs. 2 BGB zusätzlich ein Auskunfts- und Einsichtsrecht.

Bemerkungen des Gegenvormundes können sich beispielsweise auf den Verbleib bestimmter Gegenstände, die Versäumnis der Anlage von Bargeld etc. beziehen.[1] Der Gegenvormund hat die Rechnung auch dann mit Bemerkungen zu versehen, wenn er nichts zu beanstanden hat.[2]

Verletzt der Gegenvormund seine Mitwirkungspflicht nach § 1842 Satz 2 BGB, kommt ein Schadensersatzanspruch gemäß § 1833 Abs. 1 Satz 2 BGB in Betracht[3]. Einzelheiten zur Haftung nach § 1833 BGB in der Kommentierung zu § 1833 BGB.

---

[1] *Diederichsen* in: Palandt, § 1842 Rn. 1.
[2] *Wagenitz* in: MünchKomm-BGB, § 1841 Rn. 5.
[3] Zur Haftung des Gegenvormunds vgl. auch BGH v. 14.03.1956 - IV ZR 288/55 - NJW 1956, 789-790.

§ 1843 BGB Prüfung durch das Familiengericht

(Fassung vom 17.12.2008, gültig ab 01.09.2009)

(1) Das Familiengericht hat die Rechnung rechnungsmäßig und sachlich zu prüfen und, soweit erforderlich, ihre Berichtigung und Ergänzung herbeizuführen.

(2) Ansprüche, die zwischen dem Vormund und dem Mündel streitig bleiben, können schon vor der Beendigung des Vormundschaftsverhältnisses im Rechtsweg geltend gemacht werden.

Gliederung

A. Gesetzesänderungen 1	b. Sachliche Überprüfung 12
B. Grundlagen 2	4. Die Möglichkeiten bei Beanstandung 13
I. Kurzcharakteristik 2	a. Beanstandung durch das Familiengericht 13
II. Regelungsprinzipien 4	b. Beanstandung durch den Mündel 16
C. Anwendungsbereich 6	II. Geltendmachung streitiger Ansprüche
D. Anwendungsvoraussetzungen 7	(Absatz 2) 17
I. Prüfungspflicht des Familiengerichts	1. Streitige Ansprüche zwischen Mündel und
(Absatz 1) 7	Vormund 18
1. Familiengericht 8	2. Geltendmachung schon vor Beendigung des
2. Rechnung 9	Vormundschaftsverhältnisses 19
3. Prüfungspflichten 10	3. Rechtsweg 20
a. Rechnungsmäßige Überprüfung 11	E. Prozessuale Hinweise/Verfahrenshinweise 21

A. Gesetzesänderungen

1   Zu den Änderungen im Zusammenhang mit dem Gesetz zur Reform des Verfahrens in Familiensachen und in den Angelegenheiten der freiwilligen Gerichtsbarkeit vom 17.12.2008 (FGG-Reformgesetz – FGG-RG) bzw. dem Gesetz über das Verfahren in Familiensachen und in den Angelegenheiten der freiwilligen Gerichtsbarkeit (FamFG) zum 01.09.2009 vgl. die Kommentierung zu § 1835 BGB Rn. 1 ff.

B. Grundlagen

I. Kurzcharakteristik

2   § 1843 Abs. 1 BGB regelt die Überprüfung der Rechnungslegung des Vormunds durch das Familiengericht.

3   Absatz 2 der Vorschrift stellt klar, dass der Mündel Ansprüche gegen den Vormund während der Vormundschaft vor dem ordentlichen Prozessgericht durchsetzen muss.

II. Regelungsprinzipien

4   § 1843 Abs. 1 BGB erklärt sich vor dem Hintergrund des § 1837 Abs. 2 Satz 1 BGB. Nach dieser Vorschrift hat das Familiengericht den Vormund bei seiner Amtsführung zu beaufsichtigen und ggf. gegen Pflichtwidrigkeiten des Vormundes einzuschreiten (Einzelheiten hierzu vgl. in der Kommentierung zu § 1837 BGB Rn. 13). Dabei erstreckt sich die Überwachungspflicht des Familiengerichtes insbesondere auch auf den Bereich der Vermögenssorge. Der Vormund hat dem Familiengericht daher nach den §§ 1840 Abs. 2-4, 1841, 1842 BGB regelmäßig Rechnung über seine Vermögensverwaltung zu legen. Diese Rechnungslegung hat das Familiengericht im Rahmen seiner Aufsichtspflichten nach § 1843 Abs. 1 BGB formell und sachlich zu prüfen und auf eventuelle Berichtigungen und Ergänzungen hinzuwirken. Nicht zulässig ist die eigenständige Berichtigung einer Rechnung durch das Familiengericht (vgl. hierzu Rn. 13).

5   Im Gegensatz zu § 1843 Abs. 1 BGB steht § 1843 Abs. 2 BGB in keinem direkten Zusammenhang zu den vorangehenden Regelungen der §§ 1840 Abs. 2-4, 1841, 1842 BGB. Die Vorschrift zeigt aber die Grenzen der familiengerichtlichen Zuständigkeit, indem sie streitige Ansprüche zwischen Mündel und Vormund dem Prozessgericht zuweist.

C. Anwendungsbereich

Die Vorschrift ist auf Betreuungen (§ 1908i Abs. 1 Satz 1 BGB) sinngemäß anwendbar und gilt auch für Pflegschaften (§ 1915 Abs. 1 Satz 1 BGB). 6

D. Anwendungsvoraussetzungen

I. Prüfungspflicht des Familiengerichts (Absatz 1)

Nach § 1843 Abs. 1 BGB ist das Familiengericht dazu verpflichtet, die vom Vormund erstellte Rechnung rechnungsmäßig und sachlich zu überprüfen und ggf. auf Berichtigungen und Ergänzungen hinzuwirken. 7

1. Familiengericht

Einzelheiten zum Familiengericht vgl. in der Kommentierung zu § 1837 BGB Rn. 7. 8

2. Rechnung

Der Begriff der „Rechnung" bezieht sich auf die Rechnungslegung in § 1840 Abs. 2-4 BGB (vgl. zu Einzelheiten hierzu die Kommentierung zu § 1840 BGB Rn. 14). 9

3. Prüfungspflichten

§ 1843 Abs. 1 BGB legt dem Familiengericht ausdrücklich eine Verpflichtung zur ordnungsgemäßen Überprüfung der Rechnung auf. Kommt es dieser Pflicht nicht nach, so können dem Mündel Schadensersatzansprüche aus Art. 34 GG, § 839 BGB zustehen.[1] 10

a. Rechnungsmäßige Überprüfung

Mit rechnungsmäßiger Überprüfung ist eine **Prüfung in formaler Hinsicht** gemeint. Das Familiengericht hat hier festzustellen, ob die Rechnung **in sich schlüssig** ist, die einzelnen Rechnungsposten mit den beigefügten Belegen übereinstimmen und der Rechnungsabschluss keine Fehler aufweist. Dabei kann sich das Familiengericht auch Hilfspersonen bedienen[2], die die eingereichten Unterlagen auf ihre rechnerische Richtigkeit hin überprüfen. Die Hinzuziehung solcher Hilfspersonen soll nach in der Rechtsprechung vertretener Auffassung aber auf schwierige Ausnahmefälle (umfangreiche, unübersichtliche Vermögensverwaltungen wie etwa Prüfung der kaufmännischen Buchführung eines größeren Unternehmens) beschränkt bleiben, weil die Prüfung der Rechnungslegung grundsätzlich Sache des Gerichts ist und bereits durch die gesetzlichen Gebühren abgegolten wird.[3] Fehler von Hilfspersonen lösen eine Haftung des Familiengerichts nur bei Auswahl- oder Überwachungsverschulden aus.[4] 11

b. Sachliche Überprüfung

Die sachliche Überprüfung erstreckt sich zunächst auf die **Vollständigkeit** der angeführten Einnahmen und Ausgaben. Das Gericht hat ferner zu prüfen, ob die getroffenen Vermögensverfügungen/ Ausgaben **angemessen** sind, ob die erforderlichen Genehmigungen eingeholt und die gesetzlichen Vorschriften beachtet wurden.[5] Um seiner Verpflichtung zu sachlicher Überprüfung nachkommen zu können, kann das Gericht auch seinen Auskunftsanspruch aus § 1839 BGB geltend machen (Einzelheiten hierzu in der Kommentierung zu § 1839 BGB Rn. 2) und gegebenenfalls Nachweise für die Richtigkeit der Angaben verlangen. 12

---

[1] *Wagenitz* in: MünchKomm-BGB, § 1843 Rn. 1.
[2] *Wagenitz* in: MünchKomm-BGB, § 1843 Rn. 4; vgl. a. AG Bad Oeynhausen v. 04.06.2003 - 17 XVII B 116 - FamRZ 2004, 284-285 zur Kostentragung bei Beauftragung eines Sachverständigen wegen Unterbesetzung des Gerichts, wonach die Kosten wegen falscher Sachbehandlung i.S.v. § 16 KostO in solchen Fällen nicht dem Betroffenen zur Last gelegt werden können.
[3] OLG Naumburg v. 16.08.2011 - 2 Wx 49/11 - juris Rn. 21 - Rpfleger 2012, 146-147.
[4] RG v. 08.11.1912 - III 111/12 - RGZ 80, 406-407.
[5] *Diederichsen* in: Palandt, § 1843 Rn. 1.

4. Die Möglichkeiten bei Beanstandung

a. Beanstandung durch das Familiengericht

13 Soweit die Prüfung dem Gericht Anlass zu Beanstandungen gibt, hat es auf die **Berichtigung und Ergänzung** der Rechnung durch den Vormund **hinzuwirken**.

14 Das Gericht darf **keine selbständigen Änderungen**, Ergänzungen oder Berichtigungen vornehmen, anderenfalls würde es in unzulässiger Weise in die weitgehend selbständige Stellung des Vormundes eingreifen (zum Grundsatz der Selbständigkeit vgl. auch die Kommentierung zu § 1837 BGB Rn. 4).[6] Das Gericht darf sich daher nicht einfach an die Stelle des Vormundes setzen, sondern es kann nach § 1837 Abs. 2 Satz 1 BGB lediglich Ge- oder Verbote verhängen, die den Vormund zu genauerer Darlegung der Vermögensverwaltung bringen.

15 Im Übrigen sind die **Reaktionsmöglichkeiten** des Familiengerichts bei Zweifeln an der Richtigkeit der vorgelegten Rechnung **begrenzt**. Zwar kann das Gericht die Rechnungslegung inhaltlich anzweifeln, es kann den Vormund aber nicht dazu zwingen, bestimmte Posten in die Rechnung aufzunehmen oder zweifelhafte Posten aus der Rechnung zu streichen oder dem Mündel solche Ausgaben zurückzuerstatten, die das Gericht für unangebracht hält.[7] Hierzu fehlt es an einer Ermächtigung des Familiengerichts: Streitige Ansprüche zwischen Mündel und Vormund sind auch während des Vormundschaftsverhältnisses grundsätzlich vor den ordentlichen Gerichten zu klären (vgl. dazu Rn. 17). Das Prozessgericht wird die Beanstandungen durch das Familiengericht zwar zur Kenntnis nehmen, es ist aber nicht an dessen Rechtsauffassung gebunden[8].

b. Beanstandung durch den Mündel

16 Wenn das Familiengericht die Rechnung nicht beanstandet, kann hierin noch keine Entlastung des Vormundes erblickt werden.[9] Dem Mündel bleibt es unbenommen, den Vormund nach Beendigung der Vormundschaft auf Schadensersatz in Anspruch zu nehmen, wenn er die Vermögensverwaltung durch den Vormund für pflichtwidrig hält; der Umstand, dass das Familiengericht die Richtigkeit der erstellten Rechnungen anerkannt hat, steht dem nicht entgegen.[10]

II. Geltendmachung streitiger Ansprüche (Absatz 2)

17 § 1843 Abs. 2 BGB stellt klar, dass streitige Ansprüche zwischen Mündel und Vormund schon vor der Beendigung der Vormundschaft durchgesetzt werden können und verweist für die Geltendmachung dieser Ansprüche auf den Rechtsweg.

1. Streitige Ansprüche zwischen Mündel und Vormund

18 Gemeint sind sowohl Ansprüche des Mündels gegen den Vormund wie umgekehrt Ansprüche des Vormundes gegen den Mündel. Das Gesetz unterscheidet hier nicht näher.

2. Geltendmachung schon vor Beendigung des Vormundschaftsverhältnisses

19 Mag es auf den ersten Blick auch selbstverständlich anmuten, dass streitige Ansprüche zwischen Mündel und Vormund nicht erst nach dem Ende der Vormundschaft geltend gemacht werden können, zeigt sich bei näherer Betrachtung, dass die diesbezügliche Klarstellung in § 1843 Abs. 2 BGB durchaus ihre Berechtigung hat. Da der Mündel während der Dauer der Vormundschaft durch den Vormund vertreten wird (vgl. hierzu die Kommentierung zu § 1793 BGB), fehlt es bei Prozessen gegen den Vormund selbst an einer die Interessen des Mündels wahrenden Vertretungsperson. Umgekehrt kann der Vormund als Vertreter des Mündels nach §§ 1795 Abs. 2, 181 BGB keine Rechtsgeschäfte mit sich selbst

---

[6] OLG Naumburg v. 16.08.2011 - 2 Wx 49/11 - juris Rn. 18 - Rpfleger 2012, 146-147; *Wagenitz* in: Münch-Komm-BGB, § 1843 Rn. 6.

[7] OLG Zweibrücken v. 19.10.1979 - 3 W 130/79 - juris Rn. 7 - Rpfleger 1980, 103; BayObLG München v. 06.03.1981 - BReg 3 Z 93/80 - juris Rn. 19 - BayObLGZ 1981, 62-68.

[8] BayObLG München v. 06.12.1995 - 3Z BR 312/95 - juris Rn. 8 - Rpfleger 1996, 246-247; *Engler* in: Staudinger, § 1843 Rn. 8.

[9] BayObLG München v. 06.12.1995 - 3Z BR 312/95 - juris Rn. 8 - Rpfleger 1996, 246-247. Vgl. zur entsprechenden Problematik bei der Schlussrechnung BayObLG München v. 04.06.1997 - 3Z BR 42/97 - juris Rn. 7 - Rpfleger 1997, 476-477.

[10] BayObLG München v. 06.12.1995 - 3Z BR 312/95 - juris Rn. 8 - Rpfleger 1996, 246-247; vgl. auch OLG Karlsruhe v. 08.08.2003 - 15 U 76/01 - FamRZ 2004, 1601-1602.

abschließen, weshalb die Durchsetzung von Ansprüchen des Vormundes gegen den Mündel ebenfalls erschwert ist.[11] § 1843 Abs. 2 BGB stellt in dieser Situation klar, dass eine Geltendmachung der streitigen Ansprüche während der Dauer der Vormundschaft dennoch möglich ist. Zur Durchsetzung dieser Ansprüche ist dem Mündel gemäß § 1909 Abs. 1 Satz 1 BGB ein Ergänzungspfleger zu bestellen (vgl. Einzelheiten hierzu in der Kommentierung zu § 1909 BGB).

3. Rechtsweg

§ 1843 Abs. 2 BGB verweist den Mündel bzw. Vormund für die Geltendmachung des streitigen Anspruchs auf den „Rechtsweg". Zuständig ist das Prozessgericht, das an die Rechtsauffassung des die Rechnung prüfenden Familiengerichts nicht gebunden ist (vgl. Rn. 15). 20

E. Prozessuale Hinweise/Verfahrenshinweise

Das Familiengericht hat im Rahmen seiner Prüfung nach § 1843 Abs. 1 BGB einen Rechnungsprüfungsbescheid zu erlassen, zuständig hierfür ist der Rechtspfleger, § 3 Nr. 2a, 14 RPflG. Gegen den Bescheid kann der Vormund, der sich gegen Berichtigungsanweisungen durch das Familiengericht wendet, nach § 11 Abs. 1 RPflG, §§ 58 ff. FamFG Beschwerde einlegen.[12] 21

---

[11] Zum Ganzen vgl. *Wagenitz* in: MünchKomm-BGB, § 1843 Rn. 2.
[12] *Wagenitz* in: MünchKomm-BGB, § 1843 Rn. 13.

§ 1844

§ 1844 BGB (weggefallen)

(Fassung vom 19.08.1969, gültig ab 01.01.1980, gültig bis 31.12.1991)

(weggefallen)

1 § 1844 BGB in der Fassung vom 12.09.1990 ist durch Art. 1 Nr. 43 des Gesetzes vom 12.09.1990 – BGBl I 1990, 2002 – mit Wirkung vom 01.01.1992 weggefallen.

§ 1845 BGB (weggefallen)

(Fassung vom 19.08.1969, gültig ab 01.01.1980, gültig bis 31.12.2001)

(weggefallen)

§ 1845 BGB in der Fassung vom 04.07.2008 ist durch Art. 1 Nr. 7 des Gesetzes vom 04.07.2008 – BGBl I 2008, 1188 – mit Wirkung vom 12.07.2008 weggefallen. 1

§ 1846 BGB Einstweilige Maßregeln des Familiengerichts

(Fassung vom 17.12.2008, gültig ab 01.09.2009)

Ist ein Vormund noch nicht bestellt oder ist der Vormund an der Erfüllung seiner Pflichten verhindert, so hat das Familiengericht die im Interesse des Betroffenen erforderlichen Maßregeln zu treffen.

Gliederung

A. Gesetzesänderungen 1	E. Rechtsfolgen 17
B. Grundlagen 2	I. Erforderliche Maßregeln 18
I. Kurzcharakteristik 2	II. Pflicht 21
II. Regelungsprinzipien 3	III. (Wieder-)Aufnahme vormundschaftlicher Tätigkeit/Aufhebung von Maßregeln 22
C. Anwendungsbereich 4	
D. Anwendungsvoraussetzungen 6	IV. Folge bei sich widersprechenden Maßregeln 23
I. Familiengericht 7	
II. Fehlende Bestellung 8	V. Typische Fälle 24
III. Verhinderung des Vormundes 9	F. Prozessuale Hinweise/Verfahrenshinweise 25
IV. Dringlichkeit 12	I. Zuständigkeit 25
V. Anordnung einer Vormundschaft 15	II. Rechtsmittel 26

A. Gesetzesänderungen

1   Zu den Änderungen im Zusammenhang mit dem Gesetz zur Reform des Verfahrens in Familiensachen und in den Angelegenheiten der freiwilligen Gerichtsbarkeit vom 17.12.2008 (FGG-Reformgesetz – FGG-RG) bzw. dem Gesetz über das Verfahren in Familiensachen und in den Angelegenheiten der freiwilligen Gerichtsbarkeit (FamFG) zum 01.09.2009 vgl. die Kommentierung zu § 1835 BGB Rn. 1 ff.

B. Grundlagen

I. Kurzcharakteristik

2   § 1846 BGB regelt die Befugnisse und Verpflichtungen des Familiengerichts für den Fall, dass ein Vormund nicht vorhanden oder an der Amtsführung gehindert ist.

II. Regelungsprinzipien

3   Während dem Familiengericht wegen der selbständigen Stellung des Vormundes regelmäßig nur eine Beratungs- und Aufsichtsfunktion zukommt (vgl. hierzu die Kommentierung zu § 1837 BGB Rn. 4), weist ihm § 1846 BGB bei Fehlen oder Verhinderung des Vormundes weitergehende Befugnisse zu. Die Vorschrift dient dem **Wohl des Mündels**, dieser soll nicht dadurch rechtliche Nachteile erleiden, dass er vorübergehend keinen gesetzlichen Vertreter hat. Das Gericht ist daher zu Eingriffen bei Fehlen des Vormundes nicht nur berechtigt, sondern auch verpflichtet (vgl. hierzu Rn. 21)

C. Anwendungsbereich

4   Die Vorschrift ist auf Betreuungen (§ 1908i Abs. 1 Satz 1 BGB) sinngemäß anwendbar und gilt auch für Pflegschaften (§ 1915 Abs. 1 Satz 1 BGB).

5   Die Vorschrift findet grundsätzlich auch dann Anwendung, wenn der Mündel Ausländer ist: Es gilt Art. 24 Abs. 3 EGBGB, sofern dieser nicht durch staatsvertragliche Sonderregelungen verdrängt wird.

D. Anwendungsvoraussetzungen

6   Nach § 1846 BGB kann das Familiengericht einstweilige Maßregeln im Interesse des Betroffenen treffen, wenn ein Vormund noch nicht bestellt oder an der Erfüllung seiner Pflichten verhindert ist.

I. Familiengericht

7   Einzelheiten zum Familiengericht vgl. die Kommentierung zu § 1837 BGB Rn. 7.

II. Fehlende Bestellung

Ob ein Vormund bereits bestellt wurde, richtet sich nach § 1789 BGB (vgl. Einzelheiten hierzu in der Kommentierung zu § 1789 BGB). 8

III. Verhinderung des Vormundes

Der Vormund ist verhindert, wenn er im konkreten Fall nicht tätig werden **kann**, sei es aus tatsächlichen (Krankheit, Abwesenheit, Haft) oder aus rechtlichen Gründen (Interessenkollision).[1] Dabei kommt es nicht darauf an, ob der Vormund längerfristig oder nur vorübergehend als gesetzlicher Vertreter ausscheidet, die Dauer seines Ausfalls ist unerheblich.[2] Ist ein Vormund/Betreuer bestellt, der entsprechend tätig werden könnte, und die Bestellung dem Familiengericht nur – mangels Einholung der gebotenen Auskünfte – nicht bekannt, ist hierin keine Verhinderung im Sinne des § 1846 BGB zu sehen.[3] 9

Von einer Verhinderung zu unterscheiden sind die Fälle, in denen der Vormund zwar tätig werden kann, dies aber **pflichtwidrig versäumt**.[4] Dem Gericht steht es insoweit frei, Maßnahmen nach § 1837 Abs. 2 BGB zu verhängen, ein Rückgriff auf § 1846 BGB ist hingegen ausgeschlossen. 10

An einer Verhinderung fehlt es auch dann, wenn der Vormund in einer bestimmten Angelegenheit nicht tätig werden **will**, so etwa wenn es zwischen ihm und dem Familiengericht zu Meinungsverschiedenheiten kommt und der Vormund sich weigert, eine bestimmte, dem Willen des Gerichts entsprechende Maßnahme auszuführen.[5] In solchen Fällen darf das Gericht nur unter den Voraussetzungen des § 1837 Abs. 2 BGB eingreifen. Im Übrigen gilt der Grundsatz der Selbständigkeit vormundschaftlicher Tätigkeit (vgl. hierzu die Kommentierung zu § 1837 BGB Rn. 4), das Gericht kann sich hierüber nicht einfach hinwegsetzen, indem es sich auf § 1846 BGB beruft. 11

IV. Dringlichkeit

Wenngleich der Wortlaut des § 1846 BGB keine diesbezügliche Aussage trifft, sollen Maßnahmen im Sinne des § 1846 BGB nach Literatur und Rechtsprechung nur **in besonders dringenden Fällen** zulässig sein, die Dringlichkeit gilt insoweit als ungeschriebenes Tatbestandsmerkmal.[6] 12

Dieser Auffassung ist wegen des Ausnahmecharakters der Vorschrift[7] zu folgen: Da das Familiengericht grundsätzlich Beratungs- bzw. Aufsichtsorgan ist und der Vormund sein Amt selbständig ausübt (vgl. hierzu die Kommentierung zu § 1837 BGB Rn. 4), sollte die Anwendung des § 1846 BGB auf wenige besondere Fälle beschränkt bleiben. Die Vorschrift ist deshalb eng auszulegen. Sofern die Angelegenheit nicht besonders dringlich ist, kann das Gericht auch zunächst einen Vormund oder ggf. Pfleger gemäß § 1909 Abs. 1, 3 BGB bestellen. Die Anwendung des § 1846 BGB ist in solchen Fällen ausgeschlossen. 13

Ob ein besonders dringender Fall vorliegt, der ein gerichtliches Eingreifen rechtfertigt, ist jeweils nach den Umständen des Einzelfalles zu beurteilen. Dabei ist insbesondere auf die Schutzbedürftigkeit des Mündels (Betreuten) abzustellen, dessen Wohl die Vorschrift zu dienen bestimmt ist.[8] 14

V. Anordnung einer Vormundschaft

Der Streit darüber, ob die Verhängung einer Maßregel nach § 1846 BGB die **vorherige oder zeitgleiche Anordnung** einer Vormundschaft bzw. Bestellung eines Betreuers voraussetzt[9], scheint inzwi- 15

---

[1] OLG Düsseldorf v. 19.08.1994 - 3 Wx 423/94 - juris Rn. 15 - FamRZ 1995, 637-638; *Diederichsen* in: Palandt, § 1846 Rn. 2; beachte ferner BayObLG München v. 28.11.1989 - BReg 1 a Z 44/89 - Rpfleger 1990, 119-120.
[2] Vgl. *Diederichsen* in: Palandt, § 1846 Rn. 2.
[3] OLG Frankfurt v. 04.12.2006 - 20 W 425/06 - juris Rn. 10 - FamRZ 2007, 673-675.
[4] OLG Düsseldorf v. 19.08.1994 - 3 Wx 423/94 - juris Rn. 17 - FamRZ 1995, 637-638.
[5] OLG Düsseldorf v. 19.08.1994 - 3 Wx 423/94 - FamRZ 1995, 637-638.
[6] BayObLG München v. 15.09.1999 - 3Z BR 221/99 - juris Rn. 16 - NJW-RR 2000, 524-526; BayObLG München v. 02.04.2003 - 3Z BR 52/03 - juris Rn. 15 - FamRZ 2003, 1322-1323; *Wagenitz* in: MünchKomm-BGB, § 1846 Rn. 3 m.w.N.
[7] Vgl. hierzu etwa OLG Düsseldorf v. 19.08.1994 - 3 Wx 423/94 - juris Rn. 14 - FamRZ 1995, 637-638.
[8] Vgl. im weitesten Sinne auch BGH v. 14.07.2005 - III ZR 391/04 - juris Rn. 9 - FamRZ 2005, 1560-1562 zum Umfang der Schutzmaßnahmen für sturzgefährdete Heimbewohner und zu der Frage, ob die Sturzgefährdung die Voraussetzungen für ein gerichtliches Eingreifen nach § 1846 BGB begründet, wenn die Person noch weitgehend selbständig tätig wird.
[9] Bejahend OLG Frankfurt v. 13.11.1992 - 20 W 429/92 - MDR 1993, 49-50; ablehnend BayObLG München v. 31.10.2000 - 3Z BR 272/00 - BayObLGZ 2000, 295-300.

schen weitgehend geklärt zu sein. Nachdem der BGH für die Betreuung die Anordnung einer Unterbringung ohne vorherige oder zeitgleiche Bestellung eines Betreuers für zulässig erklärt hat – vorausgesetzt, mit der Anordnung nach § 1846 BGB werde durch geeignete Maßnahmen sichergestellt, dass dem Betroffenen **unverzüglich** ein Betreuer oder jedenfalls vorläufiger Betreuer zur Seite gestellt wird[10] – scheint sich diese Auffassung generell für Maßregeln im Sinne des § 1846 BGB durchgesetzt zu haben.[11] Dem ist, wie bereits in den Vorauflagen vertreten wurde, zuzustimmen. Sieht man davon ab, dass nach dem Wortlaut des § 1846 BGB gerade die Fälle erfasst sein sollen, in denen ein Vormund/Betreuer noch nicht bestellt wurde, und in der Norm selbst von einer Verpflichtung des Gerichts zur zeitgleichen Anordnung einer Vormundschaft bzw. Bestellung eines Betreuers keine Rede ist, sprechen auch Sinn und Zweck der Vorschrift gegen eine entsprechende gerichtliche Verpflichtung. § 1846 BGB dient allein dem **Wohl des Mündels/Betreuten**. Diesem dürfen auch und gerade in solchen Situationen, in denen das Gericht nicht sofort eine Vormundschaft anordnen bzw. einen Betreuer bestellen kann, keine Nachteile entstehen. Die Zulässigkeit einer Maßnahme nach § 1846 BGB darf deshalb nicht davon abhängig gemacht werden, ob vorher oder zeitgleich eine Vormundschaft angeordnet bzw. ein Betreuer bestellt wurde.

16 Allerdings dürften die Anforderungen des BGH auch in allen anderen Fällen gelten, d.h. das Gericht ist zumindest dazu verpflichtet, mit der Anordnung nach § 1846 BGB durch geeignete Maßnahmen sicherzustellen, dass dem Betroffenen **unverzüglich** ein Vormund/Betreuer oder jedenfalls vorläufiger Vormund/Betreuer zur Seite gestellt wird. Unterlässt das Gericht solche Maßnahmen, ist die Anordnung nach § 1846 BGB unzulässig.[12]

E. Rechtsfolgen

17 Liegen die Voraussetzungen des § 1846 BGB vor, so hat das Gericht die im Interesse des Betroffenen erforderlichen Maßregeln zu treffen.

I. Erforderliche Maßregeln

18 Welche Maßregeln im Einzelfall erforderlich sind, entscheidet das Familiengericht nach **pflichtgemäßem Ermessen**. Maßstab ist dabei allein das **Mündelwohl**. In der Regel genügt es, wenn das Gericht gemäß § 1909 BGB einen Pfleger bestellt. Falls die Interessen des Mündels dadurch nicht hinreichend gewahrt würden, kann das Gericht selbst tätig werden.

19 Nimmt das Gericht eigene Handlungen vor, ist es – ebenso wie sonst der Vormund – den Beschränkungen des § 181 BGB unterworfen. Relevant wird diese Vorschrift in solchen Fällen, in denen Rechtsgeschäfte zwischen mehreren Mündeln abgeschlossen werden (z.B. Erbauseinandersetzung), das Gericht kann hier nicht für mehrere Mündel gleichzeitig auftreten.[13]

20 Die nach § 1846 BGB getroffenen Maßnahmen müssen keine einstweiligen Anordnungen sein, eine zeitliche Befristung ist nicht erforderlich.[14]

II. Pflicht

21 Nach dem Wortlaut des § 1846 BGB **hat** das Gericht die im Interesse des Betroffenen erforderlichen Maßregeln zu treffen. Es ist zum Eingreifen also nicht nur berechtigt, sondern auch verpflichtet. Bleibt das Gericht in pflichtwidriger Weise untätig, kann der Mündel Ansprüche aus Staatshaftung geltend machen, Art. 34 GG, § 839 BGB.

III. (Wieder-)Aufnahme vormundschaftlicher Tätigkeit/Aufhebung von Maßregeln

22 Nimmt der Vormund seine Arbeit (wieder) auf, so kommt dem Familiengericht wieder die Rolle eines Aufsichts- und Beratungsorgans zu (vgl. hierzu die Kommentierung zu § 1837 BGB Rn. 4). Die vom Gericht getroffene Eilmaßnahme wird durch die nachfolgende Bestellung bzw. das Tätigwerden des

---

[10] BGH v. 13.02.2002 - XII ZB 191/00 - BGHZ 150, 45-55.
[11] *Wagenitz* in: MünchKomm-BGB, § 1846 Rn. 4; *Engler* in: Staudinger, § 1846 Rn. 3-4; zur Unterbringung vgl. a.: OLG München v. 23.01.2008 - 33 Wx 196/07 - juris Rn. 15 - FamRZ 2008, 917-918; OLG Brandenburg v. 02.08.2007 - 11 Wx 42/07 - BtPrax 2007, 223-224; vgl. ferner auch LG Lübeck v. 27.11.2012 - 7 T 732/12 - juris Rn. 24 - FamRZ 2013, 577-579.
[12] Zur Unterbringung BGH v. 13.02.2002 - XII ZB 191/00 - BGHZ 150, 45-55; OLG München v. 23.01.2008 - 33 Wx 196/07 - FamRZ 2008, 917-918; OLG Brandenburg v. 02.08.2007 - 11 Wx 42/07 - BtPrax 2007, 223-224.
[13] *Wagenitz* in: MünchKomm-BGB, § 1846 Rn. 8.
[14] *Diederichsen* in: Palandt, § 1846 Rn. 4.

Vormunds verfahrensmäßig überholt.[15] Das Gericht kann die von ihm getroffene Maßregel deshalb nach Tätigwerden des Vormundes nicht wieder aufheben, sondern dies ist gegebenenfalls Sache des Vormundes.

IV. Folge bei sich widersprechenden Maßregeln

Ordnen Vormund und Familiengericht unterschiedliche, sich widersprechende Maßnahmen an, so wird teilweise angenommen, dass nur die zeitlich früher verhängte Maßregel wirksam sein soll.[16] Gegen eine Heranziehung des Prioritätsprinzips (entsprechend § 2 Abs. 1 FamFG) spricht aber, dass die getroffenen Maßnahmen ohnehin nicht in Konkurrenz zueinander treten: Entweder liegen die Voraussetzungen des § 1846 BGB vor – dann ist das Familiengericht zu Eingriffen befugt bzw. verpflichtet und nur die von ihm verhängte Maßnahme wirksam – oder der Vormund war zur Ausübung seines Amtes in der Lage – dann hat das Gericht seine Maßnahme wegen des Grundsatzes der Selbständigkeit zu akzeptieren und darf nur bei Pflichtwidrigkeiten nach § 1837 BGB einschreiten.[17]

23

V. Typische Fälle

Das Gericht kann nach § 1846 BGB z.B. die folgenden Anordnungen treffen:
- Anordnung einer lebensnotwendigen Dialysebehandlung.[18]
- Abgabe oder Entgegennahme von den Mündel betreffenden (Willens-)Erklärungen, z.B. Vornahme einer Kündigung, Stellung eines Strafantrags, Beantragung eines Arrests oder einer einstweiligen Verfügung[19].
- Anordnung einer notwendigen Bluttransfusion bei einem geistig behinderten Kind eines Angehörigen der „Zeugen Jehovas".[20]
- Sicherstellung des Mündelvermögens durch eigene Inbesitznahme[21].
- Anordnung von Maßnahmen zur Körperpflege[22].
- Anordnung der privatrechtlichen Unterbringung des Betreuten gemäß §1906 BGB. Ist ein Betreuer nicht vorhanden, hat das Gericht mit der Anordnung nach § 1846 BGB durch geeignete Maßnahmen sicherzustellen, dass dem Betroffenen **unverzüglich** ein Vormund/Betreuer oder jedenfalls vorläufiger Vormund/Betreuer zur Seite gestellt wird. Unterlässt das Gericht solche Maßnahmen, ist die Anordnung der Unterbringung nach § 1846 BGB unzulässig (vgl. dazu Rn. 15 f.). [23]
- Anordnung der Unterbringung des Mündels gemäß §§ 1800, 1631b BGB.[24]
- Verneint wurde in der Rechtsprechung demgegenüber die Möglichkeit der Anordnung einer „vorläufigen Aussetzung der Wirksamkeit einer Vorsorgevollmacht".[25]

24

F. Prozessuale Hinweise/Verfahrenshinweise

I. Zuständigkeit

In Fällen des § 1846 BGB ist gemäß § 152 Abs. 4 FamFG zusätzlich das Gericht zuständig, in dessen Bezirk das Bedürfnis der Fürsorge hervortritt. Die getroffenen Maßregeln sollen dann jedoch dem sonst

25

---

[15] OLG Zweibrücken v. 26.02.2003 - 3 W 17/03 - NJW-RR 2003, 869-870.
[16] Vgl. hierzu *Wagenitz* in: MünchKomm-BGB, § 1846 Rn. 9.
[17] Ebenso *Wagenitz* in: MünchKomm-BGB, § 1846 Rn. 9; *Diederichsen* in: Palandt, § 1846 Rn. 5.
[18] AG Hamburg-Wandsbek v. 16.02.2001 - 708 N 528 - NJW-RR 2001, 1159-1160.
[19] *Wagenitz* in: MünchKomm-BGB, § 1846 Rn. 7.
[20] AG Nettetal v. 19.10.1995 - 9 X 119/95 - FamRZ 1996, 1104-1105.
[21] *Wagenitz* in: MünchKomm-BGB, § 1846 Rn. 7.
[22] BayObLG München v. 15.05.2002 - 3Z BR 163/00 - juris Rn. 17 - NJW-RR 2002, 1446-1448.
[23] BGH v. 13.02.2002 - XII ZB 191/00 - BGHZ 150, 45-55; OLG München v. 23.01.2008 - 33 Wx 196/07 - FamRZ 2008, 917-918; OLG Brandenburg v. 02.08.2007 - 11 Wx 42/07 - BtPrax 2007, 223-224. Vgl. aus der neueren Rechtsprechung auch LG Kassel v. 27.06.2011 - 3 T 343/11 - juris Rn. 7 ff. - BtPrax 2011, 221-222, das als Beschwerdekammer von der Möglichkeit der Anordnung einer Unterbringung gemäß § 1846 BGB in einem Fall Gebrauch gemacht hat, in dem das Amtsgericht eine Unterbringung „genehmigt" hat, obwohl der Betreuer einen entsprechenden Antrag nicht gestellt hatte und hierzu mangels notwendiger Aufgabenkreise auch nicht befugt gewesen wäre. Das Landgericht hat die vorläufige Unterbringung des Betroffenen nach Maßgabe von §§ 1908i, 1846 BGB angeordnet, die Entscheidung über die Erweiterung der Aufgabenkreise des Betreuers aber zu Recht dem Amtsgericht überlassen.
[24] Einzelheiten hierzu vgl. *Wagenitz* in: MünchKomm-BGB, § 1846 Rn. 14-15.
[25] LG München v. 07.08.2007 - 13 T 12519/07 - juris Rn. 27 - FamRZ 2008, 184-186.

zuständigen Gericht, bei dem die Vormundschaft anhängig ist, mitgeteilt werden, § 152 Abs. 4 Satz 2 FamFG. Werden mehrere Gerichte tätig, gilt das Prioritätsprinzip, § 2 Abs. 1 FamFG. Funktionell zuständig ist in der Regel der Rechtspfleger, § 3 Nr. 2a RPflG, jedoch entscheidet der Richter, wenn eine Maßnahme getroffen werden soll, die – würde der Vormund handeln – der richterlichen Genehmigung bedürfte (so etwa bei der freiheitsentziehenden Unterbringung).

II. Rechtsmittel

26 Gegen die Entscheidungen nach § 1846 BGB ist gemäß §§ 58 ff. FamFG die Beschwerde statthaft. Die Beschwerdeberechtigung richtet sich nach § 59 FamFG. Für den Mündel ist § 60 FamFG zu beachten.

§ 1847 BGB Anhörung der Angehörigen

(Fassung vom 17.12.2008, gültig ab 01.09.2009)

¹Das Familiengericht soll in wichtigen Angelegenheiten Verwandte oder Verschwägerte des Mündels hören, wenn dies ohne erhebliche Verzögerung und ohne unverhältnismäßige Kosten geschehen kann. ²§ 1779 Abs. 3 Satz 2 gilt entsprechend.

Gliederung

A. Gesetzesänderungen 1	III. Verwandte oder Verschwägerte 11
B. Grundlagen 3	IV. Keine erheblichen Verzögerungen oder unverhältnismäßigen Kosten 12
I. Kurzcharakteristik 3	
II. Regelungsprinzipien 4	E. Rechtsfolgen 13
C. Anwendungsbereich 5	I. Anhörung (Absatz 1 Satz 1) 13
D. Anwendungsvoraussetzungen 6	II. Auslagenersatz (Absatz 1 Satz 2) 15
I. Familiengericht 7	F. Prozessuale Hinweise/Verfahrenshinweise 16
II. Wichtige Angelegenheiten 8	

A. Gesetzesänderungen

Zu den Änderungen im Zusammenhang mit dem Gesetz zur Reform des Verfahrens in Familiensachen und in den Angelegenheiten der freiwilligen Gerichtsbarkeit vom 17.12.2008 (FGG-Reformgesetz – FGG-RG) bzw. dem Gesetz über das Verfahren in Familiensachen und in den Angelegenheiten der freiwilligen Gerichtsbarkeit (FamFG) zum 01.09.2009 vgl. zunächst die Kommentierung zu § 1835 BGB Rn. 1 ff.   **1**

Speziell bei § 1847 BGB wurde im Zuge der Gesetzesreform auch die Überschrift leicht verändert. Statt „Anhörung von Angehörigen" ist die Norm nunmehr mit „Anhörung der Angehörigen" überschrieben. Diese geringfügige Änderung des Wortlauts führt zwar nicht zu inhaltlichen Neuerungen, sie entspricht aber eher dem Sinn der Vorschrift, wonach sich das Gericht in wichtigen Angelegenheiten ein möglichst umfassendes Bild von der Situation des Mündels machen und deshalb jedenfalls diejenigen Angehörigen sämtlich hören soll, die mit dem Betroffenen in enger persönlicher Beziehung stehen.   **2**

B. Grundlagen

I. Kurzcharakteristik

§ 1847 BGB statuiert die Verpflichtung des Familiengerichts, die Angehörigen des Mündels in wichtigen Angelegenheiten anzuhören.   **3**

II. Regelungsprinzipien

§ 1847 BGB ist in Ergänzung zu § 1779 Abs. 3 BGB zu verstehen. Das Familiengericht soll die Verwandten und Verschwägerten des Mündels nicht nur bei der Auswahl des Vormundes anhören, sondern darüber hinaus auch in allen anderen wichtigen Angelegenheiten. Die Vorschrift dient dem Wohl des Mündels, sie soll gewährleisten, dass sich das Familiengericht ein möglichst genaues Bild von der Situation des Mündels machen kann.   **4**

C. Anwendungsbereich

Die Vorschrift ist auf die Pflegschaft entsprechend anwendbar (§ 1915 Abs. 1 BGB), nicht aber auf die Betreuung (Umkehrschluss zu § 1908i Abs. 1 Satz 1 BGB), hier gilt § 279 FamFG.   **5**

D. Anwendungsvoraussetzungen

Das Familiengericht soll in wichtigen Angelegenheiten Verwandte oder Verschwägerte des Mündels anhören, wenn hiermit keine erheblichen Verzögerungen oder unverhältnismäßige Kosten verbunden sind.   **6**

I. Familiengericht

Einzelheiten Familiengericht vgl. in der Kommentierung zu § 1837 BGB Rn. 7.   **7**

II. Wichtige Angelegenheiten

8   Den Begriff der „wichtigen Angelegenheiten" bestimmt das Gesetz nicht näher, Sinn und Zweck der Vorschrift gebieten es aber, in diesem Zusammenhang auf die **Interessen des Mündels** abzustellen. Eine wichtige Angelegenheit liegt demnach vor, wenn die Interessen des Mündels nicht nur unerheblich berührt werden. Bei der Entscheidung, ob eine wichtige Angelegenheit vorliegt, steht dem Gericht kein Ermessen zu, vielmehr handelt es sich um einen unbestimmten Rechtsbegriff.[1]

9   Als wichtige Angelegenheiten werden zum Beispiel angesehen: die Ermächtigung zum Betrieb eines Erwerbsgeschäfts und deren Zurücknahme, der Verkauf eines geerbten Grundstücks, Adoptionsfragen, die Befreiung vom Erfordernis der Ehemündigkeit, Eheaufhebungs-/Scheidungsantrag, Änderung der Staatsangehörigkeit, Aufhebung der Befreiung nach § 1857 BGB, Auseinandersetzung des Nachlasses der verstorbenen Eltern des Mündels etc.[2]

10 Zwar besteht eine Anhörungspflicht nur in wichtigen Angelegenheiten, das Gericht ist aber nicht daran gehindert, Familienangehörige des Mündels auch in weniger wichtigen Fragen zu hören. § 1847 BGB steht dem nicht entgegen.

III. Verwandte oder Verschwägerte

11 Wer mit dem Mündel verwandt bzw. verschwägert ist, bestimmt sich nach den §§ 1589, 1590 BGB. Hat das Gericht eine Auswahl unter mehreren Verwandten bzw. Verschwägerten zu treffen, ist nicht der Grad der Verwandtschaft/Schwägerschaft entscheidend, sondern die Eignung der jeweiligen Person, diese soll dem Gericht ein möglichst genaues Bild von der Situation des Mündels verschaffen. Dabei ist selbstverständlich auch die persönliche Beziehung des Verwandten bzw. Verschwägerten zum Mündel von Bedeutung, gegebenenfalls auch der mutmaßliche Wille der Eltern.

IV. Keine erheblichen Verzögerungen oder unverhältnismäßigen Kosten

12 Die Anhörung hat zu unterbleiben, wenn sie zu erheblichen Verzögerungen oder unverhältnismäßigen Kosten führen würde. Diese Vorgabe entspricht § 1779 Abs. 3 Satz 1 BGB.

E. Rechtsfolgen

I. Anhörung (Absatz 1 Satz 1)

13 Liegen die Voraussetzungen des § 1847 Satz 1 BGB vor, so soll das Familiengericht den betreffenden Verwandten bzw. Verschwägerten in der jeweiligen Angelegenheit anhören. Allerdings handelt es sich bei § 1847 Satz 1 BGB um eine bloße **Ordnungsvorschrift**, kommt das Gericht seiner Anhörungspflicht nicht nach, führt dies nicht zur Unwirksamkeit der in der Angelegenheit ergehenden Entscheidung.[3]

14 Der Verpflichtung des Gerichts entspricht **kein Anhörungsanspruch** auf Seiten der Verwandten bzw. Verschwägerten. Da § 1847 BGB ausschließlich den Interessen des Mündels bzw. der Information des Familiengerichts dient, lässt sich aus der Norm kein subjektives Recht zugunsten der Verwandten herleiten.

II. Auslagenersatz (Absatz 1 Satz 2)

15 Sofern ein Verwandter oder Verschwägerter entsprechend § 1847 Satz 1 BGB vom Familiengericht angehört wird, steht ihm gemäß § 1847 Satz 2 BGB ein Anspruch auf Auflagenersatz zu: § 1779 Abs. 3 Satz 2 BGB findet entsprechende Anwendung (vgl. hierzu die Kommentierung zu § 1779 BGB Rn. 20 ff.).

F. Prozessuale Hinweise/Verfahrenshinweise

16 Nach § 58 FamFG ist die Beschwerde statthaftes Rechtsmittel, beschwerdeberechtigt können der Mündel und der Vormund sein, wenn die Nichtanhörung zu einer sie in ihren Rechten verletzenden Entscheidung führt, § 59 Abs. 1 FamFG. Da den Verwandten bzw. Verschwägerten kein Recht zur Anhörung zusteht, sind sie jedenfalls als solche noch nicht beschwerdeberechtigt gemäß § 59 Abs. 1 FamFG.

---

[1] *Wagenitz* in: MünchKomm-BGB, § 1847 Rn. 2.
[2] Vgl. hierzu *Diederichsen* in: Palandt § 1847 Rn. 1; *Wagenitz* in: MünchKomm-BGB, § 1847 Rn. 3.
[3] *Wagenitz* in: MünchKomm-BGB, § 1847 Rn. 1.

§ 1848 BGB (weggefallen)

(Fassung vom 14.06.1976, gültig ab 01.01.1980, gültig bis 31.12.2001)

(weggefallen)

§ 1848 BGB in der Fassung vom 14.06.1976 ist durch Art. 1 Nr. 42 des Gesetzes vom 14.06.1976 – BGBl I 1976, 1421 – mit Wirkung vom 01.07.1977 weggefallen. 1

§§ 1849 bis 1850

Untertitel 4 - Mitwirkung des Jugendamts

§§ 1849 bis 1850 BGB (weggefallen)

(Fassung vom 26.06.1990, gültig ab 01.01.1991, gültig bis 31.12.2001)

(weggefallen)

1 §§ 1849 bis 1850 BGB in der Fassung vom 26.06.1990 sind durch Art. 5 Nr. 4 des Gesetzes vom 26.06.1990 – BGBl I 1990, 1163 – mit Wirkung vom 01.01.1991 - weggefallen.

§ 1851 BGB Mitteilungspflichten

(Fassung vom 17.12.2008, gültig ab 01.09.2009)

(1) Das Familiengericht hat dem Jugendamt die Anordnung der Vormundschaft unter Bezeichnung des Vormunds und des Gegenvormunds sowie einen Wechsel in der Person und die Beendigung der Vormundschaft mitzuteilen.

(2) Wird der gewöhnliche Aufenthalt eines Mündels in den Bezirk eines anderen Jugendamts verlegt, so hat der Vormund dem Jugendamt des bisherigen gewöhnlichen Aufenthalts und dieses dem Jugendamt des neuen gewöhnlichen Aufenthalts die Verlegung mitzuteilen.

(3) Ist ein Verein Vormund, so sind die Absätze 1 und 2 nicht anzuwenden.

Gliederung

A. Gesetzesänderungen 1	I. Mitteilungspflichten des Familiengerichts (Absatz 1) 5
B. Grundlagen 2	II. Mitteilungspflichten des Vormundes (Absatz 2) 7
I. Kurzcharakteristik 2	
II. Regelungsprinzipien 3	
C. Anwendungsbereich 4	III. Befreiung des Vereinsvormundes (Absatz 3) 9
D. Anwendungsvoraussetzungen 5	

A. Gesetzesänderungen

Zu den Änderungen im Zusammenhang mit dem Gesetz zur Reform des Verfahrens in Familiensachen und in den Angelegenheiten der freiwilligen Gerichtsbarkeit vom 17.12.2008 (FGG-Reformgesetz – FGG-RG) bzw. dem Gesetz über das Verfahren in Familiensachen und in den Angelegenheiten der freiwilligen Gerichtsbarkeit (FamFG) zum 01.09.2009 vgl. die Kommentierung zu § 1835 BGB Rn. 1 ff.   1

B. Grundlagen

I. Kurzcharakteristik

Die Vorschrift regelt die Mitteilungspflichten des Familiengerichts (§ 1851 Abs. 1 BGB) sowie des Vormundes (§ 1851 Abs. 2 BGB) gegenüber dem Jugendamt.   2

II. Regelungsprinzipien

§ 1851 BGB dient dazu, **dem Jugendamt die Wahrnehmung seiner Aufgaben** zu **erleichtern**. Durch die Vorschrift soll gewährleistet werden, dass das Jugendamt über die Anordnung einer Vormundschaft sowie über wesentliche Änderungen im Vormundschaftsverhältnis informiert wird.   3

C. Anwendungsbereich

Die Vorschrift ist auf die Pflegschaft entsprechend anwendbar, § 1915 Abs. 1 BGB.   4

D. Anwendungsvoraussetzungen

I. Mitteilungspflichten des Familiengerichts (Absatz 1)

Wird eine Vormundschaft angeordnet, so obliegen dem Jugendamt nach § 53 Abs. 2-4 SGB VIII verschiedene Verpflichtungen (Beratungs-, Kontrollpflichten etc.). Das Familiengericht muss das Jugendamt deshalb von der Bestellung des Vormundes in Kenntnis setzen und es über die wesentlichen Umstände der Vormundschaft informieren, nur so kann das Jugendamt die aus § 53 Abs. 2-4 SGB VIII resultierenden Pflichten erfüllen.   5

Von der Mitteilungspflicht erfasst sind die Anordnung und die Beendigung der Vormundschaft. Der Vormund und der Gegenvormund sind zu bezeichnen, ein Wechsel in der Person ggf. mitzuteilen.   6

II. Mitteilungspflichten des Vormundes (Absatz 2)

7 Sofern sich der **gewöhnliche Aufenthaltsort** des Mündels verändert, hat der Vormund das bisher zuständige Jugendamt hiervon in Kenntnis zu setzen. Das bisher zuständige Jugendamt muss wiederum das Jugendamt verständigen, in dessen Bezirk sich der Mündel jetzt aufhält.

8 § 1851 Abs. 2 BGB stellt ausdrücklich auf den „gewöhnlichen" Aufenthalt ab, eine nur vorübergehende Aufenthaltsverlegung genügt deshalb nicht. Vielmehr muss der **Ortswechsel von gewisser Dauer** sein[1], da nur dann auch ein Wechsel des zuständigen Jugendamtes in Betracht kommt.

III. Befreiung des Vereinsvormundes (Absatz 3)

9 Nach § 1851 Abs. 3 BGB sind die Vorschriften des § 1851 Abs. 1 und 2 BGB nicht anzuwenden, wenn der Vormund ein Verein ist. Der Grund hierfür liegt darin, dass die **Vereinsvormundschaft nicht der Überwachung durch das Jugendamt unterliegt** (§ 53 Abs. 4 Satz 2 SGB VIII), so dass die Mitteilungspflichten entfallen.[2]

---

[1] *Wagenitz* in: MünchKomm-BGB, § 1851 Rn. 2.
[2] *Diederichsen* in: Palandt, § 1851 Rn. 1.

Untertitel 5 - Befreite Vormundschaft

§ 1852 BGB Befreiung durch den Vater

(Fassung vom 17.12.2008, gültig ab 01.09.2009)

(1) Der Vater kann, wenn er einen Vormund benennt, die Bestellung eines Gegenvormunds ausschließen.

(2) ¹Der Vater kann anordnen, dass der von ihm benannte Vormund bei der Anlegung von Geld den in den §§ 1809, 1810 bestimmten Beschränkungen nicht unterliegen und zu den im § 1812 bezeichneten Rechtsgeschäften der Genehmigung des Gegenvormunds oder des Familiengerichts nicht bedürfen soll. ²Diese Anordnungen sind als getroffen anzusehen, wenn der Vater die Bestellung eines Gegenvormunds ausgeschlossen hat.

Gliederung

A. Gesetzesänderungen 1	II. Befreiungen bei der Anlegung von Mündelgeld (Absatz 2 Satz 1) 14
B. Grundlagen 2	1. Benennung des Vormundes durch den Vater 16
I. Kurzcharakteristik 2	2. Ausschluss von den Beschränkungen der §§ 1809, 1810 BGB 17
II. Regelungsprinzipien 3	3. Ausschluss der Genehmigungserfordernisse des § 1812 BGB 19
C. Anwendungsbereich 8	
D. Anwendungsvoraussetzungen 9	
I. Ausschluss der Bestellung eines Gegenvormunds (Absatz 1) 9	III. Befreiung in den Fällen des Absatzes 2 Satz 2 20
1. Benennung des Vormundes durch den Vater 10	
2. Ausschluss der Bestellung eines Gegenvormundes 11	

A. Gesetzesänderungen

Zu den Änderungen im Zusammenhang mit dem Gesetz zur Reform des Verfahrens in Familiensachen und in den Angelegenheiten der freiwilligen Gerichtsbarkeit vom 17.12.2008 (FGG-Reformgesetz – FGG-RG) bzw. dem Gesetz über das Verfahren in Familiensachen und in den Angelegenheiten der freiwilligen Gerichtsbarkeit (FamFG) zum 01.09.2009 vgl. die Kommentierung zu § 1835 BGB Rn. 1 ff.   1

B. Grundlagen

I. Kurzcharakteristik

Sofern der Vater des Mündels den Vormund benennt, räumt ihm § 1852 BGB die Möglichkeit ein, den Vormund von bestimmten Verpflichtungen zu befreien. Die Vorschrift lässt zum einen den Ausschluss der Bestellung eines Gegenvormundes zu (§ 1852 Abs. 1 BGB), zum anderen die Befreiung von Beschränkungen bei der Anlegung von Mündelgeld (§ 1852 Abs. 2 BGB). Nach § 1855 BGB kann die Mutter, falls sie den Vormund benennt, dieselben Anordnungen treffen.   2

II. Regelungsprinzipien

§ 1852 BGB bildet die erste von den in Untertitel 5 enthaltenen Befreiungsvorschriften, die §§ 1853, 1854 BGB knüpfen insoweit an die Norm des § 1852 BGB an. Die Regelungen über die Befreiungsmöglichkeiten tragen dem Umstand Rechnung, dass der Vater (§ 1852 BGB) oder die Mutter (§ 1855 BGB) des Mündels, sofern sie zu Lebzeiten selbst sorgeberechtigt sind, am ehesten einschätzen können, was für ihr Kind am besten ist.[1] Benennen sie einen Vormund, dem sie hinsichtlich der Sorge für   3

---

[1] Die Befreiungen setzen deshalb voraus, dass die Eltern den Vormund selbst benannt haben: Eine Benennung durch die Eltern ist nur zulässig, wenn diese im Zeitpunkt ihres Todes die Personen- und Vermögenssorge innehatten. Nur in solchen Fällen können die Eltern auch befreien, vgl. Rn. 10.

ihr Kind Vertrauen entgegenbringen, so sollen sie den Vormund auch von verschiedenen Verpflichtungen befreien können.²

4 Die Eltern können von den gesetzlich vorgesehenen Befreiungsmöglichkeiten vollumfänglich Gebrauch machen oder sich auf einzelne Befreiungen beschränken. Zulässig ist es ferner, die einzelne Befreiung nur für einen Teil der Vermögensverwaltung zu erteilen, die Eltern sind insoweit nicht gebunden. Sofern sie eine „befreite Vormundschaft" schlechthin anordnen, erstreckt sich die Befreiung im Zweifel auf sämtliche im Gesetz vorgesehenen Möglichkeiten. Sie erfasst dann das gesamte Vermögen des Mündels und gilt nicht etwa nur für denjenigen Vermögensteil, den der Mündel von seinen Eltern erhalten hat.³

5 Über die gesetzlich bestimmten Befreiungsmöglichkeiten hinaus dürfen die Eltern keine Befreiungen erteilen, **die gesetzlich aufgezählten Befreiungsmöglichkeiten sind abschließend.** Unzulässig sind deshalb Befreiungen hinsichtlich
- der Aufstellung und Einreichung des Vermögensverzeichnisses (§ 1802 BGB),
- der Verpflichtung zur Anlage von Mündelgeld (§ 1806 BGB),
- der Genehmigungspflicht nach den §§ 1821, 1822 BGB,
- der Aufsicht durch das Familiengericht nach § 1837 BGB,
- der allgemeinen Auskunftspflicht des Vormundes nach § 1839 BGB,
- der Rechnungslegung bei Beendigung der Vormundschaft (§ 1890 BGB)⁴.

6 Die Befreiung sollte zweckmäßigerweise in der Bestallungsurkunde vermerkt werden. Sie entfaltet Wirkung, sobald sie von den Eltern wirksam angeordnet wird. Näheres zu den Voraussetzungen für eine wirksame Befreiung findet sich in § 1856 BGB (vgl. hierzu die Kommentierung zu § 1856 BGB Rn. 4). Bei Gefährdung der Mündelinteressen kann die Befreiung jederzeit außer Kraft gesetzt werden, § 1857 BGB (vgl. Einzelheiten in der Kommentierung zu § 1857 BGB Rn. 5). Im Übrigen gilt sie immer nur für den jeweils benannten Vormund, ein späterer Vormund oder ein nicht benannter Mitvormund können sich nicht auf die Befreiung durch die Eltern berufen, ebenso wenig ein Pfleger, welcher für den bestellten Vormund eintritt.⁵

7 Sind Jugendamt oder Verein zum Vormund bestellt, so stehen ihnen die nach §§ 1853, 1854 BGB zulässigen Befreiungen **von Gesetzes wegen** zu, § 1857a BGB (vgl. die Kommentierung zu § 1857a BGB).

C. Anwendungsbereich

8 § 1852 BGB ist auf die Pflegschaft entsprechend anwendbar (§ 1915 Abs. 1 Satz 1 BGB). Für das Betreuungsrecht gilt (nur) § 1857a BGB sinngemäß, vgl. § 1908i Abs. 1 BGB, beachte aber auch § 1908i Abs. 2 Satz 2 BGB (zu § 1857a BGB vgl. die Kommentierung zu § 1857a BGB Rn. 3).

D. Anwendungsvoraussetzungen

I. Ausschluss der Bestellung eines Gegenvormunds (Absatz 1)

9 Nach § 1852 Abs. 1 BGB kann der Vater des Mündels, wenn er den Vormund benennt, die Bestellung eines Gegenvormundes ausschließen.

1. Benennung des Vormundes durch den Vater

10 Das in § 1852 Abs. 1 BGB vorgesehene Recht zum Ausschluss der Bestellung eines Gegenvormundes steht dem Vater nur zu, wenn er den Vormund selbst benennt. Damit wird die Befreiungsmöglichkeit, wie sich insbesondere auch aus §1856 BGB ergibt, von einem Benennungsrecht des Vaters nach § 1777 BGB abhängig gemacht: Der Vater kann die Bestellung eines Gegenvormundes letztlich nur dann ausschließen, wenn ihm zur Zeit seines Todes die Sorge für die Person und das Vermögen des Kindes zustand, § 1777 Abs. 1 BGB. Diese Verknüpfung erklärt sich unter Berücksichtigung der Interessen des Mündels. Wäre der Vater des Mündels auch dann zur Befreiung berechtigt, wenn er selbst

---

² *Wagenitz* in: MünchKomm-BGB, § 1852 Rn. 1.
³ *Wagenitz* in: MünchKomm-BGB, § 1852 Rn. 6.
⁴ OLG Düsseldorf v. 16.08.1995 - 22 U 85/95 - FamRZ 1996, 374-375.
⁵ *Diederichsen* in: Palandt, Einf. v. § 1852 Rn. 3.

zur Ausübung der elterlichen Sorge nicht imstande wäre, könnte das Wohl des Mündels hierdurch gefährdet werden. Anordnungen nach § 1852 Abs. 1 BGB soll der Vater deshalb **nur** treffen können, **wenn er selbst Sorge- bzw. Benennungsberechtigter war**.

2. Ausschluss der Bestellung eines Gegenvormundes

Aufgabe des Gegenvormundes ist es, den Vormund zu kontrollieren[6], dies gilt insbesondere für den Bereich der Vermögensverwaltung (vgl. Einzelheiten hierzu in der Kommentierung zu § 1792 BGB). Ordnet der Vater des Mündels den Ausschluss der Bestellung eines Gegenvormundes an, so liegt hierin ein **Verzicht auf eine gesetzlich vorgesehene Kontrollmöglichkeit**. Dabei ist der Vormund selbstverständlich nicht von jedweder Überwachung entbunden, er wird nach wie vor durch das Familiengericht entsprechend § 1837 Abs. 2 BGB beaufsichtigt. 11

Sofern der Vater des Mündels eine Bestimmung nach § 1852 Abs. 1 BGB trifft, hat die Bestellung eines Gegenvormundes zu unterbleiben. Erfolgt eine solche Bestellung dennoch, ist diese zwar nicht ungültig, der Vormund kann hiergegen jedoch im Wege der Beschwerde vorgehen.[7] 12

Ist ein Gegenvormund nicht bestellt, so werden auch die in den §§ 1809, 1810 Satz 1, 1812 Abs. 1 Satz 1 BGB vorgesehenen Genehmigungen durch den Gegenvormund obsolet.[8] Nach den §§ 1809, 1810 Satz 2, 1812 Abs. 3 BGB ist in solchen Fällen dann aber ersatzweise die Genehmigung des Familiengerichts erforderlich. Indessen kann der Vater des Mündels den Vormund auch von diesem Genehmigungserfordernis befreien, § 1852 Abs. 2 Satz 1 BGB. 13

II. Befreiungen bei der Anlegung von Mündelgeld (Absatz 2 Satz 1)

Nach § 1852 Abs. 2 Satz 1 BGB kann der Vater des Mündels anordnen, dass der Vormund bei der Anlegung von Geld nicht den Beschränkungen der §§ 1809, 1810 BGB unterliegen soll und für den Abschluss der in § 1812 BGB bezeichneten Rechtsgeschäfte nicht die Genehmigungen des Gegenvormundes oder des Familiengerichts einholen muss. Voraussetzung ist hier (ebenso wie in § 1852 Abs. 1 BGB), dass der Vater des Mündels den Vormund benannt hat. 14

Der Vater des Mündels kann grundsätzlich frei entscheiden, ob er den Vormund bei der Vermögensverwaltung von allen in § 1852 Abs. 2 BGB genannten Beschränkungen befreien will oder ob sich die Befreiung nur auf einzelne Verpflichtungen erstrecken soll.[9] 15

1. Benennung des Vormundes durch den Vater

Zum Erfordernis der Benennung des Vormundes durch den Vater des Mündels gilt das zu § 1852 Abs. 1 BGB Ausgeführte entsprechend (vgl. hierzu Rn. 10). 16

2. Ausschluss von den Beschränkungen der §§ 1809, 1810 BGB

Nach § 1810 BGB soll die Anlegung von Mündelgeld durch den Vormund grundsätzlich nur mit Genehmigung des Gegenvormundes oder des Familiengerichtes erfolgen (vgl. hierzu die Kommentierung zu § 1810 BGB). Der Vater des Mündels kann jedoch eine diesbezügliche Befreiung anordnen mit der Folge, dass es einer Mitwirkung von Gegenvormund oder Familiengericht bei der Anlegung von Mündelgeld nicht mehr bedarf. 17

§ 1809 BGB betrifft die Auszahlung des angelegten Geldes, diese soll von der Genehmigung des Gegenvormundes oder des Familiengerichts abhängig gemacht werden (vgl. hierzu die Kommentierung zu § 1809 BGB). Indessen kann der Vater des Mündels den von ihm bestellten Vormund auch von dieser Verpflichtung befreien. 18

3. Ausschluss der Genehmigungserfordernisse des § 1812 BGB

§ 1812 BGB schreibt für bestimmte Verfügungen und diesbezügliche Verpflichtungen die Genehmigung des Gegenvormundes oder des Familiengerichtes vor. Sinn der Vorschrift ist es, den Mündel vor Veruntreuungen durch den Vormund zu schützen.[10] Dem entspricht umgekehrt die Möglichkeit der Befreiung von den Genehmigungserfordernissen, wenn der Vater des Mündels dem Vormund besonderes Vertrauen entgegenbringt und eine Kontrolle des Vormundes für nicht notwendig befindet. 19

---

[6] BayObLG München v. 28.10.1993 - 3Z BR 220/93 - juris Rn. 8 - FamRZ 1994, 325-326.
[7] *Diederichsen* in: Palandt, § 1852 Rn. 1.
[8] *Wagenitz* in: MünchKomm-BGB, § 1852 Rn. 3.
[9] *Diederichsen* in: Palandt, § 1852 Rn. 2.
[10] OLG Karlsruhe v. 03.09.1998 - 9 U 177/97 - juris Rn. 17 - NJW-RR 1999, 230-231.

III. Befreiung in den Fällen des Absatzes 2 Satz 2

20 Schließt der Vater die Bestellung eines Gegenvormundes aus, so gelten sämtliche Befreiungen bei der Anlegung von Geld als angeordnet, § 1852 Abs. 2 Satz 2 BGB. Allerdings bleibt es dem Vater unbenommen, auch Gegenteiliges zu bestimmen.[11] So kann er beispielsweise die Bestellung eines Gegenvormundes ausschließen, zugleich aber die Genehmigungserfordernisse nach den §§ 1809, 1810, 1812 BGB (insgesamt oder auch nur bestimmte) ausdrücklich belassen, so dass auf jeden Fall die Genehmigung des Familiengerichts eingeholt werden muss.[12]

---

[11] *Diederichsen* in: Palandt, § 1852 Rn. 1.
[12] *Wagenitz* in: MünchKomm-BGB, § 1852 Rn. 7.

§ 1853 BGB Befreiung von Hinterlegung und Sperrung

(Fassung vom 02.01.2002, gültig ab 01.01.2002)

Der Vater kann den von ihm benannten Vormund von der Verpflichtung entbinden, Inhaber- und Orderpapiere zu hinterlegen und den in § 1816 bezeichneten Vermerk in das Bundesschuldbuch oder das Schuldbuch eines Landes eintragen zu lassen.

Gliederung

A. Grundlagen 1	2. Befreiung von der Hinterlegungspflicht des
I. Kurzcharakteristik 1	§ 1814 BGB 6
II. Regelungsprinzipien 2	II. Befreiung von der Sperrung nach § 1816 BGB
B. Anwendungsbereich 3	(Alternative 2) 9
C. Anwendungsvoraussetzungen 4	1. Benennung des Vormundes durch den Vater 10
I. Befreiung von der Hinterlegung nach § 1814 BGB (Alternative 1) 4	2. Befreiung von der Sperrung nach § 1816 BGB 11
1. Benennung des Vormundes durch den Vater 5	

A. Grundlagen

I. Kurzcharakteristik

§ 1853 BGB ermöglicht es dem Vater des Mündels, den von ihm benannten Vormund von den Verpflichtungen des § 1814 BGB und des § 1816 BGB zu befreien. Ein entsprechendes Befreiungsrecht kommt der Mutter des Mündels zu, § 1855 BGB. 1

II. Regelungsprinzipien

§ 1853 BGB knüpft an die Regelung des § 1852 BGB an und räumt den Eltern des Mündels weitergehende Befreiungsmöglichkeiten ein. Grundsätzliches zur Befreiung des Vormundes nach den §§ 1852-1857a BGB vgl. in der Kommentierung zu § 1852 BGB Rn. 3. 2

B. Anwendungsbereich

Hinsichtlich der Anwendbarkeit des § 1853 BGB auf die Pflegschaft und die Betreuung gelten die Ausführungen zu § 1852 BGB entsprechend (vgl. hierzu die Kommentierung zu § 1852 BGB Rn. 8). 3

C. Anwendungsvoraussetzungen

I. Befreiung von der Hinterlegung nach § 1814 BGB (Alternative 1)

Nach § 1853 Alt. 1 BGB kann der Vater des Mündels den Vormund von der Verpflichtung zur Hinterlegung von Inhaber- und Orderpapiere entbinden. 4

1. Benennung des Vormundes durch den Vater

Die Befreiung ist nur in solchen Fällen möglich, in denen der Vater des Mündels den Vormund benennt bzw. zur Benennung berechtigt ist. Insoweit gelten die Ausführungen zu § 1852 Abs. 1 BGB entsprechend (vgl. die Kommentierung zu § 1852 BGB Rn. 10). 5

2. Befreiung von der Hinterlegungspflicht des § 1814 BGB

§ 1814 BGB verpflichtet den Vormund dazu, die zum Vermögen des Mündels gehörenden Inhaber- und Oderpapiere bei einer hierfür zuständigen Stelle zu hinterlegen. Die Vorschrift dient dem Schutz des Mündels vor Veruntreuungen durch den Vormund bzw. dem Verlust der Papiere nach den §§ 932, 935 BGB.[1] Einzelheiten zu § 1814 BGB vgl. in der Kommentierung zu § 1814 BGB. 6

Wenngleich es sich bei § 1814 BGB um eine zwingende Regelung handelt[2], lässt das Gesetz in § 1853 BGB eine diesbezügliche Befreiung zu. Der Vater des Mündels soll den Vormund von der Verpflichtung zur Hinterlegung entbinden können, wenn er diesem das notwendige Vertrauen entgegenbringt 7

---

[1] *Diederichsen* in: Palandt, § 1814 Rn. 1.
[2] *Diederichsen* in: Palandt, § 1814 Rn. 1.

§ 1853

und eine Kontrolle des Vormundes für nicht notwendig erachtet (vgl. hierzu auch die Kommentierung zu § 1852 BGB Rn. 3). Hinterlegt der Vormund die Inhaber- bzw. Orderpapiere trotz Befreiung durch den Vater, so unterliegen sie nicht den Verfügungsbeschränkungen des § 1819 BGB.[3]

8 Mit der Befreiung von der Hinterlegungspflicht erübrigt sich auch die in § 1815 Abs. 2 BGB vorgesehene Möglichkeit des Familiengerichts, die Inhaberpapiere in Schuldbuchforderungen umzuwandeln.[4]

II. Befreiung von der Sperrung nach § 1816 BGB (Alternative 2)

9 § 1853 Alt. 2 BGB regelt die Befreiung von der Verpflichtung, den in § 1816 BGB bezeichneten Vermerk in das Bundesschuldbuch oder das Schuldbuch eines Landes eintragen zu lassen. Voraussetzung ist hier – ebenso wie in § 1853 Alt. 1 BGB –, dass der Vater des Mündels den Vormund selbst benennt.

1. Benennung des Vormundes durch den Vater

10 Zum Erfordernis der Benennung des Vormundes durch den Vater des Mündels gilt das zu § 1852 Abs. 1 BGB Ausgeführte entsprechend (vgl. hierzu die Kommentierung zu § 1852 BGB Rn. 10).

2. Befreiung von der Sperrung nach § 1816 BGB

11 § 1816 BGB normiert die Verpflichtung des Vormundes, für Schuldbuchforderungen des Mündels gegen Bund und Länder den Vermerk eingeschränkter Verfügungsmacht in das Schuldbuch eintragen zu lassen. Eine diesbezügliche Befreiung durch den Vater des Mündels ist zulässig, sie trägt dem Umstand Rechnung, dass der Vater am besten einschätzen kann, inwieweit eine Kontrolle des von ihm bestellten Vormundes erforderlich ist (vgl. hierzu auch die Kommentierung zu § 1852 BGB Rn. 3).

---

[3] *Diederichsen* in: Palandt, § 1853 Rn. 1.
[4] Vgl. zur Befreiung von § 1815 Abs. 2 BGB auch *Wagenitz* in: MünchKomm-BGB, § 1853 Rn. 2.

§ 1854 BGB Befreiung von der Rechnungslegungspflicht

(Fassung vom 17.12.2008, gültig ab 01.09.2009)

(1) Der Vater kann den von ihm benannten Vormund von der Verpflichtung entbinden, während der Dauer seines Amtes Rechnung zu legen.

(2) ¹Der Vormund hat in einem solchen Falle nach dem Ablauf von je zwei Jahren eine Übersicht über den Bestand des seiner Verwaltung unterliegenden Vermögens dem Familiengericht einzureichen. ²Das Familiengericht kann anordnen, dass die Übersicht in längeren, höchstens fünfjährigen Zwischenräumen einzureichen ist.

(3) ¹Ist ein Gegenvormund vorhanden oder zu bestellen, so hat ihm der Vormund die Übersicht unter Nachweisung des Vermögensbestands vorzulegen. ²Der Gegenvormund hat die Übersicht mit den Bemerkungen zu versehen, zu denen die Prüfung ihm Anlass gibt.

Gliederung

A. Gesetzesänderungen 1	1. Benennung des Vormundes durch den Vater 7
B. Grundlagen 2	2. Entbindung von der Rechnungslegung 8
I. Kurzcharakteristik 2	II. Einreichung einer Vermögensübersicht
II. Regelungsprinzipien 3	(Absatz 2) 11
C. Anwendungsbereich 5	III. Mitwirkung des Gegenvormundes
D. Anwendungsvoraussetzungen 6	(Absatz 3) 13
I. Entbindung von der Rechnungslegungspflicht	
(Absatz 1) 6	

A. Gesetzesänderungen

Zu den Änderungen im Zusammenhang mit dem Gesetz zur Reform des Verfahrens in Familiensachen und in den Angelegenheiten der freiwilligen Gerichtsbarkeit vom 17.12.2008 (FGG-Reformgesetz – FGG-RG) bzw. dem Gesetz über das Verfahren in Familiensachen und in den Angelegenheiten der freiwilligen Gerichtsbarkeit (FamFG) zum 01.09.2009 vgl. die Kommentierung zu § 1835 BGB Rn. 1 ff. 1

B. Grundlagen

I. Kurzcharakteristik

Die Vorschrift regelt die Befreiung des Vormundes von der Verpflichtung zu regelmäßiger Rechnungslegung. Eine entsprechende Befreiungsanordnung kann sowohl durch den Vater als auch durch die Mutter des Mündels getroffen werden, §§ 1854, 1855 BGB. 2

II. Regelungsprinzipien

§ 1854 BGB räumt den Eltern – ebenso wie die §§ 1852, 1853 BGB – die Möglichkeit ein, den Vormund von einer bestimmten, kraft Gesetzes bestehenden Verpflichtung zu befreien (zur befreiten Vormundschaft im Allgemeinen vgl. die Kommentierung zu § 1852 BGB Rn. 3). 3

Die Regelung des § 1854 BGB bezieht sich auf die Pflicht des Vormundes, dem Familiengericht in regelmäßigen Abständen Rechnung über die Vermögensverwaltung zu legen, § 1840 Abs. 2 BGB. Sie dient der **Entbürokratisierung**[1], letztlich soll dem Vormund die Amtsführung erleichtert werden. 4

C. Anwendungsbereich

Hinsichtlich der Anwendbarkeit des § 1854 BGB auf die Pflegschaft und die Betreuung gelten die Ausführungen zu § 1852 BGB entsprechend (vgl. hierzu die Kommentierung zu § 1852 BGB Rn. 8). 5

---

[1] LG München v. 27.11.1997 - 13 T 16609/97 - juris Rn. 8 - BtPrax 1998, 83 für die Betreuung.

D. Anwendungsvoraussetzungen
I. Entbindung von der Rechnungslegungspflicht (Absatz 1)

6 Nach § 1854 Abs. 1 BGB kann der Vater des Mündels den von ihm benannten Vormund von der Verpflichtung zur Rechnungslegung während der Dauer seines Amtes befreien.

1. Benennung des Vormundes durch den Vater

7 § 1854 Abs. 1 BGB greift nur in solchen Fällen, in denen der Vater des Mündels den Vormund selbst benennt. Insoweit gelten die Ausführungen zu § 1852 Abs. 1 BGB entsprechend (vgl. hierzu die Kommentierung zu § 1852 BGB Rn. 10).

2. Entbindung von der Rechnungslegung

8 Die Befreiungsmöglichkeit erstreckt sich **nur** auf **die Verpflichtung zur periodischen Rechnungslegung** gemäß § 1840 Abs. 2-4 BGB, nicht aber auf die Einreichung der Schlussrechnung nach Beendigung der Vormundschaft (§ 1892 BGB)[2]. Auch kann der Vormund nicht von der Verpflichtung zu jährlicher Berichterstattung (§ 1840 Abs. 1 BGB) befreit werden[3], insoweit ist der Wortlaut des § 1854 Abs. 1 BGB, der sich nur auf die Entbindung von der Verpflichtung zur Rechnungslegung bezieht, eindeutig.

9 Soweit die Vormundschaft von **mehreren** (Mit-)**Vormündern** geführt wird, besteht die Möglichkeit, dass nur ein Vormund von der Verpflichtung des § 1840 Abs. 2-4 BGB befreit wird. In einem solchen Fall bleiben die übrigen Vormünder zur Rechnungslegung verpflichtet, der befreite Vormund hat ihnen die zur Erstellung der Rechnung erforderlichen Auskünfte zu erteilen.[4]

10 Nicht möglich ist eine Befreiung des **Gegenvormund**es, dieser hat – sofern er bestellt ist – grundsätzlich seine Kontrollfunktion wahrzunehmen (vgl. insoweit auch § 1854 Abs. 3 BGB).

II. Einreichung einer Vermögensübersicht (Absatz 2)

11 Sofern eine Befreiung nach § 1854 Abs. 1 BGB erteilt wird, hat der Vormund dem Familiengericht binnen eines Zeitraums von zwei Jahren ein **Vermögensbestandsverzeichnis** einzureichen, § 1854 Abs. 2 Satz 1 BGB. Dabei kann das Gericht gemäß § 1854 Abs. 2 Satz 2 BGB den Zwei-Jahres-Zeitraum auf bis zu fünf Jahre verlängern.

12 Die Regelung des § 1854 Abs. 2 Satz 1 BGB trägt dem Umstand Rechnung, dass das Familiengericht die Kontrolle über die Vermögensverwaltung nicht vollends verlieren soll. Das Gericht kann seinen Aufsichtspflichten aus § 1837 Abs. 2 BGB nur nachkommen, wenn es über die Amtsführung des Vormundes auch und gerade im Bereich der Vermögenssorge regelmäßig informiert wird (vgl. Einzelheiten hierzu in der Kommentierung zu § 1840 BGB Rn. 4 und in der Kommentierung zu § 1837 BGB Rn. 19). Daher hat der Vormund dem Gericht trotz der Befreiung nach § 1854 Abs. 1 BGB wenigstens ein Vermögensbestandsverzeichnis vorzulegen. An dieses sind aber **deutlich geringere Anforderungen** zu stellen **als an die jährliche Rechnungslegung** nach § 1840 Abs. 2-4 BGB.[5] Insbesondere muss das Vermögensbestandsverzeichnis nur über den Stand des Aktivvermögens und die Verbindlichkeiten Auskunft geben, nicht aber über die Zu- und Abgänge.[6] Entbehrlich ist auch die Vorlage von Belegen.[7] Bei Zweifeln an der Richtigkeit des Vermögensbestandsverzeichnisses bleibt dem Familiengericht die Möglichkeit, den Auskunftsanspruch aus § 1839 BGB geltend zu machen. Gegebenenfalls kann es die Befreiung des Vaters außer Kraft setzen, § 1857 BGB.[8]

III. Mitwirkung des Gegenvormundes (Absatz 3)

13 Auch in den Fällen einer Befreiung nach § 1854 Abs. 1 BGB bleibt der Gegenvormund zur Mitwirkung bei der Kontrolle des Vormundes verpflichtet. Gemäß § 1854 Abs. 3 Satz 1 BGB ist ihm die Übersicht über den Vermögensbestand vorzulegen und es sind ihm gegenüber entsprechende Nachweise zu erbringen. Ebenso wie bei der Rechnungslegung hat er die Übersicht mit Bemerkungen zu versehen, zu denen die Prüfung ihm Anlass gibt, vgl. insoweit die Ausführungen zu § 1842 Satz 2 BGB (vgl. die Kommentierung zu § 1842 BGB Rn. 10).

---

[2] Vgl., wenn auch für § 1857a BGB, OLG Jena v. 04.10.2000 - 6 W 559/00 - Rpfleger 2001, 75-76.
[3] *Wagenitz* in: MünchKomm-BGB, § 1854 Rn. 2.
[4] *Diederichsen* in: Palandt, § 1854 Rn. 1.
[5] Vgl. LG Bonn v. 27.02.1979 - 4 T 36/79.
[6] *Diederichsen* in: Palandt, § 1854 Rn. 2.
[7] LG Bonn v. 27.02.1979 - 4 T 36/79; *Wagenitz* in: MünchKomm-BGB, § 1854 Rn. 6.
[8] Beachte insoweit auch BayObLG München v. 15.11.2002 - 3Z BR 210/02 - juris Rn. 8 - FamRZ 2003, 475-476 zu § 1908i Abs. 2 letzter Halbsatz BGB für das Betreuungsrecht.

§ 1855 BGB Befreiung durch die Mutter

(Fassung vom 02.01.2002, gültig ab 01.01.2002)

Benennt die Mutter einen Vormund, so kann sie die gleichen Anordnungen treffen wie nach den §§ 1852 bis 1854 der Vater.

A. Grundlagen

Die Vorschrift stellt Vater und Mutter des Mündels im Hinblick auf die befreite Vormundschaft gleich. 1

B. Anwendungsvoraussetzungen

Nach § 1855 BGB kann die Mutter den von ihr benannten Vormund genauso von bestimmten Verpflichtungen befreien wie der Vater. Die Vorschrift erklärt sich vor dem Hintergrund der vor dem Gleichberechtigungsgesetz bestehenden Rechtslage.[1] Sie stellt klar, dass die §§ 1852-1854 BGB auch für **Befreiungen durch die Mutter** gelten. Zum Umfang der möglichen Befreiungen sowie zu den Voraussetzungen vgl. jeweils die Ausführungen zu den einzelnen Vorschriften, Grundsätzliches zur befreiten Vormundschaft findet sich in der Kommentierung zu § 1852 BGB Rn. 3. 2

---

[1] Vgl. hierzu *Wagenitz* in: MünchKomm-BGB, § 1855 Rn. 1.

§ 1856 BGB Voraussetzungen der Befreiung

(Fassung vom 02.01.2002, gültig ab 01.01.2002)

¹Auf die nach den §§ 1852 bis 1855 zulässigen Anordnungen sind die Vorschriften des § 1777 anzuwenden. ²Haben die Eltern denselben Vormund benannt, aber einander widersprechende Anordnungen getroffen, so gelten die Anordnungen des zuletzt verstorbenen Elternteils.

Gliederung

A. Grundlagen 1	1. Anordnungsberechtigung 4
I. Kurzcharakteristik 1	2. Anordnungsform 5
II. Regelungsprinzipien 2	II. Widersprüchliche Anordnungen der Elternteile
B. Anwendungsvoraussetzungen 4	(Satz 2) 6
I. Verweis auf § 1777 BGB (Satz 1) 4	

A. Grundlagen

I. Kurzcharakteristik

1 Die Vorschrift regelt die Voraussetzungen für eine Befreiungsanordnung nach den §§ 1852-1855 BGB. Darüber hinaus enthält sie eine spezielle Regelung für solche Fälle, in denen die Eltern einander widersprechende Befreiungsanordnungen getroffen haben, § 1856 Satz 2 BGB.

II. Regelungsprinzipien

2 § 1856 BGB knüpft an die Regelungen der §§ 1852-1855 BGB an. Diese Vorschriften ermöglichen es den Eltern des Mündels, den von ihnen benannten Vormund von bestimmten, kraft Gesetzes bestehenden Verpflichtungen zu befreien (zur befreiten Vormundschaft im Allgemeinen vgl. die Kommentierung zu § 1852 BGB Rn. 3).

3 Hinsichtlich der Voraussetzungen einer Befreiungsanordnung durch den Vater oder die Mutter des Mündels verweist § 1856 Satz 1 BGB auf die Vorschrift des § 1777 BGB. Daraus ergibt sich zum einen, unter welchen Umständen die Eltern zur Anordnung der Befreiung berechtigt sind, zum anderen gibt der Verweis auf § 1777 BGB Aufschluss über die Form der Anordnung.

B. Anwendungsvoraussetzungen

I. Verweis auf § 1777 BGB (Satz 1)

1. Anordnungsberechtigung

4 Durch den Verweis auf § 1777 BGB wird klargestellt, dass die Eltern eine Befreiungsanordnung nach den §§ 1852-1855 BGB nur dann treffen können, wenn ihnen das Recht zur Benennung eines Vormundes zusteht, d.h. **wenn sie im Zeitpunkt ihres Todes sorgeberechtigt waren.**[1] Zur Anknüpfung an das Benennungs- bzw. Sorgerecht vgl. auch die Kommentierung zu § 1852 BGB Rn. 10. Einzelheiten zum Benennungsrecht finden sich in der Kommentierung zu § 1777 BGB.

2. Anordnungsform

5 Die Form der Befreiungsanordnung ergibt sich aus § 1777 Abs. 3 BGB. Danach hat die Befreiung **durch letztwillige Verfügung** zu erfolgen (vgl. hierzu die Kommentierung zu § 1777 BGB), nicht erforderlich ist, dass Benennung und Befreiung des Vormundes in derselben letztwilligen Verfügung angeordnet werden.[2] Aus der letztwilligen Verfügung muss sich der **eindeutige Wille der Eltern** ergeben, den Vormund von einer ihn treffenden Verpflichtung zu befreien, dass ein solcher Wille möglich erscheint, reicht insoweit nicht aus.[3]

---

[1] Vgl. *Diederichsen* in: Palandt, § 1856 Rn. 1.
[2] *Wagenitz* in: MünchKomm-BGB, § 1856 Rn. 3.
[3] OLG Frankfurt v. 18.02.1983 - 20 W 40/83 - Rpfleger 1983, 275.

II. Widersprüchliche Anordnungen der Elternteile (Satz 2)

Die Regelung in § 1856 Satz 2 BGB kommt nur dann zur Anwendung, wenn die Eltern denselben Vormund benannt haben, aber unterschiedliche Anordnungen hinsichtlich der Befreiung des Vormundes getroffen haben. Haben sie schon nicht dieselbe Person als Vormund benannt, gilt § 1776 Abs. 2 BGB.

Widersprüchliche Anordnungen von Vater und Mutter liegen vor, wenn der Vater des Mündels andere Befreiungen anordnet als die Mutter oder wenn ein Elternteil Befreiungen vorsieht, der andere aber nicht.[4] In solchen Fällen gilt die Anordnung des zuletzt verstorbenen Elternteils.

---

[4] *Wagenitz* in: MünchKomm-BGB, § 1856 Rn. 5.

§ 1857 BGB Aufhebung der Befreiung durch das Familiengericht

(Fassung vom 17.12.2008, gültig ab 01.09.2009)

Die Anordnungen des Vaters oder der Mutter können von dem Familiengericht außer Kraft gesetzt werden, wenn ihre Befolgung das Interesse des Mündels gefährden würde.

Gliederung

A. Gesetzesänderungen 1	I. Befreiungsanordnungen des Vaters oder der Mutter 6
B. Grundlagen 2	II. Gefährdung der Mündelinteressen (Gefährdungslage) 7
I. Kurzcharakteristik 2	III. Keine Befreiung 8
II. Regelungsprinzipien 3	E. Rechtsfolgen 9
C. Anwendungsbereich 4	F. Prozessuale Hinweise/Verfahrenshinweise 12
D. Anwendungsvoraussetzungen 5	

A. Gesetzesänderungen

1   Zu den Änderungen im Zusammenhang mit dem Gesetz zur Reform des Verfahrens in Familiensachen und in den Angelegenheiten der freiwilligen Gerichtsbarkeit vom 17.12.2008 (FGG-Reformgesetz – FGG-RG) bzw. dem Gesetz über das Verfahren in Familiensachen und in den Angelegenheiten der freiwilligen Gerichtsbarkeit (FamFG) zum 01.09.2009 vgl. die Kommentierung zu § 1835 BGB Rn. 1 ff.

B. Grundlagen

I. Kurzcharakteristik

2   § 1857 BGB regelt die Aufhebung der befreiten Vormundschaft bei Gefährdung des Mündelwohls.

II. Regelungsprinzipien

3   Die Regelung des § 1857 BGB erklärt sich vor dem Hintergrund der §§ 1852-1856 BGB. Nach diesen Vorschriften haben die Eltern des Mündels die Möglichkeit, den von ihnen benannten Vormund von bestimmten, kraft Gesetzes bestehenden Verpflichtungen zu entbinden. Grundsätzliches hierzu findet sich in der Kommentierung zu § 1852 BGB Rn. 3. Die Befreiung des Vormundes darf aber nicht zu einer Beeinträchtigung des Mündelwohls führen. § 1857 BGB ermächtigt das Familiengericht deshalb dazu, die von den Eltern getroffenen Befreiungsanordnungen bei Gefährdung der Mündelinteressen außer Kraft zu setzen. In der Vorschrift zeigt sich die **Stellung des Familiengerichts als Aufsichts- und Kontrollorgan** (vgl. hierzu die Kommentierung zu § 1837 BGB Rn. 13).

C. Anwendungsbereich

4   Hinsichtlich der Anwendbarkeit des § 1857 BGB auf die Pflegschaft und die Betreuung gelten die Ausführungen zu § 1852 BGB entsprechend (vgl. hierzu die Kommentierung zu § 1852 BGB Rn. 8).

D. Anwendungsvoraussetzungen

5   Nach § 1857 BGB kann das Familiengericht die Befreiungsanordnungen des Vaters oder der Mutter außer Kraft setzen, wenn ihre Befolgung die Mündelinteressen gefährden würde.

I. Befreiungsanordnungen des Vaters oder der Mutter

6   Der Begriff nimmt auf die elterlichen Befreiungsanordnungen entsprechend der §§ 1852-1856 BGB Bezug. Zu den Voraussetzungen der Befreiungsanordnung vgl. die Kommentierung zu § 1856 BGB Rn. 4. Grundsätzliches zur Befreiung durch die Eltern findet sich in der Kommentierung zu § 1852 BGB Rn. 3.

II. Gefährdung der Mündelinteressen (Gefährdungslage)

Ob eine Gefährdung der Mündelinteressen vorliegt, ist **keine Ermessensfrage**, vielmehr **unterliegt dieses Merkmal der vollen gerichtlichen Nachprüfung**.[1] Die Interessen des Mündels müssen erheblich gefährdet sein, die Aufhebung der Befreiungsanordnung wegen einer nur unerheblichen Beeinträchtigung wäre unverhältnismäßig. Bejaht worden ist eine **erhebliche Gefährdung** etwa in dem Fall, dass der Vormund beträchtliches Vermögen verwaltet, sich aber trotz unzureichender Sachkunde den Ratschlägen des Gerichts verschließt.[2]   7

III. Keine Befreiung

Von § 1857 BGB selbst ist keine Befreiung möglich; die Eltern können also nicht anordnen, dass die von ihnen getroffene Befreiung nicht mehr aufgehoben werden kann. Der Mündel soll gerade in solchen Fällen geschützt sein, in denen die Eltern die Person des Vormundes oder die weitere Entwicklung falsch eingeschätzt haben.[3] Maßgeblich ist daher allein, ob die Interessen des Mündels durch die Befreiung des Vormundes gefährdet werden.   8

E. Rechtsfolgen

Bei einer entsprechenden Gefahrenlage hat das Familiengericht unverzüglich zu reagieren, es kann die Befreiung des Vormunds ganz oder teilweise aufheben. Sofern die Befreiung in der Bestallung bezeichnet war, ist auch die Außerkraftsetzung darin zu vermerken.[4]   9

Die Aufhebung der Befreiung entfaltet keine Rückwirkung.[5]   10

Nach dem Wegfall der Gefährdungslage ist es dem Familiengericht unbenommen, die ursprünglichen Befreiungen wieder in Kraft zu setzen.   11

F. Prozessuale Hinweise/Verfahrenshinweise

Gegen die Außerkraftsetzung der elterlichen Befreiungsanordnung steht dem Vormund und ggf. auch dem Mündel die Beschwerde zu, §§ 58, 59 ff. FamFG.   12

Möglich ist auch die Entlassung des Vormunds auf eigenen Antrag (§ 1889 BGB), allerdings hat der Vormund nicht allein aufgrund der Aufhebung der Befreiung einen Anspruch auf Entlassung.[6] Vielmehr ist, wie auch sonst nach § 1889 BGB, im Rahmen der durchzuführenden Interessenabwägung zu bestimmen, ob ein wichtiger Grund die Entlassung rechtfertigt.   13

---

[1] Ebenso *Wagenitz* in: MünchKomm-BGB, § 1857 Rn. 2.
[2] LG München I v. 27.11.1997 - 13 T 16609/97 - BtPrax 1998, 83.
[3] *Diederichsen* in: Palandt, § 1857 Rn. 1.
[4] *Wagenitz* in: MünchKomm-BGB, § 1857 Rn. 5.
[5] *Diederichsen* in: Palandt, § 1857 Rn. 1.
[6] *Engler* in: Staudinger, § 1857 Rn. 36.

§ 1857a BGB Befreiung des Jugendamts und des Vereins

(Fassung vom 02.01.2002, gültig ab 01.01.2002)

Dem Jugendamt und einem Verein als Vormund stehen die nach § 1852 Abs. 2, §§ 1853, 1854 zulässigen Befreiungen zu.

Gliederung

A. Grundlagen 1	B. Anwendungsbereich 3
I. Kurzcharakteristik 1	C. Anwendungsvoraussetzungen 4
II. Regelungsprinzipien 2	D. Rechtsfolgen 5

A. Grundlagen

I. Kurzcharakteristik

1 § 1857a BGB regelt die Befreiungen des Amts- und des Vereinsvormundes von Gesetzes wegen.

II. Regelungsprinzipien

2 Das Gesetz kennt zweierlei Arten der befreiten Vormundschaft: Nach den §§ 1852-1856 BGB ist eine Befreiung des Vormundes kraft elterlicher Anordnung möglich (**gewillkürte Befreiung**, vgl. hierzu die Kommentierung zu § 1852 BGB Rn. 3). Daneben sieht § 1857a BGB eine Befreiung von Gesetzes wegen für den Amts- und den Vereinsvormund vor (**gesetzliche Befreiung**).[1] Dabei trägt die gesetzliche Befreiung in § 1857a BGB dem Umstand Rechnung, dass der Amtsführung durch Vereins- oder Jugendamtsvormünder besonderes Vertrauen entgegengebracht werden darf.[2]

B. Anwendungsbereich

3 Die Vorschrift ist auf die Pflegschaft entsprechend anwendbar (§ 1915 Abs. 1 BGB) und gilt sinngemäß auch für die Betreuung (§ 1908i Abs. 1 Satz 1 BGB). Hinsichtlich der Betreuung ist ferner § 1908i Abs. 2 Satz 2 BGB zu beachten, nach dieser Regelung erstreckt sich die Befreiung auch auf die unmittelbaren Verwandten und den Ehegatten bzw. Lebenspartner des Betreuten sowie auf Vereins- und Behördenbetreuer, sofern das Betreuungsgericht keine gegenteilige Anordnung trifft[3].

C. Anwendungsvoraussetzungen

4 **Amts- oder Vereinsvormund**: § 1857a BGB kommt nur dann zur Geltung, wenn das Jugendamt oder ein rechtsfähiger Verein zum Vormund bestellt ist. Einzelheiten zur Vereins- und zur Amtsvormundschaft finden sich in der Kommentierung zu § 1791a BGB bzw. in der Kommentierung zu § 1791b BGB.

D. Rechtsfolgen

5 Dem Jugendamt und dem Verein stehen die nach den §§ 1852 Abs. 2, 1853, 1854 BGB zulässigen Befreiungen kraft Gesetzes zu (zu Einzelheiten vgl. jeweils die Kommentierung zu § 1852 BGB, die Kommentierung zu § 1853 BGB und die Kommentierung zu § 1854 BGB). Die Befreiung in § 1854 BGB erstreckt sich nur auf die regelmäßige Rechnungslegungspflicht nach § 1840 Abs. 2-4 BGB[4], nicht aber auf die Einreichung der Schlussrechnung gemäß den §§ 1890-1892 BGB[5].

6 Keine Anwendung findet § 1852 Abs. 1 BGB, wonach die Bestellung eines Gegenvormundes ausgeschlossen werden kann. Im Rahmen der **Amtsvormundschaft** gilt jedoch § 1792 Abs. 1 Satz 2 BGB, d.h. die Bestellung eines Gegenvormundes ist ohnehin nicht möglich. Dagegen kann für den **Verein** ein Gegenvormund bestellt werden, falls die Eltern des Mündels keine diesbezügliche Befreiung anordnen.

---

[1] *Wagenitz* in: MünchKomm-BGB, § 1852 Rn. 2.
[2] *Wagenitz* in: MünchKomm-BGB, § 1857a Rn. 1.
[3] Beachte hierzu BayObLG München v. 15.11.2002 - 3Z BR 210/02 - juris Rn. 6 - FamRZ 2003, 475-476.
[4] OLG Stuttgart v. 06.10.1982 - 8 W 378/82 - ZblJugR 1983, 452-454.
[5] OLG Frankfurt v. 15.08.1979 - 20 W 412/79 - FRES 2, 407-408.

Unanwendbar ist auch die Vorschrift des § 1857 BGB.[6] Dies erklärt sich insoweit, als die Befreiungen des Amts- und des Vereinsvormunds nicht auf einer elterlichen Anordnung (mit der Folge möglicher Fehleinschätzungen) beruhen, sondern auf einer gesetzgeberischen Vorgabe. Dem Familiengericht bleibt aber die Möglichkeit, gegen Pflichtwidrigkeiten gemäß § 1837 Abs. 2 Satz 1 BGB einzuschreiten und gegebenenfalls den Amts- bzw. Vereinsvormund zu entlassen (§ 1887 BGB).

Neben den in § 1857a BGB enthaltenen Befreiungen ist bei der Amtsvormundschaft § 56 Abs. 2-3 SGB VIII zu berücksichtigen, der das **Jugendamt** von weiteren Einschränkungen freistellt.

---

[6] *Diederichsen* in: Palandt, § 1857a Rn. 1.

§§ 1858 bis 1881 BGB (weggefallen)

(Fassung vom 18.07.1979, gültig ab 01.01.1980, gültig bis 31.12.2001)

(weggefallen)

1 §§ 1858 bis 1881 BGB in der Fassung vom 18.07.1979 sind durch Art. 1 Nr. 55 des Gesetzes vom 18.07.1979 – BGBl I 1979, 1061 – mit Wirkung vom 01.01.1980 - weggefallen.

Untertitel 6 - Beendigung der Vormundschaft
§ 1882 BGB Wegfall der Voraussetzungen

(Fassung vom 02.01.2002, gültig ab 01.01.2002)

Die Vormundschaft endigt mit dem Wegfall der im § 1773 für die Begründung der Vormundschaft bestimmten Voraussetzungen.

Gliederung

A. Grundlagen 1	III. Eintritt bzw. Wiederaufleben der elterlichen Sorge 10
I. Kurzcharakteristik 1	IV. Keine Beendigung 11
II. Regelungsprinzipien 2	V. Vormundschaft mit Auslandsbezug 12
B. Anwendungsvoraussetzungen 3	C. Rechtsfolgen 13
I. Tod des Mündels 6	D. Prozessuale Hinweise/Verfahrenshinweise 14
II. Volljährigkeit des Mündels 7	

A. Grundlagen

I. Kurzcharakteristik

§ 1882 BGB regelt die Beendigung der Vormundschaft.   **1**

II. Regelungsprinzipien

§ 1882 BGB bestimmt, wann die Vormundschaft endet. Erfasst werden die Fälle, in denen die Voraussetzungen für die Begründung der Vormundschaft wegfallen, mit der Folge, dass das **staatliche Fürsorgeverhältnis entfällt** (Beendigung der Vormundschaft). Demgegenüber ist in den §§ 1886-1889 BGB das Ende des jeweiligen Vormundsamtes durch Entlassung geregelt, bei dem das staatliche Fürsorgeverhältnis bestehen bleibt und ein neuer Vormund zu bestellen ist (Beendigung des Amtes).   **2**

B. Anwendungsvoraussetzungen

Einzige Voraussetzung für die Beendigung der Vormundschaft nach § 1882 BGB ist der Wegfall der in § 1773 BGB für die Begründung der Vormundschaft bestimmten Voraussetzungen (zu den Voraussetzungen im Einzelnen vgl. die Kommentierung zu § 1773 BGB).   **3**

Die Vorschrift setzt den **nachträglichen** Wegfall der Voraussetzungen voraus – für die Fälle, in denen die Umstände für die Begründung der Vormundschaft von Anfang an nicht vorlagen, vgl. die Kommentierung zu § 1774 BGB Rn. 6 ff.   **4**

Als Gründe für die Beendigung kommen – neben dem Tod des Mündels – das Erreichen der Volljährigkeit sowie der Eintritt oder das Wiederaufleben der elterlichen Sorge in Betracht.   **5**

I. Tod des Mündels

Die Vormundschaft endet mit dem Tod des Mündels.[1] Der Tod ist von Amts wegen festzustellen (§ 26 FamFG), der Vormund ist nicht zur Einreichung einer Sterbeurkunde verpflichtet.[2] Die Verschollenheit und Todeserklärung des Mündels sind im insoweit spezielleren § 1884 BGB geregelt (vgl. dazu die Kommentierung zu § 1884 BGB Rn. 4).   **6**

II. Volljährigkeit des Mündels

Wird der Mündel volljährig (§ 2 BGB: Vollendung des 18. Lebensjahres) liegt die Voraussetzung „Minderjährigkeit" (§ 1773 BGB) nicht mehr vor, sodass die Vormundschaft endet. Das gilt auch, wenn der volljährig werdende Mündel verschollen ist, § 1884 Abs. 1 BGB ist insoweit subsidiär.   **7**

Ob der Mündel volljährig ist, kann ggf. mit Hilfe eines Sachverständigengutachtens ermittelt werden. Dabei kann das Gericht auch auf ein bereits vorliegendes, nicht von ihm selbst in Auftrag gegebenes Gutachten zurückgreifen und dieses im Wege des Freibeweises verwerten, §§ 29, 26 FamFG.[3] Folgt das Gericht den Ausführungen des Gutachtens, ist ein entgegenstehendes Vorbringen des Betroffenen   **8**

---

[1] Für die Pflegschaft KG Berlin v. 26.11.1991 - 1 W 5804/88 - juris Rn. 8 - OLGZ 1992, 265-270.
[2] *Diederichsen* in: Palandt, § 1882 Rn. 1.
[3] LG Berlin v. 16.06.2009 - 83 T 480/08 - JAmt 2009, 457-459 Rn. 16 noch mit Verweis auf § 2 FGG a.F.

unbeachtlich.[4] Nach in der Rechtsprechung vertretener Auffassung kann es für die Annahme der Volljährigkeit allerdings auch genügen, wenn sowohl das äußere Erscheinungsbild als auch die Art und Weise, wie sich der Betroffene im Rahmen einer Anhörung verhalten hat und das Ergebnis einer röntgenologischen Untersuchung für die Volljährigkeit sprechen. In dem zugrunde liegenden, vom OLG Köln entschiedenen Fall hatte der Betroffene zwar seine Volljährigkeit bestritten, allerdings konnte er sich nach Auffassung des OLG Köln nicht auf den Grundsatz „Im Zweifel für die Minderjährigkeit" berufen, weil Erscheinungsbild, Anhörungsverhalten und Untersuchungsergebnis für die Volljährigkeit sprachen und jedenfalls die von dem Betroffenen getätigten Altersangaben grob unrichtig sein mussten.[5]

9   Die Vormundschaft erlischt mit der Volljährigkeit des Mündels auch dann, wenn für die Folgezeit die Voraussetzungen einer Betreuung (§ 1896 BGB) gegeben sind, die Betreuung muss dann neu eingeleitet werden.[6] Allerdings ist in solchen Fällen eine vorsorgliche Betreuung ab dem 17. Lebensjahr möglich (§ 1908a BGB; vgl. dazu die Kommentierung zu § 1908a BGB).

III. Eintritt bzw. Wiederaufleben der elterlichen Sorge

10 Voraussetzung für die Begründung einer Vormundschaft nach § 1773 BGB ist, dass die Eltern weder im Bereich der Personensorge noch im Bereich der Vermögenssorge zur Vertretung berechtigt sind (vgl. die Kommentierung zu § 1773 BGB). Daher greift § 1882 BGB bereits dann ein, wenn ein Elternteil in einem dieser Bereiche die Vertretungsberechtigung (wieder-)erlangt.

IV. Keine Beendigung

11 Keine Beendigung der Vormundschaft tritt ein durch Verheiratung (beachte aber die §§ 1800, 1633 BGB), Verlagerung des Wohnsitzes ins Ausland[7], oder wenn zwar ein Grund nach § 1773 BGB wegfällt, gleichzeitig jedoch ein anderer Fall des § 1773 BGB gegeben ist[8].

V. Vormundschaft mit Auslandsbezug

12 Bei Ausländern ist Art. 24 EGBGB zu beachten.[9] Danach richten sich die Entstehung, die Änderung und das Ende der Vormundschaft, Betreuung und Pflegschaft sowie der Inhalt der gesetzlichen Vormundschaft und Pflegschaft grundsätzlich nach dem Recht des Staates, dem der Mündel, Betreute oder Pflegling angehört. In Bezug auf Art. 24 EGBGB ist jedoch grundsätzlich zu berücksichtigen, dass diese Vorschrift vielfach durch vorrangige staatsvertragliche Regelungen verdrängt wird (bei Minderjährigen: Haager Kinderschutzübereinkommen (KSÜ) bzw. Haager Minderjährigenschutzabkommen (MSA) und Haager Abkommen zur Regelung der Vormundschaft über Minderjährige; bei Volljährigen: Haager Übereinkommen über den internationalen Schutz Erwachsener (ErwSÜ)). Dies gilt aber vor allem, wenn es um die Bestellung/Änderung von Vormundschaften geht. Geht es demgegenüber um die Beendigung der Vormundschaft, weil der/die Betroffene volljährig wird, ist das KSÜ mangels Minderjährigkeit nicht (mehr) anwendbar. Mit Eintritt der Volljährigkeit ist somit gemäß Art. 24 EGBGB für die Beendigung wieder das Recht des Staates anwendbar, dem der Mündel angehört.[10]

C. Rechtsfolgen

13 Liegen die Voraussetzungen nach § 1773 BGB nicht mehr vor, endet die Vormundschaft **kraft Gesetzes** (ipso iure) nach § 1882 BGB. Damit endet auch das Amt des Vormundes. Allerdings können sich für den Vormund auch über das Amtsende hinaus noch Pflichten aus der (beendeten) Vormundschaft ergeben, etwa aus den §§ 1890-1893 BGB.

D. Prozessuale Hinweise/Verfahrenshinweise

14 Inwieweit die Voraussetzungen des § 1882 BGB vorliegen, ist **von Amts wegen** festzustellen.

---

[4] LG Berlin v. 01.11.2005 - 83 T 533/05 - JAmt 2006, 161-162.
[5] OLG Köln v. 21.06.2013 - 26 UF 49/13 - FamRZ 2014, 242-243.
[6] *Diederichsen* in: Palandt, § 1882 Rn. 4.
[7] Anders kann der Fall aber liegen, wenn der Mündel nicht die deutsche Staatsangehörigkeit besitzt bzw. sie verliert, vgl. insoweit zum Erlöschen der Amtspflegschaft LG Aachen v. 25.10.1993 - 7 T 200/93 - FamRZ 1994, 1134-1135.
[8] *Wagenitz* in: MünchKomm-BGB, § 1882 Rn. 14 m.w.N. (umstritten).
[9] Vgl. dazu auch BayObLG München v. 08.06.2009 - 31 Wx 062/09, 31 Wx 62/09 - juris Rn. 6-7.
[10] OLG Bremen v. 24.05.2012 - 4 UF 43/12 - juris Rn. 7-9 - FamRZ 2013, 312-313.

§ 1883 BGB (weggefallen)

(Fassung vom 19.08.1969, gültig ab 01.01.1980, gültig bis 30.06.1998)

(weggefallen)

§ 1883 BGB in der Fassung vom 16.12.1997 ist durch Art. 1 Nr. 44 nach Maßgabe des Art. 15 des Gesetzes vom 16.12.1997 – BGBl I 1997, 2942 – mit Wirkung vom 01.07.1998 weggefallen.

§ 1884 BGB Verschollenheit und Todeserklärung des Mündels

(Fassung vom 17.12.2008, gültig ab 01.09.2009)

(1) ¹Ist der Mündel verschollen, so endigt die Vormundschaft erst mit der Aufhebung durch das Familiengericht. ²Das Familiengericht hat die Vormundschaft aufzuheben, wenn ihm der Tod des Mündels bekannt wird.

(2) Wird der Mündel für tot erklärt oder wird seine Todeszeit nach den Vorschriften des Verschollenheitsgesetzes festgestellt, so endigt die Vormundschaft mit der Rechtskraft des Beschlusses über die Todeserklärung oder die Feststellung der Todeszeit.

Gliederung

A. Gesetzesänderungen 1	C. Anwendungsbereich 5
B. Grundlagen 2	D. Anwendungsvoraussetzungen 6
I. Kurzcharakteristik 2	I. Verschollenheit des Mündels (Absatz 1) 6
II. Regelungsprinzipien 3	II. Todeserklärung, Feststellung der Todeszeit
1. Sinn und Zweck 3	(Absatz 2) 7
2. Verhältnis zu § 1882 BGB 4	E. Prozessuale Hinweise/Verfahrenshinweise 9

A. Gesetzesänderungen

1 Zu den Änderungen im Zusammenhang mit dem Gesetz zur Reform des Verfahrens in Familiensachen und in den Angelegenheiten der freiwilligen Gerichtsbarkeit vom 17.12.2008 (FGG-Reformgesetz – FGG-RG) bzw. dem Gesetz über das Verfahren in Familiensachen und in den Angelegenheiten der freiwilligen Gerichtsbarkeit (FamFG) zum 01.09.2009 vgl. die Kommentierung zu § 1835 BGB Rn. 1 ff.

B. Grundlagen

I. Kurzcharakteristik

2 § 1884 BGB regelt die Beendigung der Vormundschaft in Fällen, in denen der Mündel verschollen ist und gegebenenfalls für tot erklärt wird.

II. Regelungsprinzipien

1. Sinn und Zweck

3 Ist der Mündel verschollen, bestimmt § 1884 Abs. 1 BGB, dass die Vormundschaft erst mit der **Aufhebung durch das Gericht** endet. Damit weicht die Norm von § 1882 BGB ab: Auch wenn der Mündel, während er verschollen ist, verstirbt, endet die Vormundschaft erst mit der Aufhebung durch das Gericht. Etwas anderes gilt nach § 1882 Abs. 2 BGB nur dann, wenn der Mündel für tot erklärt oder sein Todeszeitpunkt nach dem Verschollenengesetz festgestellt ist. Sinn und Zweck dieser Regelung ist es, **Rechtssicherheit** zu schaffen und einen eindeutig bestimmbaren Zeitpunkt zu haben, zu dem die Vormundschaft endet.

2. Verhältnis zu § 1882 BGB

4 § 1884 BGB geht in Fällen, in denen der Mündel stirbt, als speziellere Vorschrift § 1882 BGB vor. Bezüglich der anderen Beendigungsgründe des § 1882 BGB (Eintritt der Volljährigkeit[1], Eintritt/Wiederaufleben der elterlichen Sorge) bleibt dieser jedoch weiterhin anwendbar.

C. Anwendungsbereich

5 Die Vorschrift ist nach allgemeiner Auffassung auf die Betreuung entsprechend anwendbar, obwohl es an einer Verweisung in § 1908i BGB fehlt.[2] Bei der Abwesenheitspflegschaft gilt § 1921 Abs. 2 und 3 BGB.

---

[1] Bleibt der Mündel nach Eintritt der Volljährigkeit weiterhin verschollen, kann ggf. die Anordnung einer Abwesenheitspflegschaft nach § 1911 BGB in Betracht kommen.
[2] *Wagenitz* in: MünchKomm-BGB, § 1884 Rn. 8, *Saar* in: Erman, BGB, § 1884 Rn. 4.

D. Anwendungsvoraussetzungen

I. Verschollenheit des Mündels (Absatz 1)

Ist der Mündel verschollen (§ 1 VerschG), endet die Vormundschaft erst mit der Aufhebung durch das Familiengericht (§ 1884 Abs. 1 Satz 1 BGB). Die Verschollenheit allein ist allerdings noch kein ausreichender Grund, die Vormundschaft aufzuheben.[3] Vielmehr muss das Familiengericht von Amts wegen ermitteln, wie hoch die Wahrscheinlichkeit ist, dass der Mündel tot ist (§ 26 FamFG). Erhält das Familiengericht auf Grund dieser Ermittlungen oder auf anderem Wege Kenntnis von dem Tode des Mündels, hat es die Vormundschaft gemäß § 1884 Abs. 1 Satz 2 BGB aufzuheben.

II. Todeserklärung, Feststellung der Todeszeit (Absatz 2)

Wird ein Mündel nach den §§ 2, 13 ff. VerschG für tot erklärt oder wird – wenn nicht der Tod, sondern nur der Zeitpunkt zweifelhaft ist – die Todeszeit gemäß §§ 1 Abs. 2, 39 ff. VerschG festgestellt, so endet die Vormundschaft mit der **Rechtskraft des jeweiligen Beschlusses** (§§ 24, 29, 40 VerschG). Es bedarf dann keiner Aufhebung mehr, die Vormundschaft endet kraft Gesetzes (ipso iure).

Stellt sich die Feststellung des Todeszeitpunktes oder die Todeserklärung im Nachhinein als falsch heraus, wirkt sich dieser **Irrtum** nicht auf das Ende der Vormundschaft aus; gegebenenfalls ist die Vormundschaft erneut anzuordnen.[4]

E. Prozessuale Hinweise/Verfahrenshinweise

Für die Entscheidung über die Aufhebung ist das Familiengericht zuständig. Der Beschluss ist dem Vormund bekannt zu geben (§ 40 Abs. 1 FamFG). Gegen die Entscheidung ist die Beschwerde statthaft (§ 58 FamFG).

---

[3] *Wagenitz* in: MünchKomm-BGB, § 1884 Rn. 3.
[4] *Wagenitz* in: MünchKomm-BGB, § 1884 Rn. 6.

§ 1885

§ 1885 BGB (weggefallen)

(Fassung vom 01.01.1964, gültig ab 01.01.1980, gültig bis 31.12.1991)

(weggefallen)

1 § 1885 BGB in der Fassung vom 12.09.1990 ist durch Art. 1 Nr. 45 des Gesetzes vom 12.09.1990 – BGBl I 1990, 2002 – mit Wirkung vom 01.01.1992 weggefallen.

§ 1886 BGB Entlassung des Einzelvormunds

(Fassung vom 17.12.2008, gültig ab 01.09.2009)

Das Familiengericht hat den Einzelvormund zu entlassen, wenn die Fortführung des Amts, insbesondere wegen pflichtwidrigen Verhaltens des Vormunds, das Interesse des Mündels gefährden würde oder wenn in der Person des Vormunds einer der im § 1781 bestimmten Gründe vorliegt.

Gliederung

A. Gesetzesänderungen	1	1. Objektive Gefährdung	7
B. Grundlagen	2	2. Pflichtwidriges Verhalten	10
I. Kurzcharakteristik	2	3. Typische Fälle	11
II. Regelungsprinzipien	3	III. Untauglichkeit zum Vormund (§ 1781 BGB)	17
C. Anwendungsbereich	4	IV. Weitere Entlassungsgründe	18
D. Anwendungsvoraussetzungen	5	E. Rechtsfolgen	19
I. Einzelvormund	6	F. Prozessuale Hinweise/Verfahrenshinweise	21
II. Gefährdung der Mündelinteressen bei Amtsfortführung	7		

A. Gesetzesänderungen

Zu den Änderungen im Zusammenhang mit dem Gesetz zur Reform des Verfahrens in Familiensachen und in den Angelegenheiten der freiwilligen Gerichtsbarkeit vom 17.12.2008 (FGG-Reformgesetz – FGG-RG) bzw. dem Gesetz über das Verfahren in Familiensachen und in den Angelegenheiten der freiwilligen Gerichtsbarkeit (FamFG) zum 01.09.2009 vgl. die Kommentierung zu § 1835 BGB Rn. 1 ff.   **1**

B. Grundlagen

I. Kurzcharakteristik

§ 1886 BGB regelt die Entlassung des Einzelvormunds durch das Familiengericht.   **2**

II. Regelungsprinzipien

Im Gegensatz zu den §§ 1882, 1884 BGB, bei denen die Vormundschaft als solche beendet wird, bleibt das staatliche Fürsorgeverhältnis gegenüber dem Mündel bei Entlassung des Vormunds bestehen (vgl. auch die Kommentierung zu § 1882 BGB Rn. 2). Durch die Entlassung wird lediglich das Amt des Vormunds beendet, so dass im Regelfall ein neuer Vormund zu bestellen ist.   **3**

C. Anwendungsbereich

Die Vorschrift ist auf den Gegenvormund (§ 1895 BGB) sowie auf den Pfleger[1] (§ 1915 Abs. 1 BGB) entsprechend anzuwenden; für den Betreuer gelten eigene Vorschriften (vgl. die §§ 1908b, 1908d BGB).   **4**

D. Anwendungsvoraussetzungen

Das Familiengericht hat den Einzelvormund zu entlassen, wenn die Fortführung des Amtes die Interessen des Mündels gefährden würde oder in der Person des Vormunds einer der in § 1781 BGB genannten Gründe vorliegt.   **5**

I. Einzelvormund

§ 1886 BGB ist nur auf den Einzelvormund anwendbar. Für den Amtsvormund (Jugendamt)[2] und den Vereinsvormund gilt § 1887 BGB.[3]   **6**

---

[1] Vgl. etwa BayObLG v. 12.05.2004 - 1Z BR 027/04, 1Z BR 27/04 - juris Rn. 15.
[2] BayObLG München v. 03.11.1998 - 1Z BR 106/98 - juris Rn. 40 - Rpfleger 1999, 126-128.
[3] BayObLG München v. 19.03.1993 - 1Z BR 6/93 - juris Rn. 13 - Rpfleger 1993, 403.

II. Gefährdung der Mündelinteressen bei Amtsfortführung

1. Objektive Gefährdung

7 Nach § 1886 BGB hat das Familiengericht den Vormund zu entlassen, wenn durch die Amtsfortführung die Interessen des Mündels gefährdet würden. Dabei ist ein Verschulden des Vormunds keine Entlassungsvoraussetzung, es genügt bereits die **objektive Gefährdung** der Interessen des Mündels.[4]

8 Eine objektive Gefährdung liegt vor, wenn – auch ohne Verschulden des Vormunds – Verhältnisse gegeben oder eingetreten sind, unter denen die Fortführung der Vormundschaft als **mit den Interessen des Mündels unvereinbar** erscheint: Maßgebend sind also ausschließlich die Interessen des Mündels.[5] Bei der Beurteilung der Frage, was den Interessen des Mündels dient beziehungsweise was sie gefährdet, sind die besonderen Lebensumstände des Mündels oder Pflegebefohlenen zu erforschen und zu berücksichtigen.[6]

9 Damit eine Gefährdung der Mündelinteressen vorliegt, müssen die Interessen des Mündels nicht bereits beeinträchtigt worden sein, es muss also noch kein Schaden eingetreten sein. Eine objektive Gefährdung liegt vielmehr schon dann vor, wenn eine **Schädigung** möglich oder **mit einer gewissen Wahrscheinlichkeit zu erwarten** ist[7], und zwar unabhängig von der eigenen Einschätzung des Mündels.[8]

2. Pflichtwidriges Verhalten

10 Die objektive Gefährdung der Interessen des Mündels kann nach § 1886 BGB „insbesondere" wegen pflichtwidrigen Verhaltens des Vormunds gegeben sein. § 1886 BGB nennt damit selbst einen typischen Fall objektiver Interessengefährdung. Allerdings kann sich die Gefährdung auch aus anderen Umständen ergeben, die nicht an ein Verhalten des Vormunds anknüpfen.

3. Typische Fälle

11 Eine Entlassung nach § 1886 BGB kann auf Grund einer **tiefgreifenden Entfremdung** zwischen Vormund und Mündel geboten sein, wenn durch die Entfremdung eine gedeihliche Führung der Vormundschaft gefährdet wird. Dabei muss die Entfremdung zwar nicht unbedingt objektiv berechtigt sein, jedoch muss sie mindestens vom subjektiven Standpunkt des Mündels aus gerechtfertigt und verständlich (nachvollziehbar) erscheinen.[9]

12 **Längere Abwesenheit** oder **Erkrankung** des Vormundes können ebenfalls Entlassungsgründe sein.[10]

13 Verstößt ein Vormund/Pfleger andauernd gegen die Pflicht zur **mündelsicheren Vermögensanlage**, rechtfertigt dies die Entlassung des Vormundes/Pflegers aus seinem Amt.[11]

14 Unterlässt es der Vormund beharrlich über einen längeren Zeitraum, dem Familiengericht **Rechnung** über die Verwaltung des der Pflegschaft unterliegenden Vermögens zu **legen**, so liegt darin ein pflichtwidriges Verhalten des Pflegers, das seine Entlassung rechtfertigen kann.[12]

15 Allerdings ist eine Entlassung dann nicht gerechtfertigt, wenn der Vormund zwar zweimal **verspätet Bericht erstattet** hat, dem Mündel hieraus aber keine Nachteile entstanden sind und der Vormund im Übrigen die Vormundschaft beanstandungsfrei geführt hat.[13]

16 Eine entlassungsbegründende Gefährdung kann beim Nachlasspfleger gegeben sein, wenn dieser es beharrlich und lang andauernd unterlässt, das **Nachlassverzeichnis** vorzulegen oder die jährlich vor-

---

[4] BayObLG München v. 28.03.1991 - BReg 3 Z 107/90 - juris Rn. 6 - Rpfleger 1991, 367-368; BayObLG v. 12.05.2004 - 1Z BR 027/04, 1Z BR 27/04 - juris Rn. 15.
[5] BayObLG München v. 06.04.1989 - BReg 3 Z 23/89 - juris Rn. 17 - FamRZ 1989, 1342.
[6] OLG Düsseldorf v. 03.09.1980 - 3 W 267/80 - FamRZ 1981, 98-99.
[7] BayObLG München v. 22.12.1987 - BReg 3 Z 176/87 - juris Rn. 11 - Rpfleger 1988, 259-261; BayObLG München v. 28.03.1991 - BReg 3 Z 107/90 - juris Rn. 6 - Rpfleger 1991, 367-368.
[8] BayObLG München v. 13.06.2003 - 1Z BR 24/03 - BayObLGR 2003, 361-362.
[9] BayObLG München v. 13.08.1991 - BReg 3 Z 76/91 - EzFamR BGB § 1886 Nr. 1.
[10] *Wagenitz* in: MünchKomm-BGB, § 1886 Rn. 9.
[11] OLG Frankfurt v. 28.01.1983 - 20 W 3/83 - Rpfleger 1983, 151.
[12] BayObLG München v. 20.01.1982 - BReg 1 Z 98/81 - ZblJugR 1982, 360-363.
[13] BayObLG München v. 19.06.2002 - 3Z BR 95/02 - BtPrax 2002, 218-219.

zunehmende Rechnungslegung durchzuführen: Es genügt, wenn die Interessen der Erben dadurch objektiv gefährdet sind.[14]

III. Untauglichkeit zum Vormund (§ 1781 BGB)

Der Vormund ist nach § 1886 BGB zu entlassen, wenn einer der in § 1781 BGB genannten Untauglichkeitsgründe vorliegt. Daher ist der Vormund zu entlassen, wenn er nicht volljährig ist (§ 1781 Nr. 1 BGB) oder für ihn ein Betreuer bestellt ist (§ 1781 Nr. 2 BGB). Ob der Untauglichkeitsgrund bereits bei Bestellung gegeben war oder erst später eingetreten ist, ist unerheblich.[15]

IV. Weitere Entlassungsgründe

Als weitere Entlassungsgründe kommen in Betracht:
- Eine Entlassung ist bei Verstößen gegen die für die Vormundsauswahl geltenden Bestimmungen (§ 1779 Abs. 2 BGB) möglich, da die Entlassung auch ein Mittel der Korrektur nach einer fehlerhaften oder später fehlerhaft gewordenen Auswahl sein kann.[16]
- Unter bestimmten Voraussetzungen kann der Vormund auch entlassen werden, wenn erhebliche Interessengegensätze vorliegen oder ein Vertretungsverbot (§ 1795 BGB) besteht.[17]
- Schließlich ist die Entlassung des nachfolgenden Vormunds angezeigt, wenn der frühere Vormund erfolgreich Beschwerde gegen seine Entlassung erhoben hat.[18]

E. Rechtsfolgen

Bei der Entlassung ist der **Grundsatz der Verhältnismäßigkeit** zu beachten. Die Entlassung des Vormunds, als das äußerste Mittel, darf nur Platz greifen, wenn andere Mittel oder mildere Eingriffe nicht zum Erfolg führen: Nach dem Verhältnismäßigkeitsgrundsatz ist vor einer Entlassung stets zu prüfen, ob nicht minderschwere Maßnahmen (§§ 1837, 1796 BGB) oder die bloße Androhung der Entlassung ausreichen, um die Gefährdung der Interessen des Mündels zu beseitigen.[19] Außerdem ist für den jeweiligen Fall zu prüfen, ob dem Mündel aus der Entlassung nicht ein größerer Schaden erwächst als bei einem Verbleiben des Vormunds im Amt.[20]

Liegen allerdings die Voraussetzungen des § 1886 BGB vor, hat das Familiengericht den Vormund **von Amts wegen** – auch gegen seinen Willen – zu entlassen.[21] Kommt das Gericht seiner Verpflichtung zur Entlassung nicht nach, kann dies ggf. Amtshaftungsansprüche auslösen, Art. 34 GG, § 839 BGB.[22]

F. Prozessuale Hinweise/Verfahrenshinweise

Zuständig für die Entlassung des Vormundes ist das Familiengericht. Die Entscheidung obliegt grundsätzlich dem Rechtspfleger, ein Richtervorbehalt nach § 3 Nr. 2 a RPflG i.V.m. § 14 Abs. 1 RPflG besteht nicht.[23]

Im Verfahren betreffend die Entlassung des Vormunds ist zunächst der Vormund selbst zu hören.[24] Des Weiteren ist neben den Angehörigen (§ 1847 BGB) auch der Mündel persönlich anzuhören.[25]

---

[14] BayObLG München v. 18.12.1987 - BReg 1 Z 61/87 - juris Rn. 18 - Rpfleger 1988, 264. Zur Entlassung eines Nachlasspflegers, der sich weigert, den Verkauf eines zum Nachlass gehörigen Wohnungseigentumsanteils zu genehmigen, vgl. OLG Frankfurt v. 17.11.2004 - 20 W 387/04 - OLGR Frankfurt 2005, 405-407.
[15] *Wagenitz* in: MünchKomm-BGB, § 1886 Rn. 10.
[16] BayObLG München v. 07.07.1989 - BReg 3 Z 54/89 - juris Rn. 20 - FamRZ 1990, 205-208.
[17] BayObLG München v. 22.12.1987 - BReg 3 Z 176/87 - juris Rn. 11 - Rpfleger 1988, 259-261.
[18] Vgl. BayObLG München v. 22.12.1987 - BReg 3 Z 176/87 - juris Rn. 18 - Rpfleger 1988, 259-261.
[19] BayObLG München v. 10.03.1983 - BReg 1 Z 40/82 - BayObLGZ 1983, 59-64; BayObLG München v. 22.12.1987 - BReg 3 Z 176/87 - juris Rn. 12 - Rpfleger 1988, 259-261; BayObLG v. 12.05.2004 - 1Z BR 027/04, 1Z BR 27/04 - juris Rn. 15.
[20] BayObLG München v. 22.12.1987 - BReg 3 Z 176/87 - juris Rn. 12 - Rpfleger 1988, 259-261.
[21] BayObLG München v. 21.07.1993 - 1Z BR 57/93 - juris Rn. 18 - MDR 1993, 1116-1117.
[22] *Wagenitz* in: MünchKomm-BGB, § 1886 Rn. 4.
[23] Vgl. hierzu auch BayObLG München v. 05.12.2012 - 16 WF 1486/12 - juris Rn. 4 - FamRZ 2013, 1328-1329.
[24] OLG Köln v. 16.09.2008 - 16 Wx 148/08 - juris Rn. 3 ff.
[25] OLG Düsseldorf v. 03.09.1980 - 3 W 267/80 - FamRZ 1981, 98-99.

23 Die Entlassung erfolgt durch Beschluss (§ 38 FamFG), der dem Mündel und dem Vormund als Beteiligten bekanntzugeben ist (§ 41 FamFG). Die Eltern sind nicht am Verfahren Beteiligte (§ 7 FamFG).[26]

24 Gegen die Entlassung ist die Beschwerde statthaft (§§ 58 ff. FamFG). Beschwerdeberechtigt sind der Mündel und der Vormund.

25 Die Nachprüfung der angefochtenen Entscheidung erstreckt sich auch darauf, ob auf Grund der getroffenen Feststellungen das Gericht eine zumindest mögliche Gefährdung der Interessen des Betroffenen zu Recht bejaht hat: Es handelt sich insoweit nicht um eine Frage, die dem freien Ermessen unterliegt, sondern um einen **unbestimmten Rechtsbegriff**.[27]

26 Wird die Verfügung, durch die der Vormund gegen seinen Willen entlassen wird, durch das Beschwerdegericht aufgehoben, so entfällt die Entlassung des Vormunds rückwirkend, es bedarf keiner neuen Bestellung.[28] Allerdings ist in einer solchen Entscheidung nicht bereits die Entlassung eines mittlerweile bestellten Nachfolgevormunds enthalten; hierzu bedarf es vielmehr einer selbständigen Verfügung.[29]

27 Ein **Vorbescheid**, mit dem das Gericht die Entlassung eines Einzelvormunds gegen dessen Willen ankündigt, ist **nicht zulässig**. Der Vormund kann einen solchen Vorbescheid anfechten.[30]

---

[26] Vgl. OLG Frankfurt v. 18.02.2011 - 4 WF 5/11 - juris Rn. 11.
[27] BayObLG München v. 22.12.1987 - BReg 3 Z 176/87 - juris Rn. 13 - Rpfleger 1988, 259-261.
[28] KG Berlin v. 11.09.1970 - 1 W 11262/70 - NJW 1971, 53.
[29] BayObLG München v. 22.03.1990 - BReg 3 Z 20/90 - BayObLGZ 1990, 79-82.
[30] BayObLG München v. 21.07.1993 - 1Z BR 57/93 - MDR 1993, 1116-1117.

§ 1887 BGB Entlassung des Jugendamts oder Vereins

(Fassung vom 17.12.2008, gültig ab 01.09.2009)

(1) Das Familiengericht hat das Jugendamt oder den Verein als Vormund zu entlassen und einen anderen Vormund zu bestellen, wenn dies dem Wohl des Mündels dient und eine andere als Vormund geeignete Person vorhanden ist.

(2) ¹Die Entscheidung ergeht von Amts wegen oder auf Antrag. ²Zum Antrag ist berechtigt der Mündel, der das 14. Lebensjahr vollendet hat, sowie jeder, der ein berechtigtes Interesse des Mündels geltend macht. ³Das Jugendamt oder der Verein sollen den Antrag stellen, sobald sie erfahren, dass die Voraussetzungen des Absatzes 1 vorliegen.

(3) Das Familiengericht soll vor seiner Entscheidung auch das Jugendamt oder den Verein hören.

Gliederung

A. Gesetzesänderungen 1	2. Vorhandensein einer als Vormund geeigneten Person 11
B. Grundlagen 2	3. Wohl des Mündels 13
I. Kurzcharakteristik 2	E. Rechtsfolgen 16
II. Regelungsprinzipien 3	F. Prozessuale Hinweise/Verfahrenshinweise 17
C. Anwendungsbereich 4	I. Antragsbefugnis (Absatz 2) 18
D. Anwendungsvoraussetzungen 5	II. Anhörungsrechte (Absatz 3) 22
I. Normstruktur 5	III. Rechtsmittel 23
II. Entlassungsvoraussetzungen (Absatz 1) 6	
1. Vereins-/Amtsvormund 7	

A. Gesetzesänderungen

Zu den Änderungen im Zusammenhang mit dem Gesetz zur Reform des Verfahrens in Familiensachen und in den Angelegenheiten der freiwilligen Gerichtsbarkeit vom 17.12.2008 (FGG-Reformgesetz – FGG-RG) bzw. dem Gesetz über das Verfahren in Familiensachen und in den Angelegenheiten der freiwilligen Gerichtsbarkeit (FamFG) zum 01.09.2009 vgl. die Kommentierung zu § 1835 BGB Rn. 1 ff.   1

B. Grundlagen

I. Kurzcharakteristik

§ 1887 BGB behandelt die Entlassung des Amtsvormundes (Jugendamt) und des Vereinsvormundes im Interesse des Mündels.   2

II. Regelungsprinzipien

Der den §§ 1791a-1791c BGB zugrunde liegende **Subsidiaritätsgedanke**, wonach Amts- und Vereinsvormund nur dann bestellt werden, wenn es an einer für das Amt des Einzelvormunds geeigneten Person fehlt, findet auch in § 1887 BGB Ausdruck: Eine Entlassung des Amts- oder Vereinsvormundes ist – anders als in den Fällen des § 1886 BGB – auch dann möglich, wenn die Amtsfortführung keine Gefahr für die Mündelinteressen bedeuten würde. Dem liegt die Erwägung zugrunde, dass Einzelvormünder bei entsprechender Eignung dem Wohl des Mündels besser und individueller dienen können als ein Amtsvormund.[1] Allerdings ist zu beachten, dass die Entlassung des Amts-/Vereinsvormunds und die Bestellung eines Einzelvormunds im konkreten Fall dem Mündelwohl dienen muss, weswegen die Einzelvormundschaft nicht allgemein vorgeht[2], sondern **nur bei entsprechender Eignung** einer Einzelperson der Grundsatz der **Vorrangigkeit der Einzelvormundschaft**[3] gilt.   3

---
[1] LG Wiesbaden v. 03.09.2008 - 4 T 663/07 - juris Rn. 27 - FamRZ 2009, 2103; OLG Nürnberg v. 07.03.2012 - 11 WF 195/12 - juris Rn. 16 - FamRZ 2012, 1959-1960.
[2] Vgl. OLG Köln v. 04.08.1995 - 15 Wx 1/95 - DAVorm 1995, 1060-1064.
[3] OLG Stuttgart v. 05.11.2012 - 17 UF 158/12 - juris Rn. 21 - FamRZ 2013, 1318.

C. Anwendungsbereich

4 Die Vorschrift ist auf Pflegschaften entsprechend anwendbar (§ 1915 Abs. 1 BGB). Für Betreuungen gilt § 1908b Abs. 5 BGB.

D. Anwendungsvoraussetzungen

I. Normstruktur

5 Während § 1887 Abs. 1 BGB die Entlassungsvoraussetzungen bestimmt, sind in § 1887 Abs. 2-3 BGB Einzelheiten des Verfahrens (Antrag, Anhörung) geregelt.

II. Entlassungsvoraussetzungen (Absatz 1)

6 Der Vereinsvormund oder das Jugendamt sind zu entlassen, wenn eine andere als Vormund geeignete Person vorhanden ist und die Bestellung dieser Person dem Wohle des Mündels dient. Anders als § 1886 BGB setzt § 1887 Abs. 1 BGB somit nicht voraus, dass sich eine Fortführung der Vormundschaft durch den Verein/das Amt negativ auf das Wohl des Mündels auswirken würde, eine Gefährdung der Mündelinteressen ist nicht erforderlich.

1. Vereins-/Amtsvormund

7 Voraussetzung für die Anwendbarkeit von § 1887 Abs. 1 BGB ist, dass das **Jugendamt** oder ein **Verein** zum Vormund bestellt wurde.

8 Wird das **Jugendamt** als Vormund tätig, können insbesondere Fälle des **Aufenthaltswechsels** relevant werden. Hier ist zu differenzieren:

9 Bei der **bestellten Amtsvormundschaft** (§ 1791b BGB, vgl. dazu die Kommentierung zu § 1791b BGB) hat das Jugendamt im Falle des Aufenthaltswechsels des Mündels nach § 87c Abs. 3 Satz 3 SGB VIII beim Familiengericht einen Antrag auf Entlassung zu stellen. Das Familiengericht kann dann nach § 1887 BGB den bisherigen Amtsvormund entlassen und ein anderes (ortsnäheres) Jugendamt bestellen, wenn dies dem Wohl des Mündels dient.[4] Dabei ist das Familiengericht nicht an die Ortszuständigkeit nach § 87c Abs. 3 Satz 3 SGB VIII gebunden.[5] Allerdings kann es die Ortsnähe des zuständigen Jugendamtes aus Sicht des Mündelwohls sinnvoll erscheinen lassen, dieses zu bestellen, wenn nicht die größere Sachnähe des bisherigen Amtsvormundes entgegensteht: Entscheidend ist das Kindeswohl.[6]

10 Liegt demgegenüber ein Fall der **gesetzlichen Amtsvormundschaft** (§ 1791c BGB, vgl. dazu die Kommentierung zu § 1791c BGB) vor, finden die §§ 1887, 1889 BGB keine Anwendung: Der Wechsel des Amtsvormunds geschieht auf Grund der Änderung der örtlichen Zuständigkeit aufgrund Aufenthaltswechsels der Mutter nach Maßgabe des § 87c Abs. 2 SGB VIII. Das Jugendamt hat bei dem nunmehr örtlich zuständigen Jugendamt die Weiterführung zu beantragen. Mit der Erklärung des anderen Jugendamts geht die Vormundschaft auf dieses über. Gegen die Ablehnung des Antrags kann das Familiengericht angerufen werden.

2. Vorhandensein einer als Vormund geeigneten Person

11 Um den Amts-/Vereinsvormund entlassen zu können und einen neuen Einzelvormund zu bestellen, muss zunächst eine als Vormund **geeignete** Person vorhanden sein. Die Eignung bestimmt sich nach den in § 1779 Abs. 2 BGB genannten Kriterien (vgl. daher die Kommentierung zu § 1779 BGB). Weil die Bestellung des Amts-/Vereinsvormundes regelmäßig auf das Fehlen geeigneter Personen zurückzuführen ist (vgl. die §§ 1791a-1791c BGB), kommt die Entlassung und Neubestellung nach § 1887 BGB vor allem dann in Betracht, wenn sich räumliche und/oder personelle Veränderungen im Umfeld des Mündels ergeben haben.

---

[4] LG Essen v. 30.06.1995 - 7 T 309/95 - DAVorm 1995, 1068-1069; BayObLG München v. 17.05.1996 - 1Z BR 72/96 - DAVorm 1996, 729-733.

[5] OLG Hamm v. 19.01.1998 - 15 W 481/97 - NJWE-FER 1998, 107; BayObLG München v. 17.05.1996 - 1Z BR 72/96 - DAVorm 1996, 729-733.

[6] Vgl. OLG Dresden v. 14.06.2001 - 22 WF 316/01, 22 WF 0316/01 - JAmt 2001, 492-494, vgl. auch LG Saarbrücken v. 06.06.2008 - 5 T 215/08 - juris Rn. 21, das allgemein davon ausgeht, dass es dem Wohl eines Jugendlichen am besten dient, wenn die Vormundschaft von dem Jugendamt ausgeübt wird, in dessen Bezirk sich der Jugendliche ständig aufhält.

Geeignet im Sinne des § 1887 Abs. 1 BGB kann auch ein rechtsfähiger Verein sein, d.h. das Familiengericht kann das Jugendamt als Vormund auch dann entlassen, wenn ein anerkannter Verein als Vormund zur Verfügung steht. Einen Grundsatz dahingehend, dass die Bestellung des Jugendamtes gegenüber der Vereinsvormundschaft vorrangig wäre, sieht das Gesetz nicht vor. Darauf deutet auch die Regelung des § 56 Abs. 4 SGB VIII.[7]

3. Wohl des Mündels

Allein der Umstand, dass eine als Vormund geeignete Person vorhanden ist, genügt nicht, um die Entlassung des Amts-/Vereinsvormundes und die Bestellung eines Einzelvormundes zu begründen: Die Maßnahme muss auch dem **Wohl des Mündels dienen**. Diese Voraussetzung wird man (auch in Abgrenzung zu der Formulierung in § 1889 Abs. 2 BGB: „dem Wohl ... nicht entgegensteht") so zu verstehen haben, dass eine Entlassung nicht nur den Mündelinteressen nicht abträglich sein darf, sondern sich – darüber hinausgehend – **positiv** auf die Situation des Mündels auswirkt. Es muss also den Mündelinteressen förderlich sein, dass eine bestimmte Person an die Stelle des Jugendamtes/Vereins tritt.[8]

Allerdings wird, sobald eine geeignete Person existiert, die Entlassung oftmals im Sinne des Mündels sein: Für die Entlassung des Amts-/Vereinsvormundes und die Bestellung eines Einzelvormundes spricht aus Sicht des Kindeswohls, dass der Vormundschaft und damit dem Mündelwohl im Regelfall besser gedient ist, wenn auch persönliche Bindungen entstehen, was bei Amts-/Vereinsvormundschaften naturgemäß seltener der Fall ist.[9]

Beispiele aus der Rechtsprechung:

- Nachteilig, also nicht dem Wohl des Mündels dienlich, kann sich ein Wechsel im Amt des Vormundes unter Umständen dann auswirken, wenn dieser während eines laufenden Adoptionsverfahrens vonstattengehen soll.[10]
- Die Entlassung des Amtsvormundes kann dem Mündelwohl dienen, wenn sich der medizinisch nicht vorgebildete Amtsvormund gegen medizinischen Rat in die Behandlung des Mündels einmischen will, während mit der Pflegemutter eine geeignete Person zur Verfügung stehen kann, soweit keinerlei Bedenken vorgebracht werden und ein gutes persönliches Verhältnis zum Mündel besteht.[11]
- Die Entlassung des Amtsvormundes und Bestellung der Pflegeeltern zu Vormündern kann zum Wohl des Kindes geboten sein, weil mit der Übertragung auf die Pflegeeltern eine größere rechtliche Verbundenheit zwischen ihnen und dem Mündel einhergeht und dadurch die Sicherheit erhöht wird, dass die Verbindung aufrechterhalten bleibt.[12]

E. Rechtsfolgen

Wenn eine als Vormund geeignete Person vorhanden ist und die Bestellung dieser Person dem Mündelwohl dient, **muss** das Familiengericht den Amts-/Vereinsvormund entlassen und die betreffende Person zum Vormund bestellen (§ 1887 Abs. 1 BGB: „hat [...] zu entlassen [...] zu bestellen").[13]

F. Prozessuale Hinweise/Verfahrenshinweise

Die Entscheidung über die Entlassung ergeht **von Amts wegen oder auf Antrag** (§ 1887 Abs. 2 BGB).

I. Antragsbefugnis (Absatz 2)

Antragsberechtigt ist der Mündel, wenn er das 14. Lebensjahr vollendet hat, im Übrigen jeder, der ein berechtigtes Interesse des Mündels geltend macht.

---

[7] OLG Celle v. 22.04.2010 - 15 UF 70/10 - juris Rn. 2 - JAmt 2010, 257.
[8] In diesem Sinne auch OLG Köln v. 04.08.1995 - 15 Wx 1/95 - DAVorm 1995, 1060-1064, das deswegen – zu Recht – einen allgemeinen Vorrang der Einzelvormundschaft ablehnt (vgl. Rn. 3); tendenziell anderer Auffassung LG Heilbronn v. 13.01.2003 - 1b T 320/02 Ba, 1b T 320/02 - FamRZ 2004, 134-135.
[9] Vgl. KG Berlin v. 17.04.2001 - 18 UF 6804/00, 18 UF 6805/00 - juris Rn. 17 - FamRZ 2002, 267-268; LG Heilbronn v. 13.01.2003 - 1b T 320/02 Ba, 1b T 320/02 - FamRZ 2004, 134-135.
[10] Vgl. BayObLG München v. 01.06.1988 - BReg 1 a Z 30/88 - juris Rn. 15 - DAVorm 1988, 927-928.
[11] Vgl. LG Heilbronn v. 13.01.2003 - 1b T 320/02 Ba, 1b T 320/02 - FamRZ 2004, 134-135.
[12] LG Frankfurt v. 16.02.2009 - 2-09 T 486/07, 2/09 T 486/97, 2-9 R 486/07, 2/9 T 486/07 - juris Rn. 21 - FamRZ 2009, 2103; LG Hannover v. 06.02.2007 - 9 T 56/06 - juris Rn. 13 - FamRZ 2007, 1909-1910.
[13] Vgl. a. OLG Nürnberg v. 07.03.2012 - 11 WF 195/12 - juris Rn. 15 - FamRZ 2012, 1959-1960.

19 Ein **berechtigtes Interesse** kann gegeben sein, wenn sich aus der Sachlage (etwa auf Grund persönlicher/verwandtschaftlicher Bindungen)[14] ein gerechtfertigtes Interesse ableitet, für das persönliche Wohl des Kindes einzutreten. Das setzt allerdings voraus, dass die betreffende Person keine eigenen Vorteile im Auge hat oder andere mit dem Wohl des Kindes nicht zusammenhängende Zwecke verfolgt.[15] An der Antragsberechtigung kann es daher beispielsweise bei Pflegeeltern fehlen, die das Kind nur mit dem Ziel der Adoption in Pflege genommen haben, wenn ein aus den Bedürfnissen des Kindes selbst erwachsendes, objektiv berechtigtes Interesse, sich des Mündels anzunehmen, nicht vorliegt.[16]

20 Soweit die Antragsbefugnis des Antragstellers fehlt, kann das Familiengericht durch den Antrag jedoch veranlasst werden, **von Amts wegen** zu entscheiden: Liegen die Voraussetzungen des § 1887 Abs. 1 BGB vor, ist es hierzu verpflichtet (vgl. Rn. 16).

21 Jugendamt oder Vereinsvormund sollen den Antrag stellen, sobald sie erfahren, dass die Voraussetzungen des § 1887 Abs. 1 BGB vorliegen; bei Nichteinhaltung dieser Pflicht kommt eine Haftung nach § 1833 BGB in Betracht.[17]

II. Anhörungsrechte (Absatz 3)

22 Nach § 1887 Abs. 3 BGB soll das Familiengericht das Jugendamt beziehungsweise den Verein hören; daneben sind gemäß § 160 FamFG die Eltern, § 159 FamFG zufolge der Mündel und nach § 161 FamFG die Pflegeeltern anzuhören.[18]

III. Rechtsmittel

23 Gegen die Entscheidung über die Entlassung kann nach § 58 Abs. 1 FamFG Beschwerde eingelegt werden. Beschwerdeberechtigt sind das Jugendamt bzw. der Verein und der Mündel, § 59 Abs. 1 FamFG. Die Pflegeeltern sind im Verfahren über die Entlassung des Amtsvormunds und Auswahl des neuen Vormunds nach obergerichtlicher Rechtsprechung nicht beschwerdeberechtigt.[19]

---

[14] Vgl. OLG Köln v. 23.01.1987 - 4 UF 15/87 - FamRZ 1987, 505-506.
[15] OLG Hamm v. 16.04.1987 - 15 W 160/87 - FamRZ 1987, 1196-1197.
[16] OLG Hamm v. 16.04.1987 - 15 W 160/87 - FamRZ 1987, 1196-1197.
[17] Vgl. *Wagenitz* in: MünchKomm-BGB, § 1887 Rn. 5.
[18] Vgl. BayObLG München v. 17.04.1989 - BReg 1 a Z 8/89 - DAVorm 1989, 710-713 mit weiteren Nachweisen.
[19] OLG Karlsruhe v. 06.05.2013 - 5 WF 170/12 - FamRZ 2014, 404 mit ausführlicher Begründung und weiteren Nachweisen; OLG Nürnberg v. 14.03.2014 - 11 WF 141/14.

§ 1888 BGB Entlassung von Beamten und Religionsdienern

(Fassung vom 17.12.2008, gültig ab 01.09.2009)

Ist ein Beamter oder ein Religionsdiener zum Vormund bestellt, so hat ihn das Familiengericht zu entlassen, wenn die Erlaubnis, die nach den Landesgesetzen zur Übernahme der Vormundschaft oder zur Fortführung der vor dem Eintritt in das Amts- oder Dienstverhältnis übernommenen Vormundschaft erforderlich ist, versagt oder zurückgenommen wird oder wenn die nach den Landesgesetzen zulässige Untersagung der Fortführung der Vormundschaft erfolgt.

Gliederung

A. Gesetzesänderungen 1	II. Versagung/Zurücknahme der erforderlichen Genehmigung 6
B. Grundlagen 2	III. Untersagung der Amtsfortführung 7
I. Kurzcharakteristik 2	IV. Anwendungsfälle 8
II. Regelungsprinzipien 3	E. Rechtsfolgen 9
C. Anwendungsbereich 4	F. Prozessuale Hinweise/Verfahrenshinweise 10
D. Anwendungsvoraussetzungen 5	
I. Nach den landesrechtlichen Vorschriften 5	

A. Gesetzesänderungen

Zu den Änderungen im Zusammenhang mit dem Gesetz zur Reform des Verfahrens in Familiensachen und in den Angelegenheiten der freiwilligen Gerichtsbarkeit vom 17.12.2008 (FGG-Reformgesetz – FGG-RG) bzw. dem Gesetz über das Verfahren in Familiensachen und in den Angelegenheiten der freiwilligen Gerichtsbarkeit (FamFG) zum 01.09.2009 vgl. die Kommentierung zu § 1835 BGB Rn. 1 ff. **1**

B. Grundlagen

I. Kurzcharakteristik

§ 1888 BGB enthält spezielle Regelungen für die Entlassung in Fällen, in denen ein Beamter oder ein Religionsdiener zum Vormund bestellt ist. **2**

II. Regelungsprinzipien

§ 1888 BGB ergänzt § 1784 BGB (vgl. daher die Kommentierung zu § 1784 BGB). Wie § 1784 BGB soll auch § 1888 BGB verhindern, dass durch die (Fort-)Führung der Vormundschaft dienstliche Belange beeinträchtigt werden. **3**

C. Anwendungsbereich

Die Vorschrift ist auf den Gegenvormund entsprechend anwendbar (§ 1895 BGB). Sie ist ebenfalls auf Betreuungen (§ 1908i Abs. 1 Satz 1 BGB) sinngemäß anzuwenden und gilt auch für Pflegschaften (§ 1915 Abs. 1 Satz 1 BGB). **4**

D. Anwendungsvoraussetzungen

I. Nach den landesrechtlichen Vorschriften

Zwar spricht § 1888 BGB von Erlaubnis/Untersagung „nach den Landesgesetzen", jedoch ist dieser Begriff nach Sinn und Zweck der Vorschrift weit zu verstehen. Erfasst sind auch entsprechende bundesrechtliche oder kirchenrechtliche Regelungen.[1] **5**

II. Versagung/Zurücknahme der erforderlichen Genehmigung

Wird die nach den Landesgesetzen erforderliche Genehmigung des zum Vormund bestellten Beamten/Religionsdieners versagt oder zurückgenommen, so ist dieser zu entlassen (zu den Begriffen „Be- **6**

---

[1] *Wagenitz* in: MünchKomm-BGB, § 1888 Rn. 3.

§ 1888

amter", „Religionsdiener" sowie „erforderliche Genehmigung" vgl. die Kommentierung zu § 1784 BGB).

III. Untersagung der Amtsfortführung

7   Der Beamte/Religionsdiener ist auch dann zu entlassen, wenn die (Amts-)Fortführung – unabhängig von einer vorherigen Genehmigung oder Versagung – direkt untersagt wird.

IV. Anwendungsfälle

8   Unter den § 1888 BGB fallen vier Konstellationen:
- Die ursprünglich erhaltene Erlaubnis wird nachträglich zurückgenommen.
- Der Vormund war bereits vor Diensteintritt als Beamter/Religionsdiener als Vormund bestellt und die nunmehr erforderliche Genehmigung zur Fortführung der Vormundschaft wird ihm versagt.
- Bereits bei Bestellung wurde die Genehmigung versagt.
- Die Amtsfortführung wird durch eine zulässige Maßnahme untersagt.

E. Rechtsfolgen

9   Liegen die Voraussetzungen des § 1888 BGB vor, ist der Vormund zwingend zu entlassen.

F. Prozessuale Hinweise/Verfahrenshinweise

10 Die Entlassung erfolgt **von Amts wegen**, eines Antrags (etwa der versagenden Behörde) bedarf es nicht.

§ 1889 BGB Entlassung auf eigenen Antrag

(Fassung vom 17.12.2008, gültig ab 01.09.2009)

(1) Das Familiengericht hat den Einzelvormund auf seinen Antrag zu entlassen, wenn ein wichtiger Grund vorliegt; ein wichtiger Grund ist insbesondere der Eintritt eines Umstands, der den Vormund nach § 1786 Abs. 1 Nr. 2 bis 7 berechtigen würde, die Übernahme der Vormundschaft abzulehnen.

(2) ¹Das Familiengericht hat das Jugendamt oder den Verein als Vormund auf seinen Antrag zu entlassen, wenn eine andere als Vormund geeignete Person vorhanden ist und das Wohl des Mündels dieser Maßnahme nicht entgegensteht. ²Ein Verein ist auf seinen Antrag ferner zu entlassen, wenn ein wichtiger Grund vorliegt.

Gliederung

A. Gesetzesänderungen 1	2. Sonstiger wichtiger Grund 10
B. Grundlagen 2	IV. Entlassung des Amts-/Vereinsvormunds
I. Kurzcharakteristik 2	(Absatz 2) 11
II. Regelungsprinzipien 3	1. Vereins-/Amtsvormund 12
C. Anwendungsbereich 4	2. Vorhandensein einer anderen als Vormund
D. Anwendungsvoraussetzungen 5	geeigneten Person 14
I. Normstruktur 5	3. Kein Entgegenstehen des Mündelwohls 15
II. Antrag des Vormundes (Absätze 1 und 2) 6	4. Wichtiger Grund 17
III. Entlassung des Einzelvormunds (Absatz 1) 7	E. Rechtsfolgen 19
1. Umstand nach § 1786 Abs. 1 Nr. 2-7 BGB 8	F. Prozessuale Hinweise/Verfahrenshinweise 20

A. Gesetzesänderungen

Zu den Änderungen im Zusammenhang mit dem Gesetz zur Reform des Verfahrens in Familiensachen und in den Angelegenheiten der freiwilligen Gerichtsbarkeit vom 17.12.2008 (FGG-Reformgesetz – FGG-RG) bzw. dem Gesetz über das Verfahren in Familiensachen und in den Angelegenheiten der freiwilligen Gerichtsbarkeit (FamFG) zum 01.09.2009 vgl. die Kommentierung zu § 1835 BGB Rn. 1 ff.   1

B. Grundlagen

I. Kurzcharakteristik

§ 1889 BGB regelt die Entlassung des Einzelvormundes (Absatz 1) sowie des Amts-/Vereinsvormundes (Absatz 2) auf deren eigenen Antrag.   2

II. Regelungsprinzipien

Im Gegensatz zu den §§ 1886, 1887 BGB, wonach die Entlassung des Vormunds zum Wohle des Mündels und im Zweifel auch gegen den Willen des Vormunds erfolgt, regelt § 1889 BGB die Fälle, in denen die Entlassung auf Antrag bzw. im Interesse des Vormunds vorgenommen wird.   3

C. Anwendungsbereich

Die Vorschrift ist für den Gegenvormund gemäß § 1895 BGB entsprechend anwendbar, ebenso auf Pflegschaften gemäß § 1915 Abs. 1 BGB. Für Betreuer gilt § 1908b Abs. 2 BGB.   4

D. Anwendungsvoraussetzungen

I. Normstruktur

§ 1889 Abs. 1 BGB regelt die Entlassung des Einzelvormunds, § 1889 Abs. 2 BGB die Entlassung des Amts-/Vereinsvormunds.   5

II. Antrag des Vormundes (Absätze 1 und 2)

6 Die Entlassung nach § 1889 BGB setzt **stets einen Antrag** des jeweiligen Vormunds voraus, das gilt sowohl für den Einzelvormund (Absatz 1) als auch für den Amts-/Vereinsvormund (Absatz 2).

III. Entlassung des Einzelvormunds (Absatz 1)

7 **Wichtiger Grund:** Der Einzelvormund ist zu entlassen, wenn ein wichtiger Grund vorliegt. Inwieweit ein wichtiger Grund vorliegt, entscheidet das Familiengericht. Dabei hat es das **Interesse des Vormunds an einer Entlassung** gegen ein **eventuelles Interesse des Mündels an der Amtsfortführung abzuwägen**; wobei insbesondere zu prüfen ist, inwieweit dem Amtsinhaber die Fortführung der Vormundschaft unter Würdigung seiner und der Belange des Betroffenen zumutbar ist.[1]

1. Umstand nach § 1786 Abs. 1 Nr. 2-7 BGB

8 Ein wichtiger Grund liegt Halbsatz 2 zufolge insbesondere dann vor, wenn ein Umstand eintritt, der den Vormund gemäß § 1786 Abs. 1 Nr. 2-7 BGB zur Ablehnung der Vormundschaftsübernahme berechtigen würde (zu den Ablehnungsgründen im Einzelnen vgl. die Kommentierung zu § 1786 BGB). Der Verweis auf § 1786 Abs. 1 Nr. 8 BGB fehlt, weil der Vormund sich nicht einer Vormundschaft entledigen können soll, indem er eine andere Vormundschaft übernimmt.

9 Liegt ein Umstand nach § 1786 Abs. 1 Nr. 2-7 BGB vor, so liegt **stets ein wichtiger Grund** vor. Einer Interessenabwägung bedarf es dann nicht mehr, vielmehr hat der Gesetzgeber die Fälle des § 1786 Abs. 1 Nr. 2-7 BGB bereits als wichtige Gründe eingeordnet und das Mündelinteresse für diese Fälle im Ergebnis als nachrangig eingeordnet.

2. Sonstiger wichtiger Grund

10 Die Entlassung kann auch aus einem **anderen wichtigen Grund** erfolgen – die Aufzählung in § 1786 Abs. 1 Nr. 2-7 BGB ist nicht abschließend, wie sich aus dem eindeutigen Wortlaut des § 1889 BGB ergibt („insbesondere"). In solchen Fällen ist die in Rn. 7 beschriebene Interessenabwägung vorzunehmen.

IV. Entlassung des Amts-/Vereinsvormunds (Absatz 2)

11 Ebenso wie der Einzelvormund können auch Amts- und Vereinsvormund unter bestimmten Voraussetzungen auf eigenen Antrag entlassen werden.

1. Vereins-/Amtsvormund

12 § 1889 Abs. 2 BGB setzt zunächst voraus, dass das **Jugendamt** oder ein **Verein** als Vormund tätig ist.

13 Zur Entlassung des Jugendamts in Fällen des **Aufenthaltswechsels** des Mündels vgl. die Kommentierung zu § 1887 BGB Rn. 8.

2. Vorhandensein einer anderen als Vormund geeigneten Person

14 Gemäß § 1889 Abs. 2 BGB muss eine als Vormund geeignete Person vorhanden sein. Die **Eignung** bestimmt sich nach den in § 1779 Abs. 2 BGB genannten Kriterien (vgl. daher die Kommentierung zu § 1779 BGB).

3. Kein Entgegenstehen des Mündelwohls

15 Eine Entlassung des Vereins-/Amtsvormundes und die Bestellung einer anderen geeigneten Person zum Vormund können nach § 1889 Abs. 2 Satz 1 BGB nur erfolgen, wenn das Wohl des Mündels dem nicht entgegensteht.[2]

16 Die Formulierung in § 1889 Abs. 2 Satz 1 BGB („dem Wohl ... nicht entgegensteht") unterscheidet sich von der in § 1887 Abs. 1 BGB („dem Wohl ... dient"). Die gesetzlichen Anforderungen sind in Fällen des § 1889 Abs. 2 BGB somit geringer, der Grund dafür liegt darin, dass das Jugendamt in den Fällen des § 1889 Abs. 2 BGB die Entlassung selbst wünscht bzw. beantragt. Im Rahmen des § 1889 Abs. 2 BGB genügt es daher, wenn die Entlassung keine Nachteile für den Mündel mit sich bringt bzw. den **Interessen des Mündels nicht abträglich** ist. Zu prüfen ist in diesem Zusammenhang etwa, ob

---

[1] Vgl. zur Entlassung eines Pflegers: LG Berlin v. 17.12.1991 - 83 T 390/91 - BtPrax 1992, 40-43.
[2] Vgl. auch LG Essen v. 30.06.1995 - 7 T 309/95 - DAVorm 1995, 1068-1069.

ein Wechsel des Amts-/Vereinsvormunds dem Wohl des Mündels wegen besonderer Sachnähe[3] oder starker persönlicher Bindung[4] abträglich ist, dabei kann auch der Wunsch des Mündels zu berücksichtigen sein.[5]

4. Wichtiger Grund

Einen **Vereinsvormund** hat das Familiengericht auf Antrag zudem auch dann zu entlassen, wenn ein **wichtiger Grund** vorliegt, § 1889 Abs. 2 Satz 2 BGB. Ein solcher wichtiger Grund kann beispielsweise darin liegen, dass dem Verein nicht genügend Kapazitäten zur Verfügung stehen (so etwa aus Mangel an Mitgliedern etc.).

Ein wichtiger Grund ist in der Rechtsprechung auch vor dem Hintergrund der geänderten Rechtsprechung des BGH zur Frage der Vergütungsfähigkeit des Vereinsvormunds[6] angenommen worden. Ist die Bestellung als Vereinsvormund ursprünglich auf der Grundlage der zum damaligen Zeitpunkt vom BGH noch bejahten Vergütungsfähigkeit erfolgt, begründet die Ablehnung der Vergütung für Vereine nun einen wichtigen Grund, der die Entlassung des Vereinsvormunds auf Antrag und Bestellung eines Mitarbeiters analog § 1897 Abs. 2 BGB rechtfertigen kann.[7] Diese Auffassung hat zunächst das OLG Düsseldorf vertreten, allerdings nur für Fälle, in denen der Verein im Zeitpunkt seiner Bestellung von einer Vergütungsfähigkeit seiner Tätigkeit ausgehen konnte.[8] Der BGH ist in seiner Entscheidung vom 13.03.2013 sogar noch einen Schritt weiter gegangen und hat einen wichtigen Grund für die Entlassung auch dann bejaht, wenn der Verein im Zeitpunkt der Bestellung nach der seinerzeit geltenden Rechtslage keinen Vergütungsanspruch hatte.[9]

E. Rechtsfolgen

Liegen die Voraussetzungen des § 1888 BGB vor, also Antrag und wichtiger Grund (Absatz 1) bzw. eine andere geeignete Person sowie kein entgegenstehendes Mündelinteresse (Absatz 2), muss das Familiengericht den Vormund entlassen: Der Vormund hat bei Vorliegen der Voraussetzungen einen **Anspruch auf Entlassung**.[10]

F. Prozessuale Hinweise/Verfahrenshinweise

Zuständig für die Entscheidung über den Antrag auf Entlassung ist das Familiengericht.

Gegen die Entscheidung ist die Beschwerde statthaft (§ 59 FamFG). Beschwerdeberechtigt sind der Vormund und der Mündel, letzterer allerdings nur gegen die Entlassung, nicht gegen die Ablehnung des Antrags (§ 59 Abs. 2 FamFG).

---

[3] Vgl. dazu OLG Hamm v. 19.01.1998 - 15 W 481/97 - juris Rn. 16 - FGPrax 1998, 103-104.
[4] Vgl. LG Essen v. 30.06.1995 - 7 T 309/95 - DAVorm 1995, 1068-1069.
[5] BayObLG München v. 16.12.1997 - 1Z BR 196/97 - juris Rn. 10.
[6] BGH v. 25.05.2011 XII ZB 625/10 - FamRZ 2011, 1394-1397.
[7] OLG Düsseldorf v. 09.05.2012 - II-1 WF 20/12, 1 WF 20/12 - juris Rn. 6 - FamRZ 2013, 54-55, zur Vereinspflegschaft vgl. OLG Düsseldorf v. 09.05.2012 - II-1 WF 17/12, 1 WF 17/12 - juris Rn. 6 - FamRZ 2013, 477.
[8] OLG Düsseldorf v. 05.06.2012 - II-1 WF 18/12, 1 WF 18/12 - juris Rn. 5.
[9] BGH v. 13.03.2013 - XII ZB 398/12 - juris Rn. 10 - FamRZ 2013, 946-947.
[10] *Wagenitz* in: MünchKomm-BGB, § 1889 Rn. 1.

§ 1890 BGB Vermögensherausgabe und Rechnungslegung

(Fassung vom 17.12.2008, gültig ab 01.09.2009)

[1]Der Vormund hat nach der Beendigung seines Amts dem Mündel das verwaltete Vermögen herauszugeben und über die Verwaltung Rechenschaft abzulegen. [2]Soweit er dem Familiengericht Rechnung gelegt hat, genügt die Bezugnahme auf diese Rechnung.

Gliederung

A. Gesetzesänderungen 1	D. Anwendungsvoraussetzungen 6
B. Grundlagen 2	E. Rechtsfolgen 8
I. Kurzcharakteristik 2	I. Vermögensherausgabe 10
II. Regelungsprinzipien 3	II. Rechenschaftslegung 14
C. Anwendungsbereich 4	F. Prozessuale Hinweise/Verfahrenshinweise 20

A. Gesetzesänderungen

1 Zu den Änderungen im Zusammenhang mit dem Gesetz zur Reform des Verfahrens in Familiensachen und in den Angelegenheiten der freiwilligen Gerichtsbarkeit vom 17.12.2008 (FGG-Reformgesetz – FGG-RG) bzw. dem Gesetz über das Verfahren in Familiensachen und in den Angelegenheiten der freiwilligen Gerichtsbarkeit (FamFG) zum 01.09.2009 vgl. die Kommentierung zu § 1835 BGB Rn. 1 ff.

B. Grundlagen

I. Kurzcharakteristik

2 § 1890 BGB regelt die Pflicht des Vormunds zur Vermögensherausgabe und Rechnungslegung nach Beendigung des Vormundschaftsamtes.

II. Regelungsprinzipien

3 § 1890 BGB statuiert den **privatrechtlichen Anspruch** des Mündels gegen den Vormund auf Vermögensherausgabe und Rechnungslegung. Die Mitwirkung des Familiengerichts in diesem Zusammenhang ist in § 1892 BGB geregelt. Danach kann das Familiengericht den Vormund lediglich zur Einreichung einer formal ordnungsgemäßen Schlussrechnung (ggf. durch Zwangsgeld, § 1837 Abs. 3 BGB) anhalten, hat aber keine darüber hinausgehenden Befugnisse (vgl. Rn. 19).[1]

C. Anwendungsbereich

4 § 1890 BGB ist gemäß § 1908 Abs. 1 Satz 1 BGB auf die Betreuung, nach § 1915 Abs. 1 Satz 1 BGB auf die Pflegschaft entsprechend anzuwenden.

5 In den Fällen der freiwilligen Beistandschaft nach § 1712 BGB findet § 1890 BGB ausdrücklich keine Anwendung, § 1716 Satz 2 BGB.[2]

D. Anwendungsvoraussetzungen

6 Einzige Voraussetzung des § 1890 BGB ist die **Beendigung des Vormundschaftsamtes**. Diese erfolgt entweder durch Beendigung der Vormundschaft gemäß den §§ 1882, 1884 BGB oder durch Entlassung des Vormunds nach den §§ 1886-1889 BGB.

---

[1] OLG Schleswig v. 01.12.2005 - 2 W 197/05 - FamRZ 2006, 574-575; LG Münster v. 15.11.2001 - 5 T 856/01 - Rpfleger 2002, 265; BayObLG München v. 25.10.2000 - 3Z BR 229/00 - Rpfleger 2001, 74-75; OLG Jena v. 04.10.2000 - 6 W 559/00 - Rpfleger 2001, 75-76; OLG Hamm v. 20.05.1999 - 15 W 87/99 - juris Rn. 12 - NJW-RR 2000, 147-148.

[2] Vgl. auch OLG Hamm v. 19.04.2013 - II-2 WF 51/13, 2 WF 51/13 - juris Rn. 8 - FamRZ 2014, 324.

Die Pflichten nach § 1890 BGB treffen auch den **Amts-/Vereinsvormund**[3] und den **befreiten Vormund**[4]. Wird allerdings die Amtsvormundschaft des Jugendamtes per Gesetz in eine Beistandspflicht umgewandelt, liegt keine Beendigung der Vormundschaft im Sinne des § 1890 BGB vor.[5]

E. Rechtsfolgen

Nach dem Ende des Vormundschaftsamtes hat der (ehemalige) Mündel gegen den (ehemaligen) Vormund einen Anspruch auf Herausgabe des verwalteten Vermögens sowie auf Rechenschaftslegung. Anspruchsgläubiger können statt des ehemaligen Mündels auch dessen Rechtsnachfolger (bspw. Erbteilserwerber bei der Nachlasspflegschaft)[6] sein, Anspruchsschuldner auch die Erben des Vormunds.[7]

Ein **Verzicht** des mittlerweile volljährigen Mündels auf Rechnungslegung ist gemäß § 397 BGB möglich, den Eltern ist diese Möglichkeit hingegen nicht eingeräumt.[8]

I. Vermögensherausgabe

Der Vormund (respektive seine Erben) muss das der vormundschaftlichen Verwaltung unterliegende Mündelvermögen **sofort herausgeben**. Soweit der ehemalige Mündel beziehungsweise sein Rechtsnachfolger unbeschränkt geschäftsfähig ist, hat die Herausgabe an diesen zu erfolgen, ansonsten an den neuen gesetzlichen Vertreter (Betreuer/Eltern/neuer Vormund). Liegt Gesamtberechtigung etwa der Mündelerben vor, hat die Herausgabe an alle Berechtigten zu erfolgen.[9]

Herauszugeben ist **das gesamte der Vormundsverwaltung unterliegende Vermögen**, ferner auch die vorhandenen **Urkunden**, die zur Geltendmachung von Forderungen erforderlich sind beziehungsweise zu hinterlegten Gegenständen gehören. Nach § 260 BGB ist dem Mündel ein Bestandsverzeichnis vorzulegen.

Abzustellen ist grundsätzlich auf den Besitz im **Zeitpunkt der Beendigung der Vormundschaft**, nicht auf den Zeitpunkt des Herausgabeverlangens.[10]

Der (ehemalige) Vormund kann gegebenenfalls ein **Zurückbehaltungsrecht** (§§ 273, 274 BGB) wegen noch ausstehender Ansprüche auf Vergütung (§ 1836 BGB, §§ 1 ff. VBVG) oder Aufwendungsersatz (§ 1835 BGB) geltend machen, allerdings darf er wegen geringfügiger Ansprüche nicht die Herausgabe des gesamten Vermögens, sondern nur die eines angemessenen/verhältnismäßigen Teiles verweigern.[11]

II. Rechenschaftslegung

Die Verpflichtung zur Rechenschaftslegung nach Beendigung der Vormundschaft (§ 1890 Satz 1 BGB) ist von der Verpflichtung zur regelmäßigen Rechnungslegung während der Vormundschaft (§§ 1840 ff. BGB) zu trennen: Die §§ 1840 ff. BGB normieren eine Verpflichtung des Vormunds gegenüber dem Familiengericht, dem es auf diese Weise erleichtert werden soll, seinen Aufsichts- und Kontrollpflichten gegenüber dem Vormund nachzukommen. Demgegenüber gewährt § 1890 Satz 1 BGB dem Mündel einen **privatrechtlichen Anspruch auf Legung der Schlussrechnung**. Allerdings entsprechen sich die Verpflichtungen aus § 1840 BGB und § 1890 BGB inhaltlich[12], weshalb es § 1890 Satz 2 BGB dem Vormund ermöglicht, bei Erstellung der Schlussrechnung auf die beim Familiengericht eingereichten (Jahres-)Rechnungen Bezug zu nehmen.

---

[3] Für die Amtspflegschaft vgl. LG Tübingen v. 20.04.1989 - 5 T 60/89 - DAVorm 1989, 714-715; OLG Stuttgart v. 26.05.1978 - 8 W 177/78 - juris Rn. 6 - DAVorm 1978, 607-608; OLG Frankfurt v. 15.08.1979 - 20 W 412/79 - FRES 2, 407-408.

[4] OLG Düsseldorf v. 16.08.1995 - 22 U 85/95 - FamRZ 1996, 374-375.

[5] OLG Hamm v. 20.05.1999 - 15 W 87/99 - juris Rn. 13 - NJW-RR 2000, 147-148.

[6] OLG Dresden v. 13.01.1999 - 13 U 2283/98 - ZEV 2000, 402-405.

[7] *Diederichsen* in: Palandt, § 1890 Rn. 1.

[8] Vgl. *Wagenitz* in: MünchKomm-BGB, § 1890 Rn. 8.

[9] *Wagenitz* in: MünchKomm-BGB, § 1890 Rn. 2; vgl. auch OLG Dresden v. 13.01.1999 - 13 U 2283/98 - ZEV 2000, 402-405.

[10] OLG Brandenburg v. 08.08.2007 - 13 U 81/06 - juris Rn. 26; OLG Brandenburg v. 30.01.2008 - 13 U 86/06 - juris Rn. 21; OLG Brandenburg v. 21.11.2007 - 13 U 148/06 - juris Rn. 37 - ZFE 2008, 198.

[11] Allgemein zum Zurückbehaltungsrecht RG v. 20.06.1905 - II 605/04 - RGZ 61, 128-133, 133.

[12] OLG Düsseldorf v. 18.12.1980 - 18 U 175/80 - DAVorm 1982, 209-212.

15 Die Schlussrechnung muss gewisse **formale Mindestanforderungen** erfüllen: Sie sollte ausdrücklich als solche bezeichnet sein, zumindest jedoch muss der Vormund/Betreuer klarstellen, dass und für welchen Zeitraum er die Schlussrechnung legt.[13]

16 Die Verpflichtung zur Rechnungslegung nach § 1890 BGB reicht nach obergerichtlicher Rechtsprechung weiter als die nach § 1892 BGB.[14] Ihr Umfang bestimmt sich nach den §§ 259 ff. BGB.[15] Die Rechnung muss danach – ebenso wie die Jahresrechnungen nach § 1841 Abs. 1 BGB – eine **geordnete Zusammenstellung der Einnahmen und Ausgaben** enthalten, die über den Ab- und Zugang des Vermögens Auskunft gibt. Eine geordnete Zusammenstellung liegt nur dann vor, wenn Einnahmen und Ausgaben schriftlich so klar und übersichtlich dargestellt sind, dass sie einen Überblick über alle Vorgänge ermöglichen.[16]

17 Zudem sind **Belege** beizufügen, die eine Kontrolle der vorzulegenden geordneten Zusammenstellung ermöglichen,[17] die bloße Vorlage solcher Belege ohne nähere Erläuterung genügt nicht.[18] Dabei kann der Betroffene nach in der Rechtsprechung vertretener Auffassung auch die Herausgabe von **Kontoauszügen** für den gesamten Betreuungszeitraum verlangen, da nur so für den Betreuten nachvollziehbar sei, welche Einnahmen er hatte und welche Ausgaben von seinem Vermögen getätigt wurden.[19]

18 Je übersichtlicher sich die Verwaltung des Mündelvermögens gestaltete, umso einfacher kann die Schlussrechnung gehalten sein: Bestand etwa das Vermögen im Wesentlichen in der Verwaltung von Geldvermögen und nicht bebautem Grundbesitz sowie in der Verwahrung sonstiger Vermögenswerte, reicht es zur Erfüllung der Rechnungslegungspflicht aus, wenn der Vormund zusammen mit den zeitlich geordneten Kontoauszügen/Belegen eine nach Kalender- oder Rechnungsjahren unterteilte Übersicht über die Entwicklung des Mündelvermögens während seiner Amtsführung vorlegt.[20]

19 Bei **nicht ordnungsgemäßer Schlussrechnung** muss der Mündel seinen Anspruch vor dem Prozessgericht geltend machen. Das Familiengericht kann lediglich nach § 1892 BGB eine formell ordnungsgemäße Schlussrechnung verlangen und diese gegebenenfalls mit Zwangsmitteln durchsetzen (vgl. Rn. 3). Darüber hinausgehende Befugnisse hat es nicht. Es kann auch nicht etwa die Vergütungsfestsetzung davon abhängig machen, dass der Vormund/Betreuer zuvor eine ordnungsgemäße Schlussrechnung einreicht.[21]

F. Prozessuale Hinweise/Verfahrenshinweise

20 Der Anspruch auf Vermögensherausgabe ist als privatrechtlicher Anspruch vor dem **ordentlichen Prozessgericht** durchzusetzen.[22] Auch der Anspruch auf Rechnungslegung muss vor dem Prozessgericht geltend gemacht werden, das gilt insbesondere für die Frage, inwieweit der Vormund seiner Rechnungslegungspflicht ausreichend nachgekommen ist.[23]

21 Hat der Mündel/Betreute zunächst auf die Schlussrechnung verzichtet (vgl. Rn. 9), dann aber die Anfechtung der Verzichtserklärung erklärt, so ist der Streit um die Anfechtung ebenfalls vor dem Prozessgericht auszutragen.[24]

22 Der mit der Rechnungslegung bzw. Herausgabepflicht verbundene Aufwand ist grundsätzlich vergütungsfähig.[25]

---

[13] BayObLG v. 30.07.2003 - 3Z BR 114/03 - juris Rn. 14.
[14] OLG Thüringen v. 27.02.2013 - 2 U 352/12 - juris Rn. 30 - FamRZ 2013, 1837.
[15] OLG Schleswig v. 01.12.2005 - 2 W 197/05 - juris Rn. 18 - FamRZ 2006, 574-575.
[16] BayObLG München v. 25.10.2000 - 3Z BR 229/00 - juris Rn. 8 - Rpfleger 2001, 74-75.
[17] LG Berlin v. 29.11.1979 - 83 T 377/79, 83 T 379/79 - DAVorm 1980, 55-58.
[18] Vgl. BayObLG München v. 25.10.2000 - 3Z BR 229/00 - juris Rn. 8 - Rpfleger 2001, 74-75.
[19] OLG Thüringen v. 27.02.2013 - 2 U 352/12 - juris Rn. 31 - FamRZ 2013, 1837.
[20] OLG Düsseldorf v. 16.08.1995 - 22 U 85/95 - FamRZ 1996, 374-375.
[21] LG Saarbrücken v. 09.10.2009 - 5 T 611/08 - juris Rn. 20-21 - FamRZ 2010, 328.
[22] LG Hannover v. 11.09.1986 - 9 T 117/86 - Rpfleger 1987, 247.
[23] OLG Schleswig v. 01.12.2005 - 2 W 197/05 - FamRZ 2006, 574-575; LG Münster v. 15.11.2001 - 5 T 856/01 - Rpfleger 2002, 265.
[24] LG Saarbrücken v. 23.04.2009 - 5 T 12/09, 5 T 33/09 - juris Rn. 34 - BtPrax2009, 195-197.
[25] OLG Schleswig v. 23.03.2000 - 2 W 1/00 - FamRZ 2000, 1048-1049, beachte aber im Hinblick auf die nunmehr pauschalierte Vergütung des Berufsbetreuers LG Stendal v. 16.03.2006 - 25 T 258/05 - juris Rn. 13, wonach es sich bei den Rechnungslegungs- und Herausgabepflichten nach § 1890 BGB um Verwaltungspflichten des Betreuers handelt, die im Sinne eines „Abwicklungsverhältnisses" schon bei Übernahme der Betreuung feststehen und entsprechend dem Willen des Gesetzgebers mit der Pauschalierung nach § 5 VBVG bis zum Tode des Betroffenen abgegolten sind.

§ 1891 BGB Mitwirkung des Gegenvormunds

(Fassung vom 02.01.2002, gültig ab 01.01.2002)

(1) ¹Ist ein Gegenvormund vorhanden, so hat ihm der Vormund die Rechnung vorzulegen. ²Der Gegenvormund hat die Rechnung mit den Bemerkungen zu versehen, zu denen die Prüfung ihm Anlass gibt.

(2) Der Gegenvormund hat über die Führung der Gegenvormundschaft und, soweit er dazu imstande ist, über das von dem Vormund verwaltete Vermögen auf Verlangen Auskunft zu erteilen.

Gliederung

A. Grundlagen 1	1. Gegenvormund 5
I. Kurzcharakteristik 1	2. Rechnung 6
II. Regelungsprinzipien 2	3. Prüfung durch den Gegenvormund 7
B. Anwendungsbereich 3	II. Auskunftspflicht des Gegenvormundes
C. Anwendungsvoraussetzungen 4	(Absatz 2) 10
I. Prüfungspflicht des Gegenvormundes	
(Absatz 1) 4	

A. Grundlagen

I. Kurzcharakteristik

§ 1891 BGB regelt die Mitwirkung des Gegenvormundes bei der nach den §§ 1890, 1892 BGB erforderlichen Rechnungslegung. 1

II. Regelungsprinzipien

Die Mitwirkungspflichten bei der Prüfung der Rechnung nach den §§ 1890, 1892 BGB entsprechen der Rolle, die das Gesetz dem Gegenvormund schon während der Vormundschaft zukommen lässt: Aufgabe des Gegenvormundes ist es, den Vormund auch und gerade im Bereich der Vermögenssorge zu kontrollieren.[1] Nach § 1792 Abs. 2 BGB soll deshalb ein Gegenvormund bestellt werden, wenn mit der Vormundschaft eine erhebliche Vermögensverwaltung verbunden ist.[2] Dem entspricht § 1842 BGB, der dem Gegenvormund bei der regelmäßigen Rechnungslegung während der Vormundschaft besondere Prüfungspflichten zuweist. § 1891 BGB ist der letztgenannten Regelung weitgehend nachgebildet, er regelt die Mitwirkung des Gegenvormundes bei der Schlussrechnung. 2

B. Anwendungsbereich

Die Vorschrift ist auf Betreuungen (§ 1908i Abs. 1 Satz 1 BGB) sinngemäß anwendbar und gilt auch für Pflegschaften (§ 1915 Abs. 1 Satz 1 BGB).[3] 3

C. Anwendungsvoraussetzungen

I. Prüfungspflicht des Gegenvormundes (Absatz 1)

Ist ein Gegenvormund vorhanden, so hat ihm der Vormund die nach den §§ 1890, 1892 BGB zu erstellende Rechnung vorzulegen. Der Gegenvormund hat die Rechnung zu prüfen und nach § 1891 Abs. 1 Satz 1 BGB mit entsprechenden Bemerkungen zu versehen. 4

---

[1] Vgl. *Diederichsen* in: Palandt, § 1792 Rn. 1.
[2] In allen anderen Fällen ist die Bestellung eines Gegenvormundes fakultativ, § 1792 Abs. 1 BGB.
[3] Nach § 1915 Abs. 2 BGB ist die Bestellung eines Gegenvormundes bei der Pflegschaft zwar nicht erforderlich, sie bleibt aber zulässig, so dass § 1891 BGB hier durchaus entsprechende Anwendung finden kann.

1. Gegenvormund

5   Einzelheiten zur Bestellung eines Gegenvormundes vgl. die Kommentierung zu § 1792 BGB. Ist kein Gegenvormund vorhanden, so muss er auch nicht eigens für die Prüfung der Schlussrechnung bestellt werden.[4]

2. Rechnung

6   Der Begriff der „Rechnung" bezieht sich auf die Rechnungslegung in § 1890 BGB (Einzelheiten hierzu vgl. in der Kommentierung zu § 1890 BGB Rn. 14).

3. Prüfung durch den Gegenvormund

7   Die Prüfung des Gegenvormundes entspricht weitgehend der in § 1842 BGB, allerdings hat der Vormund dem Gegenvormund bei der Erstellung der Schlussrechnung nicht den Vermögensbestand zu erläutern und nachzuweisen. Eine derartige Nachweispflicht trifft den Vormund nur gegenüber dem Mündel.

8   Zu der Verpflichtung des Gegenvormundes, die Rechnung mit Bemerkungen zu versehen, vgl. die Kommentierung zu § 1842 BGB Rn. 10.

9   Die Vorlage- und Prüfungspflichten nach § 1891 BGB bestehen sowohl gegenüber dem Mündel als auch gegenüber dem Familiengericht. Das Gericht kann daher mittels Maßnahmen nach § 1837 Abs. 2, 3 BGB den Vormund zur Vorlage der Rechnung veranlassen sowie den Gegenvormund zu entsprechender Prüfung und Äußerung über die Rechnung.[5]

II. Auskunftspflicht des Gegenvormundes (Absatz 2)

10 Gemäß § 1891 Abs. 2 BGB ist der Gegenvormund zur Erteilung von Auskünften über die Führung der Gegenvormundschaft und – soweit möglich – über das vom Vormund verwaltete Vermögen verpflichtet. Die Verpflichtung besteht lediglich gegenüber dem Mündel, gegebenenfalls auch gegenüber dessen Rechtsnachfolger oder jetzigen gesetzlichen Vertreter, nicht aber gegenüber dem Familiengericht.[6] Ist das Gericht an entsprechenden Informationen interessiert, so steht ihm der Auskunftsanspruch aus § 1839 BGB zu. Voraussetzung ist dann aber, dass der Gegenvormund sein Amt weiterführt.

---

[4] *Diederichsen* in: Palandt, § 1891 Rn. 1.
[5] *Wagenitz* in: MünchKomm-BGB, § 1891 Rn. 3.
[6] *Wagenitz* in: MünchKomm-BGB, § 1891 Rn. 4.

§ 1892 BGB Rechnungsprüfung und -anerkennung

(Fassung vom 17.12.2008, gültig ab 01.09.2009)

(1) Der Vormund hat die Rechnung, nachdem er sie dem Gegenvormund vorgelegt hat, dem Familiengericht einzureichen.

(2) ¹Das Familiengericht hat die Rechnung rechnungsmäßig und sachlich zu prüfen und deren Abnahme durch Verhandlung mit den Beteiligten unter Zuziehung des Gegenvormunds zu vermitteln. ²Soweit die Rechnung als richtig anerkannt wird, hat das Familiengericht das Anerkenntnis zu beurkunden.

Gliederung

A. Gesetzesänderungen 1	1. Einreichungspflicht 7
B. Grundlagen 2	2. Ausnahmen 9
I. Kurzcharakteristik 2	II. Prüfung und Abnahmevermittlung (Absatz 2
II. Regelungsprinzipien 3	Satz 1) 11
C. Anwendungsbereich 4	1. Prüfung 12
D. Anwendungsvoraussetzungen 5	2. Abnahmevermittlung 13
I. Verpflichtung zum Einreichen der Schluss-	III. Anerkenntnis (Absatz 2 Satz 2) 14
rechnung (Absatz 1) 5	E. Prozessuale Hinweise/Verfahrenshinweise 18

A. Gesetzesänderungen

Zu den Änderungen im Zusammenhang mit dem Gesetz zur Reform des Verfahrens in Familiensachen und in den Angelegenheiten der freiwilligen Gerichtsbarkeit vom 17.12.2008 (FGG-Reformgesetz – FGG-RG) bzw. dem Gesetz über das Verfahren in Familiensachen und in den Angelegenheiten der freiwilligen Gerichtsbarkeit (FamFG) zum 01.09.2009 vgl. die Kommentierung zu § 1835 BGB Rn. 1 ff. 1

B. Grundlagen

I. Kurzcharakteristik

§ 1892 BGB regelt die Prüfung und Anerkennung der Schlussrechnung durch das Familiengericht nach Beendigung der Vormundschaft. 2

II. Regelungsprinzipien

Die Vorschrift erklärt sich angesichts des Umstandes, dass dem Familiengericht auch nach Beendigung der Vormundschaft noch ein **Restbestand an aufsichtsrechtlicher Fürsorge** verbleibt.[1] § 1892 BGB statuiert deshalb die Verpflichtung des Familiengerichts, die Schlussrechnung des Vormundes nach dem Ende seiner Amtszeit zu überprüfen und deren Abnahme zu vermitteln. Damit das Gericht dieser Verpflichtung nachkommen kann, behält es trotz Beendigung der Vormundschaft noch einen Teil seiner vormaligen Befugnisse. So kann es die Einreichung der Schlussrechnung gegebenenfalls durch Festsetzung eines Zwangsgeldes erzwingen (§ 1837 Abs. 3 BGB).[2] Der Tätigkeit des Familiengerichts sind jedoch Grenzen gesetzt. Insbesondere kann es wegen der Beendigung der Vormundschaft den Auskunftsanspruch aus § 1839 BGB nicht mehr geltend machen und keine Unterlagen über den tatsächlichen Vermögensstand verlangen.[3] 3

C. Anwendungsbereich

Die Vorschrift ist auf Betreuungen (§ 1908i Abs. 1 Satz 1 BGB) sinngemäß anwendbar und gilt auch für Pflegschaften (§ 1915 Abs. 1 Satz 1 BGB). 4

---

[1] OLG Hamm v. 20.05.1999 - 15 W 87/99 - juris Rn. 12 - NJW-RR 2000, 147-148.
[2] OLG Jena v. 04.10.2000 - 6 W 559/00 - Rpfleger 2001, 75-76.
[3] *Wagenitz* in: MünchKomm-BGB, § 1892 Rn. 4.

D. Anwendungsvoraussetzungen

I. Verpflichtung zum Einreichen der Schlussrechnung (Absatz 1)

5 Falls ein Gegenvormund vorhanden ist, hat der Vormund die Schlussrechnung zunächst diesem vorzulegen, § 1891 Abs. 1 BGB. Zur Überprüfung der Schlussrechnung durch den Gegenvormund vgl. die Kommentierung zu § 1891 BGB Rn. 4.

6 Nach § 1892 Abs. 1 BGB muss der Vormund die Schlussrechnung sodann beim Familiengericht einreichen.

1. Einreichungspflicht

7 Der Vormund ist zum Einreichen der Schlussrechnung beim Familiengericht **verpflichtet**, kommt er dem nicht nach, so kann das Familiengericht die Vorlage einer formal ordnungsgemäßen, hingegen nicht unbedingt sachlich richtigen[4] Rechnung ggf. durch Zwangsgeld erzwingen, § 1837 Abs. 3 BGB (vgl. auch Rn. 18).[5] Nicht erzwungen werden kann die Vorlage von Wertpapieren.[6]

8 Zu den inhaltlichen Anforderungen an eine formal ordnungsgemäße Schlussrechnung vgl. die Kommentierung zu § 1890 BGB Rn. 14.

2. Ausnahmen

9 Die Pflicht zur Einreichung der Schlussrechnung entfällt, wenn während der Vormundschaft **kein Vermögen** zu verwalten war. War zu Beginn der Amtsführung Vermögen des Mündels vorhanden, existiert dieses aber nicht mehr bei Beendigung der Vormundschaft, so bleibt der Vormund zur Rechnungslegung verpflichtet.[7]

10 Von der Vorlagepflicht ist der Vormund ferner auch dann entbunden, wenn der Mündel auf die Rechnungslegung **verzichtet** hat (vgl. dazu Kommentierung zu § 1890 BGB Rn. 9) oder wenn sich Mündel und Vormund bereits **außergerichtlich auseinandergesetzt** haben. In solchen Fällen bedarf es keiner zusätzlichen Kontrolle durch das Familiengericht.

II. Prüfung und Abnahmevermittlung (Absatz 2 Satz 1)

11 Das Familiengericht muss die Rechnung rechnungsmäßig und sachlich prüfen sowie deren Abnahme durch Verhandlung mit den Beteiligten und unter Hinzuziehung des Gegenvormundes vermitteln.

1. Prüfung

12 Hinsichtlich der Prüfung der Schlussrechnung gelten im Wesentlichen die Ausführungen zu § 1843 BGB **entsprechend** (vgl. hierzu die Kommentierung zu § 1843 BGB Rn. 11). Allerdings ist zu berücksichtigen, dass das Familiengericht den Anspruch aus § 1839 BGB nach Beendigung der Vormundschaft nicht mehr geltend machen kann. Ergänzungen und Berichtigungen kann das Gericht zwar anregen, ihm stehen allerdings diesbezüglich keine Zwangsmittel mehr zu. Es besteht insoweit nur die Möglichkeit, den Vormund zur freiwilligen Berichtigung der Schlussrechnung zu bewegen und dem Mündel Anhaltspunkte für die Entscheidung über die Entlastung zu geben.[8]

2. Abnahmevermittlung

13 Die Abnahmevermittlung erfolgt durch Verhandlung. Das Gericht hat die Beteiligten zu laden, allerdings kann es die Teilnahme des bisherigen Vormundes oder des Mündels nicht erzwingen. Im Verhandlungstermin unterrichtet das Gericht die Beteiligten über das Ergebnis seiner Rechnungsprüfung und gibt ihnen Gelegenheit zur Stellungnahme. Der Mündel ist gegebenenfalls auf die ihm gegen den Vormund zustehenden Ansprüche hinzuweisen.

---

[4] BayObLG München v. 04.06.1997 - 3Z BR 42/97 - Rpfleger 1997, 476-477.
[5] BayObLG München v. 25.10.2000 - 3Z BR 229/00 - Rpfleger 2001, 74-75.
[6] *Diederichsen* in: Palandt, § 1892 Rn. 2.
[7] *Wagenitz* in: MünchKomm-BGB, § 1892 Rn. 3.
[8] Das Gericht soll insoweit lediglich zwischen Mündel und Vormund „vermitteln", vgl. auch OLG Karlsruhe v. 08.08.2003 - 15 U 76/01 - FamRZ 2004, 1601-1602.

III. Anerkenntnis (Absatz 2 Satz 2)

Der Mündel kann die Rechnung **insgesamt oder bzgl. einzelner Rechnungsposten** als formal ordnungsgemäß und sachlich richtig anerkennen. Die Entscheidung über die Anerkennung obliegt allein dem Mündel[9], da die Schlussrechnung ihm (und nicht dem Familiengericht) zu legen ist, § 1890 BGB. 14

Ob ein Anerkenntnis vorliegt, ist durch Auslegung zu ermitteln. Die bloße Quittierung der Rechnungslegung stellt sich regelmäßig noch nicht als Anerkenntnis dar.[10] Wird der Mündel bei der Verhandlung durch einen neuen Vormund vertreten, bedarf das Anerkenntnis der Genehmigung gemäß § 1812 BGB. 15

§ 1892 Abs. 2 Satz 2 BGB schreibt vor, dass das Anerkenntnis des Mündels vom Familiengericht **beurkundet** werden muss. Wird die Form nicht eingehalten, führt dies jedoch nicht zur Unwirksamkeit.[11] 16

Durch das Anerkenntnis wird der bisherige Vormund (teilweise) **entlastet**. Rechtlich handelt es sich um ein negatives Schuldanerkenntnis im Sinne des § 397 Abs. 2 BGB, das den Vorschriften über die Anfechtung unterliegt und nach § 812 Abs. 2 BGB kondizierbar ist.[12] Umstritten ist, wie weit das Anerkenntnis reicht, d.h. ob es ggf. einen umfassenden Verzicht auch auf solche Ansprüche bedeutet, die zum Zeitpunkt der Abnahmeverhandlung nicht bekannt bzw. aus den vorgelegten Unterlagen nicht ersichtlich waren.[13] Nach hier vertretener Auffassung ist dies jeweils durch Auslegung unter Berücksichtigung der Umstände des Einzelfalles zu ermitteln, wobei jedoch der auch nach Beendigung der Vormundschaft zu beachtenden Schutzwürdigkeit des Mündels besondere Bedeutung zukommen dürfte.[14] 17

E. Prozessuale Hinweise/Verfahrenshinweise

Erfüllt der Vormund seine Verpflichtung zur Einreichung einer ordnungsgemäßen Schlussrechnung nicht, kann gegen ihn gemäß § 1837 Abs. 3 BGB ein Zwangsgeld verhängt werden; es gilt § 35 FamFG, der an die Stelle des bisherigen § 33 FGG getreten ist.[15] 18

Falls der Mündel die Rechnung nicht als formal ordnungsgemäß und inhaltlich richtig anerkennt, muss er vor dem Prozessgericht klagen.[16] 19

---

[9] OLG Stuttgart v. 04.10.2000 - 8 W 470/99 - juris Rn. 9 - Rpfleger 2001, 130.
[10] *Diederichsen* in: Palandt, § 1892 Rn. 5.
[11] *Wagenitz* in: MünchKomm-BGB, § 1892 Rn. 5.
[12] OLG Köln v. 21.04.1995 - 11 U 154/94 - juris Rn. 3 - FamRZ 1996, 249.
[13] Zum Meinungsstreit vgl. *Diederichsen* in: Palandt, § 1892 Rn. 5.
[14] Vgl. insoweit auch *Engler* in: Staudinger § 1892 Rn. 21 sowie LG München v. 08.04.2009 - 34 O 17817/08 - juris Rn. 17 - FamRZ 2009, 2117-2118.
[15] BayObLG v. 30.07.2003 - 3Z BR 114/03 - juris Rn. 13 - BayObLGZ 2003, 195-202.
[16] LG Münster v. 15.11.2001 - 5 T 856/01 - Rpfleger 2002, 265.

§ 1893 BGB Fortführung der Geschäfte nach Beendigung der Vormundschaft, Rückgabe von Urkunden

(Fassung vom 17.12.2008, gültig ab 01.09.2009)

(1) Im Falle der Beendigung der Vormundschaft oder des vormundschaftlichen Amtes finden die Vorschriften der §§ 1698a, 1698b entsprechende Anwendung.

(2) ¹Der Vormund hat nach Beendigung seines Amts die Bestallung dem Familiengericht zurückzugeben. ²In den Fällen der §§ 1791a, 1791b ist der Beschluss des Familiengerichts, im Falle des § 1791c die Bescheinigung über den Eintritt der Vormundschaft zurückzugeben.

Gliederung

A. Gesetzesänderungen 1	I. Fortführung vormundschaftlicher Geschäfte (Absatz 1) 7
B. Grundlagen 3	1. Beendigung der Vormundschaft 8
I. Kurzcharakteristik 3	2. § 1698a BGB (Befugnis zur Fortführung) 9
II. Regelungsprinzipien 4	3. § 1698b BGB (Pflicht zur Fortführung) 11
C. Anwendungsbereich 6	II. Rückgabe von Urkunden (Absatz 2) 12
D. Anwendungsvoraussetzungen 7	E. Rechtsfolgen 15

A. Gesetzesänderungen

1 Zu den Änderungen im Zusammenhang mit dem Gesetz zur Reform des Verfahrens in Familiensachen und in den Angelegenheiten der freiwilligen Gerichtsbarkeit vom 17.12.2008 (FGG-Reformgesetz – FGG-RG) bzw. dem Gesetz über das Verfahren in Familiensachen und in den Angelegenheiten der freiwilligen Gerichtsbarkeit (FamFG) zum 01.09.2009 vgl. zunächst allgemein die Kommentierung zu § 1835 BGB Rn. 1 ff.

2 In § 1893 Abs. 2 BGB wurde darüber hinausgehend Satz 2 der Vorschrift geändert. Danach ist in den Fällen der §§ 1791a, 1791b BGB nach Beendigung der Vormundschaft nunmehr „der Beschluss des Familiengerichts" anstelle der schriftlichen „Verfügung des Vormundschaftsgerichts" zurückzugeben. Der Grund für diese Änderung liegt darin, dass im Zuge der Gesetzesreform eine einheitliche Entscheidungsform für Endentscheidungen des Familiengerichtes eingeführt wurde, so dass auch die Bestellung des Vormunds in den Fällen der §§ 1791a BGB und 1791b BGB künftig nicht mehr durch schriftliche Verfügung des Vormundschaftsgerichts, sondern durch Beschluss des Familiengerichts erfolgt. Folgerichtig ist auch die künftig bei Beendigung zurückzugebende Urkunde ein Beschluss. § 1893 Abs. 2 Satz 2 BGB n.F. trägt dieser Neuerung Rechnung.

B. Grundlagen

I. Kurzcharakteristik

3 § 1893 Abs. 1 BGB regelt über den Verweis auf die §§ 1698a, 1698b BGB das Recht beziehungsweise die Pflicht zur Amtsfortführung trotz Beendigung der Vormundschaft/des vormundschaftlichen Amtes. § 1893 Abs. 2 BGB beinhaltet die Pflicht zur Rückgabe von Urkunden.

II. Regelungsprinzipien

4 Auch wenn die Vormundschaft als solche (§§ 1882, 1884 BGB) beziehungsweise das Amt des betroffenen Vormunds (§§ 1886-1889 BGB) endet, können dem ehemaligen Vormund weiterhin Rechte und Pflichten aus dem (beendeten) Vormundschaftsamt erwachsen. Neben den Pflichten zur Vermögensherausgabe sowie zur Rechnungslegung (§§ 1890-1892 BGB) sind dies die in § 1893 Abs. 1 BGB geregelten Rechte und Pflichten zur Fortführung der Vormundschaft.

5 § 1893 Abs. 1 BGB trägt mit dem Verweis auf § 1698a BGB der Tatsache Rechnung, dass die Beendigung häufig kraft Gesetz eintritt, der Vormund also unter Umständen gar nicht um den Wegfall seines Amtes und der damit verbundenen Rechte und Pflichten weiß. Über § 1698a BGB werden der redliche

Vormund und ggf. auch der redliche Dritte im Glauben an das Fortbestehen des Vormundschaftsamtes geschützt. Wegen des Verweises auf § 1698b BGB müssen dringende Geschäfte auch nach dem Tod des Mündels weitergeführt werden.

C. Anwendungsbereich

Die Vorschrift ist auf Betreuungen (§ 1908i Abs. 1 Satz 1 BGB) sinngemäß anwendbar und gilt auch für Pflegschaften (§ 1915 Abs. 1 Satz 1 BGB). Auf den Gegenvormund ist sie ebenfalls entsprechend anwendbar, § 1895 BGB.

D. Anwendungsvoraussetzungen

I. Fortführung vormundschaftlicher Geschäfte (Absatz 1)

§ 1893 Abs. 1 BGB verweist auf die §§ 1698a, 1698b BGB für den Fall der Beendigung der Vormundschaft.

1. Beendigung der Vormundschaft

Der Verweis auf die §§ 1698a, 1698b BGB setzt die Beendigung der Vormundschaft voraus. Gemeint ist sowohl die **Beendigung der Vormundschaft** als solche (§§ 1882, 1884 BGB) als auch die Entlassung des Vormundes (**Ende des Vormundschaftsamtes**, §§ 1886-1889 BGB).

2. § 1698a BGB (Befugnis zur Fortführung)

Durch den Verweis auf § 1698a BGB ist der **Vormund** zur Fortführung der vormundschaftlichen Geschäfte befugt, solange er **weder Kenntnis noch fahrlässige Unkenntnis** von der Beendigung der Vormundschaft beziehungsweise seines Amtes hat (§ 1698a Abs. 1 Satz 1 BGB). Ein **Dritter** kann sich auf diese Befugnis allerdings nur dann berufen, wenn er ebenfalls redlich war (§ 1698a Abs. 1 Satz 2 BGB). In jedem Fall muss jedoch die Redlichkeit des Vormundes gegeben sein, fehlt diese, kann sich auch ein Dritter nicht auf seine Gutgläubigkeit berufen (Einzelheiten zu § 1698a BGB vgl. die Kommentierung zu § 1698a BGB).

Sind **mehrere Vormünder** beteiligt, ist zu differenzieren: Mitvormünder müssen bei gemeinschaftlicher Führung alle redlich sein; liegt geteilte Vormundschaft vor, muss (müssen) der (die) Vormund (Vormünder) die subjektiven Kriterien erfüllen, dessen (deren) Aufgabenkreis betroffen ist; soweit die Genehmigung des Gegenvormundes erforderlich ist, muss auch er redlich sein. Das gilt unabhängig davon, ob alle Vormundschaftsämter oder nur eines enden.[1]

3. § 1698b BGB (Pflicht zur Fortführung)

Auch bei Kenntnis des Vormunds von der Beendigung der Vormundschaft/des Amtes ist der Vormund zur **Fortführung dringlicher Geschäfte** verpflichtet, die nicht ohne Gefahr aufgeschoben werden können, bis der Erbe anderweitig Fürsorge treffen kann.[2] § 1893 Abs. 1 BGB i.V.m. § 1698b BGB ist bei Tod des Mündels direkt, in den Fällen des § 1884 Abs. 2 BGB (Todeserklärung) entsprechend anwendbar; liegen hingegen andere Beendigungsgründe vor, gilt die Norm wegen des insoweit eindeutigen Wortlauts des § 1698b BGB nicht (Einzelheiten zu § 1698b BGB vgl. die Kommentierung zu § 1698b BGB).

II. Rückgabe von Urkunden (Absatz 2)

§ 1893 Abs. 2 BGB verpflichtet den Vormund zur Rückgabe der Bestallungsurkunde. Beim Vereins-/Amtsvormund ist der Beschluss des Familiengerichts (§§ 1791a Abs. 2, 1791b Abs. 2 BGB), in Fällen der gesetzlichen Amtsvormundschaft des Jugendamtes nach § 1791c BGB die Bescheinigung (§ 1791c Abs. 3 BGB) herauszugeben. Zur Rückgabe des Beschlusses des Familiengerichts in den Fällen der §§ 1791a Abs. 2, 1791b Abs. 2 BGB vgl. auch Rn. 1 f.

Die Rückgabepflicht ist Teil der Abwicklung der Vormundschaft und kann daher gemäß § 1837 Abs. 2-3 BGB (vgl. die Kommentierung zu § 1837 BGB) gegebenenfalls auch mit Zwangsmitteln durchgesetzt werden. Die Festsetzung eines Zwangsgeldes kann jedoch nur beim Einzelvormund erfolgen, nicht bei Verein oder Jugendamt, § 1832 Abs. 3 Satz 2 BGB.

---

[1] *Wagenitz* in: MünchKomm-BGB, § 1893 Rn. 4.
[2] Vgl. LG Koblenz v. 19.05.1995 - 2 T 302/95 - BtPrax 1995, 184-185.

14 Die Erben sind ebenfalls zur Herausgabe verpflichtet, gegen sie kann jedoch kein Zwangsgeld verhängt werden.[3]

E. Rechtsfolgen

15 Liegen die Voraussetzungen des § 1893 Abs. 1 BGB i.V.m. § 1698a BGB vor, ist der Vormund weiterhin zur **Fortführung der vormundschaftlichen Geschäfte befugt**, das heißt er handelt mit Vertretungsmacht. Das Gleiche gilt, soweit er nach § 1893 Abs. 1 BGB i.V.m. § 1698b BGB zur **Fortführung dringender Geschäfte verpflichtet** ist.

16 Ist der Vormund zur Fortführung befugt/verpflichtet, kann er für sein Tätigwerden **Vergütung und/oder Aufwendungsersatz** verlangen, bei Mittellosigkeit des Mündels ggf. aus der Staatskasse.[4] Daran hat sich grundsätzlich auch durch Inkrafttreten des VBVG nichts geändert.[5] Allerdings wird in der Rechtsprechung seit Einführung der neuen Vergütungsregelungen für Betreuer im Rahmen des Tätigwerdens nach § 1893 BGB differenziert: Für die Notgeschäftsführung gemäß § 1698b BGB scheint sich die Auffassung durchzusetzen, dass diese zwar grundsätzlich wie nach bisherigem Recht vergütungsfähig sein soll, die entsprechenden Tätigkeiten aber keine Pauschalvergütung nach den §§ 4, 5 VBVG auslösen, sondern auf der Basis einer Einzelaufstellung nach Zeitaufwand konkret zu vergüten sind.[6] Für den Fall der Weiterführung der Betreuung wegen Unkenntnis von der Beendigung der Betreuung nach § 1698a BGB ist demgegenüber die Ansicht vertreten worden, dass das Tätigwerden des Betreuers pauschal zu vergüten ist.[7] Für eine derartige differenzierte Handhabung spricht, dass sich die Notgeschäftsführung gemäß § 1698b BGB regelmäßig auf einzelne dringliche Maßnahmen beschränkt, so dass hier die konkrete Abrechnung nach Zeitaufwand angemessen erscheint, während der Betreuer bei Unkenntnis der Beendigung der Betreuung seine normale Betreuungstätigkeit vollumfänglich weiterführt.[8]

17 **Überschreitet** der Vormund seine **Befugnisse** nach § 1893 Abs. 1 BGB i.V.m. den §§ 1698a, 1698b BGB, sind die §§ 177 ff., 677 ff. BGB einschlägig. Unterlässt er allerdings Geschäfte, zu denen er verpflichtet ist, haftet er nach § 1833 BGB.[9]

---

[3] *Diederichsen* in: Palandt, § 1893 Rn. 5.
[4] *Diederichsen* in: Palandt, § 1893 Rn. 4; LG Koblenz v. 19.05.1995 - 2 T 302/95 - BtPrax 1995, 184-185.
[5] LG Stendal v. 16.03.2006 - 25 T 258/05 - juris Rn. 22 - FamRZ 2006, 1063-1065; LG Traunstein v. 20.02.2006 - 4 T 4660/05 - juris Rn. 11 - BTPrax 2007, 46.
[6] OLG München v. 09.08.2006 - 33 Wx 249/05 - juris Rn. 11 - FamRZ 2006, 1787; LG Meiningen v. 19.12.2006 - 3 T 249/06 - juris Rn. 44.
[7] LG Traunstein v. 31.08.2009 - 4 T 2068/09 - juris Rn. 23 - FamRZ 2010, 329; vgl. auch AG Gelnhausen v. 26.10.2012 - 76 XVII 440/12 - juris Rn. 4, 5; a.A. AG Weißenburg v. 08.02.2011 - XVII 366/06 - juris Rn. 16 - FamRZ 2011, 1754.
[8] vgl. LG Traunstein v. 31.08.2009 - 4 T 2068/09 - juris Rn. 23 - FamRZ 2010, 329.
[9] LG Stendal v. 16.03.2006 - 25 T 258/05 - juris Rn. 17 - FamRZ 2006, 1063-1065.

§ 1894 BGB Anzeige bei Tod des Vormunds

(Fassung vom 17.12.2008, gültig ab 01.09.2009)

(1) Den Tod des Vormunds hat dessen Erbe dem Familiengericht unverzüglich anzuzeigen.

(2) Den Tod des Gegenvormunds oder eines Mitvormunds hat der Vormund unverzüglich anzuzeigen.

Gliederung

A. Gesetzesänderungen 1	I. Tod des Vormundes (Absatz 1) 5
B. Grundlagen 2	II. Tod des Gegenvormundes/Mitvormundes (Absatz 2) 7
I. Kurzcharakteristik 2	
II. Regelungsprinzipien 3	III. Todeserklärung 9
C. Anwendungsbereich 4	E. Rechtsfolgen 10
D. Anwendungsvoraussetzungen 5	

A. Gesetzesänderungen

Zu den Änderungen im Zusammenhang mit dem Gesetz zur Reform des Verfahrens in Familiensachen und in den Angelegenheiten der freiwilligen Gerichtsbarkeit vom 17.12.2008 (FGG-Reformgesetz – FGG-RG) bzw. dem Gesetz über das Verfahren in Familiensachen und in den Angelegenheiten der freiwilligen Gerichtsbarkeit (FamFG) zum 01.09.2009 vgl. die Kommentierung zu § 1835 BGB Rn. 1 ff.   1

B. Grundlagen

I. Kurzcharakteristik

§ 1894 BGB regelt die Anzeigepflichten bei Tod des Vormundes (Absatz 1) sowie bei Tod des Gegenvormundes (Absatz 2).   2

II. Regelungsprinzipien

Die in § 1894 BGB statuierte Anzeigepflicht soll ein schnelles Handeln des Familiengerichts ermöglichen: Mit dem Tod des Vormunds endet naturgemäß auch sein Amt. Seine Erben sind weder verpflichtet noch befugt, das Vormundschaftsamt in irgendeiner Weise weiterzuführen; auch eine kommissarische Weiterführung ist ausgeschlossen. Es existiert somit nach dem Tod des Vormunds niemand, der die Amtsgeschäfte für den Mündel weiterführt. Deshalb ist ein schnelles Handeln in Form einer Neubestellung (eventuell auch Maßnahmen nach § 1846 BGB) geboten, was jedoch zunächst ein zeitnahes Informieren des Familiengerichtes voraussetzt.   3

C. Anwendungsbereich

Die Vorschrift ist auf Betreuungen (§ 1908i Abs. 1 Satz 1 BGB) sinngemäß anwendbar und gilt auch für Pflegschaften (§ 1915 Abs. 1 Satz 1 BGB).   4

D. Anwendungsvoraussetzungen

I. Tod des Vormundes (Absatz 1)

Die Anzeigepflicht der Erben gemäß § 1894 Abs. 1 BGB setzt den Tod des Vormunds voraus.   5

Versterben Mitvormund oder Gegenvormund, trifft deren Erben gleichermaßen die Verpflichtung zur Anzeige (beim Gegenvormund über § 1895 BGB).   6

II. Tod des Gegenvormundes/Mitvormundes (Absatz 2)

Nach § 1894 Abs. 2 BGB muss der Vormund den Tod des Gegenvormundes/Mitvormundes anzeigen.   7

Wegen § 1895 BGB, der die entsprechende Anwendbarkeit des § 1894 BGB auf den Gegenvormund bestimmt, muss auch der Gegenvormund den Tod des Mitvormundes sowie des Mitgegenvormundes   8 unverzüglich anzeigen; für den Tod des Vormundes folgt diese Pflicht bereits aus § 1799 Abs. 1 Satz 2 BGB.

III. Todeserklärung

9   Die Verpflichtungen nach § 1894 BGB bestehen auch bei Todeserklärung von Vormund, Gegenvormund und/oder Mitvormund. Die Vorschrift ist in diesem Fall entsprechend anzuwenden.[1]

E. Rechtsfolgen

10 Liegen die Voraussetzungen vor, haben die Erben (Absatz 1) beziehungsweise der Vormund/Gegenvormund (Absatz 2) den Tod **unverzüglich anzuzeigen**. Unverzüglich bedeutet **ohne schuldhaftes Zögern** (§ 121 Abs. 1 Satz 1 BGB). Darüber hinaus sind die Erben zu keinerlei Handlungen im Zusammenhang mit der Vormundschaft befugt oder berechtigt.

11 Verletzen die Erben schuldhaft ihre Pflicht aus § 1894 Abs. 1 BGB, so haften sie dem Mündel gegebenenfalls gemäß § 280 BGB für die dadurch entstandenen Schäden. Der Vormund, der seinen Pflichten aus § 1894 Abs. 2 BGB nicht nachkommt, haftet dem Mündel nach Maßgabe des § 1833 BGB.

---

[1] *Engler* in: Staudinger, § 1894 Rn. 8; *Wagenitz* in: MünchKomm-BGB, § 1894 Rn. 2.

§ 1895 BGB Amtsende des Gegenvormunds

(Fassung vom 02.01.2002, gültig ab 01.01.2002)

Die Vorschriften der §§ 1886 bis 1889, 1893, 1894 finden auf den Gegenvormund entsprechende Anwendung.

Gliederung

A. Grundlagen	1	C. Anwendungsvoraussetzungen	3
B. Anwendungsbereich	2	D. Rechtsfolgen	4

A. Grundlagen

§ 1895 BGB erklärt die §§ 1886-1889, 1893, 1894 BGB auf den Gegenvormund für entsprechend anwendbar.   1

B. Anwendungsbereich

Die Vorschrift ist auf Betreuungen sinngemäß anwendbar, § 1908i Abs. 1 Satz 1 BGB.   2

C. Anwendungsvoraussetzungen

§ 1895 BGB setzt lediglich voraus, dass es sich bei dem Normadressaten um einen **Gegenvormund** handelt (vgl. dazu § 1792 BGB und die Kommentierung zu § 1792 BGB).   3

D. Rechtsfolgen

§ 1895 BGB erklärt die §§ 1886-1889 BGB für entsprechend anwendbar, d.h. der Gegenvormund kann grundsätzlich unter den gleichen Voraussetzungen entlassen werden wie der Vormund. Darüber hinaus kann das Familiengericht die Gegenvormundschaft auch dann aufheben, wenn ihre Voraussetzungen (§ 1792 Abs. 2 BGB) nicht mehr gegeben sind.[1] Schließlich endet das Amt des Gegenvormundes auch mit der Beendigung der Vormundschaft als solcher (§§ 1882, 1884 BGB); dies liegt bereits in der Natur der Sache.   4

§ 1895 BGB erklärt des Weiteren die §§ 1893, 1894 BGB für entsprechend anwendbar: Den Gegenvormund treffen die gleichen (nachträglichen) Pflichten/Rechte wie den Vormund (§ 1893 BGB, vgl. die Kommentierung zu § 1893 BGB). Hinsichtlich der Rechnungslegung gilt für den Gegenvormund ohnehin § 1891 BGB, der bestimmte Mitwirkungspflichten festlegt. Schließlich treffen den Gegenvormund (§ 1894 Abs. 2 BGB) beziehungsweise seine Erben (§ 1894 Abs. 1 BGB) die entsprechenden Anzeigepflichten (vgl. die Kommentierung zu § 1894 BGB Rn. 5 und die Kommentierung zu § 1894 BGB Rn. 7).   5

---

[1] *Wagenitz* in: MünchKomm-BGB, § 1895 Rn. 1.

§ 1896

Titel 2 - Rechtliche Betreuung

§ 1896 BGB Voraussetzungen

(Fassung vom 17.12.2008, gültig ab 01.09.2009)

(1) ¹Kann ein Volljähriger auf Grund einer psychischen Krankheit oder einer körperlichen, geistigen oder seelischen Behinderung seine Angelegenheiten ganz oder teilweise nicht besorgen, so bestellt das Betreuungsgericht auf seinen Antrag oder von Amts wegen für ihn einen Betreuer. ²Den Antrag kann auch ein Geschäftsunfähiger stellen. ³Soweit der Volljährige auf Grund einer körperlichen Behinderung seine Angelegenheiten nicht besorgen kann, darf der Betreuer nur auf Antrag des Volljährigen bestellt werden, es sei denn, dass dieser seinen Willen nicht kundtun kann.

(1a) Gegen den freien Willen des Volljährigen darf ein Betreuer nicht bestellt werden.

(2) ¹Ein Betreuer darf nur für Aufgabenkreise bestellt werden, in denen die Betreuung erforderlich ist. ²Die Betreuung ist nicht erforderlich, soweit die Angelegenheiten des Volljährigen durch einen Bevollmächtigten, der nicht zu den in § 1897 Abs. 3 bezeichneten Personen gehört, oder durch andere Hilfen, bei denen kein gesetzlicher Vertreter bestellt wird, ebenso gut wie durch einen Betreuer besorgt werden können.

(3) Als Aufgabenkreis kann auch die Geltendmachung von Rechten des Betreuten gegenüber seinem Bevollmächtigten bestimmt werden.

(4) Die Entscheidung über den Fernmeldeverkehr des Betreuten und über die Entgegennahme, das Öffnen und das Anhalten seiner Post werden vom Aufgabenkreis des Betreuers nur dann erfasst, wenn das Gericht dies ausdrücklich angeordnet hat.

Gliederung

A. Grundlagen 1	IV. Die Aufgabenkreise 63
I. Ziele des Betreuungsrechts 1	1. Allgemeines 63
II. Gesetzgebungsgeschichte/-materialien 6	2. Totalbetreuung 68
III. Kurzcharakteristik des § 1896 BGB 13	3. Vermögenssorge 69
B. Praktische Bedeutung 19	4. Personensorge 73
C. Anwendungsvoraussetzungen 21	a. Gesundheitsfürsorge 74
I. Voraussetzungen der Betreuung (Absatz 1) ... 21	b. Aufenthaltsbestimmung 77
1. Medizinischer Befund 22	5. Kontrollbetreuung (Absatz 3) 81
a. Psychische Krankheiten 22	6. Post- und Fernmeldeverkehr (Absatz 4) ... 86
b. Geistige Behinderungen 26	V. Die Folgen der Betreuung 87
c. Seelische Behinderungen 27	1. Wirkungen der Betreuung 87
d. Körperliche Behinderungen 28	a. Allgemeines 87
e. Sozial unangepasstes Verhalten 29	b. Geschäftsfähigkeit 88
2. Hilfsbedürftigkeit 30	c. Testierfähigkeit 89
II. Zwangsbetreuung (Absatz 1a) 35	d. Ehefähigkeit 90
III. Der Erforderlichkeitsgrundsatz (Absatz 2) ... 40	e. Elterliche Sorge 91
1. Betreuungsbedarf 41	f. Wahlrecht 92
a. Allgemeines 41	2. Bestimmungs- bzw. Zwangsbefugnisse ... 93
b. Beispiele 42	3. Haftung des Einzelbetreuers 97
c. Zukünftiger Betreuungsbedarf 43	a. Haftung gegenüber dem Betreuten 97
d. Zweckerreichung 44	b. Haftung gegenüber Dritten 101
2. Subsidiarität gegenüber tatsächlichen Hilfen ... 45	c. Haftpflichtversicherung des Betreuers ... 102
3. (Vorsorge-)Vollmacht 47	4. Haftung übriger Beteiligter 103
a. Vorliegen hinreichender Vollmachten ... 50	a. Haftung bei Vereins- und Behördenbetreuung 103
b. Wirksamkeit der Vollmacht 52	b. Haftung des Betreuungsrichters 104
c. Verweisung auf Vollmachtserteilung 55	c. Haftung des ärztlichen Sachverständigen ... 105
d. Betreuung trotz wirksamer Vollmacht ... 56	D. Verfahren 106
e. Zentrales Vorsorgeregister 62	

I. Zuständigkeiten 106	V. Das Verfahren bei Anordnung eines Einwilligungsvorbehalts 157
1. Gerichtliche Zuständigkeit 106	
2. Zuständigkeit des Richters 108	VI. Das Verfahren bei Erweiterung, Einschränkung, Aufhebung und Verlängerung der Betreuung 159
3. Zuständigkeit des Rechtspflegers................ 110	
4. Aufgaben der Betreuungsbehörde............... 111	
II. Endgültige Betreuungsanordnung 113	VII. Das Verfahren bei Betreuerwechsel und Bestellung eines weiteren Betreuers 162
1. Betreuung auf Antrag oder von Amts wegen ... 113	
2. Verfahrensfähigkeit des Betroffenen............. 114	VIII. Das Verfahren bei richterlichen Genehmigungserfordernissen.................................. 164
3. Anhörungspflichten und Äußerungsrechte 115	
4. Verfahrenspflegschaft 119	1. Heilbehandlung und Entscheidung bei lebensverlängernden Maßnahmen 164
5. Ärztliches Gutachten bzw. Zeugnis 129	
6. Die gerichtliche Entscheidung 140	2. Unterbringung und unterbringungsähnliche Maßnahmen 165
7. Bekanntmachung und Wirksamkeit der Entscheidung 142	
	IX. Das Verfahren vor dem Rechtspfleger 167
8. Rechtsmittel 144	1. Genehmigungen... 168
III. Vorläufige Betreuerbestellung 147	2. Das Vergütungsverfahren............................ 171
IV. Vorläufige Maßnahmen 154	

A. Grundlagen

I. Ziele des Betreuungsrechts

Das Betreuungsgesetz (BtG) vom 12.09.1990[1] hat mit Wirkung vom 01.01.1992 an die Entmündigung (§ 6 Abs. 1 Nr. 1 BGB, § 104 Nr. 3 BGB a.F.), die Vormundschaft über Volljährige (§§ 1896-1908 BGB a.F.) und die Gebrechlichkeitspflegschaft (§§ 1910, 1920 BGB a.F.) abgeschafft. Anstelle dieser drei Rechtsinstitute wurde das einheitliche Rechtsinstitut der Betreuung geschaffen. Der Grund für die Reformbedürftigkeit des alten Vormundschafts- und Pflegschaftsrechts lag insbesondere in dessen unverhältnismäßigen Rechtseingriffen, den diskriminierenden Begriffen und der Vernachlässigung der Personensorge.[2] 1

Die wichtigsten Anliegen des Betreuungsrechtes sind von daher die **Achtung der Selbstbestimmung des Betroffenen**[3], die strikte **Einhaltung des Erforderlichkeitsgrundsatzes** und der **Grundsatz der persönlichen Betreuung**.[4] 2

Das Selbstbestimmungsrecht des Betroffenen bzw. die Achtung seiner Autonomie zieht sich wie ein roter Faden durch das Betreuungsrecht. Der Gesetzgeber hat so durch das 2. BtÄndG (vgl. Rn. 8) klargestellt, dass die Anordnung einer Betreuung gegen den freien Willen des Betroffenen nicht zulässig ist (§ 1896 Abs. 1a BGB). Mit dem 3. BtÄndG (vgl. Rn. 10) und der Implementierung des Rechtsinstituts der Patientenverfügung in das Betreuungsrecht hat der Gesetzgeber konsequent die Achtung des Selbstbestimmungsrechts des Betroffenen auch für diesen Bereich fortgesetzt. Weiterhin sind die Vorschläge des Betroffenen bei der Auswahl der Person des Betreuers (§ 1897 Abs. 4 BGB) und dem Betreuerwechsel (§ 1908b Abs. 3 BGB) zu beachten. Der Betreuer ist dem Wohl des Betroffenen verpflichtet und hat seine Wünsche und Vorstellungen zu beachten (§ 1901 BGB). 3

Der Erforderlichkeitsgrundsatz hat seinen Niederschlag insbesondere in § 1896 Abs. 2 BGB und § 1903 BGB gefunden. Die Betreuung darf nur dann angeordnet werden, wenn sie erforderlich ist und auch nur für die Aufgabenkreise, für die sie erforderlich ist. Erst dann, wenn der Betroffene durch eigene Willenserklärungen anfängt, sich selbst erheblich zu schaden, darf ein Einwilligungsvorbehalt angeordnet werden. Seine Teilnahme am Rechtsverkehr darf also erst dann beschränkt werden, wenn dies erforderlich ist. 4

Gem. § 1897 Abs. 1 BGB hat der Betreuer den Betroffenen persönlich zu betreuen. Hierzu gehört auch die Verpflichtung, wichtige Angelegenheiten mit dem Betroffenen zu besprechen (§ 1901 Abs. 3 Satz 3 BGB). 5

---

[1] BGBl I 1990, 2002.
[2] BT-Drs. 11/4528, S. 49.
[3] Materiellrechtlich bezeichnet das Gesetz denjenigen, für den eine Betreuung angeordnet wird als „Betreuten", verfahrensrechtlich wird er als „Betroffener" bezeichnet. Im Folgenden werden beide Bezeichnungen Verwendung finden.
[4] Vgl. umfassend zu den Zielen des BtG *Schwab* in: MünchKomm-BGB, vor § 1896 Rn. 2 ff.

II. Gesetzgebungsgeschichte/-materialien

6 **Entstehung:** Dem BtG gingen mehrjährige Erörterungen voraus.[5] Nachdem zunächst in den Jahren 1987, 1988 eine durch das Bundesjustizministerium eingesetzte Arbeitsgruppe Diskussionsteilentwürfe zum Betreuungsgesetz vorgelegt hatte, legte die Bundesregierung am 01.02.1989 einen Gesetzesentwurf vor.[6] Der Bundesrat stimmte dem Gesetzesentwurf grundsätzlich zu, regte jedoch etliche Änderungen an[7], zu denen die Bundesregierung wiederum eine Gegenäußerung abgab[8]. Nach intensiven Diskussionen und öffentlichen Anhörungen durch den Rechtsausschuss des Bundestags erlangte die durch diesen gefundene Fassung[9] schließlich Gesetzeskraft.

7 **Änderungen:** Kaum ein Rechtsgebiet unterliegt einem so starken immerwährenden Diskussionsprozess und wurde innerhalb kurzer Zeiträume immer wieder reformiert wie das Betreuungsrecht. Die erste Reform erfolgte durch Betreuungsrechtsänderungsgesetz – BtÄndG vom 25.06.1998.[10] Diese führte insbesondere Änderungen im Bereich des Vergütungsrechtes herbei und stellte den Charakter der rechtlichen Betreuung heraus[11]. Mit dem BtÄndG versprach der Gesetzgeber sich eine Begrenzung der stark angestiegenen Zahl der Betreuungen (1992 gab es noch 435.931 Betreuungen, 1997 schon 741.007 bundesweit[12]) und der exponentiell gestiegenen Kosten in Betreuungssachen[13]. Beide Hoffnungen traten jedoch nicht ein. So stiegen sowohl die Zahl der Betreuungen (auf 986.392 Ende 2001 bundesweit) als auch die Ausgaben in Betreuungssachen (von 409.512.387 DM in 1996 auf 651.810.733 DM in 2001 bundesweit)[14] weiter an.

8 Diese Entwicklung führte dazu, dass nach einem längeren Diskussionsprozess am 18.02.2005 der Deutsche Bundestag das 2. Betreuungsrechtsänderungsgesetz (2. BtÄndG) verabschiedete, und zwar in der Fassung, wie es der Rechtsausschuss in seiner Sitzung vom 16.02.2005 beschlossen hatte.[15] Eingeführt wurde das Pauschalierungsmodell für die Vergütungsansprüche der Berufsbetreuer. Zudem wurden im gerichtlichen Verfahren verschiedene Änderungen vorgenommen, wie der Vorrang der ehrenamtlichen Verfahrenspflegschaft, die Möglichkeit der Verwendung von in Pflegeversicherungsverfahren erstellten Gutachten und die Verlängerung der Überprüfungsfrist für die Betreuung von fünf auf sieben Jahre. Von der gerichtlichen Praxis wurden die gesetzgeberischen Reformen eher kritisch gesehen.[16] Das Gesetz trat mit Wirkung zum 01.07.2005 in Kraft.

9 Die nächste große Reform brachte das Gesetz zur Reform des Verfahrens in Familiensachen und in den Angelegenheiten der freiwilligen Gerichtsbarkeit (FGG-Reformgesetz, FGG-RG) vom 17.12.2008[17] das am 01.09.2009 in Kraft trat. Art. 1 des Gesetzes beinhaltete wiederum das Gesetz über das Verfahren in Familiensachen und in den Angelegenheiten der freiwilligen Gerichtsbarkeit (FamFG). Das FamFG regelte auch das Verfahren in Betreuungs- und Unterbringungssachen neu.

10 Ebenfalls zum 01.09.2009 trat das Dritte Gesetz zur Änderung des Betreuungsrechts vom 29.07.2009[18] in Kraft. Mit diesem Gesetz wurde die jahrelange Diskussion über das Institut der Patientenverfügung abgeschlossen. Die Patientenverfügung wurde im Betreuungsrecht im neuen § 1901a BGB verankert. Zudem wurden die Aufgaben des Betreuers bzw. Bevollmächtigten beim Umgang mit einer Patientenverfügung und bei der Feststellung des Patientenwillens geregelt. Der Schutz des Betroffenen wurde durch neue verfahrensrechtliche Regelungen sichergestellt.

---

[5] Zur Geschichte vgl. ausführlich etwa *Schwab* in: MünchKomm-BGB, vor § 1896 Rn. 1.
[6] BT-Drs. 11/4528.
[7] BT-Drs. 11/4528, Anlage 2.
[8] BT-Drs. 11/4528, Anlage 3.
[9] BT-Drs. 11/6949.
[10] BGBl I 1998, 1580.
[11] Zum BtÄndG vgl. etwa *Schwab* in: MünchKomm-BGB, vor § 1896 Rn. 22.
[12] *Jürgens/Kröger/Marschner/Winterstein*, Betreuungsrecht kompakt, 6. Aufl. 2007, Rn. 16.
[13] BT-Drs. 13/7158, S. 20.
[14] *Deinert*, BtPrax 2002, 204-205.
[15] BT-Drs. 15/4874.
[16] Vgl. etwa *Dodegge*, NJW 2004, 2636-2642; *Bieg*, Reformansätze im Betreuungsrecht, 2004.
[17] BGBl I 2008, 2586.
[18] BGBl I 2009, 2286.

Eine weitere kleine Reform brachte das Gesetz zur Änderung des Zugewinnausgleichs- und Vormundschaftsrechts, das auch am 01.09.2009 in Kraft getreten ist.[19] Es vereinfachte die Besorgung von Geldgeschäften für Betreute, indem die Regelung über die Genehmigungspflicht von Verfügungen über Girokonten abgeschafft wurde (vgl. § 1813 BGB) und erweiterte die Kompetenzen der Betreuungsbehörde um die Möglichkeit der öffentlichen Beglaubigung von Vorsorgevollmachten.

Nachdem das 2. BtÄndG in Kraft getreten war und damit eine große Reform gerade erst abgeschlossen worden war, hatten die Justizminister und -ministerinnen im Rahmen ihrer Frühjahrskonferenz 2005 direkt den nächsten Reformanlauf unternommen. In der Folgezeit wurde eine interdisziplinäre Arbeitsgruppe zum Betreuungsrecht eingesetzt. Auf Basis von deren Abschlussbericht[20] wurde ein erneutes Gesetzgebungsverfahren eingeleitet. Dieses Gesetzgebungsverfahren hat mittlerweile einen Abschluss gefunden. Die Vorschläge der Arbeitsgruppe haben ihren Niederschlag im Gesetz zur Stärkung der Funktionen der Betreuungsbehörde vom 28.08.2013[21] gefunden, das mit Wirkung zum 01.07.2014 in Kraft getreten ist. Wie sich schon aus dem Namen des Gesetzes schließen lässt, wird die Stellung der Betreuungsbehörde im betreuungsrechtlichen Verfahren gestärkt. So führt das Gesetz die verpflichtende Beteiligung der Betreuungsbehörde in jedem Verfahren auf Erstbestellung eines Betreuers durch das Betreuungsgericht ein. Ziel ist es, dass durch die Behörde die Erforderlichkeit der Betreuung überprüft und ggf. andere betreuungsvermeidende Hilfen und Alternativen aufgezeigt werden. Es ist nunmehr auch gesetzliche Aufgabe der Betreuungsbehörden, Betroffenen betreuungsvermeidende Hilfen zu vermitteln.

III. Kurzcharakteristik des § 1896 BGB

§ 1896 BGB regelt die Voraussetzungen, unter denen für einen Volljährigen eine Betreuung angeordnet werden kann.

§ 1896 Abs. 1 BGB bestimmt die materiellen Voraussetzungen, die vorliegen müssen, damit die Anordnung einer Betreuung in Betracht kommt. Er unterscheidet hierbei, ob das Betreuungsverfahren von Amts wegen oder auf Antrag des Betroffenen in die Wege geleitet worden ist. Im Falle des Vorliegens einer körperlichen Behinderung darf eine Betreuung nur auf Antrag des Betroffenen errichtet werden (Absatz 1 Satz 3). Beim Vorliegen einer geistigen oder seelischen Behinderung oder einer psychischen Krankheit kann die Betreuerbestellung auch von Amts wegen erfolgen (Absatz 1 Satz 1). Voraussetzung ist nicht, dass der Betroffene geschäftsunfähig ist, entscheidend ist alleine, ob er in der Lage ist, seine Angelegenheiten selbst zu besorgen.

§ 1896 Abs. 1a BGB stellt klar, dass die Anordnung einer Betreuung gegen den freien Willen des Betroffenen nicht zulässig ist. Die Anordnung einer Betreuung gegen den Willen des Betroffenen kommt also nur in Betracht, wenn der Betroffene nicht (mehr) in der Lage ist, sein Selbstbestimmungsrecht frei wahrzunehmen.

§ 1896 Abs. 2 BGB stellt das Prinzip der Erforderlichkeit auf. Selbst wenn die Voraussetzungen des Absatz 1 erfüllt sind, darf eine Betreuung nur angeordnet werden, wenn und soweit sie erforderlich ist. Absatz 2 Satz 2 verneint insoweit die Erforderlichkeit konkret für zwei Fälle: Wenn die Angelegenheiten des Betroffenen ebenso gut durch einen Bevollmächtigten erledigt werden können oder wenn andere Hilfen ausreichen.

Wegen des Erforderlichkeitsgrundsatzes soll eine Betreuung grundsätzlich nicht angeordnet werden, wenn der Betroffene eine andere Person mit der Wahrnehmung seiner Angelegenheiten bevollmächtigt hat. Da der Bevollmächtigte selbst jedoch nicht unter der Kontrolle des Betreuungsgerichtes steht, kann gem. § 1896 Abs. 3 BGB eine sog. Kontrollbetreuung angeordnet werden. Es kann also eine Betreuung angeordnet werden, deren alleinige Funktion in der Kontrolle des Bevollmächtigten liegt.

Besonders im Gesetz geregelt ist der Aufgabenkreis der Entscheidung über den Fernmeldeverkehr des Betreuten und die Entgegennahme, das Öffnen und das Anhalten der Post (§ 1896 Abs. 4 BGB). Diese Befugnisse stehen dem Betreuer nur zu, wenn das Gericht ausdrücklich eine Anordnung hierüber getroffen hat.

---

[19] BGBl I 2009, 1696.
[20] Der gesamte Bericht ist als Sonderausgabe 2012 der BtPrax erschienen.
[21] BGBl I 2013, 3393.

B. Praktische Bedeutung

19 Die praktische Bedeutung des Betreuungsrechts ist enorm groß.[22] Zum 31.12.2012 gab es in Deutschland 1.325.013 Menschen, bei denen eine Betreuung angeordnet war. Die regionalen Unterschiede sind hierbei sehr groß. Während 2011 in Baden-Württemberg die Zahl der Betreuten je 1.000 Einwohnern bei nur 10,68 lag, wurden in Mecklenburg-Vorpommern bei 21,14 pro 1.000 Einwohnern Betreuungen angeordnet (Bundesdurchschnitt 16,12). Nicht nur die Zahl der Betreuungen ist beeindruckend, sondern auch die Aufwendungen der Staatskasse für Vergütungen und Aufwendungsersatz sind dies. Im gesamten Bundesgebiet wurden im Jahr 2011 hierfür 743,7 Mio. € aufgewendet. Auch insoweit sind zwischen den einzelnen Bundesländern signifikante Unterschiede feststellbar. Während 2008 im Saarland nur 318,17 € je Betreutem aufgewendet wurden, lag dieser Betrag in Hamburg bei 799,13 € je Betreutem (Bundesdurchschnitt 482,43 €).

20 Die Zahl der Betreuungen in der Bundesrepublik Deutschland steigt jedoch immer geringer an. Zum 31.12.2012 wurde mit 1.325.013 zwar ein neuer Höchststand erreicht. Gegenüber der Zahl zum 31.12.2011 liegt jedoch nur eine Steigerung von 0,40% vor. Damit hat sich die Steigerungsrate in den vergangenen Jahren deutlich reduziert. Teilweise lagen die Steigerungsraten bei 10% und bis 2004 immer über 5%. Es ist zu vermuten, dass insbesondere die vermehrte Verbreitung von Vorsorgevollmachten zu dieser Entwicklung geführt hat.

C. Anwendungsvoraussetzungen

I. Voraussetzungen der Betreuung (Absatz 1)

21 Eine Betreuung kann nur für einen Volljährigen angeordnet werden. Voraussetzung für die Anordnung der Betreuung ist zunächst, dass ein entsprechender medizinischer Befund vorliegt. Dies alleine reicht jedoch noch nicht aus. Hinzutreten muss noch, dass der Betroffene nicht in der Lage ist, seine Angelegenheiten selbst zu regeln, dass er also hilfsbedürftig ist.

1. Medizinischer Befund

a. Psychische Krankheiten

22 Unter die psychischen Krankheiten fallen zunächst die körperlich begründbaren (**exogenen**) **Psychosen**. Gemeint sind hiermit seelische Störungen, die körperliche Ursachen haben, wie etwa Folgen einer Hirnhautentzündung, von Schädel-/Hirnverletzungen, Tumorerkrankungen, Anfallsleiden, degenerativen Hirnprozessen, Intoxikationen oder der Parkinson-Krankheit.[23]

23 Die körperlich nicht begründbaren psychischen Erkrankungen bezeichnet man als **endogene Psychosen**. Hierunter fallen zunächst die Schizophrenien (etwa Katatonie oder paranoide Formen mit Wahn und Halluzinationen). Dazu gehören weiterhin die affektiven Störungen (z.B. die Zyklothymia = manisch-depressive Erkrankung). Die Erkrankungen zeichnen sich i.d.R. durch Kommunikationsstörungen und fehlende Krankheitseinsicht aus.

24 Zu den psychischen Krankheiten zählt nach der Gesetzesbegründung[24] auch ein **Suchtleiden** (Drogen-, Medikamenten- und Alkoholabhängigkeit). Allein das Vorliegen einer Suchterkrankung rechtfertigt die Bestellung eines Betreuers jedoch nicht. Hinzukommen muss, dass die Suchterkrankung entweder im ursächlichen Zusammenhang mit einer geistigen Behinderung steht oder eine seelische Erkrankung als Folge des Suchtleidens eingetreten ist.[25] Dies ist etwa der Fall bei einer drogeninduzierten Psychose, wenn bereits geistige Funktionen deutlich abgebaut oder infolge von Alkoholabusus amnestische Störungen (ausgeprägte Beeinträchtigungen des Kurz- und Langzeitgedächtnisses) eingetreten sind.

25 Im Bereich von **Neurosen und Persönlichkeitsstörungen** ist für die Frage der Notwendigkeit einer Betreuungsanordnung größte Zurückhaltung geboten, da beide Erkrankungen selten solche Auswirkungen haben dürften, die die Bestellung eines gesetzlichen Vertreters erfordern.[26]

---

[22] Die folgenden Zahlen sind entnommen der Sondererhebung „Verfahren nach dem Betreuungsgesetz" des Bundesamtes für Justiz, vgl. auch *Deinert*, BtPrax 2013, 242.
[23] BT-Drs. 11/4528, S. 116.
[24] BT-Drs. 11/4528, S. 116.
[25] BayObLG München v. 22.07.1993 - 3Z BR 83/93 - juris Rn. 8 - BayObLGR 1993, 84-86; OLG Hamm v. 12.09.2000 - 15 W 288/00 - juris Rn. 12 - BtPrax 2001, 40-42.
[26] *Jürgens/Lesting/Marschner/Winterstein*, Betreuungsrecht kompakt, 7. Aufl. 2011, Rn. 16; *Schwab* in: Münch-Komm-BGB, § 1896 Rn. 12.

b. Geistige Behinderungen

Als geistige Behinderungen werden die angeborenen, während der Geburt oder später durch Hirnschädigung erworbenen messbaren unheilbaren Intelligenzdefekte verschiedener Schweregrade bezeichnet.[27]

26

c. Seelische Behinderungen

Als seelische Behinderungen werden bleibende psychische Beeinträchtigungen angesehen, die Folge von psychischen Krankheiten sind.[28] Die Verwendung des Begriffs seelische Behinderung durch den Gesetzgeber wird teilweise kritisiert, da dieser Begriff von der Psychiatrie kaum verwendet werde und Folgen psychischer Krankheiten dem Krankheitsbegriff selber zugeordnet werden könnten.[29] Der Gesetzgeber wollte mit der Verwendung des Begriffs jedoch nur erreichen, dass Lücken vermieden werden, da die medizinische Fachterminologie nicht einheitlich ist. Erwähnung fand der Begriff insbesondere um klarzustellen, dass auch **Folgen des Altersabbaus** die Anordnung einer Betreuung rechtfertigen.[30] Nicht ausreichend ist es, von „Altersstarrsinn" zu sprechen, da diese Bezeichnung für das Vorliegen einer psychischen Erkrankung oder seelischen Behinderung nicht konkret genug ist.[31]

27

d. Körperliche Behinderungen

Für einen ausschließlich körperlich Behinderten darf nur dann ein Betreuer bestellt werden, wenn er einen Antrag stellt (§ 1896 Abs. 1 Satz 3 BGB). Es reicht auch aus, wenn der Betroffene im Laufe des ggf. von Amts wegen eingeleiteten Verfahrens eine Einwilligungserklärung mit der Betreuung abgibt. Diese ist auch als entsprechender Antrag zu werten.[32] Die bloß körperliche Behinderung wird im Hinblick auf den Erforderlichkeitsgrundsatz die Betreuung jedoch selten rechtfertigen.[33] Es wird in aller Regel sorgfältig zu prüfen sein, ob nicht andere Maßnahmen ausreichen, z.B. die Bevollmächtigung oder die Inanspruchnahme von sozialen Diensten. Anlass für die Bestellung eines Betreuers kann eine körperliche Behinderung nur sein, wenn sie die Fähigkeit, die eigenen Angelegenheiten selbst zu besorgen, wesentlich beeinträchtigt oder ganz aufhebt. Zu denken ist hier etwa an schwere Lähmungen, schwere Beeinträchtigung der Wahrnehmung (Taubheit und Blindheit) oder hochgradige Gebrechlichkeitszustände.

28

e. Sozial unangepasstes Verhalten

Liegt nur ein sozial unangepasstes Verhalten vor (etwa mangelnde Schulbildung einhergehend mit Streitsucht, Arbeitsunlust, sonstigen sozialen Fehlentwicklungen und Lästigkeiten), ohne dass eine relevante Krankheit oder Behinderung erkennbar ist, so rechtfertigt dies alleine die Anordnung einer Betreuung nicht.[34]

29

2. Hilfsbedürftigkeit

Die Krankheit oder die Behinderung muss zur Folge haben, dass der Betroffene seine Angelegenheiten ganz oder teilweise nicht besorgen kann. Man spricht insoweit von der „Zweigliedrigkeit der Betreuungsvoraussetzungen" oder davon, dass der medizinische Befund ein „sozio-juridisches Defizit"[35] zur Folge haben müsse.

30

Unvermögen: Der Betroffene muss konkret auf Hilfe angewiesen sein, also unfähig sein, seine Angelegenheiten alleine zu regeln. Bei bloß körperlichen Behinderungen wird das Unvermögen auch physischer Natur sein. Es kann z.B. in der Unfähigkeit liegen, Behörden aufzusuchen. Bei psychischen Krankheiten, geistigen oder seelischen Behinderungen meint das Unvermögen die Unfähigkeit, in dem betreffenden Bereich eigenständig und selbstverantwortlich handeln zu können. Die Krankheit oder die Behinderung muss ein solches Maß angenommen haben, dass die Fähigkeit des Betroffenen zur Wahr-

31

---

[27] BT-Drs. 11/4528, S. 110, 116; BayObLG München v. 07.10.1993 - 3Z BR 193/93 - juris Rn. 6 - BtPrax 1994, 29-30.
[28] BT-Drs. 11/4528, S. 116.
[29] *Schwab* in: MünchKomm-BGB, § 1896 Rn. 15 m.w.N.
[30] DT-Drs. 11/4528, S. 116.
[31] BayObLG München v. 24.08.2001 - 3Z BR 246/01 - juris Rn. 10 - DtPrax 2002, 37-38.
[32] *Jürgens/Lesting/Marschner/Winterstein*, Betreuungsrecht kompakt, 7. Aufl. 2011, Rn. 22.
[33] OLG Köln v. 21.06.1995 - 16 Wx 100/95 - FamRZ 1996, 249-250.
[34] AG Neuruppin v. 28.03.2006 - 22 XVII 21/06 - FamRZ 2006, 1629.
[35] *Roth* in: Erman, § 1896 Rn. 18.

nehmung seines Selbstbestimmungsrechts ausgeschlossen oder so erheblich beeinträchtigt ist, dass er zu eigenverantwortlichen Entscheidungen nicht mehr in der Lage ist.[36] Ist der Betroffene zwar psychisch krank, kann er aber seine Angelegenheiten gleichwohl selbst oder mit Hilfe eines Bevollmächtigten besorgen, so besteht keine Betreuungsbedürfnis.[37]

32 **Kausalität:** Der medizinische Befund rechtfertigt für sich allein noch nicht die Bestellung eines Betreuers. Hinzukommen muss, dass die medizinisch festgestellten Beeinträchtigungen Ursache dafür sind, dass der Betroffene seine Angelegenheiten ganz oder teilweise nicht mehr selbst besorgen kann. Die Unfähigkeit, die eigenen Angelegenheiten zu besorgen, muss sich aus dem festgestellten Krankheitsbild ergeben.[38] Immer dann, wenn der Betroffene psychisch oder körperlich außerstande ist, fremde Hilfe in Anspruch zu nehmen oder sogar die Notwendigkeit der Inanspruchnahme zu erkennen, kommt die Anordnung einer Betreuung in Betracht.[39]

33 Bei den Angelegenheiten, die der Betroffene nicht besorgen kann, muss es sich um **Rechtsangelegenheiten** handeln.[40] Dies wird schon durch die durch das BtÄndG geänderte Überschrift des Titels 2 des 3. Abschnitts des Familienrechtes in „**rechtliche** Betreuung" klar. In die gleiche Richtung wurden die §§ 1897 Abs. 1 und 1901 Abs. 1 BGB geändert. Der Begriff der Rechtsangelegenheiten ist jedoch weit gefasst. Es fallen nicht nur Rechtsgeschäfte im engeren Sinne darunter, sondern auch sonstige Rechtshandlungen in zivil- und öffentlich-rechtlichen Verhältnissen sowie generell die Ausübung und Wahrung von Rechten.[41] Diese können nicht nur den Vermögens-, sondern auch den personenrechtlichen Bereich betreffen, wie etwa die Einwilligung in ärztliche Heileingriffe.

34 Die Anordnung einer Betreuung ist auch ausschließlich im **Drittinteresse** möglich, wenn andernfalls die Geltendmachung von Rechten gegenüber dem Betroffenen nicht möglich ist.[42] Dies ist dann gegeben, wenn nur durch die Betreuerbestellung die Möglichkeit für den Vermieter geschaffen werden kann, wirksam zu kündigen[43] oder wenn ein Gläubiger eine Forderung gegen den prozessunfähigen Schuldner einklagen will[44]. Das Unvermögen, die eigenen Angelegenheiten wahrzunehmen, kann also auch in der Form gegeben sein, dass Dritte Rechte gegen den Betroffenen wegen dessen Geschäftsunfähigkeit nicht geltend machen können. Die Betreuerbestellung im reinen Drittinteresse ist jedoch auf die Fälle einzuschränken, in denen die Geschäftsunfähigkeit des Betroffenen feststeht und die Betreuerbestellung für den Dritten die einzige Möglichkeit darstellt, seine Rechte gerichtlich oder außergerichtlich zu verfolgen.[45]

II. Zwangsbetreuung (Absatz 1a)

35 Mit der Einführung von § 1896 Abs. 1a BGB durch das 2. BtÄndG hat der Gesetzgeber nichts anderes getan, als die bis dahin herrschende Rechtsprechung zu normieren. Es war immer schon anerkannt, dass eine so genannte Zwangsbetreuung, also eine Betreuung gegen den ausdrücklich erklärten Willen des Betroffenen nur unter engen Grenzen zulässig ist. In der Rechtsprechung hatte sich die Ansicht durchgesetzt, dass im Falle der Zwangsbetreuung § 1896 BGB um ein ungeschriebenes Tatbestandsmerkmal zu ergänzen ist. Die Anordnung der Betreuung sei nur dann zulässig, wenn der mit seiner Betreuung nicht einverstandene Betroffene auf Grund seiner Erkrankung oder Behinderung nicht in der Lage ist, seinen Willen frei zu bestimmen.[46]

36 Die gesetzgeberische Klarstellung war dennoch hilfreich. In seiner Gesetzesbegründung[47] hat der Gesetzgeber nämlich nochmals klar herausgearbeitet, unter welchen Voraussetzungen die Anordnung einer Zwangsbetreuung rechtlich zulässig ist. Ausgangspunkt seiner Überlegungen ist die Rechtsprechung des Bundesverfassungsgerichts[48], nach der jeder das Recht hat, sein Leben nach seinen Vorstel-

---

[36] OLG Hamm v. 30.08.1994 - 15 W 237/94 - juris Rn. 21 - FamRZ 1995, 433-436.
[37] OLG Zweibrücken v. 24.03.2004 - 3 W 219/03 - BtPrax 2004, 155-156.
[38] BayObLG München v. 22.07.1993 - 3Z BR 83/93 - juris Rn. 11 - BayObLGR 1993, 84-86.
[39] *Diederichsen* in: Palandt, § 1896 Rn. 9 m.w.N.
[40] BT-Drs. 11/4528, S. 117, 121; *Dodegge/Roth*, Betreuungsrecht, 4. Aufl. 2014, Teil A Rn. 13.
[41] *Roth* in: Erman, § 1896 Rn. 19; *Dodegge/Roth*, Betreuungsrecht, 4. Aufl. 2014, Teil A Rn. 14.
[42] *Schwab* in: MünchKomm-BGB, § 1896 Rn. 22.
[43] BayObLG München v. 27.02.1996 - 3Z BR 337/95 - juris Rn. 18 - BayObLGZ 1996, 52-55.
[44] BayObLG München v. 30.11.1990 - BReg 3 Z 112/90 - juris Rn. 7 - MDR 1991, 443.
[45] *Schwab* in: MünchKomm-BGB, § 1896 Rn. 22.
[46] BayObLG München v. 11.04.2001 - 3Z BR 83/01 - juris Rn. 6 - NJWE-FER 2001, 206.
[47] BT-Drs. 15/2494, S. 27 f.
[48] Zur Frage der verfassungsrechtlichen Zulässigkeit der Zwangsbetreuung vgl. BVerfG v. 29.06.1965 - 1 BvR 289/62 - NJW 1965, 2051.

lungen frei zu gestalten, soweit nicht Rechte Dritter oder andere mit Verfassungsrang ausgestattete Rechtsgüter betroffen sind (Art. 2 Abs. 1 GG). Ist Letzteres nicht der Fall, hat der Staat nicht das Recht, den zur freien Willensbestimmung fähigen Betroffenen zu erziehen, zu bessern oder zu hindern, sich selbst zu schädigen. Eine Betreuungsanordnung gegen den freien Willen des Betroffenen stellt einen Eingriff in die grundrechtlich geschützte Würde des Betroffenen dar. Die Anordnung einer Betreuung gegen den Willen des Betroffenen ist von daher nur zulässig, wenn er zur freien Willensbestimmung nicht in der Lage ist.

Dies ist dann der Fall, wenn der Betreute aufgrund einer psychischen Erkrankung, einer geistigen oder seelischen Behinderung außerstande ist, seinen Willen frei zu bestimmen.[49] Ob der Betreute gleichzeitig geschäftsunfähig ist, spielt zwar für die Anordnung der Betreuung keine Rolle.[50] Die Praxis lehnt sich aber richtigerweise eng an Definitionen zur Geschäftsunfähigkeit an. So soll entscheidend sein, dass der Betroffene seinen Willen nicht mehr unbeeinflusst von seiner geistigen Behinderung bilden und nach zutreffend gewonnenen Einsichten handeln kann.[51] Entscheidende Kriterien sind also die Einsichtsfähigkeit des Betroffenen und dessen Fähigkeit, nach dieser Einsicht zu handeln. Fehlt es an einem dieser beiden Elemente, liegt kein freier, sondern (nur) ein natürlicher Wille des Betroffenen vor.[52] Die Anordnung einer Betreuung gegen den ausdrücklich erklärten Willen des Betroffenen wird deshalb in der Praxis regelmäßig dann in Betracht kommen, wenn eine der Geschäftsunfähigkeit ähnliche Situation vorliegt. 37

Die Feststellung, dass der Betroffene seinen Willen nicht frei bestimmen kann, ist auch bei der Entscheidung über die Verlängerung der Betreuung zu treffen, wenn die Entscheidung gegen seinen Willen getroffen werden soll.[53] 38

Selbstverständlich setzt die tatrichterliche Feststellung, dass der Widerstand des Betroffenen gegen eine Betreuerbestellung nicht auf seinem freien Willen i.S.d. § 1896 Abs. 1a BGB beruht, grundsätzlich voraus, dass zuvor zu dieser Frage eine sachverständige Äußerung eingeholt worden ist.[54] 39

III. Der Erforderlichkeitsgrundsatz (Absatz 2)

Das Betreuungsrecht versucht, Eingriffe in die Rechte des Betroffenen weitgehend zu vermeiden und soll Hilfe nur dort bieten, wo diese erforderlich ist. Dieser mit Verfassungsrang ausgestattete Erforderlichkeitsgrundsatz durchzieht das gesamte Betreuungsrecht.[55] Der Erforderlichkeitsgrundsatz wirkt hierbei in verschiedene Richtungen. So darf ein Betreuer nur für Aufgabenkreise bestellt werden, in denen eine Betreuung erforderlich ist (Absatz 2 Satz 1). Gemeint ist hiermit, dass neben dem (bereits erörterten) Unvermögen des Betroffenen zur Besorgung seiner Angelegenheiten ein konkreter Bedarf für die Tätigkeit des Betreuers (**Betreuungsbedarf**) bestehen muss. Alleine der Umstand, dass der Betroffene seine Angelegenheiten nicht besorgen kann, führt noch nicht die Notwendigkeit der Betreuung herbei, sondern nur ein daneben bestehender konkreter Regelungsbedarf.[56] Weiter stellt das Gesetz klar, dass eine Betreuung dann nicht erforderlich ist, wenn ausreichende andere (tatsächliche) Hilfen vorhanden sind[57] und die Angelegenheiten des Betroffenen ebenso gut wie durch einen Betreuer besorgt werden können (Absatz 2 Satz 2 Alternative 2). Schließlich ist eine Betreuung dann nicht erforderlich, wenn die Angelegenheiten des Betroffenen auch durch einen Bevollmächtigten erledigt werden können (Absatz 2 Satz 2 Alternative 1). 40

---

[49] BayObLG München v. 22.05.1996 - 3Z BR 58/96 - EzFamR aktuell 1996, 253-255.
[50] BayObLG München v. 04.05.1995 - 3Z BR 46/95 - juris Rn. 7 - EzFamR aktuell 1995, 265-266.
[51] So BayObLG München v. 22.05.1996 - 3Z BR 58/96 - EzFamR aktuell 1996, 253-255 mit der Bezugnahme auf BGH v. 05.12.1995 - XI ZR 70/95 - LM BGB § 104 Nr. 11 (4/1996).
[52] BT-Drs. 15/2494, S. 28.
[53] OLG Frankfurt v. 13.02.2006 - 20 W 379/05 - FamRZ 2006, 1629.
[54] OLG Köln v. 25.01.2006 - 16 Wx 5/06 - FamRZ 2006, 889.
[55] *Schwab* in: MünchKomm-BGB, § 1896 Rn. 38; *Dodegge/Roth*, Betreuungsrecht, 4. Aufl. 2014, Teil A Rn. 18.
[56] BayObLG München v. 22.12.1994 - 3Z BR 250/94 - juris Rn. 6 - EzFamR aktuell 1995, 111-112; OLG Zweibrücken v. 08.12.2004 - 3 W 187/04 - BtPrax 2005, 76.
[57] Ausführlich hierzu *Diekmann*, BtPrax 2011, 185

1. Betreuungsbedarf

a. Allgemeines

41 Die Erforderlichkeit der Betreuung muss für jeden Aufgabenkreis gesondert festgestellt werden.[58] Die Betreuung darf zum einen Aufgabenkreise nicht erfassen, die der Betroffene selbst noch besorgen kann[59] und zum anderen Aufgabenkreise, in denen kein konkreter Handlungsbedarf besteht. Die Betreuung ist umfangsgemäß auch dann zu begrenzen, wenn der Betroffene seine Angelegenheiten zwar sämtlich nicht besorgen kann, aber nur für einzelne von ihnen ein Fürsorgebedürfnis besteht.[60] Der aktuelle Handlungsbedarf muss für jeden Aufgabenkreis dargelegt sein[61] und die Umschreibung des Aufgabenkreises darf über den ermittelten Betreuungsbedarf nicht hinausgehen[62]. Der Erforderlichkeitsgrundsatz verlangt tatrichterliche Feststellungen dahingehend, darzulegen, ob und für welche Aufgabenkreise ein objektiver Betreuungsbedarf besteht.[63] Der objektive Betreuungsbedarf ist dabei aufgrund der konkreten, gegenwärtigen Lebenssituation des Betroffenen zu beurteilen.

b. Beispiele

42 So ist eine Betreuung im Bereich der Gesundheitsfürsorge auf die nervenärztliche Behandlung zu beschränken, wenn der Betroffene wegen einer psychischen Erkrankung nur insoweit nicht selbst entscheiden kann, im Übrigen im Gesundheitsbereich zu einer eigenständigen Entscheidung jedoch in der Lage ist.[64] Ist der Betroffene zwar generell nicht in der Lage, seine Angelegenheiten zu regeln, es besteht aber nur Handlungsbedarf in Bezug auf ein Ruhestandsversetzungsverfahren, so ist die Betreuung hierauf zu beschränken.[65] Nicht erforderlich ist eine Betreuung im Bereich der Vermögenssorge, wenn lediglich ein Taschengeld zu verwalten ist und der Betroffene hierzu in der Lage ist.[66] Zu beachten ist insoweit § 105a BGB, der bestimmt, dass Geschäfte des täglichen Lebens, die von Geschäftsunfähigen abgeschlossen werden, nur ausnahmsweise, nämlich bei einer erheblichen Gefahr für Person oder Vermögen rückabgewickelt werden können. Für den Anwendungsbereich dieser Vorschrift ist von daher eine Betreuerbestellung nicht erforderlich.[67]

c. Zukünftiger Betreuungsbedarf

43 Die Erforderlichkeit der Betreuung ist zwar vom gegenwärtigen Zeitpunkt (der Entscheidung) aus, gleichzeitig aber auch vorausschauend zu beurteilen.[68] So kann eine Betreuung im Bereich der Vermögenssorge erforderlich sein, wenn die Notwendigkeit für das Eingreifen des Betreuers jederzeit eintreten kann.[69] Bei schubförmig verlaufenden psychischen Erkrankungen kann eine Betreuung erforderlich sein, wenn zwar aktuell kein Handlungsbedarf besteht, aber in Folge eines jederzeit möglichen Schubes sofort gehandelt werden muss.[70]

d. Zweckerreichung

44 Die Anordnung einer Betreuung ist zwar auch dann möglich, wenn der Betroffene sie ablehnt (vgl. Rn. 35), jedoch ist für die Bestellung eines Betreuers dann kein Raum, wenn sich der angestrebte Zweck durch die vorgesehene Maßnahme nicht erreichen lässt, etwa wenn die Bestellung des Betreuers

---

[58] BayObLG München v. 22.10.1997 - 3Z BR 84/97 - juris Rn. 8 - FamRZ 1998, 921-922; OLG München v. 29.11.2005 - 33 Wx 124/05 - BtPrax 2006, 30-32.
[59] BT-Drs. 11/4528, S. 52.
[60] *Diederichsen* in: Palandt, § 1896 Rn. 11 m.w.N.
[61] BayObLG München v. 05.07.1999 - 3Z BR 108/99 - juris Rn. 13 - EzFamR aktuell 1999, 342-343.
[62] BayObLG München v. 19.05.1994 - 3Z BR 70/94 - juris Rn. 13 - BayObLGR 1994, 63.
[63] BGH v. 06.07.2011 - XII ZB 80/11.
[64] BayObLG München v. 19.05.1994 - 3Z BR 70/94 - juris Rn. 13 - BayObLGR 1994, 63; *Schwab* in: MünchKomm-BGB, § 1896 Rn. 43.
[65] OLG Stuttgart v. 09.06.1993 - 8 W 163/93 - FamRZ 1993, 1365.
[66] LG Regensburg v. 28.12.1992 - 7 T 319/92 - FamRZ 1993, 477-478.
[67] *Dodegge/Roth*, Betreuungsrecht, 4. Aufl. 2014, Teil A Rn. 19; *Jürgens/Lesting/Marschner/Winterstein*, Betreuungsrecht kompakt, 7. Aufl. 2011, Rn. 39.
[68] *Schwab* in: MünchKomm-BGB, § 1896 Rn. 42.
[69] BayObLG München v. 22.09.1994 - 3Z BR 175/94 - juris Rn. 10 - EzFamR aktuell 1994, 426-428.
[70] BayObLG München v. 04.06.1993 - 3Z BR 104/93 - juris Rn. 8 - BtPrax 1993, 171-172.

keinen Erfolg verspricht.[71] Dies kann z.B. dann der Fall sein, wenn der Betroffene krankheitsbedingt jegliche Kooperation mit dem Betreuer ablehnt und der Betreuer von daher handlungsunfähig ist.

2. Subsidiarität gegenüber tatsächlichen Hilfen

Die Betreuung ist subsidiär gegenüber anderen Hilfen. Vorrangig zu prüfen ist also immer, ob nicht andere Hilfsmöglichkeiten bestehen und ausreichen. Als andere Hilfen, die eine Betreuerbestellung entbehrlich machen, kommen in erster Linie in Betracht Familienangehörige, Bekannte und Nachbarn.[72] Aber auch Heimpersonal kann eine andere Hilfe darstellen, wenn durch dessen faktische Führung des Betroffenen eine Betreuung vermieden werden kann.[73] Ebenso haben ambulante Dienste oder Institutionen wie Altenhilfe, sozial-psychiatrischer Dienst, Familienfürsorge, kirchliche Einrichtungen oder private ambulante Pflegedienste Vorrang vor einer Betreuungsanordnung.[74]

Die Subsidiaritätsregel des Absatz 2 Satz 2 Alternative 2 findet dann keine Anwendung, wenn der Hilfsbedürftigkeit nicht allein durch tatsächliche Maßnahmen begegnet werden kann. Sobald rechtsgeschäftliche Willenserklärungen (beispielsweise zum Abschluss eines Pflegevertrages oder zur Geltendmachung von sozialrechtlichen Ansprüchen) oder Einwilligungen zu ärztlichen Heileingriffen abzugeben sind, kann nur eine Person für den Hilfsbedürftigen handeln, die mit entsprechender Vertretungsmacht ausgestattet ist.[75]

3. (Vorsorge-)Vollmacht

Allgemein zur Vorsorgevollmacht vgl. *Bittler/Rudolf*, Vorsorgevollmacht, Betreuungsverfügung, Patientenverfügung, 2000; *Locher*, FamRB 2004, 30-34. Die vom BMJ und zahlreichen Landesjustizverwaltungen herausgegebene Mustervollmacht findet sich bei *Jürgens*, Betreuungsrecht, 4. Aufl. 2010, Anhang zu § 1901c BGB.

Da die Betreuung eine rechtliche, nämlich gesetzliche Vertretung des Betroffenen sicherstellen soll, ist sie da überflüssig, wo eine Regelung aufgrund bestehender oder zu erteilender Vollmachten möglich ist. Daher kommt eine Betreuerbestellung nach Absatz 2 Satz 2 Alternative 1 nicht in Betracht, wenn die Angelegenheiten des Betroffenen ebenso gut auch durch einen Bevollmächtigten wahrgenommen werden können. Mit dem Vorrang der Vollmacht verbindet das Gesetz zwei Ziele: Die Wahrung des Selbstbestimmungsrechtes des Betroffenen und die Entlastung des Staates.[76]

Mit dem 2. BtÄndG hat der Gesetzgeber das Rechtsinstitut der Vorsorgevollmacht gestärkt. Seit dessen In-Kraft-Treten haben Besitzer von Vorsorgevollmachten das Betreuungsgericht über diesen Umstand zu informieren (§ 1901c BGB). Zudem haben Betreuungsvereine nunmehr Bevollmächtigte zu unterstützen und können Personen bei der Errichtung von Vorsorgevollmachten beraten (§ 1908f Abs. 1 und 4 BGB).

a. Vorliegen hinreichender Vollmachten

Die Bestellung eines Betreuers scheidet für die Aufgabenkreise aus, für die der Betroffene wirksam Vollmachten erteilt hat. Dabei ist es gleichgültig, ob die Vollmacht speziell nur für den Fürsorgefall (sog. **Vorsorgevollmacht**) oder unabhängig davon erteilt worden ist.[77] Der Umfang der Vollmacht ist aus ihrem Wortlaut und Sinn sowie dem zugrunde liegenden Rechtsverhältnis zu erschließen.[78] Eine Generalvollmacht ist im Zweifel nur für rechtsgeschäftliches Handeln erteilt und gilt ohne weiteres nicht auch für Einwilligungen zu Eingriffen in die körperliche Integrität.[79] Umfasst die Vollmacht nur einen Teil der Angelegenheiten, für den ein Betreuungsbedarf besteht, so darf ein Betreuer nur für die übrigen Angelegenheiten bestellt werden, es sei denn, dass die Aufspaltung dem Wohl des Betroffenen zuwider wäre.[80]

---

[71] BayObLG München v. 25.07.1994 - 3Z BR 97/94 - juris Rn. 10 - BayObLGZ 1994, 209-214; LG Rostock v. 25.02.2003 - 2 T 153/02 - BtPrax 2003, 234-235.
[72] OLG Köln v. 25.11.1992 - 16 Wx 172/92 - DAVorm 1993, 347-349.
[73] BayObLG München v. 12.03.1997 - 3Z BR 47/97 - juris Rn. 15 - NJW-RR 1997, 967.
[74] LG Hamburg v. 22.02.1993 - 301 T 387/92 - BtPrax 1993, 209-210.
[75] OLG Köln v. 25.11.1992 - 16 Wx 172/92 - DAVorm 1993, 347-349.
[76] BT-Drs. 11/4528, S. 122.
[77] BT-Drs. 11/4528, S. 122.
[78] *Schwab* in: MünchKomm-BGB, § 1896 Rn. 49.
[79] OLG Düsseldorf v. 06.12.1996 - 25 Wx 60/96 - NJW-RR 1997, 903.
[80] *Schwab* in: MünchKomm-BGB, § 1896 Rn. 49.

51 **Form:** Die Erteilung der Vollmacht bedarf grundsätzlich nicht einer besonderen Form, insbesondere auch nicht bei formbedürftigen Rechtsgeschäften (§ 167 Abs. 2 BGB). Für den Bereich der Grundstücksgeschäfte hat die Rechtsprechung allerdings Einschränkungen von diesem Grundsatz der Formfreiheit entwickelt, um Umgehungen der Formvorschriften für Grundstücksgeschäfte zu vermeiden.[81] Wird die Vorsorgevollmacht jedoch öffentlich beglaubigt, durch einen Notar oder einen Mitarbeiter einer Betreuungsbehörde gem. § 6 Abs. 2 BtBG, so genügt sie den Anforderungen des § 29 GBO und berechtigt zur Vertretung bei den Grundstücksgeschäften.[82] In der Praxis werden häufig auch anderweitig Formerfordernisse aufgestellt. Banken verlangen in der Regel, dass Vollmachten auf den bankeigenen Formularen erteilt werden. Es kann von daher vorkommen, dass eine Betreuung erforderlich wird, obwohl nach dem Willen des Gesetzgebers wirksam formfrei eine Vollmacht erteilt worden ist, diese im Rechtsverkehr jedoch nicht akzeptiert wird. In der Rechtsprechung[83] wird jedoch die Ansicht vertreten, dass eine Betreuung dann nicht erforderlich ist, wenn einer im Außenverhältnis unbedingt erteilten Vorsorgevollmacht im Rechtsverkehr unberechtigt die Akzeptanz verweigert wird. Sonderregelungen enthalten außerdem für die Bereiche des gefährlichen ärztlichen Eingriffs bzw. des Abbruchs/der Nichtvornahme einer lebensverlängernden Maßnahme, der Unterbringung und der unterbringungsähnlichen Maßnahmen die §§ 1904 Abs. 5 und 1906 Abs. 5 BGB. Hiernach sind in diesen Bereichen Vollmachten nur wirksam, wenn sie die Maßnahmen ausdrücklich umfassen und schriftlich erteilt worden sind.

b. Wirksamkeit der Vollmacht

52 **Erteilung:** Die Vollmacht wird durch eine einseitige empfangsbedürftige Willenserklärung begründet.[84] Bei Abgabe dieser Willenserklärung muss der Vollmachtgeber geschäftsfähig sein (§ 130 Abs. 2 BGB). Da jeder Volljährige als geschäftsfähig anzusehen ist, sofern er sich nicht in einem die freie Willensbildung ausschließenden Zustand krankhafter Störung der Geistestätigkeit befindet (§ 104 Nr. 2 BGB), spricht zunächst eine Vermutung für das Vorliegen der Geschäftsfähigkeit des Vollmachtgebers und damit für die Wirksamkeit einer erteilten Vollmacht. Bestehen Zweifel an der Geschäftsfähigkeit des Betroffenen im Zeitpunkt der Vollmachtserteilung, so ist das Gericht verpflichtet, von Amts wegen (§ 34 FamFG) entsprechende Ermittlungen anzustellen. Zweifel an der Geschäftsfähigkeit zum Zeitpunkt einer Vollmachtserteilung beeinträchtigen die Eignung der Vollmacht als Alternative zur Betreuung nur, wenn sie konkrete Schwierigkeiten des Bevollmächtigten im Rechtsverkehr erwarten lassen.[85] Für Ermächtigungen zu Einwilligungen in medizinische und freiheitsentziehende oder freiheitsbeschränkende Maßnahmen bedarf es nicht der Geschäftsfähigkeit, sondern der Einsichtsfähigkeit, die Schwere und Tragweite des Eingriffs zu beurteilen.[86]

53 **Wirksamkeitsbeginn:** Es gibt grundsätzlich zwei verschiedene Möglichkeiten, um den Zeitpunkt der Wirksamkeit einer Vorsorgevollmacht festzulegen[87]: Entweder man erteilt die Vollmacht im Außenverhältnis bedingungslos oder unter der aufschiebenden Bedingung des Eintritts der Fürsorgebedürftigkeit oder Geschäftsunfähigkeit. Die Erteilung der Vollmacht unter einer aufschiebenden Bedingung birgt für den Rechtsverkehr erhebliche Unsicherheiten, da es kein allgemeines Verfahren gibt, das die Fürsorgebedürftigkeit oder Hilfsbedürftigkeit feststellt. Teilweise wird von daher angeregt, diese Unsicherheiten dadurch zu beseitigen, dass der Bevollmächtigte nur dann von der Vollmacht Gebrauch machen kann, wenn er ein entsprechendes ärztliches Zeugnis vorlegt. Um die Unsicherheiten für den Rechtsverkehr jedoch gänzlich zu vermeiden, ist es ratsam, die Vollmacht im Außenverhältnis unbedingt zu erteilen.[88] Gegebenenfalls kann im Innenverhältnis der Vollmacht eine Klausel aufgenommen werden, dass der Bevollmächtigte im Außenverkehr von der Vollmacht nur unter bestimmten Bedingungen Gebrauch machen darf.

54 **Erlöschen:** Es versteht sich von selbst, dass die Vollmacht eine Betreuung nur dann entbehrlich macht, wenn sie nicht erloschen ist. Die Vollmacht kann aus unterschiedlichen Gründen erlöschen, etwa wenn sie zeitlich befristet war, das Rechtsgeschäft, zu dem bevollmächtigt wurde, erledigt ist oder die Voll-

---

[81] Vgl. hierzu etwa *Grüneberg* in: Palandt, § 311b Rn. 19.
[82] OLG Dresden v. 04.08.2010 - 17 W 677/10 - NotBZ 2010, 409-410.
[83] AG Lübeck v. 14.11.2011 - 4 XVII H 23481.
[84] *Heinrichs* in: Palandt, § 167 Rn. 1.
[85] OLG München v. 05.06.2009 - 33 Wx 278/08 - BtPrax 2009, 240.
[86] *Diederichsen* in: Palandt, vor § 1896 Rn. 5.
[87] Vgl. hierzu etwa *Dodegge/Roth*, Betreuungsrecht, 4. Aufl. 2014, Teil C Rn. 37.
[88] *Schwab* in: MünchKomm-BGB, § 1896 Rn. 55.

macht widerrufen ist (§ 168 Satz 2 BGB). Keinerlei Einfluss auf den Bestand der Vollmacht hat es, wenn der Betroffene nach Erteilung der Vollmacht geschäftsunfähig wird.[89] Zweck der Vollmacht ist es ja gerade, das Handeln des Bevollmächtigten für den Fall der eigenen Handlungsunfähigkeit sicher zu stellen. Wird der Vollmachtgeber geschäftsunfähig, so kann er die einmal erteilte Vollmacht nicht mehr selbst widerrufen.[90] Jedoch kann ein vom Betreuungsgericht gegebenenfalls zu bestellender Kontrollbetreuer (Absatz 3) die Vollmacht widerrufen.[91]

c. Verweisung auf Vollmachtserteilung

Die Subsidiarität der Betreuung wirft die Frage auf, ob der Betroffene auch auf die Erteilung einer Vollmacht verwiesen werden kann, wenn er noch geschäftsfähig und somit hierzu in der Lage ist. Der Wortlaut von Absatz 2 Satz 2 lässt die Auslegung zu, dass das Gericht eine Betreuung ablehnen kann, wenn der Betroffene noch zu einer Vollmachtserteilung in der Lage ist. Die Auslegung der Vorschrift in diesem Sinne hätte jedoch zur Folge, dass nur für geschäftsunfähige Volljährige eine Betreuerbestellung in Betracht käme, was nach der Gesamtkonzeption des Betreuungsrechtes gerade nicht gewollt ist.[92] Eine Betreuerbestellung ist auch nicht schon dadurch ausgeschlossen, dass im Verwandten- bzw. Bekanntenkreis eine objektiv geeignete Person zur Verfügung steht, die von dem Betroffenen bevollmächtigt werden könnte. Zum einen kann der Betroffene nicht gezwungen werden, eine Person zu bevollmächtigen, der er kein Vertrauen entgegenbringt und zum anderen würde es dem Grundsatz der Privatautonomie zuwiderlaufen, wollte man den Betroffenen zumindest mittelbar durch die Weigerung, einen Betreuer zu bestellen, dazu zwingen, eine Vollmacht zu erteilen.[93] Vom Grundsatz her kann das Betreuungsgericht daher nicht von einer Betreuerbestellung absehen, wenn der Betroffene sich weigert, einen Dritten zu bevollmächtigen, seine Angelegenheiten zu besorgen.[94] Auch die Rechtsprechung[95] erkennt an, dass die Erforderlichkeit der Betreuerbestellung zumindest dann gegeben ist, wenn der Betroffene aufgrund seiner Lebenssituation einen nachvollziehbaren Grund hat, von einer Bevollmächtigung abzusehen, insbesondere wenn er nicht mehr in der Lage ist, die Tätigkeit des Bevollmächtigten zu überwachen[96]. Ausnahmen von diesem Grundsatz sind allenfalls in Fällen des Rechtsmissbrauchs denkbar, etwa wenn der Betroffene alleine deshalb auf eine Vollmachtserteilung verzichtet, weil dies für ihn wirtschaftlich gesehen vorteilhaft ist.[97]

55

d. Betreuung trotz wirksamer Vollmacht

Schon aus der gesetzlichen Formulierung von Absatz 2 Satz 2 („ebenso gut") wird klar, dass die Anordnung einer Betreuung trotz des Vorliegens einer wirksamen Vollmacht möglich ist, wenn die Angelegenheiten des Betroffenen nicht ebenso gut durch einen Bevollmächtigten wahrgenommen werden können wie durch einen Betreuer. Insbesondere, wenn mehrere, verschiedenen Personen erteilte Vorsorgevollmachten vorhanden sind, aber im Betreuungsverfahren nicht aufzuklären ist, welche von den Vollmachten wirksam sind, ist eine Betreuung anzuordnen, weil die Angelegenheiten des Betroffenen nicht ebenso gut durch einen Bevollmächtigten besorgt werden können.[98] In der Rechtsprechung[99] wird die Ansicht vertreten, dass eine Betreuung dann nicht erforderlich ist, wenn einer im Außenverhältnis unbedingt erteilten Vollmacht im Rechtsverkehr unberechtigt die Akzeptanz verweigert wird.

56

Gesetzlicher Ausschluss: Absatz 2 Satz 2 legt ausdrücklich fest, dass kein Vorrang der Vollmacht für die in § 1897 Abs. 3 BGB genannten Personen besteht. Trotz ausreichender Vollmachten kann eine Betreuung also angeordnet werden, wenn Personen bevollmächtigt sind, die zu der Einrichtung, in welcher der Betroffene wohnt, in einem Abhängigkeitsverhältnis oder sonst einer engen Beziehung stehen.

57

---

[89] Vgl. hierzu *Schwab* in: MünchKomm-BGB, § 1896 Rn. 56.
[90] *Dodegge/Roth*, Betreuungsrecht, 4. Aufl. 2014, Teil C Rn. 64; *Jürgens/Lesting/Marschner/Winterstein*, Betreuungsrecht kompakt, 7. Aufl. 2011, Rn. 55.
[91] *Dodegge/Roth*, Betreuungsrecht, 4. Aufl. 2014, Teil C Rn. 64.
[92] *Roth* in: Erman, § 1896 Rn. 45; *Dodegge/Roth*, Betreuungsrecht, 4. Aufl. 2014, Teil C Rn. 6.
[93] *Dodegge/Roth*, Betreuungsrecht, 4. Aufl. 2014, Teil C Rn. 7.
[94] *Roth* in: Erman, § 1896 Rn. 45; *Dodegge/Roth*, Betreuungsrecht, 4. Aufl. 2014, Teil C Rn. 8; *Schwab* in: MünchKomm-BGB, § 1896 Rn. 63.
[95] OLG Hamm v. 23.01.2001 - 15 W 365/00 - juris Rn. 12 - JMBl NW 2001, 159-160.
[96] LG Berlin v. 05.10.2006 - 83 T 347/06 - FamRZ 2007, 931.
[97] *Dodegge/Roth*, Betreuungsrecht, 4. Aufl. 2014, Teil C Rn. 9.
[98] BayObLG München v. 14.08.2003 - 3Z BR 149/03 - OLGR München 2004, 35-26.
[99] AG Lübeck v. 14.11.2011 - 4 XVII H 23481.

Der Gesetzgeber will mit dieser Regelung typischen Interessenkollisionen auch bei der Erteilung von Vollmachten vorbeugen.[100]

58 Die Anordnung einer Betreuung kommt in Betracht, wenn **Defizite in der Person des Bevollmächtigten** vorhanden sind. Dies ist etwa dann der Fall, wenn er nicht willens ist, von der Vollmacht Gebrauch zu machen oder wenn er als untauglich erscheint. Von Untauglichkeit ist auszugehen, wenn erhebliche Zweifel an der Redlichkeit des Bevollmächtigten im Raum stehen,[101] wenn die Geschäftsfähigkeit des Bevollmächtigten zweifelhaft ist[102] oder der Verdacht begründet ist, er werde die Vollmacht zu eigenen Zwecken missbrauchen[103]. Im letzteren Fall ist jedoch immer zu überprüfen, ob nicht die Anordnung einer Kontrollbetreuung gem. Absatz 3 ausreichend ist. Ein Betreuer kann auch bei Vorliegen einer umfassend erteilten Vorsorgevollmacht bestellt werden, wenn aufgrund heftiger innerfamiliärer Streitigkeiten die Vollmacht im familiären Umfeld des Betroffenen nicht anerkannt wird und der Bevollmächtigte es deshalb ablehnt, von der Vollmacht Gebrauch zu machen.[104] Ein Vorsorgebevollmächtigter ist auch dann ungeeignet, die Angelegenheiten des Betroffenen zu besorgen, wenn er – auch unverschuldet – objektiv nicht in der Lage ist, die Vorsorgevollmacht zum Wohle des Betroffenen auszuüben.[105] Dies kann etwa dann der Fall sein, wenn der Vorsorgebevollmächtigte, an dessen Redlichkeit keine Zweifel bestehen, aufgrund eines eigenmächtigen und störenden Verhaltens eines Dritten nicht in der Lage ist, zum Wohle des Betroffenen zu handeln.

59 Es gibt **besondere Angelegenheiten**, die ihrer Art nach nicht durch einen Bevollmächtigten wahrgenommen werden können. So ist etwa ein Betreuer zu bestellen, wenn für eine prozessunfähige Person ein Zivilprozess zu führen ist (§§ 51 Abs. 1, 57 ZPO).[106] Ein Betreuer muss auch – trotz bestehender Vollmacht – bestellt werden, wenn die Anordnung eines Einwilligungsvorbehalts (§ 1903 BGB) erforderlich wird, da eine verdrängende Vollmacht unzulässig wäre.

60 Hat der Betroffene **mehrere Vollmachten** erteilt, und es lässt sich nicht klären, welche dieser Vollmachten wirksam ist, so ist eine Betreuung anzuordnen, da in diesem Falle die Angelegenheiten des Betroffenen durch einen Bevollmächtigten nicht ebenso gut wie durch einen Betreuer besorgt werden können.[107]

61 **Vorsorgevollmacht zur Vermeidung einer Betreuung bei psychischer Erkrankung:** Eine Vorsorgevollmacht steht der Bestellung eines Betreuers nicht entgegen, wenn die Vollmacht mit dem Ziel erteilt wurde, die ärztliche Behandlung einer psychischen Erkrankung und eine eventuelle zivilrechtliche Unterbringung zu verhindern, und der Bevollmächtigte den geäußerten Willen des Betroffenen ohne Rücksicht auf dessen fehlende Einsichtsfähigkeit und eine konkrete Hilfsbedürftigkeit in jedem Fall über an seinem Wohl auszurichtende Maßnahmen stellt und dabei die Gefahr hinnimmt, dass sich die psychische Krankheit des Betroffenen dadurch weiter verstärkt.[108] Dann ist auch die Bestellung eines Kontrollbetreuers nicht ausreichend, wenn der Bevollmächtigte deutlich macht, eine Zusammenarbeit mit dem Betreuer in jedem Fall abzulehnen.

e. Zentrales Vorsorgeregister

62 Um sicherzustellen, dass eine erteilte Vorsorgevollmacht auch bekannt ist, gibt es die Möglichkeit, diese im zentralen Vorsorgeregister bei der Bundesnotarkammer registrieren zu lassen. Geschaffen wurde dieses zentrale Register durch die auf Grundlage des § 78a Abs. 2 BNotO erlassene Vorsorgeregisterverordnung[109], die das Verfahren der Registrierung und Einsichtnahme in das Register regelt. Von praktisch großem Vorteil ist es etwa, dass die Betreuungsgerichte online in das Register Einsicht nehmen können und von daher sehr schnell feststellen können, ob eine Vorsorgevollmacht registriert ist oder nicht. Das zentrale Vorsorgeregister erfreut sich einer immer größeren Akzeptanz. Zum 30.09.2012[110] waren 1.856.594 Vorsorgevollmachten registriert. Im Jahr 2012 haben die Betreuungsgerichte 232.065 Onlineabfragen vorgenommen.

---

[100] BT-Drs. 13/7158, S. 33.
[101] BGH v. 26.02.2014 - XII ZB 301/13.
[102] *Schwab* in: MünchKomm-BGB, § 1896 Rn. 61.
[103] LG Wiesbaden v. 22.09.1993 - 4 T 352/93 - FamRZ 1994, 778-779.
[104] BayObLG München v. 23.03.2004 - 3Z BR 265/03, 3Z BR 266/03 - FamRZ 2004, 1403.
[105] BGH v. 07.08.2013 - XII ZB 671/12 - NJW 2013, 3373.
[106] BayObLG München v. 07.05.1997 - 3Z BR 123/97 - NJWE-FER 1997, 227-228.
[107] BayObLG München v. 14.08.2003 - 3Z BR 149/03 - juris Rn. 11 - OLGR München 2004, 35-36.
[108] KG v. 31.10.2006 - 1 W 448/04, 1 W 449/04 - FamRZ 2007, 580.
[109] BGBl I 2005, 318.
[110] Zahlen nach *Deinert*, BtPrax 2013, 242.

IV. Die Aufgabenkreise

1. Allgemeines

Nach dem **Erforderlichkeitsgrundsatz** bestimmt sich nicht nur, ob eine Betreuung eingerichtet werden darf, sondern auch in welchem Umfang. Das Betreuungsrecht spricht insoweit davon, dass die Betreuung in Aufgabenkreisen (Absatz 2 Satz 1) anzuordnen ist, und zwar nur in solchen, in denen sie erforderlich ist (vgl. insoweit Rn. 40). 63

Terminologie: Unter einem Aufgabenkreis versteht man ein funktional zusammenhängendes Betreuungsgebiet (z.B. die Gesundheitsfürsorge).[111] Die in diesem Gebiet konkret anfallenden Verrichtungen nennt das Gesetz „Angelegenheiten" (§ 1897 Abs. 1 BGB). 64

Gesetzliche Bezeichnungen: Das Betreuungsrecht vermeidet eine Typisierung von Aufgabenkreisen. Es finden sich lediglich im materiellen und formellen Recht einige mögliche Umschreibungen erwähnt: „Geltendmachung von Rechten des Betreuten gegenüber seinem Bevollmächtigten" (§ 1896 Abs. 3 BGB), „Entscheidung über den Fernmeldeverkehr des Betreuten und über die Entgegennahme, das Öffnen und das Anhalten seiner Post" (§ 1896 Abs. 4 BGB), „Einwilligung in eine Sterilisation" (§ 1899 Abs. 2 BGB), „Personensorge" (§ 293 Abs. 2 Satz 2 FamFG), „Aufenthaltsbestimmung" (§ 309 Abs. 2 FamFG) und „alle Angelegenheiten" (§§ 276 Abs. 1 Satz 2 Nr. 2 und 309 Abs. 1 Satz 1 FamFG). 65

Untergliederung: Wird eine Betreuung nicht für alle Angelegenheiten des Betroffenen angeordnet, so lassen sich die Aufgabenkreise grob in zwei Bereiche aufteilen: diejenigen, die der Vermögenssorge unterfallen und diejenigen, die zur Personensorge gehören.[112] 66

Unzulässige Aufgabenkreise: Zur Vornahme bestimmter höchstpersönlicher Rechtsgeschäfte und Rechtshandlungen kann eine Betreuung grundsätzlich nicht angeordnet werden. Hierzu gehören etwa:[113] die Eheschließung, die Verfügung von Todes wegen, die Ausübung der elterlichen Sorge[114], der Religionswechsel oder der Kirchenaustritt. 67

2. Totalbetreuung

Aus den §§ 276 Abs. 1 Satz 2 Nr. 2 und 309 Abs. 1 Satz 1 FamFG folgt, dass auch die Anordnung einer Betreuung in allen Angelegenheiten des Betroffenen (sog. Totalbetreuung) zulässig ist. Dies setzt allerdings voraus, dass für sämtliche Bereiche eine Betreuung erforderlich ist, der Betroffene also keine seiner Angelegenheiten mehr selbst besorgen kann.[115] Der aktuelle Handlungsbedarf ist durch das Gericht konkret darzulegen.[116] Wird ein Betreuer zur Regelung aller Angelegenheiten des Betroffenen bestellt, so schließt das nicht die Postkontrolle und auch nicht eine Einwilligung in eine Sterilisation ein.[117] Folge der Totalbetreuung ist der Verlust des Wahlrechtes (§ 13 Nr. 2 BWahlG). Von daher hat auch eine Mitteilung der Betreuungsanordnung an die für die Führung des Wählerverzeichnisses zuständige Behörde zu erfolgen (§ 309 Abs. 1 Satz 1 FamFG). Diese Mitteilung hat jedoch schon dann zu erfolgen, wenn die Betreuung für alle bei dem Betroffenen in Betracht kommenden Aufgabenkreise angeordnet worden ist, selbst wenn dies nicht „alle Angelegenheiten" sind.[118] Unzulässig ist die Anordnung einer Totalbetreuung lediglich zum Zwecke der Verhinderung von Wahlmanipulationen.[119] 68

3. Vermögenssorge

Aufgabe des Betreuers auf dem Gebiet der Vermögenssorge ist es, die finanziellen Interessen des Betreuten zu schützen. Bei ausgedehntem Handlungsbedarf, etwa wenn erhebliches Vermögen zu verwalten ist oder in verschiedenster Richtung im finanziellen Bereich Tätigkeit entfaltet werden muss (z.B. Bankangelegenheiten, Versicherungen, Renten), sollte der Aufgabenkreis die Vermögenssorge insgesamt umfassen. Gerade im Bereich der Vermögenssorge ist – trotz des Erforderlichkeitsgrundsatzes – vor einer zu engen Umschreibung des Aufgabenkreises zu warnen, da es schwierig ist, den Kreis der 69

---

[111] *Schwab* in: MünchKomm-BGB, § 1896 Rn. 67.
[112] So auch: *Dodegge/Roth*, Betreuungsrecht, 4. Aufl. 2014, Teil A Rn. 23.
[113] *Diederichsen* in: Palandt, § 1896 Rn. 25.
[114] BayObLG München v. 28.07.2004 - 3Z BR 098/04 - BtPrax 2004, 239-240.
[115] BayObLG München v. 22.10.1996 - 3Z BR 178/96 - NJW-RR 1997, 834.
[116] BayObLG München v. 03.06.2002 - 3Z BR 94/02 - juris Rn. 7 - FamRZ 2002, 1225-1226.
[117] BayObLG München v. 03.06.2002 - 3Z BR 94/02 - juris Rn. 7 - FamRZ 2002, 1225-1226.
[118] LG Zweibrücken v. 20.07.1999 - 4 T 167/99 - BtPrax 1999, 244-245.
[119] BayObLG München v. 12.03.1997 - 3Z BR 47/97 - juris Rn. 15 - NJW-RR 1997, 967.

auf das Vermögen bezogenen Geschäfte sinnvoll zu trennen.[120] Der Aufgabenkreis kann aber selbstverständlich auch auf einzelne Angelegenheiten beschränkt werden: Z.B. Regelung eines Nachlasses, Verwaltung eines Hausanwesens, Vertretung bei der Veräußerung von Grundeigentum.

70 **Umfang:** Wird die Vermögenssorge als solche angeordnet, so fallen hierunter alle finanziellen Angelegenheiten im weitesten Sinne. Dazu können gehören: Die Verfolgung und die Abwehr von Ansprüchen des Betreuten, z.B. aus Kauf- oder Mietverträgen oder auf Unterhalt[121], die Geltendmachung sozialrechtlicher Ansprüche, d.h. auf Arbeitslosengeld und Rente[122], auf Sozialhilfe[123], die Wahrnehmung von Gesellschafterrechten[124], die Nachlassverwaltung[125] einschließlich der Befugnis auf Erbscheinsbeantragung und Erbauseinandersetzung[126] sowie Erbausschlagung[127], die Vertretung im Insolvenzverfahren[128] und die steuerrechtliche Vertretung[129].

71 Auch bei der Vermögenssorge ist der **Erforderlichkeitsgrundsatz** zu beachten. Ein Betreuer darf von daher in der Regel nicht bestellt werden, wenn weder Vermögen vorhanden ist noch Einkünfte erzielt werden oder erzielbar sind.[130] Die Betreuung ist aber dann erforderlich, wenn die weitere Verschuldung eines vermögenslosen Betroffenen droht[131] oder diese zu seiner Schuldenregulierung notwendig ist[132]. Soweit Vermögen vorhanden ist, kann eine Betreuung im Bereich der Vermögenssorge auch erforderlich sein, wenn die Notwendigkeit für das Eingreifen des Betreuers zwar nicht aktuell vorhanden ist, jedoch jederzeit eintreten kann.[133]

72 **Wohnungsangelegenheiten:** Unter die Vermögenssorge fallen nach hier vertretener Auffassung auch alle mit der Wohnung des Betroffenen zusammenhängenden finanziellen Angelegenheiten[134], selbst wenn dem Betreuer nicht ausdrücklich die „Wohnungsangelegenheiten" oder die „Wohnungsfürsorge" übertragen worden sind. Dies ergibt sich aus folgenden Überlegungen: Handelt es sich um eine Eigentumswohnung des Betroffenen, so fällt sie in sein Vermögen und alle sie betreffende Regelungsnotwendigkeiten (z.B. Renovierungen, Nebenkosten) betreffen finanzielle Angelegenheiten. Auch wenn es sich um eine Mietwohnung handelt, so sind die damit zusammenhängenden Fragen vermögensrechtlicher Natur (z.B. Mietzinsforderungen, Nebenkostenabrechnungen, Mietminderungen).

4. Personensorge

73 Das Verfahrensrecht spricht in § 293 Abs. 2 Satz 2 FamFG von der Personensorge. Aus der dort enthaltenen gesetzlichen Formulierung („ganz oder teilweise die Personensorge") lässt sich nur schließen, dass die Personensorge den Oberbegriff für alle Aufgabenkreise darstellt, die nicht der Vermögenssorge angehören. Aufgrund des Erforderlichkeitsgrundsatzes und im Interesse einer klaren Fassung der Aufgabenkreise sollte von der Verwendung des umfassenden Aufgabenkreises der Personensorge jedoch nur sehr spärlich Gebrauch gemacht werden.[135] Stattdessen sollten die einzelnen Aufgabenkreise, auf die sich die Betreuung beziehen soll, konkret bezeichnet werden.

---

[120] *Schwab* in: MünchKomm-BGB, § 1896 Rn. 111.
[121] *Dodegge/Roth*, Betreuungsrecht, 4. Aufl. 2014, Teil A Rn. 25.
[122] OLG Köln v. 25.11.1992 - 16 Wx 172/92 - DAVorm 1993, 347-349.
[123] OLG Köln v. 25.11.1992 - 16 Wx 172/92 - DAVorm 1993, 347-349 (für die Verwaltung der Sozialhilfe); LG Regensburg v. 28.12.1992 - 7 T 319/92 - FamRZ 1993, 477-478; a.A. LG Köln v. 14.05.1997 - 13 S 17/97 - FamRZ 1998, 919-920.
[124] *Schwab* in: MünchKomm-BGB, § 1896 Rn. 114.
[125] *Schwab* in: MünchKomm-BGB, § 1896 Rn. 113.
[126] *Bienwald/Sonnenfeld/Hoffmann*, Betreuungsrecht, 4. Aufl. 2005, § 1896 Rn. 133.
[127] DNotI-Report 2004, 1-3; a.A. wonach es eines eigenen Aufgabenkreises bedürfen soll *Diederichsen* in: Palandt, § 1896 Rn. 22; *Schwab* in: MünchKomm-BGB, § 1896 Rn. 113.
[128] *Diederichsen* in: Palandt, § 1896 Rn. 21.
[129] *Dodegge/Roth*, Betreuungsrecht, 4. Aufl. 2014, Teil A Rn. 25.
[130] BayObLG München v. 22.12.1994 - 3Z BR 250/94 - juris Rn. 6 - EzFamR aktuell 1995, 111-112.
[131] BayObLG München v. 04.02.1997 - 3Z BR 8/97 - EzFamR aktuell 1997, 148-150.
[132] BayObLG München v. 22.09.2000 - 3Z BR 220/00, 3Z BR 221/00 - BtPrax 2001, 37-38.
[133] BayObLG München v. 22.09.1994 - 3Z BR 175/94 - juris Rn. 10 - EzFamR aktuell 1994, 426-428.
[134] Die Begründung und Aufhebung des Wohnsitzes fallen unter das Aufenthaltsbestimmungsrecht - vgl. hierzu im Folgenden Rn. 77.
[135] I.E. so auch *Schwab* in MünchKomm-BGB, § 1896 Rn. 73.

a. Gesundheitsfürsorge

Umfang: Einer der Hauptaufgabenbereiche von Betreuern ist die Sorge für die Gesundheit des Betroffenen. Der Aufgabenkreis umfasst die Zuführung zu Arzt oder Krankenhaus, die Einwilligung in eine medizinische Maßnahme und den Abschluss von Arzt- und Krankenhausverträgen.[136] Zur Gesundheitsfürsorge gehört auch die Einwilligung in eine im weiten Sinn zur Sterbebegleitung gehörende Maßnahme bis hin zur Einwilligung in einen Behandlungsabbruch[137], dies unabhängig davon, ob zu einer solchen Einwilligung zusätzlich die betreuungsgerichtliche Genehmigung erforderlich ist[138].

74

Voraussetzungen: Das Betreuungsgericht überträgt die vertretungsweise Einwilligung zu ärztlichen Maßnahmen dem Betreuer nur, soweit dies erforderlich ist, weil der Betreute nicht selbst wirksam einwilligen kann. Ungeschriebene Voraussetzung für die vertretungsweise Einwilligung des Betreuers ist, dass der Betroffene nicht selbst einwilligen kann, weil er **einwilligungsunfähig** ist.[139] Einwilligungsunfähig ist, wer Art, Bedeutung und Tragweite der Maßnahme – nach entsprechender ärztlicher Aufklärung und Beratung – nicht zu erfassen und seinen Willen hiernach nicht zu bestimmen vermag.[140] Für jede medizinische Maßnahme ist gesondert die Einwilligungsfähigkeit zu beurteilen.[141] Solange der Betroffene seinen Willen frei bestimmen kann, muss dieser respektiert werden, auch wenn dies dazu führt, dass eine notwendige Behandlung eventuell nicht durchgeführt werden kann.[142] Das Betreuungsgericht hat daher bei seiner Entscheidung über den Aufgabenkreis den Umfang der Einwilligungsunfähigkeit zu prüfen. So darf eine unbeschränkte Betreuung im Gesundheitsbereich etwa nicht angeordnet werden, wenn diese nur im nervenärztlichen Bereich erforderlich ist.[143]

75

Einzelfragen: Für den Bereich der Sterilisation ist die Bestellung eines eigenen Betreuers vorgesehen (§ 1905 BGB) und das Gesetz stellt besondere, enge Voraussetzungen auf (vgl. insoweit die Kommentierung zu § 1905 BGB). Sind mit einem ärztlichen Eingriff erhebliche gesundheitliche Risiken für den Betroffenen verbunden, so stellt das Gesetz wiederum besondere Voraussetzungen auf und fordert unter bestimmten Voraussetzungen eine gerichtliche Genehmigung (§ 1904 BGB; vgl. insoweit die Kommentierung zu § 1904 BGB). Dasselbe gilt für die Frage des Abbruchs einer lebensverlängernden Maßnahme bzw. für die Frage der Nichtvornahme einer lebensverlängernden Maßnahme (§§ 1901a, 1901b, 1904 BGB; vgl. insoweit die Kommentierung zu § 1901a BGB, die Kommentierung zu § 1901b BGB und die Kommentierung zu § 1904 BGB). Ebenso höchst umstritten ist die Frage, ob der Betreuer auch die zwangsweise ambulante Behandlung des Betroffenen veranlassen darf (vgl. insoweit Rn. 93).

76

b. Aufenthaltsbestimmung

Umfang: Die Aufenthaltsbestimmung erfasst die Vertretung des Betroffenen bei der Begründung und Aufhebung des Wohnsitzes[144], sie berechtigt auch zur Veränderung des tatsächlichen Aufenthalts, etwa zur Umstellung von der häuslichen Pflege auf die in einem Heim[145], und beinhaltet immer die Befugnis zum Abschluss der damit verbundenen Verträge[146]. Mit der Übertragung des Aufenthaltsbestimmungsrechtes ist der Betreuer auch berechtigt, über die Frage einer freiheitsentziehenden Unterbringung (§ 1906 Abs. 1 BGB) und über die Notwendigkeit unterbringungsähnlicher Maßnahmen (§ 1906 Abs. 4 BGB) zu entscheiden, ohne dass es der gesonderten Übertragung einer „Unterbringungsbefugnis" bzw. einer „Entscheidung über die Unterbringung" bedürfte.[147] Die Aufenthaltsbestimmung schließt auch das Recht ein, die Herausgabe des Betreuten zu verlangen, wenn dieser von Dritten widerrechtlich festgehalten wird (§§ 1908i Abs. 1 Satz 1, 1632 Abs. 1 BGB).[148] Zur Beantragung eines neuen Personalausweises oder Reisepasses soll die Aufenthaltsbestimmung nicht berechtigen, wenn

77

---

[136] *Roth* in: Erman, § 1896 Rn. 63.
[137] OLG Frankfurt v. 20.11.2001 - 20 W 419/01 - NJW 2002, 689-691; OLG Karlsruhe v. 29.10.2001 - 19 Wx 21/01 - NJW 2002, 685-689; a.A. LG München I v. 18.02.1999 - 13 T 478/99 - NJW 1999, 1788-1789.
[138] So auch *Roth* in: Erman, § 1896 Rn. 63.
[139] *Jürgens/Lesting/Marschner/Winterstein*, Betreuungsrecht kompakt, 7. Aufl. 2011, Rn. 186.
[140] *Jürgens/Lesting/Marschner/Winterstein*, Betreuungsrecht kompakt, 7. Aufl. 2011, Rn. 186 m.w.N.
[141] BT-Drs. 11/4528, S. 71.
[142] LG Kassel v. 05.01.1996 - 3 T 859/95, 3 T 860/95 - FamRZ 1996, 1501-1502.
[143] BayObLG München v. 22.12.1994 - 3Z BR 250/94 - juris Rn. 7 - EzFamR aktuell 1995, 111-112.
[144] BayObLG München v. 12.05.1992 - 1Z AR 22/92 - juris Rn. 13 - NJW-RR 1993, 460-461.
[145] *Diederichsen* in: Palandt, § 1896 Rn. 18 m.w.N.
[146] *Roth* in: Erman, § 1896 Rn. 62; *Schwab* in: MünchKomm-BGB, § 1896 Rn. 87.
[147] OLG Stuttgart v. 29.06.2004 - 8 W 239/04 - Justiz 2004, 303-305; *Schwab* in: MünchKomm-BGB, § 1896 Rn. 87.
[148] OLG Frankfurt v. 23.01.2003 - 20 W 479/02 - FGPrax 2003, 81-82.

§ 1896

dieser nicht konkret zur Aufenthaltsänderung benötigt wird.[149] Inwieweit der Betreuer zur zwangsweisen Durchsetzung des Aufenthaltsbestimmungsrechtes gegen den natürlichen Willen des Betroffenen – außerhalb des Bereiches der Unterbringung – befugt ist, ist sehr umstritten (vgl. insoweit Rn. 93).

78 **Voraussetzungen:** Auch im Bereich der Anordnung des Aufenthaltsbestimmungsrechtes ist der Erforderlichkeitsgrundsatz strikt zu beachten. Dies bedeutet, dass in Bezug auf die Aufenthaltsbestimmung ein Betreuungsbedarf gegeben sein muss, was z.B. dann der Fall ist, wenn der bisherige Aufenthalt des Betroffenen sein Wohl gefährdet, er aber außerstande ist, aus eigenem Entschluss die Verhältnisse zu ändern oder einen solchen Entschluss durchzuführen.[150] Auf Seiten des Betroffenen muss die Willensbildung derart eingeschränkt sein, dass er in diesem Bereich nicht in der Lage ist, seinen Willen frei zu bestimmen.[151]

79 Nach der Vorstellung des Gesetzgebers kann ein **Einwilligungsvorbehalt** angeordnet werden, „der sich auf die Aufenthaltsbestimmung des Betroffenen erstreckt" (§ 309 Abs. 2 FamFG). Ein Einwilligungsvorbehalt kann sich jedoch nur auf Willenserklärungen (§ 1903 Abs. 1 Satz 1 BGB) beziehen, nicht jedoch auf tatsächliche Handlungen. Dies bedeutet, dass ein Einwilligungsvorbehalt im Bereich der Aufenthaltsbestimmung lediglich zur Folge hat, dass der Betreuer gegen den erklärten Willen des Betroffenen einen (Heim-)vertrag abschließen kann. Die tatsächliche Befugnis zum Aufenthaltswechsel folgt aus dem Einwilligungsvorbehalt jedoch nicht.

80 **Zwangsweiser Wohnungszutritt:** Umstritten war in der Rechtsprechung[152] lange, ob der Betreuer auch das Recht hat, die Wohnung des Betroffenen gegen dessen Willen und ggf. mit Gewalt zu betreten. Teilweise wurde die Auffassung vertreten, dass wegen des Grundrechtes der Unverletzlichkeit der Wohnung (Art. 13 Abs. 1 GG) und des Fehlens einer einfachgesetzlichen Ermächtigungsnorm das Betreten der Wohnung durch den Betreuer gegen den Willen des Betroffenen nicht zulässig sei und das Betreuungsgericht ihn auch nicht hierzu ermächtigen könne.[153] Diese Auffassung wurde jedoch kritisiert, da die Betreuung teilweise sinnlos ist, wenn man dem Betreuer kein Recht einräumen kann, sich ggf. auch gegen den Willen des Betroffenen ein Bild vom Betreuungsbedarf in der Weise machen zu können, dass er dessen Wohnung betritt. Die Betreuung würde ins Leere laufen, der Akt staatlicher Fürsorge würde geradezu konterkariert. Als Voraussetzung für den zwangsweisen Wohnungszutritt wurde eine ausdrückliche gerichtliche Ermächtigung in Form eines entsprechenden Aufgabenkreises („Befugnis zum Betreten der Wohnung") gefordert. Die Rechtsgrundlage hierfür wurde in Art. 13 Abs. 2 GG unmittelbar gesehen.[154] Nach der Entscheidung des BVerfG[155] zum früheren § 68b Abs. 3 FGG dürfte für die letztere Auffassung jedoch kein Raum mehr sein.[156] In seiner Entscheidung, die sich mit der Frage des Betretens der Wohnung zum Zwecke der Vorführung zur Begutachtung befasste, hat das BVerfG ausdrücklich klargestellt, dass die Erlaubnis zum Betreten der Wohnung eine einfachgesetzliche Ermächtigungsnorm voraussetzt. Eine solche fehlt gerade im Bereich des Wohnungsbetretungsrechts des Betreuers. Es wäre mehr als wünschenswert, wenn der Gesetzgeber in diesem Bereich aktiv werden würde.

5. Kontrollbetreuung (Absatz 3)

81 **Begriff:** Der in § 1896 Abs. 3 BGB geregelte Aufgabenkreis wird als Kontrollbetreuung, Vollmachtsbetreuung oder Vollmachtsüberwachungsbetreuung bezeichnet.[157]

82 **Zweck:** Wegen des Erforderlichkeitsgrundsatzes ist die Anordnung einer Betreuung unzulässig, wenn die Angelegenheiten des Betroffenen durch eine wirksam bevollmächtigte Person erledigt werden können. Der Bevollmächtigte steht anders als ein Betreuer nicht unter der Aufsicht und Kontrolle des Betreuungsgerichts; der Betroffene kontrolliert ihn vielmehr selbst. Es kann aber der Fall eintreten, dass der Betroffene – aufgrund einer Erkrankung – zu dieser Kontrolle nicht mehr in der Lage ist, die Voll-

---

[149] BayObLG München v. 05.08.1998 - 3Z BR 96/98 - juris Rn. 8 - BayObLGR 1998, 78-79.
[150] *Schwab* in: MünchKomm-BGB, § 1896 Rn. 85.
[151] *Schwab* in: MünchKomm-BGB, § 1896 Rn. 85.
[152] Einen Überblick gibt *Abram*, FamRZ 2004, 11-17.
[153] OLG Frankfurt v. 28.11.1995 - 20 W 507/95 - DAVorm 1996, 79-80; LG Görlitz v. 01.12.1997 - 2 T 185/97 - NJWE-FER 1998, 153-154.
[154] LG Berlin v. 08.02.1996 - 83 T 490/95 - BtPrax 1996, 111-116; LG Freiburg (Breisgau) v. 25.02.2000 - 4 T 349/99, 4 T 350/99 - NJW-RR 2001, 146-150.
[155] BVerfG v. 21.08.2009 - 1 BvR 2104/06 - FamRZ 2009, 1814.
[156] So auch LG Darmstadt v. 14.03.2012 - 5 T 475/10.
[157] *Schwab* in: MünchKomm-BGB, § 1896 Rn. 236.

macht wegen eingetretener Geschäftsunfähigkeit auch nicht mehr widerrufen kann[158], und Bedarf gegeben ist, den Bevollmächtigten zu kontrollieren. Unter bestimmten Voraussetzungen, auf die im Folgenden näher eingegangen werden wird, kann das Betreuungsgericht in dieser Situation einen Betreuer bestellen, dessen einziger Aufgabenkreis die Kontrolle des Bevollmächtigten ist.

Voraussetzungen: Die Anordnung einer Kontrollbetreuung setzt zunächst einmal das Bestehen einer Vollmacht voraus. Diese muss wirksam erteilt und darf nicht wieder erloschen sein.[159] Weiterhin muss die Vollmacht hinreichend sein, d.h. sie muss in einem solchen Umfang erteilt sein, dass das Fürsorgebedürfnis durch die Bevollmächtigung abgedeckt ist. Hinzukommen muss das Unvermögen des Betroffenen, den Bevollmächtigten selbst zu überwachen[160], wobei das Unvermögen auf den Betreuungsgründen i.S.d. § 1896 Abs. 1 Satz 1 BGB beruhen muss[161]. Schließlich muss ein konkreter Überwachungsbedarf bestehen,[162] die bloße Unfähigkeit des Betroffenen, seinen Bevollmächtigten zu überwachen, ist also noch nicht ausreichend. Eine Kontrollbetreuung ist nicht schon aufgrund einer abstrakten Gefahrenlage erforderlich im Sinne des § 1896 BGB, sondern erst dann, wenn Bedenken gegen die Redlichkeit oder die Tauglichkeit eines Bevollmächtigten bestehen[163]. Nach der Vorstellung des Gesetzgebers[164] sollen der Umfang oder die Schwierigkeit der Geschäfte eine Kontrolle indizieren oder ein vorangegangenes Fehlverhalten des Bevollmächtigten, hingegen bräuchten die für Alltagsgeschäfte bevollmächtigten Verwandten und Freunde in der Regel keine Aufsicht. Bestehen konkrete Anhaltspunkte dafür, dass der Bevollmächtigte die Vollmacht nicht zum Wohle des Betroffenen verwendet, so ist die Erforderlichkeit für eine Kontrollbetreuung auf jeden Fall gegeben.[165] Auch der Umstand, dass eine nunmehr geschäftsunfähige Person früher wirksam eine umfassende Vorsorgevollmacht erteilt hat und nach Eintritt der Geschäftsunfähigkeit versucht, ernsthaft diese zu widerrufen, so kann das in diesem Widerruf zum Ausdruck kommende Misstrauen gegen den Bevollmächtigten Veranlassung geben, eine Kontrollbetreuung einzurichten.[166]

Inhalt: Der Kontrollbetreuer ist berechtigt und verpflichtet, die Tätigkeit des Bevollmächtigten als gesetzlicher Vertreter des Betroffenen zu überwachen und die Rechte des Betroffenen geltend zu machen. Dazu gehören das Verlangen nach Auskunft und Rechenschaft, die Geltendmachung von Ersatzansprüchen und ggf. auch der Widerruf der Vollmacht.[167] Der Umfang der Befugnisse des Kontrollbetreuers ergibt sich dabei aus dem Geschäftskreis, für den die Vollmacht erteilt worden ist.[168] Ob und wie der Kontrollbetreuer von seinen Befugnissen Gebrauch macht, ist Angelegenheit seiner selbständigen Entscheidung.[169] Das Betreuungsgericht wiederum kontrolliert nicht unmittelbar den Bevollmächtigten selbst, sondern prüft, ob der Kontrollbetreuer seiner Pflicht gem. § 1901 BGB nachgekommen ist.[170] Der Kontrollbetreuer hat dem Betreuungsgericht auf Verlangen jederzeit Auskunft über die Führung der Betreuung zu erteilen (§§ 1908i Abs. 1 Satz 1, 1839 BGB), rechnungslegungspflichtig ist er jedoch nicht.[171]

Unzureichend: Ergeben die Ermittlungen des Kontrollbetreuers bzw. des Betreuungsgerichts, dass der Bevollmächtigte seine Aufgaben nicht hinreichend erfüllt hat (z.B. völlige Untauglichkeit; Wirtschaften in die eigene Tasche), so ist die Kontrollbetreuung aufzuheben und eine „richtige" Betreuung anzuordnen.[172] Erweckt der Bevollmächtigte schon im Laufe des Betreuungsverfahrens gewichtige Zweifel an seiner Redlichkeit oder Tauglichkeit, so erscheint eine bloße Kontrollbetreuung nach § 1896 Abs. 3 BGB von vornherein nicht als ausreichend.[173]

---

[158] LG Wiesbaden v. 22.09.1993 - 4 T 352/93 - FamRZ 1994, 778-779.
[159] BayObLG München v. 27.05.1993 - 3Z BR 78/93 - MDR 1993, 872-873.
[160] BT-Drs. 11/4528, S. 123.
[161] LG München I v. 02.12.1997 - 13 T 18460/97 - FamRZ 1998, 700.
[162] OLG Köln v. 28.06.1999 - 16 Wx 86/99 - juris Rn. 9 - OLGR Köln 2000, 91-92.
[163] LG München v. 17.04.2007 - 13 T 22305/05.
[164] BT-Drs. 11/4528, S. 123.
[165] BayObLG München v. 11.05.2005 - 3Z BR 260/04 - BtPrax 2005, 198.
[166] OLG Köln v. 11.03.2005 - 16 Wx 34/05 - FGPrax 2005, 156.
[167] BayObLG München v. 03.06.1994 - 3Z BR 18/94 - BayObLGR 1994, 63.
[168] *Diederichsen* in: Palandt, § 1896 Rn. 23.
[169] BayObLG München v. 03.06.1994 - 3Z BR 18/94 - BayObLGR 1994, 63.
[170] *Dodegge/Roth*, Betreuungsrecht, 4. Aufl. 2014, Teil A Rn. 27.
[171] *Schwab* in: MünchKomm-BGB, § 1896 Rn. 250.
[172] *Schwab* in: MünchKomm-BGB, § 1896 Rn. 246.
[173] LG Wiesbaden v. 22.09.1993 - 4 T 352/93 - FamRZ 1994, 778-779.

§ 1896

6. Post- und Fernmeldeverkehr (Absatz 4)

86 Besonders im Gesetz geregelt ist der Aufgabenkreis der Entscheidung über den Fernmeldeverkehr des Betreuten und die Entgegennahme, das Öffnen und das Anhalten seiner Post (Absatz 4). Diese Befugnisse stehen dem Betreuer nur zu, wenn das Gericht eine solche Anordnung ausdrücklich getroffen hat, die Bestellung eines Betreuers für die Personen- und Vermögenssorge umfasst die Aufgaben somit nicht.[174] Eine dahin gehende betreuungsgerichtliche Anordnung ist einer strengen Prüfung am Grundsatz der Erforderlichkeit und Verhältnismäßigkeit zu unterziehen, da sie einen schweren Eingriff in das Grundrecht des Brief-, Post- und Fernmeldegeheimnisses (Art. 10 GG) sowie in das allgemeine Persönlichkeitsrecht (Art. 2 Abs. 1 GG) des Betreuten darstellt.[175] Sie setzt voraus, dass der Betreuer ansonsten ihm übertragene Aufgaben nicht in der gebotenen Weise erfüllen könnte und hierdurch wesentliche Rechtsgüter des Betreuten erheblich gefährdet oder beeinträchtigt würden.[176] Nur wenn davon ausgegangen werden kann, dass die Betreuung ansonsten ins Leere liefe, weil keine andere, weniger belastende Maßnahme zur Verfügung steht, darf das Betreuungsgericht eine entsprechende Anordnung treffen.[177] Zusätzlich hat der Betreuer seinerseits in jedem Einzelfall in eigener Verantwortung zu prüfen und nach pflichtgemäßem Ermessen zu entscheiden, ob bzw. inwieweit es erforderlich ist, von der ihm übertragenen Kontrollbefugnis Gebrauch zu machen.[178]

V. Die Folgen der Betreuung

1. Wirkungen der Betreuung

a. Allgemeines

87 Mit der Wirksamkeit des die Betreuung anordnenden Beschlusses (vgl. hierzu Rn. 142) entsteht das gesetzliche **Rechtsverhältnis der Betreuung**. Von diesem Zeitpunkt an – und nicht erst ab mündlicher Verpflichtung[179] – wachsen dem Betreuer die Rechte und Pflichten des Amtes zu: Der Betreuer wird gesetzlicher Vertreter des Betroffenen (§ 1902 BGB) und ist verpflichtet, in dem ihm übertragenen Aufgabenkreis die Angelegenheiten des Betreuten zu dessen Wohl zu besorgen (§ 1901 Abs. 2 BGB). Je nach Aufgabenkreis erhält der Betreuer weitere Befugnisse, etwa im Bereich der Heilbehandlung (§ 1904 BGB) oder der Aufenthaltsbestimmung (§ 1906 BGB). Für die einzelnen dem Betreuer entstehenden Verpflichtungen und seine Rechte (zu denken ist insbesondere an die Vergütung und den Aufwendungsersatz) verweist das Betreuungsrecht (§ 1908i Abs. 1 Satz 1 BGB) auf zahlreiche Regelungen des Vormundschaftsrechts.

b. Geschäftsfähigkeit

88 Die Anordnung der Betreuung nimmt dem Betroffenen nicht die Geschäftsfähigkeit. Geschäftsunfähig ist der Betreute allein, wenn die Voraussetzungen von § 104 Nr. 2 BGB vorliegen.[180] Im Übrigen tritt eine Einschränkung der rechtsgeschäftlichen Handlungsfähigkeit des Betroffenen nur ein, soweit ein Einwilligungsvorbehalt (§ 1903 BGB) angeordnet wird. Folglich bleibt der Betroffene, wenn kein Einwilligungsvorbehalt angeordnet ist und er nicht geschäftsunfähig ist, neben seinem Betreuer rechtsgeschäftlich voll handlungsfähig. Dies kann allerdings bei beiderseitigem parallelem Handeln zu Problemen führen (vgl. insoweit die Kommentierung zu § 1902 BGB Rn. 7).

c. Testierfähigkeit

89 Die Anordnung einer Betreuung hat als solche auch keine Auswirkungen auf die Testierfähigkeit.[181] Diese richtet sich allein nach § 2229 Abs. 3 BGB. Der Gesetzgeber des BtG versprach sich mit dem Verfahrensablauf des Betreuungsrechts und der damit verbundenen Gutachtenspraxis jedoch bessere

---

[174] *Dodegge/Roth*, Betreuungsrecht, 4. Aufl. 2014, Teil A Rn. 26; *Jürgens/Lesting/Marschner/Winterstein*, Betreuungsrecht kompakt, 7. Aufl. 2011, Rn. 231.
[175] BayObLG München v. 14.02.2001 - 3Z BR 40/01 - NJWE-FER 2001, 179-180.
[176] BayObLG München v. 14.02.2001 - 3Z BR 40/01 - NJWE-FER 2001, 179-180.
[177] *Jürgens/Kröger/Marschner/Winterstein*, Betreuungsrecht kompakt, 6. Aufl. 2007, Rn. 242.
[178] BayObLG München v. 14.02.2001 - 3Z BR 40/01 - NJWE-FER 2001, 179-180; *Jürgens/Kröger/Marschner/Winterstein*, Betreuungsrecht kompakt, 6. Aufl. 2007, Rn. 242.
[179] *Schwab* in: MünchKomm-BGB, § 1896 Rn. 139.
[180] *Schwab* in: MünchKomm-BGB, § 1896 Rn. 140.
[181] OLG Frankfurt v. 05.09.1995 - 20 W 107/94 - OLGR Frankfurt 1995, 260-262.

Möglichkeiten zur nachträglichen Feststellung der Testierfähigkeit.[182] Ein Einwilligungsvorbehalt kann für Verfügungen von Todes wegen nicht angeordnet werden (§ 1903 Abs. 2 BGB).

d. Ehefähigkeit

Die Bestellung eines Betreuers beeinträchtigt auch nicht die Ehefähigkeit. Die Gültigkeit oder Statthaftigkeit einer Eheschließung ist auch in keinem Fall von der Zustimmung des Betreuers abhängig, da sich ein Einwilligungsvorbehalt auch nicht auf die Ehewillenserklärung beziehen kann (§ 1903 Abs. 2 BGB). 90

e. Elterliche Sorge

Die Anordnung der Betreuung hat ebenso keine Auswirkungen auf die Ausübung des Sorgerechtes des Betreuten. Allein die Anordnung der Betreuung führt also nicht dazu, dass die elterliche Sorge eines Betroffenen über ein Kind ruht, dies ist nur bei Geschäftsunfähigkeit der Fall (§ 1673 Abs. 1 BGB). 91

f. Wahlrecht

Zur Auswirkung der Anordnung einer Betreuung auf das Wahlrecht sei auf die Ausführungen zur Totalbetreuung verwiesen (vgl. Rn. 68). 92

2. Bestimmungs- bzw. Zwangsbefugnisse

Höchst umstritten in Rechtsprechung und Literatur ist die Frage, ob der Betreuer mit Anordnung der Betreuung auch eine Bestimmungsbefugnis bzw. Zwangsbefugnisse bzgl. des Betroffenen erhält.[183] Gemeint ist hiermit, ob der Betreuer bestimmte Maßnahmen – außer den ausdrücklich im Gesetz geregelten Fällen (§ 1906 BGB) – ggf. mit Zwang gegen den ausdrücklich erklärten natürlichen Willen des Betroffenen, der insoweit zur Selbstbestimmung unfähig ist, durchsetzen darf. Außer des bereits erörterten Falles des zwangsweisen Wohnungszutritts (vgl. Rn. 80) hatte die Rechtsprechung sich mit dieser Frage u.a. zu befassen in den Fallkonstellationen, dass der Betroffene gegen seinen Willen in ein (offenes) Pflegeheim umziehen sollte[184], und dass der psychisch kranke Betroffene gegen seinen Willen einer ambulanten Zwangsmedikation (Depotspritze) zugeführt werden sollte[185]. Die obergerichtliche Rechtsprechung hat in beiden Fällen eine Zwangsbefugnis des Betreuers und damit die Möglichkeit eines Handelns des Betreuers abgelehnt. Begründet hat sie ihre Auffassung damit, dass außerhalb des Bereiches der Unterbringung und den dort geregelten Zwangsbefugnissen (§ 326 FamFG) wegen des im Grundgesetz verankerten Prinzips des Gesetzesvorbehalts Zwangsmaßnahmen des Betreuers einer ausdrücklichen gesetzlichen Regelung bedürften. Es sei keine den Grundrechtseingriff beim Betroffenen rechtfertigende Rechtsgrundlage vorhanden. 93

Diese Auffassung der Rechtsprechung wird in der Literatur teilweise abgelehnt. Sie gehe von einem grundsätzlichen Fehlverständnis des Betreuungsrechtes und auch der Grundrechte aus. Der grundrechtliche Schutz der Freiheit setze die tatsächliche Selbstbestimmungsfähigkeit des Grundrechtsinhabers voraus.[186] Ein Eingriff in ein Freiheitsgrundrecht liege von daher nur vor, wenn die eigenverantwortliche Entscheidung des Grundrechtsinhabers missachtet wird.[187] Sowohl die Anordnung der Betreuung als auch einzelne Maßnahmen des Betreuers ohne oder gegen den natürlichen Willen des Betroffenen griffen somit nicht in dessen Freiheitsgrundrechte ein, wenn seine Fähigkeit zur Selbstbestimmung aus tatsächlichen Gründen beeinträchtigt sei.[188] Der Betreuer sei aus Art. 1 Abs. 1 Satz 2 GG nicht nur berechtigt, sondern sogar verpflichtet, den Betroffenen durch geeignete Maßnahmen davor zu bewahren, sich durch sein defizitbedingtes Verhalten selbst erheblich zu schädigen.[189] Der Betreuer erhalte von daher mit Anordnung der Betreuung eine Befugnis, über den zur Selbstbestimmung unfähigen Betroffenen zu bestimmen (Bestimmungsbefugnis).[190] Die Selbstschädigung des Betroffenen müsse notfalls 94

---

[182] BT-Drs. 11/4528, S. 66.
[183] Eine Übersicht gibt *Abram*, BtPrax 2003, 243-248; zum Verhältnis von Betreuung und dem Recht auf Freiheit vgl. *Lipp*, BtPrax 2008, 51-56.
[184] Vgl. etwa OLG Hamm v. 21.10.2002 - 15 W 189/02 - NJW-RR 2003, 290-291.
[185] BGH v. 11.10.2000 - XII ZB 69/00 - BGHZ 145, 297-310; vgl. ausführlich die Kommentierung zu § 1904 BGB Rn. 29.
[186] BVerfG v. 19.01.1999 - 1 BvR 2161/94 - juris Rn. 42 - LM GrundG Art. 3 Nr. 146f (11/1999).
[187] *Lipp*, Freiheit und Fürsorge – Der Mensch als Rechtsperson, 2000, S. 131 m.w.N.
[188] *Abram*, BtPrax 2003, 243-248; so auch *Bieg*, Reformansätze im Betreuungsrecht, 2004, S. 114.
[189] *Abram*, BtPrax 2003, 243-248.
[190] *Lipp*, Freiheit und Fürsorge - Der Mensch als Rechtsperson, 2000, S. 98.

auch durch körperlichen Zwang vom Betreuer unterbunden werden können.[191] Die Rechtsgrundlage für die Zwangsbefugnis des Betreuers ergäbe sich aus § 1901 Abs. 2 Satz 1, Abs. 3 Satz 1 BGB i.V.m. Art. 1 Abs. 1 Satz 2 GG.[192]

95 **Zwangsbehandlung:** Durch das Gesetz zur Regelung der betreuungsrechtlichen Einwilligung in eine Zwangsbehandlung vom 18.02.2013[193] hat der Gesetzgeber eine Ermächtigungsgrundlage für die ärztliche Zwangsbehandlung im Rahmen einer geschlossenen Unterbringung geschaffen. Die Ermächtigungsgrundlage findet sich nunmehr in § 1906 Abs. 3 BGB. Die Regelung des § 1906 BGB wurde in weiten Teilen neugefasst und zugleich wurden im FamFG entsprechende verfahrensrechtliche Regelungen für die Zwangsbehandlung aufgenommen. Die ambulante Zwangsbehandlung hat der Gesetzgeber ausdrücklich jedoch nicht erlaubt.

96 Auf die Frage des Bestehens oder Nichtbestehens von Zwangsbefugnissen wird im Rahmen der Kommentierung zu den einzelnen Problemfeldern eingegangen (Zwangsbehandlung bei § 1904 BGB und § 1906 BGB; zwangsweiser Aufenthaltswechsel bei § 1906 BGB).

3. Haftung des Einzelbetreuers

a. Haftung gegenüber dem Betreuten

97 Gem. den §§ 1908i Abs. 1 Satz 1, 1787 Abs. 1 BGB haftet für den durch die **Verzögerung der Betreuerbestellung** dem Betroffenen entstandenen Schaden, wer die Übernahme der Betreuung ohne Grund ablehnt. Eine vom Betreuungsgericht ausgewählte Person ist grundsätzlich nach § 1898 BGB zur Übernahme der Betreuung verpflichtet (zu den Einzelheiten vgl. die Kommentierung zu § 1898 BGB). Zwar kann der einzelne zur Übernahme der Betreuung nicht durch Zwangsmittel angehalten werden, doch bleibt die drohende Schadensersatzpflicht als Druckmittel. Die Ersatzpflicht setzt die unberechtigte und schuldhafte Ablehnung des Amtes voraus.[194] Als Verschulden kommen Vorsatz oder Fahrlässigkeit in Betracht (§ 276 BGB), insbesondere das fahrlässige Nichterkennen der Übernahmepflicht oder das vorsätzliche Nichterfüllen dieser Pflicht.[195] Der kausal durch die Verzögerung entstandene Schaden ist zu ersetzen. Dieser kann z.B. in Zinsverlusten für verspätet getätigte Geldanlagen, Schäden wegen verspäteter Heilmaßnahmen oder in Rechtsverlusten durch eingetretene Verjährung liegen. Der Haftungsumfang richtet sich nach den §§ 249 ff BGB. Ein eventuell bestehender Anspruch muss – ggf. von einem neu bestellten Betreuer – im Zivilrechtsweg geltend gemacht werden, wobei die ordentlichen Gerichte selbständig die Haftungsvoraussetzungen zu prüfen haben.[196]

98 Der Betreuer haftet dem Betreuten für **schuldhafte Pflichtverletzungen bei der Amtsführung** gem. den §§ 1908i Abs. 1 Satz 1, 1833 BGB. Der Betreuer haftet wiederum für vorsätzliche und fahrlässige Pflichtverletzungen, jedoch ist für die Anforderungen an die Sorgfaltspflichten des Betreuers auf dessen Lebenskreis Rücksicht zu nehmen, insbesondere auf seine Rechts- und Geschäftserfahrung.[197] Von einem Rechtsanwalt als Betreuer kann verlangt werden, dass er sich auch anhand der anwaltsüblichen Kommentarliteratur über seine Pflichten informiert.[198] An einen „normalen" Betreuer können hingegen solche Maßstäbe nicht angelegt werden. So besteht etwa ein Schadensersatzanspruch des Betreuten gegen den Betreuer wegen der Nichteinlegung eines Widerspruchs gegen einen ablehnenden Sozialhilfebescheid (betreffend die Übernahme von Heimunterbringungskosten des Betreuten) dann nicht, wenn der Betreuer, die erforderliche objektive Pflichtwidrigkeit seiner Unterlassung unterstellt, nicht schuldhaft gehandelt hat, weil der ablehnende Bescheid einleuchtend begründet ist, so dass der Betreuer nicht an der Richtigkeit der Entscheidung hat zweifeln müssen.[199] Im Übrigen kann jeder Verstoß gegen die vom Gesetz oder durch Anordnungen des Betreuungsgerichts dem Betreuer auferlegten Pflichten eine Haftung auslösen. In Betracht kommt die falsche Einschätzung des Aufgabenkreises, also sowohl die Überschreitung der Kompetenz[200] als auch deren Nichtausschöpfen. Eine Haftung kann auch eintreten,

---

[191] *Abram*, BtPrax 2003, 243-248.
[192] *Abram*, BtPrax 2003, 243-248; so i.E. auch: *Sonnenfeld*, FamRZ 1995, 393-397 und *Windel*, BtPrax 1999, 46-51.
[193] BGBl I 2013, 266.
[194] *Jürgens/Lesting/Marschner/Winterstein*, Betreuungsrecht kompakt, 7. Aufl. 2011, Rn. 238.
[195] *Wagenitz* in: MünchKomm-BGB, § 1787 Rn. 6.
[196] *Jürgens/Lesting/Marschner/Winterstein*, Betreuungsrecht kompakt, 7. Aufl. 2011, Rn. 239.
[197] *Jürgens/Lesting/Marschner/Winterstein*, Betreuungsrecht kompakt, 7. Aufl. 2011, Rn. 240.
[198] OLG Hamm v. 09.01.2001 - 29 U 56/00 - juris Rn. 28 - FamRZ 2001, 861-863.
[199] OLG Schleswig v. 06.12.1996 - 1 U 91/96 - NJWE-FER 1997, 105-106.
[200] OLG Hamm v. 09.01.2001 - 29 U 56/00 - FamRZ 2001, 861-863.

wenn der Betreuer seine Aufgaben fehlerhaft erledigt, etwa bei schuldhafter nicht rechtzeitiger Beantragung einer Rente[201], Nichtinanspruchnahme von Sozialhilfe[202] oder Anlage von Mündelgeld mit einem zu geringen Zinssatz[203].

Ursächlichkeit der Pflichtverletzung: Selbst wenn ein pflichtwidriges Verhalten des Betreuers vorliegt, ist er jedoch nur dann zum Schadensersatz verpflichtet, wenn seine Pflichtverletzung für den Schadenseintritt ursächlich wurde. Wäre der Schaden auch bei einem pflichtgemäßen Verhalten des Betreuers eingetreten, scheidet ein Schadensersatzanspruch aus[204]. 99

Die Haftung eines anwaltlichen Berufsbetreuers wird auch nicht durch eine betreuungsgerichtliche Genehmigung ausgeschlossen, wenn er einen für den Betroffenen nachteiligen Vertrag abschließt und dieser dadurch einen finanziellen Schaden erleidet. Unabhängig von der gerichtlichen Überprüfungsverpflichtung kann von einem Rechtsanwalt nämlich erwartet werden, dass er sich unter Zuhilfenahme von Fachliteratur über die rechtlichen Risiken eines von ihm abgeschlossenen Geschäfts vergewissert.[205] 100

b. Haftung gegenüber Dritten

Eine Haftung des Betreuers Dritten gegenüber dürfte nur in sehr seltenen Ausnahmefällen in Betracht kommen. Denkbar ist etwa eine Haftung des Betreuers aus § 832 BGB wegen **Aufsichtspflichtverletzung**.[206] Diese Haftung kommt aber nur dann in Betracht, wenn dem Betreuer die Beaufsichtigung des Betreuten ausdrücklich auferlegt worden ist.[207] Der Umfang der Aufsichtspflicht richtet sich nach den Umständen des Einzelfalls, wobei insbesondere die Vorhersehbarkeit des schädigenden Verhaltens und die Aufsichtsbedürftigkeit des Betreuten zu beachten sind.[208] Im **rechtsgeschäftlichen Bereich** haftet gem. § 278 BGB grundsätzlich der Betroffene für ein Verschulden des Betreuers im Außenverhältnis. Im Innenverhältnis besteht allerdings ein Erstattungsanspruch des Betroffenen gegenüber dem Betreuer. Eine Eigenhaftung des Betreuers im Außenverhältnis kommt in den Fällen in Betracht, in denen er als Vertreter ohne Vertretungsmacht (§ 179 BGB) gehandelt hat. Eine solche Situation ist denkbar, wenn der Betreuer seinen Aufgabenkreis überschreitet, er eine erforderliche betreuungsgerichtliche Genehmigung nicht einholt oder die Vertretungsmacht wegen § 1795 BGB oder § 1796 BGB ausgeschlossen ist. Weiterhin kann eine Haftung des Betreuers in den beiden Fallgruppen des Missbrauchs der Vertretungsmacht (kollusivem Zusammenwirken von Betreuer und Geschäftspartner, sowie wenn der Betreuer die Wünsche des Betroffenen pflichtwidrig übergeht und dies dem Geschäftspartner bekannt ist oder es für ihn evident ist) in Betracht kommen, da in diesen Fällen das Rechtsgeschäft nicht für den Betreuten wirkt.[209] 101

c. Haftpflichtversicherung des Betreuers

Das Betreuungsrecht verzichtet auf eine allgemeine Versicherungspflicht für Betreuer. Das Betreuungsgericht kann jedoch dem Betreuer aufgeben, eine Versicherung für dem Betreuten zugefügte Schäden abzuschließen (§ 1837 Abs. 2 Satz 2 BGB). Gem. § 1835 Abs. 2 Satz 1 BGB gehören zu den erstattungsfähigen Aufwendungen ausdrücklich auch die Kosten einer angemessenen Versicherung gegen Schäden des Mündels oder Dritter, so dass der Betreuer seine entsprechenden Kosten von der Staatskasse oder dem Betroffenen erstattet bekommt. 102

4. Haftung übriger Beteiligter

a. Haftung bei Vereins- und Behördenbetreuung

Betreuungsvereine haften, wenn der Verein selbst gem. § 1900 Abs. 1, 2 BGB Betreuer ist, für Schäden, die dem Betreuten oder Dritten entstehen, gem. den §§ 30, 31 BGB. Umstritten ist, ob ein Betreuungsverein auch für Schäden aufkommen muss, die ein als Vereinsbetreuer gem. § 1897 Abs. 2 Satz 1 BGB bestellter Einzelbetreuer verursacht hat. Ein Teil der Literatur[210] befürwortet eine Haftung des 103

---

[201] LG Berlin v. 10.05.2001 - 31 O 658/99 - BtPrax 2001, 215-217.
[202] LG Offenburg v. 06.06.1994 - 2 O 475/93 - FamRZ 1996, 1356.
[203] AG Bremen v. 14.02.1992 - 7 C 453/91 - NJW 1993, 205-206.
[204] LG Nürnberg-Fürth v. 13.07.2005 - 17 O 8674/03 - BtPrax 2006, 112-113.
[205] BGH v. 18.09.2003 - XII ZR 13/01 - NJW 2004, 220-221.
[206] Vgl. hierzu etwa *Dodegge/Roth*, Betreuungsrecht, 4. Aufl. 2014, Teil D Rn. 124
[207] *Dodegge/Roth*, Betreuungsrecht, 4. Aufl. 2014, Teil D Rn. 124.
[208] *Dodegge/Roth*, Betreuungsrecht, 4. Aufl. 2014, Teil D Rn. 125.
[209] *Schwab* in: MünchKomm-BGB, § 1902 Rn. 16.
[210] *Schwab* in: MünchKomm-BGB, § 1908i Rn. 24; *Diederichsen* in: Palandt, vor § 1896 Rn. 18.

Vereins über eine Anwendung der §§ 1908i Abs. 1 Satz 1, 1791a Abs. 3 Satz 3 BGB. Gegen die Haftung spricht jedoch die Tatsache, dass Vereinsmitglieder in ihrer Funktion als Betreuer Weisungen des Vereins nicht unterworfen sind, sondern eigenverantwortlich handeln. Ein Grund, warum der Verein von daher einstehen soll, ist nicht ersichtlich.[211] Wird die **Betreuungsbehörde** gem. § 1900 Abs. 4 BGB zum Betreuer bestellt, so haftet diese für ein Verschulden ihrer Mitarbeiter bei der Wahrnehmung dieser hoheitlichen Aufgabe nach den Grundsätzen der Amtshaftung (Art. 34 GG i.V.m. § 839 BGB). Dasselbe gilt – im Unterschied zum Vereinsbetreuer – auch dann, wenn ein Behördenbetreuer gem. § 1897 Abs. 2 Satz 2 BGB als Einzelbetreuer bestellt wird.[212] Die insoweit unterschiedliche Behandlung von Vereins- und Behördenbetreuer ergibt und rechtfertigt sich aus § 1908f Abs. 1 Nr. 1 BGB. Nach dieser Vorschrift sind Betreuungsvereine verpflichtet, ihre Mitarbeiter für die Schäden angemessen zu versichern, die sie in ihrer Eigenschaft als Vereinsbetreuer anderen zufügen können. Grund hierfür ist nach der amtlichen Begründung des Gesetzgebers[213] der Schutz des Geschädigten: Für Betroffene sei die wirtschaftliche Gefahr zu groß, wenn nur der einzelne Vereinsbetreuer haften würde. Eine Parallelvorschrift für Behördenbetreuer hat der Gesetzgeber nicht geschaffen. Der einzige Schluss, der hieraus gezogen werden kann, ist der, dass der Gesetzgeber davon ausging, dass die Behörde haftungsrechtlich auch dann für ihren Bediensteten einzustehen hat, wenn er als Einzelbetreuer gem. § 1897 Abs. 2 Satz 2 BGB bestellt worden ist.

b. Haftung des Betreuungsrichters

104   Für die Haftung des Betreuungsrichters von großer Bedeutung ist die Frage, ob das Spruchrichterprivileg des § 839 Abs. 2 Satz 1 BGB Anwendung findet, ob es sich also bei Beschlüssen in Betreuungsverfahren um Entscheidungen handelt, die einem „Urteil in einer Rechtssache" gleich gestellt werden können. Insoweit sei zunächst auf die Kommentierung zu § 823 BGB verwiesen. Der BGH[214] hat die Frage ausdrücklich unbeantwortet gelassen, ob Beschlüsse der freiwilligen Gerichtsbarkeit generell dem Richterprivileg unterfallen oder nicht. Im konkret zu entscheidenden Fall ging es um eine vorläufige Unterbringungsmaßnahme. Diese stellt nach Ansicht des BGH kein „Urteil in einer Rechtssache" im Sinne des § 839 Abs. 2 Satz 1 BGB dar, so dass auch das dortige Haftungsprivileg keine Anwendung finde. Ein Schuldvorwurf könne dem Richter wegen des Verfassungsgrundsatzes seiner Unabhängigkeit jedoch nur bei besonders groben Verstößen gemacht werden, was inhaltlich auf eine Haftung für Vorsatz und grobe Fahrlässigkeit hinauslaufe.

c. Haftung des ärztlichen Sachverständigen

105   Auch der ärztliche Sachverständige kann sich im Rahmen eines Betreuungsverfahrens schadensersatzpflichtig machen. In Betracht kommt etwa eine Haftung, wenn ein Betroffener wegen fehlerhafter Gutachtenerstattung einen Vermögensnachteil erleidet.[215] Ebenso ist an die Zahlung eines Schmerzensgeldes wegen einer unberechtigten Unterbringung aufgrund falscher Diagnosestellung zu denken.[216]

D. Verfahren

I. Zuständigkeiten

1. Gerichtliche Zuständigkeit

106   Aus § 1896 Abs. 1 Satz 1 BGB folgt, dass für Betreuungssachen funktionell die Betreuungsgerichte zuständig sind. Gem. § 23a Abs. 1 Nr. 2, Abs. 2 Nr. 1 GVG sind die Amtsgerichte sachlich zuständig für Betreuungssachen, Unterbringungssachen und betreuungsgerichtliche Zuweisungssachen. Die örtliche Zuständigkeit wurde durch das FamFG neu geregelt: Örtlich ausschließlich zuständig ist in dieser Reihenfolge (§ 272 Abs. 1 FamFG): 1. das Gericht, bei dem die Betreuung anhängig ist, wenn bereits ein Betreuer bestellt ist; 2. das Gericht, in dessen Bezirk der Betroffene seinen gewöhnlichen Aufenthalt hat; 3. das Gericht, in dessen Bezirk das Bedürfnis der Fürsorge hervortritt; 4. das Amtsgericht

---

[211] *Saar* in: Erman, § 1833 Rn. 13.
[212] *Schulz*, BtPrax 1995, 56-58.
[213] BT-Drs. 11/4528, S. 158.
[214] BGH v. 03.07.2003 - III ZR 326/02 - BGHZ 155, 306-311.
[215] BGH v. 23.02.1995 - III ZR 205/94 - NJW 1995, 2412.
[216] OLG Nürnberg v. 02.03.1988 - 9 U 779/85 - juris Rn. 149 - NJW-RR 1988, 791-797.

Schöneberg in Berlin, wenn der Betroffene Deutscher ist. Eine nur vorübergehende Abwesenheit, auch wenn diese längerfristiger Natur ist, begründet hierbei keinen neuen gewöhnlichen Aufenthalt, wenn von vornherein eine Rückkehr geplant ist.[217]

Bei den Betreuungsgerichten wiederum herrscht das Prinzip des arbeitsteiligen Handelns, da sowohl Richtern als auch Rechtspflegern Zuständigkeiten zugewiesen wurden. Der Gesetzgeber hat sich dazu entschieden, die Betreuungssachen grundsätzlich dem Rechtspfleger zu übertragen (§ 3 Nr. 2a RPflG), wobei er in § 14 Abs. 1 Nr. 4 RPflG entsprechende Richtervorbehalte anordnete.

2. Zuständigkeit des Richters

Die Zuständigkeit des Richters in Betreuungssachen ergibt sich also aus § 14 Abs. 1 Nr. 4 RPflG. Der Richter ist insbesondere für die Bestellung eines Betreuers zuständig. Ihm obliegt nach den §§ 1896 bis 1900 BGB die Bestimmung der Aufgabenkreise, die Auswahl des Betreuers und dessen Bestellung. Der Gesetzgeber hat sich bei der Einführung des Betreuungsrechtes insoweit - in Abkehr von den bis dahin geltenden Bestimmungen - für das Prinzip der Einheitsentscheidung entschieden, d.h. dass der Richter auch für die Auswahl der Person des Betreuers zuständig ist, was im alten Pflegschaftsrecht noch dem Rechtspfleger oblag. Der Richter ist auch für die Bestellung eines sog. Sterilisationsbetreuers (§ 1899 Abs. 2 BGB) und eines Gegenbetreuers (§§ 1908i Abs. 1 Satz 1, 1792 BGB) zuständig.[218] Der Richter ist weiterhin für die Entlassung des Betreuers nach § 1908b Abs. 1, 2 und 5 BGB zuständig. Er ist auch für die Bestellung eines neuen Betreuers in den vorgenannten Fällen und im Falle des Todes des Betreuers (§ 1908c BGB) zuständig. Die Anordnung eines Einwilligungsvorbehalts nach § 1903 BGB sowie die Genehmigungen im medizinischen Bereich (§ 1904 BGB) fallen ebenso in den richterlichen Zuständigkeitsbereich wie der Fall der Sterilisation (§ 1905 BGB). Für Entscheidungen über Unterbringungen (§ 1906 Abs. 1 BGB) und unterbringungsähnliche Maßnahmen (§ 1906 Abs. 4 BGB) ist der Richter weiterhin zuständig. Er hat auch über die Verrichtungen auf Grund des § 1908d BGB (Aufhebung der Betreuung, Einschränkung bzw. Erweiterung des Aufgabenkreises) zu entscheiden. Für die Bereiche der Abgabe- und Übernahmeentscheidungen sowie den der Herbeiführung einer Entscheidung des gemeinschaftlichen oberen Gerichts besteht Streit darüber, wie weit die richterliche Zuständigkeit reicht. Unbestritten ist, dass die richterliche Zuständigkeit für die Verfahrensgegenstände mit Richtervorbehalt gilt.[219] Umstritten ist, ob dies auch für die übrigen Sachen gilt.[220] Probrichter dürfen im ersten Jahr nach ihrer Ernennung nicht in Betreuungssachen tätig sein (§ 23c Abs. 2 Satz 2 GVG).

§ 19 Abs. 1 RPflG beinhaltet eine Öffnungsklausel, die es den Bundesländern erlaubt, einzelne Aufgaben in Betreuungssachen vom Richter auf den Rechtspfleger zu übertragen. Insbesondere die Auswahl und Bestellung eines Betreuers kann auf den Rechtspfleger übertragen werden.

3. Zuständigkeit des Rechtspflegers

Für Teilbereiche der Bestellung und Entlassung von Betreuern besteht eine Zuständigkeit des Rechtspflegers. So ist der Rechtspfleger etwa für die Bestellung des sog. Kontrollbetreuers gem. § 1896 Abs. 3 BGB zuständig.[221] In dem Falle, dass der Betreute selbst eine gleichgeeignete Person vorschlägt, die zur Übernahme der Betreuung bereit ist, ist der Rechtspfleger sowohl zur Entlassung des bisherigen Betreuers, als auch zur Bestellung des neuen Betreuers befugt (§§ 1908b Abs. 2, 4 und 1908c BGB). Mit die wichtigsten Aufgaben des Rechtspflegers sind die Beratung der Betreuer und die Aufsicht über die Betreuer. Gem. den §§ 1908i Abs. 1 Satz 1, 1837 Abs. 1 BGB ist der Betreuer vom Rechtspfleger zu beraten und in seine Aufgaben einzuführen (§ 1837 Abs. 1 BGB). Gem. § 1837 Abs. 2 Satz 1 BGB hat der Rechtspfleger über die gesamte Tätigkeit des Betreuers Aufsicht zu führen und kann ihm dabei betreuungsgerichtliche Weisungen erteilen. Er kann ihm aufgeben, eine Versicherung gegen Schäden, die er dem Betroffenen zufügen kann, einzugehen (§ 1837 Abs. 2 Satz 2 BGB). Eine Hauptaufgabe des Rechtspflegers liegt im Bereich der Erteilung betreuungsgerichtlicher Genehmigungen. So ist der Rechtspfleger etwa für Mietverträge und Wohnungsauflösungen zuständig (§ 1907 Abs. 1, 3 BGB). Von großer praktischer Bedeutung sind insbesondere die Genehmigung von Grundstücksgeschäften (§§ 1908i Abs. 1 Satz 1, 1821 BGB) und der Fall der Genehmigung bei einer Verfügung über Forde-

---

[217] BayObLG München v. 23.07.1992 - 3Z AR 102/92 - juris Rn. 5 - NJW 1993, 670.
[218] *Jürgens/Kröger/Marschner/Winterstein*, Betreuungsrecht kompakt, 6. Aufl. 2007, Rn. 317.
[219] OLG Frankfurt v. 07.08.1992 - 20 W 282/92 - NJW 1993, 669-670.
[220] *Jürgens/Kröger/Marschner/Winterstein*, Betreuungsrecht kompakt, 6. Aufl. 2007, Rn. 319 m.w.N.
[221] *Jürgens/Lesting/Marschner/Winterstein*, Betreuungsrecht kompakt, 7. Aufl. 2011, Rn. 362.

rungen (§§ 1908i Abs. 1 Satz 1, 1812, 1813 BGB). Der Tätigkeitsbereich, der in der Praxis den meisten Zeitumfang rechtspflegerischer Tätigkeit ausmacht, ist jedoch der Bereich der Vergütungen und Aufwandsentschädigungen für Vereinsbetreuer, Behördenbetreuer, Berufsbetreuer, ehrenamtliche Betreuer sowie Verfahrenspfleger (§§ 1908i, 1835-1836e BGB, § 277 FamFG und die §§ 1-11 VBVG).

4. Aufgaben der Betreuungsbehörde

111 Mit Einführung des Betreuungsrechtes hat der Gesetzgeber durch das Betreuungsbehördengesetz (BtBG)[222] die örtlichen und überörtlichen Betreuungsbehörden geschaffen. Er hat insoweit im Rahmen der behördlichen Zuständigkeiten einen radikalen Schnitt vollzogen, indem er die früher für die Vormundschaft und Pflegschaft für Volljährige bei den Jugendämtern liegende Zuständigkeit geändert hat[223]. § 1 BtBG überlässt die Regelungen des Behördenaufbaus und deren Zuständigkeit den Bundesländern, wobei § 1 Satz 2 BtBG den örtlichen Behörden eine Zuständigkeit für zivilrechtliche Unterbringungsmaßnahmen und unterbringungsähnliche Maßnahmen zuweist. § 2 BtBG ermöglicht den Bundesländern zur Durchführung überörtlicher Aufgaben oder zur Erfüllung einzelner Aufgaben eine andere Behörde, also insbesondere eine Landesbehörde, mit Aufgaben zu versehen. Aufgabe der örtlichen Behörden ist es, neben der eigenen Führung von Betreuungen (§§ 1900 Abs. 4, 1897 Abs. 2 Satz 2 BGB), Betreuer bei der Wahrnehmung ihrer Aufgaben zu unterstützen (§ 4 BtBG), für ihre Fortbildung zu sorgen (§ 5 BtBG), ehrenamtliche Betreuer zu gewinnen (§ 6 Abs. 1 Satz 1 BtBG), über Vorsorgevollmachten und Betreuungsverfügungen aufzuklären und zu beraten (§ 6 Abs. 1 Satz 2 BtBG), Betreuungen oder einzelne betreuungsrechtliche Maßnahmen anzuregen (§ 7 BtBG) und insbesondere das Betreuungsgericht bei der Feststellung des Sachverhaltes und der Gewinnung und Benennung von Betreuern zu unterstützen (§ 8 Sätze 1, 2 BtBG).

112 Im Laufe der Zeit wurden die Aufgaben der Betreuungsbehörden immer stärker ausgeweitet. Mit dem 2. BtÄndG führte der Gesetzgeber die Unterstützungs- und Beratungspflicht für Bevollmächtigte ein (§ 4 BtBG). Weiterhin wurde als neue Aufgabe eine Beglaubigungsbefugnis der Betreuungsbehörden für Unterschriften bzw. Handzeichen auf Vorsorgevollmachten und Betreuungsverfügungen aufgenommen (§ 6 Abs. 2-6 BtBG).[224] Ferner haben die Betreuungsbehörden den Betreuungsgerichten auf Anforderung geeignete Verfahrenspfleger zu benennen und unaufgefordert den Umfang der von einem Betreuer geführten Betreuungen bei dessen Vorschlag im Einzelfall mitzuteilen (§ 8 Sätze 3, 4 BtBG). Durch das Gesetz zur Stärkung der Funktionen der Betreuungsbehörde vom 28.08.2013[225], das mit Wirkung zum 01.07.2014 in Kraft getreten ist, wurden die Aufgaben nochmals ausgeweitet. Wie sich schon aus dem Namen des Gesetzes schließen lässt, wird die Stellung der Betreuungsbehörde im betreuungsrechtlichen Verfahren gestärkt. So führt das Gesetz die verpflichtende Beteiligung der Betreuungsbehörde in jedem Verfahren auf Erstbestellung eines Betreuers durch das Betreuungsgericht ein (§ 279 Abs. 2 FamFG). Ziel ist es, dass durch die Behörde die Erforderlichkeit der Betreuung überprüft und ggf. andere betreuungsvermeidende Hilfen und Alternativen aufgezeigt werden. Es ist nunmehr auch gesetzliche Aufgabe der Betreuungsbehörden, Betroffenen betreuungsvermeidende Hilfen zu vermitteln (§ 4 Abs. 2 BtBG).

II. Endgültige Betreuungsanordnung

1. Betreuung auf Antrag oder von Amts wegen

113 Gem. § 1896 Abs. 1 BGB kann ein Betreuer sowohl auf Antrag des Betroffenen als auch von Amts wegen bestellt werden. Einen Antrag kann der Betroffene nicht nur zu Beginn des Verfahrens, sondern jederzeit in dessen Laufe stellen. Jedes Einverständnis des Betroffenen mit einer Betreuerbestellung bzw. ein sonst dahin gerichtetes Begehren ist insoweit als Antrag anzusehen.[226] Dieser Gesichtspunkt ist von daher wichtig, da das für das Betreuungsverfahren geltende Gesetz über das Verfahren in Familiensachen und in Angelegenheiten der Freiwilligen Gerichtsbarkeit (FamFG) unterschiedliche Anforderungen an das Verfahren stellt, wenn der Betroffene die Betreuung beantragt bzw. wenn die Betreuerbestellung von Amts wegen erfolgt.

---

[222] Art. 8 des Betreuungsgesetzes vom 12.09.1990, BGBl I 1990, 2002.

[223] Vgl. BT-Drs. 11/4528, S. 101: „Die geplante Veränderung von der justizförmigen zur sozialen Betreuung erfordert ein Betreuungshilfegesetz."

[224] Vgl. hierzu ausführlich *Meier*, BtPrax 2005, 82-87.

[225] BGBl I 2013, 3393.

[226] Vgl. umfassend zum Antrag *Bienwald/Sonnenfeld/Hoffmann*, Betreuungsrecht, 4. Aufl. 2005, § 1896 Rn. 57 ff.

2. Verfahrensfähigkeit des Betroffenen

Der Betroffene ist im Betreuungsverfahren ohne Rücksicht auf seine Geschäftsfähigkeit verfahrensfähig (§ 275 FamFG). Dies hat zur Folge, dass der Betroffene in jeder Lage des Verfahrens alle „Angriffs- und Verteidigungsmittel" selbst vorbringen und von Rechtsmitteln Gebrauch machen kann. Die Verfahrensfähigkeit umfasst auch die Befugnis, einen Verfahrensbevollmächtigten zu bestellen.[227]

3. Anhörungspflichten und Äußerungsrechte

Das Gericht hat vor der Bestellung eines Betreuers den Betroffenen persönlich anzuhören und sich einen persönlichen Eindruck von ihm zu verschaffen (§ 278 Abs. 1 FamFG). Gem. § 34 FamFG kann die persönliche Anhörung unterbleiben, wenn entweder nach ärztlichem Gutachten hiervon erhebliche Nachteile für die Gesundheit des Betroffenen zu besorgen sind (§ 34 Abs. 2 Alt. 1 i.V.m. § 278 Abs. 4 FamFG) oder der Betroffene offensichtlich nicht in der Lage ist, seinen Willen kundzutun (§ 34 Abs. 2 Alt. 2 FamFG). Den persönlichen Eindruck soll sich das Gericht in der üblichen Umgebung des Betroffenen verschaffen, wenn dieser es verlangt oder es der Sachaufklärung dient und der Betroffene nicht widerspricht (§ 278 Abs. 1 Satz 3 FamFG). Die Anhörung des Betroffenen darf nicht in dessen Wohnung erfolgen, wenn dieser hiermit nicht einverstanden ist.[228] Wirkt der Betroffene bei der Anhörung nicht mit, so kann das Gericht zwar dessen Vorführung anordnen. Die im Wege der Vorführung erfolgte Anhörung hat dann jedoch nicht in der Wohnung des Betroffenen, sondern im Gericht zu erfolgen. Der Betroffene ist – und zwar möglichst frühzeitig – über den Verlauf des Verfahrens zu informieren (§ 278 Abs. 2 Satz 1 FamFG). Er ist in geeigneten Fällen auf die Möglichkeit einer Vorsorgevollmacht hinzuweisen (§ 278 Abs. 2 Satz 2 FamFG). Durch das Gericht ist weiterhin mit dem Betroffenen der Umfang des Aufgabenkreises und die Frage, wer als Betreuer in Betracht kommt, zu erörtern (§ 278 Abs. 2 Satz 3 FamFG). Weigert der Betroffene sich, zu einem Anhörungstermin zu erscheinen, so kann er durch die Betreuungsbehörde vorgeführt werden (§ 278 Abs. 5 FamFG). Die Behörde darf ggf. auch Gewalt anwenden und die Wohnung des Betroffenen durchsuchen (§ 278 Abs. 6 und 7 FamFG). Das im früheren Verfahrensrecht noch vorgesehene Schlussgespräch (§ 68 Abs. 5 Satz 1 FGG) kennt das FamFG nicht mehr.

Eine gänzlich neue Systematisierung nahm das FamFG für den Kreis der Beteiligten im Betreuungsverfahren vor, was auch Folgen für die Notwendigkeit von deren Anhörung hat. Das Gesetz unterscheidet zwischen „Muss-Beteiligten" und „Kann-Beteiligten".

Zu beteiligen sind der Betroffene (§ 274 Abs. 1 Nr. 1 FamFG), der Betreuer (§ 274 Abs. 1 Nr. 2 FamFG) und der Bevollmächtigte (§ 274 Abs. 1 Nr. 3 FamFG), sofern ihre Aufgabenkreise betroffen sind. Der Verfahrenspfleger wird durch seine Bestellung als Beteiligter zum Verfahren hinzugezogen (§ 274 Abs. 2 FamFG). Die zuständige Behörde ist auf ihren Antrag als Beteiligte im Verfahren hinzuzuziehen (§ 274 Abs. 3 FamFG). Im Übrigen sind diejenigen Personen hinzuzuziehen, deren Recht durch das Verfahren unmittelbar betroffen wird (§ 7 Abs. 2 Nr. 1 FamFG). Dies ist nach der Vorstellung des Gesetzgebers etwa der künftige Betreuer.[229] Ansonsten dürften die Fälle, in denen ein Dritter durch Maßnahmen des Betreuungsgerichts in eigenen Rechten unmittelbar betroffen ist, sehr selten vorkommen.

Hinsichtlich aller übrigen möglichen Beteiligten hat das Gericht ein Ermessen. Am Verfahren beteiligt werden können etwa bestimmte Angehörige des Betroffenen (§ 274 Abs. 4 Nr. 1 FamFG) oder der Vertreter der Staatskasse (§ 274 Abs. 4 Nr. 2 FamFG). Der Kreis der Angehörigen wurde durch das FamFG kleiner gezogen, als es die frühere Gesetzeslage vorsah. Eine Beteiligung hat nicht zu erfolgen, wenn dies dem Interesse des Betroffenen zuwiderläuft. Die Kann-Beteiligten sind durch das Gericht nicht zu ermitteln, sie sind durch das Gericht nur zu verständigen, wenn sie ihm bekannt sind (§ 7 Abs. 4 Satz 1 FamFG). Den Kann-Beteiligten steht ein Antragsrecht auf Hinzuziehung zum Verfahren zu. Lehnt das Gericht ihren Antrag ab, so steht ihnen hiergegen ein sofortiges Beschwerderecht nach den §§ 567 ff. ZPO zu (§ 7 Abs. 5 FamFG). Für die Hinzuziehung zum Verfahren bedarf es keines förmlichen Beschlusses. Wird ein Kann-Beteiligter am Betreuungsverfahren nicht beteiligt, so steht ihm gegen die Entscheidung des Gerichts auch kein Beschwerderecht zu (§ 303 Abs. 2 FamFG).

---

[227] BGH v. 30.10.2013 - XII ZB 317/13 - NJW 2014, 215-217.
[228] BGH v. 17.10.2012 - XII ZB 181/12.
[229] BT-Drs. 16/6308, S. 265.

4. Verfahrenspflegschaft

119 Die „Rechtsfigur" des Verfahrenspflegers wurde in dieser Allgemeinheit erst durch das Betreuungsrecht geschaffen.[230] Aufgabe des Verfahrenspflegers soll es nach dem Willen des Gesetzgebers sein, den Schutz des Betroffenen zu verstärken und die Wahrung seiner Belange im Rahmen des Verfahrens zu gewährleisten.[231]

120 § 276 Abs. 1 Satz 1 FamFG bestimmt als Ausgangspunkt für die Frage der **Notwendigkeit der Bestellung eines Verfahrenspflegers**, dass er zu bestellen ist, soweit dies zur Wahrnehmung der Interessen des Betroffenen erforderlich ist. Wann dies der Fall ist, bestimmt sich nach den Umständen des Einzelfalls. Es kommt insbesondere auf den Grad der Krankheit oder Behinderung und die Bedeutung des jeweiligen Verfahrensgegenstandes an.[232] Geht es etwa um die Bestellung eines Betreuers auf Antrag eines lediglich körperlich Behinderten oder um Betreuungsverfahren bei leichten psychischen Krankheiten oder seelischen Behinderungen, so ist regelmäßig die Bestellung eines Verfahrenspflegers nicht geboten.[233] In der Regel zu bestellen ist ein Verfahrenspfleger, wenn der Betroffene nicht in der Lage ist, seinen Willen kundzutun[234], wenn der Betroffene schwer ansprechbar ist oder wenn er nicht in der Lage war, seine Einwendungen verständlich vorzubringen[235].

121 § 276 Abs. 1 Satz 2 FamFG normiert, wann die Bestellung eines Verfahrenspflegers in der Regel erforderlich ist. Dies ist dann der Fall, wenn von der persönlichen Anhörung des Betroffenen abgesehen werden soll oder Gegenstand des Verfahrens die Bestellung eines Betreuers zur Besorgung aller Angelegenheiten des Betroffenen ist. An die Fassung der Regelbeispiele des § 276 Abs. 1 Satz 2 FamFG schließt § 276 Abs. 2 FamFG an, nach dem von der Pflegerbestellung abgesehen werden kann, wenn ein Interesse des Betroffenen an der Bestellung des Verfahrenspflegers offensichtlich nicht besteht. Nach der Gesetzesbegründung zum früheren FGG ist insbesondere an Fälle gedacht, in denen der Betroffene nach dem unmittelbaren Eindruck des Gerichts offensichtlich nicht in der Lage ist, seinen Willen kundzutun und keine Alternative zu der Errichtung einer Betreuung besteht.[236] Gem. § 276 Abs. 4 FamFG soll die Bestellung des Verfahrenspflegers unterbleiben, wenn der Betroffene von einem Rechtsanwalt oder von einem anderen geeigneten Verfahrensbevollmächtigten vertreten wird.

122 Der **Zeitpunkt**, zu dem der Pfleger zu bestellen ist, wird vom Gesetz nicht geregelt. Damit soll dem Gericht für Anfangsermittlungen Raum belassen werden, um offensichtlich unnötige Pflegerbestellungen zu vermeiden.[237] Soweit die Anfangsermittlungen jedoch auf eine Fortführung des Verfahrens hinauslaufen, muss möglichst bald über eine Verfahrenspflegerbestellung entschieden werden, um dem Betroffenen möglichst frühzeitig Schutz zu gewähren.[238]

123 **Zuständig** ist das Gericht, das über den Gegenstand des Betreuungsverfahrens zu entscheiden hat, also grundsätzlich der Richter, in seinem Zuständigkeitsbereich der Rechtspfleger.

124 Die **Auswahl der Person des Verfahrenspflegers** steht im pflichtgemäßen Ermessen des Gerichts, es kann dazu jede geeignete Person bestimmen. Mit der Regelung des § 276 Abs. 3 FamFG hat der Gesetzgeber jedoch den Vorrang des Ehrenamtes bei der Verfahrenspflegerbestellung zum Ausdruck gebracht. Die Gerichte sollen nur dann einen berufsmäßigen Verfahrenspfleger bestellen, wenn keine geeignete ehrenamtliche Person zur Verfügung steht. Es bietet sich allerdings an, einen Rechtsanwalt auszuwählen, wenn es gerade auf juristische Sachkunde ankommt.[239] In anderen Fällen kann auch ein Sozialarbeiter oder eine andere geeignete Person, die im Umgang mit psychisch Kranken besonders erfahren ist oder die Lebensverhältnisse des Betroffenen kennt und/oder dessen Vertrauen genießt, zu dessen Verfahrenspfleger bestellt werden.[240] Der Verfahrenspfleger kann auch später zum Betreuer bestellt werden, wobei hier auf Interessenkollisionen besonders geachtet werden sollte.[241]

---

[230] Zur Verfahrenspflegschaft allgemein *Pohl*, BtPrax 1992, 19-26 und *Pohl*, BtPrax 1992, 56-60.
[231] BT-Drs. 11/4528, S. 89 und S. 171.
[232] BT-Drs. 11/4528, S. 171 und BGH v. 11.12.2013 - XII ZB 280/11.
[233] BT-Drs. 11/4528, S. 171; *Bienwald/Sonnenfeld/Hoffmann*, Betreuungsrecht, 4. Aufl. 2005, § 67 FGG Rn. 34.
[234] OLG Hamm v. 21.01.1993 - 15 W 139/92 - juris Rn. 19 - OLGZ 1993, 387-392.
[235] OLG Oldenburg v. 13.02.1996 - 5 W 21/96 - NdsRpfl 1996, 126.
[236] BT-Drs. 13/7158, S. 36.
[237] BT-Drs. 11/4528, S. 171.
[238] *Budde* in: Keidel, FamFG, 18. Aufl. 2014, § 276 Rn. 19.
[239] BT-Drs. 11/4528, S. 171.
[240] *Kayser* in: Keidel/Kuntze/Winkler, Freiwillige Gerichtsbarkeit, 15. Aufl. 2003, § 67 Rn. 14; ähnlich *Budde* in: Keidel, FamFG, 18. Aufl. 2014, § 276 Rn. 17.
[241] *Budde* in: Keidel, FamFG, 18. Aufl. 2014, § 276 Rn. 17 m.w.N.

Das Gericht hat bei der Bestellung des Verfahrenspflegers ausdrücklich festzustellen, wenn die Ver- 125
fahrenspflegschaft berufsmäßig geführt wird (§§ 1908i Abs. 1 Satz 1, 1836 Abs. 1 Satz 2 BGB). Diese
Feststellung kann jedoch formlos, etwa in Gestalt eines der Pflegerbestellung auch nachfolgenden Aktenvermerks, getroffen werden.[242]

Vom Gesetz nicht ausdrücklich geregelt wird die **Stellung des Verfahrenspflegers**. Er hat eine eigene 126
Verfahrensfunktion, was aus § 274 Abs. 2 FamFG folgt.[243] Er ist gerade nicht gesetzlicher Vertreter des
Betroffenen.[244] Er ist wie der Betroffene Beteiligter des Verfahrens. Dies wird er durch seine Bestellung (§ 274 Abs. 2 FamFG). Er ist vor der Bestellung eines Betreuers anzuhören (§ 279 Abs. 1
FamFG). Der Verfahrenspfleger untersteht nicht der Aufsicht des Gerichts.[245] Er braucht den Willen
des Betroffenen nicht zu beachten und ist an seine Weisungen nicht gebunden; er hat die Interessen des
Betroffenen allein nach objektiven Maßstäben wahrzunehmen.[246] Er kann unabhängig von dem Betroffenen Angriffs- und Verteidigungsmittel vorbringen und Rechtsmittel einlegen.[247] Er hat jedoch kein
Recht, einen Betreuer vorzuschlagen.[248]

Anfechtbarkeit: Gem. § 276 Abs. 6 FamFG sind die Bestellung eines Verfahrenspflegers oder deren 127
Aufhebung sowie die Ablehnung einer derartigen Maßnahme nicht selbständig anfechtbar. Ohne dass
das FGG dies früher ausdrücklich regelte, war allgemeine Ansicht, das für den Fall der Bestellung eines
Verfahrenspflegers durch den Richter, diese Entscheidung von den Beteiligten nicht angefochten werden konnte, da es sich bei der Bestellung eines Verfahrenspflegers nicht um eine den Rechtszug abschließende Entscheidung im Sinne des § 19 FGG handelte, sondern lediglich um eine den Fortgang
des Verfahrens vorbereitende und fördernde Zwischenentscheidung.[249] Anders wurde dies gesehen,
wenn die Bestellung des Verfahrenspflegers durch den Rechtspfleger erfolgte. Da grundsätzlich jede
Entscheidung eines Rechtspflegers durch einen Richter überprüfbar sein muss, weil nur dieser rechtliches Gehör gem. Art. 103 Abs. 1 GG gewähren kann[250], sei auch die Bestellung eines Verfahrenspflegers durch den Rechtspfleger angreifbar. Es fände insoweit die Rechtspflegererinnerung gem. § 11
Abs. 2 Satz 1 RPflG statt,[251] da nach den allgemeinen verfahrensrechtlichen Vorschriften ein Rechtsmittel nicht gegeben ist.

Gem. § 276 Abs. 5 FamFG endet die Bestellung des Verfahrenspflegers erst mit Rechtskraft der End- 128
entscheidung oder mit dem sonstigen Abschluss des Verfahrens. Der Verfahrenspfleger ist somit nicht
nur zum Einlegen des Rechtsmittels berechtigt, sondern vertritt den Betroffenen auch noch im Beschwerdeverfahren, ohne dass es einer gesonderten Bestellung durch das Landgericht bedürfte.

5. Ärztliches Gutachten bzw. Zeugnis

Gem. § 280 Abs. 1 Satz 1 FamFG darf ein Betreuer erst bestellt werden, nachdem das Gutachten eines 129
Sachverständigen über die Notwendigkeit der Bestellung eines Betreuers eingeholt worden ist. Die
Einholung des Gutachtens ist nach dem eindeutigen Wortlaut des Gesetzes ein **zwingendes Muss**.
Selbst dann, wenn der Richter durch die persönliche Anhörung des Betroffenen die eindeutige Erkenntnis erlangt hat, dass eine Betreuung erforderlich ist, ist ein Gutachten einzuholen.[252] Das Gutachten ist
nicht im Wege des Freibeweises zu erheben, sondern es bedarf der Einholung im Wege des Strengbeweises durch eine förmliche Beweisaufnahme (§ 280 Abs. 1 FamFG).

Aus einem Umkehrschluss des § 280 Abs. 1 Satz 1 FamFG folgt, dass bei der Absehung von einer Be- 130
treuung ein Sachverständigengutachten nicht erforderlich ist.

Der Sachverständige hat den Betroffenen vor Erstattung des Gutachtens **persönlich zu untersuchen** 131
oder zu befragen (§ 280 Abs. 2 FamFG). Die Untersuchung darf nur in einem zeitlich geringen Abstand
vor der Erstattung des Gutachtens liegen; eine Begutachtung alleine nach Lage der Akten genügt
nicht.[253] Die Begutachtung des Betroffenen darf nicht in dessen Wohnung erfolgen, wenn dieser hier-

---

[242] OLG Brandenburg v. 06.01.2004 - 10 WF 251/03 - FamRZ 2004, 1403-1404.
[243] *Budde* in: Keidel, FamFG, 18. Aufl. 2014, § 276 Rn. 26.
[244] BGH v. 14.08.2013 - XII ZB 270/13.
[245] *Bienwald/Sonnenfeld/Hoffmann*, Betreuungsrecht, 4. Aufl. 2005, § 67 FGG Rn. 16.
[246] *Budde* in: Keidel, FamFG, 18. Aufl. 2014, § 276 Rn. 27.
[247] LG Lübeck v. 09.08.1995 - 7 T 343/95 - FamRZ 1995, 1597-1598.
[248] OLG Hamm v. 30.05.1996 - 15 W 122/96 - juris Rn. 20 - NJW-RR 1997, 70-71.
[249] BGH v. 25.06.2003 - XII ZB 169/99 - juris Rn. 10 NJW-RR 2003, 1369-1370.
[250] BVerfG v. 18.01.2000 - 1 BvR 321/96 - juris Rn. 27 - LM GrundG Art 2 Nr. 74a (9/2000).
[251] BayObLG München v. 30.08.2002 - 3Z BR 163/02 - juris Rn. 7 - BayObLGZ 2002, 279-280.
[252] OLG Düsseldorf v. 19.05.1993 - 3 Wx 500/92 - juris Rn. 9 - BtPrax 1993, 175-176.
[253] KG Berlin v. 20.12.1994 - 1 W 6687/94 - juris Rn. 6 - FamRZ 1995, 1379-1382.

§ 1896

mit nicht einverstanden ist.[254] Wirkt der Betroffene bei der Begutachtung nicht mit, so kann das Gericht zwar dessen Vorführung und ggf. Unterbringung zur Begutachtung anordnen. Die im Wege der Vorführung oder Unterbringung erfolgte Begutachtung hat dann jedoch nicht in der Wohnung des Betroffenen, sondern in den Räumlichkeiten des Sachverständigen zu erfolgen.

132 § 280 Abs. 1 Satz 2 FamFG trifft eine Aussage über die **Qualifikation des Sachverständigen**. Der Sachverständige soll Arzt für Psychiatrie oder Arzt mit Erfahrung auf dem Gebiet der Psychiatrie sein. Wenn es nicht von diesem selbst erstattet wird, so muss es zumindest von ihm aufgrund eigener Überzeugung und Urteilsbildung mitgetragen werden.[255] Bei Gutachten, die von Assistenzärzten alleine erstellt werden, bedarf die ausreichende Sachkunde einer besonderen gerichtlichen Feststellung.[256]

133 § 280 Abs. 3 FamFG stellt für den **Inhalt** des Gutachtens folgende Vorgaben auf: das Gutachten hat sich auf das Krankheitsbild einschließlich der Krankheitsentwicklung (Nr. 1), die durchgeführten Untersuchungen und die diesen zugrunde gelegten Forschungserkenntnisse (Nr. 2), den körperlichen und psychiatrischen Zustand des Betroffenen (Nr. 3), den Umfang des Aufgabenkreises (Nr. 4) und die voraussichtliche Dauer der Maßnahme (Nr. 5) zu erstrecken. Der Sachverständige hat darzulegen, von welchen Anknüpfungstatsachen er ausgeht, welche Befragungen und Untersuchungen er vorgenommen hat, welche Tests und Forschungsergebnisse er angewandt hat und welchen Befund er erhoben hat.[257] Die Ausführungen des Sachverständigen müssen so gehalten sein, dass sie eine verantwortliche richterliche Prüfung auf ihre wissenschaftliche Fundierung, Logik und Schlüssigkeit zulassen.[258] Umgekehrt hat das Gericht auch eine Verpflichtung, sich kritisch mit dem Sachverständigengutachten auseinander zu setzen.[259] Lehnt der Betroffene eine Betreuung ab, so sind im Hinblick auf § 1896 Abs. 1a BGB, nach der die Anordnung einer Betreuung nur dann in Betracht kommt, wenn der Betroffene seinen Willen nicht mehr frei bestimmen kann, auch gutachterliche Ausführungen zur Frage der Einwilligungsfähigkeit des Betroffenen erforderlich.[260] Der BGH[261] stellt folgende inhaltliche Anforderungen an das Sachverständigengutachten: Das Gutachten muss Art und Ausmaß der Erkrankung im Einzelnen anhand der Vorgeschichte, der durchgeführten Untersuchungen und der sonstigen Erkenntnisse darstellen und wissenschaftlich begründen. Nur dann sei das Gericht in der Lage, das Gutachten zu überprüfen und sich eine eigene Meinung von der Richtigkeit der vom Sachverständigen gezogenen Schlussfolgerungen zu bilden.

134 Obergutachten: Die Einholung eines „Obergutachtens" kann im Einzelfall unter Beachtung des Grundsatzes der Verhältnismäßigkeit unterbleiben, wenn rechtlich zwar die Möglichkeit der zwangsweisen Vorführung oder Unterbringung in der geschlossenen Abteilung einer psychiatrischen Klinik besteht (§§ 283, 284 FamFG), der Betroffene jedoch trotz wiederholter Überzeugungsversuche eine erneute Begutachtung wegen der damit verbundenen psychischen Belastung und einer neu aufgetretenen Diabetes ablehnt und Befunde, fachärztliche Stellungnahmen sowie Gutachten von Sachverständigen vorliegen[262].

135 Von der grundsätzlichen Pflicht zur Einholung eines Gutachtens macht § 281 FamFG Ausnahmen. Nach § 281 Abs. 1 Nr. 1 FamFG genügt für die Bestellung eines Betreuers auf Antrag des Betroffenen **ein ärztliches Zeugnis**, wenn der Betroffene auf die Begutachtung verzichtet hat und die Einholung im Hinblick auf den Umfang des Aufgabenkreises des Betreuers unverhältnismäßig wäre. Das ärztliche Zeugnis soll auch die für die Entscheidung wesentlichen Gesichtspunkte, wenn auch in verkürzter Form, enthalten.[263] Das Zeugnis kann von dem Betroffenen selbst vorgelegt werden und auch von seinem Hausarzt erstellt worden sein.[264] Die Einholung des Gutachtens muss im Hinblick auf den Umfang des Aufgabenkreises des Betreuers unverhältnismäßig sein. Dies bedeutet, dass nur dann ein ärztliches Zeugnis genügt, wenn der Aufgabenkreis des Betreuers relativ gering ist oder nur einzelne Punkte be-

---

[254] BGH v. 17.10.2012 - XII ZB 181/12.
[255] BayObLG München v. 17.09.1992 - 3Z BR 112/92 - juris Rn. 6 - BtPrax 1993, 30-31.
[256] BayObLG München v. 17.09.1992 - 3Z BR 112/92 - juris Rn. 7 - BtPrax 1993, 30-31; OLG Zweibrücken v. 18.02.2005 - 3 W 17/05 - OLGR Zweibrücken 2005, 437-438.
[257] BayObLG München v. 25.11.1993 - 3Z BR 190/93 - juris Rn. 9 - BtPrax 1994, 59-61.
[258] BGH v. 09.11.2011 - XII ZB 286/11 - FGPrax 2012, 17.
[259] BayObLG München v. 25.11.1993 - 3Z BR 190/93 - juris Rn. 7 - BtPrax 1994, 59-61.
[260] BayObLG München v. 16.12.1994 - 3Z BR 343/94 - juris Rn. 7 - NJW-RR 1995, 1274-1275.
[261] BGH v. 19.01.2011 - XII ZB 256/10.
[262] LG München v. 17.04.2007 - 13 T 22305/05.
[263] BT-Drs. 11/4528, S. 174.
[264] *Schwab* in: MünchKomm-BGB, § 1896 Rn. 186.

trifft.[265] Nach § 281 Abs. 1 Nr. 2 FamFG reicht ein ärztliches Zeugnis auch aus, wenn ein Betreuer nur zur Geltendmachung von Rechten des Betroffenen gegenüber seinem Bevollmächtigten bestellt werden soll (§ 1896 Abs. 3 BGB). Diese Erleichterung ist unproblematisch, weil dem Betreuer lediglich Kontrollfunktionen obliegen und somit nicht in die Rechte des Betroffenen eingegriffen wird.[266]

Die Gerichte dürfen im Rahmen der Pflegeversicherung erstellte Gutachten unter bestimmten Voraussetzungen verwerten (§ 282 FamFG). Die Regelung soll dem Gericht die Möglichkeit geben, sich durch Einholung von bereits bestehenden Gutachten Kenntnisse über den Betroffenen zu verschaffen und das Verfahren insgesamt effektiver und kostengünstiger zu gestalten.[267] Sieht man sich die vom Gesetzgeber vorgenommene detaillierte Ausgestaltung an, wann das andere Gutachten verwertet werden kann und wie mit ihm zu verfahren ist, so darf die Vorstellung, dass das Verfahren effektiver wird, jedoch stark bezweifelt werden. 136

Übersendung: Das Gutachten zur Betreuungsbedürftigkeit ist dem Betroffenen grundsätzlich vollständig, schriftlich und rechtzeitig vor seiner persönlichen Anhörung mitzuteilen.[268] 137

Zwangsmittel: Nach § 283 Abs. 1 Satz 1 FamFG kann das Gericht anordnen, dass der Betroffene zur Vorbereitung eines Gutachtens untersucht und durch die Betreuungsbehörde vorgeführt wird. Entsprechend dem Verhältnismäßigkeitsgrundsatz darf von dieser Regelung nur dann Gebrauch gemacht werden, wenn eine Begutachtung sonst nicht möglich wäre. Soweit dies zur Vorbereitung des Gutachtens erforderlich ist, gestattet § 284 FamFG, dass der Betroffene auf bestimmte Dauer untergebracht und beobachtet wird. Es hat jedoch zuvor eine persönliche Anhörung des Betroffenen durch das Gericht zu erfolgen (§ 284 Abs. 1 Satz 2 FamFG). Die Unterbringung darf die Dauer von sechs Wochen nicht überschreiten (§ 284 Abs. 2 Satz 1 FamFG). Reicht dieser Zeitraum nicht aus, so ist die Unterbringung für längstens drei Monate zulässig (§ 284 Abs. 2 Satz 2 FamFG). Der Anordnung sind enge Grenzen gesetzt. Alle anderen Maßnahmen, insbesondere die Vorführung zu einer Untersuchung oder zu einem gerichtlichen Erörterungstermin sind vorher zu versuchen.[269] Die Unterbringungsanordnung ist mit der unbefristeten Beschwerde anfechtbar.[270] Das Gericht kann das Betreten der Wohnung des Betroffenen zur Durchführung der Unterbringung bzw. Vorführung gestatten (§ 283 Abs. 3 FamFG bzw. § 284 Abs. 3 i.V.m. § 283 Abs. 3 FamFG). Das Betreten der Wohnung bedarf jedoch grundsätzlich einer ausdrücklichen gerichtlichen Entscheidung, es sei denn es liegt Gefahr in Verzug vor (§ 283 Abs. 3 Satz 2 FamFG bzw. §§ 284 Abs. 3 Satz 3 i.V.m. § 283 Abs. 3 Satz 2 FamFG). 138

Rechtsmittel: Lange Jahre war gefestigte Rechtsprechung, dass die Anordnung der Begutachtung durch das Gericht als gerichtliche Zwischenentscheidung nicht selbständig anfechtbar ist.[271] Der BGH[272] ist in einer Entscheidung hiervon abgewichen. Nach Auffassung des BGH kann der Betroffene die gerichtliche Anordnung, sich psychiatrisch untersuchen zu lassen, jedenfalls dann mit der Beschwerde angreifen, wenn die Anordnung objektiv willkürlich, d.h. in so krassem Maße rechtsfehlerhaft ist, dass sie unter Berücksichtigung des Schutzzweckes von Art. 3 Abs. 1 und Art. 103 Abs. 1 GG nicht mehr verständlich erscheint. Sieht man sich die Entscheidung des BGH und insbesondere die zugrunde liegende amtsgerichtliche Anordnung der zwangsweisen Begutachtung an, so wird eindeutig klar, dass es sich bei der Entscheidung des BGH um die Entscheidung eines Einzelfalls handelt. Das Amtsgericht hatte den Betroffenen weder angehört noch sonstige Feststellungen getroffen, die die Anordnung der Betreuungsbedürftigkeit des Betroffenen auch nur ansatzweise hätten rechtfertigen können. Es lag vielmehr nahe, dass die Anordnung einer Betreuung wohl nicht erforderlich ist. Dass in einer solchen Konstellation die Anordnung zur Zwangsuntersuchung willkürlich erscheint und angreifbar sein muss, kann nur unterstrichen werden. 139

---

[265] *Budde* in: Keidel, FamFG, 18. Aufl. 2014, § 281 Rn. 5.
[266] BT-Drs. 11/4528, S. 174.
[267] BT-Drs. 15/4874, S. 65.
[268] OLG München v. 22.09.2005 - 33 Wx 159/05, 33 Wx 160/05 - FamRZ 2006, 440.
[269] *Bienwald/Sonnenfeld/Hoffmann*, Betreuungsrecht, 4. Aufl. 2005, § 68b FGG Rn. 68.
[270] BayObLG München v. 20.01.1994 - 3Z BR 316/93, 3Z BR 317/93, 3Z BR 320/93 - juris Rn. 10 - BtPrax 1994, 108.
[271] Vgl. etwa OLG München v. 12.12.2005 - 33 Wx 144/05 - FamRZ 2006, 557.
[272] BGH v. 14.03.2007 - XII ZB 201/06 - BtPrax 2007, 167.

§ 1896

6. Die gerichtliche Entscheidung

140 Das frühere Vormundschafts- und Pflegschaftsrecht unterschied zwischen Sachentscheidung (Anordnung) und Personalentscheidung (Auswahl). Die Anordnung der Vormundschaft bzw. Pflegschaft oblag dem Richter, die Auswahl von Vormund oder Pfleger dem Rechtspfleger. Ein Kernanliegen des Betreuungsrechtes war es, von diesem Auseinanderfallen der Entscheidungen wegzukommen, und von daher wurde das Prinzip der **Einheitsentscheidung** eingeführt[273], d.h. dass der Richter sowohl für die Anordnung der Betreuung als auch für die Auswahl der Person des Betreuers zuständig ist. Geradezu konterkariert wird dieses Anliegen durch die durch das 2. BtÄndG geschaffene Möglichkeit, die Auswahl der Person des Betreuers (wieder) dem Rechtspfleger zu übertragen (vgl. Rn. 109).

141 Inhalt: Von daher bestimmen die §§ 38, 286 FamFG auch, dass die Entscheidung, durch die ein Betreuer bestellt wird, neben der Bezeichnung des Betroffenen (§ 38 Abs. 2 Nr. 1 FamFG) die Bezeichnung der sonstigen Beteiligten (§ 38 Abs. 2 Nr. 1 FamFG) und des Aufgabenkreises des Betreuers (§ 286 Abs. 1 Nr. 1 FamFG) enthalten muss. Der Aufgabenkreis ist dabei im Interesse des Rechtsverkehrs so konkret und detailliert anzugeben, dass sein Umfang aus der Entscheidungsformel selbst, ohne Auslegung aus den Gründen der Entscheidung heraus, bestimmt werden kann.[274] Nach § 286 Abs. 1 Nr. 2 FamFG ist bei Bestellung eines Vereins- oder Behördenbetreuers zusätzlich die Bezeichnung „Vereinsbetreuer" bzw. „Behördenbetreuer" sowie die Angabe des Vereins bzw. der Behörde erforderlich, da für diese besondere gesetzliche Vorschriften gelten. § 286 Abs. 3 FamFG bestimmt, dass der Zeitpunkt anzugeben ist, bis zu dem das Gericht spätestens über die Aufhebung oder Verlängerung der Betreuung zu entscheiden hat, wobei dieser Zeitpunkt höchstens sieben Jahre nach Erlass der Entscheidung liegen darf. Die Versäumung dieser Frist führt nicht zur automatischen Beendigung der Betreuung, weil dies mit erheblichen Nachteilen für den Betroffenen verbunden sein könnte.[275] Die Frist bewirkt nur, dass das Gericht in angemessener Zeit vor ihrem Ablauf über die Aufhebung oder Verlängerung der Betreuung entscheiden muss. Trifft das Gericht eine Entscheidung auf Grundlage eines eingeholten Sachverständigengutachtens, so ist die Festlegung der Höchstdauer der genehmigten bzw. angeordneten Maßnahme an dem Zeitpunkt der Erstattung des Gutachtens auszurichten[276]. Befürwortet etwa ein Gutachten als Höchstgrenze für eine Unterbringung einen Zeitraum von sechs Monaten und die gerichtliche Entscheidung ergeht erst einen Monat nach Erstattung des Gutachtens, so kann die gerichtliche Unterbringungsgenehmigung sich höchstens noch auf fünf Monate erstrecken. Die Entscheidung hat weiterhin gem. § 39 FamFG eine Rechtsbehelfsbelehrung zu enthalten. Gem. § 38 Abs. 3 Satz 1 FamFG ist die Entscheidung, auch im Falle der Ablehnung einer Betreuerbestellung, mit einer Begründung zu versehen.

7. Bekanntmachung und Wirksamkeit der Entscheidung

142 § 41 FamFG regelt die Bekanntgabe des Beschlusses. Gem. Abs. 1 Satz 1 sind Entscheidungen dem Betroffenen stets selbst bekannt zu machen. Hiervon kann nur abgesehen werden, wenn dies nach ärztlichem Zeugnis wegen erheblicher Nachteile für seine Gesundheit erforderlich ist (§ 288 Abs. 1 FamFG). Die Voraussetzungen sind sehr eng. Es dürfen keine anderen Möglichkeiten bestehen oder erkennbar sein, die eine weniger starke Beeinträchtigung des Betroffenen zur Folge haben.[277] Die Entscheidung ist gem. § 288 Abs. 2 FamFG auch der Betreuungsbehörde bekannt zu machen, damit diese die ihr obliegenden Aufgaben erfüllen kann. Im Übrigen ist die Entscheidung jedem Beteiligten bekannt zu machen (§ 41 Abs. 1 Satz 1 FamFG). Ist der Beschluss anfechtbar, ist er demjenigen zuzustellen, dessen erklärtem Willen er nicht entspricht (§ 41 Abs. 1 Satz 2 FamFG). Andernfalls erfolgt eine formlose Mitteilung.

143 Die Entscheidung wird grundsätzlich mit Bekanntmachung an den Betreuer wirksam (§ 287 Abs. 1 FamFG). Ist die Bekanntmachung an den Betreuer nicht möglich, oder ist Gefahr im Verzug, so kann das Gericht die sofortige Wirksamkeit anordnen (§ 287 Abs. 2 Satz 1 FamFG). In diesem Falle wird die Entscheidung in dem Zeitpunkt wirksam, in dem sie dem Betroffenen oder dem Verfahrenspfleger bekannt gemacht oder der Geschäftsstelle des Gerichts zur Bekanntmachung übergeben wird, wobei der Zeitpunkt auf der Entscheidung zu vermerken ist (§ 287 Abs. 2 Satz 2 und 3 FamFG).

---

[273] BT-Drs. 11/4528, S. 91, 175.
[274] *Kayser* in: Keidel/Kuntze/Winkler, Freiwillige Gerichtsbarkeit, 15. Aufl. 2003, § 69 Rn. 3 m.w.N.
[275] BT-Drs. 11/6949, S. 80.
[276] OLG München v. 13.11.2006 - 33 Wx 214/06 - FamRZ 2007, 584.
[277] BayObLG München v. 08.07.1999 - 3Z BR 186/99 - juris Rn. 11 - NJW-RR 2001, 583-584.

8. Rechtsmittel

Gegen die Bestellung eines Betreuers ist die sofortige Beschwerde statthaft (§§ 58 ff. FamFG), die binnen eines Monats (§ 63 Abs. 1 FamFG) einzulegen ist. Der Lauf der Frist beginnt mit der schriftlichen Bekanntgabe des Beschlusses (§ 61 Abs. 3 FamFG), wobei die Entscheidung eine Rechtsmittelbelehrung zu enthalten hat (§ 39 FamFG). 144

Beschwerdeberechtigt sind grundsätzlich der Betroffene (§ 59 Abs. 1 FamFG), die Betreuungsbehörde (§ 303 Abs. 1 FamFG) und der Verfahrenspfleger (§ 303 Abs. 3 FamFG). Der Betreuer oder der Vorsorgebevollmächtigte können gegen eine Entscheidung, die ihren Aufgabenkreis betrifft, auch im Namen des Betroffenen Beschwerde einlegen (§ 303 Abs. 4 FamFG). Das Recht der Beschwerde gegen eine von Amts wegen ergangene Entscheidung steht im Interesse des Betroffenen einem eng gezogenen Kreis von Angehörigen (§ 303 Abs. 2 FamFG) nur zu, wenn die Angehörigen im Verfahren beteiligt worden sind. Wurden die Angehörigen im Verfahren zuvor durch das Gericht nicht beteiligt, so steht ihnen auch kein Beschwerderecht gegen die abschließende Entscheidung zu. 145

Die sofortige Beschwerde ist beim Betreuungsgericht einzulegen (§ 64 Abs. 1 FamFG). Zuständig zur Entscheidung über die Beschwerde ist das Landgericht (§§ 72 Abs. 1, 119 Abs. 1 Nr. 1b GVG). Das Betreuungsgericht hat eine Abhilfemöglichkeit (§ 68 Abs. 1 FamFG). Das Beschwerdeverfahren bestimmt sich im Übrigen nach den Vorschriften über das Verfahren im ersten Rechtszug (§ 68 Abs. 3 Satz 1 FamFG). 146

III. Vorläufige Betreuerbestellung

§ 300 FamFG erlaubt die Bestellung eines vorläufigen Betreuers auch im Wege der einstweiligen Anordnung. Gem. § 51 Abs. 3 FamFG ist die einstweilige Anordnung ein selbständiges Verfahren, auch wenn eine Hauptsache anhängig ist. Das Gericht kann also neben einem Hauptsacheverfahren ein einstweiliges Anordnungsverfahren einleiten oder umgekehrt. Nach früherem Recht war neben einem Eilverfahren immer ein Hauptsacheverfahren einzuleiten. Geht das Gericht nunmehr davon aus, dass sich das Verfahren kurzfristig nach Erlass der einstweiligen Anordnung erledigt, so muss es kein Hauptsacheverfahren in die Wege leiten. Etwas anderes gilt, wenn ein Beteiligter einen Antrag auf Einleitung eines Hauptsacheverfahrens stellt (§ 52 Abs. 1 Satz 1 FamFG). 147

Voraussetzungen: § 300 Abs. 1 Satz 1 FamFG regelt kumulativ die Voraussetzungen, die grundsätzlich vorliegen müssen. Es müssen zunächst einmal dringende Gründe für die Annahme bestehen, dass die Voraussetzungen für die Bestellung eines Betreuers gegeben sind und ein dringendes Bedürfnis für ein sofortiges Tätigwerden besteht (§ 300 Abs. 1 Satz 1 Nr. 1 FamFG). Gem. § 300 Abs. 1 Satz 1 Nr. 2 FamFG muss dem Gericht ein ärztliches Zeugnis über den Zustand des Betroffenen vorliegen. Aus diesem müssen sich auch die dringenden Gründe für die vorläufige Betreuung ergeben. Das Gericht ist insoweit auch verpflichtet zu überprüfen, ob der Betroffene in der Lage ist, seinen Willen frei zu bestimmen.[278] Soweit § 276 FamFG dies erfordert, ist dem Betroffenen auch ein Verfahrenspfleger zu bestellen (§ 300 Abs. 1 Satz 1 Nr. 3 FamFG). Schließlich ist der Betroffene grundsätzlich persönlich zu hören (§ 300 Abs. 1 Satz 1 Nr. 4 FamFG). Von diesen Grundsätzen lässt das Gesetz verschiedene Ausnahmen zu. So kann die Anhörung des Betroffenen auch durch einen ersuchten Richter erfolgen (§ 300 Abs. 1 Satz 2 FamFG). 148

Bei **Gefahr im Verzug** kann das Gericht die einstweilige Anordnung auch bereits vor der persönlichen Anhörung des Betroffenen sowie vor Bestellung und Anhörung des Pflegers für das Verfahren erlassen, wobei diese Verfahrenshandlungen unverzüglich nachzuholen sind (§ 301 Abs. 1 FamFG). 149

§ 301 Abs. 2 FamFG regelt für den Fall der Gefahr im Verzug Erleichterungen bzgl. der Auswahl des vorläufigen Betreuers; das Gericht ist hierbei an § 1897 Abs. 4 BGB (Vorschläge des Betroffenen) und § 1897 Abs. 5 BGB (Berücksichtigung persönlicher Bindungen des Betroffenen) nicht gebunden. 150

Für eine einstweilige Anordnung ist eine **zeitliche Höchstgrenze** von sechs Monaten festgesetzt, damit in die Rechte des Betroffenen aufgrund eines summarischen Verfahrens mit verminderten Verfahrensgarantien nicht über das vermeidbare Maß hinaus eingegriffen wird.[279] Nach Anhörung eines Sachverständigen kann durch weitere einstweilige Anordnungen die ursprüngliche einstweilige Maßnahme bis zu einer Gesamtdauer von einem Jahr verlängert werden (§ 302 FamFG). 151

---

[278] *Schwab* in: MünchKomm-BGB, § 1896 Rn. 205; *Jürgens/Lesting/Marschner/Winterstein*, Betreuungsrecht kompakt, 7. Aufl. 2011, Rn. 505 m.w.N.

[279] BT-Drs. 11/4528, S. 178.

152 Die einstweilige Anordnung wird unter den gleichen Voraussetzungen wie die „normale" Betreuungsanordnung wirksam (vgl. Rn. 142).

153 Im Unterschied zur endgültigen Betreuung tritt eine einstweilige Anordnung, sofern das Gericht keinen früheren Zeitpunkt bestimmt, nach sechs Monaten außer Kraft (§ 302 Satz 1 FamFG). Das Ende des Ablaufs der Betreuung ist auch im Betreuerausweis anzugeben (§ 290 Satz 2 Nr. 6 FamFG).

IV. Vorläufige Maßnahmen

154 Außerhalb des Anwendungsbereichs der §§ 300, 301 FamFG hat die Vorschrift des § 1846 BGB, die über §1908i Abs. 1 Satz 1 BGB auch auf Betreuungen Anwendung findet, für einstweilige Regelungen eine große Bedeutung.

155 Ist ein Betreuer noch nicht bestellt oder an der Erfüllung seiner Pflichten verhindert, so hat das Betreuungsgericht die im Interesse des Betroffenen erforderlichen Maßregeln zu treffen. Es ist hierbei gleichgültig, ob die Verhinderung eine tatsächliche (z.B. Abwesenheit) oder eine rechtliche (z.B. Interessenkollision) ist. Keine Verhinderung ist das pflichtwidrige Nichthandeln des Betreuers[280], oder wenn der Betreuer sich weigert, im Sinne des Gerichts zu handeln[281]. Das Eingreifen des Betreuungsgerichts ist nur in dringenden (Ausnahme-)fällen zulässig.[282]

156 Erforderliche Maßregeln können etwa nach entsprechender Aufklärung die Einwilligung in eine dringliche Operation oder die Anordnung einer Bluttransfusion[283] sein. Auch die Anordnung einer Unterbringung kommt über § 1846 BGB in Betracht, wenn noch kein Betreuer bestellt ist. Das Gericht ist jedoch verpflichtet, gleichzeitig mit der Anordnung der Unterbringung durch geeignete Maßnahmen sicher zu stellen, dass dem Betroffenen unverzüglich ein Betreuer zur Seite gestellt wird. Unterlässt das Gericht diese Maßnahmen, so ist die Anordnung der Unterbringung rechtswidrig.[284]

V. Das Verfahren bei Anordnung eines Einwilligungsvorbehalts

157 Soweit dies zur Abwendung einer Gefahr für die Person oder das Vermögen des Betreuten erforderlich ist, ordnet das Betreuungsgericht an, dass der Betreute zu einer Willenserklärung, die den Aufgabenkreis des Betreuers betrifft, dessen Einwilligung bedarf (§ 1903 Abs. 1 Satz 1 BGB). Das Verfahren bei Anordnung eines Einwilligungsvorbehaltes ist so ausgestaltet wie das bei Anordnung einer Betreuung, es gelten dieselben Verfahrensgarantien. § 271 Nr. 2 FamFG greift insoweit das Verfahren zur Anordnung eines Einwilligungsvorbehalts ausdrücklich als selbständige Betreuungssache neben dem Verfahren zur Bestellung eines Betreuers (§ 271 Nr. 1 FamFG) auf. Im Hinblick auf die Erheblichkeit des Grundrechtseingriffs, der vorgenommen wird, dürfte die Bestellung eines Verfahrenspflegers jedoch kaum entbehrlich sein. Zudem ist die Einholung eines ärztlichen Sachverständigengutachtens zwingend erforderlich. Die Ausnahmeregelung des § 281 FamFG, die in bestimmten Fällen die Einholung eines ärztlichen Zeugnisses ausreichen lässt, bezieht sich nämlich gerade nicht auf das Verfahren zur Anordnung eines Einwilligungsvorbehalts.

158 Gegen die Anordnung eines Einwilligungsvorbehalts findet die sofortige Beschwerde (§§ 58 ff. FamFG) statt, die binnen eines Monats (§ 63 Abs. 1 FamFG) einzulegen ist.

VI. Das Verfahren bei Erweiterung, Einschränkung, Aufhebung und Verlängerung der Betreuung

159 Gem. § 293 FamFG gelten für die **Erweiterung** des Aufgabenkreises des Betreuers grundsätzlich die Vorschriften über die Bestellung des Betreuers entsprechend. § 293 Abs. 2 Satz 1 FamFG sieht für den Fall einer nur unwesentlichen Erweiterung des Aufgabenkreises und den Fall, dass – auch bei nicht unwesentlichen Aufgabenkreiserweiterungen – persönliche Anhörung und Verschaffung des unmittelbaren Eindrucks sowie Sachverständigengutachten noch nicht länger als sechs Monate zurückliegen, Verfahrenserleichterungen vor, da von einer erneuten Vornahme dieser Verfahrenshandlungen abgesehen werden kann. Allein die Anhörung des Betroffenen muss erfolgen.

160 § 294 FamFG ermöglicht für die **Aufhebung** der Betreuung und die **Einschränkung** des Aufgabenkreises des Betreuers ebenfalls Verfahrenserleichterungen. In diesen Fällen sind lediglich die Vorschriften von § 279 FamFG (Anhörung von Betreuungsbehörde und nahen Angehörigen) und § 288

---

[280] *Schwab* in: MünchKomm-BGB, § 1846 Rn. 3.
[281] OLG Düsseldorf v. 19.08.1994 - 3 Wx 423/94 - juris Rn. 17 - FamRZ 1995, 637-638.
[282] BayObLG München v. 15.03.1990 - BReg 3 Z 23/90 - NJW-RR 1991, 774-776.
[283] *Diederichsen* in: Palandt, § 1846 Rn. 4 m.w.N.
[284] BGH v. 13.02.2002 - XII ZB 191/00 - juris Rn. 15 - BGHZ 150, 45-55.

Abs. 2 Satz 1 FamFG (Bekanntmachung der Entscheidung an die Betreuungsbehörde) entsprechend anwendbar. Es kann insbesondere von einer erneuten persönlichen Anhörung und einer Begutachtung abgesehen werden. Fehlt ein zeitnahes Sachverständigengutachten, so kann aber mit Blick auf die Schutzfunktion der Betreuung die Einholung eines Gutachtens dennoch gerechtfertigt sein.[285] Beabsichtigt das Gericht, einen Antrag des Betroffenen auf Aufhebung der Betreuung oder Einschränkung des Aufgabenkreises erstmals abzulehnen, und ist bei Anordnung der Betreuung gem. § 281 Abs. 1 Nr. 1 FamFG auf die Einholung eines Gutachtens verzichtet worden, so ist nunmehr die Einholung eines Gutachtens nachzuholen (§ 294 Abs. 2 FamFG). Das Gericht muss im Verfahren auf Aufhebung einer Betreuung nur dann tatsächliche Ermittlungen durchführen, wenn es greifbare Anhaltspunkte für eine Veränderung der der Betreuerbestellung zugrunde liegenden tatsächlichen Umstände gibt.[286] Diese sind – wenn sie dem Gericht nicht bereits auf anderem Wege bekannt gemacht worden sind – namentlich vom Betroffenen vorzubringen. Im Aufhebungsverfahren ist weder die persönliche Anhörung des Betroffenen noch die Einholung eines Sachverständigengutachtens obligatorisch. Ob solche Verfahrenshandlungen im Einzelfall geboten sind, richtet sich vielmehr nach den Grundsätzen der Amtsermittlung.

Für die **Verlängerung** der Bestellung eines Betreuers gelten grundsätzlich die Vorschriften für die erstmalige Entscheidung entsprechend (§ 295 Abs. 1 Satz 1 FamFG). Ziel dieser Regelung ist eine Reduzierung der Betreuungen auf ein den tatsächlichen Verhältnissen angemessenes Maß und zugleich der Schutz der Interessen des Betroffenen durch volle Verfahrensgarantien.[287] Eine Verfahrenserleichterung ermöglicht allein § 295 Abs. 1 Satz 2 FamFG für den Fall, dass sich aus der persönlichen Anhörung des Betroffenen und einem ärztlichen Zeugnis ergibt, dass sich der Umfang der Betreuungsbedürftigkeit offensichtlich nicht verringert hat. Dann kann von der erneuten Einholung eines Gutachtens abgesehen werden, was in der gerichtlichen Praxis der Regelfall ist. 161

VII. Das Verfahren bei Betreuerwechsel und Bestellung eines weiteren Betreuers

§§ 293 Abs. 3, 296 FamFG regeln das Verfahren bei Bestellung eines weiteren Betreuers, wobei zwei Fälle zu unterscheiden sind. Ist mit der Bestellung eines weiteren Betreuers eine Erweiterung des Aufgabenkreises verbunden (§ 293 Abs. 3 FamFG), so gilt § 293 Abs. 1 und 2 FamFG entsprechend, d.h. es gelten die Vorschriften über die Erweiterung der Betreuung. Ist dagegen mit der Bestellung eines weiteren Betreuers keine Erweiterung des Aufgabenkreises verbunden, enthält das Gesetz keine verfahrensrechtlichen Regelungen. Auch für die Fälle der Bestellung eines Gegenbetreuers (§§ 1908i Abs. 1 Satz 1, 1792, 1799 BGB) und des Ergänzungsbetreuers (bei rechtlicher Verhinderung des Betreuers) enthält das Gesetz keine verfahrensrechtlichen Regelungen. Tritt keine Erweiterung des Aufgabenkreises ein, verbleibt es bei den allgemeinen Verfahrensregeln. Insbesondere ist weder eine persönliche Anhörung noch die Einholung eines Sachverständigengutachtens erforderlich.[288] 162

Widerspricht der Betroffene der Entlassung des Betreuers, die nach § 1908b BGB unter bestimmten Voraussetzungen erfolgen kann, so hat das Gericht ihn und den Betreuer persönlich anzuhören (§ 296 Abs. 1 FamFG). Von der Durchführung der persönlichen Anhörung kann unter den Voraussetzungen des § 34 Abs. 2 FamFG abgesehen werden. Für die Bestellung eines neuen Betreuers nach § 1908c BGB, also bei Versterben oder Entlassung des bisherigen Betreuers, wird die persönliche Anhörung des Betroffenen vorgeschrieben (§ 296 Abs. 2 Satz 1 FamFG). Diese kann in dem Falle, dass der Betroffene sein Einverständnis mit dem Betreuerwechsel erklärt hat, unterbleiben (§ 296 Abs. 2 Satz 2 FamFG). Im Übrigen gilt die Vorschrift des § 279 FamFG über die Anhörung weiterer Personen entsprechend (§ 296 Abs. 2 Satz 3 FamFG). 163

VIII. Das Verfahren bei richterlichen Genehmigungserfordernissen

1. Heilbehandlung und Entscheidung bei lebensverlängernden Maßnahmen

§ 298 FamFG regelt das Verfahren betreffend die Erteilung einer Genehmigung des Betreuers oder Bevollmächtigten in eine Untersuchung des Gesundheitszustands, eine Heilbehandlung oder einen ärztlichen Eingriff (§ 1904 Abs. 1 BGB) sowie der Verweigerung bzw. des Widerrufs der Einwilligung des 164

---

[285] OLG Frankfurt v. 13.03.1992 - 20 W 83/92 - NJW 1992, 1395.
[286] BGH v. 02.02.2011 - XII ZB 467/10.
[287] BT-Drs. 11/4528, S. 180.
[288] Vgl. hierzu *Budde* in: Keidel, FamFG, 18. Aufl. 2014, § 293 Rn. 14.

Betreuers oder des Bevollmächtigten in eine lebenserhaltende Maßnahme (§ 1904 Abs. 2 BGB).[289] Der Betroffene ist vor der gerichtlichen Entscheidung persönlich anzuhören (§ 298 Abs. 1 Satz 1 FamFG). Die Genehmigung darf erst nach Einholung eines Sachverständigengutachtens erfolgen (§ 298 Abs. 4 Satz 1 FamFG). Dieses Gutachten muss sich im Falle des § 1904 Abs. 1 BGB nicht nur auf die Erforderlichkeit der beabsichtigten Maßnahme, sondern auch auf die Einwilligungsfähigkeit des Betroffenen erstrecken; notfalls muss hierzu ein weiteres Gutachten eingeholt werden.[290] Die Bestellung eines Verfahrenspflegers ist stets erforderlich, wenn Gegenstand des Verfahrens eine Genehmigung nach § 1904 Abs. 2 BGB ist. Vor Erteilung der Genehmigung soll das Gericht die sonstigen Beteiligten anhören (§ 298 Abs. 1 Satz 2 bzw. Abs. 2 FamFG).

2. Unterbringung und unterbringungsähnliche Maßnahmen

165 Für Unterbringungs- und unterbringungsähnliche Maßnahmen (§ 1906 BGB) gelten in verfahrensrechtlicher Hinsicht die Vorschriften der §§ 312 ff. FamFG. Das Verfahren ist insoweit stark dem Verfahren bei Betreuerbestellung nachgebildet. So ist der Betroffene auch im Unterbringungsverfahren ohne Rücksicht auf seine Geschäftsfähigkeit verfahrensfähig (§ 316 FamFG), er ist vor der Unterbringungsmaßnahme grundsätzlich persönlich anzuhören (§ 319 FamFG), es bestehen Äußerungsrechte für Angehörige (§ 320 FamFG) und auch die Regelung über die Verfahrenspflegschaft (§ 317 FamFG) entspricht im Wesentlichen der bei Betreuungsanordnung. Vor einer Unterbringungsmaßnahme hat das Gericht ein Gutachten einzuholen (§ 321 FamFG). Bei unterbringungsähnlichen Maßnahmen reicht ein ärztliches Zeugnis aus (§ 321 Abs. 2 FamFG). Wie bei Betreuungsanordnung kann eine Unterbringung auch als vorläufige Maßnahme im Wege einer einstweiligen Anordnung erfolgen (§§ 331, 332 FamFG).

166 **Zwangsbehandlung:** Durch das Gesetz zur Regelung der betreuungsrechtlichen Einwilligung in eine Zwangsbehandlung vom 18.02.2013[291] hat der Gesetzgeber eine Ermächtigungsgrundlage für die ärztliche Zwangsbehandlung im Rahmen einer geschlossenen Unterbringung geschaffen. Er hat auch für das Verfahren entsprechende Regelungen im FamFG aufgenommen. So bestimmt etwa § 312 Nr. 3 FamFG, dass die Bestellung eines Verfahrenspflegers stets erforderlich ist. Auch für den Inhalt der Beschlussformel, die Qualifikation des Sachverständigen und die zeitliche Dauer der Genehmigung der Maßnahme wurde das FamFG ergänzt.

IX. Das Verfahren vor dem Rechtspfleger

167 Die zwei wichtigsten Bereiche rechtspflegerischer Tätigkeit im Betreuungsrecht dürften die der betreuungsgerichtlichen Genehmigungen und der Vergütung sein.

1. Genehmigungen

168 Nach § 299 Satz 1 FamFG soll der Rechtspfleger den Betroffenen vor verschiedenen Genehmigungen persönlich anhören. Die Sollvorschrift bedeutet, dass der Betroffene, abgesehen von atypischen Fällen, zwingend anzuhören ist.[292] Der Katalog umfasst wichtige vermögensrechtliche Entscheidungen des Betreuungsgerichts. So wird etwa auf die Genehmigung für Grundstücksgeschäfte (§§ 1908i Abs. 1 Satz 1, 1821 BGB), die Genehmigung für sonstige Geschäfte (§§ 1908i Abs. 1 Satz 1, 1822 Nr. 1-4, 6-13 BGB) und ein Erwerbsgeschäft des Betreuten (§§ 1908i Abs. 1 Satz 1, 1823 BGB) verwiesen.

169 Nach § 299 Satz 2 FamFG hat der Rechtspfleger den Betroffenen verpflichtend vor einer Entscheidung über die Genehmigung der Wohnungsauflösung (§ 1907 Abs. 1 und 3 BGB) anzuhören.

170 **Rechtsmittel:** Gegen Beschlüsse des Rechtspflegers ist dasselbe Rechtsmittel wie gegen Beschlüsse des Richters gegeben, also grundsätzlich die sofortige Beschwerde. Etwas anderes gilt nur dann, wenn der Beschwerdewert nicht erreicht wird. Dieser liegt bei vermögensrechtlichen Angelegenheiten bei 600 € (§ 61 Abs. 1 FamFG). Übersteigt der Beschwerdewert diesen Betrag nicht, so findet gegen die Entscheidung des Rechtspflegers die sofortige Erinnerung gem. § 11 Abs. 2 RPflG statt. In allen nichtvermögensrechtlichen Angelegenheiten (etwa Genehmigung der Wohnungsauflösung gem. § 1907 BGB) ist somit immer die sofortige Beschwerde gegeben. Entscheidungen, die die Genehmigung eines Rechtsgeschäfts zum Gegenstand haben, werden erst mit Rechtskraft wirksam (§ 40 Abs. 2 FamFG).

---

[289] Zu den materiell-rechtlichen Voraussetzungen, wann in diesen Fällen überhaupt eine gerichtliche Genehmigung erforderlich ist, vgl. die Kommentierung zu § 1904 BGB.

[290] BT-Drs. 11/4528, S. 176.

[291] BGBl I 2013, 266

[292] *Jürgens/Kröger/Marschner/Winterstein*, Betreuungsrecht kompakt, 6. Aufl. 2007, Rn. 422.

2. Das Vergütungsverfahren

Nach § 168 FamFG setzt das Betreuungsgericht die Ansprüche des Betreuers durch Beschluss fest, wenn der Betreuer, Gegenbetreuer oder der Betroffene die gerichtliche Festsetzung beantragen oder das Gericht dies für angemessen hält. Die Vorschrift gilt gem. § 168 Abs. 1 Nr. 1 und 2 FamFG für die Festsetzung von Aufwendungsersatz- und Vergütungsansprüchen des Betreuers gegen die Staatskasse; gegen den Betreuten nur dann, wenn dem Betreuer nicht die Vermögenssorge übertragen wurde. Gehört hingegen die Vermögenssorge zu seinem Aufgabenkreis, dann kommt eine Festsetzung der Aufwendungsersatzansprüche nicht in Betracht. Der Betreuer kann sich die Beträge, auf die er Anspruch hat, selbst aus dem Vermögen des Betreuten entnehmen; bei Streit ist Klage wegen Grund und Höhe vor dem ordentlichen Gericht zu erheben. 171

In dem Antrag sollen die persönlichen und wirtschaftlichen Verhältnisse des Betroffenen dargelegt werden (§ 168 Abs. 2 FamFG). Die Voraussetzungen insbesondere zur Mittellosigkeit unterliegen grundsätzlich der Amtsermittlung, d.h. das Betreuungsgericht muss die Einkommens- und Vermögensverhältnisse des Betreuten selbst ermitteln.[293] Umstritten ist, ob der Betreuer nur bei nachgewiesener Mittellosigkeit Ersatz aus der Staatskasse verlangen kann, oder ob diese bereits eintreten muss, wenn die Frage der Mittellosigkeit offen bleibt.[294] Diese Frage könnte man vermittelnd beantworten: Der Betreuer ist verpflichtet, dem Betreuungsgericht die ihm bekannten Umstände bzgl. der Vermögenssituation mitzuteilen, so muss er insbesondere ein Vermögensverzeichnis einreichen (§§ 1908i Abs. 1 Satz 1, 1802 Abs. 1 Satz 1, Abs. 2, Abs. 3 BGB). Das Gericht kann von dem Betreuer verlangen, dass er seine Angaben glaubhaft macht, und Erhebungen anstellen, insbesondere die Vorlegung von Urkunden anordnen und Auskünfte einholen (§ 168 Abs. 2 FamFG i.V.m. § 118 Abs. 1 Sätze 1, 2 ZPO). Kommt der Betreuer diesen Verpflichtungen und gerichtlichen Aufforderungen nach, so dürfte ein Vergütungsanspruch gegen die Staatskasse auch dann gerechtfertigt sein, wenn offen bleibt, ob der Betroffene mittellos ist. Kommt der Betreuer seinen Verpflichtungen jedoch nicht nach, so wäre es wohl gerechtfertigt, eine Eintrittspflicht der Staatskasse abzulehnen, wenn die Frage der Mittellosigkeit offen bleibt. 172

Eine vertiefende Prüfung der Frage der Mittellosigkeit kann unterbleiben, wenn nach der freien Überzeugung des Gerichts der Aufwand zur detaillierten Ermittlung der Vermögensverhältnisse des Betroffenen außer Verhältnis steht zur Höhe des aus der Staatskasse zu begleichenden Anspruchs (§ 168 Abs. 2 Satz 3 FamFG). 173

Nach dem Tode des Betroffenen bestimmt das Gericht Höhe und Zeitpunkt der Zahlungen, die der Erbe des Betreuten nach § 1836e BGB an die Staatskasse zu leisten hat (§ 168 Abs. 3 Satz 1 FamFG). Der Erbe ist dem Gericht zur Auskunft über den Nachlass verpflichtet und hat auf Verlangen ein Nachlassverzeichnis vorzulegen und dessen Richtigkeit ggf. an Eides statt zu versichern (§ 168 Abs. 3 Sätze 2 und 3 FamFG). 174

Der Betroffene ist vor der Festsetzung einer von ihm zu erbringenden Zahlung zu hören (§ 168 Abs. 4 FamFG), wobei eine persönliche Anhörung nicht erforderlich ist. Ihm ist ein Verfahrenspfleger zu bestellen, wenn er zur sachgerechten Wahrnehmung seiner Interessen nicht fähig ist.[295] 175

---

[293] OLG Schleswig v. 13.11.2003 - 2 W 185/03 - FamRZ 2004, 979-980; *Jürgens/Lesting/Marschner/Winterstein*, Betreuungsrecht kompakt, 7. Aufl. 2011, Rn. 326 m.w.N.
[294] *Jürgens/Kröger/Marschner/Winterstein*, Betreuungsrecht kompakt, 6. Aufl. 2007, Rn. 285 m.w.N.
[295] OLG Frankfurt v. 18.03.1997 - 20 W 342/96 - FGPrax 1997, 109.

§ 1897 BGB Bestellung einer natürlichen Person

(Fassung vom 17.12.2008, gültig ab 01.09.2009)

(1) Zum Betreuer bestellt das Betreuungsgericht eine natürliche Person, die geeignet ist, in dem gerichtlich bestimmten Aufgabenkreis die Angelegenheiten des Betreuten rechtlich zu besorgen und ihn in dem hierfür erforderlichen Umfang persönlich zu betreuen.

(2) ¹Der Mitarbeiter eines nach § 1908f anerkannten Betreuungsvereins, der dort ausschließlich oder teilweise als Betreuer tätig ist (Vereinsbetreuer), darf nur mit Einwilligung des Vereins bestellt werden. ²Entsprechendes gilt für den Mitarbeiter einer in Betreuungsangelegenheiten zuständigen Behörde, der dort ausschließlich oder teilweise als Betreuer tätig ist (Behördenbetreuer).

(3) Wer zu einer Anstalt, einem Heim oder einer sonstigen Einrichtung, in welcher der Volljährige untergebracht ist oder wohnt, in einem Abhängigkeitsverhältnis oder in einer anderen engen Beziehung steht, darf nicht zum Betreuer bestellt werden.

(4) ¹Schlägt der Volljährige eine Person vor, die zum Betreuer bestellt werden kann, so ist diesem Vorschlag zu entsprechen, wenn es dem Wohl des Volljährigen nicht zuwiderläuft. ²Schlägt er vor, eine bestimmte Person nicht zu bestellen, so soll hierauf Rücksicht genommen werden. ³Die Sätze 1 und 2 gelten auch für Vorschläge, die der Volljährige vor dem Betreuungsverfahren gemacht hat, es sei denn, dass er an diesen Vorschlägen erkennbar nicht festhalten will.

(5) Schlägt der Volljährige niemanden vor, der zum Betreuer bestellt werden kann, so ist bei der Auswahl des Betreuers auf die verwandtschaftlichen und sonstigen persönlichen Bindungen des Volljährigen, insbesondere auf die Bindungen zu Eltern, zu Kindern, zum Ehegatten und zum Lebenspartner, sowie auf die Gefahr von Interessenkonflikten Rücksicht zu nehmen.

(6) ¹Wer Betreuungen im Rahmen seiner Berufsausübung führt, soll nur dann zum Betreuer bestellt werden, wenn keine andere geeignete Person zur Verfügung steht, die zur ehrenamtlichen Führung der Betreuung bereit ist. ²Werden dem Betreuer Umstände bekannt, aus denen sich ergibt, dass der Volljährige durch eine oder mehrere andere geeignete Personen außerhalb einer Berufsausübung betreut werden kann, so hat er dies dem Gericht mitzuteilen.

(7) ¹Wird eine Person unter den Voraussetzungen des Absatzes 6 Satz 1 erstmals in dem Bezirk des Betreuungsgerichts zum Betreuer bestellt, soll das Gericht zuvor die zuständige Behörde zur Eignung des ausgewählten Betreuers und zu den nach § 1 Abs. 1 Satz 1 zweite Alternative des Vormünder- und Betreuervergütungsgesetzes zu treffenden Feststellungen anhören. ²Die zuständige Behörde soll die Person auffordern, ein Führungszeugnis und eine Auskunft aus dem Schuldnerverzeichnis vorzulegen.

(8) Wird eine Person unter den Voraussetzungen des Absatzes 6 Satz 1 bestellt, hat sie sich über Zahl und Umfang der von ihr berufsmäßig geführten Betreuungen zu erklären.

Gliederung

A. Grundlagen 1	II. Der Vereinsbetreuer (Absatz 2 Satz 1) 13
I. Kurzcharakteristik 1	III. Der Behördenbetreuer (Absatz 2 Satz 2) 15
II. Gesetzgebungsmaterialien 4	IV. Ausschluss des Anstalts- und Heimpersonals
B. Praktische Bedeutung 5	(Absatz 3) 18
C. Anwendungsvoraussetzungen 7	V. Bindung an positiven Betreuervorschlag
I. Eignung des Einzelbetreuers (Absatz 1) 7	(Absatz 4 Satz 1) 22

VI. Bindung an negativen Vorschlag (Absatz 4 Satz 2) 25
VII. Bindung an frühere Vorschläge (Absatz 4 Satz 3) 26
VIII. Berücksichtigung verwandtschaftlicher und persönlicher Bindungen (Absatz 5) 27
IX. Vorrang der ehrenamtlichen Betreuung (Absatz 6 Satz 1) 31
X. Informationspflicht des Betreuers (Absatz 6 Satz 2) 32
XI. Anhörung der Behörde vor erstmaliger Bestellung eines Berufsbetreuers (Absatz 7) 33
XII. Erklärungspflicht des Berufsbetreuers (Absatz 8) 35
D. Verfahren 37

A. Grundlagen

I. Kurzcharakteristik

§ 1897 BGB regelt, wer als Betreuer in Betracht kommt und nach welchen Kriterien das Betreuungsgericht den Betreuer auszuwählen hat. Die Norm stellt insoweit ein Stufenverhältnis auf. Gem. Absatz 4 sind vorrangig in positiver wie negativer Hinsicht die Vorschläge des Betroffenen zu beachten. Schlägt der Volljährige niemanden vor, so stellt Absatz 5 gewisse Auswahlkriterien auf, die das Gericht zu beachten hat. Absatz 3 enthält einen gesetzlichen Ausschluss für bestimmte Personengruppen, Absatz 6 bestimmt den Vorrang der ehrenamtlichen Betreuung.

1

§ 1897 Abs. 1 BGB stellt das **Prinzip des Vorrangs der Einzelbetreuung** auf, im Gegensatz zur institutionalisierten Betreuung durch einen Verein oder eine Behörde (§ 1900 BGB). Der Vorrang der Einzelbetreuung ist auch dann gewahrt, wenn – wobei § 1897 Abs. 2 BGB zu beachten ist – ein einzelner Mitarbeiter eines Vereins oder einer Behörde zum Betreuer bestellt wird.

2

§ 1897 BGB kennt **vier Typen von Betreuern:**
- den ehrenamtlichen Einzelbetreuer,
- den Vereinsbetreuer,
- den Behördenbetreuer und
- den Berufsbetreuer.

3

II. Gesetzgebungsmaterialien

Die Norm wurde eingeführt durch Art. 1 Nr. 47 BtG und geht zurück auf den Regierungsentwurf.[1] Sie wurde geändert durch Art. 1 Nr. 12 BtÄndG.[2] Absatz 1 wurde geändert, um den Grundsatz der rechtlichen Betreuung deutlich herauszuheben; Absätze 6 und 7 wurden angefügt. Durch das 2. BtÄndG[3] wurde Absatz 7 um einen Satz 2 ergänzt und Absatz 8 der Vorschrift angefügt.

4

B. Praktische Bedeutung

Im Jahr 2012[4] wurden im Bundesgebiet bei neu angeordneten Betreuungen 60,49% aller Betreuer als ehrenamtliche Einzelbetreuer bestellt, wobei sich diese Zahl aus 55,1% Familienangehörigen und 5,39% sonstigen ehrenamtlichen Betreuern zusammensetzt. In 6,27% aller Fälle wurden Betreuungsvereine oder Vereinsbetreuer bestellt, in 0,24% Betreuungsbehörden oder Behördenbetreuer und in 33% freiberufliche Berufsbetreuer. Die regionalen Unterschiede sind hierbei sehr groß. Im Saarland lag der Anteil ehrenamtlich geführter Betreuungen bei 76,7%, in Berlin jedoch nur bei 41,31%.

5

Die Bestellung der verschiedenen Betreuertypen hat sich in den letzten Jahren deutlich verändert. Wurden im Jahr 1992 bundesweit in 12,61% der Fälle noch Behördenbetreuer bzw. die Betreuungsbehörde zum Betreuer bestellt, so betrug dieser Anteil im Jahr 2012 nur noch 0,24%. Auch der Anteil der durch Vereinsbetreuer oder Betreuungsvereine geführten Betreuungen geht zurück. Im Jahr 1995 lag dieser Anteil noch bei 11,56%, im Jahr 2012 hingegen nur noch bei 6,27% aller Betreuungen. Zugenommen hat hingegen der Anteil der durch freiberufliche Betreuer geführten Betreuungen von 20,12% in 1999 auf 33% in 2012.

6

---

[1] BT-Drs. 11/4528, S. 100-102, 124.
[2] BT-Drs. 13/7158, S. 33.
[3] BGBl I 2005, 1073.
[4] Folgende Zahlen nach der Sondererhebung „Verfahren nach dem Betreuungsgesetz" des Bundesamtes für Justiz; vgl. hierzu auch *Deinert*, BtPrax 2013, 242.

C. Anwendungsvoraussetzungen

I. Eignung des Einzelbetreuers (Absatz 1)

7 Der Gesetzgeber hat den Begriff der Eignung nicht näher definiert, es handelt sich um einen unbestimmten Rechtsbegriff.[5] Dieser ist von den Betreuungsgerichten im Einzelfall unter Beachtung sämtlicher Umstände im Interesse des Betroffenen auszulegen, wobei die Beurteilung der Eignung[6] und auch die Auswahl zwischen mehreren geeigneten Betreuern eine Ermessensentscheidung darstellt.

8 Das Gesetz selbst stellt als Erfordernis auf, dass der Betreuer in der Lage sein muss, in den ihm übertragenen Aufgabenkreisen die Angelegenheiten des Betroffenen rechtlich zu besorgen und ihn in dem hierfür erforderlichen Umfang persönlich zu betreuen. Es werden also sowohl Anforderungen an die fachliche Qualifikation als auch an die persönliche Betreuung aufgestellt.

9 **Qualifikation:** Grundsätzlich ist jeder, und zwar unabhängig von der Staatsangehörigkeit[7], zur Führung einer Betreuung geeignet. In der Regel wird es ausreichend sein, dass der Betreuer sich im Einzelfall, wenn er selbst ausreichenden Sachverstand nicht besitzt, diesen sich durch Einschaltung eines Fachmannes besorgt. Sind im Rahmen der Betreuung jedoch kompliziertere Sachverhalte, etwa in finanzieller oder rechtlicher Hinsicht, zu regeln, so kann sich die (teilweise) Bestellung eines besonders qualifizierten Betreuers, etwa eines Rechtsanwaltes oder Steuerberaters anbieten.[8] Gegebenenfalls ist auch die Einsetzung eines medizinisch sachverständigen Betreuers[9] oder eines im Umgang mit Suchtabhängigen erfahrenen Betreuers angezeigt. Für die Betreuung eines Ausländers, der in Deutschland lebt, kann es sinnvoll sein, eine Person gleicher Staatsangehörigkeit zum Betreuer zu bestellen[10], insbesondere dann, wenn Sprachkenntnisse erforderlich sind.

10 Die Qualifikation zur Führung der Betreuung durch den ins Auge gefassten Betreuer kann etwa fehlen, wenn bei diesem eine rechtskräftige Verurteilung wegen eines Vermögensdeliktes vorliegt[11] oder er früher die Vertretung des Prozessgegners des Betreuten übernommen hatte[12] oder zwischen ihm und dem Betroffenen eine enge vermögensmäßige Verquickung vorliegt[13].

11 Die Stärkung der **persönlichen Betreuung** im Gegensatz zur anonymen Verwaltung mit häufig mangelndem Kontakt zwischen Vormund und Mündel im alten Vormundschaftsrecht ist eines der wesentlichen Anliegen des Betreuungsrechtes.[14] Insbesondere die rudimentäre Regelung der Personensorge war einer der zentralen Kritikpunkte an der Praxis der Vormundschaften und Pflegschaften nach altem Recht.[15] Die durch das BtÄndG aufgenommene Formulierung, dass der Betreuer zur **„rechtlichen"** Besorgung der Angelegenheiten des Betroffenen geeignet sein muss, dient der Klarstellung, dass der Betreuer die Angelegenheiten des Betroffenen nicht selbst auszuführen hat, sondern die Aufgabe hat, zu organisieren und rechtlich zu regeln.[16] Der Betreuer hat also etwa nicht die Aufgabe, für den Betroffenen zu kochen oder zu putzen, sondern seine Versorgung zu organisieren.

12 In diesem vorgegebenen Rahmen hat der Betreuer ausreichenden persönlichen Kontakt zu dem Betroffenen zu halten. Auf welche Art und Weise dieser Kontakt zu erfolgen hat, hat sich am Wohl des Betroffenen zu orientieren (§ 1901 Abs. 2 BGB). Er kann durch Gespräche, Besuche oder auch Telefonate, Briefe oder Berichte von Auskunftspersonen erfolgen. Auf Letzteres darf sich der Kontakt indes nicht beschränken, weil eine persönliche Betreuung immer auch den unmittelbaren Kontakt von Betreuer und Betreutem verlangt.[17] Diesen Anforderungen kann eine Person, die bereits zu viele Betreuungen führt – selbst wenn der Gesetzgeber keine Höchstzahl bestimmt hat – nicht gerecht werden.[18]

---

[5] BayObLG München v. 18.11.1993 - 3Z BR 148/93 - juris Rn. 9 - BayObLGR 1994, 13.
[6] BayObLG München v. 28.06.2000 - 3Z BR 120/00 - juris Rn. 16 - FamRZ 2001, 1249-1250.
[7] BT-Drs. 11/4528, S. 129.
[8] BayObLG München v. 28.04.1994 - 3Z BR 25/94 - juris Rn. 8 - FamRZ 1994, 1353-1354.
[9] OLG Zweibrücken v. 09.04.1999 - 3 W 79/99 - juris Rn. 7 - BtPrax 1999, 157.
[10] BT-Drs. 11/4528, S. 129.
[11] OLG Brandenburg v. 02.01.2001 - 9 Wx 21/00 - juris Rn. 17 - FamRZ 2001, 936-937.
[12] OLG Köln v. 27.05.1998 - 16 Wx 84/98 - juris Rn. 11 - NJWE-FER 1998, 227.
[13] BayObLG München v. 14.03.2001 - 3Z BR 43/01 - juris Rn. 8 - BtPrax 2001, 163-164.
[14] BT-Drs. 11/4528, S. 68.
[15] *Schulte*, ZRP 1986, 249-254.
[16] Vgl. hierzu *Jürgens*, BtPrax 1998, 129-133.
[17] *Dodegge/Roth*, Betreuungsrecht, 4. Aufl. 2014, Teil B Rn. 38.
[18] BT-Drs. 11/4528, S. 125.

Auch eine zu große räumliche Entfernung kann dem Erfordernis der persönlichen Betreuung entgegenstehen.[19]

II. Der Vereinsbetreuer (Absatz 2 Satz 1)

Zum Vereinsbetreuer kann nur bestellt werden, wer Mitarbeiter eines anerkannten Betreuungsvereins ist. Zwischen dem Betreuer und dem Verein muss ein Dienst- oder Arbeitsverhältnis bestehen, ehrenamtlich tätige Vereinsmitglieder können nicht zum Vereinsbetreuer bestellt werden.[20] Dies folgt daraus, dass letztere nicht den Weisungen und der Personalhoheit des Vereins unterliegen. Weiterhin muss der Verein anerkannt sein nach § 1908f BGB, da nicht anerkannten Vereinen die Rechtsfigur des Vereinsbetreuers nicht zu Gebote steht.[21]

13

Der Vereinsbetreuer steht in einer Zwitterstellung zwischen Verein und Gericht. Da der Vereinsbetreuer ein echter Einzelbetreuer ist, bestehen die Rechte und Pflichten aus dem Betreuungsverhältnis nur zwischen dem bestellten Betreuer, dem Betreuten und dem Gericht.[22] In das Betreuungsverhältnis selbst ist der Verein also nicht eingebunden. Auf der anderen Seite unterliegt der Vereinsbetreuer aber gegenüber dem Betreuungsverein seinen vertraglichen Pflichten aus dem Anstellungsvertrag. Wegen der hieraus folgenden Personalhoheit des Vereins über seine Mitarbeiter darf der Vereinsbetreuer auch nur bestellt werden, wenn der Verein einwilligt (§ 1897 Abs. 2 Satz 1 BGB) und ist zu entlassen, wenn der Verein dies beantragt (§ 1908b Abs. 4 Satz 1 BGB). Einem Vereinsbetreuer steht im Gegensatz zu übrigen Einzelbetreuern eine gewisse Erleichterung bei der Vermögensbetreuung zu, da er während der Führung der Betreuung von der Rechnungslegung befreit ist (§§ 1908i Abs. 2 Satz 2, 1857a, 1854 BGB). Jedoch muss auch der Vereinsbetreuer bei Beginn der Betreuung das Vermögen verzeichnen und bei Beendigung Schlussrechnung legen (§§ 1908i Abs. 1, 1802, 1890 BGB).

14

III. Der Behördenbetreuer (Absatz 2 Satz 2)

Die Rechtsfigur des Behörden(einzel)betreuers ist genauso konstruiert wie die des Vereinsbetreuers. Der Behördenbetreuer ist Angestellter oder Beamter der in Betreuungsangelegenheiten zuständigen Behörde. Er wird in eigener Person zum Betreuer bestellt. Die Bestellung darf nur dann erfolgen, wenn er sich zuvor zur Übernahme des Amtes bereit erklärt hat[23] und die Behörde seiner Bestellung zugestimmt hat. Auch der Behördenbetreuer unterliegt der Personalhoheit seines Arbeitgebers, er ist auf Antrag der Behörde zu entlassen (§ 1908b Abs. 4 Satz 3 BGB).

15

Wie der Vereinsbetreuer ist auch der Behördenbetreuer von der Verpflichtung zur Rechnungslegung befreit. Das Betreuungsgericht kann ihn nicht durch Verhängung von Zwangsgeld zur Befolgung von Ge- oder Verboten anhalten (§ 1908g Abs. 1 BGB).

16

Zur Frage der Haftung der Behörde sei auf die Kommentierung zu § 1896 BGB Rn. 97 verwiesen.

17

IV. Ausschluss des Anstalts- und Heimpersonals (Absatz 3)

Die Vorschrift ist zwingendes Recht und lässt dem Betreuungsgericht keinerlei Ermessensspielraum.[24] Sie hat für alle Betreuertypen Geltung. Eine Ausnahme ist nur für den Fall zugelassen worden, dass die Betreuerin zugleich Leiterin der Einrichtung ist, in der ihr Sohn untergebracht ist. Für diesen Fall hat das BVerfG[25] wegen Art. 6 Abs. 2 GG eine Auslegung von § 1897 Abs. 3 BGB dahingehend gefordert, dass nicht bereits die entfernte Möglichkeit einer Interessenkollision genügt, um das Recht der Eltern auf bevorzugte Berücksichtigung bei der Auswahl von Betreuern für ihr Kind einzuschränken.

18

Zweck der Vorschrift ist es, Interessenkonflikte und Belastungen im Verhältnis zwischen Betreuer und Betroffenem durch Zweifel an der Unvoreingenommenheit des Betreuers zu vermeiden.[26] Die Vorschrift hat zwei Anwendungsvoraussetzungen, nämlich zum einen das Wohnen bzw. die Unterbringung in einer Einrichtung und zum anderen das Abhängigkeitsverhältnis bzw. die enge Beziehung.

19

---

[19] OLG Celle v. 20.06.1996 - 18 W 10/96 - NdsRpfl 1997, 45-46.
[20] OLG Hamm v. 23.05.2000 - 15 W 86/00 - juris Rn. 14 - NJW-RR 2001, 651-652; LG München I v. 19.02.1999 - 13 T 715/99 - Rpfleger 1999, 276
[21] BT-Drs. 11/4528, S. 126.
[22] LG Chemnitz v. 10.07.1998 - 11 T 3475/98 - FamRZ 2000, 1311.
[23] BayObLG München v. 30.03.1994 - 3Z BR 4/94 - juris Rn. 10 - BtPrax 1994, 135-136.
[24] BayObLG München v. 04.10.1996 - 3Z BR 148/96 - MDR 1997, 268-269.
[25] BVerfG v. 20.03.2006 - 1 BvR 1702/01 - NJW-RR 2006, 1009-1010.
[26] BT-Drs. 11/4528, S. 126.

20 **Wohnen bzw. Unterbringung:** Der Betroffene muss in einer Anstalt, einem Heim oder einer sonstigen Einrichtung, etwa einem betreuten Wohnen, untergebracht sein oder wohnen. Dies bedeutet, dass es nicht darauf ankommt, ob der Betroffene in einer geschlossenen oder offenen Einrichtung seinen Aufenthalt hat. Nicht erfasst wird von der Vorschrift die private Wohnung, selbst wenn diese im Eigentum des zu bestellenden angehörigen Betreuers ist[27], da die Familienpflege durch die Vorschrift nicht betroffen sein soll.

21 **Abhängigkeitsverhältnis:** Wegen der Vermeidung von Interessenkonflikten ist die Vorschrift weit auszulegen. Die Vorschrift stellt dem Abhängigkeitsverhältnis, etwa eines Arbeitnehmers, eine andere enge Beziehung zur Einrichtung gleich. Diese enge Beziehung weisen etwa der Inhaber der Einrichtung selbst[28] oder dessen Ehegatte[29] und nahe Angehörige auf. Der Ausschluss kann auch greifen, wenn das Abhängigkeitsverhältnis bzw. die enge Beziehung nur zum Träger der Einrichtung besteht.[30] Dies ist etwa dann der Fall, wenn der als Betreuer ins Auge gefasste kommunale Bedienstete in der Behörde arbeitet, die die Einrichtung überwacht oder für die Kostenregelung zuständig ist.[31] Entscheidend ist, ob der vorgesehene Betreuer in einem Tätigkeitsbereich arbeitet, der in unmittelbarem Zusammenhang mit der Einrichtung steht. Allein der Umstand, dass er Mitarbeiter der Behörde ist, die Trägerin der Einrichtung ist, reicht jedoch noch nicht aus.[32] Dieselbe Differenzierung muss auch vorgenommen werden, wenn es um den Mitarbeiter eines freien Trägers geht, der eine Einrichtung führt oder um den Mitarbeiter eines Betreuungsvereins, der Träger einer Einrichtung ist.[33]

V. Bindung an positiven Betreuervorschlag (Absatz 4 Satz 1)

22 **Zweck:** Die Vorschrift stellt sicher, dass die Wünsche des Betroffenen nicht nur bei der Führung der Betreuung (§ 1901 Abs. 3 BGB), sondern schon bei der Auswahl des Betreuers Berücksichtigung finden, zumal eine Berücksichtigung der gewünschten gedeihlichen Zusammenarbeit zwischen Betreuer und Betreutem nur dienlich sein kann.[34]

23 **Bindungswirkung** entfalten die Vorschläge des Betroffenen, ohne dass sie einer bestimmten Form bedürften. Für die Bindungswirkung ist es nicht erforderlich, dass der Betroffene geschäftsfähig ist[35] oder irgendeinen Grad an natürlicher Einsichtsfähigkeit besitzt. Der Betroffene kann einmal gemachte Vorschläge jederzeit ändern, auch nachdem er geschäftsunfähig geworden ist.[36] Positive Vorschläge des Betroffenen zur Person des Betreuers begründen einen absoluten Vorrang des Vorgeschlagenen.[37] Der Vorschlag kann aber übergangen werden, wenn er nicht auf einer eigenständigen und dauerhaften Willensbildung des Betroffenen beruht[38] oder von daher nicht dem eigenen Willen des Betroffenen entstammt, weil er auf den Einfluss schlechter Ratgeber zurückgeht, die eigene Interessen verfolgen[39]. Die Tatsache allein, dass noch geeignetere Personen in Betracht kommen, reicht nicht aus, um den Willen des Betroffenen zu übergehen.[40] Den Vorschlägen des Betroffenen **ist** im Übrigen zu entsprechen, wenn dies nicht seinem Wohl zuwiderläuft. Der Vorschlag des Betroffenen, einen bestimmten Berufsbetreuer zu bestellen, enthebt das Betreuungsgericht nicht von der Prüfung, ob ein geeigneter ehrenamtlicher Betreuer zur Verfügung steht. Steht jedoch fest, dass die Bestellung eines zur ehrenamtlichen Führung der Betreuung bereiten Angehörigen nicht dem Wohl des Betroffenen dient und kein anderer ehrenamtlicher Betreuer zur Verfügung steht, ist das Betreuungsgericht im Rahmen des § 1897 Abs. 4 Satz 1 BGB an den Vorschlag des Betroffenen, einen bestimmten Berufsbetreuer zu bestellen, gebunden.[41]

---

[27] BT-Drs. 11/4528, S. 126.
[28] BT-Drs. 11/4528, S. 127.
[29] OLG Düsseldorf v. 02.02.1994 - 3 Wx 202/93 - juris Rn. 11 - Rpfleger 1994, 416.
[30] BayObLG München v. 24.10.1997 - 3Z BR 350/97 - juris Rn. 11 - EzFamR aktuell 1998, 68-69; a.A. LG Berlin v. 28.05.1996 - 83 T 106/96 - BtPrax 1997, 39-40.
[31] BayObLG München v. 04.10.1996 - 3Z BR 148/96 - MDR 1997, 268-269.
[32] BT-Drs. 11/4528, S. 127.
[33] Vgl. hierzu auch OLG Stuttgart v. 11.02.1999 - 8 W 190/98 - BtPrax 1999, 110-111.
[34] BT-Drs. 11/4528, S. 127.
[35] BayObLG München v. 11.06.1997 - 3Z BR 54/97 - juris Rn. 12 - BtPrax 1997, 200-201.
[36] BayObLG München v. 18.03.1993 - 3Z BR 42/93 - juris Rn. 7 - FamRZ 1993, 1110.
[37] BayObLG München v. 18.03.2002 - 3Z BR 22/02 - juris Rn. 16 - FGPrax 2002, 117-118.
[38] BayObLG München v. 18.06.2003 - 3Z BR 108/03 - BayObLGR 2003, 360-361.
[39] BayObLG München v. 11.06.1997 - 3Z BR 54/97 - juris Rn. 13 - BtPrax 1997, 200-201.
[40] BayObLG München v. 22.08.2001 - 3Z BR 221/01 - juris Rn. 12 - BayObLGR 2001, 86-87.
[41] KG v. 27.06.2006 - 1 W 36/06 - FamRZ 2007, 81.

Wohl des Betroffenen: Ob der Vorschlag des Betroffenen seinem Wohl zuwiderläuft, ist durch eine umfassende Abwägung der gesamten Umstände zu überprüfen. Zur Ablehnung des Vorschlags bedarf es der Feststellung einer konkreten Gefahr, der Vorgeschlagene werde das Amt nicht zum Wohle des Betroffenen ausüben.[42] Bloße allgemeine Befürchtungen und Vermutungen reichen nicht aus[43], bloße Verdächtigungen in Bezug auf die mangelnde Eignung des Vorgeschlagenen dürfen nicht unüberprüft übernommen werden[44]. Der Vorschlag des Betroffenen widerspricht in der Regel dann seinem Wohl, wenn der Vorgeschlagene erkennbar kein Interesse für den Betroffenen zeigt oder die Übernahme der Betreuung ablehnt (§ 1898 BGB). Die größte praktische Bedeutung dürfte die Regelung bei der **Gefahr von Interessenkonflikten** haben. Insoweit ist zu berücksichtigen, dass selbst bei der Feststellung von Interessenkonflikten eine Abwägung vorzunehmen ist und diese im Ergebnis deutlich gegen die Bestellung der vorgeschlagenen Person sprechen muss.[45] Kleinere Nachteile oder Interessenkonflikte von geringerem Gewicht genügen nicht, um den Vorschlag zu entkräften.[46] Ein zu befürchtender Interessenkonflikt ist immer an Hand konkreter Tatsachen festzustellen und muss derart schwerwiegend sein, dass das Wohl des Betroffenen ernsthaft gefährdet wäre.[47] Zu überprüfen ist immer, ob es nicht andere Möglichkeiten gibt, die Gefahr für das Wohl des Betroffenen zu vermeiden. So kann das Gericht etwa bei einem an sich kraft Gesetzes hiervon befreiten Betreuer Rechnungslegung anordnen oder mit Betreuungsgerichtlichen Weisungen (§ 1837 BGB) arbeiten.[48] Einen das Wohl des Betroffenen gefährdenden Interessenkonflikt haben die Gerichte etwa angenommen, wenn die vorgeschlagene Ehefrau den Vermögensbereich regeln soll, wobei sich das Vermögen überwiegend aus dem von ihr und ihren Eltern bewohnten Mehrfamilienhaus des Betroffenen zusammensetzt[49], bei der Gefahr der eigenen Inanspruchnahme des Betreuers auf Unterhalt durch den Betroffenen[50] oder wenn der Betreuer wiederholt in erheblichem Maße Geldgeschenke an sich selbst oder Verwandte aus dem Vermögen des Betroffenen getätigt hat[51]. Spannungen zwischen dem auszuwählenden Betreuer und seinen Geschwistern sind nur dann erheblich, wenn durch konkrete Tatsachen festgestellt werden kann, dass hierdurch das Wohl des betreuten Elternteils ernsthaft gefährdet wäre.[52] Werden Interessenkonflikte festgestellt, so bleibt im Rahmen des Verhältnismäßigkeitsgrundsatzes zu prüfen, ob dem Vorgeschlagenen nicht wenigstens ein Teilbereich der Betreuung übertragen werden kann.[53]

VI. Bindung an negativen Vorschlag (Absatz 4 Satz 2)

Ein negativer Vorschlag hat bei weitem nicht die gleiche Kraft wie ein positiver Vorschlag. Auf einen negativen Vorschlag soll durch das Gericht (nur) Rücksicht genommen werden. Der negative Vorschlag ist bei der Eignungsprüfung des Betreuers zu berücksichtigen, doch besteht keine Bindung des Gerichts an den Widerspruch des Betroffenen.[54] Wirkungslos ist der negative Vorschlag etwa, wenn der Betroffene aus Ablehnung der Betreuung alle in Betracht kommenden Personen oder jeweils die vom Gericht vorgeschlagene Person ablehnt.[55]

VII. Bindung an frühere Vorschläge (Absatz 4 Satz 3)

Der Vorschlag für die Person des Betreuers ist auch dann bindend, wenn er vor dem Betreuungsverfahren gemacht wurde, etwa in Form einer **Betreuungsverfügung** (vgl. insoweit die Kommentierung zu § 1901c BGB Rn. 8). Der Vorschlag ist wiederum an keine bestimmte Form gebunden, es genügen so-

---

[42] BayObLG München v. 30.07.1996 - 3Z BR 149/96 - juris Rn. 15 - NJW-RR 1997, 69-70.
[43] OLG Düsseldorf v. 27.01.1995 - 3 Wx 648/94 - juris Rn. 14 - MDR 1995, 499.
[44] OLG Düsseldorf v. 27.01.1995 - 3 Wx 648/94 - juris Rn. 10 - MDR 1995, 499.
[45] BayObLG München v. 22.10.1997 - 3Z BR 112/97 - juris Rn. 9 - EzFamR aktuell 1998, 66.
[46] BayObLG München v. 22.10.1997 - 3Z BR 112/97 - juris Rn. 9 - EzFamR aktuell 1998, 66.
[47] OLG Schleswig v. 14.04.2005 - 2 W 49/05 - juris Rn. 7 - BtPrax 2005, 194-195.
[48] BayObLG München v. 03.12.1997 - 3Z BR 364/97 - juris Rn. 12 - FamRZ 1999, 51-52.
[49] BayObLG München v. 09.08.2000 - 3Z BR 230/00 - juris Rn. 12 - BtPrax 2000, 260.
[50] OLG Hamm v. 21.01.1993 - 15 W 139/92 - juris Rn. 23 - OLGZ 1993, 387-392.
[51] BayObLG München v. 30.07.2003 - 3Z BR 148/03 - juris Rn. 14 - BtPrax 2004, 35-37.
[52] OLG Schleswig v. 14.04.2005 - 2 W 49/05 - juris Rn. 7 - BtPrax 2005, 194-195.
[53] OLG Düsseldorf v. 07.02.2000 - 25 Wx 65/99 - juris Rn. 3 - NJWE-FER 2000, 292; BayObLG München v. 22.08.2001 - 3Z BR 221/01 - juris Rn. 12 - BayObLGR 2001, 86-87.
[54] BT-Drs. 11/4528, S. 127.
[55] *Roth* in: Erman, § 1897 Rn. 4.

gar bewiesene mündliche Äußerungen.[56] Die Bindungswirkung entfällt jedoch dann, wenn der Betroffene erkennbar an seinem Vorschlag nicht festhalten will. Der Widerruf des Vorschlags setzt wie der Vorschlag selbst keine Geschäftsfähigkeit voraus.[57] Der Betroffene ist im Rahmen der gerichtlichen Anhörung darauf anzusprechen, ob er an seinem früheren Vorschlag festhalten will.[58]

VIII. Berücksichtigung verwandtschaftlicher und persönlicher Bindungen (Absatz 5)

27 Die **verwandtschaftlichen Beziehungen** nennt das Gesetz, da Art. 6 Abs. 1 GG eine bevorzugte Berücksichtigung der Familienangehörigen gebietet.[59] Das Gesetz nennt einen bestimmten Grad der Verwandtschaft nicht, hebt aber Eltern, Kinder, Ehegatten und Lebenspartner besonders hervor. Der Vorrang der Angehörigen ist schon von daher gerechtfertigt, da sie in der Regel die Wünsche und Bedürfnisse des Betroffenen besser kennen als Fremde.[60]

28 **Sonstige persönliche Bindungen:** Zu diesem engen Kreis gehört etwa der Lebensgefährte.[61] Gemeint sind weiterhin Freunde, Bekannte, Nachbarn, aber auch religiöse, weltanschauliche, kulturelle oder andere Bindungen sind zu berücksichtigen.[62]

29 **Eignung:** § 1897 Abs. 5 BGB kann nicht unabhängig von Absatz 1 gesehen werden. Dies bedeutet, dass grundsätzlich – unter Berücksichtigung der übrigen Kriterien von Absatz 5 – nur eine geeignete Person zum Betreuer zu bestellen ist (vgl. grundlegend Rn. 7). Auch hier sind wieder sämtliche für und gegen die Eignung sprechenden Gesichtspunkte abzuwägen. Die Eignung eines Angehörigen kann etwa fehlen, wenn er aufgrund zu großer räumlicher Entfernung zu einer persönlichen Betreuung nicht in der Lage ist[63], konkrete Verdachtsmomente bestehen, dass er selbst psychisch krank ist[64] oder wenn er versucht, von dem geschäftsunfähigen Betroffenen eine Vollmacht zu erlangen[65].

30 Das Gericht hat bei seinem bestehenden Auswahlermessen auch auf die **Gefahr von Interessenkonflikten** Rücksicht zu nehmen. Hierzu gilt grundsätzlich das zu § 1897 Abs. 4 BGB Gesagte (vgl. Rn. 24). Zu beachten ist jedoch, dass ohne positiven Betreuervorschlag des Betroffenen bestehende Interessenkonflikte eher gegen die Auswahl der Person sprechen, bei der die Interessenkonflikte bestehen. Allerdings müssen im Hinblick auf Art. 6 Abs. 1 GG gegen die Angehörigen gewichtige Bedenken bestehen, ehe die Betreuung einer neutralen Person übertragen werden darf.[66] Das Wohl des Betroffenen hat jedoch absoluten Vorrang vor dem Verwandtenprivileg.[67]

IX. Vorrang der ehrenamtlichen Betreuung (Absatz 6 Satz 1)

31 Nach der Vorschrift darf ein Berufsbetreuer nur dann bestellt werden, wenn kein geeigneter ehrenamtlicher Betreuer zur Verfügung steht. Von einem Berufsbetreuer spricht man, wenn jemandem in einem derartigen Umfang Betreuungen übertragen sind, dass er sie nur im Rahmen einer Berufsausübung führen kann oder zu erwarten ist, dass ihm in absehbarer Zeit Betreuungen in diesem Umfang übertragen sein werden (§ 1836 Abs. 1 BGB i.V.m. § 1 VBVG). Die Gründe für die Nichtbestellung eines ehrenamtlichen Betreuers sind in dem den Betreuer auswählenden Beschluss darzulegen.[68] Eine Abweichung vom Vorrang des Ehrenamtes („soll") ist etwa möglich bei enger persönlicher Bindung oder wenn der vermögende Betroffene es wünscht.[69] Der Vorrang des ehrenamtlichen Betreuers gilt selbstverständlich auch nur, wenn dieser die erforderliche Eignung besitzt und keine Interessenkonflikte vorliegen.

---

[56] BT-Drs. 11/4528, S. 128.
[57] BayObLG München v. 18.03.1993 - 3Z BR 42/93 - juris Rn. 7 - FamRZ 1993, 1110.
[58] *Schwab* in: MünchKomm-BGB, § 1897 Rn. 22.
[59] BVerfG v. 13.06.1972 - 1 BvR 421/69 - juris Rn. 7 - BVerfGE 33, 236-240.
[60] BayObLG München v. 28.06.2000 - 3Z BR 120/00 - juris Rn. 15 - FamRZ 2001, 1249-1250.
[61] OLG Köln v. 16.04.1999 - 16 Wx 51/99 - EzFamR aktuell 1999, 274-276.
[62] BT-Drs. 11/4528, S. 128.
[63] OLG Celle v. 20.06.1996 - 18 W 10/96 - NdsRpfl 1997, 45-46.
[64] BayObLG München v. 14.01.2005 - 3Z BR 256/04 - juris Rn. 16 - FamRZ 2005, 931.
[65] BayObLG München v. 18.02.2004 - 3Z BR 256/03 - juris Rn. 20 - OLGR München 2004, 251-252.
[66] OLG Köln v. 19.03.1999 - 16 Wx 30/99 - juris Rn. 8 - FamRZ 2000, 188-189.
[67] BayObLG München v. 03.05.2004 - 3Z BR 30/04, 3Z BR 31/04 - BayObLGR 2004, 328-330.
[68] BayObLG München v. 05.07.1999 - 3Z BR 108/99 - juris Rn. 17 - EzFamR aktuell 1999, 342-343.
[69] OLG Jena v. 18.09.2000 - 6 W 489/00 - juris Rn. 7 - NJW-RR 2001, 796-797.

X. Informationspflicht des Betreuers (Absatz 6 Satz 2)

Werden dem zunächst bestellten Berufsbetreuer während der Führung der Betreuung Umstände bekannt, aus denen sich ergibt, dass die Betreuung auch ehrenamtlich geführt werden kann, so hat er dies dem Gericht mitzuteilen. Ziel dieser Mitteilungspflicht ist die mögliche Entlassung des Berufsbetreuers und der Betreuerwechsel auf einen ehrenamtlichen Betreuer (§ 1908b Abs. 1 Satz 2 BGB). Die Mitteilungspflicht besteht etwa dann, wenn wesentliche Angelegenheiten, die Fachkenntnisse des Berufsbetreuers erfordern, geregelt sind, so dass die weitere Betreuung auch im Rahmen eines Ehrenamtes geführt werden kann.[70] Eine unmittelbare Sanktion bei fehlender Mitteilung sieht die Vorschrift nicht vor. Jedoch dürften fehlende Mitteilungen durch einen Berufsbetreuer sicherlich bei der Beurteilung von dessen Eignung für die Vergabe neuer Betreuungen eine Rolle spielen.

32

XI. Anhörung der Behörde vor erstmaliger Bestellung eines Berufsbetreuers (Absatz 7)

Das Betreuungsgericht soll die örtliche Betreuungsbehörde anhören, bevor es erstmals eine Person zum Berufsbetreuer bestellt. Die Behörde soll zur Eignung der Person und der Frage, ob ihm in absehbarer Zeit Betreuungen in einem ausreichenden Umfang übertragen sein werden (§ 1 Abs. 1 Satz 1 Alt. 2 VBVG) gehört werden. Die Vorschrift dient insoweit zum einen der Sicherung der Qualität neuer Berufsbetreuer[71] und zum anderen als Instrument der Bedarfsprüfung[72]. Sinn und Zweck des Satzes 2 ist, schon frühzeitig die Eignung eines ins Auge gefassten neuen Berufsbetreuers durch Vorlage eines Führungszeugnisses und einer Auskunft aus dem Schuldnerverzeichnis überprüfen zu können. Der Begriff „auffordern" ist § 31 BZRG entnommen.[73] Wenn eine solche Aufforderung nicht sachgemäß ist oder erfolglos bleibt, erhalten Behörden das Führungszeugnis über eine bestimmte Person, soweit sie es zur Erledigung ihrer hoheitlichen Aufgaben benötigen. Entsprechendes gilt für das Schuldnerverzeichnis nach § 915 Abs. 1, 3 Satz 1 HS. 2 ZPO.[74]

33

Im Übrigen hat niemand einen Anspruch darauf, als neuer Berufsbetreuer von der Betreuungsbehörde vorgeschlagen zu werden[75] oder in eine bei einem Amtsgericht geführte Liste von Berufsbetreuern als neuer Betreuer aufgenommen zu werden[76].

34

XII. Erklärungspflicht des Berufsbetreuers (Absatz 8)

§ 1897 BGB wurde um Absatz 8 durch das 2. BtÄndG ergänzt. Als Begründung führte der Gesetzgeber an[77], dass die Regelung der Klarstellung der Kompetenzen des Betreuungsgerichts bei der Prüfung der Geeignetheit des Betreuers diene. Der Umfang der Betreuung sei durch Mitteilung der Zahl und der für den Aufwand wesentlichen Kriterien zu erläutern.

35

Die Formulierung der Vorschrift ist jedoch etwas unglücklich. Sie legt nahe, dass der Berufsbetreuer sich erst nach seiner Bestellung zu erklären hat. Sinn würde es jedoch machen, dass der Betreuer sich vor seiner Bestellung zu erklären hat. Hätte der Gesetzgeber dies gewollt, so hätte er aber wohl „soll … bestellt werden …" formuliert. Die Formulierung ist weiterhin wohl auch dahingehend auszulegen, dass die Meldung des Berufsbetreuers unaufgefordert und nach jeder Bestellung zu erfolgen hat. Ob dies tatsächlich erforderlich ist, erscheint jedoch mehr als zweifelhaft. Von daher scheint der mit der Vorschrift einhergehende bürokratische Aufwand nicht unbedingt im Verhältnis zu ihrem Nutzen zu stehen.

36

---

[70] BT-Drs. 13/7158, S. 50, 57.
[71] *Schwab* in: MünchKomm-BGB, § 1897 Rn. 44.
[72] *Knittel*, BtG, 1992, § 1897 Rn. 23c.
[73] BT-Drs. 15/2494, S. 29.
[74] BT-Drs. 15/2494, S. 29.
[75] OLG Düsseldorf v. 21.01.1998 - 3 VA 11/97 - juris Rn. 14 - FamRZ 1998, 700-701.
[76] OLG Saarbrücken v. 29.11.2004 - 1 VA 2/04 - OLGR Saarbrücken 2005, 251-253.
[77] BT-Drs. 15/2494, S. 29.

D. Verfahren

37 **Überprüfung Eignung:** Das Gericht hat von Amts wegen die Eignung des ins Auge gefassten Betreuers zu überprüfen. In der Regel wird hierzu dessen Anhörung ausreichen. Das Gericht kann etwa aber auch einen Bundeszentralregisterauszug anfordern oder Auskünfte aus der Zentraldatei der Staatsanwaltschaft einholen[78], um eventuelle Vorstrafen zu überprüfen. Ebenso können Akten beigezogen werden, in denen der potentielle Betreuer bereits tätig war.[79]

38 **Besonderheiten bei Vereins-, Behörden- und Berufsbetreuern:** In verfahrensrechtlicher Hinsicht bestehen bei Vereins-, Behörden- und Berufsbetreuern gewisse Besonderheiten. So muss der Bestellungsbeschluss die Bezeichnung des Betreuers als Vereinsbetreuer und des anstellenden Vereins enthalten (§ 286 Abs. 1 Nr. 2 FamFG). Das Gleiche gilt für Behördenbetreuer (§ 286 Abs. 1 Nr. 3 FamFG) und Berufsbetreuer (§ 286 Abs. 1 Nr. 4 FamFG). Gleiches gilt für die Bestallungsurkunde bei Vereins- und Behördenbetreuern (§ 290 Nr. 2 FamFG). Zudem sind der Vereins-, der Behörden- und der Berufsbetreuer durch das Gericht nicht mündlich zu verpflichten und zu unterrichten (§ 289 Abs. 1 FamFG).

39 **Beschwerderecht Angehöriger:** Das FamFG nahm eine entscheidende Änderung für die Frage der Beteiligung von Angehörigen am Verfahren vor, was auch zwingende Folgen für ihr Beschwerderecht hat. Hinsichtlich der Beteiligung von Angehörigen hat das Gericht ein Ermessen. Am Verfahren beteiligt werden können etwa bestimmte Angehörige des Betroffenen (§ 274 Abs. 4 Nr. 1 FamFG). Der Kreis der Angehörigen wird durch das FamFG kleiner gezogen, als es die bisherige Gesetzeslage vorsah. Eine Beteiligung hat nicht zu erfolgen, wenn dies dem Interesse des Betroffenen zuwiderläuft. Die Kann-Beteiligten sind durch das Gericht nicht zu ermitteln, sie sind durch das Gericht nur zu verständigen, wenn sie ihm bekannt sind (§ 7 Abs. 4 Satz 1 FamFG). Den Kann-Beteiligten steht ein Antragsrecht auf Hinzuziehung zum Verfahren zu. Lehnt das Gericht ihren Antrag ab, so steht ihnen hiergegen ein sofortiges Beschwerderecht nach den §§ 567 ff. ZPO zu (§ 7 Abs. 5 FamFG). Für die Hinzuziehung zum Verfahren bedarf es keines förmlichen Beschlusses. Wird ein Kann-Beteiligter am Betreuungsverfahren nicht beteiligt, so steht ihm gegen die Entscheidung des Gerichts auch kein Beschwerderecht zu (§ 303 Abs. 2 FamFG).

40 **Beschwerderecht der Staatskasse:** Dem Vertreter des Staatskasse ist gem. § 304 Abs. 1 FamFG ein eigenständiges Beschwerderecht für den Fall eingeräumt, dass das Gericht die Entlassung eines Berufsbetreuers ablehnt, wenn er geltend macht, die Betreuung könne auch außerhalb einer Berufsausübung geführt werden. Der Vertreter der Staatskasse muss jedoch zuvor einen konkreten Vorschlag unterbreiten.[80] Gegen die erstmalige Bestellung eines Berufsbetreuers steht dem Vertreter der Staatskasse hingegen kein Beschwerderecht zu.[81]

41 **Beschwerderecht des Berufsbetreuers:** Dem vom Betroffenen vorgeschlagenen, aber vom Gericht nicht bestellten berufsmäßigen Betreuer kann ausnahmsweise dann ein eigenes Beschwerderecht gegen die Auswahlentscheidung zustehen, wenn ihm darin die generelle Eignung zur Führung von Betreuungen abgesprochen wird und deshalb konkret zu besorgen ist, dass die Entscheidung die faktische Wirkung eines Berufsverbots entfaltet.[82]

---

[78] OLG Brandenburg v. 02.01.2001 - 9 Wx 21/00 - juris Rn. 16 - FamRZ 2001, 936-937.
[79] *Damrau/Zimmermann*, Betreuungsrecht, 3. Aufl. 2001, § 1897 BGB Rn. 35.
[80] BT-Drs. 13/7158, S. 50, 57.
[81] OLG Schleswig v. 24.03.1999 - 2 W 47/99 - MDR 1999, 681.
[82] OLG München v. 06.06.2007 - 33 Wx 73/07 - OLGR München 2007, 894-897.

§ 1898 BGB Übernahmepflicht

(Fassung vom 17.12.2008, gültig ab 01.09.2009)

(1) Der vom Betreuungsgericht Ausgewählte ist verpflichtet, die Betreuung zu übernehmen, wenn er zur Betreuung geeignet ist und ihm die Übernahme unter Berücksichtigung seiner familiären, beruflichen und sonstigen Verhältnisse zugemutet werden kann.

(2) Der Ausgewählte darf erst dann zum Betreuer bestellt werden, wenn er sich zur Übernahme der Betreuung bereit erklärt hat.

Gliederung

A. Grundlagen	1	I. Übernahmepflicht (Absatz 1)	2
B. Anwendungsvoraussetzungen	2	II. Bereiterklärung (Absatz 2)	5

A. Grundlagen

Die Vorschrift begründet eine an Eignung und Zumutbarkeit geknüpfte Verpflichtung zur Übernahme der Betreuung, wenn zuvor durch den Ausgewählten eine entsprechende Übernahmebereitschaft erklärt worden ist. Insoweit weicht das Betreuungsrecht von den Regelungen der Vormundschaft ab, da § 1785 BGB jedem Deutschen die grundsätzliche Verpflichtung zur Übernahme einer Vormundschaft auferlegt, ohne dass es auf die Übernahmebereitschaft ankommt. 1

B. Anwendungsvoraussetzungen

I. Übernahmepflicht (Absatz 1)

Die Vorschrift nennt zwei Voraussetzungen, bei deren Vorliegen der vom Betreuungsgericht Ausgewählte zur Übernahme der Betreuung verpflichtet ist: die Eignung und die Zumutbarkeit der Übernahme. 2

Zunächst muss die ausgewählte Person **geeignet** sein, die Betreuung zu führen. Das Gesetz regelt insoweit nichts Neues, sondern schließt an § 1897 Abs. 1 BGB an (vgl. von daher insoweit die Kommentierung zu § 1897 BGB Rn. 7). 3

Von einer Aufzählung der Ablehnungsgründe wie in § 1786 BGB hat der Gesetzgeber bewusst Abstand genommen.[1] Der Gesetzgeber geht davon aus, dass grundsätzlich jedermann die **Führung einer Betreuung zugemutet** werden kann. Nur wenn die damit verbundene persönliche Belastung das gewöhnliche Maß erheblich übersteigt, entfällt die Zumutbarkeit (ausnahmsweise). Da das Gesetz ausdrücklich familiäre und berufliche Gründe nennt, sind als Ablehnungsgründe etwa eine übermäßige berufliche Belastung oder die Versorgung von pflegebedürftigen oder minderjährigen Angehörigen denkbar. Auch ein persönliches Zerwürfnis zwischen potentiellem Betreuer und Betroffenem kann die Übernahme der Betreuung unzumutbar machen.[2] 4

II. Bereiterklärung (Absatz 2)

Die Vorschrift stellt klar, dass die Bestellung zum Betreuer erst nach vorheriger Erklärung der Übernahmebereitschaft erfolgen darf. Die Regelung gilt für jeden Betreuertyp, also auch für den Vereins- und Behördenbetreuer.[3] Die Erklärung ist an keine bestimmte Form gebunden. Insbesondere von Berufsbetreuern kann auch eine allgemeine Erklärung zur generellen Übernahme mehrerer Betreuungen abgegeben werden. Eine ohne Erklärung der Übernahmebereitschaft erfolgte Betreuerbestellung führt nicht zur Unwirksamkeit des Beschlusses, sondern nur zu dessen Angreifbarkeit durch den Betreuer.[4] Widerruft der Betreuer nach seiner Bestellung seine Bereitschaft zur Übernahme der Betreuung, so ist diese Erklärung als Antrag auf Entlassung als Betreuer gem. § 1908b BGB auszulegen.[5] 5

---

[1] BT-Drs. 11/4528, S. 129.
[2] BT-Drs. 11/4528, S. 129.
[3] BayObLG München v. 30.03.1994 - 3Z BR 4/94 - juris Rn. 9 - BtPrax 1994, 135-136.
[4] *Dodegge/Roth*, Betreuungsrecht, 4. Aufl. 2014, Teil B Rn. 70.
[5] *Dodegge/Roth*, Betreuungsrecht, 4. Aufl. 2014, Teil B Rn. 70.

§ 1898

6 Weigert der vom Gericht Ausgewählte sich, die Betreuung zu übernehmen, so kann er hierzu auch nicht durch **Zwangsmittel** angehalten werden. Grund für den Verzicht auf Zwangsmittel durch den Gesetzgeber war insoweit, dass zwischen einem nicht übernahmebereiten Betreuer und dem Betroffenen sich kaum das für die persönliche Betreuung erforderliche Vertrauensverhältnis wird herstellen lassen können.[6]

7 **Schadensersatz:** Gänzlich folgenlos bleibt ein Verstoß gegen die Übernahmeverpflichtung des § 1898 Abs. 1 BGB jedoch nicht. Gem. §§ 1908i Abs. 1 Satz 1, 1787 Abs. 1 BGB kann derjenige, der die Übernahme einer Betreuung ohne Grund ablehnt, dem Betroffenen für den Schaden haftbar sein, der ihm durch die Verzögerung der Betreuerbestellung entsteht (vgl. insoweit die Kommentierung zu § 1896 BGB Rn. 97).

---

[6] BT-Drs. 11/4528, S. 129.

§ 1899 BGB Mehrere Betreuer

(Fassung vom 17.12.2008, gültig ab 01.09.2009)

(1) ¹Das Betreuungsgericht kann mehrere Betreuer bestellen, wenn die Angelegenheiten des Betreuten hierdurch besser besorgt werden können. ²In diesem Fall bestimmt es, welcher Betreuer mit welchem Aufgabenkreis betraut wird. ³Mehrere Betreuer, die eine Vergütung erhalten, werden außer in den in den Absätzen 2 und 4 sowie § 1908i Abs. 1 Satz 1 in Verbindung mit § 1792 geregelten Fällen nicht bestellt.

(2) Für die Entscheidung über die Einwilligung in eine Sterilisation des Betreuten ist stets ein besonderer Betreuer zu bestellen.

(3) Soweit mehrere Betreuer mit demselben Aufgabenkreis betraut werden, können sie die Angelegenheiten des Betreuten nur gemeinsam besorgen, es sei denn, dass das Gericht etwas anderes bestimmt hat oder mit dem Aufschub Gefahr verbunden ist.

(4) Das Gericht kann mehrere Betreuer auch in der Weise bestellen, dass der eine die Angelegenheiten des Betreuten nur zu besorgen hat, soweit der andere verhindert ist.

Gliederung

A. Grundlagen 1
I. Kurzcharakteristik 1
B. Anwendungsvoraussetzungen 2
I. Mitbetreuung (Absatz 1) 2
II. Rechtsfolgen der gemeinschaftlichen Mitbetreuung (Absatz 3) 8
III. Der Sterilisationsbetreuer (Absatz 2) 11
IV. Der Ergänzungsbetreuer (Absatz 4) 12
C. Verfahren 16

A. Grundlagen

I. Kurzcharakteristik

Im Regelfall soll für einen Betreuten nur ein Betreuer bestellt werden (§ 1897 Abs. 1 BGB), da dies die Bildung eines Vertrauensverhältnisses erleichtert.[1] Als Ausnahme von diesem Grundsatz ist die Bestellung mehrerer Betreuer gem. § 1899 BGB möglich, wenn die Angelegenheiten des Betroffenen hierdurch besser besorgt werden können (Absatz 1 Satz 1), neben anderen Entscheidungen eine solche über die Einwilligung in eine Sterilisation des Betreuten zu treffen ist (Absatz 2) oder der andere Betreuer verhindert ist (Absatz 4). Nur wenn eine dieser Voraussetzungen vorliegt, ist die Bestellung mehrerer Betreuer zulässig, die Entscheidung ist nicht in das freie Ermessen des Betreuungsgerichts gestellt.[2]

1

B. Anwendungsvoraussetzungen

I. Mitbetreuung (Absatz 1)

Die Bestellung mehrerer Betreuer kommt grundsätzlich nur in Betracht, wenn hierdurch die Angelegenheiten des Betreuten besser besorgt werden können als durch einen Einzelbetreuer.

2

Der Gesetzgeber dachte bei der Schaffung der Norm insbesondere an die **Eltern** eines volljährig gewordenen geistig behinderten Kindes.[3] Die gemeinschaftliche Betreuung stellt hier die Fortsetzung der bisherigen gemeinschaftlichen elterlichen Sorge dar. Dies ist allerdings nicht so zu verstehen, dass ein Automatismus dahingehend besteht, beide Eltern gemeinsam zu Betreuern zu bestellen. Es ist vielmehr anhand der jeweiligen Umstände des Einzelfalls konkret zu prüfen, ob die Angelegenheiten des Betreuten durch beide Eltern besser besorgt werden können.[4] Die Bestellung beider Eltern zu Betreuern kommt nur in Betracht, wenn es dem maßgeblichen Wohl des Betroffenen entspricht. Fehlt es an einer

3

---

[1] BT-Drs. 11/4528, S. 130.
[2] BayObLG München v. 08.10.1997 - 3Z BR 70/97 - juris Rn. 7 - NJWE-FER 1998, 33.
[3] BT-Drs. 11/4528, S. 130.
[4] OLG Schleswig v. 03.02.2005 - 2 W 15/05 - juris Rn. 10 - FamRZ 2005, 1278.

harmonischen Beziehung zwischen den Eltern oder zu dem Kind, so kann eine gemeinschaftliche Bestellung der Eltern nicht erfolgen.[5]

4   Die Bestellung mehrerer Betreuer kommt weiterhin in Betracht, wenn das **Wohl des Betreuten** dies erfordert. Dies ist etwa dann der Fall, wenn der vom Betroffenen gewünschte Betreuer (§ 1897 Abs. 4 BGB) die für die Führung einzelner Angelegenheiten erforderlichen Fachkenntnisse bzw. die Qualifikation nicht hat.[6] Auch dann, wenn der Betreuer in räumlich großer Entfernung von dem Betroffenen lebt, kann die Bestellung eines weiteren Betreuers geboten sein.[7] Ebenso, wenn der Betroffene in umfangreicher Form der Betreuung bedarf und Angehörige alleine mit der Führung der Betreuung überfordert sind.[8]

5   **Entlassung eines Mitbetreuers:** Ordnet das Betreuungsgericht zunächst eine gemeinschaftliche Mitbetreuung an, so stellt es einen Entlassungsgrund für zumindest einen der beiden Betreuer dar, wenn während der Betreuung die gesetzlichen Voraussetzungen der Mitbetreuung entfallen[9].

6   **Verteilung der Aufgabenkreise:** Bestellt das Gericht mehrere Betreuer, so hat es zu bestimmen, welcher Betreuer mit welchem Aufgabenkreis betraut wird (Absatz 1 Satz 2). Dadurch soll das Verhältnis der Betreuer zueinander von vornherein klargestellt werden. Das Gericht kann einen, mehrere oder alle Aufgabenkreise mehreren oder allen Betreuern gemeinsam übertragen, es kann ihnen aber auch getrennte oder teils gemeinsame, teils getrennte Aufgabenkreise zuweisen. Nimmt das Gericht keine Verteilung der Aufgaben auf die einzelnen Betreuer vor, so sind im Zweifel die bestellten Betreuer mit demselben Aufgabenkreis betraut (§§ 1908i Abs. 1 Satz 1, 1797 Abs. 1 Satz 1 BGB).

7   **Mehrere Berufsbetreuer:** Durch das 2. BtÄndG wurde Absatz 1 ein Satz 3 angefügt. Durch die Neuregelung wurde abgesehen von den Sonderfällen des Sterilisationsbetreuers (§ 1899 Abs. 2 BGB), des Ergänzungsbetreuers (§ 1899 Abs. 4 BGB) und des Gegenbetreuers (§§ 1908i Abs. 1 Satz 1, 1792 BGB) die Möglichkeit der Bestellung von zwei Berufsbetreuern ausgeschlossen. Zu Recht wies der Gesetzgeber darauf hin, dass die Vorschrift des § 1899 Abs. 1 BGB ohnehin im bis dahin geltenden Recht keine praktische Bedeutung hatte[10] und in Fällen, in denen für bestimmte Bereiche besonderer Sachverstand erforderlich ist (etwa die Klärung rechtlicher Fragen), sich der Betreuer der Hilfe externer Dritter (z.B. eines Rechtsanwalts) bedienen kann.

II. Rechtsfolgen der gemeinschaftlichen Mitbetreuung (Absatz 3)

8   Ist ein Aufgabenkreis mehreren Betreuern gemeinsam übertragen, so sind sie grundsätzlich nur zusammen zu handeln befugt. Dies bedeutet jedoch nicht, dass sie alle Tätigkeiten gemeinschaftlich erledigen müssten. So ist die Erteilung von Untervollmachten an einen Betreuer alleine zulässig oder die vorherige Zustimmung zu bzw. nachträgliche Genehmigung von Maßnahmen eines Betreuers.[11]

9   Können sich die Betreuer wegen Meinungsverschiedenheiten über einzelne Entscheidungen nicht einigen, so muss das Betreuungsgericht entscheiden (§§ 1908i Abs. 1 Satz 1, 1797 Abs. 1 Satz 2 BGB). Die Entscheidung ist dem Richter vorbehalten (§ 14 Abs. 1 Nr. 5 RPflG).

10 Ausnahmsweise besteht bei grundsätzlicher Mitbetreuung eine Alleinzuständigkeit eines Betreuers, wenn das Gericht dies bestimmt hat (Absatz 3 Alternative 1) oder mit dem Aufschub (der Tätigkeit) Gefahr verbunden ist (Absatz 3 Alternative 2). In der Praxis von Bedeutung ist alleine die zweite Alternative, an die etwa bei eiligen ärztlichen Maßnahmen oder eiligen Unterbringungen (§ 1906 BGB) zu denken ist.

III. Der Sterilisationsbetreuer (Absatz 2)

11 Gem. § 1905 BGB kann anstelle eines insoweit einwilligungsunfähigen Betroffenen der Betreuer unter den dort genannten engen Grenzen in eine Sterilisation einwilligen. Für diese Einwilligungserklärung ist ein besonderer Betreuer zu bestellen, der alleine mit dieser Betreuungsaufgabe betraut werden darf. Ihm darf kein anderer Aufgabenkreis übertragen werden. Der Grund hierfür ist, dass der Gesetzgeber ausschließen wollte, dass sich ein Betreuer unter Umständen von eigenen Interessen, etwa weniger Schwierigkeiten bei der Führung der Betreuung, leiten lässt.[12] Vereinen oder Behörden darf eine Ste-

---

[5] OLG Zweibrücken v. 28.09.2001 - 3 W 213/01 - juris Rn. 11 - NJW-RR 2002, 292-294.
[6] BayObLG München v. 11.12.1996 - 3Z BR 277/96 - juris Rn. 9 - BayObLGR 1997, 20-21.
[7] BayObLG München v. 04.04.2000 - 3Z BR 42/00 - juris Rn. 19 - NJWE-FER 2000, 259-260.
[8] BT-Drs. 11/4528, S. 130 und BayObLG München v. 11.12.1996 - 3Z BR 277/96 - juris Rn. 9 - BayObLGR 1997, 20-21.
[9] OLG München v. 07.02.2007 - 33 Wx 210/06 - BtPrax 2007, 77-79.
[10] BT-Drs. 15/2494, S. 29.
[11] *Schwab* in: MünchKomm-BGB, § 1899 Rn. 16.
[12] BT-Drs. 11/4528, S. 131.

rilisationsbetreuung nicht übertragen werden (§ 1900 Abs. 5 BGB), jedoch einem einzelnen Vereins- oder Behördenbetreuer (§ 1897 Abs. 2 BGB). Dem Sterilisationsbetreuer – und nicht dem ggf. für andere Aufgabenkreise bestellten Mitbetreuer – obliegen alle Tätigkeiten und Entscheidungen im Zusammenhang mit der Einwilligung in die Sterilisation (ärztliche Beratung, Informationsaustausch mit Angehörigen, Abschluss des Arztvertrages, etc.).[13]

IV. Der Ergänzungsbetreuer (Absatz 4)

Das Gericht kann gem. Absatz 4 einen (Mit-)Betreuer auch in der Weise bestellen, dass er nicht gemeinschaftlich oder neben einem weiteren Betreuer zur Besorgung der Angelegenheiten des Betroffenen bestellt wird, sondern nur für den Fall, dass der (Haupt-)Betreuer verhindert ist. Die Verhinderung kann hierbei tatsächlicher oder rechtlicher Art sein oder auf einem Interessenkonflikt beruhen. Wie jeder andere Betreuer darf auch ein Ergänzungsbetreuer nur bestellt werden, wenn dies erforderlich ist (§ 1896 Abs. 2 Satz 1 BGB), was regelmäßig zu bejahen ist, wenn der Hauptbetreuer verhindert ist und konkret ein Regelungsbedarf besteht. 12

Denkbar ist eine Ergänzungsbetreuung bei vorübergehender **tatsächlicher Verhinderung** des Betreuers, etwa einer Erkrankung.[14] Bei einer absehbaren wiederkehrenden Verhinderung des Betreuers scheidet die Anordnung einer Ergänzungsbetreuung jedoch aus.[15] Dies würde dem Gebot der Rechtssicherheit widersprechen, da die tatsächlichen Voraussetzungen schwer überschaubar sind und die Frage der gesetzlichen Vertretung geklärt sein muss. Aus diesem Grund wird in der Praxis von vielen Gerichten die Bestellung eines Ergänzungsbetreuers bei tatsächlicher Verhinderung auch abgelehnt und stattdessen auf die Möglichkeit verwiesen, im Verhinderungsfall einem Dritten eine Untervollmacht zu erteilen, was so lange rechtlich zulässig ist, wie der Grundsatz der persönlichen Betreuung nicht verletzt wird.[16] 13

Eine **rechtliche Verhinderung** des Betreuers besteht, wenn dieser gem. § 181 BGB oder gem. den §§ 1908i Abs. 1 Satz 1, 1795 BGB kraft Gesetzes von der Vertretung des Betroffenen ausgeschlossen ist. Liegt ein solcher gesetzlicher Ausschluss des Betreuers vor, so ist nicht etwa, wie bei der Vormundschaft, ein Ergänzungspfleger zu bestellen, sondern ein weiterer Betreuer, dessen Aufgabenkreis sich auf die Angelegenheiten erstreckt, an denen der zunächst bestellte Betreuer verhindert ist.[17] Dies ist z.B. der Fall, wenn der Betreuer für den Betroffenen Pflichtteilsansprüche gegen sich selbst geltend machen müsste[18] oder mit sich einen Vertrag abschließen müsste (z.B. über Erbringung von Pflegeleistungen oder einen Mietvertrag). 14

Eine Verhinderung des Betreuers liegt auch dann vor, wenn er zwar nicht kraft Gesetzes von der Vertretung des Betroffenen ausgeschlossen ist, das Betreuungsgericht ihm jedoch gem. den §§ 1908i Abs. 1 Satz 1, 1796 BGB wegen eines erheblichen **Interessenkonfliktes** die Vertretungsmacht entzieht.[19] Die Entziehung der Vertretungsmacht setzt einen solchen Interessenkonflikt voraus, der eine genügende Berücksichtigung der Interessen des Betreuten nicht erwarten lässt.[20] Die Entziehung der Vertretungsmacht braucht nicht ausdrücklich zu erfolgen, sie liegt konkludent in der Bestellung des Ergänzungsbetreuers mit dem entsprechenden Aufgabenkreis.[21] 15

C. Verfahren

Gem. § 293 Abs. 3 FamFG finden auf das Verfahren der Bestellung eines weiteren Betreuers die Regelungen über die Bestellung eines Betreuers Anwendung, wenn mit der Bestellung eines weiteren Betreuers eine Erweiterung des Aufgabenkreises verbunden ist. 16

Ein Betreuer, dem ein bestimmter Aufgabenkreis nicht übertragen ist, kann weder im eigenen Namen noch namens des Betroffenen gegen die Bestellung eines weiteren Betreuers für diesen Aufgabenkreis Beschwerde einlegen.[22] 17

---

[13] BT-Drs. 11/4528, S. 131.
[14] *Dodegge/Roth*, Betreuungsrecht, 4. Aufl. 2014, Teil B Rn. 80.
[15] LG Frankfurt (Oder) v. 26.02.1999 - 6 (b) T 21/99 - FamRZ 1999, 1221-1223.
[16] *Jürgens*, Betreuungsrecht, 4. Aufl. 2010, § 1899 BGB Rn. 6, § 1902 BGB Rn. 19 m.w.N.
[17] BT-Drs. 11/4528, S. 130.
[18] BayObLG München v. 05.07.2001 - 3Z BR 1852/01 - juris Rn. 10 - BtPrax 2001, 252-253.
[19] BayObLG München v. 18.09.2003 - 3Z BR 167/03 - juris Rn. 13 - BayObLGZ 2003, 248-254.
[20] *Diederichsen* in: Palandt, § 1796 Rn. 2.
[21] BayObLG München v. 18.09.2003 - 3Z BR 167/03 - juris Rn. 15 - BayObLGZ 2003, 248-254.
[22] BayObLG München v. 19.06.2002 - 3Z BR 113/02 - juris Rn. 12 - FamRZ 2002, 1590.

§ 1900 BGB Betreuung durch Verein oder Behörde

(Fassung vom 17.12.2008, gültig ab 01.09.2009)

(1) ¹Kann der Volljährige durch eine oder mehrere natürliche Personen nicht hinreichend betreut werden, so bestellt das Betreuungsgericht einen anerkannten Betreuungsverein zum Betreuer. ²Die Bestellung bedarf der Einwilligung des Vereins.

(2) ¹Der Verein überträgt die Wahrnehmung der Betreuung einzelnen Personen. ²Vorschlägen des Volljährigen hat er hierbei zu entsprechen, soweit nicht wichtige Gründe entgegenstehen. ³Der Verein teilt dem Gericht alsbald mit, wem er die Wahrnehmung der Betreuung übertragen hat.

(3) Werden dem Verein Umstände bekannt, aus denen sich ergibt, dass der Volljährige durch eine oder mehrere natürliche Personen hinreichend betreut werden kann, so hat er dies dem Gericht mitzuteilen.

(4) ¹Kann der Volljährige durch eine oder mehrere natürliche Personen oder durch einen Verein nicht hinreichend betreut werden, so bestellt das Gericht die zuständige Behörde zum Betreuer. ²Die Absätze 2 und 3 gelten entsprechend.

(5) Vereinen oder Behörden darf die Entscheidung über die Einwilligung in eine Sterilisation des Betreuten nicht übertragen werden.

Gliederung

A. Grundlagen 1	3. Mitteilungspflicht (Absatz 3) 10
B. Anwendungsvoraussetzungen 2	II. Die Behördenbetreuung (Absatz 4) 11
I. Die Vereinsbetreuung (Absätze 1-3) 2	III. Keine Sterilisationsbetreuung (Absatz 5) 15
1. Voraussetzungen (Absatz 1) 3	C. Verfahren 16
2. Durchführung (Absatz 2) 6	

A. Grundlagen

1 Das Betreuungsrecht geht vom Vorrang der Einzelbetreuung aus (§ 1897 Abs. 1 BGB). Dieses Prinzip gilt auch beim Vereins- oder Behördenbetreuer, der grundsätzlich als natürliche Person zum Betreuer zu bestellen ist (§ 1897 Abs. 2 BGB). § 1900 BGB ermöglicht die Betreuung durch die juristische Person als solche, wenn eine hinreichende Betreuung durch natürliche Personen nicht möglich ist, wobei vorrangig ein Verein (Absatz 1) und subsidiär die zuständige Behörde (Absatz 4) zum Betreuer bestellt werden kann. Verein und Behörde haben die Betreuung einzelnen Personen zu übertragen (Absätze 2 und 4) und dem Gericht Umstände mitzuteilen, aus denen sich die Möglichkeit der Betreuung durch eine natürliche Person ergibt (Absätze 3 und 4).

B. Anwendungsvoraussetzungen

I. Die Vereinsbetreuung (Absätze 1-3)

2 Im Gesetzgebungsverfahren war umstritten, ob die Möglichkeit der Vereins- bzw. Behördenbetreuung geschaffen werden sollte. Letztlich hätte ein Verbot derselben zu praktischen Schwierigkeiten führen können und hätte zu Lasten des Betroffenen gehen können, da eine Betreuung durch dieselbe Person nicht immer sinnvoll und ratsam ist und es sich im Einzelfall anbieten kann, dass ein Verein die Betreuungsarbeit auf verschiedene Mitarbeiter delegieren kann.[1]

1. Voraussetzungen (Absatz 1)

3 Nur dann, wenn ein Volljähriger durch eine oder mehrere natürliche Personen nicht hinreichend betreut werden kann, kann ein Betreuungsverein zum Betreuer bestellt werden. Die Gründe hierfür können in der Person des Betroffenen liegen. Die Bestellung eines Vereins und nicht eines einzelnen Vereinsbetreuers ist immer dann sinnvoll, wenn die Zuordnung konkreter Einzelpersonen wegen der Art der Er-

---
[1] BT-Drs. 11/4528, S. 131.

krankung des Betroffenen nicht ratsam ist. Das kann etwa der Fall sein bei Erkrankten, bei denen zu erwarten ist, dass sie aufgrund ihrer Erkrankung gegen einen konkreten Betreuer Aggressionen aufbauen werden.[2] Weiterhin kann bei sehr misstrauischen Betreuten die Vereinsbetreuung eine Erprobungsphase ermöglichen, in der sich zeigt, zu welcher Betreuungsperson der Betroffene Vertrauen fasst.[3] Aber auch, wenn ein geeigneter Einzelbetreuer qualitativ oder quantitativ nicht zu finden ist, kann ein Verein bestellt werden.[4] Der Vorrang der Einzelbetreuung wird jedoch nicht durch den Vorschlag des Betroffenen, ihm einen Verein zum Betreuer zu bestellen, beseitigt.[5]

Mit der Führung der Betreuung kann nur ein im Sinne von § 1908f BGB anerkannter Betreuungsverein betraut werden (zu den Anerkennungsvoraussetzungen vgl. die Kommentierung zu § 1908f BGB). 4

Gem. Absatz 1 Satz 2 ist die Bestellung des Vereins von dessen Einwilligung abhängig. 5

2. Durchführung (Absatz 2)

Der Verein überträgt die Wahrnehmung der Betreuung einzelnen Personen. Der Gesetzgeber hat hierbei das im früheren Pflegschafts- bzw. Vormundschaftsrecht bestehende Modell übernommen, dass die einzelne durch den Verein ausgewählte Person nicht Betreuer wird, sondern der Verein Betreuer bleibt.[6] Die „einzelne Person" muss entweder Mitglied oder Bediensteter des Vereins sein.[7] Zuständig zur Übertragung ist das nach dem Gesetz (§ 26 Abs. 2 BGB) oder der Vereinssatzung zuständige Organ. Dieses Organ hat bei der Auswahl ein gebundenes Ermessen, da Vorschlägen des Betreuten grundsätzlich zu entsprechen ist. 6

Vorschlägen des Betreuten ist zu entsprechen, soweit nicht wichtige Gründe dem entgegenstehen (Absatz 2 Satz 2). Diese wichtigen Gründe können etwa organisatorischer Art sein (z.B. Zuordnung von Mitarbeitern nach Wohnorten) oder darin liegen, dass der Verein auf eine gleichmäßige Auslastung seiner Mitarbeiter achtet.[8] Der Vorschlag des Betroffenen entfaltet also bei weitem nicht die starke Bindungswirkung wie im Falle des § 1897 Abs. 4 Satz 1 BGB. 7

Über § 1908i Abs. 1 Satz 1 BGB findet § 1791a Abs. 3 Satz 1 HS. 2 BGB Anwendung. Hiernach darf eine Person, die den Mündel in einem Heim des Vereins als Erzieher betreut, nicht die Aufgaben des Vormunds ausüben. Diese Vorschrift kann auf das Betreuungsrecht übertragen nichts anderes bedeuten, dass wer als Betreuer gem. § 1897 Abs. 3 BGB ausscheidet, auch nicht mit der Führung einer Betreuung durch den Verein betraut werden darf.[9] Dies bedeutet, dass eine Betreuung ein Vereinsmitglied nicht führen darf, wenn der Betreute in einem Heim versorgt wird, dessen Träger der Verein ist. 8

Der Verein hat dem Gericht alsbald mitzuteilen, wem er die Wahrnehmung der Betreuung übertragen hat (Absatz 2 Satz 3), damit dieses jeweils über die konkrete Betreuungsperson informiert ist. 9

3. Mitteilungspflicht (Absatz 3)

Der Verein hat von sich aus dem Gericht Mitteilung zu machen, wenn ihm Umstände bekannt werden, die nunmehr eine Einzelbetreuung möglich machen. Sinn der Regelung ist es sicherzustellen, dass die Vereinsbetreuung nur so lange dauert, wie eine Einzelbetreuung nicht möglich ist. Die Umstände können in der Person des Betreuten liegen (Besserung des Gesundheitszustandes), aber auch etwa darin, dass der Betreute zu einem Vereinsmitglied so starkes Vertrauen gefasst hat, dass dieses nunmehr gem. § 1897 Abs. 2 Satz 1 BGB zum Vereinsbetreuer bestellt werden kann. 10

II. Die Behördenbetreuung (Absatz 4)

Nur wenn die Betreuung weder durch eine oder mehrere Person(en) oder einen Betreuungsverein ausgeübt werden kann, darf die zuständige Behörde zum Betreuer bestellt werden.[10] Dieser Grundsatz gilt auch bei der Anordnung einer vorläufigen Betreuung, das Gericht hat jedoch geringere Aufklärungs- 11

---

[2] BT-Drs. 11/4528, S. 131.
[3] BT-Drs. 11/4528, S. 132.
[4] *Diederichsen* in: Palandt, § 1900 Rn. 3.
[5] *Diederichsen* in: Palandt, § 1900 Rn. 3 m.w.N.
[6] BT-Drs. 11/4528, S. 132.
[7] *Diederichsen* in: Palandt, § 1900 Rn. 5; *Schwab* in: MünchKomm-BGB, § 1900 Rn. 6.
[8] BT-Drs. 11/4528, S. 132.
[9] *Schwab* in: MünchKomm-BGB, § 1900 Rn. 7.
[10] Vgl. hierzu BayObLG München v. 14.04.1994 - 3Z BR 39/94 - juris Rn. 7 - MDR 1994, 922-923.

pflichten im Hinblick auf die Ermittlung vorrangig zu bestellender Betreuer.[11] Absatz 4 bildet somit einen Auffangtatbestand, weshalb das Gericht bei der Bestellung der Behörde auch nachvollziehbar zu begründen hat, warum keine vorrangig zu bestellenden Betreuer gefunden werden konnten.[12]

12 Im Gegensatz zum Verein ist die Bestellung der Behörde nicht von deren Einwilligung abhängig, sie ist zur Übernahme der Betreuung verpflichtet.

13 Welche Behörde im Einzelfall zuständig ist, regelt sich nach Landesrecht (§ 1 Satz 1 BtBG).

14 Gem. Absatz 4 Satz 2 finden die Absätze 2 und 3 entsprechende Anwendung. Dies bedeutet, dass für die Führung der Betreuung und die Mitteilungspflichten an das Gericht das zur Vereinsbetreuung Gesagte sinngemäß gilt.

III. Keine Sterilisationsbetreuung (Absatz 5)

15 Vereine und Behörden scheiden als Betreuer für die Entscheidung über die Einwilligung in eine Sterilisation, für die gem. § 1899 Abs. 2 BGB stets ein besonderer Betreuer zu bestellen ist, aus. Grund hierfür ist, dass schon die allgemeinen Voraussetzungen für eine Vereins- oder Behördenbetreuung nicht gegeben sind, da wechselnde Betreuungspersonen nicht sinnvoll sind.[13]

C. Verfahren

16 Sowohl der Verein als auch die Behörde können sich gegen ihre Bestellung mit dem Rechtsmittel der Beschwerde wehren. Dem Verein steht die Beschwerde zu, wenn seine Bestellung ohne Einverständniserklärung erfolgt ist. Da die Bestellung der Behörde auch ohne Einverständniserklärung erfolgen kann, kann diese mit der Beschwerde geltend machen, dass auch eine natürliche Person oder ein Verein die Betreuung ausreichend führen kann.

17 Wird dem Vorschlag des Betroffenen (Absatz 2 Satz 2) nicht gefolgt, so steht ihm gegen die Auswahl der Betreuungsperson der Rechtsbehelf der gerichtlichen Entscheidung zu (§ 291 Satz 1 FamFG). Zuständig ist der Richter (§ 14 Nr. 4 RPflG). Ist einem Vorschlag des Betroffenen nicht entsprochen worden, obwohl diesem keine gewichtigen Gründe entgegenstehen, oder läuft die bisherige Auswahl dem Wohl des Betroffenen zuwider, so kann das Gericht dem Verein aufgeben, eine andere Person auszuwählen (§ 291 Satz 2 FamFG). Allerdings kann der Verein hierzu nicht mit Zwangsmitteln angehalten werden (§ 291 Satz 3 FamFG).

---

[11] BayObLG München v. 16.02.2000 - 3Z BR 4/00 - juris Rn. 6 - NJWE-FER 2000, 179.
[12] BayObLG München v. 29.04.1993 - 3Z BR 46/93 - juris Rn. 8 - BtPrax 1993, 140-141.
[13] BT-Drs. 11/4528, S. 132.

§ 1901 BGB Umfang der Betreuung, Pflichten des Betreuers

(Fassung vom 17.12.2008, gültig ab 01.09.2009)

(1) Die Betreuung umfasst alle Tätigkeiten, die erforderlich sind, um die Angelegenheiten des Betreuten nach Maßgabe der folgenden Vorschriften rechtlich zu besorgen.

(2) ¹Der Betreuer hat die Angelegenheiten des Betreuten so zu besorgen, wie es dessen Wohl entspricht. ²Zum Wohl des Betreuten gehört auch die Möglichkeit, im Rahmen seiner Fähigkeiten sein Leben nach seinen eigenen Wünschen und Vorstellungen zu gestalten.

(3) ¹Der Betreuer hat Wünschen des Betreuten zu entsprechen, soweit dies dessen Wohl nicht zuwiderläuft und dem Betreuer zuzumuten ist. ²Dies gilt auch für Wünsche, die der Betreute vor der Bestellung des Betreuers geäußert hat, es sei denn, dass er an diesen Wünschen erkennbar nicht festhalten will. ³Ehe der Betreuer wichtige Angelegenheiten erledigt, bespricht er sie mit dem Betreuten, sofern dies dessen Wohl nicht zuwiderläuft.

(4) ¹Innerhalb seines Aufgabenkreises hat der Betreuer dazu beizutragen, dass Möglichkeiten genutzt werden, die Krankheit oder Behinderung des Betreuten zu beseitigen, zu bessern, ihre Verschlimmerung zu verhüten oder ihre Folgen zu mildern. ²Wird die Betreuung berufsmäßig geführt, hat der Betreuer in geeigneten Fällen auf Anordnung des Gerichts zu Beginn der Betreuung einen Betreuungsplan zu erstellen. ³In dem Betreuungsplan sind die Ziele der Betreuung und die zu ihrer Erreichung zu ergreifenden Maßnahmen darzustellen.

(5) ¹Werden dem Betreuer Umstände bekannt, die eine Aufhebung der Betreuung ermöglichen, so hat er dies dem Betreuungsgericht mitzuteilen. ²Gleiches gilt für Umstände, die eine Einschränkung des Aufgabenkreises ermöglichen oder dessen Erweiterung, die Bestellung eines weiteren Betreuers oder die Anordnung eines Einwilligungsvorbehalts (§ 1903) erfordern.

Gliederung

A. Grundlagen 1	III. Wunschbeachtungspflicht (Absatz 3 Sätze 1, 2) 10
I. Kurzcharakteristik 1	
II. Gesetzgebungsmaterialien 2	IV. Besprechungspflicht (Absatz 3 Satz 3) 17
B. Anwendungsvoraussetzungen 4	V. Gesundheitsförderungspflicht und Betreuungsplan (Absatz 4) 18
I. Rechtliche Betreuung (Absatz 1) 4	
II. Handeln zum Wohl des Betreuten (Absatz 2) 7	VI. Mitteilungspflichten (Absatz 5) 23

A. Grundlagen

I. Kurzcharakteristik

§ 1901 BGB ist die zentrale Norm, die sich mit der Führung der Betreuung durch den Betreuer befasst. Absatz 1 verdeutlicht, dass unter Betreuung nur die Tätigkeiten fallen, die erforderlich sind, um die Angelegenheiten des Betreuten rechtlich zu besorgen. Absatz 2 erklärt das Wohl des Betreuten zur Richtschnur für die Führung der Betreuung, wobei das Wohl subjektiv von den Vorstellungen und Wünschen des Betreuten her zu bestimmen ist. Absatz 3 gibt dem Betreuer auf, diesen Wünschen grundsätzlich zu folgen und vor der Erledigung wichtiger Angelegenheiten dies mit dem Betroffenen zu besprechen. Nach Absatz 4 hat der Betreuer auf eine Besserung des Gesundheitszustandes des Betroffenen hinzuwirken und in geeigneten Fällen einen Betreuungsplan zu erstellen. Absatz 5 legt dem Betreuer gewisse Mitteilungspflichten auf, wenn ihm Umstände bekannt werden, die zu einer Änderung der Betreuung führen können.

1

II. Gesetzgebungsmaterialien

2 Die Regelung hat durch das BtÄndG eine entscheidende Änderung erfahren. Der jetzige Absatz 1 wurde eingefügt und die bisherigen Absätze rückten nach unten. Sinn der Neuregelung war die Herausstreichung, dass es sich um eine **rechtliche** Betreuung handelt.[1]

3 Das mit Wirkung vom 01.07.2005 in Kraft getretene 2. BtÄndG hatte auch bei § 1901 BGB eine Änderung vorgenommen. In Absatz 4 wurden die Sätze 2 und 3 angefügt. Durch die gesetzliche Änderung wurde das Institut des Betreuungsplans eingeführt.

B. Anwendungsvoraussetzungen

I. Rechtliche Betreuung (Absatz 1)

4 Die Vorschrift ist im Zusammenhang mit § 1897 Abs. 1 BGB zu sehen (vgl. deswegen insoweit die Kommentierung zu § 1897 BGB Rn. 11). Beide Vorschriften wurden durch das BtÄndG geschaffen bzw. modifiziert. Der Gesetzgeber wollte klarstellen, dass unter Betreuung nicht die rein faktische Hilfestellung, sondern die rechtliche Besorgung der Angelegenheiten des Betroffenen zu verstehen ist.[2] Hierbei sind nur die für die rechtliche Besorgung **erforderlichen** Tätigkeiten zu erbringen, wobei diese am Wohl und den Wünschen („nach Maßgabe der folgenden Vorschriften") des Betreuten auszurichten sind.

5 **Rechtliche Besorgung:** Während vor Einführung der Pauschalvergütung regelmäßig darüber gestritten wurde, ob eine Tätigkeit betreuungsspezifisch und damit vergütungsfähig war, dreht sich heute der Streit eher darum, welche Tätigkeiten vom Betreuer persönlich zu erbringen sind. Kurzgefasst lässt sich sagen, dass unter rechtlicher Besorgung die **Organisation** der Angelegenheiten des Betroffenen zu verstehen ist.[3] Der Betreuer hat also die Bedürfnisse des Betroffenen nicht in eigener Person zu befriedigen. Konkret ausgedrückt bedeutet dies, dass der Betreuer für den Betroffenen nicht zu putzen oder zu kochen hat, er hat vielmehr eine Putzhilfe zu engagieren oder den fahrbaren Mittagstisch zu bestellen. Ebenso hat er den Betroffenen nicht zu pflegen[4], handwerkliche Arbeiten zu verrichten[5], ihn zu therapieren[6] oder für ihn einzukaufen[7].

6 **Persönliche Betreuung:** Da § 1900 Abs. 1 BGB nicht losgelöst von § 1897 Abs. 1 BGB gesehen werden kann, werden selbstverständlich auch faktische Tätigkeiten von der Betreuung erfasst, wenn sie für die Führung der Betreuung erforderlich sind. So muss dem Betreuer zunächst ein gewisser Spielraum für tatsächliche Zuwendung gelassen werden, damit er überhaupt ein Vertrauensverhältnis zum Betroffenen aufbauen kann.[8] Auch Besuche des Betroffenen durch den Betreuer, die notwendigen Besprechungen dienen, fallen unter den Grundsatz der persönlichen Betreuung. Gleiches gilt für die Teilnahme an einer Weihnachtsfeier in der Einrichtung, in der der Betroffene lebt, wenn dadurch der persönliche Kontakt zum Betroffenen gefördert wird.[9] Auch die Begleitung zu Gerichtsterminen kann dazugehören.[10] Ebenso sind die faktischen Tätigkeiten betreuungsspezifisch (und waren damit vor Einführung der Pauschalvergütung vergütungsfähig), die zwar nicht zur persönlichen Betreuung gehören, aber zur rechtlichen Besorgung der Angelegenheiten unmittelbar erforderlich sind, wie etwa das Studium von Akten[11] oder die Bürotätigkeit des Betreuers[12].

II. Handeln zum Wohl des Betreuten (Absatz 2)

7 Das Wohl des Betreuten ist der oberste Maßstab für das Handeln des Betreuers. Dabei erfolgt die Beurteilung, was dem Wohl des Betreuten entspricht, nicht allein nach objektiven Kriterien, sondern die

---

[1] BR-Drs. 960/96, S. 33.
[2] BT-Drs. 13/7158, S. 33.
[3] *Diederichsen* in: Palandt, § 1901 Rn. 1; *Schwab* in: MünchKomm-BGB, § 1901 Rn. 6.
[4] LG Limburg v. 18.09.1996 - 7 T 246/96 - BtPrax 1997, 119.
[5] OLG Zweibrücken v. 11.11.1996 - 3 W 183/96 - EzFamR aktuell 1997, 59-60.
[6] BayObLG München v. 17.02.1998 - 3Z BR 333/97 - juris Rn. 10 - NJW-RR 1999, 6-7.
[7] LG Koblenz v. 06.10.1997 - 2 T 570/97 - BtPrax 1998, 38.
[8] BT-Drs. 13/7158, S. 33.
[9] LG Koblenz v. 11.05.1998 - 2 T 183/98 - BtPrax 1998, 195.
[10] LG Koblenz v. 15.10.1998 - 2 T 590/98 - BtPrax 1999, 38-39.
[11] LG Hamburg v. 26.08.1996 - 314 T 217/96 - BtPrax 1997, 207.
[12] BayObLG München v. 08.11.1996 - 3Z BR 210/96 - FamRZ 1997, 578-580.

Situation und subjektive Sichtweise des Betroffenen muss mit einbezogen werden.[13] Dies folgt schon daraus, dass es gem. Absatz 2 Satz 2 zum Wohl des Betreuten gehört, im Rahmen seiner Fähigkeiten sein Leben nach seinen eigenen Wünschen und Fähigkeiten zu gestalten. Der Betreuer hat also nicht seine eigenen Wertungen und Vorstellungen vom Leben zugrunde zu legen, sondern hat sich um eine Beurteilung aus Sicht des Betreuten zu bemühen.

Dies bedeutet etwa bei vermögenden Betreuten, dass ihr Wunsch nach **Beibehaltung des bisherigen Lebensstandards** und auch eines gewissen Luxus umzusetzen ist. Die Erhaltung und die Mehrung des Vermögens sind nämlich nicht in jedem Fall mit dem Wohl des Betroffenen gleichzusetzen.[14] Dies ist insbesondere auch bei älteren Betroffenen von Bedeutung, deren Wille auf einen möglichst langfristigen Verbleib zuhause gerichtet ist. In diesem Falle ist ggf. das gesamte Vermögen für die häusliche Betreuung einzusetzen. Sinn der Betreuung ist es nämlich nicht, das Vermögen den Erben zu erhalten oder durch Bildung von Rücklagen künftige Vergütungsansprüche zu sichern.[15]

Die Wünsche des Betroffenen können sich im Übrigen auf alle Lebensbereiche erstrecken.[16]

III. Wunschbeachtungspflicht (Absatz 3 Sätze 1, 2)

Der Betreuer hat den Wünschen des Betroffenen zu entsprechen, soweit ihm dies zuzumuten ist und es nicht dem Wohl des Betroffenen zuwiderläuft (Absatz 2 Satz 1). Dies gilt auch für vor der Betreuungsanordnung geäußerte Wünsche, sofern anzunehmen ist, dass der Betroffene an diesen festhalten will (Absatz 2 Satz 2).

Die Wünsche des Betroffenen sind nicht als Willenserklärungen zu verstehen. Sie sind von daher **unabhängig von der Form**, in der sie geäußert werden, zu respektieren. Unerheblich ist auch, ob der Betroffene zum Zeitpunkt der Äußerung der Wünsche geschäftsfähig ist oder nicht.[17]

Rechtliche Bedeutung der Wünsche: Im **Innenverhältnis** kann ein Verstoß gegen die Wunschbeachtungsverpflichtung betreuungsgerichtliche Aufsichtsmaßnahmen (§§ 1908i Abs. 1 Satz 1, 1837 BGB) oder gegebenenfalls auch die Entlassung des Betreuers gem. § 1908b Abs. 1 BGB zur Folge haben. Zudem ist der Betreuer dem Betroffenen bei einer unbegründeten Übergehung eines Wunsches für einen möglichen Schadenseintritt ersatzpflichtig (§§ 1908i Abs. 1 Satz 1, 1833 BGB). Im **Außenverhältnis** schränkt die Bindung an die Wünsche des Betroffenen die Befugnisse des Betreuers grundsätzlich nicht ein, da Dritte im Allgemeinen weder die Wünsche noch ihre Schädlichkeit noch ihre Zumutbarkeit einzuschätzen vermögen.[18]

Der Betreuer darf einem Wunsch des Betroffenen nicht entsprechen, soweit dessen Verwirklichung dem **Wohl des Betroffenen** zuwiderläuft. Die Grenze, die das Wohl den Wünschen des Betreuten setzt, ist nicht immer leicht zu ziehen, da auch Kranken ein Recht auf Verwirrtheit, Verwahrlosung oder fehlerhafte Entscheidungen zusteht.[19] Grundsätzlich darf der Betreuer nicht seine Vorstellungen von Ordnung, Sauberkeit oder gesunder Lebensführung zugrunde legen. Ein gewisser Grad an Verwahrlosung oder Erkrankung des Betreuten ist vom Betreuer hinzunehmen. Aufgabe des Betreuers ist es nicht, den Betroffenen zu bessern oder dessen bisherige Lebensweise zu ändern.[20] Der Betreuer darf erst dann eingreifen, wenn die Gesundheit des Betroffenen schwer und ernsthaft gefährdet ist. In diesem Fall darf er die Wünsche des Betroffenen, der die nötige Einsichtsfähigkeit nicht besitzt, übergehen.[21] In Zweifelsfällen ist jedoch die Selbstbestimmung des Betroffenen zu achten.[22] Dies bedeutet je-

---

[13] *Jürgens/Lesting/Marschner/Winterstein*, Betreuungsrecht kompakt, 7. Aufl. 2011, Rn. 140; *Schwab* in: Münch-Komm-BGB, § 1901 Rn. 10.

[14] BayObLG München v. 19.09.1991 - BReg 3 Z 146/91, BReg 3 Z 153/91 - FamRZ 1992, 106.

[15] OLG Düsseldorf v. 04.08.1998 - 25 Wx 108/97 - NJW-RR 1999, 1677-1678.

[16] Vgl. etwa für die Auswahl des Seniorenheims OLG Köln v. 26.02.1996 - 16 Wx 47/96 - NJW-RR 1997, 451-452; oder für den Abschluss eines Dauergrabpflegevertrages OLG Köln v. 08.05.2002 - 16 Wx 79/02 - OLGR Köln 2002, 337-338.

[17] BT-Drs. 11/4528, S. 133.

[18] LG Berlin v. 20.12.1999 - 34 O 433/99 - ZMR 2000, 297-300.

[19] Vgl. etwa *Jürgens/Lesting/Marschner/Winterstein*, Betreuungsrecht kompakt, 7. Aufl. 2011, Rn. 144; *Dodegge/Roth*, Betreuungsrecht, 4. Aufl., 2014, Teil D Rn. 4.

[20] BayObLG München v. 21.01.1993 - 3Z BR 7/93 - juris Rn. 7 - MDR 1993, 545.

[21] *Jürgens/Kröger/Marschner/Winterstein*, Betreuungsrecht kompakt, 7. Aufl. 2011, Rn. 144; *Dodegge/Roth*, Betreuungsrecht, 4. Aufl., 2014, Teil D Rn. 4.

[22] *Schwab* in: MünchKomm-BGB, § 1901 Rn. 14.

doch nicht, dass der Betreuer die Wünsche des Betroffenen zu erfüllen hätte, also aktiv an dessen Umsetzung mitwirken müsste. Er ist nicht verpflichtet, dem Betroffenen die Hand bei der Selbstschädigung zu reichen.[23]

14 Da die Grenze zwischen der Beachtung des Wohls des Betroffenen einerseits und der Umsetzung von dessen Wünschen andererseits schwer zu ziehen ist, wird dem Betreuer ein **Gestaltungsspielraum** eingeräumt.[24] Er ist derjenige, der den Betreuten am besten kennt und kann von daher die Situation am ehesten einschätzen. Solange nicht bindende gesetzliche Regelungen oder gerichtliche Anordnungen vorliegen, ist ihm ein Gestaltungsspielraum einzuräumen.

15 Neben der Beachtung des Wohls nennt das Gesetz als zweite Grenze für die Beachtung der Wünsche des Betroffenen die **Zumutbarkeit für den Betreuer**. Der Gesetzgeber hatte hierbei etwa daran gedacht, dass der Betreuer sich dem Wunsch des Betroffenen entziehen können muss, täglich mit ihm mehrere Stunden über seine Angelegenheiten zu sprechen.[25] Generell lässt sich sagen, dass der Betreuer durch das Zumutbarkeitskriterium vor überzogenen Anforderungen des Betroffenen an ihn geschützt werden soll.

16 **Frühere Wünsche:** Absatz 3 Satz 2 stellt sicher, dass auch vor Anordnung der Betreuung geäußerte Wünsche beachtlich sind, sofern davon auszugehen ist, dass der Betroffene an ihnen festhalten will. Insoweit stärkt die Regelung die Betreuungsverfügung (vgl. generell hierzu die Kommentierung zu § 1901c BGB Rn. 7). Die Vorschrift ist im Kontext mit § 1901c BGB, der eine Ablieferungsverpflichtung für Betreuungsverfügungen normiert, und § 1897 Abs. 4 Satz 3 BGB, der frühere Wünsche für die Auswahl der Betreuungsperson für bindend erklärt, zu sehen.

IV. Besprechungspflicht (Absatz 3 Satz 3)

17 Der Betreuer hat mit dem Betroffenen wichtige Angelegenheiten vor deren Erledigung zu besprechen, sofern dies dessen Wohl nicht zuwiderläuft. Die Besprechungspflicht bezieht sich ausdrücklich nur auf wichtige Angelegenheiten. Hierunter fallen etwa die Post- und Telefonkontrolle, bedeutende medizinische Eingriffe, eine gegebenenfalls erforderliche Unterbringung, die Wohnungsauflösung oder der Abschluss eines Miet- oder Pachtvertrages.[26] Aber auch Dinge, die objektiv geringfügig erscheinen, subjektiv für den Betroffenen jedoch wichtig sind, unterliegen der Besprechungspflicht.[27] Eine Verpflichtung zur Rechnungslegung trifft den Betreuer jedoch nicht gegenüber dem Betroffenen, sondern nur gegenüber dem Gericht.[28]

V. Gesundheitsförderungspflicht und Betreuungsplan (Absatz 4)

18 Der Betreuer hat innerhalb seines Aufgabenkreises dazu beizutragen, dass Möglichkeiten genutzt werden, die Krankheit oder Behinderung des Betreuten zu beseitigen, zu bessern, ihre Verschlimmerung zu verhüten oder ihre Folgen zu mildern. Die Regelung ändert nichts daran, dass der Betreuer sich um medizinische Fragen nur zu kümmern hat, wenn ihm die Gesundheitsfürsorge übertragen ist. Jedoch soll auch der Betreuer, dem (nur) die Vermögenssorge übertragen ist, bei der Durchführung seiner Aufgaben die Rehabilitation vor Augen haben, indem er den Betroffenen – etwa nach einem Schlaganfall – wieder an die selbständige Regelung seiner Angelegenheiten heranführt.[29]

19 **Betreuungsplan:**[30] In Absatz 4 wurden durch das 2. BtÄndG die Sätze 2 und 3 angefügt. Durch die Neuregelung wurde das Institut des Betreuungsplans eingeführt. Der Gesetzgeber erhoffte sich hierdurch eine Steigerung der Effektivität und damit der Qualität der Betreuung.[31] In der gerichtlichen Praxis hat das Instrument sich jedoch überwiegend nicht durchgesetzt. Die Betreuungsplanung habe den Vorteil, dass der Betreuer sich zu Beginn der Betreuung mit den zu erreichenden Zielen der Betreuung gedanklich auseinandersetzen muss, und er gezielt an der Zielerreichung arbeiten könne. Die Betreuer würden für nicht effektive Maßnahmen sensibilisiert, so dass der Betroffene sinnlosen, weil zur Ziel-

---

[23] BT-Drs. 11/4528, S. 133.
[24] *Schwab* in: MünchKomm-BGB, § 1901 Rn. 16; *Jürgens/Kröger/Marschner/Winterstein*, Betreuungsrecht kompakt, 7. Aufl. 2011, Rn. 141.
[25] BT-Drs. 11/4528, S. 134.
[26] BT-Drs. 11/4528, S. 134.
[27] BT-Drs. 11/4528, S. 134.
[28] *Diederichsen* in: Palandt, § 1901 Rn. 8.
[29] BT-Drs. 11/4528, S. 134.
[30] Ausführlich zum Betreuungsplan vgl. *Fröschle*, BtPrax 2006, 43-47.
[31] BT-Drs. 15/2494, S. 30.

erreichung ungeeigneten betreuungsrechtlichen Maßnahmen in geringerem Maße ausgesetzt wäre. Der Betreuungsplan gewährleiste ferner, dass das Betreuungsgericht eine objektivierbare Grundlage zur Beurteilung der Effektivität des Betreuerhandelns erhalte. Fort- und Rückschritte würden leichter feststellbar und ein gerichtliches Gegensteuern, in letzter Konsequenz etwa durch einen Betreuerwechsel, einfacher.[32]

Der Betreuungsplan ist nicht von ehrenamtlichen Betreuern, nur in geeigneten Fällen und nur auf gerichtliche Anordnung zu erstellen. Hinsichtlich der Frage, wann ein geeigneter Fall vorliege, hat das Gericht einen weiten Beurteilungsspielraum.[33] Anknüpfend an § 1901 Abs. 4 Satz 1 BGB ist ein Betreuungsplan vor allem in solchen Aufgabenbereichen wichtig, die in stärkstem Maße mit der Person des Betroffenen verknüpft sind, etwa der Gesundheitssorge oder Aufenthaltsbestimmung. Gerade in diesen Bereichen ist eine Zielreflexion besonders bedeutsam, soll doch der Betroffene wieder in die Lage versetzt werden, seine Angelegenheiten selbst zu regeln.[34]

Das Betreuungsgericht ist zur Prüfung und Bewertung des Betreuungsplans verpflichtet. Hierbei darf es nicht eigene Zweckmäßigkeitserwägungen an Stelle des Berufsbetreuers anstellen. Sind mehrere Lebensgestaltungen des Betroffenen denkbar, so muss es grundsätzlich dem Berufsbetreuer überlassen bleiben, unter diesen eine Wahl zu treffen. Objektive Grenze für seine Wahlfreiheit ist § 1901 Abs. 2 Satz 1 BGB. Kommt das Gericht zu dem Ergebnis, dass unter mehreren möglichen Lebensgestaltungen oder Betreuungszielen bestimmte vom Berufsbetreuer bevorzugte Gestaltungen oder Ziele dem Wohl des Betroffenen zuwiderlaufen, soll es den Berufsbetreuer darauf hinweisen. Sofern der Betreuer dennoch an seinem Handeln festhält, kann das Betreuungsgericht gegebenenfalls ein Pflichtversäumnis des Betreuers annehmen und die erforderlichen Maßnahmen veranlassen.[35]

Der Betreuungsplan ist zu Beginn der Betreuung vorzulegen. Die Festlegung einer genauen Zeitvorgabe verbietet sich insoweit aufgrund der Vielgestaltigkeit der Lebenssachverhalte.[36]

VI. Mitteilungspflichten (Absatz 5)

Den Betreuer trifft eine Verpflichtung, dem Gericht eine Mitteilung zu machen, wenn ihm Umstände bekannt werden, die eine Aufhebung der Betreuung ermöglichen (Absatz 5 Satz 1). Sinn der Vorschrift ist es sicherzustellen, dass die Betreuung nicht länger angeordnet bleibt, als dies zwingend erforderlich ist. Von daher trifft den Betreuer die Mitteilungspflicht schon dann, wenn ihm Umstände bekannt werden, die das Gericht zu einer Aufhebung der Betreuung veranlassen könnten.[37] Er hat eine Verpflichtung zur Mitteilung also nicht erst dann, wenn seines Erachtens nach sicher von einer Aufhebung der Betreuung auszugehen ist. Die Mitteilungspflicht ist besonders bei schubförmig verlaufenden psychischen Erkrankungen zu beachten, bei denen mit einer Besserung gerechnet werden kann.[38]

Die Mitteilungspflicht trifft den Betreuer auch, wenn ihm Umstände bekannt werden, die eine Einschränkung des Aufgabenkreises ermöglichen oder dessen Erweiterung, die Bestellung eines weiteren Betreuers oder die Anordnung eines Einwilligungsvorbehalts erfordern. Der Betreuer hat nur Umstände mitzuteilen, die ihm im Rahmen seines Aufgabenkreises bekannt werden, ihn trifft jedoch keine darüber hinausgehende Ermittlungspflicht.[39]

---

[32] BT-Drs. 15/2494, S. 29.
[33] BT-Drs. 15/4874, S. 57.
[34] BT Drs. 15/2494, S. 29.
[35] BT-Drs. 15/2494, S. 30.
[36] BT-Drs. 15/2494, S. 29.
[37] *Schwab* in: MünchKomm-BGB, § 1901 Rn. 26.
[38] BayObLG München v. 16.12.1994 - 3Z BR 343/94 - juris Rn. 8 - NJW-RR 1995, 1274-1275.
[39] BT-Drs. 11/4528, S. 135.

§ 1901a BGB Patientenverfügung

(Fassung vom 29.07.2009, gültig ab 01.09.2009)

(1) ¹Hat ein einwilligungsfähiger Volljähriger für den Fall seiner Einwilligungsunfähigkeit schriftlich festgelegt, ob er in bestimmte, zum Zeitpunkt der Festlegung noch nicht unmittelbar bevorstehende Untersuchungen seines Gesundheitszustands, Heilbehandlungen oder ärztliche Eingriffe einwilligt oder sie untersagt (Patientenverfügung), prüft der Betreuer, ob diese Festlegungen auf die aktuelle Lebens- und Behandlungssituation zutreffen. ²Ist dies der Fall, hat der Betreuer dem Willen des Betreuten Ausdruck und Geltung zu verschaffen. ³Eine Patientenverfügung kann jederzeit formlos widerrufen werden.

(2) ¹Liegt keine Patientenverfügung vor oder treffen die Festlegungen einer Patientenverfügung nicht auf die aktuelle Lebens- und Behandlungssituation zu, hat der Betreuer die Behandlungswünsche oder den mutmaßlichen Willen des Betreuten festzustellen und auf dieser Grundlage zu entscheiden, ob er in eine ärztliche Maßnahme nach Absatz 1 einwilligt oder sie untersagt. ²Der mutmaßliche Wille ist aufgrund konkreter Anhaltspunkte zu ermitteln. ³Zu berücksichtigen sind insbesondere frühere mündliche oder schriftliche Äußerungen, ethische oder religiöse Überzeugungen und sonstige persönliche Wertvorstellungen des Betreuten.

(3) Die Absätze 1 und 2 gelten unabhängig von Art und Stadium einer Erkrankung des Betreuten.

(4) ¹Niemand kann zur Errichtung einer Patientenverfügung verpflichtet werden. ²Die Errichtung oder Vorlage einer Patientenverfügung darf nicht zur Bedingung eines Vertragsschlusses gemacht werden.

(5) Die Absätze 1 bis 3 gelten für Bevollmächtigte entsprechend.

Gliederung

A. Grundlagen 1
I. Gesetzgebungsgeschichte 1
II. Kurzcharakteristik 2
B. Anwendungsvoraussetzungen 3
I. Begriff der Patientenverfügung und Aufgaben des Betreuers (Absatz 1) 3
II. Handeln bei Nichtvorliegen einer hinreichenden Patientenverfügung (Absatz 2) 9
III. Reichweite der Patientenverfügung (Absatz 3) 11
IV. Keine zwangsweise Errichtung einer Patientenverfügung (Absatz 4) 12
V. Geltung auch für Bevollmächtigte (Absatz 5) ... 13
C. Verfahren 14

A. Grundlagen

I. Gesetzgebungsgeschichte

1 Jahrzehntelang wurden in Deutschland Fragen der rechtlichen Verbindlichkeit und des Umgangs mit Patientenverfügungen diskutiert. Mit den grundlegenden Entscheidungen des XII. Zivilsenats des BGH vom 17.03.2003[1] und vom 08.06.2005[2] zur Beachtlichkeit einer Patientenverfügung setzte auch eine sehr intensive parlamentarische Diskussion darüber ein, ob die Patientenverfügung gesetzlich verankert und wie sie inhaltlich ausgestaltet werden sollte. Im Deutschen Bundestag wurden verschiedene, teilweise sehr konträre Gesetzesentwürfe eingebracht. Mit dem am 01.09.2009 in Kraft tretenden Dritten Gesetz zur Änderung des Betreuungsrechts vom 29.07.2009 (3. BtÄndG)[3] schloss der Gesetzgeber die sehr kontroverse Diskussion ab und verankerte das Rechtsinstitut der Patientenverfügung im BGB.

---

[1] BGH v. 17.03.2003 - XII ZB 2/03 - BGHZ 154, 205.
[2] BGH v. 08.06.2005 - XII ZR 177/03 - BGHZ 163, 195.
[3] BGBl I 2009, 2286.

II. Kurzcharakteristik

§ 1901a BGB ist hierbei die zentrale Norm, die den Begriff der Patientenverfügung definiert und festlegt, dass diese schriftlich zu verfassen ist. Ferner werden die Aufgaben des Betreuers bzw. Bevollmächtigten für den Umgang mit einer Patientenverfügung geregelt. Zudem wird in Anknüpfung an die Rechtsprechung des BGH festgelegt, dass bei Nichtvorliegen einer schriftlichen Patientenverfügung bzw. wenn diese die konkrete Behandlungssituation nicht erfasst, von Betreuer bzw. Bevollmächtigtem für die Frage der Vornahme von ärztlichen Behandlungsmaßnahmen der mutmaßliche Wille des Betroffenen zu ermitteln ist. Für die Reichweite der Geltung der Patientenverfügung hat der Gesetzgeber sich dazu entschieden, diese unabhängig von Art und Stadium der Erkrankung gelten zu lassen.

B. Anwendungsvoraussetzungen

I. Begriff der Patientenverfügung und Aufgaben des Betreuers (Absatz 1)

Begriff der Patientenverfügung: Als Patientenverfügungen werden schriftliche Willensbekundungen eines einwilligungsfähigen Volljährigen mit Entscheidungen über die Einwilligung oder Nichteinwilligung in noch nicht unmittelbar bevorstehende Untersuchungen seines Gesundheitszustandes, Heilbehandlungen oder ärztliche Eingriffe für den Fall der späteren Einwilligungsunfähigkeit bezeichnet. Hierdurch wird das Recht eines entscheidungsfähigen Patienten anerkannt, sein Selbstbestimmungsrecht nicht nur aktuell, sondern auch durch eine in der Zukunft wirkende vorausschauende Verfügung auszuüben.[4] Klargestellt wird hierbei weiterhin, dass es für die Frage der Wirksamkeit der Erteilung der Patientenverfügung nicht auf die Geschäfts-, sondern auf die Einwilligungsfähigkeit des Betroffenen ankommt. Ebenso bewirkt die Formulierung „bestimmte", dass allgemeine Richtlinien für eine künftige Behandlung vom Begriff der Patientenverfügung von vornherein nicht erfasst sind.[5] Nicht vom Begriff der Patientenverfügung umfasst sind weiterhin solche Entscheidungen des einwilligungsfähigen Betroffenen, die sich auf unmittelbar bevorstehende ärztliche Maßnahmen beziehen. Dies hat etwa zur Folge, dass die zeitnahe Einwilligung in einen mit einer Anästhesie verbundenen ärztlichen Eingriff nach wie vor auch mündlich erklärt werden kann. Sie bleibt auch dann wirksam, wenn der durch die Einwilligung legitimierte ärztliche Eingriff erst vorgenommen wird, wenn der Patient durch gegebenenfalls vor dem Eingriff verabreichte Beruhigungsmittel oder anästhesiebedingt nicht mehr einwilligungsfähig ist.[6]

Schriftform der Patientenverfügung: Die Voraussetzungen der Schriftform sind in § 126 BGB geregelt. Das Schriftformerfordernis als Wirksamkeitsvoraussetzung für eine Patientenverfügung hat vorrangig das Ziel, vor übereilten oder unüberlegten Festlegungen zu schützen. Zudem kann das Formerfordernis auch zur Klarstellung des von dem Betroffenen Gewollten beitragen.[7] Während sich der behandelnde Arzt mit einem einwilligungsfähigen Patienten im Dialog Klarheit über dessen auch mündlich abgegebene Erklärung verschaffen kann, ist dies mit einem nicht einwilligungsfähigen Patienten nicht möglich.[8]

Widerruf der Patientenverfügung: Eine Patientenverfügung kann jederzeit formlos widerrufen werden. Der Widerruf kann daher auch mündlich oder durch nonverbales Verhalten erfolgen; erforderlich ist nur, dass die Willensänderung hinreichend deutlich zum Ausdruck kommt.[9]

Bindungswirkung der Patientenverfügung: Umstritten ist, ob ein Arzt von sich aus einen Eingriff unter Bezugnahme auf eine Patientenverfügung vornehmen oder unterlassen darf oder ob sich eine solche Bestimmung nur an den Vertreter richtet.[10] Im ursprünglichen Gesetzesentwurf des 3. BtÄndG vertrat der Gesetzgeber die Ansicht, dass für den Fall, dass die Patientenverfügung eine Entscheidung des Betroffenen über die Einwilligung oder Nichteinwilligung in bestimmte Untersuchungen des Gesundheitszustands, Heilbehandlungen oder ärztliche Eingriffe enthält, die auf die konkret eingetretene Lebens- und Behandlungssituation zutrifft, eine Einwilligung des Betreuers in die anstehende ärztliche Behandlung nicht erforderlich sei, da der Betreute diese Entscheidung bereits selbst getroffen hat und diese für den Betreuer bindend ist.[11] Diese Klarstellung hielt der Gesetzgeber für erforderlich, da zum

---

[4] BT-Drs. 16/8442, S. 12.
[5] BT-Drs. 16/8442, S. 13.
[6] BT-Drs. 16/8442, S. 13.
[7] BT-Drs. 16/8442, S. 13.
[8] BT-Drs. 16/8442, S. 12.
[9] BT-Drs. 16/8442, S. 13.
[10] Vgl. zum Streitstand *Olzen/Lilius-Karakaya*, BtPrax 2013, 127, 130.
[11] BT-Drs. 16/8442, S. 14.

Teil Rechtslehre und Rechtsprechung auch Patientenverfügungen, welche die konkrete Behandlungssituation betreffen, nur als Indiz für den Patientenwillen ansahen.[12] Diese Rechtsansicht des Gesetzgebers korrespondiert aber nicht mit der im Gesetzgebungsverfahren schließlich verabschiedeten Gesetzesfassung. Aus einer Gesamtschau der §§ 1901a, 1901b und 1904 BGB lässt sich nur der Schluss ziehen, dass stets das Zusammenwirken des Arztes und eines Vertreters des Betroffenen erforderlich ist. Insbesondere aus dem erst nach Erörterungen im Rechtsausschuss[13] eingefügten § 1901b BGB lässt sich kein anderer Schluss ziehen. Auch die Rechtsprechung des BGH in Strafsachen (vgl. hierzu im Folgenden Rn. 8) fordert für den Fall des Behandlungsabbruchs ein Zusammenwirken von Arzt und Betreuer.[14] Das am 26.02.2013 in Kraft getretene Gesetz zur Verbesserung der Rechte von Patientinnen und Patienten[15] hat mit § 630d BGB eine Regelung geschaffen, die auch Auswirkungen auf die Patientenverfügung hat. § 630d BGB kodifiziert die Verpflichtung zur Einholung einer Einwilligung des Patienten. Gem. § 630d Abs. 1 Satz 2 BGB ist im Falle der Einwilligungsunfähigkeit die Einwilligung eines hierzu Berechtigten einzuholen, soweit nicht eine Patientenverfügung nach § 1901a Abs. 1 Satz 1 BGB die Maßnahme gestattet oder untersagt. Nach der Gesetzesbegründung[16] soll diese Regelung klarstellen, dass der Behandelnde aufgrund der Patientenverfügung selbst entscheidet, sofern er keine Zweifel daran hat, dass eine wirksame Patientenverfügung vorliegt. Der Einschaltung des Betreuers/Bevollmächtigten soll es somit nicht bedürfen. Hiermit wollte der Gesetzgeber anscheinend den Streit beenden, ob ein Arzt einen Eingriff unter Bezugnahme auf eine Patientenverfügung vornehmen oder unterlassen darf oder ob sich eine solche Bestimmung nur an den Vertreter richtet. Es darf bezweifelt werden, ob dem Gesetzgeber die Beendigung des Streits gelungen ist, da er etwa auf die oben zitierte Rechtsprechung des BGH und den gesamten Meinungsstreit nicht eingegangen ist.

7 **Aufgaben des Betreuers:** Der Betreuer hat zu prüfen, ob die Patientenverfügung auf die aktuelle Lebens- und Behandlungssituation zutrifft, ob sie für diese Situation eine Entscheidung über die anstehende ärztliche Maßnahme enthält und ob sie noch dem Willen des Betroffenen entspricht. Diese Prüfung umfasst alle Gesichtspunkte, die sich aus der aktuellen Situation des Betroffenen ergeben. Dies schließt auch die Prüfung ein, ob das aktuelle Verhalten des nicht mehr entscheidungsfähigen Patienten konkrete Anhaltspunkte dafür zeigt, dass er unter den gegebenen Umständen den zuvor schriftlich geäußerten Willen nicht mehr gelten lassen will, und ob der Betroffene bei seinen Festlegungen diese Lebenssituation mitbedacht hat.[17] Ergibt diese Prüfung, dass sich die Sachlage nachträglich so erheblich geändert hat, dass die frühere selbstverantwortlich getroffene Entscheidung eben diese aktuelle Lebenssituation nicht umfasst, kann der Betreuer von den getroffenen Festlegungen abweichen. In allen anderen Fällen darf jedoch keinesfalls die Willensbekundung des Betroffenen für oder gegen bestimmte medizinische Maßnahmen vom Betreuer durch einen Rückgriff auf den mutmaßlichen Willen des Betroffenen korrigiert werden.[18] Es muss vermieden werden, dass die in eigenverantwortlichem Zustand getroffene Entscheidung unter spekulativer Berufung darauf unterlaufen wird, dass der Patient vielleicht in der konkreten Situation doch etwas anderes gewollt hätte. Hat der Betreuer sich von der Einschlägigkeit und Wirksamkeit der Patientenverfügung überzeugt, achtet er darauf, dass der Betroffene entsprechend seinem Willen behandelt wird. Er hat der Patientenverfügung Ausdruck und Geltung zu verschaffen.[19]

8 **Strafrechtliche Konsequenzen:** In seiner Grundsatzentscheidung vom 25.06.2010 hat der 2. Strafsenat des BGH[20] die zivilrechtlichen Grundsätze für die Fragen der Sterbehilfe auch für das Strafrecht anerkannt. Sterbehilfe durch Unterlassen, Begrenzen oder Beenden einer begonnenen medizinischen Behandlung (Behandlungsabbruch) ist danach gerechtfertigt, wenn dies dem tatsächlichen oder mutmaßlichen Patientenwillen entspricht und dazu dient, einem ohne Behandlung zum Tode führenden Krankheitsprozess seinen Lauf zu lassen. Ein Behandlungsabbruch kann dabei sowohl durch Unterlassen als auch durch aktives Tun vorgenommen werden. Gezielte Eingriffe in das Leben eines Menschen, die nicht in einem Zusammenhang mit dem Abbruch einer medizinischen Behandlung stehen, sind jedoch einer Rechtfertigung durch Einwilligung nicht zugänglich.

---

[12] BT-Drs. 16/8442, S. 14.
[13] BT-Drs. 16/13314.
[14] BGH v. 25.06.2010 - 2 StR 454/09 - BGHSt 55, 191-206.
[15] BGBl I 2013, 277.
[16] BT-Drs. 17/10488, S. 23.
[17] BT-Drs. 16/8442, S. 15.
[18] BT-Drs. 16/8442, S. 15.
[19] Insoweit greift das Gesetz die Formulierung in BGH v. 17.03.2003 - XII ZB 2/03 - BGHZ 154, 205 auf.
[20] BGH v. 25.06.2010 - 2 StR 454/09 - BGHSt 55, 191-206.

II. Handeln bei Nichtvorliegen einer hinreichenden Patientenverfügung (Absatz 2)

Fehlen einer hinreichenden Patientenverfügung: Absatz 2 regelt die Aufgaben des Betreuers in den Fällen, in denen keine hinreichende Patientenverfügung vorliegt. Dies kann der Fall sein, weil der Betroffene keine (schriftliche) Patientenverfügung errichtet hat oder die Festlegungen in einer schriftlichen Patientenverfügung nicht auf die anstehende konkrete Lebens- und Behandlungssituation zutreffen.

Ermittlung des mutmaßlichen Willens: Liegt keine hinreichende Patientenverfügung vor, so hat der Betreuer die Behandlungswünsche bzw. den mutmaßlichen Willen des Betroffenen zu ermitteln und auf dieser Grundlage zu entscheiden, ob er in ärztliche Maßnahmen einwilligt oder nicht. Der mutmaßliche Wille ist aufgrund konkreter Anhaltspunkte zu ermitteln. In Anknüpfung an die Rechtsprechung des BGH[21] sind insbesondere frühere mündliche oder schriftliche Äußerungen des Betroffenen, seine ethischen oder religiösen Überzeugungen und sonstigen persönlichen Wertvorstellungen zu berücksichtigen.

III. Reichweite der Patientenverfügung (Absatz 3)

Der wohl größte Streitpunkt bei den parlamentarischen Diskussionen über die Frage der Normierung der Patientenverfügung war der der Reichweite der Geltung der Patientenverfügung. Teilweise wurde – auch unter Berufung auf die Entscheidung des BGH vom 17.03.2003[22] – die Ansicht vertreten, dass eine Patientenverfügung nur dann Geltung haben solle, wenn das Grundleiden des Betroffenen einen irreversiblen tödlichen Verlauf genommen habe. Der Gesetzgeber hat sich jedoch dafür entschieden, dass es für die Durchsetzung des Patientenwillens nicht auf Art und Stadium der Erkrankung ankommt. Ebenso wie der in der aktuellen Situation entscheidungsfähige Patient ohne Rücksicht auf die Art und den Verlauf seiner Erkrankung selbst darüber befinden kann, ob und ggf. welche ärztlichen Maßnahmen an ihm vorgenommen werden dürfen, ist es Ausfluss seines verfassungsrechtlich verbürgten Selbstbestimmungsrechts, eine solche Entscheidung auch schon im Voraus für den Fall seiner Entscheidungsunfähigkeit treffen und von seinem Vertreter die Durchsetzung seines Willens erwarten zu können.[23]

IV. Keine zwangsweise Errichtung einer Patientenverfügung (Absatz 4)

Absatz 4 wurde erst im Laufe des parlamentarischen Verfahrens nach abschließenden Beratungen im Rechtsausschuss ins Gesetz aufgenommen.[24] Es soll verdeutlicht werden, dass es keinen wie auch immer gearteten Zwang zur Abfassung einer Patientenverfügung gibt.[25] Außerdem wird ein allgemeines zivilrechtliches Kopplungsverbot statuiert. Die Errichtung oder Vorlage einer Patientenverfügung darf nicht zur Bedingung eines Vertragsschlusses gemacht werden, z.B. beim Abschluss eines Heimvertrages. Individuellem und gesellschaftlichem Druck zur Errichtung einer Patientenverfügung soll entgegengewirkt werden.[26]

V. Geltung auch für Bevollmächtigte (Absatz 5)

Absatz 5 stellt klar, dass die Aufgaben und Pflichten eines Bevollmächtigten bei der Beachtung und Durchsetzung einer Patientenverfügung denen eines Betreuers entsprechen.

C. Verfahren

Mit dem 3.BtÄndG wurde auch die Vorschrift des § 1904 BGB geändert. § 1904 BGB regelt nunmehr auch die Frage, wann es der Einschaltung des Betreuungsgerichts bei der Einwilligung bzw. Nichteinwilligung des Betreuers in eine ärztliche Maßnahme bedarf. In Anschluss an die Rechtsprechung des BGH[27] bedarf es einer gerichtlichen Genehmigung nur dann, wenn zwischen Betreuer und behandelndem Arzt kein Einvernehmen darüber besteht, dass die Erteilung bzw. Nichterteilung einer Einwilligung dem nach § 1901a BGB festgestellten Willen entspricht. Das Verfahren in Fällen des § 1904 BGB regelt wiederum § 298 FamFG.

---

[21] Vgl. etwa die sog. Kempten-Entscheidung – BGH v. 13.09.1994 - 1 StR 357/94 - BGHSt 40, 257.
[22] BGH v. 17.03.2003 - XII ZB 2/03 - BGHZ 154, 205.
[23] BT-Drs. 16/8442, S. 16.
[24] BT-Drs. 16/13314.
[25] BT-Drs. 16/13314, S. 20.
[26] BT-Drs. 16/13314, S. 20.
[27] BGH v. 08.06.2005 - XII ZR 177/03 - BGHZ 163, 195.

§ 1901b BGB Gespräch zur Feststellung des Patientenwillens

(Fassung vom 29.07.2009, gültig ab 01.09.2009)

(1) ¹Der behandelnde Arzt prüft, welche ärztliche Maßnahme im Hinblick auf den Gesamtzustand und die Prognose des Patienten indiziert ist. ²Er und der Betreuer erörtern diese Maßnahme unter Berücksichtigung des Patientenwillens als Grundlage für die nach § 1901a zu treffende Entscheidung.

(2) Bei der Feststellung des Patientenwillens nach § 1901a Absatz 1 oder der Behandlungswünsche oder des mutmaßlichen Willens nach § 1901a Absatz 2 soll nahen Angehörigen und sonstigen Vertrauenspersonen des Betreuten Gelegenheit zur Äußerung gegeben werden, sofern dies ohne erhebliche Verzögerung möglich ist.

(3) Die Absätze 1 und 2 gelten für Bevollmächtigte entsprechend.

Gliederung

A. Grundlagen 1
  I. Gesetzgebungsgeschichte 1
  II. Kurzcharakteristik 2
B. Anwendungsvoraussetzungen 3
  I. Erörterungspflicht zwischen Arzt und Betreuer (Absatz 1) 3
  II. Einbeziehung von Angehörigen und Vertrauenspersonen (Absatz 2) 4
  III. Geltung auch für Bevollmächtigte (Absatz 3) ... 5

A. Grundlagen

I. Gesetzgebungsgeschichte

1 § 1901b BGB wurde mit Wirkung vom 01.09.2009 durch das 3. BtÄndG[1] ins BGB eingefügt. Die Regelung war im ursprünglichen Gesetzesentwurf[2] noch nicht enthalten. Erst gegen Ende des parlamentarischen Beratungsverfahrens und nach abschließenden Beratungen im Rechtsausschuss wurde die Norm aufgenommen.[3]

II. Kurzcharakteristik

2 § 1901b BGB wurde eingefügt, um den dialogischen Prozess zwischen dem behandelnden Arzt und dem Betreuer und ggf. weiteren Personen im Gesetz zu verankern.[4]

B. Anwendungsvoraussetzungen

I. Erörterungspflicht zwischen Arzt und Betreuer (Absatz 1)

3 Satz 1 der Vorschrift normiert zunächst eine Selbstverständlichkeit, die Indikationsstellung durch den Arzt. Der behandelnde Arzt prüft zunächst, welche ärztliche Maßnahme im Hinblick auf den Gesamtzustand und die Prognose des Patienten indiziert ist.[5] Danach hat eine Erörterung dieser indizierten Maßnahme zwischen dem Betreuer und dem behandelnden Arzt zu erfolgen. Bei dieser Erörterung haben sie den Patientenwillen nach § 1901a BGB zu berücksichtigen. Als Ergebnis dieser Erörterungen handelt der Betreuer dann nach § 1901a Abs. 1 oder Abs. 2 BGB entsprechend dem festgestellten Patientenwillen. Umgekehrt bedeutet dies, dass bei einer mangelnden Indikationsstellung durch den Arzt, sprich für den Fall, dass der Arzt zu dem Ergebnis kommt, kein Behandlungsangebot (mehr) unterbreiten zu können, es überhaupt keine ärztliche Maßnahme gibt, in die der Betreuer einwilligen kann.[6]

---

[1] BGBl I 2009, 2286.
[2] BT-Drs. 16/8442.
[3] BT-Drs. 16/13314.
[4] BT-Drs. 16/13314, S. 20.
[5] Vgl. ausführlich zur Frage der Indikationsstellung aus ärztlicher und juristischer Sicht *Dietl/Böhm*, BtPrax 2012, 135.
[6] Vgl. zu dieser Frage ausführlich *Coeppicus*, NJW 2011, 2085-2091.

II. Einbeziehung von Angehörigen und Vertrauenspersonen (Absatz 2)

Bei der Feststellung, ob der in einer Patientenverfügung festgelegte Wille des Betroffenen auf die Lebens- und Behandlungssituation zutrifft, bzw. der Ermittlung des mutmaßlichen Willens oder der Behandlungswünsche beim Fehlen einer hinreichenden Patientenverfügung normiert Absatz 2 eine grundsätzliche Einbeziehungsverpflichtung von nahen Angehörigen bzw. sonstigen Vertrauenspersonen. Der Betreuer und der behandelnde Arzt sollen ihnen Gelegenheit zur Äußerung geben. Zu den nahen Angehörigen zählen insbesondere der Ehegatte, der Lebenspartner, Eltern, Geschwister und Kinder.[7] Sonstige Vertrauenspersonen können auch nicht mit dem Betroffenen verwandte Personen sein. Es kommt hierbei allein auf das Vertrauensverhältnis an, das zum Bereuten bestand. Auch Pflegekräfte kommen im Einzelfall in Betracht.[8] Durch die Einbeziehung des genannten Personenkreises sowohl bei der Auslegung der Patientenverfügung als auch bei der Ermittlung von Behandlungswünschen oder des mutmaßlichen Willens des Betroffenen wird eine fundierte Grundlage für die Entscheidung des Betreuers und des behandelnden Arztes geschaffen. Ist eine Äußerung der genannten Personen nur mit einer erheblichen Zeitverzögerung möglich, kann davon abgesehen werden, ihnen Gelegenheit zur Äußerung zu geben. Dies hat den Hintergrund, dass ärztliche Maßnahmen in vielen Fällen eilbedürftig sein werden. Ob erhebliche zeitliche Verzögerungen vorliegen, ist in Abhängigkeit von der Dringlichkeit des vorzunehmenden Eingriffs und der Frage der Erreichbarkeit der genannten Personen zu beurteilen.[9] Zudem sollte der Betreuer von der Beteiligung einzelner Personen absehen, wenn dies dem erklärten oder erkennbaren Willen des Betroffenen widerspricht.[10]

III. Geltung auch für Bevollmächtigte (Absatz 3)

Absatz 3 stellt klar, dass die Absätze 1 und 2 auch für Bevollmächtigte gelten.

---

[7] BT-Drs. 16/13314, S.20.
[8] BT-Drs. 16/13314, S.20.
[9] BT-Drs. 16/13314, S.20.
[10] BT-Drs. 16/13314, S.20.

§ 1901c BGB Schriftliche Betreuungswünsche, Vorsorgevollmacht

(Fassung vom 29.07.2009, gültig ab 01.09.2009)

[1]Wer ein Schriftstück besitzt, in dem jemand für den Fall seiner Betreuung Vorschläge zur Auswahl des Betreuers oder Wünsche zur Wahrnehmung der Betreuung geäußert hat, hat es unverzüglich an das Betreuungsgericht abzuliefern, nachdem er von der Einleitung eines Verfahrens über die Bestellung eines Betreuers Kenntnis erlangt hat. [2]Ebenso hat der Besitzer das Betreuungsgericht über Schriftstücke, in denen der Betroffene eine andere Person mit der Wahrnehmung seiner Angelegenheiten bevollmächtigt hat, zu unterrichten. [3]Das Betreuungsgericht kann die Vorlage einer Abschrift verlangen.

Gliederung

A. Grundlagen 1	2. Wirksamkeitsvoraussetzungen 9
B. Anwendungsvoraussetzungen 4	3. Inhalt 11
I. Ablieferungspflicht für schriftliche Betreuungswünsche (Absatz 1) 4	4. Amtliche Aufbewahrung 13
II. Die Betreuungsverfügung 7	5. Zwangsmittel 14
1. Begriffsbestimmung 8	III. Unterrichtungspflicht über Vorsorgevollmachten (Sätze 2 und 3) 15

A. Grundlagen

1 **Normzweck und Gesetzgebungsgeschichte:** Die Vorschrift (ursprünglich war es § 1901a BGB) soll die Beachtung des Willens des Betroffenen sichern.[1] Ihm soll die Gewissheit gegeben werden, dass das Betreuungsgericht rechtzeitig von seinen Wünschen Kenntnis erlangt.

2 Durch das 2. BtÄndG wurden der Vorschrift die Sätze 2 und 3 angefügt. Die Neuregelung diente der Stärkung des Rechtsinstituts der Vorsorgevollmacht, sie erstreckte die zuvor nur für Betreuungsverfügungen geltende Ablieferungspflicht in modifizierter Form auf Vorsorgevollmachten.

3 Durch das am 01.09.2009 in Kraft getretene 3. BtÄndG wurde der bisherige § 1901a BGB zu § 1901c BGB.

B. Anwendungsvoraussetzungen

I. Ablieferungspflicht für schriftliche Betreuungswünsche (Absatz 1)

4 Eine Ablieferungsverpflichtung besteht nur für Vorschläge zur Auswahl des Betreuers und für Wünsche zur Wahrnehmung der Betreuung, also für **Betreuungsverfügungen**. Vorsorgevollmachten unterliegen also keiner Ablieferungsverpflichtung[2], für diese gilt vielmehr die Regelung in den Sätzen 2 und 3. Ablieferungspflichtig sind neben Betreuungsverfügungen (vgl. hierzu im Folgenden Rn. 7) dagegen auch Patientenverfügungen. Dies folgt daraus, dass auch Patientenverfügungen Wünsche des Betroffenen darstellen können, und zwar solche zur Führung der Betreuung im Bereich der Gesundheitsfürsorge. Weiterhin erstreckt sich die Ablieferungsverpflichtung auch auf den Widerruf schriftlicher Betreuungswünsche, da nur so das Betreuungsgericht die Verbindlichkeit der Wünsche überprüfen kann. Nach dem eindeutigen Wortlaut der Vorschrift sind nur Schriftstücke ablieferungspflichtig, also nicht etwa auch Tonbänder oder Datenträger.

5 **Ablieferungspflichtig** ist derjenige, der das Schriftstück besitzt. Hiermit kann nur der unmittelbare Besitzer (§ 854 BGB) gemeint sein.

6 Die Ablieferungsverpflichtung entsteht erst zu dem **Zeitpunkt**, in dem der Betroffene betreuungsbedürftig wird und ein Betreuungsverfahren einzuleiten ist. Vor diesem Zeitpunkt besteht noch keine Ablieferungsverpflichtung.[3]

---

[1] BT-Drs. 11/4528, S. 208.
[2] A.A. *Dodegge/Roth*, Betreuungsrecht, 4. Aufl. 2014, Teil C Rn. 140.
[3] KG Berlin v. 21.03.1995 - 1 W 3960/92 - juris Rn. 2 - KGR Berlin 1995, 129-130.

II. Die Betreuungsverfügung

Was genau eine Betreuungsverfügung ist, wird vom Gesetzgeber nicht definiert, er stellt auch keinerlei Anforderungen an den Inhalt auf. Neben § 1901c BGB erschließt sich aus den §§ 1897 Abs. 4 und 1901 Abs. 3 Satz 2 BGB jedoch, was unter einer Betreuungsverfügung zu verstehen ist.

1. Begriffsbestimmung

Eine Betreuungsverfügung enthält eine vorsorglich getroffene privatautonome Regelung für den Fall der Anordnung einer Betreuung hinsichtlich der Auswahl des zu bestellenden Betreuers und/oder bzgl. der Ausgestaltung des Betreuungsverhältnisses.

2. Wirksamkeitsvoraussetzungen

Die Wirksamkeit einer Betreuungsverfügung ist nicht von der Einhaltung einer bestimmten **Form** abhängig. Selbst dann, wenn der Wille des Betroffenen nur in mündlicher Form zum Ausdruck gebracht worden ist, ist er zu beachten.[4] Schon aus § 1901c BGB folgt jedoch, dass eine schriftliche Abfassung ratsam ist. Hierfür sprechen auch Gründe der Beweissicherung.

Geschäftsfähigkeit: Die in einer Betreuungsverfügung gemachten Vorschläge stellen keine Willenserklärungen dar[5], so dass auch ein Geschäftsunfähiger eine Betreuungsverfügung errichten kann. Die Grenze der Berücksichtigungsfähigkeit liegt da, wo die Bekundungen des Betroffenen erkennbar willkürlich und ohne Sinn erfolgen.[6]

3. Inhalt

Die größte praktische Bedeutung hat die Betreuungsverfügung im Bereich des Vorschlags der Person des Betreuers (§ 1897 Abs. 4 BGB; vgl. hierzu die Kommentierung zu § 1897 BGB Rn. 22).

Der Betroffene hat jedoch auch die Möglichkeit, schon im Rahmen der Betreuungsverfügung seine Wünsche zur Führung der Betreuung niederzulegen (§ 1901 Abs. 3 Satz 2 BGB). Hierbei kann er etwa Wünsche zur Vermögensverwaltung, seinem späteren Aufenthalt oder Heilbehandlungsmaßnahmen niederlegen.

4. Amtliche Aufbewahrung

§ 1901c BGB regelt zwar eine Ablieferungspflicht für Betreuungsverfügungen, eine korrespondierende amtliche Aufbewahrungspflicht hat der Gesetzgeber jedoch nicht geschaffen. Die Hinterlegungspraxis ist in den einzelnen Bundesländern sehr unterschiedlich.[7] Während in einigen Bundesländern aufgrund von landesgesetzlichen Regelungen eine Aufbewahrungspflicht besteht, haben andere Bundesländer keinerlei Regelungen getroffen oder es den Gerichten freigestellt, wie sie verfahren.

5. Zwangsmittel

Nach den §§ 285, 35 FamFG kann die Ablieferungsverpflichtung für Betreuungsverfügungen durch Androhung und Verhängung von Zwangsgeld erzwungen werden. Bestreitet derjenige, in dessen Besitz eine Betreuungsverfügung vermutet wird, deren Besitz, so kann das Vormundschaftsgericht ihn zur Abgabe einer eidesstattlichen Versicherung darüber auffordern, dass er die Verfügung nicht hat und auch nicht weiß, wo sie ist (§§ 285, 35 Abs. 4 FamFG i.V.m. § 883 Abs. 2 ZPO).

III. Unterrichtungspflicht über Vorsorgevollmachten (Sätze 2 und 3)

Die Regelung erstreckt die früher nur für Betreuungsverfügungen geltende Ablieferungspflicht in modifizierter Form auf Vorsorgevollmachten (ausführlich zur Vorsorgevollmacht vgl. die Kommentierung zu § 1896 BGB Rn. 47). Mit der Gesetzesformulierung wird einerseits erreicht, dass das Betreuungsgericht über den Besitz einer Vorsorgevollmacht zu informieren ist. Andererseits wird vermieden, dass der Bevollmächtigte das Original der Vollmacht bei Gericht abliefern muss und sich im Rechtsverkehr nicht mehr legitimieren kann. Bei notariell beurkundeten Vollmachten wäre eine Ablieferung der Originalurkunde systemwidrig, weil diese nach beurkundungsrechtlichen Grundsätzen bei der Urkundensammlung des Notars zu verbleiben hat.[8]

---

[4] BT-Drs. 11/4528, S. 128, 208.
[5] BT-Drs. 11/4528, S. 127.
[6] *Dodegge/Roth*, Betreuungsrecht, 4. Aufl. 2014, Teil C Rn. 134.
[7] *Hoffmann/Schumacher*, BtPrax 2002, 191-196.
[8] BT-Drs. 15/4874, S. 58.

§ 1902 BGB Vertretung des Betreuten

(Fassung vom 02.01.2002, gültig ab 01.01.2002)

In seinem Aufgabenkreis vertritt der Betreuer den Betreuten gerichtlich und außergerichtlich.

Gliederung

A. Grundlagen 1	II. Beschränkungen der Vertretungsmacht 8
B. Anwendungsvoraussetzungen 2	III. Grenzen der Vertretungsmacht 9
I. Vertretungsmacht des Betreuers 2	IV. Prozessuale Vertretung 13

A. Grundlagen

1   Gem. § 1902 BGB vertritt der Betreuer den Betreuten in seinem Aufgabenkreis gerichtlich und außergerichtlich. Der Betreuer hat von daher, was sich auch aus § 1896 Abs. 2 Satz 2 BGB ergibt, die Stellung eines gesetzlichen Vertreters. Die gesetzliche Vertretungsmacht besteht also innerhalb des übertragenen Aufgabenkreises und schließt insoweit auch die Prozessführung ein.

B. Anwendungsvoraussetzungen

I. Vertretungsmacht des Betreuers

2   **Folgen für den Betreuten:** Die Bestellung eines Betreuers hat keinen Einfluss auf die Geschäftsfähigkeit des Betreuten, so dass dieser weiterhin selbständig rechtlich handeln kann, falls er nicht gem. § 104 Nr. 2 BGB geschäftsunfähig ist und von daher gem. § 105 Abs. 1 BGB von ihm abgegebene Willenserklärungen nichtig sind. Der Betroffene wird auch nicht in seiner Fähigkeit beeinträchtigt, selbst Vollmachten – ggf. auch seinem Betreuer – zu erteilen.[1]

3   **Umfang der Vertretungsmacht:** Im Rahmen des übertragenen Aufgabenkreises besteht eine umfassende Vertretungsmacht. Der Betreuer ist zur Abgabe von Willenserklärungen (z.B. Vertragsabschlüsse, Kündigung von Verträgen, etc.) sowie zum Empfang von Willenserklärungen (z.B. Kündigung des Vermieters des Betreuten) berechtigt. Er kann rechtsgeschäftsähnliche Handlungen (z.B. Mahnungen, Fristsetzungen) im Namen des Betreuten vornehmen und diesen im gerichtlichen Verfahren vertreten. Der Betreuer ist auch berechtigt, partiell **Untervollmachten** zu erteilen.[2] Eine generelle Delegation der Betreuungsaufgaben ist jedoch wegen des Grundsatzes der persönlichen Betreuung unzulässig.[3]

4   Für das Handeln des Betreuers gelten die **allgemeinen Regelungen über die Stellvertretung** (§ 164 BGB). Nach den allgemeinen Grundsätzen des Vertretungsrechts wird der Betreuer nur dann im Namen des Betreuten tätig, wenn er ausdrücklich für diesen handelt oder das Handeln in fremden Namen sich für den Erklärungsempfänger aus den Gesamtumständen ergibt (§ 164 Abs. 1 und 2 BGB). Das Handeln des Betreuers wird für den Betroffenen nur wirksam, wenn der Betreuer im Rahmen seiner Vertretungsmacht, also innerhalb des ihm übertragenen Aufgabenkreises handelt.

5   Um eine mit dem Grundsatz der persönlichen Betreuung nicht vereinbare und unzulässige Delegation der Betreuungsaufgaben handelt es sich etwa, wenn eine zur Berufsbetreuerin bestellte Rechtsanwältin ihrem mit ihr in Kanzleigemeinschaft tätigen Ehemann alle nach außen gerichteten Tätigkeiten durch die eigenverantwortliche Unterzeichnung sämtlicher Schriftsätze überlässt.[4] Insoweit besteht dann auch kein Vergütungsanspruch.

6   **Überschreitet der Betreuer seine Vertretungsmacht,** hängt die Wirksamkeit der von ihm abgegebenen Erklärung von der Genehmigung durch den Betreuten ab (§ 177 Abs. 1 BGB), die dieser selbstverständlich nur erteilen kann, wenn er geschäftsfähig ist. Andernfalls haftet der Betreuer dem Geschäftspartner ggf. gem. § 179 Abs. 1 BGB. Hält der Betreuer sich hingegen bloß nicht an Wünsche des Betroffenen (§ 1901 Abs. 3 BGB), so ist dies für die Wirksamkeit des Handelns im Außenverhältnis

---

[1] *Schwab* in: MünchKomm-BGB, § 1902 Rn. 10.
[2] *Jürgens/Kröger/Marschner/Winterstein*, Betreuungsrecht kompakt, 7. Aufl. 2011, Rn. 159; *Jürgens*, Betreuungsrecht, 4. Aufl. 2010, § 1902 BGB Rn. 22; *Schwab* in: MünchKomm-BGB, § 1902 Rn. 51.
[3] OLG Frankfurt v. 13.10.2003 - 20 W 300/03 - FGPrax 2004, 29-30.
[4] OLG Frankfurt v. 13.10.2003 - 20 W 300/03 - FGPrax 2004, 29-30.

grundsätzlich ohne Bedeutung (vgl. hierzu die Kommentierung zu § 1901 BGB). Etwas anderes gilt nur für die beiden Fallgruppen des Missbrauchs der Vertretungsmacht (kollusivem Zusammenwirken von Betreuer und Geschäftspartner sowie wenn der Betreuer die Wünsche des Betroffenen pflichtwidrig übergeht und dies dem Geschäftspartner bekannt ist oder es für ihn evident ist): In diesem Fall wirkt das Rechtsgeschäft nicht für den Betreuten.[5] In den Fällen, in denen das Übergehen der Wünsche des Betroffenen für das Außenverhältnis ohne Relevanz bleibt, kann der Betreuer sich jedoch gem. den §§ 1908i Abs. 1 Satz 1, 1833 BGB schadensersatzpflichtig machen.

Ist der Betreute geschäftsfähig, so kann es zu **Doppelverfügungen** – des Betreuers einerseits und des Betroffenen andererseits – kommen. Bei widersprüchlichen Erklärungen hat nach dem Prioritätsprinzip grundsätzlich die zeitlich erste Erklärung Vorrang.[6] Nicht kollidierende Rechtsgeschäfte (z.B. zwei Kaufverträge über dieselbe Sache) sind jeweils wirksam, was ggf. zu Schadensersatzansprüchen führen kann.[7]

II. Beschränkungen der Vertretungsmacht

Von dem Grundsatz der umfassenden Vertretungsmacht kennt das Gesetz insoweit Ausnahmen, als es für bestimmte Rechtsgeschäfte dem Betreuer Beschränkungen in der Weise auferlegt, dass es zur Vornahme einer gerichtlichen Genehmigung bedarf. Von großer praktischer Bedeutung sind etwa die Genehmigung der Wohnungsauflösung (§ 1907 BGB), die Genehmigungspflicht für Forderungsverfügungen (§§ 1908i Abs. 1 Satz 1, 1812 BGB) oder Grundstücksgeschäfte (§§ 1908i Abs. 1 Satz 1, 1821 BGB).

III. Grenzen der Vertretungsmacht

Die gesetzliche Vertretungsmacht des Betreuers gilt grundsätzlich nicht für **höchstpersönliche Geschäfte**.[8] Keine Vertretungsbefugnis des Betreuers besteht etwa für die Eheschließung (§ 1311 Satz 1 BGB), die Testamentserrichtung (§§ 2064, 2274 BGB) oder den Abschluss eines Erbvertrages (§ 2274 BGB). Für verschiedene andere Rechtsgeschäfte hat der Gesetzgeber angeordnet, dass der geschäftsfähige Betreute sie nur alleine abschließen kann: etwa den Ehevertrag (§ 1411 Abs. 1 Satz 4 BGB), die Vaterschaftsanerkennung (§ 1596 Abs. 1 und 3 BGB), die Anfechtung der Vaterschaft (§ 1600a Abs. 2 und 5 BGB) oder die Stellung des Adoptionsantrages (§ 1752 Abs. 2 Satz 1 BGB).

Insichgeschäft: Der Betreuer ist von der Vertretungsmacht weiterhin ausgeschlossen, wenn er den Betreuten bei einem Rechtsgeschäft mit sich selbst oder als Vertreter eines Dritten vertreten müsste, es sei denn, dass das Rechtsgeschäft ausschließlich in der Erfüllung einer Verbindlichkeit besteht (§ 181 BGB). Erfasst hiervon werden nicht nur zweiseitige Rechtsgeschäfte, sondern auch einseitige wie Anfechtung, Kündigung, selbst wenn der Betreuer nur die Kündigung entgegennimmt.[9] Größere praktische Bedeutung hat die Vorschrift etwa für Erbengemeinschaften oder Gesellschaften.

Eine Erweiterung von § 181 BGB nimmt die Vorschrift des § 1795 Abs. 1 BGB vor, die im Betreuungsrecht über § 1908i Abs. 1 Satz 1 BGB Anwendung findet (vgl. insoweit die Kommentierung zu § 1795 BGB). Wegen möglicher **Interessenkollisionen** ist der Betreuer unter den in § 1795 Abs. 1 BGB genannten Voraussetzungen von der Vertretung ausgeschlossen. Erforderlichenfalls ist für die Wahrnehmung der Aufgabe, von der der Betreuer ausgeschlossen ist, ein Ergänzungsbetreuer zu bestellen.

Entziehung der Vertretungsmacht: Über das in § 1795 Abs. 1 BGB genannte Vertretungsverbot hinaus hat das Betreuungsgericht dem Betreuer die Vertretung für einzelne Angelegenheiten zu entziehen, wenn erhebliche Interessengegensätze bestehen (§§ 1908i Abs. 1 Satz 1, 1796 BGB; vgl. insoweit die Kommentierung zu § 1796 BGB). Erforderlichenfalls ist wiederum ein Ergänzungsbetreuer zu bestellen oder der Aufgabenkreis einzuschränken.

IV. Prozessuale Vertretung

Der Betreuer erhält mit Anordnung der Betreuung auch die Vollmacht, den Betroffenen innerhalb des übertragenen Aufgabenkreises **gerichtlich** zu vertreten. Die gerichtliche Vertretungsmöglichkeit muss also nicht gesondert zugewiesen werden. Insoweit sind jedoch einige Besonderheiten zu beachten.

---

[5] *Schwab* in: MünchKomm-BGB, § 1902 Rn. 16.
[6] *Roth* in: Erman, § 1902 Rn. 19; *Jürgens*, Betreuungsrecht, 4. Aufl. 2010, § 1902 Rn. 4.
[7] *Schwab* in: MünchKomm-BGB, § 1902 Rn. 22.
[8] Vgl. hierzu ausführlich *Schwab* in: MünchKomm-BGB, § 1902 Rn. 24 ff.
[9] *Dodegge/Roth*, Betreuungsrecht, 4. Aufl. 2014, Teil B Rn. 79.

14 **Zivilverfahren:** Gem. § 53 ZPO steht eine prozessfähige Person, die durch einen Betreuer vertreten wird, einer nicht prozessfähigen Person gleich. Dies bedeutet, dass die Betreuerbestellung für die Führung eines Zivilprozesses verdrängend wirkt, also der Betreute nur über seinen Betreuer klagen und verklagt werden kann.

15 **Strafverfahren:** Im Strafverfahren darf ein Betreuter, der wegen einer psychischen Krankheit oder einer geistigen oder seelischen Behinderung von der Bedeutung eines bestehenden Zeugnisverweigerungsrechts keine genügende Vorstellung hat, als Zeuge nur vernommen werden, wenn der Betreuer zustimmt. Ist dieser selbst Beschuldigter, kann er über die Ausübung des Zeugnisverweigerungsrechts allerdings nicht entscheiden (§ 52 Abs. 2 StPO). Einen Strafantrag kann bei einer gegen den Betreuten gerichteten Straftat der Betreuer stellen, wenn ihm die Personensorge zusteht und der Betreute selbst geschäftsunfähig ist (§ 77 Abs. 3 StGB).

§ 1903 BGB Einwilligungsvorbehalt

(Fassung vom 17.12.2008, gültig ab 01.09.2009)

(1) ¹Soweit dies zur Abwendung einer erheblichen Gefahr für die Person oder das Vermögen des Betreuten erforderlich ist, ordnet das Betreuungsgericht an, dass der Betreute zu einer Willenserklärung, die den Aufgabenkreis des Betreuers betrifft, dessen Einwilligung bedarf (Einwilligungsvorbehalt). ²Die §§ 108 bis 113, 131 Abs. 2 und § 210 gelten entsprechend.

(2) Ein Einwilligungsvorbehalt kann sich nicht erstrecken auf Willenserklärungen, die auf Eingehung einer Ehe oder Begründung einer Lebenspartnerschaft gerichtet sind, auf Verfügungen von Todes wegen und auf Willenserklärungen, zu denen ein beschränkt Geschäftsfähiger nach den Vorschriften des Buches vier und fünf nicht der Zustimmung seines gesetzlichen Vertreters bedarf.

(3) ¹Ist ein Einwilligungsvorbehalt angeordnet, so bedarf der Betreute dennoch nicht der Einwilligung seines Betreuers, wenn die Willenserklärung dem Betreuten lediglich einen rechtlichen Vorteil bringt. ²Soweit das Gericht nichts anderes anordnet, gilt dies auch, wenn die Willenserklärung eine geringfügige Angelegenheit des täglichen Lebens betrifft.

(4) § 1901 Abs. 5 gilt entsprechend.

Gliederung

A. Grundlagen 1	1. Lediglich rechtlicher Vorteil........................ 59
I. Kurzcharakteristik 1	2. Geringfügige Angelegenheit des täglichen Lebens 61
II. Regelungsprinzipien 4	V. Mitteilungspflichten des Betreuers (Absatz 4) 67
B. Praktische Bedeutung 6	**D. Rechtsfolgen** 69
C. Anwendungsvoraussetzungen 9	I. Materiellrechtliche Wirkungen des Einwilligungsvorbehalts 69
I. Normstruktur.. 9	1. Regel-Einwilligungsvorbehalt (Absatz 1) 70
1. Gliederung der Norm 9	2. Erweiterter Einwilligungsvorbehalt (Absatz 3 Satz 2) 79
2. Regelungsbereich 13	II. Prozessuale Wirkungen des Einwilligungsvorbehalts 81
II. Voraussetzungen eines Einwilligungsvorbehalts (Absatz 1)............................. 16	**E. Verfahren** 87
1. Betreuung im Aufgabenbereich des Einwilligungsvorbehalts 17	I. Zuständigkeit 87
2. Fehlende Selbstbestimmungsfähigkeit 20	II. Verfahrensfähigkeit 89
3. Erhebliche Gefahr für Person oder Vermögen des Betreuten 24	III. Anhörung 90
4. Geeignetheit des Einwilligungsvorbehalts 35	IV. Verfahrenspfleger 96
5. Erforderlichkeit des Einwilligungsvorbehalts ... 40	V. Sachverständigengutachten 97
6. Einwilligungsvorbehalt und Bevollmächtigung 46	VI. Entscheidung 101
III. Generelle Unzulässigkeit des Einwilligungsvorbehalts (Absatz 2)............................. 47	VII. Beschwerde 102
1. Höchstpersönliche Willenserklärungen 47	1. Beschwerdebefugnis 102
2. Einzelne höchstpersönliche Willenserklärungen 48	2. Beschwerdefrist 105
3. Sonderfall: Einwilligung in medizinische Maßnahmen 50	3. Erstmalige Anordnung eines Einwilligungsvorbehalts im Beschwerdeverfahren 106
4. Sonderfall: Einwilligung in freiheitsentziehende Maßnahmen 54	4. Wirkungen der Aufhebung im Beschwerdeverfahren 107
IV. Ausnahme: Einwilligungsfreiheit trotz Einwilligungsvorbehalt (Absatz 3)............. 58	VIII. Rechtsbeschwerde 109
	IX. Einstweilige Anordnung 111
	F. Vergütungsfragen 112

A. Grundlagen

I. Kurzcharakteristik

1 Die Funktion der Betreuung besteht regelmäßig darin, die rechtliche Handlungsfähigkeit eines Menschen sicherzustellen, bei dem diese krankheitsbedingt beeinträchtigt ist. Der Betreute kann aber in dem betreffenden Aufgabenbereich des Betreuers auch weiter rechtlich wirksam handeln.

2 Der Betreute muss ggf. davor geschützt werden, sich selbst durch **eigene rechtlich wirksame Handlungen** an Person oder Vermögen zu schädigen.[1] Dieser Schutz wird durch die Bestellung eines Betreuers allein nicht erreicht. Die Anordnung einer Betreuung und die Bestellung eines Betreuers bewirkt nicht eo ipso, dass etwaige rechtliche Handlungen bzw. Willenserklärungen des Betreuten unwirksam sind.[2] Der Betreute ist deshalb trotz angeordneter Betreuung grundsätzlich[3] nicht gehindert, wirksam Rechtsgeschäfte in eigenem Namen abzuschließen. Dies betrifft insbesondere auch Rechtsgeschäfte in Aufgabenbereichen, für die ein Betreuer bestellt wurde. Der Betreute und der Betreuer (letzterer nur in dem ihm übertragenen Aufgabenkreis) dürfen beide rechtlich wirksame Erklärungen abgeben (sog. **Doppelzuständigkeit**).[4] Die Anordnung einer Betreuung verhindert also nicht, dass der Betreute sich selbst durch rechtsgeschäftliches Handeln schädigt.

3 Nur die Anordnung eines Einwilligungsvorbehalts bewirkt deshalb eine Beschränkung des rechtsgeschäftlich wirksamen Handelns[5] des Betreuten und begegnet so der Gefahr einer Selbstschädigung des Betreuten.

II. Regelungsprinzipien

4 Die Anordnung eines Einwilligungsvorbehalts führt nicht zu einer Entmündigung des Betreuten, wie dies oftmals unterstellt wird.[6] Der Betreute wird durch die Anordnung eines Einwilligungsvorbehalts weder vollständig noch partiell geschäftsunfähig.[7] Vielmehr hat die Anordnung eines Einwilligungsvorbehalts auf die Geschäftsfähigkeit keinerlei Einfluss.[8] Denn der Einwilligungsvorbehalt soll lediglich den Schutz des Betreuten sicherstellen. Dafür ist es nicht notwendig, ihm **allgemein** die Fähigkeit zu eigenem rechtsgeschäftlichem Handeln zu nehmen. Der Schutz des Betreuten wird vielmehr dadurch in ausreichender Weise sichergestellt, dass die Wirksamkeit seines rechtsgeschäftlichen Handelns in besonders gefährdeten Bereichen von der **Einwilligung seines Betreuers** abhängig gemacht wird. Die Vorschrift lehnt die Wirkungen des Einwilligungsvorbehalts damit eng an das Minderjährigenrecht an, wie es in den §§ 108-113 BGB normiert ist. In dieser Hinsicht greift § 1903 BGB das **Regelungsprinzip der beschränkten Geschäftsfähigkeit** auf.

5 Durch den Einwilligungsvorbehalt wird der Betroffene nicht vollständig einem beschränkt Geschäftsfähigen gleichgestellt. Dies schon deshalb nicht, weil der Einwilligungsvorbehalt niemals sämtliche Angelegenheiten des Betreuten umfasst.[9] Seine Anordnung schafft für den Betroffenen nur partiell eine ähnliche Rechtsstellung, wie sie der beschränkt Geschäftsfähige innehat (sog. **partiell beschränkte Geschäftsfähigkeit**[10]). Da der Einwilligungsvorbehalt nur für bestimmte Aufgabenbereiche angeordnet wird, gelten für den Betroffenen auch **nur im Rahmen des jeweiligen Aufgabenbereichs** die ent-

---

[1] *Lipp*, Freiheit und Fürsorge – Der Mensch als Rechtsperson, 2000, S. 237.

[2] Die Frage der Geschäftsfähigkeit ist nicht von unmittelbarer Bedeutung (BayObLG München v. 04.05.1995 - 3Z BR 46/95 - EzFamR aktuell 1995, 265-266; BayObLG München v. 22.05.1996 - 3Z BR 58/96 - EzFamR aktuell 1996, 253-255).

[3] Ausnahme ist die tatsächlich bestehende Geschäftsunfähigkeit. Deren Vorliegen wird aber von dem die Betreuung anordnenden Gericht nicht geprüft oder festgestellt.

[4] LG Mönchengladbach v. 06.03.1997 - 5 T 502/96 - BtPrax 1997, 203-204. Richtig stellt das LG Mönchengladbach fest, dass die Verfügungsmöglichkeit des Betreuten nicht durch bloße Eintragung eines Sperrvermerks im Sparbuch beschränkt werden kann.

[5] Vgl. zu dieser Beschränkung auf rechtsgeschäftliche Erklärungen LG Hildesheim v. 29.05.1996 - 5 T 279/96 - BtPrax 1996, 230-231.

[6] Die Praxis orientiert sich hier verfehlt vielfach aber noch an alten Kategorien, was zu einer Fehlbeurteilung des Status des Betreuers führt, wie *Pawlowski*, JZ 2003, 66-73, 68, richtig feststellt.

[7] BT-Drs. 11/4528, S. 60 ff.; *Neuhausen*, RNotZ 2003, 157-182, 161; *Staffler*, RpflStud 2003, 33-38, 33; *Jürgens* in: Jürgens, Betreuungsrecht, 4. Aufl. 2011, § 1903 Rn. 1.

[8] OLG Zweibrücken v. 03.04.2006 - 3 W 28/06 - OLGR Zweibrücken 2006, 729-732; OLG Zweibrücken v. 08.12.2004 - 3 W 187/04 - OLGR Zweibrücken 2005, 249-251.

[9] *Bienwald* in: Staudinger, § 1903 Rn. 65.

[10] *Sonnenfeld*, FamRZ 1995, 393-397, 396.

sprechenden Beschränkungen des Minderjährigenrechts. In den übrigen, von dem Einwilligungsvorbehalt nicht erfassten Aufgabenbereichen, bleibt es daher bei der uneingeschränkten eigenen rechtlichen Handlungsfähigkeit des Betreuten.

B. Praktische Bedeutung

Die Zahl[11] der durch Gerichte angeordneten Einwilligungsvorbehalte ist bezogen auf die Zahl der angeordneten Betreuungen zwar relativ gering. Tendenziell stieg die Zahl der Einwilligungsvorbehalte überproportional zu den neu angeordneten Betreuungen und stagniert seit 2010 knapp oberhalb von 6% (neue Einwilligungsvorbehalte in Bezug auf erstmalige Betreuungsanordnungen):

Jahr	Einwilligungsvorbehalte	Betreuungsanordnungen	%
1992	4.735	75.170	6,3
1993	4.528	104.511	4,3
1994	4.781	113.106	4,2
1995	4.881	123.316	4,0
1996	5.159	141.997	3,6
1997	6.551	147.851	4,5
1998	6.623	159.665	4,1
1999	7.279	177.252	4,1
2000	7.970	192.281	4,1
2001	8.572	205.266	4,2
2002	10.214	208.491	4,9
2003	9.810	215.914	4,5
2004	10.843	218.254	4,9
2005	11.652	223.843	5,2
2006	11.371	222.843	5,1
2007	12.039	224.079	5,4
2008	13.318	237.591	5,6
2009	14.132	239.962	5,9
2010	14.860	239.068	6,2
2011	14.207	233.332	6,1
2012	13.582	221.579	6,1

Diese Entwicklung deutet darauf hin, dass die Betreuungsgerichte insgesamt zunehmend großzügiger verfahren in der Beurteilung der Frage, ob ein Einwilligungsvorbehalt erforderlich ist. Betrachtet man die Zahlen der Erstbetreuungen der Jahre 2008-2010 so ist hier eine Stagnierung auf knapp unter 240.000 Fälle zu verzeichnen. Die Zahl der Einwilligungsvorbehalte ist dagegen in dieser Zeit deutlich gestiegen. Diese Entwicklung erscheint bedenklich, da die Anordnung eines Einwilligungsvorbehaltes grundsätzlich eine Ausnahme bleiben sollte. Insofern ist die in den letzten Jahren zu beobachtende Stagnation der neu angeordneten Einwilligungsvorbehalte positiv zu bewerten.

Der Einwilligungsvorbehalt hat seine maßgebliche praktische Bedeutung im Bereich der Vermögenssorge.[12] In anderen Bereichen, etwa der Aufenthaltsbestimmung, hat der Einwilligungsvorbehalt in der Praxis eine verschwindend geringe Bedeutung.[13]

C. Anwendungsvoraussetzungen

I. Normstruktur

1. Gliederung der Norm

Die Vorschrift des § 1903 BGB beschreibt in ihrem **ersten Absatz** die Voraussetzungen der Anordnung eines Einwilligungsvorbehalts und verweist in Bezug auf dessen Wirkungen auf einzelne Vorschriften des Minderjährigenrechts.

---

[11] Die Zahlen sind entnommen der Statistik des Bundesamtes für Justiz, Betreuungsverfahren, Zusammenstellung der Bundesergebnisse für die Jahre 1992 bis 2012, Stand: 06.09.2013. www.bundesjustizamt.de/DE/Themen/Buergerdienste/Justizstatistik/Betreuung/Betreuung_node.html (abgerufen am 09.01.2015).

[12] *Sonnenfeld*, FamRZ 1995, 393-397, 396.

[13] *Staffler*, RpflStud 2003, 33-38, 33.

10 Der **zweite Absatz** listet einschränkend Bereiche auf, in denen ausnahmsweise schon die Anordnung eines Einwilligungsvorbehalts als solches unzulässig ist.

11 Der **dritte Absatz** beschreibt Bereiche, in denen trotz angeordneten Einwilligungsvorbehalts ausnahmsweise Rechtshandlungen des Betreuten der Einwilligung des Betreuers nicht bedürfen.

12 Der **vierte Absatz** konstituiert Mitteilungspflichten des Betreuers gegenüber dem Gericht.

2. Regelungsbereich

13 § 1903 BGB ist eng verknüpft mit Rechtsgeschäften bzw. rechtlich erheblichen Willenserklärungen. Der Gesetzgeber versteht das Institut der Betreuung als rechtliche Betreuung. Es handelt sich also um eine Betreuung in rechtlichen Angelegenheiten. Die (rechtliche) Betreuung i.S.d. BGB ist keine tatsächliche Fürsorge oder Pflege. Die Anordnung eines Einwilligungsvorbehalts kann damit auch nur in den Fällen wirksam werden, in denen der Betreute **rechtswirksam** tätig wird. Dieses Tätigwerden vollzieht sich in aller Regel durch die Abgabe von Willenserklärungen, die ihrerseits rechtliche Folgen für den Erklärenden nach sich ziehen. Willenserklärungen können dabei ausdrücklich oder durch schlüssiges Handeln erfolgen. Es kommt auch nicht auf eine besondere Form an (Mündlichkeit, Schriftlichkeit, notarielle Beurkundung etc.). Entscheidend ist aber, dass das Handeln des Betreuten sich nicht lediglich in dem bloßen Tätigsein erschöpft. Reine tatsächliche Handlungen eines Betreuten können daher von einem Einwilligungsvorbehalt nicht erfasst werden.

14 Ein Einwilligungsvorbehalt scheidet danach z.B. aus für die Frage, welchen Umgang der Betreute zu pflegen wünscht. Allerdings kann ein Einwilligungsvorbehalt angeordnet werden in allen Fragen, in denen der Betreute sich durch den Abschluss von Verträgen persönlich oder wirtschaftlich schädigt.

15 Aber auch im rechtsgeschäftlichen Bereich ist nicht stets ein Einwilligungsvorbehalt zulässig. Ausgenommen ist die Gruppe der höchstpersönlichen Willenserklärungen. In diesem Bereich soll der Betreuer nicht seinen Willen an die Stelle des Willens des Betreuten setzen dürfen.

II. Voraussetzungen eines Einwilligungsvorbehalts (Absatz 1)

16 Für die erstmalige Anordnung, aber auch die Verlängerung[14] oder Erweiterung[15] eines Einwilligungsvorbehalts müssen die folgenden fünf Voraussetzungen erfüllt sein:
- Betreuung im betroffenen Aufgabenbereich
- fehlende Selbstbestimmungsmöglichkeit/Unvermögen zu eigenverantwortlichen Entscheidungen
- erhebliche Gefahr für Person oder Vermögen des Betroffenen
- Geeignetheit zur Abwendung der Gefahr
- Erforderlichkeit des Einwilligungsvorbehalts

1. Betreuung im Aufgabenbereich des Einwilligungsvorbehalts

17 Ein Einwilligungsvorbehalt darf nur angeordnet werden, sofern für den betreffenden Aufgabenbereich bereits ein **Betreuer bestellt** ist oder zugleich mit der Anordnung für diesen Aufgabenbereich ein **Betreuer bestellt wird**.[16] Diese Voraussetzung ist denknotwendig, denn ohne Vorhandensein eines Betreuers wäre kein Vertreter des Betreuten vorhanden, der im Bedarfsfall seine Einwilligung zu Handlungen des Betreuten erteilen könnte. Im Falle der Entlassung oder des Todes eines Betreuers erwächst dem Gericht deshalb die Pflicht, unverzüglich einen neuen Betreuer zu bestimmen (§ 1908c BGB).

18 Kein Einwilligungsvorbehalt kann demnach angeordnet werden, wenn der Betroffene lediglich einen Bevollmächtigten bestimmt hat, der bestimmte Aufgabenbereiche für ihn wahrnimmt. Es ist damit nicht möglich, dass das Gericht einen Einwilligungsvorbehalt im Rahmen einer Bevollmächtigung ausspricht. In den Fällen, in denen ein Einwilligungsvorbehalt notwendig wird, ist trotz einer Bevollmächtigung eine Betreuung anzuordnen.[17]

19 Allerdings kann nicht für jeden Aufgabenbereich ein Einwilligungsvorbehalt angeordnet werden. Denn der Einwilligungsvorbehalt kann sich nur auf Willenserklärungen erstrecken, nicht aber auch auf tat-

---

[14] BayObLG München v. 10.08.1999 - 3Z BR 232/99 - EzFamR aktuell 1999, 343-344; BayObLG München v. 16.09.1999 - 3Z BR 287/99 - BtPrax 2000, 91; BayObLG München v. 16.09.1999 - 3Z BR 278/99 - juris Rn. 10 - NJWE-FER 2000, 9-10.

[15] BayObLG München v. 01.10.1997 - 3Z BR 358/97 - EzFamR aktuell 1998, 43-45.

[16] OLG Schleswig-Holstein v. 12.01.2005 - 2 W 300/04 - SchlHA 2005, 350-351; BayObLG München v. 02.06.2004 - 3Z BR 65/04 - FamRZ 2004, 1814-1815.

[17] Vgl. AG Neuruppin v. 11.03.2009 - 23 XVII 269/08.

sächliches Handeln des Betreuten.[18] Deshalb kommt grundsätzlich nur für solche Aufgabenbereiche die Anordnung eines Einwilligungsvorbehalts in Betracht, in denen rechtsgeschäftliches Handeln überhaupt möglich ist. Die Anordnung für den Bereich der Aufenthaltsbestimmung kann daher allenfalls dazu führen, dass der Betreute nicht wirksam Verträge abschließen kann, die seine Aufenthaltsbestimmung betreffen, wie zum Beispiel einen Heimvertrag. Dagegen unterliegt der Betreute nicht hinsichtlich der Wahl seines tatsächlichen zeitweisen Aufenthaltsortes der Genehmigung. Er ist deshalb insbesondere berechtigt, etwa Besuche nach eigenem Dafürhalten durchzuführen. Durch den angeordneten Einwilligungsvorbehalt steht dem Betreuer auch nicht die Befugnis zu, gegen den erklärten Willen des Betreuten dessen **tatsächlichen** Aufenthalt zu bestimmen.

2. Fehlende Selbstbestimmungsfähigkeit

Da die Anordnung einer Betreuung grundsätzlich das Recht zur freien Selbstbestimmung des Betroffenen nicht aufheben soll, kommt eine Einschränkung der rechtlichen Handlungsfähigkeit durch Anordnung eines Einwilligungsvorbehalts nur in Betracht, wenn und soweit der Betroffene in seiner Fähigkeit zur Selbstbestimmung wesentlich eingeschränkt ist.[19] Der Betreute muss aufgrund einer

- psychischen Erkrankung,
- einer geistigen oder
- seelischen Behinderung

außerstande sein, seinen Willen frei zu bestimmen.[20] Ob der Betreute gleichzeitig geschäftsunfähig ist, spielt zwar für die Anordnung eines Einwilligungsvorbehalts keine Rolle.[21] Die Praxis lehnt sich aber richtigerweise eng an Definitionen zur Geschäftsunfähigkeit an. So soll entscheidend sein, dass der Betroffene seinen Willen nicht mehr unbeeinflusst von seiner geistigen Behinderung bilden und nach zutreffend gewonnenen Einsichten handeln kann.[22] Der Einwilligungsvorbehalt wird deshalb in der Praxis regelmäßig angeordnet, wenn eine der Geschäftsunfähigkeit ähnelnde Situation in einem der Aufgabenbereiche der Betreuung vorliegt.

Ist ein Einwilligungsvorbehalt im Rahmen einer Betreuung angeordnet worden, kann in anderen Verfahren die Frage der Geschäftsfähigkeit gesondert zu prüfen sein. Es kann dann jedenfalls nicht mehr von vornherein von der Geschäftsfähigkeit der betreuten Partei ausgegangen werden.[23]

Grundsätzlich ist die Anordnung eines Einwilligungsvorbehalts auch dann möglich, wenn der Betreute geschäftsunfähig ist. Denn der Einwilligungsvorbehalt schützt den Betreuten davor, dass er u.U. wegen Beweisschwierigkeiten an für ihn nachteiligen Willenserklärungen, für die eine Einwilligung des Betreuers nicht vorliegt, festgehalten werden kann.[24] Ausnahmsweise kann in diesen Fällen die Erforderlichkeit für die Anordnung eines Einwilligungsvorbehalts allerdings entfallen.[25] In den Fällen einer deutlich für jedermann erkennbaren Geschäftsunfähigkeit ist der Betreute nämlich tatsächlich und damit auch rechtlich nicht in der Lage, sich selbst zu schädigen, so dass für die (zusätzliche) Beschränkung seiner rechtlichen Handlungsfähigkeit im Rahmen des Einwilligungsvorbehalts kein Raum ist.

---

[18] So z.B. für den Bereich der Aufenthaltsbestimmung: LG Hildesheim v. 29.05.1996 - 5 T 279/96 - BtPrax 1996, 230-231; LG Köln v. 30.01.1992 - 1 T 25/92 - FamRZ 1992, 857-859; wie hier auch BayObLG München v. 15.11.1995 - 3Z BR 211/95 - EzFamR aktuell 1996, 20-21 (keine Anordnung für Aufenthaltsbestimmung zur Verhinderung, dass der Betreute das Krankenhaus verlässt).

[19] BT-Drs. 11/4528, S. 138; BayObLG München v. 13.02.1998 - 4Z BR 13/98 - EzFamR aktuell 1998, 244-245; BayObLG München v. 15.11.1995 - 3Z BR 211/95 - EzFamR aktuell 1996, 20-21.

[20] BayObLG München v. 04.02.1993 - 3Z BR 11/93 - MDR 1993, 545-546; BayObLG München v. 25.07.1994 - 3Z BR 97/94 - BayObLGZ 1994, 209-214; BayObLG München v. 30.03.1995 - 3Z BR 349/94 - BayObLGZ 1995, 146-148; BayObLG München v. 04.05.1995 - 3Z BR 46/95 - EzFamR aktuell 1995, 265-266; BayObLG München v. 15.11.1995 - 3Z BR 211/95 - EzFamR aktuell 1996, 20-21; BayObLG München v. 22.05.1996 - 3Z BR 58/96 - EzFamR aktuell 1996, 253-255.

[21] BayObLG München v. 17.03.1994 - 3Z BR 16/94 - BayObLGR 1994, 38; BayObLG München v. 04.05.1995 - 3Z BR 46/95 juris Rn 7 - EzFamR aktuell 1995, 265-266.

[22] So BayObLG München v. 22.05.1996 - 3Z BR 58/96 - EzFamR aktuell 1996, 253-255 mit der Bezugnahme auf BGH v. 05.12.1995 - XI ZR 70/95 - LM BGB § 104 Nr. 11 (4/1996).

[23] LG Neubrandenburg v. 21.08.1995 - 3 T 143/95 - RAnB 1995, 326.

[24] OLG Zweibrücken v. 03.04.2006 - 3 W 28/06.

[25] BayObLG München v. 01.12.1999 - 3Z BR 304/99 - EzFamR aktuell 2000, 137-139.

23 Die Anordnung eines Einwilligungsvorbehalts ist nur zulässig in Bezug auf Betroffene, die an einer psychischen Erkrankung, einer geistigen oder seelischen Behinderung leiden. Unzulässig ist die Anordnung eines Einwilligungsvorbehalts bei Vorliegen einer bloßen körperlichen Behinderung.[26] Bei Vorliegen einer ausschließlich körperlichen Behinderung fehlt nämlich regelmäßig nicht die Möglichkeit zu einer freien Selbstbestimmung.

3. Erhebliche Gefahr für Person oder Vermögen des Betreuten

24 Die Anordnung eines Einwilligungsvorbehalts setzt voraus, dass eine erhebliche Gefahr für die Person oder das Vermögen des Betroffenen durch eine **Selbstschädigung** droht. Die Gefahr muss dabei hinsichtlich der Art des Rechtsgutes und des Gewichts des drohenden Schadens erheblich sein.[27] Entscheidend ist, dass eine **wesentliche Beeinträchtigung des Wohls des Betreuten in seiner konkreten Lebenssituation droht**.[28]

25 Der Einwilligungsvorbehalt dient deshalb insbesondere nicht dem Zweck der **Bevormundung** des Betroffenen. Dies würde sowohl dem eingangs als Zielsetzung der Norm beschriebenen Erhalt des Selbstbestimmungsrechts als auch der Intention des Gesetzgebers zuwiderlaufen, die Entmündigung Volljähriger abzuschaffen.

26 Von dem Genuss seiner Einkünfte und seines Vermögens soll der Betroffene ebenfalls nicht ausgeschlossen werden. Dies muss insbesondere stets im Rahmen der Prüfung des Vorliegens einer Gefahr für den Betroffenen mitberücksichtigt werden. So liegt eine erhebliche Gefahr für das Vermögen nicht schon vor, wenn der wohlhabende Betreute einen weit überdurchschnittlich großzügigen Lebensstil pflegt, der die Substanz seines Vermögens allerdings nur geringfügig schmälert.

27 Eine erhebliche Gefahr kann indessen bereits vorliegen, wenn der Betroffene sein umfangreiches Vermögen nicht selbst überblicken kann.[29]

28 Eine erhebliche Gefahr für das Vermögen des Betreuten kann es darstellen, wenn dieser eine schuldrechtliche Verpflichtung ohne wirtschaftlich gebotene Gegenleistung eingehen will.[30]

29 Eine Gefahr der Selbstschädigung liegt dagegen nicht vor, wenn der Betreute an einem Sparzwang leidet.[31] Hier fehlt es schon an einer Schädigung. Der Betreute darf auch nicht von seinem Betreuer angehalten werden, mehr Geld auszugeben, als der Betreute für notwendig erachtet. Dies würde auf eine unzulässige Bevormundung hinauslaufen.

30 Neigt der Betroffene krankheitsbedingt dazu, eine Vielzahl von behördlichen oder gerichtlichen Verfahren zu betreiben, kommt die Anordnung eines Einwilligungsvorbehalts für den gesonderten, von sonstigen Aufgabenkreisen unabhängigen Aufgabenkreis „Vertretung gegenüber Institutionen, Sozialleistungsträgern, Behörden und Gerichten" nur dann in Betracht, wenn diese Verfahren zu einer Gefährdung des Vermögens des Betroffenen führen können. Das ist nicht der Fall, wenn es sich um Verfahren handelt, bei denen Gebühren nicht erhoben werden.[32] Erhebt ein Betroffener allerdings massenhaft von vornherein aussichtslose Klagen, kann die Anordnung eines Einwilligungsvorbehalts für „Behördenangelegenheiten und gerichtliche Auseinandersetzungen" in Betracht kommen.[33]

31 Nicht genügend ist dagegen eine Gefahr nur geringfügiger Vermögensschäden.[34] Die Anordnung eines Einwilligungsvorbehalts kann aber in besonderen Fallgestaltungen trotz einer Vermögenslosigkeit des Betreuten erforderlich sein, wenn ihm durch sein Verhalten weitere nicht unerhebliche Vermögensschädigungen etwa durch eine weitere Verschuldung drohen.[35]

32 Auch die mögliche oder hypothetische Gefahr zukünftiger Vermögensschädigungen ist nicht genügend.[36]

---

[26] BT-Drs. 11/4528, S. 137.
[27] OLG Saarbrücken v. 28.09.2004 - 5 W 236/04 - juris Rn. 23 - OLGR Saarbrücken 2005, 215-218.
[28] *Schwab* in: MünchKomm-BGB, § 1903 Rn. 9.
[29] BayObLG München v. 04.05.1995 - 3Z BR 46/95 - EzFamR aktuell 1995, 265-266.
[30] BayObLG München v. 12.01.2000 - 3Z BR 345/99 - BtPrax 2000, 123-124; BayObLG München v. 16.09.1999 - 3Z BR 278/99 - NJWE-FER 2000, 9-10.
[31] LG München I v. 22.01.1999 - 13 T 4311/98 - BtPrax 1999, 114.
[32] KG Berlin v. 11.12.2007 - 1 W 125/06; Schleswig-Holsteinisches OLG v. 12.01.2005 - 2 W 300/04.
[33] KG Berlin v. 09.01.2007 - 1 W 60/06; Für den Betreuten, der im Maßregelvollzug unverhältnismäßig viele Rechtsanwälte beauftragt vgl. LG Landau v. 19.01.2011 - 3 T 64/10.
[34] Entsprechend der Vorstellung des Gesetzgebers in BT-Drs. 11/4528, S. 136.
[35] BayObLG München v. 04.02.1997 - 3Z BR 8/97 - BtPrax 1997, 160-161.
[36] LG Köln v. 20.02.1992 - 1 T 32/92 - NJW 1993, 207-208.

Nicht zulässig ist es ebenfalls, bei bloßen Meinungsverschiedenheiten zwischen Betreuer und Betreutem über die Verwendung des Vermögens einen Einwilligungsvorbehalt anzuordnen.[37] Ein Einwilligungsvorbehalt ist deshalb nicht schon erforderlich, wenn der Betreuer gegen den erklärten Willen des Betreuten rechtsgeschäftlich handelt.[38] Dieser Fall kommt in der Praxis nicht zuletzt deshalb häufig vor – ohne in der obergerichtlichen Rechtsprechung seinen Niederschlag zu finden – weil sich zuweilen Betreuer durch die oben beschriebene Doppelzuständigkeit (vgl. Rn. 1) in ihren Gestaltungsmöglichkeiten beschränkt fühlen. Der entscheidende Richter hat deshalb in diesen Fällen sorgfältig zu prüfen, ob die Anordnung eines Einwilligungsvorbehalts wirklich zur Abwendung einer erheblichen Gefahr für den Betroffenen notwendig ist.

Ebenso sind für die Frage einer drohenden Gefahr **Drittinteressen** nicht zu berücksichtigen. Nicht erheblich für die Anordnung eines Einwilligungsvorbehalts ist es, dass Dritte durch rechtserhebliche Handlungen des Betreuten geschädigt werden könnten. Insbesondere betrifft dies die Interessen von Vertragspartnern, aber auch von Familienangehörigen und Erben. Der durch einen Einwilligungsvorbehalt zu erreichende Schutz soll ausschließlich dem Betreuten dienen. Die Gefährdung darf sich deshalb lediglich auf die Person des Betroffenen oder sein Vermögen direkt beziehen.

4. Geeignetheit des Einwilligungsvorbehalts

Die Frage der Geeignetheit ist das am wenigsten beachtete Merkmal[39], dem aber gleichwohl eine wesentliche Bedeutung zukommt.

Ungeeignet ist in der Regel[40] die Anordnung eines sich auf finanzielle Angelegenheiten beziehenden Einwilligungsvorbehalts für Betreute, die **vermögenslos** sind und über **keine Einkünfte in nennenswerter Höhe** verfügen (z.B. Sozialhilfeempfänger). Denn schon durch § 1903 Abs. 3 Satz 2 BGB werden Willenserklärungen vom Einwilligungsvorbehalt ausgenommen, die sich auf geringfügige Angelegenheiten des täglichen Lebens beziehen (vgl. Rn. 77). Ein vermögensloser Betreuter, der über keine nennenswerten Einkünfte verfügt, dürfte grundsätzlich lediglich Geschäfte im Bereich dieser geringfügigen Angelegenheiten tätigen können. Ein Einwilligungsvorbehalt könnte deshalb seine Möglichkeiten zu rechtsgeschäftlichem Handeln nicht einschränken und erscheint untauglich, zu seinem Schutz beizutragen.

Die Ausweitung des Einwilligungsvorbehalts auf geringfügige Angelegenheiten (**erweiterter Einwilligungsvorbehalt**), wie sie Absatz 3 vorsieht, dürfte ebenfalls nur in Ausnahmefällen zulässig sein (zu den Rechtsfolgen vgl. Rn. 79). Wegen der weitgehenden Anonymität dieser Geschäfte dürfte die Eignung des Einwilligungsvorbehalts, den Betreuten vor schädigenden Rechtsgeschäften auch in diesem Bereich zu schützen, regelmäßig fehlen. Nur in seltenen Ausnahmefällen wird dies anders zu beurteilen sein, etwa dann, wenn zuverlässig sichergestellt werden kann, dass alle möglichen Geschäftspartner des Betroffenen über den Einwilligungsvorbehalt informiert werden können, so dass ihm der Abschluss von Rechtsgeschäften in jeder Hinsicht unmöglich wird.

Ist **kein Vermögen** vorhanden und erzielt der Betreute **keine oder nur geringe Einkünfte**, ist ein Einwilligungsvorbehalt für finanzielle Angelegenheiten in Ausnahmefällen zulässig, z.B. wenn der Betreute trotz allem im vermögensrechtlichen Bereich weiter tätig und zu erwarten ist, dass er durch den Abschluss von Verträgen Verbindlichkeiten eingeht, die er nicht wird erfüllen können. Der Einwilligungsvorbehalt kann in derartigen Fällen den Zweck haben, den Betreuten vor weiterer erheblicher Verschuldung zu bewahren oder ein völliges Absinken ins soziale Abseits zu verhindern.[41]

Soll ein Einwilligungsvorbehalt im Zusammenhang mit der Verursachung sinnloser Gerichtskosten durch den Betroffenen angeordnet werden, ist konkret zu prüfen, ob diese Maßnahme überhaupt geeignet ist, eine erhebliche Vermögensgefahr von ihm abzuwenden.[42]

---

[37] *Bienwald* in: Staudinger, § 1903 Rn. 31.
[38] LG Berlin v. 20.12.1999 - 34 O 433/99 - ZMR 2000, 297-300.
[39] Die Geeignetheit wird allzu oft nur als Teil der Erforderlichkeit abgehandelt (vgl. *Bauer/Walther* in: HK-BUR, § 1903 Rn. 29 Stand. 77. Akt. 02/2011).
[40] Vgl. hierzu aber BayObLG München v. 04.02.1997 - 3Z BR 8/97 - BtPrax 1997, 160-161.
[41] BayObLG München v. 04.02.1997 - 3Z BR 8/97 - EzFamR aktuell 1997, 148-150; BayObLG München v. 04.02.1997 - 3Z BR 8/97 - BtPrax 1997, 160-161.
[42] Schleswig-Holsteinisches OLG v. 12.01.2005 - 2 W 300/04.

5. Erforderlichkeit des Einwilligungsvorbehalts

40 Die Anordnung eines Einwilligungsvorbehalts steht unter dem eng auszulegenden Merkmal der Erforderlichkeit. Der Einwilligungsvorbehalt muss **ultima ratio** sein, also **das letzte erfolgversprechende Mittel**, um den Betreuten vor erheblichen Gefahren, die mit der Abgabe seiner Willenserklärungen entstehen, zu schützen.[43] Seine Anordnung soll sich deshalb nach dem Willen des Gesetzgebers auf besonders gelagerte Ausnahmefälle beschränken.[44] Deshalb ist für jeden einzelnen Aufgabenbereich, für den ein Einwilligungsvorbehalt angeordnet wird, die Erforderlichkeit eigens festzustellen.[45]

41 Der Einwilligungsvorbehalt darf daher nicht lediglich dem Ziel dienen, die Arbeit des Betreuers zu erleichtern.[46]

42 An der Erforderlichkeit eines Einwilligungsvorbehalts fehlt es, wenn durch vorbeugende Kontrolle des Betreuers eine Selbstschädigung verhindert werden kann. In der Praxis kann z.B. ein die Vermögenssorge betreffender Einwilligungsvorbehalt vielfach vermieden werden, indem der Betreuer mit der Bank des Betroffenen vereinbart, dass eine Überziehung des Kontos nicht möglich sein soll. Wird daneben durch geeignete Maßnahmen sichergestellt, dass laufende Verbindlichkeiten zur Deckung des Lebensbedarfs (insbesondere Miete u. Nebenkosten) bezahlt werden, so ist der Gefahr einer finanziellen Selbstschädigung bereits effektiv begegnet.

43 Die Anordnung eines Einwilligungsvorbehalts ist regelmäßig nicht erforderlich, sofern der Betreute selbst nicht äußerungsfähig bzw. nicht handlungsfähig ist. Ein Einwilligungsvorbehalt verbietet sich deshalb stets, wenn der Betreute bereits aus diesem Grund keine eigenen Entscheidungen treffen kann.[47]

44 Unter dem Blickpunkt der Erforderlichkeit kann der Einwilligungsvorbehalt in besonders gelagerten Fällen betragsmäßig beschränkt werden. Dies wurde mehrfach von der Rechtsprechung als zulässig festgestellt.[48] Der Betreute ist indessen auch in diesen Fällen nicht berechtigt, Verträge abzuschließen, die zwar seinen monatlichen oder wöchentlichen genehmigungsfreien Verfügungsrahmen nicht überschreiten, ihn aber über längere Zeit zu wiederkehrenden finanziellen Leistungen verpflichten. Dies würde dem Sinn des Einwilligungsvorbehalts und dessen Schutzzweck zuwiderlaufen. Denn wenn der Einwilligungsvorbehalt im Bereich der Vermögenssorge angeordnet ist, so bestehen regelmäßig Defizite im Rahmen der Wahrnehmung der eigenen Vermögensinteressen, die langfristige Dispositionen ausschließen dürften. So ist der Auffassung zuzustimmen, wonach der Abschluss eines Mobilfunkvertrages durch den Betreuten mit einer Mindestlaufzeit von 24 Monaten auch dann unwirksam ist, wenn der Betreute berechtigt war, genehmigungsfrei Verfügungen im Rahmen bis 150 DM vorzunehmen.[49]

45 Daneben besteht die Möglichkeit, den Einwilligungsvorbehalt von vornherein ausdrücklich auf den Abschluss von Dauerschuldverhältnissen oder Ratenzahlungsvereinbarungen zu beschränken.[50]

6. Einwilligungsvorbehalt und Bevollmächtigung

46 Hat der Betroffene einen Bevollmächtigten bestimmt, der seine Vermögensangelegenheiten wahrnimmt, kann gleichwohl ein Einwilligungsvorbehalt notwendig werden. Da die Anordnung eines Einwilligungsvorbehaltes nur möglich ist in Verbindung mit der Anordnung einer Betreuung, ist ggf. der Bevollmächtigte als Betreuer einzusetzen, um einen Einwilligungsvorbehalt anordnen zu können.[51]

---

[43] *Bauer/Walther* in: HK-BUR, § 1903 Rn. 30 (Stand: 77. Akt. 02/2011).
[44] BT-Drs. 11/4528, S. 136.
[45] BayObLG München v. 18.09.2002 - 3Z BR 152/02 - juris Rn. 9 - NJW-RR 2003, 871-872; BayObLG München v. 15.11.1995 - 3Z BR 211/95 - EzFamR aktuell 1996, 20-21.
[46] So richtig LG München I v. 22.01.1999 - 13 T 4311/98 - BtPrax 1999, 114; *Bienwald* in: Staudinger, § 1903 Rn. 31.
[47] *Pawlowski*, JZ 2003, 66-73, 69.
[48] BayObLG München v. 02.03.1995 - 3Z BR 309/94 - EzFamR aktuell 1995, 210-211.
[49] LG Trier v. 27.11.2003 - 3 S 89/03 - CR 2004, 275-276.
[50] Brandenburgisches OLG v. 08.03.2007 - 11 Wx 8/07.
[51] AG Neuruppin v. 11.03.2009 - 23 XVII 269/08.

III. Generelle Unzulässigkeit des Einwilligungsvorbehalts (Absatz 2)

1. Höchstpersönliche Willenserklärungen

Einzelne im Gesetz besonders bezeichnete Willenserklärungen können von einem Einwilligungsvorbehalt nicht erfasst werden. Sie sind vielfach ihrer Natur nach höchstpersönlich und bereits deshalb einer Vertretung nicht zugänglich.[52] Außerdem betreffen sie Rechtshandlungen, in denen auch nach anderen Normen die Zustimmung des gesetzlichen Vertreters nicht erforderlich ist. Diese Ausnahmen werden im zweiten Absatz der Norm zum Teil direkt benannt, zum Teil durch Bezugnahme auf das vierte und fünfte Buch des BGB beschrieben. Die durch § 1903 Abs. 2 BGB ausgenommenen Willenserklärungen kann also nur der Betreute selbst abgeben. Sie sind entsprechend wirksam, sofern der Betreute nicht geschäftsunfähig ist.

47

2. Einzelne höchstpersönliche Willenserklärungen

Die durch § 1903 Abs. 2 BGB benannten oder in Bezug genommenen Willenserklärungen haben keine nennenswerte praktische Bedeutung. Ihre Relevanz für die tägliche Betreuungsarbeit ist verschwindend gering.

48

Die Vorschrift betrifft drei Bereiche:

49

- Willenserklärungen, die auf **Eingehung einer Ehe** gerichtet sind:
- Eingehung einer Ehe/Begründung einer Lebenspartnerschaft (§ 13 EheG),
- Antrag auf Aufhebung einer Ehe;
- Willenserklärungen, die auf **Verfügungen von Todes wegen** gerichtet sind:
- Testamentserrichtung (§ 2229 Abs. 2 BGB),
- Anfechtung eines Erbvertrages (§ 2282 Abs. 1 Satz 2 BGB),
- Aufhebung eines Erbvertrages (§ 2290 Abs. 2 Satz 2 BGB),
- Rücktritt vom Erbvertrag (§ 2296 Abs. 1 Satz 2 BGB),
- Erbverzicht (§ 2347 Abs. 2 Satz 1 BGB);
- Willenserklärungen, die nach den Vorschriften des **vierten und fünften Buches des BGB** nicht der Zustimmung des gesetzlichen Vertreters bedürfen:
- Zustimmung zu bestimmten Verfügungen des anderen Ehegatten bei fortgesetzter Gütergemeinschaft (§§ 1511-1515 BGB),
- Anfechtung der Vaterschaft durch Vater oder Mutter (§ 1600a Abs. 2 Satz 2 BGB),
- Antrag auf Beistandschaft durch die werdende Mutter (§ 1713 Abs. 2 Satz 2 BGB),
- Einwilligung der Kindeseltern und des Ehegatten des Annehmenden in eine Adoption (§ 1750 Abs. 3 Satz 2 BGB),
- Ausschluss des Rechts, eine Aufhebung der Adoption zu verlangen (§ 1760 Abs. 3 Satz 2, Abs. 5 Satz 2 BGB),
- Antrag auf Aufhebung einer Adoption (§ 1762 Abs. 1 Satz 4 BGB).

3. Sonderfall: Einwilligung in medizinische Maßnahmen

Die Entscheidung über medizinische Maßnahmen kann nach zutreffender Ansicht nicht einem Einwilligungsvorbehalt unterstellt werden. Hier fehlt es schon an der Vertretungsmacht des Betreuers.[53] Diese bezieht sich nur auf rechtsgeschäftliches Handeln. Die Einwilligung in medizinische Maßnahmen ist indessen keine rechtsgeschäftliche Handlung.[54] Ein Einwilligungsvorbehalt bezüglich der Gesundheitsfürsorge ist deshalb ungeeignet zur Steuerung des Patientenverhaltens. Das wird in der Praxis nicht selten übersehen.[55] Hinsichtlich der Einwilligung in medizinische Maßnahmen ergeben sich deshalb die folgenden beiden Alternativen, je nachdem ob der Betreute einwilligungsfähig oder nicht einwilligungsfähig ist:

50

Ist der **Betreute einwilligungsfähig** in Bezug auf eine konkrete medizinische Maßnahme, so ist er **allein** befugt, in diesem höchstpersönlichen Bereich die Einwilligung zu erteilen oder zu verweigern. Eine Vertretung durch den Betreuer scheidet in diesem Fall aus. Im Regelfall dürfte im Übrigen bei Einwilligungsfähigkeit eines Menschen die Anordnung einer Betreuung nicht erforderlich sein.

51

---

[52] Zutreffend *Schwab* in: MünchKomm-BGB, § 1903 Rn. 21.
[53] *Bauer/Walther* in: HK-BUR, § 1903 Rn. 52a (Stand: 77. Akt. 02/2011).
[54] *Bienwald* in: Staudinger, § 1903 Rn. 17.
[55] *Bienwald* in: Staudinger, § 1903 Rn. 17.

52 Ist der **Betreute einwilligungsunfähig**, so entscheidet der Betreuer innerhalb des ihm übertragenen Aufgabenkreises (Gesundheitsfürsorge) letztverbindlich. In diesem Fall ergibt sich kein rechtlich zu berücksichtigender Widerspruch zwischen der Willenserklärung des Betreuten und der des Betreuers, die Grundlage für einen Einwilligungsvorbehalt sein könnte. Dies gilt jedenfalls für den Fall, dass der Betreute sich gegen die Durchführung der medizinischen Maßnahme nicht wehrt. Ansonsten kann die Maßnahme nur unter den Voraussetzungen stattfinden, die für den Fall einer medizinischen Zwangsbehandlung gelten.[56]

53 Die Entscheidung über eine **Sterilisation** entzieht sich in diesem Zusammenhang ebenfalls der Anordnung eines Einwilligungsvorbehalts. Es handelt sich um einen Unterfall der medizinischen Maßnahme, für die die oben dargestellten Regeln gelten. Nur der einwilligungsunfähige Betreute kann deshalb unter Einwilligung eines für diesen Aufgabenbereich eigens zu bestellenden Betreuers sterilisiert werden (vgl. die Kommentierung zu § 1905 BGB).

4. Sonderfall: Einwilligung in freiheitsentziehende Maßnahmen

54 Die Entscheidung über freiheitsentziehende Maßnahmen ist grundsätzlich höchstpersönlicher Natur. Einer Vertretung ist sie – ebenso wie im Falle der medizinischen Maßnahmen – nur zugänglich im Falle einer fehlenden Fähigkeit zur verantwortlichen Selbstbestimmung.

55 Die Anordnung eines Einwilligungsvorbehalts für den Aufgabenbereich der Aufenthaltsbestimmung dürfte weitgehend entbehrlich sein. Dessen Anordnung ist wegen der damit verbundenen rein rechtsgeschäftlichen Wirkungen nur sinnvoll, wenn im Zusammenhang mit der Aufenthaltsbestimmung rechtsgeschäftlich wirksames Handeln des Betreuten droht, das zu einer Schädigung führen kann. Dies ist in der Praxis selten. Im Vordergrund steht im Zusammenhang mit der Aufenthaltsbestimmung tatsächliches Handeln des Betreuten. Regelmäßig sind insbesondere Demenzerkrankte mit ihrem Aufenthalt in einer bestimmten Einrichtung nicht einverstanden, ohne aber in der Lage zu sein, rechtsgeschäftliche Erklärungen mit Bezug auf die Änderung ihres Aufenthalts abzugeben. Hier kann selbst durch einen Einwilligungsvorbehalt keine (tatsächliche) Akzeptanz des Aufenthalts herbeigeführt werden. Der Einwilligungsvorbehalt führt in diesem tatsächlichen Bereich nicht zu einer Verdrängung des Willens des Betreuten in dem Sinne, dass dieser entgegen seinem Willen in der Einrichtung verbleiben müsste. Praktisch verbleibt im Wesentlichen die Möglichkeit, den Angehörigen, der einen Heimaufenthalt ablehnt, von dessen Notwendigkeit zu überzeugen. Führt dies nicht zum Erfolg, ist nach Einholung einer richterlichen Genehmigung gemäß § 1906 BGB die Unterbringung des Betreuten in einer geschlossenen Einrichtung herbeizuführen.[57]

56 Hinsichtlich der tatsächlichen Aufenthaltsbestimmung ergeben sich bereits rechtliche Hemmnisse, die einer diesbezüglichen Freiheitsentziehung entgegenstehen. So kann nach Auffassung des LG Hildesheim der Aufenthalt eines Alkoholkranken im Trinkermilieu richtigerweise nicht mittels eines Einwilligungsvorbehalts beschränkt werden.[58] Die Aufenthaltsbestimmung ist insoweit Realakt, kein rechtsgeschäftlicher Vorgang[59] und damit für sich genommen der Anordnung eines Einwilligungsvorbehalts nicht zugänglich.[60]

57 Demgegenüber hat das BayObLG – allerdings in einer frühen Entscheidung – die Ansicht vertreten, dass ein Einwilligungsvorbehalt für die Aufenthaltsbestimmung angeordnet werden könne. Erfasst werden sollen von dem Einwilligungsvorbehalt aber ausschließlich rechtsgeschäftliche Handlungen des Betreuten, die sich auf eine Veränderung seines Aufenthalts beziehen (z.B. Kündigung eines Heimvertrages).[61] Eine Wohnungskündigung wäre vom Aufgabenbereich der Aufenthaltsbestimmung deshalb gedeckt und (nach Anordnung eines Einwilligungsvorbehalts für die Aufenthaltsbestimmung) nur mit Genehmigung des Betreuers rechtswirksam. Dieser Auffassung des BayObLG ist zuzustimmen. Unter der Voraussetzung, dass rechtsgeschäftliche Handlungen des Betreuten zu befürchten sind, die ihrer konkreten Art nach nicht vollständig vorhersehbar sind, muss auch ein Einwilligungsvorbehalt

---

[56] Vgl. hierzu *Bieg/Jaschinski* in: jurisPK-BGB, 4. Aufl. 2008, § 1906.
[57] Zu den Voraussetzungen einer geschlossenen Unterbringung vgl. *Bieg/Jaschinski* in: jurisPK-BGB, 4. Aufl. 2008, § 1906.
[58] LG Hildesheim v. 29.05.1996 - 5 T 279/96 - BtPrax 1996, 230-231.
[59] *Dodegge*, NJW 1995, 2389-2398.
[60] LG Köln v. 30.01.1992 - 1 T 25/92 - FamRZ 1992, 857-859; wie hier auch BayObLG München v. 15.11.1995 - 3Z BR 211/95 - EzFamR aktuell 1996, 20-21 (keine Anordnung für Aufenthaltsbestimmung zur Verhinderung, dass der Betreute das Krankenhaus verlässt).
[61] BayObLG München v. 01.04.1993 - 3Z BR 9/93 - BayObLGZ 1993, 147-149.

möglich sein für Rechtshandlungen, die den Bereich des Aufenthalts des Betreuten betreffen. Der Schutz des Betreuten darf nicht deshalb leerlaufen, weil die Beschreibung des Aufgabenbereichs der Betreuung nicht zielgerichtet auf die einschlägigen rechtsgeschäftlichen Handlungen bezogen werden kann. Insofern ist es richtig, dass zulässigerweise die rechtsgeschäftlichen Handlungen, die unter einen betreuungsrechtlich erfassten Aufgabenbereich fallen, dem Einwilligungsvorbehalt unterworfen werden können.

IV. Ausnahme: Einwilligungsfreiheit trotz Einwilligungsvorbehalt (Absatz 3)

Die Ausnahmevorschrift betrifft zwei Bereiche, in denen nach der Intention des Gesetzgebers, den Schutz des Betreuten sicherzustellen, eine Einwilligung des Betreuers entbehrlich erscheint. Dies betrifft Geschäfte, die rechtsgeschäftlich vorteilhaft oder wirtschaftlich unbedeutend sind. Beide in Absatz 3 genannten Bereiche haben gemeinsam, dass Angelegenheiten betroffen sind, in denen eine Gefährdung des Betreuten normalerweise nicht zu erwarten ist. 58

1. Lediglich rechtlicher Vorteil

Die Norm nimmt insoweit Bezug auf eine Bestimmung des Minderjährigenrechts im Allgemeinen Teil des BGB (§ 107 BGB). Der Minderjährige kann danach wirksam rechtsgeschäftliche Erklärungen abgeben, die ihm rechtlich vorteilhaft sind. Auch der Betreute soll deshalb für Willenserklärungen, die ihm einen lediglich rechtlichen Vorteil bieten, keiner Genehmigung des Betreuers bedürfen. Die Frage, ob die vom Betreuten abgegebene Willenserklärung für ihn lediglich rechtlich vorteilhaft ist, bestimmt sich nach § 107 BGB.[62] Insoweit kann im Wesentlichen auf die Kommentierung zu § 107 BGB verwiesen werden. 59

Wichtig ist, dass allein auf die **unmittelbaren rechtlichen Folgen des Rechtsgeschäfts** abgestellt werden muss. Die wirtschaftlichen Folgen sind dagegen unberücksichtigt zu lassen. Auch wenn diese wirtschaftlich günstig für den Betreuten wären, ist die Einwilligung des Betreuers zu einer Willenserklärung notwendig, durch die der Betreute ein ihm zustehendes Recht aufgibt. 60

2. Geringfügige Angelegenheit des täglichen Lebens

Eine geringfügige Angelegenheit des täglichen Lebens dürfte ausmachen, dass es sich um ein alltägliches Bargeschäft über geringwertige Gegenstände handelt, das nach Menge und Wert das übliche Maß nicht übersteigt. Wesentlich ist nach dieser Definition, dass ein objektives Merkmal (alltägliches Bargeschäft) mit einem subjektiv zu bewertenden Merkmal (Üblichkeit) verknüpft wird. Die einzelnen Geschäfte, die die oben genannten Merkmale erfüllen, können sich deshalb durchaus vielfältig darstellen. 61

Das Rechtsgeschäft muss objektiv zu den Alltagsgeschäften gehören. Entsprechend dürfte die Verkehrsauffassung für die Einordnung des Geschäfts entscheidend sein. Es muss sich um in kurzen Zeitabschnitten notwendigerweise wiederkehrende Geschäfte handeln. Nicht erforderlich ist es allerdings, dass die Notwendigkeit besteht, täglich ein entsprechendes Rechtsgeschäft abzuschließen. So gehört auch der Einkauf einer Tube Zahnpasta richtigerweise zu den Alltagsgeschäften, ohne dass jeden Tag eine neue Tube gekauft werden muss.[63] 62

So genannte Hamsterkäufe von Lebensmitteln oder Ähnliches fallen allerdings von vornherein nicht unter § 1903 Abs. 3 BGB, da sie aufgrund ihres quantitativen Umfangs keine Alltagsgeschäfte darstellen. 63

Die **Geringfügigkeit** des Alltagsgeschäfts bestimmt sich demgegenüber subjektiv, d.h. nach den individuellen finanziellen Verhältnissen des Betreuten. Soll die Vorschrift lediglich den Schutz des Betreuten bezwecken („erhebliche Gefährdung"), ohne ihm einen bestimmten Lebensstil aufzuzwängen oder ihn auf einen niederen Lebensstandard zu verweisen, so müssen die Lebensverhältnisse des Betreuten angemessen berücksichtigt werden. Der mehrfache Millionär darf nicht auf das Niveau eines Sozialhilfeempfängers verwiesen werden, solange im Vermögensbereich durch einen aufwendigeren Lebensstil keine Gefährdung droht. Insofern kann im Einzelfall auch durch den Kauf einer Dose Kaviar die Geringfügigkeitsgrenze nicht überschritten sein. 64

Regelmäßig soll das Kriterium der Geringfügigkeit dem Betreuten den Entscheidungsspielraum für die kleinen Dinge des Lebens belassen. Dies betrifft etwa den Kauf einer Kinokarte oder einer Zeitschrift. 65

---

[62] BT-Drs. 11/4528, S. 139.
[63] Beispiel bei *Bauer/Walther* in: HK-BUR, § 1903 Rn. 56 (Stand: 77. Akt. 02/2011).

66 Überschritten kann die Grenze der Geringfügigkeit im Einzelfall allerdings sein, wenn der Betreute Ausflugsfahrten zu Gaststätten mit Krankentransportwagen eines Rettungsdienstes unternimmt.[64]

V. Mitteilungspflichten des Betreuers (Absatz 4)

67 Die Verweisung auf die entsprechende Geltung des § 1901 Abs. 4 BGB soll sicherstellen, dass dem Betreuungsgericht alle wesentlichen Informationen zugänglich werden, aus denen sich die Notwendigkeit einer **Abänderung** (Einschränkung oder Erweiterung) bzw. **Aufhebung** des Einwilligungsvorbehalts ergeben könnte. Der Betreuer hat deshalb alle sich im Rahmen seines Aufgabenbereichs ergebenden Umstände mitzuteilen, die Relevanz für den Fortbestand des Einwilligungsvorbehalts haben könnten.

68 Mit Blick auf eine mögliche **Erweiterung des Einwilligungsvorbehalts** sind auch solche Umstände mitzuteilen, die nicht den eigentlichen Aufgabenbereich betreffen.

D. Rechtsfolgen

I. Materiellrechtliche Wirkungen des Einwilligungsvorbehalts

69 Die materiellrechtlichen Wirkungen des Einwilligungsvorbehalts unterscheiden nach der Art des angeordneten Einwilligungsvorbehalts. Man unterscheidet den
- (Regel-)Einwilligungsvorbehalt und den
- erweiterten Einwilligungsvorbehalt.

1. Regel-Einwilligungsvorbehalt (Absatz 1)

70 Die Willenserklärung, die ein Betreuer im Rahmen des seinem Betreuer zugewiesenen einwilligungsbehafteten Aufgabenbereiches abgegeben hat, ist grundsätzlich unwirksam sofern nicht die Einwilligung des Betreuers vorliegt. Dabei kommt es nicht darauf an, ob der Geschäftsgegner des Betreuten, dem gegenüber die Willenserklärung abgegeben wurde, von der Anordnung des Einwilligungsvorbehalts Kenntnis hatte.[65] Denn die Regelung dient dem Schutz des Betreuten, der nur dann effektiv sein kann, wenn auf die objektive Sachlage abgestellt wird.

71 Wird der Einwilligungsvorbehalt allerdings erst nach Abgabe der Willenserklärung angeordnet, führt dies nicht rückwirkend zur Unwirksamkeit seiner Erklärung. Auch ein nach Abschluss des notariellen Grundstückskaufvertrags mit Auflassungserklärung angeordneter Einwilligungsvorbehalt nach § 1903 BGB berührt die Wirksamkeit der Einigung nicht und steht der Eigentumsumschreibung nicht entgegen.[66]

72 Der Grundsatz, wonach eine Willenserklärung des Betreuten unwirksam ist, erfährt nach Absatz 3 insbesondere in zwei Fallgestaltungen eine Einschränkung, nämlich dann, wenn es sich für den Betreuten um ein
- lediglich rechtlich vorteilhaftes Geschäft oder
- geringfügiges Geschäft des täglichen Lebens

handelt.

73 Eine Willenserklärung des Betreuten ist ausnahmsweise wirksam, wenn ihm das Geschäft einen lediglich **rechtlichen Vorteil** verschafft. Unter lediglich rechtlich vorteilhaften Geschäften versteht man solche, die dem Betreuten einen rechtlichen Vorteil verschaffen, ohne dass ihm damit gleichzeitig eine rechtliche Verpflichtung erwächst. Auf die wirtschaftliche Vorteilhaftigkeit kommt es dabei nicht an. Ein Geschäft ist deshalb auch dann nicht lediglich rechtlich vorteilhaft, wenn eine werthaltige Immobile für zehn Euro gekauft wird. Denn der Betreuer verpflichtet sich zur Zahlung, deren geringe Höhe in diesem Zusammenhang unbeachtlich ist.

74 Eine Leistung, die gegenüber einem Betreuten in einem Aufgabenbereich erbracht wird, für den ein Einwilligungsvorbehalt besteht, führt nicht zu einer Erfüllung (§ 362 BGB). Die Erfüllung ist insbesondere nicht lediglich rechtlich vorteilhaft, weil der Betreute mit ihr den Erfüllungsanspruch verlieren würde.[67] Entsprechend den Regelungen des Minderjährigenrechts, auf das § 1903 Abs. 1 Satz 2 BGB ausdrücklich verweist, kann in diesen Fällen nur durch Leistung an den Betreuer erfüllt werden. Die gegenteilige Auffassung des LG Oldenburg findet im Gesetz keine Stütze. Bloße Praktikabilitätsgründe, die das LG Oldenburg zur Begründung aufführt, vermögen die vom Gesetzgeber getroffene

---

[64] LG Gießen v. 04.12.2002 - 1 S 313/02 - NJW-RR 2003, 439.
[65] Landesarbeitsgericht Berlin v. 22.06.2006 - 18 Sa 385/06.
[66] OLG Celle v. 04.07.2006 - 4 W 106/06.
[67] Richtig: Landessozialgericht Berlin-Brandenburg v. 03.11.2011 - L 27 P 43/10.

Regelung nicht aufzuheben. Im Übrigen gebietet es gerade der mit § 1903 BGB beabsichtigte Schutz des Betreuten, eine Erfüllung bei Leistung an ihn nicht eintreten zu lassen. Denn ansonsten würde z.B. der Schutz der Vermögensverhältnisse des Betreuten bei einem Einwilligungsvorbehalt völlig leerlaufen. Ihm gegenüber könnte die Bank dann stets wirksam Auszahlungen vornehmen. Das Argument des LG Oldenburg, wonach die Minderjährigkeit dem Geschäftspartner immer offensichtlich sei, ist zudem nicht überzeugend. Gerade Jugendlichen ist ihre Minderjährigkeit nicht immer zweifelsfrei gleichsam „ins Gesicht geschrieben".

Die Erfüllungswirkung tritt unabhängig von der Kenntnis des Geschäftspartners von dem Einwilligungsvorbehalt ein. § 1903 BGB ist in seinen Wirkungen nicht auf denjenigen Personenkreis beschränkt, der von der Anordnung eines Einwilligungsvorbehalts Kenntnis erlangt hat. Ansonsten könnte der Betreute trotz angeordneten Einwilligungsvorbehalts mit jedem neuen Geschäftspartner wirksame Verträge eingehen. Der Schutz des § 1903 BGB wäre damit weitgehend wirkungslos.

Die Beschwerde gegen die Nichtzulassung einer Revision im verwaltungsgerichtlichen Verfahren ist kein lediglich rechtlich vorteilhaftes Geschäft, weil daraus eventuell die Verpflichtung zur Zahlung von Verfahrenskosten erwächst.[68]

Geringfügige **Geschäfte des täglichen Lebens** sind von der Einwilligungsbedürftigkeit ebenfalls im Regelfall ausgenommen. Dies soll dem Betreuten ein selbstbestimmtes Leben im Rahmen seiner normalen Lebensverhältnisse ermöglichen. Entsprechend ist ein geringfügiges Geschäft anzunehmen, wenn der Betreute Geschäfte über zum alsbaldigen Ge- oder Verbrauch bestimmte Produkte tätigt, die nach Menge und Wert das übliche Maß (des Betreuten) nicht übersteigen. Als typisch hierfür wird der Kauf einer Kinokarte, einer Fahrkarte für den öffentlichen Personennahverkehr[69] oder der Kauf der erforderlichen Lebensmittel genannt.[70] Auch Kreditgeschäfte sollen nach verbreiteter und zutreffender Ansicht nicht ausgeschlossen sein (Stichwort Anschreibenlassen), wenn sie nur den Rahmen der Üblichkeit nicht sprengen.[71] Das übliche Maß ist dabei nach den objektiven Verhältnissen des Betreuten zu bestimmen, so dass dem vermögenden Betreuten auch unter Anordnung eines Einwilligungsvorbehalts gestattet ist, großzügiger einzukaufen.

Willenserklärungen des Betreuten sind daneben auch wirksam, wenn das Geschäft mit Mitteln bewirkt wurde, die ihm zu diesem Zweck oder zu freier Verfügung von dem Betreuer überlassen wurden (§ 1903 Abs. 1 Satz 2 BGB i.V.m. § 110 BGB). Die Vorschrift ist allerdings wenig praxisrelevant, wird doch in diesen Fällen regelmäßig eine Einwilligung des Betreuers zur Vornahme des Geschäfts vorliegen.

2. Erweiterter Einwilligungsvorbehalt (Absatz 3 Satz 2)

Ist ein erweiterter Einwilligungsvorbehalt angeordnet, so bedeutet dies für den Betreuten nur im Hinblick auf geringfügige Geschäfte des täglichen Lebens eine weitergehende Beschränkung seiner rechtlichen Handlungsfähigkeit. Auch solche Geschäfte kann der Betreute dann nicht mehr wirksam vornehmen. Die praktische Bedeutung dieser Rechtsfolge ist aber gerade vor dem Hintergrund der weitgehenden Anonymität der alltäglichen Geschäfte verschwindend gering.

Die rechtliche Handlungsfähigkeit des Betreuten kann nur für geringfügige Angelegenheiten des täglichen Lebens zusätzlich beschränkt werden. Die unter andere Ausnahmen vom Einwilligungsvorbehalt fallenden Geschäfte bleiben deshalb unberührt. Dies betrifft einmal die Ausnahme des lediglich rechtlich vorteilhaften Geschäfts. Da der Betreute hierdurch keinen Rechtsnachteil erleiden kann, ist die Erweiterung in dieser Hinsicht unnötig. Dasselbe gilt für Geschäfte, die der Betreuer ihm zur freien Verfügung überlassen hat. Da der Betreuer seinem Betreuten nur solche Mittel zur freien Verfügung überlassen wird, bei deren beliebiger Verwendung eine Gefährdung der Interessen des Betreuten ausgeschlossen ist, verbietet sich auch insoweit ein Einwilligungsvorbehalt.

---

[68] BFH v. 24.10.2001 - VI B 201/01 - EzFamR BGB § 1896 Nr. 9; BVerwG v. 26.01.1996 - 5 B 219/95 - Buchholz 310 § 62 VwGO Nr. 24.
[69] Kauft der Betreute keine Fahrkarte und fährt „schwarz", so hat das Beförderungsunternehmen keinen Anspruch auf das erhöhte Beförderungsentgelt (AG Wuppertal v. 08.04.2009 - 35 C 376/08).
[70] *Roth* in: Dodegge/Roth, Betreuungsrecht, 3. Aufl. 2010, Teil A Rn. 71.
[71] *Roth* in: Dodegge/Roth, Betreuungsrecht, 3. Aufl. 2010, Teil A Rn. 70.

II. Prozessuale Wirkungen des Einwilligungsvorbehalts

81 In prozessualer Hinsicht ist der Betreute innerhalb der Aufgabenbereiche der angeordneten Betreuung grundsätzlich prozessfähig.[72] D.h. er darf in eigenem Namen klagen und verklagt werden.[73] Im Verwaltungsverfahren können ihm grundsätzlich wirksam Verwaltungsakte bekanntgegeben werden.[74] Wegen § 53 ZPO ist der Betreute aber in Prozessen, die der Betreuer führt, wie ein Prozessunfähiger zu behandeln.[75] Entsprechendes gilt im finanzgerichtlichen Verfahren gemäß § 79 Abs. 3 AO i.V.m. § 53 ZPO.[76] Dies soll sicherstellen, dass im Falle einer prozessualen Vertretung durch den Betreuer die Prozessführung allein in einer Hand liegt und widersprechende prozessuale Erklärungen ausgeschlossen sind.[77]

82 In einem von einem Einwilligungsvorbehalt betroffenen Aufgabenbereich ist der Betreute prozessunfähig[78], da er insoweit einem beschränkt Geschäftsfähigen gleichsteht[79]. So ist etwa ein Beteiligter nach § 71 Abs. 1 Sozialgerichtsgesetz (SGG) prozessfähig, soweit er sich durch Verträge verpflichten kann. Hinsichtlich eines Streits zwischen einer Betreuten mit Einwilligungsvorbehalt für Vermögensangelegenheiten und einer Krankenkasse auf Auszahlung von Pflegegeld ist die Betreute nicht prozessfähig.[80]

83 Der Einwilligungsvorbehalt soll sich nach allgemeiner Meinung auch auf den **Aufgabenbereich „gerichtliche Auseinandersetzungen"** erstrecken können. Der Betreute ist in einem solchen Fall, auch wenn er geschäftsfähig ist, uneingeschränkt nicht prozessfähig.[81] Entsprechend ist die Einlegung einer Nichtzulassungsbeschwerde durch einen Betreuten unwirksam, wenn gemäß § 1903 BGB ein Einwilligungsvorbehalt (das Erfordernis der Einwilligung des Betreuers) betreffend gerichtliche Angelegenheiten angeordnet ist.[82]

84 Beinhaltet der Aufgabenbereich des Betreuers dagegen nur den Aufgabenbereich der gerichtlichen Auseinandersetzungen, so bleibt der Betreute in diesem Bereich weiter prozessfähig. Er kann auch ohne Beteiligung seines Betreuers Prozesse führen. Die gegenteilige Auffassung[83] würde dazu führen, dass der Betreute schon mit Anordnung der Betreuung und Bestellung eines Betreuers seine Geschäfts- bzw. Prozessfähigkeit verlieren würde. Das entspricht nicht dem Wesen der Betreuung.

85 Weist das Gericht die Klage eines Betreuten wegen dessen Prozessunfähigkeit zurück, so ist dessen Berufung gleichwohl zulässig, soweit die Beurteilung der Frage der Prozessfähigkeit angegriffen wird. Es entspricht allgemeiner Rechtsanschauung, dass auch ein Beteiligter, dessen Prozessfähigkeit verneint worden ist, wirksam Rechtsmittel einlegen kann mit dem Ziel, eine andere Beurteilung seiner Prozessfähigkeit zu erreichen.[84]

86 Von der Erhebung von Gerichtskosten kann abgesehen werden, wenn dem Betreuten die sich aus der Betreuung ergebenden Rechtsfolgen für seine fehlende Prozessfähigkeit nicht bekannt waren.[85]

E. Verfahren

I. Zuständigkeit

87 **Örtlich zuständig** im Verfahren zur Anordnung des Einwilligungsvorbehalts ist das Amtsgericht, in dessen Bezirk der Betreute seinen gewöhnlichen Aufenthalt hat (§ 272 Abs. 1 Ziffer 2 FamFG). Bei einer bereits bestehenden Betreuung ist das Amtsgericht zuständig, dass das Betreuungsverfahren

---

[72] *Wüstenberg*, Jura 2002, 660-665, 660.
[73] *Bienwald*, BtPrax 2001, 150-151, 150; BVerwG v. 10.10.1994 - 3 B 48/93 - Buchholz 303 § 53 ZPO Nr. 1.
[74] FG Sachsen-Anhalt v. 20.02.2008 - 4 K 562/05.
[75] *Vollkommer* in: Staudinger, § 52 Rn. 9; BFH v. 24.10.2001 - VI B 201/01 - EzFamR BGB § 1896 Nr. 9.
[76] FG Sachsen-Anhalt v. 20.02.2008 - 4 K 562/05.
[77] BVerwG v. 20.02.1996 - 5 B 214/95 - Buchholz 310 § 62 VwGO Nr. 25.
[78] *Dodegge*, NJW 2003, 2645-2651, 2648; *Bobenhausen*, BtPrax 1994, 158-161, 159; LSG Berlin-Brandenburg v. 03.11.2011 - L 27 P 43/10.
[79] Landessozialgericht Berlin-Brandenburg v. 03.11.2011 - L 27 P 43/10; FG München v. 11.06.2003 - 13 K 1419/99; FG Sachsen-Anhalt v. 20.02.2008 - 4 K 562/05.
[80] Landessozialgericht Berlin-Brandenburg v. 03.11.2011 - L 27 P 43/10.
[81] BGH v. 11.04.2002 - BLw 33/01 - FPR 2002, 460; BFH v. 08.02.2012 - V B 3/12; BFH v. 05.08.2002 - VII B 56/00 - BFH/NV 2002, 1492-1493.
[82] BFH v. 10.02.2012 - VI B 130/11; BFH v. 18.06.2007 - II B 26/07.
[83] LSG Berlin-Brandenburg v. 08.03.2010 - L 23 SO 24/10 B ER, L 23 SO 235/09 B PKH.
[84] LSG Berlin-Brandenburg v. 03.11.2011 - L 27 P 43/10.
[85] BFH v. 08.02.2012 - V B 3/12.

führt, auch wenn der Betreute seinen gewöhnlichen Aufenthalt nicht in dessen Bezirk hat (§ 272 Abs. 1 Ziffer 1 FamFG).

Der Einwilligungsvorbehalt wird immer **von Amts wegen** angeordnet. Eine Anordnung auf Antrag kennt das Gesetz nicht. Gleichwohl hat das Gericht einer entsprechenden Anregung des Betreuten, des Betreuers oder eines Dritten nachzugehen. 88

II. Verfahrensfähigkeit

Der Betreute ist immer verfahrensfähig. Auf die Frage seiner Geschäftsfähigkeit kommt es nicht an (§ 275 FamFG). 89

III. Anhörung

Im Verfahren zur erstmaligen Anordnung eines Einwilligungsvorbehalts ist der Betreute zwingend anzuhören (§ 278 Abs. 1 Satz 1 FamFG). Das Gericht hat sich einen unmittelbaren Eindruck von dem Betreuten zu verschaffen (§ 278 Abs. 1 Satz 2 FamFG). 90

Einer Anhörung bedarf es ausnahmsweise nicht, wenn lediglich der Kreis der einwilligungsbedürftigen Willenserklärungen erweitert wird. Voraussetzung ist aber, dass die letzte Anhörung nicht länger als 6 Monate zurückliegt oder die beabsichtigte Erweiterung nicht wesentlich ist (§ 293 Abs. 2 FamFG). 91

Wird ein Einwilligungsvorbehalt angeordnet, nachdem ein zuvor bestehender Einwilligungsvorbehalt aufgehoben worden war, handelt es sich nicht um eine Erweiterung eines Einwilligungsvorbehaltes. Es muss in diesen Fällen zwingend eine neue Anhörung stattfinden. Die Ausnahme des § 293 Abs. 2 FamFG, unter der von einer Anhörung abgesehen werden kann, ist nicht anwendbar.[86] 92

Die Pflicht zur persönlichen Anhörung des Betroffenen besteht nach § 68 Abs. 3 Satz 1 FamFG grundsätzlich auch im **Beschwerdeverfahren**. Das Beschwerdegericht hat den Betreuten grundsätzlich vor der Anordnung eines Einwilligungsvorbehalts anzuhören, wenn es von der Entscheidung des Betreuungsgerichts abweichen will und erstmals einen Einwilligungsvorbehalt anordnet.[87] 93

Die **Betreuungsbehörde** ist zu beteiligen, sofern der Betreute dies wünscht oder es der Sachaufklärung dient (§ 279 Abs. 2 FamFG). 94

Auf Verlangen des Betreuten sind ihm **nahestehende Personen** (Verwandte, Lebenspartner etc.) anzuhören (§ 279 Abs. 3 FamFG). 95

IV. Verfahrenspfleger

Ein **Verfahrenspfleger** ist nicht zwingend im Rahmen der Anordnung eines Einwilligungsvorbehalts zu bestellen. Nach der allgemeinen Vorschrift des § 276 Abs. 1 Satz 1 FamFG ist ein Verfahrenspfleger aber zu bestellen, wenn dies zur Wahrnehmung der Interessen des Betreuten erforderlich ist. Die Bestellung eines Verfahrenspflegers dürfte danach allerdings regelmäßig erforderlich werden. Der Betreute kann naturgemäß die Bedeutung der Angelegenheit nicht selbst erfassen. Darüber hinaus wird im grundrechtsrelevanten Bereich in die Rechte des Betreuten eingegriffen. Die Einsetzung eines Verfahrenspflegers erscheint danach nicht nur sinnvoll, sondern regelmäßig zur Gewährleistung eines rechtsstaatlich einwandfreien Verfahrens geboten. 96

V. Sachverständigengutachten

Die Einholung eines ärztlichen **Sachverständigengutachten**s ist zwingend erforderlich (§ 280 Abs. 1 Satz 1 FamFG).[88] Ein ärztliches Zeugnis reicht hier nicht aus.[89] 97

Der BGH hat klargestellt, dass gemäß § 280 Abs. 1 Satz 1 FamFG vor der Anordnung eines Einwilligungsvorbehalts auch dann eine förmliche Beweisaufnahme durch Einholung eines Gutachtens über die Notwendigkeit der Maßnahme stattzufinden hat, wenn erst kurz zuvor ein bereits angeordneter Einwilligungsvorbehalt aufgehoben worden war.[90] 98

Das Gutachten soll von einem Arzt für Psychiatrie oder einem solchen mit Erfahrung auf diesem Gebiet erstellt werden (§ 280 Abs. 1 Satz 2 FamFG). 99

---

[86] Vgl. BGH v. 25.07.2012 - XII ZB 526/11.
[87] BGH v. 27.07.2011 - XII ZB 118/11.
[88] BayObLG München v. 02.03.1995 - 3Z BR 309/94 - EzFamR aktuell 1995, 210-211.
[89] So schon für die Rechtslage nach dem FGG: BayObLG München v. 02.03.1995 - 3Z BR 309/94 - EzFamR aktuell 1995, 210-211.
[90] Vgl. BGH v. 25.07.2012 - XII ZB 526/11.

§ 1903

100 Für den Inhalt des Gutachtens gelten strenge inhaltliche Anforderungen (§ 280 Abs. 3 FamFG). Es soll sich erstrecken auf:
- das Krankheitsbild einschließlich der Krankheitsentwicklung,
- die durchgeführten Untersuchungen und die diesen zugrunde gelegten Forschungsergebnisse,
- den körperlichen und psychiatrischen Zustand des Betreuten,
- den Umfang des Aufgabenkreises,
- die voraussichtliche Dauer der Maßnahme.

VI. Entscheidung

101 Die Entscheidung ergeht durch zu begründenden Beschluss, der eine Rechtsbehelfsbelehrung enthalten muss.[91]

VII. Beschwerde

1. Beschwerdebefugnis

102 Für die Beschwerde gegen eine Entscheidung des Betreuungsgerichts nach § 1903 BGB gelten zunächst die allgemeinen Vorschriften (§§ 58, 59 Abs. 1, 303 FamFG).

103 Beschwerdebefugt ist danach
- der Betreute (§ 59 Abs. 1 FamFG),
- der Betreuer oder Vorsorgebevollmächtigte,
  - soweit er in eigenen Rechten verletzt ist (§ 59 Abs. 1 FamFG),
  - soweit er in seinem Aufgabenkreis die Verletzung der Rechte des Betreuten geltend macht (§ 303 Abs. 4 Satz 1 FamFG),
- der Ehegatte oder Lebenspartner des Betreuten, wenn die Ehegatten oder Lebenspartner nicht dauernd getrennt leben, sowie die Eltern, Großeltern, Pflegeeltern, Abkömmlinge und Geschwister des Betreuten (§ 303 Abs. 2 Ziff. 1 FamFG),
- eine Person des Vertrauens des Betreuten, soweit diese im ersten Rechtszug beteiligt worden ist (§ 303 Abs. 2 Ziff. 2 FamFG),
- der Verfahrenspfleger (§ 303 Abs. 3 FamFG).

104 Das Recht der Beschwerde steht daneben auch der zuständigen **Betreuungsbehörde** zu (§ 303 Abs. 1 FamFG). Das Beschwerderecht betrifft Entscheidungen bzgl. der Anordnung (§ 303 Abs. 1 Ziffer 1 Alt. 2), Aufhebung (§ 303 Abs. 1 Ziffer 2 Alt. 3) oder Umfang bzw. inhaltlichen Änderung eines Einwilligungsvorbehalts (§ 303 Abs. 1 Ziffer 2 Alt. 1, 2).

2. Beschwerdefrist

105 Die Beschwerde ist binnen eines Monats nach der schriftlichen Bekanntgabe des Beschlusses einzulegen (§ 71 Abs. 1 Satz 1 FamFG). Enthält der Beschluss, mit dem der Einwilligungsvorbehalt angeordnet wurde, keine **Rechtsbehelfsbelehrung**, so wird die Frist zur Einlegung der Beschwerde nicht in Lauf gesetzt.[92] Die Frist zur Einlegung einer Beschwerde endet aber auch in diesem Fall spätestens sechs Monate nach der Bekanntgabe des Beschlusses (§ 63 Abs. 3 FamFG).

3. Erstmalige Anordnung eines Einwilligungsvorbehalts im Beschwerdeverfahren

106 Im Beschwerdeverfahren ist dem Landgericht als Beschwerdegericht die erstmalige Anordnung eines Einwilligungsvorbehalts verwehrt.[93]

4. Wirkungen der Aufhebung im Beschwerdeverfahren

107 Wird ein Beschluss, durch den ein Einwilligungsvorbehalt angeordnet wurde, im Beschwerdeverfahren aufgehoben, so berührt dies die Wirksamkeit der von dem Betreuten vorgenommenen Rechtsgeschäfte nicht (§ 306 FamFG). Das bedeutet, dass die während der Zeit der Anordnung des Einwilligungsvorbehalts vorgenommenen Rechtsgeschäfte wirksam sind. Die Beschwerdeentscheidung wirkt gleichsam zurück.

---

[91] OLG Rostock v. 24.01.2005 - 3 W 118/04 - OLGR Rostock 2005, 666-668.
[92] OLG Rostock v. 24.01.2005 - 3 W 118/04 - OLGR Rostock 2005, 666-668.
[93] OLG Zweibrücken v. 08.12.2004 - 3 W 187/04 - juris Rn. 20 - OLGR Zweibrücken 2005, 249-251.

Ein Beschwerdeverfahren kann deshalb auch über den Tod des Betreuten hinaus betrieben werden. Der Tod des Betreuten bewirkt nicht die Hauptsacheerledigung bezüglich eines mit einer Beschwerde angegriffenen Einwilligungsvorbehalts.[94] Das bedeutet, dass auch nach dem Tod des Betreuten ein vorher eingelegter Rechtsbehelf gegen die Anordnung eines Einwilligungsvorbehalts weiterverfolgt werden kann. Dies soll verhindern, dass von dem Betreuten ohne Einwilligung des Betreuers getätigte Rechtsgeschäfte mit seinem Tod unanfechtbar unwirksam werden. 108

VIII. Rechtsbeschwerde

Gegen die Entscheidung im Beschwerdeverfahren ist die Rechtsbeschwerde unter den allgemeinen Voraussetzungen des § 70 Abs. 1 FamFG statthaft. Grundsätzlich gilt, dass die Rechtsbeschwerde zugelassen sein muss. 109

Ausnahmsweise ist die Rechtsbeschwerde gegen einen Beschluss des Beschwerdegerichts ohne Zulassung statthaft im Falle von Betreuungssachen zur Anordnung der Aufhebung eines Einwilligungsvorbehalts (§ 70 Abs. 3 Ziff. 1 FamFG). 110

IX. Einstweilige Anordnung

Das Gericht hat die Möglichkeit, in Fällen besonderer Dringlichkeit durch **einstweilige Anordnung** zu entscheiden (§ 49 Abs. 1 FamFG). Im Wege der einstweiligen Anordnung darf ein Einwilligungsvorbehalt allerdings nur angeordnet werden, wenn dringende Gründe für die Annahme bestehen, dass die Voraussetzungen für die Anordnung eines Einwilligungsvorbehalts bestehen und mit dem Aufschub der Entscheidung Gefahr verbunden ist. Zwingend muss mindestens ein ärztliches Zeugnis über den Zustand des Betreuten vorliegen und der Betreute vor der Entscheidung persönlich angehört werden.[95] 111

F. Vergütungsfragen

Die Vergütung des **Sachverständigen** für ein Gutachten dazu, ob eine bestehende Betreuung um einen Einwilligungsvorbehalt für (vermögensrechtliche) Angelegenheiten zu erweitern ist, erfolgt nach der Honorarstufe M2 gemäß der Anlage 1 zu § 9 JVEG.[96] 112

---

[94] BayObLG München v. 29.03.2000 - 3Z BR 383/99, 3Z BR 384/99 - juris Rn. 9 - EzFamR aktuell 2000, 256-257.
[95] BayObLG München v. 02.06.2004 - 3Z BR 065/04, 3Z BR 65/04 - juris Rn. 13 - FamRZ 2004, 1814-1815.
[96] LG Kassel v. 23.07.2009 - 3 T 322/09.

§ 1904 BGB Genehmigung des Betreuungsgerichts bei ärztlichen Maßnahmen

(Fassung vom 29.07.2009, gültig ab 01.09.2009)

(1) ¹Die Einwilligung des Betreuers in eine Untersuchung des Gesundheitszustands, eine Heilbehandlung oder einen ärztlichen Eingriff bedarf der Genehmigung des Betreuungsgerichts, wenn die begründete Gefahr besteht, dass der Betreute auf Grund der Maßnahme stirbt oder einen schweren und länger dauernden gesundheitlichen Schaden erleidet. ²Ohne die Genehmigung darf die Maßnahme nur durchgeführt werden, wenn mit dem Aufschub Gefahr verbunden ist.

(2) Die Nichteinwilligung oder der Widerruf der Einwilligung des Betreuers in eine Untersuchung des Gesundheitszustands, eine Heilbehandlung oder einen ärztlichen Eingriff bedarf der Genehmigung des Betreuungsgerichts, wenn die Maßnahme medizinisch angezeigt ist und die begründete Gefahr besteht, dass der Betreute auf Grund des Unterbleibens oder des Abbruchs der Maßnahme stirbt oder einen schweren und länger dauernden gesundheitlichen Schaden erleidet.

(3) Die Genehmigung nach den Absätzen 1 und 2 ist zu erteilen, wenn die Einwilligung, die Nichteinwilligung oder der Widerruf der Einwilligung dem Willen des Betreuten entspricht.

(4) Eine Genehmigung nach den Absätzen 1 und 2 ist nicht erforderlich, wenn zwischen Betreuer und behandelndem Arzt Einvernehmen darüber besteht, dass die Erteilung, die Nichterteilung oder der Widerruf der Einwilligung dem nach § 1901a festgestellten Willen des Betreuten entspricht.

(5) ¹Die Absätze 1 bis 4 gelten auch für einen Bevollmächtigten. ²Er kann in eine der in Absatz 1 Satz 1 oder Absatz 2 genannten Maßnahmen nur einwilligen, nicht einwilligen oder die Einwilligung widerrufen, wenn die Vollmacht diese Maßnahmen ausdrücklich umfasst und schriftlich erteilt ist.

Gliederung

A. Grundlagen 1	2. Genehmigung der Nichteinwilligung/Widerruf einer Einwilligung (Absatz 2) 90
I. Kurzcharakteristik 1	a. Nichteinwilligung 93
II. Gesetzesentwicklung 5	b. Widerruf einer Einwilligung/Abbruch einer Behandlung 95
B. Praktische Bedeutung 9	
C. Normstruktur 13	3. Ausnahmen vom Genehmigungserfordernis (Absatz 1 Satz 2, Absatz 4) 96
D. Anwendungsvoraussetzungen 16	
I. Grundlagen 16	a. Eilfälle (Absatz 1 Satz 2) 96
1. Einwilligungsunfähigkeit des Betreuten 16	b. Einvernehmen Betreuer/Bevollmächtigter und Arzt (Absatz 4) 100
a. Einwilligungsunfähigkeit als Grundvoraussetzung 16	4. Genehmigungskriterien (Absatz 3) 106
b. Feststellung einer Einwilligungsunfähigkeit ...18	III. Bevollmächtigte 114
2. Die Bedeutung des natürlichen Willens des Betreuten/Vollmachtgebers (Zwangsbehandlung) 26	1. Ausdehnung des Genehmigungsvorbehalts (Absatz 5 Satz 1) 114
3. Die Einwilligung des Betreuers 44	2. Voraussetzungen der Vollmacht (Absatz 5 Satz 2) 115
a. Einwilligungsbefugnis des Betreuers 44	a. Schriftform 117
b. Ausnahmen von der Einwilligungsbefugnis des Betreuers 46	b. Inhaltliche Anforderungen 119
4. Genehmigungsantrag 49	c. Mehrere Bevollmächtigte 123
II. Die Genehmigungsfälle 53	**E. Verfahren** 124
1. Genehmigung einer ärztlichen Maßnahme (Absatz 1 Satz 1) 53	I. Zuständigkeit 125
	II. Anhörung 126
a. Ärztliche Maßnahmen 54	III. Verfahrenspfleger 130
b. Begründete Gefahr des Todes oder einer Gesundheitsverletzung 68	IV. Sachverständigengutachten 132
	V. Rechtsbehelfe 134

A. Grundlagen

I. Kurzcharakteristik

Die Vorschrift stellt abstrakt umrissene gefahrenträchtige ärztliche Maßnahmen unter einen gerichtlichen Genehmigungsvorbehalt. Erstmals durch das 3. BtÄndG wurde eine Genehmigungspflicht auch für solche Fälle eingeführt, in denen der Betreuer oder Bevollmächtigte eine Einwilligung nicht erteilen oder widerrufen möchte, wenn dies für den Betreuten eine besondere Gefahrenlage mit sich bringt. Diese Neuregelung wird insbesondere bedeutsam unter dem Stichwort „Behandlungsabbruch".

Durch das Genehmigungserfordernis werden die Rechte oder Eingriffsbefugnisse des Betreuers oder Bevollmächtigten weder erweitert noch inhaltlich verändert, sondern nur kontrolliert.[1] Die allgemeinen Voraussetzungen, unter denen ein Betreuer für den Betroffenen im medizinischen Bereich handeln darf, bleiben unverändert. § 1904 BGB regelt ausschließlich die Frage, ob ein Betreuer oder Bevollmächtigter für seine Entscheidung eine Genehmigung des Betreuungsgerichts einholen muss. Voraussetzung dafür ist in jedem Fall, dass der Betreuer im Einzelfall überhaupt entscheidungsbefugt ist.

Für das Verständnis der Norm wichtig ist deshalb die ausdrückliche Feststellung, dass es sich lediglich um die Regelung der Frage handelt, unter welchen Voraussetzungen ein im Einzelfall entscheidungsbefugter Betreuer oder Bevollmächtigter zu einer Entscheidung in Gesundheitsangelegenheiten einer betreuungsgerichtlichen Genehmigung bedarf.

Die Vorschrift ist durch das 3. BtÄndG zum 01.09.2009 erheblich verändert worden. Insbesondere wurde nun eine in Rechtsprechung und Literatur kontrovers diskutierte Streitfrage gesetzlich geregelt. Nach geltendem Recht sind jetzt die **Nichteinwilligung** in eine ärztlicherseits angebotene sowie der **Widerruf** einer bereits durchgeführten medizinischen Maßnahme ausdrücklich der Genehmigung des Betreuungsgerichts unterworfen. Voraussetzung ist entsprechend der alten Regelung zur Einwilligung, dass durch die Entscheidung des Betreuers/Bevollmächtigten die begründete Gefahr entsteht, dass der Betreute/Vollmachtgeber auf Grund des Unterbleibens oder des Abbruchs der Maßnahme stirbt oder einen schweren und länger dauernden gesundheitlichen Schaden erleidet.

II. Gesetzesentwicklung

Der Gesetzgeber verfolgte mit der Vorschrift erklärtermaßen das Ziel, einer Vernachlässigung der Personensorge durch den bestellten Betreuer entgegenzuwirken. Er ging davon aus, dass die Heilbehandlung zwar ihrem Wesen nach darauf gerichtet sei, dem Wohl des Betreuten zu dienen. Die Genehmigungspflicht für besonders gefahrenträchtige ärztliche Maßnahmen war seiner Meinung nach aber notwendig, weil mit ihnen nicht nur erheblich in die körperliche Unversehrtheit eines Betreuten eingegriffen wird, sondern insbesondere Freiheitsrechte des Betreuten verletzt werden könnten. Der Gesetzgeber hat die von ihm erkannte Freiheitsverletzungsrelevanz mit dem Hinweis auf das Problem der Zwangsbehandlungen begründet[2], wies später aber ausdrücklich darauf hin, dass von einer Regelung der Zwangsbehandlung bewusst abgesehen wurde[3]. Diese Erklärung für die Schaffung der ursprünglichen Vorschrift vermag kaum zu verfangen. Richtigerweise dürfte deshalb die verschiedentlich geäußerte Vermutung zutreffen, das ursprüngliche Motiv für die gesetzliche Regelung in § 1904 Abs. 1 BGB habe in einem erheblichen Misstrauen des Gesetzgebers vor einem unkontrollierten Zusammenwirken von Arzt und bestelltem Betreuer zum Nachteil des Betreuten gelegen.[4]

Von diesem Regelungsmotiv ist der Gesetzgeber mit der zum 01.09.2009 in Kraft getretenen Neuregelung des § 1904 BGB deutlich abgerückt. Eine betreuungsgerichtliche Genehmigung ist jetzt nicht mehr erforderlich, soweit zwischen behandelndem Arzt und Betreuer Einigkeit darüber besteht, dass die Erteilung, die Nichterteilung oder der Widerruf einer Einwilligung dem gemäß § 1901a BGB festgestellten Willen des Betreuten entspricht. Der Gesetzgeber bringt hier dem Duo Betreuer/Arzt ein erhebliches Vertrauen entgegen. Ob dies wirklich im Interesse des Betreuten ist, kann bezweifelt werden.[5] Die jetzige Regelung drängt jedenfalls die Kontrollmöglichkeiten des Betreuungsgerichts zu Lasten der betroffenen Patienten zurück. Da es kein originäres Prüfungsrecht des Betreuungsgerichts gibt, besteht die ernsthafte Gefahr, dass Betreuer und Ärzte Entscheidungen zum Nachteil des Betreuten in

---

[1] *Roth* in: Dodegge/Roth, Betreuungsrecht, 3. Aufl. 2010, Teil E Rn. 25.
[2] BT-Drs. 11/4528, S. 70.
[3] BT-Drs. 11/4528, S. 72.
[4] *Schwab* in: MünchKomm-BGB, § 1904 Rn. 1; *Deutsch*, NJW 2003, 1567-1568, 1567.
[5] So auch *Diehn/Rebhan*, NJW 2010, 326, 328.

7 dessen falsch verstandenen Willen treffen. Diese Gefahr besteht nicht zuletzt deshalb, weil Arzt und Betreuer nicht zwingend gesetzlich verpflichtet werden, ihre gemeinsame Entscheidung durch notwendige Anhörungen Dritter zu untermauern und entsprechend zu dokumentieren.

7 § 1904 BGB ist nach wie vor eine Vorschrift, die in besonderer Form grundsätzliche Probleme des Betreuungsrechts im Bereich der Gesundheitsangelegenheiten berührt.[6] Der Gesetzgeber hat zwar mit der Betreuung das vordem geltende Recht der Vormundschaft über Volljährige abgeschafft. Gleichzeitig ist es aber nicht gelungen, die damit aufgeworfenen Probleme befriedigend zu regeln, die im Falle einer Willensverschiedenheit zwischen Betreuer und Betreutem auftreten. Nach wie vor hat der Betreuer keine Möglichkeit, eine ambulante medizinische Behandlung gegen den natürlichen Willen des Betreuten durchführen zu lassen.[7] Während im Vermögensbereich hier mit dem Einwilligungsvorbehalt eine praktisch verwertbare Lösung gefunden wurde, fehlt etwas Vergleichbares im Bereich der Gesundheitsangelegenheiten. Das Problem der ambulanten Zwangsbehandlung eines Betreuten wird in absehbarer Zeit keine gesetzliche Regelung erfahren, nachdem ein dahingehender Gesetzesentwurf letztlich nicht in das Betreuungsgesetz aufgenommen wurde.[8]

8 Keine abschließend verlässliche Regelung ist nach der inhaltlichen Reform des § 1904 BGB für den Bereich der Sterbehilfe erfolgt.[9] Begrüßenswert ist allerdings schon einmal, dass nunmehr durch Absatz 2 klargestellt ist, dass der Betreuer zum Widerruf einer Einwilligung in eine ärztliche Maßnahme ausdrücklich befugt ist. Das war der Betreuer zwar bisher schon. Mit der ausdrücklichen gesetzlichen Regelung werden aber die Möglichkeiten einer Sterbehilfe durch den Betreuer eröffnet.

B. Praktische Bedeutung

9 Die Anwendungshäufigkeit der (alten) Vorschrift in der gerichtlichen Praxis war gering. Die Tatsache, dass nun aber auch der Widerruf einer einmal erteilten Genehmigung grundsätzlich genehmigungsbedürftig ist, könnte die Anzahl der Genehmigungsverfahren deutlich erhöhen. Dies ist jedenfalls deshalb zu vermuten, weil eine breite Mehrheit in der Bevölkerung wohl die Weiterführung medizinisch als quälend empfundener, lediglich lebenserhaltender Maßnahmen ablehnt.

10 Die Zahlen[10] der genehmigten und abgelehnten Heilbehandlungen nach § 1904 BGB:

Jahr	Genehmigungen	Ablehnungen
1992	2.003	61
1993	2.316	272
1994	2.057	174
1995	2.577	92
1996	2.388	56
1997	2.178	147
1998	2.551	72
1999	2.526	157
2000	2.799	89
2001	3.070	140
2002	3.877	250
2003	2.824	250
2004	2.646	224
2005	3.016	210
2006	3.693	254
2007	3.513	232
2008	3.483	226
2009	3.383	232

---

[6] So die Feststellung von *Schwab* in Bezug auf eine zu § 1904 ergangene BGH-Entscheidung, *Schwab* in: MünchKomm-BGB, § 1904 Rn. 19.
[7] *Schwab* in: MünchKomm-BGB, § 1904 Rn. 1.
[8] Gesetzentwurf der Bundesregierung zur Einführung eines § 1906a BGB (BT-Drs. 15/2494, S. 7).
[9] Zur Unterscheidung der verschiedenen Arten der Sterbehilfe vgl. *Schreibauer*, BtPrax 1997, 217-221, 218.
[10] Die Zahlen sind entnommen der Statistik des Bundesamtes für Justiz, Betreuungsverfahren, Zusammenstellung der Bundesergebnisse für die Jahre 1992 bis 2012, Stand: 06.09.2013. www.bundesjustizamt.de/DE/Themen/Buergerdienste/Justizstatistik/Betreuung/Betreuung_node.html (abgerufen am 09.01.2015).

2010	3.374	229
2011	2.137	193
2012	1.712	257

Trotz der im Zeitraum von 1992-2010 erheblich gestiegenen Zahl der Betreuungen ist die Zahl der Genehmigungsverfahren nicht signifikant angestiegen. Dies ist abgesehen vom Ausnahmecharakter der Norm nicht zuletzt auch auf die Schwerfälligkeit des Entscheidungsprozesses zurückzuführen, in der sicherlich die Triebfeder einer allgemein restriktiven Auslegung der Norm zu sehen ist. Die Anwendung der Vorschrift bleibt so auf wenige besonders risikoreiche Eingriffe beschränkt, was wohl der gesetzgeberischen Intention entspricht. Allgemein festgestellt werden muss aber, dass die Zahl der erteilten Genehmigungen nur sehr geringfügig hinter der Zahl der Anträge zurückblieb.

Die fehlende medizinische Sachkunde des Gerichts gepaart mit dem Zeitdruck, unter dem Genehmigungsprozesse regelmäßig stehen, schränkt die praktische Bedeutung der Norm als wirksames Kontrollinstrument ein. Erst nach Einholung eines Gutachtens eines die fragliche Maßnahme nicht durchführenden unabhängigen Arztes besteht in der Regel die Möglichkeit, Fehlentscheidungen des behandelnden Arztes sicher zu erkennen und zu verhindern. Dies ist in der Praxis schon aus Zeitgründen schlechterdings nicht in jedem Fall umzusetzen.

C. Normstruktur

Die Vorschrift schreibt die grundsätzliche **Genehmigungsbedürftigkeit** folgender **Entscheidungen eines Betreuers** fest:
- Erteilung einer Einwilligung in eine ärztliche Maßnahme (Absatz 1 Satz 1),
- Verweigerung/Widerruf einer Einwilligung (Absatz 2).

Dafür gelten jedoch **Ausnahmen**:
- im Falle einer Einwilligung (Absatz 1 Satz 1):
  - bei besonderer Eilbedürftigkeit (Absatz 1 Satz 2) und
  - bei Feststellung eines entsprechenden Patientenwillens durch Arzt und Betreuer auf der Grundlage einer Patientenverfügung (Absatz 4),
- im Falle der Verweigerung/des Widerrufs (Absatz 2)
  - bei Feststellung eines entsprechenden Patientenwillens durch Arzt und Betreuer auf der Grundlage einer Patientenverfügung (Absatz 4).

Die Vorschriften bzgl. der Genehmigung gelten auch im Fall, dass die Patienteninteressen auf der Grundlage einer Vollmacht **(Vorsorgevollmacht)** wahrgenommen werden. Für genehmigungspflichtige Entscheidungen im Rahmen einer Bevollmächtigung sind in Absatz 5 diejenigen Voraussetzungen formuliert, die die zugrunde liegende Vollmacht erfüllen muss.[11]

D. Anwendungsvoraussetzungen

I. Grundlagen

1. Einwilligungsunfähigkeit des Betreuten

a. Einwilligungsunfähigkeit als Grundvoraussetzung

§ 1904 BGB findet grundsätzlich nur dann Anwendung, wenn der Betreute selbst im Einzelfall nicht einwilligungsfähig ist. Nach allgemeiner Meinung ist der Betreuer im Rahmen seines Aufgabenbereiches zur Einwilligung nur befugt (einwilligungszuständig[12]), wenn der Betreute selbst zu einer wirksamen eigenen Entscheidung nicht fähig ist.[13] Aus dem allgemeinen Persönlichkeitsrecht des Betreuten und seinem Recht am eigenen Körper folgt dessen alleiniges Recht, über einwilligungsbedürftige medizinische Maßnahme selbst zu bestimmen. Für ein Entscheidungsrecht des Betreuers ist daneben kein Raum. Der Betreute muss daher **einwilligungsunfähig** sein.[14]

---
[11] Näher hierzu *Milzer*, NJW 2003, 1836-1840.
[12] *Roth* in: Dodegge/Roth, Betreuungsrecht, 3. Aufl. 2010, Teil E Rn. 4.
[13] So auch AG Frankfurt v. 25.11.2002 - 45 XVII U 1880/02 - FamRZ 2003, 476.
[14] *Schwab* in: MünchKomm-BGB, § 1904 Rn. 6.

17 Die dogmatisch interessante Frage, ob die Einwilligung als Willenserklärung, geschäftsähnliche Handlung[15] oder Realakt zu qualifizieren ist, ist für die Praxis irrelevant. Die Einwilligung wird, da sie den Bereich der Selbstbestimmung über die körperliche Unversehrtheit betrifft, als höchstpersönlich angesehen. Vor diesem Hintergrund soll in jedem Fall die natürliche Einsichts- und Steuerungsfähigkeit in Bezug auf die konkret anstehende Einwilligungserklärung maßgeblich sein.[16]

b. Feststellung einer Einwilligungsunfähigkeit

aa. Angeordnete Betreuung

18 Wann von einer Einwilligungsunfähigkeit auszugehen ist, ist für den Fall einer angeordneten Betreuung umstritten. Nach herrschender Auffassung soll das Fehlen der natürlichen Einsichts- und Steuerungsfähigkeit des Betreuten konkret in jedem Einzelfall, das heißt für jede einzelne medizinische Maßnahme, festzustellen sein.[17] Der Umstand, dass dem Betreuten wegen geistiger oder seelischer Defizite ein Betreuer für Gesundheitsangelegenheiten zur Seite gestellt wurde, soll für sich gesehen zur Annahme seiner Einwilligungsunfähigkeit nicht ausreichen.[18] Immerhin gäbe es Maßnahmen, die ihrer Art nach einfach gelagert seien und deren Beurteilung auch im Falle geringer intellektueller Leistungsfähigkeit möglich sei.[19] Es soll auf die Fähigkeiten des Betreuten in Bezug auf die konkrete ärztliche Maßnahme ankommen. Diese Auffassung führt zu der Konsequenz, dass der Betreuer nur dann berechtigt wäre, über die Einwilligung in eine (einwilligungsbedürftige) medizinische Maßnahme zu entscheiden, wenn im Einzelfall der Nachweis erbracht ist, dass der intellektuelle Leistungshorizont des Betreuten nicht ausreicht, um die konkrete Entscheidung in eigener Verantwortung zu treffen.

19 Überdies soll zu prüfen sein, ob bei grundsätzlich bestehender Einwilligungsfähigkeit gleichwohl für die konkrete Behandlung wegen besonderer Umstände die Einwilligungsfähigkeit ausnahmsweise doch fehlt. So kann die Einwilligungsfähigkeit des Betreuten zu verneinen sein, wenn der im Übrigen verständige Betreute unter Schmerzen leidet, die seine Urteilsfähigkeit aktuell beeinträchtigen.

20 Dies führt zu Fragestellungen, die sich weder für den Betreuer noch für den Betreuungsrichter im Rahmen einer Entscheidung nach § 1904 Abs. 1 BGB unmittelbar etwa aufgrund der Anhörung des Betreuten ergeben können, sondern deren Beantwortung regelmäßig ein den Einzelfall berücksichtigendes zusätzliches Sachverständigengutachten erfordert. Es wäre somit in jedem Fall vor einer Genehmigungserteilung nach § 1904 BGB gutachterlich festzustellen, ob der Betreute wegen bestehender Einwilligungsfähigkeit entscheidungszuständig ist oder ob die Entscheidungszuständigkeit bei dem bestellten Betreuer liegt. Dies schließt ein selbstständiges Betreuerhandeln im Bereich der Gesundheitsfürsorge praktisch immer aus, wenn einwilligungsbedürftige Maßnahmen anstehen (nicht nur, soweit es darüber hinaus um genehmigungspflichtige einwilligungsbedürftige Maßnahmen nach § 1904 Abs. 1 BGB geht). Immer müsste sich der Betreuer zuvor versichern lassen, dass die Einwilligungsfähigkeit des Betreuten nicht gegeben ist.

21 Diese praktische Konsequenz, die ein Betreuerhandeln in den wesentlichen Angelegenheiten erheblich erschwert, wird in der Literatur durchgängig vernachlässigt. Soweit *Schwab*[20] die Auffassung vertritt, die Feststellung der Einwilligungsfähigkeit liege bei dem betreffenden Arzt, der die Behandlung durchführt, kann dem nicht zugestimmt werden. Man kann nicht z.B. dem Augenarzt die Kompetenz zusprechen, über die Einwilligungsfähigkeit konkret zu entscheiden, wenn schon für die Betreuungsanordnung in Gesundheitsangelegenheiten ein Gutachten eines Facharztes für Psychiatrie/Neurologie vorliegt und dieser festgestellt hat, dass der Betreute seine gesundheitlichen Angelegenheiten nicht allein entscheiden kann.

22 Die herrschende Auffassung führt daneben zu erheblichen Problemen in Fällen, in denen auch mit Hilfe eines Sachverständigen nicht aufklärbar ist, ob der Betreute einwilligungsunfähig ist und Betreuer und Betreuter hinsichtlich der Einwilligung unterschiedlich entscheiden. Hier wird zum Teil die Meinung vertreten, in diesem Fall habe der Arzt einen Konsens mit dem Betreuer zu suchen.[21] Andere

---

[15] Zum Teil heißt es, die Einwilligung sei mindestens geschäftsähnliche Handlung, vgl. *Roth* in: Dodegge/Roth, Betreuungsrecht, 3. Aufl. 2010, Teil E Rn. 153.
[16] *Schwab* in: MünchKomm-BGB, § 1904 Rn. 6.
[17] *Schwab* in: MünchKomm-BGB, § 1904 Rn. 11; *Zimmermann* in: Damrau/Zimmermann, Betreuungsrecht, 4. Aufl. 2010, § 1904 Rn. 6; *Rink* in: HK-BUR, Vor§ 1904 Rn. 3 (GW 1994).
[18] *Schwab* in: MünchKomm-BGB, vor § 1904 Rn. 3.
[19] Vgl. *Rink* in: HK-BUR, vor § 1904 Rn. 3 (GW 1994).
[20] *Schwab* in: MünchKomm-BGB, § 1904 Rn. 11.
[21] BT-Drs. 11/4528, S. 141; *Schwab* in: MünchKomm-BGB, § 1904 Rn. 11.

sehen die Entscheidungszuständigkeit des (möglicherweise einwilligungsunfähigen) Betreuten eröffnet.[22] Teilweise wird der Betreute selbst als allein bestimmungsberechtigt angesehen, solange nicht der positive Nachweis einer Einwilligungsunfähigkeit im konkreten Fall erbracht ist.[23]

Richtig und praktikabel dürfte es daher sein, in allen Fällen einer Betreuerbestellung für Gesundheitsangelegenheiten von einer Entscheidungsunfähigkeit des Betreuten auszugehen, die im Einzelfall, bei Bestehen besonderer Anhaltspunkte, widerlegt werden kann. Denn die Anordnung einer Betreuung im Bereich der Gesundheitsfürsorge setzt voraus, dass der Betreute nicht in der Lage ist, seine Angelegenheiten in dieser Hinsicht selbst zu regeln.[24] Die Anordnung beruht immer auf der entsprechenden ärztlichen Feststellung, dass der Betreute Entscheidungen im Bereich der gesundheitlichen Angelegenheiten nicht allein treffen kann. Nur deshalb wird einem anderen (dem Betreuer) die Betreuung in diesem Aufgabenbereich und deshalb das entsprechende Vertretungsrecht übertragen. Für die Entscheidungen im Sinne des § 1904 BGB ergibt sich noch eine weitere Konsequenz: Wenn gerade diejenigen (bedeutsamen) Einwilligungserklärungen, die § 1904 BGB regeln will, nicht unter das Vertretungsrecht des Betreuers fallen sollen, mutet dies merkwürdig an. Es hieße, dass der Betreute in der Lage sein müsste, Entscheidungen, die eine besondere Gefahr mit sich bringen oder zu einem länger dauernden gesundheitlichen Schaden führen, selbst zu treffen, während er ansonsten zu Entscheidungen nicht fähig sein soll. Das passt nicht zusammen und wird in der Praxis auch nur in äußerst seltenen Fällen anzutreffen sein. Mit der Betreuerbestellung im Bereich der Gesundheitsfürsorge ist deshalb die nur in begründeten Ausnahmefällen widerlegbare Vermutung verbunden, dass der Betreute nicht einwilligungsfähig in Bezug auf medizinische Maßnahmen ist, insbesondere solcher des § 1904 BGB.

Die Betreuungsanordnung für Gesundheitsangelegenheiten ist nicht nur bloßes Indiz für eine Einwilligungsunfähigkeit, sondern diese wird (widerlegbar) vermutet. Ergeben sich im Einzelfall konkrete Hinweise auf eine bestehende Einwilligungsfähigkeit des Betreuten, so muss das Gericht diesen durch Einholung eines Sachverständigengutachtens zu dieser Frage nachgehen.[25] Dass kann etwa im Falle schubförmig auftretender psychischer Erkrankungen notwendig werden.

bb. Bevollmächtigung

Im Falle, dass ein Bevollmächtigter auf der Grundlage einer Vorsorgevollmacht in gesundheitlichen Angelegenheiten für den Patienten tätig wird, kann allerdings auf keine Vermutung für eine Entscheidungsunfähigkeit zurückgegriffen werden. Die bloße Existenz einer Vorsorgevollmacht lässt eine solche Vermutung jedenfalls nicht zu. Denn die Vollmacht wird regelmäßig zu einem Zeitpunkt errichtet, in dem der betroffene Patient noch entscheidungsfähig und damit auch medizinisch einwilligungsfähig ist. Die Einwilligungsunfähigkeit des Patienten ist in diesen Fällen deshalb zwingend positiv festzustellen. Das kann in offensichtlichen Fällen (Altersdemenz, Koma) unproblematisch sein. In Zweifelsfällen dürfte es jedoch ratsam erscheinen, die Einwilligungsunfähigkeit durch ein psychiatrisches (Kurz-)Gutachten feststellen zu lassen. Dies ist schon aus Haftungsgründen nicht nur für den Betreuer, sondern auch für den behandelnden Arzt wichtig.

2. Die Bedeutung des natürlichen Willens des Betreuten/Vollmachtgebers (Zwangsbehandlung)

Ist der Betreute/Vollmachtgeber zwar nicht einwilligungsfähig, so kann es im Falle der Durchführung einer beabsichtigten ärztlichen Maßnahme doch zu einem Problem kommen, wenn nämlich der Betreute/Vollmachtgeber mit seinem natürlichen Willen die Durchführung der Maßnahme ablehnt.

Konkret ist zu fragen, welche Folgen aus einer ablehnenden Haltung des Betreuten/Vollmachtgebers – ohne Rücksicht auf dessen Einwilligungsfähigkeit – erwachsen. Hierbei ist zu unterscheiden, ob die nach § 1904 Abs. 1 BGB genehmigungspflichtige Maßnahme ambulant oder stationär durchgeführt werden soll.

Stationäre, mit einer freiheitsentziehenden (geschlossenen) Unterbringung in einer Klinik verbundene ärztliche Maßnahmen, sind auch gegen den natürlichen Willen des Betreuten/Vollmachtgebers unter den Voraussetzungen des § 1906 Abs. 1 Nr. 2 BGB oder § 1906 Abs. 4 BGB genehmigungsfähig (**stationäre Zwangsbehandlung**). Dies entspricht der herrschenden Interpretation des Gesetzes.[26]

---

[22] *Bienwald* in: Staudinger, § 1904 Rn. 8; vgl. *Rink* in: HK-BUR, vor § 1904 Rn. 4 (GW 1994).
[23] Vgl. *Rink* in: HK-BUR, vor § 1904 Rn. 4 (GW 1994).
[24] So auch ausdrücklich BT-Drs. 15/2494, S. 17.
[25] Vgl. auch AG Frankfurt v. 25.11.2002 - 45 XVII U 1880/02 - FamRZ 2003, 476.
[26] Insoweit kann auf *Bieg/Jaschinski* in: jurisPK-BGB, 4. Aufl. 2008, § 1906.

29 Umstritten ist dagegen der Problembereich der **ambulanten Zwangsbehandlung**, die keine stationäre Aufnahme des Betreuten/Vollmachtgebers erfordert. Darunter versteht man die Durchführung einer nur eine geringe zeitliche Dauer beanspruchenden ärztlichen Heilbehandlung gegen den natürlichen Willen des einwilligungsunfähigen Betreuten/Vollmachtgebers. Praktisch stellt sich diese Frage häufig im Zusammenhang mit der Verabreichung von Depotspritzen an psychisch Kranke, die nicht selten eine ärztliche Behandlung ablehnen.

30 Nach der Rechtsprechung des BGH[27] und u.a. des Pfälzischen Oberlandesgerichts Zweibrücken[28] sind medizinische Behandlungen gegen den (natürlichen) Willen des einwilligungsunfähigen Betreuten nicht zulässig.[29] Der BGH lehnt die Auffassung ab, wonach der Betreuer mit ausdrücklicher Genehmigung des Betreuungsgerichts in seinem Aufgabenkreis notfalls auch Zwang anwenden darf. Im grundrechtsrelevanten Bereich sei die Rechtsmacht des Betreuers beschränkt. Es bedürfe zur Vornahme von Zwangshandlungen des Betreuers gegen den Widerstand des Betreuten einer Rechtsgrundlage durch ein förmliches Gesetz. Eine analoge Anwendung von § 1906 Abs. 1 BGB scheide ebenso aus wie Zwangsbefugnisse aufgrund der allgemeinen Regelungen der §§ 1896, 1901 und 1902 BGB. Vielmehr schließt der BGH gerade aus § 326 Abs. 2 Satz 1 FamFG (früher: § 70g Abs. 5 Satz 2 FGG), demzufolge Gewalt und Zwang bei der Zuführung zur Unterbringung nur bei Vorliegen einer ausdrücklichen gerichtlichen Anordnung angewandt werden dürfen, dass der Betreuer in allen anderen Fällen eben keinen Zwang zur Überwindung des körperlichen Widerstands des Betreuten anwenden dürfe.[30] Trotz aller damit verbundenen etwaigen Nachteile für den Betreuten seien Zwangsbefugnisse des Betreuers nicht aus übergeordneten Gesichtspunkten (Wohl des Betreuten) gegeben, da der Gesetzgeber diesbezüglich bewusst keine Regelung geschaffen habe.[31]

31 Der BGH hat damit die Auffassung des OLG Hamm[32] verworfen. Danach sollte die Möglichkeit der ambulanten Zwangsbehandlung auf eine entsprechende Anwendung des § 1906 Abs. 1 BGB bzw. § 1906 Abs. 4 BGB, § 326 Abs. 2 Satz 1 FamFG (früher: § 70g Abs. 5 Satz 2 FGG) gestützt werden können.[33] Wenn schon längerfristige geschlossene Unterbringungen und eine darin stattfindende zwangsweise Behandlung genehmigungsfähig seien, dann unter dem Aspekt der Verhältnismäßigkeit erst recht auch nur kurzfristige Freiheitsbeschränkungen zum Zweck der ambulanten Behandlung.[34]

32 In der Literatur wird zum Teil die Auffassung vertreten, ein ärztlicher Eingriff sei jedenfalls mit Einwilligung des Betreuers auch gegen den Willen des Betreuten unter der Voraussetzung zulässig, dass über eine lebensnotwendige Maßnahme entschieden werden müsse, die keinen Aufschub dulde.[35] In diesen Fällen rechtfertige die Einwilligung des Betreuers den Eingriff. Lediglich der Arzt wende dann zulässigerweise Gewalt zur Durchführung der Behandlung an, weil der Betreuer selbst zu dieser Gewaltanwendung nicht befugt sei.

33 Darüber hinaus wird in der betreuungsrechtlichen Literatur verbreitet die Meinung vertreten, eine Behandlung sei mit Einwilligung des Betreuers generell auch gegen den Willen des Betreuten zulässig. Die Auffassung des BGH gehe von einem grundsätzlichen Fehlverständnis des Betreuungsrechtes aus.

---

[27] BGH v. 23.01.2008 - XII ZB 185/07; in Fortführung von BGH v. 01.02.2006 - XII ZB 236/05 - juris Rn. 18 - BGHZ 166, 141-154; BGH v. 11.10.2000 - XII ZB 69/00 - BGHZ 145, 297-310.

[28] OLG Zweibrücken v. 16.11.1999 - 3 W 223/99 - NJW 2000, 2750-2752; ebenso: OLG Schleswig v. 12.12.2002 - 2 W 168/02 - NJW-RR 2003, 435-438; LG Augsburg v. 04.08.1999 - 5 T 2780/99 - NJW 2000, 2363-2364; AG Frankfurt v. 14.05.1998 - 45 XVII MUE 65/98 - FamRZ 2000, 1183-1184.

[29] So auch *Marschner* in: Jürgens, Betreuungsrecht, 5. Aufl. 2014, § 1904 Rn. 4.

[30] BGH v. 23.01.2008 - XII ZB 185/07; in Fortführung von BGH v. 01.02.2006 - XII ZB 236/05 - juris Rn. 18 - BGHZ 166, 141-154; BGH v. 11.10.2000 - XII ZB 69/00 - juris Rn. 32 - BGHZ 145, 297-310.

[31] BGH v. 23.01.2008 - XII ZB 185/07; in Fortführung von BGH v. 01.02.2006 - XII ZB 236/05 - juris Rn. 18 - BGHZ 166, 141-154; BGH v. 11.10.2000 - XII ZB 69/00 - juris Rn. 33 - BGHZ 145, 297-310.

[32] OLG Hamm v. 06.04.2000 - 15 W 76/00 - FGPrax 2000, 113-116; ebenso für Genehmigungsfähigkeit LG Duisburg v. 09.06.1999 - 22 T 22/99 - NJW 1999, 2744-2746; OLG Frankfurt v. 15.07.1998 - 20 W 224/98 - NJW 1998, 2747-2749; OLG Frankfurt v. 15.07.1998 - 20 W 224/98 - MedR 1998, 469; OLG Frankfurt v. 20.11.2001 - 20 W 419/01 - NJW 2002, 689-691; OLG Karlsruhe v. 29.10.2001 - 19 Wx 21/01 - NJW 2002, 685-689; AG Freising v. 18.10.2000 - XVII 9097/95; offen gelassen von OLG Düsseldorf v. 27.03.2001 - 25 Wx 128/00 - NJW 2001, 2807-2808.

[33] OLG Hamm v. 06.04.2000 - 15 W 76/00 - juris Rn. 17 - FGPrax 2000, 113-116.

[34] OLG Hamm v. 06.04.2000 - 15 W 76/00 - juris Rn. 20 - FGPrax 2000, 113-116; so auch *Schweitzer*, FamRZ 1996, 1317-1324, 1322.

[35] So noch *Bienwald*, Betreuungsrecht, 3. Aufl. 1999, § 1904 Rn. 24.

Der Betreuer übe keine Hoheitsgewalt über den Betreuten aus, er repräsentiere ihn.[36] Wenn der Betreuer die Funktion habe, die Gesundheitsinteressen des Betreuten wahrzunehmen, da dieser nicht selbstverantwortlich entscheiden könne, so müsse er dazu auch gegen dessen Willen befugt sein.[37]

Andere sehen in der Entscheidung des BGH eine Verkennung des Grundrechtsschutzes. Der grundrechtliche Schutz der Freiheit setze die tatsächliche Selbstbestimmungsfähigkeit des Grundrechtsinhabers voraus.[38] Ein Eingriff in ein Freiheitsgrundrecht liege von daher nur vor, wenn die eigenverantwortliche Entscheidung des Grundrechtsinhabers missachtet werde.[39] Sowohl die Anordnung der Betreuung als auch einzelne Maßnahmen des Betreuers ohne oder gegen den natürlichen Willen des Betroffenen griffen aber nicht in dessen Freiheitsgrundrechte ein, wenn seine Fähigkeit zur freien Selbstbestimmung aus tatsächlichen Gründen beeinträchtigt sei.[40] Der Betreuer sei dann aufgrund Art. 1 Abs. 1 Satz 2 GG nicht nur berechtigt, sondern sogar verpflichtet, den Betroffenen durch geeignete Maßnahmen davor zu bewahren, sich durch sein defizitbedingtes Verhalten selbst erheblich zu schädigen.[41] Der Betreuer erhalte von daher mit Anordnung der Betreuung eine Befugnis, über den zur Selbstbestimmung unfähigen Betroffenen zu bestimmen (Bestimmungsbefugnis).[42] Eine Selbstschädigung des selbstbestimmungsunfähigen Betroffenen müsse notfalls durch körperlichen Zwang vom Betreuer unterbunden werden können.[43] Die Rechtsgrundlage für die Zwangsbefugnis des Betreuers ergäbe sich aus § 1901 Abs. 2 Satz 1, Abs. 3 Satz 1 BGB i.V.m. Art. 1 Abs. 1 Satz 2 GG.[44]

Schließlich wird – weniger als Argument denn als Hilfeschrei – angeführt, es könne doch vom Gesetzgeber weder gewollt noch als hingenommen angesehen werden, dass die Befugnisse des Betreuers leer liefen, wenn sich der defizitbedingt uneinsichtige Betreute widersetze.[45] Richtig daran ist, dass bei Ablehnung einer Zwangsbefugnis des Betreuers im ambulant medizinischen Bereich die Handlungsmöglichkeiten des Betreuers mit dem Aufgabenbereich der Gesundheitsfürsorge stark eingeschränkt sind. Einen Widerstand des Betreuten gegen eine konkrete ärztliche Maßnahme kann er nur durch „gutes Zureden" versuchen zu brechen. Dem Betreuer aber schon angesichts dieser (relativen) Machtlosigkeit in der Praxis Zwangsbefugnisse zusprechen zu wollen, ist verfehlt.

Der Auffassung des BGH in dieser Frage ist zuzustimmen. Zunächst einmal sind die Gesetzesmaterialien weder aus methodischen Gründen noch nach ihrem Inhalt geeignet, als Begründung für Zwangsbefugnisse des Betreuers im Rahmen einer ambulanten Behandlung zu dienen. Einerseits können Gesetzesmaterialien nur unterstützend zum Beleg eines aufgrund vorrangiger anderer Auslegungskriterien gefundenen Ergebnisses Berücksichtigung finden. Andererseits hat der Gesetzgeber in den Materialien ausdrücklich erklärt, von einer gesetzlichen Regelung **bewusst** abgesehen zu haben.[46] Die Aussage in den Materialien, dass Zwangsbefugnisse zulässig seien, betrifft damit nur eine Einschätzung des Gesetzgebers auf der Grundlage des schon bestehenden Rechts. Es ist keine Interpretation des neu geschaffenen Rechts. Deshalb ist es verfehlt, dem eine Bedeutung für das geschaffene Recht zumessen zu wollen. Der Gesetzgeber hat außerdem gewusst, dass es an dieser Stelle Schwierigkeiten geben könnte, hat sich aber damit beruhigt, dass es auch unter dem alten Recht ohne solche Regelungen zu keinen ernsten Schwierigkeiten gekommen ist.[47] Dies alles hilft in der Analyse wenig weiter. Die Gesetzesmaterialien lassen die Frage ungelöst, ob aufgrund der bestehenden gesetzlichen Regeln Zwangsbefugnisse des Betreuers im Rahmen einer ambulanten Behandlung zulässig sind.

---

[36] *Schwab* in: MünchKomm-BGB, § 1904 Rn. 19.
[37] *Schwab* in: MünchKomm-BGB, § 1904 Rn. 19.
[38] *Lipp*, Freiheit und Fürsorge – Der Mensch als Rechtsperson, 2000, S. 131; ebenso jedenfalls für die Testierfreiheit BVerfG v. 19.01.1999 - 1 BvR 2161/94 - juris Rn. 42 - LM GrundG Art 3 Nr. 146f (11/1999); anders dagegen speziell für die Betreuungsanordnung BVerfG v. 02.08.2001 - 1 BvR 618/93 - juris Rn. 15 - NJW 2002, 206-207.
[39] *Lipp*, Freiheit und Fürsorge – Der Mensch als Rechtsperson, 2000, S. 131 m.w.N.
[40] *Abram*, BtPrax 2003, 243-248; so auch *Bieg*, Reformansätze im Betreuungsrecht, 2004, S. 114.
[41] *Abram*, BtPrax 2003, 243-248.
[42] *Lipp*, Freiheit und Fürsorge – Der Mensch als Rechtsperson, 2000, S. 98.
[43] *Abram*, BtPrax 2003, 243-248.
[44] *Abram*, BtPrax 2003, 243-248; wie hier i.E. auch: *Sonnenfeld*, FamRZ 1995, 393-397 und *Windel*, BtPrax 1999, 46-51.
[45] *Abram*, BtPrax 2003, 243-248, 247.
[46] BT-Drs. 11/4528, S. 72.
[47] *Pardey*, Betreuungs- und Unterbringungsrecht in der Praxis, 2000, Rn. 333.

37 Aus den Normen des Betreuungsrechts ergibt sich nichts dafür, dass Zwangsbefugnisse des Betreuers/Bevollmächtigten in diesem Bereich zulässig sein könnten. Insbesondere § 1901 Abs. 2 Satz 1 BGB gibt hierfür nichts her. Zwar ist der Betreuer/Bevollmächtigte in seinem Handeln für den Betreuten an dessen Wohl gebunden. Dies betrifft aber nur sein Handeln in dem ihm übertragenen Aufgabenbereich und damit innerhalb der ihm zustehenden Befugnisse. Aus § 1901 Abs. 2 Satz 1 BGB kann keine Handlungsbefugnis außerhalb eines übertragenen Aufgabenbereiches hergeleitet werden, auch wenn dies dem Wohl des Betreuten entsprechen würde. Ebenso wenig gibt es einen Anlass, innerhalb eines übertragenen Aufgabenbereiches die Befugnisse des Betreuers auszuweiten.

38 Aus § 1901 Abs. 3 Satz 2 BGB kann die Befugnis zu Zwangsmaßnahmen im ambulanten medizinischen Bereich ebenfalls nicht hergeleitet werden.[48] Die Vorschrift beinhaltet zwar das Recht des Betreuers, in seinem Handeln für den Betreuten von dessen Wünschen abrücken zu dürfen. Sie ist aber viel zu unkonkret, um als Rechtsgrundlage für Zwangsbefugnisse dienen zu können. Dies insbesondere vor dem Hintergrund des § 1901 Abs. 4 BGB, der lediglich davon spricht, dass der Betreuer habe in seinem Aufgabenbereich dazu beizutragen, dass Möglichkeiten genutzt werden, um eine Krankheit zu beseitigen, zu bessern, ihre Verschlimmerung zu verhüten oder ihre Folgen zu mildern. Diese Bestimmung ist Beleg dafür, dass dem Betreuer in gesundheitlichen Angelegenheiten grundsätzlich nur eine unterstützende Funktion zugewiesen ist, ihm aber nicht schon qua Betreuungsanordnung eine letztverbindliche Bestimmungsbefugnis auch gegen den Willen des Betreuten zukommt.

39 Schließlich ist die Argumentation nicht überzeugend, der Gesetzgeber habe Zwangsbefugnisse des Betreuers regelmäßig vorausgesetzt und vor diesem Hintergrund in Einzelfällen lediglich verschiedene Genehmigungsvorbehalte normiert.[49] Richtig ist vielmehr, dass der Gesetzgeber zwei ausdrückliche Regelungen geschaffen hat, die die Voraussetzungen für Zwangsbefugnisse des Betreuers beschreiben. Der Betreuer ist deshalb nicht unmittelbar aufgrund seiner Bestellung zu Zwang in einem ihm übertragenen Aufgabenbereich befugt, sondern nur unter weiteren im Betreuungsgesetz geregelten Voraussetzungen.

40 So ist in rechtsgeschäftlichen Angelegenheiten der Betreuer[50] nur im Falle der Anordnung eines Einwilligungsvorbehalts befugt, seinen Willen gegen den Betreuten durchzusetzen (§ 1903 BGB). Dessen rechtsgeschäftliche Erklärungen sind nur dann grundsätzlich unwirksam, es sei denn, es liegt die Genehmigung des Betreuers vor. In allen Fällen rechtsgeschäftlichen Handelns außerhalb eines angeordneten Einwilligungsvorbehalts verbleibt es dagegen bei der bloßen Vertretung des Betreuten, dessen Entscheidungen (Willenserklärungen) weiterhin rechtlich beachtlich sind. Geht es im Rahmen der Anordnung eines Einwilligungsvorbehalts in der Regel (nur) um vermögensrechtlich relevante Willenserklärungen, so kann man den Betreuten in höchstpersönlichen Angelegenheiten nicht deutlich schlechter stellen.

41 Die freiheitsentziehende Unterbringung ist dem (mit entsprechendem Aufgabenbereich bestellten) Betreuer dagegen unmittelbar unter den Voraussetzungen des § 1906 Abs. 1 BGB gestattet, allerdings unter der zusätzlichen und grundsätzlich vor Anordnung der Maßnahme einzuholenden gerichtlichen Genehmigung. Hier hat der Gesetzgeber in einem zweiten Fall Voraussetzungen formuliert, unter denen der Betreuer ausnahmsweise Zwangsbefugnisse gegen den Betreuten in Anspruch nehmen kann.

42 Das Fehlen ausdrücklicher Regelungen im Hinblick auf Zwangsbefugnisse des Betreuers/Vollmachtgebers im ambulant medizinischen Bereich deutet deshalb darauf hin, dass der Betreuer hierzu nicht berechtigt sein soll. Auch wenn der Gesetzgeber in den Materialien offenbar eine andere Auffassung vertritt, so zeigt die Konzeption des Gesetzes doch, dass dem Betreuer Zwangsbefugnisse nur in besonders geregelten Fällen und unter zusätzlicher Kontrolle des Betreuungsgerichts zustehen sollen. Da für ambulante ärztliche Maßnahmen eine Zwangsbefugnis nicht vorgesehen ist, steht dem Betreuer dementsprechend keine Möglichkeit zu, eine Behandlung gegen den natürlichen Willen des Betreuten zu erreichen.[51]

43 Für die Praxis bedeutet das, dass der Betreuer/Bevollmächtigte den Betreuten/Vollmachtgeber einer ambulanten Behandlung nicht zuführen darf, wenn dieser sich – gleich aus welchen Gründen und unabhängig von seiner Einsichtsfähigkeit – widersetzt.

---

[48] *Schweitzer*, FamRZ 1996, 1317-1324, 1321.
[49] So aber *Lipp*, Freiheit und Fürsorge – Der Mensch als Rechtsperson, 2000, S. 98.
[50] Der Einwilligungsvorbehalt setzt zwingend die Anordnung einer Betreuung voraus, so dass diese Ausführungen für die Bevollmächtigung nicht gelten.
[51] *Bienwald* in: Staudinger, § 1904 Rn. 28.

3. Die Einwilligung des Betreuers

a. Einwilligungsbefugnis des Betreuers

Die Befugnis des Betreuers, für den Betreuten eine Einwilligungserklärung abzugeben, steht unter der Voraussetzung, dass ihm der entsprechende Aufgabenkreis zugewiesen worden ist. 44

Der Aufgabenbereich der Betreuung muss die betreffende ärztliche Maßnahme, in die eingewilligt werden soll, umfassen. Das ist gegeben, wenn die Betreuung sich allgemein auf „Heilbehandlung" oder „Gesundheitsfürsorge" in dieser oder einer ähnlich weiten Formulierung erstreckt. Nicht erforderlich ist es, dass der Aufgabenbereich speziell die konkret vorgesehene Heilbehandlung benennt. 45

b. Ausnahmen von der Einwilligungsbefugnis des Betreuers

In besonderen Fällen kann die Einwilligungsbefugnis des Betreuers ausnahmsweise trotz bestehender Einwilligungsunfähigkeit des Betreuten entfallen. Dies betrifft die Fälle der sog. **fortwirkenden Einwilligung** des Betreuten. Der Betreuer ist nicht einwilligungsbefugt, wenn der Betreute bereits früher eine wirksame Entscheidung (Einwilligung oder Ablehnung) bzgl. der durchzuführenden ärztlichen Maßnahme getroffen hat und diese Entscheidung fortwirkt.[52] Der reale und geäußerte Wille des Patienten verdrängt den Willen des Stellvertreters.[53] Dies kann vorliegen, wenn ein vormals einwilligungsfähiger Patient im Laufe der Durchführung der bereits geplanten Behandlung seine Einwilligungsfähigkeit verliert. Daneben kommt ein Fortwirken der Einwilligung auch in Betracht im Falle der sog. antizipierten Einwilligung, bei der der Patient den Zustand künftiger Einwilligungsunfähigkeit als sicher oder möglich voraussieht und für diesen Fall Einwilligungen in bestimmte Behandlungen erteilt. 46

Ob und inwieweit hier im Vorhinein verfasste **Patientenverfügungen** wirksame Einwilligungen enthalten können, ist umstritten. Teilweise wird in diesen Fällen bereits die Erforderlichkeit einer Betreuerbestellung für Gesundheitsangelegenheiten verneint.[54] 47

Dagegen lässt die so genannte **mutmaßliche Einwilligung** des Betreuten die Notwendigkeit des Handelns eines für Gesundheitsangelegenheiten bestellten Betreuers nicht entfallen.[55] Hier hat der Betreuer aber den Willen des Betreuten, der sich in der mutmaßlichen Einwilligung ausdrückt, angemessen im Rahmen seiner Entscheidung zu berücksichtigen. 48

4. Genehmigungsantrag

Die Genehmigung durch das Betreuungsgericht setzt immer einen entsprechenden Antrag voraus. 49

Antragsberechtigt ist der Betreuer bzw. Bevollmächtigte. 50

Der Antrag auf Genehmigung muss konkret erkennen lassen, zu welcher ärztlichen Maßnahme der Betreuer/Bevollmächtigte welche Entscheidung (Einwilligung, Nichteinwilligung, Widerruf einer Einwilligung) zu treffen beabsichtigt. 51

Zu unkonkret und damit von vornherein nicht genehmigungsfähig ist der allgemeine Antrag an das Gericht, die Behandlung mit Neuroleptika zu genehmigen.[56] Der Antrag bzgl. einer Behandlung durch Verabfolgung von Medikamenten muss in der Regel das zu verabreichende Arzneimittel oder dessen Wirkstoff und dessen (Höchst-)Dosierung sowie Verabreichungshäufigkeit enthalten. Vorsorglich sind auch alternative Medikationen für den Fall vorzusehen, dass das in erster Linie vorgesehene Medikament nicht die erhoffte Wirkung hat oder vom betroffenen Patienten nicht vertragen wird.[57] 52

II. Die Genehmigungsfälle

1. Genehmigung einer ärztlichen Maßnahme (Absatz 1 Satz 1)

Genehmigungsbedürftig sind nach § 1904 Abs. 1 Satz 1 BGB Einwilligungen des Betreuers in folgende ärztliche Maßnahmen: 53
- Untersuchung des Gesundheitszustands,
- eine Heilbehandlung oder

---

[52] BGH v. 17.03.2003 - XII ZB 2/03 - juris Rn. 31 - BGHZ 154, 205-230.
[53] *Schwab* in: MünchKomm-BGB, § 1904 Rn. 13.
[54] AG Frankfurt v. 12.06.2002 - 45 XVII M 890/02 - FamRZ 2002, 1508-1509.
[55] So auch *Schwab* in: MünchKomm-BGB, § 1904 Rn. 16.
[56] LG Saarbrücken v. 23.03.2009 - 5 T 100/09.
[57] Vgl. im Hinblick auf eine Zwangsbehandlung im Rahmen des § 1906 BGB: BGH v. 01.02.2006 - XII ZB 236/05, für § 1904 BGB ausdrücklich folgend: LG Saarbrücken v. 23.03.2009 - 5 T 100/09.

- einen ärztlichen Eingriff,

unter der Voraussetzung, dass die begründete Gefahr besteht, dass
- der Betroffene aufgrund der Maßnahme stirbt oder
- einen schweren und länger dauernden gesundheitlichen Schaden erleidet.

a. Ärztliche Maßnahmen

54 Die ärztlichen Maßnahmen, die zu einer Genehmigungspflicht führen können, sind im Gesetz zwar differenziert bezeichnet. Im Ergebnis ist aber praktisch jede ärztliche Maßnahme unter eine der genannten Varianten zu subsumieren. Neben chirurgischen Maßnahmen kann auch die Gabe eines Medikaments in Einzelfällen genehmigungspflichtig sein.

aa. Untersuchung des Gesundheitszustandes

55 Eine Untersuchung des Gesundheitszustandes ist jedes diagnostische oder anamnestische Verfahren, unabhängig davon, ob es mit einer körperlichen Untersuchung oder einem körperlichen Eingriff verbunden ist oder nicht.[58]

56 Eine im Rahmen des § 1904 BGB relevante Untersuchung des Gesundheitszustandes kann danach u.a. vorliegen im Falle einer **Endoskopie** (Ausleuchten und Inspektion von Körperhohlräumen und Hohlorganen mit Hilfe eines röhren- oder schlauchartigen Instruments), einer **Katheterisierung**[59] (Einführen eines röhren- oder schlauchartigen Instruments in Hohlorgane oder Gefäße, um Inhalte zu entnehmen oder abzulassen bzw. Substanzen einzubringen), einer **Lumbalpunktion**[60] (Verfahren zur Gewinnung von Gehirn-Rückenmark-Flüssigkeit – liquor cerebrospinalis – mittels einer Hohlnadel), einer **Subokzipitalpunktion** (Punktion unterhalb des Hinterkopfes zur Gewinnung des liquor cerebrospinalis) oder einer **Ventrikelpunktion** (Punktion der Hirnkammern zur Druckentlastung).

bb. Heilbehandlung

57 Unter einer Heilbehandlung versteht man Maßnahmen jeglicher Art, die auf Herstellung der Gesundheit, Linderung der Krankheit, Beseitigung oder Linderung von Krankheitsfolgen sowie Verhütung von Krankheiten oder ihrer Verschlimmerung gerichtet sind.[61]

58 Die unter eine Heilbehandlung zu subsumierenden ärztlichen Maßnahmen sind insbesondere vor dem Hintergrund einer Genehmigungspflicht des § 1904 BGB quantitativ erheblich. Hierunter fallen im Bereich der operativen Behandlungsmaßnahmen z.B. **Herzoperationen**[62], **Transplantationen**[63], **neurochirurgische Operationen**[64], **gefäßchirurgische Eingriffe**[65] sowie **Operationen am offenen Thorax**[66], **PEG-Sonde**[67] und **Amputationen**[68].

---

[58] *Schwab* in: MünchKomm-BGB, § 1904 Rn. 25; *Roth* in: Dodegge/Roth, Betreuungsrecht, 3. Aufl. 2010, Teil E Rn. 10; vgl. *Rink* in: HK-BUR, Vor§ 1904 Rn. 1 (GW 1994).

[59] *Roth* in: Dodegge/Roth, Betreuungsrecht, 3. Aufl. 2010, Teil E Rn. 11.

[60] *Roth* in: Dodegge/Roth, Betreuungsrecht, 3. Aufl. 2010, Teil E Rn. 11.

[61] *Schwab* in: MünchKomm-BGB, § 1904 Rn. 25; *Roth* in: Dodegge/Roth, Betreuungsrecht, 3. Aufl. 2010, Teil E Rn. 10.

[62] *Schwab* in: MünchKomm-BGB, § 1904 Rn. 31.

[63] *Schwab* in: MünchKomm-BGB, § 1904 Rn. 31; *Marschner* in: Jürgens, Betreuungsrecht, 5. Aufl. 2014, § 1904 Rn. 6.

[64] *Marschner* in: Jürgens, Betreuungsrecht, 5. Aufl. 2014, § 1904 Rn. 6; *Roth* in: Dodegge/Roth, Betreuungsrecht, 3. Aufl. 2010, Teil E Rn. 10; *Zimmermann* in: Damrau/Zimmermann, Betreuungsrecht, 4. Aufl. 2011, § 1904 Rn. 51.

[65] *Marschner* in: Jürgens, Betreuungsrecht, 5. Aufl. 2014, § 1904 Rn. 6; *Zimmermann* in: Damrau/Zimmermann, Betreuungsrecht, 4. Aufl. 2010, § 1904 Rn. 42.

[66] *Marschner* in: Jürgens, Betreuungsrecht, 5. Aufl. 2014, § 1904 Rn. 6; *Roth* in: Dodegge/Roth, Betreuungsrecht, 3. Aufl. 2010, Teil E Rn. 10; *Zimmermann* in: Damrau/Zimmermann, Betreuungsrecht, 4. Aufl. 2010, § 1904 Rn. 42.

[67] AG Nordenham v. 20.03.2011 - 9 XVII 8/00; für Genehmigungspflicht im Einzelfall: *Zimmermann* in: Damrau/Zimmermann, Betreuungsrecht, 4. Aufl. 2010, § 1904 Rn. 41; bei Risikopatienten: *Marschner* in: Jürgens, Betreuungsrecht, 5. Aufl. 2014, § 1904 Rn. 6.

[68] AG Nidda v. 23.05.2007 - 6 XVII 165/07; *Roth* in: Dodegge/Roth, Betreuungsrecht, 3. Aufl. 2010, Teil E Rn. 10; *Zimmermann* in: Damrau/Zimmermann, Betreuungsrecht, 4. Aufl. 2010, § 1904 Rn. 39.

Hinsichtlich nichtoperativer Behandlungen sind unter dem Blickwinkel einer Genehmigungspflicht die Durchführung einer **Elektrokrampftherapie (EKT)**[69], **Chemotherapie**[70] und **Strahlenbehandlungen**[71] sowie die **Behandlung mit bestimmten Medikamenten**[72] zu nennen, mit deren Gabe das Risiko erheblicher Nebenwirkungen verbunden ist (z.B. Dipidolor, Glianimon[73], Morphin Merck, Ritalin, Haldol-Janssen, Haloperidol Stada, Leponex, Lyogen, Nipolept, Sigaperidol, Triperidol).

cc. Ärztlicher Eingriff

Unter einem ärztlichen Eingriff versteht man im Sinne eines Auffangtatbestands jede Maßnahme, die die körperliche Unversehrtheit verletzt, ohne dass damit eine medizinisch indizierte Untersuchung oder Heilbehandlung verbunden ist.[74] Es handelt sich um Maßnahmen, die keinem kurativen Zweck dienen (z.B. Schönheitsoperationen).[75]

Unter den Begriff des ärztlichen Eingriffs fallen bereits die Untersuchung des Gesundheitszustandes sowie die Heilbehandlung. Dass der Begriff des ärztlichen Eingriffs aufgenommen wurde, dient dem Zweck, Maßnahmen zu erfassen, deren kurativer Zweck fehlt oder zumindest zweifelhaft ist. Hierunter fallen z.B. die Anlage einer **PEG-Sonde** zur Ernährung (percutane endoskopisch kontrollierte Gastrostomie)[76], aber auch vorbeugende Maßnahmen wie z.B. **Impfungen**. Daneben gehören hierzu so unterschiedliche Maßnahmen wie **Blut- und Organspenden**[77], aber auch **kosmetische Operationen**. **Schwangerschaftsabbrüche** fallen ebenso unter den Begriff, unterliegen dagegen regelmäßig nicht dem Genehmigungsvorbehalt, da sie nur in sehr seltenen Fällen die vorausgesetzte Gefahrenlage mit sich bringen.[78] Dasselbe gilt für **Sterilisationen**, die schon nach § 1905 BGB gesondert einer Genehmigungspflicht unterliegen.

dd. Sonderfall: Organspenden

Der Gesetzgeber hat die Organspende im Transplantationsgesetz (TPG) geregelt. Das Problem der Organspende stellt sich betreuungsrechtlich unter verschiedenen Blickpunkten, je nachdem ob der Betreute Empfänger oder Spender ist.

Ist der Betreute Organempfänger, so ist die Einwilligung durch den Betreuer genehmigungspflichtig nach § 1904 Abs. 1 BGB.[79]

Hinsichtlich der Organspende durch einen Betreuten muss unterschieden werden zwischen einer Lebendspende oder der Spende des verstorbenen Betreuten. Die Einwilligung des Betreuers in die Organspende eines lebenden (einwilligungsunfähigen[80]) Betreuten ist bereits nicht zulässig nach dem Transplantationsgesetz (§ 8 Abs. 1 Nr. 1a TPG)[81]. Denn die Zulässigkeit einer Transplantation setzt die Einwilligungsfähigkeit des Spenders voraus, an der es jedenfalls fehlt, wenn der Betreuer einwilligungsbefugt wäre.

---

[69] LG Hamburg v. 31.03.1994 - 301 T 369/93 - FamRZ 1994, 1204; AG Wolfhagen v. 07.12.2000 - 4 XVII 264/2000, 4 XVII 264/00 - BtPrax 2001, 84-85; nur für EKT mit bilateraler Stimulation LG Hamburg v. 25.05.1998 - 301 T 194/98 - NJWE-FER 1998, 203; vgl. auch *Marschner* in: Jürgens, Betreuungsrecht, 5. Aufl. 2014, § 1904 Rn. 7; *Zimmermann* in: Damrau/Zimmermann, Betreuungsrecht, 4. Aufl. 2010, § 1904 Rn. 40.

[70] *Marschner* in: Jürgens, Betreuungsrecht, 5. Aufl. 2014, § 1904 Rn. 6; Für eine Einzelfallentscheidung: *Zimmermann* in: Damrau/Zimmermann, Betreuungsrecht, 4. Aufl. 2010, § 1904 Rn. 41.

[71] *Marschner* in: Betreuungsrecht, 5. Aufl. 2014, § 1904 Rn. 6; zweifelnd insofern *Schwab* in: MünchKomm-BGB, § 1904 Rn. 31.

[72] AG Bremen v. 03.11.1995 - 41 XVII 125 A/92 - RuP 1997, 84-87; ausführlich hierzu vgl. *Rink* in: HK-BUR, § 1904 Rn. 15 (GW 1994).

[73] LG Berlin v. 05.11.1992 - 83 T 423/92, 83 T 426/92 - RuP 1993, 39-41.

[74] *Schwab* in: MünchKomm-BGB, § 1904 Rn. 25.

[75] *Roth* in: Dodegge/Roth, Betreuungsrecht, 3. Aufl. 2010, Teil E Rn. 11.

[76] Für Genehmigungspflicht angesichts der erheblichen negativen Wirkungen *Hollmann/Hubert-Fehler*, BtPrax 1996, 210-213, 213; AG Ratzeburg v. 07.12.1998 - 2 XVII 985 - SchlHA 1999, 50-51; dagegen lehnt das AG Freising schon einen ärztlichen Eingriff ab, AG Freising v. 18.10.2000 - XVII 9097/95 - juris Rn. 27.

[77] *Deinert*, BtPrax 1998, 60-62, 62.

[78] Vgl. *Rink* in: HK-BUR, § 1904 Rn. 21 (GW 1994).

[79] *Deinert*, BtPrax 1998, 60-62, 62.

[80] Ist der Betreute einwilligungsfähig, so fehlt es an der Einwilligungsbefugnis des Betreuers, vgl. hierzu Rn. 46.

[81] *Schwab* in: MünchKomm-BGB, § 1904 Rn. 52; *Zimmermann* in: Damrau/Zimmermann, Betreuungsrecht, 4. Aufl. 2010, § 1904 Rn. 12; a.A. aber *Deinert*, BtPrax 1998, 60-62, 62.

65　Ist der Betreute verstorben, so stellt sich das Problem der Organspende nicht mehr unter dem Gesichtspunkt des Betreuungsrechts. Mit dem Tod des Betreuten endet die Betreuung unmittelbar. Dass der Betreuer als Vertrauensperson des Betreuten u.U. nach dem Transplantationsgesetz befugt ist, über eine Organentnahme zu entscheiden, verlängert die Betreuung nicht. Trifft er aber eine solche Entscheidung, so ist er für diese nachwirkende Tätigkeit ausnahmsweise zu vergüten.

ee. Sonderfall: Erprobung von Arzneimitteln

66　Ebenso fehlt es grundsätzlich an der Befugnis des Betreuers, für den einwilligungsunfähigen Betreuten in die Erprobung von Arzneimitteln (**klinisches Experiment**) einzuwilligen. Die Erprobung ist grundsätzlich nur an einwilligungsfähigen Menschen gestattet (§ 40 AMG).[82]

67　Dagegen ist unter den Voraussetzungen des § 41 AMG die klinische Prüfung von Arzneimitteln (**Heilversuch**) auf der Grundlage der Einwilligung eines Betreuers möglich. Die Ersetzung der Einwilligung durch einen gesetzlichen Vertreter oder Bevollmächtigten ist nur dann zulässig, wenn die Anwendung des zu prüfenden Arzneimittels angezeigt ist, das Leben des betreffenden Menschen zu retten, seine Gesundheit wiederherzustellen oder sein Leiden zu erleichtern (§ 41 Abs. 1 Nr. 3 AMG). Nach allgemeiner Meinung ist eine stellvertretende Einwilligung durch einen Betreuer daher nur bei unmittelbarem Nutzen für den Betreuten, nicht aber bei fremd- oder gruppennütziger Arzneimittelforschung zulässig.[83] Hinsichtlich des Genehmigungserfordernisses ist auch darauf abzustellen, welche konkreten Risiken mit dem Heilversuch für den Betreuten verbunden sind.

b. Begründete Gefahr des Todes oder einer Gesundheitsverletzung

68　Die ärztlichen Maßnahmen sind nur unter der Voraussetzung genehmigungspflichtig, dass die begründete Gefahr des Todes oder eines schweren und länger dauernden gesundheitlichen Schadens besteht.

69　Anzuwenden ist eine dreistufige Prüfungsabfolge. In einem ersten Schritt ist ausgehend von dem jeweiligen Einzelfall eine Risikoanalyse durchzuführen, die zunächst sämtliche Risiken einer ärztlichen Maßnahme erfasst. Ausgehend hiervon ist in einem zweiten Schritt zu prüfen, ob die so ermittelten Risiken solche sind, die den betroffenen Patienten in eine Todesgefahr bringen oder die Gefahr eines schweren und länger dauernden gesundheitlichen Schaden bergen (qualifiziertes Risiko). Erst im dritten Schritt gelangt man zu der Frage, ob die Eintrittswahrscheinlichkeit der im Einzelfall möglichen qualifizierten Risiken so hoch ist, dass von einer begründeten Gefahr im Sinne des Gesetzes gesprochen werden kann.

aa. Schwere Folge (qualifiziertes Risiko)

70　Die schwere Folge liegt neben dem möglichen Todeseintritt des Betreuten in der Möglichkeit eines schweren und länger dauernden gesundheitlichen Schadens.

71　Unter den Begriff eines schweren Schadens fallen sowohl körperliche Schäden als auch in ihrer Wirkung einschneidende psychische Veränderungen.

72　So ist zunächst jeder Verlust eines Körpergliedes, der Verlust des Sehvermögens auf einem oder beiden Augen, der Verlust der Sprache, des Gehörs, der Zeugungsfähigkeit als schwerer Schaden zu verstehen.[84]

73　Nach zutreffender Meinung fallen unter diesen Begriff darüber hinaus jedwede Auswirkungen einer ärztlichen Maßnahme, die die alltägliche Lebensführung des Betreuten im Vergleich zum gesunden Menschen erheblich beeinträchtigen.[85] Dies betrifft z.B. die Ausbildung einer Diabetes oder Dyskenesien in der Folge der Einnahme von Medikamenten. Eine Beeinträchtigung der allgemeinen Lebensführung kann aber auch gegeben sein, wenn die Nebenwirkungen von Medikamenten schwere psychische Beeinträchtigungen[86] hervorrufen, die in der sozialen Umwelt des Betreuten Ablehnung hervorrufen.

---

[82] Allgemein hierzu: *Pestalozza*, NJW 2004, 3374-3379.
[83] *Marschner* in: Jürgens, Betreuungsrecht, 5. Aufl. 2014, § 1904 Rn. 14; *Hoffmann* in: Bienwald/Sonnenfeld/Hoffmann, Betreuungsgesetz, 5. Aufl. 2011, § 1904 Rn. 209; *Hoffmann*, BtPrax 2004, 216-220.
[84] BT-Drs. 11/4528, S. 140; vgl. *Rink* in: HK-BUR, § 1904 Rn. 4 (GW 1994).
[85] *Roth* in: Dodegge/Roth, Betreuungsrecht, 3. Aufl. 2010, Teil E Rn. 13.
[86] *Zimmermann* in: Damrau/Zimmermann, Betreuungsrecht, 4. Aufl. 2010, § 1904 Rn. 37.

bb. Gefahrbegriff (begründete Gefahr)

Es muss sich um eine begründete Gefahr handeln. Welcher Gefahrenbegriff der gesetzlichen Vorschrift damit zugrunde liegt, ist abstrakt allerdings sehr schwer zu definieren. Das Gesetz als solches enthält hierzu keine Entscheidungshilfen.[87]

Nach Auffassung des Gesetzgebers muss die ernste und konkrete Erwartung vorliegen, dass die näher bezeichneten Folgen eintreten werden.[88] Die begründete Gefahr soll schwerer als die bloße Gefahr, aber leichter als die dringende Gefahr wiegen.[89] Durch diese Abgrenzungsversuche ist inhaltlich wenig gewonnen, da weder die ernste und konkrete Erwartung noch die leichte bzw. schwere Gefahr inhaltlich greifbar sind.

Schwab nimmt eine begründete Gefahr unter der Voraussetzung an, dass ein signifikant hohes, das Durchschnittsrisiko medizinischer Behandlungen überschreitendes Risiko gegeben ist.[90] Dies führt allerdings wenig weiter, da ein Durchschnittsrisiko als Vergleichsmaßstab schwerlich ermittelt werden kann. Aber auch wenn man bezogen auf einzelne medizinische Maßnahmen ein Durchschnittsrisiko ermitteln könnte, wäre dies ungeeignet, um es für die Frage einer Genehmigungspflicht nach § 1904 BGB heranzuziehen. Es mag nämlich bestimmte, besonders gefahrenträchtige Maßnahmen geben, die zwar selten durchgeführt werden, deren besondere Risiken aber doch von manchen Menschen vereinzelt in Kauf genommen werden. Dann würde ggf. auch bei dem Risiko einer schweren Folge, das durchschnittlich in jedem zweiten Fall auftritt, eine begründete Gefahr i.S.d. § 1904 BGB zu verneinen sein. Das widerspräche aber dem Kontrollzweck der Vorschrift.

Bevor festgestellt werden kann, was unter einer begründeten Gefahr zu verstehen ist, muss geklärt werden, welche Aspekte in eine Definition einfließen dürfen.

Die Absätze 1 und 2 des § 1904 BGB dienen dem Zweck, die Voraussetzungen festzulegen, unter denen ein Betreuer/Bevollmächtigter verpflichtet ist, für sein Handeln (Einwilligung, Nichteinwilligung, Widerruf) eine Genehmigung des Gerichts einzuholen. Ist eine solche Genehmigungspflicht zu bejahen, so hat das Betreuungsgericht im Rahmen des Genehmigungsverfahrens das Für und Wider einer Genehmigungserteilung gegeneinander abzuwägen (Absatz 4). In der Beantwortung der vorangehenden Frage, ob ein Betreuer verpflichtet ist zur Einholung einer Genehmigung, findet eine solche Abwägung nicht statt. Ansonsten würden Fragen, deren Beantwortung in der Zuständigkeit des Gerichts liegen, von dem Betreuer beantwortet. In die Gefahrenprognose dürfen somit solche Erwägungen nicht mit einfließen, die die Frage betreffen, ob das Handeln des Betreuers/Bevollmächtigten (Einwilligung, Nichteinwilligung, Widerruf) dem Wohl des betroffenen Patienten entspricht. Besteht danach eine besonders hohe Gefahr für den Eintritt einer schweren Folge, so kann der Betreuer/Bevollmächtigte nicht deshalb von der Einholung einer Genehmigung absehen, weil die Maßnahme, in die er einwilligen möchte, die einzige ist, die medizinisch zur Verfügung steht. Dies gilt auch dann, wenn das konkret einzugehende Risiko von einwilligungsfähigen Menschen bei ähnlichen Erkrankungen regelmäßig oder überwiegend eingegangen wird. Birgt eine Operation ein besonders hohes Todesrisiko, könnte die Operation bei erfolgreicher Durchführung einem Krebspatienten jedoch längerfristig das Leben erhalten, der ohne diese Operation mit Sicherheit innerhalb weniger Wochen sterben würde, so ist der Betreuer/Bevollmächtigte gleichwohl zur Einholung einer Genehmigung verpflichtet.

Die Frage, wann eine Genehmigung einzuholen ist, bestimmt sich danach isoliert von den Chancen, die mit der möglichen medizinischen Maßnahme verbunden sind. Es ist deshalb abstrakt danach zu fragen, wie hoch das Risiko einer Maßnahme sein muss, um von einer begründeten Gefahr für den Eintritt einer schweren Folge sprechen zu können.

Das Gesetz geht von einem einheitlichen Gefahrbegriff aus. Es ist deshalb nicht danach zu differenzieren, welcher Art die ärztliche Maßnahme ist, die durchgeführt werden soll. Unerheblich ist danach, ob eine chirurgische Maßnahme durchgeführt wird oder lediglich eine medikamentöse Behandlung. Im Übrigen würde es den durch § 1904 BGB angestrebten Schutz des Betreuten gefährden, wollte man ihm bei Durchführung z.B. medikamentöser Behandlungen größere Risiken zumuten als etwa bei chirurgischen Maßnahmen.

Bei der Vornahme der Gefahrenprognose ist schließlich von zwei objektiven und einem subjektiven Kriterium auszugehen:

---

[87] *Diederichsen* in: Palandt, BGB, 69. Aufl. 2010, § 1904 Rn. 14.
[88] BT-Drs. 11/4528, S. 140.
[89] BT-Drs. 11/6949, S. 73.
[90] *Schwab* in: MünchKomm-BGB, § 1904 Rn. 27.

- dem jeweiligen Stand der Medizin,
- der kunstfehlerfreien Durchführung der Maßnahme,
- der Konstitution des betroffenen Patienten.

82 In der Literatur besteht Einigkeit zunächst darin, dass objektiver Ausgangspunkt für die Beurteilung der begründeten Gefahr der jeweilige Stand der Medizin sowie die darauf basierende kunstfehlerfreie Durchführung der ärztlichen Maßnahme sein muss.[91] Dem ist zuzustimmen.

83 Daneben muss allerdings die besondere Konstitution des Betreuten mitberücksichtigt werden.[92] Eine ärztliche Maßnahme, deren Durchführung bei einem gesunden Patienten nahezu risikolos durchführbar ist, kann bei einem bereits gesundheitlich stark angegriffenen Menschen ein besonderes Risiko darstellen. Da der Schutz jedes einzelnen Betreuten/Vollmachtgebers gewährleistet sein muss, kann hier nicht von einer durchschnittlichen Konstitution ausgegangen werden.

84 Unter diesen Voraussetzungen wird vertreten, es sei ein Wahrscheinlichkeitsgrad des Eintritts der in § 1904 BGB beschriebenen Folgen von 20% vorauszusetzen.[93] Mit einer Prozentzahl lässt sich zwar nicht zuverlässig eine genaue Grenze festmachen. Sie kann aber als ungefährer Anhaltspunkt deutlich machen, was man sich unter einer begründeten Gefahr vorzustellen hat.[94] Denn insbesondere die Arzneimittelindustrie klärt über das Risiko durch Bezugnahme auf die prozentuale Eintrittswahrscheinlichkeit einer Nebenwirkung auf.

85 Allerdings erscheint die Grenze von 20% als viel zu hoch, um die genehmigungspflichtigen von den nicht genehmigungspflichtigen Maßnahmen abzugrenzen. Um nachzuvollziehen, was eine Prozentzahl bedeutet, muss man sich konkrete Anwendungsfälle vor Augen führen. Würde auch nur eine einzige von 100 Vollnarkosen, die tagtäglich im Zuge von Operationen durchgeführt werden, zum Tod des Patienten führen, so würde sicherlich jeder das mit einer Vollnarkose verbundene Risiko als bedeutsam ansehen. Gleiches gilt etwa für außermedizinische Bereiche: Würde nur jeder 100. Start eines Verkehrsflugzeuges mit einem Absturz enden, so würde die mit der Durchführung eines Fluges verbundene Gefahr nicht nur als begründet, sondern vielfach als unvertretbar anzusehen sein.

86 Es erscheint allerdings praxisgerecht, die Beantwortung der Frage nach der begründeten Gefahr an dem prozentualen Risiko des Eintritts einer schweren Folge zu orientieren. Die Ermittlung eines prozentualen Risikos ist vielfach zumindest annähernd möglich und macht die tatsächliche Gefahrenlage plastisch greifbar. Die Bewertung, ab welchem Prozentsatz von einer begründeten Gefahr i.S.d. § 1904 BGB ausgegangen werden kann, hängt von der subjektiven Risikobereitschaft des Beurteilenden ab. Unter den vorangehend dargestellten Beispielen halte ich ein Risiko von 1% allerdings für eine begründete Gefahr i.S.d. § 1904 BGB. Ein solches Gefahrenpotential zwingt jeden betroffenen Patienten, in eine ernsthafte Abwägung des Für und Wider der betreffenden ärztlichen Maßnahme einzutreten. Ein an dieser Marke festgemachtes Genehmigungserfordernis würde der durch die Vorschrift intendierten Kontrollfunktion effektiven Raum verschaffen. Sie zwänge jeden Betreuer/Bevollmächtigten zudem, Entscheidungen über gefahrenträchtige ärztliche Maßnahmen stets selbst verantwortungsbewusst zu treffen.

87 Die 1-Prozent-Marke erscheint nicht unsachgemäß niedrig, vergleicht man, in welchen Fällen andere Autoren eine (generelle) Genehmigungspflicht annehmen. Schwab befürwortet eine Genehmigungspflicht etwa im Falle der Bypass-Operation.[95] Hier besteht in weniger als einem Prozent aller Fälle das Risiko eines Schlaganfalls (schwerer und langandauernder gesundheitlicher Schaden). Das Sterberisiko liegt bei rund einem Prozent. Alle anderen gesundheitlichen Risiken sind vorübergehender Natur. Ähnliches gilt für die Herzkatheterisierung, in deren Fall *Bauer*[96] eine Genehmigungspflicht annimmt. Allgemein kommen in weniger als einem Prozent aller Herzkatheter-Untersuchungen Komplikationen vor. Dazu gehören Herzrhythmus-Störungen, Herzinfarkt, Embolien und Thrombosen, sowie Infektionen.[97] Auch bei neurochirurgischen Eingriffen, die durchweg als genehmigungspflichtige ärztliche Maßnahmen angesehen werden[98], liegt das allgemeine operationsbedingte Letalitätsrisiko bei unter zwei Prozent.

---

[91] *Schwab* in: MünchKomm-BGB, § 1904 Rn. 27; *Rink* in: HK-BUR, § 1904 Rn. 24 (GW 1994).
[92] Hiervon ging der Gesetzgeber bereits in seiner Begründung aus: BT-Drs. 11/4528, S. 140.
[93] *Kreyßig/Peters/Wächter/Wiebach/Winterstein*, BtPrax 1997, 48-53, 49; LG Berlin v. 05.11.1992 - 83 T 423/92, 83 T 426/92 - RuP 1993, 39-41.
[94] Insoweit zutreffend *Roth* in: Dodegge/Roth, Betreuungsrecht, 3. Aufl. 2010, Teil E Rn. 12.
[95] *Schwab* in: MünchKomm-BGB, § 1904 Rn. 30.
[96] *Bauer* in: Prütting/Wegen/Weinreich, BGB, 6. Aufl. 2011, § 1904 Rn. 4.
[97] www.aerztekammer-bw.de/20buerger/30patientenratgeber/g_m/herzkatheter.html (abgerufen am 09.01.2015).
[98] *Schwab* in: MünchKomm-BGB, § 1904 Rn. 30; *Bauer* in: Prütting/Wegen/Weinreich, BGB, 6. Aufl. 2011, § 1904 Rn. 4.

cc. Zweifelsfälle

Im Einzelnen kann fraglich sein, ob die Durchführung einer ärztlichen Maßnahme die begründete Gefahr einer schweren Folge bedeutet und damit dem Genehmigungsvorbehalt unterliegt. In diesen Fällen sollte der Betreuer gleichwohl eine Genehmigung beantragen. Dem Gericht fällt dann die Aufgabe zu, innerhalb des Verfahrens die Frage zu entscheiden, ob es sich um eine genehmigungsbedürftige Maßnahme handelt. Sieht es die Voraussetzungen des Genehmigungsvorbehalts als nicht gegeben an, so hat es die Genehmigung mit dieser Begründung zu versagen.[99]

88

Möglich erscheint auch, sich in Zweifelsfällen ausschließlich um ein so genanntes Negativattest des Gerichts zu bemühen, um Gewissheit darüber zu erlangen, dass die in Frage stehende ärztliche Maßnahme nicht der Genehmigungspflicht nach § 1904 Abs. 1 BGB unterliegt.[100]

89

2. Genehmigung der Nichteinwilligung/Widerruf einer Einwilligung (Absatz 2)

Aufgrund der Reform des Betreuungsrechts durch das 3. BtÄndG ist nunmehr die Genehmigung auch dann erforderlich, wenn der Betreuer die Einwilligung in eine ärztliche Maßnahme verweigert oder eine bereits erteilte Einwilligung widerruft. Der Gesetzgeber hat damit eine langjährige Diskussion[101] über die Frage einer Genehmigungspflicht in derartigen Fällen positiv-rechtlich entschieden. § 1904 Abs. 2 BGB regelt jetzt zwei Fälle,

90

- die Nichteinwilligung und
- den Widerruf einer bereits erteilten Einwilligung.

In beiden Fällen handelt es sich um eine Entscheidung des Betreuers/Bevollmächtigten im Sinne eines positiven Tuns. Insbesondere besteht auch die vom Gesetz so bezeichnete Nichteinwilligung nicht lediglich in einem Unterlassen einer Einwilligung, sondern in der bewussten Entscheidung gegen eine ärztlich angebotene Maßnahme.

91

Voraussetzung ist in beiden Fällen, dass die begründete Gefahr besteht, dass der betroffene Patient aufgrund des Umstandes, dass eine ärztliche Maßnahme (Untersuchung des Gesundheitszustandes, Heilbehandlung oder sonstige ärztliche Maßnahme) nicht oder nicht länger durchgeführt wird, stirbt oder einen schweren und längerdauernden gesundheitlichen Schaden erleidet. Ob eine solche begründete Gefahr besteht, beurteilt sich nach denselben Grundsätzen wie in Absatz 1.[102] Es kann hinsichtlich der einzelnen Begriffe somit auf die Ausführungen zu § 1904 Abs. 1 BGB verwiesen werden (vgl. Rn. 53).

92

a. Nichteinwilligung

Die Nichteinwilligung ist nicht ein bloßes Nichtstun. Ein solches ist nicht genehmigungsfähig.[103] Der Betreuer/Bevollmächtigte muss vielmehr eine angebotene ärztliche Maßnahme ablehnen. Einer ausdrücklichen verbal erklärten oder schriftlich aufgezeichneten Erklärung bedarf es jedoch nicht. Es reicht aus, dass der Betreuer/Bevollmächtigte eine angebotene ärztliche Behandlung durch konkludentes Handeln ablehnt.

93

Verweigert der Betreuer die Einwilligung zu einer gebotenen ärztlichen Maßnahme, so hat der Arzt dies dem Betreuungsgericht mitzuteilen, falls der Betreuer/Bevollmächtigte ein Genehmigungsverfahren nicht selbst einleitet. Dem Gericht obliegt die Prüfung, ob aufsichtsrechtlich auf den Betreuer einzuwirken ist (§ 1908i Abs. 1 Satz 1 BGB i.V.m. § 1837 Abs. 2 BGB). In schwerwiegenden Fällen hat das Gericht die Möglichkeit, den Betreuer zu entlassen (§ 1908b Abs. 1 BGB). Dabei ist zu berücksichtigen, dass eine religiös motivierte Behandlungsablehnung seitens des Betreuten selbst die Geeignetheit eines entsprechend diesen religiösen Regeln handelnden Betreuers nicht unbedingt entfallen lässt.[104]

94

b. Widerruf einer Einwilligung/Abbruch einer Behandlung

Der Widerruf einer Einwilligung setzt immer ein ausdrückliches Handeln des Betreuers/Bevollmächtigten voraus. In der Praxis wird ein Arzt, der eine bestimmte i.d.R. lebenserhaltende ärztliche Maßnahme durchführt, darauf bestehen, dass der Widerruf schriftlich erklärt wird.

95

---

[99] LG Kleve v. 31.05.2010 - 4 T 77/10 (Negativattest).
[100] *Roth* in: Dodegge/Roth, Betreuungsrecht, 3. Aufl. 2010, Teil E Rn. 15.
[101] Vgl. hierzu *Bieg/Jaschinski* in: juris-PK, 4. Aufl. 2008, § 1904 Rn. 48
[102] BT-Drs. 16/8442, S. 18.
[103] *Diederichsen* in: Palandt, BGB, 69. Aufl. 2010, § 1904 Rn. 18.
[104] AG Dülmen v. 13.08.1998 - St XVII 30 - FamRZ 1999, 1300; vgl. aber auch AG Garmisch-Partenkirchen v. 02.06.1999 - XVII 43/99 - FamRZ 2000, 319-320.

3. Ausnahmen vom Genehmigungserfordernis (Absatz 1 Satz 2, Absatz 4)

a. Eilfälle (Absatz 1 Satz 2)

96 § 1904 Abs. 1 Satz 2 BGB gilt nur für die Fälle der Erteilung einer Einwilligung in eine ärztliche Maßnahme (§ 1904 Abs. 1 Satz 1 BGB). Eine Einwilligung, zu der der Betreuer der Genehmigung des Betreuungsgerichts bedarf, kann unter der Voraussetzung einer besonderen Eilbedürftigkeit ausnahmsweise auch ohne vorherige richterliche Genehmigung erteilt werden.

97 Der Gesetzgeber unterstellt die Genehmigungsfreiheit einer eigentlich genehmigungspflichtigen Einwilligung einer einzigen Voraussetzung. Der mit der Durchführung des Genehmigungsverfahrens verbundene zeitliche Aufschub der ärztlichen Maßnahme muss zu einer Gefahr für den Betreuten führen. Es ist deshalb zu prüfen, ob die voraussichtliche Dauer eines Verfahrens nach § 1904 BGB abgewartet werden kann, ohne dass eine Gefahr für den Betreuten eintritt.

98 Der Gefahrbegriff ist im Gesetz nicht näher definiert. Dementsprechend ist dessen inhaltliche Konkretisierung umstritten. Nach *Schwab*[105] muss es sich um eine ernstliche und dringende Gefahr für Leben und Gesundheit des Betreuten handeln. Andere wollen ausreichen lassen, dass der gesundheitliche Zustand des Betreuten eine beachtliche Verschlimmerung erfährt.[106] Andere kombinieren diese beiden Definitionsversuche miteinander.[107] Es erscheint kaum möglich, den Gefahrbegriff in dieser Beziehung genauer zu umschreiben.

99 Ist die ärztliche Maßnahme ohne Genehmigung durchgeführt worden, so ist nicht nachträglich hierfür eine gerichtliche Genehmigung einzuholen. Dies entspricht vor dem Hintergrund des Wortlautes der Vorschrift der allgemeinen Meinung.[108]

b. Einvernehmen Betreuer/Bevollmächtigter und Arzt (Absatz 4)

100 Eine Genehmigung nach den Absätzen 1 und 2 ist nicht erforderlich, wenn zwischen Betreuer und behandelndem Arzt Einvernehmen darüber besteht, dass die Erteilung, die Nichterteilung oder der Widerruf der Einwilligung dem nach § 1901a BGB festgestellten Willen des Betreuten entspricht. Die Vorschrift gilt gemäß § 1904 Abs. 5 BGB auch im Falle des Handelns durch einen Bevollmächtigten.[109]

101 In den Fällen des § 1904 Abs. 3 ist nach dem Willen des Gesetzgebers nicht einmal die Einleitung eines Genehmigungsverfahrens erforderlich. Es reicht ein Einvernehmen zwischen Arzt und Betreuer/Bevollmächtigtem aus. Die Beteiligung Dritter, etwa naher Angehöriger oder Vertrauenspersonen des betroffenen Patienten, ist nicht zwingend vorgeschrieben.

102 Nahen Angehörigen (Ehegatte, Lebenspartner, Kinder und Eltern) sowie Vertrauenspersonen des betroffenen Patienten soll allerdings Gelegenheit zur Äußerung gegeben werden, soweit dies ohne Verzögerung möglich ist. In der Regel werden deshalb nahe Angehörige und Vertrauenspersonen hinzuzuziehen sein. Der Gelegenheit zur Äußerung ist Genüge getan, wenn eine schriftliche Information über eine geplante Behandlungsmaßnahme erfolgt und den Angehörigen eine angemessene Zeit zur Verfügung steht, hierzu Stellung zu beziehen.

103 Die Erteilung, Nichterteilung oder der Widerruf müssen dem nach § 1901a BGB festgestellten Willen des Betreuten/Vollmachtgebers entsprechen. Voraussetzung ist danach also, dass entweder eine Patientenverfügung im Sinne des § 1901a Abs. 1 BGB vorliegt oder der Patientenwille sich gemäß § 1901a Abs. 2 BGB ermitteln lässt (vgl. insoweit die Kommentierung zu § 1901a BGB). Der festzustellende Wille des betroffenen Patienten muss sich auf die konkrete Behandlungssituation beziehen.

104 Die Ausnahme vom Genehmigungserfordernis gilt nur, wenn sich der Betreuer/Bevollmächtigte und der Arzt einig sind. In diesem Fall kann jede besonders risikoreiche ärztliche Maßnahme bis hin zum Behandlungsabbruch ohne Beteiligung des Betreuungsgerichts durchgeführt werden. Bei Meinungsverschiedenheiten gleich welcher Art bleibt es allerdings bei dem Erfordernis, eine Genehmigung durch das Betreuungsgericht herbeizuführen.[110]

---

[105] *Schwab* in: MünchKomm-BGB, § 1904 Rn. 27.
[106] So noch: *Zimmermann* in: Damrau/Zimmermann, Betreuungsrecht, 3. Aufl. 2010, § 1904 Rn. 48.
[107] *Roth* in: Dodegge/Roth, Betreuungsrecht, 3. Aufl. 2010, Teil E Rn. 18.
[108] *Roth* in: Dodegge/Roth, Betreuungsrecht, 3. Aufl. 2010, Teil E Rn. 18; *Zimmermann* in: Damrau/Zimmermann, Betreuungsrecht, 4. Aufl. 2010, § 1904 Rn. 59; *Schwab* in: MünchKomm-BGB, § 1904 Rn. 59; vgl. *Rink* in: HK-BUR, § 1904 Rn. 31 (GW 1994).
[109] LG Oldenburg v. 11.03.2010 - 8 T 180/10.
[110] *Reus*, JZ 2010, 80, 82.

Das Gesetz schreibt nicht vor, dass und wie das Einvernehmen zu dokumentieren ist. Um einer straf- und zivilrechtlichen Haftung zu entgehen, sollten Arzt und Betreuer ihre übereinstimmende Meinung zu dem von ihnen festgestellten Willen des betroffenen Patienten jedoch möglichst ausführlich schriftlich begründen und diese Begründung zur Krankenakte nehmen. Die Dokumentation sollte sich auch auf die Beteiligung Dritter erstrecken und ggf. angeben, weshalb einem nahen Angehörigen oder einer Vertrauensperson keine Gelegenheit zur Äußerung gegeben wurde.

4. Genehmigungskriterien (Absatz 3)

Liegen die Voraussetzungen eines Genehmigungsvorbehalts vor, so stellt sich die Frage, nach welchen Kriterien die Entscheidung des Gerichts zu treffen ist. Hierzu enthält § 1904 BGB keine explizite Regelung.

Mit der Neufassung des § 1904 BGB im Rahmen des 3. BtÄndG hat der Gesetzgeber lediglich festgeschrieben, dass eine Genehmigung zu erteilen **ist**, wenn die Einwilligung, Nichteinwilligung oder der Widerruf einer Einwilligung dem Willen des Betreuten/Vollmachtgebers entspricht. Das Betreuungsgericht muss deshalb zunächst prüfen, ob ein Wille des betroffenen Patienten festzustellen ist, der die konkrete in Frage stehende Behandlungsmaßnahme betrifft. Liegt ein Wille vor, der das beabsichtigte Handeln (Einwilligung, Nichteinwilligung, Widerruf einer Einwilligung) des Betreuers/Bevollmächtigten deckt, so muss das Betreuungsgericht die Genehmigung erteilen. Es besteht in diesen Fällen kein Ermessensspielraum. Deshalb ist nicht zu prüfen, ob die zu genehmigende Maßnahme zweckmäßig oder notwendig ist.

Lässt sich ein Wille des betroffenen Patienten in Bezug auf die konkrete Behandlungsmaßnahme nicht ermitteln, kann jedoch kein entscheidungsloser Zustand bestehen. Das Gericht hat seine Entscheidung dann nach allgemeinen Grundsätzen unter Berücksichtigung des Wohles des betroffenen Patienten zu treffen. Im Zweifel wird die Entscheidung „für das Leben" zu treffen sein.[111]

Soll durch das Genehmigungserfordernis eine Überprüfung des Betreuerhandelns erfolgen, so ist im Hinblick auf die Genehmigung zu fragen, ob der Betreuer durch seine Einwilligung die ihm obliegenden gesetzlichen Aufgaben erfüllt.

Daraus folgt als oberstes Gebot, dass sich die Entscheidung am Wohl des Betroffenen orientieren muss. Dies ergibt sich schon aus § 1901 Abs. 2 Satz 1 BGB, wonach der Betreuer in seinem Handeln für den Betreuten dessen Wohl verpflichtet ist. Die Einschätzung des Betreuers, der seine Einwilligung als dem Wohl des Betreuten dienend beurteilt, unterliegt im Genehmigungsverfahren der vollen gerichtlichen Kontrolle.[112]

Wünsche des Betreuten sind zu berücksichtigen, soweit sie dem Wohl des Betreuten nicht zuwiderlaufen (§ 1901 Abs. 3 Satz 1 BGB). Die Entscheidung des Gerichts muss sich deshalb auch daran orientieren, inwieweit der Betreute sich selbst hinsichtlich der Behandlung äußert oder früher einmal geäußert hat. Es reicht insofern aus, dass der Betreute sich mündlich gegenüber Dritten entsprechend geäußert hat. Die schriftliche Niederlegung des Willens, etwa in einer Patientenverfügung, ist nicht erforderlich.[113]

Das Gericht hat die Chancen und Risiken der ärztlichen Maßnahme unter Beachtung der Verhältnismäßigkeit gegeneinander abzuwägen.[114] Fehlt es an der Verhältnismäßigkeit der Maßnahme in Bezug auf das zu erreichende Ziel, so ist die Genehmigung zu versagen. Insbesondere bei medikamentöser Behandlung ist die Genehmigung zu versagen, wenn die Nebenwirkungen so schwerwiegend sind, dass sie auch durch den Behandlungserfolg nicht mehr aufgewogen werden.[115] Das Ziel einer „bloßen" Schmerzlinderung kann dabei allerdings die Durchführung der Maßnahme u.U. gebieten.[116]

Ist der aktuelle Zustand eines dementen Betreuten wegen der Verabreichung hochdosierter Schmerzmittel erträglich, muss eine Oberschenkelamputation unterbleiben, wenn das Risiko eines ungünstigen Ausgangs der Operation hoch ist.[117]

---

[111] LG Kleve v. 31.03.2009 - 4 T 319/07.
[112] *Roth* in: Dodegge/Roth, Betreuungsrecht, 3. Aufl. 2010, Teil E Rn. 24.
[113] LG Waldshut-Tiengen v. 20.02.2006 - 1 T 161/05.
[114] OLG Hamm v. 08.01.1997 - 15 W 398/96 - FGPrax 1997, 64-65.
[115] LG Berlin v. 05.11.1992 - 83 T 423/92, 83 T 426/92 - RuP 1993, 39-41.
[116] Vgl. *Rink* in: HK-BUR, § 1904 Rn. 24 (GW 1994).
[117] AG Nidda v. 23.05.2007 - 6 XVII 165/07.

III. Bevollmächtigte

1. Ausdehnung des Genehmigungsvorbehalts (Absatz 5 Satz 1)

114 Der Gesetzgeber trägt zunächst dem Umstand Rechnung, dass Einwilligungen in risikoreiche ärztliche Maßnahmen durch Dritte nicht nur im Rahmen einer angeordneten Betreuung erteilt werden können. Dasselbe gilt entsprechend für den Fall der Nichteinwilligung bzw. des Widerrufs einer Einwilligung. Auch ein entsprechend Bevollmächtigter ist zu einer stellvertretenden Einwilligung befugt. Das Handeln eines Bevollmächtigten soll wie das des Betreuers im Interesse eines Schutzes des Vollmachtgebers ebenfalls der gerichtlichen Kontrolle im Rahmen eines Genehmigungsverfahrens unterliegen.

2. Voraussetzungen der Vollmacht (Absatz 5 Satz 2)

115 Grundsätzlich gelten für die Vollmachtserteilung zunächst die allgemeinen Regeln (vgl. die Kommentierung zu § 1896 BGB). Nach § 1904 Abs. 5 Satz 2 BGB ist aber nicht jede Vollmacht ausreichend, um auf dieser Grundlage Einwilligungserklärungen abgeben zu dürfen, die ärztliche Maßnahmen im Sinne des § 1904 Abs. 1 BGB betreffen. Satz 2 des Absatzes 5 enthält deshalb Mindestvoraussetzungen, die eine hierzu berechtigende Vollmacht enthalten muss.

116 Die Formvorschrift des § 1904 Abs. 5 Satz 2 BGB für Vorsorgevollmachten ist ausschließlich vor dem Hintergrund der Genehmigungspflicht zu verstehen, die Absatz 1 aufstellt. Deshalb kann das Formerfordernis nicht generell für die Vertretung hinsichtlich jedweder ärztlicher Eingriffe Geltung beanspruchen.[118] Sofern nicht eine genehmigungspflichtige Maßnahme im Sinne des § 1904 Abs. 1 BGB durchgeführt werden soll, ist der Bevollmächtigte auch aufgrund einer nur mündlich erteilten Vollmacht zur Erteilung der Einwilligung befugt. Allerdings dürfte in der Praxis zumindest die Schriftform sinnvoll sein, schon um Nachweisproblemen aus dem Wege zu gehen.

a. Schriftform

117 Die Vollmacht muss schriftlich abgefasst sein. Hierin liegt ein gesetzliches Formerfordernis im Sinne des § 126 BGB. Eine bloß mündliche Bevollmächtigung – auch wenn dies unter Zeugen erfolgt – genügt nicht.

118 Fehlt es an der Erfüllung dieses Formerfordernisses, so ist die Vollmacht nichtig (§ 125 BGB). Im Genehmigungsverfahren spielt dieser Umstand aber eine geringere Rolle. Die Genehmigung einer ärztlichen Maßnahme nach Absatz 1 wäre in diesem Fall bereits aufgrund des Absatzes 2 Satz 2 zu verweigern.

b. Inhaltliche Anforderungen

119 Die schriftliche Vollmacht muss im Hinblick auf die im Absatz 1 und Absatz 2 genannten ärztlichen Maßnahmen, sofern sie von der Vollmacht umfasst werden sollen, hinreichend konkret sein. Es handelt sich um eine inhaltliche Voraussetzung der Vollmacht, bei deren Nichtvorliegen die Genehmigungsfähigkeit einer Einwilligung des Bevollmächtigten nicht gegeben ist.[119]

120 Nicht genügend ist deshalb eine Vollmacht, die zu einer Vertretung in allen persönlichen und vermögensrechtlichen Angelegenheiten ermächtigt, ohne dass dies näher konkretisiert wird.[120] Ebenso wenig reicht eine Vollmacht aus, die insoweit lediglich die Vertretung in Gesundheitsangelegenheiten benennt.[121] Dies gilt auch für Vollmachten, die vor In-Kraft-Treten des BtÄndG (01.01.1999) erteilt worden sind.[122]

121 Um in der Praxis diese Voraussetzung zu erfüllen, empfiehlt es sich, den genauen Wortlaut der Vorschrift in den Vollmachttext aufzunehmen.[123] Das ist aber keine zwingende Wirksamkeitsvoraussetzung der Vollmacht.[124] Die Vollmacht sollte den Bevollmächtigten ausdrücklich zur Wahrnehmung „sämtlicher ärztlicher Maßnahmen in Gesundheitsangelegenheiten, insbesondere die Erteilung von

---

[118] *Marschner* in: Jürgens, Betreuungsrecht, 5. Aufl. 2014, § 1904 Rn. 1.
[119] *Schwab* in: MünchKomm-BGB, § 1904 Rn. 68.
[120] BayObLG München v. 17.12.2001 - 3Z BR 373/01 - juris Rn. 13 - BayObLGR 2002, 167-168.
[121] LG Hamburg v. 12.07.1999 - 301 T 222/99 - BtPrax 1999, 243-244; a.A. *Schwab* in: MünchKomm-BGB, § 1904 Rn. 74.
[122] OLG Zweibrücken v. 29.04.2002 - 3 W 59/02 - juris Rn. 15 - NJW-RR 2002, 1156-1158.
[123] *Müller*, DNotZ 2010, 169, 183; LG Hamburg v. 12.07.1999 - 301 T 222/99 - BtPrax 1999, 243-244; *Schwab* in: MünchKomm-BGB, § 1904 Rn. 74.
[124] *Schwab* in: MünchKomm-BGB, § 1904 Rn. 74.

Einwilligungen in Untersuchungen des Gesundheitszustandes, Heilbehandlungen jeder Art oder sonstige ärztliche Eingriffe" ermächtigen. Zusätzlich sollte im Interesse größtmöglicher Klarheit der Hinweis aufgenommen werden, dass die Vollmacht sich insoweit auch auf ärztliche Maßnahmen erstreckt, in deren Durchführung die begründete Gefahr besteht, dass der Vollmachtgeber aufgrund der Maßnahme stirbt oder einen schweren und länger dauernden gesundheitlichen Schaden erleidet.[125]

Die Vollmacht muss sich allerdings inhaltlich nicht zwingend auf sämtliche den Genehmigungsvorbehalt unterliegende ärztliche Eingriffe erstrecken. Wird die Vollmacht aber begrenzt, so ist im Vollmachttext hinreichend deutlich zu machen, welche ärztliche Maßnahme von dem Vertretungsrecht umfasst sein soll.

c. Mehrere Bevollmächtigte

Die Vollmacht kann auch mehreren gegenüber erteilt werden. Hier ist es wichtig, dass der Vollmachtgeber hinreichend deutlich werden lässt, ob die ausgewählten Vertreter jeder für sich vertretungsbefugt (Einzelvertretung) sein sollen oder ob sie nur gemeinschaftlich die Vertretung wahrnehmen sollen (Gesamtvertretung).

E. Verfahren

Es gelten grundsätzlich die allgemeinen betreuungsrechtlichen Verfahrensregeln (vgl. hierzu die Kommentierung zu § 1896 BGB).

I. Zuständigkeit

Für die Entscheidung über die Erteilung der Genehmigung ist der Richter funktionell zuständig (§ 14 Abs. 1 Nr. 4 RpflG).

II. Anhörung

Der **Betreute** ist vor der Erteilung einer Genehmigung in jedem Fall persönlich anzuhören (§ 298 Abs. 1 Satz 1 FamFG).

Eine Anhörung kann allerdings nach allgemeinen Grundsätzen ausnahmsweise unterbleiben, wenn hiervon erhebliche Nachteile für die Gesundheit zu besorgen sind oder der Betreute offensichtlich nicht in der Lage ist, seinen Willen kundzutun (§§ 34 Abs. 2, 278 Abs. 4 FamFG). Dies darf aber nur auf der Grundlage eines Sachverständigengutachtens erfolgen.

Das Gericht soll ferner auch die **übrigen Beteiligte**n anhören (§ 298 Abs. 2 FamFG). Nach der Formulierung der Norm hat das Betreuungsgericht demgemäß grundsätzlich die übrigen Beteiligten zu hören. Nur in Ausnahmefällen dürfte eine Anhörung unter besonderen Voraussetzungen entbehrlich sein.

Auf Verlangen des Betreuten hat das Gericht außerdem eine dem Betreute nahestehende Person anzuhören (§ 298 Abs. 1 Satz 3 FamFG). Eine Ausnahme gilt lediglich für den Fall, dass dies nicht ohne Verzögerung des Verfahrens möglich ist.

III. Verfahrenspfleger

Ein Verfahrenspfleger ist grundsätzlich nach den allgemeinen Vorschriften zu bestellen.

In einem Verfahren nach § 1904 Abs. 2 BGB ist in jedem Fall die Bestellung eines Verfahrenspflegers erforderlich (§ 298 Abs. 3 FamFG).

IV. Sachverständigengutachten

Das Gericht hat vor einer Entscheidung über eine Genehmigung ein Sachverständigengutachten einzuholen (§ 298 Abs. 4 FamFG). Ein ärztliches Attest genügt nicht.

Der Gutachter soll in der Regel mit dem behandelnden Arzt nicht personengleich sein (§ 298 Abs. 4 Satz 2 FamFG). In der Praxis wird es – abgesehen von klaren Ausnahmefällen – stets ratsam sein, einen anderen als den ausführenden Arzt mit der Erstattung des Gutachtens zu beauftragen, um eine verlässliche Entscheidungsgrundlage zu erhalten.

V. Rechtsbehelfe

Für die **Beschwerde** gegen eine Entscheidung des Betreuungsgerichts nach § 1904 BGB gelten die allgemeinen Vorschriften (§§ 58, 59 Abs. 1, 303 FamFG).

---

[125] So ausdrücklich LG Hamburg v. 12.07.1999 - 301 T 222/99 - BtPrax 1999, 243-244.

135 Beschwerdeberechtigt ist danach
- der Betreute (§ 59 Abs. 1 FamFG),
- der Betreuer oder Vorsorgebevollmächtigte,
  - soweit er in eigenen Rechten verletzt ist (§ 59 Abs. 1 FamFG),
  - soweit er in seinem Aufgabenkreis die Verletzung der Rechte des Betreuten geltend macht (§ 303 Abs. 4 Satz 1 FamFG),
- der Ehegatte oder Lebenspartner des Betreuten, wenn die Ehegatten oder Lebenspartner nicht dauernd getrennt leben, sowie die Eltern, Großeltern, Pflegeeltern, Abkömmlinge und Geschwister des Betreuten (§ 303 Abs. 2 Ziff. 1 FamFG),
- der Verfahrenspfleger (§ 303 Abs. 3 FamFG).

136 Dem sonstigen im Verfahren anzuhörenden Personenkreis oder sonstigen Dritten, insbesondere dem Arzt, steht kein Beschwerderecht zu.

137 Gegen die Entscheidung im Beschwerdeverfahren ist die **Rechtsbeschwerde** unter den allgemeinen Voraussetzungen des § 70 Abs. 1 FamFG statthaft.[126] Grundsätzlich gilt, dass die Rechtsbeschwerde zugelassen sein muss.

---

[126] Für das alte Verfahrensrecht: OLG Hamm v. 03.02.2003 - 15 W 457/02 - NJW 2003, 2392-2393.

§ 1905 BGB Sterilisation

(Fassung vom 17.12.2008, gültig ab 01.09.2009)

(1) ¹Besteht der ärztliche Eingriff in einer Sterilisation des Betreuten, in die dieser nicht einwilligen kann, so kann der Betreuer nur einwilligen, wenn

1. die Sterilisation dem Willen des Betreuten nicht widerspricht,
2. der Betreute auf Dauer einwilligungsunfähig bleiben wird,
3. anzunehmen ist, dass es ohne die Sterilisation zu einer Schwangerschaft kommen würde,
4. infolge dieser Schwangerschaft eine Gefahr für das Leben oder die Gefahr einer schwerwiegenden Beeinträchtigung des körperlichen oder seelischen Gesundheitszustands der Schwangeren zu erwarten wäre, die nicht auf zumutbare Weise abgewendet werden könnte, und
5. die Schwangerschaft nicht durch andere zumutbare Mittel verhindert werden kann.

²Als schwerwiegende Gefahr für den seelischen Gesundheitszustand der Schwangeren gilt auch die Gefahr eines schweren und nachhaltigen Leides, das ihr drohen würde, weil betreuungsgerichtliche Maßnahmen, die mit ihrer Trennung vom Kind verbunden wären (§§ 1666, 1666a), gegen sie ergriffen werden müssten.

(2) ¹Die Einwilligung bedarf der Genehmigung des Betreuungsgerichts. ²Die Sterilisation darf erst zwei Wochen nach Wirksamkeit der Genehmigung durchgeführt werden. ³Bei der Sterilisation ist stets der Methode der Vorzug zu geben, die eine Refertilisierung zulässt.

Gliederung

A. Grundlagen	1	1. Verbot der Zwangssterilisation (Absatz 1 Nr. 1)	19
I. Kurzcharakteristik	1	2. Dauerhaft fehlende Einwilligungsfähigkeit der Betreuten (Absatz 1 Nr. 2)	24
II. Historische Grundlagen	4		
III. Gesetzgebungsmaterialien	5	3. Gefahr einer Schwangerschaft/fehlende Alternativen (Absatz 1 Nr. 3, Nr. 5)	28
B. Praktische Bedeutung	6		
I. Schutzfunktion der Norm	6	a. Grundsatz	28
II. Statistik	8	b. Vorsorgliche Sterilisation	30
C. Anwendungsvoraussetzungen	11	c. Fehlen sexueller Kontakte	31
I. Normstruktur	11	d. Empfängnisverhütung	32
II. Normadressaten	12	e. Alternative: Unterbringung	35
1. Volljährigkeit	12	f. Zeugungsgefahr	36
2. Frau/Mann	14	4. Eintritt einer Notlage (Absatz 1 Nr. 4; Absatz 2)	38
3. Normadressat in der Praxis	15		
III. Begriff der Sterilisation	17	V. Durchführung der Sterilisation (Absatz 3)	40
IV. Voraussetzungen der Einwilligung (Absatz 1)	19	D. Verfahren	42

A. Grundlagen

I. Kurzcharakteristik

Die Vorschrift regelt als Sonderfall eines ärztlichen Eingriffs die Durchführung einer Sterilisation Volljähriger.   **1**

Untersagt wird die **Zwangssterilisation** gegen den erklärten Willen der Betreuten.   **2**

Im Übrigen wird die Sterilisation unter engen rechtlichen Grenzen gestattet.   **3**

II. Historische Grundlagen

4 Die Schaffung gesetzlicher Regelungen zur Sterilisation von Menschen, die nicht eigenverantwortlich darüber entscheiden können, ist in der Bundesrepublik Deutschland mit einer erheblichen historischen Hypothek belastet. So wurde bereits kurz nach der Machtergreifung Hitlers mit der Verkündung des Gesetzes zur Verhütung erbkranken Nachwuchses vom 14.07.1933[1] und der hierzu ergangenen Ausführungsverordnung[2] der Versuch unternommen, Zwangssterilisationen an behinderten oder kranken Menschen auch gegen deren Willen vorzunehmen. Die Möglichkeit hierzu sollte nicht nur bei angeborener Schizophrenie oder Schwachsinn, sondern sogar in Fällen erblicher Blind- oder Taubheit sowie schwerem Alkoholismus eröffnet werden. In der Folge dieser Gesetzgebung wurden allerdings erst ab 1935 mit jährlich abnehmender Zahl Zwangssterilisationen durchgeführt. Waren es im Jahr 1935 noch 114 weibliche und 115 männliche Zwangssterilisierte, so verringerte sich die Zahl kontinuierlich auf 3 weibliche bzw. 5 männliche Zwangssterilisierte in 1940.[3] Auch wenn es zeitgleich in den dreißiger Jahren des 19. Jahrhunderts in anderen Staaten ebensolche Bestrebungen nach einer Zwangssterilisation Behinderter gab[4], so war es doch der deutsche Nationalsozialismus, der diesen Gedanken nicht nur formulierte, sondern zielstrebig versuchte umzusetzen. Dies bedeutet auch heute noch die Pflicht zu einem verantwortungsbewussten Umgang mit einer Norm, die Regelungen zur (dauerhaften) Unfruchtbarkeitsmachung von Menschen enthält. Nicht zuletzt deshalb wird eine Zwangssterilisation, d.h. eine Sterilisation gegen den natürlichen Willen eines Betroffenen, auch in Ansehung des § 1905 BGB für unzulässig gehalten.

III. Gesetzgebungsmaterialien

5 Die Vorschrift ist nicht zuletzt vor dem Hintergrund der Rechtsentwicklung in der Zeit der nationalsozialistischen Herrschaft nur unter erheblichen Diskussionen im Rechtsausschuss des Bundestages beschlossen worden. Bei der Entscheidung über eine sachgerechte Regelung ging es dabei allerdings nicht nur um die Frage „ja oder nein", also ob die Sterilisation Einwilligungsunfähiger unter engen Voraussetzungen zulässig sein sollte oder ob sie generell verboten werden sollte, sondern auch darum, den Bereich überhaupt nicht zu regeln und so die bestehende Grauzone, in der Sterilisationen durchgeführt wurden, zu erhalten.[5] Allerdings überwog die Auffassung, das Problem als regelungsbedürftig einzustufen, da nach Schätzungen in etwa 1.000 Fällen pro Jahr Sterilisationen durchgeführt wurden.[6] Vor diesem Hintergrund fiel die Entscheidung für eine restriktive Regelung. Der Schutz insbesondere geistig behinderter Menschen sollte so gestärkt werden.

B. Praktische Bedeutung

I. Schutzfunktion der Norm

6 Die Bundesregierung hat schon im Jahre 1996 behauptet, die Vorschrift habe sich bewährt. Sterilisationen, so die damalige Feststellung, würden nicht einmal annähernd so häufig durchgeführt wie vor dem In-Kraft-Treten der Vorschrift.[7] Nachgewiesen seien in den Jahren 1992-1994 aus 535 Sterilisationsverfahren 92 Genehmigungen, von denen 88 zu einer Sterilisation geführt hätten.[8] In 6 Fällen sei es zu einer Refertilisierung gekommen. Außerdem sei ein Anstieg der Zahl der Elternschaften geistig behinderter Menschen feststellbar. Die Schutzfunktion der Vorschrift habe sich erfüllt.[9]

7 Nach der aktuellen amtlichen Statistik liegt aber die kumulierte Zahl der genehmigten Sterilisationen im Zeitraum 1992-1994 bei 239.[10] Die Gesamtzahl der Anträge beläuft sich dagegen auf 340![11] Das

---

[1] RGBl I 1933, 529.
[2] Verordnung zur Ausführung des Gesetzes zur Verhütung erbkranken Nachwuchses, RGBl I 1933, 1021.
[3] Einzelheiten bei *Gaidzik/Hiersche*, MedR 1999, 58-63.
[4] Vgl. hierzu *Gaidzik/Hiersche*, MedR 1999, 58-63.
[5] BT-Drs. 11/6949, S. 73.
[6] BT-Drs. 11/6949, S. 74.
[7] BT-Drs. 13/3822, S. 6.
[8] BT-Drs. 13/3822, S. 7.
[9] BT-Drs. 13/3822, S. 7.
[10] Statistik des Bundesamtes für Justiz, Betreuungsverfahren, Zusammenstellung der Bundesergebnisse für die Jahre 1992 bis 2012, Stand: 06.09.2013. (www.bundesjustizamt.de/DE/Themen/Buergerdienste/Justizstatistik/Betreuung/Betreuung_node.html, abgerufen am 09.01.2015).
[11] Statistik des Bundesamtes für Justiz, Betreuungsverfahren, Zusammenstellung der Bundesergebnisse für die Jahre 1992 bis 2012, Stand: 06.09.2013. (www.bundesjustizamt.de/DE/Themen/Buergerdienste/Justizstatistik/Betreuung/Betreuung_node.html, abgerufen am 09.01.2015).

bedeutet, dass die Zahl der Genehmigungen nur geringfügig hinter der Zahl der Anträge zurückgeblieben ist. Angesichts dieser amtlichen Zahlen von einem Erfolg der Schutzfunktion dieser Norm zu sprechen, erscheint unverständlich.

II. Statistik

Die Zahlen der genehmigten Sterilisationen haben von 2000-2005 eine Tendenz zur Zunahme gezeigt, sind 2006 und 2007 deutlich rückläufig gewesen und erreichten im Jahre 2008 etwa ein langfristiges Durchschnittsniveau. Erst in 2009 und 2010 sind die Genehmigungsfälle wieder deutlich rückläufig. 8

Seit Einführung des Betreuungsrechts haben sich damit ganz erhebliche Schwankungen der Zahlen gegenüber den jeweiligen Vorjahreszahlen gezeigt. Die Ursachen hierfür sind in der bisherigen wissenschaftlichen Auseinandersetzung nicht diskutiert worden. Positiv fällt aber auf, dass die Gerichte zunehmend kritischer bzw. sensibler in der Behandlung der Anträge vorgehen. Denn in 2010 gab es bei 38 Genehmigungen immerhin 23 Ablehnungen. Dieser Trend hat sich in 2011 und 2012 fortgesetzt. So sind in 2011 in 41 Fällen Genehmigungen erteilt worden und 17 Ablehnungen erfolgt. In 2012 stehen 32 Genehmigungen 36 Ablehnungen gegenüber. Die Zahl der Ablehnungen war damit erstmals höher als die Anzahl der erteilten Genehmigungen. 9

Die Statistik[12] der Genehmigungen und Ablehnungen der Sterilisationen im jährlichen Überblick: 10

Jahr	Genehmigungen	Ablehnungen
1992	65	7
1993	87	22
1994	87	12
1995	78	13
1996	203	31
1997	113	21
1998	70	29
1999	101	29
2000	46	16
2001	61	8
2002	88	15
2003	80	26
2004	154	33
2005	262	34
2006	60	21
2007	55	19
2008	91	22
2009	68	13
2010	38	23
2011	41	36
2012	36	17

C. Anwendungsvoraussetzungen

I. Normstruktur

Im ersten Absatz der Vorschrift werden zunächst die Voraussetzungen einer Einwilligung des Betreuers in eine Sterilisation beschrieben. Der zweite Absatz erweitert den Inhalt der nach § 1905 Abs. 1 Nr. 4 BGB vorausgesetzten Gefahr. Im dritten Absatz wird das einzuhaltende Verfahren nach Genehmigungserteilung geregelt. 11

II. Normadressaten

1. Volljährigkeit

Die Vorschrift betrifft ausschließlich volljährige Betreute. Die Sterilisation Minderjähriger ist gemäß § 1631c BGB nicht zulässig. 12

---

[12] Die Zahlen sind entnommen der Statistik des Bundesamtes für Justiz, Betreuungsverfahren, Zusammenstellung der Bundesergebnisse für die Jahre 1992 bis 2012, Stand: 06.09.2013. (www.bundesjustizamt.de/DE/Themen/Buergerdienste/Justizstatistik/Betreuung/Betreuung_node.html, abgerufen am 09.01.2015).

13 Das Volljährigkeitserfordernis wird zu Recht als fragwürdig angesehen. Für die Bedeutung der intellektuellen Fähigkeiten eines Individuums, Bedeutung und Tragweite medizinischer Maßnahmen zu erfassen, ist eine starre Altersgrenze ohne Bezug zur konkreten Entscheidungssituation wenig tauglich.[13] Dies mag zwar richtig sein. Doch weil das Betreuungsrecht nur für Volljährige gilt, dürfte die Kritik eher in Richtung auf eine Änderung des Minderjährigenrechts zielen.

2. Frau/Mann

14 Inhaltlich ist § 1905 BGB zwar weitgehend auf die Sterilisation einer Frau zugeschnitten. Nach dem Wortlaut der Norm und der Intention des Gesetzgebers wird jedoch die Sterilisation eines betreuten Mannes mitumfasst.[14] Dem folgt die herrschende Meinung.[15] Allerdings sind Besonderheiten hinsichtlich der Normvoraussetzungen zu beachten, die dazu führen, dass die Vorschrift praktisch nur auf Frauen Anwendung finden kann (vgl. hierzu Rn. 30).[16]

3. Normadressat in der Praxis

15 In der Praxis ist der Normadressat in der Regel weiblich, ledig, geistig behindert und zwischen 18-24 Jahre jung.[17]
16 Deshalb soll im Folgenden ausschließlich von der Betreuten gesprochen werden.

III. Begriff der Sterilisation

17 Unter der Sterilisation (einer Frau) verstand das BayObLG die gezielte permanente Unfruchtbarmachung durch einen operativen Eingriff an den Transportwegen des Eies oder an der Gebärmutter.[18] Diese Definition erscheint indessen zu eng, da sie das medizinische Verfahren bereits zu begrenzend beschreibt und so weder ausreichend Raum für die Berücksichtigung eines medizinischen Fortschritts bietet, noch der Mann in die Definition einbezogen wird. Richtigerweise sollte man den Begriff der Sterilisation deshalb verstehen als gezielte Herbeiführung einer dauernden Unfruchtbarkeit.[19]
18 Nicht als Sterilisation gilt deshalb ein aus anderen Gründen medizinisch indizierter Eingriff, der lediglich als eine in Kauf zu nehmende Nebenfolge die Unfruchtbarkeit herbeiführt. Dies betrifft z.B. die Entfernung der Gebärmutter im Falle von Gebärmutterkrebs oder die Entfernung der Hoden bei Hodenkrebs. Eine Genehmigungspflicht kann sich aber in diesen Fällen nach § 1904 BGB (schwerer und länger dauernder Gesundheitsschaden) ergeben.

IV. Voraussetzungen der Einwilligung (Absatz 1)

1. Verbot der Zwangssterilisation (Absatz 1 Nr. 1)

19 Die Durchführung der Sterilisation ist nur unter der Voraussetzung zulässig, dass sie dem Willen der Betreuten nicht widerspricht. Gemeint ist dabei nicht ein rechtserheblicher geäußerter Wille. Vielmehr kommt es auf den natürlichen Willen der Betreuten an. Irgendein Grad an Einsichts- oder Steuerungsfähigkeit ist nicht vorausgesetzt.[20] Die Durchführung der Sterilisation verbietet sich schon dann, wenn die Betreute zu erkennen gibt, dass sie die Maßnahme ablehnt. Die Ablehnung kann bis zur letzten Sekunde vor Durchführung des Eingriffs erklärt werden und verhindert so die Sterilisation.[21]
20 Unerheblich ist deshalb an dieser Stelle insbesondere die Frage der **Einwilligungsfähigkeit** bzw. -unfähigkeit der Betreuten. Es ist nicht erforderlich, dass die Betreute sich überhaupt eine Vorstellung über die Bedeutung der Sterilisation macht.
21 Umstritten ist, ob die Ablehnung sich gerade gegen die Sterilisation richten muss[22] oder ob es ausreichend ist, dass sie sich auf damit verbundene **Begleitumstände** bezieht.[23] Geht man davon aus, dass

---

[13] So *Gaidzik/Hiersche*, MedR 1999, 58-63.
[14] BT-Drs. 11/4528, S. 79.
[15] *Schwab* in: MünchKomm-BGB, § 1905 Rn. 24.
[16] *Hoffmann* in: HK-BUR, § 1905 Rn. 71 (65. Akt. 09/2008).
[17] *Gaidzik/Hiersche*, MedR 1999, 58-63.
[18] BayObLG München v. 15.01.1997 - 3Z BR 281/96 - juris Rn. 13 - NJW-RR 1997, 578-580.
[19] *Schwab* in: MünchKomm-BGB, § 1905 Rn. 1.
[20] BT-Drs. 11/4528, S. 143; OLG Hamm v. 28.02.2000 - 15 W 50/00 - juris Rn. 23 - NJW 2001, 1800-1802.
[21] *Schwab* in: MünchKomm-BGB, § 1905 Rn. 17; *Jürgens* in: Jürgens, Betreuungsrecht, 4. Aufl. 2010, § 1905 Rn. 7.
[22] OLG Hamm v. 28.02.2000 - 15 W 50/00 - juris Rn. 23 - NJW 2001, 1800-1802.
[23] *Schwab* in: MünchKomm-BGB, § 1905 Rn. 17; *Bienwald* in: Staudinger, 12. Aufl. 1995, § 1905 Rn. 32; *Jürgens* in: Jürgens, Betreuungsrecht, 4. Aufl. 2010, § 1905 Rn. 7; *Pöld-Krämer*, BtPrax 2000, 237-238, 238; *Hoffmann*, BtPrax 2000, 235-237, 236.

für die Ablehnung lediglich der natürliche Wille einer nicht notwendig vollständig einsichts- und steuerungsfähigen Betreuten zu ermitteln ist, so können im Hinblick auf die Ablehnung keine differenzierten Äußerungen verlangt werden. Die Betreute wird vielfach nicht begreifen, was insoweit von ihr verlangt wird. Im Übrigen ist es nach dem eindeutigen Wortlaut der Vorschrift nicht zulässig, die dem erklärten Willen zugrunde liegende Motivlage der Betreuten auszuforschen.[24] Die Auffassung, dass die Gründe für eine Ablehnung unerheblich sind und sich auch auf Begleitumstände beziehen können, entspricht schließlich dem Willen des Gesetzgebers. Auf eine Bitte des Bundesrates, ob die Vorschrift nicht klarer gefasst werden sollte, damit deutlicher zum Ausdruck komme, dass jedwede Ablehnung ganz gleich aus welchem Grund ausreichend ist, setzte sich die Meinung durch, dass die Gesetz gewordene Formulierung dies hinreichend zum Ausdruck bringe.[25]

Keine Ablehnung der Sterilisation stellt es jedoch dar, wenn die Betreute mit einem bestimmten **Durchführungsmodus** nicht einverstanden ist, nach Änderung der Behandlungsart aber nicht mehr gegen die Sterilisation ist.[26]   22

Hat die Betreute ihren der Sterilisation entgegenstehenden Willen zum Ausdruck gebracht, so verbietet sich die Maßnahme unabhängig davon, ob die übrigen Voraussetzungen des Absatzes 1 vorliegen. Dies gilt insbesondere auch für den Fall, dass die konkrete Gefahr einer Schwangerschaft mit einer sich daraus ergebenden Notlage droht. Der Gesetzgeber hat für solche Fälle ein Fernhalten von sexuellen Kontakten als alternativen und geringeren Eingriff in die Rechtssphäre der Betreuten vorgeschlagen. Wie dies aber in der Praxis erfolgreich umgesetzt werden soll, ist fraglich. Letztlich käme als sicher wirkende Alternative wohl nur eine zwangsweise Unterbringung in Betracht. Hierzu müssten aber die Voraussetzungen des § 1906 Abs. 1 Nr. 1 BGB vorliegen, woran es in den meisten Fällen fehlen dürfte. Insofern wird vereinzelt vorgeschlagen, die Anforderungen an eine Unterbringung in diesen Fällen abzusenken.[27] Das kommt nach der gegenwärtigen Gesetzeslage allerdings nicht in Betracht.   23

2. Dauerhaft fehlende Einwilligungsfähigkeit der Betreuten (Absatz 1 Nr. 2)

Die Betreute darf nicht nur vorübergehend einwilligungsunfähig sein. Die **Einwilligungsunfähigkeit** muss einerseits im Zeitpunkt der Durchführung des Eingriffs vorliegen. Darüber hinaus muss zusätzlich im Rahmen einer zu treffenden Prognose feststehen, dass diese Einwilligungsunfähigkeit dauerhaft fortbestehen wird.   24

Die Betreute ist **einwilligungsunfähig**, wenn sie auf der Grundlage ärztlicher Beratung nicht in der Lage ist, den Grund und die Tragweite der Sterilisation sowie ihre Bedeutung für das eigene Leben so zu erfassen, dass eine selbstverantwortete Entscheidung möglich ist.[28] Eine Einwilligungsunfähigkeit liegt u.a. vor, wenn die Betreute nicht in der Lage ist, die ärztliche Aufklärung zu verstehen.[29] Die Einwilligungsfähigkeit ist nicht mit der Geschäftsfähigkeit gleichzusetzen. Deshalb kann auch für die Einwilligung in eine Sterilisation kein Einwilligungsvorbehalt angeordnet werden.[30]   25

Die Einwilligungsunfähigkeit muss voraussichtlich **dauerhaft** bestehen bleiben. Dabei ist zu berücksichtigen, dass geistig Behinderte vielfach gegenüber Nichtbehinderten Entwicklungsverzögerungen hinsichtlich ihrer Persönlichkeitsbildung aufweisen. Besteht deshalb die Möglichkeit, dass die Betreute in absehbarer Zeit einwilligungsfähig werden kann, so fehlt es an der Dauerhaftigkeit ihrer Einwilligungsunfähigkeit.[31] Es müssen deshalb konkrete Tatsachen vorliegen, die die geforderte Prognose sicher zulassen.   26

Die dauerhafte Einwilligungsunfähigkeit dürfte gegeben sein, wenn die Schwere der gesundheitlichen Beeinträchtigungen (z.B. eine irreversible Hirnschädigung) nicht erwarten lässt, dass die Betreute jemals die Bedeutung des Eingriffs verstehen wird.[32]   27

---

[24] *Schwab* in: MünchKomm-BGB, § 1905 Rn. 17.
[25] BT-Drs. 11/6949, S. 75.
[26] So richtig, wenn auch wohl oft missverstanden: *Zimmermann* in: Soergel, § 1905 Rn. 18.
[27] *Zimmermann* in: Soergel, § 1905 Rn. 36.
[28] *Schwab* in: MünchKomm-BGB, § 1905 Rn. 12; OLG Hamm v. 28.02.2000 - 15 W 50/00 - juris Rn. 15 - NJW 2001, 1800-1802.
[29] *Roth* in: Dodegge/Roth, Betreuungsrecht, 2. Aufl. 2005, Teil E Rn. 24.
[30] *Schwab* in: MünchKomm-BGB, § 1905 Rn. 12.
[31] *Roth* in: Dodegge/Roth, Betreuungsrecht, 2. Aufl. 2005, Teil E Rn. 26.
[32] OLG Hamm v. 28.02.2000 - 15 W 50/00 - juris Rn. 17 - NJW 2001, 1800-1802.

3. Gefahr einer Schwangerschaft/fehlende Alternativen (Absatz 1 Nr. 3, Nr. 5)

a. Grundsatz

28 Es muss die konkrete Gefahr bestehen, dass es ohne eine Sterilisation zu einer Schwangerschaft kommen wird. Das setzt gleichsam voraus, dass Alternativen zu der Sterilisation nicht bestehen.

29 Die **Schwangerschaftserwartung** muss konkret und ernstlich sein.[33] Ein besonderer Grad an Wahrscheinlichkeit ist nicht gefordert. Es genügt, dass aufgrund der sexuellen Aktivität der fortpflanzungsfähigen Betreuten mit einer Schwangerschaft zu rechnen ist.[34]

b. Vorsorgliche Sterilisation

30 Nicht zulässig ist allerdings eine vorsorgliche oder vorbeugende Sterilisation wegen der lediglich abstrakten Möglichkeit einer Schwangerschaft.[35] So ist die Sterilisation nicht schon deshalb zulässig, weil die Betreute in einem Heim oder einer Wohngruppe gemeinsam mit Männern untergebracht ist.[36] Ebenso scheidet eine Sterilisation vor dem Hintergrund eines möglichen sexuellen Missbrauchs oder einer Vergewaltigung aus.[37]

c. Fehlen sexueller Kontakte

31 An einer konkreten Gefahr fehlt es bei einer in einer Werkstatt für Behinderte arbeitenden Betreuten, die im Haushalt der Eltern lebt und bisher keine geeigneten sexuellen Kontakte unterhält und auch kein besonderes Interesse hieran zeigt.[38]

d. Empfängnisverhütung

32 Als Ausdruck des Verhältnismäßigkeitsgrundsatzes bestimmt Absatz 1 Nr. 5 ausdrücklich den **Vorrang anderer zumutbarer Mittel der Empfängnisverhütung**. Es ist deshalb unter Berücksichtigung der Umstände des konkreten Einzelfalles zu prüfen, ob die üblichen chemischen oder mechanischen Verhütungsmittel zumutbar sind und zuverlässig angewendet werden können.[39] Eventuell eintretende Nebenwirkungen oder andere Unverträglichkeiten[40] sowie medizinische Kontraindikationen sind hier ebenso zu beachten wie die Auswirkungen des Verhütungsmittels auf die körperliche und psychische Situation der Betreuten.[41]

33 Das OLG Karlsruhe ist der Auffassung, es sei vor dem Hintergrund der § 1905 BGB zugrunde liegenden gesetzlichen Wertungen rechtlich nicht zulässig, einer Betreuten auf Dauer schwangerschaftsverhütende Mittel gegen ihren Willen zu verabreichen.[42] Zwar sei die Gabe hormoneller Empfängnisverhütungsmittel keine Sterilisation. Sie bedürfe daher keiner Genehmigung. Dies setze aber voraus, dass die Betreute bereit sei, die empfängnisverhütenden Mittel freiwillig einzunehmen. Fehle es daran und würden die empfängnisverhütenden Mittel der Betreuten gegen deren natürlichen Willen verabreicht, könnten die engen Voraussetzungen des § 1905 BGB leicht umgangen werden. Nachdem eine Sterilisation nur genehmigungsfähig sei, wenn die in § 1905 BGB genannten Voraussetzungen sämtlich vorlägen, könnte faktisch das gleiche Ergebnis dadurch herbeigeführt werden, dass der Betreuten gestützt auf § 1906 BGB ihr Leben lang zwangsweise empfängnisverhütende Mittel verabreicht würden. Damit könnte angesichts der Wirksamkeit heutiger empfängnisverhütender Mittel die Fortpflanzungsfähigkeit einer Betroffenen auf Dauer aufgehoben werden, ohne dass die Voraussetzungen des § 1905 BGB

---

[33] BT-Drs. 11/4528, S. 143.
[34] BayObLG München v. 23.05.2001 - 3Z BR 97/01 - juris Rn. 8 - NJW 2002, 149; BayObLG München v. 15.01.1997 - 3Z BR 281/96 - juris Rn. 15 - NJW-RR 1997, 578-580; AG Grevenbroich v. 10.08.1994 - 3 XVII 23/93 A - RdLH 1995, Nr. 1, 31-32; bedenklich insofern AG Lahnstein v. 16.09.1999 - 1 XVII 9/97 - RdLH 2000, 39-40 (prophylaktische Sterilisation bei erhöhter Gefahr).
[35] BT-Drs. 13/3822, S. 2.
[36] AG Grevenbroich v. 10.08.1994 - 3 XVII 23/93 A - RdLH 1995, Nr. 1, 31-32; *Jürgens* in: Jürgens, Betreuungsrecht, 4. Aufl. 2010, § 1905 Rn. 8.
[37] Allgemeine Meinung vgl. *Schwab* in: MünchKomm-BGB, § 1905 Rn. 20; *Zimmermann* in: Soergel, § 1905 Rn. 22; *Bienwald* in: Staudinger, 12. Aufl. 1995, § 1905 Rn. 47; BayObLG München v. 15.01.1997 - 3Z BR 281/96 - juris Rn. 16 - NJW-RR 1997, 578-580.
[38] BayObLG München v. 23.05.2001 - 3Z BR 97/01 - juris Rn. 10 - NJW 2002, 149.
[39] BT-Drs. 11/4528, S. 144.
[40] BT-Drs. 11/4528, S. 144.
[41] BayObLG München v. 15.01.1997 - 3Z BR 281/96 - juris Rn. 19 - NJW-RR 1997, 578-580.
[42] OLG Karlsruhe v. 07.02.2008 - 19 Wx 44/07.

vorliegen. Gerade den Eingriff in die Fortpflanzungsfähigkeit wollte der Gesetzgeber aber regeln.[43] Das Verbot der Sterilisation gegen den natürlichen Willen der Betreuten lasse es dabei nicht zu, dass physische Gewalt angewendet oder angedroht werde. Dann sei dies auch nicht bei Maßnahmen möglich, die eingesetzt würden, um das gleiche Ergebnis – dauerhafte Empfängnisverhütung – auf anderem Wege zu erzielen.[44]

Der Auffassung des OLG Karlsruhe ist zwar grundsätzlich zuzustimmen. Problematisch ist aber das Kriterium der Dauer. Das OLG Karlsruhe stellt zutreffend fest, dass die Gabe empfängnisverhütender Mittel gegen den Willen der Betreuten nicht genehmigungsfähig ist. Gleichzeitig greifen empfängnisverhütende Mittel gravierend in die körperliche Unversehrtheit ein. Denn der Verlust der Empfängnisfähigkeit – auch wenn er nur vorübergehend, etwa für drei Monate – bewirkt wird, beeinträchtigt die körperliche Unversehrtheit. Gibt es keine gesetzliche Möglichkeit, eine richterliche Genehmigung für eine solche Maßnahme gegen den Willen einer Betreuten zu erwirken, hat sie zu unterbleiben. Ob es sich um eine von vornherein auf Dauer angelegte und wiederkehrende Maßnahme handeln soll, ist dabei unbeachtlich. 34

e. Alternative: Unterbringung

Keine zumutbare Alternative stellt die freiheitsentziehende Unterbringung der Betreuten oder sonstige freiheitsbeschränkende Maßnahmen nach § 1906 Abs. 4 BGB dar, die das Ziel verfolgen, Sexualkontakte zu unterbinden.[45] 35

f. Zeugungsgefahr

Bei einem Mann kann keine konkrete Schwangerschaftsgefahr bestehen. Auf eine eventuell bestehende Zeugungsgefahr kann nach dem Wortlaut der Norm nicht abgestellt werden. Die Sterilisation kann sich deshalb nur aus Drittinteressen, nämlich aus einem Schutzinteresse der Partnerin ergeben, was problematisch erscheint. Die Sterilisation von Männern ist deshalb im Regelfall nicht möglich.[46] 36

Vielfach[47] wird gleichwohl im Rahmen einer so genannten **vikariierenden Zurechnung** auf die Situation der (festen) Partnerin des einwilligungsunfähigen Mannes abgestellt. Danach soll die Sterilisation des (einwilligungsunfähigen) Mannes möglich sein, wenn bei seiner Partnerin eine konkrete Schwangerschaftsgefahr besteht, die für sie eine Notlage im Sinne des Absatzes 1 Nr. 4 und Absatz 2 entstehen lassen könnte. Die Sterilisation eines Mannes kann danach allerdings nur zugelassen werden, wenn die Frau, in deren Person die übrigen Voraussetzungen des § 1905 BGB vorliegen, die eigene Sterilisation ablehnt. Ist die Frau einwilligungsfähig, so ist sie selbst in der Lage, bzgl. ihrer eigenen Situation eine verantwortliche Entscheidung zu treffen. In diesem Fall rechtfertigt es der Schutz der Frau nicht, den Mann mit einer auch über die konkrete Partnerschaft hinaus wirkenden Maßnahme zu belasten. Das Konstrukt der vikariierenden Zurechnung begegnet aber auch in den übrigen Fällen erheblichen Bedenken. Der Schutz der Frau vor einer Notlage im Sinne der Vorschrift kann durch die Sterilisation des Mannes nur in seltenen Fällen zuverlässig sichergestellt werden. Zu Recht weist *Schwab*[48] in diesem Zusammenhang darauf hin, dass die Möglichkeit eines Partnerwechsels zu berücksichtigen ist. Die Sterilisation des Mannes vor dem Hintergrund des Schutzes seiner Partnerin vor einer Notlage kann sich deshalb nur in ganz besonders gelagerten Fällen als sachlich berechtigte Maßnahme darstellen und wird praktisch kaum in Betracht kommen. 37

4. Eintritt einer Notlage (Absatz 1 Nr. 4; Absatz 2)

In Anlehnung an die Voraussetzungen für einen straflosen Schwangerschaftsabbruch (§ 218a Abs. 1 Nr. 2 StGB) beschreibt Absatz 1 Nr. 4 die Notlagen, die infolge einer Schwangerschaft zu erwarten sein müssen: 38

- **Lebensgefahr** (z.B. bei Gebärmutterkrebs, chronisch entzündeter Restniere, Suizidgefahr)[49],
- **Gefahr einer schwerwiegenden Beeinträchtigung des körperlichen Gesundheitszustandes** (z.B. schwere Herz- Kreislauferkrankung)[50],

---

[43] BT-Drs. 11/4528, S. 74.
[44] OLG Karlsruhe v. 07.02.2008 - 19 Wx 44/07.
[45] BayObLG München v. 23.05.2001 - 3Z BR 97/01 - NJW 2002, 149.
[46] *Roth* in: Dodegge/Roth, Betreuungsrecht, 2. Aufl. 2005, Teil E Rn. 31.
[47] *Schwab* in: MünchKomm-BGB, § 1905 Rn. 24; *Hoffmann* in: HK-BUR, § 1905 Rn. 71 (65. Akt. 09/2008).
[48] *Schwab* in: MünchKomm-BGB, § 1905 Rn. 24.
[49] BT-Drs. 11/4528, S. 78, 143.
[50] BT-Drs. 11/4528, S. 78, 143.

- Gefahr einer schwerwiegenden Beeinträchtigung des seelischen Gesundheitszustandes (z.B. schwere Depression)[51].

39　Eine Notlage soll nach dem Willen des Gesetzgebers auch anzunehmen sein, wenn durch betreuungsgerichtlich notwendig zu treffende Maßnahmen eine Trennung vom Kind erfolgen wird, die zu einer schweren Beeinträchtigung der seelischen Gesundheit führen würde. Diese Prognose muss jedoch auf konkreten Tatsachen aufbauen. Sie soll nach dem Willen des Gesetzgebers die Ausnahme bleiben[52] und darf daher nicht vorschnell getroffen werden.

V. Durchführung der Sterilisation (Absatz 3)

40　Hinsichtlich der Durchführung der Sterilisation bestimmt Absatz 3, dass diese frühestens zwei Wochen nach Wirksamkeit der Genehmigungsentscheidung durchgeführt werden darf. Dies soll sicherstellen, dass die Möglichkeit zur Einlegung einer Beschwerde effektiv wahrgenommen werden kann.

41　Die Sterilisation darf nicht von demselben Arzt vorgenommen werden, der bereits das Gutachten erstellt hat (§ 297 Abs. 6 Satz 3 FamFG).

D. Verfahren

42　Es gelten die allgemeinen Regeln bezüglich der örtlichen Zuständigkeit. Örtlich zuständig ist danach das Betreuungsgericht als Abteilung des Amtsgerichts, bei dem das Betreuungsverfahren anhängig ist (§ 272 Abs. 1 Ziff. 1 FamFG).

43　Ist ausnahmsweise keine Betreuung anhängig, so ist örtlich zuständig das Betreuungsgericht, in dessen Bezirk der Betroffene zum Zeitpunkt des Verfahrens seinen gewöhnlichen Aufenthalt hat (§ 272 Abs. 1 Ziff. 2 FamFG).

44　Funktionell zuständig ist der Richter (Richtervorbehalt gem. § 14 Nr. 4 RpflG). Auch einzelne Verfahrenshandlungen dürfen nicht durch einen ersuchten Richter vorgenommen werden (§ 297 Abs. 4 FamFG).

45　Das Verfahren beginnt in der Praxis regelmäßig aufgrund einer Anregung von Angehörigen oder sonstigen nahe stehenden Personen, meistens des bereits für andere Aufgabenbereiche bestellten Betreuers. Die auch mögliche Verfahrenseinleitung von Amts wegen oder auf Antrag des Betroffenen stellt die Ausnahme dar.

46　Das Verfahren gliedert sich in **zwei voneinander zu trennende und selbständige Verfahrensabschnitte**, nämlich
- der Bestellung eines Sterilisationsbetreuers und
- der Durchführung des eigentlichen Genehmigungsverfahrens.

47　Eine Verbindung beider Verfahrensteile ist schon deshalb nicht möglich, weil sie inhaltlich aufeinander aufbauen. So ist keine Entscheidung über eine Genehmigung möglich, wenn mangels Bestellung eines besonderen Betreuers ein wirksamer Antrag auf Erteilung der Genehmigung noch nicht vorliegt.

48　In einem ersten Abschnitt bestellt das Gericht einen besonderen Betreuer mit dem Aufgabenbereich Sterilisation (sog. Sterilisationsbetreuer). Die Notwendigkeit zur Bestellung eines besonderen Betreuers mit dem ausschließlichen Aufgabenbereich Sterilisation folgt aus § 1899 Abs. 2 BGB. Die Bestellung eines Vereins oder der Betreuungsbehörde als Sterilisationsbetreuer ist nicht zulässig (§ 1900 Abs. 5 BGB). Das Verfahren auf Bestellung dieses Betreuers richtet sich nach den allgemeinen Verfahrensregeln bezüglich der Betreuerbestellung.

49　Aufgabe des Sterilisationsbetreuers ist es zunächst, zu prüfen, ob überhaupt ein Antrag auf Durchführung einer Zwangssterilisation gestellt wird. Die Entlassung des Sterilisationsbetreuers ist deshalb nicht schon zulässig, weil dieser nach Prüfung zu der Auffassung gelangt, dass die Voraussetzungen für eine Sterilisation nicht erfüllt sind und deshalb keinen Genehmigungsantrag stellt.[53]

50　Im zweiten Verfahrensabschnitt, der mit dem Antrag des bestellten Sterilisationsbetreuers auf Genehmigung der Sterilisation beginnt, beginnt das eigentliche Verfahren, das regelmäßig mit der Entscheidung des Betreuungsgerichts über die Erteilung der Genehmigung endet.

51　Das Betreuungsgericht hat die Betreute in jedem Fall vor einer Entscheidung persönlich anzuhören. Es soll die Betreute zudem über den Gang des Verfahrens unterrichten (§ 297 Abs. 1 FamFG). Eine solche Unterrichtung wird regelmäßig in dem Verfahren auf Bestellung des Sterilisationsbetreuers stattfinden.

---

[51] BT-Drs. 11/4528, S. 78, 143.
[52] BT-Drs. 11/4528, S. 144.
[53] LG Hildesheim v. 16.12.1996 - 5 T 879/96 - BtPrax 1997, 121.

Im Verfahren hat das Betreuungsgericht die zuständige Behörde anzuhören, wenn der Betreute dies verlangt oder es der Sachaufklärung dient (§ 297 Abs. 2 FamFG). In der Praxis wird es tunlich sein, die Betreuungsbehörde frühzeitig in das Verfahren einzubeziehen, um eine umfassende Sachaufklärung zu ermöglichen. Vor dem Hintergrund der Tragweite der zu treffenden Entscheidung dürfte es nur in begründeten Ausnahmefällen möglich sein, auf die Mitwirkung der Betreuungsbehörde zu verzichten. 52

Zwingend notwendig ist die Bestellung eines Verfahrenspflegers, sofern der Betreute nicht schon anderweitig durch einen Rechtsanwalt oder einen anderen geeigneten Bevollmächtigten vertreten wird (§ 297 Abs. 5 FamFG). Die Eignung eines Bevollmächtigten, aber auch des Verfahrenspflegers ist vom Betreuungsgericht sorgfältig zu prüfen. Die Bestellung eines Angehörigen der Betreuten dürfte deshalb in der Regel nicht in Betracht kommen. 53

Herzstück des Verfahrens ist die Durchführung einer förmlichen Beweisaufnahme, wie sie § 297 Abs. 6 FamFG vorschreibt. Die Begutachtung hat sich auf folgende Gesichtspunkte zu erstrecken: 54
- medizinische,
- psychologische,
- soziale,
- sonderpädagogische,
- sexualpädagogische.

Ob dies immer zuverlässig durch einen Gutachter entschieden werden kann, erscheint fraglich. Gegebenenfalls muss das Gericht mehrere Gutachter bestellen, um die vorgeschriebenen Aspekte aufzuarbeiten. 55

Der Genehmigungsbeschluss ist der Betreuten sowie der zuständigen Betreuungsbehörde stets bekanntzugeben (§ 297 Abs. 8 FamFG). Im Falle der Betreuten kann das Gericht von einer Mitteilung der Gründe jedoch absehen. 56

Wirksam wird der Beschluss jedoch erst mit dessen Bekanntgabe an den Sterilisationsbetreuer **und** den Verfahrenspfleger bzw. Bevollmächtigten (§ 297 Abs. 6 FamFG). Eine vor diesem Zeitpunkt erklärte Einwilligung in die Sterilisation durch den Sterilisationsbetreuer ist deshalb unwirksam und kann auch nicht durch spätere Zustellung des Beschlusses geheilt werden.[54] 57

Gegen den Beschluss, durch den das Gericht die Sterilisation genehmigt, ist der Rechtsbehelf der Beschwerde statthaft. Die Beschwerde ist im Interesse eines effektiven Rechtsschutzes auch zulässig nach Durchführung der Sterilisation, mit der die Hauptsacheerledigung eintritt, weil die Genehmigung der Sterilisation dieser auf Dauer den Anschein der Rechtmäßigkeit verleiht.[55] 58

---

[54] OLG Düsseldorf v. 19.09.1995 - 25 Wx 25/95 - OLGR Düsseldorf 1996, 32-33.
[55] OLG Düsseldorf v. 19.09.1995 - 25 Wx 25/95 - OLGR Düsseldorf 1996, 32-33.

§ 1906 BGB Genehmigung des Betreuungsgerichts bei der Unterbringung

(Fassung vom 18.02.2013, gültig ab 26.02.2013)

(1) Eine Unterbringung des Betreuten durch den Betreuer, die mit Freiheitsentziehung verbunden ist, ist nur zulässig, solange sie zum Wohl des Betreuten erforderlich ist, weil

1. auf Grund einer psychischen Krankheit oder geistigen oder seelischen Behinderung des Betreuten die Gefahr besteht, dass er sich selbst tötet oder erheblichen gesundheitlichen Schaden zufügt, oder
2. zur Abwendung eines drohenden erheblichen gesundheitlichen Schadens eine Untersuchung des Gesundheitszustands, eine Heilbehandlung oder ein ärztlicher Eingriff notwendig ist, ohne die Unterbringung des Betreuten nicht durchgeführt werden kann und der Betreute auf Grund einer psychischen Krankheit oder geistigen oder seelischen Behinderung die Notwendigkeit der Unterbringung nicht erkennen oder nicht nach dieser Einsicht handeln kann.

(2) ¹Die Unterbringung ist nur mit Genehmigung des Betreuungsgerichts zulässig. ²Ohne die Genehmigung ist die Unterbringung nur zulässig, wenn mit dem Aufschub Gefahr verbunden ist; die Genehmigung ist unverzüglich nachzuholen. ³Der Betreuer hat die Unterbringung zu beenden, wenn ihre Voraussetzungen wegfallen. ⁴Er hat die Beendigung der Unterbringung dem Betreuungsgericht anzuzeigen.

(3) ¹Widerspricht eine ärztliche Maßnahme nach Absatz 1 Nummer 2 dem natürlichen Willen des Betreuten (ärztliche Zwangsmaßnahme), so kann der Betreuer in sie nur einwilligen, wenn

1. der Betreute auf Grund einer psychischen Krankheit oder einer geistigen oder seelischen Behinderung die Notwendigkeit der ärztlichen Maßnahme nicht erkennen oder nicht nach dieser Einsicht handeln kann,
2. zuvor versucht wurde, den Betreuten von der Notwendigkeit der ärztlichen Maßnahme zu überzeugen,
3. die ärztliche Zwangsmaßnahme im Rahmen der Unterbringung nach Absatz 1 zum Wohl des Betreuten erforderlich ist, um einen drohenden erheblichen gesundheitlichen Schaden abzuwenden,
4. der erhebliche gesundheitliche Schaden durch keine andere dem Betreuten zumutbare Maßnahme abgewendet werden kann und
5. der zu erwartende Nutzen der ärztlichen Zwangsmaßnahme die zu erwartenden Beeinträchtigungen deutlich überwiegt.

²§ 1846 ist nur anwendbar, wenn der Betreuer an der Erfüllung seiner Pflichten verhindert ist.

(3a) ¹Die Einwilligung in die ärztliche Zwangsmaßnahme bedarf der Genehmigung des Betreuungsgerichts. ²Der Betreuer hat die Einwilligung in die ärztliche Zwangsmaßnahme zu widerrufen, wenn ihre Voraussetzungen wegfallen. ³Er hat den Widerruf dem Betreuungsgericht anzuzeigen.

(4) Die Absätze 1 und 2 gelten entsprechend, wenn dem Betreuten, der sich in einer Anstalt, einem Heim oder einer sonstigen Einrichtung aufhält, ohne untergebracht zu sein, durch mechanische Vorrichtungen, Medikamente oder auf andere Weise über einen längeren Zeitraum oder regelmäßig die Freiheit entzogen werden soll.

(5) ¹Die Unterbringung durch einen Bevollmächtigten und die Einwilligung eines Bevollmächtigten in Maßnahmen nach den Absätzen 3 und 4 setzen voraus, dass die Vollmacht schriftlich erteilt ist und die in den Absätzen 1, 3 und 4 genannten Maßnahmen ausdrücklich umfasst. ²Im Übrigen gelten die Absätze 1 bis 4 entsprechend.

Gliederung

A. Grundlagen 1	3. Mehrere Bevollmächtigte 118
I. Kurzcharakteristik 1	IV. Betreuungsgerichtliche Genehmigung
1. Anwendungsbereiche 1	(Absatz 2) 119
2. Zielsetzung der Norm 3	1. Genehmigungskriterien (Absatz 2 Satz 1) 120
3. Zwangsbehandlung 4	2. Genehmigungsfrist 121
II. Zivilrechtliche Unterbringung – öffentlich-rechtliche Unterbringung 5	3. Ausnahmen vom Genehmigungsvorbehalt 125
	a. Gefahr in Verzug (Absatz 2 Satz 2) 125
III. Verhältnis zu § 1904 Abs. 1 BGB 10	b. Einwilligung des Betreuten 126
B. Praktische Bedeutung 11	c. Bewegungsunfähigkeit des Betreuten 127
C. Anwendungsvoraussetzungen 14	V. Beendigung der Unterbringung vor Ablauf
I. Freiheitsentziehende Unterbringung des Betreuten (Absatz 1) 14	der Genehmigungsfrist (Absatz 3) 128
1. Überblick 14	D. Verfahren 130
2. Die Befugnis des Betreuers 18	I. Genehmigungsverfahren (freiheitsentziehende Unterbringung) 131
a. Angeordnete Betreuung bzw. Bevollmächtigung 18	1. Verfahrenseinleitung 131
	2. Zuständigkeit 133
b. Aufgabenkreis der Betreuung/Umfang der Bevollmächtigung 22	3. Verfahrensfähigkeit 136
	4. Anhörung 137
3. Die freiheitsentziehende Unterbringung 24	a. Anhörung des Betreuten 137
a. Definition der Unterbringung 24	b. Anhörung Dritter 142
b. Einzelfälle 37	5. Verfahrenspfleger 149
4. Die Unterbringungstatbestände 41	a. Bestellung 149
a. Selbstbestimmung des Betreuten 41	b. Rechtsbehelfe 153
b. Gefahr einer Selbstschädigung (Absatz 1 Nr. 1) 45	c. Dauer der Bestellung 155
	6. Sachverständigengutachten 157
c. Heilbehandlung, Untersuchung, ärztlicher Eingriff (Absatz 1 Nr. 2) 56	a. Notwendigkeit eines Sachverständigengutachtens 157
5. Verhältnismäßigkeit 65	b. Information des Betreuten vor Untersuchung 159
a. Geeignetheit 66	
b. Erforderlichkeit 67	c. Wahl des Sachverständigen 160
c. Zweck-Mittel-Relation 70	d. Mitteilung des Inhalts des Gutachtens 164
6. Ärztliche Zwangsbehandlung 71	e. Inhalt des Gutachtens 165
a. Begriff der Zwangsbehandlung 71	f. Rechtsbehelf gegen Einholung eines Gutachtens 170
b. Zwangsbehandlung innerhalb freiheitsentziehender Unterbringung 73	7. Entscheidungsinhalte 171
	a. Allgemeine Inhalte 171
c. Ambulante Zwangsbehandlung 85	b. Besondere Entscheidungsinhalte 172
II. Sonstige freiheitsentziehende Maßnahmen (Absatz 4) 88	8. Bekanntmachung der Genehmigungsentscheidung 181
1. Überblick 88	
2. Abgrenzung zur Unterbringung 89	9. Benachrichtigung Dritter 183
3. Betreuungsverhältnis 92	10. Rechtsbehelfe 184
4. Heim, Anstalt, Sonstige Einrichtung 95	II. Genehmigungsverfahren (sonstige freiheitsentziehende Maßnahme) 188
a. Grundsatz 95	
b. Eigene Wohnung als sonstige Einrichtung 97	III. Vorläufige Maßnahmen 191
c. Anwendung auch auf Untergebrachte 99	1. Einstweilige Anordnungen 192
5. Wohl des Betreuten 101	a. Normalfall der einstweiligen Anordnung (§ 331 FamFG) 193
6. Begriff der freiheitsentziehenden Maßnahme .. 102	
7. Zeitraum 107	b. Beschleunigtes Eilverfahren 197
8. Erforderlichkeit 110	c. Dauer der einstweiligen Anordnung 199
III. Freiheitsentziehung durch Bevollmächtigte (Absatz 5) 111	2. Gerichtliche Anordnungen (§ 1846 BGB) 202
	a. Verhinderung des Betreuers 203
1. Schriftform 113	b. Vorläufige Unterbringung vor Betreuerbestellung 206
2. Inhaltliche Anforderungen 115	

A. Grundlagen

I. Kurzcharakteristik

1. Anwendungsbereiche

1 Die Vorschrift lässt sich in **drei zentrale Bereiche** gliedern,
- die (freiheitsentziehende) **Unterbringung** (Absatz 1, Absatz 2),
- die Voraussetzungen einer **ärztlichen (Zwangs-)Behandlung** (Absatz 1, Absatz 2),
- die **sonstigen freiheitsentziehenden Maßnahmen** bzw. unterbringungsähnliche Maßnahmen (Absatz 4).

2 Die Vorschrift findet auch Anwendung im Rahmen einer entsprechend qualifizierten **Vorsorgevollmacht** (Absatz 5).

2. Zielsetzung der Norm

3 Der Gesetzgeber verfolgt mit § 1906 BGB erklärtermaßen das Ziel, das Wohl des Betreuten durch Abwendung einer erheblichen Selbstgefährdung zu gewährleisten.[1] Das Wohl des Betreuten ist stets das gesundheitliche Wohl. Ein anderer als ein gesundheitlicher Schaden ist deshalb im Anwendungsbereich des § 1906 BGB nicht zu berücksichtigen. Unberücksichtigt bleiben insbesondere Vermögensschäden.[2]

3. Zwangsbehandlung

4 Durch das Gesetz zur Regelung der betreuungsrechtlichen Einwilligung in eine ärztliche Zwangsmaßnahme vom 18.02.2013[3] wurden in den Absätzen 3 und 3a die Voraussetzungen für eine ärztliche Behandlung eines Betreuten gegen dessen natürlichen Willen im Rahmen einer Unterbringung geregelt.

II. Zivilrechtliche Unterbringung – öffentlich-rechtliche Unterbringung

5 Die Vorschrift regelt die zivilrechtliche Unterbringung Volljähriger. Sie findet keine Anwendung auf die (zivilrechtliche) Unterbringung Minderjähriger.[4] Diese ist in § 1631b BGB geregelt.

6 Zu unterscheiden von der zivilrechtlichen Unterbringung ist die Unterbringung nach öffentlichem Recht. Hierbei handelt es sich im Wesentlichen[5] um freiheitsentziehende Unterbringungen psychisch Kranker nach den jeweiligen Unterbringungsgesetzen der Länder.

7 Es besteht grundsätzlich ein gleichrangiges Nebeneinander der zivilrechtlichen und der öffentlich-rechtlichen Unterbringung nach den landesgesetzlichen Bestimmungen. Allein aufgrund der unterschiedlichen Regelungsinhalte bestimmt sich, nach welchem Recht die Unterbringung genehmigungsfähig ist.[6]

8 Eine zivilrechtliche Unterbringung nach § 1906 BGB ist allerdings aufgrund des Regelungsinhalts der Norm nicht zulässig in Fällen, in denen von dem Betreuten **ausschließlich** eine Fremdgefährdung, nicht aber auch eine Eigengefährdung ausgeht. Das entspricht der allgemeinen Meinung. In diesen Fällen kommt ausschließlich eine Unterbringung nach dem jeweiligen (öffentlich-rechtlichen) Unterbringungsgesetz des jeweiligen Landes in Betracht.

9 **Überschneidungen** in den Anwendungsbereichen des § 1906 BGB und den Unterbringungsgesetzen der Länder treten in Fällen auf, in denen eine Eigengefährdung des Betreuten Grund für das Unterbringungsbedürfnis ist. Hier geht die h.M. bei angeordneter Betreuung von der grundsätzlichen Subsidiarität (Nachrangigkeit) der öffentlich-rechtlichen Unterbringung aus.[7]

---

[1] BT-Drs. 11/4528, S. 82.
[2] BT-Drs. 11/4528, S. 82.
[3] BGBl I 2013, 266.
[4] OLG Frankfurt v. 19.11.2012 - 5 UF 187/12.
[5] Die strafrechtliche Unterbringung nach den §§ 63, 64 StGB ist stets vorrangig.
[6] *Marschner* in: Jürgens, Betreuungsrecht, 4. Aufl. 2010, § 1906 Rn. 48.
[7] LG Mönchengladbach v. 19.04.2002 - 5 T 99/02 - FamRZ 2003, 115; *Zimmermann* in: Damrau/Zimmermann, Betreuungsrecht, 4. Aufl. 2010, § 1906 Rn. 9; *Marschner* in: Jürgens, Betreuungsrecht, 4. Aufl. 2010, § 1906 Rn. 48.

III. Verhältnis zu § 1904 Abs. 1 BGB

Im Rahmen einer Unterbringung nach § 1906 Abs. 1 Nr. 2 BGB können Heilbehandlungen notwendig werden, die ihrerseits genehmigungspflichtig nach § 1904 Abs. 1 BGB sind. In diesen Fällen schließt die Genehmigung einer Unterbringung nicht eine Genehmigung der besonders risikoreichen ärztlichen Maßnahme ein. Die beiden Genehmigungserfordernisse haben verschiedene Zielrichtungen und unterliegen verschiedenen Voraussetzungen. Es sind deshalb beide Genehmigungsverfahren durchzuführen, die allerdings zweckmäßigerweise miteinander verbunden werden können.[8]

B. Praktische Bedeutung

In der Praxis eines Pflegebetriebs gehört die Anwendung unterbringungsähnlicher Maßnahmen inzwischen zum Alltag. Die Zahl insbesondere der Genehmigungsverfahren in Bezug auf unterbringungsähnliche Maßnahmen ist deshalb sehr hoch.

Dabei stehen derzeit lediglich die mechanisch wirkenden unterbringungsähnlichen Maßnahmen im Fokus. Einem nicht unerheblichen Anteil Pflegebedürftiger werden allerdings Medikamente verordnet, die zielgerichtet sedierend und damit in aller Regel ebenfalls freiheitsbeeinträchtigend wirken. Dieser Bereich rückt in jüngster Zeit zunehmend in das Bewusstsein der Öffentlichkeit. Dies nicht zuletzt deshalb, weil sich auch verstärkt Psychiater kritisch mit diesem Aspekt auseinandersetzen.

Der Zuwachs im Bereich der Unterbringungen folgte über die Jahre signifikant dem Zuwachs der neu angeordneten Betreuungen.[9] Mit dem leichten Rückgang der neu angeordneten Betreuungen in den vergangenen Jahren ist auch die Zahl der Unterbringungen rückläufig. Der Rückgang der Zahl der unterbringungsähnlichen Maßnahmen ist dagegen erheblicher.

Jahr	Unterbringungen	Unterbringungsähnliche Maßnahmen	Betreuungsanordnungen
1992	19.650	9.923	75.170
1993	21.085	13.095	104.511
1994	22.922	17.898	113.106
1995	23.611	23.305	123.106
1996	26.365	27.314	141.997
1997	28.627	31.478	147.851
1998	31.328	38.849	159.665
1999	34.055	48.030	177.252
2000	35.107	54.060	192.281
2001	39.119	61.611	205.266
2002	40.320	66.988	208.491
2003	43.383	74.783	215.914
2004	46.381	79.391	218.254
2005	45.778	83.791	223.365
2006	46.557	82.904	222.843
2007	48.889	84.443	224.079
2008	52.776	91.825	237.591
2009	54.131	96.062	239.962
2010	55.366	98.119	239.068
2011	57.116	89.074	233.332
2012	56.490	85.132	221.579

---

[8] *Schwab* in: MünchKomm-BGB, § 1906 Rn. 51.
[9] Die Zahlen sind entnommen der Statistik des Bundesamtes für Justiz, Betreuungsverfahren, Zusammenstellung der Bundesergebnisse für die Jahre 1992 bis 2012, Stand: 06.09.2013. www.bundesjustizamt.de/DE/Themen/Buergerdienste/Justizstatistik/Betreuung/Betreuung_node.html (abgerufen am 09.01.2015).

C. Anwendungsvoraussetzungen

I. Freiheitsentziehende Unterbringung des Betreuten (Absatz 1)

1. Überblick

14 Der Gesetzgeber spricht in § 1906 Abs. 1 BGB von einer Unterbringung, die mit einer Freiheitsentziehung verbunden ist (sog. freiheitsentziehende Unterbringung). Die Unterbringung ist allerdings stets mit einer Freiheitsentziehung verbunden, so dass es sich hier um eine bloße Tautologie handelt.

15 Eine Freiheitsentziehung ist gemäß § 415 Abs. 2 FamFG gegeben, wenn einer Person gegen ihren Willen oder in einem Zustand der Willenlosigkeit insbesondere in einer abgeschlossenen Einrichtung, wie in einem Gewahrsamsraum oder einem abgeschlossenen Teil eines Krankenhauses, die Freiheit entzogen wird. Diese Definition ist wenig hilfreich, da sie im Ergebnis nur beispielhaft die Orte einer Freiheitsentziehung beschreibt. Die Aufführung des Begriffs der Willenlosigkeit ist dabei kritisch zu sehen. Denn eine Person, die keinen Willen zur Fortbewegung oder Ortsveränderung entwickelt, kann nicht der Freiheit beraubt werden. Das bloße Zuschließen einer Tür bedeutet noch keine Freiheitsberaubung. Es muss zwingend der Wille des eingeschlossenen Menschen hinzukommen, den Ort, auf den er begrenzt wird, zu verlassen.

16 Die Voraussetzungen, unter denen die freiheitsentziehende Unterbringung eines Betreuten durch einen entsprechend bestellten Betreuer erfolgen darf, sind in Absatz 1 der Vorschrift geregelt. Oberstes Gebot, an dem sich die Frage der Zulässigkeit einer freiheitsentziehenden Unterbringung nach dem Wortlaut der Norm ausrichten muss, ist das Wohl des Betreuten.[10] Gemeint ist dabei nicht das eigene Interesse des Betreuten, wie früher angenommen wurde.[11] Der Gesetzgeber hat dieses Wohl, so wie er es verstanden haben möchte, im Folgenden vielmehr näher definiert und zugleich eingeschränkt. Nicht jedes Wohl des Betreuten ist maßgeblich. Zum Wohl des Betreuten ist eine Unterbringung vielmehr nur dann zulässig, wenn einer der Unterbringungstatbestände des Absatzes 1 (Nr. 1 oder 2) erfüllt ist.

17 Daraus ergeben sich folgende aufeinander aufbauende Normvoraussetzungen:
- Ein **entsprechend bestellter (gerichtlich legitimierter) Betreuer**
- ist zur **Anordnung** einer **freiheitsentziehenden Unterbringung** befugt,
- soweit **einer der zwei Unterbringungstatbestände** erfüllt ist:
  - Abwendung einer Selbstschädigung (Absatz 1 Nr.1)
  - Durchführung einer medizinischen Maßnahme (Absatz 1 Nr. 2)
    - ♦ Durchführung einer Heilbehandlung
    - ♦ **oder** einer Untersuchung
    - ♦ **oder** eines ärztlichen Eingriffs
- und die Unterbringung **verhältnismäßig** ist.

2. Die Befugnis des Betreuers

a. Angeordnete Betreuung bzw. Bevollmächtigung

18 Eine Unterbringung setzt grundsätzlich voraus, dass eine Betreuung angeordnet ist oder wird. Der erste Absatz der Vorschrift, der die Befugnisse des Betreuers in Bezug auf eine freiheitsentziehende Unterbringung definiert, macht deutlich, dass die Unterbringung aufgrund des § 1906 BGB die Anordnung einer Betreuung voraussetzt.

19 Möglich ist eine Unterbringung aber auch durch einen Bevollmächtigten. Dann muss die Vorsorgevollmacht hierzu aber ausdrücklich berechtigen. Betreuung und Bevollmächtigung sind dann einander gleichrangig.

20 Grundsätzlich setzt die Unterbringung damit eine rechtliche Betreuung oder eine entsprechend qualifizierte Bevollmächtigung voraus.

21 Nur ausnahmsweise hat das Gericht nach § 1846 BGB die Möglichkeit, die Unterbringung selbst anzuordnen. Ist ein Betreuer in einem solchen Fall noch nicht bestellt, so hat das Gericht allerdings unverzüglich mit der Unterbringungsanordnung ein Betreuungsverfahren einzuleiten.

---

[10] *Pardey*, Betreuungs- und Unterbringungsrecht, 4. Aufl. 2009, § 13 Rn. 27.
[11] *Pardey*, Betreuungs- und Unterbringungsrecht, 4. Aufl. 2009, § 13 Rn. 28.

b. Aufgabenkreis der Betreuung/Umfang der Bevollmächtigung

Die freiheitsentziehende Unterbringung darf vom bestellten Betreuer/Bevollmächtigten nur angeordnet werden, sofern der Aufgabenbereich der Betreuung/Bevollmächtigung vorsieht, dass der Betreuer/Bevollmächtigte das Recht hat, anstelle des Betreuten/Vollmachtgebers eine Einwilligung zu einer solchen Maßnahme zu erteilen. Diese Befugnis zur Unterbringung erwächst dem Betreuer unzweifelhaft, wenn im Beschluss des Betreuungsgerichts die Unterbringung als Aufgabenbereich ausdrücklich genannt ist.[12] Auch die Übertragung des Aufgabenbereiches „Aufenthaltsbestimmung" genügt.[13] Entsprechendes gilt für die Bevollmächtigung.

Es ist anerkannt, dass der (weite) Aufgabenbereich **„Personensorge"** nicht ausreichend ist.[14] Er ist zu wenig konkretisiert im Hinblick auf die mit einer Unterbringung verbundene Eingriffsbefugnis des Betreuers. Die Befugnis zur Unterbringung berührt die Freiheitsrechte des Betreuten in einem zentralen Bereich. Deshalb muss das Gericht den Umfang der Betreuung so exakt umschreiben, dass die Befugnis des Betreuers zur Begrenzung der Fortbewegungsfreiheit des Betreuten hinreichend deutlich wird. Aus diesem Grund genügt auch nicht die Übertragung des Aufgabenbereichs **„Gesundheitsfürsorge"**[15], auch wenn gerade die Unterbringung nach § 1906 Abs. 1 BGB eng mit Fragen der Gesundheitsfürsorge verknüpft ist. Der noch engere Aufgabenbereich „Wahrnehmung der Rechte bei einer psychiatrischen Heilbehandlung" genügt deshalb ebenfalls nicht, eine notwendige Behandlung der Betroffenen auch zwangsweise durchzusetzen.[16]

3. Die freiheitsentziehende Unterbringung

a. Definition der Unterbringung

Der Begriff der (freiheitsentziehenden) Unterbringung wird im Betreuungsrecht nicht definiert. Die Definition des § 415 Abs. 2 FamFG ist wenig weiterführend. Der Gesetzgeber setzt den Bedeutungsinhalt gleichsam voraus. Problematisch ist, dass der Begriff der Unterbringung von der freiheitsentziehenden oder unterbringungsähnlichen Maßnahme i.S.d. § 1906 BGB zuverlässig abgegrenzt werden muss.

Als gesichert kann angesehen werden, dass die Unterbringung stets freiheitsentziehend wirkt. Eine Unterbringung im Rechtssinn des § 1906 BGB, die nicht freiheitsentziehend wirken würde, ist schlicht nicht denkbar. Der im Gesetz verwendete Begriff einer sog. freiheitsentziehenden Unterbringung ist deshalb eine Tautologie, die die Bedeutung und die Eingriffsintensität der Unterbringung nachhaltig unterstreichen soll.

Der Begriffsinhalt der freiheitsentziehenden Unterbringung ist unter Berücksichtigung des mit § 1906 Abs. 1 BGB verfolgten Ziels eines möglichst umfassenden Schutzes der persönlichen Fortbewegungsfreiheit weit zu verstehen.

Eine freiheitsentziehende Unterbringung sei z.B. anzunehmen, wenn ein Betreuter gegen seinen Willen am Verlassen eines räumlichen Bereichs oder einer Einrichtung gleich welcher Art durch mechanische Vorrichtungen oder sonstige Maßnahmen gehindert wird.[17] Ähnlich formuliert dies *Schwab*.[18] Eine freiheitsentziehende Unterbringung soll danach vorliegen, wenn der Betreute gegen oder ohne seinen Willen in seiner gesamten Lebensführung auf einen gewissen räumlichen Bereich begrenzt und seine Möglichkeit zur Fortbewegung auf diesen Bereich beschränkt wird. Der Ort der freiheitsentziehenden Unterbringung ist unerheblich, es kann ein umzäuntes Gelände[19] aber auch die eigene Wohnung sein[20].

---

[12] *Zimmermann* in: Damrau/Zimmermann, Betreuungsrecht, 4. Aufl. 2010, § 1906 Rn. 13.
[13] OLG München v. 13.11.2006 - 33 Wx 214/06; BayObLG München v. 10.02.1994 - 3Z BR 15/94 - BtPrax 1994, 98-99; BayObLG München v. 05.02.1998 - 3Z BR 486/97 - NJW-RR 1998, 1014-1015; *Schwab* in: MünchKomm-BGB, § 1906 Rn. 6; *Zimmermann* in: Damrau/Zimmermann, Betreuungsrecht, 4. Aufl. 2010, § 1906 Rn. 13.
[14] *Schwab* in: MünchKomm-BGB, § 1906 Rn. 6; a.A. *Zimmermann* in: Damrau/Zimmermann, Betreuungsrecht, 4. Aufl. 2011, § 1906 Rn. 13.
[15] Schleswig-Holsteinisches Oberlandesgericht v. 01.09.2009 - 2 W 100/09; *Schwab* in: MünchKomm-BGB, § 1906 Rn. 6; *Zimmermann* in: Damrau/Zimmermann, Betreuungsrecht, 4. Aufl. 2010, § 1906 Rn. 14.
[16] KG Berlin v. 19.11.2009 - 1 W 225/09.
[17] So ganz allgemein: *Pardey*, Betreuungs- und Unterbringungsrecht, 4. Aufl. 2009, § 13 Rn. 23; *Zimmermann* in: Damrau/Zimmermann, Betreuungsrecht, 4. Aufl. 2011, § 1906 Rn. 16.
[18] *Schwab* in: MünchKomm-BGB, § 1906 Rn. 7.
[19] AG Stuttgart-Bad Cannstatt v. 21.09.1995 - GR 191/95 - BtPrax 1996, 35-36.
[20] AG Berlin-Tempelhof-Kreuzberg v. 28.04.1998 - 50 XVII G 361 - BtPrax 1998, 194-195.

28 Der Versuch des BGH, eine verlässliche Definition der Unterbringung herbeizuführen, indem weitere Merkmale ergänzt werden, ist wenig hilfreich. Nach Auffassung des BGH soll eine Unterbringung vorliegen, wenn der Betroffene gegen seinen Willen oder im Zustand der Bewusstlosigkeit in einem räumlich begrenzten Bereich eines geschlossenen Krankenhauses, einer anderen geschlossenen Einrichtung oder dem abgeschlossenen Teil einer solchen Einrichtung festgehalten, sein Aufenthalt ständig überwacht und die Kontaktaufnahme mit Personen außerhalb des Bereichs eingeschränkt wird.[21] Mit dieser Definition wird die Weite des Begriffs nicht eingeschränkt. Sie enthält lediglich Merkmale, die mögliche Unterbringungssituationen näher beschreiben.

29 Wichtig in der Definition des BGH sind die Merkmale der Überwachung und der Kontaktaufnahme. Denn zur Freiheit gehört nicht die bloße Fortbewegung, sondern auch die Freiheit, dies unkontrolliert zu tun und soziale Kontakte (im weitesten Sinne) zu pflegen. Insoweit geht der BGH über die Legaldefinition des § 415 Abs. 2 FamFG hinaus.

30 Auch eine ständige enge Überwachung des Betroffenen durch das Pflegepersonal über Monitore, auch an einem Büroarbeitsplatz auf dem Stationsflur und über ein Alarmsystem, das bei jeder Lösung eines medizinischen Geräts vom Körper Alarm auslöst, können der Unterbringung auf einer an sich offenen Intensivstation einen freiheitsentziehenden Charakter geben.[22]

31 Maßgeblich liegt sämtlichen Versuchen, den Unterbringungsbegriff mit Leben zu füllen, der Gedanke zu Grunde, dass ein Freiheitsentzug vorliegt, wenn für den Betroffenen zwar die rein tatsächliche Möglichkeit besteht, sich in einem klar definierten räumlichen Bereich zu bewegen, dieser aber nicht oder nicht ohne Hilfe Dritter verlassen werden kann **und** darf, und wobei soziale Kontakte nach außen nicht oder allenfalls eingeschränkt und überwacht möglich sind.

32 Dabei kann es sich bei dem räumlich abgeschlossenen oder begrenzten Bereich um einen Raum, aber auch um ein/en Gebäude/Gebäudekomplex oder ein/en Gebäude/Gebäudekomplex mit umzäunter oder bewachter Freifläche handeln.

33 **Fixierungen**, etwa in Rollstühlen, bedeuten danach keine Unterbringung i.S.d. § 1906 Abs. 1 BGB, weil sie die grundsätzliche Fortbewegungsfreiheit nicht notwendig einschränken. Sie sind aber als unterbringungsähnliche Maßnahmen genehmigungspflichtig.

34 Eine Unterbringung im Sinne des Betreuungsrechts wird allgemein auch dann nicht angenommen, wenn dem Betroffenen faktisch jede Möglichkeit zu einer räumlichen Fortbewegung genommen wird. Standardbeispiel hierfür ist das **Bettgitter**. Der Betroffene, der nicht einmal den engen Bereich seines Bettes verlassen kann, ist nach allgemeiner Meinung trotz erheblichster Einschränkung seines Fortbewegungsbereiches grundsätzlich nicht untergebracht. Es handelt sich (nur) um eine unterbringungsähnliche Maßnahme.

35 Freiheitsbeschränkungen können nicht nur mechanisch, sondern auch medikamentös durchgeführt werden (**Sedierung**). In diesen Fällen wird regelmäßig eine sog. unterbringungsähnliche Maßnahme vorliegen, sofern zielgerichtet ein Medikament eingesetzt wird, um den Betreuten ruhigzustellen. Das gilt nicht, wenn die sedierende Wirkung eines Medikaments lediglich eine unbeabsichtigte Folge einer aus anderen Gründen notwendigen Behandlung ist.

36 Eine (freiheitsentziehende) Unterbringung im Sinne des § 1906 Abs. 1 BGB bedeutet danach die nicht nur vorübergehende Beschränkung der Bewegungsfreiheit eines nicht medikamentös manipulierten Betroffenen auf einen räumlich beschränkten Bereich gegen seinen natürlichen Fortbewegungswillen bei bestehender Fortbewegungsmöglichkeit. Dies gilt nicht bei einer reinen Sicherung des Betroffenen auf engstem Raum zur Vermeidung von Sturzverletzungen durch ausschließlich unbewusstes Handeln des Betroffenen oder wenn die Einschränkung der Fortbewegungsfreiheit nur unbeabsichtigtes Nebenprodukt einer notwendigen medizinischen Behandlungsmaßnahme ist.

b. Einzelfälle

37 Maßgeblich kommt es für die Annahme einer freiheitsentziehenden Unterbringung darauf an, dass die Fortbewegungsfreiheit eines Betreuten gegen seinen Willen auf einen bestimmten räumlich nicht nur irrelevanten Bereich beschränkt wird. Eine freiheitsentziehende Unterbringung liegt deshalb nicht vor, wenn lediglich der Aufenthalt eines Betreuten überwacht wird, er aber in Folge der Überwachung in seiner Fortbewegungsfreiheit nicht beschränkt wird.[23] Der Einsatz von **Personenortungsanlagen** fällt daher nicht unter Absatz 1 (wohl aber unter Absatz 4).[24]

---

[21] BGH v. 11.10.2000 - XII ZB 69/00 - BGHZ 145, 297-310.
[22] LG Lübeck v. 27.11.2012 - 7 T 732/12.
[23] *Zimmermann* in: Damrau/Zimmermann, Betreuungsrecht, 4. Aufl. 2010, § 1906 Rn. 16.
[24] AG Bielefeld v. 16.09.1996 - 2 XVII B 32 - BtPrax 1996, 232-233; AG Stuttgart-Bad Cannstatt v. 26.11.1996 - XVII 101/96 - FamRZ 1997, 704-705.

Keine freiheitsentziehende Unterbringung liegt vor im Falle der **Unterbringung eines Betreuten in einem offenen Pflegeheim** oder einer sonstigen offenen Einrichtung.[25] Die teilweise vertretene abweichende Auffassung[26] ist abzulehnen. Das Amtsgericht Wolfhagen[27] hatte seine abweichende Meinung damit begründet, staatlicher Zwang könne nicht nur in der Weise ausgeübt werden, dass der Betroffene körperlich durch Abschließen der Türen am Verlassen einer Krankenstation gehindert werde. Vielmehr sei staatlicher Zwang auch darin zu sehen, dass der Betreute sich schon durch psychische Beeinflussung außerstande sehe, eine Krankenstation zu verlassen. Das Amtsgericht hat bei seiner Würdigung des Sachverhalts allerdings übersehen, dass im zu entscheidenden Fall der natürliche Wille des Betreuten dahingehend beeinflusst wurde, dem Verbleib auf der Krankenstation zuzustimmen. Es gab damit bereits keinen Zwang gegen dessen natürlichen Willen. Auf einen unbeeinflussten oder freien natürlichen Willen abzustellen, wie es das Amtsgericht Wolfhagen offenbar möchte, ist schon rein tatsächlich unmöglich und würde den Kreis der Unterbringungsgenehmigungen nach § 1906 Abs. 1 BGB grund- und uferlos ausdehnen. Tagtäglich unterziehen sich unzählige Betreute einer (auch stationären) Heilbehandlung und verbleiben im Krankenhaus, auf unterschiedlichste Art und Weise beeinflusst von Ärzten und Betreuern. In gleicher Weise verhalten sich zahllose nicht betreuungsbedürftige Menschen, die beeinflusst vom Rat anderer in einer Klinik bleiben und sich ärztlichen Eingriffen unterziehen. 38

Aber auch die dauerhafte Unterbringung in einem so genannten **halboffenen Pflegeheim** (bzw. einer halboffenen Station einer Pflegeeinrichtung) stellt keine freiheitsbeschränkende Unterbringung im Sinne des § 1906 Abs. 1 BGB dar. Unter einer halboffenen Einrichtung versteht man eine solche, in denen die dortigen Bewohner ausschließlich durch Zureden und Versprechungen seitens des Personals dazu gebracht werden sollen, weiter in der Einrichtung zu bleiben. Die Unterbringung in einer solchen Einrichtung ist jedenfalls dann nicht freiheitsbeschränkend, wenn der Betreute letztendlich nicht doch zwangsweise am Verlassen der Einrichtung gehindert wird, wenn sich die Überredungskünste des Personals als unwirksam erweisen.[28] 39

Fehlt es an einem Freiheitsentzug am Aufenthaltsort, kommt auch die zwangsweise Verschaffung des Betreuten dorthin nicht in Betracht.[29] Der Betreuer ist also nicht berechtigt, den widerstrebenden Betreuten gegen dessen Willen in ein (offenes) Seniorenheim zu bringen. Eine solche Maßnahme wäre auch nicht betreuungsgerichtlich genehmigungsfähig. Nach der klaren gesetzlichen Konzeption steht dem Betreuer nämlich nur die Möglichkeit zu, den Betreuten bei Vorliegen der gesetzlichen Voraussetzungen zwangsweise freiheitsentziehend unterzubringen. § 1906 Abs. 1 BGB gestattet demgegenüber nicht die Anwendung von Zwang im Hinblick auf jede beliebige Veränderung des Aufenthalts des Betreuten.[30] In der Praxis stellt gerade dies die Betreuer nicht selten vor schwer überwindliche Schwierigkeiten. Insbesondere demenzerkrankte Alte, die in der eigenen Wohnung nicht mehr ausreichend versorgt werden können, dies aber nicht erkennen und sich deshalb strikt weigern, die Wohnung zu verlassen, stellen den Betreuer vor große Probleme. Hier hilft nichts anderes, als den Betreuten zum zumindest zeitweiligen Verlassen der Wohnung zu überreden in der Hoffnung, dass dies anschließend dauerhaft akzeptiert wird. Scheitert dies, so muss zugewartet werden, bis die gesetzlichen Unterbringungsvoraussetzungen vorliegen. Erst dann kann – nach Einholung der betreuungsgerichtlichen Genehmigung – die freiheitsentziehende Unterbringung in einem geschlossenen Heim erfolgen. 40

4. Die Unterbringungstatbestände

a. Selbstbestimmung des Betreuten

Die Unterbringungstatbestände stehen unter der ungeschriebenen Voraussetzung einer fehlenden Selbstbestimmungsfähigkeit des Betreuten. Nur wenn diese fehlt, gibt es überhaupt einen Anlass dafür, das Bestimmungsrecht über den Betreuten bzgl. einer Freiheitsentziehung einem Dritten zu übertragen. 41

---

[25] OLG Hamm v. 21.10.2002 - 15 W 189/02 - NJW-RR 2003, 290-291; AG Mainz v. 08.08.2000 - 41 XVII 81/98 - FamRZ 2001, 656-657.
[26] LG Bremen v. 08.03.1993 - 6 T 1037/93 - BtPrax 1994, 102-103; AG Wolfhagen v. 07.11.1997 - 4 XVII 169/97 - BtPrax 1998, 83-84.
[27] AG Wolfhagen v. 07.11.1997 - 4 XVII 169/97 - BtPrax 1998, 83 84.
[28] *Schwab* in: MünchKomm-BGB, § 1906 Rn. 35; *Zimmermann* in: Damrau/Zimmermann, Betreuungsrecht, 4. Aufl. 2011, § 1906 Rn. 16.
[29] LG Offenburg v. 08.07.1996 - 4 T 88/96 - FamRZ 1997, 899-900.
[30] OLG Hamm v. 21.10.2002 - 15 W 189/02 - juris Rn. 14 - NJW-RR 2003, 290-291.

Eine Freiheitsentziehung liegt nicht vor, wenn die Unterbringung mit dem Willen des Betreuten erfolgt.[31]

42 Eine Krankheit oder Behinderung muss dazu führen, dass der Betreute außerstande ist, seinen Willen frei zu bestimmen.[32] Dieses zusätzliche, in der Vorschrift nicht genannte Kriterium der **fehlenden Selbstbestimmungsfähigkeit** leitet die Rechtsprechung in verfassungskonformer Auslegung der Norm aus der zutreffenden Überlegung ab, dass der Staat nicht das Recht hat, seine zu freier Willensbildung fähigen Bürger zu erziehen, zu bessern oder daran zu hindern, sich selbst zu schädigen.[33] Von der höchstrichterlichen Rechtsprechung ist in den Fällen bestehender Selbstbestimmungsfähigkeit ausdrücklich die **Freiheit zur Krankheit**[34] anerkannt. Jedermann steht es danach auch frei, angebotene Hilfen zurückzuweisen.[35] Die Unterbringung nach einem der umschriebenen Tatbestände ist deshalb nur und so lange zulässig, wie der Betreute zu einer freien Willensbestimmung nicht fähig ist.[36]

43 Es entspricht ganz überwiegender und zutreffender Ansicht, dass ein Betreuter rechtswirksam in die Unterbringung in einer geschlossenen Einrichtung einwilligen kann, sofern er mit natürlichem Willen die Tragweite der Maßnahme zu erfassen vermag.[37] Insoweit gilt ein anderer und niederschwelliger Begriff des Willens für die positive Zustimmung zu einer Unterbringungsmaßnahme, jedenfalls im Vergleich zu den für ihre Ablehnung erforderlichen Voraussetzungen.[38]

44 Grundsätzlich liegt bereits in der Betreuerbestellung für den Aufgabenbereich der Unterbringung (Aufenthaltsbestimmung) ein Indiz für die fehlende Selbstbestimmungsfähigkeit. Gleichwohl sollte das Gericht nicht zuletzt wegen der Schwere des Eingriffs jedem Anhaltspunkt für eine Selbstbestimmungsfähigkeit des Betreuten nachgehen. Gutachterlich ist die Frage ausdrücklich zu klären, ob der Betreute in der Lage ist, seinen Willen frei zu bestimmen. Nur so kann insbesondere der Richter seiner Aufgabe gerecht werden, der Gefahr einer Vernunfthoheit des Arztes gegenüber dem Patienten bzw. einer staatlichen Gesundheitsvormundschaft zu begegnen.[39]

b. Gefahr einer Selbstschädigung (Absatz 1 Nr. 1)

45 Die freiheitsentziehende Unterbringung aufgrund des Abs. 1 Nr. 1 ist zulässig bei Bestehen einer Selbstgefährdung der dort genannten Art, die ihren Grund in einer psychischen Erkrankung oder einer geistigen oder seelischen Behinderung hat.

46 Die zivilrechtliche Unterbringung durch einen Betreuer nach § 1906 Abs. 1 Nr. 1 BGB setzt keine akute, unmittelbar bevorstehende Gefahr voraus[40]; notwendig ist allerdings eine **ernstliche und konkrete Gefahr für Leib oder Leben des Betreuten**.[41] Es müssen konkrete Umstände vorliegen, die mit großer Wahrscheinlichkeit den Eintritt einer Selbstschädigung (Tötung oder Herbeiführung eines erheblichen gesundheitlichen Schadens) erwarten lassen.[42] Der Grad der Gefahr ist in Relation zum möglichen Schaden ohne Vornahme der freiheitsentziehenden Maßnahme zu bemessen.[43] Dies setzt aller-

---

[31] BayObLG München v. 14.02.1996 - 3Z BR 15/96 - juris Rn. 8 - BayObLGZ 1996, 34-36.

[32] BGH v. 17.08.2011 - XII ZB 241/11; BayObLG München v. 05.02.1998 - 3Z BR 486/97 - NJW-RR 1998, 1014-1015; BayObLG München v. 01.03.1999 - 3Z BR 48/99 - BayObLGR 1999, 29; BayObLG München v. 29.11.2000 - 3Z BR 331/00 - NJWE-FER 2001, 150-151; OLG Stuttgart v. 29.04.2003 - 8 W 135/03 - Justiz 2003, 558-561.

[33] BayObLG München v. 05.02.1998 - 3Z BR 486/97 - juris Rn. 4 - NJW-RR 1998, 1014-1015; OLG Stuttgart v. 29.04.2003 - 8 W 135/03 - Justiz 2003, 558-561; vgl. hierzu auch BVerfG v. 23.03.1998 - 2 BvR 2270/96 - NJW 1998, 1774-1775.

[34] BVerfG v. 23.03.1998 - 2 BvR 2270/96 - juris Rn. 15 - NJW 1998, 1774-1775; BayObLG München v. 21.11.2001 - 3Z BR 319/01 - juris Rn. 5 - FamRZ 2002, 908-909; OLG Schleswig v. 07.05.2003 - 2 W 73/03 - juris Rn. 11 - SchlHA 2003, 275-276.

[35] BGH v. 17.08.2011 - XII ZB 241/11.

[36] OLG Düsseldorf v. 29.07.1994 - 3 Wx 406/94 - FamRZ 1995, 118-119.

[37] Vgl. BtG-RegE BT-Drs. 11/4528, S. 146; *Diederichsen* in: Palandt (71. Aufl. 2012), § 1906 Rn. 8; *Marschner* in: Jürgens, Betreuungsrecht, 4. Aufl. 2010, Rn. 6 m.w.N.; *Zimmermann* in: Soergel, § 1906 Rn. 15 und 17; *Knittel*, BtG, § 1906 BGB Rn. 9.

[38] OLG München v. 13.11.2006 - 33 Wx 214/06.

[39] *Rink* in: HK-BUR, § 1906 Rn. 25 (64. Akt. 12/2004).

[40] BGH v. 11.08.2010 - XII ZB 78/10; BGH v. 18.05.2011 - XII ZB 47/11; BGH v. 13.01.2010 - XII ZB 248/09.

[41] BGH v. 05.03.2014 - XII ZB 58/12; BGH v. 18.05.2011 - XII ZB 47/11; BGH v. 13.01.2010 - XII ZB 248/09; OLG Hamm v. 12.09.2000 - 15 W 288/00 - juris Rn. 16 - BtPrax 2001, 40-42.

[42] BGH v. 05.03.2014 - XII ZB 58/12; BayObLG München v. 30.05.2000 - 3Z BR 129/00 - juris Rn. 6 - FamRZ 2000, 1537-1538.

[43] BGH v. 05.03.2014 - XII ZB 58/12.

dings kein im Hinblick auf den Gefahreneintritt zielgerichtetes Tun des Betreuten voraus.[44] Passivität oder ein Unterlassen des Betreuten können genügen, um eine konkrete und ernstliche Gefahr zu bejahen. Insbesondere kann eine völlige Verwahrlosung ausreichen, wenn damit eine Gesundheitsgefahr durch körperliche Verelendung und Unterversorgung verbunden ist.[45]

Es müssen objektivierbare und konkrete Anhaltspunkte für den Eintritt eines erheblichen Gesundheitsschadens vorliegen. Die bloße Wiedergabe des Gesetzeswortlautes genügt zur Begründung nicht.[46] 47

Auch eine Unterbringung zur Verhinderung einer Selbstschädigung setzt voraus, dass der Betroffene aufgrund einer Krankheit seinen Willen nicht frei bestimmen kann. Dies sagt das Gesetz nicht ausdrücklich; es ergibt sich aber aus einer verfassungskonformen Auslegung, denn der Staat hat von Verfassungs wegen nicht das Recht, seine erwachsenen und zur freien Willensbestimmung fähigen Bürger zu erziehen, zu bessern oder zu hindern, sich selbst gesundheitlich zu schädigen.[47] 48

Eine konkrete Gefahr im Sinne des Abs. 1 Nr. 1 kann danach gegeben sein, wenn der Betreute planlos auf Straßen herumirrt.[48] 49

Eine konkrete Gefahr kann auch vorliegen in Fällen, in denen der Betreute die Nahrungsaufnahme verweigert.[49] 50

Die Gefahr für Leib oder Leben setzt **kein zielgerichtetes Verhalten des Betreuten** voraus, so dass auch eine völlige Verwahrlosung ausreichen kann, wenn damit eine Gesundheitsgefahr durch körperliche Verelendung und Unterversorgung verbunden ist.[50] 51

Eine konkrete Gefahr liegt allerdings nicht bereits dann vor, wenn der Betreute sich weigert, ihm verordnete Medikamente zu nehmen und damit möglicherweise einen Rückfall heraufbeschwört. Dies soll jedenfalls unter der Voraussetzung gelten, dass hierdurch keine Chronifizierung der Krankheit eintritt, die zu einer dauerhaften stationären Behandlungsbedürftigkeit führt.[51] 52

Eine Gefahr im Sinne des § 1906 Abs. 1 BGB liegt nicht vor, wenn von dem Betreuten ausschließlich eine **Fremdgefährdung** ausgeht oder eine **Schädigung der Allgemeinheit** droht.[52] Der Schutz von Drittinteressen jeder Art unterfällt nicht dem zivilrechtlichen Unterbringungsrecht.[53] Hier ist eine Eingriffsmöglichkeit ausschließlich nach öffentlichem Unterbringungsrecht möglich, insbesondere aufgrund der Unterbringungsgesetze der Länder. Auch eine mittelbare Eigengefährdung reicht deshalb nicht aus zur Annahme einer Gefahr im Sinne des Absatz 1. Dies betrifft etwa Fälle, in denen der Betreute durch sein Verhalten Dritte provoziert, die daraufhin ihrerseits den Betreuten in rechtlich unzulässiger Weise bedrohen. 53

Die konkrete Gefahr muss aufgrund einer **psychischen Krankheit, einer geistigen oder seelischen Behinderung** gegeben sein. Hinsichtlich dieser Voraussetzung kann auf die Kommentierung zu § 1896 BGB verwiesen werden. 54

Ein besonderes Problem bietet in diesem Zusammenhang allerdings die Trunksucht **(Alkoholismus)**. Nach allgemeiner Meinung liegt hier bereits keine Krankheit im Sinne des § 1906 Abs. 1 Nr. 1 BGB vor.[54] Etwas anderes gilt nur, wenn der Alkoholismus entweder im ursächlichen Zusammenhang mit einem geistigen Gebrechen steht oder ein darauf zurückzuführender Zustand eingetreten ist, der dann 55

---

[44] BGH v. 13.01.2010 - XII ZB 248/09; *Schwab* in: MünchKomm-BGB, § 1906 Rn. 16.
[45] BGH v. 13.01.2010 - XII ZB 248/09.
[46] BGH v. 05.03.2014 - XII ZB 58/12.
[47] OLG München v. 13.11.2006 - 33 Wx 214/06.
[48] BT-Drs. 11/4528, S. 146; *Zimmermann* in: Damrau/Zimmermann, Betreuungsrecht, 4. Aufl. 2011, § 1906 Rn. 41.
[49] BT-Drs. 11/4528, S. 147; *Schwab* in: MünchKomm-BGB, § 1906 Rn. 16; *Zimmermann* in: Damrau/Zimmermann, Betreuungsrecht, 3. Aufl. 2001, § 1906 Rn. 39.
[50] BGH v. 18.05.2011 - XII ZB 47/11.
[51] OLG Schleswig v. 07.05.2003 - 2 W 73/03 - juris Rn. 11 - SchlHA 2003, 275-276.
[52] OLG Hamm v. 12.09.2000 - 15 W 288/00 - BtPrax 2001, 40-42.
[53] LG Hildesheim v. 14.01.1994 - 5 T 720/93 - BtPrax 1994, 106.
[54] BGH v. 17.08.2011 - XII ZB 241/11; BayObLG München v. 01.02.1999 - 3Z BR 29/99 - juris Rn. 8 - NJWE-FER 1999, 210; BayObLG München v. 01.03.1999 - 3Z BR 48/99 - juris Rn. 7 - BayObLGR 1999, 29; OLG Hamm v. 12.09.2000 - 15 W 288/00 - juris Rn. 12 - BtPrax 2001, 40-42; OLG Schleswig v. 10.06.1998 - 2 W 99/98 - NJW 1999, 874; *Schwab* in: MünchKomm-BGB, § 1906 Rn. 19.

– besonders bei hochgradigem Alkoholismus – die Annahme eines geistigen Gebrechens rechtfertigt.[55] Eine Alkoholerkrankung im medizinischen Sinn kann deshalb zwar für sich genommen die Anordnung einer Betreuung erforderlich machen, reicht aber isoliert als Krankheit im Sinne des § 1906 Abs. 1 Nr. 1 BGB für eine zivilrechtliche Unterbringung nicht aus.

c. Heilbehandlung, Untersuchung, ärztlicher Eingriff (Absatz 1 Nr. 2)

56 Der zweite Unterbringungstatbestand setzt voraus, dass
- eine der dort genannten ärztlichen Maßnahmen **notwendig** durchgeführt werden muss,
- deren Durchführung ohne die Unterbringung nicht möglich ist,
- und
   - dass der Betreute die Notwendigkeit der Unterbringung krankheitsbedingt nicht zu erkennen vermag
   - oder nicht nach dieser Einsicht handeln kann.[56]

57 Die Begriffe der **Heilbehandlung**, der **Untersuchung des Gesundheitszustandes** und der des **ärztlichen Eingriffs** entsprechen nach ihrem Wortlaut der Aufzählung in § 1904 Abs. 1 Satz 1 BGB. Auf ein mit der ärztlichen Maßnahme verbundenes besonderes Risiko kommt es aber im Gegensatz zu der Rechtslage in § 1904 Abs. 1 Satz 1 BGB nicht an. Im Einzelnen sind die Begriffe wie folgt zu definieren:
- Eine **Untersuchung des Gesundheitszustandes** ist jedes diagnostische oder anamnestische Verfahren, unabhängig davon, ob es mit einer körperlichen Untersuchung oder einem körperlichen Eingriff verbunden ist oder nicht.[57]
- Unter einer **Heilbehandlung** versteht man Maßnahmen jeglicher Art, die auf Herstellung der Gesundheit, Linderung der Krankheit, Beseitigung oder Linderung von Krankheitsfolgen sowie Verhütung von Krankheiten oder ihrer Verschlimmerung gerichtet sind.[58] Hierzu gehören die Verabreichung von Spritzen, Wundversorgungen und Zahnextraktionen.
- Unter einem **ärztlichen Eingriff** versteht man im Sinne eines Auffangtatbestands jede Maßnahme, die die körperliche Unversehrtheit verletzt, ohne dass damit eine medizinisch indizierte Untersuchung oder Heilbehandlung verbunden ist.[59]

58 Die Durchführung einer der vorgenannten ärztlichen Maßnahmen muss **notwendig** sein. Die Zulässigkeit einer freiheitsentziehenden Unterbringung ist hierbei an ein doppeltes Notwendigkeitskriterium[60] geknüpft: die Unterbringung muss erforderlich sein,
- weil eine medizinische Maßnahme notwendig ist **und**
- ohne die Unterbringung faktisch nicht durchgeführt werden kann.

59 Die Notwendigkeit einer Maßnahme setzt zunächst voraus, dass ärztlicherseits überhaupt Behandlungen als indiziert angesehen werden. Fehlt es an einer zuverlässigen Krankheitsdiagnose[61] oder werden ärztliche Heilbehandlungen tatsächlich nicht durchgeführt[62] oder als nicht wirksam angesehen, kommt eine Unterbringung jedenfalls „zur Durchführung einer Heilbehandlung" nicht in Betracht. Insbesondere stellt es keine ärztliche Heilbehandlung dar, wenn die Unterbringung lediglich dazu dienen soll, das Vertrauensverhältnis zwischen Arzt und Patient zu festigen.[63]

60 Sind zu diesen Zwecken bereits Unterbringungen angeordnet worden, sind diese aufzuheben.[64]

61 Notwendig ist eine medizinische Maßnahme im Sinne des § 1906 Abs. 1 Nr. 2 BGB, wenn dem Betreuten ohne ihre Durchführung Gesundheitsschäden drohen. Einfache Gesundheitsschäden genügen nicht, es müssen schwere Gesundheitsschäden zu befürchten sein.[65] Dies folgt schon daraus, dass reine

---

[55] BGH v. 17.08.2011 - XII ZB 241/11; BayObLG München v. 01.02.1999 - 3Z BR 29/99 - NJWE-FER 1999, 210; BayObLG München v. 01.03.1999 - 3Z BR 48/99 - BayObLGR 1999, 29; OLG Hamm v. 12.09.2000 - 15 W 288/00 - BtPrax 2001, 40-42; OLG Stuttgart v. 29.04.2003 - 8 W 135/03 - Justiz 2003, 558-561.

[56] Vgl. zu diesen Voraussetzungen BGH v. 28.12.2009 - XII ZB 225/09.

[57] *Schwab* in: MünchKomm-BGB, § 1904 Rn. 25; *Rink* in: HK-BUR, Vor§ 1904 Rn. 1 (GW 1994).

[58] *Schwab* in: MünchKomm-BGB, § 1904 Rn. 25.

[59] *Schwab* in: MünchKomm-BGB, § 1904 Rn. 25.

[60] BGH v. 23.01.2008 - XII ZB 185/07.

[61] Möglich ist in diesen Fällen aber ggf. eine Unterbringung zur Untersuchung des Gesundheitszustandes (BGH v. 28.12.2009 - XII ZB 225/09).

[62] Brandenburgisches Oberlandesgericht v. 12.05.2009 - 11 Wx 36/09.

[63] Brandenburgisches Oberlandesgericht v. 12.05.2009 - 11 Wx 36/09.

[64] BGH v. 28.12.2009 - XII ZB 225/09.

[65] *Schwab* in: MünchKomm-BGB, § 1906 Rn. 21; a.A. *Zimmermann* in: Damrau/Zimmermann, Betreuungsrecht, 4. Aufl. 2011, § 1906 Rn. 57.

Bagatellerkrankungen in keinem Falle einen so schweren Eingriff in Freiheitsrechte des Betreuten rechtfertigen. Systematisch wird hier – zu Recht – bereits ein Verhältnismäßigkeitsargument in den Tatbestand vorgezogen.

An der Notwendigkeit für eine Unterbringung zur Heilbehandlung fehlt es vor allem bei psychischen Erkrankungen, wenn die Erkrankung weder lebensbedrohlich noch schwer gesundheitsschädlich, sondern „lediglich" für das soziale Umfeld störend und belastend wirkt. Auch drohender Wohnungs- oder Arbeitsplatzverlust reichen nicht aus, um eine Heilbehandlung als notwendig im Sinne der Vorschrift ansehen zu können.[66]

Eine Untersuchung soll notwendig sein, wenn durch sie der aktuelle Gesundheitszustand des Betreuten geklärt werden muss.[67] Diese Formulierung lässt die eigentliche Problematik unberücksichtigt. Die Untersuchung darf niemals Selbstzweck sein. Bei der Untersuchung des Gesundheitszustandes handelt es sich um eine vorbereitende Maßnahme, die in der Regel darauf gerichtet ist, die Voraussetzungen für eine Behandlung erst zu ermitteln. Damit kann sich die Notwendigkeit einer Untersuchung nur ergeben, wenn ohne sie eine sachgerechte Behandlung einer vermuteten Erkrankung nicht oder nicht adäquat möglich ist. Die Notwendigkeit einer Untersuchung stützt sich deshalb regelmäßig auf die durch hinreichend konkrete Tatsachen zu untermauernde Prognose, dass eine behandlungsbedürftige schwere Erkrankung vorliegt.

Die Durchführung der ärztlichen Maßnahme (Heilbehandlung, Untersuchung, sonstiger ärztlicher Eingriff) darf ohne die Unterbringung nicht möglich sein. Bei diesem Tatbestandsmerkmal handelt es sich um eine Umschreibung des allgemein zu berücksichtigenden Gebots der Erforderlichkeit. Der Betreuer und – im Genehmigungsverfahren – das Gericht haben zu prüfen, ob die ärztliche Maßnahme nicht auch ohne eine freiheitsentziehende Unterbringung, z.B. ambulant, durchführbar ist. Hier ist insbesondere im gerichtlichen Genehmigungsverfahren an den begutachtenden Sachverständigen die Frage nach den Alternativen zu einer freiheitsentziehenden Unterbringung zu richten.

5. Verhältnismäßigkeit

Beide Unterbringungstatbestände stehen außerdem unter dem Gebot der Verhältnismäßigkeit. Zum Teil wird dieses schon in den Tatbeständen selbst berücksichtigt. Trotzdem ist die Verhältnismäßigkeit der freiheitsentziehenden Unterbringung in jedem Fall gesondert zu prüfen. Dies folgt aus dem grundgesetzlich gesicherten Schutz der Freiheit der Person, die als hohes Rechtsgut nur aus besonders gewichtigem Grund angetastet werden darf und deren Einschränkung stets der strengen Prüfung am Grundsatz der Verhältnismäßigkeit zu unterziehen ist.[68] Die Unterbringungsmaßnahme muss daher geeignet, erforderlich und verhältnismäßig im engeren Sinn sein (Zweck-Mittel-Relation).

a. Geeignetheit

Die Maßnahme muss geeignet sein. Ein Mittel ist geeignet, wenn mit seiner Hilfe der gewünschte Erfolg befördert werden kann. An der Eignung fehlt es, wenn das Mittel zwecklos oder zweckwidrig ist.[69] Eine Unterbringungsmaßnahme, die das mit ihr verfolgte Ziel nicht erreichen kann, ist schon mangels Geeignetheit unverhältnismäßig.[70] So ist z.B. eine zwangsweise Therapie eines Suchtkranken im Regelfall ungeeignet, einen nachhaltigen Erfolg zu bewirken. Die Unterbringung zur Durchführung einer solchen Therapie ist damit unzulässig.[71]

b. Erforderlichkeit

Erforderlich ist eine ärztliche Maßnahme nur, sofern nicht ein weniger einschneidendes Mittel zu Gebote steht, durch dessen Anwendung das angestrebte Ziel erreicht werden kann.[72] Die Erforderlichkeit der Unterbringung ist zu verneinen, wenn der jederzeitige freie Ausgang des Betreuten durch spezielle

---

[66] *Rink* in: HK-BUR, § 1906 Rn. 11 (43. Akt. 12/2004).
[67] *Schwab* in: MünchKomm-BGB, § 1906 Rn. 21; *Zimmermann* in: Damrau/Zimmermann, Betreuungsrecht, 3. Aufl. 2001, § 1906 Rn. 42.
[68] BVerfG v. 23.03.1998 - 2 BvR 2270/96 - NJW 1998, 1774-1775; BayObLG München v. 22.01.2003 - 3Z BR 185/02 - FamRZ 2003, 783-784.
[69] Vgl. hierzu *Sachsen Gessaphe*, Der Betreuer als gesetzlicher Vertreter für eingeschränkt Selbstbestimmungsfähige, 1999, S. 69.
[70] KG Berlin v. 24.05.2005 - 1 W 91/05 - KGR Berlin 621-624.
[71] A.A. OLG Hamm v. 07.03.2003 - 15 W 96/03.
[72] BGH v. 17.08.2011 - XII ZB 241/11; AG Garmisch-Partenkirchen v. 21.02.2008 - XVII 57/08.

Sicherheitsmaßnahmen gewährleistet werden kann.[73] Die Unterbringung ist desgleichen nicht erforderlich, wenn der Betreute sich ernstlich und verlässlich bereit erklärt, freiwillig in der Einrichtung zu bleiben. Diese Anforderungen erfüllt aber nicht die Erklärung, in erster Linie nach Hause zurückkehren zu wollen und nur „unter Umständen" für einen begrenzten Zeitraum freiwillig in der Einrichtung verbleiben zu wollen.[74] Eine Unterbringung nach § 1906 Abs. 1 Nr. 1 BGB ist auch unzulässig, wenn durch sie lediglich die regelmäßige Einnahme verordneter Medikamente sichergestellt werden soll, anstelle der Unterbringung jedoch auch eine Überwachung der Einnahme im häuslichen Umfeld durch einen ambulanten Pflegedienst möglich wäre.[75]

68 Für die Beurteilung der Erforderlichkeit sind regionale Aspekte im Hinblick auf die Art der Durchführung einer ärztlichen Maßnahme unberücksichtigt zu lassen. Ist die Möglichkeit gegeben, die ärztliche Maßnahme an dem Betreuten ohne Unterbringung vorzunehmen, so ist unerheblich, ob dies nur in einiger Entfernung möglich ist.

69 Der mit der Unterbringung verbundene Grundrechtseingriff, der durch eine alternative Durchführung vermieden werden kann, verdrängt auch regelmäßig Kostengesichtspunkte. Eine alternativ mögliche, aber kostenträchtigere ärztliche Maßnahme lässt die Erforderlichkeit der Unterbringung entfallen.[76] Es besteht indessen keine Pflicht zur Verbesserung der baulichen Situation oder zur Aufstockung des Personals, auch wenn durch solche Maßnahmen die Erforderlichkeit einer Unterbringungsmaßnahme entfallen könnte.[77]

c. Zweck-Mittel-Relation

70 Die Freiheitsentziehung darf nicht außer Verhältnis zum angestrebten Zweck stehen. Diese Zweck-Mittel-Relation wird in Absatz 1 Nr. 1 bereits dadurch berücksichtigt, dass als Voraussetzung der Unterbringung ein erheblicher Gesundheitsschaden drohen muss. In § 1906 Abs. 1 Nr. 2 BGB findet die Zweck-Mittel-Relation sogar im Wortlaut ihren Niederschlag durch das Tatbestandsmerkmal „notwendig". Die Eingriffsintensität einer Unterbringung zwingt aber in jedem Fall, die Frage der Zweck-Mittel-Relation einer genauen Prüfung zu unterziehen.

6. Ärztliche Zwangsbehandlung

a. Begriff der Zwangsbehandlung

71 Eine Zwangsbehandlung ist jede gegen den natürlichen Willen des Betroffenen erfolgende einwilligungsbedürftige medizinische Maßnahme. Eine Zwangsbehandlung im Sinne einer medizinischen Behandlung, die gegen den Willen des Betroffenen erfolgt, liegt unabhängig davon vor, ob eine gewaltsame Durchsetzung der Maßnahme erforderlich wird oder der Betroffene sich, etwa weil er die Aussichtslosigkeit eines körperlichen Widerstandes erkennt, ungeachtet fortbestehender Ablehnung in die Maßnahme fügt und damit die Anwendung körperlicher Gewalt entbehrlich macht.[78]

72 Bei der Beantwortung der Frage, ob eine ärztliche Zwangsbehandlung des Betreuten gegen seinen Willen im Einzelfall zulässig sein kann, ist zu unterscheiden, ob die Zwangsbehandlung innerhalb einer freiheitsentziehenden Unterbringung erfolgt oder ambulant.

b. Zwangsbehandlung innerhalb freiheitsentziehender Unterbringung

aa. Verfassungsmäßigkeit einer Zwangsbehandlung

73 Eine medizinische Zwangsbehandlung eines Untergebrachten greift in dessen Grundrecht aus Art. 2 Abs. 2 Satz 1 GG ein, das die körperliche Integrität des Grundrechtsträgers und damit auch das diesbezügliche Selbstbestimmungsrecht schützt.[79] Selbst die Einwilligung des für einen einsichts- und einwilligungsunfähigen Untergebrachten bestellten Betreuers nimmt daher der Maßnahme nicht den Eingriffscharakter, der darin liegt, dass sie gegen den natürlichen Willen des Betroffenen erfolgt.[80] Die we-

---

[73] AG Marburg v. 17.12.1993 - 3 XVII 5050/92 - BtPrax 1994, 106-107.
[74] OLG München v. 19.05.2005 - 33 Wx 078/05 - OLGR München 2005, 534-535.
[75] BGH v. 21.09.2011 - XII ZB 263/11.
[76] *Hoffmann* in: Bienwald/Sonnenfeld/Hoffmann, Betreuungsrecht, 5. Aufl. 2011, § 1906 Rn. 114.
[77] *Hoffmann* in: Bienwald/Sonnenfeld/Hoffmann, Betreuungsrecht, 5. Aufl. 2011, § 1906 Rn. 115.
[78] BVerfG v. 12.10.2011 - 2 BvR 633/11.
[79] BVerfG v. 12.10.2011 - 2 BvR 633/11; BVerfG v. 23.03.2011 - 2 BvR 882/09; BGH v. 22.09.2010 - XII ZB 135/10.
[80] BVerfG v. 23.03.2011 - 2 BvR 882/09.

sentlichen Voraussetzungen für die Zulässigkeit einer Zwangsbehandlung bedürfen deshalb klarer und bestimmter gesetzlicher Regelungen.[81] Der frühere § 1906 Abs. 1 Nr. 2 BGB erfüllte die verfassungsrechtlichen Voraussetzungen für einen solchen Grundrechtseingriff nicht. So hatte das BVerfG bereits die Vorschrift des § 8 Abs. 2 Satz 2 UbrgG BW 1991 als verfassungswidrig angesehen.[82] In verfahrensrechtlicher Hinsicht fehle es z.B. schon an einer angemessenen Regelung des – unabhängig von der Einsichts- und Einwilligungsfähigkeit des Betroffenen bestehenden – Erfordernisses der vorherigen Bemühung um eine auf Vertrauen gegründete, im Rechtssinne freiwillige Zustimmung.[83] An solchen verfahrensmäßigen Vorgaben fehlte es auch bei einer Unterbringung nach dem früheren § 1906 Abs. 1 Nr. 2 BGB.[84]

bb. Bisherige Rechtsprechung zur Zwangsbehandlung

Nach der bisherigen Rechtsprechung des BGH war der Betreuer berechtigt, in ärztliche Maßnahmen auch gegen den natürlichen Willen des einwilligungsunfähigen Betreuten einzuwilligen. Im Rahmen der Unterbringung zur Heilbehandlung nach § 1906 Abs. 1 Nr. 2 BGB umfasste dies auch das Recht, den entgegenstehenden Willen des Betreuten zu überwinden.[85]

74

cc. Zwangsbehandlung innerhalb der Unterbringung

Unter dem Einfluss der Entscheidungen des BVerfG zur Verfassungsmäßigkeit einer Zwangsbehandlung im Maßregelvollzug hat der BGH seine bisherige Rechtsprechung zur Zwangsbehandlung innerhalb einer zivilrechtlichen Unterbringung ausdrücklich aufgegeben. Nach Auffassung des BGH finden die Grundrechte auch bei der im Rahmen einer betreuungsrechtlichen Unterbringung stattfindenden Zwangsbehandlung unmittelbare Anwendung. Die von einem Betreuer veranlasste Unterbringung stelle sich als staatlicher Eingriff dar. Denn der Betreuer übe neben der zivilrechtlichen Vertretung öffentliche Fürsorge aus. Deshalb müsse die gebotene staatliche Kontrolle inhaltlich den Anforderungen genügen, die das Bundesverfassungsgericht für eine an den Staat adressierte Ermächtigungsgrundlage fordert.[86]

75

In Folge dieser Rechtsprechung hat der Gesetzgeber die Voraussetzungen einer Zwangsbehandlung innerhalb der Unterbringung in § 1906 Abs. 3, 3a BGB geregelt.[87] Im Einzelnen gelten folgende Voraussetzungen:

76

Einwilligungsunfähigkeit des Betreuten (§ 1906 Abs. 3 Ziff. 1 BGB):

77

Eine ärztliche Zwangsbehandlung ist materiell-rechtlich zunächst nur zulässig, sofern der Betreute auf Grund einer psychischen Krankheit oder einer geistigen oder seelischen Behinderung die Notwendigkeit der ärztlichen Maßnahme nicht erkennen oder nicht nach dieser Einsicht handeln kann. Diese Voraussetzung dürfte im Regelfall unproblematisch sein. Denn wer aufgrund seiner gesundheitlichen Situation zwangsweise untergebracht wird, der dürfte auch nicht in der Lage sein, über die Frage einer Behandlung selbstverantwortlich zu entscheiden. Dies betrifft jedoch Untergebrachte nur in der betreffenden Unterbringungssituation. Hat der Betreute vor der Unterbringung eine wirksame Patientenverfügung abgefasst, durch die er sämtliche ärztliche Behandlungen, auch für den Fall seiner Einwilligungsunfähigkeit ausgeschlossen hat, scheidet die Anwendung des § 1906 Abs. 3 BGB aus. Wer im Zustand der Einsichts- und Einwilligungsfähigkeit in inhaltlich ausreichend bestimmter Form ärztliche Behandlungen ablehnt, der wird von § 1906 Abs. 3 BGB nicht erfasst. Sein der Behandlung entgegenstehender Wille ist beachtlich. Eine Zwangsbehandlung nach wie vor nicht zulässig.

Überzeugungsversuch (§ 1906 Abs. 3 Ziff. 2 BGB):

78

Es muss zuvor versucht worden sein, den Betreuten von der Notwendigkeit der ärztlichen Maßnahme zu überzeugen. Der Gesetzgeber geht davon aus, dass jeder Maßnahme nach § 1906 BGB im Sinne einer vertrauensvollen Unterstützung der ernsthafte, mit dem nötigen Zeitaufwand und ohne Ausübung unzulässigen Drucks unternommene Versuch vorauszugehen hat, den Betreuten von der Notwendigkeit der Maßnahme zu überzeugen, d.h. dass der Betreute seinen natürlichen Willen so ändert, dass er nicht mehr gegen die Maßnahme gerichtet ist.[88] Diese Voraussetzung muss als äußerst problematisch

---

[81] BVerfG v. 23.03.2011 - 2 BvR 882/09.
[82] BVerfG v. 12.10.2011 - 2 BvR 633/11.
[83] BVerfG v. 12.10.2011 - 2 BvR 633/11.
[84] LG Stuttgart v. 16.02.2012 - 2 T 35/12.
[85] BGH v. 20.12.2012 - XII ZB 99/12.
[86] BGH v. 20.12.2012 - XII ZB 99/12.
[87] BT-Drs. 17/12086.
[88] BT-Drs. 17/12086, S. 14.

angesehen werden. Sie stellt insbesondere Betreuer vor eine Aufgabe, die – gesetzestreu ausgeführt – einen erheblichen Zeitaufwand mit sich bringt. Fraglich ist, ob die vom Gesetzgeber offenbar gewünschte vertrauensvolle Atmosphäre überhaupt geschaffen werden kann, da sich der Betreute bereits mit der zwangsweisen Unterbringung konfrontiert sieht. Regelmäßig wird der Betreute sich hier wenig kooperativ zeigen. Auch das Verbot unzulässigen Drucks ist nicht unproblematisch. Der Betreute wurde bereits in der Vergangenheit regelmäßig vor die Alternative gestellt, einer Behandlung pauschal zuzustimmen oder die Konsequenz einer in ihrer Dauer völlig unbestimmten Unterbringung zu tragen. Nach der jetzigen gesetzlichen Regelung dürfte eine solche oder ähnliche Drucksituation als unzulässig anzusehen sein.

79 **Verhältnismäßigkeit der Behandlung** (§ 1906 Abs. 3 Ziff. 3-5 BGB):
Die ärztliche Zwangsmaßnahme muss im Rahmen einer Unterbringung zum Wohle des Betreuten erforderlich sein, um einen drohenden erheblichen gesundheitlichen Schaden abzuwenden. Der erhebliche gesundheitliche Schaden darf durch keine andere zumutbare Maßnahme abgewendet werden können und der zu erwartende Nutzen der ärztlichen Zwangsmaßnahme muss die zu erwartenden Beeinträchtigungen deutlich überwiegen. Der Gesetzgeber hat hier den Verhältnismäßigkeitsgrundsatz dezidiert formuliert. Das stellt erhebliche Anforderungen an das einzuholende Sachverständigengutachten. Der Gutachter muss sich konkret mit der Erforderlichkeit der Maßnahme auseinandersetzen. Insbesondere in Fällen, in denen aufgrund oder in der Folge eines Drogenkonsums eine Psychose auftritt oder sich wieder manifestiert, ist der Gutachter aufgefordert darzulegen, warum nicht die bloße Unterbringung mit der sich daraus ergebenden Drogenabstinenz ausreichend ist. Das Gutachten muss sich in ernstzunehmender Weise mit Alternativen auseinandersetzen. Das ist vor allem deshalb relevant, weil betroffene Betreute in Fällen einer Behandlungsverweigerung nicht selten selbst alternative Behandlungen ansprechen. Schließlich muss der Gutachter sich mit den Nebenwirkungen der konkreten Medikation ausführlich auseinandersetzen.

Die Notwendigkeit, die Verhältnismäßigkeit einer ärztlichen Zwangsbehandlung zu prüfen, bedeutet, dass Art, Umfang und Dauer der Behandlung im Zeitpunkt der gerichtlichen Genehmigung feststehen müssen. Das heißt, dass die Genehmigung des Betreuungsgerichts sich auf eine ganz konkrete Behandlung im Sinne eines Behandlungsplans beziehen muss. Nach dem Sinn und Zweck des Genehmigungserfordernisses muss nämlich auch eine Kontrolle des Eingriffs in den grundrechtlich geschützten Raum der körperlichen Integrität gewährleistet sein. Der BGH hat in diesem Zusammenhang ausdrücklich erwähnt, dass er einen Vorratsbeschluss für unzulässig hält.[89] Daraus kann gefolgert werden, dass ein Genehmigungsbeschluss sich nicht allgemein auf die Behandlung beziehen kann, sondern dass die Behandlung konkret bezeichnet werden muss. Der Genehmigungsbeschluss bei einer psychiatrischen Behandlung kann sich deshalb nicht etwa beschränken auf die allgemeine Genehmigung der Behandlung mit Psychopharmaka oder „die Gabe hochpotenter Antipsychotika sowie Benzodiazepine".[90] Ein solcher Genehmigungsinhalt wäre viel zu weit, um den mit der Gesetzesänderung angestrebten effektiven Schutz des betroffenen Betreuten zu gewährleisten.

80 **Die Genehmigung des Betreuungsgerichts** (§ 1906 Abs. 3a BGB):
Die Einwilligung des Betreuers in die Behandlung bedarf der **Genehmigung des Betreuungsgerichts**. Mit dem Genehmigungserfordernis einer ärztlichen Zwangsbehandlung verändert der Gesetzgeber in sehr viel stärkerem Maße die Praxis des Unterbringungsrechts, als es auf den ersten Blick erscheinen mag. Bisher war die Genehmigung einer Unterbringung formal und inhaltlich auf die Frage eines Freiheitsentzugs beschränkt. Die Fragestellung lautete dementsprechend, ob durch den Freiheitsentzug und der Obhut des Betreuten in einem Fachkrankenhaus die Gefährdung seiner Gesundheit beseitigt werden könne. Diese Frage war regelmäßig relativ unkompliziert zugunsten einer Unterbringung zu beantworten, ohne dass das zur Entscheidung berufene Betreuungsgericht sich zu sehr mit Details beschäftigen muss. Eine grundrechtskonforme Anwendung des Genehmigungserfordernisses im Falle einer Zwangsbehandlung zwingt das Betreuungsgericht nun aber, sich mit der konkreten Behandlung intensiver auseinanderzusetzen. Das führt auch dazu, dass Änderungen in der Medikation, die sich im Laufe der Behandlung ergeben, jedenfalls dann nicht mehr ohne eine erneute Entscheidung des Betreuungsgerichts möglich sind, wenn der ursprüngliche Behandlungsplan nicht nur unwesentlich verändert wird. Das ist immer schon der Fall, wenn die Dosierung eines Medikaments erhöht oder die Art des Medikaments geändert werden soll.

Bei der gutachterlichen Prüfung der Nebenwirkungen der zu verabreichenden Medikamente stellt sich

---

[89] BGH v. 20.12.2012 - XII ZB 99/12; BGH v. 20.06.2012 - XII ZB 99/12.
[90] AG Offenbach v. 26.10.2012 - 14 XVII 1205/12.

das Problem, dass insbesondere bei einer Polymedikation etwaige Wechselwirkungen der Medikamente nur schwer kalkulierbar sind. Es bleibt abzuwarten, wie die Gutachtenpraxis sich hierzu verhalten wird. Positiv wird sich die Gesetzesänderung allerdings dahingehend auswirken, dass eine ausprobierende Polymedikation[91] der Vergangenheit angehören wird.
Ein nicht untypischer Behandlungsverlauf im Rahmen einer Unterbringungsmaßnahme zeigt der einer Entscheidung des AG Offenbach zugrundeliegende Fall. Dessen Sachverhalt wird vom Gericht so geschildert:
„In der Anhörung vom 25.10.2012 hatte die behandelnde Ärztin den bisherigen Behandlungsverlauf geschildert. Er sei schwierig gewesen, weil Herr ... auf die – wechselnde – Medikation nicht gut genug angesprochen habe. Stattdessen habe er immer neue Symptome gezeigt, wie z.B. Vergiftungsängste. Im Einzelnen verlief die medikamentöse Behandlung wie folgt: Man habe bei Aufnahme am 19.9. zunächst mit Risperdal und Tavor begonnen. Tavor (zur Beruhigung) habe er auch durchgehend bis heute erhalten. Schon am 27.9. sei man auf Glianimon umgestiegen. Dann sei man am 4.10. auf Seroquel gewechselt und habe das Glianimon bis zum 12.10. ausgeschlichen. Am 12.10. sei man dann wieder von Seroquel auf Zyprexa umgestiegen und habe das Seroquel abgesetzt. Darunter sei er „etwas besser" geworden. Am 22.10. seien dann aber die Vergiftungsängste aufgetreten. Auch weinte er häufig und vertraute dann den Pflegern (nicht den Ärzten) an, jemand wolle seine Familie „kaputt machen" und er sei dabei „selbst schuld". Deshalb habe man ihm am 23.10. zusätzlich Lyogen gegeben. Er erhalte jetzt also Lyogen, Zyprexa, Tavor und – gegen seine Schlafstörungen – Zopiclon. Insgesamt habe eigentlich nicht genug Zeit zur Verfügung gestanden, um die Wirkung der jeweiligen Medikation wirklich nachzuvollziehen."
Ob eine solche Behandlung gegen den Willen eines Betreuten überhaupt genehmigungsfähig wäre, ist anzuzweifeln. Jedenfalls wäre unter der neuen gesetzlichen Lage der Genehmigungsbeschluss jeweils anzupassen. Ob dies in der Praxis umzusetzen wäre, erscheint fraglich.
Dass man angesichts solcher praktischer Schwierigkeiten doch an pauschalen oder formelhaften Genehmigungsbeschlüssen festhalten könnte, scheint m.E. dennoch ausgeschlossen.[92] Abgesehen von dem erforderlichen Sachverständigengutachten, das in diesem Fall inhaltslos würde, spricht auch entscheidend der mit der Neuregelung angestrebte Zweck des Grundrechtsschutzes des Betreuten dagegen. Denn jede pauschale Genehmigung würde wieder dazu führen, die konkrete Behandlung ausschließlich in die Hände der behandelnden Ärzte zu legen. Der Arzt ist aber nicht einmal Vertreter des Betreuten. Wie die Praxis mit diesem Problem umgehen wird, bleibt abzuwarten. Als ein vorläufiges Fazit kann aber festgestellt werden, dass das Genehmigungserfordernis in Bezug auf eine Zwangsbehandlung die Problematik noch nicht gelöst hat, sondern erst die Diskussion um die Frage möglich macht, wie das Selbstbestimmungsrecht des Betreuten im Rahmen einer Zwangsbehandlung hinreichend gewährleistet werden kann.

Sachverständiger: 81
Bei der Genehmigung einer Einwilligung in eine ärztliche Zwangsmaßnahme oder deren Anordnung mit einer Gesamtdauer von mehr als zwölf Wochen soll das Gericht keinen Sachverständigen bestellen, der den Betreuten bisher behandelt oder begutachtet hat oder der in der Einrichtung tätig ist, in der der Betreute untergebracht ist. Notwendig ist die Begutachtung durch einen externen Sachverständigen damit insbesondere, wenn eine bereits erteilte Genehmigung verlängert und damit der 12-Wochen-Zeitraum überschritten wird.
Es war in der Praxis bisher schon schwierig bis unmöglich, einen Sachverständigen zu finden, der bereit war, als Externer ein Gutachten über die bloße Unterbringung eines Betreuten in einem Fachkrankenhaus zu erstellen. Nun soll regelmäßig ein externer Gutachter bei einer zu erwartenden Behandlungsmaßnahme von mehr als 12 Wochen bestellt werden. So begrüßenswert diese gesetzliche Neuregelung auch ist, wird ihre Umsetzung erhebliche Schwierigkeiten machen.

Verfahrenspfleger: 82
Wesentlich ist die Neuregelung auch in Bezug auf die Notwendigkeit eines Verfahrenspflegers. Gemäß § 312 FamFG ist im Falle einer Zwangsbehandlung stets ein Verfahrenspfleger zu bestellen. Dies soll dem Gedanken Rechnung tragen, dass die ärztliche Zwangsmaßnahme in der Unterbringung eine zusätzliche Maßnahme ist, bei der der Betroffene ein besonderes Schutzbedürfnis hat.[93] Diese Regelung

---
[91] Vgl. zu einem solchen Fall *Jaschinski*, Soziale Psychiatrie 2011, 44.
[92] In der Praxis dominieren leider solche inhaltslosen Beschlüsse immer noch: AG Michelstadt v. 29.11.2013 - 31 XVII 354/08. Dass hierdurch der Grundrechtsschutz des Betroffenen nicht gewährleistet ist, liegt auf der Hand.
[93] BT-Drs. 17/12086, S. 2.

stärkt die Rechte der Betreuten. Eine weitere Verbesserung der Stellung des Betreuten im Verfahren kann erreicht werden, indem das Gericht einen Verfahrenspfleger aussucht und bestellt, der sich ernsthaft um die Belange des Betreuten kümmert. Der Gesetzgeber ist mit seiner Neuregelung zwar Forderungen von Betroffenenverbänden entgegengekommen, die sich unter dem Stichwort „Zugang zur Justiz" seit Jahren um eine Stärkung der verfahrensrechtlichen Position von Betreuten bemühen. Die Verpflichtung der Praxis, dem Betreuten im Falle der Zwangsbehandlung immer einen Verfahrenspfleger zur Seite zu stellen, ist ein Schritt in diese Richtung. Wünschenswert wäre es allerdings gewesen, dem Betreuten ausdrücklich das Recht zuzugestehen, einen Vertreter seiner Wahl als Verfahrenspfleger zu bestellen. Die bisherige Praxis im Umgang mit der Bestellung von Verfahrenspflegern hat gezeigt, dass nicht zuletzt Kostenaspekte dazu geführt haben, Verfahrenspfleger zu bestellen, die nicht hinreichend qualifiziert waren oder vom Betreuten nicht vollumfänglich akzeptiert wurden. Bei der Umsetzung der neuen Regelung der Zwangsbehandlung sind die Gerichte deshalb angesichts der Schwere des Grundrechtseingriffs aufgerufen, den Betreuten stärker in die Auswahl des Verfahrenspflegers einzubeziehen.

83 **Vorsorgevollmacht:**
Eine Behandlung gegen den natürlichen Willen des Patienten ist auch bei einer Bevollmächtigung möglich. Der Vollmachtgeber muss dem Bevollmächtigten aber ausdrücklich diese Befugnis einräumen. Dies erfordert eine Anpassung bisheriger Vorsorgevollmachten. Jeder Vollmachtgeber ist deshalb gehalten, zu prüfen, ob er auch möchte, dass der von ihm Bevollmächtigte in eine zwangsweise Behandlung einwilligt.

84 **Zwangsmedikation im Wege einstweiliger Anordnung:**
Die ausdrückliche Möglichkeit, die Zwangsmedikation auch im Wege einer einstweiligen Anordnung beschließen zu können, ist gesetzestechnisch folgerichtig. Von dieser Möglichkeit sollte aber nur in begründeten Ausnahmefällen Gebrauch gemacht werden. Denn in der Regel wird auch nach einer begonnenen Unterbringung hinreichend Zeit zur Verfügung stehen, um ohne Eilverfahren die Notwendigkeit einer Zwangsbehandlung zu klären. Im Übrigen entsteht nicht selten erst mit dem Beginn einer Unterbringung die Bereitschaft des Betreuten, auch eine Behandlung zuzulassen. Die Rechtsprechung des BGH lässt ein Abwarten auch zu. Solange sich eine dauerhaft ablehnende Haltung des Betreuten gegenüber einer Behandlung nicht manifestiert hat, dürfte eine Unterbringung ohne zeitgleichen Beginn einer Behandlung auch weiterhin zulässig sein.

c. Ambulante Zwangsbehandlung

85 Problematisch sind Fälle, in denen der Betreute gegen seinen Willen lediglich ambulant behandelt werden soll, etwa zur Verabreichung einer Depotspritze, um langfristig Krankheitsschüben vorzubeugen. In dieser Frage hat der BGH sehr deutlich Stellung bezogen. Danach gibt es für die zwangsweise Zuführung des Betreuten zu einer von ihm abgelehnten ambulanten Behandlung keine Rechtsgrundlage. Das Gesetz gibt dem Betreuer außerhalb einer freiheitsentziehenden Unterbringung keine Zwangsbefugnisse an die Hand, die es ihm ermöglichen könnten, seine Einwilligung in eine notwendige medizinische Behandlung des Betroffenen auch gegen dessen Willen durchzusetzen.[94]

86 Das Betreuungsgericht darf die Unterbringung des Betroffenen in einer geschlossenen Einrichtung auch dann nicht genehmigen, wenn die Freiheitsentziehung als solche nicht notwendig ist und die Genehmigung letztlich nur eine Rechtsgrundlage abgeben soll, den Betroffenen in einer offenen Abteilung der Einrichtung einer erforderlichen – auch zwangsweisen – Behandlung mit Medikamenten zu unterziehen.[95]

87 Die Gesetzeslage führt zu dem wenig befriedigenden Ergebnis, dass ein Betreuer in der Praxis keine andere Wahl hat, als einen erneuten Krankheitsschub des Betreuten abzuwarten, um dann eine Behandlung im Rahmen einer freiheitsentziehenden Unterbringung eine Behandlung des Betreuten auch zwangsweise herbeizuführen.[96]

---

[94] BGH v. 23.01.2008 - XII ZB 185/07.
[95] BGH v. 23.01.2008 - XII ZB 185/07.
[96] BGH v. 23.01.2008 - XII ZB 185/07; *Dodegge* in: Dodegge/Roth, Betreuungsrecht, 3. Aufl. 2010, Teil G Rn. 40.

II. Sonstige freiheitsentziehende Maßnahmen (Absatz 4)

1. Überblick

Für freiheitsentziehende Maßnahmen, die mit einer (freiheitsentziehenden) Unterbringung nicht verbunden sind, sollen nach der Konzeption des Gesetzes dieselben Voraussetzungen gelten wie für die freiheitsentziehende Unterbringung selbst. Verfahrensrechtlich ergeben sich jedoch Unterschiede, da die Unterbringung stets die Einholung eines Sachverständigengutachtens voraussetzt. Im Verfahren zur Genehmigung einer unterbringungsähnlichen Maßnahme ist dagegen ein ärztliches Zeugnis ausreichend. Dieser Umstand erfordert es, die Unterbringung von der bloßen unterbringungsähnlichen Maßnahme verlässlich abzugrenzen.

2. Abgrenzung zur Unterbringung

Die unterbringungsähnliche Maßnahme ist von der freiheitsentziehenden Unterbringung abzugrenzen. Ausgangspunkt ist, dass im Falle der Unterbringung die räumliche Fortbewegungsfreiheit eines Menschen auf einen engen, fest definierten räumlichen Bereich (Lebensraum[97]) beschränkt wird. Unterbringungsähnliche Maßnahmen sind solche, bei denen der Betroffene in seiner Freiheit beschränkt wird, ohne dass ihm eine relevante Fortbewegungsmöglichkeit verbleibt.

Die Vorschrift des § 1906 Abs. 4 BGB stellt sich somit einerseits als Auffangtatbestand für alle diejenigen räumlichen Freiheitsbeschränkungen dar, die nicht notwendig im Rahmen einer geschlossenen Einrichtung stattfinden. Zudem aber soll die Vorschrift einen umfassenden Schutz der persönlichen Freiheit sichern. Die Tatbestandsvoraussetzungen des Absatzes 1 gelten danach sinngemäß für sonstige (nicht spezifisch räumlich wirkende) freiheitsentziehende Maßnahmen.

Der Betreuer ist befugt, unter den Voraussetzungen des Absatzes 1 Nr. 1 oder 2 (und grundsätzlich nach Einholung einer gerichtlichen Genehmigung) eine Anordnung mit Wirkung für den Betreuten zu treffen, die freiheitsentziehend wirkt. Die Anordnung des Betreuers nach Absatz 4 setzt demgemäß voraus, dass gegenüber einem

- Betreuten (angeordnete Betreuung),
- der sich in einer Anstalt, einem Heim oder einer sonstigen Einrichtung aufhält, ohne untergebracht zu sein,
- zum Wohl des Betreuten
- eine freiheitsentziehende Maßnahme angeordnet wird,
- die über einen längeren Zeitraum oder regelmäßig erfolgt.

3. Betreuungsverhältnis

Die Genehmigungspflicht für sonstige freiheitsbeschränkende Maßnahmen betrifft grundsätzlich Menschen, für die ein Betreuer bestellt wurde oder diejenigen Menschen, die einen Bevollmächtigten für diesen Aufgabenbereich bestimmt haben.

Sofern ein Betreuer noch nicht bestellt ist und auch kein entsprechend Bevollmächtigter vorhanden ist, können vom Betreuungsgericht allerdings in Eilfällen eigenständig Anordnungen nach § 1846 BGB getroffen werden.

Der Aufgabenbereich des Betreuers muss sich entweder direkt auf unterbringungsähnliche Maßnahmen erstrecken, oder er muss erkennen lassen, dass solche Maßnahmen mit umfasst sind. Die Übertragung des Aufgabenbereiches Aufenthaltsbestimmung ist diesbezüglich ausreichend.[98] Es kann im Übrigen auf die Ausführungen Rn. 41 verwiesen werden.

4. Heim, Anstalt, Sonstige Einrichtung

a. Grundsatz

Der Genehmigungsvorbehalt betrifft grundsätzlich alle diejenigen Betreuten, die sich in einer Anstalt, einem Heim oder einer sonstigen Einrichtung aufhalten. Es stärkt damit insbesondere die Rechte der stationär Pflegebedürftigen und versucht damit ein für allemal den Begriff der Anstaltsverwahrung zu tilgen. Auch die nicht selbst Bestimmungsfähigen, die auf die Pflege in einer professionellen Einrichtung angewiesen sind, haben umfassende Freiheitsrechte.

---

[97] *Schwab* in: MünchKomm-BGB, § 1906 Rn. 8.
[98] KG Berlin v. 19.11.2009 - 1 W 225/09.

96 Der Begriff der Einrichtung ist weit zu fassen. Er schließt Krankenhäuser und Altersheime ein, gleichgültig welche Bezeichnung sie sich selbst geben.[99]

b. Eigene Wohnung als sonstige Einrichtung

97 Unberührt vom Genehmigungserfordernis sollen grundsätzlich diejenigen Betreuten bleiben, die zu Hause im Rahmen der **Familienpflege** gepflegt und dort freiheitsbeschränkenden Maßnahmen unterworfen werden. Hierzu hat die Rechtsprechung festgestellt, dass die eigene Wohnung des Betreuten grundsätzlich keine sonstige Einrichtung im Sinne des § 1906 Abs. 4 BGB darstellt.[100] Dies bedeutet aber nicht, dass jedwede freiheitsentziehende Maßnahme im häuslichen Bereich des Betreuten ohne Einschränkung jederzeit zulässig wäre. Es gelten zum Schutz des Betreuten auch hier die allgemeinen Regeln, insbesondere diejenigen zum Schutz vor einer Freiheitsberaubung. Das bedeutet, dass eine freiheitsentziehende Maßnahme auch im häuslichen Bereich nur zulässig ist, wenn sie durch Rechtfertigungsgründe (insbesondere eine Nothilfe zum Schutz vor eigenen Gesundheitsbeeinträchtigungen des Betreuten im Rahmen der Erforderlichkeit) gerechtfertigt ist.

98 Eine Ausnahme von der Genehmigungsfreiheit im Rahmen der Familienpflege im häuslichen Bereich besteht aber, wenn die eigene Wohnung durch Hinzuziehung fremder Pflegepersonen quasi als sonstige Einrichtung gebraucht wird. Zu Recht steht die Rechtsprechung auf dem Standpunkt, auch die eigene Wohnung als eine Einrichtung im Sinne der Vorschrift ansehen zu können, wenn sie durch fremde Pflegepersonen eigenständig verschlossen wird.[101] Zu weitgehend erscheint es aber, das Genehmigungserfordernis auf jegliche Fälle der Familienpflege auszudehnen, auch wenn ambulante Pflegedienste lediglich zeitlich begrenzte und professionell ergänzende Unterstützungsaufgaben im Bereich der Pflege erledigen, die eigentliche Versorgung aber durch Familienangehörige im häuslichen Umfeld erfolgt.[102] Denn dies würde die gesetzgeberisch gewollte Begrenzung des Genehmigungserfordernisses für Maßnahmen nach § 1906 Abs. 4 BGB in Anstalten und Heimen weitgehend leer laufen lassen, da sich in nicht geringem Umfang Familienangehörige durch ambulante Pflegekräfte unterstützen lassen. Zudem besteht keine Notwendigkeit für ein Genehmigungserfordernis in derartigen Fällen, weil die ambulanten Pflegedienste in der Regel lediglich unterstützend tätig werden und ein Unterschied zu der Situation der alleinigen Pflege durch Familienangehörige nicht besteht. Entscheidendes Merkmal für die Ausdehnung des Genehmigungserfordernisses auf den häuslichen Bereich muss deshalb sein, dass die Pflegeaufgaben in zeitlicher und inhaltlicher Weise im Wesentlichen auf externe eigenständig handelnde Pflegekräfte übertragen werden und das häusliche Umfeld des Betreuten lediglich als Aufenthaltsort ohne nennenswerte Einbettung in eine Familienstruktur Bedeutung hat.

c. Anwendung auch auf Untergebrachte

99 Das Genehmigungserfordernis betrifft zwar nach dem Normwortlaut[103] nicht Betreute, die bereits nach § 1906 Abs. 1 BGB freiheitsentziehend untergebracht sind. Denn § 1906 Abs. 4 BGB bezieht das Genehmigungserfordernis nur auf Betreute, die nicht bereits freiheitsentziehend untergebracht sind („ohne untergebracht zu sein").[104] Das LG Freiburg (Breisgau) argumentiert, dass der eindeutige Wortlaut des Gesetzes, der trotz der Diskussionen in Rechtsprechung und Literatur bei den erfolgten Änderungen des Betreuungsrechts unangetastet geblieben ist, sowie der Wille des Gesetzgebers, der nur Fixierungen im offenen Vollzug regeln wollte, eine andere Auslegung der Vorschrift verbiete.[105] Diese Auffassung ist jedoch abzulehnen. Die Vorschrift ist zwar zuallererst nach ihrem Wortlaut auszulegen. Sinn und Zweck der Vorschrift sind aber auch zu berücksichtigen. Erst danach kann nach allgemeinen Auslegungsregeln – und nur unterstützend – auch auf die Gesetzeshistorie abgestellt werden. Dass der Gesetzgeber hier keinen Handlungsbedarf für eine Klarstellung gesehen hat, beruht sicherlich maßgeblich auf der Herausbildung einer herrschenden Meinung, wonach auch Untergebrachte weitergehende freiheitsbeschränkende Maßnahmen ohne richterliche Genehmigung nicht erdulden müssen.

---

[99] *Schwab* in: MünchKomm-BGB, § 1906 Rn. 45.
[100] BayObLG München v. 04.09.2002 - 3Z BR 132/02 - RuP 2003, 99.
[101] LG München I v. 07.07.1999 - 13 T 4301/99 - NJW 1999, 3642-3643; LG Hamburg v. 09.09.1994 - 301 T 206/94 - FamRZ 1994, 1619-1620; *Schwab* in: MünchKomm-BGB, § 1906 Rn. 45.
[102] So aber *Walther*, BtPrax 2006, 8-12, 9.
[103] LG Freiburg (Breisgau) v. 20.07.2010 - 4 T 133/10; AG Kiel v. 02.02.2011 - 2 XVII K 1043.
[104] Vgl. auch *Schwab* in: MünchKomm-BGB, § 1906 Rn. 47.
[105] LG Freiburg (Breisgau) v. 20.07.2010 - 4 T 133/10.

Die herrschende Meinung in Literatur[106] und Rechtsprechung[107] steht deshalb zu Recht auf dem Standpunkt, dass eine sonstige freiheitsbeschränkende Maßnahme einem zusätzlichen Genehmigungsvorbehalt untersteht, wenn der Betreute bereits freiheitsentziehend nach Absatz 1 untergebracht ist. Dem ist zuzustimmen, weil eine sonstige freiheitsbeschränkende Maßnahme, wie etwa die Fixierung mittels Bauchgurt oder Fußfessel, in ihrer Eingriffsintensität deutlich über eine bloße freiheitsentziehende Unterbringung hinausgeht. 100

5. Wohl des Betreuten

Auch eine unterbringungsähnliche Maßnahme ist nur zulässig, wenn sie dem Wohl des Betreuten dient. Wesentlich ist, ob der Betreute sich durch sein Verhalten selbst gefährdet. Unzulässig ist die Anordnung einer freiheitsentziehenden Maßnahme, wenn sie nur dem Zweck dient, die zwangsweise Verabreichung einer Depotspritze zur Verhütung einer Schwangerschaft zu ermöglichen.[108] 101

6. Begriff der freiheitsentziehenden Maßnahme

Die freiheitsentziehende Maßnahme im Sinne des Absatzes 4 ist von der freiheitsentziehenden Unterbringung abzugrenzen. Während beim Merkmal der Unterbringung die Freiheitsbeschränkung direkt auf den räumlichen Bereich und damit insbesondere auf die Fortbewegungsfreiheit des Betroffenen abstellt, weist der Begriff der freiheitsentziehenden Maßnahme darüber hinaus. Es umfasst alle diejenigen Freiheitsbeschränkungen, die entweder ergriffen werden, um den Betreuten in seiner willentlichen Bewegungsfreiheit auf einen eng begrenzten Raum zu beschränken, aber darüber hinaus auch alle Maßnahmen, die auf die Freiheit der Willensbetätigung außerhalb des räumlichen Bereichs Einfluss nehmen.[109] 102

Die räumlich wirkenden freiheitsentziehenden Maßnahmen wirken mechanisch oder medikamentös. 103

Eine sonstige mechanisch wirkende freiheitsentziehende Maßnahme im Sinne des § 1906 Abs. 4 BGB liegt z.B. vor, wenn 104

- der Betreute durch einen Bauchgurt in seinem Bett oder Rollstuhl festgehalten wird[110],
- der Betreute durch ein Bettgitter am Verlassen des Bettes gehindert wird,
- das Verlassen der Einrichtung nur bei Betätigung eines ungewöhnlich komplizierten Schließmechanismus möglich ist[111],
- die Eingangstür zeitweilig – nachts – verschlossen bleibt und Bewohner nicht die Möglichkeit haben, hinauszugelangen.

Insbesondere bei den letzten beiden Beispielen handelt es sich nicht um freiheitsentziehende Unterbringungen. Denn die Freiheit wird nicht über einen längeren Zeitraum entzogen, sondern insbesondere im letzten Fall nur zeitweise. Dass dies wiederkehrend geschieht, ist für die Beurteilung als freiheitsentziehende Maßnahme unerheblich.

Eine ebenso wirksame Begrenzung des Betreuten auf einen sehr eng begrenzten Bereich besteht in der Verwendung von Medikamenten (Psychopharmaka), die auf den natürlichen Willen, eine räumliche Bewegung vorzunehmen oder sonst seine Freiheit zu betätigen, zielgerichtet Einfluss nehmen.[112] Das verabreichte Medikament muss allerdings gerade den Zweck verfolgen, den Betreuten am Verlassen des Aufenthaltsorts zu hindern. Die Hinderung am Verlassen des Aufenthaltsortes darf nicht nur lediglich Nebenfolge eines aus sonstigen, insbesondere therapeutischen Gründen verordneten Medikaments sein.[113] 105

---

[106] *Schwab* in: MünchKomm-BGB, § 1906 Rn. 47; *Zimmermann* in: Damrau/Zimmermann, Betreuungsrecht, 4. Aufl. 2011, § 1906 Rn. 86.

[107] OLG Düsseldorf v. 29.07.1994 - 3 Wx 406/94 - FamRZ 1995, 118-119; BayObLG München v. 06.05.1993 - 3Z BR 79/93 - MDR 1993, 649; AG Hannover v. 05.05.1992 - 62 XVII L 8 - BtPrax 1992, 113-115; a.A. jetzt ohne hinreichende Auseinandersetzung mit dem Zweck der Norm AG Kiel v. 02.02.2011 - 2 XVII K 1043.

[108] OLG Karlsruhe v. 07.02.2008 - 19 Wx 44/07.

[109] Einschränkend insofern *Schwab* in: MünchKomm-BGB, § 1906 Rn. 38 (Bewegungsfreiheit).

[110] BayObLG München v. 06.05.1993 - 3Z BR 79/93 - MDR 1993, 649.

[111] AG Stuttgart-Bad Cannstatt v. 21.09.1995 - GR 191/95 - BtPrax 1996, 35-36; LG Ulm v. 11.06.2010 - 3 T 49/10.

[112] OLG Düsseldorf v. 29.07.1994 - 3 Wx 406/94 - FamRZ 1995, 118-119; OLG Hamm v. 08.01.1997 - 15 W 398/96 - FGPrax 1997, 64-65.

[113] OLG Hamm v. 08.01.1997 - 15 W 398/96 - juris Rn. 10 - FGPrax 1997, 64-65.

106 Neben diesen räumlichen Beschränkungen fallen auch Freiheitsbeschränkungen unter § 1906 Abs. 4 BGB, die ihrem Wesen nach nicht räumlich wirken. Dazu gehört z.B. das Recht des Betreuten, seinen Umgang selbst zu bestimmen oder sein Recht auf informationelle Selbstbestimmung. Eine Maßnahme des Betreuers mit dem Ziel, die Freiheit des Betreuten in dieser Hinsicht einzuschränken, unterliegt den in Absatz 1 genannten Voraussetzungen ebenso wie dem Genehmigungsvorbehalt durch das Betreuungsgericht. Dies folgt schon aus dem Wortlaut des Absatzes 4, der nicht auf eine bloße räumliche Freiheitsbeschränkung abhebt.

7. Zeitraum

107 Eine freiheitsbeschränkende Maßnahme, die den Voraussetzungen des Absatzes 4 unterfällt, muss über einen längeren Zeitraum oder regelmäßig angewandt werden.

108 Ein längerer Zeitraum ist anzunehmen, wenn eine Maßnahme über mehrere Tage angelegt ist und deren Beendigung nach dem Krankheitsbild in naher Zukunft nicht zu erwarten ist.[114] Der gesetzliche Begriff des längeren Zeitraumes ist kaum konkreter zu definieren.[115] Jegliche zeitliche Vorgabe trägt das Verdikt der Willkürlichkeit in sich. Da der Gesetzgeber keine Frist genannt hat, ist auf die Schwere des Eingriffs im Einzelfall abzustellen.[116] Je einschneidender die Wirkung der freiheitsbeschränkenden Maßnahme, desto kürzer die Zeitdauer, unter der die Maßnahme ohne Genehmigung zulässig ist. Kurzfristige Fesselungen von wenigen Stunden, etwa aufgrund postoperativer Unruhezustände, fallen demnach nicht unter den Genehmigungsvorbehalt.

109 Regelmäßig erfolgt eine freiheitsentziehende Maßnahme, wenn sie stets zur selben Zeit oder aus einem regelmäßig wiederkehrenden Anlass erfolgt (Einsperren oder Fesselung immer, wenn der Betreute des Nachts unruhig wird).[117] Auch ungeplante Wiederholungen lösen die Genehmigungspflicht aus.[118]

8. Erforderlichkeit

110 Freiheitsentziehende Maßnahmen nach Absatz 4 unterliegen grundsätzlich dem Gebot der Erforderlichkeit.[119] Dabei ist zu beachten, dass insbesondere durch geeignete Trainings- und Schulungsmaßnahmen des Pflegepersonals der Einsatz von körperlichen Maßnahmen oder Psychopharmaka reduziert werden kann, ohne dass eine Selbstgefährdung des Betreuten befürchtet werden muss.[120] Alternativen können z.B. bestehen in der Verwendung von Schutzhosen bzw. Hüftprotektoren oder Sturzhelmen, Einsatz von geteilten Bettgittern, die die Möglichkeit bestehen lassen, das Bett eigenständig zu verlassen, Einsatz von Bettalarmsystemen, Einsatz absenkbarer Betten im Zusammenhang mit schockabsorbierenden Fußbodenbelägen[121], Bettnest (Matratze am Boden, umgeben von zusätzlichen Polstern)[122], Niedrigbett[123], Schaffung ausreichender Lichtquellen oder automatischer Lichtregulation, tagesstrukturierende Maßnahmen mit regelmäßiger Ansprache und Orientierungshilfe, Verwendung von Personensuchsystemen, Ermöglichung nächtlicher Aktivitäten.[124] Die aufgeführten Beispiele mögen zwar generell geeignet sein, in nicht wenigen Fällen die Erforderlichkeit einer freiheitsentziehenden Maßnahme verneinen zu können. In der Praxis jedoch dürften Personal- und Ausstattungsdefizite in Anstalten oder Heimen vielfach dazu führen, die Erforderlichkeit bejahen zu müssen, auch wenn bei optimalem Einsatz aller möglichen Mittel die freiheitsentziehende Maßnahme abgewendet werden könnte. Denn grundsätzlich ist die Frage der Erforderlichkeit einer Maßnahme nicht am optimalen oder wünschenswerten Ausstattungsstand einer Einrichtung zu orientieren, sondern unter Beachtung der tatsächlichen Gegebenheiten.

---

[114] *Marschner* in: Jürgens, Betreuungsrecht, 4. Aufl. 2010, § 1906 Rn. 40.
[115] *Schwab* in: MünchKomm-BGB, § 1906 Rn. 42.
[116] *Zimmermann* in: Damrau/Zimmermann, Betreuungsrecht, 3. Aufl. 2001, § 1906 Rn. 75.
[117] *Zimmermann* in: Damrau/Zimmermann, Betreuungsrecht, 3. Aufl. 2001, § 1906 Rn. 76.
[118] *Marschner* in: Jürgens, Betreuungsrecht, 4. Aufl. 2010, § 1906 Rn. 40.
[119] AG Frankfurt v. 29.11.2012 - 49 XVII HOF 3023/11.
[120] *Walther*, BtPrax 2006, 8-12, 9.
[121] AG Garmisch-Partenkirchen v. 21.02.2008 - XVII 57/08.
[122] AG Frankfurt v. 11.05.2011 - 49 XVII HIL 3568/10.
[123] AG Frankfurt v. 11.05.2011 - 49 XVII HIL 3568/10.
[124] Im Einzelnen vgl. hierzu *Walther*, BtPrax 2006, 8-12.

III. Freiheitsentziehung durch Bevollmächtigte (Absatz 5)

Zu der Anordnung einer freiheitsentziehenden Unterbringung oder einer sonstigen freiheitsentziehenden Maßnahme ist nach dem ausdrücklichen Willen des Gesetzgebers nicht nur ein bestellter Betreuer befugt. Dieselben Möglichkeiten soll auch ein entsprechend bevollmächtigter Vertreter des Unterzubringenden haben. Für ihn sollen im Übrigen dieselben rechtlichen Voraussetzungen gelten.[125] Der Gesetzgeber stellt damit Betreuung und Bevollmächtigung auch im Bereich der Freiheitsentziehung gleich.

Grundsätzlich gelten für die Vollmachtserteilung zunächst die allgemeinen Regeln (vgl. hierzu auch die Kommentierung zu § 1896 BGB Rn. 47). Nach § 1906 Abs. 5 Satz 1 BGB ist aber nicht jede Vollmacht ausreichend, um auf dieser Grundlage die Unterbringung anordnen zu können. Die Vorschrift normiert Mindestvoraussetzungen, die eine hierzu berechtigende Vollmacht enthalten muss.

1. Schriftform

Die Vollmacht muss schriftlich abgefasst sein. Hierin liegt ein gesetzliches Formerfordernis im Sinne des § 126 BGB. Eine bloß mündliche Bevollmächtigung – auch wenn dies unter Zeugen erfolgt – genügt nicht.

Fehlt es an der Erfüllung dieses Formerfordernisses, so ist die Vollmacht nichtig (§ 125 BGB). Im Genehmigungsverfahren spielt dieser Umstand aber eine geringere Rolle. Die Genehmigung einer Unterbringung oder unterbringungsähnlichen Maßnahme wäre in diesem Fall zu verweigern.

2. Inhaltliche Anforderungen

Die schriftliche Vollmacht muss die freiheitsentziehenden Maßnahmen, zu denen sie ermächtigen soll, ausdrücklich umfassen. Es handelt sich um eine inhaltliche Voraussetzung der Vollmacht, bei deren Nichtvorliegen die Voraussetzungen für ein Handeln des Bevollmächtigten nicht gegeben sind.[126]

Um in der Praxis diese Voraussetzung zu erfüllen, empfiehlt es sich, den genauen Wortlaut der Vorschrift in den Vollmachttext aufzunehmen.[127] Die Vollmacht sollte den Bevollmächtigten ausdrücklich ermächtigen zur

- Unterbringung des Vollmachtgebers, die mit Freiheitsentziehung verbunden ist
- sowie zur Entscheidung über den Einsatz von mechanischen Vorrichtungen, Medikamenten oder anderen Mitteln, durch die dem Vollmachtgeber die Freiheit über einen längeren Zeitraum oder regelmäßig entzogen werden soll.

Die Vollmacht muss sich allerdings inhaltlich nicht zwingend auf sämtliche freiheitsentziehende Maßnahmen erstrecken. Wird die Vollmacht aber begrenzt, so ist im Vollmachttext hinreichend deutlich zu machen, welche Arten der Freiheitsentziehung von dem Vertretungsrecht umfasst sein sollen.

3. Mehrere Bevollmächtigte

Die Vollmacht kann auch mehreren gegenüber erteilt werden. Hier ist es wichtig, dass der Vollmachtgeber hinreichend deutlich werden lässt, ob die ausgewählten Vertreter jeder für sich vertretungsbefugt (Einzelvertretung) sein sollen oder ob sie nur gemeinschaftlich die Vertretung wahrnehmen sollen (Gesamtvertretung).

IV. Betreuungsgerichtliche Genehmigung (Absatz 2)

Der betreuungsgerichtliche Genehmigungsvorbehalt gilt gleichermaßen sowohl für alle freiheitsentziehenden Unterbringungen und sonstigen freiheitsentziehenden Maßnahmen, gleichgültig ob sie durch den Betreuer oder im Rahmen einer Stellvertretung durch den Bevollmächtigten angeordnet wurden. In jedem Fall ist grundsätzlich vor der Anordnung der Maßnahme die Genehmigung des Betreuungsgerichts zu beantragen und dessen Entscheidung abzuwarten.

---

[125] Vgl. hierzu z.B. BayObLG München v. 31.01.2003 - 3Z AR 2/03.
[126] *Schwab* in: MünchKomm-BGB, § 1906 Rn. 124.
[127] LG Hamburg v. 12.07.1999 - 301 T 222/99 - BtPrax 1999, 243-244; *Schwab* in: MünchKomm-BGB, § 1906 Rn. 126.

1. Genehmigungskriterien (Absatz 2 Satz 1)

120 Die Kriterien, unter denen das Gericht die Genehmigung erteilt, sind nicht näher beschrieben. Das Betreuungsgericht hat die Betreuerentscheidung zur Unterbringung auf ihre Rechtmäßigkeit hin zu überprüfen. Die Genehmigung ist dann allerdings zu erteilen, wenn die Voraussetzungen der Unterbringung vorliegen, insbesondere die Maßnahme auch verhältnismäßig ist.

2. Genehmigungsfrist

121 Die Höchstfrist, für die die Genehmigung einer freiheitsentziehenden Unterbringung erteilt werden darf, beträgt gemäß § 329 Abs. 1 FamFG grundsätzlich ein Jahr. Nur bei offensichtlich langer Unterbringungsbedürftigkeit darf die Unterbringung ausnahmsweise für einen Zeitraum von bis zu zwei Jahren genehmigt werden. Ein solcher Ausnahmefall setzt eine ausreichende Begründung innerhalb der Genehmigungsentscheidung voraus.

122 Die Genehmigungsfrist beginnt grundsätzlich im Zeitpunkt der Erstellung des Gutachtens, das die Dauer der medizinisch notwendigen Unterbringung festlegt.[128] Dieser Zeitpunkt soll auch dann gelten, wenn bei einer zwei Monate nach Erstellung des Gutachtens stattfindenden Anhörung des Betreuten eine Psychologin den weiteren Bedarf einer Unterbringung auf ca. ein halbes Jahr schätzt.[129]

123 Das Gericht kann durch weiteren Beschluss die Unterbringung über den zunächst festgelegten Zeitpunkt hinaus verlängern (§ 329 Abs. 2 FamFG). Für eine solche Verlängerung gelten sowohl die allgemeinen Unterbringungsvoraussetzungen als auch die für einen Erstbeschluss maßgeblichen Verfahrensregeln.

124 Für vorläufige Unterbringungsmaßnahmen gelten kürzere Fristen. Eine im Wege der einstweiligen Anordnung genehmigte oder angeordnete Unterbringung darf die Zeitdauer von sechs Wochen nicht überschreiten (§ 333 Satz 1 FamFG). Eine Verlängerung ist – nach Anhörung eines Sachverständigen – nur bis zur Gesamtdauer von drei Monaten zulässig (§ 333 Satz 2 FamFG).

3. Ausnahmen vom Genehmigungsvorbehalt

a. Gefahr in Verzug (Absatz 2 Satz 2)

125 Die Notwendigkeit einer vorherigen gerichtlichen Genehmigung entfällt, wenn wegen der Eilbedürftigkeit der Maßnahme die Einholung der Genehmigung nicht zeitgerecht möglich ist. Der Betreuer hat hier die Möglichkeit, die Unterbringung bereits vor einer gerichtlichen Genehmigung anzuordnen. Die Genehmigung ist in diesem Fall nachträglich herbeizuführen.

b. Einwilligung des Betreuten

126 Gänzlich entfallen kann das Genehmigungserfordernis, wenn der Betreute in die Maßnahme wirksam eingewilligt hat.[130] Die Einwilligung soll wirksam sein, wenn der Betreute die Tragweite seiner Entscheidung erkennen kann. In diesen Fällen dürfte es regelmäßig bereits an einem Grund für die Übertragung der Bestimmungsbefugnis hinsichtlich der Unterbringung auf einen Dritten fehlen.

c. Bewegungsunfähigkeit des Betreuten

127 Ist der Betreute vollkommen bewegungsunfähig (z.B. Wachkoma), ist die Anbringung eines Bettgitters nicht genehmigungspflichtig.[131] Die Anbringung eines Bettgitters dient hier in der Praxis vorwiegend zur Sicherung des Patienten vor unbeabsichtigtem Herausfallen im Zusammenhang mit der Durchführung von Pflegeleistungen.

V. Beendigung der Unterbringung vor Ablauf der Genehmigungsfrist (Absatz 3)

128 Der Betreuer ist verpflichtet, die Unterbringung zu beenden, sobald deren Voraussetzungen weggefallen sind. Es handelt sich um eine echte Rechtspflicht. Dabei ist unerheblich, für welchen Zeitraum die Unterbringung genehmigt wurde. Auch wenn dieser Zeitraum noch nicht abgelaufen, die Voraussetzungen der Unterbringung aber zwischenzeitlich weggefallen sind, hat der Betreuer die Entlassung des Betreuten zu veranlassen. Beendet der Betreuer trotz Wegfalls ihrer Voraussetzungen die Unterbringung nicht, handelt er rechtswidrig.[132]

---

[128] OLG München v. 13.11.2006 - 33 Wx 214/06.
[129] OLG München v. 13.11.2006 - 33 Wx 214/06.
[130] BayObLG München v. 14.02.1996 - 3Z BR 15/96 - juris Rn. 9 - BayObLGZ 1996, 34-36.
[131] AG Frankfurt v. 11.05.2011 - 49 XVII HIL 3568/10.
[132] *Hoffmann* in: Bienwald/Sonnenfeld/Hoffman, Betreuungsrecht, 5. Aufl. 2011, § 1906 Rn. 223.

Der Betreuer hat dem Gericht die Beendigung der Unterbringung anzuzeigen. Das Gericht ist nach 129
§ 330 Satz 1 FamFG verpflichtet, daraufhin unverzüglich die Genehmigung zur Unterbringung aufzuheben.

D. Verfahren

Es gelten grundsätzlich die allgemeinen betreuungsrechtlichen Verfahrensregeln (vgl. hierzu die Kommentierung zu § 1896 BGB), die vielfach aber in Unterbringungssachen ergänzt bzw. abgeändert sind (§§ 312 ff. FamFG). Hinsichtlich der einzelnen Verfahrensvoraussetzungen ist zu unterscheiden, ob die Unterbringungsgenehmigung im Hauptsacheverfahren oder im Rahmen einer Eilmaßnahme erfolgt. 130

I. Genehmigungsverfahren (freiheitsentziehende Unterbringung)

1. Verfahrenseinleitung

Das zivilrechtliche Unterbringungsverfahren setzt grundsätzlich zumindest eine entsprechende Anregung des Betreuers oder des Bevollmächtigten voraus. Nach einhelliger Meinung ist ein förmlicher Antrag nicht notwendig.[133] Der Betreuer oder Bevollmächtigte muss aber gegenüber dem Gericht deutlich machen, dass er die Genehmigung einer Unterbringung beabsichtigt und wünscht.[134] 131

Auf einen alleinigen Antrag der Betreuungsbehörde darf eine Genehmigung nicht erteilt werden.[135] 132

2. Zuständigkeit

Ausschließlich zuständig sind in dieser Prioritätenfolge folgende Gerichte: 133
- das Betreuungsgericht (§ 313 Abs. 1 Ziff. 1 FamFG)
  - bei dem ein Betreuungsverfahren eingeleitet ist,
  - bei dem die Betreuung geführt wird,
- das Gericht, in dessen Bezirk der Betroffene seinen gewöhnlichen Aufenthalt hat (§ 313 Abs. 1 Ziff. 2 FamFG),
- das Gericht, in dessen Bezirk das Bedürfnis für eine Unterbringung auftritt (§ 313 Abs. 1 Ziff. 3 FamFG),
- das AG Schöneberg, wenn der Betroffene Deutscher ist (§ 313 Abs. 1 Ziff. 4 FamFG).

Ein danach eigentlich zuständiges Gericht kann das Verfahren an das Gericht abgeben, in dessen Bezirk der Betroffene sich aufhält, falls die Unterbringungsmaßnahme dort vollzogen werden soll. Die Abgabe setzt voraus, dass das Gericht, an das abgegeben werden soll, dieser Abgabe zustimmt (§ 314 FamFG). 134

Für die Durchführung des Verfahrens und die Erteilung der Genehmigung ist der Richter beim örtlich zuständigen Betreuungsgericht funktionell zuständig (Art 104 Abs. 2 GG). 135

3. Verfahrensfähigkeit

Der Betroffene ist in Unterbringungsverfahren stets verfahrensfähig (§ 316 FamFG). 136

4. Anhörung

a. Anhörung des Betreuten

Den Betreuten, der untergebracht werden soll, hat das Gericht grundsätzlich anzuhören und sich einen unmittelbaren persönlichen Eindruck zu verschaffen (§ 319 Abs. 1 Satz 1 FamFG). Die Anhörung soll auch dem Zweck dienen, den Betreuten über den Verfahrensgang zu informieren. 137

Ist die Anhörung im Einzelfall nicht möglich, hat das Gericht sich gleichwohl einen unmittelbaren persönlichen Eindruck von dem Betreuten zu verschaffen. 138

Die Anhörung soll in der üblichen Umgebung des Betroffenen stattfinden (§ 319 Abs. 1 Satz 2 FamFG). 139

---

[133] Anders noch LG Hildesheim v. 20.08.1993 - 5 T 442/93 - BtPrax 1993, 210-211.
[134] BayObLG München v. 15.09.1999 - 3Z BR 221/99 - juris Rn. 18 - NJW-RR 2000, 524-526; BayObLG München v. 10.02.1994 - 3Z BR 15/94 - BtPrax 1994, 98-99.
[135] BayObLG München v. 04.09.2002 - 3Z BR 132/02 - RuP 2003, 99.

140 Grundsätzlich hat der zur Entscheidung über die Genehmigung berufene Richter die Anhörung in eigener Person durchzuführen (§ 319 Abs. 4 FamFG). Die Anhörung soll nicht vom ersuchten Richter im Wege der Rechtshilfe vorgenommen werden. Die Anhörung durch einen ersuchten Richter kann sich daher nur auf besondere Ausnahmefälle beschränken, ist dann aber ausreichend.[136]

141 Das Betreuungsgericht kann den Betroffenen ggf. durch die zuständige Behörde zu einer Anhörung vorführen lassen (§ 319 Abs. 5 FamFG). Voraussetzung ist allerdings, dass der Betroffene sich weigert, an einer Anhörung teilzunehmen. Das Gericht hat aus Gründen der Verhältnismäßigkeit mehrere Versuche zu unternehmen, um den Betroffenen zu einer freiwilligen Teilnahme an einer Anhörung zu bewegen.

b. Anhörung Dritter

142 Bei der Anhörung Dritter unterscheidet das Verfahrensrecht drei Gruppen:
- diejenigen, die zwingend angehört werden müssen,
- der Betreuungsbehörde,
- denjenigen, die am Verfahren beteiligt werden können.

143 Zwingend anzuhören sind
- der Betreuer (§ 320 Satz 1 i.V.m. § 315 Abs. 1 Ziff. 2 FamFG),
- bzw. der (Vorsorge-)Bevollmächtigte (§ 320 Satz 1 i.V.m. § 315 Abs. 1 Ziff. 3 FamFG),
- der Verfahrenspfleger (§ 320 Satz 1 i.V.m. § 315 Abs. 2 FamFG).

144 Die zuständige Betreuungsbehörde soll im Verfahren angehört werden (§ 320 Satz 2 FamFG). Der Betreuungsbehörde wird daher im Regelfall Gelegenheit zur Äußerung gegeben werden müssen.

145 Die Betreuungsbehörde ist in jedem Fall auf ihren eigenen Antrag hin anzuhören (§ 320 Satz 1 i.V.m. § 315 Abs. 3 FamFG).

146 Das Gericht hat sonstige Dritte anzuhören, soweit sie im Verfahren beteiligt sind. Gemäß § 320 Satz 1 i.V.m. § 315 Abs. 4 FamFG sind dies:
- der Ehegatte oder Lebenspartner, der nicht dauerhaft getrennt vom Betroffenen lebt,
- Eltern und Kinder, soweit der Betroffene bei ihnen lebt oder bei Einleitung des Unterbringungsverfahrens bei ihnen gelebt hat,
- Pflegeeltern,
- der Leiter der Einrichtung, in der der Betroffene lebt.

147 Die Aufzählung ist nicht abschließend. Der Zweck der Sachaufklärung kann es gebieten, weitere Personen anzuhören.[137]

148 Die nach dem Gesetz im Einzelnen bezeichneten Personen unterliegen keiner Verpflichtung zur Äußerung, das Gericht hat ihnen nur die Gelegenheit zu geben, sich im Verfahren zu äußern. Die Form der Anhörung liegt im Ermessen des Gerichts.[138]

5. Verfahrenspfleger

a. Bestellung

149 Das Gericht hat für den Betreuten grundsätzlich einen Verfahrenspfleger zu bestellen, soweit dies erforderlich erscheint (§ 317 Abs. 1 Satz 1 FamFG). Der Verfahrenspfleger hat die Aufgabe, den Betreuten fachkundig zu vertreten und zu beraten.[139] Erforderlich ist danach die Bestellung eines Verfahrenspflegers immer schon, wenn der Betreute wegen fehlender Sachkunde auf fachkundige Beratung angewiesen oder nicht in der Lage ist, seine Interessen sachgerecht zu vertreten. Die Bestellung eines Verfahrenspflegers dürfte demnach nur in Ausnahmefällen entbehrlich sein.

150 Zwingend vorgeschrieben hat der Gesetzgeber die Bestellung eines Verfahrenspflegers in den Fällen, in denen von der persönlichen Anhörung des Betreuten abgesehen werden soll (§ 317 Abs. 1 Satz 2 FamFG).[140] Ein Absehen von der persönlichen Anhörung ist nach § 34 Abs. 2 FamFG zulässig, wenn dem Betreuten von der Anhörung erhebliche gesundheitliche Nachteile entstehen würden oder er nach dem unmittelbaren Eindruck des Gerichts nicht in der Lage ist, seinen Willen kundzutun. Letzteres ist

---

[136] BGH v. 14.12.2011 - XII ZB 171/11.
[137] Für das alte Verfahrensrecht: *Schwab* in: MünchKomm-BGB, § 1906 Rn. 84.
[138] BT-Drs. 11/4528, S. 184.
[139] BT-Drs. 11/4528, S. 93.
[140] OLG München v. 27.06.2006 - 33 Wx 89/06, 33 Wx 089/06.

der Fall, wenn eine sachbezogene Anhörung nicht möglich sein wird.[141] Gerade letzterer Aspekt macht deutlich, dass die Bestellung eines Verfahrenspflegers immer zwingend ist, soweit der Betreute selbst nicht vollständig am Verfahren beteiligt werden kann.

Nicht erforderlich ist die Bestellung eines Verfahrenspflegers, wenn der Betreute selbst bereits einen Verfahrensbevollmächtigten (z.B. einen Rechtsanwalt) gewählt hat (§ 317 Abs. 4 FamFG). Ist bereits ein Verfahrenspfleger bestellt, so ist seine Bestellung aufzuheben. 151

Nicht erforderlich ist die Bestellung eines Verfahrenspflegers außerdem, wenn das Gericht die Genehmigung versagen will.[142] 152

b. Rechtsbehelfe

Gegen den Beschluss, durch den ein Verfahrenspfleger bestellt wird, ist ein Rechtsbehelf nicht zulässig (§ 317 Abs. 6 FamFG). 153

Gleiches gilt für die Aufhebung einer bereits erfolgten Bestellung oder die Ablehnung der Bestellung. 154

c. Dauer der Bestellung

Die Bestellung eines Verfahrenspflegers endet automatisch mit dem Abschluss des Unterbringungsverfahrens (§ 317 Abs. 5 FamFG). Das kann der rechtskräftige Abschluss des Verfahrens sein oder eine sonstige Beendigung. In diesen Fällen bedarf es keines förmlichen Aufhebungsbeschlusses durch das Betreuungsgericht. 155

Die Bestellung endet außerdem, falls das Betreuungsgericht die Bestellung des Verfahrenspflegers ausdrücklich aufhebt ((§ 317 Abs. 5 FamFG). 156

6. Sachverständigengutachten

a. Notwendigkeit eines Sachverständigengutachtens

Der Genehmigung einer Unterbringungsmaßnahme muss stets ein Sachverständigengutachten zugrunde liegen (§ 321 Abs. 1 FamFG).[143] 157

Ein bloßes ärztliches Attest genügt nicht. Auch besondere Erfahrungen des erkennenden Richters machen ein Sachverständigengutachten nicht entbehrlich. 158

b. Information des Betreuten vor Untersuchung

Dem Betreuten sind vor seiner Untersuchung durch den Sachverständigen dessen Ernennung und der Zweck der Untersuchung bekanntzugeben.[144] Dies ist Ausdruck einer notwendigen Transparenz des Verfahrens und der Würdigung des Betreuten als Subjekt und nicht lediglich eines Objektes des Verfahrens. Im Übrigen kann nur so der Betreute wirksam von einem Ablehnungsrecht Gebrauch machen (§ 30 Abs. 1 FamFG i.V.m. § 406 ZPO).[145] 159

c. Wahl des Sachverständigen

Der Sachverständige soll grundsätzlich ein Facharzt für Psychiatrie sein. In jedem Fall muss es sich aber um einen Arzt handeln, der Erfahrung auf dem Gebiet der Psychiatrie mitbringt (§ 321 Abs. 1 Satz 4 FamFG). Die Qualifikation eines Arztes, der nicht Facharzt für Psychiatrie ist, muss das Gericht in der Entscheidung begründen.[146] Ein pauschaler Hinweis auf die Selbsteinschätzung des Sachverständigen genügt dabei nicht.[147] Ist der Sachverständige nicht hinreichend qualifiziert, so darf sein Gutachten nicht verwertet werden.[148] 160

Grundsätzlich ist das Gericht frei in der Wahl der Person des Sachverständigen. Es kann sich deshalb auch um einen Mediziner handeln, der in der Einrichtung, in der der Betroffene untergebracht werden soll, tätig ist. Es kann auch der behandelnde Arzt sein.[149] 161

---

[141] OLG München v. 27.06.2006 - 33 Wx 89/06, 33 Wx 089/06.
[142] BayObLG München v. 14.02.1996 - 3Z BR 15/96 - BayObLGZ 1996, 34-36.
[143] BGH v. 14.12.2011 - XII ZB 171/11.
[144] BGH v. 15.09.2010 - XII ZB 383/10.
[145] BGH v. 15.09.2010 - XII ZB 383/10.
[146] BGH v. 15.09.2010 - XII ZB 383/10; BayObLG München v. 04.02.1993 - 3Z BR 11/93 - MDR 1993, 545-546; BayObLG München v. 10.02.1994 - 3Z BR 15/94 - BtPrax 1994, 98-99.
[147] BGH v. 15.09.2010 - XII ZB 383/10.
[148] BGH v. 15.09.2010 - XII ZB 383/10.
[149] BGH v. 18.05.2011 - XII ZB 47/11.

§ 1906

162 Ein Verwertungsverbot soll nach Auffassung des BGH[150] nicht bestehen, wenn der behandelnde Arzt, der als Sachverständiger bestellt wurde, nicht von seiner **Verschwiegenheitspflicht** entbunden wurde.

163 Will das Betreuungsgericht die Unterbringung eines Betreuten jedoch über eine Gesamtdauer von vier Jahren hinaus verlängern, so soll das Gericht keinen Sachverständigen bestellen, der den Betroffenen bisher behandelt oder begutachtet hat oder in der Einrichtung tätig ist, in der der Betroffene untergebracht ist.[151]

d. Mitteilung des Inhalts des Gutachtens

164 Ein eingeholtes Sachverständigengutachten muss dem Betreuten im Zeitpunkt der Anhörung zur Kenntnis gebracht worden sein oder ihm zur Einsichtnahme zur Verfügung stehen. Ist ein Verfahrenspfleger bestellt, so ist diesem das Gutachten vor der Entscheidung auszuhändigen. Denn der Anspruch des Betreuten auf rechtliches Gehör umfasst, dass ihm ein schriftliches Gutachten, das verwertet werden soll, in der Regel rechtzeitig vor der Anhörung in vollem Umfang zur Verfügung gestellt wird. Soll davon ausnahmsweise aus dringenden medizinischen Gründen abgesehen werden, ist das rechtliche Gehör des Betreuten nur ausreichend gewahrt, wenn ein Verfahrensbevollmächtigter oder -pfleger das Gutachten rechtzeitig schriftlich erhalten hat und vor Erlass der Entscheidung hierzu Stellung nehmen kann.[152]

e. Inhalt des Gutachtens

165 Das Gutachten soll dem Gericht eine nachprüfbare und nachvollziehbare Grundlage für seine Entscheidung geben. Es muss den allgemeinen Voraussetzungen, die an den Inhalt eines Gutachtens gestellt werden, entsprechen.

166 Das Sachverständigengutachten muss nach Ansicht des BGH nicht zwingend **schriftlich** erfolgen, wenn auch eine schriftliche Begutachtung vielfach in Anbetracht des schwerwiegenden Grundrechtseingriffs angezeigt erscheinen dürfte. Jedenfalls aber müsse das Gutachten namentlich Art und Ausmaß der Erkrankung im Einzelnen anhand der Vorgeschichte, der durchgeführten Untersuchung und der sonstigen Erkenntnisse darstellen und wissenschaftlich begründen.[153] Das Sachverständigengutachten ist ein zentraler Baustein im Unterbringungsrecht. Dies zwingt m.E. dazu, hier eine Schriftlichkeit zwingend einzufordern. Ansonsten werden die Rechte des Betreuten gerade im Rechtsbehelfsverfahren beschränkt.

167 Analog § 280 Abs. 3 FamFG ist vorauszusetzen, dass sich das Gutachten auf folgende Bereiche erstreckt:
- das Krankheitsbild einschließlich der Krankheitsentwicklung,
- die durchgeführten Untersuchungen und die ihnen zugrunde liegenden Forschungserkenntnisse,
- den körperlichen und psychiatrischen Zustand des Betroffenen.

168 Nach dem Willen des Gesetzgebers (§ 321 Abs. 3 FamFG) ist zusätzlich erforderlich, dass
- das Gutachten zu der erforderlichen Dauer der Unterbringung Stellung nimmt.

169 Nach der Rechtsprechung[154] sind des Weiteren zusätzlich folgende Inhalte erforderlich:
- Aussagen dazu, ob der Betreute gehindert ist, seinen Willen in Bezug auf die geschlossene Unterbringung selbst zu bestimmen;
- Erörterung von Alternativen zur Unterbringung[155];
- Stellungnahme zu der Frage, ob dem Betreuten das Gutachten und die Entscheidungsgründe zugänglich gemacht werden sollen.

f. Rechtsbehelf gegen Einholung eines Gutachtens

170 Die Anordnung der Einholung eines solchen Gutachtens stellt ebenso wie die Einholung eines Gutachtens zur Erforderlichkeit der Betreuung nach § 68b Abs. 1 Satz 1 FGG eine Zwischenverfügung dar. Solche Verfügungen sind nach der Rechtsprechung des Senats grundsätzlich nicht der Beschwerde nach § 19 FGG unterworfen. Sie sind nur anfechtbar, wenn die angeordnete Maßnahme unmittelbar in

---

[150] BGH v. 15.09.2010 - XII ZB 383/10.
[151] BayObLG München v. 30.11.2004 - 3Z BR 222/04 - BtPrax 2005, 68-69.
[152] OLG München v. 27.06.2006 - 33 Wx 89/06, 33 Wx 089/06.
[153] BGH v. 15.09.2010 - XII ZB 383/10.
[154] OLG Düsseldorf v. 19.05.1993 - 3 Wx 500/92 - BtPrax 1993, 175-176; BayObLG München v. 16.12.1994 - 3Z BR 308/94 - EzFamR aktuell 1995, 97-98.
[155] Vgl. BGH v. 14.12.2011 - XII ZB 171/11 (Verelendung).

die Rechte des Betroffenen eingreift, insbesondere von ihm ein bestimmtes Verhalten verlangt, und zwar in so erheblicher Weise, dass ihre selbständige Anfechtbarkeit geboten ist.[156]

7. Entscheidungsinhalte

a. Allgemeine Inhalte

Der Beschluss, mit dem eine Unterbringung genehmigt wird, muss mindestens folgende Inhalte aufweisen: 171
- die Bezeichnung des Betreuten,
- die nähere Bezeichnung der Unterbringungsmaßnahme (§ 323 Ziff. 1 FamFG),
- der Zeitpunkt, zu dem die Unterbringungsmaßnahme endet (§ 323 Ziff. 2 FamFG),
- die Rechtsmittelbelehrung.

b. Besondere Entscheidungsinhalte

Mit der Unterbringungsentscheidung können die im Folgenden aufgeführten weiteren Entscheidungen verbunden werden. 172

aa. Anordnung der sofortigen Wirksamkeit

Die Wirksamkeit einer Entscheidung, durch die eine Unterbringungsmaßnahme genehmigt wird, tritt erst mit deren Rechtskraft ein. Sollen vor Fristablauf Unterbringungsmaßnahmen durchgeführt werden, so setzt dies die Anordnung der sofortigen Wirksamkeit im Unterbringungsbeschluss voraus. 173

Im Fall der Anordnung der sofortigen Wirksamkeit (§ 324 Abs. 2 FamFG) wird der Unterbringungsbeschluss wirksam, wenn der Beschluss und die Anordnung seiner sofortigen Wirksamkeit 174
- dem Betroffenen, dem Verfahrenspfleger, dem Betreuer oder dem Bevollmächtigten im Sinne des § 1896 Abs. 2 Satz 2 des Bürgerlichen Gesetzbuchs bekannt gegeben werden,
- einem Dritten zum Zweck des Vollzugs des Beschlusses mitgeteilt werden,
- der Geschäftsstelle des Gerichts zum Zweck der Bekanntgabe übergeben werden.

Der Zeitpunkt der sofortigen Wirksamkeit ist auf dem Beschluss zu vermerken. 175

Die Anordnung der sofortigen Wirksamkeit ist nur zulässig bei Gefahr in Verzug. Diese Voraussetzung liegt regelmäßig vor, wenn die Unterbringung bereits erfolgt ist oder die Unterbringung im Wege einer vorläufigen Maßnahme angeordnet ist oder diese angeordnet werden soll. 176

bb. Gestattung der Gewaltanwendung

Der Betreuer darf bei der Zuführung zur Unterbringung grundsätzlich keine Gewalt gegen den Betreuten anwenden. 177

§ 326 Abs. 2 FamFG bestimmt insofern, dass nur die zuständige Behörde, die den Betreuer auf dessen Wunsch bei der Zuführung zur Unterbringung unterstützt, berechtigt ist, Gewalt anzuwenden. Diese Befugnis setzt aber die Gestattung durch das Betreuungsgericht voraus. Hat das Betreuungsgericht die Gewaltanwendung gestattet, so kann die zuständige Behörde ggf. die Unterstützung der Vollzugspolizei nachzusuchen (§ 326 Abs. 2 Satz 2 FamFG). 178

Die Gestattung zur Gewaltanwendung wird häufig regelhaft mit der Entscheidung über die Unterbringung verbunden. Richtigerweise hat das Gericht allerdings zu prüfen, ob die Gewaltanwendung dem Wohl des Betreuten nicht zuwiderläuft. Ebenso ist die Erforderlichkeit einer solchen Gestattung und deren Verhältnismäßigkeit zu prüfen. 179

cc. Betreten der Wohnung

Das Betreten der Wohnung des Betroffenen ist nur mit dessen ausdrücklicher Einwilligung oder aufgrund richterlicher Entscheidung gestattet (§ 326 Abs. 3 Satz 1 FamFG). Bei dem Betreten der Wohnung des Betreuten gegen dessen Willen handelt es sich um einen hoheitlichen Eingriff in das Grundrecht auf Unverletzlichkeit der Wohnung (Art. 13 GG).[157] Ein derartiger Grundrechtseingriff kann ohne spezialgesetzliche Grundlage nur unter den Voraussetzungen des Art. 13 Abs. 7 Alt. 1 GG gerechtfertigt sein, wenn unmittelbar eine gemeine Gefahr oder eine Lebensgefahr für einzelne Personen abgewendet werden soll.[158] 180

---

[156] BayObLG München v. 01.09.2004 - 3Z BR 162/04 - juris Rn. 5 - BtPrax 2005, 38.
[157] LG Darmstadt v. 14.03.2012 - 5 T 91/12.
[158] OLG Schleswig v. 07.11.2007 - 2 W 196/07; LG Darmstadt v. 14.03.2012 - 5 T 91/12.

8. Bekanntmachung der Genehmigungsentscheidung

181 Für die Bekanntmachung der Genehmigungsentscheidung gelten grundsätzlich die allgemeinen Regeln.

182 Ausdrücklich bestimmt § 325 FamFG, dass der Unterbringungsbeschluss auch dem Leiter der Einrichtung, in der der Betroffene untergebracht werden soll sowie der zuständigen Betreuungsbehörde bekanntzumachen ist.

9. Benachrichtigung Dritter

183 Das Gericht hat einen nahen Familienangehörigen oder eine Vertrauensperson des Betroffenen von einer Unterbringungsentscheidung zu benachrichtigen (§ 339 FamFG). Dies betrifft sowohl erstmalige Anordnungen einer Unterbringung als auch Verlängerungsentscheidungen.

10. Rechtsbehelfe

184 Grundsätzlich ist für alle Unterbringungsentscheidungen der Rechtsbehelf der Beschwerde statthaft. Es gelten die allgemeinen Regeln (§§ 58, 59 Abs. 1, 335 FamFG).

185 Beschwerdeberechtigt ist danach
- der Betreute (§ 59 Abs. 1 FamFG),
- der Betreuer oder Vorsorgebevollmächtigte,
  - soweit er in eigenen Rechten verletzt ist (§ 59 Abs. 1 FamFG),
  - soweit er in seinem Aufgabenkreis die Verletzung der Rechte des Betreuten geltend macht (§ 335 Abs. 3 FamFG),
- der Verfahrenspfleger (§ 335 Abs. 2 FamFG),
- die Betreuungsbehörde (§ 335 Abs. 4 FamFG)

und soweit sie im Verfahren beteiligt wurden:
- der Ehegatte oder Lebenspartner des Betreuten, wenn die Ehegatten oder Lebenspartner nicht dauernd getrennt leben, sowie die Eltern und Kinder, soweit der Betroffene bei ihnen lebt oder bei Einleitung des Verfahrens bei ihnen gelebt hat, sowie Pflegeeltern (§ 335 Abs. 1 Ziff. 1 FamFG),
- eine von dem Betroffenen benannte Vertrauensperson (§ 335 Abs. 1 Ziff. 3 FamFG),
- der Leiter der Einrichtung, in der der Betroffene untergebracht ist.

186 Die Beschwerde kann grundsätzlich nur im Interesse des Betroffenen eingelegt werden. Die sonstigen Beteiligten haben keine Beschwerdebefugnis, soweit sie die Verletzung eigener Rechte geltend machen.

187 Das Beschwerdeverfahren ist mit Ablauf der Unterbringungsfrist nicht erledigt. Nach der Rechtsprechung[159] besteht das Rechtsschutzinteresse für eine gerichtliche Prüfung fort. Dies gilt jedenfalls dann, wenn die direkte Belastung des Betreuten durch den angegriffenen Hoheitsakt sich nach dem typischen Verfahrensverlauf auf eine Zeitspanne beschränkt, in der der Betreute eine gerichtliche Entscheidung regelmäßig kaum erlangen kann. Der Betreute hat über den Rechtsbehelf der Beschwerde auch nach Ablauf der Unterbringungsfrist die Möglichkeit, die Rechtswidrigkeit der Unterbringung feststellen zu lassen.

II. Genehmigungsverfahren (sonstige freiheitsentziehende Maßnahme)

188 Das Genehmigungsverfahren unterliegt grundsätzlich denselben Regeln, wie sie für das Verfahren bei freiheitsentziehenden Unterbringungen dargestellt wurden. Im Einzelnen sind aber einige **Verfahrenserleichterungen** zulässig.

189 Im Verfahren auf Genehmigung sonstiger freiheitsbeschränkender Maßnahmen bedarf es nicht zwingend der Einholung eines **Sachverständigengutachtens**. Ein bloßes ärztliches Attest soll hier genügen (§ 321 Abs. 2 FamFG). Der das Attest ausstellende Arzt muss den Betroffenen aber auch in diesem Fall persönlich untersucht oder befragt haben.[160] Auch an den Inhalt des Attestes sind dieselben Anforderungen zu stellen wie an ein Gutachten. Das ergibt sich schon daraus, dass das Verfahrensrecht hier keine Abstriche hinsichtlich des Inhalts des Attests macht.

---

[159] BayObLG München v. 25.06.2003 - 3Z BR 115/03 - juris Rn. 6 - EzFamR aktuell 2003, 253; OLG Zweibrücken v. 23.09.1999 - 3 W 201/99 - FamRZ 2000, 303-304; OLG Schleswig v. 17.06.1999 - 2 W 58/99 - NJW-RR 2000, 521-522.

[160] *Schwab* in: MünchKomm-BGB, § 1906 Rn. 72.

Nach dem Verfahrensrecht des FamFG soll der das Attest ausstellende Arzt ein Facharzt für Psychiatrie sein. Er muss mindestens ein Arzt mit Erfahrung auf dem Gebiet der Psychiatrie sein. In der Regel wird man deshalb fordern müssen, dass der Arzt die Qualifikation als Facharzt für Psychiatrie besitzt.[161] Dies ergibt sich aus dem Gesamtzusammenhang des § 321 BGB, der nur hinsichtlich des Gutachtens Verfahrensvereinfachungen vorsieht. Das Gutachten eines Hausarztes des Betroffenen reicht deshalb nur dann aus, wenn dieser auch über Erfahrung im Bereich der Psychiatrie verfügt. Dies ist in den Entscheidungsgründen allerdings darzulegen.   190

III. Vorläufige Maßnahmen

In Eilfällen lässt das Gesetz in zwei Fällen vorläufige Unterbringungsmaßnahmen zu: 191
- Genehmigung im Wege der **einstweiligen Anordnung** auf Antrag des Betreuers (§ 331 FamFG),
- **direkte Anordnung durch das Gericht** ohne Mitwirkung eines Betreuers (§ 334 FamFG, § 1846 BGB).

1. Einstweilige Anordnungen

In Eilfällen kann das Gericht die vorläufige Unterbringung unter bestimmten Verfahrenserleichterungen kurzfristig genehmigen. Es lassen sich zwei Stufen der Eilbedürftigkeit mit je nach dem Grad der Eilbedürftigkeit gesenkten Verfahrensanforderungen unterscheiden.   192

a. Normalfall der einstweiligen Anordnung (§ 331 FamFG)

Gemäß § 331 FamFG steht die Entscheidung durch einstweilige Anordnung unter der Voraussetzung, dass   193
- dringende Gründe für die Annahme bestehen, dass die Voraussetzungen für die Genehmigung oder Anordnung einer Unterbringungsmaßnahme gegeben sind und ein dringendes Bedürfnis für ein sofortiges Tätigwerden besteht (§ 331 Ziff. 1 FamFG),
- ein ärztliches Zeugnis über den Zustand des Betroffenen vorliegt (§ 331 Ziff. 2 FamFG),
- erforderlichenfalls (§ 317 FamFG) ein Verfahrenspfleger bestellt und angehört worden ist (§ 331 Ziff. 3 FamFG),
- der Betroffene persönlich angehört worden ist (§ 331 Ziff. 4 FamFG).

Es muss zudem mindestens aufgrund einer summarischen Prüfung aller materiellen Unterbringungsvoraussetzungen feststehen, dass dringende Gründe dafür sprechen, dass die Unterbringung auch im regulären Verfahren endgültig genehmigt wird.   194

Ein dringendes Bedürfnis für ein sofortiges Tätigwerden besteht, wenn für den Betreuten die Gefahr gewichtiger Gesundheitsschäden drohen würde, falls mit der Unterbringungsmaßnahme bis zur endgültigen Entscheidungsreife zugewartet würde.[162] Das ist insbesondere der Fall, wenn entweder aufgrund einer psychischen Krankheit oder einer geistigen oder seelischen Behinderung die Gefahr besteht, dass der Betroffene sich selbst tötet oder sich erheblichen gesundheitlichen Schaden zufügt und er insoweit seinen Willen nicht frei bestimmen kann, oder wenn eine Heilbehandlung notwendig ist, jedoch ohne Unterbringung nicht durchgeführt werden kann, weil der Betroffene aufgrund einer psychischen Krankheit oder geistigen oder seelischen Behinderung nicht in der Lage ist, die Notwendigkeit von Behandlungsmaßnahmen einzusehen oder nach dieser Einsicht zu handeln.[163] Auf eine solche Eilbedürftigkeit müssen allerdings konkrete Tatsachen mit erheblicher Wahrscheinlichkeit hindeuten.   195

Die Anhörung Dritter vor der Beschlussfassung ist nicht zwingend vorgeschrieben.   196

b. Beschleunigtes Eilverfahren

Eine weitere Beschleunigung des Verfahrens und damit eine schnellere Genehmigungsentscheidung ermöglicht das Gesetz dem Gericht bei gesteigerter Dringlichkeit. Dies setzt allerdings eine besondere Gefährdungslage des Betreuten voraus, unter der selbst die Durchführung des „abgespeckten" Eilverfahrens nicht abgewartet werden kann. Auch hier sind an die Feststellungen des Gerichts zum Vorlie-   197

---

[161] *Schwab* in: MünchKomm BGB, § 1906 Rn. 77.
[162] BayObLG München v. 15.09.1999 - 3Z BR 221/99 - juris Rn. 15 NJW-RR 2000, 524-526; BVerfG v. 23.03.1998 - 2 BvR 2270/96 - juris Rn. 18 - NJW 1998, 1774-1775.
[163] BayObLG München v. 15.09.1999 - 3Z BR 221/99 - NJW-RR 2000, 524-526; BayObLG München v. 27.07.2000 - 3Z BR 64/00 - juris Rn. 11 - NJW-RR 2001, 654-656; vgl. auch BayObLG München v. 09.04.1997 - 3Z BR 75/97, 3Z BR 85/97 - BayObLGZ 1997, 142-146.

gen konkreter Tatsachen, die ein solches beschleunigtes Eilverfahren erforderlich machen, erhebliche Anforderungen zu stellen[164]. Keineswegs darf das Gericht schon bei jedweder Gefahr im Sinne eines Eilfalles auch die Voraussetzungen des beschleunigten Eilverfahrens annehmen.

198 Nur bei gesteigerter Dringlichkeit reduzieren sich die verfahrensrechtlichen Anforderungen nochmals deutlich:
- Es reicht in diesen Fällen für die Genehmigung einer Unterbringung neben der Anregung durch den Betreuer ein bloßes ärztliches Attest.
- Auf die vorherige Anhörung des Betreuten kann verzichtet werden. Ebenso entbehrlich ist die vorherige Bestellung eines Verfahrenspflegers. Allerdings sind beide Verfahrensschritte unverzüglich nachzuholen (§ 332 FamFG).

c. Dauer der einstweiligen Anordnung

199 Eine einstweilige Anordnung darf die Höchstdauer von sechs Wochen nicht überschreiten (§ 333 Satz 1 FamFG).

200 Durch einstweilige Anordnungen darf nur bis zur Gesamthöchstdauer von drei Monaten eine Unterbringung erfolgen (§ 333 Satz 3 FamFG).

201 Verlängerungen unterliegen denselben Anforderungen wie der Erlass einer einstweiligen Anordnung.

2. Gerichtliche Anordnungen (§ 1846 BGB)

202 Eigenständige Unterbringungsanordnungen des Gerichts können in besonderen Fällen erforderlich werden, wenn entweder der bestellte Betreuer verhindert ist oder aber ein Betreuer noch nicht bestellt ist.

a. Verhinderung des Betreuers

203 Für Fälle der Verhinderung des Betreuers ist anerkannt, dass das Gericht auf der Grundlage des § 1846 BGB i.V.m. § 1908i Abs. 1 Satz 1 BGB, § 334 FamFG die vorläufige Unterbringung des Betreuten anordnen darf. Nach § 1846 BGB ist das Gericht befugt, die im Interesse des Betreuten erforderlichen Maßregeln zu treffen.[165]

204 Die selbständige Anordnungsbefugnis des Gerichts ist aber subsidiär. Das heißt, dass die Anordnung der Unterbringungsmaßnahme durch das Gericht nur statthaft ist, wenn im Eilfall der Betreuer nicht erreichen werden und auch nicht länger zugewartet werden kann. Keineswegs darf das Gericht den Betreuer übergehen.[166] Der Betreuer ist über die Anordnung des Gerichts sofort zu unterrichten, damit er seine Stellung als eigentlicher Herr des Unterbringungsverfahrens wirksam ausüben kann.

205 Die Voraussetzungen, unter denen das Gericht im Verhinderungsfall ohne Mitwirkung des Betreuers handeln darf, entsprechen den oben für einstweilige Anordnungen (vgl. Rn. 192) dargestellten Regeln.

b. Vorläufige Unterbringung vor Betreuerbestellung

206 Die Frage, ob und unter welchen Voraussetzungen das Betreuungsgericht befugt ist, eine vorläufige Unterbringung bereits vor Bestellung eines Betreuers anzuordnen, war früher umstritten. Die Frage ist zwischenzeitlich durch den BGH entschieden worden und ist nun aufgrund der Verfahrensvorschrift des § 334 FamFG positiv-gesetzlich geregelt.

207 In besonderen Eilfällen ist das Betreuungsgericht befugt, eine zivilrechtliche Unterbringung anzuordnen, ohne dass vorher oder zugleich mit der Anordnung ein Betreuer bestellt werden muss.[167] Allerdings ist das Gericht in einem solchen Falle gehalten, gleichzeitig mit der Anordnung der Unterbringung durch geeignete Maßnahmen sicherzustellen, dass dem Untergebrachten unverzüglich – binnen weniger Tage – ein Betreuer oder jedenfalls ein vorläufiger Betreuer zur Seite gestellt wird. Der BGH

---

[164] BayObLG München v. 27.07.2000 - 3Z BR 64/00 - NJW-RR 2001, 654-656.

[165] BayObLG München v. 15.09.1999 - 3Z BR 221/99 - juris Rn. 14 - NJW-RR 2000, 524-526; OLG Schleswig v. 30.09.1992 - 2 W 123/92 - NJW 1992, 2974-2975; LG Berlin v. 27.03.1992 - 83 T 94/92 - RuP 1992, 153-155.

[166] BayObLG München v. 15.09.1999 - 3Z BR 221/99 - juris Rn. 19 - NJW-RR 2000, 524-526.

[167] BGH v. 13.02.2002 - XII ZB 191/00 - juris Rn. 15 - BGHZ 150, 45-55; so schon OLG Schleswig v. 30.09.1992 - 2 W 123/92 - NJW 1992, 2974-2975; LG Berlin v. 27.03.1992 - 83 T 94/92 - RuP 1992, 153-155; LG Hamburg v. 10.04.1992 - 301 T 115/92 - BtPrax 1992, 111; vgl. auch BayObLG München v. 22.01.2003 - 3Z BR 185/02 - FamRZ 2003, 783-784.

hat damit auf einen Vorlagebeschluss des BayObLG[168] die Auffassung[169] verworfen, die die einstweilige Unterbringung nur unter der Voraussetzung für zulässig hielt, dass zeitgleich und sofort wirksam ein Betreuer bestellt würde.

Die eigenständige Anordnung durch das Betreuungsgericht, die in diesen Fällen ihre Rechtsgrundlage in § 1846 BGB i.V.m. § 1908i Abs. 1 Satz 1 BGB, § 334 FamFG findet, stehen unter denselben Voraussetzungen wie die Entscheidung durch einstweilige Anordnung.[170] Es muss
- ein dringender Grund für die Annahme bestehen, dass die Voraussetzungen für die Genehmigung oder Anordnung einer Unterbringungsmaßnahme gegeben sind und ein dringendes Bedürfnis für ein sofortiges Tätigwerden besteht (§ 334 FamFG i.V.m. § 331 Ziff. 1 FamFG),
- ein ärztliches Zeugnis über den Zustand des Betroffenen vorliegen (§ 334 FamFG i.V.m. § 331 Ziff. 2 FamFG),
- erforderlichenfalls (§ 317 FamFG) ein Verfahrenspfleger bestellt und angehört worden sein (§ 334 FamFG i.V.m. § 331 Ziff. 3 FamFG),
- der Betroffene persönlich angehört worden sein (§ 334 FamFG i.V.m. § 331 Ziff. 4 FamFG).

Das Gericht muss gleichzeitig mit der Anordnung der Unterbringung durch geeignete Maßnahmen sicherstellen, dass dem Untergebrachten unverzüglich – binnen weniger Tage – ein Betreuer oder jedenfalls ein vorläufiger Betreuer zur Seite gestellt wird.

Bei gesteigerter Dringlichkeit kann auf die Bestellung eines Verfahrenspflegers und die Anhörung des Betroffenen verzichtet werden (§ 334 FamFG i.V.m. § 332 FamFG).

Diese Voraussetzungen sind nach der Systematik des § 1906 BGB folgerichtig. Nicht das Betreuungsgericht ist Herr der zivilrechtlichen Unterbringung, sondern grundsätzlich der bestellte Betreuer als Vertreter des Betreuten (§ 1901 BGB). Ist kein Betreuer bestellt, so kann gerade in eiligen Unterbringungsfällen selbst die im Wege der einstweiligen Anordnung erfolgende Betreuungsanordnung nicht abgewartet werden. Das Gericht muss hier ausnahmsweise die Möglichkeit haben, selbst schnell zu handeln. Die grundsätzliche Verfahrenshoheit des bestellten Betreuers gebietet es jedoch, das Gericht zu verpflichten, möglichst rasch durch eine Betreuerbestellung die Voraussetzungen zu schaffen, dass das Verfahren in die reguläre Systematik überführt werden kann. Sorgt das Betreuungsgericht nach einstweiliger Anordnung einer zivilrechtlichen Unterbringung nicht unverzüglich für die Bestellung eines Betreuers, ist die Unterbringungsmaßnahme von Anfang an rechtswidrig.[171]

---

[168] BayObLG München v. 31.10.2000 - 3Z BR 272/00 - BayObLGZ 2000, 295-300.
[169] OLG Frankfurt v. 13.11.1992 - 20 W 429/92 - MDR 1993, 49-50.
[170] Vgl. hierzu BayObLG München v. 22.01.2003 - 3Z BR 185/02 - FamRZ 2003, 783-784.
[171] OLG München v. 23.01.2008 - 33 Wx 196/07.

§ 1907 BGB Genehmigung des Betreuungsgerichts bei der Aufgabe der Mietwohnung

(Fassung vom 17.12.2008, gültig ab 01.09.2009)

(1) ¹Zur Kündigung eines Mietverhältnisses über Wohnraum, den der Betreute gemietet hat, bedarf der Betreuer der Genehmigung des Betreuungsgerichts. ²Gleiches gilt für eine Willenserklärung, die auf die Aufhebung eines solchen Mietverhältnisses gerichtet ist.

(2) ¹Treten andere Umstände ein, auf Grund derer die Beendigung des Mietverhältnisses in Betracht kommt, so hat der Betreuer dies dem Betreuungsgericht unverzüglich mitzuteilen, wenn sein Aufgabenkreis das Mietverhältnis oder die Aufenthaltsbestimmung umfasst. ²Will der Betreuer Wohnraum des Betreuten auf andere Weise als durch Kündigung oder Aufhebung eines Mietverhältnisses aufgeben, so hat er dies gleichfalls unverzüglich mitzuteilen.

(3) Zu einem Miet- oder Pachtvertrag oder zu einem anderen Vertrag, durch den der Betreute zu wiederkehrenden Leistungen verpflichtet wird, bedarf der Betreuer der Genehmigung des Betreuungsgerichts, wenn das Vertragsverhältnis länger als vier Jahre dauern oder vom Betreuer Wohnraum vermietet werden soll.

Gliederung

A. Grundlagen 1	3. Gegenstand der Mitteilung 29
B. Praktische Bedeutung 5	V. Mitteilungspflicht (Absatz 2 Satz 2) 30
C. Anwendungsvoraussetzungen 6	VI. Genehmigungsvorbehalt (Absatz 3) 33
I. Normstruktur 6	**D. Rechtsfolgen unterlassener oder verzögerter Genehmigungseinholung bzw. verzögerter Genehmigung** 40
II. Kündigung eines Mietverhältnisses (Absatz 1 Satz 1) 9	
1. Handeln im betreffenden Aufgabenbereich 10	I. Unterlassene oder verzögerte Einholung der Genehmigung durch den Betreuer 40
2. Mietvertrag über Wohnraum 16	
3. Kündigung 21	II. Verzögerte Erteilung der Genehmigung 43
III. Aufhebung eines Mietverhältnisses (Absatz 1 Satz 2) 23	**E. Genehmigungsverfahren** 44
IV. Mitteilungspflichten (Absatz 2 Satz 1) 25	**F. Rechtsbehelfe** 53
1. Aufgabenbereich des Betreuers 25	**G. Betreten der Wohnung gegen den Willen des Betreuten** 60
2. Mietvertrag über Wohnraum 27	

A. Grundlagen

1 Die Vorschrift dient in erster Linie dem Schutz des Betreuten in dem besonders wichtigen Bereich der Erhaltung seiner Wohnung (§ 1907 Abs. 1 BGB).[1] Darüber hinaus gilt die Vorschrift auch für den Betreuten, der selbst Vermieter von Wohnraum ist (§ 1907 Abs. 3 BGB).

2 Ihren maßgeblichen Anwendungsbereich findet die Norm in Fällen, in denen der Betreute als Mieter das Mietverhältnis kündigt. Vor Einführung des Betreuungsrechts wurden alte Menschen oft ohne viel Aufhebens von Vormündern oder Pflegern in Heime gebracht.[2] Auch aktuell stellen psychisch kranke Betreute oftmals eine Belastung für ihre Umgebung (insbesondere Vermieter und Nachbarn) dar. Der Betreuer sieht sich daher nicht selten einem äußeren Druck der Umgebung ausgesetzt, eine Heimunterbringung des Betreuten in die Wege zu leiten.[3]

3 Vor diesem Hintergrund soll durch eine Beschränkung der rechtlichen Vertretungsbefugnis des Betreuers sichergestellt werden, dass die Wohnung des Betreuten nicht ohne zwingenden Grund gekündigt bzw. aufgelöst wird. Alle Willenserklärungen, die auf Aufhebung eines Mietverhältnisses gerichtet

---

[1] *Roth* in: Dodegge/Roth, Betreuungsrecht, 3. Aufl. 2010, Teil E Rn. 49.
[2] *Harm*, Rpfleger 2002, 59-61; *Bauer*, BtPrax 2003, 3-6.
[3] Vgl. zu den Möglichkeiten einer zwangsweisen Heimverschaffung *Bieg/Jaschinski* in: jurisPK-BGB, 4. Aufl. 2008, § 1906.

sind, unterliegen deshalb dem Genehmigungsvorbehalt durch das zuständige Betreuungsgericht. Der Betreuer hat daher vor Abgabe einer diesbezüglichen Willenserklärung für den Betreuten die notwendige Genehmigung einzuholen. Ergänzend sollen Mitteilungspflichten des Betreuers dem Gericht eine effektive Kontrolle ermöglichen.

Der Betreute kann darüber hinaus auch durch die Begründung eines Miet- oder Pachtverhältnisses oder eines anderen Dauerschuldverhältnisses langfristig gefährdet werden. Hier will der Gesetzgeber durch das Genehmigungserfordernis ebenfalls eine effektive Kontrolle des Betreuerhandelns durch das Betreuungsgericht sicherstellen.

B. Praktische Bedeutung

Die Zahl der von Amtsgerichten erteilten Genehmigungen ist gering. Die Vorschrift ist wegen ihres Ausnahmecharakters in der Praxis nur selten anzuwenden.

C. Anwendungsvoraussetzungen

I. Normstruktur

Die Vorschrift regelt verschiedene Genehmigungs- und Mitteilungspflichten. Zunächst statuiert der erste Absatz den **Genehmigungsvorbehalt bzgl. der Kündigung** von Wohnraum des Betreuten. Dieser Mechanismus wird durch Satz 2 des ersten Absatzes zum Schutz vor Umgehungen auf andere Beendigungsmöglichkeiten außerhalb einer Kündigung ausgedehnt.

Absatz 2 auferlegt dem Betreuer **Mitteilungspflichten in Bezug auf die Beendigung eines Mietverhältnisses**. Dem Betreuungsgericht soll so die Möglichkeit zur Kontrolle der Betreuerarbeit gegeben werden.

Der dritte Absatz betrifft die **Begründung von Verträgen**, durch deren Abschluss der Betreute langfristig gebunden und zu wiederkehrenden Leistungen verpflichtet wird und unterstellt diese einem Genehmigungsvorbehalt. Hier steht in der Praxis wiederum das Mietverhältnis im Vordergrund. Aber auch der Betreute, der Vermieter ist, wird durch die Vorschrift geschützt.[4] Die jetzt vorherrschende Auffassung will die Vorschrift des § 1907 Abs. 3 Satz BGB insoweit nicht zur Anwendung kommen lassen, wenn der Betreuer als Vermieter von Wohnraum agiert und dessen eigener Wohnbedarf dauerhaft gesichert ist.[5] Dies ist abzulehnen. Denn gerade eine langfristige, auch zeitlich unbestimmte Verpflichtung des Betreuers zur Überlassung von Wohnraum kann für ihn unter Umständen nachteilige Auswirkungen haben. Die Genehmigung durch das Betreuungsgericht erscheint deshalb erforderlich.

II. Kündigung eines Mietverhältnisses (Absatz 1 Satz 1)

Die betreuungsgerichtliche Genehmigung ist einzuholen, sofern
- der für den betreffenden Aufgabenbereich bestellte Betreuer (vgl. Rn. 10)
- ein Mietverhältnis über von dem Betreuten gemieteten Wohnraum (vgl. Rn. 10)
- kündigen (vgl. Rn. 21)

will.

1. Handeln im betreffenden Aufgabenbereich

Die Bestellung des Betreuers muss dessen Befugnis zur Abgabe von Erklärungen in Bezug auf die Beendigung des Mietverhältnisses umfassen. Die Erklärung eines nicht für den betreffenden Aufgabenbereich bestellten Betreuers kann schon mangels Vertretungsmacht keine rechtliche Wirkung entfalten und ist daher auch nicht genehmigungsfähig. Dies führt zu der in der Praxis nicht unbedeutenden Frage, wie der Aufgabenbereich des Betreuers bezeichnet sein muss, um ihm die entsprechende Befugnis zu übertragen.

Fraglos ist die entsprechende Befugnis des Betreuers gegeben, wenn sich die Anordnung der Betreuung auf **alle Angelegenheiten** des Betreuten erstreckt.[6] Darüber hinaus ist die Befugnis des Betreuers si-

---

[4] So noch *Roth* in: Dodegge/Roth, Betreuungsrecht, 2. Aufl. 2005, Teil E Rn. 37; jetzt für genehmigungsfreie Vermietung, wenn der Betreute im eigenen Mietshaus eine weitere Wohnung bewohnt *Roth* in: Dodegge/Roth, Betreuungsrecht, 3. Aufl. 2010, Teil E Rn. 52.
[5] *Roth* in: Dodegge/Roth, Betreuungsrecht, 3. Aufl. 2010, Teil E Rn. 52.
[6] *Schwab* in: MünchKomm-BGB, § 1907 Rn. 3.

cherlich auch anzunehmen, wenn der Aufgabenbereich ausdrücklich das Mietverhältnis oder **Wohnungsangelegenheiten** umfasst.

12 Umstritten ist, inwieweit jeweils die Aufgabenbereiche **Aufenthaltsbestimmung** oder **Vermögenssorge** allein die Befugnis zur Kündigung eines Mietverhältnisses einräumen.

13 Der zweite Absatz des § 1907 BGB deutet darauf hin, dass die Übertragung des Aufgabenbereiches der Aufenthaltsbestimmung dem Betreuer die Befugnis zur Kündigung eines Wohnraummietvertrages gibt. Der Gesetzgeber hat hier nämlich in Zusammenhang mit Umständen, aufgrund derer die Beendigung des Mietverhältnisses in Betracht kommt, dem Betreuer eine Mitteilungspflicht auferlegt, sofern sein Aufgabenbereich u.a. das Aufenthaltsbestimmungsrecht umfasst. Es ist inhaltlich damit aber nicht mehr ausgedrückt, als dass der Aufgabenbereich Aufenthaltsbestimmung mit Fragen der Wohnungskündigung in engem Zusammenhang steht. Nicht zwingend ist dagegen die Auslegung, wonach die Vertretung im Rahmen eines Mietvertrages generell von der Aufenthaltsbestimmung umfasst ist. Zu berücksichtigen ist aber, dass die Betreuung in ihrem Kern eine rechtliche Vertretung darstellt. Will man dem Aufgabenbereich der Aufenthaltsbestimmung vor diesem Hintergrund eine vernünftige Bedeutung zuerkennen, so dürften von ihm alle rechtlichen Erklärungen erfasst werden, die Relevanz im Hinblick auf den Aufenthalt des Betreuten haben. Die Abgabe einer Kündigungserklärung in Bezug auf Wohnraum wäre damit von diesem Aufgabenbereich gedeckt. In der Praxis legt auch die obergerichtliche Rechtsprechung in dieser Hinsicht den Begriff der Aufenthaltsbestimmung im Betreuungsrecht weit aus.[7]

14 Die zum Teil vertretene Auffassung, schon der Aufgabenbereich der **Vermögenssorge** berechtige den Betreuer, Wohnraum des Betreuten zu kündigen[8], ist dagegen abzulehnen. Zwar hat das Mietverhältnis durchaus eine vermögensrechtliche Relevanz. Es lässt sich indessen nicht hierauf beschränken und nicht maßgeblich hierdurch charakterisieren. Die Zahlung eines Mietzinses, die vermögensrelevant ist, stellt nur einen Teilaspekt des Mietverhältnisses dar. Wesentlicher ist, dass die Wohnung als Lebensmittelpunkt[9] Grundlage für die Gestaltung der eigenen Lebensumstände ist und die Einbindung in ein bestimmtes, oft vertrautes soziales Umfeld erst ermöglicht. Die Wohnung ist Heimat und wichtiges Ausdrucksmittel der eigenen Identität.[10] Der Schutz der räumlichen Integrität der Wohnung des Betreuten muss auch angesichts des Art. 13 Abs. 1 GG im Vordergrund stehen.[11] Eine Reduzierung auf einen rein vermögensrechtlichen Charakter des Mietverhältnisses ist deshalb unangebracht. Der Betreuer, dem nur die Vermögenssorge übertragen wurde, hat zudem keine Befugnis, rechtliche Erklärungen in Bezug auf nicht vermögensrelevante Aspekte des Mietvertrages abzugeben. Es ginge deshalb zu weit, ihm gleichwohl die Befugnis zur Kündigung zuzubilligen. Zu bedenken ist auch, dass der Betreuer stets die Möglichkeit hat, die Erweiterung der Betreuung zu beantragen, so dass für eine weite Auslegung des Aufgabenbereichs der Vermögenssorge kein Bedürfnis besteht.

15 In der Praxis empfiehlt es sich für jeden Betreuer, darauf hinzuwirken, dass ihm im Bedarfsfall der Aufgabenbereich der **Mietvertragsangelegenheiten** oder **Wohnraumangelegenheiten** ausdrücklich übertragen wird.[12]

2. Mietvertrag über Wohnraum

16 Es muss sich um einen Mietvertrag über Wohnraum handeln. Hierzu gehört nicht nur eine abgeschlossene Wohnung. Erfasst wird auch ein Mietvertrag über ein Zimmer oder einen Teil eines Zimmers.

17 Nicht zu folgen ist deshalb der Auffassung des LG Münster, wonach eine Genehmigungspflicht nicht bestehen soll bei Kündigung eines Heimvertrages, der keinen Anspruch auf ein bestimmtes Zimmer (bestimmte Räumlichkeiten) gewährt.[13] Auch hier wird letztlich ein Wohnraum im Sinne des Art. 13 Abs. 1 GG vermietet, so dass ein Schutz des Betreuten erforderlich ist.[14] Ähnlich weit sieht der BGH den Schutzzweck des § 1907 BGB in Bezug auf die Aufgabe eines Wohnungsrechts.[15]

---

[7] So in Bezug auf die Kündigung eines Heimvertrages im übertragenen Aufgabenbereich der Aufenthaltsbestimmung vgl. BayObLG München v. 01.04.1993 - 3Z BR 9/93 - juris Rn. 11 - BayObLGZ 1993, 147-149.

[8] So ausdrücklich *Bobenhausen*, Rpfleger 1994, 13-15, 14; wohl ähnlich LG Berlin v. 20.12.1999 - 34 O 433/99 - ZMR 2000, 297-300.

[9] *Jochum*, BtPrax 1994, 201-202.

[10] *Harm*, Rpfleger 2002, 59-61.

[11] *Coeppicus*, Rpfleger 1996, 425-433.

[12] So auch *Schwab* in: MünchKomm-BGB, § 1907 Rn. 3.

[13] LG Münster v. 23.11.2000 - 5 T 998/00 - NJW-RR 2001, 1301.

[14] AG Saarbrücken v. 12.12.2013 - 121 C 194/13 (09).

[15] BGH v. 25.01.2012 - XII ZB 479/11.

Deshalb kann die in der Vorauflage vertretene Auffassung nicht beibehalten werden, dass eine Genehmigungspflicht dann entfalle, wenn ein Pachtvertrag mit teilweiser Wohnraumnutzung vorliegt. In jedem Fall, in dem die Kündigung eines Vertrages zum Verlust von Wohnraum führt, ist im Hinblick auf den umfassenden Schutzzweck der Norm auch ein solcher Vertrag genehmigungsbedürftig. Ob im Einzelfall Wohnraum vermietet wird, ist nach dem Inhalt des abgeschlossenen Vertrages zu beurteilen.

Der Betreute muss **Mieter** des Wohnraumes sein. Unerheblich ist, wie der Betreute die Stellung als Mieter erlangt hat. Die Kündigung des Mietverhältnisses unterliegt dem Genehmigungsvorbehalt, gleichgültig ob der Betreute selbst den Mietvertrag geschlossen hat oder ob er durch seinen Betreuer oder einen Dritten hierbei vertreten wurde. Dasselbe gilt, wenn der Betreute die Stellung als Mieter durch Eintritt in das Mietverhältnis etwa nach Tod des Ehegatten oder als sonstiger Familienangehöriger oder im Rahmen einer Erbschaft erlangt hat.[16]

Unerheblich ist auch, ob der Betreute aktuell in der Wohnung wohnt oder jemals in der Wohnung gewohnt hat. Geschützt wird das Mietverhältnis deshalb auch in dem Fall, dass der Betreute infolge eines längeren Krankenhaus- bzw. Heimaufenthaltes oder aufgrund einer zwangsweisen Unterbringung die Wohnung nicht mehr benutzt.[17]

3. Kündigung

Der Begriff der Kündigung, so wie er im ersten Absatz verwendet wird, ist eng auszulegen. Unter einer Kündigung versteht man die einseitige empfangsbedürftige Willenserklärung, die bei Vorliegen der Kündigungsvoraussetzungen zur Beendigung eines Dauerschuldverhältnisses mit Wirkung für die Zukunft führt.

Wird keine Kündigung erklärt, etwa weil der Betreute allein in ein Pflegeheim umzieht, das Mietverhältnis aber mit Rücksicht auf die noch in der Wohnung lebende Familie des Betreuten nicht beendet werden soll, ist eine betreuungsgerichtliche Genehmigung nicht erforderlich.[18]

III. Aufhebung eines Mietverhältnisses (Absatz 1 Satz 2)

Die Genehmigungspflicht erstreckt sich nach dem Willen des Gesetzgebers neben der Kündigung auch auf sämtliche andere Willenserklärungen, die eine Beendigung eines bestehenden Mietverhältnisses[19] mit Wirkung für die Zukunft herbeiführen.

Dies betrifft z.B.:
- Antrag oder Annahme eines Aufhebungsvertrages[20],
- Zustimmung zu einem gerichtlichen Räumungsvergleich[21],
- Anfechtung des Mietvertrages,
- Rücktritt vom Vertrag,
- Erklärung nach § 569a Abs. 1, 2 BGB (Nichtfortsetzungserklärung).

IV. Mitteilungspflichten (Absatz 2 Satz 1)

1. Aufgabenbereich des Betreuers

Die in Absatz 2 niedergelegten Mitteilungspflichten treffen nach dem insoweit eindeutigen Wortlaut nur denjenigen Betreuer, dessen Aufgabenbereich das Mietverhältnis oder die Aufenthaltsbestimmung umfasst. Hinsichtlich dieser Aufgabenbereiche ist allerdings nicht die wortwörtliche Erwähnung im Beschluss über die Betreuerbestellung gefordert. So betrifft der Aufgabenkreis der Betreuung auch dann das Mietverhältnis, wenn dem Betreuer der Aufgabenbereich Wohnungsangelegenheiten übertragen wurde. Auf der anderen Seite treffen auch den Betreuer, dem der Aufgabenbereich der Personensorge übertragen wurde, die Pflichten nach Absatz 2. Denn die Aufenthaltsbestimmung ist Teil der Personensorge.

---

[16] Vgl. LG Berlin v. 20.12.1999 - 34 O 433/99 - ZMR 2000, 297-300.
[17] *Braun/Fiala/Müller*, Rpfleger 2002, 389-411.
[18] Hierin wird zu Recht eine Lücke im Schutz des Betreuten vor dem Verlust der eigenen Wohnung gesehen, vgl. *Coeppicus*, BtPrax 1997, 9-14, 11.
[19] Kündigung eines Altenteilvertrages: LG Hannover v. 20.05.1999 - 7 O 321/98 - NdsRpfl 2001, 458-459.
[20] BT-Drs. 11/4528, S. 150; vgl. auch LG Hannover v. 20.05.1999 - 7 O 321/98 - NdsRpfl 2001, 458-459 (Altenteilvertrag).
[21] LG Berlin v. 28.02.2011 - 67 S 109/10.

§ 1907

26 Sofern der Aufgabenbereich des Betreuers die in Absatz 2 Satz 1 genannten Bereiche nicht umfasst, kann sich eine Mitteilungspflicht aber auch aus § 1901 Abs. 4 BGB ergeben.

2. Mietvertrag über Wohnraum

27 Die Mitteilungspflicht bezieht sich auf alle vom Betreuten angemieteten Wohnräume. Insoweit besteht eine Kongruenz zu den in Absatz 1 genannten Räumen.

28 Pachtverhältnisse werden von der Mitteilungspflicht nach dem ausdrücklichen Willen des Gesetzgebers nicht erfasst.[22]

3. Gegenstand der Mitteilung

29 Gegenstand der Mitteilung sind alle Umstände, die zur Beendigung des Mietverhältnisses führen können. Insbesondere betrifft dies rechtsgeschäftliche Erklärungen des Vermieters, die auf eine Beendigung des Mietvertrages gerichtet sind (Kündigung, Räumungsklage). Der Gesetzgeber wollte durch diese Pflicht des Betreuers sicherstellen, dass dieser sich nötigenfalls einem Räumungsverlangen des Vermieters im Interesse des Betreuten im erforderlichen Maße entgegenstellt. Verhindert werden sollte, dass der Betreuer die Beendigung des Mietverhältnisses akzeptiert, um nach einer dann notwendig werdenden Heimverschaffung die Betreuung leichter führen zu können.[23] Das Betreuungsgericht soll so in die Lage versetzt werden, rechtzeitig gegebenenfalls notwendige Maßnahmen der Aufsicht nach § 1837 Abs. 2, 3 BGB i.V.m. § 1908i Abs. 1 Satz 1 BGB zu treffen.

V. Mitteilungspflicht (Absatz 2 Satz 2)

30 Der Betreuer muss nach Satz 2 des zweiten Absatzes auch mitteilen, wenn er selbst Wohnraum des Betreuten auf andere Weise als durch Kündigung oder Aufhebung eines Mietverhältnisses aufgeben will. Der Gesetzgeber verfolgt mit dieser Formulierung das Ziel, die faktische Aufgabe einer Wohnung, die der Betreute außerhalb eines Mietverhältnisses, z.B. als dinglich Berechtigter bewohnt, zu schützen.

31 Die Mitteilungspflicht setzt hier voraus, dass der Aufgabenbereich des Betreuers die Aufgabe des i.d.R. dinglichen Rechts beinhaltet. Dies dürfte in der Praxis selten vorkommen, so dass auch diese Mitteilungspflicht faktisch leer läuft.

32 Die Pflicht zur Mitteilung entfällt, wenn dem Gericht zuverlässig bekannt ist, dass die Kündigung oder Räumung der Wohnung droht. Das ist insbesondere der Fall, wenn das Gericht gerade aus diesem Grund die Betreuung mit einem entsprechenden Aufgabenbereich angeordnet hat.[24]

VI. Genehmigungsvorbehalt (Absatz 3)

33 Der Genehmigungsvorbehalt des dritten Absatzes betrifft
- Miet-, Pacht- oder andere Dauerschuldverhältnisse,
- durch die der Betreute zu wiederkehrenden Leistungen verpflichtet wird,
- wenn das Vertragsverhältnis länger als vier Jahre dauern
- oder vom Betreuer Wohnraum vermietet werden soll.

34 Es muss sich um einen Miet- bzw. Pachtvertrag oder ein anderes Dauerschuldverhältnis (z.B. Lebensversicherungsverträge[25], Abzahlungsgeschäfte, Vertrag über Telefon- oder Kabelanschluss[26]) handeln, das vom Betreuer in einem ihm übertragenen Aufgabenbereich für den Betreuten geschlossen wird. Unerheblich ist, auf welcher Seite des Vertragsverhältnisses der Betreute steht, ob er z.B. Mieter bzw. Pächter oder Vermieter bzw. Verpächter ist.[27] Insbesondere aus dem Kontext der Vorschrift kann nicht geschlossen werden, dass die Genehmigung nicht erforderlich wäre in Fällen, in denen der Betreute Vermieter des Wohnraumes ist.[28]

35 Es dürfte grundsätzlich die Feststellung ausreichen, dass ein Dauerschuldverhältnis vorliegt. Regelmäßig dürfte der Betreute daraus zu wiederkehrenden Leistungen (z.B. Mietzinsleistung oder Überlassung einer Mietsache) verpflichtet sein.

---

[22] BT-Drs. 11/4528, S. 151.
[23] BT-Drs. 11/4528, S. 150.
[24] *Jochum*, BtPrax 1994, 201-202, 202.
[25] Vgl. zu der ähnlichen Lage im § 1822 Nr. 5 BGB OLG Hamm v. 03.04.1992 - 20 U 322/91 - NJW-RR 1992, 1186-1188.
[26] *Zimmermann* in: Damrau/Zimmermann, Betreuungsrecht, 4. Aufl. 2011, § 1907 Rn. 22.
[27] *Harm* in: HK-BUR, § 1907 Rn. 6 (84. Akt. 04/2012); *Schwab* in: MünchKomm-BGB, § 1907 Rn. 23.
[28] So zu Unrecht LG Münster v. 07.12.1993 - 5 T 908/93 - MDR 1994, 276-277.

Der Genehmigungsvorbehalt betrifft nicht nur Verträge, die nach ihrer Geltungsfrist ausdrücklich auf eine längere Zeitspanne als vier Jahre abgeschlossen werden. Erfasst werden auch Verträge, die auf unbestimmte Zeit abgeschlossen werden und eine Beendigung nicht oder nur unter erheblichen finanziellen Einbußen vor Ablauf von vier Jahren gestatten. Ein solcher Vertrag kann aber gleichwohl für die Zeitdauer von vier Jahren wirksam sein, wenn sicher davon ausgegangen werden kann, dass die Parteien ihn bei sonst gleichem Vertragsinhalt auch befristet auf die zulässige Höchstdauer abgeschlossen hätten (§ 139 BGB).

Ist der Vertrag auf unbestimmte Zeit geschlossen, eine Kündigung indessen rechtlich und wirtschaftlich sinnvoll jederzeit möglich, bedarf der Vertrag keiner Genehmigung.[29] Dies gilt z.B. für einen Pflege- und Arbeitsvertrag, in dem sich die Ehefrau des Betreuers verpflichtet, für den Betreuten haushaltsnahe Dienstleistungen (Kochen, Putzen etc.) im Rahmen eines geringfügigen Beschäftigungsverhältnisses entgeltlich zu erbringen. Denn einen unbefristeten Vertrag mit dem bezeichneten Inhalt kann der Betreute mit einer Frist von 4 Wochen (ggf. ohne Einhaltung einer Kündigungsfrist aus wichtigem Grund) jederzeit ohne Rechtsnachteile kündigen (§§ 620 Abs. 2, 622 Abs. 1 bzw. 626 BGB).[30]

Ein von einem unter Betreuung stehenden Vermieter abgeschlossener unbefristeter Wohnraummietvertrag bedarf allerdings der betreuungsgerichtlichen Genehmigung, weil bei einem unbefristeten Wohnraummietverhältnis dem Vermieter eine Kündigung nur sehr eingeschränkt möglich ist, so dass dieser sich durch den Vertragsschluss auf unbestimmte Zeit bindet, die (je nach dem Willen des Mieters) auch wesentlich länger als 4 Jahre dauern kann.[31]

Zu beachten ist allerdings der Genehmigungsvorbehalt des § 1822 Nr. 4 BGB i.V.m. § 1908i Abs. 1 Satz 1 BGB. Danach unterliegen Pachtverträge über ein Landgut oder einen gewerblichen Betrieb ohne Rücksicht auf die Vertragsdauer oder Kündigungsmöglichkeiten der betreuungsgerichtlichen Genehmigung.

D. Rechtsfolgen unterlassener oder verzögerter Genehmigungseinholung bzw. verzögerter Genehmigung

I. Unterlassene oder verzögerte Einholung der Genehmigung durch den Betreuer

Holt der Betreuer eine erforderliche Genehmigung nicht ein, so ist die von ihm abgegebene Erklärung nichtig.[32] Ein abgeschlossener Vertrag ist jedenfalls so lange schwebend unwirksam, als die Genehmigung hierzu nicht erteilt ist.[33]

Verzögert der Betreuer die Aufgabe einer Wohnung gegen den Willen des Betreuten, so macht er sich ihm gegenüber u.U. schadensersatzpflichtig (§ 1833 BGB i.V.m. § 1908i Abs. 1 Satz 1 BGB).[34]

Unterlässt der Betreuer eine erforderliche Mitteilung, kann diese Pflichtwidrigkeit ebenfalls eine Schadensersatzverpflichtung gegenüber dem Betreuten begründen (§ 1833 BGB i.V.m. § 1908i Abs. 1 Satz 1 BGB).[35]

II. Verzögerte Erteilung der Genehmigung

Im Fall einer verzögerten Erteilung einer Genehmigung können dem Betreuten doppelte Mietkosten entstehen. Ist der Betreute mittellos und auf Leistungen der sozialen Grundsicherung angewiesen, können Mietausfälle nicht dem bisherigen Vermieter angelastet werden. Hat der Betreuer rechtzeitig einen Antrag auf Erteilung der Genehmigung zur Kündigung gestellt, kann der Betreute Anspruch auf Erstattung der doppelt angefallenen Mietkosten einschl. Nebenkosten gegen den Sozialversicherungsträger geltend machen.[36]

---

[29] LG Göttingen v. 01.11.1995 - 5 T 60/95 - NdsRpfl 1996, 7.
[30] LG Münster v. 09.11.2004 - 5 T 1001/04 - FamRZ 2005, 1860-1861.
[31] LG Wuppertal v. 18.01.2007 - 6 T 38/07.
[32] LG Berlin v. 13.10.2000 - 64 S 247/00 - ZMR 2001, 349-350.
[33] Vgl. hierzu OLG Hamm v. 03.04.1992 - 20 U 322/91 - NJW-RR 1992, 1186-1188.
[34] KG Berlin v. 31.08.2001 - 25 U 1018/00 - ZMR 2002, 265-270; LG Berlin v. 20.12.1999 - 34 O 433/99 - ZMR 2000, 297-300.
[35] *Schwab* in: MünchKomm-BGB, § 1907 Rn. 19.
[36] Landessozialgericht Berlin-Brandenburg v. 10.03.2011 - L 15 SO 23/09.

E. Genehmigungsverfahren

44 Maßstab für die gerichtliche Entscheidung über die Genehmigung ist das Interesse des Betreuten. Das Gericht hat dabei eine Gesamtabwägung aller Vor- und Nachteile sowie der Risiken des zu prüfenden Geschäfts für den Betreuten vorzunehmen.[37]

45 Das Verfahren wird durch **formlosen Antrag** des Betreuers eingeleitet. Der Antrag ist zeitlich vor Abgabe der rechtsgeschäftlichen Erklärung (z.B. eines Vertragsschlusses oder einer Kündigung) zu stellen. Die Entscheidung des Gerichts ist abzuwarten.

46 Grundsätzlich ist das Betreuungsgericht (Amtsgericht), bei dem das Betreuungsverfahren anhängig ist, **örtlich zuständig** für die Erteilung der Genehmigung (§ 272 Abs. 1 Nr. 1 FamFG). Bei einer noch nicht anhängigen Betreuung richtet sich die örtliche Entscheidungszuständigkeit nach dem gewöhnlichen Aufenthalt des (zukünftigen) Betreuten (§ 272 Abs. 1 Nr. 2 FamFG). Ebenfalls zuständig kann das Gericht sein, in dessen Bezirk der Wohnraum liegt (§ 272 Abs. 1 Nr. 3 FamFG). Die Abgabe des Verfahrens an das Betreuungsgericht, in dessen Bezirk der Wohnraum liegt, kann geboten sein[38], und ist nach § 273 FamFG zulässig.

47 Funktionell zuständig im Genehmigungsverfahren ist der **Rechtspfleger** (§ 3 Nr. 2b RpflG).

48 Im Verfahren ist der Betreute persönlich anzuhören (§ 34 Abs. 1 FamFG).[39] Ausnahmsweise kann die **Anhörung** unterbleiben, wenn der Betreute nicht in der Lage ist, seinen Willen kundzutun oder ihm durch die Anhörung Nachteile für seine Gesundheit entstehen könnten (§ 34 Abs. 2 FamFG).

49 Ein **Verfahrenspfleger** ist nach der allgemeinen Regel des § 276 Abs. 1 Satz 1 FamFG im Falle der Erforderlichkeit zu bestellen.[40] Soll von der persönlichen Anhörung des Betreuten abgesehen werden, ist zwingend ein Verfahrenspfleger zu bestellen (§ 276 Abs. 1 Satz 2 Nr. 1 FamFG).[41]

50 Die **Einholung eines Sachverständigengutachtens** im Verfahren ist nicht zwingend vorgeschrieben. Sie ist nach der allgemeinen Verfahrensregel abhängig vom Aufklärungsbedarf.

51 Zum Teil wird dagegen regelmäßig die Notwendigkeit zur Einholung eines Sachverständigengutachtens, das zu den Auswirkungen der Wohnungsaufgabe, zum Krankheitsverlauf und zu den verbliebenen Möglichkeiten selbständiger Lebensführung Stellung nehmen soll.[42] Diese Auffassung ist jedoch der Praxis des Betreuungsrechts insbesondere vor dem Hintergrund seiner effizienten Umsetzung wenig dienlich und zum Schutz des Betreuten vielfach nicht notwendig. Unter Berücksichtigung des Zwecks des § 1907 BGB unter Beachtung des Betreuerinteresses an einer möglichst schnellen gerichtlichen Entscheidung und der Interessenlage des Betreuten muss die Genehmigungsentscheidung ohne Einholung eines Gutachtens getroffen werden können, wenn die Voraussetzungen der Genehmigungserteilung oder ihrer Versagung für den zuständigen Rechtspfleger offensichtlich sind. In Zweifelsfällen ist demgegenüber die Einholung eines Sachverständigengutachtens zu den vom OLG Oldenburg[43] beschriebenen Kriterien sinnvoll und notwendig.

52 Die Genehmigungsentscheidung ist unter **Berücksichtigung des Wohls des Betreuten**, seiner Wünsche und Vorstellungen zu treffen. Die Wünsche des Betreuten sind auch zu berücksichtigen, wenn diese irrational erscheinen mögen oder der Betreute geschäftsunfähig ist. Eine Kündigung gegen den erklärten und begründeten Willen des Betreuten ist unabhängig von dessen Geschäftsfähigkeit grundsätzlich nicht genehmigungsfähig.[44] Etwas anderes kann aber gelten, wenn die Berücksichtigung der Wünsche des Betreuten erkennbar auf eine Selbstschädigung hinausläuft.[45]

F. Rechtsbehelfe

53 Gegen die **Versagung oder Erteilung der Genehmigung** steht dem Betreuten der Rechtsbehelf der Beschwerde zu (§ 59 Abs. 1 FamFG).

---

[37] BGH v. 25.01.2012 - XII ZB 479/11.
[38] OLG Stuttgart v. 10.05.2000 - 8 AR 10/2000, 8 AR 10/00 - BWNotZ 2001, 20.
[39] LG Stendal v. 18.12.2006 - 25 T 211/06.
[40] OLG Oldenburg v. 05.07.2002 - 5 W 113/02 - NJW-RR 2003, 587.
[41] LG Stendal v. 18.12.2006 - 25 T 211/06.
[42] OLG Oldenburg v. 05.07.2002 - 5 W 113/02 - juris Rn. 2 - NJW-RR 2003, 587; LG Stendal v. 18.12.2006 - 25 T 211/06.
[43] OLG Oldenburg v. 05.07.2002 - 5 W 113/02 - juris Rn. 2 - NJW-RR 2003, 587.
[44] OLG Schleswig v. 23.05.2001 - 2 W 7/01 - MDR 2001, 1299-1300; OLG Schleswig v. 23.05.2001 - 2 W 8/2001, 2 W 8/01 - SchlHA 2001, 238.
[45] OLG Schleswig v. 23.05.2001 - 2 W 8/2001, 2 W 8/01 - SchlHA 2001, 238.

Neben dem Betreuten haben auch Dritte, insbesondere der Betreuer (§ 303 Abs. 4 FamFG), nahe Angehörige (§ 303 Abs. 2 Ziff. 1 FamFG) und Vertrauenspersonen des Betreuten (§ 303 Abs. 2 Ziffer 2 FamFG) das Recht, Beschwerde einzulegen. 54

Die **einfache Beschwerde** gegen die beantragte, aber versagte Genehmigung steht dem **Betreuer** ausdrücklich zu. Die Erteilung der Genehmigung kann der Betreuer grundsätzlich nicht mit einem Rechtsbehelf anfechten, weil er in der Regel den Antrag auf Erteilung der Genehmigung gestellt hat und insoweit antragsgemäß entschieden wurde (fehlende Beschwer). Anderes gilt ausnahmsweise nur, wenn das Gericht gegen oder ohne seinen Willen tätig geworden ist oder ein Genehmigungsvorbehalt nicht gegeben ist. 55

Das **Beschwerderecht Dritter** muss im Falle der Wohnraumkündigung aber grundsätzlich im Interesse des Betreuten ausgeübt werden. So ist bei einer genehmigten Wohnraumkündigung durch den Betreuer der in der Wohnung lebende Sohn der Betreuten insbesondere nach deren Tod nicht beschwerdeberechtigt, da sie nur dem Zweck dient, eigene Rechte wahrzunehmen.[46] 56

Dem **Geschäftspartner** steht kein eigenes Beschwerderecht gegen die Versagung einer Genehmigung nach § 1907 BGB zu.[47] Das gilt auch in dem Fall, dass der Geschäftspartner einen einklagbaren Anspruch auf Vornahme des Geschäfts hat. Insoweit ist durch § 59 Abs. 2 FamFG eindeutig bestimmt, dass grundsätzlich nur dem Antragsteller ein Beschwerderecht zusteht, wenn – wie im Falle des § 1907 BGB – ein Beschluss nur auf Antrag erlassen wird. 57

Die Beschwerde ist zur Sicherstellung eines effektiven Rechtsschutzes[48] auch dann statthaft, wenn das Beschwerdegericht keine Möglichkeit zur Abänderung des Vertrages mehr hat. Die Beschwerde gegen eine Genehmigungserteilung bleibt danach z.B. zulässig, auch wenn ein vom Betreuer über ein Grundstück des Betreuten abgeschlossener Mietvertrag nicht mehr rückgängig gemacht werden kann.[49] Die Beschwerde kann hier dem Zweck dienen, etwaige Schadensersatzansprüche vorzubereiten. 58

Im Beschwerdeverfahren gelten grundsätzlich dieselben Regeln wie für das Verfahren erster Instanz. Hier muss grundsätzlich ebenfalls eine Anhörung des Betreuten durchgeführt werden. Davon abgesehen werden kann zwar, wenn aus der vorzunehmenden Anhörung keine neuen Erkenntnisse zu erwarten sind. Ist seit der erstinstanzlichen Anhörung allerdings ein Zeitraum von mehr als 6 Monaten verstrichen, so ist richtigerweise eine Anhörung zwingend durchzuführen.[50] 59

G. Betreten der Wohnung gegen den Willen des Betreuten

Durch Art. 13 GG ist die Unverletzlichkeit der Wohnung geschützt. Neben Durchsuchungen dürfen Eingriffe und Beschränkungen nur zur Abwehr einer gemeinen Gefahr oder einer Lebensgefahr für einzelne Personen, auf Grund eines Gesetzes auch zur Verhütung dringender Gefahren für die öffentliche Sicherheit und Ordnung, insbesondere zur Behebung der Raumnot, zur Bekämpfung von Seuchengefahr oder zum Schutze gefährdeter Jugendlicher vorgenommen werden. Dieser Grundrechtsschutz steht dem Betreuten auch gegenüber seinem Betreuer zu. Bei dem Betreten der Wohnung des Betreuten gegen dessen Willen handelt es sich um einen hoheitlichen Eingriff in das Grundrecht auf Unverletzlichkeit der Wohnung (Art. 13 GG), da der Betreuer nicht als Privatperson auftritt, sondern kraft staatlicher Ermächtigung eine Aufgabe der öffentlichen Fürsorge wahrnimmt.[51] Ein derartiger Grundrechtseingriff kann deshalb ohne spezialgesetzliche Grundlage nur unter den Voraussetzungen des Art. 13 Abs. 7 Alt. 1 GG gerechtfertigt sein, wenn hierdurch eine gemeine Gefahr oder eine Lebensgefahr für einzelne Personen abgewendet werden soll. 60

Unmittelbar stellt § 1907 BGB keine derartige Ermächtigungsgrundlage dar. Die Vorschrift regelt nicht das Betretungsrecht des Betreuers. 61

Auch in analoger Anwendung stellt § 1907 Abs. 1 BGB keine ausreichende Ermächtigungsgrundlage dar. Die analoge Anwendung einer Norm begründet keine Ermächtigungsgrundlage für einen Grundrechtseingriff. Die durch den Gesetzesvorbehalt verlangte Berechenbarkeit und Kontrollierbarkeit der Rechtfertigung eines Grundrechtseingriffes wäre nicht gegeben.[52] Um dem formellen Gesetzesvorbe- 62

---

[46] KG Berlin v. 13.10.2009 - 1 W 168/08.
[47] Zimmermann in: Damrau/Zimmermann, Betreuungsrecht, 4. Aufl. 2011, § 1907 Rn. 30.
[48] Vgl. hierzu BVerfG v. 18.01.2000 - 1 BvR 321/96 - LM GrundG Art 2 Nr. 74a (9/2000).
[49] OLG Köln v. 07.06.2000 - 16 Wx 82/00 - NJWE-FER 2001, 48.
[50] OLG Köln v. 24.11.2008 - 16 Wx 209/08.
[51] LG Darmstadt v. 14.03.2012 - 5 T 475/10; LG Darmstadt v. 14.03.2012 - 5 T 128/11.
[52] BGH v. 11.10.2000 - XII ZB 69/00.

halt des Art. 104 Abs. 1 GG gerecht zu werden, müssen die Grundzüge der Eingriffsvoraussetzungen in einem formellen Gesetz geregelt werden. Dadurch soll der Gesetzgeber gezwungen werden, Freiheitsentziehungen in berechenbarer, messbarer und kontrollierbarer Weise zu regeln.[53] Für eine Analogie fehlt es auch an der Voraussetzung einer planwidrigen Regelungslücke. Es mag eine Regelungslücke in Bezug auf das Betretungsrecht des Betreuers geben. Es ist jedoch nicht erkennbar, dass diese Lücke planwidrig ist. Schließlich fehlt es an der Vergleichbarkeit der Interessenlage. Insbesondere lässt sich aus der Möglichkeit der Genehmigung einer Wohnungsveräußerung nicht (a maiore ad minus) der Schluss ziehen, dass dann auch das „mildere Mittel" eines Betretens der Wohnung (etwa zur Entmüllung und damit zum Erhalt der Wohnung) gerechtfertigt sein müsse. Denn § 1907 Abs. 1 BGB regelt die Voraussetzungen eines Eingriffs in das Eigentum des Betroffenen (Art. 14 GG) und ist damit bereits aufgrund seines Regelungszwecks nicht auf einen Eingriff in das Grundrecht aus Art. 13 GG anwendbar, welcher dem hiervon unabhängigen Schutz der Privatsphäre dient.[54]

---

[53] BGH v. 11.10.2000 - XII ZB 69/00.
[54] LG Darmstadt v. 14.03.2012 - 5 T 475/10.

§ 1908 BGB Genehmigung des Betreuungsgerichts bei der Ausstattung

(Fassung vom 17.12.2008, gültig ab 01.09.2009)

Der Betreuer kann eine Ausstattung aus dem Vermögen des Betreuten nur mit Genehmigung des Betreuungsgerichts versprechen oder gewähren.

Gliederung

A. Grundlagen 1	IV. Gelegenheitsgeschenke/Anstandsschenkungen 10
B. Praktische Bedeutung 2	V. Die Genehmigungsentscheidung 11
C. Anwendungsvoraussetzungen 4	1. Genehmigungskriterien 11
I. Definition 4	2. Einzelfälle 14
II. Anwendungsbereich 5	D. Verfahren 18
III. Genehmigungspflichtige Rechtshandlung 7	

A. Grundlagen

Die Vorschrift ist eine Ausnahme zu dem Grundsatz des § 1804 BGB (Geltung im Betreuungsrecht über § 1908i Abs. 2 Satz 1 BGB), wonach Schenkungen des Betreuers in Vertretung des Betreuten grundsätzlich ausgeschlossen sind. Die Vorschrift überträgt den Regelungsinhalt des § 1624 BGB auf das Betreuungsrecht. Der Betreute soll vor dem Hintergrund des § 1804 BGB nicht schlechter gestellt werden als ohne angeordnete Betreuung. Zum Schutz des Betreuten stellt die Vorschrift ein Genehmigungserfordernis auf.

1

B. Praktische Bedeutung

Schon die praktische Relevanz des § 1624 BGB, der im Betreuungsrecht (für Minderjährige) eine ähnliche Sachlage regelt, ist verschwindend.[1] Ein Genehmigungserfordernis zu dem Zweck, den die Vorschrift im Auge hat, ist im Rahmen einer Betreuung (bei Volljährigen) äußerst selten, da grundsätzlich der Betreute die Rechtshandlung selbst vornehmen kann, er der Vertretung durch einen Betreuer also nicht notwendig bedarf. Die Genehmigung eines Vertreterhandelns erübrigt sich vielfach.

2

Die Regelung soll vor allem bei Hof- und Geschäftsübergaben Bedutung haben[2] und ist in diesem Zusammenhang sicherlich bei äußerungsunfähigen Betreuten sinnvoll. Vor diesem Hintergrund hat der Gesetzgeber die im früheren Vormundschaftsrecht enthaltene Sonderbestimmung über die Genehmigungsbedürftigkeit der Zuwendung einer Ausstattung – die zunächst gestrichen werden sollte – gerade im Hinblick auf derartige Übergabeverträge beibehalten.[3]

3

C. Anwendungsvoraussetzungen

I. Definition

Eine Ausstattung ist nach der Legaldefinition des § 1624 BGB dasjenige, was einem Kinde mit Rücksicht auf seine Verheiratung oder auf die Erlangung einer selbständigen Lebensstellung[4] zur Begründung oder zur Erhaltung der Wirtschaft oder der Lebensstellung vom Vater oder der Mutter zugewendet wird.[5] Maßgeblich ist allein der Ausstattungszweck unabhängig davon, ob die Zuwendung zur Erreichung des Zweckes notwendig war.[6] Es muss sich um eine unentgeltliche Zuwendung bzw. gemischte Schenkung des Betreuers im Namen des Betreuten an dessen Kind handeln. Leistung und Gegenleistung müssen sich daher nicht wertmäßig decken.[7] Hinsichtlich der Einzelheiten kann auf die Kommentierung zu § 1624 BGB verwiesen werden.

4

---

[1] So auch die Einschätzung zur ähnlichen Lage in § 1624 BGB *Strätz* in: Soergel, § 1624 Rn. 2; anders aber *Langenfeld*, JuS 1998, 321-325.
[2] BT-Drs. 11/4528, S. 211.
[3] BT-Drs. 11/4528, S. 229.
[4] OLG Stuttgart v. 30.6.2004 - 8 W 495/03 - Rpfleger 2004, 695-697.
[5] BayObLG München v. 06.06.2003 - 3Z BR 88/03 - Rpfleger 2003, 649-651.
[6] BayObLG München v. 06.06.2003 - 3Z BR 88/03 - Rpfleger 2003, 649-651.
[7] *Böhmer*, MittBayNot 2005, 232.

II. Anwendungsbereich

5 Die Vorschrift ist nur auf **Zuwendungen** anwendbar, die der gerichtlich bestellte Betreuer in seiner Eigenschaft **als Vertreter des betreuten Elternteils** (Mutter/Vater) **dessen Kind** zukommen lässt. Eine solche erfährt gegenüber anderen Zuwendungen im Verhältnis des Betreuten zu seinen Kindern eine Sonderbehandlung, wenn die besondere Zwecksetzung gegeben ist. Unentgeltliche Zuwendungen an Kinder unterfallen deshalb nicht dem Anwendungsbereich dieser Vorschrift, wenn sie die genannte Zweckgerichtetheit nicht aufweisen.[8]

6 Nicht erfasst werden Zuwendungen auch an sonstige Verwandte des Betreuten.

III. Genehmigungspflichtige Rechtshandlung

7 Das Genehmigungserfordernis besteht sowohl dann, wenn der Betreuer im Namen des Betreuten eine Ausstattung verspricht, d.h. für das Verpflichtungsgeschäft (schuldrechtlicher Vertrag), als auch wenn er die Ausstattung gewährt (Verfügungsgeschäft).

8 Ebenso genehmigungspflichtig ist es, wenn der Betreute im Rahmen eines angeordneten Einwilligungsvorbehalts die Ausstattung versprochen oder gewährt hat und der Betreuer dem zustimmen will.

9 Der Betreute, der nicht unter den Beschränkungen eines Einwilligungsvorbehalts steht, kann in den betreffenden Aufgabenbereichen selbst eine Ausstattung rechtswirksam versprechen oder gewähren. Dies folgt aus der grundsätzlich fortbestehenden Geschäftsfähigkeit des Betreuten.

IV. Gelegenheitsgeschenke/Anstandsschenkungen

10 Nicht unter den Anwendungsbereich der Norm fallen sog. Gelegenheitsgeschenke oder Anstandsschenkungen. Dabei handelt es sich regelmäßig um betragsmäßig kleinere Zuwendungen, die zu besonderen Anlässen gewährt werden und die nach den Lebensverhältnissen des Betreuten üblich sind.[9] Die Schenkung eines Drittels des eigenen Vermögens ist nicht mehr als Gelegenheitsgeschenk anzusehen.[10]

V. Die Genehmigungsentscheidung

1. Genehmigungskriterien

11 Maßgeblicher Gesichtspunkt bei der Erteilung der Genehmigung ist der entsprechende Wille des Betreuten in Verbindung mit dessen materiellen und immateriellen Interessen.[11] Insbesondere muss eine umfassende Absicherung der Altersversorgung des Betreuten gewährleistet sein.[12] Im Rahmen der Prüfung der immateriellen Interessen sind Gesichtspunkte wie der Wunsch nach Weitergabe des Familienvermögens in eine Hand und der Erhalt des Familienfriedens angemessen zu berücksichtigen.[13]

12 Der Wille des Betreuten ist vorrangig. Die Genehmigung darf nicht erteilt werden, wenn der (natürliche) Wille des Betreuten dem Vertrag eindeutig entgegensteht. Dies gilt auch für den Fall, dass der Betreute zu rechtsgeschäftlich wirksamen Willenserklärungen nicht in der Lage ist.

13 Der Vertrag darf außerdem den materiellen Interessen des Betreuten nicht entgegenstehen. Insbesondere die langfristigen Vermögensbedürfnisse sind dabei sorgsam zu prüfen[14], zumal der Sicherung des Vermögens des Betreuten zur Gewährleistung seiner angemessenen Versorgung und Pflege im Alter ein hoher Stellenwert zukommt.[15] Bleibt eine zugesagte Gegenleistung deutlich hinter den Interessen des Betreuten zurück, wird also das Maß der Angemessenheit im Sinne des § 1624 Abs. 1 BGB überschritten, so kann Schenkungsrecht und damit das Verbot des § 1804 BGB i.V.m. § 1908i Abs. 2 Satz 1 BGB zur Anwendung kommen.

---

[8] BayObLG München v. 08.10.1997 - 3Z BR 192/97 - BayObLGR 1998, 5-6.
[9] Brandenburgisches OLG v. 23.05.2007 - 4 U 192/04.
[10] Brandenburgisches OLG v. 23.05.2007 - 4 U 192/04.
[11] OLG Stuttgart v. 04.10.2000 - 8 W 590/99 - BWNotZ 2001, 64-65.
[12] *Böhmer*, MittBayNot 2005, 232.
[13] OLG Stuttgart v. 04.10.2000 - 8 W 590/99 - BWNotZ 2001, 64-65.
[14] OLG Stuttgart v. 06.05.1997 - 8 W 196/97 - BWNotZ 1997, 147-148.
[15] OLG Stuttgart v. 30.06.2004 - 8 W 495/03 - Rpfleger 2004, 695-697.

2. Einzelfälle

Eine rechtsgeschäftliche Zuwendung aus Mitteln des Betreuten kann unter Berücksichtigung seiner materiellen und immateriellen Belange seinem Willen entsprechen und insoweit genehmigungsfähig sein, wenn der im Miteigentum des Betreuten stehende landwirtschaftliche Betrieb im Wege einer gemischten Schenkung gegen Übergabe eines Leibgedings in Form von Naturalpflegeleistung für den Betreuten auf ein Kind übertragen wird und durch die Schenkung letztlich die Zukunft des Betreuten und darüber hinaus der gewünschte Fortbestand des landwirtschaftlichen Betriebs erhalten bleibt.[16]

Bestehen die Gegenleistungen in Form eines Wohnungsrechts, einem Garagennutzungsrecht, Verköstigung und Pflegeleistungen bis zum Tode des Betreuten, so kann kein materieller Nachteil für den Betreuten entstehen. Dies gilt insbesondere dann, wenn der Übernehmer sich für den Fall, dass eine Versorgung und Pflege des Betreuten auf dem Hof nicht mehr möglich oder zumutbar ist, verpflichtet, die Kosten der Heimunterbringung ohne Einschränkungen zu tragen.[17]

Die Genehmigung ist zu versagen, wenn der Betreuer lediglich zur Verbesserung der Wohnungssituation der Tochter des Betreuten einen Teil des Alleineigentums des Betreuten an einem Wohnhaus (Erdgeschoßwohnung) ohne weiteres Entgelt übertragen möchte, um hierdurch einen Umbau (Aufteilung in zwei selbständige Wohneinheiten) zu ermöglichen.[18]

Hat sich der übernehmende Sohn im Hofübergabevertrag lediglich zu Pflegeleistungen bis zur Pflegestufe 1 verpflichtet, und liegt eine bindende Verpflichtung anderer Kinder des Betreuten zur Erbringung ergänzender Pflegeleistungen nicht vor, so scheidet eine Genehmigung des Vertrages aus, sofern der Betreute nach Hofübergabe sich nicht mehr selbst unterhalten kann.[19]

D. Verfahren

Für das Verfahren gelten die allgemeinen Vorschriften. Da regelmäßig bereits ein Betreuer bestellt ist, ist das Betreuungsgericht (Amtsgericht) **örtlich zuständig**, das die Betreuung führt, unabhängig davon, ob der Betreute seinen gewöhnlichen Aufenthaltsort im Bezirk dieses Amtsgerichts hat (§ 272 Abs. 1 Ziff. 1 FamFG).

Funktionell zuständig beim Betreuungsgericht ist der **Rechtspfleger** (§§ 3 Nr. 2b RPflG).

Auch für die Anhörung gelten die allgemeinen Vorschriften. Eine persönliche **Anhörung des Betreuten** im Verfahren ist danach nicht zwingend notwendig, sondern nur dann, wenn dies zur Gewährung des rechtlichen Gehörs des Betreuten notwendig ist (§ 34 Abs. 1 Ziff. 1 FamFG). Im Verfahren ist allerdings festzustellen, ob der Wille des Betreuten dem Vertrag nicht entgegensteht. Schon deshalb ist die Durchführung der Anhörung praktisch sinnvoll. Soweit möglich kann jedoch eine schriftliche Anhörung genügen.[20]

Die Entscheidung des Gerichts kann mit der **einfachen Beschwerde** angefochten werden.

Beschwerdeberechtigt sind:
- der Betreute (§ 57 Abs. 1 FamFG),
- der Verfahrenspfleger, soweit ein solcher bestellt wurde (§ 303 Abs. 3 FamFG),
- der Betreuer oder Bevollmächtigte, auch im Namen des Betreuten (§ 303 Abs. 4 FamFG).

Beschwerdeberechtigt ist der Betreuer oder der Bevollmächtigte gemäß § 303 Abs. 4 FamFG auch dann, wenn eine antragsgemäße Entscheidung ergangen ist, soweit er die Beschwerde im Namen des Betreuten einlegt.

Nicht beschwerdebefugt im Falle der Versagung der Genehmigung ist allerdings das Kind, das die Ausstattung bekommen soll.[21] Da die Entscheidung des Gerichts nur auf Antrag erfolgt, steht den Angehörigen insgesamt kein Beschwerderecht zu (§ 303 Abs. 4 FamFG).

---

[16] LG Traunstein v. 07.04.2004 - 4 T 1365/04 - MittBayNot 2005, 231-232.
[17] OLG Stuttgart v. 30.06.2001 - 8 W 495/03 - Rpfleger 2004, 695-697.
[18] BayObLG München v. 06.06.2003 - 3Z BR 88/03 - Rpfleger 2003, 649-651.
[19] OLG Stuttgart v. 04.10.2000 - 8 W 590/99 - BWNotZ 2001, 64-65.
[20] *Deinert* in: HK-BUR, § 1908 Rn. 3 (76. Akt. 12/2010).
[21] So schon für die Rechtslage vor Inkrafttreten des FamFG die herrschende Rechtsmeinung, *Schwab* in: MünchKomm-BGB, § 1908 Rn. 10, anders aber *Deinert* in: HK-BUR, § 1908 Rn. 4 (76. Akt. 12/2010).

§ 1908a BGB Vorsorgliche Betreuerbestellung und Anordnung des Einwilligungsvorbehalts für Minderjährige

(Fassung vom 02.01.2002, gültig ab 01.01.2002)

¹Maßnahmen nach den §§ 1896, 1903 können auch für einen Minderjährigen, der das 17. Lebensjahr vollendet hat, getroffen werden, wenn anzunehmen ist, dass sie bei Eintritt der Volljährigkeit erforderlich werden. ²Die Maßnahmen werden erst mit dem Eintritt der Volljährigkeit wirksam.

Gliederung

A. Grundlagen 1	2. Anordnung eines Einwilligungsvorbehalts 8
B. Praktische Bedeutung 2	II. Vollendung des 17. Lebensjahres 9
C. Anwendungsvoraussetzungen 4	D. Wirkungen (Satz 2) 11
I. Grundlagen 4	E. Verfahren 13
1. Anordnung einer Betreuung 5	F. Vergütungsfragen 18

A. Grundlagen

1   Der Minderjährige wird von seinen Eltern vertreten (§ 1626 BGB). Eines weiteren Vertreters bedarf er nicht. Die Anordnung einer Betreuung setzt deshalb grundsätzlich voraus, dass der Betreute volljährig ist. Nur für den Volljährigen besteht im Falle gesundheitlicher Defizite ein Bedürfnis für eine Vertretung im Rahmen einer rechtlichen Betreuung. Der Minderjährige wird gesetzlich unmittelbar durch seine Eltern vertreten. Der Gesetzgeber verfolgt vor diesem Hintergrund mit § 1908a BGB lediglich den Zweck, die Vertretung eines Menschen mit Beendigung der elterlichen Sorge erforderlichenfalls nahtlos durch eine sich unmittelbar anschließende Betreuung sicherzustellen. Voraussetzung ist, dass absehbar ist, dass der betreffende Mensch mit Beginn der Volljährigkeit nicht in der Lage sein wird, seine Angelegenheiten selbstständig zu regeln.[1]

B. Praktische Bedeutung

2   Die Bedeutung der Vorschrift in der alltäglichen Praxis ist verschwindend gering. Nur in seltenen Fällen besteht das dringende Bedürfnis, die Betreuung nahtlos mit Beginn der Volljährigkeit in Kraft zu setzen. In der Regel wird es ausreichen, das Betreuungsverfahren erst nach Eintritt der Volljährigkeit in Gang zu setzen. Gerade bei Minderjährigen, die gesundheitliche Defizite mitbringen, die die Anordnung einer Betreuung notwendig machen, wird ein Betreuungsverfahren regelmäßig innerhalb weniger Wochen abzuschließen sein.

3   Der geringen praktischen Relevanz entspricht es, dass obergerichtliche Rechtsprechung oder spezielle Literatur zu diesem Thema nicht feststellbar ist.

C. Anwendungsvoraussetzungen

I. Grundlagen

4   Die Vorschrift beinhaltet im Grunde nur eine einzige eigenständige materielle Voraussetzung. Diese besteht in der Prognose darüber, ob eine der genannten Maßnahmen (Betreuerbestellung, Einwilligungsvorbehalt) mit Vollendung des 18. Lebensjahres voraussichtlich erforderlich wird. Die Maßnahmen, die vom Betreuungsgericht getroffen werden können, bestehen einerseits in der Anordnung einer Betreuung (vgl. Rn. 5) sowie der Anordnung eines Einwilligungsvorbehalts (vgl. Rn. 8).

1. Anordnung einer Betreuung

5   Für die vorweggenommene Betreuerbestellung gelten grundsätzlich die allgemeinen Vorschriften (vgl. hierzu die Kommentierung zu § 1896 BGB). Die Betreuerbestellung kann auf Antrag oder von Amts wegen vorgenommen werden.

6   Das Gericht hat im Rahmen der Prüfung der Erforderlichkeit einer Betreuung allerdings zu berücksichtigen, ob diese im Zeitpunkt des Eintritts der Volljährigkeit gegeben sein wird (Prognose).

---

[1] BT-Drs. 11/4528, S. 152; *Roth* in: Dodegge/Roth, Betreuungsrecht, 3. Aufl. 2010, Teil A Rn. 37.

Der Minderjährige hat hinsichtlich der Person des Betreuers ein eigenes Vorschlagsrecht. Das Gericht ist über § 1897 Abs. 4 BGB an diesen Vorschlag gebunden.

2. Anordnung eines Einwilligungsvorbehalts

Die Anordnung eines Einwilligungsvorbehalts setzt gleichfalls voraus, dass dessen Voraussetzungen im Zeitpunkt des Eintritts der Volljährigkeit vorliegen. Insbesondere muss die Erforderlichkeit eines Einwilligungsvorbehalts aufgrund der Lebenssituation des Betreuten gegeben sein.[2] Hinsichtlich der Einzelheiten kann auch hier auf die Kommentierung zu § 1903 BGB verwiesen werden. Im Einzelfall sollte ein Einwilligungsvorbehalt allerdings dann nicht angeordnet werden, wenn sich der Minderjährige nicht bereits durch eigenes Handeln selbst geschadet hat oder die dringende Gefahr besteht, dass dies mit Eintritt der Volljährigkeit geschehen wird.[3] Im Regelfall wird in der Praxis deshalb die Anordnung eines Einwilligungsvorbehalts nicht in Betracht kommen.

II. Vollendung des 17. Lebensjahres

Der Minderjährige muss das siebzehnte Lebensjahr vollendet haben, bevor der Beschluss über die Bestellung eines Betreuers ergehen darf.[4]

Einzig wird diesbezüglich das Problem diskutiert, inwieweit Anträge, die eingehen, bevor der Minderjährige das 17. Lebensjahr vollendet hat, betreuungsgerichtlich zu bearbeiten sind.[5] Diese Diskussion ist für die Praxis müßig. Betreuungsanregungen für Minderjährige unter siebzehn Jahren gehen bei den Betreuungsgerichten äußerst selten ein. Tritt dieser Fall einmal auf, kann das Verfahren unproblematisch bis zum Zeitpunkt der Vollendung des siebzehnten Lebensjahres des zu Betreuenden ruhen. Denn die Zeitdauer von einem Jahr ist auch in schwierigen Fällen regelmäßig ausreichend, das Verfahren sicher bis zum Eintritt der Volljährigkeit zum Abschluss zu bringen.

D. Wirkungen (Satz 2)

Die Entscheidung des Betreuungsgerichts über die Anordnung einer Betreuung oder einen Einwilligungsvorbehalt wird mit dem Zeitpunkt wirksam, in dem der Betreute das 18. Lebensjahr vollendet.[6] Dies setzt allerdings voraus, dass alle allgemeinen Wirksamkeitsvoraussetzungen, insbesondere die Bekanntgabe des Beschlusses ihm gegenüber (§ 40 Abs. 1 FamFG) in diesem Zeitpunkt erfüllt sind.

Im gerichtlichen Beschluss bedarf es daher nicht zwingend der Bestimmung eines Zeitpunktes der Wirksamkeit. Es ist aber im Interesse der Klarstellung sinnvoll, den Zeitpunkt des Wirksamwerdens im Beschluss zu benennen.[7]

E. Verfahren

Die gerichtliche Zuständigkeit richtet sich im Wesentlichen nach den allgemeinen Vorschriften. Auf die Kommentierung zu § 1896 BGB bzw. die Kommentierung zu § 1903 BGB wird insoweit verwiesen.

Das Verfahren weist nur wenige Besonderheiten auf. So ist z.B. der Minderjährige selbst verfahrensfähig (§ 275 FamFG).[8]

Dem gesetzlichen Vertreter des Minderjährigen ist Gelegenheit zur Äußerung im Verfahren zu geben (§ 279 Abs. 4 FamFG).[9]

---

[2] *Jürgens* in: Jürgens, Betreuungsrecht, 4. Aufl. 2010, § 1908a Rn. 1.
[3] *Roth* in: Dodegge/Roth, Betreuungsrecht, 3. Aufl. 2005, Teil A Rn. 37.
[4] *Zimmermann* in: Soergel, § 1908a Rn. 2; *Zimmermann* in: Damrau/Zimmermann, Betreuungsrecht, 4. Aufl. 2010, § 1908a Rn. 2.
[5] Für striktes Bearbeitungshindernis *Schwab* in: MünchKomm-BGB, § 1908a Rn. 2; bloße Entgegennahme des Antrags zulässig: *Knittel*, BtG, 1992, § 1908a Rn. 2; für Zulässigkeit vorbereitender Verfahrensschritte ohne abschließende Entscheidung: *Bienwald* in: Staudinger 12. Aufl. 1995, § 1908a Rn. 2.
[6] *Jürgens* in: Jürgens, Betreuungsrecht, 4. Aufl. 2010, § 1908a Rn. 3.
[7] *Schwab* in: MünchKomm-BGB, § 1908a Rn. 9; *Zimmermann* in: Soergel, § 1908a Rn. 13; *Zimmermann* in: Damrau/Zimmermann, Betreuungsrecht, 4. Aufl. 2010, § 1908a Rn. 7.
[8] So bereits für das Verfahren vor Inkrafttreten des FamFG: *Mertens* in: Jürgens, Betreuungsrecht, 3. Aufl. 2005, § 1908a Rn. 4; *Jürgens* in: Jürgens, Betreuungsrecht, 4. Aufl. 2010, § 1908a Rn.4.
[9] So bereits für das Verfahren vor Inkrafttreten des FamFG: *Mertens* in: Jürgens, Betreuungsrecht, 3. Aufl. 2005, § 1908a Rn. 4; *Jürgens* in: Jürgens, Betreuungsrecht, 4. Aufl. 2010, § 1908a Rn.4.

16 Meinungsverschiedenheiten bestanden bereits vor Inkrafttreten des FamFG zu der Frage, ob bei einem Antrag des Minderjährigen auf die Einholung eines Sachverständigengutachtens verzichtet werden kann. Der Umstand, dass hinsichtlich der vorweggenommenen Betreuerbestellung auch nach dem FamFG diesbezüglich keine besondere Regelung besteht, dürfte dafür sprechen, dass die allgemeinen Vorschriften bzgl. der Erforderlichkeit eines Sachverständigengutachtens gelten. Das heißt, dass ggf. ein ärztliches Attest ausreicht (§§ 281, 282 FamFG). Allein wegen des prognostischen Charakters der vorweggenommenen Betreuerbestellung scheint ein Sachverständigengutachten nicht zwingend.[10] Auf den Inhalt eines Attests kann oftmals eine Prognose zuverlässig gestützt werden. Der Minderjährige ist auch nicht schutzwürdiger, da die Entscheidung ohnehin in der Regel nur wenige Wochen vor dem Eintritt der Volljährigkeit ergeht. Bei entsprechender Einsichtsfähigkeit des Minderjährigen gibt es deshalb keinen überzeugenden Grund, die Einholung eines Sachverständigengutachtens auch bei Vorliegen eines Antrags des Minderjährigen zu verlangen.[11]

17 Der Minderjährige ist selbst beschwerdeberechtigt (§ 59 Abs. 1 FamFG i.V.m. § 275 FamFG). Ebenso ist der gesetzliche Vertreter des Minderjährigen beschwerdeberechtigt. Letzteres ergibt sich aus dem allgemeinen Vertretungsrecht, das im Rahmen des Sorgerechts besteht.

F. Vergütungsfragen

18 Hinsichtlich der Berechnung des Zeitraumes einer Vergütung ist der Tag des Eintritts der Volljährigkeit (18. Geburtstag des Betreuten) einzuberechnen, sofern die übrigen Wirksamkeitsvoraussetzungen (Bekanntgabe) vorliegen und die Betreuung mit diesem Tag beginnt. Zwar ist grundsätzlich für die Berechnung einer Frist, für deren Anfang ein Ereignis oder ein in den Lauf eines Tages fallender Zeitpunkt maßgebend ist, der Tag nicht mitzurechnen, in welchen das Ereignis fällt (§ 187 Abs. 1 ZPO). Dies gilt aber nur in den Fällen, in denen die Frist durch ein in einen bestimmten Tag fallendes Ereignis ausgelöst wird. Im Falle des Beginns der Betreuung mit Eintritt der Volljährigkeit beginnt diese aber bereits mit dem Beginn des entsprechenden Tages. Deshalb muss auch dieser Tag vollständig bei der Berechnung der Vergütung berücksichtigt werden.[12]

---

[10] So aber für das Recht vor Inkrafttreten des FamFG: *Bienwald* in: Staudinger, 12. Aufl. 1995, § 1908a Rn. 15; *Schwab* in: MünchKomm-BGB, § 1908a Rn. 6.
[11] Wie hier *Rink* in: HK-BUR, § 1908a Rn. 3 (GW 1994).
[12] LG Erfurt v. 29.04.2009 - 2 T 154/09.

§ 1908b BGB Entlassung des Betreuers

(Fassung vom 29.06.2011, gültig ab 06.07.2011)

(1) ¹Das Betreuungsgericht hat den Betreuer zu entlassen, wenn seine Eignung, die Angelegenheiten des Betreuten zu besorgen, nicht mehr gewährleistet ist oder ein anderer wichtiger Grund für die Entlassung vorliegt. ²Ein wichtiger Grund liegt auch vor, wenn der Betreuer eine erforderliche Abrechnung vorsätzlich falsch erteilt oder den erforderlichen persönlichen Kontakt zum Betreuten nicht gehalten hat. ³Das Gericht soll den nach § 1897 Abs. 6 bestellten Betreuer entlassen, wenn der Betreute durch eine oder mehrere andere Personen außerhalb einer Berufsausübung betreut werden kann.

(2) Der Betreuer kann seine Entlassung verlangen, wenn nach seiner Bestellung Umstände eintreten, auf Grund derer ihm die Betreuung nicht mehr zugemutet werden kann.

(3) Das Gericht kann den Betreuer entlassen, wenn der Betreute eine gleich geeignete Person, die zur Übernahme bereit ist, als neuen Betreuer vorschlägt.

(4) ¹Der Vereinsbetreuer ist auch zu entlassen, wenn der Verein dies beantragt. ²Ist die Entlassung nicht zum Wohl des Betreuten erforderlich, so kann das Betreuungsgericht statt dessen mit Einverständnis des Betreuers aussprechen, dass dieser die Betreuung künftig als Privatperson weiterführt. ³Die Sätze 1 und 2 gelten für den Behördenbetreuer entsprechend.

(5) Der Verein oder die Behörde ist zu entlassen, sobald der Betreute durch eine oder mehrere natürliche Personen hinreichend betreut werden kann.

Gliederung

A. Grundlagen 1	1. Grundsatz 38
I. Kurzcharakteristik 1	2. Einzelfälle 41
II. Gesetzgebungsgeschichte 2	IV. Entlassung eines Berufsbetreuers 43
B. Praktische Bedeutung 6	V. Unzumutbarkeit (Absatz 2) 49
C. Anwendungsvoraussetzungen 7	VI. Entlassung auf Vorschlag des Betreuten
I. Normstruktur 7	(Absatz 3) 52
II. Mangelnde Eignung des Betreuers 9	VII. Entlassung des Vereins- oder des Behörden-
1. Personenbezogene Entlassungsgründe ... 14	betreuers (Absatz 4) 57
a. Grundsatz 14	D. Verfahren 60
b. Einzelfälle 16	I. Zuständigkeit 61
2. Verhaltensbedingte Entlassungsgründe .. 25	II. Anhörung 64
a. Grundsatz 25	III. Rechtsbehelfe 65
b. Einzelfälle 26	1. Beschwerde 65
c. Entlassung als letztes Mittel 37	2. Rechtsbeschwerde 71
III. Sonstiger wichtiger Grund 38	

A. Grundlagen

I. Kurzcharakteristik

Die Vorschrift regelt die Voraussetzungen einer Entlassung des bestellten Betreuers bei fortbestehender Betreuung. Die Entlassung eines Betreuers führt grundsätzlich nicht zur Aufhebung der Betreuung, sondern regelmäßig nur zu einem Wechsel in der Person des Betreuers. Deshalb hat das Gericht (zeitgleich mit der Entlassung) einen neuen Betreuer zu bestellen (§ 1908c BGB), sofern nicht ausnahmsweise mehrere Betreuer mit identischen Aufgabenbereichen bestellt wurden. 1

II. Gesetzgebungsgeschichte

Der Gesetzgeber hat durch das 1. BtÄndG mit § 1897 Abs. 6 BGB ausdrücklich der ehrenamtlichen Betreuung den Vorrang vor der Berufsbetreuung eingeräumt. Infolgedessen hat er einen neuen Entlassungsgrund geschaffen, der auf diesen Vorrang Bezug nimmt (§ 1908b Abs. 1 Satz 2 BGB). 2

3 Die Vorschrift ist durch das 2. BtÄndG abgeändert worden. Mit Wirkung vom 01.07.2005 wurde nach Absatz 1 Satz 1 der Satz eingefügt: „Ein wichtiger Grund liegt auch vor, wenn der Betreuer eine erforderliche Abrechnung vorsätzlich falsch erteilt hat." Die Notwendigkeit dieser Regelung erscheint nach der Einführung einer pauschalierten Vergütung nicht gegeben. Denn die Abrechnung erfolgt ausschließlich pauschal nach dem Zeitraum des Bestehens der Betreuung unter Berücksichtigung insbesondere der Wohnform, in der der Betreute lebt. Die Möglichkeiten der Manipulation der Abrechnung durch den Betreuer sind dadurch wesentlich begrenzter als unter der bis zur Änderung geltenden Rechtslage.

4 Durch das 3. BtÄndG ist keine wesentliche Änderung des Textes erfolgt. Es wurde lediglich der Begriff Vormundschaftsgericht durch den des Betreuungsgerichts ausgewechselt.

5 Mit dem Gesetz zur Änderung des Vormundschafts- und Betreuungsrechts (BtVmRÄndG) v. 29.06.2011 ist ein neuer Entlassungsgrund eingeführt worden. Der Betreuer kann danach entlassen werden, wenn er den erforderlichen persönlichen Kontakt zum Betreuten nicht gehalten hat.

B. Praktische Bedeutung

6 Die Anwendung der Vorschrift gehört zur täglichen Arbeit des Betreuungsgerichts. Entsprechend groß ist dessen praktische Bedeutung.

C. Anwendungsvoraussetzungen

I. Normstruktur

7 Durch § 1908b BGB werden insgesamt sieben verschiedene Tatbestände erfasst:
- mangelnde Eignung des Betreuers (Absatz 1 Satz 1 Alternative 1),
- sonstiger wichtiger Grund (Absatz 1 Satz 1 Alternative 2),
- Entlassung eines Berufsbetreuers (Absatz 1 Satz 2),
- Unzumutbarkeit für den Betreuer (Absatz 2),
- Entlassung auf Vorschlag des Betreuten (Absatz 3),
- Entlassung des Vereins- oder Behördenbetreuers (Absatz 4),
- Entlassung des Vereins oder der Behörde als Betreuer (Absatz 5).

8 Zu beachten ist, dass über § 1908i Abs. 1 Satz 1 BGB die Vorschrift des § 1888 BGB Anwendung findet, die einen weiteren speziellen Entlassungstatbestand formuliert. Danach ist ein Beamter oder Religionsdiener als Betreuer zu entlassen, wenn die für dessen Bestellung notwendige Genehmigung des Dienstherrn versagt oder zurückgenommen wird. Unter Berücksichtigung insbesondere der diesbezüglich geringen praktischen Bedeutung sei hier wegen der Einzelheiten auf die Kommentierung zu § 1888 BGB verwiesen.

II. Mangelnde Eignung des Betreuers

9 Die Eignung des Betreuers zur Erledigung seiner Aufgaben ist richtigerweise ein zentraler Aspekt des Betreuungsrechts. Ein Betreuer darf bereits nur bei entsprechender Eignung bestellt werden. Dessen Eignung muss aber nicht dauerhaft unverändert während des Laufs der Betreuung fortbestehen. Dem Gericht wird folgerichtig die Möglichkeit eingeräumt, den bestellten Betreuer bei entfallener Eignung zu entlassen. Daraus erwächst dem Gericht aber auch die Pflicht, die Eignung eines Betreuers fortlaufend im Auge zu behalten, um ihn bei fehlender Eignung zu entlassen.

10 Die mangelnde Eignung ist nach der gesetzlichen Konzeption ein besonders hervorgehobener wichtiger Grund für die Entlassung eines Betreuers.[1] Dieser muss zur Führung seines Amtes untauglich geworden sein. Es genügt nach der einhelligen Rechtsprechung jeder Grund, der den Betreuer nicht mehr geeignet i.S.d. § 1897 BGB erscheinen lässt.[2] Das Gesetz verlangt allerdings nicht den Nachweis man-

---

[1] BayObLG München v. 10.11.1995 - 3Z BR 267/95 - juris Rn. 8 - EzFamR aktuell 1996, 29-30.
[2] BayObLG München v. 11.06.1997 - 3Z BR 54/97 - juris Rn. 7 - BtPrax 1997, 200-201; BayObLG München v. 13.08.1997 - 3Z BR 118/97 - juris Rn. 8 - BtPrax 1997, 239-240; BayObLG München v. 28.01.1998 - 3Z BR 370/97 - juris Rn. 12 - BtPrax 1998, 110-111; BayObLG München v. 10.02.1999 - 3Z BR 46/99 - juris Rn. 6 - NJWE-FER 1999, 184; BayObLG München v. 14.09.1999 - 3Z BR 187/99 - juris Rn. 11 - NJWE-FER 2000, 11; BayObLG München v. 22.09.2000 - 3Z BR 220/00, 3Z BR 221/00 - BtPrax 2001, 37-38; BayObLG München v. 19.06.2002 - 3Z BR 95/02 - juris Rn. 8 - BtPrax 2002, 218-219.

gelnder Eignung. Es genügt, wenn konkrete Tatsachen Anlass zu berechtigten Zweifeln an der Eignung geben.[3]

Die Eignung kann daher aus vielfältigen Gründen entfallen. Zu unterscheiden sind zwei große Bereiche. Die fehlende Eignung kann sich aus der Person des Betreuers ergeben (**personenbezogene Gründe**), aber auch aus Pflichtwidrigkeiten innerhalb der Betreuungsarbeit (**verhaltensbedingte Gründe**).

Kommt das Gericht zu der Einschätzung mangelnder Eignung, ist gleichwohl die Entlassung des Betreuers ultima ratio. Sie darf erst dann vorgenommen werden, wenn insbesondere bei Vorliegen verhaltensbedingter Gründe Mittel der Aufsicht und Weisung des Betreuers erkennbar nicht ausreichen.[4]

Die Feststellung, ob ein Betreuer noch als zur Führung der Betreuung geeignet angesehen werden kann, obliegt allein dem Tatrichter. In der Beschwerdeinstanz ist dessen Entscheidung nur auf Rechtsfehler zu überprüfen.[5]

1. Personenbezogene Entlassungsgründe

a. Grundsatz

Zu den personenbezogenen Gründen für eine Entlassung gehören grundsätzlich alle physischen, psychischen und intellektuellen Eigenschaften eines Betreuers, die Relevanz in Bezug auf die Ausführung der Betreuung haben können.[6]

Ein Betreuer darf aufgrund seines Verhaltens aber nur entlassen werden, wenn das Betreuerverhalten zu konkreten Gefahren für das Wohl des Betreuten führt. Bloße abstrakte Gefährdungen reichen für eine Entlassung nicht aus.[7] Dies führt dazu, dass eine Bestrafung wegen eines Vermögensdelikts zum Anlass genommen werden kann, den Betreuer vom Aufgabenkreis der Vermögenssorge zu entbinden.

b. Einzelfälle

Der bloße Umstand, dass ein Betreuer infolge eines **Umzugs** in beträchtlicher räumlicher Entfernung zum Betreuten wohnt, steht seiner Eignung nicht grundsätzlich entgegen.[8] Es kommt darauf an, ob gerade wegen der Wohnsitzverlegung die Aufgabenerledigung innerhalb der Betreuung nicht mehr zuverlässig gewährleistet ist.

Eine länger andauernde **Erkrankung** kann unmittelbar auch den Fortfall der Eignung bedeuten, wenn der Betreuer aufgrund der Erkrankung längerfristig nicht mehr in der Lage ist, die Betreuungsaufgaben auszuführen.[9]

Für eine Entlassung kann es ausreichend sein, dass zwischen den Hauptbetreuern und einem für einen besonderen Aufgabenbereich bestellten Betreuer ein tiefgreifendes **Zerwürfnis** besteht, das eine Tätigkeit dieses Betreuers zum Wohl des Betreuten nicht mehr erwarten lässt.[10]

Nicht geeignet ist der Betreuer auch, wenn er in dem ihm übertragenen Aufgabenbereich **überfordert** ist. Dies kann z.B. gegeben sein, wenn er Verträge rechtlich nicht beurteilen kann und darüber hinaus eindeutige gerichtliche Hinweise missversteht.[11]

Eine Entlassung rechtfertigen auch Tatsachen, die auf eine **Interessenkollision** in der Wahrnehmung von Vermögensangelegenheiten konkret hindeuten.[12]

Die geforderte Eignung ist nicht länger gegeben, wenn der Betreuer in ein **Abhängigkeitsverhältnis** zu der Einrichtung eintritt, in der der Betreute wohnt.[13]

---

[3] OLG München v. 07.02.2007 - 33 Wx 210/06.
[4] OLG München v. 07.02.2007 - 33 Wx 210/06; BayObLG München v. 13.08.1997 - 3Z BR 118/97 - juris Rn. 9 - BtPrax 1997, 239-240; LG Kleve v. 19.10.2007 - 4 T 320/07.
[5] Brandenburgisches Oberlandesgericht v. 02.04.2007 - 11 Wx 13/07.
[6] BayObLG München v. 11.06.1997 - 3Z BR 54/97 - juris Rn. 7 - BtPrax 1997, 200-201.
[7] Oberlandesgericht des Landes Sachsen-Anhalt v. 06.06.2007 - 8 Wx 12/07.
[8] Vgl. OLG Köln v. 06.10.1995 - 16 Wx 144/95; OLG Celle v. 20.06.1996 - 18 W 10/96 - NdsRpfl 1997, 45-46; AG Obernburg v. 06.07.2009 - XVII 90/04.
[9] BT-Drs. 11/4528, S. 152.
[10] BayObLG München v. 16.06.1998 - 4Z BR 49/98 - NJWE-FER 1998, 273-274.
[11] BayObLG München v. 14.09.1999 - 3Z BR 187/99 - NJWE FER 2000, 11.
[12] BayObLG München v. 14.09.1999 - 3Z BR 187/99 - juris Rn. 12 - NJWE-FER 2000, 11; BayObLG München v. 06.03.1996 - 3Z BR 351/95 - FamRZ 1996, 1105-1107; OLG Zweibrücken v. 06.02.1998 - 3 W 5/98 - FGPrax 1998, 57-58.
[13] BT-Drs. 11/4528, S. 153.

22 Im Einzelfall kann die **Scheidung des Betreuers** von der Betreuten den Fortfall der ursprünglichen Eignung bedeuten.[14]

23 Nicht länger geeignet in Angelegenheiten der Vermögenssorge ist ein Betreuer, bei dem sich im Nachhinein herausstellt, dass er wegen verschiedener Vermögensdelikte bereits mehrfach **strafrechtlich verurteilt** worden war.[15]

24 Dagegen ist eine Verurteilung wegen eines Delikts nach § 184 StGB für sich gesehen kein Entlassungsgrund.[16]

2. Verhaltensbedingte Entlassungsgründe

a. Grundsatz

25 Die verhaltensbedingten Entlassungsgründe manifestieren sich regelmäßig in **Pflichtwidrigkeiten des Betreuers**. Das heißt, der Betreuer missachtet seine Aufgabe und trifft seine Entscheidungen nicht zum Wohle des Betreuten. Eine Entlassung rechtfertigt sowohl eine einzelne schwere Pflichtwidrigkeit als auch die kontinuierliche Missachtung des Wohls des Betreuten in geringfügigeren Angelegenheiten.

b. Einzelfälle

aa. Ablehnung lebenserhaltender Maßnahmen

26 Ein Betreuer ist nicht schon deshalb als ungeeignet zu entlassen, weil er lebenserhaltende Maßnahmen gegenüber dem Betreuten unter Berufung auf dessen Willen ablehnt.[17] Auch die unterlassene Einholung einer betreuungsgerichtlichen Genehmigung vor einem Behandlungsabbruch stellt jedenfalls dann keinen Pflichtverstoß des Betreuers dar, wenn – auch ohne Vorliegen der Voraussetzungen des § 1904 Abs. 4 BGB – der behandelnde Arzt die weitere Behandlung für medizinisch nicht indiziert hält und nicht länger anbietet.[18]

bb. Geschlossene Unterbringung des Betreuten

27 Die Entlassung eines Berufsbetreuers als ungeeignet kann im Einzelfall gerechtfertigt sein, wenn dieser den Betreuten in einer geschlossenen Einrichtung unterbringt und belässt, ohne die Genehmigung des Betreuungsgerichts einzuholen und ohne dass mit dem Aufschub der Unterbringung Gefahr verbunden wäre.[19] Dies gilt wegen der besonderen Schwere des Eingriffs in den grundgesetzlich besonders geschützten Bereich des Betreuten jedenfalls dann, wenn der Berufsbetreuer die Unterbringung über längere Zeit hinnimmt und er das Wesen der Einrichtung als geschlossene Einrichtung kannte.

28 Ein Unterbringungsantrag des Betreuers, der vom Gericht abgelehnt wird, begründet nicht die fehlende Eignung eines Betreuers.[20]

cc. Vermüllung der Wohnung

29 Die Tatsache, dass ein Betreuer die Wohnung des Betreuten nicht von Plastiktüten und Schachteln räumt, die der Betreute sammelt, stellt allerdings nicht ohne weiteres eine Pflichtwidrigkeit des Betreuers dar. Denn der Betreute ist berechtigt, bis zur Grenze der Gefährdung des eigenen Wohls seine Wohnung nach eigenen Wünschen „einzurichten".[21]

dd. Vermögensgefährdende Handlungen

30 Ein Betreuer, dem die Pflicht zur Vermögenssorge übertragen wurde, ist zu entlassen, wenn er insbesondere wiederholt und trotz Hinweises durch das Betreuungsgericht das Vermögen oder objektive Wohlergehen des Betreuten deutlich gefährdende Handlungen vornimmt (Vermischung von Vermögen mit anderen Betreuten, Nichtzahlung von Rechnungen für wesentliche Leistungen).[22]

---

[14] *Schwab* in: MünchKomm-BGB, § 1908b Rn. 7.
[15] OLG Köln v. 30.06.2006 - 16 W 102/06; LG Koblenz v. 06.10.1997 - 2 T 570/97 - BtPrax 1998, 38.
[16] OLG Sachsen-Anhalt v. 06.06.2007 - 8 W 12/07.
[17] OLG München v. 25.01.2007 - 33 Wx 6/07; LG Traunstein v. 07.12.2006 - 4 T 4138/06.
[18] OLG München v. 25.01.2007 - 33 Wx 6/07.
[19] AG Obernburg v. 05.06.2009 - XVII 120/09.
[20] LG Aachen v. 21.11.2012 - 3 T 322/12.
[21] BayObLG München v. 13.08.1997 - 3Z BR 118/97 - juris Rn. 15 - BtPrax 1997, 239-240.
[22] LG Darmstadt v. 04.07.2013 - 5 T 235/13.

ee. Verstoß gegen Pflicht zur Rechnungslegung

Ein Betreuer kann aber entlassen werden, wenn er seiner Verpflichtung zur Rechnungslegung nicht nachkommt.[23] Ist ein einzureichendes Vermögensverzeichnis unvollständig bzw. in zahlreichen Positionen unzulänglich und gelingt dem Betreuer trotz Mahnungen des Betreuungsgerichts zur Nachbesserung keine ordnungsgemäße Rechnungslegung, so ist er aus verhaltensbedingten Gründen für das Amt des Betreuers ungeeignet. 31

Auch wenn der Betreuer trotz Zwangsgeldandrohung seiner Rechnungslegungspflicht erst im Prozess nachkommt, kann diese verspätete Abrechnung die Entlassung aus dem Aufgabenkreis der Vermögenssorge rechtfertigen.[24] 32

Ein Betreuer, der dem Gericht gegenüber wissentlich falsche Angaben über die Verhältnisse der Betreuung macht, ist zu entlassen. Das betrifft z.B. einen Betreuer, der außerhalb des ihm zugewiesenen Aufgabenbereichs einen Notar zum Zweck einer Testamentserrichtung zu der Betreuten schickt und hierüber wissentlich falsche Angaben gegenüber dem Betreuungsgericht macht.[25] 33

ff. Verstoß gegen die Berichtspflichten

Auch ein Betreuer, der wiederholt und über einen längeren Zeitraum gegen seine **Berichtspflicht**en (§ 1908i Abs. 1 Satz 1 BGB i.V.m. § 1840 BGB) verstößt, kann entlassen werden.[26] Dies setzt aber voraus, dass der Betreuer wiederholt und über einen längeren Zeitraum gegen die Pflicht verstößt und dadurch Nachteile für den Betreuten entstehen.[27] Denn Grundlage für eine Entlassungsentscheidung ist stets die Frage, ob das Wohl des Betreuten durch das Betreuerhandeln oder -unterlassen gefährdet ist. 34

gg. Verstoß gegen Pflicht zum persönlichen Kontakt

Erweitert wurden die verhaltensbedingten Entlassungsgründe dadurch, dass ein Berufsbetreuer nun auch entlassen werden kann, wenn er den erforderlichen persönlichen Kontakt zu dem Betreuten nicht gehalten hat. Die Einführung dieses Entlassungsgrundes trägt dem Umstand Rechnung, dass die Betreuung eine persönliche Betreuung sein soll, nicht nur eine Verwaltung der Angelegenheiten des Betreuten. Gleichzeitig ist die Notwendigkeit für einen solchen Entlassungsgrund zumindest mitentstanden durch die Pauschalierung der Betreuervergütung. Der Berufsbetreuer wird durch das Vergütungssystem auf der einen Seite zu einer Mischkalkulation gezwungen. Dies führt dazu, dass in Einzelfällen kaum Zeit für einen persönlichen Kontakt zum Betreuten bleibt.[28] Auf der anderen Seite steht die Forderung des Betreuungsrechts nach persönlicher Betreuung. In diesem Spannungsfeld zwingt der Gesetzgeber durch eine nun ausdrücklich mögliche Entlassung den Betreuer dazu, ein Mindestmaß an persönlichem Kontakt zu halten. Dies ist ausdrücklich zu begrüßen. Es gibt zwar keine konkrete Festlegung von Besuchshäufigkeiten im Gesetz.[29] Grundsätzlich wird man davon ausgehen müssen, dass jeder Betreuer mindestens einmal im Monat einen persönlichen Kontakt zum Betreuten herstellen muss. Dies gilt unabhängig von der Konstitution des Betreuten. Nur so ist es dem Betreuer möglich, etwaige Bedürfnisse des Betreuten zu erkennen und darauf sachgemäß zum Wohl des Betreuten zu reagieren. 35

hh. Verstoß gegen Gebote des Betreuungsgerichts

Grundsätzlich kann das Betreuungsgericht dem Betreuer Gebote hinsichtlich der Ausführung der Betreuung erteilen. Einem Betreuer, dessen Aufgabenkreis die gesamte Vermögenssorge und die Zuführung zur stationären medizinischen Behandlung sowie die Sicherstellung der häuslichen Versorgung umfasst, kann z.B. zulässigerweise die Weisung erteilt werden, eine Heimpflege des Betreuten durch eine häusliche Pflege zu ersetzen.[30] Ein Verstoß gegen eine zulässige Weisung des Betreuungsgerichts 36

---

[23] BayObLG München v. 25.11.1993 - 3Z BR 264/93 - juris Rn. 9 - MDR 1994, 277; BayObLG München v. 06.03.1996 - 3Z BR 351/95 - juris Rn. 22 - FamRZ 1996, 1105-1107; OLG Zweibrücken v. 06.02.1998 3 W 5/98 - FGPrax 1998, 57-58; OLG Schleswig-Holstein v. 18.11.2005 - 2 W 185/05.
[24] Brandenburgisches Oberlandesgericht v. 05.04.2007 - 11 Wx 4/07.
[25] OLG Frankfurt v. 22.12.2008 - 20 W 532/05.
[26] BayObLG München v. 10.11.1995 - 3Z BR 267/95 - juris Rn. 5 - EzFamR aktuell 1996, 29-30.
[27] LG Kleve v. 19.10.2007 - 4 T 320/07.
[28] Die Häufigkeit der persönlichen Kontakte war jedenfalls seit Jahren rückläufig und Grund für die Schaffung dieses Entlassungstatbestandes (vgl. *Bauer* in: HK-BUR, § 1908b Rn. 48, 80. Akt. 09/2011).
[29] LG Nürnberg-Fürth v. 19.11.2012 - 13 T 7478/12.
[30] OLG München v. 11.11.2009 - 33 Wx 292/09 unter Bezugnahme auf BGH v. 06.03.1996 - XII ZB 7/96.

ist deshalb ein Entlassungsgrund. Wird dem Betreuer aber durch ein Gebot des Betreuungsgerichts seine Entscheidungsmöglichkeit in einem Aufgabenbereich vollständig entzogen, so stellt dies kein zulässiges Gebot des Betreuungsgerichts dar. Eine Entlassung des Betreuers ist dann nicht möglich.[31]

c. Entlassung als letztes Mittel

37 Die Entlassung wegen einer Pflichtwidrigkeit darf stets nur ultima ratio sein. Es gelten die Grundsätze der Erforderlichkeit und der Verhältnismäßigkeit.[32] Das Gericht hat daher erst zu prüfen, ob geeignete Mittel der Aufsicht zur Verfügung stehen, um den Betreuer zu einem pflichtgemäßem Verhalten zu bewegen (§ 1908i Abs. 1 Satz 1 BGB i.V.m. § 1837 Abs. 2, Abs. 3 BGB).[33] Kann Fehlleistungen des Betreuers nicht mit aufsichtsrechtlichen Mitteln begegnet werden, so ist die Entlassung des Betreuers erforderlich.[34]

III. Sonstiger wichtiger Grund

1. Grundsatz

38 Bei dem Begriff des wichtigen Grundes handelt es sich um einen Rechtsbegriff, der weitestgehend der Nachprüfung durch das Gericht unterliegt. Die Annahme eines wichtigen Grundes setzt deshalb eine genaue, durch konkrete Tatsachen gestützte, vollständige Abwägung der beteiligten Interessen voraus.[35]

39 Einen wichtigen Grund können alle Umstände darstellen, die mit der Eignung des Betreuers nichts zu tun haben. Ein solcher wichtiger Grund für die Entlassung eines Betreuers ist gegeben, wenn der Betreuer zwar keine Eignungsmängel aufweist, ein Betreuerwechsel aber gleichwohl im Interesse des Betreuten liegt, weil dessen Wohl bei Verbleiben des Betreuers im Amt nicht unerheblich geschädigt würde.[36]

40 Ein sonstiger Grund, der unabhängig von der Eignung des Betreuers dessen Entlassung notwendig machen würde, dürfte vor dem Hintergrund dieser Definition äußerst selten sein. Die wesentlichen Gründe für die Entlassung eines Betreuers betreffen dessen Eignung oder sind auf den Wunsch des Betreuten nach einem Betreuerwechsel zurückzuführen.

2. Einzelfälle

41 Der Gesetzgeber hatte ursprünglich den Fall vor Augen, dass ein bei Anordnung der Betreuung nicht zur Verfügung stehender Verwandter des Betreuten infolge einer Krankheit oder sonstiger in seiner Person liegenden Umstände nunmehr zur Verfügung steht.[37]

42 Steht im Laufe der Betreuung eine (erheblich) geeignetere Person als Betreuer zur Verfügung, kann ein wichtiger Grund zur Entlassung des bisherigen Betreuers vorliegen.[38] Die Nachteile für den Betreuten, die mit diesem Betreuerwechsel verbunden sind, sind angemessen zu berücksichtigen.[39]

---

[31] OLG München v. 11.11.2009 - 33 Wx 292/09.
[32] *Schwab* in: MünchKomm-BGB, § 1908b Rn. 4.
[33] BayObLG München v. 21.10.1993 - 3Z BR 243/93 - juris Rn. 12 - BayObLGZ 1993, 350-353; BayObLG München v. 10.11.1995 - 3Z BR 267/95 - juris Rn. 12 - EzFamR aktuell 1996, 29-30; BayObLG München v. 06.03.1996 - 3Z BR 351/95 - juris Rn. 12 - FamRZ 1996, 1105-1107; BayObLG München v. 16.01.1997 - 3Z BR 248/96 - juris Rn. 7 - FamRZ 1997, 1358-1360; BayObLG München v. 13.08.1997 - 3Z BR 118/97 - juris Rn. 9 - BtPrax 1997, 239-240; BayObLG München v. 14.09.1999 - 3Z BR 187/99 - juris Rn. 11 - NJWE-FER 2000, 11; BayObLG München v. 16.06.1998 - 4Z BR 49/98 - juris Rn. 14 - NJWE-FER 1998, 273-274.
[34] BayObLG München v. 16.06.1998 - 4Z BR 49/98 - NJWE-FER 1998, 273-274.
[35] BayObLG München v. 26.10.2004 - 3Z BR 207/04 - BtPrax 2005, 71-72.
[36] BayObLG München v. 28.04.1994 - 3Z BR 25/94 - juris Rn. 9 - FamRZ 1994, 1353-1354; BayObLG München v. 21.03.1996 - 3Z BR 362/95 - juris Rn. 11 - FamRZ 1996, 1105; BayObLG München v. 16.01.1997 - 3Z BR 248/96 - juris Rn. 8 - FamRZ 1997, 1358-1360; BayObLG München v. 16.06.1998 - 4Z BR 49/98 - NJWE-FER 1998, 273-274; BayObLG München v. 22.09.2000 - 3Z BR 220/00, 3Z BR 221/00 - juris Rn. 20 - BtPrax 2001, 37-38.
[37] BayObLG München v. 06.03.1996 - 3Z BR 351/95 - juris Rn. 13 - FamRZ 1996, 1105-1107.
[38] BayObLG München v. 06.03.1996 - 3Z BR 351/95 - juris Rn. 13 - FamRZ 1996, 1105-1107.
[39] OLG Köln v. 17.12.1997 - 16 Wx 288/97 - NJWE-FER 1998, 129-130.

IV. Entlassung eines Berufsbetreuers

Der Berufsbetreuer soll entlassen werden, wenn der Betreute auch außerhalb einer Berufsbetreuung, d.h. ehrenamtlich betreut werden kann. Der Gesetzgeber versucht durch diese Regelung, der ehrenamtlichen Betreuung größere Geltung zu verschaffen. Eine einmal angeordnete Berufsbetreuung soll nicht dauerhaft bestehen bleiben. Sie soll vielmehr orientiert am Gebot der Erforderlichkeit aufgehoben werden, sobald ein ehrenamtlicher Betreuer gleichermaßen in der Lage ist, die Betreuungsaufgaben zu erfüllen. 43

Voraussetzung der Umwandlung in eine ehrenamtliche Betreuung ist, dass die Betreuung langfristig ehrenamtlich erfolgen kann.[40] Das Gericht hat hierbei von Amts wegen zu prüfen, ob Anhaltspunkte dafür bestehen, dass die Betreuung u.U. nur für eine kurze Zeit in eine ehrenamtliche überführt werden kann.[41] 44

Dem Gericht muss die konkrete Person des ehrenamtlichen Betreuers bekannt sein. Sie muss geeignet und bereit sein, die Betreuung verantwortlich zu übernehmen.[42] 45

Das **wichtigste praktische Anwendungsfeld** ist der Fall, dass der Berufsbetreuer wegen der professionellen Anforderungen einer bestimmten Betreuungsaufgabe bestellt war, diese Aufgabe nun erledigt ist und der übrige Aufgabenbereich auch von einem ehrenamtlichen Betreuer bewältigt werden kann.[43] 46

Das **Wohl des Betreuten** ist stets zu berücksichtigen. Deshalb ist regelmäßig zu prüfen, ob die Kontinuität der bisherigen (Berufs-)Betreuung dem Betreuerwechsel entgegenstehen könnte.[44] 47

Waren mehrere berufsmäßig tätige Betreuer bereits vor dem 01.07.2005 bestellt, so stellt gleichwohl die durch § 1899 Abs. 1 Satz 3 BGB eingeführte Gesetzesänderung einen wichtigen Grund zur Entlassung eines dieser Betreuer dar.[45] 48

V. Unzumutbarkeit (Absatz 2)

Nur auf Antrag des Betreuers, nicht aber von Amts wegen kann das Gericht den Betreuer entlassen, wenn die Betreuung ihm aufgrund nach der Bestellung eingetretener Umstände nicht mehr zugemutet werden kann. Das Gericht hat danach bei bestehender angeordneter Betreuung nicht mehr von Amts wegen die Frage der Zumutbarkeit für den Betreuer zu prüfen. Dem Betreuer soll hierdurch die Möglichkeit gegeben werden, selbst zu entscheiden, ob er eine ihm unzumutbar gewordene Betreuung gleichwohl fortführt. 49

Die Betreuung muss dem Betreuer im Laufe der Betreuung unzumutbar geworden sein. Die Frage der Zumutbarkeit bestimmt sich inhaltlich nach denselben Kriterien wie in § 1898 Abs. 1 BGB. Die Unzumutbarkeit kann sich aus einer Vielzahl von Umständen ergeben, seien es nun persönliche (z.B. Erkrankung), familiäre (z.B. Pflege eines nahen Angehörigen, Mutterschaft) oder berufliche (z.B. räumliche Änderung des Arbeitsplatzes, Weiterbildung) Gründe (vgl. zur Zumutbarkeit die Kommentierung zu § 1898 BGB Rn. 4). 50

Die Vorschrift gilt für Berufs- oder Vereinsbetreuer sowie den Verein als Betreuer. Dagegen ist eine Unzumutbarkeit für die Behörde als Betreuer nach der gesetzlichen Konzeption nicht denkbar. Die Behörde ist als letztmöglicher Betreuer immer und unter allen Umständen verpflichtet, die Betreuungsarbeit zu übernehmen und auszuführen (§ 1900 Abs. 4 Satz 1 BGB). 51

VI. Entlassung auf Vorschlag des Betreuten (Absatz 3)

Absatz 3 ist Ausfluss des bestehen bleibenden Selbstbestimmungsrechts des Betreuten trotz angeordneter Betreuung. Das Gericht ist an einen Vorschlag des Betreuten aber nicht gebunden. Es steht vielmehr im Ermessen des Gerichts, ob der Betreuerwechsel vollzogen wird. Die Entscheidung muss sich dabei am Wohl des Betreuten unter angemessener Berücksichtigung seiner Wünsche und der diesen zugrunde liegenden Erwägungen orientieren.[46] In der Praxis ist darauf zu achten, ob der Vorschlag des Betreuten lediglich aufgrund einer Beeinflussung durch Dritte zustande gekommen ist. Nicht selten 52

---

[40] OLG Hamm v. 17.04.2008 - 15 W 415/07.
[41] OLG Hamm v. 17.04.2008 - 15 W 415/07.
[42] BT-Drs. 13/7158, S. 50.
[43] LG Duisburg v. 12.10.1999 - 22 T 200/99 - BtPrax 2000, 43-44.
[44] *Schwab* in: MünchKomm-BGB, § 1908b Rn. 14.
[45] OLG München v. 22.02.2006 - 33 Wx 020/06 - BtPrax 2006, 109-110; vgl. auch OLG München v. 07.11.2005 - 33 Wx 164/05 - BtPrax 2006, 34-35.
[46] BayObLG München v. 28.04.1994 - 3Z BR 25/94 - juris Rn. 12 - FamRZ 1994, 1353-1354; OLG Düsseldorf v. 07.02.2000 - 25 Wx 65/99 - NJWE-FER 2000, 292.

schlägt der Betreute auch einen neuen Betreuer vor, um den ihm lästigen aber ordnungsgemäß arbeitenden bisherigen Betreuer loszuwerden. Hier ist im Rahmen der Entscheidungsfindung darauf zu achten, ob die Bestellung eines neuen Betreuers nicht dem Kontinuitätsinteresse widerspricht.

53 Eine Besonderheit hinsichtlich des gerichtlichen Ermessens ergibt sich bei der Betreuung lediglich körperlich Behinderter. Da der Betreute in diesem Fall das Recht hat, die Beendigung der Betreuung zu verlangen, muss man ihm auch das Recht zubilligen (arg. a majore ad minus), die Entlassung eines Betreuers zu verlangen. Dem Vorschlag des lediglich körperlich Behinderten auf Entlassung und Neubestellung eines Betreuers ist damit immer zu entsprechen.[47]

54 Die vorgeschlagene Person muss mindestens ebenso geeignet sein wie der bisherige Betreuer.

55 Die vorgeschlagene Person muss übernahmebereit sein. Sie muss dem Gericht gegenüber ihre Bereitschaft zur Übernahme ausdrücklich erklärt haben. Dies entspricht dem in § 1898 Abs. 2 BGB niedergelegten Grundsatz.

56 Kann dem Vorschlag des Betreuten danach nicht vollständig entsprochen werden, so ist zu prüfen, ob der vorgeschlagene Betreuer für einzelne Aufgabenbereiche bestellt werden kann.[48]

VII. Entlassung des Vereins- oder des Behördenbetreuers (Absatz 4)

57 Der Dienstherr des Vereins- oder Behördenbetreuers kann jederzeit die Entlassung seines Mitarbeiters als Betreuer verlangen. Diesem Verlangen ist nach dem Wortlaut der Vorschrift ohne Prüfung der Gründe vom Gericht zu entsprechen. Der Gesetzgeber verfolgt damit das Ziel, die Personalhoheit des Vereins oder der Behörde über deren Mitarbeiter zu garantieren.[49]

58 Dem Betreuungsgericht verbleibt zur Wahrung der personellen Kontinuität nur die Prüfung der Frage, ob der bisherige Betreuer die Betreuung als Privatperson (Berufsbetreuer oder ehrenamtlicher Betreuer) weiterführen soll (Satz 2). Voraussetzung ist allerdings, dass der bisherige Vereins- oder Behördenbetreuer bereit ist, die Betreuung als Privatperson zu übernehmen (vgl. § 1898 Abs. 2 BGB). Dem Betreuungsverein steht aus dem Betreuungsrecht nicht die Befugnis zu, die Fortführung der Betreuung durch den vormaligen Vereinsbetreuer zu verhindern.[50] Im Übrigen darf die Entlassung des bisherigen Vereins- oder Behördenbetreuers nicht zum Wohl des Betreuten erforderlich sein (vgl. § 1908b Abs. 1 Satz 1 BGB).

59 Erwähnenswert ist, dass das Verfahren bei Bestellung eines bisherigen Vereins- oder Berufsbetreuers als Privatperson nicht eigens geregelt ist. Da es sich nicht um einen Wechsel in der Person des Betreuers handelt, hinsichtlich der Vergütungshöhe (bei nachfolgender Berufsbetreuung) keine Änderung eintritt und der Umfang der Betreuung sich ebenso nicht ändert, andererseits die Kontinuität der bisherigen Betreuung fortbesteht, erübrigt sich eine Anhörung des Betreuten oder seines Umfeldes.[51]

D. Verfahren

60 Es gelten zunächst die allgemeinen Verfahrensregeln.

I. Zuständigkeit

61 Die Entscheidungszuständigkeit innerhalb des Betreuungsgerichts ist geteilt.

62 Der Richter ist funktionell zuständig für die Entscheidungen nach den Absätzen 1, 2 und 5 (§ 15 Abs. 1 Nr. 1 RpflG).

63 In die Zuständigkeit des Rechtspflegers fallen Entscheidungen nach den Absätzen 3 und 4 (§§ 3 Nr. 2b, 15 Abs. 1 Nr. 1 RpflG).[52] Soweit der Rechtspfleger zur Entlassung eines Betreuers befugt ist, fällt in seine Zuständigkeit auch die dann nach § 1908c BGB erforderliche Neubestellung eines Betreuers.[53]

---

[47] *Bauer* in: HK-BUR, § 1908b Rn. 88 (80. Akt. 09/2011) (Ermessensspielraum reduziert sich auf Null).
[48] BayObLG München v. 05.10.1995 - 3Z BR 193/95 - BayObLGZ 1995, 319-322.
[49] BT-Drs. 11/4528, S. 154.
[50] *Jaschinski*, NJW 1996, 1521-1523, 1523.
[51] *Schwab* in: MünchKomm-BGB, § 1908b Rn. 27.
[52] BayObLG München v. 05.10.1995 - 3Z BR 193/95 - BayObLGZ 1995, 319-322.
[53] *Wesche*, Rpfleger 1990, 441-445, 442.

II. Anhörung

Die persönliche Anhörung des Betreuten ist nur dann erforderlich, wenn er der Entlassung des Betreuers widerspricht (§ 296 Abs. 1 FamFG).[54] Dasselbe gilt für die Anhörung des Betreuers. Im Regelfall werden der Betreute sowie der Betreuer aber angehört werden müssen, schon um festzustellen, ob sie der Entlassung widersprechen. 64

III. Rechtsbehelfe

1. Beschwerde

Für die Beschwerde gegen eine Entscheidung des Betreuungsgerichts nach § 1908b BGB gelten die allgemeinen Vorschriften (§§ 58, 59 Abs. 1, 303 FamFG). 65

Gegen die **Entlassung eines Betreuers gegen dessen Willen** steht diesem der Rechtsbehelf der Beschwerde grundsätzlich nicht zu, soweit er nicht die Verletzung der Rechte des Betreuten für diesen geltend macht. Dies gilt insbesondere im Falle der gesamten Aufhebung der Betreuung.[55] Nachdem die Betreuung nicht im Interesse des Betreuers, sondern im Interesse des Betreuten angeordnet wird, kann der Betreuer allein nicht durch die Aufhebung der Betreuung in seinen Rechten verletzt sein.[56] 66

Abkömmlingen des Betreuten soll nach einer Entscheidung des LG Frankenthal kein Beschwerderecht gegen die Ablehnung eines Antrags auf Betreuerwechsel zustehen, soweit sie in dem Verfahren nicht beteiligt wurden.[57] Ein Antrag auf einen Betreuerwechsel reiche nicht aus, um Beteiligter i.S.d. § 59 FamFG zu werden. Ein solcher Antrag sei lediglich als Anregung an das Gericht zu verstehen. Beschließe das Gericht nicht förmlich eine Beteiligung der einen Betreuerwechsel anregenden Abkömmlinge und ergebe sich nicht aus sonstigen Maßnahmen des Gerichts, etwa einer Anhörung, dass die Abkömmlinge beteiligt werden sollten, so stehe ihnen eine Beschwerdebefugnis nicht zu.[58] Diese Auffassung ist bedenklich. Denn schon indem das Gericht sich mit den in der Antragsschrift mitgeteilten Gründen für einen Betreuerwechsel auseinandersetzt, kommt dies einer Anhörung gleich. Folgte man der Auffassung des LG Frankenthal, so müsste man den Abkömmlingen raten, eine Anregung zu einem Betreuerwechsel ohne jegliche Begründung einzureichen mit der Bitte um eine persönliche Anhörung. Das Gericht müsste im Rahmen der Amtsermittlungspflicht diese Anhörung durchführen. Nach der Rechtsprechung des LG Frankenthal müsste dies dann im Ergebnis zu einer Beschwerdeberechtigung führen. Richtigerweise dürfte es aber geboten sein, jede mit substantiierten Gründen versehene Forderung eines Abkömmlings nach einem Betreuerwechsel als Anhörung anzuerkennen mit der Folge einer Beschwerdeberechtigung. Dies jedenfalls, soweit das Gericht nicht nur den Antrag zurückweist, sondern durch Anhörung des Betreuten und Beteiligung der Betreuungsbehörde weitere Ermittlungen anstellt. 67

Nach zutreffender Auffassung des BGH erstreckt sich die Beschwerdebefugnis naher Angehöriger nach § 303 Abs. 2 Nr. 1 FamFG auch auf eine betreuungsgerichtliche Entscheidung, mit der die Entlassung eines Betreuers nach § 1908b BGB abgelehnt worden ist.[59] 68

Die Beschwerdebefugnis ist im Interesse der Wirtschaftlichkeit der Betreuung erweitert. Macht der Vertreter der Staatskasse geltend, dass der Betreute außerhalb einer Berufsbetreuung, etwa durch einen ehrenamtlichen Betreuer ausreichend betreut werden könne, so steht ihm gegen eine Entscheidung, die die Entlassung des Berufsbetreuers ablehnt, die Beschwerde zu (§ 304 Abs. 1 FamFG). 69

Wird durch das Betreuungsgericht die mangelnde Eignung des Betreuers festgestellt, so ist dies im Beschwerdeverfahren nur noch auf Rechtsfehler hin zu überprüfen.[60] Damit ist die Überprüfung insbesondere beschränkt auf die Einhaltung des Verfahrens und die Frage, ob ggf. Ermessensfehler vorliegen. Der Erstrichter muss sich einerseits seines Ermessensspielraumes bewusst gewesen sein, zweitens von seinem Ermessen im Einklang mit Sinn und Zweck des Gesetzes Gebrauch gemacht haben und die Grenzen seines Ermessens nicht überschritten haben. 70

---

[54] BayObLG München v. 22.09.2000 - 3Z BR 220/00, 3Z BR 221/00 - BtPrax 2001, 37-38.
[55] OLG München v. 15.03.2006 - 33 Wx 030/06 - OLGR München 2006, 344.
[56] Insoweit zutreffend OLG München v. 09.11.2005 - 33 Wx 218/05 - BtPrax 2006, 33-34.
[57] LG Frankenthal v. 06.01.2010 - 1 T 2/10.
[58] LG Frankenthal v. 06.01.2010 - 1 T 2/10.
[59] BGH v. 07.05.2014 - XII ZB 138/13.
[60] Brandenburgisches Oberlandesgericht v. 02.04.2007 - 11 Wx 13/07; BayObLG München v. 13.08.1997 - 3Z BR 118/97 - juris Rn. 8 - BtPrax 1997, 239-240; BayObLG München v. 14.09.1999 - 3Z BR 187/99 - juris Rn. 13 - NJWE-FER 2000, 11.

2. Rechtsbeschwerde

71 Die Rechtsbeschwerde ist nur zulässig, soweit über den Verfahrensgegenstand bereits im ersten Rechtszug entschieden wurde. Äußert sich das Beschwerdegericht abseits des Beschwerdegegenstandes in seinem Beschluss über Veranlassungen zu einem Betreuerwechsel, wird die Frage eines Betreuerwechsels gleichwohl nicht Gegenstand des Rechtsbeschwerdeverfahrens.[61]

72 Die Rechtsbeschwerde ist in Betreuungssachen grundsätzlich unzulässig, wenn sie nicht vom Beschwerdegericht zugelassen wurde (§ 70 Abs. 1 FamFG). In Einzelfällen ist zwar eine Rechtsbeschwerde ohne Zulassung durch das Beschwerdegericht möglich. Die bei fortbestehender Betreuung isolierte **Entlassung eines Betreuers gemäß § 1908b BGB** und die damit korrespondierende Bestellung eines neuen Betreuers nach § 1908c BGB sind von § 70 Abs. 3 Satz 1 Nr. 1 FamFG aber nicht erfasst.[62] Der BGH begründet dies damit, dass u.a. in den Fällen der Bestellung eines Betreuers im Rahmen der Anordnung eine zulassungsfreie Rechtsbeschwerde möglich ist. Dies deshalb, weil hierdurch in gravierendem Maße in höchstpersönliche Rechte des Betreuten eingegriffen wird. Die bloße Entlassung und Neubestellung eines Betreuers innerhalb einer bestehenden Betreuung sei dem nicht gleichzusetzen, die Rechtsbeschwerde deshalb nicht zulassungsfrei möglich.[63]

73 Auch die **Teilentlassung eines Betreuers** (Einschränkung der bisherigen Aufgabenkreise) berechtigt nicht zu einer zulassungsfreien Rechtsbeschwerde. Die Teilentlassung des Betreuers berührt den Fortbestand der Betreuung nicht. Eine zulassungsfreie Rechtsbeschwerde kommt deshalb nach § 70 Abs. 3 Satz 1 Nr. 1 Alt. 2 FamFG nicht in Betracht.[64]

74 Folgerichtig sieht der BGH aber eine zulassungsfreie Rechtsbeschwerde als möglich an, wenn im Rahmen einer Entscheidung über die Verlängerung der Betreuung ein Wechsel in der Person des Betreuers vorgenommen werden soll.[65] Die Entscheidung über die Verlängerung einer bestehenden Betreuung ist eine Betreuungssache im Sinne des § 271 Nr. 1 FamFG. Gegen eine Beschwerdeentscheidung im Verlängerungsverfahren nach § 295 FamFG ist daher die zulassungsfreie Rechtsbeschwerde gemäß § 70 Abs. 3 Satz 1 Nr. 1 FamFG statthaft.[66] Wird im Verlängerungsverfahren der Antrag des Betreuten auf einen Betreuerwechsel abgelehnt und wendet sich der Betreute im Rechtsbeschwerdeverfahren lediglich gegen diese Ablehnung, so handelt es sich um eine zulässige **Teilanfechtung der Verlängerungsentscheidung**. Auch diese Teilanfechtung kann mit der zulassungsfreien Rechtsbeschwerde angegriffen werden.[67]

---

[61] BGH v. 08.06.2011 - XII ZB 43/11.
[62] BGH v. 09.02.2011 - XII ZB 364/10; BGH v. 18.05.2011 - XII ZB 671/10; bestätigt von BGH v. 02.11.2011 - XII ZB 508/11.
[63] BGH v. 15.09.2010 - XII ZB 166/10; BGH v. 18.05.2011 - XII ZB 671/10.
[64] BGH v. 29.06.2011 - XII ZB 65/11.
[65] BGH v. 15.09.2010 - XII ZB 166/10.
[66] BGH v. 29.06.2011 - XII ZB 65/11; BGH v. 15.09.2010 - XII ZB 166/10.
[67] BGH v. 15.09.2010 - XII ZB 166/10.

§ 1908c BGB Bestellung eines neuen Betreuers

(Fassung vom 02.01.2002, gültig ab 01.01.2002)
Stirbt der Betreuer oder wird er entlassen, so ist ein neuer Betreuer zu bestellen.

Gliederung

A. Grundlagen 1	II. Anhörung 13
B. Praktische Bedeutung 2	III. Verfahrenspfleger 19
C. Anwendungsvoraussetzungen 3	IV. Sachverständigengutachten 21
I. Tod eines Betreuers 3	V. Beschwerde 23
II. Entlassung eines Betreuers 4	VI. Rechtsbeschwerde 26
III. Entscheidungskriterien 5	VII. Einstweilige Anordnung 28
D. Verfahren 8	**E. Vergütung** 29
I. Zuständigkeit 8	

A. Grundlagen

Die Vorschrift trägt dem Umstand Rechnung, dass weder Tod noch Entlassung des Betreuers als solche die Erforderlichkeit der Betreuung entfallen lassen. Der Gesetzgeber hat hier eigentlich eine Selbstverständlichkeit geregelt, die sich nur aus dem Umstand erklärt, dass nach § 1896 BGB zwischen Anordnung einer Betreuung und Betreuerbestellung nicht unterschieden wird. Vielmehr fällt mit der dort genannten (erstmaligen) Betreuerbestellung die Betreuungsanordnung im Sinne einer Einheitsentscheidung zusammen. Somit ist die mit § 1908c BGB normierte Klarstellung folgerichtig, dass mit dem Wegfall des Betreuers die Betreuung fortbesteht und deshalb ein neuer Betreuer zu bestellen ist.

1

B. Praktische Bedeutung

Die Bedeutung der Vorschrift in der praktischen Arbeit ist als gering einzustufen. Zwar sind nicht selten infolge der Entlassung oder des Todes eines bisherigen Betreuers neue Betreuer zu bestellen. Die Vorschrift enthält aber keine inhaltlichen Anwendungsvoraussetzungen, so dass sie sich in der bloßen Aufforderung an das Gericht zum Tätigwerden erschöpft. Einer solchen Aufforderung wiederum hätte es nicht bedurft. Richtigerweise steht nicht der Betreuer im Vordergrund gerichtlicher Betreuungsanordnungen. Deshalb versteht es sich von selbst, dass im Falle des Wegfalls eines Betreuers bei fortbestehendem Betreuungsbedürfnis regelmäßig unverzüglich Ersatz zu schaffen ist.

2

C. Anwendungsvoraussetzungen

I. Tod eines Betreuers

Im Falle des Todes eines Betreuers ist das Gericht auf eine entsprechende Mitteilung aus dem Umfeld des Betreuten angewiesen. Den Tod eines Betreuers haben deshalb anzuzeigen:
- der Erbe des Betreuten (§ 1908i Abs. 1 Satz 1 BGB i.V.m. § 1894 Abs. 1 BGB),
- der verbleibende Betreuer – bei mehreren Betreuern oder Gegenbetreuung – (§ 1908i Abs. 1 Satz 1 BGB i.V.m. § 1894 Abs. 2 BGB),
- der Gegenbetreuer (§ 1908i Abs. 1 Satz 1 BGB i.V.m. § 1799 Abs. 1 Satz 2 BGB).

3

II. Entlassung eines Betreuers

Die Entlassung des Betreuers bezieht sich auf § 1908b BGB sowie § 1908i Abs. 1 Satz 1 BGB i.V.m. § 1888 BGB. Sie kann nur vom Betreuungsgericht vorgenommen werden, das damit Kenntnis vom Wegfall des Betreuers hat. Diesem empfiehlt sich mit der Entlassung die gleichzeitige Bestellung eines neuen Betreuers vorzunehmen. Diese kann in der Regel ohne zeitliche Betreuervakanz erfolgen.

4

III. Entscheidungskriterien

Die Kriterien der Neubestellung eines Betreuers nach dessen Tod oder Entlassung sind von denen bei der Erstbestellung nicht grundsätzlich verschieden. Dabei hat sich die Betreuerauswahl zuvörderst an der Eignung des zu Bestellenden zu orientieren. Im Übrigen hat das Gericht den neuen Betreuer entsprechend der in § 1897 BGB niedergelegten Kriterien auszuwählen.

5

§ 1908c

6 Wünsche des Betreuten hinsichtlich der Person des neuen Betreuers sind bei der Auswahl angemessen zu berücksichtigen.[1] Die Bindung an den Vorschlag des Betreuten entfällt, wenn die Bestellung des Vorgeschlagenen dem Wohl des Betreuten zuwiderläuft. Das kann der Fall sein, wenn die konkrete Gefahr besteht, dass der Vorgeschlagene die Betreuung nicht zu dessen Wohl führen kann oder will.[2] Im Ergebnis bedeutet dies, dass das Betreuungsgericht einen Wunsch des Betreuten nach Bestellung einer bestimmten Person stets zu beachten hat, wenn nicht der vorgeschlagene Betreuer im Einzelfall ungeeignet ist.

7 Insofern spielt die Frage nach dem Fortbestehen der Betreuungsvoraussetzungen allenfalls en passant eine Rolle. Sicherlich sollte aber der Wegfall eines Betreuers zum Anlass genommen werden, die Betreuungsbedürftigkeit zu untersuchen. Hin und wieder wird ein unverhoffter Wegfall eines Betreuers auch die Selbständigkeit des Betreuten unter Beweis stellen.

D. Verfahren

I. Zuständigkeit

8 **Örtlich zuständig** ist regelmäßig das Betreuungsgericht, bei dem die Betreuung geführt wird (§ 272 Abs. 1 Ziffer 1 FamFG).

9 Folgerichtig – wenn auch aufgrund fehlender Ortsnähe unpraktikabel – erscheint es deshalb, für die Neubestellung eines Betreuers das bisher zuständige Betreuungsgericht auch dann als zuständig anzusehen, wenn der Betreute seinen gewöhnlichen Aufenthalt seit längerem im Bezirk eines anderen Gerichts hat und eine dort wohnende Person zum Betreuer bestellt werden soll.[3] In der Praxis sollte das zuständige Betreuungsgericht versuchen, eine Abgabe an das für den Wohnort des Betreuten zuständige Gericht zu erreichen (§ 273 FamFG). Denn dort kann regelmäßig effizienter und zuverlässiger die Auswahlentscheidung des neu zu bestellenden Betreuers erfolgen.

10 Die **funktionelle Zuständigkeit** ist nicht einheitlich. Zwar stehen Entscheidungen nach § 1908c BGB allgemein unter dem Richtervorbehalt (§ 15 Abs. 1 Nr. 2 RpflG). Danach wäre in allen Fällen der Neubestellung nach § 1908c BGB der Richter zuständig. Die Vorschrift nimmt aber auf die Entlassung eines Betreuers und damit u.a. auf § 1908b BGB Bezug. Die dortige Zuständigkeit ist zwischen Richter und Rechtspfleger geteilt. Es erscheint deshalb sachgerecht, den Richtervorbehalt insoweit einschränkend auszulegen, als der Rechtspfleger befugt ist, einen neuen Betreuer zu bestellen, soweit er die Befugnis hat, einen Betreuer zu entlassen.

11 **Die Zuständigkeit des Richters ist danach gegeben:**
- im Falle des Todes des Betreuten,
- im Falle des § 1908b Abs. 1 BGB (Entlassung wegen Eignungsmangel),
- im Falle des § 1908b Abs. 2 BGB (Entlassung aus wichtigem Grund),
- im Falle des § 1908b Abs. 5 BGB (Entlassung des Vereins oder der Behörde als Betreuer).

12 **Die Zuständigkeit des Rechtspflegers (§§ 3 Nr. 2a; 14 Abs. 1 Nr. 4 RpflG) ist gegeben:**
- im Falle des § 1908b Abs. 3 BGB (Entlassung auf Vorschlag des Betreuten),
- im Falle des § 1908b Abs. 4 BGB (Entlassung des Vereins- oder Behördenbetreuers).

II. Anhörung

13 Im Verfahren ist zwar in § 296 Abs. 2 FamFG die **Anhörung** des Betreuten ausdrücklich vorgeschrieben. Trotzdem kann die persönliche Anhörung allerdings in den drei nachfolgend genannten Fällen unterbleiben:
- Der Betreute hat sein Einverständnis mit der Betreuerbestellung erklärt (§ 296 Abs. 2 Satz 2 FamFG).
- Die Anhörung führt zu erheblichen Nachteilen für die Gesundheit des Betreuten (§ 34 Abs. 2 Alt. 1 FamFG).
- Der Betreute ist offensichtlich nicht in der Lage, seinen Willen kundzutun (§ 34 Abs. 2 Alt. 2 FamFG).

---

[1] Arg. § 1908b Abs. 3 BGB.
[2] OLG Zweibrücken v. 23.12.2004 - 3 W 250/04 - BtPrax 2005, 74.
[3] So Schleswig-Holsteinisches OLG v. 20.03.1992 - 2 W 20/92.

Die persönliche Anhörung kann unterbleiben, wenn der Betreute sein Einverständnis mit dem Betreuerwechsel erklärt hat. Es kann nämlich keinen Sinn ergeben, eine Anhörung bei zuverlässig bekannter Zustimmung des Betreuten zur Betreuerbestellung durchzuführen. Das Einverständnis muss sich dann aber auf eine konkrete Person beziehen, es darf nicht nur ein allgemeines Einverständnis zu einem Betreuerwechsel sein.[4]

Ausreichend ist es, wenn das Einverständnis schriftlich mitgeteilt wird. Die persönliche Anhörung ist aber auch dann verzichtbar, wenn das Einverständnis des Betreuten nur durch Dritte mündlich übermittelt wird.[5] Dieser Auffassung ist zuzustimmen, solange sichere Anhaltspunkte für die Richtigkeit der übermittelten Zustimmung sprechen. Dies dürfte bei Mitteilungen vertrauenswürdiger Angehöriger in vielen Fällen für das Gericht verlässlich beurteilbar sein. Bei Zweifeln ist die Anhörung in diesen Fällen allerdings notwendig und auch sinnvoll.[6]

Die Anhörung ist entbehrlich, sofern hiervon erhebliche Nachteile für die Gesundheit des Betreuten zu besorgen sind (§ 34 Abs. 2 Alt. 1 FamFG).

Die Entscheidung des Betreuungsgerichts, auf die Anhörung zu verzichten darf allerdings in diesem Fall nur auf der Grundlage eines entsprechenden ärztlichen Gutachtens getroffen werden (§ 278 Abs. 4 FamFG).

Ist der Betroffene offenkundig nicht in der Lage, seinen Willen kundzutun, kann ebenfalls auf die Anhörung verzichtet werden (§ 34 Abs. 2 Alt. 2 FamFG). Die Offenkundigkeit kann sich z.B. aus dem Inhalt eines eingeholten Sachverständigengutachtens ergeben.

III. Verfahrenspfleger

Das Gericht hat in der Regel einen **Verfahrenspfleger** zu bestellen, wenn der Betreute nicht mehr in der Lage ist, seinen Willen kundzutun (§ 276 Abs. 1 Alt. 1 FamFG). Dies gilt insbesondere auch, wenn ein ehrenamtlicher Betreuer mangels Eignung durch einen Berufsbetreuer ersetzt werden soll.[7]

Das Gericht hat sich allerdings einen unmittelbaren Eindruck vom Betreuten zu verschaffen (§ 276 Abs. 1 Satz 2 FamFG).

IV. Sachverständigengutachten

Die **Einholung eines Sachverständigengutachtens** ist für die bloße Vornahme der Betreuerbestellung nach Entlassung oder Tod des bisherigen Betreuers nicht erforderlich.

Sie kann aber notwendig werden, falls in diesem Zusammenhang auch eine Entscheidung über die Festsetzung eines neuen Überprüfungszeitpunktes (Verlängerung) getroffen wird (§ 295 Abs. 1 FamFG).

V. Beschwerde

Für die Beschwerde gegen eine Entscheidung des Betreuungsgerichts nach § 1908c BGB gelten die allgemeinen Vorschriften (§§ 58, 59 Abs. 1, 303 FamFG).

Beschwerdeberechtigt ist danach

- der Betreute (§ 59 Abs. 1 FamFG),
- der Betreuer oder Vorsorgebevollmächtigte
  - soweit er in eigenen Rechten verletzt ist (§ 59 Abs. 1 FamFG),
  - soweit er in seinem Aufgabenkreis die Verletzung der Rechte des Betreuten geltend macht (§ 303 Abs. 4 Satz 1 FamFG),
- der Ehegatte oder Lebenspartner des Betreuten, wenn die Ehegatten oder Lebenspartner nicht dauernd getrennt leben, sowie die Eltern, Großeltern, Pflegeeltern, Abkömmlinge und Geschwister des Betreuten (§ 303 Abs. 2 Ziffer 1 FamFG), soweit sie im ersten Rechtszug beteiligt worden sind,
- eine Person des Vertrauens des Betreuten, soweit diese im ersten Rechtszug beteiligt worden ist (§ 303 Abs. 2 Ziffer 2 FamFG),
- der Verfahrenspfleger (§ 303 Abs. 3 FamFG).

---

[4] Schleswig-Holsteinisches OLG v. 14.02.2007 - 2 W 18/07 - SchlHA 2007, 385.
[5] BT-Drs. 13/7158, S. 40.
[6] BayObLG München v. 26.03.2001 - 3Z BR 5/01 - FamRZ 2001, 1555-1557.
[7] KG Berlin v. 16.09.2008 - 1 W 259/08.

25 Erledigt sich die Beschwerde eines Betroffenen gegen die Entscheidung des Betreuungsgerichts über die Bestellung eines Betreuers nach Entlassung des bisherigen Betreuers in der Hauptsache, kann das Beschwerdeverfahren nicht mit dem Ziel der Feststellung der Rechtswidrigkeit der Betreuerbestellung fortgeführt werden.[8]

VI. Rechtsbeschwerde

26 Gegen die Entscheidung im Beschwerdeverfahren ist die Rechtsbeschwerde unter den allgemeinen Voraussetzungen des § 70 Abs. 1 FamFG statthaft. Grundsätzlich gilt, dass die Rechtsbeschwerde zugelassen sein muss. Die Bestellung eines neuen Betreuers nach § 1908c BGB ist von § 70 Abs. 3 Satz 1 Nr. 1 FamFG, der ausnahmsweise eine Rechtsbeschwerde ohne Zulassung durch das Beschwerdegericht ermöglicht, nicht erfasst.[9]

27 Ausnahmsweise kann die Rechtsbeschwerde auch ohne Zulassung statthaft sein. Das gilt für den Fall, dass mit der Neubestellung eines Betreuers gleichzeitig eine Entscheidung über die Verlängerung der Betreuung verbunden ist.[10]

VII. Einstweilige Anordnung

28 Das Betreuungsgericht kann nach den allgemeinen Vorschriften der §§ 300, 301 FamFG die Entscheidung über die Bestellung eines neuen Betreuers im Wege der einstweiligen Anordnung treffen.[11]

E. Vergütung

29 Führt nach dem Tod des zum Betreuer bestellten Mitarbeiters eines Betreuungsvereins ein zum Ersatzbetreuer bestellter anderer Mitarbeiter die Betreuung fort, weil der Betreuungsrichter auf Anfrage unzutreffend mitgeteilt hat, es bedürfe zunächst keiner neuen Betreuerbestellung, so kann dem Betreuungsverein aus Billigkeitsgründen eine Vergütung nicht mit dem Hinweis auf die fehlende Betreuerbestellung versagt werden.[12]

---

[8] KG Berlin v. 07.07.2009 - 1 W 593 - 596/07.
[9] BGH v. 02.11.2011 - XII ZB 508/11.
[10] Vgl. BGH v. 29.06.2011 - XII ZB 65/11; BGH v. 09.02.2011 - XII ZB 364/10; BGH v. 18.05.2011 - XII ZB 671/10; BGH v. 02.11.2011 - XII ZB 508/11; BGH v. 15.09.2010 - XII ZB 166/10.
[11] Dies galt nach allgemeiner Meinung bereits unter dem alten Recht des FGG (vgl. BayObLG München v. 02.08.2000 - 3Z BR 180/00 - juris Rn. 11 - FamRZ 2001, 252-253; BT-Drs. 11/4528, S. 155).
[12] OLG Frankfurt v. 11.06.2008 - 20 W 178/08.

§ 1908d BGB Aufhebung oder Änderung von Betreuung und Einwilligungsvorbehalt

(Fassung vom 02.01.2002, gültig ab 01.01.2002)

(1) ¹Die Betreuung ist aufzuheben, wenn ihre Voraussetzungen wegfallen. ²Fallen diese Voraussetzungen nur für einen Teil der Aufgaben des Betreuers weg, so ist dessen Aufgabenkreis einzuschränken.

(2) ¹Ist der Betreuer auf Antrag des Betreuten bestellt, so ist die Betreuung auf dessen Antrag aufzuheben, es sei denn, dass eine Betreuung von Amts wegen erforderlich ist. ²Den Antrag kann auch ein Geschäftsunfähiger stellen. ³Die Sätze 1 und 2 gelten für die Einschränkung des Aufgabenkreises entsprechend.

(3) ¹Der Aufgabenkreis des Betreuers ist zu erweitern, wenn dies erforderlich wird. ²Die Vorschriften über die Bestellung des Betreuers gelten hierfür entsprechend.

(4) Für den Einwilligungsvorbehalt gelten die Absätze 1 und 3 entsprechend.

Gliederung

A. Grundlagen 1	d. Sachverständigengutachten 42
B. Praktische Bedeutung 9	e. Verfahrenspfleger 45
C. Anwendungsvoraussetzungen 13	f. Bekanntgabe 47
I. Normstruktur 13	g. Rechtsbehelfe 48
II. Aufhebung und Einschränkung der Betreuung (Absätze 1, 2) 16	III. Erweiterung der Betreuung (Absatz 3) ... 51
1. Von Amts wegen angeordnete Betreuungen 16	1. Erforderlichkeit 51
2. Auf Antrag des Betreuten angeordnete Betreuung 25	2. Auswahl des Betreuers 55
	3. Verfahren (Erweiterung der Betreuung) 57
3. Wirkungen der Aufhebung bzw. Einschränkung 28	a. Anhörung 58
	b. Sachverständigengutachten 62
4. Erstinstanzliches Verfahren (Aufhebung und Einschränkung der Betreuung) 34	IV. Einwilligungsvorbehalt (Absatz 4) 66
a. Kein Vorrang der Beschwerde 34	1. Grundsätze 66
b. Zuständigkeit 35	2. Verfahren 68
c. Anhörung 36	3. Zuständigkeit 70
	V. Beschwerde 71
	VI. Rechtsbeschwerde 76

A. Grundlagen

§ 1908d BGB betrifft die in der Person des Betreuten liegenden Gründe, die zu Änderungen innerhalb einer angeordneten Betreuung veranlassen. **1**

Eine angeordnete Betreuung endet **nicht** durch Ablauf des im Anordnungsbeschluss (z.B. erstmalige Betreuerbestellung) festgelegten Überprüfungszeitraumes. Sie wird auf unbestimmte Zeit angeordnet. **2**

Die Betreuung passt sich den Bedürfnissen des Betreuten auch nicht unmittelbar an. Im Verlauf ist sie deshalb inhaltlich in vorher festzulegenden Zeitabständen von Amts wegen zu überprüfen. **3**

Diese Überprüfung betrifft sowohl die Fortdauer (Verlängerung) als auch den Umfang der Betreuung (Einschränkung, Erweiterung). **4**

Unabhängig von den festgelegten Überprüfungszeiträumen kann bzw. muss das Betreuungsgericht jederzeit auf Antrag oder Anregung die Voraussetzungen für das Fortbestehen der Betreuung (Aufrechterhaltung und Umfang) überprüfen. **5**

Grundlegend ist Folgendes: **6**

- Eine einmal angeordnete Betreuung erlischt erst durch den entsprechenden (Aufhebungs-)Beschluss des Amtsgerichts (Betreuungsgericht).¹ **§ 1908d Abs. 1 Satz 1 BGB** beschreibt die Voraussetzungen für eine Aufhebung der Betreuung.

---

¹ *Jürgens* in: Jürgens, Betreuungsrecht, 4. Aufl. 2010, § 1908d Rn. 1.

§ 1908d

- Gleiches gilt für die Einschränkung der Betreuung. Der Aufgabenbereich einer Betreuung kann sich im Laufe der Zeit auch verringern. Hier muss ggf. durch Beschluss des Betreuungsgerichts gem. **§ 1908d Abs. 1 Satz 2 BGB** der Aufgabenbereich eingeengt werden.
- **§ 1908d Abs. 3 BGB** regelt die Erweiterung einer bestehenden bzw. bereits angeordneten Betreuung. Es kann innerhalb einer bereits angeordneten Betreuung ein Betreuungsbedarf für weitere, bisher nicht erfasste Aufgabenbereiche entstehen. Hier erweitert sich die angeordnete Betreuung nicht automatisch. Es bedarf vielmehr eines Beschlusses durch das Betreuungsgericht.

7 So soll ermöglicht werden, die Betreuung jederzeit aufzuheben bzw. laufend den sich eventuell ändernden Erforderlichkeiten anzupassen. Die Betreuungsanordnung steht also – ungeachtet ihrer grundsätzlich unlimitierten Geltungsdauer – hinsichtlich ihrer zeitlichen Geltung stets unter dem Gebot der Erforderlichkeit (Subsidiaritätsprinzip).[2] Dies gilt auch in Bezug auf einzelne Aufgabenbereiche. Die Betreuung soll für einen bestimmten Aufgabenbereich nur so lange aufrechterhalten bleiben, als hierfür eine zwingende Notwendigkeit besteht.

8 Für den Einwilligungsvorbehalt gilt dies gemäß § 1908d Abs. 4 BGB entsprechend.

B. Praktische Bedeutung

9 Die Vorschrift hat eine erhebliche praktische Bedeutung. Das Vormundschaftsrecht vor 1992 kannte nur die Entmündigung Volljähriger als gleichsam vollständige Rechtlosstellung. Das Betreuungsrecht sollte dies durch eine partielle Hilfestellung im Rahmen der Erforderlichkeit ersetzen. Betreuungen werden nicht auf Lebenszeit oder grundsätzlich für sämtliche Aufgabenbereiche (Lebensbereiche) angeordnet. Dies zwingt die Betreuungsgerichte dazu, Betreuungen den sich mit der Zeit verändernden Umständen anzupassen, sie einzuschränken, zu erweitern oder aufzuheben.

10 Nicht zuletzt deshalb ist das Verhältnis der Veränderungen innerhalb angeordneter Betreuungen ein Indikator dafür, inwieweit die Grundgedanken des Betreuungsrechts, Hilfen nur anzubieten, **soweit und solange** sie unbedingt notwendig sind, umgesetzt werden. Die Anzahl der laufenden Betreuungen wird statistisch nicht erhoben. Als Bezugspunkt kann aber die Zahl der Erstbetreuungen herangezogen werden. Steigt oder fällt der prozentuale Anteil der Einschränkungen, Erweiterungen oder Aufhebungen, so kann daraus auf eine allgemeine Entwicklung auch in Bezug auf die bestehenden Betreuungen geschlossen werden.

Jahr	Betreuungsanordnungen(Erstbestellungen)[3]	Einschränkungen	In %	Erweiterungen	In %
1992	75.170	3.748	5,0	7.743	10,3
1993	104.511	5.629	5,4	13.302	12,7
1994	113.106	6.664	5,9	16.151	14,3
1995	123.316	6.294	5,1	17.067	13,8
1996	141.997	8.030	5,7	26.332	18,5
1997	147.851	7.082	4,8	28.242	19,1
1998	159.665	7.406	4,6	31.294	19,6
1999	177.252	7.579	4,3	34.699	19,6
2000	192.281	8.316	4,3	38.240	19,9
2001	205.266	9.744	4,7	42.143	20,5
2002	208.491	10.774	5,2	44.091	21,1
2003	215.914	10.572	4,9	48.464	22,4
2004	218.254	13.115	6,0	51.937	23,8
2005	223.365	13.352	6,0	52.106	23,3
2006	222.843	14.135	6,3	51.060	23,0
2007	224.079	15.169	6,8	52.171	23,3
2008	237.591	16.111	6,8	53.998	22,7
2009	239.962	17.718	7,4	54.679	22,8

---

[2] *Roth* in: Dodegge/Roth, Betreuungsrecht, 2. Aufl. 2005, Teil H Rn. 3.
[3] Quelle: Bundesamt für Justiz, Betreuungsverfahren, Zusammenstellung der Bundesergebnisse für die Jahre 1992 bis 2012 (Stand 06.09.2013). Die komplette Statistik findet sich unter https://www.bundesjustizamt.de/DE/Themen/Buergerdienste/Justizstatistik/Betreuung/Betreuung_node.html;jsessionid=B9E3E597FA2DCD46D30 2755FA813A386.1_cid386 (abgerufen am 09.01.2015).

2010	239.068	17.244	7,2	54.507	22,8
2011	233.332	15.481	6,6	59.912	25,7
2012	221.579	17.355	7,8	55.243	24,9

Die Quote der Aufhebungen belief sich 2010 auf ca. 15% bezogen auf die Gesamtzahl der im gleichen Jahr jeweils erstmals angeordneten Betreuungen. Während die Aufhebungsquote bis 2003 um 8-9% gelegen hat, steigt die Quote seither signifikant an. Im Jahre 2012 erreichte sie 17%. Obwohl die Zahl der Betreuungsanordnungen kontinuierlich rückläufig ist, steigt die Zahl der Aufhebungen weiter an. Das kann als ein Indiz dafür gedeutet werden, dass die Gerichte in zunehmendem Maße dem Grundsatz der Erforderlichkeit einer Betreuung im Rahmen einer Verlängerungsentscheidung Geltung verschaffen und vermehrt bereit sind, angeordnete Betreuungen aufzuheben, wenn nicht länger eine zwingende Notwendigkeit hierfür besteht. 11

Nachstehend werden die Zahlen[4] der Betreuungsanordnungen und der Aufhebungen gegenübergestellt: 12

Jahr	Betreuungsanordnungen	Aufhebungen	in %
1992	75.170	7.178	9,5
1993	104.511	9.335	8,9
1994	113.106	9165	8,1
1995	123.316	11.651	9,4
1996	141.997	11.225	7,9
1997	147.851	11.517	7,8
1998	159.665	12.956	8,1
1999	177.252	14.399	8,1
2000	192.281	16.206	8,4
2001	205.266	17.703	8,6
2002	208.491	18.151	8,7
2003	215.914	19.391	9,0
2004	218.254	21.440	9,8
2005	223.365	22.534	10,1
2006	222.843	27.326	12,3
2007	224.079	28.786	12,8
2008	237.591	31.626	13,3
2009	239.962	32.916	13,7
2010	239.068	35.510	14,9
2011	233.332	36.604	15,7
2012	221.579	37.767	17

C. Anwendungsvoraussetzungen

I. Normstruktur

Die Norm gliedert sich in drei Bereiche: 13

- **Aufhebung** der Betreuung (**§ 1908d Abs. 1 Satz 1 BGB**),
- **Einschränkung** der Betreuung/des Aufgabenbereiches (= teilweise Aufhebung) (**§ 1908d Abs. 1 Satz 2 BGB**),
- **Erweiterung** der Betreuung/des Aufgabenbereichs (**§ 1908d Abs. 3 BGB**).

Die in Absatz 1 behandelte Aufhebung bzw. die Einschränkung der Betreuung ist grundsätzlich denselben Regeln unterworfen. Ergänzt wird sie lediglich durch eine besondere Bestimmung in Absatz 2 für den Fall, dass die Betreuung auf Antrag des Betreuten angeordnet wurde und nun der Betreute beantragt, die Betreuung aufzuheben. 14

---

[4] Quelle: Bundesamt für Justiz, Betreuungsverfahren, Zusammenstellung der Bundesergebnisse für die Jahre 1992 bis 2012 (Stand 06.09.2013). Die komplette Statistik findet sich unter www.bundesjustizamt.de/DE/Themen/Buergerdienste/Justizstatistik/Betreuung/Betreuung_node.html;jsessionid=B9E3E597FA2DCD46D302755FA813A386.1_cid386 (abgerufen am 09.01.2015).

15 Die Vorschrift gilt mit den Absätzen 1 und 3 entsprechend auch für die Aufhebung, Einschränkung oder Erweiterung eines Einwilligungsvorbehalts (§ 1908d Abs. 4 BGB).

II. Aufhebung und Einschränkung der Betreuung (Absätze 1, 2)

1. Von Amts wegen angeordnete Betreuungen

16 Die von Amts wegen, d.h. nicht auf Antrag des Betreuten angeordnete Betreuung kann grundsätzlich nur von Amts wegen aufgehoben werden. Es gibt keinen Beendigungsgrund kraft Gesetzes. Insbesondere endet die Betreuung nicht, wie in der Praxis vielfach irrtümlich angenommen wird, mit dem Eintritt des im Beschluss über die Erstbestellung zu bezeichnenden Überprüfungszeitpunktes.

17 Dass die Betreuung nur von Amts wegen aufgehoben werden kann, schließt nicht aus, dass von Seiten des Betreuten, des Betreuers oder des Umfeldes des Betreuten eine Anregung an das Gericht ergehen kann, die Betreuung aufzuheben. Das Gericht wird eine solche Anregung zum Anlass nehmen, ggf. eine Aufhebung der Betreuung von Amts wegen zu betreiben.

18 Eine Ausnahme gilt für den Fall des **Todes des Betreuten**. Hier endet die Betreuung automatisch und ohne dass es einer gerichtlichen Entscheidung bedarf mit dem Tod des Betreuten.

19 Ebenso endet eine Betreuung, soweit in dem Beschluss über ihre Anordnung ein ausdrücklicher Beendigungszeitpunkt festgesetzt wurde. Ein solcher Beendigungszeitpunkt wird meist nur im Falle einer vorläufig angeordneten Betreuung festgesetzt.[5]

20 Die Betreuung ist aufzuheben, sofern die Voraussetzungen für die Bestellung eines Betreuers nicht mehr länger vorliegen. Die Vorschrift nimmt damit inhaltlich Bezug auf die Voraussetzungen des § 1896 BGB für eine Betreuerbestellung. Auf die Kommentierung zu § 1896 BGB kann im Wesentlichen verwiesen werden. Im Folgenden ist deshalb lediglich auf einzelne Besonderheiten hinzuweisen.

21 Die Krankheit oder Behinderung, die bei Anordnung der Betreuung vorlag, kann sich soweit gebessert haben, dass der Betreute in der Lage ist, seine Angelegenheiten selbst zu besorgen. Hier ist zu beachten, dass gerade psychische Erkrankungen nicht selten in Schüben verlaufen. In diesen Fällen ist die Betreuung nicht aufzuheben, wenn sich der aktuelle Gesundheitszustand des Betreuten zwar gebessert hat, mit weiteren Krankheitsschüben, die voraussichtlich eine Betreuung erforderlich machen, in der näheren Zukunft aber gerechnet werden muss.[6] Verlaufen die Krankheitsschübe in langen Phasen, so kann die Aufhebung der Betreuung gleichwohl geboten sein.[7]

22 Die Betreuung ist aufzuheben, wenn der Betreute wirksam einen Vertreter mit der Wahrnehmung seiner Angelegenheiten beauftragt hat (§ 1896 Abs. 2 BGB).[8] Das Betreuungsgericht wird hier allerdings genau auf die Umstände einer solchen Bevollmächtigung zu schauen haben. Bestehen Zweifel an der Wirksamkeit der Bevollmächtigung oder treten Zweifel in Bezug auf die Geeignetheit des bestellten Vertreters auf, so ist ein Betreuer zu bestellen.[9] Es kann auch die Bestellung eines Kontrollbetreuers in Betracht kommen.

23 Ein betreuungsgerichtlicher Aufhebungsbeschluss ist auch dann erforderlich, wenn die Angelegenheit, für die der Betreuer bestellt wurde, erledigt ist.[10] Dies gilt insbesondere für jede Bestellung eines Betreuers für besondere Angelegenheiten, etwa die Bestellung des Betreuers zur Durchführung des Eingriffs bei der Sterilisation.

24 Eine Betreuung ist auch dann aufzuheben, wenn sich während der Betreuungszeit herausstellt, dass der Betreute aufgrund eigener Weigerungen nicht erfolgreich betreut werden kann.[11] Eine Betreuung kann dann nicht eingerichtet werden bzw. ist bei Veränderung der diese tatsächlichen Voraussetzungen betreffenden Umstände wieder aufzuheben, wenn der mit ihr verfolgte Sinn und Zweck sich nicht erreichen lässt.

---

[5] BGH v. 14.12.2011 - XII ZB 489/10.
[6] BayObLG München v. 04.06.1993 - 3Z BR 104/93 - BtPrax 1993, 171-172.
[7] BayObLG München v. 16.12.1994 - 3Z BR 343/94 - NJW-RR 1995, 1274-1275.
[8] BGH v. 18.12.2013 - XII ZB 460/13; BGH v. 28.03.2012 - XII ZB 629/11.
[9] BGH v. 26.02.2014 - XII ZB 301/13.
[10] Mit der Erledigung der Aufgaben des Betreuers erlischt jedoch nicht unmittelbar auch sein Vergütungsanspruch im Pauschalvergütungssystem. Der Vergütungszeitraum endet vielmehr erst mit der Aufhebung der Betreuung (BGH v. 07.08.2013 - XII ZB 233/13).
[11] AG Lübeck v. 16.04.2012 - 4 XVII H 13700; LG Rostock v. 25.02.2003 - 2 T 153/02.

2. Auf Antrag des Betreuten angeordnete Betreuung

Hier gilt zunächst, dass bei Wegfall der Voraussetzungen für eine Betreuung (§ 1896 BGB) die Betreuung nicht erst auf Antrag des Betreuten, sondern ebenfalls von Amts wegen durch das Betreuungsgericht aufzuheben ist. Insoweit kann auf die obigen Ausführungen hierzu verwiesen werden. 25

Nach dem Wortlaut der Norm hat das Betreuungsgericht eine auf Antrag des Betreuten angeordnete Betreuung auf dessen Aufhebungsantrag grundsätzlich aufzuheben. Entgegen dem Wortlaut handelt es sich aber nicht um ein echtes Antragsverfahren. Um ein echtes Antragsverfahren handelt es sich nur, wenn ein Betreuer auf den zwingend notwendigen Antrag des Betroffenen aufgrund einer körperlichen Behinderung bestellt wurde. Eine Aufhebung auf Antrag des Betreuten ist dann zwingend notwendig. Da in diesem Fall nämlich bloße körperliche Einschränkungen auf Initiative des Betreuten (Antrag) die Bestellung eines Betreuers bewirkt haben, muss der Betreute als Ausfluss seines Selbstbestimmungsrechts die Möglichkeit haben, die Betreuung jederzeit aufheben zu lassen. Das Betreuungsgericht hat einem solchen Antrag deshalb ohne weitere Prüfung zu entsprechen.[12] 26

In den Fällen eines psychisch kranken, geistig oder seelisch behinderten Betreuten hat das Betreuungsgericht dagegen zu prüfen, ob nicht von Amts wegen eine Betreuung eingerichtet werden müsste.[13] Das heißt nichts anderes, als dass das Gericht auch bei Vorliegen eines Aufhebungsantrags des Betreuten zu prüfen hat, ob die Voraussetzungen für die Bestellung eines Betreuers nach § 1896 BGB vorliegen. Der Aufhebungsantrag wäre im Falle des Vorliegens der Voraussetzungen für eine Betreuung zurückzuweisen. 27

3. Wirkungen der Aufhebung bzw. Einschränkung

Mit der Bekanntmachung an den Betreuer wird die Aufhebung der Betreuung wirksam (§ 287 Abs. 1 FamFG). Das Gesetz sieht nur die Aufhebung der Betreuung mit Wirkung für die Zukunft vor. Eine rückwirkende Aufhebung kommt wegen der gestaltenden Wirkung und des Vertrauens des Rechtsverkehrs auf die Wirksamkeit der in diesem Zeitraum vorgenommenen Rechtsgeschäfte des Betreuers nicht in Betracht. Dem entspricht die herrschende Ansicht, dass gerichtlichen Abänderungsentscheidungen keine rückwirkende Kraft zukommt[14], ferner die Regelung des § 47 FamFG, der trotz Aufhebung einer Verfügung die Wirksamkeit der inzwischen vorgenommenen Rechtsgeschäfte vorsieht[15]. Auch auf eine Beschwerde kann die Bestellung eines Betreuers nicht mit rückwirkender Kraft aufgehoben werden.[16] 28

Die Befugnisse des Betreuers enden mit dem Wirksamwerden der Entscheidung. Insbesondere enden die Pflichten in Bezug auf ein Tätigwerden als Vertreter des Betreuten. Einer förmlichen Entlassung des Betreuers bedarf es hierfür nicht. 29

Die Pflichten des Betreuers gegenüber dem Betreuten oder dem Betreuungsgericht enden dagegen nicht unmittelbar. Vielmehr hat der Betreuer nach Beendigung der Betreuung folgende Pflichten: 30
- Vermögensherausgabe und Rechnungslegung (§§ 1890-1892 BGB i.V.m. § 1908i Abs. 1 Satz 1 BGB),
- Rückgabe der Bestellungsurkunde (§ 1893 Abs. 1 BGB i.V.m. § 1908i Abs. 1 Satz 1 BGB).

Ein etwaig angeordneter Einwilligungsvorbehalt erlischt mit Aufhebung der Betreuung automatisch. Einer Erwähnung im Aufhebungsbeschluss bedarf es nicht. Denn der Einwilligungsvorbehalt setzt das Bestehen einer Betreuung voraus. Mit deren Beendigung verliert er seine Bestandsgrundlage. 31

Die Einschränkung des Aufgabenbereiches lässt die Bestimmung des Überprüfungszeitpunktes unberührt. Gegebenenfalls ist ein neuer Überprüfungszeitpunkt zu bestimmen. In diesem Fall sind die Verfahrensregeln betreffend der Verlängerung der Betreuung einzuhalten (§ 295 Abs. 1 FamFG). 32

Nach einer Einschränkung der Betreuung muss der Betreuer eine berichtigte Bestellungsurkunde erhalten. 33

---

[12] BGH v. 18.12.2013 - XII ZB 460/13; OLG Hamm v. 28.03.1995 - 15 W 9/95 - FamRZ 1995, 1519-1522; *Roth* in: Dodegge/Roth, Betreuungsrecht, 2. Aufl. 2005, Teil E Rn. 7.
[13] OLG Hamm v. 28.03.1995 - 15 W 9/95 - FamRZ 1995, 1519-1522.
[14] *Keidel/Kuntze/Winkler*, Freiwillige Gerichtsbarkeit, 15. Aufl. 2003, § 18 Rn. 36.
[15] BayObLG München v. 04.06.2003 - 3Z BR 81/03 - EzFamR aktuell 2003, 246.
[16] OLG Karlsruhe v. 13.08.2013 - 11 Wx 63/13.

4. Erstinstanzliches Verfahren (Aufhebung und Einschränkung der Betreuung)

a. Kein Vorrang der Beschwerde

34 Das Verfahren nach § 1908d BGB ist einer Beschwerde gegen eine Betreuerbestellung nicht vorrangig. Die Befugnis des Betroffenen, eine auf Antrag erfolgte Betreuerbestellung mit dem Rechtsmittel der Beschwerde anzugreifen, ist nicht im Hinblick auf die ihm gleichzeitig offen stehende Möglichkeit ausgeschlossen, gemäß § 1908d Abs. 2 BGB bei dem Amtsgericht die Aufhebung der Betreuung zu beantragen.[17] Weder der genannten materiell-rechtlichen Vorschrift noch den das Betreuungsverfahren betreffenden verfahrensrechtlichen Bestimmungen des FamFG lässt sich ein hinreichender Anhaltspunkt dafür entnehmen, der Gesetzgeber habe den Betroffenen zunächst auf die Durchführung des – erstinstanzlichen – Aufhebungsverfahrens verweisen und ihm erst gegen eine Sachentscheidung des Amtsgerichts, durch die die Betreuung von Amts wegen aufrechterhalten wird, die Beschwerdemöglichkeit eröffnen wollen.

b. Zuständigkeit

35 Die Entscheidung über die Aufhebung der Betreuung oder deren Einschränkung unterliegt grundsätzlich dem Richtervorbehalt (§ 15 Abs. 1 Nr. 3 RPflG).

c. Anhörung

36 Für die Aufhebung einer Betreuung oder die Einschränkung des Aufgabenbereiches trifft das FamFG keine besondere Regelung in Bezug auf das Erfordernis einer Anhörung des Betreuten. Im Regelfall wird indessen eine Anhörung erforderlich sein (§ 34 Abs. 2 Ziffer 1 FamFG).

37 Bei Ablehnung einer begehrten Aufhebung oder Einschränkung einer Betreuung dürfte eine Anhörung im Einzelfall entbehrlich sein. Hierzu fehlen verfahrensrechtliche Vorgaben. Das BayObLG hat für das entsprechende damalige Verfahrensrecht aber zu Recht angenommen, dass der Umfang der vom Tatsachenrichter zu treffenden Ermittlungen bei Ablehnung einer beantragten Aufhebung ausschließlich allgemeinen Regeln folgt.[18] Eine Anhörung des Betreuten muss danach nicht notwendig erfolgen.

38 Bzgl. der Anhörung Dritter verweist § 294 Abs. 1 FamFG auf die entsprechende Anwendbarkeit des § 279 FamFG.

39 Anzuhören sind danach zunächst sonstige Beteiligte (§ 279 Abs. 1 FamFG). Sonstige Beteiligte sind nur diejenigen, die im Verfahren auf Aufhebung oder Einschränkung der Betreuung beteiligt werden. Es sind nicht auch diejenigen, die im Verfahren zur Anordnung der Betreuung beteiligt worden sind. Ansonsten würde man den sonstigen Beteiligten im Anordnungsverfahren eine stärkere Stellung einräumen als dem Verfahrenspfleger. Dessen Bestellung endet im Anordnungsverfahren mit der rechtskräftig angeordneten Betreuung. Die sonstigen Beteiligten würden demgegenüber dauerhaften Einfluss nehmen können auf den (unveränderten) Fortbestand der Betreuung. Ein so verstandener Beteiligtenbegriff korreliert auch mit den Anhörungsrechten des Betreuten. Ist ihm gegenüber bei Aufhebung der Betreuung eine Anhörung nicht zwingend erforderlich, so kann auch nicht die Anhörung der früher einmal Beteiligten zwingend sein.

40 Auch sind ausdrücklich nur auf Verlangen des Betreuten – oder wenn es der Sachaufklärung dient – die zuständige Betreuungsbehörde (§ 279 Abs. 2 FamFG) oder eine dem Betreuten nahestehende Vertrauensperson anzuhören (§ 279 Abs. 3 FamFG).

41 Die Anhörung des gesetzlichen Vertreters Minderjähriger hat keine praktische Relevanz. Eine Betreuerbestellung für einen Minderjährigen wird wohl kaum schon wieder vor Eintritt der Volljährigkeit aufgehoben.

d. Sachverständigengutachten

42 Das Gericht hat grundsätzlich ein Sachverständigengutachten einzuholen, soweit es die Betreuung aufheben oder einschränken möchte (arg. § 294 Abs. 2 FamFG).

43 Es kann jedoch nach § 281 Abs. 1 Ziffer 1 FamFG davon absehen. Voraussetzung ist, dass
- der Betreute ursprünglich die Betreuung selbst beantragt hat und auf die Einholung eines Gutachtens verzichtet und
- die Einholung eines Gutachtens unverhältnismäßig wäre.

---

[17] OLG Hamm v. 28.03.1995 - 15 W 9/95 - FamRZ 1995, 1519-1522.
[18] BayObLG München v. 21.07.1994 - 3Z BR 170/94 - FamRZ 1994, 1602.

Soll der Antrag auf Aufhebung der Betreuung jedoch abgelehnt werden, so muss das Gericht ein Gutachten einholen, wenn der Betreute dies erstmals verlangt und bei Anordnung der Betreuung kein Gutachten eingeholt wurde (§ 294 Abs. 2 FamFG).[19]

e. Verfahrenspfleger

Gemäß § 276 Abs. 1 Satz 1 FamFG hat das Gericht dem Betreuten einen Verfahrenspfleger zu bestellen, wenn dies zur Wahrnehmung der Interessen des Betreuten erforderlich ist. Die Bestellung eines Verfahrenspflegers ist nicht grundsätzlich erforderlich, soweit das Verfahren sich lediglich auf die **Aufhebung** oder **Einschränkung** der Betreuung richtet (arg. § 294 Abs. 1 FamFG). Gemäß § 294 Abs. 1 FamFG gelten für die Aufhebung der Betreuung die §§ 279, 288 Abs. 2 Satz 1 FamFG entsprechend. Nicht erfasst werden von der Verweisung § 278 Abs. 1 FamFG und § 280 FamFG, die die persönliche Anhörung des Betroffenen und die Einholung eines Sachverständigengutachtens vorschreiben.[20] Ist schon die Anhörung des Betreuten selbst nicht zwingend, so ist erst recht die Bestellung eines Verfahrenspflegers für denjenigen Betreuten nicht zwingend notwendig, der seinen Willen nicht selbst frei bilden oder kundtun kann. In den Fällen der Aufhebung und Einschränkung der Betreuung wird die Rechtsstellung des Betreuten durch eine Entscheidung des Gerichts auch nicht verschlechtert, so dass es der Wahrnehmung seiner Interessen durch einen Verfahrenspfleger nicht in jedem Fall bedarf.

Der BGH sieht die Bestellung eines Verfahrenspflegers allerdings dann als geboten an, wenn im Aufhebungsverfahren tatsächliche Ermittlungen anzustellen sind. Das setzt greifbare Anhaltspunkte für eine Veränderung der Umstände voraus, die der Betreuerbestellung zugrunde lagen.[21] Gerade die für eine Veränderung der Betreuerbestellung maßgeblichen Umstände seien namentlich vom Betroffenen vorzubringen, soweit sie dem Gericht nicht anderweitig bekannt werden.[22] Das strikte Anknüpfen an das Erfordernis tatsächlicher Ermittlungen erscheint jedoch nicht überzeugend. Die Bestellung eines Verfahrenspflegers sollte daran festgemacht werden, ob das Gericht auf eine Anhörung des Betreuten nicht verzichten kann. Sofern das Gericht der Auffassung ist, nicht ohne Anhörung des Betroffenen entscheiden zu können, ist die Bestellung eines Verfahrenspflegers unter den Voraussetzungen des § 276 Abs. 1 Satz 1 FamFG geboten. Liegen dem Gericht hinreichende Erkenntnisse über tatsächliche Umstände im Hinblick auf seine Entscheidung aus dritten Quellen vor, die die Anhörung des Betreuten im Verfahren entbehrlich machen, ist die Bestellung eines Verfahrenspflegers nicht notwendig. Die Bestellung eines Verfahrenspflegers folgt dann nicht aus dem Gesichtspunkt des Amtsermittlungsgrundsatzes, wie der BGH dies als Voraussetzung befürwortet.[23] Die Bestellung des Verfahrenspflegers hätte lediglich einen formalen Charakter. Eine nur aus formalen Gründen erfolgende Bestellung aber ist nach Auffassung des BGH entbehrlich.[24]

f. Bekanntgabe

Der Beschluss ist stets auch der zuständigen Betreuungsbehörde bekanntzugeben (§ 288 Abs. 2 Satz 1 FamFG).

g. Rechtsbehelfe

Für die **Beschwerde** gegen eine Entscheidung des Betreuungsgerichts nach § 1908d BGB gelten die allgemeinen Vorschriften (§§ 58, 59 Abs. 1, 303 FamFG).

Beschwerdeberechtigt ist danach

- der Betreute (§ 59 Abs. 1 FamFG),
- der Betreuer oder Vorsorgebevollmächtigte[25],
    - soweit er in eigenen Rechten verletzt ist (§ 59 Abs. 1 FamFG),
    - soweit er in seinem Aufgabenkreis die Verletzung der Rechte des Betreuten geltend macht (§ 303 Abs. 4 Satz 1 FamFG),

---

[19] KG Berlin v. 27.06.2006 - 1 W 177/06.
[20] BGH v. 02.02.2011 - XII ZB 467/10.
[21] BGH v. 29.06.2011 - XII ZB 19/11.
[22] BGH v. 02.02.2011 - XII ZB 467/10.
[23] BGH v. 02.02.2011 - XII ZB 467/10.
[24] BGH v. 02.02.2011 - XII ZB 467/10; BGH v. 04.08.2010 - XII ZB 167/10.
[25] *Schwab* in: MünchKomm-BGB, § 1908d Rn. 6.

- der Ehegatte oder Lebenspartner des Betreuten, wenn die Ehegatten oder Lebenspartner nicht dauernd getrennt leben, sowie die Eltern, Großeltern, Pflegeeltern, Abkömmlinge und Geschwister des Betreuten (§ 303 Abs. 2 Ziffer 1 FamFG),
- der Verfahrenspfleger (§ 303 Abs. 3 FamFG).

50 Nach der Aufhebung einer Betreuerbestellung und der Einstellung eines Betreuungsverfahrens kann der Betroffene in einem Beschwerdeverfahren nicht die Feststellung begehren, dass die Anordnung der Betreuung rechtswidrig war.[26]

III. Erweiterung der Betreuung (Absatz 3)

1. Erforderlichkeit

51 Die Erweiterung des Aufgabenkreises einer Betreuung steht unter dem strikten Gebot ihrer Erforderlichkeit. Da eine Betreuung in diesen Fällen bereits angeordnet ist, müssen die übrigen Voraussetzungen für die Bestellung eines Betreuers gemäß § 1896 Abs. 1 Satz 1 BGB fortbestehen.

52 Die Prüfung im Falle der Erweiterung des Aufgabenkreises erstreckt sich somit zunächst auf die Frage, ob weiterhin eine Krankheit oder Behinderung vorliegt, aufgrund derer der Betreute außerstande ist, seine Angelegenheiten wahrzunehmen. Insoweit kann auf die Kommentierung zu § 1896 BGB verwiesen werden.

53 Die Prüfung der Erforderlichkeit unterfällt denselben Regeln, wie sie für § 1896 Abs. 2 Satz 1 BGB gelten.[27] Dem Grundsatz der Erforderlichkeit kommt, wie das BVerfG[28] ausdrücklich festgestellt hat, eine besondere Bedeutung zu. Die Erforderlichkeit ist für jeden einzelnen neu hinzukommenden Aufgabenbereich konkret festzustellen.[29] So kommt aus den Gründen fehlender Erforderlichkeit eine Erweiterung der Betreuung auf alle Angelegenheiten des Betreuten nicht in Betracht, wenn dieser in der Lage ist, einen Teilbereich seines Lebens zu bewältigen.[30]

54 Die Erforderlichkeit einer Erweiterung der Betreuung ist unter dem Gebot ihrer Subsidiarität gegenüber alternativen Maßnahmen zu prüfen. Eine Betreuungserweiterung ist nicht erforderlich, sofern dem Betreuten anders als durch die Betreuung effektive Hilfe gewährt werden kann.[31]

2. Auswahl des Betreuers

55 Das Gericht hat auch im Falle der Erweiterung der Betreuung für den neu hinzugekommenen Aufgabenkreis ausdrücklich einen Betreuer zu bestimmen. Keineswegs tritt ein Automatismus dahingehend ein, dass dem bisher bereits bestellten Betreuer auch der neue Aufgabenkreis zugewiesen wird. Ein solcher Automatismus folgt insbesondere nicht aus der ursprünglich erklärten Bereitschaft, die Betreuung zu übernehmen. Denn diese Bereitschaft war auf den ursprünglichen Aufgabenbereich bezogen. Dem bisherigen Betreuer kann aber z.B. die Übernahme eines weiteren Aufgabenkreises unzumutbar sein, etwa weil bei einer bisher nur die Personensorge umfassenden Betreuung nun eine umfangreiche Vermögensbetreuung hinzutreten soll.[32]

56 Die Auswahl des Betreuers unterfällt den allgemeinen Regeln des § 1897 BGB. Dabei ist jedoch im Interesse der Kontinuität und Homogenität der Betreuung dem bisherigen Betreuer der Vorzug zu geben, soweit dieser geeignet und übernahmebereit ist.

3. Verfahren (Erweiterung der Betreuung)

57 Für die Erweiterung des Aufgabenkreises gelten grundsätzlich dieselben Regeln wie für die Erstbestellung eines Betreuers (§ 293 Abs. 1 FamFG). Ausnahmen gestattet das Verfahrensrecht hinsichtlich der Anhörung und der Einholung eines Gutachtens.

---

[26] BayObLG München v. 04.06.2003 - 3Z BR 81/03 - EzFamR aktuell 2003, 246.
[27] BayObLG München v. 24.11.2004 - 3Z BR 227/04 - BtPrax 2005, 69-70.
[28] BVerfG v. 23.06.1999 - 1 BvL 28/97, 1 BvL 30/97.
[29] BayObLG München v. 25.09.1997 - 3Z BR 276/97 - BtPrax 1998, 30-31; BayObLG München v. 01.10.1997 - 3Z BR 358/97 - EzFamR aktuell 1998, 43-45.
[30] BayObLG München v. 12.03.1997 - 3Z BR 47/97 - NJW-RR 1997, 967; KG Berlin v. 26.04.2005 - 1 W 414/04 - BtPrax 2005, 153.
[31] OLG Oldenburg v. 29.05.2003 - 5 W 79/03 - juris Rn. 8 - NdsRpfl 2004, 43-45.
[32] Vgl. das Beispiel bei *Schwab* in: MünchKomm-BGB, § 1908d Rn. 15.

a. Anhörung

Der Betreute selbst ist im Falle einer Erweiterung grundsätzlich anzuhören (§ 293 Abs. 1 FamFG i.V.m. § 34 FamFG). 58

Einer persönlichen Anhörung bedarf es ausnahmsweise nicht, wenn 59
- eine Anhörung nicht länger als sechs Monate zurückliegt (§ 293 Abs. 2 Ziffer 1 FamFG),
- die Erweiterung des Aufgabenkreises nicht wesentlich ist (§ 293 Abs. 2 Ziffer 2 FamFG).

Das Verfahrensrecht sagt nichts über die Frage, wann eine Erweiterung des Aufgabenkreises nicht wesentlich ist. Es wird nur negativ bestimmt, dass eine Erweiterung dann wesentlich ist, wenn 60
- erstmals ganz oder teilweise die Personensorge einbezogen wird (§ 293 Abs. 2 Satz 2 FamFG),
- ein Betreuer zur Entgegennahme der Post oder für den Fernmeldeverkehr bestellt wird (§ 293 Abs. 2 Satz 2 FamFG i.V.m. § 1896 Abs. 2 BGB),
- ein Betreuer für gesundheitliche Angelegenheiten bestellt wird (§ 293 Abs. 2 Satz 2 FamFG i.V.m. § 1904 BGB),
- ein Sterilisationsbetreuer bestellt wird (§ 293 Abs. 2 Satz 2 FamFG i.V.m. § 1905 BGB),
- ein Betreuer für Unterbringungen bzw. unterbringungsähnliche Maßnahmen bestellt wird (§ 293 Abs. 2 Satz 2 FamFG i.V.m. § 1906 BGB).

In der Praxis dürfte wenig Raum bleiben für ein Absehen von einer Anhörung des Betreuten aus Gründen einer nicht wesentlichen Erweiterung des Aufgabenkreises. 61

b. Sachverständigengutachten

Die Einholung eines Sachverständigengutachtens ist in der Regel erforderlich. 62

Der Einholung eines Gutachtens bedarf es ausnahmsweise nicht, wenn 63
- ein letztes Gutachten nicht länger als sechs Monate zurückliegt (§ 293 Abs. 2 Ziffer 1 FamFG),
- die Erweiterung des Aufgabenkreises nicht wesentlich ist (§ 293 Abs. 2 Ziffer 2 FamFG).

Auch hier gilt, dass nur negativ bestimmt ist, dass eine Erweiterung dann wesentlich ist, wenn 64
- erstmals ganz oder teilweise die Personensorge einbezogen wird (§ 293 Abs. 2 Satz 2 FamFG),
- ein Betreuer zur Entgegennahme der Post oder für den Fernmeldeverkehr bestellt wird (§ 293 Abs. 2 Satz 2 FamFG i.V.m. § 1896 Abs. 2 BGB),
- ein Betreuer für gesundheitliche Angelegenheiten bestellt wird (§ 293 Abs. 2 Satz 2 FamFG i.V.m. § 1904 BGB),
- ein Sterilisationsbetreuer bestellt wird (§ 293 Abs. 2 Satz 2 FamFG i.V.m. § 1905 BGB),
- ein Betreuer für Unterbringungen bzw. unterbringungsähnliche Maßnahmen bestellt wird (§ 293 Abs. 2 Satz 2 FamFG i.V.m. § 1906 BGB).

Die Einholung eines Gutachtens dürfte bei der Erweiterung des Aufgabenkreises regelmäßig notwendig sein.[33] Die Ausnahmen greifen nämlich nur, wenn das ursprünglich eingeholte Gutachten ein Betreuungsbedürfnis in einem Umfang erkannt hat, den das Gericht ursprünglich nicht im vollen Umfang ausgeschöpft hat. Dies kann der Fall sein, wenn etwa die Erforderlichkeit sich im Zeitpunkt der Anordnung einer Betreuung anders dargestellt hat als ein paar Monate später. 65

IV. Einwilligungsvorbehalt (Absatz 4)

1. Grundsätze

Für die Aufhebung, Einschränkung oder Erweiterung eines Einwilligungsvorbehalts gelten lediglich die Absätze 1 und 3 entsprechend. Einer Verweisung auf Absatz 2 bedurfte es nicht, da der Einwilligungsvorbehalt nur von Amts wegen, nicht aber auf Antrag des Betreuten angeordnet werden darf. 66

Für die Erweiterung eines Einwilligungsvorbehaltes müssen die Voraussetzungen der erstmaligen Anordnung eines Einwilligungsvorbehalts gegeben sein (§ 1903 Abs. 1 BGB; vgl. hierzu die Kommentierung zu § 1903 BGB). Auch im Falle einer Erweiterung gilt insbesondere der Grundsatz der Erforderlichkeit.[34] 67

2. Verfahren

Es gelten zunächst die allgemeinen Verfahrensregeln: 68
- für die Erweiterung des Einwilligungsvorbehalts (§ 293 Abs. 1 FamFG),
- für die Verlängerung des Einwilligungsvorbehalts (§ 295 Abs. 1 FamFG).

---

[33] Für die Notwendigkeit im Falle der Aufenthaltsbestimmung nach FGG: LG Aachen v. 11.12.2009 - 3 T 400/09.
[34] BayObLG München v. 01.10.1997 - 3Z BR 358/97 - EzFamR aktuell 1998, 43-45.

69 Im Übrigen gelten die Ausführungen zu der Aufhebung oder Einschränkung einer Betreuung bzw. zur Erweiterung einer Betreuung entsprechend.

3. Zuständigkeit

70 Zuständig ist der Richter, §§ 3 Nr. 2b, 15 Abs. 1 Nr. 3 RPflG.

V. Beschwerde

71 Für die Beschwerde gegen eine Entscheidung des Betreuungsgerichts nach § 1908d BGB gelten die allgemeinen Vorschriften (§§ 58, 59 Abs. 1, 303 FamFG).

72 Beschwerdeberechtigt ist danach
- der Betreute (§ 59 Abs. 1 FamFG),
- der Betreuer oder Vorsorgebevollmächtigte,
  - soweit er in eigenen Rechten verletzt ist (§ 59 Abs. 1 FamFG),
  - soweit er in seinem Aufgabenkreis die Verletzung der Rechte des Betreuten geltend macht (§ 303 Abs. 4 Satz 1 FamFG),
- der Ehegatte oder Lebenspartner des Betreuten, wenn die Ehegatten oder Lebenspartner nicht dauernd getrennt leben, sowie die Eltern, Großeltern, Pflegeeltern, Abkömmlinge und Geschwister des Betreuten (§ 303 Abs. 2 Ziffer 1 FamFG),
- eine Person des Vertrauens des Betreuten, soweit diese im ersten Rechtszug beteiligt worden ist (§ 303 Abs. 2 Ziffer 2 FamFG),
- der Verfahrenspfleger (§ 303 Abs. 3 FamFG).

73 Gegen die **Entlassung eines Betreuers** oder der **Aufhebung der Betreuung gegen den Willen des Betreuers** steht diesem der Rechtsbehelf der Beschwerde grundsätzlich nicht zu, soweit er nicht die Verletzung der Rechte des Betreuten für diesen geltend macht. Dies gilt insbesondere im Falle der gesamten Aufhebung der Betreuung.[35] Nachdem die Betreuung nicht im Interesse des Betreuers, sondern im Interesse des Betreuten angeordnet wird, kann der Betreuer selbst nicht durch die Aufhebung der Betreuung in eigenen Rechten verletzt sein (§ 59 Abs. 1 FamFG).[36]

74 Die Beschwerdebefugnis ist im Interesse der Wirtschaftlichkeit der Betreuung erweitert. Macht der Vertreter der Staatskasse geltend, dass der Betreute außerhalb einer Berufsbetreuung, etwa durch einen ehrenamtlichen Betreuer, ausreichend betreut werden könne, so steht ihm gegen eine Entscheidung, die die Entlassung des Berufsbetreuers ablehnt, die Beschwerde zu (§ 304 Abs. 1 Satz 3 FamFG).

75 Wird durch das Betreuungsgericht die mangelnde Eignung des Betreuers festgestellt, so ist dies im Beschwerdeverfahren nur noch auf Rechtsfehler hin zu überprüfen.[37] Damit ist die Überprüfung insbesondere beschränkt auf die Einhaltung des Verfahrens und die Frage, ob ggf. Ermessensfehler vorliegen. Der Erstrichter muss sich einerseits seines Ermessensspielraumes bewusst gewesen sein, zweitens von seinem Ermessen im Einklang mit Sinn und Zweck des Gesetzes Gebrauch gemacht haben und die Grenzen seines Ermessens nicht überschritten haben.[38]

VI. Rechtsbeschwerde

76 Gegen die Entscheidung im Beschwerdeverfahren ist die Rechtsbeschwerde unter den allgemeinen Voraussetzungen des § 70 Abs. 1 FamFG statthaft. Grundsätzlich gilt, dass die Rechtsbeschwerde zugelassen sein muss.

77 Ausnahmsweise ist die Rechtsbeschwerde gegen einen Beschluss des Beschwerdegerichts ohne Zulassung statthaft im Falle von Betreuungssachen in Verfahren betr. die Bestellung eines Betreuers, zur Aufhebung einer Betreuung sowie in Verfahren zur Anordnung oder Aufhebung eines Einwilligungsvorbehalts (§ 70 Abs. 3 Ziffer 1 FamFG). Da mit der Erweiterung eines Aufgabenbereiches in die Bestellung eines Betreuers eingegriffen wird, ist in diesen Verfahren die Rechtsbeschwerde ohne Zulassung statthaft. Gleiches gilt für die Einschränkung einer Betreuung, die einer teilweisen Aufhebung gleichkommt. Auch im Falle der Einschränkung bzw. Erweiterung eines Einwilligungsvorbehalts muss demnach die Rechtsbeschwerde ohne Zulassung statthaft sein.

---

[35] OLG München v. 15.03.2006 - 33 Wx 030/06 - OLGR München 2006, 344.
[36] OLG München v. 09.11.2005 - 33 Wx 218/05 - BtPrax 2006, 33-34.
[37] Brandenburgisches Oberlandesgericht v. 02.04.2007 - 11 Wx 13/07; BayObLG München v. 13.08.1997 - 3Z BR 118/97 - juris Rn. 8 - BtPrax 1997, 239-240; BayObLG München v. 14.09.1999 - 3Z BR 187/99 - juris Rn. 13 - NJWE-FER 2000, 11.
[38] BayObLG München v. 16.01.1997 - 3Z BR 248/96 - juris Rn. 9 - FamRZ 1997, 1358-1360.

§ 1908e BGB (weggefallen)

(Fassung vom 02.01.2002, gültig ab 01.01.2002, gültig bis 30.06.2005)

(weggefallen)

§ 1908e BGB in der Fassung vom 21.04.2005 ist durch Art. 1 Nr. 13 des Gesetzes vom 21.04.2005 – BGBl I 2005, 1073 – mit Wirkung vom 01.07.2005 weggefallen.

§ 1908f BGB Anerkennung als Betreuungsverein

(Fassung vom 28.08.2013, gültig ab 01.07.2014)

(1) Ein rechtsfähiger Verein kann als Betreuungsverein anerkannt werden, wenn er gewährleistet, dass er

1. eine ausreichende Zahl geeigneter Mitarbeiter hat und diese beaufsichtigen, weiterbilden und gegen Schäden, die diese anderen im Rahmen ihrer Tätigkeit zufügen können, angemessen versichern wird,

2. sich planmäßig um die Gewinnung ehrenamtlicher Betreuer bemüht, diese in ihre Aufgaben einführt, sie fortbildet und sie sowie Bevollmächtigte bei der Wahrnehmung ihrer Aufgaben berät und unterstützt,

2a. planmäßig über Vorsorgevollmachten und Betreuungsverfügungen informiert,

3. einen Erfahrungsaustausch zwischen den Mitarbeitern ermöglicht.

(2) ¹Die Anerkennung gilt für das jeweilige Land; sie kann auf einzelne Landesteile beschränkt werden. ²Sie ist widerruflich und kann unter Auflagen erteilt werden.

(3) ¹Das Nähere regelt das Landesrecht. ²Es kann auch weitere Voraussetzungen für die Anerkennung vorsehen.

(4) Die anerkannten Betreuungsvereine können im Einzelfall Personen bei der Errichtung einer Vorsorgevollmacht beraten.

Gliederung

A. Grundlagen 1	4. Versicherung der Mitarbeiter (Absatz 1 Nr. 1) 16
I. Kurzcharakteristik 1	5. Gewinnung ehrenamtlicher Betreuer (Absatz 1 Nr. 2) 18
II. Gesetzgebungsmaterialien 3	
B. Anwendungsvoraussetzungen 5	6. Information über Vorsorgevollmachten/Betreuungsverfügungen (Absatz 1 Nr. 2a) 23
I. Voraussetzungen der Anerkennung (Absatz 1) ... 5	7. Erfahrungsaustausch (Absatz 1 Nr. 3) 24
1. Rechtsfähiger Verein 7	II. Zusätzliche landesrechtliche Anerkennungsvoraussetzungen (Absatz 3 Satz 2) 26
2. Ausreichende Zahl geeigneter Mitarbeiter (Absatz 1 Nr. 1) 8	C. Anerkennungsverfahren 27
3. Beaufsichtigung und Weiterbildung der Mitarbeiter (Absatz 1 Nr. 1) 14	D. Rechtsschutz 32

A. Grundlagen

I. Kurzcharakteristik

1 Nicht jeder Verein darf im Betreuungswesen durch eigene Mitarbeiter (Vereinsbetreuer) Betreuungsarbeit ausüben, sondern nur der behördlich anerkannte Betreuungsverein. Die Vorschrift stellt Rahmenvoraussetzungen auf, die ein Verein erfüllen muss, um diese Anerkennung erhalten zu können. Es werden allgemeine Mindestvoraussetzungen beschrieben, die durch Landesrecht jeweils ergänzt werden.[1]

2 Die Voraussetzungen, die der Betreuungsverein erfüllen muss, will er anerkannt werden, dienen auch dem Zweck der Förderung ehrenamtlicher Betreuungen. Da der persönlichen Betreuung Vorrang vor der Berufsbetreuung eingeräumt wird, will der Gesetzgeber durch die dem Betreuungsverein (auch zur Entlastung öffentlicher Träger) auferlegte Gewinnung und Unterstützung ehrenamtlicher Betreuer Anreize zur Übernahme von Betreuungen durch Privatpersonen schaffen.

II. Gesetzgebungsmaterialien

3 Die Vorschrift ist bereits durch das 1. BtÄndG erweitert worden. Von den Betreuungsvereinen wird seither auch eine planmäßige Information über Vorsorgevollmachten verlangt.[2]

---

[1] *Winterstein* in: Jürgens, Betreuungsrecht, 4. Aufl. 2010, § 1908f Rn. 1.
[2] BT-Drs. 13/7158, S. 50.

Durch das 2. BtÄndG wurde die Vorschrift mit der Zielsetzung einer Stärkung der Vorsorgevollmachten dahingehend ergänzt, dass Betreuungsvereine und -behörden verpflichtet wurden, neben Betreuern auch Bevollmächtigte zu unterstützen und zu beraten.

B. Anwendungsvoraussetzungen

I. Voraussetzungen der Anerkennung (Absatz 1)

Die im BGB beschriebenen Anerkennungsvoraussetzungen sind als Bundesrecht zwingend. Sie müssen sämtlich erfüllt sein, um eine Anerkennung aussprechen zu können. Schon das Fehlen einer Voraussetzung führt dazu, dass die Anerkennung zu versagen ist.[3]

Die Anerkennungsvoraussetzungen des BGB müssen kumulativ zu etwaigen weiteren landesrechtlichen Bestimmungen erfüllt sein, um die Anerkennung eines Vereins als Betreuungsverein zu ermöglichen.

1. Rechtsfähiger Verein

Anerkannt werden kann nur ein rechtsfähiger Verein. Die Vorschrift nimmt damit Bezug auf § 21 BGB.

2. Ausreichende Zahl geeigneter Mitarbeiter (Absatz 1 Nr. 1)

Der Verein muss über eine ausreichende Zahl an geeigneten Mitarbeitern verfügen. Dies setzt voraus, dass zunächst einmal überhaupt Mitarbeiter vorhanden sind. Mitarbeiter im Sinne der Vorschrift sind Personen, die gegen Entgelt Betreuungsaufgaben im weiteren Sinn für den Verein wahrnehmen. Allgemein wird davon ausgegangen, dass ehrenamtliche Mitarbeiter nicht unter diesen Begriff fallen. Es muss sich vielmehr um Angestellte des Vereins handeln, die von diesem selbst bezahlt werden.

Es ist allerdings fraglich, ob die gegen Entgelt beschäftigten Mitarbeiter abhängig beschäftigt sein müssen. Hier hat sich die Auffassung herausgebildet, dass ein freies Mitarbeiterverhältnis[4] nicht genügen soll.[5] Vielmehr muss es sich um Arbeitnehmer des Vereins handeln.[6] Dies findet seine Begründung darin, dass letztlich der Verein Verantwortung für seine als Vereinsbetreuer tätigen Mitarbeiter trägt und dieser deshalb auch arbeitsrechtlich größtmögliche Bestimmungsbefugnis ausüben können muss.[7]

Auch teilzeitbeschäftigte Mitarbeiter erfüllen diese Voraussetzung.[8] Die Zeitdauer der wöchentlichen oder monatlichen Arbeitsverpflichtung ist unerheblich.

Es muss sich um **geeignete** teil- oder vollzeitbeschäftigte **Mitarbeiter** handeln. Im Betreuungsgesetz ist der Begriff der Eignung nicht näher definiert. Der Verein nimmt regelmäßig vielfältige Aufgaben wahr. Wann im Einzelnen ein Mitarbeiter geeignet ist, bestimmt sich nach den Aufgaben, die er für den Verein wahrnimmt. Geeignet ist daher zunächst der Mitarbeiter, der die Voraussetzungen dafür mitbringt, als Vereinsbetreuer tätig zu werden. Zu den Vereinsaufgaben gehört aber nicht nur die eigentliche Betreuungsarbeit, sondern auch die Bewältigung so genannter Querschnittsaufgaben. Der Verein soll sich nicht nur der Betreuungsarbeit widmen, sondern insbesondere ehrenamtliche Helfer gewinnen, anleiten und unterstützen. Er soll darüber hinaus fortbilden und über Vorsorgevollmachten und Betreuungsverfügungen informieren. Insofern können auch solche Mitarbeiter als geeignet im Sinne der Vorschrift angesehen werden, die Qualifikationen im Hinblick auf die Erledigung der Querschnittsaufgaben mitbringen.

Auch wenn durch Gerichtsbeschluss festgestellt wurde, dass ein Mitarbeiter in einem Einzelfall ungeeignet war, die betreffende Betreuung zu führen, führt dies noch nicht dazu, den Mitarbeiter generell als ungeeignet anzusehen. Dies gilt insbesondere dann, wenn dem Mitarbeiter von verschiedenen Gerichten eine Vielzahl von Betreuungen übertragen wurde.[9]

---

[3] VG München v. 14.02.2008 - M 17 K 07.3605.
[4] So noch früher *Jaschinski*, NJW 1996, 1521-1523, 1523.
[5] LG München I v. 19.02.1999 - 13 T 715/99 - Rpfleger 1999, 276; OLG Hamm v. 23.05.2000 - 15 W 86/00 - NJW-RR 2001, 651-652; *Schwab* in: MünchKomm-BGB, § 1908f Rn. 4.
[6] LG München I v. 19.02.1999 - 13 T 715/99 - Rpfleger 1999, 276; OLG Hamm v. 23.05.2000 - 15 W 86/00 - juris Rn. 14 - NJW-RR 2001, 651-652; LG Saarbrücken v. 14.11.1995 - 5 T 561/95 - Rpfleger 1996, 288.
[7] OLG Hamm v. 23.05.2000 - 15 W 86/00 - juris Rn. 15 - NJW-RR 2001, 651-652.
[8] *Schwab* in: MünchKomm-BGB, § 1908f Rn. 4.
[9] Bayerischer Verwaltungsgerichtshof München v. 14.04.2010 - 4 ZB 09.910.

13 Eine konkrete **Mitarbeiterzahl** lässt sich nicht abstrakt festlegen. In der Literatur wird davon ausgegangen, dass zwei Mitarbeiter[10] mindestens notwendig sind, um das Kriterium zu erfüllen.[11] Lediglich ein einziger hauptamtlicher Teilzeitmitarbeiter reicht in keinem Fall aus, um den gesetzlichen Voraussetzungen zu entsprechen.[12] Bei der Beurteilung der Frage, ob der Verein über eine ausreichende Zahl von Mitarbeitern verfügt, ist deshalb nicht nur auf die eigentliche Betreuungsarbeit abzustellen, sondern darauf, ob hinreichend Mitarbeiter zur Verfügung stehen, um neben der Führung von Betreuungen auch die weiteren Vereinsaufgaben zu erfüllen.

3. Beaufsichtigung und Weiterbildung der Mitarbeiter (Absatz 1 Nr. 1)

14 Der Verein ist verpflichtet zu gewährleisten, dass die Mitarbeiter beaufsichtigt und weitergebildet werden. Dies setzt eine grundsätzliche Weisungsgebundenheit des Mitarbeiters voraus.[13]

15 Die Aufsicht ist keine Fachaufsicht, sondern Rechtsaufsicht. Es ist Sache des Vereins, den Vereinsbetreuer zur Einhaltung der gesetzlichen Bestimmungen anzuhalten (z.B. § 1901 Abs. 2 BGB).[14]

4. Versicherung der Mitarbeiter (Absatz 1 Nr. 1)

16 Der Verein muss nach dem Gesetzeswortlaut sicherstellen, dass die von ihm beschäftigten Mitarbeiter gegen Schäden, die diese anderen im Rahmen ihrer Tätigkeit zufügen, versichert sind. In erster Linie hat der Verein deshalb sicherzustellen, dass eine Haftpflichtversicherung für die Tätigkeit des Vereinsbetreuers besteht. Daneben erscheint es sinnvoll, dass auch der Verein sich selbst gegen Haftungsfälle versichert.[15]

17 Der Grund für diese Verpflichtung liegt darin, dass der Vereinsbetreuer im Falle schuldhafter Pflichtverletzungen dem Betreuten gegenüber schadensersatzpflichtig ist. Der Betreuer haftet für jede Art der Fahrlässigkeit und des Vorsatzes (§ 276 BGB).[16]

5. Gewinnung ehrenamtlicher Betreuer (Absatz 1 Nr. 2)

18 Der anzuerkennende Verein muss sich planmäßig um die Gewinnung ehrenamtlicher Betreuer kümmern. Es soll verhindert werden, dass Betreuungsvereine ausschließlich hauptberufliche Kräfte zur Bearbeitung von Betreuungsfällen einstellen.

19 Die ehrenamtlichen Betreuer, die gewonnen werden sollen, sind keine Vereinsbetreuer. Es handelt sich um private Einzelbetreuer, die regelmäßig unentgeltlich Betreuungen übernehmen sollen.

20 Das Merkmal der Planmäßigkeit drückt aus, dass der Verein sowohl von seiner Organisationsstruktur als auch durch seine personelle Ausstattung die Gewähr bieten muss, dass permanent ehrenamtliche Betreuer gewonnen werden können. Nicht ausreichend sind einmalige Aktionen, sondern kontinuierliche Arbeit zur Gewinnung ehrenamtlicher Mitarbeiter.[17]

21 Eine bestimmte Quantität von Aktionen zur Gewinnung ehrenamtlicher Mitarbeiter ist nicht erforderlich. Die entsprechenden Bemühungen hängen von der Größe des Vereins, der Anzahl seiner Mitarbeiter und den ihm zur Verfügung stehenden Fördermitteln ab.[18] Im Einzelfall kann es ausreichend sein, 2-3 Informationsveranstaltungen durchzuführen und Informationsmaterial für interessierte Bürger bereitzuhalten.[19]

22 Die ehrenamtlichen Betreuer müssen in ihre Arbeit sachgerecht eingeführt werden können, der Verein muss ihre Fortbildung sicherstellen sowie sie in ihrer Arbeit unterstützen können. Dies setzt allerdings nicht voraus, dass nur für diese Zwecke beschäftigte Vereinsmitarbeiter mit diesen Aufgaben betraut werden können. Vielmehr kann dies auch durch einen in der Betreuungsarbeit erfahrenen ehrenamtlichen Mitarbeiter erfolgen.[20]

---

[10] So geht auch z.B. das VG Ansbach davon aus, dass zwei Mitarbeiter ausreichen, auch wenn einer nur eine halbe Stelle innehat: VG Ansbach v. 05.03.2009 - AN 16 K 05.01103.
[11] *Winterstein* in: Jürgens, Betreuungsrecht, 4. Aufl. 2010, § 1908f Rn. 7; *Schwab* in: MünchKomm-BGB, § 1908f Rn. 4; *Deinert/Walther* in: HK-BUR, § 1908f Rn. 15 (82. Akt. 12/2011).
[12] OVG Hamburg v. 07.02.2000 - 2 Bs 425/99 - juris Rn. 4.
[13] *Schwab* in: MünchKomm-BGB, § 1908f Rn. 6.
[14] *Deinert/Walther* in: HK-BUR, § 1908f Rn. 19 (82. Akt. 12/2011).
[15] *Deinert/Walther* in: HK-BUR, § 1908f Rn. 31 (82. Akt. 12/2011).
[16] OLG Koblenz v. 11.12.2009 - 8 U 1274/08 - juris Rn. 55.
[17] *Winterstein* in: Jürgens, Betreuungsrecht, 4. Aufl. 2010, § 1908f Rn. 12.
[18] Bayerischer Verwaltungsgerichtshof München v. 14.04.2010 - 4 ZB 09.910.
[19] Bayerischer Verwaltungsgerichtshof München v. 14.04.2010 - 4 ZB 09.910.
[20] *Schwab* in: MünchKomm-BGB, § 1908f Rn. 7.

6. Information über Vorsorgevollmachten/Betreuungsverfügungen (Absatz 1 Nr. 2a)

Der Verein muss planmäßig über Vorsorgevollmachten und Betreuungsverfügungen informieren. Grund für diese nachträglich in die Vorschrift aufgenommene Anerkennungsvoraussetzung ist es, zur Vermeidung von Betreuungsanordnungen beizutragen.[21] Damit wird insbesondere die Information über Vorsorgevollmachten angestrebt, da nur durch sie, nicht aber durch Betreuungsverfügungen die Anordnung einer Betreuung vermieden werden kann.

7. Erfahrungsaustausch (Absatz 1 Nr. 3)

Der Verein hat einen Erfahrungsaustausch der Mitarbeiter untereinander zu gewährleisten. Unter Mitarbeitern im Sinne dieser Bestimmung sind wohl auch ehrenamtliche Mitarbeiter zu verstehen.[22] Die Ziele dieses Erfahrungsaustausches bestehen hauptsächlich darin, die eigenen Fähigkeiten weiterzuentwickeln und die kritische Reflexion der Betreuungsarbeit zu eröffnen. Daneben sollen insbesondere ehrenamtliche Mitarbeiter hierdurch einen stärkeren Rückhalt im Verein finden.

Kontrovers diskutiert wird in diesem Zusammenhang die Frage der möglichen Verletzung von Verschwiegenheitspflichten. Diesbezüglich wird zwar zum Teil die Auffassung vertreten, die Verschwiegenheitspflicht werde nicht verletzt, wenn die Informationen nicht aus dem Kreis der zum Erfahrungsaustausch Berechtigten hinausgelangen.[23] Diese Auffassung ist allerdings insoweit problematisch, als die die Information erlangenden Mitarbeiter selbst keiner Verschwiegenheitspflicht unterliegen. In der Praxis wird es indessen selten notwendig sein, im Erfahrungsaustausch personenbezogene Daten, die der Verschwiegenheit unterliegen, zu offenbaren.

II. Zusätzliche landesrechtliche Anerkennungsvoraussetzungen (Absatz 3 Satz 2)

Die Landesgesetzgeber haben von der ihnen nach Absatz 3 Satz 2 eingeräumten Möglichkeit, weitere Anerkennungsvoraussetzungen aufzustellen, regen Gebrauch gemacht. Die einzelnen zusätzlichen Voraussetzungen, die für die Erlangung einer Anerkennung gegeben sein müssen, unterscheiden sich zum Teil erheblich. Im Folgenden soll ein kurzer Überblick über die wesentlichen Bestimmungen gegeben werden:

- **Baden-Württemberg**[24] (§ 3 AG-BtG):
  - Sitz und überwiegende Tätigkeit im Bundesland,
  - Gemeinnützigkeit im Sinne des Steuerrechts,
  - Nachweis, dass ihre Arbeit nach Inhalt, Umfang und Dauer eine Anerkennung rechtfertigt,
  - qualifizierte Leitung (Ausbildung, Berufserfahrung),
  - persönlich und fachlich geeignete Mitarbeiter,
  - kein Abhängigkeitsverhältnis oder enge Beziehung zu Einrichtungen, in denen Betreute untergebracht sind.
- **Bayern**[25] (Art. 3 AGBtG):
  - qualifizierte Leitung (Ausbildung, Berufserfahrung), die in keinem Abhängigkeitsverhältnis oder engen Beziehung zu Einrichtungen steht, in denen Betreute untergebracht sind,
  - Verpflichtung zu jährlichem Tätigkeitsbericht (Auskunft über Zahl und Art der übernommenen Betreuungen, über Zahl der eingeführten, fortgebildeten und beratenen ehrenamtlichen Betreuern, Auskunft über Kosten und Finanzierung der Verwaltungs- und Betreuungsarbeit).
- **Berlin**[26] (§ 3 AGBtG):
  - Sitz und überwiegende Tätigkeit im Bundesland,
  - Gemeinnützigkeit im Sinne des Steuerrechts,

---

[21] BT-Drs. 13/7158, S. 51.
[22] BT-Drs. 11/4528, S. 150.
[23] *Schwab* in: MünchKomm-BGB, § 1908f Rn. 9.
[24] Gesetz zur Ausführung des Betreuungsgesetzes (AG BtG) v. 19.11.1991 (GBl., S. 681), zuletzt geändert durch Artikel 48 der Verordnung vom 25.01.2012 (GBl. S. 65, 71); Aktuelle Norm www.landesrecht-bw.de/jportal/?quelle=jlink&docid=jlr-BtGAGBWpP3&psml=bsbawueprod.psml&max=true (abgerufen am 09.01.2015).
[25] Gesetz zur Ausführung des Gesetzes zur Reform des Rechts der Vormundschaft und Pflegschaft für Volljährige (Gesetz zur Ausführung des Betreuungsgesetzes – AGBtG) vom 27.12.1991 (Bayr. GVBl., S. 496) zuletzt geändert durch Gesetz vom 08.04.2013 (Bayr. GVBl., S. 174); Aktuelle Norm: www.gesetze-bayern.de/jportal/portal/page/bsbayprod.psml?showdoccase=1&doc.id=jlr-BetrAGBYrahmen&doc.part=X&st=lr (abgerufen am 09.01.2015).
[26] Gesetz zur Ausführung des Betreuungsgesetzes und zur Anpassung des Landesrechts vom 17.03.1994 (GVBl., S. 86); Aktuelle Norm: http://gesetze.berlin.de/?vpath=bibdata%2Fges%2FBlnAGBtG%2Fcont%2FBlnAGBtG%2EP3%2Ehtm (abgerufen am 09.01.2015).

§ 1908f

- Gewährleistung einer Arbeit zugunsten der Betreuten,
- fachlich geeignete Mitarbeiter,
- Dauerhaftigkeit der Tätigkeit,
- kein Abhängigkeitsverhältnis oder andere enge Beziehung der Betreuer zu Einrichtungen, in denen Betreute untergebracht sind,
- Bereitschaft zur Zusammenarbeit mit Behörden, Institutionen und Einzelpersonen, vor allem auf regionaler Ebene.

- **Brandenburg**[27] (§ 3 BtAusfGBbg):
  - Sitz und Tätigkeitsbereich im Bundesland,
  - Gemeinnützigkeit im Sinne des Steuerrechts,
  - Gewährleistung einer Arbeit zugunsten der Betreuten,
  - fachlich geeignete Mitarbeiter,
  - Dauerhaftigkeit der Tätigkeit,
  - kein Abhängigkeitsverhältnis oder andere enge Beziehung der Betreuer zu Einrichtungen, in denen Betreute untergebracht sind,
  - Bereitschaft zur Zusammenarbeit mit Behörden, Institutionen und Einzelpersonen, vor allem auf regionaler Ebene.

- **Bremen**[28] (§ 5 BremAG-BtG):
  - Sitz und Tätigkeitsbereich im Bundesland,
  - Gemeinnützigkeit im Sinne des Steuerrechts,
  - qualifizierte Leitung (Persönlichkeit, Ausbildung, Berufserfahrung),
  - Offenlegungspflicht bzgl. Beteiligungen oder Mitgliedschaften ihrer Mitarbeiter an Einrichtungen, in denen Betreute untergebracht sind.

- **Hamburg**[29] (§ 1 HmbAG-BtG):
  - Sitz und Tätigkeitsbereich im Bundesland,
  - Gemeinnützigkeit im Sinne des Steuerrechts,
  - Dauerhaftigkeit der Tätigkeit,
  - fachlich und persönlich geeignete Mitarbeiter,
  - Verpflichtung zu jährlichem Tätigkeitsbericht (Auskunft über Zahl und Art der übernommenen Betreuungen, über Zahl der eingeführten, fortgebildeten und beratenen ehrenamtlichen Betreuer, Auskunft über Kosten und Finanzierung der Verwaltungs- und Betreuungsarbeit),
  - Bereitschaft zur Zusammenarbeit mit Behörden, Institutionen, den maßgeblichen Arbeitsgemeinschaften und Einzelpersonen,
  - Offenlegungspflicht bzgl. Beteiligungen oder Mitgliedschaften ihrer Mitarbeiter an Einrichtungen, in denen Betreute untergebracht sind.

- **Hessen:**[30]
  - keine zusätzlichen Anerkennungsvoraussetzungen im Landesrecht.

- **Mecklenburg-Vorpommern**[31] (§ 3 AG-BtG):

---

[27] Gesetz zur Ausführung des Betreuungsgesetzes im Land Brandenburg (Brandenburgisches Betreuungsausführungsgesetz – BtAusfGBbg) vom 14.07.1992 (GVBl. I, S. 294), zuletzt geändert durch Gesetz vom 22.04.2003 (GVBl. I, S. 119); Aktuelle Norm: www.bravors.brandenburg.de/sixcms/detail.php?gsid=land_bb_bravors_01.c.13846.de (abgerufen am 09.01.2015).

[28] Bremisches Gesetz zur Ausführung des Betreuungsgesetzes und zur Anpassung des Landesrechts (BremAG-BtG) vom 18.02.1992 (GBl., S. 31); aktuelle Norm: www.soziales.bremen.de/sixcms/detail.php?gsid=bremen69.c.3038.de (abgerufen am 09.01.2015).

[29] Gesetz zur Ausführung des Betreuungsgesetzes und zur Anpassung des hamburgischen Landesrechts an das Betreuungsgesetz vom 01.07.1993 (GVBl., S. 149).

[30] Hessisches Gesetz zur Ausführung des Betreuungsgesetzes und zur Anpassung des hessischen Landesrechts an das Betreuungsgesetz vom 05.02.1992 (GVBl. I, S. 66), zuletzt geändert durch Art. 5 des Gesetzes vom 14.12.2006 (GVBl. I S. 666, 669); Aktuelle Norm: www.rv.hessenrecht.hessen.de/jportal/portal/t/18y0/page/bshesprod.psml?doc.hl=1&doc.id=jlr-BtGAGHErahmen%3Ajuris-lr00&documentnumber=1&numberofresults=4&showdoccase=1&doc.part=X&paramfromHL=true#focuspoint (abgerufen am 09.01.2015).

[31] Gesetz zur Ausführung des Betreuungsgesetzes und des Betreuungsrechtsänderungsgesetzes (AG BtG) vom 30.12.1991 (GVOBl. M-V, S. 2), zuletzt geändert durch Artikel 3 des Gesetzes vom 09.11.2010 (GVOBl. M-V S. 642, 649); Aktuelle Norm: www.landesrecht-mv.de/jportal/portal/page/bsmvprod.psml?doc.id=jlr-BetrGuaAGMVrahmen&st=lr&showdoccase=1&paramfromHL=true#focuspoint (abgerufen am 09.01.2015).

- Sitz und überwiegende Tätigkeit im Bundesland,
- Gemeinnützigkeit im Sinne des Steuerrechts,
- Dauerhaftigkeit der Tätigkeit,
- qualifizierte Leitung (Ausbildung, Berufserfahrung), die in keinem Abhängigkeitsverhältnis oder engen Beziehung zu Einrichtungen steht, in denen Betreute untergebracht sind.

- **Niedersachsen**[32] (§ 3 Nds. AG-BtG):
  - Betreuung von Personen mit gewöhnlichem Aufenthalt im Bundesland,
  - Dauerhaftigkeit der Tätigkeit,
  - Verpflichtung zur Offenlegung des Gesamthaushalts und der Kassenlage gegenüber Betreuungsbehörde,
  - qualifizierte Leitung (Ausbildung, Berufserfahrung),
  - fachlich und persönlich geeignete Mitarbeiter.

- **Nordrhein-Westfalen**[33] (§ 2 LBtG):
  - Gemeinnützigkeit im Sinne des Steuerrechts,
  - mindestens ein/e hauptamtliche/r Mitarbeiter/in mit abgeschlossener Berufsausbildung im Bereich Sozialarbeit, Sozialpädagogik oder vergleichbare Qualifikation aufgrund Persönlichkeit oder Lebenserfahrung,
  - Verpflichtung zu kalenderjährlichem Tätigkeitsbericht.

- **Rheinland-Pfalz**[34] (§ 3 AGBtR):
  - Gemeinnützigkeit im Sinne der Abgabenordnung,
  - qualifizierte Leitung (Persönlichkeit, Ausbildung, Berufserfahrung), die in keinem Abhängigkeitsverhältnis oder engen Beziehung zu Einrichtungen steht, in denen Betreute untergebracht sind,
  - Gewährleistung der sachgerechten und wirtschaftlichen Verwendung der zur Verfügung gestellten finanziellen Mittel,
  - Abschluss einer Qualitäts- und Leistungsvereinbarung[35] mit der überörtlichen Betreuungsbehörde zur Sicherstellung der Qualität der Aufgabenerfüllung.

- **Saarland**[36] (§ 3 AG-BtG):
  - Tätigkeit im Bundesland,
  - Gemeinnützigkeit im Sinne des Steuerrechts,
  - qualifizierte Leitung (Ausbildung, Berufserfahrung), die in keinem Abhängigkeitsverhältnis oder engen Beziehung zu Einrichtungen steht, in denen Betreute untergebracht sind,

---

[32] Niedersächsisches Ausführungsgesetz zum Betreuungsrecht vom 17.12.1991 (GVBl., S. 367), zuletzt geändert Artikel 1 des Gesetzes vom 23.03.2012 (Nds. GVBl. S. 30); Aktuelle Norm: www.nds-voris.de/jportal/portal/t/30o0/page/bsvorisprod.psml?doc.hl=1&doc.id=jlr-BtGAGNDrahmen%3Ajuris-lr00&documentnumber=1&numberofresults=6&showdoccase=1&doc.part=X&paramfromHL=true#focuspoint (abgerufen am 09.01.2015).

[33] Gesetz zur Ausführung des Betreuungsgesetzes und zur Anpassung des Landesrechts vom 03.04.1992 (GV NRW. S. 124), zuletzt geändert durch Gesetz vom 05.04.2005 (GV NRW. S. 306); Aktuelle Norm: https://recht.nrw.de/lmi/owa/br_bes_text?anw_nr=2&gld_nr=2&ugl_nr=2170&bes_id=4312&menu=1&sg=0&aufgehoben=N&keyword=betreuungs#det0 (abgerufen am 09.01.2015).

[34] Landesgesetz zur Ausführung des Betreuungsgesetzes (AGBtR) vom 19.02.2010 (GVBl. 2010., S. 42); Aktuelle Norm: www.landesrecht.rlp.de/jportal/portal/t/l0v/page/bsrlpprod.psml?doc.hl=1&doc.id=jlr-BtGAGRP2010rahmen%3Ajuris-lr00&documentnumber=4&numberofresults=32&showdoccase=1&doc.part=X&paramfromHL=true#focuspoint (abgerufen am 09.01.2015).

[35] In die Qualitäts- und Leistungsvereinbarung sind gemäß § 2 Abs. 2 insbesondere Festlegungen aufzunehmen 1. zur Anzahl, Qualifikation, Weiterbildung und Supervision der für den Betreuungsverein haupt- oder ehrenamtlich tätigen Personen, 2. zur räumlichen und sachlichen Ausstattung auch unter Berücksichtigung der Barrierefreiheit im Sinne des § 2 Abs. 3 des Landesgesetzes zur Gleichstellung behinderter Menschen, 3. zur Erreichbarkeit sowie zur Vertretung bei Abwesenheit, 4. zu Dokumentationspflichten und zum Datenschutz, 5. zur Mitarbeit in kommunalen Netzwerken (örtlichen Arbeitsgemeinschaften), zur Information der und Kommunikation mit den Betreuungsbehörden und zur Öffentlichkeitsarbeit und 6. zur Wirkungskontrolle. Die Betreuungsvereine haben die Erfüllung der in die jeweilige Qualitäts- und Leistungsvereinbarung aufgenommenen Festlegungen auf Verlangen der überörtlichen Betreuungsbehörde nachzuweisen.

[36] Gesetz zur Ausführung des Betreuungsgesetzes (AG-BtG) vom 15.07.1992 (ABl., S. 838), zuletzt geändert durch Gesetz vom 21.11.2007 (ABl., S. 2393); Aktuelle Norm: http://sl.juris.de/cgi-bin/landesrecht.py?d=http://sl.juris.de/sl/BetrGAG_SL_P3.htm (abgerufen am 09.01.2015).

- zweijährlicher Tätigkeitsbericht gegenüber Anerkennungsbehörde (Auskunft über Zahl und Art der übernommenen Betreuungen, über Zahl der ehrenamtlichen Mitarbeiter, Auskunft über Kosten und Finanzierung der Verwaltungs- und Betreuungsarbeit).
- **Sachsen**[37] (Art. 1 § 3 AG-BtG):
  - Sitz und überwiegende Tätigkeit im Bundesland,
  - Gemeinnützigkeit im Sinne des Steuerrechts,
  - Nachweis, dass die Vereinsarbeit nach Inhalt, Umfang und Dauer eine Anerkennung rechtfertigt,
  - qualifizierte Leitung (Persönlichkeit, Ausbildung, Berufserfahrung),
  - persönlich und fachlich geeignete Mitarbeiter,
  - kein Abhängigkeitsverhältnis oder enge Beziehung zu Einrichtungen, in denen Betreute untergebracht sind.
- **Sachsen-Anhalt**[38] (Art. 1 § 3 AG-BtG):
  - Sitz und überwiegende Tätigkeit im Bundesland,
  - Gemeinnützigkeit im Sinne des Steuerrechts,
  - Nachweis, dass die Vereinsarbeit nach Inhalt, Umfang und Dauer eine Anerkennung rechtfertigt,
  - qualifizierte Leitung (Persönlichkeit, Ausbildung, Berufserfahrung),
  - persönlich und fachlich geeignete Mitarbeiter,
  - kein Abhängigkeitsverhältnis oder enge Beziehung zu Einrichtungen, in denen Betreute untergebracht sind.
- **Schleswig-Holstein**[39] (§ 2 AG-BtG):
  - Sitz und Tätigkeit im Bundesland,
  - Leitung, die in keinem Abhängigkeitsverhältnis oder engen Beziehung zu Einrichtungen steht, in denen Betreute untergebracht sind.
- **Thüringen**[40] (§ 3 ThürAGBtG):
  - Gemeinnützigkeit im Sinne des Steuerrechts,
  - qualifizierte Leitung (Persönlichkeit, Ausbildung, Berufserfahrung), die in keinem Abhängigkeitsverhältnis oder engen Beziehung zu Einrichtungen steht, in denen Betreute untergebracht sind,
  - Gewährleistung der sachgerechten und wirtschaftlichen Verwendung der zur Verfügung gestellten finanziellen Mittel.

C. Anerkennungsverfahren

27 Das Anerkennungsverfahren ist auf der Grundlage des § 1908f Abs. 3 Satz 1 BGB durch Landesgesetze geregelt. Die Anerkennung erfolgt aufgrund eines Antrags des entsprechenden Vereins in einem öffentlich-rechtlichen Verfahren. Zuständig ist die hierfür durch das Landesrecht bestimmte Anerkennungsbehörde.

28 Anerkennungsbehörden sind in den einzelnen Bundesländern:
- **Baden-Württemberg** (§ 2 Abs. 2 Nr. 2 AG-BtG)[41]: Überörtliche Betreuungsbehörden (Landeswohlfahrtsverbände),

---

[37] Gesetz zur Ausführung des Betreuungsgesetzes (AGBtG) vom 10.11.1992 (SächsGVBl., S. 539), zuletzt geändert durch Gesetz vom 14.07.2005 (SächsGVBl., S. 167).

[38] Gesetz zur Ausführung des Betreuungsgesetzes (BtG AG) vom 17.06.1992 (GVBl. LSA, S. 478), zuletzt geändert durch Art 2 des Gesetzes vom 13.04.2010 (GVBl. LSA, S. 192); Aktuelle Norm: www.landesrecht.sachsen-anhalt.de/jportal/portal/t/lc5/page/bssahprod.psml?doc.hl=1&doc.id=jlr-BetrGAGSTrahmen%3Ajuris-lr00&documentnumber=4&showdoccase=85&numberofresults=1&doc.part=X&paramfromHL=true#jlr-BetrGAGSTpP3 (abgerufen am 09.01.2015).

[39] Gesetz zur Ausführung des Betreuungsgesetzes (AG BtG) vom 17.12.1991 (GVOBl. Schl.-H., S. 693), zuletzt geändert durch Gesetz vom 17.07.2001 (GVOBl., S. 96); Aktuelle Norm: www.gesetze-rechtsprechung.sh.juris.de/jportal/portal/t/nf4/page/bsshoprod.psml?doc.hl=1&doc.id=jlr-BtGAGSHrahmen%3Ajuris-lr00&documentnumber=3&numberofresults=12&showdoccase=1&doc.part=X&paramfromHL=true#jlr-BtGAGSHpP2 (abgerufen am 09.01.2015).

[40] Thüringer Gesetz zur Ausführung des Betreuungsgesetzes (ThürAGBtG) vom 19.07.1994 (GVBl 1994, 905), zuletzt geändert durch Artikel 4 des Gesetzes vom 25.10.2012 (GVBl. S. 418); Aktuelle Norm: http://landesrecht.thueringen.de/jportal/portal/t/m82/page/bsthueprod.psml?doc.hl=1&doc.id=jlr-BtGAGTHrahmen%3Ajuris-lr00&documentnumber=4&numberofresults=15&showdoccase=1&doc.part=X&paramfromHL=true#focuspoint (abgerufen am 09.01.2015).

[41] Aktuelle Norm: www.landesrecht-bw.de/jportal/?quelle=jlink&docid=jlr-BtGAGBWV5P2&psml=bsbawueprod.psml&max=true (abgerufen am 09.01.2015).

- **Bayern** (Art. 2 Abs. 1 Satz 1 AG-BtG)[42]: Regierung des betr. Regierungsbezirks, in dem der Verein seinen Sitz hat,
- **Berlin** (§ 1 Abs. 2 AGBtG)[43]: Überörtliche Betreuungsbehörde (für Sozialwesen zuständige Senatsverwaltung),
- **Brandenburg** (§ 2 Abs. 2 Nr. 3 BtAusfGBbg)[44]: Landesamt für Soziales und Versorgung,
- **Bremen** (§ 4 Nr. 2 BremAG-BtG)[45]: Überörtliche Betreuungsbehörde (Senator für Jugend und Soziales),
- **Hamburg** (§ 1 HmbAG-BtG): die Behörde für Soziales, Familie, Gesundheit und Verbraucherschutz,[46]
- **Hessen** (§ 3 Abs. 1 AG-BtG)[47]: Regierungspräsidium am Sitz des Vereins,
- **Mecklenburg-Vorpommern** (§ 2 Abs. 1 AG-BtG)[48]: Örtliche Betreuungsbehörden (Landräte, (Ober-)Bürgermeister der kreisfreien Städte),
- **Niedersachsen** (§ 1 Abs. 2 Ziffer 2 Nds. AGBtR)[49]: Landkreise und kreisfreie Städte,
- **Nordrhein-Westfalen** (§ 1 Abs. 2 LBtG)[50]: Landschaftsverbände Rheinland bzw. Westfalen-Lippe (Landesbetreuungsämter),
- **Rheinland-Pfalz** (§ 1 Abs. 2 Nr. 1 AGBtR)[51]: Überörtliche Betreuungsbehörde (Landesamt für Soziales, Jugend und Versorgung),
- **Saarland** (§ 2 Abs. 2 Nr. 3 AG-BtG)[52]: Überörtliche Betreuungsbehörde (Ministerium für Justiz, Gesundheit und Soziales),
- **Sachsen** (§ 2 Abs. 2 Nr. 2 AG-BtG): Überörtliche Betreuungsbehörde (Kommunaler Sozialverband Sachsen),
- **Sachsen-Anhalt** (Art. 1 § 2 Abs. 2 Nr. 3 AG-BtG)[53]: Überörtliche Betreuungsbehörde (Ministerium für Arbeit und Soziales),
- **Schleswig-Holstein** (§ 2 Abs. 2 AG-BtG)[54]: Landrätinnen/Landräte bzw. Bürgermeister/innen der kreisfreien Städte,

---

[42] Aktuelle Norm: www.gesetze-bayern.de/jportal/portal/page/bsbayprod.psml?showdoccase=1&doc.id=jlr-BetrAGBYrahmen&doc.part=X&st=lr (abgerufen am 09.01.2015).

[43] Aktuelle Norm: http://gesetze.berlin.de/?vpath=bibdata%2Fges%2FBlnAGBtG%2Fcont%2FBlnAGBtG%2EP1%2Ehtm (abgerufen am 09.01.2015).

[44] Aktuelle Norm: www.bravors.brandenburg.de/sixcms/detail.php?gsid=land_bb_bravors_01.c.13846.de (abgerufen am 09.01.2015).

[45] Aktuelle Norm: www.landesrecht-mv.de/jportal/portal/page/bsmvprod.psml?doc.id=jlr-BetrGuaAGMVrahmen&st=lr&showdoccase=1&paramfromHL=true#focuspoint (abgerufen am 09.01.2015).

[46] Anordnung zur Durchführung des Betreuungsbehördengesetzes und des Hamburgischen Gesetzes zur Ausführung des Betreuungsgesetzes v. 22.06.2006 (Amtl. Anz. 2006, S. 1461).

[47] Aktuelle Norm: www.rv.hessenrecht.hessen.de/jportal/portal/t/18y0/page/bshesprod.psml?doc.hl=1&doc.id=jlr-BtGAGHErahmen%3Ajuris-lr00&documentnumber=1&numberofresults=4&showdoccase=1&doc.part=X&paramfromHL=true#focuspoint (abgerufen am 09.01.2015).

[48] Aktuelle Norm: www.landesrecht-mv.de/jportal/portal/page/bsmvprod.psml?doc.id=jlr-BetrGuaAGMVrahmen&st=lr&showdoccase=1&paramfromHL=true#focuspoint (abgerufen am 09.01.2015).

[49] Aktuelle Norm: www.nds-voris.de/jportal/portal/t/3oo0/page/bsvorisprod.psml?doc.hl=1&doc.id=jlr-BtGAGNDrahmen%3Ajuris-lr00&documentnumber=1&numberofresults=6&showdoccase=1&doc.part=X&paramfromHL=true#focuspoint (abgerufen am 09.01.2015).

[50] Aktuelle Norm: https://recht.nrw.de/lmi/owa/br_bes_text?anw_nr=2&gld_nr=2&ugl_nr=2170&bes_id=4312&menu=1&sg=0&aufgehoben=N&keyword=betreuungs#det0 (abgerufen am 09.01.2015).

[51] Aktuelle Norm: www.landesrecht.rlp.de/jportal/portal/t/l0v/page/bsrlpprod.psml?doc.hl=1&doc.id=jlr-BtGAGRP2010rahmen%3Ajuris-lr00&documentnumber=4&numberofresults=32&showdoccase=1&doc.part=X&paramfromHL=true#focuspoint (abgerufen am 09.01.2015).

[52] Aktuelle Norm: http://sl.juris.de/cgi-bin/landesrecht.py?d=http://sl.juris.de/sl/BetrGAG_SL_P2.htm (abgerufen am 09.01.2015).

[53] Aktuelle Norm: www.landesrecht.sachsen-anhalt.de/jportal/portal/t/lc5/page/bssahprod.psml?doc.hl=1&doc.id=jlr-BetrGAGSTrahmen%3Ajuris-lr00&documentnumber=1&numberofresults=85&showdoccase=1&doc.part=X&paramfromHL=true#jlr-BetrGAGSTpP2 (abgerufen am 09.01.2015).

[54] Aktuelle Norm: http://www.gesetze-rechtsprechung.sh.juris.de/jportal/portal/t/nf4/page/bsshoprod.psml?doc.hl=1&doc.id=jlr-BtGAGSHrahmen%3Ajuris-lr00&documentnumber=3&numberofresults=12&showdoccase=1&doc.part=X&paramfromHL=true#jlr-BtGAGSHpP2 (abgerufen am 09.01.2015).

- **Thüringen** (§ 1 Abs. 2 Satz 1 ThürAGBtG)[55]: Überörtliche Betreuungsbehörde (Landesverwaltungsamt).

29 Die Anerkennung erfolgt durch einen begünstigenden Verwaltungsakt. Trotz des Wortlautes, nach dem die Anerkennung unter den genannten Voraussetzungen erfolgen kann, wird allgemein davon ausgegangen, dass ein Rechtsanspruch auf Anerkennung besteht, sofern die jeweiligen Anerkennungsvoraussetzungen vorliegen. Der Anerkennungsbehörde steht kein Ermessen zu.[56]

30 Allerdings kann die Anerkennung auf einzelne Landesteile beschränkt werden (Abs. 2 Satz 1) oder unter einer Auflage (Einstellen weiteren Personals, Durchführung von Fortbildungsmaßnahmen) erfolgen.

31 Der Widerruf einer erteilten Anerkennung ist nur unter den Voraussetzungen des allgemeinen Verwaltungsrechts zulässig.

D. Rechtsschutz

32 Im Falle der Ablehnung des Antrags auf Anerkennung hat der Verein die Möglichkeit, nach erfolglosem Widerspruchsverfahren Verpflichtungsklage vor dem zuständigen Verwaltungsgericht zu erheben.[57] Die Klage ist gegen die Anerkennungsbehörde zu richten, soweit das Verwaltungsrecht des jeweiligen Landes eine Klage gegen die Behörde selbst zulässt (§ 78 Abs. 1 Nr. 2 VwGO).

33 Die Anerkennung kann im Rahmen des vorläufigen Rechtsschutzes mit einer einstweiligen Anordnung erzwungen werden. Der Erlass einer solchen einstweiligen Anordnung setzt allerdings voraus, dass der Antragsteller schon aufgrund der im Verfahren des vorläufigen Rechtsschutzes anzustellenden, bloß summarischen Prüfung des Sachverhalts mit einem hohen Grad an Wahrscheinlichkeit in der Hauptsache Erfolg haben würde und das Abwarten in der Hauptsache für den Antragsteller unter Berücksichtigung der Erfolgsaussichten unzumutbar wäre.[58]

---

[55] Aktuelle Norm: http://landesrecht.thueringen.de/jportal/portal/t/m82/page/bsthueprod.psml?doc.hl=1&doc.id=jlr-BtGAGTHrahmen%3Ajuris-lr00&documentnumber=4&numberofresults=15&showdoccase=1&doc.part=X&paramfromHL=true#focuspoint (abgerufen am 09.01.2015).
[56] BT-Drs. 11/4528, S. 157; *Schwab* in: MünchKomm-BGB, § 1908f Rn. 11; *Bienwald* in: Staudinger, 12. Aufl. 1995, § 1908f Rn. 8.
[57] BT-Drs. 11/4528, S. 157.
[58] OVG Hamburg v. 07.02.2000 - 2 Bs 425/99 - juris Rn. 16.

§ 1908g BGB Behördenbetreuer

(Fassung vom 02.01.2002, gültig ab 01.01.2002)

(1) Gegen einen Behördenbetreuer wird kein Zwangsgeld nach § 1837 Abs. 3 Satz 1 festgesetzt.

(2) Der Behördenbetreuer kann Geld des Betreuten gemäß § 1807 auch bei der Körperschaft anlegen, bei der er tätig ist.

Gliederung

A. Grundlagen 1
B. Anwendungsvoraussetzungen 2
I. Behördenbetreuer 2
II. Einschränkung der Sanktionsmaßnahmen (Absatz 1) 4
III. Erweiterung der Geldanlage (Absatz 2) 7

A. Grundlagen

Die Vorschrift stellt hinsichtlich der gegen einen Behördenbetreuer zulässigen Sanktionsmöglichkeiten eine Sonderregel auf. Außerdem erweitert sie die Befugnisse des Behördenbetreuers in der Vermögensverwaltung. 1

B. Anwendungsvoraussetzungen

I. Behördenbetreuer

Die Vorschrift gilt nur für den Behördenbetreuer, d.h. für einen Mitarbeiter einer Betreuungsbehörde, der als solcher zum Einzelbetreuer bestellt wurde. Nicht anzuwenden ist die Norm auf den Vereinsbetreuer. 2

Auch gegen die Betreuungsbehörde, die zum Betreuer bestellt wurde, darf kein Zwangsgeld erhoben werden (§ 1837 Abs. 2 BGB i.V.m. § 1908i Abs. 1 Satz 1 BGB). Ebenso gilt dies für den als Betreuer bestellten Verein (§ 1837 Abs. 3 Satz 2 BGB i.V.m. § 1908i Abs. 1 Satz 1 BGB). 3

II. Einschränkung der Sanktionsmaßnahmen (Absatz 1)

Das Betreuungsgericht hat gegen pflichtwidrige Handlungen eines Betreuers einzuschreiten. Dazu gehört u.a. die Festsetzung eines Zwangsgeldes zur Erzwingung eines bestimmten Tätigwerdens (§ 1837 Abs. 3 Satz 1 BGB i.V.m. § 1908i Abs. 1 Satz 1 BGB). 4

Gleiches gilt nach § 1908g BGB auch für den Fall, dass ein Behördenbetreuer bestellt wurde. Der Gesetzgeber behandelt insoweit die Behörde und ihre Mitarbeiter als Betreuer gleich. Maßgeblich ist die Tatsache, dass die Betreuung durch einen Behördenbetreuer nicht in jeder Hinsicht persönlich ist. Der Betreuer übe die Betreuung zwar als Einzelperson, aber in Ausübung eines öffentlichen Amtes aus.[1] Deshalb soll die Betreuung durch einen Behördenbetreuer aufsichtsrechtlich wie eine echte Behördenbetreuung privilegiert werden. Im Übrigen unterliegt der Behördenbetreuer der Dienstaufsicht seiner Behörde. Gegebenenfalls kann der Behördenbetreuer auch durch drohende dienstrechtliche Konsequenzen zu einem Tätigwerden bewegt werden (Dienstaufsichtsbeschwerde).[2] 5

Zu Recht wird insoweit kritisiert, dass durch die Sonderstellung, die dem Behördenbetreuer eingeräumt wird, die Fiktion der Einzelbetreuung durch einen Behördenmitarbeiter vom Gesetzgeber selbst durchbrochen wird.[3] 6

III. Erweiterung der Geldanlage (Absatz 2)

Der Gesetzgeber erweitert die Rechte des Behördenbetreuers zusätzlich in Absatz 2. Wie schon für die Amtsvormundschaft (§ 1805 Abs. 2 BGB) und für die Behörde als Betreuer (Geltung des § 1805 Abs. 2 BGB über § 1908i Abs. 1 Satz 1 BGB), so wird in Absatz 2 dieser Vorschrift lediglich klargestellt[4], dass auch dem Behördenbetreuer die Geldanlage auch bei der Körperschaft erlaubt ist, bei der er beschäftigt ist. 7

---

[1] BT-Drs. 11/4528, S. 159.
[2] *Winterstein* in: Jürgens, Betreuungsrecht, 4. Aufl. 2010, § 1908g Rn. 4.
[3] *Schwab* in: MünchKomm-BGB, § 1908g Rn. 2; *Bienwald* in: Staudinger, 12. Aufl. 1995, § 1908g Rn. 2.
[4] *Bienwald* in: Staudinger, 12. Aufl. 1995, § 1908g Rn. 5.

§ 1908h BGB (weggefallen)

(Fassung vom 02.01.2002, gültig ab 01.01.2002, gültig bis 30.06.2005)

(weggefallen)

1 § 1908h BGB in der Fassung vom 21.04.2005 ist durch Art. 1 Nr. 15 des Gesetzes vom 21.04.2005 – BGBl I 2005, 1073 – mit Wirkung vom 01.07.2005 weggefallen.

§ 1908i BGB Entsprechend anwendbare Vorschriften

(Fassung vom 17.12.2008, gültig ab 01.09.2009)

(1) ¹Im Übrigen sind auf die Betreuung § 1632 Abs. 1 bis 3, §§ 1784, 1787 Abs. 1, § 1791a Abs. 3 Satz 1 zweiter Halbsatz und Satz 2, §§ 1792, 1795 bis 1797 Abs. 1 Satz 2, §§ 1798, 1799, 1802, 1803, 1805 bis 1821, 1822 Nr. 1 bis 4, 6 bis 13, §§ 1823 bis 1826, 1828 bis 1836, 1836c bis 1836e, 1837 Abs. 1 bis 3, §§ 1839 bis 1843, 1846, 1857a, 1888, 1890 bis 1895 sinngemäß anzuwenden. ²Durch Landesrecht kann bestimmt werden, dass Vorschriften, welche die Aufsicht des Betreuungsgerichts in vermögensrechtlicher Hinsicht sowie beim Abschluss von Lehr- und Arbeitsverträgen betreffen, gegenüber der zuständigen Behörde außer Anwendung bleiben.

(2) ¹§ 1804 ist sinngemäß anzuwenden, jedoch kann der Betreuer in Vertretung des Betreuten Gelegenheitsgeschenke auch dann machen, wenn dies dem Wunsch des Betreuten entspricht und nach seinen Lebensverhältnissen üblich ist. ²§ 1857a ist auf die Betreuung durch den Vater, die Mutter, den Ehegatten, den Lebenspartner oder einen Abkömmling des Betreuten sowie auf den Vereinsbetreuer und den Behördenbetreuer sinngemäß anzuwenden, soweit das Betreuungsgericht nichts anderes anordnet.

Gliederung

A. Grundlagen 1	9. Vermögensverwaltung 23
B. Anwendungsvoraussetzungen 3	10. Schadensersatzpflicht des Betreuers............ 27
I. Einzelne Verweisungen (Absatz 1 Satz 1) 3	11. Zinspflicht 29
1. Herausgabeverlangen und Umgangsbestimmung (§ 1632 BGB)................................... 3	12. Aufwendungsersatz und Vergütung 30
2. Beamter oder Geistlicher als Betreuer (§ 1784 BGB) 6	13. Aufsicht und Beratung durch das Betreuungsgericht 31
3. Übernahmepflicht (§ 1787 Abs. 1 BGB)........... 8	14. Auskunfts- und Rechenschaftspflicht des Betreuers 34
4. Vereinsbetreuung – Mitarbeiterauswahl (§ 1791a Abs. 3 BGB)..................................... 9	15. Handeln des Betreuungsgerichts anstelle des Betreuten 36
5. Gegenbetreuer (Kontrollbetreuer) 11	16. Befreite Betreuung 39
6. Gesetzlicher Vertretungsausschluss des Betreuers (§ 1795 BGB) 17	17. Pflichten bei Beendigung der Betreuung 41
7. Vertretungsausschluss bei Interessenkonflikt (§ 1796 BGB) 19	II. Landesrechtliche Ausnahmen (Absatz 1 Satz 2) 45
8. Meinungsverschiedenheiten unter mehreren bestellten Betreuern...................................... 21	III. Schenkungen des Betreuers (Absatz 2 Satz 1) 47

A. Grundlagen

Die Vorschrift beinhaltet eine Vielzahl von Einzelverweisungen auf das Recht der Vormundschaft über Minderjährige und Normen des Kindschaftsrechts. Der Gesetzgeber hat damit die Regelungsmenge im Betreuungsrecht zu Lasten der Übersichtlichkeit reduziert, ohne eine Pauschalverweisung auf das Vormundschaftsrecht vorzunehmen. 1

Die Verweisungen sind nicht abschließend.[1] 2

B. Anwendungsvoraussetzungen

I. Einzelne Verweisungen (Absatz 1 Satz 1)

1. Herausgabeverlangen und Umgangsbestimmung (§ 1632 BGB)

Die Personensorge umfasst das Recht der Eltern, die Herausgabe des Kindes von jedem zu verlangen (§ 1632 Abs. 1 BGB). Dieses Recht steht auch dem Betreuer im Hinblick auf den Betreuten zu. Vo- 3

---

[1] *Diederichsen* in: Palandt, BGB, 71. Aufl. 2012, Rn. 1.

raussetzung ist jedoch, dass dem Betreuer der Aufgabenbereich Aufenthaltsbestimmung zugewiesen wurde.

4   Der Betreuer hat, ebenso unter der Voraussetzung, dass dies von dem ihm übertragenen Aufgabenbereich umfasst ist, das Recht gegenüber Dritten, den Umgang des Betreuten zu bestimmen (§ 1632 Abs. 2 BGB).[2] Dem Betreuer muss entweder die gesamte Personensorge[3] zugewiesen sein, die Aufenthaltsbestimmung oder zumindest das Recht auf Bestimmung des Umgangs.

5   Bei Streitigkeiten in den vorgenannten Bereichen ist das Betreuungsgericht zuständig (§ 1632 Abs. 3 BGB).[4]

2. Beamter oder Geistlicher als Betreuer (§ 1784 BGB)

6   Wird ein Beamter oder Geistlicher zum Betreuer bestellt, so ist hierfür die dienstrechtliche Genehmigung seines Dienstherrn notwendig (§ 1784 BGB). Wird sie später versagt oder zurückgenommen, hat das Betreuungsgericht den Betreuer zu entlassen (§ 1888 BGB).

7   Genehmigungspflichtig ist auch die Übernahme einer Betreuung durch Beamte (§ 99 Abs. 1 Satz 1 BBG[5]) und Soldaten (§ 21 SG[6]).

3. Übernahmepflicht (§ 1787 Abs. 1 BGB)

8   Grundsätzlich ist jeder im Rahmen der Zumutbarkeit verpflichtet, eine ihm angetragene Betreuung zu übernehmen. Übernimmt er sie nicht, kann dies zu Schadensersatzansprüchen führen, wenn ihm ein Verschulden zu Last fällt (§ 1787 Abs. 1 BGB). Die Schadensersatzpflicht bezieht sich allerdings nur auf diejenigen Schäden, die durch eine schuldhafte Ablehnung der Übernahme einer Betreuung entstehen. Nicht zuletzt deshalb hat die Verweisung keine nennenswerte praktische Relevanz.

4. Vereinsbetreuung – Mitarbeiterauswahl (§ 1791a Abs. 3 BGB)

9   Die Vorschrift bezieht sich auf Fälle, in denen ein Betreuungsverein als Betreuer bestellt wurde (§ 1900 BGB). In diesen Ausnahmefällen, in denen ein Verein mit der Betreuung selbst beauftragt wird, delegiert der Verein die Betreuungsarbeit an einen Mitarbeiter. Hier soll sichergestellt werden, dass die Betreuungsaufgaben nicht einer Person übertragen werden, die den in einer Einrichtung des Betreuungsvereins lebenden Betreuten faktisch, z.B. als Erzieher oder Sozialarbeiter, tatsächlich betreut.

10 Der Verein soll für ein Verschulden seines Mitarbeiters, der für ihn die Betreuung tatsächlich ausführt, haften. Das entspricht dem Umstand, dass dem Verein selbst die Betreuungsaufgaben übertragen wurden.

5. Gegenbetreuer (Kontrollbetreuer)

11 Die Verweisung auf § 1792 BGB und § 1799 BGB soll dem Betreuungsgericht ermöglichen, in geeigneten Fällen einen Gegenbetreuer oder Kontrollbetreuer zu bestellen. Das Institut der Gegenbetreuung ist materiell nur durch diese Verweisung geregelt. Im Verfahrensrecht wird der Gegenbetreuer nicht erwähnt. Es gelten für ihn deshalb die Regeln über die Bestellung eines weiteren Betreuers.[7]

12 Der Gegenbetreuer ist allerdings kein Mitbetreuer.[8] Aufgabe des Gegenbetreuers ist es, die pflichtgemäße Amtsführung des Betreuers zu überwachen. Die Bestellung eines Gegenbetreuers oder Kontrollbetreuers setzt voraus, dass auf Grund besonderer Umstände des Einzelfalles ein konkretes Bedürfnis für eine Überwachung feststellbar ist.[9]

13 Der Gegenbetreuer hat dem Betreuungsgericht Pflichtwidrigkeiten des bestellten Betreuers unverzüglich anzuzeigen. Der Betreuer hat ihm die hierfür erforderlichen Auskünfte zu erteilen (§ 1799 Abs. 1 BGB).

---

[2] BayObLG München v. 13.10.1999 - 3Z BR 296/99 - EzFamR aktuell 1999, 389-390; BayObLG München v. 28.12.2001 - 3Z BR 267/01 - BayObLGR 2002, 166-167.
[3] Roth in: Erman, BGB 12. Aufl. 2008, § 1908i Rn. 4.
[4] BayObLG München v. 28.12.2001 - 3Z BR 267/01 - juris Rn. 7 - BayObLGR 2002, 166-167.
[5] Ausdrücklich nicht genehmigungspflichtig ist die Übernahme einer unentgeltlichen Betreuung (§ 97 Abs. 4 BBG).
[6] Nur anzeigepflichtig ist die unentgeltliche Betreuung Angehöriger (§ 21 Satz 3 SG).
[7] Roth in: Erman, BGB 12. Aufl. 2008, § 1908i Rn. 11.
[8] BayObLG München v. 05.11.1996 - 3Z AR 81/96 - BayObLGZ 1996, 274-276.
[9] OLG Schleswig v. 13.11.2003 - 2 W 4/03 - SchlHA 2004, 213-214.

Die Vorschrift des § 1908i Abs. 1 Satz 1 BGB verweist nicht auf alle Vorschriften, die für den Gegenvormund gelten. Es ist allgemein anerkannt, dass es sich hierbei nur um ein Redaktionsversehen handelt. Damit kann auch unabhängig von einer konkreten Verweisung auf alle Vorschriften zurückgegriffen werden, die für den Gegenvormund gelten.

14

Der Gegenbetreuer wird mangels besonderer Vorschriften nach den für die Auswahl und Bestellung eines Betreuers maßgeblichen Regeln ausgewählt und bestellt. Es sind ferner die Verfahrensvorschriften anzuwenden, die für die Betreuerbestellung gelten.[10]

15

Die Bestellung eines Gegenbetreuers ist möglich im Bereich der Vermögenssorge, praktisch dort jedoch selten anzuwenden.[11] Das Gericht soll grundsätzlich bei einer einem Betreuer übertragenen Vermögensverwaltung einen Gegenbetreuer bestellen (§ 1792 Abs. 1 Satz 1 BGB). Diese Sollvorschrift schränkt das Ermessen des Gerichts im Hinblick auf die Frage, ob ein Gegenbetreuer bestellt werden soll, erheblich ein. Ausnahmen hiervon bestehen nur, wenn die Vermögensverwaltung nicht erheblich ist oder mehreren gemeinschaftlich übertragen wurde. Dabei kommt es nicht auf den Vermögenswert, sondern auf den Umfang der Tätigkeit des Betreuers an.[12]

16

6. Gesetzlicher Vertretungsausschluss des Betreuers (§ 1795 BGB)

In den Fällen des § 1795 BGB ist der Betreuer in dem ihm übertragenen Aufgabenbereich von der Vertretung des Betreuten ausgeschlossen. Die dort genannten gesetzlichen Ausschlussgründe sind nicht im Rahmen der Analogie erweiterungsfähig auf andere, dort nicht genannte Verwandte.[13]

17

Das Gericht hat in diesen Fällen einen **Ergänzungsbetreuer** zu bestellen.[14] Die Bestellung eines Ergänzungsbetreuers erfolgt nach den Grundsätzen über die Bestellung eines Betreuers.

18

7. Vertretungsausschluss bei Interessenkonflikt (§ 1796 BGB)

Das Betreuungsgericht darf den Vertretungsbereich des Betreuers einschränken, d.h. den Aufgabenbereich des Betreuers einschränken, soweit das Interesse des Betreuten zu dem des Betreuers in erheblichem Gegensatz steht (§ 1796 BGB). Die Einschränkung erfolgt durch Beschränkung des Aufgabenbereichs nach § 1908d BGB.

19

Das Betreuungsgericht hat in diesen Fällen einen weiteren Betreuer zu bestellen (§ 1899 BGB).

20

8. Meinungsverschiedenheiten unter mehreren bestellten Betreuern

Sind mehrere Betreuer bestellt (§ 1899 BGB), die nur **gemeinschaftlich vertretungsberechtigt** sind, so hat das Betreuungsgericht bei Streitigkeiten über die Art der Wahrnehmung der Betreuungsaufgaben zu entscheiden (§ 1797 Abs. 1 Satz 2 BGB).

21

In Fällen, in denen mehrere Betreuer mit unterschiedlichen Aufgabenbereichen bestellt sind (**geteilte Mitbetreuung**) können sich in Einzelfällen die Zuständigkeiten der Betreuer überschneiden. Treten dann Meinungsverschiedenheiten hinsichtlich der zu treffenden Entscheidung auf, so entscheidet ebenfalls Betreuungsgericht (§ 1798 BGB).

22

9. Vermögensverwaltung

Der Betreuer unterliegt bei der Verwaltung des Vermögens des Betreuten denselben Pflichten wie der Vormund. Es gelten die §§ 1802 Abs. 1 Satz 1, Abs. 2, Abs. 3, 1803, 1805-1821, 1822 Nr. 1-4, 6-13 BGB.

23

Nach § 1813 Abs. 1 Nr. 2 BGB a.F. i.V.m. § 1908i Abs. 1 BGB benötigte der Betreuer für eine Verfügung über ein Girokonto grundsätzlich keine Genehmigung des Gegenbetreuers, wenn der Anspruch nicht mehr als 3.000 € betrug. Abzustellen war aber bei Girokonten auf die Höhe des aktuellen Guthabens. Das hatte zur Folge, dass eine Verfügung schon dann genehmigungspflichtig war, wenn das Guthaben auf dem Girokonto 3.000 E überstieg.[15] Durch § 1813 Abs. 1 Nr. 3 BGB ist nun sichergestellt, dass der Betreuer keiner Genehmigung eines Gegenbetreuers bedarf, sofern er Verfügungen über das Girokonto trifft.[16]

24

---

[10] *Schwab* in: MünchKomm-BGB, § 1908i Rn. 11.
[11] *Zimmermann* in: Damrau/Zimmermann, Betreuungsrecht, 4. Aufl. 2010, § 1908i Rn. 8.
[12] BayObLG München v. 28.10.1993 - 3Z BR 220/93 - FamRZ 1994, 323-326.
[13] BayObLG München v. 08.10.1997 - 3Z BR 192/97 - BayObLG 1998, 5-6.
[14] BayObLG München v. 01.10.1997 - 3Z BR 352/97 - NJW-RR 1998, 869-870.
[15] Z.B. LG Mannheim v. 20.08.2007 - 5 O 96/07.
[16] Vgl. hierzu *Kampermann*, Betreuungsrecht und Vorsorgevollmacht in der Bankpraxis, 2. Aufl. 2010, Rn. 444.

25 Sind Genehmigungen erforderlich, so gelten die §§ 1828-1831 BGB.

26 Das Verfahren richtet sich nach den allgemeinen Regeln. Funktionell zuständig im Genehmigungsverfahren ist der Rechtspfleger (§ 3 Nr. 2b RpflG). Eine persönliche Anhörung des Betreuten ist grundsätzlich in den Fällen der §§ 1821, 1822 Nr. 1-4, 6-13, 1823, 1825 BGB erforderlich (vgl. § 34 Abs. 1 FamFG).

10. Schadensersatzpflicht des Betreuers

27 Der Betreuer ist dem Betreuten für den auf Grund einer Pflichtverletzung entstehenden Schaden verantwortlich (§ 1833 BGB). Die Verweisung auf § 1833 BGB regelt eine Selbstverständlichkeit. Denn es kann schlechterdings nicht angehen, dass staatlicherseits ein Betreuer eingesetzt wird, der andererseits von jeglicher Haftung ausgenommen wird.

28 Die Schadensersatzpflicht setzt allerdings Verschulden des Betreuers voraus. Es gilt der Maßstab des § 276 Abs. 1 BGB.

11. Zinspflicht

29 Der Betreuer hat Geld des Betreuten, das er für sich verwendet, von der Zeit der Verwendung an zu verzinsen (§ 1834 BGB). Die praktische Bedeutung der Vorschrift ist vernachlässigbar. Denn der Betreuer darf grundsätzlich Geld des Betreuten nicht für eigene Zwecke gebrauchen.

12. Aufwendungsersatz und Vergütung

30 Die Vergütung der Betreuer, die die Betreuung berufsmäßig führen, ist durch das VBVG geregelt. Die Regeln der §§ 1835-1836 BGB, die für Vormünder bezüglich deren Ansprüche auf Aufwendungsersatz und Vergütung gelten, gelten auch für den Betreuer, der diese geltend machen kann.

13. Aufsicht und Beratung durch das Betreuungsgericht

31 Das Betreuungsgericht hat die Pflicht, die Betreuer zu beraten (§ 1837 Abs. 1 Satz 1 BGB). Insbesondere soll es dabei mitwirken, den Betreuer in seine Arbeit einzuweisen. Dies gilt uneingeschränkt für Berufsbetreuer, Vereinsbetreuer, Behördenbetreuer oder ehrenamtliche Betreuer.

32 Der Betreuer steht unter der Aufsicht des Betreuungsgerichts. Bei pflichtwidrigem Handeln des Betreuers muss das Gericht durch geeignete Gebote oder Verbote einschreiten (§ 1837 Abs. 2 BGB). Dritten steht allerdings kein Recht zu, Aufsichtsmaßnahmen des Betreuungsgerichts einzufordern.[17]

33 Zu beachten ist, dass gegen einen Behördenbetreuer ein Zwangsgeld nicht festgesetzt werden darf (§ 1908g Abs. 1 BGB).

14. Auskunfts- und Rechenschaftspflicht des Betreuers

34 Der Betreuer ist dem Gericht auf Verlangen zur Auskunft verpflichtet (§ 1839 BGB). Mindestens einmal jährlich muss der Betreuer unaufgefordert über die persönlichen Verhältnisse des Betreuten berichten (§ 1840 Abs. 1 BGB).

35 Grundsätzlich einmal im Jahr hat der für die Vermögenssorge bestellte Betreuer dem Gericht Rechnung zu legen (§ 1840 Abs. 3 BGB). Nur wenn die Vermögensverwaltung von geringem Umfang ist, kann das Betreuungsgericht andere Zeitabschnitte festlegen (§ 1840 Abs. 4 BGB).

15. Handeln des Betreuungsgerichts anstelle des Betreuten

36 Eine in ihrer praktischen Relevanz wesentliche Verweisung ist diejenige auf § 1846 BGB. Das Betreuungsgericht ist danach befugt, anstelle des Betreuers eigene Anordnungen zu treffen, soweit und solange[18] der Betreuer verhindert ist oder ein Betreuer noch nicht bestellt wurde.

37 Fälle, in denen Anordnungen des Gerichts schon vor Betreuerbestellung notwendig werden können, betreffen vor allem freiheitsentziehende Unterbringungen.

38 Verhindert ist ein Betreuer aber nicht schon, wenn er die nach Auffassung des Betreuungsgerichts zweckmäßigen Maßnahmen nicht durchführt.[19] Auch in dem Fall, dass der Betreuer notwendige Maßnahmen nicht durchführt, ist das Betreuungsgericht nicht befugt, unmittelbar eigene Anordnungen zu

---

[17] OLG Zweibrücken v. 17.02.2003 - 3 W 23/03 - juris Rn. 11 - NJW-RR 2003, 870-871.
[18] OLG Schleswig v. 16.05.2001 - 2 W 96/01 - NJW-RR 2001, 1370-1371.
[19] *Schwab* in: MünchKomm-BGB, § 1908i Rn. 34.

treffen. Vielmehr sind erst Maßnahmen im Sinne des Aufsichtsrechts zu ergreifen. Nur wenn eine notwendige Maßnahme keinen Aufschub duldet, kann das Gericht unmittelbar tätig werden. Dies kann z.B. gegeben sein, wenn der Betreuer eine dringend notwendige Bluttransfusion nicht zulässt.[20]

16. Befreite Betreuung

Im Betreuungsrecht ist die Vorschrift des § 1857a BGB entsprechend anzuwenden. Gleiches gilt, falls das Betreuungsgericht nichts anderes anordnet, wenn der Vater, die Mutter, der Ehegatte oder ein Abkömmling als Betreuer bestellt ist (§ 1908i Abs. 2 Satz 2 BGB). 39

Grundsätzlich unzulässig ist danach die Bestellung eines Gegenvormunds, falls die Betreuung durch die Behörde, einen Betreuungsverein oder die bezeichneten Angehörigen ausgeübt wird. Die Genannten sind nicht zur Rechnungslegung verpflichtet (§ 1854 Abs. 1 BGB). Die Befreiung von der Hinterlegungspflicht (§ 1853 BGB) ist praktisch irrelevant. 40

17. Pflichten bei Beendigung der Betreuung

Hinsichtlich der Pflichten des Betreuers bei Beendigung der Betreuung wird auf die §§ 1890, 1892, 1893, 1894 BGB verwiesen. 41

Der Betreuer, der für Vermögenssorge bestellt wurde, hat dem Betreuten das verwaltete Vermögen herauszugeben und Rechenschaft über die Verwaltung abzulegen.[21] 42

Der Betreuer darf die Geschäfte fortführen, bis er von der Aufhebung der Betreuung Kenntnis erlangt. 43

Geschäfte, die nicht ohne Gefahr aufgeschoben werden können, dürfen aber auch nach diesem Zeitpunkt noch vom Betreuer vorgenommen werden. 44

II. Landesrechtliche Ausnahmen (Absatz 1 Satz 2)

Die Länder sind ermächtigt, Bestimmungen darüber zu treffen, dass einzelne Vorschriften gegenüber einer Behörde als Betreuer nicht angewandt werden dürfen. Dies betrifft die Aufsicht des Betreuungsgerichts in vermögensrechtlicher Hinsicht sowie bezüglich des Abschlusses von Lehr- und Arbeitsverträgen. 45

Die Länder haben nur vereinzelt und mit unterschiedlichen Inhalten von dieser Ermächtigung Gebrauch gemacht: 46

- **Baden-Württemberg**[22] (§ 16 AG-BtG),
- **Bayern**[23] (Art. 1 Abs. 3 BetrAGBY),
- **Berlin**[24] (§ 2 AG-BtG),
- **Bremen**[25] (§ 3 BremAG-BtG),
- **Hamburg**[26] (§ 3 HmbAG-BtG),
- **Hessen** (§ 2 AG-BtG),
- **Sachsen-Anhalt**[27] (Art. 1 § 5 AG-BtG).

---

[20] AG Nettetal v. 19.10.1995 - 9 X 119/95 - FamRZ 1996, 1104-1105.
[21] Zu den Anforderungen an die Schlussrechnung vgl. BayObLG München v. 30.07.2003 - 3Z BR 114/03 - juris Rn. 15 - BayObLGR 2003, 382-383.
[22] Gesetz zur Ausführung des Betreuungsgesetzes und zur Anpassung des Landesrechts v. 19.11.1991 (GBl., S. 681), zuletzt geändert durch Gesetz vom 13.12.2001 (GBl., 682).
[23] Gesetz zur Ausführung des Gesetzes zur Reform des Rechts der Vormundschaft und Pflegschaft für Volljährige (Gesetz zur Ausführung des Betreuungsgesetzes – AGBtG) vom 27.12.1991 (Bayr. GVBl., S. 496) zuletzt geändert durch Gesetz vom 28.06.2000 (Bayr. GVBl., S. 366).
[24] Gesetz zur Ausführung des Betreuungsgesetzes und zur Anpassung des Landesrechts vom 17.03.1994 (GVBl., S. 86).
[25] Bremisches Gesetz zur Ausführung des Betreuungsgesetzes und zur Anpassung des Landesrechts (BremAG-BtG) vom 18.02.1992 (GBl., S. 31).
[26] Gesetz zur Ausführung des Betreuungsgesetzes und zur Anpassung des hamburgischen Landesrechts an das Betreuungsgesetz vom 01.07.1993 (GVBl., S. 149).
[27] Gesetz des Landes Sachsen-Anhalt zur Ausführung des Betreuungsgesetzes und zur Anpassung des Landesrechts (Ausführungsgesetz des Landes Sachsen-Anhalt zum Betreuungsgesetz – AGBtG-) vom 17.06.1992 (GVBl., S. 478).

III. Schenkungen des Betreuers (Absatz 2 Satz 1)

47 Die im Vormundschaftsrecht geltende Vorschrift des § 1804 Satz 1 BGB, die Schenkungen des Vormunds grundsätzlich nicht gestattet, ist im Betreuungsrecht sinngemäß anzuwenden. Die Vorschrift dient der Erhaltung des Vermögens des Betreuten. Der Betreuer darf deshalb grundsätzlich keine Schenkungen in Vertretung des Betreuten vornehmen.[28]

48 Ausgenommen sind aber nach § 1804 Satz 2 BGB Schenkungen, durch die einer sittlichen Pflicht oder einer auf den Anstand zu nehmenden Rücksicht entsprochen wird. Das Bestehen einer sittlichen Pflicht ist dabei stets zurückhaltend zu beurteilen.[29] Eine sittliche Pflicht, künftigen Erben zu Lebzeiten unentgeltlich Vermögen zu übertragen, besteht auch dann nicht, wenn mit dieser Übertragung für die künftigen Erben eine Steuerersparnis erreicht werden kann.[30] Eine solche sittliche Pflicht wird auch nicht durch den Umstand begründet, dass Kinder ihre Eltern pflegen und beraten.[31] Es genügt für die Annahme einer sittlichen Pflicht auch nicht, dass der Schenker aus Nächstenliebe hilft, die Schenkung noch im Rahmen des sittlich zu Rechtfertigenden liegt oder objektive Umstände den Betreuten zu einer Schenkung hätten veranlassen können. Abzustellen ist vielmehr darauf, ob das Unterlassen der Schenkung dem Betreuten als Verletzung einer für ihn bestehenden sittlichen Pflicht zur Last zu legen wäre.[32]

49 § 1908i Abs. 2 Satz 1 BGB benennt eine weitere Ausnahme. Dem Betreuer sollen Gelegenheitsgeschenke möglich sein, die dem Wunsch des Betreuten entsprechen. Gelegenheitsgeschenke sind die unter Verwandten und Freunden nach den Vermögensverhältnissen des Betreuten üblichen Gaben zu Geburts- und Festtagen.[33] Diese Regelung betrifft lediglich diejenigen Geschenke, die der Betreuer in Vertretung des Betreuten selbst macht. Schenkt der (geschäftsfähige) Betreute selbst, so ist er auch über den Rahmen der Gelegenheitsgeschenke hinaus hierzu befugt.

---

[28] *Roth* in: Dodegge/Roth, Betreuungsrecht, 3. Aufl. 2010, D Rn. 40.
[29] BayObLG München v. 08.10.1997 - 3Z BR 192/97 - BayObLGR 1998, 5-6; BayObLG München v. 24.05.1996 - 3Z BR 104/96 - juris Rn. 17 - NJW-RR 1997, 452-453.
[30] BayObLG München v. 24.05.1996 - 3Z BR 104/96 - NJW-RR 1997, 452-453.
[31] BayObLG München v. 08.10.1997 - 3Z BR 192/97 - BayObLGR 1998, 5-6.
[32] BayObLG München v. 08.10.1997 - 3Z BR 192/97 - juris Rn. 23 - BayObLGR 1998, 5-6; BayObLG München v. 24.05.1996 - 3Z BR 104/96 - NJW-RR 1997, 452-453.
[33] *Schwab* in: MünchKomm-BGB, § 1908i Rn. 41.

§ 1908k BGB (weggefallen)

(Fassung vom 02.01.2002, gültig ab 01.01.2002, gültig bis 30.06.2005)

(weggefallen)

§ 1908k BGB in der Fassung vom 21.04.2005 ist durch Art. 1 Nr. 17 des Gesetzes vom 21.04.2005 – BGBl I 2005, 1073 – mit Wirkung vom 01.07.2005 weggefallen.

Titel 3 - Pflegschaft

§ 1909 BGB Ergänzungspflegschaft

(Fassung vom 17.12.2008, gültig ab 01.09.2009)

(1) ¹Wer unter elterlicher Sorge oder unter Vormundschaft steht, erhält für Angelegenheiten, an deren Besorgung die Eltern oder der Vormund verhindert sind, einen Pfleger. ²Er erhält insbesondere einen Pfleger zur Verwaltung des Vermögens, das er von Todes wegen erwirbt oder das ihm unter Lebenden unentgeltlich zugewendet wird, wenn der Erblasser durch letztwillige Verfügung, der Zuwendende bei der Zuwendung bestimmt hat, dass die Eltern oder der Vormund das Vermögen nicht verwalten sollen.

(2) Wird eine Pflegschaft erforderlich, so haben die Eltern oder der Vormund dies dem Familiengericht unverzüglich anzuzeigen.

(3) Die Pflegschaft ist auch dann anzuordnen, wenn die Voraussetzungen für die Anordnung einer Vormundschaft vorliegen, ein Vormund aber noch nicht bestellt ist.

Gliederung

A. Grundlagen 1	1. Verhinderung des Sorgerechtsinhabers 35
I. Allgemeines 1	a. Rechtliche Verhinderung 37
II. Abgrenzungen 6	b. Tatsächliche Verhinderung 60
1. Vormundschaft 6	2. Bedürfnis zur Pflegerbestellung 65
2. Beistandschaft 7	II. Zuwendungspflegschaft (Absatz 1 Satz 2) 70
3. Rechtliche Betreuung 8	III. Ersatzpflegschaft (Absatz 3) 77
III. Rechtsstellung des Pflegers 9	IV. Mitteilungspflicht (Absatz 2) 81
IV. Anordnung der Pflegschaft 12	**C. Rechtsfolgen** 84
1. Verfahren und Zuständigkeit 12	I. Pflegerbestellung 84
2. Rechtsmittel 22	II. Rechtsstellung des Pflegers 87
3. Überleitungsrecht für die neuen Bundesländer 26	III. Beendigung der Pflegschaft 89
4. Übergangsrecht nach dem FGG-Reformgesetz 27	**D. Prozessuale Hinweise/Verfahrenshinweise** 90
	I. Übergangsregelung nach dem FGG-Reformgesetz 90
V. Allgemeines zu § 1909 BGB 30	II. Zuständigkeit 91
B. Anwendungsvoraussetzungen 34	III. Beteiligte 100
I. Ergänzungspflegschaft (Absatz 1 Satz 1) 34	IV. Rechtsmittel 103

A. Grundlagen

I. Allgemeines

1 Die Pflegschaft nach den §§ 1909, 1911-1914 BGB ist ein Instrument staatlicher Fürsorge, das es ermöglicht, durch gesetzliche Vertretung bestimmte Angelegenheiten bzw. einen Kreis solcher Angelegenheiten anderer zu besorgen.

2 Im BGB und in anderen Gesetzen finden sich weitere Fälle der Pflegschaft, so z.B.[1]:
- § 1684 Abs. 3 Satz 3 BGB (Umgangspflegschaft),[2]
- § 1960 BGB (Nachlasspflegschaft), § 1975 BGB (Nachlassverwalter),
- § 1630 Abs. 3 Satz 3 BGB (Pflegeperson),
- §§ 364, 373 FamFG (Abwesenheitspflegschaft zur Auseinandersetzung einer Erben- oder Gütergemeinschaft),
- § 96 GBO (Pflegschaft für unbekannte oder abwesende Beteiligte im Rangbereinigungsverfahren),
- § 292 StPO (Abwesenheitspflegschaft für einen flüchtigen Angeschuldigten),

---

[1] Vgl. ferner die „Übersicht über Pflegschaften und ähnliche Erscheinungen außerhalb der §§ 1909 ff." bei *Roth* in: Erman, vor § 1909 Rn. 16.

[2] Vgl. BT-Drs. 16/6308, 346; OLG Frankfurt v. 18.02.2011 - 4 WF 5/11 - juris Rn. 9.

- § 207 BauGB,
- § 29a LBG,
- § 119 FlurbG.

Zur entsprechenden Anwendbarkeit der §§ 1909-1921 BGB auf die Nachlasspflegschaft vgl. die Kommentierung zu § 1960 BGB, auf die Nachlassverwaltung vgl. die Kommentierung zu § 1975 BGB und auf die Pflegeperson vgl. die Kommentierung zu § 1630 BGB.

Auf die Pflegschaften außerhalb des BGB sind die §§ 1909 ff. BGB nicht stets in vollem Umfang anwendbar. Auch soweit die Verweisungsnorm keine Einschränkungen enthält, kommt es im Einzelfall auf Inhalt und Zweck der betreffenden Norm an.[3] Für die Bestellung von Verfahrens-, Prozesspflegern und besonderen Vertretern (vgl. z.B. die §§ 158, 276, 317 FamFG, die §§ 57, 58, 494 Abs. 2, 779 Abs. 2, 787 ZPO, die §§ 6, 7, 135, 157 Abs. 2 ZVG, § 72 SGG) finden die §§ 1909 ff. BGB insgesamt keine Anwendung.[4] Gleiches gilt für den nach den §§ 1141 Abs. 2, 1189 BGB zu bestellenden Vertreter oder den Notvorstand eines Vereins (§ 29 BGB).[5]

Im Übrigen ist der Kreis der in den §§ 1909, 1911-1914 BGB bezeichneten Pflegschaften abschließend und einer Ausweitung im Wege der Analogie nicht zugänglich, auch wenn im Einzelfall ein konkretes Fürsorgebedürfnis besteht.[6]

II. Abgrenzungen

1. Vormundschaft

Die Vormundschaft erstreckt sich kraft Gesetzes auf alle Angelegenheiten der Personen- und Vermögenssorge. Die Pflegschaft umfasst im Regelfall – Ausnahme: Ersatzpflegschaft nach § 1909 Abs. 3 BGB – hingegen nur die Besorgung bestimmter Angelegenheiten oder eines Kreises solcher Angelegenheiten, die im Bestellungsbeschluss festgelegt werden (vgl. dazu Rn. 16). Nur ein Minderjähriger kann einen Vormund haben. Eine Pflegschaft kann auch für eine volljährige und vollgeschäftsfähige Person angeordnet werden (vgl. die §§ 1911, 1913, 1960 BGB). Darüber hinaus kennt das Gesetz auch Pflegschaften für juristische Personen (§ 1913 BGB) und im Fall des § 1914 BGB sogar für Sachgesamtheiten (Realpflegschaft).

2. Beistandschaft

Die Beistandschaft des Jugendamtes tritt nur ein in den in § 1712 BGB benannten Angelegenheiten (Vaterschaftsfeststellung/Geltendmachung von Unterhalt). Sie geht in diesen Bereichen der Pflegschaft vor.[7] Nach § 1716 Satz 2 BGB finden die Vorschriften über die Pflegschaft jedoch weitgehend entsprechende Anwendung.

3. Rechtliche Betreuung

An die Stelle der Vormundschaft über Volljährige (§§ 1896-1908 BGB a.F.) und die Gebrechlichkeitspflegschaft (§ 1910 BGB a.F.) ist durch das Betreuungsgesetz[8] mit Wirkung zum 01.01.1992 das Institut der rechtlichen Betreuung für psychisch kranke oder körperlich, geistig oder seelisch behinderte volljährige Personen getreten (§§ 1896-1908i BGB n.F.).

III. Rechtsstellung des Pflegers

Im Rahmen des übertragenen Aufgabenkreises hat der Pfleger die Stellung eines gesetzlichen Vertreters (§§ 1915 Abs. 1 Satz 1, 1793 Abs. 1 Satz 1 BGB).[9] Dies gilt auch für den Pfleger eines Geschäftsfähigen.[10] Die Geschäftsfähigkeit des Pfleglings wird aber durch die Vertretungsmacht des Pflegers in

---

[3] BayObLG v. 02.10.1963 - BReg 1 Z 153/63 - NJW 1964, 301 (zu § 292 StPO); *Roth* in: Erman, vor § 1909 Rn. 13.

[4] Ganz überwiegende Auffassung, vgl. nur *Zimmermann* in: Soergel, vor § 1909 Rn. 7 f.; *Roth* in: Erman, vor § 1909 Rn. 12, 15.

[5] *Roth* in: Erman, vor § 1909 Rn. 11.

[6] Allg. Meinung, vgl. nur *Roth* in: Erman, vor § 1909 Rn. 7; *Zimmermann* in: Soergel, vor § 1909 Rn. 8; *Diederichsen* in: Palandt, Einf. v § 1909 Rn. 2.

[7] *Diederichsen* in: Palandt, Einführung vor § 1909 Rn. 1.

[8] Vom 12.09.1990, BGBl I 1990, 2002.

[9] BGH v. 28.04.1967 - IV ZB 448/66 - NJW 1974, 2404, 2405.

[10] *Bienwald* in: Staudinger, Vorbem. zu §§ 1909-1921 Rn. 18; *Roth* in: Erman, vor § 1909 Rn. 4; *Schwab* in: MünchKomm-BGB, Vorbem. vor § 1909-1914 Rn. 5 f.; a.A. *Zimmermann* in: Soergel, vor § 1909 Rn. 9 (bei Geschäftsfähigen staatlich bestellter Bevollmächtigter).

dem ihm zugewiesenen Aufgabenbereich nicht eingeschränkt. Kollidieren Geschäfte des Pflegers und des Pflegelings, so gilt der Grundsatz der Priorität.[11]

10 Bei Minderjährigen wird mit Wirksamkeit der Pflegerbestellung (vgl. dazu Rn. 16) das Sorgerecht der Eltern (§ 1630 Abs. 1 BGB) bzw. des Vormunds (§ 1794 BGB) eingeschränkt. Es erstreckt sich nicht mehr auf den Aufgabenkreis, für den der Pfleger bestellt ist. Dies gilt unabhängig davon, ob die Pflegerbestellung zu Recht erfolgt ist[12]; vgl. auch die Kommentierung zu § 1630 BGB und die Kommentierung zu § 1794 BGB.

11 Im Sonderfall der Pflegschaft für gesammeltes Vermögen (§ 1914 BGB) ist der Pfleger mangels vertretenen Rechtsträgers nicht gesetzlicher Vertreter, sondern (verfahrensrechtlich) Partei kraft Amtes[13] und als hoheitlich bestellter Verwalter zur Verwaltung und bestimmungsgemäßen Verwendung des Vermögens befugt.[14]

IV. Anordnung der Pflegschaft

1. Verfahren und Zuständigkeit

12 Die Bestellung eines Pflegers gehört zu den Angelegenheiten der freiwilligen Gerichtsbarkeit. Das Pflegschaftsverfahren ist seit dem 1.9.2009 im FamFG geregelt. Dieses hat die Aufgaben des früheren Vormundschaftsgerichts auf Familiengericht und Betreuungsgericht aufgeteilt. Die Pflegschaft oder die gerichtliche Bestellung eines sonstigen Vertreters für einen Minderjährigen oder für eine Leibesfrucht fallen als Kindschaftssache (§ 151 Nr. 5 FamFG) in die sachliche Zuständigkeit des Familiengerichts. Maßgebend ist, dass positiv feststeht, dass der Pflegling bzw. zu Vertretende minderjährig ist.[15] Hiervon erfasst werden insbesondere die Pflegschaften nach den §§ 1909 und 1912 BGB. Alle übrigen Pflegschaftssachen sowie die Verfahren zur Bestellung eines sonstigen Vertreters für einen Volljährigen fallen als betreuungsgerichtliche Zuweisungssachen (§ 340 Nr. 1 und 2 FamFG) in die Zuständigkeit des Betreuungsgerichts. Hierunter fallen insbesondere die Pflegschaften nach den §§ 1911, 1914 BGB. Auch im Falle des § 1913 BGB wird regelmäßig die Zuständigkeit des Betreuungsgerichts begründet sein, da bei einem unbekannten oder ungewissen Beteiligten gerade nicht positiv feststehen kann, dass er minderjährig ist. An eine Zuständigkeit des Familiengerichts ist ausnahmsweise zu denken, wenn positiv feststeht, dass sämtliche als Beteiligter in Betracht kommende Personen minderjährig sind.[16]

13 Die Zuständigkeitsbegründung ist umfassend[17] und erfasst die Anordnung der Pflegschaft, die Auswahl und Bestellung des Pflegers, die Aufsicht über seine Tätigkeit einschließlich der Genehmigungsverfahren, das Vergütungsverfahren sowie die Entlassung des Pflegers und die Aufhebung der Pflegschaft. Von der Zuständigkeitsaufteilung nach den §§ 151 Nr. 5, 340 Nr. 1 und 2 FamFG unberührt bleiben aber speziellere Zuständigkeitsregelungen: So ist das Nachlassgericht stets für die Bestellung des Nachlasspflegers zuständig (§ 1962 BGB, § 342 Abs. 1 Nr. 2 FamFG) oder für die Bestellung eines Abwesenheitspflegers nach § 1911 BGB für die Zwecke des Auseinandersetzungsverfahrens (§ 364 FamFG).

14 Die Pflegschaft wird je nach ihrer Art entweder von Amts wegen oder nur auf Antrag angeordnet. Soweit das Gericht von Amts wegen tätig wird, sind Anträge oder die Anzeige der Eltern bzw. des Vormunds nach § 1909 Abs. 2 BGB nur als Anregung aufzufassen (§ 24 Abs. 1 FamFG). Wird ein Pflegschaftsantrag zurückgenommen, hat dies keine verfahrensbeendigende Wirkung.[18] Unabhängig davon, ob es sich um ein Amts- oder ein Antragsverfahren handelt, gilt der Amtsermittlungsgrundsatz (§ 26 FamFG): Das Gericht hat ohne Bindung an das tatsächliche Vorbringen der Beteiligten und deren Beweisanträge die entscheidungserheblichen Tatsachen festzustellen.[19]

---

[11] *Schwab* in: MünchKomm-BGB, Vorbem. vor § 1909-1914 Rn. 5; *Zimmermann* in: Soergel, vor § 1909 Rn. 9.

[12] KG v. 24.02.1966 - 1 W 402/65 - NJW 1966, 1320, 1321; *Huber* in: MünchKomm-BGB, § 1630 Rn. 4; *Wagenitz* in: MünchKomm-BGB, § 1794 Rn. 5; vgl. auch BGH v. 14.01.2014 - XII ZB 95/13 - juris Rn. 6.

[13] BGH v. 25.09.1972 - II ZR 28/69 - juris Rn. 27 - MDR 1973, 742, 743; *Schwab* in: MünchKomm-BGB, Vorbem. vor § 1909-1914 Rn. 10.

[14] *Diederichsen* in: Palandt, § 1914 Rn. 1; *Roth* in: Erman, vor § 1909 Rn. 5; abweichend *Bienwald* in: Staudinger, Vorbem. zu §§ 1909-1921 Rn. 18 (gesetzlicher Vertreter „im weiteren Sinne").

[15] Vgl. BT-Drs. 16/6306, S. 276.

[16] Vgl. BT-Drs. 16/6306, S. 276; i.E. wohl ähnlich *Engelhardt* in: Keidel, FamFG, 18. Aufl. 2014, § 151 Rn. 11.

[17] BT-Drs. 16/6308, S. 234.

[18] *Schwab in:* MünchKomm-BGB, § 1909 Rn. 60.

[19] *Sternal* in: Keidel, FamFG, 18. Aufl. 2014, § 26 FamFG Rn. 14.

Das Verfahren zur Bestellung des Pflegers ist mehrstufig ausgestaltet, zu unterscheiden sind die Anordnung der Pflegschaft als solche (§ 1774 BGB), die Auswahlentscheidung hinsichtlich der Person des Pflegers (§ 1779 BGB) und schließlich die Verpflichtung des Pflegers (§ 1789 BGB).[20] Letzterer bedarf es auch bei Pflegschaften, die betreuungsrechtliche Zuweisungssachen i.S. des § 340 FamFG sind.[21] Anordnung der Pflegschaft und Auswahl des Pflegers werden allerdings im Regelfall miteinander verbunden. Sichtbar wird diese Mehrstufigkeit jedoch, wenn die funktionelle Zuständigkeit (vgl. Rn. 19) für die Anordnung der Pflegschaft und die Auswahl und Verpflichtung des Pflegers auseinanderfallen. Die Anordnung der Pflegschaft einerseits und die Auswahl und Bestellung des Pflegers andererseits stellen verschiedene Verfahrensgegenstände dar mit der Folge, dass die Beschwerdeberechtigung für jeden Verfahrensgegenstand gesondert zu beurteilen ist.[22]   15

Anordnung der Pflegschaft und Auswahl des Pflegers sind Endentscheidungen i.S.d. § 38 FamFG, die stets in Form eines Beschlusses zu ergehen haben. Der Beschluss ist den Beteiligten bekannt zu geben (§ 41 Abs. 1 Satz 1 FamFG). Dies erfolgt grundsätzlich in Form der Zustellung nach den Vorschriften der ZPO oder durch Aufgabe des Schriftstückes unter der Anschrift des Beteiligten zur Post (§ 15 Abs. 2 Satz 1 FamFG). Eine Zustellung hat in jedem Fall an den Beteiligten zu erfolgen, dessen erklärtem Willen der Beschluss nicht entspricht (§ 41 Abs. 1 Satz 2 FamFG). Anwesenden kann der Beschluss auch durch Verlesen der Beschlussformel bekannt gegeben werden (§ 41 Abs. 2 FamFG). Das Wirksamwerden der Entscheidung richtet sich nach § 40 Abs. 1 FamFG. Die Anordnung einer Ergänzungspflegschaft wird im Hinblick auf Wirkungen des § 1630 Abs. 1 BGB erst mit Bekanntgabe an die gemeinsam sorgeberechtigten Eltern bzw. den allein sorgeberechtigten Elternteil, bei bestehender Vormundschaft mit Bekanntgabe an den Vormund wirksam.[23]   16

Für die Bestellung gilt die besondere Form des § 1789 Satz 1 BGB: Die Bestellung muss ausdrücklich erfolgen, der zu bestellende Pfleger muss persönlich anwesend sein und die Verpflichtungserklärung abgeben (Ausnahmen: §§ 1791a Abs. 2, 1791b Abs. 2 BGB, vgl. die Kommentierung zu § 1789 BGB). Erst mit der Bestellung erlangt der Pfleger die mit dem Amt verbundenen Rechte und Pflichten (vgl. die Kommentierung zu § 1789 BGB). Der Umfang der Pflegschaft muss in der Anordnung genau bestimmt und umgrenzt sein.[24] Deren Inhalt ist auch dann maßgeblich, wenn die Bestallungsurkunde (§ 1791 BGB) davon abweicht.[25]   17

Sachlich zuständig für die Anordnung einer Pflegschaft ist grundsätzlich das Amtsgericht. Die Zuständigkeit des Amtsgerichts sowohl für Kindschaftssachen (§ 151 FamFG) als auch für betreuungsrechtliche Zuweisungssachen folgt aus § 23a Abs. 1 Nr. 1 und 2, Abs. 2 Nr. 1 GVG. Für die Bestellung des Nachlasspflegers ist das Nachlassgericht sachlich zuständig (§ 342 Abs. 1 Nr. 2 FamFG i.V.m. § 23a Abs. 1 Nr. 2, Abs. 2 Nr. 2 GVG).   18

Funktionell entscheidet im Regelfall der Rechtspfleger, § 3 Nr. 2a (Kindschaftssachen) bzw. Nr. 2b (betreuungsrechtlichen Zuweisungssachen) RPflG. Dem Richter vorbehalten sind die Anordnung einer Pflegschaft für ausländische Staatsangehörige (§§ 14 Abs. 1 Nr. 10, 15 Nr. 5 RPflG) und die Anordnung einer Pflegschaft aufgrund dienstrechtlicher Vorschriften (§§ 14 Abs. 1 Nr. 9, 15 Nr. 6 RPflG). Auswahl und Verpflichtung obliegen aber auch in diesen Fällen wieder grundsätzlich dem Rechtspfleger. In der Praxis wird der Richter allerdings vielfach aufgrund des engen Zusammenhangs i.S.d. § 6 RPflG auch die Auswahl des Pflegers vornehmen.   19

Die örtliche Zuständigkeit für die Pflegschaften, die Kindschaftssachen nach § 151 Nr. 5 FamFG sind, bestimmt sich nach den §§ 152-154 FamFG (vgl. Rn. 92). Für betreuungsrechtliche Zuweisungssachen verweist § 341 FamFG auf die für Betreuungssachen geltende Regelung der örtlichen Zuständigkeit in § 272 FamFG.   20

Das FamFG regelt Fragen der internationalen Zuständigkeit in Buch 1 Abschnitt 9. Die internationale Zuständigkeit in Kindschaftssachen ist in § 99 FamFG geregelt. Für die betreuungsrechtlichen Zuweisungssachen gilt § 104 FamFG. Die internationale Zuständigkeit nach den §§ 99, 104 FamFG ist nicht ausschließlich (§ 106 FamFG). Zu beachten ist der Vorrang von Gemeinschaftsrecht und völkerrecht-   21

---

[20] *Roth* in: Erman, vor § 1909 Rn. 17; *Bienwald* in: Staudinger, Vorbem. zu §§ 1909- 1921 Rn. 11; vgl. auch BT-Drs. 13/4899, S. 110.
[21] OLG Stuttgart v. 25.11.2010 - 8 W 460/10 FamRZ 2011, 138-139.
[22] BGH v. 23.11.2011 - XII ZB 293/11 - juris Rn. 7.
[23] OVG Lüneburg v. 24.06.2011 - 4 OB 132/11 - juris Rn. 6 - FamRZ 2012, 42; *Meyer-Holz* in: Keidel, FamFG, 17. Aufl., § 40 Rn. 22.
[24] BGH v. 31.05.1974 - V ZR 14/73 - NJW 1974, 1374.
[25] Allg. Meinung, vgl. nur *Schwab* in: MünchKomm-BGB, § 1915 Rn. 15; *Roth* in: Erman, § 1915 Rn. 4.

lichen Vereinbarungen (§ 97 Abs. 1 FamFG), der dazu führt, dass den FamFG-Regeln nur ein eher geringer Restanwendungsbereich verbleibt.[26] So ist im Anwendungsbereich des § 99 FamFG namentlich der Vorrang der Verordnung (EG) Nr. 2201/2003 (sog. Brüssel IIa-VO, ABl. EU Nr. L 338/1 v. 23.12.2003) und des Minderjährigenschutzabkommens (MSA) zu beachten[27], wobei die Regelung der internationalen Zuständigkeit nach Art. 8 ff. VO (EG) Nr. 2201/2003 den Regelungen des MSA vorgeht (Art. 60 lit. a Brüssel IIa-VO). Der Anwendungsbereich des § 104 FamFG ist durch das zum 01.01.2009 in Kraft getretene Haager Erwachsenenschutzübereinkommen[28] weitgehend eingeschränkt.[29]

2. Rechtsmittel

22 Das FamFG unterscheidet zwischen der Anfechtung von Endentscheidungen, mit denen über den Verfahrensgegenstand der Instanz ganz oder teilweise abschließend entschieden wird (vgl. § 38 FamFG), und der Anfechtung sog. Zwischen- und Nebenentscheidungen.[30] Erstere sind mit der befristeten Beschwerde (§ 58 ff. FamFG) anfechtbar. Letztere sind dagegen grundsätzlich nicht selbständig anfechtbar (§ 58 Abs. 2 FamFG), sofern nicht das Gesetz ausdrücklich die sofortige Beschwerde in entsprechender Anwendung der §§ 567-572 ZPO eröffnet. Die Rechtsmittelvorschriften gelten einheitlich sowohl für Entscheidungen des Familiengerichts als auch des Betreuungsgerichts. Die Beschwerdeberechtigung gegen Endentscheidungen richtet sich nach § 59 FamFG und setzt eine Beeinträchtigung in eigenen Rechten voraus. Die Regelungen über die selbständige Ausübung des Beschwerderechts durch einen Minderjährigen finden sich in § 60 FamFG.

23 Die Beschwerde kann auch auf die Auswahl des Ergänzungspflegers beschränkt werden.[31] Ist dieser bereits verpflichtet, ist die Beschwerde auf die Entlassung gerichtet.[32] Eine ohne die gesetzlichen Voraussetzungen angeordnete Pflegschaft ist grundsätzlich nicht nichtig, sondern lediglich auf die Beschwerde hin aufhebbar.[33] Vom Pfleger getätigte Rechtsgeschäfte bleiben auch im Falle der Aufhebung nach Maßgabe des § 47 FamFG wirksam.

24 Bei der Anordnung der Pflegschaft und der Bestellung des Ergänzungspflegers handelt es sich um selbständige Verfahrensgegenstände. Daher steht dem ausgewählten Pfleger gegen die Anordnung als solche kein Beschwerderecht zu, da er durch diese nicht in eigenen Rechten betroffen wird. Dies gilt auch, wenn Anordnung und Bestellung in einem Beschluss verbunden werden. Beschwerdebefugt ist er lediglich hinsichtlich seiner Bestellung.[34] Für das zum Pfleger bestellte Jugendamt kann sich die Beschwerdebefugnis hinsichtlich der Anordnung allerdings aus § 162 Abs. 3 Satz 2 FamFG ergeben, soweit es sich um ein die Person des Kindes betreffendes Verfahren handelt.[35] Gegen die Aufhebung der Pflegschaft steht dem Pfleger kein Beschwerderecht zu, auch nicht im Namen des Pflegebefohlenen.[36] Beschwerdebefugt ist er jedoch gegen seine Entlassung bei fortbestehender Pflegschaft.[37]

25 Gegen die Entscheidung des Beschwerdegerichts ist die Rechtsbeschwerde (§ 70 FamFG) nur statthaft, wenn sie das Beschwerdegericht zugelassen hat. Pflegschaftssachen nach den §§ 151 Nr. 5, 340 Nr. 1 FamFG zählen nicht zu den in § 70 Abs. 3 FamFG genannten Verfahren, in denen eine Rechtsbeschwerde auch ohne Zulassung statthaft ist.

---

[26] Vgl. dazu *Hau*, FamRZ 2009, 821-826, 821.
[27] Dazu näher *Engelhardt* in: Keidel, FamFG, 18. Aufl. 2014, § 99 Rn. 2 ff.; *Niethammer-Jürgens* in: Jurgeleit, Freiwillige Gerichtsbarkeit, 1. Aufl. 2010, § 5 Rn. 127 ff.
[28] BGBl II 2007, 324.
[29] Dazu näher *Rauscher* in: MünchKomm-ZPO, § 104 FamFG Rn.10; *Engelhardt* in: Keidel, FamFG, 18. Aufl. 2014, § 104 Rn. 2; *Helms*, FamRZ 2008, 1995-2002.
[30] BT-Drs. 16/6308, S. 203.
[31] BayObLG v. 01.07.1983 - BReg 1 Z 37/83 - FamRZ 1984, 205, 206; BayObLG v. 12.05.2004 - 1Z BR 27/04 - FGPrax 2004, 239, 240; OLG Zweibrücken v. 17.08.2001 - 3 W 171/01 - FGPrax 2001, 241, 242.
[32] BayObLG v. 01.07.1983 - BReg 1 Z 37/83 - FamRZ 1984, 205, 206.
[33] *Roth* in: Erman, vor § 1909 Rn. 20; *Sonnenfeld* in: Jansen, FGG, 3. Aufl. 2005, § 37 Rn. 15.
[34] BGH v. 23.11.2011 - XII ZB 293/11 - juris Rn. 12.
[35] BGH v. 23.11.2011 - XII ZB 293/11 - juris Rn. 10.
[36] BGH v. 13.07.1953 - IV ZB 57/53 - NJW 1953, 1666.
[37] OLG Oldenburg v. 25.02.1998 - 5 W 263/97 - NJWE-FER 1998, 155.

3. Überleitungsrecht für die neuen Bundesländer

Art. 234 § 15 EGBGB regelt das Überleitungsrecht für die neuen Bundesländer. Danach wird eine Pflegschaft nach § 104 Abs. 1 FGB als Ergänzungspflegschaft nach § 1909 BGB fortgeführt.[38]

4. Übergangsrecht nach dem FGG-Reformgesetz

Das bis zum Inkrafttreten des FGG-Reformgesetzes am 01.09.2009 geltende Verfahrensrecht findet nach Art. 111 Abs. 1 Satz 1 FGG-Reformgesetz weiterhin Anwendung in Verfahren, die vor dem 01.09.2009 eingeleitet worden sind oder deren Einleitung vor diesem Datum beantragt worden ist. Die Übergangsregelung bezieht sich nicht allein auf das FamFG, sondern auch auf die in den weiteren Artikeln des FGG-Reformgesetzes enthaltenen Vorschriften.[39] Wegen der grundlegenden verfahrensrechtlichen Neuerungen, insbesondere auch im Hinblick auf den Rechtsmittelzug, soll durch die Übergangsregelung gewährleistet werden, dass bereits eingeleitete Verfahren einheitlich nach dem bisher geltenden Recht zu Ende geführt werden.[40] Für noch nicht abgeschlossene Altverfahren bleibt es daher auch bei der Zuständigkeitsverteilung zwischen Vormundschafts- und Familiengericht. Dies gilt nicht nur für das Verfahren bis zum Abschluss einer Instanz. Vielmehr bezeichnet der Begriff „Verfahren" i.S.d. Art. 111 Abs. 1 Satz 1 FGG-Reformgesetz die gesamte, bei Einlegung entsprechender Rechtsmittel auch mehrere Instanzen umgreifende gerichtliche Tätigkeit in einer Sache.[41]

Ist die Pflegerbestellung bereits vor dem 01.09.2009 erfolgt, so ist nach Art. 111 Abs. 1 Satz 2 FGG-Reformgesetz für die Frage des anwendbaren Rechts im Falle eines Abänderungs- oder Aufhebungsverfahrens nicht der Zeitpunkt des Erlasses der Erstentscheidung, sondern der Zeitpunkt der Einleitung des neuen Verfahrens maßgebend. Soweit das Verfahren von Amts wegen eingeleitet wird, ist auf den Zeitpunkt abzustellen, in dem das zuständige Gericht erkennbar nach außen hin tätig wird, insbesondere die für die Abänderungs- oder Aufhebungsentscheidung notwendigen Ermittlungen aufnimmt.

Darüber hinaus ist nach Art. 111 Abs. 2 FGG-Reformgesetz jedes gerichtliche Verfahren, das mit einer Endentscheidung (§ 38 FamFG) abgeschlossen wird, ein selbständiges Verfahren i.S.d. Art. 111 Abs. 1 Satz 1 FGG-Reformgesetz. Daher ist bei Bestandsverfahren wie der Pflegschaft auch hinsichtlich der weiteren im Rahmen der laufenden Pflegschaft anfallenden Entscheidungen, z.B. über Vergütungsanträge (§ 168 FamFG), gerichtliche Genehmigungen (z.B. § 1822 BGB) oder Aufsichtsmaßnahmen nach den §§ 1915, 1837 BGB, für die Frage des anwendbaren Rechts nicht auf den Zeitpunkt der Bestellung des Pflegers, sondern auf die Stellung des Vergütungs- oder Genehmigungsantrages oder die Aufnahme der Prüfung, ob Aufsichtsmaßnahmen geboten sind, abzustellen.[42] Liegt dieser Zeitpunkt nach dem 31.08.2009, so ist neues Recht anwendbar und die Zuständigkeit des Familien- bzw. Betreuungsgerichts begründet.

V. Allgemeines zu § 1909 BGB

§ 1909 BGB ist – mit Ausnahme von Absatz 3 – nur anwendbar, wenn elterliche Sorge oder Vormundschaft besteht. Es handelt sich daher um eine sog. unselbständige Pflegschaft.[43]

Absatz 1 bestimmt sowohl die Voraussetzungen für die Bestellung des Ergänzungspflegers (Absatz 1 Satz 1, vgl. Rn. 34), der im Falle tatsächlicher oder rechtlicher Verhinderung des Sorgerechtsinhabers an dessen Stelle tritt, als auch die Voraussetzungen der sog. Zuwendungspflegschaft (vgl. Rn. 70). Absatz 1 Satz 2 trägt dem Umstand Rechnung, dass die Vertretungsmacht des Vormunds entsprechend § 1974 BGB nur durch familiengerichtliche Entscheidung eingeschränkt werden kann.[44] Im Falle elterlicher Sorge gilt vorrangig § 1638 BGB.

---

[38] *Sonnenfeld* in: Jansen, FGG, 3. Aufl. 2005, § 37 Rn. 37.
[39] BT-Drs. 16/6308, S. 359.
[40] BT-Drs. 16/6308, S. 359.
[41] BGH v. 25.11.2009 - XII ZB 46/09 - juris Rn. 2 - FamRZ 2010, 189; BGH v. 01.03.2010 - II ZB 1/10 - juris Rn. 8 - FamRZ 2010, 639.
[42] Oberlandesgericht des Landes Sachsen-Anhalt v. 16.08.2001 - 2 Wx 49/11 - juris Rn. 15; *Engelhardt* in: Keidel, FamFG, 18. Aufl. 2014, Art. 111 FGGRG Rn. 3.
[43] Dazu näher *Bienwald* in: Staudinger, Vorbem. zu §§ 1909-1921 Rn. 4; *Roth* in: Erman, vor § 1909 Rn. 6.
[44] BayObLG v. 08.05.1926 - Reg. III Nr. 38/1926 - BayObLGZ 25, 193.

32 § 1909 Abs. 3 BGB regelt die Ersatzpflegschaft, die immer dann anzuordnen ist, wenn die Bestellung eines Vormunds angezeigt ist, diese sich aber aus unterschiedlichen Gründen verzögert. Der Ersatzpfleger nach Absatz 3 kann unter Umständen den Vormund voll ersetzen, wohingegen die Pflegschaft nach Absatz 1 nur für einzelne Angelegenheiten und nicht für die Personen- und Vermögenssorge insgesamt angeordnet werden kann.

33 § 1909 Abs. 2 BGB normiert eine Anzeigepflicht der Eltern bzw. des Vormunds und dient der rechtzeitigen Information des Familiengerichts über die Notwendigkeit einer Pflegerbestellung. Absatz 2 gilt sowohl in den Fällen des Absatzes 1 als auch für die Ersatzpflegschaft nach Absatz 3.[45] Die Anzeige stellt lediglich eine Anregung dar und ist nicht Voraussetzung für ein Tätigwerden des Gerichts.[46]

B. Anwendungsvoraussetzungen

I. Ergänzungspflegschaft (Absatz 1 Satz 1)

34 Der Sorgerechtsinhaber muss tatsächlich oder rechtlich verhindert sein, konkrete Angelegenheiten des Pfleglings wahrzunehmen, und es muss darüber hinaus ein Bedürfnis zur Pflegerbestellung bestehen.

1. Verhinderung des Sorgerechtsinhabers

35 § 1909 Abs. 1 Satz 1 BGB ist allgemein formuliert, um einen umfassenden Anwendungsbereich zu gewährleisten. Der Begriff der Verhinderung ist nicht legaldefiniert, es ist jedoch allgemein anerkannt, dass darunter sowohl die rechtliche als auch die tatsächliche Verhinderung des Sorgerechtsinhabers zu verstehen ist.[47]

36 Die Verhinderung kann sich auf eine einzelne Angelegenheit oder auf einen Kreis von Angelegenheiten persönlicher oder vermögensrechtlicher Art beziehen. Erstreckt sich aber eine nicht nur vorübergehende Verhinderung sowohl auf die Personen- als auch auf die Vermögenssorge, so ist eine Ergänzung nach § 1909 BGB ausgeschlossen. In diesem Fall ist vielmehr ein (neuer) Vormund zu bestellen.[48]

a. Rechtliche Verhinderung

37 Sie liegt immer dann vor, wenn die Eltern bzw. der Vormund aus Rechtsgründen von der Vertretung des Schutzbedürftigen ausgeschlossen sind. Der Ausschluss kann sich unmittelbar aus dem Gesetz ergeben oder aus einer gerichtlichen Entscheidung, insbesondere über den teilweisen Entzug des Vertretungs- oder Sorgerechts.

aa. Ausschluss kraft Gesetzes

38 Kraft Gesetzes sind die Eltern bzw. der Vormund verhindert, wenn sie nach den §§ 181, 1629 Abs. 2 Satz 1 BGB i.V.m. § 1795 Abs. 1 Nr. 1 bis 3 BGB von der Vertretung ausgeschlossen sind. Liegt in der Person eines gesamtsorgeberechtigten Elternteils ein Ausschlussgrund vor, so ist stets auch der andere Elternteil nach § 1795 BGB ausgeschlossen.[49] Für zwei verhinderte gesamtvertretungsberechtigte Elternteile ist allerdings nur ein Ergänzungspfleger zu bestellen.[50]

39 Zum Anwendungsbereich des § 1795 BGB und Einzelfällen der Verhinderung vgl. die Kommentierung zu § 1795 BGB.

40 Grundsätzlich kein Vertretungsverbot besteht für den Sorgerechtsinhaber (Eltern oder Vormund) bei Schenkungen oder sonstigen Rechtsgeschäften, wenn es sich um ein lediglich rechtlich vorteilhaftes Rechtsgeschäft für das Kind handelt. Ob ein Rechtsgeschäft vorteilhaft oder nachteilig ist, richtet sich danach, welche rechtlichen Folgen mit dem Rechtsgeschäft verbunden sind. Dabei ist die dingliche Verfügung als abstraktes Rechtsgeschäft grundsätzlich unabhängig von dem zugrunde liegenden Kausalgeschäft zu beurteilen.[51] Ein auf den Erwerb einer Sache gerichtetes dingliches Rechtsgeschäft ist für den Minderjährigen grundsätzlich dann nicht lediglich rechtlich vorteilhaft, wenn er in dessen Folge mit Verpflichtungen belastet wird, für die er nicht nur dinglich mit der erworbenen Sache, sondern auch persönlich mit seinem sonstigen Vermögen haftet, wobei es genügt, dass dies gesetzliche Folge des an-

---

[45] *Roth* in: Erman, § 1909 Rn. 1.
[46] *Zimmermann* in: Soergel, § 1909 Rn. 18.
[47] Allgemeine Auffassung, vgl. nur *Schwab* in: MünchKomm-BGB, § 1909 Rn. 12.
[48] *Roth* in: Erman, § 1909 Rn. 2.
[49] Vgl. dazu die Kommentierung zu § 1629 BGB; *Roth* in: Erman, § 1909 Rn. 4.
[50] *Roth* in: Erman, § 1909 Rn. 5.
[51] BGH v. 25.11.2004 - V ZB 13/04 - BGHZ 161, 170-180.

gestrebten Rechtsgeschäfts ist.[52] Eine solche persönliche Haftung ist etwa mit dem Erwerb eines vermieteten oder verpachteten Grundstücks verbunden[53] oder mit der Auflassung einer Eigentumswohnung.[54] Etwas anderes gilt nach dem Schutzzweck des § 107 BGB für Belastungen, die typischerweise keine Gefährdungen des Vermögens darstellen, wie etwa die mit laufenden öffentlichen Grundstückslasten.[55] Darauf, ob das dingliche Rechtsgeschäft für den vertretenen Minderjährigen ausschließlich rechtlich vorteilhaft ist, kommt es gem. §§ 107, 181 BGB indes dann nicht an, wenn dieses lediglich der Erfüllung einer Verbindlichkeit dient, die nicht aus einem Vertretungsgeschäft des – von der Vertretung eigentlich ausgeschlossenen – gesetzlichen Vertreters, sondern allein aus dem wirksamen Rechtsgeschäft eines Dritten stammt, z.B. einem Vermächtnis.[56]

Auch Verfahrenshandlungen unterfallen dann der Einschränkung des § 1795 Abs. 1 Nr. 1 BGB, wenn sie materiell-rechtliche Wirkungen haben oder wenn mit ihnen eine materiell-rechtlich begründete Rechtsmacht in Anspruch genommen wird, wie dies bei der Bewilligung nach § 19 GBO der Fall ist.[57] Die §§ 1795 Abs. 1 Nr. 1, 181 BGB gelten jedoch nicht für die verfahrensrechtlichen Erklärungen, die der Sorgeberechtigte im eigenen und im Namen des Kindes in statusrechtlichen Verfahren (Adoption, Namenserteilung) abgibt.[58] Liegt jedoch ein erheblicher Interessengegensatz (vgl. Rn. 53) vor, so kann dem Sorgeberechtigten im Einzelfall nach den §§ 1629 Abs. 2 Satz 3, 1796 BGB die Vertretungsbefugnis entzogen werden.[59] **41**

Im Verfahren zur Anfechtung der Vaterschaft ist der anfechtende Vater auch nach der Reform des Verfahrensrechts zum 01.09.2009 nach dem Rechtsgedanken der §§ 1795 Abs. 2, 181 BGB gehindert, das Kind zu vertreten.[60] Dies gilt nunmehr unabhängig davon, durch wessen Antrag das Anfechtungsverfahren eingeleitet wird.[61] Die Mutter ist von der Vertretung ausgeschlossen, wenn sie mit dem (rechtlichen) Vater verheiratet ist.[62] Die Bestellung eines Verfahrensbeistandes (§ 174 FamFG) lässt die Notwendigkeit einer Ergänzungspflegschaft nicht entfallen, da in Abstammungssachen eine wirksame Interessenvertretung des Kindes auch dessen gesetzliche Vertretung erfordert.[63] Von der Vertretung bei Stellung des Anfechtungsantrags (§§ 169 Nr. 4, 171 FamFG) zu unterscheiden ist aber die vorgelagerte Entscheidung, ob die Vaterschaft im Namen des Kindes angefochten werden soll. Diese steht grundsätzlich den Inhabern der elterlichen Sorge zu und wird vom gesetzlichen Ausschluss des Vertretungsrechts nicht berührt, da sie weder Rechtsgeschäft mit dem Kind noch Teil des Anfechtungsrechtsstreits ist.[64] Besteht zwischen den Eltern Uneinigkeit über die Anfechtung, so kann das Familiengericht nach § 1628 BGB auf Antrag eines Elternteils die Entscheidung einem Elternteil übertragen.[65] Im Übrigen kommt bei Vorliegen eines erheblichen Interessengegensatzes (vgl. dazu Rn. 53) ein teilweiser Entzug der Personensorge in Betracht. **42**

In Kindschaftssachen (§ 151 FamFG) ist das Kind selbst Verfahrensbeteiligter i.S.d. § 7 FamFG und bedarf regelmäßig der gesetzlichen Vertretung (§ 9 Abs. 2 FamFG; Ausnahme: § 9 Abs. 1 Nr. 3 FamFG). Die Eltern sind nicht bereits nach den §§ 1629 Abs. 2 Satz 1, 1795 Abs. 1 Nr. 3 BGB kraft **43**

---

[52] BGH v. 25.11.2004 - V ZB 13/04 - BGHZ 161, 170-180; BGH v. 03.02.2005 - V ZB 44/04 - NJW 2005, 1430; BGH v. 30.09.2010 - V ZB 206/10 - NJW 2010, 3643.
[53] BGH v. 03.02.2005 - V ZB 44/04 - NJW 2005, 1430; OLG München v. 08.02.2011 - 34 Wx 18/11 - FamRZ 2011, 828.
[54] BGH v. 30.09.2010 - V ZB 206/10 - NJW 2010, 3643.
[55] BGH v. 25.11.2004 - V ZB 13/04 - BGHZ 161, 170-180.
[56] OLG München v. 23.09.2011 - 34 Wx 311/11 - FamRZ 2012, 740-742; anders noch OLG München v. 08.02.2011 - 34 Wx 18/11 - FamRZ 2011, 828-829; vgl. hierzu auch *Zorn*, Rpfleger 2011, 475-477, 477.
[57] OLG Frankfurt v. 02.04.2012 - 20 W 57/11 - juris Rn. 16; *Wagenitz* in: MünchKomm-BGB, § 1795 Rn. 23.
[58] BGH v. 27.2.1980 - IV ZB 167/79 - NJW 1980, 1746, 1747; OLG Hamm v. 29.9.1978 - 15 W 148/78 - NJW 1979, 49, 50; kritisch *Schwab* in: MünchKomm-BGB, § 1909 Rn. 22.
[59] BGH v. 27.02.1980 - IV ZB 167/79 - NJW 1980, 1746, 1747; *Schwab* in: MünchKomm-BGB, § 1909 Rn. 22.
[60] BGH v. 21.03.2012 - XII ZB 510/10 - juris Rn. 14; OLG Düsseldorf v. 24.09.2010 - 7 UF 112/10 - JAmt 2010, 505.
[61] BGH v. 21.03.2012 XII ZB 510/10 - juris Rn. 17.
[62] BGH v. 21.03.2012 - XII ZB 510/10 - juris Rn. 21.
[63] BGH v. 21.03.2012 - XII ZB 510/10 - juris Rn. 18.
[64] BGH v. 18.02.2009 - XII ZR 156/07 - juris Rn. 30 - FamRZ 2009, 861, 864; OLG Brandenburg v. 21.10.2009 - 9 WF 84/09 - FamRZ 2010, 472.
[65] OLG Dresden v. 02.10.2008 - 21 UF 481/08 - juris Rn. 8 - FamRZ 2009, 1330, 1331.

Gesetzes von der Vertretung ausgeschlossen.[66] In Betracht kommt jedoch im Einzelfall eine Entziehung der Vertretungsmacht gemäß §§ 1629 Abs. 2 Satz 3, 1796 BGB, wenn ein erheblicher Interessengegensatz (vgl. dazu Rn. 53) vorliegt. In allen Verfahren, die sich nicht ausschließlich auf Vermögensangelegenheiten beziehen, kann den bestehenden Interessenkonflikten jedoch durch die Bestellung des Verfahrensbeistands (§ 158 FamFG) als Interessenvertreter des Kindes hinreichend Rechnung getragen werden, so dass ein Entzug der elterlichen Vertretungsbefugnis nicht erforderlich ist.[67]

44 Die Bestellung eines Verfahrensbeistandes scheidet jedoch in Angelegenheiten aus, die ausschließlich das Vermögen des Kindes betreffen, z.B. in Genehmigungsverfahren nach den §§ 1828, 1829 BGB.[68] Die Bestellung eines Ergänzungspflegers ist daher z.B. für notwendig erachtet worden in Verfahren zur Genehmigung der Erbausschlagung durch die Kindeseltern, um eine den Anforderungen des § 41 Abs. 3 FamFG genügende Zustellung zu ermöglichen.[69] Aus § 41 Abs. 3 FamFG kann indes kein genereller Ausschluss des Vertretungsrechts aus verfahrensrechtlichen Gründen hergeleitet werden. Die Bestellung eines Ergänzungspflegers zur Entgegennahme des Genehmigungsbeschlusses ist nur dann notwendig, wenn im Einzelfall die Voraussetzungen des § 1796 BGB für eine Entziehung der Vertretungsmacht vorliegen[70] (vgl. dazu noch näher Rn. 55).

45 Gesetzliche Vertretungsverbote können sich weiter aus Vorschriften außerhalb des BGB ergeben:

46 Nach § 52 Abs. 2 Satz 2 StPO darf der Sorgerechtsinhaber, sofern er selbst – oder der andere gesamtsorgeberechtigte Elternteil – beschuldigt ist, nicht über die Ausübung des Zeugnisverweigerungsrechts eines aussagewilligen Minderjährigen entscheiden, wenn zu vermuten ist, dass der Minderjährige keine Vorstellung von der Bedeutung des Zeugnisverweigerungsrechts hat. Der Rechtsgedanke des § 1795 BGB ist auch auf die Erhebung der Nebenklage durch einen Elternteil in Vertretung des Kindes gegen den anderen Elternteil anwendbar.[71] Steht dem Ehegatten des Beschuldigten hingegen allein die gesetzliche Vertretung zu, so kann eine Ergänzungspflegschaft ohne teilweisen Entzug der elterlichen Sorge nicht angeordnet werden.[72] Der Bestellung eines Ergänzungspflegers bedarf es nur, wenn das Kind zu einer Zeugenaussage bereit ist, ihm aber die nötige Verstandesreife, d.h. die erforderliche Einsicht in die Bedeutung seines Zeugnisverweigerungsrechts, fehlt. Hat das Kind hingegen die nötige Verstandesreife i.S. des § 52 Abs. 2 Satz 1 StPO, ist allein seine Entscheidung, ob es das Zeugnisverweigerungsrecht wahrnehmen will oder nicht, maßgebend.[73] Eine Pflegerbestellung scheidet ebenfalls aus, wenn das Kind nicht aussagen will.[74] Bei der Prüfung dieser Voraussetzungen im Pflegschaftsverfahren (§ 26 FamFG) ist das Familiengericht hinsichtlich der Frage, ob das Kind die für einen selbstverantwortlichen Entschluss notwendige Verstandesreife besitzt, grundsätzlich an die Einschätzung der jeweiligen Verhörsperson (Staatsanwalt oder Richter) gebunden.[75] Nach wohl überwiegender Auffassung muss diese Einschätzung nicht notwendig auf einer vorhergehenden persönlichen Befragung des Minderjährigen durch die Verhörsperson beruhen.[76] Im Einzelfall kann sie sich auch allein auf das Al-

---

[66] OLG Stuttgart v. 26.10.2009 - 18 WF 229/09 - juris Rn. 18 - JAmt 2009, 569-570; OLG Oldenburg v. 26.11.2009 - 14 UF 149/09 - juris Rn. 18 - JAmt 2010, 38-39.

[67] BGH v. 07.09.2011 - XII ZB 12/11 - FamRZ 2011, 1788.

[68] KG v. 04.03.2010 - 17 UF 5/10 - FamRZ 2010, 1171; OLG Hamm v. 18.02.2013 - 8 WF 39/12 - FamRZ 2014, 600; *Engelhardt* in: Keidel, FamFG, 18. Aufl. 2014, § 158 Rn. 6; vgl. auch BGH v. 07.09.2011 - XII ZB 12/11 - FamRZ 2011, 1788; BGH v. 18.01.2012 - XII ZB 489/11 - FamRZ 2012, 436.

[69] OLG Celle v. 04.05.2011 - 10 UF 78/11 - juris Rn. 14 - FamRZ 2011, 1304; OLG Köln v. 10.08.2010 - 4 UF 127/10 - juris Rn. 6 - FamRZ 2011, 231; OLG Köln v. 22.08.2011 - 4 UF 139/11 - FamRZ 2012, 42; OLG Brandenburg v. 23.01.2012 - 10 UF 243/11 - juris Rn. 9.

[70] BGH v. 12.02.2014 - XII ZB 592/12 - juris Rn. 13.

[71] OLG Stuttgart v. 31.03.1999 - 4 Ws 57/99 u. 58/99 - Die Justiz 1999, 348.

[72] OLG Nürnberg v. 15.04.2010 - 9 UF 353/10; OLG Brandenburg v. 16.09.2011 - 13 UF 167/11 - juris Rn. 11.

[73] OLG Bremen v. 22.09.2010 - 4 UF 91/10 - NJW-RR 2011, 154.

[74] OLG Bremen v. 22.09.2010 - 4 UF 91/10 - NJW-RR 2011, 154; OLG Brandenburg v. 16.09.2011 - 13 UF 167/11 - juris Rn. 11.

[75] OLG Stuttgart v. 26.07.1985 - 8 W 253/85 - juris Rn. 7 - OLGZ 1985, 385-388; BayObLG v. 07.08.1997 - 1Z BR 146/97 - NJW 1998, 614; OLG Hamburg v. 26.03.2013 - 13 UF 81/12 - juris Rn. 17; OLG Koblenz v. 22.04.2014 - 13 WF 293/14 - juris Rn. 13.

[76] BayObLG v. 07.08.1997 - 1Z BR 146/97 - NJW 1998, 614; OLG Hamburg v. 26.03.2013 - 13 UF 81/12 - juris Rn. 17; OLG Koblenz v. 22.04.2014 - 13 WF 293/14 - juris Rn. 14; a.A. OLG Stuttgart v. 26.07.1985 - 8 W 253/85 - juris Rn. 7 - OLGZ 1985, 385-388; OLG Brandenburg v. 17.11.2009 - 10 UF 154/09 - juris Rn. 8.

ter des Kindes stützen.[77] Jedenfalls muss aber der Schutz eines minderjährigen Zeugen vor mehrfachen Vernehmungen angemessen berücksichtigt werden.[78] Dies gilt vor allem in den Fällen der §§ 58a Abs. 1 Satz 2 Nr. 1, 255a Abs. 2 StPO. Diesen Vorschriften liegt die Einsicht zugrunde, dass Kinder, vor allem wenn sie selbst Opfer der Straftat sind, durch mehrfache Vernehmungen stark belastet, im Einzelfall gar erneut traumatisiert werden können.[79] Aus diesem Grunde kann auch für die Feststellung der Aussagebereitschaft des Kindes nicht in jedem Fall gefordert werden, dass es durch die vernehmende Stelle hierzu vorab befragt worden ist. Es kann genügen, wenn sich aus den Akten hinreichende Anhaltspunkte für eine Aussagebereitschaft ergeben[80], etwa, weil das Kind bereits gegenüber dem Jugendamt Angaben zum fraglichen Geschehen gemacht[81] oder weil es selbst Anzeige erstattet hat[82]. Teilweise wird eine Vorabprüfung der Aussagebereitschaft auch vollständig für entbehrlich erachtet.[83] Jedenfalls dann, wenn das Kind bereits erklärt hat, nicht aussagen zu wollen, besteht für eine Ergänzungspflegschaft allerdings kein Raum mehr.[84]

Weitere gesetzliche Vertretungsverbote bestehen nach § 161a Abs. 1 Satz 2 StPO und § 81c Abs. 3 Satz 3 StPO.   47

Eine § 52 Abs. 2 Satz 2 StPO entsprechende Regelung fehlt für das Zivilverfahren; es ist jedoch anerkannt, dass die dargestellten Grundsätze auch beim Zeugnisverweigerungsrecht nach § 383 Abs. 1 Nr. 3 ZPO gelten. Str. ist allerdings, ob die Eltern kraft Gesetzes (§ 1795 Abs. 1 Nr. 3 BGB i.V.m. § 1629 Abs. 2 BGB) von der Vertretung ausgeschlossen sind[85], oder ob ihnen das Vertretungsrecht wegen des Interessengegensatzes nach den §§ 1796, 1629 Abs. 2 Satz 3 BGB durch das Gericht im Einzelfall zu entziehen ist.[86]   48

Ein erheblicher Interessengegensatz (vgl. Rn. 53) als solcher schließt nicht kraft Gesetzes die Vertretungsbefugnis. Vielmehr ist in einem solchen Fall eine gerichtliche Entscheidung über den Entzug der Vertretungsbefugnis notwendig, ehe ein Ergänzungspfleger bestellt werden kann.[87] In der Praxis wird allerdings vielfach in der Pflegerbestellung zugleich der konkludente Entzug der Vertretungsmacht gesehen.[88] Unabhängig hiervon wird nach §§ 1630 Abs. 1, 1794 BGB auch durch eine zu Unrecht erfolgte Pflegerbestellung das Sorgerecht und die Vertretungsbefugnis bis zur Aufhebung der Bestellung eingeschränkt (vgl. Rn. 10).   49

bb. Ruhen der elterlichen Sorge

Eine rechtliche Verhinderung liegt vor, wenn die elterliche Sorge kraft Gesetzes nach § 1673 BGB ganz oder teilweise ruht oder das Familiengericht das Ruhen der elterlichen Sorgen nach § 1674 BGB festgestellt hat. Bei gemeinsamer elterlicher Sorge wird diese jedoch nach § 1678 Abs. 1 BGB vom anderen Elternteil allein ausgeübt, so dass es eines Ergänzungspflegers nur bedarf, wenn beide Eltern (vorübergehend) verhindert sind. Ist ein Elternteil allein sorgeberechtigt (§§ 1626a Abs. 3, 1671 BGB), so hat das Familiengericht die elterliche Sorge vorrangig dem anderen Elternteil zu übertragen (§ 1678 Abs. 2 BGB), wenn dies dem Wohl des Kindes nicht widerspricht. Raum für die Bestellung eines Ergänzungspflegers ist in solchen Fällen nur, wenn die konkrete Aussicht besteht, dass der Grund des Ruhens der elterlichen Sorge in überschaubarer Zeit wegfallen wird.   50

---

[77] OLG Hamburg v. 26.03.2013 - 13 UF 81/12 - juris Rn. 17 (9-jähriges Kind); OLG Koblenz v. 22.04.2014 - 13 WF 293/14 - juris Rn. 14 (8- und 10-jähriges Kind); vgl. auch BayObLG v. 07.08.1997 - 1Z BR 146/97 - NJW 1998, 614 (11-jähriges Kind).
[78] BayObLG v. 07.08.1997 - 1Z BR 146/97 - NJW 1998, 614, 615; offen gelassen OLG Bremen v. 22.09.2010 - 4 UF 91/10 - NJW-RR 2011, 154.
[79] *Senge* in: KK-StPO, 6. Aufl. 2008, § 58a Rn. 6; vgl. auch BGH v. 08.07.2004 - 1 StR 273/04.
[80] Saarl. OLG v. 22.03.2011 - 6 UF 34/11 - juris Rn. 9; BayObLG v. 07.08.1997 - 1Z BR 146/97 - juris Rn. 12.
[81] OLG Koblenz v. 22.04.2014 - 13 WF 293/14 - juris Rn. 14.
[82] OLG Naumburg v. 25.08.2005 - 14 UF 64/05 - juris Rn. 8.
[83] OLG Hamburg v. 26.03.2013 - 13 UF 81/12 - juris Rn. 18.
[84] OLG Brandenburg v. 17.11.2009 - 10 UF 154/09 - juris Rn. 5.
[85] OLG Stuttgart v. 14.07.1965 - 2 W 23/65 - FamRZ 1965, 515.
[86] BayObLG v. 17.10.1966 BReg 1h Z 64/66 - NJW 1967, 206, 209; *Schwab* in: MünchKomm-BGB, § 1909 Rn. 32.
[87] BGH v. 27.11.1974 - IV ZB 42/73 - NJW 1975, 345, 346; OLG Karlsruhe v. 26.03.2012 - 2 WF 42/12 - juris Rn. 25.
[88] KG v. 24.02.1966 - 1 W 3402/65 - NJW 1966, 1320, 1321; vgl. auch BGH v. 05.03.2008 - XII ZB 2/07 - NJW-RR 2008, 963, 965.

cc. Ausschluss aufgrund gerichtlicher Entscheidung

51 Eine rechtliche Verhinderung tritt auch mit Wirksamkeit der gerichtlichen Entscheidung ein, durch die das Sorgerecht oder die Vertretungsmacht für einzelne Angelegenheiten oder für einen Kreis von Angelegenheiten entzogen wird (§§ 1629 Abs. 2 Satz 3, 1684 Abs. 3 Satz 3, 1796, 1666, 1837 Abs. 4, 1801 BGB). Wird einem gesamtsorgeberechtigten Elternteil, etwa wegen eines erheblichen Interessengegensatzes, das Vertretungsrecht entzogen, so wird allerdings nach § 1680 Abs. 3 BGB grundsätzlich der andere Elternteil allein vertretungsberechtigt.[89] Pflegschaft nach § 1909 Abs. 1 Satz 1 BGB ist daher nur dann anzuordnen, wenn die Vertretungsmacht oder elterliche Sorge beiden Eltern entzogen wurde.

52 Ergänzungspflegschaft kommt jedoch nur dann in Betracht, wenn das Familiengericht dem Sorgerechtsinhaber nicht die gesamte elterliche Sorge entzogen hat. In Fällen, in denen das Familiengericht die Personen- und die Vermögenssorge entzogen hat, ist Vormundschaft anzuordnen. Pflegschaft ist immer nur dann anzuordnen, wenn die elterliche Sorge teilweise entzogen wurde, z.B. dann wenn „nur" die Personensorge entzogen wurde.[90]

53 Ein den Entzug der Vertretungsmacht nach den §§ 1796, 1629 Abs. 2 Satz 3 BGB rechtfertigender erheblicher Interessengegensatz setzt voraus, dass das Interesse des Minderjährigen zu den Interessen des Vormundes bzw. denen des gesetzlichen Vertreters oder eines von diesem vertretenen Dritten oder einer der in § 1795 Nr. 1 BGB bezeichneten Personen in erheblichem Gegensatz steht, d.h. die Verschiedenheit der Interessen so groß ist, dass die Förderung des einen Interesses nur auf Kosten des anderen geschehen kann.[91] Die Bestellung eines Pflegers ist jedoch dann nicht erforderlich, wenn trotz eines „typischen" Interessengegensatzes im konkreten Einzelfall keinerlei Anlass zu der Annahme besteht, der gesetzliche Vertreter werde – unbeschadet seiner eigenen Interessen – die Belange des Vertretenen nicht im gebotenen Maße wahren und fördern.[92] Steht das Interesse eines Elternteils im Einzelfall in erheblichem Gegensatz zum Interesse des Kindes, so ist auch zu prüfen, ob nicht ein gleichgelagertes eigenes Interesse des anderen Elternteils besteht mit der Folge, dass beiden Elternteilen die Vertretungsbefugnis zu entziehen ist.[93]

54 In Kindschaftssachen (§ 151 FamFG) kann im Einzelfall ein erheblicher Interessengegensatz zwischen Kind und den grundsätzlich zur Vertretung befugten (vgl. Rn. 43) Kindeseltern bestehen. Diesem wird allerdings regelmäßig durch die Bestellung eines Verfahrensbeistands (§ 158 FamFG) hinreichend Rechnung getragen werden können[94], so dass im Ergebnis die Entziehung der Vertretungsmacht und die Bestellung eines Ergänzungspflegers nicht erforderlich sind.

55 Die Bestellung eines Verfahrensbeistandes scheidet jedoch in Angelegenheiten aus, die ausschließlich das Vermögen des Kindes betreffen, z.B. in Genehmigungsverfahren nach den §§ 1828, 1829 BGB.[95] Die Bestellung eines Ergänzungspflegers ist daher z.B. für notwendig erachtet worden in Verfahren zur Genehmigung der Erbausschlagung durch die Kindeseltern, um die Wahrnehmung der Verfahrensrechte des Kindes, insbesondere des Anspruchs auf rechtliches Gehör, sicherzustellen[96] bzw. um eine den Anforderungen des § 41 Abs. 3 FamFG genügende Zustellung zu ermöglichen.[97] Die Bestellung eines Ergänzungspflegers zur Entgegennahme des Genehmigungsbeschlusses ist indes nur dann notwendig, wenn im Einzelfall die Voraussetzungen des § 1796 BGB für eine Entziehung der Vertretungsmacht vorliegen.[98] So wird etwa im Verfahren über die Genehmigung der Erbausschlagung der

---

[89] *Roth* in: Erman, § 1909 Rn. 3; *Schwab* in: MünchKomm-BGB, § 1909 Rn. 26.

[90] BayObLG v. 10.02.1997 - 1Z BR 271/96 - BayObLGR 1997, 29.

[91] BayObLG v. 24.06.1982 - 3 Z 38/81 - Rpfleger 1982, 379; OLG Hamm v. 26.07.1973 - 15 W 80/73 - MDR 1974, 44; OLG Karlsruhe v. 27.03.2003 - 16 UF 25/03 - FamRZ 2004, 51.

[92] BGH v. 05.03.2008 - XII ZB 2/07 - NJW-RR 2008, 963, 965; OLG Karlsruhe v. 27.03.2003 - 16 UF 25/03 - FamRZ 2004, 51, 52; OLG Karlsruhe v. 26.03.2012 - 2 WF 42/12 - juris Rn. 27.

[93] OLG Köln v. 28.02.2000 - 27 UF 24/00 - NJWE-FER 2000, 231, 232; OLG Karlsruhe v. 27.03.2003 - 16 UF 25/03 - FamRZ 2004, 51.

[94] BGH v. 07.09.2011 - XII ZB 12/11 - FamRZ 2011, 1788; OLG Stuttgart v. 26.10.2009 - 18 WF 229/09 - juris Rn. 22 - JAmt 2009, 569-570; a.A. OLG Oldenburg v. 26.11.2009 - 14 UF 149/09 - juris Rn. 17 - JAmt 2010, 38-39.

[95] KG v. 04.03.2010 - 17 UF 5/10 - FamRZ 2010, 1171; *Engelhardt* in: Keidel, FamFG, 18. Aufl. 2014, § 158 Rn. 6; vgl. auch BGH v. 07.09.2011 - XII ZB 12/11 - FamRZ 2011, 1788.

[96] KG v. 04.03.2010 - 17 UF 5/10 - FamRZ 2010, 1171.

[97] OLG Celle v. 04.05.2011 - 10 UF 78/11 - juris Rn. 14 - FamRZ 2011, 1304.

[98] BGH v. 12.02.2014 - XII ZB 592/12 - juris Rn. 13.

gesetzliche Vertreter des Kindes bereits durch das Gericht kontrolliert, so dass ein Bedürfnis, das der Kontrolle dienende Verfahren sowie das kontrollierende Gericht seinerseits einer generellen weiteren Kontrolle durch einen anderen Vertreter des Kindes zu unterstellen, ohne konkret festgestellten Interessenwiderstreit nicht besteht. Anders kann dies im Hinblick auf die Rechtsprechung des BVerfG[99] in Fällen zu beurteilen sein, in denen es nicht um die Genehmigung von einseitigen, gegenüber dem Gericht vorzunehmenden Erklärungen geht, sondern um die Genehmigung einer vertraglichen Gestaltung, an welcher der gesetzliche Vertreter aktiv mitgewirkt hat.[100]

Zu den weiteren Anwendungsvoraussetzungen und Einzelfällen vgl. die Kommentierung zu § 1629 BGB und die Kommentierung zu § 1796 BGB. **56**

In diesem Zusammenhang ist auch § 1801 BGB zu sehen, wonach dem Einzelvormund die Sorge für die religiöse Erziehung des Mündels entzogen werden kann, wenn dieser nicht dem Bekenntnis angehört, in welchem das Mündel zu erziehen ist. Zu den Einzelheiten vgl. die Kommentierung zu § 1801 BGB. **57**

Keine Ergänzungspflegschaft ist anzuordnen, wenn über das Vermögen der Eltern oder des Vormunds das Insolvenzverfahren eröffnet wurde. § 1670 BGB und § 1781 Nr. 3 BGB sind aufgehoben.[101] Die Vermögenssorge des Vormunds und der Eltern endet nicht im Falle der Insolvenz. **58**

Auch der Entzug des Sorgerechts nach § 1666 BGB (beim Vormund: i.V.m. § 1837 Abs. 4 BGB) begründet eine rechtliche Verhinderung, die die Bestellung eines Ergänzungspflegers erforderlich machen kann.[102] Bei gemeinsamem Sorgerecht übt jedoch der andere, nicht betroffene Elternteil die elterliche Sorge alleine aus (§ 1680 Abs. 3 BGB), so dass es keiner Pflegerbestellung bedarf. Übt ein Elternteil (§§ 1626a Abs. 3, 1671 BGB) die elterliche Sorge alleine aus, so kommt vorrangig die Übertragung auf den anderen Elternteil bzw. eine Änderung der Sorgerechtsentscheidung nach § 1696 Abs. 1 BGB in Betracht. Erst wenn eine solche Lösung nicht möglich ist – etwa weil sie dem Kindeswohl nicht entspricht – ist ein Ergänzungspfleger zu bestellen. **59**

b. Tatsächliche Verhinderung

Als tatsächliche Hindernisse können insbesondere Krankheit[103], hohes Alter[104], Strafhaft[105], Abwesenheit oder große räumliche Entfernung der Ausübung des Sorgerechts entgegen stehen. Die Tatsache, dass der Sorgerechtsinhaber betagt ist, ist jedoch für sich noch kein Grund, ihn als verhindert zur Besorgung der Angelegenheiten der Schutzbedürftigen anzusehen.[106] **60**

Fehlende Sachkunde oder Geschäftsgewandtheit des Sorgeberechtigten stellen keinen Fall einer tatsächlichen Verhinderung dar.[107] Ohne eine teilweise Sorgerechtsbeschränkung durch gerichtliche Entscheidung ist für die Anordnung einer Pflegschaft wegen persönlicher Unzulänglichkeit des Sorgeberechtigten grundsätzlich kein Raum. Verfügt der Sorgeberechtigte nicht über die zur sachgerechten Besorgung einzelner Geschäfte des Minderjährigen erforderliche Sachkunde, ist es seine Sache, diesen Mangel an Eignung in eigener Verantwortung durch Inanspruchnahme fachspezifischer Hilfe auszugleichen.[108] Bei fehlenden finanziellen Mitteln ist er auf die Inanspruchnahme von Beratungs-, Prozess- bzw. Verfahrenskostenhilfe zu verweisen.[109] Fehlt dem Sorgeberechtigten die Einsicht in die Notwendigkeit, Hilfen anzunehmen, so ist nach den §§ 1666, 1837 Abs. 4 BGB zu verfahren. **61**

---

[99] BVerfG v. 18.01.2000 - 1 BvR 321/96 - BVerfGE 101, 397.
[100] BGH v. 12.02.2014 - XII ZB 592/12 - juris Rn. 17.
[101] § 1670 BGB durch das KindRG mit Wirkung zum 01.07.1998; § 1781 Nr. 3 BGB durch Art. 33 Nr. 30 i.V.m. Art. 110 Abs. 1 des EGInsO v. 05.10.1994 - BGBl I 1994, 2911 mit Wirkung zum 01.01.1999.
[102] BayObLG v. 06.10.1999 - 1Z BR 52/98 - NJWE-FER 1999, 118, 119.
[103] Soweit die Erkrankung Geschäftsunfähigkeit oder beschränkte Geschäftsfähigkeit bedingt, greift allerdings bereits § 1673 Abs. 1 und Abs. 2 BGB mit der Folge, dass eine rechtliche Verhinderung besteht; vgl. dazu Rn. 50.
[104] *Roth* in: Erman, § 1909 Rn. 9; vgl. aber auch BayObLG v. 28.11.1989 - BReg 1 a Z 44/89 - Rpfleger 1990, 119: Alter von 64 Jahren allein kein Grund.
[105] BayObLG v. 23.12.1974 - BReg 1 Z 106/73 - NJW 1975, 1082, 1083.
[106] BayObLG v. 28.11.1989 - BReg 1 a Z 44/89 - Rpfleger 1990, 119.
[107] BGH v. 29.05.2013 - XII ZB 530/11 - juris Rn. 17, a.A. noch BayObLG v. 30.07.1976 - BReg 3 Z 129/75 - FamRZ 1977, 209; OLG Brandenburg v. 13.12.2010 - 13 UF 96/10 - FamRZ 2011, 742; offen gelassen von OLG Karlsruhe v. 02.12.2010 - 2 UF 172/10 - NJW-RR 2011, 733.
[108] *Schwab* in: MünchKomm-BGB, § 1909 Rn. 14
[109] BGH v. 29.05.2013 - XII ZB 530/11 - juris Rn. 19.

62 Der gesetzliche Vertreter ist ferner nicht tatsächlich verhindert, wenn er sich nicht um die Angelegenheiten des Schutzbedürftigen kümmert, obwohl er dazu imstande wäre. Auch in diesem Fall kann es je nach den Umständen des Einzelfalles geboten sein, Maßnahmen nach § 1666 BGB zu ergreifen oder nach § 1629 Abs. 2 Satz 3 BGB die Vertretung zu entziehen. Im Falle der Entziehung ist Pflegschaft dann wegen der rechtlichen Verhinderung anzuordnen.[110]

63 Eine tatsächliche Verhinderung liegt auch dann nicht vor, wenn die Anschrift des Sorgerechtsinhabers unbekannt ist oder er keinen festen Wohnsitz hat, Kind und Sorgerechtsinhaber sich aber gleichwohl gemeinsam im Inland aufhalten. In Fällen dieser Art findet ggf. § 1666 BGB Anwendung.[111]

64 Sind die Eltern gemeinsam sorgeberechtigt und ist nur ein Elternteil tatsächlich verhindert, so übt der andere Teil die elterliche Sorge allein aus, § 1678 Abs. 1 BGB. Nur wenn beide Eltern tatsächlich verhindert sind, ist Pflegschaft anzuordnen. Übt ein Elternteil die elterliche Sorge alleine aus, so kommt vorrangig die Übertragung auf den anderen Elternteil bzw. eine Änderung der Sorgerechtsentscheidung nach § 1696 Abs. 1 BGB in Betracht. Erst wenn eine solche Lösung nicht möglich ist – etwa weil sie dem Kindeswohl nicht entspricht – ist ein Ergänzungspfleger zu bestellen.

2. Bedürfnis zur Pflegerbestellung

65 Nicht jede Verhinderung der Eltern bzw. eines Elternteils oder des Vormunds rechtfertigt die Anordnung einer Pflegschaft. Es muss – als weitere vom Gericht von Amts wegen (§ 26 FamFG) zu prüfende Voraussetzung – ein Fürsorgebedürfnis hinzutreten, das durch einen gegenwärtigen, konkreten Anlass begründet ist.[112] Ein Bedürfnis besteht nicht, wenn die Angelegenheit auch ohne Pfleger wirksam erledigt werden kann.

66 Kein Fürsorgebedürfnis besteht zunächst, wenn
- der andere Elternteil in der Lage ist, die elterliche Sorge auszuüben oder
- der Minderjährige selbst handeln kann (§§ 112, 113 BGB; ausreichende Verstandesreife i.S.d. § 52 Abs. 2 Satz 1 StPO).

Auch eigene Maßregeln des Gerichts (z.B. nach § 1667 BGB) können eine Pflegschaft entbehrlich machen. Dabei ist in den Fällen der §§ 1846, 1693 BGB jedoch zu beachten, dass die Bestellung eines Ergänzungspflegers, der die jeweils sachlich erforderliche Maßnahme treffen kann, grundsätzlich Vorrang vor einer eigenen Sachentscheidung des Gerichts hat.[113]

67 Nur mögliche oder zukünftige Aufgaben rechtfertigen keine Pflegerbestellung „auf Vorrat".[114] Auch eine „Beobachtungs"- oder „Überwachungspflegschaft" ist unzulässig[115]: Die Möglichkeit eines Interessenkonflikts bedeutet weder ein rechtliches noch ein tatsächliches Hindernis i.S.d. § 1909 BGB.[116] Auch erlaubt das Gesetz nicht die Bestellung eines Pflegers allein zur Prüfung, ob der gesetzliche Vertreter die Rechte des Kindes pflichtgemäß wahrnimmt oder ob es etwa im Interesse des Kindes notwendig ist, gegen ihn vorzugehen.[117] Teilweise wird eine Überwachungspflegschaft jedoch dann für zulässig erachtet, wenn konkrete Umstände den Verdacht einer künftigen Schädigung des Kindes/Mündels nahe legen.[118]

68 Die Prüfung des besonderen Bedürfnisses durch das Familiengericht erfolgt von Amts wegen (§ 26 FamFG). Hinsichtlich der Frage der rechtlichen Verhinderung genügt es für die Begründung des Fürsorgebedürfnisses, dass Zweifel an der Vertretungsmacht bestehen und andere mit der Angelegenheit befasste Stellen eine Verhinderung annehmen können.[119] Hinsichtlich der vom Ergänzungspfleger zu besorgenden Angelegenheit hat das Familiengericht das beabsichtigte Rechtsgeschäft oder den ver-

---

[110] BayObLG v. 26.02.1981 - BReg 3 Z 5/81 - BayObLGZ 1981, 44, 48; BayObLG v. 30.01.1985 - BReg 3 Z 5/85 - BayObLGZ 1985, 53, 55; BayObLG v. 24.06.1982 - 3 Z 38/81 - Rpfleger 1982, 379.
[111] OLG Düsseldorf v. 12.07.1967 - 3 W 104/67 - NJW 1968, 453.
[112] BGH v. 18.09.1975 - II ZB 6/74 - BGHZ 65, 93, 95.
[113] *Diederichsen* in: Palandt, § 1693 Rn. 2.
[114] OLG Köln v. 15.12.1998 - 4 UF 257/98 - FamRZ 1999, 1694.
[115] BGH v. 18.09.1975 - II ZB 6/74 - BGHZ 65, 93, 101; BayObLG v. 11.02.1982 - BReg 1 Z 117/81 - BayObLGZ 1982, 86, 88.
[116] BGH v. 18.09.1975 - II ZB 6/74 - juris Rn. 19 - BGHZ 65, 93, 101.
[117] BGH v. 18.09.1975 - II ZB 6/74 - juris Rn. 19 - BGHZ 65, 93, 101.
[118] *Zimmermann* in: Soergel, § 1909 Rn. 10.
[119] OLG Saarbrücken v. 03.07.1979 - 5 W 49/79 - DNotZ 1980, 113; *Zimmermann* in: Soergel, § 1909 Rn. 12; *Sonnenfeld* in: Jansen, FGG, 3. Aufl. 2005, § 37 Rn. 16.

mutlichen Ausgang eines beabsichtigten Rechtsstreits nur sehr eingeschränkt zu prüfen.[120] Ein Bedürfnis ist lediglich dann zu verneinen, wenn die beabsichtigte Verfolgung von Ansprüchen völlig aussichtslos oder mutwillig erscheint[121] oder das beabsichtigte Rechtsgeschäft wegen Sittenwidrigkeit oder des Verstoßes ein gesetzliches Verbot (z.B. § 1804 BGB) von vorneherein nicht genehmigungsfähig ist[122].

Im Falle des § 1909 Abs. 1 Satz 2 BGB wird das Bedürfnis vom Gesetzgeber unterstellt, weshalb es einer gesonderten Prüfung nicht bedarf.[123] **69**

II. Zuwendungspflegschaft (Absatz 1 Satz 2)

§ 1909 Abs. 1 Satz 2 BGB regelt einen besonderen Fall der rechtlichen Verhinderung. Im Falle einer entsprechenden Anordnung des Erblassers bzw. Zuwendenden sind die Eltern bereits kraft Gesetzes von der Verwaltung des Nachlassvermögens bzw. der Zuwendung ausgeschlossen (§ 1638 Abs. 1 BGB). Ihnen verbleibt jedoch das Recht, das Kind bei der Annahme oder Ausschlagung der Erbschaft zu vertreten.[124] Beim Vormund tritt der Ausschluss erst mit Wirksamkeit der Pflegerbestellung ein (§ 1794 BGB).[125] **70**

Der Verwaltungsausschluss der Eltern oder des Vormunds muss vom Zuwendenden nicht ausdrücklich erklärt sein. Es genügt die Bitte um Anordnung von Verwaltung oder Pflegerbestellung, bzw. die Betrauung eines Dritten mit der Verwaltung.[126] Die Benennung eines Testamentsvollstreckers ist jedoch kein Fall des § 1909 Abs. 1 Satz 2 BGB.[127] **71**

Von Todes wegen zugewendetes Vermögen kann auch der gesetzliche Erbteil, der Pflichtteil oder ein Vermächtnis sein (vgl. dazu die Kommentierung zu § 1638 BGB). Kein Erwerb von Todes wegen und somit kein Fall der Anordnung der Ergänzungspflegschaft gemäß § 1909 Abs. 1 Satz 2 BGB liegt vor, wenn einem minderjährigen Kind anlässlich des Todes eines Elternteils die Leistung aus einer Lebensversicherung zufällt.[128] **72**

Die Gültigkeit der letztwilligen Verfügung hat das Familiengericht von Amts wegen zu prüfen. Verbleiben Zweifel, ist die Pflegschaft anzuordnen; es bleibt dann dem Pfleger überlassen, eine Entscheidung des Prozessgerichts herbeizuführen.[129] **73**

Bei Zuwendungen unter Lebenden muss der Ausschluss von der Verwaltung „bei" der Zuwendung erfolgen, ist also nachträglich nicht mehr möglich. Eltern können sich bei Zuwendungen an ihre Kinder selbst von der Verwaltung ausschließen.[130] **74**

Pflegschaft ist nicht anzuordnen, wenn nur ein Elternteil von der Verwaltung ausgeschlossen wurde. In diesem Falle vertritt der andere Elternteil das Kind und verwaltet das Vermögen, vgl. § 1638 Abs. 3 BGB. Schließt jedoch der zuerst versterbende Elternteil den überlebenden von der Verwaltung des durch ihn den Kindern zugewandten Vermögens aus, ist eine Pflegerbestellung notwendig.[131] **75**

Nach § 1917 BGB ist als Pfleger zu berufen, wer durch letztwillige Verfügung oder bei der Zuwendung unter Lebenden benannt worden ist (vgl. dazu näher die Kommentierung zu § 1917 BGB Rn. 4). **76**

---

[120] BayObLG v. 24.06.1982 - 3 Z 38/81 - juris Rn. 26 - FamRZ 1982, 1134, 1135; *Sonnenfeld* in: Jansen, FGG, 3. Aufl. 2005, § 37 Rn. 20.
[121] BayObLG v. 24.06.1982 - 3 Z 38/81 - juris Rn. 26 - FamRZ 1982, 1134, 1135; OLG Köln v. 28.02.2001 - 26 UF 18/01 - FamRZ 2002, 1655, 1656.
[122] OLG Hamm v. 16.04.1984 - 15 W 105/84 - OLGZ 1984, 432, 434; OLG Stuttgart v. 30.06.2004 - 8 W 495/03 - FamRZ 2005, 62, 63 (zur Bestellung eines Ergänzungsbetreuers).
[123] BayObLG v. 19.04.1989 - BReg 1 a Z 2/89 - FamRZ 1989, 1342, 1343.
[124] BayObLG v. 25.04.1977 - BReg 1 Z 22/77 - Rpfleger 1977, 253; OLG Karlsruhe v. 22.07.1965 - 5 W 134/64 - FamRZ 1965, 573.
[125] *Schwab* in: MünchKomm-BGB, § 1909 Rn. 45; *Roth* in: Erman, § 1909 Rn. 15.
[126] BayObLG v. 19.04.1989 - BReg 1 a Z 2/89 - FamRZ 1989, 1342, 1343; vgl. ferner die Kommentierung zu § 1638 BGB.
[127] BayObLG v. 19.04.1989 - BReg 1 a Z 2/89 - FamRZ 1989, 1342, 1343; *Roth* in: Erman, § 1909 Rn. 15.
[128] OLG Naumburg v. 15.01.2002 - 14 WF 227/01 - OLGR Naumburg 2002, 413, 414; kritisch hierzu *Muscheller*, WM 2004, 1009-1011.
[129] *Roth* in: Erman, § 1909 Rn. 15; *Zimmermann* in: Soergel, § 1909 Rn. 7.
[130] OLG Hamm v. 22.03.1974 - 15 W 174/73 - NJW 1974, 920; LG Köln v. 12.11.1970 - 1 T 426/70 - Rechtspfleger 1971, 354.
[131] BayObLG v. 19.04.1989 - BReg 1 a Z 2/89 - FamRZ 1989, 1342, 1343.

III. Ersatzpflegschaft (Absatz 3)

77 Die Ersatzpflegschaft nach § 1909 Abs. 3 BGB kommt in Betracht, wenn die Vormundschaft als solche bereits angeordnet ist oder zumindest die Voraussetzungen für die Anordnung vorliegen (§ 1773 BGB), der Vormund selbst aber noch nicht bestellt ist, etwa, weil ein geeigneter Einzelvormund noch nicht gefunden, der ausgewählte Vormund tatsächlich verhindert ist oder sein Amt nicht antritt.

78 Hinzutreten muss auch im Falle des Absatzes 3 ein besonderes Bedürfnis zur Pflegerbestellung.[132] Verzögerungen im Zusammenhang mit der Bestellung des Vormunds allein reichen für die Anordnung der Ersatzpflegschaft nicht aus. Der Schutzbedürftige muss vielmehr dringend der gesetzlichen Vertretung bedürfen. In einem solchen Fall ist vorrangig ein Ersatzpfleger nach Absatz 3 zu bestellen.[133] Erst wenn dies aufgrund des Eilbedürfnisses nicht mehr möglich ist, ist das Familiengericht befugt (§§ 1846, 1693 BGB), erforderliche Maßnahmen selbst zu treffen.[134]

79 In der Regel ist der Wirkungskreis des Pflegers beschränkt, da in den allermeisten Fällen nur eine Angelegenheit der schnellen Erledigung bedarf. Gleichwohl ist es nicht ausgeschlossen, dass dem Pfleger nach Absatz 3 die gesamte Personen- und Vermögenssorge übertragen wird.[135] In diesen Fällen unterscheidet sich die Pflegschaft von der Vormundschaft nur durch die Vorläufigkeit.

80 Die Pflegschaft nach Absatz 3 endet nicht von selbst. Die Ersatzpflegschaft ist förmlich aufzuheben, wenn ein Vormund bestellt ist.[136] Dies gilt auch dann, wenn zwischen Pfleger und Vormund Personenidentität besteht.[137]

IV. Mitteilungspflicht (Absatz 2)

81 Durch Absatz 2 soll gewährleistet werden, dass das Familiengericht rechtzeitig Kenntnis erlangt von allen Fällen, in denen Pflegschaft anzuordnen ist. § 1909 Abs. 2 BGB konkretisiert die Anzeigepflicht der Eltern und des Vormunds und tritt neben die allgemeinen Mitteilungspflichten.

82 Anzeigepflichtig sind zunächst die Eltern oder der Vormund und zwar die Person, die an der Besorgung der Angelegenheit verhindert ist. Zur Anzeige sind des Weiteren verpflichtet: der Gegenvormund (§ 1779 Abs. 1 Satz 1 BGB), der Pfleger (§ 1915 BGB), der Beistand (§ 1716 BGB), das Jugendamt (§ 50 SGB VIII), die Gerichte (§ 22a FamFG).

83 Das Pflegschaftsbedürfnis ist unverzüglich, d.h. entsprechend § 121 BGB ohne schuldhaftes Zögern dem Familiengericht anzuzeigen. Absatz 2 normiert eine Rechtspflicht. Schuldhaftes Unterlassen der Anzeige kann zu Schadensersatzansprüchen des Schutzbedürftigen führen (§§ 1664, 1833 BGB).[138]

C. Rechtsfolgen

I. Pflegerbestellung

84 Liegen die Voraussetzungen für eine Pflegerbestellung vor, so liegt die Anordnung der Pflegschaft nicht im Ermessen des Gerichts.[139] Hinsichtlich der Frage, wen es zum Pfleger bestellt, gilt für die Ergänzungspflegschaft nach § 1909 Abs. 1 Satz 1 BGB die Sonderregelung des § 1916 BGB.

85 Bei der Zuwendungspflegschaft gilt für die Auswahl § 1917 BGB.

86 Grundsätzlich ist nur ein Pfleger zu bestellen (§ 1915 BGB i.V.m. § 1775 BGB). Dies gilt auch dann, wenn beide Elternteile von der Vertretung ausgeschlossen[140] oder mehrere Kinder betroffen sind[141]. Im Einzelfall kann es jedoch notwendig sein, für jedes Kind einen gesonderten Pfleger zu bestellen. Dies ist regelmäßig dann der Fall, wenn insoweit der Sorgeberechtigte an der Vornahme von Rechtsgeschäften gehindert ist und bezüglich der Kinder keine gleiche Interessenlage besteht.[142]

---

[132] *Bienwald* in: Staudinger, § 1909 Rn. 93; *Zimmermann* in: Soergel, § 1909 Rn. 16.
[133] *Diederichsen* in: Palandt, § 1909 Rn. 10.
[134] *Bienwald* in: Staudinger, § 1909 Rn. 93; *Zimmermann* in: Soergel, § 1909 Rn. 16.
[135] *Bienwald* in: Staudinger, § 1909 Rn. 95; *Schwab* in: MünchKomm-BGB, § 1909 Rn. 56.
[136] *Schwab* in: MünchKomm-BGB, § 1909 Rn. 58.
[137] *Bienwald* in: Staudinger, § 1909 Rn. 96.
[138] *Bienwald* in: Staudinger, § 1909 Rn. 84; *Zimmermann* in: Soergel, § 1909 Rn. 15.
[139] *Bienwald* in: Staudinger, § 1909 BGB Rn. 107.
[140] BayObLG v. 22.12.1953 - 1 Z 198/53 - BayObLGZ 1953, 372; LG Stuttgart v. 06.09.2001 - 1 T 53/00 - BWNotZ 2004, 40.
[141] BayObLG v. 16.12.1958 - 1 Z 69/58 - BayObLGZ 1958, 373.
[142] OLG Zweibrücken v. 15.02.1980 - 1 U 99/79 - OLGZ 1980, 213, 215.

II. Rechtsstellung des Pflegers

Art und Umfang der Rechtsmacht des Pflegers bestimmt sich nach dem ihm übertragenen Wirkungskreis. Im Rahmen des übertragenen Wirkungskreises wird das Kind bzw. Mündel von dem Pfleger vertreten und zwar sowohl gerichtlich als auch außergerichtlich. Dies ergibt sich aus den §§ 1630, 1915 Abs. 1 BGB i.V.m. § 1793 BGB. Soweit der Wirkungskreis des gerichtlich bestellten Pflegers reicht, sind die Eltern bzw. der Vormund von der Sorge ausgeschlossen und zwar so lange, bis die Pflegschaft aufgehoben ist. Die elterliche Sorge bzw. Vormundschaft wird nur im Umfang des übertragenden Wirkungskreises eingeschränkt. Im Übrigen verbleibt es bei der Zuständigkeit der Sorgeberechtigten. 87

Nach § 1630 Abs. 2 BGB bzw. § 1915 Abs. 1 BGB i.V.m. § 1798 BGB entscheidet das Familiengericht (§ 14 Abs. 1 Nr. 4 RPflG: der Richter) bei Meinungsverschiedenheiten zwischen Eltern/Vormund und Pfleger. 88

III. Beendigung der Pflegschaft

Die Pflegschaft endet kraft Gesetzes nach § 1918 BGB mit Beendigung der elterlichen Sorge bzw. der Vormundschaft. Die Pflegschaft endet nach § 1918 Abs. 3 BGB ferner mit Erledigung der Angelegenheit, für die sie angeordnet ist. Die Umgangspflegschaft endet mit Ablauf der festgelegten Frist (§ 1684 Abs. 3 Satz 5 BGB). Nach § 1909 Abs. 3 BGB ist die Pflegschaft aufzuheben, wenn der Vormund bestellt ist. In allen anderen Fällen endet die Pflegschaft durch Aufhebungsbeschluss des Familiengerichts (§ 1919 BGB). Die Pflegschaft ist aufzuheben, wenn der Grund für die Anordnung entfallen ist, aber auch dann, wenn ein Grund von vornherein nicht gegeben war.[143] 89

D. Prozessuale Hinweise/Verfahrenshinweise

I. Übergangsregelung nach dem FGG-Reformgesetz

Zur Übergangsregelung des Art. 111 FGG-Reformgesetz vgl. Rn. 27. 90

II. Zuständigkeit

Die Pflegschaft im Falle der Verhinderung der Eltern oder des Vormunds nach § 1909 BGB fällt als Kindschaftssache (§ 151 Nr. 5 FamFG) in die ausschließliche sachliche Zuständigkeit des Familiengerichts. Die Zuständigkeitsbegründung ist umfassend:[144] Sie erfasst die Anordnung der Pflegschaft, die Auswahl und Bestellung des Pflegers, die Feststellung der Berufsmäßigkeit, die Aufsicht über seine Tätigkeit, das Vergütungsverfahren sowie die Entlassung des Pflegers und die Aufhebung der Pflegschaft. 91

Durch das FamFG ist die örtliche Zuständigkeit für Pflegschaftssachen nach § 1909 BGB in wesentlichen Punkten neu geregelt worden. An die Stelle zahlreicher Einzelbestimmungen tritt nunmehr § 152 FamFG, der die örtliche Zuständigkeit allein an die Anhängigkeit einer Ehesache, den gewöhnlichen Aufenthalt des Kindes oder das Fürsorgebedürfnis anknüpft. Ersatzlos weggefallen ist die bisher durch § 37 Abs. 1 Satz 1 FGG begründete vorrangige örtliche Zuständigkeit des Gerichts, bei dem bereits eine Vormundschaft anhängig ist. Den bisher in § 36 Abs. 1 Satz 2 FGG geregelten Geschwistergerichtsstand hat der Gesetzgeber im Hinblick auf die Möglichkeit, ein Verfahren aus wichtigem Grund an ein anderes Gericht abzugeben (§ 4 FamFG), für entbehrlich erachtet.[145] Ergänzende Regelungen über die Abgabe bzw. Verweisung enthalten die §§ 153, 154 FamFG. Maßgebend für die Bestimmung der örtlichen Zuständigkeit ist der Zeitpunkt, in dem das Gericht mit der Sache erstmalig befasst wird, also der Eingang eines entsprechenden Antrages oder die Kenntniserlangung von Tatsachen, die dem Gericht Anlass zum Tätigwerden geben.[146] 92

Im Rahmen des § 152 FamFG ist das örtlich zuständige Gericht durch Anwendung einer Anknüpfungsleiter zu bestimmen: Zuerst ist zu prüfen, ob eine Ehesache (§ 121 FamFG) anhängig ist und das Pflegschaftsverfahren gemeinsame Kinder der Ehegatten betrifft. In diesem Fall ist das Gericht ausschließlich (vorbehaltlich § 152 Abs. 4 FamFG) zuständig, bei dem die Ehesache im ersten Rechtszug anhängig ist oder war (§ 152 Abs. 1 FamFG). Anhängig wird die Ehesache mit Eingang des entsprechenden Antrags bei Gericht (§ 124 FamFG), nicht jedoch bereits mit dem Eingang eines Verfahrenskostenhilfe- 93

---

[143] BayObLG v. 28.11.1989 - BReg 1 a Z 44/89 - Rpfleger 1990, 119.
[144] BT-Drs. 16/6308, S. 234.
[145] BT-Drs. 16/6308, S. 234.
[146] *Engelhardt* in: Keidel, FamFG, 18. Aufl. 2014, § 152 Rn. 2; *Stößer*, FamRZ 2009, 656-665, 657.

eantrags.¹⁴⁷ Die Anhängigkeit endet mit rechtskräftigem Verfahrensabschluss (§ 148 FamFG), der Rücknahme des Antrags (§ 141 FamFG), der übereinstimmenden Erledigungserklärung oder mit dem Tod eines der Ehegatten (§ 131 FamFG). Die einmal begründete Zuständigkeit bleibt bestehen, auch wenn später die Anhängigkeit der Ehesache entfällt (§ 2 Abs. 2 FamFG). Die Zuständigkeit nach § 152 Abs. 1 FamFG wird nur durch die Anhängigkeit der Ehesache bei dem örtlich zuständigen Gericht begründet (str.).¹⁴⁸

94 Kommt die in § 152 Abs. 1 FamFG geregelte Zuständigkeit nicht zum Tragen, bestimmt sich die örtliche Zuständigkeit nach dem Ort des gewöhnlichen Aufenthaltes des Kindes (§ 152 Abs. 2 FamFG). Dem Begriff des gewöhnlichen Aufenthalts liegt eine faktische und keine rechtliche Betrachtung zugrunde. Abzustellen ist auf den tatsächlichen Mittelpunkt der Lebensführung des Kindes, den Schwerpunkt seiner sozialen Bindungen.¹⁴⁹ Ein kleines Kind wird seinen gewöhnlichen Aufenthalt regelmäßig bei der Person – Elternteil, Pflegeperson – haben, in deren Obhut es sich befindet.¹⁵⁰

95 Ist eine örtliche Zuständigkeit weder nach Absatz 1 noch nach Absatz 2 begründet, ist nach § 152 Abs. 3 FamFG das Gericht zuständig, in dessen Bezirk das Bedürfnis der Fürsorge hervortritt. Absatz 3 greift insbesondere, wenn sich der Aufenthalt des Kindes noch nicht zu einem gewöhnlichen verdichtet hat, ein solcher nicht feststellbar ist oder im Ausland liegt.¹⁵¹

96 Wird eine Ehesache rechtshängig (§§ 261 Abs. 1, 253 Abs. 1 ZPO), während eine Pflegschaftssache, die ein gemeinschaftliches Kind der Ehegatten betrifft, bei einem nach § 152 Abs. 2 oder 3 FamFG zuständigen Gericht im ersten Rechtszug anhängig ist, so ist nach § 153 FamFG das Verfahren von Amts wegen an das Gericht der Ehesache abzugeben. Eine Abgabe scheidet aus, solange die Pflegschaftssache in der Rechtsmittelinstanz anhängig ist.

97 Für vorläufige Maßnahmen nach den §§ 1693, 1846 BGB sowie Art 24 Abs. 3 EGBGB ist nach § 152 Abs. 4 FamFG zusätzlich – also auch dann, wenn eine Zuständigkeit nach § 152 Abs. 1 oder 2 FamFG begründet ist – das Gericht örtlich zuständig, in dessen Bezirk das Bedürfnis der Fürsorge bekannt wird. § 152 Abs. 4 FamFG übernimmt inhaltlich die bisher in § 44 FGG enthaltene Regelung.¹⁵² Als Eilmaßnahme i.S. dieser Vorschriften kommt insbesondere auch die Bestellung eines Ergänzungspflegers in Betracht.¹⁵³ Für das Verhältnis des nach § 152 Abs. 4 FamFG zuständigen Gerichts zu dem nach § 152 Abs. 1 oder Abs. 2 FamFG hauptzuständigen Gericht enthält das Gesetz nur insoweit eine ausdrückliche Regelung, als § 152 Abs. 4 Satz 2 eine Mitteilungspflicht gegenüber dem Gericht statuiert, bei dem die Pflegschaft anhängig ist. Da der Gesetzgeber mit § 152 Abs. 4 FamFG jedoch inhaltlich die Regelung des § 44 FGG vollständig übernommen hat, wird man insoweit auf die zu dieser Vorschrift entwickelten Grundsätze zurückgreifen können. Danach endet die außerordentliche Zuständigkeit nach § 152 Abs. 4 FamFG, wenn das Fürsorgebedürfnis wegfällt oder die erforderliche Maßnahme getroffen ist.¹⁵⁴ Das Verfahren ist dann an das nach § 152 Abs. 1 oder 2 FamFG hauptzuständige Gericht abzugeben, wobei § 4 FamFG nicht gilt.¹⁵⁵

98 Die nach § 152 Abs. 1-3 FamFG begründete örtliche Zuständigkeit wirkt – vorbehaltlich einer Abgabe des Verfahrens (§ 4 FamFG) – auch nach erfolgter Anordnung der Pflegschaft jedenfalls für die mit der Führung der Pflegschaft verbundenen Verrichtungen (Aufsicht über den Pfleger, Genehmigungen, Vergütung) fort. Allerdings fehlt für den Bereich der Vormundschaft und Pflegschaft für Minderjährige eine § 272 Abs. 1 Nr. 1 FamFG vergleichbare Regelung. Jedoch wird man dieses Ergebnis bei Bestandsverfahren wie der Pflegschaft aus dem Grundsatz der perpetuatio fori (§ 2 Abs. 2 FamFG) herleiten können: Ist die örtliche Zuständigkeit nach § 152 Abs. 1-3 FamFG einmal begründet, so bleibt diese auch bei Veränderung der sie begründenden Umstände grundsätzlich erhalten.

99 Funktionell zuständig ist nach § 3 Nr. 2a RPflG (Kindschaftssachen) der Rechtspfleger. Dem Richter vorbehalten sind die Anordnung einer Pflegschaft für ausländische Staatsangehörige (§ 14 Abs. 1 Nr. 8

---

¹⁴⁷ *Heilmann* in: MünchKomm-ZPO, § 152 FamFG Rn. 11; *Ziegler* in: Schulte-Bunert/Weinreich, FamFG, 3. Aufl. 2012, § 152 Rn. 4.
¹⁴⁸ *Heilmann* in: MünchKomm-ZPO, § 152 FamFG Rn. 14; a.A. *Musielak/Borth*, Familiengerichtliches Verfahren, 4. Aufl. 2013, § 152 Rn. 5.
¹⁴⁹ *Engelhardt* in: Keidel, FamFG, 18. Aufl. 2014, § 152 Rn. 6.; *Stößer*, FamRZ 2009, 656-665, 657.
¹⁵⁰ BT-Drs. 16/6308, S. 226 f.
¹⁵¹ *Musielak/Borth*, Familiengerichtliches Verfahren, 4. Aufl. 2013, § 152 Rn. 7.
¹⁵² BT-Drs. 16/6308, S. 235.
¹⁵³ *Engelhardt* in: Keidel, FamFG, 18. Aufl. 2014, § 152 Rn. 9; *Ziegler* in: Schulte-Bunert/Weinreich, FamFG, 3. Aufl. 2012, § 152 Rn. 9.
¹⁵⁴ *Müller-Lukoschek* in: Jansen, FGG, 3. Aufl. 2005, § 44 Rn. 22; *Engelhardt* in: Keidel, FamFG, 18. Aufl. 2014, § 152 Rn. 11.
¹⁵⁵ A.A. *Heilmann* in: MünchKomm-ZPO, § 152 FamFG Rn. 25 unter Hinweis auf § 54 Abs. 3 Satz 2 FamFG.

RPflG) und die Anordnung einer Pflegschaft aufgrund dienstrechtlicher Vorschriften (§ 14 Abs. 1 Nr. 9 RPflG). Der Richtervorbehalt für Maßnahmen nach den §§ 1666, 1666a BGB ergibt sich aus § 14 Abs. 1 Nr. 2 RPflG.

III. Beteiligte

Hinsichtlich der Beteiligtenstellung in Verfahren in Kindschaftssachen (§ 151 FamFG) enthält Buch 2 Abschnitt 3 des FamFG nur in einigen Punkten Sonderregelungen: § 158 Abs. 3 Satz 2 FamFG (Verfahrensbeistand), § 161 Abs. 1 FamFG (Pflegeperson)[156], § 162 Abs. 2 FamFG (Jugendamt). Im Übrigen greift die allgemeine Regelung des § 7 FamFG.[157] Das Kind selbst ist stets Verfahrensbeteiligter i.S.d. § 7 FamFG[158] und bedarf regelmäßig der gesetzlichen Vertretung (§ 9 Abs. 2 FamFG; Ausnahme: § 9 Abs. 1 Nr. 3 FamFG). Die Eltern sind nicht bereits kraft Gesetzes nach den §§ 1629 Abs. 2 Satz 1,1795 Abs. 1 Nr. 3 BGB von der Vertretung ausgeschlossen.[159] Soweit im Einzelfall ein erheblicher Interessengegensatz besteht, kann diesem in Verfahren, die sich nicht ausschließlich auf Vermögensangelegenheiten beziehen, durch die Bestellung eines Verfahrensbeistands (§ 158 FamFG) als Interessenvertreter des Kindes hinreichend Rechnung getragen werden, so dass ein Entzug der elterlichen Vertretungsbefugnis nicht erforderlich ist.[160]

100

Beteiligte am Pflegschaftsverfahren sind ferner die im Übrigen sorgeberechtigten Kindeseltern.[161] Aber auch ein Elternteil, der bisher nicht (mit) sorgeberechtigt war, ist im Hinblick auf § 1680 Abs. 3 BGB am Verfahren zu beteiligen.[162] Im Verfahren auf Wechsel des Pflegers (§ 1886 BGB) sind die Kindeseltern hingegen keine Beteiligten, da die Entscheidung nicht in ihr Sorgerecht eingreift.[163]

101

Verfahrensbeteiligter ist schließlich nach § 7 Abs. 2 Nr. 1 FamFG auch der in Aussicht genommene Pfleger, dessen mögliche Bestellung den Gegenstand des Verfahrens bildet.[164] Seine Hinzuziehung wird allerdings erst dann möglich sein, wenn sich die Auswahl des Pflegers auf eine bestimmte Person konzentriert. Der in Aussicht genommene Pfleger ist Beteiligter jedoch nur, soweit es um seine Bestellung geht, nicht auch hinsichtlich des gesondert zu beurteilenden Verfahrensgegenstandes der Anordnung der Ergänzungspflegschaft.[165]

102

IV. Rechtsmittel

Allgemein zu den Rechtsmitteln gegen die Entscheidung über eine Pflegschaftsanordnung vgl. Rn. 22. Nach § 58 Abs. 1 FamFG ist gegen Endentscheidungen (§ 38 FamFG) des Familiengerichts die befristete Beschwerde statthaft. Dies gilt nach § 11 Abs. 1 RPflG auch für Entscheidungen des Rechtspflegers. Zu beachten ist, dass die Beschwerde nach § 64 FamFG nunmehr stets beim Familiengericht einzulegen ist, nicht beim Oberlandesgericht. Die Beschwerdefrist beträgt bei Hauptsacheentscheidungen einen Monat (§ 63 Abs. 1 FamFG). Die Beschwerde kann auf die Auswahl des Ergänzungspflegers beschränkt werden.[166] Ist dieser bereits verpflichtet, ist die Beschwerde auf die Entlassung gerichtet.[167]

103

Die Beschwerdebefugnis richtet sich grundsätzlich nach § 59 FamFG. Gegen die Anordnung der Pflegschaft sind danach die sorgeberechtigten Eltern[168] bzw. der Vormund – im eigenen Namen und im Na-

104

---

[156] Vgl. dazu näher *Willutzki*, FPR 2009, 327-330, 330.
[157] *Zimmermann* in: Keidel, FamFG, 18. Aufl. 2014, § 7 Rn. 36.
[158] BGH v. 07.09.2011 - XII ZB 12/11 - juris Rn. 8 - FamRZ 2011, 1788; OLG Oldenburg v. 26.11.2009 - 14 UF 149/09 - juris Rn. 18 - JAmt 2010, 38-39.
[159] OLG Stuttgart v. 26.10.2009 - 18 WF 229/09 - juris Rn. 18 - JAmt 2009, 569-570; OLG Oldenburg v. 26.11.2009 - 14 UF 149/09 - juris Rn. 18 - JAmt 2010, 38-39.
[160] BGH v. 07.09.2011 - XII ZB 12/11 - FamRZ 2011, 1788.
[161] BayObLG v. 17.05.1983 - BReg 1 Z 134/82 - juris Rn. 9 - DAVorm 1984, 517-519; BayObLG v. 26.02.1999 - 1Z BR 193/98 - FamRZ 2000, 251-252; OLG Naumburg v. 23.11.2004 - 8 UF 189/04 - juris Rn. 7 - FamRZ 2005, 1861.
[162] OLG Nürnberg v. 30.12.2009 - 7 UF 1050/09.
[163] OLG Frankfurt v. 18.02.2011 - 4 WF 5/11 - juris Rn. 12; BayObLG v. 12.05.2004 - 1Z BR 27/04 - FamRZ 2004, 1817; vgl. aber auch BGH v. 16.06.2010 - XII ZB 35/10 - juris Rn. 9.
[164] Vgl. BT-Drs. 16/6308, S. 265 zur parallelen Problematik im Betreuungsverfahren.
[165] Vgl. BGH v. 23.11.2011 - XII ZB 293/11.
[166] BayObLG v. 01.07.1983 - BReg 1 Z 37/83 - FamRZ 1984, 205, 206; BayObLG v. 12.05.2004 - 1Z BR 27/04 - FGPrax 2004, 239, 240; OLG Zweibrücken v. 17.08.2001 - 3 W 171/01 - FGPrax 2001, 241, 242; OLG Bremen v. 18.10.2012 - 4 UF 123/12 - juris Rn. 4 f.; a.A. wohl *Zimmermann* in: Soergel, § 1909 Rn. 21.
[167] BayObLG v. 01.07.1983 - BReg 1 Z 37/83 - FamRZ 1984, 205, 206.
[168] BayObLG v. 17.05.1983 - BReg 1 Z 134/82 - juris Rn. 9 - DAVorm 1984, 517-519; BayObLG v. 26.02.1999 - 1Z BR 193/98 - FamRZ 2000, 251-252; OLG Naumburg v. 23.11.2004 - 8 UF 189/04 - juris Rn. 7 - FamRZ 2005, 1861.

men des Kindes[169] – und – bei Bestellung eines Unterpflegers – der Pfleger[170] beschwerdeberechtigt.[171] Das Kind kann sein Beschwerderecht nach § 60 FamFG selbst ausüben, wenn es zum Zeitpunkt der Entscheidung das 14. Lebensjahr vollendet hat.[172] Grundsätzlich nicht beschwerdeberechtigt ist hingegen ein Elternteil, der von vorneherein nicht sorgeberechtigt war oder dem sein Sorgerecht zuvor bestandskräftig entzogen worden ist, da Entscheidungen, die für einen bestimmten Teil der elterlichen Sorge Pflegschaft anordnen, diese aufheben oder beschränken, sowie Entscheidungen über die Auswahl oder Entlassung des in diesem Bereich tätigen Pflegers seine Rechtssphäre nicht berühren.[173] Etwas anderes gilt für den Fall, dass dem bisher allein sorgeberechtigten Elternteil das Sorgerecht teilweise entzogen wird: In einem solchen Fall begründet § 1680 Abs. 3, Abs. 2 Satz 2 BGB ein subjektives Recht des bisher nicht sorgeberechtigten Elternteils auf Übertragung der elterlichen Sorge, aus dem sich zugleich seine Beschwerdeberechtigung gem. § 59 FamFG ergibt.[174]

105 Dem Jugendamt steht nach § 162 Abs. 3 Satz 2 FamFG ein Beschwerderecht zu in Verfahren, die die Person des Kindes betreffen, also nicht ausschließlich vermögensrechtlicher Art sind.[175] Ersatzlos entfallen ist die Sonderregelung des § 57 Abs. 1 Nr. 3 FGG.[176] Nahen Verwandten, etwa Großeltern, steht grundsätzlich kein Beschwerderecht zu, ein solches lässt sich nach auch aus dem für die Auswahl des Pflegers geltenden Verwandtenprivileg nach § 1779 Abs. 2 Satz 2 BGB (vgl. dazu näher die Kommentierung zu § 1915 BGB Rn. 16) nicht herleiten.[177] Wohl aber ist ihnen gegen Entscheidungen des Rechtspflegers die Erinnerung nach § 11 Abs. 2 Satz 1 RPflG eröffnet.[178] Eine Pflegeperson wird durch die Bestellung eines Pflegers für das in ihrer Obhut lebende Kind nicht in eigenen Rechten i.S.d. § 59 Abs. 1 FamFG betroffen.[179] Auch aus der Hinzuziehung als Beteiligter nach § 161 Abs. 1 FamFG folgt für die Pflegeperson noch kein Beschwerderecht.[180] Soweit es um Entscheidungen des Rechtspflegers geht, soll aber die Erinnerung nach § 11 Abs. 2 Satz 1 RPflG gegeben sein.[181]

106 Dem ausgewählten Pfleger steht ein Beschwerderecht lediglich gegen seine Bestellung, nicht jedoch gegen die Anordnung der Pflegschaft als solche zu, da es sich um jeweils selbständige Verfahrensgegenstände handelt und er durch die Anordnung als solche nicht in eigenen Rechten betroffen wird. Dies gilt auch, wenn Anordnung und Bestellung in einem Beschluss verbunden werden.[182] Für das zum Pfleger bestellte Jugendamt kann sich die Beschwerdebefugnis hinsichtlich der Anordnung allerdings aus § 162 Abs. 3 Satz 2 FamFG ergeben, soweit es sich um ein die Person des Kindes betreffendes Verfahren handelt.[183] Gegen die Ablehnung der Anordnung hat er in Aussicht genommene Pfleger ebenso wenig ein Beschwerderecht wie gegen die Aufhebung der Pflegschaft.[184] Nur gegen die Entlassung gegen seinen Willen bei gleichzeitiger Aufrechterhaltung der Pflegschaft ist er beschwerdebefugt.[185] Im Sonderfall des § 1909 Abs. 1 Satz 2 BGB steht der vom Erblasser oder Zuwendenden benannten Person ein Beschwerderecht zu, wenn sie nicht zum Pfleger bestellt wird (vgl. die Kommentierung zu § 1917 BGB Rn. 18).

---

[169] *Bettin* in: Bamberger/Roth, § 1909 Rn. 17.
[170] *Sonnenfeld* in: Jansen, FGG, 3. Aufl. 2005, § 37 Rn. 33.
[171] *Roth* in: Erman, § 1909 Rn. 18; *Zimmermann* in: Soergel, § 1909 Rn. 20.
[172] *Bettin* in: Bamberger/Roth, § 1909 Rn. 17.
[173] BayObLG v. 26.02.1999 - 1Z BR 193/98 - juris Rn. 7; OLG Frankfurt v. 18.02.2011 - 4 WF 5/11 - juris Rn. 12; OLG Celle v. 09.08.2012 - 10 UF 192/12 - juris Rn. 10
[174] BGH v. 16.06.2010 - XII ZB 35/10 - juris Rn. 9; OLG Nürnberg v. 30.12.2009 - 7 UF 1050/09.
[175] BGH v. 23.11.2011 - XII ZB 293/11 - juris Rn. 10; *Engelhardt* in: Keidel, FamFG, 18. Aufl. 2014, § 162 Rn. 3.
[176] *Budde* in: Keidel, FamFG, 18. Aufl. 2014, § 340 Rn. 7.
[177] BGH v. 26.06.2013 - XII ZB 31/13 - juris Rn. 13 f; a.A. aber in einem obiter dictum BVerfG v. 13.06.1972 - 1 BvR 421/69 - juris Rn. 8 - BVerfGE 33, 236, 239.
[178] BGH v. 26.06.2013 - XII ZB 31/13 - juris Rn. 29.
[179] OLG Karlsruhe v. 26.06.2013 - 18 UF 296/11 - juris Rn. 22; OLG Nürnberg v. 14.03.2014 - 11 WF 141/14 - juris Rn. 8.
[180] *Engelhardt* in: Keidel, FamFG, 18. Aufl. 2014, § 161 Rn. 4; *Lorenz* in: Zöller, ZPO, § 161 FamFG Rn. 4.
[181] OLG Nürnberg v. 14.03.2014 - 11 WF 141/14 - juris Rn. 8.
[182] BGH v. 23.11.2011 - XII ZB 293/11 - juris Rn. 12.
[183] BGH v. 23.11.2011 - XII ZB 293/11 - juris Rn. 10.
[184] BGH v. 13.07.1953 - IV ZB 57/53 - NJW 1953, 1666; *Roth* in: Erman, § 1909 Rn. 18.
[185] OLG Oldenburg v. 25.02.1998 - 5 W 263/97 - NJW-FER 1998, 155.

jurisPK-BGB § 1910

§ 1910 BGB (weggefallen)
(Fassung vom 01.01.1964, gültig ab 01.01.1980, gültig bis 31.12.1991)
(weggefallen)

§ 1910 BGB in der Fassung vom 12.09.1990 ist durch Art. 1 Nr. 48 des Gesetzes vom 12.09.1990 – BGBl I 1990, 2002 – mit Wirkung vom 01.01.1992 weggefallen. 1

§ 1911 BGB Abwesenheitspflegschaft

(Fassung vom 02.01.2002, gültig ab 01.01.2002)

(1) ¹Ein abwesender Volljähriger, dessen Aufenthalt unbekannt ist, erhält für seine Vermögensangelegenheiten, soweit sie der Fürsorge bedürfen, einen Abwesenheitspfleger. ²Ein solcher Pfleger ist ihm insbesondere auch dann zu bestellen, wenn er durch Erteilung eines Auftrags oder einer Vollmacht Fürsorge getroffen hat, aber Umstände eingetreten sind, die zum Widerruf des Auftrags oder der Vollmacht Anlass geben.

(2) Das Gleiche gilt von einem Abwesenden, dessen Aufenthalt bekannt, der aber an der Rückkehr und der Besorgung seiner Vermögensangelegenheiten verhindert ist.

Gliederung

A. Grundlagen 1	III. Sonderfall des Absatzes 1 Satz 2 19
I. Allgemeines zur Pflegschaft 1	**C. Rechtsfolgen** 22
II. Allgemeines zur Abwesenheitspflegschaft 2	I. Pflegschaftsanordnung 22
B. Anwendungsvoraussetzungen 8	1. Wirkung der Abwesenheitspflegschaft 22
I. Abwesenheit 8	2. Aufgaben des Abwesenheitspflegers 23
1. Abwesenheit bei unbekanntem Aufenthalt (Absatz 1 Satz 1) 9	II. Beendigung der Pflegschaft 24
2. Abwesenheit bei bekanntem Aufenthalt (Absatz 2) 12	**D. Prozessuale Hinweise/Verfahrenshinweise** 25
II. Fürsorgebedürfnis 15	I. Verfahren/Zuständigkeit 25
	II. Rechtsmittel 34

A. Grundlagen

I. Allgemeines zur Pflegschaft

1 Vgl. die Kommentierung zu § 1909 BGB Rn. 1 ff.

II. Allgemeines zur Abwesenheitspflegschaft

2 § 1911 BGB entspricht dem Bedürfnis, den Abwesenden in seinen Vermögensangelegenheiten zu schützen. Der AbwesenheitspfleMger ist gesetzlicher Vertreter des Abwesenden.[1] Er ist kein staatlicher Verwalter i.S.d. § 1 Abs. 1 lit. c) VermG.[2]

3 Die Pflegschaft nach § 1911 BGB ist eine Personenpflegschaft[3], allerdings beschränkt auf die Vermögenssorge. Eine Abwesenheitspflegschaft für rein persönliche Angelegenheiten ist nicht zulässig[4]; vgl. dazu noch Rn. 15.

4 Die Pflegschaft nach § 1911 BGB ist Pflegschaft für Volljährige. Minderjährige Abwesende werden umfassend durch ihre Eltern oder den Vormund vertreten.

5 § 1911 BGB ist nicht entsprechend auf juristische Personen anwendbar, deren Vertreter abwesend ist.[5] § 10 ZustErgG, der eine besondere Abwesenheitspflegschaft für juristische Personen und Gesellschaften vorsah, ist inzwischen aufgehoben (vgl. dazu Rn. 7).

6 Spezielle Regelungen[6] bestehen in den §§ 364, 373 FamFG für die Auseinandersetzung von Nachlass und Gesamtgut, in § 207 Abs. 1 Nr. 2 BauGB für das Städtebaurecht, in § 96 GBO für das Rangbereinigungsverfahren und in §§ 292 Abs. 1, 443 Abs. 3 StPO für Beschlagnahmen und Einziehungen.

---

[1] OLG Düsseldorf v. 21.07.1997 - 3 Wx 290/97 - juris Rn. 14 - NJWE-FER 1997, 250; vgl. hierzu auch die Kommentierung zu § 1909 BGB Rn. 9.

[2] BVerwG v. 29.01.1998 - 7 C 60/96 - VIZ 1998, 254, 255.

[3] *Bienwald* in: Staudinger, § 1911 Rn. 1; *Zimmermann* in: Soergel, § 1911 Rn. 1.

[4] OLG Koblenz v. 18.12.1973 - 6 U 200/73 - FamRZ 1974, 222; *Zimmermann* in: Soergel, § 1911 Rn. 1; *Sonnenfeld* in: Jansen, FGG, 3. Aufl. 2005, § 39 Rn. 1.

[5] KG Berlin v. 09.04.1949 - 3 W 542/49 - JR 1950, 343; *Roth* in: Erman, § 1911 Rn. 2.

[6] Zu weiteren Sonderbestimmungen *Roth* in: Erman, § 1911 Rn. 10; *Bienwald* in: Staudinger, § 1911 Rn. 10; *Budde* in: Keidel, FamFG, 18. Aufl. 2014, § 341 Rn. 3.

Das Zuständigkeitsergänzungsgesetz[7] erweiterte vor dem Hintergrund der beiden Weltkriege und der Teilung Deutschlands das Institut der Abwesenheitspflegschaft auf Sachverhalte, in denen aus rechtlichen oder tatsächlichen Gründen die Kommunikationsverbindungen zu einer im Ausland befindlichen natürlichen Person oder den zur Vertretung einer juristischen Person oder Gesellschaft berechtigten Personen unterbrochen oder so erschwert waren, dass die Vermögensangelegenheiten in der Bundesrepublik nicht ordnungsgemäß besorgt werden konnten. Diese Regelung ist zwischenzeitlich aufgehoben worden,[8] da ein Anwendungsbereich nicht mehr bestand.[9]

B. Anwendungsvoraussetzungen

I. Abwesenheit

Maßgebend für die Frage der Abwesenheit ist der Ort, an dem die Vermögensangelegenheit der Fürsorge bedarf[10], nicht der Wohnsitz[11] oder gewöhnliche Aufenthalt des Betroffenen. Letzterer ist nach §§ 341, 272 Abs. 1 Nr. 2 FamFG nur verfahrensrechtlich für die örtliche Zuständigkeit des Betreuungsgerichts (vgl. dazu Rn. 28) von Bedeutung.

1. Abwesenheit bei unbekannten Aufenthalt (Absatz 1 Satz 1)

Unbekannten Aufenthalts im Sinne des § 1911 BGB ist eine Person, wenn ihr Aufenthalt dem Betreuungsgericht unbekannt ist und nach Ausschöpfung der im Rahmen des Amtsermittlungsgrundsatzes (§ 26 FamFG) gebotenen Nachforschungsmöglichkeiten auch nicht ermittelt werden kann.[12] Dabei hat das Betreuungsgericht alle auf der Hand liegenden Nachforschungsmöglichkeiten zu nutzen, wobei ganz entfernt liegende oder vernünftigerweise keinen Erfolg versprechende Aufklärungsmöglichkeiten nicht in Betracht kommen.[13] Neben der Einholung einer Auskunft des Einwohnermeldeamtes ist beispielsweise an Anfragen bei den in Betracht kommenden Rentenversicherungsträgern, der Arbeitsverwaltung und dem Sozialamt zu denken.[14] Ein bestimmter Zeitraum, für den der Aufenthalt unbekannt sein muss, wird vom Gesetz nicht gefordert.[15]

Eine Verschollenheit i.S.d. § 1 VerschG, d.h. ernstliche Zweifel am Fortleben des Abwesenden sind nicht erforderlich, stehen der Anordnung einer Abwesenheitspflegschaft aber auch nicht entgegen.[16] Insbesondere kommt es nicht darauf an, ob die Lebensvermutung nach § 10 VerschG noch begründet ist.[17] Eine Pflegschaft nach § 1911 BGB ist erst dann nicht mehr möglich, wenn das Betreuungsgericht positive Kenntnis vom Tod des Abwesenden hat oder dieser für tot erklärt ist.[18] Stellt sich nachträglich heraus, dass der Abwesende zum Zeitpunkt der Anordnung der Pflegschaft bereits tot war, berührt dies die Wirksamkeit der Pflegschaftsanordnung und der vom und gegenüber dem Pfleger vorgenommenen Rechtsgeschäfte nicht.[19]

Etwas anderes gilt lediglich dann, wenn das Fürsorgebedürfnis durch einen erbrechtlichen Erwerb des Verschollenen nach Ablauf der Lebensvermutungsfrist (§ 9 Abs. 3, Abs. 4 VerschG) ausgelöst wird: In einem solchen Fall ist nur die Anordnung einer Nachlasspflegschaft (§ 1960 BGB) möglich[20], ein

---

[7] V. 07.08.1952, BGBl I 1952, 407.
[8] G. v. 19.04.2006, BGBl I 2006, 866.
[9] Vgl. BT-Drs. 16/47, S. 59.
[10] Allg. Auffassung, vgl. nur *Schwab* in: MünchKomm-BGB, § 1911 Rn. 5; *Roth* in: Erman, § 1911 Rn. 1.
[11] RG v. 18.03.1920 - IV B 1/20 - RGZ 98, 263, 265; *Schwab* in: MünchKomm-BGB, § 1911 Rn. 5.
[12] OLG Brandenburg v. 02.12.2003 - 11 U 25/03 - juris Rn. 41 - OLGR Brandenburg 205, 499, 501; *Schwab* in: MünchKomm-BGB, § 1911 Rn. 6.
[13] OLG Brandenburg v. 13.06.1995 - 9 Wx 4/95 - OLGR Brandenburg 1995, 169; *Sonnenfeld* in: Jansen, FGG 3. Aufl. 2005, § 39 Rn. 3.
[14] Vgl. OLG Köln v. 15.06.1998 - 16 Wx 74/98 - juris Rn. 11 - DAVorm 1998, 936, 937 (zu § 1747 Abs. 4 BGB).
[15] *Zimmermann* in: Soergel, § 1911 Rn. 3; *Schwab* in: MünchKomm-BGB, § 1911 Rn. 6.
[16] BayObLG v. 27.05.1952 - 1 Z 66/52 - BayObLGZ 1952, 129, 131; *Schwab* in: MünchKomm-BGB, § 1911 Rn. 7; *Roth* in: Erman, § 1911 Rn. 1.
[17] *Schwab* in: MünchKomm-BGB, § 1911 Rn. 7; *Sonnenfeld* in: Jansen, FGG, 3. Aufl. 2005, § 39 Rn. 4.
[18] BayObLG v. 27.05.1952 - 1 Z 66/52 - BayObLGZ 1952, 129, 131; *Zimmermann* in: Soergel, § 1911 Rn. 3.
[19] OLG Nürnberg v. 31.03.1955 - 2 U 8/55 - FamRZ 1956, 117; *Roth* in: Erman, § 1911 Rn. 1; *Sonnenfeld* in: Jansen, FGG, 3. Aufl. 2005, § 39 Rn. 4.
[20] *Schwab* in: MünchKomm-BGB, § 1911 Rn. 8; *Roth* in: Erman, § 1911 Rn. 1.

schon bestellter Abwesenheitspfleger kann den Verschollenen in dieser Angelegenheit nicht wirksam vertreten[21], es sei denn, er kann nachweisen, dass der Verschollene den Erbfall erlebt hat.

2. Abwesenheit bei bekanntem Aufenthalt (Absatz 2)

12 Absatz 2 betrifft den Abwesenden, der zwar bekannten Aufenthalts, aber am rechtzeitigen Aufsuchen des Ortes der zu besorgenden Vermögensangelegenheit durch besondere Umstände verhindert ist, wobei eine wesentliche Erschwerung genügt.[22] Mit Blick auf die modernen Reiseverkehrsmöglichkeiten und die heutigen Möglichkeiten der Nachrichtenübermittlung hat die Norm kaum noch praktische Bedeutung.

13 Eine Verhinderung ist früher z.B. angenommen worden bei einem Geschäftsreisenden im Ausland, der seine Reise nicht abbrechen kann.[23] Auch politische Verhältnisse im Ausland können im Einzelfall eine Rückkehr verhindern.[24]

14 Als nicht ausreichend im Sinne des § 1911 Abs. 2 BGB wird erachtet, dass der Strafgefangene nicht die finanziellen Mittel hat, um einen Dritten mit der Wahrnehmung seiner Vermögensangelegenheiten zu beauftragen.[25] § 1911 Abs. 2 BGB findet ferner keine Anwendung auf Steuerflüchtlinge, da diese weder an der Rückkehr noch an der Besorgung ihrer Angelegenheiten verhindert sind.[26]

II. Fürsorgebedürfnis

15 Es muss ein Fürsorgebedürfnis für eine Vermögensangelegenheit des Abwesenden bestehen, z.B. Annahme und Ausschlagung einer Erbschaft[27], Antrag auf Erteilung eines Erbscheins[28], güterrechtliche Auseinandersetzung[29]. Nach dem eindeutigen Wortlaut der Bestimmung ist eine Abwesenheitspflegschaft für rein persönliche Angelegenheiten nicht zulässig.[30] Pflegschaft nach § 1911 BGB scheidet demzufolge aus für einen Ehescheidungsprozess[31], für einen Vaterschaftsfeststellungsantrag[32], für die Vertretung in einem Unterhaltsrechtsstreit (wegen des persönlichen Einschlags der Unterhaltspflicht)[33].

16 Ob ein Fürsorgebedürfnis vorliegt, ist aus Sicht des Abwesenden zu beurteilen. Unschädlich ist, wenn die Pflegerbestellung zugleich auch im Interesse Dritter liegt. Str. ist, ob eine Abwesenheitspflegschaft ausschließlich im Drittinteresse angeordnet werden kann.[34] Eine Bestellung im Drittinteresse ist jedenfalls dann ausnahmsweise zulässig, wenn der Dritte ohne die Pflegerbestellung von einem effektiven Rechtsschutz abgeschnitten wäre.[35] In der Praxis wird das Eigeninteresse des Abwesenden allerdings weit gefasst: Abzustellen ist darauf, ob dem Abwesenden irgendwelche Nachteile drohen, falls kein Pfleger bestellt wird, und ob die Bestellung eines Pflegers gegenüber etwa drohenden Nachteilen das kleinere Übel darstellt.[36] Bejaht wurde ein eigenes Interesse des zu verklagenden Abwesenden etwa zur Vermeidung einer öffentlichen Zustellung, da er durch diese schlechter gestellt ist[37], zur Vermeidung

---

[21] BGH v. 06.03.1952 - IV ZR 80/51 - NJW 1952, 818.
[22] RG v. 18.03.1920 - IV B 1/20 - RGZ 98, 263, 266; *Roth* in: Erman, § 1911 Rn. 2.
[23] BayObLG v. 10.07.1908 - Reg. III 62/1908 - BayObLGZ 9, 428 (durch technische Entwicklung überholt).
[24] OLG Hamm v. 05.02.1965 - 15 Sbd 6/65 - MDR 1965, 671.
[25] KG Berlin v. 22.12.1987 - 1 W 6501/87 - NJW-RR 1988, 838, 839.
[26] BayObLG v. 19.06.1914 - III 55/1914 - BayObLGZ 15, 438; a.A. *Zimmermann* in: Soergel, § 1911 Rn. 11.
[27] KG Berlin v. 07.02.1918 - OLGE 37, 250.
[28] LG Berlin v. 18.11.1975 - 83 T 460/75 - Rpfleger 1976, 60.
[29] BayObLG v. 30.01.1953 - 2 Z 241/52 - BayObLGZ 53, 29.
[30] OLG Koblenz v. 18.12.1973 - 6 U 200/73 - FamRZ 1974, 222; *Zimmermann* in: Soergel, § 1911 Rn. 1.
[31] RG v. 28.11.1929 - IV 255/29 - RGZ 126, 261, 262.
[32] OLG Hamm v. 09.03.1979 - 19 U 198/77 - MDR 1979, 766.
[33] AG Groß-Gerau v. 21.12.1995 - 71 F 659/95 - FamRZ 1997, 305; *Schwab* in: MünchKomm-BGB, § 1911 Rn. 2.
[34] Ablehnend die h.M.: OLG Zweibrücken v. 01.07.1985 - 3 W 130/85 - NJW-RR 1987, 584, 585 mit umfangreichen Nachweisen auf die ältere Rspr.; OLG Köln v. 18.10.1995 - 16 Wx 179/95 - FamRZ 1996, 694; LG Potsdam v. 23.10.2008 - 5 T 473/08 - FamRZ 2009, 2119; *Diederichsen* in: Palandt, § 1911 Rn. 6; offen gelassen vom BGH v. 07.11.1984 - IVb ZB 830/81 - NJW 1985, 433, 434; für Anordnung im Drittinteresse: *Schwab* in: MünchKomm-BGB, § 1911 Rn. 15; *Roth* in: Erman, § 1911 Rn. 6; *Zimmermann* in: Soergel, § 1911 Rn. 5.
[35] BGH v. 18.04.2012 - XII ZB 623/11 - juris Rn. 10.
[36] OLG Hamm v. 14.10.1952 - 15 W 381/52 - Rpfleger 1952, 591; OLG Zweibrücken v. 26.09.2002 - 3 W 178/02 - Rpfleger 2003, 117; OLG Naumburg v. 28.10.2002 - 8 Wx 21/02 - Rpfleger 2003, 188.
[37] OLG Braunschweig v. 11.06.1951 - 2 W 70/51 - NJW 1952, 31; OLG Hamm v. 21.04.1952 - 15 W 144/52 - Rechtspfleger 1953, 517.

einer sonst drohenden Todeserklärung[38] oder wenn er sich in nicht unerheblichem Maße schadensersatzpflichtig machen würde[39].

Ein Fürsorgebedürfnis ist weiter angenommen worden zur Kündigung eines unverzinslichen Hypothekendarlehens, da zinsbringende Anlegung im Interesse des Abwesenden ist[40], zur Einziehung einer Schuld, um das Geld der bedürftigen Familie zukommen zu lassen[41], zur Kündigung der Wohnung, wenn Wohnraum nicht gebraucht wird und anderenfalls Mietrückstände entstehen[42], zum Verkauf eines Grundstücks bei Überschuldung[43].

Das Fürsorgebedürfnis fehlt bei Minderjährigen (vgl. hierzu Rn. 4), sowie in den Fällen, in denen bereits eine gesetzliche Regelung für den Fall der Abwesenheit einer Person getroffen ist (z.B. die §§ 1365, 1366, 1426 BGB). Es fehlt ferner dann, wenn der Abwesende die Angelegenheit schriftlich oder telekommunikativ selbst erledigen kann[44] oder er bereits durch Erteilung einer Vollmacht oder eines Auftrages selbst Vorsorge getroffen hat[45].

III. Sonderfall des Absatzes 1 Satz 2

§ 1911 Abs. 1 Satz 2 BGB regelt einen Sonderfall des Fürsorgebedürfnisses. Ein Bedürfnis für die Anordnung einer Pflegschaft kann sowohl im Falle des Absatzes 1 als auch des Absatzes 2 („das Gleiche gilt") bestehen, wenn der Abwesende zur Erledigung seiner Vermögensangelegenheiten eine Person beauftragt oder bevollmächtigt hat, aber Umstände eingetreten sind, die zum Widerruf der Vollmacht (§ 168 BGB) oder des Auftrages (§ 671 Abs. 1 BGB) Anlass geben.

Im Falle des Absatzes 2 muss der Abwesende verhindert sein, den Widerruf selbst zu erklären oder erklären zu lassen. Unter Berücksichtigung der heutigen Telekommunikationsmöglichkeiten ist die Vorschrift bei bekanntem Aufenthalt des Abwesenden wenig bedeutsam.

Anlass zum Widerruf können z.B. eine unerlaubte Handlung des Bevollmächtigen/Auftragnehmers, Interessenkollision, aber auch sonstige wichtige Gründe sein.[46] Der Widerruf selbst wird vom Pfleger erklärt, das Betreuungsgericht prüft lediglich, ob Anlass zum Widerruf des Auftrages oder der Vollmacht besteht, und ordnet die Pflegschaft an.[47]

C. Rechtsfolgen

I. Pflegschaftsanordnung

1. Wirkung der Abwesenheitspflegschaft

Der Umfang der Befugnisse des Abwesenheitspflegers richtet sich nach dem Inhalt des Bestellungsbeschlusses (vgl. hierzu die Kommentierung zu § 1909 BGB Rn. 17). Der Wirkungskreis reicht – je nach den Umständen des Einzelfalles – von der Besorgung einer einzelnen vermögensrechtlichen Angelegenheit bis zur Wahrnehmung aller vermögensrechtlichen Angelegenheiten. Ist der Wirkungskreis in der Bestellung nicht beschränkt, ist anzunehmen, dass der Pfleger für die Besorgung aller Vermögensangelegenheiten bestellt ist.[48] Im Rahmen des ihm übertragenen Wirkungskreises ist der Abwesenheitspfleger gesetzlicher Vertreter des Abwesenden[49] und vertritt ihn gerichtlich und außergerichtlich[50]. Bei entsprechendem Aufgabenkreis haftet er auch für Steuerschulden (§ 69 i.V.m. § 34 Abs. 1 AO).[51]

---

[38] OLG Hamm v. 14.10.1952 - 15 W 381/52 - Rpfleger 1952, 591.
[39] OLG Zweibrücken v. 26.09.2002 - 3 W 178/02 - Rpfleger 2003, 117.
[40] BayObLG v. 23.11.1951 - II 102/51 - Rechtspfleger 1952, 338.
[41] KG Berlin v. 12.06.1950 - I W 993/50 - JR 1950, 690.
[42] BayObLG v. 05.12.1952 - BReg 1 Z 218/52 - Rechtspfleger 1953, 185.
[43] VG Chemnitz v. 03.04.2003 - 9 K 1757/95 - juris Rn. 43.
[44] BayObLG v. 10.07.1908 - Reg III 62/1908 - BayObLGZ 9, 428; *Diederichsen* in: Palandt, § 1911 Rn. 7.
[45] *Roth* in: Erman, § 1911 Rn. 5; *Diederichsen* in: Palandt, § 1911 Rn. 7.
[46] *Schwab* in: MünchKomm-BGB, § 1911 Rn. 13.
[47] *Zimmermann* in: Soergel, § 1911 Rn. 9; *Schwab* in: MünchKomm-BGB, § 1911 Rn. 13.
[48] RG v. 28.11.1929 - IV 255/29 - RGZ 126, 261, 262; *Schwab* in: MünchKomm-BGB, § 1911 Rn. 7.
[49] BGH v. 09.11.1955 - IV ZB 97/55 - BGHZ 18, 389-398.
[50] BGH v. 06.10.1960 - VII ZR 136/59 - JZ 1961, 127.
[51] FG Münster v. 14.06.2000 - 3 K 4243/97 - EFG 2000, 1217, 1218.

2. Aufgaben des Abwesenheitspflegers

23 Die Hauptpflichten des Pflegers ergeben sich aus dem Bestellungsbeschluss. Der Pfleger ist berechtigt, aber nicht verpflichtet, Ermittlungen über den Verbleib des Abwesenden anzustellen[52] oder die Todeserklärung des Abwesenden zu beantragen[53]. Hierzu bedarf er jedoch die Genehmigung des Betreuungsgerichts (§ 16 Abs. 3 VerschG). Sofern der Pfleger Kenntnis vom Tod des Abwesenden erlangt, ist er verpflichtet, dies dem Betreuungsgericht anzuzeigen.[54] Rechtsgeschäfte, die der Pfleger vorgenommen hat, bleiben wirksam, auch wenn der Abwesende zur Zeit der Pflegschaftsanordnung bereits verstorben war (§ 47 FamFG).[55]

II. Beendigung der Pflegschaft

24 Die Abwesenheitspflegschaft endet in den Fällen des § 1921 BGB durch Aufhebung (Absatz 1, Absatz 2) oder kraft Gesetzes (Absatz 3). Nach § 1919 BGB ist die Pflegschaft ferner aufzuheben bei Wegfall des Grundes. War die Pflegschaft nach § 1911 BGB nur zur Besorgung einer einzelnen Angelegenheit angeordnet, so endet die Pflegschaft kraft Gesetzes mit deren Erledigung nach § 1918 Abs. 3 BGB.

D. Prozessuale Hinweise/Verfahrenshinweise

I. Verfahren/Zuständigkeit

25 Zum Verfahren allgemein vgl. zunächst die Kommentierung zu § 1909 BGB Rn. 12.

26 Die Bestellung eines Abwesenheitspflegers nach § 1911 BGB fällt als betreuungsgerichtliche Zuweisungssache in die Zuständigkeit des Betreuungsgerichts (§ 340 Nr. 1 und 2 FamFG, § 23a Abs. 1 Nr. 2, Abs. 2 Nr. 1 GVG).

27 Die örtliche Zuständigkeit richtet sich nach den §§ 341, 272 FamFG. Die bisherige Anknüpfung der Zuständigkeit an den Wohnsitz des Betroffenen ist entfallen. Im Rahmen des § 272 Abs. 1 FamFG ist das örtlich zuständige Gericht durch Anwendung einer Anknüpfungsleiter zu bestimmen: Zuerst ist zu prüfen, ob bereits ein Abwesenheitspfleger bestellt ist. In diesem Fall ist das Gericht örtlich zuständig, bei dem dieses Pflegschaftsverfahren anhängig ist (§ 272 Abs. 1 Nr. 1 FamFG). Diese Zuständigkeitsbegründung hat Bedeutung vor allem für Folgeentscheidungen (z.B. Vergütung, Entlassung, Aufhebung).

28 Die zweite Stufe (§ 272 Abs. 1 Nr. 2 FamFG) knüpft an den gewöhnlichen Aufenthalt des Betroffenen an. Dem Begriff des gewöhnlichen Aufenthalts liegt eine faktische und keine rechtliche Betrachtung zugrunde. Abzustellen ist auf den tatsächlichen Mittelpunkt der Lebensführung, den Schwerpunkt seiner sozialen Bindungen. Schwierigkeiten bereitet die entsprechende Anwendung im Falle der Abwesenheitspflegschaft nach § 1911 Abs. 1 Satz 1 BGB, da in diesem Fall der aktuelle gewöhnliche Aufenthalt gerade unbekannt ist. Anders als beim rechtlich geprägten Begriff des Wohnsitzes[56] kann von einem Fortbestehen des bisherigen gewöhnlichen Aufenthalts nicht ohne weiteres ausgegangen werden[57], so dass in einem solchen Fall regelmäßig die Zuständigkeit nach § 272 Abs. 1 Nr. 3 FamFG zum Zuge kommen wird. Hingegen wird im Falle des § 1911 Abs. 2 BGB im Regelfall der gewöhnliche Aufenthalt im Inland fortbestehen.

29 Das Gericht am Ort des Fürsorgebedürfnisses (§ 272 Abs. 1 Nr. 3 FamFG) ist zuständig, wenn der Betroffene keinen gewöhnlichen Aufenthalt im Inland hat oder dieser nicht festgestellt werden kann.[58] Tritt das Fürsorgebedürfnis im Bezirk mehrerer Gerichte hervor, gilt § 2 FamFG.

30 Fehlt eine Zuständigkeit nach § 272 Abs. 1 Nr. 1-3 FamFG, so besteht, wenn der Abwesende deutscher Staatsangehöriger ist, eine Auffangzuständigkeit des Amtsgerichts Schöneberg. Die Regelung betrifft im Wesentlichen deutsche Staatsangehörige, die im Ausland leben.[59]

---

[52] BGH v. 11.01.1956 - IV ZR 166/55 - Betrieb 1956, 891; a.A. OLG Brandenburg v. 02.12.2003 - 11 U 25/03 - juris Rn. 43 -FamRZ 2005, 2082.

[53] BGH v. 09.11.1955 - IV ZB 97/55 - BGHZ 18, 389, 393.

[54] BGH v. 11.01.1956 - IV ZR 166/55 - Betrieb 1956, 891.

[55] OLG Nürnberg v. 31.03.1955 - 2 U 8/55 - FamRZ 1956, 117.

[56] Vgl. dazu OLG Köln v. 01.03.1993 - 16 Wx 46/93 - FamRZ 1993, 1107; *Sonnenfeld* in: Jansen, FGG, 3. Aufl. 2005, § 39 Rn. 9.

[57] *Budde* in: Keidel, FamFG, 18. Aufl. 2014, § 341 Rn. 2.

[58] *Budde* in: Keidel, FamFG, 18. Aufl. 2014, § 272 Rn. 4; *Brosey* in: Bahrenfuss, FamFG, 2. Aufl. 2013, § 272 Rn. 5.

[59] *Budde* in: Keidel, FamFG, 18. Aufl. 2014, § 272 Rn. 5.

Die internationale Zuständigkeit richtet sich nach § 104 FamFG. Diesem geht in seinem Anwendungsbereich das zum 01.01.2009 in Kraft getretene Haager Übereinkommen über den Internationalen Schutz von Erwachsenen[60] vor[61] (vgl. dazu auch Kommentierung zu § 1909 BGB Rn. 22). 31

Funktionell zuständig ist nach § 3 Nr. 2b RPflG der Rechtspfleger. Dem Richter vorbehalten sind die Anordnung einer Pflegschaft für ausländische Staatsangehörige (§ 15 Nr. 5 RPflG) und die Anordnung einer Pflegschaft aufgrund dienstrechtlicher Vorschriften (§ 15 Nr. 6 RPflG). Auswahl und Verpflichtung obliegen aber auch in diesen Fällen wieder grundsätzlich dem Rechtspfleger. In der Praxis wird der Richter allerdings vielfach aufgrund des engen Zusammenhangs i.S.d. § 6 RPflG auch die Auswahl des Pflegers vornehmen. 32

Es handelt sich um ein Amtsverfahren, Anträge Dritter sind nicht Verfahrensvoraussetzungen. Soweit die Abwesenheitspflegschaft nach spezialgesetzlichen Regelungen anzuordnen ist (vgl. hierzu Rn. 6), setzt das Verfahren teilweise einen Antrag oder ein Ersuchen der zuständigen Behörde voraus (vgl. etwa § 207 BauGB, § 19 BDO). Das Gericht hat auch von Amts (§ 26 FamFG) wegen zu ermitteln, ob Abwesenheit vorliegt.[62] 33

II. Rechtsmittel

Vgl. dazu zunächst allgemein die Kommentierung zu § 1909 BGB Rn. 22. 34

Gegen die Anordnung der Pflegschaft oder ihre Aufhebung hat i.d.R. nur der Abwesende, ggf. vertreten durch den Pfleger, das Recht zur Beschwerde nach § 58 FamFG; nach Feststellung des Todes auch die Erben.[63] 35

Da die bis zum 31.08.2009 in § 57 FGG enthaltene Regelung ersatzlos entfallen ist, setzt die Anfechtung der Ablehnung der Anordnung und der Aufhebung einer Abwesenheitspflegschaft nunmehr voraus, dass der Beschwerdeführer durch die Entscheidung in seinen Rechten beeinträchtigt ist (§ 59 Abs. 1 FamFG); ein bloßes rechtliches Interesse genügt nicht.[64] Eine Beschwerdebefugnis eines Dritten kann daher nur dann ausnahmsweise gegeben sein, wenn er ohne die Pflegerbestellung von einem effektiven Rechtsschutz abgeschnitten wäre (vgl. dazu auch Rn. 16).[65] 36

---

[60] BGBl II 2007, 323.
[61] Dazu näher *von Milczewski* in: Bahrenfuss, FamFG, 2. Aufl. 2013, § 104 Rn. 2 ff.
[62] *Zimmermann* in: Soergel, § 1911 Rn. 21.
[63] *Sonnenfeld* in: Jansen, FGG, 3. Aufl. 2005, § 39 Rn. 14.
[64] BGH v. 18.04.2012 - XII ZB 623/11 - juris Rn. 8; *Budde* in: Keidel, FamFG, 18. Aufl. 2014, § 340 Rn. 7.
[65] BGH v. 18.04.2012 - XII ZB 623/11 - juris Rn. 10

§ 1912 BGB Pflegschaft für eine Leibesfrucht

(Fassung vom 02.01.2002, gültig ab 01.01.2002)

(1) Eine Leibesfrucht erhält zur Wahrung ihrer künftigen Rechte, soweit diese einer Fürsorge bedürfen, einen Pfleger.

(2) Die Fürsorge steht jedoch den Eltern insoweit zu, als ihnen die elterliche Sorge zustünde, wenn das Kind bereits geboren wäre.

Gliederung

A. Grundlagen 1	IV. Fürsorgebedürfnis 10
I. Allgemeines zur Pflegschaft 1	C. Rechtsfolgen 12
II. Allgemeines zur Pflegschaft für die Leibesfrucht 2	I. Pflegerbestellung 12
B. Anwendungsvoraussetzungen 4	II. Beendigung der Pflegschaft 13
I. Leibesfrucht 4	D. Prozessuale Hinweise/Verfahrenshinweise 14
II. Künftige Rechte 6	I. Zuständigkeit 15
III. Ausfall der Eltern (Absatz 2) 8	II. Rechtsmittel 17

A. Grundlagen

I. Allgemeines zur Pflegschaft

1 Vgl. die Kommentierung zu § 1909 BGB.

II. Allgemeines zur Pflegschaft für die Leibesfrucht

2 Die Rechtsfähigkeit beginnt erst mit Vollendung der Geburt, § 1 BGB. Einige gesetzliche Vorschriften sichern jedoch bereits dem Nasciturus Rechte zu, die er allerdings erst mit der Geburt endgültig erwirbt.[1] Grundsätzlich werden diese künftigen Rechte im Sinne einer Vorwirkung der elterlichen Sorge durch die Eltern gewahrt (§ 1912 Abs. 2 BGB). § 1912 Abs. 1 BGB eröffnet die Möglichkeit der Bestellung eines Pflegers für solche Fälle, in denen den Eltern, wäre das Kind bereits geboren, ganz oder teilweise die elterliche Sorge bzw. die gesetzliche Vertretungsmacht nicht zustehen würde.

3 Die Vorschrift gilt nur für die Leibesfrucht (vgl. Rn. 4). Für noch nicht Erzeugte kann Pflegschaft nur nach § 1913 BGB angeordnet werden. Auf juristische Personen ist die Vorschrift nicht entsprechend anwendbar.[2]

B. Anwendungsvoraussetzungen

I. Leibesfrucht

4 Die Leibesfrucht ist ein gezeugtes, aber noch nicht geborenes Kind. Die Zeugung setzt die Vereinigung von Ei- und Samenzelle voraus. Ob auch der in-vitro-fertilisierte Embryo vor Einpflanzung in die Gebärmutter in den Anwendungsbereich der Vorschrift fällt, ist zweifelhaft. Nach Sinn und Zweck des § 1912 BGB ist maßgebend, auf welchen Zeitpunkt die jeweilige Vorschrift abstellt, die eine Rechtsstellung des Gezeugten, aber noch nicht Geborenen für den Fall späterer Lebendgeburt festlegt.[3] § 1912 BGB bleibt anwendbar, wenn bei der Schwangeren der Hirntod eingetreten ist, die Vitalfunktionen aber durch medizinische Maßnahmen aufrecht erhalten werden, um das Leben des ungeborenen Kindes zu retten.[4]

5 Ohne Bedeutung ist, ob das Kind voraussichtlich ehelich oder nicht ehelich geboren wird.[5]

---

[1] *Schwab* in: MünchKomm-BGB, § 1912 Rn. 1; anders *Roth* in: Erman, § 1912 Rn. 1: gegenwärtige und künftige Rechte.
[2] *Zimmermann* in: Soergel, § 1912 Rn. 2 a.E.; *Bienwald* in: Staudinger, § 1912 Rn. 6.
[3] Vgl. *Schwab* in: MünchKomm-BGB, § 1912 Rn. 5; a.A. möglicherweise *Bienwald* in: Staudinger, § 1912 Rn. 11; *Diederichsen* in: Palandt, § 1912 Rn. 5, die auf das Vorliegen einer Schwangerschaft abstellen.
[4] *Schwab* in: MünchKomm-BGB, § 1912 Rn. 6.
[5] *Bienwald* in: Staudinger, § 1912 Rn. 12.

II. Künftige Rechte

Durch § 1912 BGB sollen zukünftige Rechte, die dem Nasciturus bei oder nach der Geburt zustehen, gewahrt werden. In Betracht kommen insbesondere Rechte als (Nach-)Erbe (§§ 1923 Abs. 2, 2108 Abs. 1 BGB), Vermächtnisnehmer (§ 2178 BGB), aus Verträgen zugunsten Dritter (§ 331 Abs. 2 BGB) oder Haftungsansprüche wegen vorgeburtlicher Schädigung (z.B. § 844 Abs. 2 Satz 2 BGB, § 5 Abs. 2 Satz 2 HaftpflG, § 10 Abs. 2 Satz 2 StVG, § 7 Abs. 2 Satz 2 ProdHaftG, § 12 Abs. 2 Satz 2 UmweltHG).

In der Literatur wird diskutiert, ob § 1912 BGB auch die Bestellung eines Pflegers zur Wahrung des Lebensrechts des ungeborenen Kindes gegenüber einem beabsichtigten illegalen Schwangerschaftsabbruch erlaubt.[6]

III. Ausfall der Eltern (Absatz 2)

Grundsätzlich steht die Wahrnehmung der Rechte der Leibesfrucht den Eltern gemeinschaftlich zu, wenn diese miteinander verheiratet sind oder bereits Sorgeerklärungen nach § 1626b BGB abgegeben haben, ansonsten der nicht ehelichen Mutter (Absatz 2).[7] Eine Pflegschaft nach Absatz 1 ist nur anzuordnen, wenn und soweit die Eltern, unterstellt das Kind wäre bereits geboren, nicht sorge- oder vertretungsberechtigt wären.

Eine Pflegschaft für die Leibesfrucht kann daher zunächst in allen Fällen angeordnet werden, in denen dem bereits geborenen Kind ein Vormund zu bestellen wäre, es mithin überhaupt nicht unter elterlicher Sorge stehen würde.[8] Darüber hinaus erfasst der Anwendungsbereich des § 1912 Abs. 1 BGB auch die Fallkonstellationen, in denen einem bereits geborenen Kind ein Ergänzungspfleger nach § 1909 BGB zu bestellen wäre. Dies sind insbesondere die Fälle, in denen die Eltern bereits kraft Gesetzes (§§ 1629 Abs. 2 Satz 1, 1795, 181 BGB; § 1638 BGB) von der Vertretung ausgeschlossen wären oder wegen einer Interessenkollision ausgeschlossen werden könnten (§§ 1629 Abs. 2 Satz 3, 1796 BGB; § 1666 BGB).[9] Auch bei tatsächlicher Verhinderung (vgl. dazu die Kommentierung zu § 1909 BGB Rn. 60) kann ein Pfleger nach § 1912 Abs. 1 BGB bestellt werden.[10]

IV. Fürsorgebedürfnis

Für das von § 1912 Abs. 1 BGB geforderte Fürsorgebedürfnis ist allein auf das Interesse der Leibesfrucht abzustellen; Drittinteressen sind nicht maßgebend.[11] Das Vormundschaftsgericht muss nicht prüfen, ob der Leibesfrucht tatsächlich eines der in Rn. 6 genannten Rechte zusteht, es genügt, dass dies möglich ist.[12]

Ein Fürsorgebedürfnis für eine Pflegerbestellung nach § 1912 BGB besteht ferner nur dann, wenn nicht in anderer Weise für die Wahrung der rechtlichen Interessen der Leibesfrucht gesorgt ist, z.B. durch Testamentsvollstreckung (§ 2222 BGB) oder Nachlasspflegschaft (§ 1960 BGB).[13] Auch die Beistandschaft des Jugendamtes nach § 1712 BGB, die bei entsprechendem Antrag bereits vor der Geburt eintritt (§ 1714 Satz 2 BGB), lässt in ihrem allerdings beschränkten Anwendungsbereich (vgl. § 1712 Abs. 1 BGB) ein Bedürfnis für die Pflegerbestellung entfallen.[14]

---

[6] Befürwortend *Schwab* in: MünchKomm-BGB, § 1912 Rn. 11; *Zimmermann* in: Soergel, § 1912 Rn. 8; *Roth* in: Erman, § 1912 Rn. 2; vgl. auch *Coester-Waltjen*, NJW 1985, 2175-2177; ablehnend *Diederichsen* in: Palandt, § 1912 Rn. 2; *Bettin* in: Bamberger/Roth, § 1912 Rn. 3; *Sonnenfeld* in: Jansen, FGG, 3. Aufl. 2005, § 40 Rn. 2; *Vennemann*, FamRZ 1987, 1069-1069, 1069.

[7] *Schwab* in: MünchKomm-BGB, § 1912 Rn. 2.

[8] *Roth* in: Erman, § 1912 Rn. 4; *Zimmermann* in: Soergel, § 1912 Rn. 7.

[9] *Schwab* in: MünchKomm-BGB, § 1912 Rn. 13; *Roth* in: Erman, § 1912 Rn. 4; *Bettin* in: Bamberger/Roth, § 1912 Rn. 5.

[10] *Schwab* in: MünchKomm-BGB, § 1912 Rn. 13; *Roth* in: Erman, § 1912 Rn. 4.

[11] *Bienwald* in: Staudinger, § 1912 Rn. 18; *Zimmermann* in: Soergel, § 1912 Rn. 5; *Bettin* in: Bamberger/Roth, § 1912 Rn. 4.

[12] *Bettin* in: Bamberger/Roth, § 1912 Rn. 4; vgl. auch § 1909 Rn. 57.

[13] Allg. Auffassung, vgl. nur *Schwab* in: MünchKomm-BGB, § 1912 Rn. 9; *Diederichsen* in: Palandt, § 1912 Rn. 6.

[14] *Schwab* in: MünchKomm-BGB, § 1912 Rn. 10; *Roth* in: Erman, § 1912 Rn. 3.

C. Rechtsfolgen

I. Pflegerbestellung

12 Die Berufung des Pflegers richtet sich nach den §§ 1915 Abs. 1, 1779 BGB. Ein Benennungsrecht der Eltern besteht nicht[15], wohl aber kommt eine entsprechende Anwendung des § 1917 BGB in Betracht.[16] Der Pfleger nach § 1912 BGB vertritt die Leibesfrucht gerichtlich und außergerichtlich. Er ist gesetzlicher Vertreter des (ungeborenen) Kindes, aber nur im Rahmen des ihm per Beschluss übertragenen Wirkungskreises (vgl. dazu näher die Kommentierung zu § 1909 BGB Rn. 17). Die vom Pfleger vor der Geburt vorgenommenen Rechtshandlungen wirken unmittelbar für und gegen das später geborene Kind[17]; dieses ist mit der Leibesfrucht rechtlich identisch[18].

II. Beendigung der Pflegschaft

13 Gem. § 1918 Abs. 2 BGB endet die Pflegschaft kraft Gesetzes mit der Geburt des Kindes (auch bei Totgeburt, vgl. Rn. 9), des Weiteren nach § 1918 Abs. 3 BGB mit Erledigung der einzelnen Angelegenheit. Nach § 1919 BGB ist die Pflegschaft ferner aufzuheben, wenn der Grund für die Anordnung weggefallen ist.

D. Prozessuale Hinweise/Verfahrenshinweise

14 Vgl. zunächst allgemein zu Verfahren und Zuständigkeit die Kommentierung zu § 1909 BGB Rn. 12.

I. Zuständigkeit

15 Die Pflegschaft für eine Leibesfrucht fällt als Kindschaftssache (§ 151 Nr. 5 FamFG) in die sachliche Zuständigkeit des Familiengerichts. Die örtliche Zuständigkeit richtet sich nach § 152 FamFG (vgl. dazu die Kommentierung zu § 1909 BGB Rn. 92). Für die internationale Zuständigkeit (§ 99 FamFG) ist auf die hypothetische Staatsangehörigkeit im Falle der Geburt abzustellen. Bei zu erwartender ausländischer Staatsangehörigkeit gilt § 152 FamFG i.V.m. Art. 24 Abs. 3 EGBGB.[19] Das Haager MSA ist auf Pflegschaften nach § 1912 BGB nicht anwendbar.[20]

16 Funktionell zuständig ist nach § 3 Nr. 2a RPflG (Kindschaftssachen) der Rechtspfleger. Der Richtervorbehalt nach § 14 Abs. 1 Nr. 8 RPflG greift bei zu erwartender ausländischer Staatsangehörigkeit des Kindes.[21]

II. Rechtsmittel

17 Allgemein hierzu vgl. die Kommentierung zu § 1909 BGB Rn. 22. Beschwerdeberechtigt gegen die Anordnung der Pflegschaft ist nach § 59 FamFG jeder Elternteil, dem die elterliche Sorge zustehen würde. Im Falle des § 1917 Abs. 1 BGB (vgl. die Kommentierung zu § 1917 BGB Rn. 3) steht der vom Erblasser oder Zuwendenden benannten Person ein Beschwerderecht zu, wenn sie nicht zum Pfleger bestellt wird (vgl. die Kommentierung zu § 1917 BGB Rn. 18). Für die Anfechtung eines ablehnenden Beschlusses genügt, anders als nach bisheriger Rechtslage (§ 57 Abs. 1 Nr. 3 FGG), nicht mehr jedes rechtliche Interesse, vielmehr ist auch in diesem Fall eine Beeinträchtigung in eigenen Rechten erforderlich.[22] Eine Beschwerdeberechtigung Dritter ist daher kaum denkbar.[23] Ausnahmsweise kommt sie in Betracht, wenn der Dritte darlegt, dass er durch die Ablehnung der Pflegschaft von einem effektiven Rechtsschutz abgeschnitten wäre.[24]

---

[15] *Schwab* in: MünchKomm-BGB, § 1912 Rn. 14; *Roth* in: Erman, § 1912 Rn. 8; *Bienwald* in: Staudinger, § 1912 Rn. 20.
[16] *Roth* in: Erman, § 1915 Rn. 3.
[17] *Schwab* in: MünchKomm-BGB, § 1912 Rn. 15.
[18] BGH v. 11.01.1972 - VI ZR 46/71 - NJW 1972, 1126.
[19] *Diederichsen* in: Palandt, § 1912 Rn. 8.
[20] *Kropholler*, NJW 1971, 1721-1726, 1722.
[21] *Schwab* in: MünchKomm-BGB, § 1912 Rn. 17.
[22] BGH v. 18.04.2012 - XII ZB 623/11 - juris Rn. 8; *Budde* in: Keidel, FamFG, 18. Aufl. 2014, § 340 Rn. 7; a.A. *Bauer* in: Prütting/Wegen/Weinreich, § 1912 Rn. 5.
[23] *Rohde* in: Kaiser/Schnitzler/Friederici, Bd. 4, § 1912 Rn. 9.
[24] BGH v. 18.04.2012 - XII ZB 623/11 - juris Rn. 10.

§ 1913 BGB Pflegschaft für unbekannte Beteiligte

(Fassung vom 19.07.2002, gültig ab 01.08.2002)

¹Ist unbekannt oder ungewiss, wer bei einer Angelegenheit der Beteiligte ist, so kann dem Beteiligten für diese Angelegenheit, soweit eine Fürsorge erforderlich ist, ein Pfleger bestellt werden. ²Insbesondere kann einem Nacherben, der noch nicht gezeugt ist oder dessen Persönlichkeit erst durch ein künftiges Ereignis bestimmt wird, für die Zeit bis zum Eintritt der Nacherbfolge ein Pfleger bestellt werden.

Gliederung

A. Grundlagen 1	III. Ungewissheit oder Unbestimmtheit des Nacherben (Satz 2) 16
I. Allgemeines zur Pflegschaft 1	IV. Fürsorgebedürfnis 19
II. Allgemeines zur Pflegschaft für unbekannte Beteiligte 2	C. Rechtsfolgen 24
III. Abgrenzung zu anderen Pflegschaften 5	I. Bestellung des Pflegers 24
1. Verhältnis zur Nachlasspflegschaft 5	II. Auswahl des Pflegers 28
2. Verhältnis zur Pflegschaft für die Leibesfrucht ... 8	III. Beendigung der Pflegschaft 29
3. Sondervorschriften 9	D. Prozessuale Hinweise/Verfahrenshinweise 30
B. Anwendungsvoraussetzungen 10	I. Zuständigkeit 31
I. Beteiligter 10	II. Verfahren 35
II. Unbekanntheit oder Ungewissheit eines Beteiligten (Satz 1) 14	III. Rechtsmittel 36

A. Grundlagen

I. Allgemeines zur Pflegschaft

Vgl. die Kommentierung zu § 1909 BGB. 1

II. Allgemeines zur Pflegschaft für unbekannte Beteiligte

§ 1913 BGB überträgt den in § 1960 BGB (Nachlasspflegschaft) enthaltenen Grundgedanken auf andere Angelegenheiten und schafft eine Vertretung für unbekannte oder ungewisse Beteiligte für alle gegenwärtig zu regelnden Angelegenheiten, bei denen ein Fürsorgebedürfnis rechtlicher oder tatsächlicher Art besteht.[1] In der Praxis begegnen allerdings regelmäßig nur Fallkonstellationen, in denen eine vermögensrechtliche Angelegenheit der Fürsorge bedarf.[2] 2

Die Pflegschaft nach § 1913 BGB ist eine Personenpflegschaft.[3] Unbekannter oder ungewisser Beteiligter kann auch eine juristische Person sein (vgl. Rn. 10). Auch für eine noch nicht erzeugte Person kommt ausnahmsweise eine Pflegerbestellung in Betracht (vgl. Rn. 13). 3

Satz 2 ist ein in der Praxis wichtiger Sonderfall des Satzes 1. Geregelt wird in Satz 2 der Fall der Ungewissheit, die bis zum Eintritt der Nacherbfolge entsteht, wenn eine noch nicht erzeugte Person als Nacherbe eingesetzt ist oder wenn die Persönlichkeit des Nacherben erst durch ein künftiges Ereignis bestimmt werden soll. 4

III. Abgrenzung zu anderen Pflegschaften

1. Verhältnis zur Nachlasspflegschaft

Von erheblicher praktischer Bedeutung ist die Abgrenzung zur Nachlasspflegschaft, nicht zuletzt mit Blick auf die unterschiedliche sachliche Zuständigkeit (§ 1962 BGB, § 342 Abs. 1 Nr. 2 FamFG). Die Nachlasspflegschaft ist ein Spezialfall der Pflegschaft für unbekannte oder ungewisse Beteiligte und geht in ihrem Anwendungsbereich der Pflegschaft nach § 1913 BGB vor.[4] Die Abgrenzung wird be- 5

---

[1] *Schwab* In: MünchKomm-BGB, § 1913 Rn. 1 unter Verweis auf Motive IV, S. 1265; *Diederichsen* in: Palandt, § 1913 Rn. 1.

[2] *Roth* in: Erman, § 1913 Rn. 13; *Zimmermann* in: Soergel, § 1913 Rn. 1; *Schwab* in: MünchKomm-BGB, § 1913 Rn. 8.

[3] KG v. 26.05.2009 - 1 W 123/08 - juris Rn. 9 - FGPrax 2009, 191-192; *Roth* in: Erman, § 1913 Rn. 1.

[4] *Roth* in: Erman, § 1913 Rn. 4; *Schwab* in: MünchKomm-BGB, § 1913 Rn. 4.

stimmt durch die fürsorgebedürftige Angelegenheit und die unterschiedlichen Aufgabenstellungen der Pfleger:[5] Nach § 1960 Abs. 1 BGB ist es die Sache des Nachlasspflegers, den Nachlass zu sichern und zu erhalten sowie die Erben zu ermitteln, soweit dafür ein Bedürfnis besteht. Seine Fürsorgpflicht richtet sich bei ungewisser Erbfolge gegen alle Erbanwärter. Auch die Wahrnehmung der Rechte der unbekannten Erben gegenüber einem Testamentsvollstrecker ist Aufgabe des Nachlasspflegers.[6] Hingegen hat der Nachlasspfleger nicht die Aufgabe zu klären, wer von mehreren Erbanwärtern der wirkliche Erbe ist.[7] Geht es um die Klärung der Rechte der Erbanwärter untereinander, so kann für die Ausübung der Rechte eines noch unbekannten oder ungewissen (Mit-)Erben nur ein Pfleger nach § 1913 BGB bestellt werden.[8]

6 Auch zum Zwecke der Auseinandersetzung einer Erbengemeinschaft kann für einen noch unbekannten oder ungewissen Miterben ein Pfleger nach § 1913 BGB bestellt werden.[9] Eine Pflegerbestellung nach § 1913 BGB soll ferner möglich sein, wenn bei feststehenden Erben lediglich Streit und nicht leicht zu beseitigende Ungewissheit über die Beteiligungsquoten herrscht, die der Erteilung eines Erbscheins entgegenstehen.[10]

7 Der Zuständigkeitsstreit zwischen zwei Amtsgerichten oder der Nachlass- und der Betreuungsabteilung desselben Gerichts, ob ein Antrag als Nachlasssache im Verfahren nach § 1960 BGB oder als betreuungsrechtliche Zuweisungssache nach § 1913 BGB zu bearbeiten ist, ist nicht nach § 5 FamFG, sondern in entsprechender Anwendung des § 36 Nr. 6 ZPO zu entscheiden.[11]

2. Verhältnis zur Pflegschaft für die Leibesfrucht

8 § 1913 BGB ermöglicht in bestimmten Fällen die Fürsorge für eine noch nicht erzeugte Person. Die Fürsorge für den Nasciturus wird hingegen allein durch § 1912 BGB geregelt.[12] § 1913 BGB sieht keine dem § 1912 Abs. 2 BGB entsprechende Regelung vor, so dass für die Anordnung der Pflegschaft nach § 1913 BGB ohne Bedeutung ist, ob der noch nicht Gezeugte nach der Geburt unter elterlicher Sorge stehen würde.[13] Durch die Pflegschaft nach § 1913 BGB wird das Recht der Eltern, nach Zeugung die künftigen Rechte der Leibesfrucht wahrzunehmen, nicht beschränkt.[14] Gleichwohl ist schon aus Gründen der Rechtsklarheit eine Aufhebung der Pflegschaft notwendig, da für eine Beendigung kraft Gesetzes mit der Zeugung deren Zeitpunkt zu unbestimmt und nach außen hin nicht erkennbar ist.[15]

3. Sondervorschriften

9 Sonderregelungen einer Pflegschaft für unbekannte oder ungewisse Beteiligte finden sich z.B. in § 207 Satz 1 Nr. 1 BauGB, § 119 Abs. 1 Nr. 1 FlurbG, § 96 GBO, § 17 Abs. 1 Nr. 2 SachenRBerG[16], § 15 Abs. 1 Nr. 1 SGB X, § 11b VermG, § 16 Abs. 1 Nr. 1 VwVfG, §§ 494 Abs. 2, 779 Abs. 2 ZPO, §§ 135, 157 Abs. 2 ZVG. Soweit diese speziellen Regelungen eingreifen, fehlt ein Fürsorgebedürfnis für die Bestellung eines Pflegers nach § 1913 BGB.[17]

---

[5] *Bienwald* in: Staudinger, § 1913 Rn. 19; *Schwab* in: MünchKomm-BGB, § 1913 Rn. 4 f.; *Zimmermann* in: Soergel, § 1913 Rn. 2.
[6] OLG Düsseldorf v. 10.12.2009 - 3 Wx 218/09.
[7] BGH v. 06.10.1982 - IVa ZR 166/81 - NJW 1983, 226, 227; *Schwab* in: MünchKomm-BGB, § 1913 Rn. 5.
[8] BGH v. 06.10.1982 - IVa ZR 166/81 - NJW 1983, 226, 227; OLG Hamm v. 11.09.2001 - 15 W 224/01 - juris Rn. 17 - FamRZ 2002, 769, 770; *Roth* in: Erman, § 1913 Rn. 4.
[9] *Roth* in: Erman, § 1913 Rn. 4
[10] LG Düsseldorf v. 20.06.1962 - 14 T 297/62 - DNotZ 1963, 564; *Schwab* in: MünchKomm-BGB, § 1913 Rn. 5.
[11] OLG Köln v. 14.06.1995 - 16 Wx 85/95 - juris Rn. 2 - FamRZ 1996, 357.
[12] *Schwab* in: MünchKomm-BGB, § 1913 Rn. 7; *Bienwald* in: Staudinger, § 1913 Rn. 14.
[13] *Schwab* in: MünchKomm-BGB, § 1913 Rn. 7.
[14] Allg. Meinung, vgl. nur *Schwab* in: MünchKomm-BGB, § 1913 Rn. 7.
[15] *Schwab* in: MünchKomm-BGB, § 1913 Rn. 7; *Roth* in: Erman, § 1913 Rn. 7; a.A. *Zimmermann* in: Soergel, § 1913 Rn. 9.
[16] Dazu näher *Bienwald* in: Staudinger, § 1913 Rn. 23.
[17] *Zimmermann* in: Soergel, § 1913 Rn. 2.

B. Anwendungsvoraussetzungen

I. Beteiligter

Beteiligter i.S.d. § 1913 BGB kann eine natürliche, aber auch eine juristische Person sein. In letzterem Fall ist § 1913 BGB aber dann nicht anwendbar, wenn die juristische Person bekannt ist und nur ihre Vertreter oder Organe unbekannt sind.[18]

Da § 1913 BGB eine Personen- und keine Sachpflegschaft ist[19] und damit voraussetzt, dass ein Rechtsträger vorhanden ist oder entstehen wird, ist die Vorschrift auf die Verwaltung eines herrenlosen Grundstücks nicht anwendbar.[20] Zudem fehlt es im Hinblick auf die §§ 58, 787 ZPO und die Sonderregelungen im öffentlichen Recht regelmäßig an einem Bedürfnis für eine Anwendung des § 1913 BGB.[21]

Erlischt ein Verein durch Fortfall aller Mitglieder, so kann nach h.M. die Vertretung des untergegangenen Vereins und die Verwendung seines Vermögens einem Pfleger nach § 1913 BGB übertragen werden.[22] Gleiches gilt für eine Genossenschaft.[23]

Über den Fall des § 1913 Abs. 1 Satz 2 BGB hinaus kann einer noch nicht gezeugten Person dann ein Pfleger nach § 1913 Abs. 1 Satz 1 BGB bestellt werden, wenn ihr das Gesetz ausnahmsweise Rechte zuerkennt.[24] Dies kann etwa durch einen Vertrag zugunsten des noch nicht gezeugten Dritten (§ 331 Abs. 2 BGB) geschehen oder durch ein Vermächtnis nach § 2178 BGB.[25] Wird eine Forderung für die noch nicht gezeugte Person begründet, so kann diese nach § 1113 Abs. 2 BGB sogar durch eine Hypothek gesichert werden.[26] Hingegen kann eine Pflegschaft für eine künftige Person nicht mit dem Ziel eingerichtet werden, für sie mit einem Dritten einen Kaufvertrag zu schließen.[27]

II. Unbekanntheit oder Ungewissheit eines Beteiligten (Satz 1)

Unbekannt ist ein Beteiligter, wenn er nicht gekannt wird. Hierfür genügt es nicht, wenn die Person nur namentlich nicht bezeichnet ist, sich aber ohne weiteres feststellen lässt. Ist z.B. in einer Verfügung von Todes wegen von „gesetzlichen Erben" die Rede und stehen die gesetzlichen Erben fest, so handelt es sich um bekannte Personen.[28] Ist der Beteiligte namentlich bekannt und lediglich sein derzeitiger Aufenthalt unbekannt, kommt nur eine Pflegschaft nach § 1911 BGB in Betracht.[29]

Ungewissheit über die Person des wahren Berechtigten liegt insbesondere vor, wenn unter mehreren Beteiligten streitig ist, ob oder zu welchem Teil sie an der Angelegenheit berechtigt sind, und diese Ungewissheit oder Uneinigkeit nicht leicht zu beseitigen ist.[30] Dies ist beispielsweise der Fall, wenn nach dem Tod eines der Gesellschafter einer BGB-Gesellschaft ungewiss ist, wer dessen Rechtsnachfolger ist, weil die übrigen Gesellschafter einen schriftlichen Gesellschaftsvertrag nicht vorlegen können.[31]

III. Ungewissheit oder Unbestimmtheit des Nacherben (Satz 2)

Die Pflegerbestellung nach Satz 2 ist ein in der Praxis wichtiger Sonderfall des Satzes 1. Die Unklarheit über den Nacherben kann sich zum einen daraus ergeben, dass in der letztwilligen Verfügung eine zum Zeitpunkt des Erbfalls noch nicht gezeugte Person als Nacherbe eingesetzt ist (§ 2101 Abs. 1

---

[18] KG v. 19.03.1920 - 30/20 - JW 1920, 497; *Schwab* in: MünchKomm-BGB, § 1913 Rn. 6.
[19] KG v. 26.05.2009 - 1 W 123/08 - juris Rn. 9 - FGPrax 2009, 191-192.
[20] *Roth* in: Erman, § 1913 Rn. 3; *Bienwald* in: Staudinger, § 1913 Rn. 2.
[21] *Roth* in: Erman, § 1913 Rn. 3; *Schwab* in: MünchKomm-BGB, § 1913 Rn. 13.
[22] OLG Köln v. 19.09.1997 - 16 Wx 215/97 - NJW-RR 1999, 336, 337; *Schwab* in: MünchKomm-BGB, § 1913 Rn. 12; kritisch *Roth* in: Erman, § 1913 Rn. 2.
[23] FG Leipzig v. 28.07.2003 - 3 K 1806/01 - juris Rn. 26 - D-spezial 2005 Nr. 17, 6.
[24] *Zimmermann* in: Soergel, § 1913 Rn. 2; *Roth* in: Erman, § 1913 Rn. 7.
[25] Vgl. z.B. BayObLG v. 17.12.1965 - BReg 1a Z 70/65 - BayObLGZ 65, 457.
[26] RG v. 14.10.1905 - V 90/05 - RGZ 61, 355, 356 f.; BayObLG v. 27.06.1958 - BReg 2 Z 30 u. 31/58 - BayObLGZ 1958, 164, 168; *Roth* in: Erman, § 1913 Rn. 7; *Zimmermann* in: Soergel, § 1913 Rn. 2.
[27] *Schwab* in: MünchKomm-BGB, § 1913 Rn. 11.
[28] *Zimmermann* in: Soergel, § 1913 Rn. 3; *Bienwald* in: Staudinger, § 1913 Rn. 8.
[29] OLG Köln v. 15.10.2010 - 2 Wx 156/10 - Rpfleger 2011, 158.
[30] BGH v. 20.02.1968 - V BLw 34/67 - MDR 1968, 484; OLG Düsseldorf v. 30.07.1975 - 3 W 107/75 - GmbHR 1978, 40; *Bienwald* in: Staudinger, § 1913 Rn. 9 f.
[31] LG Kaiserslautern v. 25.01.1995 - 1 T 237/94 - FamRZ 1995, 1382.

Satz 1 BGB).[32] In diesem Fall ist nicht nur die Person des Erben unbekannt. Zugleich ist auch ungewiss, ob der Nacherbe gezeugt wird und damit der Nacherbfall überhaupt eintritt.[33]

17 Zum anderen besteht Ungewissheit, wenn die Person des Nacherben erst durch ein künftiges Ereignis bestimmt wird, vgl. §§ 2104 Satz 1, 2105 Abs. 2, 2106 Abs. 2 BGB. § 1913 Satz 2 BGB ist darüber hinaus anwendbar, wenn die Einsetzung des Vollerben unter einer auflösenden Bedingung (§ 2075 BGB), etwa einer Straf- oder Verwirkungsklausel, steht.[34] Allein der Umstand, dass ungewiss ist, ob der vom Erblasser eingesetzte Nacherbe den Nacherbfall erlebt, rechtfertigt noch keine Pflegerbestellung nach § 1913 BGB, auch wenn ein Ersatznacherbe benannt ist, dessen Person aber noch unbekannt ist.[35]

18 Ein Anwendungsfall des § 1913 Satz 2 BGB ist beispielsweise gegeben, wenn ein Erblasser – etwa neben namentlich bezeichneten Personen – die beim Ableben des Vorerben vorhandenen Abkömmlinge des Vorerben zu Nacherben berufen hat.[36] Etwas anderes gilt jedoch dann, wenn offenkundig ist, dass keine weiteren Nacherben als die namentlich benannten vorhanden sind und auch nicht mehr hinzutreten können.[37] Sind Abkömmlinge bereits als Nacherben im Grundbuch eingetragen, so sind sie vom Grundbuchamt – etwa im Rahmen eines Verfahrens zur Löschung des Nacherbenvermerks – als bekannt zu behandeln, so dass eine Pflegerbestellung nur für die übrigen unbekannten Nacherben notwendig ist.[38] Pflegschaft nach § 1913 BGB ist ebenfalls für Nacherben anzuordnen, die unter der Bedingung eingesetzt sind, dass der Vorerbe ohne Hinterlassung von Abkömmlingen verstirbt.[39]

IV. Fürsorgebedürfnis

19 Der Bestellung eines Pflegers für den unbekannten oder ungewissen Beteiligten bedarf es nur, soweit ein gegenwärtiges Fürsorgebedürfnis besteht. Das Bestehen eines Fürsorgebedürfnisses ist bereits anzunehmen, wenn nicht von der Hand zu weisen ist, dass das vorzunehmende Geschäft (auch) für den Unbekannten vorteilhaft sein kann[40] bzw. Schaden von ihm abwendet.[41] Eine drohende Verjährung soll allerdings nicht notwendig ein Fürsorgebedürfnis begründen.[42] Ein Fürsorgebedürfnis fehlt, wenn die Angelegenheit ausschließlich im Drittinteresse liegt.[43]

20 Ein Fürsorgebedürfnis fehlt auch dann, wenn die Belange des Beteiligten schon durch anderweitig getroffene Regelungen gewahrt werden, z.B. durch die angeordnete Testaments- (§ 2216 BGB) oder Nacherbenvollstreckung (§ 2222 BGB) oder eine Nachlasspflegschaft (§ 1960 BGB).[44] In besonderen Fällen soll allerdings eine Pflegerbestellung zum Zwecke der Überwachung des Testamentsvollstreckers im Interesse des unbekannten oder ungewissen Nacherben in Betracht kommen.[45]

21 Soweit alle in Betracht kommenden Prätendenten einvernehmlich eine Regelung treffen und fest steht, dass einer von ihnen der tatsächlich Berechtigte ist, besteht ebenfalls kein Bedürfnis für eine Pflegerbestellung.[46] Die Möglichkeit der Prätendenten, eine Klärung der umstrittenen Beteiligung im Wege des Zivilprozesses herbeizuführen, lässt das Fürsorgebedürfnis nicht entfallen.[47]

---

[32] Vgl. z.B. BayObLG v. 28.01.1983 - BReg 1 Z 129/82 - juris Rn. 15 - FamRZ 1983, 839.

[33] *Bienwald* in: Staudinger, § 1913 Rn. 13

[34] BayObLG v. 08.02.1966 - BReg 1a 64/65 - BayObLGZ 1966, 49; *Schwab* in: MünchKomm-BGB, § 1913 Rn. 15.

[35] *Roth* in: Erman, § 1913 Rn. 8; a.A. *Sonnenfeld* in: Jansen, FGG, 3. Aufl. 2005, § 41 Rn. 4.

[36] BayObLG v. 24.04.1997 - 2Z BR 38/97 - juris Rn. 14 - NJW-RR 1997, 1239; OLG Hamm v. 11.02.1997 - 15 W 439/96 - NJW-RR 1997, 1095, 1096.

[37] OLG Hamm v. 11.02.1997 - 15 W 439/96 - NJW-RR 1997, 1095, 1096 (Vorerbin war im Alter von 66 Jahren noch kinderlos); OLG Celle v. 12.08.2010 - 4 W 139/10 - FamRZ 2011, 141.

[38] OLG Hamm v. 09.05.1969 - 15 W 543/68 - NJW 1969, 1490, 1491.

[39] BayObLG München v. 15.12.1959 - BReg 2 Z 197/59 - NJW 1960, 965, 966; OLG Hamm v. 09.05.1969 - 15 W 543/68 - NJW 1969, 1490, 1491.

[40] KG v. 18.06.1971 - 1 W 1038/71 - FamRZ 1972, 323; OLG Bremen v. 15.05.2003 - 4 W 13/03 - OLGR Bremen 2003, 466; *Bienwald* in: Staudinger, § 1913 Rn. 17.

[41] VG Cottbus v. 10.02.2011 - 1 K 1326/07 - juris Rn. 72.

[42] KG v. 26.05.2009 - 1 W 123/08 - juris Rn. 18 - FGPrax 2009, 191.

[43] OLG Düsseldorf v. 10.12.2009 - 3 Wx 218/09 - juris Rn. 38; VG Cottbus v. 10.02.2011 - 1 K 1326/07 - juris Rn. 72; *Bienwald* in: Staudinger, § 1913 Rn. 18; *Schwab* in: MünchKomm-BGB, § 1913 Rn. 8.

[44] BayObLG München v. 15.12.1959 - BReg 2 Z 197/59 - NJW 1960, 965.

[45] Dazu *Schwab* in: MünchKomm-BGB, § 1913 Rn. 14; vgl. auch OLG Düsseldorf v. 10.12.2009 - 3 Wx 218/09.

[46] OLG Düsseldorf v. 10.11.1976 - 3 W 185/76 - juris Rn. 9 - Rpfleger 1977, 131, 132.

[47] *Roth* in: Erman, § 1913 Rn. 13.

Kein Bedürfnis für die Bestellung eines Pflegers nach § 1913 BGB besteht ferner, soweit Spezialregelungen eingreifen (vgl. Rn. 9).

Die Möglichkeit, dem unbekannten Beteiligten Einladungen oder Mitteilungen im Wege der öffentlichen Zustellung zukommen zu lassen, lässt das Fürsorgebedürfnis nicht entfallen; diese dient nicht dem Schutze des Zustelladressaten, der vielfach keine Kenntnis vom Inhalt des Schriftstückes erlangt.[48]

C. Rechtsfolgen

I. Bestellung des Pflegers

Liegen die Voraussetzungen vor, ist die Pflegschaft von Amts wegen anzuordnen. Das Betreuungsgericht hat dabei den Wirkungskreis des Pflegers, d.h. den Umfang der Pflegschaft und der Vertretungsbefugnis zu bestimmen und genau zu bezeichnen (vgl. dazu die Kommentierung zu § 1909 BGB Rn. 17).

Der Pfleger ist stets nur für die unbekannten oder ungewissen Beteiligten zu bestellen, zu einer Vertretung der bekannten Beteiligten ist er nicht berechtigt.[49]

Innerhalb des ihm zugewiesenen Wirkungskreises hat der Pfleger die Rechtsstellung eines gesetzlichen Vertreters für den unbekannten oder ungewissen Beteiligten.[50] Er hat die Pflegschaft im Interesse des Beteiligten zu führen. Zu seinen Aufgaben gehört auch die Prozessführung,[51] die Einziehung von Außenständen, Berichtigung der Schulden und Verteilung des Vermögens.[52] Soweit der Pfleger künftige Nacherben vertritt, kann er nur die Rechte verfolgen, die für sie gesetzlich vorgesehen sind.[53] Zu den Aufgaben des Pflegers nach § 1913 BGB gehört nicht die Nachlassverwaltung, d.h. die Sicherung des Nachlasses[54].

Der Pfleger hat ferner stets die Aufgabe, den unbekannten oder ungewissen Beteiligten zu ermitteln[55], auch wenn er nur für eine einzelne Angelegenheit bestellt ist.[56]

II. Auswahl des Pflegers

Die Auswahl des Pflegers richtet sich nach den §§ 1915, 1779 ff. BGB. Zu beachten ist das aus Art. 6 Abs. 1, Abs. 2 GG folgende Vorzugsrecht von Familienangehörigen bzw. Eltern, welches im Rahmen des § 1913 BGB dann greifen kann, wenn der ganze Kreis der möglichen Nacherben in einer Eltern-Kind-Beziehung zu bestimmten Personen steht oder voraussichtlich stehen würde.[57]

III. Beendigung der Pflegschaft

Die Pflegschaft endet kraft Gesetzes nach § 1918 Abs. 3 BGB, wenn die zu besorgende Angelegenheit erledigt ist. Nach § 1919 BGB endet die Pflegschaft durch gerichtliche Aufhebung, wenn der Grund für die Anordnung weggefallen ist, z.B. der Beteiligte ist bekannt, Gewissheit ist eingetreten, Nacherbfall etc.

D. Prozessuale Hinweise/Verfahrenshinweise

Vgl. zunächst allgemein zur Verfahren und Zuständigkeit allgemein die Kommentierung zu § 1909 BGB Rn. 12.

---

[48] OLG Bremen v. 15.05.2003 - 4 W 13/03 - OLGR Bremen 2003, 465, 466.
[49] BayObLG München v. 29.09.1928 - Reg III Nr. 83/1928 - BayObLGZ 28, 598; OLG Hamm v. 09.05.1969 - 15 W 543/68 - NJW 1969, 1490, 1491; *Roth* in: Erman, § 1913 Rn. 10.
[50] BGH v. 20.02.1968 - V BLw 34/67 - MDR 1968, 484; OLG Hamm v. 06.09.1973 - 15 W 105/73 - NJW 1974, 505; *Schwab* in: MünchKomm-BGB, § 1913 Rn. 18.
[51] BAG v. 13.04.1967 - 5 AZR 426/66 - NJW 1967, 1437.
[52] BGH v. 17.11.1955 - II ZR 172/54 - BGHZ 19, 51, 57.
[53] *Bienwald* in: Staudinger, § 1913 Rn. 4.
[54] BGH v. 06.10.1982 - IVa ZR 166/81 - LM Nr. 2 zu § 1913 BGD.
[55] OLG Rostock v. 23.06.1913 - OLGE 30, 163; KG v. 08.07.1938 - 1a Wx 736/38 - JW 1938, 2401.
[56] *Roth* in: Erman, § 1913 Rn. 14.
[57] BVerfG v. 13.06.1972 - 1 BvR 421/69 - juris Rn. 8 - BVerfGE 33, 236, 239; *Bienwald* in: Staudinger, § 1913 Rn. 33; vgl. dazu auch die Kommentierung zu § 1915 BGB Rn. 16.

I. Zuständigkeit

31 Die Bestellung eines Pflegers für einen unbekannten oder ungewissen Beteiligten fällt als betreuungsgerichtliche Zuweisungssache regelmäßig in die Zuständigkeit des Betreuungsgerichts (§ 340 Nr. 1 und 2 FamFG, § 23a Abs. 1 Nr. 2, Abs. 2 Nr. 1 GVG), da bei einem unbekannten oder ungewissen Beteiligten gerade nicht positiv feststehen kann, dass er minderjährig ist. An eine Zuständigkeit des Familiengerichts nach § 151 Nr. 5 FamFG ist nur zu denken, wenn sämtliche als Beteiligte in Betracht kommende Personen minderjährig sind.

32 Die örtliche Zuständigkeit richtet sich nach den §§ 341, 272 FamFG. Dabei wird die Zuständigkeit für die Anordnung in der Praxis, wie bisher schon nach § 41 FGG, an den Ort anknüpfen, an dem das Fürsorgebedürfnis hervortritt (§ 272 Abs. 1 Nr. 3 FamFG),[58] sich z.B. der Nachlass befindet. Abzustellen ist auf den Zeitpunkt, in dem das Gericht mit der Angelegenheit befasst wird (§ 2 Abs. 1 FamFG), d.h. im Amtsverfahren Tatsachen erfährt, die ein Einschreiten gebieten, nicht auf den Zeitpunkt der Anordnung.[59] Die Zuständigkeitsbegründung nach § 272 Abs. 1 Nr. 1 FamFG hat Bedeutung vor allem für Folgeentscheidungen (z.B. Vergütung, Entlassung, Aufhebung).

33 Funktionell zuständig ist nach § 3 Nr. 2b RPflG der Rechtspfleger.

34 Zum Verfahren bei einem Zuständigkeitsstreit zwischen Nachlass- und Betreuungsgericht, ob ein Antrag als Nachlasssache im Verfahren nach § 1960 BGB oder als betreuungsrechtliche Zuweisungssache nach § 1913 BGB zu bearbeiten ist, vgl. Rn. 7.

II. Verfahren

35 Das Verfahren zur Bestellung eines Pflegers nach § 1913 BGB ist von Amts wegen einzuleiten und zu betreiben, ein Antrag ist nicht erforderlich.[60] Das Gericht hat die Tatsachen, aus denen sich das Bestehen eines Fürsorgebedürfnisses ergibt, von Amts wegen (§ 26 FGG) zu ermitteln. Dabei muss aber nicht bereits im Bestellungsverfahren im Einzelnen geprüft werden, ob das vorzunehmende Geschäft für den Beteiligten tatsächlich vorteilhaft ist, es genügt, wenn dies nicht von der Hand zu weisen ist.[61] Die Beurteilung der konkreten Vorteilhaftigkeit obliegt dem Pfleger.[62]

III. Rechtsmittel

36 Gegen die Anordnung der Pflegschaft nach § 1913 BGB kann nach § 11 Abs. 1 RPflG i.V.m. § 58 FamFG jeder Beschwerde einlegen, der in seinen Rechten beeinträchtigt ist (§ 59 Abs. 1 FamFG). Dies ist insbesondere derjenige, der behauptet, der wahre Berechtigte zu sein.[63] Beschwerdebefugt ist auch der Testamentsvollstrecker.[64] Nicht beschwerdeberechtigt ist der Vorerbe gegen die Anordnung der Pflegschaft für den Nacherben[65] sowie Mitberechtigte, z.B. bekannte Miterben, gegen die Pflegschaftsanordnung für einen unbekannten Miterben[66]. Die Bestellung eines Pflegers für unbekannte Aktionäre einer Aktiengesellschaft greift grundsätzlich[67] weder in Rechte der Gesellschaft noch der bekannten Gesellschafter oder eines Liquidators ein.[68]

37 Das aus Art. 6 Abs. 1, Abs. 2 GG folgende Vorzugsrecht der Familienangehörigen bzw. Eltern bei der Auswahl des Pflegers begründet die Beschwerdeberechtigung gegen die Bestellung eines familien-

---

[58] *Budde* in: Keidel, FamFG, 18. Aufl. 2014, § 341 Rn. 4.

[59] *Budde* in: Keidel, FamFG, 18. Aufl. 2014, § 341 Rn. 4.

[60] Allg. Meinung, vgl. nur *Zimmermann* in: Soergel, § 1913 Rn. 10; *Bienwald* in: Staudinger, § 1913 Rn. 29.

[61] KG v. 18.06.1971 - 1 W 1038/71 - FamRZ 1972, 323; OLG Bremen v. 15.05.2003 - 4 W 13/03 - OLGR Bremen 2003, 466; *Bienwald* in: Staudinger, § 1913 Rn. 17.

[62] KG v. 18.06.1971 - 1 W 1038/71 - FamRZ 1972, 323; *Roth* in: Erman, § 1913 Rn. 13.

[63] OLG Hamm v. 02.07.2002 - 15 W 162/02 - DB 2002, 2428; *Roth* in: Erman, § 1913 Rn. 18; *Sonnenfeld* in: Jansen, FGG, 3. Aufl. 2005, § 41 Rn. 11.

[64] KG v. 19.05.1972 - 1 W 860/72 - OLGZ 1973, 106; OLG Düsseldorf v. 10.12.2009 - 3 Wx 218/09 - juris Rn. 26; *Bienwald* in: Staudinger, § 1913 Rn. 30.

[65] BayObLG München v. 01.05.1903 - III 34/1903 - BayObLGZ 4, 311; *Bienwald* in: Staudinger, § 1913 Rn. 30.

[66] *Roth* in: Erman, § 1913 Rn. 18.

[67] Zu einem Ausnahmefall KG v. 26.05.2009 - 1 W 123/08 - juris Rn. 6 - FGPrax 2009, 191.

[68] OLG Hamm v. 02.07.2002 - 15 W 162/02 - DB 2002, 2428; KG v. 26.05.2009 - 1 W 123/08 - juris Rn. 6 - FGPrax 2009, 191.

fremden Dritten als Pfleger, wenn der ganze Kreis der möglichen Nacherben in einer Eltern-Kind-Beziehung zum Beschwerdeführer steht oder voraussichtlich stehen würde.[69]

Die Ablehnung der Anordnung, der Erweiterung oder die Aufhebung der Pflegschaft ist unter der Geltung des FamFG nur noch für denjenigen anfechtbar, der hierdurch in eigenen Rechten beeinträchtigt ist. Da die bisher in § 57 Abs. 1 Nr. 3 FGG enthaltene Regelung ersatzlos entfallen ist, genügt ein rechtliches Interesse nicht mehr.[70] Der Pfleger hat kein Beschwerderecht gegen die Ablehnung der Anordnung der Pflegschaft oder der Erweiterung des Aufgabenkreises[71], jedoch gegen seine Entlassung bei gleichzeitiger Fortführung der Pflegschaft (vgl. dazu die Kommentierung zu § 1909 BGB Rn. 24). Ausnahmsweise kommt ein Beschwerderecht eines Dritten in Betracht, wenn dieser darlegt, dass er durch die Ablehnung der Pflegschaft von einem effektiven Rechtsschutz abgeschnitten wäre.[72]

38

---

[69] BVerfG v. 13.06.1972 - 1 BvR 421/69 - juris Rn. 8 - BVerfGE 33, 236, 239; a.A. aber BGH v. 26.6.2013 - XII ZB 31/13 - juris Rn. 13 f.
[70] BGH v. 18.04.2012 - XII ZB 623/11 - juris Rn. 8; a.A. wohl *Rohde* in: Kaiser/Schnitzler/Friederici, BGB, Bd. 4, 2. Auflage 2010, § 1913 Rn. 12.
[71] BGH v. 13.07.1953 - IV ZB 57/53 - NJW 1953, 1666; offengelassen von KG v. 29.07.2008 - 1 W 423/07 - juris Rn. 9 - FamRZ 2008, 2219 für den Fall der Ablehnung einer Erweiterung des Wirkungskreises.
[72] BGH v. 18.04.2012 - XII ZB 623/11 - juris Rn. 10.

§ 1914 BGB Pflegschaft für gesammeltes Vermögen

(Fassung vom 02.01.2002, gültig ab 01.01.2002)

Ist durch öffentliche Sammlung Vermögen für einen vorübergehenden Zweck zusammengebracht worden, so kann zum Zwecke der Verwaltung und Verwendung des Vermögens ein Pfleger bestellt werden, wenn die zu der Verwaltung und Verwendung berufenen Personen weggefallen sind.

Gliederung

A. Grundlagen 1	III. Vorübergehender Zweck 7
I. Allgemeines zur Pflegschaft 1	IV. Wegfall der berufenen Person 8
II. Allgemeines zur Pflegschaft für Sammelvermögen 2	V. Bedürfnis zur Pflegerbestellung 9
B. Anwendungsvoraussetzungen 4	**C. Rechtsfolgen** 10
I. Sammelvermögen 4	I. Pflegerbestellung 10
II. Öffentliche Sammlung 6	II. Beendigung der Pflegschaft 13
	D. Prozessuale Hinweise/Verfahrenshinweise 14

A. Grundlagen

I. Allgemeines zur Pflegschaft

1 Vgl. die Kommentierung zu § 1909 BGB.

II. Allgemeines zur Pflegschaft für Sammelvermögen

2 Die Pflegschaft für Sammelvermögen ist Sachpflegschaft.[1] § 1914 BGB gehört sachlich nicht ins Familienrecht und wurde systemwidrig in die Reihe der Personenpflegschaften aufgenommen.[2] Der Pfleger ist weder Rechtsnachfolger der weggefallenen Verfügungsberechtigten noch gesetzlicher Vertreter der zumeist unbekannten Spender.[3] Er ist als hoheitlich bestellter Verwalter zur Verwaltung und bestimmungsgemäßen Verwendung des Vermögens befugt[4] und hat verfahrensrechtlich die Stellung einer Partei kraft Amtes.[5]

3 Die praktische Bedeutung der Vorschrift ist gering, Pflegschaften für Sammelvermögen kommen in der Praxis kaum vor.[6] Hieran hat sich, soweit sich dies anhand der Anzahl der veröffentlichten Entscheidungen beurteilen lässt, auch nichts geändert, nachdem die überwiegende Zahl der Bundesländer im Zuge des Bürokratieabbaus nach und nach ihre Sammlungsgesetze aufgehoben haben. Nur noch in wenigen Bundesländern[7] bedürfen öffentliche Sammlungen nach den jeweiligen Sammlungsgesetzen grundsätzlich der Genehmigung, wobei für notleidende Sammelvermögen durch die Erlaubnisbehörde ein Treuhänder eingesetzt werden kann.[8]

B. Anwendungsvoraussetzungen

I. Sammelvermögen

4 Das Sammelvermögen – Geld, Geldforderungen, aber auch Sachwerte (Lebensmittel, Gegenstände, Kleider) – muss bereits zusammengebracht sein, was voraussetzt, dass der oder die Geber sich zumindest bindend verpflichtet haben, einen entsprechenden Vermögensbeitrag zu leisten.[9]

---

[1] BGH v. 25.09.1972 - II ZR 28/69 - juris Rn. 27 - LM Nr. 1 zu § 1914 BGB; OLG Zweibrücken v. 04.12.2006 - 3 W 124/06 - juris Rn. 8 - FGPrax 2007, 133.
[2] *Schwab* in: MünchKomm-BGB, § 1914 Rn. 1; *Bienwald* in: Staudinger, § 1914 Rn. 1.
[3] *Schwab* in: MünchKomm-BGB, § 1914 Rn. 10.
[4] *Diederichsen* in: Palandt, § 1914 Rn. 1; *Roth* in: Erman, vor § 1909 Rn. 5; *Bienwald* in: Staudinger, § 1914 Rn. 2.
[5] BGH v. 25.09.1972 - II ZR 28/69 - juris Rn. 27 - LM Nr. 1 zu § 1914 BGB.
[6] *Bienwald* in: Staudinger, § 1914 Rn. 5; *Schwab* in: MünchKomm-BGB, § 1914 Rn. 4.
[7] Rheinland-Pfalz, Saarland, Thüringen.
[8] Dazu *Schwab* in: MünchKomm-BGB, § 1914 Rn. 4.
[9] *Schwab* in: MünchKomm-BGB, § 1914 Rn. 6; *Zimmermann* in: Soergel, § 1914 Rn. 5; *Roth* in: Erman, § 1914 Rn. 2.

Die Rechtsnatur des Sammelvermögens ist umstritten.[10] Einigkeit besteht, dass unabhängig von der Frage des Eigentums am Sammelvermögen die Verfügungsgewalt darüber den Veranstaltern der Sammlung zusteht, die sie im Einklang mit dem Sammlungszweck und dem damit gleichlaufenden Willen der Spender auszuüben haben.[11]

II. Öffentliche Sammlung

Das Vermögen muss durch eine öffentliche Sammlung zusammengebracht worden sein. Öffentlich ist eine Sammlung nach allgemeiner Auffassung, wenn eine unbeschränkte Anzahl von Personen die Möglichkeit einer Spende erhält.[12] Nicht erforderlich, aber auch nicht ausreichend ist, dass die Sammlung öffentlich angekündigt oder eine öffentliche Sammelstelle eingerichtet wird.[13]

III. Vorübergehender Zweck

Das Sammelvermögen muss einen vorübergehenden Charakter haben.[14] Sammlungen für die laufende Unterstützung von Organisationen oder Personen fallen nicht unter § 1914 BGB.[15] Hingegen kann der endgültige Verwendungszweck für das gesammelte Vermögen durchaus ein dauerhafter sein, z.B. die Errichtung eines Bauwerks (Denkmal, Sportplatz)[16] oder einer Stiftung[17]. Ein vorübergehender Zweck wurde in der Praxis bejaht bei einer öffentlichen Sammlung für Opfer eines Brandschadens[18] oder die Unterstützung der Hinterbliebenen eines Verbrechensopfers[19].

IV. Wegfall der berufenen Person

Der Wegfall des Verfügungsberechtigten kann auf tatsächlichen (Tod, Wegzug) oder rechtlichen (Rücktritt, Entlassung, Aufgabe der Tätigkeit etc.) Gründen beruhen.[20] Kein Wegfall im Sinne des § 1914 BGB ist gegeben, wenn die verwaltende Person ihre Stellung missbraucht oder sich in sonstiger Weise als ungeeignet erweist.[21]

V. Bedürfnis zur Pflegerbestellung

Liegen die Voraussetzungen des § 1914 BGB vor, ist regelmäßig ein Bedürfnis zur Pflegerbestellung zu bejahen.[22] Eine Pflegerbestellung kann jedoch entbehrlich sein, wenn aktuell kein tatsächlicher Handlungsbedarf besteht und sich abzeichnet, dass demnächst ein handlungsfähiger Verwalter wieder gewählt oder bestellt wird.[23]

C. Rechtsfolgen

I. Pflegerbestellung

Die Anordnung der Pflegschaft erfolgt von Amts wegen. Der Wirkungskreis des Pflegers ist von vorneherein durch die Zielsetzung des § 1914 BGB begrenzt, nur innerhalb dieses Rahmens kann ihm die Wahrnehmung einzelner oder eines Kreises von Angelegenheiten übertragen werden.[24] Der genaue Wirkungskreis wird durch die Anordnung festgelegt (vgl. dazu die Kommentierung zu § 1909 BGB

---

[10] Vgl. dazu *Schwab* in: MünchKomm-BGB, § 1914 Rn. 2 f.
[11] BGH v. 25.09.1972 - II ZR 28/69 - juris Rn. 12 - LM Nr. 1 zu § 1914 BGB; *Schwab* in: MünchKomm-BGB, § 1914 Rn. 3.
[12] *Zimmermann* in: Soergel, § 1914 Rn. 2; *Bienwald* in: Staudinger, § 1914 Rn. 10; *Sonnenfeld* in: Jansen, FGG, 3. Aufl. 2005, § 41 Rn. 2.
[13] *Bienwald* in: Staudinger, § 1914 Rn. 10; *Zimmermann* in: Soergel, § 1914 Rn. 2.
[14] *Roth* in: Erman, § 1914 Rn. 2; *Zimmermann* in: Soergel, § 1914 R. 4; *Bienwald* in: Staudinger, § 1914 Rn. 9.
[15] Allg. Meinung, vgl. *Schwab* in: MünchKomm-BGB, § 1914 Rn. 8; *Bienwald* in: Staudinger, § 1914 Rn. 9.
[16] *Schwab* in: MünchKomm-BGB, § 1914 Rn. 8; *Roth* in: Erman, § 1914 Rn. 2.
[17] BGH v. 25.09.1972 - II ZR 28/69 - juris Rn. 19 - LM Nr. 1 zu § 1914 BGB.
[18] OLG Frankfurt v. 17.04.1986 - 1 U 107/85 - NJW-RR 1987, 56.
[19] OLG Zweibrücken v. 04.12.2006 - 3 W 124/06 - FGPrax 2007, 133.
[20] *Roth* in: Erman, § 1914 Rn. 3; *Schwab* in: MünchKomm-BGB, § 1914 Rn. 9.
[21] *Schwab* in: MünchKomm-BGB, § 1914 Rn. 9; *Zimmermann* in: Soergel, § 1914 Rn. 6; *Roth* in: Erman, § 1914 Rn. 3.
[22] *Roth* in: Erman, § 1914 Rn. 3.
[23] *Bienwald* in: Staudinger, § 1914 Rn. 12.
[24] *Schwab* in: MünchKomm-BGB, § 1914 Rn. 3; *Bienwald* in: Staudinger, § 1914 Rn. 15.

Rn. 17). Zu den Aufgaben des Pflegers kann gehören, die bereits gezeichneten Spenden einzuziehen, das angesammelte Vermögen dem Sammlungszweck zuzuführen oder – falls der Sammlungszweck nicht mehr erreicht werden kann - an die Spender zurückzuleiten. Er kann auch Herausgabe- oder sonstige Ansprüche gegen die bisherigen Verwalter oder ihre Rechtsnachfolger geltend machen.[25] Nach herrschender Meinung ist der Pfleger nicht berechtigt weiter zu sammeln.[26]

11 Der Pfleger nach § 1914 BGB ist im Prozess Partei kraft Amtes.[27]

12 Vergütung und Aufwendungsersatz des Pflegers können nur gegen das Sammelvermögen, nicht gegen die Staatskasse festgesetzt werden.[28] Allgemein zu Fragen der Vergütung vgl. die Kommentierung zu § 1915 BGB Rn. 29.

II. Beendigung der Pflegschaft

13 Die Pflegschaft nach § 1914 BGB wird in der Regel gem. § 1919 BGB durch Beschluss enden, wenn der Grund für die Anordnung weggefallen ist. Dies ist zunächst der Fall, wenn die zweckentsprechende Verwendung des Sammlungsvermögens nachgewiesen[29] oder das angesammelte Vermögen vollständig an die Spender zurückgegeben worden ist. Zu denken ist ferner daran, dass die zur Verwaltung und Verwendung des Vermögens berufenen Personen wieder vorhanden sind, etwa durch Neuwahl oder -bestellung.[30] Eine Beendigung nach § 1918 Abs. 3 BGB kraft Gesetzes ist denkbar, wenn dem Pfleger nur die Besorgung einer einzelnen Angelegenheit übertragen war und diese erledigt ist.[31]

D. Prozessuale Hinweise/Verfahrenshinweise

14 Die Pflegschaft für gesammeltes Vermögen gehört zu den betreuungsgerichtlichen Zuweisungssachen nach § 340 Nr. 1 FamFG. Die örtliche Zuständigkeit ergibt sich aus den §§ 341, 272 FamFG, wobei für die Anordnung praktische Bedeutung allein die Anknüpfung an den Ort, an dem das Fürsorgebedürfnis hervortritt (§ 272 Abs. 1 Nr. 3 FamFG) haben dürfte. Die Zuständigkeit nach § 272 Abs. 1 Nr. 1 FamFG hat Bedeutung vor allem für Folgesachen (z.B. Vergütung, Entlassung, Aufhebung). Funktionell zuständig ist nach § 3 Nr. 2b RPflG der Rechtspfleger.

15 Gegen die Anordnung der Pflegschaft ist derjenige beschwerdeberechtigt, der durch sie in eigenen Rechten beeinträchtigt wird (§ 59 FamFG), etwa der Verwalter, der seinen Wegfall bestreitet.[32] Da die bisher in § 57 Abs. 1 Nr. 3 FGG enthaltene Sonderregelung nicht in das FamFG übernommen worden ist, setzt auch die Anfechtung der Ablehnung der Pflegschaft nunmehr eine Beeinträchtigung in eigenen Rechten voraus, ein rechtliches Interesse genügt nicht mehr.[33]

---

[25] BGH v. 25.09.1972 - II ZR 28/69 - LM Nr. 1 zu § 1914 BGB; *Zimmermann* in: Soergel, § 1914 Rn. 7; *Bienwald* in: Staudinger, § 1914 Rn. 15.
[26] *Roth* in: Erman, § 1914 Rn. 4, *Bienwald* in: Staudinger, § 1914 Rn. 15; *Zimmermann* in: Soergel, § 1914 Rn. 7; a.A. *Schwab* in: MünchKomm-BGB, § 1914 Rn. 11.
[27] BGH v. 25.09.1972 - II ZR 28/69 - LM Nr. 1 zu § 1914 BGB.
[28] OLG Zweibrücken v. 04.12.2006 - 3 W 124/06 - juris Rn. 9 - FGPrax 2007, 133.
[29] *Schwab* in: MünchKomm-BGB, § 1914 Rn. 12.
[30] *Bienwald* in: Staudinger, § 1914 Rn. 20; *Zimmermann* in: Soergel, § 1914 Rn. 4.
[31] *Schwab* in: MünchKomm-BGB, § 1914 Rn. 12; *Bienwald* in: Staudinger, § 1914 Rn. 19.
[32] *Sonnenfeld* in: Jansen, FGG, 3. Aufl. 2005, § 42 Rn. 5.
[33] BGH v. 18.04.2012 - XII ZB 623/11 - juris Rn. 10.

§ 1915 BGB Anwendung des Vormundschaftsrechts

(Fassung vom 17.12.2008, gültig ab 01.09.2009)

(1) ¹Auf die Pflegschaft finden die für die Vormundschaft geltenden Vorschriften entsprechende Anwendung, soweit sich nicht aus dem Gesetz ein anderes ergibt. ²Abweichend von § 3 Abs. 1 bis 3 des Vormünder- und Betreuervergütungsgesetzes bestimmt sich die Höhe einer nach § 1836 Abs. 1 zu bewilligenden Vergütung nach den für die Führung der Pflegschaftsgeschäfte nutzbaren Fachkenntnissen des Pflegers sowie nach dem Umfang und der Schwierigkeit der Pflegschaftsgeschäfte, sofern der Pflegling nicht mittellos ist. ³An die Stelle des Familiengerichts tritt das Betreuungsgericht; dies gilt nicht bei der Pflegschaft für Minderjährige oder für eine Leibesfrucht.

(2) Die Bestellung eines Gegenvormunds ist nicht erforderlich.

(3) § 1793 Abs. 2 findet auf die Pflegschaft für Volljährige keine Anwendung.

Gliederung

A. Grundlagen 1	3. Entlassung des Pflegers und Beendigung der Pflegschaft 25
B. Anwendungsvoraussetzungen 10	II. Aufwendungsersatz und Vergütung 29
I. Absatz 1 Satz 1 10	III. Absatz 2 41
1. Anordnung, Auswahl und Bestellung 12	IV. Absatz 3 43
2. Führung der Pflegschaft 22	C. Prozessuale Hinweise 44

A. Grundlagen

In den Motiven[1] wird ausgeführt, die Pflegschaft sei „ihrem Wesen nach nicht minder Vormundschaft, wie die Vormundschaft im technischen Sinne." Wegen dieser strukturellen Ähnlichkeit erklärt § 1915 Abs. 1 BGB die Vorschriften der Vormundschaft für entsprechend anwendbar. Dies verdeutlicht, dass alle Bestimmungen des BGB, also auch außerhalb des Abschnitts „Vormundschaft" (z.B. §§ 204 Satz 2, 1999 BGB), die für den Vormund oder die Vormundschaft gelten, auf den Pfleger anwendbar sind, sofern nicht speziellere Vorschriften greifen oder der Sinn der jeweiligen Pflegschaft einer entsprechenden Anwendung entgegensteht.[2]

1

Entsprechend anwendbar sind auch die allgemeinen Grundsätze des Vormundschaftsrechts, etwa über die selbständige Amtsführung (vgl. Rn. 23) des Vormunds oder die grundsätzliche Höchstpersönlichkeit der Pflichten (vgl. die Kommentierung zu § 1793 BGB).[3]

2

§ 1915 BGB gilt uneingeschränkt für alle BGB-Pflegschaften,[4] also nicht lediglich für die Pflegschaften nach den §§ 1909-1914 BGB, sondern auch für die Nachlasspflegschaft, (§§ 1960-1962 BGB), die Nachlassverwaltung (§ 1975 BGB)[5], die Sorgerechtspflegschaft (§ 1630 Abs. 3 BGB) und die Umgangspflegschaft (§ 1684 Abs. 3 Satz 3 BGB). Auch auf die Beistandschaft (§§ 1712 ff. BGB) ist Pflegschafts- und damit über § 1915 Abs. 1 BGB auch Vormundschaftsrecht anwendbar, mit den in § 1716 BGB genannten Einschränkungen.[6]

3

Für Pflegschaften außerhalb des BGB gilt die Verweisung zunächst, soweit Pflegschaftsrecht allgemein für anwendbar erklärt wird (z.B. § 16 Abs. 4 VwVfG).[7] Fehlt eine ausdrückliche Verweisung, so ist unter Berücksichtigung von Sinn und Zweck der jeweiligen Pflegschaft im Wege der Auslegung zu

4

---

[1] Motive, Bd. IV, S. 1044, S. 1266.
[2] *Schwab* in: MünchKomm-BGB, § 1915 Rn. 1; *Roth* in: Erman, § 1915 Rn. 2.
[3] *Bienwald* in: Staudinger, § 1915 Rn. 3; *Zimmermann* in: Soergel, § 1915 Rn. 1.
[4] *Schwab* in: MünchKomm-BGB, § 1915 Rn. 5; *Bienwald* in: Staudinger, § 1915 Rn. 3; *Bettin* in: Bamberger/Roth, § 1915 Rn. 1.
[5] BGH v. 09.07.1975 - IV ZR 63/73 - FamRZ 1975, 576.
[6] *Schwab* in: MünchKomm-BGB, § 1915 Rn. 5.
[7] *Schwab* in: MünchKomm-BGB, § 1915 Rn. 6; *Bettin* in: Bamberger/Roth, § 1915 Rn. 1.

ermitteln, ob und inwieweit die jeweilige Bestimmung eine Anwendung des Pflegschafts- und Vormundschaftsrechts zulässt.[8]

5 Für die Bestellung von Verfahrens-, Prozesspflegern und besonderen Vertretern (vgl. z.B. die §§ 158, 276, 317 FamFG, §§ 57, 58, 494 Abs. 2, 779 Abs. 2, 787 ZPO, §§ 6, 7, 135, 157 Abs. 2 ZVG, § 72 SGG) findet das Pflegschafts- und Vormundschaftsrecht grundsätzlich keine Anwendung[9], sofern nicht im Einzelfall eine ausdrückliche Verweisung erfolgt (vgl. z.B. § 277 FamFG).

6 Seit dem 01.01.1992 ist die Vormundschaft für Volljährige weggefallen und an ihre Stelle das Rechtsinstitut der Betreuung getreten (§§ 1896 ff. BGB). Die Verweisung des § 1915 Abs. 1 BGB bezieht sich nur auf das Recht der Vormundschaft über Minderjährige, die für die Betreuung geltenden Regelungen können nicht herangezogen werden.[10] Dies gilt auch dort, wo die Pflegschaft einen Volljährigen betrifft.[11]

7 Die Vorschriften für die Vormundschaft sind nicht anzuwenden, wenn gesetzliche Vorschriften entgegenstehen. Derartige Ausnahmen sind z.B. normiert in den §§ 1915 Abs. 2 und Abs. 3, 1916 und 1917 BGB. Für die Beendigung der Pflegschaften gelten vorrangig §§ 1918, 1919 und 1921 BGB.

8 Zum 01.07.2005 wurden die Vergütungs- und Aufwendungsersatzvorschriften für Vormünder, Pfleger und Betreuer neu geordnet. Im Zuge dieser Reform wurde § 1915 Abs. 1 Satz 2 BGB neu eingefügt.

9 Das FGG-Reformgesetz[12] hat die Aufgaben des früheren Vormundschaftsgerichts auf Familiengericht und Betreuungsgericht aufgeteilt. Dem trägt der neu eingefügte § 1915 Abs. 1 Satz 3 BGB Rechnung. Die Pflegschaft oder die gerichtliche Bestellung eines sonstigen Vertreters für einen Minderjährigen oder für eine Leibesfrucht fallen als Kindschaftssache (§ 151 Nr. 5 FamFG) in die sachliche Zuständigkeit des Familiengerichts. Maßgebend ist, dass positiv feststeht, dass der Pflegling bzw. zu Vertretende minderjährig ist.[13] Hiervon erfasst werden insbesondere die Pflegschaften nach den §§ 1909 und 1912 BGB. Alle übrigen Pflegschaftssachen sowie die Verfahren zur Bestellung eines sonstigen Vertreters für einen Volljährigen fallen als betreuungsgerichtliche Zuweisungssachen (§ 340 Nr. 1 und 2 FamFG) in die Zuständigkeit des Betreuungsgerichts. Hierunter fallen insbesondere die Pflegschaften nach den §§ 1911, 1914 BGB. Auch im Falle des § 1913 BGB wird regelmäßig die Zuständigkeit des Betreuungsgerichts begründet sein, da bei einem unbekannten oder ungewissen Beteiligten gerade nicht positiv feststehen kann, dass er minderjährig ist.

B. Anwendungsvoraussetzungen

I. Absatz 1 Satz 1

10 Absatz 1 verweist auf die für die Vormundschaft geltenden Vorschriften und bezieht sich damit zunächst auf die §§ 1773-1895 BGB.

11 Entsprechend anzuwenden sind insbesondere folgende Vorschriften:

1. Anordnung, Auswahl und Bestellung

12 Die Anordnung der Pflegschaft erfolgt nach § 1774 Satz 1 BGB von Amts wegen, soweit das Gesetz nicht ausnahmsweise ein Antragserfordernis vorsieht (z.B. § 1630 Abs. 3 BGB). Die Bestellung des Pflegers erfolgt nach § 1789 BGB. Es besteht grundsätzlich eine Übernahmepflicht (§ 1785 BGB); Ablehnungsgründe: § 1786 Abs. 1 BGB; Folgen einer unberechtigten Ablehnung: §§ 1787, 1788 BGB.

13 Für die einzelnen Arten der Pflegschaft ist unterschiedlich geregelt, ob das Gericht bei der Auswahl des Pflegers an die Benennung durch Dritte gebunden ist. Für die Pflegschaften nach § 1909 BGB gelten die Vorschriften über das Benennungsrecht der Eltern durch letztwillige Verfügung (§§ 1776 ff. BGB) nach § 1916 BGB nicht. Im Falle der Zuwendungspflegschaft (§ 1909 Abs. 1 Satz 2 BGB) ist das Gericht aber grundsätzlich an die Benennung durch den Zuwendenden gebunden (§ 1917 Abs. 1

---

[8] *Zimmermann* in: Soergel, § 1915 Rn. 3; *Schwab* in: MünchKomm-BGB, § 1915 Rn. 6; *Bienwald* in: Staudinger, § 1915 Rn. 3.
[9] *Schwab* in: MünchKomm-BGB, § 1915 Rn. 6; *Bienwald* in: Staudinger, § 1915 Rn. 4; *Zimmermann* in: Soergel, Vor § 1909 Rn. 7 f.; a.A. *Pohl*, BtPrax 1992, 19-26, 20.
[10] *Schwab* in: MünchKomm-BGB, § 1915 Rn. 7.
[11] *Roth* in: Erman, § 1915 Rn. 2; *Zimmermann* in: Soergel, § 1915 Rn. 2; *Schwab* in: MünchKomm-BGB, § 1915 Rn. 8.
[12] V. 17.12.2008, BGBl I 2008, 2586.
[13] Vgl. BT-Drs. 16/6306, S. 276.

BGB). Gleiches muss im Rahmen der §§ 1912, 1913 BGB gelten, wenn die Zuwendung an ein noch nicht gezeugtes oder noch nicht geborenes Kind erfolgt.[14]

Auch auf die Abwesenheitspflegschaft (§ 1911 BGB) und die Pflegschaft für unbekannte Beteiligte (§ 1913 BGB) finden die Vorschriften über das Benennungsrecht der Eltern keine Anwendung.[15] Im Falle des § 1914 BGB sind die Berufungsvorschriften schon deswegen nicht anwendbar, weil es sich um eine Sachpflegschaft handelt. **14**

Soweit das Gericht nicht an eine Berufung gebunden ist, hat es nach den Grundsätzen des § 1779 Abs. 2 BGB den Pfleger in erster Linie nach dem Gesichtspunkt seiner Eignung zur Wahrung des Wohles des Pfleglings (vgl. hierzu die Kommentierung zu § 1779 BGB) auszuwählen.[16] Dem Gericht ist dabei ein Ermessensspielraum eingeräumt,[17] der im Rahmen der Rechtsbeschwerde (§ 70 FamFG) nur eingeschränkt überprüft werden kann.[18] **15**

Stehen mehrere geeignete Personen zur Verfügung, so hat das Gericht auch bei der Pflegschaft die in § 1779 Abs. 2 Sätze 2 und 3 BGB genannten Auswahlkriterien zu berücksichtigen.[19] Insbesondere sind das durch Art. 6 Abs. 1, Abs. 2 GG auch verfassungsrechtlich unterfangene Vorzugsrecht von Familienangehörigen – auch als Verwandtenprivileg bezeichnet[20] – und der Elternwille zu beachten[21], wenn auch den Eltern im Falle einer Ergänzungspflegschaft kein aus der elterlichen Sorge herzuleitendes bindendes Bestimmungsrecht zusteht.[22] Das Vorzugsrecht soll allerdings lediglich ein berechtigtes Interesse und kein subjektives Recht i.S.d. § 59 Abs. 1 FamFG begründen mit der Folge, dass einem übergangenen Verwandten kein Beschwerderecht zusteht.[23] Ein Vorzugsrecht besteht jedoch nur dann, wenn keine Interessenkollision besteht, wobei im Einzelfall bereits ein abstrakter Interessenkonflikt genügen kann,[24] oder der Zweck der Fürsorgemaßnahmen aus anderen Gründen die Bestellung eines Dritten verlangt[25], wobei jedoch stets eine sorgfältige und dem Grundsatz der Verhältnismäßigkeit genügende Prüfung geboten ist.[26] Wird eine Ergänzungspflegschaft aus den Gründen der §§ 1629 Abs. 2, 1795, 1796 BGB erforderlich, so wird die Bestellung eines von den Eltern gewünschten Pflegers oder nächster Verwandter wegen der Gefahr des Weiterwirkens des Interessenkonflikts zwischen Eltern und Kind häufig ausscheiden.[27] Das Vorzugsrecht kann ausnahmsweise auch im Rahmen des § 1913 BGB dann greifen, wenn der ganze Kreis der möglichen Nacherben in einer Eltern-Kind-Beziehung zu bestimmten Personen steht oder voraussichtlich stehen würde.[28] **16**

---

[14] *Roth* in: Erman, § 1915 Rn. 3.
[15] *Schwab* in: MünchKomm-BGB, § 1915 Rn. 11; *Bettin* in: Bamberger/Roth, § 1915 Rn. 4; *Sonnenfeld* in: Jansen, FGG, 3. Aufl. 2005, § 39 Rn. 6, § 41 Rn. 7; einschränkend *Zimmermann* in: Soergel, § 1915 Rn. 5.
[16] BayObLG v. 21.08.1964 - BReg 1 a Z 195/63 - NJW 1964, 2306; BayObLG v. 14.01.1994 - 1Z BR 106/93, 1Z BR 150/93 - juris Rn. 25 - BayObLGR 1994, 21 (insoweit nicht abgedruckt); *Schwab* in: MünchKomm-BGB, § 1915 Rn. 12.
[17] BVerfG v. 08.03.2012 - 1 BvR 206/12 - FamRZ 2012, 938; OLG Schleswig v. 27.03.2002 - 2 W 24/02 - FamRZ 2003, 117; OLG Köln v. 24.02.2011 - 4 UF 43/11 - FamRZ 2011, 1305.
[18] BayObLG v. 14.01.1994 - 1Z BR 106/93, 1Z BR 150/93 - juris Rn. 25 f. - BayObLGR 1994, 21 (insoweit nicht abgedruckt); vgl. auch die Kommentierung zu § 1779 BGB.
[19] BayObLG v. 14.01.1994 - 1Z BR 106/93, 1Z BR 150/93 - juris Rn. 25 - BayObLGR 1994, 21 (insoweit nicht abgedruckt); OLG Düsseldorf v. 06.10.2010 - 8 UF 139/10 - FamRZ 2011, 742; *Schwab* in: MünchKomm-BGB, § 1915 Rn. 12.
[20] BGH v. 26.06.2013 - XII ZB 31/13 - juris Rn. 13.
[21] BVerfG v. 08.03.2012 - 1 BvR 206/12 - FamRZ 2012, 938.
[22] OLG Bremen v. 18.10.2012 - 4 UF 123/12 - juris Rn. 6; *Schwab* in: MünchKomm-BGB, § 1916 Rn. 2.
[23] BGH v. 26.06.2013 - XII ZB 31/13 - juris Rn. 13 f.
[24] OLG Schleswig v. 27.03.2002 - 2 W 24/02 - FamRZ 2003, 117; OLG Köln v. 24.02.2011 - 4 UF 43/11 - FamRZ 2011, 1305; vgl. aber auch BVerfG v. 07.04.2014 - 1 BvR 3121/13 - juris Rn. 30.
[25] BVerfG v. 13.06.1972 - 1 BvR 421/69 - juris Rn. 8 - BVerfGE 33, 236-240, BayObLG v. 14.01.1994 - 1Z BR 106/93, 1Z BR 150/93 - juris Rn. 28 - BayObLGR 1994, 21; OLG Düsseldorf v. 06.10.2010 - 8 UF 139/10 - FamRZ 2011, 742.
[26] BVerfG v. 08.03.2012 - 1 BvR 206/12 - FamRZ 2012, 938.
[27] BayObLG v. 21.08.1964 - BReg 1 a Z 195/63 - NJW 1964, 2306; *Zimmermann* in: Soergel, § 1915 Rn. 5; *Schwab* in: MünchKomm-BGB, § 1915 Rn. 12.
[28] BVerfG v. 13.06.1972 - 1 BvR 421/69 - juris Rn. 8 - BVerfGE 33, 236-240; *Bienwald* in: Staudinger, § 1913 Rn. 33.

17 Die Bestellung einer natürlichen Person als Einzelpfleger hat grundsätzlich Vorrang vor der Bestellung eines Vereinspflegers (§ 1791a Abs. 1 BGB) oder des Jugendamtes als Amtspfleger (§ 1791b Abs. 1 Satz 1 BGB).[29] Etwas anderes gilt, wenn die Angelegenheit durch einen Einzelpfleger nicht hinreichend besorgt werden kann, was der Fall sein kann, wenn der Schulbesuch gegen den Willen der Eltern durchzusetzen ist.[30] Aufgrund der Neufassung der §§ 1791a Abs. 1, 1791b Abs. 1 Satz 1 BGB durch das zum 01.07.2005 in Kraft getretene Zweite Betreuungsrechtsänderungsgesetz gilt der Vorrang jedoch nur für ehrenamtlich tätige Einzelpfleger, nicht hingegen für Einzelpersonen, die Pflegschaften im Rahmen ihrer Berufsausübung übernehmen.[31] Das Jugendamt kann grundsätzlich erst bestellt werden, wenn trotz der gebotenen Ermittlungen kein geeigneter anderer Pfleger gefunden werden kann[32], wobei allerdings streitig ist, ob sich aus § 56 Abs. 4 SGB VIII eine Subsidiarität der bestellten Amtspflegschaft auch gegenüber der Vereinspflegschaft ableiten lässt.[33] Auf fiskalische Interessen kommt es in diesem Zusammenhang jedenfalls nicht an.[34] Das Familiengericht genügt im Regelfall seiner Amtsermittlungspflicht (§ 26 FamFG), wenn es das Jugendamt (§ 1779 BGB, § 53 Abs. 1 SGB VIII) um Vorschlag einer geeigneten Person oder eines geeigneten Vereins bittet.[35]

18 Das Jugendamt kann jedoch nur im Rahmen seines Aufgabenbereichs und damit für Minderjährige als Pfleger bestellt werden.[36] Grundsätzlich ist das nach § 87c Abs. 3 Satz 1 SGB VIII örtlich zuständige Jugendamt zu bestellen, sachliche Gründe können jedoch auch eine abweichende Bestellung rechtfertigen[37]. Im Verfahren ist das Jugendamt zu hören (§ 1779 Abs. 1 BGB), soweit es um eine Ergänzungspflegschaft (§ 1909 BGB) oder die Pflegschaft für eine Leibesfrucht (§ 1912 BGB) geht.

19 Bei der Auswahl eines Berufspflegers – insbesondere im Bereich der Nachlasspflegschaften und -verwaltungen – liegt eine ähnliche Interessen- und Problemlage vor wie bei der Bestellung von Insolvenzverwaltern, so dass die Rechtsprechung des Bundesverfassungsgerichts zur fehlerfreien Ausübung des Auswahlermessens bei der Bestellung von Insolvenzverwaltern[38] auch für den Bereich der Pflegschaften von Bedeutung ist[39]: Danach muss jeder Bewerber um das Amt eine faire Chance erhalten, entsprechend seiner vom Gesetz vorausgesetzten Eignung berücksichtigt zu werden.[40] Erforderlich ist eine der Sicherung des chancengleichen Zugangs angemessene Verfahrensgestaltung.[41] Jedenfalls in den Bereichen, in denen regelmäßig berufsmäßig tätige Pfleger bestellt werden und es eine größere Anzahl von Interessenten gibt, wird daher die Erstellung einer offenen Vorauswahlliste notwendig sein, in die alle Bewerber aufgenommen werden, die grundsätzlich, d.h. losgelöst vom einzelnen Verfahren, für die Führung entsprechender Pflegschaften geeignet sind.[42] Die Versagung der Aufnahme in die Liste ist als Justizverwaltungsakt nach Art. 23 ff. EGBGB gerichtlich überprüfbar.[43] Hingegen kann ein im konkreten Einzelfall übergangener Bewerber die Bestellung eines Mitbewerbers nicht anfechten; es bleibt ihm nur die Möglichkeit, einen Antrag auf nachträgliche Feststellung der Rechtswidrigkeit der Entscheidung wegen fehlerhafter Ausübung des Auswahlermessens gem. §§ 23 Abs. 1, 28 Abs. 1 Satz 4 EGGVG zu stellen bzw. Amtshaftungsklage (Art. 34 GG, § 839 BGB) zu erheben.[44]

---

[29] BayObLG v. 01.07.1983 - BReg 1 Z 37/83 - juris Rn. 26 - FamRZ 1984, 205, 207; BayObLG v. 14.01.1994 - 1Z BR 106/93, 1Z BR 150/93 - juris Rn. 28 - BayObLGR 1994, 21; OLG Zweibrücken v. 09.01.1987 - 3 W 199/86 - NJW-RR 1987, 584; KG v. 19.01.1999 - 1 W 1490/97 - NJWE-FER 1999, 211; OLG Celle v. 22.04.2010 - 15 UF 70/10 - JAmt 2010, 257; *Schwab* in: MünchKomm-BGB, § 1915 Rn. 12.
[30] BayObLG v. 15.09.1983 - BReg 1 Z 36/83 - NJW 1984, 928, 929; *Schwab* in: MünchKomm-BGB, § 1915 Rn. 12.
[31] Überholt daher KG v. 19.01.1999 - 1 W 1490/97 - NJWE-FER 1999, 211.
[32] OLG Köln v. 23.08.2011 - 4 UF 139/11 - FamRZ 2012, 42; KG v. 15.06.2010 - 17 UF 65/10 - FamRZ 2010, 1998.
[33] Verneinend etwa OLG Celle v. 19.04.2011 - 15 UF 76/10 - NJOZ 2011, 1513.
[34] OLG Celle v. 22.04.2010 - 15 UF 70/10 - JAmt 2010, 257.
[35] OLG Köln v. 23.08.2011 - 4 UF 139/11 - FamRZ 2012, 42.
[36] *Bienwald* in: Staudinger, § 1915 Rn. 16; *Roth* in: Erman, § 1915 Rn. 3.
[37] OLG Hamm v. 19.01.1998 - 15 W 481/97 - NJWE-FER 1998, 107.
[38] BVerfG v. 03.08.2004 - 1 BvR 135/00, 1 BvR 1086/01 - NJW 2004, 2725-2728; BVerfG v. 23.05.2006 - 1 BvR 2530/04 - NJW 2006, 2613-2618.
[39] *Zimmermann*, ZEV 2007, 313-316, 314.
[40] BVerfG v. 23.05.2006 - 1 BvR 2530/04 - juris Rn. 31 - NJW 2006, 2613, 2614.
[41] BVerfG v. 23.05.2006 - 1 BvR 2530/04 - juris Rn. 43 - NJW 2006, 2613, 2615.
[42] *Zimmermann*, ZEV 2007, 313-316, 314; vgl. auch BVerfG v. 23.05.2006 - 1 BvR 2530/04 - juris Rn. 45 - NJW 2006, 2613, 2616.
[43] BVerfG v. 03.08.2004 - 1 BvR 135/00, 1 BvR 1086/01 - NJW 2004, 2725.
[44] BVerfG v. 23.05.2006 - 1 BvR 2530/04 - juris Rn. 58 - NJW 2006, 2613, 2617; *Zimmermann*, ZEV 2007, 313-316, 315.

Die Bestellung mehrerer Pfleger (Mitpfleger) für ein Mündel bedarf der besonderen Rechtfertigung (§ 1775 Satz 2 BGB). Im Falle der vorübergehenden Verhinderung des in erster Linie bestellten Pflegers – etwa aufgrund § 1795 BGB – ist aber die Bestellung eines weiteren Pflegers möglich[45], der dann als „Unterpfleger" bezeichnet wird.[46] Das Verhältnis der beiden Pfleger zueinander bestimmt sich nach § 1794 BGB.[47]

20

Der Wirkungskreis des Pflegers muss in der Anordnung genau bestimmt und umgrenzt sein.[48] Deren Inhalt ist auch dann maßgeblich, wenn die Bestallungsurkunde (§ 1791 BGB) davon abweicht.[49] Eine Änderung des Wirkungskreises ist nur durch eine neue erweiternde Anordnung oder eine teilweise Aufhebung (§ 1919 BGB) möglich, nicht durch Änderung der Bestallungsurkunde, durch eine Weisung nach § 1837 BGB oder schlüssiges Verhalten, z.B. die Erteilung einer familiengerichtlichen Genehmigung.[50] Unabhängig vom übertragenen Wirkungskreis hat der Pfleger stets das Recht und die Pflicht, die Interessen des Pfleglings in Fragen der Anordnung, Fortdauer und Aufhebung der Pflegschaft zu vertreten.[51]

21

2. Führung der Pflegschaft

Die Vorschriften über die Führung der Vormundschaft (§§ 1793 ff. BGB) sowie die Fürsorge und Aufsicht des Familiengerichts (§§ 1837-1847 BGB) sind insoweit anwendbar, wie dem Pfleger ein entsprechender Wirkungskreis übertragen ist. Bei Vermögenspflegschaften sind insbesondere die Vorschriften über Vermögensverzeichnis (§ 1802 BGB), Rechnungslegung (§§ 1840, 1890 BGB) und Anlegung des Mündelgeldes (§ 1806 BGB) zu beachten. Der Pfleger bedarf im gleichen Umfang für die von ihm vorgenommenen Rechtsgeschäfte der familien- bzw. betreuungsgerichtlichen Genehmigung wie der Vormund; die Privilegierung nach § 1643 BGB kommt ihm nicht zugute.[52] Die Zuständigkeit für die Erteilung der Genehmigung richtet sich nach Zuständigkeit für die Anordnung der Pflegschaft (vgl. dazu die Kommentierung zu § 1909 BGB Rn. 13). Für das Wirksamwerden einer sog. Außengenehmigung[53] sind die §§ 40 Abs. 2, 63 Abs. 2 Nr. 2 FamFG zu beachten.[54]

22

Der Pfleger führt die Pflegschaft in dem ihm übertragenen Umfang selbständig und in eigener Verantwortung, soweit ihm nicht durch Gesetz oder besondere Anordnungen Grenzen gezogen sind.[55] Das Gericht kann nur dort Weisungen erteilen, wo der Pfleger sich pflichtwidrig verhält (§ 1837 Abs. 2 Satz 1 BGB), d.h. gegen zwingende gesetzliche Vorschriften verstößt oder das ihm eingeräumte Ermessen überschreitet, missbraucht oder nicht ausübt.[56] Bei der Ausfüllung seines Ermessensspielraums hat sich der Pfleger am Wohl des Pfleglings zu orientieren. Auch für den Ergänzungspfleger gelten die neu eingefügten[57] Vorschriften über den persönlichen Kontakt zwischen Vormund und Mündel (§ 1793 Abs. 1a BGB) und zur persönlichen Verantwortung des Vormunds (§ 1800 Satz 2 BGB).[58] Mit Rücksicht auf den Grundsatz der Selbständigkeit darf der Wirkungskreis des Pflegers nicht zu eng gefasst werden. So sollte dem Pfleger nicht der Abschluss eines Vertrages, sondern die Angelegenheit des Vertragsabschlusses übertragen werden, um klarzustellen, dass er sich auch gegen den Abschluss

23

---

[45] BayObLG v. 29.08.1958 - BReg 1 Z 91/58 - BayObLGZ 1958, 244, 247; BayObLG v. 14.11.1961 - WBeschReg 69/61 - BayObLGZ 1961, 332, 333; *Sonnenfeld* in: Jansen, FGG, 3. Aufl. 2005, § 37 Rn. 4.

[46] *Zimmermann* in: Soergel, § 1909 Rn. 3; *Schwab* in: MünchKomm-BGB, § 1915 Rn. 10; *Roth* in: Erman, § 1915 Rn. 8.

[47] *Zimmermann* in: Soergel, § 1915 Rn. 6.

[48] BGH v. 31.05.1974 - V ZR 14/73 - NJW 1974, 1374; *Bienwald* in: Staudinger, Vorbem zu §§ 1909-1921 Rn. 11.

[49] Allg. Meinung, vgl. nur *Schwab* in: MünchKomm-BGB, § 1915 Rn. 15.

[50] BayObLG v. 12.03.1984 - 3 Z 26/84 - Rpfleger 1984, 235 (Einschränkung); *Zimmermann* in: Soergel, § 1915 Rn. 5; *Schwab* in: MünchKomm-BGB, § 1915 Rn. 15.

[51] BGH v. 22.03.1961 - IV ZB 308/60 - NJW 1961, 1397.

[52] *Zimmermann* in: Soergel, § 1915 Rn. 6; *Schwab* in: MünchKomm-BGB, § 1915 Rn. 17.

[53] Dazu näher *Meyer-Holz* in: Keidel, FamFG; 18. Aufl. 2014, § 40 Rn. 28.

[54] OLG Düsseldorf v. 16.11.2010 - 3 Wx 212/10 - FamRZ 2011, 921.

[55] BGH v. 30.03.1955 - IV ZB 23/55 - juris Rn. 13 - BGHZ 17, 108, 115; OLG Oldenburg v. 25.02.1998 - 5 W 263/97 - NJWE-FER 1998, 155, BayObLG v. 28.08.1996 - 1Z BR 166/96 - NJW-RR 1997, 326, 327 (zur Nachlasspflegschaft); *Zimmermann* in: Soergel, § 1915 Rn. 7; *Bienwald* in: Staudinger, § 1915 Rn. 14 f.

[56] BayObLG v. 28.08.1996 - 1Z BR 166/96 - NJW-RR 1997, 326, 327.

[57] Durch das Gesetz zur Änderung des Vormundschafts- und Betreuungsrechts, BGBl I 2011, 1306.

[58] Vgl. hierzu näher *Hoffmann*, FamRZ 2011, 1185-1188, 1186.

entscheiden kann.⁵⁹ Sind mehrere Pfleger mit unterschiedlichen Aufgabenkreisen bestellt und kommt es zu Meinungsverschiedenheiten in einer Frage, die beide Aufgabenkreise betrifft, so entscheidet das Gericht (§ 1798 BGB).

24 Für Pflichtverletzungen haftet der Pfleger dem Pflegling gegenüber nach § 1833 BGB. Die Haftung greift erst mit Wirksamwerden des Bestellungsbeschlusses und endet mit Beendigung der Pflegschaft oder der Entlassung des jeweiligen Pflegers. Die Haftung Dritten gegenüber bestimmt sich nach den allgemeinen Vorschriften, z.B. §§ 823, 832 BGB.

3. Entlassung des Pflegers und Beendigung der Pflegschaft

25 Für die Beendigung der Pflegschaft als solcher gelten nicht die §§ 1882-1884 BGB, sondern die §§ 1918-1921 BGB. Die Beendigung der Pflegschaft durch Aufhebungsbeschluss stellt den Regelfall dar, die Beendigung kraft Gesetzes den Ausnahmefall.⁶⁰

26 Für die Entlassung des Pflegers bei Fortbestehen der Pflegschaft gelten die §§ 1886 ff. BGB. Die Entlassung des Pflegers wegen Gefährdung der Interessen des Mündels nach § 1886 BGB setzt voraus, dass weniger einschneidende Aufsichtsmaßnahmen nach § 1837 Abs. 2-4 BGB erfolglos geblieben sind oder bei objektiver Betrachtung als nicht ausreichend erscheinen.⁶¹ Vor der Entlassung ist dem Pfleger⁶² und ggf. dem Pflegling⁶³ rechtliches Gehör zu geben. § 1889 BGB regelt die Entlassung des Pflegers aufgrund seines eigenen Interesses und verleiht ihm einen Anspruch auf Entlassung; die Entscheidung steht nicht im Ermessen des Gerichts.⁶⁴ Von dem Tatbestandsmerkmal „wichtiger Grund" im Sinne des § 1889 Abs. 2 Satz 2 BGB werden dabei auch berechtigte wirtschaftliche Interessen des als Pfleger bestellten Vereins umfasst. Einen solchen wichtigen Grund stellt es dar, dass nach der geänderten höchstrichterlichen Rechtsprechung⁶⁵ der Verein, wenn er selbst zum Pfleger bestellt ist, keine Vergütung und keinen Aufwendungsersatz beanspruchen kann, wohl aber in entsprechender Anwendung des § 1897 Abs. 2 Satz 1 BGB i.V.m. § 7 VBVG für die Tätigkeit eines zum Pfleger bestellten Mitarbeiters.⁶⁶

27 Ist der Pfleger bereits bestellt und wird die Auswahlentscheidung später aufgrund einer Beschwerde abgeändert, etwa wegen einer Verletzung der Auswahlvorschriften nach § 1779 Abs. 2 BGB, so berührt dies die Wirksamkeit der Bestellung nicht, der Pfleger ist aber in einem solchen Fall unabhängig vom Vorliegen der Voraussetzungen des § 1886 BGB zu entlassen.⁶⁷

28 Nach Beendigung seines Amtes treffen den Pfleger die Pflichten nach §§ 1890 ff. BGB. Insbesondere ist er zur Erteilung einer Schlussrechnung verpflichtet, soweit er – und sei es auch nur in beschränktem Umfang – eine Vermögensverwaltung vorgenommen hat.⁶⁸ Der Pfleger darf die Geschäfte so lange fortführen, bis er von der Beendigung der Pflegschaft oder seines Amtes Kenntnis erlangt oder sie kennen müsste (§§ 1893, 1698a BGB), was vor allem Bedeutung bei Beendigung der Pflegschaft kraft Gesetzes hat.

II. Aufwendungsersatz und Vergütung

29 Die Vorschriften über Aufwendungsersatz und Vergütung sind in der jüngeren Vergangenheit mehrfach geändert worden, zunächst zum 01.01.1999 durch das 1. Betreuungsrechtsänderungsgesetz: In dessen Rahmen wurden insbesondere in § 1 BVormVG für die aus der Staatskasse zu zahlende Vergütung bestimmte, von der Ausbildung des Vormunds abhängige Stundensätze eingeführt. Zudem wurde durch § 56g FGG (jetzt: § 168 FamFG) das Verfahren zur gerichtlichen Festsetzung von Vergütungs- und Aufwendungsersatzansprüchen gegen das Mündel einerseits und die Staatskasse andererseits vereinheitlicht.⁶⁹ Eine erneute Reform erfolgte – auf dem Hintergrund drastisch ansteigender staatlicher

---

⁵⁹ *Zimmermann* in: Soergel, § 1915 Rn. 7.
⁶⁰ *Schwab* in: MünchKomm-BGB, § 1919 Rn. 1.
⁶¹ BayObLG v. 10.03.1983 - BReg 1 Z 40/82 - juris Rn. 25 - BayObLGZ 1983, 59, 62 (zur Nachlasspflegschaft); *Schwab* in: MünchKomm-BGB, § 1915 Rn. 21.
⁶² BayObLG v. 10.03.1983 - BReg 1 Z 40/82 - juris Rn. 25 - BayObLGZ 1983, 59, 63.
⁶³ OLG Düsseldorf v. 03.09.1980 - 3 W 267/80 - juris Rn. 5 f. - FamRZ 1981, 98, 99.
⁶⁴ BGH v. 13.03.2013 - XII ZB 398/12.
⁶⁵ Vgl. BGH v. 25.05.2011 - XII ZB 625/10 - FamRZ 2011, 1394-1397.
⁶⁶ BGH v. 13.03.2013 - XII ZB 398/12; OLG Düsseldorf v. 09.05.2012 - II-1 WF 20/12 - FamRZ 2013, 54-55.
⁶⁷ BayObLG v. 01.07.1983 - BReg 1 Z 37/83 - juris Rn. 11 - FamRZ 1984, 205, 206.
⁶⁸ OLG Stuttgart v. 26.05.1978 - 8 W 177/78 - juris Rn. 6 - FamRZ 1979, 76.
⁶⁹ *Engelhardt* in: Keidel/Kuntze/Winkler, Freiwillige Gerichtsbarkeit, 15. Aufl. 2003, § 56 Rn. 1.

Ausgaben für die Betreuervergütung – zum 01.07.2005 durch das 2. Betreuungsrechtsänderungsgesetz, welches insbesondere das BVormVG durch das VBVG ersetzt hat. § 3 Abs. 1 VBVG sieht für die Vergütung des Vormunds, unabhängig davon, ob diese vom Mündel selbst oder aus der Staatskasse zu zahlen ist, feste ausbildungsabhängige Stundensätze vor, von denen nur ausnahmsweise (§ 3 Abs. 3 VBVG) und nur bei bemittelten Mündeln nach oben abgewichen werden darf. Für Pflegschaften enthält § 1915 Abs. 1 Satz 3 BGB insoweit jedoch eine Sonderregelung (vgl. dazu Rn. 34).

Für die Umgangspflegschaft enthält § 1684 Abs. 3 Satz 6 BGB eine Sonderregelung und erklärt die Vorschriften über Aufwendungsersatz und Vergütung eines Verfahrenspflegers in Betreuungssachen (§ 277 FamFG) für entsprechend anwendbar. 30

Grundsätzlich erfolgt die Führung der Pflegschaft unentgeltlich (§ 1836 Abs. 1 Satz 1 BGB). Der ehrenamtlich tätige Pfleger hat nach § 1835 BGB Anspruch auf Ersatz seiner konkret nachgewiesenen Aufwendungen. Alternativ kann er auch die pauschale Aufwandsentschädigung nach § 1835a BGB beanspruchen. 31

Eine Vergütung kann im Regelfall nur der i.S. des § 1 Abs. 1 VBVG berufsmäßig tätige Pfleger verlangen. Die Berufsmäßigkeit muss vom Gericht grundsätzlich bei der Bestellung festgestellt werden (§ 1836 Abs. 1 Satz 2 BGB). Ist dies jedoch unterblieben, kann die Feststellung – auch noch im Vergütungsverfahren – nachgeholt werden.[70] Abgesehen von den Fällen einer Beschlussberichtigung gem. § 42 FamFG entfaltet die nachträgliche Feststellung jedoch keine Rückwirkung[71], auch nicht in Altfällen, in denen die Pflegerbestellung noch auf der Grundlage des bis zum 31.08.2009 geltenden Verfahrensrechts erfolgt ist.[72] Möglich ist demgegenüber grundsätzlich die nachträgliche Feststellung mit Wirkung für die Zukunft, d.h. ab dem Zeitpunkt des hierauf gerichteten Antrags (und nicht erst ab Wirksamwerden des Beschlusses), wenn der Pfleger ab diesem Zeitpunkt die Voraussetzungen für eine berufsmäßige Führung der Pflegschaft erfüllt.[73] 32

Der gem. § 1791a BGB selbst zum Pfleger bestellte Verein kann gem. § 1836 Abs. 3 BGB keine Vergütung und keinen Aufwendungsersatz verlangen.[74] Wird hingegen der Mitarbeiter eines Vormundschaftsvereins zum Pfleger bestellt, so kann der Verein in entsprechender Anwendung von § 1897 Abs. 2 Satz 1 BGB i.V.m. § 7 VBVG Vergütung und Aufwendungsersatz beanspruchen.[75] Folgen der analogen Anwendung sind, dass anstelle der von § 7 Abs. 1 Satz 1 VBVG in Bezug genommenen §§ 4, 5 VBVG auf den Stundensatz und den zu vergütenden Zeitaufwand § 3 VBVG anzuwenden ist. Die Berufsmäßigkeit der Tätigkeit muss nicht festgestellt werden. Die Bestellung eines Mitarbeiters zum „Vereinspfleger" bedarf der Einwilligung des Vereins (§ 1897 Abs. 2 Satz 1 BGB). Dem bestellten Mitarbeiter steht kein eigener Vergütungs- und Aufwendungsersatzanspruch zu.[76] 33

Ist der Pflegling mittellos (§ 1836d i.V.m. § 1836c BGB), dann gelten für die Höhe der Vergütung die Stundensätze nach § 3 Abs. 1 VBVG. Ist der Pflegling nicht in diesem Sinne mittellos, so ist nach § 1915 Abs. 1 Satz 2 BGB die Höhe der Vergütung nach den für die Führung der Pflegschaftsgeschäfte nutzbaren Fachkenntnissen des Pflegers (vgl. § 3 Abs. 1 Satz 1 VBVG) sowie nach dem Umfang und der Schwierigkeit der Pflegschaftsgeschäfte (vgl. § 1836 Abs. 2 BGB) festzusetzen.[77] Grund für diese Abweichung von den für den Vormund geltenden Vorschriften war die Erwägung, dass bei bestimmten Pflegschaften, insbesondere Nachlasspflegschaften, die auf die Führung einer Vormundschaft zugeschnittenen Stundensätze zu einer unangemessen niedrigen Vergütung führen können.[78] Dem Gericht ist bei der Festsetzung ein erhebliches Ermessen eingeräumt.[79] Der Umfang kommt in erster Linie in 34

---

[70] OLG Frankfurt v. 28.04.2003 - 20 W 422/02 - juris Rn. 9 - FGPrax 2003, 176, 177; OLG Hamm v. 12.02.2004 - 15 W 62/03 - OLGR Hamm 2004, 189, 190; OLG Naumburg v. 26.01.2011 - 2 Wx 17/10 - FamRZ 2011, 1252; vgl. auch OLG Hamm v. 11.12.2007 - 15 W 290/07 - JMBl. NRW 2008, 125, 126 (Vorrang haben Auslegung und Berichtigung entspr. § 319 ZPO der ursprünglichen Entscheidung).

[71] BGH v. 08.01.2014 - XII ZB 354/13 - juris Rn. 10.

[72] BGH v. 12.02.2014 - XII ZB 46/13 - juris Rn. 11 f.

[73] BGH v. 08.01.2014 - XII ZB 354/13 - juris Rn. 17.

[74] BGH v. 25.05.2011 - XII ZB 625/10 - FamRZ 2011, 1394-1397; BGH v. 13.03.2013 - XII ZB 398/12.

[75] BGH v. 25.05.2011 - XII ZB 625/10 - FamRZ 2011, 1394-1397; BGH v. 13.03.2013 - XII ZB 398/12.

[76] BGH v. 25.05.2011 - XII ZB 625/10 - FamRZ 2011, 1394-1397.

[77] § 1915 Abs. 1 Satz 2 BGB entspricht § 1836 Abs. 2 Satz 2 BGB in der vom 01.01.1999 bis zum 30.06.2005 geltenden Fassung.

[78] BT-Drs. 15/4874, S. 27.

[79] OLG Zweibrücken v. 21.11.2007 - 3 W 201/07 - juris Rn. 3 - NJW-RR 2008, 369; OLG Schleswig v. 14.01.2010 - 3 Wx 63/09 - juris Rn. 20 - SchlHA 2010, 113; OLG Saarbrücken v. 09.04.2013 - 5 W 31/13 - juris Rn. 21; *Volpert*, NJW 2013, 1659.

§ 1915

der Anzahl der zu vergütenden Stunden zum Ausdruck,[80] die Schwierigkeit sowie die besonderen Fachkenntnisse in der Höhe des Stundensatzes.[81] Im Einzelfall kann sich der nach § 1915 Abs. 1 Satz 2 BGB zu ermittelnde Stundensatz auch mit den in § 3 Abs. 1 VBVG vorgesehenen Stundensätzen (i.S.v. Mindestsätzen)[82] decken[83], er kann aber auch darüber hinausgehen, wobei in der Rechtsprechung nach wie vor erhebliche Unterschiede hinsichtlich der möglichen Höhe bestehen.[84] Die Bemessung der Vergütung anhand von in Prozentsätzen des Nachlasswertes ausgedrückten Richtwerten ist hingegen nicht mehr möglich, da § 1915 Abs. 1 Satz 2 BGB – anders als § 1836 Abs. 1 Satz 3 BGB in der bis zum 31.12.1998 geltenden Fassung – den Umfang des verwalteten Vermögens nicht mehr als Kriterium für die Ermessensausübung nennt.[85] Streitig ist, ob die Höhe der Vergütung, soweit nicht Mittellosigkeit vorliegt, der Disposition der Beteiligten unterliegt.[86]

35 Die Stundensätze decken auch den Büroaufwand des Pflegers einschließlich der üblichen büromäßigen Hilfsdienste seines Personals ab.[87] Hieraus rechtfertigt sich der Ansatz eines geringeren als des sonst üblichen Stundensatzes, wenn ein anwaltlicher Berufspfleger abweichend von der üblichen Kanzleiorganisation seine Kanzlei ohne Personal betreibt und alle Büroarbeiten selbst vornimmt mit der Folge, dass ein deutlich höherer Zeitaufwand für seine Tätigkeiten entsteht.[88] Die Umsatzsteuer wird zusätzlich zum Stundensatz erstattet.[89]

36 Ist das Mündel nicht mittellos, kann das Gericht nach § 1836 Abs. 2 BGB auch dem ehrenamtlich tätigen Pfleger eine angemessene Vergütung bewilligen, wenn Umfang (Zeitaufwand) oder Schwierigkeit der Pflegschaftsgeschäfte dies rechtfertigen; diese müssen nachhaltig und deutlich über dem normalen Maß einer ehrenamtlichen Amtsführung liegen (vgl. hierzu näher die Kommentierung zu § 1836 BGB).

37 Wird einem Anwalt die Pflegschaft gerade im Hinblick auf seine berufliche Qualifikation übertragen, so übt er das Amt berufsmäßig aus, unabhängig von den Regelfällen nach § 1 Abs. 1 Satz 2 VBVG.[90] § 1835 Abs. 3 BGB eröffnet ihm die Möglichkeit, die Erbringung anwaltsspezifischer Dienste im Rahmen seiner Tätigkeit als Pfleger im Wege des Aufwendungsersatzes nach anwaltlichem Gebührenrecht abzurechnen (vgl. hierzu näher die Kommentierung zu § 1835 BGB). Eine spezifisch anwaltliche Tätigkeit liegt dann vor, wenn ein Pfleger, der selbst rechtsunkundiger Laie ist, in gleicher Lage zur Er-

---

[80] OLG Schleswig v. 14.01.2010 - 3 Wx 63/09 - juris Rn. 33 - SchlHA 2010, 113.

[81] OLG Dresden v. 20.06.2007 - 3 W 427/07 - juris Rn. 20 - Rpfleger 2007, 548, 549; LG München v. 08.02.2008 - 6 T 186/08 - juris Rn. 11; vgl. auch OLG Hamm v. 31.05.2002 - 15 W 146/02 - juris Rn. 19 - FGPrax 2002, 229, 230 (zu § 1836 Abs. 2 Satz 2 BGB).

[82] OLG Schleswig v. 14.01.2010 - 3 Wx 63/09 - juris Rn. 24 - SchlHA 2010, 113; vgl. aber auch OLG Schleswig v. 07.05.2012 - 3 Wx 113/11 - juris Rn. 26: im Regelfall 65 €.

[83] BT-Drs. 15/4874, S. 27; *Volpert*, NJW 2013, 1659.

[84] OLG Dresden v. 20.06.2007 - 3 W 427/07 - juris Rn. 20 - Rpfleger 2007, 548, 549: bis 58 € bei schwieriger Abwicklung und Kenntnissen i.S.v. § 3 Abs. 1 Satz 2 Nr. 2 VBVG; vgl. zu der vom OLG Dresden entwickelten Tabelle auch OLG Schleswig v. 14.01.2010 - 3 Wx 63/09 - juris Rn. 27 - SchlHA 2010, 113; OLG Zweibrücken v. 21.11.2007 - 3 W 201/07 - juris Rn. 3 - NJW-RR 2008, 369: Stundensatz von 110 € bei mittlerer Schwierigkeit ist nicht zu beanstanden; ebenso OLG Hamm v. 13.01.2011 - 15 W 632/10 - NJW-RR 2011, 1091; OLG Brandenburg v. 27.09.2010 - 6 Wx 2/10 - FamRZ 2011, 926: 130 € als obere Grenze bei überschuldetem Nachlass; OLG Schleswig v. 07.05.2012 - 3 Wx 113/11 - juris Rn. 26: für Anwalt 65 € im Normalfall, bei schwieriger Abwicklung 115,00 €; LG München v. 08.02.2008 - 6 T 186/08 - juris Rn. 14: Stundensatz von 103 € für Anwalt als Nachlasspfleger; OLG Saarbrücken v. 09.04.2013 - 5 W 31/13 - juris Rn. 24: 120 € bei umfangreicherem und komplexeren Fall; LG Wuppertal v. 01.10.2004 - 6 T 289/04 - FamRZ 2005, 932, 933 (zu § 1836 Abs. 2 Satz 2 BGB): Stundensatz von 102 € für Anwalt.

[85] OLG Hamm v. 31.05.2002 - 15 W 146/02 - juris Rn. 15 - FGPrax 2002, 229, 230 (zu § 1836 Abs. 2 Satz 2 BGB); OLG Schleswig v. 14.01.2010 - 3 Wx 63/09 - juris Rn. 29 - SchlHA 2010, 113; KG v. 05.04.2011 - 1 W 518/10 - FGPrax 2011, 235.

[86] Verneinend: OLG Celle v. 30.05.2011 - 6 W 120/11 - FamRZ 2011, 1755; a.A. *Zimmermann*, FamRZ 2011, 1776-1783, 1782.

[87] OLG Schleswig v. 27.06.2013 - 3 Wx 5/13 - juris Rn. 21; OLG Brandenburg v. 27.09.2010 - 6 Wx 2/10 - FamRZ 2011, 926.

[88] OLG Schleswig v. 27.06.2013 - 3 Wx 5/13 - juris Rn. 22.

[89] *Volpert*, NJW 2013, 1659; vgl. inzident auch OLG Düsseldorf v. 05.03.2014 - 3 Wx 245/13; Thüringer OLG v. 14.06.2013 - 6 W 397/12.

[90] OLG Hamm v. 23.05.2006 - 15 W 472/05 - juris Rn. 16 - NJW 2006, 3436, 3438 (zur Betreuerbestellung).

ledigung der betreffenden Angelegenheit berechtigterweise einen Rechtsanwalt hinzuziehen würde.[91] Ist der Pflegling mittellos, so darf er jedoch keine Kosten auslösenden Maßnahmen ergreifen, deren Finanzierung nicht durch Beratungs- oder Prozesskostenhilfe gewährleistet ist; ein nach § 1835 Abs. 3 BGB zu erstattender Aufwendungsersatz steht ihm in diesem Fall daher nur ausnahmsweise und dann nur in Höhe der Gebührensätze zu, wie er sie im Rahmen der Beratungs- bzw. Prozesskostenhilfe erhalten würde.[92]

Der Anspruch auf Vergütung und Aufwendungsersatz richtet sich in erster Linie gegen den Pflegling. Ist dieser mittellos (§§ 1836d, 1836c BGB), so kann der Pfleger seinen Anspruch gegen die Staatskasse geltend machen (§ 1835 Abs. 4 BGB, § 1 Abs. 2 Satz 2 VBVG). Ist der Ergänzungspfleger für mehrere Geschwister bestellt, so sind Vergütung und Auslagenersatz für jede Pflegschaft gesondert festzusetzen.[93] Bei einer Pflegschaft nach § 1911 BGB haftet grundsätzlich das Vermögen des Abwesenden für Vergütung und Aufwendungsersatz; ist dieser bereits verstorben, handelt es sich um eine Nachlassverbindlichkeit, für die die Erben aufzukommen haben.[94] Bei einer Pflegschaft für die Leibesfrucht (§ 1912 BGB) ist stets Mittellosigkeit gegeben, wenn das Kind nicht lebend geboren wird.[95] Bei einer Pflegschaft für noch nicht erzeugte Nacherben (§ 1913 BGB) ist von Mittellosigkeit auszugehen.[96] Bei Pflegschaften nach § 1914 BGB können Vergütung und Aufwendungsersatz des Pflegers nur gegen das Sammelvermögen, nicht gegen die Staatskasse festgesetzt werden.[97]

38

Auf Antrag, aber auch von Amts wegen, kann das Gericht die zu bewilligende Vergütung sowie Aufwendungsersatz bzw. Aufwandsentschädigung in einem förmlichen Verfahren festsetzen (§ 168 Abs. 5 i.V.m. Abs. 1 Satz 1 FamFG). Der gegen den Pflegling ergangene Festsetzungsbeschluss ist Vollstreckungstitel (§ 86 Abs. 1 Nr. 1 FamFG). Soweit der Anspruch sich wegen Mittellosigkeit des Pfleglings gegen die Staatskasse richtet, sieht § 168 Abs. 1 Satz 4 FamFG die Möglichkeit einer vereinfachten Festsetzung und Anweisung im Verwaltungswege vor. Die Möglichkeit der Festsetzung nach § 168 FamFG nimmt einer Leistungsklage des Pflegers gegen den Pflegling jedenfalls dann nicht das Rechtsschutzbedürfnis, wenn der Anspruch, etwa wegen fraglicher Schlechtleistung, zwischen den Beteiligten dem Grunde nach im Streit steht.[98] Umgekehrt kann der Pflegling den Einwand der Schlechterfüllung oder Gegenforderungen grundsätzlich nicht im Festsetzungsverfahren, sondern nur im Wege der Vollstreckungsgegenklage oder in einem Verfahren vor dem Prozessgericht geltend machen.[99] Beachtlich ist jedoch, wenn der Pfleger wegen Untreue, Unterschlagung o.Ä. zu Lasten des Pfleglings rechtskräftig verurteilt ist.[100] Weiter zu beachten ist, dass das Gericht die vom Pfleger geltend gemachte Vergütung nicht deshalb kürzen darf, weil es die erbrachte Tätigkeit für unangebracht und ein anderes Vorgehen für zweckmäßiger gehalten hätte, da der Pfleger lediglich einer Rechtmäßigkeitskontrolle unterliegt (vgl. dazu Rn. 23).[101] Für die Geltendmachung der Ansprüche sind die Ausschlussfristen nach § 1835 Abs. 1 Satz 3 BGB, § 2 VBVG zu beachten;[102] die Ausschlussfrist gilt auch für die nach § 1835 Abs. 3 BGB abrechnungsfähigen anwaltsspezifischen Dienste[103]. Die Ausschlussfrist beginnt taggenau mit Entstehung des Anspruchs, d.h. mit Vornahme der abzurechnenden Tätigkeit.[104]

39

---

[91] BGH v. 16.01.2014 - XII ZB 95/13 - juris Rn. 7; OLG Oldenburg v. 20.04.2012 - 11 WF 86/12 - juris Rn. 7; *Volpert*, NJW 2013, 1659, 1660.
[92] BGH v. 20.12.2006 - XII ZB 118/03 - NJW 2007, 844, 846.
[93] BayObLG v. 20.02.1997 - 1Z BR 229/96 - FamRZ 1997, 1303; LG Berlin v. 06.08.2010 - 87 T 271/07 - FamRZ 2011, 230.
[94] *Bienwald* in: Staudinger, § 1915 Rn. 36; *Zimmermann* in: Soergel, § 1915 Rn. 6.
[95] *Zimmermann* in: Soergel, § 1915 Rn. 6; *Bienwald* in: Staudinger, § 1915 Rn. 36; *Roth* in: Erman, § 1912 Rn. 11.
[96] OLG Köln v. 22.04.1994 - 2 Wx 50/93 - juris Rn. 23 - FamRZ 1994, 1334, 1335; a.A. *Zimmermann* in: Soergel, § 1915 Rn. 6; *Bienwald* in: Staudinger, § 1915 Rn. 36 (Haftung des Nachlasses).
[97] OLG Zweibrücken v. 04.12.2006 - 3 W 124/06 - juris Rn. 9 - FGPrax 2007, 133.
[98] OLG München v. 24.11.2005 - 6 U 5627/04 - OLGR München 2006, 139.
[99] BGH v. 01.04.2012 - XII ZB 459/10 - NJW-RR 2012, 835; OLG Celle v. 19.12.2003 - 21 W 18/03 - juris Rn. 5 - RVGreport 2004, 120; *Engelhardt* in: Keidel, FamFG, 18. Aufl. 2014, § 168 Rn. 21.
[100] OLG Hamm v. 25.01.2007 - 15 W 309/06 - NJW-RR 2007, 1081; *Engelhardt* in: Keidel, FamFG, 18. Aufl. 2014, § 168 Rn. 20.
[101] OLG Zweibrücken v. 21.11.2007 - 3 W 201/07 juris Rn. 3 - NJW-RR 2008, 369; OLG Hamm v. 13.01.2011 - 15 W 632/10 - juris Rn. 7.
[102] KG v. 05.04.2011 - 1 W 518/10 - FGPrax 2011, 235; OLG Naumburg v. 11.11.2011 - 2 Wx 15/11 - juris Rn. 13.
[103] OLG München v. 24.11.2005 - 6 U 5627/04 - OLGR München 2006, 139, 140.
[104] OLG Naumburg v. 11.11.2011 - 2 Wx 15/11 - juris Rn. 13.

40 Ein Vergütungsanspruch besteht grundsätzlich erst ab dem Zeitpunkt der Verpflichtung (vgl. dazu die Kommentierung zu § 1909 BGB Rn. 17).[105] Ausnahmsweise wird dem Pfleger eine Vergütung oder ein Auslagenersatz für Tätigkeiten, die dieser bereits vor seiner Bestellung entfaltet hat, nach Treu und Glauben zugebilligt[106], beispielsweise wenn die Tätigkeit durch das Gericht veranlasst und in enger Abstimmung mit diesem vorgenommen worden ist, weil der Pfleger dann davon ausgehen dürfe, dass das Gericht von ihm eine unverzügliche Tätigkeitsaufnahme erwarte.[107]

III. Absatz 2

41 Absatz 2 normiert eine Ausnahme von Absatz 1. Abweichend von § 1792 Abs. 2 BGB ist das Gericht im Falle einer Vermögensverwaltung durch den Pfleger nicht regelmäßig gehalten, einen Gegenvormund – den Begriff eines „Gegenpflegers" kennt das Gesetz nicht[108] – zu bestellen. Die Bestellung ist allerdings grundsätzlich zulässig und eine Frage der Zweckmäßigkeit.[109] Wird ein Gegenvormund bestellt, so finden nach § 1915 Abs. 1 BGB die einschlägigen Vorschriften des Vormundschaftsrechts Anwendung. Ist für den Vormund ein Gegenvormund bestellt, so gehört die Kontrolle eines daneben bestellten Ergänzungspflegers nicht zu dessen Aufgaben.[110]

42 Ist das Jugendamt als Pfleger bestellt, so ist die Bestellung eines Gegenvormunds stets ausgeschlossen (§ 1792 Abs. 1 Satz 2 BGB). Unzulässig ist die Bestellung ferner grundsätzlich, wenn sie im Falle des § 1917 Abs. 2 Satz 1 i.V.m. § 1852 Abs. 1 BGB vom Erblasser bzw. Zuwendenden ausgeschlossen worden ist; unter den Voraussetzungen des § 1917 Abs. 2 Satz 2 BGB kann das Gericht diese Anordnung jedoch außer Kraft setzen.[111]

IV. Absatz 3

43 Durch das am 01.01.1999 in Kraft getretene Minderjährigenhaftungsbeschränkungsgesetz[112] (MHbeG) ist mit dem neu geschaffenen § 1629a BGB vom Grundsatz her die Haftung des Kindes für Verbindlichkeiten, welche die Eltern in Ausübung ihrer gesetzlichen Vertretungsmacht für dieses begründen, auf den Bestand des Kindesvermögens beschränkt, das bei Eintritt der Volljährigkeit vorhanden ist (vgl. hierzu näher die Kommentierung zu § 1629a BGB). Die Vorschrift ist nach § 1793 Abs. 2 BGB auf die Tätigkeit des Vormunds entsprechend anwendbar und gilt somit nach § 1915 Abs. 1 Satz 1 BGB grundsätzlich auch für die durch einen Pfleger begründeten Verbindlichkeiten, soweit das Mündel minderjährig ist. Aufgrund der bei Volljährigen gänzlich anderen Sachlage schließt § 1915 Abs. 3 BGB die Anwendung der Haftungsbeschränkung nach §§ 1793 Abs. 2, 1629a BGB für Pflegschaften über Volljährige aus.[113]

C. Prozessuale Hinweise

44 Anders als unter der Geltung des FGG ist die Zuständigkeitsbegründung für das Familiengericht (§ 151 Nr. 5 FamFG) bzw. das Betreuungsgericht (§ 340 Nr. 1 und 2 FamFG) jeweils umfassend: Sie erfasst nicht nur die Anordnung der Pflegschaft und die Auswahl des Pflegers, sondern auch dessen Bestellung (§ 1789 BGB), die Aufsicht über seine Tätigkeit (§ 1837 BGB) einschließlich der Genehmigungsverfahren, das Vergütungsverfahren, die Feststellung der berufsmäßigen Führung der Pflegschaft sowie die Entlassung des Pflegers (§ 1886 BGB) und die Aufhebung der Pflegschaft. Vgl. dazu auch die Kommentierung zu § 1909 BGB Rn. 13.

---

[105] OLG Brandenburg v. 07.02.2008 - 10 WF 217/07 - FamRZ 2008, 1478; OLG Saarbrücken v. 12.09.2011 - 6 UF 132/11 - juris Rn. 13; OLG Stuttgart v. 25.11.2010 - 8 W 460/10 - FamRZ 2011, 846; OLG Frankfurt v. 13.02.2012 - 5 UF 407/11 - juris Rn. 2.
[106] OLG Saarbrücken v. 12.09.2011 - 6 UF 132/11 - juris Rn. 13; OLG Frankfurt v. 13.02.2012 - 5 UF 407/11 - juris Rn. 2; *Volpert*, NJW 2013, 1659, 1660.
[107] OLG Saarbrücken v. 12.09.2011 - 6 UF 132/11 - juris Rn. 13.
[108] *Roth* in: Erman, § 1915 Rn. 5; *Zimmermann* in: Soergel, § 1915 Rn. 10.
[109] *Schwab* in: MünchKomm-BGB, § 1915 Rn. 22.
[110] Allg. Meinung, vgl. nur *Schwab* in: MünchKomm-BGB, § 1915 Rn. 22; *Zimmermann* in: Soergel, § 1915 Rn. 10.
[111] *Roth* in: Erman, § 1915 Rn. 5.
[112] BGBl I 1998, 2487.
[113] *Schwab* in: MünchKomm-BGB, § 1915 Rn. 25.

§ 1916 BGB Berufung als Ergänzungspfleger

(Fassung vom 02.01.2002, gültig ab 01.01.2002)

Für die nach § 1909 anzuordnende Pflegschaft gelten die Vorschriften über die Berufung zur Vormundschaft nicht.

A. Grundlagen

§ 1916 BGB ist eine Ausnahmeregelung zu § 1915 Abs. 1 BGB. Nach den §§ 1776, 1777 BGB können die Eltern durch letztwillige Verfügung einen Vormund benennen. Das Gericht darf die benannte Person nur unter den Voraussetzungen des § 1778 BGB übergehen. Nach § 1782 BGB können die Eltern ferner durch letztwillige Verfügung bestimmte Personen als Vormund ausschließen. 1

Durch § 1916 BGB wird ausgeschlossen, dass die Eltern neben dem Vormund auch den Ergänzungspfleger benennen können. In einem solchen Fall liegt die Gefahr einer Interessenkollision nahe.[1] § 1916 BGB ermöglicht es dem Gericht vielmehr, nach pflichtgemäßem Ermessen (vgl. dazu näher die Kommentierung zu § 1915 BGB Rn. 15) von Fall zu Fall die als Ergänzungspfleger geeignete Person auszuwählen.[2] 2

Wird zu Lebzeiten der Eltern eine Ergänzungspflegschaft notwendig, besteht kein Benennungsrecht der Eltern.[3] 3

B. Anwendungsvoraussetzungen

Die Norm ist anwendbar auf die Pflegschaften nach § 1909 Abs. 1 Satz 1 BGB (Ergänzungspfleger) und § 1909 Abs. 3 BGB (Ersatzpfleger).[4] Für die Zuwendungspflegschaft nach § 1909 Abs. 1 Satz 2 BGB gilt die spezielle Regelung des § 1917 BGB. Zur Frage, inwieweit bei anderen Pflegschaften ein Benennungsrecht besteht vgl. die Kommentierung zu § 1915 BGB Rn. 13. 4

C. Rechtsfolgen

Die Vorschriften über die Berufung zur Vormundschaft, d.h. die §§ 1776, 1777 und 1778 BGB sind ausgeschlossen. Hingegen bleiben die Auswahlvorschriften des § 1779 Abs. 2 und 3 BGB anwendbar (vgl. dazu näher die Kommentierung zu § 1915 BGB Rn. 15).[5] 5

Aus § 1916 BGB folgt, dass die Übergehung eines von den Eltern Berufenen für diesen kein Beschwerderecht begründet.[6] 6

Nicht ausgeschlossen durch § 1916 BGB ist das Recht der Eltern, gem. § 1782 BGB bestimmte Personen durch letztwillige Verfügung als Ergänzungspfleger auszuschließen.[7] 7

---

[1] *Bettin* in: Bamberger/Roth, § 1916 Rn. 1; *Diederichsen* in: Palandt, § 1916 Rn. 1.
[2] *Roth* in: Erman, § 1916 Rn. 1.
[3] OLG Bremen v. 18.10.2012 - 4 UF 123/12 - juris Rn. 6;*Schwab* in: MünchKomm-BGB, § 1916 Rn. 2; *Roth* in: Erman, § 1916 Rn. 1.
[4] *Bienwald* in: Staudinger, § 1916 Rn. 3; *Zimmermann* in: Soergel, § 1916 Rn. 1.
[5] BayObLG v. 21.08.1964 - BReg 1 a Z 195/63 - BayObLGZ 1964, 277, 281; *Schwab* in: MünchKomm-BGB, § 1916 Rn. 3; *Roth* in: Erman, § 1916 Rn. 2.
[6] *Zimmermann* in: Soergel, § 1916 Rn. 2.
[7] *Schwab* in: MünchKomm-BGB, § 1916 Rn. 2; einschränkend *Bienwald* in: Staudinger, § 1916 Rn. 7; a.A. *Zimmermann* in: Soergel, § 1916 Rn. 1.

§ 1917 BGB Ernennung des Ergänzungspflegers durch Erblasser und Dritte

(Fassung vom 17.12.2008, gültig ab 01.09.2009)

(1) Wird die Anordnung einer Pflegschaft nach § 1909 Abs. 1 Satz 2 erforderlich, so ist als Pfleger berufen, wer durch letztwillige Verfügung oder bei der Zuwendung benannt worden ist; die Vorschriften des § 1778 sind entsprechend anzuwenden.

(2) ¹Für den benannten Pfleger können durch letztwillige Verfügung oder bei der Zuwendung die in den §§ 1852 bis 1854 bezeichneten Befreiungen angeordnet werden. ²Das Familiengericht kann die Anordnungen außer Kraft setzen, wenn sie das Interesse des Pfleglings gefährden.

(3) ¹Zu einer Abweichung von den Anordnungen des Zuwendenden ist, solange er lebt, seine Zustimmung erforderlich und genügend. ²Ist er zur Abgabe einer Erklärung dauernd außerstande oder ist sein Aufenthalt dauernd unbekannt, so kann das Familiengericht die Zustimmung ersetzen.

Gliederung

A. Grundlagen 1	2. Übergehen des benannten Pflegers 10
B. Anwendungsvoraussetzungen 3	II. Absatz 2 12
I. Absatz 1 3	III. Absatz 3 14
1. Berufung als Pfleger 4	C. Prozessuale Hinweise/Verfahrenshinweise 17

A. Grundlagen

1 § 1917 BGB ergänzt § 1638 BGB und § 1909 Abs. 1 Satz 2 BGB und findet Anwendung auf die Zuwendungspflegschaft (vgl. dazu näher die Kommentierung zu § 1909 BGB Rn. 70).

2 In entsprechender Anwendung des Rechtsgedankens des § 1917 Abs. 1 BGB ist darüber hinaus ein Berufungsrecht des Erblassers bzw. Zuwendenden auch bei den Pflegschaften nach den §§ 1912, 1913 BGB anzunehmen, wenn die Zuwendung an ein noch nicht gezeugtes oder noch nicht geborenes Kind erfolgt.[1]

B. Anwendungsvoraussetzungen

I. Absatz 1

3 Die Voraussetzungen für die Anordnung der Zuwendungspflegschaft müssen erfüllt sein (vgl. die Kommentierung zu § 1909 BGB Rn. 70).

1. Berufung als Pfleger

4 Im Falle der Zuwendung von Vermögen im Wege der letztwilligen Verfügung muss auch die Benennung des Pflegers in einer wirksamen letztwilligen Verfügung enthalten sein; dies kann auch getrennt von der Zuwendungsanordnung erfolgen.[2] Bei Zuwendung unter Lebenden muss die Benennung bei der Zuwendung erfolgen, eine nachträgliche Ausübung des Benennungsrechts ist nicht möglich.[3] Die Benennung des Pflegers kann der Erblasser bzw. Zuwendende nicht einem Dritten übertragen.[4]

5 Hat der Zuwendende bei gemeinsamer Vermögenssorge der Eltern nur einen Elternteil von der Verwaltung ausgeschlossen, so ist die Benennung eines Dritten unzulässig, da in diesem Falle der andere Elternteil das Zugewendete allein verwaltet (§ 1638 Abs. 3 BGB).[5]

6 Der Zuwendende kann einen Dritten als Pfleger benennen. Er kann aber auch beide Eltern oder einen Elternteil als Pfleger berufen. Dies hat zur Folge, dass die Eltern bzw. der Elternteil dann über § 1643

---

[1] *Roth* in: Erman, § 1915 Rn. 3.
[2] *Schwab* in: MünchKomm-BGB, § 1917 Rn. 2; *Bettin* in: Bamberger/Roth, § 1917 Rn. 2.
[3] *Schwab* in: MünchKomm-BGB, § 1917 Rn. 2
[4] OLG Rostock v. 25.10.1924 - U 13/522 - JFG 2, 132.
[5] *Schwab* in: MünchKomm-BGB, § 1917 Rn. 3

BGB hinaus den sich aus § 1915 BGB i.V.m. den §§ 1821 ff. BGB ergebenden Beschränkungen und Kontrollen unterliegen.⁶

Bei Zuwendungen unter Lebenden kann der Zuwendende auch sich selbst als Pfleger berufen.⁷ So kann der nicht sorgeberechtigte Elternteil die Verwaltung des anderen Elternteils ausschließen und sich selbst als Pfleger benennen.⁸ Zweifelhaft ist allerdings, ob Eltern, denen an sich die Vermögenssorge zusteht, sich selbst ausschließen und als Pfleger berufen können.⁹

Hat der Zuwendende keine Person als Pfleger benannt hat, so hat das Gericht die Bestellung nach den §§ 1915 Abs. 1, 1779 BGB vorzunehmen.¹⁰ Gleiches gilt, wenn die Berufung nicht wirksam erfolgt, die benannte Person zur Übernahme der Pflegschaft nicht bereit ist oder ihre Bestellung nach § 1778 BGB ausscheidet.¹¹ Ist der Berufene nur vorübergehend verhindert, ist die Bestellung eines vorläufigen Pflegers zulässig.¹² Nach Wegfall des Hindernisses ist der Berufene anstelle des bisherigen Pflegers zum Pfleger zu bestellen (§§ 1778 Abs. 2, 1917 Abs. 1 HS. 2 BGB).

Ob der Zuwendende das Auswahlermessen des Gerichts dadurch einschränken kann, dass er bestimmte Personen als Pfleger ausschließt, ist umstritten.¹³ Jedoch können die nach § 1638 BGB ausgeschlossenen Eltern bzw. der Vormund – soweit keine Berufung durch den Zuwendenden erfolgt ist – nicht zum Pfleger bestellt werden, da die Wirkung des gewillkürten Verwaltungsausschluss nach § 1638 BGB einem gesetzlichen absoluten Vertretungsverbot gleichzustellen ist.¹⁴

2. Übergehen des benannten Pflegers

Nach § 1917 Abs. 1 HS. 2 BGB sind die Vorschriften des § 1778 BGB entsprechend anwendbar, d.h. die benannten Personen dürfen ohne ihre Zustimmung nur aus den im Gesetz genannten Gründen übergangen werden. Dies sind zunächst die Ausschlussgründe nach den §§ 1780, 1781 und 1784 BGB. Weitere Gründe sind die Verhinderung der benannten Person, die Verzögerung der Übernahme der Pflegschaft, die Gefährdung der Interessen des Pfleglings durch die Bestellung sowie der Widerspruch des Kindes, wenn dieses das 14. Lebensjahr vollendet hat.

Für die Annahme einer Gefährdung des Kindeswohls genügt die konkrete Besorgnis, durch die Bestellung könnten die persönlichen Interessen oder Vermögensinteressen des Kindes erheblich beeinträchtigt werden; auf ein Verschulden des Berufenen kommt es nicht an.¹⁵ Zu berücksichtigen ist dabei auch, wenn in einer für den Wirkungskreis des Pflegers wesentlichen Frage ein Interessengegensatz zwischen dem Berufenen und dem Kind besteht.¹⁶ Vgl. dazu näher die Kommentierung zu § 1778 BGB.

II. Absatz 2

Nach § 1917 Abs. 2 BGB kann der Zuwendende letztwillig oder bei der Zuwendung anordnen, dass der Pfleger die in den §§ 1852-1854 BGB normierten Befreiungen genießt. Es handelt sich hierbei um den Ausschluss der Bestellung eines Gegenvormunds (§ 1852 Abs. 1 BGB), die Befreiung von Geldanlagebeschränkungen und Genehmigungsbedürfnissen (§ 1852 Abs. 2 BGB), die Befreiung von der Verpflichtung Inhaber-/Orderpapiere zu hinterlegen und einen Sperrvermerk nach § 1816 BGB eintragen zu lassen (§ 1853 BGB) sowie die Befreiung von der Rechnungslegungsverpflichtung (§ 1854 BGB).

---

⁶ *Bienwald* in: Staudinger, § 1917 Rn. 3; *Roth* in: Erman, § 1917 Rn. 1; *Schwab* in: MünchKomm-BGB, § 1917 Rn. 4.
⁷ OLG München v. 09.02.1940 - 8 Wr 921/39 - JFG 21, 181; *Schwab* in: MünchKomm-BGB, § 1917 Rn. 5.
⁸ *Schwab* in: MünchKomm-BGB, § 1917 Rn. 5
⁹ *Bienwald* in: Staudinger, § 1917 Rn. 3.
¹⁰ BayObLG v. 25.04.1977 - BReg 1 Z 22/77 - Rpfleger 1977, 253, 254; *Bienwald* in: Staudinger, § 1917 Rn. 5; *Schwab* in: MünchKomm-BGB, § 1917 Rn. 8.
¹¹ BayObLG v. 28.02.1997 - 1Z BR 253/96 - NJWE-FER 1997, 202, 203; *Schwab* in: MünchKomm-BGB, § 1917 Rn. 8.
¹² *Bienwald* in: Staudinger, § 1917 Rn. 2.
¹³ Ablehnend: BayObLG v. 25.04.1977 - BReg 1 Z 22/77 - juris Rn. 25 - Rpfleger 1977, 253, 254; *Bettin* in: Bamberger/Roth, § 1917 Rn. 2; befürwortend: *Roth* in: Erman, § 1917 Rn. 1; *Schwab* in: MünchKomm-BGB, § 1917 Rn. 10.
¹⁴ BayObLG v. 25.04.1977 - BReg 1 Z 22/77 - juris Rn. 28 - Rpfleger 1977, 253, 254; *Schwab* in: MünchKomm-BGB, § 1917 Rn. 4; *Roth* in: Erman, § 1917 Rn. 1.
¹⁵ BayObLG v. 28.02.1997 - 1Z BR 253/96 - NJWE-FER 1997, 202, 203.
¹⁶ BayObLG v. 28.02.1997 - 1Z BR 253/96 - NJWE-FER 1997, 202, 203; *Schwab* in: MünchKomm-BGB, § 1917 Rn. 9.

13 Nach § 1917 Abs. 2 Satz 2 BGB kann das Gericht diese Befreiungen außer Kraft setzen, wenn sie das Interesse des Pfleglings gefährden (vgl. auch § 1857 BGB).

III. Absatz 3

14 § 1917 Abs. 3 BGB regelt die Voraussetzungen unter denen das Vormundschaftsgericht von Anordnungen des noch lebenden Zuwendenden abweichen darf. Hierunter fällt nicht die Berufung des Pflegers nach Absatz 1, da die Frage, wann der Berufene übergangen werden kann, bereits abschließend durch § 1778 BGB geregelt ist.[17] Nach überwiegender Ansicht sollen in den Anwendungsbereich des Abs. 3 nur Anordnungen über die Befreiungen nach Abs. 2 Satz 1 fallen[18], zum Teil wird die Vorschrift aber auch auf sonstige Anordnungen des Zuwendenden für die Verwaltung des zugewendeten Vermögens (vgl. die §§ 1639, 1803 BGB) angewandt[19].

15 Zu Lebzeiten des Zuwendenden kann der Pfleger nur mit dessen Zustimmung von getroffenen Anordnungen abweichen. Auch dann, wenn durch die Anordnung das Mündelinteresse gefährdet ist, weil durch ihre Befolgung der Wert der Zuwendung bedroht ist, kann das Vormundschaftsgericht diese nicht außer Kraft setzen.[20] Stimmt der Zuwendende hingegen der Abweichung zu, so kommt es auf eine Gefährdung nicht an.[21] Ist der Zuwendende zur Abgabe einer Erklärung dauernd außerstande oder sein Aufenthalt dauernd unbekannt, kann das Vormundschaftsgericht die Zustimmung ersetzen (§ 1917 Abs. 3 Satz 2 BGB).

16 Nach dem Tod des Zuwendenden kann von dessen Anordnungen nur unter den Voraussetzungen des § 1917 Abs. 2 Satz 2 BGB abgewichen werden.

C. Prozessuale Hinweise/Verfahrenshinweise

17 Für die Entscheidungen nach Absatz 2 Satz 2 und Absatz 3 Satz 2 ist der Rechtspfleger des Familiengerichts (§ 151 Nr. 5 FamFG) funktionell zuständig (§ 3 Nr. 2a RPflG). Es handelt sich um Endentscheidungen i.S.d. § 38 Abs. 1 FamFG und nicht um verfahrensleitende Zwischenentscheidungen, so dass die Beschwerde nach § 58 FamFG statthaft ist.

18 Wird die vom Erblasser oder Zuwendenden benannte Person bei der Auswahl des Pflegers übergangen, steht ihr nach § 59 Abs. 1 FamFG ein Beschwerderecht zu. Die Berufung begründet ein subjektives Recht des Berufenen (§ 1778 Abs. 1 BGB) auf Bestellung.[22] Unerheblich für die Zulässigkeit der Beschwerde ist, ob der Berufene ohne rechtfertigenden Grund übergangen worden ist.[23] Ist ein Pfleger bereits bestellt und erweist sich die Beschwerde des Übergangenen als gerechtfertigt, so kann der bestellte Pfleger entlassen werden, ohne dass die Voraussetzungen der §§ 1886, 1917 Abs. 2 Satz 2 BGB vorliegen müssen.

---

[17] *Schwab* in: MünchKomm-BGB, § 1917 Rn. 14; *Zimmermann* in: Soergel, § 1917 Rn. 4; *Bienwald* in: Staudinger, § 1917 Rn. 9.
[18] *Schwab* in: MünchKomm-BGB, § 1917 Rn. 14; *Zimmermann* in: Soergel, § 1917 Rn. 4; *Bienwald* in: Staudinger, § 1917 Rn. 9; *Bettin* in: Bamberger/Roth, § 1917 Rn. 5.
[19] *Roth* in: Erman, § 1917 Rn. 2.
[20] *Wagenitz* in: MünchKomm-BGB, § 1803 Rn. 9; *Bienwald* in: Staudinger, § 1917 Rn. 8.
[21] *Bienwald* in: Staudinger, § 1917 Rn. 8.
[22] *B. Veit* in: Staudinger, § 1778 Rn. 1.
[23] *Bienwald* in: Staudinger, § 1917 Rn. 10.

§ 1918 BGB Ende der Pflegschaft kraft Gesetzes

(Fassung vom 02.01.2002, gültig ab 01.01.2002)

(1) Die Pflegschaft für eine unter elterlicher Sorge oder unter Vormundschaft stehende Person endigt mit der Beendigung der elterlichen Sorge oder der Vormundschaft.

(2) Die Pflegschaft für eine Leibesfrucht endigt mit der Geburt des Kindes.

(3) Die Pflegschaft zur Besorgung einer einzelnen Angelegenheit endigt mit deren Erledigung.

Gliederung

A. Grundlagen 1	II. Absatz 2 9
B. Anwendungsvoraussetzungen 4	III. Absatz 3 10
I. Absatz 1 4	C. Rechtsfolgen 12

A. Grundlagen

Die Vorschrift normiert als Ausnahmeregelung zu § 1915 Abs. 1 Satz 1 BGB die für die Pflegschaft maßgeblichen gesetzlichen Beendigungsgründe. Eine erweiternde analoge Anwendung der Vorschrift ist nicht möglich.[1] Die Vorschrift – insb. Absatz 3 – gilt nicht nur für die Pflegschaften nach §§ 1909-1914 BGB, sondern für alle Pflegschaften nach bürgerlichem Recht, soweit nicht speziellere Regelungen oder der Gesetzeszweck entgegenstehen.[2] Für die Beistandschaft nach §§ 1712 ff. BGB enthalten die §§ 1715 Abs. 2, 1717 BGB spezielle gesetzliche Beendigungstatbestände; ergänzend greift jedoch auch § 1918 Abs. 3 BGB[3].   **1**

Für die Abwesenheitspflegschaft enthält § 1921 Abs. 3 BGB einen besonderen gesetzlichen Beendigungsgrund. Die Umgangspflegschaft (§ 1684 Abs. 3 Satz 3 BGB) ist nach § 1684 Abs. 3 Satz 5 BGB vom Gericht zu befristen und endet kraft Gesetzes mit Ablauf der bestimmten Frist; daneben bleiben aber die §§ 1918 Abs. 1, 1919 BGB anwendbar.   **2**

Von der Beendigung der Pflegschaft als solcher zu unterscheiden ist die Entlassung des Pflegers bei fortbestehender Pflegschaft; vgl. zu letzterer vgl. die Kommentierung zu § 1915 BGB Rn. 26.   **3**

B. Anwendungsvoraussetzungen

I. Absatz 1

Absatz 1 betrifft alle an die elterliche Sorge oder die Vormundschaft für Minderjährige gebundenen, von diesen abhängigen oder sie ergänzende Pflegschaften. Hierbei handelt es sich vor allem um die Pflegschaft nach § 1909 BGB sowie um die Pflegschaften nach den §§ 1630 Abs. 3, 1684 Abs. 3 Satz 3 BGB.   **4**

Gründe, die die elterliche Sorge kraft Gesetzes beenden, sind insbesondere Erreichung der Volljährigkeit (§ 2 BGB), Tod des Kindes, Tod oder Todeserklärung der Eltern oder des sorgeberechtigten Elternteils (§§ 1677, 1680, 1681 BGB), Annahme als Kind durch einen Dritten. Der Beendigung der elterlichen Sorge steht deren Ruhen gleich[4]; Ausnahme § 1751 Abs. 1 Satz 3 BGB. Die elterliche Sorge muss insgesamt enden, es genügt nicht, dass lediglich ein Teilbereich entzogen wird.[5]   **5**

Gründe, die die Vormundschaft kraft Gesetzes beenden, sind insbesondere Volljährigkeit des Mündels (§ 2 BGB), Tod des Mündels, (Wieder-)Eintritt der elterlichen Sorge (§ 1882 BGB).   **6**

Im Regelfall endet die Pflegschaft bereits mit dem Wegfall der bisher sorgeberechtigten Elternteils oder Vormunds, da das Bedürfnis für die Pflegerbestellung regelmäßig in der Person des gesetzlichen Vertreters begründet ist.[6]   **7**

---

[1] *Schwab* in: MünchKomm-BGB, § 1918 Rn. 1.
[2] *Schwab* in: MünchKomm-BGB, § 1918 Rn. 2; *Roth* in: Erman, § 1918 Rn. 2.
[3] *Diederichsen* in: Palandt, § 1715 Rn. 1.
[4] KG v. 19.10.1971 - 1 W 1405/71 - FamRZ 1972, 44, 45; *Roth* in: Erman, § 1918 Rn. 3.
[5] *Schwab* in: MünchKomm-BGB, § 1918 Rn. 9; *Bettin* in: Bamberger/Roth, § 1918 Rn. 2.
[6] *Roth* in: Erman, § 1918 Rn. 3; *Zimmermann* in: Soergel, § 1918 Rn. 2; *Bettin* in: Bamberger/Roth, § 1918 Rn. 2.

8   Die Beendigung tritt unabhängig davon ein, ob die Angelegenheit, für deren Besorgung der Pfleger bestellt worden ist, erledigt ist.[7]

II. Absatz 2

9   Absatz 2 betrifft allein die Pflegschaft für die Leibesfrucht nach § 1912 BGB, insbesondere findet er auf eine vorgeburtlich beantragte Beistandschaft keine Anwendung.[8] Die Pflegschaft endet kraft Gesetzes mit der Geburt des Kindes und zwar auch dann, wenn das Kind tot geboren wird.[9] Die Beendigung tritt auch dann ein, wenn die Angelegenheit, für die die Pflegschaft angeordnet worden ist, noch nicht erledigt ist.[10]

III. Absatz 3

10 Nach Absatz 3 ist die Erledigung der einzelnen Angelegenheit Beendigungsgrund. Unter dem Begriff der einzelnen Angelegenheit im Sinne des Absatzes 3 fallen nur Einzelaufgaben, bei denen eine einheitliche Erledigung in Betracht kommt.[11] Absatz 3 ist nicht anwendbar, wenn der Pfleger für einen Kreis von Angelegenheiten (z.B. Unterhaltspflegschaft) bestellt oder ihm noch weitergehend die latente Verantwortung für einen bestimmten Bereich des Vermögens- oder Personensorgerechts übertragen ist (z.B. die Umgangspflegschaft).[12]

11 Die Beendigung der Pflegschaft durch Erledigung der einzelnen Angelegenheit wird beispielsweise bejaht bei der Vertretung in einem Zivilprozess mit dessen rechtskräftigem Abschluss[13], der Auseinandersetzungspflegschaft (§ 1683 BGB) mit Feststellung des Teilungsplanes[14], der Einwilligung in eine Heilbehandlung[15] oder der Entscheidung über die Ausübung des Zeugnisverweigerungsrechts[16] mit rechtskräftigem Abschluss des Verfahrens, nicht aber bereits mit der erstmaligen Erklärung, da mit Fortgang des Verfahrens weitere Erklärungen notwendig werden können[17].

C. Rechtsfolgen

12 Die Pflegschaft endet kraft Gesetzes, ohne dass es eines gerichtlichen Beschlusses bedarf. Im Einzelfall kann jedoch die deklaratorische Feststellung im Beschlusswege, dass die Pflegschaft beendet ist, zweckmäßig sein.[18] Der Beschluss kann von Amts wegen ergehen, ein Antrag ist nicht erforderlich.[19] Der Pfleger darf die Geschäfte so lange fortführen, bis er von der Beendigung der Pflegschaft oder seines Amtes Kenntnis erlangt oder sie kennen müsste (§§ 1893, 1698a BGB).

13 Zur sachlichen Zuständigkeit für die deklaratorische Entscheidung vgl. die Kommentierung zu § 1919 BGB Rn. 10, zu den Rechtsmitteln vgl. die Kommentierung zu § 1919 BGB Rn. 12.

---

[7] *Schwab* in: MünchKomm-BGB, § 1918 Rn. 4.
[8] *Schwab* in: MünchKomm-BGB, § 1918 Rn. 11.
[9] *Roth* in: Erman, § 1918 Rn. 4; *Bettin* in: Bamberger/Roth, § 1918 Rn. 3;
[10] *Roth* in: Erman, § 1918 Rn. 4.
[11] *Roth* in: Erman, § 1918 Rn. 5; *Bienwald* in: Staudinger, § 1918 Rn. 6.
[12] H.M.: *Schwab* in: MünchKomm-BGB, § 1918 Rn. 12; *Zimmermann* in: Soergel, § 1918 Rn. 4; *Bettin* in: Bamberger/Roth, § 1918 Rn. 4; a.A. *Diederichsen* in: Palandt, § 1918 Rn. 1 für den Kreis von Angelegenheiten.
[13] BayObLG München v. 09.10.1987 - BReg 3 Z 113/87 - Rpfleger 1988, 105.
[14] BayObLG München v. 04.02.1974 - BReg 1 Z 93/73 - MDR 1974, 491; *Zimmermann* in: Soergel, § 1918 Rn. 4.
[15] *Schwab* in: MünchKomm-BGB, § 1918 Rn. 13; *Bettin* in: Bamberger/Roth, § 1918 Rn. 4.
[16] *Schwab* in: MünchKomm-BGB, § 1918 Rn. 13; *Bettin* in: Bamberger/Roth, § 1918 Rn. 4.
[17] BayObLG v. 17.10.1966 - BReg 1b Z 64/66 - NJW 1967, 206, 207.
[18] *Schwab* in: MünchKomm-BGB, § 1918 Rn. 1; *Zimmermann* in: Soergel, § 1918 Rn. 5; *Diederichsen* in: Palandt, § 1918 Rn. 1.
[19] *Bienwald* in: Staudinger, § 1918 Rn. 1.

§ 1919 BGB Aufhebung der Pflegschaft bei Wegfall des Grundes

(Fassung vom 17.12.2008, gültig ab 01.09.2009)

Die Pflegschaft ist aufzuheben, wenn der Grund für die Anordnung der Pflegschaft weggefallen ist.

Gliederung

A. Grundlagen 1
B. Anwendungsvoraussetzungen 4
C. Rechtsfolgen 7
D. Prozessuale Hinweise/Verfahrenshinweise 10

A. Grundlagen

§ 1919 BGB regelt die Verpflichtung des Vormundschaftsgerichts, die Pflegschaft aufzuheben bzw. den Wirkungskreis einzuschränken, wenn der Grund für die Anordnung ganz oder teilweise weggefallen ist. Die Vorschrift ist nicht nur auf die in den §§ 1909-1914 BGB normierten, sondern auf alle Pflegschaften des BGB anwendbar, soweit keine Sonderregelungen bestehen.[1] Die Vorschrift findet überdies teilweise auch für Pflegschaften außerhalb des BGB Anwendung (z.B. § 207 BauGB; § 15 SGB X).

Für die Abwesenheitspflegschaft nach § 1911 BGB enthalten § 1921 Abs. 1 und Abs. 2 BGB ergänzend spezielle Tatbestände für die Aufhebung.

Das FGG-Reformgesetz[2] hat die Aufgaben des früheren Vormundschaftsgerichts auf Familiengericht und Betreuungsgericht aufgeteilt. Dem trägt der geänderte Wortlaut des § 1919 BGB Rechnung. Zur Zuständigkeitsverteilung zwischen Familien- und Betreuungsgericht vgl. die Kommentierung zu § 1909 BGB Rn. 12.

B. Anwendungsvoraussetzungen

Generell ist die Pflegschaft aufzuheben, wenn das Fürsorgebedürfnis weggefallen ist oder die dem Pfleger übertragenen Angelegenheiten erledigt sind.[3] Im Übrigen lässt sich nur bezogen auf die einzelne Pflegschaftsart bestimmen, wann der Grund für die Anordnung weggefallen ist, weil auch die Voraussetzungen für die Anordnung der Pflegschaft jeweils unterschiedliche sind.[4] Entfällt der Anordnungsgrund nur für einen Teilbereich, so ist auch die Teilaufhebung der Pflegschaft möglich.[5]

Bei der Ergänzungspflegschaft nach § 1909 Abs. 1 Satz 1 BGB entfällt der Grund für die Anordnung, wenn der Sorgerechtsinhaber nicht mehr verhindert ist. Hebt etwa das Familiengericht nach § 1696 BGB die Entscheidung über den teilweisen Entzug des Sorgerechts oder der Vertretungsbefugnis auf, so ist nach § 1919 BGB auch die durch die ursprüngliche Maßnahme erforderlich gewordene Pflegerbestellung aufzuheben.[6] Im Falle des § 1909 Abs. 3 BGB ist die Pflegerbestellung mit Bestellung des Vormunds aufzuheben. Dies gilt auch dann, wenn zwischen Pfleger und Vormund Personenidentität besteht.[7]

Dem Wegfall des Grundes steht es gleich, wenn sich herausstellt, dass die Voraussetzungen für die Anordnung der Pflegschaft von Anfang an ganz oder teilweise gefehlt haben.[8] Eine ohne die gesetzlichen Voraussetzungen angeordnete Pflegschaft ist grundsätzlich nicht nichtig, sondern lediglich auf die Beschwerde hin aufhebbar.[9] Vom Pfleger getätigte Rechtsgeschäfte bleiben auch im Falle der Aufhebung nach Maßgabe des § 47 FamFG wirksam.

---

[1] *Schwab* in: MünchKomm-BGB, § 1919 Rn. 3; *Diederichsen* in: Palandt, § 1919 Rn. 1.
[2] V. 17.12.2008, BGBl I 2008, 2586.
[3] *Bienwald* in: Staudinger, § 1919 Rn. 6.
[4] *Bienwald* in: Staudinger, § 1919 Rn. 6
[5] BayObLG v. 12.03.1984 - 3 Z 26/84 - Rpfleger 1984, 235; *Schwab* in: MünchKomm-BGB, § 1919 Rn. 12.
[6] *Bienwald* in: Staudinger, § 1919 Rn. 10.
[7] *Bienwald* in: Staudinger, § 1909 Rn. 96.
[8] BayObLG v. 19.02.1921 - Reg III Nr. 17/1921 - BayObLGZ 21, 95; BayObLG v. 25.09.1961 - BReg 1 Z 141, 149/61 - BayObLGZ 1961, 277; *Schwab* in: MünchKomm-BGB, § 1919 Rn. 2; *Roth* in: Erman, § 1919 Rn. 3.
[9] *Roth* in: Erman, vor § 1909 Rn. 20; *Sonnenfeld* in: Jansen, FGG, 3. Aufl. 2005, § 37 Rn. 15.

C. Rechtsfolgen

7 Erhält das Gericht Kenntnis vom Wegfall des Anordnungsgrundes, muss es von Amts wegen das Aufhebungsverfahren einleiten um die Pflegschaft durch Beschluss aufzuheben. Ist gegen die Pflegerbestellung noch ein Beschwerdeverfahren anhängig, so ist der Wegfall in dessen Rahmen zu berücksichtigen.[10]

8 Die Aufhebungsentscheidung wird nach § 40 Abs. 1 FamFG mit Bekanntmachung an den Pfleger wirksam.[11] Die Aufhebungsentscheidung ist auch den weiteren Verfahrensbeteiligten bekanntzugeben (§ 41 Abs. 1 Satz 1 FamFG).

9 Die Aufhebungsentscheidung hat rechtsgestaltende Wirkung mit der Folge, dass die Pflegschaft auch dann endet, wenn sie zu Unrecht aufgehoben worden ist, weil der Grund für die Anordnung tatsächlich noch nicht weggefallen ist.[12] Auch ein erfolgreiches Beschwerdeverfahren gegen die Aufhebung der Pflegschaft kann aufgrund der Gestaltungswirkung der Entscheidung nicht zum Wiederaufleben der Pflegschaft führen. Eine gegen den Aufhebungsbeschluss eingelegte Beschwerde ist vielmehr auf das Ziel gerichtet, erneut eine Pflegschaft anzuordnen.[13]

D. Prozessuale Hinweise/Verfahrenshinweise

10 Sachlich zuständig für das Aufhebungsverfahren ist bei denjenigen Pflegschaften, die betreuungsrechtliche Zuweisungssachen i.S.d. § 340 FamFG sind, das Gericht, bei dem das Pflegschaftsverfahren anhängig ist (§ 341 i.V.m. § 272 Abs. 1 Nr. 1 FamFG). Für Pflegschaften nach § 151 Nr. 5 FamFG kann letztlich nichts anderes gelten: Auch hier folgt aus dem Grundsatz der perpetuatio fori (§ 2 Abs. 2 FamFG), dass im Falle eines Bestandsverfahrens die örtliche Zuständigkeit, vorbehaltlich einer Abgabe nach § 4 FamFG, auch bei Veränderung der sie begründenden Umstände erhalten bleibt.

11 Endet während des Aufhebungsverfahrens die Pflegschaft kraft Gesetzes, so tritt Erledigung ein. Eine Entscheidung in der Sache kann nicht mehr ergehen, da die bereits beendete Pflegschaft nicht mehr mit konstitutiver Wirkung aufgehoben werden kann.[14]

12 Die Aufhebung der Pflegschaft ist eine Endentscheidung i.S.d. § 38 Abs. 1 FamFG. Sie unterliegt nach § 58 Abs. 1 FamFG (i.V.m. § 11 Abs. 1 RPflG) der befristeten Beschwerde.

13 Gegen die Aufhebungsentscheidung ist der Pflegebefohlene nach § 59 Abs. 1 FamFG beschwerdeberechtigt. Ein Beschwerderecht soll auch den sorgeberechtigten Eltern zustehen.[15] Der Pfleger hat als solcher kein eigenes Beschwerderecht. Das Amt ist ihm im Interesse des Pflegebefohlenen, nicht in seinem eigenen übertragen. Er hat kein subjektives Recht auf Fortbestehen des Amts.[16] Da durch die Aufhebungsentscheidung die Pflegschaft beendet ist, ist der Pfleger auch nicht befugt, im Namen des Pflegebefohlenen Beschwerde einzulegen.[17] Die früher in § 57 Abs. 1 Nr. 3 und 9 FGG enthaltenen Sonderregelungen sind ersatzlos entfallen, so dass Dritte ein Beschwerderecht gegen die Aufhebung nur dann haben, wenn sie durch die Entscheidung in eigenen Rechten beeinträchtigt werden, ein rechtliches Interesse am Fortbestand der Pflegschaft genügt nicht.

14 Gegen die Ablehnung der Aufhebung kann der Pfleger sowohl im eigenen Namen[18] als auch im Namen des Pflegebefohlenen[19] Beschwerde einlegen. Der beschränkt geschäftsfähige Pflegebefohlene ist selbst nach den §§ 59 Abs. 1, 60 FamFG zur Beschwerde berechtigt. Auch dem Inhaber des durch die Pflegschaft eingeschränkten Sorgerechts steht regelmäßig ein Beschwerderecht zu[20], nicht hingegen ei-

---

[10] BayObLG v. 12.03.1984 - 3 Z 26/84 - Rpfleger 1984, 235.
[11] BGH v. 13.07.1953 - IV ZB 57/53 - NJW 1953, 1666, 1667.
[12] BayObLG v. 18.09.1929 - Reg III Nr. 88/1929 - BayObLGZ 29, 353; *Schwab* in: MünchKomm-BGB, § 1919 Rn. 2; *Zimmermann* in: Soergel, § 1919 Rn. 1.
[13] BayObLG v. 30.09.1965 - BReg 1b Z 69/65 - BayObLGZ 1965, 348; BayObLG v. 08.10.1987 - BReg 3 Z 163/87 - FamRZ 1988, 423-424.
[14] *Bienwald* in: Staudinger, § 1921 Rn. 5.
[15] *Rohde* in: Kaiser/Schnitzler/Friderici, Bd. 4, § 1919 Rn. 4.
[16] BGH v. 13.07.1953 - IV ZB 57/53 - NJW 1953, 1666, 1667.
[17] BGH v. 13.07.1953 - IV ZB 57/53 - NJW 1953, 1666, 1667.
[18] BayObLG v. 28.11.1989 - BReg 1 a Z 44/89 - Rpfleger 1990, 119.
[19] BayObLG v. 18.09.1968 - BReg 1a Z 44/68 - MDR 1969, 145.
[20] BayObLG v. 25.09.1961 - BReg 1 Z 141 u. 149/61 - BayObLGZ 1961, 277, 278; *Rohde* in: Kaiser/Schnitzler/Friderici, Bd. 4, § 1919 Rn. 4.

nem Elternteil, der nicht sorgeberechtigt ist (vgl. dazu auch die Kommentierung zu § 1909 BGB Rn. 104).[21]

Dem Jugendamt steht in Verfahren, die die Person des Kindes betreffen, also nicht ausschließlich vermögensrechtlicher Art sind,[22] unabhängig von den Voraussetzungen des § 59 Abs. 1 FamFG ein Beschwerderecht zu (§ 162 Abs. 3 Satz 2 FamFG).

---

[21] BayObLG v. 26.02.1999 - 1Z BR 193/98 - juris Rn. 7; OLG Frankfurt v. 18.02.2011 - 4 WF 5/11 - juris Rn. 12; OLG Celle v. 09.08.2012 - 10 UF 192/12 - juris Rn. 10.
[22] *Engelhardt* in: Keidel, FamFG, 18. Aufl. 2014, § 162 Rn. 3.

§ 1920

§ 1920 BGB (weggefallen)

(Fassung vom 01.01.1964, gültig ab 01.01.1980, gültig bis 31.12.1991)

(weggefallen)

1 § 1920 BGB in der Fassung vom 12.09.1990 ist durch Art. 1 Nr. 48 des Gesetzes vom 12.09.1990 – BGBl I 1990, 2002 – mit Wirkung vom 01.01.1992 weggefallen.

§ 1921 BGB Aufhebung der Abwesenheitspflegschaft

(Fassung vom 17.12.2008, gültig ab 01.09.2009)

(1) Die Pflegschaft für einen Abwesenden ist aufzuheben, wenn der Abwesende an der Besorgung seiner Vermögensangelegenheiten nicht mehr verhindert ist.

(2) ¹Stirbt der Abwesende, so endigt die Pflegschaft erst mit der Aufhebung durch das Betreuungsgericht. ²Das Betreuungsgericht hat die Pflegschaft aufzuheben, wenn ihm der Tod des Abwesenden bekannt wird.

(3) Wird der Abwesende für tot erklärt oder wird seine Todeszeit nach den Vorschriften des Verschollenheitsgesetzes festgestellt, so endigt die Pflegschaft mit der Rechtskraft des Beschlusses über die Todeserklärung oder die Feststellung der Todeszeit.

Gliederung

A. Grundlagen 1	II. Tod des Abwesenden (Absatz 2) 3
B. Anwendungsvoraussetzungen 2	III. Todeserklärung (Absatz 3) 5
I. Wegfall der Verhinderung (Absatz 1) 2	C. Rechtsfolgen 6

A. Grundlagen

Im Interesse der Rechtssicherheit enthält § 1921 BGB mehrere Tatbestände, die entsprechend den Besonderheiten der Abwesenheitspflegschaft den Zeitpunkt der Beendigung der Vertretungsmacht des Pflegers eindeutig festgelegen.[1] Daneben bleiben aber die §§ 1918, 1919 BGB grundsätzlich anwendbar.[2]

B. Anwendungsvoraussetzungen

I. Wegfall der Verhinderung (Absatz 1)

Nach § 1921 Abs. 1 BGB ist die Pflegschaft nach Wegfall der Verhinderung des Abwesenden aufzuheben. Dies ist der Fall, wenn der Aufenthalt nicht mehr unbekannt ist und der Betroffene die Angelegenheiten selbst oder durch einen Dritten besorgen könnte. Ob er dies tatsächlich tut, ist unerheblich.[3] Auch dann, wenn der Aufenthalt weiter unbekannt ist, die Umstände, die zur Bestellung eines Pflegers nach § 1911 Abs. 1 Satz 2 BGB Anlass gegeben haben, aber vor Widerruf von Vollmacht oder Auftrag entfallen sind, ist der Abwesende durch die von ihm selbst getroffene Fürsorge wieder handlungsfähig. Ist zwar der Aufenthalt bekannt geworden, liegen aber weiterhin die Voraussetzungen des § 1911 Abs. 2 BGB vor, so bleibt die Pflegschaft bestehen.[4]

II. Tod des Abwesenden (Absatz 2)

§ 1921 Abs. 2 BGB entspricht § 1884 Abs. 1 Satz 2 BGB. Der Tod des Abwesenden muss zur Überzeugung des Betreuungsgerichts feststehen, dieses hat den Sachverhalt von Amts wegen zu ermitteln (§ 26 FamFG).[5] Absatz 2 findet entsprechende Anwendung, wenn sich nachträglich herausstellt, dass der vermeintlich Abwesende niemals existiert hat.[6]

Die Vertretungsmacht des Pflegers endet erst mit Wirksamkeit des Aufhebungsbeschlusses (§ 40 Abs. 1 FamFG). Die nach dem Tod, aber vor Wirksamkeit des Beschlusses getätigten Rechtshandlungen wirken grundsätzlich für und gegen die Erben. Es muss allerdings feststehen, dass es sich um Ver-

---

[1] *Schwab* in: MünchKomm-BGB, § 1921 Rn. 1; *Bettin* in: Bamberger/Roth, § 1921 Rn. 1.
[2] BayObLG München v. 10.11.1921 - III Nr. 67/1921 - BayObLGZ 21, 349, 352; *Schwab* in: MünchKomm-BGB, § 1921 Rn. 1.
[3] *Schwab* in: MünchKomm-BGB, § 1921 Rn. 3; *Zimmermann* in: Soergel, § 1921 Rn. 1.
[4] *Schwab* in: MünchKomm-BGB, § 1921 Rn. 3.
[5] *Bienwald* in: Staudinger, § 1921 Rn. 9.
[6] BayObLG München v. 10.11.1921 - III Nr. 67/1921 - BayObLGZ 21, 349, 352; *Zimmermann* in: Soergel, § 1921 Rn. 2; *Bienwald* in: Staudinger, § 1921 Rn. 12.

mögensangelegenheiten des Abwesenden gehandelt hat.[7] Dies ist dann problematisch, wenn es um Ansprüche geht, die der Abwesende zu einem Zeitpunkt erworben haben soll, zu dem die Lebensvermutung nach § 10 i.V.m. § 9 Abs. 3 und Abs. 4 VerschG nicht mehr galt.[8]

III. Todeserklärung (Absatz 3)

5   Die Vorschrift des § 1921 Abs. 3 BGB entspricht § 1884 Abs. 2 BGB. Die Pflegschaft endet kraft Gesetzes mit der Rechtskraft des Beschlusses, der den Abwesenden für tot erklärt (§ 29 VerschG) oder seine Todeszeit feststellt (§ 40 VerschG). Der Abwesenheitspfleger ist berechtigt, das Todeserklärungsverfahren zu betreiben.[9] Rechtshandlungen des Pflegers, die nach dem festgestellten Todeszeitpunkt, aber vor Rechtskraft des Beschlusses vorgenommen worden sind, bleiben wirksam.[10]

C. Rechtsfolgen

6   Zum Aufhebungsverfahren allgemein vgl. die Kommentierung zu § 1919 BGB Rn. 10. In den Fällen des Absatzes 1 und des Absatzes 2 hat das Betreuungsgericht – funktionell der Rechtspfleger (§ 3 Nr. 2b RPflG) – bei Vorliegen der Voraussetzungen die Abwesenheitspflegschaft von Amts wegen aufzuheben. Die Aufhebungsentscheidung wird nach § 40 Abs. 1 FamFG erst wirksam mit ihrer Bekanntgabe an den Pfleger. Nach Absatz 3 endet die Abwesenheitspflegschaft kraft Gesetzes. Eines Aufhebungsbeschlusses bedarf es nicht, ein deklaratorischer Beschluss kann im Einzelfall aber sinnvoll sein. Der Pfleger darf die Geschäfte so lange fortführen, bis er von der Beendigung der Pflegschaft oder seines Amtes Kenntnis erlangt oder sie kennen müsste (§§ 1893, 1698a BGB).

---

[7] *Bienwald* in: Staudinger, § 1921 Rn. 6.
[8] BGH v. 06.03.1952 - IV ZR 80/51 - NJW 1952, 818.
[9] BGH v. 09.11.1955 - IV ZB 97/55 - NJW 1956, 102, 103.
[10] *Bienwald* in: Staudinger, § 1921 Rn. 3; *Diederichsen* in: Palandt, § 1921 Rn. 1.

Gesetz zum zivilrechtlichen Schutz vor Gewalttaten und Nachstellungen (Gewaltschutzgesetz – GewSchG)

vom 11. Dezember 2001 (BGBl I 2001, 2013)

§ 1 GewSchG Gerichtliche Maßnahmen zum Schutz vor Gewalt und Nachstellungen

(Fassung vom 11.12.2001, gültig ab 01.01.2002)

(1) ¹Hat eine Person vorsätzlich den Körper, die Gesundheit oder die Freiheit einer anderen Person widerrechtlich verletzt, hat das Gericht auf Antrag der verletzten Person die zur Abwendung weiterer Verletzungen erforderlichen Maßnahmen zu treffen. ²Die Anordnungen sollen befristet werden; die Frist kann verlängert werden. Das Gericht kann insbesondere anordnen, dass der Täter es unterlässt,

1. die Wohnung der verletzten Person zu betreten,
2. sich in einem bestimmten Umkreis der Wohnung der verletzten Person aufzuhalten,
3. zu bestimmende andere Orte aufzusuchen, an denen sich die verletzte Person regelmäßig aufhält,
4. Verbindung zur verletzten Person, auch unter Verwendung von Fernkommunikationsmitteln, aufzunehmen,
5. Zusammentreffen mit der verletzten Person herbeizuführen,

soweit dies nicht zur Wahrnehmung berechtigter Interessen erforderlich ist.

(2) Absatz 1 gilt entsprechend, wenn

1. eine Person einer anderen mit einer Verletzung des Lebens, des Körpers, der Gesundheit oder der Freiheit widerrechtlich gedroht hat oder
2. eine Person widerrechtlich und vorsätzlich
   a) in die Wohnung einer anderen Person oder deren befriedetes Besitztum eindringt oder
   b) eine andere Person dadurch unzumutbar belästigt, dass sie ihr gegen den ausdrücklich erklärten Willen wiederholt nachstellt oder sie unter Verwendung von Fernkommunikationsmitteln verfolgt.

Im Falle des Satzes 1 Nr. 2 Buchstabe b liegt eine unzumutbare Belästigung nicht vor, wenn die Handlung der Wahrnehmung berechtigter Interessen dient.

(3) In den Fällen des Absatzes 1 Satz 1 oder des Absatzes 2 kann das Gericht die Maßnahmen nach Absatz 1 auch dann anordnen, wenn eine Person die Tat in einem die freie Willensbestimmung ausschließenden Zustand krankhafter Störung der Geistestätigkeit begangen hat, in den sie sich durch geistige Getränke oder ähnliche Mittel vorübergehend versetzt hat.

Gliederung

A. Grundlagen 1	III. Geschützter Personenkreis 8
B. Anwendungsvoraussetzungen 3	IV. Verletzungshandlungen 9
I. Internationales Privatrecht 3	1. Körper- oder Gesundheitsverletzung 10
II. Zuständigkeit 4	2. Verletzung der Freiheit 13
1. Funktionelle Zuständigkeit 4	3. Drohung mit einer Rechtsverletzung (Absatz 2
2. Örtliche Zuständigkeit 6	Satz 1 Nr. 1) 15

4. Nachstellungen im Sinne von Absatz 2 Satz 1 Nr. 2 19	I. Anzuwendende Verfahrensvorschriften 46
V. Weitere Eingriffsvoraussetzungen 23	II. Verfahrenseinleitung 47
1. Vorsätzliche und widerrechtliche Begehungsweise 23	III. Anhörung 49
2. Schuldfähigkeit des Täters 26	IV. Mitteilung an Polizeibehörde 50
3. Wiederholungsgefahr 28	V. Vollstreckung 51
VI. Schutzanordnungen 31	VI. Einstweiliger Rechtsschutz 60
1. Die Maßnahmen im Einzelnen 33	VII. Rechtsmittel 63
2. Befristung der Anordnungen 40	VIII. Verfahrenskostenhilfe und Anwaltsbeiordnung 66
C. Prozessuale Hinweise 46	IX. Verfahrenswert 72

A. Grundlagen

1   Das Gewaltschutzgesetz beruht auf dem Konzept, zur Vermeidung weiterer Gewalt eine räumliche Distanz zwischen Täter und Opfer zu schaffen. Die Auflösung räumlicher Nähe ist insbesondere in Dauer(gewalt)beziehungen ein wirksames Mittel, um die Gewaltspirale zu durchbrechen. Hierbei beschränkt sich der verbesserte Gewaltschutz nicht allein auf das engste private Umfeld, sondern bietet auch Schutz vor Gewalttaten und Belästigungen durch körperliche Annäherung oder Verfolgung außerhalb des häuslichen Bereichs. Eine besondere persönliche Beziehung zwischen Täter und Opfer ist nicht erforderlich. Das GewSchG regelt damit einen Sonderbereich des Rechts der unerlaubten Handlung.

2   § 1 GewSchG ist nur **Verfahrensvorschrift** und enthält keine materiell-rechtliche Anspruchsgrundlage. Materiell-rechtliche Grundlage der Schutzanordnungen ist § 1004 BGB in entsprechender Anwendung auf die in § 1 GewSchG geschützten Rechtsgüter.[1]

B. Anwendungsvoraussetzungen

I. Internationales Privatrecht

3   Art. 17a EGBGB ordnet in Form einer einseitigen Sachverweisungsnorm an, dass auf Schutzanordnungen im Zusammenhang mit einer Wohnungszuweisung deutsches Sachrecht anzuwenden ist. Es ist aber zu beachten, dass mit Inkrafttreten der Rom II-VO[2] vorrangiges europäisches Kollisionsrecht geschaffen wurde, das zu anderen Ergebnissen in Bezug auf das anzuwendende Recht gelangen kann.[3] Praktische Auswirkungen hat dies jedoch nur dann, wenn Antragsteller und Antragsgegner ihren gewöhnlichen Aufenthalt außerhalb des Bundesgebiets haben und der Erfolg einer der Handlungen aus § 1 Abs. 1 GewSchG außerhalb des Bundesgebiets eintritt. Dann ist nach Art. 4 Abs. 1 Rom II-VO das Recht des Erfolgsorts anzuwenden. Besteht in diesem Fall eine Ehewohnung[4] im Inland, die im Zusammenhang mit der Handlung nach § 1 Abs. 1 GewSchG zugewiesen werden soll, so ist das fremde Sachrecht berufen und nicht das deutsche.

II. Zuständigkeit

1. Funktionelle Zuständigkeit

4   Gemäß §§ 111 Nr. 6, 210 FamFG sind seit der FGG-Reform ab dem 01.09.2009 Gewaltschutzsachen nach den §§ 1, 2 GewSchG **uneingeschränkt Familiensachen**. Ab dem 01.09.2009 eingeleitete Verfahren sind damit bei dem Familiengericht konzentriert. Dies gilt auch für Streitigkeiten ohne engeren „familienrechtlichen Bezug", wenn zwischen Täter und Opfer keine besondere persönliche Nähebeziehung besteht.

5   Das Familiengericht bleibt richtigerweise auch dann zuständig, wenn in einem Verfahren zunächst die Voraussetzungen des GewSchG vorgetragen sind und sich im Verfahren erst ergibt, dass die Voraussetzungen einer Schutzanordnung nach dem GewSchG nicht gegeben sind, aber ein Unterlassungsan-

---

[1]   BGH v. 26.02.2014 - XII ZB 373/11 m.w.N.
[2]   Verordnung (EG) Nr. 864/2007 (Rom II-VO) vom 11.07.2007, ABlEG L 199/40 vom 31.07.2007.
[3]   Zur Problematik ausführlich *Breidenstein*, FamFR 2012, 172 ff.
[4]   Der Begriff der Ehewohnung fordert nur, dass Räume gemeinsam genutzt werden, nicht aber, dass die Räume den gemeinsamen Lebensmittelpunkt bilden, *Brudermüller* in: Palandt, 73. Aufl., § 1361b Rn. 6.

spruch nach §§ 823, 1004 BGB eingreift. Dies folgt aus dem Rechtsgedanken des § 17 Abs. 2 Satz 1 GVG, der freilich nicht direkt eingreift, weil der Rechtsweg zu Familiengerichten und allgemeinen Zivilgerichten ein einheitlicher ist.[5]

2. Örtliche Zuständigkeit

Die örtliche Zuständigkeit ergibt sich aus § 211 FamFG. Dieser eröffnet dem Opfer die **Wahl** unter mehreren örtlich zuständigen Gerichten. Nach Wahl des Antragstellers ist das Gericht, in dessen Bezirk die Tat begangen wurde, in dessen Bezirk sich die gemeinsame Wohnung der Beteiligten befindet oder in dessen Bezirk der Antragsgegner seinen gewöhnlichen Aufenthalt hat, örtlich zuständig. Die Wahlmöglichkeit kommt der besonderen Situation des Opfers entgegen, weil der Täter nicht unbedingt aus der Wahl des Gerichts Rückschlüsse auf dessen Aufenthaltsort ziehen kann.[6]

6

Bei Nachstellungen und Belästigungen ist der Ort der Tatbegehung sowohl der Ort, an dem der Täter gehandelt hat (Handlungsort), als auch der Ort, an dem in das geschützte Rechtsgut eingegriffen wird (Erfolgsort). Bei Bedrohungen oder Stalking durch Briefe oder Telefonanrufe ist Begehungsort damit sowohl der Ort der Absendung als auch der Ort der Empfangnahme.

7

III. Geschützter Personenkreis

Durch das GewSchG sind nicht nur verheiratete oder geschiedene Eheleute, Lebenspartner oder nichteheliche Lebensgemeinschaften geschützt, sondern jede natürliche Person, die Opfer von Gewalt oder deren Androhung sein kann. Eine besondere Nähebeziehung zwischen Täter und Opfer muss nicht bestehen. **Ausgeklammert** sind lediglich **minderjährige Kinder** und unter Vormundschaft oder Pflegschaft stehende Personen. Wegen der Einzelheiten wird auf die Kommentierung zu § 3 GewSchG verwiesen.

8

IV. Verletzungshandlungen

Anknüpfungspunkt für Maßnahmen nach dem Gewaltschutzgesetz sind Verletzungen der geschützten Rechtsgüter Körper, Gesundheit, Freiheit oder die widerrechtliche Drohung mit deren Verletzung sowie die näher beschriebenen Belästigungen. Bei Verletzung anderer Rechtsgüter, etwa bei Zerstörung von Eigentum des Opfers, ist nicht § 1 GewSchG einschlägig, sondern es ist auf den allgemeinen Unterlassungsanspruch der §§ 823, 1004 BGB zurückzugreifen.

9

1. Körper- oder Gesundheitsverletzung

Eine **Körperverletzung** liegt bei jedem unbefugten Eingriff in die körperliche Unversehrtheit vor, der die körperlichen, geistigen oder seelischen Lebensvorgänge stört. Eine Verletzung der Gesundheit umfasst das Hervorrufen oder Steigern eines Zustandes, der von den normalen körperlichen Funktionen nachteilig abweicht. Bloße Aufregungen sind hiervon abzugrenzen, wobei solche Eingriffe als Belästigungen im Sinne von § 1 Abs. 2 Nr. 2 lit. b GewSchG gewertet werden können.

10

Die Einwirkung auf das Opfer kann durch **physische oder psychische Gewalt** erfolgen. Gerade im Fall psychischer Gewalteinwirkung ist aber besonders genau darauf zu achten, dass die Verletzung sich körperlich – also etwa durch Schlafstörungen oder sonst medizinisch feststellbar – konkret bemerkbar macht.[7] Die gesundheitliche Beeinträchtigung durch die psychische Gewalt muss aus medizinischer Sicht und nach allgemeiner Verkehrsauffassung Krankheitswert besitzen.[8]

11

Die hervorgerufene Verletzung muss **kausal** auf die Verletzungshandlung zurückzuführen sein. Es ist hierfür nach allgemeinen Grundsätzen jedoch ausreichend, wenn sich das Opfer durch die Handlung des Täters – beispielsweise auf der Flucht – selbst verletzt (sog. Herausforderungsfälle).[9]

12

---

[5] OLG Celle v. 24.11.2011 - 17 UF 3/11 - juris Rn. 12-17 - FamRZ 2012, 456-459.
[6] *Schumacher*, FamRZ 2002, 645, 657.
[7] OLG Celle v. 19.03.2012 - 10 UF 9/12.
[8] OLG Rostock v. 16.10.2005 - 11 UF 39/06 - FamRZ 2007, 921; zur Abgrenzung im Fall bloßer Nötigung OLG Frankfurt v. 15.05.2012 - 4 WF 115/12 - FamFR 2012, 545.
[9] *Grüneberg* in: Palandt, 73. Aufl., Vorb. v. § 249 Rn. 43.

2. Verletzung der Freiheit

13 Eine Freiheitsverletzung liegt vor, wenn die **körperliche Bewegungsfreiheit** durch Einsperren für eine nicht nur geringfügige Zeit (10 Minuten sind ausreichend)[10] oder längeres Festhalten entzogen wird. Für die Begriffsbestimmung ist auf die Definition einer Freiheitsberaubung im Sinne von § 239 StGB zurückzugreifen. Die allgemeine Handlungsfreiheit ist nicht geschützt, so dass ein **Aussperren** keine Freiheitsverletzung darstellt.[11]

14 Sowohl Körper- und Gesundheitsverletzung als auch Verletzung der Freiheit müssen die Person des Antragstellers betreffen. In diesem Zusammenhang ist zu beachten, dass eine Verletzung des „Elternrechts" keine Anordnungen auslösen kann. Insbesondere auf das Vorbringen, das Wohl der gemeinsamen Kinder sei gefährdet, lassen sich keine Anordnungen stützen.[12] Eine solche Einbeziehung des Kindeswohls würde zudem § 3 GewSchG unterlaufen.

3. Drohung mit einer Rechtsverletzung (Absatz 2 Satz 1 Nr. 1)

15 Über § 1 Abs. 2 Satz 1 Nr. 1 GewSchG können Schutzanordnungen bei einer widerrechtlichen Drohung mit einer Verletzung der in Absatz 1 genannten Rechtsgüter (Leben, Körper, Gesundheit oder Freiheit) getroffen werden. Eine Drohung im Sinne des Gewaltschutzgesetzes entspricht der **Nötigung** beziehungsweise **Bedrohung** gemäß §§ 240, 241 StGB. Allein die Erfüllung des Straftatbestandes der §§ 240, 241 StGB rechtfertigt jedoch keine Schutzanordnung. Es muss ein o.g. Schutzgut betroffen sein, wobei zu beachten ist, dass gerade die allgemeine Handlungsfreiheit durch das GewSchG – anders als im Strafrecht – nicht geschützt ist. Damit besteht kein Anspruch auf Wohnungsüberlassung bei der Drohung, das Haus mit einem Radlader zusammenzuschieben, um den anderen Elternteil dazu zu nötigen, die Kinder besuchsweise zu überlassen.[13]

16 Die Drohung kann durch ausdrückliche Nennung des in Aussicht gestellten Übels ausgesprochen werden, es reicht aber auch eine versteckte, **schlüssige Drohung** aus. Eine solche kann in einer früher begangenen Verletzung und einer nachfolgenden Aufrechterhaltung der Drucksituation liegen.

17 Die Drohung muss einen ernsthaften Hintergrund haben und vom Opfer vernünftigerweise ernst genommen werden. Nicht ausreichend sind bloße Verwünschungen, Beschimpfungen oder Prahlereien.[14] Für die Abgrenzung kommt es darauf an, ob der Drohende den Eindruck der Ernstlichkeit erweckt bzw. ob die Ankündigung gewalttätigen Verhaltens aus der Sicht des objektiven Durchschnittsmenschen ernst zu nehmen war.[15] Entscheidend ist die Würdigung der Gesamtumstände des streitgegenständlichen Geschehens.

18 Der Einsatz einer Drohgebärde ist nicht notwendig die ernsthafte Drohung mit einer Körperverletzung, insbesondere wenn die Beteiligten längere Zeit in verbal rüdem Umgangston gestritten haben, ohne dass es bislang zu körperlichen Auseinandersetzungen gekommen ist.[16]

4. Nachstellungen im Sinne von Absatz 2 Satz 1 Nr. 2

19 Das Gewaltschutzgesetz schützt vor Nachstellungen durch Verletzung des Hausrechts (Absatz 2 Satz 1 Nr. 2 lit. a) und durch unzumutbare Belästigungen (Absatz 2 Satz 1 Nr. 2 lit. b). Nur in diesem Teilbereich ist ausnahmsweise das allgemeine Persönlichkeitsrecht geschützt.[17]

20 Der Begriff „**Eindringen in die Wohnung** oder das befriedete Besitztum" ist gleichbedeutend mit dem des Hausfriedensbruchs in § 123 StGB. Der Versuch des Eindringens rechtfertigt noch keine Schutzanordnung.[18] Ebenso ist das bloße Verweilen in der Wohnung – insoweit anders als bei § 123 StGB – nicht sanktionierbar.[19] Geschäftsräume sind vom Schutzbereich ausgenommen.

---

[10] OLG Brandenburg v. 20.04.2005 - 9 UF 27/05 - NJW-RR 2006, 220.
[11] OLG Köln v. 06.02.2003 - 14 UF 249/02 - FamRZ 2003, 1281.
[12] OLG Bamberg v. 24.08.2011 - 2 UF 184/11.
[13] OLG Rostock v. 16.10.2006 - 11 UF 39/06 - FamRZ 2007, 921.
[14] OLG Schleswig v. 16.06.2003 - 13 UF 93/03 - juris Rn. 5 - NJW-RR 2004, 156.
[15] OLG Bremen v. 25.02.2010 - 4 UF 9/10.
[16] Plastisch dazu OLG Bremen v. 25.02.2010 - 4 UF 9/10 - NJW-RR 2010, 1591, 1592.
[17] *Brudermüller* in: Palandt, 73. Aufl., § 1 GewSchG Rn. 4.
[18] AG Flensburg v. 21.01.2004 - 94 Fa 8/04 - FPR 2005, 53 (LS).
[19] OLG Hamm v. 03.06.2013 - 2 UF 67/13 - juris Rn. 27 - FamFR 2013, 401.

Eine **unzumutbare Belästigung** durch wiederholte Nachstellungen kann durch eine Vielzahl von Verhaltensweisen begangen werden (sog. **„Stalking"**). Außer der körperlichen Verfolgung, einer ständigen demonstrativen Anwesenheit des Täters in der Nähe des Opfers oder einer Beobachtung bzw. Überwachung fällt darunter auch die unerwünschte wiederholte Kontaktaufnahme durch Anrufe (Telefonterror), Briefe, Fax, E-Mail oder SMS.[20]

21

Die Nachstellungen müssen **gegen** den ausdrücklich **erklärten Willen** des Opfers erfolgen,[21] das heißt, der Täter muss unmissverständlich zum Unterlassen aufgefordert worden sein. Dies ist entbehrlich, wenn sich aus der Natur der Störung der reine Belästigungscharakter ergibt.[22] Die Schwelle zur unzumutbaren Verletzung wird von der Rechtsprechung teilweise sehr niedrig angesetzt. So kann schon das mehrfache Hochklappen von Scheibenwischerblättern am Kfz des Opfers eine unzumutbare Belästigung darstellen. Dies gilt zumindest dann, wenn sich aus vergangenen, nicht verfahrensgegenständlichen Zeiträumen ergibt, dass der Täter das Opfer bereits früher belästigt hat.[23]

22

V. Weitere Eingriffsvoraussetzungen

1. Vorsätzliche und widerrechtliche Begehungsweise

Anders als bei dem Unterlassungsanspruch aus § 1004 BGB ist das Gewaltschutzgesetz nur bei **vorsätzlicher Rechtsgutsverletzung** anwendbar. Der Täter muss also den rechtswidrigen Erfolg zumindest billigend in Kauf genommen haben. Bei Körper- und Gesundheitsverletzungen durch fahrlässiges Verhalten bleiben jedoch weiter gehende Ansprüche nach dem allgemeinen Deliktsrecht unberührt, § 3 Abs. 2 GewSchG. Am Vorsatz kann es fehlen, wenn sich die Beeinträchtigung eines der Rechtsgüter aus dem Katalog von § 1 GewSchG nur als Nebenfolge eines anderen Eingriffs darstellt. So etwa im Fall einer Kindesentführung, anlässlich derer die Mutter des entführten Kindes wegen einer Beeinträchtigung ihrer eigenen psychischen Gesundheit Unterlassungsansprüche nach dem GewSchG geltend macht.[24] Ob diese mittelbare Beeinträchtigung der Rechtgüter des GewSchG vom Täter noch billigend in Kauf genommen wurde und somit von dessen Vorsatz umfasst ist, ist Tatfrage. Je abseitiger aber die Nebenfolge ist, d.h. je weiter der Eintritt der Nebenfolge nach allgemeiner Lebensanschauung von dem beabsichtigten Hauptzweck entfernt ist, desto eher ist Vorsatz abzulehnen und lediglich fahrlässige Verursachung der Nebenfolge anzunehmen.

23

Die Widerrechtlichkeit bestimmt sich wie bei § 823 BGB.[25] Kann sich der Täter auf einen **Rechtfertigungsgrund** berufen, schließt dies die Rechtswidrigkeit aus. Geäußerte Drohungen können nicht mit Erklärungen zu den Ursachen der Konflikte der Parteien im täglichen Zusammenleben gerechtfertigt werden. Entsprechender Vortrag zu den Gründen der Verschlechterung ihrer Beziehung und den behaupteten Verursachungsanteilen ist deswegen unerheblich.[26]

24

War die Handlung dagegen zur **Wahrung berechtigter Interessen** erforderlich, stellt dies einen Rechtfertigungsgrund dar. Hält sich der Täter etwa aus beruflichen Gründen an einem bestimmten Ort auf oder dient die Kontaktaufnahme notwendig der Ausübung des Umgangsrechts mit gemeinsamen Kindern, liegt in der Regel keine unzumutbare Belästigung vor und eine Schutzanordnung darf nicht ohne Weiteres erlassen werden; § 1 Abs. 2 Satz 2 GewSchG (vgl. auch Rn. 35 und Rn. 38).

25

2. Schuldfähigkeit des Täters

Der Täter muss grundsätzlich schuldfähig sein. Bei **vorübergehender Unzurechnungsfähigkeit** auf Grund der Einnahme berauschender Mittel (Alkohol, Drogen, Medikamente) können gemäß § 1 Abs. 3 GewSchG dennoch ausnahmsweise Schutzmaßnahmen angeordnet werden. Es kommt nicht darauf an, ob der Täter diesen Zustand vorsätzlich herbeigeführt hat. Diese Abweichung von § 827 BGB dient dem Opferschutz. Bei dauerhafter Schuldunfähigkeit dagegen, etwa aufgrund einer schweren psychi-

26

---

[20] Zur Abgrenzung einzelner Fallgruppen *Grziwotz*, NJW 2002, 872, 873.
[21] OLG Brandenburg v. 12.10.2005 - 9 UF 137/05 - ZKJ 2006, 375.
[22] LG Oldenburg v. 04.09.2007 5 T 874/07
[23] Saarländisches OLG v. 27.10.2010 - 9 UF 73/10.
[24] OLG Bamberg v. 24.08.2011 - 2 UF 184/11.
[25] Vgl. für den Fall des § 123 BGB OLG Hamm v. 03.06.2013 - 2 UF 67/13 - juris Rn. 29 - FamFR 2013, 401.
[26] OLG Schleswig v. 16.06.2003 - 13 UF 94/03 - NJW-RR 2004, 156.

schen Erkrankung, kann ein Unterlassungsanspruch nicht auf die Regelungen des Gewaltschutzgesetzes, sondern nur auf die §§ 823 , 1004BGB gestützt werden.[27]

27 Grundsätzlich kommt auch bei Schutzanordnungen nach dem GewSchG eine Vorverlagerung des Zeitpunkts für die Anknüpfung des Verschuldensvorwurfs nach den Grundsätzen der actio libera in causa in Betracht. Dabei ist aber besonders auf die Einhaltung der Anforderungen der actio libera in causa zu achten, dass der Vorsatz des Schädigers sich bereits im Zeitpunkt der Herbeiführung der Unzurechnungsfähigkeit auf eine konkrete Handlung nach § 1 Abs. 1 GewSchG beziehen muss. Daneben bleibt eine Vorverlagerung über § 827 Satz 2 BGB möglich.[28]

3. Wiederholungsgefahr

28 Das gerichtliche Eingreifen dient der Abwendung weiterer Gefahren. § 1 GewSchG greift damit implizit die ohnehin nach § 1004 BGB erforderliche Widerholungsgefahr auf. Ist es bereits zu einer Rechtsgutsverletzung gekommen, wird das Bestehen einer solchen Wiederholungsgefahr aufgrund des präventiven Charakters des Gewaltschutzgesetzes vermutet. Es obliegt dem Täter, diese **tatsächliche Vermutung** zu widerlegen.[29]

29 Hieran sind hohe Anforderungen zu stellen,[30] wobei diese differieren, je nachdem, in welchem Näheverhältnis Opfer und Täter stehen und welche individuelle Gefährdungslage sich daraus ergibt. Beim „Stalking" ist die konkrete Gefahr weiterer Übergriffe definitionsgemäß anzunehmen, in Fällen häuslicher Gewalt ist sie wegen des engen Zusammenlebens der Beteiligten besonders naheliegend. Demgegenüber kann es sich bei tätlichen Übergriffen außerhalb des sozialen Nahbereichs eher um singuläre Taten handeln. Dann müssen im Verhältnis Täter-Opfer über die Anlasstat hinaus weitere Umstände vorliegen, die Grund zur Annahme geben, dass weitere Übergriffe ernsthaft zu besorgen sind. Diese können in einer **konfliktbelasteten Täter-Opfer-Beziehung** liegen, wie bei länger andauernden, nachhaltigen persönlichen Zerwürfnissen mit wiederholten, ernst gemeinten Gewaltdrohungen. Sind dagegen die räumliche Nähe und die damit verbundenen persönlichen Spannungen – etwa durch den Wegzug eines Beteiligten – weggefallen, sind Schutzmaßnahmen nicht mehr erforderlich.[31] Auch bei längerer Verfahrensdauer (eineinhalb Jahre), etwa bei Anordnungsverfahren und anschließendem Hauptsacheverfahren, kann aus weiter zurückliegenden Verletzungshandlungen nicht ohne Weiteres auf eine fortbestehende Wiederholungsgefahr geschlossen werden.[32]

30 Allein das bloße Versprechen, weitere Eingriffe nicht mehr vorzunehmen,[33] räumt die Wiederholungsgefahr regelmäßig ebenso wenig aus wie das Angebot, eine strafbewehrte Unterlassungserklärung abzugeben.[34] Etwas anderes kann gelten, wenn die Versicherung nach Überzeugung des Gerichts aus besserer Einsicht und nicht nur unter dem Druck des Verfahrens abgegeben wurde.

VI. Schutzanordnungen

31 § 1 Abs. 1 Satz 3 GewSchG enthält einen Katalog von Maßnahmen zum Schutz des Opfers. Hierbei handelt sich um eine nur beispielhafte, **nicht abschließende Auflistung**. Je nach Gefahrensituation ist die Maßnahme zu treffen, die den Schutz des Opfers am besten gewährleistet und die Wiederholungsgefahr abwendet. Hierfür können mehrere Anordnungen miteinander kombiniert werden. Durch weitgehend auf die Lebenssituation des Opfers abgestimmte Maßnahmen ist möglichst zu verhindern, dass phantasievolle Stalker ihr Verhalten der getroffenen Anordnung anpassen, ein Schlupfloch in der Formulierung nutzen und unter formaler Einhaltung der gerichtlichen Verbote das Opfer weiter belästigen

---

[27] AG Wiesbaden v. 01.03.2005 - 533 F 355/04 EA I - FamRZ 2006, 1145; a.A. *Schumacher*, FamRZ 02, 645, 646, 649.

[28] OLG Celle v. 24.11.2011 - 17 UF 3/11 - juris Rn. 6, 7 mit Hinweis auf weitere eigene Rechtsprechung.

[29] BGH v. 30.10.1998 - V ZR 64/98 - juris Rn. 7 - BGHZ 140, 1 ff.; OLG Brandenburg v. 20.04.2005 - 9 UF 27/05 - NJW-RR 2006, 220; OLG Celle v. 06.02.2009 - 15 UF 154/08 - FamRZ 2009, 1751.

[30] BayObLG v. 11.12.1986 - BReg 2 Z 119/86 - NJW-RR 1987, 463; OLG Saarbrücken v. 28.10.2004 - 6 WF 70/04 - juris Rn. 11; OLG Celle v. 06.02.2009 - 15 UF 154/08 - FamRZ 2009, 1751.

[31] OLG Saarbrücken v. 18.01.2006 - 1 U 137/05 - NJW-RR 2006, 747; OLG Köln v. 01.08.2011 - 4 UF 103/11 - juris Rn. 2 - FamRZ 2012, 645 (LS).

[32] OLG Celle v. 06.02.2009 - 15 UF 154/08 - FamRZ 2009, 1751.

[33] *Bassenge* in: Palandt, 73. Aufl., § 1004 Rn. 32.

[34] OLG Stuttgart v. 12.09.2006 - 18 WF 176/06 - FamRZ 2007, 829; OLG Sachsen-Anhalt v. 30.07.2009 - 3 UF 126/09.

können. Einerseits muss die Anordnung so bestimmt sein, dass sie Grundlage einer Zwangsvollstreckung sein kann,[35] andererseits darf sie nicht so eng gefasst sein, dass bereits ein leicht geändertes Verhalten nicht mehr darunter fällt.

§ 1 Abs. 1 GewSchG sieht die Anordnung der erforderlichen Maßnahmen vor. Der darin zum Ausdruck kommende Grundsatz der **Verhältnismäßigkeit** ist dadurch zu wahren, dass das mildeste Mittel ausgewählt wird, berechtigte Interessen des Täters berücksichtigt werden und in der Regel eine Befristung vorgenommen wird. Das Verhältnismäßigkeitsprinzip kann dazu führen, dass keine der denkbaren Schutzanordnungen erlassen wird, obwohl der Tatbestand des § 1 Abs. 1 Satz 1 GewSchG gegeben ist. Dies ist dann der Fall, wenn sich der Angriff als Bagatellangriff darstellt und die Anordnung zur Abwendung einen erheblichen Eingriff in die Rechte des Täters bedeutet hätte.[36] Bei diesen Erwägungen ist jedoch eine strikte Trennung zwischen Tatbestand und Rechtsfolge erforderlich. Liegt der Tatbestand nicht vor, verbieten sich alle Anordnungen. Liegt er vor, sind im Regelfall Anordnungen zu erlassen, außer, das Verhältnismäßigkeitsprinzip steht dem entgegen. Auch bei Bagatellübergriffen ist der Tatbestand gegeben, eine Einschränkung durch Verhältnismäßigkeitserwägungen wird an dieser Stelle nicht vorgenommen. Auf Rechtsfolgenseite ist für diese Fallgestaltung zu überlegen, ob eine Interessenabwägung gebietet, dass die Verletzungshandlung keine der Schutzanordnungen zu rechtfertigen vermag.[37]

1. Die Maßnahmen im Einzelnen

Das **Betretungsverbot** nach Nr. 1 wird häufig die Wohnungszuweisung gemäß § 2 GewSchG, § 1361b BGB flankieren. Als isolierte Anordnung kommt es in Betracht, wenn Täter und Opfer keinen gemeinsamen Haushalt (mehr) führen. Allerdings muss es dem Täter gestattet sein, gegebenenfalls unter Einschaltung eines Dritten, seine persönlichen Gegenstände aus der Wohnung des Opfers zu holen.

Über Nr. 2 und 3 des Maßnahmenkatalogs kann ein **Näherungsverbot** ausgesprochen und eine „**Bannmeile**" um die Wohnung des Opfers angeordnet werden. Der Umkreis des zu meidenden Bereichs ist genau zu bestimmen[38] und den örtlichen Gegebenheiten (Dichte der Bebauung) anzupassen. In der Rechtsprechung hat sich ein Mindestabstand von 200 Metern durchgesetzt.[39] Aufenthaltsverbote für Orte, an denen sich das Opfer regelmäßig aufhält, können beispielsweise die Arbeitsstelle, den Kindergarten oder die Schule der Kinder oder Freizeiteinrichtungen bzw. Gaststätten betreffen.

Auf berechtigte Interessen des Täters ist wegen des geltenden Verhältnismäßigkeitsgrundsatzes Rücksicht zu nehmen.[40] Ein begehrtes Aufenthaltsverbot für einen Ort, an dem der Täter seine Arbeitsstelle hat, das Opfer jedoch regelmäßig einer Freizeitbeschäftigung nachgeht, kann nicht ohne Weiteres ausgesprochen werden. Im Rahmen der gebotenen Interessenabwägung kann sich eine Beschränkung des Aufenthaltsverbotes auf bestimmte Zeiten anbieten.[41] Wegen des besonderen grundrechtlichen Schutzes durch Art. 13 GG kann von dem Täter aber nicht gefordert werden, dass er seine **eigene Wohnung** zur Vermeidung von Konflikten aufgibt. Auch wenn in besonderen Konstellationen die Näherungsverbote unterlaufen werden durch nahe gelegene Wohnungen zweier Beteiligter eines Gewaltschutzverfahrens, rechtfertigt dies nicht den Eingriff in Art. 13 GG des Störers, sodass § 1 GewSchG in diesen Fällen auch nicht analog angewendet werden kann. Dies soll auch dann gelten, wenn der Täter absichtlich und unter Vorspiegelung falscher Tatsachen, insbesondere eines falschen Namens, die räumliche Trennung verhindert, indem er eine Wohnung in direkter Nähe des Opfers anmietet.[42]

Kontaktverbote (Nr. 4 und 5) können für jede Art der Kommunikation verhängt werden, sei es persönlich, sei es durch Telefon, SMS oder E-Mail. Hierunter fällt auch das reine Klingelnlassen des Telefons und Auflegen des Hörers, bevor der Angerufene den Anruf entgegennimmt oder Anrufe auf einem Anrufbeantworter ohne Hinterlassen einer Nachricht.[43]

---

[35] Zu eng OLG Karlsruhe v. 19.09.2007 - 20 WF 104/07 - NJW 2008, 291.
[36] OLG Bamberg v. 16.02.2011 - 7 UF 37/11 - FamRZ 2011, 1419-1420.
[37] Insoweit unklar, aber im Ergebnis zutreffend OLG Bamberg v. 16.02.2011 - 7 UF 37/11 - FamRZ 2011, 1419-1420.
[38] Unzulässig daher die Anordnung, der Störer habe sich „von der Wohnung" eines Antragstellers fernzuhalten, OLG Celle v. 25.10.2012 - 10 WF 310/12 - FamRZ 2013, 569 (Leitsatz).
[39] Vgl. die differenzierte Auflistung bei *v. Pechstaedt*, NJW 2007, 1233, 1243.
[40] LG Oldenburg v. 04.09.2007 - 5 T 8/4/07.
[41] *Schumacher*, FamRZ 2002, 645, 654.
[42] BGH v. 26.02.2014 - XII ZB 373/11; anders (und ebenso nachvollziehbar) die Vorinstanz OLG Karlsruhe v. 25.03.2011 - 5 UF 25/11 - FamRZ 2012, 455 mit Erörterungen zu Art. 14 GG.
[43] *v. Pechstaedt*, NJW 2007, 1233 f.

37 Der Grundsatz der Verhältnismäßigkeit ist zu beachten. Ein einmaliger Verstoß gegen ein durch das Gewaltschutzgesetz geschütztes Rechtsgut (z.B. eine einzelne Körperverletzung) rechtfertigt nicht sofort ein umfassendes Kontaktverbot in allen Bereichen.[44]

38 Ein Kontaktverbot kann problematisch sein, wenn zwischen den Parteien der Umgang mit den gemeinsamen Kindern zu regeln ist und wiederum ein widerstreitendes berechtigtes Interesse des Täters besteht. Soweit nicht wegen vergangener Gewalthandlungen (auch gegenüber dem Kind) ein Ausschluss oder eine Einschränkung des Umgangsrechts gemäß § 1684 Abs. 4 BGB angezeigt ist, sind die Schutzanordnungen so auszugestalten, dass das Schutzbedürfnis des Opfers, das Recht des Kindes auf Umgang mit dem anderen Elternteil (Täter) und dessen **Umgangsrecht** angemessen aufeinander abgestimmt werden.[45] In diesen Fällen ist ein eingeschränktes Kontaktverbot mit der Möglichkeit einer Kontaktaufnahme über eine dritte Person, eventuell das Jugendamt, auszusprechen. Je nach Bedrohungssituation kann das Näherungsverbot für die Zeiten des Besuchsrechts mit einem gemeinsamen Kind aufgehoben werden.

39 Es kann ein allgemeines **Belästigungsverbot** ausgesprochen werden. Die in § 1 Abs. 2 Nr. 2b GewSchG genannten Formen „wiederholtes Nachstellen" oder „Verfolgung unter Verwendung von Fernkommunikationsmitteln" sind nicht abschließende Beispiele. Häufige Anrufe in kurzer Zeit gegen den erklärten Willen des Angerufenen verstoßen gegen die Anordnung „nicht zu belästigen", auch wenn die Belästigungsart „Verwendung von Fernkommunikationsmitteln" nicht ausdrücklich genannt ist.[46] Anders als bei einem ausdrücklich angeordneten Kontaktverbot ist der belästigende Charakter nach den Umständen des Einzelfalls festzustellen.

2. Befristung der Anordnungen

40 Aus Gründen der Verhältnismäßigkeit sind die Schutzanordnungen zeitlich zu begrenzen (§ 1 Abs. 1 Satz 2).[47] Eine fehlende Befristung steht jedoch der Wirksamkeit der Anordnung und der Strafbarkeit des Verstoßes nicht entgegen.[48] Vergleichsweise kann eine unbefristete Regelung aufgenommen werden.

41 Regelmäßig ist eine Befristung für eine Dauer zwischen 3-12 Monaten vorzunehmen. Nach längerem Zeitablauf fehlt es an einer Wiederholungsgefahr, so dass die Aufrechterhaltung der Maßnahmen nicht mehr erforderlich ist. Für die Bemessung der Dauer der Befristung ist darauf abzustellen, welcher Zeitraum für eine effektive Gefahrenabwehr erforderlich erscheint. Für die Beurteilung ist auf die Schwere, Häufigkeit und Dauer der bisherigen Beeinträchtigung zurückzugreifen. In die Erwägungen kann auch einfließen, ob zu erwarten ist, dass sich der Täter durch ein zwischenzeitlich durchgeführtes Strafverfahren von weiteren Verletzungshandlungen abhalten lassen wird.[49] Zugunsten des Täters kann zudem einfließen, dass keine körperliche Gewalt angewendet wurde oder dass sich der Antragsgegner im laufenden Beschwerdeverfahren an die erlassenen Anordnungen gehalten hat. Bei besonders schweren Gewaltdelikten kommt ausnahmsweise auch eine unbefristete Anordnung in Betracht, um das Opfer wegen der Unzumutbarkeit des Umgangs mit dem Täter zu schützen.[50] Problematisch ist die Befristung in hartnäckigen Stalking-Fällen, da das Opfer dadurch nur unzureichend geschützt wird und der Täter zur Wiederaufnahme seiner Nachstellungen nach Fristablauf ermutigt werden könnte.[51]

42 Bei einer **vorläufigen Maßnahme** ist eine Befristung bis zur Beendigung des Hauptsacheverfahrens ausreichend.[52] Hier gilt das Befristungserfordernis umso mehr, weil nach dem Gesetzeswortlaut des § 214 Abs. 1 FamFG nur eine „vorläufige" Regelung getroffen werden soll. Von einer „vorläufigen" Regelung kann aber nur dann gesprochen werden, wenn diese von ihrem Regelungsgehalt hinter der

---

[44] LG Oldenburg v. 04.09.2007 - 5 T 874/07.
[45] *Brudermüller* in: Palandt, 73. Aufl. 2012, § 1 Rn. 13.
[46] Zu eng OLG Karlsruhe v. 19.09.2007 - 20 WF 104/07 - NJW 2008, 291.
[47] OLG Köln v. 06.02.2003 - 14 UF 249/02 - FamRZ 2003, 1281 f.; OLG Naumburg v. 04.08.2004 - 14 WF 152/04 - ZFE 2005, 35 (Ls) mit Anm. *Völker*, jurisPR-FamR 17/2005, Anm. 6; OLG Celle v. 13.02.2007 - 32 Ss 2/07 - NJW 2007, 1606; OLG Celle v. 06.02.2009 - 15 UF 154/08 - FamRZ 2009, 1751.
[48] OLG Celle v. 13.02.2007 - 32 Ss 2/07 - NJW 2007, 1606.
[49] OLG Saarbrücken v. 12.07.2010 - 6 UF 42/10; OLG Saarbrücken v. 19.05.2010 - 6 UF 38/10 - FamRZ 2010, 1810.
[50] OLG Celle v. 13.02.2007 - 32 Ss 2/07 - NJW 2007, 1606; OLG Saarbrücken v. 19.05.2010 - 6 UF 38/10 - FamRZ 2010, 1810 m.w.N.
[51] Ausführlich hierzu *v. Pechstaedt*, NJW 2007, 1233, 1235.
[52] OLG Naumburg v. 08.10.2002 - 8 WF 194/02 - FPR 2003, 376.

im Hauptsacheverfahren möglichen Regelung zurückbleibt. Auch wenn der Erlass einer einstweiligen Anordnung nicht mehr von der Einleitung eines Hauptsacheverfahrens abhängig ist, darf das Eilverfahren in der Regel nicht zu einer Vorwegnahme der Hauptsache führen.[53]

Sind nach Fristablauf weitere Übergriffe zu befürchten, kommt eine **Verlängerung** der Schutzanordnung in Betracht. Im Rahmen der Verlängerung prüft das Gericht nicht die Rechtmäßigkeit der ursprünglichen Anordnung, sondern erwägt ausschließlich deren Nichtigkeit.[54]

43

Nach einem Teil Rechtsprechung soll eine Verlängerung der Schutzanordnung nur dann möglich sein, wenn während der Zeit der ersten Anordnung ein Verstoß gegen diese Anordnung stattgefunden hat.[55] Diese Rechtsansicht ist jedoch nicht zutreffend, denn sie steht im Widerspruch zur Gesetzesbegründung und übersieht das zwischen der Möglichkeit der Verlängerung und der Bestimmung der Strafbarkeit in § 4 GewSchG bestehende Stufenverhältnis. Nach der Gesetzesbegründung[56] genügt für die Verlängerung gerade die Befürchtung, dass nach dem Ablauf der Frist vom GewSchG sanktionierte Handlungen drohen. Zudem ist nach dem Willen des Gesetzgebers der Verstoß gegen eine vollziehbare Anordnung strafbewehrt. Die Frage der (Befristung und) Verlängerung einer Anordnung, die in das Ermessen des Gerichts gestellt ist, ist Ausdruck des Verhältnismäßigkeitsgrundsatzes und ist nach dem Gesetzeswortlaut nicht an einen Verstoß gegen eine Anordnung gebunden. Einen Verstoß als Voraussetzung für die Verlängerung zu sehen, würde das Ermessen des Gerichts dem Wortlaut zuwider aushöhlen, denn dieses wäre in allen anderen Fällen außer einer Straftat nach § 4 GewSchG auf Null reduziert.

44

Eine **unbefristete Anordnung** kann nur im Einzelfall und nur unter sehr strengen Voraussetzungen gerechtfertigt sein. Dies setzt voraus, dass besonders schwere Gewalttaten vorliegen. Dann kann ausnahmsweise auch eine unbefristete Anordnung in Betracht kommen, um das Opfer wegen der Unzumutbarkeit des Umgangs mit dem Täter zu schützen.[57] Der BGH hat bislang konkrete Anforderungen an die Zulässigkeit einer unbefristeten Maßnahme nicht festgelegt. Möglicherweise lässt seine Formulierung, die Befristung stelle nur den Regelfall dar, und lasse unbefristete Maßnahmen zu, darauf schließen, dass die Anforderungen an die Nichtbefristung niedriger sind als von der instanzgerichtlichen Rechtsprechung bisher angenommen.[58]

45

C. Prozessuale Hinweise

I. Anzuwendende Verfahrensvorschriften

Die **FGG-Reform** zum 01.09.2009 vereinheitlicht mit der Konzentration der Gewaltschutzsachen beim Familiengericht auch das Verfahrensrecht. Alle Gewaltschutzsachen sind Angelegenheiten der freiwilligen Gerichtsbarkeit, die nunmehr im FamFG, insbesondere den **§§ 210-216a FamFG**, geregelt sind. Insbesondere der Amtsermittlungsgrundsatz des § 26 FamFG ist für den Antragsteller ein Vorteil gegenüber den Beweisgrundsätzen der ZPO. Zudem gibt es über die §§ 214 Abs. 2, 216 FamFG Erleichterungen bei der Vollstreckung (vgl. Rn. 52 und Rn. 59).

46

II. Verfahrenseinleitung

Maßnahmen nach dem GewSchG werden nicht von Amts wegen eingeleitet, es ist ein **Antrag** erforderlich, der jedoch die begehrte Maßnahme nicht im Einzelnen konkretisieren muss. Wegen §§ 23, 25 FamFG muss der Antrag schriftlich oder zur Niederschrift der Geschäftsstelle gestellt werden, ein telefonischer Antrag ist nicht ausreichend.[59] Wird der Antrag zurückgenommen, hat dies verfahrensbeendende Wirkung. Eine bereits ergangene, aber noch nicht wirksame Entscheidung wird wirkungslos und muss nicht aufgehoben werden.[60] Wegen der Strafbewehrung in § 4 GewSchG ist jedoch ein klarstellender Beschluss angezeigt.

47

---

[53] OLG Saarbrücken v. 12.07.2010 - 6 UF 42/10.
[54] OLG Nürnberg v. 29.12.2011 - 10 UF 1650/11 - juris Rn. 20 - FamRZ 2012, 646 (LS).
[55] Hanseatisches OLG v. 08.03.2013 - 5 UF 9/13 - juris Rn. 7.
[56] BT-Drs. 14/5429, S. 28
[57] Thür. OLG v. 06.09.2011 - 1 UF 223/11 - juris Rn. 28; OLG Hamm v. 25.04.2013 - 4 WF 261/12 juris Rn. 27 ff.
[58] BGH v. 26.02.2014 - XII ZB 373/11 - juris Rn. 15.
[59] OLG Nürnberg v. 28.06.2013 - 9 UF 631/13 - FamRZ 2014, 63-64.
[60] AG Neustadt/Rübenberg v. 13.01.2004 - 37 F 21/03 - FamRZ 2004, 1392.

48 In Familiensachen des § 111 Nr. 6 FamFG (Gewaltschutzsachen) ist die Vertretung durch einen **Rechtsanwalt** nicht vorgeschrieben. Häufig werden jedoch Opfer von Nachstellungen einen Rechtsanwalt mit der Wahrnehmung ihrer Interessen beauftragen.

III. Anhörung

49 Gemäß § 34 FamFG ist den Beteiligten rechtliches Gehör zu gewähren, und sie sind grundsätzlich persönlich anzuhören. Insbesondere vor Erlass einer einstweiligen Anordnung ist jedoch abzuwägen, ob die Anhörung des Antragsgegners opportun ist. Bereits durch die Zuleitung des Antrages kann das Opfer gefährdet werden. Das **Schutzinteresse des Opfers** ist je nach Gefährdungspotential mit dem Recht des Antragsgegners auf rechtliches Gehör abzuwägen. Auch für die mündliche Verhandlung ist zu erwägen, ob statt eines gemeinsamen Anhörungstermins zur Entlastung oder zum Schutz des Opfers eine getrennte Anhörung erfolgen sollte.[61] § 33 Abs. 1 Satz 2 FamFG regelt nunmehr ausdrücklich die Möglichkeit einer getrennten Anhörung der Beteiligten. Dadurch kann sich einerseits das Gericht einen persönlichen Eindruck verschaffen, andererseits aber auch den Opferschutz gewährleisten.

IV. Mitteilung an Polizeibehörde

50 Mit der FGG-Reform ist in § 216a FamFG eine **Mitteilungspflicht** über ergangene Anordnungen gemäß §§ 1 und 2 GewSchG an die zuständige Polizeibehörde oder andere betroffene öffentliche Stellen normiert worden. Die genannten öffentlichen Stellen können insbesondere Schulen, Kindergärten oder Jugendhilfeeinrichtungen in öffentlich-rechtlicher Trägerschaft sein. Auf diese Weise sollen Verstöße gegen Anordnungen nach dem GewSchG noch effektiver unterbunden und geahndet werden. Die Übermittlung personenbezogener Daten ist verhältnismäßig und dadurch gerechtfertigt, dass Verstöße gegen Schutzanordnungen gemäß § 1 GewSchG eine Straftat gemäß § 4 GewSchG darstellen.

V. Vollstreckung

51 Hinsichtlich der Vollstreckung verweist § 95 Abs. 1 FamFG auf die Vorschriften der ZPO.

52 Voraussetzung jeder Vollstreckung ist die **Zustellung** des Titels. Bei Erlass einer einstweiligen Anordnung ohne mündliche Verhandlung ergibt sich aus § 214 Abs. 2 FamFG eine erhebliche Erleichterung für den Antragsteller: Die Zustellung durch den Gerichtsvollzieher wird unter Vermittlung der Geschäftsstelle direkt veranlasst, der dann auch unmittelbar die Vollstreckung einleitet. Dies ermöglicht eine Vollziehung ohne Verzögerung und verhindert eine Bekanntgabe der Anordnung „zur Unzeit" (überraschende Vollstreckung).

53 Nach § 96 Abs. 1 FamFG kann bei einer andauernden Zuwiderhandlung gegen eine Unterlassungsverpflichtung gemäß § 1 GewSchG der Gerichtsvollzieher hinzugezogen werden, der zur Anwendung von Gewalt – notfalls unter Mithilfe der Polizei – befugt ist, §§ 892a, 758 Abs. 3 ZPO.

54 Daneben ist die Verhängung eines **Ordnungsgeldes** oder **Ordnungshaft** gemäß § 890 ZPO möglich, § 216 Abs. 1 Satz 2 FamFG. Sie setzt wegen ihres repressiven Charakters den **Vollbeweis** eines schuldhaften Verstoßes gegen die Schutzanordnung voraus. Ein dringender Verdacht des Verstoßes reicht dafür nicht aus.[62] Ebenfalls genügt eine Glaubhaftmachung nicht, auch wenn Vollstreckungstitel eine einstweilige Anordnung ist.[63] **Verschulden** setzt voraus, dass der Schuldner die Anordnung kannte oder schuldhaft nicht kannte, wobei mangelnde Kenntnisse der deutschen Sprache nicht entlasten.[64] Dagegen kommt eine Androhung von Zwangsgeld oder Zwangshaft gemäß § 888 ZPO nicht in Betracht.[65] Anders verhält es sich nur bei der Beurteilung der Zurechnungsfähigkeit: Kann nicht festgestellt werden, dass der zu einem Ordnungsgeld verurteilte Beteiligte sich im Zeitpunkt des Verstoßes gegen eine Anordnung in einem die Zurechnungsfähigkeit ausschließenden Zustand befand, so geht das zu dessen Lasten, denn die Schuldunfähigkeit stellt die Ausnahme vom Grundsatz des eigenverantwortlichen Handelns dar. Etwas unglücklich ist wegen des repressiven Charakters der Ordnungsgeldverhängung in diesem Zusammenhang der Rückgriff auf allgemeine zivilrechtliche Rechtsgrundsätze.[66]

---

[61] *Völker*, jurisPR-FamR 17/2005, Anm. 6.

[62] OLG Hamm v. 16.09.2011 - 8 WF 236/11 - juris Rn. 4.

[63] KG Berlin v. 16.01.2004 - 18 WF 414/03 - juris Rn. 9 - FPR 2004, 267; OLG Bremen v. 07.12.2006 - 4 WF 138/06 - juris Rn. 7 - FamRZ 2007, 1033.

[64] OLG Brandenburg v. 09.01.2006 - 10 WF 315/05 - FamRZ 2006, 1860.

[65] OLG Bremen v. 07.12.2006 - 4 WF 138/06 - FamRZ 2007, 1033; OLG Frankfurt v. 06.03.2006 - 6 WF 33/06 - NJW-RR 2006, 1441.

[66] So aber KG v. 27.02.2012 - 19 WF 254/11 - juris Rn. 3.

Die Androhung und Verhängung eines Ordnungsgeldes kann nur aufgrund einer gerichtlichen Entscheidung erfolgen. Ein **Vergleich** kann demgegenüber keine wirksame Androhung von Ordnungsgeld enthalten, weil diese wegen ihres öffentlich-rechtlichen Charakters der Verfügung der Parteien entzogen ist. Ausreichend ist jedoch, wenn das Gericht den Vergleich durch Beschluss gerichtlich genehmigt und ihn sich so – einschließlich der Ordnungsgeldandrohung – zu Eigen macht.[67]   55

Anders als in anderen Verfahren soll das Gericht in Gewaltschutzsachen nicht auf einen **Vergleich** hinwirken, § 36 Abs. 1 Satz 2 FamFG. Damit soll eine effektive Durchsetzung der Maßnahme sichergestellt werden, indem die Strafbewehrung des § 4 GewSchG greift. Ob dennoch eine gütliche Einigung der Parteien einer gerichtlichen Entscheidung vorzuziehen ist, weil etwa die Akzeptanz größer ist oder eine weitere Eskalation vermieden wird, sollte das Gericht nach dem Eindruck der mündlichen Verhandlung entscheiden.   56

Die **Höhe des Ordnungsgeldes** hängt von der Schwere der Tat und ihrem Unwertgehalt, dem Grad des Verschuldens beim Täter und seinen wirtschaftlichen Verhältnissen sowie den Folgen für die zu schützende Person ab. Bei wiederholtem Verstoß ist das Ordnungsgeld in der Regel zu erhöhen, weil davon auszugehen ist, dass die bisherigen Ordnungsmittel eine zu geringe Sanktionswirkung hatten.[68] Von einem gesteigerten Unwertgehalt ist etwa dann auszugehen, wenn der Antragsgegner Dritte einschaltet, um die Belästigung auszuführen.[69] Auch wenn wegen derselben Handlung bereits eine Kriminalstrafe verhängt wurde, ist die Festsetzung von Ordnungsmitteln als Maßnahme der Zwangsvollstreckung zivilgerichtlicher oder familiengerichtlicher Entscheidungen weiterhin zulässig. Bei der Bemessung des Ordnungsgeldes ist die strafrechtliche Verurteilung zu berücksichtigen.[70]   57

Verstößt der Antragsgegner wiederholt gegen die Anordnung, kann ohne nochmalige Zustellung **mehrfach** aus dem Titel **vollstreckt** werden, § 96 Abs. 2 FamFG. **Söhnen sich die Parteien** allerdings **aus** und kehrt der Antragsgegner einvernehmlich in die gemeinsame Wohnung zurück, so ist der Titel wegen der Gefahr späterer unberechtigter Vollstreckung herauszugeben. Er darf nicht auf Vorrat mit dem Ziel zurückgehalten werden, ihn gegebenenfalls bei neuerlicher Gewaltanwendung zu nutzen.[71] Damit wird außerdem die nötige Klarheit geschaffen, um eine Strafverfolgung gemäß § 4 GewSchG zu vermeiden.   58

Entscheidungen des Familiengerichts nach den §§ 1, 2 GewSchG werden erst mit ihrer formellen Rechtskraft wirksam, jedoch soll gemäß § 216 Abs. 1 Satz 2 FamFG die **sofortige Wirksamkeit** der Entscheidung angeordnet werden. Dies kann mit der Anordnung der Zulässigkeit der Vollstreckung vor der Zustellung an den Antragsgegner verbunden werden (§ 216 Abs. 2 FamFG). In diesem Fall tritt die Wirksamkeit mit Übergabe der Entscheidung an die Geschäftsstelle ein. Ist der Antragsgegner nach einer Wegweiseverfügung der Polizei unbekannten Aufenthaltes, bietet dies den Vorteil, unverzüglich die Wirksamkeit herbeiführen zu können.   59

VI. Einstweiliger Rechtsschutz

Mit der Aufhebung der Rechtswegspaltung durch die FGG-Reform ist auch der einstweilige Rechtsschutz vereinheitlicht und vereinfacht worden. Die einstweilige Anordnung in Familiensachen ist nicht mehr von der Anhängigkeit einer Hauptsache abhängig, sondern kann **isoliert erhoben** werden. Wer im Anordnungsverfahren unterlegen ist, kann jedoch die Einleitung eines Hauptsacheverfahrens beantragen (§ 52 FamFG).   60

Die Voraussetzungen zum Erlass einer einstweiligen Anordnung sind in § 214 Abs. 1 FamFG geregelt. Entsprechend der bisherigen Regelung des § 64b Abs. 3 Satz 6 FGG sieht § 214 Abs. 2 FamFG eine Erleichterung der Zustellung durch Vermittlung der Geschäftsstelle vor.   61

Im einstweiligen Anordnungsverfahren sind die Voraussetzungen des Anordnungsanspruchs nach allgemeinen Grundsätzen glaubhaft zu machen. Daraus folgt, dass zumindest dann eine Anordnung zu erfolgen hat, wenn der Antragsteller seine Darstellung des Sachverhalts eidesstattlich versichert und der Antragsgegner seine Darstellung nicht weiter glaubhaft macht.[72]   62

---

[67] OLG Frankfurt v. 06.03.2006 - 6 WF 33/06 - NJW-RR 2006, 1441; vgl. auch die Ausführungen von *v. Pechstaedt*, NJW 2007, 1233, 1236.
[68] OLG Hamm v. 16.09.2011 - 8 WF 236/11 - juris Rn. 5.
[69] OLG Nürnberg v. 29.12.2011 - 10 UF 1650/11 - juris Rn. 29.
[70] OLG Schleswig v. 17.07.2006 - 13 WF 118/06 - NJW 2006, 3578.
[71] KG Berlin v. 02.05.2005 - 16 UF 53/05 - FamRZ 2006, 49.
[72] OLG v. 08.08.2011 - 8 UF 111/11 - juris Rn. 24.

VII. Rechtsmittel

63 Endentscheidungen in Gewaltschutzsachen sind mit der **Beschwerde** anfechtbar. Sie ist binnen einer Frist von einem Monat bei dem Gericht einzulegen, das die anzufechtende Entscheidung erlassen hat, §§ 63 Abs. 1, 64 FamFG.

64 Richtet sich die Beschwerde gegen eine einstweilige Anordnung, die in Gewaltschutzsachen gemäß § 57 Satz 2 Nr. 4 FamFG ausnahmsweise anfechtbar ist, beträgt die **Beschwerdefrist** zwei Wochen, § 63 Abs. 2 FamFG. Diese Frist greift auch dann, wenn eine einstweilige Anordnung nach dem Gewaltschutzgesetz abgelehnt wurde. Es ist kein sachlicher Grund ersichtlich, die Eilbedürftigkeit bei der Ablehnung einer einstweiligen Anordnung geringer einzuschätzen als bei deren Erlass.[73] Ist die einstweilige Anordnung ohne mündliche Verhandlung ergangen, ist jedoch zunächst ein Antrag gemäß § 54 Abs. 2 FamFG zu stellen. Solange ein Antrag nach § 54 Abs. 2 FamFG möglich ist, fehlt für den Antrag nach § 54 Abs. 1 FamFG das Rechtsschutzbedürfnis.[74] Um den durch § 54 Abs. 2 FamFG verwirklichten Anspruch auf rechtliches Gehör angemessen zu verwirklichen, sollte die **Terminierung** der Beschwerdesache in der Regel nicht mehr als wenige Wochen betragen.[75]

65 Eine Rechtsbeschwerde ist gegen die Beschwerdeentscheidung nicht statthaft. Dies gilt wegen des klaren Wortlauts des § 70 Abs. 4 FamFG auch dann, wenn das Beschwerdegericht die Rechtsbeschwerde zugelassen hat.[76]

VIII. Verfahrenskostenhilfe und Anwaltsbeiordnung

66 Es gelten für die Bewilligung von Verfahrenskostenhilfe über § 76 Abs. 1 FamFG im Grundsatz die Vorschriften über die Prozesskostenhilfe entsprechend.

67 In der obergerichtlichen Rechtsprechung ist umstritten, ob Verfahrenskostenhilfe für einen **Hauptsacheantrag** dann zu gewähren ist, wenn im Wege der **einstweiligen Anordnung** bereits antragsgemäß entschieden wurde. Ein Teil der Obergerichte hält den Hauptsacheantrag für mutwillig im Sinne des § 76 Abs. 1 FamFG, § 114 ZPO, weil eine bemittelte Partei zunächst warten würde, bevor sie eine Hauptsache anhängig machen würde, weil das Verfahren der einstweiligen Anordnung nach § 51 Abs. 3 FamFG als selbständiges Verfahren ausgestaltet sei.[77] Teilweise wird die **Mutwilligkeit** mit dem Argument verneint, dass entscheidend sei, ob für das Hauptsacheverfahren bei erlassener einstweiliger Anordnung die Notwendigkeit bestehe, im Erkenntnisverfahren zur Hauptsache eine bindende Entscheidung herbeizuführen, und zwar zumindest so lange, bis erkennbar sei, dass der Antragsgegner die Anordnung wie erlassen hinnehmen werde.[78] Der letzteren Ansicht ist zu folgen, und zwar deshalb, weil sich bereits aus § 214 Abs. 1 Satz 1 FamFG ergibt, dass im Rahmen einer einstweiligen Anordnung vorläufige, insbesondere nach den obenstehenden Ausführungen um zeitlich enger begrenzte und inhaltlich eher zurückhaltende Regelungen des Gerichts erlassen werden sollen.[79] Es ist im Übrigen nicht klar, aus welchen Gründen für den Fall des Gewaltschutzes von der allgemeinen Regelung abgewichen werden soll, dass Hauptsacheverfahren und einstweiliges Verfahren nebeneinander betrieben werden können. Die teilweise in der Rechtsprechung beschriebene Wahl des Antragstellers zwischen zwei gleichwertigen Verfahren besteht nicht. Eine verständige bemittelte Partei würde von der Einleitung des Hauptsacheverfahrens vor dem Hintergrund der engen Befristung der einstweiligen Anordnungen nicht absehen.

68 Gegen die Ablehnung der Verfahrenskostenhilfe steht dem Antragsteller nach Maßgabe der §§ 76 Abs. 2 FamFG, 567-572, 172 Abs. 2-4 ZPO die **sofortige Beschwerde** zu. Gem. § 127 Abs. 2 Satz 1 HS. 2 ZPO steht das Rechtsmittel aber nur dann zur Verfügung, wenn in der **Hauptsache** ein **Rechtsmittel statthaft** wäre. Dahinter steht der Gedanke, dass das Beschwerdegericht den Antrag hinsichtlich

---

[73] OLG Zweibrücken v. 08.10.2010 - 6 WF 196/10 - NJW-Spezial 2011, 38.
[74] OLG Celle v. 25.10.2012 - 10 WF 310/12 - FamFR 2012, 567 m. Anm. *Kemper*.
[75] OLG München v. 20.05.2010 - 4 UF 254/10 - FamRZ 2010, 1755.
[76] BGH v. 11.09.2013 - XII ZA 54/13 - NJW-RR 2013, 1470.
[77] OLG Celle v. 10.05.2010 - 10 WF 147/10 - FamRZ 2010, 1586-1587; vgl. a. OLG Zweibrücken v. 18.11.2009 - 2 WF 215/09 - FamRZ 2010, 666-667; OLG Hamm v. 07.11.2013 - 4 WF 242/13 - FamRZ 2014, 585-586.
[78] OLG München v. 14.02.2012 - 26 WF 128/12 - juris Rn. 11 f. - FamRZ 2012, 1234-1235; OLG Hamm v. 09.12.2009 - 10 WF 274/09 - NJW 2010, 539-540.
[79] Ist dies im Einzelfall nicht so, weil im einstweiligen und im Hauptsacheverfahren inhaltsgleiche Anträge gestellt werden und im einstweiligen Verfahren die Entscheidung dem Antrag entspricht, kann dies hingegen tatsächlich die Mutwilligkeit zur Folge haben, vgl. dazu OLG Hamm v. 07.11.2013 - 4 WF 242/13 - FamRZ 2014, 585-586. In dieser Situation spricht allerdings vieles dafür, dass in den Anträgen das Stufenverhältnis verkannt wurde.

der Verfahrenskostenhilfe nur dann prüfen können soll, wenn es auch in der Hauptsache als Beschwerdeinstanz zuständig wäre. Dies wiederum dient der Wahrung des Entscheidungsgleichklangs zwischen den Instanzenzügen im Verfahrenskosten- und Hauptsacheverfahren. Die Hauptsache kann dabei auch eine einstweilige Anordnung sein, sodass wegen § 57 Satz 1 FamFG, demzufolge in Familiensachen die Entscheidungen im Rahmen einstweiliger Anordnungen nicht anfechtbar sind, im Fall der Entscheidung ohne mündliche Verhandlung gegen den Verfahrenskostenhilfe ablehnenden Beschluss keine sofortige Beschwerde möglich ist. Dies ist nur dann anders, wenn eine mündliche Erörterung stattgefunden hat, § 57 Satz 2 Nr. 4 FamFG. Damit hat es der Richter mit seiner Verfahrenswahl im Rahmen der einstweiligen Verfügung in der Hand, ob es für den VKH-Beschluss ein Rechtsmittel gibt.[80]

Wird Verfahrenskostenhilfe bewilligt, so wird gem. § 78 Abs. 1 FamFG dem Beteiligten ein **Anwalt beigeordnet**, wenn die anwaltliche Vertretung vorgeschrieben ist. Gem. § 78 Abs. 2 FamFG ist in Parteiverfahren wie dem Verfahren nach dem GewSchG für die Anwaltsbeiordnung entscheidend, ob die Sache **tatsächlich oder rechtlich schwierig** ist.[81] Nach der Gesetzesbegründung soll dies anhand objektiver Kriterien beurteilt werden.[82] Der Zweck der Neuregelung bestand darin, die Beiordnung eines Rechtsanwalts zu beschränken.[83] Der Maßstab des BGH hierzu ist wie stets die Frage, ob ein bemittelter Beteiligter einen Anwalt beauftragt hätte. Die Bildung eines Regel-Ausnahme-Verhältnisses verbietet sich. Bei der umfassenden Würdigung des Einzelfalls sollen subjektive Umstände der Beteiligten, vor allem schriftliches und mündliches Ausdrucksvermögen, zu berücksichtigen sein.[84] Dies steht in Widerspruch zur Gesetzesbegründung. Gerade auf den Aspekt der Chancengleichheit[85] und die Frage, ob der Gegner anwaltlich vertreten ist[86], wird in obergerichtlichen Entscheidungen abgestellt. Es soll auch nicht pauschal auf den Amtsermittlungsgrundsatz zu verweisen sein, weil durch den Anwalt Beratung erlangt werden kann, die von der **Amtsermittlung** des Gerichts nicht umfasst ist.[87] Vor dem Hintergrund der Rechtsprechung des BGH, nach der die Bildung von Regel-Ausnahme-Verhältnissen sich gerade verbietet, sind Entscheidungen, denen zufolge nur ausnahmsweise eine Beiordnung zu erfolgen habe,[88] kritisch zu hinterfragen. Jedenfalls **sprachliche Barrieren** sind nicht durch eine Anwaltsbeiordnung, sondern durch Hinzuziehung eines Dolmetschers zu beseitigen.[89] Ist zudem der Vorfall bereits **polizeilich aufgenommen** und dokumentiert, ist die Sachdarstellung unter Bezugnahme auf diese Unterlagen auch für juristische Laien unproblematisch.[90] 69

Im Ergebnis sollte es entscheidend auf die Komplexität des darzustellenden Sachverhaltes ankommen. Häufig ist dieser gerade in Gewaltschutzsachen in tatsächlicher Hinsicht einfach gelagert. Andererseits muss der Eilbedürftigkeit Rechnung getragen werden. Der Antragsteller muss in der Lage sein, dem Gericht Ausmaß und Umfang seiner Gefährdung so zu unterbreiten, dass die zur Abwendung weiterer Verletzungen konkret erforderlichen Maßnahmen auch ohne weitere Nachfragen und dadurch bedingte zeitliche Verzögerungen ergriffen werden können. 70

---

[80] Deswegen mit nachvollziehbarer Argumentation a.A. vgl. OLG Hamm v. 07.01.2013 - II-4 WF 261/12, 4 WF 261/12 - NJW 2013, 877 = FamRZ 2013, 469; vgl. auch *Bißmaier*, jurisPR-FamR 8/2013, Anm. 5; zweifelnd OLG Hamm v. 20.11.2013 - II-8 WF 240/13, 8 WF 240/13.
[81] Vgl. dazu auch OLG Düsseldorf v. 10.12.2009 - 8 WF 204/09 - FamRZ 2010, 580; OLG Saarbrücken v. 21.12.2009 - 6 WF 128/09 - FamRZ 2010, 1001; BGH v. 23.06.2010 - XII ZB 232/09 - FamRZ 2010, 1427.
[82] BT-Drs. 16/6308, S. 214.
[83] BT-Drs. 16/6308, S. 214.
[84] BGH v. 23.06.2010 - XII ZB 232/09 - juris Rn. 11 m.w.N. - NJW 2010, 3029.
[85] OLG Zweibrücken v. 09.11.2009 - 2 WF 211/09 - FamRZ 2010, 579; OLG Zweibrücken v. 28.12.2009 - 2 WF 237/09 - MDR 2010, 343; OLG Rostock v. 23.12.2009 - 10 WF 248/09 - MDR 2010, 636.
[86] OLG Celle v. 13.10.2009 - 17 WF 149/09 - MDR 2010, 392; OLG Bremen v. 07.04.2010 - 4 WF 47/10 - MDR 2010, 768; OLG Karlsruhe v. 26.05.2010 - 16 WF 65/10 mit einer Zusammenstellung des Streitstandes; a.A. *Geimer* in: Zöller, ZPO, 28. Aufl., § 78 FamFG Rn. 4.
[87] BGH v. 23.06.2010 - XII ZD 232/09 - FamRZ 2010, 1427; OLG Brandenburg v. 25.03.2010 - 10 WF 40/10 - FamRZ 2010, 1689, 1690.
[88] OLG Celle v. 08.01.2014 - 10 WF 2/14 - juris Rn. 10; kritisch *Cirullies*, NZFam 2014, 181.
[89] OLG Celle v. 30.06.2011 - 10 WF 176/11 - FamFR 2011, 354.
[90] OLG Celle v. 01.07.2010 - 10 WF 215/10 - FamRZ 2010, 2005.

§ 1 GewSchG

71 **Relevanter Zeitpunkt** für die Beurteilung der Notwendigkeit, einen Rechtsanwalt beizuordnen, ist der Zeitpunkt der Beantragung der Beiordnung. Auch wenn die Beiordnung zu Beginn eines Verfahrens in Betracht gekommen wäre, kann eine erst später beantragte Beiordnung nicht mehr erforderlich sein, wenn sich das gerichtliche Verfahren zu diesem Zeitpunkt bereits eindeutig im Sinne des Bedürftigen entwickelt hat und sich eine baldige einvernehmliche Lösung abzeichnet.

IX. Verfahrenswert

72 Für Verfahren ab dem 01.09.2009 gilt für den Verfahrenswert in Gewaltschutzsachen § 49 FamGKG. In Verfahren nach § 1 GewSchG beträgt der **Regelwert** 2.000 €, in Gewaltschutzsachen nach § 2 GewSchG 3.000 €. Für einstweilige Anordnungen ist gemäß § 41 FamGKG wegen der geringeren Bedeutung gegenüber der Hauptsache regelmäßig der hälftige Wert anzusetzen.

73 Von diesem Regelwert kann gemäß § 49 Abs. 2 FamGKG unter besonderen Umständen aus Billigkeitsgründen abgewichen werden. Besondere Schwierigkeiten tatsächlicher oder rechtlicher Art, die Bedeutung der Angelegenheit für das Opfer sowie der Umfang der anwaltlichen Tätigkeit können so bei der Verfahrenswertbemessung berücksichtigt werden. Die Verletzungen müssen dann jedoch erheblich über die in durchschnittlichen Gewaltschutzverfahren zu verzeichnenden Beeinträchtigungen hinausgehen.[91] Bei massiven Rechtsverletzungen kann der Verfahrenswert bereits im Anordnungsverfahren nach dem Wert der Hauptsache bemessen werden, insbesondere wenn durch den Erlass der einstweiligen Anordnung und der damit verbundenden Schutzwirkung die Notwendigkeit zur Erhebung einer Hauptsache entfällt.[92] Demgegenüber kann das Interesse des Opfers, über einen höheren Streitwert als Tätigkeitsanreiz eher einen Anwalt zu finden, der zu seiner angemessenen Vertretung bereit ist, nicht streitwerterhöhend einfließen.[93]

74 Nimmt die einstweilige Regelung praktisch die Hauptsache vorweg, kann der Verfahrenswert auf den vollen Wert der Hauptsache angehoben werden. Dies kann insbesondere bei Abschluss eines Vergleichs gelten, in dem die Beteiligten endgültig regeln, dass sie wechselseitig eine Kontaktaufnahme unterlassen. Der Vergleichswert kann bei einer abschließenden Regelung auf 2.000 € festgesetzt werden, wohingegen es für das Verfahren selbst bei einem Wert von 1.000 € verbleibt.[94]

75 Werden Anträge sowohl nach § 1 GewSchG als auch nach § 2 GewSchG gestellt, sind die Werte gesondert festzustellen und zu addieren.[95] Ein Antrag auf Verlängerung einer einstweiligen Maßnahme löst einen eigenständigen Gebührenanspruch aus, weil die Verlängerung nicht dieselbe Angelegenheit im Sinne von § 16 Nr. 5 RVG wie der erstmalige Antrag auf Erlass darstellt, denn es ist mit dem Verlängerungsantrag über einen nachfolgenden neuen Lebenssachverhalt zu entscheiden. Hierin besteht zudem der Unterschied zum Abänderungsverfahren, das sich auf denselben Sachverhalt wie das Ausgangsverfahren bezieht.[96]

---

[91] OLG Karlsruhe v. 28.08.2003 - 5 WF 145/03 - FamRZ 2004, 895; OLG Saarbrücken v. 20.08.2007 - 5 W 175/07 - OLGR Saarbrücken 2008, 172: nicht bei zwei Schlägen ins Gesicht sowie mehreren Versuchen, sich Zugang zur Wohnung zu verschaffen.

[92] OLG Düsseldorf v. 28.09.2007 - 2 WF 162/07 - FamRZ 2008, 1096.

[93] So aber *v. Pechstaedt*, NJW 2007, 1233, 1237.

[94] OLG Schleswig v. 16.02.2011 - 10 WF 33/11.

[95] OLG Dresden v. 21.10.2005 - 23 WF 775/05 - FamRZ 2006, 803; OLG Nürnberg v. 22.01.2008 - 10 WF 7/08 - FamRZ 2008, 1468.

[96] OLG Zweibrücken v. 31.05.2012 - 6 WF 83/12 - juris Rn. 10 f. - OLG Report Mitte 29/2012, Anm. 4.

§ 2 GewSchG Überlassung einer gemeinsam genutzten Wohnung

(Fassung vom 11.12.2001, gültig ab 01.01.2002)

(1) Hat die verletzte Person zum Zeitpunkt einer Tat nach § 1 Abs. 1 Satz 1, auch in Verbindung mit Abs. 3, mit dem Täter einen auf Dauer angelegten gemeinsamen Haushalt geführt, so kann sie von diesem verlangen, ihr die gemeinsam genutzte Wohnung zur alleinigen Benutzung zu überlassen.

(2) ¹Die Dauer der Überlassung der Wohnung ist zu befristen, wenn der verletzten Person mit dem Täter das Eigentum, das Erbbaurecht oder der Nießbrauch an dem Grundstück, auf dem sich die Wohnung befindet, zusteht oder die verletzte Person mit dem Täter die Wohnung gemietet hat. ²Steht dem Täter allein oder gemeinsam mit einem Dritten das Eigentum, das Erbbaurecht oder der Nießbrauch an dem Grundstück zu, auf dem sich die Wohnung befindet, oder hat er die Wohnung allein oder gemeinsam mit einem Dritten gemietet, so hat das Gericht die Wohnungsüberlassung an die verletzte Person auf die Dauer von höchstens sechs Monaten zu befristen. ³Konnte die verletzte Person innerhalb der vom Gericht nach Satz 2 bestimmten Frist anderen angemessenen Wohnraum zu zumutbaren Bedingungen nicht beschaffen, so kann das Gericht die Frist um höchstens weitere sechs Monate verlängern, es sei denn, überwiegende Belange des Täters oder des Dritten stehen entgegen. ⁴Die Sätze 1 bis 3 gelten entsprechend für das Wohnungseigentum, das Dauerwohnrecht und das dingliche Wohnrecht.

(3) Der Anspruch nach Absatz 1 ist ausgeschlossen,

1. wenn weitere Verletzungen nicht zu besorgen sind, es sei denn, dass der verletzten Person das weitere Zusammenleben mit dem Täter wegen der Schwere der Tat nicht zuzumuten ist oder

2. wenn die verletzte Person nicht innerhalb von drei Monaten nach der Tat die Überlassung der Wohnung schriftlich vom Täter verlangt oder

3. soweit der Überlassung der Wohnung an die verletzte Person besonders schwerwiegende Belange des Täters entgegenstehen.

(4) Ist der verletzten Person die Wohnung zur Benutzung überlassen worden, so hat der Täter alles zu unterlassen, was geeignet ist, die Ausübung dieses Nutzungsrechts zu erschweren oder zu vereiteln.

(5) Der Täter kann von der verletzten Person eine Vergütung für die Nutzung verlangen, soweit dies der Billigkeit entspricht.

(6) ¹Hat die bedrohte Person zum Zeitpunkt einer Drohung nach § 1 Abs. 2 Satz 1 Nr. 1, auch in Verbindung mit Abs. 3, einen auf Dauer angelegten gemeinsamen Haushalt mit dem Täter geführt, kann sie die Überlassung der gemeinsam genutzten Wohnung verlangen, wenn dies erforderlich ist, um eine unbillige Härte zu vermeiden. ²Eine unbillige Härte kann auch dann gegeben sein, wenn das Wohl von im Haushalt lebenden Kindern beeinträchtigt ist. ³Im Übrigen gelten die Absätze 2 bis 5 entsprechend.

Gliederung

A. Grundlagen 1	4. Keine Ausschlussgründe gemäß Absatz 3 15
B. Anwendungsvoraussetzungen 5	a. Wiederholungsgefahr 15
I. Die Tatbestände des § 2 GewSchG 5	b. Verwirkung 17
1. Vollendete Tat 6	c. Schwerwiegende Belange des Täters 18
2. Widerrechtliche Drohung 7	II. Rechtsfolgen 19
3. Führen eines auf Dauer angelegten gemeinsamen Haushalts 9	1. Befristung der Wohnungsüberlassung gemäß Absatz 2 19

§ 2 GewSchG

2. Beeinträchtigungs- und Vereitelungsverbot (Absatz 4) 23	2. Anhörung 33
3. Nutzungsvergütung gemäß Absatz 5 28	3. Beteiligung des Jugendamtes 35
C. Prozessuale Hinweise 29	4. Mitteilungspflichten 39
I. Zuständigkeit 29	III. Vollstreckung 41
II. Verfahrensvorschriften 30	IV. Einstweiliger Rechtsschutz 47
1. Verfahrenseinleitung 31	V. Rechtsmittel 53
	VI. Verfahrenswert 56

A. Grundlagen

1 § 2 GewSchG regelt den Anspruch auf Überlassung der Wohnung, wenn die verletzte Person mit dem Täter einen auf Dauer angelegten gemeinsamen Haushalt geführt hat. Vom Anwendungsbereich ausgenommen sind lediglich minderjährige Kinder sowie unter Vormundschaft oder Pflegschaft stehende Personen, § 3 Abs. 1 GewSchG. Anders als § 1 GewSchG ist § 2 GewSchG eigene materiell-rechtliche Anspruchsgrundlage. Er verwirklicht den Grundsatz **„Der Täter geht, das Opfer bleibt"**.

2 Der Anspruch auf Wohnungsüberlassung besteht „nur" zwischen Täter und Opfer. Es wird lediglich die Nutzungsbefugnis zwischen den Parteien geregelt, ohne die **mietrechtlichen Verhältnisse** zu ändern. Ein Eingriff in die Rechte des Vermieters ist unzulässig. Eine Regelung mit Drittwirkung ist nur bei Ehegatten nach Scheidung bzw. Lebenspartnern nach Aufhebung der Lebenspartnerschaft möglich, § 1567a BGB, § 17 LPartG.

3 Ist der Täter Mieter der Wohnung, bleibt er gegenüber dem Vermieter zur Mietzahlung verpflichtet, auch wenn er diese aufgrund behördlicher Verfügung oder gerichtlicher Anordnung nicht nutzen darf.[1] Andere im Haushalt lebende Familienangehörige können die Wohnung wie bisher weiter benutzen.

4 Die Anwendungsbereiche von § 2 GewSchG und § 1361b BGB können sich überschneiden. Hat zumindest ein Ehegatte **Trennungsabsicht**, ist **§ 1361b BGB** im Verhältnis zu § 2 GewSchG die speziellere Vorschrift.[2] Bei einem Antrag gemäß § 2 GewSchG kann das Opfer eine räumliche Trennung herbeiführen, ohne sich darauf festlegen zu müssen, ob eine dauerhafte Trennung vom Täter gewünscht ist. Wegen der teilweise unterschiedlichen Voraussetzungen und Rechtsfolgen ist festzustellen, auf welche Anspruchsgrundlage der Antrag gestützt werden soll.

B. Anwendungsvoraussetzungen

I. Die Tatbestände des § 2 GewSchG

5 Die tatbestandlichen Voraussetzungen für eine Wohnungsüberlassung sind in § 2 GewSchG danach differenziert, ob eine vollendete Gewalttat im Sinne von § 1 Abs. 1 GewSchG oder eine widerrechtliche Drohung gemäß § 1 Abs. 2 GewSchG vorliegt.

1. Vollendete Tat

6 Hat der Täter vorsätzlich und widerrechtlich den Körper, die Gesundheit oder Freiheit des Opfers verletzt (wegen der Definition vgl. die Kommentierung zu § 1 GewSchG Rn. 10 ff.) und haben sie einen gemeinsamen Haushalt geführt, besteht **ohne weitere Interessenabwägung** ein Anspruch auf Überlassung der Wohnung. Die Rechtsfolge ist nicht an das Vorliegen einer unbilligen Härte geknüpft.[3] Über die Verweisung auf § 1 Abs. 3 GewSchG gilt dies auch bei Trunkenheits- oder Rauschtaten.

2. Widerrechtliche Drohung

7 Bei einer widerrechtlichen Drohung (vgl. hierzu die Kommentierung zu § 1 GewSchG Rn. 15 ff.) mit einer Verletzung von Körper, Leben, Gesundheit oder Freiheit besteht ein Anspruch auf Überlassung der Wohnung, wenn er erforderlich ist, um für das Opfer eine **unbillige Härte** zu vermeiden, § 2 Abs. 6 GewSchG. Der Begriff der „unbilligen Härte" entspricht dem in § 1361b BGB. Die Wohnungszuweisung kann bei einer widerrechtlichen Drohung gerechtfertigt sein, wenn sie neben sonstigem unbeherrschtem oder grob rücksichtslosem Verhalten des Täters ein Zusammenleben unerträglich macht. In diesem Zusammenhang können auch begangene Sachbeschädigungen in die Bewertung einfließen.

---

[1] AG Ludwigsburg v. 27.08.2004 - 10 C 1517/04 - WuM 2004, 608.
[2] *Brudermüller* in: Palandt, 73. Aufl., § 2 Rn. 2; OLG Sachsen-Anhalt v. 30.07.2009 - 3 UF 126/09.
[3] OLG Naumburg v. 08.10.2002 - 8 WF 194/02 - FPR 2003, 376.

Bei der Beurteilung ist vorrangig das Wohl der im Haushalt lebenden Kinder zu berücksichtigen. Das Miterleben von Bedrohungssituationen und dauernden Spannungen kann bei Kindern zu erheblichen Belastungen führen.

3. Führen eines auf Dauer angelegten gemeinsamen Haushalts

Weitere Anspruchsvoraussetzung ist, dass Täter und Opfer einen auf Dauer angelegten gemeinsamen Haushalt führen. Dabei kommt es nicht darauf an, ob sich die Gewalt gerade in der betroffenen Wohnung ereignet hat. Der Begriff ist aus dem Mietrecht in § 563 Abs. 2 Satz 3 BGB entnommen und umfasst danach eine **Lebensgemeinschaft**, die auf Dauer angelegt ist, keine Bindungen gleicher Art zulässt und sich durch **innere Bindungen** auszeichnet, die ein gegenseitiges Füreinandereinstehen begründen und über eine reine Wohn- und Wirtschaftsgemeinschaft hinausgehen.[4]

Das Merkmal „gemeinsamer Haushalt" bezieht sich auf die tatsächliche gemeinsame Nutzung der Wohnung, unabhängig von der rechtlichen Ausgestaltung des Zusammenlebens. Darunter fallen eheliche und nichteheliche Lebensgemeinschaften, sowohl hetero- als auch homosexuelle Partnerschaften oder das dauerhafte Zusammenleben alter Menschen als Alternative zum Alters- oder Pflegeheim, die ihr **gegenseitiges Füreinandereintreten** zum Beispiel durch gegenseitige Vollmachten dokumentieren.[5] Eine gemeinsame Berechtigung an der Wohnung durch einen gemeinsamen Mietvertrag ist – wie § 2 Abs. 2 Satz 2 GewSchG zeigt – nicht erforderlich. Wer Mieter oder Eigentümer der Wohnung ist, wird erst bei der Dauer der Wohnungsüberlassung berücksichtigt.

Wesentlicher Anknüpfungspunkt ist das Bestehen **privater** und **nicht rein wirtschaftlicher Beziehungen**. Als Indiz kann die gemeinsame Anschaffung von Hausrat angesehen werden. Nicht darunter fallen hingegen finanziell orientierte Verbindungen wie Untermietverhältnisse oder Wohngemeinschaften von Studenten.[6]

Würde die Art des Zusammenlebens (wie zum Beispiel Intimverkehr, gemeinsame Freizeitgestaltung, gemeinsames Essen) gegen ein **Getrenntleben** im Sinne von § 1567 BGB sprechen, unterliegt diese Lebensgemeinschaft dem Schutzbereich des Gewaltschutzgesetzes. Entsprechend führen in der Ehewohnung getrennt lebende Eheleute gerade keinen gemeinsamen Haushalt mehr. Eine Zuweisung der Wohnung kann dann nur auf der Grundlage des § 1361b BGB erfolgen.

Das „Führen" eines Haushalts ist von einem bloßen **„Mitwohnen"** abzugrenzen. Das erfordert die Übernahme von Verantwortung für die Erledigung der anfallenden finanziellen, rechtlichen und tatsächlichen Angelegenheiten. Volljährige Kinder können dementsprechend mit ihren Eltern einen auf Dauer angelegten Haushalt führen[7], nicht dagegen in den Haushalt aufgenommene pflegebedürftige Familienangehörige.

Liegen die Voraussetzungen für die Anwendung von § 2 GewSchG nicht vor, weil Täter und Opfer keinen auf Dauer angelegten gemeinsamen Haushalt führen, kann über § 1 GewSchG dennoch der häusliche Bereich durch ein Betretungsverbot geschützt werden.

4. Keine Ausschlussgründe gemäß Absatz 3

a. Wiederholungsgefahr

Der Anspruch auf Wohnungsüberlassung ist ausgeschlossen, wenn keine weiteren Verletzungen zu besorgen sind. Diese Formulierung stellt klar, dass die fehlende Wiederholungsgefahr vom Täter darzulegen und zu beweisen ist. Es spricht eine **tatsächliche Vermutung** dafür, dass nach der Begehung einer Gewalttat mit weiteren Gewalttaten zu rechnen ist.[8] In Fällen häuslicher Gewalt ist die Wiederholungsgefahr wegen des engen Zusammenlebens der Beteiligten besonders naheliegend.[9] An die Widerlegung dieser Vermutung sind hohe Anforderungen zu stellen.[10] Das bloße Versprechen des Täters, keine weiteren Taten mehr zu begehen,[11] räumt regelmäßig die Wiederholungsgefahr ebenso wenig aus

---

[4] BR-Drs. 439/00, S. 92.
[5] BR-Drs. 439/00, S. 92; *Schumacher*, FamRZ 2002, 645, 650.
[6] *Grziwotz*, NJW 2002, 872, 873; *Brudermüller* in: Palandt, 73. Aufl., § 2 Rn. 2; a.A. *Schumacher*, FamRZ 2002, 645, 650.
[7] AG Hamburg-Darmbeck v. 02.06.2003 - 816 C 162/03 - FamRZ 2004, 473.
[8] BGH v. 30.10.1998 - V ZR 64/98 - juris Rn. 7 - BGHZ 140, 1.
[9] OLG Saarbrücken v. 18.01.2006 - 1 U 137/05 - NJW-RR 2006, 747.
[10] BayObLG v. 11.12.1986 - BReg 2 Z 119/86 - NJW-RR 1987, 463; OLG Saarbrücken v. 28.10.2004 - 6 WF 70/04 - juris Rn. 11.
[11] *Bassenge* in: Palandt, 71. Aufl., § 1004 Rn. 32.

wie das Angebot, eine strafbewehrte Unterlassungserklärung abzugeben.[12] Ausnahmsweise kann bei einer längeren Verfahrensdauer (eineinhalb Jahre), etwa bei Anordnungsverfahren und anschließendem Hauptsacheverfahren, aus weiter zurückliegenden Verletzungshandlungen nicht ohne weiteres auf eine fortbestehende Wiederholungsgefahr geschlossen werden.[13]

16 Bei besonders schweren Gewalttaten (schwere Körperverletzung, Vergewaltigung, versuchter Totschlag), die dem Opfer ein weiteres Zusammenleben mit dem Täter unzumutbar machen, ist ausnahmsweise keine Wiederholungsgefahr erforderlich.

b. Verwirkung

17 Verlangt das Opfer nicht **innerhalb von drei Monaten** nach der Tat vom Täter schriftlich die Überlassung der Wohnung, verliert es diesen Anspruch.

c. Schwerwiegende Belange des Täters

18 Der Anspruch auf Überlassung der Wohnung kann ausgeschlossen sein, wenn besonders schwerwiegende Interessen des Täters entgegenstehen. Hierbei kann beispielsweise berücksichtigt werden, dass er wegen einer **schweren Krankheit** oder Behinderung auf die Nutzung gerade dieser Wohnung angewiesen ist (behindertengerechte Wohnung) oder ihm deswegen die Beschaffung von Ersatzraum nicht zugemutet werden kann. Sein Verbleib in der Wohnung kann auch zum Wohl von **Kindern des Täters**, für die das Opfer nicht sorgeberechtigt ist, gerechtfertigt sein. In solchen Fällen ist das Jugendamt einzuschalten, um die Belange der Kinder angemessen zu wahren und die Parteien über Unterstützungsmöglichkeiten zu informieren. § 2 Abs. 3 Nr. 3 GewSchG ermöglicht durch die Formulierung „soweit" flexible Gestaltungsmöglichkeiten. Statt eines vollständigen Ausschlusses des Anspruchs auf Wohnungsüberlassung kann eine **teilweise Überlassung** oder eine zeitliche Beschränkung (unabhängig von Absatz 2) in Betracht kommen.[14]

II. Rechtsfolgen

1. Befristung der Wohnungsüberlassung gemäß Absatz 2

19 Das Opfer hat Anspruch auf Überlassung der Wohnung zur alleinigen Benutzung. Ergänzend hierzu kann gemäß § 1 GewSchG ein Betretungsverbot ausgesprochen werden. Ob die Wohnungsüberlassung endgültig oder zu befristen ist, hängt von den Rechtsverhältnissen an der Wohnung ab.

20 Ist das **Opfer allein** oder mit einem Dritten an der Wohnung **berechtigt**, ist die Überlassung nicht zu befristen. Ist dagegen der **Täter** zumindest **mitberechtigt**, sieht § 2 Abs. 2 GewSchG aus Gründen der Verhältnismäßigkeit eine Befristung vor. Sind Täter und Opfer gemeinsam Mieter oder Eigentümer der Wohnung, ist eine Befristung nach den Umständen des Einzelfalls zu treffen. Eine zeitliche Obergrenze nennt das Gesetz hier nicht. Entscheidend sind die der Benutzung der Wohnung zu Grunde liegenden Rechtsverhältnisse und die Möglichkeiten ihrer Auflösung (Kündigung des Mietvertrags, Teilungsversteigerung bezüglich des Miteigentums).

21 Hat das **Opfer keine eigene Rechtsposition** im Hinblick auf die Wohnung, ist somit der Täter allein oder mit einem Dritten mietrechtlich oder dinglich an der Wohnung berechtigt, ist die Wohnungsüberlassung an das Opfer auf höchstens **sechs Monate** zu befristen. Bei der Bemessung der Frist sind die Interessen der Parteien abzuwägen. Insbesondere sind die Verhältnisse am örtlichen Wohnungsmarkt und die damit verbundene Möglichkeit des Opfers, angemessenen Ersatzwohnraum zu beschaffen, zu berücksichtigen. In Ausnahmefällen ist eine Fristverlängerung um bis zu weitere sechs Monate möglich, wenn Belange des Täters oder des Dritten nicht entgegenstehen.

22 Unabhängig von den Rechtsverhältnissen an der Wohnung ist eine Wohnungszuweisung im einstweiligen Anordnungsverfahren immer zu befristen. Nach § 214 Abs. 1 FamFG soll nur eine „vorläufige" Regelung getroffen werden. Von einer „vorläufigen" Regelung kann aber nur dann gesprochen werden, wenn diese von ihrem Regelungsgehalt hinter der im Hauptsacheverfahren möglichen Regelung zurückbleibt. Auch wenn der Erlass einer einstweiligen Anordnung nicht mehr von der Einleitung eines Hauptsacheverfahrens abhängig ist, darf das Eilverfahren in der Regel nicht zu einer Vorwegnahme der Hauptsache führen.[15]

---

[12] OLG Stuttgart v. 12.09.2006 - 18 WF 176/06 - FamRZ 2007, 829; OLG Sachsen-Anhalt v. 30.07.2009 - 3 UF 126/09.

[13] OLG Celle v. 06.02.2009 - 15 UF 154/08 - FamRZ 2009, 1751.

[14] *Brudermüller* in: Palandt, 71. Aufl. 2012, § 2 Rn. 7.

[15] OLG Saarbrücken v. 12.07.2010 - 6 UF 42/10.

2. Beeinträchtigungs- und Vereitelungsverbot (Absatz 4)

Die zur Überlassung der Wohnung verpflichtete Person hat alles zu unterlassen, was geeignet ist, die Ausübung des Nutzungsrechts durch das Opfer zu erschweren oder zu vereiteln. Hierunter fallen nicht nur tatsächliche, sondern insbesondere auch rechtliche Einwirkungen wie die **Kündigung** des Mietverhältnisses oder der **Verkauf** von Alleineigentum. 23

Das Gericht ist befugt, geeignete Schutzanordnungen in Form von Verfügungs- oder Veräußerungsverboten zu erlassen.[16] Ein Rechtsschutzbedürfnis für Beeinträchtigungs- und Vereitelungsverbote besteht nicht erst bei konkreten Anhaltspunkten für eine bevorstehende Kündigung oder Veräußerung der Wohnung.[17] Solche begleitenden Verbote dürfen nur so weit gehen, wie es der Opferschutz erfordert. Deshalb wäre ein Veräußerungsvertrag, dessen konkrete vertragliche Gestaltung die weitere Nutzung durch das Opfer ermöglicht, indem er den Besitzübergang an den Erwerber erst nach der Nutzungsbefugnis des Opfers vorsieht, nicht zu beanstanden. 24

Entsprechende gerichtliche Anordnungen sind **relative Verfügungsverbote** im Sinne von § 136 BGB. Verstößt der Alleinmieter gegen ein solches Verbot und kündigt die Wohnung dennoch, wird das Mietverhältnis im Verhältnis zum Vermieter zwar beendet. Im Verhältnis zum in der Wohnung verbliebenen Ehegatten ist die Kündigung dagegen unwirksam.[18] 25

Im Einzelfall kann aus dem „Wohlverhaltensgebot" das Recht abgeleitet werden, die Nutzungsvergütung zweckgebunden zur Bedienung bestehender Grundpfanddarlehen unmittelbar an den Gläubiger zu zahlen, um eine Zwangsversteigerung zu verhindern.[19] 26

Die Rechtsposition Dritter wird durch die Erschwerungsverbote nicht verändert. Das Recht des Vermieters, das Mietverhältnis zum Beispiel wegen Zahlungsverzugs zu kündigen, bleibt unberührt. 27

3. Nutzungsvergütung gemäß Absatz 5

Hat der Täter eine (Mit-)Nutzungsbefugnis an der Wohnung, kann er eine Vergütung verlangen, soweit dies der Billigkeit entspricht. Die Regelung entspricht der in § 1361b Abs. 3 Satz 2 BGB. Die Höhe richtet sich regelmäßig nach dem **Mietwert** der Wohnung. Hiervon kann abgewichen werden, wenn die Nutzung der Wohnung bereits in die Unterhaltsberechnung eingeflossen ist. 28

C. Prozessuale Hinweise

I. Zuständigkeit

Die **örtliche Zuständigkeit** ist in § 211 FamFG geregelt, der dem bisherigen § 64b FGG nachgebildet ist. Nach Wahl des Antragstellers ist das Gericht, in dessen Bezirk die Tat begangen wurde, in dessen Bezirk sich die gemeinsame Wohnung der Beteiligten befindet oder in dessen Bezirk der Antragsgegner seinen gewöhnlichen Aufenthalt hat, örtlich zuständig. 29

II. Verfahrensvorschriften

Mit der zum 01.09.2009 in Kraft getretenen **FGG-Reform** sind sämtliche Gewaltschutzsachen Familiensachen, was zu einer Vereinheitlichung des Verfahrens führt. Die Verfahrensvorschriften finden sich nunmehr konzentriert in den §§ 210-216a FamFG. 30

1. Verfahrenseinleitung

Verfahren nach dem GewSchG werden auf Antrag eingeleitet, für den keine anwaltliche Vertretung erforderlich ist. Häufig werden jedoch gerade Opfer von Gewalt einen Rechtsanwalt mit der Wahrnehmung ihrer Interessen beauftragen. 31

Mangels Anwaltszwangs wird im Zusammenhang mit der Bewilligung von **Verfahrenskostenhilfe** gemäß § 78 Abs. 2 FamFG ein Rechtsanwalt nur noch dann beigeordnet, wenn wegen der Schwierigkeit der Sach- und Rechtslage die Vertretung durch einen Rechtsanwalt erforderlich erscheint. Es ist zu erwarten, dass mit dieser Neuregelung eine deutliche Einschränkung der Beiordnungspraxis verbun- 32

---

[16] OLG Dresden v. 06.08.1996 - 10 WF 206/96 - FamRZ 1997, 183.
[17] *Schumacher*, FamRZ 2002, 645, 652; a.A. OLG Dresden v. 06.08.1996 - 10 WF 206/96 - FamRZ 1997, 183 mit ablehnender, zutreffender Anm. *Drescher*, FamRZ 2007, 184 f.
[18] Zur mietrechtlichen Problematik *Brudermüller* in: Palandt, 73. Aufl., § 2 Rn. 12.
[19] *Grziwotz*, NJW 2002, 872, 873.

den sein wird. Wegen der Einzelheiten, wann die Einschaltung eines Rechtsanwalts erforderlich erscheint, vgl. die Kommentierung zu § 1 GewSchG Rn. 48 ff. und die Kommentierung zu § 1 GewSchG Rn. 62.

2. Anhörung

33 Gemäß § 34 FamFG ist den Beteiligten rechtliches Gehör zu gewähren, und sie sind grundsätzlich persönlich anzuhören. Insbesondere vor Erlass einer einstweiligen Anordnung ist jedoch abzuwägen, ob die Anhörung des Antragsgegners opportun ist. Bereits durch die Zuleitung des Antrages kann das Opfer gefährdet werden. Das **Schutzinteresse des Opfers** ist je nach Gefährdungspotential mit dem Recht des Antragsgegners auf rechtliches Gehör abzuwägen. Auch für die mündliche Verhandlung ist zu erwägen, ob statt eines gemeinsamen Anhörungstermins zur Entlastung oder zum Schutz des Opfers eine getrennte Anhörung erfolgen sollte.[20] § 33 Abs. 1 Satz 2 FamFG regelt nunmehr ausdrücklich die Möglichkeit einer getrennten Anhörung der Beteiligten. Dadurch kann sich einerseits das Gericht einen persönlichen Eindruck verschaffen, andererseits aber auch den Opferschutz gewährleisten.

34 Anders als in anderen Verfahren soll das Gericht in Gewaltschutzsachen nicht auf einen **Vergleich** hinwirken, § 36 Abs. 1 Satz 2 FamFG. Ob dennoch eine gütliche Einigung der Parteien einer gerichtlichen Entscheidung vorzuziehen ist, weil etwa die Akzeptanz größer ist oder eine weitere Eskalation vermieden wird, sollte das Gericht nach dem Eindruck der mündlichen Verhandlung entscheiden.

3. Beteiligung des Jugendamtes

35 Nach § 212 FamFG ist das **Jugendamt** in einem Verfahren nach § 2 GewSchG auf seinen Antrag hin zu beteiligen, wenn ein Kind in dem Haushalt lebt. Nur bei Ausübung dieser Option wird das Jugendamt zu einem **förmlich Beteiligten** gemäß § 7 Abs. 2 Nr. 2 FamFG.

36 Unabhängig von einer förmlichen Beteiligung ist das Jugendamt in allen Verfahren **anzuhören**, in denen ein Kind im streitgegenständlichen Haushalt lebt. Anders als nach der bisherigen Gesetzeslage hat die Anhörung nicht nur bei beabsichtigter ablehnender Entscheidung, sondern unabhängig vom Verfahrensausgang zu erfolgen. Mit dieser Neufassung soll der Tatsache Rechnung getragen werden, dass die Zuweisung der Wohnung im Regelfall erhebliche Auswirkungen auf das Wohl der betroffenen Kinder hat. Eine frühzeitige Beteiligung des Jugendamts am Verfahren erscheint darüber hinaus sinnvoll, sowohl um die Belange des Kindes (des Opfers oder des Täters) angemessen berücksichtigen als auch die Beteiligten über das Angebot des Jugendamts informieren und flankierende Maßnahmen einleiten zu können.

37 Die Gefahr einer Verfahrensverzögerung – wie sie der Bundesrat im Gesetzgebungsverfahren angesichts der starken Belastung der Jugendämter gesehen hat – besteht nicht, da deren Anhörung bei Gefahr im Verzug auch nachträglich erfolgen kann.

38 Das Jugendamt hat damit die Wahl, ob es nur im Rahmen einer Anhörung am Verfahren teilnehmen oder als Beteiligter aktiv am Verfahren mitwirken will. Stellt es einen Antrag auf Beteiligung, hat das Gericht die Hinzuziehung zu veranlassen, ohne dass ein Ermessensspielraum besteht. Das Jugendamt hat dann alle Verfahrensrechte, kann allerdings auch mit Verfahrenskosten belastet werden. Ihm steht allerdings auch ohne eine Beteiligung ein Beschwerderecht gemäß § 213 Abs. 2 Satz 2 FamFG zu.

4. Mitteilungspflichten

39 Mit der FGG-Reform ist in § 216a FamFG eine ausdrückliche **Mitteilungspflicht** über ergangene Anordnungen gemäß §§ 1 und 2 GewSchG an die zuständige Polizeibehörde oder andere betroffene öffentliche Stellen normiert worden. Die genannten öffentlichen Stellen können insbesondere Schulen, Kindergärten oder Jugendhilfeeinrichtungen in öffentlich-rechtlicher Trägerschaft sein. Auf diese Weise sollen Verstöße gegen Anordnungen nach dem GewSchG zukünftig noch effektiver unterbunden und geahndet werden. Die Übermittlung personenbezogener Daten ist verhältnismäßig und damit gerechtfertigt, da Verstöße gegen Schutzanordnungen gemäß § 2 GewSchG den Straftatbestand des Hausfriedensbruchs erfüllen.

40 Zum Hintergrund der Normierung vgl. auch die Kommentierung zu § 1 GewSchG Rn. 51.

---

[20] *Völker*, jurisPR-FamR 17/2005, Anm. 6.

III. Vollstreckung

Hinsichtlich der Vollstreckung verweist § 95 Abs. 1 FamFG auf die Vorschriften der ZPO (vgl. hierzu auch die Kommentierung zu § 1 GewSchG Rn. 62 ff.). Besondere Regelungen enthalten die §§ 214 Abs. 2, 216 FamFG. 41

Gemäß § 885 ZPO hat der Gerichtsvollzieher den Schuldner aus dem Besitz zu setzen und den Gläubiger in den Besitz einzuweisen. Notfalls kann unmittelbarer Zwang angewendet werden. Bei der Räumungsvollstreckung hat der Gerichtsvollzieher den Schuldner aufzufordern, eine Anschrift oder einen Zustellungsbevollmächtigten zu benennen, um weitere Zustellungen sicherzustellen. 42

Die Verurteilung zur Wohnungsüberlassung wird regelmäßig zusätzlich mit einem Betretungsverbot gemäß § 1 Abs. 1 GewSchG verbunden sein. Verstößt der Täter wiederholt gegen die Anordnung, kann aus dem Titel **mehrfach vollstreckt** werden (§ 96 Abs. 2 FamFG). 43

Söhnen sich die Parteien allerdings **aus** und kehrt der Antragsgegner einvernehmlich in die gemeinsame Wohnung zurück, so ist der Titel wegen der Gefahr späterer unberechtigter Vollstreckung herauszugeben. Er darf nicht auf Vorrat mit dem Ziel zurückgehalten werden, ihn gegebenenfalls bei neuerlicher Gewaltanwendung zu nutzen.[21] Damit wird außerdem die nötige Klarheit geschaffen, um eine Strafverfolgung gemäß § 4 GewSchG zu vermeiden. 44

Entscheidungen des Familiengerichts nach den §§ 1, 2 GewSchG werden erst mit ihrer formellen Rechtskraft wirksam, jedoch soll gemäß § 216 Abs. 1 Satz 2 FamFG die **sofortige Wirksamkeit** der Entscheidung angeordnet werden. Dies kann mit der Anordnung der Zulässigkeit der Vollstreckung vor der Zustellung an den Antragsgegner verbunden werden (§ 216 Abs. 2 FamFG). In diesem Fall tritt die Wirksamkeit mit Übergabe der Entscheidung an die Geschäftsstelle ein. Hier wurde die bisherige Regelung des § 64b Abs. 2 FGG übernommen. Ist der Antragsgegner nach einer Wegweiseverfügung der Polizei unbekannten Aufenthaltes, bietet dies den Vorteil, unverzüglich die Wirksamkeit herbeiführen zu können. 45

Eine deutliche Erleichterung in der Vollziehung bietet § 214 Abs. 2 FamFG. Eine ohne mündliche Verhandlung ergangene einstweilige Anordnung wird unter Vermittlung der Geschäftsstelle dem Gerichtsvollzieher übergeben und durch diesen zugestellt und gleichzeitig vollstreckt. Dies ermöglicht eine Vollziehung ohne Verzögerung und verhindert eine Bekanntgabe der Anordnung „zur Unzeit" (überraschende Vollstreckung). 46

IV. Einstweiliger Rechtsschutz

Mit der Aufhebung der Rechtswegspaltung durch die FGG-Reform ist auch der einstweilige Rechtsschutz vereinheitlicht und vereinfacht worden. Es kann unabhängig von der Einleitung eines Hauptsacheverfahrens der Erlass einer einstweiligen Anordnung beantragt werden. Wer im Anordnungsverfahren unterlegen ist, kann jedoch die Einleitung eines Hauptsacheverfahrens beantragen (§ 52 FamFG). 47

Die Voraussetzungen zum Erlass einer einstweiligen Anordnung sind in § 214 Abs. 1 FamFG geregelt. Entsprechend der bisherigen Regelung des § 64b Abs. 3 Satz 6 FGG sieht § 214 Abs. 2 FamFG eine Erleichterung der Zustellung durch Vermittlung der Geschäftsstelle vor. 48

Der Beschluss kann **ohne mündliche Verhandlung** ergehen. Bei fortbestehender Bedrohungssituation ist eine Anhörung des Antragsgegners insbesondere im Anordnungsverfahren nicht angezeigt. Im Rahmen der Abwägung hat das Schutzinteresse des Opfers Vorrang vor dem Recht des Antragsgegners auf Gewährung rechtlichen Gehörs, denn bereits die Zuleitung der Antragsschrift an den Täter kann das Opfer intensiv gefährden.[22] 49

Ist dagegen das Opfer ausreichend vor weiteren Übergriffen geschützt, sollte jedoch von der Möglichkeit einer persönlichen Anhörung der Parteien Gebrauch gemacht werden. Diese Verfahrensweise bietet sich an, wenn zuvor durch die Polizei auf Grund polizeigesetzlicher Vorschriften eine Wohnungsverweisung und ein Rückkehrverbot (in der Regel für 10 Tage) ausgesprochen wurden. 50

Wird daraufhin bei Gericht ein Antrag auf Wohnungszuweisung gestellt, sehen **Polizeigesetze** einiger Länder[23] eine **(automatische) Verlängerung der polizeilichen Wegweiseverfügung** um weitere 51

---

[21] KG Berlin v. 02.05.2005 - 16 UF 53/05 - FamRZ 2006, 49.
[22] *Völker*, jurisPR-FamR 17/2005, Anm. 6.
[23] Nordrhein-Westfalen: § 34a Abs. 2 PolG NW; Saarland: § 12 Abs. 2 SPolG; Bremen: § 14a Abs. 4 BremPolG; Hamburg: § 12b Abs. 1 SOG; Brandenburg: § 16a Abs. 5 BbgPolG; Hessen: § 31 Abs. 2 HSOG, in anderen Ländern ist die Verlängerung aufgrund eines zivilrechtlichen Antrages nicht vorgesehen, so Berlin: § 29a ASOG; Sachsen: § 21a Sächs.PolG; Mecklenburg-Vorpommern: § 52 SOG; Bayern: Art. 16 PAG; vgl. ergänzend die Übersicht von *Naucke-Lömker*, NJW 2002, 3525.

10 Tage vor, die einen ausreichenden zeitlichen Rahmen für eine mündliche Verhandlung schafft. Ausreichend ist jeder Antrag auf zivilrechtlichen Schutz, unabhängig ob auf den Erlass einer einstweiligen Anordnung oder einer Hauptsacheentscheidung gerichtet.[24] Der Eingang des Antrages bei Gericht ist der Polizeibehörde mitzuteilen, um sie von der Verlängerung zu informieren und – falls erforderlich – polizeiliche Kontrollen der Einhaltung des Wohnungsverweises auch über die ursprüngliche Frist hinaus zu veranlassen.

52 Häufig wird eine im Wege einstweiliger Anordnung erwirkte Wohnungszuweisung zu einer nicht nur vorübergehenden Entspannung und Befriedung führen, indem die Nähebeziehung der Beteiligten unterbrochen wird. Solange sich diese Erwartung nicht als unzutreffend erweist, ist die Verfolgung des gleichen Ziels im Hauptsacheverfahren mutwillig, und entsprechend ist für eine **gleichzeitig eingeleitete Hauptsache keine Verfahrenskostenhilfe** zu bewilligen.[25] Im Regelfall sind Maßnahmen nach § 2 GewSchG ohnehin auch in der Hauptsache zu befristen, wenn beide Beteiligte Mieter der streitgegenständlichen Wohnung sind. Erst wenn sich abzeichnet, dass durch die einstweilige Anordnung kein ausreichender Opferschutz erreicht wird, ist für eine sich anschließende Hauptsache Verfahrenskostenhilfe zu bewilligen.

V. Rechtsmittel

53 Endentscheidungen in Gewaltschutzsachen sind mit der **Beschwerde** anfechtbar. Sie ist binnen einer Frist von einem Monat bei dem Gericht einzulegen, das die anzufechtende Entscheidung erlassen hat, §§ 63 Abs. 1, 64 FamFG.

54 Eine ohne mündliche Verhandlung ergangene einstweilige Anordnung ist gemäß § 57 Satz 1 FamFG unanfechtbar. Auf Antrag ist eine mündliche Verhandlung durchzuführen, § 54 Abs. 2 FamFG. Wurde die einstweilige Anordnung aufgrund mündlicher Verhandlung erlassen, ist diese ausnahmsweise gemäß § 57 Satz 2 Nr. 4 FamFG anfechtbar. Die Beschwerdefrist beträgt zwei Wochen, § 63 Abs. 2 FamFG. Die Beschwerdefrist von 2 Wochen gemäß § 63 Abs. 2 Nr. 1 FamFG greift auch dann, wenn eine einstweilige Anordnung nach dem Gewaltschutzgesetz abgelehnt wurde. Es besteht kein sachlicher Grund, die Eilbedürftigkeit bei der Ablehnung einer einstweiligen Anordnung geringer einzuschätzen als bei deren Erlass.[26]

55 Das Recht auf Durchführung einer mündlichen Verhandlung (§ 54 Abs. 2 FamFG) verwirklicht den Anspruch auf rechtliches Gehör und schafft einen rechtsstaatlich gebotenen Ausgleich für die eingeschränkten Beschwerdemöglichkeiten im Rahmen des einstweiligen Rechtsschutzes. Ein wirkungsvoller Rechtsschutz wird nur bei einer zeitnahen Terminierung gewährleistet. Der Zeitraum bis zur notwendigen Terminierung richtet sich nach den Umständen des Einzelfalles. Bei schwerwiegenden Grundrechtseingriffen wie einer Wohnungszuweisung verletzt eine Terminierung erst 6 Wochen nach Antragseingang den Anspruch auf Rechtsschutzgarantie.[27]

VI. Verfahrenswert

56 Für Verfahren ab dem 01.09.2009 gilt für den Verfahrenswert in Gewaltschutzsachen § 49 FamGKG. In Verfahren nach § 1 GewSchG beträgt der **Regelwert** 2.000 €, in Gewaltschutzsachen nach § 2 GewSchG 3.000 €. Für einstweilige Anordnungen ist gemäß § 41 FamGKG wegen der geringeren Bedeutung gegenüber der Hauptsache regelmäßig der hälftige Wert anzusetzen.

57 Von diesem Regelwert kann gemäß § 49 Abs. 2 FamGKG unter besonderen Umständen aus **Billigkeitsgründen** abgewichen werden. Besondere Schwierigkeiten tatsächlicher oder rechtlicher Art, die Bedeutung der Angelegenheit für das Opfer sowie der Umfang der anwaltlichen Tätigkeit können so bei der Verfahrenswertbemessung berücksichtigt werden. Die Verletzungen müssen dann jedoch erheblich über die in durchschnittlichen Gewaltschutzverfahren zu verzeichnenden Beeinträchtigungen hinausgehen.[28] Bei massiven Rechtsverletzungen kann der Verfahrenswert bereits im Anordnungsver-

---

[24] Die Einschränkung in § 34a Abs. 2 PolG NW ist insoweit teleologisch zu reduzieren, wie der Vergleich mit der allgemeineren Formulierung bspw. in § 12 Abs. 2 SPolG, § 31 Abs. 2 HSOG zeigt. A.A. OLG Hamm v. 30.06.2006 - 11 WF 181/06; mit abl. Anm. *Leis*, jurisPR-FamR 24/2006, Anm. 6.

[25] OLG Zweibrücken v. 18.11.2009 - 2 WF 215/09 - NJW 2010, 540; a.A. OLG Hamm v. 09.12.2009 - 10 WF 274/09 - NJW 2010, 539 mit zust. Anm. *Stockmann*, jurisPR-FamR 5/2010, Anm. 3.

[26] OLG Zweibrücken v. 08.10.2010 - 6 WF 196/10 - NJW-Spezial 2011, 38.

[27] OLG München v. 20.05.2010 - 4 UF 254/10 - FamRZ 2010, 1755.

[28] OLG Karlsruhe v. 28.08.2003 - 5 WF 145/03 - FamRZ 2004, 895; OLG Saarbrücken v. 20.08.2007 - 5 W 175/07 - OLGR Saarbrücken 2008, 172: nicht bei zwei Schlägen ins Gesicht sowie mehreren Versuchen, sich Zugang zur Wohnung zu verschaffen.

fahren nach dem Wert der Hauptsache bemessen werden, insbesondere wenn durch den Erlass der einstweiligen Anordnung und der damit verbundenen Schutzwirkung die Notwendigkeit zur Erhebung einer Hauptsache entfällt.[29] Demgegenüber kann das Interesse des Opfers, über einen höheren Streitwert als Tätigkeitsanreiz eher einen Anwalt zu finden, der zu seiner angemessenen Vertretung bereit ist, nicht streitwerterhöhend einfließen.[30]

Nimmt eine einstweilige Regelung praktisch die Hauptsache vorweg, kann der Verfahrenswert auf den vollen Wert der Hauptsache angehoben werden. Dies kann insbesondere bei Abschluss eines Vergleichs gelten, der ein weiteres Hauptsacheverfahren überflüssig macht. Der Vergleichswert kann bei einer abschließenden Regelung auf 3.000 € festgesetzt werden, wohingegen es für das Verfahren selbst bei einem Wert von 1.500 € verbleibt.[31] **58**

Werden Anträge sowohl nach § 1 GewSchG als auch nach § 2 GewSchG gestellt, sind die Werte gesondert festzustellen und zu addieren.[32] **59**

---

[29] OLG Düsseldorf v. 28.09.2007 - 2 WF 162/07 - FamRZ 2008, 1096.
[30] So aber *v. Pechstaedt*, NJW 2007, 1233, 1237.
[31] OLG Schleswig v. 16.02.2011 - 10 WF 33/11.
[32] OLG Dresden v. 21.10.2005 - 23 WF 775/05 - FamRZ 2006, 803; OLG Nürnberg v. 22.01.2008 - 10 WF 7/08 - FamRZ 2008, 1468.

§ 3 GewSchG Geltungsbereich, Konkurrenzen

(Fassung vom 11.12.2001, gültig ab 01.01.2002)

(1) Steht die verletzte oder bedrohte Person im Zeitpunkt einer Tat nach § 1 Abs. 1 oder Abs. 2 Satz 1 unter elterlicher Sorge, Vormundschaft oder unter Pflegschaft, so treten im Verhältnis zu den Eltern und zu sorgeberechtigten Personen an die Stelle von §§ 1 und 2 die für das Sorgerechts-, Vormundschafts- oder Pflegschaftsverhältnis maßgebenden Vorschriften.

(2) Weitergehende Ansprüche der verletzten Person werden durch dieses Gesetz nicht berührt.

Gliederung

A. Persönlicher Anwendungsbereich des Gewaltschutzgesetzes 1
I. Ausklammerung von Elterngewalt gegenüber minderjährigen Kindern 1
II. Konkurrenz zu den §§ 1666, 1666a BGB 4
B. Weitergehende Ansprüche 6
C. Verhältnis zu § 1361b BGB 8
D. Konkurrenzverhältnis zu polizeirechtlichen Maßnahmen 9

A. Persönlicher Anwendungsbereich des Gewaltschutzgesetzes

I. Ausklammerung von Elterngewalt gegenüber minderjährigen Kindern

1 § 3 Abs. 1 GewSchG schließt dessen Anwendung im Verhältnis zwischen einem Kind und dessen sorgeberechtigten Eltern oder einem Vormund oder Pfleger aus. Wird ein **minderjähriges Kind** Opfer häuslicher Gewalt durch einen Elternteil, hat es **kein Antragsrecht** für Maßnahmen nach dem Gewaltschutzgesetz.[1] Für seinen Schutz trifft das Kindschaftsrecht in den §§ 1666, 1666a BGB vorrangige Spezialregelungen. Mit Erreichen der Volljährigkeit greift diese Einschränkung jedoch nicht mehr. Diese Einschränkung besteht auch dann, wenn eine Person nicht mehr unter Personensorge, wohl aber noch unter der Vermögenssorge des potenziellen Antragsgegners steht.[2]

2 Die Anwendbarkeit des Gewaltschutzgesetzes ist dagegen nicht ausgeschlossen, wenn Eltern oder andere sorgeberechtigte Personen von ihren Kindern misshandelt werden.[3]

3 Der Vorrang der §§ 1666, 1666a BGB vor dem Gewaltschutzgesetz gilt jedoch nur im Verhältnis des Kindes zu den Eltern und zu sorgeberechtigten Personen. Bei **Gewalttätigkeiten** und Belästigungen **durch Dritte**, etwa Geschwister, Großeltern, den Lebensgefährten eines Elternteils oder Bekannte, besteht ein zweispuriger Rechtsschutz.[4] Es können sowohl Schutzanordnungen auf Grundlage des Gewaltschutzgesetzes als auch nach den §§ 1666, 1666a BGB ergehen.[5]

II. Konkurrenz zu den §§ 1666, 1666a BGB

4 Der Schutz minderjähriger Kinder erfolgt vorrangig über die §§ 1666, 1666a BGB. Zur Abwendung einer Kindeswohlgefährdung können Anordnungen getroffen werden, die inhaltlich denen der §§ 1, 2 GewSchG entsprechen. Die Änderung des § 1666 BGB zum 12.07.2008 greift als Spezialvorschrift in Absatz 3 Nr. 3 und 4 nunmehr ausdrücklich Formulierungen des Gewaltschutzgesetzes auf. Zum Schutz des Kindes kann den Eltern oder Dritten verboten werden, vorübergehend oder auf unbestimmte Zeit die Familienwohnung zu nutzen, sich in einem bestimmten Umkreis der Wohnung aufzuhalten oder Orte aufzusuchen, an denen sich das Kind regelmäßig aufhält, Verbindung mit dem Kind aufzunehmen oder ein Zusammentreffen mit dem Kind herbeizuführen.

5 Der Vorteil der Anwendung der §§ 1666, 1666a BGB gegenüber dem Gewaltschutzgesetz liegt in den **abgestufteren** und **vielfältigeren Handlungsalternativen**. Im Rahmen des Gewaltschutzgesetzes löst

---

[1] KG Berlin v. 16.01.2004 - 18 WF 414/03 - juris Rn. 4 - FPR 2004, 267.
[2] OLG Frankfurt v. 11.03.2013 - 4 UF 305/12 - OLG Report Mitte 19/2013, Anm. 3.
[3] AG Hamburg-Barmbeck v. 02.06.2003 - 816 C 162/03 - FamRZ 2004, 473.
[4] OLG Karlsruhe v. 31.10.2011 - 5 WF 166/11 - juris Rn. 15.
[5] Zur Bedeutung der Einordnung für den Rechtsmittelzug OLG Frankfurt v. 11.03.2013 - 4 UF 305/12 - juris Rn. 8-10 - FamFR 2013, 258.

eine Verletzung automatisch eine Wegweiseverfügung aus. Im Verhältnis zwischen Eltern und Kind muss dies nicht immer die geeignete Maßnahme sein. Hier ist insbesondere das Jugendamt gefordert, durch sein Hilfeangebot und seine Unterstützung Wege aufzuzeigen, wie zukünftig Konfliktsituationen in der Familie gewaltfrei gelöst werden können. Über die unmittelbar gefahrenabwehrenden Maßnahmen hinaus werden zusätzlich eine Regelung des Umgangsrechts und gegebenenfalls seines Ausschlusses sowie häufig eine Beschränkung des Sorgerechts des weggewiesenen Elternteils angezeigt sein.[6]

B. Weitergehende Ansprüche

§ 3 Abs. 2 GewSchG stellt klar, dass weitergehende Ansprüche der verletzten Person durch das Gewaltschutzgesetz nicht ausgeschlossen werden.

Zum einen können bei einer Körperverletzung **Schadensersatzansprüche** wie z.B. Behandlungskosten und Schmerzensgeld geltend gemacht werden, da eine solche Wiedergutmachung durch den präventiven Schutz des Gewaltschutzgesetzes ohnehin nicht erfasst wird. Zum anderen können auch bei Verletzungen von nicht über die §§ 1, 2 GewSchG geschützten Rechtsgütern wie Eigentum oder des allgemeinen Persönlichkeitsrechts oder bei einer – über das Gewaltschutzgesetz nicht erfassten – fahrlässigen Begehungsweise weitergehende Ansprüche hergeleitet werden. Weitergehende Unterlassungsansprüche können auch auf § 1004 BGB gestützt werden.[7]

C. Verhältnis zu § 1361b BGB

§ 2 GewSchG schließt einen Anspruch von Eheleuten oder Lebenspartnern auf Wohnungszuweisung gemäß § 1361b BGB, § 14 LPartG nicht grundsätzlich aus, ihre **Anwendungsbereiche** können sich vielmehr **überschneiden**. Die Streitfrage, ob § 1361b BGB als lex specialis zu § 2 GewSchG anzusehen ist, kann nur dann relevant werden, wenn die Ehegatten oder Lebenspartner im Zeitpunkt der Gewalttat noch einen gemeinsamen Haushalt geführt haben und eine endgültige Trennung auf Grund der Tat in Erwägung gezogen wird. Bei klar formulierter Trennungsabsicht ist § 1361b BGB die speziellere Vorschrift.[8] Dagegen ermöglicht die Anwendung von § 2 GewSchG dem Opfer eine räumliche Distanzierung, ohne sich bereits darauf festlegen zu müssen, ob eine dauerhafte Trennung vom Täter gewünscht ist.

D. Konkurrenzverhältnis zu polizeirechtlichen Maßnahmen

Unabhängig von der Möglichkeit der verletzten Personen, auf dem Zivilrechtsweg die Überlassung der Wohnung zu erwirken, ist unmittelbar im Anschluss an eine erfolgte häusliche Gewalt beziehungsweise zur Vorbeugung unmittelbar drohender häuslicher Gewalt ein Einschreiten der Polizeibehörde zur **kurzfristigen Krisenintervention** möglich, um dem Opfer zeitlich „Luft" zur Einholung zivilrechtlichen Rechtsschutzes zu verschaffen. Es würde Sinn und Zweck des Gewaltschutzgesetzes, den Opfern häuslicher Gewalt beizustehen und deren Schutz zu verbessern, zuwiderlaufen, würde der Rückgriff auf den in aller Regel schnelleren polizeilichen Schutz ausgeschlossen.[9] Die Dauer der polizeilichen Maßnahme ist an den Erlass einer zivilgerichtlichen Entscheidung zu koppeln.[10]

Ein Rückgriff auf die polizeiliche Generalklausel bleibt jedoch nur zur Vorbeugung weiterer strafbarer Handlungen zulässig. Demgegenüber kann ein bereits befristet ausgesprochener Wohnungsverweis nach Ablauf der Frist mit dem Ziel verlängert werden, den Zeitraum bis zum Erlass einer familiengerichtlichen Entscheidung zu überbrücken.[11]

Die polizeiliche Wegweiseverfügung kann unter Umständen selbst dann aufrechterhalten bleiben, wenn das Opfer die Aufhebung des Rückkehrverbotes begehrt. Bei fortbestehendem Gefährdungspotenzial hat der **Schutzauftrag des Staates** Vorrang vor dem Selbstbestimmungsrecht des Gewaltopfers, wenn nicht feststellbar ist, dass der geäußerte Wunsch, der Täter möge in die Wohnung zurückkehren, tatsächlich auf einer unbeeinflussten und freien Willensentscheidung beruht oder vielmehr von einem möglichen – wirtschaftlichen und sozialen – Abhängigkeitsverhältnis geprägt ist.[12]

---

[6] *Janzen*, FamRZ 2002, 785, 789.
[7] OLG Hamm v. 23.05.2011 - II-8 UF 77/11 - FamRZ 2012, 645 (Ls.).
[8] *Brudermüller* in Palandt, 73. Aufl., § 2 GewSchG Rn. 2; *Schumacher*, FamRZ 2002, 645, 653; OLG Sachsen-Anhalt v. 30.07.2009 - 3 UF 126/09.
[9] VGH Baden-Württemberg v. 22.07.2004 - 1 S 2801/03 - FamRZ 2005, 893 f.
[10] VG Karlsruhe v. 24.08.2004 - 6 K 2228/04 - juris Rn. 9-11 - FPR 2005, 54 (Ls.).
[11] VG Karlsruhe v. 16.08.2007 - 6 K 2446/07 - FF 2008, 123.
[12] VG Aachen v. 17.02.2004 - 6 L 145/04 - NJW 2004, 1888, 1889.

§ 4 GewSchG Strafvorschriften

(Fassung vom 11.12.2001, gültig ab 01.01.2002)

¹Wer einer bestimmten vollstreckbaren Anordnung nach § 1 Abs. 1 Satz 1 oder 3, jeweils auch in Verbindung mit Abs. 2 Satz 1, zuwiderhandelt, wird mit Freiheitsstrafe bis zu einem Jahr oder mit Geldstrafe bestraft. ²Die Strafbarkeit nach anderen Vorschriften bleibt unberührt.

Gliederung

A. Grundlagen 1
B. Anwendungsvoraussetzungen 5
    I. Verstoß gegen vollstreckbare Schutzanordnung 5
    II. Ausschluss der Strafbarkeit 9

A. Grundlagen

1 Die Effizienz des Gewaltschutzgesetzes soll durch die Strafbewehrung in § 4 GewSchG, die auch ein polizeiliches Einschreiten ermöglicht, erhöht werden. Für vorsätzliche und rechtswidrige Verstöße gegen eine gerichtliche Schutzanordnung nach § 1 GewSchG schafft § 4 GewSchG einen eigenständigen Straftatbestand. Hierbei handelt es sich um ein **Offizialdelikt**, so dass eine Verweisung auf den Privatklageweg auch bei Beziehungstaten ausscheidet. Zum weiteren Schutz des Opfers bietet es sich an, in den Entscheidungsgründen der Anordnung auf diese eigenständige Strafbarkeit ausdrücklich hinzuweisen.

2 Wegen der Strafbewehrung ist insbesondere bei den Belästigungsverboten gemäß § 1 Abs. 2 Satz 1 Nr. 2 lit. b GewSchG darauf zu achten, dass sie ausreichend bestimmt formuliert sind.

3 Im Übrigen bleibt die Strafbarkeit nach anderen strafrechtlichen Vorschriften, z.B. wegen Körperverletzung, Nötigung oder Bedrohung, unberührt. Mit dem am 31.03.2008 in Kraft getretenen § 238 StGB ist ein spezieller Straftatbestand „Nachstellung" geschaffen worden.

4 Zu beachten ist auch, dass neben der Strafbarkeit auch die familienrechtliche Sanktionierung des Verstoßes gegen Unterlassungsanordnungen gem. §§ 95 Abs. 1 Nr. 4 FamFG, 890 ZPO eine abschreckende Sanktion darstellen kann, denn § 890 ZPO ermöglicht die Verhängung von Ordnungshaft bis zu zwei Jahren, § 890 Abs. 1 Satz 2 ZPO. Das Verbot der Doppelbestrafung steht dem nicht entgegen. In Einzelfällen wird durch die Rechtsprechung der Rahmen der Ordnungshaft durchaus ausgeschöpft.[1]

B. Anwendungsvoraussetzungen

I. Verstoß gegen vollstreckbare Schutzanordnung

5 Strafbar ist der Verstoß gegen eine vollstreckbare Anordnung nach § 1 GewSchG. Der Verstoß gegen die Pflicht zur Wohnungsüberlassung gemäß § 2 GewSchG ist nicht ausdrücklich aufgeführt, weil die verbotene Rückkehr in die Wohnung bereits als Verletzung des Betretungsverbots nach § 1 Abs. 1 Satz 3 Nr. 1 GewSchG strafrechtlich erfasst wird.

6 Unerheblich ist, ob die getroffene zivil- oder familiengerichtliche Anordnung fehlerhaft ist, solange dies nicht zur Nichtigkeit führt.[2]

7 Strafbewehrt ist nur der Verstoß gegen eine **gerichtliche** Schutzanordnung als einem hoheitlichen Akt. Ein im Verfahren nach dem Gewaltschutzgesetz geschlossener Vergleich ist demgegenüber keine geeignete Grundlage für eine Straftat nach § 4 GewSchG.[3] Bei der Erörterung über den Abschluss eines Vergleichs ist dies zu bedenken; dem Opfer ist bei einem Verstoß die Möglichkeit einer Strafanzeige genommen, so dass ein Vergleich eine weniger abschreckende Wirkung auf den Täter haben könnte. Durch einen abgeschlossenen Vergleich wird das Rechtsschutzbedürfnis für ein weiteres Verfahren auf Erlass einer einstweiligen Anordnung gemäß § 1 GewSchG nicht beseitigt, weil erst dadurch die Grundlage für eine strafrechtliche Ahndung geschaffen werden kann.[4]

8 Die Vollstreckbarkeit und damit die Strafbarkeit gemäß § 4 GewSchG setzt eine wirksame **Zustellung** der Anordnung voraus. Nicht ausreichend ist die bloße – ggf. durch die Polizei vermittelte – Kenntnis

---

[1] Vgl. OLG Hamm v. 28.02.2013 - II-1 WF 47/13 - OLG Report NRW 15/2013, Anm. 3.
[2] OLG Celle v. 13.02.2007 - 32 Ss 2/07 - NJW 2007, 1606 bei fehlender Befristung.
[3] OLG München v. 11.03.2008 - 4St RR 18/08; *v. Pechstaedt*, NJW 2007, 1233, 1236.
[4] LG Kassel v. 30.11.2005 - 1 T 170/05 - FamRZ 2006, 561.

vom Inhalt der gerichtlichen Entscheidung oder deren formlose Übergabe ohne Zustellungswillen.[5] Eine vollstreckbare Anordnung liegt jedoch auch schon vor Zustellung im Zeitpunkt der Anordnung vor, wenn das Familiengericht die Vollstreckbarkeit vor Zustellung angeordnet hat, im Hauptsacheverfahren nach § 216 Abs. 2 Satz 1 FamFG und im einstweiligen Anordnungsverfahren nach § 53 Abs. 2 Sätze 1, 2 FamFG.[6]

II. Ausschluss der Strafbarkeit

Im Strafverfahren überprüft das Gericht **ohne Bindung an das Vorverfahren** die Rechtmäßigkeit der Anordnung.[7] Stellt sich heraus, dass sie nicht hätte ergehen dürfen, etwa weil der Täter die der Anordnung zu Grunde liegende Tat nicht begangen hat, ist der Straftatbestand nicht erfüllt.[8]

Das Verweilen des Täters in der Wohnung des Opfers ist nicht mehr gemäß § 4 GewSchG strafbar, wenn sich der Täter dort im **Einverständnis des Opfers** aufhält, obwohl die Anordnung nicht aufgehoben wurde. Da Anordnungen nach dem Gewaltschutzgesetz nur auf Antrag ergehen, kann das Opfer selbst darüber bestimmen, ob es den ihm gewährten Schutz weiter in Anspruch nehmen will oder auf ihn verzichtet.[9] Anders verhält es sich bei polizeirechtlichen Maßnahmen, die wegen des Schutzauftrages des Staates unter Umständen auch dann aufrechterhalten bleiben, wenn das Opfer die Aufhebung des Rückkehrverbotes begehrt.[10]

Das Einverständnis des Opfers ist tatbestandsausschließend, solange es freiwillig, also ohne Drohung oder Gewalteinwirkung des Täters, zustande gekommen ist. Eventuelle Willensmängel des Opfers oder es beeinflussende Abhängigkeitsverhältnisse sind unerheblich.

Wegen der Gefahr unberechtigter Strafverfolgung und der Möglichkeit der mehrfachen Vollstreckung aus dem Titel sollte der Täter im Falle der Versöhnung eine gerichtliche Aufhebung der Anordnung und die Herausgabe des Titels[11] bewirken.

---

[5] BGH v. 15.03.2007 - 5 StR 536/06 - NJW 2007, 1605.
[6] BGH v. 10.05.2012 - 4 StR 122/12 - FamRZ 2012, 286-287.
[7] OLG Hamm v. 02.03.2006 - 3 Ss 35/06 - NStZ 2007, 486; OLG Celle v. 13.02.2007 - 32 Ss 2/07 - NJW 2007, 1606; Hanseatisches OLG v. 29.04.2010 - 2 - 30/09 (REV) - juris Rn. 49.
[8] BGH v. 28.11.2013 - 3 StR 40/13 - FamRZ 2014, 559-562; zur a.A. OLG Oldenburg v. 21.01.2013 - 1 Ss 183/12
[9] OLG Hamm v. 02.06.2004 - 1 Ss 83/04 - ZFE 2004, 282 (Ls).
[10] VG Aachen v. 17.02.2004 - 6 L 145/04 - NJW 2004, 1888, 1889.
[11] KG Berlin v. 02.05.2005 - 16 UF 53/05 - FamRZ 2006, 49; *Viefhues*, jurisPR-FamR 18/2005, Anm. 3.

Gesetz über den Versorgungsausgleich (Versorgungsausgleichsgesetz – VersAusglG)

vom 3. April 2009 (BGBl I 2009, 700), zuletzt geändert durch Art. 25 des Gesetzes vom 8. Dezember 2010 (BGBl I 2010, 1768)

Teil 1 - Der Versorgungsausgleich

Kapitel 1 - Allgemeiner Teil

§ 1 VersAusglG Halbteilung der Anrechte

(Fassung vom 03.04.2009, gültig ab 01.09.2009)

(1) Im Versorgungsausgleich sind die in der Ehezeit erworbenen Anteile von Anrechten (Ehezeitanteile) jeweils zur Hälfte zwischen den geschiedenen Ehegatten zu teilen.

(2) ¹Ausgleichspflichtige Person im Sinne dieses Gesetzes ist diejenige, die einen Ehezeitanteil erworben hat. ²Der ausgleichsberechtigten Person steht die Hälfte des Werts des jeweiligen Ehezeitanteils (Ausgleichswert) zu.

Gliederung

A. Grundlagen 1	e. Anrechte im Ausland 13
I. Kurzcharakteristik 1	2. Systemwechsel 14
1. Regelungsinhalt 1	II. Ausgleichssystem des VersAusglG 15
2. Normzweck 2	1. Ehezeitanteil (Absatz 1) 15
3. Normstruktur 3	a. Ehezeit 16
II. Gesetzesmaterialien 4	b. Bezugsgröße 17
B. Praktische Bedeutung 5	2. Halbteilung der Anrechte (Absatz 1, Absatz 2 Satz 2) 18
C. Anwendungsvoraussetzungen 6	
I. Grundprinzipien des Versorgungsausgleichs 6	3. Ausgleichswert (Absatz 2 Satz 2) 19
1. § 1587 BGB 7	a. Begriff des Ausgleichswerts 19
a. Versorgungsausgleich zwischen geschiedenen Eheleuten 8	b. Bedeutung des Ausgleichswerts 20
b. Lebenspartnerschaften 9	c. Ermittlung des Ausgleichswerts 21
c. Scheidungen in ostdeutschen Bundesländern 10	4. Ausgleichspflicht (Absatz 2 Satz 1) 24
d. Scheidungen mit Auslandsbezug 11	D. Verfahren 25

A. Grundlagen

I. Kurzcharakteristik

1. Regelungsinhalt

1 § 1 VersAusglG normiert das Grundprinzip des seit dem 01.09.2009 geltenden Versorgungsausgleichsrechts.[1] Danach werden alle in der Ehezeit erworbenen Anrechte der Eheleute auf Alters- oder Invaliditätsversorgung hälftig geteilt. Die Vorschrift enthält damit eine besondere Ausprägung des in Art. 6 GG verankerten Halbteilungsgrundsatzes.[2]

2. Normzweck

2 Dem Ausgleich liegt der Gedanke zugrunde, dass die auf Lebenszeit angelegte Lebensgemeinschaft der Ehe schon in der Phase der Erwerbstätigkeit eines oder beider Ehegatten zugleich auch eine Versorgungsgemeinschaft ist.[3] Beide Ehegatten haben einen Anspruch auf gleiche Teilhabe an dem in der Ehe erworbenen Vorsorgevermögen. Das bedeutet, dass die Eheleute im Fall einer Scheidung so gestellt werden, als hätten sie in der Ehezeit beide in demselben Umfang Anrechte auf Alters- und Inva-

---

[1] BT-Drs. 16/10144, S. 45.
[2] BT-Drs. 16/10144, S. 41.
[3] BVerfG v. 20.05.2003 - 1 BvR 237/97 - NJW 2003, 2819; BT-Drs. 16/10144, S. 41.

liditätsversorgung erworben. Dadurch werden insbesondere Nachteile ausgeglichen, die einem Ehegatten entstanden sind, weil er aufgrund der Gestaltung der Haushaltsführung und der Kinderbetreuung in der Ehe nicht in dem Umfang Versorgungsanrechte hat erwerben können wie der andere.[4]

3. Normstruktur

Dazu definiert die Vorschrift zwei wesentlichen Grundbegriffe des Versorgungsausgleichs, nämlich den „Ehezeitanteil" (Absatz 1) und den „Ausgleichswert" (Absatz 2 Satz 2).

II. Gesetzesmaterialien

BT-Drs. 10/5447, S. 9; BT-Drs. 16/10144, S. 45.

B. Praktische Bedeutung

§ 1 Abs. 1 VersAusglG ist Programmsatz für das gesamte Versorgungsausgleichsrecht.[5] Die einzelnen Vorschriften des VersAusglG sind so anzuwenden, dass der Halbteilungsgrundsatz möglichst gewahrt wird. Dieser grundsätzliche Vorrang des Halbteilungsgrundsatzes wirkt sich insbesondere dort aus, wo das Gesetz den Familiengerichten ein Ermessen einräumt – so etwa bei der Anwendung der Bagatellklausel, die zwar – in engen Grenzen – eine Durchbrechung des Prinzips der Halbteilung erlaubt, dem Halbteilungsgrundsatz aber den Vorrang einräumen muss, wenn der die Abweichung von der Halbteilung rechtfertigende Zweck nicht eintreten kann.[6]

C. Anwendungsvoraussetzungen

I. Grundprinzipien des Versorgungsausgleichs

Mit dem am 01.09.2009 in Kraft getretenen Gesetz zur Strukturreform des Versorgungsausgleichs (VAStrRefG)[7] hat der Gesetzgeber das materielle Recht des Versorgungsausgleichsrechts grundlegend neu geregelt.

1. § 1587 BGB

Kernstück der Strukturreform des Versorgungsausgleichs ist das Versorgungsausgleichsgesetz (VersAusglG)[8]. Das Gesetz hat die §§ 1587 ff. BGB a.F. fast vollständig abgelöst. Von den Vorschriften des BGB zum Versorgungsausgleich (Buch 4, Abschnitt 1, Titel 7, Untertitel 3) ist nur § 1587 BGB in angepasster Form erhalten geblieben. Die Norm bestimmt, dass zwischen geschiedenen Ehepartnern ein Versorgungsausgleich stattfindet, und zwar nach Maßgabe des Versorgungsausgleichsgesetzes.

a. Versorgungsausgleich zwischen geschiedenen Eheleuten

§ 1587 BGB bestimmt seinem Wortlaut nach, dass der Versorgungsausgleich nur zwischen geschiedenen Ehegatten durchzuführen ist. Allerdings findet gemäß § 1318 Abs. 3 BGB auch nach einer Eheaufhebung ein Versorgungsausgleich statt, soweit dies nicht im Hinblick auf die Umstände bei der Eheschließung oder bei Verstoß gegen § 1306 im Hinblick auf die Belange der dritten Person grob unbillig wäre.

b. Lebenspartnerschaften

Nach § 20 Abs. 4 LPartG sind die Bestimmungen des § 1587 BGB und des VersAusglG nach Aufhebung einer eingetragenen Lebenspartnerschaft entsprechend anzuwenden. Davon ausgenommen sind Lebenspartnerschaften, die vor dem 01.01.2005 begründet worden sind und für die die Lebenspartner keine Erklärungen gem. § 21 Abs. 4 LPartG zum Versorgungsausgleich abgegeben haben.

c. Scheidungen in ostdeutschen Bundesländern

Unter welchen Voraussetzungen ein Versorgungsausgleich stattfindet, wenn Ehen im Beitrittsgebiet geschieden worden sind oder geschieden werden, regelt Art. 234 § 6 EGBGB.

---

[4] BVerfG v. 20.05.2003 - 1 BvR 237/97 - NJW 2003, 2819.
[5] BT-Drs. 16/10144, S. 45.
[6] Vgl. BGH v. 30.11.2011 - XII ZB 344/10 - FamRZ 2012, 192; BGH v. 30.11.2011 - XII ZB 79/11 - FamRZ 2012, 189; BGH v. 29.02.2012 - XII ZB 609/10 - FamRZ 2012, 694.
[7] BGBl I 2009, 700.
[8] Art. 1 VAStrRefG.

d. Scheidungen mit Auslandsbezug

aa. Versorgungsausgleich bei Scheidung in Deutschland

11 Die für den Versorgungsausgleich maßgebende Kollisionsnorm ist Art. 17 Abs. 3 EGBGB.[9] Danach unterliegt der Versorgungsausgleich dem nach der Verordnung (EU) Nr. 1259/2010 (Rom III-Verordnung) auf die Scheidung anzuwendenden Recht. Er ist nur durchzuführen, wenn danach deutsches Recht anzuwenden ist und ihn das Recht eines der Staaten kennt, denen die Ehegatten im Zeitpunkt des Eintritts der Rechtshängigkeit des Scheidungsantrags angehören. Das ist der Fall, wenn die Eheleute ihren gewöhnlichen Aufenthalt in Deutschland hatten (Art. 8 Verordnung (EU) Nr. 1259/2010), keine abweichende Rechtswahl getroffen haben (Art. 5 Verordnung (EU) Nr. 1259/2010) und ein Ehepartner deutscher Staatsangehöriger ist. Anderenfalls ist der Versorgungsausgleich auf Antrag nach deutschem Recht durchzuführen, wenn einer der Ehegatten in der Ehezeit ein Anrecht bei einem inländischen Versorgungsträger erworben hat, es sei denn, die Durchführung des Versorgungsausgleichs wäre insbesondere im Hinblick auf die beiderseitigen wirtschaftlichen Verhältnisse während der gesamten Ehezeit unbillig.

bb. Versorgungsausgleich nach Auslandsscheidung

12 Ein Versorgungsausgleich kann auch nachträglich durchgeführt werden, wenn die Ehe im Ausland geschieden worden ist und die Voraussetzungen des Art. 17 Abs. 3 Satz 2 EGBGB vorliegen. Dasselbe gilt, wenn die Ehe in Deutschland geschieden worden ist, die Eheleute im Scheidungsverfahren aber keinen Antrag auf Durchführung des Versorgungsausgleichs nach Art. 17 Abs. 3 Satz 2 EGBGB gestellt haben. Die nachträgliche Durchführung des Versorgungsausgleichs setzt aber einen Scheidungsausspruch voraus. Aus § 1587 BGB und § 1 Abs. 1 VersAusglG ergibt sich, dass der Versorgungsausgleich zwischen **geschiedenen** Ehegatten stattfindet. Ein vorzeitiger Ausgleich schon während des Getrenntlebens ist damit ausgeschlossen. Einem Antrag nach Art. 17 Abs. 3 EGBGB auf Durchführung des Versorgungsausgleichs fehlt deshalb die hinreichende Erfolgsaussicht i.S.d. § 114 ZPO, wenn das von dem anderen Ehegatten im Ausland betriebene Scheidungsverfahren noch nicht abgeschlossen ist.[10]

e. Anrechte im Ausland

13 Zu den nach § 2 VersAusglG auszugleichenden Anrechten gehören auch Anrechte bei ausländischen, zwischenstaatlichen oder überstaatlichen Versorgungsträgern. Diesen Anrechten fehlt aber nach § 19 Abs. 2 Nr. 4 VersAusglG die für den Wertausgleich beider Scheidung notwendige Ausgleichsreife.

2. Systemwechsel

14 § 1 Abs. 1 VersAusglG normiert den grundlegenden Systemwechsel im Versorgungsausgleichsrecht. Danach werden im Versorgungsausgleich alle von den Ehepartnern in der Ehezeit erworbenen Anrechte auf Alters- und Invaliditätsversorgung hälftig geteilt. Anstelle des früheren Einmalausgleichs über die gesetzliche Rentenversicherung nach Saldierung aller Anwartschaften wird also jedes einzelne Anrecht geteilt. Dadurch kommt es zu einem Hin- und Herausgleich der beiderseitigen Anrechtsanteile und damit zu einer – vom Grundsatz her – bestmöglichen Umsetzung des Halbteilungsprinzips.

II. Ausgleichssystem des VersAusglG

1. Ehezeitanteil (Absatz 1)

15 Nach den §§ 1 Abs. 1, 3 Abs. 2 VersAusglG sind nur die in der Ehezeit erworbenen Anteile von Anrechten auszugleichen.

a. Ehezeit

16 Die Ehezeit beginnt nach § 3 Abs. 1 VersAusglG mit dem ersten Tag des Monats, in dem die Ehe geschlossen worden ist. Sie endet am letzten Tag des Monats vor Zustellung des Scheidungsantrags. Anrechte oder Anteile von Anrechten, die die Eheleute vor oder nach der Ehezeit erworben haben, bleiben unberücksichtigt.

---

[9] Art. 17 EGBGB in der Fassung vom 03.04.2009 wurde durch Art. 1 Nr. 2 des Gesetzes vom 23.01.2013 (BGBl I 2013, 101) mit Wirkung vom 29.01.2013 geändert.
[10] OLG Bremen v. 21.10.2013 - 4 WF 134/13.

b. Bezugsgröße

Der Ehezeitanteil wird jeweils in der für das auszugleichende Anrecht nach § 5 Abs. 1 VersAusglG maßgebenden Bezugsgröße berechnet.

2. Halbteilung der Anrechte (Absatz 1, Absatz 2 Satz 2)

Sämtliche Ehezeitanteile werden zu gleichen Teilen unter den Ehegatten aufgeteilt. Jedes während der Ehezeit erworbene Anrecht wird also hälftig geteilt und einzeln ausgeglichen. Dieses Prinzip der Halbteilung gilt für alle Ausgleichsformen des Versorgungsausgleichsrechts, also für den Wertausgleich bei der Scheidung im Wege der internen (§§ 10-13 VersAusglG) oder externen (§§ 14-17 VersAusglG) Teilung genauso wie für den Wertausgleich nach der Scheidung nach den §§ 20-26 VersAusglG.[11]

3. Ausgleichswert (Absatz 2 Satz 2)

a. Begriff des Ausgleichswerts

In § 1 Abs. 2 VersAusglG wird der Begriff des Ausgleichswerts definiert. Der Ausgleichswert ist danach die Hälfte des Werts des Ehezeitanteils eines Anrechts. Dabei handelt es sich – vorbehaltlich des Abzugs anteiliger Teilungskosten nach § 13 VersAusglG – um den Wert, der zugunsten des Ausgleichsberechtigten übertragen wird. Der Wert entspricht dem korrespondierenden Kapitalwert nach § 47 Abs. 1 VersAusglG.

b. Bedeutung des Ausgleichswerts

Von der Höhe des Ausgleichswerts hängt u.a. ab, ob der Versorgungsträger den Ausgleich des Anrechts im Wege der externen Teilung verlangen kann (§ 14 Abs. 2 Nr. 2 VersAusglG, § 17 VersAusglG). Je nach Höhe der Ausgleichswerte der zu teilenden Anrechte soll das Familiengericht nach § 18 VersAusglG außerdem von der Teilung absehen. Darüber hinaus ist der Ausgleichswert maßgebend dafür, ob eine Anpassung einer Entscheidung über den Versorgungsausgleich nach den §§ 32-38 VersAusglG möglich ist. Dasselbe gilt für die Abänderung früherer Entscheidungen nach § 51 VersAusglG, § 225 FamFG.

c. Ermittlung des Ausgleichswerts

Nach § 5 Abs. 3 VersAusglG berechnet der Versorgungsträger den Ausgleichswert und unterbreitet dem Familiengericht einen entsprechenden Vorschlag. Das Familiengericht ist an diesen Vorschlag nicht gebunden, sondern kann – soweit es die der Versorgung zugrunde liegende Versorgungsordnung zulässt – von dem vorgeschlagenen Wert abweichen. Das gilt insbesondere für die Berücksichtigung der Teilungskosten nach § 13 VersAusglG.

Der Versorgungsträger berechnet den Ausgleichswert – wie auch den Ehezeitanteil – in der nach § 5 Abs. 1 VersAusglG für die Versorgung maßgebenden Bezugsgröße. Handelt es sich dabei nicht um einen Kapitalwert, sondern um eine andere Bezugsgröße (Rente, Entgeltpunkte, Versorgungspunkte, Versorgungsbausteine, Steigerungszahlen etc.), teilt der Versorgungsträger außerdem den korrespondierenden Kapitalwert nach § 47 VersAusglG mit.

Beim Wertausgleich nach der Scheidung ist der Ausgleichswert immer als Rentenbetrag zu berechnen (§ 5 Abs. 4 VersAusglG).

4. Ausgleichspflicht (Absatz 2 Satz 1)

Nach § 1 Abs. 1 VersAusglG werden im Versorgungsausgleich alle von den Ehepartnern in der Ehezeit erworbenen Anrechte hälftig geteilt. Das hat zur Folge, dass es nicht einen ausgleichspflichtigen und einen ausgleichsberechtigten Ehegatten gibt; vielmehr ist jeder Ehepartner in Bezug auf die von ihm selbst erworbenen Anrechte ausgleichspflichtig und im Hinblick auf die Anrechte des anderen ausgleichsberechtigt (sog. Hin-und Herausgleich). § 1 Abs. 2 VersAusglG stellt das ausdrücklich klar.

D. Verfahren

Verfahren über den Versorgungsausgleich sind nach § 111 Nr. 7 FamFG Familiensachen. Für das Verfahren sind die §§ 217-229 FamFG maßgebend. Nach § 137 Abs. 2 Satz 1 FamFG gehört der Versorgungsausgleich zu den Folgesachen im Scheidungsverfahren.

---

[11] BT-Drs. 16/10144, S. 45.

§ 2 VersAusglG Auszugleichende Anrechte

(Fassung vom 03.04.2009, gültig ab 01.09.2009)

(1) Anrechte im Sinne dieses Gesetzes sind im In- oder Ausland bestehende Anwartschaften auf Versorgungen und Ansprüche auf laufende Versorgungen, insbesondere aus der gesetzlichen Rentenversicherung, aus anderen Regelsicherungssystemen wie der Beamtenversorgung oder der berufsständischen Versorgung, aus der betrieblichen Altersversorgung oder aus der privaten Alters- und Invaliditätsvorsorge.

(2) Ein Anrecht ist auszugleichen, sofern es

1. durch Arbeit oder Vermögen geschaffen oder aufrechterhalten worden ist,
2. der Absicherung im Alter oder bei Invalidität, insbesondere wegen verminderter Erwerbsfähigkeit, Berufsunfähigkeit oder Dienstunfähigkeit, dient und
3. auf eine Rente gerichtet ist; ein Anrecht im Sinne des Betriebsrentengesetzes oder des Altersvorsorgeverträge-Zertifizierungsgesetzes ist unabhängig von der Leistungsform auszugleichen.

(3) Eine Anwartschaft im Sinne dieses Gesetzes liegt auch vor, wenn am Ende der Ehezeit eine für das Anrecht maßgebliche Wartezeit, Mindestbeschäftigungszeit, Mindestversicherungszeit oder ähnliche zeitliche Voraussetzung noch nicht erfüllt ist.

(4) Ein güterrechtlicher Ausgleich für Anrechte im Sinne dieses Gesetzes findet nicht statt.

Gliederung

A. Grundlagen 1	7. Versorgungen im Ausland 33
I. Kurzcharakteristik 1	II. Auszugleichende Anrechte (Absatz 2) 36
1. Regelungsinhalt 1	1. Erwerb durch Arbeit oder Vermögen
2. Normstruktur 2	(Absatz 2 Nr. 1) 37
3. Normzweck 3	a. Erwerb durch Arbeit 38
a. Abgrenzung zu anderen Vermögenswerten 3	b. Erwerb durch Vermögen 43
b. Einbeziehung von Kapitalversorgungen 4	2. Versorgungszweck (Absatz 2 Nr. 2) 48
II. Gesetzesmaterialien 5	a. Absicherung im Alter 49
B. Praktische Bedeutung 6	b. Invaliditätsversorgung 57
C. Anwendungsvoraussetzungen 9	3. Leistungsform (Absatz 2 Nr. 3) 60
I. Versorgungsanrechte (Absatz 1) 9	a. Grundsatz 60
1. Definition des Anrechts 9	b. Ausnahmen 66
2. Terminologie 10	4. Wirtschaftliche Zuordnung der Anrechte 75
3. Regelbeispiele 11	a. Sicherungsabgetretene Anrechte 76
4. Regelsicherungssysteme 12	b. Gepfändete Anrechte 86
a. Gesetzliche Rentenversicherung 13	III. Zeitliche Mindestgrenzen (Absatz 3) 88
b. Beamtenversorgung 16	IV. Verhältnis zum güterrechtlichen Ausgleich
c. Berufsständische Versorgungssysteme 19	(Absatz 4) 92
d. Altersversorgung der Landwirte 21	1. Verbot der Doppelverwertung 93
5. Betriebliche Altersversorgung 22	2. Scheitern des Ausgleichs 95
a. Betriebsrenten 22	a. Gesetzliche Ausschlusstatbestände 95
b. Sonstige betriebliche Versorgungen 25	b. Fortbestand des Anrechts 96
6. Private Vorsorge 29	3. Übergangsfälle 101

§ 2 VersAusglG

A. Grundlagen

I. Kurzcharakteristik

1. Regelungsinhalt

§ 2 VersAusglG bestimmt, welche Anrechte überhaupt in den Versorgungsausgleich einzubeziehen sind.

2. Normstruktur

Absatz 1 definiert den Begriff des Anrechts. Absatz 2 nennt die Voraussetzungen, unter denen ein Anrecht in den Versorgungsausgleich einzubeziehen ist. Absatz 3 stellt klar, dass zeitliche Mindestanforderungen für den späteren Leistungsbezug unerheblich sind. Absatz 4 schließt eine Doppelverwertung der Anrechte im Versorgungsausgleich und im Zugewinnausgleich aus.

3. Normzweck

a. Abgrenzung zu anderen Vermögenswerten

Die Vorschrift hat den Zweck, Anrechte im Sinne des Versorgungsausgleichs von anderen, nicht in den Ausgleich einzubeziehenden Vermögensgegenständen abzugrenzen, insbesondere gegenüber Leistungen mit Entschädigungscharakter und Leistungen, die dem Zugewinnausgleich unterliegen.

b. Einbeziehung von Kapitalversorgungen

Mit der – von der Rechtslage vor dem 01.09.2009 abweichenden – Einbeziehung bestimmter Kapitalversorgungen in den Versorgungsausgleich nach § 2 Abs. 3 Nr. 3 HS. 2 VersAusglG will der Gesetzgeber Problemen begegnen, die sich daraus ergeben, dass der Ausgleichspflichtige die Forderung des Ausgleichsberechtigten beim Zugewinnausgleich mit Rechtskraft der Entscheidung auch dann erfüllen muss, wenn die auszugleichende Versorgung weder fällig noch anderweitig verfügbar ist. Die dazu notwendige Liquidität muss der Ausgleichspflichtige aus anderen Mitteln aufbringen, die gerade in der Scheidungssituation oft nicht vorhanden sind.[1] Hinzu kommt, dass der Versorgungsausgleich in der Vergangenheit in Einzelfällen durch Ausübung von Kapitalwahlrechten umgangen worden ist.[2]

II. Gesetzesmaterialien

BT-Drs. 16/10144, S. 45 ff.

B. Praktische Bedeutung

Die Entscheidung, welche Anrechte überhaupt in den Ausgleich einzubeziehen sind, bildet die Grundlage für die Durchführung des Versorgungsausgleichs. Entsprechend groß ist die praktische Bedeutung des § 2 VersAusglG.

Besondere Bedeutung kommt der Abgrenzung zum Zugewinnausgleich zu. Grund dafür ist nicht zuletzt, dass Vermögenspositionen, die nicht dem Versorgungsausgleich unterliegen, in vielen Fällen überhaupt nicht ausgeglichen werden, weil die Eheleute Gütertrennung vereinbart haben oder Zugewinnausgleichsansprüche – etwa wegen hohen Anfangsvermögens – nicht in Betracht kommen.

Probleme bereiten der Praxis auch Anrechte, die mit Rechten Dritter belastet sind.

C. Anwendungsvoraussetzungen

I. Versorgungsanrechte (Absatz 1)

1. Definition des Anrechts

Die Legaldefinition des Begriffs „Anrecht" in § 2 Abs. 1 VersAusglG grenzt die in den Versorgungsausgleich einzubeziehenden Anrechte von anderen, nicht einzubeziehenden Vermögensgegenständen ab.[3] Nach § 1 VersAusglG sind im Versorgungsausgleich die in der Ehezeit erworbenen Anteile von

---

[1] BT-Drs. 16/10144, S. 46.
[2] BT-Drs. 16/10144, S. 46 unter Hinweis auf BGH v. 05.02.2003 - XII ZB 53/98 - FamRZ 2003, 664.
[3] BT-Drs. 16/10144, S. 45.

§ 2 VersAusglG

Anrechten zu teilen. Unter welchen Voraussetzungen eine Rechtsposition als einzubeziehendes Anrecht gilt, definiert § 2 Abs. 1 VersAusglG. Danach sind Anrechte Anwartschaften auf Versorgungen und Ansprüche auf laufende Versorgungen.

2. Terminologie

10 Der Begriff des Anrechts umfasst also nicht nur Versorgungen, die sich noch in der Anwartschaftsphase befinden, sondern umfasst auch Ansprüche auf laufende Versorgungsleistungen. Im Gegensatz zu Versorgungsansprüchen sind Anwartschaften und Aussichten Vorstufen der Versorgung. Eine Anwartschaft ist eine dem Grund und der Höhe nach gesicherte Erwartung, nach Erfüllung aller Voraussetzungen eine Versorgung zu erhalten.[4] Mit Eintritt des Versicherungs- bzw. Versorgungsfalls entsteht dann ein Anspruch. Anders als das frühere Recht differenziert das Versorgungsausgleichsgesetz allerdings nicht mehr zwischen Aussichten, Anwartschaften und Ansprüchen, sondern verwendet durchgehend den Begriff des Anrechts.[5] Dieser Begriff umfasst aber auch die früher als Aussichten oder Anwartschaften bezeichneten Rechtspositionen, so dass sich aus den terminologischen Abweichungen keine Änderung der Rechtslage ergeben hat.[6]

3. Regelbeispiele

11 § 2 Abs. 1 VersAusglG zählt in Form von Regelbeispielen Versorgungssysteme auf, in denen auszugleichende Anrechte bestehen können. Die am sog. „Drei-Säulen-Modell" orientierte Auflistung umfasst die gesetzliche Rentenversicherung, die Beamtenversorgung sowie berufsständischen Versorgungen als gesetzliche Regelsicherungssysteme (1. Säule), die betriebliche Altersversorgung (2. Säule) und die private Alters- und Invaliditätsvorsorge (3. Säule). Die Aufzählung ist ihrem Wortlaut nach nicht abschließend („insbesondere"), sondern nennt nur die praktisch wichtigsten Versorgungssysteme.

4. Regelsicherungssysteme

12 Zu den Regelsicherungssystemen gehören die gesetzliche Rentenversicherung, die Alterssicherung der Landwirte, die Beamtenversorgung und die berufsständischen Versorgungssysteme.

a. Gesetzliche Rentenversicherung

13 Herausragende Bedeutung kommt – der Masse der versicherten Arbeitnehmer wegen – der gesetzlichen Rentenversicherung zu. Versicherte in der gesetzlichen Rentenversicherung sind die in § 1 SGB VI genannten abhängig Beschäftigten, die in § 2 SGB VI genannten selbstständig Tätigen, die „sonstigen Versicherten" im Sinne des § 3 SGB VI und die nach § 7 SGB VI freiwillig Versicherten.

14 Die gesetzliche Rentenversicherung ist durch das Gesetz zur Organisationsreform der gesetzlichen Rentenversicherung vom 09.12.2004[7] in die Deutsche Rentenversicherung Bund, die Deutsche Rentenversicherung Knappschaft-Bahn-See und zahlreiche Regionalträger untergliedert worden. Dadurch hat sich aber nichts daran geändert, so dass es sich bei der Deutschen Rentenversicherung um einen einheitlichen Versorgungsträger handelt.

15 Die für die gesetzliche Rentenversicherung maßgebenden Regelungen enthält das SGB VI.

b. Beamtenversorgung

16 Unter Beamtenversorgung sind alle Versorgungen nach beamtenrechtlichen Grundsätzen zu verstehen, also die im BeamtVG und SVG geregelten Versorgungen der Beamten, Soldaten und Richter (§ 1 Abs. 2 DRiG).

17 Zu den Beamten gehören auch Beamte auf Zeit, Zeitsoldaten[8], Beamte auf Widerruf[9] und Beamte auf Probe.

---

[4] BVerfG v. 28.02.1980 - 1 BvL 17/77, 1 BvL 7/78, 1 BvL 9/78, 1 BvL 14/78, 1 BvL 15/78, 1 BvL 16/78, 1 BvL 37/78, 1 BvL 64/78, 1 BvL 74/78, 1 BvL 78/78, 1 BvL 100/78, 1 BvL 5/79, 1 BvL 16/79, 1 BvR 807/78 - NJW 1980, 692.
[5] BT-Drs. 16/10144, S. 46.
[6] BT-Drs. 16/10144, S. 45.
[7] BGBl I 2004, 3242.
[8] BGH v. 01.07.1981 - IVb ZB 659/80 - FamRZ 1981, 856.
[9] BGH v. 13.01.1982 - IVb ZB 544/81 - FamRZ 1982, 362.

Hinzu kommen Versorgungen aus anderen öffentlich-rechtlichen Dienst- oder Amtsverhältnissen, etwa die Versorgungen von Regierungsmitgliedern, Abgeordneten und parlamentarischen Staatssekretären. Der Begriff der Beamtenversorgung umfasst außerdem Arbeitnehmer, denen aufgrund einer gesetzlichen Regelung, einer Dienstordnung, Satzung oder kollektivvertraglichen Regelung eine Versorgung nach beamtenrechtlichen Grundsätzen zusteht. Dazu zählen u.a. Lehrer an Privatschulen, Hochschullehrer und Pfarrer.[10]

c. Berufsständische Versorgungssysteme

Berufsständische Versorgungen sind die Versorgungen der öffentlich-rechtlich organisierten Versorgungswerke für Angehörige der kammerfähigen freien Berufe. Zu diesen Versorgungssystemen gehören die Versorgungswerke der Rechtsanwalts- und Notarkammern, der Steuerberaterkammern, der Ärzte- und Zahnärztekammern, der Psychotherapeutenkammern und der Architektenkammern.

Die berufsständischen Versorgungssysteme regeln ihre Versorgungen kraft Satzungsautonomie.

d. Altersversorgung der Landwirte

Die Altersversorgung der Landwirte besteht bei den Landwirtschaftlichen Alterskassen. Die maßgebenden Regelungen enthält das Gesetz über die Alterssicherung der Landwirte (ALG). Pflichtmitglieder sind unter den Voraussetzungen des § 1 ALG Landwirte und mitarbeitende Familienangehörige. Landwirte sind Unternehmer der Land- und Forstwirtschaft einschließlich des Garten- und Weinbaus, der Fischzucht und der Teichwirtschaft.

5. Betriebliche Altersversorgung

a. Betriebsrenten

Zu den betrieblichen Altersversorgungen gehören zunächst die Versorgungen im Sinne des Betriebsrentengesetzes (BetrAVG), also betriebliche Alters-, Invaliditäts- und Hinterbliebenenversorgungen, die Arbeitnehmern aus Anlass eines Arbeitsverhältnisses zugesagt worden sind (§ 1 Abs. 1 BetrAVG).

Für die Ausgestaltung der betrieblichen Altersversorgung stehen unterschiedliche Durchführungswege zur Verfügung, nämlich interne (unmittelbare) und externe (mittelbare) Durchführungswege (§ 1b BetrAVG). Interne Durchführungswege sind die Direktzusagen und Versorgungen durch Unterstützungskassen. Unter externen Durchführungswegen sind Versorgungen über Direktversicherungen, Pensionskassen und Pensionsfonds zu verstehen.

Die für die betrieblichen Versorgungen maßgebenden Bestimmungen ergeben sich aus dem Betriebsrentengesetz, Betriebsvereinbarungen sowie aus einzel- und tarifvertraglichen Regelungen.

b. Sonstige betriebliche Versorgungen

aa. GmbH-Geschäftsführer

Dem Bereich der betrieblichen Altersversorgung sind auch betriebliche Versorgungen zuzurechnen, für die das Betriebsrentengesetz nicht gilt, etwa Pensionszusagen eines GmbH-Geschäftsführers.

bb. Versorgungsausgleichskasse

Träger der betrieblichen Altersversorgung ist außerdem die als Auffangzielversorgungsträger für die externe Teilung durch das VersAusglKassG[11] in Form einer Pensionskasse gegründete Versorgungsausgleichskasse (§ 15 Abs. 5 Satz 2 VersAusglG). Insoweit wird auf die Kommentierung zu § 15 VersAusglG verwiesen.

cc. Zusatzversorgung

Hinzu kommen die Zusatzversorgungen im öffentlichen und kirchlichen Dienst bei der Versorgungsanstalt des Bundes und der Länder (VBL), den Zusatzversorgungskassen (ZVK) der Städte und Gemeinden und den kirchlichen Zusatzversorgungskassen. Daneben bestehen Zusatzversorgungskassen für zahlreiche Handwerksberufe und andere Berufsgruppen.

Maßgebend für die Ausgestaltung der Versorgungen sind die jeweiligen Satzungen der Zusatzversorgungskassen.

---

[10] BGH v. 14.10.1998 - XII ZB 48/96 - FamRZ 1999, 221.
[11] Gesetz über die Versorgungsausgleichskasse v. 15.07.2009, BGBl I 2009, 1939.

6. Private Vorsorge

29 Unter privater Vorsorge sind Anrechte aus privaten Versicherungsverträgen bei Versicherungsgesellschaften oder Banken zu verstehen. In Betracht kommen konventionelle oder fondsgebundene Rentenversicherungen, Berufsunfähigkeitsversicherungen, Rentenversicherung mit Berufsunfähigkeitszusatzversicherung sowie Verträge im Sinne des Altersvorsorgeverträgezertifizierungsgesetzes (AltZertG), also die sog. „Riester"-Renten und die in erster Linie als Basissicherung für Selbstständige dienenden „Rürup"-Renten.

30 Die Anrechte werden in den Versorgungsausgleich nur einbezogen, wenn einer der Ehegatten bezugsberechtigt ist. Das gilt auch, wenn ein Dritter bezugsberechtigt ist, diese Bezugsberechtigung aber widerrufen werden kann.[12] Ist dagegen ein Dritter unwiderruflich als Bezugsberechtigter der Versicherung eingesetzt, entfällt die Einbeziehung in den Versorgungsausgleich.[13]

31 Reine Risikolebensversicherungsverträge unterliegen nicht dem Versorgungsausgleich.[14]

32 Die für die privaten Versorgungen maßgeblichen Regelungen enthalten das VVG, das AltZertG, die Allgemeinen Versicherungsbedingungen (AVB) und die jeweiligen vertraglichen Vereinbarungen.

7. Versorgungen im Ausland

33 Nach § 2 Abs. 1 VersAusglG sind auch Anrechte im Ausland in den Versorgungsausgleich einzubeziehen, also Anrechte aus Versorgungen bei ausländischen Versorgungsträgern oder über- und zwischenstaatlichen Organisationen.

34 Zu berücksichtigen ist allerdings, dass diese Anrechte nach § 19 Abs. 2 Nr. 4 VersAusglG nicht ausgleichsreif sind, also nicht im Wege der internen oder externen Teilung ausgeglichen werden können. Denn die deutschen Gerichte können mangels ausreichender Hoheitsbefugnisse einen ausländischen Versorgungsträger nicht veranlassen, einen entsprechenden Ausgleich umzusetzen.

35 Vielmehr bleibt insoweit nur der Wertausgleich nach der Scheidung nach den §§ 20 ff. VersAusglG. Das bedeutet aber nicht, dass sich das Familiengericht im Rahmen des Scheidungsverfahrens mit ausländischen Anrechten überhaupt nicht beschäftigen muss. Denn nach § 224 Abs. 4 FamFG sind Anrechte, die nicht dem Wertausgleich bei der Scheidung unterliegen, in der Begründung der Entscheidung über den Versorgungsausgleich ausdrücklich aufzuführen. Das Familiengericht muss deshalb auch bei ausländischen Versorgungen zumindest klären, ob dem Grunde nach auszugleichende Anrechte bestehen.

II. Auszugleichende Anrechte (Absatz 2)

36 § 2 Abs. 2 VersAusglG definiert die qualitativen Voraussetzungen, unter denen ein Anrecht dem Versorgungsausgleich unterliegt. Die in den Ziffern 1-3 genannten Voraussetzungen müssen kumulativ erfüllt sein, damit ein Anrecht in den Versorgungsausgleich einbezogen werden kann.[15]

1. Erwerb durch Arbeit oder Vermögen (Absatz 2 Nr. 1)

37 Die Einbeziehung eines Anrechts in den Versorgungsausgleich setzt voraus, dass es durch Arbeit oder Vermögen der Ehegatten begründet oder aufrechterhalten worden ist. Dadurch werden Leistungen mit Entschädigungscharakter aus dem Versorgungsausgleich ausgeklammert, weil sie nicht auf der gemeinsamen Lebensleistung der Ehegatten beruhen und deshalb kein sachlicher Grund für den Ausgleich besteht.[16]

a. Erwerb durch Arbeit

38 Durch Arbeit ist ein Anrecht geschaffen worden, wenn es dem Ehegatten alleine aufgrund seiner Beschäftigung zusteht. Dazu zählen vor allem die Anrechte in der gesetzlichen Rentenversicherung, der Beamtenversorgung, den berufsständischen Versorgungswerken sowie Anrechte aus betrieblicher Altersversorgung.

39 Auch arbeitsrechtliche Abfindungen, die in eine betriebliche Altersversorgung umgewandelt werden, unterliegen dem Versorgungsausgleich.[17]

---

[12] OLG Brandenburg v. 30.03.2000 - 10 UF 221/98 - FamRZ 2001, 489.
[13] BGH v. 20.05.1992 - XII ZR 255/90 - FamRZ 1992, 1155; *Götsche* in: HK-VersAusglR, 2012, § 2 Rn. 36.
[14] OLG Brandenburg v. 25.11.2013 - 3 UF 75/12.
[15] BT-Drs. 16/10144, S. 46.
[16] BGH v. 06.02.2008 - XII ZB 66/07 - FamRZ 2008, 770.
[17] OLG Schleswig v. 10.09.2012 - 10 UF 314/11.

Der notwendige Entgeltcharakter ist auch insoweit gegeben, als Anrechte auf Zeiten der Nichtbeschäftigung beruhen, etwa auf Kindererziehungszeiten (§ 56 SGB VI), Berücksichtigungszeiten (§ 57 SGB VI), Anrechnungszeiten (§ 58 SGB VI) oder Zurechnungszeiten (§ 59 SGB VI).[18] Dasselbe gilt für Anrechte aufgrund beamtenrechtlicher Kindererziehungszuschläge.[19] 40

Auch die niederländische AOW-Rente ist im Versorgungsausgleich zu berücksichtigen, obwohl sie als Volksversicherung nicht durch Beiträge, sondern mit Steuermitteln finanziert wird.[20] Denn § 2 Abs. 2 VersAusglG verlangt kein beitragsfinanziertes Versorgungssystem, sondern nur einen Kausalitäts- und Zurechnungszusammenhang zwischen der Arbeitsleistung des Ehegatten und seinem Rentenanspruch. Ausgleichspflichtig ist daher auch ein Rentenanspruch, der sich allein aus Arbeitgeberbeiträgen oder aus Steuermitteln finanziert, sofern nur das Teilhaberecht des Ehegatten auf seine Arbeit als Teil der gemeinsamen Lebensleistung zurückzuführen ist. 41

Auszugleichen sind deshalb auch die in der irischen Sozialversicherung erworbenen Rentenanrechte.[21] 42

b. Erwerb durch Vermögen

Nach § 2 Abs. 2 Nr. 1 VersAusglG sind auch solche Anrechte auszugleichen, die durch Vermögen geschaffen oder aufrechterhalten worden sind. Mit Hilfe des Vermögens sind Anrechte begründet worden, wenn die dazu benötigten Mittel ausschließlich oder zusätzlich zu anderen Mitteln aus dem Vermögen stammen. In Betracht kommen Anrechte aus privaten Rentenversicherungen oder Altersvorsorgeverträgen oder freiwillige Beiträge zur gesetzlichen Rentenversicherung oder sonstigen Versorgungseinrichtungen.[22] 43

Auf die Herkunft des Vermögens, mit dem ein Versorgungsanrecht begründet worden ist, kommt es grundsätzlich nicht an. Deshalb unterliegen auch Anrechte, die mit vor der Ehe erworbenen Mitteln begründet worden sind, dem Versorgungsausgleich.[23] Auszugleichen sind auch Versorgungsanrechte, die mit dem Anfangsvermögen eines Ehegatten nach der Eheschließung erworben wurden. Auch eine private Rentenversicherung, die ein Ehegatte nach vertraglich vereinbarter Gütertrennung mit Mitteln seines vorehelich erworbenen Privatvermögens begründet hat, ist grundsätzlich in den Versorgungsausgleich einzubeziehen.[24] 44

Auszugleichen sind auch Versorgungsanrechte, die mit geschenkten Mitteln finanziert worden sind.[25] Dagegen bleiben Anrechte, die dadurch begründet worden sind, dass ein Dritter schenkweise für einen der Ehegatten freiwillige Beiträge zur gesetzlichen Rentenversicherung unmittelbar an den Versicherungsträger gezahlt hat, außer Betracht.[26] Dasselbe gilt, wenn eine wirtschaftliche Situation vorliegt, die einer Direktzahlung des Dritten an den Träger gleichkommt.[27] Voraussetzung dafür ist allerdings, dass zwischen der Schenkung an den begünstigten Ehegatten und der Beitragszahlung ein enger zeitlicher Zusammenhang besteht und der Begünstigte wie ein Beauftragter des Dritten erscheint.[28] 45

Die von einem Ehegatten als Versicherungsnehmer erklärtermaßen als Sparvertrag auf das Leben eines Kindes abgeschlossene private Renten-Lebensversicherung unterliegt auch dann nicht dem Versorgungsausgleich, wenn das Bezugsrecht dem Ehegatten zusteht und die vereinbarte Rentenzahlung zu einem Zeitpunkt einsetzen soll, zu dem der Ehegatte aus dem aktiven Erwerbsleben ausscheiden wird.[29] 46

Nicht in den Versorgungsausgleich einzubeziehen sind Anrechte, die mit Hilfe eines Darlehens begründet worden sind.[30] 47

---

[18] BGH v. 06.02.2008 - XII ZB 66/07 - FamRZ 2008, 770.
[19] Vgl. OLG Celle v. 16.11.1998 - 10 UF 69/97 - FamRZ 1999, 861.
[20] BGH v. 06.02.2008 - XII ZB 66/07 - FamRZ 2008, 770; BGH v. 03.09.2008 - XII ZB 203/06 - FamRZ 2008, 2263.
[21] BGH v. 19.09.2012 - XII ZB 649/11 - FamRZ 2013, 106.
[22] OLG München v. 19.06.1996 - 2 UF 917/94 - FamRZ 1997, 616.
[23] BGH v. 29.02.1984 - IVb ZB 887/81 - FamRZ 1984, 570.
[24] BGH v. 18.01.2012 - XII ZB 213/11 - FamRZ 2012, 434; BGH v. 30.03.2011 - XII ZB 54/09 - FamRZ 2011, 877; OLG Köln v. 31.03.2011 - 27 UF 217/10.
[25] BGH v. 08.10.1986 - IVb ZB 133/85 - FamRZ 1987, 48.
[26] BGH v. 15.12.1982 - IVb ZB 910/80 - FamRZ 1983, 262.
[27] BGH v. 29.02.1984 - IVb ZB 887/81 - FamRZ 1984, 570.
[28] OLG Hamm v. 23.10.1998 - 11 UF 323/97 - OLGR Hamm 1999, 105.
[29] OLG Zweibrücken v. 04.02.2011 - 2 UF 82/10 - NJW-RR 2011, 803.
[30] OLG Nürnberg v. 09.01.2002 - 10 UF 2911/01 - FamRZ 2002, 1632.

2. Versorgungszweck (Absatz 2 Nr. 2)

48 Die Anrechte müssen der Versorgung im Alter oder im Fall der Invalidität dienen; andernfalls unterliegen sie nicht dem Versorgungsausgleich.

a. Absicherung im Alter

49 Der Versorgung wegen Alters dienen Anrechte, wenn die zugesagten Versorgungsleistungen im Anschluss an die Beendigung des aktiven Berufslebens befristet oder lebenslang gewährt werden und das zuvor erzielte Arbeitseinkommen ersetzen sollen.[31] Dabei kommt es nicht auf die Leitbilder der öffentlich-rechtlichen Leistungssysteme und damit etwa auf das Erreichen der dort vorgesehenen Altersgrenzen an. Vielmehr kommt es für die Anknüpfung an den Versorgungsfall des Alters nur darauf an, dass das Anrecht der Versorgung im Anschluss an die Beendigung des aktiven Arbeitslebens dienen soll.[32]

50 Das ist bei Vorruhestandsleistungen und Übergangs- oder Überbrückungsgeldern nicht der Fall.[33] Denn diese vorübergehend gewährten Leistungen dienen nicht der Versorgung im Alter, sondern nur der Überbrückung der Zeit bis zum Erreichen der für die Altersversorgung maßgebenden Altersgrenzen.

51 Nicht auszugleichen sind Leistungen mit Entschädigungscharakter. Dazu gehören insbesondere Renten aus der gesetzlichen Unfallversicherung[34] und Renten nach dem Bundesversorgungsgesetz, Bundesentschädigungsgesetz sowie Haftopferrenten. Dasselbe gilt für Unterhaltsbeiträge an einen disziplinarrechtlich aus dem Dienst entfernten Beamten, Unterhaltsbeiträge bei Dienstunfall nach § 38 BeamtVG, Landabgabe- oder Produktionsaufgaberenten[35] und private Schadensersatzrenten.

52 Auch Leistungen mit reinem Sozialhilfecharakter (Wohngeld, Erziehungsgeld, BAföG-Leistungen, Leistung aus der Arbeitslosenversicherung, Grundsicherungsleistungen) fallen nicht in den Versorgungsausgleich.[36]

53 Schließt der Ausgleichspflichtige vor Erreichung der Altersgrenze mit seinem Arbeitgeber einen Aufhebungsvertrag, in dem ihm u.a. eine Abfindung und die Zahlung eines Ruhegeldes zugesagt wird, liegt nur dann eine auszugleichende Versorgung vor, wenn es sich bei den Bezügen um eine betriebliche Altersversorgung handelt und nicht um eine Entschädigung für den Verlust der Anstellung. Sind die Zahlungen nach ihrer Zweckbestimmung nicht mit einem biologischen Ereignis verknüpft, stellen sie keine Leistung der betrieblichen Altersversorgung dar.[37]

54 Die notwendige Versorgungsfunktion fehlt auch bei Kapitalerträgen und Erträgen aus Vermietung oder Verpachtung. Bei Grundstücksverkäufen gegen Zahlung einer Leibrente kommt es darauf an, ob eine Altersversorgung oder eine Sonderform des Ratenkaufs beabsichtigt war. Kaufpreisraten aus Vermögens- und Unternehmensveräußerungen bleiben im Rahmen des Versorgungsausgleichs unberücksichtigt.[38]

55 Nicht dem Versorgungsausgleich unterliegen als Vermögensanlage bestimmte Lebensversicherungen, und zwar selbst dann nicht, wenn die Versicherung Rentenleistungen vorsieht, diese aber zu einem erheblichen Teil schon während des aktiven Erwerbslebens gezahlt werden.[39]

56 Auszugleichen ist ein durch Hofübergabevertrag begründeter Rentenanspruch, bei dem der Beginn der zugesagten Rente an das Ausscheiden aus dem in GbR geführten landwirtschaftlichen Betrieb und somit an den Eintritt in den Ruhestand anknüpft.[40]

b. Invaliditätsversorgung

57 Unter Invaliditätsversorgungen sind Entgeltersatzleistungen bei vollständiger Erwerbsunfähigkeit oder verminderter Erwerbsfähigkeit, Dienstunfähigkeit oder Berufsunfähigkeit zu verstehen. Umfasst werden vor allem Entgeltersatzleistungen der gesetzlichen Rentenversicherung nach teilweisem oder vollständigem Wegfall der Erwerbstätigkeit wegen Krankheit oder Behinderung (§ 43 SGB VI). Die vom

---

[31] BGH v. 14.03.2007 - XII ZB 36/05 - FamRZ 2007, 889.
[32] BGH v. 01.06.1988 - IVb ZB 132/85 - FamRZ 1988, 936; BGH v. 27.09.2000 - XII ZB 67/99 - FamRZ 2001, 284.
[33] BGH v. 16.08.2000 - XII ZB 73/98 - FamRZ 2001, 25; BGH v. 23.02.2005 - XII ZB 198/01 - FamRZ 2005, 696.
[34] BGH v. 12.04.1989 - IVb ZB 146/86 - FamRZ 1989, 844.
[35] BGH v. 25.11.1987 - IVb ZB 25/84 - FamRZ 1988, 272.
[36] BGH v. 06.02.2008 - XII ZB 66/07 - FamRZ 2008, 770.
[37] OLG Schleswig v. 18.01.2013 - 14 UF 11/11.
[38] Vgl. BGH v. 01.06.1988 - IVb ZB 132/85 - FamRZ 1988, 936.
[39] BGH v. 14.03.2007 - XII ZB 36/05 - FamRZ 2007, 889.
[40] BGH v. 21.11.2013 - XII ZB 403/12 - FamRZ 2014, 282.

Versorgungsausgleich erfassten Invaliditätsversorgungen müssen in ihrer Ausgestaltung der gesetzlichen Rentenversicherung aber nicht unbedingt entsprechen. Auf Einzelheiten der Ausgestaltung der Versorgung kommt es nicht an.

Ein Ausgleich privater Invaliditätsversorgungen erfolgt nur unter den Voraussetzungen des § 28 VersAusglG. Insoweit wird auf die Kommentierung zu § 28 VersAusglG verwiesen.

Eine isolierte Hinterbliebenenversicherung unterliegt nicht dem Versorgungsausgleich.[41]

3. Leistungsform (Absatz 2 Nr. 3)

a. Grundsatz

Anrechte sind grundsätzlich nur dann in den Versorgungsausgleich einzubeziehen, wenn die zugrunde liegende Versorgung die Zahlung einer Rente vorsieht.

aa. Rentenzahlung

Maßgeblich für das Vorliegen einer Rente sind zum einen eine regelmäßig wiederkehrende Geldzahlung und zum anderen die Absicherung eines Risikos, insbesondere des biometrischen Risikos der Langlebigkeit, also eine Leistung für die Dauer der Lebenszeit oder der Invalidität der begünstigten Person.[42]

bb. Rentenversicherungen mit Kapitalwahlrecht

Private Lebensversicherungen sind nach § 2 Abs. 2 Nr. 3 VersAusglG nur in den Versorgungsausgleich einzubeziehen, wenn sie auf eine Rentenleistung gerichtet sind.

Das gilt auch für Verträge mit Kapitalwahlrecht, solange das Wahlrecht nicht ausgeübt ist.[43] Nach Ausübung des Kapitalwahlrechts unterliegen private Rentenversicherungen dagegen nicht mehr dem Versorgungsausgleich. Das ist selbst dann der Fall, wenn das Kapitalwahlrecht nach Ende der Ehezeit vor der letzten tatrichterlichen Entscheidung ausgeübt worden ist.[44] Nach Ausübung des Kapitalwahlrechts kommt nur noch ein güterrechtlicher Ausgleich in Betracht.[45]

Wird bei einer privaten Rentenlebensversicherung, die ein Kapitalwahlrecht vorsieht, vom Versorgungsberechtigten das Wahlrecht ausgeübt, bevor der Versorgungsausgleich durchgeführt worden ist, unterliegt dieses Anrecht auch nicht dem Wertausgleich nach der Scheidung, und zwar selbst dann nicht, wenn das Familiengericht bei Durchführung des Wertausgleichs bei der Scheidung angeordnet hat, dass insoweit der Wertausgleich nach der Scheidung vorbehalten bleibe.[46]

cc. Kapitallebensversicherungen mit Rentenwahlrecht

Umgekehrt fällt eine Kapitallebensversicherung mit Rentenwahlrecht nicht in den Versorgungsausgleich, wenn das Rentenwahlrecht nicht ausgeübt worden ist. Wird das Rentenwahlrecht ausgeübt, ist das Anrecht in den Versorgungsausgleich einzubeziehen.[47]

b. Ausnahmen

Nach § 2 Abs. 2 Nr. 3 HS. 2 VersAusglG sind Anrechte im Sinne des BetrAVG und des AltZertG unabhängig von der vorgesehenen Leistungsform im Versorgungsausgleich auszugleichen. Anrechte aus diesen Versorgungen unterliegen also auch dann dem Versorgungsausgleich, wenn eine einmalige Kapitalzahlung vorgesehen ist.

aa. Anrechte im Sinne des Betriebsrentengesetzes

a) Versorgungen mit einmaliger Kapitalzahlung: Die Einbeziehung solcher Anrechte in den Versorgungsausgleich gilt für Versorgungen im Sinne des Betriebsrentengesetzes (BetrAVG).[48] Das setzt voraus, dass es sich um eine betriebliche Altersversorgung handelt, die einem Arbeitnehmer aus Anlass eines Arbeitsverhältnisses zugesagt worden ist (§ 1 Abs. 1 BetrAVG).

---

[41] BGH v. 17.10.2001 - XII ZB 173/00 - FPR 2002, 182; BGH v. 25.09.1991 - XII ZB 77/90 - FamRZ 1992, 165.
[42] BT-Drs. 16/10144, S. 46.
[43] BGH v. 05.10.2011 - XII ZB 555/10 - FamRZ 2011, 1931.
[44] OLG Hamm v. 10.09.2012 - II-6 UF 54/12.
[45] BGH v. 18.04.2012 - XII ZB 325/11 - FamRZ 2012, 1039; KG v. 24.05.2011 - 13 UF 45/11 - FamRZ 2012, 375.
[46] OLG Hamm v. 28.08.2012 - 14 UF 149/12 - FamRZ 2013, 303.
[47] Eingehend dazu *Götsche* in: HK-VersAusglR, 2012, § 2 Rn. 78.
[48] OLG Frankfurt v. 20.07.2011 - 6 UF 21/09.

§ 2 VersAusglG

68 Die Regelung des § 2 Abs. 2 Nr. 3 HS. 2 VersAusglG gilt also nicht für Pensionszusagen eines GmbH-Geschäftsführers.[49] Ein betrieblich erworbenes Anrecht des Gesellschafter-Geschäftsführers einer GmbH, das noch vor dem Ende der Ehezeit in eine private Kapitalversicherung umgewandelt worden ist, ist deshalb insgesamt nicht in den Versorgungsausgleich einzubeziehen.[50]

69 Wird eine solche Altersversorgung durch Ausübung der Kapitalwahlmöglichkeit dem Versorgungsausgleich entzogen und fällt sie infolge ehevertraglicher Gütertrennung auch nicht in einen Zugewinnausgleich, liegt darin eine illoyale Einwirkung auf das Versorgungsvermögen, wenn keine billigenswerten Motive für die Kapitalwahl gegeben sind.[51]

70 Bei einem Statuswechsel zwischen Unternehmereigenschaft und Arbeitnehmereigenschaft richtet sich die Einbeziehung der betrieblichen Altersversorgung in den Versorgungsausgleich danach, inwieweit die versprochene Versorgung zeitanteilig auf die Tätigkeit als Arbeitnehmer entfällt.[52]

71 **b) Sachleistungen der betrieblichen Altersversorgung:** Sachleistungen der betrieblichen Altersversorgung – etwa Wohn- und andere Nutzungsrechte, Kohle- und Bierdeputate, subventionierter Strombezug oder verbilligte Beförderungsleistungen – unterliegen auch dann nicht dem Versorgungsausgleich, wenn sie der Alterssicherung dienen.[53]

bb. Anrechte im Sinne des AltZertG

72 Auch Anrechte aus Verträgen im Sinne des Altersvorsorgeverträgezertifizierungsgesetzes (AltZertG) – also die sog. „Riester"-Renten und die als Basissicherung für Selbstständige gedachten „Rürup"-Renten – sind unabhängig von der vorgesehenen Leistungsform auszugleichen.

73 Darunter fallen Kapitallebensversicherungen, konventionelle und fondsgebundene Rentenversicherungen, Fondssparverträge, Bankensparpläne, sowie Bausparverträge („Wohnriester"), wenn die Verträge zertifizierbar sind. Das ist nach § 1 Abs. 1 Nr. 2, 4 AltZertG der Fall, wenn eine lebenslange und unabhängig vom Geschlecht berechnete Altersversorgung vorgesehen ist, Leistungen daraus nicht vor Vollendung des 60. Lebensjahres gezahlt werden und monatliche Leistungen in Form einer lebenslangen Leibrente oder Ratenzahlungen im Rahmen eines Auszahlungsplans mit anschließender Teilkapitalisierung ab dem 85. Lebensjahr vorgesehen sind.

74 Entscheidend ist, ob die Verträge zertifizierbar sind; auf die tatsächliche Zertifizierung (§ 5 AltZertG) kommt es nicht an.[54] Dasselbe gilt für die Einhaltung der Förderungshöchstbeträge.[55]

4. Wirtschaftliche Zuordnung der Anrechte

75 Nicht in den Versorgungsausgleich einzubeziehen sind Anrechte, die wirtschaftlich nicht den Ehegatten, sondern einem Dritten zustehen. Problematisch wird diese Zuordnung, wenn Anrechte abgetreten oder gepfändet werden.

a. Sicherungsabgetretene Anrechte

76 Anrechte aus Lebensversicherungen fallen auch dann in den Versorgungsausgleich, wenn sie – etwa im Rahmen einer Immobilienfinanzierung – zur Kreditsicherung abgetreten worden sind. Denn alleine die Sicherungsabtretung nimmt der Rentenversicherung nicht den Charakter der Alters- oder Invaliditätsvorsorge. Fällt der Sicherungszweck nämlich – insbesondere durch Tilgung des gesicherten Kredits – weg, unterscheidet sich die Versicherung nicht mehr von anderen Alters- oder Invaliditätsversorgungen, so dass es sachgerecht erscheint, sie im Versorgungsausgleich auszugleichen.

77 Der Bundesgerichtshof hat im Jahr 2011 noch zur Rechtslage vor dem 01.09.2009 entschieden, dass Anrechte aus einer privaten Rentenversicherung auch dann zum Vermögen des Ehegatten gehören, wenn sie zur Sicherung einer Baufinanzierung abgetreten worden sind. Denn mit der Sicherungsabtretung allein habe sich der Ehegatte seiner Rechte aus der Rentenversicherung noch nicht endgültig begeben. Die mit dem Darlehensgeber getroffene Sicherungs- und Tilgungsabrede hindere den Darlehensnehmer nicht, das Darlehen auf andere Weise zu tilgen, insb. durch Veräußerung der Immobilie. Zwar sei der Abschluss einer Baufinanzierung über eine Lebensversicherung oftmals nicht darauf an-

---

[49] *Götsche* in: HK-VersAusglR, 2012, § 2 Rn. 62.
[50] BGH v. 06.11.2013 - XII ZB 22/13 - FamRZ 2014, 104.
[51] OLG Hamm v. 14.11.2013 - 14 UF 107/13.
[52] BGH v. 16.01.2014 - XII ZB 455/13 - FamRZ 2014, 731.
[53] BGH v. 04.09.2013 - XII ZB 296/13 - FamRZ 2013, 1795.
[54] *Götsche* in: HK-VersAusglR, 2012, § 2 Rn. 64.
[55] *Götsche* in: HK-VersAusglR, 2012, § 2 Rn. 63.

gelegt, das Darlehen auf andere Weise als über die Ablaufleistung aus der Lebensversicherung zu tilgen, jedoch seien die Ehegatten an diese Planung nicht gebunden. Insbesondere könne das Scheitern der Ehe es erforderlich machen, Vermögensdispositionen abweichend von der ursprünglichen Lebensplanung zu treffen. Hierzu gehöre nicht selten die vorzeitige Veräußerung der in der Ehezeit erworbenen Immobilie. Soweit dadurch die Baufinanzierung abgelöst wird, werde die zur Sicherheit abgetretene Lebensversicherung frei und stehe wirtschaftlich dem Versicherungsnehmer zu.[56]

Diese Entscheidung lässt sich im Hinblick auf die wirtschaftliche Zuordnung ohne weiteres auf das seit dem 01.09.2009 geltende Recht übertragen. Danach sind auch zu Sicherungszwecken abgetretene Anrechte grundsätzlich in den Versorgungsausgleich einzubeziehen, und zwar unabhängig davon, ob die Versicherung nur zur Kreditsicherung oder zur Tilgung abgeschlossen worden ist.[57] 78

Äußerst umstritten ist dagegen, in welcher Form abgetretene Anrechte auszugleichen sind. Ob ein Ausgleich im Rahmen des Wertausgleichs bei der Scheidung durch interne oder externe Teilung erfolgen kann, ist mit Rücksicht auf die Rechte der Drittgläubiger und die Unwägbarkeiten im Hinblick auf den Fortbestand des Anrechts zweifelhaft. 79

Einige Oberlandesgerichte haben die Auffassung vertreten, dass abgetretene Anrechte nicht intern oder extern geteilt werden können, sondern in entsprechender Anwendung des § 19 Abs. 2 Nr. 1, Abs. 4 VersAusglG der Wertausgleich nach der Scheidung nach den §§ 20 ff VersAusglG vorzubehalten ist.[58] 80

Andere Oberlandesgerichte haben einen Ausgleich sicherungsabgetretener Anrechte im Rahmen des Wertausgleichs bei der Scheidung dagegen zugelassen. Dabei werde das mit der Sicherheitsabrede belastete Anrecht durch interne Teilung ausgeglichen.[59] Die Zustimmung des Sicherungsnehmers sei dazu nicht erforderlich.[60] 81

Der Bundesgerichtshof hat dazu in mehreren Entscheidungen klargestellt, dass ein sicherungshalber abgetretenes Anrecht aus einer privaten Lebensversicherung intern ausgeglichen werden kann. Dabei ist in der Beschlussformel auch auszusprechen, dass der Anspruch aus der Sicherungsvereinbarung auf Rückgewähr des Bezugsrechts auf beide Ehegatten als Mitgläubiger übertragen wird.[61] 82

Gegen die interne Teilung eines sicherungsabgetretenen Anrechts spricht aber, dass dem Ausgleichsberechtigten nach § 11 Abs. 1 Satz 2 Nr. 1 VersAusglG ein eigenständiges Anrecht zu übertragen ist. Das zu übertragende Anrecht darf also nicht an die Person des Ausgleichspflichtigen gebunden sein. Das ist bei der Übertragung eines mit einem Sicherungsrecht belasteten Anrechts aber nicht der Fall, denn der Bestand des Anrechts hängt vom Zahlungsverhalten des Ausgleichspflichtigen ab und ist von diesem damit gerade nicht unabhängig. Hinzu kommt, dass die interne Teilung mit einem nicht gerechtfertigten Eingriff in die Rechte des Sicherungsnehmers verbunden wäre, weil sie zu einer Aufspaltung des Sicherungsgegenstands in zwei selbständige Anrechte führt und dadurch den Zugriff des Sicherungszessionars bei Eintritt des Sicherungsfalls erschwert 83

Das OLG Frankfurt hat entschieden, dass die Grundsätze, die der BGH zur internen Teilung von sicherungshalber abgetretenen Anrechten aus einer privaten Lebensversicherung aufgestellt hat, nicht anwendbar sind, wenn die Sicherungsabtretung während des laufenden Versorgungsausgleichsverfahrens erfolgt ist und mit großer Wahrscheinlichkeit von einer Verwertung der Sicherheit zur Tilgung des Kredits auszugehen ist und die interne Teilung des Anrechts damit voraussichtlich zu keinen Versorgungsansprüchen des Ausgleichsberechtigten führen wird. Werde das Anrecht durch die Abtretung aller- 84

---

[56] BGH v. 06.04.2011 - XII ZB 89/08 - FamRZ 2011, 963.
[57] BGH v. 07.08.2013 - XII ZB 673/12 - FamRZ 2013, 1715; BGH v. 21.11.2013 - XII ZB 613/12 - FamRZ 2014, 279; BGH v. 21.11.2013 - XII ZB 65/13 - FamRZ 2014, 635; OLG Nürnberg v. 15.11.2011 - 7 UF 1463/11 - FuR 2012, 151; OLG Saarbrücken v. 26.01.2012 - 9 UF 161/11 - FamFR 2012, 327; OLG Schleswig v. 16.04.2012 - 10 UF 322/11 - FamRZ 2012, 1220; a.A. OLG Brandenburg v. 04.03.2013 - 13 UF 258/11; anders allerdings OLG Brandenburg v. 17.01.2013 - 13 UF 37/11.
[58] OLG Schleswig v. 16.04.2012 - 10 UF 322/11 - FamRZ 2012, 1220; OLG Stuttgart v. 01.06.2012 - 15 UF 81/12; OLG Karlsruhe v. 17.01.2013 - 2 UF 270/12; OLG Hamm v. 20.08.2013 - 9 UF 1/13; so auch *Kemper/Norpoth*, FamRB 2011, 284.
[59] OLG Nürnberg v. 15.11.2011 - 7 UF 1463/11 - FuR 2012, 151 mit abl. Anm. *Breuers*; OLG Saarbrücken v. 26.01.2012 - 9 UF 161/11 - FamFR 2012, 327; OLG Brandenburg v. 17.01.2013 - 13 UF 37/11; OLG Naumburg v. 11.04.2013 - 3 UF 49/13; OLG Hamm v. 15.04.2013 - 4 UF 37/13.
[60] OLG Hamm v. 15.04.2013 - 4 UF 37/13.
[61] BGH v. 07.08.2013 - XII ZB 673/12 - FamRZ 2013, 1715; BGH v. 21.11.2013 - XII ZB 613/12 - FamRZ 2014, 279; BGH v. 21.11.2013 - XII ZB 65/13 - FamRZ 2014, 635; so auch OLG Hamm v. 15.01.2014 - 8 UF 237/13.

dings treuwidrig dem Ausgleich entzogen, habe eine Korrektur wegen grober Unbilligkeit nach § 27 Abs. 1 VersAusglG zu erfolgen.[62]

85 Der Ausgleich eines sicherungshalber abgetretenen Anrechts aus einer privaten Lebensversicherung durch externe Teilung ist nach Auffassung des OLG Oldenburg nicht möglich. Durch die Auszahlung eines Teils des sicherungshalber abgetretenen Kapitals würde der ausgleichspflichtige Ehegatte gegen seine vertraglichen Verpflichtungen aus der Sicherungsabrede verstoßen. Dadurch würde in die Rechte des Versorgungsträgers und des Sicherungsnehmers eingegriffen werden. Der Sicherungsnehmer verlöre den vom Ausgleich betroffenen Teil seiner Sicherung. Der Versorgungsträger sähe sich möglicherweise Ansprüchen des Sicherungsnehmers ausgesetzt, weil er in Kenntnis der Abtretung Auszahlungen an einen Dritten geleistet hätte.[63]

b. Gepfändete Anrechte

86 Auch gepfändete Anrechte der privaten oder betrieblichen Altersversorgung unterliegen grundsätzlich dem Versorgungsausgleich.

87 Die Pfändung solcher Anrechte – auch nach dem Ende der Ehezeit – schließt die Anordnung einer internen Teilung allerdings aus. Gepfändete Anrechte sind deshalb nicht ausgleichsreif, so dass der berechtigte Ehegatte auf den Wertausgleich nach der Scheidung zu verweisen ist.[64]

III. Zeitliche Mindestgrenzen (Absatz 3)

88 In einigen Versorgungssystemen hängt der Versorgungsanspruch dem Grund oder der Höhe nach von der Erfüllung von Wartezeiten, Mindestversicherungszeiten, Mindestbeschäftigungszeiten oder ähnlichen zeitlichen Voraussetzungen ab. Dazu gehören die Wartezeit von 60 Monaten in der gesetzlichen Rentenversicherung nach § 50 Abs. 1 SGB VI, die Mindestdienstzeit von fünf Jahren für Beamte nach § 4 BeamtVG und die Frist des § 5 Abs. 3 BeamtVG.[65] Aus den Versorgungen werden Leistungen nur erbracht, wenn diese Mindestgrenzen erreicht sind.

89 Für die Einbeziehung der Anrechte in den Versorgungsausgleich ist die Erfüllung solcher Mindestzeiten nach § 2 Abs. 3 VersAusglG unerheblich. Danach sind Anrechte auch dann im Versorgungsausgleich zu berücksichtigen, wenn die zeitlichen Voraussetzungen für einen Leistungsanspruch noch nicht erfüllt sind. Steht allerdings zum Zeitpunkt der Entscheidung über den Versorgungsausgleich fest, dass die erforderliche Wartezeit nicht mehr erfüllt werden kann, findet kein Ausgleich statt. Stellt sich später heraus, dass bei einem in den Ausgleich einbezogenen Anrecht die Mindestzeit nicht erreicht worden ist, kommt eine Abänderung der Erstentscheidung nach § 225 FamFG in Betracht. Dasselbe gilt, wenn das Anrecht unberücksichtigt geblieben ist und sich entgegen der Prognose in der Erstentscheidung herausstellt, dass die Mindestzeit erfüllt worden ist.[66]

90 Die genannten zeitlichen Mindestgrenzen sind zu unterscheiden von dem möglichen Erfordernis der ununterbrochenen Beitragszahlung. Steht fest, dass mangels ununterbrochener Beitragszahlung schon dem Grunde nach kein Anrecht besteht, kommt kein Ausgleich in Betracht.[67]

91 Die zeitlichen Mindestgrenzen im Sinne des § 2 Abs. 3 VersAusglG sind außerdem zu unterscheiden von der Verfallbarkeit nach § 19 Abs. 2 Nr. 1 VersAusglG. Anrechte, die dem Grund oder der Höhe nach nicht hinreichend verfestigt sind und deshalb noch wegfallen können, sind grundsätzlich in den Versorgungsausgleich einzubeziehen. Allerdings können solche Anrechte nach § 19 Abs. 2 Nr. 1 VersAusglG nicht im Rahmen des Wertausgleichs bei der Scheidung intern oder extern geteilt werden, sondern bleiben dem Wertausgleich nach der Scheidung vorbehalten.

IV. Verhältnis zum güterrechtlichen Ausgleich (Absatz 4)

92 Der Versorgungsausgleich ist vom Güterstand unabhängig. Er ist deshalb auch bei Gütertrennung durchzuführen.[68]

---

[62] OLG Frankfurt v. 06.11.2013 - 5 UF 125/13.
[63] OLG Oldenburg v. 23.04.2014 - 13 UF 27/13.
[64] KG v. 06.02.2012 - 17 UF 272/11 - FamRZ 2012, 1218; OLG Naumburg v. 04.08.2011 - 3 UF 116/11 - FamRZ 2012, 1057; OLG Stuttgart v. 27.12.2012 - 17 UF 237/12; OLG Hamm v. 06.06.2013 - 2 UF 250/12; OLG Stuttgart v. 30.09.2013 - 11 UF 273/12 - FamRZ 2014, 39.
[65] BGH v. 21.10.1981 - IVb ZB 914/80 - FamRZ 1982, 31.
[66] BGH v. 11.02.2004 - XII ZB 65/99 - FamRZ 2004, 693; BGH v. 11.10.1995 - XII ZB 137/91 - FamRZ 1996, 98.
[67] BGH v. 11.02.2004 - XII ZB 65/99 - FamRZ 2004, 693; BGH v. 11.10.1995 - XII ZB 137/91 - FamRZ 1996, 98.
[68] BGH v. 18.01.2012 - XII ZB 213/11 - FamRZ 2012, 434; BGH v. 30.03.2011 - XII ZB 54/09 - FamRZ 2011, 877.

1. Verbot der Doppelverwertung

Nach § 2 Abs. 4 VersAusglG dürfen Anrechte, die im Versorgungsausgleich auszugleichen sind, im Rahmen des güterrechtlichen Ausgleichs nicht berücksichtigt werden. Damit räumt das Gesetz für Anrechte nach § 2 Abs. 1 und 2 VersAusglG einen Vorrang des Versorgungsausgleichs vor dem Zugewinnausgleich ein und verbietet eine Doppelverwertung von Anrechten.

Der Vorrang des Versorgungsausgleichs ist nicht disponibel.[69]

2. Scheitern des Ausgleichs

a. Gesetzliche Ausschlusstatbestände

Unerheblich ist, ob im Einzelfall tatsächlich ein Ausgleich des Anrechts im Versorgungausgleich erfolgt. Maßgebend ist alleine die Qualifizierung eines Anrechts als Anrecht im Sinne des § 2 Abs. 1 und 2 VersAusglG. Für einen güterrechtlichen Ausgleich bleibt deshalb auch dann kein Raum, wenn der Ausgleich im Einzelfall wegen kurzer Ehedauer (§ 3 Abs. 3 VersAusglG), aufgrund einer Vereinbarung (§ 6 VersAusglG), wegen geringer Ausgleichswerte (§ 18 VersAusglG) oder zur Vermeidung einer unbilligen Härte (§ 27 VersAusglG) unterbleibt.

b. Fortbestand des Anrechts

Die Einbeziehung eines Anrechts in den Versorgungsausgleich setzt allerdings voraus, dass das Anrecht zum Zeitpunkt der Entscheidung überhaupt noch vorhanden ist.

aa. Ausübung eines Kapitalwahlrechts

Übt der Ausgleichspflichtige vor der Entscheidung über den Versorgungsausgleich ein im Rahmen seiner privaten Rentenversicherung bestehendes Kapitalwahlrecht aus, kann das Anrecht im Versorgungsausgleich nicht mehr ausgeglichen werden, sondern fällt grundsätzlich in den Zugewinnausgleich.[70] Das gilt selbst dann, wenn ein Ausgleich des Zugewinns wegen vereinbarter Gütertrennung ausgeschlossen ist oder deshalb nicht in Betracht kommt, weil der Ausgleichspflichtige über hohes Anfangsvermögen verfügt.[71]

Die gesetzliche Regelung ermöglicht es den Eheleuten also in bestimmten Konstellationen, ihre Anrechte dem Ausgleich durch Ausübung eines Kapitalwahlrechts zu entziehen. § 29 VersAusglG steht dem nicht entgegen.

Allerdings kommt eine Korrektur über § 27 VersAusglG in Betracht, wenn der ausgleichspflichtige Ehegatte während des laufenden Versorgungsausgleichsverfahrens das für eine private Rentenversicherung vertraglich vorgesehene Kapitalwahlrecht ausübt und die Herausnahme des Anrechts aus dem Versorgungsausgleich ein illoyales Verhalten darstellt. Das ist insbesondere dann anzunehmen, wenn der Kapitalwert wegen vereinbarter Gütertrennung nicht im Rahmen des Zugewinnausgleichs ausgeglichen werden kann.[72]

bb. Verlust eines Anrechts

Beamtenrechtliche Versorgungsanrechte oder Zusatzversorgungsanrechte eines Arbeitnehmers im öffentlichen Dienst, die erloschen sind, weil dieser wegen einer vorsätzlichen Straftat rechtskräftig zu einer Freiheitsstrafe von mindestens zwei Jahren verurteilt worden ist, können nicht mehr ausgeglichen werden.[73]

3. Übergangsfälle

Problematisch sind Konstellationen, in denen der Zugewinn bereits vor Inkrafttreten des neuen Versorgungsausgleichsrechts am 01.09.2009 rechtskräftig ausgeglichen worden ist, aber keine Entscheidung zum Versorgungsausgleich ergangen ist. Wird der Versorgungsausgleich jetzt nach neuem Recht durchgeführt (§ 48 Abs. 3 VersAusglG), kann es dazu kommen, dass eine im Rahmen des Zugewinn-

---

[69] *Götsche* in: HK-VersAusglR, 2012, § 2 Rn. 71.
[70] BGH v. 18.04.2012 - XII ZB 325/11 - FamRZ 2012, 1039; KG v. 24.05.2011 - 13 UF 45/11 - FamRZ 2012, 375.
[71] Eingehend dazu *Götsche* in: HK-VersAusglR, 2012, § 2 Rn. 80.
[72] BT-Drs. 16/10144, S. 68; OLG Nürnberg v. 20.04.2011 - 10 UF 36/11 - FamRZ 2011, 1737; OLG Brandenburg v. 22.09.2010 - 9 UF 98/10 - FamRZ 2011, 722; OLG Köln v. 02.05.2013 - 4 UF 33/13; OLG Stuttgart v. 16.02.2012 - 18 UF 327/11 - FamRZ 2012, 1880.
[73] OLG Hamm v. 01.10.2012 - 3 UF 186/11 - FamRZ 2013, 1044.

§ 2 VersAusglG

ausgleichs bereits berücksichtigte Kapitalversorgung nach § 2 Abs. 2 Nr. 3 VersAusglG in den Versorgungsausgleich einzubeziehen ist. Auch § 2 Abs. 4 VersAusglG steht dem seinem Wortlaut nach nicht entgegen. Der Gesetzgeber hat darin allerdings klar zum Ausdruck gebracht, dass eine doppelte Berücksichtigung von Anrechten im Zugewinn- und Versorgungsausgleich nicht zulässig ist. Eine vor dem 01.09.2009 im Rahmen des Zugewinnausgleichs berücksichtigte Kapitallebensversicherung aus betrieblicher Altersversorgung ist deshalb nach Inkrafttreten des VAStrRefG nicht erneut auszugleichen.[74]

102 Haben die Eheleute dagegen vor der Neuregelung des Versorgungsausgleichs eine abschließende Trennungs- und Scheidungsfolgenvereinbarung mit vermögensrechtlicher Auseinandersetzung getroffen, so ist über ein Anrecht auf betriebliche Altersversorgung dennoch im Versorgungsausgleich zu entscheiden, wenn sich aus der Vereinbarung kein Hinweis darauf ergibt, dass die Eheleute das Anrecht mit der Vereinbarung haben ausgleichen wollen.[75]

---

[74] AG Ludwigslust v. 16.08.2011 - 5 F 310/09 - FamRZ 2012, 375.
[75] OLG Celle v. 04.03.2011 - 21 UF 43/11 - FamRZ 2011, 1228.

§ 3 VersAusglG Ehezeit, Ausschluss bei kurzer Ehezeit

(Fassung vom 03.04.2009, gültig ab 01.09.2009)

(1) Die Ehezeit im Sinne dieses Gesetzes beginnt mit dem ersten Tag des Monats, in dem die Ehe geschlossen worden ist; sie endet am letzten Tag des Monats vor Zustellung des Scheidungsantrags.

(2) In den Versorgungsausgleich sind alle Anrechte einzubeziehen, die in der Ehezeit erworben wurden.

(3) Bei einer Ehezeit von bis zu drei Jahren findet ein Versorgungsausgleich nur statt, wenn ein Ehegatte dies beantragt.

Gliederung

A. Grundlagen 1	a. Zeitratierliche Ermittlung 40
I. Kurzcharakteristik 1	b. Besondere Altersgrenzen 41
1. Regelungsinhalt 1	c. Vorzeitiger Ruhestand 42
2. Normstruktur 2	6. Berufsständische Versorgung 43
3. Normzweck 3	7. Betriebliche Altersversorgung 44
II. Gesetzesmaterialien 6	a. Grundsatz 44
B. Praktische Bedeutung 7	b. Sonderfälle 45
C. Anwendungsvoraussetzungen 8	c. Gesellschafter-Geschäftsführer 46
I. Ehezeit (Absatz 1) 8	8. Private Versorgung 47
1. Definition der Ehezeit 8	a. Private Altersversorgung 47
a. Beginn der Ehezeit 11	b. Private Invaliditätsversorgung 48
b. Ende der Ehezeit 12	III. Kurze Ehe (Absatz 3) 49
2. Korrektur der Ehezeit 27	1. Gesetzliche Ehezeit 50
a. Anforderung der Heiratsurkunde 27	2. Vereinbarungen 51
b. Beschwerde 28	**D. Verfahren** 53
3. Vereinbarungen 29	I. Anhängigkeit des Versorgungsausgleichs trotz kurzer Ehe 53
II. Ehezeitanteile (Absatz 2) 31	II. Folgen der Anhängigkeit 54
1. In-Prinzip 32	1. Beschlussformel 54
2. Ehezeit 33	2. § 137 Abs. 2 Satz 1 FamFG 55
3. Gesetzliche Rentenversicherung 34	3. Kein Anwaltszwang 57
a. Pflichtbeiträge 34	4. Kosten 58
b. Freiwillige Beiträge 35	a. Gebührenanfall 58
4. Alterssicherung der Landwirte 38	b. Verfahrenswert 59
5. Beamtenversorgung 39	

A. Grundlagen

I. Kurzcharakteristik

1. Regelungsinhalt

§ 3 VersAusglG regelt die für den Versorgungsausgleich maßgebende Ehezeit und ordnet die auszugleichenden Anteile von Anrechten dieser Ehezeit zu. Die Vorschrift sieht für den Regelfall außerdem einen Ausschluss des Versorgungsausgleichs bei kurzer Ehedauer vor. 1

2. Normstruktur

Absatz 1 definiert die gesetzliche Ehezeit. Absatz 2 regelt, wann ein Anrecht der Ehezeit zuzurechnen ist. Nach Absatz 3 wird der Versorgungsausgleich bei einer Ehedauer bis zu drei Jahren nur auf Antrag eines Ehegatten durchgeführt. 2

3. Normzweck

Die Definition der Ehezeit trägt dem Umstand Rechnung, dass in der Praxis Alters- und Invaliditäts- 3
renten grundsätzlich in vollen Monatsbeträgen berechnet werden.[1]

---

[1] BT-Drs. 16/10144, S. 47.

§ 3 VersAusglG

4 Die Zuordnung der Anrechte zur Ehezeit nach Maßgabe des Erwerbs dient dazu klarzustellen, ob ein Anrechtsanteil der Ehezeit zuzurechnen ist, wenn der Erwerb des Anrechts in der Ehezeit, die Zahlung des entsprechenden Beitrags aber außerhalb der Ehezeit erfolgt ist. § 3 Abs. 2 VersAusglG bestimmt insoweit, dass für die Zuordnung eines Anrechts zur Ehezeit der Zeitpunkt seines Erwerbs maßgeblich ist. Diesen bestimmen die einschlägigen Regelungen des jeweiligen Versorgungssystems. Mit der Regelung wird somit ein Gleichlauf zwischen versorgungsausgleichsrechtlicher und versorgungsrechtlicher Bewertung geschaffen.[2]

5 Grund für den Ausschluss des Versorgungsausgleichs bei einer Ehedauer von bis zu drei Jahren ist die Tatsache, dass bei einer derart kurzen Ehe in der Regel kein Bedürfnis für die Durchführung des Versorgungsausgleichs besteht.[3]

II. Gesetzesmaterialien

6 BT-Drs. 16/10144, S. 47 f.

B. Praktische Bedeutung

7 Praktische Bedeutung hat – im Vergleich zum Versorgungsausgleichsrecht vor September 2009 – vor allem der Ausschluss des Versorgungsausgleichs bei kurzer Ehe. In solchen Fällen, in denen von vornherein erkennbar ist, dass die Durchführung des Versorgungsausgleichs wegen des geringen Versorgungsunterschieds außer Verhältnis zu dem damit verbundenen Aufwand steht, konnte ein Ausschluss früher nur durch eine mit Mehrkosten verbundene Vereinbarung nach § 1587o BGB a.F. herbeigeführt werden, die nach Einholung der erforderlichen Rentenauskünfte familiengerichtlich genehmigt werden musste. Dagegen ermöglicht es § 3 Abs. 3 VersAusglG jetzt, in einer Vielzahl von Verfahren den Versorgungsausgleich ohne weiteres auszuschließen und das Verfahren dadurch erheblich zu beschleunigen.

C. Anwendungsvoraussetzungen

I. Ehezeit (Absatz 1)

1. Definition der Ehezeit

8 Die für den Versorgungsausgleich maßgebliche Ehezeit ist nach § 3 Abs. 1 VersAusglG die Zeit vom ersten Tag des Monats der Eheschließung bis zum letzten Tag des Monats, der der Zustellung des Scheidungsantrages vorausgeht.

9 **Beispiel:**

| Tag der Heirat: | 25.08.2000 | -> | Beginn der Ehezeit: | 01.08.2000 |
| Zustellung des Scheidungsantrags: | 10.05.2014 | -> | Ende der Ehezeit: | 30.04.2014 |

10 Haben die Eheleute nach Auflösung einer früheren Ehe einander wieder geheiratet, ist der Zeitraum der ersten Ehe unerheblich.

a. Beginn der Ehezeit

11 Die gesetzliche Ehezeit beginnt am ersten Tag des Monats, in dem die Eheleute geheiratet haben. Dadurch wird sichergestellt, dass der für den Versorgungsausgleich maßgebende Zeitraum immer aus vollen Monaten besteht.

b. Ende der Ehezeit

12 Demselben Zweck dient die Vorverlagerung des Ehezeitendes auf den letzten Tag des Monats, der dem Eintritt der Rechtshängigkeit des Scheidungsantrags vorausgeht. Gleichzeitig wird durch die Vorverlagerung des Ehezeitendes erreicht, dass die für den Versorgungsausgleich maßgebliche Ehezeit schon zu Beginn des Scheidungsverfahrens feststeht. Dadurch wird das Familiengericht in die Lage versetzt, über den Versorgungsausgleich zeitgleich mit dem Ausspruch der Ehescheidung im Verbundverfahren zu entscheiden.

---

[2] BT-Drs. 16/10144, S. 47.
[3] BT-Drs. 16/10144, S. 48.

aa. Zustellung des Scheidungsantrags

Das Ende der Ehezeit hängt somit vom Zeitpunkt der Rechtshängigkeit des Scheidungsantrags ab, also vom Zeitpunkt der förmlichen Zustellung der Scheidungsantragsschrift nach § 124 FamFG in Verbindung mit den §§ 253, 261 ZPO. Die formlose Übersendung einer Abschrift des Scheidungsantrags zur Stellungnahme im Verfahrenskostenhilfeprüfungsverfahren genügt nicht. Auch die Zustellung der Scheidungsantragsschrift eines nicht anwaltlich vertretenen Ehegatten begründet keine Rechtshängigkeit (§ 114 Abs. 1 FamFG).[4] Dasselbe gilt für eine Zustellung von Anwalt zu Anwalt (§ 113 Abs. 1 Satz 2 FamFG i.V.m. § 195 ZPO).[5]

bb. VKH-Prüfungsverfahren

Der Zeitpunkt der förmlichen Zustellung des Scheidungsantrags ist auch dann entscheidend, wenn die Zustellung wegen eines vorangegangenen Verfahrenskostenhilfeantrags mit erheblicher Verzögerung erfolgt ist.

cc. Zustellungsmängel

Ist die Zustellung der Antragsschrift wegen Verstoßes gegen zwingende Zustellungsvorschriften unwirksam und wird dieser Verstoß anschließend geheilt, so ist für die Bestimmung des Ehezeitendes nicht der Zeitpunkt der unwirksamen Zustellung maßgebend, sondern der Zeitpunkt der Heilung des Zustellungsmangels.[6] Nach § 113 Abs. 1 Satz 2 FamFG i.V.m. § 189 ZPO kommt es in solchen Fällen also auf den Zeitpunkt des tatsächlichen Zugangs an.

dd. Unklarer Zustellungszeitpunkt

Kann der genaue Zeitpunkt der Zustellung des Scheidungsantrags nicht mehr festgestellt werden, gehen die Zweifel jeweils zu Lasten des Ehegatten, der durch eine längere Ehedauer in Bezug auf das Anrecht begünstigt wäre.[7]

ee. Unterbliebene Zustellung

Ist die Zustellung des Scheidungsantrags unterblieben oder lässt sie sich nicht mehr feststellen, kommt es auf den Zeitpunkt des Scheidungsantrags in der mündlichen Verhandlung an (§ 113 Abs. 1 Satz 2 FamFG i.V.m. § 261 Abs. 2 ZPO).[8] Lässt sich der Eintritt der Rechtshängigkeit auch auf diese Weise nicht feststellen, ist der Zeitpunkt der Zustellung des Scheidungsbeschlusses maßgebend.[9]

ff. Verfrühter Scheidungsantrag

Erfolgte die Zustellung des Scheidungsantrages zwar verfrüht, d.h. deutlich vor Ablauf des Trennungsjahres, ist der Antrag aber trotzdem erfolgreich, weil bis zur Entscheidung über den Antrag das Trennungsjahr abgelaufen ist, wird das Ehezeitende durch die Zustellung des verfrühten Scheidungsantrags bestimmt.[10] Verschafft sich ein Ehepartner durch den verfrühten Scheidungsantrag illoyale Vorteile beim Versorgungsausgleich, kommt in schwerwiegenden Fällen eine Korrektur nach § 27 VersAusglG in Betracht.[11]

gg. Rücknahme des Scheidungsantrags

Die Rücknahme des Scheidungsantrags beendet die Rechtshängigkeit (§ 113 Abs. 1 Satz 2 FamFG, § 269 Abs. 3 ZPO), es sei denn, auch der andere Ehegatte hat die Scheidung beantragt. Die Ehe kann dann nur in einem neuen Verfahren geschieden werden, in dem die Ehezeit neu zu bestimmen ist. Die Rücknahme bedarf bis zum Beginn der mündlichen Verhandlung nicht der Zustimmung des Gegners.

---

[4] *Götsche* in: HK-VersAuslR, 2012, § 3 Rn. 7.
[5] *Götsche* in: HK-VersAuslR, 2012, § 3 Rn. 8.
[6] BGH v. 21.12.1983 - IVb ZB 29/82 - NJW 1984, 926.
[7] BGH v. 07.06.1989 - IVb ZB 70/88 - FamRZ 1989, 1058.
[8] OLG Brandenburg v. 04.12.1997 - 10 UF 83/96 - FamRZ 1998, 1439.
[9] OLG Brandenburg v. 25.08.2000 - 9 UF 238/98 - FamRZ 2001, 1220; vgl. auch OLG Zweibrücken v. 12.05.1998 - 5 UF 18/97 - FamRZ 1999, 27.
[10] BGH v. 04.12.1996 - XII ZR 231/95 - FamRZ 1997, 347; OLG Naumburg v. 19.03.2009 - 8 UF 24/09 - FamRZ 2009, 2019.
[11] *Götsche* in: HK-VersAusglR, 2012, § 3 Rn. 17.

Die nach diesem Zeitpunkt erforderliche Zustimmung zur Rücknahme des Scheidungsantrags unterliegt – wie die Zustimmung zur Scheidung – nicht dem Anwaltszwang (§§ 114 Abs. 4 Nr. 3, 134 FamFG).

hh. Wechselseitige Scheidungsanträge

20 Haben beide Eheleute die Scheidung beantragt, kommt es auf die Zustellung des Antrags an, der das zur Scheidung führende Verfahren eingeleitet hat.[12] Das ist regelmäßig der älteste noch rechtshängige Antrag, auch wenn es zur Aussetzung oder zu einem Stillstand des Scheidungsverfahrens gekommen ist.[13] Bei Anhängigkeit mehrerer Verfahren zwischen denselben Ehegatten ist der Antrag entscheidend, der zur Beendigung der Ehe geführt hat.[14] Haben die Eheleute in demselben Scheidungsverfahren wechselseitige Scheidungsanträge eingereicht, wird das Ende der Ehezeit auch durch den früheren Antrag bestimmt, wenn dieser Antrag zurückgenommen oder im Scheidungstermin nicht gestellt wird und die Ehe aufgrund des Antrags des anderen Ehegatten geschieden wird.[15] Voraussetzung ist aber, dass der zweite Scheidungsantrag vor der Rücknahme des ersten rechtshängig geworden ist.[16]

ii. Verfahrensunterbrechung/-stillstand

21 Der Zeitpunkt der Zustellung des Scheidungsantrags bleibt auch dann maßgeblich, wenn das Verfahren nicht mehr betrieben und/oder die Akte weggelegt worden ist.[17] Dasselbe gilt, wenn das Verfahren ausgesetzt worden ist oder längere Zeit geruht hat.[18]

22 **Beispiel:**[19]
Das Scheidungsverfahren ist im Jahr 2000 durch Zustellung des Scheidungsantrags der Ehefrau rechtshängig geworden, danach aber nicht weiterbetrieben worden. Im Jahr 2010 hat der Ehemann einen Gegenantrag gestellt; die Ehefrau hat sodann ihren Scheidungsantrag zurückgenommen. Das Ende der Ehezeit wird durch den ersten Antrag der Ehefrau bestimmt.

23 Eine Abweichung davon kommt allenfalls in besonders gelagerten Ausnahmefällen in Betracht. Das kann der Fall sein, wenn sich die Ehegatten versöhnt und die eheliche Lebensgemeinschaft langfristig wieder aufgenommen haben und das Scheidungsverfahren dabei in Vergessenheit geraten ist.[20] Kommt es zum Ruhen oder Stillstand des Scheidungsverfahrens, leben die Ehegatten aber weiterhin getrennt, kann nach Fortsetzung des Verfahrens dagegen nicht aus Billigkeitsgründen von einem späteren Ehezeitende ausgegangen werden.[21]

jj. Verfahren mit Auslandsbezug

24 **a) Verfahren im Ausland:** Bei Scheidungsverfahren im Ausland richtet sich der Zeitpunkt der Rechtshängigkeit nach dem Verfahrensrecht des Staates, in dem das Verfahren anhängig ist (lex fori).[22]

25 Ausländische Ehescheidungen, die nicht anerkennungsfähig sind, haben auf die Ehezeit keinen Einfluss.[23]

26 **b) Trennungsverfahren nach ausländischem Recht:** Der Zeitpunkt der Zustellung des Scheidungsantrags bleibt auch dann maßgebend, wenn das anwendbare ausländische Recht ein dem Scheidungsverfahren vorgeschaltetes gerichtliches Trennungsverfahren vorsieht und das Verfahren zunächst durch einen Trennungsantrag eingeleitet worden ist.[24]

---

[12] BGH v. 05.06.1991 - XII ZB 133/90 - FamRZ 1991, 1042.
[13] BGH v. 07.12.2005 - XII ZB 34/01 - FamRZ 2006, 260.
[14] BGH v. 05.06.1991 - XII ZB 133/90 - FamRZ 1991, 1042.
[15] BGH v. 21.10.1981 - IVb ZB 650/80 - FamRZ 1982, 153; BGH v. 26.01.1983 - IVb ZR 335/81 - FamRZ 1983, 38.
[16] BGH v. 11.02.2004 - XII ZB 162/01 - FamRZ 2004, 786; OLG Naumburg v. 07.11.2005 - 8 UF 194/05 - FamRZ 2006, 956.
[17] BGH v. 24.03.1993 - XII ARZ 3/93 - NJW-RR 1993, 898.
[18] BGH v. 07.12.2005 - XII ZB 34/01 - FamRZ 2006, 260.
[19] Nach OLG Koblenz v. 09.08.2011 - 13 UF 443/11 - FamRZ 2012, 709.
[20] BGH v. 18.12.1985 - IVb ZB 74/82 - FamRZ 1986, 335; BGH v. 05.06.1991 - XII ZB 133/90 - FamRZ 1991, 1042; BGH v. 23.06.2004 - XII ZB 212/01 - FamRZ 2004, 1364.
[21] BGH v. 23.06.2004 - XII ZB 212/01 - FamRZ 2004, 1364.
[22] BGH v. 03.02.1993 - XII ZB 93/90 - FamRZ 1993, 798; OLG Frankfurt v. 11.05.2009 - 5 WF 56/09 - FamRZ 2009, 1586.
[23] OLG Stuttgart v. 22.10.2007 - 17 UF 65/07 - FamRZ 2008, 1759.
[24] BGH v. 23.02.1994 - XII ZB 39/93 - FamRZ 1994, 825 zum Trennungsverfahren nach italienischem Recht.

2. Korrektur der Ehezeit

a. Anforderung der Heiratsurkunde

In der Praxis kommt es häufig dadurch zur Annahme einer falschen Ehezeit, weil der Antragsteller im Scheidungsantrag ein falsches Heiratsdatum angegeben hat. Wird der Fehler erst nach Einholung der Auskünfte der Versorgungsträger bemerkt, sind die eingeholten Rentenauskünfte unbrauchbar. Das Versorgungsausgleichsverfahren sollte deshalb erst gefördert werden, wenn die Eheleute eine Kopie der Heiratsurkunde oder eine Abschrift aus dem Familienbuch vorgelegt haben, die eine Überprüfung des Datums ermöglicht.

27

b. Beschwerde

Eine Entscheidung über den Versorgungsausgleich auf der Grundlage einer falschen Ehezeit kann mit der Beschwerde nach § 58 FamFG angefochten werden.

28

3. Vereinbarungen

§ 3 Abs. 1 VersAusglG ist unabdingbar. Die Eheleute können die gesetzliche Ehezeit nicht durch eine Vereinbarung nach § 6 VersAusglG ändern.[25] Entsprechende Vereinbarungen halten einer Kontrolle nach § 8 VersAusglG nicht stand.

29

Die Eheleute können aber vereinbaren, dass nur bis zu einem bestimmten Zeitpunkt – etwa bis zur Trennung – erworbene Anrechte in den Versorgungsausgleich einbezogen werden sollen.[26] Eine Vereinbarung, nach der ab einem bestimmten Zeitpunkt bis zum Ehezeitende erworbene Anrechte beim Versorgungsausgleich außer Betracht bleiben sollen, bedeutet keine Veränderung der gesetzlich festgelegten Ehezeit. Vielmehr hat eine solche Vereinbarung zum Inhalt und zur Folge, dass die auf die gesamte Ehezeit entfallenden Anrechte um die Anrechtsanteile bereinigt werden, die ausgenommen worden sind. Dafür sind die auszugleichenden Anrechte unter Anwendung der zum Ehezeitende maßgeblichen Berechnungsgrundlagen zu ermitteln. Von den danach insgesamt erworbenen Anwartschaften ist der Anteil abzurechnen, der in dem Zeitraum erworben ist, für den ein Versorgungsausgleich nicht erfolgen soll.[27] Ergänzend wird auf die Kommentierung zu § 6 VersAusglG verwiesen.

30

II. Ehezeitanteile (Absatz 2)

Im Versorgungsausgleich werden nach § 3 Abs. 2 VersAusglG nur die Anteile von Anrechten ausgeglichen, die die Eheleute in der Ehezeit erworben haben.

31

1. In-Prinzip

Für die Zuordnung eines Anrechts oder Anrechtsanteils zur Ehezeit ist der Zeitpunkt des Erwerbs maßgeblich. Dieser richtet sich nach den Regelungen des jeweiligen Versorgungssystems.[28] Maßgebend dafür, ob ein Anrecht in der Ehezeit erworben wurde oder nicht, ist das sog. In-Prinzip. Das bedeutet, dass es nicht darauf ankommt, **für** welchen Zeitraum ein Anrecht erworben wurde[29], sondern darauf, **in** welchem Zeitraum der Erwerb erfolgt ist.

32

2. Ehezeit

Unter Ehezeit ist in diesem Zusammenhang nicht die Ehezeit im Sinne des § 3 Abs. 1 VersAusglG zu verstehen, sondern der Zeitraum vom Tag der Eheschließung bis zum Tag der Zustellung des Scheidungsantrags.[30]

33

---

[25] BGH v. 18.07.2001 - XII ZB 106/96 - FamRZ 2001, 1444.
[26] OLG Saarbrücken v. 18.08.2011 - 6 UF 62/11 - FamRZ 2012, 232; OLG Zweibrücken v. 03.07.2006 - 2 UF 69/06 - FamRZ 2007, 480; OLG Frankfurt v. 26.07.2005 - 5 UF 247/03 - FamRZ 2006, 348; OLG Karlsruhe v. 18.06.2004 - 16 UF 235/03 - FamRZ 2005, 1747; OLG Brandenburg v. 26.07.2001 - 9 UF 78/99 - FamRZ 2002, 754; OLG München v. 22.07.1999 - 2 UF 1103/99 - OLGR München 1999, 366.
[27] OLG Saarbrücken v. 18.08.2011 - 6 UF 62/11 - FamRZ 2012, 232.
[28] BT-Drs. 16/10144, S. 47.
[29] Sog. Für-Prinzip.
[30] BGH v. 07.10.1992 - XII ZB 58/91 - FamRZ 1993, 294; BGH v. 03.06.1981 - IVb ZB 764/80 - FamRZ 1981, 1169.

3. Gesetzliche Rentenversicherung

a. Pflichtbeiträge

34　Pflichtbeiträge zur gesetzlichen Rentenversicherung werden in der Regel unmittelbar aus dem Arbeitsentgelt abgeführt werden. Maßgebend für den Erwerb des Versorgungsanrechts ist deshalb der Zeitpunkt der Arbeitsleistung, aus deren Vergütung die Beiträge geleistet worden sind.[31]

b. Freiwillige Beiträge

35　Für Beiträge pflichtversicherter Selbständiger und freiwillige Beiträge ist dagegen der Zeitpunkt der tatsächlichen Zahlung maßgeblich.[32] Erst nach Ende der Ehezeit eingezahlte freiwillige Beiträge des Versicherten bzw. die sich daraus ergebenden Anrechtsanteile sind also nicht in den Ausgleich einzubeziehen.

36　Dabei kommt es auf den Zeitpunkt der tatsächlichen Beitragszahlung an. Bei unbarer Zahlung liegt dieser Zeitpunkt nicht vor der Belastung des Kontos des Versicherten.[33]

37　Wurden andererseits in der Ehezeit Beiträge für Zeiträume vor der Ehe geleistet, sind diese Beiträge einzubeziehen.[34] Das gilt auch für die Nachentrichtung von Beiträgen wegen Heiratserstattung.[35] Auch Rentenanrechte, die in einer neuen Ehe durch Entrichtung von Wiederauffüllungsbeiträgen nach § 187 Abs. 1 Nr. 1 SGB VI für Zeiten einer früheren Ehe erworben worden sind, unterliegen bei Scheidung der neuen Ehe dem Versorgungsausgleich.[36] Bei Nachentrichtungen, die im Monat der Eheschließung, aber vor dem tatsächlichen Zeitpunkt der Eheschließung geleistet wurden, kann es dagegen verfassungsrechtlich geboten sein, die erworbenen Anrechte unberücksichtigt zu lassen.[37]

4. Alterssicherung der Landwirte

38　Die landwirtschaftliche Alterskasse wird über Beiträge der Versicherten finanziert. Maßgebend für die Zuordnung eines Anrechts zur Ehezeit ist deshalb der Zeitpunkt der Beitragszahlung, auf der das Anrecht beruht.

5. Beamtenversorgung

39　Maßgeblich für die Zuordnung von Anrechten aus der Beamtenversorgung ist die Dienstzeit. Ein Anrecht ist also insoweit der Ehezeit zuzuordnen, als die Dienstzeit in die Ehezeit fällt.[38]

a. Zeitratierliche Ermittlung

40　Nach § 44 VersAusglG i.V.m. § 40 VersAusglG wird der Ehezeitanteil von Anrechten aus der Beamtenversorgung zeitratierlich ermittelt. Der Ehezeitanteil ist somit der Verhältniswert der in die Ehezeit fallenden Dienstzeit zur insgesamt erreichten oder erreichbaren Dienstzeit. Daher wirken sich Kürzungen aufgrund eines Versorgungsausgleichs und Zahlungen zur Abwendung einer Versorgungskürzung nicht auf den Ehezeitanteil aus.[39]

b. Besondere Altersgrenzen

41　Bei einer Soldatenversorgung ist die der Ehezeitanteilsberechnung im Versorgungsausgleich zugrunde zu legende Gesamtzeit nach den besonderen Altersgrenzen des § 45 Abs. 2 SG zu bemessen.[40]

---

[31] BT-Drs. 16/10144, S. 47.
[32] BT-Drs. 16/10144, S. 47.
[33] BGH v. 18.09.1996 - XII ZB 95/94 - FamRZ 1996, 1538.
[34] OLG Köln v. 07.01.1999 - 14 UF 238/97 - NJW-RR 1999, 1162.
[35] BGH v. 13.11.1996 - XII ZB 121/96 - NJWE-FER 1999, 3.
[36] BGH v. 20.06.2007 - XII ZB 126/04 - FamRZ 2007, 1719; Anmerkungen dazu von *Rehbein*, jurisPR-FamR 21/2007, Anm. 1.
[37] BGH v. 07.10.1992 - XII ZB 4/92 - FamRZ 1993, 292.
[38] BT-Drs. 16/10144, S. 48.
[39] BGH v. 17.09.1997 - XII ZB 208/94 - FamRZ 1998, 419.
[40] BGH v. 12.09.2012 - XII ZB 225/12 - FamRZ 2013, 121; BGH v. 25.01.2012 - XII ZB 371/11 - FamRZ 2012, 944; BGH v. 19.12.2012 - XII ZB 299/10 - FamRZ 2013, 435.

c. Vorzeitiger Ruhestand

Wird ein Beamter wegen Dienstunfähigkeit vorzeitig in den Ruhestand versetzt, ist der Ehezeitanteil der Versorgung auf der Grundlage der tatsächlich zugrunde gelegten ruhegehaltsfähigen Dienstzeit zu berechnen. Diese wird somit durch die vorzeitige Pensionierung begrenzt. Eine fiktive Berechnung (mit fester Altersgrenze) scheidet auch dann aus, wenn die vorzeitige Dienstunfähigkeit nach dem Ende der Ehezeit, aber vor der Entscheidung in der letzten Tatsacheninstanz eintritt. Der Ehezeitanteil ist also aus dem Verhältnis der in der Ehezeit zurückgelegten Dienstzeit zur gesamten, bis zum Eintritt des vorzeitigen Ruhestandes zurückgelegten Dienstzeit zu ermitteln.[41]

42

6. Berufsständische Versorgung

Bei berufsständischen Versorgungen ist ähnlich wie in der gesetzlichen Rentenversicherung zwischen Pflichtbeiträgen und freiwilligen Beiträgen zu unterscheiden. Die Beitragspflicht entsteht auch hier durch geleistete Arbeit, so dass für die Zuordnung eines Anrechtsanteils maßgeblich ist, ob die geleistete Arbeit in die Ehezeit fällt oder nicht. Dagegen ist bei freiwilligen Beiträgen entscheidend, wann die Zahlung erfolgt ist. In diesem Fall sind nur die Beiträge auszugleichen, die in der Ehezeit gezahlt worden sind.[42]

43

7. Betriebliche Altersversorgung

a. Grundsatz

Für die Zuordnung von Anrechten aus betrieblicher Altersversorgung ist grundsätzlich der Zeitpunkt der Arbeitsleistung maßgeblich.[43]

44

b. Sonderfälle

Zeitwertguthaben sind einzubeziehen, wenn die Freistellung vor Ende der Ehezeit begonnen hat.[44] Bei Einmalzahlungen hängt die Einbeziehung vom Zeitpunkt der Zusage ab.[45] Wird die Versorgungszusage vor Ehezeitende erteilt, die Beschäftigung aber erst danach aufgenommen, ist das Anrecht nicht in der Ehezeit erworben.[46] Wird ein Anrecht der betrieblichen Altersversorgung (einer später insolvent gewordenen GmbH) mit Mitteln finanziert, die während der Ehezeit erwirtschaftet wurden, unterliegt es dann nicht dem Versorgungsausgleich, wenn nach Ehezeitende eine Liquidationsversicherung abgeschlossen wurde.[47]

45

c. Gesellschafter-Geschäftsführer

Der Ehezeitanteil aus einer Pensionszusage zugunsten des Gesellschafter-Geschäftsführers einer GmbH wird, anders als bei einem Anrecht, das dem BetrAVG unterliegt, nicht aus dem Verhältnis der Ehezeit zur Gesamtbetriebszugehörigkeit ermittelt; maßgebend ist vielmehr die gesamte berücksichtigungsfähige Zeit vom Zeitpunkt der Erteilung der Versorgungszusage bis zum Erreichen der festen Altersgrenze.[48]

46

8. Private Versorgung

a. Private Altersversorgung

Private Altersversorgungen werden mit Beiträgen des Versicherungsnehmers finanziert. Anrechte aus einer privaten Altersversorgung sind deshalb der Ehezeit zuzuordnen, wenn und soweit die Beiträge innerhalb der Ehezeit gezahlt worden sind.[49]

47

---

[41] OLG Naumburg v. 04.07.2012 - 8 UF 312/11.
[42] BT-Drs. 16/10144, S. 48.
[43] BT-Drs. 16/10144, S. 48.
[44] BT-Drs. 16/10144, S. 48; *Götsche* in: HK-VersAusglR, 2012, § 3 Rn. 40.
[45] BGH v 24.06.2009 - XII ZB 137/07 - FamRZ 2009, 1735
[46] BGH v. 01.06.2011 - XII ZB 186/08 - FamRZ 2011, 1216.
[47] OLG München v. 12.04.2011 - 33 UF 189/11 - BetrAV 2011, 487.
[48] OLG Stuttgart v. 10.08.2010 - 11 UF 150/10 - FamRZ 2010, 1987.
[49] BT-Drs. 16/10144, S. 48.

b. Private Invaliditätsversorgung

48 Für Anrechte aus privater Invaliditätsversorgung gilt § 28 Abs. 2 VersAusglG. Sie gelten als in vollem Umfang in der Ehezeit erworben. Insoweit wird auf die Kommentierung zu § 28 VersAusglG verwiesen.

III. Kurze Ehe (Absatz 3)

49 Bei einer Ehezeit bis zu drei Jahren wird der Versorgungsausgleich nur auf Antrag eines Ehegatten durchgeführt. Stellt kein Ehegatte den Antrag, ist der Versorgungsausgleich auszuschließen. Ermessen des Gerichts besteht nicht.

1. Gesetzliche Ehezeit

50 Ehezeit ist die gesetzliche Ehezeit im Sinne des § 3 Abs. 1 VersAusglG. Hat die Ehe, wenn auch nur geringfügig, länger gedauert, kommt ein Ausschluss nicht in Betracht.

2. Vereinbarungen

51 § 3 Abs. 3 VersAusglG sieht einen Ausschluss des Versorgungsausgleichs nur für den Fall vor, dass die gesetzliche Ehezeit kurz ist. Die Vorschrift kann aber entsprechend angewendet werden, wenn die Eheleute vereinbart haben, den Versorgungsausgleich nur für einen Teil der Ehezeit durchzuführen, und dieser Zeitraum kürzer ist als drei Jahre.

52 **Beispiel:**
Ehemann M und Ehefrau F vereinbaren bei der Eheschließung, dass der Versorgungsausgleich nur für die Zeiten durchgeführt werden soll, in denen einer von ihnen wegen der Betreuung eines gemeinsamen Kindes an der Ausübung einer Berufstätigkeit gehindert ist. Im Übrigen schließen sie den Versorgungsausgleich aus. Nach fünf Ehejahren bringt F ein Kind zur Welt und gibt ihre Berufstätigkeit auf. Ein halbes Jahr später wird das Scheidungsverfahren rechtshängig.
Der Versorgungsausgleich kann in entsprechender Anwendung des § 3 Abs. 3 VersAusglG ausgeschlossen werden. Denn aufgrund der Bindung des Familiengerichts an die Vereinbarung der Eheleute müsste der Ausgleich anderenfalls – entgegen der Intention des Gesetzgebers – für den Zeitraum eines halben Jahres durchgeführt werden. Den Eheleuten entsteht dadurch kein Nachteil; sie können die Durchführung des Versorgungsausgleichs beantragen.

D. Verfahren

I. Anhängigkeit des Versorgungsausgleichs trotz kurzer Ehe

53 Das Verfahren zur Durchführung des Versorgungsausgleichs wird auch im Fall des § 3 Abs. 3 VersAusglG zusammen mit dem Scheidungsverfahren eingeleitet (§ 137 Abs. 2 Satz 2 FamFG). Die Folgesache Versorgungsausgleich wird also unabhängig davon anhängig, ob bei einer kurzen Ehe ein Ehegatte die Durchführung des Versorgungsausgleichs beantragt.[50]

II. Folgen der Anhängigkeit

1. Beschlussformel

54 In der Beschlussformel ist nach § 224 Abs. 3 FamFG festzustellen, dass ein Versorgungsausgleich nicht stattfindet. Die Entscheidung ist anfechtbar und erwächst in Rechtskraft.[51]

2. § 137 Abs. 2 Satz 1 FamFG

55 Die Frist des § 137 Abs. 2 Satz 1 FamFG gilt für den Antrag auf Durchführung des Versorgungsausgleichs trotz kurzer Ehe nicht, weil die Folgesache automatisch mit der Einleitung der Hauptsache anhängig wird. Der Antrag nach § 3 Abs. 3 VersAusglG ist also kein den Entscheidungsverbund erst herstellender Verfahrensantrag, sondern ein Sachantrag im Rahmen des bereits bestehenden Verbundes.[52]

56 Der Antrag kann auch noch im Beschwerdeverfahren vor dem OLG gestellt werden.[53]

---

[50] Anders als in den Fällen des Art. 17 Abs. 3 BGBEG.
[51] OLG Karlsruhe v. 26.05.2010 - 16 WF 82/10 - FamRZ 2011, 669.
[52] OLG Dresden v. 24.08.2010 - 20 UF 526/10 - FamRZ 2011, 483; OLG Brandenburg v. 01.02.2011 - 13 UF 94/10 - FamRZ 2011, 1147; OLG Frankfurt v. 13.06.2012 - 3 UF 26/12 - FamFR 2012, 473.
[53] OLG Frankfurt v. 13.06.2012 - 3 UF 26/12 - FamFR 2012, 473.

3. Kein Anwaltszwang

Der Antrag nach § 3 Abs. 3 VersAusglG unterliegt nach § 114 Abs. 4 Nr. 7 FamFG nicht dem Anwaltszwang. 57

4. Kosten

a. Gebührenanfall

Verfahrens- und Terminsgebühren fallen für die Folgesache Versorgungsausgleich auch dann an, wenn die Durchführung des Versorgungsausgleichs nicht beantragt wird.[54] 58

b. Verfahrenswert

aa. Festsetzung des Verfahrenswerts

Für den Versorgungsausgleich ist grundsätzlich ein Verfahrenswert auch dann festzusetzen, wenn bei kurzer Ehedauer Anträge nach § 3 Abs. 3 VersAusglG nicht gestellt werden.[55] 59

Dagegen ist kein Verfahrenswert festzusetzen, wenn bei ausländischem Scheidungsstatut mangels Antrags nach Art. 17 Abs. 3 EGBGB kein Versorgungsausgleich durchzuführen ist.[56] 60

bb. Höhe des Verfahrenswerts

Als Verfahrenswert wird im Regelfall der Mindestwert von 1.000 € nach § 50 Abs. 1 FamGKG anzusetzen sein. Das Familiengericht ist jedenfalls nicht gehalten, alleine wegen des Verfahrenswerts zu ermitteln, wie viele Anrechte auszugleichen gewesen wären, hätte ein Ehegatte die Durchführung des Versorgungsausgleichs trotz kurzer Ehe beantragt.[57] Auch wenn die Anzahl der auszugleichenden Anrechte bekannt ist, gibt der Ausschluss des Ausgleichs nach § 3 Abs. 3 VersAusglG Grund, nach § 50 Abs. 3 FamGKG nur den Mindestwert festzusetzen.[58] 61

---

[54] OLG Karlsruhe v. 26.05.2010 - 16 WF 82/10 - FamRZ 2011, 669.
[55] OLG Karlsruhe v. 06.12.2010 - 5 WF 234/10 - FamRZ 2011, 668; OLG Jena v. 24.05.2011 - 1 WF 215/11 - FamRZ 2012, 128; OLG Düsseldorf v. 15.06.2010 - 7 WF 10/10 - FamRZ 2010, 2102; OLG Frankfurt v. 28.01.2011 - 5 WF 16/11; OLG Köln v. 20.12.2012 - 27 WF 245/12.
[56] Vgl. OLG Celle v. 20.09.2012 - 10 WF 235/12 - FamRZ 2013, 903.
[57] OLG Frankfurt v. 28.01.2011 - 5 WF 16/11.
[58] OLG Frankfurt v. 28.01.2011 - 5 WF 16/11.

§ 4 VersAusglG Auskunftsansprüche

(Fassung vom 03.04.2009, gültig ab 01.09.2009)

(1) Die Ehegatten, ihre Hinterbliebenen und Erben sind verpflichtet, einander die für den Versorgungsausgleich erforderlichen Auskünfte zu erteilen.

(2) Sofern ein Ehegatte, seine Hinterbliebenen oder Erben die erforderlichen Auskünfte von dem anderen Ehegatten, dessen Hinterbliebenen oder Erben nicht erhalten können, haben sie einen entsprechenden Auskunftsanspruch gegen die betroffenen Versorgungsträger.

(3) Versorgungsträger können die erforderlichen Auskünfte von den Ehegatten, deren Hinterbliebenen und Erben sowie von den anderen Versorgungsträgern verlangen.

(4) Für die Erteilung der Auskunft gilt § 1605 Abs. 1 Satz 2 und 3 des Bürgerlichen Gesetzbuchs entsprechend.

Gliederung

A. Grundlagen 1	1. Vorrangige Inanspruchnahme des Ehepartners 17
I. Kurzcharakteristik 1	2. Betroffene Versorgungsträger 18
1. Regelungsinhalt 1	III. Auskunftsansprüche der Versorgungsträger (Absatz 3) 19
2. Normzweck 2	1. Adressaten des Auskunftsanspruchs 19
3. Normstruktur 3	2. Berechtigtes Interesse 20
4. Regelungszusammenhang 4	IV. Art und Umfang der Auskunft (Absatz 4) 21
II. Gesetzesmaterialien 5	1. Übersichtliche Darstellung 22
B. Praktische Bedeutung 6	2. Inhalt der Auskunft 23
C. Anwendungsvoraussetzungen 9	a. Bezeichnung der Versorgung 23
I. Auskunftsansprüche der Ehegatten (Absatz 1) 9	b. Ehezeitanteil 24
1. Berechtigtes Interesse 10	c. Sonstige Angaben 25
a. Existenz auszugleichender Anrechte 11	3. Belegpflicht 28
b. Scheidungsvoraussetzungen 12	**D. Verfahren** 29
c. Ausschluss des Versorgungsausgleichs 13	I. Durchsetzung des Auskunftsanspruchs 29
2. Erben und Hinterbliebene 14	II. Vollstreckung 31
a. Erben 14	III. Rechtsmittel 32
b. Hinterbliebene 15	IV. Verfahrenswert 33
II. Ersatzauskunftsanspruch gegen den Versorgungsträger (Absatz 2) 16	

A. Grundlagen

I. Kurzcharakteristik

1. Regelungsinhalt

1 Die Vorschrift verpflichtet die am Versorgungsausgleich beteiligten Personen und Versorgungsträger, wechselseitig die zur Durchführung des Versorgungsausgleichs erforderlichen Auskünfte zu erteilen.

2. Normzweck

2 Der Auskunftsanspruch soll die Eheleute vor Einleitung des Scheidungsverfahrens in die Lage versetzen, sich Klarheit über die Folgen des Versorgungsausgleichs zu verschaffen und gegebenenfalls Scheidungsfolgenvereinbarungen über den Versorgungsausgleich zu treffen. Auch die beteiligten Versorgungsträger benötigen gelegentlich Informationen der Ehegatten oder anderer Versorgungsträger, um die für den Versorgungsausgleich benötigte Rentenauskunft erteilen zu können.

3. Normstruktur

3 Nach § 4 Abs. 1 VersAusglG sind die Ehepartner und ihre Erben bzw. Hinterbliebenen verpflichtet, wechselseitig die für den Versorgungsausgleich benötigten Auskünfte zu erteilen. Absatz 2 räumt den Ehegatten und ihren Erben bzw. Hinterbliebenen ersatzweise einen Auskunftsanspruch gegen die be-

troffenen Versorgungsträger ein. Nach Absatz 3 können die beteiligten Versorgungsträger untereinander und von den Eheleuten bzw. deren Erben oder Hinterbliebenen Auskunft verlangen. Absatz 4 verweist im Hinblick auf Art und Umfang der Auskunft auf § 1605 BGB.

4. Regelungszusammenhang

Der materielle Auskunftsanspruch aus § 4 VersAusglG besteht neben der verfahrensrechtlichen Auskunftspflicht aus § 220 FamFG. Anders als dieser hängt der materielle Auskunftsanspruch aber nicht von der Anhängigkeit des Scheidungsverfahrens oder einer isolierten Versorgungausgleichssache im Sinne des § 217 FamFG ab. Daneben bestehen Auskunftsansprüche gegen die Träger der eigenen Versorgungen aus den §§ 109 Abs. 5, 149 Abs. 3, 196 Abs. 1 SGB VI, § 49 Abs. 10 BeamtVG, § 46 SVG, § 49 ALG, § 4a BetrAVG.

II. Gesetzesmaterialien

BT-Drs. 16/10144, S. 48 f.

B. Praktische Bedeutung

Die praktische Bedeutung des materiellen Auskunftsanspruchs ist gering. Die Eheleute machen ihren Entschluss, das Scheidungsverfahren einzuleiten, in der Regel nicht von den Auswirkungen des Versorgungsausgleichs abhängig. Sobald das Scheidungsverfahren eingeleitet ist, holt das Familiengericht aber nach § 220 FamFG von Amts wegen die zur Durchführung des Versorgungsausgleichs notwendigen Auskünfte ein, so dass für die Beteiligten kein Anlass besteht, ihren materiellen Auskunftsanspruch durchzusetzen. Scheidungsfolgenvereinbarungen treffen die Eheleute, wenn nicht von vornherein Gründe bestehen, den Ausgleich insgesamt auszuschließen, regelmäßig erst, wenn die vom Gericht angeforderten Auskünfte der Versorgungsträger vorliegen.

Allerdings kann es sinnvoll sein, den Anspruch aus § 4 VersAusglG geltend zu machen, um ein Abänderungsverfahren vorzubereiten – insbesondere bei der möglichen Abänderung eines Alttitels. Hat sich der Wert eines Anrechts wesentlich geändert oder ist es in der Ausgangsentscheidung nach altem Recht zu einer Wertverzerrung infolge Dynamisierung nach der Barwertverordnung gekommen, kommt eine Abänderung nach § 51 VersAusglG in Betracht. Vor Einleitung des Abänderungsverfahrens sollte man aber klären, ob sich nicht auch die Werte anderer, in die Altentscheidung einbezogener Anrechte geändert haben. Denn die nach § 51 VersAusglG anzuordnende Totalrevision des Versorgungsausgleichs kann dazu führen, dass sich die Abänderung, obwohl sie im Hinblick auf ein Anrecht für den Antragsteller günstig ist, insgesamt nachteilig auswirkt. Lassen sich mögliche Wertänderungen der zu berücksichtigenden Anrechte nicht hinreichend sicher feststellen oder ausschließen, kann es – auch aus Kostengründen – ratsam sein, vor Einleitung des Verfahrens Auskunft zu verlangen.

Anders als vor September 2009 wird der materielle Auskunftsanspruch nicht mehr benötigt, um den anderen Ehegatten zur Mitwirkung am Versorgungsausgleichsverfahren anzuhalten. Nach früherem Recht konnte das Familiengericht die verfahrensrechtliche Auskunftspflicht der Eheleute nur durch die Festsetzung von Zwangsgeld durchsetzen, aber keine Zwangshaft anordnen (§ 11a VAHRG a.F., § 33 FGG a.F.); konnte das Zwangsgeld nicht vollstreckt werden, waren die Zwangsmittel des Gerichts erschöpft. Die Beteiligten haben dann häufig ihren materiellen und nach den Vorschriften der ZPO vollstreckbaren Auskunftsanspruch titulieren lassen, um die Festsetzung der Zwangshaft zu ermöglichen. Diesen Umweg über die Titulierung des materiellen Auskunftsanspruchs können sich die Beteiligten allerdings nach dem seit September 2009 geltenden Verfahrensrecht sparen, weil § 35 FamFG auch zur Durchsetzung der verfahrensrechtlichen Auskunftspflicht nach § 220 FamFG die Festsetzung der Zwangshaft zulässt. Damit ist der für die gerichtliche Praxis wichtigste Anwendungsbereich des materiellen Auskunftsanspruchs weggefallen.

C. Anwendungsvoraussetzungen

I. Auskunftsansprüche der Ehegatten (Absatz 1)

Nach § 4 Abs. 1 VersAusglG sind zunächst die Eheleute untereinander verpflichtet, die für den Versorgungsausgleich benötigten Auskünfte zu erteilen.

1. Berechtigtes Interesse

Voraussetzung für den Auskunftsanspruch ist ein berechtigtes Interesse an der Erteilung der Auskunft.

§ 4 VersAusglG

a. Existenz auszugleichender Anrechte

11 Ein rechtliches Interesse an der Erteilung der Auskunft besteht, wenn die Auskunft zur Wahrnehmung der Rechte im Zusammenhang mit dem Versorgungsausgleich benötigt wird.[1] Das berechtigte Interesse ergibt sich in der Regel daraus, dass zu vermuten ist, dass auszugleichende Anrechte des anderen Ehegatten im Sinne des § 2 VersAusglG bestehen.[2]

b. Scheidungsvoraussetzungen

12 Der Auskunftsanspruch besteht unabhängig von der Anhängigkeit des Scheidungsverfahrens. Die Auskunft kann also schon vor Einleitung des Scheidungsverfahrens verlangt werden.[3] Kann der Versorgungsausglich allerdings offensichtlich nicht durchgeführt werden, weil die Scheidungsvoraussetzungen nicht gegeben sind, besteht auch kein berechtigtes Interesse an der Auskunft.[4] Nach Abschluss des Scheidungsverfahrens bzw. nach rechtskräftiger Entscheidung über den Versorgungsausgleich bestehen Auskunftsansprüche, wenn ein Wertausgleich nach der Scheidung (§§ 20 ff. VersAusglG), eine Abänderung (§ 51 VersAusglG, §§ 225 ff. FamFG) oder eine Anpassung (§§ 32 ff. VersAusglG) der Entscheidung in Betracht kommen.

c. Ausschluss des Versorgungsausgleichs

13 Das berechtigte Interesse an der Erteilung der Auskunft besteht auch, wenn die Eheleute den Versorgungsausgleich nach § 6 VersAusglG ausgeschlossen haben oder ein Ausschluss nach § 27 VersAusglG in Frage kommt. Die Auskunft wird dann nämlich benötigt, um zu prüfen, ob der vereinbarte Ausschluss den Anforderungen des § 8 VersAusglG genügt[5] bzw. die erforderliche Gesamtbetrachtung der wirtschaftlichen Verhältnisse einen Ausschluss wegen grober Unbilligkeit nach § 27 VersAusglG rechtfertigt. Nur wenn der Ausgleich in diesen Fällen offensichtlich ausgeschlossen ist, entfällt das berechtigte Interesse an der Erteilung der Auskunft.[6]

2. Erben und Hinterbliebene

a. Erben

14 Stirbt ein Ehepartner nach Rechtskraft der Ehescheidung, aber vor Rechtskraft der Entscheidung über den Versorgungsausgleich, kann der überlebende Ehegatte das Verfahren nach § 31 Abs. 1 VersAusglG gegen die Erben fortsetzen, die dann nach § 4 Abs. 1 VersAusglG zur Auskunft verpflichtet sind.

b. Hinterbliebene

15 Im Fall des § 26 VersAusglG können die Hinterbliebenen Auskunft vom überlebenden Ehegatten verlangen.

II. Ersatzauskunftsanspruch gegen den Versorgungsträger (Absatz 2)

16 Können der auskunftsberechtigte Ehegatte bzw. seine Erben oder Hinterbliebenen die erforderliche Auskunft von dem anderen Ehegatten nicht erhalten, besteht ersatzweise ein Auskunftsanspruch gegen die betroffenen Versorgungsträger.

1. Vorrangige Inanspruchnahme des Ehepartners

17 Der Auskunftsanspruch gegen den Versorgungsträger setzt aber voraus, dass der andere Ehepartner trotz Aufforderung die erforderliche Auskunft nicht erteilt hat. Dabei kommt es nicht darauf an, ob er nicht in der Lage ist, die Auskunft zu erteilen, oder die Auskunft verweigert. Der Auskunftsberechtigte muss konkret darlegen, dass er den anderen Ehegatten vergeblich aufgefordert hat, die Auskunft zu erteilen.[7]

---

[1] BT-Drs. 16/10144, S. 49.
[2] *Götsche* in: HK-VersAusglR, 2012, § 4 Rn. 5.
[3] *Kemper*, Versorgungsausgleich in der Praxis, 2011, Kap. V. Rn. 14.
[4] *Götsche* in: HK-VersAusglR, 2012, § 4 Rn. 5; *Kemper*, Versorgungsausgleich in der Praxis, 2011, Kap. XI. Rn. 134.
[5] *Kemper*, Versorgungsausgleich in der Praxis, 2011, Kap. V. Rn. 15.
[6] *Götsche* in: HK-VersAusglR, 2012, § 4 Rn. 5.
[7] *Kemper*, Versorgungsausgleich in der Praxis, 2011, Kap. V. Rn. 20.

2. Betroffene Versorgungsträger

Der Ersatzauskunftsanspruch aus § 4 Abs. 2 VersAusglG richtet sich nicht gegen die Träger der eigenen Versorgungen, sondern nur gegen die der Versorgungen des anderen Ehegatten. Das ergibt sich sowohl aus Sinn und Zweck als auch aus dem Wortlaut der Vorschrift („betroffene Versorgungsträger"). 18

III. Auskunftsansprüche der Versorgungsträger (Absatz 3)

1. Adressaten des Auskunftsanspruchs

Nach § 4 Abs. 3 VersAusglG können auch die Versorgungsträger von den Ehegatten bzw. den Erben der Hinterbliebenen Auskunft verlangen. Die Versorgungsträger sind außerdem wechselseitig zur Auskunft verpflichtet. 19

2. Berechtigtes Interesse

Das berechtigte Interesse des Versorgungsträgers an der Erteilung einer Auskunft kann sich daraus ergeben, dass der Versorgungsträger auf Informationen der Eheleute oder anderer Versorgungsträger angewiesen ist, um den Ehezeitanteil der Versorgung zu berechnen. Das kann insbesondere der Fall sein, wenn der Ehezeitanteil von der Höhe einer anderen Versorgung abhängt – etwa im Rahmen einer Gesamtversorgung[8]. Dasselbe gilt, wenn – außerhalb eines Gesamtversorgungssystems – Anrechnungsbestimmungen zu berücksichtigen sind. Weitere Anwendungsbereiche sind die Anpassungsverfahren nach den §§ 32-38 VersAusglG und die Fälle des § 44 Abs. 4 VersAusglG. 20

IV. Art und Umfang der Auskunft (Absatz 4)

§ 4 Abs. 4 VersAusglG verweist im Hinblick auf Art und Umfang der Auskunft auf § 1605 Abs. 1 Sätze 2 und 3 BGB. 21

1. Übersichtliche Darstellung

Die Auskunftspflicht der Ehegatten umfasst sämtliche nach § 2 VersAusglG auszugleichenden Anrechte. Die Auflistung dieser Anrechte muss systematisch geordnet und übersichtlich sein. Auf Verlangen ist ein Bestandsverzeichnis zu erstellen (§ 1605 Abs. 1 Satz 3 BGB, §§ 260, 261 BGB). 22

2. Inhalt der Auskunft

a. Bezeichnung der Versorgung

Die Versorgungen sind so konkret zu bezeichnen, dass die Versorgung eindeutig zugeordnet werden kann. Anzugeben sind der Name und die Anschrift des Versorgungsträgers (Arbeitgeber, Versicherungs-/Versorgungsunternehmen), das Geschäftszeichen des Versorgungsträgers (Versicherungsnummer; Personalnummer, Versorgungsnummer) und die genaue Bezeichnung der maßgebenden Versorgungsordnung (Satzung, Betriebsvereinbarung, Tarifregelung, Versicherungsbedingungen). 23

b. Ehezeitanteil

Die Auskunftspflicht erstreckt sich außerdem auf die Ehezeitanteile, die Ausgleichswerte und die korrespondierenden Kapitalwerte der Anrechte. Diese Daten kann der Auskunftsverpflichtete bei seinem Versorgungsträger erfragen. Steht die Ehezeit mangels Zustellung des Scheidungsantrags noch nicht fest, ist die Auskunft für den Zeitraum vom Monat der Eheschließung bis zum Zeitpunkt der Auskunft zu erteilen. 24

c. Sonstige Angaben

Daneben sind Angaben zu den wertbildenden Merkmalen der Versorgung erforderlich, insbesondere zur Dynamik, zum Leistungsspektrum, zum Insolvenzschutz sowie zur Verfallbarkeit der Anrechte. 25

Darüber hinaus umfasst der Auskunftsanspruch Angaben, die im Rahmen der Prüfung des § 27 VersAusglG benötigt werden, wenn dazu konkreter Anlass besteht. Dazu gehören auch Angaben zu nicht mehr bestehenden Anrechten sowie Angaben zu den Einkommens- und Vermögensverhältnissen. 26

---

[8] BT-Drs. 16/10144, S. 48.

27 So ist ein geschiedener Ehegatte, der sich die bei seiner Firma bestehenden Rentenanrechte hat auszahlen lassen, seiner geschiedenen Ehefrau zur Auskunft über die aktuellen Rentenleistungen verpflichtet, die er erhalten hätte, wenn er sich nicht durch eine Kapitalauszahlung hätte abfinden lassen.[9]

3. Belegpflicht

28 Aufgrund der Verweisung auf § 1605 Abs. 1 Satz 3 BGB sind auf Verlangen Belege zu den geschuldeten Auskünften vorzulegen, insbesondere die Versorgungsordnungen, Rentenbescheide, Versicherungsverträge und Altersvorsorgeverträge.

D. Verfahren

I. Durchsetzung des Auskunftsanspruchs

29 Der Auskunftsanspruch kann mit einem isolierten Auskunftsantrag oder im Rahmen eines Stufenantrags gerichtlich geltend gemacht werden.[10]

30 Die Auskunft kann auch im Rahmen des Scheidungsverbundverfahrens verlangt werden.[11] Im Scheidungsverbund kommt aber nur ein Auskunftsantrag im Rahmen eines Stufenantrags in Betracht, weil der isolierte Auskunftsantrag nicht auf eine Entscheidung für den Fall der Scheidung gerichtet ist (§ 137 Abs. 2 FamFG). Nach Auffassung des OLG Hamm scheidet während eines anhängigen Scheidungsverfahrens die Durchsetzung des Auskunftsanspruchs als selbständige Familiensache aus. Der Auskunftsanspruch gehöre – wie die Durchführung des Versorgungsausgleichs selbst – zwingend in den Scheidungsverbund. Wird der Anspruch während der Anhängigkeit des Scheidungsverfahrens gestellt, müsse dieser im Verbund nach § 137 Abs. 2 Nr. 1 FamFG geltend gemacht werden, weil neben der Verbundsache eine selbständige Folgesache nicht zulässig sei. Der Auskunftsantrag werde dann im Rahmen des Verbundverfahrens wie ein Stufenantrag entsprechend § 254 ZPO behandelt, über den das Familiengericht durch Teilbeschluss entscheide.[12] Die Frage der Zulässigkeit eines isolierten Auskunftsantrags während der Anhängigkeit der Ehesache hat allerdings wenig praktische Relevanz. Denn nach Anhängigkeit des Scheidungsverfahrens besteht in der Regel kein Bedürfnis mehr für die Durchsetzung des materiellen Auskunftsanspruchs, weil das Familiengericht ohnehin nach § 220 FamFG die zur Durchführung des Versorgungsausgleichs erforderlichen Rentenauskünfte einholt.

II. Vollstreckung

31 Die Vollstreckung des titulierten Auskunftsanspruchs erfolgt nach § 95 Abs. 4 FamFG in Verbindung mit § 888 ZPO. Das Familiengericht kann Zwangsgeld bis zu 25.000 € (§ 888 Abs. 1 Satz 2 ZPO) oder Zwangshaft bis zu sechs Monaten (§§ 888 Abs. 1 Satz 3, 913 ZPO) anordnen. Die Zwangsmittel werden nicht angedroht (§ 888 Abs. 2 ZPO). Dem Schuldner der Auskunft ist aber rechtliches Gehör zu gewähren (§ 891 ZPO).

III. Rechtsmittel

32 Die (Teil-)Entscheidung über den Auskunftsantrag ist als Endentscheidung im Sinne des § 38 Abs. 1 FamFG mit der Beschwerde nach § 58 FamFG anfechtbar. Ein Mindestbeschwerdewert besteht nicht (§ 228 FamFG).

IV. Verfahrenswert

33 Der Verfahrenswert bei gerichtlicher Durchsetzung des Auskunftsanspruchs beträgt nach § 50 Abs. 2 FamGKG 500 €.

---

[9] AG Böblingen v. 16.04.2010 - 16 F 321/10 - FamRZ 2010, 1905.
[10] *Götsche* in: HK-VersAusglR, 2012, § 4 Rn. 20.
[11] *Götsche* in: HK-VersAusglR, 2012, § 4 Rn. 21; a.A. *Kemper*, Versorgungsausgleich in der Praxis, 2011, Kap. XI. Rn. 131: kein Rechtsschutzinteresse für Auskunftsantrag im Scheidungsverbund.
[12] OLG Hamm v. 27.08.2012 - 6 WF 152/12 - FamRZ 2013, 80; OLG Hamm v. 23.02.2012 - 6 WF 392/11.

§ 5 VersAusglG Bestimmung von Ehezeitanteil und Ausgleichswert

(Fassung vom 03.04.2009, gültig ab 01.09.2009)

(1) Der Versorgungsträger berechnet den Ehezeitanteil des Anrechts in Form der für das jeweilige Versorgungssystem maßgeblichen Bezugsgröße, insbesondere also in Form von Entgeltpunkten, eines Rentenbetrags oder eines Kapitalwerts.

(2) Maßgeblicher Zeitpunkt für die Bewertung ist das Ende der Ehezeit. Rechtliche oder tatsächliche Veränderungen nach dem Ende der Ehezeit, die auf den Ehezeitanteil zurückwirken, sind zu berücksichtigen.

(3) Der Versorgungsträger unterbreitet dem Familiengericht einen Vorschlag für die Bestimmung des Ausgleichswerts und, falls es sich dabei nicht um einen Kapitalwert handelt, für einen korrespondierenden Kapitalwert nach § 47.

(4) [1]In Verfahren über Ausgleichsansprüche nach der Scheidung nach den §§ 20 und 21 oder den §§ 25 und 26 ist grundsätzlich nur der Rentenbetrag zu berechnen. [2]Allgemeine Wertanpassungen des Anrechts sind zu berücksichtigen.

(5) Die Einzelheiten der Wertermittlung ergeben sich aus den §§ 39 bis 47.

Gliederung

A. Grundlagen 1	1. Bestimmung des Ausgleichswerts 48
I. Kurzcharakteristik 1	a. Vorschlag des Versorgungsträgers 48
1. Regelungsinhalt 1	b. Maßgebende Bezugsgröße 49
2. Normzweck 2	c. Prüfung durch das Familiengericht 50
3. Normstruktur 3	2. Angabe des korrespondierenden Kapitalwerts ... 51
4. Regelungszusammenhang 4	a. Bedeutung des korrespondierenden Kapitalwerts 52
II. Gesetzesmaterialien 5	
B. Praktische Bedeutung 6	b. Anwendungsbereiche 53
C. Anwendungsvoraussetzungen 7	c. Andere wertbildende Faktoren 54
I. Berechnung des Ehezeitanteils (Absatz 1) 7	IV. Wertausgleich nach der Scheidung (Absatz 4) 55
1. Berechnung durch den Versorgungsträger 7	
2. Maßgebende Bezugsgröße 8	1. Schuldrechtliche Ausgleichsrente 55
II. Bewertungszeitpunkt (Absatz 2) 15	a. Ausgleichswert als Rentenbetrag (Absatz 4 Satz 1) 55
1. Stichtagsprinzip 15	
2. Wertänderungen 16	b. Wertänderungen (Absatz 4 Satz 2) 56
a. Rückwirkung auf den Ehezeitanteil 16	2. Hinterbliebenenversorgung 66
b. Konkrete Feststellung der Wertänderung 22	3. Kapitalzahlung/Abfindung 67
c. Änderungen der rechtlichen Grundlagen 24	V. Wertermittlung (Absatz 5) 68
d. Fallgruppen 26	D. Verfahren 70
III. Vorschlag des Ausgleichs- und korrespondierenden Kapitalwert (Absatz 3) 47	

A. Grundlagen

I. Kurzcharakteristik

1. Regelungsinhalt

§ 5 VersAusglG enthält inhaltliche Vorgaben für die von den Versorgungsträgern zu erteilenden Auskünfte. Diese Vorgaben betreffen die Berechnung und Mitteilung des Ehezeitanteils, des Ausgleichswerts und des korrespondierenden Kapitalwerts.

2. Normzweck

Die Vorschrift legt – im Gegensatz zum früheren Recht – die Ermittlung des Ehezeitanteils und des darauf beruhenden Ausgleichswerts in die Hand des Versorgungsträgers, weil dieser den Wert der Ver-

§ 5 VersAusglG

sorgung aus dem eigenen Versorgungssystem aufgrund der ihm vertrauten rechtlichen Regelungen am besten berechnen kann.

3. Normstruktur

3 § 5 Abs. 1 VersAusglG verpflichtet die Versorgungsträger, den Ehezeitanteil in der für das jeweilige Versorgungssystem maßgebenden Bezugsgröße zu berechnen. Dabei sind nach Absatz 2 rechtliche oder tatsächliche Veränderungen nach dem Ende der Ehezeit nur zu berücksichtigen, soweit sie auf den Ehezeitanteil zurückwirken. Nach Absatz 3 muss der Versorgungsträger einen Vorschlag für den Ausgleichswert unterbreiten und – falls dieser nicht als Kapitalbetrag, sondern in einer anderen Bezugsgröße errechnet wird – den korrespondierenden Kapitalwert mitteilen. Absatz 4 enthält eine abweichende Regelung für den Ausgleich laufender Versorgungen im Rahmen des Wertausgleichs nach der Scheidung. Absatz 5 verweist wegen der Wertermittlung auf die §§ 39-37 VersAusglG.

4. Regelungszusammenhang

4 Die Vorschrift wird ergänzt durch die Wertermittlungsvorschriften in den §§ 39-47 VersAusglG und die verfahrensrechtliche Auskunftspflicht der Versorgungsträger aus § 220 FamFG.

II. Gesetzesmaterialien

5 BT-Drs. 16/10144, S. 49 f.

B. Praktische Bedeutung

6 Die Bestimmung des Ehezeitanteils und des sich daraus ergebenden Ausgleichswerts hat für die Praxis schon deshalb erhebliche Bedeutung, weil der Umfang des Versorgungsausgleichs von diesen Werten abhängt. Dasselbe gilt für den korrespondierenden Kapitalwert, der die wirtschaftliche Tragweite des Ausgleichs transparent macht. Zwar sind nach § 5 VersAusglG die Versorgungsträger verpflichtet, die maßgeblichen Werte zu ermitteln. Die abschließende Festlegung des Ausgleichswerts bzw. des korrespondierenden Kapitalwerts bleibt aber Sache des Familiengerichts.[1]

C. Anwendungsvoraussetzungen

I. Berechnung des Ehezeitanteils (Absatz 1)

1. Berechnung durch den Versorgungsträger

7 § 5 Abs. 1 VersAusglG verpflichtet den Versorgungsträger, den Ehezeitanteil (§ 1 Abs. 1 VersAusglG) des auszugleichenden Anrechts zu berechnen. Anders als nach früherem Recht ist die Ermittlung des Ehezeitanteils also nicht mehr Aufgabe des Familiengerichts, sondern des Versorgungsträgers.

2. Maßgebende Bezugsgröße

8 Der Versorgungsträger muss den Ehezeitanteil in der für das jeweilige Versorgungssystem maßgebenden Bezugsgröße berechnen. Die Bezugsgrößen der Ehezeitanteile der einzelnen Anrechte müssen – anders als früher – nicht vergleichbar sein oder gemacht werden. Die Umrechnung in eine für alle Anrechte geltende Bezugsgröße ist nicht mehr erforderlich. Der Ausgleich der Anrechte erfolgt zwingend in der nach dem jeweiligen Versorgungssystem maßgeblichen Bezugsgröße.[2]

9 Als Bezugsgrößen kommen neben Rentenbeträgen und Kapitalwerten auch Entgeltpunkte, Versorgungspunkte, Steigerungszahlen, Leistungszahlen, Punktwerte, Versorgungsbausteine etc. in Betracht.

10 Als Rentenbetrag werden insbesondere beamtenrechtliche Versorgungsanrechte ermittelt.

11 Für die gesetzliche Rentenversicherung sind Entgeltpunkte (§§ 63, 64 Nr. 1 SGB VI) die maßgebliche Bezugsgröße.[3] Auch für die umlagefinanzierte hüttenknappschaftliche Zusatzversicherung sind Entgeltpunkte und nicht die Höhe der daraus resultierenden monatlichen Zusatzrente die maßgebliche Bezugsgröße.[4]

---

[1] BT-Drs. 16/10144, S. 50.
[2] BGH v. 27.06.2012 - XII ZB 492/11.
[3] BGH v. 30.11.2011 - XII ZB 344/10 - FamRZ 2012, 192; BGH v. 30.11.2011 - XII ZB 328/10 - FamRZ 2012, 277; OLG Celle v. 22.11.2010 - 10 UF 232/09 - FamRZ 2011, 723; OLG Dresden v. 09.09.2010 - 23 UF 478/10.
[4] OLG Saarbrücken v. 22.05.2012 - 6 UF 50/12 - FamRZ 2012, 1717.

Bezugsgrößen der berufsständischen Versorgungsanrechte sind Rentenbeträge oder Steigerungszahlen. Maßgebliche Bezugsgröße der Bayerischen Ärzteversorgung ist der in deren Satzung bestimmte Punktwert.[5]

Anrechte aus der Zusatzversorgung des öffentlichen Dienstes werden mit Versorgungspunkten berechnet.[6]

Der Ehezeitanteil einer privaten Lebensversicherung wird in der Regel als Kapitalwert ermittelt. Bei Anrechten aus betrieblicher Altersversorgung sind die maßgebenden Bezugsgrößen regelmäßig Kapitalbeträge oder Versorgungsbausteine.

II. Bewertungszeitpunkt (Absatz 2)

1. Stichtagsprinzip

Der maßgebliche Zeitpunkt für die Bestimmung des Ehezeitanteils und des sich daraus ergebenden Ausgleichswerts ist das Ende der Ehezeit (§ 3 Abs. 1 VersAusglG). Die gesetzliche Regelung sieht eine strikte Halbteilung der Ehezeitanteile vor, die wegen des in § 5 Abs. 2 Satz 1 VersAusglG normierten Stichtagsprinzips bezogen auf das Ehezeitende zu bewerten sind.[7]

2. Wertänderungen

a. Rückwirkung auf den Ehezeitanteil

Spätere rechtliche oder tatsächliche Veränderungen zwischen Ehezeitende und der gerichtlichen Entscheidung sind als Ausnahme vom Stichtagsprinzip nur dann zu berücksichtigen, wenn sie rückwirkend zu einer anderen Bewertung des Ehezeitanteils und damit des Ausgleichswertes führen.[8] Diese Ausnahme vom Stichtagsprinzip ist aus Gründen der Verfahrensökonomie geboten. Denn blieben die nach Ehezeitende eingetretenen Umstände unberücksichtigt, würde der ersten Entscheidung über den Wertausgleich sofort ein Abänderungsverfahren folgen.

Anders als im Abänderungsverfahren nach den §§ 225, 226 FamFG kommt es für die Berücksichtigung von Wertänderungen nach § 5 Abs. 2 Satz 2 VersAusglG nicht auf die Wesentlichkeit der Änderung an.

Die berücksichtigungsfähigen Veränderungen sind auch nicht auf Anrechte aus den Regelsicherungssystemen beschränkt (§ 225 Abs. 1 FamFG, § 32 VersAusglG).

Unerheblich ist, ob einer der Ehegatten die nach Ehezeitende eingetretene Veränderung verschuldet hat.[9]

aa. Wertsteigerungen

Der nachehezeitliche Wertzuwachs einer fondsgebundenen privaten oder betrieblichen Rentenversicherung bleibt mangels Rückwirkung auf den Ehezeitanteil unberücksichtigt.[10]

bb. Wertverluste

Dagegen wirkt ein nachehezeitlicher Wertverlust der fondsgebundenen Altersversorgung auf den Ehezeitanteil zurück.[11] Ein Wert, der zum Zeitpunkt der Entscheidung nicht mehr vorhanden ist, kann nicht ausgeglichen werden.

b. Konkrete Feststellung der Wertänderung

Wertänderungen nach Ehezeitende sind allerdings nur zu berücksichtigen, wenn sie – etwa durch Einholung aktueller Rentenauskünfte – konkret festgestellt werden.[12]

Eine sog. „offene Beschlussformel", die mögliche Veränderungen von vornherein dadurch berücksichtigt, dass der Ehezeitanteil als Prozentsatz oder Bruchteil des Ehezeitanteils ausgedrückt wird, ist nicht hinreichend bestimmt und deshalb unzulässig.[13]

---

5 OLG Karlsruhe v. 01.02.2012 - 5 UF 277/11 - FamRZ 2012, 1716.
6 OLG Zweibrücken v. 23.11.2010 - 6 UF 162/10.
7 BT-Drs. 16/10144, S. 49; BGH v. 07.09.2011 - XII ZB 546/10 - FamRZ 2011, 1785.
8 BT-Drs. 16/10144, S. 49; BGH v. 07.09.2011 - XII ZB 546/10 - FamRZ 2011, 1785.
9 BGH v. 06.07.1988 - IVb ZB 151/84 - NJW 1989, 29; BGH v. 21.09.1988 - IVb ZB 99/85 - NJW 1989, 34.
10 BGH v. 29.02.2012 - XII ZB 609/10 - FamRZ 2012, 694.
11 BGH v. 29.02.2012 - XII ZB 609/10 - FamRZ 2012, 694.
12 BGH v. 29.02.2012 - XII ZB 609/10 - FamRZ 2012, 694.
13 OLG Saarbrücken v. 11.06.2012 - 6 UF 42/12; OLG Stuttgart v. 30.03.2012 - 17 UF 32/12 - NJW-Spezial 2012, 390; OLG Nürnberg v. 26.03.2012 - 9 UF 1939/11; OLG München v. 12.10.2010 - 12 UF 838/10 - FamRZ 2011, 376; OLG München v. 14.10.2010 - 12 UF 605/10 - FamRZ 2011, 377; *Götsche*, jurisPR-FamR 6/2011, Anm. 5; a.A. OLG Düsseldorf v. 20.05.2011 - 7 UF 210/10 - NJW-RR 2011, 1378; OLG Frankfurt v. 08.11.2011 - 4 UF 79/11; *Gutdeutsch/Hoenes/Norpoth*, FamRZ 2012, 597-601.

c. Änderungen der rechtlichen Grundlagen

24 Zu berücksichtigen sind Änderungen der maßgeblichen Versorgungsordnung, die sich auf die Qualität oder die Höhe der Versorgungsanwartschaften auswirken.[14]

25 Dasselbe gilt für Änderungen der höchstrichterlichen Rechtsprechung und Änderungen der gesetzlichen oder betrieblichen Grundlagen des Versorgungsanrechts.[15]

d. Fallgruppen

aa. Gesetzliche Rentenversicherung

26 Zu berücksichtigen sind Neubewertungen von Kindererziehungs- oder Anrechnungszeiten.

27 Die Gesamtleistungsbewertung beitragsfreier oder beitragsgeminderter Zeiten in der gesetzlichen Rentenversicherung nach den §§ 71 ff. SGB VI ist allein auf der Grundlage der ehezeitlichen Anrechte und ohne Berücksichtigung nachehelich erzielter Entgeltpunkte durchzuführen.[16]

bb. Beamtenrechtliche Versorgungen

28 **a) Änderungen der Versorgungshöhe:** Änderungen der Versorgungshöhe, die sich aufgrund nachehezeitlicher gesetzlicher Änderungen ergeben, sind immer zu berücksichtigen. Das gilt auch für die nachträglich durch Gesetz erfolgte Reduzierung, Erhöhung oder Wiedereinführung einer Sonderzahlung in der Beamtenversorgung.[17]

29 Erhöht sich in einem neuen Bundesland während des laufenden Versorgungsausgleichsverfahrens die Beamtenversorgung, weil diese an das Westniveau der Beamtenversorgung angeglichen wird, so ist die Erhöhung nach § 5 Abs. 2 Satz 2 VersAusglG zu berücksichtigen.[18]

30 **b) Beamte auf Widerruf und Zeitsoldaten:** Die Übernahme eines Widerrufsbeamten in das Beamtenverhältnis auf Probe ist keine auf die Ehezeit zurückwirkende Veränderung im Sinne des § 5 Abs. 2 Satz 2 VersAusglG.[19]

31 Auch die nachehezeitliche Übernahme eines Zeitsoldaten in das unbefristete Soldatenverhältnis ist keine auf den Ehezeitanteil rückwirkende Veränderung.[20]

32 **c) Vorzeitige Dienstunfähigkeit:** Wird ein Beamter wegen Dienstunfähigkeit vorzeitig in den Ruhestand versetzt, ist diese Veränderung wegen der damit verbundenen Verringerung des Ruhegehaltssatzes und der Verkürzung der ruhegehaltsfähigen Dienstzeit zu berücksichtigen.[21]

cc. Vorzeitiges Altersruhegeld

33 Nimmt der Ausgleichspflichtige nach dem Ende der Ehezeit vorzeitig Altersruhegeld aus einer berufsständischen Versorgung in Anspruch, stellt die sich aus den damit verbundenen Abschlägen folgende Versorgungskürzung keine auf die Ehezeit zurückwirkende Veränderung im Sinne des § 5 Abs. 2 Satz 2 VersAusglG dar.[22]

dd. Fondsgebundene Rentenversicherungen

34 **a) Fondsgebundene Rentenversicherungen:** Ein nachehezeitlicher Wertzuwachs einer fondsgebundenen privaten Rentenversicherung ist nicht zu berücksichtigen. Dagegen handelt es sich bei einem

---

[14] BGH v. 18.04.2012 - XII ZB 473/10 - FamRZ 2012, 1130.
[15] OLG Celle v. 25.05.1989 - 17 UF 136/88 - FamRZ 1989, 985; BGH v. 13.10.1993 - XII ZB 138/91 - FamRZ 1994, 92.
[16] BGH v. 21.03.2012 - XII ZB 372/11 - FamRZ 2012, 847; BGH v. 18.01.2012 - XII ZB 696/10 - FamRZ 2012, 509; OLG Celle v. 22.11.2010 - 10 UF 232/09 - FamRZ 2011, 723.
[17] OLG Brandenburg v. 08.01.2013 - 3 UF 111/12 - FamRZ 2014, 128.
[18] BGH v. 28.03.2012 - XII ZB 593/11 - FamRZ 2012, 941.
[19] BT-Drs. 16/10144, S. 51; OLG Frankfurt v. 30.11.2011 - 5 UF 81/11; BGH v. 13.01.1982 - IVb ZB 544/81 - FamRZ 1982, 362.
[20] BT-Drs. 16/10144, S. 51; BGH v. 02.10.2002 - XII ZB 76/98 - FamRZ 2003, 29.
[21] Vgl. OLG Naumburg v. 04.07.2012 - 8 UF 312/11.
[22] BGH v. 07.03.2012 - XII ZB 599/10 - FamRZ 2012, 851; a.A. zuvor OLG Stuttgart v. 21.10.2010 - 17 UF 222/10 - FamRZ 2011, 378.

nachehezeitlichen Wertverlust der fondsgebundenen privaten Altersversorgung um eine tatsächliche nachehezeitliche Veränderung, die auf den Ehezeitanteil zurückwirkt.[23]

Wertverluste nach Ehezeitende sind allerdings nur zu berücksichtigen, wenn sie konkret festgestellt werden.[24] Bei der externen Teilung fondgebundener Anrechte besteht für eine sog. „offene" Beschlussformel, die die beteiligten Versorgungsträger verpflichtet, Wertänderungen bis zum Vollzug der externen Teilung zu berücksichtigen, im Gesetz keine Grundlage.[25] Sie wäre mangels hinreichender Bestimmtheit auch nicht vollstreckbar.[26]

Auch bei der internen Teilung erfolgt der Ausgleich von Fondsanteilen durch die Übertragung eines Kapitalbetrages, der wertmäßig auf das Ehezeitende bezogen ist. Der Versorgungsträger ist gehalten, dieses Kapital in Fondsanteile zurückzurechnen, die dann ab dem Ehezeitende an der wertmäßigen Entwicklung in gleichem Maße teilhaben wie die Fondsanteile des Ausgleichsverpflichteten.[27]

Sind die Fondsanteile dagegen die nach § 5 Abs. 1 VersAusglG maßgebende Bezugsgröße der Versorgung, können die Anrechte auch in dieser Bezugsgröße extern geteilt werden. Dann genügt es, wenn der nach § 14 Abs. 4 VersAusglG zusätzlich zu schaffende Zahlungstitel einen Kapitalbetrag enthält, der sich aus dem korrespondierenden Kapitalwert des auf das Ehezeitende bezogenen Ausgleichswerts ableitet.[28]

Nach Auffassung des OLG Frankfurt ist bei der externen Teilung fondgebundener privater Rentenversicherungen mit einer garantierten Mindestleistung zwischen dem Ausgleich des Garantieleistung zugrunde liegenden herkömmlichen Deckungskapitals und dem Ausgleich des fondsgebundenen Deckungskapitals zu unterscheiden. Der Ausgleich des herkömmlichen Deckungskapitals erfolge in Höhe des hälftigen, nach § 169 Abs. 3 und 7 VVG zu ermittelnden, auf die Ehezeit entfallenden Rückkaufswerts zuzüglich des diesem zu Grunde gelegten Rechnungszinses des auszugleichenden Anrechts. Der Ausgleich des fondsgebundenen Deckungskapitals erfolge in Höhe des hälftigen Werts der während der Ehezeit erworbenen Fondsanteile im Zeitpunkt des Eintritts der Rechtskraft der Entscheidung über den Versorgungsausgleich.[29]

b) Bewertungsreserven: Der Anspruch auf die Beteiligung an den Bewertungsreserven einer privaten Rentenversicherung kann bei der externen Teilung nicht offen tenoriert werden, sondern ist mit dem Wert bei Ehezeitende anzusetzen. Wertgewinne bis zum Erlass der Entscheidung bleiben wie bei fondsbasierten Anrechten unberücksichtigt.[30]

ee. Illoyale Versorgungskürzungen

Auch treuwidrig herbeigeführte Versorgungskürzungen sind zu berücksichtigen. Sie können allerdings eine Korrektur nach § 27 VersAusglG erforderlich machen.[31]

ff. Berufliche Veränderungen

Beförderungen oder sonstige berufliche Aufstiege nach Ehezeitende, die keinen Bezug zum ehezeitlichen Versorgungserwerb aufweisen, bleiben unberücksichtigt.[32]

Dasselbe gilt für die auf einer nach dem Ende der Ehezeit aufgenommenen Berufstätigkeit des Ausgleichspflichtigen im Ausland beruhende Erhöhung eines Anrechts aus betrieblicher Altersversorgung.[33]

---

[23] BGH v. 29.02.2012 - XII ZB 609/10 - FamRZ 2012, 694; OLG München v. 12.10.2010 - 12 UF 838/10 - FamRZ 2011, 376; OLG München v. 14.10.2010 - 12 UF 605/10 - FamRZ 2011, 377; OLG Brandenburg v. 27.11.2012 - 3 UF 15/12.

[24] BGH v. 29.02.2012 - XII ZB 609/10 - FamRZ 2012, 694.

[25] OLG Nürnberg v. 26.03.2012 - 9 UF 1939/11; OLG München v. 14.10.2010 - 12 UF 605/10 - FamRZ 2011, 377; Götsche, jurisPR-FamR 6/2011, Anm. 5; vgl. auch BGH v. 29.02.2012 - XII ZB 609/10 - FamRZ 2012, 694.

[26] OLG München v. 14.10.2010 - 12 UF 605/10 - FamRZ 2011, 377.

[27] OLG Stuttgart v. 09.08.2012 - 16 UF 155/12.

[28] OLG Celle v. 28.08.2012 - 10 UF 17/12 - FamFR 2012, 470; OLG Frankfurt v. 26.08.2013 - 4 UF 113/12 - NZFam 2014, 38; OLG Zweibrücken v. 14.06.2012 - 2 UF 38/12; vgl. auch OLG Düsseldorf v. 20.05.2011 - 7 UF 210/10.

[29] OLG Frankfurt v. 28.02.2013 - 4 UF 194/11.

[30] OLG Nürnberg v. 18.10.2013 - 11 UF 462/13 - FamRZ 2014, 39.

[31] BT-Drs. 16/10144, S. 68; BGH v. 06.07.1988 - IVb ZB 151/84 - NJW 1989, 29; BGH v. 26.03.1986 - IVb ZB 37/83 - FamRZ 1986, 658; OLG Hamm v. 05.2011 - II-8 UF 163/10 - FamRZ 2012, 551; OLG Nürnberg v. 20.04.2011 - 10 UF 36/11 - FamRZ 2011, 1737; OLG Brandenburg v. 22.09.2010 - 9 UF 98/10 - FamRZ 2011, 722.

[32] BT-Drs. 16/10144, S. 51; BGH v. 13.05.1987 - IVb ZB 118/82 - FamRZ 1987, 918.

43 Wird die Altersgrenze für die Rentenzahlung durch eine individuelle Vereinbarung des Ausgleichsverpflichteten mit dem Versorgungsträger nach dem Ende der Ehezeit von 62 auf das Alter von 67 Jahren heraufgesetzt, ist dies bei der Bewertung des Ehezeitanteils ebenfalls nicht zu berücksichtigen.[34]

gg. Rentenbezug bei deckungskapitalbezogenen Versorgungen

44 Ein nach dem Ende der Ehezeit einsetzender Rentenbezug des Ausgleichspflichtigen stellt bei einer deckungskapitalbezogenen Versorgung eine auf den Ehezeitanteil zurückwirkende Veränderung dar. Denn der betroffene Versorgungsträger würde doppelt in Anspruch genommen, wenn der zum Stichtag festgestellte Kapitalwert bzw. Ausgleichswert übertragen würde, obwohl der Ausgleichspflichtige nach Ehezeitende, aber vor einer Entscheidung über den Versorgungsausgleich bereits Rentenleistungen bezogen hat und dadurch ein Kapitalverzehr eingetreten ist. In solchen Fällen ist der zeitnah zur Entscheidung über den Versorgungsausgleich zu ermittelnde (Rest-)Kapitalwert zu teilen.[35]

hh. Anpassungen betrieblicher Versorgungen/Rententrend

45 Für die Berechnung eines Anrechts aus betrieblicher Altersversorgung ist auf die Bemessungsgrundlage zum Stichtag Ehezeitende abzustellen. Eine Anwartschaftsdynamik, also die übliche Wertentwicklung – etwa aufgrund zwischenzeitlich erfolgter Anpassungen der Bemessungsgrundlage – ist nach dem Ehezeitende nicht zu berücksichtigen.[36]

46 Unberücksichtigt bleibt auch der Rententrend, wenn nicht feststeht, ob und in welcher Weise der Ausgleichspflichtige Anpassungen im Leistungsstadium erhalten wird.[37] Die Berücksichtigung der Rentendynamik würde zu einer unterschiedlichen Berechnung des Ausgleichswerts führen, je nachdem ob der Ausgleich intern oder extern vorzunehmen ist. Denn bei der internen Teilung nimmt das übertragene Anrecht ohnehin an den Entwicklungen der Versorgung teil. Eine solche unterschiedliche Bemessung des Ausgleichswerts sieht aber das Gesetz nicht vor.

III. Vorschlag des Ausgleichs- und korrespondierenden Kapitalwert (Absatz 3)

47 Der Versorgungsträger ist nicht nur verpflichtet, den Ehezeitanteil des auszugleichenden Anrechts zu bestimmen. Er muss nach § 5 Abs. 3 VersAusglG auch einen Vorschlag zur Bestimmung des Ausgleichswerts (§ 1 Abs. 2 VersAusglG) unterbreiten. Gleichzeitig muss der Versorgungsträger die Höhe des korrespondierenden Kapitalwerts (§ 47 VersAusglG) vorschlagen, falls er den Ausgleichswert nicht ohnehin als Kapitalwert bestimmt.

1. Bestimmung des Ausgleichswerts

a. Vorschlag des Versorgungsträgers

48 Nach § 5 Abs. 3 VersAusglG ist der Versorgungsträger verpflichtet, dem Familiengericht einen Vorschlag für den Ausgleichswert des auszugleichenden Anrechts zu unterbreiten. Diesem Vorschlag muss er nach § 220 Abs. 4 FamFG eine übersichtliche und nachvollziehbare Berechnung des Vorschlags beifügen und die für die Teilung maßgebenden Regelungen mitteilen.

b. Maßgebende Bezugsgröße

49 Der Versorgungsträger muss den Ausgleichswert in der für das jeweilige Versorgungssystem maßgebenden Bezugsgröße ermitteln. § 5 Abs. 3 VersAusglG stellt es dem Versorgungsträger nicht frei, eine andere Ausgleichsbezugsgröße als die nach seiner Versorgungsordnung maßgebliche zu wählen.[38]

---

[33] OLG Hamm v. 22.04.2013 - 10 UF 159/12.

[34] OLG Koblenz v. 05.07.2012 - 11 UF 1132/11 - FamRZ 2013, 462.

[35] OLG Köln v. 15.01.2013 - 4 UF 126/12; OLG Hamm v. 25.01.2013 - 10 UF 278/11; OLG Schleswig v. 23.07.2013 - 10 UF 205/12; KG Berlin v. 13.08.2012 - 17 UF 62/12 - FamRZ 2013, 464; OLG Celle v. 30.10.2013 - 10 UF 204/13; a.A. OLG Frankfurt v. 26.01.2012 - 5 UF 90/00.

[36] BT-Drs. 16/10144, S. 49; OLG Frankfurt v. 07.08.2012 - 1 UF 192/11; OLG Koblenz v. 05.07.2012 - 11 UF 1132/11 - FamRZ 2013, 462.

[37] OLG Frankfurt v. 07.08.2012 - 1 UF 192/11; a.A. OLG München v. 20.09.2011 - 16 UF 171/11 - FamRZ 2012, 130; OLG Koblenz v. 05.07.2012 - 11 UF 1132/11 - FamRZ 2013, 462; OLG Nürnberg v. 15.04.2014 - 7 UF 1115/13.

[38] BT-Drs. 16/10144, S. 49; BGH v. 27.06.2012 - XII ZB 492/11; KG v. 07.06.2011 - 13 UF 272/10 - FamRZ 2012, 635.

c. Prüfung durch das Familiengericht

Die Vorschlagspflicht der Versorgungsträger entbindet das Familiengericht nicht von seiner Pflicht, den Vorschlag des Versorgungsträgers zu überprüfen. Die abschließende Bestimmung des Ausgleichswerts ist vielmehr Sache des Gerichts, das den Ausgleich allerdings zwingend in der nach dem Versorgungssystem maßgeblichen Bezugsgröße durchzuführen hat.[39]

2. Angabe des korrespondierenden Kapitalwerts

Nach § 5 Abs. 3 VersAusglG sind die Versorgungsträger außerdem verpflichtet, einen Vorschlag zur Höhe des korrespondierenden Kapitalwerts zu unterbreiten, wenn der Ausgleichswert nicht ohnehin als Kapitalbetrag, sondern in einer anderen Bezugsgröße berechnet worden ist.

a. Bedeutung des korrespondierenden Kapitalwerts

Der korrespondierende Kapitalwert ist eine reine Hilfsgröße für Anrechte, deren Ausgleichswert nicht bereits als Kapitalwert bestimmt ist (§ 47 Abs. 1 VersAusglG). Er entspricht dem Betrag, der zum Ende der Ehezeit aufzubringen ist, um beim Versorgungsträger des Ausgleichspflichtigen ein Anrecht in Höhe des Ausgleichswerts zu begründen (§ 47 Abs. 2 VersAusglG). Der korrespondierende Kapitalwert ermöglicht es, verschiedene Anrechte mit unterschiedlichen Bezugsgrößen zu vergleichen und im Rahmen einer Gesamtbilanz der beiderseitigen Versorgungsanrechte gegenüberzustellen.

b. Anwendungsbereiche

Ein solcher Wertvergleich kann erforderlich werden, wenn Vereinbarungen der Ehegatten einer Inhalts- und Ausübungskontrolle nach § 8 VersAusglG zu unterziehen sind. Dasselbe gilt für die Prüfung von Härtefällen nach § 27 VersAusglG, bei denen es auf eine wirtschaftliche Gesamtbetrachtung der Versorgungssituation ankommt. Nach § 18 Abs. 2 VersAusglG ist zu prüfen, ob bei Anrechten mit geringem Ausgleichswert von einem Ausgleich abzusehen ist; auch dazu wird – je nach Bezugsgröße – der Kapitalwert des Ausgleichswerts benötigt. Darüber hinaus wird der (korrespondierende) Kapitalwert für die Prüfung der Voraussetzungen für eine externe Teilung (§§ 14 Abs. 2 Nr. 2, 17 VersAusglG) und die Durchführung der externen Teilung benötigt (§ 14 Abs. 4 VersAusglG, § 222 Abs. 3 FamFG).

c. Andere wertbildende Faktoren

Bei einer Gegenüberstellung verschiedener Anrechte ist allerdings zu berücksichtigen, dass der Wert eines Anrechts nicht alleine durch den Kapitalwert bestimmt wird. § 47 Abs. 6 VersAusglG stellt klar, dass es bei einem Wertvergleich auf der Grundlage der Kapitalwerte und korrespondierenden Kapitalwerte nicht nur auf deren Höhe ankommt. Zu berücksichtigen sind auch weitere wertbildende Faktoren, die sich auf die zu erwartende Versorgung auswirken. Solche Faktoren sind das Leistungsspektrum einer Versorgung (Altersversorgung und/oder Invaliditäts- und Hinterbliebenenschutz) und die allgemeinen Anpassungen (Steigerungen in der Anwartschafts- und/oder Leistungsphase). Daneben können andere Faktoren den Wert eines Anrechts beeinflussen, etwa der Insolvenzschutz oder Teilkapitalisierungsrechte.

IV. Wertausgleich nach der Scheidung (Absatz 4)

1. Schuldrechtliche Ausgleichsrente

a. Ausgleichswert als Rentenbetrag (Absatz 4 Satz 1)

Macht der Ausgleichsberechtigte im Rahmen des Wertausgleichs nach der Scheidung eine schuldrechtliche Ausgleichsrente nach (§§ 20, 21 VersAusglG) geltend, muss der Versorgungsträger den Ausgleichswert nach § 5 Abs. 4 Satz 1 VersAusglG (nur) als Rentenbetrag berechnen, weil es in diesen Verfahren um den Ausgleich laufender Rentenleistungen geht.

---

[39] BT-Drs. 16/10144, S. 49; BGH v. 27.06.2012 - XII ZB 492/11; KG v. 07.06.2011 - 13 UF 272/10 - FamRZ 2012, 635.

b. Wertänderungen (Absatz 4 Satz 2)

56 Wertänderungen nach Ehezeitende sind beim schuldrechtlichen Versorgungsausgleich gem. § 5 Abs. 4 Satz 2 VersAusglG zu berücksichtigen, soweit es sich um allgemeine Wertanpassungen handelt. Das ist der Fall, wenn die Wertänderung bereits bei Ehezeitende latent vorhanden war und lediglich zu einer Aktualisierung des Werts bei Ehezeitende geführt hat.[40]

57 Dazu gehören Erhöhungen in Form von Anpassungen an die wirtschaftliche Entwicklung, insbesondere Wertsteigerungen aufgrund einer schon bei Ehezeitende vorhandenen Dynamik der Versorgung. Dagegen bleiben unvorhersehbare Änderungen grundsätzlich unberücksichtigt. Eine nicht berücksichtigungsfähige Veränderung muss bei der Berechnung der schuldrechtlichen Ausgleichsrente aus dem Ehezeitanteil heraus gerechnet werden.[41]

58 Vorhersehbar und deshalb berücksichtigungsfähig sind insbesondere laufende Anpassungen einer Betriebsrente nach § 16 BetrAVG.[42]

59 Dasselbe gilt für Änderungen des Ehezeitanteils durch vorzeitigen Rentenbezug.[43] Eine nach Ende der Ehezeit erfolgte Erhöhung der Betriebsrente durch Berücksichtigung der Zeit vom Eintritt in den Vorruhestand bis zum Erreichen der Altersgrenze als versorgungssteigernde Zeit ist im Rahmen des schuldrechtlichen Versorgungsausgleichs durch zeitratierliche Bewertung zu berücksichtigen.[44]

60 Zu berücksichtigen ist auch die Erhöhung einer privaten Rentenversicherung aufgrund der Zuweisung von Überschussanteilen oder einer vertraglich vereinbarten Dynamik.

61 Auch Änderungen der Rechtsgrundlagen einer Versorgung, die sich auf die Höhe der Versorgungsleistung auswirken, sind zu berücksichtigen.[45]

62 Erhöhungen aufgrund einer neuen Versorgungszusage nach Ehezeitende sind dagegen nicht berücksichtigungsfähig.[46]

63 Dasselbe gilt für Erhöhungen, die mit einem beruflichen Aufstieg verbunden sind.[47]

64 Auch Erhöhungen einer Betriebsrente, die sich aus dem mit einer Wiederverheiratung ergebenden Steuervorteil beruhen, sind unbeachtlich.[48]

65 Erhöhungen des sog. Anmeldegehalts nach der Satzung des Versorgungsverbands der deutschen Wirtschaftsorganisationen wohnen dem Versorgungsanrecht am Ende der Ehezeit dann noch nicht latent inne, wenn sie nicht nur dem Inflationsausgleich dienen, sondern auf Antrag in Anlehnung an die Beamtenversorgung gewährt werden.[49]

2. Hinterbliebenenversorgung

66 Dasselbe gilt für Ansprüche auf Teilhabe an einer Hinterbliebenenversorgung nach § 25 VersAusglG oder § 26 VersAusglG.

3. Kapitalzahlung/Abfindung

67 Für den Ausgleich von Versorgungen, die eine Kapitalzahlung vorsehen (§ 22 VersAusglG) und den Ausgleich im Wege einer Abfindung (§ 23 VersAusglG) gilt § 5 Abs. 4 VersAusglG nicht. Der Versorgungsträger muss in diesen Fällen den Ausgleichswert bzw. den korrespondierenden Kapitalwert nach § 5 Abs. 1-3 VersAusglG berechnen und mitteilen.

---

[40] BGH v. 11.06.2008 - XII ZB 154/07 - FamRZ 2008, 1512.
[41] BGH v. 24.06.2009 - XII ZB 160/07 - FamRZ 2009, 1738.
[42] OLG Jena v. 11.02.2008 - 1 UF 304/07 - NJW-RR 2008, 959.
[43] BGH v. 07.02.1990 - XII ZB 55/88 - FamRZ 1990, 605; BGH v. 28.10.1992 - XII ZB 114/91 - FamRZ 1993, 304.
[44] OLG Frankfurt v. 16.03.2012 - 4 UF 143/11 - FamRZ 2012, 1727.
[45] OLG Koblenz v. 18.03.2008 - 11 UF 159/07 - FamRB 2008, 297 zur Absenkung des Ruhegehaltssatzes bei Beamten; OLG Hamm v. 31.08.2007 - 12 UF 359/06 - FamRZ 2008, 898 zum Wegfall von Sonderzuwendungen bei der Beamtenversorgung.
[46] BGH v. 11.06.2008 - XII ZB 154/07 - FamRZ 2008, 1512.
[47] BGH v. 24.06.2009 - XII ZB 160/07 - FamRZ 2009, 1738; OLG Hamm v. 01.07.1994 - 10 UF 310/93 - FamRZ 1994, 1528; OLG Frankfurt v. 12.09.2007 - 3 UF 396/06 - FamRZ 2008, 1081; OLG München v. 21.12.2006 - 26 UF 1298/06 - FamRZ 2007, 1897.
[48] OLG Hamm v. 16.08.2006 - 11 UF 184/05 - FamRZ 2007, 218.
[49] OLG Oldenburg v. 29.02.2012 - 11 UF 31/11 - FamRZ 2012, 1718.

V. Wertermittlung (Absatz 5)

§ 5 Abs. 5 VersAusglG weist – klarstellend – darauf hin, dass der Wert eines Anrechts nach Maßgabe der §§ 39-47 VersAusglG zu ermitteln ist.

§ 39 VersAusglG sieht für Anrechte, die sich noch in der Anwartschaftsphase befinden und deren Bezugsgrößen sich unmittelbar der Ehezeit zuordnen lassen, die unmittelbare Bewertung vor. Kommt eine unmittelbare Bewertung nicht in Betracht, ist das Anrecht nach § 40 VersAusglG zeitratierlich zu bewerten. Für die Bewertung laufender Versorgungen gilt § 41 VersAusglG. Führen die allgemeinen Bewertungsregeln nicht zu angemessenen Ergebnissen, die dem Halbteilungsgrundsatz entsprechen, ermöglicht § 42 VersAusglG eine Korrektur unter Billigkeitsgesichtspunkten. Die weiteren Bewertungsvorschriften enthalten Sonderregelungen für bestimmte Versorgungssysteme, nämlich für Anrechte der gesetzlichen Rentenversicherung (§ 43 VersAusglG), für beamtenrechtliche Versorgungen (§ 44 VersAusglG), für Anrechte aus betrieblicher Altersversorgung (§ 45 VersAusglG) und für Anrechte aus privaten Versicherungsverträgen (§ 46 VersAusglG). § 47 VersAusglG regelt die Berechnung des korrespondierenden Kapitalwerts. Im Übrigen wird auf die entsprechenden Kommentierungen verwiesen.

D. Verfahren

Die Versorgungsträger sind nach § 220 Abs. 4 Satz 1 FamFG verpflichtet, die nach § 5 VersAusglG benötigten Werte einschließlich einer übersichtlichen und nachvollziehbaren Berechnung mitzuteilen.

Zur nachvollziehbaren Berechnung des korrespondierenden Kapitalwerts (§ 47 VersAusglG) sind Angaben zur Höhe der auszugleichende Rente, zum Rechnungszins der Versorgung, zur Regelaltersgrenze, zur Lebenserwartung, zu wertsteigernden Leistungsmerkmalen und zum Invaliditätsversorgungszuschlag erforderlich.[50]

Fehlen diese Angaben oder ist die Wertermittlung nach Maßgabe des § 5 Abs. 5 VersAusglG i.V.m. den §§ 39 ff. VersAusglG nicht nachvollziehbar, sollte der Versorgungsträger nach § 220 Abs. 4 Satz 2 FamFG aufgefordert und nötigenfalls mit Zwangsmitteln angehalten werden, die Einzelheiten der Berechnung zu erläutern.

---

[50] *Götsche* in: HK-VersAusglR, 2012, § 5 Rn. 35.

§ 6 VersAusglG

Kapitel 2 - Ausgleich

Abschnitt 1 - Vereinbarungen über den Versorgungsausgleich

§ 6 VersAusglG Regelungsbefugnisse der Ehegatten

(Fassung vom 03.04.2009, gültig ab 01.09.2009)

(1) Die Ehegatten können Vereinbarungen über den Versorgungsausgleich schließen. Sie können ihn insbesondere ganz oder teilweise

1. in die Regelung der ehelichen Vermögensverhältnisse einbeziehen,
2. ausschließen sowie
3. Ausgleichsansprüchen nach der Scheidung gemäß den §§ 20 bis 24 vorbehalten.

(2) Bestehen keine Wirksamkeits- und Durchsetzungshindernisse, ist das Familiengericht an die Vereinbarung gebunden.

Gliederung

A. Grundlagen 1	II. Wirksamkeitsvoraussetzungen 32
I. Kurzcharakteristik 1	1. Formelle Anforderungen 32
1. Regelungsinhalt 1	2. Materielle Anforderungen 33
2. Regelungszusammenhang 2	**D. Rechtsfolgen** 35
3. Normstruktur 3	I. Bindung des Gerichts (Absatz 2) 35
4. Normzweck 4	II. Steuerrechtliche Folgen 37
II. Gesetzesmaterialien 5	**E. Verfahren** 38
B. Praktische Bedeutung 6	I. Zeitpunkt der Vereinbarung 38
C. Anwendungsvoraussetzungen 7	II. Vereinbarungen in Abänderungsverfahren 39
I. Regelungsbefugnisse der Ehegatten 7	III. Entscheidung des Familiengerichts 40
1. Dispositionsbefugnis (Absatz 1 Satz 1) 7	1. Ausgleich von Anrechten 40
2. Gestaltungsmöglichkeiten (Absatz 1 Satz 2) .. 8	2. Ausschluss des Ausgleichs 41
a. Teilregelungen 8	3. Zwischenfeststellung 42
b. Regelbeispiele 9	IV. Kosten 43
c. Einbeziehung in die Vermögensauseinandersetzung (Absatz 1 Satz 2 Nr. 1) 11	1. Verfahrenswert 43
d. Ausschluss des Versorgungsausgleichs (Absatz 1 Satz 2 Nr. 2) 13	2. Einigungsgebühr 46
e. Vorbehalt des Wertausgleichs nach der Scheidung (Absatz 1 Satz 2 Nr. 3) 29	a. Vollständiger Ausschluss des Versorgungsausgleichs 46
f. Nachträglicher Ausgleich übergangener Anrechte 31	b. Ausschluss des Ausgleichs einzelner Anrechte 48

A. Grundlagen

I. Kurzcharakteristik

1. Regelungsinhalt

1   Die Vorschrift erlaubt den Ehegatten, den Versorgungsausgleich mit bindender Wirkung für das Familiengericht von den gesetzlichen Vorgaben abweichend zu regeln. Sie ist an die Stelle der §§ 1587o und 1408 Abs. 2 Satz 1 BGB a.F. getreten. Im Vergleich zur Rechtslage vor dem 01.09.2009 erweitert § 6 VersAusglG die Dispositionsbefugnis der Ehegatten allerdings erheblich.

2. Regelungszusammenhang

2   Die Vorschrift wird durch die §§ 7, 8 VersAusglG ergänzt. § 7 VersAusglG enthält Formanforderungen an eine Vereinbarung zum Versorgungsausgleich, § 8 VersAusglG normiert materielle Wirksamkeitsvoraussetzungen.

3. Normstruktur

§ 6 VersAusglG besteht aus zwei Absätzen. Absatz 1 eröffnet den Eheleuten die Möglichkeit, Vereinbarungen über den Versorgungsausgleich zu treffen. Daneben nennt die Vorschrift in Betracht kommende Gestaltungsmöglichkeiten. Absatz 2 stellt klar, dass die Familiengerichte an Vereinbarungen der Eheleute gebunden sind.

4. Normzweck

Vereinbarungen zum Versorgungsausgleich sind vom Gesetzgeber ausdrücklich gewünscht.[1] Deshalb erleichtern die §§ 6-8 VersAusglG den Abschluss solcher Vereinbarungen. Gleichzeitig werden die Gestaltungsspielräume der Ehegatten im Hinblick auf den Versorgungsausgleich ausgeweitet.

II. Gesetzesmaterialien

BT-Drs. 16/10144, S. 51 f.

B. Praktische Bedeutung

Dem Ziel des Gesetzgebers entsprechend wird in der Praxis von der vereinfachten Möglichkeit, Vereinbarungen zum Versorgungsausgleich zu treffen, rege Gebrauch gemacht. Von der gesetzlichen Regelung abweichende Vereinbarungen bieten sich an, wenn der Ausgleich einzelner oder mehrerer Anrechte seinen Zweck verfehlen würde. Das kann etwa der Fall sein, wenn sich Anrechte mit annähernd gleichen Ausgleichswerten gegenüberstehen, die gesetzlichen Ausschlusstatbestände aber nicht greifen. Die Vereinbarung eines Ausschlusses des Ausgleichs kann in solchen Fällen alleine wegen der sonst anfallenden Teilungskosten geboten sein. Ein vollständiger Ausschluss des Versorgungsausgleichs kommt vor allem in Betracht, wenn beide Ehegatten über eine ausreichende eigene Altersversorgung verfügen und keine ehebedingten Versorgungsnachteile erlitten haben.

C. Anwendungsvoraussetzungen

I. Regelungsbefugnisse der Ehegatten

1. Dispositionsbefugnis (Absatz 1 Satz 1)

§ 6 Abs. 1 Satz 1 VersAusglG räumt den Eheleuten die grundsätzliche Möglichkeit ein, Vereinbarungen zum Versorgungsausgleich zu treffen, um den Ausgleich anders zu regeln, als gesetzlich vorgesehen ist.

2. Gestaltungsmöglichkeiten (Absatz 1 Satz 2)

a. Teilregelungen

Die Ehegatten können den Versorgungsausgleich ganz oder teilweise vom Gesetz abweichend regeln. Im Gegensatz zur Rechtslage vor dem 01.09.2009 erlaubt § 6 Abs. 1 Satz 2 VersAusglG ausdrücklich auch Vereinbarungen, die nur Teilbereiche des Versorgungsausgleichs regeln. Das neue Recht verbietet also nicht mehr den Ausschluss einzelner Anrechte. Die unter Geltung des früheren Rechts entwickelte Rechtsprechung zur Nichtigkeit anrechtsbezogener Teilausschlüsse des Versorgungsausgleichs ist damit hinfällig.[2]

b. Regelbeispiele

§ 6 Abs. 1 Satz 2 VersAusglG enthält Regelbeispiele für Vereinbarungen zum Versorgungsausgleich.[3] Das Gesetz nennt drei mögliche Gestaltungsformen, nämlich die Einbeziehung des Versorgungsausgleichs in die Vermögensauseinandersetzung (Absatz 1 Satz 2 Nr. 1), den Ausschluss des Versorgungsausgleichs (Absatz 1 Satz 2 Nr. 2) und den Vorbehalt des Wertausgleichs nach der Scheidung (Absatz 1 Satz 2 Nr. 3).

Der Wortlaut der Vorschrift („insbesondere") stellt klar, dass diese Auflistung nicht abschließend ist.

---

[1] BT-Drs. 16/10144, S. 51.
[2] BGH v. 07.10.1987 - IVb ZB 4/87 - FamRZ 1988, 153.
[3] BT-Drs. 16/10144, S. 51.

c. Einbeziehung in die Vermögensauseinandersetzung (Absatz 1 Satz 2 Nr. 1)

11 Durch die nach § 6 Abs. 1 Satz 2 Nr. 1 VersAusglG in Betracht kommende Einbeziehung des Versorgungsausgleichs in die Auseinandersetzung des Vermögens können die Eheleute mögliche Liquiditätsprobleme lösen.[4] Die Ehegatten sind im Fall einer Scheidung nicht selten gezwungen, Vermögensgegenstände – etwa das Familieneigenheim – zu veräußern, weil ihre liquiden Mittel nicht ausreichen, um Unterhalts- und Zugewinnausgleichsansprüche oder sonstige Ausgleichsforderungen zu erfüllen. Solche Liquiditätsprobleme können u.U. dadurch beseitigt werden, dass im Rahmen einer Gesamtbilanz der wechselseitigen Ausgleichsansprüche werthaltige Versorgungsanrechte einbezogen werden.

12 Die Vereinbarung eines solchen Gesamtpakets kann, obwohl die korrespondierenden Kapitalwerte im Sinne des § 47 VersAusglG einen Wertvergleich der Anrechte mit anderen Vermögensgegenständen ermöglichen, im Einzelfall allerdings mit erheblichen Schwierigkeiten verbunden sein – etwa im Hinblick auf latente Steuerlasten.[5]

d. Ausschluss des Versorgungsausgleichs (Absatz 1 Satz 2 Nr. 2)

aa. Vollständiger Ausschluss

13 Die Ehegatten können den Versorgungsausgleich durch Vereinbarung auch vollständig ausschließen. Zu berücksichtigen ist aber, dass jede Vereinbarung zum Versorgungsausgleich einer Inhalts- und Ausübungskontrolle durch das Familiengericht nach § 8 Abs. 1 VersAusglG unterliegt.

14 Dieser Kontrolle hält ein vollständiger Ausschluss des Versorgungsausgleichs in der Regel nur stand, wenn beide Ehegatten trotz des Ausschlusses im Alter oder im Fall der Invalidität ausreichend abgesichert sind, der Verzicht auf den Versorgungsausgleich nicht einen Ehegatten unangemessen benachteiligt und diese Benachteiligung auch nicht aufgrund besonderer Umstände gerechtfertigt ist oder in irgendeiner Form kompensiert wird. Ein ohne adäquate Kompensation vereinbarter Verzicht auf den Versorgungsausgleich ist sittenwidrig, wenn nach den Gesamtumständen der kompensationslose Verzicht für einen Ehegatten eine mit dem Gedanken der nachehelichen Solidarität nicht mehr vereinbare, unzumutbare Lastenverteilung ergibt.[6]

15 Waren dagegen zum Zeitpunkt des Vertragsschlusses beide Ehegatten bei nicht deutlich unterschiedlichen Einkommensverhältnissen voll erwerbstätig, und konnten sie davon ausgehen, auch für den Fall der Scheidung ihren Lebensunterhalt selbst verdienen zu können, kann ein wechselseitiger Verzicht auf Durchführung des Versorgungsausgleichs nicht als sittenwidrig gewertet werden.[7]

16 Dasselbe gilt in den Fällen, in denen ohne die Vereinbarung der Eheleute ein gesetzlicher Ausschlusstatbestand eingreifen würde; ein – auch entschädigungslos – vereinbarter Verzicht auf den Versorgungsausgleich hält der erforderlichen Inhalts- und Ausübungskontrolle dann ohne weiteres stand.

17 Wegen der Einzelheiten wird auf die Kommentierung zu § 8 VersAusglG verwiesen.

bb. Beschränkung des Ausgleichs

18 Als Alternative zum vollständigen Ausschluss können die Eheleute den Versorgungsausgleich auch einschränken, indem sie vereinbaren, dass der Ausgleich einzelner Anrechte ausgeschlossen wird, einzelne Anrechte nicht in voller Höhe des gesetzlichen Ausgleichswerts ausgeglichen werden oder der Versorgungsausgleich für einen Teil der Ehezeit durchgeführt wird.

19 a) **Ausschluss einzelner Anrechte:** Eine solche Vereinbarung bietet sich – insbesondere zur Vermeidung unnötiger Teilungskosten – an, wenn sich in der Versorgungsbilanz Anrechte mit annähernd gleichen Ausgleichswerten gegenüberstehen, ein Ausschluss nach § 18 Abs. 1 VersAusglG aber nicht in Betracht kommt, weil die beiderseitigen Anrechte keine Anrechte gleicher Art sind.

20 b) **Ausschluss eines Teils der Ehezeit:** Die gesetzliche Ehezeit nach § 3 Abs. 1 VersAusglG ist unabdingbar. Die Eheleute können die Ehezeit nicht durch eine Vereinbarung nach § 6 VersAusglG ändern.[8] Sie können aber vereinbaren, dass nur die in einem abweichenden Zeitraum erworbenen Anrechtsanteile in den Versorgungsausgleich einbezogen werden sollen – etwa die bis zur Trennung er-

---

[4] BT-Drs. 16/10144, S. 51.
[5] Eingehend dazu *Götsche* in: HK-VersAusglR, 2012, § 6 Rn. 23.
[6] BGH v. 09.07.2008 - XII ZR 6/07 - FamRZ 2008, 2011; BGH v. 18.03.2009 - XII ZB 94/06 - FamRZ 2009, 1041.
[7] OLG Köln v. 25.10.2010 - II-4 UF 158/10 - FamRZ 2011, 1063.
[8] BGH v. 18.07.2001 - XII ZB 106/96 - FamRZ 2001, 1444.

worbenen Anrechtsanteile.[9] Auch eine ehevertragliche Vereinbarung, nach der der Versorgungsausgleich – bei Ausschluss im Übrigen – nur für Zeiträume stattfinden soll, in denen ein Ehegatte wegen der Betreuung gemeinsamer Kinder seine Erwerbstätigkeit einschränkt, ist zulässig, wenn sie einer Wirksamkeits- und Ausübungskontrolle standhält.[10]

Eine Vereinbarung, nach der ab einem bestimmten Zeitpunkt bis zum Ehezeitende erworbene Anrechte beim Versorgungsausgleich außer Betracht bleiben sollen, bedeutet keine Veränderung der gesetzlich festgelegten Ehezeit.[11] Vielmehr hat eine solche Vereinbarung zum Inhalt und zur Folge, dass die auf die gesamte Ehezeit entfallenden Anrechte um die Anrechtsanteile bereinigt werden, die ausgenommen worden sind. Dafür sind die auszugleichenden Anrechte unter Anwendung der zum Ehezeitende maßgeblichen Berechnungsgrundlagen zu ermitteln. Von den danach insgesamt erworbenen Anwartschaften ist der Anteil abzurechnen, der in dem Zeitraum erworben ist, für den ein Versorgungsausgleich nicht erfolgen soll.[12]

Treten innerhalb eines durch Vereinbarung vom Versorgungsausgleich ausgeschlossenen Zeitraums Veränderungen einzelner Faktoren ein, die sich auf die Höhe einer beamtenrechtlichen Gesamtversorgung auswirken (Aufstieg in eine höhere Dienstaltersstufe), kann hinsichtlich dieser Faktoren ausnahmsweise auf den Beginn des ausgeschlossenen Zeitraums abgestellt werden, wenn dies der Vereinbarung der Ehegatten entspricht und eine Manipulation zu Lasten des Versorgungsträgers durch die Vorverlagerung des Bewertungszeitpunkts ausgeschlossen ist.[13]

Bei einer Vereinbarung, nach der nur die in einem Teil der Ehezeit erworbenen Anrechtsanteile ausgeglichen werden sollen, besteht allerdings die Gefahr, dass höhere Anrechte übertragen werden als gesetzlich zulässig ist. Dazu kann es kommen, wenn die Wertdifferenz der beiderseitigen Anrechte in dem vereinbarten Zeitraum ausnahmsweise höher ist als in der gesetzlichen Ehezeit. Zwar werden dann bei isolierter Betrachtung der Anrechte jeweils nur Werte übertragen, die geringer sind als die Ausgleichswerte für die gesamte Ehezeit. Die Verrechnung der beiderseitigen Ausgleichswerte nach § 10 Abs. 2 VersAusglG führt aber dazu, dass insgesamt ein höherer Wert zu übertragen wäre als beim Ausgleich für die gesetzliche Ehezeit.

c) Beschränkung einzelner Ausgleichswerte: Die Eheleute können auch vereinbaren, einzelne Anrecht nur teilweise, also nicht mit dem vollen Ausgleichswert im Sinne des § 1 Abs. 2 VersAusglG auszugleichen.

In diesem Zusammenhang ist zu berücksichtigen, dass der zuständige Versorgungsträger die externe Teilung des Anrechts verlangen kann, wenn die Ehegatten in einer Vereinbarung den Ausgleichswert beschränkt haben und der Kapitalwert des vereinbarten Ausgleichswerts den Grenzwert nach § 14 Abs. 2 Nr. 2 VersAusglG nicht überschreitet.[14]

cc. Übertragung und Begründung von Anrechten

Die Vereinbarung kann auch vorsehen, dass Anrechte – über den gesetzlich vorgesehenen Umfang hinaus – übertragen oder begründet werden. Die Eheleute können etwa vereinbaren, dass ein Anrecht vom Ausgleich ausgeschlossen und als Ersatz dafür ein anderes Anrecht desselben Ehegatten über seinen Ausgleichswert hinaus ausgeglichen wird. Eine solche Vereinbarung setzt allerdings voraus, dass der Übertragung oder Begründung von Anrechten keine gesetzlichen Verbote (z.B. §§ 32, 46 Abs. 2 SGB I, § 3 BeamtVG, § 2 Abs. 2 Satz 4 BetrAVG) entgegenstehen. Nach § 8 Abs. 2 VersAusglG können durch eine Vereinbarung Anrechte außerdem nur begründet oder übertragen werden, wenn die maßgebende Versorgungsordnung dies zulässt und der Versorgungsträger der Vereinbarung zustimmt. Wegen der Einzelheiten wird auf die Kommentierung zu § 8 VersAusglG verwiesen.

---

[9] OLG Saarbrücken v. 18.08.2011 - 6 UF 62/11 - FamRZ 2012, 232; OLG Zweibrücken v. 03.07.2006 - 2 UF 69/06 - FamRZ 2007, 480; OLG Frankfurt v. 26.07.2005 - 5 UF 247/03- FamRZ 2006, 348; OLG Karlsruhe v. 18.06.2004 - 16 UF 235/03 - FamRZ 2005, 1747; OLG Brandenburg v. 26.07.2001 - 9 UF 78/99 - FamRZ 2002, 754; OLG München v. 22.07 1999 - 2 UF 1103/99 - OLGR München 1999, 366.
[10] OLG Zweibrücken v. 22.10.2013 - 2 UF 122/13.
[11] BGH v. 12.06.2013 - XII ZB 604/12 - FamRZ 2013, 1361; OLG Saarbrücken v. 06.02.2014 - 9 UF 69/13.
[12] OLG Saarbrücken v. 18.08.2011 - 6 UF 62/11 - FamRZ 2012, 232.
[13] OLG Karlsruhe v. 24.06.2013 - 18 UF 70/08.
[14] OLG Saarbrücken v. 11.05.2011 - 6 UF 32/11.

dd. Verrechnung von Anrechten

27 Möglich sind auch Vereinbarungen zur Verrechnung der beiderseitigen Ausgleichswerte, nach denen anstelle eines Hin-und-Her-Ausgleichs der Ausgleich des Anrechts mit dem geringeren Ausgleichswert ausgeschlossen und der Ausgleichswert des Anrechts des anderen Ehegatten entsprechend gekürzt wird.

28 So kommt die Verrechnung des auszugleichenden Anrechts eines Beamten mit dem (geringeren) Ausgleichswert eines Anrechts des anderen Ehegatten in Betracht mit der Folge, dass die Beamtenversorgung in geringerem Umfang gekürzt wird als bei der gesetzlich vorgesehenen externen Teilung nach § 16 VersAusglG. Aufgrund der Verrechnung darf das beamtenrechtliche Anrecht allerdings nicht über seinen Ausgleichswert hinaus in Anspruch genommen werden.[15]

e. Vorbehalt des Wertausgleichs nach der Scheidung (Absatz 1 Satz 2 Nr. 3)

29 Die Vereinbarungen müssen sich nicht auf den Wertausgleich bei der Scheidung nach den §§ 9-19 VersAusglG beschränken. Die Eheleute können auch bestimmen, dass Anrechte im Rahmen des Wertausgleichs nach der Scheidung nach den §§ 20-24 VersAusglG auszugleichen sind. Im Regelfall werden die Ehegatten aber daran interessiert sein, den Versorgungsausgleich anlässlich der Scheidung abschließend zu regeln[16]. Sind allerdings nicht ausgleichsreife Anrechte vorhanden, die nach § 19 VersAusglG nicht bei der Scheidung ausgeglichen werden können, kann ein Interesse bestehen, insgesamt den schuldrechtlichen Ausgleich vorzubehalten.

30 Dabei sollte man aber berücksichtigen, dass Ansprüche auf Wertausgleich nach der Scheidung aus § 20 VersAusglG, § 22 VersAusglG oder § 23 VersAusglG nach § 31 Abs. 3 Satz 1 VersAusglG mit dem Tod des Ausgleichspflichtigen erlöschen. Stirbt der ausgleichspflichtige Ehepartner, bevor die Anrechte (vollständig) ausgeglichen worden sind, kommt eine Teilhabe des Ausgleichsberechtigten an der Versorgung nur noch nach § 25 VersAusglG bzw. § 26 VersAusglG in Betracht. Fehlt eine Hinterbliebenenversorgung, sollte die Vereinbarung eine Absicherung für den Fall des vorzeitigen Todes des Ausgleichspflichtigen enthalten.

f. Nachträglicher Ausgleich übergangener Anrechte

31 Ist im Rahmen der Scheidung der Versorgungsausgleich durchgeführt, dabei jedoch ein auszugleichendes Anrecht übersehen worden, kommt nach Auffassung des OLG Celle ein nachträglicher Ausgleich des übergangenen Anrechtes dadurch in Betracht, dass das Gericht im Rahmen eines Abänderungsverfahrens eine entsprechende Vereinbarung, die die Ehegatten geschlossen und die beteiligten Versorgungsträger gebilligt haben, durch entsprechenden Beschluss umsetzt.[17]

II. Wirksamkeitsvoraussetzungen

1. Formelle Anforderungen

32 Vereinbarungen über den Versorgungsausgleich, die vor Rechtskraft der Entscheidung über den Wertausgleich bei der Scheidung getroffen werden, bedürfen nach § 7 Abs. 1 VersAusglG der Beurkundung durch einen Notar. Die notarielle Beurkundung kann durch gerichtlichen Vergleich ersetzt werden (§ 7 Abs. 2 VersAusglG i.V.m. § 127a BGB).

2. Materielle Anforderungen

33 Inhaltlich muss die Vereinbarung einer Inhalts- und Ausübungskontrolle nach § 8 Abs. 1 VersAusglG standhalten. Eine Vereinbarung, nach der Anrechte begründet oder übertragen werden sollen, ist darüber hinaus nach § 8 Abs. 2 VersAusglG nur zulässig, wenn das betroffene Versorgungssystem dies zulässt und der Versorgungsträger der Vereinbarung zustimmt.

34 Das gilt auch für Vereinbarungen, die vor dem 01.09.2009 getroffen worden sind.[18] Solche Altvereinbarungen sind nur dann nach § 1408 Abs. 2 BGB a.F. unwirksam geworden, wenn das Scheidungsverfahren vor dem 01.09.2009 anhängig geworden ist.[19]

---

[15] OLG Celle v. 10.08.2012 - 10 UF 139/12; a.A. OLG Schleswig v. 18.11.2011 - 13 UF 72/11 - FamRZ 2012, 1144 m. Abl. Anm. von *Borth*, FamRZ 2012, 1146 und *Bergner*, FamFR 2012, 208; zustimmend dagegen *Eichenhofer*, NJW 2012, 2078-2080.

[16] BT-Drs. 16/10144, S. 51.

[17] OLG Celle v. 25.06.2013 - 10 UF 90/12.

[18] OLG Koblenz v. 26.05.2011 - 11 UF 138/11 - FamRZ 2012, 130.

[19] OLG Brandenburg v. 05.07.2012 - 9 UF 79/12 - FamRZ 2012, 1729.

D. Rechtsfolgen

I. Bindung des Gerichts (Absatz 2)

An eine wirksame, den Anforderungen der §§ 7, 8 VersAusglG genügende Vereinbarung der Eheleute über den Versorgungsausgleich ist das Familiengericht nach § 6 Abs. 2 VersAusglG gebunden. Es darf den Ausgleich nicht von der Vereinbarung abweichend durchführen.

Eine familiengerichtliche Genehmigung ist – anders als nach § 1587o BGB a.F. – nicht mehr erforderlich.

II. Steuerrechtliche Folgen

Ein vereinbarter kompensationsloser Ausschluss des Versorgungsausgleichs insgesamt ist kein steuerrelevanter Vorgang. Dasselbe gilt für den Verzicht auf Ausgleich einzelner Anrechte, wenn dafür keine Abfindung gezahlt wird.[20] Zahlt der Ausgleichpflichtige als Gegenleistung für den Ausschluss des Versorgungsausgleichs eine nicht zweckgebundene Abfindung, muss der Ausgleichsberechtigte die Zahlung nicht versteuern. Dasselbe gilt für die Zahlung eines Beitrags in die gesetzliche Rentenversicherung zur Begründung gesetzlicher Rentenanwartschaften (§ 187 Abs. 1 Nr. 1 SGB VI) als Gegenleistung für den vollständigen oder teilweisen Ausschluss des Versorgungsausgleichs. Der Ausgleichsberechtigte muss die Beitragszahlung nicht versteuern, wohl aber die Leistungen aus dem dadurch begründeten Anrecht.[21] Beim Ausgleichpflichtigen soll die Abfindung nicht zum Abzug von Werbungskosten berechtigen und auch nicht als Sonderausgabe oder unzumutbare Belastung steuermindernd geltend gemacht werden können. Nur Zinsen, die der Ausgleichpflichtige zahlt, weil er die Abfindung oder Beitragszahlung kreditfinanziert hat, sollen als vorweggenommene Werbungkosten abzugsfähig sein.[22] Dagegen soll ein Beamter, der aufgrund einer Vereinbarung der Ehegatten Ausgleichszahlungen leistet, um eine Kürzung seiner Versorgungsbezüge zu vermeiden, diese Zahlung sofort in voller Höhe als Werbungskosten absetzen können.[23] Diese unterschiedliche Behandlung des steuermindernden Abzugs der Abfindungszahlungen bei gesetzlich Versicherten und Beamten dürfte angesichts der schrittweisen Angleichung beider Versorgungsarten aufgrund des Alterseinkünftegesetzes aber kaum noch haltbar sein.[24]

E. Verfahren

I. Zeitpunkt der Vereinbarung

Im Hinblick auf den Zeitpunkt der Vereinbarung bestehen keine Beschränkungen. Die Ehegatten können eine Vereinbarung vor, während oder nach Rechtshängigkeit des Scheidungsverfahrens treffen. Auch ein Zusammenhang mit der Scheidung ist nicht erforderlich.

II. Vereinbarungen in Abänderungsverfahren

Vereinbarungen können auch in Abänderungsverfahren nach den §§ 225-227 FamFG und den §§ 51, 52 VersAusglG getroffen werden, und zwar auch nach dem Tod des Ausgleichspflichtigen.[25]

III. Entscheidung des Familiengerichts

1. Ausgleich von Anrechten

Die Vereinbarung der Eheleute führt den Ausgleich der Anrechte nicht unmittelbar herbei. Sie ist nur Grundlage für die rechtsgestaltende Entscheidung des Familiengerichts. Sind nach der Vereinbarung der Eheleute Anrechte auszugleichen, hat das Familiengericht den Ausgleich der Vereinbarung entsprechend anzuordnen. Erst aufgrund dieser Entscheidung können die beteiligten Versorgungsträger den Ausgleich durchführen.

---

[20] *Wälzholz*, DStR 2010, 465.
[21] *Breuers* in: HK-VersAusglR, 2012, § 6 Rn. 78.
[22] *Ruland*, Versorgungsausgleich, 3. Aufl. 2011, Rn. 1237; BFH v. 05.05.1993 - X R 128/90 - NJW 1994, 2567.
[23] BFH v. 08.03.2006 - IX R 78/01 - NJW 2006, 1840; Erlass des BMF v. 20.07.1981, BStBl I 1981, 567.
[24] *Wälzholz*, Versorgungsausgleich im Steuerrecht nach der Versorgungsausgleichsreform 2009, DStR 2010, 465; *Breuers* in: HK-VersAusglR, 2012, § 6 Rn. 79.
[25] Vgl. OLG Celle v. 03.02.2011 - 10 UF 250/10 - NJW 2011, 1888.

2. Ausschluss des Ausgleichs

41 Wird durch die Vereinbarung der Ausgleich sämtlicher oder einzelner Anrechte ausgeschlossen, muss nach § 224 Abs. 3 FamFG in der Beschlussformel festgestellt werden, dass insoweit kein Versorgungsausgleich stattfindet. Ein Hinweis in den Entscheidungsgründen genügt nicht.

3. Zwischenfeststellung

42 Besteht zwischen den Eheleuten Streit im Hinblick auf die Wirksamkeit einer Vereinbarung, kann darüber durch Zwischenfeststellungsbeschluss entschieden werden.[26]

IV. Kosten

1. Verfahrenswert

43 Für den Versorgungsausgleich als Folgesache im Scheidungsverbund ist ein Verfahrenswert auch dann festzusetzen, wenn der Versorgungsausgleich durch Vereinbarung ausgeschlossen wurde. Denn die Folgesache Versorgungsausgleich ist von Amts wegen auch dann einzuleiten, wenn die Eheleute eine Vereinbarung getroffen haben, deren Wirksamkeit vom Gericht zu überprüfen ist.[27]

44 Bei der Berechnung des Verfahrenswerts nach § 50 Abs. 1 FamGKG sind auch solche Anrechte einzubeziehen, deren Ausgleich durch Vereinbarung der Eheleute ausgeschlossen worden ist.[28]

45 Haben die Eheleute den Versorgungsausgleich insgesamt ausgeschlossen, ist als Verfahrenswert im Regelfall der Mindestwert von 1.000 € nach § 50 Abs. 1 FamGKG anzusetzen. Das Familiengericht ist jedenfalls nicht gehalten, alleine wegen des Verfahrenswerts zu ermitteln, wie viele Anrechte auszugleichen gewesen wären, hätten die Ehegatten den Versorgungsausgleich nicht durch Vereinbarung ausgeschlossen. Auch wenn die Anzahl der auszugleichenden Anrechte bekannt ist, gibt ein Ausschluss des Ausgleichs nach § 6 VersAusglG jedenfalls dann Anlass, nach § 50 Abs. 3 FamGKG nur den Mindestwert festzusetzen, wenn die erforderliche Inhalts- und Ausübungskontrolle keinen erheblichen Aufwand verursacht hat.[29]

2. Einigungsgebühr

a. Vollständiger Ausschluss des Versorgungsausgleichs

46 Wenn die Ehegatten nach Einholung der Rentenauskünfte im Scheidungsverfahren wechselseitig auf die Durchführung des Versorgungsausgleichs verzichten, fällt eine Einigungsgebühr nach Nr. 1000 RVG-VV an.[30] Das gilt auch dann, wenn sich die Beteiligten schon bei Einreichung des Scheidungsantrags auf einen Ausschluss des Versorgungsausgleichs verständigt hatten.[31]

47 Nach dem am 01.09.2009 in Kraft getretenen Versorgungsausgleichsgesetz ist ein Verzicht auf die Durchführung des Versorgungsausgleichs wechselseitig, wenn beide Eheleute Versorgungsanrechte erworben haben. Bei einem derart wechselseitigen Verzicht der Beteiligten steht den mitwirkenden Rechtsanwälten eine Einigungsgebühr zu.[32]

b. Ausschluss des Ausgleichs einzelner Anrechte

48 Die Einigungsgebühr entsteht auch, wenn die Beteiligten den Versorgungsausgleich nur teilweise ausschließen.[33]

49 Bei einem teilweisen Verzicht auf den Versorgungsausgleich soll die Einigungsgebühr nur aus dem Verfahrenswert zu berechnen sein, der auf die von der Vereinbarung erfassten Anrechte entfällt.[34] Der Abschluss einer Vereinbarung zum Versorgungsausgleich setzt aber regelmäßig eine Gesamtbetrachtung aller Anrechte und eine Bewertung der sich daraus ergebenden Versorgungssituation insgesamt voraus, so dass es im Regelfall sachgerecht ist, für die Berechnung der Einigungsgebühr den vollen Verfahrenswert nach § 50 Abs. 1 FamGKG auch dann anzusetzen, wenn die Vereinbarung letztlich nur zum Ausschluss des Ausgleichs einzelner Anrechte führt.

---

[26] OLG Brandenburg v. 11.08.2010 - 13 UF 39/09 - NotBZ 2011, 127.
[27] OLG München v. 31.05.2011 - 12 WF 831/11 - FamRZ 2011, 1813.
[28] OLG Stuttgart v. 13.09.2010 - 16 WF 205/10 - FamRZ 2011, 134.
[29] KG Berlin v. 15.05.2012 - 17 WF 125/12; OLG Koblenz v. 18.02.2014 - 13 WF 157/14; a.A. OLG Celle v. 25.05.2010 - 10 WF 347/09 - FamRZ 2010, 2103; *Götsche* in: HK-VersAusglR, 2012, § 6 Rn. 75.
[30] OLG Karlsruhe v. 06.10.2011 - 2 WF 155/11 - FamRZ 2012, 395.
[31] OLG Oldenburg v. 06.04.2011 - 13 WF 42/11 - NJW-RR 2011, 1570.
[32] OLG Düsseldorf v. 06.11.2012 - 10 WF 15/12 - FamFR 2013, 62; OLG München v. 12.01.2012 - 11 WF 2265/11 - FamRZ 2012, 1580; OLG Hamm v. 28.07.2011 - 6 WF 100/11, 6 WF 101/11 - RVGreport 2011, 424.
[33] OLG Karlsruhe v. 17.04.2012 - 16 WF 79/12 - FamRZ 2013, 395.
[34] AG Heidelberg v. 08.03.2012 - 34 F 41/11 - FamRZ 2013, 395.

Steuerrechtliche Hinweise zu § 6 VersAusglG

Gliederung

A. Vorbemerkung 1
B. Ausschluss des Versorgungsausgleichs ohne Abfindung 2
C. Ausschluss des Versorgungsaugleichs gegen Zahlung einer Abfindung 3
I. Zahlungen in die gesetzliche Rentenversicherung zugunsten des geschiedenen Ehegatten 3
II. Zahlung eines Einmalbetrages zur freien Verfügung (bei Nicht-Beamten/Rentenbeziehern) ... 4
III. Zahlung eines Einmalbetrages zur freien Verfügung bei Beamten bzw. Beziehern von Versorgungsleistungen gem. § 19 Abs. 1 Satz 1 Nr. 2 EStG 6

A. Vorbemerkung

Im Rahmen von § 6 VersAusglG stehen den Ehegatten verschiedene Gestaltungsmöglichkeiten zu, die sich steuerlich wie folgt auswirken:

B. Ausschluss des Versorgungsausgleichs ohne Abfindung

Der vollständige oder teilweise Ausschluss des Versorgungsausgleichs gem. § 6 Abs. 1 Nr. 2 VersAusglG stellt, wenn für diesen keine Abfindung oder Gegenleistung vereinbart wird, keinen steuerrelevanten Vorgang dar.[1]

C. Ausschluss des Versorgungsaugleichs gegen Zahlung einer Abfindung

I. Zahlungen in die gesetzliche Rentenversicherung zugunsten des geschiedenen Ehegatten

Wird vereinbart, dass statt der Durchführung des Versorgungsausgleichs der Ausgleichsverpflichtete für den Ausgleichsberechtigten einen Anspruch durch Barzahlung in der gesetzlichen Rentenversicherung erwirbt, kann die Zahlung an die Rentenversicherung weder als Werbungskosten, als Sonderausgaben noch als außergewöhnliche Belastung steuermindernd angesetzt werden. Die Möglichkeit eines Sonderausgabenabzugs wird mit der Begründung verneint, dass der zahlende Ehegatte mit der Zahlung an die Rentenversicherung nicht auf seine eigene Rentenversicherungspflicht leistet, sondern nur eine Verfügung zugunsten des geschiedenen Ehegatten tätigt. Schuldzinsen und andere Finanzierungskosten sind hingegen in vollem Umfang als vorabentstandene Werbungskosten abziehbar.[2] Für den begünstigten Ehegatten ist die Zahlung steuerneutral, da hierdurch kein gesetzlicher Steuertatbestand ausgelöst wird. Der Ausgleichsberechtigte muss aber spätere Leistungen aus dem so begründeten Anrecht sehr wohl versteuern.

II. Zahlung eines Einmalbetrages zur freien Verfügung (bei Nicht-Beamten/Rentenbeziehern)

Die Zahlung einer Abfindung als Einmalbetrag zur freien Verfügung des Ausgleichberechtigten als Gegenleistung für den Ausschluss des Versorgungsausgleichs kann bei dem ausgleichpflichtigen Ehegatten nach der aktuellen Rechtsprechung nicht steuermindernd berücksichtigt werden.[3] Auch bei der Zahlung eines Einmalbetrages sind nur Schuldzinsen und andere Finanzierungskosten in vollem Umfang als vorabentstandene Werbungskosten abziehbar.[4]

Bei dem Ausgleichsberechtigten löste die Zahlung keinen gesetzlichen Steuertatbestand aus, so dass er die Zahlung auch nicht versteuern muss.

---

[1] Wälzholz, DStR 2010, 465 ff.
[2] BFH v. 05.05.1993 - X R 128/90 - NJW 1994, 2567 ff.
[3] FG Hessen v. 21.02.2008 - 13 K 1754/07.
[4] BFH v. 05.05.1993 - X R 128/90 - NJW 1994, 2567 ff.

III. Zahlung eines Einmalbetrages zur freien Verfügung bei Beamten bzw. Beziehern von Versorgungsleistungen gem. § 19 Abs. 1 Satz 1 Nr. 2 EStG

6 Ausgleichszahlungen, die Beamte bzw. (zukünftige) Bezieher von Versorgungsleistungen gem. § 19 Abs. 1 Satz 1 Nr. 2 EStG zur Vermeidung der Kürzung ihrer Versorgungsbezüge an ihren ausgleichsberechtigten Ehegatten zahlen, können anders als bei Nicht-Beamten bzw. Rentenbeziehern sofort und in voller Höhe als Werbungskosten steuermindernd geltend gemacht werden.[5] Maßgeblich ist insoweit das Zu- bzw. das Abflussprinzip des § 11 Abs. 1, 2 EStG, daher können die Aufwendungen im Jahr des Abflusses in voller Höhe bei dem Beamten als Werbungskosten abgezogen werden. Dies sollte auch bei der Gestaltung der jeweiligen Abfindungsvereinbarung berücksichtigt werden, insoweit empfiehlt sich eine Gestaltungsvariante, bei der der Zufluss auf mehrere Veranlagungszeiträume verteilt wird. Diese Besserstellung von Beamten und Beziehern von Versorgungsleistungen gem. § 19 Abs. 1 Satz 1 Nr. 2 EStG ist auch im Hinblick auf die schrittweise Angleichung beider Versorgungsarten aufgrund des Alterseinkünftegesetzes umstritten.[6]

---

[5] BFH v. 08.03.2006 - IX R 107/00 - DStR 2006, 604; BFH v. 17.06.2010 - VI R 33/08 - BFH/NV 2010, 2051.
[6] *Wälzholz*, DStR 2010, 465 ff.

§ 7 VersAusglG Besondere formelle Wirksamkeitsvoraussetzungen

(Fassung vom 03.04.2009, gültig ab 01.09.2009)

(1) Eine Vereinbarung über den Versorgungsausgleich, die vor Rechtskraft der Entscheidung über den Wertausgleich bei der Scheidung geschlossen wird, bedarf der notariellen Beurkundung.

(2) § 127a des Bürgerlichen Gesetzbuchs gilt entsprechend.

(3) Für eine Vereinbarung über den Versorgungsausgleich im Rahmen eines Ehevertrags gilt die in § 1410 des Bürgerlichen Gesetzbuchs bestimmte Form.

Gliederung

A. Grundlagen 1	2. Zeitliche Begrenzung der Formanforderung 11
I. Kurzcharakteristik 1	II. Gerichtlicher Vergleich (Absatz 2) 13
II. Regelungszusammenhang 2	1. Protokollierung nach den §§ 159 ff. ZPO 13
III. Normstruktur 3	2. Vergleich im schriftlichen Verfahren 15
IV. Gesetzesmaterialien 4	3. Anwaltsvergleich 16
B. Praktische Bedeutung 5	III. Ehevertrag (Absatz 3) 17
C. Anwendungsvoraussetzungen 6	1. Vereinbarungen über den Versorgungsausgleich in Eheverträgen 17
I. Notarielle Beurkundung (Absatz 1) 6	
1. Formbedürftigkeit der Vereinbarung 7	a. Beurkundung in Anwesenheit der Eheleute 17
a. Vereinbarungen zwischen den Eheleuten 7	b. Stellvertretung 18
b. Aufhebung von Vereinbarungen 8	2. Aufhebung ehevertraglicher Vereinbarungen ... 19
c. Vereinbarung der externen Teilung 9	D. Rechtsfolgen 20
d. Vereinbarungen vor dem 01.09.2009 10	

A. Grundlagen

I. Kurzcharakteristik

§ 7 VersAusglG normiert die formellen Wirksamkeitsvoraussetzungen einer Vereinbarung über den Versorgungsausgleich.   **1**

II. Regelungszusammenhang

Die Vorschrift ergänzt also § 6 VersAusglG. Die materiellen Wirksamkeitsvoraussetzungen sind in § 8 VersAusglG geregelt.   **2**

III. Normstruktur

§ 7 Abs. 1 VersAusglG schreibt für Vereinbarungen über den Versorgungsausgleich, die vor Rechtskraft der Entscheidung über den Versorgungsausgleich getroffen werden, die notarielle Beurkundung vor. § 7 Abs. 2 VersAusglG verweist auf § 127a BGB. Die notarielle Beurkundung kann also durch einen gerichtlichen Vergleich ersetzt werden. Nach § 7 Abs. 3 VersAusglG gelten für Vereinbarungen über den Versorgungsausgleich, die im Rahmen eines Ehevertrags getroffen werden, die Formanforderungen des § 1410 BGB.   **3**

IV. Gesetzesmaterialien

BT-Drs. 16/10144, S. 52.   **4**

B. Praktische Bedeutung

Die Formanforderungen gelten für alle Vereinbarungen der Eheleute über den Versorgungsausgleich, die aus Anlass der Eheschließung, während der bestehenden Ehe oder aus Anlass von Trennung und   **5**

Scheidung getroffen werden sollen. Sie dienen mit Rücksicht auf die oft weitreichenden finanziellen Folgen des Versorgungsausgleichs dazu, die Eheleute vor übereilten Entscheidungen zu schützen.[1]

C. Anwendungsvoraussetzungen

I. Notarielle Beurkundung (Absatz 1)

6   Vereinbarungen über den Versorgungsausgleich, die vor Rechtskraft der Entscheidung über den Wertausgleich bei der Scheidung getroffen werden, bedürfen der notariellen Beurkundung nach Maßgabe des BeurkG.

1. Formbedürftigkeit der Vereinbarung

a. Vereinbarungen zwischen den Eheleuten

7   Formbedürftig sind Vereinbarungen i.S.d. § 6 VersAusglG, also Vereinbarungen der Eheleute über den Versorgungsausgleich. Dazu gehören Vereinbarungen über den Ausschluss des Ausgleichs einzelner Anrechte, über den Ausschluss des Ausgleichs insgesamt oder die Beschränkung des Ausgleichs auf einen bestimmten Zeitraum sowie Vereinbarungen zur Höhe der Ausgleichswerte, zum Vorbehalt des schuldrechtlichen Ausgleichs oder andere Modifikationen des gesetzlich vorgesehenen Ausgleichs. Auch Änderungen oder Ergänzungen einer Vereinbarung über den Versorgungsausgleich sind formbedürftig.

b. Aufhebung von Vereinbarungen

8   Die Aufhebung einer Vereinbarung über den Versorgungsausgleich ist dagegen nicht formbedürftig.[2] Das gilt allerdings nicht für die Aufhebung ehevertraglicher Vereinbarungen.

c. Vereinbarung der externen Teilung

9   § 7 VersAusglG gilt auch nicht für Vereinbarungen zur externen Teilung nach § 14 Abs. 2 Nr. 1 VersAusglG. Denn eine Vereinbarung der externen Teilung treffen nicht die beiden Eheleute, sondern der Träger des auszugleichenden Anrechts und der ausgleichsberechtigte Ehegatte. Die Abrede nach § 14 Abs. 2 Nr. 1 VersAusglG ist deshalb keine Vereinbarung über den Versorgungsausgleich i.S.d. § 6 VersAusglG.

d. Vereinbarungen vor dem 01.09.2009

10 Die Anforderungen des § 7 VersAusglG gelten auch für Vereinbarungen, die vor Inkrafttreten des VersAusglG am 01.09.2009 getroffen worden sind.[3]

2. Zeitliche Begrenzung der Formanforderung

11 Die Formanforderung gilt nur für Vereinbarungen, die vor Rechtskraft der Entscheidung über den Wertausgleich bei der Scheidung nach den §§ 9 ff. VersAusglG getroffen werden. Maßgebender Zeitpunkt ist also nicht die Rechtskraft der Ehescheidung, sondern die Rechtskraft der Entscheidung über den Wertausgleich bei der Scheidung. Die Formvorschrift für Vereinbarungen über den Versorgungsausgleich reicht damit weiter als die Regelung des § 1585c Satz 2 BGB, nach der Vereinbarungen über den nachehelichen Unterhalt nach Rechtskraft der Ehescheidung formfrei möglich sind. Wird dagegen die Folgesache Versorgungsausgleich aus dem Scheidungsverbund abgetrennt und die Ehe vor einer Entscheidung über den Versorgungsausgleich geschieden, müssen Vereinbarungen über den Versorgungsausgleich unverändert notariell beurkundet werden.

12 Nur Vereinbarungen über den Versorgungsausgleich, die erst nach Rechtskraft der Entscheidung über den Wertausgleich bei der Scheidung getroffen werden, unterliegen keinen besonderen Formanforderungen.[4]

---

[1] BT-Drs. 16/10144, S. 51.
[2] *Götsche* in: HK-VersAusglR, 2012, § 7 Rn. 6 m.w.N.
[3] OLG Koblenz v. 26.05.2011 - 11 UF 138/11 - FamRZ 2012, 130.
[4] BT-Drs. 16/10144, S. 52; OLG Celle v. 03.02.2011 - 10 UF 250/10 - NJW 2011, 1888.

II. Gerichtlicher Vergleich (Absatz 2)

1. Protokollierung nach den §§ 159 ff. ZPO

§ 7 Abs. 2 VersAusglG verweist auf § 127a BGB. Dadurch wird klargestellt, dass die eigentlich erforderliche notarielle Beurkundung durch einen gerichtlichen Vergleich ersetzt werden kann. Die Vereinbarung muss dann nach Maßgabe der §§ 159 ff ZPO protokolliert werden. Sind die Vorschriften der ZPO über die Protokollierung eines Vergleichs nicht eingehalten worden, ist die Vereinbarung nach § 125 BGB unwirksam.[5]

Zum Abschluss eines Vergleichs müssen im Scheidungsverfahren beide Eheleute anwaltlich vertreten sein (§ 114 Abs. 1 FamFG); in isolierten Versorgungsausgleichsverfahren besteht kein Anwaltszwang.

2. Vergleich im schriftlichen Verfahren

Vereinbarungen über den Versorgungsausgleich können nach § 36 Abs. 3 FamFG in Verbindung mit § 278 Abs. 6 ZPO auch ohne Termin durch Vergleich im schriftlichen Verfahren wirksam getroffen werden, also dadurch dass die Eheleute einem schriftlichen Vergleichsvorschlag des Gerichts schriftsätzlich zustimmen.[6] Es kommt nicht auf die Form der Beurkundung an, sondern entscheidend auf die eines gerichtlichen Vergleichs.[7] Auch für den Abschluss eines Vergleichs im schriftlichen Verfahren müssen im Scheidungsverfahren beide Eheleute anwaltlich vertreten sein.

3. Anwaltsvergleich

Ein Anwaltsvergleich nach § 796a ZPO genügt der Formanforderung nicht.[8]

III. Ehevertrag (Absatz 3)

1. Vereinbarungen über den Versorgungsausgleich in Eheverträgen

a. Beurkundung in Anwesenheit der Eheleute

Treffen die Eheleute Vereinbarungen über den Versorgungsausgleich im Rahmen eines Ehevertrags, reicht die einfache notarielle Beurkundung nicht aus. Vielmehr gilt nach § 7 Abs. 3 VersAusglG die strengere Formvorschrift des § 1410 BGB. Danach muss die Vereinbarung über den Versorgungsausgleich bei gleichzeitiger Anwesenheit beider Ehegatten zur Niederschrift eines Notars geschlossen werden. Die notarielle Beurkundung erfolgt also in gleichzeitiger Anwesenheit beider Ehegatten.

b. Stellvertretung

Die Eheleute können sich beim Abschluss eines Ehevertrags aber durch Bevollmächtigte vertreten lassen. Vertreter kann auch der andere Ehepartner sein.[9] Die Vollmacht kann nach § 167 Abs. 2 BGB formfrei erteilt werden. Dadurch können die Eheleute den Schutz, den die Formvorschrift bieten soll, unterlaufen.[10]

2. Aufhebung ehevertraglicher Vereinbarungen

Anders als in den Fällen des § 7 Abs. 1 VersAusglG können Vereinbarungen über den Versorgungsausgleich, die im Rahmen von Eheverträgen getroffen worden sind, nur in der Form des § 1410 BGB aufgehoben werden. Das gilt jedenfalls für die Zeit vor Rechtskraft der Ehescheidung.[11]

D. Rechtsfolgen

Werden die Formanforderungen des § 7 VersAusglG nicht beachtet, ist die Vereinbarung nichtig (§ 125 Satz 1 BGB). Eine Heilung formunwirksamer Vereinbarungen kommt nicht in Betracht. Als gesetzliche Formvorschrift ist § 7 VersAusglG auch unabdingbar.

---

[5] OLG Schleswig v. 19.08.2011 - 10 UF 179/10 - FamRZ 2012, 132.
[6] OLG Brandenburg v. 22.08.2013 - 3 UF 115/12.
[7] OLG München v. 28.09.2010 - 12 UF 1153/10 - FamRZ 2011, 812; OLG Frankfurt v. 14.12.2010 - 5 UF 105/10.
[8] *Götsche* in: HK-VersAusglR, 2012, § 7 Rn. 13 m.w.N.
[9] *Ruland*, NJW 2009, 1697-1702, 1697 m.w.N.
[10] *Ruland*, NJW 2009, 1697-1702, 1697.
[11] Näher dazu *Götsche* in: HK-VersAusglR, 2012, § 7 Rn. 16.

§ 8 VersAusglG Besondere materielle Wirksamkeitsvoraussetzungen

(Fassung vom 03.04.2009, gültig ab 01.09.2009)

(1) Die Vereinbarung über den Versorgungsausgleich muss einer Inhalts- und Ausübungskontrolle standhalten.

(2) Durch die Vereinbarung können Anrechte nur übertragen oder begründet werden, wenn die maßgeblichen Regelungen dies zulassen und die betroffenen Versorgungsträger zustimmen.

Gliederung

A. Grundlagen 1	d. Ehebedingte Nachteile 52
I. Kurzcharakteristik 1	e. Anwendungsbereiche 55
1. Regelungsinhalt 1	4. Altvereinbarungen 60
2. Regelungszusammenhang 2	II. Vorrang der Versorgungsordnung (Absatz 2).....61
3. Normstruktur 3	1. Übertragung/Begründung von Anrechten 61
4. Normzweck 4	a. Gesetzliche Verbote 63
II. Gesetzesmaterialien 5	b. Vereinbarkeit mit der Versorgungsordnung 71
B. Praktische Bedeutung 6	2. Zustimmung des Versorgungsträgers 73
C. Anwendungsvoraussetzungen 7	D. Rechtsfolgen 74
I. Inhalts- und Ausübungskontrolle (Absatz 1) 7	I. Unwirksamkeit der Vereinbarung 74
1. Grundlagen 7	1. Nichtigkeit der Vereinbarung zum Versorgungsausgleich 74
a. Vorgaben des Bundesverfassungsgerichts 8	2. Gesamtnichtigkeit der Scheidungsfolgenvereinbarung 75
b. Kernbereichsrechtsprechung des Bundesgerichtshofs 9	II. Anpassung der Vereinbarung 78
2. Wirksamkeitskontrolle 10	III. Verstoß gegen Absatz 2 82
a. Sittenwidrigkeit 10	E. Verfahren 83
b. Maßgebender Zeitpunkt 11	I. Amtsermittlung 83
c. Objektive Benachteiligung 12	1. Amtsermittlungsgrundsatz 83
d. Subjektive Umstände 33	2. Veranlassungsprinzip 84
3. Ausübungskontrolle 43	3. Darlegungslast 85
a. Maßgebender Zeitpunkt 45	II. Einholung der Rentenauskünfte 86
b. Planwidrige Entwicklung 47	III. Beschwerderecht der Versorgungsträger 89
c. Einseitige Lastenverteilung 50	

A. Grundlagen

I. Kurzcharakteristik

1. Regelungsinhalt

1   § 8 VersAusglG regelt die materiellen Anforderungen an eine Vereinbarung zum Versorgungsausgleich. Die Vorschrift bestimmt, dass jede Vereinbarung der Eheleute einer Inhalts- und Ausübungskontrolle unterliegt. Außerdem stellt sie klar, dass die Begründung oder Übertragung von Anrechten aufgrund einer Vereinbarung nur in den Grenzen der maßgeblichen Versorgungsordnung möglich ist.

2. Regelungszusammenhang

2   Die Vorschrift ergänzt § 6 VersAusglG, der den Eheleuten grundsätzlich die Möglichkeit einräumt, von der gesetzlichen Regelung abweichende Vereinbarungen zum Versorgungsausgleich zu treffen, und § 7 VersAusglG, der die formelle Wirksamkeit solcher Vereinbarungen regelt.

3. Normstruktur

3   Absatz 1 ordnet an, dass Vereinbarungen über den Versorgungsausgleich einer Inhalts- und Ausübungskontrolle standhalten müssen. Nach Absatz 2 sind Vereinbarungen, nach denen Anrechte begründet oder übertragen werden sollen, nur wirksam, wenn die maßgeblichen Regelungen des Versorgungssystems dies zulassen und der Versorgungsträger dem vereinbarten Ausgleich zustimmt.

4. Normzweck

§ 8 Abs. 1 VersAusglG dient dem Schutz der Ehegatten vor unangemessener Benachteiligung. § 8 Abs. 2 VersAusglG stellt klar, dass die Eheleute keine Vereinbarungen zu Lasten Dritter treffen dürfen. Die Regelung schützt damit die Versorgungsträger und deren Versichertengemeinschaften vor Nachteilen und schränkt dazu die Dispositionsbefugnis der Ehegatten ein.[1]

II. Gesetzesmaterialien

BT-Drs. 16/10144, S. 52 f.

B. Praktische Bedeutung

Die praktische Bedeutung der Vorschrift ist erheblich. Die Regelung, die an die Stelle des Genehmigungserfordernisses nach § 1587o BGB a.F. getreten ist, erleichtert Vereinbarungen der Eheleute über den Versorgungsausgleich. Als Folge davon ist in der Praxis zu beobachten, dass scheidungswillige Eheleute von der vereinfachten Möglichkeit, den Versorgungsausgleich auszuschließen, rege Gebrauch machen. Dabei nehmen sie mitunter auch unangemessene, einseitig belastende Vereinbarungen in Kauf, um möglichst schnell geschieden zu werden. Gleichzeitig ist zu beobachten, dass die Familiengerichte die notwendige Inhalts- und Ausübungskontrolle nicht immer mit der gebotenen Sorgfalt vornehmen. Während familiengerichtliche Genehmigungen nach § 1587o BGB a.F. im Regelfall nicht ohne vorherige Einholung der Auskünfte der Versorgungsträger erteilt worden sind, neigen die Familiengerichte jetzt dazu, die Wirksamkeit einer Vereinbarung auch ohne nähere Prüfung der Versorgungsbilanz der Eheleute anzunehmen, wenn keine greifbaren Anhaltspunkte für Unwirksamkeitsgründe ersichtlich sind und die Eheleute die Vereinbarung nicht beanstanden. Umso mehr sind die am Verfahren beteiligten Rechtsanwälte gehalten, darauf zu achten, dass die Eheleute ausgewogene Vereinbarungen treffen, oder – im Fall einer unangemessenen Vereinbarung – die Gründe für die Unwirksamkeit oder Anpassungsbedürftigkeit der Vereinbarung darzulegen.

C. Anwendungsvoraussetzungen

I. Inhalts- und Ausübungskontrolle (Absatz 1)

1. Grundlagen

Grundsätzlich sind die Ehegatten in Bezug auf den Inhalt der zwischen ihnen getroffenen Vereinbarung völlig frei. Ehe und Familie stehen jedoch unter dem Schutz des Grundgesetzes (Art. 6 Abs. 1 GG); das Familiengericht muss deshalb im Rahmen der Inhalts- und Ausübungskontrolle prüfen, ob die Vereinbarung nicht zu einer offensichtlich einseitigen Belastung eines Ehegatten führt und sich ein Ehegatte bei Abschluss des Ehevertrags in einer erheblich schwächeren Verhandlungsposition befand.[2]

a. Vorgaben des Bundesverfassungsgerichts

Das Bundesverfassungsgericht hat durch Beschluss vom 06.02.2001[3] seine Rechtsprechung, nach der die durch Art. 2 Abs. 1 GG gewährleistete Privatautonomie voraussetzt, dass eine Selbstbestimmung der Vertragsparteien auch tatsächlich gegeben ist, ausdrücklich auch auf Eheverträge erstreckt. Aus Art. 6 Abs. 1 GG folge zwar das Recht der Ehegatten, ihre eheliche Gemeinschaft frei zu gestalten. Verfassungsrechtlich geschützt sei allerdings nur eine Ehe, in der Mann und Frau in gleichberechtigter Partnerschaft zueinander stehen. Der Staat habe deshalb der Freiheit der Ehegatten, ihre ehelichen Beziehungen und wechselseitigen Rechte und Pflichten mit Hilfe von Verträgen zu gestalten, dort Grenzen zu setzen, wo der Vertrag nicht Ausdruck einer gleichberechtigten Partnerschaft sei, sondern eine auf ungleichen Verhandlungspositionen basierende einseitige Dominanz eines Ehepartners widerspiegele. Dann sei es Aufgabe der Gerichte, den Inhalt des Vertrags über die zivilrechtlichen Generalklauseln einer Kontrolle zu unterziehen und gegebenenfalls zu korrigieren.

---

[1] BT-Drs. 16/10144, S. 53.
[2] BVerfG v. 06.02.2001 - 1 BvR 12/92 - FamRZ 2001, 343; eingehend dazu *Bergschneider*, FamRZ 2004, 1757-1765; *Borth*, FamRZ 2004, 609-612; *Deisenhofer*, FPR 2007, 124; *Bergmann*, Forum Familienrecht 2007, 16.
[3] BVerfG v. 06.02.2001 - 1 BvR 12/92 - FamRZ 2001, 343.

b. Kernbereichsrechtsprechung des Bundesgerichtshofs

9 Der Bundesgerichtshof hat mit Urteil vom 11.02.2004[4] umfassend zu den Grenzen der Vertragsfreiheit bei Eheverträgen Stellung genommen. Erforderlich sei eine Gesamtschau der getroffenen Vereinbarungen, der Gründe und Umstände ihres Zustandekommens sowie der beabsichtigten und verwirklichten Gestaltung des ehelichen Lebens. Dem gesetzlichen Scheidungsfolgensystem liege der Gedanke zugrunde, dass ehebedingte Nachteile, die ein Ehegatte um der Ehe oder der Kindererziehung willen in seinem eigenen beruflichen Fortkommen und dem Aufbau einer entsprechenden Altersversorgung oder eines entsprechenden Vermögens auf sich genommen hat, nach der Scheidung ausgeglichen werden sollen; Erwerbstätigkeit und Familienarbeit würden dabei grundsätzlich als gleichwertig behandelt. Ob eine ehevertragliche Regelung der Scheidungsfolgen mit diesem Grundgedanken vereinbar ist, sei in jedem Einzelfall nach den Grundlagen der Vereinbarung und den Vorstellungen der Ehegatten bei ihrem Abschluss sowie der verwirklichten Gestaltung des ehelichen Lebens konkret zu prüfen. Der BGH hat außerdem klargestellt, dass es keinen unverzichtbaren Mindestgehalt an Scheidungsfolgen zugunsten der Ehegatten gibt. Den gesetzlichen Regelungen liege als Leitbild eine Ehe zugrunde, in der ein Ehegatte Erwerbseinkommen erzielt, während der andere unter Aufgabe eigener Erwerbstätigkeit die Familienarbeit übernimmt. Die Ehegatten könnten ihre Ehe aber davon abweichend so gestalten, dass sich von vornherein für keinen von ihnen berufliche Nachteile ergeben. Korrespondierend zur Autonomie der Ehegatten bei der Ausgestaltung ihrer Lebensverhältnisse unterlägen auch die Scheidungsfolgen grundsätzlich der vertraglichen Disposition der Ehegatten. Diese grundsätzliche Disponibilität der Scheidungsfolgen dürfe aber nicht dazu führen, dass der Schutzzweck der gesetzlichen Regelungen durch vertragliche Vereinbarungen beliebig unterlaufen werden kann. Das wäre der Fall, wenn eine evident einseitige und durch die individuelle Gestaltung der ehelichen Lebensverhältnisse nicht gerechtfertigte Lastenverteilung entstünde, die hinzunehmen für den belasteten Ehegatten bei verständiger Würdigung des Wesens der Ehe unzumutbar erscheint. Die einseitige Benachteiligung eines Ehegatten ergibt sich dabei aus dem Verzicht auf Positionen, die dem Ehegatten nach dem Gesetz während der Ehe oder im Fall einer Scheidung zustünden. Zur Prüfung der Benachteiligung durch den Ehevertrag sind also die Rechte und Pflichten der Ehegatten während der Ehe und im Scheidungsfall mit und ohne den Ehevertrag, nicht hingegen der Zustand bei Eingehung der Ehe (mit Ehevertrag) mit dem Zustand ohne Eingehung der Ehe zu vergleichen. Dabei wird die Belastung eines Ehegatten umso schwerer wiegen, je unmittelbarer die Vereinbarung der Ehegatten über die Abbedingung gesetzlicher Regelungen in den Kernbereich des Scheidungsfolgenrechts eingreift.[5]

2. Wirksamkeitskontrolle

a. Sittenwidrigkeit

10 Im Rahmen der erforderlichen Wirksamkeitskontrolle ist zunächst zu klären, ob eine Vereinbarung zum Versorgungsausgleich sittenwidrig ist (§ 138 BGB). Dabei wird geprüft, ob die Vereinbarung im Fall einer späteren Scheidung offensichtlich zu einer so einseitigen Lastenverteilung führt, dass ihr – und zwar losgelöst von der künftigen Entwicklung der Ehegatten und ihrer Lebensverhältnisse – wegen Verstoßes gegen die guten Sitten die Anerkennung der Rechtsordnung zu versagen ist. Dazu genügt das bloße Vorliegen einer objektiv einseitigen Benachteiligung eines Ehegatten aber nicht. Vielmehr müssen besondere – subjektive – Umstände hinzutreten, um die Benachteiligung als sittenwidrig einzustufen.[6]

b. Maßgebender Zeitpunkt

11 Dabei kommt es ausschließlich auf die Verhältnisse zum Zeitpunkt der Vereinbarung an.[7]

---

[4] BGH v. 11.02.2004 - XII ZR 265/02 - FamRZ 2004, 601.
[5] BGH v. 18.03.2009 - XII ZB 94/06 - FamRZ 2009, 1041; BGH v. 09.07.2008 - XII ZR 6/07 - FamRZ 2008, 2011; BGH v. 28.11.2007 - XII ZR 132/05 - FamRZ 2008, 582; BGH v. 17.10.2007 - XII ZR 96/05 - FamRZ 2008, 386; BGH v. 28.03.2007 - XII ZR 130/04 - FamRZ 2007, 1310; BGH v. 22.11.2006 - XII ZR 119/03 - FamRZ 2007, 450; BGH v. 12.01.2005 - XII ZR 238/03 - NJW 2005, 1370.
[6] BGH v. 02.10.1996 - XII ZB 1/94 - FamRZ 1997, 156.
[7] BGH v. 11.02.2004 - XII ZR 265/02 - FamRZ 2004, 601.

c. Objektive Benachteiligung

aa. Einseitige Benachteiligung eines Ehegatten

Die Annahme der Sittenwidrigkeit einer Scheidungsfolgenvereinbarung kommt insbesondere in Betracht, wenn durch den Vertrag Regelungen aus dem Kernbereich des gesetzlichen Scheidungsfolgenrechts – etwa der Versorgungsausgleich – ganz oder jedenfalls zu erheblichen Teilen abbedungen werden, dieser Nachteil für den anderen Ehegatten nicht durch anderweitige Vorteile kompensiert und auch nicht durch besondere Verhältnisse der Eheleute, die Rollenverteilung in der Ehe oder sonstige gewichtige Belange des begünstigten Ehegatten gerechtfertigt wird.[8]

a) Gesamtbetrachtung: Im Rahmen der gebotenen Gesamtbetrachtung sind die Einkommens- und Vermögensverhältnisse der Eheleute und die konkrete Ausgestaltung der Ehe zu berücksichtigen – insbesondere die Betreuung gemeinsamer Kinder.[9] Daneben sind das Alter der Eheleute und mögliche Nachteile aus einem früheren Versorgungsausgleich zu berücksichtigen.[10] Entscheidend ist, ob und in welchem Umfang die Ehepartner zum Zeitpunkt der Vereinbarung oder später in der Lage sind, einer Berufstätigkeit nachzugehen und eine ausreichende eigene Altersversorgung aufzubauen.[11] Die Unwirksamkeit einer Scheidungsfolgenvereinbarung kann sich auch daraus ergeben, dass eine Mehrzahl einseitig belastender Regelungen, die bei isolierter Betrachtung hinnehmbar wären, in der Summe aber dazu führen, dass die Vereinbarung insgesamt sittenwidrig ist.[12]

b) Ausschluss des Versorgungsausgleichs: Ein ohne adäquate Kompensation vereinbarter Verzicht auf den Versorgungsausgleich ist sittenwidrig, wenn nach den Gesamtumständen der kompensationslose Verzicht für einen Ehegatten eine mit dem Gedanken der nachehelichen Solidarität nicht mehr vereinbare, unzumutbare Lastenverteilung ergibt.

Das ist insbesondere der Fall, wenn die Ehegatten bei Abschluss des Vertrags bewusst in Kauf nehmen, dass die Ehefrau wegen Kindesbetreuung alsbald aus dem Berufsleben ausscheiden und bis auf weiteres keine eigenen Versorgungsanrechte erwerben wird.[13]

Ein vereinbarter Ausschluss des Versorgungsausgleichs stellt auch dann eine evident einseitige und durch die individuelle Gestaltung der ehelichen Lebensverhältnisse nicht gerechtfertigte Lastenverteilung dar, wenn die späteren Eheleute bei Abschluss der notariellen Vereinbarung schon längere Zeit zusammengelebt und zwei gemeinsame Kinder hatten, die von der späteren Ehefrau betreut wurden, während der vollschichtig erwerbstätige spätere Ehemann, auf dessen Veranlassung die notarielle Vereinbarung geschlossen wurde, Wert darauf legte, dass er die in seinem Eigentum befindliche Immobilie im Falle einer Trennung und Scheidung weiterhin allein wirtschaftlich nutzen kann und nicht durch finanzielle Belastungen zu einer Veräußerung gezwungen wird.[14]

Wird in einem Ehevertrag erkennbar zu Lasten eines Ehegatten und zum wirtschaftlichen Vorteil des anderen neben dem nachehelichen Unterhalt auch die Durchführung des Versorgungsausgleichs ausgeschlossen, ohne dass dieser Nachteil durch einen anderweitigen Vorteil kompensiert wird, so ist die entsprechende Regelung jedenfalls dann wegen Verstoßes gegen die guten Sitten nichtig, wenn der vom Nachteil betroffene Ehegatte keine gesicherte eigene wirtschaftliche Existenzgrundlage hat.[15]

---

[8] BGH v. 18.03.2009 - XII ZB 94/06 - FamRZ 2009, 1041; BGH v. 17.10.2007 - XII ZR 96/05 - FamRZ 2008, 386; BGH v. 25.05.2005 - XII ZR 296/01 - FamRZ 2005, 1444; BGH v. 11.02.2004 - XII ZR 265/02 - FamRZ 2004, 601.

[9] BGH v. 18.03.2009 - XII ZB 94/06 - FamRZ 2009, 1041; BGH v. 09.07.2008 - XII ZR 6/07 FamRZ 2008, 2011; BGH v. 28.11.2007 - XII ZR 132/05 - FamRZ 2008, 582; BGH v. 17.10.2007 - XII ZR 96/05 - FamRZ 2008, 386; BGH v. 22.11.2006 - XII ZR 119/04 - FamRZ 2007, 450; BGH v. 25.05.2005 - XII ZR 296/01 - FamRZ 2007, 450; BGH v. 06.10.2004 - XII ZB 57/03 - FamRZ 2005, 185; BGH v. 11.02.2004 - XII ZR 265/02 - FamRZ 2004, 601.

[10] OLG Saarbrücken v. 05.10.2007 - 9 UF 67/07 - FamRZ 2008, 1189.

[11] OLG Frankfurt v. 07.04.1997 - 1 UF 274/96 - FamRZ 1997, 1540; OLG Brandenburg v. 11.08.2010 - 13 UF 39/09 - NotBZ 2011, 127; OLG Frankfurt v. 07.04.1997 - 1 UF 274/96 - FamRZ 1997, 1540; OLG Hamburg v. 14.03.1991 - 15 UF 157/89 - FamRZ 1991, 1317.

[12] BVerfG v. 06.02.2001 - 1 BvR 12/92 - FamRZ 2001, 343.

[13] BGH v. 09.07.2008 - XII ZR 6/07 - FamRZ 2008, 2011; BGH v. 18.03.2009 - XII ZB 94/06 - FamRZ 2009, 1041.

[14] OLG Hamm v. 16.02.2011 - 8 UF 96/10 - FamRZ 2012, 710.

[15] OLG Brandenburg v. 11.03.2013 - 10 UF 387/11.

18 Standen sich die Ehegatten dagegen zum Zeitpunkt des Vertragsschlusses quasi „in Augenhöhe" gegenüber, weil sie beide bei nicht deutlich unterschiedlichen Einkommensverhältnissen voll erwerbstätig waren und davon ausgehen konnten, auch für den Fall der Scheidung ihren Lebensunterhalt selbst verdienen zu können, kann ein wechselseitiger Verzicht auf Durchführung des Versorgungsausgleichs nicht als sittenwidrig gewertet werden.[16]

19 Ein wechselseitiger Globalverzicht auf Ansprüche in einem Ehevertrag ist deshalb dann zulässig, wenn die Umstände des konkreten Falles auf ein wirtschaftliches Gleichgewicht der Partner und auf eine vergleichbare Position schließen lassen, etwa bei einer zum Zeitpunkt des Abschlusses des Ehevertrages seit längerem gemeinsam und gleichberechtigt geführten Rechtsanwaltskanzlei.[17]

20 Die Vereinbarung eines kompensationslosen Verzichts auf den Versorgungsausgleich hält auch dann einer Inhaltskontrolle stand, wenn in einer nicht langen Ehe der an sich ausgleichsverpflichtete Ehegatte im Wesentlichen das Familieneinkommen erwirtschaftet hat, während der an sich ausgleichsberechtigte Ehegatte eine Ausbildung absolviert hat und dadurch in die Lage versetzt wurde, eine gute und sichere Altersversorgung aufzubauen, an der der andere Ehegatte nicht mehr partizipiert.[18]

21 Dasselbe gilt für einen bei Beginn der Ehe ehevertraglich vereinbarten Ausschluss des Versorgungsausgleichs, wenn der bei Beginn der Ehe selbstständige Ehemann keine eigene Altersvorsorge aufgebaut hat und durch Aufgabe der selbstständigen Tätigkeit und Übernahme der Kinderbetreuung eine höhere Altersvorsorge erworben hat als bei Fortführung der selbstständigen Tätigkeit.[19]

22 **c) Kompensation der Benachteiligung:** Zu berücksichtigen sind auch Vorteile, die der benachteiligte Ehegatte zur Kompensation eines ehevertraglichen Verzichts von dem dadurch begünstigten Ehegatten erhält.[20] Alleine die Eingehung der Ehe als solche kann allerdings nicht als korrespondierender Vorteil berücksichtigt werden.[21]

23 **d) Gesetzliche Ausschlusstatbestände:** In Fällen, in denen ohne die Vereinbarung der Eheleute ein gesetzlicher Ausschlusstatbestand eingreifen würde, hält ein – auch entschädigungslos – vereinbarter Verzicht auf den Versorgungsausgleich der Inhalts- und Ausübungskontrolle ohne weiteres stand.

24 **(i) Bagatellfälle:** Gegen die Vereinbarung des Verzichts auf den Ausgleich eines Anrechts mit geringem Ausgleichswert oder wechselseitiger Anrechte mit geringer Differenz der Ausgleichswerte (§ 18 Abs. 3 VersAusglG) bestehen deshalb keine Bedenken. Eine solche Vereinbarung kann sinnvoll sein, wenn zweifelhaft ist, ob ein Ausschluss des Ausgleichs erfolgt oder nicht; die Eheleute können dann möglichen Rechtsmitteln der betroffenen Versorgungsträger von vornherein dadurch begegnen, dass sie den Ausschluss der Anrechte vereinbaren. Die Vereinbarung eines Ausschlusses sollte außerdem in Betracht gezogen werden, wenn die Differenz der Ausgleichswerte der beiderseitigen Anrechte zwar gering ist, die Anrechte aber nicht gleichartig sind und deshalb kein Ausschluss nach § 18 Abs. 1 VersAusglG möglich ist.

25 **(ii) Kurze Ehe:** Wirksam ist auch ein aus Anlass der Trennung oder Scheidung vereinbarter Verzicht auf die Durchführung des Versorgungsausgleichs, wenn dieser wegen der kurzen Dauer der Ehe ohnehin nur auf Antrag durchzuführen wäre (§ 3 Abs. 3 VersAusglG).

26 **(iii) Härtegründe:** Auch in den Fällen des § 27 VersAusglG, in denen es ohne die Vereinbarung aus Billigkeitsgründen geboten wäre, von der gesetzlich vorgesehenen Halbteilung abzuweichen, hält eine entsprechende Vereinbarung der Wirksamkeitskontrolle stand.

27 So ist bei einer phasenverschobenen Ehe und langer Trennungsdauer die vereinbarte Beschränkung des Versorgungsausgleichs auf einen Teil der Ehezeit wirksam.[22]

28 Eine Abweichung von der Halbteilung des Ehezeitanteils durch Vereinbarung der geschiedenen Ehegatten im Abänderungsverfahren kann angemessen sein, wenn die strafrechtliche Verurteilung des Ehemannes den Verlust der Beamtenversorgung zur Folge hatte.[23]

29 **(iv) Sittenwidrige Scheidungshindernisse:** Sittenwidrig kann auch eine Vereinbarung sein, in der ein Ehegatte für den Fall der Scheidung Leistungspflichten übernimmt, die einer Vertragsstrafe gleichkommen und von der Scheidung abhalten sollen.

---

[16] OLG Köln v. 25.10.2010 - 4 UF 158/10 - FamRZ 2011, 1063.
[17] OLG Brandenburg v. 16.05.2013 - 9 UF 35/12.
[18] OLG Koblenz v. 26.05.2011 - 11 UF 138/11 - FamRZ 2012, 130.
[19] KG Berlin v. 19.03.2013 - 13 UF 229/12.
[20] OLG Hamm v. 20.04.1998 - 5 UF 151/98 - NJWE-FER 1998, 196.
[21] BVerfG v. 06.02.2001 - 1 BvR 12/92 - FamRZ 2001, 343
[22] OLG Saarbrücken v. 18.08.2011 - 6 UF 62/11 - FamRZ 2012, 232.
[23] AG Kelheim v. 05.11.2010 - 1 F 228/10 - FamRZ 2011, 1653.

bb. Schädigung Dritter

Eine einseitige Benachteiligung kann außerdem in den Fällen sittenwidrig sein, in denen die Benachteiligung des einen Ehegatten eine Schädigung Dritter zur Folge hat.

Das gilt vor allem dann, wenn die Eheleute durch die Vereinbarung bewusst zu Lasten des Trägers der Sozialhilfe die spätere Unterstützungsbedürftigkeit des benachteiligten Ehegatten herbeiführen.[24] Dasselbe gilt, wenn ohne den Versorgungsausgleich davon auszugehen ist, dass ein Ehegatte im Alter auf Leistungen der Grundsicherung angewiesen sein wird, während er bei einer Durchführung des Versorgungsausgleichs zwar ebenfalls grundsicherungsbedürftig bliebe, jedoch in einem geringeren Umfang.[25]

Dagegen reicht mangels Vorhersehbarkeit der künftigen Erwerbslage die allgemeine Gefahr einer späteren Sozialhilfebedürftigkeit für die Annahme der Sittenwidrigkeit des Ausschlusses des Versorgungsausgleichs nicht aus.[26] Insbesondere bei rentenfernen Eheleuten ist es aber problematisch, die erforderliche Prognose, dass ein Ehegatte nur aufgrund des Verzichts auf die Grundsicherung angewiesen sein wird, zu stellen.[27]

d. Subjektive Umstände

Eine objektiv unangemessene Regelung ist nur dann als sittenwidrig einzustufen, wenn zusätzlich subjektive Umstände hinzutreten, die dem benachteiligten Ehegatten das Festhalten an der Vereinbarung unzumutbar machen. Maßgebend sind insoweit der mit der Vereinbarung verfolgte Zweck und die sonstigen Beweggründe, die zu der Vereinbarung geführt haben.[28]

Solche Umstände liegen regelmäßig in einer gestörten Vertragsdisparität, also ungleichen Verhandlungspositionen bei Abschluss der Vereinbarung. Ein Ehevertrag kann sich in einer Gesamtwürdigung nur dann als sittenwidrig und daher als insgesamt nichtig erweisen, wenn konkrete Feststellungen zu einer unterlegenen Verhandlungsposition des benachteiligten Ehegatten getroffen worden sind. Allein aus der Unausgewogenheit des Vertragsinhalts ergibt sich die Sittenwidrigkeit des gesamten Ehevertrages regelmäßig noch nicht.[29]

aa. Ausnutzen einer Zwangslage

Die Einstufung einer einseitig benachteiligenden Regelung als sittenwidrig kommt in Betracht, wenn der begünstigte Ehepartner den anderen durch das Ausnutzen einer Zwangslage zum Abschluss der Vereinbarung veranlasst hat. Eine solche Zwangslage kann sich insbesondere aus einer sozialen oder wirtschaftlichen Abhängigkeit des benachteiligten Ehegatten ergeben.[30]

Alleine die Tatsache, dass ein Ehepartner die Eheschließung vom Abschluss eines Ehevertrags abhängig macht, genügt dazu allerdings nicht. Eine andere Bewertung kommt aber in Betracht, wenn die geplante Hochzeit bereits unmittelbar bevorstand.[31]

Eine ungleiche Verhandlungsposition besteht regelmäßig dann, wenn die Ehefrau zum Zeitpunkt der Vereinbarung schwanger ist und sich vor die Wahl gestellt sieht, entweder dem benachteiligenden Ehevertrag zuzustimmen oder das Kind ohne wirtschaftliche Absicherung durch die Ehe zur Welt zu bringen.[32]

Für die Annahme einer Zwangslage genügt es dagegen nicht, dass ein Ehegatte die Fortsetzung der bestehenden Ehe vom Abschluss eines Ehevertrags abhängig macht, wenn keine soziale oder wirtschaftliche Abhängigkeit des anderen Ehegatten besteht.[33] Das gilt selbst dann, wenn sich die Ehe bereits in

---

[24] BGH v. 05.11.2008 - XII ZR 157/06 - NJW 2009, 198; BGH v. 25.10.2006 - XII ZR 144/04 - FamRZ 2007, 197.
[25] OLG Karlsruhe v. 01.03.2012 - 16 UF 301/11.
[26] AG Ludwigslust v. 29.09.2010 - 5 F 169/09; BGH v. 18.09.1996 - XII ZB 206/94 - FamRZ 1996, 1536.
[27] OLG Hamm v. 11.04.2013 - 4 UF 232/12.
[28] OLG Köln v. 25.10.2010 - 4 UF 158/10 - FamRZ 2011, 1063.
[29] BGH v. 31.10.2012 - XII ZR 129/10 - FamRZ 2013, 195.
[30] BGH v. 28.11.2007 - XII ZR 132/05 - FamRZ 2008, 582; BGH v. 17.05.2006 - XII ZB 250/03 - FamRZ 2006, 1097; BGH v. 12.01.2005 - XII ZR 238/03 - FamRZ 2005, 691.
[31] OLG Brandenburg v. 11.08.2010 - 13 UF 39/09 - NotBZ 2011, 127.
[32] BGH v. 18.03.2009 - XII ZB 94/06 - FamRZ 2009, 1041; BGH v. 09.07.2008 - XII ZR 6/07 - FamRZ 2008, 2011; BGH v. 17.10.2007 - XII ZR 96/05 - FamRZ 2008, 386; BGH v. 25.05.2005 - XII ZR 296/01 - FamRZ 2007, 450; BGH v. 28.03.2007 - XII ZR 130/04 - FamRZ 2007, 1310.
[33] OLG Hamm v. 06.06.2005 - 4 UF 187/04 - FamRZ 2005, 1567.

einer Krise befindet und ein Ehegatte der Fortsetzung der Ehe nur unter der Bedingung des Abschlusses eines Ehevertrags zustimmt.[34]

bb. Gesundheitliche Beeinträchtigungen

39 Eine Zwangslage kann auch aus körperlichen oder psychischen Beeinträchtigungen eines Ehegatten folgen. So kann sich eine ungleiche Verhandlungsposition daraus ergeben, dass der benachteiligte Ehegatte aufgrund eingeschränkter körperlicher oder psychischer Belastbarkeit nicht in der Lage ist, sich im Fall der Trennung oder Scheidung selbst zu unterhalten und eine ausreichende eigene Altersversorgung aufzubauen.[35] Dasselbe gilt bei Beeinträchtigungen infolge Alkoholmissbrauchs.[36]

cc. Unerfahrenheit

40 Eine ungleiche Verhandlungsposition zwischen den Ehegatten kann sich auch daraus ergeben, dass der eine Ehegatte geschäftlich oder juristisch versiert, während der andere Ehepartner in dieser Hinsicht völlig unerfahren ist.[37] Diese Unerfahrenheit kann allerdings durch eine notarielle Belehrung kompensiert werden.

dd. Mangelnde Sprachkenntnisse

41 Zu gestörter Vertragsparität kann es auch dadurch kommen, dass ein Ehepartner die deutsche Sprache nicht so beherrscht, dass er den Inhalt der Vereinbarung richtig versteht.[38] In diesem Zusammenhang sind allerdings die Formanforderungen des § 7 VersAusglG zu berücksichtigen. Für die Protokollierung eines gerichtlichen Vergleichs ist bei sprachunkundigen Beteiligten ein Dolmetscher zu laden. Dasselbe gilt nach § 16 BeurkG für die notarielle Beurkundung.

ee. Aufenthaltsstatus

42 Bei ausländischen Ehegatten kann die schwächere Verhandlungsposition daraus folgen, dass sie einen dauerhaften Aufenthalt in Deutschland nur durch die Eheschließung verwirklichen können.[39]

3. Ausübungskontrolle

43 Im Rahmen der Ausübungskontrolle wird überprüft, ob die zum Zeitpunkt der Vereinbarung getroffenen Regelungen noch mit den zwischenzeitlich eingetretenen Lebensumständen korrelieren.

44 Soweit ein Ehevertrag der Wirksamkeitskontrolle standhält, muss das Familiengericht im Rahmen der Ausübungskontrolle prüfen, ob und inwieweit es einem Ehegatten nach Treu und Glauben (§ 242 BGB) verwehrt ist, sich auf eine ihn begünstigende Regelung zu berufen. Entscheidend ist insofern, ob sich zum Zeitpunkt des Scheiterns der Ehe aus dem vereinbarten Ausschluss der Scheidungsfolge eine evident einseitige, unzumutbare Lastenverteilung ergibt.[40]

a. Maßgebender Zeitpunkt

45 Bei der Ausübungskontrolle kommt es also nicht auf die Verhältnisse zum Zeitpunkt des Vertragsschlusses an, sondern auf den Zeitpunkt des Scheiterns der Ehe. Maßgebend ist, ob die Berufung auf die getroffene Vereinbarung zum Zeitpunkt des Scheiterns der Ehe eine evident einseitige Lastenverteilung darstellt, die hinzunehmen für den belasteten Ehegatten auch bei angemessener Berücksichtigung der Belange des anderen Ehegatten und seines Vertrauens in die Geltung der getroffenen Abrede sowie bei verständiger Würdigung des Wesens der Ehe unzumutbar ist.[41]

---

[34] BGH v. 02.10.1996 - XII ZB 1/94 - FamRZ 1997, 156.
[35] BGH v. 22.11.2006 - XII ZR 119/04 - FamRZ 2007, 450.
[36] OLG Koblenz v. 25.10.2005 - 11 UF 424/04 - FamRZ 2006, 428.
[37] BGH v. 09.07.2008 - XII ZR 6/07 - FamRZ 2008, 2011.
[38] BGH v. 22.11.2006 - XII ZR 119/04 - FamRZ 2007, 450.
[39] BGH v. 22.11.2006 - XII ZR 119/04 - FamRZ 2007, 450; BGH v. 17.05.2006 - XII ZB 250/03 - FamRZ 2006, 1097.
[40] BGH v. 31.10.2012 - XII ZR 129/10 - FamRZ 2013, 195.
[41] BGH v. 02.02.2011 - XII ZR 11/09 - FamRZ 2011, 1377; BGH v. 18.03.2009 - XII ZB 94/06 - FamRZ 2009, 1041; BGH v. 09.07.2008 - XII ZR 6/07 - FamRZ 2008, 2011; BGH v. 28.11.2007 - XII ZR 132/05 - FamRZ 2008, 582; BGH v. 17.10.2007 - XII ZR 96/05 - FamRZ 2008, 386; BGH v. 28.02.2007 - XII ZR 165/04 - FamRZ 2007, 974; BGH v. 25.10.2006 - XII ZR 144/04 - FamRZ 2007, 197; BGH v. 25.05.2005 - XII ZR 221/02 - FamRZ 2005, 1449; BGH v. 06.10.2004 - XII ZB 57/03 - FamRZ 2005, 185; BGH v. 11.02.2004 - XII ZR 265/02 - FamRZ 2004, 601.

Haben die Eheleute im Rahmen des Verfahrens über den Versorgungsausgleich eine formwirksame Vereinbarung über den Versorgungsausgleich geschlossen, fallen bei der materiellen Prüfung gemäß § 8 Abs. 1 VersAusglG Wirksamkeits- und Ausübungskontrolle zusammen.[42]

b. Planwidrige Entwicklung

Das kann insbesondere dann der Fall sein, wenn die tatsächlichen ehelichen Lebensverhältnisse von der Lebensplanung abweichen, auf deren Grundlage die Ehegatten den Ehevertrag geschlossen hatten.[43]

Eine Anpassung der Vereinbarung aufgrund einer von den geplanten ehelichen Lebensverhältnissen abweichenden Entwicklung setzt somit voraus, dass die Eheleute zum Zeitpunkt der Vereinbarung überhaupt konkrete Vorstellungen über die Ausgestaltung ihrer Ehe hatten.[44]

Soweit die Abweichungen der tatsächlichen von den geplanten Lebensverhältnissen vom Willen der Ehegatten abhängen, kommt eine Anpassung nur in Betracht, wenn diesen Abweichungen eine zumindest konkludente Verständigung der Ehegatten zugrunde liegt.[45]

c. Einseitige Lastenverteilung

Eine Abweichung der tatsächlichen Lebensverhältnisse von der ursprünglich zugrunde gelegten Lebensplanung rechtfertigt nur dann eine Anpassung der Vereinbarung, wenn sie zu einer unzumutbaren einseitigen Lastenverteilung führt. Das Festhalten des einseitig benachteiligten Ehegatten an der Vereinbarung wird dabei umso eher unzumutbar, je mehr die Vereinbarung durch die Abbedingung gesetzlicher Regelungen in den Kernbereich des Scheidungsfolgenrechts eingreift.

Ein – wenn auch zunächst wirksam vereinbarter – Ausschluss des Versorgungsausgleichs hält einer Ausübungskontrolle deshalb nicht stand, wenn er dazu führt, dass ein Ehegatte aufgrund einer grundlegenden Veränderung der gemeinsamen Lebensumstände über keine hinreichende Altersversorgung verfügen wird. Dies kann insbesondere dann der Fall sein, wenn ein Ehegatte sich einvernehmlich der Betreuung der gemeinschaftlichen Kinder gewidmet und deshalb auf eine versorgungsbegründende Erwerbstätigkeit verzichtet hat.[46]

d. Ehebedingte Nachteile

Eine Anpassung wegen veränderter, von der Planung der Eheleute abweichender Lebensverhältnisse setzt voraus, dass die einseitige Lastenverteilung ehebedingt ist.[47] Ein ehebedingter Nachteil liegt dann vor, wenn ein Ehegatte um der Ehe willen für sein berufliches Fortkommen Risiken eingegangen ist und diese Risiken sich aufgrund der Abweichung der bei Vertragsschluss vorgestellten Lebenssituation von der tatsächlichen Entwicklung im Scheidungsfall als Nachteil konkretisieren.[48]

Das kann der Fall sein, wenn ein ausländischer Ehegatte nur aufgrund der Eheschließung in Deutschland ansässig geworden ist.[49]

Kein ehebedingter Nachteil liegt dagegen vor, wenn ein Ehegatte schon vor der Eheschließung berufliche Veränderungen vorgenommen hat. Das gilt auch dann, wenn die Änderungen durch das vorheliche Zusammenleben veranlasst worden sind, insbesondere durch die Geburt eines gemeinschaftlichen Kindes vor der Ehe.[50] Ein ehebedingter Nachteil kann sich dann allerdings daraus ergeben, dass der benachteiligte Ehegatte mit Rücksicht auf die Ehe und die fortgesetzte Rollenverteilung auf eine Erwerbstätigkeit verzichtet.[51] Bricht ein Ehegatte entgegen den gemeinsamen Erwartungen seine beruf-

---

[42] OLG Brandenburg v. 18.03.2013 - 3 UF 64/12 - FamRZ 2014, 39; OLG Brandenburg v. 20.03.2013 - 3 UF 91/12.
[43] BGH v. 02.02.2011 - XII ZR 11/09 - FamRZ 2011, 1377; BGH v. 28.11.2007 - XII ZR 132/05 - FamRZ 2008, 582; BGH v. 28.02.2007 - XII ZR 165/04 - FamRZ 2007, 974; BGH v. 25.10.2006 - XII ZR 144/04 - FamRZ 2007, 197; BGH v. 25.05.2005 - XII ZR 221/02 - FamRZ 2005, 1449; BGH v. 06.10.2004 - XII ZB 57/03 - FamRZ 2005, 185; BGH v. 11.02.2004 - XII ZR 265/02 - FamRZ 2004, 601.
[44] BGH v. 17.10.2007 - XII ZR 96/05 - FamRZ 2008, 386; BGH v. 28.02.2007 - XII ZR 165/04 - FamRZ 2007, 974.
[45] BGH v. 28.11.2007 - XII ZR 132/05 - FamRZ 2008, 582.
[46] BGH v. 06.10.2004 - XII ZB 57/03 - FamRZ 2005, 185.
[47] BGH v. 25.10.2006 - XII ZR 144/04 - FamRZ 2007, 197.
[48] BGH v. 28.02.2007 - XII ZR 165/04 - FamRZ 2007, 974.
[49] BGH v. 22.11.2006 - XII ZR 119/04 - FamRZ 2007, 450.
[50] Vgl. BGH v. 07.03.2012 - XII ZR 25/10 - FamRZ 2012, 776.
[51] Vgl. BGH v. 07.03.2012 - XII ZR 25/10 - FamRZ 2012, 776.

§ 8 VersAusglG

liche Laufbahn während bestehender Ehe ab, kommt keine Anpassung in Betracht, wenn sein Verhalten nicht durch die ehelichen Lebensumstände veranlasst worden ist.[52]

e. Anwendungsbereiche

aa. Unerwartete Geburt eines Kindes

55 Eine Anpassung kann insbesondere geboten sein, wenn die Eheleute in der Erwartung, beide dauerhaft berufstätig zu sein, weil ihre Ehe kinderlos bleiben würde, einen kompensationslosen – vollständigen oder teilweisen – Verzicht auf die Durchführung des Versorgungsausgleichs vereinbart, entgegen ihrer Erwartung dann aber ein Kind bekommen haben. Die mit der dadurch notwendigen Aufgabe der Berufstätigkeit verbundene Einbuße bei der Altersversorgung führt dazu, dass das Festhalten an der Vereinbarung zum Zeitpunkt des Scheiterns der Ehe für den benachteiligten Ehegatten unzumutbar und mit dem Gedanken der nachehelichen Solidarität unvereinbar ist.[53]

56 Dasselbe gilt, wenn die Eheleute die Geburt von Kindern zwar in ihre Planungen einbezogen haben, ihre Vorstellungen über die Aufteilung von Erwerbstätigkeit und Haushaltsführung/Kinderbetreuung aber nicht wie geplant haben umsetzen können, weil sich die Erwartung, die Ehefrau könne neben der Haushaltsführung und Kinderbetreuung in nicht unerheblichem Umfang erwerbstätig sein, nicht erfüllt hat.[54]

bb. Schicksalhafte Entwicklungen

57 Auch unvorhersehbare, schicksalhafte Entwicklungen können eine Anpassung erfordern. Das kann der Fall sein, wenn die Eheleute zwar die Geburt eines Kindes für möglich gehalten, nicht aber damit gerechnet haben, dass das Kind aufgrund einer Behinderung besonderer Pflege bedarf.[55]

cc. Versöhnung

58 Eine Anpassung wegen veränderter Verhältnisse kann auch in Betracht kommen, wenn die Eheleute zur Vorbereitung einer beabsichtigten Scheidung eine Vereinbarung zum Versorgungsausgleich getroffen haben und die Grundlage dafür durch Versöhnung der Eheleute weggefallen ist.[56]

dd. Unterlassene Altersvorsorge

59 Im Rahmen der Ausübungskontrolle kann dem ausgleichsberechtigten Ehegatten der unterlassene Erwerb eigener Versorgungsanrechte in der Ehezeit nicht vorgehalten werden, wenn dies auf einer gemeinsamen Lebensplanung beruht oder vom ausgleichspflichtigen Ehegatten während bestehender Lebensgemeinschaft geduldet oder gebilligt worden ist.[57]

4. Altvereinbarungen

60 § 8 VersAusglG gilt auch für Vereinbarungen, die vor dem 01.09.2009 unter Geltung des früheren Versorgungsausgleichsrecht getroffen worden sind.[58]

II. Vorrang der Versorgungsordnung (Absatz 2)

1. Übertragung/Begründung von Anrechten

61 Nach § 8 Abs. 2 VersAusglG können durch eine Vereinbarung Anrechte nur begründet oder übertragen werden, wenn die maßgebende Versorgungsordnung dies zulässt und der Versorgungsträger der Vereinbarung zustimmt.

---

[52] OLG Celle v. 22.10.2007 - 19 UF 188/06 - FamRZ 2008, 1191.
[53] BGH v. 25.05.2005 - XII ZR 221/02 - FamRZ 2005, 1449; BGH v. 06.10.2004 - XII ZB 57/03 - FamRZ 2005, 185.
[54] BGH v. 28.02.2007 - XII ZR 165/04 - FamRZ 2007, 974.
[55] BGH v. 18.09.1996 - XII ZB 206/94 - FamRZ 1996, 1536.
[56] OLG Koblenz v. 20.07.2009 - 11 UF 641/08 - FamRZ 2010, 212.
[57] BGH v. 27.02.2013 - XII ZB 90/11 - NJW 2013, 1359.
[58] OLG Koblenz v. 26.05.2011 - 11 UF 138/11 - FamRZ 2012, 130.

Diese Einschränkung betrifft allerdings nur die Übertagung und Begründung von Anrechten, nicht dagegen einen Verzicht der Ehegatten auf den Ausgleich eines Anrechts. Eine Vereinbarung, nach der die Eheleute ganz oder teilweise auf die Durchführung des Versorgungsausgleichs verzichten, bedarf deshalb nicht der Zustimmung der Versorgungsträger. Die Versorgungsträger haben keinen Anspruch auf Durchführung des Versorgungsausgleichs.

a. Gesetzliche Verbote

Soweit sich die für eine Versorgung maßgebenden Regelungen unmittelbar aus dem Gesetz ergeben, spielt die Beschränkung des § 8 Abs. 2 VersAusglG keine Rolle. Wenn nämlich gesetzliche Bestimmungen einer Übertragung oder Begründung von Anrechten entgegenstehen, ist eine entsprechende Vereinbarung schon nach § 134 BGB unwirksam. § 8 Abs. 2 VersAusglG hat insoweit nur klarstellende Bedeutung.[59]

aa. Gesetzliche Rentenversicherung

In der gesetzlichen Rentenversicherung kommt eine auf einer Vereinbarung der Eheleute beruhende Begründung und Übertragung von Anrechten nach den §§ 32, 46 Abs. 2 SGB I nicht in Betracht.

Vereinbarungen, nach denen das Anrecht eines Ehegatten in der gesetzlichen Rentenversicherung mit einem geringeren Ausgleichswert übertragen werden soll und gleichzeitig der Ausgleich des Anrechts des anderen Ehegatten in der gesetzlichen Rentenversicherung unterbleibt, verstoßen allerdings nicht gegen § 8 Abs. 2 VersAusglG.[60]

Eine Vereinbarung, mit der ein Ehegatte, der während der Ehe keine Anrechte in der gesetzlichen Rentenversicherung erworben hat, ohne Zustimmung des Versorgungsträgers vorehelich erworbene Anrechte auf den anderen Ehegatten überträgt, ist dagegen unwirksam.[61]

Wie schon nach früherem Recht besteht die Gefahr, dass eine Vereinbarung, nach der nur die in einem Teil der Ehezeit – etwa bis zur Trennung – erworbenen Anrechtsanteile ausgeglichen werden sollen, dazu führt, dass höhere Anrechte übertragen werden als gesetzlich zulässig ist. Dazu kann es kommen, wenn die Wertdifferenz der beiderseitigen Anrechte in dem vereinbarten Zeitraum ausnahmsweise höher ist als in der gesetzlichen Ehezeit. Zwar werden dann bei isolierter Betrachtung der Anrechte jeweils nur Werte übertragen, die geringer sind als die Ausgleichswerte für die gesamte Ehezeit. Die Verrechnung der beiderseitigen Ausgleichswerte nach § 10 Abs. 2 VersAusglG führt aber dazu, dass insgesamt ein höherer Wert zu übertragen wäre als beim Ausgleich für die gesetzliche Ehezeit.

bb. Beamtenversorgung

Auch beamtenrechtliche Versorgungsanrechte können nicht aufgrund einer Vereinbarung begründet oder übertragen werden. Nach § 3 Abs. 2 BeamtVG sind Vereinbarungen und Vergleiche, die dem Beamten eine höhere als die ihm gesetzlich zustehende Versorgung verschaffen sollen, unwirksam. Zusätzlich schreibt § 3 Abs. 3 BeamtVG vor, dass ein Beamter auf die ihm gesetzlich zustehende Versorgung weder ganz noch teilweise verzichten kann.

Eine Verrechnungsabrede, mit der zwei im Landesdienst stehende Ehegatten vereinbaren, dass die Ausgleichswerte ihrer beiderseitigen Anrechte auf Beamtenversorgung saldiert und nur das höherwertige Anrecht des einen Ehegatten in Höhe der Wertdifferenz durch Begründung von gesetzlichen Rentenanwartschaften extern geteilt werden soll, verstößt weder gegen § 8 Abs. 2 VersAusglG noch gegen § 3 BeamtVG.[62]

cc. Betriebliche Altersversorgung

Die Eheleute können über ein Anrecht aus einer betrieblichen Direktversicherung (§ 1 Abs. 2 BetrAVG) bei bestehendem Arbeitsverhältnis keine Vereinbarung schließen. Die Verfügungsbeschränkungen des § 2 Abs. 2 Satz 4 BetrAVG stellen ein gesetzliches Verbot im Sinne des § 134 BGB dar.[63]

---

[59] BT-Drs. 16/10144, S. 53.
[60] OLG Saarbrücken v. 30.11.2012 - 6 UF 395/12 - FamRB 2013, 105.
[61] OLG Zweibrücken v. 23.08.2013 - 2 UF 104/13.
[62] BGH v. 30.04.2014 - XII ZB 668/12; OLG Celle v. 10.08.2012 - 10 UF 139/12; OLG Schleswig v. 22.10.2012 - 10 UF 137/12 - FamRZ 2013, 887; a.A. OLG Schleswig v. 18.11.2011 - 13 UF 72/11 - FamRZ 2012, 1144 m. abl. Anm. von *Borth*, FamRZ 2012, 1146 und *Bergner*, FamFR 2012, 208; zustimmend dagegen *Eichenhofer*, NJW 2012, 2078-2080.
[63] OLG Celle v. 18.06.2012 - 15 UF 95/12.

b. Vereinbarkeit mit der Versorgungsordnung

aa. Beschränkung der Übertragung und Begründung von Anrechten

71 Auch dann, wenn der Übertragung oder Begründung von Rentenanrechten keine (anderen) gesetzlichen Verbote entgegenstehen, dürfen Anrechte nach § 8 Abs. 2 VersAusglG aufgrund einer Vereinbarung nur übertragen oder begründet werden, wenn die dem Versorgungssystem zugrunde liegende Versorgungsordnung dies gestattet. Betroffen davon sind vor allem Anrechte aus privaten und berufsständischen Versorgungen. Durch die Einschränkung des § 8 Abs. 2 VersAusglG werden die Versorgungsträger vor Vereinbarung zu ihren Lasten geschützt. Zusätzlich wird gewährleistet, dass die Versorgungsträger den zwischen den Eheleuten vereinbarten Ausgleich auch umsetzen können.

bb. Gestaltungsmöglichkeiten

72 Gleichzeitig eröffnet die Regelung den Eheleuten aber Gestaltungsspielräume. So können die Ehepartner im Einvernehmen mit den betroffenen Versorgungsträgern ihre Altersversorgung dadurch bündeln, dass sie im Wege einer Vereinbarung den Ausgleich einzelner Anrechte ausschließen und zur Kompensation andere Anrechte über ihre Ausgleichswerte hinaus übertragen.[64]

2. Zustimmung des Versorgungsträgers

73 Für die Annahme der Wirksamkeit einer Vereinbarung genügt nicht alleine die Erkenntnis des Familiengerichts, dass die vereinbarte Übertragung oder Begründung von Anrechten mit der zugrunde liegenden Versorgungsordnung vereinbar ist. Vielmehr muss der betroffene Versorgungsträger der Vereinbarung ausdrücklich zustimmen.

D. Rechtsfolgen

I. Unwirksamkeit der Vereinbarung

1. Nichtigkeit der Vereinbarung zum Versorgungsausgleich

74 Eine Vereinbarung, die einer Inhaltskontrolle nicht standhält, ist sittenwidrig und damit nach § 138 Abs. 1 BGB nichtig.

2. Gesamtnichtigkeit der Scheidungsfolgenvereinbarung

75 Wenn die Vereinbarung zum Versorgungsausgleich Teil einer umfassenden Scheidungsfolgenvereinbarung ist, hat ihre Unwirksamkeit regelmäßig die Nichtigkeit der gesamten Vereinbarung zur Folge (§ 139 BGB).[65]

76 Abweichungen davon können sich allerdings aus den Umständen des konkreten Einzelfalls ergeben.[66] So kann sich insbesondere aus der Vereinbarung einer salvatorischen Klausel ergeben, dass die Nichtigkeit einer einzelnen Vereinbarung eines Ehevertrags nach dem Willen der Eheleute nicht die Nichtigkeit des gesamten Vertrags zur Folge haben sollte. Ergibt sich die Sittenwidrigkeit der getroffenen Abreden allerdings aus der Gesamtwürdigung eines Vertrags, dessen Inhalt für einen Ehegatten ausnahmslos nachteilig ist und dessen Einzelregelungen auch nicht durch berechtigte Belange des anderen Ehepartners gerechtfertigt sind, so erfasst die Nichtigkeitsfolge notwendig den gesamten Vertrag.[67]

77 Erweist sich die in einem Ehevertrag neben dem Ausschluss von nachehelichem Unterhalt enthaltene Klausel über den Ausschluss des Versorgungsausgleichs wegen sittenwidriger Schädigung als nichtig, so führt schon diese Teilnichtigkeit jedenfalls dann zur Gesamtnichtigkeit des Vertrags, wenn er keine salvatorische Klausel enthält und sich auch die weiteren Regelungen in einer Gesamtschau als evident einseitig nachteilig für einen der Ehegatten darstellen.[68]

---

[64] Näher dazu *Götsche* in: HK-VersAusglR, 2012, § 8 VersAusglG Rn. 49.
[65] BGH v. 09.07.2008 - XII ZR 6/07 - FamRZ 2008, 2011.
[66] BGH v. 24.09.2009 - IX ZR 87/08 - FamRZ 2009, 2075; BGH v. 25.05.2005 - XII ZR 296/01 - FamRZ 2005, 1444.
[67] BGH v. 09.07.2008 - XII ZR 6/07 - FamRZ 2008, 2011; BGH v. 17.05.2006 - XII ZB 250/03 - FamRZ 2006, 1097.
[68] OLG Brandenburg v. 11.03.2013 - 10 UF 387/11.

II. Anpassung der Vereinbarung

Hält die Berufung eines Ehegatten auf die getroffene Regelung der Ausübungskontrolle nicht stand, führt dies weder zur Unwirksamkeit des Ausschlusses der gesetzlichen Scheidungsfolge noch dazu, dass die gesetzliche Regelung in Vollzug gesetzt wird. Das Gericht hat vielmehr die Rechtsfolge anzuordnen, die den berechtigten Belangen beider Eheleute in der eingetretenen Situation in ausgewogener Weise Rechnung trägt.[69] Die anzuordnende Rechtsfolge muss sich dabei umso stärker an der vom Gesetz vorgesehenen Rechtsfolge orientieren, je zentraler diese Rechtsfolge im Kernbereich des gesetzlichen Scheidungsfolgenrechts angesiedelt ist.[70] Das ist gerade bei Vereinbarungen zum Versorgungsausgleich aber regelmäßig der Fall.

78

Die notwendige Anpassung erfolgt bei Vereinbarungen über den Versorgungsausgleich nach den §§ 227 Abs. 2, 225, 226 FamFG, die als speziellere Regelung der Anpassung nach Maßgabe der §§ 313 Abs. 1, 242 BGB vorgehen.

79

Eine Vertragsanpassung kommt nur in Betracht, soweit die tatsächlichen ehelichen Lebensverhältnisse überhaupt von den bei Abschluss der Vereinbarung geplanten Verhältnissen abweichen.[71] Stehen die dem Ehevertrag zugrunde liegenden Vorstellungen der Ehegatten dagegen mit der späteren Gestaltung des ehelichen Lebens in Einklang stehen oder haben sie sich nur unwesentlich anders entwickelt, bleibt für eine Vertragsanpassung von vornherein kein Raum.

80

Durch die Ausübungskontrolle darf ein durch einen Ehevertrag benachteiligter Ehegatte nicht besser gestellt werden, als er ohne die Vereinbarung stünde.[72] Deshalb ist es im Rahmen der Vertragsanpassung regelmäßig angemessen, nur die ehebedingten Nachteile des betroffenen Ehegatten auszugleichen.[73] Bei einer unzumutbaren Benachteiligung durch einen Ausschluss des Versorgungsausgleichs sind also nur die ehebedingten Nachteile des Ehegatten beim Aufbau seiner eigenständigen Altersversorgung auszugleichen.[74]

81

III. Verstoß gegen Absatz 2

Vereinbaren die Eheleute eine Übertragung oder Begründung von Anrechten, die mit der zugrunde liegenden Versorgungsordnung nicht vereinbar ist, oder fehlt die Zustimmung des betroffenen Versorgungsträgers, ist die Vereinbarung nach § 134 BGB unwirksam. In diesen Fällen ist der Versorgungsausgleich nach den gesetzlichen Vorschriften durchzuführen.

82

E. Verfahren

I. Amtsermittlung

1. Amtsermittlungsgrundsatz

Nach § 26 FamFG gilt in Versorgungsausgleichsverfahren der Amtsermittlungsgrundsatz. Das Familiengericht ist also verpflichtet, von Amts wegen zu prüfen, ob eine Vereinbarung den Anforderungen des § 8 VersAusglG genügt.

83

2. Veranlassungsprinzip

Das bedeutet aber nicht, dass das Gericht ohne konkrete Anhaltspunkte in jedwede Richtung ermitteln muss, ob irgendwelche Gründe bestehen, die der Wirksamkeit der Vereinbarung entgegenstehen könnten. Vielmehr ist es Sache der Beteiligten darzulegen, aus welchen Gründen die Vereinbarung einer Inhalts- und Ausübungskontrolle standhält oder nicht. Ermittlungen sind nur insoweit angezeigt, als das Vorbringen der Beteiligten oder der Sachverhalt bei sorgfältiger Überlegung dazu Anlass geben. Die Inhalts- und Ausübungskontrolle einer Vereinbarung zum Versorgungsausgleich ist von den Gerichten

84

---

[69] BGH v. 31.10.2012 - XII ZR 129/10 - FamRZ 2013, 195.
[70] BGH v. 02.02.2011 - XII ZR 11/09 - FamRZ 2011, 1377; BGH v. 25.05.2005 - XII ZR 296/01 - FamRZ 2005, 1444; BGH v. 28.02.2007 - XII ZR 165/04 - FamRZ 2007, 974.
[71] BGH v. 28.02.2007 - XII ZR 165/04 - FamRZ 2007, 974.
[72] BGH v. 02.02.2011 - XII ZR 11/09 - FamRZ 2011, 1377.
[73] BGH v. 28.02.2007 - XII ZR 165/04 - FamRZ 2007, 974.
[74] BGH v. 25.05.2005 - XII ZR 296/01 - FamRZ 2005, 1444; BGH v. 06.10.2004 - XII ZB 57/03 - FamRZ 2005, 185.

also im Sinne eines Veranlassungsprinzips wahrzunehmen, wenn einer der Beteiligten die materiell-rechtliche Unwirksamkeit der getroffenen Vereinbarung rügt oder konkrete Umstände vorliegen, die eine Unwirksamkeit nahelegen.[75]

3. Darlegungslast

85 Eine Darlegungslast besteht insbesondere, wenn es um die Aufklärung von Umständen geht, die für einen Beteiligten günstig sind. Dann kann das Gericht erwarten, dass der betroffene Beteiligte das Gericht bei der Aufklärung solcher Umstände durch entsprechenden Sachvortrag unterstützt.[76] So muss der Ehegatte, der sich auf eine Verletzung der Vertragsparität beruft, die subjektiven Vorstellungen und Umstände des Vertragsschlusses konkret darlegen und nötigenfalls Beweis antreten.[77]

II. Einholung der Rentenauskünfte

86 Die Eheleute sind in Verfahren über den Versorgungsausgleich auf Verlangen des Familiengerichts auch dann nach § 220 FamFG i.V.m. § 5 VersAusglG verpflichtet, Auskunft über die in der Ehezeit erworbenen Anrechte zu erteilen, wenn sie den Versorgungsausgleich zuvor durch notariellen Vertrag ausgeschlossen haben. Denn die für die Inhalts- und Ausübungskontrolle notwendige Gesamtbetrachtung der Versorgungssituation setzt in der Regel regelmäßig voraus, dass die Ehezeitanteile und Ausgleichswerte der in Rede stehenden Anrechte bekannt sind.[78]

87 In einfach gelagerten Fällen, in denen keine Anhaltspunkte für Unwirksamkeits- oder Anpassungsgründe ersichtlich sind, kann das Familiengericht allerdings davon absehen, die amtlichen Fragebögen V10 zu versenden und die entsprechenden Auskünfte der Versorgungsträger einzuholen. Dasselbe gilt, wenn die Gründe für den vereinbarten Ausschluss auf der Hand liegen.

88 Wollen die Eheleute zur Beschleunigung des Scheidungsverfahrens vermeiden, dass das Gericht die Rentenauskünfte einholt, sollten sie ihre Versorgungssituation und die Gründe für einen Ausschluss möglichst konkret und plausibel darlegen.

III. Beschwerderecht der Versorgungsträger

89 Ein privatrechtlich organisierter Versorgungsträger ist beschwerdeberechtigt, wenn die Eheleute für eine Vereinbarung zum Versorgungsausgleich die nach § 8 Abs. 2 VersAusglG notwendige Zustimmung des betroffenen Versorgungsträgers nicht eingeholt haben.[79]

---

[75] OLG Brandenburg v. 30.01.2012 - 9 UF 227/11 - FamRZ 2012, 1719; *Hauß*, FPR 2011, 26.
[76] BGH v. 11.07.2001 - XII ZB 128/98 - FamRZ 2001, 1447.
[77] OLG Hamm v. 27.03.2014 - 4 UF 222/13.
[78] AG Ludwigslust v. 22.07.2011 - 5 F 266/10 - FamRZ 2011, 1868.
[79] OLG Celle v. 18.06.2012 - 15 UF 95/12.

Abschnitt 2 - Wertausgleich bei der Scheidung
Unterabschnitt 1 - Grundsätze des Wertausgleichs bei der Scheidung
§ 9 VersAusglG Rangfolge der Ausgleichsformen, Ausnahmen

(Fassung vom 03.04.2009, gültig ab 01.09.2009)

(1) Dem Wertausgleich bei der Scheidung unterfallen alle Anrechte, es sei denn, die Ehegatten haben den Ausgleich nach den §§ 6 bis 8 geregelt oder die Ausgleichsreife der Anrechte nach § 19 fehlt.

(2) Anrechte sind in der Regel nach den §§ 10 bis 13 intern zu teilen.

(3) Ein Anrecht ist nur dann nach den §§ 14 bis 17 extern zu teilen, wenn ein Fall des § 14 Abs. 2 oder des § 16 Abs. 1 oder Abs. 2 vorliegt.

(4) Ist die Differenz beiderseitiger Ausgleichswerte von Anrechten gleicher Art gering oder haben einzelne Anrechte einen geringen Ausgleichswert, ist § 18 anzuwenden.

Gliederung

A. Grundlagen 1	5. Sonderfall: § 28 VersAusglG 12
I. Regelungszusammenhang 1	III. Vorrang der internen Teilung (Absatz 2) 13
1. Wertausgleich bei der Scheidung 1	IV. Externe Teilung als Ausnahme (Absatz 3) 16
2. Ausgleichsformen 2	V. Bagatellwerte (Absatz 4) 19
3. Auswirkungen 3	C. Verfahren 20
II. Kurzcharakteristik 4	I. Scheidungsverbund 20
III. Gesetzgebungsmaterialien 5	1. Versorgungsausgleich als Folgesache 20
B. Anwendungsvoraussetzungen 6	2. Verfahrensbeteiligte 21
I. Grundsatz des Wertausgleichs bei der Scheidung (Absatz 1) 6	II. Beschwerderecht der Versorgungträger 22
II. Ausnahmen 7	III. Verfahrenswerte 23
1. Vereinbarungen über den Versorgungsausgleich 8	1. Grundlagen der Wertfestsetzung 23
2. Fehlende Ausgleichsreife 9	2. Berücksichtigung nicht auszugleichender Anrechte 24
3. Bagatellfälle 10	3. Mehrere Anrechte bei demselben Versorgungsträger 27
4. Weitere Ausschlussgründe 11	4. Verfahrenswert im Beschwerdeverfahren 30

A. Grundlagen

I. Regelungszusammenhang

1. Wertausgleich bei der Scheidung

Die §§ 9-19 VersAusglG regeln den Wertausgleich bei der Scheidung.[1] Sie bilden damit den Kern des neuen Versorgungsausgleichsrechts.[2] Durch den Wertausgleich bei der Scheidung soll das Familiengericht – in der Regel im Scheidungsverbundverfahren – die in der Ehezeit erworbenen Anteile von Anrechten möglichst abschließend ausgleichen.[3]

1

2. Ausgleichsformen

Anders als im öffentlich-rechtlichen Versorgungsausgleich nach dem bis zum 01.09.2009 geltenden Recht erfolgt der Ausgleich nicht mehr durch Saldierung aller Anrechte und Einmalausgleich über die gesetzliche Rentenversicherung, sondern durch isolierte, hälftige Teilung der einzelnen auszugleichen-

2

---

[1] Das Versorgungsausgleichsgesetz verwendet den Begriff „Wertausgleich bei der Scheidung" anstelle des früheren Begriffs „öffentlich-rechtlicher Versorgungsausgleich". Der Begriff kennzeichnet – im Gegensatz zum „Wertausgleich nach der Scheidung" – den Versorgungsausgleich im Zusammenhang mit der Ehescheidung; zu den Begriffen *Wick*, FuR 2009, 482-496, 487.
[2] BT-Drs. 16/10144, S. 53.
[3] BT-Drs. 16/10144, S. 53.

§ 9 VersAusglG

den Anrechte. Die früheren Ausgleichsformen Rentensplitting (§ 1587b Abs. 1 BGB a.F.), Quasisplitting (§ 1587b Abs. 2 BGB a.F.), Realteilung (§ 1 Abs. 2 VAHRG a.F.), analoges Quasisplitting (§ 1 Abs. 3 VAHRG a.F.), Supersplitting oder erweitertes Splitting (§ 3b Abs. 1 Nr. 1 VAHRG a.F.) und Beitragszahlung (§ 3b Abs. 1 Nr. 2 VAHRG a.F.) sind – von Ausnahmen abgesehen – weggefallen.[4] An ihre Stelle treten die interne Teilung und die externe Teilung.[5] Die §§ 10-13 VersAusglG regeln die interne Teilung; maßgebend für die externe Teilung sind die §§ 14-17 VersAusglG.

3. Auswirkungen

3   Die interne Teilung – der Regelfall des Wertausgleichs bei der Scheidung – gewährleistet eine gerechte, hälftige Teilhabe der Eheleute an beiderseitigen Ehezeitanteilen, weil sich die Entwicklung der Anrechte nach der Entscheidung über den Wertausgleich in gleicher Weise zugunsten oder zulasten beider Ehegatten auswirkt.[6] Bei der externen Teilung wird dieses Ziel allerdings in vielen Fällen verfehlt.[7] Die Ausgleichsformen des Versorgungsausgleichsgesetzes ermöglichen es, auch größere Anrechte bei der Scheidung vollständig auszugleichen.[8] Durch den Wegfall des Supersplittings und des dafür geltenden Grenzwerts des § 3b Abs. 1 Nr. 1 VAHRG a.F. können – im Gegensatz zum früheren Recht – Anrechte aus betrieblicher Altersversorgung grundsätzlich in voller Höhe ausgeglichen werden. Daneben entfällt § 1587b Abs. 5 BGB a.F., so dass Anrechte in der gesetzlichen Rentenversicherung ohne Rücksicht auf den Höchstbetrag des § 76 Abs. 2 SGB VI übertragen oder begründet werden können.[9]

II. Kurzcharakteristik

4   Die Vorschrift gibt einen Überblick über die Struktur des Wertausgleichs bei der Scheidung (Absatz 1). Sie nennt die Ausgleichsformen, die der Wertausgleich bei der Scheidung zur Verfügung stellt. Die Vorschrift ordnet außerdem an, dass die interne Teilung Vorrang vor der externen Teilung hat (Absätze 2 und 3). Daneben stellt sie klar, dass der Wertausgleich bei der Scheidung nicht ausnahmslos durchzuführen ist (Absätze 1 und 4).

III. Gesetzgebungsmaterialien

5   BT-Drs. 16/10144, S. 53 f.; BT-Drs. 16/11903, S. 103.

B. Anwendungsvoraussetzungen

I. Grundsatz des Wertausgleichs bei der Scheidung (Absatz 1)

6   Der reformierte Versorgungsausgleich ist darauf ausgerichtet, möglichst alle auszugleichenden Anrechte im Rahmen des Wertausgleichs bei der Scheidung zu teilen, die Versorgungsschicksale der Parteien also im Zusammenhang mit der Scheidung vollständig und endgültig zu trennen, § 9 Abs. 1 VersAusglG ordnet deshalb an, dass grundsätzlich alle Anrechte der Ehegatten dem Wertausgleich bei der Scheidung unterliegen.[10]

II. Ausnahmen

7   Dieser Grundsatz wird durch § 9 Abs. 1 und 4 VersAusglG jedoch mehrfach eingeschränkt:[11]

1. Vereinbarungen über den Versorgungsausgleich

8   Ein Wertausgleich bei der Scheidung findet danach nicht statt, soweit die Eheleute eine abweichende Vereinbarung nach den §§ 6 ff. VersAusglG getroffen und darin einen Ausschluss oder eine andere Form des Ausgleichs vereinbart haben. Der Abschluss einer solchen Vereinbarung bietet sich vor allem an, wenn mehrere Anrechte aus privater oder betrieblicher Altersversorgung intern zu teilen sind und

---

[4] Ausführlich zu den früheren Ausgleichsformen *Triebs*, FPR 2009, 202-206, 202.
[5] Das bisherige Quasisplitting wird allerdings vorerst als Sonderform der externen Teilung beamtenrechtlicher Versorgungen nach § 16 VersAusglG beibehalten.
[6] *Schmid*, FPR 2009, 196-201, 199; kritisch *Ruland*, NJW 2009, 2781-2786, 2782.
[7] Näher dazu *Breuers*, FuR 2013, 564-567; vgl. auch die Kommentierung zu § 14 VersAusglG.
[8] *Schmid*, FPR 2009, 196-201, 200.
[9] BT-Drs. 16/10144, S. 53.
[10] BT-Drs. 16/10144, S. 54.
[11] BT-Drs. 16/10144, S. 54.

dadurch hohe Teilungskosten drohen (§ 13 VersAusglG). In solchen Fällen kann ein wechselseitiger Verzicht auf den Ausgleich einzelner Anrechte für die Eheleute wirtschaftlich sinnvoller sein als der Ausgleich nach der gesetzlichen Regelung.

2. Fehlende Ausgleichsreife

Darüber hinaus bleiben Anrechte, die zum Zeitpunkt der Entscheidung über den Wertausgleich nicht ausgleichsreif i.S.d. § 19 VersAusglG sind, unberücksichtigt. Davon betroffen sind insbesondere ausländische Anrechte und verfallbare Anrechte aus der betrieblichen Altersversorgung.

3. Bagatellfälle

Nach den §§ 9 Abs. 4, 18 VersAusglG sollen Anrechte auch dann nicht geteilt werden, wenn ihr Ausgleichswert (§ 1 Abs. 2 VersAusglG) gering ist oder die Differenz der Ausgleichswerte beiderseitiger Anrechte gleicher Art gering ist.

4. Weitere Ausschlussgründe

Ein Wertausgleich bei der Scheidung findet darüber hinaus nicht statt, wenn bei einer kurzen Ehedauer die Durchführung des Versorgungsausgleichs nicht beantragt wird (§ 3 Abs. 3 VersAusglG) oder der Ausgleich grob unbillig wäre (§ 27 VersAusglG).

5. Sonderfall: § 28 VersAusglG

Private Invaliditätsversicherung werden nur unter den Voraussetzungen des § 28 VersAusglG ausgeglichen. Zwar handelt es sich auch bei diesem sog. schuldrechtsanalogen Ausgleich[12] um einen Wertausgleich bei der Scheidung, die Anrechte werden aber nicht intern oder extern geteilt, sondern nach den Regeln über den schuldrechtlichen Versorgungsausgleich (§§ 20-22 VersAusglG) ausgeglichen.

III. Vorrang der internen Teilung (Absatz 2)

Nach § 9 Abs. 2 VersAusglG sind Anrechte in der Regel intern zu teilen. Dadurch wird klargestellt, dass die interne Teilung als vorrangige Ausgleichsform im Rahmen des Wertausgleichs bei der Scheidung anzusehen ist.[13]

Bei der internen Teilung überträgt das Familiengericht zu Lasten des Anrechts des Ausgleichspflichtigen für den Ausgleichsberechtigten ein Anrecht in Höhe des Ausgleichswerts bei dem Versorgungsträger, bei dem das auszugleichende Anrecht besteht. Der Ausgleichsberechtigte erwirbt also ein eigenes Anrecht im Versorgungssystem des Ausgleichspflichtigen und nimmt dadurch gleichberechtigt an den Chancen und Risiken der auszugleichenden Versorgung teil. Die interne Teilung trägt damit im Regelfall dem Halbteilungsgrundsatz optimal Rechnung. Der Nachteil der internen Teilung besteht für die Eheleute darin, dass die Versorgungsträger nach § 13 VersAusglG die Kosten der Teilung mit den Ausgleichswerten verrechnen können. Je nach Anzahl der zu teilenden Anrechte kann der Ausgleich deshalb für die Eheleute mit erheblichen Teilungskosten verbunden sein.

Die Anforderungen an die interne Teilung und ihre Rechtsfolgen regeln die §§ 10-13 VersAusglG.

IV. Externe Teilung als Ausnahme (Absatz 3)

Der Grundsatz der internen Teilung gilt nicht uneingeschränkt. Die vorgesehenen Ausnahmen nennt § 9 Abs. 3 VersAusglG. Danach können Anrechte unter den Voraussetzungen des § 14 Abs. 2 VersAusglG, des § 16 Abs. 1 VersAusglG oder des § 16 Abs. 2 VersAusglG ausnahmsweise extern geteilt werden.

Durch die externe Teilung wird für den Ausgleichsberechtigten zu Lasten des Anrechts des Ausgleichspflichtigen ein Anrecht in Höhe des Ausgleichswerts bei einem anderen Versorgungsträger als demjenigen, bei dem das auszugleichende Anrecht besteht, begründet. Sie dient in erster Linie dem Zweck, den betroffenen Versorgungsträgern die Möglichkeit zu geben, die Aufnahme des ausgleichsberechtigten Ehepartners in das eigene Versorgungssystem durch eine einmalige Kapitalzahlung abzuwenden. Die externe Teilung kann aber auch im Interesse des ausgleichsberechtigten Ehegatten liegen, weil sie den Ausbau einer bereits bestehenden Versorgung ermöglicht. Dabei besteht allerdings die Gefahr, dass die angestrebte Halbteilung verfehlt wird, etwa weil nachehezeitliche Wertänderungen nicht

---

[12] *Kemper*, Versorgungsausgleich in der Praxis, 2011, Kap. VIII Rn. 460 ff.
[13] BT-Drs. 16/10144, S. 54.

§ 9 VersAusglG

erfasst werden oder der Wert der extern begründeten Versorgung aufgrund unterschiedlicher Rechnungszinssätze der beteiligten Versorgungsträger dem Wert des auszugleichenden Anrechts nicht entspricht.

18 Die Voraussetzungen für eine ausnahmsweise externe Teilung ergeben sich aus § 14 VersAusglG. Die Vorschrift wird durch § 15 VersAusglG ergänzt, der die Durchführung der externen Teilung regelt. § 16 VersAusglG behandelt den Sonderfall der externen Teilung beamtenrechtlicher Versorgungsanrechte. Wegen der Einzelheiten wird auf die entsprechenden Kommentierungen verwiesen.

V. Bagatellwerte (Absatz 4)

19 Auch § 9 Abs. 4 VersAusglG dient ausschließlich der Klarstellung. Die Verweisung auf § 18 VersAusglG macht deutlich, dass nicht jedes von den Eheleuten in der Ehezeit erworbene Anrecht ausgeglichen werden muss. Denn nach § 18 VersAusglG sollen Anrechte nicht ausgeglichen werden, wenn ihr Ausgleichswert (§ 1 Abs. 2 VersAusglG) gering ist. Dasselbe gilt, wenn die Differenz der Ausgleichswerte beiderseitiger Anrechte gleicher Art gering ist. Wegen der Einzelheiten zum Ausgleich von Bagatellwerten wird auf die Kommentierung zu § 18 VersAusglG verwiesen.

C. Verfahren

I. Scheidungsverbund

1. Versorgungsausgleich als Folgesache

20 Über den Wertausgleich bei der Scheidung ist nach § 137 Abs. 2 Satz 2 VersAusglG im Scheidungsverbund von Amts wegen zu entscheiden. Zu beachten ist aber, dass der Versorgungsausgleich bei einer Ehezeit von bis zu drei Jahren nach § 3 Abs. 3 VersAusglG nur auf Antrag durchgeführt wird.

2. Verfahrensbeteiligte

21 Am Verfahren sind nach § 219 FamFG die Versorgungsträger zu beteiligen, bei denen ein auszugleichendes Anrecht besteht und bei denen ein Anrecht zum Zweck des Ausgleichs begründet werden soll. Ein danach beteiligter oder zu beteiligender Versorgungsträger wird durch die gerichtliche Entscheidung grundsätzlich bereits dann in seinem Recht beeinträchtigt, wenn der Versorgungsausgleich mit einem im Gesetz nicht vorgesehenen Eingriff in seine Rechtsstellung verbunden ist, ohne dass es auf eine finanzielle Mehrbelastung ankommt. Besteht das auszugleichende Anrecht nicht bei dem im Beschluss genannten Versorgungsträger, so ist auf seine Beschwerde hin nicht nur die zum Ausgleich des Anrechts getroffene Anordnung aufzuheben, sondern der Versorgungsträger in der Beschwerdeinstanz neu zu beteiligen, bei dem das Anrecht tatsächlich besteht, und über den Ausgleich des Anrechts insgesamt neu zu entscheiden.[14]

II. Beschwerderecht der Versorgungträger

22 Gegen eine Entscheidung zum Versorgungsausgleich, mit der das Familiengericht Entgeltpunkte vom Versicherungskonto des einen Ehegatten auf das bei einem anderen Rentenversicherungsträger geführte Versicherungskonto des anderen Ehegatten überträgt, steht beiden betroffenen Versorgungsträgern die Beschwerde zu, ohne dass es auf eine finanzielle Mehrbelastung ankommt.[15]

III. Verfahrenswerte

1. Grundlagen der Wertfestsetzung

23 Der Verfahrenswert für den Wertausgleich bei der Scheidung beträgt für jedes auszugleichende Anrecht 10% des dreimonatigen Nettoeinkommens der Eheleute, mindestens aber 1.000 € (§ 50 Abs. 1 FamGKG). Anders als beim Verfahrenswert für die Ehesache nach § 43 FamGKG ist nach dem Wortlaut der Vorschrift das Nettoeinkommen der Eheleute nicht um einen Abschlag für minderjährige Kinder zu kürzen.[16] Vermögen der Eheleute bleibt unberücksichtigt. Der Verfahrenswert des Versorgun-

---

[14] BGH v. 31.10.2012 - XII ZB 588/11 - FamRZ 2013, 207.
[15] BGH v. 23.01.2013 - XII ZB 491/11 - FamRZ 2013, 610.
[16] OLG Stuttgart v. 09.07.2010 - 15 WF 131/10 - FamRZ 2010, 2098; a.A. OLG Nürnberg v. 31.05.2010 - 11 UF 454/10 - FamRZ 2010, 2101.

gausgleichs kann deshalb nicht einfach als Prozentsatz des Werts der Ehesache ermittelt werden. Das wäre zwar in der Praxis wesentlich einfacher zu handhaben, lässt sich mit dem Wortlaut des § 50 FamGKG aber kaum vereinbaren.

2. Berücksichtigung nicht auszugleichender Anrechte

Bei der Ermittlung der Anzahl der auszugleichenden Anrechte sind auch solche Anrechte zu berücksichtigen, deren Ausgleich aufgrund einer Vereinbarung der Eheleute (§§ 6 ff. VersAusglG) oder wegen grober Unbilligkeit (§ 27 VersAusglG) ausgeschlossen wird, die aber nach § 224 Abs. 3 FamFG in der Beschlussformel anzugeben sind. Auch diese Anrechte sind auszugleichende Anrechte im Sinne des § 2 VersAusglG, die den Verfahrenswert nach § 50 FamGKG erhöhen.[17] Dasselbe gilt für Anrechte, deren Ausgleich nach § 18 VersAusglG ausgeschlossen wird.[18]   24

Auch Anrechte, bei denen am Ende der Ehezeit die maßgebliche Wartezeit, Mindestbeschäftigungszeit, Mindestversicherungszeit oder eine ähnliche zeitliche Voraussetzung noch nicht erfüllt ist, sind bei der Wertfestsetzung zu berücksichtigen.[19] Nach anderer Auffassung bleiben ausgleichsreife Anrechte i.S.d. § 19 VersAusglG dagegen bei der Festsetzung des Verfahrenswerts unberücksichtigt.[20] Dagegen spricht aber, dass auch für diese Anrechte geprüft werden muss, ob und in welchem Umfang ein Wertausgleich bei der Scheidung möglich ist oder der Wertausgleich nach der Scheidung vorbehalten bleibt. Hinzu kommt, dass solche Anrechte nach § 224 Abs. 4 FamFG in den Gründen der Entscheidung über den Versorgungsausgleich genannt werden müssen. Vor diesem Hintergrund ist es sachgerecht, auch nicht ausgleichsreife Anrechte bei der Festsetzung des Verfahrenswerts zu berücksichtigen.   25

Ergibt die erteilte Auskunft dagegen, dass kein auszugleichendes Anrecht im Sinne des § 2 VersAusglG besteht, bleibt das (vermeintliche) Anrecht bei der Berechnung nach § 50 Abs. 1 FamGKG außer Betracht.[21] Bei der Bemessung des Verfahrenswerts bleiben – jedenfalls nach § 50 Abs. 3 FamGKG – auch solche Anrechte unberücksichtigt, bei denen die Auskunft des Versorgungsträgers zweifelsfrei ergeben hat, dass der Erwerb des Anrechts vollständig außerhalb der Ehezeit liegt.[22]   26

3. Mehrere Anrechte bei demselben Versorgungsträger

Bestehen mehrere Anrechte bei demselben Versorgungsträger, ist jedes einzelne davon bei der Wertfestsetzung mit 10% des dreimonatigen Nettoeinkommens der Eheleute anzusetzen. Auch wenn die Anrechte in demselben Versorgungssystem bestehen, sind sie nicht notwendig gleich zu behandeln. Vielmehr muss – insbesondere im Hinblick auf die Anwendung der Bagatellklausel – für jedes einzelne Anrecht geprüft werden, ob und wie ein Ausgleich erfolgt. Daher besteht kein sachlicher Grund, mehrere Anrechte bei demselben Versorgungsträger für die Wertfestsetzung zusammenzufassen und als ein auszugleichendes Anrecht zu betrachten.[23]   27

Sind neben regeldynamischen auch angleichungsdynamische Anrechte der gesetzlichen Rentenversicherungen auszugleichen, ist deshalb auch bei der Ermittlung des Gegenstandswerts von selbstständigen Anrechten auszugehen.[24]   28

Nichts anderes kann für betriebliche Altersversorgungen gelten, die aus mehreren selbständigen Teilanrechten bestehen, zumal für die einzelnen Bausteine regelmäßig unterschiedliche Versorgungsordnungen maßgebend sind.   29

---

[17] OLG Celle v. 25.05.2010 - 10 WF 347/09 - FamRZ 2010, 2103; OLG Stuttgart v. 13.09.2010 - 16 WF 205/10 - FamRZ 2011, 134.
[18] OLG Schleswig v. 30.08.2010 - 10 WF 156/10 - FamRZ 2011, 133; OLG Stuttgart v. 13.09.2010 - 16 WF 205/10 - FamRZ 2011, 134.
[19] OLG Karlsruhe v. 16.09.2013 - 5 WF 66/13 - NJW-RR 2014, 68.
[20] OLG Brandenburg v. 14.06.2011 - 10 UF 249/10 - FamRZ 2012, 310; OLG Saarbrücken v. 24.04.2012 - 6 WF 33/12.
[21] OLG Stuttgart v. 13.09.2010 - 16 WF 205/10 - FamRZ 2011, 134; OLG Karlsruhe v. 16.09.2013 - 5 WF 66/13 - NJW-RR 2014, 68.
[22] OLG Hamburg v. 13.09.2012 - 7 WF 91/12 - FamRZ 2013, 149.
[23] A.A. OLG Stuttgart v. 30.03.2012 - 17 UF 32/12.
[24] OLG Celle v. 12.10.2011 - 12 UF 137/11 - FamRZ 2012, 1311; a.A. OLG Brandenburg v. 08.01.2013 - 3 UF 111/12 - FamRZ 2014, 128.

4. Verfahrenswert im Beschwerdeverfahren

30 Anrechte, die nicht (mehr) Gegenstand des Beschwerdeverfahrens sind, werden für die Wertberechnung nach § 50 FamGKG nicht herangezogen. Das gilt selbst dann, wenn sie im Rahmen der Ermessensentscheidung von § 18 Abs. 1 und 2 VersAusglG im Hinblick auf ihre Höhe und insbesondere ihre Differenz in die Abwägung einbezogen werden.[25]

---

[25] Vgl. OLG Köln v. 20.03.2012 - 27 UF 51/11 - FamRZ 2012, 1306.

Unterabschnitt 2 - Interne Teilung
§ 10 VersAusglG Interne Teilung

(Fassung vom 03.04.2009, gültig ab 01.09.2009)

(1) Das Familiengericht überträgt für die ausgleichsberechtigte Person zulasten des Anrechts der ausgleichspflichtigen Person ein Anrecht in Höhe des Ausgleichswerts bei dem Versorgungsträger, bei dem das Anrecht der ausgleichspflichtigen Person besteht (interne Teilung).

(2) ¹Sofern nach der internen Teilung durch das Familiengericht für beide Ehegatten Anrechte gleicher Art bei demselben Versorgungsträger auszugleichen sind, vollzieht dieser den Ausgleich nur in Höhe des Wertunterschieds nach Verrechnung. ²Satz 1 gilt entsprechend, wenn verschiedene Versorgungsträger zuständig sind und Vereinbarungen zwischen ihnen eine Verrechnung vorsehen.

(3) Maßgeblich sind die Regelungen über das auszugleichende und das zu übertragende Anrecht.

Gliederung

A. Grundlagen 1	d. Zusatzversorgungen des öffentlichen Dienstes 19
I. Kurzcharakteristik 1	e. Private Altersversorgungen 23
1. Regelungszusammenhang 1	f. Betriebsrenten 24
2. Regelungsinhalt 2	g. Verrechnung durch den Versorgungsträger 28
II. Gesetzgebungsmaterialien 3	2. Verrechnungsvereinbarungen (Absatz 2 Satz 2) 29
B. Anwendungsvoraussetzungen 4	
I. Systeminterne Teilung (Absatz 1) 4	III. Versorgungsordnung (Absatz 3) 30
1. Ausgleich innerhalb eines Versorgungssystems 4	**C. Verfahren** 31
2. Interne Teilung in der gesetzlichen Rentenversicherung 6	I. Ausspruch der internen Teilung 31
	1. Beschlussformel 31
II. Verrechnung wechselseitiger Anrechte (Absatz 2) 9	a. Notwendiger Inhalt der Beschlussformel 31
1. Gleichartige Anrechte (Absatz 2 Satz 1) 10	b. Struktur der Beschlussformel 43
a. Strukturell gleichartige Anrechte 10	2. Keine Verrechnung in der Beschlussformel 46
b. Übereinstimmung der Bezugsgrößen 11	II. Verlesen der Beschlussformel 47
c. Regelsicherungssysteme 12	III. Berichtigung der Beschlussformel 48

A. Grundlagen

I. Kurzcharakteristik

1. Regelungszusammenhang

Die §§ 10-13 VersAusglG regeln die systeminterne Teilung. Die Vorschriften stellen damit die zentralen Ausgleichsbestimmungen des neuen Versorgungsausgleichsrechts dar. Sie enthalten Regeln zur Durchführung der internen Teilung (§ 10 VersAusglG), zu den Mindestanforderungen an das zu schaffende Anrecht (§ 11 VersAusglG), zu besonderen Rechtsfolgen bei der Teilung von Betriebsrenten (§ 12 VersAusglG) und zur Berücksichtigung von Teilungskosten der Versorgungsträger (§ 13 VersAusglG). 1

2. Regelungsinhalt

Bei der internen Teilung nach § 10 Abs. 1 VersAusglG überträgt das Familiengericht zulasten des Anrechts des Ausgleichspflichtigen für den Ausgleichsberechtigten ein Anrecht in Höhe des Ausgleichswerts (§ 1 Abs. 2 VersAusglG) bei dem Versorgungsträger, bei dem das auszugleichende Anrecht besteht. Der Ausgleichsberechtigte erwirbt also ein Anrecht im Versorgungssystem des Ausgleichspflichtigen und nimmt gleichberechtigt an dessen Chancen und Risiken teil. Die Durchführung der Tei- 2 lung regelt § 10 Abs. 2 VersAusglG; danach können die Versorgungsträger unter bestimmten Voraussetzungen wechselseitige Anrechte der Ehepartner verrechnen. § 10 Abs. 3 VersAusglG stellt klar, dass für die Umsetzung der internen Teilung die Regeln des jeweiligen Versorgungssystems maßgebend sind.

II. Gesetzgebungsmaterialien

3   BT-Drs. 16/10144, S. 54 f.

B. Anwendungsvoraussetzungen

I. Systeminterne Teilung (Absatz 1)

1. Ausgleich innerhalb eines Versorgungssystems

4   Der in § 10 Abs. 1 VersAusglG verankerte Grundsatz der systeminternen Teilung besagt, dass die im Versorgungsausgleich zu berücksichtigenden und auszugleichenden Anrechte innerhalb ein- und desselben Versorgungssystems geteilt werden. Diese Teilung erfolgt durch richterlichen Gestaltungsakt, durch den zulasten des Anrechts des ausgleichspflichtigen Ehegatten ein Rechtsverhältnis zwischen dem ausgleichsberechtigten Ehegatten und dem Versorgungsträger des Ausgleichspflichtigen begründet wird, sofern ein solches nicht bereits besteht.[1] Der Ausgleichsberechtigte erhält dadurch eine eigenständige Versorgung im Versorgungssystem, in dem das auszugleichende Anrecht besteht.

5   Aus der Übertragung des Anrechts auf den ausgleichsberechtigten Ehegatten zulasten des auszugleichenden Anrechts folgt die Befugnis des Versorgungsträgers, dieses Anrecht entsprechend zu kürzen.[2] Dabei muss die Kürzung dem auf den Ausgleichsberechtigten übertragenen Wert entsprechen. Die Einzelheiten dafür richten sich nach den für das Anrecht maßgeblichen Regeln des jeweiligen Versorgungssystems.

2. Interne Teilung in der gesetzlichen Rentenversicherung

6   Bei der internen Teilung gesetzlicher Rentenanrechte ist zu berücksichtigen, dass es sich bei der Deutschen Rentenversicherung trotz der Untergliederung in zahlreiche Regionalträger und die beiden Bundesträger (DRV Bund/DRV Knappschaft-Bahn-See) um einen einheitlichen Versorgungsträger handelt. Deshalb hat jeder gesetzlich Versicherte nur ein Versicherungskonto, dem eine bestimmte Versicherungsnummer zugeordnet ist (§§ 147, 149 SGB VI). Verfügt der ausgleichsberechtigte Ehepartner bereits über ein solches Versicherungskonto, sind gesetzliche Rentenanrechte des Ausgleichspflichtigen immer auf dieses vorhandene Versicherungskonto zu übertragen. Das gilt auch dann, wenn für das Versicherungskonto des Ausgleichspflichtigen ein anderer Träger der Deutschen Rentenversicherung zuständig ist.[3] Unerheblich ist dabei auch die Art der zu übertragenden Entgeltpunkte (Entgeltpunkte, Entgeltpunkte [Ost], hüttenknappschaftliche Entgeltpunkte, hüttenknappschaftliche Entgeltpunkte [Ost]). Die Einrichtung eines zweiten Versicherungskontos kommt nicht in Betracht.[4]

7   **Beispiel:**
Für Ehefrau F existiert ein Versicherungskonto bei der Deutschen Rentenversicherung Bund mit einem regeldynamischen Anrecht in der allgemeinen Rentenversicherung (Entgeltpunkte). Im Versorgungsausgleich ist im Wege der internen Teilung ein Anrecht des Ehemanns M bei der Deutschen Rentenversicherung Knappschaft-Bahn-See (hüttenknappschaftliche Entgeltpunkte) zugunsten der F auszugleichen. Falsch wäre es, zum Ausgleich dieses Anrechts für die F ein neues Versicherungskonto bei der Deutschen Rentenversicherung Knappschaft-Bahn-See einzurichten. Vielmehr sind die hüttenknappschaftlichen Entgeltpunkte des M auf das vorhandene Konto der F bei der Deutschen Rentenversicherung Bund zu übertragen.

---

[1] BT-Drs. 16/10144, S. 54.
[2] BT-Drs. 16/10144, S. 54.
[3] BGH v. 30.11.2011 - XII ZB 328/10 - FamRZ 2012, 277; OLG Koblenz v. 30.08.2013 - 13 UF 475/13 - FamRZ 2014, 343.
[4] Übersehen vom OLG Hamm v. 21.06.2012 - 12 UF 278/11 - FamRZ 2013, 222; vgl. dazu *Ruland*, FamRZ 2013, 169-170.

Dagegen unterscheiden sich Anrechte in einer Zusatzversicherung von denen in der gesetzlichen Rentenversicherung und unterliegen anderen Bewertungskriterien. Bei interner Teilung von Anrechten der hüttenknappschaftlichen Zusatzversicherung sind diese Anrechte deshalb auf ein dort einzurichtendes Konto zu übertragen, wenn ein solches Konto noch nicht geführt wird.[5]

II. Verrechnung wechselseitiger Anrechte (Absatz 2)

Die in § 10 Abs. 2 Satz 1 VersAusglG vorgesehene Verrechnung beiderseitiger Anrechte stellt sicher, dass die Versorgungsträger bei der Umsetzung der Entscheidung über den Versorgungsausgleich keinen Hin-und-her-Ausgleich durchführen müssen, wenn beide Ehegatten über auszugleichende Anrechte bei demselben Versorgungsträger verfügen. Das ist etwa der Fall, wenn beide Ehegatten in der gesetzlichen Rentenversicherung pflichtversichert sind.[6] Der Versorgungsträger kann die Teilung dann dadurch vollziehen, dass er nach Verrechnung der beiderseitigen Ausgleichswerte ein Anrecht in Höhe der Differenz zugunsten des Ehegatten mit dem geringeren Anrecht überträgt.

1. Gleichartige Anrechte (Absatz 2 Satz 1)

a. Strukturell gleichartige Anrechte

Der Versorgungsträger kann allerdings nur Anrechte gleicher Art miteinander verrechnen. Gleichartig i.S.d. § 10 Abs. 2 Satz 1 VersAusglG sind Anrechte, die sich in Struktur und Wertentwicklung entsprechen, so dass ein Saldenausgleich nach Verrechnung zu demselben wirtschaftlichen Ergebnis führt wie ein Hin-und-her-Ausgleich. Wertidentität ist dagegen nicht erforderlich; ausreichend ist vielmehr eine strukturelle Übereinstimmung in wesentlichen Fragen (Leistungsspektrum, Finanzierungsart, Anpassung im Anwartschafts- und Leistungsstadium etc.).[7]

b. Übereinstimmung der Bezugsgrößen

Anrechte sind in der Regel nicht gleichartig, wenn sie in unterschiedlichen Bezugsgrößen berechnet werden. Das gilt insbesondere, wenn ein Anrecht als Rentenbetrag und das andere Anrecht in einer anderen Bezugsgröße ermittelt wird.[8]

c. Regelsicherungssysteme

aa. Gesetzliche Rentenversicherung

Gleichartig sind danach Anrechte aus der allgemeinen gesetzlichen Rentenversicherung, und zwar unabhängig davon, ob für die Ehegatten verschiedene Rentenversicherungszweige zuständig sind (Deutsche Rentenversicherung Bund, Regionalträger der Deutschen Rentenversicherung, Deutsche Rentenversicherung Knappschaft-Bahn-See).[9]

Nach § 120f Abs. 2 Nr. 1 SGB VI sind dagegen regeldynamische Anrechte (Entgeltpunkte) und angleichungsdynamische Anrechte (Entgeltpunkte Ost) keine Anrechte gleicher Art, weil sie verschiedene Bezugsgrößen haben und die voneinander abweichenden aktuellen Rentenwerte zu unterschiedlich hohen Renten führen.[10] Auch Anrechte aus der allgemeinen Rentenversicherung und der knappschaftlichen Rentenversicherung sind keine gleichartigen Anrechte (§ 120f Abs. 2 Nr. 2 SGB VI).[11]

Dasselbe gilt für knappschaftliche Entgeltpunkte (Ost) und Entgeltpunkte (Ost) in der allgemeinen Rentenversicherung.[12] Auch Anrechte aus der allgemeinen Rentenversicherung und der hüttenknappschaftlichen Zusatzversicherung sind keine Anrechte gleicher Art.[13]

---

[5] OLG Saarbrücken v. 17.04.2013 - 6 UF 67/13.
[6] BT-Drs. 16/10144, S. 54.
[7] BT-Drs. 16/10144, S. 55.
[8] *Kemper*, Versorgungsausgleich in der Praxis, 2011, VIII. Rn. 54.
[9] BGH v. 30.11.2011 - XII ZB 328/10 - FamRZ 2012, 277.
[10] BGH v. 30.11.2011 - XII ZB 344/10 - FamRZ 2012, 192; OLG Rostock v. 28.09.2011 - 10 UF 104/11 - FamRZ 2012, 379; OLG Naumburg v. 29.08.2011 - 8 UF 121/11; a.A. OLG Schleswig v. 06.06.2011 - 15 UF 244/10 - FamRZ 2012, 300.
[11] OLG Hamm v. 04.01.2011 - 2 UF 225/10 - FamRZ 2011, 979; OLG Stuttgart v. 13.06.2011 - 15 UF 129/11 - FamRZ 2012, 303.
[12] OLG Karlsruhe v. 15.03.2012 - 18 UF 338/11 - FamRZ 2012, 1306.
[13] OLG Saarbrücken v. 30.09.2013 - 6 UF 148/13.

bb. Sonstige Regelsicherungssysteme

15 Gleichartig sind beamtenrechtliche Versorgungsanrechte und solche aus anderen öffentlich-rechtlichen Dienst- oder Amtsverhältnissen – etwa die Versorgungen der Richter und Soldaten.

16 Dagegen sind – trotz § 16 Abs. 3 VersAusglG und § 47 Abs. 3 VersAusglG – Anrechte aus der gesetzlichen Rentenversicherung einerseits und beamtenrechtliche Versorgungsanrechte andererseits keine Anrechte gleicher Art, weil wesentliche strukturelle Merkmale beider Versorgungen erheblich voneinander abweichen.[14]

17 Zur Feststellung der Artgleichheit der Versorgungsanrechte ist bei Landes- und Kommunalbeamten, Zeitsoldaten und Widerrufsbeamten auf das zu belastende Anrecht und nicht auf das Anrecht abzustellen, das durch externe Teilung nach § 16 VersAusglG in der gesetzlichen Rentenversicherung begründet wird.[15]

18 Anrechte bei verschiedenen berufsständischen Versorgungswerken sind in vielen Fällen gleichartig.[16]

d. Zusatzversorgungen des öffentlichen Dienstes

aa. Anrechte bei verschiedenen Zusatzversorgungskassen

19 Anrechte gleicher Art sind außerdem die bei unterschiedlichen Trägern bestehenden Zusatzversorgungen des öffentlichen Dienstes, weil sie sich in ihrer Struktur, ihrem Leistungsspektrum, der Finanzierungsart und hinsichtlich ihrer Dynamik entsprechen.[17]

bb. Pflichtversicherung/freiwillige Versicherung

20 Anrechte aus der Pflichtversicherung der Zusatzversorgung des öffentlichen Dienstes einerseits und Anrechte in der gesetzlichen Rentenversicherung andererseits sind dagegen keine Anrechte gleicher Art.[18]

21 Die Anrechte VBL klassik und VBL extra beruhen auf verschiedenen Rechtsgrundlagen; die Rechtsgrundlage der VBL klassik ist die Satzung der Versorgungsanstalt des Bundes und der Länder, diejenige der VBL extra sind die Allgemeinen Versicherungsbedingungen für die freiwillige Versicherung. Sie werden getrennt voneinander verwaltet. Bei der VBL klassik handelt es sich um eine Pflichtversicherung. Deren Höhe richtet sich nach der Summe der Versorgungspunkte, die sich wiederum nach der Höhe des zusatzversorgungspflichtigen Entgelts richten, somit entgeltabhängig sind. Die Anpassung dieser Betriebsrente erfolgt jährlich um 1%. Hingegen handelt es sich bei der VBL extra um eine freiwillige Versicherung, deren Höhe sich letztlich nach der Höhe der entrichteten Beiträge richtet. Die Anpassung erfolgt durch einen nicht garantierten Gewinnzuschlag von bis zu 20%. Die Anrechte VBL klassik und VBL extra können aufgrund der Verschiedenheit der Rechtsgrundlagen, der Finanzierungsart, des Leistungsspektrums und der Anpassung nicht miteinander verrechnet bzw. zusammengerechnet werden. Im Falle eines Ausgleichs beider Anrechte müssten für den Ausgleichsberechtigten daher auch zwei unterschiedliche Konten eingerichtet werden, eines für die VBL klassik und eines für die VBL extra, was einen hohen Verwaltungsaufwand und das Entstehen einer Splitterversorgung zur Folge hätte. Auch im Rentenfall müssten die Leistungen aus den beiden Versorgungen, insbesondere auch wegen der unterschiedlichen Anpassungsregelungen, immer getrennt voneinander berechnet werden.[19]

cc. Öffentliche Zusatzversorgung/betriebliche Altersversorgung

22 Anrechte aus der Zusatzversorgung des öffentlichen Dienstes einerseits und Anrechte aus betrieblicher Altersversorgung andererseits sind keine Anrechte gleicher Art.[20]

---

[14] BGH v. 07.08.2013 - XII ZB 211/13 - FamRZ 2013, 1636; OLG Celle v. 11.01.2012 - 10 UF 194/11 - FamRZ 2012, 1058.

[15] BGH v. 08.01.2014 - XII ZB 366/13 - FamRZ 2014, 549; a.A. vorhergehend OLG Schleswig v. 14.06.2013 - 12 UF 62/13.

[16] *Ruland*, Versorgungsausgleich, 3. Aufl. 2011, Rn. 512.

[17] OLG Köln v. 03.02.2012 - 4 UF 263/11; OLG Brandenburg v. 12.11.2013 - 3 UF 100/12; OLG Schleswig v. 26.09.2013 - 15 UF 80/13; OLG Hamm v. 21.08.2013 - 8 UF 126/13.

[18] OLG Stuttgart v. 14.06.2011 - 15 UF 74/11 - FamRZ 2011, 1733.

[19] OLG Frankfurt v. 16.07.2013 - 1 UF 125/13.

[20] OLG Karlsruhe v. 23.12.2010 - 18 UF 251/10 - FamRZ 2011, 641.

e. Private Altersversorgungen

Private kapitalgedeckte Versorgungen, deren Leistungen ausschließlich aus dem Deckungskapital erbracht werden, können auch dann gleichartig sein, wenn sie bei unterschiedlichen Versicherungsunternehmen bestehen.[21]

f. Betriebsrenten

Versorgungsanwartschaften aus der gesetzlichen Rentenversicherung einerseits und aus einer betrieblichen Direktzusage andererseits sind nicht gleichartig.[22]

aa. Direktversicherungen

Anrechte aus betrieblicher Altersversorgung sind im Regelfall keine gleichartigen Anrechte. Wählt der Arbeitgeber allerdings bei der betrieblichen Direktversicherung die versicherungsvertragliche Lösung nach § 2 Abs. 2 Satz 2 BetrAVG, sind die entsprechenden Anrechte gleichartig.[23] Sind neben der Direktversicherung Anrechte aus privaten kapitalgedeckten Versorgungen vorhanden, können auch diese Anrechte gleichartig sein.

bb. Sonstige Durchführungswege

Bei allen anderen Durchführungswegen i.S.d. § 2 BetrAVG sind Anrechte selbst bei Identität des Durchführungsweges und Identität des Versorgungsträgers nicht notwendig gleichartig.[24] Arbeitgeberfinanzierte Direktzusagen im Sinne des Betriebsrentengesetzes (BetrAVG) sind jedenfalls dann nicht gleichartig, wenn sie sich hinsichtlich der Anpassung von Anwartschaften und laufenden Versorgungen deutlich unterscheiden.[25]

g. Verrechnung durch den Versorgungsträger

Die Verrechnung beiderseitiger Anrechte ist ausschließlich Sache der Versorgungsträger. Anders als nach früherem Recht erfolgt die Verrechnung also nicht bereits in der gerichtlichen Teilungsentscheidung. Das Familiengericht beschränkt sich vielmehr – unabhängig von späteren Verrechnungsmöglichkeiten – darauf, jedes einzelne Anrecht isoliert zu teilen.

2. Verrechnungsvereinbarungen (Absatz 2 Satz 2)

Nach § 10 Abs. 2 Satz 2 VersAusglG ist eine Verrechnung auch dann möglich, wenn verschiedene Versorgungsträger zuständig sind. Voraussetzung ist eine Vereinbarung zwischen den Versorgungsträgern, die eine Verrechnung von Anrechten gleicher Art vorsieht. Besteht eine solche Vereinbarung, müssen die Versorgungsträger die Teilung nicht dadurch vollziehen, dass sie die Anrechte beider Ehegatten um die jeweiligen Ausgleichswerte kürzen und diesen dem jeweils anderen Ehegatten gutschreiben; stattdessen können die Versorgungsträger den Saldo nach Verrechnung ausgleichen.[26]

III. Versorgungsordnung (Absatz 3)

Wie schon nach § 1 Abs. 2 Satz 2 VAHRG a.F. gelten für die Umsetzung der internen Teilung gemäß § 10 Abs. 3 VersAusglG die Regeln des jeweiligen Versorgungssystems, für Anrechte in der gesetzlichen Rentenversicherung also die Bestimmungen des SGB VI. Für andere Anrechte sind die Regeln der maßgebenden Versorgungsordnung, Satzung oder vertraglichen Vereinbarung anzuwenden. Inhaltlich sind die untergesetzlichen Bestimmungen der Versorgungssysteme an § 11 VersAusglG zu messen.

---

[21] *Hauß*, FPR 2009, 214-219, 217.
[22] OLG Bamberg v. 18.11.2010 - 2 UF 211/10.
[23] *Hauß*, FPR 2009, 214-219, 218.
[24] *Hauß*, FPR 2009, 214-219, 218.
[25] OLG Brandenburg v. 25.11.2013 - 3 UF 75/12.
[26] BT-Drs. 16/10144, S. 54.

§ 10 VersAusglG

C. Verfahren

I. Ausspruch der internen Teilung

1. Beschlussformel

a. Notwendiger Inhalt der Beschlussformel

aa. Übertragung von Anrechten

31 Bei der internen Teilung wird nach dem Wortlaut des § 10 Abs. 1 VersAusglG ein Anrecht in Höhe des Ausgleichswerts zugunsten des Berechtigten „übertragen", und zwar auch dann, wenn für den Berechtigten in dem Versorgungssystem noch keine Versorgung besteht, sondern erstmalig ein Anrecht begründet wird. Mit der Verwendung des Begriffs „übertragen" grenzt der Gesetzgeber die interne Teilung auch sprachlich von der externen Teilung ab, bei der Anrechte „begründet" werden. Dieser Abgrenzung sollte man auch bei der Fassung der Beschlussformel einer Entscheidung über den Versorgungsausgleich Rechnung tragen. Darüber hinaus sollte die Beschlussformel zur Klarstellung den Hinweis enthalten, dass das Anrecht „im Wege der internen Teilung" übertragen wird.[27]

bb. Angabe des Ausgleichswerts in der maßgebenden Bezugsgröße

32 Die interne Teilung ist zwingend in der für das Versorgungssystem maßgeblichen Bezugsgröße (Entgeltpunkte, Versorgungspunkte, Versorgungsbausteine, Steigerungszahlen etc.) durchzuführen (§ 5 Abs. 1 VersAusglG).[28]

33 Wird ein Anrecht in der gesetzlichen Rentenversicherung übertragen, muss in der Beschlussformel durch genaue Bezeichnung der Entgeltpunkte klargestellt werden, ob es sich um ein Anrecht aus der allgemeinen Rentenversicherung oder der knappschaftlichen Rentenversicherung handelt. Die Beschlussformel muss auch erkennen lassen, ob regeldynamische Anrechte (Entgeltpunkte) oder angleichungsdynamische Anrechte (Entgeltpunkte (Ost)) übertragen werden.[29]

cc. Angabe des Ausgleichswerts als Betrag

34 Der Ausgleichswert muss in der Beschlussformel als bestimmter Betrag in der maßgebenden Bezugsgröße genannt werden. Die Angabe eines Prozentsatzes vom Wert des Ehezeitanteils zum Zeitpunkt der Rechtskraft, mit der Wertänderungen nach Ehezeitende erfasst werden sollen (sog. offene Beschlussfassung), ist nicht hinreichend bestimmt und deshalb unzulässig.[30] Insoweit wird ergänzend auf die Kommentierung zu § 5 VersAusglG verwiesen.

dd. Bezeichnung der maßgebenden Versorgungsordnung

35 Bei der internen Teilung von Anrechten aus betrieblicher, privater oder berufsständischer Altersvorsorge müssen in der Beschlussformel die genaue Bezeichnung und das Datum oder die Fassung der Versorgungsordnung genannt werden, die für die Teilung maßgebend ist.[31]

36 Wegen der Übertragung der Anrechte in den jeweils maßgebenden Bezugsgrößen erfordert die rechtsgestaltende Wirkung der gerichtlichen Entscheidung eine genaue Bezeichnung der Art und Höhe des für den Berechtigten zu übertragenden Versorgungsanrechts durch Mitteilung der maßgeblichen Versorgungsregelung. Das ist bei untergesetzlichen Versorgungsregelungen geboten, um den konkreten Inhalt des für den ausgleichsberechtigten Ehegatten bei dem Versorgungsträger geschaffenen Anrechts klarzustellen. Denn als Bezugsgröße haben Punktwerte nur im Zusammenhang mit einem genau festgelegten Versorgungssystem Aussagekraft; erst die Bezeichnung des zugehörigen Versorgungssys-

---

[27] Vgl. auch OLG Koblenz v. 02.03.2011 - 13 UF 83/11.
[28] BGH v. 27.06.2012 - XII ZB 492/11 - FamRZ 2012, 1545.
[29] OLG Saarbrücken v. 09.07.2012 - 6 UF 60/12.
[30] OLG München v. 12.10.2010 - 12 UF 838/10 - FamRZ 2011, 376; OLG München v. 14.10.2010 - 12 UF 605/10 - FamRZ 2011, 377 mit Anm. Borth, FamRZ 2011, 337; OLG München v. 03.01.2012 - 4 UF 2025/11 - FamRZ 2012, 636; OLG Saarbrücken v. 11.06.2012 - 6 UF 42/12; OLG Stuttgart v. 23.12.2010 - 15 UF 241/10 - FamRZ 2011, 979.
[31] BGH v. 26.01.2011 - XII ZB 504/10 - FamRZ 2011, 547; BGH v. 27.06.2012 - XII ZB 492/11 - FamRZ 2012, 1545; OLG Celle v. 13.09.2010 - 10 UF 198/10 - FamRZ 2011, 379; OLG Saarbrücken v. 05.04.2011 - 9 UF 138/10 - FamRZ 2011, 1593; a.A. OLG Karlsruhe v. 06.07.2010 - 2 UF 105/10 - FamRZ 2011, 381; OLG Stuttgart v. 10.02.2010 - 18 UF 24/10 - FamRZ 2011, 381; OLG Saarbrücken v. 21.11.2013 - 6 UF 180/13.

tems verleiht den zu übertragenden Punktwerten die Bedeutung eines konkreten Versorgungsanrechts. Gleichzeitig werden mit der Bezugnahme auf die Versorgungsordnung auch die darin für die Durchführung des Versorgungsausgleichs getroffenen Regelungen zum Gegenstand des richterlichen Gestaltungsakts.[32]

Bestehen bei einem Versorgungsträger für den internen Ausgleich besondere Versicherungsbedingungen, so hat der Ausgleich auch grundsätzlich nach diesen zu erfolgen. Auch das ist in die Beschlussformel aufzunehmen.[33]

ee. Versorgungen mit mehreren Bestandteilen

Setzt sich eine betriebliche Altersversorgung aus verschiedenen Bausteinen mit unterschiedlichen wertbildenden Faktoren zusammen, ist jeder Baustein im Versorgungsausgleich wie ein einzelnes Anrecht gesondert zu behandeln und auszugleichen.[34] Das Familiengericht muss im Tenor der Entscheidung über den Versorgungsausgleich die einzelnen Bausteine, deren jeweilige Ausgleichswerte und die jeweils maßgebende Versorgungsregelung genau bezeichnen.[35] Das gilt erst recht für Anrecht in sog. Gesamtversorgungssystemen.

Auch regeldynamische Anrechte und angleichungsdynamische Anrechte in der gesetzlichen Rentenversicherungen sind gesondert auszugleichen.[36] Dasselbe gilt für Anrechte, die auf knappschaftlichen Entgeltpunkten und Entgeltpunkten der allgemeinen Rentenversicherung beruhen.

ff. Angabe des Ehezeitendes

Bei der internen Teilung von Anrechten in der gesetzlichen Rentenversicherung ist in der Beschlussformel keine Bezugnahme auf das Ende der Ehezeit mehr erforderlich, weil die maßgeblichen Bezugsgrößen in der gesetzlichen Rentenversicherung – die Entgeltpunkte und Entgeltpunkte (Ost) – zeitunabhängig sind.[37] Bei der Teilung anderer Anrechte muss das Ehezeitende als Bezugszeitpunkt in der Beschlussformel angegeben werden.

gg. Korrespondierender Kapitalwert

Der korrespondierende Kapitalwert ist als reine Hilfsgröße nicht in die Beschlussformel aufzunehmen.[38]

hh. Versicherungsnummer

In der Beschlussformel ist auch die Versicherungsnummer des ausgeglichenen Anrechts anzugeben, weil die rechtsgestaltende Wirkung der Entscheidung eine genaue, dem Bestimmtheitsgebot Rechnung tragende Bezeichnung dieses Anrechts erfordert.[39]

b. Struktur der Beschlussformel

Die Unterarbeitsgruppe „Strukturreform des Versorgungsausgleichs" der Arbeitsgruppe „Elektronischer Rechtsverkehr" der Bund-Länder-Kommission für Datenverarbeitung und Rationalisierung in der Justiz hat für die interne Teilung von Anrechten einen einheitlich strukturierten Mustertenor entwickelt, mit dem alle Fälle der internen Teilung abgebildet werden können.[40] Dieser Mustertenor enthält folgende Elemente: Teilungsart – belasteter Ehegatte – Versorgungsträger des Pflichtigen – ID# des auszugleichenden Anrechts – begünstigter Ehegatte – Ausgleichswert (Nettobetrag nach Abzug der Teilungskosten) – Bezugsgröße des Ausgleichswerts – Beschreibung des Zielkontos (optional) – ID# des Zielkontos (optional) – Zielversorgungsträger (optional) – Rechtsgrundlage für die Konkretisierung des zu begründenden Anrechts (optional) – Bezugsdatum (optional) – Aktion.[41]

---

[32] BGH v. 27.06.2012 - XII ZB 492/11 - FamRZ 2012, 1545.
[33] OLG Saarbrücken v. 12.11.2012 - 6 UF 71/12.
[34] BGH v. 30.11.2011 - XII ZB 79/11 - FamRZ 2012, 189; BGH v. 01.02.2012 - XII ZB 172/11 - FamRZ 2012, 610.
[35] OLG Bremen v. 13.12.2010 - 4 UF 103/10 - FamRZ 2011, 895; OLG Karlsruhe v. 27.12.2010 - 2 UF 147/10 - FamRZ 2011, 894; OLG Stuttgart v. 13.12.2010 - 15 UF 238/10 - FamRZ 2011, 897; OLG Köln v. 10.02.2011 - 26 UF 166/10; OLG Saarbrücken v. 24.01.2011 - 6 UF 84/10 - FamRZ 2011, 1655.
[36] OLG Celle v. 12.10.2011 - 12 UF 137/11 - FamRZ 2012, 1311.
[37] OLG Celle v. 04.03.2010 - 10 UF 282/08 - FamRZ 2010, 979.
[38] OLG Karlsruhe v. 01.02.2012 - 5 UF 277/11 - FamRZ 2012, 1716.
[39] OLG Saarbrücken v. 01.10.2012 - 6 UF 68/12 - FamFR 2012, 539.
[40] Ausführlich *Eulering/Viefhues*, FamRZ 2009, 1368-1377.
[41] Näher dazu *Eulering/Viefhues*, FamRZ 2009, 1368-1377.

44 Danach könnte die Beschlussformel einer Teilungsentscheidung, wenn beide Ehegatten ausschließlich Anrechte in der gesetzlichen Rentenversicherung erworben haben, wie folgt lauten:
„I. Im Wege der internen Teilung wird zulasten des Anrechts des Antragstellers bei der Deutschen Rentenversicherung Bund (Versicherungsnummer: 53 111170 S 123) zugunsten der Antragsgegnerin ein Anrecht in Höhe von 10 Entgeltpunkten auf das vorhandene Versicherungskonto (Versicherungsnummer: 53 241270 S 567) bei der Deutschen Rentenversicherung Bund bezogen auf den 30.09.2009 übertragen.
II. Im Wege der internen Teilung wird zulasten des Anrechts der Antragsgegnerin bei der Deutschen Rentenversicherung Bund (Versicherungsnummer: 53 241270 S 567) zugunsten des Antragstellers ein Anrecht in Höhe von 5 Entgeltpunkten auf das vorhandene Versicherungskonto (Versicherungsnummer: 53 111170 S 123) bei der Deutschen Rentenversicherung Bund bezogen auf den 30.09.2009 übertragen."[42]

45 Die mit den Versorgungsträgern abgestimmte Struktur der Beschlussformel ermöglicht es, Teilungsentscheidungen im Rahmen des Übermittlungsverfahrens nach § 229 FamFG[43] elektronisch zu übermitteln und weiterzuverarbeiten. Der gerichtlichen Praxis ist deshalb zu empfehlen, bereits jetzt diese Struktur zu übernehmen.

2. Keine Verrechnung in der Beschlussformel

46 Nur die betroffenen Versorgungsträger können nach § 10 Abs. 2 VersAusglG gleichartige Anrechte verrechnen. Die Teilungsentscheidung des Familiengerichts darf eine solche Verrechnung aber grundsätzlich nicht enthalten. In der Beschlussformel ist vielmehr jedes einzelne Anrecht isoliert und unabhängig von anderen, möglicherweise gleichartigen Anrechten zu teilen.

II. Verlesen der Beschlussformel

47 Die Beschlussformel zum Wertausgleich bei der Scheidung kann je nach Anzahl der zu teilenden Anrechte äußerst umfangreich sein. Mit Rücksicht darauf gestattet § 142 Abs. 3 FamFG bei der Verkündung der Entscheidung eine Bezugnahme auf die schriftliche niedergelegte Beschlussformel.

III. Berichtigung der Beschlussformel

48 Sind in der Entscheidung über den Versorgungsausgleich anstelle knappschaftlicher Entgeltpunkte fehlerhafte Entgeltpunkte aus der allgemeinen Rentenversicherung übertragen worden, kann dieser Fehler nicht nach § 42 FamFG bzw. § 113 Abs. 1 Satz 2 FamFG i.V.m. § 319 ZPO berichtigt werden.[44]

49 Dasselbe gilt, wenn anstelle angleichungsdynamischer Entgeltpunkte (Ost) regeldynamische Entgeltpunkte oder umgekehrt übertragen worden sind.

50 Eine Berichtigung wegen offenbarer Unrichtigkeit kommt aber in Betracht, wenn die Entgeltpunkte nur in der Beschlussformel falsch bezeichnet worden sind, sich aus den Gründen der Entscheidung aber zweifelsfrei ergibt, dass die richtigen, sich aus den eingeholten Rentenauskünften ergebenden Entgeltpunkte übertragen werden sollten.

---

[42] Weitere Formulierungsbeispiele bei *Eulering/Viefhues*, FamRZ 2009, 1368-1377.
[43] Dazu *Schmid*, FPR 2009, 196-201, 201; *Schmid/Eulering*, FamRZ 2009, 1269-1273, 1273.
[44] OLG Saarbrücken v. 09.08.2012 - 9 UF 69/12.

Steuerrechtliche Hinweise zu § 10 VersAusglG

A. Steuerliche Folgen des internen Ausgleichs

Die interne Teilung hat für beide Ehegatten keine steuerlichen Auswirkungen. Gem. § 3 Nr. 55a Satz 1 EStG ist die interne Teilung gem. § 10 VersAusglG sowohl für den ausgleichspflichtigen als auch für die ausgleichsberechtigten Ehegatten steuerfrei.

1

B. Steuerliche Behandlung der Versorgungsleistung

Die Leistungen aus dem übertragenen Anrecht, die der Ausgleichsberechtigte (später) erhält, gehören beim Ausgleichsberechtigten gem. § 3 Nr. 55a Satz 2 EStG zu den Einkünften, zu denen die Leistungen bei der ausgleichspflichtigen Person gehören würden, wenn die interne Teilung nicht stattgefunden hätte. Der Ausgleichsberechtigte erhält somit auch steuerrechtlich die gleiche Rechtsstellung wie der Ausgleichspflichtige. Bei dem Ausgleichsberechtigten zählen die ihm aufgrund des Versorgungsausgleichs (später) zufließenden Leistungen somit je nach Rechtsnatur der zugrunde liegenden Anrechte zu **steuerpflichtigen Einkünften** aus nichtselbstständiger Arbeit (§ 19 EStG), Kapitalvermögen (§ 20 EStG) oder sonstigen Einkünften (§ 22 EStG). Die Höhe der zu zahlenden Steuer hängt von den persönlichen Steuermerkmalen (z.B. persönlicher Steuersatz) des Ausgleichsberechtigten ab. Auch bei der Besteuerung der Einkünfte aus den intern geteilten Anrechten soll eine Gleichbehandlung des Ausgleichspflichtigen und Ausgleichsberechtigten vorgenommen werden. Daher wird gem. § 52 Abs. 36 Satz 12 EStG für das auf den Ausgleichsberechtigten übertragene Anrecht als Zeitpunkt des Abschlusses des Versicherungsvertrags der Zeitpunkt fingiert, zu dem der Ausgleichspflichtige den auszugleichenden Vertrag abgeschlossen hat. Die Fiktion des § 52 Abs. 36 Satz 12 EStG gilt sowohl für den Fall, dass durch die interne Teilung ein neues Anrecht begründet wird als auch für den Fall, dass ein schon bestehender Versicherungsvertrag erweitert wird. Im letzteren Fall greift die Fiktion jedoch im Hinblick auf den späteren Leistungsbezug nur, soweit die Leistungen auf dem im Versorgungsausgleich übertragenen Anrecht beruhen.

2

C. Schädliche Verwendungen im Sinne von § 93 Abs. 1 EStG

Wann eine schädliche Verwendung vorliegt, ist in § 93 Abs. 1 EStG geregelt. Zu einer schädlichen Verwendung kann es gem. § 93 Abs. 1 EStG nur kommen, wenn das auszugleichende Anrecht auf öffentlich gefördertem Altersvorsorgevermögen beruht. Handelt es sich bei dem auszugleichenden bzw. zu teilenden Anrecht um eine ungeförderte Lebensversicherung, führt die Teilung daher nie zu einer schädlichen Verwendung. Zu einer schädlichen Verwendung kommt es, wenn durch die externe Teilung öffentlich gefördertes Altersvorsorgevermögen zweckwidrig verwendet wird. In Bezug auf staatlich gefördertes Altersvorsorgevermögen (private Riester-Rente bzw. durch steuerfreie Beiträge geförderte betriebliche Altersversorgung) gelten gem. § 93 Abs. 1 EStG Auszahlungen bzw. Zielversorgungen, die nicht die in § 1 Abs. 1 Satz 1 Nr. 4 und 10 lit. c des Altersvorsorgeverträge-Zertifizierungsgesetzes oder § 1 Abs. 1 Satz 1 Nr. 4, 5 und 10 lit. c des Altersvorsorgeverträge-Zertifizierungsgesetzes in der bis zum 31.12.2004 geltenden Fassung genannten Voraussetzungen erfüllen als zweckwidrige bzw. schädliche Verwendungen. Eine zweckwidrige Verwendung liegt z.B. vor, wenn das geförderte Altersvorsorgevermögen aufgrund der externen Teilung in eine ungeförderte – private – Lebensversicherung fließt, da diese nicht zweckgebunden wäre und dadurch die Gefahr besteht, dass der Förderzweck unterlaufen wird.

3

Kommt es zu einer schädlichen Verwendung, ist der Ausgleichspflichtige verpflichtet, die erhaltenen Zulagen und Steuervorteile aus der öffentlichen Förderung wieder zurückzuerstatten. Gem. § 93 Abs. 1a EStG kommt es zu keiner schädlichen Verwendung, wenn das geförderte Altersvorsorgevermögen auf Grund einer internen Teilung gem. § 10 VersAusglG oder auf Grund einer externen Teilung gem. § 14 VersAusglG auf einen zertifizierten Altersvorsorgevertrag oder eine nach § 82 Abs. 2 EStG begünstigte betriebliche Altersversorgung übertragen wird. In diesen Fällen geht die auf das übertragene Anrecht entfallende steuerliche Förderung mit allen Rechten und Pflichten auf die ausgleichsberechtigte Person über. Bei dem Ausgleichsberechtigten löste die Zahlung keinen gesetzlichen Steuertatbestand aus, so dass er die Zahlung auch nicht versteuern muss.

4

§ 11 VersAusglG Anforderungen an die interne Teilung

(Fassung vom 03.04.2009, gültig ab 01.09.2009)

(1) ¹Die interne Teilung muss die gleichwertige Teilhabe der Ehegatten an den in der Ehezeit erworbenen Anrechten sicherstellen. ²Dies ist gewährleistet, wenn im Vergleich zum Anrecht der ausgleichspflichtigen Person

1. für die ausgleichsberechtigte Person ein eigenständiges und entsprechend gesichertes Anrecht übertragen wird,
2. ein Anrecht in Höhe des Ausgleichswerts mit vergleichbarer Wertentwicklung entsteht und
3. der gleiche Risikoschutz gewährt wird; der Versorgungsträger kann den Risikoschutz auf eine Altersversorgung beschränken, wenn er für das nicht abgesicherte Risiko einen zusätzlichen Ausgleich bei der Altersversorgung schafft.

(2) Für das Anrecht der ausgleichsberechtigten Person gelten die Regelungen über das Anrecht der ausgleichspflichtigen Person entsprechend, soweit nicht besondere Regelungen für den Versorgungsausgleich bestehen.

Gliederung

A. Grundlagen 1	2. Kriterien (Absatz 1 Satz 2) 7
I. Kurzcharakteristik 1	a. Eigenständigkeit und Sicherung des Anrechts
1. Regelungsinhalt 1	(Absatz 1 Satz 2 Nr. 1) 8
2. Regelungszusammenhang 2	b. Wert und Wertentwicklung (Absatz 1 Satz 2
II. Gesetzgebungsmaterialien 3	Nr. 2) 17
B. Praktische Bedeutung 4	c. Risikoschutz (Absatz 1 Satz 2 Nr. 3) 29
C. Anwendungsvoraussetzungen 6	II. Folgen eines Verstoßes 42
I. Anforderungen an die interne Teilung	III. Auffangregelung (Absatz 2) 43
(Absatz 1) 6	**D. Verfahren** 45
1. Grundsatz der gleichwertigen Teilhabe	I. Auskünfte der Versorgungsträger 45
(Absatz 1 Satz 1) 6	II. Beschlussformel 48

A. Grundlagen

I. Kurzcharakteristik

1. Regelungsinhalt

1 § 11 VersAusglG normiert Mindestanforderungen an die interne Teilung, die eine gleichwertige Teilhabe beider Eheleute an den in der Ehezeit erworbenen Anrechten gewährleisten muss (Absatz 1). Das ist der Fall, wenn für den Ausgleichsberechtigten ein eigenständiges Anrecht in Höhe des Ausgleichswerts i.S.d. § 1 Abs. 2 Satz 2 VersAusglG begründet wird, das genauso gesichert ist wie das auszugleichende Anrecht und für das eine entsprechende Wertentwicklung und der gleiche Risikoschutz vorgesehen sind. Im Zweifel gelten die Regeln für das auszugleichende Anrecht für das neu zu begründende Anrecht des Ausgleichsberechtigten entsprechend (Absatz 2).

2. Regelungszusammenhang

2 Die Vorschrift ergänzt § 10 VersAusglG. Für den Bereich der betrieblichen Altersversorgung ist zusätzlich § 12 VersAusglG zu beachten.

II. Gesetzgebungsmaterialien

3 BT-Drs. 16/10144, S. 55 ff.

B. Praktische Bedeutung

Die Vorschrift enthält in erster Linie einen Regelungsauftrag an die Versorgungsträger.[1] Deren Versorgungsordnungen sind nach § 10 Abs. 3 VersAusglG für die interne Teilung maßgebend. Die Versorgungsträger müssen deshalb dafür sorgen, dass die in ihren Satzungen, Betriebsvereinbarungen, Versicherungsbedingungen etc. vorgesehenen Regelungen für die interne Teilung zu einer gleichwertigen Teilhabe der Ehepartner an den in der Ehezeit erworbenen Anrechten führen. Bestehen daran Zweifel, ist es Aufgabe der Familiengerichte, die Regeln der maßgebenden Versorgungsordnung am Maßstab des § 11 Abs. 1 VersAusglG zu überprüfen.[2]

Die Bestimmung gilt nur für untergesetzliche Versorgungsordnungen, nicht dagegen für gesetzliche Regelungen über den Versorgungsausgleich.[3] Sie betrifft also die Versorgungsträger, die ihre Versorgungen kraft Satzungsautonomie oder auf kollektiv- oder einzelvertraglicher Basis regeln, also die berufsständischen Versorgungsträger und die betrieblichen und privaten Versorgungsträger. Die gesetzlichen Bestimmungen über die Umsetzung des Versorgungsausgleichs in der gesetzlichen Rentenversicherung oder gesetzliche Bestimmungen zur internen Teilung von Beamtenversorgungen müssen schon aufgrund der verfassungsrechtlichen Vorgaben eine angemessene Teilhabe beider Ehepartner gewährleisten. Den Familiengerichten steht insoweit auch keine Kontrollbefugnis zu.[4]

C. Anwendungsvoraussetzungen

I. Anforderungen an die interne Teilung (Absatz 1)

1. Grundsatz der gleichwertigen Teilhabe (Absatz 1 Satz 1)

§ 11 Abs. 1 Satz 1 VersAusglG enthält den Grundsatz der gleichwertigen Teilhabe, der durch die in § 11 Abs. 1 Satz 2 Nr. 1-3 VersAusglG genannten Kriterien konkretisiert wird. Darin sind die Mindestanforderungen an die interne Teilung aufgeführt, denen untergesetzliche Regelungen im Sinne des § 10 Abs. 3 VersAusglG genügen müssen. Wie bei der früheren Realteilung nach § 1 Abs. 2 Satz 2 VAHRG a.F. bleiben die Einzelheiten der Ausgestaltung der internen Teilung den Versorgungsträgern überlassen, soweit das jeweilige Teilungssystem den Mindestanforderungen des § 11 Abs. 1 VersAusglG genügt. Weitere Anforderungen können sich aus anderen gesetzlichen Bestimmungen ergeben, etwa aus dem Betriebsrentengesetz (BetrAVG).

2. Kriterien (Absatz 1 Satz 2)

Die in § 11 Abs. 1 Satz 2 VersAusglG genannten Kriterien entsprechen den von der Rechtsprechung zur Ausgestaltung der Realteilung nach § 1 Abs. 2 Satz 2 VAHRG a.F. entwickelten Grundsätzen.[5] Sie müssen kumulativ erfüllt werden.

a. Eigenständigkeit und Sicherung des Anrechts (Absatz 1 Satz 2 Nr. 1)

Nach § 11 Abs. 1 Satz 2 Nr. 2 VersAusglG muss durch die interne Teilung für den Ausgleichsberechtigten ein eigenständiges und entsprechend gesichertes Anrecht entstehen.

aa. Eigenständigkeit des Anrechts

Der Ausgleichsberechtigte muss durch die interne Teilung eine eigenständige, von der des Ausgleichspflichtigen losgelöste Versorgung erhalten. Das bedeutet, dass er einen selbstständigen Anspruch gegen den Versorgungsträger des Ausgleichspflichtigen erhält, der von dessen Versorgungsschicksal unabhängig ist. Der Leistungsfall muss also unabhängig vom Bezug des Anrechts durch den Ausgleichspflichtigen eintreten können.[6]

Das übertragene Anrecht darf auch durch den Tod des Ausgleichspflichtigen nicht untergehen.[7]

---

[1] BT-Drs. 16/10144, S. 55.
[2] BT-Drs. 16/10144, S. 55.
[3] BT-Drs. 16/10144, S. 55.
[4] BT-Drs. 16/10144, S. 55.
[5] BGH v. 21.09.1988 - IVb ZB 70/85 - FamRZ 1988, 1254; BGH v. 12.05.1989 - IVb ZB 88/85 - FamRZ 1989, 951; BGH v. 10.09.1997 - XII ZB 31/96 - FamRZ 1997, 14 /0; BGH v. 22.10.1997 - XII ZB 81/95 - FamRZ 1998, 421; BGH v. 19.08.1998 - XII ZB 100/96 - FamRZ 1999, 158; BGH v. 28.05.2008 - XII ZB 134/07 - FamRZ 2008, 1418.
[6] *Borth*, FamRZ 2009, 1361-1367, 1362.
[7] *Ruland*, Versorgungsausgleich, 3. Aufl. 2011, Rn. 590.

11 Eine bloße Abtretung genügt den Anforderungen des § 11 Abs. 1 Satz 2 Nr. 1 VersAusglG nicht.

12 Bei privaten Lebensversicherungsverträgen und Direktversicherungen aus betrieblicher Altersversorgung ist es nach der Begründung des Gesetzgebers notwendig, dass der Ausgleichsberechtigte selbst versicherte Person wird.[8] Jedenfalls bei privaten Rentenversicherungen dürfte es darüber hinaus erforderlich sein, dass der Ausgleichsberechtigte nicht nur versicherte Person, sondern selbst Versicherungsnehmer wird.

13 Der BGH hat in mehreren Entscheidungen klargestellt, dass auch ein sicherungshalber abgetretenes Anrecht aus einer privaten Lebensversicherung intern ausgeglichen werden kann. Dabei kann der Erwerb eines eigenständigen Anrechts nach Auffassung des BGH dadurch erreicht werden, dass in der Beschlussformel auszusprechen ist, dass der Anspruch aus der Sicherungsvereinbarung auf Rückgewähr des Bezugsrechts auf beide Ehegatten als Mitgläubiger übertragen wird.[9] Wegen Einzelheiten im Zusammenhang mit der Teilung sicherungsabgetretener Anrechte wird auf die Kommentierung zu § 2 VersAusglG verwiesen.

bb. Sicherung des Anrechts

14 Das zu übertragende Anrecht muss außerdem vergleichbar gesichert sein wie das auszugleichende Anrecht. Beide Anrechte müssen insbesondere den gleichen Insolvenzschutz aufweisen. Fehlt dem auszugleichenden Anrecht ein Insolvenzschutz, muss er auch nicht für das übertragene Anrecht geschaffen werden, denn das zu übertragende Anrecht der ausgleichsberechtigten Person teilt dann sowohl die Chancen als auch die Risiken des Anrechts der ausgleichsberechtigten Person. Für die Praxis dürften sich daraus keine besonderen Schwierigkeiten ergeben.

15 Im Geltungsbereich des Betriebsrentengesetzes gelten für das übertragene Anrecht nach § 12 VersAusglG die Vorschriften über die Insolvenzsicherung nach den §§ 7 ff. BetrAVG. Gilt im Bereich der betrieblichen Altersvorsorge das Betriebsrentengesetz für das auszugleichende Anrecht ausnahmsweise nicht – etwa beim Rentenversprechen einer GmbH zugunsten ihres geschäftsführenden Alleingesellschafters – muss auch das übertragene Anrecht keinen Insolvenzschutz aufweisen. Denn das durch die interne Teilung geschaffene Anrecht des Ausgleichsberechtigten muss nicht besser gesichert sein als das auszugleichende Anrecht. Besteht in solchen Fällen dagegen eine Rückdeckungsversicherung, muss auch für den Ausgleichsberechtigten eine entsprechende Rückdeckung geschaffen werden.

16 Bei privaten Versorgungen greifen nach Durchführung der internen Teilung die Schutzmechanismen des Versicherungsaufsichtsrechts.[10]

b. Wert und Wertentwicklung (Absatz 1 Satz 2 Nr. 2)

17 Für den Ausgleichsberechtigten muss ein Anrecht in Höhe des Ausgleichswerts entstehen. Für dieses Anrecht muss zudem eine mit dem auszugleichenden Anrecht vergleichbare Wertentwicklung vorgesehen sein.

aa. Anrecht in Höhe des Ausgleichswerts

18 Nach § 11 Abs. 1 Satz 2 Nr. 2 VersAusglG muss durch die interne Teilung ein Anrecht in Höhe des Ausgleichswerts entstehen. Dabei bleibt dem Versorgungsträger überlassen, wie er die Teilung vollzieht.

19 **a) Teilung in der maßgebenden Bezugsgröße:** Maßgebend ist die für das jeweilige Versorgungssystem geltende Bezugsgröße, in der nach § 5 Abs. 1 VersAusglG Ehezeitanteil und Ausgleichswert zu bestimmen sind. Wird – etwa bei privaten Lebensversicherungen – der Ehezeitanteil als Kapitalwert errechnet, kann die Teilung durch Halbierung des Deckungskapitals erfolgen. Anderenfalls sind die als Ausgleichswert ermittelten Rentenbeträge oder anderen Bezugsgrößen hälftig zu teilen.

20 **b) Teilung des Deckungskapitals:** Bei versicherungsmathematisch unterschiedlichen Risikomerkmalen des Ausgleichspflichtigen und des Ausgleichsberechtigten besteht auch die Möglichkeit, zunächst gleich hohe Rentenbeträge zu ermitteln und das vorhandene Deckungskapital den Risikostrukturen entsprechend aufzuteilen.[11]

---

[8] BT-Drs. 16/10144, S. 56.
[9] BGH v. 07.08.2013 - XII ZB 673/12 - FamRZ 2013, 1715; BGH v. 21.11.2013 - XII ZB 613/12; BGH v. 21.11.2013 - XII ZB 65/13.
[10] BT-Drs. 16/10144, S. 56.
[11] BT-Drs. 16/10144, S. 56; OLG Düsseldorf v. 26.05.2011 - 7 UF 218/10 - FamRZ 2011, 1945.

Anrechte in der Zusatzversorgung des öffentlichen oder kirchlichen Dienstes können deshalb aufgrund des Kapitalwerts geteilt werden. Dass die anschließende Umrechnung für Männer und Frauen zu unterschiedlichen Versorgungspunkten führt, beruht auf dem nach versicherungsmathematischen Grundsätzen bemessenen Barwert und verletzt nicht den Halbteilungsgrundsatz. Dem Versorgungsträger ist es nicht verwehrt, die unterschiedliche versicherungsmathematische Risikostruktur beider Eheleute, wie z.B. das unterschiedliche Alter zum Ende der Ehezeit, zu berücksichtigen.[12] Bei der internen Teilung von Anrechten hat der Versorgungsträger nach § 5 Abs. 1 VersAusglG den Ehezeitanteil des Anrechts in Form der für das jeweilige Versorgungssystem maßgeblichen Bezugsgröße mitzuteilen. Bei der Berechnung des nach § 10 Abs. 1 VersAusglG maßgeblichen Ausgleichswerts sind die Versorgungsträger aber nicht darauf beschränkt, die Bezugsgröße nominal zu teilen; vielmehr stehen ihnen Ermessensspielräume bei der Berechnung des Ausgleichswerts zu, solange diese insbesondere eine gleichwertige Teilhabe der Ehegatten an dem betroffenen Anrecht sicherstellen. Da die nominale Halbteilung von Rentenbeträgen/Versorgungspunkten insbesondere bei hohen Altersunterschieden zur Bildung von unterschiedlich hohen Deckungskapitalbeträgen führen kann, kann der Versorgungsträger auch das auf die Versorgungspunkte entfallende Deckungskapital hälftig aufteilen und sodann nach Abzug der hälftigen Teilungskosten anhand der versicherungsmathematischen Barwertfaktoren der ausgleichsberechtigten Person, die alters- und systemabhängig sind, eine Umrechnung in Versorgungspunkte anordnen, wodurch es durch divergierende Barwertfaktoren auch zu unterschiedlich hohen Versorgungspunkten kommen kann. Auf diese Weise wird sichergestellt, dass der Berechtigte einen Anteil des Anrechts erhält, der unter Berücksichtigung seines Alters dem Wert des Anteiles des Verpflichteten entspricht.[13]

Das OLG Frankfurt meint dagegen, die VBL müsse – weil § 32a Abs. 2 Satz 1 der VBL-Satzung bestimmt, dass der ausgleichsberechtigten Person ein Ausgleichswert übertragen wird, der in Versorgungspunkten ausgewiesen wird – Versorgungspunkte als ihre maßgebliche Bezugsgröße gemäß § 1 Abs. 1 und 2 VersAusglG i.V.m. § 5 Abs. 1 VersAusglG hälftig teilen und nicht faktisch das Kapital.[14] Die Tatsache, dass der Versorgungsträger nach § 5 Abs. 3 VersAusglG den Ausgleichswert in keiner anderen als der nach seiner Versorgungsordnung maßgeblichen Bezugsgröße bestimmen kann, bedeutet aber nicht, dass er verpflichtet ist, zur Berechnung des Ausgleichswerts den Ehezeitanteil in dieser Bezugsgröße nominal zu teilen; dem Versorgungsträger steht es vielmehr frei, das dem Ehezeitanteil zugrunde liegende Vorsorgekapital zu teilen und die auf den Ausgleichsberechtigten entfallende Hälfte sodann in die für den Ausgleich maßgebende Bezugsgröße umzurechnen.[15]

Nach Auffassung des OLG Celle ist die Verwendung geschlechtsverschiedener Barwertfaktoren durch einen öffentlich-rechtlichen Versorgungsträger wie die VBL nicht mehr hinnehmbar. Sie führe unter Verstoß gegen § 11 Abs. 1 Satz 1 VersAusglG dazu, dass keine gleichwertige Teilhabe des ausgleichsberechtigten Ehepartners an dem vom Ausgleichspflichtigen erworbenen Anrecht sichergestellt ist.[16] Die Rechtsbeschwerde gegen die Entscheidung des OLG Celle ist anhängig.[17]

c) Erträge des Vorsorgevermögens: Aus dem Ehezeitanteil nach dem Ende der Ehezeit erwirtschaftete Zinsen müssen in demselben Verhältnis - also hälftig - dem auszugleichenden und dem zu übertragenen Anrecht gutgeschrieben werden.

bb. Wertentwicklung

a) Vergleichbare Dynamik: Darüber hinaus muss die künftige Wertentwicklung des übertragenen Anrechts mit der des auszugleichenden Anrechts vergleichbar sein. Wenn für auszugleichende Anrechte also künftige Anpassungen im Anwartschafts- und/ oder Leistungsstadium vorgesehen sind, muss die maßgebende Versorgungsordnung für Anrechte, die im Wege der internen Teilung übertragen werden, ebenfalls Anpassungen vorsehen. Unzulässig sind auch – etwa durch verschiedene Anpassungsprozentsätze – abweichende Dynamiken für das auszugleichende und das zu übertragende Anrecht.

---

[12] OLG Oldenburg v. 06.12.2010 - 14 UF 128/10 - FamRZ 2011, 1148; OLG Köln v. 26.07.2011 - 4 UF 112/11; OLG Düsseldorf v. 23.12.2013 - 8 UF 129/13.
[13] OLG Frankfurt v. 18.12.2012 - 5 UF 15/12.
[14] OLG Frankfurt v. 15.11.2013 - 6 UF 55/13.
[15] BT-Drs. 16/10144, S. 56.
[16] OLG Celle v. 24.10.2013 - 10 UF 195/12 - FamRZ 2014, 305.
[17] BGH - XII ZB 663/13.

§ 11 VersAusglG

26 **b) Kein Wechsel der Leistungsform:** Daraus ergibt sich auch, dass ein Wechsel der Leistungsform nicht zulässig ist. Würde eine auf Rentenzahlung gerichtete Versorgung dadurch ausgeglichen, dass zugunsten des Berechtigten eine Versorgung auf Kapitalbasis geschaffen wird, wäre die gleiche Teilhabe an der künftigen Wertentwicklung nicht gewährleistet, weil bei der dann erforderlichen versicherungsmathematischen Berechnung des Rentenbarwerts die künftigen Rentensteigerungen nicht zuverlässig prognostiziert und berücksichtigt werden könnten.

27 **c) Änderungen der Versorgungsordnung:** Änderungen der Versorgungsordnung, die nach dem Ehezeitende eintreten, bleiben bei der Anwendung des § 11 Abs. 1 Satz 2 Nr. 2 VersAusglG außer Betracht.[18]

28 **d) Verhältnis zu § 12 VersAusglG:** Schwierigkeiten entstehen bei der internen Teilung einer Betriebsrente im Sinne des Betriebsrentengesetzes, die im Anwartschaftsstadium dynamisch ist. Nach § 11 Abs. 1 Satz 2 Nr. 2 VersAusglG muss das im Wege der internen Teilung übertragene Anrecht mit der gleichen Dynamik ausgestattet werden. Nach § 12 VersAusglG erhält der Ausgleichsberechtigte mit der Übertragung des Anrechts jedoch die Stellung eines ausgeschiedenen Arbeitnehmers im Sinne des Betriebsrentengesetzes. Anrechte ausgeschiedener Arbeitnehmer werden vor Beginn des Leistungsbezugs aber grundsätzlich nicht dynamisiert. Betrachtet man § 12 VersAusglG als speziellere und damit vorrangige Norm, entfiele zugunsten des Versorgungsträgers im Anwartschaftsstadium die Dynamisierungspflicht für das zu übertragende Anrecht. Dieses Ergebnis wäre mit dem Grundsatz der gleichwertigen Teilhabe aber nicht zu vereinbaren. Deshalb ist § 11 Abs. 2 Satz 2 Nr. 2 VersAusglG Vorrang einzuräumen.[19]

c. Risikoschutz (Absatz 1 Satz 2 Nr. 3)

29 Außerdem muss der Risikoschutz des neuen Anrechts dem des auszugleichenden Anrechts entsprechen. Allerdings kann der Versorgungsträger den Risikoschutz auf eine reine Altersversorgung beschränken, wenn er für das nicht abgesicherte Risiko einen zusätzlichen Ausgleich bei der Altersversorgung schafft.

aa. Gleicher Risikoschutz (Absatz 1 Satz 2 Nr. 3 Halbsatz 1)

30 Grundsätzlich muss das Anrecht des Ausgleichsberechtigten nach § 11 Abs. 1 Satz 2 Nr. 3 VersAusglG den gleichen Risikoschutz bieten wie das auszugleichende Anrecht.

31 **a) Lebenslange Altersrente:** Dazu gehört im Regelfall eine lebenslange Altersversorgung. Der Grundsatz des gleichen Risikoschutzes gilt auch für das Rentenzugangsalter, wenn nicht für die Ausgleichspflichtigen wegen besonderer beruflicher Anforderungen vorgezogene Altersgrenzen gelten.[20]

32 **b) Invaliditätsschutz:** Wenn für das auszugleichende Anrecht darüber hinaus eine Invaliditätsabsicherung vorgesehen ist, muss auch das zugunsten des Ausgleichsberechtigten übertragene Anrecht das Invaliditätsrisiko abdecken.

33 **c) Hinterbliebenenversorgung:** Dasselbe gilt für eine mögliche Hinterbliebenenversorgung. Zur Hinterbliebenenabsicherung soll auch das Sterbegeld zählen.[21]

34 **d) Insolvenzschutz:** Nach Auffassung des OLG Brandenburg gehört zum Risikoschutz im Sinne des § 11 Abs. 1 Satz 2 Nr. 3 VersAusglG auch der Insolvenzschutz.[22] Gegen diese Auffassung spricht aber, dass der Insolvenzschutz bereits von § 11 Abs. 1 Satz 2 Nr. 1 VersAusglG umfasst wird. Der Insolvenzschutz kann deshalb nicht durch Erhöhung der Altersversorgung nach § 11 Abs. 1 Abs. 2 Nr. 3 HS. 2 VersAusglG ausgeschlossen werden.[23]

bb. Beschränkung des Risikoschutzes (Absatz 1 Satz 2 Nr. 3 Halbsatz 2)

35 **a) Reine Altersversorgung:** Nach § 11 Abs. 1 Satz 2 Nr. 3 HS. 2 VersAusglG kann der Versorgungsträger den Risikoschutz aber auf eine reine Altersversorgung beschränken. Diese Einschränkung des Grundsatzes der gleichwertigen Teilhabe ist notwendig, weil nicht jedes Versorgungssystem einen In-

---

[18] BT-Drs. 16/10144, S. 56.
[19] *Ruland*, Versorgungsausgleich, 3. Aufl. 2011, Rn. 592; *Engbroks/Heubeck*, BetrAV 2009, 16-20, 19.
[20] *Ruland*, Versorgungsausgleich, 3. Aufl. 2011, Rn. 596.
[21] OLG Brandenburg v. 11.07.2011 - 9 UF 77/11 - FamRZ 2012, 555.
[22] OLG Brandenburg v. 11.07.2011 - 9 UF 77/11 - FamRZ 2012, 555.
[23] So auch *Götsche* in: HK-VersAusglR, 2012, § 11 Rn. 15, 23.

validitätsschutz für Außenstehende anbieten kann.[24] Insbesondere die Invaliditätsrenten berufsständischer und betrieblicher Versorgungswerke sind oft auf die jeweiligen Versicherungskollektive zugeschnitten.[25]

b) Entscheidung des Versorgungsträgers: Die Entscheidung über die Beschränkung des Risikoschutzes trifft alleine der Versorgungsträger.

Eine Teilungsordnung, die keine abstrakt nachprüfbaren Parameter für eine Kompensation i.S.d. § 11 Abs. 1 Satz 2 Nr. 3 VersAusglG enthält, stellt keine ausreichende Grundlage für eine Begrenzung des Risikoschutzes des Ausgleichsberechtigten dar, so dass das Familiengericht gehalten ist, zugunsten des Ausgleichsberechtigten – von der Teilungsordnung abweichend – ein Anrecht zu begründen, das einen mit dem Anrecht des Ausgleichspflichtigen identischen Risikoschutz aufweist.[26] Voraussetzung dafür ist aber, dass die Zusage des Invaliditätsschutzes für den Ehepartner des Arbeitnehmers in dem betroffenen Versorgungssystem überhaupt möglich ist.

c) Kompensation der Beschränkung: Der Versorgungsträger darf den Risikoschutz allerdings nicht ersatzlos reduzieren. Will der Versorgungsträger den Risikoschutz des übertragenen Anrechts auf eine reine Altersversorgung beschränken, muss er diese Verringerung des Risikoschutzes durch eine angemessene Erhöhung der Altersversorgung kompensieren.

d) Höhe des Ausgleichs: Die Höhe dieses Ausgleichs ist nach versicherungsmathematischen Grundsätzen zu berechnen.[27] Dabei ist zu berücksichtigen, dass es keinen allgemeingültigen Kompensationsfaktor für alle Versorgungen geben kann, weil die versicherungsmathematischen Parameter der einzelnen Versorgungssysteme auf die spezifischen Bedingungen der versicherten Personengruppen mit teilweise erheblich unterschiedlichem Invaliditätsrisiko abgestellt sind.

Als Arbeitshilfe können die Tabellen 1 und 2 der früheren BarwertVO dienen, also die Tabellen zur Berechnung der Barwertfaktoren einer Alters- und Invaliditätsversorgung (Tabelle 1) und einer reinen Altersversorgung (Tabelle 2). Aus der Differenz der Barwertfaktoren beider Tabellen ergibt sich der Zuschlagfaktor, um den die Altersversorgung im Fall einer Beschränkung des Risikoschutzes zu erhöhen ist.

Das OLG Karlsruhe hat eine Erhöhung des Anrechts auf Altersrente um 12% nicht beanstandet.[28] Der BGH hat eine Erhöhung der Altersversorgung um 9% nach Vorlage einer versicherungsmathematischen Berechnung gebilligt.[29] In Einzelfällen kann auch ein deutlich geringerer Zuschlag angemessen sein.[30]

II. Folgen eines Verstoßes

Hält eine Versorgungsordnung den Anforderungen des § 11 Abs. 1 VersAusglG nicht stand, ist sie nach § 134 BGB unwirksam.

III. Auffangregelung (Absatz 2)

Wenn die nach § 10 Abs. 3 VersAusglG maßgebliche Versorgungsordnung keine besonderen Regelungen für den Versorgungsausgleich enthält, gelten nach § 11 Abs. 2 VersAusglG für das übertragene Anrecht dieselben Regeln wie für das auszugleichende Anrecht. Die Versorgungsträger sind also verpflichtet, besondere Regeln für den Versorgungsausgleich zu treffen. Die Vorschrift gilt auch dann, wenn zwar besondere Regelungen für die interne Teilung existieren, diese aber den Anforderungen des § 11 Abs. 1 VersAusglG nicht genügen.

Die Auffangregelung versagt aber, wenn sich die für das auszugleichende Anrecht geltenden, spezifisch auf besondere Gruppen von Versorgungsempfängern zugeschnittenen Regelungen nicht auf außenstehende Dritte übertragen lassen. Das Familiengericht darf die dann fehlende Regelung der Versorgungsordnung nicht einfach durch eine andere, den Anforderungen des § 11 Abs. 1 VersAusglG genügende Regelung ersetzen,[31] sondern muss davon absehen, die interne Teilung anzuordnen. Kommt

---

[24] Vgl. BGH v. 19.08.1998 - XII ZB 100/96 - FamRZ 1999, 158.
[25] Schmid/Eulering, FamRZ 2009, 1269-1273, 1272.
[26] OLG Koblenz v. 11.05.2011 - 13 UF 221/11 - FamRZ 2012, 301; OLG Frankfurt v. 07.02.2013 - 4 UF 205/10.
[27] Wick, FuR 2009 482 496, 489; OLG Stuttgart v. 02.04.2012 - 11 UF 318/11.
[28] OLG Karlsruhe v. 19.06.2012 - 18 UF 65/12 - FamFR 2012, 542.
[29] BGH v. 26.01.2011 - XII ZB 504/10 - FamRZ 2011, 547; vorhergehend OLG Celle v. 13.09.2010 - 10 UF 198/10 - FamRZ 2011, 379.
[30] KG v. 08.06.2011 - 13 UF 272/10 - FamRZ 2012, 635: 3%.
[31] Ruland, Versorgungsausgleich, 3. Aufl. 2011, Rn. 595.

§ 11 VersAusglG

auch ein Ausgleich in anderer Form nicht in Betracht, muss das Familiengericht notfalls über den Wortlaut des § 19 VersAusglG hinaus das betroffene Anrecht für nicht ausgleichsreif erklären und dem Wertausgleich nach der Scheidung vorbehalten.

D. Verfahren

I. Auskünfte der Versorgungsträger

45 Ob die interne Teilung den Anforderungen des § 11 Abs. 1 VersAusglG genügt, kann man nur anhand der maßgebenden Versorgungsordnung feststellen. Die Versorgungsträger sind deshalb nach § 220 Abs. 4 Satz 1 FamFG verpflichtet, die für die Teilung maßgeblichen Regelungen mitzuteilen. Gleichzeitig müssen die Versorgungsträger eine nachvollziehbare und anhand der zugrunde liegenden Versorgungsordnung prüfbare Berechnung des Ausgleichswerts vorlegen.

46 Im Fall des § 11 Abs. 1 Satz 2 Nr. 3 Halbsatz 2 VersAusglG muss die Berechnung erkennen lassen, dass die zur Beschränkung des Risikoschutzes vorgenommene Erhöhung der Altersversorgung einen angemessenen Ausgleich darstellt.[32]

47 Genügt die Auskunft diesen Anforderungen nicht, besteht Anlass, den Versorgungsträger nach § 220 Abs. 4 Satz 2 FamFG aufzufordern, die Einzelheiten der Wertermittlung zu erläutern.

II. Beschlussformel

48 Die Höhe des Zuschlags für die Beschränkung des Risikoschutzes muss nicht gesondert in der Beschlussformel der Teilungsentscheidung ausgewiesen werden.[33]

49 Im Übrigen wird wegen der Fassung der Beschlussformel bei der internen Teilung auf die Kommentierung zu § 10 VersAusglG verwiesen.

---

[32] OLG Hamm v. 21.05.2012 - 4 UF 328/11.
[33] KG v. 08.06.2011 - 13 UF 272/10 - FamRZ 2012, 635.

§ 12 VersAusglG Rechtsfolge der internen Teilung von Betriebsrenten

(Fassung vom 03.04.2009, gültig ab 01.09.2009)

Gilt für das auszugleichende Anrecht das Betriebsrentengesetz, so erlangt die ausgleichsberechtigte Person mit der Übertragung des Anrechts die Stellung eines ausgeschiedenen Arbeitnehmers im Sinne des Betriebsrentengesetzes.

Gliederung

A. Grundlagen 1	2. Insolvenzschutz 7
I. Kurzcharakteristik 1	3. Fortsetzung der Versorgung 8
II. Gesetzgebungsmaterialien 2	4. Recht zur Mitnahme 9
B. Anwendungsvoraussetzungen 3	5. Auskunft 10
C. Rechtsfolgen 4	6. Vorzeitige Altersleistungen 11
I. Fiktion der Arbeitnehmerstellung 4	7. Abfindung 12
II. Anwendbarkeit des Betriebsrentengesetzes ... 5	III. Steuerrechtliche Folgen 13
1. Anpassungsregelungen 6	D. Hinweise zum Verfahren 16

A. Grundlagen

I. Kurzcharakteristik

Die Vorschrift regelt die Rechtsfolgen der internen Teilung von Betriebsrenten. Sie unterstellt das durch die Teilung begründete Anrecht den Regeln des Betriebsrentengesetzes (BetrAVG).   **1**

II. Gesetzgebungsmaterialien

BT-Drs. 16/10144, S. 57.   **2**

B. Anwendungsvoraussetzungen

Die Bestimmung kommt in allen Fällen zum Tragen, in denen ein Anrecht i.S.d. Betriebsrentengesetzes nach § 10 VersAusglG intern geteilt wird. Das Anrecht muss also Voraussetzungen des § 1 BetrAVG erfüllen und bereits unverfallbar sein.   **3**

C. Rechtsfolgen

I. Fiktion der Arbeitnehmerstellung

Mit der Vorschrift wird fingiert, dass bei einer internen Teilung betrieblicher Anrechte die ausgleichsberechtigte Person die Rechtsstellung eines ausgeschiedenen Arbeitnehmers im Sinne des Betriebsrentengesetzes erlangt. Die ausgleichsberechtigte Person erhält damit keine arbeitsrechtliche Stellung, sondern es wird lediglich eine versorgungsrechtliche Beziehung mit dem Versorgungsträger hergestellt.   **4**

II. Anwendbarkeit des Betriebsrentengesetzes

Diese Fiktion hat zur Folge, dass für das zugunsten des Ausgleichsberechtigten begründete Anrecht die Regeln des Gesetzes zur Verbesserung der betrieblichen Altersversorgung (Betriebsrentengesetz)[1] gelten.   **5**

1. Anpassungsregelungen

Das bedeutet insbesondere, dass nach Maßgabe des § 16 BetrAVG – also je nach Ausgestaltung und Durchführungsweg der betrieblichen Altersversorgung – eine Anpassung der Betriebsrente im Leistungsstadium erfolgen muss. Diese Rechtsfolge ergibt sich allerdings bereits aus § 11 Abs. 1 Nr. 2 VersAusglG.   **6**

---

[1] BetrAVG v. 19.12.1974, BGBl I 1974, 3610.

2. Insolvenzschutz

7   Für das Anrecht des Ausgleichsberechtigten gilt außerdem der Insolvenzschutz nach den §§ 7 ff. BetrAVG. Der Arbeitgeber muss das Anrecht des Ausgleichsberechtigten deshalb bei insolvenzschutzpflichtigen Durchführungswegen über den Pensionssicherungsverein für den Fall einer Arbeitgeberinsolvenz absichern.

3. Fortsetzung der Versorgung

8   Bei externen Durchführungswegen (Pensionsfond, Pensionskasse, Direktversicherung) hat der ausgleichsberechtigte Ehegatte nach § 1b Abs. 5 Satz 1 Nr. 2 BetrAVG das Recht, die Versorgung mit eigenen Beiträgen fortzusetzen. Das Recht zur Fortsetzung setzt aber voraus, dass das geteilte Anrecht des Ausgleichspflichtigen nach dem 01.01.2001 im Wege der Entgeltumwandlung aufgebaut worden ist.

4. Recht zur Mitnahme

9   Daneben steht dem Ausgleichsberechtigten nach § 4 Abs. 3 BetrAVG bei externen Durchführungswegen das Recht zur Übertragung der Versorgung auf einen anderen Arbeitgeber zu. Er kann dieses Recht aber nur ausüben, wenn er innerhalb eines Jahres nach der Übertragung des Anrechts selbst den Arbeitgeber und der Übertragungswert die Beitragsbemessungsgrenze in der allgemeinen Rentenversicherung nicht übersteigt.

5. Auskunft

10 Nach § 4a Abs. 1 BetrAVG kann der Ausgleichsberechtigte vom Arbeitgeber des ausgleichspflichtigen Ehegatten Auskunft über die Höhe des bereits erworbenen unverfallbaren Anrechts und des Übertragungswerts verlangen. Im Fall des § 4 Abs. 3 VersAusglG muss der neue Arbeitgeber des Ausgleichsberechtigten nach § 4a Abs. 2 BetrAVG Auskunft über die Höhe des sich aus dem Übertragungswert ergebenden Anspruchs auf Altersversorgung sowie darüber erteilen, ob ein Anspruch auf Invaliditäts- oder Hinterbliebenenversorgung bestehen würde.

6. Vorzeitige Altersleistungen

11 Unter den Voraussetzungen des § 6 BetrAVG kann der Ausgleichsberechtigte vorzeitige Altersleistungen verlangen.

7. Abfindung

12 Eine Abfindung des ausgleichsberechtigten Ehegatten ist nur in den Grenzen des § 3 BetrAVG zulässig.

III. Steuerrechtliche Folgen

13 Die interne Teilung von Betriebsrenten ist steuerneutral (§ 3 Nr. 55a Satz 1 EStG). Weder der Ausgleichspflichtige noch der Ausgleichsberechtigte müssen aufgrund der Teilung des Anrechts Steuern zahlen. Der Ausgleichsberechtigte muss Leistungen, die aus dem übertragenen Anrecht erbracht werden, nach § 3 Nr. 55a Satz 2 EStG so versteuern, wie sie der Ausgleichspflichtige versteuern müsste, wäre die Teilung nicht erfolgt. Das bedeutet, dass die Besteuerung der an den Ausgleichsberechtigten gezahlten Leistungen davon abhängt, wie die ausgeglichene Betriebsrente im Leistungsstadium steuerlich zu behandeln ist.

14 Wird das Anrecht des Ausgleichspflichtigen nachgelagert besteuert, gilt dasselbe für das übertragene Anrecht. Allerdings erfolgt die Besteuerung nach Maßgabe der persönlichen Steuermerkmale des Ausgleichsberechtigten. Der nachgelagerten Besteuerung unterliegen Anrechte aus betrieblicher Altersversorgung mit internen Durchführungswegen (Direktzusagen, Unterstützungskassen).[2] Bei diesen Versorgungen wird in der Ansparphase das Altersvorsorgekapital für den Arbeitnehmer steuerfrei aufgebaut. Die Besteuerung erfolgt erst in der Leistungsphase. Dasselbe gilt für Betriebsrenten aus externen Durchführungswegen (Direktversicherung, Pensionskasse, Pensionsfond),[3] soweit die Beiträge steuerfrei geleistet bzw. steuerlich gefördert worden sind.[4] Soweit die Beiträge über die steuerfreien bzw. ge-

---

[2] § 1b Abs. 4 BetrAVG.
[3] § 1b Abs. 3 BetrAVG.
[4] § 3 Nr. 63 und 66 EStG, § 10a EStG, §§ 82 ff. EStG.

förderten Beträge hinausgehen, stammen die Leistungen aus versteuertem Arbeitseinkommen; insoweit wird die Rente nur noch mit dem Ertragsanteil besteuert. Das gilt auch für Altzusagen[5], die der Arbeitgeber pauschal versteuert hat.[6]

Unterliegt das auszugleichende Anrecht dagegen der Ertragsanteilsbesteuerung, muss auch der Ausgleichsberechtigte die Leistungen nur mit dem Ertragsanteil versteuern.[7] 15

D. Hinweise zum Verfahren

Für Rechtsstreitigkeiten zwischen dem Ausgleichsberechtigten und dem Versorgungsträger ist das Arbeitsgericht zuständig, weil der Ausgleichsberechtigte durch die interne Teilung nach § 10 Abs. 1 VersAusglG Rechtsnachfolger des ausgleichspflichtigen Arbeitnehmers i.S.d. § 3 ArbGG wird.[8] 16

---

[5] Vor 2005 zugesagte Versorgungen.
[6] § 40b EStG a.F., § 52 Abs. 52b EStG.
[7] Ausführlich *Schmid/Bührer*, FamRZ 2010, 1608; *Breuers* in: HK-VersAuslgR, 2012, Einl. Rn. 58, § 12 VersAusglG Rn. 11 ff.
[8] BT-Drs. 16/10144, S. 57.

Steuerrechtliche Hinweise zu § 12 VersAusglG

Gliederung

A. Teilung der Betriebsrenten im Wege der internen Teilung 1
B. Teilung der Betriebsrenten im Wege der externen Teilung 2
C. Besteuerung der betrieblichen Altersversorgungen 3
I. Anrechte aus betrieblichen Altersversorgungen mit internen Durchführungswegen 4
II. Anrechte aus betrieblichen Altersversorgungen mit externen Durchführungswegen 5

A. Teilung der Betriebsrenten im Wege der internen Teilung

1 Auch bei Betriebsrenten erfolgt die interne Teilung gem. § 3 Nr. 55a Satz 1 EStG steuerfrei. Leistungen, die dem Ausgleichsberechtigten später aus dem übertragenen Anrecht zufließen, hat er gem. § 3 Nr. 55a Satz 2 EStG so zu versteuern, wie sie der Ausgleichspflichtige versteuern müsste, wäre die Teilung nicht erfolgt. Die Besteuerung richtet sich beim Ausgleichsberechtigten daher nach der Einordnung der jeweiligen Betriebsrente im Leistungsstadium. Auch der Zeitpunkt der Besteuerung der dem Ausgleichsberechtigten aus dem übertragenen Anrecht zufließenden Leistungen hängt von dem für den Ausgleichsverpflichteten geltenden Besteuerungszeitpunkt ab. Kommt es bei dem Ausgleichspflichtigen zu einer nachgelagerten Besteuerung, d.h. werden die Leistungen erst dann besteuert, wenn sie an den Steuerpflichtigen ausgezahlt werden (also in der Ruhestandsphase), gilt dasselbe auch für das übertragene Recht. Die Besteuerung erfolgt bei dem Ausgleichsberechtigten und dem Ausgleichsverpflichteten aber jeweils nach Maßgabe ihrer eigenen **persönlichen Steuermerkmale** (z.B. persönlicher Steuersatz).

B. Teilung der Betriebsrenten im Wege der externen Teilung

2 Bei einer externen Teilung richtet sich die Frage der Steuerfreiheit der Teilung nach § 3 Nr. 55b EStG. § 3 Nr. 55b EStG stellt den Teil des Ausgleichswerts steuerfrei, der nach allgemeinen Grundsätzen zu steuerpflichtigen Einkünften führen würde, näml. die Zahlung in Höhe des Ausgleichswerts an den neuen Versorgungsträger.[1] **Die externe Teilung ist somit steuerfrei**, soweit die übertragenen Ansprüche bei dem Ausgleichsberechtigten nach allgemeinen Grundsätzen zu steuerpflichtigen Einkünften führen. Es muss sich dabei um Einkünfte nach den §§ 19, 20 und 22 EStG (aus nichtselbständiger Arbeit, Kapitalvermögen oder sonstigen Einkünften) handeln. Die Aufzählung dieser Einkünfte in § 3 Nr. 55b EStG ist abschließend. Der Einsatz anderweitigen Vermögens zur Begründung des neuen Versorgungsanspruchs wird nicht begünstigt.

C. Besteuerung der betrieblichen Altersversorgungen

3 Die Besteuerung der Anrechte aus betrieblichen Altersversorgungen hängt davon ab, ob es sich um einen Versorgungsvertrag im Sinne von § 1b Abs. 4 BetrAVG (mit internem Durchführungsweg) oder um einen Versorgungsvertrag im Sinne von § 1b Abs. 2 u. 3 BetrAVG (mit externem Durchführungsweg) handelt.

I. Anrechte aus betrieblichen Altersversorgungen mit internen Durchführungswegen

4 Anrechte aus betrieblichen Altersversorgungen mit internen Durchführungswegen unterliegen der nachgelagerten Besteuerung. Diese Versorgungen sind dadurch gekennzeichnet, dass in der Ansparphase das Altersvorsorgekapital – für den Arbeitnehmer steuerfrei – vom Arbeitgeber aufgebaut wird. Die Betriebsrente wird daher erst später in der Leistungsphase gem. §§ 19 Abs. 1 Nr. 2, 38 Abs. 1 EStG wie Arbeitslohn versteuert (volle nachgelagerte Besteuerung).

II. Anrechte aus betrieblichen Altersversorgungen mit externen Durchführungswegen

5 Bei der Besteuerung von Anrechten aus betrieblichen Altersversorgungen mit externen Durchführungswegen wird zwischen Altzusagen vor 2005 und Neuzusagen ab dem 01.01.2005 differenziert. Bei Verträgen ab dem 01.01.2005 wird die Betriebsrente gem. § 22 Nr. 5 Satz 1 EStG nachgelagert besteu-

---

[1] BFH v. 12.04.2007 - VI R 6/02 - BStBl II 2007, 581.

ert, soweit die Leistungen auf steuerrechtlich gem. §§ 3 Nrn. 63, 66, 10a EStG begünstigten Beiträgen beruhen. Beruhen die Leistungen auf darüber hinausgehenden Beiträgen, die aus versteuertem Arbeitseinkommen geleistet wurden, werden sie gem. § 22 Nr. 1 Satz 3a bb EStG in der Leistungsphase nur noch mit dem Ertragsanteil besteuert. Dies gilt auch bei Altzusagen, die der Arbeitgeber pauschal gem. §§ 40b a.F., 52 Abs. 52b EStG versteuert hat.

§ 13 VersAusglG Teilungskosten des Versorgungsträgers

(Fassung vom 03.04.2009, gültig ab 01.09.2009)

Der Versorgungsträger kann die bei der internen Teilung entstehenden Kosten jeweils hälftig mit den Anrechten beider Ehegatten verrechnen, soweit sie angemessen sind.

Gliederung

A. Grundlagen 1	d. Laufende Verwaltungskosten 14
I. Kurzcharakteristik 1	II. Hälftige Anrechnung 16
1. Regelungsinhalt 1	III. Angemessenheit des Kostenabzugs 17
2. Regelungszusammenhang 2	1. Pauschalierung der Teilungskosten 18
3. Normzweck 3	a. Zulässigkeit der Pauschalierung 18
II. Gesetzgebungsmaterialien 4	b. Mischkalkulationen 22
B. Praktische Bedeutung 5	c. Hohe Ausgleichswerte 26
C. Anwendungsvoraussetzungen 7	2. Konkrete höhere Kosten 33
I. Abzugsfähige Kosten 8	3. Mindestpauschalen 36
1. Interne Teilung 8	4. Öffentliche Zusatzversorgung 37
2. Teilungskosten 10	**D. Verfahren** 38
a. Kosten der Wertermittlung 11	I. Auskunft des Versorgungsträgers 38
b. Verfahrenskosten 12	II. Amtsermittlung 39
c. Einrichtung des neuen Versorgungskontos 13	III. Beschlussformel 40

A. Grundlagen

I. Kurzcharakteristik

1. Regelungsinhalt

1 Die Vorschrift gibt den Versorgungsträgern die Möglichkeit, in den Fällen der internen Teilung den damit verbundenen Kostenaufwand mit den Anrechten der Ehegatten zu verrechnen.

2. Regelungszusammenhang

2 § 13 VersAusglG gehört zu den Vorschriften über die interne Teilung. Schon aus der Stellung im Gesetz wird also deutlich, dass ein Teilungskostenabzug nur bei der internen Teilung in Betracht kommt, nicht dagegen bei der externen Teilung nach § 14 VersAusglG oder § 16 VersAusglG.

3. Normzweck

3 Der Teilungskostenabzug soll sicherstellen, dass der mit der internen Teilung verbundene organisatorische Mehraufwand der Versorgungsträger vergütet wird.[1]

II. Gesetzgebungsmaterialien

4 BT-Drs. 16/10144, S. 57, 117, 125; BT-Drs. 16/11903, S. 103.

B. Praktische Bedeutung

5 Praktische Bedeutung erlangt die Regelung nur bei der Teilung von Anrechten aus betrieblicher und privater Altersversorgung und Anrechten aus der Zusatzversorgung des öffentlichen oder kirchlichen Dienstes. Die für die öffentlich-rechtlichen Regelsicherungssysteme maßgeblichen gesetzlichen und untergesetzlichen Regelungen sehen keinen Teilungskostenabzug vor.

6 Im Übrigen kann bei jeder einzelnen Teilung ein Kostenabzug vorgenommen werden, so dass – je nach Anzahl der auszugleichenden Anrechte – erhebliche Kosten anfallen. Die Eheleute können diese Kosten aber durch Vereinbarungen nach den §§ 6 ff. VersAusglG verringern.[2]

---

[1] BT-Drs. 16/10144, S. 57.
[2] *Ruland*, NJW 2009, 1697-1702, 1701; *Ruland*, NJW 2009, 2781-2786, 2782; *Wick*, FPR 2009, 219-223, 223.

C. Anwendungsvoraussetzungen

Nach § 13 VersAusglG kann der Versorgungsträger die bei der internen Teilung entstehenden Kosten in angemessener Höhe jeweils hälftig mit den Anrechten beider Ehegatten verrechnen.[3]

I. Abzugsfähige Kosten

1. Interne Teilung

Die Berücksichtigung von Teilungskosten ist nur bei der internen Teilung möglich.

Für die externe Teilung gilt § 13 VersAusglG nicht, weil dafür kein vergleichbares Bedürfnis besteht.[4] Für den Versorgungsträger, bei dem das auszugleichende Anrecht besteht, entstehen im Fall der externen Teilung keine Kosten für die Verwaltung der Versorgung des Ausgleichsberechtigten; im Übrigen kann die externe Teilung nicht ohne seine Zustimmung durchgeführt werden. Beim Zielversorgungsträger fällt in den Fällen, in denen ein bestehendes Anrecht aufgestockt wird, kein nennenswerter zusätzlicher Verwaltungsaufwand an. Wird durch die externe Teilung eine neue Versorgung begründet, gewinnt der Zielversorgungsträger einen neuen Kunden. Ist der gewünschte Zielversorgungsträger mit Rücksicht auf die entstehenden Kosten nicht bereit, den Ausgleichsberechtigten in sein Versorgungssystem aufzunehmen, kann er die Übernahme der Versorgung ablehnen.

2. Teilungskosten

Durch den Teilungskostenabzug soll nur der mit der internen Teilung verbundene Mehraufwand der Versorgungsträger ausgeglichen werden.[5] Zu berücksichtigen sind deshalb nur solche Kosten, die durch die Teilung entstehen.

a. Kosten der Wertermittlung

Kosten für die Ermittlung des Ehezeitanteils dürfen nicht angerechnet werden.[6] Wenn ein Versorgungsträger also nicht in der Lage ist, die notwendige Wertermittlung selbst vorzunehmen, sondern damit einen Dritten beauftragt, sind die dadurch anfallenden Kosten nicht anrechnungsfähig.

b. Verfahrenskosten

Dasselbe gilt für die Kosten des gerichtlichen Verfahrens über den Versorgungsausgleich.

c. Einrichtung des neuen Versorgungskontos

Zu den Teilungskosten gehören auch die Kosten für die erstmalige Begründung der Versorgung für den ausgleichsberechtigten Ehepartner, also die Kosen für die Einrichtung eines neuen Versicherungskontos.

d. Laufende Verwaltungskosten

Der Versorgungsträger kann mit den Teilungskosten den gesamten Aufwand ersetzt verlangen, der ihm durch die Aufnahme des zusätzlichen Versorgungsberechtigten in sein Versorgungssystem entsteht. Dazu gehören auch die im Rahmen der laufenden Kontenverwaltung erwachsenden Mehrkosten.[7] Abzugsfähig sind somit auch Folgekosten im Anschluss an die Einrichtung der neuen Versorgung – etwa Kosten für EDV oder Personal.

Anrechnungsfähig sind aber nur die Mehrkosten, die dem Versorgungsträger dadurch entstehen, dass sich das zu verwaltende Vorsorgekapital wegen der Teilung eines Anrechts auf mehr Berechtigte verteilt (Grenzkosten). Bei der Ermittlung dieser Grenzkosten müssen Fixkosten, die unabhängig von der Anzahl der zu verwaltenden Anrechte entstehen, unberücksichtigt bleiben.[8]

---

[3] Kritisch dazu *Häußermann*, FPR 2009, 223-227, 226; *Kemper*, ZFE 2009, 204-211, 209 f.
[4] BT-Drs. 16/10144, S. 57.
[5] BT-Drs. 16/10144, S. 57.
[6] BT-Drs. 16/10144, S. 57; OLG Nürnberg v. 03.11.2010 - 11 UF 500/10 - FamRZ 2011, 898.
[7] BGH v. 01.02.2012 - XII ZB 172/11 - FamRZ 2012, 610; BGH v. 27.06.2012 - XII ZB 275/11; BGH v. 11.07.2012 - XII ZB 459/11; OLG Düsseldorf v. 23.05.2011 - 9 UF 110/10 - FamRZ 2011, 1947; OLG München v. 21.11.2011 - 12 UF 1638/11; OLG Stuttgart v. 08.12.2011 - 18 UF 114/11; a.A. zuvor OLG Stuttgart v. 09.08.2011 - 15 UF 25/11 - FamRZ 2012, 34; OLG Nürnberg v. 03.11.2010 - 11 UF 500/10 - FamRZ 2011, 898.
[8] OLG Düsseldorf v. 31.05.2012 - 8 UF 115/10.

II. Hälftige Anrechnung

16 § 13 VersAusglG bestimmt, dass die durch die interne Teilung entstehenden Kosten von den Eheleuten je zur Hälfte zu tragen sind. Insoweit dient die Vorschrift nur der Klarstellung, denn die interne Teilung muss nach § 11 Abs. 1 Satz 1 VersAusglG die gleichwertige Teilhabe der Eheleute an den in der Ehezeit erworbenen Anrechten sicherstellen. Damit wäre ein Teilungskostenabzug, der einen Ehegatten einseitig belastet, nicht zu vereinbaren.

III. Angemessenheit des Kostenabzugs

17 Abzugsfähig sind nur angemessene Kosten. Bei hohen Werten darf allerdings kein Abzug erfolgen, der außer Verhältnis zum Aufwand des Versorgungsträgers steht.[9]

1. Pauschalierung der Teilungskosten

a. Zulässigkeit der Pauschalierung

18 Die Versorgungsträger sind nicht gehalten, die Teilungskosten im Einzelfall konkret zu ermitteln. Gegen eine Pauschalierung der Teilungskosten bestehen keine grundsätzlichen Bedenken.[10]

19 Bei der Wahl der anzuwendenden Pauschalierungsmethode sind die Versorgungsträger grundsätzlich frei. Die gerichtliche Angemessenheitsprüfung stellt nur ein Korrektiv dar, das zu einer Begrenzung der Kosten führt, wenn der Kostenabzug die Ehegatten über Gebühr belastet.[11]

20 Auch beim Ansatz pauschaler Teilungskosten entfällt nicht die Angemessenheitsprüfung durch das Gericht. Die Gerichte sind berechtigt und im Hinblick auf den Amtsermittlungsgrundsatz verpflichtet, sich die vom Versorgungsträger mitgeteilten Werte näher erläutern zu lassen. Der Versorgungsträger muss die bei der internen Teilung entstehenden Kosten im Einzelnen in Form einer genauen, nachvollziehbaren Kalkulation darlegen.[12] Legt ein Versorgungsträger seine Kostenstruktur, aus der sich ergibt, wie hoch der Personal-, Zeit- und Sachaufwand für die Mitglieder seines Versorgungssystems ist, nicht hinreichend dar, kann das Gericht die Teilungskosten herabsetzen.[13]

21 Hat ein Versorgungsträger trotz wiederholter Aufforderung und Nachfrage durch das Gericht überhaupt keine Angaben zu den tatsächlich entstehenden Teilungskosten oder den für die dafür festgelegten Pauschalen maßgeblichen Kriterien und Gründe gemacht, kann das Gericht die von Amts wegen vorzunehmende Angemessenheitsprüfung nur anhand allgemeiner Überlegungen vornehmen. In solchen Fällen kann eine Kappungsgrenze von 500 € bei pauschalierten Kosten von nahezu 3.000 € zu einem angemessenen Ausgleich zwischen den Interessen der Eheleute an einer möglichst ungeschmälerten Versorgung und den Bedürfnissen des Versorgungsträgers, die Teilungskosten den Eheleuten aufzuerlegen, führen.[14]

b. Mischkalkulationen

22 Viele Versorgungssysteme sehen pauschale Kostenabzüge vor, bei denen Teilungskosten prozentual von der Höhe des Ehezeitanteils abhängen. Die Angemessenheit des maßgeblichen Prozentsatzes soll sich dabei aus einer Mischkalkulation aller potentiell auszugleichenden Anrechte ergeben.

23 Eine Regelung, die angemessene Teilungskosten in Höhe von pauschal 250 € vorsieht, ist auch dann nicht zu beanstanden, wenn die Pauschale im Einzelfall über 2-3% des Ehezeitanteils liegt.[15]

---

[9] BT-Drs. 16/10144, S. 57.
[10] BGH v. 01.02.2012 - XII ZB 172/11 - FamRZ 2012, 610; BGH v. 04.04.2012 - XII ZB 310/11 - FamRZ 2012, 942; BGH v. 27.06.2012 - XII ZB 275/11 - FamRZ 2012, 1546; a.A. zuvor OLG Oldenburg v. 08.11.2011 - 14 UF 61/11 - FuR 2012, 332.
[11] BGH v. 27.06.2012 - XII ZB 275/11 - FamRZ 2012, 1546.
[12] OLG Zweibrücken v. 01.02.2013 - 6 UF 124/10.
[13] OLG Koblenz v. 05.03.2013 - 11 UF 520/12 - FamRZ 2013, 1901.
[14] OLG Köln v. 19.06.2012 - 27 UF 184/11.
[15] OLG Nürnberg v. 03.11.2010 - 11 UF 500/10 - FamRZ 2011, 898.

Einige Oberlandesgerichte haben Teilungskosten bis zur Höhe von 500 € oder mehr im Rahmen einer Mischkalkulationen gebilligt.[16]

Dass die Ermittlung der Teilungskosten als Prozentsatz des Ehezeitanteils im Rahmen von Mischkalkulationen zu angemessenen Kostenabzügen führt, ist allerdings schon deshalb zu bezweifeln, weil der Kostenaufwand des Versorgungsträgers nicht vom Wert des zu teilenden Anrechts abhängt.[17] Auch ist nicht einzusehen, warum Eheleute, deren auszugleichende Anrechte einen hohen Wert haben, anteilig die Kosten des Versorgungsausgleichs anderer Eheleute tragen sollen. Hinzu kommt, dass die Mischkalkulationen der Versorgungsträger auf unsicheren Schätzungen und Hochrechnungen beruhen, die für die Gerichte nicht oder allenfalls auf ihre Plausibilität hin überprüfbar sind. Zweifel an einer Mischkalkulation sind insbesondere angebracht, wenn die Teilungskosten 500 € je Anrecht übersteigen. Denn die Praxis zeigt, dass die überwiegende Mehrzahl der Versorgungsträger Teilungskosten unter 500 € veranschlagt. Ein Versorgungsträger, bei dem hochgerechnete Teilungskosten in Höhe von über 1.000 € anfallen, muss sich deshalb vorhalten lassen, dass andere Versorgungsträger, die vergleichbare Leistungen erbringen, mit einem Bruchteil davon kostendeckend kalkulieren können. Darüber hinaus können Mischkalkulationen nur dann zu angemessenen Ergebnissen führen, wenn sie aktuell sind. In diesem Zusammenhang ist zu berücksichtigen, dass sich die Struktur der privaten Altersvorsorge verändert. Derzeit machen herkömmliche Kapitallebensversicherungen, die nicht unter § 2 VersAusglG fallen, einen nicht unerheblichen Teil der privaten Versorgungen mit hohem Wert aus, während die im Versorgungsausgleich auszugleichenden „Riester"-Renten (§ 5 AltZertG) erst seit wenigen Jahren bestehen und noch geringe Werte aufweisen. Der Anteil der im Versorgungsausgleich auszugleichenden Anrechte mit hohem Wert wird aber in den kommenden Jahren kontinuierlich steigen. Sind die Teilungskosten im Rahmen einer Mischkalkulation an den Ehezeitanteil geknüpft, steigen damit auch die Einnahmen des Versorgungsträgers. Das bedeutet, dass sich eine Mischkalkulation, die heute angemessen ist, schon nach kurzer Zeit zugunsten des Versorgungsträgers auswirkt, wenn sie nicht regelmäßig aktualisiert wird.

c. Hohe Ausgleichswerte

Die Angemessenheit der Teilungskosten kann jedenfalls nicht ausnahmslos schematisch anhand eines bestimmten Prozentsatzes des Ehezeitanteils oder Ausgleichswerts festgestellt werden. Insbesondere bei hohen Werten darf kein Abzug zugelassen werden, der die Anrechte empfindlich schmälern würde und außer Verhältnis zu dem Aufwand des Versorgungsträgers steht.[18] Pauschale Teilungskosten sind deshalb immer durch einen Höchstbetrag zu begrenzen.[19]

Nach Auffassung des OLG Bremen ist bei pauschalen Teilungskosten von 2-3% des Ehezeitanteils eine Begrenzung der Kosten allerdings erst geboten, wenn der Ehezeitanteil des auszugleichenden Anrechts 240% der monatlichen Bezugsgröße nach § 18 Abs. 1 SGB IV erheblich übersteigt.[20] Anderenfalls ergebe sich ein Wertungswiderspruch zu § 18 Abs. 3 VersAusglG.

Andere Oberlandesgerichte sehen 500 € als Obergrenze für einen pauschalierten Teilungskostenabzug an.[21]

---

[16] OLG Celle v. 12.04.2011 - 15 UF 308/10 - FamRZ 2011, 1946; OLG Stuttgart v. 25.06.2010 - 15 UF 120/10 - FamRZ 2010, 1906; OLG Frankfurt v. 25.03.2011 - 2 UF 383/10; weitergehend OLG Stuttgart v. 12.12.2011 - 18 UF 336/10 - FamRZ 2012, 711: 530,76 €; OLG Düsseldorf v. 27.05.2011 - 7 UF 107/10: 554,40 €; OLG Nürnberg v. 06.05.2011 - 11 UF 165/11 - FamRZ 2011, 1947: 766,50 €; OLG Düsseldorf v. 26.05.2011 - 7 UF 218/10 - FamRZ 2011, 1945: 748,20 €; OLG Karlsruhe v. 28.03.2012 - 2 UF 260/11: 765,08 €; OLG München v. 21.11.2011 - 12 UF 1638/11: 1.277,50 €; OLG Karlsruhe v. 26.07.2011 - 2 UF 231/10 - FamRZ 2011, 1948: 1.305 €; vgl. auch OLG Braunschweig v. 16.05.2011 - 2 UF 165/10.

[17] So auch *Borth*, FamRZ 2009, 562-567, 563.

[18] BT-Drs. 16/11903, S. 103.

[19] BGH v. 01.02.2012 - XII ZB 172/11 - FamRZ 2012, 610; BGH v. 04.04.2012 - XII ZB 310/11 - FamRZ 2012, 942; OLG Zweibrücken v. 01.02.2013 - 6 UF 124/10.

[20] OLG Bremen v. 13.12.2010 - 4 UF 103/10 - FamRZ 2011, 895; OLG Bremen v. 11.03.2011 - 4 UF 1/11 - FamRZ 2011, 1296.

[21] OLG Celle v. 12.04.2011 - 15 UF 308/10 - FamRZ 2011, 1946; OLG Stuttgart v. 25.06.2010 - 15 UF 120/10 - FamRZ 2010, 1906; OLG Frankfurt v. 25.03.2011 - 2 UF 383/10; OLG Koblenz v. 05.03.2013 - 11 UF 520/12 - FamRZ 2013, 1901; weitergehend OLG Düsseldorf v. 27.05.2011 - 7 UF 107/10: 554,40 €; OLG Nürnberg v. 06.05.2011 - 11 UF 165/11 - FamRZ 2011, 1947: 766,50 €; OLG Düsseldorf v. 26.05.2011 - 7 UF 218/10 - FamRZ 2011, 1945: 748,20 €; OLG Karlsruhe v. 28.03.2012 - 2 UF 260/11: 765,08 €.

29 Nach Ansicht des OLG Naumburg sind von den Versorgungsträgern pauschal in Ansatz gebrachte Teilungskosten in Höhe von bis zu 3% des Deckungskapitals, höchstens 300,00 € angemessen.[22]

30 Die Oberlandesgerichte Düsseldorf und Karlsruhe setzen bei einer Mischkalkulation als absolute Obergrenze einen Betrag an, der das 1,5-fache der bei dem jeweiligen Versorgungsträger durchschnittlich zu erwartenden Teilungskosten nicht wesentlich überschreitet.[23]

31 Das OLG München hält Kosten bis zu 50% der monatlichen Bezugsgröße nach § 18 SGB IV für noch angemessen.[24]

32 Bei der Überprüfung der Angemessenheit von Teilungskosten ist auch zu berücksichtigen, dass die Kostenstruktur für die Neuanlage eines Versicherungsvertrags nach interner Teilung im Versorgungsausgleich anders ist als die bei der Neuanlage eines frei abgeschlossenen Versicherungsvertrags. Eine Pauschalierung der Teilungskosten anhand der in der Versicherungsbranche üblicherweise zwischen 2-3% kalkulierten Verwaltungskosten muss daher bei der Bemessung des Höchstwerts berücksichtigen, dass Kosten für Abschlussprovisionen und Bestandspflege in der Regel nicht anfallen.[25]

2. Konkrete höhere Kosten

33 Die Möglichkeit zur Pauschalierung der Teilungskosten verbietet dem Versorgungsträger nicht, im Einzelfall höhere Kosten geltend zu machen. Er muss die tatsächlichen Teilungskosten dann aber konkret darlegen und nachweisen. Das Familiengericht ist in solchen Fällen gehalten, die Angemessenheit dieser Kosten zu überprüfen.[26] Dabei sind die Besonderheiten des Einzelfalls und das Vorbringen des Versorgungsträgers zu berücksichtigen.[27]

34 Nach Auffassung des OLG Stuttgart sind bei konkreter Darlegung Kosten in Höhe eines auf das Ende der Ehezeit bezogenen Barwerts von bis zu 1.365 € nicht unangemessen.[28]

35 Das OLG Köln hat Teilungskosten von 6.000 € mangels hinreichend konkreter Darlegung nur in Höhe von 500 € berücksichtigt.[29]

3. Mindestpauschalen

36 Unbedenklich sind Mindestpauschalen in Höhe von 50 € und 100 € für die Teilung von Anrechten mit geringem Ehezeitanteil.[30]

4. Öffentliche Zusatzversorgung

37 Die in den Teilungsordnungen der kommunalen und kirchlichen Zusatzversorgungskassen vorgesehenen Teilungskosten sind nicht zu beanstanden.[31]

D. Verfahren

I. Auskunft des Versorgungsträgers

38 Der Kostenabzug unterliegt der Kontrolle des Familiengerichts. Der Versorgungsträger ist deshalb nach § 220 Abs. 4 FamFG verpflichtet, Auskunft auch über den beabsichtigten Kostenabzug zu erteilen, denn die Höhe der Teilungskosten ist in dem Vorschlag für die Bestimmung des Ausgleichswerts nach § 5 Abs. 3 VersAusglG auszuweisen.[32]

---

[22] OLG Naumburg v. 16.08.2012 - 8 UF 9/12.

[23] OLG Düsseldorf v. 29.03.2012 - 2 UF 110/11 - FamRZ 2013, 381; OLG Karlsruhe v. 26.07.2011 - 2 UF 231/10 - FamRZ 2011, 1948: Teilungskosten in Höhe von 1.305 € bei einem Ehezeitanteil von 52.218 € gebilligt.

[24] OLG München v. 21.11.2011 - 12 UF 1638/11.

[25] OLG Frankfurt v. 09.04.2013 - 2 UF 79/11.

[26] BGH v. 01.02.2012 - XII ZB 172/11 - FamRZ 2012, 610; BGH v. 04.04.2012 - XII ZB 310/11 - FamRZ 2012, 942.

[27] BGH v. 04.04.2012 - XII ZB 310/11 - FamRZ 2012, 942.

[28] OLG Stuttgart v. 08.12.2011 - 18 UF 114/11.

[29] OLG Köln v. 18.05.2011 - 25 UF 175/10 - FamRZ 2011, 1795; vgl. auch OLG Köln v. 19.06.2012 - 27 UF 184/11; ähnlich OLG Düsseldorf v. 23.05.2011 - 9 UF 110/10 - FamRZ 2011, 1947: Kosten in Höhe von 400 € nicht nachvollziehbar dargelegt.

[30] OLG Saarbrücken v. 20.10.2011 - 6 UF 125/11; OLG Nürnberg v. 06.05.2011 - 11 UF 165/11 - FamRZ 2011, 1947.

[31] OLG Celle v. 22.11.2010 - 10 UF 232/09 - FamRZ 2011, 723.

[32] OLG Köln v. 18.05.2011 - 25 UF 175/10 - FamRZ 2011, 1795.

II. Amtsermittlung

Vor einer Kürzung der Teilungskosten muss das Familiengericht auf Bedenken gegen die Höhe der angerechneten Kosten hinweisen und dem Versorgungsträger Gelegenheit geben, die Teilungskosten näher darzulegen. Das Familiengericht verletzt deshalb die aus § 26 FamFG folgende Amtsermittlungspflicht, wenn es die in einer Teilungsordnung ausgewiesenen Teilungskosten in Höhe des Maximalbetrages von 2.000 € auf 500 € kürzt, ohne zuvor von dem Versorgungsträger eine detaillierte Berechnung der Teilungskosten eingefordert und damit dem Versorgungsträger die Möglichkeit gegeben zu haben, die Teilungskosten konkret darzulegen.[33]

39

III. Beschlussformel

In der Beschlussformel, mit der die interne Teilung ausgesprochen wird, sind die Teilungskosten nicht gesondert auszuweisen.

40

---

[33] OLG Saarbrücken v. 13.12.2011 - 9 UF 69/11.

§ 14 VersAusglG

Unterabschnitt 3 - Externe Teilung

§ 14 VersAusglG Externe Teilung

(Fassung vom 03.04.2009, gültig ab 01.09.2009)

(1) Das Familiengericht begründet für die ausgleichsberechtigte Person zulasten des Anrechts der ausgleichspflichtigen Person ein Anrecht in Höhe des Ausgleichswerts bei einem anderen Versorgungsträger als demjenigen, bei dem das Anrecht der ausgleichspflichtigen Person besteht (externe Teilung).

(2) Eine externe Teilung ist nur durchzuführen, wenn

1. die ausgleichsberechtigte Person und der Versorgungsträger der ausgleichspflichtigen Person eine externe Teilung vereinbaren oder

2. der Versorgungsträger der ausgleichspflichtigen Person eine externe Teilung verlangt und der Ausgleichswert am Ende der Ehezeit bei einem Rentenbetrag als maßgeblicher Bezugsgröße höchstens 2 Prozent, in allen anderen Fällen als Kapitalwert höchstens 240 Prozent der monatlichen Bezugsgröße nach § 18 Abs. 1 des Vierten Buches Sozialgesetzbuch beträgt.

(3) § 10 Abs. 3 gilt entsprechend.

(4) Der Versorgungsträger der ausgleichspflichtigen Person hat den Ausgleichswert als Kapitalbetrag an den Versorgungsträger der ausgleichsberechtigten Person zu zahlen.

(5) Eine externe Teilung ist unzulässig, wenn ein Anrecht durch Beitragszahlung nicht mehr begründet werden kann.

Gliederung

A. Grundlagen 1	3. Vereinbarung des externen Ausgleichs durch die Ehepartner 24
I. Kurzcharakteristik 1	III. Vollzug der externen Teilung (Absatz 3) 25
1. Regelungszusammenhang 1	IV. Zahlung des Kapitalwerts (Absatz 4) 26
2. Regelungsinhalt 2	1. Ausgleichswert als Kapitalwert 27
3. Normstruktur 3	2. Verfehlung der Halbteilung 28
II. Gesetzgebungsmaterialien 4	3. Wertänderungen 29
B. Praktische Bedeutung 5	a. Wertsteigerungen 30
C. Anwendungsvoraussetzungen 6	b. Wertverluste 31
I. Externe Teilung (Absatz 1) 6	4. Verzinsung des Kapitalwerts 32
II. Voraussetzungen der externen Teilung (Absatz 2) 8	a. Beginn 32
	b. Höhe 34
1. Vereinbarung der externen Teilung (Absatz 2 Nr. 1) 11	c. Dauer 37
2. Einseitiges Verlangen des Versorgungsträgers (Absatz 2 Nr. 2) 17	d. Gesetzliche Rentenversicherung als Zielversorgung 38
a. Verlangen des Versorgungsträgers 17	e. Abänderungsverfahren 40
b. Wertgrenzen 19	f. Laufender Rentenbezug 41
c. Wertgrenzen nach Absatz 2 Nr. 2 ab 1977 21	5. Zahlung an den Zielversorgungsträger 42
d. Betriebsrenten 22	V. Unzulässigkeit der externen Teilung (Absatz 5) 43
e. Bindung des Familiengerichts 23	**D. Verfahren** 45

A. Grundlagen

I. Kurzcharakteristik

1. Regelungszusammenhang

Die §§ 14-17 VersAusglG regeln die externe Teilung von Anrechten. § 14 Abs. 1 VersAusglG bestimmt die Voraussetzungen für eine externe Teilung. § 15 VersAusglG enthält Bestimmungen für die Durchführung der externen Teilung. Die externe Teilung von Anrechten aus öffentlich-rechtlichen Dienst- oder Amtsverhältnissen ist in § 16 VersAusglG besonders geregelt. Eine Sondervorschrift für die externe Teilung bestimmter Betriebsrenten enthält § 17 VersAusglG.

2. Regelungsinhalt

Unter externer Teilung versteht das Gesetz die Begründung von Anrechten außerhalb des Versorgungssystems des auszugleichenden Anrechts. Gegenüber der internen Teilung nach den §§ 10-13 VersAusglG ist die externe Teilung nach § 9 Abs. 2 VersAusglG die nachrangige Ausgleichsform. Sie ist deshalb nur in den Fällen der §§ 14 Abs. 2, 17 VersAusglG zulässig. Verfahrensrechtlich werden die §§ 14 ff. VersAusglG durch § 222 FamFG ergänzt.

3. Normstruktur

In § 14 Abs. 1 VersAusglG definiert der Gesetzgeber den Begriff der externen Teilung. Die Voraussetzungen für die externe Teilung sind in § 14 Abs. 2 VersAusglG festgelegt. Danach ist ein Anrecht extern zu teilen, wenn der Versorgungsträger des zu teilenden Anrechts und der Ausgleichsberechtigte eine entsprechende Vereinbarung treffen (Nr. 1). Bei geringen Ausgleichswerten kann der Versorgungsträger die externe Teilung einseitig verlangen (Nr. 2). Durch § 14 Abs. 3 VersAusglG wird klargestellt, dass für die Durchführung der externen Teilung die Regeln der für die betroffenen Anrechte maßgebenden Versorgungsordnungen gelten.

II. Gesetzgebungsmaterialien

BT-Drs. 16/10144, S. 58 f., 95; BT-Drs. 16/11903, S. 103 f.

B. Praktische Bedeutung

In der Praxis spielt die externe Teilung beim Ausgleich von Anrechten aus betrieblicher Altersversorgung und privater Altersvorsorge eine Rolle. Während die interne Teilung für die Träger der privaten Altersversorgungen den Gewinn eines neuen Kunden bedeutet, stellt sie für Träger der betrieblichen Altersversorgung eine Belastung dar. Der Betriebsrententräger muss zusätzlich zu der Versorgung seines Arbeitnehmers auch die des geschiedenen Ehepartners verwalten, obwohl der keinen Bezug zu dem Unternehmen hat. Vor diesem Hintergrund machen in erster Linie die Träger der betrieblichen Altersversorgung von der Möglichkeit der externen Teilung nach § 14 Abs. 2 Nr. 2 VersAusglG Gebrauch.

C. Anwendungsvoraussetzungen

I. Externe Teilung (Absatz 1)

Nach der Legaldefinition des § 14 Abs. 1 VersAusglG begründet das Familiengericht bei der externen Teilung für den ausgleichsberechtigten Ehepartner zulasten des Anrechts des Ausgleichspflichtigen ein Anrecht in Höhe des Ausgleichswerts bei einem anderen Versorgungsträger als demjenigen, bei dem das Anrecht des ausgleichspflichtigen Ehepartners besteht. Anders als bei der internen Teilung wird der Ausgleichsberechtigte also nicht in das Versorgungssystem des Ausgleichspflichtigen aufgenommen, sondern erhält eine Versorgung bei einem anderen Versorgungsträger.

Diesen Zielversorgungsträger kann der Ausgleichsberechtigte unter den Voraussetzungen des § 15 VersAusglG auswählen. Er kann auch wählen, ob durch die externe Teilung ein neues Versorgungsverhältnis begründet oder eine bestehende Versorgung ausgebaut werden soll.[1]

---

[1] BT-Drs. 16/10144, S. 58.

§ 14 VersAusglG

II. Voraussetzungen der externen Teilung (Absatz 2)

8   Die §§ 9 Abs. 3, 14 Abs. 2 VersAusglG machen deutlich, dass die externe Teilung eine strukturelle Ausnahme vom Grundsatz der internen Teilung darstellt und an besondere Bedingungen geknüpft ist. Die externe Teilung eines Anrechts kommt nur in Betracht, wenn
- der Ausgleichsberechtigte und der Versorgungsträger des Ausgleichspflichtigen eine entsprechende Vereinbarung treffen (Nr. 1)

oder

- der Ausgleichswert im Sinne des § 1 Abs. 2 Satz 2 VersAusglG am Ende der Ehezeit bei einem Rentenbetrag als maßgeblicher Bezugsgröße höchstens 2%, bei allen anderen Bezugsgrößen als Kapitalwert höchstens 240% der monatlichen Bezugsgröße nach § 18 Abs. 1 SGB IV beträgt und der Versorgungsträger des Ausgleichspflichtigen die externe Teilung verlangt (Nr. 2).

9   Sind die Voraussetzungen einer dieser beiden Alternativen gegeben, ist das Familiengericht an die Wahl der externen Teilung gebunden.[2] Es muss nach § 15 Abs. 2 VersAusglG aber prüfen, ob die Zielversorgung eine angemessene Versorgung gewährleistet.

10 Über die §§ 9 Abs. 3, 14 Abs. 2 VersAusglG hinaus können Anrechte auch dann extern ausgeglichen werden, wenn die Eheleute nach § 6 VersAusglG eine entsprechende Vereinbarung treffen.[3]

1. Vereinbarung der externen Teilung (Absatz 2 Nr. 1)

11 Nach § 14 Abs. 2 Nr. 1 VersAusglG ist ein Anrecht extern zu teilen, wenn der Versorgungsträger, bei dem das auszugleichende Anrecht besteht, und der ausgleichsberechtigte Ehepartner eine entsprechende Vereinbarung treffen. Eine Vereinbarung über die externe Teilung ist unabhängig von der Höhe des Ausgleichswerts des Anrechts zulässig.

12 Der Versorgungsträger kann an einer solchen Vereinbarung interessiert sein, wenn er den Ausgleichsberechtigten nicht in sein Versorgungssystem aufnehmen und den damit verbundenen Verwaltungs- und Kostenaufwand vermeiden will. Gleichzeitig verliert der Versorgungsträger aber die Chance, dadurch leistungsfrei zu werden, dass der Ausgleichsberechtigte vor Eintritt des Versorgungsfalls stirbt und eine Anpassung nach § 37 VersAusglG wegen der Art der Zielversorgung nicht möglich ist.

13 Das Interesse des ausgleichsberechtigten Ehegatten kann etwa darin bestehen, eine bereits bestehende Versorgung, bei der die Mindestgrenze für den späteren Leistungsbezug nicht erreicht ist, durch die externe Teilung auszubauen. Die externe Teilung ermöglicht es den Ehepartnern auch, Anrechte durch den Ausbau bestehender Versorgungen zu bündeln und einer Zersplitterung der Altersversorgung entgegenzuwirken.[4] Durch die Wahl der externen Teilung kann der Ausgleichsberechtigte außerdem Kosten sparen, denn der Abzug von Teilungskosten ist nach § 13 VersAusglG nur bei der internen Teilung möglich. Er wird einer externen Teilung auch dann zustimmen, wenn er die gewünschte Zielversorgung für rentabler hält als die auszugleichende Versorgung. In der Praxis wird das aber kaum der Fall sein.

14 Von der Vereinbarung nach § 14 Abs. 2 Nr. 1 VersAusglG zu unterscheiden ist die Wahl des Zielversorgungsträgers nach § 15 Abs. 1 VersAusglG. Während es bei der Vereinbarung zwischen dem für das auszugleichende Anrecht zuständigen Versorgungsträger und dem Ausgleichsberechtigten um die Frage geht, ob das Anrecht überhaupt extern zu teilen ist, betrifft das Wahlrecht nach § 15 Abs. 1 VersAusglG die Frage, bei welchem anderen Versorgungsträger ein Anrecht begründet werden soll. Diese Wahl des Zielversorgungsträgers ist alleine Sache des ausgleichsberechtigten Ehepartners, der aber nach § 222 Abs. 2 FamFG nachweisen muss, dass der gewählte Zielversorgungsträger bereit ist, ihn in sein Versorgungssystem aufzunehmen. Der Ausgleichspflichtige muss also über die Vereinbarung nach § 14 Abs. 2 Nr. 1 VersAusglG hinaus eine weitere Vereinbarung treffen, in der sich der Zielversorgungsträger mit der beabsichtigten Teilung einverstanden erklärt.

15 Für den Fall, dass sich der Versorgungsträger des Ausgleichspflichtigen und der Ausgleichsberechtigte über die externe Teilung nur unter der Bedingung der Wahl einer nach § 15 Abs. 2 VersAusglG ungeeigneten Zielversorgung einigen, soll das Familiengericht aufzuklären haben, ob dies zur Unwirksamkeit der Vereinbarung nach § 139 BGB – und damit zur internen Teilung des Anrechts – führt oder das Anrecht extern zu teilen und nach § 15 Abs. 5 VersAusglG als Zielversorgung die gesetzliche Rentenversicherung bzw. die Versorgungsausgleichskasse zu bestimmen ist.[5]

---

[2] BT-Drs. 16/10144, S. 58.
[3] BT-Drs. 16/10144, S. 101.
[4] BT-Drs. 16/10144, S. 58.
[5] BT-Drs. 16/10144, S. 58.

Die Vereinbarung, ein Anrecht extern zu teilen, ist keine Vereinbarung im Sinne der §§ 6 ff VersAusglG, weil sie nicht zwischen den Eheleuten, sondern von einem Ehepartner mit dem Versorgungsträger des anderen getroffen wird. Die Formanforderungen des § 7 VersAusglG gelten deshalb nicht.[6]

2. Einseitiges Verlangen des Versorgungsträgers (Absatz 2 Nr. 2)

a. Verlangen des Versorgungsträgers

Durch § 14 Abs. 2 Nr. 2 VersAusglG erhalten die Versorgungsträger die Möglichkeit, kleinere Ausgleichswerte auch ohne Zustimmung des Ausgleichsberechtigten extern zu teilen. Der Versorgungsträger kann den Berechtigten also, statt ihn in sein Versorgungssystem aufzunehmen, einseitig im Wege der externen Teilung abfinden. Dadurch können insbesondere die Kosten für die Verwaltung geringfügiger Anrechte vermieden werden.[7]

Die einseitige Wahl nach § 14 Abs. 2 Nr. 2 VersAusglG ist bedingungsfeindlich. Der Versorgungsträger kann die Wahl der externen Teilung also nicht davon abhängig machen, dass der Ausgleichsberechtigte einen bestimmten – etwa zu demselben Konzern gehörenden – Zielversorgungsträger wählt.

b. Wertgrenzen

Der Versorgungsträger, bei dem das auszugleichende Anrecht besteht, kann nach § 14 Abs. 2 Ziff. 2 VersAusglG die externe Teilung verlangen, wenn der Ausgleichswert am Ende der Ehezeit bei einem Rentenbetrag als maßgeblicher Bezugsgröße höchstens 2% der monatlichen Bezugsgröße nach § 18 Abs. 1 SGB IV und in allen anderen Fällen als Kapitalwert höchstens 240% der monatlichen Bezugsgröße nach § 18 Abs. 1 SGB IV beträgt. Ermittelt der Versorgungsträger den Ehezeitanteil als Rentenbetrag und überschreitet der Ausgleichswert die 2%-Grenze, kommt eine externe Teilung auch dann nicht in Betracht, wenn der nach § 5 Abs. 3 VersAusglG ebenfalls mitgeteilte korrespondierende Kapitalwert nach § 47 Abs. 2 VersAusglG geringer ist als 240% der Bezugsgröße.

Maßgebend ist immer die Bezugsgröße nach § 18 Abs. 1 SGB IV. Das gilt auch für Anrechte aus dem Beitrittsgebiet. Die Bezugsgröße (Ost) nach § 18 Abs. 2 SGB IV ist unerheblich, weil § 14 Abs. 2 Nr. 1 VersAusglG nur auf den ersten Absatz des § 18 SGB IV verweist.

c. Wertgrenzen nach Absatz 2 Nr. 2 ab 1977

Jahr	§ 18 Abs. 1 SGB IV	2%	240%
1977	1.850 DM	37 DM	4.440 DM
1978	1.950 DM	39 DM	4.680 DM
1979	2.100 DM	42 DM	5.040 DM
1980	2.200 DM	44 DM	5.280 DM
1981	2.340 DM	46,80 DM	5.616 DM
1982	2.460 DM	49,20 DM	5.904 DM
1983	2.580 DM	51,60 DM	6.192 DM
1984	2.730 DM	54,60 DM	6.552 DM
1985	2.800 DM	56 DM	6.720 DM
1986	2.870 DM	57,40 DM	6.888 DM
1987	3.010 DM	60,20 DM	7.224 DM
1988	3.080 DM	61,60 DM	7.392 DM
1989	3.150 DM	63 DM	7.560 DM
1990	3.290 DM	65,80 DM	7.896 DM
1991	3.360 DM	67,20 DM	8.064 DM
1992	3.500 DM	70 DM	8.400 DM
1993	3.710 DM	74,20 DM	8.904 DM
1994	3.920 DM	78,40 DM	9.408 DM
1995	4.060 DM	81,20 DM	9.744 DM
1996	4.130 DM	82,60 DM	9.912 DM

---

[6] BT-Drs. 16/10144, S. 58.
[7] BT-Drs. 16/10144, S. 58.

1997	4.270 DM	85,40 DM	10.248 DM
1998	4.340 DM	86,80 DM	10.416 DM
1999	4.410 DM	88,20 DM	10.584 DM
2000	4.480 DM	89,60 DM	10.752 DM
2001	4.480 DM	89,60 DM	10.752 DM
2002	2.345 €	46,90 €	5.628 €
2003	2.380 €	47,60 €	5.712 €
2004	2.415 €	48,30 €	5.796 €
2005	2.415 €	48,30 €	5.796 €
2006	2.450 €	49 €	5.880 €
2007	2.450 €	49 €	5.880 €
2008	2.485 €	49,70 €	5.964 €
2009	2.520 €	50,40 €	6.048 €
2010	2.555 €	51,10 €	6.132 €
2011	2.555 €	51,10 €	6.132 €
2012	2.625 €	52,50 €	6.300 €
2013	2.695 €	53,90 €	6.468 €
2014	2.765 €	55,30 €	6.636 €

d. Betriebsrenten

22 Für Anrechte aus betrieblicher Altersversorgung gelten diese Grenzwerte nur bei externen/ mittelbaren Durchführungswegen (Direktversicherungen, Pensionskassen oder Pensionsfonds). Bei internen/unmittelbaren Durchführungswegen (Direktzusagen oder Unterstützungskassen) gilt im Fall des einseitigen Verlangens der externen Teilung eine von § 14 Abs. 2 Nr. 2 VersAusglG abweichende Wertgrenze. Der Träger der betrieblichen Altersversorgung kann bei internen Durchführungswegen nach § 17 VersAusglG den Ausgleichsberechtigten bis zu einem Ausgleichswert in Höhe der Beitragsbemessungsgrenze der allgemeinen Rentenversicherung nach den §§ 159, 160 SGB VI (derzeit:[8] 71.400 €[9]) im Wege der externen Teilung abfinden.

e. Bindung des Familiengerichts

23 Verlangt der Versorgungsträger die externe Teilung und liegen die Voraussetzungen der §§ 14 Abs. 2 Nr. 2, 17 VersAusglG vor, ist das Familiengericht daran gebunden. Es muss das auszugleichende Anrecht dann extern teilen, und zwar auch dann, wenn der Ausgleichsberechtigte der externen Teilung ausdrücklich widerspricht.[10]

3. Vereinbarung des externen Ausgleichs durch die Ehepartner

24 Unabhängig von § 14 Abs. 2 VersAusglG ist es den Ehepartnern unbenommen, nach § 6 VersAusglG den externen Ausgleich eines Anrechts zu vereinbaren.[11] So können die Eheleute etwa vereinbaren, dass anstelle der Teilung eines Anrechts durch Beitragszahlung des Ausgleichspflichtigen zugunsten des Ausgleichsberechtigten nach § 8 Abs. 2 VersAusglG i.V.m. § 187 Abs. 1 Nr. 2 SGB VI ein Anrecht in der gesetzlichen Rentenversicherung begründet wird.[12] Dadurch können die Ehepartner auch ohne die Zustimmung des für das auszugleichende Anrecht zuständigen Versorgungsträgers einen externen Ausgleich ermöglichen. Voraussetzung ist aber immer, dass die Versorgungsordnung des Zielversorgungsträgers die externe Teilung zulässt und der Zielversorgungsträger ihr zustimmt.

III. Vollzug der externen Teilung (Absatz 3)

25 Durch die Verweisung auf § 10 Abs. 3 VersAusglG stellt § 14 Abs. 3 VersAusglG klar, dass – wie bei der internen Teilung – für die Umsetzung der externen Teilung die Regelungen der betroffenen Versorgungsordnungen maßgebend sind.[13]

---

[8] Stand: 2014.
[9] Eine Tabelle der Beitragsbemessungsgrenzen ab 1978 ist in der Kommentierung zu § 17 VersAusglG enthalten.
[10] OLG Saarbrücken v. 04.07.2011 - 6 UF 44/11 - FamRZ 2012, 234.
[11] Ausführlich dazu *Ruland*, Versorgungsausgleich, 3. Aufl. 2011, Rn. 628, 662 ff.
[12] BT-Drs. 16/10144, S. 101.
[13] BT-Drs. 16/10144, S. 58.

b. Höhe

aa. Rechnungszins der auszugleichenden Versorgung

34 Der Ausgleichswert ist in Höhe des Rechnungszinses zu verzinsen, den der Versorgungträger der auszugleichenden Versorgung bei der Bewertung des Anrechts zugrunde gelegt hat. Bei Anrechten aus betrieblicher Altersversorgung sollte sich die Höhe des Rechnungszinses aus der Berechnung des Ehezeitanteils ergeben.[20]

bb. Fondsgebundene Versorgungen

35 Anders als bei kapitalgedeckten Versorgungen kommt eine Verzinsung des Ausgleichsbetrags mit einem Rechnungszins dagegen bei fondsgebundenen Versorgungsanrechten nicht in Betracht.[21]

36 Bei Anrechten, die zum Teil kapitalgedeckt und zum Teil fondsgebunden sind, ist die Verzinsung des zu zahlenden Kapitalbetrages insoweit anzuordnen, als der zu zahlende Kapitalbetrag auf dem gebildeten Deckungskapital nebst Bewertungsreserven beruht. Soweit der Kapitalbetrag demgegenüber auf dem Fondsguthaben beruht, ist keine Verzinsung vorzunehmen.[22]

c. Dauer

37 Der zum Vollzug der externen Teilung vom Versorgungsträger des Ausgleichpflichtigen an den Zielversorgungsträger zu zahlende Ausgleichswert ist grundsätzlich ab Ende der Ehezeit bis zur Rechtskraft der Entscheidung über den Versorgungsausgleich – nicht aber darüber hinaus – in Höhe des Rechnungszinses der auszugleichenden Versorgung zu verzinsen.[23] Für die Anordnung einer Verzinsung des Ausgleichswerts über den Zeitpunkt der Rechtskraft der Entscheidung zum Versorgungsausgleich hinaus bis zum tatsächlichen Eingang der Zahlung beim Zielversorgungsträger besteht nach Ansicht des BGH kein Bedürfnis. Leistet der zahlungspflichtige Versorgungsträger auf eine Zahlungsaufforderung nicht, kann der Träger der Zielversorgung nach den allgemeinen Regeln über den Verzug mit einer Geldschuld (§§ 288 ff. BGB) seinen Verzögerungsschaden geltend machen.[24]

d. Gesetzliche Rentenversicherung als Zielversorgung

38 Aufgrund der Einführung des § 76 Abs. 4 Satz 4 SGB VI durch Art. 2 Nr. 2 des Gesetzes zur Neuordnung der Altersversorgung der Bezirksschornsteinfegermeister und zur Änderung anderer Gesetze vom 05.12.2012[25] kommt es seit dem 01.01.2013 für die Umrechnung in Entgeltpunkte bei vom Familiengericht angeordneter Verzinsung auf den Zeitpunkt an, bis zu dem nach der Entscheidung des Familiengerichts Zinsen zu berechnen sind. Die Zinsen sind zusätzlich zu dem Kapitalbetrag an die Rentenversicherung zu zahlen, wirken sich aber im Ergebnis der Umrechnung in Form höherer Entgeltpunkte zugunsten des Ausgleichsberechtigten aus.[26]

39 Wegen des nach § 76 Abs. 4 Satz 4 SGB VI vorgeschriebenen Umrechnungszeitpunkts ist es erforderlich, den Endzeitpunkt der Verzinsung – offen formuliert – in der Beschlussformel anzugeben.[27]

e. Abänderungsverfahren

40 Die Verzinsung erfolgt auch und gerade bei einer externen Teilung in Verfahren zur Abänderung von Alttiteln nach § 51 VersAusglG, bei denen das Ende der Ehezeit u.U. Jahre zurückliegt.

f. Laufender Rentenbezug

41 In den Fällen, in denen der Ausgleichpflichtige bereits vor Rechtskraft der Entscheidung über den Versorgungsausgleich laufende Leistungen aus dem Anrecht bezieht, steht der Verzinsung des Ausgleichswertes nach Ehezeitende allerdings die gegenläufige Entwicklung der Auszahlung der laufen-

---

[20] BGH v. 07.09.2011 - XII ZB 546/10 - FamRZ 2011, 1785.
[21] BGH v. 07.08.2013 - XII ZB 552/12 - FamRZ 2013, 1635; OLG Bamberg v. 31.05.2012 - 2 UF 374/11; OLG Stuttgart v. 30.03.2012 - 17 UF 32/12 - FamRZ 2012, 1718; OLG Brandenburg v. 27.11.2012 - 3 UF 15/12.
[22] OLG Hamburg v. 05.04.2013 - 13 UF 22/12 - NJW-RR 2013, 1227.
[23] BGH v. 06.02.2013 - XII ZB 204/11 - FamRZ 2013, 773; a.A. zuvor OLG Frankfurt v. 04.04.2012 - 3 UF 220/11; OLG Celle v. 11.01.2012 - 10 UF 194/11 - FuR 2012, 196; OLG Celle v. 04.05.2011 - 10 UF 147/10 - NJW-RR 2011, 1571: Verzinsung bis zum Eingang der Zahlung beim Zielversorgungsträger.
[24] BGH v. 13.02.2013 - XII ZB 631/12 - FamRZ 2013, 1019.
[25] BGBl I 2012, 2467; vgl. zuvor OLG Frankfurt v. 08.11.2012 - 4 UF 189/12
[26] BT-Drs. 17/11185, S. 6.
[27] OLG Frankfurt v. 12.02.2013 - 4 UF 235/12.

IV. Zahlung des Kapitalwerts (Absatz 4)

Der Versorgungsträger des ausgleichspflichtigen Ehepartners ist nach § 14 Abs. 4 VersAusglG verpflichtet, den Ausgleichswert als Kapitalbetrag an den Zielversorgungsträger zu zahlen. Die Vorschrift korrespondiert mit der verfahrensrechtlichen Regelung des § 222 Abs. 3 FamFG.

26

1. Ausgleichswert als Kapitalwert

Der nach § 14 Abs. 4 VersAusglG geschuldete Kapitalbetrag entspricht dem Ausgleichswert im Sinne des § 1 Abs. 2 Satz 2 VersAusglG,[14] wenn der Versorgungsträger Ehezeitanteil und Ausgleichswert nach § 5 VersAusglG als Kapitalwert ermittelt. Berechnet der Versorgungsträger den Ehezeitanteil in einer anderen Bezugsgröße, entspricht der nach § 14 Abs. 4 VersAusglG zu zahlende Betrag dem korrespondierenden Kapitalwert nach § 47 Abs. 2 VersAusglG.

27

2. Verfehlung der Halbteilung

Die Bewertung von Betriebsrenten mithilfe des Bilanzmodernisierungszinssatzes (§ 45 VersAusglG, § 4 Abs. 5 BetrAVG, § 253 Abs. 2 HGB) und die deutlich geringeren Rechnungszinssätze der meist privaten Zielversorgungsträger führen beim externen Ausgleich betrieblicher Versorgungen dazu, dass der Ausgleichsberechtigte im Ergebnis eine geringere Rente erhält als bei der internen Teilung. Ob diese Ergebnisse mit dem Halbteilungsgrundsatz vereinbar sind, ist äußerst umstritten. Insoweit wird auf die Kommentierung zu § 17 VersAusglG verwiesen.

28

3. Wertänderungen

Wertänderungen nach dem Ende der Ehezeit können nach § 5 Abs. 2 Satz 2 VersAusglG nur berücksichtigt werden, wenn sie auf den Ehezeitanteil zurückwirken.

29

a. Wertsteigerungen

Der nachehezeitliche Wertzuwachs einer fondsgebundenen privaten oder betrieblichen Rentenversicherung bleibt bei der Ermittlung des nach § 14 Abs. 4 VersAusglG zu zahlenden Kapitalbetrags deshalb unberücksichtigt.[15]

30

b. Wertverluste

Dagegen wirkt ein nachehezeitlicher Wertverlust der fondsgebundenen Altersversorgung auf den Ehezeitanteil zurück.[16] Ein Wert, der zum Zeitpunkt der Entscheidung nicht mehr vorhanden ist, kann nicht ausgeglichen werden. Auch ein nachehezeitlicher Wertverlust kann aber nur berücksichtigt werden, soweit er konkret festgestellt wird.[17]

31

4. Verzinsung des Kapitalwerts

a. Beginn

Der zum Vollzug der externen Teilung zu zahlende Ausgleichswert ist grundsätzlich ab dem Ersten des auf das Ende der Ehezeit folgenden Monats zu verzinsen.[18] Ein entsprechender Antrag muss nicht gestellt werden.

32

Der auszugleichende Betrag ist auch dann zu verzinsen ist, wenn die Eheleute die externe Teilung des Anrechts durch eine Vereinbarung über den Versorgungsausgleich beschränkt und den an den Zielversorgungsträger zu zahlenden Kapitalbetrag der Höhe nach festgelegt haben.[19]

33

---

[14] BT-Drs. 16/11903, S. 104.

[15] BGH v. 29.02.2012 - XII ZB 609/10 - FamRZ 2012, 694; anders OLG Düsseldorf v. 20.05.2011 - 7 UF 210/10 - NJW-RR 2011, 1378; OLG Frankfurt v. 08.11.2011 - 4 UF 79/11.

[16] BGH v. 29.02.2012 - XII ZB 609/10 - FamRZ 2012, 694.

[17] BGH v. 29.02.2012 - XII ZB 609/10 - FamRZ 2012, 694; anders OLG Düsseldorf v. 20.05.2011 - 7 UF 210/10 - NJW-RR 2011, 1378; OLG Frankfurt v. 08.11.2011 - 4 UF 79/11.

[18] BGH v. 07.09.2011 - XII ZB 546/10 - FamRZ 2011, 1785; OLG Celle v. 04.05.2011 - 10 UF 147/10 - FamFR 2011, 278; KG v. 14.04.2011 - 13 UF 167/08 - FamRZ 2011, 1795; anders OLG Bamberg v. 08.02.2011 - 2 UF 175/10 - FamRZ 2011, 1229.

[19] BGH v. 23.01.2013 - XII ZB 515/12 - FamRZ 2013, 777; anders zuvor OLG Karlsruhe v. 16.08.2012 - 18 UF 347/11.

II. Hälftige Anrechnung

16 § 13 VersAusglG bestimmt, dass die durch die interne Teilung entstehenden Kosten von den Eheleuten je zur Hälfte zu tragen sind. Insoweit dient die Vorschrift nur der Klarstellung, denn die interne Teilung muss nach § 11 Abs. 1 Satz 1 VersAusglG die gleichwertige Teilhabe der Eheleute an den in der Ehezeit erworbenen Anrechten sicherstellen. Damit wäre ein Teilungskostenabzug, der einen Ehegatten einseitig belastet, nicht zu vereinbaren.

III. Angemessenheit des Kostenabzugs

17 Abzugsfähig sind nur angemessene Kosten. Bei hohen Werten darf allerdings kein Abzug erfolgen, der außer Verhältnis zum Aufwand des Versorgungsträgers steht.[9]

1. Pauschalierung der Teilungskosten

a. Zulässigkeit der Pauschalierung

18 Die Versorgungsträger sind nicht gehalten, die Teilungskosten im Einzelfall konkret zu ermitteln. Gegen eine Pauschalierung der Teilungskosten bestehen keine grundsätzlichen Bedenken.[10]

19 Bei der Wahl der anzuwendenden Pauschalierungsmethode sind die Versorgungsträger grundsätzlich frei. Die gerichtliche Angemessenheitsprüfung stellt nur ein Korrektiv dar, das zu einer Begrenzung der Kosten führt, wenn der Kostenabzug die Ehegatten über Gebühr belastet.[11]

20 Auch beim Ansatz pauschaler Teilungskosten entfällt nicht die Angemessenheitsprüfung durch das Gericht. Die Gerichte sind berechtigt und im Hinblick auf den Amtsermittlungsgrundsatz verpflichtet, sich die vom Versorgungsträger mitgeteilten Werte näher erläutern zu lassen. Der Versorgungsträger muss die bei der internen Teilung entstehenden Kosten im Einzelnen in Form einer genauen, nachvollziehbaren Kalkulation darlegen.[12] Legt ein Versorgungsträger seine Kostenstruktur, aus der sich ergibt, wie hoch der Personal-, Zeit- und Sachaufwand für die Mitglieder seines Versorgungssystems ist, nicht hinreichend dar, kann das Gericht die Teilungskosten herabsetzen.[13]

21 Hat ein Versorgungsträger trotz wiederholter Aufforderung und Nachfrage durch das Gericht überhaupt keine Angaben zu den tatsächlich entstehenden Teilungskosten oder den für die dafür festgelegten Pauschalen maßgeblichen Kriterien und Gründe gemacht, kann das Gericht die von Amts wegen vorzunehmende Angemessenheitsprüfung nur anhand allgemeiner Überlegungen vornehmen. In solchen Fällen kann eine Kappungsgrenze von 500 € bei pauschalierten Kosten von nahezu 3.000 € zu einem angemessenen Ausgleich zwischen den Interessen der Eheleute an einer möglichst ungeschmälerten Versorgung und den Bedürfnissen des Versorgungsträgers, die Teilungskosten den Eheleuten aufzuerlegen, führen.[14]

b. Mischkalkulationen

22 Viele Versorgungssysteme sehen pauschale Kostenabzüge vor, bei denen Teilungskosten prozentual von der Höhe des Ehezeitanteils abhängen. Die Angemessenheit des maßgeblichen Prozentsatzes soll sich dabei aus einer Mischkalkulation aller potentiell auszugleichenden Anrechte ergeben.

23 Eine Regelung, die angemessene Teilungskosten in Höhe von pauschal 250 € vorsieht, ist auch dann nicht zu beanstanden, wenn die Pauschale im Einzelfall über 2-3% des Ehezeitanteils liegt.[15]

---

[9] BT-Drs. 16/10144, S. 57.
[10] BGH v. 01.02.2012 - XII ZB 172/11 - FamRZ 2012, 610; BGH v. 04.04.2012 - XII ZB 310/11 - FamRZ 2012, 942; BGH v. 27.06.2012 - XII ZB 275/11 - FamRZ 2012, 1546; a.A. zuvor OLG Oldenburg v. 08.11.2011 - 14 UF 61/11 - FuR 2012, 332.
[11] BGH v. 27.06.2012 - XII ZB 275/11 - FamRZ 2012, 1546.
[12] OLG Zweibrücken v. 01.02.2013 - 6 UF 124/10.
[13] OLG Koblenz v. 05.03.2013 - 11 UF 520/12 - FamRZ 2013, 1901.
[14] OLG Köln v. 19.06.2012 - 27 UF 184/11.
[15] OLG Nürnberg v. 03.11.2010 - 11 UF 500/10 - FamRZ 2011, 898.

C. Anwendungsvoraussetzungen

Nach § 13 VersAusglG kann der Versorgungsträger die bei der internen Teilung entstehenden Kosten in angemessener Höhe jeweils hälftig mit den Anrechten beider Ehegatten verrechnen.[3]

I. Abzugsfähige Kosten

1. Interne Teilung

Die Berücksichtigung von Teilungskosten ist nur bei der internen Teilung möglich.

Für die externe Teilung gilt § 13 VersAusglG nicht, weil dafür kein vergleichbares Bedürfnis besteht.[4] Für den Versorgungsträger, bei dem das auszugleichende Anrecht besteht, entstehen im Fall der externen Teilung keine Kosten für die Verwaltung der Versorgung des Ausgleichsberechtigten; im Übrigen kann die externe Teilung nicht ohne seine Zustimmung durchgeführt werden. Beim Zielversorgungsträger fällt in den Fällen, in denen ein bestehendes Anrecht aufgestockt wird, kein nennenswerter zusätzlicher Verwaltungsaufwand an. Wird durch die externe Teilung eine neue Versorgung begründet, gewinnt der Zielversorgungsträger einen neuen Kunden. Ist der gewünschte Zielversorgungsträger mit Rücksicht auf die entstehenden Kosten nicht bereit, den Ausgleichsberechtigten in sein Versorgungssystem aufzunehmen, kann er die Übernahme der Versorgung ablehnen.

2. Teilungskosten

Durch den Teilungskostenabzug soll nur der mit der internen Teilung verbundene Mehraufwand der Versorgungsträger ausgeglichen werden.[5] Zu berücksichtigen sind deshalb nur solche Kosten, die durch die Teilung entstehen.

a. Kosten der Wertermittlung

Kosten für die Ermittlung des Ehezeitanteils dürfen nicht angerechnet werden.[6] Wenn ein Versorgungsträger also nicht in der Lage ist, die notwendige Wertermittlung selbst vorzunehmen, sondern damit einen Dritten beauftragt, sind die dadurch anfallenden Kosten nicht anrechnungsfähig.

b. Verfahrenskosten

Dasselbe gilt für die Kosten des gerichtlichen Verfahrens über den Versorgungsausgleich.

c. Einrichtung des neuen Versorgungskontos

Zu den Teilungskosten gehören auch die Kosten für die erstmalige Begründung der Versorgung für den ausgleichsberechtigten Ehepartner, also die Kosen für die Einrichtung eines neuen Versicherungskontos.

d. Laufende Verwaltungskosten

Der Versorgungsträger kann mit den Teilungskosten den gesamten Aufwand ersetzt verlangen, der ihm durch die Aufnahme des zusätzlichen Versorgungsberechtigten in sein Versorgungssystem entsteht. Dazu gehören auch die im Rahmen der laufenden Kontenverwaltung erwachsenden Mehrkosten.[7] Abzugsfähig sind somit auch Folgekosten im Anschluss an die Einrichtung der neuen Versorgung – etwa Kosten für EDV oder Personal.

Anrechnungsfähig sind aber nur die Mehrkosten, die dem Versorgungsträger dadurch entstehen, dass sich das zu verwaltende Vorsorgekapital wegen der Teilung eines Anrechts auf mehr Berechtigte verteilt (Grenzkosten). Bei der Ermittlung dieser Grenzkosten müssen Fixkosten, die unabhängig von der Anzahl der zu verwaltenden Anrechte entstehen, unberücksichtigt bleiben.[8]

---

[3] Kritisch dazu *Häußermann*, FPR 2009, 223-227, 226; *Kemper*, ZFE 2009, 204-211, 209 f.
[4] BT-Drs. 16/10144, S. 57.
[5] BT-Drs. 16/10144, S. 57.
[6] BT-Drs. 16/10144, S. 57; OLG Nürnberg v. 03.11.2010 - 11 UF 500/10 - FamRZ 2011, 898.
[7] BGH v. 01.02.2012 - XII ZB 172/11 - FamRZ 2012, 610; BGH v. 27.06.2012 - XII ZB 275/11; BGH v. 11.07.2012 - XII ZB 459/11; OLG Düsseldorf v. 23.05.2011 - 9 UF 110/10 - FamRZ 2011, 1947; OLG München v. 21.11.2011 - 12 UF 1638/11; OLG Stuttgart v. 08.12.2011 - 18 UF 114/11; a.A. zuvor OLG Stuttgart v. 09.08.2011 - 15 UF 25/11 - FamRZ 2012, 34; OLG Nürnberg v. 03.11.2010 - 11 UF 500/10 - FamRZ 2011, 898.
[8] OLG Düsseldorf v. 31.05.2012 - 8 UF 115/10.

den Rente entgegen.[28] Der vom Versorgungsträger des Pflichtigen zu zahlende Ausgleichsbetrag ist deshalb nicht zu verzinsen, wenn der Ausgleichspflichtige zum Ehezeitende bereits Leistungen aus der Versorgung erhält.[29]

5. Zahlung an den Zielversorgungsträger

Der Träger der auszugleichenden Versorgung hat den Ausgleichswert an den Zielversorgungsträger zu zahlen. Eine Auszahlung des Kapitalbetrags an den Ausgleichsberechtigten selbst kommt nicht in Betracht, weil dadurch der Versorgungszweck gefährdet würde.

V. Unzulässigkeit der externen Teilung (Absatz 5)

Die externe Teilung ist nach § 14 Abs. 5 VersAusglG unzulässig, wenn ein Anrecht durch Beitragszahlung nicht mehr begründet werden kann. Das ist in der gesetzlichen Rentenversicherung gemäß § 187 Abs. 4 SGB VI nach Erteilung des Altersrentenbescheids der Fall. § 14 Abs. 5 VersAusglG gilt aber – anders als § 1587e Abs. 3 BGB a.F. – nicht nur für Anrechte in der gesetzlichen Rentenversicherung, sondern für alle nach § 2 VersAusglG auszugleichenden Anrechte. Nur bei der externen Teilung beamtenrechtlicher und ähnlicher Versorgungen nach § 16 VersAusglG gilt § 14 Abs. 5 VersAusglG nicht.

Ist eine externe Teilung nach § 14 Abs. 5 VersAusglG unzulässig, weil ein Anrecht durch Beitragszahlung nicht mehr begründet werden kann, muss das Anrecht nach § 9 Abs. 2 und 3 VersAusglG intern geteilt werden.

D. Verfahren

Die Bestimmungen über die externe Teilung werden durch § 222 FamFG ergänzt. Im Hinblick auf die verfahrensrechtlichen Besonderheiten der externen Teilung wird auf die Kommentierung zu § 15 VersAusglG verwiesen.

---

[28] OLG Frankfurt v. 26.01.2012 - 5 UF 90/00.
[29] OLG Nürnberg v. 09.11.2012 - 10 UF 1321/12.

Steuerrechtliche Hinweise zu § 14 VersAusglG

A. Teilungsvorgang

1. Gem. § 3 Nr. 55 b Satz 1 EStG ist der Teilungsvorgang bei der externen Teilung für die Beteiligten steuerfrei, wenn die Übertragung eines Anrechts zu steuerpflichtigen Einkünften des Ausgleichsberechtigten nach §§ 19, 20 oder 22 EStG führt.

2. Die Übertragung eines Anrechts führt immer dann zu steuerpflichtigen Einkünften des Ausgleichsberechtigten nach §§ 19, 20 oder 22 EStG, wenn das zu begründende Anrecht der nachgelagerten Besteuerung unterliegt und in der Leistungsphase zu Einkünften nach den §§ 19, 20 und 22 EStG (aus nichtselbständiger Arbeit, Kapitalvermögen oder sonstigen Einkünften) führt. Die Aufzählung dieser Einkunftsarten in § 3 Nr. 55b EStG ist abschließend. Der Einsatz anderweitigen Vermögens zur Begründung des neuen Versorgungsanspruchs wird nicht begünstigt. Die Voraussetzungen aus § 3 Nr. 55 b EStG werden daher erfüllt, wenn als Zielversorgungen für den Ausgleichsberechtigten z.B. die Rentenversicherung, die Versorgungsausgleichskasse (als Pensionskasse), eine andere Pensionskasse, ein Pensionsfond, eine Direktversicherung oder ein Riestervertrag gem. § 5 AltZertG (§§ 19 Abs. 1 Satz 1 Nr. 2, 22 Nr. 1 Satz 3a) aa), 22 Nr. 5 Satz 1 EStG) gewählt werden.

B. Steuerpflicht des Ausgleichspflichtigen

3. Gem. § 3 Nr. 55 b Satz 2 EStG greift die Steuerfreistellung aus Satz 1 nicht, wenn die Leistungen aus dem begründeten Anrecht bei dem Ausgleichsberechtigten zu Einkünften gem. § 20 Abs. 1 Nr. 6 EStG (zum Teil steuerfreie Kapitaleinkünfte) oder § 22 Nr. 1 Satz 3 a) bb) EStG (nur mit dem Ertragsanteil zu versteuernde Renten außerhalb der abzugsbegünstigten Altersvorsorge) führen. Entfällt gem. § 3 Nr. 55 b Satz 2 EStG die Steuerfreistellung der externen Teilung, hat dies zur Folge, dass die ausgleichspflichtige Person das durch externe Teilung zugeflossene Kapital voll versteuern muss. Durch § 3 Nr. 55b Satz 2 EStG soll die vollständige Besteuerungsübertragung sichergestellt werden bzw. eine Besteuerungslücke geschlossen werden, die entstehen würde, wenn bei einem Ausgleichspflichtigen nachgelagert zu besteuernde Leistungen in der Person des Ausgleichsberechtigten bei Auswahl des Kapitalwahlrechts gem. § 20 Abs. 1 Nr. 6 EStG nur zur Besteuerung des Unterschiedsbetrags zwischen dem Versicherungsbetrag u. der Summe der auf sie entrichteten Beiträge führen würde[1] oder bei Rentenzahlungen, bei denen gem. § 22 Nr. 1 Satz 3 a) bb) EStG[2] nur der Ertragsanteil zu versteuern ist. Um Leistungen im Sinne von § 22 Nr. 1 Satz 1 lit. a) aa) EStG handelt es sich bei Leistungen aus der gesetzlichen Rentenversicherung, der landwirtschaftlichen Alterskasse, berufsständischen Versorgungseinrichtungen oder Rürup-Verträgen, bei denen es in der Übergangsphase zu einer partiellen Steuerfreiheit kommen kann und für die keine Sonderregelung eingeführt worden ist.[3] Zum Schutz des Ausgleichsverpflichteten schreibt § 15 Abs. 3 VersAusglG vor, dass die gewählte Zielversorgung nicht zu steuerpflichtigen Einnahmen oder zu einer schädlichen Verwendung bei der ausgleichspflichtigen Person führen darf, es sei denn, sie stimmt der Wahl der Zielversorgung zu.

4. Eine schädliche Verwendung liegt gem. § 93 Abs. 1 EStG vor, wenn durch die externe Teilung öffentlich gefördertes Altersvorsorgevermögen zweckwidrig verwendet wird.

5. Eine schädliche Verwendung hat zur Folge, dass der Ausgleichspflichtige verpflichtet ist, die Zulagen und Steuervorteile aus der öffentlichen Förderung wieder zurückzuerstatten.

C. Teilung von Lebensversicherungen

6. Wird eine private oder betriebliche Lebensversicherung extern geteilt, löst die Teilung unabhängig von der Steuerfreistellung nach § 3 Nr. 55b EStG **keine Steuerpflichten** aus. Ein solcher Transfer auf Grund eines richterlichen Gestaltungsakts stellt weder einen Erlebensfall noch einen Rückkauf dar und ist deshalb steuerneutral zu behandeln. Mangels eines steuerpflichtigen Tatbestands kommt es erst gar nicht zur Anwendung der Regelungen zur Steuerfreiheit in § 3 Nr. 55a und 55b EStG – neu.[4]

---

[1] *Kirchhof*, EStG, § 20 Rn. 102, Rn. 264.
[2] *Kirchhof*, EStG, § 20 Rn. 63.
[3] *Ruland*, Versorgungsausgleich, Rn. 1221; *Risthaus*, DStZ 2010, 269, 274.
[4] BT-Drs. 16/10144, S. 109.

§ 15 VersAusglG Wahlrecht hinsichtlich der Zielversorgung

(Fassung vom 15.07.2009, gültig ab 01.04.2010)

(1) Die ausgleichsberechtigte Person kann bei der externen Teilung wählen, ob ein für sie bestehendes Anrecht ausgebaut oder ein neues Anrecht begründet werden soll.

(2) Die gewählte Zielversorgung muss eine angemessene Versorgung gewährleisten.

(3) Die Zahlung des Kapitalbetrags nach § 14 Abs. 4 an die gewählte Zielversorgung darf nicht zu steuerpflichtigen Einnahmen oder zu einer schädlichen Verwendung bei der ausgleichspflichtigen Person führen, es sei denn, sie stimmt der Wahl der Zielversorgung zu.

(4) Ein Anrecht in der gesetzlichen Rentenversicherung, im Sinne des Betriebsrentengesetzes oder aus einem Vertrag, der nach § 5 des Altersvorsorgeverträge-Zertifizierungsgesetzes zertifiziert ist, erfüllt stets die Anforderungen der Absätze 2 und 3.

(5) [1]Übt die ausgleichsberechtigte Person ihr Wahlrecht nicht aus, so erfolgt die externe Teilung durch Begründung eines Anrechts in der gesetzlichen Rentenversicherung. [2]Ist ein Anrecht im Sinne des Betriebsrentengesetzes auszugleichen, ist abweichend von Satz 1 ein Anrecht bei der Versorgungsausgleichskasse zu begründen.

Gliederung

A. Grundlagen 1	1. Gesetzliche Rentenversicherung (Absatz 5 Satz 1) 41
I. Kurzcharakteristik 1	2. Versorgungsausgleichskasse (Absatz 5 Satz 2) 43
1. Regelungsinhalt 1	**D. Verfahren** 46
2. Regelungszusammenhang 2	I. Verfahren bei externer Teilung 46
3. Normstruktur 4	1. Frist zur Wahl der Zielversorgung 46
II. Materialien des Gesetzgebers 5	a. Notwendigkeit der Fristsetzung 47
B. Praktische Bedeutung 6	b. Fristverlängerung 49
C. Anwendungsvoraussetzungen 7	c. Wiedereinsetzung in den vorigen Stand 50
I. Wahl der Zielversorgung (Absatz 1) 7	d. Ausschlussfrist 51
1. Wahlrecht des Ausgleichsberechtigten 7	2. Vorlage der Bereiterklärung 53
2. Zustimmung des Zielversorgungsträgers ... 9	II. Ausnahmen vom Anwaltszwang 56
II. Anforderungen an die Zielversorgung (Absätze 2-4) 10	III. Beschlussformel 58
1. Angemessene Zielversorgung (Absatz 2) ... 10	1. Gestaltungsentscheidung 58
a. Mögliche Zielversorgungen 11	2. Bezeichnung des auszugleichenden Anrechts ... 59
b. Angemessenheit der Zielversorgung 15	3. Bezeichnung der Zielversorgung 60
2. Auswirkungen auf den Ausgleichspflichtigen (Absatz 3) 19	4. Bezeichnung der Versorgungsordnung 61
a. Steuerpflicht des Ausgleichspflichtigen ... 23	5. Festsetzung des zu zahlenden Kapitalbetrags ... 62
b. Schädliche Verwendung 28	6. Offene Beschlussformel 64
c. Zustimmung des Ausgleichspflichtigen ... 33	7. Gesetzliche Rentenversicherung als Zielversorgung 67
3. Privilegierte Versorgungen (Absatz 4) ... 36	IV. Vollstreckung 68
III. Auffangversorgungsträger (Absatz 5) ... 41	

A. Grundlagen

I. Kurzcharakteristik

1. Regelungsinhalt

Die Vorschrift regelt die Wahl der Zielversorgung bei der externen Teilung. Sie legt außerdem Mindestanforderungen an die Zielversorgung fest. **1**

2. Regelungszusammenhang

Die Norm ergänzt § 14 VersAusglG. Daneben sind die verfahrensrechtlichen Regelungen des § 222 FamFG zu beachten. **2**

§ 15 VersAusglG

3   Die Vorschrift gilt nicht für die externe Teilung beamtenrechtlicher Versorgungsanrechte nach § 16 VersAusglG.

3. Normstruktur

4   Durch § 15 Abs. 1 VersAusglG wird dem ausgleichsberechtigten Ehegatten hinsichtlich der Zielversorgung ein Wahlrecht eingeräumt. Die Bestimmungen in § 15 Abs. 2-4 VersAusglG definieren Mindestanforderungen an die Zielversorgung. Für den Fall, dass der Ausgleichsberechtigte sein Wahlrecht nicht ausübt, nennt § 15 Abs. 5 VersAusglG Auffangzielversorgungsträger.

II. Materialien des Gesetzgebers

5   BT-Drs. 16/10144, S. 59, 95; BT-Drs. 16/11903, S. 104 ff.; BT-Drs. 16/13424, S. 38 f.

B. Praktische Bedeutung

6   Die Vorschrift kommt in allen Fällen der externen Teilung nach § 14 VersAusglG zum Tragen. Besondere Bedeutung für die Praxis hat § 15 Abs. 4 VersAusglG. Nach dieser Regelung kann man in der Praxis die weit überwiegende Zahl der Fälle auf einfache Weise lösen, weil bei den darin aufgeführten Versorgungen keine weitere Prüfung der Angemessenheit der Zielversorgung und der steuerrechtlichen Auswirkungen der externen Teilung notwendig ist.[1]

C. Anwendungsvoraussetzungen

I. Wahl der Zielversorgung (Absatz 1)

1. Wahlrecht des Ausgleichsberechtigten

7   Wenn der Versorgungsträger des ausgleichspflichtigen Ehegatten und der Ausgleichberechtigte die externe Teilung vereinbart haben (§ 14 Abs. 2 Nr. 1 VersAusglG) oder der Versorgungsträger von seinem Recht Gebrauch macht, einseitig die externe Teilung zu verlangen (§ 14 Abs. 2 Nr. 2 VersAusglG), hat der ausgleichsberechtigte Ehegatte nach § 15 Abs. 1 VersAusglG das Recht zu bestimmen, bei welchem Versorgungsträger ein Anrecht begründet werden soll (sog. Zielversorgung). Zwar bleibt es dem Versorgungsträger des Ausgleichspflichtigen unbenommen, eine konkrete Zielversorgung vorzuschlagen, etwa die Absicherung über eine Pensionskasse, die demselben Konzern angehört; der Ausgleichsberechtigte muss diesen Vorschlag aber nicht akzeptieren.[2]

8   Der ausgleichsberechtigte Ehegatte kann bei der externen Teilung auch wählen, ob ein für ihn schon bestehendes Anrecht ausgebaut oder ein neues Anrecht begründet werden soll. Der Ausbau einer Versorgung kann sich anbieten, wenn ein Anrecht zwar schon besteht, den erforderlichen Mindestwert für spätere Leistungen aber nicht erreicht wird – etwa wenn die Wartezeit von 60 Monaten in der gesetzlichen Rentenversicherung unterschritten ist und ohne die Aufstockung durch die externe Teilung auch nicht mehr erreicht werden kann. Dadurch kann der Ausgleichsberechtigte u.U. brachliegendes Altersvorsorgevermögen wieder aktivieren. Darüber hinaus kann der Ausgleichsberechtigte durch den Ausbau einer bereits bestehenden Versorgung seine Anrechte bündeln und so einer Zersplitterung der Altersversorgung entgegenwirken.

2. Zustimmung des Zielversorgungsträgers

9   Der ausgewählte Zielversorgungsträger muss bereit sein, den ausgleichsberechtigten Ehegatten in sein Versorgungssystem aufzunehmen. Der Ausgleichsberechtigte ist deshalb nach § 222 Abs. 2 FamFG verpflichtet, bei der Ausübung des Wahlrechts aus § 15 Abs. 1 VersAusglG nachzuweisen, dass der Zielversorgungsträger mit der beabsichtigten Teilung einverstanden ist. Der Ausgleichsberechtigte muss also, will er sein Wahlrecht wirksam ausüben, eine Zielversorgung benennen und gleichzeitig dem Familiengericht eine sog. Bereiterklärung des Zielversorgungsträgers vorlegen. Das wird in der Praxis oft übersehen.

---

[1] BT-Drs. 16/10144, S. 59.
[2] BT-Drs. 16/10144, S. 59.

Wird ein Basisrentenvertrag als Zielversorgung gewählt, führt die externe Teilung beim Ausgleichspflichtigen gemäß § 3 Nr. 55b EStG i.V.m. § 22 Nr. 1 Satz 3 a EStG, § 10 Abs. 1 Nr. 2 b EStG nicht zu steuerpflichtigen Einnahmen. Das gilt auch während der Übergangsphase der Systemumstellung hin zur weitgehend nachgelagerten Besteuerung von Altersversorgungseinkünften.[18]

b. Schädliche Verwendung

Die externe Teilung darf auch nicht zu einer schädlichen Verwendung im Sinne des § 93 Abs. 1 EStG führen. Das ist der Fall, wenn durch die externe Teilung öffentlich gefördertes Altersvorsorgevermögen zweckwidrig verwendet wird. Dazu kann es kommen, wenn das geförderte Kapital aufgrund der externen Teilung in eine ungeförderte – und damit nicht zweckgebundene – private Lebensversicherung fließt. Dann besteht die Gefahr, dass der Förderzweck unterlaufen wird.

Der Ausgleichspflichtige ist in einem solchen Fall verpflichtet, die Zulagen und Steuervorteile aus der öffentlichen Förderung zu erstatten. Deshalb macht § 15 Abs. 3 VersAusglG auch in diesem Fall die Wirksamkeit der Wahl des Zielversorgungsträgers von seiner Zustimmung abhängig.

Eine schädliche Verwendung kann also nur eintreten, wenn das auszugleichende Anrecht auf öffentlich gefördertem Altersvorsorgevermögen beruht. Die Teilung einer ungeförderten Lebensversicherung kann dagegen nie zu einer schädlichen Verwendung führen.

Keine schädliche Verwendung liegt vor, wenn das geförderte Altersvorsorgevermögen in einen zertifizierten Altersvorsorgevertrag, eine nach § 82 Abs. 2 EStG begünstigte betriebliche Altersversorgung, in die Versorgungsausgleichskasse oder in die gesetzliche Rentenversicherung fließt (§ 93 Abs. 1a EStG).[19]

Dagegen besteht bei zertifizierten Basisrentenverträgen nach § 5a AltZertG („Rürup"-Renten) die Gefahr einer schädlichen Verwendung, wenn das auszugleichende Anrecht aus einem „Riester"-Vertrag im Sinne des § 5 AltZertG stammt.[20]

c. Zustimmung des Ausgleichspflichtigen

Stimmt der Ausgleichsberechtigte der Wahl einer für ihn steuerrechtlich nachteiligen Zielversorgung zu, muss das Familiengericht das Anrecht bei dem gewählten Zielversorgungsträger begründen; anderenfalls ist die Wahl unwirksam mit der Folge, dass § 15 Abs. 5 VersAusglG anzuwenden ist.

aa. Vereinbarungen

In der Praxis ist zu beobachten, dass die Ausgleichsberechtigten häufig bemüht sind, die Zustimmungspflicht durch gezielte Wahl einer nach § 15 Abs. 4 VersAusglG unproblematischen Zielversorgung zu vermeiden. Dabei kann es im Einzelfall wirtschaftlich sinnvoll sein, eine andere Art der Zielversorgung zu wählen und das Zustimmungserfordernis hinzunehmen. Das kann etwa dann der Fall sein, wenn die sich aus einer bloßen Ertragsanteilsbesteuerung der Zielversorgung ergebende Steuerersparnis des Ausgleichsberechtigten (mit hohem persönlichem Steuersatz) den Steuernachteil des Ausgleichspflichtigen (mit niedrigem persönlichem Steuersatz) übersteigt. Dann kann es sich anbieten, dass der Ausgleichspflichtige der für ihn steuerrechtlich nachteiligen Wahl der Zielversorgung zustimmt, wenn der Ausgleichsberechtigte gleichzeitig die Erstattung des sich aus der Zustimmung ergebenden Steuernachteils zusichert.[21]

bb. Zustimmungspflicht

Der Ausgleichspflichtige dürfte in einer solchen Konstellation unter dem Gesichtspunkt der nachehelichen Solidarität (§ 1353 BGB) verpflichtet sein, die Zustimmung nach § 15 Abs. 3 VersAusglG zu erteilen, wenn gleichzeitig der Ausgleichsberechtigte die Erstattung des daraus entstehenden Steuernachteils zusagt.[22]

---

[18] OLG Koblenz v. 05.09.2013 - 13 UF 352/13 - FamRZ 2014, 309; OLG Frankfurt v. 26.08.2013 - 4 UF 113/12 - NZFam 2014, 38.
[19] *Breuers* in: HK-VersAusglR, 2012, § 15 VersAusglG Rn. 52 ff.
[20] Eingehend *Bührer*, FuR 2012, 574.
[21] *Breuers* in: HK-VersAusglR, 2012, § 15 VersAusglG Rn. 56.
[22] *Breuers* in: HK-VersAusglR, 2012, § 15 VersAusglG Rn. 57.

3. Privilegierte Versorgungen (Absatz 4)

36 Die in § 15 Abs. 4 VersAusglG genannten Versorgungen (sog. privilegierte Versorgungen) erfüllen immer die Anforderungen des § 15 Abs. 2 und 3 VersAusglG.

37 Das Familiengericht muss die Angemessenheit der gewählten Zielversorgung und die steuerlichen Folgen für den ausgleichspflichtigen Ehegatten also nicht prüfen, wenn der Ausgleichsberechtigte eine dieser Versorgungen gewählt hat.[23]

38 Privilegierte Versorgungen sind:
- Anrechte in der gesetzlichen Rentenversicherung,
- Betriebsrenten mit externem Durchführungsweg (Pensionsfond, Pensionskasse, Direktversicherung),
- nach § 5 AltZertG zertifizierte Anrechte („Riester-Renten").

39 Bei der externen Teilung ist eine Prüfung der Angemessenheit der gesetzlichen Rentenversicherung als Zielversorgung deshalb nicht erforderlich.[24]

40 Dagegen muss das Familiengericht bei „Rürup"-Verträgen als Zielversorgung die Angemessenheit der vertraglich zugesagten Leistungen positiv feststellen, weil § 15 Abs. 4 VersAusglG nur auf § 5 AltZertG („Riester"-Verträge), nicht aber auf § 5a AltZertG (Basisrentenverträge) verweist.[25]

III. Auffangversorgungsträger (Absatz 5)

1. Gesetzliche Rentenversicherung (Absatz 5 Satz 1)

41 Wenn der ausgleichsberechtigte Ehegatte sein Wahlrecht nicht ausübt und keine Zielversorgung benennt, erfolgt die externe Teilung nach § 15 Abs. 5 Satz 1 VersAusglG grundsätzlich durch Begründung eines Anrechts in der gesetzlichen Rentenversicherung.

42 Dasselbe gilt, wenn die Zustimmung des Zielversorgungsträgers zu der externen Teilung fehlt oder die Anforderungen nach § 15 Abs. 2 und 3 VersAusglG nicht erfüllt sind.

2. Versorgungsausgleichskasse (Absatz 5 Satz 2)

43 Sofern ein Anrecht im Sinne des Betriebsrentengesetzes im Wege der externen Teilung auszugleichen ist, wird – wenn der Ausgleichsberechtigte keine Zielversorgung benennt – nach § 15 Abs. 5 Satz 2 VersAusglG ein Anrecht bei der Versorgungsausgleichskasse begründet.

44 Die ausschließlich zu diesem Zweck durch das Versorgungsausgleichskassengesetz (VersAusglKassG)[26] gegründete Versorgungsausgleichskasse dient somit als Auffangversorgungsträger für die externe Teilung von Betriebsrenten. Sie ist im Gegensatz zur umlagefinanzierten gesetzlichen Rentenversicherung als kapitalgedeckte Pensionskasse ausgestaltet. Dadurch wird trotz externer Teilung eine der betrieblichen Altersversorgung vergleichbare Wertentwicklung des zu begründenden Anrechts gewährleistet; die Leistungen der Versorgungsausgleichskasse werden außerdem wie Betriebsrenten versteuert.

45 Der Ausgleich einer betrieblichen Altersversorgung erfolgt aber nur dann zwingend durch Begründung eines Anrechts in der Versorgungsausgleichskasse, wenn der Ausgleichsberechtigte sein Wahlrecht nicht ausübt. Macht der ausgleichsberechtigte Ehepartner dagegen von seinem Wahlrecht Gebrauch und entscheidet sich für die gesetzlichen Rentenversicherung als Zielversorgung, kann auch eine Betriebsrente durch Begründung gesetzlicher Rentenanrechte nach § 187 Abs. 1 Nr. 2 a) SGB VI ausgeglichen werden. Die Versorgungsausgleichskasse ist dagegen reiner Auffangzielversorgungsträger; sie kann nicht als Zielversorgung gewählt werden, um ein anderes Anrecht als eine Betriebsrente auszugleichen.[27]

---

[23] BT-Drs. 16/10144, S. 59.
[24] OLG Brandenburg v. 20.03.2013 - 3 UF 1/12 - FamRZ 2014, 129.
[25] OLG Frankfurt v. 26.08.2013 - 4 UF 113/12 - NZFam 2014, 38.
[26] Art. 9e des Gesetzes zur Änderung des Vierten Buches Sozialgesetzbuch, zur Einrichtung einer Versorgungsausgleichskasse und zur Änderung anderer Gesetze v. 15.07.2009 (BGBl I 2009, 1939).
[27] *Götsche* in: HK-VersAusglR, 2012, § 15 VersAusglG Rn. 11.

D. Verfahren

I. Verfahren bei externer Teilung

1. Frist zur Wahl der Zielversorgung

Die Bestimmungen des § 15 VersAusglG werden durch § 222 Abs. 1 und 2 FamFG ergänzt. Nach § 222 Abs. 1 FamFG muss der Ausgleichsberechtigte das Wahlrecht aus § 15 Abs. 1 VersAusglG innerhalb der vom Familiengericht gesetzten Frist ausüben. 46

a. Notwendigkeit der Fristsetzung

Das Gericht sollte diese Frist im Regelfall setzen, um das Verfahren zu beschleunigen.[28] 47

Der BGH hat entschieden, dass das Familiengericht – wenn es keine Ausschlussfrist nach § 222 Abs. 1 FamFG setzt – jedenfalls mit Blick auf seine Hinwirkungspflicht nach § 28 Abs. 1 FamFG den ausgleichsberechtigten Ehegatten dazu auffordern muss, sich zur Wahl einer Zielversorgung zu erklären.[29] Wird über den Versorgungsausgleich – wie im Regelfall – im Scheidungsverbund entschieden, folgt diese Hinweis- bzw. Hinwirkungspflicht aus § 113 Abs. 1 Satz 2 FamFG i.V.m. § 139 Abs. 1 Satz 2 ZPO. Die Aufforderung, einen Zielversorgungsträger zu benennen, dürfte aber entbehrlich sein, wenn der Ausgleich des Anrechts nach § 18 VersAusglG – unter Berücksichtigung der Rechtsprechung des BGH zur Anwendung der Bagatellregelung in Fällen der externen Teilung (vgl. dazu die Kommentierung zu § 18 VersAusglG) – auszuschließen ist. Seiner Hinweispflicht kann das Familiengericht in diesen Fällen dadurch genügen, dass es den Beteiligten rechtzeitig vor dem Scheidungstermin eine Berechnung des Versorgungsausgleichs zuleitet, die den beabsichtigten Bagatellausschluss erkennen lässt. Den Beteiligten ist es dann – auch ohne entsprechende Aufforderung durch das Familiengericht – unbenommen, das Wahlrecht aus § 15 Abs. 1 VersAusglG auszuüben. Dazu kann Anlass bestehen, wenn erst die Wahl einer bestimmten Zielversorgung – etwa der Ausbau eines schon bestehenden Anrechts – dazu führt, dass das Anrecht trotz des geringen Ausgleichswerts auszugleichen ist. 48

b. Fristverlängerung

Die Frist kann nach § 16 Abs. 2 FamFG i.V.m. § 224 Abs. 2 ZPO bzw. § 113 Abs. 1 FamFG i.V.m. § 224 Abs. 2 ZPO auf Antrag verlängert werden. 49

c. Wiedereinsetzung in den vorigen Stand

Wiedereinsetzung in den vorigen Stand nach § 17 Abs. 1 FamFG bzw. § 113 Abs. 1 FamFG i.V.m. § 233 ZPO kommt nicht in Betracht, weil diese Vorschriften nur für die Versäumung gesetzlicher Fristen gelten. 50

d. Ausschlussfrist

Umstritten ist, ob die Frist zur Benennung einer Zielversorgung eine rein verfahrensrechtliche Frist oder zugleich materiell-rechtliche Ausschlussfrist ist, der Ausgleichsberechtigte also sein Wahlrecht verliert, wenn er innerhalb der Frist keinen Zielversorgungsträger benannt hat.[30] 51

Gegen die Annahme einer materiell-rechtlichen Ausschlusswirkung spricht, dass die Fristsetzung nach § 222 Abs. 1 FamFG nur dazu dienen soll, einer Verfahrensverzögerung durch die Beteiligten entgegenzuwirken.[31] Hinzu kommt, dass für eine materiell-rechtliche Ausschlusswirkung kein Bedürfnis besteht.[32] 52

2. Vorlage der Bereiterklärung

Nach § 222 Abs. 2 FamFG muss der Ausgleichsberechtigte innerhalb der zur Ausübung seines Wahlrechts gesetzten Frist nachweisen, dass der Zielversorgungsträger mit der beabsichtigten Teilung einverstanden ist. 53

---

[28] Formulierungsvorschläge bei *Götsche* in: HK-VersAusglR, 2012, § 222 FamFG Rn. 24.
[29] BGH v. 06.02.2013 - XII ZB 204/11 - FamRZ 2013, 773.
[30] So *Götsche* in: HK-VersAusglR, 2012, § 222 FamFG Rn. 10 ff.; dagegen KG Berlin v. 12.02.2014 - 17 UF 155/13 mit ausführlicher Darstellung des Meinungsstreits.
[31] BT-Drs. 16/10144, S. 95.
[32] KG Berlin v. 12.02.2014 - 17 UF 155/13.

54 Besondere Formanforderungen für diese sog. Bereiterklärung bestehen nicht. Im Regelfall sollte der Ausgleichsberechtigte eine schriftliche Erklärung des Zielversorgungsträgers vorlegen, die alle zur Durchführung der externen Teilung notwendigen Daten enthält.[33]

55 Wird die Bereiterklärung nicht vorgelegt, ist nach § 15 Abs. 5 VersAusglG zu verfahren. Dasselbe gilt, wenn der gewählte Zielversorgungsträger seine Zustimmung zu der externen Teilung verweigert.[34]

II. Ausnahmen vom Anwaltszwang

56 Für die Ausübung des Wahlrechts nach § 15 Abs. 1 VersAusglG und für die Zustimmung des Ausgleichspflichtigen nach § 15 Abs. 3 VersAusglG besteht nach § 114 Abs. 4 Nr. 7 FamFG kein Anwaltszwang.

57 Auch für die Vereinbarung nach § 14 Abs. 2 Nr. 1 VersAusglG besteht kein Anwaltszwang. Zwar enthält § 114 Abs. 4 Nr. 7 FamFG nur für die Wahl des Zielversorgungsträgers nach § 15 VersAusglG eine Ausnahme vom Anwaltszwang in Ehesachen. Für die Ausübung des Wahlrechts nach § 14 Abs. 2 VersAusglG ist aber schon deshalb keine anwaltliche Vertretung erforderlich, weil sie keine Verfahrenshandlung darstellt.

III. Beschlussformel

1. Gestaltungsentscheidung

58 In der Beschlussformel der Entscheidung über den Wertausgleich bei der Scheidung muss zunächst die externe Teilung an sich ausgesprochen werden.

2. Bezeichnung des auszugleichenden Anrechts

59 Außerdem muss in der Beschlussformel eindeutig bestimmt werden, welches Anrecht in welcher Höhe gekürzt wird.[35]

3. Bezeichnung der Zielversorgung

60 Zusätzlich ist die gewählte Zielversorgung konkret in der Beschlussformel zu bezeichnen.[36]

4. Bezeichnung der Versorgungsordnung

61 Anders als bei der internen Teilung müssen bei einer externen Teilung die Rechtsgrundlagen der Versorgung und die für die Teilung maßgebliche Teilungsordnung in der Beschlussformel nicht genau bezeichnet werden.[37]

5. Festsetzung des zu zahlenden Kapitalbetrags

62 Darüber hinaus ist nach § 222 Abs. 3 FamFG der nach § 14 Abs. 4 VersAusglG an den Zielversorgungsträger zu zahlende Kapitalbetrag festzusetzen.

63 Dazu genügt die pauschale Feststellung, dass der eine Versorgungsträger an den anderen „den Ausgleichswert" oder „den korrespondierenden Kapitalwert" zu zahlen hat, nicht. Vielmehr ist der im Einzelfall zu zahlende Betrag in der Beschlussformel anzugeben, weil die Entscheidung anderenfalls keinen vollstreckbaren Inhalt hätte.[38]

6. Offene Beschlussformel

64 Bei der externen Teilung fondgebundener Anrechte besteht für eine sog. „offene" Beschlussformel, die die beteiligten Versorgungsträger verpflichtet, Wertänderungen bis zum Vollzug der externen Teilung

---

[33] *Götsche* in: HK-VersAusglR, 2012, § 222 FamFG Rn. 24; *Elden*, FPR 2009, 206-208, 208.
[34] *Götsche* in: HK-VersAusglR, 2012, § 222 FamFG Rn. 19; OLG Brandenburg v. 02.03.2011 - 9 UF 148/10 - FamRZ 2011, 1231.
[35] OLG Stuttgart v. 08.08.2012 - 17 UF 162/12 - FamRZ 2013, 467.
[36] OLG Koblenz v. 05.09.2013 - 13 UF 352/13 - FamRZ 2014, 309.
[37] BGH v. 23.01.2013 - XII ZB 541/12 - FamRZ 2013; BGH v. 29.05.2013 - XII ZB 663/11 - FamRZ 2013, 1546; OLG Oldenburg v. 07.02.2012 - 3 UF 171/11; a.A. OLG Bamberg v. 25.01.2013 - 2 UF 321/12.
[38] *Kemper*, Versorgungsausgleich in der Praxis, 2011, Kap. XI Rn. 208; *Götsche* in: HK-VersAusglR, 2012, § 222 FamFG Rn. 19.

zu berücksichtigen, im Gesetz keine Grundlage.[39] Sie wäre mangels hinreichender Bestimmtheit auch nicht vollstreckbar.[40]

Sind die Fondsanteile dagegen die nach § 5 Abs. 1 VersAusglG maßgebende Bezugsgröße der Versorgung, können die Anrechte auch in dieser Bezugsgröße extern geteilt werden. Dann genügt es, wenn der nach § 14 Abs. 4 VersAusglG zusätzlich zu schaffende Zahlungstitel einen Kapitalbetrag enthält, der sich aus dem korrespondierenden Kapitalwert des auf das Ehezeitende bezogenen Ausgleichswerts ableitet.[41]

Auch der Anspruch auf die Beteiligung an den Bewertungsreserven einer privaten Rentenversicherung kann bei der externen Teilung nicht offen tenoriert werden, sondern ist mit dem Wert bei Ehezeitende anzusetzen.[42]

7. Gesetzliche Rentenversicherung als Zielversorgung

Erfolgt der externe Ausgleich in die gesetzliche Rentenversicherung als Zielversorgung, ist es wegen des nach § 76 Abs. 4 Satz 4 SGB VI vorgeschriebenen Umrechnungszeitpunkts erforderlich, den Endzeitpunkt der Verzinsung – offen formuliert – in der Beschlussformel anzugeben.[43]

IV. Vollstreckung

Zahlt der Versorgungsträger des Ausgleichspflichtigen nach Rechtskraft der Entscheidung über die externe Teilung den darin festgesetzten Kapitalbetrag nicht, kann der Zielversorgungsträger die Zwangsvollstreckung betreiben.[44]

Daneben kann auch der ausgleichsberechtigte Ehegatte selbst die Vollstreckung mit der Maßgabe betreiben, dass die Zahlung an den Zielversorgungsträger erfolgt.

---

[39] OLG Nürnberg v. 26.03.2012 - 9 UF 1939/11; OLG München v. 14.10.2010 - 12 UF 605/10 - FamRZ 2011, 377; *Götsche*, jurisPR-FamR 6/2011, Anm. 5; vgl. auch BGH v. 29.02.2012 - XII ZB 609/10 - FamRZ 2012, 694; anders OLG Düsseldorf v. 20.05.2011 - 7 UF 210/10 - NJW-RR 2011, 1378; OLG Frankfurt v. 08.11.2011 - 4 UF 79/11; *Gutdeutsch/Hoenes/Norpoth*, FamRZ 2012, 597-601.

[40] OLG München v. 14.10.2010 - 12 UF 605/10 - FamRZ 2011, 377; a.A. *Gutdeutsch/Hoenes/Norpoth*, FamRZ 2012, 597-601.

[41] OLG Celle v. 28.08.2012 - 10 UF 17/12 - FamFR 2012, 470; OLG Frankfurt v. 26.08.2013 - 4 UF 113/12 - NZFam 2014, 38.

[42] OLG Nürnberg v. 18.10.2013 - 11 UF 462/13 - FamRZ 2014, 39.

[43] OLG Frankfurt v. 12.02.2013 - 4 UF 235/12.

[44] BT-Drs. 16/10144, S. 95.

Steuerrechtliche Hinweise zu § 15 VersAusglG

Gliederung

A. Vorbemerkung 1
B. Erforderliche Zustimmung des Ausgleichspflichtigen 3
I. Auslösung von steuerlichen Einnahmen durch den Teilungsvorgang 4
II. Schädliche Verwendung 8

A. Vorbemerkung

1 Gem. § 15 Abs. 4 VersAusglG erfüllt ein Anrecht in der gesetzlichen Rentenversicherung, bei einem Pensionsfond, einer Pensionskasse oder einer Direktversicherung oder aus einem Vertrag, der nach § 5 des Altersvorsorgeverträge-Zertifizierungsgesetzes zertifiziert ist, stets die Anforderungen der Absätze 2 und 3.

2 § 15 Abs. 4 VersAusglG stellt somit klar, dass die in Absatz 4 genannten Zielversorgungen stets die Anforderung des Absatzes 3 erfüllen und ihre Wahl als Zielversorgung folglich zu keinen Steuernachteilen bei der ausgleichspflichtigen Person führt.

B. Erforderliche Zustimmung des Ausgleichspflichtigen

3 Gem. § 15 Abs. 3 VersAusglG darf die Zahlung des Kapitalbetrags nach § 14 Abs. 4 VersAusglG an die gewählte Zielversorgung nicht zu steuerpflichtigen Einnahmen oder zu einer schädlichen Verwendung bei der ausgleichspflichtigen Person führen, es sei denn, sie stimmt der Wahl der Zielversorgung zu.

I. Auslösung von steuerlichen Einnahmen durch den Teilungsvorgang

4 Damit hängt die Wirksamkeit der Wahl des Zielversorgungsträgers in den Fällen, in denen die externe Teilung zu steuerpflichtigen Einkünften des Ausgleichspflichtigen führt, von der Zustimmung des Ausgleichspflichtigen ab.

5 Der Teilungsvorgang selbst löst zwar nur in Ausnahmefällen eine Steuerpflicht für den Ausgleichspflichtigen aus. § 15 Abs. 3 VersAusglG soll den Ausgleichspflichtigen aber gerade in diesen Ausnahmefällen vor steuerlichen Nachteilen durch die Wahl des Ausgleichsberechtigten schützen. Grundsätzlich ist der Teilungsvorgang selbst gem. § 3 Nr. 55b Satz 1 EStG steuerneutral, wenn die Übertragung des Anrechts bei dem Ausgleichsberechtigen zu steuerpflichtigen Einkünften nach §§ 19 Abs. 1 Satz 1 Nr. 2, 22 Nr. 1 Satz 3a) aa) oder 22 Nr. 5 Satz 1 EStG führt und die Zielversorgung somit der nachgelagerten Besteuerung unterliegt. Gem. § 3 Nr. 55b Satz 2 EStG entfällt jedoch diese Steuerfreistellung, soweit Leistungen, die auf dem begründeten Anrecht beruhen, bei der ausgleichsberechtigten Person zu Einkünften nach § 20 Abs. 1 Nr. 6 oder § 22 Nr. 1 Satz 3 lit. a sublit. bb EStG führen würden.

6 Dies ist der Fall, wenn die Leistungen aus dem begründeten Anrecht nur der Ertragsanteilbesteuerung unterliegen, mit Ausnahme von Basisversorgungen mit schrittweiser Umstellung auf nachgelagerte Besteuerung, insbesondere die Renten in der gesetzlichen Rentenversicherung. Entfällt die Steuerbefreiung des Teilungsvorgangs gem. § 3 Nr. 55b Satz 2 EStG, hat dies zur Folge, dass die ausgleichspflichtige Person den Ausgleichswert versteuern muss. Gem. § 15 Abs. 4 VersAusglG erfüllt ein Anrecht in der gesetzlichen Rentenversicherung, bei einem Pensionsfond, einer Pensionskasse oder einer Direktversicherung oder aus einem Vertrag, der nach § 5 des Altersvorsorgeverträge-Zertifizierungsgesetzes zertifiziert ist, stets die Anforderungen von § 15 Abs. 2 und 3 VersAusglG. Folglich entfällt für die in Absatz 4 genannten Zielversorgungen die Zustimmungspflicht des Ausgleichspflichtigen.

7 Über die in § 15 Abs. 4 VersAusglG genannte Zielversorgung hinaus entfällt das Zustimmungserfordernis des Ausgleichspflichtigen aus § 15 Abs. 3 VersAusglG auch immer dann, wenn das auszugleichende bzw. zu teilende Anrecht eine private oder betriebliche Rentenversicherung ist, da die Teilung einer Lebensversicherung keine Steuerpflichten auslöst, weil die Teilung weder einen Erlebensfall noch einen Rückkauf darstellt.[1] Die Teilung stellt keinen einkommensteuerpflichtigen Vorgang dar, so dass es nicht notwendig ist, auf die Steuerfreistellung gem. § 3 Nr. 55b EStG zurückzugreifen.

---

[1] BT-Drs. 16/10144, S. 109.

II. Schädliche Verwendung

Führt die externe Teilung bzw. die Wahl der Zielversorgung zu einer schädlichen Verwendung, bedarf es ebenfalls der Zustimmung des Ausgleichspflichtigen. Wann eine schädliche Verwendung vorliegt, ist in § 93 Abs. 1 EStG geregelt.

Zu einer schädlichen Verwendung kann es gem. § 93 Abs. 1 EStG nur kommen, wenn das auszugleichende Anrecht auf öffentlich gefördertem Altersvorsorgevermögen beruht. Handelt es sich bei dem auszugleichenden bzw. zu teilenden Anrecht um eine ungeförderte Lebensversicherung, führt die Teilung daher nie zu einer schädlichen Verwendung. Zu einer schädlichen Verwendung kommt es, wenn durch die externe Teilung öffentlich gefördertes Altersvorsorgevermögen zweckwidrig verwendet wird. In Bezug auf staatlich gefördertes Altersvorsorgevermögen (private Riester-Rente bzw. durch steuerfreie Beiträge geförderte betriebliche Altersversorgung) gelten gem. § 93 Abs. 1 EStG Auszahlungen bzw. Zielversorgungen, die nicht die in § 1 Abs. 1 Satz 1 Nr. 4 und 10 lit. c des Altersvorsorgeverträge-Zertifizierungsgesetzes oder § 1 Abs. 1 Satz 1 Nr. 4, 5 und 10 lit. c des Altersvorsorgeverträge-Zertifizierungsgesetzes in der bis zum 31.12.2004 geltenden Fassung genannten Voraussetzungen erfüllen als zweckwidrige bzw. schädliche Verwendungen. Eine zweckwidrige Verwendung liegt z.B. vor, wenn das geförderte Altersvorsorgevermögen aufgrund der externen Teilung in eine ungeförderte private Lebensversicherung fließt, da diese nicht zweckgebunden wäre und dadurch die Gefahr besteht, dass der Förderzweck unterlaufen wird. Kommt es zu einer schädlichen Verwendung, ist der Ausgleichspflichtige verpflichtet, die erhaltenen Zulagen und Steuervorteile aus der öffentlichen Förderung wieder zurückzuerstatten.

Gem. § 93 Abs. 1a EStG kommt es zu keiner schädlichen Verwendung, wenn das geförderte Altersvorsorgevermögen auf Grund einer internen Teilung gem. § 10 VersAusglG oder auf Grund einer externen Teilung gem. § 14 VersAusglG auf einen zertifizierten Altersvorsorgevertrag oder eine nach § 82 Abs. 2 EStG begünstigte betriebliche Altersversorgung übertragen wird. In diesen Fällen geht die auf das übertragene Anrecht entfallende steuerliche Förderung mit allen Rechten und Pflichten auf die ausgleichsberechtigte Person über.

§ 16 VersAusglG Externe Teilung von Anrechten aus einem öffentlich-rechtlichen Dienst- oder Amtsverhältnis

(Fassung vom 03.04.2009, gültig ab 01.09.2009)

(1) Solange der Träger einer Versorgung aus einem öffentlich-rechtlichen Dienst- oder Amtsverhältnis keine interne Teilung vorsieht, ist ein dort bestehendes Anrecht zu dessen Lasten durch Begründung eines Anrechts bei einem Träger der gesetzlichen Rentenversicherung auszugleichen.

(2) Anrechte aus einem Beamtenverhältnis auf Widerruf sowie aus einem Dienstverhältnis einer Soldatin oder eines Soldaten auf Zeit sind stets durch Begründung eines Anrechts in der gesetzlichen Rentenversicherung auszugleichen.

(3) ¹Das Familiengericht ordnet an, den Ausgleichswert in Entgeltpunkte umzurechnen. ²Wurde das Anrecht im Beitrittsgebiet erworben, ist die Umrechnung in Entgeltpunkte (Ost) anzuordnen.

Gliederung

A. Grundlagen 1	II. Besondere Beamtenverhältnisse (Absatz 2) 11
I. Kurzcharakteristik 1	1. Beamte auf Widerruf/Zeitsoldaten 11
1. Regelungsinhalt 1	2. Bewertung der Anrechte 14
2. Normstruktur 2	III. Privatrechtliche Versorgungszusagen 15
3. Regelungszusammenhang 3	**D. Rechtsfolgen** 16
II. Gesetzgebungsmaterialien 5	I. Umrechnung in Entgeltpunkte (Absatz 3) 16
B. Praktische Bedeutung 6	1. Regeldynamische Anrechte (Absatz 3 Satz 1) 16
C. Anwendungsvoraussetzungen 7	2. Angleichungsdynamische Anrechte (Absatz 3 Satz 2) 17
I. Ausgleich beamtenrechtlicher Versorgungen (Absatz 1) 7	II. Wegfall des Höchstbetrags 18
1. Versorgungen aus Dienst- oder Amtsverhältnissen 7	III. Bagatellfälle 19
2. Versorgungen des Bundes 8	IV. Steuerrechtliche Folgen 21
3. Versorgungen der Länder und Kommunen 9	1. Steuerneutralität der Teilung 21
a. Gesetzliche Regelungen der Länder 9	2. Besteuerung der Versorgungsleistungen 22
b. Quasisplitting 10	**E. Verfahren** 25

A. Grundlagen

I. Kurzcharakteristik

1. Regelungsinhalt

1 Die Vorschrift regelt den Sonderfall der externen Teilung beamtenrechtlicher Versorgungsanrechte aus öffentlich-rechtlichen Dienst- oder Amtsverhältnissen, für die eine interne Teilung gesetzlich bisher nicht vorgesehen ist.

2. Normstruktur

2 Absatz 1 behält für diese Fälle das bisherige Quasisplitting bei. Für den Berechtigten wird also in Höhe des Ausgleichswerts ein Anrecht in der gesetzlichen Rentenversicherung begründet; das auszugleichende beamtenrechtliche Anrecht wird entsprechend gekürzt. Absatz 2 enthält eine Sonderregelung für Beamte auf Widerruf und Soldaten auf Zeit. Absatz 3 ordnet aufgrund des mit dem Quasisplitting verbundenen Wechsels der maßgeblichen Bezugsgröße die Umrechnung des Ausgleichswerts in Entgeltpunkte an.

3. Regelungszusammenhang

3 Die §§ 14, 15, 17 VersAusglG gelten für die externe Teilung nach § 16 VersAusglG nicht. Dasselbe gilt für § 222 FamFG.

4 Die Vorschrift wird durch § 44 VersAusglG ergänzt, der Sonderregelungen für die Bewertung beamtenrechtlicher Versorgungen enthält.

II. Gesetzgebungsmaterialien

BT-Drs. 16/10144, S. 59 f., 117, 126; BT-Drs. 16/11903, S. 106.

B. Praktische Bedeutung

Praktische Bedeutung hat die Vorschrift für den Ausgleich der beamtenrechtlichen Versorgungen der Länder und Kommunen. Für die Versorgungen der Bundesbeamten und Versorgungen aus anderen öffentlich-rechtlichen Dienst- oder Amtsverhältnissen des Bundes ist durch Art. 5 VAStrRefG die interne Teilung nach Maßgabe des Bundesversorgungsteilungsgesetzes (BVersTG)[1] eingeführt worden.

C. Anwendungsvoraussetzungen

I. Ausgleich beamtenrechtlicher Versorgungen (Absatz 1)

1. Versorgungen aus Dienst- oder Amtsverhältnissen

Die Regelung des § 16 Abs. 1 VersAusglG gilt zunächst für Versorgungen der Beamten im engeren Sinne. Ihr Anwendungsbereich umfasst darüber hinaus Versorgungen aus anderen öffentlich-rechtlichen Dienst- und Amtsverhältnissen. Dazu gehören die Versorgungen der Richter, Soldaten, Hochschullehrer, Regierungsmitglieder und Abgeordneten der Länder.[2] Die Vorschrift gilt nur für inländische Versorgungen.[3]

2. Versorgungen des Bundes

Versorgungen der Bundesbeamten und Versorgungen aus anderen öffentlich-rechtlichen Dienst- oder Amtsverhältnissen des Bundes werden im Wege der internen Teilung nach den Regeln des Bundesversorgungsteilungsgesetzes (BVersTG) ausgeglichen.[4] Für diese Versorgungen gilt § 16 Abs. 1 VersAusglG also nicht.

3. Versorgungen der Länder und Kommunen

a. Gesetzliche Regelungen der Länder

Im Hinblick auf die Versorgung der Beamten der Länder und Kommunen fehlt dem Bund aufgrund der am 01.09.2006 in Kraft getretenen Föderalismusreform die Gesetzgebungskompetenz. Die Zuständigkeit für die Versorgung der Länder- und Kommunalbeamten liegt seitdem bei den Ländern. Bisher hat kein Bundesland gesetzliche Regelungen für den Ausgleich der beamtenrechtlichen Versorgungen durch interne Teilung geschaffen.[5] Deshalb sind die Versorgungen aus öffentlich-rechtlichen Dienst- oder Amtsverhältnissen der Länder und Kommunen bis auf weiteres nach § 16 Abs. 1 VersAusglG auszugleichen.[6] Eine interne Teilung dieser Anrechte kommt nicht in Betracht.[7]

b. Quasisplitting

Nach § 16 Abs. 1 VersAusglG erfolgt der Ausgleich dadurch, dass zu Lasten der beamtenrechtlichen Versorgung für den Ausgleichsberechtigten ein Anrecht in der gesetzlichen Rentenversicherung begründet wird. Das entspricht dem früheren Quasisplitting nach § 1587b Abs. 2 BGB a.F. Anders als bei der externen Teilung nach § 14 VersAusglG besteht im Hinblick auf die Zielversorgung kein Wahlrecht.[8] § 15 VersAusglG gilt für die externe Teilung beamtenrechtlicher Versorgungsanrechte nicht.

---

[1] Art. 5 VAStrRefG.
[2] BT-Drs. 16/10144, S. 117.
[3] *Götsche* in: HK-VersAusglR, 2012, § 16 Rn. 2.
[4] Art. 5 VAStrRefG.
[5] Aus der Bayerischen Verfassung ergibt sich keine Verpflichtung des Gesetzgebers, für den Versorgungsausgleich von Anrechten aus einem öffentlich-rechtlichen Dienst- oder Amtsverhältnis die interne Teilung einzuführen (Bayerischer Verfassungsgerichtshof v. 25.02.2013 - Vf. 17-VII-12).
[6] *Elden*, FPR 2009, 206-208, 208.
[7] OLG Brandenburg v. 07.06.2010 - 9 UF 28/10 - FamRZ 2011, 38; OLG Saarbrücken v. 09.01.2012 - 6 UF 146/11.
[8] OLG Brandenburg v. 10.01.2012 - 9 UF 267/11 - FamRZ 2012, 1646.

§ 16 VersAusglG

Eine externe Teilung durch Begründung eines Anrechts bei einem vom Berechtigten gewählten privaten Zielversorgungsträger kommt deshalb nicht in Betracht.[9] Der Ausgleich erfolgt zwingend durch Begründung gesetzlicher Rentenanrechte.[10]

II. Besondere Beamtenverhältnisse (Absatz 2)

1. Beamte auf Widerruf/Zeitsoldaten

11 Dasselbe gilt nach § 16 Abs. 2 VersAusglG für Anrechte aus Beamtenverhältnissen auf Widerruf und Dienstverhältnissen der Soldatinnen oder Soldaten auf Zeit. Endet das Dienstverhältnis durch Widerruf oder Zeitablauf, wird eine Nachversicherung nach § 8 Abs. 2 Nr. 1 SGB VI vorgenommen. Vor Beendigung dieser Beamten- bzw. Dienstverhältnisse steht aber nicht fest, ob die beamtenrechtliche Versorgung bestehen bleibt. Deshalb sind Anrechte eines Soldaten auf Zeit oder eines Widerrufsbeamten immer im Wege der externen Teilung durch Begründung eines Anrechts in der gesetzlichen Rentenversicherung auszugleichen.[11]

12 Hat der ausgleichspflichtige Ehegatte in der Ehezeit sowohl Anrechte als Zeitsoldat als auch als Beamter auf Widerruf bei verschiedenen Dienstherren erworben, sind beide Dienstherren anteilig heranzuziehen.[12]

13 Auf den Ausgleich von Anrechten aus Beamtenverhältnissen nach den §§ 66, 67 BeamtVG, bei denen bis zum Ende der Amtszeit die Wartefrist nicht erfüllt werden kann, ist § 16 Abs. 2 VersAusglG entsprechend anzuwenden.[13]

2. Bewertung der Anrechte

14 Die Bewertung der Anrechte aus Dienst- oder Amtsverhältnissen i.S.d. § 16 Abs. 2 VersAusglG ist in § 44 Abs. 4 VersAusglG geregelt. Danach ist ein Anrecht, das ein Beamter auf Widerruf erworben hat, mit dem fiktiven Wert der Nachversicherung zu berücksichtigen, wenn der Ehegatte nach dem Ende der Ehezeit in das Beamtenverhältnis auf Probe übernommen wird.[14] Ist der Beamte oder Soldat dagegen nach Beendigung des Dienst- oder Amtsverhältnisses nachversichert worden, wird nicht mehr das beamtenrechtliche Anrecht ausgeglichen, sondern das durch die Nachversicherung begründete Anrecht in der gesetzlichen Rentenversicherung intern geteilt.

III. Privatrechtliche Versorgungszusagen

15 Anrechte auf eine Altersversorgung, die einem Ehegatten aufgrund einer privatrechtlichen Versorgungszusage zustehen, sind auch dann im Wege der internen Teilung auszugleichen, wenn sich die Versorgung selbst nach den für Landesbeamte geltenden Vorschriften eines Beamtenversorgungsgesetzes richtet. Das gilt auch, wenn das Landesrecht keine interne Teilung vorsieht und die für die Erbringung der Versorgungsleistungen zuständige Versorgungskasse in ihrer Satzung keine interne Teilung vorsieht.[15] Auch der Ausgleich der von einer Religionsgesellschaft arbeitsvertraglich zugesagten Versorgung nach beamtenrechtlichen Vorschriften oder Grundsätzen erfolgt grundsätzlich durch interne Teilung.[16] Dasselbe gilt für ein privatrechtlich begründetes Arbeitsverhältnis eines sog. Dienstordnungsangestellten einer Innungskrankenkasse, nach deren Dienstordnung die Vorschriften des Landesbeamtengesetzes entsprechend anwendbar sind.[17]

---

[9] OLG Hamm v. 13.06.2012 - 8 UF 92/12; OLG Hamm v. 13.06.2012 - 8 UF 93/12.
[10] OLG Brandenburg v. 07.06.2010 - 9 UF 28/10 - FamRZ 2011, 38.
[11] OLG Hamm v. 12.06.2013 - 8 UF 102/13 - FamRZ 2014, 396.
[12] OLG Nürnberg v. 07.03.2013 - 7 UF 1743/12.
[13] BT-Drs. 16/10144, S. 59 f.
[14] OLG Frankfurt v. 30.11.2011 - 5 UF 81/11.
[15] BGH v. 23.01.2013 - XII ZB 575/12 - FamRZ 2013, 608; OLG Oldenburg v. 19.09.2012 - 14 UF 161/10.
[16] BGH v. 12.06.2013 - XII ZB 604/12 - FamRZ 2013, 1361; OLG Oldenburg v. 25.09.2012 - 14 UF 33/12.
[17] OLG Brandenburg v. 16.05.2013 - 9 UF 132/12.

D. Rechtsfolgen

I. Umrechnung in Entgeltpunkte (Absatz 3)

1. Regeldynamische Anrechte (Absatz 3 Satz 1)

Wird ein Anrecht aus einer beamtenrechtlichen Versorgung durch Begründung gesetzlicher Rentenanrechte ausgeglichen, ist die Bezugsgröße des auszugleichenden Anrechts ein Rentenbetrag. Das Familiengericht muss deshalb nach § 16 Abs. 3 Satz 1 VersAusglG anordnen, dass der Ausgleichswert des zu begründenden Anrechts in Entgeltpunkte umgerechnet wird. Außerdem muss in der Beschlussformel das Ende der Ehezeit als Bezugsdatum angegeben werden.[18]

2. Angleichungsdynamische Anrechte (Absatz 3 Satz 2)

Wurde das Anrecht im Beitrittsgebiet erworben, ist die Umrechnung in Entgeltpunkte (Ost) anzuordnen.[19] Allerdings gilt § 16 Abs. 3 Satz 2 VersAusglG nur für angleichungsdynamische Anrechte. Hat der Ausgleichspflichtige im Beitrittsgebiet regeldynamische Anrechte erworben, die extern zu teilen sind, ist die Umrechnung in Entgeltpunkte und nicht in Entgeltpunkte (Ost) anzuordnen. Das folgt aus Sinn und Zweck der Vorschrift. Die Fassung der Vorschrift beruht auf einem Redaktionsversehen.[20]

II. Wegfall des Höchstbetrags

Im Gegensatz zum früheren Quasisplitting nach § 1587b Abs. 2 BGB gilt für die Begründung gesetzlicher Rentenanrechte nicht der Höchstbetrag des § 76 Abs. 2 Satz 3 SGB VI.[21] Deshalb können auch Anrechte mit hohem Ausgleichswert nach § 16 Abs. 1 VersAusglG vollständig ausgeglichen werden.

III. Bagatellfälle

Anrechte in der gesetzlichen Rentenversicherung und der Beamtenversorgung sind nicht gleichartig im Sinne des § 18 Abs. 1 VersAusglG, weil wesentliche strukturelle Merkmale beider Versorgungen erheblich voneinander abweichen.[22] Stehen sich im Scheidungsverfahren ein Beamter und ein gesetzlich versicherter Ehepartner mit – ehezeitbezogen – geringer Wertdifferenz ihrer Versorgungsanrechte gegenüber, können die Eheleute einen – regelmäßig sinnvollen – Ausschluss des Versorgungsausgleichs deshalb nur durch eine Vereinbarung nach den §§ 6 ff. VersAusglG erreichen.

Sollen ein Anrecht aus dem Dienstverhältnis eines Landes- oder Kommunalbeamten oder eines Zeitsoldaten oder Widerrufsbeamten einerseits und ein Anrecht des anderen Ehegatten in der gesetzlichen Rentenversicherung andererseits wegen geringer Ausgleichswertdifferenz nicht ausgeglichen werden, ist für die Feststellung der Artgleichheit der Anrechte im Rahmen von § 18 Abs. 1 VersAusglG nicht auf das in der gesetzlichen Rentenversicherung zu begründende, sondern auf das zu belastende Anrecht abzustellen.[23]

IV. Steuerrechtliche Folgen

1. Steuerneutralität der Teilung

Werden beamtenrechtliche Versorgungsanrechte ausnahmsweise nach § 10 i.V.m. § 2 BVersTG, § 55e SVG oder § 25a Abs. 2 AbgG intern geteilt, löst der Teilungsvorgang selbst keine Steuerpflicht aus (§ 3 Nr. 55a Satz 1 EStG). Dasselbe gilt für die externe Teilung beamtenrechtlicher Anrechte im Wege des Quasisplittings.

---

[18] BT-Drs. 16/10144, S. 60.
[19] BT-Drs. 16/10144, S. 60.
[20] OLG Dresden v. 24.09.2010 - 23 UF 607/10 - FamRZ 2011, 813; OLG Rostock v. 19.05.2011 - 10 UF 174/10 - FamRZ 2011, 1593; OLG Jena v. 07.11.2011 - 2 UF 316/11 - FamRB 2012, 77; OLG Jena v. 22.11.2011 - 1 UF 346/11 - FamRZ 2012, 638; OLG Brandenburg v. 10.01.2012 - 9 UF 267/11 - FamRZ 2012, 1646; OLG Brandenburg v. 17.12.2013 - 3 UF 78/13; anders noch OLG Brandenburg v. 07.06.2010 - 9 UF 28/10 - FamRZ 2011, 38; eingehend dazu *Götsche* in: HK-VersAusglR, 2012, § 16 Rn. 19; *Rehbein*, jurisPR-FamR 6/2011, Anm. 7.
[21] Vgl. § 1587b Abs. 5 BGB a.F.
[22] OLG Celle v. 11.01.2012 - 10 UF 194/11 - FuR 2012, 196; BGH v. 07.08.2013 - XII ZB 211/13 - FamRZ 2013, 1636.
[23] BGH v. 08.01.2014 - XII ZB 366/13 - FamRZ 2014, 549; a.A. vorhergehend OLG Schleswig v. 14.06.2013 - 12 UF 62/13.

2. Besteuerung der Versorgungsleistungen

22 Erfolgt der Ausgleich nach § 16 VersAusglG durch Quasisplitting erhält der Ausgleichsberechtigte gesetzliche Rentenanrechte, die nach § 22 Nr. 1 Satz 3 a) aa) EStG nachgelagert zu versteuern sind.

23 Werden beamtenrechtliche Versorgungsanrechte ausnahmsweise intern geteilt, muss der Ausgleichsberechtigte die daraus gewährten Leistungen nach § 19 Abs. 1 Nr. 2 EStG wie nachträglichen Arbeitslohn versteuern, und zwar nach § 38 Abs. 1 EStG im Wege des Lohnsteuerabzugsverfahrens. Der Versorgungsfreibetrag wird nach § 19 Abs. 2 EStG seit 2005 bis 2040 schrittweise bis auf null abgeschmolzen. Zur Vermeidung von Härten wird allerdings ein Zuschlag zum Freibetrag gewährt. Auch dieser Zuschlag wird aber stufenweise bis zum Jahr 2040 auf null abgeschmolzen. Die Festschreibung des Versorgungsfreibetrags erfolgt nach dem sog. Kohortenprinzip. Der Freibetrag wird auf der Grundlage des zwölffachen Betrages der Pension im ersten Monat des Versorgungsbezugs anhand der in der Tabelle in § 19 Abs. 2 Satz 3 EStG angegebenen Prozentsätze, Höchstbeträge und Zuschläge festgeschrieben und bleibt danach für die gesamte Dauer des Versorgungsbezugs unverändert.[24]

24 **Berechnungsbeispiel:**[25]

Jahr des Versorgungsbeginns:		2012
Pension im ersten Monat:		2.500 €
	x 12	
		30.000 €
	x 28,8%	
		8.640 €
Höchstbetrag:		2.160 €
Zuschlag:		648 €
Versorgungsfreibetrag:		2.808 €

Bei diesem Versorgungsfreibetrag bleibt es, auch wenn die Pension in den Folgejahren angehoben wird.

E. Verfahren

25 Die Bestimmungen für die Durchführung der externen Teilung in § 15 VersAusglG und die verfahrensrechtlichen Regelungen des § 222 FamFG gelten für die externe Teilung nach § 16 VersAusglG nicht (§ 222 Abs. 4 FamFG). Eine Festsetzung des zu zahlenden Kapitalbetrages ist deshalb nicht veranlasst. Damit kommt auch die Anordnung einer Verzinsung nicht in Betracht.[26]

---

[24] *Breuers* in: HK-VersAusglR, 2012, § 16 Rn. 26.
[25] Nach *Breuers* in: HK-VersAusglR, 2012, § 16 Rn. 28.
[26] Vgl. OLG Nürnberg v. 12.04.2013 - 11 UF 382/13.

Steuerrechtliche Hinweise zu § 16 VersAusglG

Vorbemerkung: Der Teilungsvorgang ist auch bei der Teilung von beamtenrechtlichen Versorgungsansprüchen gem. § 3 Nr. 55a Satz 1 EStG steuerfrei. Der Regelfall des Ausgleichs von beamtenrechtlichen Versorgungsanrechten ist gem. § 16 Abs. 1 VersAusglG die externe Teilung durch Begründung eines Anrechts für den Ausgleichsberechtigten bei einem Träger der gesetzlichen Rentenversicherung. Der Ausgleichsberechtigte hat diese gesetzlichen Rentenansprüche dann gem. § 22 Nr. 1 Satz 3 a) aa) EStG nachgelagert zu versteuern. Werden beamtenrechtliche Versorgungsansprüche ausnahmsweise aufgrund von Sonderregelungen des Trägers einer Versorgung aus einem öffentlich-rechtlichen Dienst- oder Amtsverhältnis intern geteilt, gelten die Leistungen, die der Ausgleichsberechtigte aus dem übertragenen Anrecht (später erhält) gem. § 19 Abs. 1 Nr. 2 EStG als Arbeitslohn und sind vom Ausgleichspflichtigen entsprechend zu versteuern.

§ 17 VersAusglG Besondere Fälle der externen Teilung von Betriebsrenten

(Fassung vom 03.04.2009, gültig ab 01.09.2009)

Ist ein Anrecht im Sinne des Betriebsrentengesetzes aus einer Direktzusage oder einer Unterstützungskasse auszugleichen, so darf im Fall des § 14 Abs. 2 Nr. 2 der Ausgleichswert als Kapitalwert am Ende der Ehezeit höchstens die Beitragsbemessungsgrenze in der allgemeinen Rentenversicherung nach den §§ 159 und 160 des Sechsten Buches Sozialgesetzbuch erreichen.

Gliederung

A. Grundlagen 1	III. Weitere Anwendungsvoraussetzungen 9
I. Kurzcharakteristik 1	1. Externe Teilung auf Verlangen des Betriebsrententrägers 9
II. Gesetzgebungsmaterialien 3	2. Sonstige Fälle der externen Teilung 10
B. Anwendungsvoraussetzungen 4	**C. Rechtsfolgen** 11
I. Interne Durchführungswege 4	I. Ermessensausschluss 11
II. Beitragsbemessungsgrenze 5	II. Verfehlung der Halbteilung 12
1. Allgemeine Beitragsbemessungsgrenze 5	III. Durchführung der externen Teilung/Verfahren 21
2. Ausgleichswert als Kapitalwert 6	IV. Steuerrechtliche Folgen 22
3. Beitragsbemessungsgrenze am Ende der Ehezeit 7	
4. Beitragsbemessungsgrenzen ab 1978 8	

A. Grundlagen

I. Kurzcharakteristik

1 Die Vorschrift ist lex specialis zu § 14 Abs. 2 Nr. 2 VersAusglG.[1] Sie betrifft ausschließlich Anrechte aus betrieblicher Altersversorgung mit internem Durchführungsweg.

2 Im Hinblick auf diese Anrechte weitet sie die Möglichkeit der Versorgungsträger, einseitig die externe Teilung zu verlangen, erheblich aus. Die höhere Wertgrenze für die internen Durchführungswege der betrieblichen Altersversorgung ist gerechtfertigt, weil der Arbeitgeber hier – anders als bei Anrechten aus einem externen Durchführungsweg der betrieblichen Altersversorgung – unmittelbar mit den Folgen einer internen Teilung konfrontiert ist, also die Verwaltung der Ansprüche betriebsfremder Versorgungsempfänger übernehmen muss.[2]

II. Gesetzgebungsmaterialien

3 BT-Drs. 16/10144, S. 60.

B. Anwendungsvoraussetzungen

I. Interne Durchführungswege

4 Für Anrechte i.S.d. Betriebsrentengesetzes aus einer Direktzusage des Arbeitgebers oder einer Unterstützungskasse (sog. interne/unmittelbare Durchführungswege) gilt im Fall des einseitigen Verlangens der externen Teilung eine von § 14 Abs. 2 Nr. 2 VersAusglG abweichende Wertgrenze. Der Betriebsrententräger kann bei internen Durchführungswegen den Ausgleichsberechtigten bis zu einem Ausgleichswert in Höhe der Beitragsbemessungsgrenze der allgemeinen Rentenversicherung im Wege der externen Teilung abfinden. Grund für die höhere Wertgrenze bei internen Durchführungswegen ist die Tatsache, dass der Arbeitgeber anders als bei Anrechten aus externen/mittelbaren Durchführungswegen (Direktversicherungen, Pensionskassen, Pensionsfonds) selbst die Verwaltung der Ansprüche betriebsfremder Versorgungsempfänger übernehmen muss.[3] Mit Blick auf den damit verbunden Auf-

---

[1] *Götsche* in: HK-VersAusglR, 2012, § 17 VersAusglG Rn. 2.
[2] BT-Drs. 16/10144, S. 60.
[3] BT-Drs. 16/10144, S. 60.

wand ist es in diesen Fällen sachgerecht, dem Versorgungsträger auch bei höheren Ausgleichswerten die Möglichkeit einzuräumen, die externe Teilung durch einseitiges Verlangen herbeizuführen. Das mögliche Interesse des Ausgleichsberechtigten an der systeminternen Teilhabe muss dahinter zurückstehen.[4]

II. Beitragsbemessungsgrenze

1. Allgemeine Beitragsbemessungsgrenze

Den Grenzwert für die externe Teilung bei internen Durchführungswegen bildet die Beitragsbemessungsgrenze der allgemeinen Rentenversicherung nach den §§ 159, 160 SGB VI. Die Beitragsbemessungsgrenze – und nicht die Beitragsbemessungsgrenze (Ost) gem. § 228a Abs. 1 Satz 1 Nr. 2 SGB VI – ist auch maßgebend, wenn der Ausgleichspflichtige das zu teilende Anrecht im Beitrittsgebiet erworben hat.[5]

2. Ausgleichswert als Kapitalwert

Für das Erreichen der Höchstgrenze kommt es auf den Ausgleichswert als Kapitalwert an. Berechnet der Versorgungsträger den Ausgleichswert in einer anderen Bezugsgröße i.S.d. § 5 Abs. 1 VersAusglG, ist der korrespondierende Kapitalwert nach § 47 VersAusglG entscheidend.

3. Beitragsbemessungsgrenze am Ende der Ehezeit

Maßgebend ist jeweils die am Ende der Ehezeit geltende Beitragsbemessungsgrenze.

4. Beitragsbemessungsgrenzen ab 1978

Ehezeitende	§§ 159, 160 SGB VI	Ehezeitende	§§ 159, 160 SGB VI
2014	71.400 €	1994	91.200 DM
2013	69.600 €	1993	86.400 DM
2012	67.200 €	1992	81.600 DM
2011	66.000 €	1991	78.000 DM
2010	66.000 €	1990	75.600 DM
2009	64.800 €	1989	73.200 DM
2008	63.600 €	1988	72.000 DM
2007	63.000 €	1987	68.400 DM
2006	63.000 €	1986	67.200 DM
2005	62.400 €	1985	64.800 DM
2004	61.800 €	1984	62.400 DM
2003	61.200 €	1983	60.000 DM
2002	54.000 €	1982	56.400 DM
2001	104.400 DM	1981	52.800 DM
2000	103.200 DM	1980	50.400 DM
1999	102.000 DM	1979	48.000 DM
1998	100.800 DM	1978	44.400 DM
1997	98.400 DM		
1996	96.000 DM		
1995	93.600 DM		

III. Weitere Anwendungsvoraussetzungen

1. Externe Teilung auf Verlangen des Betriebsrententrägers

Die Vorschrift gilt nur, wenn der Arbeitgeber einseitig die externe Teilung verlangt. In den Fällen des § 14 Abs. 2 Nr. 1 VersAusglG ist die externe Teilung unabhängig von der Wertgrenze des § 17 VersAusglG zulässig.

---

[4] BT-Drs. 16/10144, S. 60.
[5] *Ruland*, Versorgungsausgleich, 3. Aufl. 2011, Rn. 657.

2. Sonstige Fälle der externen Teilung

10   Die Wertgrenze gilt – trotz der Anordnung der Vorschriften im Gesetz – nicht (auch nicht entsprechend) für die externe Teilung beamtenrechtlicher Versorgungsanrechte nach § 16 VersAusglG.

C. Rechtsfolgen

I. Ermessensausschluss

11   Verlangt der Versorgungsträger unter den Voraussetzungen der §§ 14 Abs. 2 Nr. 2, 17 VersAusglG die externe Teilung, ist diese auch dann durchzuführen, wenn der Ausgleichsberechtigte ihr ausdrücklich widerspricht.[6] Dem Familiengericht steht insoweit kein Ermessen zu.

II. Verfehlung der Halbteilung

12   Die Bewertung der auszugleichenden Versorgungen führt in vielen Fällen dazu, dass das auszugleichende Anrecht zum Nachteil des ausgleichsberechtigten Ehepartners unterbewertet wird. Die unterschiedlichen Berechnungsgrundlagen – insbesondere die unterschiedlichen Rechnungszinssätze der auszugleichenden betrieblichen Versorgungen einerseits und der meist privaten Zielversorgungen andererseits – führen dazu, dass die Rente, die der ausgleichsberechtigte Ehepartner aus dem durch externe Teilung begründeten Anrecht erhält, weit hinter dem Betrag zurückbleibt, den er erhielte, wäre das Anrecht intern geteilt worden.[7] Die Bewertung eines Anrechts aus betrieblicher Altersversorgung erfolgt nach § 45 Abs. 1 VersAusglG auf der Grundlage des Übertragungswerts nach § 4 Abs. 5 BetrAVG. Dieser Wert entspricht bei einer unmittelbar über den Arbeitgeber oder über eine Unterstützungskasse durchgeführten betrieblichen Altersversorgung dem Barwert der nach § 2 BetrAVG bemessenen künftigen Versorgungsleistung. Für die Berechnung des Barwerts sind die Rechnungsgrundlagen sowie die anerkannten Regeln der Versicherungsmathematik maßgebend. Dazu gehört die Barwertermittlung mithilfe des Bilanzmodernisierungszinssatzes nach § 253 Abs. 2 HGB. Diesen Rechnungszins von aktuell 4,83% (Stand: März 2014) bei einer Restlaufzeit von 15 Jahren können die in Betracht kommenden Zielversorgungsträger aber nicht annähernd erreichen.

13   Der Deutsche Anwaltsverein hat vorgerechnet, dass bei Eheleuten im Alter von 47 Jahren im Fall einer Scheidung im Jahr 2011 die externe Teilung einer Betriebsrente des Ehemanns mit einem ehezeitbezogenen Kapitalwert von 124.356 € zu einer Rente der Ehefrau in Höhe von maximal 363 € führen würde, während sie bei interner Teilung des Anrechts eine monatliche Rente in Höhe von 593 € zu erwarten hätte. Das entspricht einer Verfehlung der Halbteilung um rund 45%.[8] Der Ausgleichsberechtigte erhält durch die externe Teilung also im Ergebnis eine wesentlich geringere Rente als bei der internen Teilung.[9]

14   Ob die externe Teilung unter Verwendung unterschiedlicher Rechnungszinssätze der beteiligten Versorgungsträger mit der Folge deutlicher Unterschiede in der Höhe der zu erwartenden Renten der Eheleute allerdings zu einer verfassungswidrigen Verletzung des Halbteilungsgrundsatzes führt, ist zu bezweifeln.[10] Denn der Ausgleich erfolgt durch strikte Halbteilung des ehezeitbezogenen Vorsorgekapitals, und das Gebot der Halbteilung bedeutet eben nicht, dass die zu erwartenden Renten in unterschiedlichen Versorgungssystemen für den Verpflichteten und den Berechtigten gleich hoch sein müssen.[11]

15   Die Mehrzahl der Oberlandesgerichte billigt deshalb eine Bewertung auf der Grundlage des Bilanzmodernisierungszinssatzes.[12] Auch der BGH hat in einer Entscheidung einen Rechnungszins von 5,25% nicht beanstandet.[13]

16   Das OLG Düsseldorf hat in diesem Zusammenhang darauf hingewiesen, dass neben dem Halbteilungsgrundsatz auch die berechtigten Interessen des Versorgungsträgers zu beachten sind, der längerfristig zu planen hat. Die Tatsache, dass das Zinsniveau derzeit ungewöhnlich niedrig ist, rechtfertige es nicht, dieses niedrige Zinsniveau auch bei längerfristigen Verbindlichkeiten wie Altersversorgungsverpflich-

---

[6] OLG Saarbrücken v. 04.07.2011 - 6 UF 44/11 - FamRZ 2012, 234.
[7] Vgl. *Bergmann*, FuR 2013, 301; *Breuers*, FuR 2013, 564-567.
[8] Initiativstellungnahme des Deutschen Anwaltsvereins zur Reform des Versorgungsausgleichs FamRZ 2013, 928.
[9] *Jaeger*, FamRZ 2010, 1714; *Hauß*, FamRZ 2011, 88.
[10] So aber *Hauß*, FamRZ 2011, 88; *Bergner*, FamFR 2013, 195; vgl. auch *Borth*, FamRZ 2012, 1192
[11] BT-Drs. 16/10144, S. 85.
[12] OLG München v. 20.09.2011 - 16 UF 171/11 - FamRZ 2012, 130; OLG Koblenz v. 05.07.2012 - 11 UF 1132/11 - FamRZ 2013, 462; OLG Bamberg v. 07.01.2013 - 2 UF 67/12 - FamRZ 2013, 1581; OLG Frankfurt v. 01.10.2013 - 1 UF 121/13.
[13] BGH v. 07.09.2011 - XII ZB 546/10 - FamRZ 2011, 1785.

tungen, die regelmäßig erst Jahre später fällig werden, zugrunde zu legen. Vielmehr zeichne sich der Finanzmarkt durch fortlaufende Schwankungen des Zinsniveaus aus, die teilweise erheblich sein können. Von daher sei es nicht zu beanstanden, wenn der zum letzten Bilanzstichtag vor Ehezeitende veröffentliche Rechnungszins für eine angenommene Restlaufzeit von 15 Jahren als Abzinsungssatz verwendet wird. Jede andere Wertung würde dazu führen, dass in einer Vielzahl von Fällen das weitgehend formalisierte Versorgungsausgleichsverfahren durch konkrete Berechnungen eines Sachverständigen zu ersetzen wäre, die sich gleichwohl ihrerseits aufgrund der Zinsschwankungen in der Zukunft als unzutreffend erweisen können.[14]

Nach Ansicht des OLG Bremen ist nicht der pauschalierte BilMoG-Zinssatz zu verwenden, sondern der Zinssatz, der gelten würde, wenn man die Zeit vom Ehezeitende bis zum voraussichtlichen Eintritt des Versorgungsfalles abzuzinsen hätte.[15]

Nach Auffassung des OLG Nürnberg führt die Wertermittlung auf der Grundlage des BilMoG-Zinssatzes zu einer Verletzung des Halbteilungsgrundsatzes. Zur Korrektur sei bei der Berechnung des Barwerts der BilMoG-Zinssatz ohne den Aufschlag nach §§ 1 Satz 2, 6 RückAbzinsV zugrunde zu legen.[16]

Das OLG Hamm hat entschieden, dass der Barwert der auszugleichenden Versorgung abweichend von der Ausgleichswertermittlung des Versorgungsträgers nicht auf Basis des Bilanzmodernisierungszinssatzes, sondern nach § 42 VersAusglG auf der Grundlage eines – mit Blick auf die Zielversorgung – realistischen Rechnungszinses ermittelt werden kann.[17] Dagegen bestehen aber Bedenken, weil § 45 VersAusglG klare Vorgaben für die Bewertung betrieblicher Versorgungen enthält, so dass für eine abweichende Bewertung nach Billigkeit in direkter oder entsprechender Anwendung des § 42 VersAusglG kein Raum bleibt.

Der Deutsche Anwaltsverein fordert eine Beschränkung der externen Teilung auf geringwertige Anrechte durch ersatzlose Streichung des § 17 VersAusglG.[18] Das hätte allerdings zur Folge, dass eine externe Teilung auf einseitiges Verlangen der Versorgungsträger nur noch innerhalb der Grenzen des § 14 Abs. 2 Nr. 2 VersAusglG möglich wäre. Von den Anrechten, bei denen eine externe Teilung dann noch in Betracht käme, fallen aber nicht wenige unter die Bagatellgrenze des § 18 Abs. 3 VersAusglG. Berücksichtigt man außerdem, dass § 14 Abs. 2 Nr. 1 VersAusglG kaum praktische Relevanz hat, wird deutlich, dass die externe Teilung nach der geforderten Streichung des § 17 VersAusglG nahezu bedeutungslos würde. Die betrieblichen Versorgungsträger wären in der überwiegenden Mehrzahl der Fälle gezwungen, die betriebsfremden Ehepartner ihrer Arbeitnehmer in das eigene Versorgungssystem aufzunehmen und deren Versorgung zu verwalten. Ein ersatzloser Wegfall des § 17 VersAusglG dürfte somit kaum geeignet sein, die Interessen der Eheleute an einer möglichst gerechten Halbteilung ihrer Anrechte (Art. 6 GG) und die berechtigten Interessen der Betriebsrententräger (Art. 14 Abs. 1 GG) in Einklang zu bringen.

III. Durchführung der externen Teilung/Verfahren

Liegen die Voraussetzungen für die externe Teilung vor, richtet sich die Durchführung nach § 15 VersAusglG. Verfahrensrechtlich ist § 222 FamFG zu beachten. Insoweit wird auf die Kommentierung zu § 15 VersAusglG verwiesen.

IV. Steuerrechtliche Folgen

Wenn betriebliche Versorgungen mit internen Durchführungswegen extern geteilt werden, besteht die Gefahr, dass die Wahl des Zielversorgungsträgers zu steuerpflichtigen Einkünften des Ausgleichspflichtigen führt (vgl. § 15 Abs. 3 VersAusglG). Bei Anrechten aus Direktzusagen und Unterstützungskassen wird das Altersvorsorgekapital in der Ansparphase steuerfrei vom Arbeitgeber aufgebaut. In der anschließenden Leistungsphase muss der Arbeitnehmer die gezahlte Betriebsrente wie Arbeitslohn versteuern. Die Versorgung wird also nachgelagert besteuert. Wählt der Ausgleichsberechtigte im Rahmen der externen Teilung eines solchen Anrechts als Zielversorgung eine ungeförderte Lebensversicherung, die in der Leistungsphase steuerfrei ist, entsteht eine Steuerlücke; der Ausgleichswert wird weder vor- noch nachgelagert besteuert. Deshalb ordnet § 3 Nr. 55b EStG in solchen Fällen an, dass der Ausgleichspflichtige die Zahlung des Ausgleichswerts versteuern muss. Die Wirksamkeit der Wahl des Zielversorgungsträgers hängt dann nach § 15 Abs. 3 VersAusglG von seiner Zustimmung ab.

---

[14] OLG Düsseldorf v. 25.11.2013 - 2 UF 55/13 - FamRZ 2014, 763.
[15] OLG Bremen v. 20.12.2011 - 4 UF 120/10 - FamRZ 2012, 637.
[16] OLG Nürnberg v. 31.01.2014 - 11 UF 1498/13.
[17] OLG Hamm v. 06.02.2012 -12 UF 207/10.
[18] Initiativstellungnahme des Deutschen Anwaltsvereins zur Reform des Versorgungsausgleichs FamRZ 2013, 928.

Steuerrechtliche Hinweise zu § 17 VersAusglG

1 **Vorbemerkung:** Die steuerliche Behandlung der Versorgungsleistungen hängt zum einen davon ab, ob die betriebliche Altersversorgung in einem internen Durchführungsweg (Direktzusage und Unterstützungskasse) der nachgelagerten Besteuerung (Arbeitslohn als begünstigter Versorgungsbezug) oder einem externen Durchführungsweg (Pensionsfonds, Pensionskasse und Direktversicherung) der vorgelagerten Besteuerung erfolgte. Bei betrieblichen Altersversorgungen mit internen Durchführungswegen (Direktzusage und Unterstützungskasse) wird das Altersvorsorgekapital – für den Arbeitnehmer steuerfrei – vom Arbeitgeber aufgebaut. Die Versorgungsleistungen an den Arbeitnehmer unterliegen daher der nachgelagerten Besteuerung. Bei der externen Teilung von betrieblichen Versorgungsanrechten mit internen Durchführungswegen ist bei der Wahl der Zielversorgung durch den Ausgleichberechtigten darauf zu achten, ob diese zu steuerpflichtigen Einkünften des Ausgleichsberechtigten führt und daher die Zustimmung des Ausgleichpflichtigen gem. § 15 Abs. 3 VersAusglG eingeholt werden muss. Entscheidet sich der Ausgleichsberechtigte z.B. für eine ungeförderte Lebensversicherung, die der vorgelagerten Besteuerung unterliegt (Zielversorgung), würde die grundsätzliche Steuerfreiheit des Teilungsvorgangs gem. §3 Nr.55b Satz 2 EStG entfallen. Dies hätte dann zur Folge, dass der Ausgleichspflichtige den Ausgleichswert versteuern müsste. Die Wahl einer solchen Zielversorgung kann der Ausgleichsberechtigte daher gem. § 15 Abs. 3 VersAusglG nur mit der Zustimmung des Ausgleichsverpflichteten treffen.

Unterabschnitt 4 - Ausnahmen

§ 18 VersAusglG Geringfügigkeit

(Fassung vom 03.04.2009, gültig ab 01.09.2009)

(1) Das Familiengericht soll beiderseitige Anrechte gleicher Art nicht ausgleichen, wenn die Differenz ihrer Ausgleichswerte gering ist.

(2) Einzelne Anrechte mit einem geringen Ausgleichswert soll das Familiengericht nicht ausgleichen.

(3) Ein Wertunterschied nach Absatz 1 oder ein Ausgleichswert nach Absatz 2 ist gering, wenn er am Ende der Ehezeit bei einem Rentenbetrag als maßgeblicher Bezugsgröße höchstens 1 Prozent, in allen anderen Fällen als Kapitalwert höchstens 120 Prozent der monatlichen Bezugsgröße nach § 18 Abs. 1 des Vierten Buches Sozialgesetzbuch beträgt.

Gliederung

A. Grundlagen 1	f. Betriebsrenten 58
I. Kurzcharakteristik 1	2. Saldierung gleichartiger Anrechte 62
1. Regelungszusammenhang 1	IV. Geringe Ausgleichswerte einzelner Anrechte
2. Normzweck 2	(Absatz 2) 64
3. Normstruktur 3	1. Anrecht mit geringem Ausgleichswert 65
4. Regelungsinhalt 4	2. Sperrwirkung des Absatzes 1 66
II. Gesetzgebungsmaterialien 5	3. Bewertungshindernisse 72
B. Praktische Bedeutung 6	V. Ausgleich trotz Geringfügigkeit 73
C. Anwendungsvoraussetzungen 8	1. Ermessen des Familiengerichts 73
I. Geringfügigkeit (Absatz 3) 8	2. Zersplitterung der Altersversorgung 75
1. Ausgleichswert 8	3. Auffüllen bestehender Versorgungen 77
2. Maßgebende Bezugsgröße 9	4. Beengte wirtschaftliche Verhältnisse 80
a. Grenzwert als Rentenbetrag 12	5. Besonderheiten des auszugleichenden
b. Grenzwert als Kapitalbetrag 15	Anrechts 81
c. Abweichungen der Grenzwerte 24	6. Normzweckverfehlung/Vorrang des Halb-
d. Grenzwerte nach § 18 Abs. 3 VersAusglG	teilungsgrundsatzes 82
ab 1977 29	a. Gesetzliche Rentenanrechte 86
e. Teilungskosten 30	b. Betriebliche Versorgungen 95
II. Prüfungsreihenfolge 32	c. Zusatzversorgung des öffentlichen Dienstes 99
1. Absatz 1 32	d. Externe Teilung 101
2. Absatz 2 34	VI. Bagatellwerte beim Wertausgleich nach
3. Obergrenze bei mehrfacher Anwendung der	der Scheidung 106
Bagatellregelungen 36	**D. Rechtsfolgen** 108
III. Geringe Differenz der Ausgleichswerte	**E. Verfahren** 110
(Absatz 1) 43	I. Einholung von Auskünften 110
1. Anrechte gleicher Art 44	II. Darlegungslast 112
a. Strukturell gleichartige Anrechte 44	III. Erörterung 113
b. Übereinstimmung der Bezugsgrößen ... 45	IV. Beschlussformel 114
c. Regelsicherungssysteme 46	V. Entscheidungsgründe 115
d. Zusatzversorgungen des öffentlichen	VI. Beschwerderecht der Versorgungsträger 116
Dienstes 52	VII. Verfahrenswert 122
e. Private Altersversorgungen 57	

§ 18 VersAusglG

A. Grundlagen

I. Kurzcharakteristik

1. Regelungszusammenhang

1   Die §§ 18, 19 VersAusglG enthalten Ausnahmen vom Wertausgleich bei der Scheidung. Sie bestimmen, unter welchen Voraussetzungen Anrechte ausnahmsweise nicht – weder intern noch extern – zu teilen sind.[1] Während § 18 VersAusglG – im Anschluss an § 9 Abs. 4 VersAusglG – Bagatellwerte vom Ausgleich ausnimmt, normiert § 19 VersAusglG Fälle der fehlenden Ausgleichsreife.

2. Normzweck

2   Zweck der Bagatellregelung ist es, einer Zersplitterung der Altersversorgung durch die interne Teilung entgegenzuwirken. Der Versorgungsausgleich soll nicht dazu führen, dass die Eheleute nach der Scheidung über eine Vielzahl sog. Mini-Anrechte verfügen, deren Verwaltung mit einem unverhältnismäßig hohen Aufwand verbunden ist. Gleichzeitig soll ein wirtschaftlich nicht erforderlicher Hin-und-her-Ausgleich der beiderseitigen Anrechte vermieden werden.[2]

3. Normstruktur

3   Nach § 18 Abs. 1 VersAusglG sollen beiderseitige Anrechte gleicher Art nicht ausgeglichen werden, wenn die Differenz ihrer Ausgleichswerte gering ist. Dasselbe gilt nach § 18 Abs. 2 VersAusglG für einzelne Anrechte mit geringem Ausgleichswert. Die Grenzwerte, bis zu deren Erreichen ein Ausgleichswert oder die Differenz beiderseitiger Ausgleichswerte gering ist, normiert § 18 Abs. 3 VersAusglG.

4. Regelungsinhalt

4   Das Familiengericht **soll** in diesen Fällen vom Ausgleich der Anrechte absehen. Das Gesetz formuliert also den konkreten Handlungsauftrag an die Familiengerichte, Anrechte nicht auszugleichen, wenn ihr Ausgleichswert oder die Differenz der Ausgleichswerte beiderseitiger Anrechte gleicher Art gering ist. Der Ausschluss des Versorgungsausgleichs bei Geringfügigkeit ist aber nicht zwingend vorgeschrieben. Vielmehr räumt das Gesetz dem Familiengericht ein Ermessen ein, Anrechte trotz Geringfügigkeit auszugleichen, wenn dazu im Einzelfall Anlass besteht. Das ist in der Regel der Fall, wenn das Absehen vom Ausgleich einzelner oder mehrerer Anrechte den Zweck des § 18 VersAusglG nicht erreichen würde, die von der Vorschrift gestattete Verletzung des Halbteilungsgrundsatzes also sachlich nicht gerechtfertigt ist.

II. Gesetzgebungsmaterialien

5   BT-Drs. 16/10144, S. 60 ff.; BT-Drs. 16/11903, S. 106 ff.

B. Praktische Bedeutung

6   Seit Inkrafttreten der Strukturreform des Versorgungsausgleichs hat – gemessen an der Zahl der veröffentlichten Entscheidungen – keine andere Vorschrift des Versorgungsausgleichsgesetzes die Rechtsprechung so sehr beschäftigt wie die sog. Bagatellregelung. Dabei geht es vor allem darum zu klären, ob und unter welchen Voraussetzungen trotz geringem Ausgleichswert oder geringer Differenz der Ausgleichswerte ein Ausgleich der betroffenen Anrechte veranlasst ist.

7   Die Praxis zeigt, dass die Vorschrift es – wie vom Gesetzgeber gewollt –[3] ermöglicht, den Ausgleich sog. Minianrechte zur Vermeidung unnötigen Verwaltungsaufwands und unnötiger Kosten auf einfache Weise auszuschließen. Allerdings ergeben sich auch häufig Konstellationen, in denen die schematische Anwendung der Bagatellregelung zu unsachgerechten Ergebnissen führen würde.

---

[1] BT-Drs. 16/10144, S. 60
[2] BT-Drs. 16/10144, S. 60; *Schmid*, FPR 2009, 196-201, 199.
[3] BT-Drs. 16/10144, S. 61.

C. Anwendungsvoraussetzungen

I. Geringfügigkeit (Absatz 3)

1. Ausgleichswert

Unter Ausgleichswert i.S.d. § 18 VersAusglG ist der Ausgleichswert nach § 1 Abs. 2 Satz 2 VersAusglG zu verstehen, also die Hälfte des Ehezeitanteils nach § 1 Abs. 1 VersAusglG.

8

2. Maßgebende Bezugsgröße

Für die Geringfügigkeit enthält § 18 Abs. 3 VersAusglG zwei unterschiedliche Grenzwerte, die beide an die allgemeine monatliche Bezugsgröße des § 18 SGB IV gekoppelt sind.

9

Maßgebend ist immer die Bezugsgröße nach § 18 Abs. 1 SGB IV. Das gilt auch für Anrechte aus dem Beitrittsgebiet. Die Bezugsgröße (Ost) nach § 18 Abs. 2 SGB IV ist unerheblich, weil § 18 Abs. 3 VersAusglG ausschließlich auf § 18 Abs. 1 SGB IV verweist.

10

Welcher der beiden Grenzwerte des § 18 Abs. 3 VersAusglG entscheidend ist, hängt davon ab, ob der Versorgungsträger den Ausgleichswert des betroffenen Anrechts als Rentenbetrag oder in einer anderen Bezugsgröße i.S.d. § 5 Abs. 1 VersAusglG ermittelt hat.

11

a. Grenzwert als Rentenbetrag

Berechnet der Versorgungsträger den Ehezeitanteil und damit auch den Ausgleichswert des Anrechts als Rentenbetrag, ist das Anrecht gering, wenn der Ausgleichswert am Ende der Ehezeit 1% der monatlichen Bezugsgröße nach § 18 Abs. 1 SGB IV nicht übersteigt. Dasselbe gilt für die Wertdifferenz beiderseitiger Anrechte.

12

Die Bagatellgrenze liegt also derzeit (Stand: 2014) bei einem monatlichen Rentenbetrag von 27,65 €.

13

Als Rentenbetrag werden insbesondere beamtenrechtliche Versorgungsanrechte ermittelt.

14

b. Grenzwert als Kapitalbetrag

Wenn der Versorgungsträger den Ausgleichswert nicht als Rentenbetrag, sondern in einer anderen Bezugsgröße i.S.d. § 5 Abs. 1 VersAusglG berechnet, kommt es auf den Kapitalwert bzw. korrespondierenden Kapitalwert nach den §§ 5 Abs. 3, 47 Abs. 2 VersAusglG an. Geringfügig sind Kapitalwerte, die nicht über 120% der monatlichen Bezugsgröße nach § 18 Abs. 1 SGB IV in Höhe von derzeit 3.318 € (Stand: 2014) hinausgehen.

15

In einem solchen Fall ist der Ausgleichswert eines Anrechts auch dann gering, wenn der korrespondierende Kapitalwert unter der Wertgrenze des § 18 Abs. 3 VersAusglG liegt, die dem Ausgleichswert zugrunde liegende Rentenleistung aber in der gesetzlichen Rentenversicherung einen Beitragsaufwand erfordern würde, der die Wertgrenze des § 18 Abs. 3 VersAusglG übersteigen würde.[4]

16

Dieser Grenzwert ist maßgebend für alle Anrechte, deren Ausgleichsbetrag nicht als Rentenbetrag ermittelt wird, insbesondere also für Anrechte mit Kapitalwerten, Entgeltpunkten, Versorgungspunkten, Steigerungszahlen, Versorgungsbausteinen etc. als maßgebender Bezugsgröße.

17

aa. Gesetzliche Rentenversicherung

Für die gesetzliche Rentenversicherung sind Entgeltpunkte (§§ 63, 64 Nr. 1 SGB VI) die maßgebliche Bezugsgröße i.S.d. § 5 Abs. 1 VersAusglG, so dass ein „anderer Fall" nach § 18 Abs. 3 VersAusglG vorliegt und für die Beurteilung, ob die Bagatellgrenze überschritten ist, auf den Kapitalwert abzustellen ist.[5]

18

bb. Öffentliche Zusatzversorgungen

Dasselbe gilt für Anrechte aus der Zusatzversorgung des öffentlichen Dienstes, deren Bezugsgröße Versorgungspunkte sind.[6]

19

---

[4] OLG Brandenburg v. 27.09.2013 - 3 UF 103/12.
[5] BGH v. 30.11.2011 - XII ZB 344/10 - FamRZ 2012, 192; BGH v. 30.11.2011 - XII ZB 328/10 - FamRZ 2012, 277; OLG Celle v. 22.11.2010 - 10 UF 232/09 - FamRZ 2011, 723; OLG Dresden v. 09.09.2010 - 23 UF 478/10.
[6] OLG Zweibrücken v. 23.11.2010 - 6 UF 162/10.

cc. Berufsständische Versorgungen

20 Bezugsgrößen der berufsständischen Versorgungssysteme sind in vielen Fällen Steigerungszahlen, Punktwerte oder Quotienten. Auch in diesen Fällen ist der Grenzwert als Kapitalbetrag maßgebend.

dd. Private Altersversorgung

21 Der Ausgleichswert einer privaten Lebensversicherung wird in der Regel als Kapitalwert ermittelt.

22 Dabei bleibt bei einer privaten Rentenversicherung, auf die § 176 Abs. 3 VVG a.F. anzuwenden ist, (auch) für die Prüfung der Geringwertigkeit des Anrechts die Aussicht auf Schlussüberschüsse und Beteiligung an den Bewertungsreserven beim Ausgleichswert unberücksichtigt, weil die Werte für den Schlussüberschuss und die Bewertungsreserven nur Verteilungsschlüssel für den Leistungsfall sind, auf die keine gesicherte Anwartschaft besteht, die abschließend bewertet und hälftig auf den anderen Ehegatten übertragen werden kann.[7]

ee. Betriebliche Altersversorgung

23 Auch bei betrieblichen Versorgungen kommt es für die Bestimmung des Grenzwerts nach § 18 Abs. 3 VersAusglG in der Regel auf den Kapitalwert an. Maßgebende Bezugsgrößen sind regelmäßig Kapitalbeträge oder Versorgungsbausteine.

c. Abweichungen der Grenzwerte

24 Zu prüfen ist jeweils nur eine der beiden Wertgrenzen, und zwar abhängig von der maßgebenden Bezugsgröße des Ausgleichswertes.[8]

25 Ermittelt der Versorgungsträger den Ausgleichswert als Rentenbetrag und überschreitet der Wert die 1%-Grenze, kommt ein Ausschluss des Ausgleichs nach § 18 VersAusglG auch dann nicht in Betracht, wenn der nach § 5 Abs. 3 VersAusglG ebenfalls mitgeteilte korrespondierende Kapitalwert nach § 47 Abs. 2 VersAusglG geringer ist als 120% der monatlichen Bezugsgröße nach § 18 Abs. 1 SGB IV.

26 Umgekehrt ist der Ausgleichswert eines Anrechts, den der Versorgungsträger nicht als Rentenbetrag, sondern in einer anderen Bezugsgröße i.S.d. § 5 Abs. 1 VersAusglG berechnet, auch dann gering, wenn der (korrespondierende) Kapitalwert unter der Wertgrenze des § 18 Abs. 3 VersAusglG liegt, die dem Ausgleichswert zugrunde liegende Rentenleistung aber in der gesetzlichen Rentenversicherung einen Beitragsaufwand erfordern würde, der die Wertgrenze des § 18 Abs. 3 VersAusglG übersteigen würde.[9]

27 Die Prüfung anhand des richtigen Grenzwertes ist vor allem deshalb von Bedeutung, weil beide Werte erheblich voneinander abweichen können. So ist etwa ein Anrecht in der gesetzlichen Rentenversicherung mit einem Ausgleichswert von 0,5040 EP nicht mehr geringfügig i.S.d. § 18 Abs. 3 VersAusglG. Maßgebende Bezugsgröße in der gesetzlichen Rentenversicherung sind Entgeltpunkte, so dass es für die Frage der Geringfügigkeit nicht auf den Rentenbetrag, sondern den Kapitalwert ankommt. Um ein Anrecht mit einem Ausgleichswert von 0,5040 EP zu begründen, ist ein Beitrag in Höhe von 3.320,34 € erforderlich (Stand: 2014). Der korrespondierende Kapitalwert nach § 47 Abs. 2 VersAusglG überschreitet also 120% der monatlichen Bezugsgröße nach § 18 Abs. 1 SGB IV in Höhe von 3.318 €. Gleichzeitig ergibt sich bei einem aktuellen Rentenwert von 28,61 € (Stand 2. Hj. 2014/ 1. Hj. 2015) aus 0,5040 EP ein monatlicher Rentenbetrag von 14,42 €, der deutlich unter der Geringfügigkeitsgrenze von 1% der monatlichen Bezugsgröße nach § 18 Abs. 1 SGB IV in Höhe von 27,65 € liegt. Würde man in diesem Fall die Geringfügigkeit entgegen § 18 Abs. 3 VersAusglG anhand des Rentenbetrages prüfen, wäre das Ergebnis falsch.[10]

28 Die vorstehende Berechnung zeigt gleichzeitig, dass die vom Gesetzgeber gewählten Grenzwerte kaum nachvollziehbar sind.[11] Sie können im Einzelfall zur Folge haben, dass das Anrecht eines Ehegatten, dessen Ausgleichswert doppelt so hoch ist wie der des Anrechts seines Ehepartners, als gering

---

[7] OLG Celle v. 30.08.2011 - 10 UF 127/11 - FamRZ 2012, 308; KG v. 25.03.2011 - 13 UF 229/10 - FamRZ 2011, 1733.
[8] BT-Drs. 16/10144, S. 61.
[9] OLG Brandenburg v. 27.09.2013 - 3 UF 103/12.
[10] Missverständlich deshalb BT-Drs. 16/11903, S. 107.
[11] Die Bagatellgrenzen entsprechen den Grenzwerten des § 3 Abs. 2 BetrAVG, bis zu denen ein Träger der betrieblichen Altersversorgung den Arbeitnehmer einseitig abfinden kann; kritisch zur Übernahme dieser Grenzwerte: *Ruland*, Versorgungsausgleich, 3. Aufl. 2011, Rn. 503.

zu betrachten ist, während das Anrecht des anderen alleine aufgrund einer anderen Bezugsgröße des Versorgungssystems ausgeglichen werden soll.

d. Grenzwerte nach § 18 Abs. 3 VersAusglG ab 1977

Jahr	§ 18 Abs. 1 SGB IV	1%	120%
1977	1.850 DM	18,50 DM	2.220 DM
1978	1.950 DM	19,50 DM	2.340 DM
1979	2.100 DM	21 DM	2.520 DM
1980	2.200 DM	22 DM	2.640 DM
1981	2.340 DM	23,40 DM	2.808 DM
1982	2.460 DM	24,60 DM	2.952 DM
1983	2.580 DM	25,80 DM	3.096 DM
1984	2.730 DM	27,30 DM	3.276 DM
1985	2.800 DM	28 DM	3.360 DM
1986	2.870 DM	28,70 DM	3.444 DM
1987	3.010 DM	30,10 DM	3.612 DM
1988	3.080 DM	30,80 DM	3.696 DM
1989	3.150 DM	31,50 DM	3.780 DM
1990	3.290 DM	32,90 DM	3.948 DM
1991	3.360 DM	33,60 DM	4.032 DM
1992	3.500 DM	35 DM	4.200 DM
1993	3.710 DM	37,10 DM	4.452 DM
1994	3.920 DM	39,20 DM	4.704 DM
1995	4.060 DM	40,60 DM	4.872 DM
1996	4.130 DM	41,30 DM	4.956 DM
1997	4.270 DM	42,70 DM	5.124 DM
1998	4.340 DM	43,40 DM	5.208 DM
1999	4.410 DM	44,10 DM	5.292 DM
2000	4.480 DM	44,80 DM	5.376 DM
2001	4.480 DM	44,80 DM	5.376 DM
2002	2.345 €	23,45 €	2.814 €
2003	2.380 €	23,80 €	2.856 €
2004	2.415 €	24,15 €	2.898 €
2005	2.415 €	24,15 €	2.898 €
2006	2.450 €	24,50 €	2.940 €
2007	2.450 €	24,50 €	2.940 €
2008	2.485 €	24,85 €	2.982 €
2009	2.520 €	25,20 €	3.024 €
2010	2.555 €	25,55 €	3.066 €
2011	2.555 €	25,55 €	3.066 €
2012	2.625 €	26,25 €	3.150 €
2013	2.695 €	26,95 €	3.234 €
2014	2.765 €	27,65 €	3.318 €

e. Teilungskosten

Das Gesetz lässt offen, ob bei der Prüfung der Grenzwerte vom Ehezeitanteil abgezogene Teilungskosten nach § 13 VersAusglG zu berücksichtigen sind oder nicht. Für die Berücksichtigung der Teilungskosten spricht die Praktikabilität. Denn der von den Versorgungsträgern vorgeschlagene Ausgleichswert ist in der Regel bereits der um die anteiligen Teilungskosten gekürzte Wert. Diese anteiligen Kosten wieder aus dem Ausgleichswert zu eliminieren, kann erheblichen Rechenaufwand verursachen, und zwar in den Fällen, in denen der Ausgleichswert nicht als Kapitalwert, sondern in einer anderen Bezugsgröße ermittelt wird. Andererseits ist zu berücksichtigen, dass Teilungskosten nach § 13 VersAusglG nur bei der internen Teilung, nicht aber bei der externen Teilung abgezogen werden dür-

§ 18 VersAusglG

fen. Die Frage, ob ein Anrecht unter die Bagatellregelung fällt oder nicht, kann aber nicht davon abhängen, welche Ausgleichsform der Versorgungsträger wählt. Hinzu kommt die Gefahr, dass der Versorgungsträger das Anrecht mithilfe der Teilungskosten „bagatellisiert". Vor diesem Hintergrund müssen Praktikabilitätserwägungen zurücktreten. Maßgebend im Rahmen der Bagatellprüfung ist deshalb der um die Teilungskosten bereinigte Ausgleichswert.[12]

31 Dagegen ist nach Ansicht des OLG Frankfurt zum Abgleich mit dem Grenzwert nach § 18 Abs. 3 VersAusglG der Ausgleichswert im Sinne des § 1 Abs. 2 Satz 2 VersAusglG ohne vorherigen Abzug der Teilungskosten nach § 13 VersAusglG zugrunde zu legen.[13]

II. Prüfungsreihenfolge

1. Absatz 1

32 Zu unterscheiden ist zwischen geringfügigen Ausgleichswerten einzelner Anrechte (Absatz 2) und einer geringfügigen Differenz der Ausgleichswerte beiderseitiger Anrechte (Absatz 1). Die Anordnung der beiden Absätze des § 18 VersAusglG gibt die Prüfungsreihenfolge vor.[14] Kommen beide Varianten der Geringfügigkeit in Betracht, muss zunächst geprüft werden, ob die Differenz der Ausgleichswerte gleichartiger Anrechte gering ist (Absatz 1).

33 **Berechnungsbeispiel 1:**
Die Eheleute M und F haben gleichartige Anrechte aus privaten Lebensversicherungen erworben. M verfügt über zwei Anrechte mit Ausgleichswerten von jeweils 1.000 € (Kapitalbetrag); F hat ein Anrecht mit einem Ausgleichswert von 3.500 €. Würde man in dieser Konstellation mit der Prüfung des § 18 Abs. 2 VersAusglG beginnen, würden die beiden geringen Anrechte des M ausscheiden; auszugleichen wäre nur das nicht geringe Anrecht der F. Dagegen führt die vorrangige Prüfung des § 18 Abs. 1 VersAusglG dazu, dass die Differenz der beiderseitigen Ausgleichswerte gering ist (3.500 € - 2.000 € < 3.150 €), so dass vom Ausgleich sämtlicher Anrechte abzusehen ist. Missachtet man die gebotene Prüfungsreihenfolge, besteht also die Gefahr einer Verletzung des Halbteilungsgrundsatzes.[15]

2. Absatz 2

34 Denkbar ist aber, dass nach Anwendung des § 18 Abs. 1 VersAusglG im Hinblick auf andere Anrechte § 18 Abs. 2 VersAusglG eingreift.

35 **Berechnungsbeispiel 2:**
In Beispiel 1 hat die F zusätzlich eine Betriebsrente zu erwarten; der Ausgleichswert beträgt als Kapitalbetrag 1.000 €. Dieses Anrecht bleibt bei der Prüfung des § 18 Abs. 1 VersAusglG unberücksichtigt, weil es andersartig ist als die Anrechte aus der privaten Altersversorgung. Der Ausgleichswert der Betriebsrente ist aber gering, so dass das Familiengericht auch insoweit von der Teilung absehen kann.

3. Obergrenze bei mehrfacher Anwendung der Bagatellregelungen

36 Zu berücksichtigen ist, dass bei der Anwendung des § 18 VersAusglG die Summe der Ausgleichswerte, deren Ausgleich zum Nachteil eines Ehepartners unterbleibt, den Grenzwert des § 18 Abs. 3 VersAusglG nicht – jedenfalls nicht erheblich – übersteigen darf; dann nämlich liegt kein Fall von Geringfügigkeit mehr vor. Sind also mehrere Anrechte vorhanden, die zwar alle einen geringen Ausgleichswert haben, aber in ihrer Summe die Bagatellgrenze deutlich übersteigen, ist der Ausgleich (jedenfalls eines Teils) der Anrechte im Regelfall geboten.[16] Zu einer Überschreitung der Obergrenze kann es bei der Anwendung des § 18 Abs. 2 VersAusglG vor allem dann kommen, wenn ein Ehepartner über eine Vielzahl geringwertiger Anrechte verfügt, deren Ausgleichswerte in der Summe die Grenze des § 18 Abs. 3 VersAusglG übersteigen. Dieselbe Gefahr besteht bei einer mehrfachen Anwendung des § 18 Abs. 1 VersAusglG auf verschiedene Gruppen gleichartiger Anrechte. Das kann etwa der Fall sein, wenn beide Ehepartner über gesetzliche Rentenanrechte und zusätzlich über öffent-

---

[12] So auch *Götsche* in: HK-VersAusglR, 2012, § 18 VersAusglG Rn. 8; *Wick*, FuR 2012, 230-235, 232.
[13] OLG Frankfurt v. 14.01.2013 - 2 UF 333/12.
[14] Vgl. *Ruland*, Versorgungsausgleich, 3. Aufl. 2011, Rn. 498; *Hauß*, FPR 2009, 214-219, 218.
[15] OLG Jena v. 29.07.2010 - 1 UF 179/10 - FamRZ 2011, 38.
[16] OLG Düsseldorf v. 24.03.2011 - 8 UF 203/10 - FamRZ 2011, 225; OLG Brandenburg v. 08.11.2011 - 10 UF 63/11 - FamFR 2012, 14; OLG Frankfurt v. 07.11.2011 - 5 UF 217/11 - FamRZ 2012, 714; OLG Hamm v. 24.10.2011 - 4 UF 158/11; OLG Hamm v. 13.02.2012 - 8 UF 265/11 - FamRZ 2012, 1808; OLG Düsseldorf v. 24.03.2011 - 8 UF 203/10 - FamFR 2011, 225; *Hauß*, FPR 2009, 214-219, 219.

liche Zusatzversorgungen oder gleichartige Anrechte aus privater Altersvorsorge verfügen. Schließlich kann die kumulierte Anwendung beider Ausprägungen der Bagatellregelung dazu führen, dass die Grenze des § 18 Abs. 3 VersAusglG überschritten wird.

Berechnungsbeispiel 3: 37
Die Betriebsrente der F in Beispiel 2 beträgt nicht 1.000 €, sondern 3.000 €. Die kumulierte Anwendung von § 18 Abs. 1 und 2 VersAusglG würde dann dazu führen, dass zum Nachteil des M insgesamt Ausgleichswerte von 4.500 € (1.500 € Differenz der Ausgleichswerte der Lebensversicherungen + 3.000 € Ausgleichswert der Betriebsrente) dem Ausgleich entzogen wären, also wesentlich mehr als der Bagatellwert von derzeit (Stand: 2014) 3.318 €.

Ob in solchen Fällen zur bestmöglichen Wahrung des Halbteilungsgrundsatzes alle geringwertigen Anrechte auszugleichen sind[17] oder ein Ausschluss einzelner Anrechte erfolgt[18], hängt von der gesamten Versorgungssituation im Einzelfall ab, insbesondere davon, ob und in welchem Umfang auch der andere Ehepartner über Anrechte mit geringem Ausgleichswert verfügt. 38

Nach anderer Auffassung bezieht sich die Grenze des § 18 Abs. 3 VersAusglG auf jedes einzelne Anrecht, so dass ein Ausschluss mehrerer Anrechte auch dann möglich ist, wenn die Summe der zum Nachteil eines Ehegatten ausgeschlossenen Ausgleichswerte die Bagatellgrenze (erheblich) übersteigt.[19] Für diese Gegenauffassung spricht der Wortlaut des § 18 Abs. 3 VersAusglG. Andererseits hat der Gesetzgeber in der Begründung des Gesetzes klar zum Ausdruck gebracht, dass eine Teilung trotz Geringfügigkeit notwendig sein kann, wenn ein Ehegatte über zahlreiche Anrechte mit jeweils geringen Ausgleichswerten verfügt, die in der Summe einen erheblichen Wert darstellen.[20] Darüber hinaus kann der in der Art. 6 GG verankerte Halbteilungsgrundsatz durch § 18 VersAusglG nicht unbegrenzt eingeschränkt werden. Wo – wenn nicht nach § 18 Abs. 3 VersAusglG – diese Grenze bei Anwendung der Bagatellregelung auf mehrere Anrechte zu ziehen ist, teilen die Vertreter der Gegenmeinung nicht mit. 39

Einige Oberlandesgerichte vertreten vermittelnde Auffassungen. Danach ist im Einzelfall unter Berücksichtigung sämtlicher Umstände – insbesondere der Versorgungssituation der Eheleute und der mit § 18 VersAusglG verfolgten Ziele – zu beurteilen, ob die Anwendung des § 18 Abs. 2 VersAusglG möglich ist, wenn mehrere Anrechte vorliegen, deren Ausgleichswerte in der Summe die Bagatellgrenze übersteigen.[21] Denn bei der Frage, ob die einzeln unter der Geringfügigkeitsgrenze liegenden Anrechte in der Summe darüber liegen, handele es sich um einen Gesichtspunkt, der im Rahmen des durch die Sollvorschrift des § 18 Abs. 1 und 2 VersAusglG eingeräumten Ermessens zu berücksichtigen sei.[22] Danach können mehrere geringwertige Anrechte nach § 18 Abs. 2 VersAusglG vom Ausgleich ausgeschlossen werden, wenn deren kumulierter Wert insgesamt nur geringfügig über der Bagatellgrenze liegt und weitere Gründe nicht zur Verletzung des Halbteilungsgrundsatzes führen.[23] 40

Andere differenzieren danach, ob die einzelnen Anrechte bei demselben Versorgungträger bestehen oder Bestandteil einer einheitlichen Versorgung sind. Danach ist für die Grenze des § 18 Abs. 3 VersAusglG die Summe der einzelnen Anrechte jedenfalls dann maßgeblich, wenn bei demselben Versorgungsträger mehrere Anrechte bestehen.[24] Dasselbe gilt, wenn im Rahmen einer einheitlichen betrieblichen Altersversorgung mehrere Anrechte – wenn auch bei unterschiedlichen Versorgungsträgern – begründet werden.[25] Eine Gesamtbetrachtung ist auch dann vorzunehmen, wenn mehrere Versorgungsanrechte eine wirtschaftliche Einheit bilden. Das ist bei den in der Zusatzversorgung des öffentlichen Dienstes bestehenden Versorgungsanrechten aus der Pflichtversicherung (VBL klassik) und der zusätzlichen freiwilligen Versicherung (VBL extra) der Fall, weil die Leistungen im Rentenfall in einer Summe ausgezahlt werden.[26] Dagegen soll alleine der Umstand, dass zwei Bagatellanrechte in ihrer 41

---

[17] So OLG Hamm v. 13.02.2012 - II-8 UF 265/11 - FamRZ 2012, 1808.
[18] So OLG Düsseldorf v. 24.03.2011 - 8 UF 203/10 - FamFR 2011, 225.
[19] OLG Stuttgart v. 21.04.2011 - 15 UF 81/11 - FamRZ 2011, 1593; OLG Düsseldorf v. 31.05.2011 - 7 UF 64/11 - FamFR 2011, 348.
[20] BT-Drs. 16/10144, S. 61.
[21] OLG Frankfurt v. 15.06.2012 - 2 UF 144/12 - NJW 2012, 3316; OLG Schleswig v. 15.04.2013 - 10 UF 47/13.
[22] OLG Frankfurt v. 11.06.2012 - 4 UF 94/12 - FamRZ 2013, 551.
[23] KG v. 25.03.2011 - 13 UF 229/10 - NJW-RR 2011, 1372; OLG Stuttgart v. 10.05.2011 - 11 UF 2/11 - FamRZ 2011, 1734.
[24] OLG Hamm v. 16.05.2013 - 6 UF 127/12.
[25] OLG Hamm v. 13.02.2013 - 6 UF 71/12.
[26] OLG Schleswig v. 15.04.2013 - 10 UF 219/12.

§ 18 VersAusglG

42 Summe den Grenzwert geringfügig überschreiten, es nicht rechtfertigen, den Versorgungsausgleich hinsichtlich dieser Anrechte durchzuführen, wenn die Anrechte bei zwei unterschiedlichen Versorgungsträgern bestehen mit der Folge, dass der Schutz der Versorgungsträger vor einer mit einem unverhältnismäßigen Verwaltungsaufwand durchzuführenden Teilung beachtlich bleibt.[27]

42 Nach Ansicht des OLG Schleswig führt die Ermessensausübung, wenn mehrere geringfügige Anrechte, die in der Summe den Grenzwert des § 18 Abs. 3 VersAusglG übersteigen, im Wege der externen Teilung ausgeglichen werden, in der Regel zur Nichtanwendung des § 18 Abs. 2 VersAusglG.[28]

III. Geringe Differenz der Ausgleichswerte (Absatz 1)

43 Nach § 18 Abs. 1 VersAusglG sollen Anrechte gleicher Art nicht ausgeglichen werden, wenn die Differenz ihrer Ausgleichswerte gering ist. Die Regelung zielt insbesondere auf Sachverhalte, bei denen kein Bedürfnis für einen Versorgungsausgleich besteht, weil beide Ehepartner in der Ehezeit denselben Beruf in demselben Umfang und mit gleichen oder ähnlich hohen Einkünften ausgeübt haben. Durch die Beschränkung auf Anrechte gleicher Art trägt die Vorschrift der Tatsache Rechnung, dass verschiedenartige Anrechte mit gleich hohem Kapitalwert nicht notwendig zu vergleichbaren Leistungen führen, weil sie sich im Hinblick auf ihr Leistungsspektrum, ihre Dynamik, ihren Insolvenzschutz und andere wertbildenden Faktoren erheblich unterscheiden können. Nur bei Anrechten gleicher Art kann unterstellt werden, dass annähernd gleiche Kapitalwerte zu vergleichbar hohen Versorgungen führen.

1. Anrechte gleicher Art

a. Strukturell gleichartige Anrechte

44 Anrechte gleicher Art sind – wie bei § 10 Abs. 2 Satz 1 VersAusglG – Anrechte, die sich in ihrer Struktur und Wertentwicklung so entsprechen, dass ein Saldenausgleich nach Verrechnung zu demselben wirtschaftlichen Ergebnis führt wie ein Hin-und-her-Ausgleich. Dazu ist eine strukturelle Übereinstimmung der Anrechte in wesentlichen Eigenschaften notwendig – etwa im Hinblick auf das Leistungsspektrum, die Finanzierungsart und die Anpassung im Anwartschafts- und Leistungsstadium.[29]

b. Übereinstimmung der Bezugsgrößen

45 Anrechte sind in der Regel nicht gleichartig, wenn sie in unterschiedlichen Bezugsgrößen berechnet werden. Das gilt insbesondere, wenn ein Anrecht als Rentenbetrag und das andere Anrecht in einer anderen Bezugsgröße ermittelt wird. Dann wäre nämlich unklar, welche Bezugsgröße für die notwendige Saldierung der Anrechte heranzuziehen ist. Unklar wäre außerdem, welcher Grenzwert nach § 18 Abs. 3 VersAusglG dann gelten soll.[30]

c. Regelsicherungssysteme

aa. Gesetzliche Rentenversicherung

46 Gleichartig sind danach Anrechte aus der allgemeinen gesetzlichen Rentenversicherung, und zwar unabhängig davon, ob für die Ehegatten verschiedene Rentenversicherungszweige zuständig sind (Deutsche Rentenversicherung Bund, Regionalträger der Deutschen Rentenversicherung, Deutsche Rentenversicherung Knappschaft-Bahn-See).[31]

47 Nach § 120f Abs. 2 Nr. 1 SGB VI sind dagegen regeldynamische Anrechte (Entgeltpunkte) und angleichungsdynamische Anrechte (Entgeltpunkte Ost) keine Anrechte gleicher Art, weil sie verschiedene Bezugsgrößen haben und die voneinander abweichenden aktuellen Rentenwerte zu unterschiedlich hohen Renten führen.[32] Auch Anrechte aus der allgemeinen Rentenversicherung und der knappschaftlichen Rentenversicherung sind keine gleichartigen Anrechte (§ 120f Abs. 2 Nr. 2 SGB VI).[33] Dasselbe

---

[27] OLG Hamm v. 29.05.2013 - 8 UF 36/13.
[28] OLG Schleswig v. 15.04.2013 - 10 UF 47/13.
[29] BT-Drs. 16/10144, S. 55.
[30] *Kemper*, Versorgungsausgleich in der Praxis, 2011, VIII. Rn. 54.
[31] BGH v. 30.11.2011 - XII ZB 328/10 - FamRZ 2012, 277.
[32] BGH v. 30.11.2011 - XII ZB 344/10 - FamRZ 2012, 192; OLG Rostock v. 28.09.2011 - 10 UF 104/11 - FamRZ 2012, 379; OLG Naumburg v. 29.08.2011 - 8 UF 121/11; a.A. OLG Schleswig v. 06.06.2011 - 15 UF 244/10 - FamRZ 2012, 300.
[33] OLG Hamm v. 04.01.2011 - 2 UF 225/10 - FamRZ 2011, 979; OLG Stuttgart v. 13.06.2011 - 15 UF 129/11 - FamRZ 2012, 303.

gilt für knappschaftliche Entgeltpunkte (Ost) und Entgeltpunkte (Ost) in der allgemeinen Rentenversicherung.[34] Auch Anrechte aus der allgemeinen Rentenversicherung und der hüttenknappschaftlichen Zusatzversicherung sind keine Anrechte gleicher Art.[35]

bb. Sonstige Regelsicherungssysteme

Gleichartig sind beamtenrechtliche Versorgungsanrechte und solche aus anderen öffentlich-rechtlichen Dienst- oder Amtsverhältnissen – etwa die Versorgungen der Richter und Soldaten. **48**

Dagegen sind – trotz § 16 Abs. 3 VersAusglG und § 47 Abs. 3 VersAusglG – Anrechte aus der gesetzlichen Rentenversicherung einerseits und beamtenrechtliche Versorgungsanrechte andererseits keine Anrechte gleicher Art, weil wesentliche strukturelle Merkmale beider Versorgungen erheblich voneinander abweichen.[36] In der Praxis wird dadurch aber in vielen Fällen eine interessengerechte Lösung erschwert. Stehen sich im Scheidungsverfahren ein Beamter und ein gesetzlich versicherter Ehepartner mit – ehezeitbezogen – geringer Wertdifferenz ihrer Versorgungsanrechte gegenüber, besteht regelmäßig die einzig sinnvolle und sachgerechte Lösung darin, den Versorgungsausgleich auszuschließen. Dieses Ziel können die Eheleute, wenn § 18 Abs. 1 VersAusglG nicht greift, nur durch eine Vereinbarung nach den §§ 6 ff. VersAusglG erreichen. Dadurch entstehen aber Mehrkosten. **49**

Zur Feststellung der Artgleichheit der Versorgungsanrechte ist bei Landes- und Kommunalbeamten, Zeitsoldaten und Widerrufsbeamten auf das zu belastende Anrecht und nicht auf das Anrecht abzustellen, das durch externe Teilung nach § 16 VersAusglG in der gesetzlichen Rentenversicherung begründet wird.[37] **50**

In vielen Fällen sind auch die Anrechte bei berufsständischen Versorgungswerken gleichartig.[38] **51**

d. Zusatzversorgungen des öffentlichen Dienstes

aa. Anrechte bei verschiedenen Zusatzversorgungskassen

Anrechte gleicher Art sind außerdem die bei unterschiedlichen Trägern bestehenden Zusatzversorgungen des öffentlichen Dienstes, weil sie sich in ihrer Struktur, ihrem Leistungsspektrum, der Finanzierungsart und hinsichtlich ihrer Dynamik entsprechen.[39] **52**

bb. Pflichtversicherung/freiwillige Versicherung

Anrechte aus der Pflichtversicherung der Zusatzversorgung des öffentlichen Dienstes einerseits und Anrechte in der gesetzlichen Rentenversicherung andererseits sind dagegen keine Anrechte gleicher Art.[40] **53**

Die Anrechte VBL klassik und VBL extra beruhen auf verschiedenen Rechtsgrundlagen; die Rechtsgrundlage der VBL klassik ist die Satzung der Versorgungsanstalt des Bundes und der Länder, diejenige der VBL extra sind die Allgemeinen Versicherungsbedingungen für die freiwillige Versicherung. Sie werden getrennt voneinander verwaltet. Bei der VBL klassik handelt es sich um eine Pflichtversicherung. Deren Höhe richtet sich nach der Summe der Versorgungspunkte, die sich wiederum nach der Höhe des zusatzversorgungspflichtigen Entgelts richten, somit entgeltabhängig sind. Die Anpassung dieser Betriebsrente erfolgt jährlich um 1%. Hingegen handelt es sich bei der VBL extra um eine freiwillige Versicherung, deren Höhe sich letztlich nach der Höhe der entrichteten Beiträge richtet. Die Anpassung erfolgt durch einen nicht garantierten Gewinnzuschlag von bis zu 20%. Die Anrechte VBL klassik und VBL extra können aufgrund der Verschiedenheit der Rechtsgrundlagen, der Finanzierungsart, des Leistungsspektrums und der Anpassung nicht miteinander verrechnet bzw. zusammengerechnet werden. Im Falle eines Ausgleichs beider Anrechte müssten für den Ausgleichsberechtigten daher auch zwei unterschiedliche Konten eingerichtet werden, eines für die VBL klassik und eines für die VBL extra, was einen hohen Verwaltungsaufwand und das Entstehen einer Splitterversorgung zur **54**

---

[34] OLG Karlsruhe v. 15.03.2012 - 18 UF 338/11 - FamRZ 2012, 1306.
[35] OLG Saarbrücken v. 30.09.2013 - 6 UF 148/13.
[36] BGH v. 07.08.2013 - XII ZB 211/13 - FamRZ 2013, 1636; OLG Celle v. 11.01.2012 - 10 UF 194/11 - FamRZ 2012, 1058.
[37] BGH v. 08.01.2014 - XII ZB 366/13 - FamRZ 2014, 549; a.A. vorhergehend OLG Schleswig v. 14.06.2013 - 12 UF 62/13.
[38] *Ruland*, Versorgungsausgleich, 3. Aufl. 2011, Rn. 512.
[39] OLG Köln v. 03.02.2012 - 4 UF 263/11; OLG Brandenburg v. 12.11.2013 - 3 UF 100/12; OLG Schleswig v. 26.09.2013 - 15 UF 80/13; OLG Hamm v. 21.08.2013 - 8 UF 126/13.
[40] OLG Stuttgart v. 14.06.2011 - 15 UF 74/11 - FamRZ 2011, 1733.

Folge hätte. Auch im Rentenfall müssten die Leistungen aus den beiden Versorgungen, insbesondere auch wegen der unterschiedlichen Anpassungsregelungen, immer getrennt voneinander berechnet werden.[41]

cc. Öffentliche Zusatzversorgung/betriebliche Altersversorgung

55 Anrechte aus der Zusatzversorgung des öffentlichen Dienstes einerseits und Anrechte aus betrieblicher Altersversorgung andererseits sind keine Anrechte gleicher Art.[42]

dd. Öffentliche Zusatzversorgung/gesetzliche Rentenversicherung

56 Anrechte aus der Pflichtversicherung der Zusatzversorgung des öffentlichen Dienstes einerseits und Anrechte in der gesetzlichen Rentenversicherung andererseits sind keine Anrechte gleicher Art.[43]

e. Private Altersversorgungen

57 Private kapitalgedeckte Versorgungen, deren Leistungen ausschließlich aus dem Deckungskapital erbracht werden, können auch dann gleichartig sein, wenn sie bei unterschiedlichen Versicherungsunternehmen bestehen.[44]

f. Betriebsrenten

58 Versorgungsanwartschaften aus der gesetzlichen Rentenversicherung einerseits und aus einer betrieblichen Direktzusage andererseits sind nicht gleichartig.[45]

aa. Direktversicherungen

59 Anrechte aus betrieblicher Altersversorgung sind im Regelfall keine gleichartigen Anrechte. Wählt der Arbeitgeber allerdings bei der betrieblichen Direktversicherung die versicherungsvertragliche Lösung nach § 2 Abs. 2 Satz 2 BetrAVG, sind die entsprechenden Anrechte gleichartig.[46] Sind neben der Direktversicherung Anrechte aus privaten kapitalgedeckten Versorgungen vorhanden, können auch diese Anrechte gleichartig sein.

bb. Sonstige Durchführungswege

60 Bei allen anderen Durchführungswegen i.S.d. § 2 BetrAVG sind Anrechte selbst bei Identität des Durchführungsweges und Identität des Versorgungsträgers nicht notwendig gleichartig.[47]

61 Arbeitgeberfinanzierte Direktzusagen im Sinne des Betriebsrentengesetzes (BetrAVG) sind jedenfalls dann nicht gleichartig, wenn sie sich hinsichtlich der Anpassung von Anwartschaften und laufenden Versorgungen deutlich unterscheiden.[48]

2. Saldierung gleichartiger Anrechte

62 Verfügt ein Ehepartner über mehrere Anrechte gleicher Art, müssen die Ausgleichswerte bei der Anwendung des § 18 Abs. 1 VersAusglG saldiert werden. Nur wenn die Differenz der Salden aller gleichartigen Anrechte gering ist, kommt ein Ausschluss in Betracht.[49]

63 **Berechnungsbeispiel 4:**
Ehemann M und Ehefrau F haben gleichartige Anrechte aus privaten Rentenversicherungen mit Kapitalwerten von 6.000 € (M) und 5.000 € (F) erworben. M verfügt über eine weitere, ebenfalls gleichartige Versicherung mit einem Ausgleichswert (Kapitalbetrag) von 4.000 €. Ein Teilausschluss der erstgenannten Ausgleichswerte wäre unzulässig, weil dadurch die Grenze des § 18 Abs. 3 VersAusglG umgangen würde.

---

[41] OLG Frankfurt v. 16.07.2013 - 1 UF 125/13; OLG Koblenz v. 26.07.2013 - 13 UF 700/08.
[42] OLG Karlsruhe v. 23.12.2010 - 18 UF 251/10 - FamRZ 2011, 641.
[43] OLG Stuttgart v. 14.06.2011 - 15 UF 74/11 - FamRZ 2011, 1733.
[44] *Hauß*, FPR 2009, 214-219, 217.
[45] OLG Bamberg v. 18.11.2010 - 2 UF 211/10.
[46] *Hauß*, FPR 2009, 214-219, 218.
[47] *Hauß*, FPR 2009, 214-219, 218.
[48] OLG Brandenburg v. 25.11.2013 - 3 UF 75/12.
[49] *Hauß*, FPR 2009, 214-219, 219; *Kemper*, ZFE 2009, 204-211, 207; missverständlich BT-Drs. 16/11903, S. 106.

IV. Geringe Ausgleichswerte einzelner Anrechte (Absatz 2)

Nach § 18 Abs. 2 VersAusglG soll das Familiengericht auch vom Ausgleich einzelner Anrechte mit geringen Ausgleichswerten absehen. Die Vorschrift ist verfassungskonform.[50] 64

1. Anrecht mit geringem Ausgleichswert

Der Ausschluss des Ausgleichs nach § 18 Abs. 2 VersAusglG betrifft einzelne Anrechte der Ehegatten, deren Ausgleichswert unter der Grenze des § 18 Abs. 3 VersAusglG liegt. 65

2. Sperrwirkung des Absatzes 1

Nach Auffassung des BGH entfaltet § 18 Abs. 1 VersAusglG für Anrechte gleicher Art eine Sperrwirkung für die Anwendung des § 18 Abs. 2 VersAusglG. Danach findet § 18 Abs. 2 VersAusglG auf Anrechte gleicher Art im Sinne von § 18 Abs. 1 VersAusglG, der den Ausgleich „einzelner" Anrechte regelt, keine Anwendung.[51] Die Anwendung des § 18 Abs. 2 VersAusglG soll also nicht in Betracht kommen, wenn das Anrecht vorrangig im Rahmen des § 18 Abs. 1 VersAusglG zu berücksichtigen ist. Wenn andere, gleichartige Anrechte vorhanden sind, ein Ausschluss nach § 18 Abs. 1 VersAusglG aber nicht möglich ist, darf das einzelne Anrecht nach Auffassung des BGH auch nicht nach § 18 Abs. 2 VersAusglG ausgeschlossen werden. 66

Die Annahme einer generellen Sperrwirkung des § 18 Abs. 1 VersAusglG kann aber zu unbefriedigenden Ergebnissen führen, wenn zusätzlich ein anderes Anrecht mit geringem Ausgleichswert zu berücksichtigen ist.[52] Hat etwa ein Ehepartner ein nicht geringwertiges Anrecht in der gesetzlichen Rentenversicherung und daneben ein Anrecht aus privater oder betrieblicher Altersvorsorge mit geringem Ausgleichswert erworben und der andere Ehepartner ein Anrecht in der gesetzlichen Rentenversicherung mit geringem Wert, gebietet es der Halbteilungsgrundsatz gerade, auf beiden Seiten den Ausgleich der Anrechte mit geringem Ausgleichswert auszuschließen. 67

Berechnungsbeispiel 5[53]: 68

	Ehemann	Ehefrau
Ausgleichswerte:	2 Entgeltpunkte	0,40 Entgeltpunkte
Kapitalwerte:	12.736 €	2.547 €
Betriebsrente: (Kapitalwert)	2.500 €	

Die Teilung des gesetzlichen Anrechts des Ehemanns und der Ausschluss der beiden geringwertigen Anrechte nach § 18 Abs. 2 VersAusglG würde dem Halbteilungsgrundsatz optimal Rechnung tragen; unverhältnismäßiger Verwaltungsaufwand droht nicht. Die vom BGH angenommene Sperrwirkung des § 18 Abs. 1 VersAusglG verbietet aber die Anwendung des § 18 Abs. 2 VersAusglG auf das gesetzliche Rentenanrecht der Ehefrau. Der mit dem Halbteilungsgrundsatz begründete Anwendungsausschluss des § 18 Abs. 2 VersAusglG führt dann gerade dazu, dass die Halbteilung verfehlt wird.[54] 69

Bei der Anwendung des § 18 Abs. 2 VersAusglG ist deshalb immer die Prüfung erforderlich, ob der Ausschluss des Ausgleichs eines geringwertigen Anrechts im Einzelfall unter Berücksichtigung der gesamten Versorgungssituation sachgerecht ist. 70

Das OLG Saarbrücken hat die Rechtsprechung des BGH zur Sperrwirkung des § 18 Abs. 1 VersAusglG – folgerichtig – auf den Fall zweier gleichartiger privater Rentenversicherungen mit nicht geringer Ausgleichswertdifferenz übertragen und beide Rentenversicherungen geteilt, obwohl eine davon geringwertig im Sinne des § 18 Abs. 2 VersAusglG war.[55] Die Teilung der Rentenversicherung mit dem geringen Ausgleichswert hat – wenn keine Verrechnung nach § 10 Abs. 2 VersAusglG möglich 71

---

[50] OLG Stuttgart v. 27.10.2010 - 15 UF 196/10 - FamRZ 2011, 1086.
[51] BGH v. 30.11.2011 - XII ZB 344/10 - FamRZ 2012, 192; BGH v. 30.11.2011 - XII ZB 328/10 - FamRZ 2012, 277; BGH v. 18.01.2012 - XII ZB 501/11 - FamRZ 2012, 513; OLG Brandenburg v. 08.11.2011 - 10 UF 286/11 - FamRZ 2012, 715; dagegen OLG Frankfurt v. 16.01.2012 - 5 UF 381/10 - FamFR 2012, 254; OLG Frankfurt v. 17.01.2011 - 5 UF 278/10 - FamFR 2011, 469; OLG Schleswig v. 16.12.2011 - 10 UF 117/11; OLG Naumburg v. 18.11.2011 - 8 UF 226/11; OLG Brandenburg v. 11.04.2011 - 15 UF 145/10 - NJW-RR 2011, 1575; OLG Köln v. 19.10.2012 - 4 UF 167/12.
[52] OLG Frankfurt v. 17.01.2011 - 5 UF 278/10 - FamFR 2011, 469; OLG Celle v. 04.03.2010 - 10 UF 282/08 - FamRZ 2010, 979; *Wick*, FuR 2012, 230-235, 234; *Breuers*, FuR 2012, 117-119, 119.
[53] Nach *Breuers*, FuR 2012, 117-119, 119.
[54] *Breuers*, FuR 2012, 117-119, 119.
[55] OLG Saarbrücken v. 06.06.2012 - 6 UF 47/12.

ist – zur Folge, dass für den insoweit ausgleichsberechtigten Ehepartner eine neue Rentenversicherung zu begründen ist. Dadurch entsteht für den Versorgungsträger trotz des geringen Werts genau der unverhältnismäßige Verwaltungsaufwand, den § 18 VersAusglG gerade verhindern soll. Die Entscheidung zeigt also, dass der BGH mit der Annahme einer uneingeschränkten Sperrwirkung des § 18 Abs. 1 VersAusglG für die Anwendung des § 18 Abs. 2 VersAusglG auf gleichartige Anrechte über das Ziel hinausschießt.

3. Bewertungshindernisse

72 Die Bagatellklausel kann auch angewendet werden, wenn die genaue Höhe des Ausgleichswerts eines Anrechts (vorübergehend) nicht zu ermitteln ist, aber sicher feststeht, dass der Ausgleichswert unter dem maßgebenden Grenzwert liegt.[56]

V. Ausgleich trotz Geringfügigkeit

1. Ermessen des Familiengerichts

73 Das Gesetz räumt dem Familiengericht bei der Anwendung des § 18 VersAusglG ein Ermessen ein. Das Familiengericht **soll** bei geringen Ausgleichswerten oder geringer Differenz der Ausgleichswerte von der Teilung der Anrechte absehen. Es kann von der Bagatellregelung aber abweichen, wenn der Ausgleich im Einzelfall geboten ist. Das Familiengericht muss deshalb in jedem Einzelfall prüfen, ob trotz geringer Differenz- bzw. Ausgleichswerte angesichts der beiderseitigen Versorgungssituation ausnahmsweise ein Ausgleich geboten ist.

74 Dabei dürfen nach Auffassung des OLG Brandenburg aber die Umstände, die zur Anwendbarkeit des § 18 VersAusglG führen, nicht als Abwägungskriterium in die Ermessensprüfung einbezogen werden.[57]

2. Zersplitterung der Altersversorgung

75 Eine Teilung trotz Geringfügigkeit kann notwendig sein, wenn ein Ehegatte über zahlreiche Anrechte mit jeweils geringen Ausgleichswerten verfügt, die in der Summe einen erheblichen Wert darstellen.[58] Zu denken ist etwa an mehrere private Altersversorgungen mit jeweils geringen Beiträgen oder eine betriebliche Altersversorgung, die aus zahlreichen einzelnen Betriebsrenten besteht. Die Anwendung des § 18 Abs. 2 VersAusglG würde in solchen Fällen dazu führen, dass ein erheblicher Teil der Altersversorgung, der in der Summe die Bagatellgrenze weit überschreitet, zum Nachteil des anderen Ehegatten unberücksichtigt bliebe.

76 **Berechnungsbeispiel 6:**
Ehemann M hat in der Ehezeit drei (nicht gleichartige) Betriebsrenten mit Ausgleichswerten von jeweils 2.000 € (Kapitalwert) erworben, Ehefrau F ein Anrecht aus einer privaten Rentenversicherung mit einem Ausgleichswert von 6.000 € (Kapitalwert). Die Ausgleichswerte der Betriebsrenten des M sind jeweils geringer als der Grenzwert nach § 18 Abs. 3 VersAusglG und sollen deshalb nach § 18 Abs. 2 VersAusglG nicht ausgeglichen werden. Der Saldo der Ausgleichswerte der Betriebsrenten des M entspricht zwar dem Wert des Anrechts der F aus der privaten Lebensversicherung; die Anrechte sind aber nicht gleichartig, so dass § 18 Abs. 1 VersAusglG nicht greift. Auszugleichen wäre also nur das Anrecht der F aus der privaten Rentenversicherung. Danach wäre alleine F ausgleichspflichtig, obwohl M bei Saldierung aller Ehezeitanteile über eine gleichwertige Altersversorgung verfügt. Um dieses Ergebnis zu vermeiden, muss das Familiengericht trotz § 18 Abs. 2 VersAusglG die Betriebsrenten des M ausgleichen.

3. Auffüllen bestehender Versorgungen

77 Denkbar ist auch, dass es dem ausgleichsberechtigten Ehepartner gelingt, durch einen geringfügigen Ausgleich ein schon bestehendes eigenes Anrecht so aufzufüllen, dass dadurch ein Mindestwert für den späteren Rentenbezug erfüllt wird.

---

[56] OLG Düsseldorf v. 18.02.2011 - 7 UF 202/10 zum Anrecht aus einer Zusatzversorgung des öffentlichen Dienstes, das nicht geteilt werden konnte, weil es eine verfassungswidrige Startgutschrift enthielt; dazu BGH v. 14.11.2007 - IV ZR 74/06 - FamRZ 2008, 395.
[57] OLG Brandenburg v. 26.09.2013 - 3 UF 193/12.
[58] BT-Drs. 16/10144, S. 61.

Berechnungsbeispiel 7 (Stand 2014): 78

Ehemann M und Ehefrau F haben in der Ehezeit gesetzliche Rentenanrechte mit Ausgleichswerten von 2,0 EP (M) und 1,8 EP (F) erworben. F hat vor der Ehe keine Anrechte in der gesetzlichen Rentenversicherung erworben. Die Mindestwartezeit von 60 Monaten nach § 50 Abs. 1 Satz 1 Nr. 2 SGB VI ist nicht erfüllt; dazu fehlen rund 0,08 EP. Nach der Ehezeit wird F voraussichtlich keine gesetzlichen Rentenanrechte mehr erwerben. Nach § 18 Abs. 2 VersAusglG könnte das Familiengericht von der Teilung beider Anrechte absehen, weil die Anrechte gleichartig sind und die Differenz ihrer Ausgleichswerte gering ist (13.176 € - 11.858 € = 1.318 € < 3.318 €). F würde dann nach Erreichen der Altersgrenze keine Rente aus der gesetzlichen Rentenversicherung beziehen, weil sie die notwendige Wartezeit nicht erreicht hat. Durch die Teilung der Anrechte würde F dagegen 0,2 EP erhalten und dadurch die Mindestwartezeit erfüllen, so dass der Ausgleich trotz Geringfügigkeit geboten ist.

Die Wartezeit nach § 50 Abs. 1 Satz 1 Nr. 2 SGB VI spielt allerdings keine Rolle, wenn neben den Anrechten in der gesetzlichen Rentenversicherung eine beamtenrechtliche Versorgung besteht.[59] 79

4. Beengte wirtschaftliche Verhältnisse

Auch bei beengten wirtschaftlichen Verhältnissen kann ein Ausgleich trotz objektiver Geringfügigkeit erforderlich sein, wenn der Ausgleichsberechtigte insgesamt über eine nur unzureichende Altersversorgung verfügt, auf jede – wenn auch geringe – Erhöhung angewiesen ist und es sich nicht leisten kann, auf einen Wert von bis zu 3.318 € zu verzichten. Ein Ausgleich geringwertiger Anrechte ist deshalb in Betracht zu ziehen, wenn der Ausgleichsberechtigte auch bei Ausschöpfung seiner Erwerbsmöglichkeiten nicht in der Lage wäre, eine das Existenzminimum sichernde Altersrente zu erarbeiten.[60] 80

5. Besonderheiten des auszugleichenden Anrechts

Darüber hinaus kann der Ausgleich eines Anrechts mit geringem Ausgleichswert veranlasst sein, wenn Besonderheiten des auszugleichenden Anrechts – etwa eine herausragende Dynamik oder besonders großzügige Leistungsvoraussetzungen – die Teilhabe des anderen Ehepartners geboten erscheinen lassen.[61] 81

6. Normzweckverfehlung/Vorrang des Halbteilungsgrundsatzes

Daneben kann ein Ausgleich trotz Geringfügigkeit geboten sein, wenn der Zweck des § 18 VersAusglG anderenfalls offensichtlich verfehlt würde. Das kann der Fall sein, wenn mit dem Ausgleich kein unverhältnismäßig hoher Verwaltungsaufwand für die Versorgungsträger verbunden ist und die Gefahr der Begründung eines sog. Minianrechts nicht besteht. In solchen Fällen ist dem Halbteilungsgrundsatz grundsätzlich Vorrang einzuräumen.[62] 82

Nach dem Gesetzeszweck sind der Rechtsprechung des BGH zufolge die Belange der Verwaltungseffizienz auf Seiten des Versorgungsträgers gegen das Interesse des ausgleichsberechtigten Ehegatten an der Erlangung auch geringfügiger Anrechte abzuwägen. Bei dieser Abwägung dürfe der Halbteilungsgrundsatz als Maßstab des Versorgungsausgleichsrechts nicht außer Betracht bleiben; dieser sei bei der Auslegung einzelner Vorschriften und Ermessensentscheidungen des Versorgungsausgleichs stets zu berücksichtigen. Kann – so der BGH – die mit der Bagatellregelung bezweckte Verwaltungsvereinfachung nicht in einem den Ausschluss des Ausgleichs rechtfertigenden Maße erreicht werden, gebührt dem Halbteilungsgrundsatz der Vorrang.[63] 83

In der Praxis ist zu beobachten, dass aus den genannten Entscheidungen des BGH, die sich mit dem Ausgleich gesetzlicher Rentenanrechte und Fällen der externen Teilung befasst haben, fehlerhaft der Schluss gezogen wird, die Bagatellregelung sei auf gesetzliche Rentenanrechte und in den Fällen der externen Teilung grundsätzlich nicht anwendbar. Beide Aussagen sind falsch. Die Entscheidung darü- 84

---

[59] *Ruland*, Versorgungsausgleich, 3. Aufl. 2011, Rn. 521; BGH v. 12.12.1990 - XII ZB 43/90 - FamRZ 1991, 544 zu § 3c Satz 1 VAHRG a.F.
[60] BT-Drs. 16/10144, S. 61; OLG Düsseldorf v. 28.06.2011 - 8 UF 199/10 - FamRZ 2011, 1733.
[61] BT-Drs. 16/10144, S. 61.
[62] BGH v. 30.11.2011 - XII ZB 344/10 - FamRZ 2012, 192; BGH v. 30.11.2011 - XII ZB 328/10 - FamRZ 2012, 277; BGH v. 30.11.2011 - XII ZB 79/11 - FamRZ 2012, 189; BGH v. 01.02.2012 - XII ZB 172/11 - FamRZ 2012, 610; BGH v. 29.02.2012 - XII ZB 609/10 - FamRZ 2012, 694.
[63] BGH v. 31.10.2012 - XII ZB 588/11 - FamRZ 2013, 207.

ber, ob gesetzliche Rentenanrechte trotz geringer Ausgleichswerte bzw. geringer Differenz der Ausgleichswerte auszugleichen sind oder nicht, erfordert vielmehr eine differenzierte Betrachtung der gesamten Versorgungssituation im Einzelfall. Dasselbe gilt für die Fälle der externen Teilung.

85   Im Rahmen der Ermessensausübung ist neben dem Gesichtspunkt der Verwaltungsvereinfachung auch zu berücksichtigen, ob trotz eines geringen Wertunterschieds zwischen den gleichartigen Anrechten ein wirtschaftliches Interesse des ausgleichsberechtigten Ehegatten an der Erlangung des Anrechts besteht. Ein geringer Verwaltungsaufwand der beteiligten Versorgungsträger schließt in den Fällen des fehlenden wirtschaftlichen Interesses des ausgleichsberechtigten Ehegatten die Anwendung des § 18 Abs. 1 VersAusglG nicht grundsätzlich aus. Wenn die Differenz der Ausgleichswerte der gleichartigen Anrechte die anfallenden Teilungskosten nur geringfügig übersteigt, besteht im Regelfall kein wirtschaftliches Interesse des ausgleichsberechtigten Ehegatten an der Erlangung des Anrechts.[64]

a. Gesetzliche Rentenanrechte

aa. Geringer Ausgleichswert eines gesetzlichen Rentenanrechts

86   Der Ausgleich eines geringwertigen Anrechts in der gesetzlichen Rentenversicherung kann geboten sein, wenn beide Eheleute gesetzliche Rentenanrechte erworben haben und die Differenz der Ausgleichswerte nicht gering ist, wohl aber der Ausgleichswert des Anrechts eines Ehepartners. Sinn und Zweck des § 18 VersAusglG ist es, unnötigen Verwaltungsaufwand durch die Berücksichtigung von Minimalanrechten zu verhindern. Da aber bei dem Zusammentreffen zweier Anrechte in der gesetzlichen Rentenversicherung ein solcher Verwaltungsaufwand nicht entsteht, vielmehr eine Verrechnung stattfindet, ist die Anwendung der Vorschrift des § 18 VersAusglG nicht geboten.[65]

87   **Berechnungsbeispiel 8 (Stand 2014):**
Ehemann M und Ehefrau F haben in der Ehezeit ausschließlich gesetzliche Rentenanrechte erworben, und zwar mit Ausgleichswerten von 4 EP (M, korrespondierender Kapitalwert: 26.352 €) und 0,25 EP (F, korrespondierender Kapitalwert: 1.647 €). Die Differenz der Ausgleichswerte ist nicht gering, ebenso wenig der Ausgleichswert des Anrechts des M. Geringfügig und deshalb grundsätzlich nicht auszugleichen wäre das Anrecht der F. Die F erhielte die Hälfte des Ehezeitanteils der Versorgung des M, während ihr das eigene Anrecht ungekürzt erhalten bliebe. Diese Verletzung des Halbteilungsgrundsatzes lässt sich nicht mit dem Zweck des § 18 VersAusglG, unnötigen Verwaltungsaufwand zu vermeiden, rechtfertigen. Denn der Aufwand des Rentenversicherungsträgers wird nicht dadurch erhöht, dass er nicht nur einseitig Entgeltpunkte überträgt, sondern nach § 10 Abs. 2 VersAusglG, § 120f Abs. 1 SGB VI die zu übertragenden Entgeltpunkte verrechnen muss. Damit besteht kein sachlicher Grund, vom Ausgleich des geringen Anrechts der F abzusehen.

88   Der Ausgleich ist regelmäßig auch dann durchzuführen, wenn die Ausgleichswertdifferenz der gesetzlichen Rentenanrechte der Eheleute gering ist und beide Anrechte – isoliert betrachtet – geringe Ausgleichswerte haben.[66]

bb. Dynamische und angleichungsdynamische Anrechte

89   Haben beide Ehegatten nicht geringwertige, dynamische Anrechte in der gesetzlichen Rentenversicherung (Entgeltpunkte) erworben und ein Ehepartner darüber hinaus ein angleichungsdynamisches Anrecht (Entgeltpunkte Ost) mit geringem Ausgleichswert, besteht ebenfalls kein sachlicher Grund, den Ausgleich des angleichungsdynamischen Anrechts auszuschließen. In solchen Fällen gebietet der Halbteilungsgrundsatz den Ausgleich eines einzelnen Anrechts mit geringem Ausgleichswert, weil mit dem Ausgleich kein unverhältnismäßig hoher Verwaltungsaufwand für die Versorgungsträger verbun-

---

[64] OLG Schleswig v. 04.07.2013 - 10 UF 89/13.
[65] OLG Düsseldorf v. 07.06.2011 - 8 UF 156/10 - FamRZ 2011, 1797; OLG Celle v. 04.05.2011 - 10 UF 147/10 - NJW-RR 2011, 1571; OLG Karlsruhe v. 12.01.2011 - 18 UF 150/10 - FamRZ 2011, 979; OLG Frankfurt v. 17.01.2011 - 5 UF 278/10 - FamFR 2011, 469; OLG Hamm v. 28.07.2011 - 1 UF 38/11 - FamRZ 2012, 713; OLG Brandenburg v. 21.10.2011 - 10 UF 309/11 - FamRZ 2012, 379; a.A. OLG Stuttgart v. 15.06.2010 - 15 UF 85/10 - FamRZ 2010, 1805; OLG Nürnberg v. 24.11.2010 - 11 UF 1504/10 - FamRZ 2011, 899; OLG Koblenz v. 01.03.2011 - 13 UF 77/11 - FamFR 2011, 352.
[66] OLG Zweibrücken v. 09.01.2013 - 6 UF 167/12; vgl. zum Ausgleich gesetzlicher Rentenanrechte mit geringer Wertdifferenz auch OLG Düsseldorf v. 27.05.2013 - 8 UF 11/12; OLG Düsseldorf v. 27.05.2013 - 8 UF 89/12.

den ist. Wenn die Ehegatten nämlich weitere gleichartige Anrechte in der gesetzlichen Rentenversicherung erworben haben, die nach § 10 VersAusglG ausgeglichen werden, muss der Versorgungsträger ohnehin Umbuchungen auf den Konten vornehmen.[67]

Auch wenn beiderseitige dynamische Anrechte auszugleichen sind, weil § 18 Abs. 1 VersAusglG insoweit nicht greift, müssen zusätzlich bestehende angleichungsdynamische Anrechte beider Eheleute auch dann ausgeglichen werden, wenn für diese die Voraussetzungen des § 18 Abs. 1 VersAusglG vorliegen.[68] 90

Dasselbe gilt für geringwertige knappschaftliche Anrechte neben werthaltigen dynamischen Rentenanrechten.[69] 91

Nach Ansicht des Oberlandesgerichts Brandenburg kann der Versorgungsausgleich dagegen ausgeschlossen werden, wenn ein Ehegatte die höheren angleichungsdynamischen und der andere Ehegatte die höheren regeldynamischen Anrechte erworben hat und die Differenz der beiderseitigen Ausgleichswerte gering ist. Sind sämtliche Ausgleichswerte bzw. Ausgleichswertdifferenzen gering, habe es bei dem gesetzlich angeordneten Ausschluss des Ausgleichs zu verbleiben.[70] Die Entscheidung ist mit der Rechtsprechung des BGH zum Vorrang des Halbteilungsgrundsatzes bei der Anwendung des § 18 VersAusglG in Fällen der Normzweckverfehlung allerdings kaum vereinbar. Sie übersieht, dass der Zweck der Bagatellregelung, unverhältnismäßig hohen Verwaltungsaufwand zu vermeiden, beim Ausschluss des Ausgleichs gesetzlicher Rentenanrechte nie erreicht werden kann. Das gilt unabhängig davon, ob sämtliche Ausgleichswerte und Ausgleichswertdifferenzen gering sind oder nicht. 92

Das OLG Zweibrücken hat deshalb zutreffend entschieden, dass der Wertausgleich regelmäßig auch dann durchzuführen ist, wenn die Ausgleichswertdifferenz der gesetzlichen Rentenanrechte der Eheleute gering ist und beide Anrechte geringe Ausgleichswerte haben.[71] 93

cc. Hinzutreten anderer Anrechte

Danach verbleibt, wenn ausschließlich Anrechte in der gesetzlichen Rentenversicherung auszugleichen sind, unter Berücksichtigung des Normzwecks und des Halbteilungsgrundsatzes kein Raum für die Anwendung des § 18 VersAusglG.[72]. Eine andere Bewertung kann aber notwendig sein, wenn die Eheleute über weitere, nicht gleichartige Anrechte mit geringem Ausgleichswert verfügen. Dann kann der Halbteilungsgrundsatz es erfordern, neben dem Ausschluss dieser Anrechte nach § 18 Abs. VersAusglG auch den Ausgleich des geringwertigen gesetzlichen Rentenanrechts auszuschließen.[73] 94

b. Betriebliche Versorgungen

Ähnlich wie beim Ausgleich mehrerer Anrechte in der gesetzlichen Rentenversicherung kann die Bagatellregelung auch beim Ausgleich einer aus mehreren Bausteinen bestehenden betrieblichen Altersversorgung ihren Zweck verfehlen, wenn ein Baustein keinen geringen Ausgleichswert hat. Verlangt der Träger einer solchen Versorgung die externe Teilung, muss im Hinblick auf den werthaltigen Bau- 95

---

[67] BGH v. 30.11.2011 - XII ZB 344/10 - FamRZ 2012, 192; OLG Celle v. 04.03.2010 - 10 UF 282/08 - FamRZ 2010, 979 m. zust. Anm. *Bergner*, FamRZ 2010, 221; OLG München v. 14.12.2010 - 12 UF 1625/10 - FamRZ 2011, 646; OLG Dresden v. 14.06.2010 - 23 UF 239/10 - FamRZ 2010, 1804; OLG Nürnberg v. 21.10.2010 - 11 UF 1262/10 - FamRZ 2011, 641; OLG Oldenburg v. 07.09.2010 - 14 UF 96/10 - FamRZ 2011, 643; OLG Dresden v. 02.06.2010 - 23 UF 212/10 - FamRZ 2011, 40; OLG Hamburg v. 10.01.2011 - 2 UF 63/10 - FamRZ 2011, 1403; OLG München v. 20.12.2010 - 12 UF 1715/10 - FamRZ 2011, 1062; OLG Oldenburg v. 07.04.2011 - 13 UF 42/11 - NJW-RR 2011, 1087; OLG München v. 01.04.2010 - 4 UF 78/10 - FamRZ 2010, 1664; OLG Dresden v. 09.09.2010 - 23 UF 478/10; OLG Jena v. 04.11.2010 - 2 UF 349/10; OLG Brandenburg v. 14.01.2011 - 10 UF 174/10 - FamRZ 2011, 1299; OLG Hamm v. 26.06.2011 - II-2 UF 62/10 - FamFR 2011, 421; a.A. OLG Stuttgart v. 01.07.2010 - 18 UF 72/10 - FamRZ 2011, 41; OLG Hamm v. 16.01.2012 - 8 UF 302/11; OLG Naumburg v. 18.11.2011 - 8 UF 226/11; OLG Brandenburg v. 12.01.2011 - 15 UF 136/10 FamRZ 2011, 1149.
[68] OLG Naumburg v. 05.09.2012 - 4 UF 120/12; a.A. OLG Naumburg v. 20.07.2012 - 8 UF 139/12.
[69] OLG Düsseldorf v. 31.03.2011 - 2 UF 127/10 - FamRZ 2011, 1405.
[70] OLG Brandenburg v. 27.03.2013 - 9 UF 18/13.
[71] OLG Zweibrücken v. 09.01.2013 - 6 UF 167/12.
[72] Eingehend *Bergner*, NJW 2010, 3269-3274, 3274.
[73] OLG Frankfurt v. 17.01.2011 - 5 UF 278/10 - FamFR 2011, 469; OLG Celle v. 04.03.2010 - 10 UF 282/08 - FamRZ 2010, 979; *Breuers*, FuR 2012, 117-119, 117.

stein für den Ausgleichsberechtigten eine Versorgung bei dem gewählten Zielversorgungsträger eingerichtet werden. Die Übertragung der Ausgleichswerte weiterer, geringwertiger Anrechte auf dieselbe Zielversorgung begründet dann keinen zusätzlichen Verwaltungsaufwand.[74]

96 Zu einer Normzweckverfehlung beim Ausgleich betrieblicher Versorgungen kann es allerdings nicht nur in den Fällen kommen, in denen der Versorgungsträger die externe Teilung nach den §§ 14 Abs. 2 Ziff. 2, 17 VersAusglG verlangt hat,[75] sondern auch, wenn eine aus mehreren Bausteinen bestehende betriebliche Altersversorgung intern zu teilen ist und zumindest einer der Bausteine keinen geringen Ausgleichswert hat. Auch dann muss nämlich aufgrund der Teilung des werthaltigen Bausteins ohnehin eine Versorgung für den Ausgleichsberechtigten eingerichtet werden, so dass die zusätzliche Umbuchung des Ausgleichswerts eines weiteren Anrechts mit geringem Wert regelmäßig keinen weiteren, unverhältnismäßig hohen Verwaltungsaufwand begründet und auch nicht die Gefahr der Begründung eines Mini-Anrechts besteht. Auch bei der internen Teilung von Anrechten aus betrieblicher Altersversorgung ist deswegen im Rahmen der Ermessensentscheidung nach § 18 Abs. 2 VersAusglG immer eine Gesamtbetrachtung aller Bausteine erforderlich.[76]

97 Ein Ausgleich trotz geringer Ausgleichswertdifferenz kommt auch in Betracht, wenn beide Eheleute bereits über betriebliche Versorgungen in demselben Versorgungssystem verfügen, weil die interne Teilung dann im Regelfall keinen unverhältnismäßigen Verwaltungs- und Kostenaufwand begründet. Ein Ausschluss des Ausgleichs ist in solchen Fällen aber geboten, wenn der Versorgungsträger konkret darlegt, dass der Ausgleich trotz der für beide Eheleute schon bestehenden Versorgungen mit erheblichem Aufwand verbunden ist. Das kann der Fall sein, wenn wegen einer Beschränkung des Risikoschutzes nach § 11 Abs. 1 Nr. 3 VersAusglG zusätzliche Versicherungskonten eingerichtet werden müssen.[77]

98 Zulagenversicherungen müssen wegen ihrer steuerlichen Verknüpfung mit den jeweils zugehörigen Grundversicherungen auch dann ausgeglichen werden, wenn sie geringfügig sind.[78]

c. Zusatzversorgung des öffentlichen Dienstes

99 Ein geringwertiges Anrecht aus der freiwilligen Zusatzversicherung bei einer Zusatzversorgungskasse ist unter dem Gesichtspunkt der Normzweckverfehlung trotz des geringen Ausgleichswerts auszugleichen, wenn für den Ausgleichsberechtigen zum Ausgleich des Anrechts aus der Pflichtversicherung ohnehin eine Versorgung bei der Zusatzversorgungskasse eingerichtet werden muss.[79]

100 Zum Ausgleich von Anrechten aus der Pflichtversicherung in der Zusatzversorgung des öffentlichen Dienstes (VBL klassik) und der freiwilligen Versicherung (VBL extra) müssen für den Ausgleichsberechtigten allerdings zwei unterschiedliche Konten eingerichtet werden, so dass der Ausgleich eines geringwertigen Anrechts aus der freiwilligen Versicherung nach Auffassung des OLG Frankfurt zusätzlichen Verwaltungsaufwand begründet.[80]

d. Externe Teilung

101 Über die vorgenannten Fälle einer aus mehreren Bausteinen bestehenden betrieblichen Altersversorgung hinaus soll auch in anderen Fällen der externen Teilung kein Ausschluss geringwertiger Anrechte erfolgen.

aa. Ausbau einer bestehenden Versorgung

102 Nach Auffassung des BGH ist ein Anrecht mit geringem Ausgleichswert auch dann auszugleichen, wenn der Versorgungsträger die externe Teilung verlangt hat und der Ausgleichswert auf ein bereits bestehendes Versicherungskonto in der gesetzlichen Rentenversicherung als Zielversorgung fließt.[81] Auch in diesen Fällen führe der Ausgleich nicht zu einem ins Gewicht fallenden Verwaltungsaufwand;

---

[74] BGH v. 30.11.2011 - XII ZB 79/11 - FamRZ 2012, 189; vorhergehend OLG Frankfurt v. 14.02.2011 - 2 UF 358/10 - FamRZ 2011, 980.
[75] Insoweit etwas missverständlich BGH v. 30.11.2011 - XII ZB 79/11 - FamRZ 2012, 189.
[76] BGH v. 01.02.2011 - XII ZB 172/11; OLG Saarbrücken v. 14.04.2011 - 6 UF 28/11 - FamRZ 2011, 1733; OLG Karlsruhe v. 22.08.2011 - 2 UF 103/11 - FuR 2011, 703.
[77] OLG Düsseldorf v. 23.05.2013 - 7 UF 217/12.
[78] OLG Frankfurt v. 26.03.2013 - 6 UF 66/12; OLG Saarbrücken v. 11.08.2011 - 6 UF 82/11 - FamRZ 2012, 306.
[79] OLG Brandenburg v. 11.03.2013 - 10 UF 13/13.
[80] OLG Frankfurt v. 16.07.2013 - 1 UF 125/13.
[81] BGH v. 29.02.2012 - XII ZB 609/10 - FamRZ 2012, 694.

auch werde keine Splitterversorgung begründet. Diese Auffassung ist vor dem Hintergrund der vorangegangenen Entscheidungen des BGH zu § 18 VersAusglG auf den ersten Blick folgerichtig, weil sie in den Fällen, in denen die Bagatellregelung ihren Zweck verfehlt, dem Halbteilungsgrundsatz Vorrang einräumt. Die Entscheidung führt in der Praxis aber zu paradoxen Ergebnissen, die es rechtfertigen, die Ansicht des BGH kritisch zu hinterfragen. Verlangt der Versorgungsträger die externe Teilung eines Anrechts mit geringem Ausgleichswert, sieht das Familiengericht im Regelfall davon ab, den Ausgleichsberechtigten nach § 222 FamFG aufzufordern, eine Zielversorgung zu benennen, weil der Ausgleich ohnehin nach § 18 Abs. 2 VersAusglG auszuschließen ist. Folgt man der Auffassung des BGH, müsste dagegen in jedem Fall die Aufforderung zur Benennung eines Zielversorgungsträgers erfolgen, weil nicht auszuschließen ist, dass der Ausgleichsberechtigte den Ausbau einer schon bestehenden Versorgung wählt.[82] Entscheidet sich der Ausgleichsberechtigte dann aber für die Begründung einer neuen Versorgung, müsste das Gericht diese Wahl mit einem Ausschluss des Ausgleichs quittieren, obwohl es den Berechtigten vorher aufgefordert hat, sich um eine geeignete Zielversorgung zu bemühen. Das bedeutet, dass in den genannten Fällen der externen Teilung eines Anrechts mit geringem Ausgleichswert zwar – je nach Wahl der Zielversorgung – kein unnötiger Verwaltungsaufwand bei den Versorgungsträgern entsteht. Der im Scheidungsverfahren für das Familiengericht und die Beteiligten entstehende Mehraufwand rechtfertigt aber den Standpunkt, dass der Normzweck der Bagatellregelung in solchen Fällen gerade nicht verfehlt wird, so dass grundsätzlich vom Ausgleich abzusehen ist. Hinzu kommt, dass bei der externen Teilung eines geringwertigen Anrechts auch beim Ausbau einer bereits bestehenden Versorgung die Gefahr besteht, dass entgegen der Intention des Gesetzgebers ein sog. Minianrecht entsteht. Denn immerhin bleibt auf der Seite des Ausgleichspflichtigen ein Teilanrecht zurück, das nach der Teilung nur noch einen Wert in Höhe des ohnehin geringen Ehezeitanteils hat.

bb. Begründung einer neuen Versorgung

Aus denselben Gründen rechtfertigt alleine die Tatsache, dass ein isoliertes, geringwertiges Anrecht extern geteilt werden soll, es jedenfalls dann nicht, vom Ausschluss des Anrechts abzusehen, wenn mit dem Ausgleichswert eine neue Versorgung begründet werden soll. Zwar entsteht auch in diesem Fall kein unverhältnismäßig hoher Verwaltungsaufwand, denn der bloße Kapitalabfluss beim Träger der auszugleichenden Versorgung begründet keinen Aufwand. Und dem Träger der Zielversorgung steht es frei, der externen Teilung zuzustimmen oder nicht. Die Bagatellregelung soll aber zusätzlich verhindern, dass Minianrechte begründet werden, die zu einer Zersplitterung der Altersvorsorge führen. Genau die Gefahr besteht aber beim Ausgleich eines geringwertigen Anrechts im Wege der externen Teilung in eine neu zu begründende Zielversorgung. Alleine die Tatsache, dass der Berechtigte die Zielversorgung bewusst gewählt und damit zum Ausdruck gebracht hat, dass er die Teilung nicht für unwirtschaftlich hält, genügt nicht, um das Anrecht trotz Geringfügigkeit zu teilen. Denn die Frage, ob die Bagatellregelung angewendet wird oder nicht, steht im Ermessen des Gerichts, nicht aber zur Disposition der Beteiligten.[83]

103

Der BGH geht allerdings davon aus, dass die – bei der externen Teilung von vornherein nur in geringerem Maße vorliegenden – Belange der Verwaltungseffizienz hinter dem Interesse des Ausgleichsberechtigten an der Erlangung des – wenn auch nur geringwertigen – Anrechts zurücktreten. Insbesondere die Belastung des Versorgungsträgers mit den Kosten einer externen Teilung rechtfertige für sich genommen regelmäßig nicht den Ausschluss eines Ausgleichs wegen Geringwertigkeit.[84]

104

Dagegen hat das OLG Dresden Zweifel an einer grundsätzlichen Ungleichbehandlung in der Anwendung von § 18 VersAusglG bei der internen Teilung einerseits und der externen Teilung andererseits geäußert, weil eine solche Differenzierung weder durch den Wortlaut des Gesetzes noch durch dessen Begründung nahegelegt wird. Allerdings sei die Einbeziehung eines Anrechts mit rechnerisch geringem Ausgleichswert in den Versorgungsausgleich angemessen, wenn der Ausgleichsberechtigte in Anbetracht der wirtschaftlichen Gesamtverhältnisse der wirtschaftlich deutlich schwächere Teil sei und deshalb auf die Wahrung des Halbteilungsgrundsatzes erheblich stärker angewiesen sei als der Ausgleichspflichtige (und sein Versorgungsträger) auf die Einhaltung der Bagatellgrenze.[85]

105

---

[82] Vgl. *Wick*, FuR 2012, 230-235, 235.
[83] Vgl. dazu auch *Borth*, FamRZ 2012, 190-192, 192; *Wick*, FuR 2012, 230-235, 235.
[84] BGH v. 31.10.2012 - XII ZB 588/11 - FamRZ 2013, 207.
[85] OLG Dresden v. 18.02.2014 - 20 UF 1080/13.

VI. Bagatellwerte beim Wertausgleich nach der Scheidung

106 Die Ausnahmeregelung für geringe Ausgleichswerte und geringe Differenzen der Ausgleichswerte gilt nach den §§ 20 Abs. 1 Satz 3, 24 Abs. 1 Satz 2 VersAusglG auch, wenn Anrechte ausnahmsweise erst nach der Scheidung im Wege des schuldrechtlichen Ausgleichs oder der Abfindung ausgeglichen werden.

107 Für die Prüfung der Geringwertigkeit soll bei Ausgleichsansprüchen nach der Scheidung – ungeachtet des Wortlauts des § 18 Abs. 3 VersAusglG – nicht die Wertdifferenz bei Ehezeitende maßgebend sein, sondern die Wertdifferenz zum Zeitpunkt der Fälligkeit der Ausgleichsrente.[86]

D. Rechtsfolgen

108 Wenn das Familiengericht im Hinblick auf einzelne oder mehrere Anrechte von der Bagatellregelung des § 18 VersAusglG Gebrauch macht, bleiben die Anrechte bei der Entscheidung über den Versorgungsausgleich unberücksichtigt. In der Beschlussformel ist festzustellen, dass wegen dieser Anrechte kein Ausgleich stattfindet. Ein nachträglicher Ausgleich solcher Anrechte im Wege des Wertausgleichs nach der Scheidung nach den §§ 20 ff. VersAusglG kommt dann nicht in Betracht. Die Anrechte können nachträglich allenfalls im Rahmen einer Abänderungsentscheidung nach § 225 FamFG in den Ausgleich einbezogen werden.

109 Gleicht das Familiengericht Anrechte trotz Geringfügigkeit aus, bleibt es dabei, dass jedes einzelne Anrecht gesondert intern oder extern zu teilen ist. Dabei ist das Familiengericht gegebenenfalls an die Wahl der externen Teilung nach § 14 Abs. 2 VersAusglG gebunden.

E. Verfahren

I. Einholung von Auskünften

110 Nach § 220 Abs. 1 FamFG ist das Familiengericht gehalten, Auskünfte über die nach § 2 VersAusglG im Versorgungsausgleich zu berücksichtigenden Anrechte einzuholen.

111 Mit Rücksicht darauf, dass im Einzelfall auch geringe Anrechte oder Anrechte gleicher Art mit geringer Differenz der Ausgleichswerte auszugleichen sind, besteht diese Verpflichtung auch dann, wenn absehbar ist, dass die in Rede stehenden Ausgleichswerte die Grenzen des § 18 VersAusglG nicht überschreiten. Die Einholung der Auskunft kann allenfalls unterbleiben, wenn feststeht oder mit hinreichender Sicherheit zu erwarten ist, dass das Anrecht offensichtlich keinen Wert und/ oder keinen Einfluss auf den Wertausgleich hat.

II. Darlegungslast

112 Tatsachen, die ausnahmsweise einen Ausgleich geringfügiger Anrechte oder solcher mit geringer Wertdifferenz rechtfertigen, muss auch im Rahmen der Amtsermittlung nach § 26 FamFG der Ehepartner darlegen, der sich auf die – nicht offensichtlichen – Gründe für den Ausgleich beruft.[87]

III. Erörterung

113 Nach § 221 Abs. 1 FamFG soll das Familiengericht den Versorgungsausgleich mit den Ehepartnern erörtern. Spätestens bei dieser Erörterung, die regelmäßig im Rahmen des Scheidungstermins stattfindet, sollte das Gericht darauf hinweisen, dass es beabsichtigt, vom Ausgleich einzelner oder mehrerer Anrechte nach § 18 VersAusglG abzusehen. Gleichzeitig sollten die Beteiligten Gelegenheit erhalten, mögliche Gründe dafür vorzutragen, dass ein Ausgleich trotz objektiver Geringfügigkeit gerechtfertigt ist.[88]

IV. Beschlussformel

114 Sieht das Familiengericht nach § 18 VersAusglG vom Ausgleich einzelner oder mehrerer Anrechte ab, muss es dies nach § 224 Abs. 3 FamFG in der Entscheidung über den Versorgungsausgleich feststellen. Anders als bei den nicht ausgleichsreifen Anrechten im Sinne des § 19 VersAusglG muss bei Anrech-

---

[86] OLG Zweibrücken v. 25.05.2012 - 2 UF 58/12.
[87] OLG Karlsruhe v. 01.08.2011 - 18 UF 3/11; OLG Jena v. 21.02.2013 - 1 UF 253/12 - NZFam 2014, 81.
[88] BT-Drs. 16/10144, S. 60.

ten, bei denen der Ausgleich wegen Geringfügigkeit unterbleibt, ausdrücklich in der Beschlussformel festgestellt werden, dass insoweit kein Ausgleich stattfindet.[89]

V. Entscheidungsgründe

Soll der Versorgungsausgleich trotz Geringfügigkeit ausnahmsweise durchgeführt werden, ist das in der Entscheidung zu begründen.[90] 115

VI. Beschwerderecht der Versorgungsträger

Wird im Versorgungsausgleich durch das Familiengericht ein Wertausgleich in Anwendung von § 18 VersAusglG ausgeschlossen, ist ein Versorgungsträger jedenfalls dann zur Beschwerde berechtigt, wenn er mit seinem Rechtsmittel geltend macht, dass schon der Anwendungsbereich von § 18 VersAusglG nicht eröffnet ist, weil dem Gericht entweder Bewertungs- oder Berechnungsfehler unterlaufen oder die Rechtsbegriffe der Gleichartigkeit oder der Geringfügigkeit von ihm unrichtig beurteilt worden sind.[91] 116

Ein nach § 219 FamFG am Verfahren beteiligter Versorgungsträger ist insbesondere beschwerdeberechtigt, wenn er rügt, dass ein bei ihm bestehendes, die Geringfügigkeitsgrenze nicht übersteigendes Anrecht entgegen § 18 VersAusglG ausgeglichen worden ist, oder wenn er sich mit seinem Rechtsmittel gegen einen Ausschluss des Ausgleichs von Anrechten nach § 18 VersAusglG wendet und das Fehlen der gesetzlichen Voraussetzungen dieser Vorschrift rügt.[92] 117

Gegen eine Entscheidung zum Versorgungsausgleich, mit der das Familiengericht Entgeltpunkte vom Versicherungskonto des einen Ehegatten auf das bei einem anderen Rentenversicherungsträger geführte Versicherungskonto des anderen Ehegatten überträgt, steht beiden betroffenen Versorgungsträgern die Beschwerde zu, ohne dass es auf eine finanzielle Mehrbelastung ankommt.[93] 118

Der Versorgungsträger ist auch dann beschwert, wenn ein bei einem anderen Versorgungträger bestehendes Anrecht gem. § 18 VersAusglG vom Versorgungsausgleich ausgeschlossen wurde, das im Falle seiner Teilung gem. § 10 Abs. 2 VersAusglG mit dem bei ihm bestehenden Anrecht verrechnet werden könnte.[94] 119

Ein Versorgungsträger ist auch dann beschwert, wenn ein bei ihm bestehendes einheitliches Versorgungsanrecht nicht einheitlich ausgeglichen worden ist.[95] Bestehen bei einem privaten Versorgungsträger zwei wirtschaftlich eigenständige Anrechte und wird bei der Durchführung des Versorgungsausgleichs nur eines der beiden Anrechte geteilt, weil der Ausgleich des anderen nach § 18 VersAusglG auszuschließen ist, kann der Versorgungsträger sich mit der Beschwerde gegen diesen unterbliebenen Ausgleich wenden. Die Beschwerdebefugnis nach § 59 FamFG ergibt sich dabei aus der Störung der Rechtsausübung des Versorgungsträgers, wenn das ausgeglichene Anrecht anderweitig mit dem nicht ausgeglichenen Anrecht verbunden ist, etwa durch die steuerrechtliche Begünstigung im Rahmen des § 10a EStG.[96] 120

Legt ein Versorgungsträger der allgemeinen Rentenversicherung Beschwerde gegen den erstinstanzlich durchgeführten Versorgungsausgleich wegen unzutreffender Anwendung des § 18 VersAusglG des bei ihm bestehenden Anrechts ein, so hat das Beschwerdegericht auch den Versorgungsausgleich bezüglich der bei einem anderen Träger der allgemeinen Rentenversicherung erworbenen Anrechte im Hinblick auf § 18 VersAusglG von Amts wegen gemäß § 26 FamFG zu überprüfen und gegebenenfalls zu korrigieren.[97] 121

---

[89] Entgegen der Tenorierungsbeispiele von *Ruland*, Versorgungsausgleich, 3. Aufl. 2011, Rn. 522 besteht aber kein Anlass, den Grund für den Ausschluss des Ausgleichs in die Beschlussformel aufzunehmen.
[90] OLG Düsseldorf v. 27.12.2010 - 7 UF 182/10 - NJW-RR 2011, 808.
[91] BGH v. 09.01.2013 - XII ZB 550/11 - FamRZ 2013, 612.
[92] OLG Bamberg v. 20.12.2010 - 2 UF 245/10 - FamRZ 2011, 1232; OLG Stuttgart v. 09.06.2011 - 15 UF 74/11 - FamFR 2011, 346; OLG Celle v. 15.11.2011 - 10 UF 256/11; OLG Karlsruhe v. 15.03.2012 - 18 UF 338/11; OLG Frankfurt v. 30.01.2012 - 2 UF 112/11; OLG Frankfurt v. 16.01.2012 - 5 UF 381/10 - FamFR 2012, 254; OLG Saarbrücken v. 11.08.2011 - 6 UF 82/11 - FamRZ 2012, 306; einschränkend OLG Stuttgart v. 13.06.2011 - 15 UF 129/11 - FamRZ 2012, 303; a.A. OLG Schleswig v. 14.09.2011 - 12 UF 188/11 - FamRZ 2012, 379.
[93] BGH v. 23.01.2013 - XII ZB 491/11 - FamRZ 2013, 610.
[94] OLG Düsseldorf v. 24.03.2011 - 8 UF 203/11 - FamRZ 2011, 1404.
[95] OLG Karlsruhe v. 18.05.2012 - 18 UF 324/11 - FamRZ 2013, 306.
[96] OLG Frankfurt v. 30.01.2012 - 2 UF 112/11 - FamRZ 2012, 1308.
[97] OLG Naumburg v. 05.09.2012 - 4 UF 120/12.

§ 18 VersAusglG

VII. Verfahrenswert

122 Bei der Berechnung des Verfahrenswerts nach § 50 Abs. 1 FamGKG sind auch solche Anrechte einzubeziehen, die nach § 18 VersAusglG nicht ausgeglichen werden.[98]

123 Die Anwendung des § 18 VersAusglG in der Entscheidung über den Versorgungsausgleich rechtfertigt auch keine Abweichung von Regelverfahrenswert nach § 50 Abs. 3 FamGKG. Die Vorschrift stellt eine Härteregelung dar, die nur in Ausnahmefällen zu einer Herabsetzung des Verfahrenswerts führt. Ein solcher Ausnahmefall ist nicht alleine deshalb gegeben, weil gemäß § 18 VersAusglG wegen Geringfügigkeit vom Ausgleich abzusehen ist.[99]

124 Dagegen sollen Anrechte, die nicht (mehr) Gegenstand des Beschwerdeverfahrens sind, für die Wertberechnung nach § 50 FamGKG auch dann nicht herangezogen werden, wenn sie im Rahmen der Ermessensentscheidung von § 18 VersAusglG im Hinblick auf ihre Höhe und insbesondere ihre Differenz in die Abwägung einbezogen wurden.[100]

---

[98] OLG Stuttgart v. 16.11.2010 - 11 WF 153/10 - FamRZ 2011, 994.
[99] OLG Schleswig v. 30.08.2010 - 10 WF 156/10 - FamRZ 2011, 133; OLG Zweibrücken v. 09.08.2011 - 2 WF 72/11 - FamRZ 2012, 242; OLG München v. 25.04.2012 - 30 WF 562/12 - FamRZ 2012, 1973.
[100] OLG Köln v. 20.03.2012 - 27 UF 51/11 - FamRZ 2012, 1306.

§ 19 VersAusglG Fehlende Ausgleichsreife

(Fassung vom 03.04.2009, gültig ab 01.09.2009)

(1) ¹Ist ein Anrecht nicht ausgleichsreif, so findet insoweit ein Wertausgleich bei der Scheidung nicht statt. ²§ 5 Abs. 2 gilt entsprechend.

(2) Ein Anrecht ist nicht ausgleichsreif,

1. wenn es dem Grund oder der Höhe nach nicht hinreichend verfestigt ist, insbesondere als noch verfallbares Anrecht im Sinne des Betriebsrentengesetzes,
2. soweit es auf eine abzuschmelzende Leistung gerichtet ist,
3. soweit sein Ausgleich für die ausgleichsberechtigte Person unwirtschaftlich wäre oder
4. wenn es bei einem ausländischen, zwischenstaatlichen oder überstaatlichen Versorgungsträger besteht.

(3) Hat ein Ehegatte nicht ausgleichsreife Anrechte nach Absatz 2 Nr. 4 erworben, so findet ein Wertausgleich bei der Scheidung auch in Bezug auf die sonstigen Anrechte der Ehegatten nicht statt, soweit dies für den anderen Ehegatten unbillig wäre.

(4) Ausgleichsansprüche nach der Scheidung gemäß den §§ 20 bis 26 bleiben unberührt.

Gliederung

A. Grundlagen 1	5. Ausländische Anrechte (Absatz 2 Nr. 4) 33
I. Kurzcharakteristik 1	**D. Rechtsfolgen** 38
1. Regelungsinhalt 1	I. Ausnahme vom Wertausgleich bei der Scheidung (Absatz 1) 38
2. Normstruktur 2	1. Ausschluss des Wertausgleichs (Absatz 1 Satz 1) 38
II. Materialien des Gesetzgebers 3	2. Maßgebender Zeitpunkt (Absatz 1 Satz 2) ... 39
B. Praktische Bedeutung 4	II. Ausgleichssperre bei ausländischen Anrechten (Absatz 3) 42
C. Anwendungsvoraussetzungen ... 5	1. Vorbehalt des Wertausgleichs nach der Scheidung 43
I. Ausgleichsreife (Absatz 1) 5	2. Unbilligkeit 44
II. Fallgruppen (Absatz 2) 6	3. Darlegungslast 50
1. Verfallbare Anrechte (Absatz 2 Nr. 1) 7	4. Wertermittlung 52
a. Verfallbare Betriebsrenten 8	5. Folge der Unbilligkeit 55
b. Andere verfallbare Anrechte 13	III. Vorbehalt des Wertausgleichs nach der Scheidung (Absatz 4) 57
2. Entsprechende Anwendung des Absatzes 2 Nr. 1 17	**E. Verfahren** 58
a. Abgetretene Anrechte 17	I. Entscheidungsgründe 58
b. Gepfändete Anrechte 22	II. Beschlussformel 60
c. Vorübergehende Bewertungshindernisse ... 23	III. Verfahrenswert 63
3. Degressive Anrechte (Absatz 2 Nr. 2) 26	1. Notwendigkeit der Wertfestsetzung 63
a. Zusatzleistungen in der gesetzlichen Rentenversicherung 27	2. Höhe des Verfahrenswerts 64
b. Andere degressive Anrechte 28	
4. Unwirtschaftlichkeit des Ausgleichs (Absatz 2 Nr. 3) 29	

A. Grundlagen

I. Kurzcharakteristik

1. Regelungsinhalt

Die Vorschrift regelt die Behandlung von Anrechten, bei denen ein Wertausgleich bei der Scheidung aus unterschiedlichen Gründen nicht möglich ist.[1] Diese Anrechte werden als „nicht ausgleichsreif" be-

---

[1] BT-Drs. 16/10144, S. 62.

zeichnet. Der Ausgleich nicht ausgleichsreifer Anrechte bleibt dem Wertausgleich nach der Scheidung vorbehalten.[2]

2. Normstruktur

2 Durch § 19 Abs. 1 VersAusglG werden die nicht ausgleichsreifen Anrechte vom Wertausgleich bei der Scheidung ausgenommen. Der zweite Absatz der Vorschrift nennt Fallgruppen nicht ausgleichsreifer Anrechte. Die Rechtsfolgen der fehlenden Ausgleichsreife sind in § 19 Abs. 3 und 4 VersAusglG geregelt.

II. Materialien des Gesetzgebers

3 BT-Drs. 16/10144, S. 62 f.; BT-Drs. 16/11903, S. 108 f.

B. Praktische Bedeutung

4 In der Praxis kommt die Vorschrift vor allem bei unverfallbaren Betriebsrenten, Anrechten bei ausländischen Versorgungsträgern sowie dann zum Tragen, wenn ein Beamter durch den Wertausgleich bei der Scheidung Anrechte in der gesetzlichen Rentenversicherung erhalten würde, die allgemeine Wartezeit für den Bezug einer gesetzlichen Rente aber voraussichtlich nicht mehr erfüllen wird.

C. Anwendungsvoraussetzungen

I. Ausgleichsreife (Absatz 1)

5 Der in § 9 Abs. 1 VersAusglG normierte Grundsatz, dass alle in der Ehezeit erworbenen Anrechte im Rahmen des Wertausgleichs bei der Scheidung zu teilen sind, wird durch § 19 Abs. 1 VersAusglG eingeschränkt. Die Vorschrift enthält eine Ausnahme für Anrechte, bei denen der Anspruch auf eine Leistung noch nicht hinreichend verfestigt ist. Sie sind nach § 2 Abs. 3 VersAusglG zwar grundsätzlich in den Versorgungsausgleich einzubeziehen, können aber nicht schon bei der Scheidung intern oder extern geteilt werden. Für diese Anrechte hat § 19 Abs. 1 VersAusglG den Begriff der fehlenden Ausgleichsreife eingeführt. Der Begriff ist weiter als der aus dem alten Versorgungsausgleichsrecht bekannte Begriff der Verfallbarkeit; er erfasst auch andere als verfallbare Anrechte, die aus unterschiedlichen Gründen zum Zeitpunkt der Ehescheidung nicht ausgeglichen werden können.[3]

II. Fallgruppen (Absatz 2)

6 § 19 Abs. 2 VersAusglG fasst die Fälle der fehlenden Ausgleichsreife in vier Fallgruppen zusammen:

1. Verfallbare Anrechte (Absatz 2 Nr. 1)

7 Anrechte, die dem Grund oder der Höhe nach nicht hinreichend verfestigt sind, bei denen also zum Zeitpunkt der Ehescheidung nicht feststeht, ob und in welcher Höhe bei Eintritt des Versorgungsfalls Leistungen gezahlt werden, können im Rahmen des Wertausgleichs bei der Scheidung nicht berücksichtigt werden. Solchen Anrechten fehlt nach § 19 Abs. 2 Ziff. 1 VersAusglG die für den Wertausgleich bei der Scheidung erforderliche Ausgleichsreife.[4]

a. Verfallbare Betriebsrenten

8 Das gilt insbesondere für Anrechte aus betrieblicher Altersversorgung, die nach § 1b Abs. 1 BetrAVG verfallbar sind, weil der Arbeitnehmer das 25. Lebensjahr noch nicht vollendet hat oder die Versorgungszusage noch keine fünf Jahre lang besteht, soweit es sich nicht um eine von Anfang an unverfallbare Versorgung aus Entgeltumwandlung handelt (§ 1b Abs. 5 BetrAVG).

9 Bei einem Statuswechsel zwischen Unternehmereigenschaft und Arbeitnehmereigenschaft beginnen die Unverfallbarkeitsfristen nach dem Betriebsrentengesetz mit dem Wechsel in die Arbeitnehmereigenschaft.[5]

---

[2] Ausführlich zum Wertausgleich nach der Scheidung *Eichenhofer*, FPR 2009, 211-214.
[3] BT-Drs. 16/10144, S. 62.
[4] Die Vorschrift tritt damit an die Stelle des früheren § 1587a Abs. 2 Nr. 3 Satz 3 BGB.
[5] BGH v. 16.01.2014 - XII ZB 455/13 - FamRZ 2014, 731.

Den Anrechten aus betrieblicher Altersversorgung fehlt die Ausgleichsreife aber nicht nur, wenn sie nach den Bestimmungen des Betriebsrentengesetzes verfallbar sind; auch Betriebsrenten, die aufgrund einer individual- oder tarifvertraglichen Vereinbarung noch verfallbar sind, können im Rahmen des Wertausgleichs bei der Scheidung nicht ausgeglichen werden.[6]

Zu den Anrechten i.S.d. § 19 Abs. 2 Nr. 1 gehören auch solche Betriebsrenten, bei denen die Höhe des unverfallbaren Anspruchs zum Zeitpunkt der Scheidung nicht hinreichend sicher bestimmt werden kann.[7] Dasselbe gilt für Anrechte mit verfallbarer Einkommensdynamik.

Eine limitierte, endgehaltsbezogene Gesamtzusage ist deshalb nicht ausgleichsreif, soweit sie der Höhe nach noch nicht unverfallbar ist.[8]

b. Andere verfallbare Anrechte

Darüber hinaus kann § 19 Abs. 2 Nr. 1 VersAusglG auch bei Anrechten eingreifen, für die das Betriebsrentengesetz nicht gilt, die aber den Verfallbarkeitsbestimmungen des Betriebsrentenrechts vergleichbaren Regelungen unterliegen. Das ist etwa bei Versorgungszusagen für herrschende Gesellschafter-Geschäftsführer der Fall, die aufgrund vertraglicher Vereinbarungen (Verfallbarkeitsklauseln, Widerrufsrechte, Bedingungen) noch nicht so hinreichend verfestigt sind, dass eine interne oder externe Teilung möglich wäre.[9]

In solchen Fällen ist aufgrund der konkreten Bestimmungen der Pensionszusage zu prüfen, ob ein dem Grunde oder der Höhe nach hinreichend verfestigtes Anrecht als Voraussetzung für eine Teilung besteht.[10]

Bei der Beurlaubung einer Beamtin für eine Tätigkeit für einen privaten Träger von Kindertagesstätten ist ihr Anrecht auf eine ergänzende Versorgung durch diesen privaten Arbeitgeber nicht ausgleichsreif, wenn die ergänzende Versorgung nur für den Fall zugesagt ist, dass der Versorgungsfall direkt im Anschluss an die dortige aktive Tätigkeit eintritt und konkrete Anhaltspunkte dafür bestehen, dass die Beurlaubung möglicherweise vorher beendet wird.[11]

Ein durch Hofübergabevertrag begründeter Rentenanspruch, dessen Abänderung bei einer wesentlichen Veränderung der Verhältnisse gemäß § 323 ZPO vorbehalten ist, ist wegen der Abänderungsmöglichkeit nicht hinreichend verfestigt und deshalb nicht ausgleichsreif.[12]

2. Entsprechende Anwendung des Absatzes 2 Nr. 1

a. Abgetretene Anrechte

Äußerst umstritten ist, in welcher Form zur Sicherung eines Kredits abgetretene Anrechte auszugleichen sind. Ob ein Ausgleich im Rahmen des Wertausgleichs bei der Scheidung durch interne oder externe Teilung erfolgen kann, ist mit Rücksicht auf die Rechte der Drittgläubiger und die Unwägbarkeiten im Hinblick auf den Fortbestand des Anrechts zweifelhaft.

Einige Oberlandesgerichte haben die Auffassung vertreten, dass abgetretene Anrechte nicht intern oder extern geteilt werden können, sondern in entsprechender Anwendung des § 19 Abs. 2 Nr. 1, Abs. 4 VersAusglG der Wertausgleich nach der Scheidung nach den §§ 20 ff VersAusglG vorzubehalten ist.[13] Denn die Vorschrift wird allgemein für Fälle angewandt, in denen sich die Höhe des unverfallbaren Anspruchs zum Zeitpunkt der Scheidung noch nicht hinreichend sicher bestimmen lässt. Insoweit ist § 19 Abs. 2 Nr. 1 VersAusglG auch einer erweiternden Auslegung dahingehend zugänglich, dass die Vorschrift immer dann angewendet werden kann, wenn das Anrecht zum Zeitpunkt der Scheidung noch nicht so hinreichend verfestigt ist, dass eine interne oder externe Teilung möglich wäre.[14]

---

[6] BT-Drs. 16/11903, S. 108.
[7] So etwa bei der Versorgung der Zusatzversorgungskasse des Baugewerbes (SOKA-BAU).
[8] BGH v. 17.04.2013 - XII ZB 371/12 - FamRZ 2013, 1021.
[9] BT-Drs. 16/11903, S. 108; *Borth*, FamRZ 2009, 562-567, 564.
[10] OLG Stuttgart v. 27.05.2013 - 17 UF 308/12.
[11] OLG Hamburg v. 12.04.2010 - 7 UF 154/04.
[12] BGH v. 21.11.2013 - XII ZB 403/12 - FamRZ 2014, 282.
[13] OLG Schleswig v. 16.04.2012 - 10 UF 322/11 - FamRZ 2012, 1220; OLG Stuttgart v. 01.06.2012 - 15 UF 81/12; OLG Karlsruhe v. 17.01.2013 - 2 UF 270/12; OLG Hamm v. 20.08.2013 - 9 UF 1/13; so auch *Kemper/Norpoth*, FamRB 2011, 284.
[14] BT-Drs. 16/11903, S. 108.

19 Andere Oberlandesgerichte haben einen Ausgleich sicherungsabgetretener Anrechte im Rahmen des Wertausgleichs bei der Scheidung dagegen zugelassen. Dabei werde das mit der Sicherheitsabrede belastete Anrecht durch interne Teilung ausgeglichen.[15] Die Zustimmung des Sicherungsnehmers sei dazu nicht erforderlich.[16]

20 Der Bundesgerichtshof hat dazu in mehreren Entscheidungen klargestellt, dass ein sicherungshalber abgetretenes Anrecht aus einer privaten Lebensversicherung intern ausgeglichen werden kann. Dabei ist in der Beschlussformel auch auszusprechen, dass der Anspruch aus der Sicherungsvereinbarung auf Rückgewähr des Bezugsrechts auf beide Ehegatten als Mitgläubiger übertragen wird.[17]

21 Insoweit wird ergänzend auf die Kommentierung zu § 2 VersAusglG verwiesen.

b. Gepfändete Anrechte

22 § 19 Abs. 2 Nr. 1 VersAusglG ist auf gepfändete Anrechte anwendbar. Auch gepfändete Anrechte der privaten oder betrieblichen Altersversorgung unterliegen grundsätzlich dem Versorgungsausgleich. Die Pfändung solcher Anrechte – auch nach dem Ende der Ehezeit – schließt die Anordnung einer internen Teilung allerdings aus. Gepfändete Anrechte sind deshalb nicht ausgleichsreif, so dass der berechtigte Ehegatte auf den Wertausgleich nach der Scheidung zu verweisen ist.[18]

c. Vorübergehende Bewertungshindernisse

23 Kein Fall des § 19 Abs. 2 Nr. 1 VersAusglG liegt vor, wenn Anrechte zwar unverfallbar sind, aber vorübergehend nicht bewertet werden können.

aa. Startgutschriften

24 Das war bei den Anrechten aus der Zusatzversorgung des öffentlichen Dienstes der Fall, die vorübergehend nicht geteilt werden konnten, weil sie eine verfassungswidrige Startgutschrift enthielten.[19] Bei diesen Anrechten bestand lediglich ein vorübergehendes Bewertungshindernis, während die Unverfallbarkeit des Anrechts an sich feststand. Die Verfahren waren deshalb ganz oder teilweise – hinsichtlich des Zusatzversorgungsanrechts – auszusetzen.[20] Allerdings besteht mittlerweile kein Grund mehr, die Verfahren auszusetzen. Denn durch den Änderungstarifvertrag Nr. 5 vom 30.05.2011 zum Tarifvertrag Altersversorgung haben die Tarifparteien des öffentlichen Dienstes die Berechnung der Startgutschriften für rentenferne Versicherte neu geregelt, so dass nach Erteilung einer neuen Versorgungsauskunft die Voraussetzungen für einen vollständigen Versorgungsausgleich gegeben sind.[21]

bb. Sonstige Bewertungsprobleme

25 Die Tatsache, dass der Wert einer fondsgebundenen Rentenversicherung regelmäßigen Kursschwankungen am Kapitalmarkt unterliegt, steht der Ausgleichsreife des Anrechts aus einer solchen Versicherung nicht entgegen.[22]

---

[15] OLG Nürnberg v. 15.11.2011 - 7 UF 1463/11 - FuR 2012, 151 mit abl. Anm. *Breuers*; OLG Saarbrücken v. 26.01.2012 - 9 UF 161/11 - FamFR 2012, 327; OLG Brandenburg v. 17.01.2013 - 13 UF 37/11; OLG Naumburg v. 11.04.2013 - 3 UF 49/13; OLG Hamm v. 15.04.2013 - 4 UF 37/13.

[16] OLG Hamm v. 15.04.2013 - 4 UF 37/13.

[17] BGH v. 07.08.2013 - XII ZB 673/12 - FamRZ 2013, 1715; BGH v. 21.11.2013 - XII ZB 613/12 - FamRZ 2014, 279; BGH v. 21.11.2013 - XII ZB 65/13 - FamRZ 2014, 635; so auch OLG Hamm v. 15.01.2014 - 8 UF 237/13.

[18] KG v. 06.02.2012 - 17 UF 272/11 - FamRZ 2012, 1218; OLG Naumburg v. 04.08.2011 - 3 UF 116/11 - FamRZ 2012, 1057; OLG Stuttgart v. 27.12.2012 - 17 UF 237/12; OLG Hamm v. 06.06.2013 - 2 UF 250/12; OLG Stuttgart v. 30.09.2013 - 11 UF 273/12 - FamRZ 2014, 39.

[19] BGH v. 14.11.2007 - IV ZR 74/06 - FamRZ 2008, 395.

[20] OLG Düsseldorf v. 10.09.2010 - 7 UF 84/10 - FamRZ 2011, 719; OLG Brandenburg v. 12.10.2010 - 9 UF 116/10 - FamRZ 2011, 981; OLG Celle v. 15.11.2010 - 10 UF 182/10 - FamRZ 2011, 720; OLG Karlsruhe v. 23.12.2010 - 18 UF 246/10 - FamRZ 2011, 727; a.A. OLG München v. 01.09.2010 - 12 UF 1006/10 - FamRZ 2011, 232; OLG München v. 20.09.2010 - 33 UF 801/10 - Familienrecht kompakt 2011, 34; OLG Köln v. 29.11.2010 - 27 UF 148/10 - FamRZ 2011, 721: Vorbehalt des schuldrechtlichen Ausgleichs.

[21] Vgl. BGH v. 18.04.2012 - XII ZB 473/10 - FamRZ 2012, 1130.

[22] BGH v. 29.02.2012 - XII ZB 609/10 - FamRZ 2012, 694; OLG Brandenburg v. 27.11.2012 - 3 UF 15/12.

3. Degressive Anrechte (Absatz 2 Nr. 2)

Nach § 19 Abs. 2 Nr. 2 VersAusglG sind Anrechte auch dann nicht ausgleichsreif, wenn sie auf eine abzuschmelzende Leistung gerichtet sind. Gemeint sind degressive Anrechte, die meist nur aus Gründen des Bestandsschutzes bestehen. Sie werden von künftigen Anpassungen, die der Bestandsschutz nicht umfasst, ausgenommen und dadurch nach und nach abgeschmolzen. 26

a. Zusatzleistungen in der gesetzlichen Rentenversicherung

Betroffen davon sind die nichtdynamischen Teile der gesetzlichen Rente, also die in § 120h SGB VI[23] genannten Anrechte nach § 315a SGB VI (Auffüllbetrag), § 319a SGB VI (Rentenzuschlag), § 319b SGB VI (Übergangszuschlag) und die nach § 307b Abs. 6 SGB VI abzuschmelzenden Bestandsrenten nach dem Anspruchs- und Anwartschaftsüberführungsgesetz und dem Zusatzversorgungssystem-Gleichstellungsgesetz.[24] 27

b. Andere degressive Anrechte

Daneben können auch bei Anrechten in anderen Versorgungssystemen abzuschmelzende Bestandteile bestehen. Zu nennen sind die Abflachungsbeträge von Anrechten aus der Beamtenversorgung (§ 69e BeamtVG)[25] und der Ausgleichsbetrag in der Zusatzversorgung des öffentlichen Dienstes (§ 97c VBL-Satzung a.F.).[26] Auch diese Anrechte können im Rahmen des Wertausgleichs bei der Scheidung nicht hinreichend sicher bewertet werden. 28

4. Unwirtschaftlichkeit des Ausgleichs (Absatz 2 Nr. 3)

Nach § 19 Abs. 2 Nr. 3 VersAusglG ist ein Anrecht nicht ausgleichsreif, wenn sein Ausgleich unwirtschaftlich wäre. Das ist der Fall, wenn sich die Begründung eines Anrechts in Höhe des Ausgleichswerts nicht zugunsten des Berechtigten auswirken würde. Die Vorschrift zielt also auf die Fälle, die früher von § 1587b Abs. 4 BGB a.F. erfasst worden sind. 29

Unwirtschaftlich ist der Ausgleich, wenn der Ausgleichswert nicht ausreicht, um in dem betroffenen Versorgungssystem vorgesehene Mindestgrenzen für eine Leistung im Versorgungsfall zu überschreiten. Zu denken ist in erster Linie an ausgleichsberechtigte Beamte, die durch den Ausgleich Anwartschaften in der gesetzlichen Rentenversicherung erhalten würden, die erforderliche Wartezeit für den Bezug einer gesetzlichen Rente aber nicht erfüllt haben und voraussichtlich nicht mehr erfüllen werden. Ein Fall von Unwirtschaftlichkeit liegt auch vor, wenn bei der internen Teilung eines Anrechts aus einer berufsständischen Versorgung die nach der Satzung erforderliche Beitragszeit nicht erreicht werden kann.[27] 30

Der Ausgleich ist aber nicht unwirtschaftlich, wenn die Mindestwartezeit von 60 Monaten alleine durch die im Versorgungsausgleich begründeten Entgeltpunkte erfüllt wird.[28] Dasselbe gilt nach Auffassung des OLG Dresden, wenn der Beamte die Möglichkeit hat, nachträglich freiwillige Beiträge zur gesetzlichen Rentenversicherung zu leisten und damit die gesetzliche Wartezeit zu erfüllen.[29] 31

Der Wertausgleich zugunsten eines im Beamtenverhältnis stehenden Ehegatten durch Begründung von Rentenanwartschaften in der gesetzlichen Rentenversicherung ist nicht schon deshalb zweckverfehlt oder unwirtschaftlich, weil sich aus diesen Anrechten in der Regel kein Anspruch auf Zahlung einer Erwerbsminderungsrente realisieren lässt. Dies gilt auch, wenn der Ausgleichsberechtigte bereits bei Eheende dienstunfähig ist.[30] 32

5. Ausländische Anrechte (Absatz 2 Nr. 4)

Anrechte, die bei ausländischen, zwischenstaatlichen oder überstaatlichen Versorgungsträgern bestehen, sind nach § 19 Abs. 2 Nr. 4 VersAusglG ebenfalls nicht ausgleichsreif. Diese Anrechte können nicht im Wege der internen Teilung ausgeglichen werden, weil die deutschen Gerichte einen ausländi- 33

---

[23] Art. 4 Nr. 8 VAStrRefG.
[24] BT-Drs. 16/10144, S. 62.
[25] BGH v. 26.11.2003 - XII ZB 30/03 - FamRZ 2004, 259; BGH v. 14.03.2007 - XII ZB 85/03 - FamRZ 2007, 995.
[26] BGH v. 26.10.1989 - IVb ZB 46/88 - FamRZ 1990, 276.
[27] Vgl. OLG Brandenburg v. 11.10.2012 - 10 UF 213/10 - NJW 2013, 177.
[28] OLG Hamm v. 25.05.2011 - 8 UF 163/10 - FamRZ 2012, 551.
[29] OLG Dresden v. 30.04.2012 - 20 UF 1153/11.
[30] BGH v. 05.06.2013 - XII ZB 101/09 - FamRZ 2013, 1283; OLG Düsseldorf v. 03.05.2012 - 8 UF 202/11 - FamFR 2012, 374

§ 19 VersAusglG

34 schen Versorgungsträger nicht dazu zwingen können, den ausgleichsberechtigten Ehepartner in ihr Versorgungssystem aufzunehmen. Auch eine externe Teilung kommt mangels ausreichender Hoheitsbefugnisse der deutschen Gerichte nicht in Betracht. Vielmehr bleibt auch insoweit nur der Wertausgleich nach der Scheidung.

34 Für die Familiengerichte entfällt damit – im Vergleich zur Rechtslage vor dem 01.09.2009 – die regelmäßig sehr zeitaufwändige und fehleranfällige Ermittlung und Bewertung ausländischer Anwartschaften. Die Klärung solcher Anrechte wird in das Verfahren zur Durchführung des schuldrechtlichen Versorgungsausgleichs verlagert. Wenn dieses Verfahren eingeleitet wird, befinden sich die Versorgungen aber regelmäßig bereits im Leistungsstadium, so dass nur noch die Höhe der laufenden Rente ermittelt werden muss.

35 Das bedeutet aber nicht, dass sich das Familiengericht im Rahmen des Scheidungsverfahrens mit ausländischen Anrechten überhaupt nicht beschäftigen muss. Nach § 224 Abs. 4 FamFG sind Anrechte, die nicht dem Wertausgleich bei der Scheidung unterliegen, in der Begründung der Entscheidung über den Versorgungsausgleich ausdrücklich aufzuführen. Das Familiengericht muss deshalb auch bei ausländischen Versorgungen zumindest klären, ob die Anrechte dem Grunde nach bestehen.

36 Feststellungen zum Wert des ausländischen Anrechts können aber notwendig sein, wenn eine Ausgleichssperre nach § 19 Abs. 3 VersAusglG in Betracht kommt. Der Ausgleichswert muss dann im Rahmen der notwendigen Billigkeitsprüfung zumindest grob geschätzt werden (vgl. Rn. 42).

37 Wird der Ausgleich eines ausländischen Anrechts im Wege der Abfindung nach §§ 19 Abs. 4, 23 VersAusglG geltend gemacht, ist der Ausgleichswert genau zu ermitteln.[31]

D. Rechtsfolgen

I. Ausnahme vom Wertausgleich bei der Scheidung (Absatz 1)

1. Ausschluss des Wertausgleichs (Absatz 1 Satz 1)

38 Die Rechtsfolge der fehlenden Ausgleichsreife normiert § 19 Abs. 1 Satz 1 VersAusglG. Danach werden nicht ausgleichsreife Anrechte im Rahmen des Wertausgleichs bei der Scheidung nicht ausgeglichen.

2. Maßgebender Zeitpunkt (Absatz 1 Satz 2)

39 Durch die Verweisung des § 19 Abs. 1 Satz 2 VersAusglG auf § 5 Abs. 2 VersAusglG wird klargestellt, dass es für die Frage der Ausgleichsreife grundsätzlich auf das Ende der Ehezeit ankommt (§ 5 Abs. 2 Satz 1 VersAusglG).

40 Nach § 5 Abs. 2 Satz 2 VersAusglG sind aber nachträgliche Veränderungen bis zum Zeitpunkt der Entscheidung zu berücksichtigen. Ein Anrecht, das am Ende der Ehezeit verfallbar war, aber noch vor der Entscheidung über den Wertausgleich unverfallbar geworden ist, muss also im Rahmen des Wertausgleichs bei der Scheidung ausgeglichen werden.

41 Im Gegensatz zum vor dem 01.09.2009 geltenden Recht besteht für den Fall, dass ein Anrecht nach der Entscheidung über den Wertausgleich unverfallbar wird, keine Abänderungsmöglichkeit; § 225 FamFG sieht für diesen Fall keine Abänderung vor.

II. Ausgleichssperre bei ausländischen Anrechten (Absatz 3)

42 Hat ein Ehegatte nicht ausgleichsreife Anrechte i.S.d. § 19 Abs. 2 Nr. 4 VersAusglG erworben, findet auch in Bezug auf die sonstigen Anrechte der Ehegatten kein Wertausgleich bei der Scheidung statt, wenn er für den anderen Ehegatten unbillig wäre.

1. Vorbehalt des Wertausgleichs nach der Scheidung

43 Nach § 19 Abs. 3 VersAusglG besteht also die Möglichkeit, von einem Wertausgleich bei der Scheidung aus Billigkeitsgründen ganz oder teilweise abzusehen, wenn ein Ehegatte Anrechte im Ausland erworben hat. Die Regelung zielt auf den Fall, dass ein Ehepartner in der Ehezeit ausschließlich oder überwiegend im Ausland gearbeitet und dort Rentenanrechte erworben hat. Die fehlende Ausgleichsreife dieser Anrechte könnte dann dazu führen, dass einem Ehepartner seine gesamte Altersversorgung vorerst ungeschmälert erhalten bleibt, während die Anrechte des anderen Partners sogleich bei der

---

[31] Vgl. OLG Karlsruhe v. 06.06.2012 - 18 UF 293/10 - FamRZ 2013, 41.

Scheidung geteilt werden. Zur Vermeidung unbilliger Ergebnisse kann das Familiengericht in solchen Konstellationen insgesamt oder im Hinblick auf einzelne Anrechte des anderen Ehegatten den Ausgleich nach der Scheidung vorbehalten.[32]

2. Unbilligkeit

Die Teilung der Anrechte des im Hinblick auf die ausländischen Anrechte ausgleichsberechtigten Ehepartners ist regelmäßig unbillig, wenn der Ausgleichspflichtige seine gesamte Altersversorgung oder einen Großteil davon im Ausland erworben hat. 44

Wenn ein Ehegatte über ausländische Anrechte verfügt, die mindestens so hoch sind wie die inländischen Anrechte des anderen Ehegatten, kann der Ausgleich dieser inländischen Anrechte unbillig sein.[33] 45

Die Ausgleichssperre greift nicht, wenn die Anrechte nach § 19 Abs. 2 Nr. 4 VersAusglG nur einen relativ geringen Ausgleichswert haben und im Übrigen größere Werte auszugleichen sind.[34] 46

Dasselbe gilt, wenn der Ehegatte, der über ausländische Anrechte verfügt, daneben ausgleichsreife Anrechte im Inland erworben hat, deren Wert bereits über die Ausgleichswerte der Anrechte des anderen Ehepartners hinausgeht.[35] 47

Auch bei ausländischen Anrechten, die ein Ehegatte außerhalb der Ehezeit erworben hat, greift die Ausgleichssperre des § 19 Abs. 3 VersAusglG nicht ein.[36] 48

Wird der Ausgleich des ausländischen Anrechts im Wege der Abfindung nach §§ 19 Abs. 4, 23 VersAusglG geltend gemacht, besteht kein Grund, nach § 19 Abs. 3 VersAusglG von der Teilung der Anrechte des anderen Ehegatten abzusehen.[37] 49

3. Darlegungslast

Die Darlegung der Tatsachen, aus denen sich die Unbilligkeit ergibt, ist – ungeachtet des Amtsermittlungsgrundsatzes nach § 26 FamFG – Sache des Ausgleichsberechtigten.[38] Da es sich bei § 19 Abs. 3 VersAusglG um eine Schutzvorschrift zu Gunsten der Ehegatten handelt, obliegt es dem Ehegatten, der sich auf die Unbilligkeit beruft, die Umstände dafür vorzutragen.[39] 50

Unbilligkeit i.S.d. § 19 Abs. 3 VersAusglG kann allerdings auch dann anzunehmen sein, wenn sich der Wert des ausländischen Anrechts nicht feststellen lässt.[40] Das gilt jedenfalls dann, wenn anzunehmen ist, dass die im Ausland erworbenen Anrechte höher sind als die Anrechte des anderen Ehegatten in der deutschen gesetzlichen Rentenversicherung.[41] 51

4. Wertermittlung

Im Rahmen der Billigkeitsprüfung ist keine exakte Feststellung der Höhe des Ausgleichswerts des ausländischen Anrechts erforderlich. 52

Für die Abwägung genügt es vielmehr, den Wert des Anrechts annähernd zu klären oder die Größenordnung festzustellen.[42] Der Wert kann gegebenenfalls in analoger Anwendung des § 287 ZPO geschätzt werden.[43] 53

In offensichtlichen Bagatellfällen besteht überhaupt kein Aufklärungsbedarf im Hinblick auf die Höhe des Anrechts.[44] 54

---

[32] Näher dazu *Eichenhofer*, FPR 2009, 211-214, 212 f.
[33] OLG Zweibrücken v. 23.11.2012 - 6 UF 60/12.
[34] OLG Celle v. 04.03.2010 - 10 UF 282/08 - FamRZ 2010, 979; OLG Brandenburg v. 30.05.2013 - 10 UF 45/11 - FamRZ 2014, 311; OLG Köln v. 17.05.2011 - 27 UF 54/11.
[35] OLG Brandenburg v. 14.06.2011 - 10 UF 249/10 - FamRZ 2012, 310.
[36] OLG Saarbrücken v. 21.04.2011 - 6 UF 8/11 - FamRZ 2011, 1513.
[37] OLG Karlsruhe v. 06.06.2012 - 18 UF 293/10 - FamRZ 2013, 41.
[38] OLG Köln v. 17.05.2011 - 27 UF 54/11.
[39] OLG Brandenburg v. 30.05.2013 - 10 UF 45/11 - FamRZ 2014, 311.
[40] OLG Koblenz v. 11.04.2011 - 13 UF 205/11 - FamRZ 2011, 1870; anders OLG Hamm v. 10.01.2013 - 3 UF 181/12.
[41] OLG Düsseldorf v. 26.01.2011 - 5 UF 129/10 - FamRZ 2011, 1734.
[42] OLG Saarbrücken v. 21.01.2013 - 6 UF 440/12.
[43] OLG Karlsruhe v. 06.06.2012 - 18 UF 293/10 - FamRZ 2013, 41.
[44] Vgl. OLG Saarbrücken v. 17.05.2011 - 6 UF 60/11 - FamRZ 2011, 1735.

5. Folge der Unbilligkeit

55 Die Unbilligkeit muss nicht dazu führen, dass der Ausgleich der ausgleichsreifen deutschen Anrechte insgesamt dem Wertausgleich nach der Scheidung vorbehalten bleibt.

56 Im Einzelfall kann es ausreichend sein, hinsichtlich der Anrechte der Eheleute, die sie bei deutschen Versorgungsträgern erworben haben, eine Modifikation vorzunehmen, um ein Gleichgewicht zu den ausländischen Anrechten herzustellen.[45]

III. Vorbehalt des Wertausgleichs nach der Scheidung (Absatz 4)

57 Nach § 19 Abs. 4 VersAusglG bleiben Ausgleichsansprüche nach der Scheidung nach den §§ 20-26 VersAusglG unberührt. Dadurch wird klargestellt, dass die nicht ausgleichsreifen Anrechte im Wege des schuldrechtlichen Ausgleichs nach § 20 VersAusglG oder im Wege einer Abfindung nach § 23 VersAusglG ausgeglichen werden können. Der Anspruch auf Abfindung besteht auch dann, wenn die Voraussetzungen für den schuldrechtlichen Ausgleich noch nicht vorliegen. Das bedeutet, dass auch die Anrechte, die mangels Ausgleichsreife nicht intern oder extern geteilt werden können, schon im Anwartschaftsstadium endgültig ausgeglichen werden können, wenn dem Ausgleichspflichtigen die Zahlung der Abfindung zumutbar ist.

E. Verfahren

I. Entscheidungsgründe

58 Anrechte, die wegen fehlender Ausgleichsreife bei der Scheidung nicht ausgeglichen werden können, sondern dem Ausgleich nach der Scheidung vorbehalten bleiben, müssen nach § 224 Abs. 4 FamFG in der Begründung der Entscheidung über den Wertausgleich bei der Scheidung ausdrücklich genannt werden. Dadurch soll der ausgleichsberechtigte Ehegatte daran erinnert werden, dass möglicherweise noch zu seinen Gunsten auszugleichende Anrechte bestehen.[46]

59 Der Hinweis auf die noch auszugleichenden Anrechte ist allerdings rein deklaratorisch. Sein Fehlen stellt einen Verfahrensfehler dar, begründet aber kein Rechtsmittel gegen die Entscheidung. Erst recht führt der unterbliebene Hinweis nach § 224 Abs. 4 FamFG nicht dazu, dass die Anrechte später nicht mehr ausgeglichen werden können. Werden die noch auszugleichenden Anrechte in der Begründung genannt, ergibt sich daraus allerdings keine Bindungswirkung für spätere Verfahren.[47]

II. Beschlussformel

60 In der Beschlussformel müssen die nach der Scheidung noch auszugleichenden Anrechte nicht genannt werden.

61 Die Beschlussformel darf nicht die Feststellung enthalten, dass im Hinblick auf nicht ausgleichsreife Anrechte „kein Wertausgleich stattfindet", weil nach dieser Formulierung entgegen § 19 Abs. 4 VersAusglG auch der Wertausgleich nach der Scheidung ausgeschlossen wäre.[48]

62 Vorsicht ist geboten, wenn neben Anrechten i.S.d. § 224 Abs. 4 FamFG auch solche Anrechte vorhanden sind, die wegen § 3 Abs. 3 VersAusglG, §§ 6 ff. VersAusglG, § 18 VersAusglG oder § 27 VersAusglG überhaupt nicht ausgeglichen werden. Im Hinblick auf diese Anrechte muss nach § 224 Abs. 3 FamFG in der Beschlussformel ausdrücklich festgestellt werden, dass kein Ausgleich erfolgt. Enthält der Tenor deswegen im Anschluss an die Teilung einzelner Anrechte die gängige Formulierung, dass „im Übrigen kein Versorgungsausgleich stattfindet", wären davon auch die Anrechte i.S.d. § 19 VersAusglG umfasst. Den Familiengerichten ist deshalb zu empfehlen, auch die nach der Scheidung auszugleichenden Anrechte in die Beschlussformel aufzunehmen und klarzustellen, dass wegen dieser Anrechte „ein Wertausgleich bei der Scheidung nicht stattfindet" und/ oder „der Wertausgleich nach der Scheidung vorbehalten bleibt".[49]

---

[45] OLG Köln v. 20.03.2012 - 27 UF 5/12.
[46] BT-Drs. 16/10144, S. 62.
[47] BT-Drs. 16/10144, S. 96.
[48] OLG Jena v. 28.08.2012 - 1 UF 613/11.
[49] Vgl. OLG Stuttgart v. 15.12.2011 - 16 WF 240/11 - FamRZ 2012, 1647: entsprechende Anwendung des § 224 Abs. 3 FamFG.

III. Verfahrenswert

1. Notwendigkeit der Wertfestsetzung

Für die Folgesache Versorgungsausgleich ist auch dann ein Verfahrenswert festzusetzen, wenn nach § 19 Abs. 2 Nr. 4, Abs. 4 VersAusglG kein Wertausgleich bei der Scheidung stattfindet, sondern insgesamt der Wertausgleich nach der Scheidung vorbehalten bleibt.[50]

2. Höhe des Verfahrenswerts

Bei der Festsetzung des Verfahrenswerts für das Verfahren über den Wertausgleich bei der Scheidung nach § 50 FamGKG sind auch die nicht ausgleichsreifen Anrechte zu berücksichtigen.[51] Denn auch für diese Anrechte muss geprüft werden, ob und in welchem Umfang ein Wertausgleich bei der Scheidung möglich ist oder der Wertausgleich nach der Scheidung vorbehalten bleibt. Hinzu kommt, dass die Anrechte nach § 224 Abs. 4 FamFG in den Gründen der Entscheidung über den Versorgungsausgleich genannt werden müssen. Vor diesem Hintergrund ist es sachgerecht, auch nicht ausgleichsreife Anrechte bei der Festsetzung des Verfahrenswerts zu berücksichtigen.

---

[50] OLG Stuttgart v. 15.12.2011 - 16 WF 240/11 - FamRZ 2012, 1647.
[51] OLG Karlsruhe v. 16.09.2013 - 5 WF 66/13 - NJW-RR 2014, 68; a.A. OLG Brandenburg v. 14.06.2011 - 10 UF 249/10 - FamRZ 2012, 310; OLG Saarbrücken v. 24.04.2012 - 6 WF 33/12.

§ 20 VersAusglG

Abschnitt 3 - Ausgleichsansprüche nach der Scheidung

Unterabschnitt 1 - Schuldrechtliche Ausgleichszahlungen

§ 20 VersAusglG Anspruch auf schuldrechtliche Ausgleichsrente

(Fassung vom 03.04.2009, gültig ab 01.09.2009)

(1) ¹Bezieht die ausgleichspflichtige Person eine laufende Versorgung aus einem noch nicht ausgeglichenen Anrecht, so kann die ausgleichsberechtigte Person von ihr den Ausgleichswert als Rente (schuldrechtliche Ausgleichsrente) verlangen. ²Die auf den Ausgleichswert entfallenden Sozialversicherungsbeiträge oder vergleichbaren Aufwendungen sind abzuziehen. § 18 gilt entsprechend.

(2) Der Anspruch ist fällig, sobald die ausgleichsberechtigte Person

1. eine eigene laufende Versorgung im Sinne des § 2 bezieht,
2. die Regelaltersgrenze der gesetzlichen Rentenversicherung erreicht hat oder
3. die gesundheitlichen Voraussetzungen für eine laufende Versorgung wegen Invalidität erfüllt.

(3) Für die schuldrechtliche Ausgleichsrente gelten § 1585 Abs. 1 Satz 2 und 3 sowie § 1585b Abs. 2 und 3 des Bürgerlichen Gesetzbuchs entsprechend.

Gliederung

A. Grundlagen 1	I. Versorgungsbezug 19
I. Kurzcharakteristik und praktische Bedeutung 1	II. Erreichen der Regelaltersgrenze 20
II. Gesetzesmaterialien 4	III. Invalidität 21
B. Voraussetzungen auf Seiten des Ausgleichspflichtigen 5	IV. Ausschluss von Bagatellversorgungen 22
I. Laufende Versorgung gem. § 2 Abs. 2 VersAusglG 6	D. Ausgleichswert der schuldrechtlichen Ausgleichsrente 23
II. Fehlender Ausgleich des Anrechts nach § 19 VersAusglG 8	I. Abzug der Sozialversicherungsbeiträge 24
C. Voraussetzungen auf Seiten des Ausgleichsberechtigten 18	II. Wertanpassungen der Betriebsrente 27
	E. Zahlung der Ausgleichsrente 30
	F. Verfahren 35

A. Grundlagen

I. Kurzcharakteristik und praktische Bedeutung

1 Ein Ziel der Reform des Versorgungsausgleichs war das Zurückdrängen des schuldrechtlichen Versorgungsausgleichs, weil dieser für die Ehegatten verglichen mit dem öffentlich-rechtlichen Wertausgleich grundsätzlich ungünstiger ist. Die Ausgleichsberechtigten erlangen im Fall des schuldrechtlichen Versorgungsausgleichs kein eigenständiges Versorgungsanrecht. Weiterhin hängen die schuldrechtlichen Ausgleichsansprüche nicht nur von der eigenen Rentenberechtigung der Ausgleichsberechtigten ab, sondern insbesondere vom Leistungsbezug der Ausgleichspflichtigen. Schließlich ist der ausgleichsberechtigte Ehegatte für einen über den Tod des anderen andauernden Leistungsbezug darauf angewiesen, dass die entsprechende Versorgung eine Hinterbliebenenregelung getroffen hat (gem. § 25 VersAusglG). Mit der Reform des Versorgungsausgleichs ist es gelungen, die meisten Rentenanwartschaften bei der Scheidung auszugleichen durch das System der internen und externen Teilung sowie durch den Verzicht des Ausgleichs von geringwertigen Anrechten (§ 18 VersAusglG) und durch das Antragserfordernis bei kurzer Ehe (§ 3 Abs. 3 VersAusglG).[1] Der sog. **Wertausgleich nach der Scheidung** gem. §§ 20 ff. VersAusglG beschränkt sich mithin auf die Anrechte, die im Zeitpunkt der Scheidung noch nicht geteilt werden konnten. Dies ist der Fall bei **fehlender Ausgleichsreife gem. § 19 VersAusglG** oder bei entsprechender **Vereinbarung gem. § 6 Abs. 1 Nr. 3 VersAusglG**.

---

[1] *Johannsen/Henrich/Holzwarth*, Familienrecht, 5. Aufl., § 20 Rn. 1 ff.

Für die Ausgleichsansprüche nach der Scheidung knüpfen die §§ 20-26 VersAusglG an das System des schuldrechtlichen Versorgungsausgleichs nach altem Recht an. Jedoch greift auch hier der in § 1 VersAusglG festgelegte Paradigmenwechsel vom bilanzierenden Einmalausgleich zur anrechtsbezogenen Teilung.[2]

Im Unterschied zum Wertausgleich nach den §§ 9 ff. VersAusglG richtet sich der schuldrechtliche Ausgleichsanspruch nach den §§ 20 ff. VersAusglG gegen die ausgleichspflichtige Person, nur im Falle des Todes des Ausgleichspflichtigen ist der Anspruch nach § 25 VersAusglG gegen den Versorgungsträger zu richten.

II. Gesetzesmaterialien

BT-Drs. 16/10144, S. 63 f.

B. Voraussetzungen auf Seiten des Ausgleichspflichtigen

Der ausgleichsberechtigte Ehegatte kann die schuldrechtliche Ausgleichsrente erst beziehen, wenn er selbst rentenberechtigt ist gem. § 20 Abs. 2 VersAusglG und wenn der Ausgleichspflichtige grundsätzlich tatsächlich eine Versorgung aus einem noch nicht ausgeglichen Anrecht bezieht nach § 20 Abs. 1 VersAusglG.

I. Laufende Versorgung gem. § 2 Abs. 2 VersAusglG

Wesentliche Fälligkeitsvoraussetzung ist, dass der Ausgleichspflichtige eine **laufende Versorgung** aus einem noch nicht ausgeglichenen Anrecht **tatsächlich bezieht**. Allein das Vorliegen der Anspruchsvoraussetzungen reicht grundsätzlich nicht aus.[3] Jede andere Lösung würde ignorieren, dass der schuldrechtliche Versorgungsausgleich ausschließlich laufende Versorgungen betrifft und daher keinen fiktiven Ausgleich zulässt. Der ausgleichsberechtigten Person steht daher kein schuldrechtlicher Anspruch zu, wenn der geschiedene Ehegatte sich entschlossen hat, die Versorgung erst zu einem späteren als dem regelmäßigem Versorgungsbeginn zu beantragen. Hintergrund dieses „aufgeschobenen Versorgungsbeginns" ist in der Regel der Versorgungszuschlag, der sich pro Monat hinausgeschobenen Rentenbeginns nach § 77 Abs. 2 Nr. 2b SGB VI um 0,5% zum Zugangsfaktor erhöht.[4]

Schadensersatzansprüche nach § 826 BGB kann der geschiedene Ehegatte in der Regel hieraus nicht herleiten, weil es an der notwendigen Schädigungsabsicht fehlt; denn durch den aufgeschobenen Versorgungsbeginn soll in der Regel nur die Versorgung erhöht werden, eine „postdivortionale" Schädigungsabsicht kann hier kaum unterstellt werden. Etwas anderes kann nur dann gelten, wenn der Ausgleichsberechtigte es gänzlich unterlässt, einen Versorgungsantrag zu stellen, obwohl die Voraussetzungen hierfür vorliegen (§ 162 BGB).[5]

II. Fehlender Ausgleich des Anrechts nach § 19 VersAusglG

Das betreffende Anrecht darf **noch nicht ausgeglichen** sein. Nach der Gesetzesbegründung ist ein Anrecht noch nicht ausgeglichen, wenn und soweit ein Wertausgleich bei der Scheidung nicht erfolgt ist.[6]

Fehlende Ausgleichsreife gem. § 19 Abs. 2 VersAusglG liegt vor, wenn ein Anrecht i.S.d. Betriebsrentengesetzes noch verfallbar ist (§ 19 Abs. 2 Nr. 1), wenn es auf eine abschmelzende Leistung gerichtet ist (§ 19 Abs. 2 Nr. 2) oder wenn der Ausgleich bei Scheidung unwirtschaftlich wäre (§ 19 Abs. 2 Nr. 3).

Fehlende Ausgleichsreife gem. § 19 Abs. 2 Nr. 1 VersAusglG liegt auch vor, wenn ein Ausgleich des Anrechts aus einer betrieblichen Altersversorgung gepfändet ist. In einer Entscheidung des OLG Hamm[7] hatte das Finanzamt das Anrecht des Ausgleichspflichtigen aus seiner betrieblichen Altersversorgung gepfändet wegen bestehender Steuerschulden und hatte im Verfahren einer internen Teilung nicht zugestimmt. Eine solche Pfändung ist zulässig[8]; das gepfändete Anrecht fällt in den Wertaus-

---

[2] *Hauß/Eulering*, Versorgungsausgleich und Verfahren in der Praxis, 2009, Rn. 311.
[3] *Johannsen/Henrich/Holzwarth*, Familienrecht, 5. Aufl., § 20 Rn. 14; *Borth*, Versorgungsausgleich, 7. Aufl., Rn. 836.
[4] *Hauß/Eulering*, Versorgungsausgleich und Verfahren in der Praxis, 2009, Rn. 313.
[5] *Borth*, Versorgungsausgleich, 7. Aufl., Rn. 838; *Ruland*, Versorgungsausgleich, 3. Aufl., Rn. 692.
[6] BT-Drs. 16/10144, S. 63.
[7] OLG Hamm v. 06.06.2013 - II-2 UF 250/12, 2 UF 250/12 - FamRZ 2013, 1909-1910.
[8] Vgl. BGH v. 11.11.2010 - VII ZB 87/09 - FamRZ 2011, 479 (zur Einbeziehung von zur Kreditsicherung einer Baufinanzierung abgetretener Anrechte aus einer Rentenlebensversicherung mit Kapitalwahlrecht).

gleich, weil es unverändert im Vermögen des Schuldners verbleibt und die gepfändete Forderung dem Pfändungsgläubiger lediglich zur Einziehung überwiesen wurde[9]. Jedoch ist es unsicher, in welcher Höhe letztlich das Anrecht nach der erfolgreichen Pfändung verbleibt, so dass hieraus die fehlende Ausgleichsreife folgt und daher diese Forderung dem schuldrechtlichen Wertausgleich unterliegt. Nach der Pfändung beschränkt sich daher der schuldrechtliche Wertausgleich nur noch auf die Restversorgung.[10] Für sicherungshalber abgetretene Versorgungsrechte hat der BGH entschieden, dass diese dem Wertausgleich bei der Scheidung unterliegen.[11]

11 Im Rahmen der Freizügigkeit in Europa werden Versorgungen bei ausländischen, zwischenstaatlichen oder überstaatlichen Versorgungsträgern immer relevanter. Wenn dort eine Anwartschaft besteht, kann sie gem. § 19 Abs. 2 Nr. 4 nicht bereits bei der Scheidung ausgeglichen werden. Denn sie unterliegen nicht der deutschen Jurisdiktion, so dass deutsche Gerichte nicht unmittelbar in die Rechte dieser Versorgungsträger eingreifen können.[12]

12 Eine weitere Folge der Anrechte i.S.d. § 19 Abs. 2 Nr. 4 ist die sog. **Ausgleichssperre nach § 19 Abs. 3 VersAusglG**. Eine Anwartschaft in diesem Sinne kann den kompletten Wertausgleich bei der Scheidung hindern, wenn der Wertausgleich bei der Scheidung für den anderen Ehegatten unbillig wäre.[13] Die Entscheidung über die Ausgleichssperre steht im Ermessen der Familiengerichte.

13 Weiterhin unterliegen dem schuldrechtlichen Ausgleich die Anrechte, die die Eheleute dem Wertausgleich mit einer Vereinbarung nach den § 6 Abs. 1 Nr. 3 VersAusglG entzogen haben. Die Eheleute haben nach der Reform einen größeren Spielraum erhalten, den Versorgungsausgleich individuell zu regeln und auch dem Wertausgleich nach der Scheidung vorzubehalten. Die Teilhabe an einer Hinterbliebenenversorgung kann jedoch nicht vereinbart werden gem. § 25 Abs. 2 VersAusglG.

14 Darüber hinaus sind all die Anrechte gem. § 20 VersAusglG auszugleichen, die nach dem bisherigen Recht dem schuldrechtlichen Versorgungsausgleich vorbehalten waren (§ 48 VersAusglG). Praxisrelevant sind hierbei Anrechte, die trotz des erweiterten Splittings (§ 3b Abs. 1 Nr. 1 VAHRG) nicht öffentlich über die gesetzliche Rentenversicherung ausgeglichen werden konnten, sowie die Anrechte, deren Ausgleich an der Höchstbetragsregelung nach § 1587b Abs. 5 BGB a.F. scheiterte.[14]

15 Der schuldrechtliche Versorgungsausgleich wird auch nicht durchgeführt, wenn der Wertausgleich unterblieben ist wegen Geringfügigkeit nach § 18 VersAusglG oder aufgrund der Härteregelung des § 27 VersAusglG, soweit die Entscheidung hierüber rechtskräftig ist.

16 Streitig diskutiert wird die Frage, was geschieht, wenn der **Wertausgleich bei der Scheidung unterblieben ist, weil ein Ehegatte ein Anrecht aus einer Lebensversicherung verheimlicht hat oder der Wertausgleich wegen eines Fehlers des Familiengerichts unterblieben ist**. Zum Teil wird vertreten, dass hier die Möglichkeit zur Korrektur im Wege des § 20 VersAusglG besteht. Wenn der Wertausgleich infolge eines Fehlers des Ausgleichspflichtigen oder eines Fehlers des Familiengerichts fälschlicherweise unterblieben sei, solle eine Korrektur über § 20 VersAusglG möglich sein, um der ausgleichsberechtigten Person die ihr zustehende Versorgung gewähren zu können.[15] Denn über ein

---

[9] KG v. 06.02.2012 - 17 UF 272/11 - FamRZ 2012, 1218; OLG Hamm v. 06.06.2013 - II-2 UF 250/12, 2 UF 250/12 - FamRZ 2013, 1909-1910, m.w.N.

[10] OLG Hamm v. 06.06.2013 - II-2 UF 250/12, 2 UF 250/12 - FamRZ 2013, 1909-1910; auch OLG Stuttgart v. 30.09.2013 - 11 UF 273/12 - FamRZ 2014, 391-393, für ein gepfändetes Anrecht aus einer Altersversorgung (Direktversicherung) wird ebenso die Durchführung des schuldrechtlichen Wertausgleichs befürwortet. *Borth* schlägt in seiner Anmerkung zu diesem Beschluss vor (FamRZ 2014, 393), dass das Anrecht nicht dem schuldrechtlichen Wertausgleich vorbehalten werden soll, sondern dass das Versorgungsausgleichsverfahren ausgesetzt werden soll nach § 21 FamFG bis zur Klärung über die Entwicklung der Pfändung. Wenn das Anrecht vollständig zur Befriedigung der gesicherten Forderung genutzt wird, entfällt der Wertausgleich schon bei der Scheidung. Dieser Vorschlag ist sehr pragmatisch, weil dann eine endgültige Klärung hinsichtlich dieses Anrechts bereits im Ursprungsverfahren erfolgt.

[11] BGH v. 07.08.2013 - XII ZB 673/12 - FamRZ 2013, 1715-1718; vgl. OLG Brandenburg v. 17.01.2013 - 13 UF 37/11 - FamFR 2013, 136; dahingegen behalten OLG Karlsruhe v. 17.01.2013 - 2 UF 270/12 - FamRZ 2013, 885; OLG Hamm v. 20.08.2013 - II-9 UF 1/13, 9 UF 1/13 - MDR 2013, 1229 f. das sicherungshalber abgetretene Anrecht dem schuldrechtlichen Ausgleich vor.

[12] *Hierzu ausführlich Borth*, Versorgungsausgleich, 7. Aufl., Rn. 866, 733 ff.

[13] OLG Brandenburg v. 30.05.2013 - 10 UF 45/11 - FamRZ 2014, 311-312; OLG Saarbrücken v. 21.01.2013 - 6 UF 440/12 - FamRZ 2014, 41-42; OLG Zweibrücken v. 23.11.2012 - 6 UF 60/12 - FamRZ 2013, 1492 ff.

[14] *Ruland*, Versorgungsausgleich, 3. Aufl., Rn. 689.

[15] *Johannsen/Henrich/Holzwarth*, Familienrecht, 5. Aufl., § 20 Rn. 21.

Abänderungsverfahren nach § 225 Abs. 2 FamFG kann das „vergessene" Anrecht nicht ausgeglichen werden, weil es für dieses Anrecht noch keinen rechtskräftigen Wertausgleich gibt. Der anderen Auffassung, dass dem schuldrechtlichen Wertausgleich kein Auffangcharakter innewohne, ist jedoch der Vorzug zu geben. Der BGH hat nunmehr entschieden, dass dem Wertausgleich nach Scheidung keine generelle Auffangfunktion zukomme.[16] Denn der schuldrechtliche Ausgleich ist kein Instrument, um eine Entscheidung über den Wertausgleich zu korrigieren.[17] Das VersAusglG sieht hierfür keine Abhilfemöglichkeit vor; vielmehr ist in diesem Fall die materielle Rechtskraftbindung zu akzeptieren.[18] Auch scheidet eine analoge Anwendung von § 225 Abs. 2 FamFG aus, weil die Entscheidung über den Wertausgleich, wenn ein Anrecht „vergessen", verschwiegen oder übersehen wurde, keine „Teilentscheidung" darstelle.[19]

Wenn jedoch ein vorsätzliches Verschweigen einer Anwartschaft festgestellt werden kann, kann geprüft werden, ob nicht ein Wiederaufnahmeverfahren nach § 48 Abs. 2 FamFG durchgeführt werden kann, wobei dieser Rechtsbehelf nur binnen 5 Jahre nach rechtskräftiger Entscheidung geltend gemacht werden kann.[20] Möglich ist auch ein Schadensersatzanspruch nach § 823 Abs. 2 BGB i.V.m. § 263 StGB.

C. Voraussetzungen auf Seiten des Ausgleichsberechtigten

Der Anspruch auf einen schuldrechtlichen Ausgleich wird erst fällig, wenn die ausgleichsberechtigte Person eine eigene laufende Versorgung bezieht (§ 20 Abs. 2 Nr. 1 VersAusglG) oder die Regelaltersgrenze der gesetzlichen Rentenversicherung erreicht hat (§ 20 Abs. 2 Nr. 2 VersAusglG) bzw. wenn sie die gesundheitlichen Voraussetzungen für den Bezug einer Invaliditätsversorgung erfüllt (§ 20 Abs. 2 Nr. 3 VersAusglG). Diese drei Alternativen indizieren den Bedarf für den Erhalt einer schuldrechtlichen Ausgleichsrente.

I. Versorgungsbezug

Unter den **Versorgungsbezug** i.S.d. § 20 Abs. 2 Nr. 1 VersAusglG fallen alle Versorgungen nach § 2 VersAusglG. Daher reicht es beispielsweise aus, wenn die ausgleichsberechtigte Person lediglich eine (vorgezogene) betriebliche Altersversorgung bezieht.[21] Unerheblich ist auch, ob die von der Ausgleichsberechtigten erworbene Versorgung während der Ehezeit erworben worden ist.[22] Auch fällt hierunter der Bezug einer Rente wegen Erwerbsunfähigkeit bzw. Erwerbsminderung, weil auch insoweit der Bedarf nach einer Versorgung indiziert wird. Der Erhalt einer betrieblichen Kapitalzahlung i.S.d. § 2 Abs. 2 Nr. 3 VersAusglG reicht hierfür jedoch nicht aus, weil § 20 Abs. 2 VersAusglG ausdrücklich von einer laufenden Versorgung spricht.

II. Erreichen der Regelaltersgrenze

Eine weitere Alternative für den Bezug der Ausgleichsrente ist das **Erreichen der Regelaltersgrenze der gesetzlichen Rentenversicherung** nach § 20 Abs. 2 Nr. 2 VersAusglG: Allein das Erreichen der Altersgrenze indiziert den Versorgungsbedarf, unabhängig davon, ob die Ausgleichberechtigte tatsächlich eine Rente wegen Alters bezieht oder eine entsprechende Anwartschaft erworben hat. Aus Gründen der Vereinfachung hat der Gesetzgeber die pauschalierende Anknüpfung an die Regelaltersgrenze der gesetzlichen Rentenversicherung geknüpft.[23] Die früher auf die Vollendung des 65. Lebensjahrs festgesetzte Regelaltersgrenze ist nunmehr in § 35 SGB VI auf die Vollendung des 67. Lebensjahrs erhöht worden. Die Übergangsregelungen sehen eine schrittweise Anhebung der Regelaltersgrenze nach der folgenden Tabelle vor:

---

[16] BGH v. 24.07.2013 - XII ZB 340/11 - FamRZ 2013, 1548 ff.; vgl. auch *Holzwarth*, FamRZ 2013, 1849, 1857.
[17] *Ruland*, Versorgungsausgleich, 3. Aufl., Rn. 690.
[18] *Vgl. Borth*, Versorgungsausgleich, 7. Aufl., Rn. 855.
[19] Ausführlich mit Darstellung des Meinungsstreits BGH v. 24.07.2013 - XII ZB 340/11 - FamRZ 2013, 1548 ff.; für § 51 VersAusglG BGH v. 24.07.2013 - XII ZB 415/12 - FamRZ 2013, 1642.
[20] *Borth*, FamRZ 2013, 1185.
[21] *Hauß/Eulering*, Versorgungsausgleich und Verfahren in der Praxis, 2009, Rn. 316.
[22] *Johannsen/Henrich/Holzwarth*, Familienrecht, 5. Aufl., § 20 Rn. 29.
[23] BT-Drs. 16/10144, S. 63.

Geburtsjahr	Regelaltersgrenze	Erreichen der Regelaltersgrenze
Geboren bis 1946	65	
1947	65 + 01 Monat	02.2012 bis 01.2013
1948	65 + 02 Monate	03.2013 bis 02.2014
1949	65 + 03 Monate	04.2014 bis 03.2015
1950	65 + 04 Monate	05.2015 bis 04.2016
1951	65 + 05 Monate	06.2016 bis 05.2017
1952	65 + 06 Monate	07.2017 bis 06.2018
1953	65 + 07 Monate	08.2018 bis 07.2019
1954	65 + 08 Monate	09.2019 bis 08.2020
1955	65 + 09 Monate	10.2020 bis 09.2021
1956	65 + 10 Monate	11.2021 bis 10.2022
1957	65 + 11 Monate	12.2022 bis 11.2023
1958	66	01.2024 bis 12.2024
1959	66 + 02 Monate	03.2025 bis 02.2026
1960	66 + 04 Monate	05.2026 bis 04.2027
1961	66 + 06 Monate	07.2027 bis 06.2028
1962	66 + 08 Monate	09.2028 bis 08.2029
1963	66 + 10 Monate	11.2029 bis 10.2030
1964	67	01.2031 bis 12.2031
ab 1965	67	Januar bis Dezember des entsprechenden Jahres

III. Invalidität

21 Weiterhin ist der Bezug der schuldrechtlichen Ausgleichsrente möglich, wenn die ausgleichsberechtigte Person zwar keine Invalidenrente bezieht, aber nach § 20 Abs. 2 Nr. VersAusglG die gesundheitlichen Voraussetzungen im Sinne einer **Invalidität** erfüllen würde. Diese Fallkonstellation kann gegeben sein, wenn der Bezug einer Invalidenrente an versicherungstechnischen Voraussetzungen scheitert (z.B. nach § 43 SGB VI: innerhalb einer Rahmenfrist von 5 Jahren müssen drei Jahre Pflichtbeträge gezahlt werden).[24] Bei der Prüfung, ob die gesundheitlichen Voraussetzungen für eine volle oder teilweise Erwerbsminderung vorliegen, sollte auch weiterhin auf § 43 SGB VI und die entsprechende Rechtsprechung des BSG abgestellt werden, wie nach dem bisherigen Recht aus Gründen der Praktikabilität, auch wenn § 20 Abs. 2 Nr. 3 VersAusglG, anders als § 1587g Abs. 1 Satz 2 BGB a.F., nicht mehr die Terminologie des § 43 SGB VI aufgreift.[25]

IV. Ausschluss von Bagatellversorgungen

22 Über § 20 Abs. 1 Satz 2 VersAusglG findet auch § 18 VersAusglG Anwendung bei der Frage, ob eine Ausgleichsrente im Falle der Geringfügigkeit zu zahlen ist. Wenn der Ausgleichswert gering ist, soll die schuldrechtliche Ausgleichsrente ausgeschlossen werden. Geringfügigkeit ist gem. § 18 Abs. 3 VersAusglG gegeben, wenn der Ausgleichswert höchstens ein Prozent der monatlichen Bezugsgröße nach § 18 Abs. 1 SGB IV beträgt (2014: 27,65 bzw. 23,45 €).[26]

D. Ausgleichswert der schuldrechtlichen Ausgleichsrente

23 Die Höhe der Ausgleichsrente entspricht **dem Ausgleichswert der laufenden Bruttorente** des Ausgleichspflichtigen. Weil auch die schuldrechtliche Ausgleichsrente nur in Höhe der in der Ehezeit aufgrund der gemeinsamen Lebensleistung erworbenen Anrechte besteht, gelten für die Berechnung und Ermittlungen des Ehezeitanteils die §§ 39 bis 46 VersAusglG entsprechend.[27]

---

[24] *Hauß/Eulering*, Versorgungsausgleich und Verfahren in der Praxis, 2009, Rn. 319.
[25] *Johannsen/Henrich/Holzwart*, Familienrecht, 5. Aufl., § 20 VersAusglG Rn. 31, *Ruland*, Versorgungsausgleich, 3. Aufl., Rn. 698.
[26] Vgl. §§ 1 Abs. 1, 2 Abs. 1 der Sozialversicherungs-Rechengrößenverordnung.
[27] Vgl. hierzu ausführlich *Borth*, Versorgungsausgleich, 7. Aufl., Rn. 843 ff.

I. Abzug der Sozialversicherungsbeiträge

Anders als nach der bisherigen Rechtsprechung des BGH zum alten Recht[28] sieht § 20 Abs. 1 Satz 2 VersAusglG vor, dass die auf den Ausgleichswert entfallenden Sozialversicherungsbeiträge oder vergleichbaren Aufwendungen vom Bruttobetrag der Ausgleichsrente abzuziehen sind, sog. **Nettoprinzip.** Mithin beläuft sich die Ausgleichsrente auf den hälftigen Wertunterschied nach Abzug der Sozialversicherungsbeiträge und Aufwendungen. Zu den Sozialversicherungsbeiträgen gehören die Beiträge zur gesetzlichen Kranken- und Pflegeversicherung, unter die Aufwendungen fallen insbesondere die Beiträge zur privaten Kranken -und Pflegeversicherung.[29] Maßgeblich hierbei ist der Versicherungsanteil, der auf einem der gesetzlichen Kranken- und Pflegeversicherung entsprechendem Leistungsumfang beruht. Hierzu kann auf die nach § 10 Abs. 1 Nr. 3 EStG berücksichtigungsfähigen Vorsorgeaufwendungen zurückgegriffen werden.[30] Beträgt beispielsweise die streitgegenständliche Bruttorente 1.000 € und der Ausgleichswert 600 €, so sind hiervon 17,45% für Kranken- und Pflegeversicherung abzuziehen, so dass der Ausgleichswert 247,65 € beträgt.

Streitig ist derzeit die Frage, ob die **Aufwendungen für die private Kranken- und Pflegeversicherung auch dann – ganz oder teilweise – abzuziehen** sind, wenn die jährlichen Versorgungsbezüge des Ausgleichspflichtigen auch nach Abzug des Ausgleichswerts die Jahresarbeitsentgeltgrenze überschreiten.[31] Die Frage ist, ob die Beiträge an der gesamten Versorgung oder nur an der begrenzten Bemessungsgrundlage bemessen werden sollen. Weil die Beitragslast jedoch aus der gesamten Versorgung zu tragen ist, muss zur angemessenen Verteilung der **Aufwand i.S.d. § 20 Abs. 1 Satz 2 VersAusglG von der gesamten Versorgung abgezogen und erst daraus der Ehezeitanteil gebildet werden.**[32] Das OLG Stuttgart dahingegen zieht private Krankenversicherungsbeiträge nicht ab, wenn die auszugleichende Rente auch nach Abzug des Ausgleichsbetrags noch oberhalb der Jahresarbeitsentgeltgrenze liegt. Weil jenseits der Jahresarbeitsentgeltgrenze keine Sozialversicherungsbeiträge mehr anfallen, müsse dies auch für die privaten Kranken- und Pflegeversicherungsbeiträge gelten.[33] Diese Praxis dürfte jedoch dem Nettoprinzip und dem Halbteilungsgrundsatz widersprechen. Es ist unbillig, wenn nur die ausgleichsberechtigte Person vom Überschreiten der Beitragsbemessungsgrenze des Einkommens der Ausgleichspflichtigen profitiert durch Wegfall der abzuziehenden Sozialversicherungsbeiträge. Auch nach der Rechtsprechung des OLG Hamm **sind die Sozialversicherungsbeiträge unabhängig von dem Überschreiten der Einkommensgrenzen anteilig auf den Ausgleichswert anzurechnen.** Der Wortlaut des § 20 Abs. 1 Satz 2 VersAusglG enthält keine Einschränkung für den Abzug der Sozialversicherungsbeiträge bzw. der entsprechenden Aufwendungen. Mit der Einführung des Nettoprinzips sollte zudem dem Halbteilungsgrundsatz in besonderer Weise Genüge getan werden, indem zukünftig nicht allein der ausgleichspflichtige Ehegatte die Lasten der Sozialversicherung zu tragen hat.[34]

Auch nach dem heute geltenden Recht bleibt die **steuerliche Belastung** der ausgleichspflichtigen Person unberücksichtigt. Diese hat jedoch weiterhin die Möglichkeit, die schuldrechtliche Ausgleichsrente nach § 10 Abs. 1 Nr. 1a EStG als dauernde Last steuerlich abzusetzen. Im Gegenzug muss jedoch die Ausgleichsberechtigte die Rente als Einkommen nach § 22 Nr. 1 EStG versteuern, so dass die individuellen Besteuerungsgrundlagen auf die jeweiligen Renten Anwendung finden.

II. Wertanpassungen der Betriebsrente

Weil der Ausgleich der Rente des Ausgleichspflichtigen meist erst lange Zeit nach der Scheidung erfolgt, wird sich die **Betriebsrente des Ausgleichspflichtigen im Falle der weiteren Betriebszugehörigkeit erhöht** haben. Diese Wertanpassungen zwischen Ehezeitende und Entscheidungszeitpunkt

---

[28] Vgl. insoweit BGH v. 25.10.2006 - XII ZB 211/04 - FamRZ 2007, 120, heute auch Aufgabe des Bruttoprinzips in BGH v. 02.02.2011 - XII ZB 133/08 - FamRZ 2011, 706; Berechnungsgrundlage war damals die Bruttorente ohne Abzug der Krankenversicherungsbeiträge.
[29] BT-Drs. 16/10144, S. 109; OLG Frankfurt v. 16.03.2012 - 4 UF 143/11 - FamRZ 2012, 1727; OLG Bremen v. 23.02.2012 - 5 UF 76/11 - FamRZ 2012, 1723.
[30] OLG Hamm v. 28.06.2013 - II-8 UF 21/13, 8 UF 21/13 - juris Rn. 67 - FamRZ 2013, 1985 ff.
[31] 2013: 52.200 € bei gesetzlicher Krankenversicherungspflicht; 47.250 € bei substitutiver privater Krankenversicherung nach § 6 Abs. 6, 7 SGB V.
[32] *Borth*, Versorgungsausgleich, 7. Aufl., Rn. 859; so auch OLG Oldenburg v. 29.02.2012 - 11 UF 31/11 - FamRZ 2012, 1718.
[33] OLG Stuttgart v. 13.07.2011 - 11 UF 3/11 - juris Rn. 10 ff. - FamRZ 2011, 1870-1872.
[34] OLG Hamm v. 22.04.2013 - II-10 UF 159/12, 10 UF 159/12 - FamRZ 2013, 1895 ff.

sind nach § 5 Abs. 4 Satz 2 VersAusglG zu berücksichtigen. Hierzu zählen vor allem die Anpassungen nach § 16 BetrAVG bei betrieblichen Anrechten, die allgemeinen Anpassungen in der Beamtenversicherung und die Erhöhung der Überschussanteile bei privaten Rentenversicherungen, soweit sie nicht auf Einzahlungen nach dem Ehezeitende beruhen.[35]

28 Im Übrigen sind für die Bewertung des Anrechts die rechtlichen und tatsächlichen Veränderungen nur beachtlich, sofern sie auf den Ehezeitanteil nach § 5 Abs. 2 Satz 2 VersAusglG zurückwirken.[36] Das heißt in der Regel, dass sich nur die Veränderungen auswirken, die latent dem Anrecht bereits zum Ehezeitende innewohnten.[37] Mithin wirken sich Erhöhungen der Rente infolge eines **Karrieresprungs** des Ausgleichspflichtigen nicht aus. Für diese Berechnung gibt es keine Richtschnur, sondern hier ist eine individuelle Prüfung der Erwerbsbiographie der ausgleichspflichtigen Person erforderlich. Infolge des Amtsermittlungsgrundsatzes steht es den Familiengerichten beispielsweise frei, dem Versorgungsträger aufzugeben, die Gehalts- und die Versorgungsentwicklung des Arbeitnehmers durch Vorlage geeigneter Unterlagen vorzulegen (§ 220 FamFG). Die auf einer Berufstätigkeit des Ausgleichspflichtigen im Ausland beruhende Erhöhung eines Rentenanrechts nach Ende der Ehezeit bleibt im Rahmen des Versorgungsausgleichs unberücksichtigt.[38]

29 Wenn vor der Strukturreform ein Teilausgleich der laufenden Versorgung durch erweitertes Splitting nach § 3b Abs. 1 Nr. 1 VAHRG a.F. erfolgt ist, ist dieser bereits erfolgte Teilausgleich beim nunmehr schuldrechtlich durchzuführenden Ausgleich nach § 20 VersAusglG zu berücksichtigen. Aus der Übergangsregelung des § 53 VersAusglG folgt, dass dieser Teilbetrag mithilfe der aktuellen Rentenwerte der gesetzlichen Rentenversicherung bestimmt wird.[39] Der so ermittelte Wert wird sodann vom Ausgleichswert der laufenden Versorgung abgezogen.[40]

E. Zahlung der Ausgleichsrente

30 Da die Ausgleichsrente unterhaltsrechtlichen Charakter hat, entsprechen die Fälligkeits- und Zahlungspflichten denen beim nachehelichen Unterhalt nach § 1585 Abs. 1 Sätze 2 und 3 BGB sowie § 1585b Abs. 2 und 3 BGB, was in § 20 Abs. 3 VersAusglG festgelegt ist.

31 Zu beachten ist, dass die Ausgleichsrente erst mit Verzug oder Rechtshängigkeit des Anspruchs fällig wird (§ 1585b Abs. 2 BGB). Daher kann auch keine künftig fällig werdende Ausgleichsrente gerichtlich eingefordert werden.[41] An die Mahnung sind keine besonderen Anforderungen zu stellen.[42] Bei illoyal verspäteter Geltendmachung von Ansprüchen findet die Rechtsprechung des BGH zur Verwirkung nach § 242 BGB Anwendung.[43]

32 Die Ausgleichsrente ist monatlich im Voraus zu zahlen gem. § 20 Abs. 3 VersAusglG i.V.m. § 1585 Abs. 1 Satz 2 BGB, auch wenn der Versorgungsträger seine Betriebsrente beispielsweise erst zum Monatsende hin auszahlt. Der volle Monatsbetrag wird auch dann geschuldet, wenn die Ausgleichsberechtigte im Laufe des Monats verstirbt.

33 Soweit der Ausgleichspflichtige mit seinen Verpflichtungen aus dem schuldrechtlichen Ausgleich in Verzug geraten ist oder die Ausgleichszahlungen rechtshängig geworden sind, kann die Ausgleichsberechtigte auch für die Vergangenheit Erfüllung oder Schadensersatz wegen Nichterfüllung verlangen, wobei allerdings die Schranken von § 1585b Abs. 3 BGB gelten.

34 Auskunft kann gem. § 4 Abs. 1 VersAusglG verlangt werden. Der Auskunftsanspruch bezieht sich nicht allein auf die Verhältnisse zum Zeitpunkt der Entscheidung, sondern auch auf die Bemessungsfaktoren zum Zeitpunkt des Ehezeitendes und auf die Zeit danach hinsichtlich möglicher Änderungen i.S.d. § 5 Abs. 2 VersAusglG. Die Zahlung der Ausgleichsrente endet mit dem Tod der Ausgleichsberechtigten, § 31 Abs. 3 VersAusglG. In diesem Fall fällt auch der abgetretene Anspruch wieder an den Ausgleichspflichtigen zurück nach § 21 Abs. 4 VersAusglG. Anders als beim nachehelichen Unterhalt

---

[35] *Johannsen/Henrich/Holzwarth*, Familienrecht, 5. Aufl., § 20 Rn. 37.
[36] Vgl. ausführlich hierzu OLG Oldenburg v. 29.02.2012 - 11 UF 31/11 - FamRZ 2012, 1718.
[37] Hierzu grundlegend BGH v. 11.06.2008 - XII ZB 154/07 - FamRZ 2008, 1512.
[38] OLG Hamm v. 22.04.2013 - II-10 UF 159/12, 10 UF 159/12 - FamRZ 2013, 1895 ff.
[39] Vgl. zur Berechnung insoweit ausführlich, *Borth*, Versorgungsausgleich, 7. Aufl., Rn. 835.
[40] OLG Hamm v. 22.04.2013 - II-10 UF 159/12, 10 UF 159/12 - FamRZ 2013, 1895 ff.; OLG Frankfurt v. 16.03.2012 - 4 UF 143/11 - FamRZ 2012, 1727.
[41] *Holzwart*, FamRZ 2013, 1849, 1858; OLG Bremen v. 09.01.2013 - 4 UF 126/12 - FamRZ 2013, 1809: aus § 20 Abs. 2 folge, dass der Antrag auf künftige Ausgleichszahlungen unzulässig sei (§§ 257 ff. ZPO).
[42] *Borth*, Versorgungsausgleich, 7. Aufl., Rn. 869.
[43] BGH v. 23.10.2002 - XII ZR 266/99 - FamRZ 2002, 1698; *Borth*, Versorgungsausgleich, 7. Aufl., Rn. 869.

können die Erben des Ausgleichspflichtigen nicht in Anspruch genommen werden.[44] Anders als beim nachehelichen Unterhalt erlischt der Ausgleichsanspruch nicht mit der Wiederheirat der Ausgleichsberechtigten, da § 1586 BGB nicht analog anwendbar ist.

F. Verfahren

In der Regel wird ein Verfahren hinsichtlich des schuldrechtlichen Versorgungsausgleichs in einem isolierten Verfahren lange nach Rechtskraft der Scheidung geltend gemacht, weil die Fälligkeitsvoraussetzungen des § 20 Abs. 2 VersAusglG erst später eintreten. Das Versorgungsausgleichsverfahren unterliegt nach § 26 FamFG dem Grundsatz der Amtsermittlung; es wird jedoch nur auf Antrag nach § 223 FamFG eingeleitet. Dieser Antrag ist Verfahrensvoraussetzung. Jedoch besteht kein Erfordernis, einen bezifferten Antrag zu stellen; der Antrag sollte nur im Wesentlichen erkennen lassen, was Verfahrensgegenstand sein soll. Anwaltszwang besteht im isolierten Versorgungsausgleichsverfahren nicht, weil es sich um keine Familienstreitsache gem. § 114 Abs. 1 i.V.m. § 112 FamFG handelt. Wenn beide Ehegatten bei der Scheidung schon Rentenempfänger sind, ist es möglich, bereits im Verbundverfahren den schuldrechtlichen Versorgungsausgleich durchzuführen. Im Verbund besteht ein Anwaltszwang auch für denjenigen, der sich im Scheidungsverfahren nicht anwaltlich vertreten lassen muss, weil nach § 114 Abs. 1 FamFG für den Antrag auf Wertausgleich nach der Scheidung im Verbund anwaltliche Vertretung vorgeschrieben ist. 35

Der Ausgleichsanspruch kann mit einem **Auskunftsanspruch nach § 4 Abs. 1 VersAusglG** im Wege eines Stufenantrags analog § 254 ZPO verknüpft werden. Der Auskunftsanspruch ist gem. § 95 Abs. 1 FamFG i.V.m. § 888 ZPO vollstreckbar, so dass auch hier eine Zwangshaft in Betracht kommt. 36

Wechselseitige Ansprüche auf Ausgleichsrente können nach zutreffender Auffassung des OLG Zweibrücken aus verfahrensökonomischen Gründen miteinander verrechnet werden.[45] 37

Die **örtliche Zuständigkeit des Familiengerichts richtet sich nach § 218 FamFG**. Die Versorgungsträger sind hier in der Regel keine Beteiligten i.S.d. § 219 Nr. 2 FamFG, weil sie durch den schuldrechtlichen Ausgleich nicht betroffen sind (keine interne oder externe Teilung erforderlich).[46] Die Teilung der Ausgleichsrente ist allein eine Angelegenheit zwischen den Eheleuten, die Beteiligte nach § 219 Nr. 1 FamFG sind. Etwas anderes gilt jedoch beim Anspruch nach § 25 VersAusglG, der sich direkt gegen den Versorgungsträger richtet. 38

Die Ausgleichsrente wird als Geldforderung tituliert und ist gem. § 95 Abs. 1 FamFG i.V.m. den §§ 803 ff. ZPO vollstreckbar. Trotz der Verwandtschaft zu den nachehelichen Unterhaltsansprüchen besteht hier **kein Insolvenzschutz**. Ebenso wenig besteht eine Privilegierung in der Vollstreckung: Der ausgleichsberechtigten Person kommt das Vollstreckungsprivileg nach § 850d ZPO nicht zugute.[47] 39

In Eilfällen kommen auch **Einstweilige Anordnungen** nach den allgemeinen Vorschriften in Betracht (§§ 49 ff. FamFG). Ein dringendes Bedürfnis für ein sofortiges Tätigwerden kann vorliegen, wenn ein Abwarten auf die Entscheidung in der Hauptsache einem Ehegatten erhebliche Nachteile bringen dürfte. Dies könnte der Fall sein, wenn die ausgleichsberechtigte Person dringend auf die Ausgleichsrente zur Finanzierung des Lebensunterhalts angewiesen ist, das Familiengericht jedoch trotz bereits erteilter Auskunft seitens des Versorgungsträgers keine Entscheidung trifft, weil Einzelheiten hinsichtlich der Rentenhöhe noch streitig sind. Der Anwendungsbereich dürfte hier gering sein, weil in der Regel nach Eingang der Auskunft des Versorgungsträgers die Sache entscheidungsreif ist. 40

Der **Verfahrenswert** richtet sich nach § 50 Abs. 1 HS. 2 FamGKG. Anders als für den Verfahrenswert beim Wertausgleich bei der Scheidung (d.h. interne oder externe Teilung), beläuft er sich beim schuldrechtlichen Wertausgleich auf 20% des in drei Monaten erzielten Nettoeinkommens der Ehegatten. Die Entscheidungen des Familiengerichts sind gem. § 58 FamFG mit der Beschwerde anfechtbar. Bei Versorgungsausgleichssachen gilt die Wertgrenze des § 61 FamFG (mehr als 600 €) nur bei der isolierten Anfechtung von Kostenentscheidungen. 41

Die Entscheidungen über den schuldrechtlichen Versorgungsausgleich sind nach den **§§ 227, 48 FamFG abänderbar**, wenn sich die zugrunde liegende Sach- und Rechtslage nachträglich wesentlich verändert hat. Die §§ 225, 226 FamFG gelten für den Wertausgleich nach der Scheidung nicht, weil sie sich nach dem Wortlaut ausdrücklich nur auf Entscheidungen über den Wertausgleich bei der Schei- 42

---

[44] *Borth*, Versorgungsausgleich, 7. Aufl., Rn. 834.
[45] OLG Zweibrücken v. 25.05.2012 - 2 UF 58/12 - FamRZ 2013, 304.
[46] BT-Drs. 16/10144 S. 93.
[47] *Johannsen/Henrich/Holzwarth*, Familienrecht, 5. Aufl., § 20 Rn. 51.

dung beziehen. Mithin gilt die gesetzliche Regelung über die wesentliche Wertänderung des § 225 Abs. 3 FamFG nicht direkt bei Abänderungen von titulierten schuldrechtlichen Ausgleichsansprüchen. Jedoch gibt es keinen ersichtlichen Grund für unterschiedliche Voraussetzungen zur Abänderung von Entscheidungen betreffend den Wertausgleich bei und nach der Scheidung. Um eine gewisse Rechtssicherheit zu gewährleisten, sollte daher auch bei abzuändernden Entscheidungen betreffend den schuldrechtlichen Ausgleich eine Wesentlichkeitsgrenze i.S.d. § 225 Abs. 3 FamFG gezogen werden. *Holzwarth* schlägt eine Änderung des Ausgleichswerts seit der rechtskräftigen Erstentscheidung von mindestens 5% vor.[48]

43 Ein Tenorierungsvorschlag ist: Der Antragsgegner wird verpflichtet, an die Antragstellerin zum Ausgleich seines bei der (Versorgungsträger) bestehenden Anrechts eine monatlich im Voraus zu leistende Ausgleichsrente von (Eurobetrag) ab dem (Datum) zu zahlen.

---

[48] *Johannsen/Henrich/Holzwarth*, Familienrecht, 5. Aufl., § 20 Rn. 55.

Steuerrechtliche Hinweise zu § 20 VersAusglG

A. Steuerliche Behandlung beim Ausgleichsverpflichteten

Ausgleichszahlungen im Rahmen des schuldrechtlichen Versorgungsausgleichs gem. § 20 VersAusglG können vom Ausgleichsverpflichteten in dem Umfang als Sonderausgaben nach § 10 Abs. 1 Nr. 1b EStG geltend gemacht werden, in dem die den Ausgleichszahlungen zugrunde liegenden Einnahmen bei ihm der Besteuerung unterliegen. Sind die zugrunde liegenden Einnahmen nicht steuerbar oder steuerfrei, kommt ein Sonderausgabenabzug nach § 10 Abs. 1 Nr. 1b EStG nicht in Betracht.[1]

B. Steuerliche Behandlung beim Ausgleichsberechtigten

Ausgleichszahlungen im Rahmen des schuldrechtlichen Versorgungsausgleichs gem. § 20 VersAusglG sind vom Ausgleichsberechtigten als Einkünfte nach § 22 Nr. 1c EStG zu versteuern, soweit die Leistungen beim Ausgleichsverpflichteten als Sonderausgaben nach § 10 Abs. 1 Nr. 1b EStG abgezogen werden können. Bei der Ermittlung der Einkünfte nach § 22 Nr. 1c EStG ist § 9a Satz 1 Nr. 3 EStG anzuwenden.[2]

---

[1] BMF-Schreiben v. 09.04.2010, Einkommensteuerrechtliche Behandlung von Ausgleichszahlungen im Rahmen des Versorgungsausgleichs nach § 10 Abs. 1 Nr. 1 b EStG und § 22 Nr. 1 c EStG Rn. 5.

[2] BMF-Schreiben v. 09.04.2010, Einkommensteuerrechtliche Behandlung von Ausgleichszahlungen im Rahmen des Versorgungsausgleichs nach § 10 Abs. 1 Nr. 1b EStG und § 22 Nr. 1c EStG Rn. 6.

§ 21 VersAusglG Abtretung von Versorgungsansprüchen

(Fassung vom 03.04.2009, gültig ab 01.09.2009)

(1) Die ausgleichsberechtigte Person kann von der ausgleichspflichtigen Person verlangen, ihr den Anspruch gegen den Versorgungsträger in Höhe der Ausgleichsrente abzutreten.

(2) Für rückständige Ansprüche auf eine schuldrechtliche Ausgleichsrente kann keine Abtretung verlangt werden.

(3) Eine Abtretung nach Absatz 1 ist auch dann wirksam, wenn andere Vorschriften die Übertragung oder Pfändung des Versorgungsanspruchs ausschließen.

(4) Verstirbt die ausgleichsberechtigte Person, so geht der nach Absatz 1 abgetretene Anspruch gegen den Versorgungsträger wieder auf die ausgleichspflichtige Person über.

Gliederung

A. Grundlagen 1	II. Keine Abtretung von rückständigen Ansprüchen 6
I. Kurzcharakteristik 1	III. Durchbrechung der Pfändungsfreigrenzen 7
II. Gesetzesmaterialien 2	IV. Tod der ausgleichsberechtigten Person 8
III. Praktische Bedeutung 3	C. Verfahrenshinweise 9
B. Abtretung 4	
I. Voraussetzungen des Abtretungsanspruchs 4	

A. Grundlagen

I. Kurzcharakteristik

1 § 21 VersAusglG gibt der ausgleichsberechtigten Person das Recht, die Abtretung der laufenden und künftig fällig werdenden Rentenzahlungen gegen den Versorgungsträger von der ausgleichspflichtigen Person zu verlangen. Damit wird **vermieden, dass die ausgleichsberechtigte Person zur Durchsetzung ihrer Forderung ausschließlich auf die Zwangsvollstreckung angewiesen** ist. Gem. § 21 Abs. 3 VersAusglG ist eine Abtretung der Ausgleichsrente über die Pfändungsfreigrenzen der §§ 850 ff. ZPO, § 400 BGB möglich, um der ausgleichsberechtigten Person die Realisierung der schuldrechtlichen Ausgleichsrente zu erleichtern und ihr eine von der **Zahlungsmoral des Ausgleichspflichtigen unabhängige Position zu verschaffen**.[1] Beschränkungen des Abtretungsanspruchs bestehen lediglich insoweit, als dass schon fällige Ausgleichsansprüche nicht mehr gesichert werden können. § 21 Abs. 2 VersAusglG ordnet an, dass die Abtretung nur zeitgleiche Ausgleichsansprüche erfasst; rückständige Ausgleichsansprüche können nur dann abgetreten werden, wenn der Versicherungsträger die Ansprüche gegenüber dem Ausgleichspflichtigen noch nicht erfüllt hatte.

II. Gesetzesmaterialien

2 BT-Drs. 16/10144, S. 64 f.

III. Praktische Bedeutung

3 Da die Abtretung der ausgleichsberechtigten Person eine bessere Sicherheit bei der Realisierung des Ausgleichsanspruchs verschafft, sollte der Anspruch auf Abtretung der Ausgleichsrente gegen den Versorgungsträger immer gleichzeitig mit dem Anspruch auf Zahlung der schuldrechtlichen Ausgleichsrente geltend gemacht werden. Durch den **Abschluss eines Abtretungsvertrags nach § 398 BGB erlangt die ausgleichsberechtigte Person selbst die Gläubigerstellung gegenüber dem Versorgungsträger.** Um dem Sicherungsinteresse der ausgleichsberechtigten Person zu genügen, ist die Abtretung des Ausgleichsanspruchs durch Versorgungssatzung, Vertrag oder Unpfändbarkeitserklärung nicht beschränkbar, § 21 Abs. 3 VersAusglG.[2]

---

[1] *Johannsen/Henrich/Holzwarth*, Familienrecht, 5. Aufl., § 21 Rn. 1
[2] *Hauß/Eulering*, Versorgungsausgleich und Verfahren in der Praxis, 2009, Rn. 336.

B. Abtretung

I. Voraussetzungen des Abtretungsanspruchs

Die ausgleichsberechtigte Person kann vom Ausgleichspflichtigen im Falle des Ausgleichs nach der Scheidung die Abtretung der in den Ausgleich einbezogenen Versorgungsansprüche bis zur Höhe der geschuldeten Ausgleichsrente verlangen. Der Abtretungsanspruch setzt materiell-rechtlich voraus, dass die ausgleichsberechtigte Person einen Anspruch auf eine schuldrechtliche Ausgleichsrente hat und dieser Anspruch nach § 20 VersAusglG fällig ist.

Die Abtretung erfolgt durch Abtretungsvertrag nach § 398 BGB oder durch Ersetzung der Abtretungserklärung der ausgleichspflichtigen Person durch Gerichtsbeschluss. Der Abtretungsanspruch kann zugleich mit dem entsprechenden Zahlungsanspruch gerichtlich geltend gemacht werden. Es liegt daher bei gerichtlicher Geltendmachung ein Fall der zulässigen Anspruchshäufung vor.[3] Zu beachten ist ferner, dass die Abtretung lediglich erfüllungshalber wirkt, so dass insbesondere der Ausgleichsanspruch erst mit der Leistung des Versorgungsträgers erlischt.[4] Für Versorgungsträger gilt, dass sie ab Kenntnis der Abtretung nur noch an die ausgleichsberechtigte Person schuldbefreiend leisten dürfen (§ 407 BGB).

II. Keine Abtretung von rückständigen Ansprüchen

Während mit der Pfändung künftiger Versorgungsansprüche der ausgleichspflichtigen Person auch rückständige Ausgleichsansprüche abgedeckt werden können, erfasst die Abtretung nach § 21 Abs. 2 VersAusglG nur zeitgleiche Ansprüche. Das bedeutet, dass zwischen den fälligen und fällig werdenden Ausgleichsansprüchen und den abzutretenden Versorgungsansprüchen eine **zeitliche Übereinstimmung** bestehen muss.[5] Mithin greift eine Abtretung für rückständige Ansprüche nur, wenn der Versorgungsträger der ausgleichspflichtigen Person seine Versorgungsansprüche noch nicht ausgezahlt hat. Sinn dieser Regelung ist es, den Versorgungscharakter der laufenden Rente für die ausgleichspflichtige Person nicht durch Rückabtretungen zu untergraben.[6] Die Ehegatten können hiervon abweichende Vereinbarungen treffen, denn die Bestimmung begrenzt insoweit nur den gesetzlichen Anspruch der ausgleichsberechtigten Person.[7]

III. Durchbrechung der Pfändungsfreigrenzen

Mit Hilfe des § 21 Abs. 3 VersAusglG wird der Anwendungsbereich der Abtretung erheblich ausgedehnt. Die Vorschrift ordnet an, dass auf Gesetz, Satzung oder Vereinbarung beruhende **Übertragbarkeits- und Pfändungsverbote die Abtretung des schuldrechtlichen Ausgleichsanspruchs nicht beschränken können**. Diese Regelung ist sinnvoll, weil ansonsten Versorgungsansprüche nach den allgemeinen Vorschriften (wie § 400 BGB i.V.m. den §§ 850 Abs. 2 und 3, 850a-i ZPO) oder nach einigen besonderen Vorschriften (§§ 53, 54 SGB I, § 51 Abs. 1 BeamtVG, § 2 Abs. 2 Satz 4 BetrAVG i.V.m. § 851 ZPO) regelmäßig nur abgetreten werden können, wenn sie der Pfändung unterliegen. Stehen Versorgungsansprüche beispielsweise dem Arbeitseinkommen nach § 850 Abs. 2 ZPO gleich, wäre eine Abtretung nur möglich in Höhe der die Pfändungsfreigrenzen übersteigenden Beträge nach § 850c ZPO. Hiermit wird der Schuldnerschutz im Rahmen der Zwangsvollstreckung zugunsten der ausgleichsberechtigten Person durchbrochen. Im Härtefall kann sich der Ausgleichspflichtige auf § 27 VersAusglG stützen.[8]

IV. Tod der ausgleichsberechtigten Person

Dass die schuldrechtliche Ausgleichsrente mit dem Tod der ausgleichsberechtigten Person erlischt, versteht sich von selbst. Dass im Fall der Abtretung der auszugleichenden Versorgung in Höhe der schuldrechtlichen Ausgleichsrente der abgetretene Anspruch gegen den Versorgungsträger wieder auf die ausgleichsberechtigte Person übergeht und sie daher wieder Vollinhaberin des Rechts wird, ist in § 21 Abs. 4 VersAusglG klargestellt. Für den Sterbemonat ist jedoch noch die volle Leistung geschuldet (§ 20 Abs. 3 VersAusglG i.V.m. § 1585 Abs. 1 Satz 3 BGB). Kommt es in diesen Fällen zu Über-

---

[3] *Ruland*, Versorgungsausgleich, 3. Aufl., Rn. 724.
[4] Vgl. hierzu ausführlich: *Johannsen/Henrich/Holzwarth*, Familienrecht, 5. Aufl., § 21 Rn. 9.
[5] *Borth*, Versorgungsausgleich, 7. Aufl., § 21 Rn. 871.
[6] *Hauß/Eulering*, Versorgungsausgleich und Verfahren in der Praxis, 2009, Rn. 335.
[7] BT-Drs. 16/10144, S. 64.
[8] *Johannsen/Henrich/Holzwarth*, Familienrecht, 5. Aufl., § 21 Rn. 14.

zahlungen, können die Versorgungsträger diese nach § 30 VersAusglG i.V.m. den §§ 412, 407 BGB zurückfordern. Stirbt der Ausgleichspflichtige, erlischt der Anspruch auf Ausgleichsrente ebenso nach § 31 Abs. 3 Satz 1 VersAusglG. Zu beachten ist jedoch, dass eventuell zugunsten der ausgleichsberechtigten Person ein „verlängerter schuldrechtlicher Ausgleich" durch Teilhabe an der Hinterbliebenenversorgung nach § 25 VersAusglG in Betracht kommt.

C. Verfahrenshinweise

9   Vor dem Familiengericht kann die ausgleichsberechtigte Person ihren Anspruch auf Zahlung der Ausgleichsrente mit dem entsprechendem Abtretungsanspruch gemeinsam geltend machen (vgl. § 260 ZPO). Das Familiengericht kann auch gemeinsam über beide Anträge entscheiden, weil der Abtretungsanspruch lediglich ein Nebenanspruch des Versorgungsausgleichs ist. Wird dem Antrag des Berechtigten auf Abtretung von Versorgungsansprüchen stattgegeben, so wird die Abgabe der Abtretungserklärung des Verpflichteten mit Rechtskraft der Entscheidung gem. § 95 Abs. 1 FGG i.V.m. § 894 ZPO fingiert. Im Tenor ist die Höhe der Abtretung genau zu beziffern. Bei Gefährdung des Anspruchs kann der Abtretungsanspruch im Wege einer Sicherungsanordnung nach § 49 Abs. 1 FamFG vorrangig vor dem Zugriff Dritter durch Pfändung oder Abtretung an Dritte gesichert werden.[9] Die Versorgungsträger sind hier gem. § 219 Nr. 2 FamFG zu beteiligen, weil hier in ihre Rechte eingegriffen wird.

10   Ein Tenorierungsvorschlag ist: Der Antragsgegner wird verpflichtet, an die Antragstellerin zum Ausgleich des bei (Name des Versorgungsträgers) bestehenden Anrechts ab dem (Datum) eine im Voraus zu leistende Ausgleichsrente in Höhe von monatlich ... € zu zahlen. Er wird weiterhin verpflichtet, seinen Versorgungsanspruch gegen (Versorgungsträger) in gleicher Höhe an die Antragstellerin mit Wirkung ab (Datum) abzutreten.

11   Nach den §§ 227 Abs. 1, 48 Abs. 1 FamFG ist auch die Abänderung einer Abtretungsentscheidung immer dann möglich, wenn sich die zugrunde liegende Sach- und Rechtslage wesentlich geändert hat, was der Fall wäre bei einer Erhöhung oder Verringerung der Ausgleichsrente. Entsprechendes muss auch für Vergleiche der Beteiligten gelten, die auf gerichtlich titulierte Ausgleichsansprüche Bezug nehmen. Zwar verweist § 227 Abs. 2 FamFG für Vereinbarungen über den Versorgungsausgleich auf die §§ 225, 226 FamFG, die sich nur auf eine Abänderung von Anrechten i.S.d. § 32 VersAusglG beziehen. Die Abänderung einer vereinbarten Abtretung folgt jedoch denselben Maßstäben, so dass diese Vorschriften auch für diesen Nebenanspruch des Versorgungsausgleichs gelten müssen.[10]

---

[9] *Borth*, Versorgungsausgleich, 7. Aufl., § 21 Rn. 871.
[10] *Johannsen/Henrich/Holzwarth*, Familienrecht, 5. Aufl., § 21 Rn. 11.

Steuerrechtliche Hinweise zu § 21 VersAusglG

Hat der Ausgleichsverpflichtete dem Ausgleichsberechtigten seinen Anspruch gegen den Versorgungsträger in Höhe der Ausgleichsrente abgetreten (§ 21 VersAusglG; § 1587i BGB a.F.), sind die Versorgungsleistungen in der Auszahlungsphase beim Ausgleichsverpflichteten dennoch auch insoweit steuerlich zu erfassen, als sie wegen der Abtretung nicht an ihn, sondern unmittelbar an den Ausgleichsberechtigten geleistet werden. Der Ausgleichsverpflichtete kann den jeweils abgetretenen und bei ihm der Besteuerung unterliegenden Teil der Versorgungsleistungen als Sonderausgaben nach § 10 Abs. 1 Nr. 1b EStG abziehen. Der Ausgleichsberechtigte hat die Ausgleichszahlungen im Rahmen des Versorgungsausgleichs nach § 22 Nr. 1c EStG zu versteuern.[1]   1

Bei einem öffentlich-gefördertem Altersvorsorgevertrag führt die Abtretung des Leistungsanspruchs in der Auszahlungsphase im Rahmen einer Ausgleichsrente nicht zu einer schädlichen Verwendung i.S.v. § 93 Abs. 1 EStG.   2

Dies gilt auch, wenn die Abtretung bereits vor Beginn der Auszahlungsphase vorgenommen wird, da es sich insoweit nur um einen abgekürzten Zahlungsweg handelt. Die Leistung wird steuerrechtlich weiterhin als dem Ausgleichsverpflichteten zugeflossen betrachtet.[2]   3

---

[1] BMF-Schreiben v. 09.04.2010, Einkommensteuerrechtliche Behandlung von Ausgleichszahlungen im Rahmen des Versorgungsausgleichs nach § 10 Abs. 1 Nr. 1b EStG und § 22 Nr. 1c EStG Rn. 15.

[2] BMF-Schreiben v. 09.04.2010, Einkommensteuerrechtliche Behandlung von Ausgleichszahlungen im Rahmen des Versorgungsausgleichs nach § 10 Abs. 1 Nr. 1b EStG und § 22 Nr. 1c EStG Rn. 17.

§ 22 VersAusglG Anspruch auf Ausgleich von Kapitalzahlungen

(Fassung vom 03.04.2009, gültig ab 01.09.2009)

¹Erhält die ausgleichspflichtige Person Kapitalzahlungen aus einem noch nicht ausgeglichenen Anrecht, so kann die ausgleichsberechtigte Person von ihr die Zahlung des Ausgleichswerts verlangen. ²Im Übrigen sind die §§ 20 und 21 entsprechend anzuwenden.

Gliederung

A. Grundlagen 1	C. Voraussetzungen des Ausgleichsanspruches 7
I. Gesetzesmaterialien 3	D. Höhe des Anspruchs 10
II. Normzweck 4	E. Verfahren 12
B. Praktische Bedeutung 5	

A. Grundlagen

1 Neu ist im Versorgungsausgleich der Ausgleich von Kapitalzahlungen, der nun neben dem Ausgleich von Rentenanrechten eine weitere Ausgleichsform darstellt. Der Versorgungsausgleich findet daher auch statt, wenn die Versorgung auf eine Kapitalzahlung gerichtet ist. Das geschieht dadurch, dass die ausgleichsberechtigte Person einen eigenen Anspruch auf Kapitalzahlung in Höhe des Ausgleichswerts gegenüber der ausgleichspflichtigen Person erhält, sobald der Versorgungsträger an ihn die noch nicht ausgeglichene Kapitalzahlung überweist.

2 Für den Anspruch nach § 22 VersAusglG sind die Regelungen der §§ 20, 21 VersAusglG entsprechend anwendbar. Eine unmittelbare Anwendung scheidet aus, weil diese Vorschriften ein laufendes Rentenanrecht voraussetzen; mithin sind sie im Lichte der für Kapitalzahlungen geltenden Besonderheiten auszulegen.[1]

I. Gesetzesmaterialien

3 BT-Drs. 16/10144, S. 65.

II. Normzweck

4 Mit Hilfe des neuen Versorgungsausgleichs sollen möglichst alle Altersversorgungen, unabhängig von der Leistungsform, im Wege des Wertausgleichs geregelt werden. Während nach dem bisherigen Recht Versorgungen auf Kapitalbasis in der Regel unter den Zugewinnausgleich fielen, werden heute nach § 2 Abs. 2 Nr. 3 HS. 2 VersAusglG Anrechte des Betriebsrentengesetzes oder des AltZertG unabhängig von der Leistungsform ausgeglichen. Hiermit wird der Anwendungsbereich des Versorgungsausgleichs ausgedehnt.

B. Praktische Bedeutung

5 § 22 VersAusglG schließt eine im früheren System des Versorgungsausgleiches bestehende Lücke. Versorgungen, die auf eine Kapitalzahlung gerichtet waren, konnten nach dem bisherigen Recht nicht im Rahmen des Versorgungsausgleichs ausgeglichen werden, weil hiernach nur solche auf Rentenbasis ausgeglichen werden konnten. Die Verweisung solcher Versorgungen auf den Zugewinnausgleich führte jedoch nicht dazu, dass die Eheleute diese Altersversorgung anlässlich der Scheidung ausgeglichen haben. Zwar konnte eine auf Kapital gerichtete Versorgung nach finanz- und versicherungsmathematischen Grundsätzen zum Zeitpunkt des Ehezeitendes zugewinnausgleichsrechtlich bewertet werden, jedoch kam es selten zum Ausgleich, weil die ausgleichspflichtige Person in der Praxis häufig nicht die finanziellen Mittel hatte, um die Versorgung auch tatsächlich auszugleichen. Die nun gefundene Lösung, alle nach dem BetrAVG geregelten Versorgungen dem Versorgungsausgleich zu unterwerfen, erhöht die Anzahl der auszugleichenden Kapitalversorgungen und schafft für die ausgleichsberechtigte Person eine höhere Ausgleichssicherheit.[2]

---

[1] *Johannsen/Henrich/Holzwarth*, Familienrecht, 5. Aufl., § 22 Rn. 2.
[2] *Hauß/Eulering*, Versorgungsausgleich und Verfahren in der Praxis, 2009, Rn. 89.

Die Anwendung von § 22 VersAusglG erstreckt sich sogar noch über § 2 Abs. 2 Nr. 3 HS. 2 VersAusglG hinaus allgemein auf alle (beim Wertausgleich) noch nicht ausgeglichenen Anrechte.[3] Ist deshalb ein schuldrechtlich auszugleichendes Rentenanrecht nach Ehezeitende infolge einer Beitragserstattung oder Abfindung aufgelöst worden, muss die ausgleichspflichtige Person die erhaltene Kapitalzahlung heute über § 22 VersAusglG ausgleichen, nach dem alten Recht war über den schuldrechtlichen Ausgleich ein Ausgleich nicht möglich, weil dieser nur auf Rentenzahlung gerichtet war und der Zugewinnausgleich bereits abgeschlossen war.[4]

C. Voraussetzungen des Ausgleichsanspruches

Der Ausgleichsanspruch der ausgleichsberechtigten Person richtet sich gegen den Ausgleichspflichtigen auf Zahlung des hälftigen Ausgleichswerts seines in der Regel betrieblichen Anrechts gem. § 22 Satz 2 VersAusglG. Bei dem Anrecht muss es sich um ein noch nicht ausgeglichenes Anrecht auf Kapitalleistungen handeln.

Fällig ist der Auszahlungsanspruch nach § 22 VersAusglG erst, wenn die ausgleichspflichtige Person die Leistungsvoraussetzungen erfüllt, ihr gegenüber dem Versorgungsträger ein fälliger Anspruch zusteht und der Versorgungsträger dem Ausgleichspflichtigen das Kapital tatsächlich ausgezahlt hat. Wenn der Kapitalbetrag an den Ausgleichspflichtigen in mehreren Teilen ausgezahlt wird, richtet sich die Fälligkeit des Anspruchs nach diesen Teilzahlungen, d.h. die gesamte Summe wird nicht bereits mit der ersten Teilzahlung fällig.[5]

Auf der Seite der ausgleichsberechtigten Person gilt für die Fälligkeit über § 22 Satz 2 VersAusglG die Regelung des § 20 Abs. 2 VersAusglG entsprechend. Auf ihrer Seite muss der notwendige Versorgungsbedarf vorliegen (vgl. insoweit die Kommentierung zu § 20 VersAusglG). Es reicht nicht zur Indizierung des Versorgungsbedarfs aus, wenn die ausgleichsberechtigte Person ihrerseits eine Kapitalzahlung aus einer betrieblichen Rente erhalten hat, weil in diesem Fall keine „laufende Versorgung" ausgezahlt wird, was jedoch Voraussetzung für des § 20 Abs. 2 VersAusglG ist.[6]

D. Höhe des Anspruchs

Der Anspruch besteht auf Zahlung des Ausgleichswertes. Seine Höhe richtet sich gem. §§ 22, 20 Abs. 1 Satz 2 VersAusglG nach dem tatsächlich ausgezahlten Kapitalbetrag.[7] Er beträgt die Hälfte des Ehezeitanteils (§ 1 Abs. 2 VersAusglG) nach Abzug der entsprechenden Sozialversicherungsbeiträge bzw. vergleichbaren Aufwendungen gem. §§ 22 Satz 2, 20 Abs. 1 Satz 2 VersAusglG (sog. „Nettoprinzip"), insoweit wird auf die Kommentierung zu § 20 VersAusglG Bezug genommen.

Bei der Frage, ob das Anrecht aufgrund seiner Höhe auszugleichen ist, kann auch hier die Frage der Geringfügigkeit nach den §§ 22 Satz 2, 20 Abs. 1 Satz 3, 18 VersAusglG erörtert werden. Ebenso gilt für den schuldrechtlichen Ausgleich die allgemeine Härteklausel des § 27 VersAusglG. Selbstverständlich ist die Kapitalzahlung nicht zweckgebunden, anders als die Abfindung gem. § 23 VersAusglG.

E. Verfahren

Eine gerichtliche Entscheidung über den Anspruch nach § 22 VersAusglG setzt einen Antrag voraus (§§ 223, 124 FamFG), jedoch ist dieser nicht notwendigerweise zu beziffern, weil der Antrag kein Sachantrag zu sein hat, sondern nur Verfahrensvoraussetzung ist und auch hier nach § 26 FamFG der Amtsermittlungsgrundsatz gilt.

Der Anspruch verjährt in 30 Jahren, beginnend mit dem Schluss des Jahres, in dem die Ausgleichsberechtigte vom Entstehen des Anspruchs erfahren hat oder hätte erfahren können (§§ 197 Abs. 1 Nr. 2, 199 Abs. 1 BGB). Anders als bei der schuldrechtlichen Ausgleichsrente kann die Ausgleichberechtigte auch **rückwirkend den Ausgleichsanspruch auf Kapitalzahlung geltend** machen, was aus der unterschiedlichen Lebenssituation der Geltendmachung dieses Ausgleichsanspruchs resultiert: Gerade bei einem hohen Altersunterschied der Eheleute wird der ausgleichspflichtige Ehegatte in der Regel

---

[3] *Johannsen/Henrich/Holzwarth*, Familienrecht, 5. Aufl., § 22 Rn. 1 mit Verweis auf § 20 Rn. 15.
[4] *Ruland*, Versorgungsausgleich, 3. Aufl., Rn. 729.
[5] BT-Drs. 16/10144, S. 65.
[6] *Johannsen/Henrich/Holzwarth*, Familienrecht, 5. Aufl., § 22 Rn. 4.
[7] Vgl. hierzu ausführlich *Ruland*, Versorgungsausgleich, 3. Aufl., Rn. 723.

aus einem nicht ausgeglichenen Anrecht die Kapitalzahlung lange Zeit vor dem Eintritt des Versorgungsbedarfs der ausgleichsberechtigten Ehefrau erhalten haben. Der Gesetzgeber davon ausgegangen, dass Kapitalleistungen anders als laufende Rentenzahlungen nicht dazu dienen, den unmittelbaren Lebensunterhalt zu bestreiten.[8]

14 Weil der Auszahlungsanspruch nicht mit Unterhalt zu vergleichen ist, gelten die Grenzen der Geltendmachung von Unterhalt für die Vergangenheit gem. §§ 1585 Abs. 1 Sätze 2 und 3, 1585b Abs. 2 und 3 BGB für die Geltendmachung von Kapitalzahlungen nicht. Der Ausgleichspflichtige kann sich nach der Gesetzesbegründung grundsätzlich nicht auf den Einwand der Verwirkung berufen, wenn die Ausgleichsberechtigte den Ausgleichsanspruch erst längere Zeit nach Auszahlung des Kapitalwerts geltend macht. Denn der Ausgleichspflichtige weiß bzw. muss wissen, dass ein Teil des ausgezahlten Betrags nicht ihm, sondern der Ausgleichsberechtigten zusteht, die jedoch zwangsläufig den Auszahlungszeitpunkt nicht kennt. Mithin wertet der Gesetzgeber das Schutzbedürfnis der ausgleichsberechtigten Person an der Teilhabe am Ausgleichswert höher als den Vertrauensschutz der ausgleichspflichtigen Person, den gesamten Ausgleichswert behalten zu dürfen.[9]

15 Jedoch hat der Gesetzgeber keine Sicherungsmöglichkeit für die jüngere ausgleichberechtigte Person vorgesehen, wenn der Ausgleichspflichtige längere Zeit vor Eintritt ihres Versorgungsbedarfs den Kapitalbetrag erhält. *Borth* schlägt für den Fall, dass § 20 Abs. 2 VersAusglG noch nicht erfüllt ist, vor, dass die ausgleichberechtigte Person einen Antrag auf Erlass einer Sicherungsanordnung nach § 49 FamFG stellt, was jedoch an der Voraussetzung eines dringenden Bedürfnisses für das sofortige Tätigwerden scheitern dürfte.[10]

16 Eine Verzinsung kommt erst ab Verzug in Betracht (§§ 286, 288 BGB). Nach § 22 Satz 2 VersAusglG kann die ausgleichsberechtigte Person auch eine Abtretung des Ausgleichsanspruchs gegen den Versorgungsträger verlangen; dies ist jedoch nur dann sinnvoll, wenn der Versorgungsträger die Kapitalsumme noch nicht vollständig ausgezahlt hat, was der Fall ist bei Teilzahlungen.[11]

17 Tenorierungsvorschlag: Der Antragsgegner wird verpflichtet, an die Antragstellerin zum Ausgleich der Kapitalzahlung aus seinem Anrecht bei der … (Nennung des Versorgungsträgers) einen Betrag in Höhe von … € zu zahlen.

---

[8] BT-Drs. 16/10144, S. 65.
[9] BT-Drs. 16/10144, S. 65.
[10] *Borth*, Versorgungsausgleich, 7. Aufl., Rn. 878.
[11] *Johannsen/Henrich/Holzwarth*, Familienrecht, 5. Aufl., § 22 Rn. 8.

Steuerrechtliche Hinweise zu § 22 VersAusglG

A. Vorbemerkungen

Bei Zahlungen im Rahmen von § 22 VersAusglG ist die Zahlung beim Ausgleichsverpflichteten steuerlich gem. § 10 Abs. 1 Nr. 1b EStG als Sonderausgabe in dem Umfang zu berücksichtigen, wie die dem Ausgleichswert zu Grunde liegenden Kapitalzahlungen beim Ausgleichsverpflichteten zu versteuern sind. Der Ausgleichsberechtigte hat die Zahlung korrespondierend hierzu nach § 22 Nr. 1c EStG zu versteuern.[1]

B. Steuerliche Auswirkungen

Beispiel: Der Ausgleichsverpflichtete A hat auf seinem zertifizierten Altersvorsorgevertrag gefördertes Altersvorsorgevermögen in Höhe von 50.000 € angespart. Zu Beginn der Auszahlungsphase lässt sich A im Rahmen einer förderunschädlichen Teilkapitalauszahlung 30% des vorhandenen geförderten Altersvorsorgekapitals auszahlen (15.000 €). A zahlt dem Ausgleichsberechtigten B einen Ausgleichswert in Höhe von 7.500 € (50% von 15.000 €).

Die Auszahlung unterliegt bei A nach § 22 Nr. 5 Satz 1 EStG in Höhe von 15.000 € der vollen nachgelagerten Besteuerung. Als Sonderausgaben nach § 10 Abs. 1 Nr. 1b EStG kann A einen Betrag in Höhe von 7.500 € (50% von 15.000 €) ansetzen. B muss korrespondierend hierzu 7.398 € (= 7.500 € ./. 102 € Werbungskostenpauschbetrag bzw. ggf. abzüglich tatsächlicher Werbungskosten) nach § 22 Nr. 1c EStG versteuern.

---

[1] BMF-Schreiben v.09.04.2010, Einkommensteuerrechtliche Behandlung von Ausgleichszahlungen im Rahmen des Versorgungsausgleichs nach § 10 Abs. 1 Nr. 1b EStG und § 22 Nr. 1c EStG Rn. 18.

§ 23 VersAusglG

Unterabschnitt 2 - Abfindung

§ 23 VersAusglG Anspruch auf Abfindung, Zumutbarkeit

(Fassung vom 03.04.2009, gültig ab 01.09.2009)

(1) ¹Die ausgleichsberechtigte Person kann für ein noch nicht ausgeglichenes Anrecht von der ausgleichspflichtigen Person eine zweckgebundene Abfindung verlangen. ²Die Abfindung ist an den Versorgungsträger zu zahlen, bei dem ein bestehendes Anrecht ausgebaut oder ein neues Anrecht begründet werden soll.

(2) Der Anspruch nach Absatz 1 besteht nur, wenn die Zahlung der Abfindung für die ausgleichspflichtige Person zumutbar ist.

(3) Würde eine Einmalzahlung die ausgleichspflichtige Person unbillig belasten, so kann sie Ratenzahlung verlangen.

Gliederung

A. Grundlagen 1	1. Begründung oder Ausbau einer Versorgung 15
I. Kurzcharakteristik 1	2. Zahlung an den Zielversorgungsträger 16
1. Regelungszusammenhang 1	III. Zumutbarkeit (Absatz 2) 17
2. Regelungsinhalt 2	1. Interessenabwägung 18
3. Normzweck 3	2. Vermögensverwertung 19
4. Normstruktur 4	a. Verwertung von Teilen des Vermögens 20
II. Gesetzesmaterialien 5	b. Unwirtschaftlichkeit der Vermögens-
B. Praktische Bedeutung 6	verwertung 21
C. Anwendungsvoraussetzungen 7	c. Zweckgebundenes Vermögen 22
I. Anspruch auf Abfindung (Absatz 1 Satz 1) 7	3. Aufnahme eines Darlehens 24
1. Anspruchsinhaber 7	4. Teilabfindung 25
2. Abfindbare Anrechte 8	5. Feststellung der Zumutbarkeit 26
a. Unausgeglichene Anrechte 8	IV. Ratenzahlung (Absatz 3) 27
b. Anrechte im Anwartschaftsstadium 9	1. Zweck der Ratenzahlung 27
c. Aufgelöste Anrechte 11	2. Höhe der Raten 28
d. Verfallbare Anrechte 12	**D. Rechtsfolgen/Verfahren** 29
e. Ausländische Anrechte 14	**E. Abfindung durch Vereinbarung** 30
II. Zweckbindung (Absatz 1 Satz 2) 15	

A. Grundlagen

I. Kurzcharakteristik

1. Regelungszusammenhang

1 Mit § 23 VersAusglG stellt das Gesetz für den Wertausgleich nach der Scheidung eine weitere Ausgleichsform neben dem schuldrechtlichen Versorgungsausgleich zur Verfügung. Die Vorschrift wird ergänzt durch § 24 VersAusglG. Während § 23 VersAusglG die Voraussetzungen für den Ausgleich eines Anrechts im Wege der Abfindung normiert, regelt § 24 VersAusglG die Durchführung der Abfindung.

2. Regelungsinhalt

2 Die Vorschrift gibt dem Ausgleichsberechtigten die Möglichkeit, den Ausgleich eines Anrechts, das nicht im Rahmen des Wertausgleichs bei der Scheidung intern oder extern geteilt werden kann, herbeizuführen, ohne dass die Voraussetzungen für den schuldrechtlichen Versorgungsausgleich gegeben sein müssen. Die Abfindung führt dazu, dass der Ausgleichspflichtige seine Versorgung ungeschmälert behält, er aber ein Anrecht des ausgleichsberechtigten Ehepartners mit eigenen Mitteln ausbauen oder begründen muss.[1] Der Anspruch aus § 23 VersAusglG setzt deshalb voraus, dass dem Ausgleichspflichtigen der Ausgleich durch die zweckgebundene Abfindung wirtschaftlich zumutbar ist.

---
[1] OLG Karlsruhe v. 06.06.2012 - 18 UF 293/10 - FamRZ 2013, 41.

3. Normzweck

Damit entspricht die Regelung der Intention des Gesetzgebers, die Versorgungsschicksale der Eheleute bei der Scheidung möglichst umfassend und abschließend zu trennen.

4. Normstruktur

§ 23 Abs. 1 VersAusglG normiert die allgemeinen Voraussetzungen des Anspruchs auf Abfindung und stellt klar, dass die Abfindung stets zweckgebunden sein muss. Absatz 2 enthält eine weitere Anspruchsvoraussetzung; danach kommt ein Ausgleich durch Abfindung nur in Betracht, wenn sie dem Ausgleichspflichtigen wirtschaftlich zumutbar ist. Absatz 3 sieht zur Vermeidung unbilliger Belastungen die Möglichkeit der Ratenzahlung vor.

II. Gesetzesmaterialien

BT-Drs. 16/10144, S. 65.

B. Praktische Bedeutung

Die Bedeutung der Vorschrift liegt vor allem darin, dass sie es ermöglicht, nicht ausgleichsreife Anrechte, die nicht intern oder extern geteilt werden können, bereits im Zusammenhang mit der Ehescheidung auszugleichen und dadurch eine abschließende Auseinandersetzung der Eheleute in versorgungsrechtlicher Hinsicht herbeizuführen, anstatt den Ausgleich einzelner Anrechte auf den wesentlich später durchzuführenden schuldrechtlichen Versorgungsausgleich zu verschieben. Sie kann außerdem das Risiko ausschließen, dass der Ausgleichspflichtige stirbt und der Anspruch auf Zahlung der schuldrechtlichen Ausgleichsrente dadurch untergeht. In der Praxis wird von der Möglichkeit der Abfindung gleichwohl wenig Gebrauch gemacht. Das liegt u.a. daran, dass sich die Abfindung nicht für den Ausgleich aller nicht ausgleichsreifen Anrechte im Sinne des § 19 VersAusglG eignet. Denn auch der Ausgleich im Wege der Abfindung setzt voraus, dass das auszugleichende Anrecht so verfestigt ist, dass der spätere Rentenbezug feststeht, und das Anrecht darüber hinaus abschließend bewertet werden kann.[2] Damit reduziert sich der Anwendungsbereich des § 23 VersAusglG aus Anlass der Scheidung in der Praxis auf den Ausgleich ausländischer Anrechte. Gerade bei diesen Anrechten bestehen aber häufig Bewertungsschwierigkeiten, die nur durch den schuldrechtlichen Versorgungsausgleich (als alternative Form des Wertausgleichs nach der Scheidung) vermieden werden können. Für Anrechte – vor allem aus betrieblicher Altersversorgung –, die nach der Ehescheidung unverfallbar geworden sind, stellt die Abfindung allerdings eine Alternative dar, um den Ausgleich herbeizuführen, ohne die Fälligkeit des schuldrechtlichen Ausgleichsanspruchs abwarten zu müssen.

C. Anwendungsvoraussetzungen

I. Anspruch auf Abfindung (Absatz 1 Satz 1)

1. Anspruchsinhaber

Der Anspruch auf Ausgleich eines Anrechts im Wege der Abfindung steht nur dem Ausgleichsberechtigten zu. Der ausgleichspflichtige Ehepartner kann keine Abfindung verlangen.

2. Abfindbare Anrechte

a. Unausgeglichene Anrechte

Der Anspruch auf Abfindung setzt voraus, dass das Anrecht, das durch die Zahlung der Abfindung ausgeglichen werden soll, noch nicht ausgeglichen worden ist. Ist das Anrecht bereits teilweise ausgeglichen worden, kann der Ausgleichsberechtigte aber wegen des noch nicht ausgeglichenen Teils abgefunden werden. Deshalb kommt ein Ausgleich im Wege der Abfindung auch dann noch in Betracht, wenn schon eine schuldrechtliche Ausgleichsrente gezahlt worden ist.[3] Bei der Berechnung der Abfindung sind die erbrachten Leistungen dann allerdings anzurechnen.

---

[2] BGH v. 17.04.2013 - XII ZB 371/12 - FamRZ 2013, 1021.
[3] BT-Drs. 16/10144, S. 65.

b. Anrechte im Anwartschaftsstadium

9 Die Fälligkeitsvoraussetzungen des § 20 VersAusglG für den schuldrechtlichen Versorgungsausgleich gelten für den Anspruch auf Abfindung nicht. Im Gegensatz zum schuldrechtlichen Versorgungsausgleich, der Leistungsbezug voraussetzt, kann der Ausgleich durch Abfindung also schon erfolgen, wenn sich das Anrecht noch in der Ansparphase befindet.[4]

10 Dadurch können – wenn alle weiteren Voraussetzungen erfüllt sind – Anrechte trotz fehlender Ausgleichsreife im Sinne des § 19 VersAusglG schon im Rahmen des Scheidungsverfahrens ausgeglichen werden. Über den Abfindungsanspruch kann also bereits bei der Scheidung entschieden werden, wenn es sich bei dem auszugleichenden Anrecht um ein dem Grund und der Höhe nach hinreichend gesichertes Anrecht handelt.[5]

c. Aufgelöste Anrechte

11 Möglich ist auch die Abfindung nicht mehr existenter Anrechte. Das gilt aber nur für Anrechte, die nach § 2 VersAusglG in den Versorgungsausgleich einzubeziehen, aber nach dem Ende der Ehezeit aufgelöst worden sind.[6]

d. Verfallbare Anrechte

12 Der Ausgleich durch Abfindung kommt nur in Betracht, wenn das auszugleichende Anrecht nicht mehr wegfallen kann und eine Bewertung möglich ist.[7] Deshalb können verfallbare Anrechte im Sinne des § 19 Abs. 2 Nr. 1 VersAusglG und Anrechte auf abzuschmelzende Leistungen im Sinne des § 19 Abs. 2 Nr. 2 VersAusglG nicht im Wege der Abfindung ausgeglichen werden. Möglich ist aber die Abfindung eines Anrechts, das bei der Scheidung mangels Unverfallbarkeit nicht intern oder extern geteilt worden, aber nach der Scheidung unverfallbar geworden ist.

13 Dasselbe gilt, wenn ein Anrecht bei einer berufsständischen Versorgung nach § 19 Abs. 2 Nr. 3 VersAusglG wegen Unwirtschaftlichkeit nicht intern geteilt werden kann, weil die nach der Satzung erforderliche Beitragszeit nicht erreicht werden kann.[8]

e. Ausländische Anrechte

14 Auch – und gerade – Anrechte bei ausländischen Versorgungsträgern können nach § 23 VersAusglG abgefunden werden. Die auszugleichenden Versorgungen bleiben beim Ausgleich durch Abfindung in ihrem Bestand unberührt, so dass die Entscheidung über die Zahlung der Abfindung nicht in die Rechte des ausländischen Versorgungsträgers eingreift.

II. Zweckbindung (Absatz 1 Satz 2)

1. Begründung oder Ausbau einer Versorgung

15 Die Abfindung ist zweckgebunden. Sie dient – dem Zweck des Versorgungsausgleichs entsprechend – ausschließlich der Begründung einer eigenen oder dem Ausbau einer schon bestehenden Alters- und Invaliditätsversorgung des Ausgleichsberechtigten.

2. Zahlung an den Zielversorgungsträger

16 Der Abfindungsbetrag kann deshalb nicht an den Ausgleichsberechtigten gezahlt werden. Die Zahlung erfolgt vielmehr unmittelbar an den vom Ausgleichsberechtigten zu benennenden Zielversorgungsträger, bei dem ein bestehendes Anrecht ausgebaut bzw. ein neues Anrecht begründet werden soll. Die Einzelheiten dazu – insbesondere zur Höhe der Abfindung und zu den Anforderungen an die Zielversorgung – regelt § 24 VersAusglG, der auf die Vorschrift für die Durchführung der externen Teilung verweist (§ 15 VersAusglG).

---

[4] BT-Drs. 16/10144, S. 65.
[5] BGH v. 17.04.2013 - XII ZB 371/12 - FamRZ 2013, 1021.
[6] *Götsche* in: HK-VersAusglR, 2012, § 23 Rn. 10.
[7] BGH v. 17.04.2013 - XII ZB 371/12 - FamRZ 2013, 1021.
[8] OLG Brandenburg v. 09.10.2012 - 10 UF 213/10 - FamRZ 2013, 1039.

III. Zumutbarkeit (Absatz 2)

Der Ausgleich eines Anrechts durch Abfindung kommt nach § 23 Abs. 2 VersAusglG nur in Betracht, wenn dem Ausgleichspflichtigen die Zahlung der Abfindung unter Berücksichtigung seiner gesamten wirtschaftlichen Verhältnisse zumutbar ist.

1. Interessenabwägung

Bei der Prüfung der Zumutbarkeit einer Abfindung sind die Interessen des Ausgleichsberechtigten an einem sofortigen Ausgleich des Anrechts einerseits und die wirtschaftliche Belastung des Ausgleichspflichtigen andererseits gegeneinander abzuwägen. Dabei kommt der Frage, ob das auszugleichende Anrecht eine Hinterbliebenenversorgung vorsieht, maßgebende Bedeutung zu. Besteht kein Hinterbliebenenschutz, trägt der Ausgleichsberechtigte das Risiko, dass der Ausgleichspflichtige vor einem vollständigen Ausgleich des Anrechts stirbt und der schuldrechtliche Ausgleichsanspruch untergeht (§ 31 Abs. 3 VersAusglG). Sein Interesse an einem sofortigen Ausgleich im Wege der Abfindung ist dann höher zu bewerten als in den Fällen, in denen der Ausgleichsberechtigte auch nach dem Tod des Pflichtigen nach § 25 VersAusglG oder § 26 VersAusglG an der Versorgung beteiligt wird.[9]

2. Vermögensverwertung

Dem Ausgleichspflichtigen kann die Zahlung der Abfindung insbesondere dann zugemutet werden, wenn er über verwertbares Vermögen in ausreichender Höhe verfügt. Dabei richtet sich die Verpflichtung des Ausgleichspflichtigen, auf seinen Vermögensstamm zurückzugreifen, nach Art und Größe des Vermögens sowie danach, welche Verwertungsmöglichkeiten bestehen und welchem Zweck das Vermögen dient.

a. Verwertung von Teilen des Vermögens

Danach ist die Zahlung einer Abfindung in der Regel zumutbar, wenn der Ausgleichspflichtige nur einen Bruchteil seines Vermögens einsetzen muss, um die Abfindung zahlen zu können. Die Verwertung des gesamten oder überwiegenden Teils des Vermögens kann dagegen nicht verlangt werden.[10] Grundsätzlich zumutbar ist auch die Verwertung von Vermögen aus dem Zugewinnausgleich. Der Ausgleichsberechtigte kann aber nicht verlangen, dass der andere Ehepartner wesentliche Teile des Vermögens, das er aus der Vermögensauseinandersetzung erhalten hat, verwertet.[11]

b. Unwirtschaftlichkeit der Vermögensverwertung

Der Ausgleichspflichtige muss sein Vermögen auch dann nicht einsetzen, wenn die Veräußerung wirtschaftlich unvertretbar wäre.[12] Das ist aber nicht alleine deshalb der Fall, weil Immobilien oder Wertpapiere zu einem ungünstigen Zeitpunkt verkauft werden müssten oder der Rückkauf einer Lebensversicherung wirtschaftlich nachteilig ist.[13]

c. Zweckgebundenes Vermögen

aa. Vorsorgevermögen

Kapital in Form von Lebensversicherungen, Bankguthaben oder Wertpapieren ist regelmäßig verwertbar, wenn es nicht der Altersversorgung des Ausgleichspflichtigen dient. Für die Frage, ob vorhandenes Vermögen der Altersvorsorge dient, kommt es nicht notwendig auf die Anlageform an, sondern darauf, ob das Vermögen noch als Bestandteil einer angemessenen zusätzlichen Altersvorsorge angesehen werden kann.[14] Die Auflösung eigener Versorgungsanrechte des Ausgleichspflichtigen kann nur verlangt werden, wenn diese Anrechte nicht mehr als angemessene Altersversorgung anzusehen sind oder daneben eine ausreichende anderweitige Alterssicherung besteht.[15]

---

[9] Götsche in: HK-VersAusglR, 2012, § 23 Rn. 19.
[10] OLG Hamm v. 01.09.1998 - 2 UF 60/98 - FamRZ 1999, 929.
[11] BGH v. 09.10.1996 - XII ZB 188/94 - FamRZ 1997, 166.
[12] Götsche in: HK-VersAusglR, 2012, § 23 Rn. 18.
[13] Götsche in: HK-VersAusglR, 2012, § 23 Rn. 18.
[14] OLG Hamm v. 04.08.2004 - 11 UF 131/03 - FamRZ 2005, 988.
[15] OLG Schleswig v. 11.01.2011 - 13 UF 57/10.

§ 23 VersAusglG

bb. Eigenheim

23 Unzumutbar ist auch die Verwertung einer vom Ausgleichsberechtigten selbst bewohnten Immobilie.[16]

3. Aufnahme eines Darlehens

24 Zumutbar kann dagegen die Aufnahme eines persönlich tragbaren Darlehens sein.[17] Die Kreditaufnahme darf aber nicht dazu führen, dass der Ausgleichspflichtige seinen gesetzlichen Unterhaltsverpflichtungen nicht mehr nachkommen kann; die Zahlung der Abfindung ist dann unzumutbar.[18]

4. Teilabfindung

25 Ist dem Ausgleichspflichtigen die Zahlung der Abfindung nicht in voller Höhe zuzumuten, kommt ein Teilausgleich durch Abfindung in Betracht.[19]

5. Feststellung der Zumutbarkeit

26 Die Zumutbarkeit muss positiv festgestellt werden. Das bedeutet, dass das Familiengericht die Zumutbarkeit nicht alleine damit begründen kann, dass Anhaltspunkte für Unzumutbarkeit weder vorgetragen noch sonst ersichtlich sind.[20] Erforderlich ist die konkrete Prüfung der wirtschaftlichen Zumutbarkeit, und zwar von Amts wegen (§ 26 FamFG).[21] Das Gericht muss aber nicht von sich aus nach Zumutbarkeitsgründen forschen. Vielmehr ist es – auch im Rahmen der Amtsermittlung – Aufgabe der Beteiligten, die für die Zumutbarkeit bzw. Unzumutbarkeit maßgeblichen Tatsachen konkret darzulegen.[22]

IV. Ratenzahlung (Absatz 3)

1. Zweck der Ratenzahlung

27 Der Ausgleichspflichtige kann nach § 23 Abs. 3 VersAusglG verlangen, die Abfindung in Raten zu zahlen, falls eine Einmalzahlung ihn unbillig belasten würde. Die Regelung schafft einen Interessenausgleich zwischen den beteiligten Eheleuten. Sie nimmt Rücksicht auf die wirtschaftliche Leistungsfähigkeit des Ausgleichspflichtigen und dient dabei gleichzeitig den Interessen des Berechtigten, der ohne die Möglichkeit der Ratenzahlung keine Abfindung verlangen könnte, weil sie dem Berechtigten wirtschaftlich nicht zumutbar wäre.

2. Höhe der Raten

28 Die Höhe der Raten muss den Einkommens- und Vermögensverhältnissen des Ausgleichspflichtigen angemessen Rechnung tragen. Sie darf insbesondere nicht dazu führen, dass die Zahlung der Raten den angemessenen Lebensunterhalt gefährdet. Andererseits darf die Ratenzahlung nicht so gestreckt werden, dass sie im Ergebnis der Zahlung monatlicher Versicherungsbeiträge oder der Zahlung einer vorgezogenen schuldrechtlichen Ausgleichsrente gleichkommt. Deshalb kommt die Anordnung einer Ratenzahlung bei geringen Einkommen regelmäßig nicht in Betracht.[23]

D. Rechtsfolgen/Verfahren

29 Im Hinblick auf die Durchführung der Abfindung, ihre Rechtsfolgen und die verfahrensrechtlichen Besonderheiten wird auf die Kommentierung zu § 24 VersAusglG verwiesen.

---

[16] OLG Braunschweig v. 27.06.1996 - 1 UF 17/96 - FamRZ 1997, 616; BGH v. 09.10.1996 - XII ZB 188/94 - FamRZ 1997, 166.
[17] OLG Zweibrücken v. 08.09.2006 - 2 UF 129/06 - FamRZ 2007, 1178.
[18] OLG München v. 05.02.1988 - 2 UF 1689/87 - FamRZ 1988, 955; OLG Hamm v. 12.10.1988 - 5 UF 578/87 - FamRZ 1989, 400.
[19] *Götsche* in: HK-VersAuglR, 2012, § 23 Rn. 23.
[20] BGH v. 19.08.1998 - XII ZB 100/96 - FamRZ 1999, 158.
[21] OLG Naumburg v. 25.05.2009 - 8 UF 52/09 - FamRZ 2010, 39.
[22] OLG Schleswig v. 11.01.2011 - 13 UF 57/10.
[23] KG v. 16.07.2001 - 3 UF 2491/99 - FamRZ 2002, 467; OLG Saarbrücken v. 26.05.2010 - 9 UF 93/09; OLG Saarbrücken v. 10.09.2009 - 6 UF 60/09.

E. Abfindung durch Vereinbarung

Die Anforderungen der §§ 23, 24 VersAusglG können die Eheleute dadurch umgehen, dass sie durch Vereinbarung nach § 6 VersAusglG den Ausgleich des Anrechts gegen Zahlung einer frei zu vereinbarenden Abfindung ausschließen. Dadurch können die Eheleute insbesondere die Zweckbindung der Abfindung vermeiden und eine aus ihrer Sicht angemessene Höhe der Abfindung festlegen. Allerdings muss die Vereinbarung so ausgestaltet sein, dass sie einer Inhalts- und Ausübungskontrolle nach § 8 VersAusglG standhält. Nach Rechtskraft der Entscheidung über den Wertausgleich bei der Scheidung kann die Vereinbarung formlos getroffen werden (§ 7 Abs. 1 VersAusglG).

Steuerrechtliche Hinweise zu § 23 VersAusglG

1 Bei zweckgebundener Abfindung gem. § 23 VersAusglG scheidet beim Ausgleichsverpflichteten ein Sonderausgabenabzug nach § 10 Abs. 1 Nr. 1b EStG aus. Der Ausgleichsberechtigte muss die Leistungen nicht als Einkünfte nach § 22 Nr. 1c EStG versteuern. Abfindungszahlungen, die im Rahmen eines Scheidungsfolgenvergleichs gezahlt werden, um den Versorgungsausgleich auszuschließen (§ 6 Abs. 1 Nr. 2 VersAusglG), werden steuerlich ebenso behandelt. Da Abfindungszahlung im Rahmen von § 23 VersAusglG nur ein Vorgang auf der privaten Vermögensebene ist, scheidet auch eine Steuerermäßigung wegen außergewöhnlicher Belastung gem. § 33 EStG aus. Die Besteuerung der dem Ausgleichsberechtigten aufgrund der Abfindung nach § 23 VersAusglG später zufließenden Versorgungsleistungen hängt von der Rechtsnatur dieser Leistungen ab. Handelt es sich z.B. um Rentenzahlungen aus der gesetzlichen Rentenversicherung, sind diese beim Ausgleichsberechtigten als Leibrenten nach § 22 Nr. 1 Satz 3 lit. a sublit. aa EStG zu versteuern.[1]

---

[1] BMF-Schreiben v. 09.04.2010, Einkommensteuerrechtliche Behandlung von Ausgleichszahlungen im Rahmen des Versorgungsausgleichs nach § 10 Abs. 1 Nr. 1b EStG und § 22 Nr. 1c EStG Rn. 19 ff.

§ 24 VersAusglG Höhe der Abfindung, Zweckbindung

(Fassung vom 03.04.2009, gültig ab 01.09.2009)

(1) ¹Für die Höhe der Abfindung ist der Zeitwert des Ausgleichswerts maßgeblich. ²§ 18 gilt entsprechend.

(2) Für das Wahlrecht hinsichtlich der Zielversorgung gilt § 15 entsprechend.

Gliederung

A. Grundlagen 1	b. Versorgungsausgleichskasse...................... 23
I. Kurzcharakteristik 1	**D. Rechtsfolgen** 24
II. Normstruktur 2	I. Zahlung an Erfüllungs statt 24
III. Regelungszusammenhang 3	II. Tod des Ehegatten 26
IV. Gesetzesmaterialien 4	III. Steuerrechtliche Folgen 27
B. Praktische Bedeutung 5	1. Folgen für den Ausgleichsberechtigten 27
C. Anwendungsvoraussetzungen 6	2. Folgen für den Ausgleichspflichtigen........... 28
I. Höhe der Abfindung (Absatz 1 Satz 1)....... 6	**E. Verfahren** 31
1. Ausgleichswert (Stufe 1).......................... 7	I. Verfahrenseinleitung 31
2. Zeitwert (Stufe 2) 8	1. Verfahrenseinleitender Antrag................ 31
a. Zeitpunkt der Entscheidung.................... 8	2. Antrag im Scheidungsverbund 32
b. Versicherungsmathematische Berechnung 9	3. Antragsinhalt 33
c. Wertänderungen...................................... 10	II. Amtsermittlung 34
II. Bagatellregelung (Absatz 1 Satz 2) 13	III. Wahl der Zielversorgung 35
III. Wahl der Zielversorgung (Absatz 2) 14	1. Frist zur Wahl der Zielversorgung 35
1. Wahlrecht des Ausgleichsberechtigten........... 15	2. Fristverlängerung 36
2. Angemessene Zielversorgung.................... 16	3. Wiedereinsetzung in den vorigen Stand 37
3. Zustimmung des Ausgleichspflichtigen 19	4. Ausschlussfrist.. 38
a. Steuerpflicht des Ausgleichspflichtigen 20	IV. Vorlage einer Bereiterklärung 39
b. Schädliche Verwendung.......................... 21	V. Auskunft 40
4. Auffangversorgungsträger..................... 22	VI. Beschlussformel 41
a. Gesetzliche Rentenversicherung 22	VII. Verfahrenswert 42

A. Grundlagen

I. Kurzcharakteristik

Die Vorschrift regelt die Durchführung des Ausgleichs nach § 23 VersAusglG. Liegen danach die Voraussetzungen für den Ausgleich eines Anrechts im Wege der Abfindung vor, erfolgt die Durchführung nach Maßgabe des § 24 VersAusglG. **1**

II. Normstruktur

§ 24 Abs. 1 Satz 1 VersAusglG bestimmt, wie die Höhe der Abfindung zu ermitteln ist. Abs. 2 VersAusglG regelt die Wahl der Zielversorgung. **2**

III. Regelungszusammenhang

Die Vorschrift ergänzt § 23 VersAusglG. § 24 Abs. 1 Satz 2 VersAusglG verweist auf die Bagatellregelung des § 18 VersAusglG. Dadurch ermöglicht die Vorschrift einen Ausschluss des Ausgleichs bei geringen Ausgleichswerten. § 24 Abs. 2 VersAusglG verweist im Hinblick auf die Wahl der Zielversorgung auf § 15 VersAusglG. **3**

IV. Gesetzesmaterialien

BT-Drs. 16/10144, S. 65 f. **4**

B. Praktische Bedeutung

Die Vorschrift kommt immer dann zum Tragen, wenn der Ausgleichsberechtigte im Rahmen des Wertausgleichs nach der Scheidung eine Abfindung nach § 23 VersAusglG verlangt und die Voraussetzungen des Abfindungsanspruchs gegeben sind. **5**

C. Anwendungsvoraussetzungen

I. Höhe der Abfindung (Absatz 1 Satz 1)

6 Gegenstand der Abfindung ist nicht die künftige Ausgleichsrente, sondern das auszugleichende Anrecht.[1] Die Höhe der Abfindung hängt deshalb vom Zeitwert des Ausgleichswerts zum Zeitpunkt der Entscheidung über die Abfindung ab (§ 24 Abs. 1 Satz 1 VersAusglG). Daraus ergibt sich eine zweistufige Berechnung des Abfindungswerts:

1. Ausgleichswert (Stufe 1)

7 Der Ausgleichswert entspricht nach § 1 Abs. 2 Satz 2 VersAusglG grundsätzlich der Hälfte des Werts des Ehezeitanteils. Berechnet der Versorgungsträger den Ehezeitanteil nicht als Kapitalwert, sondern in einer anderen Bezugsgröße (§ 5 Abs. 1 VersAusglG), kommt es auf den korrespondierenden Kapitalwert nach § 47 Abs. 2 VersAusglG an.

2. Zeitwert (Stufe 2)

a. Zeitpunkt der Entscheidung

8 Maßgebend für die Höhe der Abfindung ist der Zeitwert des Ausgleichswerts zum Zeitpunkt der Entscheidung über die Abfindung. Dabei ist die Bewertung zu einem möglichst entscheidungsnahen Zeitpunkt zulässig.[2]

b. Versicherungsmathematische Berechnung

9 Der Zeitwert des Ausgleichswerts wird durch eine versicherungsmathematische Berechnung auf der Grundlage des Rechnungszinses der auszugleichenden Versorgung ermittelt. Aufgrund der biometrischen Berechnungsgrundlagen wird der Abfindungswert danach regelmäßig erheblich vom Ausgleichswert abweichen.

Beispiel:[3]

Versorgung des M mit ehezeitbezogenem Kapitalwert:	30.000 €	
Altersgrenze:	67 Jahre	
Stichtag für die Abfindung:	31.12.2009	
Alter des M am Stichtag:	45 Jahre	
Rechnungszins der Versorgung:	5%	
Barwertfaktor nach Heubeck Richttafeln 2005 G:	0,2955	
Abfindungswert:	30.000 € x 0,2955	= 8.865 €

c. Wertänderungen

10 Nachträglich eingetretene Wertänderungen werden berücksichtigt. Das ist vor allem deshalb von Bedeutung, weil die Abfindung oft erst geraume Zeit nach dem Ehezeitende geltend gemacht wird.

aa. Wertsteigerungen

11 Erfasst werden insbesondere Wertsteigerungen durch regelmäßige Anpassungen des Anrechts. Überschüsse werden dem Ausgleichswert gutgeschrieben.[4]

bb. Wertverzehr

12 Hat der Ausgleichspflichtige zum Zeitpunkt der Entscheidung über die Abfindung bereits Leistungen aus der auszugleichenden Versorgung bezogen, ist ein teilweiser Wertverzehr eingetreten, der durch entsprechende Abschläge bei der Ermittlung des Kapitalwerts zu berücksichtigen ist.[5]

---

[1] *Götsche* in: HK-VersAusglR, 2012, § 24 VersAusglG Rn. 2.
[2] BT-Drs. 16/10144, S. 66.
[3] Nach *Glockner/Hoenes/Weil*, Der neue Versorgungsausgleich, 2009, § 10 Rn. 43.
[4] BT-Drs. 16/10144, S. 66.
[5] BT-Drs. 16/10144, S. 66.

II. Bagatellregelung (Absatz 1 Satz 2)

§ 24 Abs. 1 Satz 2 VersAusglG stellt durch die Verweisung auf § 18 VersAusglG klar, dass in Bagatellfällen grundsätzlich auch kein Ausgleich durch Zahlung einer Abfindung erfolgen soll.

III. Wahl der Zielversorgung (Absatz 2)

Die Abfindung erfolgt nach § 23 Abs. 1 Satz 1 VersAusglG zweckgebunden zum Auf- oder Ausbau einer angemessenen Altersversorgung des Ausgleichsberechtigten. Um das zu gewährleisten, verweist § 24 Abs. 2 VersAusglG auf die Regeln zur Durchführung der externen Teilung in § 15 VersAusglG.

1. Wahlrecht des Ausgleichsberechtigten

Nach § 15 Abs. 1 VersAusglG kann der ausgleichsberechtigte Ehegatte bestimmen, bei welchem Versorgungsträger ein Anrecht begründet werden soll (sog. Zielversorgung). Er kann auch wählen, ob ein für ihn schon bestehendes Anrecht ausgebaut oder ein neues Anrecht begründet werden soll. Der ausgewählte Zielversorgungsträger muss bereit sein, den ausgleichsberechtigten Ehegatten in sein Versorgungssystem aufzunehmen.

2. Angemessene Zielversorgung

Die gewählte Zielversorgung muss nach § 15 Abs. 2 VersAusglG eine angemessene Versorgung gewährleisten.

Angemessen ist die Zielversorgung nach § 15 Abs. 4 VersAusglG immer, wenn ein Anrecht in der gesetzlichen Rentenversicherung, ein Anrecht aus betrieblicher Altersversorgung mit externem/mittelbarem Durchführungsweg (Pensionskasse, Pensionsfonds, Direktversicherung) oder ein Anrecht aus einem nach § 5 AltZertG zertifizierten Altersvorsorgevertrag begründet wird. Die in § 15 Abs. 4 VersAusglG aufgeführten Versorgungen erfüllen immer die Anforderungen des § 15 Abs. 2 VersAusglG. Das Familiengericht muss die Angemessenheit der gewählten Zielversorgung und die steuerlichen Folgen für den ausgleichspflichtigen Ehegatten also nicht prüfen, wenn der Ausgleichsberechtigte eine dieser Versorgungen gewählt hat.[6]

Entscheidet sich der Ausgleichsberechtigte für eine andere als die vorgenannten Versorgungen, muss das Familiengericht prüfen, ob die gewählte Zielversorgung eine angemessene Versorgung gewährleistet. Insoweit können die Kriterien des § 11 Abs. 1 VersAusglG entsprechend herangezogen werden. Danach ist die Zielversorgung angemessen, wenn sie im Hinblick auf die Eigenständigkeit der Sicherung, die Leistungsdynamik und die Sicherheit des Versorgungssystems mit dem auszugleichenden Anrecht vergleichbar ist. Gleicher Risikoschutz ist nicht erforderlich; die Zielversorgung kann auf eine reine Alterssicherung beschränkt sein.[7]

3. Zustimmung des Ausgleichspflichtigen

Die Wirksamkeit der Wahl der Zielversorgung hängt bei der Abfindung nie von der Zustimmung des Ausgleichspflichtigen ab. Zwar muss nach § 15 Abs. 3 VersAusglG der ausgleichspflichtige Ehegatte der Zielversorgungswahl zustimmen, wenn diese zu steuerpflichtigen Einnahmen des Ausgleichspflichtigen oder zu einer schädlichen Verwendung führen würde. Anders als bei der externen Teilung besteht diese Gefahr bei der Abfindung aber nicht.

a. Steuerpflicht des Ausgleichspflichtigen

Die Zahlung der Abfindung begründet – unabhängig von der Wahl der Zielversorgung – keine Steuerpflicht des Ausgleichspflichtigen. Denn die Zahlung der zweckgebundenen Abfindung erfolgt auf der privaten Vermögensebene, hat also keine steuerrechtlichen Auswirkungen. Sie ist genauso zu behandeln wie eine Abfindungszahlung, die im Rahmen einer Vereinbarung nach § 6 VersAusglG gezahlt wird, um den Versorgungsausgleich auszuschließen.[8] Auf die Steuerfreistellung nach § 3 Nr. 55b EStG kommt es deshalb bei der Abfindung nicht an.

b. Schädliche Verwendung

Die Gefahr einer schädlichen Verwendung im Sinne des § 93 EStG besteht ebenfalls nicht, weil bei der Zahlung der Abfindung kein gefördertes Altersvorsorgevermögen übertragen wird.

---

[6] BT-Drs. 16/10144, S. 59.
[7] *Ruland*, Versorgungsausgleich, 3. Aufl. 2011, Rn. 749.
[8] *Perleberg-Kölbel*, ZFE 2011, 7-13, 13; *Breuers* in: HK-VersAusglR, 2012, § 23 Rn. 43.

4. Auffangversorgungsträger

a. Gesetzliche Rentenversicherung

22 Wenn der ausgleichsberechtigte Ehegatte sein Wahlrecht nicht ausübt und keine Zielversorgung benennt, wird mit der Abfindung nach § 15 Abs. 5 Satz 1 VersAusglG ein Anrecht in der gesetzlichen Rentenversicherung begründet. Dasselbe gilt, wenn die Zustimmung des Zielversorgungsträgers zu der Aufnahme der Abfindung fehlt oder die Anforderungen nach § 15 Abs. 2 VersAusglG nicht erfüllt sind.

b. Versorgungsausgleichskasse

23 Sofern ein Anrecht im Sinne des Betriebsrentengesetzes im Wege der Abfindung auszugleichen ist, wird – wenn der Ausgleichsberechtigte keine Zielversorgung benennt – nach § 15 Abs. 5 Satz 2 VersAusglG ein Anrecht bei der Versorgungsausgleichskasse begründet.

D. Rechtsfolgen

I. Zahlung an Erfüllungs statt

24 Mit der Zahlung der Abfindung ist das Anrecht ausgeglichen. Die Zahlung erfolgt an Erfüllungs statt (§ 364 Abs. 1 BGB). Die Abfindung umfasst sowohl bereits entstandene als auch künftige Ausgleichsansprüche.

25 Zahlt der Ausgleichpflichtige die Abfindung nicht, bleibt der Anspruch auf Zahlung einer schuldrechtlichen Ausgleichsrente bestehen, Der Ausgleichsberechtigte ist deshalb nicht darauf angewiesen, die Abfindung im Wege der Zwangsvollstreckung durchzusetzen.[9]

II. Tod des Ehegatten

26 Soweit der Anspruch noch nicht erfüllt ist, erlischt er mit Tod des Ehegatten (§ 31 Abs. 3 Satz 1 VersAusglG).

III. Steuerrechtliche Folgen

1. Folgen für den Ausgleichsberechtigten

27 Der Ausgleichsberechtigte muss die Abfindung nicht nach § 22 Nr. 1c EStG versteuern. Spätere Leistungen aus der mit der Abfindung begründeten Versorgung sind dagegen – je nach Rechtsnatur des begründeten Anrechts – nach den §§ 19, 20 oder 22 EStG zu versteuern.

2. Folgen für den Ausgleichspflichtigen

28 Beim Ausgleichspflichtigen kommt weder ein Sonderausgabenabzug noch ein Werbungskostenabzug in Betracht. Eine Zahlung zur Abfindung eines Anspruchs auf schuldrechtlichen Versorgungsausgleich führt nicht zu einem Werbungskostenabzug bei den Einkünften aus nichtselbständiger Arbeit, weil sie nicht zur Abwehr eines Anspruchs auf dingliche Übertragung einer Versorgungsanwartschaft (auf der Ebene der Einkommenserzielung), sondern zur Abwehr einer gegen das Vermögen gerichteten Geldforderung (auf der Ebene der Einkommensverwendung) dient.[10]

29 Ein Abzug der Abfindungszahlung als Sonderausgabe nach § 10 Abs. 1 Nr. 1b EStG kommt ebenso wenig in Betracht, weil durch die Ablösezahlung von vornherein verhindert wird, dass künftig Erträge an den ausgleichsberechtigten Ehegatten auszukehren sind, und auf diese Weise der für einen Sonderausgabenabzug erforderliche Transfer steuerlicher Leistungsfähigkeit unterbunden wird.[11] § 23 VersAusglG ist in den §§ 10 Abs. 1 Nr. 1b, 22 Nr. 1c EStG auch nicht genannt.[12]

---

[9] *Kemper*, Versorgungsausgleich in der Praxis, 2011, IX. Rn. 170.

[10] FG Hamburg v. 31.10.2013 - 3 K 80/12; vgl. auch BFH v. 22.08.2012 - X R 36/09 - BFHE 239, 203; BMF-Schreiben v. 09.04.2010 - BStBl I 2010, 323.

[11] FG Hamburg v. 31.10.2013 - 3 K 80/12; vgl. auch BFH v. 22.08.2012 - X R 36/09 - BFHE 239, 203; BMF-Schreiben v. 09.04.2010 - BStBl I 2010, 323.

[12] *Breuers* in: HK-VersAuslR, 2012, § 23 Rn. 44.

Die Abfindungszahlung ist auch nicht als außergewöhnliche Belastung i.S.d. § 33 EStG zu berücksichtigen.[13]

E. Verfahren

I. Verfahrenseinleitung

1. Verfahrenseinleitender Antrag

Der Anspruch auf Abfindung kann – auf Antrag – schon im Rahmen des Scheidungsverbunds geltend gemacht werden. Anderenfalls wird auf Antrag ein isoliertes Versorgungsausgleichsverfahren nach den §§ 217 ff. FamFG eingeleitet.

2. Antrag im Scheidungsverbund

Die Entscheidung über den Abfindungsanspruch im Scheidungsverbundverfahren setzt aber voraus, dass das auszugleichende Anrecht dem Grund und der Höhe nach hinreichend gesichert ist.[14]

3. Antragsinhalt

Die Höhe der Abfindung muss in dem verfahrenseinleitenden Antrag nicht beziffert werden.[15] Hat der Ausgleichsberechtigte einen bezifferten Antrag gestellt, kann das Gericht von dem Antrag abweichen und auch einen höheren als den geltend gemachten Ausgleichsbetrag festlegen.[16]

II. Amtsermittlung

Nach § 26 FamFG muss das Familiengericht die Voraussetzungen für den Anspruch auf Abfindung von Amts wegen feststellen. Das gilt insbesondere für die wirtschaftliche Zumutbarkeit der Abfindung.

III. Wahl der Zielversorgung

1. Frist zur Wahl der Zielversorgung

Aufgrund der Verweisung auf § 15 VersAusglG gilt für das Verfahren § 222 Abs. 1 FamFG entsprechend. Nach § 222 Abs. 1 FamFG setzt das Familiengericht dem Ausgleichsberechtigten eine Frist zur Benennung der Zielversorgung.

2. Fristverlängerung

Die Frist kann nach § 16 Abs. 2 FamFG i.V.m. § 224 Abs. 2 ZPO bzw. § 113 Abs. 1 FamFG i.V.m. § 224 Abs. 2 ZPO auf Antrag verlängert werden.

3. Wiedereinsetzung in den vorigen Stand

Wiedereinsetzung in den vorigen Stand nach § 17 Abs. 1 FamFG bzw. § 113 Abs. 1 FamFG i.V.m. § 233 ZPO kommt nicht in Betracht, weil diese Vorschriften nur für die Versäumung gesetzlicher Fristen gelten.

4. Ausschlussfrist

Umstritten ist, ob die Frist zur Benennung einer Zielversorgung eine rein verfahrensrechtliche Frist oder zugleich materiell-rechtliche Ausschlussfrist ist, der Ausgleichsberechtigte also sein Wahlrecht verliert, wenn er innerhalb der Frist keinen Zielversorgungsträger benannt hat.[17] Insoweit wird auf die Kommentierung zu § 15 VersAusglG verwiesen.

IV. Vorlage einer Bereiterklärung

Der ausgewählte Zielversorgungsträger muss bereit sein, den ausgleichsberechtigten Ehegatten in sein Versorgungssystem aufzunehmen. Der Ausgleichsberechtigte ist deshalb nach § 222 Abs. 2 FamFG

---

[13] FG Hamburg v. 31.10.2013 - 3 K 80/12; vgl. auch BFH v. 22.08.2012 - X R 36/09 - BFHE 239, 203; BMF-Schreiben v. 09.04.2010 - BStBl I 2010, 323.
[14] BGH v. 17.04.2013 - XII ZB 371/12 - FamRZ 2013, 1021.
[15] *Götsche* in: HK-VersAusglR, 2012, § 23 VersAusglG Rn. 33.
[16] OLG Brandenburg v. 09.10.2012 - 10 UF 213/10.
[17] Gegen eine materiell-rechtliche Ausschlusswirkung KG Berlin v. 12.02.2014 - 17 UF 155/13 mit ausführlicher Darstellung des Meinungsstreits.

verpflichtet, bei der Ausübung des Wahlrechts durch Vorlage einer sog. Bereiterklärung nachzuweisen, dass der Zielversorgungsträger mit dem beabsichtigten Ausgleich einverstanden ist.

V. Auskunft

40 Der Ausgleichsberechtigte kann nach § 4 VersAusglG vom Ausgleichspflichtigen Auskunft über die Grundlagen für die versicherungsmathematische Berechnung der Abfindung verlangen. Der Träger der auszugleichenden Versorgung ist nach § 220 Abs. 4 FamFG, § 5 Abs. 3 VersAusglG verpflichtet, Auskunft über den Ausgleichswert bzw. den korrespondierenden Kapitalwert zu erteilen. Der Versorgungsträger kann aber nicht verpflichtet werden, die versicherungsmathematische Berechnung des Zeitwerts vorzunehmen. Dazu muss das Familiengericht nötigenfalls ein Sachverständigengutachten einholen.

VI. Beschlussformel

41 In der Beschlussformel muss das auszugleichende Anrecht genau bezeichnet werden. Dasselbe gilt für den Träger der Zielversorgung und die Höhe der Abfindung. Anders als bei der externen Teilung wird angeordnet, dass der Ausgleichspflichtige (und nicht der Träger der auszugleichenden Versorgung) den Kapitalbetrag der Abfindung an den Zielversorgungsträger zu zahlen hat.

VII. Verfahrenswert

42 Der Verfahrenswert beträgt nach § 50 Abs. 1 Satz 2 FamGKG für jedes Anrecht 20% des dreimonatigen Nettoeinkommens der Eheleute, mindestens aber 1.000 €.

Unterabschnitt 3 - Teilhabe an der Hinterbliebenenversorgung

§ 25 VersAusglG Anspruch gegen den Versorgungsträger

(Fassung vom 03.04.2009, gültig ab 01.09.2009)

(1) Stirbt die ausgleichspflichtige Person und besteht ein noch nicht ausgeglichenes Anrecht, so kann die ausgleichsberechtigte Person vom Versorgungsträger die Hinterbliebenenversorgung verlangen, die sie erhielte, wenn die Ehe bis zum Tod der ausgleichspflichtigen Person fortbestanden hätte.

(2) Der Anspruch ist ausgeschlossen, wenn das Anrecht wegen einer Vereinbarung der Ehegatten nach den §§ 6 bis 8 oder wegen fehlender Ausgleichsreife nach § 19 Abs. 2 Nr. 2 oder Nr. 3 oder Abs. 3 vom Wertausgleich bei der Scheidung ausgenommen worden war.

(3) [1]Die Höhe des Anspruchs ist auf den Betrag beschränkt, den die ausgleichsberechtigte Person als schuldrechtliche Ausgleichsrente verlangen könnte. [2]Leistungen, die sie von dem Versorgungsträger als Hinterbliebene erhält, sind anzurechnen.

(4) § 20 Abs. 2 und 3 gilt entsprechend.

(5) Eine Hinterbliebenenversorgung, die der Versorgungsträger an die Witwe oder den Witwer der ausgleichspflichtigen Person zahlt, ist um den nach den Absätzen 1 und 3 Satz 1 errechneten Betrag zu kürzen.

Gliederung

A. Grundlagen 1	2. Fehlende Ausgleichsreife 19
I. Kurzcharakteristik 1	a. Degressive Anrechte (§ 19 Abs. 2 Nr. 2
1. Regelungsinhalt 1	VersAusglG) 20
2. Normzweck 2	b. Unwirtschaftlicher Ausgleich (§ 19 Abs. 2
3. Normstruktur 3	Nr. 2 VersAusglG) 21
4. Regelungszusammenhang 4	3. Ausgleichssperre (§ 19 Abs. 3 VersAusglG) 22
II. Gesetzesmaterialien 5	**D. Rechtsfolgen** 24
B. Praktische Bedeutung 6	I. Höhe des Anspruchs (Absatz 3) 24
C. Anwendungsvoraussetzungen (Absatz 1) 7	1. Höhe der schuldrechtlichen Ausgleichsrente
I. Betroffene Anrechte 7	(Absatz 3 Satz 1) 25
1. Unausgeglichene Anrechte 7	2. Höhe der Hinterbliebenenversorgung 26
2. Inländische Anrechte 8	3. Anrechnung erbrachter Leistungen (Absatz 3
II. Tod des ausgleichspflichtigen Ehegatten 9	Satz 2) 28
1. Tod vor Ausgleich des Anrechts 9	II. Fälligkeit und Art der Zahlung (Absatz 4) 29
2. Leistungsbezug 10	1. Fälligkeit 30
III. Bestehen einer Hinterbliebenenversorgung 11	a. Voraussetzungen der schuldrechtlichen
1. Witwenrente bei fiktivem Fortbestand der	Ausgleichsrente (§ 20 Abs. 2 VersAusglG) 30
Ehe 11	b. Monatliche Vorauszahlung 31
2. Regelungen der Versorgungsordnung 12	2. Verzug 34
a. Maßgeblichkeit der Regelung zur Witwen-	3. Geringe Ausgleichswerte 35
versorgung 13	III. Wiederheirat des Ausgleichspflichtigen
b. Wiederverheiratungsklausel 14	(Absatz 5) 36
c. Änderungen der Regelung 15	**E. Verfahren** 37
IV. Ausschluss des Anspruchs (Absatz 2) 16	I. Notwendigkeit eines Verfahrens 37
1. Vereinbarungen der Eheleute (§§ 6-8	II. Zuständigkeit 40
VersAusglG) 17	III. Beteiligte 41
a. Ausschluss des Wertausgleichs bei der	IV. Verfahrenseinleitung/Amtsermittlung 42
Scheidung 17	V. Feststellungsanträge 44
b. Vorbehalt des schuldrechtlichen Versorgungs-	VI. Verfahrenswert 45
ausgleichs nach altem Recht 18	

§ 25 VersAusglG

A. Grundlagen

I. Kurzcharakteristik

1. Regelungsinhalt

1 § 25 VersAusglG verschafft dem ausgleichsberechtigten Ehepartner für den Fall des Todes des Ausgleichspflichtigen unter bestimmten Voraussetzungen einen eigenständigen Versorgungsanspruch gegen den Träger des auszugleichenden Anrechts. Der Anspruch ist also an die Stelle des früheren „verlängerten schuldrechtlichen Versorgungsausgleichs" getreten.

2. Normzweck

2 Die Vorschrift hat den Zweck, den Ausgleichsberechtigten auch für den Fall abzusichern, dass der andere Ehepartner stirbt, obwohl noch nicht alle Anrechte ausgeglichen worden sind. Die Interessen des betroffenen Versorgungsträgers werden dadurch gewahrt, dass der Anspruch dem Grunde und der Höhe nach an die Hinterbliebenenversorgung gekoppelt ist, die das auszugleichende Anrecht vorsieht.

3. Normstruktur

3 Absatz 1 bestimmt, unter welchen Voraussetzungen der Ausgleichsberechtigte im Fall des Todes des Ausgleichspflichtigen einen Anspruch auf Hinterbliebenenversorgung gegen den Versorgungsträger hat. Absatz 2 schließt den Anspruch zum Schutz der Versorgungsträger in bestimmten Fällen aus. Absatz 3 regelt die Höhe des Anspruchs. Absatz 4 verweist im Hinblick auf die Zahlungsmodalitäten auf § 20 Abs. 2 und 3 VersAusglG. Absatz 5 dient dazu, eine Doppelbelastung des Versorgungsträgers zu vermeiden.

4. Regelungszusammenhang

4 Die Vorschrift wird durch § 26 VersAusglG ergänzt, der eine Sonderregelung für ausländische Anrechte enthält.

II. Gesetzesmaterialien

5 BT-Drs. 16/10144, S. 66 f.

B. Praktische Bedeutung

6 Praktische Bedeutung hat die Vorschrift für Anrechte, die im Rahmen des Wertausgleichs bei der Scheidung nicht ausgeglichen worden sind. Die Ansprüche auf Wertausgleich nach der Scheidung nach § 20 VersAusglG, § 22 VersAusglG oder § 23 VersAusglG erlöschen gemäß § 31 Abs. 3 Satz 1 VersAusglG mit dem Tod des Ausgleichspflichtigen. Stirbt der ausgleichspflichtige Ehepartner, bevor die Anrechte (vollständig) ausgeglichen worden sind, kommt eine Teilhabe des Ausgleichsberechtigten an der Versorgung nur noch nach § 25 VersAusglG bzw. § 26 VersAusglG in Betracht.

C. Anwendungsvoraussetzungen (Absatz 1)

I. Betroffene Anrechte

1. Unausgeglichene Anrechte

7 Der Anspruch auf Hinterbliebenenversorgung gegen den Versorgungsträger des ausgleichspflichtigen Ehegatten setzt voraus, dass ein auszugleichendes Anrecht im Sinne des § 2 VersAusglG besteht, das noch nicht ausgeglichen, insbesondere nicht im Rahmen des Wertausgleichs bei der Scheidung intern oder extern geteilt worden ist. Ein ausdrücklicher Vorbehalt des Wertausgleichs nach der Scheidung in der Entscheidung über den Wertausgleich bei der Scheidung ist nicht erforderlich. Ein den Anspruch ausschließender Ausgleich kann auch außerhalb des Wertausgleichs bei der Scheidung erfolgt sein, etwa durch eine Abfindung nach § 23 VersAusglG.

2. Inländische Anrechte

8 Der Anspruch aus § 25 VersAusglG besteht nur im Hinblick auf inländische Anrechte, weil die deutschen Familiengerichte mangels ausreichender Hoheitsbefugnisse einem ausländischen Versorgungsträger nicht aufgeben können, eine Hinterbliebenenversorgung zu zahlen. Für ausländische Anrechte oder Anrechte bei überstaatlichen oder zwischenstaatlichen Organisationen gilt § 26 VersAusglG.

II. Tod des ausgleichspflichtigen Ehegatten

1. Tod vor Ausgleich des Anrechts

Der Ausgleichsanspruch gegen den Versorgungsträger setzt weiter voraus, dass der in Bezug auf das auszugleichende Anrecht ausgleichspflichtige Ehegatte gestorben ist. Zu Lebzeiten des Ausgleichspflichtigen kommt ein Ausgleichsanspruch gegen dessen Versorgungsträger nicht in Betracht.[1]

2. Leistungsbezug

Der Versorgungsfall muss zum Zeitpunkt des Todes noch nicht eingetreten sein.[2] Unerheblich ist auch, ob der Verstorbene vor seinem Tod bereits laufende Leistungen aus der auszugleichenden Versorgung erhalten hat.[3]

III. Bestehen einer Hinterbliebenenversorgung

1. Witwenrente bei fiktivem Fortbestand der Ehe

Die dem auszugleichenden Anrecht zugrunde liegende Versorgung muss eine Hinterbliebenenversorgung enthalten. Der Anspruch gegen den Versorgungsträger setzt also voraus, dass zugunsten des überlebenden Ehegatten eine Witwen- oder Witwerversorgung gezahlt worden wäre, wenn die Ehe bis zum Tod des ausgleichspflichtigen Ehegatten fortbestanden hätte. Zu den auszugleichenden Hinterbliebenenversorgungen gehören auch Kapitalabfindungen.[4]

2. Regelungen der Versorgungsordnung

Die weiteren Voraussetzungen und den Umfang der Hinterbliebenenversorgung regeln die maßgebenden Versorgungsordnungen der Versorgungsträger.[5] Dem Versorgungsträger ist es grundsätzlich freigestellt, ob und in welchem Umfang er eine Hinterbliebenenversorgung zusichert.

a. Maßgeblichkeit der Regelung zur Witwenversorgung

Besteht eine Regelung zur Versorgung des Witwers oder der Witwe, so ist diese zwingend auch auf den ausgleichsberechtigten Hinterbliebenen anzuwenden.[6] Der Versorgungsträger kann aber Modifikationen vorsehen. So kann die Versorgungsordnung statt einer Hinterbliebenenrente eine Kapitalabfindung vorsehen.[7] Eine Regelung, die die Zahlung einer Hinterbliebenenversorgung vom Fortbestand der Ehe bis zum Tod des Ausgleichspflichtigen abhängig macht, wäre dagegen wegen der damit verbundenen Umgehung des § 25 VersAusglG unzulässig.[8]

b. Wiederverheiratungsklausel

Der Versorgungsträger kann die Hinterbliebenenversorgung aber an zusätzliche Voraussetzungen knüpfen. Möglich sind insbesondere Wiederverheiratungsklauseln. Danach erlischt der Anspruch auf Hinterbliebenenrente, wenn der ausgleichsberechtigte Ehegatte wieder heiratet.[9]

c. Änderungen der Regelung

Wird nach Scheidung der Ehe die Versorgungszusage geändert, genießt der ausgleichsberechtigte Ehegatte Bestandsschutz. Die Hinterbliebenenversorgung kann also nicht rückwirkend abgeschafft oder eingeschränkt werden.[10]

---

[1] BGH v. 18.09.1996 - XII ZB 58/95 - FamRZ 1996, 1465.
[2] BT-Drs. 16/10144, S. 66.
[3] BGH v. 17.11.2004 - XII ZB 46/01 - FamRZ 2005, 189.
[4] BGH v. 17.11.2004 - XII ZB 46/01 - FamRZ 2005, 189.
[5] BGH v. 17.11.2004 - XII ZB 46/01 - FamRZ 2005, 189.
[6] OLG Stuttgart v. 22.05.1995 - 16 UF 436/94 - NJW-RR 1996, 259.
[7] *Götsche* in: HK-VersAusglR, 2012, § 25 VersAusglG Rn. 10.
[8] BGH v. 07.12.2005 - XII ZB 39/01 - FamRZ 2006, 326.
[9] BGH v. 13.04.2011 - XII ZD 122/09 - FamRZ 2011, 961; BGH v. 07.12.2005 - XII ZB 39/01 - FamRZ 2006, 326; BGH v. 17.11.2004 - XII ZB 46/01 - FamRZ 2005, 189; näher dazu *Götsche* in: HK-VersAusglR, 2012, § 25 VersAusglG Rn. 9.
[10] *Götsche* in: HK-VersAusglR, 2012, § 25 VersAusglG Rn. 8.

IV. Ausschluss des Anspruchs (Absatz 2)

16 Die Ausnahmeregelung in Absatz 2 dient dem Schutz der Versorgungsträger vor einer übermäßigen Belastung.[11] Sie schließt den Anspruch auf Hinterbliebenenversorgung in bestimmten Fällen aus.

1. Vereinbarungen der Eheleute (§§ 6-8 VersAusglG)

a. Ausschluss des Wertausgleichs bei der Scheidung

17 Die Teilhabe an der Hinterbliebenenversorgung ist insbesondere dann ausgeschlossen, wenn die Eheleute im Hinblick auf das betroffene Anrecht nach § 6 VersAusglG einen Ausschluss des Wertausgleichs bei der Scheidung vereinbart haben, und zwar unabhängig davon, ob sie den Ausgleich insgesamt ausgeschlossen oder nur den Wertausgleich nach der Scheidung vorbehalten haben.

b. Vorbehalt des schuldrechtlichen Versorgungsausgleichs nach altem Recht

18 Haben Eheleute anlässlich ihrer Ehescheidung vor dem 01.09.2009 die Durchführung des Versorgungsausgleichs bezüglich einer betrieblichen Zusatzversorgung im Wege einer Vereinbarung dem schuldrechtlichen Versorgungsausgleich nach den §§ 1587 f. BGB a.F. vorbehalten, ist ein Anspruch der geschiedenen überlebenden Ehefrau gegen den Versorgungsträger auf Hinterbliebenenversorgung gemäß § 25 Abs. 2 VersAusglG ausgeschlossen, wenn das Anrecht des verstorbenen Ehemannes wegen der Vereinbarung der geschiedenen Ehegatten vom Wertausgleich bei der Scheidung ausgenommen worden wäre. Dieser Kausalzusammenhang ist aber zu verneinen, wenn ein öffentlich-rechtlicher Versorgungsausgleich bezüglich der betrieblichen Zusatzanwartschaften des verstorbenen Ehemannes unter der Geltung alten Rechts überhaupt nicht hätte durchgeführt werden können.[12]

2. Fehlende Ausgleichsreife

19 Der Anspruch auf Hinterbliebenenversorgung ist außerdem in bestimmten Fällen der fehlenden Ausgleichsreife ausgeschlossen.

a. Degressive Anrechte (§ 19 Abs. 2 Nr. 2 VersAusglG)

20 Die Ausnahmeregelung umfasst zunächst abzuschmelzende Anrechte im Sinne des § 19 Abs. 2 Nr. 2 VersAusglG, die bei der Scheidung nicht auszugleichen sind, weil ihr Wert sich absehbar auf null reduzieren wird.

b. Unwirtschaftlicher Ausgleich (§ 19 Abs. 2 Nr. 2 VersAusglG)

21 Hinzu kommen die Fälle des unwirtschaftlichen Ausgleichs nach § 19 Abs. 2 Nr. 3 VersAusglG. Auch in diesen Fällen ist der Anspruch gegen den Versorgungsträger ausgeschlossen, und zwar unabhängig davon, ob das Familiengericht bei der Entscheidung über den Wertausgleich bei der Scheidung zu Recht die fehlende Ausgleichsreife angenommen hat oder nicht.[13]

3. Ausgleichssperre (§ 19 Abs. 3 VersAusglG)

22 Dasselbe gilt in den Fällen des § 19 Abs. 3 VersAusglG, in denen ein Anrecht zwar ausgleichsreif ist, wegen ausländischer Anrechte des anderen Ehepartners aber nicht im Rahmen des Wertausgleichs bei der Scheidung ausgeglichen worden ist.

23 Für die ausländischen Anrechte selbst gilt § 26 VersAusglG als lex specialis.

D. Rechtsfolgen

I. Höhe des Anspruchs (Absatz 3)

24 Die Höhe des Anspruchs gegen den Versorgungsträger ist mehrfach begrenzt.

---

[11] BT-Drs. 16/10144, S. 66.
[12] OLG Hamm v. 28.08.2012 - 3 UF 65/12 - FamFR 2012, 469; vgl. auch AG Bayreuth v. 06.08.2012 - 3 F 1059/11 - FamRZ 2012, 1726 m. zust. Anm. v. *Borth*.
[13] OLG Schleswig v. 04.02.2004 - 8 UF 216/03 - OLGR 2004, 169.

1. Höhe der schuldrechtlichen Ausgleichsrente (Absatz 3 Satz 1)

Maßgebend ist zunächst der Betrag, den der Ausgleichsberechtigte ohne den Tod des Ausgleichspflichtigen als schuldrechtliche Ausgleichsrente hätte verlangen können. Handelt es sich um eine Versorgung, die eine Kapitalzahlung vorsieht, ist der Ausgleichswert als Kapitalwert maßgebend. Ein aufgrund einer Vereinbarung der Eheleute über den Ausgleichswert hinausgehender, höherer Betrag ist unerheblich. Wertänderungen nach Ehezeitende sind nach Maßgabe des § 5 Abs. 2 Satz 2 VersAusglG zu berücksichtigen. Ein bereits im Wege des erweiterten Splittings nach § 3b Abs. 1 VAHRG a.F. (sog. Supersplitting) erfolgter Teilausgleich ist nach § 53 VersAusglG anzurechnen.

2. Höhe der Hinterbliebenenversorgung

Der Ausgleichsanspruch ist außerdem begrenzt durch die Höhe der Hinterbliebenenversorgung, die der Ausgleichsberechtigte erhalten hätte, wäre die Ehe nicht bereits vor dem Tod des einen Ehegatten beendet worden.[14] In diesem Zusammenhang können sich auch versorgungsrechtliche Leistungsbeschränkungen – etwa Ehedauerklauseln oder Altersgrenzenregelungen – auswirken, die auch bei Fortdauer der Ehe gegriffen hätten.[15]

Eine rechtskräftige Entscheidung über die Höhe der Versorgungsrente in einem Verfahren zwischen dem verstorbenen Ehemann und dem Versorgungsträger entfaltet keine Rechtskraftwirkung im Hinblick auf die Hinterbliebenenversorgung der geschiedenen Ehefrau.[16]

3. Anrechnung erbrachter Leistungen (Absatz 3 Satz 2)

Leistungen, die der Ausgleichsberechtigte von demselben Versorgungsträger als Hinterbliebener erhält, sind nach § 25 Abs. 3 Satz 2 VersAusglG auf den Ausgleichsanspruch anzurechnen. Anzurechnen sind alle der schuldrechtlichen Ausgleichsrente gleichwertigen Leistungen.[17] Dazu zählen auch einmalig gezahlte Kapitalabfindungen und Unterhaltsbeiträge.[18]

II. Fälligkeit und Art der Zahlung (Absatz 4)

§ 25 Abs. 4 VersAusglG verweist auf § 20 Abs. 2 und 3 VersAusglG.

1. Fälligkeit

a. Voraussetzungen der schuldrechtlichen Ausgleichsrente (§ 20 Abs. 2 VersAusglG)

Das hat zur Folge, dass der Anspruch auf Hinterbliebenenversorgung nur unter den Voraussetzungen des § 20 Abs. 2 VersAusglG fällig wird. Der Ausgleichsberechtigte kann den Versorgungsträger also erst in Anspruch nehmen, wenn er selbst laufende Leistungen aus einem Anrecht im Sinne des § 2 VersAusglG bezieht, die Regelaltersgrenze der gesetzlichen Rentenversicherung erreicht hat oder die gesundheitlichen Voraussetzungen für den Bezug einer Invaliditätsrente erfüllt.

b. Monatliche Vorauszahlung

Die Ausgleichsrente ist gemäß § 25 Abs. 4 VersAusglG i.V.m. § 20 Abs. 3 VersAusglG und § 1585 Abs. 1 Satz 2 BGB monatlich im Voraus zu zahlen.

Nach Auffassung des OLG Frankfurt soll die Ausgleichsrente nicht im Voraus fällig sein, wenn die Bedingungen des Versorgungsträgers vorsehen, dass Versorgungsansprüche jeweils zum Ende eines Monats zu zahlen sind; dann ergebe sich daraus auch der Fälligkeitszeitpunkt der Hinterbliebenenversorgung. Die Bestimmung des § 1585 Abs. 1 BGB bedeute nicht, dass die Rente im Voraus eines jeden Monats fällig wird, sondern nur, dass sie für den gesamten Monat zu berechnen ist.[19] Diese Ansicht trägt dem Prinzip des Versorgungsausgleichsgesetzes Rechnung, bei der Durchführung des Versorgungsausgleichs den untergesetzlichen Regeln der maßgebenden Versorgungsordnung grundsätzlich Vorrang einzuräumen. Mit dem Wortlaut des § 1585 Abs. 1 Satz 2 BGB, auf den § 25 Abs. 4 VersAusglG und § 20 Abs. 3 VersAusglG ausdrücklich verweisen, ist die Auffassung aber nicht vereinbar.

---

[14] BGH v. 17.11.2004 - XII ZB 46/01 - FamRZ 2005, 189.
[15] OLG München v. 31.01.2000 - 16 UF 1005/99 - FamRZ 2000, 1222.
[16] OLG Hamm v. 28.07.2013 - 8 UF 21/13 - FamRZ 2013, 1985.
[17] BT-Drs. 16/10144, S. 67.
[18] *Götsche* in: HK-VersAusglR, 2012, § 25 VersAusglG Rn. 27.
[19] OLG Frankfurt v. 21.07.2011 - 3 UF 24/11 - FamRZ 2012, 640.

33 Der volle Monatsbetrag wird nach § 25 Abs. 4 VersAusglG i.V.m. § 20 Abs. 3 VersAusglG und § 1585 Abs. 1 Satz 3 BGB auch für den Monat fällig, in dem der Anspruch wegen Todes des Ausgleichsberechtigten erlischt.

2. Verzug

34 Aufgrund der Verweisung in § 25 Abs. 4 VersAusglG kann der Ausgleichsanspruch gemäß § 20 Abs. 3 VersAusglG i.V.m. § 1585b Abs. 2 BGB und § 1613 Abs. 1 Satz BGB für die Vergangenheit nur geltend gemacht werden, wenn der Versorgungsträger in Verzug gesetzt oder der Anspruch rechtshängig gemacht worden ist. Der Ausgleichsbetrag ist dann rückwirkend ab dem Ersten des Monats, in dem Verzug eingetreten ist, zu zahlen (§ 1613 Abs. 1 Satz 2 BGB).[20]

3. Geringe Ausgleichswerte

35 Geringe Ausgleichswerte im Sinne des § 18 Abs. 3 VersAusglG sind auch nach § 25 VersAusglG nicht auszugleichen. Zwar verweist § 25 Abs. 4 VersAusglG nicht auf § 20 Abs. 1 VersAusglG. Allerdings verweist § 25 Abs. 3 Satz 1 VersAusglG auf die schuldrechtliche Ausgleichsrente und damit auch auf § 20 Abs. 1 Satz 3 VersAusglG, der wiederum die Bagatellregelung des § 18 VersAusglG für entsprechend anwendbar erklärt.[21]

III. Wiederheirat des Ausgleichspflichtigen (Absatz 5)

36 Hat der geschiedene Ausgleichspflichtige erneut geheiratet, kann für den Versorgungsträger eine Mehrbelastung dadurch entstehen, dass neben dem Ausgleichsberechtigten auch der zweite Ehepartner des Verstorbenen Anspruch auf die Hinterbliebenenversorgung hat. Zum Schutz der Versorgungsträger vor einer solchen Mehrbelastung sieht § 25 Abs. 5 VersAusglG daher vor, dass die Hinterbliebenenrente der Witwe oder des Witwers um den an den Ausgleichsberechtigten zu zahlenden Ausgleichsbetrag gekürzt wird. Die Kürzung setzt mit der Erfüllung des Ausgleichsanspruches durch den Versorgungsträger ein.

E. Verfahren

I. Notwendigkeit eines Verfahrens

37 Die Feststellung des (schuldrechtlichen) Ausgleichsanspruchs bedarf keines richterlichen Gestaltungsakts. Zur Regelung von Ansprüchen nach § 25 VersAusglG ist deshalb grundsätzlich keine gerichtliche Entscheidung notwendig. Auch der betroffene Versorgungsträger kann die Höhe der Ausgleichsrente feststellen und den Anspruch erfüllen. Der Anspruch auf Teilhabe an der Hinterbliebenenversorgung kann von den Beteiligten somit einvernehmlich festgelegt werden.[22]

38 Den Versorgungsträger trifft aber keine Verpflichtung zu einer außergerichtlichen Vereinbarung, mit der er sich des Schutzes des § 30 VersAusglG begäbe, der dem Versorgungsträger die Zeit zur Umstellung der Zahlungen verschafft. Möchte der Versorgungsträger aus Gründen der Rechtssicherheit eine rechtskräftige Entscheidung des Familiengerichts, kann ihm dies auch kostenmäßig nicht zum Nachteil gereichen.[23]

39 Im Übrigen ist ein gerichtliches Verfahren nur im Streitfall notwendig.[24]

II. Zuständigkeit

40 Das Verfahren ist Versorgungsausgleichssache im Sinne des § 217 FamFG. Für die Entscheidung ist deshalb das Familiengericht zuständig.

III. Beteiligte

41 Verfahrensbeteiligte sind der überlebende Ehegatte und der betroffene Versorgungsträger (§ 219 FamFG).

---

[20] OLG Köln v. 09.03.2012 - 27 UF 9/12 - NJW-Spezial 2012, 445.
[21] BT-Drs. 16/10144, S. 67.
[22] OLG Frankfurt v. 28.11.2013 - 6 UF 154/12.
[23] OLG Frankfurt v. 28.11.2013 - 6 UF 154/12.
[24] *Götsche* in: HK-VersAusglR, 2012, § 25 VersAusglG Rn. 38.

IV. Verfahrenseinleitung/Amtsermittlung

Eine Entscheidung über den Ausgleichsanspruch gegen den Versorgungsträger ergeht nach § 223 FamFG nur auf Antrag.

Der Antrag muss nicht beziffert sein (§ 26 FamFG).

V. Feststellungsanträge

Für Anträge auf gerichtliche Feststellung des Anspruchs gegen den Versorgungsträger fehlt in der Regel das Feststellungsinteresse, wenn der ausgleichspflichtige Ehegatte noch nicht gestorben ist.[25]

VI. Verfahrenswert

Der Verfahrenswert beträgt nach § 50 Abs. 1 Satz 1 HS. 2 FamGKG für jedes Anrecht 20% des dreimonatigen Nettoeinkommens der Eheleute, mindestens aber 1.000 € (§ 50 Abs. 1 Satz 2 FamGKG).

---

[25] BGH v. 18.09.1996 - XII ZB 58/95 - FamRZ 1996, 1465.

§ 26 VersAusglG Anspruch gegen die Witwe oder den Witwer

(Fassung vom 03.04.2009, gültig ab 01.09.2009)

(1) Besteht ein noch nicht ausgeglichenes Anrecht bei einem ausländischen, zwischenstaatlichen oder überstaatlichen Versorgungsträger, so richtet sich der Anspruch nach § 25 Abs. 1 gegen die Witwe oder den Witwer der ausgleichspflichtigen Person, soweit der Versorgungsträger an die Witwe oder den Witwer eine Hinterbliebenenversorgung leistet.

(2) § 25 Abs. 2 bis 4 gilt entsprechend.

Gliederung

A. Grundlagen 1	D. Rechtsfolgen 11
I. Kurzcharakteristik 1	I. Anspruch gegen den hinterbliebenen Ehepartner 11
1. Regelungsinhalt 1	1. Höhe der Ausgleichsrente 11
2. Normzweck 2	2. Bagatellfälle 12
3. Normstruktur 3	3. Fälligkeit 13
4. Regelungszusammenhang 4	4. Verzug 15
II. Gesetzesmaterialien 5	5. Abtretung 16
B. Praktische Bedeutung 6	II. Steuerrechtliche Folgen 17
C. Anwendungsvoraussetzungen 7	E. Verfahren 19
I. Ausländische Versorgung 7	I. Auskunft 19
II. Zahlung einer Hinterbliebenenrente ... 8	II. Verfahrenswert 20
III. Unausgeglichenes Anrecht 9	
IV. Ausschluss des Ausgleichs 10	

A. Grundlagen

I. Kurzcharakteristik

1. Regelungsinhalt

1   Nach § 26 Abs. 1 VersAusglG besteht nach dem Tod des Ausgleichspflichtigen ein schuldrechtlicher Ausgleichsanspruch des Ausgleichsberechtigten gegen den hinterbliebenen Ehepartner des Pflichtigen, falls dieser aus einer noch nicht ausgeglichenen ausländischen Versorgung eine Hinterbliebenenrente bezieht.

2. Normzweck

2   Die deutschen Familiengerichte können mangels ausreichender Hoheitsbefugnisse ausländischen Versorgungsträgern nicht aufgeben, Ausgleichszahlungen zu leisten. Für den Fall des Todes des ausgleichspflichtigen Ehegatten räumt der Gesetzgeber dem Ausgleichsberechtigten deshalb einen Anspruch gegen den Witwer oder die Witwe des Ausgleichspflichtigen ein, wenn diese(r) aufgrund einer Hinterbliebenenversorgung Leistungen aus dem Anrecht erhält.

3. Normstruktur

3   § 26 Abs. 1 VersAusglG regelt die Anspruchsvoraussetzungen. Absatz 2 erklärt § 25 Abs. 2-4 VersAusglG für entsprechend anwendbar.

4. Regelungszusammenhang

4   § 26 VersAusglG geht als speziellere Norm dem Anspruch aus § 25 VersAusglG vor.

II. Gesetzesmaterialien

5   BT-Drs. 16/10144, S. 67.

B. Praktische Bedeutung

Die Vorschrift kommt zum Tragen, wenn ein ausländischer, zwischenstaatlicher oder überstaatlicher Versorgungsträger aus einer noch nicht ausgeglichenen Versorgung nach dem Tod des Ausgleichspflichtigen eine Hinterbliebenenrente an dessen Ehepartner zahlt.

C. Anwendungsvoraussetzungen

I. Ausländische Versorgung

Voraussetzung für den Anspruch gegen den hinterbliebenen Ehepartner ist das Bestehen einer Versorgung im Sinne des § 19 Abs. 4 Nr. 2 VersAusglG, also einer Versorgung bei einem ausländischen, überstaatlichen oder zwischenstaatlichen Versorgungsträger. Für inländische Versorgungen gilt § 25 VersAusglG.

II. Zahlung einer Hinterbliebenenrente

Der Anspruch setzt weiter voraus, dass der Versorgungsträger eine Hinterbliebenenversorgung an den Ehepartner des verstorbenen Ausgleichspflichtigen zahlt. Leistungen an andere Hinterbliebene sind unerheblich. Der Anspruch besteht wegen des klaren Wortlauts der Vorschrift nur gegen den Witwer oder die Witwe des Ausgleichspflichtigen.

III. Unausgeglichenes Anrecht

Voraussetzung für den Anspruch aus § 26 VersAusglG ist außerdem, dass das Anrecht noch nicht ausgeglichen worden ist. Ein ausdrücklicher Vorbehalt des Wertausgleichs nach der Scheidung in der Entscheidung über den Wertausgleich bei der Scheidung ist nicht erforderlich. Ein den Anspruch ausschließender Ausgleich kann auch außerhalb des Wertausgleichs bei der Scheidung erfolgt sein, etwa durch eine Abfindung nach § 23 VersAusglG.

IV. Ausschluss des Ausgleichs

Nach § 26 Abs. 2 VersAusglG, § 25 Abs. 2 VersAusglG ist der Anspruch gegen den Hinterbliebenen auch dann ausgeschlossen, wenn die Eheleute den Ausgleich durch Vereinbarung nach den §§ 6 ff. VersAusglG ausgeschlossen haben. Die übrigen Fälle des § 25 Abs. 2 VersAusglG haben für § 26 VersAusglG keine Bedeutung.

D. Rechtsfolgen

I. Anspruch gegen den hinterbliebenen Ehepartner

1. Höhe der Ausgleichsrente

Die Höhe des Anspruchs entspricht nach §§ 26 Abs. 2, 25 Abs. 3 Satz 1 VersAusglG der schuldrechtlichen Ausgleichsrente, die dem Ausgleichsberechtigten zustünde, wäre der Ausgleichsberechtigte nicht gestorben. Sie ist aber begrenzt auf die Höhe der gezahlten Hinterbliebenenversorgung. Das ergibt sich aus dem Wortlaut des § 26 Abs. 1 VersAusglG („soweit").[1] Leistungen, die der Berechtigte unmittelbar von dem ausländischen Versorgungsträger erhält, sind anzurechnen.[2]

2. Bagatellfälle

Bei geringen Ausgleichswerten i.S.d. § 18 Abs. 3 VersAusglG besteht regelmäßig kein Ausgleichsanspruch. Zwar verweisen die §§ 26 Abs. 2, 25 Abs. 4 VersAusglG nicht auf § 20 Abs. 1 VersAusglG. § 25 Abs. 3 Satz 1 VersAusglG verweist aber auf die schuldrechtliche Ausgleichsrente und damit auch auf § 20 Abs. 1 Satz 3 VersAusglG, der wiederum die Bagatellregelung des § 18 VersAusglG für entsprechend anwendbar erklärt.[3]

---

[1] *Götsche* in: HK-VersAusglR, 2012, § 26 VersAusglG Rn. 8.
[2] *Götsche* in: HK-VersAusglR, 2012, § 26 VersAusglG Rn. 8.
[3] BT-Drs. 16/10144, S. 67.

§ 26 VersAusglG

3. Fälligkeit

13 Auch im Hinblick auf die Fälligkeit verweisen die §§ 26 Abs. 2 und 25 Abs. 4 VersAusglG auf die Vorschriften über den schuldrechtlichen Versorgungsausgleich. Der Anspruch gegen den hinterbliebenen Ehepartner wird also nach § 20 Abs. 2 VersAusglG erst fällig, wenn der Ausgleichsberechtigte eine Rente aus einer Versorgung i.S.d. § 2 VersAusglG bezieht (Nr. 1), die Regelaltersgrenze in der gesetzlichen Rentenversicherung erreicht hat (Nr. 2) oder die gesundheitlichen Voraussetzungen für Leistungen aus einer Invaliditätsversorgung erfüllt (Nr. 3).

14 Die Ausgleichsrente ist nach § 20 Abs. 3 VersAusglG, § 1585 Abs. 1 Satz 2 BGB monatlich im Voraus zu zahlen.

4. Verzug

15 Nach § 20 Abs. 3 VersAusglG kann die Ausgleichsrente rückwirkend nur in der Grenzen der §§ 1585b, 1613 BGB geltend gemacht werden.

5. Abtretung

16 Ein Anspruch auf Abtretung der Hinterbliebenenrente ist gesetzlich nicht vorgesehen.

II. Steuerrechtliche Folgen

17 Der vom Ausgleichsberechtigten in Anspruch genommene Hinterbliebene des Ausgleichspflichtigen kann die Zahlungen nach § 10 Abs. 1 Nr. 1b EStG als Sonderausgaben geltend machen. In demselben Umfang muss der Ausgleichsberechtigte die Hinterbliebenenversorgung nach § 22 Nr. 1c EStG versteuern. Der Umfang der Besteuerung hängt davon ab, wie der Ausgleichsberechtigte die Rentenzahlung hätte versteuern müssen.

18 **Beispiel:**[4]
Witwe W (zweite Ehefrau des verstorbenen Ausgleichspflichtigen) bezieht seit 2010 eine Hinterbliebenenrente in Höhe von 10.000 € jährlich von einem Versorgungsträger in der Schweiz. Die Hinterbliebenenrente ist wie eine Witwenrente aus der deutschen gesetzlichen Rentenversicherung nach § 22 Nr. 1 Satz 3 a) aa) EStG zu versteuern. Die geschiedene erste Ehefrau E des Verstorbenen hat gegen W nach § 26 Abs. 1 VersAusglG Anspruch auf 50% der Rente. W zahlt daher im Jahr 2010 an E eine Ausgleichsrente in Höhe von 5.000 €. Die Rente unterliegt bei der ausgleichspflichtigen W nach § 22 Nr. 1 Satz 3 a) aa) EStG in Höhe von 6.000 € der Besteuerung (60% von 10.000 €). Nach § 10 Abs. 1 Nr. 1b EStG kann W 3.000 € (50% von 6.000 €) als Sonderausgaben geltend machen. E muss korrespondierend hierzu 2.898 € (3.000 € ./. 102 € Werbungskostenpauschbetrag) nach § 22 Nr. 1c EStG versteuern.

E. Verfahren

I. Auskunft

19 Nach § 4 Abs. 1 VersAusglG kann der Ausgleichsberechtigte vom Ehepartner des verstorbenen Ausgleichspflichtigen Auskunft über die Zahlung der Hinterbliebenenversorgung verlangen.

II. Verfahrenswert

20 Der Verfahrenswert beträgt nach § 50 Abs. 1 Satz 2 FamGKG für jedes Anrecht 20% des dreimonatigen Nettoeinkommens der Eheleute, mindestens aber 1.000 €.

---

[4] BMF-Schreiben v. 09.04.2010, Einkommensteuerrechtliche Behandlung von Ausgleichszahlungen im Rahmen des Versorgungsausgleichs nach § 10 Abs. 1 Nr. 1b EStG und § 22 Nr. 1c EStG Rn. 10 ff., 22.

Steuerrechtliche Hinweise zu § 26 VersAusglG

Vorbemerkungen: Ist die/der Witwe/r eines Ausgleichspflichtigen gem. § 26 VersAusglG zu Leistungen an den ausgleichsberechtigten, geschiedenen Ehegatten ihres/seines verstorbenen Ehegattens verpflichtet, kann dieser die Leistungen an den Ausgleichsberechtigten als Sonderausgaben nach § 10 Abs. 1 Nr. 1b EStG geltend machen. Der Ausgleichsberechtigte hat diese Leistungen gem. § 22 Nr. 1c EStG zu versteuern.

Beispiel: Die Witwe W (zweite Ehefrau des verstorbenen Ausgleichsverpflichteten) bezieht seit dem Jahr 2010 eine Hinterbliebenenrente in Höhe von 10.000 € jährlich von einem Versorgungsträger in der Schweiz. Die Hinterbliebenenrente ist wie eine (große) Witwenrente aus der deutschen gesetzlichen Rentenversicherung nach § 22 Nr. 1 Satz 3 lit. a sublit. aa EStG zu versteuern. Die geschiedene erste Ehefrau E des Verstorbenen hat gegen W einen Anspruch nach § 26 Abs. 1 VersAusglG auf Versorgungsausgleich in Höhe von 50% der Rente. W zahlt daher im Jahr 2010 an E eine Ausgleichsrente in Höhe von 5.000 €.

Lösung: Die Leibrente unterliegt bei der Ausgleichsverpflichteten W nach § 22 Nr. 1 Satz 3 lit. a sublit. aa EStG in Höhe von 6.000 € der Besteuerung (60% von 10.000 €). Nach § 10 Abs. 1 Nr. 1 b EStG kann W von 5.000 € einen Betrag in Höhe von 3.000 € (50% von 6.000 €) als Sonderausgaben geltend machen. E muss korrespondierend hierzu 2.898 € (= 3.000 € ./. 102 € Werbungskostenpauschbetrag bzw. ggf. abzüglich tatsächlicher Werbungskosten) nach § 22 Nr. 1 c EStG versteuern.[1]

---

[1] BMF-Schreiben v. 09.04.2010, Einkommensteuerrechtliche Behandlung von Ausgleichszahlungen im Rahmen des Versorgungsausgleichs nach § 10 Abs. 1 Nr. 1 b EStG und § 22 Nr. 1c EStG Rn. 22.

§ 27 VersAusglG

Abschnitt 4 - Härtefälle

§ 27 VersAusglG Beschränkung oder Wegfall des Versorgungsausgleichs

(Fassung vom 03.04.2009, gültig ab 01.09.2009)

¹Ein Versorgungsausgleich findet ausnahmsweise nicht statt, soweit er grob unbillig wäre. ²Dies ist nur der Fall, wenn die gesamten Umstände des Einzelfalls es rechtfertigen, von der Halbteilung abzuweichen.

Gliederung

A. Grundlagen 1	16. Entstehen von Unterhaltsansprüchen 60
I. Kurzcharakteristik 1	17. Wegfall des Rentner- und Pensionärprivilegs 61
II. Gesetzgebungsmaterialien 4	
B. Praktische Bedeutung 5	18. Fehlverhalten 64
C. Anwendungsvoraussetzungen 8	a. Unterlassene Altersvorsorge 66
I. Gesamtschau der beiderseitigen Verhältnisse ... 8	b. Treuwidriges Einwirken auf Anrechte 73
1. Wirtschaftliche Verhältnisse 11	c. Vorzeitiger Ruhestand 80
a. Versorgungssituation 11	d. Unterhaltspflichtverletzung 81
b. Vermögen 12	e. Sonstige Straftaten 86
2. Persönliche Verhältnisse 14	f. Denunziationen 90
3. Fehlverhalten 15	g. Zuwendung zu einem anderen Partner 91
a. Fehlverhalten des Ausgleichsberechtigten ... 16	h. Verletzung der ehelichen Treuepflicht 92
b. Fehlverhalten des Ausgleichspflichtigen 17	i. Täuschung über die Abstammung eines Kindes 94
II. Fallgruppen 19	
1. Phasenverschobene Ehe 20	j. Leichtfertiger Vermögensverlust 96
2. Ehedauer 22	19. Verstoß gegen das Leistungsverbot des § 29 VersAusglG 97
a. Kurze Ehe 22	
b. Lange Ehe 24	III. Härtefälle beim Wertausgleich nach der Scheidung 99
3. Fehlen einer Versorgungsgemeinschaft 25	
4. Geringfügigkeit 26	IV. Verhältnis zu Treu und Glauben 105
5. Lange Trennungsdauer 28	D. Rechtsfolgen 106
a. Wirtschaftliche Verselbständigung der Eheleute 30	I. Umfang des Ausschlusses 106
	1. Ausschluss einzelner Anrechte 107
b. Fortwirkung der Ehe auf die Versorgungssituation 33	2. Teilweiser Ausgleich von Anrechten 108
	3. Zeitliche Begrenzung des Ausschlusses 110
c. Lange Ehedauer 36	II. Grenzen der Korrektur 111
6. Gütertrennung 37	1. Ausgleichswert eines Anrechts 111
7. Krankheit/Erwerbsunfähigkeit 41	2. Saldendifferenz 113
8. Kinderlose Doppelverdienerehe 46	E. Verfahren 117
9. Rollenverteilung in der Ehe 47	I. Amtsermittlung und Darlegungslast 117
10. Kindererziehungszeiten 48	II. Einholung von Auskünften 118
11. Finanzierung einer Ausbildung 49	III. Beschlussformel 119
12. Wirtschaftliches Ungleichgewicht 51	IV. Abänderungsverfahren 121
a. Vermögensverhältnisse 52	1. Keine Abänderung wegen unbilliger Härte ... 122
b. Auswirkung des Zugewinnausgleichs 55	2. Bindungswirkung der Ausgangsentscheidung 123
13. Drohende Sozialhilfebedürftigkeit 56	
14. Unterschreitung des Selbstbehalts 57	3. Umfang der Billigkeitsabwägung 124
15. Nettobezugsdifferenzen 58	

A. Grundlagen

I. Kurzcharakteristik

1   Die allgemeine Härteklausel des § 27 VersAusglG ermöglicht es, ganz oder teilweise von der Durchführung des Versorgungsausgleichs ausnahmsweise abzusehen, wenn er grob unbillig wäre.

Das ist der Fall, wenn eine umfassende Abwägung der maßgebenden Umstände es rechtfertigt, vom Halbteilungsgrundsatz abzuweichen. Die Vorschrift erlaubt also eine Korrektur, wenn die schematische Durchführung des Versorgungsausgleichs zu krass ungerechten Ergebnissen führen würde. Dadurch können Grundrechtsverletzungen in den Fällen vermieden werden, in denen ein Ausgleich sämtlicher oder einzelner Anrechte der Parteien im Einzelfall mit der bisherigen oder fortwirkenden Lebensgemeinschaft der Eheleute nicht zu rechtfertigen ist.[1]

Es bleibt aber dabei, dass die Durchführung des Versorgungsausgleichs der Regelfall und ein – wenn auch nur teilweiser – Ausschluss des Ausgleichs die krasse Ausnahme ist. Das wird durch den Wortlaut des § 27 VersAusglG („ausnahmsweise") besonders betont. Zu bedenken ist in diesem Zusammenhang, dass fast jeder Versorgungsausgleich für den Ausgleichspflichtigen eine wirtschaftliche Härte darstellt; das alleine reicht für einen Ausschluss unter Billigkeitsgesichtspunkten aber gerade nicht aus.[2]

II. Gesetzgebungsmaterialien

BT-Drs. 16/10144, S. 67 ff., 118, 126.

B. Praktische Bedeutung

Aus der Systematik des Gesetzes ergibt sich, dass die Vorschrift sowohl für den Wertausgleich bei der Scheidung als auch für Ausgleichsansprüche nach der Scheidung gilt. Sie deckt also die Härtefälle ab, für die vor dem 01.09.2009 die §§ 1587c, 1587h BGB a.F. und die §§ 3a Abs. 6, 10a Abs. 3 VAHRG a.F. heranzuziehen waren. Dabei übernimmt § 27 VersAusglG den Regelungsgehalt der früheren Härteklauseln unverändert.[3]

Insbesondere bleibt es dabei, dass ein vollständiger oder teilweiser Ausschluss des Versorgungsausgleichs nur in Ausnahmefällen in Betracht kommt.

In Anlehnung an den Wortlaut des bisherigen Auffangtatbestands in § 1587c Nr. 1 BGB ist § 27 VersAusglG als Generalklausel formuliert und verzichtet auf Regelbeispiele. Eine Änderung des materiellen Rechts soll damit aber nicht verbunden sein.[4] Das bedeutet, dass die Praxis auch auf die unter Geltung des vor dem 01.09.2009 geltenden Rechts entwickelten Fallgruppen der Härtefälle zurückgreifen kann.[5]

C. Anwendungsvoraussetzungen

I. Gesamtschau der beiderseitigen Verhältnisse

Der Versorgungsausgleich ist unbillig, wenn seine rein schematische Durchführung unter den besonderen Gegebenheiten des konkreten Falls dem Grundgedanken des Versorgungsausgleichs, eine dauerhaft gleichmäßige Teilhabe beider Ehegatten an den in der Ehezeit insgesamt erworbenen Versorgungsanrechten zu gewährleisten, in unerträglicher Weise widersprechen würde.[6] Maßgebend dafür, ob der Versorgungsausgleich wegen grober Unbilligkeit ganz oder teilweise auszuschließen ist, sind immer die gesamten Umstände des Einzelfalls. Dabei muss sich die grobe Unbilligkeit eines uneingeschränkten Versorgungsausgleichs aus einer Gesamtschau der beiderseitigen wirtschaftlichen, sozialen und persönlichen Verhältnisse ergeben.[7]

Dabei können auch nach rechtskräftiger Ehescheidung bis zum rechtskräftigen Abschluss des Versorgungsausgleichsverfahrens feststehende oder sicher zu erwartende Entwicklungen nach dem Ehezeitende in die Entscheidung miteinbezogen werden.[8]

---

[1] BT-Drs. 16/10144, S. 67 unter Hinweis auf BGH v. 21.03.1979 - IV ZB 142/78 - FamRZ 1979, 477; BVerfG v. 28.02.1980 - 1 BvL 17/77 - FamRZ 1980, 326; BVerfG v. 20.05.2003 - 1 BvR 237/97 - FamRZ 2003, 1173.

[2] Vgl. *Ruland*, Versorgungsausgleich, 3. Aufl. 2011, Rn. 814.

[3] BT-Drs. 16/10144, S. 67.

[4] BT-Drs. 16/10144, S. 68.

[5] BT-Drs. 16/10144, S. 68.

[6] BGH v. 24.04.2013 - XII ZB 172/08 - FamRZ 2013, 1200; BGH v. 18.01.2012 - XII ZB 213/11 - FamRZ 2012, 434; BGH v. 30.03.2011 - XII ZB 54/09 - FamRZ 2011, 877.

[7] BGH v. 24.04.2013 - XII ZB 172/08 - FamRZ 2013, 1200; BGH v. 18.01.2012 - XII ZB 213/11 - FamRZ 2012, 434; BGH v. 30.03.2011 - XII ZB 54/09 - FamRZ 2011, 877; BGH v. 21.03.2012 - XII ZB 147/10 - NJW 2012, 1446 zu § 1587h BGB a.F.

[8] OLG Hamm v. 01.10.2012 - 3 UF 186/11 - FamRZ 2013, 1044.

10 Aufgabe der Familiengerichte ist es, im Einzelfall ein dem Zweck des Versorgungsausgleichs und den Vorgaben der Art. 3 Abs. 2, 6 Abs. 1 GG entsprechendes Ergebnis zu erzielen, das ungerechtfertigte Schematisierungen vermeidet.[9]

1. Wirtschaftliche Verhältnisse

a. Versorgungssituation

11 Maßgebend ist zunächst die anhand einer Bilanz der beiderseitigen Versorgungsanrechte festzustellende konkrete Versorgungslage der Eheleute zum Zeitpunkt der Entscheidung über den Versorgungsausgleich. Dabei kommt es nicht ausschließlich auf die beiderseitigen Ehezeitanteile, sondern auch auf die vor der Eheschließung erworbene Altersversorgung an. Zu berücksichtigen sind außerdem künftige Entwicklungen, soweit sie aufgrund der Lebensumstände der Eheleute bekannt oder vorhersehbar sind.[10] Steht danach fest, dass der Ehepartner mit den insgesamt höheren Ausgleichswerten auf den Behalt seiner Anrechte angewiesen ist, während der andere auch ohne den Versorgungsausgleich über eine ausreichende Alterssicherung verfügt, kommt ein Ausschluss des Versorgungsausgleichs in Betracht.

b. Vermögen

12 In die Gesamtbetrachtung sind daneben die beiderseitigen Vermögensverhältnisse einzubeziehen. Dabei kommt es neben dem zum Zeitpunkt der Entscheidung über den Versorgungsausgleich vorhandenen Vermögen auch auf vorhersehbaren künftigen Vermögenserwerb und die Auswirkungen des Zugewinnausgleichs an. Ergibt der Vermögensvergleich zwischen den Eheleuten ein erhebliches wirtschaftliches Ungleichgewicht, kann der Versorgungsausgleich seinen Zweck verfehlen. Das ist insbesondere dann der Fall, wenn der ausgleichsberechtigte Ehegatte über Vermögen verfügt, durch das seine Altersversorgung uneingeschränkt abgesichert ist, während der Ausgleichspflichtige auf die von ihm erworbenen Anrechte zur Sicherung seines Unterhalts dringend angewiesen ist.[11]

13 Der Ausgang eines Zugewinnausgleichsverfahrens kann aber nur berücksichtigt werden, wenn dieses abgeschlossen ist.[12]

2. Persönliche Verhältnisse

14 Daneben sind die persönlichen Verhältnisse der Eheleute in die Gesamtabwägung einzubeziehen – insbesondere deren Alter und Gesundheit, Ausbildung und berufliche Stellung sowie die Betreuung minderjähriger Kinder oder sonstige Lebensumstände. Die persönlichen Verhältnisse sind zunächst für die Frage von Bedeutung, worauf bestehende Versorgungsunterschiede zurückzuführen sind. Daneben sind sie maßgebend dafür, ob und in welchem Umfang die Eheleute in der Zukunft weitere Versorgungsanrechte erwerben können oder daran – etwa wegen ihres Alters oder einer Erkrankung – gehindert sind.

3. Fehlverhalten

15 Neben den persönlichen und wirtschaftlichen Verhältnissen kann auch Fehlverhalten eines Ehepartners dazu führen, dass die Durchführung des Versorgungsausgleichs grob unbillig wäre. Aufgrund der gebotenen Gesamtschau der beiderseitigen wirtschaftlichen, sozialen und persönlichen Verhältnisse ist bei Fehlverhalten eines Ehegatten aber immer zu berücksichtigen, ob und inwieweit er während der Ehezeit seine sonstigen familiären Pflichten erfüllt hat.[13]

a. Fehlverhalten des Ausgleichsberechtigten

16 Ein Fehlverhalten des bei Saldierung aller Anrechte insgesamt ausgleichsberechtigten Ehegatten kann – wie schon nach § 1587c BGB – dadurch sanktioniert werden, dass der Ausgleich ganz oder teilweise ausgeschlossen wird.

---

[9] BT-Drs. 16/10144, S. 68; BGH v. 21.03.1979 - IV ZB 142/78 - FamRZ 1979, 477.
[10] BGH v. 01.06.1988 - IVb ZB 58/86 - FamRZ 1988, 940; OLG Hamm v. 01.10.2012 - 3 UF 186/11 - FamRZ 2013, 1044.
[11] BGH v. 25.05.2005 - XII ZB 135/02 - FamRZ 2005, 1238.
[12] OLG Frankfurt v. 04.06.2013 - 6 UF 50/12.
[13] OLG Schleswig v. 30.08.2010 - 15 UF 84/09 - SchlHA 2011, 170.

b. Fehlverhalten des Ausgleichspflichtigen

Im Gegensatz zum früheren Recht ermöglicht es § 27 VersAusglG auch, ein Fehlverhalten des insgesamt ausgleichspflichtigen Ehepartners zu sanktionieren. Wegen der Saldierung aller Anrechte und des Einmalausgleichs über die gesetzliche Rentenversicherung war das nach § 1587c BGB nicht möglich; die Anrechte des Ausgleichspflichtigen konnten nicht über die Hälfte des Wertunterschiedes hinaus ausgeglichen werden. Nach § 1 Abs. 1 VersAusglG wird dagegen jedes Anrecht hälftig geteilt, so dass beide Ehepartner im Hinblick auf ihre eigenen Anrechte ausgleichspflichtig und in Bezug auf Anrechte des jeweils anderen ausgleichsberechtigt sind (§ 1 Abs. 2 VersAusglG). Das führt dazu, dass Fehlverhalten beider Ehegatten durch Kürzung oder Ausschluss des Ausgleichs berücksichtigt werden kann.

Auch das neue Recht ermöglicht aber keine Korrektur des Ausgleichs unter Billigkeitsgesichtspunkten, wenn ausschließlich der Ehepartner, dem Fehlverhalten vorzuwerfen ist, über auszugleichende Anrechte verfügt, während der andere Ehegatte in der Ehezeit keine eigenen Anrechte erworben hat. Denn § 27 VersAusglG gestattet es nicht, ein Anrecht über seinen Ausgleichswert hinaus zu übertragen.

II. Fallgruppen

Der Anwendungsbereich des § 27 VersAusglG kann in Fallgruppen unterteilt werden, in denen typischerweise ein Ausschluss des Versorgungsausgleichs wegen grober Unbilligkeit in Betracht kommt. Die Kasuistik zu § 1587c BGB a.F. kann weitgehend auf die neue Härteklausel übertragen werden.

1. Phasenverschobene Ehe

Eine Beschränkung des Versorgungsausgleichs kommt bei sog. phasenverschobenen Ehen in Betracht.[14] Gemeint sind Ehen, bei denen ein Ehegatte während der Ehezeit noch berufstätig war, während der andere bereits das Rentenalter erreicht hatte und deshalb keine Rentenanrechte mehr erwerben konnte. In solchen Konstellationen ist der jüngere Ehegatte nur aufgrund des Altersunterschieds alleine ausgleichspflichtig, während dem anderen Ehegatten die eigenen Anrechte ungeschmälert erhalten blieben.

Allerdings rechtfertigt eine phasenverschobene Ehe allein noch keine Einschränkung des Versorgungsausgleichs. Vielmehr müssen weitere Umstände hinzutreten, die im Rahmen der gebotenen Gesamtbetrachtung zur groben Unbilligkeit führen.[15]

2. Ehedauer

a. Kurze Ehe

Eine kurze Ehedauer rechtfertigt alleine keinen Ausschluss des Versorgungsausgleichs wegen grober Unbilligkeit.[16] Das ergibt sich bereits aus § 3 Abs. 3 VersAusglG. Liegen aber – neben der kurzen Ehedauer – andere Unbilligkeitsgründe vor, ist im Rahmen der gebotenen Gesamtbetrachtung auch die kurze Ehezeit zu berücksichtigen.[17]

Bei extrem kurzen Ehen oder Scheinehen kann der Versorgungsausgleich aber unter dem Gesichtspunkt ausgeschlossen werden, dass keine Versorgungsgemeinschaft entstanden ist.

b. Lange Ehe

Bei langer Ehedauer kommt eine Kürzung des Versorgungsausgleichs grundsätzlich auch dann nicht in Betracht, wenn die Trennungszeit ein Viertel der Ehezeit ausmacht.[18]

3. Fehlen einer Versorgungsgemeinschaft

Ein Versorgungsausgleich ist auch dann nicht gerechtfertigt, wenn zwischen den Eheleuten keine dem Wesen der Ehe entsprechende Versorgungsgemeinschaft entstanden ist. Das kann der Fall sein, wenn die Ehepartner zwar geheiratet haben, eine Lebensgemeinschaft aber entweder nie aufgenommen oder sich alsbald nach der Eheschließung wieder getrennt haben.

---

[14] Vgl. BGH v. 19.05.2004 - XII ZB 14/03 - FamRZ 2004, 1181.
[15] OLG Saarbrücken v. 20.03.2013 - 6 UF 44/13.
[16] OLG Brandenburg v. 12.04.2013 - 9 UF 220/12.
[17] OLG Jena v. 19.05.2011 - 1 UF 93/11 - FamRZ 2011, 1590.
[18] OLG Hamm v. 30.09.2010 - 11 UF 119/10 - FamRZ 2011, 901.

4. Geringfügigkeit

26 Ein Ausschluss des Versorgungsausgleichs nach § 27 VersAusglG kann nicht darauf gestützt werden, dass die Ausgleichswerte einzelner Anrechte oder die Differenz der beiderseitigen Ausgleichswerte gering ist. Insoweit enthält § 18 VersAusglG eine Spezialregelung. Liegen die Voraussetzungen des § 18 VersAusglG nicht vor, kann der Versorgungsausgleich auch nicht wegen grober Unbilligkeit ausgeschlossen werden.[19]

27 Ist der Versorgungsausgleich – etwa wegen langer Trennungsdauer – nach § 27 VersAusglG nur für einen Teil der Ehezeit durchzuführen, und sind die im verbleibenden Zeitraum erworbenen Anrechte oder Wertdifferenzen gleichartiger Anrechte gering, kommt ein vollständiger Ausschluss des Versorgungsausgleichs in Betracht.[20]

5. Lange Trennungsdauer

28 Eine lange Trennungsdauer führt nicht notwendig dazu, dass der Versorgungsausgleich im Hinblick auf die nach der Trennung erworbenen Anteile von Anrechten unbillig ist.

29 Auch bei einer Trennungszeit von 25 Jahren bei einer Ehezeit von 30½ Jahren ist ein Ausschluss des Versorgungsausgleichs nicht zwingend geboten.[21]

a. Wirtschaftliche Verselbständigung der Eheleute

30 Erst wenn die Eheleute die Versorgungsgemeinschaft endgültig und nachhaltig aufgehoben und sich wirtschaftlich verselbstständigt haben, kommt die Anwendung des § 27 VersAusglG in Betracht.[22] Als Indiz dafür kann eine Trennungszeit von einem Drittel der Ehedauer dienen.[23]

31 Eine Herabsetzung des Ausgleichsanspruchs ist gerechtfertigt, wenn die Beteiligten für längere Zeit voneinander getrennt gelebt haben und in dieser Zeit keine Versorgungsgemeinschaft mehr gebildet haben. Aufgrund der außergewöhnlich langen Dauer der Trennung und der in diesem Zeitraum gänzlich fehlenden wirtschaftlichen Kooperation oder Verflechtung sind nur die Anrechte in den Ausgleich einzustellen, die nach Eheschließung bis zum zunächst möglichen Zeitpunkt der Einleitung des Scheidungsverfahrens erworben worden sind.[24]

32 Hat die eheliche Lebensgemeinschaft bei einer Ehezeit von 14 Jahren nur in den ersten vier Jahren bestanden, und hat eine wirtschaftliche Kooperation oder Verflechtung der Eheleute nach der Trennung gänzlich gefehlt, sind nur die Anrechte auszugleichen, die die Eheleute nach der Eheschließung bis zum frühesten möglichen Zeitpunkt der Einleitung des Scheidungsverfahrens erworben haben. Erfüllen die in diesem Zeitraum erworbenen Anrechte die Voraussetzungen des § 18 VersAusglG, kommt ein vollständiger Ausschluss des Versorgungsausgleichs in Betracht.[25]

b. Fortwirkung der Ehe auf die Versorgungssituation

33 Selbst nach einer derart langen Trennungszeit entfällt die Rechtfertigung für den Versorgungsausgleich aber nur, wenn sich die Ehe nicht mehr auf die Versorgungssituation auswirkt.[26]

34 Das ist jedoch der Fall, wenn ein Ehegatte in der Trennungszeit gemeinsame minderjährige Kinder betreut hat und dadurch gehindert war, zu arbeiten und eigene Versorgungsanrechte zu erwerben.[27] Eine Kürzung des Versorgungsausgleichs kommt trotz langer Trennungsdauer also nicht in Frage, wenn der Ausgleichsberechtigte während des überwiegenden Zeitraums die Kinderbetreuung allein übernommen hat; das gilt auch, wenn die früheren Eheleute währenddessen wirtschaftlich voneinander unabhängig waren.[28]

---

[19] Vgl. auch OLG Hamm v. 19.12.2013 - 4 UF 86/13.
[20] AG Kerpen v. 22.12.2009 - 50 F 364/08 - FamRZ 2010, 981.
[21] OLG Saarbrücken v. 08.02.2012 - 9 UF 129/11 - FamRB 2013, 9.
[22] KG v. 23.07.1996 - 18 UF 532/96 - FamRZ 1997, 31.
[23] OLG Celle v. 27.08.1992 - 18 UF 81/92 - FamRZ 1993, 208; OLG Düsseldorf v. 28.05.1993 - 7 UF 77/92 - FamRZ 1993, 1322.
[24] OLG Jena v. 07.10.2013 - 1 UF 64/13.
[25] AG Kerpen v. 22.12.2009 - 50 F 364/08 - FamRZ 2010, 981.
[26] BGH v. 19.05.2004 - XII ZB 14/03 - FamRZ 2004, 1181.
[27] BGH v. 28.10.1992 - XII ZB 42/91 - FamRZ 1993, 302.
[28] KG Berlin v. 12.10.2012 - 19 UF 7/12 - NJW 2013, 1014.

Die Voraussetzungen für eine Begrenzung des Versorgungsausgleichs wegen langer Dauer der Trennung bis zur Zustellung des Scheidungsantrags liegen nicht vor, wenn der ausgleichsberechtigte Ehepartner während der Trennungszeit ein gemeinsames Kind bis zu dessen Volljährigkeit betreut hat. Liegt nach Vollendung des 18. Lebensjahres des Kindes eine weitere Trennungszeit vor, ist diese ins Verhältnis zur gesamten Dauer des Zusammenlebens und der Kindesbetreuung zu setzen. Fällt die weitere Trennungszeit dabei nur unwesentlich ins Gewicht, scheidet eine Kürzung insgesamt aus.[29]   35

c. Lange Ehedauer

Bei einer langen Ehedauer kommt eine Kürzung des Versorgungsausgleichs selbst dann nicht in Betracht, wenn die Trennungszeit ein Viertel der Ehezeit ausmacht.[30]   36

6. Gütertrennung

Alleine die Tatsache, dass die Eheleute anstelle des gesetzlichen Güterstands der Zugewinngemeinschaft Gütertrennung vereinbart haben, rechtfertigt keinen Ausschluss des Versorgungsausgleichs unter Billigkeitsgesichtspunkten.   37

Ein Ausschluss des Versorgungsausgleichs kommt aber in Betracht, wenn ein Ehepartner sein Vorsorgevermögen in Form von Kapitalvermögen angelegt hat, an dem der andere Ehegatte wegen vereinbarter Gütertrennung nicht beteiligt wird, während er selbst auszugleichende Anrechte in der gesetzlichen Rentenversicherung erworben hat.[31]   38

Dasselbe gilt, wenn der ausgleichspflichtige Ehegatte während des laufenden Versorgungsausgleichsverfahrens das für eine private Rentenversicherung vertraglich vorgesehene Kapitalwahlrecht ausübt und der Kapitalwert wegen vereinbarter Gütertrennung nicht über den Zugewinnausgleich ausgeglichen wird.[32]   39

Auch eine private Rentenversicherung, die ein Ehegatte nach vertraglich vereinbarter Gütertrennung mit Mitteln seines vorehelich erworbenen Privatvermögens begründet hat, ist grundsätzlich in den Versorgungsausgleich einzubeziehen.[33]   40

7. Krankheit/ Erwerbsunfähigkeit

Die schematische Durchführung des Versorgungsausgleichs kann grob unbillig sein, wenn der – bei Saldierung aller Anrechte – insgesamt ausgleichspflichtige Ehepartner zum Zeitpunkt der Entscheidung über den Versorgungsausgleich erwerbsunfähig ist und voraussichtlich bleiben wird, den Verlust eines Teils seiner Altersversorgung also nicht mehr kompensieren kann. Ein solcher Ehepartner ist, wenn er nicht trotz des Versorgungsausgleichs über eine hinreichende Alterssicherung verfügen würde, darauf angewiesen, seine Anrechte zu behalten, während der andere Ehegatte in der Lage ist, seine Altersversorgung durch weitere Berufstätigkeit auszubauen.[34]   41

Wenn die Ehefrau schon im Alter von 29 Jahren wegen Erwerbsunfähigkeit aus dem Erwerbsleben ausgeschieden und seitdem nicht mehr in der Lage ist, ihre Altersvorsorge durch Erwerbstätigkeit aufzustocken, während der Ehemann voraussichtlich bis zur Erreichung der Altersgrenze noch bis zu mehr als 32 Jahre lang weitere Versorgungsanrechte erwerben kann, und wenn die Differenz der erzielten Versorgungsanrechte der Eheleute sich lediglich aufgrund der eingetretenen Erwerbsunfähigkeit der Ehefrau ergibt, kann es unbillig sein, den Ehemann an der durch die Erwerbsunfähigkeit der Ehefrau eingetretenen Erhöhung teilhaben zu lassen.[35]   42

Die Tatsache, dass der ausgleichspflichtige Ehegatte infolge seines Alters und einer Schwerbehinderung keine weiteren Anrechte in nennenswertem Umfang wird bilden können, rechtfertigt aber keinen Ausschluss des Versorgungsausgleichs, wenn der Ausgleichsberechtigte auf den Ausgleich dringend angewiesen ist, weil er während einer langen Ehe nur geringe Anrechte erworben hat und keine weiteren Anrechte in bedeutendem Umfang mehr erwerben kann.[36]   43

---

[29] OLG Stuttgart v. 18.06.2012 - 15 UF 97/12 - FamRZ 2012, 1882.
[30] OLG Hamm v. 30.09.2010 - 11 UF 119/10 - FamRZ 2011, 901.
[31] OLG Köln v. 30.04.2012 - 14 UF 272/11 - FamRZ 2012, 1881.
[32] OLG Stuttgart v. 16.02.2012 - 18 UF 327/11 - FamRZ 2012, 1880.
[33] BGH v. 18.01.2012 - XII ZB 213/11 - FamRZ 2012, 434.
[34] BGH v. 13.01.1999 - XII ZB 148/95 - FamRZ 1999, 499.
[35] OLG Zweibrücken v. 03.12.2013 - 6 UF 39/13.
[36] OLG Köln v. 02.09.2011 - 4 UF 157/11 - FamRZ 2012, 313.

44 Bezieht der ausgleichspflichtige Ehegatte zum Zeitpunkt der Entscheidung über den Versorgungsausgleich bereits eine Rente wegen voller Erwerbsminderung i.S.d. § 43 Abs. 1, Abs. 2 SGB VI, so kann sich nach Auffassung des Kammergerichts nach Wegfall des Rentnerprivilegs (§ 101 Abs. 3 SGB VI a.F.) ab 01.09.2009 eine unbillige Härte ergeben, wenn der Ausgleichspflichtige über viele Jahre hinweg eine erhebliche Kürzung seiner Versorgung hinzunehmen hätte und keine Aussicht mehr besteht, dass eine Erwerbstätigkeit wieder aufgenommen werden kann. Das soll auch dann gelten, wenn der Ausgleichsberechtigte selbst nur über eine geringe Versorgung verfügt und diese auch nicht mehr wesentlich verbessern kann.[37]

45 Eine grobe Unbilligkeit ergibt sich nicht daraus, dass der ausgleichspflichtige Ehemann aufgrund vorzeitiger Dienstunfähigkeit einen anteilig unverhältnismäßig höheren Ehezeitanteil erworben hat als es bei einer fiktiven Hochrechnung auf seine Altersgrenze der Fall wäre, wenn der Ehemann bei Fortbestehen seiner Erwerbstätigkeit bis zum Ende der Ehezeit sogar noch höhere Anwartschaften erworben hätte.[38]

8. Kinderlose Doppelverdienerehe

46 Alleine der Umstand, dass eine Ehe kinderlos geblieben ist, beide Ehepartner in der Ehezeit gearbeitet und keine ehebedingten Nachteile erlitten haben, führt nicht dazu, dass die Durchführung des Versorgungsausgleichs grob unbillig wäre.[39] In solchen Fällen bietet sich aber ein Ausschluss des Versorgungsausgleichs durch Vereinbarung nach den §§ 6 ff. VersAusglG an. Haben die Eheleute annähernd gleich hohe Einkünfte erzielt und gleichartige Anrechte erworben, kommt auch ein Ausschluss nach § 18 Abs. 1 VersAusglG in Betracht.

9. Rollenverteilung in der Ehe

47 Die Voraussetzungen eines Ausschlusses des Versorgungsausgleichs liegen nicht vor, wenn der ausgleichspflichtige Ehemann die praktizierte Rollenverteilung in Form einer Hausfrauenehe erst nach Beendigung der 27 Jahre dauernden Ehe als Härtegrund geltend macht. Das gilt selbst dann, wenn die Ehefrau wegen der wirtschaftlichen Unterstützung durch ihre Eltern von einer Berufstätigkeit abgesehen hat.[40]

10. Kindererziehungszeiten

48 Auch die Tatsache, dass sich die Ausgleichspflicht eines Ehegatten ausschließlich oder überwiegend aus Anrechten ergibt, die auf Kindererziehungszeiten beruhen, rechtfertigt keinen Ausschluss, wenn nicht zusätzlich besondere Umstände die grobe Unbilligkeit begründen.[41]

11. Finanzierung einer Ausbildung

49 Unbillig kann der Versorgungsausgleich auch in den Fällen sein, in denen ein Ehepartner in der gesamten Ehezeit gearbeitet, Rentenanrechte erworben und den Familienunterhalt sichergestellt hat, während der andere Ehegatte einer Berufs- oder Hochschulausbildung nachgegangen ist.

50 In solchen Fällen kann der Versorgungsausgleich wegen grober Unbilligkeit ausgeschlossen werden, wenn die Ehe vor oder kurz nach Abschluss der Ausbildung geschieden wird.[42] Hat dagegen nicht der ausgleichspflichtige Ehepartner, sondern ein Dritter die Ausbildung finanziert, besteht kein Grund, den Versorgungsausgleich auszuschließen. Dasselbe gilt, wenn der ausgleichsberechtigte Ehepartner seinen Unterhaltsbedarf während der Ausbildung mit Hilfe von BAföG-Leistungen selbst gedeckt hat.[43]

12. Wirtschaftliches Ungleichgewicht

51 Ein Ausschluss des Versorgungsausgleichs kommt in Betracht, wenn zwischen den Eheleuten ein erhebliches wirtschaftliches Ungleichgewicht besteht. Für eine Einschränkung des Versorgungsausgleichs wegen wirtschaftlichen Ungleichgewichts reicht es aber nicht aus, dass ein Ehegatte aufgrund

---

[37] KG Berlin v. 21.06.2012 - 19 UF 147/11 - FamRZ 2013, 472.
[38] BGH v. 24.04.2013 - XII ZB 172/08 - FamRZ 2013, 1200.
[39] BGH v. 09.11.1988 - IVb ZB 53/87 - FamRZ 1989, 492.
[40] OLG Köln v. 22.12.2011 - 4 UF 208/11 - FamRZ 2012, 1147.
[41] BGH v. 11.09.2007 - XII ZB 262/04 - FamRZ 2007, 1966; OLG Stuttgart v. 24.08.2011 - 17 UF 145/11 - FamRZ 2012, 311; OLG Köln v. 02.11.2011 - 4 UF 203/11 - FamRB 2012, 142.
[42] BGH v. 12.04.1989 - IVb ZB 159/87 - FamRZ 1989, 1060.
[43] OLG Hamm v. 22.02.1994 - 2 UF 327/93 - FamRZ 1994, 1472.

des Versorgungsausgleichs besser dastehen würde als der andere.[44] Auch alleine die Tatsache, dass der insgesamt berechtigte Ehegatte nicht auf den Ausgleich angewiesen ist, rechtfertigt noch keine Anwendung der Härteklausel.[45] Eine durch den Versorgungsausgleich entstehende Bedürftigkeit des Verpflichteten kann bei der Billigkeitsabwägung aber dann relevant werden, wenn der Ausgleichsberechtigte bereits unter Berücksichtigung außerhalb der Ehezeit erworbener Anwartschaften oder seines sonstigen Vermögens über ausreichende Altersversorgung verfügt.[46]

a. Vermögensverhältnisse

Ein wirtschaftliches Ungleichgewicht kann bestehen, wenn der Ehegatte mit den geringeren Versorgungsanrechten über hohe Vermögenswerte verfügt, an denen der andere Ehepartner nicht – auch nicht über den Zugewinnausgleich – beteiligt wird. Der vermögende Ehegatte ist dann nicht auf die Aufstockung seiner Altersversorgung durch den Versorgungsausgleich angewiesen; die Inanspruchnahme des wirtschaftlich insgesamt schwächeren Partners wäre unbillig.

Von einer Unbilligkeit kann allerdings erst dann ausgegangen werden, wenn im Zeitpunkt der Entscheidung über den Versorgungsausgleich klar abzusehen ist, dass der Ausgleichsberechtigte über eine im Verhältnis zum Ausgleichsverpflichteten unverhältnismäßig hohe Altersversorgung verfügen wird oder bereits anderweitig abgesichert ist, während der Ausgleichsverpflichtete auf die von ihm ehezeitlich erworbenen Anrechte zur Sicherung seines Unterhalts dringend angewiesen ist.[47]

Ein Ausschluss des Versorgungsausgleichs aufgrund der wirtschaftlichen Verhältnisse der Ehegatten setzt voraus, dass der Ausgleichsberechtigte aufgrund seines vorhandenen Vermögens uneingeschränkt abgesichert ist, während der Verpflichtete auf die von ihm erworbenen Versorgungsanrechte zur Sicherung seines Unterhalts dringend angewiesen ist. Letzteres ist nicht der Fall, wenn die verbleibende Rente in ausreichendem Umfang über dem Existenzminimum liegt und mit einer Erhöhung der verbleibenden Anrechte aufgrund fortgesetzter Berufstätigkeit zu rechnen ist.[48]

b. Auswirkung des Zugewinnausgleichs

Im Fall eines wirtschaftlichen Ungleichgewichts muss immer geprüft werden, ob und in welchem Umfang der Zugewinnausgleich zu Vermögensverschiebungen führt. Das bedeutet auch, dass die Entscheidung über den Zugewinnausgleich für den Versorgungsausgleich vorgreiflich i.S.d. § 148 ZPO sein kann. Denn der Ausgang eines Zugewinnausgleichsverfahrens kann nur berücksichtigt werden, wenn dieses abgeschlossen ist.[49]

13. Drohende Sozialhilfebedürftigkeit

Die Tatsache, dass der Ausgleichspflichtige aufgrund des Versorgungsausgleichs eine Einkommensverringerung hinnehmen muss, die möglicherweise zur Sozialhilfebedürftigkeit führt, begründet führt für sich genommen keine Unbilligkeit.[50]

14. Unterschreitung des Selbstbehalts

Eine bei ungekürzter Durchführung des Versorgungsausgleichs drohende Unterschreitung des unterhaltsrechtlichen Selbstbehalts des Ausgleichspflichtigen stellt keinen Härtegrund dar, wenn der Berechtigte ebenfalls in engen wirtschaftlichen Verhältnissen lebt.[51]

15. Nettobezugsdifferenzen

Zu erwartende Nettobezugsdifferenzen rechtfertigen in der Regel keinen Ausschluss des Wertausgleichs bei der Scheidung.

---

[44] OLG Celle v. 30.08.2011 - 10 UF 127/11 - FamRZ 2012, 308.
[45] BGH v. 24.02.1999 - XII ZB 47/96 - FamRZ 1999, 714.
[46] OLG Köln v. 20.10.2010 - 4 UF 79/10 - NJW-RR 2011, 366; OLG Rostock v. 14.07.2010 - 10 UF 72/10 - FamRZ 2011, 57; OLG Stuttgart v. 07.03.2011 - 18 UF 332/10, 18 WF 276/10 - FamFR 2011, 178; OLG Saarbrücken v. 27.07.2011 - 6 UF 80/11; OLG Naumburg v. 19.09.2011 - 8 UF 191/11; BGH v. 07.10.2010 - IX ZR 191/09 - FamRZ 2010, 2067.
[47] BGH v. 24.04.2013 - XII ZB 172/08 - FamRZ 2013, 1200.
[48] OLG Frankfurt v. 04.06.2013 - 6 UF 50/12.
[49] OLG Frankfurt v. 04.06.2013 - 6 UF 50/12.
[50] OLG Köln v. 13.06.2013 - 27 UF 64/13; OLG Brandenburg v. 12.04.2013 - 9 UF 220/12; OLG Braunschweig v. 30.10.2012 - 3 UF 149/11 - FF 2013, 246.
[51] OLG Celle v. 30.08.2011 - 10 UF 127/11 - FamRZ 2012, 308.

59   Zwar kann die unterschiedliche Besteuerung verschiedener Alterseinkünfte – insbesondere die unterschiedliche Besteuerung der gesetzlichen Renten einerseits und der Beamtenpensionen andererseits – zu einer Verletzung des Halbteilungsgrundsatzes führen. Die Härteklausel dient aber nicht dazu, systembedingte Unstimmigkeiten zu beseitigen. Hinzu kommt, dass sich die steuerlichen Auswirkungen zum Zeitpunkt der Entscheidung über den Wertausgleich bei der Scheidung regelmäßig nicht absehen lassen. Eine Korrektur nach § 27 VersAusglG kommt deshalb nur in Betracht, wenn sich die Auswirkungen der steuerlichen Ungleichbehandlung hinreichend sicher voraussehen lassen und die unterschiedliche Besteuerung dazu führen würde, dass die Nettobezüge des Ausgleichspflichtigen aus seinen in der Ehezeit erworbenen Anrechten unter die entsprechenden Nettobezüge des Ausgleichsberechtigten absinken.[52] Diese Feststellung ist aber regelmäßig erst möglich, wenn beide Ehepartner das Rentenalter erreicht haben und Versorgungsleistungen beziehen. Im Hinblick darauf, dass die Besteuerung der gesetzlichen Renten aufgrund des Alterseinkünftegesetzes[53] seit 2005 stufenweise um jährlich 2% bis zum Jahr 2040 auf eine nachgelagerte Besteuerung umgestellt wird (§ 22 Nr. 1 Satz 3 a) aa) EStG), hat sich das Problem der Nettobezugsdifferenzen aber zumindest teilweise erledigt.

16. Entstehen von Unterhaltsansprüchen

60   Ein Härtefall i.S.d. § 27 VersAusglG kann entstehen, wenn der ungekürzte Versorgungsausgleich zwischen Ehegatten, die schon Altersrenten beziehen, zu einem Unterhaltsanspruch des insgesamt ausgleichspflichtigen gegen den ausgleichsberechtigten Ehepartner führen würde.[54]

17. Wegfall des Rentner- und Pensionärprivilegs

61   Die Streichung des sog. Rentner- bzw. Pensionärprivilegs nach § 101 Abs. 3 SGB VI a.F. und § 57 Abs. 1 Satz 2 BeamtVG, nach dem bis zum 31.08.2009 die Rente des Ausgleichspflichtigen erst zu dem Zeitpunkt gekürzt worden ist, zu dem auch der Ausgleichsberechtigte Rentenzahlungen erhalten hat, war eine bewusste gesetzgeberische Entscheidung zugunsten der Solidargemeinschaft und kann deshalb nur in außergewöhnlichen Ausnahmefällen über § 27 VersAusglG korrigiert werden, wenn nämlich zu der zwingenden gesetzlichen Folge des Wegfalls des Privilegs noch weitere den Ausgleichspflichtigen belastende Umstände hinzukommen.[55]

62   Der Wegfall des Pensionärprivilegs nach § 57 Abs. 1 Satz 2 BeamtVG a.F. führt nur dann zu einem Wegfall des Versorgungsausgleichs nach § 27 VersAusglG, wenn weitere, den Ausgleichspflichtigen unangemessenen belastende Umstände hinzutreten. Ein (befristeter oder teilweiser) Ausschluss des Versorgungsausgleichs ist auch dann nicht gerechtfertigt, wenn der wirtschaftliche Nachteil, der durch die sofortige Kürzung der Versorgungsbezüge aufgrund des Versorgungsausgleichs entsteht, für den Ausgleichsverpflichteten deshalb besonders schwerwiegend ist, weil er aufgrund Leistungsunfähigkeit des barunterhaltspflichtigen Ausgleichsberechtigten den Betreuungs- und Barunterhalt für das bei ihm lebende gemeinsame minderjährige Kind sicherzustellen hat. Das gilt jedenfalls dann, wenn der Ausgleichsverpflichtete über eine zusätzliche Absicherung im Alter verfügt, der Ausgleichsberechtigte auf die Durchführung des Versorgungsausgleichs angewiesen ist und er nicht die Pflicht, zum Familienunterhalt beizutragen, grob verletzt.[56]

63   Eine befristete Herabsetzung des Versorgungsausgleichs ist auch nicht deshalb geboten, weil das Verfahren über den Versorgungsausgleich ausgesetzt war und dem ausgleichspflichtigen Ehegatten, wäre über den Versorgungsausgleich nach dem bis zum 31.08.2009 geltenden Recht entschieden worden, das Rentnerprivileg zugutegekommen wäre.[57]

18. Fehlverhalten

64   Persönliches Fehlverhalten eines Ehepartners kann zum Ausschluss des Versorgungsausgleichs führen, insbesondere wenn es sich für den anderen Ehepartner wirtschaftlich nachteilig auswirkt. Die wirtschaftliche Auswirkung des Fehlverhaltens ist aber keine notwendige Voraussetzung für die Anwen-

---

[52] BGH v. 24.05.1989 - IVb ZB 17/88 - FamRZ 1989, 1163.
[53] AltEinkG vom 05.07.2004 (BGBl I 2004, 1424).
[54] BGH v. 03.12.1986 - IVb ZB 112/84 - FamRZ 1987, 255.
[55] OLG Stuttgart v. 07.03.2011 - 18 UF 332/10, 18 WF 276/10 - FamFR 2011, 178; OLG Saarbrücken v. 22.06.2011 - 9 UF 90/10 - FamRZ 2012, 449.
[56] OLG Koblenz v. 05.03.2013 - 11 UF 714/12.
[57] BGH v. 13.02.2013 - XII ZB 527/12 - FamRZ 2013, 690; OLG Düsseldorf v. 03.05.2012 - 8 UF 202/11 - FamFR 2012, 374.

dung des § 27 VersAusglG. In der Regel begründet bei fehlenden wirtschaftlichen Auswirkungen aber nur besonders schwerwiegendes persönliches Fehlverhalten einen Ausschluss des Versorgungsausgleichs wegen grober Unbilligkeit.

Persönliches Fehlverhalten eines Ehegatten in der Zeit nach Aufhebung der ehelichen Lebensgemeinschaft rechtfertigt den Ausschluss des Versorgungsausgleichs nur ausnahmsweise und nur dann, wenn das Fehlverhalten besonders krass ist oder unter den Ehepartnern besonders belastenden Umständen geschieht und die Durchführung des Versorgungsausgleichs unerträglich erscheint.[58]

a. Unterlassene Altersvorsorge

aa. Altersvorsorge bei selbständiger Tätigkeit

Das leichtfertige Unterlassen einer angemessenen Altersvorsorge kann dazu führen, dass die Durchführung des Versorgungsausgleichs für den anderen Ehepartner grob unbillig wäre.[59] Das kann der Fall sein, wenn ein Ehegatte selbständig ist und es unterlassen hat, in der Ehezeit ausreichend Altersvorsorge zu betreiben.

Alleine der Schritt in eine (unsichere) Selbstständigkeit führt im Fall der Scheidung aber nicht ohne weiteres zum Ausschluss des Versorgungsausgleichs.[60] Betreibt ein Selbständiger keine Altersvorsorge, ist dies zu seinen Lasten im Rahmen des § 27 VersAusglG nur relevant, wenn sein Verhalten als illoyal oder grob leichtfertig anzusehen ist.[61]

Dabei ist immer zu berücksichtigen, ob der andere Ehepartner die unterlassene Vorsorge gebilligt oder mitgetragen hat. Haben die Eheleute die erzielten Gewinne nämlich in Kenntnis der fehlenden Vorsorge aufgrund gemeinsamer Entschlüsse anderweitig ausgegeben, begründet die unterlassene Vorsorge für den anderen Ehepartner keine große Unbilligkeit.[62]

Dasselbe gilt, wenn ein Ehegatte es hinnimmt, dass der andere über Jahre hinweg eine unrentable selbständige Tätigkeit ausübt, die keine hinreichende Vorsorge ermöglicht, und beide Eheleute davon ausgehen, dass sie im Alter von den Renteneinkünften des einen Ehegatten leben werden.

bb. Aufgabe einer bestehenden Versorgung

Auch die leichtfertige Aufgabe einer bereits bestehenden Altersversorgung kann einen Ausschluss des Versorgungsausgleichs rechtfertigen. Allerdings sind Einwirkungen auf das Vorsorgevermögen, welche die Versorgungssituation verschlechtern, nur dann illoyal und damit im Rahmen des § 27 VersAusglG zu berücksichtigen, wenn sie in Erwartung der Scheidung mit dem subjektiven Ziel, die Versorgungsbilanz zu manipulieren, vorgenommen worden sind.

Wenn dagegen andere billigenswerte Gründe, die nicht im Zusammenhang mit der Scheidung stehen, das Verhalten zumindest auch wesentlich mitbestimmt haben, wird der Ausgleichsanspruch nicht berührt.

Nicht unbillig sind auch Entscheidungen, die von beiden Ehegatten in Kenntnis der negativen Folgen gemeinsam getragen werden oder die der andere Ehegatte letztlich akzeptiert.[63]

b. Treuwidriges Einwirken auf Anrechte

aa. Versorgungsfeindliche Kündigung privater Versicherungen

Ein völliger oder teilweiser Ausschluss des Ausgleichs kann veranlasst sein, wenn ein Ehepartner in Bezug auf seine Versorgungsanrechte treuwidrig handelt.

Das gilt insbesondere dann, wenn ein privater Rentenversicherungsvertrag ohne vernünftigen Grund kurz vor Zustellung des Scheidungsantrags in der Absicht gekündigt worden ist, das Anrecht dem Versorgungsausgleich zu entziehen.[64]

---

[58] BGH v. 16.10.2013 - XII ZB 176/12 - FamRZ 2014, 105.
[59] OLG Karlsruhe v. 05.04.2006 - 2 UF 267/04 - FamRZ 2006, 1457.
[60] OLG Hamm v. 31.05.2012 - 6 UF 32/12.
[61] OLG Stuttgart v. 24.08.2011 - 17 UF 145/11 - FamRZ 2012, 311.
[62] OLG Koblenz v. 11.04.2011 - 13 UF 205/11 - FamRZ 2011, 1870.
[63] OLG Zweibrücken v. 05.11.2010 - 6 UF 47/09 - FamRZ 2011, 731.
[64] BT-Drs. 16/10144, S. 68; OLG Nürnberg v. 20.04.2011 - 10 UF 36/11 - FamRZ 2011, 1737; OLG Brandenburg v. 22.09.2010 - 9 UF 98/10 - FamRZ 2011, 722; OLG Köln v. 02.05.2013 - 4 UF 33/13.

bb. Versorgungsfeindliche Abtretung

75 Eine grobe Unbilligkeit kann sich nach Auffassung des OLG Frankfurt auch daraus ergeben, dass ein Anrecht aus einer privaten Lebensversicherung durch eine Sicherungsabtretung treuwidrig dem Ausgleich entzogen wird. Das ist nach Ansicht des Senats der Fall, wenn das Anrecht nicht mehr intern geteilt werden kann, weil es während des laufenden Versorgungsausgleichsverfahrens zur Sicherung eines Kredits abgetreten worden ist und mit großer Wahrscheinlichkeit von einer Verwertung der Sicherheit zur Tilgung des Kredits auszugehen ist und die interne Teilung des Anrechts damit voraussichtlich zu keinen Versorgungsansprüchen des Ausgleichsberechtigten führen wird.[65]

cc. Ausübung eines Kapitalwahlrechts

76 Übt der ausgleichspflichtige Ehegatte während des laufenden Versorgungsausgleichsverfahrens das für eine private Rentenversicherung vertraglich vorgesehene Kapitalwahlrecht aus, kommt eine Begrenzung des Versorgungsausgleichs in Betracht, wenn die Herausnahme des Anrechts aus dem Versorgungsausgleich ein illoyales Verhalten darstellt. Das ist insbesondere dann anzunehmen, wenn der Kapitalwert wegen vereinbarter Gütertrennung nicht güterrechtlich ausgeglichen werden kann.[66]

77 Dasselbe gilt, wenn die betriebliche Altersversorgung des geschäftsführenden Mehrheitsgesellschafters einer GmbH, die nicht unter das Betriebsrentengesetz fällt und daher nicht unabhängig von der Leistungsform auszugleichen ist (§ 2 Abs. 2 Nr. 3 VersAusglG), durch Ausübung einer Kapitalwahlmöglichkeit dem Versorgungsausgleich entzogen wird und infolge ehevertraglicher Gütertrennung auch nicht in den Zugewinnausgleich fällt und keine billigenswerten Motive für die Kapitalwahl gegeben sind.[67]

dd. Aufgabe der Berufstätigkeit

78 Treuwidrig kann auch die leichtfertige, mit dem Verlust einer noch verfallbaren Betriebsrente verbundene Aufgabe des Arbeitsplatzes sein.[68]

79 Auch die Beurlaubung eines Beamten ohne Dienstbezüge oder die Beitragserstattung in der gesetzlichen Rentenversicherung nach § 210 SGB VI können eine Beschränkung des Versorgungsausgleich begründen.[69]

c. Vorzeitiger Ruhestand

80 Die Wahrnehmung einer vorzeitigen Pensionierungsmöglichkeit begründet jedenfalls dann keine grobe Unbilligkeit, wenn sie nicht in Schädigungsabsicht erfolgt.[70]

d. Unterhaltspflichtverletzung

81 Die Härtefallregelung des § 27 VersAusglG umfasst außerdem die in § 1587c Nr. 3 BGB a.F. ausdrücklich normierten Fälle der Unterhaltspflichtverletzung. Es soll verhindert werden, dass das in Bezug auf den Unterhalt pflichtwidrige Verhalten durch den Versorgungsausgleich noch belohnt wird.[71]

82 Die Verletzung einer Unterhaltspflicht kann aber nur dann zum Ausschluss des Versorgungsausgleichs führen, wenn die Unterhaltspflicht während einer längeren Zeitspanne gröblich, d.h. in besonderem Maße rücksichtslos verletzt wurde.[72]

83 Dazu genügt nicht, dass ein Ehegatte in den letzten vier Jahren einer fast 26 Jahre dauernden Ehe nur geringe Erträge aus selbständiger Erwerbstätigkeit erzielt hat, während der andere Ehegatte mit seinem Erwerbseinkommen überwiegend den Familienunterhalt gedeckt und in größerem Umfang als der selbständig Tätige häusliche Pflichten erfüllt hat.[73] Ein Selbstständiger verletzt die Pflicht, zum Familieneinkommen beizutragen, aber gröblich, wenn er in rücksichtsloser Weise seine selbstständige Tätigkeit beibehält, ohne sich um eine besser bezahlte Arbeitsstelle zu bemühen, so dass die Familie in äußerst beengten wirtschaftlichen Verhältnissen lebt und in ernste finanzielle Schwierigkeiten geraten ist

---

[65] OLG Frankfurt v. 06.11.2013 - 5 UF 125/13.
[66] OLG Stuttgart v. 16.02.2012 - 18 UF 327/11 - FamRZ 2012, 1880.
[67] OLG Hamm v. 14.11.2013 - 14 UF 107/13.
[68] BT-Drs. 16/10144, S. 68.
[69] BGH v. 26.03.1986 - IVb ZB 37/83 - FamRZ 1986, 658.
[70] OLG Hamm v. 25.05.2011 - 8 UF 163/10 - FamRZ 2012, 551.
[71] Vgl. BVerfG v. 28.02.1980 - 1 BvL 17/77 - FamRZ 1980, 326.
[72] OLG Hamm v. 10.04.2013 - 8 UF 38/13.
[73] OLG Hamburg v. 12.04.2010 - 7 UF 154/04 - FamRZ 2010, 1440.

oder geraten wäre, wenn der ausgleichspflichtige Ehegatte nicht durch seinen Mehreinsatz die Familie vor einer solchen Situation bewahrt hätte.[74]

Hat der Ausgleichsberechtigte dagegen während der Trennungszeit bis zum Ende der Ehezeit über 13 Monate keinen Kindesunterhalt für die vier gemeinsamen minderjährigen Kinder gezahlt, obwohl er leistungsfähig war, liegt eine längere Unterhaltspflichtverletzung vor, die zum Ausschluss des Versorgungsausgleichs führen kann.[75] Dagegen ist eine Verletzung der Verpflichtung zur Leistung von Kindesunterhalt durch den Ausgleichsberechtigten nicht gröblich, wenn ihr eine Verletzung der Verpflichtung zur Leistung von Ehegattenunterhalt durch den Ausgleichsverpflichteten gegenübersteht.[76] 84

War der ausgleichsberechtigte Ehegatte während eines nicht unerheblichen Teils der Ehezeit in Strafhaft und dadurch in dieser Zeit gehindert, zum Familienunterhalt beizutragen, kann es geboten sein, die während der Haft vom ausgleichspflichtigen Ehegatten erworbenen Rentenanwartschaften nicht in den Versorgungsausgleich einzubeziehen.[77] Haben die Beteiligten dagegen während einer bereits laufenden Haft des Ausgleichsberechtigten geheiratet, ist davon auszugehen, dass die ausgleichspflichtige Ehefrau bei der Eheschließung gewusst hat, worauf sie sich hinsichtlich der Erwerbsmöglichkeiten ihres Ehepartners und seiner Möglichkeiten zum Aufbau einer eigenen Altersversorgung einlässt; in einem solchen Fall ist das Absehen vom Versorgungsausgleich abzulehnen.[78] 85

e. Sonstige Straftaten

Andere Straftaten begründen in der Regel keine grobe Unbilligkeit. Insbesondere verbale Ausfälle und einzelne körperliche Attacken im Vorfeld der Scheidung begründen grundsätzlich keine Herabsetzung des Ausgleichsanspruchs, es sei denn, ihnen liegt ein über lange Zeit wirkendes Fehlverhalten zugrunde oder sie sind unter besonders kränkenden Begleitumständen erfolgt.[79] 86

aa. Straftaten mit Auswirkungen auf die Altersversorgung

Eine Abweichung von der Halbteilung der Ehezeitanteile kann angemessen sein, wenn eine strafrechtliche Verurteilung den Verlust der Beamtenversorgung zur Folge hatte.[80] Das gilt jedenfalls dann, wenn das strafbare Verhalten in bewusstem Zusammenhang mit der Scheidung gestanden hat und somit als treuwidrige Einflussnahme auf den Versorgungsausgleich anzusehen ist.[81] 87

Die Anwendung des § 27 VersAusglG kommt auch in Betracht, wenn Zusatzversorgungsanrechte eines Arbeitnehmers im öffentlichen Dienst nach § 18 Abs. 1 Nr. 1, 5 BetrAVG in Verbindung mit der Satzung der Versorgungsanstalt des Bundes und der Länder (VBL) erloschen sind, weil dieser rechtskräftig zu einer Freiheitsstrafe von mindestens zwei Jahren wegen einer vorsätzlichen Tat verurteilt worden ist.[82] 88

bb. Schwere Straftaten

Verbrechen und vorsätzliche schwere Vergehen gegen den Ehepartner oder einen nahen Angehörigen rechtfertigen einen Ausschluss des Versorgungsausgleichs.[83] 89

f. Denunziationen

Das Anschwärzen des anderen Ehepartners bei dessen Arbeitgeber rechtfertigt keine Kürzung des Versorgungsausgleichs.[84] Dasselbe gilt für unberechtigte Anzeigen beim Finanzamt[85] oder unberechtigte Strafanzeigen.[86] 90

---

[74] OLG Karlsruhe v. 29.06.2012 - 16 UF 188/11 - FamRZ 2013, 474.
[75] OLG Saarbrücken v. 16.07.2009 - 6 UF 26/09 - FamRZ 2010, 1808 zu § 1587c Nr. 3 BGB a.F.
[76] OLG Frankfurt v. 04.06.2013 - 6 UF 50/12.
[77] OLG Stuttgart v. 24.08.2011 - 17 UF 145/11 - FamRZ 2012, 311.
[78] OLG Braunschweig v. 30.10.2012 - 3 UF 149/11 - FF 2013, 246.
[79] OLG Hamm v. 12.09.2011 - 8 UF 125/11 - FamFR 2012, 132; OLG Hamm v. 08.05.2013 - 8 UF 3/13 unter Hinweis auf BGH v. 18.09.1985 - IVb ZB 184/82 und BGH v. 03.12.1986 - IVb ZB 112/84.
[80] AG Kelheim v. 05.11.2010 - 1 F 228/10 - FamRZ 2011, 1653.
[81] Vgl. OLG Oldenburg v. 11.06.2012 - 13 UF 56/12 - FF 2012, 409.
[82] OLG Hamm v. 01.10.2012 - 3 UF 186/11 - FamRZ 2013, 1044.
[83] OLG Celle v. 23.03.2007 - 19 UF 290/06 - FamRZ 2007, 1333; OLG Hamm v. 23.01.2003 - 8 UF 92/02 - FamRZ 2003, 1295.
[84] OLG Hamm v. 03.11.1995 - 12 UF 83/95 - FamRZ 1997, 566.
[85] OLG Hamm v. 03.11.1995 - 12 UF 83/95 - FamRZ 1997, 566.
[86] OLG Bamberg v. 31.01.2005 - 2 UF 288/04 - FamRZ 2006, 210; a.A. *Ruland*, Versorgungsausgleich, 3. Aufl. 2011, Rn. 812: Ausschluss in schweren Fällen.

g. Zuwendung zu einem anderen Partner

91 Auch die Zuwendung zu einem neuen Partner während der Ehe reicht nicht aus, um den Versorgungsausgleich zu kürzen, weil § 27 VersAusglG keinen Strafcharakter haben soll.[87]

h. Verletzung der ehelichen Treuepflicht

92 Eine Verletzung der ehelichen Treue für sich genommen führt nicht zur groben Unbilligkeit des Versorgungsausgleichs.[88]

93 Schwerwiegende Treuepflichtverletzungen eines Ehepartners können zwar eine Herabsetzung des Versorgungsausgleichs rechtfertigen. Im Rahmen der notwendigen Gesamtbetrachtung der beiderseitigen Verhältnisse ist aber zu berücksichtigen, ob und inwieweit der Ehegatte während der Ehezeit seine sonstigen familiären Pflichten erfüllt hat. Danach liegen die Voraussetzungen für einen Ausschluss des Versorgungsausgleichs nicht vor, wenn der Berechtigte zwar über die Dauer von 20 Jahren ein intimes Verhältnis mit einer Freundin der ausgleichsberechtigten Ehefrau unterhalten hat, er jedoch nach Insolvenz der Ehefrau in erheblichem Umfang aus einer Bürgschaft in Anspruch genommen wird und deshalb auf den Versorgungsausgleich angewiesen ist.[89]

i. Täuschung über die Abstammung eines Kindes

94 Die Täuschung des Ehepartners über die Abstammung eines Kindes stellt ein offensichtlich schwerwiegendes Fehlverhalten dar. Verschweigt die Ehefrau ihrem Ehemann, dass ein während der Ehe geborenes Kind möglicherweise von einem anderen Mann abstammt, kann dies zu einem vollständigen oder teilweisen Ausschluss des Versorgungsausgleichs führen.[90]

95 Der Ausschluss des Versorgungsausgleichs wegen grober Unbilligkeit ist regelmäßig vorzunehmen, wenn die ausgleichsberechtigte Ehefrau dem ausgleichspflichtigen Ehemann vorspiegelt, dass ein anlässlich eines Ehebruchs gezeugtes Kind das leibliche Kind ist. Dem steht nicht entgegen, dass der Ehemann bereits kurz nach der Geburt des Kindes Zweifel an der eigenen Vaterschaft hatte.[91]

j. Leichtfertiger Vermögensverlust

96 Die Tatsache, dass der ausgleichsberechtigte Ehegatte einen hohen Kapitalbetrag aus einer Erbschaft aufgrund einer nicht abgesprochenen, spekulativen Anlage verloren hat, begründet keine grobe Unbilligkeit.[92]

19. Verstoß gegen das Leistungsverbot des § 29 VersAusglG

97 Gelingt es einem Ehegatten trotz der Zahlungssperre des § 29 VersAusglG, den Versorgungsträger zur Auszahlung einer Versorgung zu veranlassen, kommt eine Korrektur des Ausgleichs nach § 27 VersAusglG in Betracht. Das gilt insbesondere, wenn ein privater Rentenversicherungsvertrag in der Absicht gekündigt worden ist, das Anrecht dem Versorgungsausgleich zu entziehen.[93]

98 Nach Auffassung des AG Tempelhof-Kreuzberg soll bei einem Verstoß gegen das Leistungsverbot des § 29 VersAusglG eine Billigkeitskorrektur über § 27 VersAusglG nur im Ausnahmefall in Betracht kommen. Ein solcher Ausnahmefall sei jedenfalls dann nicht gegeben, wenn das verbotswidrig ausgezahlte Anrecht nur einen untergeordneten Anteil an den Versorgungen der Ehegatten einnehme, zumal dem durch den Verstoß gegen das Schutzgesetz benachteiligten Ehegatten eine andere Kompensationsmöglichkeit, nämlich ein Schadensersatzanspruch gem. § 823 Abs. 2 BGB i.V.m. § 29 VersAusglG gegen den Versorgungsträger, zur Verfügung stehe.[94] Gegen diese Auffassung bestehen Bedenken. Wenn eine Korrektur unschwer über § 27 VersAusglG erfolgen kann, ist nicht einzusehen, warum dem Ausgleichsberechtigten, zu dessen Nachteil die verbotswidrige Verfügung erfolgt ist, das Risiko eines Prozesses gegen den Versorgungsträger des Ausgleichspflichtigen, der die verbotswidrige Verfügung veranlasst hat, aufgebürdet werden soll.

---

[87] OLG Köln v. 31.08.2011 - 4 UF 157/11 - FamRZ 2012, 313.
[88] OLG Karlsruhe v. 29.06.2012 - 16 UF 188/11 - FamRZ 2013, 474.
[89] OLG Schleswig v. 30.08.2010 - 15 UF 84/09 - SchlHA 2011, 170.
[90] BGH v. 21.03.2012 - XII ZB 147/10 - NJW 2012, 1446 zu § 1587h BGB a.F.
[91] OLG Köln v. 15.02.2013 - 4 UF 226/12.
[92] OLG Frankfurt v. 17.12.2010 - 5 UF 132/06 - FamRZ 2011, 901.
[93] BT-Drs. 16/10144, S. 68; OLG Nürnberg v. 20.04.2011 - 10 UF 36/11 - FamRZ 2011, 1737; OLG Brandenburg v. 22.09.2010 - 9 UF 98/10 - FamRZ 2011, 722; OLG Köln v. 02.05.2013 - 4 UF 33/13.
[94] AG Tempelhof-Kreuzberg v. 14.02.2012 - 162A F 20295/11.

III. Härtefälle beim Wertausgleich nach der Scheidung

§ 27 VersAusglG hat ersetzt auch § 1587h BGB a.F. ersetzt, lässt eine Korrektur also auch beim Wertausgleich nach der Scheidung nach den §§ 20 ff. VersAusglG zu. 99

Im Rahmen der notwendigen Gesamtbetrachtung sind die Verhältnisse zum Zeitpunkt der Entscheidung über den Wertausgleich nach der Scheidung maßgebend, nicht die Verhältnisse zum Zeitpunkt der Ehescheidung. 100

Der Ausschluss des Ausgleichs kann deshalb auch auf solche Umstände gestützt werden, die erst nach der Scheidung eingetreten sind.[95] 101

Auch Alttatsachen, die bei der Erstentscheidung nicht bekannt waren oder nicht geltend gemacht worden sind, können einen Härtegrund darstellen. Der Ausschluss des Wertausgleichs nach der Scheidung kann dagegen nicht auf Tatsachen gestützt werden, die schon Gegenstand des Verfahrens über den Wertausgleich bei der Scheidung waren und nach der Entscheidung in diesem Verfahren keine unbillige Härte begründen.[96] 102

Die Anwendung des § 27 VersAusglG beim Wertausgleich nach der Scheidung kommt insbesondere in den in § 1587h BGB a.F. genannten Fallgruppen in Betracht. Danach kann der Ausgleich ausgeschlossen werden, wenn der Berechtigte seinen angemessenen Unterhalt aus den eigenen Einkünften bestreiten kann und die Inanspruchnahme des Verpflichteten unter Berücksichtigung der beiderseitigen wirtschaftlichen Verhältnisse unbillig wäre (§ 1587h Nr. 1 BGB a.F.). Der Ausschluss kann auch gerechtfertigt sein, wenn der Berechtigte leichtfertig eigene Anrechte aufgelöst und dadurch dem Ausgleich entzogen hat (§ 1587h Nr. 2 BGB a.F.) oder seine Unterhaltspflicht grob und nachhaltig verletzt hat (§ 1587h Nr. 3 BGB a.F.). 103

Der Annahme einer unbilligen Härte des schuldrechtlichen Ausgleichs eines während langer Trennungszeit erworbenen Versorgungsanrechts kann aber entgegenstehen, dass im Wertausgleich bei der Scheidung schon Anrechte, die der andere Ehegatte während der Trennungszeit erworben hat, ausgeglichen worden sind.[97] 104

IV. Verhältnis zu Treu und Glauben

Die Härteklausel des § 27 VersAusglG schließt Einwände aus § 242 BGB aus. Der Einwand, der Anspruch auf Durchführung des Versorgungsausgleichs sei verwirkt oder stelle eine unzulässige Rechtsausübung dar, kommt also nicht in Betracht.[98] 105

D. Rechtsfolgen

I. Umfang des Ausschlusses

Bei Vorliegen eines Härtefalls kann das Familiengericht den Versorgungsausgleich ganz oder teilweise ausschließen. 106

1. Ausschluss einzelner Anrechte

Soll der Versorgungsausgleich nur teilweise ausgeschlossen werden, kann das Gericht von der Teilung einzelner oder mehrerer Anrechte absehen. 107

2. Teilweiser Ausgleich von Anrechten

Daneben besteht die Möglichkeit, den teilweisen Ausschluss einzelner oder mehrerer Anrechte dadurch herbeizuführen, dass Werte übertragen werden, die geringer sind als die Ausgleichswerte i.S.d. § 1 Abs. 2 VersAusglG. 108

Werden – etwa wegen langer Trennungsdauer – nur die auf einen Teil der Ehezeit entfallenden Anrechtsanteile ausgeglichen, bleibt gleichwohl das Ehezeitende i.S.d. § 3 Abs. 1 VersAusglG Bemessungsgrundlage der auszugleichenden Anrechte.[99] 109

---

[95] BGH v. 05.11.2008 XII ZB 217/04 FamRZ 2009, 205.
[96] Ruland, Versorgungsausgleich, 3. Aufl. 2011, Rn. 827.
[97] BGH v. 19.09.2012 - XII ZB 649/11 - FamRZ 2013, 106.
[98] BGH v. 23.07.2003 - XII ZB 188/99 - FamRZ 2003, 1737.
[99] OLG Brandenburg v. 30.04.2013 - 3 UF 22/12 - FamRZ 2014, 396.

3. Zeitliche Begrenzung des Ausschlusses

110 Der Ausschluss kann bei vorübergehenden Versorgungsunterschieden auch zeitlich begrenzt werden. So kommt ein befristeter Teilausschluss des Versorgungsausgleichs in Betracht, wenn dessen ungekürzte Durchführung zur Folge hätte, dass der Ausgleichspflichtige bis zum Bezug seiner eigenen gesetzlichen Rente auf Unterhaltszahlungen des Ausgleichsberechtigten angewiesen wäre.[100]

II. Grenzen der Korrektur

1. Ausgleichswert eines Anrechts

111 Die Vorschrift erlaubt nur den teilweisen oder völligen Ausschluss des Ausgleichs, nicht dagegen eine Ausweitung. Das Familiengericht kann also – bezogen auf ein einzelnes Anrecht – höchstens den Ausgleichswert übertragen.[101]

112 Das bedeutet auch, dass Anrechte, die infolge treuwidriger Auflösung der Altersversorgung nicht mehr vorhanden sind, nicht zum Zweck des Ausgleichs fingiert werden dürfen. Das Familiengericht kann in solchen Fällen dem treuwidrigen Verhalten dadurch begegnen, dass es vom Ausgleich einzelner oder mehrerer Anrechte des anderen Ehegatten nach § 27 VersAusglG absieht. Kann etwa ein Anrecht aus privater Altersvorsorge infolge Kündigung des Versicherungsvertrages nicht mehr ausgeglichen werden, kommt ein Ausschluss des Ausgleichs eines Anrechts des anderen Ehepartners in Höhe des Ausgleichswerts des erloschenen Anrechts nach § 27 VersAusglG in Betracht.[102]

2. Saldendifferenz

113 Die Korrektur nach § 27 VersAusglG ist außerdem begrenzt durch die Differenz der beiderseitigen Ehezeitanteile und die fiktiven Salden der Ausgleichswerte. Der Ehepartner mit den insgesamt höheren Ehezeitanteilen darf durch die Anwendung der Härteklausel nicht besser gestellt werden als er stünde, würde der Versorgungsausgleich überhaupt nicht durchgeführt.

114 Umgekehrt darf ihm nicht weniger verbleiben als nach Ausgleich aller Anrechte; anderenfalls hätte die Korrektur ungewollten Strafcharakter.[103]

115 Gleichzeitig muss dem Ehepartner mit den geringeren Ehezeitanteilen nach Durchführung des Ausgleichs zumindest der Wert verbleiben, über den er ohne den Ausgleich verfügen würde; er wiederum darf nicht mehr erhalten als beim Ausgleich aller Anrechte.

116 **Berechnungsbeispiel:**[104]
Ehemann M hat Ehezeitanteile in Höhe von insgesamt 100.000 € erworben, Ehefrau F in Höhe von 60.000 €. Lägen keine Härtegründe vor, würde M Ausgleichswerte in Höhe von 50.000 € abgeben und in Höhe von 30.000 € von F erhalten; beide verfügten nach dem Wertausgleich über 80.000 €. Durch die Korrektur nach § 27 VersAusglG darf M nicht mehr als 100.000 € und nicht weniger als 80.000 € erhalten; der F dürfen nicht mehr als 80.000 € und nicht weniger als 60.000 € zustehen.

E. Verfahren

I. Amtsermittlung und Darlegungslast

117 Nach § 26 FamFG gilt in Versorgungsausgleichsverfahren der Amtsermittlungsgrundsatz. Das bedeutet aber nicht, dass das Gericht ohne konkrete Anhaltspunkte in jedwede Richtung ermittelt, ob irgendwelche Ausschlussgründe bestehen. Vielmehr ist es Sache der Beteiligten darzulegen, aus welchen Gründen der Ausgleich einzelner oder mehrerer Anrechte im Einzelfall unbillig ist.[105] § 27 VersAusglG stellt keine anspruchsbegründende, sondern eine anspruchsbegrenzende Norm dar, so dass der Ausgleichspflichtige, der eine Einschränkung des Versorgungsausgleichs begehrt, nach allge-

---

[100] BGH v. 23.02.2005 - XII ZB 198/01 - FamRZ 2005, 696.
[101] BT-Drs. 16/10144, S. 68; OLG Oldenburg v. 11.06.2012 - 13 UF 56/12.
[102] BGH v. 19.06.2013 - XII ZB 633/11 - FamRZ 2013, 1362; OLG Brandenburg v. 22.09.2010 - 9 UF 98/10 - FamRZ 2011, 722.
[103] BT-Drs. 16/10144, S. 68.
[104] Nach BT-Drs. 16/10144, S. 68.
[105] BGH v. 09.05.1990 - XII ZB 58/89 - FamRZ 1990, 1341; *Bergmann*, FuR 2009, 421-427, 424; näher zu den Aufgaben des Anwalts bei der Prüfung der Härteklausel *Ruland*, NJW 2009, 1697-1702, 1699.

meinen Regeln der Darlegungs- und Feststellungslast die tatsächlichen Voraussetzungen geltend zu machen und zu beweisen hat.[106]

II. Einholung von Auskünften

Auch wenn der Sachvortrag der Beteiligten Anlass gibt, den Versorgungsausgleich voraussichtlich ganz oder teilweise nach § 27 VersAusglG auszuschließen, ist das Familiengericht im Regelfall gehalten, nach § 220 Abs. 1 FamFG Auskünfte über die nach § 2 VersAusglG in den Ausgleich einzubeziehenden Anrechte einzuholen. Denn die vom Gesetzgeber verlangte Gesamtbetrachtung der Versorgungssituation setzt regelmäßig voraus, dass die Ehezeitanteile der in Rede stehenden Anrechte bekannt sind.[107] 118

III. Beschlussformel

Wenn das Familiengericht nach § 27 VersAusglG vom Ausgleich einzelner Anrechte oder von der Durchführung des Versorgungsausgleichs insgesamt absieht, muss es nach § 224 Abs. 3 FamFG in der Beschlussformel der Entscheidung über den Versorgungsausgleich ausdrücklich feststellen, dass insoweit kein Versorgungsausgleich stattfindet. Ein Hinweis in den Entscheidungsgründen genügt nicht. 119

Wird die Entscheidung rechtskräftig, können die Anrechte auch nicht nachträglich im Wege des Wertausgleichs nach der Scheidung nach den §§ 20 ff. VersAusglG schuldrechtlich oder durch Abfindung ausgeglichen werden. 120

IV. Abänderungsverfahren

Nach § 226 Abs. 3 FamFG ist die Härteklausel auch im Abänderungsverfahren anzuwenden. Dasselbe gilt nach § 52 Abs. 1 VersAusglG auch für Verfahren zur Abänderung von Alttiteln. 121

1. Keine Abänderung wegen unbilliger Härte

Das Abänderungsverlangen kann nach § 225 FamFG aber nicht alleine auf Härtegründe gestützt werden.[108] Kommt trotz geänderter tatsächlicher oder rechtlicher Verhältnisse – etwa wegen § 32 VersAusglG – keine Abänderung in Betracht, rechtfertigen alleine die geänderten Verhältnisse keinen Ausschluss des Wertausgleichs wegen unbilliger Härte.[109] 122

2. Bindungswirkung der Ausgangsentscheidung

Im Rahmen des Abänderungsverfahrens bleiben Tatsachen, die eine Härte i.S.d. § 27 VersAusglG begründen, außer Betracht, wenn sie bei der Erstentscheidung nicht zu einer Herabsetzung oder zu einem Ausschluss des Versorgungsausgleichs geführt haben, obwohl sie auf schon zu diesem Zeitpunkt abgeschlossenen Tatbeständen beruhen. Das gilt unabhängig davon, ob diese Umstände zum Zeitpunkt der Ausgangsentscheidung bekannt waren, ob sie zu diesem Zeitpunkt beweisbar waren oder aus welchen sonstigen Gründen sie unberücksichtigt geblieben sind.[110] Begründen dagegen erst die geänderten tatsächlichen oder rechtlichen Verhältnisse die Voraussetzungen des § 27 VersAusglG, sind im Rahmen der gebotenen Gesamtbetrachtung auch die bei der Erstentscheidung bereits bekannten Tatsachen zu berücksichtigen. Wenn im Erstverfahren festgestellt worden ist, dass Härtegründe vorliegen, ist das Familiengericht im Abänderungsverfahren an diese Feststellung gebunden. 123

3. Umfang der Billigkeitsabwägung

Die im Rahmen einer Abänderungsentscheidung vorzunehmende Billigkeitsprüfung ist nicht auf die wirtschaftlichen Verhältnisse der Ehegatten beschränkt.[111] 124

---

[106] OLG Köln v. 13.06.2013 - 27 UF 64/13, vgl. auch BGH v. 20.12.2006 - XII ZB 64/03 - FamRZ 2007, 366; OLG Saarbrücken v. 01.10.2012 - 6 UF 68/12.
[107] *Ruland*, Versorgungsausgleich, 3. Aufl. 2011, Rn. 784; anders *Bergmann*, FuR 2009, 421-427, 424: Auskunftsersuchen nur bei Teilausschluss erforderlich.
[108] BGH v. 11.10.2006 - XII ZB 39/03 - FamRZ 2007, 360.
[109] BGH v. 28.10.1992 - XII ZB 114/91 - FamRZ 1993, 304.
[110] BGH v. 11.10.2006 - XII ZB 39/03 - FamRZ 2007, 360; vgl. auch *Ruland*, NJW 2009, 1697-1702, 1699; eingehend *Ruland*, Versorgungsausgleich, 3. Aufl. 2011, Rn. 782, 837.
[111] OLG Oldenburg v. 11.06.2012 - 13 UF 56/12 - FF 2012, 409.

§ 28 VersAusglG

Kapitel 3 - Ergänzende Vorschriften

§ 28 VersAusglG Ausgleich eines Anrechts der Privatvorsorge wegen Invalidität

(Fassung vom 03.04.2009, gültig ab 01.09.2009)

(1) Ein Anrecht der Privatvorsorge wegen Invalidität ist nur auszugleichen, wenn der Versicherungsfall in der Ehezeit eingetreten ist und die ausgleichsberechtigte Person am Ende der Ehezeit eine laufende Versorgung wegen Invalidität bezieht oder die gesundheitlichen Voraussetzungen dafür erfüllt.

(2) Das Anrecht gilt in vollem Umfang als in der Ehezeit erworben.

(3) Für die Durchführung des Ausgleichs gelten die §§ 20 bis 22 entsprechend.

Gliederung

A. Grundlagen 1	c. Spätere Invalidität 14
I. Kurzcharakteristik 1	2. Invalidität des Ausgleichsberechtigten am Ehezeitende 15
1. Regelungsinhalt 1	**D. Rechtsfolgen** 16
2. Normzweck 2	I. Schuldrechtsanaloger Ausgleich (Absatz 3) 16
3. Normstruktur 4	1. Schuldrechtliche Ausgleichsrente 16
II. Gesetzesmaterialien 5	2. Höhe der Ausgleichsrente (Absatz 2) 17
B. Praktische Bedeutung 6	3. Befristung der Versorgung 18
C. Anwendungsvoraussetzungen (Absatz 1) ... 7	4. Abtretung 19
I. Auszugleichende Versorgungen 7	5. Kapitalzahlung 20
1. Private Invaliditätsversorgung 7	II. Abfindung 21
2. Unfallversicherungen 8	**E. Verfahren** 22
3. Betriebliche Invaliditätsversorgungen 9	I. Entscheidung von Amts wegen im Scheidungsverbund 22
II. Voraussetzungen für den Ausgleich 11	
1. Versicherungsfall in der Ehezeit 11	II. Verfahrenswert 23
a. Versicherungsfall 12	
b. Ende der Ehezeit 13	

A. Grundlagen

I. Kurzcharakteristik

1. Regelungsinhalt

1   Die Vorschrift enthält eine Sonderregelung für den Ausgleich privater Invaliditätsversorgungen. Sie werden nur dann ausgeglichen, wenn der Versicherungsfall in der Ehezeit eingetreten ist und der ausgleichsberechtigte Ehegatte ebenfalls die persönlichen Voraussetzungen für den Bezug einer Berufs- oder Erwerbsunfähigkeitsrente erfüllt.

2. Normzweck

2   Anrechte aus einer privaten Versicherung gegen das Risiko Invalidität sind nur dann auszugleichen, wenn der Versicherungsfall bereits in der Ehezeit eingetreten ist. Der Grund für diese Regelung liegt in der besonderen Struktur dieser Risikoversicherungen und ihrer versicherungsmathematischen Kalkulation: In der Anwartschaftsphase wird nämlich nur ein geringes Deckungskapital aufgebaut, das erst nach Eintritt des Versicherungsfalls entsprechend erhöht wird. Damit fehlt es in der Anwartschaftsphase an einer für den Versorgungsausgleich geeigneten Ausgleichsmasse.[1]

3   Gleichzeitig wird der Ausgleich auf die Fälle beschränkt, in denen der Ausgleichsberechtigte selbst eine Invaliditätsrente bezieht oder die gesundheitlichen Voraussetzungen dafür erfüllt. Denn nur in diesen Fällen besteht ein Bedarf für die Teilhabe der ausgleichsberechtigten Person an der laufenden Versorgung des Ausgleichspflichtigen.[2]

---

[1] BT-Drs. 16/10144, S. 69.
[2] BT-Drs. 16/10144, S. 69.

3. Normstruktur

§ 28 Abs. 1 VersAusglG bestimmt die Voraussetzungen für den Ausgleich eines Anrechts aus einer privaten Invaliditätsversorgung. Absatz 2 regelt die Ermittlung des Ehezeitanteils. Absatz 3 verweist für die Durchführung des Ausgleichs auf die Vorschriften über den schuldrechtlichen Versorgungsausgleich.

II. Gesetzesmaterialien

BT-Drs. 16/10144, S. 69 f.

B. Praktische Bedeutung

Zwar spielt die private Alters- und Invaliditätsvorsorge eine zunehmend größere Rolle, die praktische Bedeutung der Vorschrift ist aber gering, weil die Leistungen aus einer privaten Invaliditätsversorgung nur im Ausnahmefall auszugleichen sind, nämlich dann, wenn ausnahmsweise beide Eheleute die Voraussetzungen für den Rentenbezug erfüllen. Hinzu kommt, dass gerade die Arbeitnehmer, deren Tätigkeiten mit einem erhöhten Invaliditätsrisiko verbunden sind, sich oft keine private Berufs- oder Erwerbsunfähigkeitsversicherung leisten können.

C. Anwendungsvoraussetzungen (Absatz 1)

I. Auszugleichende Versorgungen

1. Private Invaliditätsversorgung

Der Anwendungsbereich der Vorschrift umfasst nur private Invaliditätsversorgungen, also private Erwerbs- oder Berufsunfähigkeitsversicherungen oder Berufsunfähigkeits-Zusatzversicherungen. Grundlage muss in jedem Fall ein privater Versicherungsvertrag sein.

2. Unfallversicherungen

Für Leistungen aus privaten Unfallversicherungen gilt § 28 VersAusglG auch dann nicht, wenn eine Unfallrente gezahlt wird. Unfallversicherungen (private wie gesetzliche) haben keinen Versorgungs-, sondern Entschädigungscharakter und fallen deshalb nicht in den Versorgungsausgleich.[3]

3. Betriebliche Invaliditätsversorgungen

Eine entsprechende Anwendung der Vorschrift auf Invaliditätsrenten aus einer betrieblichen Versorgung kommt nicht in Betracht, weil keine planwidrige Regelungslücke besteht.[4] Als Sonder- bzw. Ausnahmevorschrift ist § 28 VersAusglG nicht analogiefähig.

Eine Altersrentenversicherung mit Berufsunfähigkeits-Zusatzversicherung aus einer betrieblichen Altersversorgung unterliegt deshalb nicht § 28 VersAusglG.[5]

II. Voraussetzungen für den Ausgleich

1. Versicherungsfall in der Ehezeit

Der Ausgleichsanspruch setzt voraus, dass der Versicherungsfall schon in der Ehezeit eingetreten ist, der Ausgleichspflichtige also laufende Leistungen aus der privaten Invaliditätsversicherung erhält.

a. Versicherungsfall

Versicherungsfall ist der Eintritt der Invalidität. Darunter ist die Einschränkung der Arbeits- oder Dienstfähigkeit vor dem Erreichen der Regelaltersgrenze zu verstehen.[6] Bei privaten Invaliditätsversicherungen kommt es darauf an, dass die versicherungsvertraglich vereinbarten Voraussetzungen für

---

[3] BT-Drs. 16/10144, S. 46.
[4] *Kemper*, Versorgungsausgleich in der Praxis, 2011, Kap. VIII Rn. 31; *Götsche* in: HK-VersAusglR, 2012, § 28 VersAusglG Rn. 4.
[5] AG Michelstadt v. 05.12.2012 - 42 F 681/10.
[6] BT-Drs. 16/10144, S. 46.

den Rentenbezug wegen Berufs- oder Erwerbsunfähigkeit vorliegen.[7] Ein Antrag auf Zahlung der Rente muss noch nicht gestellt worden sein.[8]

b. Ende der Ehezeit

13   Maßgebender Zeitpunkt ist der Tag der Zustellung des Scheidungsantrags, nicht das Ende der Ehezeit im Sinne des § 3 Abs. 1 VersAusglG.[9] Die Vorschrift trägt nur dem Umstand Rechnung, dass Renten grundsätzlich in vollen Monatsbeträgen berechnet werden. Dagegen besteht kein sachlicher Grund, eine zwischen dem Ende des Vormonats und dem Zeitpunkt der Zustellung des Scheidungsantrags eingetretene Invalidität unberücksichtigt zu lassen.

c. Spätere Invalidität

14   Liegen die Voraussetzungen des § 28 VersAusglG am Ende der Ehezeit nicht vor, ist der Ausgleich des Anrechts endgültig ausgeschlossen. Ein späterer Eintritt der Invalidität ist unerheblich. Das gilt auch, wenn der Versicherungsfall vor der letzten mündlichen Verhandlung eintritt.[10]

2. Invalidität des Ausgleichsberechtigten am Ehezeitende

15   Der Ausgleich einer privaten Invaliditätsversorgung setzt außerdem voraus, dass auch der Ausgleichsberechtigte entweder selbst eine Invaliditätsrente bezieht oder die gesundheitlichen Voraussetzungen für den Bezug einer Invaliditätsrente erfüllt. Der Anspruch erfordert also die Invalidität beider Ehepartner.[11] Der Ausgleichsberechtigte muss aber nicht die speziellen, versicherungsvertraglich vereinbarten Voraussetzungen für den Leistungsbezug der auszugleichenden Versorgung erfüllen.[12] Maßgebender Zeitpunkt ist auch insoweit der Tag der Zustellung des Scheidungsantrags.

D. Rechtsfolgen

I. Schuldrechtsanaloger Ausgleich (Absatz 3)

1. Schuldrechtliche Ausgleichsrente

16   Der Ausgleich erfolgt nach § 28 Abs. 3 VersAusglG nach den Vorschriften über den schuldrechtlichen Versorgungsausgleich (§§ 20, 21, 22 VersAusglG). Das bedeutet aber nicht, dass es sich bei dem sog. schuldrechtsanalogen Ausgleich[13] nach § 28 VersAusglG um einen Wertausgleich nach der Scheidung handelt. Der Ausgleich erfolgt vielmehr im Rahmen des Wertausgleichs bei der Scheidung, allerdings ausnahmsweise nicht durch interne oder externe Teilung, sondern durch Zahlung einer schuldrechtlichen Ausgleichsrente.

2. Höhe der Ausgleichsrente (Absatz 2)

17   Aufgrund der Tatsache, dass Anknüpfungspunkt für den Ausgleich der Eintritt des Versicherungsfalls ist, gilt das Anrecht als in vollem Umfang in der Ehezeit erworben. Die Berechnung des Ausgleichsbetrags erfolgt daher auf der Grundlage der tatsächlich gezahlten Rente. Die Hälfte davon steht dem Berechtigten als Ausgleichsrente zu. Unerheblich ist, wann die Versicherung abgeschlossen worden ist, wie viele Beiträge gezahlt worden sind und wann innerhalb der Ehezeit der Versicherungsfall eingetreten ist.

3. Befristung der Versorgung

18   Wird die auszugleichende Erwerbs- oder Berufsunfähigkeitsversorgung nur befristet gewährt, ist der Ausgleichsanspruch entsprechend befristet.

---

[7] *Götsche* in: HK-VersAusglR, 2012, § 28 VersAusglG Rn. 5.
[8] *Kemper*, Versorgungsausgleich in der Praxis, 2011, Kap. VIII Rn. 32; *Götsche* in: HK-VersAusglR, 2012, § 28 VersAusglG Rn. 5.
[9] *Kemper*, Versorgungsausgleich in der Praxis, 2011, Kap. VIII Rn. 32; *Götsche* in: HK-VersAusglR, 2012, § 28 VersAusglG Rn. 6.
[10] *Kemper*, Versorgungsausgleich in der Praxis, 2011, Kap. VIII Rn. 34; *Götsche* in: HK-VersAusglR, 2012, § 28 VersAusglG Rn. 7.
[11] BT-Drs. 16/10144, S. 69.
[12] *Götsche* in: HK-VersAusglR, 2012, § 28 VersAusglG Rn. 9.
[13] *Kemper*, Versorgungsausgleich in der Praxis, 2011, Kap. VIII Rn. 460 ff.

4. Abtretung

Nach § 28 Abs. 3 VersAusglG, § 21 VersAusglG kann der Ausgleichsberechtigte in Höhe der Ausgleichsrente Abtretung des Anspruchs des Ausgleichspflichtigen gegen die Versicherung verlangen. 19

5. Kapitalzahlung

Sieht die auszugleichende Versorgung statt einer Rente eine Einmalzahlung vor, ist der Ausgleichsanspruch nach § 28 Abs. 3 VersAusglG, § 22 VersAusglG auf Zahlung des hälftigen Kapitalbetrags gerichtet. 20

II. Abfindung

§ 28 Abs. 3 VersAusglG verweist dagegen nicht auf § 23 VersAusglG. Die Zahlung einer Abfindung kann der Ausgleichsberechtigte deshalb nicht verlangen.[14] 21

E. Verfahren

I. Entscheidung von Amts wegen im Scheidungsverbund

Über den Ausgleich einer privaten Invaliditätsversorgung nach § 28 VersAusglG muss das Familiengericht im Rahmen des Scheidungsverfahrens von Amts wegen entscheiden. Das ergibt sich aus § 137 Abs. 2 Satz 2 FamFG. Ein Antrag nach § 223 FamFG ist für den schuldrechtsanalogen Ausgleich nicht erforderlich.[15] 22

II. Verfahrenswert

Im Hinblick darauf, dass über den schuldrechtsanalogen Ausgleich der Invaliditätsversorgung im Rahmen des Wertausgleichs bei der Scheidung entschieden wird, ist für den Verfahrenswert § 50 Abs. 1 Satz 1 Alt. 1 FamGKG maßgebend.[16] Das Anrecht ist also mit 10% des dreimonatigen Nettoeinkommens der Eheleute in die Wertberechnung einzubeziehen. 23

---

[14] *Kemper*, Versorgungsausgleich in der Praxis, 2011, Kap. VIII Rn. 465; a.A. *Götsche* in: HK-VersAusglR, 2012, § 28 VersAusglG Rn. 14.
[15] BT-Drs. 16/10144, S. 69.
[16] OLG Hamm v. 16.08.2010 - II-8 WF 155/10 - FamRZ 2011, 995.

§ 29 VersAusglG Leistungsverbot bis zum Abschluss des Verfahrens

(Fassung vom 03.04.2009, gültig ab 01.09.2009)

Bis zum wirksamen Abschluss eines Verfahrens über den Versorgungsausgleich ist der Versorgungsträger verpflichtet, Zahlungen an die ausgleichspflichtige Person zu unterlassen, die sich auf die Höhe des Ausgleichswerts auswirken können.

Gliederung

A. Grundlagen 1
I. Regelungszusammenhang 1
II. Kurzcharakteristik 2
1. Regelungsinhalt 2
2. Normzweck 3
III. Gesetzesmaterialien 4
B. Praktische Bedeutung 5
C. Anwendungsvoraussetzungen 6
I. Verfahren über den Versorgungsausgleich 6
1. Beginn 6
2. Ende 7
3. Versorgungsausgleichsverfahren 8
II. Adressat des Zahlungsverbots 9
1. Versorgungsträger 9
2. Organisationsform 10
3. Inländische Versorgungsträger 11
III. Zahlungen des Versorgungsträgers 12
1. Betroffene Anrechte 12
a. Im Versorgungsausgleich auszugleichende Anrechte 12
b. Ehezeitanteil 13
c. Qualität der Anrechte 14
2. Zahlungen mit Auswirkung auf den Ausgleichswert 15
a. Erstattungsleistungen 15
b. Vorbereitende Handlungen 16
c. Laufende Rentenzahlungen 17
d. Pfändungen 19
D. Rechtsfolgen bei Verstoß gegen das Leistungsverbot 20
I. Folgen für den Versorgungsausgleich 20
1. Leistung in Unkenntnis des Verbots 20
2. Leistung in Kenntnis des Verbots 21
3. Rückabwicklung der Auszahlung 22
4. Korrektur nach § 27 VersAusglG 23
II. Haftung des Versorgungsträgers 25

A. Grundlagen

I. Regelungszusammenhang

1   Die §§ 28-31 VersAusglG enthalten ergänzende Vorschriften für den Wertausgleich bei oder nach der Scheidung.

II. Kurzcharakteristik

1. Regelungsinhalt

2   § 29 VersAusglG entspricht inhaltlich dem früheren § 10d VAHRG.[1] Die Vorschrift verbietet den Trägern auszugleichender Anrechte, vor Abschluss des Verfahrens über den Versorgungsausgleich Zahlungen an den ausgleichspflichtigen Ehegatten zu leisten, die den Wert des Anrechts beeinflussen.

2. Normzweck

3   Das Auszahlungsverbot soll verhindern, dass ein Ehegatte den Versorgungsausgleich dadurch manipuliert, dass er sich seine Versorgungen auszahlen lässt und dadurch dem Ausgleich entzieht. Denn die Auszahlung hat zur Folge, dass die entsprechenden Anrechte erlöschen und nicht mehr ausgeglichen werden könnten; gleichzeitig unterliegt die ausgezahlte Erstattungsleistung nicht dem Versorgungsausgleich.[2]

III. Gesetzesmaterialien

4   BT-Drs. 16/10144, S. 70.

---

[1] BT-Drs. 16/10144, S. 70.
[2] Vgl. BGH v. 11.02.2004 - XII ZB 65/99 - FamRZ 2004, 693; BGH v. 18.09.1991 - XII ZB 92/89 - FamRZ 1992, 45.

B. Praktische Bedeutung

Für die Praxis ist vor allem von Bedeutung, dass der Schutz des § 29 VersAusglG erst greift, wenn der Versorgungsträger Kenntnis von der Anhängigkeit des Scheidungsverfahrens hat. Diese Kenntnis erhält er regelmäßig durch das Auskunftsersuchen des Familiengerichts, das erst erfolgt, nachdem die Eheleute durch Übersendung des amtlichen Fragebogens V10 Auskunft darüber erteilt haben, welche Versorgungen bestehen. Die Eheleute haben also die Möglichkeit, durch Verzögerung dieser Auskunft die Kenntnis des Versorgungsträgers von der Anhängigkeit des Verfahrens hinauszuschieben und gleichzeitig die Auszahlung der Versorgung zu veranlassen. Wenn Anhaltspunkte dafür bestehen, dass ein Ehegatte versucht, den Versorgungsausgleich auf diese Weise zu manipulieren, sollte der andere Ehepartner, wenn ihm die Versorgungen seines Gatten bekannt sind, vorab die Versorgungsträger über die Anhängigkeit des Scheidungsverfahrens unterrichten und auf das bestehende Leistungsverbot hinweisen.

C. Anwendungsvoraussetzungen

I. Verfahren über den Versorgungsausgleich

1. Beginn

Das Zahlungsverbot beginnt mit der Anhängigkeit des Scheidungsverfahrens, also dem Eingang der Scheidungsantragsschrift bei Gericht. Auf die Kenntnis des Versorgungsträgers kommt es nicht an. Allerdings kommt eine Haftung des Versorgungsträgers nach Verstoß gegen das Leistungsverbot nur bei entsprechender Kenntnis in Betracht.

2. Ende

Das Verbot dauert bis zum rechtskräftigen Abschluss des Verfahrens über den Versorgungsausgleich nach § 224 Abs. 1 FamFG und Rechtskraft der Ehescheidung. Erst dann wird die Entscheidung über den Versorgungsausgleich wirksam (§ 148 FamFG).

3. Versorgungsausgleichsverfahren

Die Zahlungssperre gilt in allen Verfahren im Sinne des § 217 FamFG. Dazu zählen neben dem Verfahren über den Wertausgleich bei der Scheidung auch Verfahren über den Wertausgleich nach der Scheidung und Abänderungsverfahren.

II. Adressat des Zahlungsverbots

1. Versorgungsträger

Das Leistungsverbot richtet sich ausschließlich an den Träger des auszugleichenden Anrechts. Es hindert also nicht den Ausgleichspflichtigen daran, ein vertraglich vereinbartes Kapitalwahlrecht auszuüben und das Anrecht dadurch dem Ausgleich zu entziehen (vgl. § 2 Abs. 2 Nr. 3 VersAusglG).[3] Übt der ausgleichspflichtige Ehegatte während des laufenden Versorgungsausgleichsverfahrens das für eine private Rentenversicherung vertraglich vorgesehene Kapitalwahlrecht aus, kommt allerdings eine Korrektur nach § 27 VersAusglG in Betracht, wenn die Herausnahme des Anrechts aus dem Versorgungsausgleich ein illoyales Verhalten darstellt. Das ist insbesondere dann anzunehmen, wenn der Kapitalwert wegen vereinbarter Gütertrennung nicht güterrechtlich ausgeglichen werden kann.[4]

2. Organisationsform

Unerheblich ist die Organisationform des Versorgungsträgers. Das Leistungsverbot gilt für öffentlich-rechtliche Versorgungsträger ebenso wie für privatrechtlich organisierte Versorgungsträger.

3. Inländische Versorgungsträger

Das Zahlungsverbot gilt aber nur für inländische Versorgungsträger. Im Hinblick darauf, dass Anrechte bei ausländischen Versorgungsträgern nach § 19 Abs. 2 Nr. 4 VersAusglG mangels Ausgleichsreife ohnehin nicht im Rahmen des Wertausgleichs bei der Scheidung ausgeglichen werden können, würde

---

[3] BGH v. 05.02.2003 - XII ZB 53/98 - FamRZ 2003, 664; a.A. AG Tempelhof-Kreuzberg v. 14.02.2012 - 162A F 20295/11.
[4] OLG Stuttgart v. 16.02.2012 - 18 UF 327/11 - FamRZ 2012, 1880; OLG Hamm v. 14.11.2013 - 14 UF 107/13.

§ 29 VersAusglG

eine Ausgleichssperre bis zum Abschluss des Versorgungausgleichsverfahrens auch keinen wirksamen Schutz vor Manipulationen bieten. Allerdings kann in den Fällen der vorzeitigen Auflösung eines ausländischen Anrechts u.U. eine Korrektur des Ausgleichs nach § 27 VersAusglG erfolgen.

III. Zahlungen des Versorgungsträgers

1. Betroffene Anrechte

a. Im Versorgungsausgleich auszugleichende Anrechte

12   Das Zahlungsverbot des § 29 VersAusglG gilt für alle im Versorgungsausgleich auszugleichenden Anrechte i.S.d. § 2 VersAusglG.

b. Ehezeitanteil

13   Es umfasst aber nur den Ehezeitanteil eines Anrechts (§ 3 Abs. 1 VersAusglG), nicht dagegen vor oder nach der Ehezeit erworbene Anteile von Anrechten.[5] Anteile von Anrechten, die der Ausgleichspflichtige vor oder nach Ehezeit erworben hat, können ausgezahlt werden, weil diese Auszahlung die Höhe des Ehezeitanteils nicht – auch nicht indirekt – beeinflusst.

c. Qualität der Anrechte

14   Im Übrigen kommt es auf die Art oder die Höhe des Anrechts nicht an. Unerheblich ist insbesondere, ob das Anrecht einen geringen Ausgleichswert im Sinne des § 18 VersAusglG hat. Die Entscheidung darüber, ob ein solches Anrecht ausgeglichen wird oder nicht, trifft alleine das Familiengericht. Dasselbe gilt für einen möglichen Ausschluss des Ausgleichs nach § 27 VersAusglG. Unerheblich ist auch, ob das Anrecht ausgleichsreif i.S.d. § 19 VersAusglG ist. Denn insoweit kommt im Rahmen des Wertausgleichs bei der Scheidung ein Ausgleich nach § 23 VersAusglG in Betracht.

2. Zahlungen mit Auswirkung auf den Ausgleichswert

a. Erstattungsleistungen

15   Unter Zahlungen im Sinne des § 29 VersAusglG sind alle Leistungen an den Ausgleichspflichtigen zu verstehen, die sich auf die Höhe des Ausgleichswerts des Anrechts auswirken. Verboten sind also Versorgungsabfindungen, Versorgungskapitalisierungen oder sonstige Austrittsleistungen, die zum Erlöschen oder zur Minderung des Anrechts führen. Dazu zählen insbesondere Beitragserstattungen aus der gesetzlichen Rentenversicherung nach § 210 SGB VI. Unerheblich ist, ob die für die Versorgung maßgebende Versorgungsordnung Erstattungsleistungen ausdrücklich vorsieht.

b. Vorbereitende Handlungen

16   Verboten sind auch vorbereitende Handlungen, die auf eine den Ausgleichswert beeinflussende Zahlung abzielen. § 29 VersAusglG steht deshalb schon dem Erlass eines Erstattungsbescheids entgegen.[6]

c. Laufende Rentenzahlungen

17   Nicht verboten sind dagegen die laufenden Zahlungen im Rahmen der Leistungsphase. Befindet sich das Anrecht nicht mehr in der Ansparphase, sondern im Leistungsstadium, so dass die vereinbarten Versorgungsleistungen erbracht werden, fallen diese Zahlungen nicht unter das Leistungsverbot des § 29 VersAusglG.[7] Denn der Bezug laufender Versorgungsleistungen stellt keine Manipulation des Versorgungsausgleichs dar.

18   Die Zahlungssperre des § 29 VersAusglG gestattet den Versorgungsträgern auch nicht, bereits laufende Rentenzahlungen im Vorgriff auf die zu erwartende Kürzung durch den Versorgungsausgleich abzusenken.[8]

---

[5] *Götsche* in: HK-VersAuglR, 2012, § 29 VersAuglG Rn. 8.
[6] *Götsche* in: HK-VersAuglR, 2012, § 29 VersAuglG Rn. 10.
[7] BGH v. 07.09.2011 - XII ZB 546/10 - FamRZ 2011, 1785; OLG Frankfurt v. 26.01.2012 - 5 UF 90/00; OLG Köln v. 15.01.2013 - 4 UF 126/12 - FamRZ 2013, 1578.
[8] *Hauß*, FamRB 2010, 251-257, 252; *Götsche* in: HK-VersAuglR, 2012, § 29 VersAuglG Rn. 20.

d. Pfändungen

Das Leistungsverbot enthält kein relatives Verfügungsverbot im Sinne des § 135 BGB. Es führt also nicht dazu, dass das Anrecht nicht mehr mit dinglicher Wirkung übertragbar und damit nach § 851 Abs. 1 ZPO unpfändbar ist.[9]

D. Rechtsfolgen bei Verstoß gegen das Leistungsverbot

I. Folgen für den Versorgungsausgleich

1. Leistung in Unkenntnis des Verbots

Leistet der Versorgungsträger verbotswidrige Zahlungen, geht das Anrecht – weil kein relatives Verfügungsverbot im Sinne des § 135 BGB besteht[10] – ganz oder teilweise unter und kann nicht mehr ausgeglichen werden. Zahlt der Versorgungsträger in Unkenntnis des Verbots und ist ihm diese Unkenntnis auch nicht vorzuwerfen, kann er sich auf den Schuldnerschutz nach § 407 BGB berufen.[11]

2. Leistung in Kenntnis des Verbots

Leistet der Versorgungsträger dagegen trotz Kenntnis von der Anhängigkeit des Scheidungsverfahrens, kommen Schadensersatzansprüche gegen den Versorgungsträger in Betracht.

3. Rückabwicklung der Auszahlung

Eine Rückabwicklung der Auszahlung kommt nur in Ausnahmefällen in Betracht – etwa bei Anrechten in der gesetzlichen Rentenversicherung. Ein versehentlich oder vor Kenntnis vom Scheidungsverfahren erlassener Leistungsbescheid ist nach § 45 SGB X aufzuheben. Der Versorgungsträger ist gegebenenfalls gehalten, bereits ausgezahlte Beträge zurückzufordern.

4. Korrektur nach § 27 VersAusglG

Gelingt es einem Ehegatten trotz der Zahlungssperre des § 29 VersAusglG, den Versorgungsträger zur Auszahlung der Versorgung zu veranlassen, kommt eine Korrektur des Ausgleichs nach § 27 VersAusglG in Betracht. Das gilt insbesondere dann, wenn ein privater Rentenversicherungsvertrag in der Absicht gekündigt worden ist, das Anrecht dem Versorgungausgleich zu entziehen.[12] Das Familiengericht kann in solchen Fällen dem treuwidrigen Verhalten dadurch begegnen, dass es vom Ausgleich einzelner oder mehrerer Anrechte des anderen Ehegatten nach § 27 VersAusglG absieht. Kann etwa ein Anrecht aus privater Altersvorsorge infolge versorgungsfeindlicher Kündigung des Versicherungsvertrages nicht mehr nach den §§ 9 ff. VersAusglG ausgeglichen werden, kommt ein Ausschluss des Ausgleichs eines Anrechts des anderen Ehepartners in Höhe des Ausgleichswerts des erloschenen Anrechts in Betracht.[13]

Nach Auffassung des AG Tempelhof-Kreuzberg soll bei einem Verstoß gegen das Leistungsverbot des § 29 VersAusglG eine Billigkeitskorrektur über § 27 VersAusglG nur im Ausnahmefall in Betracht kommen. Ein solcher Ausnahmefall sei jedenfalls dann nicht gegeben, wenn das verbotswidrig ausgezahlte Anrecht nur einen untergeordneten Anteil an den Versorgungen der Ehegatten einnehme, zumal dem durch den Verstoß gegen das Schutzgesetz benachteiligten Ehegatten eine andere Kompensationsmöglichkeit, nämlich ein Schadensersatzanspruch gegen den Versorgungsträger, zur Verfügung stehe.[14] Gegen diese Auffassung bestehen Bedenken. Wenn eine Korrektur unschwer über § 27 VersAusglG erfolgen kann, ist nicht einzusehen, warum dem Ausgleichsberechtigten, zu dessen Nachteil die verbotswidrige Verfügung erfolgt ist, das Risiko eines Prozesses gegen den Versorgungsträger des Ausgleichspflichtigen, der die verbotswidrige Verfügung veranlasst hat, aufgebürdet werden soll.

---

[9] OLG Stuttgart v. 27.12.2012 - 17 UF 237/12 - FamRZ 2013, 1658; a.A. OLG Naumburg v. 04.08.2011 - 3 UF 116/11 - FamRZ 2012, 1057; BGH v. 05.02.2003 - XII ZB 53/98 - FamRZ 2003, 664; BGH v. 19.10.1994 - XII ZB 158/93 - FamRZ 1995, 31.

[10] BGH v. 05.02.2003 - XII ZB 53/98 - FamRZ 2003, 664; BGH v. 19.10.1994 - XII ZB 158/93 - FamRZ 1995, 31.

[11] *Götsche* in: HK-VersAusglR, 2012, § 29 VersAusglG Rn. 16.

[12] BT-Drs. 16/10144, S. 68; OLG Nürnberg v. 20.04.2011 - 10 UF 36/11 - FamRZ 2011, 1737; OLG Brandenburg v. 22.09.2010 - 9 UF 98/10 - FamRZ 2011, 722, OLG Köln v. 02.05.2013 - 4 UF 33/13.

[13] OLG Brandenburg v. 22.09.2010 - 9 UF 98/10 - FamRZ 2011, 722; vgl. auch OLG Hamm v. 14.11.2013 - 14 UF 107/13.

[14] AG Tempelhof-Kreuzberg v. 14.02.2012 - 162A F 20295/11.

II. Haftung des Versorgungsträgers

25 Verstößt der Versorgungsträger schuldhaft gegen das Leistungsverbot, kommen Schadensersatzansprüche nach § 823 Abs. 2 BGB oder § 839 BGB i.V.m. Art. 34 GG in Betracht.[15] Das Verschulden setzt aber regelmäßig Kenntnis von der Anhängigkeit des Scheidungsverfahrens voraus. Eine generelle Verpflichtung der Versorgungsträger, bei einem Auszahlungsantrag nach der Anhängigkeit eines Scheidungsverfahrens zu fragen, besteht nicht.[16]

---

[15] BGH v. 18.09.1991 - XII ZB 92/89 - FamRZ 1992, 45; BGH v. 19.10.1994 - XII ZB 158/93 - FamRZ 1995, 31.
[16] *Götsche* in: HK-VersAusglR, 2012, § 29 VersAusglG Rn. 17.

§ 30 VersAusglG Schutz des Versorgungsträgers

(Fassung vom 03.04.2009, gültig ab 01.09.2009)

(1) ¹Entscheidet das Familiengericht rechtskräftig über den Ausgleich und leistet der Versorgungsträger innerhalb einer bisher bestehenden Leistungspflicht an die bisher berechtigte Person, so ist er für eine Übergangszeit gegenüber der nunmehr auch berechtigten Person von der Leistungspflicht befreit. ²Satz 1 gilt für Leistungen des Versorgungsträgers an die Witwe oder den Witwer entsprechend.

(2) Die Übergangszeit dauert bis zum letzten Tag des Monats, der dem Monat folgt, in dem der Versorgungsträger von der Rechtskraft der Entscheidung Kenntnis erlangt hat.

(3) Bereicherungsansprüche zwischen der nunmehr auch berechtigten Person und der bisher berechtigten Person sowie der Witwe oder dem Witwer bleiben unberührt.

Gliederung

A. Grundlagen 1	3. Rentenbezug der Hinterbliebenen (Absatz 1
I. Kurzcharakteristik 1	Satz 2) 17
1. Regelungsinhalt 1	4. Gläubigerwechsel 18
2. Normzweck 2	IV. Übergangszeit (Absatz 2) 19
3. Normstruktur 3	1. Rechtskraftmitteilung 20
II. Gesetzesmaterialien 4	2. Elektronisches Übermittlungsverfahren 21
B. Praktische Bedeutung 5	3. Zustellung der Beschwerdeentscheidung des
C. Anwendungsvoraussetzungen 8	OLG 22
I. Rechtskräftige Entscheidung über den Versorgungsausgleich (Absatz 1) 9	4. Informationspflicht des Versorgungsträgers 23
II. Ausgleich durch interne Teilung 11	V. Bereicherungsansprüche (Absatz 3) 24
III. Bezug laufender Leistungen 13	1. Bereicherungsrechtlicher Ausgleich 24
1. Rentenbezug des Ausgleichspflichtigen 13	2. Eingriffskondiktion nach § 816 Abs. 2 BGB 25
2. Rentenbezug des Ausgleichsberechtigten (Absatz 1 Satz 1) 15	3. Entreicherung 26
	4. Umfang der Bereicherung 27

A. Grundlagen

I. Kurzcharakteristik

1. Regelungsinhalt

Mit der Entscheidung über den Versorgungsausgleich greift das Familiengericht gestaltend in die Rechtsbeziehungen der Eheleute zu den beteiligten Versorgungsträgern ein. Diese Entscheidung muss bei den Versorgungsträgern technisch umgesetzt werden. Gleichzeitig muss der Versorgungsträger möglicherweise einer schon bestehenden Leistungspflicht nachkommen. Diese Leistungspflicht ändert sich durch die Entscheidung über den Versorgungausgleich; unter Umständen tritt eine neue Leistungspflicht hinzu. Vor diesem Hintergrund bestimmt § 30 VersAusglG, dass der Versorgungsträger nach einer rechtskräftigen Entscheidung über den Versorgungsausgleich für eine Übergangszeit von der Leistungspflicht befreit wird, wenn er an den bisherigen Leistungsempfänger zahlt.[1]

1

2. Normzweck

Die Vorschrift soll also die Versorgungsträger vor einer doppelten Inanspruchnahme infolge des Versorgungsausgleichs schützen.[2] Gleichzeitig stellt sie für den Fall einer Leistung an den nicht mehr berechtigten Ehegatten klar, dass die Möglichkeit eines Ausgleichs besteht.

2

---

[1] BT-Drs. 16/10144, S. 70.
[2] BT-Drs. 16/10144, S. 70.

3. Normstruktur

3 § 30 Abs. 1 VersAusglG normiert die Leistungsbefreiung des Versorgungsträgers. Absatz 2 legt die zeitlichen Grenzen dafür fest. Absatz 3 stellt klar, dass gegebenenfalls zwischen den Eheleuten bzw. deren Witwen oder Witwern eine bereicherungsrechtliche Abwicklung stattfindet.

II. Gesetzesmaterialien

4 BT-Dr. 16/10144, S. 70.

B. Praktische Bedeutung

5 Die Vorschrift kommt nur dann zum Tragen, wenn bereits Leistungen aus einem auszugleichenden Anrecht erbracht werden und auch der Ausgleichsberechtigte die Voraussetzung für den Leistungsbezug aus dem übertragenen Anrecht erfüllt. Dann besteht die Gefahr, dass der Versorgungsträger an den falschen Ehepartner leistet.

6 Bedeutung hat die Vorschrift vor allem für die von einer Entscheidung über den Versorgungsausgleich betroffenen Versorgungsträger, für die die Verwaltung der Versorgungsanrechte ein Massengeschäft darstellt. Im Fall der Teilung einer schon laufenden Rente sind an der Umsetzung nicht selten mehrere Abteilungen und Personen desselben Versorgungsträgers beteiligt, so dass sich die Umsetzung verzögern kann.

7 Für den ausgleichsberechtigten Ehegatten ist in erster Linie § 30 Abs. 3 VersAusglG von Bedeutung. Er sollte, wenn die ihm aufgrund des Versorgungsausgleichs zustehenden Rentenleistungen ausbleiben, immer an die Möglichkeit der Inanspruchnahme des anderen Ehegatten denken.

C. Anwendungsvoraussetzungen

8 Die Leistungsbefreiung nach § 30 Abs. 1 VersAusglG tritt ein, wenn der Versorgungsträger nach rechtskräftiger Entscheidung über den Versorgungsausgleich Leistungen aus einem darin übertragenen Anrecht nicht an den ausgleichsberechtigten Ehegatten erbringt, sondern noch an den ausgleichspflichtigen Ehegatten leistet.

I. Rechtskräftige Entscheidung über den Versorgungsausgleich (Absatz 1)

9 Die befreiende Wirkung der Leistung an den bislang Berechtigten hängt davon ab, dass das Familiengericht rechtskräftig über den Versorgungsausgleich entschieden hat. Darüber hinaus muss diese rechtskräftige Entscheidung auch wirksam sein. Rechtskraft und Wirksamkeit können auseinanderfallen, wenn das Verfahren über den Versorgungsausgleich nach § 140 FamFG aus dem Scheidungsverbund abgetrennt worden ist und das Gericht ausnahmsweise vor Ausspruch der Ehescheidung über den Versorgungsausgleich entschieden hat. Die rechtskräftige Entscheidung über den Versorgungsausgleich wird dann erst mit Rechtskraft der Ehescheidung wirksam (§ 148 FamFG).

10 Als rechtskräftige Entscheidung über den Versorgungsausgleich kommen nicht nur erstmalige Entscheidungen im Scheidungsverbund, sondern auch Anpassungen nach den §§ 32-38 VersAusglG oder eine Abänderungsentscheidung des Familiengerichts in Betracht.[3]

II. Ausgleich durch interne Teilung

11 Die Leistungsbefreiung nach § 30 Abs. 1 VersAusglG setzt dem Wortlaut der Vorschrift nach voraus, dass für den Bezug der laufenden Leistungen an den Ausgleichspflichtigen und den Ausgleichsberechtigten derselbe Versorgungsträger zuständig ist, beide Anrechte also innerhalb desselben Versorgungssystems bestehen. Deshalb kommt die Leistungsbefreiung nur in Betracht, wenn ein Anrecht im Wege der internen Teilung nach den §§ 10, 11 VersAusglG ausgeglichen worden ist.[4]

12 Das ist auch dann der Fall, wenn bei der Teilung gesetzlicher Rentenanrechte unterschiedliche Regionalträger der gesetzlichen Rentenversicherung zuständig sind.[5]

---

[3] *Rehbein* in: HK-VersAusglR, 2012, § 30 VersAusglG Rn. 7.
[4] *Rehbein* in: HK-VersAusglR, 2012, § 30 VersAusglG Rn. 8.
[5] *Rehbein* in: HK-VersAusglR, 2012, § 30 VersAusglG Rn. 9.

III. Bezug laufender Leistungen

1. Rentenbezug des Ausgleichspflichtigen

Die Leistungsbefreiung gegenüber dem Ausgleichsberechtigten setzt außerdem voraus, dass der Ausgleichspflichtige bereits laufende Versorgungsleistungen bezieht. 13

§ 30 VersAusglG ist eine alleine dem Schutz der Versorgungsträger vor Doppelleistungen dienende Vorschrift. Die Befreiung des Versorgungsträgers von der Leistungspflicht gegenüber der nunmehr auch berechtigten Person gemäß § 30 Abs. 1 Satz 1 VersAusglG setzt deshalb voraus, dass die bisher berechtigte Person bereits Leistungen erhalten hat.[6] 14

2. Rentenbezug des Ausgleichsberechtigten (Absatz 1 Satz 1)

Daneben müssen auch beim Ausgleichsberechtigten die Voraussetzungen für den Leistungsbezug gegeben sein. 15

§ 30 Abs. 1 Satz 1 VersAusglG ist aber nicht nur dann anwendbar, wenn die durch den erfolgten Versorgungsausgleich berechtigte Person ihr erworbenes Versorgungsanrecht sofort geltend machen kann, sondern auch dann, wenn der Leistungsanspruch erst zu einem späteren Zeitpunkt entsteht. Das ist etwa bei Anrechten in der gesetzlichen Rentenversicherung der Fall. Der Leistungsanspruch entsteht nämlich nach § 101 Abs. 3 SGB VI erst mit Ablauf des Monats, in dem der Versorgungsausgleich durchgeführt worden ist. Voraussetzung für die Anwendung des § 30 Abs. 1 VersAusglG ist aber, dass der Zeitpunkt der Entstehung des Anspruchs in die Übergangszeit nach § 30 Abs. 2 VersAusglG fällt. 16

3. Rentenbezug der Hinterbliebenen (Absatz 1 Satz 2)

Nach § 30 Abs. 1 Satz 2 VersAusglG wird der Versorgungsträger auch dann leistungsfrei, wenn er innerhalb der Übergangszeit ungekürzte Leistungen an die Hinterbliebenen erbracht hat. Damit erfasst die Vorschrift die Fälle der Beteiligung des Ausgleichsberechtigten an einer Hinterbliebenenversorgung nach § 25 VersAusglG und § 26 VersAusglG. 17

4. Gläubigerwechsel

Der in § 30 Abs. 1 VersAusglG enthaltene Regelungszweck eines Schuldnerschutzes des leistungspflichtigen Versorgungsträgers greift nur im Fall eines vollständigen oder teilweisen Gläubigerwechsels ein. Ein solcher Fall ist nicht gegeben, wenn aufgrund eines Abänderungsverfahrens nach § 51 VersAusglG die Leistungspflicht des Versorgungsträgers erstmals unmittelbar gegenüber der ausgleichsberechtigten Person entsteht. Das ist der Fall, wenn ein Anrecht bei einem öffentlich-rechtlichen Versorgungsträger im Wege des analogen Quasisplittings nach § 1 Abs. 3 VAHRG a.F. ausgeglichen worden ist, also durch Begründung eines Anrechts in der gesetzlichen Rentenversicherung. In einem solchen Fall tritt ein Gläubigerwechsel nur insoweit ein, als der Versorgungsträger bisher verpflichtet war, dem Träger der gesetzlichen Rentenversicherung die Aufwendungen zu erstatten, die dieser zugunsten der ausgleichsberechtigten Person erbracht hat. Hinsichtlich des weitergehenden Anspruchs greift § 226 Abs. 4 FamFG ein, so dass der Versorgungsträger der auszugleichenden Versorgung ab dem in § 226 Abs. 4 FamFG bestimmten Zeitpunkt Rentenleistungen zu erbringen hat.[7] 18

IV. Übergangszeit (Absatz 2)

Die Leistungsbefreiung tritt nur innerhalb der in § 30 Abs. 2 VersAusglG bestimmten Übergangszeit ein. Die Frist endet mit Ablauf des Monats, der dem Monat folgt, in dem der Versorgungsträger zuverlässige Kenntnis von der Rechtskraft der Entscheidung über den Versorgungsausgleich erhält. 19

1. Rechtskraftmitteilung

Dabei kommt es nicht darauf an, wie der Versorgungsträger von der Rechtskraft der Entscheidung über den Versorgungsausgleich erfährt. In der Regel erhält der Versorgungsträger die Kenntnis durch Übersendung der Rechtskraftmitteilung durch das Familiengericht nach § 46 FamFG.[8] Denkbar ist aber, dass die Beteiligten den Versorgungsträger schon vor Zugang des Rechtskraftzeugnisses des Gerichtes durch Übersendung einer Kopie des Rechtskraftzeugnisses von der Rechtskraft der Entscheidung über 20

---

[6] VG Stuttgart v. 27.06.2012 - 8 K 4605/11.
[7] VG München v. 16.02.2012 - M 12 K 11.6148 - FamRZ 2012, 1809.
[8] *Rehbein* in: HK-VersAusglR, 2012, § 30 VersAusglG Rn. 11.

den Versorgungsausgleich unterrichten. Dann ist der Zugang dieser Mitteilung für die Dauer der Übergangsfrist maßgebend. Eine mündliche oder schriftliche Information des Versorgungsträgers ohne entsprechenden Nachweis genügt dagegen nicht.[9]

2. Elektronisches Übermittlungsverfahren

21 Nehmen das Familiengericht und der Versorgungsträger am elektronischen Übermittlungsverfahren teil, ergibt sich der maßgebende Zeitpunkt aus § 229 Abs. 5 FamFG.

3. Zustellung der Beschwerdeentscheidung des OLG

22 Die Zustellung der Entscheidung im Beschwerdeverfahren setzt die Übergangsfrist auch dann nicht in Gang, wenn das Oberlandesgericht die Rechtsbeschwerde nicht zugelassen hat. Maßgebend ist vielmehr die Kenntnis des Versorgungsträgers von der Verwerfungsentscheidung des BGH.[10]

4. Informationspflicht des Versorgungsträgers

23 Aus der Förderungs- und Beschleunigungspflicht nach den §§ 2 Abs. 2, 17 Abs. 1 Nr. 1 SGB I kann eine Verpflichtung der Versorgungsträger abgeleitet werden, sich bei Ausbleiben der Rechtskraftmitteilung nach angemessener Zeit nach der Rechtskraft der Entscheidung über den Versorgungsausgleich zu erkundigen. Unterlässt der Versorgungsträger die gebotene Nachfrage, kann er sich nicht mehr auf die Unkenntnis von der Entscheidung berufen.[11]

V. Bereicherungsansprüche (Absatz 3)

1. Bereicherungsrechtlicher Ausgleich

24 Hat der Versorgungsträger innerhalb der Übergangszeit Leistungen an den Ausgleichpflichtigen erbracht, die nach der Entscheidung über den Versorgungsausgleich dem Ausgleichsberechtigten zugestanden hätten, kommt eine Rückforderung durch den Versorgungsträger vom Ausgleichspflichtigen nicht in Betracht; stattdessen wird der Versorgungsträger von seiner Leistungspflicht gegenüber dem Ausgleichsberechtigten befreit. Der Ausgleich erfolgt vielmehr zwischen den Eheleuten. Dazu stellt § 30 Abs. 3 VersAusglG klar, dass die Leistungsbefreiung des Versorgungsträgers Ausgleichsansprüche des Berechtigten gegen den anderen Ehepartner unberührt lässt.

2. Eingriffskondiktion nach § 816 Abs. 2 BGB

25 Der Ausgleichsberechtigte kann also einen bereicherungsrechtlichen Ausgleich der zu Unrecht an den Ausgleichspflichtigen gezahlten Leistungen verlangen. In Betracht kommt insbesondere die Nichtleistungskondiktion nach § 816 Abs. 2 BGB (Leistung an einen Nichtberechtigten).

3. Entreicherung

26 Der Ausgleichspflichtige kann sich in der Regel nicht auf Entreicherung nach § 818 Abs. 3 BGB berufen, weil er die Entscheidung über den Versorgungsausgleich und damit das Fehlen des Rechtsgrunds für die Zahlung der ungekürzten Versorgung kennt (§ 819 Abs. 1 BGB, § 818 Abs. 4 BGB).

4. Umfang der Bereicherung

27 Der Ersatzanspruch umfasst nicht notwendig die entgangene Versorgung, sondern ist begrenzt auf die Höhe der unberechtigten Zahlung an den Ausgleichspflichtigen. Denn der Ausgleich darf nicht zu einem finanziellen Nachteil des Ausgleichspflichtigen führen.[12]

---

[9] *Rehbein* in: HK-VersAusglR, 2012, § 30 VersAusglG Rn. 14.
[10] BSG v. 02.10.1984 - 5b RJ 26/83 - FamRZ 1985, 595.
[11] BSG v. 01.02.1983 - 4 RJ 75/81 - FamRZ 1983, 699.
[12] *Rehbein* in: HK-VersAusglR, 2012, § 30 VersAusglG Rn. 22; AG Weißenfels v. 28.06.2011 - 5 F 99/11.

§ 31 VersAusglG Tod eines Ehegatten

(Fassung vom 03.04.2009, gültig ab 01.09.2009)

(1) ¹Stirbt ein Ehegatte nach Rechtskraft der Scheidung, aber vor Rechtskraft der Entscheidung über den Wertausgleich nach den §§ 9 bis 19, so ist das Recht des überlebenden Ehegatten auf Wertausgleich gegen die Erben geltend zu machen. ²Die Erben haben kein Recht auf Wertausgleich.

(2) ¹Der überlebende Ehegatte darf durch den Wertausgleich nicht bessergestellt werden, als wenn der Versorgungsausgleich durchgeführt worden wäre. ²Sind mehrere Anrechte auszugleichen, ist nach billigem Ermessen zu entscheiden, welche Anrechte zum Ausgleich herangezogen werden.

(3) ¹Ausgleichsansprüche nach der Scheidung gemäß den §§ 20 bis 24 erlöschen mit dem Tod eines Ehegatten. Ansprüche auf Teilhabe an der Hinterbliebenenversorgung nach den §§ 25 und 26 bleiben unberührt. ²§ 1586 Abs. 2 Satz 1 des Bürgerlichen Gesetzbuchs gilt entsprechend.

Gliederung

A. Grundlagen 1	1. Schuldrechtlicher Ausgleich/Abfindung
I. Kurzcharakteristik 1	(Absatz 3 Satz 1) 28
1. Regelungsinhalt 1	a. Tod eines Ehegatten 29
2. Regelungszusammenhang 2	b. Untergang der Ansprüche 30
a. Tod vor Rechtskraft der Scheidung 2	c. Schuldrechtliche Ausgleichsrente 32
b. Tod nach Rechtskraft der Entscheidung über	d. Abtretung 33
den Versorgungsausgleich 3	e. Kapitalleistungen/Abfindungen 34
c. Tod zwischen Rechtskraft der Ehescheidung	2. Hinterbliebenenversorgung (Absatz 3 Satz 2) 35
und Durchführung des Versorgungsausgleichs ... 5	III. Erfüllung und Schadensersatz (Absatz 3
3. Normstruktur 6	Satz 3) 36
II. Gesetzesmaterialien 7	**D. Verfahren** 39
B. Praktische Bedeutung 8	I. Tod vor Rechtskraft der Ehescheidung 39
C. Anwendungsvoraussetzungen 11	II. Tod zwischen Rechtskraft der Scheidung und
I. Tod eines Ehegatten (Absätze 1 und 2) 11	Durchführung des Wertausgleichs 40
1. Tod des Ausgleichspflichtigen (Absatz 1	1. Tod des Ausgleichspflichtigen 40
Satz 1) 11	a. Beteiligung der Erben 40
2. Tod des Ausgleichsberechtigten (Absatz 1	b. Keine Verfahrensunterbrechung 42
Satz 2) 13	c. Beschlussformel 43
3. Begrenzung des Ausgleichs (Absatz 2) 14	2. Tod des Ausgleichsberechtigten 44
a. Folgen des Hin- und Herausgleichs (Absatz 2	a. Hauptsacheerledigung 44
Satz 1) 14	b. Beschlussformel 46
b. Gesamtbilanz der Versorgungen 15	III. Abänderungsverfahren 47
c. Ausgleich mehrerer Anrechte (Absatz 2	1. Tod während des Abänderungsverfahrens 47
Satz 2) 26	2. Abänderung von Alttiteln 48
II. Wertausgleich nach der Scheidung bei Tod	
eines Ehegatten (Absatz 3) 27	

A. Grundlagen

I. Kurzcharakteristik

1. Regelungsinhalt

Die Vorschrift regelt die Auswirkungen des Todes eines Ehegatten auf den Versorgungsausgleich. Sie betrifft in erster Linie die Fälle, in denen ein Ehegatte nach Rechtskraft der Scheidung stirbt, der Versorgungsausgleich aber noch nicht durchgeführt worden ist.

§ 31 VersAusglG

2. Regelungszusammenhang

a. Tod vor Rechtskraft der Scheidung

2 Stirbt ein Ehegatte vor der Rechtskraft der Ehescheidung, besteht im Hinblick auf den Versorgungsausgleich kein Regelungsbedarf. Die Ehe wird dann nämlich nicht durch Scheidung, sondern durch den Tod des Ehegatten beendet. Ein Versorgungsausgleich findet nach § 1587 BGB aber nur zwischen geschiedenen Eheleuten statt. Ein anhängiges Scheidungsverfahren wird durch den Tod eines Ehegatten in der Hauptsache erledigt (§ 131 FamFG), und zwar einschließlich des Verfahrens über den Versorgungsausgleich.

b. Tod nach Rechtskraft der Entscheidung über den Versorgungsausgleich

3 Auch für den Fall des Todes eines Ehegatten nach rechtskräftiger Entscheidung über den Versorgungsausgleich besteht kein Regelungsbedürfnis mehr, sofern nicht eine Abänderung nach §§ 51, 52 VersAusglG in Betracht kommt. Eine Rückabwicklung des Versorgungsausgleichs findet grundsätzlich nicht statt.

4 Zur Vermeidung unbilliger Härten sieht § 37 VersAusglG allerdings die Möglichkeit einer Anpassung des Versorgungsausgleichs vor, falls der Ausgleichsberechtigte vor seinem Tod nicht länger als drei Jahre lang Leistungen aus dem übertragenen Anrecht bezogen hat.

c. Tod zwischen Rechtskraft der Ehescheidung und Durchführung des Versorgungsausgleichs

5 § 31 VersAusglG trifft deshalb nur Regelungen für den Fall, dass ein Ehegatte im Zeitraum zwischen Rechtskraft der Ehescheidung und Durchführung des Versorgungsausgleichs stirbt. Für diesen Fall hängen die Rechtsfolgen des Todes eines Ehegatten davon ab, ob es sich bei noch ausstehenden Versorgungsausgleich um den Wertausgleich bei der Scheidung nach den §§ 9-19 VersAusglG handelt oder nur noch ein Wertausgleich nach der Scheidung gemäß §§ 20-24 VersAusglG in Betracht kommt. Steht der Wertausgleich bei der Scheidung noch aus, wird danach differenziert, ob der ausgleichsberechtigte oder der ausgleichspflichtige Ehepartner gestorben ist.

3. Normstruktur

6 § 31 Abs. 1 VersAusglG regelt die Auswirkungen des Todes eines Ehegatten auf den Wertausgleich bei der Scheidung. Nach Abs. 1 Satz 2 erlischt der Ausgleichsanspruch mit dem Tod des Ausgleichsberechtigten. Stirbt der ausgleichspflichtige Ehegatte, kann der Ausgleichsberechtigte den Ausgleichsanspruch nach Absatz 1 Satz 1 gegen die Erben geltend machen. Absatz 2 begrenzt diesen Anspruch. Absatz 3 normiert die Auswirkungen des Todes eines Ehegatten auf den Wertausgleich nach der Scheidung.

II. Gesetzesmaterialien

7 BT-Drs. 16/10144, S. 70, 71.

B. Praktische Bedeutung

8 Die Bedeutung der Vorschrift für den Wertausgleich bei der Scheidung ist gering, weil sie nur die Fälle betrifft, in denen ein Ehegatte nach Rechtskraft der Ehescheidung, aber vor Rechtskraft der Entscheidung über den Wertausgleich bei der Scheidung stirbt. In der Regel wird über den Wertausgleich bei der Scheidung aber im Verbund zusammen mit dem Ausspruch der Ehescheidung entschieden. Betroffen sind also nur die Fälle, in denen die Folgesache Versorgungsausgleich ausnahmsweise aus dem Scheidungsverbund abgetrennt worden ist und danach ein Ehegatte vor der Entscheidung über den Versorgungsausgleich stirbt.

9 Praktische Bedeutung hat die Vorschrift allerdings auch in Verfahren zur Abänderung von Alttiteln nach §§ 51, 52 VersAusglG.

10 Praxisrelevant ist außerdem die Regelung für den Wertausgleich nach der Scheidung. Sieht das auszugleichende Anrecht nämlich keine Hinterbliebenenabsicherung vor, besteht für den Ausgleichsberechtigten das Risiko, dass der Ausgleichspflichtige vor dem vollständigen Ausgleich des Anrechts stirbt und der Ausgleichanspruch erlischt. Vereinbarungen über den Vorbehalt des schuldrechtlichen Ausgleichs eines Anrechts sollten für diesen Fall eine Absicherung enthalten. Enthält das auszugleichende

Anrecht keinen Hinterbliebenenschutz, kann auch Anlass bestehen, die Möglichkeit einer Abfindung anstelle des schuldrechtlichen Ausgleichs zu prüfen, um das Risiko des Todes des Ausgleichspflichtigen zu vermeiden.

C. Anwendungsvoraussetzungen

I. Tod eines Ehegatten (Absätze 1 und 2)

1. Tod des Ausgleichspflichtigen (Absatz 1 Satz 1)

Der Tod des ausgleichspflichtigen Ehegatten lässt den Ausgleichsanspruch des ausgleichsberechtigten Ehegatten unberührt. Der Anspruch auf Wertausgleich bei der Scheidung ist dann gegen die Erben des Ausgleichspflichtigen geltend zu machen.

Die Erben sind dem Ausgleichsberechtigten zur Auskunft verpflichtet, § 4 VersAusglG.

2. Tod des Ausgleichsberechtigten (Absatz 1 Satz 2)

Nach § 31 Abs. 1 Satz 2 VersAusglG haben die Erben keinen Anspruch auf Wertausgleich. Das bedeutet, dass der Ausgleichsanspruch des Ausgleichsberechtigten nicht auf dessen Erben übergeht. Denn der Versorgungsausgleich dient ausschließlich dazu, sicherzustellen, dass beide Eheleute auch nach einer Scheidung über eine ausreichende Alters- und Invaliditätsversorgung verfügen. Dieser Zweck kann aber nicht mehr erreicht werden, wenn der ausgleichsberechtigte Ehegatte gestorben ist. Der Ausgleichsanspruch geht deshalb unter.

3. Begrenzung des Ausgleichs (Absatz 2)

a. Folgen des Hin- und Herausgleichs (Absatz 2 Satz 1)

§ 31 Abs. 2 Satz 1 VersAusglG begrenzt die Ausgleichsansprüche des überlebenden Ehepartners. Ohne diese Begrenzung könnte das Prinzip des Hin- und Herausgleichs, bei dem es nicht mehr einen ausgleichsberechtigten und einen ausgleichspflichtigen Ehegatten gibt (§ 1 Abs. 2 Satz 1 VersAusglG), zusammen mit der Regelung des § 31 Abs. 1 VersAusglG dazu führen, dass der überlebende Ehegatte vom Tod des anderen profitieren würde. Der Überlebende erhielte die Ausgleichswerte der Anrechte des Verstorbenen, müsste aber selbst keine Anrechte abgeben. Dadurch wäre der überlebende Ehegatte besser gestellt, als er ohne den Tod des anderen Ehegatten gestanden hätte. Um dieses Ergebnis zu vermeiden, begrenzt § 31 Abs. 2 Satz 1 VersAusglG den Ausgleichsanspruch des Überlebenden auf den Wert, den er ohne den Tod des anderen Ehegatten bei Saldierung und Gegenüberstellung aller auszugleichenden Anrechte erhalten hätte.

b. Gesamtbilanz der Versorgungen

Dazu muss das Familiengericht auf der Grundlage der Auskünfte der Versorgungsträger nach § 5 Abs. 3 VersAusglG eine Gesamtbilanz der beiderseitigen Ausgleichswerte erstellen. Ergibt diese Ausgleichsbilanz, dass die Summe der vom überlebenden Ehegatten erworbenen Ausgleichswerte höher ist als die des verstorbenen Ehepartners, scheidet ein Ausgleich aus. Sind bei Saldierung und Gegenüberstellung aller auszugleichenden Anrechte die Ausgleichswerte des Überlebenden insgesamt geringer als die des Verstorbenen, erfolgt ein Ausgleich in Höhe der Hälfte der Wertdifferenz.

aa. Vergleich der Kapitalwerte

a) **Korrespondierende Kapitalwerte:** Der Vergleich der Anrechte erfolgt auf der Grundlage der korrespondierenden Kapitalwerte nach § 47 VersAusglG.[1] Sind auf beiden Seiten gleichartige Anrechte (§ 10 Abs. 2 VersAusglG) auszugleichen und keine weiteren Anrechte zu berücksichtigen, kann eine Verrechnung in der maßgebenden Bezugsgröße (§ 5 Abs. 1 VersAusglG) erfolgen.

b) **Ost-West-Fälle:** Bei der Gesamtsaldierung von regeldynamischen und angleichungsdynamischen Anrechten in der gesetzlichen Rentenversicherung ist die Heranziehung des korrespondierenden Kapitalwerts dagegen nach (wohl) herrschender Meinung ungeeignet, weil er der unterschiedlichen Dynamik der Anrechte und damit der nicht unerheblichen Werteveränderung nicht hinreichend gerecht wird. Haben die Eheleute Entgeltpunkte und Entgeltpunkte (Ost) erworben, ist nach § 47 Abs. 6 VersAusglG beim Vergleich der beiderseitigen Rentenanrechte zu berücksichtigen, dass bei den Entgeltpunkten

---

[1] OLG Brandenburg v. 14.01.2011 - 10 UF 174/10 - FamRZ 2011, 1299.

(Ost) eine höhere Dynamik besteht als bei den Entgeltpunkten. Die Vergleichbarkeit der Anrechte kann dadurch geschaffen werden, dass die Entgeltpunkte (Ost) nach § 3 Abs. 2 Nr. 1a VAÜG a.F. mit dem daraus folgenden Angleichungsfaktor umgerechnet werden.[2]

18 Nach anderer Auffassung ist bei der Durchführung des Versorgungsausgleichs nach § 31 VersAusglG die Saldierung der in den Ausgleich einbezogenen Anrechte anhand der korrespondierenden Kapitalwerte vorzunehmen; dabei sei es nicht geboten, vor der Saldierung unterschiedliche Dynamiken der Anrechte bezogen auf den Zeitpunkt der Ausgleichsentscheidung anzugleichen.[3]

bb. Einzubeziehende Anrechte

19 Bei der Erstellung der Ausgleichsbilanz sind alle Anrechte einzubeziehen, die bei einer fiktiven Durchführung des Versorgungsausgleichs ohne den Tod des einen Ehegatten unter Berücksichtigung der gesetzlichen Ausschlusstatbestände im Rahmen des Wertausgleichs bei der Scheidung auszugleichen wären.[4]

20 a) **Bagatellwerte:** Anrechte im Sinne des § 18 VersAusglG sind jedenfalls dann in die Bilanz einzubeziehen, wenn sie bei fiktiver Durchführung des Ausgleichs trotz geringen Ausgleichswerts oder geringer Differenz der Ausgleichswerte auszugleichen wären.[5]

21 Nach anderer Ansicht ist § 18 VersAusglG im Rahmen der Gesamtsaldierung nach § 31 Abs. 2 Satz 1 VersAusglG grundsätzlich nicht anzuwenden.[6]

22 b) **Andere Ausschlussgründe:** Vereinbarungen der Eheleute nach § 6 VersAusglG sind zu berücksichtigen. Dasselbe gilt für einen Ausschluss des Ausgleichs wegen kurzer Dauer der Ehe (§ 3 Abs. 3 VersAusglG)[7] oder grober Unbilligkeit (§ 27 VersAusglG).

23 c) **Fehlende Ausgleichsreife:** Nicht ausgleichsreife Anrechte bleiben unberücksichtigt, weil sie nicht dem Wertausgleich bei der Scheidung unterliegen (§ 19 Abs. 1 VersAusglG). In den Fällen des § 19 Abs. 3 VersAusglG müssen auch die Anrechte des anderen Ehegatten unberücksichtigt bleiben.[8] Für diese Anrechte gilt nach § 19 Abs. 4 VersAusglG die Regelung des § 31 Abs. 3 VersAusglG.

cc. Teilausgleich

24 Ist nach rechtskräftigem Teilausgleich von Anrechten und nachfolgendem Tod eines Ehegatten noch über die nicht ausgeglichenen Anrechte zu entscheiden, kommt es nach Ansicht des OLG Nürnberg für die Frage, welcher Ehegatte die höheren Anrechte erworben hat, nur auf die noch nicht ausgeglichenen Anrechte an.[9]

dd. Geringe Saldendifferenz

25 Unerheblich ist, ob die Differenz der Summen der Ausgleichswerte unterhalb der Grenzwerte des § 18 Abs. 3 VersAusglG liegt, es sei denn, es sind ausschließlich gleichartige Anrechte auszugleichen. Die gegenteilige Auffassung[10], nach der § 18 VersAusglG entsprechend anzuwenden ist, wenn die Summen der Ausgleichswerte aller Anrechte ein positives Bilanzergebnis zu Gunsten des überlebenden Ehegatten ergeben, die Differenz die Geringfügigkeitsschwelle aber nicht übersteigt, nicht findet im Gesetz keine Stütze. Sie führt zu einer unzulässigen Ausweitung des Anwendungsbereichs des § 18 Abs. 1 VersAusglG auf nicht gleichartige Anrechte. Der Bagatellregelung des § 18 VersAusglG kann kein übergeordnetes Prinzip entnommen werden, in Bagatellfällen von einem Ausgleich abzusehen.

---

[2] OLG Celle v. 21.06.2012 - 10 UF 37/12; OLG Jena v. 08.06.2012 - 1 UF 152/12; OLG Hamm v. 11.09.2013 - 8 UF 113/13.

[3] OLG Dresden v. 26.02.2014 - 20 UF 1350/13.

[4] OLG Brandenburg v. 14.01.2011 - 10 UF 174/10 - FamRZ 2011, 1299.

[5] OLG Brandenburg v. 14.01.2011 - 10 UF 174/10 - FamRZ 2011, 1299; OLG Naumburg v. 17.08.2012 - 8 UF 177/12.

[6] OLG Koblenz v. 03.02.2012 - 11 UF 838/11 - FamRZ 2012, 1807; OLG Hamm v. 30.03.2011 - 8 UF 43/11 - FamRZ 2011, 1733.

[7] AG Neustadt a. Rbge - 20.08.2010 - 34 F 158/09 VA - FamRB 2011, 238.

[8] A.A. *Götsche* in: HK-VersAusglR, 2012, § 31 VersAusglG, Rn. 23: (systemwidrige) Einbeziehung der ausländischen Anrechte.

[9] OLG Nürnberg v. 08.01.2013 - 10 UF 1675/12.

[10] AG Ludwigslust v. 28.07.2011 - 5 F 66/11 - FamRZ 2011, 1869.

c. Ausgleich mehrerer Anrechte (Absatz 2 Satz 2)

Ergibt die Gegenüberstellung der Versorgungsanrechte beider Ehegatten einen geringeren Saldo der Ausgleichswerte des Überlebenden und bestehen mehrere Anrechte des Verstorbenen, ist nach billigem Ermessen zu entscheiden, welches Anrecht zum hälftigen Ausgleich der ermittelten Wertdifferenz heranzuziehen ist. Dabei sollte das Gericht auf eine Konzentration bestehender Versorgungen hinwirken und externe Teilungen vermeiden. Daneben sind die wesentlichen Merkmale der Versorgungen zu berücksichtigen (Dynamik, Risikoschutz, Insolvenzsicherung etc.). Im Regelfall wird sich der Ausgleich von Anrechten aus den Regelsicherungssystemen anbieten, zumal diese Anrechte in der Regel den höchsten Ausgleichswert haben.[11] In Betracht kommt auch ein quotaler Ausgleich mehrerer Anrechte. Allerdings darf kein Anrecht über seinen Ausgleichswert hinaus herangezogen werden.[12]

26

II. Wertausgleich nach der Scheidung bei Tod eines Ehegatten (Absatz 3)

Der Tod eines Ehegatten wirkt sich nach § 31 Abs. 3 VersAusglG auch auf den Wertausgleich nach der Scheidung nach den §§ 20-24 VersAusglG aus.

27

1. Schuldrechtlicher Ausgleich/Abfindung (Absatz 3 Satz 1)

Stirbt einer der geschiedenen Ehegatten, erlöschen die Ausgleichsansprüche aus § 20 VersAusglG (Anspruch auf schuldrechtliche Ausgleichsrente), § 22 VersAusglG (Anspruch auf Ausgleich von Kapitalzahlungen) oder § 23 VersAusglG (Anspruch auf Abfindung) für die Zukunft.

28

a. Tod eines Ehegatten

Anders als nach § 31 Abs. 1 VersAusglG erlöschen die Ansprüche auf Wertausgleich nach der Scheidung unabhängig davon, ob der ausgleichspflichtige oder der ausgleichsberechtigte Ehegatte gestorben ist.[13]

29

b. Untergang der Ansprüche

Die Ansprüche erlöschen kraft Gesetzes. Sie gehen nicht auf die Erben des Ausgleichsberechtigten über.

30

Die Erben des Ausgleichspflichtigen haften nicht für künftige Ausgleichsansprüche. Eine Inanspruchnahme der Erben kommt im Hinblick auf Ansprüche in Betracht, die zum Zeitpunkt des Todes bereits fällig gewesen sind. Sie können als Nachlassverbindlichkeit gegen die Erben geltend gemacht werden.[14] Daneben kommt die Teilhabe des Ausgleichsberechtigten an einer Hinterbliebenenversorgung in Betracht, wenn das auszugleichende Anrecht eine solche vorsieht (§§ 25, 26 VersAusglG).

31

c. Schuldrechtliche Ausgleichsrente

Der Anspruch auf Zahlung einer schuldrechtlichen Ausgleichsrente erlischt nach § 20 Abs. 3 VersAusglG, § 1585 Abs. 1 Satz 3 BGB mit dem Ende des Monats, in dem der Ehegatte verstorben ist.

32

d. Abtretung

Der Ausgleichsanspruch geht mit dem Tod eines Ehegatten unabhängig davon unter, ob der Ausgleichspflichtige den Anspruch gegen den Versorgungsträger auf Zahlung der Versorgungsleistung nach § 21 Abs. 1 VersAusglG in Höhe der Ausgleichsrente an den Ausgleichsberechtigten abgetreten hat. Durch das Erlöschen des Ausgleichsanspruchs wird die Abtretung gegenstandslos. Der Ausgleichsberechtigte kann also nicht über den Tod des Ausgleichspflichtigen hinaus aufgrund der Abtretung Leistungen von dem Versorgungsträger verlangen. Stirbt der ausgleichsberechtigte Ehegatte, geht der abgetretene Teil des Versorgungsanspruchs nach § 21 Abs. 4 VersAusglG wieder auf den Ausgleichspflichtigen über.

33

e. Kapitalleistungen/Abfindungen

Auch der Anspruch auf Ausgleich von Kapitalleistungen nach § 22 VersAusglG und der Anspruch auf Zahlung einer Abfindung aus § 23 VersAusglG erlöschen mit dem Tod eines Ehegatten. Eine Rückforderung bereits gezahlter Kapitalleistungen oder Abfindungsbeträge kommt nicht in Betracht.[15]

34

---

[11] Vgl. OLG Saarbrücken v. 12.08.2011 - 6 UF 130/10 - FamRZ 2012, 380.
[12] Ausführlich mit Beispielen *Götsche* in: HK-VersAusglR, 2012, § 31 VersAusglG, Rn. 26 ff.
[13] Vgl. BGH v. 12.04.1989 - IVb ZB 84/85 - FamRZ 1989, 950.
[14] BGH v. 12.04.1989 - IVb ZB 84/85 - FamRZ 1989, 950.
[15] *Götsche* in: HK-VersAusglR, 2012, § 31 VersAusglG, Rn. 39.

2. Hinterbliebenenversorgung (Absatz 3 Satz 2)

35 Nach § 31 Abs. 3 Satz 2 VersAusglG bleiben die Ansprüche auf Teilhabe an der Hinterbliebenenversorgung nach § 25 VersAusglG und § 26 VersAusglG auch nach dem Tod des Ehegatten bestehen. Insoweit hat die Vorschrift rein klarstellende Funktion. Wenn das auszugleichende Anrecht eine Hinterbliebenenversorgung vorsieht, tritt der Anspruch auf Teilhabe daran an die Stelle des erloschenen Anspruchs auf schuldrechtlichen Ausgleich oder Abfindung des Anrechts.[16]

III. Erfüllung und Schadensersatz (Absatz 3 Satz 3)

36 § 31 Abs. 3 Satz 3 VersAusglG verweist auf § 1586 Abs. 2 Satz 1 BGB. Dadurch erlöschen Ansprüche auf Erfüllung oder Schadensersatz wegen Nichterfüllung für die Vergangenheit nicht, sondern bleiben bestehen und können von den und gegen die Erben geltend gemacht werden.

37 Dazu gehören auch Ansprüche für den Monat, in dem der Ehegatte gestorben ist.

38 Die Ansprüche auf Erfüllung oder Schadensersatz wegen Nichterfüllung bestehen. Sie sind gegen die Erben geltend zu machen und können von dem Zeitpunkt an verlangt werden, in dem der Ausgleichspflichtige mit seiner Leistung in Verzug geraten ist. Der Eintritt des Verzuges richtet sich nach den allgemeinen Regeln der §§ 286 ff. BGB. An die erforderliche Mahnung sind keine hohen Anforderungen zu stellen, insbesondere bedarf es keiner Bezifferung der Ansprüche.[17]

D. Verfahren

I. Tod vor Rechtskraft der Ehescheidung

39 Stirbt ein Ehegatte vor der Rechtskraft der Ehescheidung, wird das anhängige Scheidungsverfahren einschließlich der Folgesache Versorgungsausgleich in der Hauptsache erledigt (§ 131 FamFG).

II. Tod zwischen Rechtskraft der Scheidung und Durchführung des Wertausgleichs

1. Tod des Ausgleichspflichtigen

a. Beteiligung der Erben

40 In den Fällen des § 31 Abs. 1 Satz 1 VersAusglG ist der Anspruch auf Wertausgleich gegen die Erben geltend zu machen. Die Erben sind als Verfahrensstandschafter anzusehen.[18] Sie können die gleichen Einwendungen gegen den Ausgleich erheben wie der verstorbene Verpflichtete selbst.[19] Bei einer Erbengemeinschaft kann jeder der Miterben das Verfahren alleine aufnehmen.[20] Für die unbekannten Erben des verstorbenen Ehegatten ist ein Pfleger gem. § 1913 BGB zu bestellen; ein gem. §§ 1960, 1961 BGB für den Nachlass des verstorbenen Ehegatten bestellter Pfleger kann aufgrund der gesetzlichen Bestimmung seines Aufgabenbereichs in einem solchen Verfahren nicht für die unbekannten Erben auftreten oder handeln.[21]

41 Das Gericht muss die Erben von Amts wegen am Verfahren beteiligen (§ 219 Nr. 4 FamFG). Dasselbe gilt für rentenberechtigte Hinterbliebene, auch wenn sie nicht Erben sind.[22] Wurden fehlerhaft Beteiligte nicht hinzugezogen, ist ihnen gegenüber auch keine Entscheidung in der Sache getroffen.[23]

b. Keine Verfahrensunterbrechung

42 Das Verfahren wird aufgrund des Todes nicht unterbrochen. Auf Antrag kann es jedoch nach § 21 FamFG ausgesetzt werden.[24]

---

[16] BT-Drs. 16/10144, S. 71.
[17] BGH v. 12.04.1989 - IVb ZB 84/85 - FamRZ 1989, 950.
[18] BGH v. 24.02.1982 - IVb ZB 508/80 - FamRZ 1982, 473; BGH v. 15.02.1984 - IVb ZB 577/80 - FamRZ 1984, 467.
[19] OLG Brandenburg v. 02.05.2001 - 9 UF 237/98 - NJW-RR 2002, 217-218.
[20] BGH v. 15.02.1984 - IVb ZB 577/80 - FamRZ 1984, 467.
[21] AG Ludwigslust v. 25.10.2011 - 5 F 284/10 - FamRZ 2012, 816.
[22] OLG Köln v. 04.03.1997 - 10 UF 56/96 - FamRZ 1998, 169.
[23] OLG Köln v. 28.09.2010 - II-4 UF 42/10 - FamRZ 2011, 753.
[24] OLG Nürnberg v. 19.06.1995 - 7 UF 1637/95 - NJW-RR 1996, 395.

c. Beschlussformel

Findet ein Versorgungsausgleich wegen des Besserstellungsverbots nach § 31 Abs. 2 Satz 1 VersAusglG nicht statt, ist dies in entsprechender Anwendung des § 224 Abs. 3 FamFG in der Beschlussformel festzustellen.[25]   **43**

2. Tod des Ausgleichsberechtigten

a. Hauptsacheerledigung

Der Tod des ausgleichsberechtigten Ehegatten führt zu einer (teilweisen) Erledigung der Hauptsache.   **44**

Stirbt ein Ehegatte nach Rechtskraft der Scheidung, aber vor Rechtskraft der Entscheidung über den Wertausgleich, und ist ein Wertausgleich nicht vorzunehmen, weil der überlebende Ehegatte in der Ehe insgesamt die höheren Anrechte erworben hat, kann das Versorgungsausgleichsverfahren ohne Beteiligung der Erben und Hinterbliebenen des verstorbenen Ehegatten beendet werden.[26]   **45**

b. Beschlussformel

Eine klarstellende Feststellung der Erledigung der Hauptsache in der Beschlussformel ist zulässig.[27]   **46**

III. Abänderungsverfahren

1. Tod während des Abänderungsverfahrens

Stirbt ein Ehegatte während eines Abänderungsverfahrens, gilt § 226 Abs. 5 FamFG. Beim Tod des Antragstellers wird das Verfahren nur auf Antrag eines anderen Beteiligten fortgesetzt; andernfalls gilt es als in der Hauptsache erledigt. Stirbt der Antragsgegner, wird das Verfahren gegen dessen Erben fortgesetzt.   **47**

2. Abänderung von Alttiteln

§ 31 VersAusglG ist als eine die §§ 9 bis 19 VersAusglG ergänzende Vorschrift auch in Abänderungsverfahren nach §§ 51, 52 VersAusglG anwendbar.[28]   **48**

---

[25] OLG München v. 02.01.2012 - 4 UF 1892/11 - FamRZ 2012, 1387.
[26] AG Ludwigslust v. 06.12.2012 - 5 F 192/11 - FamRZ 2013, 704.
[27] OLG Brandenburg v. 07.05.2013 - 13 UF 97/13.
[28] BGH v. 05.06.2013 - XII ZB 635/12 - FamRZ 2013, 1287; KG Berlin v. 25.09.2012 - 17 UF 122/12 - FamRZ 2013, 703; a.A. OLG Schleswig v. 18.05.2011 - 12 UF 60/11 - FamRZ 2012, 36.

Kapitel 4 - Anpassung nach Rechtskraft
§ 32 VersAusglG Anpassungsfähige Anrechte

(Fassung vom 03.04.2009, gültig ab 01.09.2009)

Die §§ 33 bis 38 gelten für Anrechte aus

1. der gesetzlichen Rentenversicherung einschließlich der Höherversicherung,
2. der Beamtenversorgung oder einer anderen Versorgung, die zur Versicherungsfreiheit nach § 5 Abs. 1 des Sechsten Buches Sozialgesetzbuch führt,
3. einer berufsständischen oder einer anderen Versorgung, die nach § 6 Abs. 1 Nr. 1 oder Nr. 2 des Sechsten Buches Sozialgesetzbuch zu einer Befreiung von der Sozialversicherungspflicht führen kann,
4. der Alterssicherung der Landwirte,
5. den Versorgungssystemen der Abgeordneten und der Regierungsmitglieder im Bund und in den Ländern.

Gliederung

A. Grundlagen 1	2. Beamtenrechtliche Versorgungen 10
I. Regelungszusammenhang 1	3. Berufsständische Versorgungen 12
1. Anpassung des Versorgungsausgleichs in besonderen Fällen 1	4. Alterssicherung der Landwirte 13
2. Wegfall des Rentnerprivilegs 2	5. Versorgungen der Abgeordneten und Regierungsmitglieder 14
II. Kurzcharakteristik 6	II. Entsprechende Anwendung 15
III. Gesetzgebungsmaterialien 7	1. Andere öffentlich-rechtliche Versorgungen 15
B. Anwendungsvoraussetzungen 8	2. Private oder betriebliche Versorgungen 17
I. Anpassungsfähige Anrechte 8	III. Verfassungsmäßigkeit der Beschränkung 18
1. Gesetzliche Rentenversicherung 9	IV. Abänderung 22

A. Grundlagen

I. Regelungszusammenhang

1. Anpassung des Versorgungsausgleichs in besonderen Fällen

1 Die §§ 32-38 VersAusglG ermöglichen nachträgliche Anpassungen einer Entscheidung über den Versorgungsausgleich, mit denen die Rechtsfolgen des Wertausgleichs bei der Scheidung zeitweise oder endgültig, ganz oder teilweise beseitigt werden. Sie treten damit an die Stelle der §§ 4-8 VAHRG a.F. Die Vorschriften dienen dazu, grundrechtswidrigen Auswirkungen des Versorgungsausgleichs zu begegnen. Solche können entstehen, wenn der Ausgleichspflichtige eine spürbare Kürzung seiner Rentenansprüche hinnehmen muss, ohne dass sich der Erwerb eines selbständigen Anrechts für den Ausgleichsberechtigten angemessen auswirkt.[1] Das kann insbesondere beim Vorversterben des Ausgleichsberechtigten oder dann der Fall sein, wenn der Ausgleichspflichtige nach Eintritt des Leistungsfalls noch Unterhalt an den Ausgleichsberechtigten zahlen muss. Die Anpassung wegen Unterhaltszahlungen (früher §§ 5, 6 VAHRG a.F.) ist in den §§ 33, 34 VersAusglG geregelt, die wegen Todes des Ausgleichsberechtigten (früher §§ 4, 7, 8 VAHRG a.F.) in den §§ 37, 38 VersAusglG. Zusätzlich sehen die §§ 35, 36 VersAusglG eine Anpassung wegen Invalidität des Ausgleichspflichtigen oder wegen des Erreichens einer besonderen Altersgrenze vor.

2. Wegfall des Rentnerprivilegs

2 Nach § 101 Abs. 3 SGB VI a.F. konnte bei phasenverschobenen Ehen die Kürzung einer bereits laufenden Rentenzahlung an den Ausgleichspflichtigen aufgrund des Versorgungsausgleichs ausgesetzt werden, solange der Ausgleichsberechtigte aus dem begründeten oder übertragenen Anrecht keine

---

[1] Vgl. BVerfG v. 28.02.1980 - 1 BvL 17/77 - FamRZ 1980, 326.

Rente beanspruchen konnte. Mit Inkrafttreten der Strukturreform des Versorgungsausgleichs ist dieses sog. Rentnerprivileg weggefallen.[2] Der Wegfall des Rentner- bzw. Pensionärprivilegs ist verfassungsrechtlich nicht zu beanstanden.[3]

Nach der Überleitungsbestimmung des § 268a SGB VI bleibt das Rentnerprivileg allerdings für die Ausgleichspflichtigen erhalten, die vor dem 01.09.2009 bereits eine Rente bezogen haben, wenn auch das Versorgungsausgleichsverfahren vor diesem Zeitpunkt schon eingeleitet war.

Eine Anpassung ist aber nicht deshalb geboten, weil das Verfahren über den Versorgungsausgleich ausgesetzt war und dem ausgleichspflichtigen Ehegatten, wäre über den Versorgungsausgleich nach dem bis zum 31.08.2009 geltenden Recht entschieden worden, das Rentnerprivileg noch zugutegekommen wäre.[4]

Wurde ein Verfahren über den Versorgungsausgleich vor dem 01.09.2009 eingeleitet, ist gemäß § 48 Abs. 1 VersAusglG das bis dahin geltende materielle Recht und Verfahrensrecht sowie das Rentner- bzw. Pensionärprivileg anzuwenden. Einem Versorgungsträger soll es dann nach § 242 BGB verwehrt sein, sich auf die der Anwendung des neuen Rechts dienende Übergangsregelung des § 48 Abs. 2 Nr. 2 und Abs. 3 VersAusglG zu berufen, wenn alleiniger Grund für die Abtrennung und Aussetzung des Verfahrens über den Versorgungsausgleich die Unwirksamkeit der Satzungsbestimmungen des Versorgungsträgers zu den Startgutschriften der rentenfernen Jahrgänge war.[5]

II. Kurzcharakteristik

Die Vorschrift stellt klar, dass eine Anpassung nach §§ 33 ff. VersAusglG nur bei Anrechten aus den Regelsicherungssystemen möglich ist. Auf Anrechte der betrieblichen oder privaten Altersvorsorge sind die Anpassungsvorschriften nicht – auch nicht entsprechend – anwendbar.

III. Gesetzgebungsmaterialien

BT-Drs. 16/10144, S. 71 f.

B. Anwendungsvoraussetzungen

I. Anpassungsfähige Anrechte

Die anpassungsfähigen Anrechte sind in § 32 Nr. 1-5 VersAusglG abschließend aufgeführt.[6] Danach kann nur bei Anrechten in der gesetzlichen Rentenversicherung, bei beamtenrechtlichen Versorgungsanrechten, bei Anrechten aus berufsständischen Versorgungen, bei Anrechten aus der Alterssicherung der Landwirte und bei Anrechten in den Versorgungssystemen der Abgeordneten und der Regierungsmitglieder im Bund und in den Ländern eine Anpassung der Rentenkürzung aufgrund des Versorgungsausgleichs erfolgen. Anpassungsfähig sind also ausschließlich Anrechte aus den öffentlich-rechtlichen Regelsicherungssystemen.

1. Gesetzliche Rentenversicherung

Die Anpassungsregelungen der §§ 33 ff. VersAusglG gelten nach § 32 Nr. 1 VersAusglG für Anrechte in der gesetzlichen Rentenversicherung, also der Deutschen Rentenversicherung Bund, der Regionalträger der Deutschen Rentenversicherung, der Deutschen Rentenversicherung Knappschaft-Bahn-See und der umlagefinanzierten hüttenknappschaftlichen Zusatzversicherung.[7] Diese Anrechte sind anpassungsfähig, auch soweit es sich um eine Höherversicherung handelt.

2. Beamtenrechtliche Versorgungen

Anpassungsfähig sind nach § 32 Nr. 2 VersAusglG außerdem beamtenrechtliche Versorgungen. Dazu gehören Anrechte aus den Versorgungen für Beamte, Richter und Soldaten.

---

[2] Art. 4 Nr. 5 VAStrRefG.
[3] BayVerfGH v. 25.02.2013 - Vf. 17-VII-12.
[4] BGH v. 13.02.2013 - XII ZB 527/12 - FamRZ 2013, 690.
[5] OLG Karlsruhe v. 18.07.2013 - 12 U 30/13 - FamRZ 2013, 1912.
[6] BT-Drs. 16/10144, S. 72.
[7] BT-Drs. 16/10144, S. 72.

§ 32 VersAusglG

11 Hinzu kommen Versorgungen, die zur Versicherungsfreiheit nach § 5 Abs. 1 SGB VI führen, also Versorgungen der satzungsgemäßen Mitglieder geistlicher Genossenschaften sowie Versorgungen nach beamtenrechtlichen Grundsätzen bei Körperschaften, Anstalten oder Stiftungen bzw. deren Verbänden.

3. Berufsständische Versorgungen

12 Daneben können nach § 32 Nr. 3 VersAusglG Anrechte aus berufsständischen Versorgungen im Sinne des § 6 Abs. 1 Nr. 1 SGB VI angepasst werden. Das gilt auch für andere Versorgungen, die nach § 6 Abs. 1 Nr. 2 SGB VI zu einer Befreiung von der gesetzlichen Rentenversicherung führen – etwa die Versorgungen des pädagogischen Personals von Privatschulen.[8]

4. Alterssicherung der Landwirte

13 Nach § 32 Nr. 4 VersAusglG unterliegen zudem Anrechte aus der Versorgung für die Versicherten der landwirtschaftlichen Sozialversicherung der Anpassung.

5. Versorgungen der Abgeordneten und Regierungsmitglieder

14 Dasselbe gilt nach § 32 Nr. 5 VersAusglG für Anrechte aus Versorgungen für Abgeordnete und Regierungsmitglieder.

II. Entsprechende Anwendung

1. Andere öffentlich-rechtliche Versorgungen

15 Eine analoge Anwendung der Anpassungsvorschriften auf Anrechte bei der Versorgungsanstalt des Bundes und der Länder (VBL) und anderen Zusatzversorgungen des öffentlichen oder kirchlichen Dienstes kommt wegen der eindeutigen gesetzgeberischen Entscheidung in § 32 VersAusglG nicht in Betracht.[9] Dasselbe gilt für andere öffentlich-rechtliche Versorgungssysteme (Zusatzversorgung in der Landwirtschaft, Seemannskasse, Schornsteinfegerversorgung etc.)[10] Soweit diese Versorgungen nicht ohnehin der betrieblichen Altersversorgung zuzuordnen sind, scheidet eine Ausweitung des Anwendungsbereichs der §§ 33 ff. VersAusglG aus, weil die Aufzählung der anpassungsfähigen Anrechte in § 32 VersAusglG abschließend ist.[11]

16 Auch das vom Bundesamt für Wirtschaft und Ausfuhrkontrolle gewährte Anpassungsgeld an Arbeitnehmer und Arbeitnehmerinnen des Steinkohlebergbaus gehört nicht zu den Regelsicherungssystemen im Sinne von § 32 VersAusglG.[12]

2. Private oder betriebliche Versorgungen

17 Aufgrund der enumerativen Auflistung der anpassungsfähigen Anrechte kommt eine entsprechende Anwendung der Anpassungsvorschriften auf Anrechte der betrieblichen oder privaten Altersvorsorge nicht in Betracht. Das gilt auch für die als Regelsicherung für Selbständige gedachten „Rürup"-Renten.

III. Verfassungsmäßigkeit der Beschränkung

18 Die Beschränkung der Anpassung auf die öffentlich-rechtlichen Regelsicherungssysteme wird in der Literatur für verfassungswidrig gehalten.[13]

---

[8] BT-Drs. 16/10144, S. 72.

[9] OLG Hamm v. 17.05.2011 - 1 UF 192/10 - FamFR 2012, 108; OLG Schleswig v. 30.04.2012 - 12 UF 29/12 - FamRZ 2012, 1388; OLG Köln v. 08.12.2011 - 27 UF 174/11 - FamRZ 2012, 1569; LG Karlsruhe v. 08.02.2013 - 6 S 15/12; a.A. *Ruland*, Versorgungsausgleich, 3. Aufl. 2011, Rn. 937.

[10] BayVerwGH München v. 15.11.2011 - 21 BV 11.151 und BVerwG v. 31.05.2012 - 8 B 6/12 zur Zusatzversorgung nach dem Schornsteinfegergesetz (SchfG) bei der Versorgungsanstalt der deutschen Bezirksschornsteinfegermeister (VdBS); VG München v. 29.09.2011 - M 12 K 10.6299 - zur Zusatzversorgungskasse der bayerischen Gemeinden.

[11] BT-Drs. 16/10144, S. 72.

[12] BGH v. 20.02.2013 - XII ZB 428/11 - FamRZ 2013, 778; OLG Hamm v. 20.07.2011 - 12 UF 90/11 - FamRZ 2011, 1951.

[13] Eingehend *Ruland*, Versorgungsausgleich, 3. Aufl. 2011, Rn. 925 ff m.w.N.; *Bergner*, NJW 2009, 1169; kritisch auch *Rehbein* in: HK-VersAusglR, 2012, § 26 VersAusglG Rn. 8 ff.

Der BGH und die Mehrzahl der Oberlandesgerichte halten die Beschränkung des Unterhaltsprivilegs auf Anrechte aus den öffentlich-rechtlichen Regelsicherungssystemen dagegen für verfassungskonform.[14] 19

Dagegen hält das OLG Schleswig die Beschränkung der Anpassungsmöglichkeit wegen Verstoßes gegen Art. 14 Abs. 1 GG für verfassungswidrig und hat die Frage nach Art. 100 GG dem BVerfG[15] zur Entscheidung vorgelegt.[16] 20

Bis zur Entscheidung des BVerfG sind Verfahren, in denen es auf die Vereinbarkeit des § 32 VersAusglG mit dem Grundgesetz ankommt, aus prozessökonomischen Gründen nach § 21 FamFG auszusetzen.[17] 21

IV. Abänderung

Aufgrund der Verweisung in § 225 Abs. 1 FamFG gilt § 32 VersAusglG für Abänderungsverfahren entsprechend. Auch eine Abänderung rechtskräftiger Entscheidung über den Wertausgleich bei der Scheidung kommt also nur im Hinblick auf Anrechte aus den öffentlich-rechtlichen Regelsicherungssystemen in Betracht. 22

---

[14] BGH v. 07.11.2012 - XII ZB 271/12 - FamRZ 2013, 852; OLG Hamm v. 17.05.2011 - 1 UF 192/10 - FamFR 2012, 108; OLG Stuttgart v. 16.06.2011 - 18 UF 107/11 - FamRZ 2011, 1798; OLG Köln v. 08.12.2011 - 27 UF 174/11 - FamRZ 2012, 1569.

[15] BVerfG - 1 BvL 9/12.

[16] OLG Schleswig v. 30.04.2012 - 12 UF 29/12 - FamRZ 2012, 1388; vgl. *Ruland*, FamFR 2012, 313-316, 316.

[17] BGH v. 17.07.2013 - IV ZR 150/12 - FamRZ 2013, 1888; OLG Frankfurt v. 12.02.2014 - 2 UF 276/13.

§ 33 VersAusglG Anpassung wegen Unterhalt

(Fassung vom 03.04.2009, gültig ab 01.09.2009)

(1) Solange die ausgleichsberechtigte Person aus einem im Versorgungsausgleich erworbenen Anrecht keine laufende Versorgung erhalten kann und sie gegen die ausgleichspflichtige Person ohne die Kürzung durch den Versorgungsausgleich einen gesetzlichen Unterhaltsanspruch hätte, wird die Kürzung der laufenden Versorgung der ausgleichspflichtigen Person auf Antrag ausgesetzt.

(2) Die Anpassung nach Absatz 1 findet nur statt, wenn die Kürzung am Ende der Ehezeit bei einem Rentenbetrag als maßgeblicher Bezugsgröße mindestens 2 Prozent, in allen anderen Fällen als Kapitalwert mindestens 240 Prozent der monatlichen Bezugsgröße nach § 18 Abs. 1 des Vierten Buches Sozialgesetzbuch betragen hat.

(3) Die Kürzung ist in Höhe des Unterhaltsanspruchs auszusetzen, höchstens jedoch in Höhe der Differenz der beiderseitigen Ausgleichswerte aus denjenigen Anrechten im Sinne des § 32, aus denen die ausgleichspflichtige Person eine laufende Versorgung bezieht.

(4) Fließen der ausgleichspflichtigen Person mehrere Versorgungen zu, ist nach billigem Ermessen zu entscheiden, welche Kürzung ausgesetzt wird.

Gliederung

A. Grundlagen 1	e. Unterhaltsverzicht 33
I. Kurzcharakteristik 1	f. Abfindung 34
1. Regelungszusammenhang 1	g. Auswirkung der Versorgungskürzung auf den Unterhalt 37
2. Regelungsinhalt 4	h. Unzumutbare Härte 43
3. Normstruktur 5	i. Unterhaltstitel 44
4. Normzweck 6	j. Fiktive Unterhaltsberechnung 47
II. Gesetzgebungsmaterialien 9	k. Tatsächliche Zahlung des Unterhalts 55
B. Praktische Bedeutung 10	l. Unterhaltsrechtliche Obliegenheit zum Anpassungsantrag 56
C. Anwendungsvoraussetzungen 12	II. Bagatellgrenze (Absatz 2) 57
I. Voraussetzungen der Anpassung (Absatz 1) 12	1. Rente als Bezugsgröße 61
1. Anpassungsfähige Versorgungen 13	2. Kapitalwert als Bezugsgröße 63
2. Rentenbezug des Ausgleichspflichtigen 15	3. Abweichungen der Grenzwerte 65
a. Kürzung aufgrund des Versorgungsausgleichs 15	4. Grenzwerte nach Absatz 2 ab 1977 66
b. Laufende Versorgung 17	**D. Rechtsfolgen** 67
3. Fehlender Rentenbezug des Ausgleichsberechtigten 20	I. Umfang der Anpassung (Absatz 3) 67
a. Gründe für das Fehlen der Leistungsvoraussetzungen 21	1. Aussetzung der Versorgungskürzung in Höhe des Unterhalts (Absatz 3 Halbsatz 1) 67
b. Unterlassene Antragstellung 23	2. Differenz der Ausgleichswerte als Grenze (Absatz 3 Halbsatz 2) 69
4. Unterhaltsanspruch 25	II. Anpassung bei mehreren Versorgungen (Absatz 4) 74
a. Anspruch des Ausgleichsberechtigten 26	III. Beginn der Anpassungswirkung 75
b. Unterhaltsanspruch gegen den Ausgleichspflichtigen 28	**E. Durchführung der Anpassung/Verfahren** 76
c. Gesetzlicher Unterhaltsanspruch 29	
d. Vertragliche Unterhaltsansprüche 32	

§ 33 VersAusglG

A. Grundlagen

I. Kurzcharakteristik

1. Regelungszusammenhang

Die §§ 33, 34 VersAusglG regeln die Anpassung rechtskräftiger Entscheidungen über den Versorgungsausgleich bei Unterhaltsansprüchen – das sog. Unterhaltsprivileg. Sie sind an die Stelle der §§ 5, 6 VAHRG a.F. getreten.

Während § 33 VersAusglG die Voraussetzungen und Grenzen der Anpassung in Unterhaltsfällen festlegt, regelt § 34 VersAusglG die Durchführung der Anpassung. Danach ist es im Gegensatz zum früheren Recht nicht mehr Aufgabe der Versorgungsträger, sondern Sache des Familiengerichts, über den Anpassungsantrag zu entscheiden.

Die Vorschriften werden durch § 32 VersAusglG ergänzt. Eine Anpassung kommt also nur bei den dort genannten Anrechten aus den öffentlich-rechtlichen Regelsicherungssystemen in Betracht.

2. Regelungsinhalt

Die Vorschrift ermöglicht eine Anpassung der Entscheidung über den Versorgungsausgleich in den Fällen, in denen der Ausgleichspflichtige, dessen laufende Versorgung aufgrund des Ausgleichs gekürzt wird, nachehelichen Unterhalt zahlen muss, weil der andere Ehepartner noch keine Leistungen aus dem übertragenen Anrecht erhalten kann.

3. Normstruktur

§ 33 Abs. 1 VersAusglG bestimmt, unter welchen Voraussetzungen die Kürzung einer laufenden Versorgung aufgrund des Versorgungsausgleichs bei Unterhaltsansprüchen des Ausgleichsberechtigten auszusetzen ist. § 33 Abs. 2 VersAusglG schließt die Anpassung bei Bagatellwerten aus. Durch § 33 Abs. 3 VersAusglG wird der Umfang der Anpassung begrenzt. § 33 Abs. 4 VersAusglG regelt die Anpassung in den Fällen, in denen der Ausgleichspflichtige Leistungen aus mehreren anpassungsfähigen Versorgungen bezieht.

4. Normzweck

Durch die Regelung sollen unbillige Härte vermieden werden, die sich aus einer doppelten Belastung des Ausgleichspflichtigen durch Kürzung der laufenden Versorgung und Zahlung des Unterhalts ergeben können. Gleichzeitig können für den ausgleichsberechtigten Ehepartner verfassungswidrige Härten vermieden werden, die dadurch entstehen, dass er aus den im Versorgungsausgleich erworbenen Anrechten (noch) keine Leistungen bezieht, obwohl gleichzeitig sein Unterhaltsanspruch wegen der Kürzung der Versorgung des anderen Ehepartners wegfällt.[1]

Die Kürzung der laufenden Versorgung ist aber begrenzt. Im Gegensatz zur Rechtslage vor September 2009 darf die Versorgungskürzung nicht mehr in voller Höhe ausgesetzt werden, sondern nur noch bis zur Höhe des bei ungekürzter Versorgung bestehenden Unterhaltsanspruchs des Ausgleichsberechtigten. Anders als nach früherem Recht besteht damit nicht mehr die Gefahr von Manipulationen durch kollusives Zusammenwirken der Eheleute, die zum Nachteil des Versorgungsträgers eine vollständige Aussetzung der Versorgungskürzung bei nur geringen Unterhaltsansprüchen erreichen konnten.[2]

Die Begrenzung der Anpassung auf die Höhe des gesetzlich geschuldeten Unterhalts ist verfassungskonform.[3]

II. Gesetzgebungsmaterialien

BT-Drs. 16/10144, S. 72 f.

---

[1] Vgl. BVerfG v. 28.02.1980 - 1 BvL 17/77 - FamRZ 1980, 326.
[2] BT-Drs. 16/10144, S. 72.
[3] OLG Celle v. 29.05.2012 - 10 UF 279/11.

B. Praktische Bedeutung

10 Der Anpassung wegen Unterhalts kommt aufgrund des Wegfalls des Rentnerprivilegs nach § 101 Abs. 3 SGB VI a.F., § 57 Abs. 1 BeamtVG a.F. erhebliche Bedeutung in der Praxis zu. Das Unterhaltsprivileg greift bei allen – wenn auch geringfügig – phasenverschobenen Ehen, bei denen der wirtschaftlich leistungsfähigere Ehepartner bereits das Rentenalter erreicht hat, der Ehegatte dagegen nicht. Das ist regelmäßig bei den sog. Haushaltsführungsehen der Fall.

11 Die Neuregelung hat zu einer nicht unerheblichen Mehrbelastung der Familiengerichte geführt. Das Familiengericht muss – auch wenn die Eheleute nicht über den Unterhalt streiten – im Rahmen des Anpassungsverfahrens von Amts wegen prüfen, ob ohne den Versorgungsausgleich ein gesetzlicher Unterhaltsanspruch bestanden hätte. Ist die Höhe des nachehelichen Unterhalts dagegen im Scheidungsverbundverfahren bereits festgestellt worden, besteht nach der Entscheidung über die Anpassung des Versorgungsausgleichs sogleich unterhaltsrechtlicher Abänderungsbedarf. Fortan macht – bis beide Ehegatten das Rentenalter erreicht haben – jede Änderung der tatsächlichen oder rechtlichen Verhältnisse nicht nur die Abänderung des bestehenden Unterhaltstitels, sondern parallel dazu die Änderung der Anpassung des Versorgungsausgleichs notwendig.

C. Anwendungsvoraussetzungen

I. Voraussetzungen der Anpassung (Absatz 1)

12 Die Folgen des Versorgungsausgleichs können zeitweise ausgesetzt werden, wenn und soweit sie einen gesetzlichen Unterhaltsanspruch des Ausgleichsberechtigten beeinträchtigen.

1. Anpassungsfähige Versorgungen

13 Eine Anpassung nach § 33 Abs. 1 VersAusglG kommt nach § 32 VersAusglG allerdings nur bei den dort genannten Anrechten in Betracht. Anpassungsfähig sind somit ausschließlich Versorgungen in den Regelsicherungssystemen, also Anrechte in der gesetzlichen Rentenversicherung, beamtenrechtliche Versorgungsanrechte, Anrechte aus berufsständischen Versorgungen, Anrechte in der Alterskasse der Landwirte und Abgeordnetenversorgungen.

14 Dagegen ist eine Anpassung bei Anrechten aus betrieblicher oder privater Altersversorgung nicht möglich. Die Aufzählung in § 32 VersAusglG ist abschließend.[4] Eine entsprechende Anwendung auf andere Versorgungen kommt deshalb nicht in Betracht. Insoweit wird auf die Kommentierung zu § 32 VersAusglG verwiesen.

2. Rentenbezug des Ausgleichspflichtigen

a. Kürzung aufgrund des Versorgungsausgleichs

15 Die Anpassung setzt voraus, dass der ausgleichspflichtige Ehepartner bereits eine laufende Rente aus einem Anrecht bezieht, das aufgrund des Versorgungsausgleichs gekürzt worden ist.

16 Unerheblich ist, ob die Versorgungskürzung aufgrund des alten oder neuen Versorgungsausgleichsrechts erfolgt ist.[5]

b. Laufende Versorgung

aa. Alters- oder Invaliditätsversorgung

17 Mit einer „laufenden Versorgung" ist der Bezug einer Alters- oder Invaliditätsrente gemeint.[6]

bb. Zeitlich begrenzte Leistungen

18 Unerheblich ist, ob es sich um unbefristete Versorgungsleistungen oder Leistungen für einen begrenzten Zeitraum handelt.[7] Deshalb können auch Renten auf Zeit nach § 102 Abs. 1 SGB VI und Übergangsgeldzahlungen nach den §§ 20 ff. SGB VI angepasst werden.[8]

---

[4] BT-Drs. 16/10144, S. 72.
[5] *Gutdeutsch*, FamRB 2010, 149-155, 149.
[6] *Gutdeutsch*, FamRB 2010, 149-155, 149.
[7] *Ruland*, Versorgungsausgleich, 3. Aufl. 2011, Rn. 943.
[8] *Ruland*, Versorgungsausgleich, 3. Aufl. 2011, Rn. 943.

cc. Pfändung oder Abtretung der Rente

Der Anpassung steht nicht entgegen, dass die Rente nach § 53 SGB I abgetreten oder nach § 54 SGB I gepfändet worden ist.[9]

3. Fehlender Rentenbezug des Ausgleichsberechtigten

Weitere Voraussetzung der Anpassung ist, dass der ausgleichsberechtigte Ehegatte aus dem im Versorgungsausgleich erworbenen Anrecht noch keine Leistungen erhalten kann. Auch wenn der Ausgleichsberechtigte die Rente bereits bezogen hat, die Voraussetzungen dafür aber wieder entfallen sind oder die Zahlung der Rente ruht, kommt eine Anpassung in Betracht.[10]

a. Gründe für das Fehlen der Leistungsvoraussetzungen

Grundsätzlich unerheblich ist, aus welchen Gründen keine Leistungen gewährt werden können. Bei Altersrenten scheitert der Leistungsbezug häufig daran, dass der Ausgleichsberechtigte das Renteneintrittsalter noch nicht erreicht hat.

Allerdings können auch andere Gründe dem Leistungsbezug entgegenstehen. So kann etwa die Zahlung einer Erwerbsminderungsrente aus den im Versorgungsausgleich erworbenen Entgeltpunkten trotz Invalidität daran scheitern, dass der Ausgleichsberechtigte die Voraussetzungen des § 43 SGB VI nicht erfüllt.

b. Unterlassene Antragstellung

Erhält der Ausgleichsberechtigte nur deshalb keine Rente, weil er es grundlos unterlassen hat, einen Rentenantrag zu stellen, ist keine Anpassung möglich.

Dem Ausgleichsberechtigten kann allerdings nicht zugemutet werden, eine vorzeitige Rente zu beantragen, wenn damit Abschläge verbunden sind, etwa nach § 77 Abs. 2 Nr. 2 a SGB VI. Dasselbe gilt für die Abschläge bei der Erwerbsminderungsrente vor Erreichen des 60. Lebensjahres.[11]

4. Unterhaltsanspruch

Sind diese Voraussetzungen gegeben, kann die Kürzung der Versorgung des Ausgleichspflichtigen ausgesetzt werden, wenn und soweit der Berechtigte bei ungekürzter Versorgung einen gesetzlichen Unterhaltsanspruch gegen den Ausgleichspflichtigen hätte.

a. Anspruch des Ausgleichsberechtigten

Eine Anpassung kommt nur bei Unterhaltsansprüchen des Ausgleichsberechtigten in Betracht. Unterhaltsansprüche einer anderen als der im Versorgungsausgleich ausgleichsberechtigten Person rechtfertigen keine Aussetzung der Kürzung der laufenden Versorgung.[12]

Wenn der Ausgleichspflichtige keinen nachehelichen Unterhalt, sondern Kindesunterhalt zahlt, besteht kein Anspruch auf Aussetzung der Versorgungskürzung.[13]

b. Unterhaltsanspruch gegen den Ausgleichspflichtigen

Der Unterhaltsanspruch muss sich gegen den ausgleichspflichtigen Ehegatten richten. Bei Unterhaltsansprüchen der früheren Ehefrau gegen die Witwe des Ausgleichspflichtigen aus § 1586b BGB ist § 33 VersAusglG nicht anwendbar.[14]

c. Gesetzlicher Unterhaltsanspruch

Gesetzlicher Unterhaltsanspruch ist in erster Linie der Anspruch auf nachehelichen Unterhalt aus den §§ 1569 ff. BGB.

Daneben können Unterhaltsansprüche nach ausländischem Recht die Anpassung auslösen, wenn das ausländische Recht nach § 18 EGBGB maßgebend ist.[15]

---

[9] *Ruland*, Versorgungsausgleich, 3. Aufl. 2011, Rn. 942.
[10] *Ruland*, Versorgungsausgleich, 3. Aufl. 2011, Rn. 942.
[11] *Ruland*, Versorgungsausgleich, 3. Aufl. 2011, Rn. 942; *Gutdeutsch*, FamRB 2010, 149-155, 149
[12] BGH v. 11.12.2013 - XII ZB 253/13 - FamRZ 2014, 461.
[13] OLG Koblenz v. 05.03.2013 - 11 UF 714/12.
[14] *Ruland*, Versorgungsausgleich, 3. Aufl. 2011, Rn. 948.
[15] *Ruland*, Versorgungsausgleich, 3. Aufl. 2011, Rn. 948.

31 Haben die Eheleute nach der Durchführung des Versorgungsausgleichs einander erneut geheiratet, kommt auch ein Anspruch auf Familienunterhalt aus § 1360 BGB in Betracht,[16] ebenso – bei erneuter Trennung nach der Wiederheirat – ein Anspruch auf Trennungsunterhalt aus § 1361 BGB.

d. Vertragliche Unterhaltsansprüche

32 Vertraglich vereinbarte Unterhaltszahlungen oder freiwillige Zahlungen, auf die kein Anspruch besteht, genügen nicht. Wird dagegen – wie in vielen Fällen – durch die Vereinbarung lediglich ein bestehender gesetzlicher Unterhaltsanspruch konkretisiert, ist eine Anpassung möglich.[17]

e. Unterhaltsverzicht

33 Auch ein wirksamer Unterhaltsverzicht schließt die Anwendung des § 33 VersAusglG aus.[18]

f. Abfindung

34 Noch nicht abschließend geklärt ist die Frage, ob eine Anpassung der Versorgungskürzung noch in Betracht kommt, wenn ein eventueller Anspruch auf nachehelichen Unterhalt durch Zahlung einer Kapitalabfindung abgegolten worden ist.[19]

35 Sinn und Zweck des § 33 VersAusglG ist es, einen verfassungswidrigen Zustand zu vermeiden, der eintritt, wenn der Ausgleichspflichtige neben der grundsätzlich hinzunehmenden Rentenkürzung zusätzlich durch Unterhaltszahlungen belastet wird. Zu einer solchen Doppelbelastung kann es in vielen Fällen aber nicht mehr kommen, wenn etwaige Unterhaltsansprüche abgefunden worden sind.[20] In diesem Zusammenhang ist aber zu berücksichtigen, dass der Ausgleichspflichtige durch die Abfindung im Einzelfall erheblichen Belastungen ausgesetzt sein kann, die einer fortlaufenden Unterhaltszahlung gleichkommen können. Das ist etwa der Fall, wenn der Verpflichtete ein Darlehen hat aufnehmen müssen, um die Abfindung zahlen zu können. Auch wenn der Verpflichtete die Abfindung aus eigenen Mitteln hat finanzieren können, muss er in der Folgezeit auf die sonst erwirtschafteten Erträge aus dem Abfindungsbetrag verzichten.[21]

36 Der BGH hat klargestellt, dass bei einer Abfindung von Unterhalts- und Zugewinnausgleichsansprüchen durch eine vereinbarte Einmalzahlung eine Anpassung der Rentenkürzung jedenfalls dann nicht in Betracht kommt, wenn nicht festgestellt werden kann, welcher Anteil der geleisteten Summe auf den Unterhalt entfällt.[22]

g. Auswirkung der Versorgungskürzung auf den Unterhalt

aa. Wegfall des Unterhaltsanspruchs nach Versorgungskürzung

37 Eine Anpassung kommt nicht in Betracht, wenn die Aussetzung der Versorgungskürzung nicht zu einem Unterhaltsanspruch des Berechtigten führt.

38 **Berechnungsbeispiel:**[23]
Ehemann M bezieht Altersrente in Höhe von 1.400 €. Ehefrau F erzielt ein bereinigtes Nettoeinkommen in Höhe von 1.200 €. M zahlt Unterhalt in Höhe von 100 €. Aufgrund des Versorgungsausgleichs verringert sich die Rente des M auf 1.000 €. M müsste also selbst bei Aussetzung der Versorgungskürzung in Höhe von 100 € keinen Unterhalt zahlen.[24]

39 Auch wenn schon die ungekürzte Versorgung unterhalb des Selbstbehalts des Ausgleichspflichtigen liegt, kann die Versorgungskürzung nicht angepasst werden.

---

[16] OVG Münster v. 09.04.2008 - 1 A 2307/07 - FamRZ 2008, 2128; BGH v. 09.02.1983 - IVb ZR 361/81 - FamRZ 1983, 461; *Ruland*, Versorgungsausgleich, 3. Aufl. 2011, Rn. 949.

[17] OVG Rheinland-Pfalz v. 15.11.2013 - 10 A 10662/13 - IÖD 2014, 34.

[18] *Ruland*, Versorgungsausgleich, 3. Aufl. 2011, Rn. 950, Rn. 877; BGH v. 08.06.1994 - IV ZR 200/93 - FamRZ 1994, 1171.

[19] Vgl. KG Berlin v. 24.10.2012 - 25 UF 50/12; OLG Düsseldorf v. 24.01.2013 - 7 UF 150/12: keine Anpassung nach Unterhaltsabfindung.

[20] OLG Düsseldorf v. 24.01.2013 - 7 UF 150/12.

[21] Vgl. BGH v. 08.06.1994 - IV ZR 200/93 - FamRZ 1994, 1171.

[22] BGH v. 26.06.2013 - XII ZB 677/12 - FamRZ 2013, 1364; BGH v. 26.06.2013 - XII ZB 64/13 - FamRZ 2013, 1640.

[23] Nach BT-Drs. 16/10144, S. 73.

[24] Das vereinfachte Berechnungsbeispiel berücksichtigt nicht, dass im Versorgungsausgleich immer Bruttobeträge ausgeglichen werden, die vor der Berechnung des Unterhalts aber noch um die Sozialabgaben zu bereinigen sind.

bb. Unterhaltsanspruch trotz Versorgungskürzung

Eine Anpassung ist nach dem Zweck des § 33 VersAusglG aber unabhängig davon möglich, ob trotz der Versorgungskürzung ein Restunterhaltsanspruch verbliebe.[25] Das Unterhaltsprivileg kann nicht davon abhängig gemacht werden, ob zufällig noch ein minimaler Unterhaltsanspruch verbleibt oder nicht. Die Rentenkürzung durch den Versorgungsausgleich ist deshalb auch dann auszusetzen, wenn der gesetzliche Unterhaltsanspruch infolge der Kürzung nur wegen Geringfügigkeit entfiele.[26] Die Kürzung der laufenden Rente ist auch dann in Höhe des gesetzlich geschuldeten Unterhalts auszusetzen, wenn dem ausgleichspflichtigen Ehegatten nach der Kürzung mehr als der angemessene Selbstbehalt verbleibt.[27]

40

Dasselbe gilt, wenn sich die Kürzung weder auf den Bedarf des Ausgleichsberechtigten noch auf die Leistungsfähigkeit des Ausgleichspflichtigen auswirkt; das kann bei einer konkreten Bedarfsbemessung der Fall sein.[28] Denn auch in diesen Fällen würde die Versorgungskürzung zu einer doppelten Belastung durch Zahlung von Unterhalt bei gleichzeitiger Kürzung der eigenen Altersversorgung führen. Eine solche Doppelbelastung will § 33 VersAusglG aber gerade vermeiden.

41

Bis zur Höhe der fiktiven gesetzlichen Unterhaltspflicht führen deshalb auch solche Unterhaltslasten zu einer Aussetzung der Rentenkürzung, die auf unabänderbaren Unterhaltsvergleichen beruhen.[29]

42

h. Unzumutbare Härte

Die Aussetzung der Kürzung des Versorgungsausgleichs wegen Unterhalts setzt auch nicht voraus, dass die Unterhaltsbelastung für den Ausgleichspflichtigen ohne die Anpassung eine unzumutbare Härte darstellt.[30]

43

i. Unterhaltstitel

Das Bestehen eines Titels über den Unterhalt ist nicht erforderlich. Umgekehrt genügt alleine das Bestehen eines Unterhaltstitels nicht, wenn der titulierte Unterhalt nicht gesetzlich geschuldet ist. In jedem Fall muss deshalb auch bei Vorliegen eines Unterhaltstitels geprüft werden, ob der titulierte Unterhaltsanspruch tatsächlich (noch) besteht.[31]

44

Gibt es schon einen Unterhaltstitel, kann bei der Entscheidung über eine Anpassung nach § 33 VersAusglG der Unterhalt nicht unabhängig von diesem Titel fiktiv neu berechnet werden. Vielmehr stellt der titulierte Unterhalt grundsätzlich auch den gesetzlich geschuldeten dar.[32]. Danach ist, wenn bereits ein Unterhaltstitel auf der Grundlage der ungekürzten Versorgung vorliegt, im Rahmen des § 33 Abs. 3 VersAusglG grundsätzlich von diesem Unterhaltstitel auszugehen.

45

Nur wenn Anhaltspunkte dafür bestehen, dass der Unterhaltstitel nicht mehr dem aktuellen gesetzlichen Unterhaltsanspruch entspricht, hat das Familiengericht diesen neu zu ermitteln.[33] Besteht bereits ein Unterhaltstitel in Form eines gerichtlich protokollierten Vergleichs, der von keiner Seite angegriffen wird, spricht aber der Anschein dafür, dass dieser Unterhaltsbetrag auch gesetzlich geschuldet ist.[34]

46

j. Fiktive Unterhaltsberechnung

Ist die Höhe des zu zahlenden Unterhalts nicht schon rechtskräftig festgestellt worden oder liegen Abänderungsgründe vor, muss das Familiengericht den Unterhaltsanspruch inzident im Versorgungsausgleichsverfahren ermitteln.[35]

47

---

[25] *Gutdeutsch*, FamRB 2010, 149-155, 150, a.A. *Ruland*, Versorgungsausgleich, 3. Aufl. 2011, Rn. 951.
[26] OLG Zweibrücken v. 22.09.2011 - 6 UF 81/11 - FamRZ 2012, 719.
[27] OLG Frankfurt v. 24.02.2011 - 2 UF 317/10 - FamRZ 2011, 1595; OLG Karlsruhe v. 07.11.2011 - 2 UF 227/10 - FamRZ 2012, 452; OLG Stuttgart v. 03.11.2011 - 18 UF 47/11 - FamRZ 2012, 721.
[28] OLG Frankfurt v. 02.02.2012 - 4 UF 261/10.
[29] BGH v. 07.11.2012 - XII ZB 271/12 - FamRZ 2013, 189; anders zuvor OLG Koblenz v. 17.04.2012 - 7 UF 154/12.
[30] BGH v. 27.06.2013 - XII ZB 91/13 - FamRZ 2013, 1547.
[31] BGH v. 21.03.2012 - XII ZB 234/11 - FamRZ 2012, 853.
[32] OLG Hamm v. 08.10.2010 - 5 UF 20/10 - FamRZ 2011, 815.
[33] BGH v. 21.03.2012 - XII ZB 234/11 - FamRZ 2012, 853.
[34] OLG Frankfurt v. 08.09.2010 - 5 UF 198/10.
[35] *Wick*, FuR 2009, 482-496, 494.

aa. Amtsermittlung

48 Die Höhe des fiktiven Unterhaltsanspruchs hat das Familiengericht nach § 26 FamFG von Amts wegen zu ermitteln.[36] Allerdings ist es Sache der beteiligten Eheleute, die dazu erforderlichen unterhaltsrelevanten Tatsachen mitzuteilen.

bb. Befristung des Unterhalts

49 Bei der Anwendung des § 1578b BGB im Rahmen der im Verfahren nach § 33 VersAusglG von Amts wegen vorzunehmenden Prüfung des gesetzlichen Unterhaltsanspruchs des Ausgleichsberechtigten ist äußerste Zurückhaltung geboten, wenn sich die geschiedenen Ehegatten über eine unbegrenzte Unterhaltsverpflichtung des Ausgleichpflichtigen einig sind.[37]

cc. Unterhaltsvergleiche

50 An einen Unterhaltsvergleich der Ehegatten ist das Gericht gebunden, solange die Vereinbarung nicht zu einer erheblichen Benachteiligung des Versorgungsträgers führt. Dabei ist den Ehegatten ein Spielraum zuzubilligen, und zwar auch im Hinblick auf die Frage, ob, ab wann und in welchem Umfang eine Herabsetzung des Unterhalts nach § 1579 BGB in Betracht kommt.[38]

51 Haben die geschiedenen Ehegatten eine Unterhaltsvereinbarung getroffen, ist die Anpassung der Rentenkürzung sowohl durch die Höhe des fiktiven gesetzlichen Unterhalts als auch durch die Höhe des vereinbarten Unterhalts begrenzt.[39]

dd. Berechnungsbeispiel[40]

52 Ehemann M bezieht – vor Durchführung des Versorgungsausgleichs – eine monatliche Rente in Höhe von 2.750 €; Ehefrau F verfügt über ein bereinigtes Nettoeinkommen in Höhe von 1.600 €. M schuldet deshalb Unterhalt in Höhe von 575 € ([2.750 € – 1.600 €] x ½). Aufgrund des Versorgungsausgleichs verringert sich die Rente des M auf 2.000 €, weil M 900 € abgeben muss und 150 € von F erhält. Die Kürzung der Rente des M könnte in Höhe von 575 € ausgesetzt werden. Danach stünde M eine laufende Rente in Höhe von 2.575 € zur Verfügung (2.750 € – 900 € + 575 € + 150 €), so dass er Unterhalt in Höhe von 487,50 € ([2.575 € – 1.600 €] × ½) zahlen könnte.[41]

53 Das Beispiel zeigt, dass es dem Ausgleichspflichtigen – anders als nach früherem Recht – nicht mehr hilft, den Unterhaltsanspruch freiwillig zu bedienen, weil er geringer ist als die Kürzung durch den Versorgungsausgleich.

ee. Abweichungen des fiktiven und tatsächlichen Unterhalts

54 Der fiktive Unterhaltsanspruch ist – jedenfalls wenn die Versorgungskürzung nur teilweise auszusetzen ist – nicht identisch mit dem nach der Anpassung zu zahlenden Unterhalt, weil bei der fiktiven Unterhaltsberechnung immer die vollständige Aussetzung der Versorgungskürzung unterstellt wird.

k. Tatsächliche Zahlung des Unterhalts

55 Die Anpassung des Versorgungsausgleichs setzt nicht voraus, dass der Ausgleichspflichtige den Unterhalt tatsächlich zahlt.[42]

l. Unterhaltsrechtliche Obliegenheit zum Anpassungsantrag

56 Inwieweit der unterhaltspflichtige Ehepartner seine unterhaltsrechtliche Obliegenheit dadurch verletzt, dass er keinen bzw. verspätet einen Antrag nach § 33 VersAusglG stellt, ist daran zu messen, ob er sich dadurch unterhaltsbezogen leichtfertig verhalten hat. Wenn der Unterhaltsverpflichtete davon ausgeht, keinen Unterhalt mehr zahlen zu müssen, kann das in der Regel nicht angenommen werden.[43]

---

[36] OLG Hamm v. 20.07.2011 - 12 UF 90/11 - FamRZ 2011, 1951.
[37] OLG Frankfurt v. 02.02.2012 - 4 UF 261/10.
[38] OLG Oldenburg v. 30.04.2012 - 13 UF 131/11.
[39] BGH v. 07.11.2012 - XII ZB 271/12 - FamRZ 2013, 189.
[40] Nach BT-Drs. 16/10144, S. 72.
[41] Das vereinfachte Berechnungsbeispiel berücksichtigt nicht, dass im Versorgungsausgleich immer Bruttobeträge ausgeglichen werden, die vor der Berechnung des Unterhalts aber noch um die Sozialabgaben zu bereinigen sind.
[42] *Ruland*, Versorgungsausgleich, 3. Aufl. 2011 Rn. 950; *Gutdeutsch*, FamRB 2010, 149-155, 153.
[43] OLG Hamm v. 23.05.2013 - 2 UF 245/12.

II. Bagatellgrenze (Absatz 2)

§ 33 Abs. 2 VersAusglG schließt eine Anpassung bei geringen Ausgleichswerten aus. Die Anpassung findet nur statt, wenn die Kürzung am Ende der Ehezeit bei einem Rentenbetrag als maßgeblicher Bezugsgröße mindestens 2%, in allen anderen Fällen als Kapitalwert mindestens 240% der allgemeinen monatlichen Bezugsgröße nach § 18 Abs. 1 SGB IV betragen hat.

Maßgeblich ist der Wert der Kürzung am Ende der Ehezeit. Dadurch kann alleine anhand des Scheidungsurteils festgestellt werden, ob der Antrag auf Anpassung zulässig ist oder nicht.[44]

Nach § 33 Abs. 2 VersAusglG gelten also zwei unterschiedliche Bagatellgrenzen, die beide an die allgemeine monatliche Bezugsgröße des § 18 SGB IV gekoppelt sind. Maßgebend ist immer die Bezugsgröße nach § 18 Abs. 1 SGB IV. Das gilt auch für Anrechte aus dem Beitrittsgebiet. Die Bezugsgröße (Ost) nach § 18 Abs. 2 SGB IV ist unerheblich, weil § 33 Abs. 2 VersAusglG ausschließlich auf § 18 Abs. 1 SGB IV verweist.

Welcher der beiden Grenzwerte des § 33 Abs. 2 VersAusglG entscheidend ist, hängt davon ab, ob der Versorgungsträger den Ausgleichswert des betroffenen Anrechts als Rentenbetrag oder in einer anderen Bezugsgröße i.S.d. § 5 Abs. 1 VersAusglG ermittelt hat.

1. Rente als Bezugsgröße

Berechnet der Versorgungsträger den Ehezeitanteil und damit auch den Ausgleichswert des Anrechts als Rentenbetrag, kommt eine Anpassung nur in Betracht, wenn die Kürzung am Ende der Ehezeit mindestens 2% der monatlichen Bezugsgröße nach § 18 Abs. 1 SGB IV betragen hat.

Von den nach § 32 VersAusglG anpassungsfähigen Anrechten werden insbesondere beamtenrechtliche und berufsständische Versorgungsanrechte als Rentenbetrag ermittelt.

2. Kapitalwert als Bezugsgröße

Wenn der Versorgungsträger den Ausgleichswert nicht als Rentenbetrag, sondern in einer anderen Bezugsgröße i.S.d. § 5 Abs. 1 VersAusglG berechnet, kommt es auf den Kapitalwert bzw. korrespondierenden Kapitalwert nach den §§ 5 Abs. 3, 47 Abs. 2 VersAusglG an. Die Mindestgrenze liegt dann bei einer Kürzung in Höhe von 240% der monatlichen Bezugsgröße nach § 18 Abs. 1 SGB IV.

Dieser Grenzwert gilt insbesondere für die Anpassung von Anrechten in der gesetzlichen Rentenversicherung, für die Entgeltpunkte die maßgebende Bezugsgröße sind – und schon vor dem 01.09.2009 waren. Der Grenzwert von 240% der monatlichen Bezugsgröße nach § 18 Abs. 1 SGB IV gilt deshalb auch für die Anpassung gesetzlicher Rentenanrechte, die nach früherem Versorgungsausgleich ausgeglichen worden sind.

3. Abweichungen der Grenzwerte

Zu prüfen ist jeweils nur eine der beiden Wertgrenzen, und zwar abhängig von der maßgebenden Bezugsgröße des Ausgleichswertes. Ermittelt der Versorgungsträger den Ausgleichswert als Rentenbetrag, und überschreitet die Kürzung die 2%-Grenze nicht, kommt eine Anpassung auch dann nicht in Betracht, wenn der nach § 5 Abs. 3 VersAusglG ebenfalls mitgeteilte korrespondierende Kapitalwert höher ist als 240% der monatlichen Bezugsgröße nach § 18 Abs. 1 SGB IV. Die Prüfung anhand des richtigen Grenzwertes ist vor allem deshalb von Bedeutung, weil beide Werte erheblich voneinander abweichen können. Insoweit wird ergänzend auf die Kommentierung zu § 18 VersAusglG verwiesen.

4. Grenzwerte nach Absatz 2 ab 1977

Jahr	§ 18 Abs. 1 SGB IV	2%	240%
1977	1.850 DM	37 DM	4.440 DM
1978	1.950 DM	39 DM	4.680 DM
1979	2.100 DM	42 DM	5.040 DM
1980	2.200 DM	44 DM	5.280 DM
1981	2.340 DM	46,80 DM	5.616 DM
1982	2.460 DM	49,20 DM	5.904 DM
1983	2.580 DM	51,60 DM	6.192 DM
1984	2.730 DM	54,60 DM	6.552 DM

---

[44] BT-Drs. 16/10144, S. 72; kritisch dazu *Ruland*, Versorgungsausgleich, 3. Aufl. 2011, Rn. 947.

1985	2.800 DM	56 DM	6.720 DM
1986	2.870 DM	57,40 DM	6.888 DM
1987	3.010 DM	60,20 DM	7.224 DM
1988	3.080 DM	61,60 DM	7.392 DM
1989	3.150 DM	63 DM	7.560 DM
1990	3.290 DM	65,80 DM	7.896 DM
1991	3.360 DM	67,20 DM	8.064 DM
1992	3.500 DM	70 DM	8.400 DM
1993	3.710 DM	74,20 DM	8.904 DM
1994	3.920 DM	78,40 DM	9.408 DM
1995	4.060 DM	81,20 DM	9.744 DM
1996	4.130 DM	82,60 DM	9.912 DM
1997	4.270 DM	85,40 DM	10.248 DM
1998	4.340 DM	86,80 DM	10.416 DM
1999	4.410 DM	88,20 DM	10.584 DM
2000	4.480 DM	89,60 DM	10.752 DM
2001	4.480 DM	89,60 DM	10.752 DM
2002	2.345 €	46,90 €	5.628 €
2003	2.380 €	47,60 €	5.712 €
2004	2.415 €	48,30 €	5.796 €
2005	2.415 €	48,30 €	5.796 €
2006	2.450 €	49 €	5.880 €
2007	2.450 €	49 €	5.880 €
2008	2.485 €	49,70 €	5.964 €
2009	2.520 €	50,40 €	6.048 €
2010	2.555 €	51,10 €	6.132 €
2011	2.555 €	51,10 €	6.132 €
2012	2.625 €	52,50 €	6.300 €
2013	2.695 €	53,90 €	6.468 €
2014	2.765 €	55,30 €	6.636 €

D. Rechtsfolgen

I. Umfang der Anpassung (Absatz 3)

1. Aussetzung der Versorgungskürzung in Höhe des Unterhalts (Absatz 3 Halbsatz 1)

67 Nach § 33 Abs. 3 HS. 1 VersAusglG wird die Versorgungskürzung durch den Versorgungsausgleich in Höhe des fiktiven Unterhalts, der ohne die Versorgungskürzung zu zahlen wäre, ausgesetzt.

68 Die Aussetzung erfolgt hinsichtlich des Bruttobetrags der Versorgungskürzung. Dass sich aus dem Abzug der Steuer und eventueller Sozialabgaben ein Fehlbetrag zur tatsächlichen Unterhaltsverpflichtung ergeben kann, ist hinzunehmen.[45]

2. Differenz der Ausgleichswerte als Grenze (Absatz 3 Halbsatz 2)

69 Die Aussetzung der Versorgungskürzung ist nach § 33 Abs. 3 HS. 2 VersAusglG außerdem begrenzt durch die Differenz der beiderseitigen Ausgleichswerte der nach § 32 VersAusglG anpassungsfähigen Anrechte, aus denen der Ausgleichspflichtige laufende Renten bezieht. Dadurch wird gewährleistet, dass der Ausgleichspflichtige keinen ungerechtfertigten Vorteil aus der Anpassung zieht.[46] Er darf nicht besser gestellt werden, als er stünde, wären die Ausgleichswerte aus den Regelsicherungssystemen saldiert worden.

70 **Berechnungsbeispiel:**[47]
Ehemann M müsste bei einer ungekürzten Rente in Höhe von 2.000 € monatlichen Unterhalt in Höhe von 600 € Unterhalt zahlen. Durch den Versorgungsausgleich würde seine Versorgung zugunsten der

---

[45] BT-Drs. 16/10144, S. 72; OLG Nürnberg v. 15.12.2011 - 10 UF 1601/11 - FamRZ 2012, 1061.
[46] BT-Drs. 16/10144, S. 73.
[47] Nach BT-Drs. 16/10144, S. 73.

Ehefrau F um 800 € gekürzt. Gleichzeitig müsste F von ihrem Anrecht in demselben Regelsicherungssystem 400 € an M abgeben. M würde nach Durchführung des Versorgungsausgleichs über insgesamt 1.600 € verfügen. Ohne die Grenze des § 33 Abs. 3 HS. 2 VersAusglG könnte die Kürzung der Versorgung des M bis zur Höhe des fiktiven Unterhaltsanspruchs der F in Höhe von 600 € ausgesetzt werden, obwohl M durch den Versorgungsausgleich insgesamt nur 400 € verliert.

Ist der Versorgungsausgleich noch auf der Grundlage des bis zum 31.08.2009 geltenden Rechts durchgeführt worden, entspricht der Höchstbetrag der Anpassung bei Anrechten beider Ehegatten in der gesetzlichen Rentenversicherung dem Betrag, der im Wege des Splittings nach § 1587b Abs. 1 BGB a.F. übertragen worden ist.[48]

Bei der Ermittlung der Differenz der Ausgleichswerte sind auch solche Anrechte zu berücksichtigen, deren Kürzungen die Wertgrenzen nach § 33 Abs. 2 VersAusglG nicht übersteigen.[49]

Dagegen kann der Betrag, der nach § 3b Abs. 1 Nr. 1 VAHRG a.F. im Wege des erweiterten Splittings (sog. Supersplitting) übertragen worden ist, nicht in die Aussetzung einbezogen werden, weil diese Kürzung den Ehezeitanteil der betrieblichen Altersversorgung des Ausgleichpflichtigen betrifft, die kein anpassungsfähiges Anrecht nach § 32 VersAusglG ist.[50]

II. Anpassung bei mehreren Versorgungen (Absatz 4)

Nach § 33 Abs. 4 VersAusglG kann das Familiengericht nach billigem Ermessen entscheiden, bei welchen Versorgungen die Kürzungen ausgesetzt werden, wenn der Ausgleichspflichtige über mehrere anpassungsfähige Versorgungen verfügt. Es kann also die Kürzung einer von mehreren Versorgungen bis zur Höhe des Anpassungsbetrages aussetzen oder mehrere Versorgungen anteilig anpassen.

III. Beginn der Anpassungswirkung

Die Anpassung wirkt nach § 34 Abs. 3 VersAusglG ab dem ersten Tag des Monats, der auf den Monat der Antragstellung folgt. Eine rückwirkende Anpassung kommt nicht in Betracht.

E. Durchführung der Anpassung/Verfahren

Wegen der Einzelheiten der Durchführung der Anpassung und des Anpassungsverfahrens wird auf die Kommentierung zu § 34 VersAusglG verwiesen.

---

[48] BGH v. 21.03.2012 - XII ZB 234/11 - FamRZ 2012, 853.
[49] *Gutdeutsch*, FamRB 2010, 149-155, 152.
[50] OLG Zweibrücken v. 15.08.2013 - 2 UF 116/13 - FuR 2014, 247.

§ 34 VersAusglG Durchführung einer Anpassung wegen Unterhalt

(Fassung vom 03.04.2009, gültig ab 01.09.2009)

(1) Über die Anpassung und deren Abänderung entscheidet das Familiengericht.

(2) ¹Antragsberechtigt sind die ausgleichspflichtige und die ausgleichsberechtigte Person. ²Die Abänderung einer Anpassung kann auch von dem Versorgungsträger verlangt werden.

(3) Die Anpassung wirkt ab dem ersten Tag des Monats, der auf den Monat der Antragstellung folgt.

(4) Der Anspruch auf Anpassung geht auf die Erben über, wenn der Erblasser den Antrag nach § 33 Abs. 1 gestellt hatte.

(5) Die ausgleichspflichtige Person hat den Versorgungsträger, bei dem die Kürzung ausgesetzt ist, unverzüglich über den Wegfall oder Änderungen seiner Unterhaltszahlungen, über den Bezug einer laufenden Versorgung aus einem Anrecht nach § 32 sowie über den Rentenbezug, die Wiederheirat oder den Tod der ausgleichsberechtigten Person zu unterrichten.

(6) ¹Über die Beendigung der Aussetzung aus den in Absatz 5 genannten Gründen entscheidet der Versorgungsträger. ²Dies gilt nicht für den Fall der Änderung von Unterhaltszahlungen.

Gliederung

A. Grundlagen 1	V. Informationspflichten 23
I. Kurzcharakteristik 1	1. Informationspflichten des Ausgleichspflichtigen (Absatz 5) 23
1. Regelungszusammenhang 1	a. Wegfall der Unterhaltszahlungen 24
2. Regelungsinhalt 2	b. Änderungen der Unterhaltszahlungen 25
3. Normstruktur 3	c. Bezug einer laufenden Versorgung 26
II. Gesetzgebungsmaterialien 4	d. Rentenbezug des Ausgleichsberechtigten 27
B. Praktische Bedeutung 5	e. Wiederheirat des Ausgleichsberechtigten 28
C. Anwendungsvoraussetzungen 6	f. Tod des Ausgleichsberechtigten 29
I. Zuständigkeit 6	2. Informationspflichten der Versorgungsträger 30
1. Entscheidung über die Anpassung (Absatz 1) 6	D. Weitere Hinweise zum Verfahren 31
a. Sachliche/funktionelle Zuständigkeit 7	I. Verfahrensbeteiligte 31
b. Örtliche Zuständigkeit 8	II. Anwaltszwang 32
c. Abgabe des Unterhaltsverfahrens 10	III. Amtsermittlung 33
2. Entscheidung bei Änderung des Unterhalts (Absatz 6 Satz 2) 11	IV. Aussetzung des Unterhaltsverfahrens 35
3. Entscheidung über die Beendigung der Anpassung (Absatz 6 Satz 2) 12	V. Beschlussformel 37
	VI. Kosten 40
II. Antragsberechtigung (Absatz 2) 14	1. Erstinstanzliches Verfahren 40
1. Ehepartner 14	2. Beschwerdeverfahren 43
2. Hinterbliebene 15	VII. Verfahrenswert 44
3. Versorgungsträger 16	VIII. Anpassung im Scheidungsverfahren 48
III. Wirkung der Anpassung (Absatz 3) 18	IX. Verfahrenskostenhilfe 51
IV. Anspruchsübergang auf Erben (Absatz 4) 21	X. Rechtsmittel 52

A. Grundlagen

I. Kurzcharakteristik

1. Regelungszusammenhang

Die Vorschrift ergänzt § 33 VersAusglG. 1

2. Regelungsinhalt

Sie enthält verfahrens- und materiell-rechtliche Regelungen für die Durchführung der Anpassung des Versorgungsausgleichs bei Unterhaltszahlungen. 2

3. Normstruktur

§ 34 Abs. 1 VersAusglG bestimmt die Zuständigkeit für die Entscheidung über die Anpassung. Die Vorschrift wird durch § 34 Abs. 6 VersAusglG ergänzt. § 34 Abs. 2 und 4 VersAusglG regeln, wer unter welchen Voraussetzungen berechtigt ist, die Anpassung zu verlangen. § 34 Abs. 3 VersAusglG bestimmt den Zeitpunkt, ab dem die Anpassung wirkt. Den Ausgleichspflichtigen, dessen Versorgungskürzung durch die Anpassung ausgesetzt wird, verpflichtet § 34 Abs. 5 VersAusglG, den zuständigen Versorgungsträger über Tatsachenänderungen, die sich auf die Anpassung auswirken, zu informieren. 3

II. Gesetzgebungsmaterialien

BT-Drs. 16/10144, S. 73 f., 118 f., 126 f. 4

B. Praktische Bedeutung

Auswirkungen auf die Praxis hat vor allem die Tatsache, dass für die Entscheidung über die Anpassung wegen Unterhalts seit Inkrafttreten des VAStrRefG am 01.09.2009 nicht mehr die Versorgungsträger, sondern die Familiengerichte zuständig sind. Neu ist außerdem, dass eine rückwirkende Anpassung künftig nicht mehr möglich ist; das dürfte insbesondere für die Beratungspraxis der Rechtsanwälte von Bedeutung sein. 5

C. Anwendungsvoraussetzungen

I. Zuständigkeit

1. Entscheidung über die Anpassung (Absatz 1)

Anders als nach früherem Recht ist die Entscheidung über die Anpassung wegen Unterhalts nicht mehr Aufgabe der Versorgungsträger. Nach § 34 Abs. 1 VersAusglG entscheidet vielmehr das Familiengericht über die Anpassung. Das gilt wegen § 34 Abs. 6 VersAusglG aber nur für die Erstentscheidung über die Anpassung und für spätere Abänderungsentscheidungen bei Änderungen der Unterhaltszahlungen. Die Entscheidung über die Aufhebung der Anpassung wegen Wegfalls einer der übrigen Voraussetzungen ist dagegen Sache des Versorgungsträgers. 6

a. Sachliche/funktionelle Zuständigkeit

Die sachliche Zuständigkeit des Familiengerichts folgt aus § 23a Abs. 1 Nr. 1 GVG i.V.m. § 111 Nr. 7 FamFG.[1] Funktionell zuständig ist der Richter. 7

b. Örtliche Zuständigkeit

Maßgebend für die örtliche Zuständigkeit ist § 218 FamFG.[2] Die Zuständigkeit folgt also aus der Rangfolge der Nrn. 1-3 des § 218 FamFG.[3] 8

Dadurch fallen die Zuständigkeiten für das Anpassungsverfahren und ein vorangegangenes, parallel anhängiges oder nachfolgendes Unterhaltsverfahren in vielen Fällen auseinander, weil eine Ehesache zum Zeitpunkt des Anpassungsverfahrens regelmäßig nicht mehr anhängig ist (§ 218 Nr. 1 FamFG) und der gewöhnliche Aufenthalt der geschiedenen Eheleute nach § 218 Nr. 2 FamFG einerseits und § 232 Abs. 3 Satz 1 FamFG i.V. §§ 12 ff ZPO andererseits zu unterschiedlichen Zuständigkeiten füh- 9

---

[1] Ungenau BT-Drs. 16/10144, S. 73.
[2] BT-Drs. 16/10144, S. 73.
[3] *Gutdeutsch*, FamRB 2010, 149-155, 152; a.A. *Häußermann*, FPR 2009, 223-227, 225.

ren kann. Liegen die Voraussetzungen des § 218 Nr. 2 FamFG nicht vor, ist für das Anpassungsverfahren nach § 218 Nr. 3 FamFG das Familiengericht am Sitz des Versorgungsträgers zuständig, wodurch den geschiedenen Eheleuten die Durchführung des Anpassungsverfahrens u.U. erheblich erschwert wird.[4] Das Problem stellt sich allerdings nicht, wenn man mit dem OLG Frankfurt nicht den betroffenen Versorgungsträger, sondern den unterhaltsberechtigten Ehegatten als Antragsgegner i.S.d. § 218 Nr. 3 FamFG ansieht.[5]

c. Abgabe des Unterhaltsverfahrens

10 Sofern zwischen den Eheleuten ein Unterhaltsverfahren anhängig und dafür nach § 232 FamFG ein anderes Familiengericht örtlich zuständig ist, soll nach der Gesetzesbegründung eine Abgabe der Unterhaltssache an das für den Versorgungsausgleich zuständige Gericht nach § 4 FamFG in Betracht kommen.[6] Dagegen müssen allerdings Bedenken angemeldet werden, weil § 4 FamFG in Unterhaltssachen wegen §§ 112 Nr. 1, 113 Abs. 1 Satz 1, 231 Abs. 1 FamFG nicht anzuwenden ist.

2. Entscheidung bei Änderung des Unterhalts (Absatz 6 Satz 2)

11 Nach § 33 Abs. 3 VersAusglG ist die Versorgungskürzung nur in Höhe des Unterhaltsanspruchs auszusetzen. Deshalb werden Änderungen der Anpassung notwendig, wenn sich die Höhe des zu zahlenden Unterhalts ändert. Auch für diese Abänderungsentscheidungen sind nach § 34 Abs. 6 Satz 2 VersAusglG die Familiengerichte zuständig.

3. Entscheidung über die Beendigung der Anpassung (Absatz 6 Satz 1)

12 Dagegen entscheidet nach § 34 Abs. 6 Satz 1 VersAusglG der zuständige Versorgungsträger über die Beendigung der Anpassung, wenn eine ihrer sonstigen Voraussetzungen nach § 33 VersAusglG weggefallen ist.

13 Führt die Änderung des zu zahlenden Unterhalts dazu, dass die Versorgungskürzung insgesamt zu beenden ist, entscheidet darüber nach § 34 Abs. 6 Satz 2 VersAusglG das Familiengericht.[7]

II. Antragsberechtigung (Absatz 2)

1. Ehepartner

14 Die Anpassung erfolgt nach § 33 Abs. 1 VersAusglG nur auf Antrag. Antragsberechtigt sind nach § 34 Abs. 2 VersAusglG der ausgleichspflichtige und der ausgleichsberechtigte Ehepartner.

2. Hinterbliebene

15 Anders als nach § 9 Abs. 2 VAHRG a.F. haben Hinterbliebene kein eigenes Antragsrecht mehr. Die Anpassung der Kürzung einer Hinterbliebenenversorgung kommt also nicht in Betracht. Allerdings geht der Anspruch auf Anpassung wegen Unterhalts nach § 34 Abs. 4 VersAusglG auf die Erben über, wenn der Erblasser zu Lebzeiten den Antrag nach § 33 Abs. 1 VersAusglG gestellt hatte.

3. Versorgungsträger

16 Die betroffenen Versorgungsträger sind nicht berechtigt, die Anpassung einer Versorgungskürzung zu verlangen.

17 Wenn aber eine bereits durchgeführte Anpassung aufgrund von Änderungen der tatsächlichen Verhältnisse abzuändern ist, sind auch die Versorgungsträger antragsberechtigt. Den Versorgungsträgern wird dadurch ein eigenes Antragsrecht insbesondere in den Fällen eingeräumt, in denen die Versorgungskürzung wegen geringerer Unterhaltszahlungen wieder zu erhöhen ist, die geschiedenen Eheleute daran aber kein Interesse haben.[8]

---

[4] Vgl. OLG Frankfurt v. 19.01.2010 - 2 UFH 1/10 - FamRZ 2010, 916.
[5] OLG Frankfurt v. 12.02.2014 - 2 UF 276/13 unter Hinweis auf BGH v. 11.12.2013 - XII ZB 253/13; OLG Karlsruhe v. 07.11.2011 - 2 UF 227/10; OLG Zweibrücken v. 15.08.2013 - 2 UF 116/13.
[6] BT-Drs. 16/10144, S. 73.
[7] BT-Drs. 16/10144, S. 74; zur Konkurrenz der Zuständigkeiten eingehend *Gutdeutsch*, FamRB 2010, 149-155, 153.
[8] BT-Drs. 16/10144, S. 73.

III. Wirkung der Anpassung (Absatz 3)

Die Anpassung wirkt nach § 34 Abs. 3 VersAusglG erst ab dem ersten Tag des Monats, der auf den Monat der Antragstellung folgt.[9] Die Kürzung der Versorgung des Ausgleichspflichtigen wird also im Gegensatz zum früheren Recht nur noch für die Zukunft rückgängig gemacht. Dadurch sollen die Versorgungsträger – und damit letztlich die Versichertengemeinschaft – vor einer vollständigen Rückabwicklung geschützt werden.

Die Vorschrift stellt ausdrücklich klar, dass eine rückwirkende Anpassung nicht stattfindet. Eine entsprechende Anwendung des § 99 Abs. 1 SGB VI kommt deshalb nicht in Betracht.

Auch die Tatsache, dass der Versorgungsempfänger den Anpassungsantrag zu einem früheren Zeitpunkt fehlerhaft beim Versorgungsträger statt beim Familiengericht eingereicht hat, rechtfertigt keine rückwirkende Anpassung.[10]

IV. Anspruchsübergang auf Erben (Absatz 4)

Nach § 34 Abs. 4 VersAusglG geht der Anspruch auf Anpassung wegen Unterhalts auf die Erben über, wenn der Erblasser zu Lebzeiten den Antrag nach § 33 Abs. 1 VersAusglG gestellt hatte. Der Anspruch auf Anpassung fällt damit in den Nachlass.

Das bedeutet auch, dass der Tod des Ausgleichspflichtigen das Verfahren nicht beendet.

V. Informationspflichten

1. Informationspflichten des Ausgleichspflichtigen (Absatz 5)

Der Ausgleichspflichtige, dessen Versorgungskürzung ausgesetzt ist, ist nach § 34 Abs. 5 VersAusglG verpflichtet, den zuständigen Versorgungsträger unverzüglich über Tatsachen zu informieren, die Auswirkungen auf die Anpassung haben können. Dadurch wird der Versorgungsträger vor unberechtigten Aussetzungen der Versorgungskürzung geschützt.

a. Wegfall der Unterhaltszahlungen

Der Ausgleichspflichtige muss den betroffenen Versorgungsträger insbesondere über den Wegfall des Unterhaltsanspruchs informieren, weil die Versorgungskürzung danach nicht mehr ausgesetzt werden darf.

b. Änderungen der Unterhaltszahlungen

Darüber hinaus muss der Ausgleichspflichtige dem Versorgungsträger Änderungen der Höhe des zu zahlenden Unterhalts mitteilen. Der Umfang der Anpassung hängt nach § 33 Abs. 3 VersAusglG von der Höhe der Unterhaltszahlungen ab. Zahlt der Ausgleichspflichtige geringeren Unterhalt als zum Zeitpunkt der Erstentscheidung, kann der Versorgungsträger Antrag auf Abänderung der Anpassung stellen, um eine Verringerung der Aussetzung der Versorgungskürzung zu erreichen. Dazu muss dem Versorgungsträger aber die geänderte Höhe der Unterhaltszahlungen bekannt sein.

c. Bezug einer laufenden Versorgung

Die Anpassung ist nach § 33 Abs. 3 VersAusglG außerdem begrenzt durch die Differenz der beiderseitigen Ausgleichswerte aus Anrechten im Sinne des § 32 VersAusglG, aus denen der Ausgleichspflichtige eine laufende Versorgung bezieht. Der Beginn des Bezugs einer Versorgung aus einem Regelsicherungssystem kann sich also auf die Höhe der Anpassung auswirken. Deshalb muss der Ausgleichspflichtige den Versorgungsträger auch über den Bezug einer laufenden Rente aus einer Versorgung im Sinne des § 32 VersAusglG informieren.

d. Rentenbezug des Ausgleichsberechtigten

Daneben ist der ausgleichspflichtige Ehepartner gehalten, den zuständigen Versorgungsträger über den Beginn des Leistungsbezugs des Ausgleichsberechtigten zu informieren. Die Aussetzung der Versorgungskürzung setzt nach § 33 Abs. 1 VersAusglG voraus, dass der Ausgleichsberechtigte aus dem durch den Versorgungsausgleich erworbenen Anrecht keine Leistungen beziehen kann. Die Anpassung ist also zu beenden, sobald der Berechtigte aus dem Anrecht eine Rente bezieht.

---

[9] OLG Frankfurt v. 24.02.2011 - 2 UF 317/10 - FamRZ 2011, 1595.
[10] BGH v. 21.03.2012 - XII ZB 234/11 - NJW 2012, 1661.

e. Wiederheirat des Ausgleichsberechtigten

28 Heiratet der ausgleichsberechtigte Ehegatte erneut, endet der gesetzliche Unterhaltsanspruch mit der Folge, dass die Anpassung zu beenden ist. Der Ausgleichspflichtige muss den zuständigen Versorgungsträger deshalb auch über die Wiederheirat des Ausgleichsberechtigten unterrichten.

f. Tod des Ausgleichsberechtigten

29 Dasselbe gilt für den Tod des Ausgleichsberechtigten.

2. Informationspflichten der Versorgungsträger

30 Nach § 4 Abs. 3 VersAusglG sind auch die Versorgungsträger untereinander verpflichtet, die zur Durchführung oder Abänderung der Anpassung erforderlichen Auskünfte zu erteilen.

D. Weitere Hinweise zum Verfahren

I. Verfahrensbeteiligte

31 Das Anpassungsverfahren ist – soweit die Familiengerichte zuständig sind – eine Versorgungsausgleichssache i.S.d. § 217 FamFG. Nach § 219 FamFG sind deshalb bei der für die gekürzte Versorgung zuständige Versorgungsträger und beide Ehegatten am Verfahren zu beteiligen. Verfahrensbeteiligter ist also auch der (geschiedene) Ehepartner des Antragstellers.[11]

II. Anwaltszwang

32 Anwaltszwang besteht nach § 114 Abs. 1 FamFG nicht, es sei denn, der Anpassungsantrag wird ausnahmsweise schon im Scheidungsverbundverfahren gestellt.

III. Amtsermittlung

33 Die Höhe des nach § 33 Abs. 3 VersAusglG für den Umfang der Versorgungskürzung maßgebenden fiktiven Unterhalts muss das Familiengericht nach § 26 FamFG von Amts wegen ermitteln.[12] Das bedeutet aber nicht, dass das Familiengericht in jede denkbare Richtung alle den Unterhalt möglicherweise beeinflussenden Umstände von Amts wegen klären muss. Vielmehr ist es auch im Rahmen der Amtsermittlung Sache der Beteiligten, die für das Unterhaltsverhältnis maßgebenden Tatsachen konkret mitzuteilen.

34 Ein bezifferter Antrag ist nicht erforderlich.[13]

IV. Aussetzung des Unterhaltsverfahrens

35 Ein bereits anhängiges Unterhaltsverfahren muss wegen der Vorgreiflichkeit der Anpassung des Versorgungsausgleichs nach § 113 Abs. 1 Satz 2 FamFG, § 148 ZPO[14] ausgesetzt werden, bis die Versorgungsausgleichssache rechtskräftig abgeschlossen ist.[15]

36 Liegt bereits ein Unterhaltstitel auf der Grundlage der ungekürzten Versorgung vor, ist bei der Anpassung grundsätzlich von diesem Unterhaltstitel auszugehen. Nur wenn Anhaltspunkte dafür bestehen, dass der Unterhaltstitel nicht mehr dem aktuellen gesetzlichen Unterhaltsanspruch entspricht, hat das Familiengericht diesen neu zu ermitteln.[16]

V. Beschlussformel

37 Die Beschlussformel der Entscheidung des Familiengerichts über die Anpassung könnte wie folgt lauten:
„Die durch Bescheid vom 11.11.2009 aufgrund des Beschlusses des Amtsgerichts – Familiengericht – XY vom 09.09.2009 – Az. 32 F 16/08 – vorgenommene Kürzung der Rente des Antragstellers bei der Deutschen Rentenversicherung Bund (Vers.-Nr. 53 070777 M 123) wird in Höhe von monatlich 100,00 € (3,6765 EP) ausgesetzt."

---

[11] OLG Hamm v. 29.01.2013 - 2 WF 255/12.
[12] OLG Hamm v. 20.07.2011 - II-12 UF 90/11 - FamRZ 2011, 1951.
[13] OLG Hamm v. 08.06.2011 - II-2 WF 126/11 - MDR 2011, 983.
[14] Anders *Gutdeutsch*, FamRB 2010, 149-155, 154: Aussetzung nach § 21 Abs. 1 FamFG.
[15] BT-Drs. 16/10144, S. 73.
[16] BGH v. 21.03.2012 - XII ZB 234/11 - NJW 2012, 1661; OLG Hamm v. 08.10.2010 - 5 UF 20/10 - FamRZ 2011, 815.

Der Betrag, in dessen Höhe die Versorgungskürzung auszusetzen ist, muss in der Beschlussformel konkret angegeben werden. Eine Formulierung, nach der die Versorgungskürzung „in vollem Umfang" ausgesetzt wird, genügt nicht.[17] Der Titel über die Aussetzung der durch den Versorgungsausgleich bedingten Kürzung der Rente muss den Umfang der Aussetzung auch dann betragsmäßig festlegen, wenn der fiktive Unterhaltsanspruch des geschiedenen Ehegatten gegenwärtig die Rentenkürzung übersteigt.[18] 38

Nach Ansicht des OLG Frankfurt kann die Beschlussformel aber zur Ermittlung des Anpassungsbetrags dynamisch gefasst werden (Entgeltpunkte x aktueller Rentenwert x persönlicher Zugangsfaktor), wenn der Unterhaltsanspruch als Höchstbetrag gemäß § 33 Abs. 3 VersAusglG mit aufgenommen wird.[19] 39

VI. Kosten

1. Erstinstanzliches Verfahren

Maßgebend für die Kostenentscheidung ist § 81 FamFG. 40

In Verfahren nach § 33 VersAusglG entspricht es regelmäßig billigem Ermessen, dass jeder Ehegatte seine Kosten selbst trägt, weil die Aussetzung der Kürzung im Regelfall den Interessen beider dient.[20] 41

Die am Verfahren beteiligten Versorgungsträger trifft im Hinblick auf die Gerichtskosten keine Kostenlast, weil das Verfahren ausschließlich den Interessen der geschiedenen Ehegatten dient und die Versorgungsträger keinen Einfluss auf die Feststellung des nachehelichen Unterhalts nehmen können. Deshalb ist es in der Regel unbillig, die Versorgungsträger an den Gerichtskosten zu beteiligen.[21] 42

2. Beschwerdeverfahren

Eine Belastung des Versorgungsträgers mit den Kosten des Verfahrens kommt aber in Betracht, wenn der Versorgungsträger ein unbegründetes Rechtsmittel gegen die Anpassungsentscheidung eingelegt hat oder die erstinstanzliche Entscheidung über die Anpassung auf einem fehlerhaften Rentenbescheid beruht. 43

VII. Verfahrenswert

Der Verfahrenswert richtet sich nach § 50 Abs. 1 und 3 FamGKG. Maßgebend sind danach 10% des dreimonatigen Nettoeinkommens für jedes anzupassende Anrecht. Im Einzelfall kann wegen besonderer Umstände eine Erhöhung oder Herabsetzung dieses Betrages erfolgen. 44

Nach Auffassung des OLG Frankfurt soll die Wertfestsetzung nach § 50 Abs. 3 FamGKG in Verbindung mit § 42 Abs. 1 FamGKG auf der Grundlage des Streitwerts einer vergleichbaren Unterhaltssache erfolgen.[22] 45

Andere Oberlandesgerichte lehnen eine entsprechende Anwendung des § 42 Abs. 1 FamGKG ab, halten aber eine Erhöhung des Verfahrenswerts gemäß § 50 Abs. 3 FamGKG im Einzelfall für möglich. Das OLG Stuttgart schließt nicht aus, dass es Fälle geben kann, die aufgrund ihrer unterhaltsrechtlichen Komplexität und Schwierigkeit eine Orientierung an der Wertfestsetzung für Unterhaltsverfahren sachgerecht erscheinen lassen können.[23] Nach Ansicht des OLG Saarbrücken kann in Anpassungsverfahren eine Verdopplung des nach § 50 Abs. 1 FamGKG zu ermittelnden Werts erfolgen.[24] Auch nach Meinung des OLG Zweibrücken kann es gerechtfertigt sein, den Mindestbetrag von 1.000 € wegen der Bedeutung der Angelegenheit für die Beteiligten und des mit dem Verfahren verbundenen Aufwands zu verdoppeln, wenn die Anpassung wegen Unterhalts lediglich ein einziges Anrecht betrifft.[25] 46

---

[17] OLG Hamm v. 21.09.2010 - 2 UF 76/10 - FamRZ 2011, 814.
[18] BGH v. 21.03.2012 - XII ZB 234/11 - NJW 2012, 1661.
[19] OLG Frankfurt v. 04.04.2012 - 3 UF 423/11 - FamRZ 2013, 43.
[20] OLG Frankfurt v. 08.08.2012 - 1 WF 164/12.
[21] OLG Bamberg v. 01.03.2011 - 2 UF 9/11 - FamRZ 2011, 1797.
[22] OLG Frankfurt v. 08.09.2010 - 5 UF 198/10; Götsche in: HK-VersAusglR, 2012, § 34 VersAusglG Rn. 24; a.A. OLG Schleswig v. 27.10.2011 - 10 WF 178/11 - NJW-RR 2012, 327.
[23] OLG Stuttgart v. 06.06.2012 - 16 WF 118/12 - FamRZ 2012, 1972.
[24] OLG Saarbrücken v. 30.05.2012 - 9 WF 37/12 - FamRZ 2013, 148.
[25] OLG Zweibrücken v. 15.08.2013 - 2 UF 116/13 - FuR 2014, 247.

47 Eine Erhöhung des Verfahrenswerts nach § 50 Abs. 3 FamGKG ist allerdings nur dann veranlasst, wenn die Entscheidung über den Anpassungsantrag überhaupt eine Überprüfung oder Neuberechnung des Unterhaltsanspruchs erforderlich macht. Ist die Höhe des zu zahlenden Unterhalts zwischen den Beteiligten unstreitig, bleibt es dagegen bei dem nach § 50 Abs. 1 FamGKG zu berechnenden Wert.

VIII. Anpassung im Scheidungsverfahren

48 Umstritten ist, ob der Antrag auf Anpassung, wenn alle Anpassungsvoraussetzungen vorliegen, nach § 137 Abs. 2 Satz 1 Nr. 1 FamFG im Scheidungsverbund gestellt werden kann.

49 Nach einer Auffassung zielt der Anpassungsantrag auf eine Regelung für den Fall der Ehescheidung und kann deshalb Gegenstand einer Scheidungsfolgesache sein.[26] Jedenfalls dann, wenn im Scheidungsverbund neben dem Versorgungsausgleich auch über den nachehelichen Unterhalt zu befinden ist, sei es zulässig und aus Gründen der Verfahrensökonomie geboten, die Entscheidung über einen Antrag auf Anpassung wegen Unterhalts i.S.v. § 33 VersAusglG bereits im Verbundverfahren zu treffen.[27] Dasselbe soll in den Fällen gelten, in denen der ausgleichspflichtige Ehepartner schon laufende Leistungen aus den Versorgungsanrechten bezieht.[28]

50 Dagegen hat das OLG Celle mit ausführlicher und überzeugender Begründung entschieden, dass die Entscheidung über einen Antrag nach § 33 VersAusglG – nach dem Wortlaut der Vorschrift – nicht für den Fall der Scheidung zu treffen ist, sondern für den Fall eines wirksam gewordenen Wertausgleichs bei der Scheidung.[29] Über einen Antrag auf Aussetzung der Versorgungskürzung kann deshalb nicht im Verbundverfahren entschieden werden, und zwar auch dann nicht, wenn gleichzeitig über den nachehelichen Unterhalt zu entscheiden ist oder bereits laufende Versorgungsleistungen gezahlt werden.

IX. Verfahrenskostenhilfe

51 In Anpassungsverfahren nach § 33 VersAusglG ist im Rahmen der bewilligten Verfahrenskostenhilfe die Beiordnung eines Rechtsanwalts regelmäßig wegen besonderer Schwierigkeit der Sach- und Rechtslage erforderlich im Sinne des § 78 Abs. 2 FamFG. Das gilt auch für den beteiligten Ehepartner des Antragstellers.[30]

X. Rechtsmittel

52 Die Entscheidung über den Anpassungsantrag kann mit der Beschwerde nach § 58 FamFG angefochten werden.

---

[26] *Ruland*, Versorgungsausgleich, 3. Aufl. 2011, Rn. 966; *Gutdeutsch*, FamRZ 2010, 1140-1141, 1140; *Götsche* in: HK-VersAusglR, 2012, § 34 VersAusglG Rn. 4; *Götsche*, jurisPR-FamR 5/2012, Anm. 5.
[27] OLG Zweibrücken v. 25.11.2011 - 2 UF 158/09 - FamRZ 2012, 722; vgl. auch OLG Köln v. 13.06.2013 - 27 UF 64/13; a.A. *Hauß*, NJW 2012, 1300-1301 und *Borth*, FamRZ 2012, 724.
[28] OLG Köln v. 13.06.2012 - 21 UF 15/12 - FamRZ 2012, 1814.
[29] OLG Celle v. 16.05.2013 - 10 UF 66/13 - FamRZ 2013, 1313; so auch schon KG Berlin v. 02.11.2012 - 13 UF 132/12.
[30] OLG Hamm v. 29.01.2013 - 2 WF 255/12.

§ 35 VersAusglG Anpassung wegen Invalidität der ausgleichspflichtigen Person oder einer für sie geltenden besonderen Altersgrenze

(Fassung vom 03.04.2009, gültig ab 01.09.2009)

(1) Solange die ausgleichspflichtige Person eine laufende Versorgung wegen Invalidität oder Erreichens einer besonderen Altersgrenze erhält und sie aus einem im Versorgungsausgleich erworbenen Anrecht keine Leistung beziehen kann, wird die Kürzung der laufenden Versorgung auf Grund des Versorgungsausgleichs auf Antrag ausgesetzt.

(2) § 33 Abs. 2 gilt entsprechend.

(3) Die Kürzung ist höchstens in Höhe der Ausgleichswerte aus denjenigen Anrechten im Sinne des § 32 auszusetzen, aus denen die ausgleichspflichtige Person keine Leistung bezieht.

(4) Fließen der ausgleichspflichtigen Person mehrere Versorgungen zu, so ist jede Versorgung nur insoweit nicht zu kürzen, als dies dem Verhältnis ihrer Ausgleichswerte entspricht.

Gliederung

A. Grundlagen 1	b. Fehlender Leistungsbezug aus erworbenem Anrecht 9
I. Kurzcharakteristik 1	2. Anpassung bei Invalidität 11
1. Regelungsinhalt 1	3. Anpassung bei Erreichen einer besonderen Altersgrenze 13
2. Normzweck 2	II. Bagatellgrenze (Absatz 2) 16
3. Normstruktur 3	1. Ermittlung der Wertgrenzen 17
4. Regelungszusammenhang 4	2. Wertgrenzen nach Absatz 2 ab 1977 18
II. Gesetzgebungsmaterialien 5	**D. Rechtsfolgen** 19
B. Praktische Bedeutung 6	I. Umfang der Anpassung (Absatz 3) 19
C. Anwendungsvoraussetzungen 7	II. Dauer der Anpassung 20
I. Anpassung der laufenden Versorgung (Absatz 1) 7	III. Anpassung mehrerer Versorgungen (Absatz 4) 21
1. Allgemeine Anpassungsvoraussetzungen 8	**E. Verfahren** 23
a. Anpassungsfähige Anrechte 8	

A. Grundlagen

I. Kurzcharakteristik

1. Regelungsinhalt

Die Vorschrift regelt die Anpassung einer rechtskräftigen Entscheidung über den Versorgungsausgleich wegen Invalidität des ausgleichspflichtigen Ehegatten oder wegen des Erreichens einer für ihn geltenden besonderen Altersgrenze.

2. Normzweck

Sie enthält eine Regelung für Härtefälle, die daraus entstehen können, dass die beiderseitigen Anrechte nicht mehr – wie nach dem am 31.08.2009 außer Kraft getretenen früheren Versorgungsausgleichsrecht – saldiert werden, sondern jedes einzelne Anrecht isoliert ausgeglichen wird. Wenn die zu teilenden Anrechte unterschiedliche Leistungsvoraussetzungen haben, kann dieses Ausgleichssystem zu unbilligen Ergebnissen führen, etwa weil die laufende Versorgung eines Ehegatten aufgrund des Versorgungsausgleichs gekürzt wird, er aber aus den erworbenen Anrechten des anderen Ehegatten noch keine Leistungen beziehen kann. Das ist insbesondere der Fall, wenn der ausgleichspflichtige Ehegatte vor dem Erreichen der Regelaltersgrenze vorzeitige Rentenzahlungen wegen Invalidität oder einer besonderen Altersgrenze erhält.

3. Normstruktur

3 Die Grundtatbestände für die Anpassung sind in § 35 Abs. 1 VersAusglG enthalten. Der zweite Absatz enthält eine Mindestwertgrenze für die Anpassung. § 35 Abs. 3 VersAusglG begrenzt den Umfang der Anpassung, § 35 Abs. 4 VersAusglG regelt die Kürzung bei der Anpassung mehrerer Versorgungen.

4. Regelungszusammenhang

4 Ergänzt wird die Vorschrift durch § 36 VersAusglG, der die Durchführung der Anpassung regelt.

II. Gesetzgebungsmaterialien

5 BT-Drs. 16/10144, S. 74 f.; BT-Drs. 16/11903, S. 110.

B. Praktische Bedeutung

6 Die Vorschrift kommt zum Tragen, wenn im Rahmen des Wertausgleichs bei der Scheidung ein sog. Hin- und Herausgleich anpassungsfähiger Anrechte (§ 32 VersAusglG) erfolgt ist. Danach kommt eine Anpassung nach § 35 VersAusglG in Betracht, wenn der ausgleichspflichtige Ehegatte eine laufende Invaliditätsversorgung erhält, die Voraussetzungen für den Rentenbezug aus einem im Versorgungsausgleich erworbenen Anrecht aber nicht erfüllt. Die Kürzung der laufenden Versorgung aus dem eigenen Anrecht des Ausgleichspflichtigen kann dann ausgesetzt werden. Dasselbe gilt, wenn der Ausgleichspflichtige aufgrund einer besonderen Altersgrenze bereits Versorgungsleistungen bezieht, aus einem übertragenen Anrecht aber noch keine Leistungen erhalten kann. Die Anpassung wegen einer besonderen Altersgrenze betrifft insbesondere Polizeibeamte und Soldaten.

C. Anwendungsvoraussetzungen

I. Anpassung der laufenden Versorgung (Absatz 1)

7 Nach § 35 Abs. 1 VersAusglG wird die Kürzung der laufenden Versorgung des Ausgleichspflichtigen wegen Invalidität oder Erreichens einer vorzeitigen Altersgrenze ausgesetzt, solange der Ausgleichspflichtige aus den im Versorgungsausgleich erworbenen Anrechten keine Leistungen beziehen kann.

1. Allgemeine Anpassungsvoraussetzungen

a. Anpassungsfähige Anrechte

8 Eine Anpassung nach § 35 VersAusglG kommt nur in Betracht, wenn ein Anrecht des Ausgleichspflichtigen aus einem öffentlich-rechtlichen Regelsicherungssystem gekürzt worden ist (§ 32 VersAusglG). Danach kann nur bei Anrechten in der gesetzlichen Rentenversicherung, bei beamtenrechtlichen Versorgungsanrechten, bei Anrechten aus berufsständischen Versorgungen, bei Anrechten aus der Alterssicherung der Landwirte und bei Anrechten in den Versorgungssystemen der Abgeordneten und der Regierungsmitglieder im Bund und in den Ländern eine Anpassung der Rentenkürzung aufgrund des Versorgungsausgleichs erfolgen. Die Anpassungsregelungen können auf Anrechte bei anderen öffentlich-rechtlichen Versorgungsträgern nicht entsprechend angewendet werden. weil die Aufzählung der anpassungsfähigen Anrechte in § 32 VersAusglG abschließend ist.[1] Wegen der Einzelheiten wird auf die Kommentierung zu § 32 VersAusglG verwiesen.

b. Fehlender Leistungsbezug aus erworbenem Anrecht

aa. Anrechte aus Regelsicherungssystemen

9 Gleichzeitig muss der Ausgleichspflichtige seinerseits durch den Wertausgleich bei der Scheidung von seinem Ehepartner ein Anrecht aus einem Regelsicherungssystem im Sinne des § 32 VersAusglG erworben haben. Unerheblich sind im Versorgungsausgleich übertragene Anrechte aus betrieblicher oder privater Vorsorge.[2]

---

[1] BT-Drs. 16/10144, S. 72.
[2] *Rehbein* in: HK-VersAusglR, 2012, § 36 VersAusglG Rn. 15.

bb. Fehlende Realisierbarkeit des übertragenen Anrechts

Die Anpassung setzt außerdem voraus, dass der Ausgleichspflichtige aus dem übertragenen Anrecht keine Leistungen erhalten kann, weil er die entsprechenden Leistungsvoraussetzungen nicht erfüllt. Werden nur deshalb keine Leistungen gewährt, weil der Ausgleichspflichtige keinen entsprechenden Antrag gestellt hat, ist keine Anpassung möglich.[3]

2. Anpassung bei Invalidität

Eine Anpassung des Versorgungsausgleichs kommt in Betracht, wenn ein Ehegatte aus einer anpassungsfähigen Versorgung laufende Leistungen wegen Invalidität erhält und diese Versorgung aufgrund des Versorgungsausgleichs gekürzt worden ist. Voraussetzung für die Anpassung ist, dass der Ehegatte, dessen laufende Invaliditätsversorgung gekürzt worden ist, aus den von ihm im Versorgungsausgleich erworbenen Anrechten des anderen Ehegatten keine Leistungen beziehen kann, weil er die für diese Anrechte maßgebenden Altersgrenzen noch nicht erreicht hat oder deren abweichende Voraussetzungen für eine Invaliditätsrente nicht erfüllt. In diesem Fall hat der Versorgungsträger der ausgleichspflichtigen Person die Kürzung der Versorgung auf Antrag auszusetzen.

Versorgungsbezüge eines Beamten, die aufgrund der vorzeitigen Versetzung in den Ruhestand wegen einer Schwerbehinderung gezahlt werden, stellen keine laufende Invaliditätsversorgung dar.[4]

3. Anpassung bei Erreichen einer besonderen Altersgrenze

Dasselbe gilt, wenn ein Ehegatte aufgrund einer besonderen Altersgrenze vorzeitig in den Ruhestand tritt und seine eigene Versorgung gekürzt wird, er aber aus dem im Versorgungsausgleich erworbenen Anrecht noch keine Leistungen erhält, weil er die in diesem Versorgungssystem geltende allgemeine Altersgrenze noch nicht erreicht hat. Betroffen davon sind vor allem Beamte mit vorgezogenen Altersgrenzen, insbesondere Polizeibeamte (Altersgrenzen ab Vollendung des 60. Lebensjahres) und Soldaten (§ 45 Soldatengesetz, Altersgrenzen ab Vollendung des 40. Lebensjahres). Zu den laufenden Versorgungen wegen Erreichens einer besonderen Altersgrenze soll auch das Ruhegehalt gehören, das ein kommunaler Wahlbeamter gemäß §§ 120 Abs. 3 Satz 2, 31 Abs. 3 LBG NW nach dem Ende einer mindestens 10-jährigen ruhegehaltfähigen Dienstzeit erhält.[5]

Daneben sehen berufsständische Versorgungswerke vorzeitige Altersgrenzen vor.

Als Leistung aufgrund einer besonderen Altersgrenze gilt auch eine vor Erreichen der Regelaltersgrenze gewährte Altersrente aus der gesetzlichen Rentenversicherung, also der Bezug einer vorgezogenen Altersrente oder der gesetzlich ermöglichte vorzeitige Bezug bei anderen Altersrenten.[6]

II. Bagatellgrenze (Absatz 2)

Eine Anpassung ist nur möglich, wenn die in § 35 Abs. 2 VersAusglG bzw. § 33 Abs. 2 VersAusglG bestimmten Mindestwerte überschritten sind. Dadurch soll vermieden werden, dass die Versorgungsträger auch bei Anrechten mit geringem Ausgleichswert erheblichen Verwaltungsaufwand für die vorübergehende Aussetzung der Kürzung betreiben müssen.[7]

1. Ermittlung der Wertgrenzen

Nach § 35 Abs. 2 VersAusglG gilt die Wertgrenze des § 33 Abs. 2 VersAusglG auch für Anpassungen nach § 35 Abs. 1 VersAusglG. Danach kommt eine Anpassung nur in Betracht, wenn die Kürzung am Ende der Ehezeit bei einem Rentenbetrag als maßgeblicher Bezugsgröße mindestens 2% der Bezugsgröße nach § 18 Abs. 1 SGB IV und in allen anderen Fällen als Kapitalwert mindestens 240% der Bezugsgröße nach § 18 Abs. 1 SGB IV betragen hat. Die beiden unterschiedlichen Wertgrenzen führen zu abweichenden Ergebnissen und dürfen deshalb nicht vertauscht werden. Maßgebend dafür, welcher Grenzwert gilt, ist die Bezugsgröße des Anrechts nach § 5 Abs. 1 VersAusglG.

---

[3] *Rehbein* in: HK-VersAusglR, 2012, § 36 VersAusglG Rn. 10.
[4] VG Ansbach v. 10.12.2013 - AN 1 K 13.01503.
[5] VG Düsseldorf v. 13.01.2014 - 23 K 3480/12.
[6] BT-Drs. 16/11903, S. 110.
[7] BT-Drs. 16/10144, S. 75.

2. Wertgrenzen nach Absatz 2 ab 1977

18

Jahr	§ 18 Abs. 1 SGB IV	2%	240%
1977	1.850 DM	37 DM	4.440 DM
1978	1.950 DM	39 DM	4.680 DM
1979	2.100 DM	42 DM	5.040 DM
1980	2.200 DM	44 DM	5.280 DM
1981	2.340 DM	46,80 DM	5.616 DM
1982	2.460 DM	49,20 DM	5.904 DM
1983	2.580 DM	51,60 DM	6.192 DM
1984	2.730 DM	54,60 DM	6.552 DM
1985	2.800 DM	56 DM	6.720 DM
1986	2.870 DM	57,40 DM	6.888 DM
1987	3.010 DM	60,20 DM	7.224 DM
1988	3.080 DM	61,60 DM	7.392 DM
1989	3.150 DM	63 DM	7.560 DM
1990	3.290 DM	65,80 DM	7.896 DM
1991	3.360 DM	67,20 DM	8.064 DM
1992	3.500 DM	70 DM	8.400 DM
1993	3.710 DM	74,20 DM	8.904 DM
1994	3.920 DM	78,40 DM	9.408 DM
1995	4.060 DM	81,20 DM	9.744 DM
1996	4.130 DM	82,60 DM	9.912 DM
1997	4.270 DM	85,40 DM	10.248 DM
1998	4.340 DM	86,80 DM	10.416 DM
1999	4.410 DM	88,20 DM	10.584 DM
2000	4.480 DM	89,60 DM	10.752 DM
2001	4.480 DM	89,60 DM	10.752 DM
2002	2.345 €	46,90 €	5.628 €
2003	2.380 €	47,60 €	5.712 €
2004	2.415 €	48,30 €	5.796 €
2005	2.415 €	48,30 €	5.796 €
2006	2.450 €	49 €	5.880 €
2007	2.450 €	49 €	5.880 €
2008	2.485 €	49,70 €	5.964 €
2009	2.520 €	50,40 €	6.048 €
2010	2.555 €	51,10 €	6.132 €
2011	2.555 €	51,10 €	6.132 €
2012	2.625 €	52,50 €	6.300 €
2013	2.695 €	53,90 €	6.468 €
2014	2.765 €	55,30 €	6.636 €

D. Rechtsfolgen

I. Umfang der Anpassung (Absatz 3)

19 Die Kürzung ist nach § 35 Abs. 3 VersAusglG höchstens in Höhe der Ausgleichswerte aus den Anrechten im Sinne des § 32 VersAusglG auszusetzen, aus denen der Ausgleichspflichtige noch keine Leistung beziehen kann. Die Vorschrift dient nur dazu, die Nachteile auszugleichen, die daraus entstehen, dass die Leistungsvoraussetzungen der vom Ausgleichspflichtigen erworbenen Anrechte des anderen Ehegatten noch nicht eingetreten sind. Sie lässt deshalb keine vollständige Aussetzung der Kürzung zu, sondern begrenzt diese auf den Wert der vom Ausgleichspflichtigen im Versorgungsausgleich erworbenen Anrechte.[8]

---

[8] BT-Drs. 16/10144, S. 75.

II. Dauer der Anpassung

Die Aussetzung der Versorgungskürzung erfolgt nur so lange, bis der Ausgleichspflichtige die allgemeine Altersgrenze (Regelaltersgrenze) erreicht hat.[9]

20

III. Anpassung mehrerer Versorgungen (Absatz 4)

Wenn dem Ausgleichspflichtigen mehrere Versorgungen aus Regelsicherungssystemen (§ 32 VersAusglG) zufließen, erfolgt die Aussetzung der Kürzung nach § 35 Abs. 4 VersAusglG im Verhältnis der Ausgleichswerte.

21

Berechnungsbeispiel:[10]

22

Der Ausgleichspflichtige hat erworben: 1.000 € (Anrecht A) und 200 € (Anrecht B). Der andere Ehegatte hat erworben: 100 € (Anrecht C). Kürzung der laufenden Versorgungen aufgrund des Versorgungsausgleichs: 500 € (Anrecht A), 100 € (Anrecht B). Aussetzung der Kürzung insgesamt: 50 € (Anrecht C x ½). Anteilige Aussetzung der Kürzung im Verhältnis 1.000 : 200 = 5 : 1. Aussetzung der Kürzung des Anrechts A: 41,67 € (50 € x 5/6), Aussetzung der Kürzung des Anrechts B: 8,33 €.[11]

E. Verfahren

Die Anpassung erfolgt nur auf Antrag (§ 35 Abs. 1 VersAusglG). Antragsberechtigt ist ausschließlich der ausgleichsberechtigte Ehegatte (§ 36 Abs. 2 VersAusglG). Zuständig für die Entscheidung über die Anpassung ist der Versorgungsträger, bei dem das gekürzte Anrecht besteht (§ 36 Abs. 1 VersAusglG). Wegen der Einzelheiten wird auf die Kommentierung zu § 36 VersAusglG verwiesen.

23

---

[9] VG Aachen v. 26.01.2012 - 1 K 1/01/10 - FamRZ 2012, 1727.
[10] Nach BT-Drs. 16/10144, S. 74 f.
[11] Weitere Berechnungsbeispiele: *Ruland*, Versorgungsausgleich, 3. Aufl. 2011, Rn. 968.

§ 36 VersAusglG Durchführung einer Anpassung wegen Invalidität der ausgleichspflichtigen Person oder einer für sie geltenden besonderen Altersgrenze

(Fassung vom 03.04.2009, gültig ab 01.09.2009)

(1) Über die Anpassung, deren Abänderung und Aufhebung entscheidet der Versorgungsträger, bei dem das auf Grund des Versorgungsausgleichs gekürzte Anrecht besteht.

(2) Antragsberechtigt ist die ausgleichspflichtige Person.

(3) § 34 Abs. 3 und 4 gilt entsprechend.

(4) Sobald die ausgleichspflichtige Person aus einem im Versorgungsausgleich erworbenen Anrecht eine Leistung im Sinne des § 35 Abs. 1 beziehen kann, hat sie den Versorgungsträger, der die Kürzung ausgesetzt hat, unverzüglich darüber zu unterrichten.

Gliederung

A. Grundlagen 1	C. Anwendungsvoraussetzungen 6
I. Kurzcharakteristik 1	I. Entscheidungszuständigkeit (Absatz 1) 6
1. Regelungsinhalt 1	II. Antragsberechtigung (Absatz 2) 8
2. Regelungszusammenhang 2	III. Wirkung der Anpassung (Absatz 3) 9
3. Normstruktur 3	IV. Tod des Ausgleichspflichtigen (Absatz 3) ... 12
II. Gesetzgebungsmaterialien 4	V. Wegfall des Anpassungsgrundes (Absatz 4) ... 13
B. Praktische Bedeutung 5	

A. Grundlagen

I. Kurzcharakteristik

1. Regelungsinhalt

1 § 36 VersAusglG regelt die Durchführung einer Anpassung des Versorgungsausgleichs wegen Invalidität des Ausgleichspflichtigen oder wegen des Erreichens einer besonderen Altersgrenze.

2. Regelungszusammenhang

2 Die Vorschrift ergänzt § 35 VersAusglG. Sie verweist auf § 34 Abs. 3 und 4 VersAusglG.

3. Normstruktur

3 § 36 Abs. 1 VersAusglG regelt die Entscheidungskompetenz für die Anpassung, Absatz 2 die Antragsbefugnis. Absatz 3 enthält Regelungen zum Eintritt der Anpassungswirkung und zum Tod des Ausgleichspflichtigen. Absatz 4 befasst sich mit dem Wegfall des Anpassungsgrundes.

II. Gesetzgebungsmaterialien

4 BT-Drs. 16/10144, S. 75.

B. Praktische Bedeutung

5 Die Regelung kommt im Fall einer Anpassung des Versorgungsausgleichs nach § 35 VersAusglG zum Tragen. Aufgrund der Zuständigkeit der Versorgungsträger für die Entscheidung über die Anpassung ist die Bedeutung der Vorschrift für die familiengerichtliche Praxis gering.

C. Anwendungsvoraussetzungen

I. Entscheidungszuständigkeit (Absatz 1)

6 Anders als bei der Anpassung nach § 33 VersAusglG bleibt es bei der Anpassung wegen Invalidität oder wegen Erreichens einer besonderen Altersgrenze des Ausgleichspflichtigen auch nach neuem

Recht bei der Zuständigkeit der Versorgungsträger. Über den Antrag auf Aussetzung der Versorgungskürzung entscheidet somit nicht das Familiengericht, sondern der Versorgungsträger, bei dem das betroffene Anrecht des Ausgleichspflichtigen besteht.

Fällt die Anpassung nach § 35 VersAusglG mit einer Anpassung wegen Unterhalts nach § 33 VersAusglG zusammen, muss zunächst der Versorgungsträger über die Aussetzung der Kürzung wegen Invalidität oder Erreichens einer besonderen Altersgrenze entscheiden; erst danach kann das Familiengericht die Anpassung nach § 33 VersAusglG vornehmen.[1]

II. Antragsberechtigung (Absatz 2)

Antragsberechtigt ist nach § 36 Abs. 2 VersAusglG nur der Ausgleichspflichtige, also der Ehegatte, dessen Anrecht durch die Entscheidung über den Versorgungsausgleich gekürzt worden ist. Erben oder Hinterbliebene sind nicht antragsbefugt. Sie sind nur zu beteiligen, wenn der Ausgleichspflichtige stirbt, nachdem er einen Anpassungsantrag gestellt hat (Absatz 3). Den Erben oder Hinterbliebenen steht aber kein eigenes Antragsrecht zu.

III. Wirkung der Anpassung (Absatz 3)

Die Anpassung wirkt ab dem ersten Tag des Monats, der auf den Monat der Antragstellung folgt. Insoweit verweist § 36 Abs. 3 VersAusglG auf die Regelung des § 34 Abs. 3 VersAusglG. Der Versorgungsträger muss – anders als nach § 6 VAHRG a.F. – bezogen auf diesen Zeitpunkt Nachzahlungen leisten.

Wenn die Voraussetzungen für eine Anpassung nach § 35 VersAusglG zum Zeitpunkt der Entscheidung über den Versorgungsausgleich schon vorliegen, sollte der Anpassungsantrag spätestens bei Eintritt der Rechtskraft der Entscheidung gestellt werden.[2]

Das Einreichen des Anpassungsantrags bei einem unzuständigen Versorgungsträger oder beim Familiengericht löst die Anpassungswirkung nicht aus. Für die gesetzliche Rentenversicherung gilt § 16 SGB I.

IV. Tod des Ausgleichspflichtigen (Absatz 3)

Der Verweis auf § 34 Abs. 4 VersAusglG bewirkt, dass der Anpassungsanspruch auf die Erben des Ausgleichspflichtigen übergeht, wenn dieser zu Lebzeiten einen Anpassungsantrag gestellt hat. Der Anspruch auf Anpassung fällt damit in den Nachlass.[3] Insoweit wird ergänzend auf die Kommentierung zu § 34 VersAusglG verwiesen.

V. Wegfall des Anpassungsgrundes (Absatz 4)

Sobald der Ausgleichspflichtige aufgrund eines im Versorgungsausgleich erworbenen Anrechts Leistungen beziehen kann, fällt der Grund für die Kürzung der Versorgung weg. Für diesen Fall ordnet § 36 Abs. 4 VersAusglG an, dass der Ausgleichspflichtige den Versorgungsträger, der die Kürzung vorgenommen hat, unverzüglich über den möglichen Leistungsbezug und den damit verbundenen Wegfall des Kürzungsgrundes unterrichten muss.

In der gesetzlichen Rentenversicherung ist die Anpassung dann nach § 101 Abs. 3b Nr. 2 SGB VI mit Wirkung ab dem Zeitpunkt des Beginns der Leistungen aus dem im Versorgungsausgleich erworbenen Anrecht aufzuheben.

In diesem Zusammenhang kommt es nicht darauf an, ob der Ausgleichspflichtige bereits Leistungen bezieht. Ausschlaggebend ist vielmehr, dass die Voraussetzungen für den Leistungsbezug vorliegen. Unerheblich ist dagegen, ob der Ausgleichspflichtige einen entsprechenden Leistungsantrag gestellt hat.

Nach § 4 Abs. 3 VersAusglG sind die Versorgungsträger auch untereinander verpflichtet, die zur Durchführung der Anpassung erforderlichen Auskünfte zu erteilen.

---

[1] *Ruland*, Versorgungsausgleich, 3. Aufl. 2011, Rn. 975.
[2] *Rehbein* in: HK-VersAusglR, 2012, § 36 VersAusglG, Rn. 5.
[3] BT-Drs. 16/10144, S. 75.

§ 37 VersAusglG Anpassung wegen Tod der ausgleichsberechtigten Person

(Fassung vom 03.04.2009, gültig ab 01.09.2009)

(1) ¹Ist die ausgleichsberechtigte Person gestorben, so wird ein Anrecht der ausgleichspflichtigen Person auf Antrag nicht länger auf Grund des Versorgungsausgleichs gekürzt. ²Beiträge, die zur Abwendung der Kürzung oder zur Begründung von Anrechten zugunsten der ausgleichsberechtigten Person gezahlt wurden, sind unter Anrechnung der gewährten Leistungen an die ausgleichspflichtige Person zurückzuzahlen.

(2) Die Anpassung nach Absatz 1 findet nur statt, wenn die ausgleichsberechtigte Person die Versorgung aus dem im Versorgungsausgleich erworbenen Anrecht nicht länger als 36 Monate bezogen hat.

(3) Hat die ausgleichspflichtige Person im Versorgungsausgleich Anrechte im Sinne des § 32 von der verstorbenen ausgleichsberechtigten Person erworben, so erlöschen diese, sobald die Anpassung wirksam wird.

Gliederung

A. Grundlagen 1	III. Dauer des Leistungsbezugs (Absatz 2) 10
I. Kurzcharakteristik 1	**D. Rechtsfolgen** 16
1. Regelungsinhalt 1	I. Erstattung von Beiträgen (Absatz 1 Satz 2) 16
2. Normstruktur 2	1. Beiträge zur Abwendung einer Kürzung 17
3. Regelungszusammenhang 3	2. Beiträge zur Begründung von Anrechten 18
II. Gesetzgebungsmaterialien 4	3. Steuerrechtliche Behandlung der Beitrags-
B. Praktische Bedeutung 5	erstattung 19
C. Anwendungsvoraussetzungen 7	4. Anrechnung von Leistungen 21
I. Tod des Ausgleichsberechtigten (Absatz 1 Satz 1) 7	II. Erlöschen von Anrechten (Absatz 3) 22
	III. Wirkung der Anpassung 23
II. Anpassungsfähige Anrechte 9	**E. Hinweise zum Verfahren** 24

A. Grundlagen

I. Kurzcharakteristik

1. Regelungsinhalt

1   Die Bestimmung ersetzt seit dem 01.09.2009 den früheren § 4 Abs. 1 VAHRG a.F. Sie ermöglicht eine Anpassung der Entscheidung über den Versorgungsausgleich für den Fall, dass der ausgleichsberechtigte Ehepartner stirbt.

2. Normstruktur

2   Den Grundtatbestand der Anpassung enthält § 37 Abs. 1 Satz 1 VersAusglG. Die Voraussetzungen für die Anpassung sind in § 37 Abs. 2 VersAusglG normiert, die Rechtsfolgen in § 37 Abs. 1 Satz 2 und Abs. 3 VersAusglG.

3. Regelungszusammenhang

3   Die Regelung gilt nur für die in § 32 VersAusglG genannten Anrechte aus Regelsicherungssystemen. Ergänzt wird die Vorschrift durch § 38 VersAusglG, der die Durchführung der Anpassung regelt.

II. Gesetzgebungsmaterialien

4   BT-Drs. 16/10144, S. 75 f.

B. Praktische Bedeutung

5   Die Norm kommt zum Tragen, wenn der Ehegatte, der durch den Versorgungsausgleich ein Anrecht erworben hat, innerhalb von drei Jahren nach Beginn des Leistungsbezugs stirbt.

Der Anpassungsantrag ist nicht beim Familiengericht, sondern bei dem Versorgungsträger zu stellen, bei dem das durch den Versorgungsausgleich gekürzte Anrecht besteht. Den Antrag kann nur der Ausgleichsberechtigte stellen.

C. Anwendungsvoraussetzungen

I. Tod des Ausgleichsberechtigten (Absatz 1 Satz 1)

Nach § 37 Abs. 1 Satz 1 VersAusglG wird die Kürzung eines Anrechts aufgrund des Versorgungsausgleichs auf Antrag aufgehoben, wenn der ausgleichsberechtigte Ehegatte gestorben ist.

Im Gegensatz zu § 4 Abs. 1 VAHRG a.F. sieht § 37 Abs. 1 Satz 1 VersAusglG keinen Anpassungsanspruch mehr vor, wenn nur die Hinterbliebenen des ausgleichspflichtigen Ehegatten davon profitieren würden. Die Hinterbliebenen haben kein schutzwürdiges Interesse daran, dass die Versorgungskürzung rückgängig gemacht wird.[1]

II. Anpassungsfähige Anrechte

Eine Anpassung nach § 35 VersAusglG kommt nur in Betracht, wenn ein Anrecht des Ausgleichspflichtigen aus einem öffentlich-rechtlichen Regelsicherungssystem gekürzt worden ist (§ 32 VersAusglG). Danach kann nur bei Anrechten in der gesetzlichen Rentenversicherung, bei beamtenrechtlichen Versorgungsanrechten, bei Anrechten aus berufsständischen Versorgungen, bei Anrechten aus der Alterssicherung der Landwirte und bei Anrechten in den Versorgungssystemen der Abgeordneten und der Regierungsmitglieder im Bund und in den Ländern eine Anpassung der Rentenkürzung aufgrund des Versorgungsausgleichs erfolgen. Die Anpassungsregelungen können auf Anrechte bei anderen öffentlich-rechtlichen Versorgungsträgern nicht entsprechend angewendet werden. weil die Aufzählung der anpassungsfähigen Anrechte in § 32 VersAusglG abschließend ist.[2] Wegen der Einzelheiten wird auf die Kommentierung zu § 32 VersAusglG verwiesen.

III. Dauer des Leistungsbezugs (Absatz 2)

Eine nachträgliche Anpassung ist jedoch nur gerechtfertigt, wenn der Ausgleichsberechtigte noch keine oder nur geringe Leistungen aus dem im Versorgungsausgleich erworbenen Anrecht bezogen hat.[3] Deshalb ist die Anpassung nach § 37 Abs. 2 VersAusglG nur möglich, wenn der ausgleichsberechtigte Ehegatte aus dem im Versorgungsausgleich übertragenen oder begründeten Anrecht nicht länger als 36 Monate Leistungen erhalten hat. Der Anpassungsanspruch endet also nach Ablauf von drei Jahren[4] ab dem Beginn der Versorgung. Sofern zugunsten des Ausgleichsberechtigten mehrere Anrechte übertragen worden sind, ist die Frist für jedes einzelne Anrecht gesondert zu ermitteln.

Die Begrenzung des Wegfalls der Versorgungskürzung auf Fälle eines Rentenbezugs von bis zu 36 Monaten ist verfassungskonform.[5]

Anders als nach altem Recht kommt es ausschließlich darauf an, ob der ausgleichsberechtigte Ehegatte selbst Leistungen aus dem erworbenen Anrecht bezogen hat. Eine Anpassung ist also möglich, wenn aus dem Anrecht eine Hinterbliebenenrente gezahlt wird.[6] Unerheblich ist die Höhe der gewährten Leistungen; die Frist gilt auch für den Fall, dass nur Teilleistungen erbracht werden. Dasselbe gilt, wenn die Leistungen infolge Abtretung oder Pfändung einem Dritten zufließen.[7]

Hat ein Rentenversicherungsträger im Rahmen eines Versorgungsausgleichs vor der Kürzung der Rentenanwartschaft des Ausgleichsverpflichteten die Rentenleistung an diesen in einer Übergangszeit mit schuldbefreiender Wirkung nach § 30 VersAusglG vorerst ungekürzt weiter erbracht, stellt diese Zeit keine Versorgungszeit der ausgleichsberechtigten Person aus dem im Versorgungsausgleich erworbenen Anrecht i.S.d. § 37 Abs. 2 VersAusglG dar.[8]

---

[1] BT-Drs. 16/10144, S. 75.
[2] BT-Drs. 16/10144, S. 72.
[3] BT-Drs. 16/10144, S. 76.
[4] Nach altem Recht lag die Grenze für die Anpassung bei zwei Jahren (§ 4 Abs. 2 Satz 1 VAHRG); kritisch zu der Verlängerung *Ruland*, Versorgungsausgleich, 3. Aufl. 2011, Rn. 977.
[5] VG Ansbach v. 01.02.2011 - AN 1 K 10.02237; VG München v. 29.03.2011 - M 5 K 10.4285 - FamRZ 2011, 1798; VG Düsseldorf v. 28.12.2012 - 23 K 6741/11; VG Düsseldorf v. 25.01.2013 - 13 K 5193/12; LSG Halle (Saale) v. 10.10.2013 - L 1 R 4/1/12.
[6] BT-Drs. 16/10144, S. 76.
[7] *Ruland*, Versorgungsausgleich, 3. Aufl. 2011, Rn. 983.
[8] BayLSG v. 17.09.2013 - L 19 R 297/11.

§ 37 VersAusglG

14 Soweit die dem Ausgleichsberechtigten übertragenen Anrechte abgefunden worden sind oder eine Beitragserstattung stattgefunden hat, ist keine Anpassung mehr möglich.[9]

15 Neben § 37 VersAusglG ist auch keine Härteregelung im Einzelfall möglich.[10]

D. Rechtsfolgen

I. Erstattung von Beiträgen (Absatz 1 Satz 2)

16 § 37 Abs. 1 Satz 1 VersAusglG regelt die Rückabwicklung von Beitragszahlungen nach einer Anpassung. Beiträge, die der Ausgleichspflichtige zur Abwendung der Kürzung seiner Anrechte oder zur Begründung von Anrechten zugunsten des Ausgleichsberechtigten gezahlt hat, sind unter Anrechnung der gewährten Leistungen an den Ausgleichspflichtigen zurückzuzahlen.

1. Beiträge zur Abwendung einer Kürzung

17 Von der Regelung sind zunächst Beitragszahlungen erfasst, die der Ausgleichspflichtige geleistet hat, um eine Kürzung seines Anrechts infolge des Versorgungsausgleichs abzuwenden. Dazu gehören Zahlungen nach § 187 SGB VI oder § 58 BeamtVG. Die Anpassung nach § 37 Abs. 1 VersAusglG führt dazu, dass der ausgleichspflichtige Ehegatte wieder ungekürzte Versorgungsleistungen bezieht, so dass die zur Auffüllung geleisteten Zahlungen rückabgewickelt werden müssen.

2. Beiträge zur Begründung von Anrechten

18 Die Vorschrift betrifft außerdem Beitragszahlungen zur Begründung von Anrechten zugunsten des ausgleichsberechtigten Ehegatten. Das seit dem 01.09.2009 geltende Versorgungsausgleichsrecht sieht solche Beitragszahlungen grundsätzlich nicht mehr vor. Betroffen sind also nur Beitragszahlungen, die auf der Grundlage des alten Rechts geleistet worden sind – etwa nach § 3b Abs. 1 Nr. 2 VAHRG a.F. – oder Beitragszahlungen aufgrund von Vereinbarung nach § 6 VersAusglG.[11]

3. Steuerrechtliche Behandlung der Beitragserstattung

19 Die Erstattung von Beiträgen nach § 37 Abs. 1 Satz 2 VersAusglG, die nach § 187 Abs. 1 Nr. 1 SGB VI zum Wiederauffüllen gesetzlicher Rentenanrechte gezahlt worden sind, ist steuerfrei.[12] Dagegen kann die Erstattung von Zahlungen zur Wiederauffüllung beamtenrechtlicher Versorgungen nach § 58 BeamtVG, § 55d SVG zu negativen Werbungskosten und damit zu einer Erhöhung des zu versteuernden Einkommens führen.[13]

20 Grund für die unterschiedliche steuerrechtliche Behandlung der Beitragserstattungen in der gesetzlichen Rentenversicherung einerseits und den Beamtenversorgungen andererseits ist die Tatsache, dass nach bisheriger Rechtsprechung des BFH nur Beiträge zum Wiederauffüllen beamtenrechtlicher Versorgungsanrechte als Werbungskosten steuermindernd geltend gemacht werden können, nicht aber Beiträge nach § 187 Abs. 1 Nr. 1 SGB VI.

4. Anrechnung von Leistungen

21 Auf den Erstattungsbetrag sind die zugunsten des Ausgleichsberechtigten erbrachten Versorgungsleistungen anzurechnen.[14]

II. Erlöschen von Anrechten (Absatz 3)

22 Sobald die Anpassung wirksam wird, erlöschen nach § 37 Abs. 3 VersAusglG die Anrechte, die der Ausgleichspflichtige aufgrund des Versorgungsausgleichs von dem verstorbenen Ehegatten erworben hat. Das gilt aber nur für die in § 32 VersAusglG genannten Anrechte aus den öffentlich-rechtlichen Regelsicherungssystemen. Die Bestimmung gewährleistet, dass der Ausgleichspflichtige durch die Anwendung der Härtefallregelung nicht bessergestellt wird, als er stünde, wenn ein Versorgungsaus-

---

[9] *Ruland*, Versorgungsausgleich, 3. Aufl. 2011, Rn. 983.
[10] VG Düsseldorf v. 28.12.2012 - 23 K 6741/11; VG Düsseldorf v. 25.01.2013 - 13 K 5193/12.
[11] *Rehbein* in: HK-VersAusglR, 2012, § 37 VersAusglG Rn. 14.
[12] *Ruland*, Versorgungsausgleich, 3. Aufl. 2011, Rn 1236; *Breuers* in: HK-VersAusglR, 2012, § 37 VersAusglG Rn. 23.
[13] *Ruland*, Versorgungsausgleich, 3. Aufl. 2011, Rn 1246; *Breuers* in: HK-VersAusglR, 2012, § 37 VersAusglG Rn. 24.
[14] Eingehend dazu *Rehbein* in: HK-VersAusglR, 2012, § 37 VersAusglG Rn. 15 ff.

gleich nie durchgeführt worden wäre. Das wäre aber der Fall, wenn die Kürzung der eigenen Anrechte durch die Anpassung beseitigt würde, der Ausgleichspflichtige aber gleichzeitig die von dem anderen Ehegatten erworbenen Anrechte behalten könnte. Im Regelfall wird es nur dann sinnvoll sein, einen Anpassungsantrag zu stellen, wenn die Anrechte i.S.d. § 32 VersAusglG, die der Ausgleichspflichtige aufgrund des Wertausgleichs bei der Scheidung abgegeben hat, höher sind als die zu seinen Gunsten übertragenen Anrechte des verstorbenen Ehegatten.

III. Wirkung der Anpassung

Eine rückwirkende Anpassung erfolgt nicht. Die Wirkung der Anpassung tritt nach § 38 Abs. 2 VersAusglG i.V.m. § 34 Abs. 3 VersAusglG ab dem ersten Tag des Monats ein, der auf den Monat der Antragstellung folgt. Insoweit wird wegen der Einzelheiten auf die Kommentierung zu § 38 VersAusglG verwiesen.

23

E. Hinweise zum Verfahren

Die Anpassung erfolgt nur auf Antrag (§ 37 Abs. 1 VersAusglG). Antragsberechtigt ist ausschließlich der ausgleichsberechtigte Ehegatte. Zuständig für die Entscheidung über die Anpassung ist der Versorgungsträger, bei dem das gekürzte Anrecht besteht (§ 38 Abs. 1 VersAusglG). Auch insoweit wird auf die Kommentierung zu § 38 VersAusglG verwiesen.

24

§ 38 VersAusglG Durchführung einer Anpassung wegen Tod der ausgleichsberechtigten Person

(Fassung vom 03.04.2009, gültig ab 01.09.2009)

(1) ¹Über die Anpassung entscheidet der Versorgungsträger, bei dem das auf Grund eines Versorgungsausgleichs gekürzte Anrecht besteht. ²Antragsberechtigt ist die ausgleichspflichtige Person.

(2) § 34 Abs. 3 und 4 gilt entsprechend.

(3) ¹Die ausgleichspflichtige Person hat die anderen Versorgungsträger, bei denen sie Anrechte der verstorbenen ausgleichsberechtigten Person auf Grund des Versorgungsausgleichs erworben hat, unverzüglich über die Antragstellung zu unterrichten. ²Der zuständige Versorgungsträger unterrichtet die anderen Versorgungsträger über den Eingang des Antrags und seine Entscheidung.

Gliederung

A. Grundlagen 1	2. Entscheidungszuständigkeit 9
I. Kurzcharakteristik 1	a. Entscheidung über den Anpassungsantrag 9
1. Regelungszusammenhang 1	b. Erstattung erbrachter Rentenleistungen 11
2. Regelungsinhalt 2	II. Wirkung der Anpassung (Absatz 2) 12
3. Normstruktur 3	1. Ausschluss der Rückwirkung 12
II. Gesetzgebungsmaterialien 4	2. Übergangsfälle 14
B. Praktische Bedeutung 5	III. Tod des Ausgleichspflichtigen (Absatz 2) 15
C. Anwendungsvoraussetzungen 7	IV. Informationspflichten (Absatz 3) 16
I. Entscheidung über den Anpassungsantrag (Absatz 1) 7	1. Informationspflicht des Antragstellers (Absatz 3 Satz 1) 16
1. Antragsbefugnis 7	2. Informationspflicht des Versorgungsträgers (Absatz 3 Satz 2) 17
a. Antragsrecht des Ausgleichspflichtigen 7	
b. Kein Antragsrecht der Hinterbliebenen 8	**D. Verfahren** 20

A. Grundlagen

I. Kurzcharakteristik

1. Regelungszusammenhang

1   Die Norm ergänzt § 37 VersAusglG. Sie verweist auf § 34 Abs. 3 und 4 VersAusglG.

2. Regelungsinhalt

2   Die Vorschrift regelt die Durchführung der Anpassung nach Tod des ausgleichsberechtigten Ehegatten. Anders als nach früherem Recht kann die Anpassung nicht rückwirkend für die Zeit vor Antragstellung geltend gemacht werden. Eine vollständige Rückabwicklung der Versorgungskürzung kommt also nicht mehr in Betracht.

3. Normstruktur

3   § 38 Abs. 1 VersAusglG regelt die Entscheidungskompetenz für die Anpassung und die Antragsbefugnis. Absatz 2 verweist wegen der Anpassungswirkung auf § 34 VersAusglG. Absatz 3 normiert Informationspflichten.

II. Gesetzgebungsmaterialien

4   BT-Drs. 16/10144, S. 76 f.

B. Praktische Bedeutung

5   Die Regelung kommt im Fall einer Anpassung des Versorgungsausgleichs nach § 37 VersAusglG zum Tragen.

Der Anpassungsantrag ist nicht beim Familiengericht, sondern bei dem Versorgungsträger zu stellen, bei dem das durch den Versorgungsausgleich gekürzte Anrecht besteht. Den Antrag kann nur der Ausgleichsberechtigte stellen.

C. Anwendungsvoraussetzungen

I. Entscheidung über den Anpassungsantrag (Absatz 1)

1. Antragsbefugnis

a. Antragsrecht des Ausgleichspflichtigen

Den Anpassungsantrag kann nur der Ausgleichspflichtige stellen, also der Ehegatte, dessen Anrecht aufgrund der Entscheidung über den Versorgungsausgleich gekürzt worden ist.[1]

b. Kein Antragsrecht der Hinterbliebenen

Stirbt nach dem ausgleichsberechtigten auch der andere Ehegatte, steht den Hinterbliebenen des Ausgleichspflichtigen anders als nach § 9 Abs. 2 VAHRG a.F. kein eigenes Antragsrecht zu. Im Gegensatz zu § 4 Abs. 1 VAHRG a.F. sieht § 37 VersAusglG nämlich keine Anpassung für den Fall vor, dass nur die Hinterbliebenen des ausgleichspflichtigen Ehegatten von der Anpassung profitieren würden. Die Hinterbliebenen haben kein schutzwürdiges Interesse daran, dass die Versorgungskürzung rückgängig gemacht wird.[2] Der Anpassungsanspruch des Ausgleichspflichtigen kann aber nach den §§ 34 Abs. 4, 38 Abs. 2 VersAusglG auf die Hinterbliebenen übergehen.

2. Entscheidungszuständigkeit

a. Entscheidung über den Anpassungsantrag

Die Entscheidung über die Anpassung trifft nach § 38 Abs. 1 VersAusglG nicht das Familiengericht, sondern der Versorgungsträger, bei dem das Anrecht besteht, das durch den Versorgungsausgleich gekürzt worden ist.[3]

Bezieht der ausgleichspflichtige Ehegatte mehrere Versorgungen im Sinne des § 32 VersAusglG bei verschiedenen Versorgungsträgern, muss er gegebenenfalls mehrere Anpassungsanträge bei den jeweils zuständigen Versorgungsträgern stellen.

b. Erstattung erbrachter Rentenleistungen

Verlangt der ausgleichspflichtige Ehegatte wegen des Todes des ausgleichsberechtigten Ehegatten von dem Versorgungsträger der privatrechtlichen Zusatzversorgung des öffentlichen Dienstes die Erstattung erbrachter Rentenleistungen entsprechend §§ 37 , 38 VersAusglG, ist für die Entscheidung nicht das Familiengericht, sondern das allgemeine Zivilgericht zuständig.[4]

II. Wirkung der Anpassung (Absatz 2)

1. Ausschluss der Rückwirkung

Durch die Verweisung auf § 34 Abs. 3 VersAusglG ordnet § 38 Abs. 2 VersAusglG an, dass die Anpassung ab dem ersten Tag des Monats wirkt, der auf die Antragstellung folgt. Eine entsprechende Anwendung des § 99 Abs. 1 SGB VI kommt nicht in Betracht.[5] Die Kürzung der Versorgung des Ausgleichspflichtigen wird also im Gegensatz zum früheren Recht nur noch ex nunc rückgängig gemacht. Dadurch sollen die Versorgungsträger – und damit letztlich die Versichertengemeinschaft – vor einer vollständigen Rückabwicklung geschützt werden.[6]

---

[1] SG Gelsenkirchen v. 06.01.2012 - S 7 KN 334/11.
[2] BT-Drs. 16/10144, S. 75.
[3] BGH v. 06.03.2013 - XII ZB 271/11 - FamRZ 2013, 852.
[4] OLG München v. 03.03.2011 - 2 WF 200/11 - FamRZ 2011, 1406.
[5] *Ruland*, Versorgungsausgleich, 3. Auf. 2011, Rn. 984.
[6] BT-Drs. 16/10144, S. 76; zur möglichen Haftung des Versorgungsträgers bei verspäteter Antragstellung *Rehbein* in: HK-VersAusglR, 2012, § 38 VersAusglG Rn. 8.

13 Der Ausschluss einer vollständigen Rückabwicklung ab dem Zeitpunkt des Todes des Ausgleichsberechtigten ist verfassungsrechtlich nicht zu beanstanden. Die Regelungen der §§ 37 Abs. 1, 38 Abs. 2, 34 Abs. 3 VersAusglG halten sich noch innerhalb des gesetzgeberischen Gestaltungsspielraums, soweit danach die wegen des Versorgungsausgleichs erfolgte spürbare Kürzung der Bezüge eines ausgleichspflichtigen geschiedenen Ehegatten wegen nachträglichen Wegfalls des diese Kürzung rechtfertigenden Grundes durch den (noch vor eigenem Rentenbezug eintretenden) Tod des ausgleichsberechtigten Ehegatten nur mit Wirkung für die Zukunft und nicht auch durch Rückabwicklung aller bisherigen Kürzungsbeträge beseitigt werden kann.[7]

2. Übergangsfälle

14 Ein vor Inkrafttreten des § 37 VersAusglG gestellter Antrag nach § 9 Abs. 2 VAHRG a.F. auf Aussetzung der Kürzung nach § 4 VAHRG a.F. wirkt wegen der Neugestaltung der Anpassungsvorschriften nicht über den 31.08.2009 hinaus fort.[8]

III. Tod des Ausgleichspflichtigen (Absatz 2)

15 Die Verweisung auf § 34 Abs. 4 VersAusglG führt dazu, dass der Anpassungsanspruch auf die Erben des Ausgleichspflichtigen übergeht, wenn dieser zu Lebzeiten einen Anpassungsantrag gestellt hat. Der Anspruch auf Anpassung fällt damit wie nach § 9 Abs. 3 VAHRG a.F. in den Nachlass. Insoweit wird ergänzend auf die Kommentierung zu § 34 VersAusglG verwiesen.

IV. Informationspflichten (Absatz 3)

1. Informationspflicht des Antragstellers (Absatz 3 Satz 1)

16 Nach § 38 Abs. 3 Satz 1 VersAusglG muss der ausgleichspflichtige Ehegatte die Versorgungsträger, bei denen er aufgrund des Versorgungsausgleichs Anrechte des verstorbenen Ausgleichsberechtigten erworben hat, unverzüglich darüber informieren, dass er einen Anpassungsantrag gestellt hat. Dadurch soll sichergestellt werden, dass die Versorgungsträger ihre Leistungen an den ausgleichspflichtigen Ehegatten rechtzeitig einstellen können, wenn Anrechte infolge der Anpassung nach § 37 Abs. 3 VersAusglG erlöschen.[9]

2. Informationspflicht des Versorgungsträgers (Absatz 3 Satz 2)

17 Zusätzlich begründet § 38 Abs. 3 Satz 2 VersAusglG eine Informationspflicht für den Versorgungsträger, bei dem der Anpassungsantrag gestellt worden ist. Dieser muss die anderen Versorgungsträger über den Eingang des Antrags und seine Entscheidung unterrichten. Die anderen Versorgungsträger sollen so verlässlich erfahren, von welchem Zeitpunkt an sie die Leistung einstellen können.[10]

18 Die Rentenversicherung ist aber nicht verpflichtet, einen geschiedenen Pensionär auf den vor dem 01.09.2009 eingetretenen Tod der rentenversicherten Ehefrau hinzuweisen, damit der Pensionär den Wegfall der durch den Versorgungsausgleich bewirkten Pensionskürzung beantragen kann.[11]

19 Ist der Antrag auf ungekürzte Zahlung der Rente erst nach dem 01.09.2009 gestellt worden, ist der Rentenberechtigte nicht aufgrund eines sozialrechtlichen Herstellungsanspruchs so zu stellen, als habe er den Anspruch auf Anpassung nach § 37 VersAusglG bereits zu einem früheren Zeitpunkt gestellt, wenn der Berechtigte kein konkretes Beratungsbegehren über die Rechtslage ab 01.09.2009 gestellt hat. Für den Versicherungsträger besteht aufgrund des § 115 Abs. 6 SGB VI nur dann eine Pflicht, die Versicherten auf Leistungen hinzuweisen, wenn die maßgeblichen Daten in dem bei ihm vorhandenen Datenbestand gespeichert sind. Erforderlich ist insoweit, dass aufgrund der gespeicherten Daten ein Anspruch des Versicherten auf Anpassung nach § 37 VersAusglG ermittelt werden kann. Sind Daten zur Dauer des Rentenbezugs des Ausgleichsberechtigten in dessen Rentenkonto nicht enthalten, be-

---

[7] VG München v. 29.03.2011 - M 5 K 10.4285 - FamRZ 2011, 1798; VG Berlin v. 24.09.2013 - 28 K 80.11; VGH Mannheim v. 03.12.2013 - 4 S 221/13; VG München v. 08.08.2013 - M 12 K 13.826; VG Trier v. 31.01.2012 - 1 K 1349/11.TR; VG München v. 07.08.2012 - M 5 K 11.3211 - FamRZ 2013, 792; VG Düsseldorf v. 25.01.2013 - 13 K 5193/12; VG Ansbach v. 01.02.2011 - AN 1 K 10.02237; VG Neustadt (Weinstraße) v. 12.03.2014 - 1 K 600/13.NW; BSG v. 20.03.2013 - B 5 R 2/12 R; LSG Saarbrücken v. 29.03.2012 - L 1 R 78/11; LSG München v. 13.11.2013 - L 13 R 316/13.
[8] VG München v. 07.08.2012 - M 5 K 11.3211 - FamRZ 2013, 792.
[9] BT-Drs. 16/10144, S. 76.
[10] BT-Drs. 16/10144, S. 76.
[11] OLG Hamm v. 27.11.2013 - 11 U 33/13.

steht auch keine Hinweispflicht des Versicherungsträgers.[12] Eine Pflicht des Dienstherrn, einen Beamten über die Änderungen der Anpassungsregelungen im Versorgungsausgleichsrecht zu informieren, ergibt sich auch nicht aus der beamtenrechtlichen Fürsorgepflicht.[13]

D. Verfahren

Der Antragsteller soll verpflichtet sein, im Rahmen des Anpassungsverfahrens eine Sterbeurkunde, eine Kopie des Scheidungsurteils/-beschlusses und einen Nachweis über die Information nach § 38 Abs. 3 Satz 1 VersAusglG vorzulegen.[14] Diese Anforderung erscheint überzogen. Der Scheidungsbeschluss ist dem Versorgungsträger, der nach § 219 Nr. 2 FamFG am Scheidungsverfahren beteiligt war, zugestellt worden. Der Versorgungsträger kann also ohne die Mitwirkung des Antragstellers feststellen, welche anderen Versorgungsträger er nach § 38 Abs. 3 Satz 2 VersAusglG informieren muss. Die Informationspflicht des Versorgungsträgers besteht nach dem Gesetzeswortlaut unabhängig von der Informationspflicht des Antragstellers aus § 38 Abs. 3 Satz 1 VersAusglG. Zudem sind die Versorgungsträger untereinander nach § 4 Abs. 3 VersAusglG zur Auskunft verpflichtet. Deshalb ist auch nicht einzusehen, dass der Antragsteller den Nachweis führen soll, dass er die anderen Versorgungsträger benachrichtigt hat.

20

---

[12] LSG Essen v. 07.01.2013 - L 3 R 274/12.
[13] OVG Lüneburg v. 29.05.2013 - 5 LA 46/13.
[14] BT-Drs. 16/10144, S. 76 f.

Teil 2 - Wertermittlung

Kapitel 1 - Allgemeine Wertermittlungsvorschriften

§ 39 VersAusglG Unmittelbare Bewertung einer Anwartschaft

(Fassung vom 03.04.2009, gültig ab 01.09.2009)

(1) Befindet sich ein Anrecht in der Anwartschaftsphase und richtet sich sein Wert nach einer Bezugsgröße, die unmittelbar bestimmten Zeitabschnitten zugeordnet werden kann, so entspricht der Wert des Ehezeitanteils dem Umfang der auf die Ehezeit entfallenden Bezugsgröße (unmittelbare Bewertung).

(2) Die unmittelbare Bewertung ist insbesondere bei Anrechten anzuwenden, bei denen für die Höhe der laufenden Versorgung Folgendes bestimmend ist:

1. die Summe der Entgeltpunkte oder vergleichbarer Rechengrößen wie Versorgungspunkten oder Leistungszahlen,
2. die Höhe eines Deckungskapitals,
3. die Summe der Rentenbausteine,
4. die Summe der entrichteten Beiträge oder
5. die Dauer der Zugehörigkeit zum Versorgungssystem.

Gliederung

A. Grundlagen 1
   I. Kurzcharakteristik der Bewertungsnormen 1
   II. Gesetzesmaterialien 2
B. Grundsatz der unmittelbaren Bewertung (Absatz 1) 3
C. Bezugsgrößen für die Anwendung der unmittelbaren Bewertung (Absatz 2) 7
D. Praktische Bedeutung 24

A. Grundlagen

I. Kurzcharakteristik der Bewertungsnormen

1 Die Wertermittlung nach neuem Recht unterscheidet sich von dem bis zum 31.08.2009 geltenden Recht grundlegend. Während nach altem Recht in § 1587a Abs. 2 BGB die Berechnung des Ehezeitanteils den in Betracht kommenden Versorgungseinrichtungen zugeordnet war, deren Anwartschaften zu berücksichtigen waren, werden diese zahlreichen Bestimmungen im Versorgungsausgleichsgesetz auf zwei grundsätzliche Methoden zurückgeführt: die unmittelbare Bewertung nach § 39 VersAusglG und die zeitratierliche Bewertung nach § 40 VersAusglG. Festzustellen ist zuvor, ob es sich um Anrechte handelt, die nach § 2 VersAusglG dem Versorgungsausgleich unterliegen und nach § 3 Abs. 2 VersAusglG in der Ehezeit erworben wurden. Dabei ist mit „Ehezeit" zugleich die in § 20 Abs. 2 LPartG genannte Lebenspartnerschaftszeit gemeint. Nach § 20 Abs. 1 LPartG ist das VersAusglG entsprechend auf Lebenspartnerschaften anzuwenden, wenn nicht die Ausnahme des § 20 Abs. 4 LPartG eingreift. Für Anrechte, die gem. § 19 Abs. 2 VersAusglG noch nicht ausgleichsreif sind, entfällt eine Bewertung. Eine Ausnahme von den zwei grundsätzlichen Methoden zur Wertermittlung bilden die in Teil 2 Kapitel 2 des VersAusglG genannten Sondervorschriften für bestimmte Versorgungsträger. Wenn weder die unmittelbare noch die zeitratierliche Bewertung zu einem Ergebnis führt, das dem Grundsatz der Halbteilung (§ 1 VersAusglG) entspricht, dann muss das betreffende Anrecht nach billigem Ermessen bewertet werden (§ 42 VersAusglG). Ein weiterer wesentlicher Unterschied zum bisherigen Recht besteht darin, dass die vom Versorgungsträger berechneten Ehezeitanteile in der jeweiligen Bezugsgröße grundsätzlich nicht mehr vergleichbar gemacht werden müssen. In den Ausnahmefällen der §§ 18 Abs. 1 und 27 VersAusglG wird die Vergleichbarkeit mit der Hilfsgröße des korrespondierenden Kapitalwertes nach § 47 VersAusglG hergestellt. Ein weiterer wichtiger Anwendungsfall für die Vergleichbarkeit der Anrechte ist die Vereinbarung über den Versorgungsausgleich durch die Ehegatten nach § 6 Abs. 1 VersAusglG und deren Überprüfbarkeit durch das Gericht nach § 6

Abs. 2 VersAusglG. Sobald sich ein Anrecht in der Leistungsphase befindet, erfolgt seine Bewertung nach § 41 VersAusglG, der wiederum auf § 39 Abs. 1 VersAusglG verweist. § 39 VersAusglG beschreibt die grundsätzlich vorrangige Wertermittlungsmethode der unmittelbaren Bewertung. Diese ist anzuwenden, sobald und soweit sich die Bezugsgröße des jeweiligen Versorgungssystems ganz oder teilweise einem bestimmten Zeitabschnitt zuordnen lässt. Eine Ausnahme hiervon gilt im Gesetz über die Alterssicherung für Landwirte (ALG). Sobald eine Berechnung der Steigerungszahl nicht nur auf § 23 ALG beruht, erfolgt die Berechnung insgesamt nach § 40 VersAusglG. Da die unmittelbare Bewertung auf die tatsächlich in der Ehezeit erworbenen Anrechte abstellt, ist sie nicht auf fiktive Berechnungen angewiesen. Jedoch ist zu beachten, dass durch das in der gesetzlichen Rentenversicherung geltende „Für-Prinzip" (nachträglich können Beträge für vergangene Zeiträume eingezahlt werden) die rentenrechtliche Zuordnung im Versorgungsausgleich, für den nach § 3 Abs. 2 VersAusglG das „In-Prinzip" gilt, ggf. zu überprüfen ist. Für den Wert der Bezugsgröße ist grundsätzlich der am Stichtag des Ehezeitendes bestehende Wert maßgeblich (§ 5 Abs. 2 VersAusglG). Bei der Bewertung sind jedoch Änderungen zu beachten, die zwar nach Ehezeitende bis zur Entscheidung des Familiengerichts eingetreten sind, aber auf die Bewertung der in die Ehezeit fallenden Anrechte wirken.[1] Auch Anrechte im Sinne des BetrAVG oder des AltZertG, die auf eine Kapitalzahlung gerichtet sind und nach § 2 Abs. 2 Nr. 3 VersAusglG gleichwohl Gegenstand des Versorgungsausgleichs sein können, werden von den allgemeinen Wertermittlungsvorschriften der §§ 39-42 VersAusglG umfasst.[2]

II. Gesetzesmaterialien

BT-Drs. 16/10144, S. 77 f.

B. Grundsatz der unmittelbaren Bewertung (Absatz 1)

§ 39 VersAusglG bestimmt in Absatz 1 zweierlei: Das Anrecht muss sich in der Anwartschaftsphase befinden und seine Bezugsgröße muss unmittelbar bestimmten Zeitabschnitten zugeordnet werden können. Damit ist die unmittelbare Bewertung für eine Vielzahl von Versorgungsarten anzuwenden, deren bekannteste Bezugsgrößen in Absatz 2 aufgezählt werden. Die Aufzählung ist nicht abschließend.

Für die Berechnung des Anrechts in der gesetzlichen Rentenversicherung im Erstverfahren ist regelmäßig von den vorläufigen Durchschnittswerten des vorletzten Kalenderjahres vor Ehezeitende auszugehen. Der BGH[3] führt hierzu aus, dass für Beitragszeiten nach § 70 Abs. 1 SGB VI Entgeltpunkte ermittelt werden, indem die Beitragsbemessungsgrundlage durch das Durchschnittsentgelt für dasselbe Kalenderjahr geteilt wird. Für das Kalenderjahr des Rentenbeginns und für das davor liegende Kalenderjahr wird als Durchschnittsentgelt der Betrag zugrunde gelegt, der für diese Kalenderjahre vorläufig bestimmt ist. Entsprechend sind nach § 69 Abs. 2 SGB VI durch Rechtsverordnung neben den Durchschnittsentgelten für das vergangene Kalenderjahr jeweils auch die vorläufigen Durchschnittsentgelte für das folgende Kalenderjahr zu bestimmen. Danach bestimmt der Zeitpunkt des Eintritts des Versicherungsfalls neben der Bemessungsgrundlage auch das Vergleichsentgelt für die letzten zwei Kalenderjahre. Etwas anderes gilt in besonders gelagerten Einzelfällen des Erstverfahrens, z.B. wenn das Verfahren zum Versorgungsausgleich über längere Zeit ausgesetzt war und nach der Wiederaufnahme ohnehin neue Auskünfte eingeholt werden müssen, ist von den festgesetzten endgültigen Durchschnittsentgelten auszugehen.

Diese Auffassung hat der BGH in einer späteren Entscheidung bestätigt. Im Rahmen des Versorgungsausgleichs ist bei der Ermittlung der ehezeitlichen Entgeltpunkte für beitragsfreie und betragsgeminderte Zeiten im Wege der Gesamtleistungsbewertung nach den §§ 71 ff. SGB VI grundsätzlich von einem Rentenbeginn zum Zeitpunkt des Endes der Ehezeit auszugehen.[4]

Wenn ein Ehezeitende vor Erreichen der Altersgrenze liegt, steht die Bewertung beitragsfreier sowie beitragsgeminderter Zeiten in der gesetzlichen Rentenversicherung noch nicht endgültig fest. Dann ist es nicht zwingend, nachehelich eintretende Änderungen unberücksichtigt zu lassen. Der berechtigte Ehegatte sollte auch an solchen Veränderungen gleichmäßig teilhaben können. Konsequerweise

---

[1] Vgl. *Rehbein* in: Götsche/Rehbein/Breuers, Versorgungsausgleichsrecht, 2012, § 39 Rn. 5.
[2] Vgl. *Bachmann* in: Versorgungsausgleich in der gesetzlichen Rentenversicherung, 11. Aufl. 2013, S. 469.
[3] BGH v. 18.01.2012 - XII ZB 696/10 - FamRZ 2012, 509.
[4] BT-Drs. 11/4124, S. 234; *Borth*, Versorgungsausgleich, 7. Aufl., Rn. 342; BGH v. 21.03.2012 - XII ZB 372/11 - FamRZ 2012, 847.

sind in Abänderungsverfahren, welche die gesetzliche Rentenversicherung betreffen, daher stets neue Auskünfte einzuholen, weil bei deren Einleitung die endgültigen Durchschnittsentgelte feststehen dürften.[5]

C. Bezugsgrößen für die Anwendung der unmittelbaren Bewertung (Absatz 2)

7 Eine unmittelbare Bewertung erfolgt nach Absatz 2 insbesondere in folgenden Fällen:

8 **Nr. 1:** Hier ist die Summe der Entgeltpunkte oder vergleichbarer Rechengrößen wie Versorgungspunkte oder Leistungszahlen für die Höhe der laufenden Versorgung bestimmend. Nr. 1 ist der für die Praxis bedeutsamste Fall, da er sich auch auf Anrechte aus der gesetzlichen Rentenversicherung bezieht. Die Höhe der Versorgung richtet sich hier nach der Summe der während der Ehezeit erworbenen Entgeltpunkte. Hierunter fallen Entgeltpunkte und Entgeltpunkte (Ost) sowie Anrechte in der knappschaftlichen Rentenversicherung. Gemäß § 120f SGB VI sind dies nicht Anrechte gleicher Art im Sinne von § 10 Abs. 2 VersAusglG und werden daher vom Versorgungsträger gesondert ermittelt und vom Familiengericht in der Entscheidung über den Versorgungsausgleich gesondert ausgewiesen. Nicht untereinander verrechnet werden können daher Entgeltpunkte der allgemeinen Rentenversicherung, Entgeltpunkte (Ost) der allgemeinen Rentenversicherung, Entgeltpunkte der knappschaftlichen Rentenversicherung sowie Entgeltpunkte (Ost) der knappschaftlichen Rentenversicherung. Die unterschiedlichen Entgeltpunktearten führen zu unterschiedlich hohen Rentenbeträgen.[6] Zu beachten ist hierbei die Regelung für die Höherversicherung in der gesetzlichen Rentenversicherung, welche sich nach § 39 Abs. 2 Nr. 4 VersAusglG richtet, sowie der Ausschluss für abzuschmelzende Anrechte der gesetzlichen Rentenversicherung (§ 19 Abs. 2 Nr. 2 VersAusglG).

9 Die bei Zusatzversorgungskassen des öffentlichen oder kirchlichen Dienstes erworbenen Anrechte werden seit 01.01.2002 in Versorgungs(-entgelt-)punkten wiedergegeben. Die bis dahin erworbenen Anrechte wurden in eine Startgutschrift umgerechnet. Dieses Vorgehen hatte der BGH für rentenferne Jahrgänge bis zu einer Neuregelung der Tarifvertragsparteien für unwirksam erachtet. Das Problem ist durch Änderungstarifvertrag Nr. 5 vom 30.05.2012 zum Tarifvertrag Altersversorgung, mit dem die Startgutschriften für rentenferne Versicherte neu geregelt wurden, sowie bei der VBL mit 17. Satzungsänderung vom 30.11.2011, Bundesanzeiger Nr. 14 vom 25.01.2012 entfallen. Der Versorgungsausgleich kann in diesen Fällen nunmehr ohne dieses Hindernis vollständig durchgeführt werden.[7]

10 Leistungszahlen, Steigerungszahlen oder Punktzahlen sind die Bezugsgrößen der in der Arbeitsgemeinschaft berufsständischer Versorgungswerke (ABV) zusammengeschlossenen Versorgungswerke der in Kammern organisierten freien Berufe, welche sämtlich öffentlich-rechtliche Versorgungsträger sind.[8]

11 Welche Bemessungs- oder Bezugsgröße auszugleichen ist, bestimmt sich nach dem jeweiligen Versorgungssystem. Maßgeblich ist diejenige Kennzahl, die in der Anwartschaftsphase den individuellen Anwartschaftserwerb des Mitglieds verkörpert. Dabei sind nicht die monatlichen, sondern die durch die gesamten ehezeitlichen Beitragszahlungen erworbenen jährlichen (im Fall der sächsischen Ärzteversorgung) Punktwerte entscheidend.[9]

12 Maßgebliche Bezugsgröße für die bei der VBL erworbenen Anrechte sind Versorgungspunkte, § 32a Abs. 2 Satz 1 VBL-Satzung, die daher auch im Versorgungsausgleich als Ausgleichswert auszuweisen sind, nicht nur der korrespondierende Kapitalwert.[10] Anderen genügt es, wenn die VBL die Teilung auf der Grundlage des Barwertes allein vornimmt.[11]

---

[5] Vgl. auch *Borth*, FamRZ 2012, 847.
[6] Vgl. hierzu *Bachmann* u.a. in: Versorgungsausgleich in der gesetzlichen Rentenversicherung, 11. Aufl. 2013, S. 504.
[7] BGH v. 18.04.2012 - XII ZB 473/10.
[8] Eine Übersicht dieser Versorgungswerke findet sich z.B. bei *Glockner* in: MünchKomm-BGB, 6. Aufl. 2013, § 39 VersAusglG Rn. 7.
[9] BGH v. 27.06.2012 - XII ZB 492/11 - FamRZ 2012, 1545.
[10] OLG Frankfurt v. 15.11.2013 - 6 UF 55/13 - FamRZ 2014, 755.
[11] OLG Celle v. 24.10.2013 - 10 UF 195/12 - FamRZ 2014, 305.

Der VBL wird zugestanden, das auf die Versorgungspunkte entfallende Deckungskapital hälftig aufzuteilen und sodann nach Abzug der hälftigen Teilungskosten anhand der versicherungsmathematischen Barwertfaktoren der ausgleichsberechtigten Person, die alters- und systemabhängig sind, eine Umrechnung in Versorgungspunkte anzuordnen, wodurch es durch divergierende Barwertfaktoren zu unterschiedlich hohen Versorgungspunkten kommen kann.[12]

In der Alterssicherung für Landwirte (AsdL) erfolgt obligatorisch die Versicherung aller Unternehmer vor allem der Land- und Forstwirtschaft. Zuständig sind die landwirtschaftlichen Alterskassen, welche auch die Auskunft an die Familiengerichte erteilen.

Nr. 2: Unmittelbar bewertet werden auch jene Anrechte, deren Höhe durch ein Deckungskapital bestimmt wird. Das Deckungskapital in einer Renten- oder Kapitalversicherung wird angespart, um bei Eintritt des vereinbarten Versicherungsfalls die zugesagte Leistung gewähren zu können. Durch Nr. 2 werden vor allen Dingen die Fälle aus der privaten Rentenversicherung erfasst. Das Deckungskapital setzt sich insbesondere aus den eingezahlten Beiträgen, dem Zinsgewinn und den Überschussanteilen zusammen, reduziert um Kosten für Risiko und Verwaltung.[13] Da eine abschließende Bewertung von Schlussüberschüssen und Bewertungsreserven erst bei Kündigung oder Auflösung des Versicherungsvertrages möglich ist, sind für den Versorgungsausgleich die Anrechte nur hinsichtlich ihres garantierten Wertes zu berücksichtigen. Der nacheheliche Zins bleibt dabei unberücksichtigt. Auch berufsständische Versorgungsanrechte können deckungskapitalbezogen finanziert sein.[14] Bei betrieblicher Altersversorgung liegt ein Deckungskapital zugrunde, wenn es sich um eine Pensionskasse oder um eine Direktversicherung handelt.

Nach dem Ehezeitende liegende, planmäßige Rentenzahlungen an den ausgleichspflichtigen Ehegatten, die zu einer Verringerung des Deckungskapitals führen, sind bei der Berechnung von Ehezeitanteil und Ausgleichswert nach überwiegender Auffassung in Rechtsprechung und Literatur zu berücksichtigen.[15]

Nr. 3: Richtet sich die Höhe der Versorgung nach der Summe von Rentenbausteinen, dann werden die daraus resultierenden Anrechte ebenfalls unmittelbar bewertet. In den entsprechenden Versorgungssystemen wird dem Versorgungsbeitrag der Anwartschaft für jedes Jahr eine hieraus direkt resultierende Leistung zugeordnet, z.B. in Form von Fondsanteilen. Das neue Recht schließt mit dieser Norm eine Regelungslücke des alten Rechts. Die Rentenbausteine betrieblicher Anrechte sind im Rentenalter erreichbare altersabhängige Versorgungswerte der jeweiligen jährlichen Beitragszahlung. Dabei können die zugesagten Zahlungen des Arbeitgebers um eigene Zahlungen des Arbeitnehmers ergänzt werden. Der Ehezeitanteil ist als Kapitalbetrag zu benennen, wenn die Auszahlung als Kapitalbetrag erfolgt, ansonsten als Rentenbetrag mit korrespondierendem Kapitalbetrag.

Wenn ein Anrecht zur betrieblichen Altersvorsorge aus verschiedenen Bausteinen besteht, die sich teilweise nach § 39 VersAusglG unmittelbar bewerten lassen, so ist es zulässig und zur Erzielung möglichst genauer Ergebnisse geboten, hinsichtlich dieser Teile die unmittelbare Bewertung und im Übrigen die zeitratierliche Bewertung vorzunehmen.[16]

Nr. 4: Unmittelbar bewertet werden Anrechte, deren Leistungsumfang sich nach der Summe der entrichteten Beiträge richtet. Außer einer Reihe berufsständischer Versorgungen, wie z.B. Architekten-, Ärzte-, Zahnärzte-, Apotheker- und Rechtsanwaltsversorgungen, fällt die Höherversicherung in der gesetzlichen Rentenversicherung hierunter, welche in Steigerungsbeträgen berechnet und als monatliche Rentenbeträge ermittelt wird. Private Rentenversicherungsverträge, die anhand der gezahlten Beiträge eine Rentenzahlung ergeben, z.B. die sog. Basisrente oder Rürup-Rente nach § 10 Abs. 1 Nr. 2b) EStG, gehören hierzu. Diese unterliegt nicht § 46 VersAusglG, weil diese Versorgung nicht kapitalisierbar ist. Daher ist die Bestimmung eines Rückkaufswertes nach den Vorschriften des VVG nicht möglich.

Nr. 5: Ist die Höhe des Anrechts ausschließlich von der Dauer der Zugehörigkeit zum Versorgungssystem abhängig, dann ist der Ehezeitanteil direkt aus dem Rentenwert der ehezeitlichen Anrechnungszeit zu bestimmen.

---

[12] OLG Frankfurt v. 18.12.2012 - 5 UF 15/12.
[13] BT-Drs. 16/10144, S. 77 f.
[14] Vgl. hierzu die Übersicht bei *Glockner* in: MünchKomm-BGB, 6. Aufl. 2013, § 39 VersAusglG Rn. 15.
[15] Vgl. zum Streitstand OLG Celle v. 30.10.2013 - 10 UF 204/13 - FamRZ 2014, 665.
[16] OLG Frankfurt v. 16.03.2012 - 4 UF 143/11 - FamRZ 2012, 1727.

§ 39 VersAusglG

21 Die Anrechte aus der Abgeordnetenversorgung sind für Abgeordnete des Bundes gemäß § 25a Abs. 3 AbgG unmittelbar zu bewerten. Für Landesabgeordnete ist die jeweilige gesetzliche Ausgestaltung der Versorgungsregelung maßgeblich, welche alternativ dem Versorgungsrecht der Beamten im BeamtVG nachempfunden sein kann.

22 Entgegen der Regelung in § 44 Abs. 1 Nr. 1 VersAusglG soll der auf einem Kindererziehungszuschlag nach § 50a BeamtVG beruhende Teil des beamtenrechtlichen Ruhegehaltes nicht zeitratierlich, sondern unmittelbar bewertet werden. Der Kindererziehungszuschlag wird vom Dienstherrn in den ersten drei Jahren nach der Geburt eines Kindes gewährt und entspricht dem Betrag, um den sich eine Rente der gesetzlichen Rentenversicherung auf Grund einer entsprechenden Kindererziehungszeit nach § 50a Abs. 3 BeamtVG erhöht. Da sich der Kindererziehungszuschlag damit eindeutig einem bestimmten Zeitabschnitt zuordnen lässt, erscheint es sachgerecht, den Ehezeitanteil des Kindererziehungszuschlags nach der unmittelbaren Bewertungsmethode zu ermitteln.[17]

23 Die Ermittlung der Anrechte der Baden-Württembergischen Versorgungsanstalt für Ärzte, Zahnärzte und Tierärzte unterliegt der unmittelbaren Bewertung, da sich die Anrechte nach Leistungszahlen und Punktewerten bemessen (§ 28 der Satzung) und somit strukturelle Gemeinsamkeiten mit den Anrechten aus der gesetzlichen Rentenversicherung aufweisen.[18]

D. Praktische Bedeutung

24 Die gesetzlichen Rentenversicherer teilen dem Familiengericht außer den auf die Ehezeit entfallenden Entgeltpunkten in ihren Auskünften auch weiterhin den Ehezeitanteil als monatlichen Rentenbetrag mit. In der Auskunft des Rentenversicherungsträgers ist eine fiktive Regelaltersrente nach § 109 Abs. 6 SGB VI berechnet worden. Wenn die fiktive Regelaltersrente auf mehreren Entgeltpunktarten beruht, werden die Monatsteilbeträge aus den verschiedenen Entgeltpunktarten zu einer Monatsrente zusammengefasst. Bei den Ehezeitanteilen und Ausgleichswerten wird eine solche Zusammenrechnung jedoch nicht vorgenommen. Das Familiengericht muss diese Ehezeitanteile getrennt ausweisen, weil es nicht Anrechte gleicher Art sind. Nach § 220 Abs. 4 FamFG ist der Versorgungsträger verpflichtet, die nach § 5 VersAusglG benötigten Werte einschließlich einer übersichtlichen und nachvollziehbaren Berechnung sowie der für die Teilung maßgeblichen Regelungen mitzuteilen.

25 Anrechte aus der gesetzlichen Rentenversicherung und Anrechte aus der Beamtenversorgung sind nicht als gleichartig anzusehen. Sie unterscheiden sich wesentlich in der Struktur, in der Finanzierung, im Leistungsspektrum und in der Wertentwicklung.[19]

26 Für die anwaltliche Praxis besteht eine Prüfungspflicht hinsichtlich der Auskünfte der Versorgungsträger.[20] Wird eine Entscheidung aufgrund einer unerkannt fehlerhaften Auskunft des Rentenversicherungsträgers z.B. wegen Zugrundelegung einer falschen Ehezeit rechtskräftig, dann wird eine Abänderung nach § 225 FamFG nicht erfolgen können, da es sich um einen Rechtsanwendungsfehler handelt, der von § 225 Abs. 2 FamFG nicht umfasst ist.[21] Etwas anderes gilt nur, wenn das fehlerhaft berechnete Anrecht aus einem anderen Grund korrigiert werden kann.[22]

27 Der Grundsatz, dass für die Berechnung nur deutsche bzw. ihnen gleichstehende Rechte zu berücksichtigen sind, kann durch Gleichstellungsnormen aus überstaatlichem oder zwischenstaatlichem Recht durchbrochen werden.

---

[17] OLG Celle v. 13.05.2011 - 10 UF 65/11 - NJW-RR 2011, 1377; *Brudermüller* in: Palandt, § 44 VersAusglG Rn. 7; *Bergner*, FamFR 2011, 220.
[18] BGH v. 07.03.2012 - XII ZB 599/10.
[19] BGH v. 07.08.2013 - XII ZB 211/13 - FamRZ 2013, 1636.
[20] Vgl. *Ruland*, NJW 2009, 1697, 1700.
[21] Vgl. *Götsche* in: Versorgungsausgleichsrecht 2012, § 225 FamFG Rn. 16.
[22] *Götsche* in: Versorgungsausgleichsrecht 2012, § 225 FamFG Rn. 39.

§ 40 VersAusglG Zeitratierliche Bewertung einer Anwartschaft

(Fassung vom 03.04.2009, gültig ab 01.09.2009)

(1) Befindet sich ein Anrecht in der Anwartschaftsphase und richtet sich der Wert des Anrechts nicht nach den Grundsätzen der unmittelbaren Bewertung gemäß § 39, so ist der Wert des Ehezeitanteils auf der Grundlage eines Zeit-Zeit-Verhältnisses zu berechnen (zeitratierliche Bewertung).

(2) ¹Zu ermitteln ist die Zeitdauer, die bis zu der für das Anrecht maßgeblichen Altersgrenze höchstens erreicht werden kann (n). ²Zudem ist der Teil dieser Zeitdauer zu ermitteln, der mit der Ehezeit übereinstimmt (m). ³Der Wert des Ehezeitanteils ergibt sich, wenn das Verhältnis der in die Ehezeit fallenden Zeitdauer und der höchstens erreichbaren Zeitdauer (m/n) mit der zu erwartenden Versorgung (R) multipliziert wird (m/n x R).

(3) ¹Bei der Ermittlung der zu erwartenden Versorgung ist von den zum Ende der Ehezeit geltenden Bemessungsgrundlagen auszugehen. ²§ 5 Abs. 2 Satz 2 bleibt unberührt.

(4) Die zeitratierliche Bewertung ist insbesondere bei Anrechten anzuwenden, bei denen die Höhe der Versorgung von dem Entgelt abhängt, das bei Eintritt des Versorgungsfalls gezahlt werden würde.

(5) Familienbezogene Bestandteile des Ehezeitanteils, die die Ehegatten nur auf Grund einer bestehenden Ehe oder für Kinder erhalten, dürfen nicht berücksichtigt werden.

Gliederung

A. Grundlagen 1	C. Wertermittlung (Absätze 2 und 3) 8
I. Kurzcharakteristik 1	D. Familienbezogene Bestandteile (Absatz 5) 17
II. Gesetzesmaterialien 2	E. Praktische Bedeutung 19
B. Anwendungsbereich (Absätze 1 und 4) 3	

A. Grundlagen

I. Kurzcharakteristik

§ 40 VersAusglG beschreibt mit der zeitratierlichen Bewertung einer Anwartschaft die gegenüber der unmittelbaren Bewertung subsidiäre Wertermittlungsmethode. Nur wenn kein direkter Zusammenhang zwischen einer Bezugsgröße, die sich aus der Ehezeit ergibt, und der Versorgungshöhe existiert, findet die zeitratierliche Bewertung Anwendung. 1

II. Gesetzesmaterialien

BT-Drs. 16/10144, S. 79. 2

B. Anwendungsbereich (Absätze 1 und 4)

In Absatz 1 wird zunächst der Vorrang der unmittelbaren Bewertung festgelegt. Ist eine direkte Unterteilung eines für einen Gesamtzeitraum bestehenden Anrechts in bezifferbare Teilanrechte nicht möglich, dann müssen diese Teilanrechte erst monatsweise ermittelt werden. Kann sich der Ehezeitanteil nach der Ehezeit in Abhängigkeit vom Rentenbeginn noch ändern, etwa weil auf gleichlange zeitliche Intervalle unterschiedlich hohe Teilrenten entfallen, dann ist ebenfalls eine zeitratierliche Bewertung erforderlich, indem auf gleichlange Zeiträume gleichhohe Teile des Anrechts entfallen. Die zeitratierliche Berechnung des Ehezeitanteils ist auf alle Anrechte aus öffentlich-rechtlichen Dienstverhältnissen (insbesondere für Beamte, Soldaten und Richter) sowie auf Arbeitsverhältnisse, bei denen ein Anspruch auf eine Versorgung nach beamtenrechtlichen Vorschriften oder Grundsätzen besteht, anzuwenden, § 44 Abs. 1 VersAusglG. 3

Hiervon zu unterscheiden sind Anrechte aus einem öffentlich-rechtlichen Amtsverhältnis (z.B. Versorgungen für Minister in Bund und Ländern). Je nach Ausgestaltung des entsprechenden Versorgungsrechts ist die Anwendung von § 39 VersAusglG oder § 40 VersAusglG zu prüfen. 4

§ 40 VersAusglG

5 Auch die Versorgung der Abgeordneten des Bundes unterfällt nicht der zeitratierlichen Bewertung. Gemäß § 25a AbgG gilt die unmittelbare Bewertung. Für die Landesabgeordneten kommt es auf die Regelungen in den Landesgesetzen an, welche nicht einheitlich sind.

6 Die zeitratierliche Bewertung gilt auch für die Anrechte aus dem Gesetz über die Alterssicherung der Landwirte (ALG), soweit diese nicht ausschließlich nach § 23 ALG zu berechnen sind (§ 97 Abs. 13 ALG). Im Falle der zeitratierlichen Bewertung gilt diese sodann auch für die Anrechte nach § 23 ALG, welche zeitlich zugeordnet werden können.

7 Grundsätzlich gilt aufgrund des Vorrangs der unmittelbaren Bewertung, dass beim Zusammentreffen von Elementen der unmittelbaren und der zeitratierlichen Bewertung in einer Versorgung diese zu einer getrennten Bewertung und damit zur Berechnung verschiedener Teilanrechte führen. Die Versorgungsträger können durch Satzungsrecht eine abweichende Bestimmung treffen, welche vom Familiengericht in die Beurteilung einbezogen werden muss.

C. Wertermittlung (Absätze 2 und 3)

8 In Absatz 2 formuliert der Gesetzgeber drei Faktoren der zeitratierlichen Berechnung. Faktor n ist die Zeit, welche von dem Berechtigten bis zur maßgeblichen Altersgrenze in dem Versorgungssystem höchstens erreicht werden kann (in der Regel Vollendung des 65. Lebensjahres). Faktor m ist die Zeit, die von der Gesamtzugehörigkeit auf die Ehezeit entfällt und Faktor R ist die im Versorgungssystem mit der höchsten erreichbaren Zeitdauer zu erlangende Versorgung. Auf der Grundlage dieser drei Faktoren ergibt sich zur Ermittlung des Ehezeitanteils folgende Formel: m/n x R.

9 Haben die Eheleute durch wirksame Vereinbarung einen Zeitraum der Ehezeit vom Versorgungsausgleich ausgeschlossen, so erfolgt die zur Bereinigung der auf die gesamte Ehezeit entfallenden Anwartschaften erforderliche rechnerische Aufteilung der erworbenen Anrechte nicht nach einem reinen Zeit-/Zeit-Verhältnis, sondern in der Weise, dass der nach den gesetzliche Regeln ermittelte Ehezeitanteil um diejenigen Anwartschaften gekürzt wird, welche von den Ehegatten in dem auszuschließenden Zeitraum erworben wurden.[1]

10 Besteht eine betriebliche Altersversorgung in Form einer Gesamtversorgung, dann errechnet sich der Ehezeitanteil der Leistung aus der Direktzusage nach der zeitratierlichen Methode, während der übrige Ehezeitanteil aus der anzurechnenden Versorgung nach der unmittelbaren Methode zu berechnen ist. Beim Zusammentreffen mit einem Anrecht aus der gesetzlichen Rentenversicherung ist der Ehezeitanteil des betrieblichen Anrechts durch Abzug der erreichbaren gesetzlichen Rente von der ungekürzt erreichbaren Gesamtversorgung abzuziehen.[2]

11 Bei einer berufsständischen Anwartschaft, deren Leistung sich nicht zeitlich zuordnen lässt, ermittelt sich der Ehezeitanteil dieses Teilanrechts durch Multiplikation mit dem Verhältniswert aus ehezeitlicher zur möglichen versorgungsfähigen Zeit.

12 In der betrieblichen Altersversorgung des öffentlichen Dienstes unterliegen nur die bis zum 31.12.2001 erworbenen Anrechte auf Versorgungsrente der Bewertung nach § 40 VersAusglG in Höhe der zu diesem Zeitpunkt festgestellten Startgutschriften für rentennahe und rentenferne Versicherte. Ab 01.01.2002 erfolgt die Bewertung nach § 39 VersAusglG. Das Problem der vom BGH für rentenferne Jahrgänge für unwirksam erachteten Regelung der Startgutschrift in der Zusatzversorgung des öffentlichen Dienstes ist durch Änderungstarifvertrag Nr. 5 vom 30.05.2012 zum Tarifvertrag Altersversorgung, mit dem die Startgutschriften für rentenferne Versicherte neu geregelt wurden, sowie bei der VBL mit 17. Satzungsänderung vom 30.11.2011, Bundesanzeiger Nr. 14 vom 25.01.2012 entfallen. Der Versorgungsausgleich kann in diesen Fällen nunmehr ohne dieses Hindernis vollständig durchgeführt werden.[3]

13 Die Berechnung des Ehezeitanteils der Startgutschrift erfolgt in der Weise, dass zunächst die Zugehörigkeit zum Versorgungssystem seit Eintritt einerseits und in der Ehezeit andererseits ermittelt wird. Für beide Zeiträume ist als Ende auf den Stichtag für die Umstellung des Versorgungssystems auf das Punktesystem abzustellen. Die Höhe der Startgutschrift ist dann mit dem Zeitraum der auf die Ehezeit fallenden Zeit zu multiplizieren und durch den Gesamtzeitraum zu dividieren.[4]

---

[1] OLG Karlsruhe v. 24.06.2013 - 18 UF 70/08 - FamRZ 2014, 208.
[2] Vgl. mit instruktivem Beispiel *Glockner* in: MünchKomm-BGB, 5. Aufl. 2010, § 40 VersAusglG Rn. 13.
[3] BGH v. 18.04.2012 - XII ZB 473/10.
[4] OLG Düsseldorf v. 23.12.2013 - 8 UF 129/13 - FamRZ 2014, 757 m.w.N.

Kürzungen, die auf einem nach Scheidung einer früheren Ehe durchgeführten Versorgungsausgleich beruhen, sollen bei der Berechnung des Ehezeitanteils der von dem ausgleichspflichtigen Ehegatten erworbenen berufsständischen Versorgung (vom Kammergericht für die Berliner Ärzteversorgung entschieden) nicht einzubeziehen sein. Nur so kann gewährleistet werden, dass der ausgleichsberechtigte Ehegatte den hälftigen Anteil an dem in der Ehezeit erworbenen Anrecht erwirbt. Die Kürzung der Versorgung aufgrund eines früher durchgeführten Versorgungsausgleichs betrifft nur den ausgleichspflichtigen Ehegatten aufgrund von Umständen, die außerhalb der Ehezeit der nachfolgenden Ehe liegen. Das Ergebnis erscheint sachgerecht. Denn die dem Versorgungsausgleich zugrunde liegende Steigerungszahl lässt sich nicht aus der Ehezeit berechnen, sondern aus der gesamten voraussichtlichen Dauer der Mitgliedschaft in der berufsständischen Versorgung, mithin auch aus der Zeit einer während der Mitgliedschaft geführten vorherigen Ehe. Jede Kürzung würde diesen Berechnungsvorgang verzerren.[5]

14

Macht der verbeamtete Ehemann nach Ende der Ehezeit von der Möglichkeit Gebrauch, sich vorzeitig in den Ruhestand versetzen zu lassen, ist sein Anrecht nicht unter Berücksichtigung des dadurch erfolgten Versorgungsabschlages zu bewerten. Die erst nach der Ehezeit getroffene Entscheidung hat keinen Bezug zur Ehezeit. Zu beachten sind Wertänderungen, die ihre Ursache in Änderungen der für die jeweilige Versorgung maßgebenden Regelung haben nur, wenn sie eine allgemeine, nicht auf individuellen Umständen beruhende Änderung des Anrechts zur Folge haben, die sich rückwirkend auch auf den Ehezeitanteil auswirkt.[6]

15

Eine Vereinbarung des Ausgleichsverpflichteten mit dem Versorgungsträger nach Ehezeitende für die Inanspruchnahme von Altersleistung erst ab einer heraufgesetzten Altersgrenze – 67 statt 62 Jahre – ist bei der Bewertung des Ehezeitanteils nicht zu berücksichtigen.[7]

16

D. Familienbezogene Bestandteile (Absatz 5)

Nach Absatz 5 sind im Rahmen der Wertermittlung die in den Versorgungsleistungen enthaltenen Zuschläge in Abzug zu bringen, die nur aufgrund der bestehenden Ehe gewährt wurden. Gleiches gilt für Kinderzuschläge oder ähnliche familienbezogene Bestandteile der zu erwartenden Versorgungen.

17

Keine familienbezogenen Bestandteile sind Zuwächse aufgrund von Kindererziehungszeiten (§§ 56, 249 SGB VI) oder Berücksichtigungszeiten (§ 57 SGB VI) oder auch beamtenrechtliche Kindererziehungszuschläge sowie alle anderen Bestandteile, die nicht nur für die Zeit einer persönlichen familiären Situation, sondern dauerhaft durch familienbezogene Bestandsgrößen des Brutto- oder Nettoentgeltes geprägt wurden.[8]

18

E. Praktische Bedeutung

Spielt bei einem Versorgungssystem auch der Faktor Zeit eine leistungsrelevante Rolle und wird dieser Faktor auf ein Endgehalt angewendet, dann kann das entsprechende Anrecht nur prognostisch ermittelt werden. Dies führt zwar zu einem gegenüber der unmittelbaren Bewertung ungenauen Ergebnis. Durch die verschiedenen Anwendungsmöglichkeiten ist die zeitratierliche Methode jedoch weitergehend als die unmittelbare Bewertung und stellt eine zuverlässige Regelung von Anrechten im In- und Ausland und im zwischenstaatlichen Recht dar.[9]

19

---

[5] KG Berlin v. 25.05.2010 - 13 UF 96/09 - FamRZ 2011, 223.
[6] BGH v. 14.12.2011 - XII ZD 23/08 - FamRZ 2012, 769.
[7] OLG Koblenz v. 05.07.2012 - 11 UF 1132/11 - FamRZ 2013, 462.
[8] *Brudermüller* in: Palandt, § 40 VersAusglG Rn. 4.
[9] *Bachmann* u.a. in: Versorgungsausgleich in der gesetzlichen Rentenversicherung, 11. Aufl. 2013, § 40 VersAusglG, S. 513.

§ 41 VersAusglG Bewertung einer laufenden Versorgung

(Fassung vom 03.04.2009, gültig ab 01.09.2009)

(1) Befindet sich ein Anrecht in der Leistungsphase und wäre für die Anwartschaftsphase die unmittelbare Bewertung maßgeblich, so gilt § 39 Abs. 1 entsprechend.

(2) ¹Befindet sich ein Anrecht in der Leistungsphase und wäre für die Anwartschaftsphase die zeitratierliche Bewertung maßgeblich, so gilt § 40 Abs. 1 bis 3 entsprechend. ²Hierbei sind die Annahmen für die höchstens erreichbare Zeitdauer und für die zu erwartende Versorgung durch die tatsächlichen Werte zu ersetzen.

Gliederung

A. Grundlagen 1	B. Bewertung in der Leistungsphase 3
I. Kurzcharakteristik 1	C. Praktische Bedeutung 16
II. Gesetzesmaterialien 2	

A. Grundlagen

I. Kurzcharakteristik

1   Während in der bisherigen Regelung des § 1587 BGB a.F. die Art der Berechnung des Ehezeitanteils einer laufenden Rente nicht abschließend geregelt war, regelt § 41 VersAusglG die Bestimmung des Ehezeitanteils, wenn zum Zeitpunkt des Ehezeitendes Leistungen aus dem Anrecht bezogen werden. Die Regelungen der §§ 39, 40 VersAusglG gelten dann entsprechend. Unterschieden wird also sowohl in der Anwartschaftsphase als auch in der Leistungsphase zwischen der unmittelbaren und der zeitratierlichen Bestimmung des Ehezeitanteils. Auch in der Leistungsphase gilt der Vorrang der unmittelbaren Bewertung. An die Stelle der höchstens erreichbaren Zeitdauer in der zeitratierlichen Bewertung treten sodann die tatsächlichen Werte.

II. Gesetzesmaterialien

2   BT-Drs. 16/10144, S. 79 f.

B. Bewertung in der Leistungsphase

3   Befindet sich ein Anrecht in der Leistungsphase, wird aufgrund dieses Anrechts eine laufende Versorgung bezogen, so erfolgt die Bewertung dieses Anrechts nach den gleichen Grundsätzen wie bei einem Anrecht in der Anwartschaftsphase. Es ist zunächst zu entscheiden, ob eine unmittelbare oder eine zeitratierliche Bewertung zu erfolgen hat.

4   Ein Anrecht, das in der Anwartschaftsphase unmittelbar zu bewerten wäre, unterliegt auch in der Leistungsphase der unmittelbaren Bewertung, Absatz 1.

5   Bei Bezug einer Rente aus der gesetzlichen Rentenversicherung wegen verminderter Erwerbsfähigkeit ist zunächst zu prüfen, ob hinsichtlich des Rentenbezuges noch Änderungen zu erwarten sind. Wird die Rente nur auf Zeit geleistet, sind die der Erwerbsminderungsrente zugrunde liegenden Entgeltpunkte unbeachtlich. Wenn kein Wegfall der Rente mehr zu erwarten ist, die Erwerbsminderungsrente also auf Dauer gezahlt wird, sind die dem Rentenbezug zugrunde liegenden Entgeltpunkte bei der Bewertung nach § 41 VersAusglG zu berücksichtigen, wenn bei Erreichen der Regelaltersgrenze die Entgeltpunkte der Altersrente niedriger sind und daher der Besitzstandsschutz nach § 88 Abs. 1 SGB VI für die Entgeltpunkte der laufend bezogenen Rente gelten wird.[1] Hierfür muss die Altersrente innerhalb von 24 Monaten nach Wegfall der Erwerbsminderungsrente beginnen. Die höheren Entgeltpunkte einer zum Ende der Ehezeit gezahlten Rente wegen Erwerbsminderung sind dann der Berechnung des Ehezeitanteils zugrunde zu legen.

6   Der ehezeitbezogene Betrag aus der tatsächlich bezogenen Rente aus der gesetzlichen Rentenversicherung wegen Erwerbsunfähigkeit, mit deren Entziehung nicht zu rechnen ist, soll nur dann dem Versorgungsausgleich zugrunde gelegt werden, wenn die Anzahl der insgesamt (also nicht nur ehezeitbezogen) erworbenen Entgeltpunkte aus der gezahlten Erwerbsunfähigkeitsrente höher ist als die Anzahl

---

[1] *Rehbein* in: Versorgungsausgleichsrecht, 2012, § 41 Rn. 4.

der insgesamt aus der fiktiven Vollrente wegen Alters erworbenen Entgeltpunkte. Dies soll selbst dann gelten, wenn die Anzahl der auf die Ehezeit entfallenden Entgeltpunkte aus der gezahlten Rente geringer wäre als die Anzahl der auf die Ehezeit entfallenden Entgeltpunkte der fiktiven Vollrente wegen Alters.[2] Damit wird die Rechtsprechung des BGH[3] fortgesetzt. Demnach muss die Berechnung des auf die Ehezeit entfallenden Teiles der Rente stets mit der Gesamtberechnung dieser Rente korrespondieren. Es wäre nicht sachgerecht, den Ehezeitanteil anhand von fiktiven Werten zu berechnen, die der endgültigen Rente nicht zugrunde liegen und für deren Höhe keine Rolle spielen.

Mindert sich der Wert des Anrechts aufgrund geleisteter Versorgungen, dann muss diese Veränderung bei der Bestimmung des Ehezeitanteils berücksichtigt werden. Diese Situation kann bei kapitalgedeckten Versorgungssystemen eintreten, welche ein individuelles Deckungskapital als Bezugsgröße verwenden, das durch Leistungen zwischen dem Erreichen der maßgeblichen Altersgrenze und dem Ehezeitende bereits aufgebraucht ist.[4]

7

Bei Bezug einer Altersrente gilt grundsätzlich § 41 VersAusglG, auch im Fall einer Teilrente als vorzeitiger Altersrente.

8

Eine Berufsunfähigkeitsrente ist unter den Voraussetzungen des § 28 VersAusglG schuldrechtlich auszugleichen.

9

Bei der zeitratierlichen Berechnung einer betrieblichen Invaliditätsrente kann ein Erhöhungsfaktor gegenüber der erreichten Altersrente einen zusätzlichen Rentenwert ergeben, der in die Bewertung einzubeziehen ist.[5]

10

Die bis zum 31.08.2009 geltenden Regelungen zur Berücksichtigung eines Zugangsfaktors nach § 77 SGB VI waren umstritten. Beruht ein verminderter Zugangsfaktor auf Rentenbezug während der Ehezeit, so ist nach neuem Recht eine Korrekturmöglichkeit des Familiengerichts nach § 27 VersAusglG gegeben, wenn sonst eine erhebliche Verletzung des Halbteilungsgrundsatzes eintreten würde.[6]

11

Ein Anrecht, das in der Anwartschaftsphase zeitratierlich zu bewerten wäre, ist es auch in der Leistungsphase, Absatz 2. Auch wenn Teile der Zurechnungszeit nach dem Ende der Ehezeit liegen, soll nach der Rechtsprechung dem Ehezeitanteil die volle Zurechnungszeit nach § 13 BeamtVG zuzurechnen sein.[7] Wenn ein Ehegatte im Zeitpunkt der Entscheidung bereits eine Rente bezieht, dann ist grundsätzlich der Ehezeitanteil dieser Rente und nicht der Ehezeitanteil einer vorher gegebenen Anwartschaft in den Versorgungsausgleich einzubeziehen. Veränderungen tatsächlicher Art, die rückwirkend betrachtet auf der Grundlage der individuellen Verhältnisse bei Ehezeitende einen anderen Ehezeitanteil des Versorgungsanrechts ergeben, sollen bei der Entscheidung über den Wertausgleich auch dann berücksichtigt werden, wenn sie nach Ehezeitende eingetreten sind.

12

Die Berücksichtigung des Versorgungsabschlages in der vorzeitig in Anspruch genommenen Beamtenversorgung wird in der Literatur differenziert betrachtet. Ob die Kompensation der im Verhältnis zur (durch den vorzeitigen Versorgungsbeginn verkürzten) Gesamtzeit längeren Ehezeit ausreicht[8] oder ob eine Gleichbehandlung von unmittelbarer und zeitratierlicher Bewertung angemessen ist und der Versorgungsabschlag in beiden Fällen unberücksichtigt bleiben soll[9], ist ungeklärt. Für konsequent erachtet wird, keine Differenzierung zwischen unmittelbarer und zeitratierlicher Bewertung zu treffen und auch bei zeitratierlicher Bewertung einen Versorgungsabschlag unberücksichtigt zu lassen.[10] Der BGH hatte mit seiner Entscheidung vom 07.03.2012[11] nicht zu der zeitratierlichen Berechnung Stellung genommen, sondern die Berücksichtigung eines Versorgungsabschlags bei der unmittelbaren Bewertung abgelehnt, wenn nach der Ehezeit ein vorzeitiges Altersruhegeld in Anspruch genommen wird. Zur Begründung stellt der BGH insbesondere auf den fehlenden Bezug zur Ehezeit ab. Dieser Bezug wäre bei einer zeitratierlichen Beurteilung bei vorzeitigem Versorgungsbezug eines Beamten

13

---

[2] Brandenburgisches OLG v. 01.12.2010 - 9 UF 139/10 - FamRZ 2011, 1228; Saarländisches OLG v. 15.12.2010 - 6 UF 115/10 - FamRZ 2011, 726.
[3] BGH v. 15.10.1996 - XII ZB 225/94 - FamRZ 1997, 160.
[4] *Bachmann* u.a. in: Versorgungsausgleich in der gesetzlichen Rentenversicherung, 11. Aufl. 2013, § 41 VersAusglG, S. 518.
[5] *Glockner* in: MünchKomm-BGB, 6. Aufl. 2013, § 41 VersAusglG Rn. 10.
[6] *Rehbein* in: Versorgungsausgleichsrecht, 2012, § 41 Rn. 12.
[7] BGH v. 15.11.1995 - XII ZB 4/95 - FamRZ 1996, 215.
[8] So *Bergmann* in: OK BGB, 2014, § 41 VersAusglG Rn. 6.
[9] So *Rehbein* in: Versorgungsausgleichsrecht, 2012, § 41 Rn. 19.
[10] So *Rehbein* in: NK-BGB, § 41 VersAusglG Rn. 19.
[11] BGH v. 07.03.2012 - XII ZB 599/10 - FamRZ 2012, 851.

gegeben. Der ausgleichsberechtigte Ehepartner hat keinen Anspruch auf Besserstellung durch die vorzeitige Inanspruchnahme der Versorgung, braucht jedoch eine Schlechterstellung nicht zu akzeptieren, die gegen den Grundsatz der Halbteilung verstößt.

14 Um eine Benachteiligung des ausgleichsberechtigten Ehepartners zu vermeiden, sollte daher vor einer endgültigen Beurteilung ein Vergleich zwischen dem Ehezeitanteil mit Berechnung der vollen erreichbaren Versorgung bei Erreichen des regelmäßigen Dienstzeitendes einerseits und der um den Versorgungsabschlag verminderten Versorgung unter Berücksichtigung der verringerten Gesamtdienstzeit erfolgen. Führt die Berechnung mit den verminderten Werten zu keinem geringeren Ehezeitanteil als die Berechnung mit den vollen Werten, sind der Berechnung des Ehezeitanteils der Versorgungsabschlag und die verringerte Gesamtzeit zugrunde zu legen. Für die zeitratierliche Methode bei laufender Versorgung während der Ehezeit ist die tatsächliche Dienstzeit maßgeblich. Hätte der Ehepartner jedoch ohne die vorzeitige Inanspruchnahme der Versorgung in der Ehezeit keine laufende Versorgung erhalten, wäre nicht § 41 VersAusglG, sondern § 40 VersAusglG direkt mit der Folge anzuwenden, dass der Vergleich der Ehezeit mit der Zeit bis zum regelmäßigen Dienstzeitende erfolgt wäre. Hätte der Ehepartner auf jeden Fall während der Ehezeit sein Dienstzeitende erreicht, so ist die tatsächliche Dienstzeit maßgeblich. In Betracht käme dann ein Vergleich zwischen dem unter Berücksichtigung des vorzeitigen Dienstzeitendes ermittelten Ehezeitanteils mit Berücksichtigung des Versorgungsabschlages einerseits und mit dem regulären Dienstzeitende ohne dessen Berücksichtigung andererseits. Ergibt sich dabei ein verringerter Ehezeitanteil bei Berücksichtigung des Versorgungsabschlags, dann liegt keine Kompensation vor, es besteht ein Verstoß gegen den Halbteilungsgrundsatz und der Versorgungsabschlag ist nicht zu berücksichtigen.

15 Bei einer zeitratierlichen Bestimmung des Ehezeitanteils eines betrieblichen Anrechts ist nicht mehr von einer Betriebszugehörigkeit bis zur festen Altersgrenze auszugehen, wenn die Betriebszugehörigkeit nach Ehezeitende, aber vor Entscheidung über den Versorgungsausgleich vorzeitig geendet hat. Die unmittelbare Kürzung des Anrechts aufgrund des vorzeitigen Rentenbezuges hat grundsätzlich außer Betracht zu bleiben, sofern die für die Kürzung maßgeblichen Zeiten außerhalb der Ehezeit liegen. Der Zugangsfaktor ist Teil der individuellen Bemessungsgrundlagen des Anrechts, deren nachehezeitliche Änderung unberücksichtigt bleiben muss.[12]

C. Praktische Bedeutung

16 Die Auskünfte der Versorgungsträger sind auch bei laufender Versorgung sorgfältig daraufhin zu überprüfen, ob die Grundsätze der Rechtsprechung eingehalten wurden. Ferner können, je nach Interessenlage, die verschiedenen in der Literatur vertretenen Auffassungen herangezogen werden, um das Familiengericht von dem Erfordernis einer Abweichung von den vorgeschlagenen Ehezeitanteilen zu überzeugen. Da sich in den Fällen, bei denen einer der Ehegatten während der Ehezeit in die Leistungsphase einer Versorgung übergeht und der andere auch nach Ehezeitende weitere Anrechte einer Versorgung erlangen kann, die Frage einer unbilligen Härte (§ 27 VersAusglG) stellen kann, sollte eine den Interessen beider Ehegatten gerechter werdende Vereinbarung vorrangig geprüft werden.

---

[12] BGH v. 13.05.2009 - XII ZB 169/06 - FamRZ 2009, 1397.

§ 42 VersAusglG Bewertung nach Billigkeit

(Fassung vom 03.04.2009, gültig ab 01.09.2009)

Führt weder die unmittelbare Bewertung noch die zeitratierliche Bewertung zu einem Ergebnis, das dem Grundsatz der Halbteilung entspricht, so ist der Wert nach billigem Ermessen zu ermitteln.

Gliederung

A. Grundlagen 1
I. Kurzcharakteristik 1
II. Gesetzesmaterialien 2
B. Anwendungsbereich 3
I. Anwendung auf deutsche und ausländische Anrechte 3
II. Verletzung des Halbteilungsgrundsatzes bei Anwendung der §§ 39 und 40 VersAusglG 4
C. Wertermittlung nach billigem Ermessen 6
D. Praktische Bedeutung 9

A. Grundlagen

I. Kurzcharakteristik

§ 42 VersAusglG ist eine Sonderregelung, mit der atypische Anrechte bewertet werden, deren Ehezeitanteil weder nach § 39 VersAusglG noch nach § 40 VersAusglG bestimmt werden kann. Ferner ist die Norm ein Auffangtatbestand entsprechend dem früheren § 1587a Abs. 5 BGB. 1

II. Gesetzesmaterialien

BT-Drs. 16/10144, S. 80. 2

B. Anwendungsbereich

I. Anwendung auf deutsche und ausländische Anrechte

§ 42 VersAusglG ist auf deutsche und ausländische Anrechte anwendbar.[1] Es geht bei der Anwendbarkeit auf deutsche Anrechte nicht nur darum, ob das Anrecht sich der unmittelbaren oder zeitratierlichen Bewertung zuordnen lässt, sondern ob durch die Anwendung dieser Bewertung der in § 1 Abs. 1 VersAusglG festgelegte Halbteilungsgrundsatz verletzt wird. Dabei ist nicht vorhersehbar, ob (deutsche oder ausländische) Versorgungsträger durch eine nicht nachvollziehbare unterschiedliche Bewertung der Anrechte des Ausgleichsverpflichteten einerseits und des Ausgleichsberechtigten andererseits zwar die Anwendbarkeit der genannten Bewertungsmethoden nicht in Frage stellen, jedoch die Bewertung nicht dem Halbteilungsgrundsatz entspricht. Die Prüfung des vom Versorgungsträger vorgeschlagenen Ausgleichswertes nach § 5 Abs. 3 VersAusglG durch das Familiengericht ist hiervon ebenso zu unterscheiden wie eine Entscheidung nach § 27 VersAusglG. Die Bewertung von Anrechten ausländischer und überstaatlicher Versorgungsträger unterliegt der Einschränkung des § 19 Abs. 2 Nr. 4 VersAusglG. Wegen fehlender Ausgleichsreife findet hierfür ein Wertausgleich bei der Scheidung nicht statt, § 19 Abs. 1 VersAusglG. Die Ehegatten sind auf die schuldrechtlichen Ausgleichsansprüche nach der Scheidung (§§ 20 ff. VersAusglG) zu verweisen. 3

II. Verletzung des Halbteilungsgrundsatzes bei Anwendung der §§ 39 und 40 VersAusglG

Erforderlich ist ein signifikanter Verstoß gegen den Halbteilungsgrundsatz, da durch die Auffangvorschrift des § 42 VersAusglG nicht eine generelle Korrektur aller auf der Formalisierung des Versorgungsausgleichsverfahrens beruhenden Ungleichbehandlungen erfolgen kann.[2] 4

Keine hinreichenden Gründe für die Heranziehung des § 42 VersAusglG stellen bloße tatsächliche, rechnerische oder rechtliche Schwierigkeiten bei der Wertermittlung dar.[3] 5

---

[1] Zu Ausnahmen bei ausländischen oder überstaatlichen Anrechten vgl. *Glockner* in: MünchKomm-BGB, 6. Aufl. 2013, § 42 VersAusglG Rn. 3.
[2] *Holzwarth* in: Johannsen/Henrich, Familienrecht, § 42 VersAusglG Rn. 3.
[3] *Brudermüller* in: Palandt, § 42 VersAusglG Rn. 1.

C. Wertermittlung nach billigem Ermessen

6 Liegt eine grundsätzlich nach § 2 VersAusglG ausgleichsfähige Versorgung vor und entspricht eine Berechnung des Ehezeitanteils nach unmittelbarer oder zeitratierlicher Methode nicht dem Halbteilungsgrundsatz, dann muss das Familiengericht auf anderem Wege zu einer billigen und unter dem Gesichtspunkt der Halbteilung gerechten Bewertung des Versorgungsanrechts kommen. Das Gericht hat eine Berechnungsart zu suchen, die den durch die §§ 39 und 40 VersAusglG gesetzten Vorgaben möglichst nahe kommt.[4] Liegt ein atypisches Anrecht vor, dann wird zunächst diejenige Bewertungsmethode verwendet, welche der Berechnung dieses Anrechts am nächsten steht. Insoweit, wie diese Methode nicht anwendbar ist, nimmt das Gericht eine Abwandlung vor. Dabei muss es alle Bewertungsgesichtspunkte und versorgungsbezogenen Interessen der Ehegatten berücksichtigen. Das Ergebnis muss ein Wert einer Bezugsgröße sein, die eine interne oder externe Teilung ermöglicht. Die Berechnungsweise darf keine völlig neuen Berechnungsmodalitäten enthalten, sondern hat sich an den §§ 39, 40 VersAusglG zu orientieren und muss sich auf die anerkannten Grundsätze der Versicherungswirtschaft und Versicherungsmathematik stützen.[5] Hierfür dürfte die Inanspruchnahme eines Sachverständigen in der Regel geboten sein.

7 Hat ein Versorgungsträger, bei dem ein Anrecht besteht (hier in Form einer betrieblichen Direktzusage) durch Verwendung eines nicht marktgerechten Zinssatzes (hier 5,24%) bei der Abzinsung für den Fall einer externen Teilung eine erhebliche Entwertung des Anrechts des Ausgleichsberechtigten bewirkt, so ist eine abweichende Bewertung nach § 42 VersAusglG auch dann möglich, wenn eine externe Teilung gegen oder ohne den Willen des Ausgleichsberechtigten wegen Überschreitung der Wertgrenze des § 17 VersAusglG nicht in Betracht kommt.[6]

8 Ob die Verwendung des nach § 253 Abs. 2 HGB veröffentlichten Zinssatzes eine Korrektur nach § 42 VersAusglG erfordert oder überhaupt ermöglicht, ist umstritten.[7]

D. Praktische Bedeutung

9 Die praktische Bedeutung von § 42 VersAusglG ist durch die dargestellten Einschränkungen momentan nicht groß. Standardfälle gibt es noch nicht, weil die nach altem Recht bekannten Fälle Eingang in die neuen gesetzlichen Regelungen gefunden haben und bislang nur wenige bejahende Gerichtsentscheidungen zu § 42 VersAusglG veröffentlicht wurden. Für die anwaltliche Praxis wird von Interesse sein, ob das Familiengericht bei einer Entscheidung nach § 42 VersAusglG die Grenzen zu § 27 VersAusglG eingehalten hat. Während § 27 VersAusglG eine Korrektur des gesamten Versorgungsausgleichs zulässt, bezieht § 42 VersAusglG sich nur auf ein bestimmtes Anrecht nach den §§ 39, 40 VersAusglG.

---

[4] *Glockner* in: MünchKomm, § 42 Rn. 4.
[5] *Holzwarth* in: Johannsen/Henrich, Familienrecht, § 42 VersAusglG Rn. 5.
[6] OLG Hamm v. 06.02.2012 - II-12 UF 207/10, 12 UF 207/10.
[7] OLG Hamm v. 19.12.2013 - 2 UF 150/13 - NJW 2014, 1746; OLG Nürnberg v. 15.04.2014 - 7 UF 1115/13.

Kapitel 2 - Sondervorschriften für bestimmte Versorgungsträger

§ 43 VersAusglG Sondervorschriften für Anrechte aus der gesetzlichen Rentenversicherung

(Fassung vom 03.04.2009, gültig ab 01.09.2009)

(1) Für Anrechte aus der gesetzlichen Rentenversicherung gelten die Grundsätze der unmittelbaren Bewertung.

(2) Soweit das Anrecht auf eine abzuschmelzende Leistung nach § 19 Abs. 2 Nr. 2 gerichtet ist, ist der Ehezeitanteil für Ausgleichsansprüche nach der Scheidung nach dem Verhältnis der auf die Ehezeit entfallenden Entgeltpunkte (Ost) zu den gesamten Entgeltpunkten (Ost) zu bestimmen.

(3) Besondere Wartezeiten sind nur dann werterhöhend zu berücksichtigen, wenn die hierfür erforderlichen Zeiten bereits erfüllt sind.

Gliederung

A. Grundlagen 1	C. Zeitratierliche Bewertung bei abzuschmelzenden Leistungen der gesetzlichen Rentenversicherung (Absatz 2) 7
I. Kurzcharakteristik 1	
II. Gesetzesmaterialien 2	
B. Anrechte aus der gesetzlichen Rentenversicherung – unmittelbare Bewertung (Absatz 1) 3	D. Berücksichtigung von besonderen Wartezeiten (Absatz 3) 9
	E. Praktische Bedeutung 10

A. Grundlagen

I. Kurzcharakteristik

§ 43 VersAusglG normiert, dass für die gesetzliche Rentenversicherung die unmittelbare Bewertung gem. § 39 VersAusglG Anwendung findet. Dies ergibt sich im Prinzip bereits aus § 39 Abs. 2 Nr. 1 VersAusglG. Der Gesetzgeber wollte dies jedoch aufgrund der herausragenden Bedeutung der gesetzlichen Rentenversicherung nochmals ausdrücklich regeln. Sofern sich die Anrechte bereits in der Leistungsphase befinden, erfolgt die Bewertung nach § 41 VersAusglG. In § 43 VersAusglG werden für die Berechnung der Anrechte aus der gesetzlichen Rentenversicherung ferner spezielle Anordnungen hinsichtlich abzuschmelzender Leistungen (Absatz 2) und besonderer Wartezeiten (Absatz 3) getroffen.

II. Gesetzesmaterialien

BT-Drs. 16/10144, S. 81 f.

B. Anrechte aus der gesetzlichen Rentenversicherung – unmittelbare Bewertung (Absatz 1)

Das Recht der gesetzlichen Rentenversicherung ist im SGB VI zusammengefasst. In § 1 Satz 1 SGB VI wird beschrieben, nach welchen Grundsätzen eine Versicherungspflicht in der gesetzlichen Rentenversicherung besteht. Demnach sind all diejenigen Personen versichert, welche gegen Arbeitsentgelt oder zu ihrer Berufsausbildung beschäftigt sind. Mit der Aufnahme der abhängigen Beschäftigung beginnt die Versicherungspflicht. Träger sind die Deutsche Rentenversicherung Bund (früher Bundesversicherungsanstalt für Angestellte), die Regionalträger (früher Landesversicherungsanstalten) und die Deutsche Rentenversicherung Knappschaft-Bahn-See. Sonderzuständigkeiten bestehen für die Durchführung der Rentenversicherung bei Anwendung zwischenstaatlichen oder überstaatlichen Rechts. Bezugsgrößen für den Wertausgleich sind Entgeltpunkte und Entgeltpunkte (Ost). Ihrer Art nach sind grundsätzlich sechs Arten von Anrechten zu unterscheiden: aus der allgemeinen Rentenversicherung mit Entgeltpunkten, aus der allgemeinen Rentenversicherung mit Entgeltpunkten (Ost), aus der knappschaftlichen Rentenversicherung mit Entgeltpunkten, aus der knappschaftlichen Rentenversicherung mit Entgeltpunkten (Ost), aus der Höherversicherung und Anrechte, die auf eine abzuschmelzende Leistung gerichtet sind. Die mit Entgeltpunkten (Ost) zu bewertenden Zeiten haben bis zur Herstellung einheitlicher Einkommensverhältnisse in Deutschland eine höhere Wertsteigerung als die mit Entgeltpunkten zu bewertenden Zeiten. Daher ist ein Zusammenrechnen dieser verschiedenen Entgeltpunktarten nicht möglich. Zeiten, die knappschaftlichen Entgeltpunkten zuzurechnen sind, haben einen erhöhten Rentenfaktor nach § 82 SGB VI im Vergleich zu den Entgeltpunkten der allgemeinen Rentenversicherung, der aus einer höheren Beitragszahlung resultiert. Die Befugnis des Rentenversicherungsträgers zur Übermittlung der erforderlichen personenbezogenen Daten ergibt sich aus § 74 Nr. 1b SGB X.

4   Die unmittelbare Bewertung gilt für Pflichtbeitragszeiten einschließlich Kindererziehungszeiten, Zeiten der freiwilligen Versicherung, Zeiten mit nachentrichteten Beiträgen, Zeiten mit Wiederauffüllungsbeiträgen (§§ 187, 281a SGB VI), Höherversicherungsbeiträge, beitragsfreie Zeiten, beitragsgeminderte Zeiten, Zeiten nach zwischenstaatlichen oder überstaatlichen Abkommen.[1]

5   Einzubeziehende Anrechte sind unter Berücksichtigung des „In-Prinzips" diejenigen, für welche die Beitragsentrichtung in der Ehezeit erfolgte, selbst wenn die zuzuordnenden Zeiten außerhalb der Ehe liegen. Hierzu gehören
   • freiwillige Beiträge, die in der Ehezeit für Zeiten vor oder nach dem Ehezeitraum entrichtet wurden,
   • nachentrichtete Beiträge aufgrund von Sondervorschriften,
   • Beiträge zum Wiederauffüllen einer Rentenminderung aufgrund eines Versorgungsausgleichs aus einer vorangegangenen Ehe,
   • Beiträge zum Ausgleich einer späteren Rentenminderung aufgrund eines beabsichtigten vorzeitigen Rentenbezuges (§ 187a SGB VI),
   • Beiträge, die nach Abfindung einer unverfallbaren betrieblichen Altersversorgung eingezahlt wurden (§ 187b SGB VI).

6   Die Ermittlung der auf die Ehezeit entfallenden Entgeltpunkte erfordert die Berechnung einer Vollrente bei Erreichen der Regelaltersgrenze. Die Schritte für diese Berechnung ergeben sich aus dem SGB VI.[2]

C. Zeitratierliche Bewertung bei abzuschmelzenden Leistungen der gesetzlichen Rentenversicherung (Absatz 2)

7   Absatz 2 erfasst die nach § 19 Abs. 2 Nr. 2 VersAusglG dem schuldrechtlichen Ausgleich vorbehaltenen, auf eine abzuschmelzende Leistung gerichteten Anrechtsteile. Für den Bereich der gesetzlichen Rentenversicherung regelt § 120h SGB VI, welche Anrechte § 19 Abs. 2 Nr. 2 VersAusglG unterliegen. Erfasst werden der Auffüllbetrag (§ 315a Abs. 1 SGB VI) der Rentenzuschlag (§ 319a SGB VI), der Übergangszuschlag (§ 319b SGB VI) sowie weiter zu zahlende Beträge oder besitzgeschützte Zahlbeträge der nach dem Anspruchs- und Anwartschaftsüberführungsgesetz (AAÜG) oder dem Zusatzversorgungssystem-Gleichstellungsgesetz (ZVsG) noch übergangsweise zu zahlenden Rente im Beitrittsgebiet.

8   Zur Bewertung dieser Anrechte für die schuldrechtlichen Ausgleichsansprüche stellt § 43 Abs. 2 VersAusglG eine vom Grundsatz der unmittelbaren Bewertung gesetzlicher Rentenversicherungsansprüche abweichende Regelung dar. Die in § 120h SGB VI aufgezählten abzuschmelzenden Anrechte im Sinne des § 19 Abs. 2 Nr. 2 VersAusglG lassen sich keinem Zeitraum zuordnen, so dass nur eine zeitratierliche Berechnung möglich ist. Mit jeder Rentenanpassung können diese Beträge abgeschmolzen werden. Dabei darf die Abschmelzung nicht zu einer Verminderung der Bruttorente führen.

D. Berücksichtigung von besonderen Wartezeiten (Absatz 3)

9   In der gesetzlichen Rentenversicherung sind Rentenansprüche von der Erfüllung bestimmter Wartezeiten abhängig. § 2 Abs. 3 VersAusglG bestimmt, dass diese Wartezeiten für die Einbeziehung in den Versorgungsausgleich unerheblich sind. Für bestimmte Sachverhalte, die sich werterhöhend auswirken, gibt es zudem besondere Wartezeiten. Dies betrifft den Zuschlag an Entgeltpunkten nach § 70 Abs. 3a SGB VI, für den 25 Jahre mit rentenrechtlichen Zeiten erfüllt sein müssen, damit zusätzliche Entgeltpunkte wegen Kindererziehung berücksichtigt werden können.[3] Ferner gehört hierzu die Be-

---

[1] *Rehbein* in: Versorgungsausgleichsrecht, 2012, § 43 Rn. 4.
[2] Vgl. hierzu ausführlich *Weber* in: MünchKomm-BGB, 6. Aufl. 2013, § 43 VersAusglG Rn. 6 ff.
[3] Vgl. hierzu auch *Ruland*, Versorgungsausgleich, 3. Aufl. 2011, Rn. 169.

wertung der Rente nach Mindesteinkommen nach § 262 SGB VI, nach der zur Berücksichtigung von Mindestentgeltpunkten bei geringem Arbeitsentgelt die Mindestwartezeit von 35 Jahren erfüllt sein muss. § 43 Abs. 3 VersAusglG bestimmt, dass die besonderen Wartezeiten nur dann werterhöhend zu berücksichtigen sind, wenn die hierfür erforderlichen Zeiten bereits erfüllt sind. Hierfür ist auf den Zeitpunkt des § 5 Abs. 2 VersAusglG abzustellen (Ende der Ehezeit).

E. Praktische Bedeutung

Der für das geschilderte In-Prinzip maßgebliche Zeitraum beginnt mit dem Tag der Eheschließung und endet mit Rechtshängigkeit des Scheidungsantrags, also dessen Zustellung an den anderen Ehepartner bzw. dessen Bevollmächtigten. Sollten zusätzliche Einzahlungen (z.B. freiwillige Beiträge, nachentrichtete Beiträge, Wiederauffüllungsbeiträge) zwischen dem Beginn des Monats der Eheschließung und dem Tag der Eheschließung oder in der Zeit zwischen Ende der Ehezeit und der Zustellung des Scheidungsantrags erfolgt sein, kann ggf. eine andere Zuordnung des Anrechts erforderlich sein. Hier ist besondere Aufmerksamkeit des bevollmächtigten Rechtsanwaltes gefragt. Dem Rentenversicherer wird nur die Ehezeit nach § 3 Abs. 1 VersAusglG mitgeteilt. Dieser Zeitraum ist zwar für das VersAusglG maßgeblich, nicht jedoch für die Frage, ob ein Anrechtserwerb in die Ehezeit fällt.[4] Der Zeitpunkt der tatsächlichen Zahlung ist für Pflichtbeiträge auf einer abhängigen Beschäftigung nicht von Bedeutung. Da der Rentenversicherer weder den Heirats- noch den Zustellungstermin kennt, müsste er in diesem Fall auf Antrag der Beteiligten vom Familiengericht zu einer korrigierten Auskunft aufgefordert werden.

10

---

[4] Mit Beispiel *Götsche* in: Versorgungsausgleichsrecht, 2012, § 3 VersAusglG Rn. 4.

§ 44 VersAusglG Sondervorschriften für Anrechte aus einem öffentlich-rechtlichen Dienstverhältnis

(Fassung vom 03.04.2009, gültig ab 01.09.2009)

(1) Für Anrechte

1. aus einem Beamtenverhältnis oder einem anderen öffentlich-rechtlichen Dienstverhältnis und
2. aus einem Arbeitsverhältnis, bei dem ein Anspruch auf eine Versorgung nach beamtenrechtlichen Vorschriften oder Grundsätzen besteht,

sind die Grundsätze der zeitratierlichen Bewertung anzuwenden.

(2) Stehen der ausgleichspflichtigen Person mehrere Anrechte im Sinne des Absatzes 1 zu, so ist für die Wertberechnung von den gesamten Versorgungsbezügen, die sich nach Anwendung der Ruhensvorschriften ergeben, und von der gesamten in die Ehezeit fallenden ruhegehaltfähigen Dienstzeit auszugehen.

(3) [1]Stehen der ausgleichspflichtigen Person neben einem Anrecht im Sinne des Absatzes 1 weitere Anrechte aus anderen Versorgungssystemen zu, die Ruhens- oder Anrechnungsvorschriften unterliegen, so gilt Absatz 2 sinngemäß. [2]Dabei sind die Ruhens- oder Anrechnungsbeträge nur insoweit zu berücksichtigen, als das nach Satz 1 berücksichtigte Anrecht in der Ehezeit erworben wurde und die ausgleichsberechtigte Person an diesem Anrecht im Versorgungsausgleich teilhat.

(4) Bei einem Anrecht aus einem Beamtenverhältnis auf Widerruf oder aus einem Dienstverhältnis einer Soldatin oder eines Soldaten auf Zeit ist der Wert maßgeblich, der sich bei einer Nachversicherung in der gesetzlichen Rentenversicherung ergäbe.

Gliederung

A. Grundlagen 1	E. Zusammentreffen mehrerer beamtenrechtlicher Versorgungsanrechte (Absatz 2) 32
I. Kurzcharakteristik 1	I. Regelungsgegenstand 32
II. Gesetzesmaterialien 2	II. Wertberechnung 34
B. Erfasste Dienst- und Arbeitsverhältnisse 3	F. Zusammentreffen von beamtenrechtlichen Anrechten mit anderen Versorgungsanrechten (Absatz 3) 37
I. Versorgungsanrechte aus einem öffentlich-rechtlichen Dienstverhältnis 7	
II. Personen mit einer Versorgung nach beamtenrechtlichen Grundsätzen 16	G. Anrechte aus Beamtenverhältnissen auf Widerruf und aus Dienstverhältnissen von Soldaten auf Zeit (Absatz 4) 39
C. Erfasste Anrechte 20	
D. Berechnung 26	H. Praktische Bedeutung 43

A. Grundlagen

I. Kurzcharakteristik

1 § 44 VersAusglG regelt die Bewertung von Anrechten aus Beamtenverhältnissen und anderen öffentlich-rechtlichen Dienstverhältnissen sowie privaten Arbeitsverhältnissen, aus denen sich ein Anspruch auf eine beamtenähnliche Versorgung ergibt.

II. Gesetzesmaterialien

2 BT-Drs. 16/10144, S. 81.

B. Erfasste Dienst- und Arbeitsverhältnisse

3 § 44 VersAusglG erfasst zum einen Versorgungsanrechte aus einem Beamten- oder sonstigen öffentlich-rechtlichen Dienstverhältnis und zum anderen Versorgungsanrechte aus einem Arbeitsverhältnis, für das ein Versorgungsanspruch nach beamtenrechtlichen Vorschriften oder Grundsätzen besteht.

Die Zuweisung der zeitratierlichen Methode in § 44 Abs. 1 VersAusglG entspricht dem früheren Recht. Gleiches gilt für die Bewertung bei mehreren Anrechten im Sinne von Absatz 1, § 44 Abs. 2 VersAusglG.

Die Regelung bei Anrechnung einer anderen Versorgung, insbesondere aus der gesetzlichen Rentenversicherung, auf eine Versorgung im Sinne von Absatz 1 erfolgt in § 44 Abs. 3 VersAusglG.

Die Bewertungsvorschrift für bestimmte Anrechte aus öffentlich-rechtlichen Dienstverhältnissen, die nach § 16 Abs. 2 VersAusglG der externen Teilung unterliegen, ist in § 44 Abs. 4 VersAusglG zu finden.

I. Versorgungsanrechte aus einem öffentlich-rechtlichen Dienstverhältnis

Zu den von § 44 Abs. 1 Nr. 1 VersAusglG genannten Anrechten gehören sämtliche aus einem öffentlich-rechtlichen Dienstverhältnis bestehenden Versorgungsanrechte. Dabei ist gleichgültig, ob das Dienstverhältnis zum Bund, einem Bundesland, einer Gemeinde, einem Gemeindeverband oder einer sonstigen juristischen Person des öffentlichen Rechts bestand.

Außer Anrechten der Beamtenversorgung für Beamte des Bundes, der Länder und der Kommunen sowie der Körperschaften, Anstalten und Stiftungen des öffentlichen Rechts, sind Anrechte der Polizeibeamten, Berufsrichter und Hochschullehrer des Bundes und der Länder sowie der Soldaten nach dem Soldatenversorgungsgesetz erfasst.

Anrechte aus Dienstverhältnissen zu ausländischen, internationalen oder supranationalen Rechtsträgern gehören nicht zum Anwendungsbereich des § 44 VersAusglG. Je nach Versorgungsordnung richtet sich deren Bewertung nach den §§ 39, 40, ggf. nach § 42 VersAusglG.

Kein öffentlich-rechtliches Dienstverhältnis i.S.d. § 44 VersAusglG liegt bei Regierungsmitgliedern, parlamentarischen Staatssekretären oder Parlamentariern vor. Deren Versorgung und die Bewertung der entsprechenden Anrechte ergeben sich aus spezialgesetzlichen Regeln, z.B. aus dem BMinG für Bundesminister und deren parlamentarischen Staatssekretäre, das dem BeamtVG nachempfundene Regelungen enthält, so dass § 40 VersAusglG anzuwenden ist.

Anrechte der Abgeordneten des Deutschen Bundestages werden nicht nach § 44 VersAusglG, sondern gemäß § 25a Abs. 3 AbgG nach § 39 VersAusglG unmittelbar bewertet.

Wie Beamte werden auch Richter auf Lebenszeit, auf Zeit und auf Probe behandelt. Bei Beamten auf Zeit kommt es für die Anwendung des § 44 VersAusglG darauf an, ob diese nicht in den Ruhestand versetzt werden dürfen (§§ 48, 48b, 48d HRG) und mit Ablauf der Zeit entlassen werden (§ 96 Abs. 2 BRRG).[1] In diesem Fall werden sie in der gesetzlichen Rentenversicherung nachversichert. Entsprechendes gilt für die Versorgungsanrechte kommunaler Wahlbeamter, die die für eine beamtenrechtliche Versorgung erforderliche Mindestdienstzeit bis zum Ablauf der Amtszeit nicht erfüllen können oder deren beamtenrechtliche Versorgung von der Wiederwahl abhängt. Dies hat der BGH bereits zum alten Recht entschieden.[2]

Fehlt dem Beamten oder Soldaten bei Ende der Ehezeit der Beamtenstatus oder ist die Zugehörigkeit zu einem der in § 44 Abs. 1 VersAusglG genannten Kreise zu dieser Zeit nicht hinreichend gesichert, so kommt nicht mehr die Bewertung nach § 44 Abs. 1 VersAusglG, sondern nach § 44 Abs. 4 VersAusglG in Betracht. Änderungen des Status nach Ende der Ehezeit, aber vor der letzten tatrichterlichen Entscheidung haben keinen Einfluss auf die Form der Bewertung, sind jedoch bei der Teilungsform (§§ 10, 16 VersAusglG) zu beachten.

Der Ehrensold nach § 1 EhrensoldG aufgrund einer früheren Tätigkeit als ehrenamtlicher Bürgermeister stellt kein Versorgungsanrecht nach beamtenrechtlichen Vorschriften dar, weil er nach Sinn und Zweck nicht den Anforderungen an eine Altersversorgung entspricht.[3]

Ändert sich die maßgebliche Versorgungsordnung einer Beamtenversorgung nach dem Ende der Ehezeit in einer Weise, die sich auf die Qualität und Höhe der Versorgungsanwartschaften auswirkt, dann ist diese Veränderung nach § 5 Abs. 2 Satz 2 VersAusglG im Versorgungsausgleich zu berücksichtigen. Im vom BGH entschiedenen Fall ging es um das Außerkrafttreten einer Besoldungsübergangsverordnung, aufgrund derer die ursprüngliche Auskunft erteilt worden war, und eine aufgrund dessen eingetretene Änderung des Ausgleichswertes, sowie um eine Anhebung der Altersgrenzen für den Eintritt in den Ruhestand.[4]

---

[1] BGH v. 11.01.1995 - XII ZB 104/91 - FamRZ 1995, 414.
[2] BGH v. 13.09.2006 - XII ZB 70/01 - FamRZ 2007, 30.
[3] BGH v. 18.05.2011 - XII ZB 139/09 - FamRZ 2011, 1287.
[4] BGH v. 28.03.2012 - XII ZB 593/11 - FamRZ 2012, 941.

II. Personen mit einer Versorgung nach beamtenrechtlichen Grundsätzen

16 In den Anwendungsbereich des § 44 VersAusglG fallen auch Anrechte von Personen, die eine beamtenähnliche Versorgung genießen. Wesentliches Merkmal für eine solche beamtenähnliche Versorgung ist regelmäßig die Versicherungsfreiheit in der gesetzlichen Rentenversicherung[5] und eine an den Grundsätzen des Alimentationsprinzips orientierte Versorgung. Wesentliche Voraussetzung für eine solche beamtenähnliche Versorgung ist, dass der Dienstherr bzw. der Arbeitgeber selbst ohne die Hinzuschaltung einer Versorgungseinrichtung mit eigener Rechtspersönlichkeit für die Versorgung seines Bediensteten bzw. Arbeitnehmers einstehen will und damit das Risiko für die Versorgung trägt. Die Versorgung muss dem Beamtenrecht ihren Voraussetzungen, ihrer Art und Umfang nach, ungeachtet gewisser Abweichungen, entsprechen.[6]

17 Beispiele hierfür sind z.B. Versorgungen für Geistliche und Kirchenbeamte von Religionsgemeinschaften, die als öffentlich-rechtliche Körperschaften eingerichtet sind.[7]

18 Als weitere Beispiele sind zu nennen: Lehrer an Privatschulen oder an nichtstaatlichen Hochschulen,[8] wissenschaftliche Mitarbeiter der Max-Planck-Gesellschaften,[9] Angestellte öffentlicher Banken und der Sozialversicherungsträger, soweit ihnen nach den Dienstordnungen eine lebenslange Versorgung zugesichert wurde.[10]

19 Die Einbeziehung der unter § 44 Abs. 1 Nr. 2 VersAusglG genannten Arbeitsverhältnisse führt nicht zur Anwendbarkeit von § 16 Abs. 1 VersAusglG auf diese Fälle. Die daraus resultierende interne Teilung erfolgt selbst dann, wenn das Versorgungsrecht des Arbeitgebers eine interne Teilung nicht vorsieht.[11]

C. Erfasste Anrechte

20 Grundsätzlich werden durch § 44 Abs. 1 Nr. 1 VersAusglG alle beamtenrechtlichen als auch beamtenähnlichen Versorgungsanrechte erfasst. Hiervon mitumfasst sind auch bereits laufende Versorgungen wegen Alters oder Dienstunfähigkeit.[12] Einzubeziehen sind hierbei zum einen jährliche Sonderzuwendungen, die sich aus den §§ 2 Abs. 2, 50 Abs. 4 und 5 BeamtVG ergeben[13] sowie Leistungen nach dem BSZG[14] und zum anderen Unterhaltsbeiträge, es sei denn, es liegt ein widerrufliches oder befristetes Dienstverhältnis vor, gem. § 15 BeamtVG[15].

21 Nicht durch § 44 Abs. 1 Nr. 1 VersAusglG abgedeckt sind Übergangsgelder nach den §§ 47, 47a, 67 Abs. 4 BeamtVG[16], vorübergehende Versicherungserhöhungen gem. §§ 14, 50 BeamtVG und Erhöhungen der Bezüge aufgrund eines Unfalls gem. den §§ 34-37, 43, 85, 5 Abs. 2 BeamtVG.[17] Ebenso ausgeschlossen sind Unterhaltsbeiträge an Ehrenbeamte aufgrund eines Dienstunfalls gem. § 68 Satz 2 BeamtVG[18], vorübergehende Versicherungserhöhungen gem. den §§ 14a, 50e BeamtVG bei Ruhegehaltsempfängern, die vorzeitig in den Ruhestand eingetreten sind[19]. Ebenso ist der Ausgleich bei vorgezogenen Altersgrenzen nach § 48 BeamtVG von dem Anwendungsbereich des § 44 VersAusglG ausgeschlossen.[20]

---

[5] *Bachmann u.a.*, Versorgungsausgleich in der gesetzlichen Rentenversicherung, 10. Aufl. 2012, § 44 VersAusglG S. 500.
[6] BGH v. 16.09.1998 - XII ZB 232/94 - NJWE-FER 1999, 25-27.
[7] *Bachmann*, Versorgungsausgleich in der gesetzlichen Rentenversicherung, § 44 VersAusglG Anm. 4.
[8] BGH v. 14.10.1998 - XII ZB 48/96 - LM BGB § 1587a Nr. 125 (3/1999).
[9] BGH v. 13.11.1985 - IVb ZB 61/84 - LM Nr. 128 zu Art. 3 GrundG.
[10] AG Berlin-Tempelhof-Kreuzberg v. 06.11.2000 - 142 F 11563/99 - FamRZ 2001, 483-484.
[11] OLG Oldenburg v. 25.09.2012 - 14 UF 33/12.
[12] BGH v. 01.07.1981 - IVb ZB 659/80 - BGHZ 81, 100-124.
[13] BGH v. 18.09.1991 - XII ZB 169/90 - LM BGB § 1587a Nr. 92 (6/1992).
[14] OLG Celle v. 05.09.2007 - 10 UF 25/07 - FamRZ 2008, 900.
[15] *Hahne* in: Johannsen/Henrich, Familienrecht § 44 VersAusglG Rn. 16.
[16] Vgl. hierzu OLG Brandenburg v. 26.07.2001 - 9 UF 78/99 - NJW-RR 2002, 1012-1015.
[17] Vgl. hierzu OLG Celle v. 27.01.2003 - 10 UF 174/02 - FamRZ 2003, 1291-1295.
[18] *Brudermüller* in: Palandt, § 44 VersAusglG Rn. 5.
[19] *Brudermüller* in: Palandt, § 44 VersAusglG Rn. 7.
[20] BGH v. 14.07.1982 - IVb ZB 741/81 - LM Nr. 16 zu § 1587b BGB.

Nicht nach § 44 VersAusglG, sondern nach § 39 VersAusglG wird der Kindererziehungszuschlag nach § 50 BeamtVG bewertet, weil sich dieser Wert eindeutig einem bestimmten Zeitabschnitt zuordnen lässt.[21]

Die ruhegehaltfähige Gesamtzeit eines Berufssoldaten berechnet sich nach der besonderen Altersgrenze in § 45 Abs. 2 SoldatenG. Die realistische Einschätzung lässt davon ausgehen, dass nach wie vor die übergroße Mehrheit der Soldaten nach Erreichen der besonderen Altersgrenze in den Ruhestand gehen wird.[22]

Ein Berufssoldat konnte aufgrund langjähriger Verwaltungspraxis bislang damit rechnen, bereits beim Überschreiten einer besonderen Altersgrenze in den Ruhestand versetzt zu werden. Auch der durch das Dienstrechtsneuordnungsgesetz eingefügte § 45 Abs. 4 SG, wonach das durchschnittliche Zurruhesetzungsalter aller Berufssoldaten ab dem Jahre 2024 mindestens zwei Jahre über dem Zurruhesetzungsalter nach dem Stand vom 01.01.2007 zu liegen habe, gebietet derzeit eine andere Beurteilung.[23]

Diese Auffassung hat der BGH in einer späteren Entscheidung weiter begründet. Er stellt klar, dass mit der in § 40 Abs. 2 VersAusglG genannten Zeitdauer nicht diejenige Zeitdauer gemeint ist, die ein Angehöriger der Berufsgruppe nach abstrakter Gesetzeslage – etwa auch unter Einbeziehung der Möglichkeiten des Hinausschiebens nach den §§ 53, 132 Abs. 7 BBG – höchstens erreichen kann, sondern diejenige Zeitdauer, die der betroffene Ehegatte in der konkreten Ausgestaltung seines Anrechts erreichen kann. Diese persönliche Altersgrenze legt im Falle von Berufssoldaten der Dienstherr fest, indem er innerhalb der Zeitspanne zwischen dem Erreichen der besonderen und der allgemeinen Altersgrenze die Versetzung des Berufsunteroffiziers in den Ruhestand ausspricht. Vor der Festlegung des Zeitpunkts der Zurruhesetzung durch den Dienstherrn steht die für das konkrete Anrecht maßgebliche Altersgrenze nicht fest. Die für den Ehegatten höchstens erreichbare Zeitdauer muss daher, solange dem Soldaten sein Zeitpunkt für die Zurruhesetzung noch nicht eröffnet ist, unter Inkaufnahme gewisser Unsicherheiten prognostiziert werden. Grundlage dieser Prognose kann nur das regelmäßige Zurruhesetzungsalter sein, welches entweder aus einer verbindlichen Erlasslage oder aus einer ständigen Verwaltungspraxis ermittelt werden kann.[24]

D. Berechnung

Für die Bewertung entscheidend sind die während der Ehezeit begründeten bzw. aufrechterhaltenen Anwartschaften und Aussichten auf eine beamtenrechtliche bzw. beamtenähnliche Versorgung. Ob die Mindestdienstzeit von fünf Jahren gem. § 4 BeamtVG erfüllt ist, ist hierbei unerheblich.

Grundlage für die Wertermittlung sind die bei Ehezeitende zustehenden ruhegehaltsfähigen Dienstbezüge. Diese setzen sich gem. § 5 BeamtVG aus dem Grundgehalt und den als ruhegehaltsfähig bezeichneten sonstigen Dienst- und Leistungsbezügen zusammen. Darunter fallen Amts- und Stellenzulagen, wenn sie durch Gesetz als ruhegehaltsfähig bezeichnet werden. Darunter fällt aufgrund von § 40 Abs. 5 VersAusglG nicht der Familienzuschlag. Hinzugezählt werden müssen dagegen die zum Ruhegehalt zählenden jährlichen Sonderzahlungen.

Die Bewertung erfolgt nach der zeitratierlichen Methode (§ 40 VersAusglG). Aufgrund des beamtenrechtlichen Lebenszeitprinzips trägt jede Zeiteinheit gleichwertig zu der zu erwerbenden Versorgung bei. Maßgeblich sind die letzten ruhegehaltsfähigen Dienstbezüge und die ruhegehaltsfähige Dienstzeit. Deshalb sind die einzelnen Versorgungsbestandteile nicht bestimmten Zeiträumen (wie der Ehezeit) zuzuordnen. Bei der Bewertung sind die entsprechenden versorgungsrechtlichen Regelungen (z.B. BeamtVG) zu berücksichtigen.

Zur ruhegehaltsfähigen Dienstzeit zählen auch Ausbildungs- und sonstige Zeiten, die nach den §§ 11, 12 BeamtVG zu berücksichtigen sind. Soweit nach pflichtgemäßem Ermessen die Berücksichtigung von Ausbildungs- und sonstigen Zeiten unterbleiben kann, darf das Gericht nach allgemeinen Grundsätzen dem Ermessen der für die Entscheidung über die Berücksichtigung dieser Zeiten nach § 49 Abs. 2 BeamtVG zuständigen Behörde nicht vorgreifen.[25]

---

[21] OLG Celle v. 13.05.2011 - 10 UF 65/11 - NJW-RR 2011, 1377.
[22] OLG Koblenz v. 27.05.2010 - 13 UF 247/10.
[23] BGH v. 12.09.2012 - XII ZB 225/12 - FamRZ 2013, 121.
[24] BGH v. 19.12.2012 - XII ZB 299/10.
[25] BGH v. 20.07.2005 - XII ZB 21/99 - FamRZ 2005, 1531.

30 Zur Berechnung des Ehezeitanteils wird das fiktive (§ 40 Abs. 3 VersAusglG) oder das tatsächlich gewährte (so im Falle des § 41 Abs. 2 VersAusglG) Ruhegehalt mit der in die Ehezeit fallenden ruhegehaltsfähigen Dienstzeit multipliziert und durch die Gesamtzeit dividiert (§ 40 Abs. 2 VersAusglG).

31 Die Bewertung beamtenrechtlicher Versorgungsanwartschaften hat seit dem 01.01.2003 unter Berücksichtigung der Versorgungskürzungen nach § 14 BeamtVG in der Fassung des Versorgungsänderungsgesetzes von 2001 zu erfolgen.[26] Das Gleiche gilt für Versorgungsanrechte von Soldaten.[27] Dabei ist es ohne Belang, ob das Ehezeitende vor dem 01.01.2003 liegt oder danach. Maßgeblich ist allein der Zeitpunkt der Entscheidung über den Versorgungsausgleich bzw. das zu diesem Zeitpunkt geltende Recht. Die Absenkung des Ruhegehaltssatzes auf 71,75% soll im Versorgungsausgleich auch dann zugrunde zu legen sein, wenn der Beamte bei Eintritt in den Ruhestand von der Übergangsregelung des § 69e BeamtVG betroffen ist. Der Ausgleich des sich dann zum endgültigen Ruhegehaltssatz ergebenden Unterschiedsbetrages bleibt dann dem schuldrechtlichen Versorgungsausgleich vorbehalten.[28] Die Übergangsregelung des § 69e BeamtVG gilt nur für Ruheständler, bei denen der Versorgungsfall vor dem In-Kraft-Treten des neugefassten § 14 BeamtVG am 01.01.2003, aber nach dem 31.12.2001 eingetreten ist oder aber für Beamte, die am 31.12.2001 bereits Pensionäre waren. Die Absenkung des Höchstruhegehaltssatzes soll dadurch erreicht werden, dass beginnend im Jahre 2003 sieben Jahre lang die allgemeine Anpassung der ruhegehaltsfähigen Dienstbezüge durch die Anwendung eines Anpassungsfaktors vermindert und im achten Jahr der Ruhegehaltssatz herabgesetzt wird. Auf diese Weise werden die Versorgungen während einer achtjährigen Übergangszeit auf den neuen Höchstruhegehaltssatz abgeschmolzen. Tritt dann während der Übergangszeit nach § 69e BeamtVG der Versorgungsfall ein, so ist dieser degressive Abschmelzungsteil der Versorgung nicht dem öffentlich-rechtlichen Versorgungsausgleich zu unterwerfen.[29]

E. Zusammentreffen mehrerer beamtenrechtlicher Versorgungsanrechte (Absatz 2)

I. Regelungsgegenstand

32 § 44 Abs. 2 VersAusglG regelt ein Spezialproblem der unter § 44 Abs. 1 VersAusglG fallenden Versorgungen. Absatz 2 bestimmt, wie die Wertberechnung auszusehen hat, wenn einem Ehegatten mehrere Versorgungen oder Versorgungsanwartschaften i.S.d. § 44 Abs. 1 VersAusglG zustehen.

33 Voraussetzung für eine Wertreduzierung des zu bewertenden Anrechts ist jedoch stets, dass das zur Minderung führende andere Anrecht während der Ehe erworben worden ist. Muss ein zu bewertendes Anrecht wegen eines ausschließlich vor oder nach der Ehezeit erworbenen anderen Anrechts nach den versorgungsrechtlichen Bestimmungen gemindert werden, so findet dies im Versorgungsausgleich keine Berücksichtigung.[30]

II. Wertberechnung

34 Wenn einem Ehegatten mehrere Versorgungen oder Versorgungsanwartschaften i.S.v. § 44 Abs. 1 VersAusglG zustehen, müssen bei der Wertberechnung dieser Versorgungen und Anwartschaften im Rahmen des Versorgungsausgleiches die beamtenrechtlichen Ruhensvorschriften des § 54 BeamtVG sowie die Kürzungsvorschrift des § 56 BeamtVG angewendet werden. Als Höchstgrenze gilt dann nach § 54 Abs. 2 Nr. 1 BeamtVG das Ruhegehalt, das sich unter Zugrundelegung der gesamten ruhegehaltsfähigen Dienstzeit und der ruhegehaltsfähigen Dienstbezüge aus der Endstufe der Besoldungsgruppe, aus der sich die frühere Versorgung oder Versorgungsanwartschaft berechnet, nach dem Stand zum maßgebenden Bewertungsstichtag ergibt. Der jeweilige frühere Versorgungsbezug unterliegt dabei dem Ruhen. Soweit zum Bewertungsstichtag ein Versorgungsanspruch und eine Versorgungsanwartschaft zusammentreffen, ist der Versorgungsanspruch als der frühere anzusehen, so dass er der Ruhensvorschrift des § 54 BeamtVG unterliegt.

---

[26] BGH v. 23.03.2005 - XII ZB 204/03 - EzFamR BGB § 1587a Nr. 148; BGH v. 18.12.2003 - XII ZB 108/03 - EzFamR BGB § 1587a Nr. 137; BGH v. 15.12.2003 - XII ZB 121/03 - EzFamR BGB § 1587 Nr. 45; BGH v. 26.11.2003 - XII ZB 30/03 - NJW 2004, 1248-1250; BGH v. 26.11.2003 - XII ZB 75/02 - NJW 2004, 1245-1248.

[27] BGH v. 20.07.2005 - XII ZB 99/02 - FamRZ 2005, 1529.

[28] OLG Bremen v. 07.01.2003 - 4 UF 68/02 - FamRZ 2003, 929.

[29] BGH v. 26.11.2003 - XII ZB 30/03 - NJW 2004, 1248-1250; BGH v. 14.03.2007 - XII ZB 85/03 - FamRZ 2007, 994.

[30] BGH v. 09.02.2000 - XII ZB 24/96 - FamRZ 2000, 749.

Die Summe aus neuer Versorgung oder Versorgungsanwartschaft und dem Restbetrag der früheren Versorgung oder Anwartschaft nach Anwendung des § 54 BeamtVG stellt dann den Gesamtbetrag der vollen Versorgung oder Versorgungsanwartschaft für die Wertberechnung nach § 44 Abs. 1 VersAusglG dar. 35

Die Ermittlung des Wertunterschiedes im Rahmen des Wertausgleiches erfolgt durch die Berechnung des anteiligen, auf die Ehezeit entfallenden Betrages der Versorgung bzw. Versorgungsanwartschaft. Auf die Summe aus der neuen Versorgung oder Versorgungsanwartschaft und dem nach Anwendung des § 54 BeamtVG verbleibenden Versorgungsanwartschaftsbetrag ist dann ein einheitlicher Verhältniswert anzuwenden. Dieser errechnet sich aus dem Verhältnis der in die Ehezeit fallenden ruhegehaltsfähigen Dienstzeit zur Gesamtzeit.[31] 36

F. Zusammentreffen von beamtenrechtlichen Anrechten mit anderen Versorgungsanrechten (Absatz 3)

Sinngemäß wie beim Zusammentreffen mehrerer Versorgungsanrechte in einer Person ist nach § 44 Abs. 3 VersAusglG zu verfahren, wenn die Versorgungsbezüge wegen einer Rente oder ähnlichen Leistung einer Ruhens- oder Anrechnungsvorschrift unterliegen würden. Allerdings braucht sich der Ehegatte im Versorgungsausgleich eine anzurechnende gesetzliche Rente nur insoweit entgegenhalten zu lassen, als diese während der Ehezeit erworben wurde. Es ist zunächst der Ehezeitanteil der ungekürzten Beamtenversorgung zu ermitteln und dann der auf die Ehezeit entfallende Kürzungsbetrag hiervon abzuziehen.[32] Bei der Anwendung der Ruhensvorschriften bleiben Renten unberücksichtigt, soweit sie allein auf Beiträgen des Versicherten beruhen[33], so also im Fall einer freiwilligen Versicherung oder Höherversicherung. Gleiches gilt für aus einem Versorgungsausgleich resultierende gesetzliche Renten. 37

Soweit ein Versorgungsanspruch oder eine Versorgungsanwartschaft aus einem öffentlichen Dienstverhältnis in einer zwischen- oder überstaatlichen Organisation besteht, ist im Rahmen der Wertberechnung die Kürzungsvorschrift des § 56 BeamtVG heranzuziehen. 38

G. Anrechte aus Beamtenverhältnissen auf Widerruf und aus Dienstverhältnissen von Soldaten auf Zeit (Absatz 4)

Das Anrecht der Beamten auf Widerruf und der Soldaten auf Zeit ist als atypisches, alternatives Anrecht ausgestaltet, das wegen der Gewissheit seines Bestandes dem Versorgungsausgleich zugeordnet wird. Der Ausgleich erfolgt mit dem gesicherten Wert der Nachversicherung (§ 8 Abs. 2 SGB VI) in der gesetzlichen Rentenversicherung zu Lasten des Dienstherrn nach § 16 Abs. 2 VersAusglG durch Begründung eines Anrechtes in der gesetzlichen Rentenversicherung.[34] Bei dem Wert der Nachversicherung bleibt es auch, wenn der Widerrufsbeamte nach Ehezeitende Richter auf Probe oder auf Lebenszeit wird.[35] 39

Je nach dem weiteren Verlauf des Dienstverhältnisses richtet sich das Anrecht entweder – bei Ausscheiden aus dem Soldatenverhältnis – auf Nachversicherung in der gesetzlichen Rentenversicherung oder – bei Begründung eines Soldatenverhältnisses auf Lebenszeit – auf eine Soldatenversorgung. Bestehen außer dem Anrecht aus dem Soldatenverhältnis auf Zeit Anrechte aus der gesetzlichen Rentenversicherung, so erfolgt insgesamt eine Gesamtbewertung der Versorgung. Die tatsächlichen und fiktiven Anrechte sind dabei grundsätzlich gleichartig im Sinne von § 18 Abs. 1 VersAusglG, auch wenn das Anrecht aus dem Soldatenverhältnis auf Zeit nach § 16 VersAusglG extern zu teilen wäre. Hiervon zu unterscheiden ist die weiterhin unterschiedliche Bewertung von Anrechten in der gesetzlichen Rentenversicherung in den alten Bundesländern und im Beitrittsgebiet.[36] 40

---

[31] BGH v. 01.12.1982 - IVb ZB 532/81 - LM Nr. 20 zu § 1587a BGB; BGH v. 06.07.1983 - IVb ZB 794/81 - LM Nr. 27 zu § 1587a BGB.

[32] BGH v. 15.12.2004 - XII ZB 179/03 - FamRZ 2005, 511; BGH v. 19.01.2000 - XII ZB 16/96 - LM BGB § 1587a Nr. 130 (9/2000) in Abweichung von dem bisherigen Rechenweg (BGH v. 12.03.1986 - IVb ZB 59/83 - LM Nr. 54 zu § 1587a BGB); vgl. hierzu auch OLG Hamm v. 21.01.2000 - 13 UF 538/98 - FamRZ 2001, 161.

[33] BGH v. 21.12.1994 - XII ZB 149/92 - LM BGB § 1587a Nr. 106 (6/1995).

[34] OLG Hamm v. 12.06.2013 - 8 UF 102/13 - FamRZ 2014, 396.

[35] *Borth*, Versorgungsausgleich, 2014, Rn. 222.

[36] OLG Celle v. 23.01.2014 - 10 UF 319/13.

41 Das Anrecht eines Beamten auf Widerruf, der nach dem Ende der Ehezeit in das Beamtenverhältnis auf Probe übernommen wurde, ist im Versorgungsausgleich weiterhin mit dem fiktiven Wert der Nachversicherung zu berücksichtigen. Denn die Übernahme in das Beamtenverhältnis auf Probe ist von individuellen, nachehezeitlichen Umständen wie dem Bestehen von Laufbahnprüfungen abhängig, die keinen hinreichenden Bezug zur Ehezeit haben.[37]

42 Hat der Ausgleichspflichtige in der Ehezeit eine Versorgungsaussicht sowohl aus dem Dienstverhältnis als Zeitsoldat als auch aus dem Dienst als Widerrufsbeamter erworben, sind die beiden Dienstherren anteilig heranzuziehen.[38]

H. Praktische Bedeutung

43 Aufgrund des Föderalismusreformgesetzes hat der Bund seit dem 01.09.2006 nicht mehr die Gesetzgebungskompetenz für die Beamten der Länder und Kommunen. Die Gesetzgebungskompetenz für die Regelung der Besoldung und Versorgung für Landes- und Kommunalbeamte liegt seitdem nicht mehr beim Bund. Der Rechtsanwender muss daher jeweils prüfen, ob bezüglich einer beamtenrechtlichen Versorgungs- oder Besoldungsregelung besonderes Landesrecht besteht oder die bundesgesetzliche Regelung gem. Art. 125a Abs. 1 GG weiterhin gilt. Für den Bereich des Bundes gilt das BeamtVG unmittelbar weiter. Auch gilt für Bundesbeamte das Bundesbesoldungsgesetz. Auch die Rahmengesetzgebung nach Art. 75 Abs. 1 Nr. 1 GG ist mit dem Föderalismusreformgesetz entfallen, es gilt jetzt die konkurrierende Gesetzgebungskompetenz nach Art. 74 Abs. 1 Nr. 27 GG. Das Statusrecht der Landesbeamten sowie der weiteren nicht dem Bund unterfallenden Verhältnisse wurde ab 01.04.2009 im Beamtenstatusgesetz geregelt. Das Recht der Bundesbeamten wurde ab 12.02.2009 im Bundesbeamtengesetz neu geregelt.

---

[37] OLG Frankfurt v. 30.11.2011 - 5 UF 81/11.
[38] OLG Nürnberg v. 07.03.2013 - 7 UF 1743/12 - FamRZ 2014, 40.

§ 45 VersAusglG Sondervorschriften für Anrechte nach dem Betriebsrentengesetz

(Fassung vom 03.04.2009, gültig ab 01.09.2009)

(1) Bei einem Anrecht im Sinne des Betriebsrentengesetzes ist der Wert des Anrechts als Rentenbetrag nach § 2 des Betriebsrentengesetzes oder der Kapitalwert nach § 4 Abs. 5 des Betriebsrentengesetzes maßgeblich. Hierbei ist anzunehmen, dass die Betriebszugehörigkeit der ausgleichspflichtigen Person spätestens zum Ehezeitende beendet ist.

(2) ¹Der Wert des Ehezeitanteils ist nach den Grundsätzen der unmittelbaren Bewertung zu ermitteln. ²Ist dies nicht möglich, so ist eine zeitratierliche Bewertung durchzuführen. ³Hierzu ist der nach Absatz 1 ermittelte Wert des Anrechts mit dem Quotienten zu multiplizieren, der aus der ehezeitlichen Betriebszugehörigkeit und der gesamten Betriebszugehörigkeit bis zum Ehezeitende zu bilden ist.

(3) Die Absätze 1 und 2 gelten nicht für ein Anrecht, das bei einem Träger einer Zusatzversorgung des öffentlichen oder kirchlichen Dienstes besteht.

Gliederung

A. Grundlagen 1	I. Ausnahmevorschrift für die Zusatzversorgungen des öffentlichen Dienstes 31
I. Kurzcharakteristik 1	
II. Gesetzesmaterialien 3	II. Bewertung der ausschließlich nach neuem Recht erworbenen Anrechte 34
B. Anwendungsbereich 4	
C. Bewertung 11	III. Bewertung teilweise oder ausschließlich nach altem Recht erworbener Anrechte 35
D. Zusatzversorgungen des öffentlichen Dienstes (Absatz 3) 31	E. Praktische Bedeutung 37

A. Grundlagen

I. Kurzcharakteristik

§ 45 VersAusglG ist eine Sondervorschrift zur Bewertung von Anrechten nach dem Betriebsrentengesetz (BetrAVG). Die maßgebliche Bezugsgröße wird in § 45 Abs. 1 VersAusglG beschrieben, ferner der entscheidende Stichtag. Im zweiten Absatz regelt die Norm, dass die Anrechte grundsätzlich unmittelbar und ausnahmsweise zeitratierlich zu bewerten sind. Der Ausschluss der Geltung von § 45 VersAusglG für Anrechte der Zusatzversorgung des öffentlichen oder kirchlichen Dienstes wird in Absatz 3 festgelegt. 1

Die Bewertung orientiert sich am Bewertungsrecht des Betriebsrentengesetzes, welches zwischen den verschiedenen Formen der betrieblichen Versorgungssysteme differenziert. Grundlegende Änderungen bei der Bewertung von Anrechten nach dem Betriebsrentengesetz können nunmehr im Versorgungsausgleichsrecht ohne vorherige Umrechnung wie nach früherem Recht mit der BarwertVO nachempfunden werden. 2

II. Gesetzesmaterialien

BT-Drs. 16/10144, S. 81 ff. 3

B. Anwendungsbereich

In den Anwendungsbereich des § 45 VersAusglG fallen alle Anrechte nach dem Betriebsrentengesetz, die bei Ende der Ehezeit unverfallbar sind (§ 19 Abs. 2 Nr. 1 VersAusglG). Bei Eintritt der Unverfallbarkeit nach Ehezeitende, aber vor der Entscheidung des Familiengerichts ist das Anrecht in den Wertausgleich einzubeziehen, § 5 Abs. 2 Satz 2 VersAusglG. Nicht in den Anwendungsbereich des § 45 VersAusglG, sondern in den des § 41 VersAusglG fallen laufende Leistungen aus der betrieblichen Altersversorgung. 4

In den durch das BetrAVG begünstigten Personenkreis fallen Arbeiter und Angestellte einschließlich der zur Berufsausbildung beschäftigten. Weitere Personen können den genannten Personengruppen 5 gleichgestellt sein, wenn ihnen im Zusammenhang mit einer Tätigkeit für das jeweilige Unternehmen Versorgungsleistungen zugesagt wurden und ihre Stellung der eines Arbeitnehmers vergleichbar ist, z.B. als Versicherungsvertreter.

6 Rechtsgrundlagen für betriebliche Versorgung können Einzel- oder Tarifverträge, Gesamtzusagen, Betriebsvereinbarungen oder eine betriebliche Übung oder der Gleichbehandlungsgrundsatz sein. Als Organisationsformen gibt es die Direktzusage, Direktversicherung, Pensionskassen oder -fonds und Unterstützungskassen.[1]

7 Als Leistungsarten kennt das Betriebsrentengesetz Alters- und Invaliditätsversorgungen auf Renten- oder Kapitalbasis. Notfallunterstützungen gehören nicht zum Kreis der betrieblichen Versorgungsleistungen.

8 Als Formen der Versorgungszusage bestehen im Betriebsrentengesetz vier Alternativen: die beitragsorientierte Leistungszusage, die Beitragszusage mit Mindestleistung, die Entgeltumwandlung und die Entgeltverwendung.

9 Bedeutung hat die Form der Leistungszusage zunächst bei der Frage der Unverfallbarkeit eines Anrechts, § 19 Abs. 2 Nr. 1 VersAusglG.

10 Als Leistungsvoraussetzung ist neben dem Eintritt des Versorgungsfalles die Erfüllung einer je nach Betriebsversorgung unterschiedlich langen Mindestbetriebszugehörigkeit als Wartezeit üblich. In den Versorgungsausgleich sind die Anrechte auf eine betriebliche Versorgung nur einzubeziehen, wenn sie bereits unverfallbar sind. Besteht der Anspruch aus einer Entgeltumwandlung oder aus eigener Beitragsleistung zur betrieblichen Altersversorgung, dann sind die Ansprüche sofort unverfallbar.

C. Bewertung

11 Sah die frühere Rechtslage noch eine zeitratierliche Bewertung der Anrechte aus einer betrieblichen Altersversorgung vor, so sind nun die Bewertungsregeln des BetrAVG maßgeblich.

12 Der Versorgungsträger hat nach § 45 Abs. 1 Satz 1 VersAusglG die Wahl, ob er die Bewertung nach § 2 BetrAVG unter Heranziehung des Rentenbetrages als Bemessungsgrundlage vornimmt, oder ob er nach § 4 Abs. 5 BetrAVG den Kapitalwert als Übergangswert zur Bemessungsgrundlage wählt. Ein Vorteil der Berechnung des Übertragungswertes nach § 4 Abs. 5 BetrAVG liegt im Entfallen der Notwendigkeit, einen korrespondierenden Kapitalwert nach § 47 VersAusglG zu berechnen.

13 In beiden Fällen ist nach § 45 Absatz 1 Satz 2 VersAusglG das Ehezeitende als Ende der Betriebszugehörigkeit zugrunde zu legen. Später erfolgende Änderungen der Bemessungsgrundlagen sind daher unberücksichtigt zu lassen.

14 Bei der Ermittlung des Barwertes sind die versicherungsmathematischen Grundsätze zu beachten, insbesondere ein angemessener Rechnungszins und biometrische Faktoren. Die bilanzielle Bewertung der Pensionsrückstellungen nach Maßgabe des Gesetzes zur Modernisierung des Bilanzrechts kann dafür herangezogen werden.

15 Wenn die betriebliche Altersversorgung unmittelbar über den Arbeitgeber oder über eine Unterstützungskasse durchgeführt wird, entspricht der Übertragungswert bei der Bewertung des Anrechts dem Barwert der nach § 2 BetrAVG bemessenen Versorgungsleistung bei Ehezeitende. Wird die betriebliche Altersversorgung über einen Pensionsfonds, eine Pensionskasse oder eine Direktversicherung durchgeführt, dann entspricht der Übertragungswert dem Kapital zum Ehezeitende.

16 Der Ehezeitanteil des Werts des Anrechts wird nunmehr nach Absatz 2 Satz 1 grundsätzlich im Wege der unmittelbaren Bewertung ermittelt. Nur wenn dies nicht möglich ist, greift die zeitratierliche Bewertung, Absatz 2 Satz 2. Zu den Fällen, die eine zeitratierliche Bewertung rechtfertigen, gehört zum einen der Fall, dass die unmittelbare Bewertung mit einem unverhältnismäßigen Verwaltungsaufwand für den Versorgungsträger verbunden wäre, etwa wegen einer erschwerten Feststellung des Zahlungseinganges hinsichtlich der Ehezeit, zum anderen, wenn es bei Pensionskassen arbeitsrechtlich auf den Kapitalfluss nicht ankommt. Auch eine teilweise unmittelbare und teilweise zeitratierliche Bewertung ist möglich.[2]

17 Die zeitratierliche Bewertung nach den §§ 40 f. VersAusglG ist maßgeblich, sofern endgehaltsbezogene Direktzusagen ohne konkreten Bezug zur Dauer der Betriebszugehörigkeit, Anrechte bei kapitaldeckenden Pensionskassen oder Anrechte mit einem Grund-, Mindest- oder Sockelbetrag auszugleichen sind.[3]

---

[1] Vgl. *Rehbein* in: Versorgungsausgleichsrecht, 2012, § 45 Rn. 7 ff.
[2] *Brudermüller* in: Palandt, § 45 VersAusglG Rn. 10.
[3] OLG Hamm v. 22.04.2013 - 10 UF 159/12 - FamRZ 2013, 1895.

Bei der zeitratierlichen Bewertung eines Teilanrechts sind zur Bestimmung des Ehezeitanteils drei verschiedene Faktoren zu bestimmen: 18
n: die Gesamtzeit vom Beginn der Betriebszugehörigkeit bis zum Ende der Ehezeit bzw. im Falle des Leistungsbezuges bis zum Leistungsbeginn,
m: der Zeitraum der Betriebszugehörigkeit, der auf die Ehezeit entfällt,
R: die ermittelte unverfallbare, bei Erreichen der Regelaltersrente zu erwartende Versorgung bzw. bei bezogener Leistung deren tatsächliche Höhe.
Die Formel lautet dann: $m/n \times R$ = Ehezeitanteil des Anrechts.

Bei der Aufteilung eines während der Ehezeit erworbenen Anrechts sind auch solche Zeiten mitzuberücksichtigen, die arbeitsvertraglich der Betriebszugehörigkeit gleichgestellt und aufgrund gesetzlicher oder satzungsmäßiger Bestimmung oder Betriebsvereinbarung anerkannt wurden, wenn sich solche Zeiten nicht nur auf die Erfüllung der Wartezeit oder den Eintritt der Unverfallbarkeit, sondern auch auf die Höhe der Versorgung auswirken.[4] 19

Wenn der Versorgungsträger die Versorgungszusage der betrieblichen Altersvorsorge durch einen privaten Lebensversicherungsvertrag gewährleistet, ergeben sich nach Ende der Ehezeit Schlussüberschüsse und Bewertungsreserven. Wie diese Teile der Ansprüche nach dem Versicherungsvertrag in den Wertausgleich einbezogen werden, in welcher Höhe und mit welcher Tenorierung, ist entsprechend der Bewertung bei privaten Lebensversicherungen nach § 46 VersAusglG zu beurteilen. 20

Die Verzinsung eines nach § 45 VersAusglG berechneten Ausgleichswertes soll vom Ehezeitende bis zur Wertstellung der Ausgleichszahlung bei dem Zielversorgungsträger und nicht nur bis zur Rechtskraft der Entscheidung erfolgen.[5] 21

Demgegenüber hat der BGH in einer kurz zuvor getroffenen Entscheidung klargestellt, dass eine Verzinsung für den Zeitraum vom Ende der Ehezeit nur bis zum Eintritt der Rechtskraft anzuordnen ist. Der ausgleichsberechtigte Ehegatte erwirbt mit Rechtskraft einen Anspruch auf die von der Zielversorgung zu gewährenden Leistungen, dies unabhängig davon, ob und wann es zu einem Kapitaltransfer zwischen dem Träger der Zielversorgung und dem zahlungspflichtigen Versorgungsträger kommt. Das Risiko der Beitreibung dieses Betrages trägt der Träger der Zielversorgung. Auf einen etwaigen späteren Verzinsungsbeginn beim Zielversorgungsträger sei wegen der Möglichkeit der Geltendmachung eines Verzugsschadens nicht abzustellen.[6] 22

Der Wert des Anrechts als Kapitalbetrag entspricht dem zum Stichtag „Ehezeitende" ermittelten Barwert der künftigen Versorgungsleistung. Dies ist derjenige Betrag, welcher zum Ende der Ehezeit aufzubringen wäre, um bei dem Versorgungsträger der ausgleichpflichtigen Person für sie ein Anrecht in Höhe des Ausgleichswertes zu begründen. Damit verkörpert der Barwert als „Erwartungswert" den aktuellen Wert aller künftig zu erwartenden Leistungen aus einem Anrecht. Der Barwert als fiktives Deckungskapital ist der in der Anwartschaftsphase angesammelte Betrag. Dazu gehören Beiträge mit Zinsen und etwaige Überschüsse. Abzuziehen wären lediglich etwaige Risikoanteile der Beiträge, sowie Abschluss- und Verwaltungskosten. Damit ist auf einen Ausgleichswert nach Eintritt eines fiktiven vorzeitigen Versorgungsfalles abzustellen.[7] 23

Versicherungsmathematische Methoden gewichten dabei die Wahrscheinlichkeit, dass es zu solchen Leistungen zukünftig kommen wird und zinsen den Betrag auf den Bewertungsstichtag ab. Der Barwert hängt dabei vor allem von dem gewählten Rechnungszins ab. Dessen Bedeutung ist insbesondere bei der externen Teilung groß, die vom Versorgungsträger bei einer Direktzusage oder bei einer über eine Unterstützungskasse durchgeführten betrieblichen Altersversorgung gewählt werden kann, wenn der Ausgleichswert nicht höher ist als die Beitragsbemessungsgrenze in der allgemeinen Rentenversicherung (§ 17 VersAusglG), die gem. §§ 159, 160 SGB VI in jedem Jahr neu festgelegt wird und im Jahr 2014 71.400 € beträgt. Die Versorgungsträger übernehmen dafür häufig den Marktzinssatz aus § 253 Abs. 2 Satz 2 HGB, der ein pauschales Abzinsen von Altersversorgungsverpflichtungen mit einer angenommenen Restlaufzeit von 15 Jahren zulässt.[8] 24

---

[4] BGH v. 21.11.2013 - XII ZB 137/13 - FamRZ 2014, 280.
[5] OLG Frankfurt v. 12.02.2013 - 4 UF 235/12 - FamRZ 2013, 1313.
[6] BGH v. 06.02.2013 - XII ZB 204/11 - FamRZ 2013, 773.
[7] OLG Brandenburg v. 14.03.2011 - 10 UF 211/10 - FamRZ 2011, 1591.
[8] OLG Nürnberg v. 31.01.2014 - 11 UF 1498/13 - FamRZ 2014, 1023; OLG Nürnberg v. 15.04.2014 - 7 UF 1115/13.

25 Bei Zugrundelegung eines unrealistisch hohen Rechnungszinses wird der an den Ausgleichsberechtigten zu zahlende Betrag unbillig gemindert, so dass eine Verletzung des Halbteilungsgrundsatzes in Rede steht.[9]

26 Das OLG Nürnberg schlägt unter Darlegung des bisherigen Sach- und Streitstands vor, stattdessen den Zinssatz nach dem Bilanzrechtsmodernisierungsgesetz (BilMoG) ohne den Aufschlag nach §§ 1 Satz 2, 6 Rückstellungsabzinsungsverordnung (RückAbzinsV) anzuwenden.[10]

27 Bei einer fondsbasierten Versorgung einer betrieblichen Altersvorsorge, für die als Größe des Ausgleichswertes „Anteile am Versorgungsfonds" angegeben wurde, sollen neben der Angabe des Kapitalwertes nach § 4 Abs. 5 BetrAVG als Ausgleichswert auch die der ausgleichsberechtigten Person zum Ehezeitende zuzuordnenden Fondsanteile in die Beschlussformel aufgenommen werden, wenn sonst nicht erkennbar wird, dass und wie die Wertveränderungen nach Ehezeitende berücksichtigt werden.[11]

28 Die Verzinsung eines Ausgleichswertes in Form eines Kapitalbetrages aus einer fondsbasierten Anlageform erfolgt nicht, weil dem zu zahlenden Ausgleichswert nicht von vorneherein eine Wertsteigerung innegewohnt hat, sondern sich diese – ebenso wie ein Wertverlust – erst aus der Kursentwicklung ergibt. Der Versorgungsträger würde ansonsten auf eine nicht zugesagte Leistung in Anspruch genommen werden. Darin unterscheidet sich die fondsgebundene betriebliche Altersversorgung sowohl von der kapitalgedeckten Versorgung als auch von der auf eine bestimmte Endleistung zielenden Direktzusage.[12]

29 Die Zulässigkeit der Tenorierung der internen wie der externen Teilung in Form von Fondsanteilen ist in Rechtsprechung und Literatur umstritten.[13] Nach dem OLG Stuttgart widerspricht eine offene Tenorierung dem Bestimmtheitserfordernis bei Vollstreckungstiteln[14], ähnlich auch OLG Saarbrücken[15].

30 Besteht bei einer Pensionskasse das Anrecht aus einem ehezeitbezogenen Garantie-Deckungskapital und aus fondsgebundenen Anteilen, dann ist eine Übertragung des Ausgleichswerts auf den Zeitpunkt des Ehezeitendes vorzunehmen und hinsichtlich der Übertragung zwischen beiden Anteilen zu unterscheiden.[16]

D. Zusatzversorgungen des öffentlichen Dienstes (Absatz 3)

I. Ausnahmevorschrift für die Zusatzversorgungen des öffentlichen Dienstes

31 § 45 Abs. 1 und 2 VersAusglG gilt nicht für die Zusatzversorgungen des öffentlichen Dienstes. Für diese bleibt es bei den allgemeinen Bewertungsregeln der §§ 39-41 VersAusglG.

32 Auch die Zusatzversorgungen des öffentlichen Dienstes sind Formen betrieblicher Altersversorgung. Sie haben den Zweck, die Versorgung der Angestellten des öffentlichen Dienstes denen der Beamten anzugleichen. Die für sie bestehenden Besonderheiten führen jedoch zur Notwendigkeit einer von den übrigen betrieblichen Versorgungen abweichenden Bewertungsregelung.

33 Das Problem der vom BGH für rentenferne Jahrgänge für unwirksam erachteten Regelung der Startgutschrift in der Zusatzversorgung des öffentlichen Dienstes ist durch Änderungstarifvertrag Nr. 5 vom 30.05.2012 zum Tarifvertrag Altersversorgung, mit dem die Startgutschriften für rentenferne Versicherte neu geregelt wurden, sowie bei der VBL mit 17. Satzungsänderung vom 30.11.2011, Bundesanzeiger Nr. 14 vom 25.01.2012 entfallen. Der Versorgungsausgleich kann in diesen Fällen nunmehr ohne dieses Hindernis vollständig durchgeführt werden.[17]

---

[9] OLG Düsseldorf v. 25.11.2013 - 2 UF 55/13 - FamRZ 2014, 763.
[10] OLG Nürnberg v. 31.01.2014 - 11 UF 1498/13 - FamRZ 2014, 1023; OLG Nürnberg v. 15.04.2014 - 7 UF 1115/13.
[11] OLG Düsseldorf v. 20.05.2011 - II-7 UF 210/10.
[12] BGH v. 07.08.2013 - XII ZB 552/12 - FamRZ 2013, 1635.
[13] Vgl. zur Übersicht der Rechtsprechung und Literatur OLG Celle v. 28.08.2012 - 10 UF 17/12.
[14] OLG Stuttgart v. 09.08.2012 - 16 UF 155/12.
[15] OLG Saarbrücken v. 11.06.2012 - 6 UF 42/12 - FamRZ 2012, 1717.
[16] OLG München v. 14.10.2010 - 12 UF 605/10 - FamRZ 2011, 377.
[17] BGH v. 18.04.2012 - XII ZB 473/10.

II. Bewertung der ausschließlich nach neuem Recht erworbenen Anrechte

Soweit Anrechte ausschließlich nach neuem Recht erworben wurden, erfolgt ihre Bewertung auf der Basis der auf die Ehezeit entfallenden Versorgungspunkte. Für die Zuordnung von Versorgungspunkten wegen vorzeitiger Erwerbsminderung ist entscheidend, ob die Erwerbsunfähigkeit schon während der Ehezeit eingetreten ist. Bonuspunkte, die zeitlich nicht zugeordnet werden können, sind im Versorgungsausgleich nur zu berücksichtigen, wenn sie dem Versorgungskonto noch während der Ehezeit gutgeschrieben wurden.[18]

34

III. Bewertung teilweise oder ausschließlich nach altem Recht erworbener Anrechte

Für die Bewertung ausschließlich oder teilweise nach altem Recht erworbener Anrechte ist zu differenzieren. Die am 01.01.2001 bereits laufenden Versorgungsleistungen sind zeitratierlich zu bewerten.[19] Die familienstandbezogenen Anteile der Versorgungsleistung sind ebenfalls zu berücksichtigen.[20]

35

War der Versorgungsfall bis zum 31.12.2001 noch nicht eingetreten, so sind die nach neuem Recht erworbenen Anrechte unmittelbar und die nach altem Recht erworbenen und in das neue System übergeleiteten Anrechte zeitratierlich zu bewerten[21] und beide Werte dann zu addieren[22].

36

E. Praktische Bedeutung

Aufgrund der unterschiedlichen Ausgestaltung der Formen der Versorgungszusage ist jede Versorgungszusage je nach der konkreten Ausgestaltung zu überprüfen und in die Bewertungsmethoden einzuordnen. Mehrere Versorgungszusagen eines Arbeitgebers mit verschiedenen Ausgestaltungsformen sind jeweils für sich zu beurteilen und zu teilen. Eventuelle Festlegungen im Versorgungswerk hinsichtlich der Form der Wertermittlung, der Bezugsgröße und den Berechnungsgrundlagen sind vom Familiengericht auf Übereinstimmung mit dem VersAusglG zu überprüfen.

37

---

[18] *Brudermüller* in: Palandt, § 45 VersAusglG Rn. 19.
[19] *Brudermüller* in: Palandt, § 45 VersAusglG Rn. 20.
[20] BGH v. 17.04.1985 - IVb ZB 876/81 - NJW 1985, 2945.
[21] BGH v. 18.02.2009 - XII ZB 54/06 - FamRZ 2009, 950.
[22] BGH v. 25.04.2007 - XII ZB 206/06 - FamRZ 2007, 1084.

§ 46 VersAusglG Sondervorschriften für Anrechte aus Privatversicherungen

(Fassung vom 03.04.2009, gültig ab 01.09.2009)

Für die Bewertung eines Anrechts aus einem privaten Versicherungsvertrag sind die Bestimmungen des Versicherungsvertragsgesetzes über Rückkaufswerte anzuwenden. Stornokosten sind nicht abzuziehen.

Gliederung

A. Grundlagen 1
  I. Kurzcharakteristik 1
  II. Gesetzesmaterialien 3
B. Auszugleichende Anrechte aus privaten Versicherungen 4
C. Bewertung 12
D. Praktische Bedeutung 23

A. Grundlagen

I. Kurzcharakteristik

1 Durch § 46 VersAusglG wird für die Bewertung von privaten Versicherungsverträgen eine Verbindung zu dem seit 01.01.2008 geltenden Versicherungsvertragsgesetz hergestellt.

2 Bei Altverträgen, also Verträgen, die bis zum 31.12.2007 geschlossen wurden, ist nach Art. 4 Abs. 2 EGVVG § 176 Abs. 3 Satz 1 VVG a.F. anzuwenden und der Rückkaufswert nach der bis zum 31.12.2007 geltenden Fassung zu bestimmen. Für neue Verträge gilt § 169 VVG n.F.

II. Gesetzesmaterialien

3 BT-Drs. 16/10144, S. 83 f.

B. Auszugleichende Anrechte aus privaten Versicherungen

4 Lebensversicherungen, deren Ziel eine Rentenzahlung im Falle der Erwerbsminderung oder bei Erreichen der im Vertrag festgelegten Altersgrenze ist, sowie Versicherungsverträge, die im Falle der Invalidität des Bezugsberechtigten eine Rentenzahlung vorsehen und deren Versicherungsfall bis zum Ende der Ehezeit eingetreten ist, kommen für die Anwendung von § 46 VersAusglG in Betracht.

5 Ob Kapitallebensversicherungen in den Versorgungsausgleich gehören, oder stattdessen in den Zugewinnausgleich, ist in der Literatur umstritten. Während für Kapitallebensversicherungen mit Rentenwahlrecht auf die Ausübung des Wahlrechts abgestellt wird,[1] sollen nach anderer Auffassung Kapitallebensversicherungen nicht in den Versorgungsausgleich fallen. Bei Bestehen eines Kapitalwahlrechts soll für die Zuordnung zum Güterrecht entscheidend sein, ob das Wahlrecht bis zur letzten mündlichen Verhandlung ausgeübt wurde.[2] Der BGH hat seine Rechtsprechung aus 2003, auf welche *Bergmann* Bezug nimmt, im Jahr 2011 fortgeführt und im Jahr 2012 nochmals bestätigt.

6 Anrechte aus einer privaten Kapitalversicherung sind schon deshalb nicht im Versorgungsausgleich zu berücksichtigen, weil sie nicht auf eine Rente, sondern auf Auszahlung eines Kapitalbetrages gerichtet sind, über den der Berechtigte frei verfügen kann. Das gilt auch, wenn der Berechtigte einer privaten Rentenversicherung von dem vertraglich vereinbarten Kapitalwahlrecht Gebrauch gemacht hat. Unerheblich ist somit, ob sich der private Versicherungsvertrag von Beginn an auf eine Kapitalversicherung bezog oder ob im Falle einer Rentenversicherung bis zur Entscheidung des Beschwerdegerichts das vereinbarte Kapitalwahlrecht ausgeübt worden ist. Weder private Kapitallebensversicherungen noch private Rentenversicherungen nach Ausübung des vereinbarten Kapitalwahlrechts unterfallen der Ausnahmeregelung in § 2 Abs. 2 Nr. 3 VersAusglG.[3]

---

[1] *Rehbein* in: Versorgungsausgleichsrecht, 2012, § 46 VersAusglG Rn. 1; *Götsche* in: NK-BGB, § 2 VersAusglG Rn. 61.

[2] *Bergmann* in: BeckOK, VersAusglG, Stand 01.05.2014, § 46 Rn. 2 m.w.N.

[3] BGH v. 05.10.2011 - XII ZB 555/10 - FamRZ 2011, 1931.

Selbst dann fallen private Rentenversicherungen mit Kapitalwahlrecht nicht mehr in den Versorgungsausgleich, wenn das Wahlrecht erst nach Ende der Ehezeit, aber vor der letzten tatrichterlichen Entscheidung ausgeübt wurde. Dabei wirkt sich die spätere Ausübung des Wahlrechts nicht auf den Wert des Anrechts, aber auf dessen Ausgleichsform aus. Eine Ausweitung der Regelung in § 2 Abs. 2 Nr. 3 VersAusglG kommt nicht in Betracht. Private Lebensversicherungen haben strukturell nicht stets Vorsorgecharakter, sondern können auch auf Konsum gerichtet sein. Die ausgleichspflichtige Person kann schon während der Anwartschaftsphase über das angesparte Kapital verfügen, indem sie den Vertrag vorzeitig kündigt. Anrechte nach dem Altersvorsorge-Zertifizierungsgesetz können nicht in einen Kapitalbetrag umgewandelt werden. Eine analoge Anwendung auf private Kapitalversicherungen nach Ausübung des Kapitalwahlrechts kommt mangels einer unbewussten Regelungslücke nicht in Betracht.[4]

Ob der BGH damit die Möglichkeit ausgeschlossen hat, dass eine Kapitallebensversicherung mit Rentenwahlrecht nach Ausübung des Wahlrechts in den Versorgungsausgleich fällt, wird aus der Entscheidung nicht hinreichend deutlich. Dafür spricht die hervorgehobene strukturelle Abgrenzung, dagegen, dass der BGH darauf abstellt, ob im Zeitpunkt der letzten tatrichterlichen Entscheidung ein Anrecht auf Rentenzahlung oder auf Kapitalleistung vorliegt. Die Argumentation des BGH zur Einbeziehung in den Zugewinnausgleich spricht dafür, dass eine Kapitallebensversicherung mit Rentenwahlrecht nach Ausübung des Wahlrechts bis zur letzten Tatsachenentscheidung in den Versorgungsausgleich einzubeziehen ist. Denn da ein Rentenanrecht nicht in den Zugewinnausgleich aufzunehmen ist, wäre das zu einem Rentenanrecht gewordene Anrecht aus der Kapitallebensversicherung für den anderen Ehegatten verloren, womit ein Verstoß gegen den Halbteilungsgrundsatz vorläge.

Die sog. Basisrente oder Rürup-Rente nach § 10 Abs. 1 Nr. 2 lit. b) EStG gehören nicht zum Anwendungsbereich des § 46 VersAusglG, weil diese Versorgungen nicht kapitalisierbar sind. Daher ist die Bestimmung eines Rückkaufswertes nach den Vorschriften des VVG nicht möglich. Die Bewertung erfolgt nach § 39 VersAusglG.

Eine private Rentenversicherung, die ein Ehegatte zeitlich nach vereinbarter Gütertrennung mit Mitteln seines Privatvermögens begründet, ist in den Versorgungsausgleich einzubeziehen. Mit der Einzahlung in die Rentenversicherung verliert der Geldbetrag seine güterrechtliche Zugehörigkeit zum Vermögen und erlangt den Charakter einer Altersversorgung. Eine Regelung des Zugewinns berührt grundsätzlich den Versorgungsausgleich nicht. Es macht dabei keinen Unterschied, wenn der Ehegatte die Anwartschaft durch Einmalzahlung aus seinem Vermögen statt durch ratierliche Einzahlungen erworben hat.[5]

Nicht in den Versorgungsausgleich einzubeziehen sind Anrechte, welche wirtschaftlich nicht dem Ehegatten, sondern einem Dritten zustehen. Ob hierunter auch Anrechte aus einer Lebensversicherung fallen, die zur Kreditsicherung abgetreten sind und mit deren Ablaufleistung ein Baudarlehen bei dessen Endfälligkeit bestimmungsgemäß getilgt werden soll, war bislang umstritten. Unter Auseinandersetzung mit den verschiedenen hierzu veröffentlichten Meinungen hat der BGH entschieden, dass derartige Anrechte weiterhin zum Versorgungsausgleich heranzuziehen sind. Der Darlehensnehmer ist nicht gehindert, das Darlehen auf andere Weise zu tilgen. Sollte aufgrund durch die Trennung geänderter Lebensplanung die Immobilie veräußert werden müssen und wird durch den Erlös das Darlehen abgelöst, dann wird die zur Sicherheit abgetretene Lebensversicherung frei und steht wirtschaftlich dem Versicherungsnehmer zu.[6]

C. Bewertung

§ 46 Satz 1 VersAusglG legt fest, dass für die Bewertung eines Anrechts aus einer solchen privaten Versicherung die Bestimmungen des VVG über Rückkaufswerte anzuwenden sind.

Aus § 169 VVG ergibt sich, dass dies das nach anerkannten Regeln der Versicherungsmathematik mit den Rechnungsgrundlagen der Prämienkalkulation berechnete Deckungskapital ist. Bei fondsgebundenen Versicherungen, bei denen kein Deckungskapital im eigentlichen Sinne gebildet wird, ist dies der ermittelte Zeitwert des Anrechts.

Im Rahmen der Durchführung der externen Teilung einer fondsgebundenen privaten Rentenversicherung mit einer garantierten Mindestleistung gem. § 54b Abs. 3 VAG ist zwischen dem der Garantieleistung zu Grunde liegenden herkömmlichen Deckungskapital und dem weiteren, durch Fondsanteile

---

[4] BGH v. 18.04.2012 - XII ZB 325/11.
[5] BGH v. 18.01.2012 - XII ZB 213/11 - FamRZ 2012, 434.
[6] BGH v. 06.04.2011 - XII ZB 89/08.

gedeckten Kapital zu unterscheiden. Der nach § 46 Satz 1 VersAusglG für die nach § 39 VersAusglG gebotene unmittelbare Bewertung des Ehezeitanteils eines solchen Anrechts maßgebliche (kombinierte) Rückkaufswert setzt sich zusammen aus dem nach § 169 Abs. 3 VVG zu ermittelnden Wert des der garantierten Mindestleistung zugrundeliegenden garantierten Deckungskapitals (zuzüglich nach § 169 Abs. 7 VVG zu berücksichtigender Überschussanteile) und dem nach § 169 Abs. 4 VVG zu ermittelnden Zeitwert der fondsgebundenen Anteile, d.h. des Marktpreises der während der Ehezeit erworbenen Fondsanteile am Ende der Ehezeit.[7]

15 Gem. § 46 Satz 2 VersAusglG sind Stornokosten nicht abzuziehen. Für diese Kosten gibt es keinen Ehezeitbezug, da ein tatsächlicher Rückkauf des Versicherungsvertrages nicht stattfindet. Wird das Anrecht intern geteilt, bleibt das gesamte Kapital im Unternehmen. Erst im Fall der externen Teilung würde ein Teil des Kapitals abfließen. Aus dieser unternehmerischen Entscheidung entstandene Kosten sind nach den Gesetzesmaterialien nicht den Ehegatten aufzuerlegen.

16 Die Bewertung im Versorgungsausgleich nach den Bestimmungen des Versicherungsvertragsgesetzes über Rückkaufwerte gilt auch für fondsgebundene Lebensversicherungen.[8]

17 Die Bewertung einer Leibrentenversicherung, deren Vertrag vor dem 01.01.2008 abgeschlossen wurde, richtet sich über § 46 VersAusglG nach § 176 Abs. 3 VVG a.F., während für danach abgeschlossene Verträge § 169 VVG gilt. Damit wird der Rückkaufswert, hier das Deckungskapital zum Ende der Ehezeit mit dem Zeitwert angesetzt. Schlussüberschüsse und Bewertungsreserven sind mangels Garantie im Ausgleichswert nicht enthalten. Sie werden daher mit dem korrespondierenden Kapitalwert als Vergleichsgröße ausgedrückt. Dabei sind die benannten Werte für die Schlussüberschüsse und Bewertungsreserven lediglich Verteilungsschlüssel für den Leistungsfall.[9]

18 Den Streit darüber, in welcher Form der Ausgleich der Anrechte bei fondsgebundenen Versicherungsverträgen erfolgen soll,[10] hat der BGH inzwischen entschieden.

19 Für fondsgebundene Versicherungen, bei denen kein Deckungskapital im eigentlichen Sinne gebildet wird, ist der für eine Berechnung nach § 46 VersAusglG maßgebliche Rückkaufswert nach anerkannten Regeln der Versicherungsmathematik als Zeitwert der Versicherung zu berechnen, soweit nicht der Versicherer eine bestimmte Leistung garantiert. Für Altverträge vor 2008 gilt, dass der Rückkaufswert auf der Grundlage des nach anerkannten Regeln der Versicherungsmathematik berechneten Deckungskapitals der Versicherung, mindestens jedoch in Höhe der Hälfte des Deckungskapitals zu bemessen ist. Dem sind nach § 169 Abs. 7 VVG die Überschussanteile hinzuzurechnen.[11]

20 Bei nachehelich eingetretenen Schwankungen im Wert kann regelmäßig nach den §§ 225 f. FamFG eine Anpassung des Wertausgleichs bei der Scheidung geltend gemacht werden. Das gilt jedoch nur in den bei § 32 Nr. 1-5 FamFG aufgeführten Regelsicherungssystemen, also nicht bei der betrieblichen Altersversorgung.[12]

21 Schlussüberschussanteile und Bewertungsreserven sind sowohl bei der Wertermittlung wie bei der Teilung der Anrechte zu berücksichtigen. Da ihr tatsächlicher Wert erst bei Vertragsablauf bestimmbar wird, liegt dieser Zeitpunkt regelmäßig nach dem Zeitpunkt der familiengerichtlichen Entscheidung. Eine Herausnahme dieser Teile des Anrechts wegen fehlender Bestimmbarkeit ergibt sich daraus aber nicht, da der Wert der Anteile hinreichend verfestigt ist.[13] Außer den anhand der wiedergegebenen Rechtsprechung dargestellten Möglichkeiten wird vorgeschlagen, dass vom Versorgungsträger bei interner Teilung keine konkrete Bewertung der Schlussüberschüsse und Bewertungsreserven vorgenommen wird. Im familiengerichtlichen Beschluss soll deshalb mit einem Verweis auf die Teilungsordnung des Versorgungsträgers ein halbteiliger Ausgleich der Bewertungsreserven und Schlussüberschüsse durch interne Teilung in ausreichendem Maße bestimmt werden. Bei externer Teilung soll der Ausgleichswert der Bewertungsreserven und der Schlussüberschüsse danach als Kapitalwert ausgewiesen werden und dieser im familiengerichtlichen Beschluss als Kapitalbetrag bestimmt werden. Dieser zusätzliche Kapitalwert soll dann ergänzend vom Versorgungsträger bei dem von der ausgleichsberechtigten Person gewählten Versorgungsträger bzw. gesetzlichen Rentenversicherungsträger eingezahlt werden.

---

[7] OLG Frankfurt v. 28.02.2013 - 4 UF 194/11 - FamRZ 2013, 1806.
[8] OLG München v. 12.10.2012 - 12 UF 838/10 - FamRZ 2011, 376.
[9] OLG München v. 29.12.2010 - 12 UF 1235/10 - FamRZ 2011, 978.
[10] Zum Streitstand *Rehbein* in: Versorgungsausgleichsrecht, 2012, § 46 VersAusglG Rn. 13.
[11] BGH v. 29.02.2012 - XII ZB 609/10 - FamRZ 2012, 694.
[12] Vgl. *Borth*, FamRZ 2012, 694.
[13] *Rehbein* in: Versorgungsausgleichsrecht, 2012, § 46 VersAusglG Rn. 9.

Die Möglichkeit einer offenen Tenorierung von Bewertungsreserven wird ebenfalls kontrovers gesehen. Während der Wert von Fondsanteilen durch das Vollstreckungsorgan aufgrund der Pflicht zur Veröffentlichung von Rücknahmepreisen nach dem InvestmentG noch ermittelt werden können sollte, sei dies bei Bewertungsreserven mangels Kenntnis der Geschäftszahlen des Versorgungsträgers unmöglich, so dass eine offene Tenorierung mit der Möglichkeit der Neuberechnung des Ehezeitanteils im Zeitpunkt der Rechtskraft weiterhin weder eine gesetzliche Grundlage habe noch mit dem Bestimmtheitsgrundsatz vereinbar sei.[14]

22

D. Praktische Bedeutung

Die Berücksichtigung der Schlussüberschussanteile und Bewertungsreserven ist teilweise durch den BGH geklärt worden. Hier bietet sich jedoch eine Vereinbarung unter den Ehegatten über den Versorgungsausgleich nach den §§ 6-8 VersAusglG an. Entsprechendes gilt für die abschließende Bewertung von Fondsanteilen.

23

---

[14] OLG Nürnberg v. 18.10.2013 - 11 UF 462/13 - FamRZ 2014, 394.

§ 47 VersAusglG

Kapitel 3 - Korrespondierender Kapitalwert als Hilfsgröße

§ 47 VersAusglG Berechnung des korrespondierenden Kapitalwerts

(Fassung vom 03.04.2009, gültig ab 01.09.2009)

(1) Der korrespondierende Kapitalwert ist eine Hilfsgröße für ein Anrecht, dessen Ausgleichswert nach § 5 Abs. 3 nicht bereits als Kapitalwert bestimmt ist.

(2) Der korrespondierende Kapitalwert entspricht dem Betrag, der zum Ende der Ehezeit aufzubringen wäre, um beim Versorgungsträger der ausgleichspflichtigen Person für sie ein Anrecht in Höhe des Ausgleichswerts zu begründen.

(3) Für Anrechte im Sinne des § 44 Abs. 1 sind bei der Ermittlung des korrespondierenden Kapitalwerts die Berechnungsgrundlagen der gesetzlichen Rentenversicherung entsprechend anzuwenden.

(4) [1]Für ein Anrecht im Sinne des Betriebsrentengesetzes gilt der Übertragungswert nach § 4 Abs. 5 des Betriebsrentengesetzes als korrespondierender Kapitalwert. [2]Für ein Anrecht, das bei einem Träger einer Zusatzversorgung des öffentlichen oder kirchlichen Dienstes besteht, ist als korrespondierender Kapitalwert der Barwert im Sinne des Absatzes 5 zu ermitteln.

(5) Kann ein korrespondierender Kapitalwert nach den Absätzen 2 bis 4 nicht ermittelt werden, so ist ein nach versicherungsmathematischen Grundsätzen ermittelter Barwert maßgeblich.

(6) Bei einem Wertvergleich in den Fällen der §§ 6 bis 8, 18 Abs. 1 und § 27 sind nicht nur die Kapitalwerte und korrespondierenden Kapitalwerte, sondern auch die weiteren Faktoren der Anrechte zu berücksichtigen, die sich auf die Versorgung auswirken.

Gliederung

A. Grundlagen 1
I. Kurzcharakteristik 1
II. Gesetzesmaterialien 3
B. Berechnung des korrespondierenden Kapitalwertes 4
I. Einkaufswert als korrespondierender Kapitalwert (Absatz 2) ... 5
II. Korrespondierender Kapitalwert bei Anrechten aus einem öffentlich-rechtlichen Dienstverhältnis (Absatz 3) 6
III. Korrespondierender Kapitalwert bei Anrechten aus einer betrieblichen Versorgung (Absatz 4 Satz 1) 7
IV. Korrespondierender Kapitalwert bei Anrechten aus der Zusatzversorgung des öffentlichen oder kirchlichen Dienstes (Absatz 4 Satz 2) ... 9
V. Korrespondierender Kapitalwert bei Anrechten aus einer berufsständischen Versorgung 10
VI. Versicherungsmathematische Berechnung des Barwertes (Absatz 5) 12
C. Verfahren (Absatz 6) 14
D. Praktische Bedeutung 21

A. Grundlagen

I. Kurzcharakteristik

1 Zweck der Norm ist es, Anrechte mit Hilfe des korrespondierenden Kapitalwertes vergleichbar zu machen. Der korrespondierende Kapitalwert dient in den Fällen als Hilfsbezugsgröße, in denen der Ausgleichswert eines Anrechts nicht bereits als Kapitalwert ausgedrückt wird, sondern etwa in Entgeltpunkten oder einem Rentenbetrag. Ein Vergleich der Werte verschiedener Anrechte und damit die Bestimmung eines korrespondierenden Kapitalwerts ist, wie in Absatz 6 aufgezählt, in den Fällen der §§ 6-8, 18 Abs. 1 und 27 VersAusglG erforderlich. Eine tatsächliche Kapitaldeckung in dieser Höhe braucht bei dem Versorgungsträger nicht vorhanden zu sein.

§ 47 VersAusglG ist keine Spezialvorschrift zu § 45 VersAusglG, sondern bestimmt lediglich Funktion und Berechnungsweise eines korrespondierenden Kapitalwertes.[1]

II. Gesetzesmaterialien

BT-Drs. 16/10144, S. 84 f.

B. Berechnung des korrespondierenden Kapitalwertes

Die Berechnung des korrespondierenden Kapitalwertes erfolgt unterschiedlich je nach auszugleichendem Recht, auf das er bezogen ist. Dies hat zur Folge, dass je nach Berechnungsart unterschiedliche Ergebnisse auch für im Wesentlichen gleiche Sachverhalte erzielt werden.

I. Einkaufswert als korrespondierender Kapitalwert (Absatz 2)

Vorrangig ist der korrespondierende Kapitalwert nach Absatz 2 zu bestimmen. Danach entspricht der Kapitalwert dem Betrag, den der Ausgleichspflichtige aufwenden müsste, um bei einem Versorgungsträger ein Anrecht in Höhe des Ausgleichswertes zu begründen. Im Falle von Anrechten in der gesetzlichen Rentenversicherung ergibt sich der Beitragsaufwand zur Begründung von Entgeltpunkten in Höhe des Ausgleichswertes durch die regelmäßig bekanntgemachten Umrechnungsfaktoren für den Versorgungsausgleich in der Rentenversicherung.[2]

II. Korrespondierender Kapitalwert bei Anrechten aus einem öffentlich-rechtlichen Dienstverhältnis (Absatz 3)

Nach Absatz 3 sind für die Kapitalberechnung bei Anrechten aus einem öffentlich-rechtlichen Dienstverhältnis und aus Arbeitsverhältnissen mit Versorgungsansprüchen nach beamtenrechtlichen Grundsätzen die gleichen Grundsätze anzuwenden wie bei der gesetzlichen Rentenversicherung. Der Ausgleichswert des Anrechts der Beamtenversorgung ist dabei in fiktive Entgeltpunkte umzurechnen.

III. Korrespondierender Kapitalwert bei Anrechten aus einer betrieblichen Versorgung (Absatz 4 Satz 1)

Mit Ausnahme der Anrechte aus einer Zusatzversorgung des öffentlichen Dienstes werden Anrechte aus betrieblichen Versorgungen im Sinne des Betriebsrentengesetzes durch den Übergangswert nach § 4 Abs. 5 BetrAVG in Höhe des Ausgleichswertes bestimmt. Je nach Organisationsform der betrieblichen Versorgung ist dies der nach versicherungsmathematischen Regeln errechnete Barwert der künftigen Versorgung oder der Wert des gebildeten Kapitals. Unter Barwert versteht man die Summe der zugesagten Leistungen, vermindert um die Wahrscheinlichkeit des Erlebens nach allgemeinen oder spezifischen biometrischen Tabellen und vermindert um den zwischenzeitlichen Zinsfaktor.[3]

Wird die betriebliche Altersversorgung unmittelbar über den Arbeitgeber (**Direktzusage**) oder über eine **Unterstützungskasse** durchgeführt, entspricht der Übertragungswert dem Barwert der nach § 2 BetrAVG bemessenen künftigen Versorgungsleistung im Zeitpunkt der Übertragung; maßgebend bei der Berechnung sind die Rechnungsgrundlagen sowie die anerkannten Regeln der Versicherungsmathematik. Wenn die betriebliche Altersversorgung über einen **Pensionsfonds**, eine **Pensionskasse** oder eine **Direktversicherung** durchgeführt wird, entspricht der Übertragungswert dem gebildeten Kapital im Zeitpunkt der Übertragung, also dem Ehezeitende.[4]

IV. Korrespondierender Kapitalwert bei Anrechten aus der Zusatzversorgung des öffentlichen oder kirchlichen Dienstes (Absatz 4 Satz 2)

Der Kapitalwert für Anrechte einer Zusatzversorgung des öffentlichen oder kirchlichen Dienstes richtet sich nach dem versicherungsmathematisch errechneten Barwert.

---

[1] OLG Stuttgart v. 31.05.2012 - 16 UF 108/12.
[2] Instruktive Tabellen mit den Umrechnungsfaktoren der gesetzlichen Rentenversicherung und für die Beamtenversorgung findet man bei *Rehbein* in: Versorgungsausgleichsrecht, 2012, § 47 VersAusglG Rn. 10, 16.
[3] *Bergmann* in: BeckOK, Stand 01.05.2014, § 47 VersAusglG Rn. 4.
[4] *Dörr/Glockner* in: MünchKomm-BGB, 5. Aufl. 2010, § 47 VersAusglG Rn. 10.

V. Korrespondierender Kapitalwert bei Anrechten aus einer berufsständischen Versorgung

10 Wegen der unterschiedlichen Methoden bei der Berechnung der Altersrente aus berufsständischen Versorgungen wird der Kapitalwert ebenfalls unterschiedlich gebildet. Wird das Anrecht unmittelbar bewertet, erfolgt die Kapitalberechnung nach Absatz 3. In allen anderen Fällen wird der Kapitalwert unter Rückgriff auf den Barwert gem. Absatz 5 ermittelt.

11 Die Höhe einer Abfindung nach § 23 VersAusglG ist nicht nach § 47 VersAusglG zu bemessen, sondern wird grundsätzlich nach dem Wert des Anrechts bestimmt, den dieses im Zeitpunkt der Abfindungsentscheidung hat.[5] Für die Höhe der Abfindung bildet der auf das Eheende bezogene Kapitalwert nach § 47 VersAusglG den Ausgangspunkt. Danach ist der nach § 24 VersAusglG maßgebende Zeitwert dieses Ausgleichswerts zu bestimmen. Mit dieser Anpassung sollen die nach dem Ende der Ehezeit bis zum Zeitpunkt der Entscheidung über den Abfindungsanspruch nach § 23 VersAusglG eingetretenen Veränderungen erfasst werden.[6]

VI. Versicherungsmathematische Berechnung des Barwertes (Absatz 5)

12 Für alle Anrechte, deren Kapitalwert sich nicht nach den Vorschriften der Absätze 2-4 ermitteln lässt, ist bei der Bestimmung des korrespondierenden Kapitalwertes der versicherungsmathematisch bestimmte Barwert heranzuziehen.

13 Zu den anerkannten Regeln der Versicherungsmathematik gehören neben der Höhe der Rentenleistung der Umfang der Versorgung, das Alter des Berechtigten, die allgemeine Höhe der Lebenserwartung sowie der Rechnungszins und der Rententrend. Die Wahl des Rechnungszinses wird dem Versorgungsträger überlassen. Es soll hierbei ein möglichst realistischer und für das jeweilige Anrecht spezifischer Zins verwendet werden. Als Maßstab kann die bilanzielle Bewertung der entsprechenden Pensionsverpflichtung dienen. Die Verwendung eines unterschiedlichen Rechnungszinses von Ausgangs- und Zielversorgung führt zu Unterschieden in der Höhe der zu erwartenden Renten bei dem Ausgleichsverpflichteten und dem Ausgleichsberechtigten. Das Gebot der Halbteilung soll nach einer Auffassung nicht bedeuten, dass die zu erwartenden Renten bei unterschiedlichen Versorgungen für den Verpflichteten und den Berechtigten immer gleich hoch sein müssen.[7] Dies wird in Literatur und Rechtsprechung unterschiedlich gesehen. Für weitere Einzelheiten wird auf die Kommentierung zu § 45 VersAusglG ff. verwiesen.

C. Verfahren (Absatz 6)

14 Der korrespondierende Kapitalwert ist als alleiniges Kriterium für einen Wertvergleich von Anrechten, die nicht den Kapitalwert als gemeinsame Bezugsgröße haben, nicht aussagekräftig genug. Daher sind auch die anderen wertbildenden Faktoren der verschiedenen Anrechte mit zu berücksichtigen, wie etwa die Dynamik, die Finanzierung oder das Leistungsspektrum der jeweiligen Versorgung.[8]

15 Für eine Prüfung, ob die Bagatellgrenze nach § 18 VersAusglG überschritten wurde, sind die Anrechte auf der Basis der Kapitalwerte zu vergleichen, wenn sie nicht sämtlich Rentenbeträge als Bezugsgröße haben.[9]

16 Nach dem Tod eines Ehegatten nach Rechtskraft der Ehescheidung und vor Entscheidung über den (abgetrennten) Versorgungsausgleich ist bei der nach § 31 Abs. 2 VersAusglG erforderlichen Gesamtsaldierung der Anrechte des Überlebenden und derjenigen des Verstorbenen regelmäßig der korrespondierende Kapitalwert sämtlicher Anrechte als Hilfswert heranzuziehen.[10]

17 Dies wird dann nicht als zutreffend angesehen, wenn es sich bei den zu vergleichenden Anrechten um Anrechte aus der allgemeinen Rentenversicherung und Anrechte (Ost) handelt, die wegen der unterschiedlichen Dynamik nicht vergleichbar sind. Liegt sodann zwischen dem Ende der Ehezeit und der

---

[5] Vgl. BT-Drs. 7/4361, S. 47.
[6] OLG Brandenburg v. 11.10.2012 - 10 UF 213/10 - NJW 2013, 177.
[7] OLG München v. 20.09.2011 - 16 UF 171/11 - FamRZ 2012, 130.
[8] *Bachmann* u.a. in: Versorgungsausgleich in der gesetzlichen Rentenversicherung, 10. Aufl. 2012, § 47 VersAusglG, S. 513.
[9] Brandenburgisches Oberlandesgericht v. 12.01.2011 - 15 UF 136/10 - FamRZ 2011, 1149.
[10] Brandenburgisches Oberlandesgericht v. 14.01.2011 - 10 UF 174/10 - FamRZ 2011, 1299.

Entscheidung über den Versorgungsausgleich ein längerer Zeitraum, so entspricht die Wertdifferenz der vom Versorgungsträger mitgeteilten korrespondierenden Kapitalwerte bereits nicht mehr denjenigen im Entscheidungszeitpunkt.[11]

Die Wertentwicklung der auf den Ausgleichsberechtigten zu übertragenden Hälfte der Anrechte nach Ende der Ehezeit auch bei einem korrespondierenden Kapitalwert nach § 47 VersAusglG ist in Form der Verzinsung des Ausgleichswerts auf den Versorgungsträger der ausgleichsberechtigten Person zu übertragen.[12] 18

Schlussüberschüsse und Bewertungsreserven in einer Leibrentenversicherung sind mangels Garantie im Ausgleichswert nicht enthalten. Sie werden daher mit dem korrespondierenden Kapitalwert als Vergleichsgröße ausgedrückt. Dabei sind die benannten Werte für die Schlussüberschüsse und Bewertungsreserven noch keine verpflichtend bestimmbaren Kapitalwerte, sondern Kalkulationsbezugsgrößen, mithin lediglich Verteilungsschlüssel für den Leistungsfall.[13] 19

Für die Berechnung des Kapitalwertes des Anrechts, dem nach versicherungsmathematischen Grundsätzen zu ermittelnden Barwert, wird der Gesamtbetrag der künftig voraussichtlich zu erbringenden Leistung auf den Bewertungszeitpunkt abgezinst. 20

D. Praktische Bedeutung

Ohne die Mitteilung des korrespondierenden Kapitalwertes ist der Abschluss einer Vereinbarung der Ehegatten über den Versorgungsausgleich nach den §§ 6-8 VersAusglG nicht möglich, wenn nicht schon die Anrechte als Kapitalwerte dargestellt wurden. Eine Vereinbarung wird insbesondere im Hinblick auf die weiteren in § 46 Abs. 6 VersAusglG genannten Kriterien zu überprüfen sein. Werden bei einer Vereinbarung über den Versorgungsausgleich beim Zusammentreffen verschiedenartiger Versorgungssysteme nur die korrespondierenden Kapitalwerte als Grundlage herangezogen, obwohl unterschiedliche Leistungskriterien vorliegen, kann dies zur Unwirksamkeit nach § 8 Abs. 1 VersAusglG führen. 21

Über den Rechnungszins, welcher der Bartwertberechnung zugrunde zu legen ist, enthält § 47 VersAusglG keine Vorgabe; es wurde den Versorgungsträgern überlassen, einen realistischen und spezifischen Rechnungszins anzuwenden. Die anwaltliche Praxis wird zu beachten haben, ob der vom Versorgungsträger gewählte Zinssatz vertretbar ist. Die Rechtsprechung hierzu ist noch uneinheitlich. 22

---

[11] OLG Jena v. 08.06.2012 - 1 UF 152/12 - FamRZ 2013, 382.
[12] BGH v. 07.09.2011 - XII ZB 546/10 - FamRZ 2011, 1785.
[13] OLG München v. 29.12.2010 - 12 UF 1235/10 - FamRZ 2011, 978.

§ 48 VersAusglG

Teil 3 - Übergangsvorschriften

§ 48 VersAusglG Allgemeine Übergangsvorschrift

(Fassung vom 03.04.2009, gültig ab 01.09.2009)

(1) In Verfahren über den Versorgungsausgleich, die vor dem 1. September 2009 eingeleitet worden sind, ist das bis dahin geltende materielle Recht und Verfahrensrecht weiterhin anzuwenden.

(2) Abweichend von Absatz 1 ist das ab dem 1. September 2009 geltende materielle Recht und Verfahrensrecht anzuwenden in Verfahren, die

1. am 1. September 2009 abgetrennt oder ausgesetzt sind oder deren Ruhen angeordnet ist oder

2. nach dem 1. September 2009 abgetrennt oder ausgesetzt werden oder deren Ruhen angeordnet wird.

(3) Abweichend von Absatz 1 ist in Verfahren, in denen am 31. August 2010 im ersten Rechtszug noch keine Endentscheidung erlassen wurde, ab dem 1. September 2010 das ab dem 1. September 2009 geltende materielle Recht und Verfahrensrecht anzuwenden.

Gliederung

A. Grundlagen 1	a. Überleitung aller Versorgungsausgleichssachen 26
I. Kurzcharakteristik 1	b. Überleitung aller Scheidungsverbundverfahren 27
1. Regelungszusammenhang 1	c. Unechte Rückwirkung 30
2. Regelungsinhalt 3	4. Rechtsmittelverfahren 31
3. Normzweck 4	5. Vereinbarungen 36
4. Normstruktur 5	a. Unabdingbarkeit der Überleitungsbestimmungen 36
II. Gesetzgebungsmaterialien 6	b. Altvereinbarungen 37
B. Praktische Bedeutung 7	III. Sonstige Ausnahmen 38
C. Anwendungsvoraussetzungen 9	1. Teilentscheidungen nach altem Recht 38
I. Grundregel (Absatz 1) 9	2. Wegfall der Höchstbetragsbegrenzung 39
1. Verfahren über den Versorgungsausgleich 10	3. Wegfall des Rentnerprivilegs 40
2. Verfahrenseinleitung 12	**D. Verfahren** 41
a. Anhängigkeit 12	I. Übergangsregelung zum Verfahrensrecht 41
b. Isolierte Versorgungsausgleichverfahren 14	II. Verfahrensrechtliche Behandlung abgetrennter Verfahren in Übergangsfällen 42
c. Scheidungsverfahren 15	1. Fortsetzung als isoliertes Verfahren 42
II. Gesetzliche Ausnahmen 19	2. Folgen 43
1. Zäsur vor dem 01.09.2009 (Absatz 2 Nr. 1) 19	a. Verfahrenskostenhilfe 43
a. Abgetrennte Verfahren 19	b. Anwaltszwang 44
b. Ausgesetzte und ruhende Verfahren 20	c. Zuständigkeit 45
c. Infolge Nichtbetriebs weggelegte Verfahren 21	III. Kosten 46
2. Zäsur nach dem 01.09.2009 (Absatz 2 Nr. 2) 23	IV. Rechtsmittel 47
a. Abgetrennte Verfahren 23	
b. Ausgesetzte und ruhende Verfahren 24	
3. Abschließende Überleitung am 01.09.2010 (Absatz 3) 26	

A. Grundlagen

I. Kurzcharakteristik

1. Regelungszusammenhang

1   Die §§ 48-54 VersAusglG enthalten Überleitungsbestimmungen. Sie stellen klar, für welche Sachverhalte das am 01.09.2009 in Kraft getretene neue Versorgungsausgleichsrecht gilt und welche Verfahren ausnahmsweise noch nach altem Recht abzuwickeln sind. Die Überleitungsbestimmungen des

VersAusglG orientieren sich an den Übergangsvorschriften des gleichzeitig mit der Strukturreform des Versorgungsausgleichs in Kraft getretenen Gesetzes zur Reform des Verfahrens in Familiensachen und in den Angelegenheiten der freiwilligen Gerichtsbarkeit.[1] Dadurch wird sichergestellt, dass die Änderungen des materiellen Rechts und die des Verfahrensrechts, das die Umsetzung des materiellen Rechts ermöglicht, miteinander in Einklang stehen.

Neben allgemeinen Übergangsregeln in § 48 VersAusglG enthält das Gesetz besondere Überleitungsbestimmungen für Abänderungsverfahren nach den §§ 4 ff. VAHRG a.F. (§ 49 VersAusglG), für die Wiederaufnahme von Verfahren, die nach § 2 Abs. 1 Satz 2 VAÜG a.F. ausgesetzt worden sind (§ 50 VersAusglG), für die Abänderung von Alttiteln (§§ 51, 52 VersAusglG) und für die Bewertung eines bereits erfolgten Teilausgleichs im Rahmen von Ausgleichsansprüchen nach der Scheidung (§ 53 VersAusglG). Schließlich erklärt § 54 VersAusglG einzelne Übergangsvorschriften des früheren Rechts für weiter anwendbar.

2. Regelungsinhalt

Die allgemeine Überleitungsbestimmung des § 48 VersAusglG legt fest, welche Verfahren seit Inkrafttreten der Strukturreform des Versorgungsausgleichs ausnahmsweise noch nach altem Recht abzuwickeln sind. Sie knüpft an den Zeitpunkt der Verfahrenseinleitung an. Danach gilt das neue Versorgungsausgleichsrecht für Verfahren, die vor dem 01.09.2009 eingeleitet worden sind, grundsätzlich nicht. Allerdings sieht § 48 VersAusglG verschiedene Ausnahmen von diesem Grundsatz vor, die eine zügige Ablösung des alten Rechts gewährleisten.

3. Normzweck

Ziel der Übergangsvorschriften ist es, dafür zu sorgen, dass möglichst weitgehend und schnell das neue Recht angewendet wird, damit die Praxis nicht über einen langen Zeitraum zwei Rechtsordnungen nebeneinander anwenden muss.[2]

4. Normstruktur

§ 48 Abs. 1 VersAusglG enthält die Grundregel, nach der in Verfahren, die vor dem 01.09.2009 eingeleitet worden sind, das bis dahin geltende materielle und Verfahrensrecht anzuwenden ist. Ausnahmen davon sieht § 48 Abs. 2 VersAusglG für abgetrennte, ausgesetzte und ruhende Versorgungsausgleichsverfahren vor. Eine weitere Ausnahme enthält § 48 Abs. 3 VersAusglG für Verfahren, die am 31.08.2010 erstinstanzlich noch nicht erledigt waren.

II. Gesetzgebungsmaterialien

BT-Drs. 16/10144, S. 85 ff., 119 f., 127; BT-Drs. 16/11903, S. 113 ff.

B. Praktische Bedeutung

Die Vorschrift hat inzwischen weitgehend an Bedeutung verloren. Denn nach § 48 Abs. 3 VersAusglG gilt für alle Versorgungsausgleichsverfahren, die nach der allgemeinen Übergangsregelung nach altem Recht zu behandeln waren, am 01.09.2010 aber erstinstanzlich noch unerledigt waren, das neue Recht. Das bedeutet, dass es seit dem 01.09.2010 bei den Amtsgerichten keine Verfahren mehr gibt, die noch nach altem Recht zu entscheiden sind.

Hat ein Rechtsanwalt es versäumt, für seinen Mandanten vor Inkrafttreten des VersAusglG einen Scheidungsantrag zu stellen, haftet er für den Schaden, der durch den Versorgungsausgleich nach dem für den Mandanten ungünstigeren neuen Versorgungsausgleichsrecht entsteht, wenn das Familiengericht bei rechtzeitiger Antragstellung im ersten Rechtszug noch vor Ablauf des 31.08.2010 eine Entscheidung getroffen hätte.[3]

---

[1] Art. 111 FGG-RG in der Fassung des Art. 22 VAStrRefG.
[2] BT-Drs. 16/10144, S. 85.
[3] OLG Düsseldorf v. 05.03.2013 - 24 U 61/12.

C. Anwendungsvoraussetzungen

I. Grundregel (Absatz 1)

9   Für Verfahren, die nach dem 01.09.2009 eingeleitet worden sind, gilt das reformierte materielle Versorgungsausgleichsrecht. Dagegen war bis zum 01.09.2010 auf die Versorgungsausgleichsverfahren, die vor dem Inkrafttreten des VersAusglG eingeleitet worden sind, altes Recht anzuwenden.

1. Verfahren über den Versorgungsausgleich

10 Verfahren über den Versorgungsausgleich i.S.d. § 48 Abs. 1 VersAusglG sind nur gerichtliche Verfahren. Die Vorschrift gilt für alle bei den Familiengerichten anhängigen Versorgungsausgleichsverfahren, gleich ob sie als isolierte Verfahren oder als Folgesache im Scheidungsverbund anhängig sind.

11 Für Anträge zur Anpassung des Versorgungsausgleichs nach den §§ 4 ff. VAHRG a.F., über die nach altem Recht die Versorgungsträger zu entscheiden hatten, gilt § 48 VersAusglG nicht; für diese Verfahren enthält § 49 VersAusglG eine Sonderregelung.

2. Verfahrenseinleitung

a. Anhängigkeit

aa. Eingang der Antragsschrift

12 Entscheidendes Kriterium für die Anwendung des alten oder neuen Rechts ist der Zeitpunkt der Einleitung eines Verfahrens. Eingeleitet i.S.d. § 48 Abs. 1 VersAusglG ist das Verfahren, wenn es anhängig geworden ist. Maßgebend ist damit der Eingang der verfahrenseinleitenden Antragsschrift bei Gericht. Unerheblich ist der Zeitpunkt der Zustellung der Antragsschrift.

bb. Antrag auf Verfahrenskostenhilfe

13 Der Eingang eines vorgeschalteten Antrags auf Bewilligung von Verfahrenskostenhilfe leitet das Verfahren noch nicht ein.[4] Wird ein Verfahren also nur unter der ausdrücklichen Bedingung der Bewilligung der Verfahrenskostenhilfe anhängig gemacht, hängt die Verfahrenseinleitung vom Zeitpunkt der Bewilligung der Verfahrenskostenhilfe ab.[5]

b. Isolierte Versorgungsausgleichsverfahren

14 In selbstständigen Versorgungsausgleichssachen – etwa Verfahren über den schuldrechtlichen Versorgungsausgleich, Abänderungsverfahren oder Versorgungsausgleichsverfahren nach Auslandsscheidung – kommt es auf den Eingang der verfahrenseinleitenden Antragsschrift bei Gericht an.

c. Scheidungsverfahren

15 Im Hinblick auf den Versorgungsausgleich als Folgesache im Scheidungsverbund muss man differenzieren:

aa. Zwangsverbund

16 Der Versorgungsausgleich ist – nach altem und neuem Verfahrensrecht – im Regelfall von Amts wegen im Verbund mit dem Scheidungsverfahren durchzuführen (§ 623 Abs. 1 Satz 3 ZPO a.F. bzw. § 137 Abs. 2 Satz 2 FamFG). Das Verfahren über den Versorgungsausgleich wird dann bereits mit der Anhängigkeit des Scheidungsantrags eingeleitet.[6]

17 Das gilt auch in den Fällen, in denen wegen kurzer Ehedauer nach § 3 Abs. 3 VersAusglG oder aufgrund einer Vereinbarung der Eheleute nach § 6 Abs. 1 Satz 2 Nr. 2 VersAusglG kein Versorgungsausgleich durchzuführen ist.[7]

---

[4] BGH v. 29.02.2012 - XII ZB 198/11 - FamRZ 2012, 783 zu Art. 111 Abs. 1 FGG-RG.
[5] AG Ludwigslust v. 10.03.2010 - 5 F 246/09 - FamRZ 2010, 1269; OLG Naumburg v. 26.03.2009 - 3 WF 66/09.
[6] BT-Drs. 16/10144, S. 87; *Bergner*, NJW 2009, 1233-1237, 1235; *Kemper*, FPR 2009, 227-231, 228; *Wick*, FuR 2009, 482-496, 495.
[7] *Wick*, FuR 2009, 482-496, 495.

bb. Antragsverfahren

Wird der Versorgungsausgleich dagegen in Scheidungsverfahren nach altem Recht ausnahmsweise nur auf Antrag[8] durchgeführt, soll es – wie bei den isolierten Versorgungsausgleichsverfahren – auf den Zeitpunkt des Eingangs der entsprechenden Antragsschrift ankommen.[9]

II. Gesetzliche Ausnahmen

1. Zäsur vor dem 01.09.2009 (Absatz 2 Nr. 1)

a. Abgetrennte Verfahren

Für abgetrennte Versorgungsausgleichsverfahren sieht § 48 Abs. 2 Nr. 1 VersAusglG eine Ausnahme von der Grundregel des § 48 Abs. 1 VersAusglG vor. Danach sind Verfahren über den Versorgungsausgleich, die vor dem 01.09.2009 nach § 628 ZPO a.F. aus dem Scheidungsverbund abgetrennt worden sind, seit dem 01.09.2009 nach neuem Recht zu behandeln. Betroffen sind die Fälle, in denen die Entscheidung über die Folgesache Versorgungsausgleich die Ehescheidung außergewöhnlich verzögern würde, weil die Ermittlung der auszugleichenden Anwartschaften mit besonderen Schwierigkeiten verbunden ist. Diese Verfahren unterstellt § 48 Abs. 2 Nr. 1 VersAusglG dem neuen Recht, auch wenn sie nach der Abtrennung nicht ausgesetzt oder zum Ruhen gebracht worden sind.

b. Ausgesetzte und ruhende Verfahren

Daneben ordnet § 48 Abs. 2 Nr. 1 VersAusglG die Geltung des neuen Rechts für Verfahren an, die am 01.09.2009 ausgesetzt worden sind oder ruhen. Sind diese Verfahren nach dem 01.09.2009 fortgesetzt worden, gilt neues Recht. Davon erfasst sind die nach § 614 ZPO a.F. ausgesetzten Scheidungsverbundverfahren, die nach § 2 VAÜG a.F. ausgesetzten Versorgungsausgleichssachen und die Verfahren, die wegen der Anhängigkeit eines Rechtsstreits über ein im Versorgungsausgleich zu berücksichtigendes Anrecht nach § 53c FGG a.F. ausgesetzt worden sind. Hinzu kommen Verfahren, die im Hinblick auf eine Versöhnung der Ehepartner, außergerichtliche Vergleichsverhandlungen über die Scheidungsfolgen oder aus sonstigen Gründen nach § 251 ZPO zum Ruhen gebracht worden sind.

c. Infolge Nichtbetriebs weggelegte Verfahren

Die Rechtsfolge des § 48 Abs. 2 Nr. 1 VersAusglG tritt nur ein, wenn das Ruhen oder die Aussetzung des Verfahrens durch eine förmliche Entscheidung angeordnet worden ist. Das bloße Weglegen der Akte nach der Aktenordnung infolge Nichtbetriebs führt im Fall der Fortsetzung des Verfahrens nicht zur Anwendung des neuen Rechts.[10]

Dagegen ist § 48 Abs. 2 VersAusglG nach Ansicht des OLG Brandenburg analog anzuwenden, wenn das Verfahren nach rechtlichem Gehör der Beteiligten schlicht nicht betrieben worden ist und dafür ein sachlicher Grund gesprochen hat. Diese Fallkonstellation sei wegen einer planwidrigen Regelungslücke im Übergangsrecht ungeregelt.[11]

2. Zäsur nach dem 01.09.2009 (Absatz 2 Nr. 2)

a. Abgetrennte Verfahren

Nach § 48 Abs. 2 Nr. 2 VersAusglG gilt das neue Versorgungsausgleichsrecht auch in den Verfahren, die nach dem 01.09.2009 aus dem Scheidungsverbund abgetrennt worden sind oder abgetrennt werden.

b. Ausgesetzte und ruhende Verfahren

Dasselbe gilt nach § 48 Abs. 2 Nr. 2 VersAusglG für Verfahren, die nach dem 01.09.2009 ausgesetzt oder zum Ruhen gebracht worden sind oder ausgesetzt oder zum Ruhen gebracht werden.

Der Versorgungsausgleich ist auch dann nach dem seit 01.09.2009 geltenden Recht durchzuführen, wenn die beteiligten Eheleute nach diesem Zeitpunkt übereinstimmende Anträge, das Verfahren ruhen zu lassen, ausschließlich zu dem Zweck gestellt haben, das neue Recht zur Anwendung zu bringen.[12]

---

[8] Etwa nach Art. 17 Abs. 3 EGBGB.
[9] BT-Drs. 16/10144, S. 87.
[10] BGH v. 30.01.2013 - XII ZB 74/11 - FamRZ 2013, 615; OLG Celle v. 10.11.2010 - 10 UF 222/10 - FamRZ 2011, 587; vgl. aber BT-Drs. 16/11903, S. 114 u. S. 128.
[11] OLG Brandenburg v. 26.04.2013 - 13 UF 22/07.
[12] BGH v. 21.11.2013 - XII ZB 137/13 - FamRZ 2014, 280.

3. Abschließende Überleitung am 01.09.2010 (Absatz 3)

a. Überleitung aller Versorgungsausgleichssachen

26 Versorgungsausgleichsverfahren, die von der Regelung des § 48 Abs. 2 VersAusglG nicht erfasst worden sind, hat § 48 Abs. 3 VersAusglG am 01.09.2010 in das neue Recht übergeleitet. Seit diesem Stichtag gilt für alle Versorgungsausgleichssachen, die am 31.08.2009 bereits anhängig waren, am 01.09.2010 aber erstinstanzlich noch nicht erledigt waren, das reformierte Recht.[13] Dadurch sind nach Ablauf eines Jahres nach Inkrafttreten des VAStrRefG alle erstinstanzlich noch nicht entschiedenen Versorgungsausgleichsverfahren in das neue Recht überführt worden.

b. Überleitung aller Scheidungsverbundverfahren

27 Dasselbe gilt für solche Verfahren, die mit einer Versorgungsausgleichssache im Verbund stehen. Das neue Recht gilt damit seit dem 01.09.2010 auch für fast alle Scheidungsverfahren.

28 Davon erfasst werden auch Scheidungsverfahren, die nicht mehr betrieben und nach der Aktenordnung weggelegt worden sind.[14]

29 Die Rechtsfolgen des § 48 Abs. 3 VersAusglG lösen keine Selbständigkeit des Versorgungsausgleichs aus; dieser bleibt weiterhin im Scheidungsverbund und behält den Status einer Folgesache.[15]

c. Unechte Rückwirkung

30 § 48 Abs. 3 VersAusglG verstößt nicht gegen das in Art. 20 Abs. 1 und 3 GG normierte Rückwirkungsverbot, weil es sich bei der Übergangsregelung allenfalls um eine unechte Rückwirkung handelt.[16]

4. Rechtsmittelverfahren

31 Hat das Familiengericht nach § 48 VersAusglG zutreffend altes Versorgungsausgleichs- und Verfahrensrecht angewendet, bleibt auch für das Verfahren in zweiter Instanz das alte Recht maßgebend.[17]

32 Dagegen soll nach Auffassung des OLG Dresden im Beschwerdeverfahren neues Recht anzuwenden sein, wenn das Amtsgericht zwar vor dem 01.09.2009 entschieden, die Durchführung des Versorgungsausgleichs aber wegen Unbilligkeit ausgeschlossen hat.[18] Diese Entscheidung ist mit der Rechtsprechung des BGH allerdings kaum vereinbar.

33 Ist eine vor dem 01.09.2009 ergangene Endentscheidung über den Versorgungsausgleich in zulässiger Weise nur teilweise angefochten worden, so ist in einem vom Oberlandesgericht ausgesetzten und nach dem 31.08.2009 aufgenommenen Beschwerdeverfahren das seit dem 01.09.2009 geltende neue Recht anzuwenden.[19]

34 Der Versorgungsausgleich kann nur einheitlich entweder nach dem bis 31.08.2009 geltenden Recht oder nach dem seit 01.09.2009 geltenden Recht durchgeführt werden. Sobald auch nur ein Anrecht nach neuem Recht auszugleichen ist, schlägt der Rechtswechsel auf den gesamten Versorgungsausgleich durch.[20]

35 Wird ein vom Scheidungsverbund abgetrenntes und zunächst ausgesetztes Verfahren zum Versorgungsausgleich erst nach Wirksamkeit des die Aussetzung aufhebenden Beschlusses des Oberlandesgerichts ab dem 01.09.2009 fortgesetzt, ist auf die selbstständige Familiensache (Art. 111 Abs. 4 FGG-RG) das seit dem 01.09.2009 geltende materielle Recht zum Versorgungsausgleich anwendbar.[21]

---

[13] Vgl. OLG Brandenburg v. 07.06.2010 - 9 UF 28/10 - FamRZ 2011, 38.

[14] BT-Drs. 16/11903, S. 115.

[15] OLG Brandenburg v. 30.01.2012 - 9 UF 227/11 - FamRZ 2012, 1719; *Götsche*, FamRB 2011, 123.

[16] OLG München v. 28.10.2011 - 12 UF 1476/11 - FamRZ 2012, 454.

[17] BGH v. 14.03.2012 - XII ZB 436/11 - FamRZ 2012, 856; OLG Jena v. 01.03.2010 - 1 UF 29/10 - FamFR 2010, 155; OLG Oldenburg v. 19.01.2010 - 13 UF 112/09 - FamRZ 2010, 983; OLG Naumburg v. 28.12.2009 - 4 UF 30/09 - FamRZ 2010, 1444; OLG Brandenburg v. 16.09.2010 - 10 UF 18/10; OLG Schleswig v. 11.07.2011 - 10 UF 87/09 - FamRZ 2012, 132; a.A. OLG Zweibrücken v. 05.11.2010 - 6 UF 47/09 - FamRZ 2011, 731; OLG Hamburg v. 12.04.2010 - 7 UF 154/04 - FamRZ 2010, 1440; OLG Karlsruhe v. 18.11.2009 - 2 UF 55/09 - FamRZ 2010, 325; OLG Jena v. 07.06.2010 - 1 UF 82/10 - FamRZ 2010, 1666.

[18] OLG Dresden v. 26.03.2013 - 22 UF 415/06.

[19] BGH v. 21.11.2013 - XII ZB 137/13 - FamRZ 2014, 280; OLG Braunschweig v. 30.08.2013 - 1 UF 84/08; a.A. OLG Celle v. 05.02.2013 - 10 UF 20/09.

[20] BGH v. 21.11.2013 - XII ZB 137/13 - FamRZ 2014, 280.

[21] BGH v. 26.10.2011 - XII ZB 567/10 - FamRZ 2012, 98; BGH v. 16.02.2011 - XII ZB 261/10 - FamRZ 2011, 635.

5. Vereinbarungen

a. Unabdingbarkeit der Überleitungsbestimmungen

Die Überleitungsregelungen in Art. 111 FGG-RG und § 48 VersAusglG sind unabdingbar. Sie stehen nicht zur Disposition der Verfahrensbeteiligten.[22]   36

b. Altvereinbarungen

Das neue Versorgungsausgleichsrecht ist auch auf eine vor dem 01.09.2009 nach § 1587o BGB a.F. getroffene Vereinbarung anwendbar, wenn das Familiengericht nach dem 31.10.2010 über den Versorgungsausgleich entscheidet.[23]   37

III. Sonstige Ausnahmen

1. Teilentscheidungen nach altem Recht

Ist in einem vor dem 01.09.2009 eingeleiteten Scheidungsverfahren im Scheidungsverbundurteil über den Versorgungsausgleich – zutreffend nach altem Recht – nur teilweise entschieden worden, so ist nach Ansicht des OLG Naumburg auf den noch ausstehenden Teil der Entscheidung zum Versorgungsausgleich, unabhängig vom Zeitpunkt der Entscheidung weiterhin das alte Recht anzuwenden, und zwar auch dann, wenn der noch ausstehende Teil der Entscheidung ausgesetzt worden ist.[24] Der BGH hat allerdings klargestellt, dass der Versorgungsausgleich nur einheitlich entweder nach altem oder nach neuem Recht durchgeführt werden kann; sobald ein Anrecht nach neuem Recht auszugleichen ist, schlage der Rechtswechsel auf den gesamten Versorgungsausgleich durch.[25] Der Entscheidung ist aber nicht zu entnehmen, ob das auch im Fall einer Teilentscheidung nach altem Recht gelten soll. Dagegen bestehen Bedenken, weil das Familiengericht dann sein eigenes – rechtskräftig gewordenes Teilurteil – durch eine Entscheidung nach neuem Recht ersetzen müsste.   38

2. Wegfall der Höchstbetragsbegrenzung

Mit dem Wegfall der Höchstbetragsbegrenzung des § 76 Abs. 2 Satz 3 SGB VI a.F. hat die Regelung des § 1587b Abs. 5 BGB a.F. ihren Anwendungsbereich verloren. Das gilt auch für die Fälle, in denen der Versorgungsausgleich gemäß § 48 VersAusglG ansonsten noch nach früherem Recht durchzuführen ist.[26]   39

3. Wegfall des Rentnerprivilegs

Beansprucht ein Versorgungsempfänger das ab dem 01.09.2009 weggefallene Rentner- bzw. Pensionärsprivileg nach § 101 Abs. 3 SGB VI a.F., § 57 Abs. 1 BeamtVG a.F., ist es dem zuständigen Versorgungsträger gemäß § 242 BGB verwehrt, sich auf die der Anwendung des neuen Rechts dienenden Übergangsregelungen des § 48 Abs. 2 Nr. 2 und Abs. 3 VersAusglG zu Lasten des Versorgungsausgleichsberechtigten zu berufen, wenn alleiniger Grund für die Abtrennung und Aussetzung des Verfahrens über den Versorgungsausgleich die Unwirksamkeit der Satzungsbestimmungen des Versorgungsträgers zu den Startgutschriften der rentenfernen Jahrgänge war.[27]   40

D. Verfahren

I. Übergangsregelung zum Verfahrensrecht

Die Überleitungsregelungen des § 48 VersAusglG betreffen das materielle Recht. Durch die Einbeziehung des Verfahrensrechts in den Wortlaut der Vorschrift werden die verfahrensrechtlichen Überleitungsbestimmungen des FGG-Reformgesetzes aus Gründen der Anwenderfreundlichkeit wiederholt.[28] Art. 111 Abs. 1 FGG-RG enthält eine der Grundregel des § 48 Abs. 1 VersAusglG entsprechende Überleitungsvorschrift für das Verfahrensrecht. Art. 111 Abs. 3 und 4 FGG-RG korrespondieren mit   41

---

[22] OLG Stuttgart v. 07.12.2009 - 15 UF 208/09 - FamRZ 2010, 1671.
[23] OLG Koblenz v. 26.05.2011 - 11 UF 138/11 - FamRZ 2012, 130.
[24] OLG Naumburg v. 28.12.2009 - 4 UF 30/09 - FamRZ 2010, 1444; OLG Naumburg v. 29.03.2010 - 4 UF 46/09.
[25] BGH v. 21.11.2013 - XII ZB 137/13 - FamRZ 2014, 280.
[26] BGH v. 26.01.2011 - XII ZB 195/10 - FamRZ 2011, 550; OLG Schleswig v. 03.03.2010 - 12 UF 184/09 - FamRZ 2010, 1443.
[27] OLG Karlsruhe v. 18.07.2013 - 12 U 30/13 - FamRZ 2013, 1912.
[28] BT-Drs. 16/11903, S. 113.

§ 48 VersAusglG

§ 48 Abs. 2 VersAusglG. Den verfahrensrechtlichen Einklang mit § 48 Abs. 3 VersAusglG stellt Art. 111 Abs. 4 FGG-RG her.

II. Verfahrensrechtliche Behandlung abgetrennter Verfahren in Übergangsfällen

1. Fortsetzung als isoliertes Verfahren

42 Ein vom Scheidungsverbund abgetrenntes Verfahren zum Versorgungsausgleich bleibt nach § 137 Abs. 5 Satz 1 FamFG grundsätzlich Folgesache. Das gilt allerdings nicht für Übergangsfälle, in denen auf das vor dem 01.09.2009 eingeleitete Scheidungsverfahren noch früheres Recht anwendbar war, die vom Scheidungsverbund abgetrennte Folgesache über den Versorgungsausgleich aber gemäß Art. 111 Abs. 4 FGG-RG als selbstständige Familiensache nach neuem Recht fortzuführen ist.[29]

2. Folgen

a. Verfahrenskostenhilfe

43 In solchen Übergangsfällen entfällt mit dem Wegfall der Qualifikation als Folgesache auch die Erstreckung der bewilligten Prozesskostenhilfe auf das Verfahren über den Versorgungsausgleich.[30] Die früher bewilligte Prozesskostenhilfe nimmt dem Antrag auf Bewilligung von Verfahrenskostenhilfe für die selbstständige Familiensache deswegen nicht das Rechtsschutzbedürfnis.[31]

b. Anwaltszwang

44 Der Anwaltszwang aufgrund des Scheidungsverbunds fällt in der abgetrennten und dadurch selbstständig gewordenen Versorgungsausgleichssache weg.[32]

c. Zuständigkeit

45 Die Wiederaufnahme des Verfahrens führt allerdings nicht dazu, dass die Zuständigkeit des Gerichts neu zu bestimmen ist. Die Sache bleibt trotz Abtrennung und Aussetzung bei demselben Gericht anhängig, so dass auch die Zuständigkeit unverändert fortbesteht. Die Überleitungsvorschriften bewirken keine Zuständigkeitsänderung. Eine gleichwohl erfolgte Verweisung ist trotz § 3 Abs. 3 FamFG nicht bindend, weil sie einer gesetzlichen Grundlage entbehrt.[33]

III. Kosten

46 In Verfahren über den Versorgungsausgleich, in denen die nach Inkrafttreten des FGG-RG bzw. des VAStrRefG geltenden Vorschriften anzuwenden sind, richtet sich auch das Kostenrecht und damit verbunden die Entscheidung über die Festsetzung des Verfahrenswerts nach neuem Recht.[34]

IV. Rechtsmittel

47 Hat das Amtsgericht in einem Verfahren über den Versorgungsausgleich fehlerhaft nach altem Recht in der Form eines Urteils entschieden, kommt der Meistbegünstigungsgrundsatz zum Tragen. Danach steht den Verfahrensbeteiligten das Rechtsmittel zu, das nach der Art der ergangenen Entscheidung statthaft ist, sowie das Rechtsmittel, das bei einer in der richtigen Form getroffenen Entscheidung gegeben gewesen wäre.[35]

---

[29] BGH v. 16.02.2011 - XII ZB 261/10 - FamRZ 2011, 635.
[30] BGH v. 16.02.2011 - XII ZB 261/10 - FamRZ 2011, 635.
[31] BGH v. 16.02.2011 - XII ZB 261/10 - FamRZ 2011, 635; OLG Dresden v. 15.09.2010 - 20 WF 785/10 - FamRZ 2011, 662; OLG Hamm v. 22.11.2010 - 6 WF 383/10 - FamRZ 2011, 662; OLG Jena v. 28.10.2010 - 1 WF 359/10 - FamRZ 2011, 585; OLG Jena v. 24.01.2011 - 1 WF 543/10 - FamRZ 2011, 1060; a.A. zuvor OLG Brandenburg v. 21.06.2010 - 15 WF 194/10 - FamRZ 2011, 53; OLG Brandenburg v. 12.05.2010 - 15 WF 125/10 - FamRZ 2010, 2002; OLG Rostock v. 14.07.2010 - 10 UF 72/10 - FamRZ 2011, 57; OLG Rostock v. 19.07.2010 - 10 WF 106/10 - FamRZ 2011, 223; OLG Naumburg v. 25.08.2010 - 3 WF 209/10 - FamRZ 2011, 125.
[32] OLG Brandenburg v. 27.03.2013 - 9 UF 18/13; so auch schon OLG Brandenburg v. 10.04.2012 - 9 WF 87/12 - JurBüro 2012, 586 unter Hinweis auf BGH v. 01.06.2011 - XII ZB 602/10.
[33] OLG Brandenburg v. 02.11.2010 - 9 AR 9/10 - FamRZ 2011, 1656; OLG Frankfurt v. 06.09.2010 - 6 UFH 5/10 - FamRZ 2011, 1233; KG v. 06.08.2010 - 18 AR 41/10 - FamRZ 2011, 319; OLG Naumburg v. 02.02.2011 - 8 AR 3/11; OLG Naumburg v. 03.02.2011 - 8 AR 5/11; OLG Naumburg v. 04.02.2011 - 8 AR 2/11; OLG Jena v. 01.03.2011 - 11 SA 1/11 - FamRZ 2011, 1677.
[34] OLG Jena v. 29.07.2010 - 1 UF 179/10 - FamRZ 2011, 38; OLG Jena v. 24.01.2011 - 1 WF 543/10.
[35] OLG Brandenburg v. 24.03.2011 - 10 UF 233/10.

§ 49 VersAusglG Übergangsvorschrift für Auswirkungen des Versorgungsausgleichs in besonderen Fällen

(Fassung vom 03.04.2009, gültig ab 01.09.2009)

Für Verfahren nach den §§ 4 bis 10 des Gesetzes zur Regelung von Härten im Versorgungsausgleich, in denen der Antrag beim Versorgungsträger vor dem 1. September 2009 eingegangen ist, ist das bis dahin geltende Recht weiterhin anzuwenden.

Gliederung

A. Grundlagen 1	B. Praktische Bedeutung 3
I. Kurzcharakteristik 1	C. Anwendungsvoraussetzungen 6
II. Gesetzgebungsmaterialien 2	

A. Grundlagen

I. Kurzcharakteristik

Die Vorschrift enthält eine Überleitungsbestimmung für Verfahren zur Anpassung der Entscheidung über den Versorgungsausgleich nach den §§ 4 ff. VAHRG a.F. Danach ist in Verfahren, in denen der Antrag auf Anpassung des Versorgungsausgleichs vor dem 01.09.2009 beim zuständigen Versorgungsträger eingegangen ist, ausnahmslos das bis dahin geltende Recht anzuwenden. **1**

II. Gesetzgebungsmaterialien

BT-Drs. 16/10144, S. 87. **2**

B. Praktische Bedeutung

Die praktische Bedeutung der Vorschrift war schon zum Zeitpunkt des Inkrafttretens des VAStRefG am 01.09.2009 gering, weil von der Regelung nur wenige Verfahren betroffen waren.[1] Aufgrund des Zeitablaufs dürfte der Anwendungsbereich der Vorschrift mittlerweile vollständig entfallen sein. **3**

Soweit noch Verfahren betroffen sind, ist für die familiengerichtliche Praxis vor dem Hintergrund des § 34 Abs. 1 VersAusglG von Bedeutung, dass die Vorschrift einen Wechsel der Zuständigkeit vom Versorgungsträger zum Familiengericht während eines laufenden Verfahrens verhindert.[2] **4**

Die Vorschrift begegnet keinen verfassungsrechtlichen Bedenken.[3] **5**

C. Anwendungsvoraussetzungen

Für Verfahren zur nachträglichen Anpassung einer Entscheidung über den öffentlich-rechtlichen Versorgungsausgleich aufgrund von gesetzlichen Unterhaltsansprüchen und wegen Todes oder Invalidität nach den §§ 4 ff. VAHRG a.F. ordnet § 49 VersAusglG die Anwendung des vor dem 01.09.2009 geltenden Rechts an, wenn der Antrag vor diesem Zeitpunkt beim zuständigen Versorgungsträger eingegangen ist. Der Eingang des verfahrenseinleitenden Antrags beim Versorgungsträger ist auch dann maßgebend, wenn sich an das behördliche Verfahren ein gerichtliches Verfahren angeschlossen hat und dieses Verfahren noch anhängig ist.[4] Geht der Antrag bei einem unzuständigen Versorgungsträger ein, kommt es wegen § 16 Abs. 2 Satz 2 SGB I gleichwohl auf den Zeitpunkt dieses Eingangs an. **6**

Ein vor dem 01.09.2009 beim Versorgungsträger eingegangener Ruhegeldantrag genügt nicht, um die Rechtsfolgen des § 49 VersAusglG auszulösen, weil der Ruhegeldantrag nicht konkludent den Antrag nach § 9 Abs. 1 VAHRG a.F. mit umfasst.[5] **7**

Wenn der Anpassungsantrag erst nach dem 01.09.2009 beim Versorgungsträger eingegangen ist, kommt eine Wiedereinsetzung in den vorigen Stand im Verwaltungsverfahren nicht in Betracht, weil **8**

---

[1] BT-Drs. 16/10144, S. 87.
[2] Vgl. OLG Hamm v. 23.02.2010 - II-2 Sdb (FamS) Zust 3/10 FamRZ 2010, 1807.
[3] VGH Baden-Württemberg v. 03.12.2013 - 4 S 221/13; VG München v. 08.08.2013 - M 12 K 13.826; LSG Saarland v. 29.03.2012 - L 1 R 78/11.
[4] BT-Drs. 16/10144, S. 87.
[5] VG München v. 16.12.2010 - M 12 K 10.1703.

§ 49 VersAusglG

die in der Übergangsvorschrift des § 49 VersAusglG normierte Frist eine materiell-rechtliche Ausschlussfrist ist. Die Antragsfrist kann als materiell-rechtlich wirkende Ausschlussfrist auch nicht verlängert werden.[6]

9   Datiert ein Antrag an den Versorgungsträger auf Zahlung der Rente ohne Berücksichtigung des Versorgungsausgleichs nach dem 01.09.2009, gilt im Umkehrschluss zu der in § 49 VersAusglG genannten Ausnahmeregelung das materielle Recht des VersAusglG.[7]

10 Ist die Versorgungsleistung erstmals nach dem 31.08.2009 an den Ausgleichspflichtigen gezahlt worden, ist § 49 VersAusglG auch dann nicht anzuwenden, wenn der Antrag nach den §§ 4 ff. VAHRG a.F. vor dem 01.09.2009 gestellt worden ist. Denn die Übergangsregelung gilt nur für die Fälle, in denen die Voraussetzungen für eine Anpassung nach dem VAHRG schon vor dem 01.09.2009 – also vor dem Außerkrafttreten des VAHRG – gegeben waren. Der Anspruch auf Anpassung entsteht aber erst mit dem Eintritt der Leistungsphase. In diesen Fällen kommt deshalb nur noch eine Anpassung nach den §§ 32 ff. VersAusglG in Betracht.[8]

11 Ist vor dem 01.09.2009 eine Anpassung nach § 5 VAHRG a.F. erfolgt, und sind die Voraussetzungen dafür zeitweilig weggefallen (etwa wegen nur vorübergehenden Rentenbezugs des Ausgleichsberechtigten), kann eine erneute Anpassung nach dem 31.08.2009 nur noch nach § 34 VersAusglG erfolgen. Ein Besitzschutz auf die erneute Anwendung des § 5 VAHRG a.F. kann aus § 49 nicht abgeleitet werden.[9]

12 Im Gegensatz zu § 48 Abs. 2 VersAusglG sieht die Übergangsregelung in § 49 VersAusglG keine Ausnahme für ruhende oder ausgesetzte Verfahren vor. Verfahren nach den §§ 4 ff. VAHRG a.F., die nach einer Aussetzung wieder aufgenommen werden, sind also nach altem Recht abzuwickeln. Der Gesetzgeber wollte dadurch vermeiden, dass die Überleitungsbestimmungen bei Anträgen auf Anpassung wegen Unterhalts während eines laufenden Verfahrens zu einem Wechsel der Zuständigkeit vom Versorgungsträger zum Familiengericht führen.[10]

---

[6] VG München v. 29.09.2011 - M 12 K 10.6299; VGH Baden-Württemberg v. 03.12.2013 - 4 S 221/13; BVerwG v. 23.02.2010 - 5 C 13/09 - NVwZ-RR 2010, 570.
[7] OLG Hamm v. 04.03.2013 - 8 UF 242/12.
[8] *Rehbein* in: HK-VersAusglR, 2012, § 49 VersAusglG Rn. 6.
[9] *Rehbein* in: HK-VersAusglR, 2012, § 49 VersAusglG Rn. 9.
[10] BT-Drs. 16/10144, S. 87.

§ 50 VersAusglG Wiederaufnahme von ausgesetzten Verfahren nach dem Versorgungsausgleichs-Überleitungsgesetz

(Fassung vom 03.04.2009, gültig ab 01.09.2009)

(1) Ein nach § 2 Abs. 1 Satz 2 des Versorgungsausgleichs-Überleitungsgesetzes ausgesetzter Versorgungsausgleich

1. ist auf Antrag eines Ehegatten oder eines Versorgungsträgers wieder aufzunehmen, wenn aus einem im Versorgungsausgleich zu berücksichtigenden Anrecht Leistungen zu erbringen oder zu kürzen wären;
2. soll von Amts wegen spätestens bis zum 1. September 2014 wieder aufgenommen werden.

(2) Der Antrag nach Absatz 1 Nr. 1 ist frühestens sechs Monate vor dem Zeitpunkt zulässig, ab dem auf Grund des Versorgungsausgleichs voraussichtlich Leistungen zu erbringen oder zu kürzen wären.

Gliederung

A. Grundlagen 1	III. Wiederaufnahme von Amts wegen (Absatz 1 Nr. 2) 11
I. Kurzcharakteristik 1	D. Rechtsfolgen 12
II. Gesetzgebungsmaterialien 2	E. Verfahren 13
B. Praktische Bedeutung 3	I. Örtliche Zuständigkeit 13
C. Anwendungsvoraussetzungen 5	II. Fortsetzung der Folgesache als isoliertes Verfahren 14
I. Normstruktur 5	1. Verfahrenskostenhilfe 15
II. Wiederaufnahme auf Antrag (Absatz 1 Nr. 1, Absatz 2) 6	a. Keine Erstreckung der Bewilligung 15
1. Eintritt des Leistungsfalls 6	b. Beiordnung eines Rechtsanwalts 16
2. Antragsberechtigte 7	2. Anwaltszwang 17
3. Antragsfrist 8	III. Einholung neuer Rentenauskünfte 18

A. Grundlagen

I. Kurzcharakteristik

Die Überleitungsbestimmung des § 50 VersAusglG regelt die Wiederaufnahme von Verfahren, die nach § 2 Abs. 1 Satz 2 VAÜG a.F. ausgesetzt worden sind. Sie stellt sicher, dass diese Verfahren in einem überschaubaren Zeitraum nach dem seit 01.09.2009 geltenden Recht abgewickelt werden. Die Ablösung des Prinzips der Saldierung der Anrechte und des Einmalausgleichs über die gesetzliche Rentenversicherung durch das System der internen Teilung beendet das sog. Ost-West-Moratorium. Bis zur Angleichung der Lebensverhältnisse in Ost- und Westdeutschland können dynamische und angleichungsdynamische Rentenanwartschaften nicht gegeneinander verrechnet werden. Vor dem 01.09.2009 mussten Verfahren, in denen ein Ehepartner höhere dynamische Anwartschaften (Entgeltpunkte West) und der andere Ehepartner höhere angleichungsdynamische Anwartschaften (Entgeltpunkte Ost) erworben hat, deshalb nach § 2 Abs. 1 Satz 2 VAÜG a.F. ausgesetzt werden. Eine solche Verrechnung ist für den Ausgleich durch interne oder externe Teilung nicht mehr notwendig. Das bedeutet, dass sämtliche nach § 2 VAÜG a.F. ausgesetzten Verfahren seit dem 01.09.2009 – vorbehaltlich neu einzuholender Rentenauskünfte – entscheidungsreif sind.

II. Gesetzgebungsmaterialien

BT-Drs. 16/10144, S. 87 f., 120, 127; BT-Drs. 16/11903, S. 115.

B. Praktische Bedeutung

Die Vorschrift zur Wiederaufnahme der Verfahren in Ost-West-Fällen hat erhebliche Auswirkungen auf die Praxis. Aufgrund des Zeitablaufs sind bei den Familiengerichten in den alten, vor allem aber in den neuen Bundesländern zahlreiche Verfahren anhängig, die nach § 2 Abs. 1 Satz 2 VAÜG a.F. ausgesetzt worden sind und ab dem 01.09.2009 nach und nach abgearbeitet werden müssen. Die Erledigung dieser Verfahren ist mit nicht unerheblichem Aufwand verbunden. Je nach Art der im Versorgungsausgleich zu berücksichtigenden Anrechte kann die Entscheidung nicht auf der Grundlage der bereits eingeholten Rentenauskünfte getroffen werden, so dass in vielen Fällen zunächst neue Auskünfte anzufordern sind. Zusätzlich kann die Fortsetzung der Verfahren durch zwischenzeitliche Umzüge der Eheleute und Kanzleischließungen der früheren Verfahrensbevollmächtigten erschwert werden.

4   Mittlerweile dürften allerdings fast alle betroffenen Verfahren erledigt sein, so dass die Vorschrift weitgehend an Bedeutung verloren hat.

C. Anwendungsvoraussetzungen

I. Normstruktur

5   Die Vorschrift sieht für die Wiederaufnahme der nach § 2 Abs. 1 Satz 2 VAÜG a.F. ausgesetzten Verfahren zwei unterschiedliche Wege vor. Die Wiederaufnahme auf Antrag eines Beteiligten regelt § 50 Abs. 1 Nr. 1 VersAusglG; die Vorschrift wird ergänzt durch § 50 Abs. 2 VersAusglG. Liegen die Voraussetzungen für einen Antrag auf Wiederaufnahme nicht vor oder wird der Antrag aus anderen Gründen nicht gestellt, ist das Verfahren nach Maßgabe des § 50 Abs. 1 Nr. 2 VersAusglG von Amts wegen aufzunehmen.

II. Wiederaufnahme auf Antrag (Absatz 1 Nr. 1, Absatz 2)

1. Eintritt des Leistungsfalls

6   Nach § 50 Abs. 1 Nr. 1 VersAusglG ist ein nach § 2 Abs. 1 Satz 2 VAÜG a.F. ausgesetztes Versorgungsausgleichsverfahren auf Antrag eines Beteiligten wiederaufzunehmen, wenn aus einem im Versorgungsausgleich zu berücksichtigenden Anrecht Leistungen zu erbringen oder zu kürzen wären, die Durchführung des Versorgungsausgleichs also direkte Auswirkungen auf die Höhe der laufenden Versorgung hat.[1] Zu denken ist in erster Linie an den Fall, dass ein Ehegatte die Regelaltersgrenze erreicht hat. Den Beteiligten kann, wenn ein Anrecht das Leistungsstadium erreicht hat, nicht zugemutet werden, darauf zu warten, dass das Gericht das Verfahren von Amts wegen fortsetzt.[2]

2. Antragsberechtigte

7   Antragsberechtigt sind die Ehegatten und die Versorgungsträger. Anders als nach § 2 Abs. 2 VAÜG a.F. steht den Hinterbliebenen der Ehegatten dagegen kein Antragsrecht zu. Nach § 31 Abs. 1 Satz 2 VersAusglG erlischt der Anspruch auf Wertausgleich mit dem Tod des ausgleichsberechtigten Ehepartners. Das gilt auch, wenn die Folgesache Versorgungsausgleich nach § 140 Abs. 2 FamFG aus dem Scheidungsverbund abgetrennt und nach § 2 Abs. 1 Satz 2 VAÜG a.F. ausgesetzt worden ist.[3] Vor diesem Hintergrund macht es keinen Sinn, den Hinterbliebenen im Hinblick auf die Wiederaufnahme ein Antragsrecht einzuräumen.[4]

3. Antragsfrist

8   Der Antrag auf Wiederaufnahme des Verfahrens kann nach § 50 Abs. 2 VersAusglG frühestens sechs Monate[5] vor dem Zeitpunkt gestellt werden, zu dem aufgrund des Versorgungsausgleichs voraussichtlich Leistungen zu erbringen oder zu kürzen wären. Das Wiederaufnahmeverfahren kann also schon vor Eintritt des Leistungsfalls eingeleitet werden. Dadurch dürfte im Regelfall gewährleistet sein, dass die Entscheidung über den Versorgungsausgleich bei der Festsetzung der Rente berücksichtigt wird.

---

[1] Die Vorschrift ist der bisherigen Überleitungsbestimmung in § 2 Abs. 2 Satz 1 VAÜG a.F. i.V.m. § 2 Abs. 1 Satz 2 VAÜG a.F. nachgebildet.
[2] BT-Drs. 16/10144, S. 88.
[3] So BGH v. 15.08.2007 - XII ZB 64/06 - FamRZ 2007, 1804 zu § 1587e BGB a.F.
[4] BT-Drs. 16/10144, S. 88.
[5] Der Zeitraum von 6 Monaten ist – wegen der Vergleichbarkeit der Sachverhalte – an § 120d Abs. 1 SGB VI angelehnt. Die Vorschrift sieht vor, dass eine Erklärung zum Rentensplitting nach § 120a SGB VI frühestens 6 Monate vor der voraussichtlichen Erfüllung der Anspruchsvoraussetzungen abgegeben werden kann.

Sind Leistungen aus einer Invaliditätsrente zu erwarten, ist der früheste zulässige Zeitpunkt für den Antrag auf Wiederaufnahme des Verfahrens der Zeitpunkt des Rentenantrags, denn bei der Invaliditätsrente ist der Leistungsfall in der Regel nicht weit im Voraus absehbar.[6] 9

Eine verfrühter Antrag nach § 50 Abs. 1 Nr. 1 VersAusglG kann als Anregung, das Verfahren zeitnah von Amts wegen aufzunehmen, betrachtet werden. 10

III. Wiederaufnahme von Amts wegen (Absatz 1 Nr. 2)

Nach § 50 Abs. 1 Nr. 2 VersAusglG ist das Familiengericht gehalten, ein nach § 2 Abs. 1 Satz 2 VAÜG a.F. ausgesetztes Verfahren spätestens nach Ablauf von fünf Jahren nach Inkrafttreten des VersAusglG von Amts wegen wiederaufzunehmen. Die Frist von fünf Jahren ist der Regelung in § 2 Abs. 3 Satz 2 VAÜG a.F. nachgebildet. Sie soll den Gerichten ausreichend Zeit geben, die in Rede stehenden Verfahren zu erledigen.[7] Damit trägt der Gesetzgeber der mit der Vielzahl der nach § 2 Abs. 1 Satz 2 VAÜG a.F. ausgesetzten Verfahren verbundenen Belastung der Familiengerichte angemessen Rechnung. Gleichzeitig gewährleistet die Regelung, dass in einem absehbaren Zeitraum alle betroffenen Verfahren abgeschlossen werden. Die Vorschrift ist abweichend vom Gesetzentwurf der Bundesregierung auf Vorschlag des Bundesrats[8] als „Sollvorschrift" ausgestaltet. Das bedeutet allerdings nicht, dass die Fünf-Jahres-Frist für die Gerichte völlig unverbindlich wäre. Vielmehr enthält § 50 Abs. 1 Nr. 2 VersAusglG den Auftrag, die Verfahren innerhalb dieser Frist zu erledigen; nur bei außergewöhnlichen Umständen darf die Frist in Einzelfällen überschritten werden.[9] 11

D. Rechtsfolgen

Nach § 48 Abs. 3 VersAusglG ist bei Wiederaufnahme des Verfahrens nach dem seit 01.09.2009 geltenden materiellen und Verfahrensrecht zu entscheiden. 12

E. Verfahren

I. Örtliche Zuständigkeit

Die Wiederaufnahme des Verfahrens führt nicht dazu, dass die Zuständigkeit des Gerichts neu zu bestimmen ist. Die Sache bleibt trotz Abtrennung und Aussetzung bei demselben Gericht anhängig, so dass auch die Zuständigkeit unverändert fortbesteht. Die Überleitungsvorschriften bewirken keine Zuständigkeitsänderung.[10] Eine gleichwohl erfolgte Verweisung ist trotz § 3 Abs. 3 FamFG nicht bindend, weil sie einer gesetzlichen Grundlage entbehrt.[11] 13

II. Fortsetzung der Folgesache als isoliertes Verfahren

Versorgungsausgleichsverfahren behalten nach Abtrennung aus dem Scheidungsverbund gem. § 137 Abs. 5 Satz 1 FamFG grundsätzlich ihren Charakter als Folgesache. Das hat zur Folge, dass der Anwaltszwang nach § 114 Abs. 1 FamFG fortbesteht.[12] Die im Scheidungsverbund bewilligte Verfahrenskostenhilfe umfasst auch die abgetrennte Folgesache. Das gilt aber nicht für die in § 50 VersAusglG geregelten Übergangsfälle. Der BGH hat klargestellt, dass § 137 Abs. 5 FamFG nicht für Übergangsfälle gilt, in denen auf das vor dem 01.09.2009 eingeleitete Scheidungsverfahren noch früheres Recht anwendbar war, die vom Scheidungsverbund abgetrennte Folgesache über den Versorgungsausgleich aber gem. Art. 111 Abs. 4 FGG-RG als selbstständige Familiensache nach neuem Recht fortzuführen ist.[13] 14

---

[6] BT-Drs. 16/10144, S. 88.
[7] BT-Drs. 16/10144, S. 87.
[8] BT-Drs. 16/10144, S. 120.
[9] So zu Recht *Kemper*, FPR 2009, 227-231, 230; *Weil*, FPR 2009, 209-211, 211.
[10] OLG Brandenburg v. 02.11.2010 - 9 AR 9/10 - FamRZ 2011, 1656; OLG Frankfurt v. 06.09.2010 - 6 UFH 5/10 - FamRZ 2011, 1253; OLG Jena v. 01.03.2011 - 11 SA 1/11 - FamRZ 2011, 1677.
[11] OLG Frankfurt v. 06.09.2010 - 6 UFH 5/10 - FamRZ 2011, 1253; OLG Jena v. 01.03.2011 - 11 SA 1/11 - FamRZ 2011, 1677.
[12] BT-Drs. 16/6308, S. 230.
[13] BGH v. 16.02.2011 - XII ZB 261/10 - FamRZ 2011, 635; BGH v. 01.06.2011 - XII ZB 602/10 - FamRZ 2011, 1219.

§ 50 VersAusglG

1. Verfahrenskostenhilfe

a. Keine Erstreckung der Bewilligung

15 In solchen Übergangsfällen entfällt mit dem Wegfall der Qualifikation als Folgesache auch die Erstreckung der bewilligten Prozesskostenhilfe auf das Verfahren über den Versorgungsausgleich. Verfahrenskostenhilfe muss deshalb für das abgetrennte Verfahren neu beantragt werden. Die für das Scheidungsverfahren bewilligte Prozesskostenhilfe nimmt dem Antrag auf Bewilligung von Verfahrenskostenhilfe für die selbstständige Familiensache nicht das Rechtsschutzbedürfnis.[14]

b. Beiordnung eines Rechtsanwalts

16 In nach § 2 VAÜG a.F. ausgesetzten und wieder aufgenommenen Versorgungsausgleichsverfahren ist angesichts der Bedeutung des Versorgungsausgleichs für die Alterssicherung und der – nicht zu widerlegenden – Schwierigkeit der Sache den geschiedenen Eheleuten erstinstanzlich nach § 78 Abs. 2 FamFG ein Anwalt beizuordnen.[15]

2. Anwaltszwang

17 Durch den Verlust des Charakters als Folgesache entfällt in den abgetrennten Versorgungsausgleichsverfahren in Übergangsfällen auch der Anwaltszwang nach § 114 Abs. 1 FamFG. Den Antrag auf Wiederaufnahme des abgetrennten und ausgesetzten Versorgungsausgleichsverfahrens kann deshalb auch ein nicht anwaltlich vertretener Ehegatte stellen.

III. Einholung neuer Rentenauskünfte

18 Nach Wiederaufnahme eines ausgesetzten Verfahrens von Amts wegen nach § 50 Abs. 1 Nr. 2 VersAusglG muss das Familiengericht im Regelfall wegen der seit Ehezeitende eingetretenen Rechtsänderungen immer neue Auskünfte der beteiligten Versorgungsträger einholen.[16]

---

[14] BGH v. 16.02.2011 - XII ZB 261/10 - FamRZ 2011, 635; BGH v. 01.06.2011 - XII ZB 602/10 - FamRZ 2011, 1219; OLG Dresden v. 15.09.2010 - 20 WF 785/10 - FamRZ 2011, 662; OLG Hamm v. 22.11.2010 - 6 WF 383/10 - FamRZ 2011, 662; OLG Thüringen v. 28.10.2010 - 1 WF 359/10 - FamRZ 2011, 585; a.A. zuvor OLG Brandenburg v. 21.06.2010 - 15 WF 194/10 - FamRZ 2011, 53; OLG Brandenburg v. 12.05.2010 - 15 WF 125/10 - FamRZ 2010, 2002; OLG Rostock v. 14.07.2010 - 10 UF 72/10 - FamRZ 2011, 57; OLG Rostock v. 19.07.2010 - 10 WF 106/10 - FamRZ 2011, 223; OLG Naumburg v. 25.08.2010 - 3 WF 209/10 - FamRZ 2011, 125; OLG Brandenburg v. 03.02.2012 - 13 WF 168/11 - FamRZ 2012, 898.

[15] OLG Naumburg v. 28.06.2011 - 3 WF 154/11.

[16] Vgl. OLG Celle v. 12.10.2011 - 12 UF 137/11 - FamRZ 2012, 1311; OLG Saarbrücken v. 12.08.2011 - 6 UF 130/10 - FamRZ 2012, 380.

§ 51 VersAusglG Zulässigkeit einer Abänderung des öffentlich-rechtlichen Versorgungsausgleichs

(Fassung vom 03.04.2009, gültig ab 01.09.2009)

(1) Eine Entscheidung über einen öffentlich-rechtlichen Versorgungsausgleich, die nach dem Recht getroffen worden ist, das bis zum 31. August 2009 gegolten hat, ändert das Gericht bei einer wesentlichen Wertänderung auf Antrag ab, indem es die in den Ausgleich einbezogenen Anrechte nach den §§ 9 bis 19 teilt.

(2) Die Wertänderung ist wesentlich, wenn die Voraussetzungen des § 225 Abs. 2 und 3 des Gesetzes über das Verfahren in Familiensachen und in den Angelegenheiten der freiwilligen Gerichtsbarkeit vorliegen, wobei es genügt, dass sich der Ausgleichswert nur eines Anrechts geändert hat.

(3) [1]Eine Abänderung nach Absatz 1 ist auch dann zulässig, wenn sich bei Anrechten der berufsständischen, betrieblichen oder privaten Altersvorsorge (§ 1587a Abs. 3 oder 4 des Bürgerlichen Gesetzbuchs in der bis zum 31. August 2009 geltenden Fassung) der vor der Umrechnung ermittelte Wert des Ehezeitanteils wesentlich von dem dynamisierten und aktualisierten Wert unterscheidet. [2]Die Aktualisierung erfolgt mithilfe der aktuellen Rentenwerte der gesetzlichen Rentenversicherung. [3]Der Wertunterschied nach Satz 1 ist wesentlich, wenn er mindestens 2 Prozent der zum Zeitpunkt der Antragstellung maßgeblichen monatlichen Bezugsgröße nach § 18 Abs. 1 des Vierten Buches Sozialgesetzbuch beträgt.

(4) Eine Abänderung nach Absatz 3 ist ausgeschlossen, wenn für das Anrecht nach einem Teilausgleich gemäß § 3b Abs. 1 Nr. 1 des Gesetzes zur Regelung von Härten im Versorgungsausgleich noch Ausgleichsansprüche nach der Scheidung gemäß den §§ 20 bis 26 geltend gemacht werden können.

(5) § 225 Abs. 4 und 5 des Gesetzes über das Verfahren in Familiensachen und in den Angelegenheiten der freiwilligen Gerichtsbarkeit gilt entsprechend.

Gliederung

A. Grundlagen ... 1	c. Vergleich der Werte ... 24
I. Kurzcharakteristik ... 1	d. Wesentlichkeitsgrenzen nach § 51 Abs. 3
1. Regelungsinhalt ... 1	Satz 3 VersAusglG ab 1977 ... 25
2. Regelungszusammenhang ... 2	e. Berechnungsbeispiel ... 26
3. Normstruktur ... 3	f. Wesentlichkeitsgrenze bei mehreren
II. Gesetzgebungsmaterialien ... 4	Anrechten ... 27
B. Praktische Bedeutung ... 5	g. Amtsermittlungsgrundsatz ... 28
C. Anwendungsvoraussetzungen ... 6	IV. Vorrang des Wertausgleichs nach der
I. Abänderungen von Alttiteln (Absatz 1) ... 6	Scheidung (Absatz 4) ... 29
II. Wesentliche Wertänderung (Absatz 2) ... 7	**D. Rechtsfolgen** ... 36
1. Wertänderung eines Anrechts ... 8	I. Totalrevision ... 36
2. Einbezogene Anrechte ... 10	1. Wertausgleich durch interne/externe Teilung ... 36
3. Veränderungen nach Eheende ... 11	2. Tod eines Ehegatten ... 37
4. Fehler der Ausgangsentscheidung ... 12	3. Einbezogene Anrechte ... 38
5. Wesentlichkeitsgrenze ... 13	4. Einbeziehung aufgrund von Rechtsände-
a. Wesentlichkeitsgrenzen nach § 51 Abs. 2	rungen ... 39
VersAusglG, § 225 Abs. 3 FamFG ... 16	a. Versorgungen mit einmaliger Kapitalzahlung ... 39
b. Berechnungsbeispiel ... 17	b. Sonstige Rechtsänderungen ... 40
III. Abänderung bei dynamisierten Anrechten	c. Vorbehalt des schuldrechtlichen Ausgleichs ... 41
(Absatz 3) ... 18	d. Übergangene Anrechte ... 42
1. Wertverzerrungen durch Dynamisierung ... 19	II. Fehlerkorrektur ... 48
2. Wesentlichkeitsgrenze ... 20	**E. Verfahren** ... 50
a. Wert des Anrechts vor der Umwertung ... 21	I. Antragsverfahren ... 50
b. Aktualisierung des dynamisierten Anrechts ... 23	II. Verweisung auf § 225 FamFG (Absatz 5) ... 51

§ 51 VersAusglG

A. Grundlagen

I. Kurzcharakteristik

1. Regelungsinhalt

1 Die Norm regelt die Abänderung von Alttiteln. Sie tritt an die Stelle des früheren § 10a VAHRG a.F. Die Vorschrift ermöglicht in bestimmten Fällen eine Totalrevision von Entscheidungen, die auf der Grundlage des vor dem 01.09.2009 geltenden Rechts ergangen sind. Liegen die Voraussetzungen für die Abänderung vor, wird die Altentscheidung über den öffentlich-rechtlichen Versorgungsausgleich vollständig durch eine Entscheidung nach neuem Recht ersetzt; der Versorgungsausgleich wird also insgesamt neu nach den Regeln der §§ 9-19 VersAusglG durchgeführt.

2. Regelungszusammenhang

2 Die Vorschrift wird durch § 52 VersAusglG ergänzt, der die Durchführung der Abänderung regelt und auf § 226 FamFG verweist.

3. Normstruktur

3 Nach § 51 Abs. 1 VersAusglG ist eine Abänderung nur im Fall einer wesentlichen Wertänderung zulässig. In welchen Fällen eine wesentliche Wertänderung vorliegt, bestimmt § 51 Abs. 2 VersAusglG. Daneben sieht § 51 Abs. 3 VersAusglG eine Abänderungsmöglichkeit bei Wertverzerrungen vor, die durch Dynamisierungen nach der früheren Barwert-Verordnung entstanden sind. § 51 Abs. 4 VersAusglG ordnet für bestimmte Anrechte einen teilweisen Vorrang des Wertausgleichs nach der Scheidung an. Nach § 51 Abs. 5 VersAusglG ist eine Abänderung unabhängig von einer wesentlichen Wertänderung möglich, wenn sie zur Erfüllung einer Wartezeit führt.

II. Gesetzgebungsmaterialien

4 BT-Drs. 16/10144, S. 88 ff., BT-Drs. 16/11903, S. 116 f.

B. Praktische Bedeutung

5 Die Vorschrift kommt in Fällen zum Tragen, in denen im Anschluss an die Durchführung des öffentlich-rechtlichen Versorgungsausgleichs nach altem Recht Korrekturbedarf besteht. Im Hinblick auf die Schwächen des über Jahrzehnte angewendeten alten Versorgungsausgleichsrechts sind diese Fälle zahlreich.

C. Anwendungsvoraussetzungen

I. Abänderungen von Alttiteln (Absatz 1)

6 Nach § 51 Abs. 1 VersAusglG ändert das Gericht bei einer wesentlichen Änderung des Werts eines Anrechts die unter Geltung des früheren Rechts ergangene Entscheidung ab, indem es die in den Ausgleich einbezogenen Anrechte nach den §§ 9-19 VersAusglG teilt. Die Vorschrift betrifft also nur die Abänderung von Entscheidungen über den öffentlich-rechtlichen Versorgungsausgleich auf der Grundlage des Rechts, das bis zum 01.09.2009 gegolten hat. Für die Abänderung von Entscheidungen nach dem Versorgungsausgleichsgesetz gelten die §§ 225, 226 FamFG.

II. Wesentliche Wertänderung (Absatz 2)

7 Voraussetzung für die Abänderung ist eine wesentliche Änderung des Werts eines Anrechts, das in die abzuändernde Entscheidung einbezogen war.

1. Wertänderung eines Anrechts

8 Anders als nach § 10a Abs. 1 und 2 VAHRG a.F. kommt es nicht darauf an, ob sich der gesamte Wertunterschied nach Saldierung der Ehezeitanteile geändert hat. Entscheidend ist allein, ob sich der Ausgleichswert eines einzigen Anrechts wesentlich geändert hat.[1]

9 Bei einem beamtenrechtlichen Versorgungsanrecht kann die Tatsache, dass der Beamte nach der Erstentscheidung in den vorzeitigen Ruhestand versetzt worden ist, zur Abänderung berechtigen.[2] Zu berücksichtigen sind auch die Änderungen durch das Versorgungsänderungsgesetz 2001, insbesondere

---

[1] BT-Drs. 16/10144, S. 89.

die Absenkung des Ruhegehalts auf 71,75%.[3] Dasselbe soll für die Reduzierung der Sonderzahlungen gelten.[4] Auch das Ausscheiden eines Ehegatten aus dem Beamtenverhältnis nach dem Ende der Ehezeit mit der Konsequenz der Nachversicherung in der gesetzlichen Rentenversicherung stellt eine tatsächliche Veränderung dar.[5]

2. Einbezogene Anrechte

Das Anrecht, dessen Wert sich geändert hat, muss aber Gegenstand der Ausgangsentscheidung gewesen sein.[6] Davon zu unterscheiden ist die Frage, ob ein im Erstverfahren nicht berücksichtigtes Anrecht im Abänderungsverfahren nach § 51 VersAusglG ausgeglichen werden kann, wenn der Versorgungsausgleich aus anderen Gründen abzuändern ist (vgl. dazu Rn. 48).

3. Veränderungen nach Ehezeitende

Aus der Verweisung auf § 225 Abs. 2 FamFG folgt, dass die Wertänderung auf rechtlichen oder tatsächlichen Veränderungen nach dem Ende der Ehezeit beruhen muss, die auf den Ausgleichswert zurückwirken. Umstände, die bereits bei der Erstentscheidung hätten berücksichtigt werden können, rechtfertigen keine Abänderung.

4. Fehler der Ausgangsentscheidung

Auch Rechen- oder Rechtsanwendungsfehler in der Ausgangsentscheidung – etwa bei der Berechnung eines Anrechts – stellen keinen Abänderungsgrund dar.[7]

5. Wesentlichkeitsgrenze

Die Wertänderung muss wesentlich sein. Im Hinblick auf die Wesentlichkeit verweist § 51 Abs. 2 VersAusglG auf die Grenzwerte des § 225 Abs. 3 FamFG. Danach ist die Wertänderung wesentlich, wenn sie mindestens 5% des bisherigen Ausgleichswerts des Anrechts beträgt und bei einem Rentenbetrag als maßgeblicher Bezugsgröße 1% der am Ende der Ehezeit gültigen monatlichen Bezugsgröße nach § 18 SGB IV übersteigt. In allen anderen Fällen muss die Änderung des Kapitalwerts 120% der am Ende der Ehezeit gültigen monatlichen Bezugsgröße nach § 18 SGB IV übersteigen.

Für die Frage, ob bei der Abänderung einer Altentscheidung über den Ausgleich in der gesetzlichen Rentenversicherung gemäß § 51 VersAusglG die maßgebliche Zulässigkeitsgrenze nach § 18 Abs. 1 SGB IV durch 1% des Rentenwerts oder wegen der maßgeblichen Bezugsgröße der Entgeltpunkte durch die 120% des Kapitalwerts bestimmt wird, kann nach dem entsprechend anzuwendenden § 225 Abs. 3 FamFG nichts anderes gelten als bei Abänderung einer bereits auf dem VersAusglG beruhenden Entscheidung. Auch insoweit soll sich die absolute Wertgrenze für die Abänderungsmöglichkeit an der Geringfügigkeitsgrenze nach § 18 Abs. 3 VersAusglG und damit für die gesetzliche Rentenversicherung am Kapitalwert orientieren. Der Umstand, dass in der abzuändernden Altentscheidung vordergründig noch ein Rentenbetrag in der gesetzlichen Rentenversicherung ausgeglichen worden ist, rechtfertigt – auch unter Berücksichtigung von § 52 Abs. 2 VersAusglG – keine unterschiedliche Bestimmung der absoluten Wertgrenze nach § 225 Abs. 3 FamFG, denn außer der insoweit ausdrücklichen Orientierung des Gesetzgebers an der im Rahmen der gesetzlichen Rentenversicherung einheitlich zu bestimmenden Geringfügigkeitsgrenze spricht für die einheitliche Heranziehung des Kapitalwerts, dass bereits nach bisherigem Recht der Ausgleichsbetrag gemäß § 1587b Abs. 6 BGB in Entgeltpunkte umgewandelt worden ist und damit genau genommen auch danach schon die Entgeltpunkte maßgeblich waren.[8]

Bei einer Beamtenversorgung erfolgt die Wesentlichkeitsprüfung anhand des Rentenbetrags als maßgebliche Bezugsgröße.[9]

---

[2] OLG Hamm v. 25.05.2011 - II-8 UF 163/10 - FamRZ 2012, 551.
[3] OLG Hamm v. 25.05.2011 - II-8 UF 163/10 - FamRZ 2012, 551.
[4] OLG Hamm v. 25.05.2011 - II-8 UF 163/10 - FamRZ 2012, 551.
[5] OLG Oldenburg v. 11.06.2012 - 13 UF 56/12.
[6] BGH v. 24.07.2013 - XII ZB 415/12 - FamRZ 2013, 1642; BGH v. 24.07.2013 - XII ZB 340/11 - FamRZ 2013, 1548; OLG München v. 28.10.2011 - 12 UF 1755/11 - FamRZ 2012, 380.
[7] BGH v. 24.07.2013 - XII ZB 415/12 - FamRZ 2013, 1642; BGH v. 24.07.2013 - XII ZB 340/11 - FamRZ 2013, 1548.
[8] OLG Frankfurt v. 13.09.2013 - 6 UF 177/12; OLG Koblenz v. 17.01.2014 - 13 UF 840/13.
[9] OLG Koblenz v. 17.01.2014 - 13 UF 840/13.

§ 51 VersAusglG

a. Wesentlichkeitsgrenzen nach § 51 Abs. 2 VersAusglG, § 225 Abs. 3 FamFG

16

Jahr	§ 18 Abs. 1 SGB IV	1%	120%
1977	1.850 DM	18,50 DM	2.220 DM
1978	1.950 DM	19,50 DM	2.340 DM
1979	2.100 DM	21 DM	2.520 DM
1980	2.200 DM	22 DM	2.640 DM
1981	2.340 DM	23,40 DM	2.808 DM
1982	2.460 DM	24,60 DM	2.952 DM
1983	2.580 DM	25,80 DM	3.096 DM
1984	2.730 DM	27,30 DM	3.276 DM
1985	2.800 DM	28 DM	3.360 DM
1986	2.870 DM	28,70 DM	3.444 DM
1987	3.010 DM	30,10 DM	3.612 DM
1988	3.080 DM	30,80 DM	3.696 DM
1989	3.150 DM	31,50 DM	3.780 DM
1990	3.290 DM	32,90 DM	3.948 DM
1991	3.360 DM	33,60 DM	4.032 DM
1992	3.500 DM	35 DM	4.200 DM
1993	3.710 DM	37,10 DM	4.452 DM
1994	3.920 DM	39,20 DM	4.704 DM
1995	4.060 DM	40,60 DM	4.872 DM
1996	4.130 DM	41,30 DM	4.956 DM
1997	4.270 DM	42,70 DM	5.124 DM
1998	4.340 DM	43,40 DM	5.208 DM
1999	4.410 DM	44,10 DM	5.292 DM
2000	4.480 DM	44,80 DM	5.376 DM
2001	4.480 DM	44,80 DM	5.376 DM
2002	2.345 €	23,45 €	2.814 €
2003	2.380 €	23,80 €	2.856 €
2004	2.415 €	24,15 €	2.898 €
2005	2.415 €	24,15 €	2.898 €
2006	2.450 €	24,50 €	2.940 €
2007	2.450 €	24,50 €	2.940 €
2008	2.485 €	24,85 €	2.982 €
2009	2.520 €	25,20 €	3.024 €
2010	2.555 €	25,55 €	3.066 €
2011	2.555 €	25,55 €	3.066 €
2012	2.625 €	26,25 €	3.150 €
2013	2.695 €	26,95 €	3.234 €
2014	2.765 €	27,65 €	3.318 €

b. Berechnungsbeispiel

17 Titulierter Ausgleich 2002: 100 € monatlicher Rentenbetrag, Ausgleichswert 2014: 130 € monatlicher Rentenbetrag. Wertänderung: 30 € > 5% von 100 €. Bezugsgröße nach § 18 SGB IV in 2002: 2.345 €. Wertänderung 30 € > 23,45 € (1% von 2.345 €). Die Wertänderung ist wesentlich.[10]

---

[10] Weitere Berechnungsbeispiele: *Bergner*, NJW 2009, 1233-1237, 1236.

III. Abänderung bei dynamisierten Anrechten (Absatz 3)

Unabhängig von tatsächlichen oder rechtlichen Veränderungen ist eine Abänderung von Alttiteln nach § 51 Abs. 3 VersAusglG möglich, wenn durch die Dynamisierung nicht volldynamischer Anrechte nach altem Recht wesentliche Wertverzerrungen entstanden sind.

1. Wertverzerrungen durch Dynamisierung

Durch die Umwertung nicht volldynamischer Anrechte nach der Barwert-Verordnung, also die Ermittlung einer dynamischen Rente durch fiktive Einzahlung des Barwerts in die gesetzliche Rentenversicherung, sind Wertverzerrungen eingetreten, weil die Wertsteigerung in der gesetzlichen Rentenversicherung der realen Wertentwicklung der Anrechte nicht entsprochen hat.[11] Betroffen davon sind Anrechte aus betrieblicher, privater und berufsständischer Altersversorgung i.S.d. § 1587a Abs. 2 Nr. 3-5 BGB a.F. für die nach § 1587a Abs. 3 oder 4 BGB eine Umwertung durch fiktive Einzahlung in die gesetzliche Rentenversicherung vorzunehmen war.

2. Wesentlichkeitsgrenze

Für solche Anrechte ermöglicht § 51 Abs. 3 VersAusglG eine Korrektur des nach altem Recht durchgeführten Versorgungsausgleichs, wenn der ursprüngliche Wert des Ehezeitanteils der Versorgung wesentlich von dem dynamisierten und aktualisierten Wert abweicht. Die Aktualisierung erfolgt mithilfe der aktuellen Rentenwerte der gesetzlichen Rentenversicherung. Die Abweichung ist wesentlich, wenn sie mindestens 2% der zum Zeitpunkt der Antragstellung maßgeblichen Bezugsgröße nach § 18 Abs. 1 SGB IV beträgt.

a. Wert des Anrechts vor der Umwertung

Ausgangspunkt für die Wesentlichkeitsberechnung ist also der im Ausgangsverfahren vom Versorgungsträger mitgeteilte Wert des Anrechts bzw. der vom Familiengericht auf dieser Grundlage ermittelte Ehezeitanteil. Dabei wird – für die Prüfung der Zulässigkeit des Abänderungsantrags – fingiert, dass sich der ursprüngliche Wert des Anrechts nicht geändert hat. Das Familiengericht muss deshalb keine neuen Rentenauskünfte einholen, um die Zulässigkeit des Antrags nach § 51 Abs. 3 VersAusglG zu prüfen. Diese Auskünfte werden erst benötigt, wenn die Zulässigkeit des Antrags feststeht.[12]

Für die Wesentlichkeitsgrenze kommt es nicht darauf an, wie das Anrecht nach der zum Zeitpunkt der Ausgangsentscheidung geltenden Barwertverordnung hätte dynamisiert werden müssen, sondern darauf, wie es vom Familiengericht tatsächlich bewertet und in den Versorgungsausgleich einbezogen worden ist; denn nur auf dieser Grundlage kann berechnet werden, in welchem Umfang der ausgleichsberechtigte Ehepartner durch die Dynamisierung des Anrechts tatsächlich benachteiligt worden ist.[13]

b. Aktualisierung des dynamisierten Anrechts

Zusätzlich muss der in der abzuändernden Entscheidung ausgeglichene, dynamisierte Wert aktualisiert werden, indem er durch den aktuellen Rentenwert zum Zeitpunkt der Ausgangsentscheidung dividiert und sodann mit dem aktuellen Rentenwert zum Zeitpunkt der Abänderungsentscheidung multipliziert wird.

c. Vergleich der Werte

Beträgt die Differenz der so ermittelten Werte mindestens 2% der bei Antragstellung maßgeblichen monatlichen Bezugsgröße nach § 18 Abs. 1 SGB IV ist der Wertunterschied wesentlich.

d. Wesentlichkeitsgrenzen nach § 51 Abs. 3 Satz 3 VersAusglG ab 1977

Jahr	§ 18 Abs. 1 SGB IV	2%
1977	1.850 DM	37 DM
1978	1.950 DM	39 DM
1979	2.100 DM	42 DM
1980	2.200 DM	44 DM
1981	2.340 DM	46,80 DM

---

[11] BT-Drs. 16/10144, S. 33 ff., 89.
[12] BT-Drs. 16/10144, S. 33 ff., 89.
[13] OLG Saarbrücken v. 26.03.2010 - 6 WF 33/10 - FamRZ 2010, 1909.

1982	2.460 DM	49,20 DM
1983	2.580 DM	51,60 DM
1984	2.730 DM	54,60 DM
1985	2.800 DM	56 DM
1986	2.870 DM	57,40 DM
1987	3.010 DM	60,20 DM
1988	3.080 DM	61,60 DM
1989	3.150 DM	63 DM
1990	3.290 DM	65,80 DM
1991	3.360 DM	67,20 DM
1992	3.500 DM	70 DM
1993	3.710 DM	74,20 DM
1994	3.920 DM	78,40 DM
1995	4.060 DM	81,20 DM
1996	4.130 DM	82,60 DM
1997	4.270 DM	85,40 DM
1998	4.340 DM	86,80 DM
1999	4.410 DM	88,20 DM
2000	4.480 DM	89,60 DM
2001	4.480 DM	89,60 DM
2002	2.345 €	46,90 €
2003	2.380 €	47,60 €
2004	2.415 €	48,30 €
2005	2.415 €	48,30 €
2006	2.450 €	49 €
2007	2.450 €	49 €
2008	2.485 €	49,70 €
2009	2.520 €	50,40 €
2010	2.555 €	51,10 €
2011	2.555 €	51,10 €
2012	2.625 €	52,50 €
2013	2.695 €	53,90 €
2014	2.765 €	55,30 €

e. Berechnungsbeispiel[14]

26 Ausgangsentscheidung: 01.09.2000. Alter des Ausgleichspflichtigen: 55 Jahre. Betriebsrente: nur im Leistungsstadium dynamisch. Ehezeitanteil: 234,70 DM (120 €) monatliche Rente. Barwert: 22.981,82 DM (12 x 120 € x 8,2 [5,1 x 1,6]). Dynamisierte Rente: 54,26 € (22.981,82 DM x 000950479 = 2,1844 EP; 2,1844 EP x 48,58 DM = 106,12 DM = 54,26 €). Abänderungsantrag: Ende 2014. Aktualisierte dynamisierte Rente: 2,1844 EP x 28,61 € = 62,50 €. Wertunterschied: 120 € – 62,50 € = 57,50 > 55,30 €. Der Wertunterschied ist wesentlich.

f. Wesentlichkeitsgrenze bei mehreren Anrechten

27 Unklar ist, ob die Wertgrenze bei mehreren dynamisierten Anrechten auch dann erreicht ist, wenn die Wertverzerrungen bei den einzelnen Anrechten jeweils darunter liegen, in der Summe aber den Grenzwert übersteigen. Nach dem Wortlaut des § 51 Abs. 3 Satz 1 VersAusglG muss zumindest bei einem der betroffenen Anrechte der Wertunterschied die Grenze des § 51 Abs. 3 Satz 3 VersAusglG erreichen. Mit Rücksicht auf Sinn und Zweck der Vorschrift sollte man eine Abänderung allerdings auch dann zulassen, wenn sich die wesentliche Benachteiligung erst aus der Dynamisierung mehrerer Anrechte ergibt.[15]

---

[14] Abwandlung des Berechnungsbeispiels in BT-Drs. 16/10144, S. 89 f.
[15] Vgl. OLG Saarbrücken v. 26.03.2010 - 6 WF 33/10 - FamRZ 2010, 1909.

g. Amtsermittlungsgrundsatz

Das Gericht muss von Amts wegen prüfen, ob die Wesentlichkeitsgrenze erreicht ist. Das gilt nach § 68 Abs. 3 Satz 1 FamFG i.V.m. § 26 FamFG auch im Beschwerdeverfahren.[16]   28

IV. Vorrang des Wertausgleichs nach der Scheidung (Absatz 4)

Eine Abänderung nach § 51 Abs. 3 VersAusglG ist ausgeschlossen, wenn für das Anrecht nach einem Teilausgleich nach § 3b Abs. 1 Nr. 1 VAHRG a.f. noch ein Wertausgleich nach der Scheidung nach den §§ 20-26 VersAusglG geltend gemacht werden kann. Nach altem Recht konnten Anrechte i.S.d. § 1587a Abs. 3 und 4 BGB a.F. in vielen Fällen nicht vollständig ausgeglichen werden. Insbesondere Betriebsrenten sind wegen des Höchstbetrags für das sog. Supersplitting nach § 3b Abs. 1 Nr. 1 VAHRG a.F. häufig nur teilweise ausgeglichen worden. Wegen des Restbetrages ist, wenn eine Beitragszahlung nach § 3b Abs. 1 Nr. 2 VAHRG a.F. nicht möglich war, der schuldrechtliche Versorgungsausgleich vorbehalten worden. In diesen Fällen ist es auch nach neuem Recht möglich, Ausgleichsansprüche nach der Scheidung nach den §§ 20-26 VersAusglG geltend zu machen. Dabei wird der im Wege des erweiterten Splittings bereits ausgeglichene Teil nach Maßgabe des § 53 VersAusglG angerechnet. Im Rahmen des schuldrechtlichen Ausgleichs kann auch eine Fehlbewertung infolge Dynamisierung korrigiert werden, so dass die mit erheblichem Mehraufwand verbundene Totalrevision nach § 51 Abs. 1 VersAusglG nicht notwendig ist.[17]   29

Ist in der Erstentscheidung über den Versorgungsausgleich der unverfallbare Teil des Anrechts aus betrieblicher Altersversorgung nach § 3b Abs. 1 VAHRG a.F. vollständig ausgeglichen worden, wegen des in dem Anrecht ferner enthaltenen verfallbaren Anteils auf eine künftige Dynamik dagegen der schuldrechtliche Versorgungsausgleich vorbehalten geblieben, schließt die Sperre des § 51 Abs. 4 VersAusglG eine Abänderung nach § 51 Abs. 3 VersAusglG aus.[18] In Betracht kommt aber eine Abänderung nach § 51 Abs. 1 VersAusglG.[19]   30

Hat das Familiengericht ein Anrecht aus betrieblicher Altersversorgung nach früherem Recht vollständig im Wege des erweiterten Splittings durch Übertragung von Anwartschaften in der gesetzlichen Rentenversicherung übertragen, kommt ein schuldrechtlicher Restausgleich nach § 20 VersAusglG nicht mehr in Betracht. Ergibt sich später eine wesentliche Veränderung im Hinblick auf die betriebliche Altersversorgung, kann eine Abänderung der früheren Entscheidung über den Versorgungsausgleich nur im Wege des § 51 VersAusglG über eine Totalrevision erfolgen.[20]   31

Der Vorrang des Wertausgleichs nach der Scheidung gilt nur für Anrechte, bei denen nach Durchführung des Supersplittings nach § 3b Abs. 1 Nr. 1 VAHRG a.F. Ausgleichsreste verblieben sind, also in erster Linie für Anrechte aus betrieblicher Altersversorgung.   32

Bei Anrechten aus einer Zusatzversorgung des öffentlichen oder kirchlichen Dienstes ist ein vollständig neuer Wertausgleich nach den §§ 9 ff. VersAusglG auch dann möglich, wenn nach Durchführung des sog. analogen Quasisplittings nach § 1 Abs. 3 VAHRG a.F. schuldrechtliche Ausgleichsansprüche verblieben sind.   33

Dasselbe gilt für nicht volldynamische Anrechte aus berufsständischen Versorgungen, bei denen ein vollständiger Ausgleich nach § 1 Abs. 3 VAHRG a.F. wegen § 1587b Abs. 5 BGB a.F. nicht möglich war, weil der Höchstbetrag für die Begründung gesetzlicher Rentenanwartschaften nach § 76 Abs. 2 Satz 3 SGB VI a.F. überschritten worden wäre.   34

In diesen Fällen ist die Abänderung nach § 51 Abs. 1 VersAusglG zwar möglich, ob es jedoch auch sinnvoll ist, anstelle des schuldrechtlichen Ausgleichs die Abänderung zu beantragen, hängt davon ab, welche Wertänderungen bei den anderen auszugleichenden Anrechten eingetreten sind. Wenn feststeht, dass sich die Werte der übrigen Anrechte nicht verändert haben, dürfte zur Korrektur einer Wertverzerrung infolge Dynamisierung der einfachere Weg über den schuldrechtlichen Ausgleich zweckmäßig sein.   35

---

[16] BGH v. 05.06.2013 - XII ZB 709/12 - FamRZ 2013, 1289.
[17] BT-Drs. 16/10144, S. 90.
[18] OLG München v. 26.04.2012 - 12 UF 419/12 - FamRZ 2012, 1944.
[19] A.A. wohl OLG München v. 26.04.2012 - 12 UF 419/12 - FamRZ 2012, 1944.
[20] OLG Celle v. 17.01.2013 - 17 UF 135/12 - FamRZ 2013, 1587.

D. Rechtsfolgen

I. Totalrevision

1. Wertausgleich durch interne/externe Teilung

36 Liegen die Voraussetzungen für eine Abänderung nach § 51 Abs. 1 VersAusglG vor, ist die Ausgangsentscheidung dadurch abzuändern, dass die in den Ausgleich einbezogenen Anrechte nach den §§ 9 ff. VersAusglG intern oder extern geteilt werden. Der öffentlich-rechtliche Versorgungsausgleich in der Altentscheidung wird also vollständig durch einen Wertausgleich nach neuem Recht ersetzt.

2. Tod eines Ehegatten

37 Im Rahmen des Abänderungsverfahrens ist auch die Regelung für den Fall des Todes eines Ehegatten nach § 31 VersAusglG als eine die §§ 9 bis 19 VersAusglG ergänzende Vorschrift anwendbar.[21]

3. Einbezogene Anrechte

38 Bei der Totalrevision sind grundsätzlich nur die in den ursprünglichen Ausgleich einbezogenen Anrechte zu berücksichtigen, also die Anrechte, die Gegenstand der abzuändernden Entscheidung waren. Dazu gehören nicht nur die im Tenor der Erstentscheidung genannten Anrechte des Ausgleichspflichtigen, sondern alle im Rahmen der Saldierung verrechneten Anrechte beider Ehegatten.

4. Einbeziehung aufgrund von Rechtsänderungen

a. Versorgungen mit einmaliger Kapitalzahlung

39 Anrechte, die erst nach neuem Recht überhaupt in den Versorgungsausgleich einzubeziehen sind, bleiben unberücksichtigt.[22] Das gilt insbesondere für Betriebsrenten und Anrechte im Sinne des Altersvorsorgeverträge-Zertifizierungsgesetzes, die nach § 1 Abs. 2 Nr. 3 VersAusglG im Versorgungsausgleich zu berücksichtigen sind, obwohl sie eine Kapitalzahlung vorsehen. Solche Anrechte müssen im Rahmen der Abänderungsentscheidung außer Betracht bleiben, weil sie nach altem Recht dem Zugewinnausgleich unterlagen und dadurch möglicherweise bereits ausgeglichen worden sind; eine rechtskräftige Entscheidung über den Zugewinnausgleich kann aber nicht durch ein Abänderungsverfahren über den Versorgungsausgleich geändert werden.

b. Sonstige Rechtsänderungen

40 Nach Auffassung des OLG München ist eine Abänderung der Entscheidung zum Versorgungsausgleich aber möglich, wenn aufgrund einer rückwirkenden Gesetzesänderung erst nach der Ausgangsentscheidung ein auszugleichendes Anrecht entstanden ist. In diesem Fall müsse das veränderte Anrecht nicht Gegenstand der Ausgangsentscheidung gewesen sein.[23]

c. Vorbehalt des schuldrechtlichen Ausgleichs

41 Unberücksichtigt bleiben auch Anrechte, deren Ausgleich in der Erstentscheidung insgesamt dem schuldrechtlichen Versorgungsausgleich vorbehalten worden ist.[24]

d. Übergangene Anrechte

aa. Kein nachträglicher Ausgleich im Abänderungsverfahren

42 Darüber hinaus sind Anrechte, die bei der Ausgangsentscheidung übersehen worden sind, nicht in die Abänderung einzubeziehen, denn auch diese Anrechte waren nicht Gegenstand der abzuändernden Entscheidung.[25]

---

[21] BGH v. 05.06.2013 - XII ZB 635/12 - FamRZ 2013, 1287; KG Berlin v. 25.09.2012 - 17 UF 122/12; a.A. OLG Schleswig v. 18.05.2011 - 12 UF 60/11 - FamRZ 2012, 36.
[22] BT-Drs. 16/10144, S. 89; OLG Jena v. 18.12.2012 - 1 UF 324/12.
[23] OLG München v. 09.11.2012 - 4 UF 1175/12 - FamRZ 2013, 1586.
[24] *Bergner*, NJW 2009, 1233-1237, 1236.
[25] BT-Drs. 16/10144, S. 89.

Der BGH hat klargestellt, dass im Ausgangsverfahren übersehene, vergessene oder verschwiegene Anrechte auch dann nicht im Wege des Abänderungsverfahrens nach § 51 VersAusglG nachträglich ausgeglichen werden können, wenn das Abänderungsverfahren wegen der Wertänderung eines anderen, in den Versorgungsausgleich einbezogenen Anrechts eröffnet ist.[26]

bb. Kein nachträglicher schuldrechtlicher Ausgleich

Solche Anrechte können auch nicht Gegenstand von Ausgleichsansprüchen nach der Scheidung nach den §§ 20 ff. VersAusglG sein. Denn den Vorschriften über den Wertausgleich nach der Scheidung kommt keine generelle Auffangfunktion für im Ausgangsverfahren übersehene, verschwiegene oder vergessene Anrechte zu.[27]

cc. Keine Wiederaufnahme des Ausgangsverfahrens

Stellt sich nach rechtskräftiger Durchführung des Versorgungsausgleichs im Ehescheidungsverfahren heraus, dass ein Beteiligter über ein weiteres Anrecht verfügt, kann das ursprüngliche Versorgungsausgleichsverfahren regelmäßig nicht wiederaufgenommen werden, weil kein Restitutionsgrund gegeben ist.[28]

dd. Nachträglicher Ausgleich aufgrund einer Vereinbarung

Nach Ansicht des OLG Celle kommt aber, wenn im Rahmen der Scheidung der Versorgungsausgleich durchgeführt, dabei jedoch ein auszugleichendes Anrecht übergangen worden ist, auch nach Rechtskraft der Entscheidung jedenfalls insofern ein nachträglicher Ausgleich des übergangenen Anrechts in Betracht, als das Gericht eine entsprechende Vereinbarung, die die Ehegatten geschlossen und die beteiligten Versorgungsträger gebilligt haben, durch entsprechenden Beschluss umsetzt.[29]

ee. Schadenersatzanspruch

Ein möglicher Anspruch auf Schadensersatz wegen des Verschweigens von Rentenanrechten kann als Familienstreitsache nicht im Änderungsverfahren zum Versorgungsausgleich geltend gemacht werden.[30]

II. Fehlerkorrektur

Nach Auffassung des OLG Koblenz dürfen Rechtsanwendungsfehler in der Ursprungsentscheidung – etwa bei der Berechnung eines Anrechts – im Rahmen des Abänderungsverfahrens nicht korrigiert werden.[31]

Dagegen können nach Meinung des OLG Celle bei Vorliegen der gesetzlichen Voraussetzungen für eine Abänderung im Rahmen der dann vorzunehmenden Totalrevision auch Rechtsanwendungsfehler der Erstentscheidung beseitigt werden.[32]

E. Verfahren

I. Antragsverfahren

Die Abänderung erfolgt nach § 51 Abs. 1 VersAusglG nur auf Antrag. Für den verfahrenseinleitenden Antrag nach § 23 FamFG besteht kein Anwaltszwang (§ 114 Abs. 1 FamFG). Die Antragsberechtigung regelt § 52 VersAusglG.

---

[26] BGH v. 24.07.2013 - XII ZB 415/12 - FamRZ 2013, 1642; BGH v. 24.07.2013 - XII ZB 340/11 - FamRZ 2013, 1548; KG Berlin v. 12.06.2012 - 13 UF 199/11 - FamFR 2012, 444; OLG Koblenz v. 23.11.2012 - 13 UF 592/12; OLG Nürnberg v. 25.03.2013 - 7 UF 227/13.

[27] BGH v. 24.07.2013 - XII ZB 415/12 - FamRZ 2013, 1642; BGH v. 24.07.2013 - XII ZB 340/11 - FamRZ 2013, 1548; OLG Nürnberg v. 25.03.2013 - 7 UF 227/13 - FamRZ 2013, 1583; OLG Oldenburg v. 20.09.2012 - 14 UF 96/12 - FamRZ 2013, 1042; a.A. zuvor OLG München v. 28.10.2011 - 12 UF 1755/11 - FamRZ 2012, 380.

[28] OLG Köln v. 29.07.2013 - 25 UF 78/13, 25 UF 78/13 - FamRZ 2014, 764.

[29] OLG Celle v. 25.06.2013 - 10 UF 90/12 - FamRZ 2013, 1900.

[30] OLG Oldenburg v. 20.09.2012 - 14 UF 96/12 - NJW 2012, 3795.

[31] OLG Koblenz v. 23.11.2012 - 13 UF 592/12.

[32] OLG Celle v. 03.05.2013 - 10 UF 88/12 unter Hinweis auf BT-Drs. 16/10144, S. 88 f.; vgl. auch BT-Drs. 16/10144, S. 97.

II. Verweisung auf § 225 FamFG (Absatz 5)

51 Nach § 51 Abs. 5 VersAusglG sind die verfahrensrechtlichen Bestimmungen des § 225 Abs. 4 und 5 FamFG in Verfahren zur Abänderung von Alttiteln entsprechend anzuwenden.

52 Durch die Verweisung auf § 225 Abs. 4 FamFG wird klargestellt, dass eine Abänderung von Titeln, die auf der Grundlage des alten Rechts erlassen worden sind, immer zulässig ist, wenn durch die Erhöhung des Ausgleichsanspruchs und die daraus folgende Wartezeitgutschrift gemäß § 52 SGB VI eine Wartezeit erfüllt wird. In diesen Fällen ist die Abänderung unabhängig davon möglich, ob eine wesentliche Wertänderung eingetreten ist.

53 Wird durch die veränderte Bewertung eines Anrechts die relative oder absolute Wesentlichkeitsgrenze nach § 51 Abs. 2 VersAusglG i.V.m. § 225 Abs. 2 und 3 FamFG nicht überschritten, kommt eine Abänderung also unter dem Gesichtspunkt in Betracht, dass dadurch eine für die Versorgung des Ausgleichsberechtigten maßgebende Wartezeit in der gesetzlichen Rentenversicherung erfüllt wird. Die erforderliche Kausalität für eine Abänderung nach § 51 Abs. 5 VersAusglG fehlt aber, wenn der Berechtigte durch eine weitere Abänderung zum Versorgungsausgleich aus einer früheren Ehe bereits die erforderlichen Wartezeitvoraussetzungen erreicht.[33]

54 Mit Rücksicht auf das Antragsrecht der Versorgungsträger aus § 52 Abs. 1 VersAusglG i.V.m. § 226 Abs. 1 FamFG stellt die Verweisung auf § 225 Abs. 5 FamFG sicher, dass eine Abänderung nur in Betracht kommt, wenn sie sich zugunsten eines Ehegatten oder seiner Hinterbliebenen auswirkt.

---

[33] OLG Celle v. 04.07.2013 - 17 UF 49/13 - FamRZ 2014, 479.

§ 52 VersAusglG Durchführung einer Abänderung des öffentlich-rechtlichen Versorgungsausgleichs

(Fassung vom 03.04.2009, gültig ab 01.09.2009)

(1) Für die Durchführung des Abänderungsverfahrens nach § 51 ist § 226 des Gesetzes über das Verfahren in Familiensachen und in den Angelegenheiten der freiwilligen Gerichtsbarkeit anzuwenden.

(2) Der Versorgungsträger berechnet in den Fällen des § 51 Abs. 2 den Ehezeitanteil zusätzlich als Rentenbetrag.

(3) Beiträge zur Begründung von Anrechten zugunsten der ausgleichsberechtigten Person sind unter Anrechnung der gewährten Leistungen zurückzuzahlen.

Gliederung

A. Grundlagen 1	4. Ausschlusstatbestände 17
I. Kurzcharakteristik 1	a. Härtefallbestimmung 17
1. Regelungsinhalt 1	b. Sonstige Ausschlusstatbestände 21
2. Regelungszusammenhang 2	5. Wirkung der Abänderung 22
3. Normstruktur 3	6. Tod eines Ehegatten 23
II. Gesetzgebungsmaterialien 4	a. Tod des Antragstellers 24
B. Praktische Bedeutung 5	b. Tod des Antragsgegners 25
C. Anwendungsvoraussetzungen 7	7. Verfahrenswert 26
I. Verfahrensrecht (Absatz 1) 7	II. Mitteilung des Ehezeitanteils als Rentenbetrag
1. Allgemeine Hinweise zum Verfahren 8	(Absatz 2) 27
2. Antragsverfahren 9	III. Rückerstattung von Beiträgen (Absatz 3) 30
a. Entscheidung auf Antrag 9	1. Beitragszahlungen 31
b. Antragsberechtigung 10	2. Erstattung ohne gerichtliche Anordnung 32
c. Zeitpunkt der Antragstellung 15	3. Steuerrechtliche Behandlung der Beitrags-
3. Amtsermittlung 16	erstattung 33

A. Grundlagen

I. Kurzcharakteristik

1. Regelungsinhalt

Die Vorschrift regelt die Durchführung der Abänderung von Alttiteln. 1

2. Regelungszusammenhang

Die Vorschrift ergänzt also § 51 VersAusglG. Sie verweist zusätzlich auf § 226 FamFG. 2

3. Normstruktur

§ 52 Abs. 1 VersAusglG erklärt die verfahrensrechtlichen Regeln für das Abänderungsverfahren nach § 226 FamFG für entsprechend anwendbar. Absatz 2 ergänzt diese verfahrensrechtlichen Vorschriften. § 52 Abs. 3 VersAusglG trifft eine Regelung zur Rückabwicklung von Beitragszahlungen, die aufgrund des abzuändernden Alttitels geleistet worden sind, um zugunsten des Ausgleichsberechtigten Anrechte zu begründen. 3

II. Gesetzgebungsmaterialien

BT-Drs. 16/10144, S. 90 f, S. 98. 4

B. Praktische Bedeutung

Die verfahrensrechtlichen Bestimmungen kommen in allen Fällen der Abänderung einer Entscheidung über den Versorgungsausgleich zum Tragen, die auf der Grundlage des alten, am 31.08.2009 außer Kraft getretenen Versorgungsausgleichsrechts ergangen ist. Auf den Zeitpunkt der Entscheidung kommt es nicht an. 5

6 Die teilweise an die Stelle des § 10a Abs. 8 VAHRG a.F. getretene Regelung des § 52 Abs. 3 VersAusglG wirkt sich in der Praxis vor allem in den Verfahren aus, in denen eine Beitragszahlung nach § 3b Abs. 1 Nr. 2 VAHRG a.F. angeordnet worden ist.

C. Anwendungsvoraussetzungen

I. Verfahrensrecht (Absatz 1)

7 Aufgrund des Verweises auf § 226 FamFG gelten für die Abänderung einer nach altem Recht ergangenen Entscheidung über den Versorgungsausgleich dieselben Regeln wie für das Abänderungsverfahren nach neuem Recht.

1. Allgemeine Hinweise zum Verfahren

8 Über die Abänderung wird in einem isolierten Versorgungsausgleichsverfahren entschieden (§ 217 FamFG). Zuständig ist das Familiengericht. Die örtliche Zuständigkeit richtet sich nach § 218 FamFG. Anwaltszwang besteht nicht.

2. Antragsverfahren

a. Entscheidung auf Antrag

9 Die Abänderung erfolgt gemäß § 226 FamFG nur auf Antrag. Ein bestimmter Sachantrag ist nicht erforderlich.

b. Antragsberechtigung

10 Antragsberechtigt sind nach § 52 Abs. 1 VersAusglG i.V.m. § 226 Abs. 1 FamFG die Ehegatten, ihre Hinterbliebenen und die Versorgungsträger, die von der Abänderung betroffen sind. Die Vorschrift entspricht inhaltlich der Regelung des § 10a Abs. 4 VAHRG a.F.

aa. Antragsrecht der Ehegatten

11 Vom Versorgungsausgleich sind in erster Linie die Ehegatten selbst betroffen. Ihr Recht, Abänderung der Entscheidung zu verlangen, ist deshalb selbstverständlich.

bb. Antragsrecht der Hinterbliebenen

12 Antragsberechtigt sind darüber hinaus im Fall des Todes eines Ehegatten dessen Hinterbliebene. In Betracht kommen die Kinder des Verstorbenen und der überlebende Ehepartner, sofern sie abgeleitete Ansprüche aus dem vom Versorgungsausgleich betroffenen Versorgungsverhältnis herleiten können. Die Hinterbliebenen haben ein eigenständiges Antragsrecht, das unabhängig davon besteht, ob der verstorbene Ehegatte Abänderung verlangt hat oder hätte verlangen können. Das Antragsrecht des Hinterbliebenen besteht demnach auch dann, wenn der Hinterbliebene ein von dem Ehegatten bereits eingeleitetes Verfahren nicht innerhalb der Frist des § 10 Abs. 10 VAHRG a.F. aufgenommen hat.[1]

13 Die Erben eines geschiedenen Ehegatten sind am Abänderungsverfahren nach den §§ 51, 52 VersAusglG dagegen nicht bzw. nur dann beteiligt, wenn sie gleichzeitig Hinterbliebene sind, also Angehörige, auf deren Hinterbliebenenversorgung sich die Abänderungsentscheidung auswirken kann.[2]

cc. Antragsrecht der Versorgungsträger

14 Daneben sind die betroffenen Versorgungsträger antragsberechtigt. Dadurch sollen Manipulationen der Ehegatten zulasten der Versorgungsträger vermieden werden. Die Abänderung darf sich aber wegen § 225 Abs. 5 FamFG nicht ausschließlich zugunsten des Versorgungsträgers auswirken, sondern muss zumindest auch für einen Ehepartner oder Hinterbliebenen vorteilhaft sein.

c. Zeitpunkt der Antragstellung

15 Den frühesten Zeitpunkt für einen Abänderungsantrag bestimmt § 52 Abs. 1 VersAusglG i.V.m. § 226 Abs. 2 FamFG. Im Gegensatz zu § 10a Abs. 5 VAHRG a.F. knüpft die Vorschrift nicht mehr alternativ an das Lebensalter der Ehegatten oder den Leistungsbeginn, sondern ausschließlich an den bevorstehenden Leistungsfall an. Anders als bisher kann der Abänderungsantrag deshalb nicht schon gestellt

---

[1] BGH v. 19.08.1998 - XII ZB 43/97 - FamRZ 1998, 1504.
[2] OLG Celle v. 03.02.2011 - 10 UF 250/10 - FamFR 2011, 180.

werden, wenn ein Ehegatte das 55. Lebensjahr vollendet hat. Abänderungsverlangen sind künftig – in Anlehnung an § 120d Abs. 1 SGB VI – frühestens sechs Monate vor dem Zeitpunkt zulässig, ab dem ein Ehegatte voraussichtlich Leistungen aus einem abzuändernden Anrecht bezieht oder dies aufgrund der Abänderung zu erwarten ist. Frühester Zeitpunkt für den Abänderungsantrag ist damit der zu erwartende erstmalige Leistungsbezug aus einem von der Abänderung betroffenen Anrecht oder der Zeitpunkt, zu dem der Antragsteller durch die Abänderung die Erfüllung einer Leistungsvoraussetzung erwarten kann, etwa die Erfüllung der Wartezeit infolge der Erhöhung des Ausgleichsanspruchs und der daraus folgenden Wartezeitgutschrift gemäß § 52 SGB VI. Durch die Verschiebung der Abänderungsmöglichkeit bis zum bevorstehenden Eintritt des Leistungsfalls wird sichergestellt, dass sämtliche bis zu diesem Zeitpunkt eintretenden Änderungen in einem Verfahren berücksichtigt werden können; dadurch verhindert die Regelung wiederholte Abänderungsverfahren.[3]

3. Amtsermittlung

Für das Verfahren gilt der Amtsermittlungsgrundsatz (§ 26 FamFG). Ob die Voraussetzungen für eine Abänderung nach § 51 VersAusglG vorliegen, muss das Familiengericht also von Amts wegen prüfen. Das gilt wegen § 68 Abs. 3 Satz 1 FamFG i.V.m. § 26 FamFG auch im Beschwerdeverfahren.[4]

4. Ausschlusstatbestände

a. Härtefallbestimmung

Für Härtefälle im Abänderungsverfahren verweist § 52 Abs. 2 VersAusglG i.V.m. § 226 Abs. 3 FamFG auf § 27 VersAusglG. Die Regelung tritt an die Stelle des § 10a Abs. 3 VAHRG a.F. Sie versetzt das Gericht in die Lage, im Einzelfall von einer schematischen Abänderung abzusehen, wenn eine Gesamtbetrachtung der für die Versorgung der Eheleute maßgebenden Umstände unter Berücksichtigung ihrer wirtschaftlichen Verhältnisse zu dem Ergebnis führt, dass die Abänderung unbillig wäre.

aa. Wirtschaftliche Verhältnisse der Eheleute

Zu berücksichtigen sind dabei insbesondere der nacheheliche Erwerb von Anrechten und die Gründe für die Veränderung der Ehezeitanteile bzw. Ausgleichswerte. Allerdings dürfen im Rahmen der Härtefallprüfung nur solche Umstände berücksichtigt werden, die nachträglich entstanden sind.

bb. Sonstige Umstände

Die im Rahmen einer Abänderungsentscheidung vorzunehmende Billigkeitsprüfung ist allerdings nicht auf die wirtschaftlichen Verhältnisse der Ehegatten beschränkt.[5] Zu den Gründen, die zu einem Wegfall oder einer Beschränkung des Versorgungsausgleichs führen, kann auch ein persönliches Fehlverhalten des Ausgleichsberechtigten gehören. Hat dieses Fehlverhalten aber keinen Einfluss mehr auf den Fortbestand der Ehe, kommt ein Ausschluss oder eine Kürzung in der Regel nur bei Verbrechen und schweren vorsätzlichen Vergehen gegen den Verpflichteten oder einen nahen Angehörigen in Betracht.[6]

cc. Präklusion

Außergewöhnliche Umstände, die bereits im Ausgangsverfahren hätten berücksichtigt werden können, bleiben im Abänderungsverfahren außer Betracht.[7]

b. Sonstige Ausschlusstatbestände

Daneben gelten – über die Verweisung des § 226 Abs. 3 FamFG hinaus – auch im Abänderungsverfahren die Ausschlusstatbestände des § 3 Abs. 3 VersAusglG (kurze Ehe), des § 18 VersAusglG (Bagatellwerte). Außerdem ist § 19 VersAusglG (fehlende Ausgleichsreife) zu beachten.

---

[3] BT-Drs. 16/10144, S. 98.
[4] BGH v. 05.06.2013 - XII ZB 709/12 - FamRZ 2013, 1289.
[5] OLG Oldenburg v. 11.06.2012 - 13 UF 56/12.
[6] OLG Oldenburg v. 11.06.2012 - 13 UF 56/12.
[7] BT-Drs. 16/10144, S. 98.

5. Wirkung der Abänderung

22 Nach § 52 Abs. 2 VersAusglG i.V.m. § 226 Abs. 4 FamFG wirkt die Abänderungsentscheidung ab dem ersten Tag des Monats, der auf den Monat der Antragstellung folgt. Das entspricht der Regelung in § 10a Abs. 7 Satz 1 VAHRG a.F.

6. Tod eines Ehegatten

23 Für den Fall, dass ein Ehegatte nach Anhängigkeit des Abänderungsverfahrens stirbt, gilt § 52 Abs. 2 VersAusglG i.V.m. § 226 Abs. 5 FamFG:

a. Tod des Antragstellers

24 Wenn der Ehegatte, der den Abänderungsantrag gestellt hat, vor Rechtskraft der Entscheidung über den Antrag stirbt, können die antragsberechtigten Hinterbliebenen oder Versorgungsträger das Verfahren fortsetzen. Darauf muss das Familiengericht die Beteiligten ausdrücklich hinweisen. Die Frist für das Fortsetzungsverlangen beträgt anders als nach § 10a Abs. 10 VAHRG a.F. nicht drei Monate, sondern nur noch einen Monat. Sie beginnt für jeden Beteiligten, wenn ihm der gerichtliche Hinweis auf die Möglichkeit der Verfahrensfortsetzung zugegangen ist. Lassen alle antragsberechtigten Beteiligten die Frist verstreichen, gilt das Verfahren als in der Hauptsache erledigt.

b. Tod des Antragsgegners

25 Stirbt der Antragsgegner, ist das Verfahren gegen dessen Erben als Verfahrensstandschafter fortzusetzen (§ 226 Abs. 5 Satz 3 FamFG).

7. Verfahrenswert

26 Der Verfahrenswert für Abänderungsverfahren ist nach § 50 Abs. 1 Satz 1 Alt. 1 FamGKG zu bestimmen. Danach sind für jedes Anrecht 10% des in drei Monaten erzielten Nettoeinkommens der Ehegatten, mindestens aber 1.000 € festzusetzen.[8] Dagegen soll nach Auffassung des OLG Schleswig der Gegenstandswert nach § 50 Abs. 1 Satz 1 Alt. 2 FamFG zu bestimmen sein.[9] Dagegen spricht aber, dass es im Abänderungsverfahren nach § 51 VersAusglG nicht um einen Wertausgleich nach der Scheidung i.S.d. §§ 20-26 VersAusglG geht.

II. Mitteilung des Ehezeitanteils als Rentenbetrag (Absatz 2)

27 Die beteiligten Versorgungsträger müssen nach § 5 VersAusglG, § 220 FamFG die zur Durchführung des Versorgungsausgleichs benötigten Auskünfte erteilen. Dazu gehört insbesondere die Auskunft über die Ermittlung des Ehezeitanteils der Versorgung. Nach § 52 Abs. 2 VersAusglG sind die Versorgungsträger darüber hinaus verpflichtet, im Fall der Abänderung eines Alttitels den Ehezeitanteil nicht nur in der für das jeweilige Versorgungssystem maßgebenden Bezugsgröße, sondern zusätzlich als Rentenbetrag zu berechnen. Nur dadurch kann festgestellt werden, ob sich der Wert eines Anrechts bezogen auf die Ehezeit verändert hat. Denn nach § 5 Abs. 1 VersAusglG sind die Versorgungsträger gehalten, den Ehezeitanteil in der für das jeweilige Versorgungssystem maßgebenden Bezugsgröße (Entgeltpunkte, Versorgungspunkte, Kapitalwert etc.) zu berechnen. In den abzuändernden Alttiteln sind aber ausschließlich Rentenbeträge übertragen oder begründet worden. Sieht das Versorgungssystem deshalb eine andere Bezugsgröße als monatliche Rentenbeträge vor, kann eine Wertänderung nur ermittelt werden, wenn der Ehezeitanteil auch als Rentenbetrag berechnet worden ist.

28 Dieser Rentenbetrag ist auf der Grundlage der veränderten rechtlichen und tatsächlichen Voraussetzungen zum Ehezeitende zu ermitteln. Nachehezeitliche Bestandteile und außerplanmäßige Entwicklungen nach Ende der Ehezeit bleiben unberücksichtigt.[10]

29 In den Fällen des § 51 Abs. 3 VersAusglG ist keine ergänzende Berechnung durch den Versorgungsträger erforderlich, weil bei der Abänderung aufgrund einer Wertverzerrung durch Dynamisierung nach der Barwert-Verordnung nur ein Vergleich des ursprünglich mitgeteilten Rentenbetrags mit dem dynamisierten und mithilfe der aktuellen Rentenwerte der gesetzlichen Rentenversicherung aktualisierten Ehezeitanteil erforderlich ist.

---

[8] OLG Bremen v. 02.07.2012 - 4 WF 69/12 - FamRZ 2013, 724; OLG Hamm v. 16.10.2013 - 2 WF 4/13.
[9] OLG Schleswig v. 19.06.2013 - 15 WF 200/13.
[10] BT-Drs. 16/10144, S. 90.

III. Rückerstattung von Beiträgen (Absatz 3)

Findet nach § 51 VersAusglG eine Totalrevision der Entscheidung über den Versorgungsausgleich statt, müssen aufgrund der abzuändernden Entscheidung geleistete Beitragszahlungen erstattet werden. 30

1. Beitragszahlungen

Betroffen sind in erster Linie nach Beitragszahlung nach § 3b Abs. 1 Nr. 2 VAHRG a.F., § 1587b Abs. 3 Satz 1 BGB a.F. und § 1587b Abs. 4 BGB a.F., nicht dagegen Abfindungen nach § 1587l BGB a.F.[11] § 52 Abs. 3 VersAusglG umfasst auch keine Wiederauffüllungsbeiträge, die zur Abwendung einer Versorgungskürzung gezahlt worden sind. Insoweit kommt aber eine Erstattung nach § 187 Abs. 7 SGB VI und § 58 Abs. 4 BeamtVG in Betracht.[12] 31

2. Erstattung ohne gerichtliche Anordnung

Die Bestimmung zur Rückerstattung bereits geleisteter Beitragszahlungen sieht vor, dass Beiträge, die der Ausgleichspflichtige zur Begründung von Anrechten zugunsten des Ausgleichsberechtigten gezahlt hat, zu erstatten sind. Aufgrund der Beitragszahlung bereits gewährte Leistungen sind darauf anzurechnen. Anders als nach § 10a Abs. 8 VAHRG a.F. ist nach § 52 Abs. 3 VersAusglG keine gerichtliche Anordnung der Rückerstattung erforderlich. Die Verpflichtung zur Erstattung der Beitragszahlung ist vielmehr unmittelbare gesetzliche Rechtsfolge der Abänderung.[13] 32

3. Steuerrechtliche Behandlung der Beitragserstattung

Die Erstattung der Beiträge ist steuerfrei, weil auch die Beitragszahlung nicht steuermindernd geltend gemacht werden kann.[14] 33

---

[11] *Götsche* in: HK-VersAusglR, 2012, § 52 Rn. 21.
[12] *Götsche* in: HK-VersAusglR, 2012, § 52 Rn. 21.
[13] BT-Drs. 16/10144, S. 91.
[14] *Ruland*, Versorgungsausgleich, 3. Aufl. 2011, Rn. 1236 f.; *Breuers* in: HK-VersAusglR, 2012, § 52 Rn. 27.

§ 53 VersAusglG Bewertung eines Teilausgleichs bei Ausgleichsansprüchen nach der Scheidung

(Fassung vom 03.04.2009, gültig ab 01.09.2009)

Ist bei Ausgleichsansprüchen nach der Scheidung gemäß den §§ 20 bis 26 ein bereits erfolgter Teilausgleich anzurechnen, so ist dessen Wert mithilfe der aktuellen Rentenwerte der gesetzlichen Rentenversicherung zu bestimmen.

Gliederung

A. Grundlagen 1
I. Kurzcharakteristik 1
II. Gesetzgebungsmaterialien 2
B. Praktische Bedeutung 3
C. Anwendungsvoraussetzungen 4
I. Anwendungsbereich 4
II. Bewertung des Teilausgleichs 5
1. Rückrechnungsmethode 5
2. Rentenwertmethode 6
a. Aktuelle Rentenwerte ab 1977 7
b. Berechnungsbeispiel 8
c. Berücksichtigung der Gesamtbilanz der Anrechte 9
d. Abzug von Beiträgen zur Kranken- und Pflegeversicherung 10

A. Grundlagen

I. Kurzcharakteristik

1 Die Vorschrift bestimmt, wie ein bei der Scheidung nach altem Recht erfolgter Teilausgleich von Anrechten bei Ausgleichsansprüchen nach der Scheidung zu bewerten ist. Wenn bei Ausgleichsansprüchen nach der Scheidung nach den §§ 20 ff. VersAusglG ein bereits erfolgter Teilausgleich anzurechnen ist, muss dessen Wert anhand der aktuellen Rentenwerte der gesetzlichen Rentenversicherung bestimmt werden. § 53 VersAusglG regelt, wie dieser Wert zu ermitteln ist.

II. Gesetzgebungsmaterialien

2 BT-Drs. 16/10144, S. 91.

B. Praktische Bedeutung

3 Praktische Bedeutung erlangt die Vorschrift vor allem in den zahlreichen Fällen, in denen höhere Betriebsrenten auszugleichen waren, ein vollständiger Ausgleich wegen des Grenzwerts des § 3b Abs. 1 Nr. 1 VAHRG a.F. aber nicht möglich war. Für diese Fälle vereinfacht § 53 VersAusglG den nachträglichen Ausgleich.

C. Anwendungsvoraussetzungen

I. Anwendungsbereich

4 Für Verfahren über Ausgleichsansprüche nach der Scheidung, die nach Inkrafttreten des VAStrRefG anhängig geworden sind oder anhängig werden, gilt nach § 48 Satz 1 VersAusglG das seit dem 01.09.2009 geltende Versorgungsausgleichsrecht. Wenn zuvor bereits ein Teilausgleich nach altem Recht durchgeführt worden ist, muss dieser Teilausgleich in dem neuen Verfahren berücksichtigt werden. Bei der Durchführung des Versorgungsausgleichs nach dem bis zum 01.09.2009 geltenden Recht konnten Betriebsrenten nach § 3b Abs. 1 Nr. 1 VAHRG a.F. nur bis zur Höhe von 2% der monatlichen Bezugsgröße nach § 18 SGB IV im Wege des sog. Supersplittings (erweitertes Splitting) ausgeglichen werden. Der darüber hinausgehende Ausgleich musste, wenn keine Beitragszahlung nach § 3b Abs. 1 Nr. 2 VAHRG a.F. angeordnet werden konnte, dem schuldrechtlichen Versorgungsausgleich vorbehalten bleiben. Hinzu kommen die Fälle, in denen ein vollständiger Ausgleich nicht volldynamischer Anrechte aus berufsständischen Versorgungen nach § 1 Abs. 3 VAHRG a.F. wegen § 1587b Abs. 5 BGB a.F. nicht möglich war, weil der Höchstbetrag für die Übertragung oder Begründung gesetzlicher Rentenanwartschaften nach § 76 Abs. 2 Satz 3 SGB VI überschritten worden wäre.

II. Bewertung des Teilausgleichs

1. Rückrechnungsmethode

Der Bundesgerichtshof hat unter Geltung des alten Rechts zur Bewertung eines bereits erfolgten Teilausgleichs die Rückrechnungsmethode angewendet, wenn der Teilausgleich auf der Grundlage der Barwert-Verordnung in der seit dem 01.06.2006 geltenden Fassung erfolgt ist.[1] Danach war der ausgeglichene dynamisierte Teilbetrag durch Umkehrung der Dynamisierung anhand der Barwert-Verordnung in sein statisches Äquivalent zurückzurechnen (sog. Re-Dynamisierung). Diese – mit erheblichem Rechenaufwand verbundene – Methode hat jedoch zu Ergebnissen geführt, die das Ziel, eine gleiche Teilhabe der Ehepartner an den in der Ehezeit erworbenen Anrechten zu gewährleisten, in vielen Fällen verfehlt hat.[2] Seit dem Inkrafttreten des neuen Rechts kann die Rückrechnungsmethode schon deshalb nicht mehr angewendet werden, weil die Barwert-Verordnung mit der Strukturreform des Versorgungsausgleichs weggefallen ist.

2. Rentenwertmethode

Das neue Recht folgt der Rückrechnungsmethode deshalb nicht.[3] Vielmehr ordnet § 53 VersAusglG für die Bestimmung des Werts, mit dem der erfolgte Teilausgleich anzurechnen ist, die sog. Rentenwertmethode an. Bei dieser – im Anschluss an eine Entscheidung des Oberlandesgerichts Karlsruhe[4] entwickelten – Methode wird der zum Zeitpunkt der ursprünglichen Entscheidung mit der Barwert-Verordnung umgerechnete und öffentlich-rechtlich ausgeglichene Teil der Versorgung durch den aktuellen Rentenwert zum Ehezeitende dividiert und mit dem aktuellen Rentenwert zum Zeitpunkt der Entscheidung über den Ausgleichsanspruch nach der Scheidung multipliziert. Damit bietet das Gesetz eine einheitliche und einfach zu handhabende Regelung, die der in § 51 Abs. 3 VersAusglG angeordneten Methode zur Aktualisierung des Werts eines Anrechts entspricht.

a. Aktuelle Rentenwerte ab 1977

ab	aRw (west)	aRw (ost)	ab	aRw (west)	aRw (ost)
01.07.2014	28,61 €	26,39 €	01.07.1993	44,49 DM	32,17 DM
01.07.2013	28,14 €	25,74 €	01.01.1993		28,19 DM
01.07.2012	28,07 €	24,92 €	01.07.1992	42,63 DM	26,57 DM
01.07.2011	27,47 €	24,37 €	01.01.1992		23,57 DM
01.07.2010	27,20 €	24,13 €	01.07.1991	41,44 DM	21,11 DM
01.07.2009	27,20 €	24,37 €	01.01.1991		18,35 DM
01.07.2008	26,56 €	23,34 €	01.07.1990	39,58 DM	15,95 DM
01.07.2007	26,27 €	23,09 €	01.07.1989	38,39 DM	
01.07.2006	26,13 €	22,97 €	01.07.1988	37,27 DM	
01.07.2005	26,13 €	22,97 €	01.07.1987	36,18 DM	
01.07.2004	26,13 €	22,97 €	01.07.1986	34,86 DM	
01.07.2003	26,13 €	22,97 €	01.07.1985	33,87 DM	
01.07.2002	25,86 €	€ 22,70 €	01.07.1984	32,89 DM	
01.07.2001	49,51 DM	43,15 DM	01.07.1983	31,81 DM	
01.07.2000	48,58 DM	42,26 DM	01.01.1982	30,12 DM	
01.07.1999	48,29 DM	42,01 DM	01.01.1981	28,48 DM	
01.07.1998	47,65 DM	40,87 DM	01.01.1980	27,39 DM	
01.07.1997	47,44 DM	40,51 DM	01.07.1978	26,34 DM	
01.07.1996	46,67 DM	38,38 DM	01.07.1977	25,20 DM	
01.01.1996		37,92 DM			
01.07.1995	46,23 DM	36,33 DM			
01.01.1995		35,45 DM			
01.07.1994	46,00 DM	34,49 DM			

---

[1] BGH v. 20.12.2006 - XII ZB 166/04 - NJW 2007, 1202 mit kritischen Anmerkungen von *Hauß*, NJW 2007, 1205.
[2] Zur Kritik an der Rechtsprechung des BGH auch: *Bergner*, NJW 2007, 2668-2671, 2670.
[3] BT-Drs. 16/10144, S. 91.
[4] OLG Karlsruhe v. 01.10.1999 - 20 UF 64/97 - FamRZ 2000, 238.

b. Berechnungsbeispiel[5]

8 Teilausgleich von 100 € im Jahr 2005; Wertausgleich nach der Scheidung Anfang 2014: 100,00 € (Nennbetrag des Teilausgleichs im Jahr 2005): 26,13 € (aktueller Rentenwert 2005) x 28,14 € (aktueller Rentenwert seit 01.07.2013) = 107,69 € (anzurechnender Teilausgleich).

c. Berücksichtigung der Gesamtbilanz der Anrechte

9 Zu berücksichtigen ist, dass der erfolgte Teilausgleich nicht notwendig dem Betrag entspricht, der in der Ausgangsentscheidung nach altem Recht im Wege des erweiterten Splittings übertragen worden ist. Hat nämlich der nach der Gesamtbilanz nach altem Recht ausgleichsberechtigte Ehegatte die werthöheren Anwartschaften im Sinne des § 1587 Abs. 1, 2 BGB a.F. erworben, ist auch in Höhe der Hälfte der Differenz dieser Anrechte ein Ausgleich des dem schuldrechtlichen Versorgungsausgleich unterliegenden Anrechts des ausgleichspflichtigen Ehegatten bereits erfolgt, der dem Teilausgleich nach § 3b Abs. 1 Nr. 1 VAHRG a.F. hinzuzurechnen ist.[6]

d. Abzug von Beiträgen zur Kranken- und Pflegeversicherung

10 Bei der Berechnung der schuldrechtlichen Ausgleichsrente ist zunächst der Bruttobetrag des erfolgten Teilausgleichs anzurechnen; sodann sind die auf den verbleibenden Betrag entfallenden Beiträge zur Kranken- und Pflegeversicherung abzuziehen.[7]

---

[5] Vgl. auch das Berechnungsbeispiel des OLG Celle v. 22.11.2010 - 10 UF 219/10 - FamRZ 2011, 728.
[6] OLG Frankfurt v. 16.03.2012 - 4 UF 143/11 - FamRZ 2012, 1727.
[7] OLG Köln v. 05.01.2012 - 27 UF 214/10 - FamRZ 2012, 1808.

§ 54 VersAusglG Weiter anwendbare Übergangsvorschriften des Ersten Gesetzes zur Reform des Ehe- und Familienrechts und des Gesetzes über weitere Maßnahmen auf dem Gebiet des Versorgungsausgleichs für Sachverhalte vor dem 1. Juli 1977

(Fassung vom 03.04.2009, gültig ab 01.09.2009)

Artikel 12 Nr. 3 Satz 1, 4 und 5 des Ersten Gesetzes zur Reform des Ehe- und Familienrechts vom 14. Juni 1976 (BGBl. I S. 1421), das zuletzt durch Artikel 142 des Gesetzes vom 19. April 2006 (BGBl. I S. 866) geändert worden ist, und Artikel 4 § 4 des Gesetzes über weitere Maßnahmen auf dem Gebiet des Versorgungsausgleichs vom 8. Dezember 1986 (BGBl. I S. 2317), das zuletzt durch Artikel 143 des Gesetzes vom 19. April 2006 (BGBl. I S. 866) geändert worden ist, sind in der bis zum 31. August 2009 geltenden Fassung weiterhin anzuwenden.

Gliederung

A. Grundlagen 1	I. Versorgungsausgleich bei Altehen 5
I. Kurzcharakteristik 1	II. Ausnahmen 6
1. Überleitungsregelungen für Altfälle 1	1. Scheidung nach früherem Recht 6
2. Rechtsbereinigung 2	2. Abfindungen 7
II. Gesetzgebungsmaterialien 3	3. Vereinbarungen über Versorgungsanrechte ... 8
B. Praktische Bedeutung 4	III. Gegenstandslose Überleitungsbestimmungen ... 9
C. Anwendungsvoraussetzungen 5	IV. Bezugsgröße nach § 18 SGB IV 10

A. Grundlagen

I. Kurzcharakteristik

1. Überleitungsregelungen für Altfälle

Die Vorschrift regelt die Voraussetzungen für die Durchführung des Versorgungsausgleichs in Altfällen. Das Rechtsinstitut des Versorgungsausgleichs existiert erst seit dem 01.07.1977. Für die Scheidung von Ehen, die vor diesem Zeitpunkt geschlossen worden sind, enthalten das 1. EheRG und das VersAusglMaßnG Überleitungsbestimmungen. Teile dieser Regelungen werden in § 54 VersAusglG übernommen.

2. Rechtsbereinigung

Zum Zweck der Rechtsbereinigung werden die bisherigen Übergangsvorschriften durch Art. 21, 23 Nr. 3 VAStrRefG aufgehoben und die fortgeltenden Regelungen der Art. 12 Nr. 3 Sätze 1, 4 und 5 1. EheRG[1] und Art. 4 § 4 VersAusglMaßnG[2] in § 54 VersAusglG für weiterhin anwendbar erklärt. Der Rechtsanwender soll dadurch das für den Versorgungsausgleich maßgebende Übergangsrecht an einer Stelle vorfinden.[3]

II. Gesetzgebungsmaterialien

BT-Drs. 16/10144, S. 91, 114.

B. Praktische Bedeutung

Der Gesetzgeber geht davon aus, dass die Überleitungsvorschriften für Altfälle nur noch in sehr wenigen Fällen zum Tragen kommen.[4] Trotz des Zeitablaufs werden derzeit jedoch regelmäßig noch Ehen

---

[1] Erstes Gesetz zur Reform des Ehe- und Familienrechts v. 14.07.1976 (BGBl I 1976, 1421).
[2] Gesetz über weitere Maßnahmen auf dem Gebiet des Versorgungsausgleichs v. 08.12.1986 (BGBl I 1986, 2317).
[3] BT-Drs. 16/10144, S. 114.
[4] BT-Drs. 16/10144, S. 91.

§ 54 VersAusglG

geschieden, die vor dem 01.07.1977 geschlossen worden sind, so dass die Regelungen keineswegs bedeutungslos geworden sind. Allerdings werden die Vorschriften in den kommenden Jahren nach und nach ihre Bedeutung verlieren. Zu § 54 VersAusglG sind seit dem Inkrafttreten der Vorschrift keine gerichtlichen Entscheidungen veröffentlicht worden.

C. Anwendungsvoraussetzungen

I. Versorgungsausgleich bei Altehen

5   Durch die Übernahme des Art. 12 Nr. 3 Satz 1 1. EheRG[5] in § 54 VersAusglG wird klargestellt, dass ein Versorgungsausgleich grundsätzlich auch dann durchzuführen ist, wenn die Ehe vor dem 01.07.1977 geschlossen worden ist.

II. Ausnahmen

1. Scheidung nach früherem Recht

6   Davon abweichend findet nach Art. 12 Nr. 3 Satz 4 1. EheRG[6] kein Versorgungsausgleich statt, wenn die Eheleute zwar vor dem 01.07.1977 geheiratet haben, die Ehe aber vor diesem Zeitpunkt nach dem bis dahin geltenden Recht geschieden worden ist.

2. Abfindungen

7   Dasselbe gilt nach Art. 12 Nr. 3 Satz 5 1. EheRG[7], wenn vor dem 01.07.1977 an den ausgleichsberechtigten Ehepartner eine endgültige Abfindung für zukünftige Unterhaltsansprüche geleistet worden ist.

3. Vereinbarungen über Versorgungsanrechte

8   Ein Versorgungsausgleich ist auch dann nicht durchzuführen, wenn die Eheleute vor dem 01.07.1977 eine ehevertragliche Vereinbarung über Versorgungsanrechte getroffen haben, die anderenfalls im Versorgungsausgleich zu berücksichtigen wären. Solche Vereinbarungen, die keiner besonderen Form bedurft haben,[8] unterliegen allerdings einer Inhalts- und Ausübungskontrolle durch das Familiengericht.[9]

III. Gegenstandslose Überleitungsbestimmungen

9   Die Übergangsregelung in Art. 12 Nr. 3 Sätze 6 und 7 1. EheRG ist durch Zeitablauf gegenstandslos geworden. Fälle, in denen die Eheleute bereits vor dem 01.07.1977 getrennt gelebt haben und eine Ehescheidung nach dem bis zum 30.06.1977 gültigen § 48 EheG am Widerspruch des ausgleichsberechtigten Ehegatten gescheitert ist, kommen in der Praxis nicht mehr vor.[10]

IV. Bezugsgröße nach § 18 SGB IV

10   Weiter anzuwenden ist dagegen Art. 4 § 4 VersAusglMaßnG[11]. Darin wird die Höhe der allgemeinen Bezugsgröße nach § 18 Abs. 1 SGB IV für Sachverhalte vor dem 01.07.1977 festgelegt, weil es vor

---

[5]   Art. 12 Nr. 3 Satz 1 1. EheRG: „Für die Scheidung der Ehe und die Folgen der Scheidung gelten die Vorschriften dieses Gesetzes auch dann, wenn die Ehe vor seinem Inkrafttreten geschlossen worden ist."

[6]   Art. 12 Nr. 3 Satz 4 1. EheRG: „Die §§ 1587 bis 1587p des Bürgerlichen Gesetzbuchs in der Fassung von Artikel 1 Nr. 20 sind auf Ehen, die nach den bisher geltenden Vorschriften geschieden worden sind, nicht anzuwenden."

[7]   Art. 12 Nr. 3 Satz 5 1. EheRG: „Das gleiche gilt für Ehen, die nach dem Inkrafttreten dieses Gesetzes geschieden werden, wenn der Ehegatte, der nach den Vorschriften dieses Gesetzes einen Ausgleichsanspruch hätte, von dem anderen vor Inkrafttreten dieses Gesetzes durch Übertragung von Vermögensgegenständen für künftige Unterhaltsansprüche endgültig abgefunden worden ist oder wenn die nach den Vorschriften dieses Gesetzes auszugleichenden Anwartschaften oder Aussichten auf eine Versorgung Gegenstand eines vor Inkrafttreten dieses Gesetzes abgeschlossenen Vertrages sind."

[8]   KG v. 28.12.1981 - 3 UF 5100/81 - FamRZ 1982, 305.

[9]   BT-Drs. 16/10144, S. 91.

[10] BT-Drs. 16/10144, S. 91.

[11] Art 4 § 4 VersAusglMaßnG: „Liegt das Ende der Ehezeit vor dem 1. Juli 1977, so ist für die Anwendung des § 3b Abs. 1 Nr. 1, der §§ 10a Abs. 2 Satz 2 und des § 10b des Gesetzes zur Regelung von Härten im Versorgungsausgleich als monatliche Bezugsgröße der Wert von 1.850 Deutsche Mark zugrunde zu legen."

dem Inkrafttreten des SGB IV keine Bezugsgröße gegeben hat. Danach gilt in solchen Fällen als monatliche Bezugsgröße ein Betrag von 1.850 €.

Die in Art. 4 § 4 VersAusglMaßnG genannten Vorschriften des VAHRG haben wegen § 48 VersAusglG keine praktische Bedeutung mehr. Die monatliche Bezugsgröße wird allerdings nach neuem Recht für die Anwendung der §§ 14 Abs. 2, 18 Abs. 3, 33 Abs. 2, 35 Abs. 2, 51 Abs. 3 VersAusglG und § 225 Abs. 3 FamFG benötigt.

11

Gesetz über die Vergütung von Vormündern und Betreuern (Vormünder- und Betreuervergütungsgesetz – VBVG)

vom 21. April 2005 (BGBl I 2005, 1073), geändert durch Art. 53 des Gesetzes vom 17. Dezember 2008 (BGBl I 2008, 2586)

Vorbemerkungen zum VBVG

A. Entwicklungshintergrund des VBVG

1   Das durch das 2. Betreuungsrechtsänderungsgesetz (2. BtÄndG) neu geschaffene Gesetz über die Vergütung von Vormündern und Betreuern (Vormünder- und Betreuervergütungsgesetz – VBVG) schafft eine spezialgesetzliche Grundlage für deren Vergütung. Angesichts der erheblich größeren Anzahl von entgeltlichen Betreuungen im Verhältnis zu entgeltlichen Vormundschaften kommt dem Gesetz praktisch im Wesentlichen für das Betreuungsrecht die maßgebliche Rolle zu.

2   Mit Einführung des Betreuungsgesetzes hatte der Gesetzgeber die Kostenfolge zunächst eng an das bisherige Vormundschaftsrecht angelehnt. Folglich wurde insbesondere wegen der Kosten durch § 1908i BGB auf die Vorschriften der §§ 1836 ff. BGB verwiesen, die somit auch die maßgeblichen Kostenvorschriften für das Betreuungsrecht darstellten. Die Kosten der Betreuung wurden anschließend durch das 1. BtÄndG innerhalb des früheren BVormVG geregelt. Die Vergütung orientierte sich dabei ursprünglich an dem von dem Betreuer darzulegenden Zeitaufwand, der zur Führung der Betreuung oder Vormundschaft erforderlich war. Das Abrechnungssystem vergütete aufgewendete Zeit mit einem bestimmten Stundensatz.[1] Das Ziel des BVormVG bestand darin, die Regelungen über die Vergütung von Vormündern und Betreuern zu präzisieren, leichter handhabbar zu machen und zu vereinheitlichen.[2] Hierzu war eine dreifache Vergütungsstufung (abgestuft nach beruflicher Vorausbildung der Betreuer) mit in festen Geldbeträgen ausgedrückten Stundensätzen vorgesehen.

3   Diese für das alte Vormundschaftsrecht angesichts dessen verhältnismäßig geringer Zahl verträgliche Vergütungsregelung erwies sich angesichts der zunehmenden Zahlen im Betreuungsrecht schon alsbald als unökonomisch. Schon durch das 1. BtÄndG war zwar der Versuch unternommen worden, den jährlichen erheblichen Kostensteigerungen zu begegnen. Die wesentlichen Änderungen lagen dabei einmal in der Festschreibung des Grundsatzes der Unentgeltlichkeit der Betreuung in § 1836 BGB sowie daneben in der Einführung der Möglichkeit einer pauschalierten Vergütung (§ 1836a BGB). Die Änderungen beschränkten sich aber auf Marginalien, die in der Praxis eine feststellbare kostensenkende Wirkung nicht entfalteten.

4   Die Kosten der Betreuungsverfahren stiegen daher weiter. Nicht selten wurde zu Recht sogar von einer geradezu explosionsartigen Kostensteigerung gesprochen. Dies zwang den Gesetzgeber letztlich zum weiteren Handeln im Sinne einer grundlegenden Reform der Vergütung, insbesondere der berufsmäßigen Betreuer (Berufs-, aber auch Vereinsbetreuer). Ob mit der nun vorgesehenen pauschalen Vergütung der Betreuer eine Kostenreduktion erfolgen wird, kann nur vor dem Hintergrund beurteilt werden, welche Gründe für die Kostensteigerungen verantwortlich gemacht werden können.

5   Als ein wichtiger Grund für die Kostensteigerungen wurde angesehen, dass den Amtsgerichten nach früherem Recht keinerlei Möglichkeit gegeben war, die Effizienz einer Betreuung bei Festsetzung der Vergütung zu berücksichtigen. So waren die Amtsgerichte grundsätzlich im Wesentlichen an die Zeitangabe gebunden, die ein Betreuer für eine von ihm entfaltete Tätigkeit angesetzt hatte. Im Rahmen der Überprüfung der Vergütungsabrechnungen musste das Vormundschaftsgericht lediglich die recht weit gesteckten Grenzen beachten, die durch § 1837 Abs. 2 Satz 1 BGB i.V.m. § 1908i Abs. 1 Satz 1 BGB für die Aufsicht über die Betreuer gesetzt waren. Danach unterlag der Betreuer nur einer Kontrolle im Hinblick auf die Rechtmäßigkeit seines Handelns. Hingegen durfte das Vormundschaftsgericht nicht aus Zweckmäßigkeit ein bestimmtes Handeln vorschreiben bzw. ein unzweckmäßiges Handeln verbieten. Dem Gericht war es danach verwehrt, eine vom Betreuer geltend gemachte Vergütung für einen im Rahmen der Betreuung erbrachten bestimmten Zeiteinsatz zu kürzen, weil es die entfaltete Tätigkeit für unangebracht oder zeitlich zu aufwändig hielt.[3] Der vom Betreuer dargelegte (behauptete)

---

[1] BT-Drs. 15/2494, S. 19.
[2] BT-Drs. 13/1033, S. 13.
[3] BT-Drs. 15/2494, S. 19.

Zeiteinsatz war damit nur in engen Grenzen überprüfungsfähig. Grundsätzlich musste z.B. die aufgewendete Zeit für die Erstellung eines Briefes oder die Zeit für eine Besprechung (mit dem Betreuten oder mit Betreuungspersonal) – abgesehen von ganz außergewöhnlichen Zeitabweichungen – gemäß den Angaben im Vergütungsantrag festgesetzt werden. So waren die Gerichte auf eine unter Gesichtspunkten der Kostensenkung weitgehend leer laufende Plausibilitäts- und Missbrauchskontrolle beschränkt. Dies führte zu dem vielfach als unbefriedigend empfundenen Ergebnis, dass gerade ineffizient arbeitende Betreuer ein höheres Honorar für eine qualitativ geringwertigere Arbeit erlangen konnten.

Insbesondere trug zu der unbefriedigenden Kostenentwicklung der Umstand bei, dass die Überprüfung der Kostenrechnungen im Hinblick auf einen Missbrauch wiederum sehr schnell an ihre Grenzen stieß. Es soll an dieser Stelle keine Schelte der Vergütungsabrechnungen im Hinblick auf die Abrechnungsehrlichkeit einzelner schwarzer Schafe (unter den Betreuern) stattfinden. Aber auch unehrliche Abrechnungen haben zu den Kostensteigerungen beigetragen. Sicher ist nämlich – und dies bestätigt die Erfahrung der mit der Prüfung der Vergütungsabrechnungen beschäftigten Rechtspfleger – dass Vergütungsanträge in allzu begrenztem Umfang nachprüfbar waren. Die Anträge konnten insbesondere in der Regel nur isoliert, d.h. ohne Rücksicht auf andere Vergütungsanträge bearbeitet werden. So war es durchaus möglich, dass – zumindest in Einzelfällen – sich Betreuer ein- und dieselbe Zeitspanne bei verschiedenen Gerichten für verschiedene Betreute als Arbeitszeit bezahlen ließen. Dass dies zumindest vereinzelt auch vorgekommen ist und dann zu Recht zum Ausschluss entsprechender (unehrlicher) Betreuer geführt hat, ist ein offenes Geheimnis. 6

Hinsichtlich der Überprüfung der Vergütungsabrechnungen war auch zu berücksichtigen, dass hierdurch in nicht unerheblichem Maße Personal der Gerichte gebunden war. Die Prüfung der Vergütungsabrechnungen beanspruchte wegen des Umfangs der Stundennachweise und der Vielzahl der Abrechnungen einen großen Teil der Gesamtbearbeitungszeit bei den Vormundschaftsgerichten.[4] Angesichts des Umstandes, dass trotz der Überprüfungspflicht nur grobe Korrekturen an den Vergütungsanträgen möglich waren, ergab sich so ein extrem ineffizienter und letztlich teurer Personaleinsatz auf der Seite der Gerichte. 7

Ein weiterer Grund für die extrem ungünstige Kostenentwicklung liegt in der Tatsache, dass das verhältnismäßig neue Rechtsinstitut von den Gerichten vor Ort nicht sorgfältig genug angewendet wurde. Insbesondere der Frage nach der Erforderlichkeit der Betreuung wurde nicht immer in dem gehörigen Maße nachgegangen. Die Quantität der veröffentlichten Rechtsprechung der Obergerichte belegt insoweit, dass besonders die Amtsgerichte nicht selten die Anordnung einer Betreuung auch als Wohltat für den Betroffenen angesehen haben und vor diesem Hintergrund nur allzu oft Fragen der Erforderlichkeit unzureichend Beachtung geschenkt haben. 8

B. Konzeption des Gesetzes

Das Gesetz über die Vergütung von Vormündern und Betreuern ist im System der Betreuungsvergütung die spezialgesetzliche Regelung der Ausnahme zur Unentgeltlichkeitsregel des § 1836 Abs. 2 BGB. 9

Als ein solches die Ausnahme normierendes Regelwerk wird im ersten Abschnitt zunächst festgestellt, unter welchen Voraussetzungen ausnahmsweise eine Vergütungsfähigkeit der Betreuer- bzw. Vormundstätigkeit gegeben ist. Hier hat der Gesetzgeber auch festgehalten, dass die Vergütung zeitlich nicht unbefristet verlangt werden kann. Für die Geltendmachung wird ein Zeitrahmen festgesteckt, der sicherstellt, dass Abrechnungen in engem zeitlichem Zusammenhang mit der Entfaltung der Betreuungstätigkeit vorgenommen werden müssen. 10

Das Gesetz regelt sodann die Vergütungsansprüche der Höhe nach. Dabei wird differenziert zunächst zwischen der Vormundschaft und der Betreuung. Die Vergütung wird erstmals allgemein pauschaliert, wobei die Höhe der Vergütung sowohl in zeitlicher Hinsicht als auch in Bezug auf den Einzelfall unterschiedlich ist. Die Differenzierung der pauschalierten Stundensätze des Betreuers erfolgt insbesondere vor dem Hintergrund der Situation des Betreuten (Heim- oder Privatunterkunft) sowie nach der Zeitdauer, für die die Betreuung bereits besteht. 11

Hervorzuheben ist, dass die Stundensätze, die der Vormund beanspruchen kann, deutlich niedriger sind als diejenigen des Betreuers. Das liegt darin begründet, dass mit der Vergütung des Betreuers im Gegensatz zu der des Vormunds ein weiterer Aufwendungsersatz (Fahrtkosten, Bürokosten) abgegolten ist. 12

---

[4] BT-Drs. 15/2494, S. 19.

Abschnitt 1 - Allgemeines

§ 1 VBVG Feststellung der Berufsmäßigkeit und Vergütungsbewilligung

(Fassung vom 17.12.2008, gültig ab 01.09.2009)

(1) ¹Das Familiengericht hat die Feststellung der Berufsmäßigkeit gemäß § 1836 Abs. 1 Satz 2 des Bürgerlichen Gesetzbuchs zu treffen, wenn dem Vormund in einem solchen Umfang Vormundschaften übertragen sind, dass er sie nur im Rahmen seiner Berufsausübung führen kann, oder wenn zu erwarten ist, dass dem Vormund in absehbarer Zeit Vormundschaften in diesem Umfang übertragen sein werden. ²Berufsmäßigkeit liegt im Regelfall vor, wenn

1. der Vormund mehr als zehn Vormundschaften führt oder
2. die für die Führung der Vormundschaft erforderliche Zeit voraussichtlich 20 Wochenstunden nicht unterschreitet.

(2) Trifft das Familiengericht die Feststellung nach Absatz 1 Satz 1, so hat es dem Vormund oder dem Gegenvormund eine Vergütung zu bewilligen. Ist der Mündel mittellos im Sinne des § 1836d des Bürgerlichen Gesetzbuchs, so kann der Vormund die nach Satz 1 zu bewilligende Vergütung aus der Staatskasse verlangen.

Gliederung

A. Kurzcharakteristik 1	b. Rückwirkende Feststellung der Berufsmäßigkeit 18
B. Anwendungsbereich 3	
C. Einzelne Grundsätze 4	3. Ermessen 23
I. Grundsatz der Unentgeltlichkeit 4	4. Prognoseentscheidung 25
II. Grundsatz der Vergütung von Berufsvormund und Berufsbetreuer 7	5. Aufhebung der Feststellung 27
	III. Entstehung des Vergütungsanspruchs 29
D. Feststellung der berufsmäßigen Führung der Vormundschaft oder der Betreuung 9	IV. Inhalt des Vergütungsanspruchs 31
I. Notwendigkeit einer gerichtlichen Feststellung der Berufsmäßigkeit 9	**E. Mittellosigkeit** 34
	I. Voraussetzungen der Mittellosigkeit 34
II. Die Entscheidung über die berufsmäßige Ausübung der Vormundschaft/Betreuung 11	II. Mittellosigkeit, Vergütungshöhe, Vergütungsanspruch 35
1. Allgemeines 11	1. Vergütungshöhe 35
2. Zeitpunkt der Feststellung 15	2. Vergütungsanspruch 36
a. Feststellung der Berufsmäßigkeit für die Zukunft 16	III. Regress der Staatskasse 38

A. Kurzcharakteristik

1 Die Vorschrift entspricht in ihren wesentlichen Zügen § 1836 Abs. 1, Abs. 2 Satz 1 BGB a.F. Sie baut auf § 1836 Abs. 1 Satz 2 BGB auf und legt die Kriterien fest, bei deren Vorliegen die Vormundschaft oder Betreuung als berufsmäßig geführt gilt. Sie beruht dabei im Ausgangspunkt auf dem schon im früheren Vergütungsrecht geltenden Grundsatz, dass jede Vormundschaft bzw. Betreuung grundsätzlich unentgeltlich übernommen und ausgeführt wird. Dies entspricht dem historischen Leitbild der echten Einzelvormundschaft, die üblicherweise als staatsbürgerliche Pflicht außerhalb einer Berufstätigkeit ohne wesentlichen Zeitaufwand und ohne unzumutbare Belastung in der Freizeit des Vormunds ausgeführt werden kann.[1] Vor diesem Hintergrund soll es sich bei der Betreuung oder Vormundschaft nach dem Willen des Gesetzgebers auch weiterhin grundsätzlich um eine ehrenamtliche Aufgabe handeln. Die Berufsmäßigkeit der Ausführung einer Betreuung ist danach eine Ausnahme, deren Vorliegen ausdrücklich festgestellt werden muss. Das Familiengericht/Betreuungsgericht hat aber die Pflicht, dem berufsmäßig tätigen Vormund oder Betreuer eine Vergütung zuzuerkennen.

---

[1] Vgl. hierzu BayObLG München v. 30.07.1997 - 3Z BR 205/97 - NJW-RR 1998, 868.

Die Norm definiert im Sinne einer Legaldefinition diejenigen Voraussetzungen, die gegeben sein müssen, um eine Vormundschaft bzw. Betreuung durch einen Betreuer als berufsmäßig anerkennen zu können. Die festgeschriebenen Voraussetzungen der Berufsmäßigkeit einer Vormundschaft oder einer Betreuung sind dabei nicht neu. Sie waren als fester Bestandteil bereits im bisherigen Vormundschafts- bzw. Betreuungsrecht verankert. Insoweit ist auf § 1836 Abs. 1 BGB a.F. zu verweisen, der eine inhaltsgleiche Regelung enthielt. Nachdem der Gesetzgeber die bisherige Regelung ohne wesentliche Änderungen in das neue Gesetz übernommen hat, sind insofern die in der Rechtslehre erarbeiteten Auffassungen und die hierzu ergangenen Entscheidungen der Rechtsprechung weiterhin grundsätzlich zu berücksichtigen (vgl. die Kommentierung zu § 1836 BGB).

B. Anwendungsbereich

Die Regelungen des VBVG gelten
- für den Vormund (§ 1836 Abs. 1 Satz 3 BGB, § 1 VBVG),
- für den Betreuer (§ 1908i BGB i.V.m. § 1836 Abs. 1 Satz 3 BGB, §§ 4 ff. VBVG),
- für den Pfleger (§ 1915 Abs. 1 BGB),
- für den Verfahrenspfleger (§ 277 Abs. 2 FamFG).

C. Einzelne Grundsätze

I. Grundsatz der Unentgeltlichkeit

Der Grundsatz der Unentgeltlichkeit ist bereits mit dem 1. BtÄndG durch eine Änderung des § 1836 Abs. 1 Satz 1 BGB betont worden. Der Gesetzgeber hatte sich davon nicht zuletzt eine (allerdings ausgebliebene) Kostenentlastung versprochen.

Der Grundsatz der Unentgeltlichkeit der Betreuung/Vormundschaft korrespondiert aber auch mit den Erwägungen, die für die Bestellung eines Betreuers maßgeblich sein sollen. So ist in § 1897 Abs. 6 Satz 1 BGB der Grundsatz der Ehrenamtlichkeit der Betreuung niedergelegt. Ein Berufsbetreuer soll nur dann bestellt werden, wenn keine andere geeignete Person als ehrenamtlicher, d.h. unentgeltlich arbeitender Betreuer zur Verfügung steht. Daneben ist es auch bei laufender Betreuung die Pflicht jedes berufsmäßigen Betreuers, es dem Gericht mitzuteilen, falls ihm Umstände bekannt werden, die eine Betreuung außerhalb der Berufsbetreuung möglich machen. Das Gericht hat dann den Berufsbetreuer zu entlassen und den geeigneten ehrenamtlichen Betreuer zu bestellen (§ 1908b Abs. 1 Satz 2 BGB; vgl. hierzu die Kommentierung zu § 1908b BGB). Die Frage nach einer Vergütungsfähigkeit der Betreuertätigkeit stellt sich deshalb nicht vorrangig erst bei der Frage, ob der bestellte Betreuer die Tätigkeit berufsmäßig ausübt. Vielmehr hängt die Vergütungsfähigkeit einer bestimmten Betreuung bereits davon ab, ob das Amtsgericht eine geeignete Person finden kann, die die Betreuung ggf. ehrenamtlich übernimmt. Gelingt dies, so steht von vornherein fest, dass die Betreuung unentgeltlich geführt werden muss.

Ausnahmsweise kann aber weiterhin auch bei fehlender Feststellung der Berufsmäßigkeit dem Betreuer eine Vergütung bewilligt werden. Diese früher nach § 1836 Abs. 3 BGB a.F. eröffnete Möglichkeit, dem Betreuer/Vormund ausnahmsweise eine Vergütung bewilligen zu können, wenn zwar die Feststellung der Berufsmäßigkeit nicht erfolgt ist, der Umfang oder die Schwierigkeit der Geschäfte dies aber rechtfertigten und das Mündel nicht mittellos war, ist jetzt in § 1836 Abs. 2 BGB ausdrücklich niedergelegt. Schon die Übernahme nur **einer** Vormundschaft/Betreuung kann danach die Vergütungsfähigkeit nach sich ziehen. Dies gilt z.B. insbesondere für den Fall, dass die Betreuung dem Betreuer im Hinblick auf dessen berufliche Ausbildung und Kenntnisse übertragen wurde (Rechtsanwalt/Steuerberater/Vermögensberater/Psychologe/Sozialarbeiter).[2] Zu Recht wird allerdings im Hinblick auf die Praxis darauf hingewiesen, dass im Interesse der Rechtsklarheit und der Kalkulierbarkeit für den Betreuer das Gericht die Feststellung der Berufsmäßigkeit bei Bestellung des Betreuers auch bei Übertragung nur einer Betreuung zu treffen hat, wenn der Ausnahmetatbestand des § 1836 Abs. 2 BGB erfüllt ist.

---

[2] BT-Drs. 13/10331, S. 41 (Beschlussempfehlung des Rechtsausschusses); BVerfG v. 01.07.1980 - 1 BvR 349/75, 1 BvR 378/76 - NJW 1980, 2179-2181; LG Düsseldorf v. 17.12.1981 - 25 T 358/81 - Rpfleger 1982, 147; LG Frankfurt v. 10.02.1984 - 2/9 T 1160/83 - AnwBl 1984, 459-461.

II. Grundsatz der Vergütung von Berufsvormund und Berufsbetreuer

7 Die Vorschrift enthält den weiteren Grundsatz, dass solche Betreuer, die berufsmäßig Betreuungen übernehmen, Anspruch auf eine Vergütung haben.[3] Diesen Anspruch erwerben sie allerdings grundsätzlich nur, wenn die Feststellung der Berufsmäßigkeit mit der Betreuerbestellung ausdrücklich durch das Amtsgericht getroffen wird.

8 Zu Recht betont *Zimmermann*, dass es keine generelle Anerkennung der Berufsmäßigkeit gibt. Diese ist vielmehr für jeden Einzelfall gesondert festzustellen.[4] Jeder Berufsbetreuer kann Betreuungen auch ehrenamtlich führen. Gibt die Sachlage für die Notwendigkeit einer Berufsmäßigkeit nichts her, will der Betreuer sie aber führen, so kann er auch als Berufsbetreuer ehrenamtlich eingesetzt werden. Die Einsetzung eines Betreuers als Berufsbetreuer ist eine Entscheidung, die das Gericht für jeden Einzelfall treffen muss.[5] Es gibt damit nicht im eigentlichen Sinn den Typus des Berufsbetreuers.

D. Feststellung der berufsmäßigen Führung der Vormundschaft oder der Betreuung

I. Notwendigkeit einer gerichtlichen Feststellung der Berufsmäßigkeit

9 Das Gesetz sieht es als zwingende Voraussetzung an, dass die Feststellung der Berufsmäßigkeit einer Betreuung getroffen wurde. Ohne diese Feststellung ist eine Vergütung regelmäßig nicht festzusetzen. Dies ergibt sich schon daraus, dass die früher geltende Regelung des § 1836 Abs. 3 BGB a.F., wonach ausnahmsweise auch dem ehrenamtlichen Betreuer unter bestimmten Voraussetzungen eine Vergütung zugesprochen werden konnte, nicht in das Gesetz aufgenommen wurde.

10 Eine Ausnahme von diesem Grundsatz ist ausschließlich dann angebracht, wenn die Feststellung der Berufsmäßigkeit erkennbar versehentlich unterlassen wurde. In diesem Fall fehlt es nur an dem Ausspruch über die Berufsmäßigkeit, obwohl für alle Beteiligten eindeutig erkennbar ist, dass die Betreuung berufsmäßig ausgeführt werden sollte. Ein solches Versäumnis im Ausspruch darf letztlich nicht zu Lasten des Betreuers gehen. Zu weit geht allerdings die Formulierung des OLG Hamm, das einen Vergütungsanspruch auch dann nicht versagt, wenn das Unterlassen der Feststellung der Berufsmäßigkeit verfahrensfehlerhaft war.[6] Der Gesetzgeber hat nämlich gerade mit der Zielvorgabe einer frühzeitigen Klärung der Vergütungsfähigkeit der Betreuung einen Anspruch des Betreuers im Falle des Unterbleibens einer solchen Feststellung ausschließen wollen.

II. Die Entscheidung über die berufsmäßige Ausübung der Vormundschaft/Betreuung

1. Allgemeines

11 Die Definitionskriterien einer berufsmäßig geführten Vormundschaft/Betreuung gehen zurück auf eine Beschlussempfehlung des Rechtsausschusses des Deutschen Bundestages vom 01.04.1998.[7] Das Gericht hat regelmäßig schon bei der Bestellung eines die Vormundschaft/Betreuung ausübenden Vormunds/Betreuers zu prüfen, ob in dessen Person die Voraussetzungen der Berufsmäßigkeit und damit der Vergütungsfähigkeit seiner Tätigkeit erfüllt sind. Dies soll nach der Intention des Gesetzgebers der Rechtsklarheit und Kalkulierbarkeit hinsichtlich der Vergütung dienen.[8]

12 Bei einem Vormund ist von einer Berufsmäßigkeit auszugehen, wenn der Vormund
- mehr als zehn Vormundschaften führt oder
- die für die Führung der Vormundschaft erforderliche Zeit voraussichtlich 20 Wochenstunden nicht unterschreitet.

13 Für den Betreuer, für den zwar ebenfalls grundsätzlich die Vorschrift des § 1 Abs. 1 VBVG gilt, enthält § 4 Abs. 3 Satz 2 VBVG jedoch eine Sonderregel. Danach liegt im Regelfall Berufsmäßigkeit bei einem Betreuer bereits vor, wenn er mehr als zehn Betreuungen führt. Es kommt wegen des Pauschalvergütungssystems nicht auf die Anzahl der von dem Betreuer geleisteten Wochenstunden an.

---

[3] *Wagenitz* in: MünchKomm-BGB, § 1 VBVG Rn. 10; *Zimmermann* in: Damrau/Zimmermann, Betreuungsrecht, 4. Aufl. 2011, § 1 VBVG Rn. 22.
[4] *Zimmermann* in: Damrau/Zimmermann, Betreuungsrecht, 4. Aufl. 2011, § 1 VBVG Rn. 1.
[5] *Zimmermann* in: Damrau/Zimmermann, Betreuungsrecht, 4. Aufl. 2011, § 1 VBVG Rn. 1.
[6] OLG Hamm v. 11.12.2007 - 15 W 290/07 - JMBl NW 2008, 125-127.
[7] BT-Drs. 13/10331, S. 41.
[8] BT-Drs. 13/10331, S. 27.

Auch der Betreuer, der nur eine einzige Betreuung führt, bei dem aber zu erwarten ist, dass er weitere Betreuungen im Rahmen einer sich entwickelnden Berufsausübung ausübt, kommt in den Genuss einer Vergütung (§ 1 Abs. 1 VBVG). Voraussetzung ist, dass das den Betreuer mit der Betreuung beauftragte Betreuungsgericht gewillt ist, dem Betreuer in Zukunft weitere Betreuungsfälle zukommen zu lassen. Ein zu prognostizierender Zeitraum von bis zu 2 Jahren[9] zur Erlangung der zwingenden Voraussetzungen einer Berufsmäßigkeit erscheint hier den Bedürfnissen der Praxis zu entsprechen.

2. Zeitpunkt der Feststellung

Vor diesem Hintergrund ist zweckmäßigerweise die Feststellung der Berufsmäßigkeit schon im Bestellungsbeschluss zu treffen. Das Gericht kann die Feststellung der Berufsmäßigkeit in einem gesonderten Beschluss treffen. Diese Verfahrensweise ist jedoch als unökonomisch und in der Praxis wenig sachdienlich abzulehnen. Sie ist allerdings zulässig.

a. Feststellung der Berufsmäßigkeit für die Zukunft

Die Feststellung der Berufsmäßigkeit kann innerhalb einer laufenden Vormundschaft/Betreuung mit Wirkung für die Zukunft erfolgen.[10] Die zeitlich der Betreuerbestellung nachfolgende Feststellung der Berufsmäßigkeit durch Beschluss des Familien-/Betreuungsgerichts ist zwar nicht explizit im Gesetzestext erwähnt. Sie ist aber zulässig. Sie ergibt sich daraus, dass möglicherweise nach Bestellung des Vormunds/Betreuers Umstände auftreten, die zu einer Neubewertung des Betreuerstatus zwingen. Erfüllt der Betreuer/Vormund ab einem bestimmten Zeitpunkt die Voraussetzungen für eine berufsmäßige Führung der Betreuung, dann muss er die Möglichkeit haben, die Änderung seines Status durch Antrag bei dem zuständigen Gericht zu erreichen. Ab der Antragstellung durch den Betreuer/Vormund besteht für das Gericht die Veranlassung, die Frage der Berufsmäßigkeit und damit seine frühere Entscheidung zu überprüfen.

Bei **nachträglichem Eintreten der Voraussetzungen einer Berufsbetreuung** wirkt die diesbezügliche Feststellung der Berufsmäßigkeit auf den Zeitpunkt der Antragstellung bei Gericht, nicht auf den Zeitpunkt des Eintretens der Voraussetzungen zurück.[11]

b. Rückwirkende Feststellung der Berufsmäßigkeit

aa. Früherer Meinungstand

Die Feststellung der Berufsmäßigkeit der Vormundschaft/Betreuung mit rückwirkender Kraft für die Vergangenheit sollte nach früher allg. Meinung möglich sein.[12]

bb. Allgemeine rückwirkende Abänderung des Betreuerstatus

Der BGH hat nun entschieden, dass die nachträgliche rückwirkende Feststellung, dass der Betreuer die Betreuung berufsmäßig führt, unzulässig ist.[13] Sie ist nach Auffassung des BGH auch dann unzulässig, wenn bei der Bestellung des Betreuers die Feststellung lediglich versehentlich unterblieben ist.[14]

Im Ausgangspunkt der Begründung des BGH steht der Umstand, dass die Entscheidung nach § 1896 BGB über die Anordnung der Betreuung mit der Bestellung des Betreuers einhergehe.[15] Mithin sei auch bereits in diesem Zeitpunkt über die Person des Betreuers zu befinden. Gemäß § 1897 Abs. 6 Satz 1 BGB soll ein Berufsbetreuer nur dann bestellt werden, wenn keine andere geeignete Person zur Verfügung steht, die zur ehrenamtlichen Führung der Betreuung bereit ist. Der Gesetzgeber habe hiermit eine Rangfolge bei der Betreuerauswahl vorgegeben[16], so dass die Entscheidung darüber, wer als Betreuer einzusetzen ist, maßgeblich davon beeinflusst werde, welche der in Frage kommenden Personen die Betreuung ehrenamtlich oder berufsmäßig führen würden. Eine mit Rückwirkung erfolgende nachträgliche Änderung des dem Betreuer zuerkannten Status von ehrenamtlich in berufsmäßig hätte daher zur Folge, dass diejenigen Umstände, die der im Rahmen der ursprünglichen Entscheidung

---

[9] *Zimmermann* in: Damrau/Zimmermann, Betreuungsrecht, 4. Aufl. 2011, § 1 VBVG Rn. 17.
[10] So ausdrücklich jetzt: BGH v. 08.01.2014 - XII ZB 354/13; a.A. LG Kleve v. 17.06.2013 - 4 T 58/13.
[11] LG Dessau-Roßlau v. 08.11.2011 - 1 T 179/11.
[12] Vgl. OLG des Landes Sachsen-Anhalt v. 09.07.2008 - 4 WF 123/07.
[13] BGH v. 08.01.2014 - XII ZB 354/13.
[14] BGH v. 29.01.2014 - XII ZB 372/13.
[15] BT-Drs. 11/4528, S. 91.
[16] BT-Drs. 13/7158, S. 50.

vorgenommenen Betreuerbestellung zugrunde lagen, im Nachhinein überholt wären.[17] Diese gesetzlichen Maßgaben stünden nach einer nachträglichen Feststellung der Berufsmäßigkeit mit Rückwirkung entgegen. Denn andernfalls könnte entgegen dem Gesetzeswortlaut und der gesetzgeberischen Intention, durch die Bestellungsentscheidung auch hinsichtlich der Betreuervergütung Rechtssicherheit und -klarheit zu gewährleisten, ohne zeitliche Schranke in den vom Betreuungsgericht durch den Beschluss nach § 1896 BGB geschaffenen Regelungszusammenhang mit Wirkung für die Vergangenheit eingegriffen werden. Hierfür bestehe kein rechtlich anzuerkennendes Bedürfnis. Der Betreuer, der sich gegen das Unterbleiben der konstitutiven Feststellung einer berufsmäßigen Führung der Betreuung wenden wolle, könne insoweit die befristete Beschwerde gemäß §§ 58 ff. FamFG gegen die Entscheidung einlegen. Diese ermögliche eine Überprüfung im engen zeitlichen Zusammenhang mit dem ursprünglichen Beschluss und eine Rückwirkung auf den Bestellungszeitpunkt. Soweit in der obergerichtlichen Rechtsprechung vertreten worden sei, eine nachträgliche Feststellung sei jederzeit möglich, hätten diesen Entscheidungen Bestellungsentscheidungen zugrunde gelegen, die noch mit der unbefristet möglichen Beschwerde nach § 19 FGG hätten angegriffen werden können.

cc. Rückwirkende Abänderung im Beschwerdeverfahren

21 Nach Auffassung des BGH ist eine Abänderung mit Wirkung für die Vergangenheit allein im Beschwerdeverfahren möglich. In einem solchen Fall wirkt die Feststellung auf den Zeitpunkt der angefochtenen Entscheidung zurück.[18]

dd. Stellungnahme

22 Der Auffassung des BGH ist aus Gründen der Rechtssicherheit zuzustimmen. In der Tat ist auch kein allgemeines Bedürfnis zu erkennen, den Betreuerstatus für die Vergangenheit außerhalb eines Beschwerdeverfahrens zu ändern.

3. Ermessen

23 Das Betreuungsgericht **hat** bei Vorliegen der Voraussetzungen die Feststellung der Berufsmäßigkeit zu treffen. Ein Ermessen besteht bei Vorliegen der genannten Voraussetzungen nicht.[19]

24 Allerdings eröffnet die Vorschrift dem Gericht einen Prognosespielraum, soweit der betreffende Vormund/Betreuer die Voraussetzungen im Zeitpunkt seiner Bestellung noch nicht erfüllt.

4. Prognoseentscheidung

25 Nur das Gericht kann aufgrund der ihm in Bezug auf den betreffenden Betreuer vorliegenden Informationen entscheiden, ob die Aussicht besteht, dass der Betreuer die Kriterien (mehr als zehn Betreuungen/mehr als 20 Arbeitsstunden je Woche) in absehbarer Zeit erfüllen wird. Es kann sich dabei aber durch die Betreuungsbehörde beraten lassen. Diese hat u.U. Informationen darüber, ob der Betreuer eventuell auch in anderen Gerichtsbezirken mutmaßlich mit Betreuungen betraut werden wird.

26 Das Merkmal der absehbaren Zeit ist als unbestimmter Rechtsbegriff im Gesetz nicht näher definiert. Der Inhalt dieses Begriffes lässt sich nicht allgemeingültig für alle Einzelfälle abstrakt bestimmen. Bestimmen lässt sich die Zeitdauer nur nach objektiven und subjektiven Kriterien in Abhängigkeit von den jeweiligen Besonderheiten des betroffenen Amtsgerichtsbezirks, in dem Betreuungen angeordnet werden. Denn die Struktur der Betreuungen ist gerade im Hinblick auf das Verhältnis ehrenamtlicher zu berufsmäßig geführten Betreuungen innerhalb des Bundesgebietes sehr unterschiedlich. Deshalb ist es sachgerecht, in Bezirken mit einem höheren prozentualen Anteil berufsmäßiger Betreuungen die Zeitspanne „absehbare Zeit" geringer anzusetzen als in Bezirken mit einem eher kleineren Anteil berufsmäßiger Betreuungen innerhalb der Gesamtbetreuungsanzahl. Daneben kommt der Frage Bedeutung zu, wie viele qualifizierte Menschen sich um Berufsbetreuungen bemühen. In Gerichtsbezirken mit bezogen auf den Bedarf wenigen Interessenten dürfte die Zeitspanne „absehbare Zeit" naturgemäß kürzer zu bemessen sein als in Bezirken, in denen verhältnismäßig viele gleichermaßen qualifizierte Bewerber zur Übernahme berufsmäßiger Betreuungen bereit sind. In diesen Fällen die Zeitspanne zu kurz anzusetzen hieße, den betreffenden Betreuern eine Vergütung zu verweigern, ohne dass diese die Chance hätten, in dieser Zeit die notwendige Anzahl von Betreuungen zu erlangen. Das Gericht hat

---

[17] BGH v. 08.01.2014 - XII ZB 354/13.
[18] BGH v. 08.01.2014 - XII ZB 354/13.
[19] A.A. *Bauer* in: HK-BUR, § 1836 Rn. 79 (72. Akt. 02/2010).

deshalb im Rahmen seiner Prognoseentscheidung immer zu berücksichtigen, in welchem Zeitraum voraussichtlich die notwendige Anzahl von Betreuungen von dem einzelnen Betreuer erreicht werden kann.

5. Aufhebung der Feststellung

Die Feststellung der Berufsmäßigkeit einer Betreuung führt unmittelbar zu einem Vergütungsanspruch des Betreuers (Grundsatz der Vergütungspflicht, vgl. Rn. 7). Die Feststellung soll zugleich Rechtsklarheit schaffen wie auch dem Betreuer die wirtschaftliche Kalkulierbarkeit seiner Tätigkeit erlauben. Deshalb ist das Gericht gehindert, mit Wirkung für die Vergangenheit die Feststellung der Berufsmäßigkeit abzuändern bzw. aufzuheben. 27

Die Feststellung der Berufsmäßigkeit kann allerdings für die Zukunft aufgehoben werden. Soweit ein Berufsbetreuer mangels Übernahme weiterer möglicher Betreuungen die Voraussetzungen der Berufsmäßigkeit nicht länger und auch nicht in absehbarer Zeit wieder erfüllt, liegt kein Grund vor, ihm weiterhin eine Vergütung zu gewähren. Nach der gesetzlichen Konzeption ist es nämlich ausgeschlossen, dass eine einmal festgestellte Berufsmäßigkeit zeitlich grenzenlos fortwirkt, auch wenn die Voraussetzungen der Berufsmäßigkeit später wegfallen. Dies ergibt sich aus der Tatsache, dass grundsätzlich nicht nur der einzelne Betreuungsfall über die Berufsmäßigkeit entscheidet, sondern die Gesamtzahl der dem Betreuer übertragenen Betreuungen. 28

III. Entstehung des Vergütungsanspruchs

Der Vergütungsanspruch entsteht unmittelbar mit dem Wirksamwerden der gerichtlichen Bestellung des Betreuers. Der vergütungsfähige Zeitraum beginnt danach mit dem auf den Zugang des Bestellungsbeschlusses folgenden Tag. Eine vor diesem Zeitpunkt erfolgte Tätigkeit ist nicht vergütungsfähig, auch wenn sie auf Veranlassung des Gerichts erfolgte.[20] 29

Da im pauschalierten Vergütungssystem des Betreuungsrechts eine konkrete Tätigkeit des Betreuers nicht mehr Voraussetzung einer Vergütung ist, kommt es insoweit nicht darauf an, dass der Betreuer schon mit diesem Tag seine Tätigkeit aufnimmt. Der Betreuer hat den Anspruch auf die Vergütung deshalb auch dann, wenn er im Zeitpunkt des Wirksamwerdens des Bestellungsbeschlusses und in den Tagen danach keine einschlägige Betreuertätigkeit ausübt. 30

IV. Inhalt des Vergütungsanspruchs

Die Feststellung der Berufsmäßigkeit hat nur zur Folge, dass der Betreuer/Vormund/Pfleger – in Abweichung von dem gesetzlichen Leitbild der unentgeltlichen Führung des Amtes – überhaupt eine Vergütung beanspruchen kann. Eine Aussage darüber, nach welchen Vorschriften sich die Vergütung bemisst – nach VBVG oder nach RVG –, ist mit dem Zusatz „berufsmäßig" nicht verbunden.[21] 31

Der anwaltliche Verfahrenspfleger kann nach Auffassung des BGH eine Vergütung nach dem Rechtsanwaltsvergütungsgesetz beanspruchen, soweit er im Rahmen seiner Bestellung solche Tätigkeiten zu erbringen hat, für die ein Laie in gleicher Lage vernünftigerweise einen Rechtsanwalt zuziehen würde.[22] 32

Die Tätigkeit eines Rechtsanwaltes als Verfahrenspfleger in Freiheitsentziehungssachen ist generell als anwaltsspezifische Tätigkeit nach den Vorschriften des RVG zu vergüten.[23] Die Freiheit ist ein besonderes Grundrecht, gegen dessen Entzug dem Betroffenen anwaltlicher Schutz zu ermöglichen ist. Wird schon dem nicht psychisch oder geistig eingeschränkten Straftäter strafprozessual ein anwaltlicher Verteidiger gegen einen drohenden Freiheitsverlust zugestanden, dann muss erst recht demjenigen anwaltlicher Schutz ermöglicht werden, der aufgrund einer Behinderung oder Erkrankung in eigenen Angelegenheiten eines Betreuers bedarf. Der Zugang zu anwaltlicher Vertretung kann effektiv nur dadurch erreicht werden, dass eine anwaltsspezifische Vergütung erfolgt. 33

---

[20] Brandenburgisches OLG v. 10.12.2008 - 9 WF 190/08; Schleswig-Holsteinisches OLG v. 20.05.1998 - 2 W 55/98.
[21] LG Saarbrücken v. 15.07.2013 - 5 T 231/13.
[22] BGH v. 27.06.2012 - XII ZB 685/11.
[23] Offengelassen von LG Saarbrücken v. 15.07.2013 - 5 T 231/13.

E. Mittellosigkeit

I. Voraussetzungen der Mittellosigkeit

34 Grundsätzlich besteht der Vergütungsanspruch des Vormunds/Betreuers gegen das Mündel/den Betreuten. Ist dieser jedoch mittellos, so kann der Vormund eine Vergütung aus der Staatskasse beanspruchen. Hinsichtlich der Mittellosigkeit nimmt § 1 VBVG Bezug auf § 1836d BGB.

II. Mittellosigkeit, Vergütungshöhe, Vergütungsanspruch

1. Vergütungshöhe

35 Für den Umfang des dem Betreuer gemäß § 5 VBVG zu vergütenden Zeitaufwands ist demgegenüber darauf abzustellen, ob der Betreute im Vergütungszeitraum mittellos war.[24] Es kommt also allein auf die wirtschaftliche Situation des Betreuten in dem Zeitraum an, für den eine Vergütung verlangt wird.

2. Vergütungsanspruch

36 Der Vergütungsanspruch des Betreuers richtet sich gegen die Staatskasse, wenn der Betreute im Zeitpunkt der letzten Tatsachenentscheidung mittellos ist.[25] Vergütungsschuldner des Berufsbetreuers ist bei Mittellosigkeit des Betreuten die Staatskasse (§§ 1908i Abs. 1 Satz 1, 1836 Abs. 1 Satz 3 BGB i.V.m. § 1 Abs. 2 Satz 2 VBVG) und bei vorhandenem verwertbaren Vermögen der Betreute (§§ 1908i Abs. 1, 1836 Abs. 1 BGB i.V.m. § 1 Abs. 2 Satz 1 VBVG). Mit der Übernahme der Betreuungskosten erbringt die Staatskasse eine Sozialleistung, die gemäß § 1836c BGB davon abhängt, dass der Betreute über kein einzusetzendes Vermögen im Sinne des Sozialhilferechts verfügt. Der Betreute soll durch die Kosten der Betreuung nicht in seinen vorhandenen Lebensgrundlagen wesentlich beeinträchtigt werden. Deshalb ist für die Feststellung, ob der Betreute mittellos oder vermögend ist, auf den Zeitpunkt der Entscheidung in der letzten Tatsacheninstanz (im Verfahren auf Feststellung der Vergütung) abzustellen.

37 Auch wenn die Voraussetzungen für die Annahme einer Mittellosigkeit erst im Rahmen von Vollstreckungsmaßnahmen gegen das Mündel/den Betreuten erkennbar werden, kann das Gericht auch nachträglich eine Vergütung aus der Staatskasse zubilligen.[26]

III. Regress der Staatskasse

38 Die Staatskasse kann für die gegenüber dem Betreuer erbrachten Vergütungsleistungen Regress bei dem Betreuten nehmen. Mit der Leistungserbringung durch die Staatskasse geht der Vergütungsanspruch gemäß § 1908i Abs. 1 Satz 1 i.V.m. § 1836e Abs. 1 Satz 1 BGB auf diese über. Die Staatskasse tritt dadurch in die Gläubigerstellung des Betreuers ein. Damit ist der Staatskasse die Möglichkeit eröffnet, nunmehr ihrerseits diesen Anspruch geltend zu machen, also beim Betreuten Regress zu nehmen. Der Betreute ist damit grundsätzlich – anders als im Sozialhilferecht – zur Rückzahlung der Betreuervergütung verpflichtet.[27]

39 Die Leistungsfähigkeit des Betreuten ist im Regress erneut zu prüfen. Maßstab hierfür ist das nach § 1836c BGB einzusetzende Einkommen und Vermögen des Betreuten, auf das seine Inanspruchnahme begrenzt ist. Demzufolge muss auch ein zur Zeit der Betreuertätigkeit mittelloser Betreuter seine nunmehr vorhandenen Mittel im Rahmen des § 1836c BGB für die Kosten der Betreuung einsetzen.[28]

40 Auf den Regress findet § 1836d BGB keine Anwendung, soweit der Betreute danach auch als mittellos gilt, wenn er die Forderung zum Teil oder in Raten erfüllen könnte. Andernfalls wäre ein Regress selbst dann ausgeschlossen, wenn der Betreute die übergegangene Forderung ratenweise begleichen könnte.[29] Der Regress ist deshalb insbesondere in den Fällen möglich, in denen der Betreute die Vergütungsforderung nur in Raten erfüllen könnte, und deshalb hinsichtlich des Vergütungsanspruches des Betreuers als mittellos gilt.

41 Der auf die Staatskasse übergegangene Vergütungsanspruch verjährt in drei Jahren.[30]

---

[24] BGH v. 06.02.2013 - XII ZB 582/12.
[25] BGH v. 06.02.2013 - XII ZB 582/12.
[26] A.M. vgl. OLG Frankfurt v. 13.05.2009 - 20 W 477/08.
[27] BGH v. 09.01.2013 - XII ZB 478/11.
[28] BGH v. 09.01.2013 - XII ZB 478/11.
[29] BGH v. 09.01.2013 - XII ZB 478/11.
[30] BGH v. 25.01.2012 - XII ZB 461/11; BGH v. 25.01.2012 - XII ZB 605/10.

§ 2 VBVG Erlöschen der Ansprüche

(Fassung vom 17.12.2008, gültig ab 01.09.2009)

¹Der Vergütungsanspruch erlischt, wenn er nicht binnen 15 Monaten nach seiner Entstehung beim Familiengericht geltend gemacht wird; die Geltendmachung des Anspruchs beim Familiengericht gilt dabei auch als Geltendmachung gegenüber dem Mündel. ²§ 1835 Abs. 1a des Bürgerlichen Gesetzbuchs gilt entsprechend.

Gliederung

A. Kurzcharakteristik 1	2. Abschlagszahlungen 26
B. Praktische Bedeutung 4	3. Nachforderungen 27
C. Geltungsbereich 5	E. Abweichende Frist............................ 28
D. Anwendungsvoraussetzungen 8	I. Verkürzung 28
I. Verhältnis zur Verjährung................ 8	II. Verlängerung................................. 29
II. Geltendmachung............................. 9	F. Rückforderung überzahlter Betreuer-
III. Beginn der 15-Monatsfrist............. 13	vergütungen................................... 30
IV. Anforderungen an den Vergütungsantrag....... 18	I. Keine Anwendung des § 2 VBVG auf Rück-
V. Einwendungen des Vergütungsschuldners....... 22	forderungsanspruch 30
VI. Wirkungen des Fristablaufs.......... 23	II. Ausnahme: Vertrauensschutz......... 32
1. Allgemeines 23	G. Verjährung 34

A. Kurzcharakteristik

Die Vorschrift lehnt sich an die des § 1835 Abs. 1 Satz 3 BGB an (vgl. die Kommentierung zu § 1835 BGB). Der Sinn und Zweck der Vorschrift liegt in der zügigen Geltendmachung der Vergütungsansprüche durch den Vormund bzw. Betreuer.[1] Die Ansprüche sollen zeitnah und effektiv überprüft werden können, um die Leistungsfähigkeit des Mündels bzw. Betreuten nicht zu überfordern und letztlich auch die Ersatzhaftung der Staatskasse auszuschließen.[2]   1

Die materiell-rechtliche Ausschlussfrist des § 2 VBVG geht den allgemeinen Verjährungsregeln des BGB vor. Mit Ablauf der Frist ist unmittelbar das Forderungsrecht bzgl. einer Vergütung erloschen.[3] Das Vormundschaftsgericht kann allerdings auf Antrag des Betreuers von den Fristen abweichen. Dies ergibt sich aus der übernommenen entsprechenden Anwendung des § 1835 Abs. 1a BGB.   2

In das Gesetz wurde auch die Regelung übernommen, wonach die Geltendmachung gegenüber dem Vormundschaftsgericht bereits als Geltendmachung gegenüber dem Mündel betrachtet wird.   3

B. Praktische Bedeutung

Der Vorschrift kommt eine erhebliche praktische Bedeutung zu. Will der Betreuer seinen Vergütungsanspruch nicht einbüßen, so hat er grundsätzlich die recht kurze Frist des § 2 VBVG zu beachten. Will er ein Erlöschen der Ansprüche nicht riskieren, hat er gegebenenfalls rechtzeitig, d.h. vor Fristablauf, auf die Verlängerung der Frist hinzuwirken.   4

C. Geltungsbereich

Die Vorschrift findet Anwendung auf sämtliche Vergütungsansprüche. Im Einzelnen gilt sie für: 5
- Vormünder (§ 3 VBVG).
- Berufsbetreuer (§§ 4, 5 VBVG).
- Sterilisationsbetreuer und Verhinderungsbetreuer (§ 6 VBVG).
- Gegenbetreuer (§ 1908i BGB i.V.m. § 1836 BGB).
- Vereinsbetreuer (§ 7 VBVG).

---

[1] BGH v. 06.11.2013 - XII ZB 86/13.
[2] BT-Drs. 13/7158, S. 22; BGH v. 06.11.2013 - XII ZB 86/13; OLG Naumburg v. 30.11.2002 - 8 Wx 28/02; OLG Schleswig v. 06.02.2002 - 2 W 193/01 - NJW-RR 2002, 1227-1228.
[3] *Zimmermann* moniert zu Recht, dass der Staat sich hier ein Recht herausnehme, übliche Verjährungsfristen im Interesse der Kostenersparnis willkürlich zu verkürzen im Vertrauen auf einen vergesslichen Betreuer (*Zimmermann* in: Damrau/Zimmermann, Betreuungsrecht, 4. Aufl. 2010, § 2 VBVG Rn. 1).

- Verfahrenspfleger[4], Abwesenheitspfleger, Nachlasspfleger[5], Umgangspfleger[6].
6 Für die Aufwandsentschädigung des ehrenamtlichen Betreuers ist § 2 VBVG nicht anwendbar. Dieser Anspruch wird durch § 1835 Abs. 1 BGB geregelt. Nur wenn der ehrenamtliche Betreuer ausnahmsweise eine Vergütung beanspruchen kann, wird dieser Anspruch auch durch § 2 VBVG erfasst.
7 Auch auf Ansprüche des Behördenbetreuers ist § 2 VBVG nicht anwendbar (§ 8 Abs. 4 VBVG).

D. Anwendungsvoraussetzungen

I. Verhältnis zur Verjährung

8 Nach § 2 Satz 1 VBVG erlischt der Vergütungsanspruch, wenn er nicht binnen 15 Monaten nach seiner Entstehung geltend gemacht wird.[7] Es handelt sich daher nicht um eine Verjährungsvorschrift, sondern um eine **Ausschlussfrist**. Ausschlussfristen begrenzen eine Leistungspflicht objektiv, indem sie eine feste Zeit vorgeben, innerhalb derer der Gläubiger sein Recht geltend machen muss. Mit ihrem Ablauf erlischt das Recht von selbst. Steht ein Recht unter einer Ausschlussfrist, so ist es von vornherein nur in der durch sie bestimmten zeitlichen Begrenzung begründet.[8] Die Ausschlussfrist greift insoweit der Verjährung vor.

II. Geltendmachung

9 Die Ansprüche sind deshalb zwingend binnen 15 Monaten nach ihrer Entstehung geltend zu machen.[9] Das gilt sowohl bei Ansprüchen gegen die Staatskasse als auch gegen das Vermögen des Betreuten. Die Frist bezieht sich auf jede einzelne Tätigkeit; nicht z.B. auf ein Kalender- oder Rechnungsjahr. Die Vergütung ist abgesehen von einer vorherigen Fristverlängerung durch das Betreuungsgericht regelmäßig vor Ablauf von 15 Monaten nach der Entstehung geltend zu machen.
10 Der Antrag auf Festsetzung einer Vergütung ist immer bei dem Betreuungsgericht einzureichen. Das gilt auch für die Fälle, in denen die Vergütung letztlich vom nicht mittellosen Betreuten zu zahlen ist.
11 Für die Einhaltung der in § 2 Satz 1 VBVG für die Geltendmachung einer Betreuervergütung geregelten Ausschlussfrist von 15 Monaten kommt es allerdings nicht darauf an, dass der Festsetzungsantrag des Betreuers von Anfang an den richtigen Schuldner – die Landeskasse oder den Betreuten – bezeichnet.[10]
12 Unerheblich ist auch, ob es sich um einen vermögenden oder einen mittellosen Betreuten handelt bzw. ob der ursprünglich vermögende Betreute mittellos wird.[11]

III. Beginn der 15-Monatsfrist

13 Kontrovers diskutiert wurde die Frage, wann der Lauf der Frist beginnt. Diese Frage ist zumindest zum Teil durch den BGH entschieden.
14 Das OLG Frankfurt vertrat die Auffassung, es sei eine taggenaue Berechnung bezogen auf das Eingangsdatum des Vergütungsantrags beim Familiengericht unter Berücksichtigung des Zeitraums von 15 Monaten vorzunehmen.[12] Begründet wurde dies mit der insoweit eindeutigen gesetzlichen Regelung, wonach der Vergütungsanspruch mit der Tätigkeit beginne. Dem stehe auch § 9 VBVG nicht entgegen. Denn diese Norm betreffe nicht die Entstehung des Anspruchs, sondern habe nur Bedeutung für das Festsetzungsverfahren. Diese Auffassung würde somit dazu führen, dass ein Betreuer seinen Anspruch auf Vergütung für diejenige Zeitspanne verliert, die mehr als 15 Monate vor dem Eingang seines Vergütungsantrags liegt. Anders sah es u.a. das OLG München. Es hatte deshalb zur Klärung der Frage des Beginns der Ausschlussfrist eine Vorlage zur Entscheidung an den BGH gerichtet.[13]

---

[4] LG Saarbrücken v. 15.07.2013 - 5 T 231/13; OLG Sachsen-Anhalt v. 06.05.2013 - 2 Wx 54/12.
[5] OLG Düsseldorf v. 05.03.2014 - 3 Wx 245/13; OLG Sachsen-Anhalt v. 09.07.2013 - 2 Wx 44/13; OLG Sachsen-Anhalt v. 11.11.2011 - 2 Wx 15/11; OLG Zweibrücken v. 30.04.2007 - 3 W 49/07; KG Berlin v. 09.09.2005 - 1 W 166/05.
[6] OLG Karlsruhe v. 13.09.2013 - 2 WF 125/13.
[7] AG Koblenz v. 23.03.2012 - 195 F 26/10.
[8] OLG Köln v. 29.08.2008 - 4 WF 92/08.
[9] Brandenburgisches OLG v. 23.07.2007 - 10 WF 164/07 - ZKJ 2008, 123.
[10] LG Saarbrücken v. 17.11.2008 - 5 T 299/08.
[11] Oberlandesgericht des Landes Sachsen-Anhalt v. 11.11.2011 - 2 Wx 15/11.
[12] OLG Frankfurt v. 28.09.2007 - 20 W 276/07 - Rpfleger 2008, 28-29; so auch LG Münster v. 22.06.2007 - 5 T 91/07 - FamRZ 2008, 187.
[13] OLG München v. 03.03.2008 - 33 Wx 236/07.

Der BGH[14] hatte in seiner Rechtsprechung zunächst einer taggenauen Berechnung eine Absage erteilt (offen gelassen hatte der BGH, ob die Ausschlussfrist nach § 2 Satz 1 VBVG nicht sogar erst nach Ablauf des nach § 9 VBVG vorgegebenen Abrechnungsquartals zu laufen beginnt). Eine taggenaue Berechnung berücksichtigt jedenfalls nicht, dass durch die Einführung der Pauschalierung der Vergütung für die Betreuertätigkeit ab 01.07.2005 durch Stundensätze die Anspruchsentstehung nicht einzelnen Tagen zugeordnet werden kann.[15] Der Betreuer kann vielmehr für jeden Monat, in dem die Betreuung besteht, eine Vergütung verlangen. Die Ausübung einer konkreten Betreuungstätigkeit wird dabei typisierend unterstellt; nicht erforderlich ist, dass der Betreuer in dem zu vergütenden Betreuungsmonat auch tatsächlich für den Betreuten überhaupt oder in dem vom Gesetz pauschalierend unterstellten Umfang tätig geworden ist. Daraus folgt, dass sich der Vergütungsanspruch – nach dem System des § 5 VBVG – nicht einzelnen Tätigkeiten oder Tagen zuordnen lässt; vergütet wird vielmehr das nach Monaten bemessene „Betreuersein" schlechthin. Von daher ist die Vorstellung konsequent, dass der Vergütungsanspruch grundsätzlich erst mit dem Ablauf des einzelnen Betreuungsmonats zur Entstehung gelangt und deshalb auch die fünfzehnmonatige Ausschlussfrist des § 2 VBVG jedenfalls nicht vor diesem Zeitpunkt in Lauf gesetzt werden kann.[16]

15

Der BGH hat nun klargestellt, dass die Frist des § 2 VBVG erst mit Ablauf des jeweiligen Abrechnungsquartals beginnt.[17] Aus dem Zweck des § 2 VBVG und dem Zusammenhang mit der Fälligkeitsregelung in § 9 VBVG folge, dass der pauschale Vergütungsanspruch des Berufsbetreuers im Sinne von § 2 VBVG zu dem Zeitpunkt entsteht, in dem er gemäß § 9 VBVG erstmals geltend gemacht werden könne. Es ist richtig, den Beginn der Ausschlussfrist des § 2 VBVG an das jeweilige Ende eines Abrechnungsquartals anzuknüpfen. Anderenfalls würde der 15-monatige Zeitraum faktisch verkürzt werden. Zwar entsteht der Vergütungsanspruch mit der Bestellung des Betreuers. Dieser kann seinen Anspruch aber nicht unmittelbar geltend machen, sondern erst mit Ablauf der 3-Monatsfrist des § 9 VBVG. Würde die Ausschlussfrist schon vor dem Zeitpunkt beginnen, zu dem der Betreuer seinen Anspruch geltend machen kann, würde die Ausschlussfrist entsprechend verkürzt. Eine solche betreuerfeindliche Auslegung der entsprechenden Normen ist allerdings nicht geboten.[18] Die Anknüpfung des Beginns der Ausschlussfrist an das Ende des Abrechnungsquartals steht auch in Übereinstimmung mit der Zielsetzung des 2. Betreuungsrechtsänderungsgesetzes.[19] Die Ausschlussfrist des § 2 VBVG beginnt deshalb erst zu dem Zeitpunkt, in dem der Anspruch auf Betreuervergütung gemäß § 9 VBVG erstmals geltend gemacht werden kann.[20]

16

Die Vergütungsansprüche des Nachlasspflegers entstehen nicht erst mit der Aufhebung der Nachlasspflegschaft, sondern taggenau mit der jeweiligen Tätigkeit. Anders als bei Betreuern gilt insbesondere § 9 VBVG nicht, so dass für Erwägungen, den Beginn der Ausschlussfrist nach § 2 Satz 1 VBVG erst auf den Beginn des Folgemonats zu verlegen, kein Raum besteht. Ein Nachlasspfleger darf seine Vergütungsansprüche jeweils unmittelbar nach ihrer Entstehung geltend machen. Damit er seinen Anspruch nicht verliert, muss er auch die jeweiligen Ansprüche innerhalb der Ausschlussfrist geltend machen, die dann entsprechend taggenau zu berechnen ist.[21]

17

IV. Anforderungen an den Vergütungsantrag

Eine Bezifferung der Vergütung, die nach bisherigem Recht als erforderlich angesehen wurde (vgl. die Kommentierung zu § 1836 BGB), ist im **Betreuungsverfahren** nicht mehr zwingend erforderlich. Für die Geltendmachung des Vergütungsanspruchs ist es angesichts der Pauschalierung der Vergütung ausreichend, wenn dem Gericht die Kriterien zur Bemessung der Vergütung mitgeteilt werden.[22] Es ist danach ausreichend, aber auch zwingend, dass der Betreuer Angaben zur Ermittlung der Höhe des von

18

---

[14] BGH v. 28.05.2008 - XII ZB 53/08.
[15] So schon: OLG München v. 03.03.2008 - 33 Wx 236/07.
[16] BGH v. 28.05.2008 - XII ZB 53/08.
[17] BGH v. 13.03.2013 - XII ZB 26/12.
[18] KG Berlin v. 14.10.2008 - 1 W 392/08; LG Göttingen v. 25.07.2007 - 5 T 117/07 - FamRZ 2008, 92.
[19] OLG Düsseldorf v. 12.03.2010 - I-25 Wx 82/09.
[20] BGH v. 13.03.2013 - XII ZB 26/12; KG Berlin v. 14.10.2008 - 1 W 392/08; OLG Dresden v. 02.01.2008 - 3 W 1439/07; OLG Frankfurt v. 28.09.2007 - 20 W 276/07 - Rpfleger 2008, 28-29, tendenziell zustimmend BGH v. 28.05.2008 - XII ZB 53/08; so auch *Fröschle* in: MünchKomm-BGB, § 9 VBVG Rn. 8; abweichend: *Wagenitz* in: MünchKomm-BGB, § 2 VBVG Rn. 1.
[21] OLG Köln v. 30.01.20134 - 2 Wx 265/12.
[22] OLG Hamm v. 22.01.2009 - 15 Wx 269/08.

ihm zu beanspruchenden Stundensatzes sowie zur Unterbringung des Betreuten macht. Das Betreuungsgericht kann daraus ohne unzumutbaren Aufwand unmittelbar die Höhe der dem Betreuer zustehenden Vergütung bestimmen.

19 Die Ausschlussfrist für die Geltendmachung von Vergütungsansprüchen eines Berufsbetreuers wird durch ein an das Betreuungsgericht gerichtetes Schreiben, mit dem „vorsorglich zur Fristwahrung ein Vergütungsantrag gestellt" wird, allerdings nicht gewahrt, wenn der Antrag ansonsten keinerlei Angaben zur Prüfung des Stundenansatzes enthält.[23]

20 Die bloße Geltendmachung eines bezifferten, vielleicht sogar völlig überzogenen Phantasiebetrages reicht ebenso nicht aus, wenn keine hinreichenden tatsächlichen Angaben zur Berechnung der Vergütung gemacht werden.[24]

21 Der **Vergütungsantrag des Nachlasspflegers** muss die Prüfung und Feststellung der zutreffenden Vergütungshöhe ermöglichen. Die bloße Angabe der Stundenzahl ohne konkreten Tätigkeitsnachweis reicht für die fristgerechte Geltendmachung des Anspruchs nicht aus.[25]

V. Einwendungen des Vergütungsschuldners

22 Der Einwand mangelhafter Führung der Betreuung/Pflegschaft ist bei der Bewilligung der Vergütung – bei der es sich um eine angemessene Entschädigung für tatsächlich erbrachte Bemühungen handelt – anerkanntermaßen nicht zu berücksichtigen.[26]

VI. Wirkungen des Fristablaufs

1. Allgemeines

23 Der Fristablauf bewirkt, dass die Vergütungsforderung nicht mehr geltend gemacht werden kann.

24 Es kommt nicht darauf an, warum die Forderung nicht rechtzeitig geltend gemacht wurde. § 2 VBVG ist keine Verjährungsregelung, sondern materiell-rechtliche Ausschlussfrist. Der Anspruch steht nicht zur Disposition der Beteiligten, so dass seinem Erlöschen auch nicht das Gebot von Treu und Glauben im Rechtsverkehr gemäß § 242 BGB entgegengehalten werden kann.[27]

25 Ebenso ist die Wiedereinsetzung in den vorigen Stand bei Fristversäumung nicht möglich.

2. Abschlagszahlungen

26 Sind Abschlagszahlungen geleistet worden, so sind sie auch dann nicht zurückzufordern, wenn der Vergütungsantrag nicht fristgemäß eingeht. Wurden für den Vergütungsanspruch bereits Abschlagszahlungen festgesetzt, ist die Überschreitung der Ausschlussfrist in dieser Höhe unschädlich.[28]

3. Nachforderungen

27 Nach Fristablauf ist eine über die Anmeldung hinausgehende Nachforderung ausgeschlossen. Die Wirkungen der Vergütungsanmeldung sind auf die jeweils angemeldete Vergütungshöhe begrenzt. Werden diejenigen Tatsachen, die einen höheren Vergütungsanspruch begründen, nicht mitgeteilt, so ist dieser Anspruch auch nicht im Sinne des Gesetzes geltend gemacht.[29]

E. Abweichende Frist

I. Verkürzung

28 Das Gericht kann die Frist nach § 2 Satz 2 VBVG i.V.m. § 1835 Abs. 1a BGB auf minimal 2 Monate verkürzen, muss in dem Beschluss dann aber auf die Rechtsfolgen dieser Verkürzung hinweisen. Soweit das Gericht von der ihm durch Satz 2 eröffneten Möglichkeit Gebrauch macht, eine von Absatz 1 abweichende Frist zu bestimmen, ist zu beachten, dass diese zwei Monate nicht unterschreiten darf.

---

[23] KG Berlin v. 31.03.2013 - 1 W 169/12.
[24] OLG Frankfurt v. 13.08.2001 - 20 U 113/01.
[25] BGH v. 24.10.2012 - IV ZB 13/12.
[26] OLG Düsseldorf v. 05.03.2014 - 3 Wx 245/13.
[27] OLG Düsseldorf v. 19.02.2014 - 3 Wx 292/11; OLG Köln v. 29.08.2008 - 4 WF 92/08.
[28] OLG Köln v. 29.08.2008 - 4 WF 92/08.
[29] OLG Hamm v. 22.01.2009 - 15 Wx 269/08.

II. Verlängerung

Die Frist des Satzes 1 kann durch das Gericht verlängert werden. Eine Verlängerung der gesetzlichen Ausschlussfrist setzt voraus, dass das Gericht dem Vormund/Betreuer einen Schlusszeitpunkt für die Einreichung seines Antrags mitteilt. Die bloße Erinnerung an die Nachreichung von Tätigkeitsnachweisen kann nicht als Fristverlängerung verstanden werden. Allerdings gilt dies nicht für schon erloschene Vergütungsansprüche.[30]

F. Rückforderung überzahlter Betreuervergütungen

I. Keine Anwendung des § 2 VBVG auf Rückforderungsanspruch

Die Vorschrift des § 2 VBVG gilt nicht für die Rückforderung einer überzahlten Betreuervergütung. Der Rückforderungsanspruch der Staatskasse erlischt deshalb nicht nach 15 Monaten[31], sondern unterliegt den allgemeinen Vorschriften über die Verjährung. Nach dem eindeutigen Wortlaut gilt § 2 VBVG nur für den Betreuer und nicht auch im umgekehrten Fall einer Rückforderung durch die Staatskasse.[32]

Die Vorschrift richtet sich nach ihrer Stellung im Gesetz ausschließlich an den Vormund bzw. Betreuer. Für den Fall der Rückforderung zu viel gezahlter Betreuervergütung findet sich hingegen keine ausdrückliche Regelung. Einer analogen Anwendung des § 2 VBVG steht jedenfalls entgegen, dass eine vergleichbare Interessenlage nicht gegeben ist. Sinn und Zweck der mit § 2 VBVG geregelten fünfzehnmonatigen Ausschlussfrist für die Geltendmachung des Vergütungsanspruchs ab dessen Entstehung ist es, den Betreuer zur zügigen Geltendmachung seiner Ansprüche anzuhalten. Damit soll verhindert werden, dass Ansprüche in einer Höhe auflaufen, die die Leistungsfähigkeit des Betreuten überfordert, dessen Mittellosigkeit begründet und damit eine Einstandspflicht der Staatskasse auslöst, die bei rechtzeitiger Inanspruchnahme des Betreuten nicht begründet gewesen wäre. Die Inanspruchnahme der Staatskasse soll in allen Fällen vermieden werden, in denen die Vergütungsansprüche bei fristgerechter Geltendmachung aus dem einzusetzenden Einkommen und Vermögen des Betroffenen befriedigt werden können. Die Obliegenheit zur fristgerechten Geltendmachung des Rückforderungsanspruchs dient wesentlich dem Interesse der Staatskasse; sie kann nach ihrem Sinn und Zweck nicht die Staatskasse selbst treffen.

II. Ausnahme: Vertrauensschutz

Allerdings kann einer (Neu-)Festsetzung der Betreuervergütung, welche eine Rückforderung überzahlter Beträge zur Folge hätte, im Einzelfall der Vertrauensgrundsatz entgegenstehen, wenn das Vertrauen des Betreuers auf die Beständigkeit einer ihm in der Vergangenheit rechtswidrig gewährten Vergütung schutzwürdig ist. Der öffentlich-rechtliche Erstattungsanspruch auf Rückforderung überzahlter Betreuervergütung kann entfallen, wenn eine Abwägung im Einzelfall ergibt, dass dem Vertrauen des Berufsbetreuers auf die Beständigkeit der eingetretenen Vermögenslage gegenüber dem öffentlichen Interesse an der Wiederherstellung einer dem Gesetz entsprechenden Vermögenslage der Vorrang einzuräumen ist.[33]

Es ist regelmäßig davon auszugehen, dass der Berufsbetreuer seinen Lebensunterhalt ganz oder teilweise aus den Einnahmen der Betreuervergütung bestreitet und die formlos festgesetzten und ausgezahlten Beträge im Zeitpunkt der späteren förmlichen Festsetzung regelmäßig bereits verbraucht sind. Daher kann eine Zumutbarkeitsschwelle überschritten sein, wenn bereits ausgezahlte Vergütungen für einen übermäßig langen Zeitraum zurückgefordert werden.[34]

---

[30] OLG Schleswig-Holstein v. 19.01.2006 - 2 W 219/05 - OLGR Schleswig 2006, 279-282.
[31] A.A. noch LG Braunschweig v. 20.12.2007 - 8 T 955/07.
[32] BGH v. 06.11.2013 - XII ZB 86/13; KG Berlin v. 12.07.2013 - 1 W 383/12; LG Detmold v. 06.09.2011 - 3 T 187/11.
[33] BGH v. 06.11.2013 - XII ZB 86/13; LG Detmold v. 12.05.2010 - 3 T 8/10; OLG Köln v. 20.01.2006 - 16 Wx 203/05.
[34] BGH v. 06.11.2013 - XII ZB 86/13.

G. Verjährung

34 Die Ansprüche der Landeskasse auf Erstattung einer auf ihn übergegangenen Betreuervergütung gegen den ursprünglich mittellosen, infolge eines Erbfalls später vermögenden Betreuten verjähren in 3 Jahren (§ 195 BGB).[35]

---

[35] BGH v. 25.01.2012 - XII ZB 461/11; BGH v. 25.01.2012 - XII ZB 605/10.

Abschnitt 2 - Vergütung des Vormunds

§ 3 VBVG Stundensatz des Vormunds

(Fassung vom 17.12.2008, gültig ab 01.09.2009)

(1) ¹Die dem Vormund nach § 1 Abs. 2 zu bewilligende Vergütung beträgt für jede Stunde der für die Führung der Vormundschaft aufgewandten und erforderlichen Zeit 19,50 Euro. ²Verfügt der Vormund über besondere Kenntnisse, die für die Führung der Vormundschaft nutzbar sind, so erhöht sich der Stundensatz

1. auf 25 Euro, wenn diese Kenntnisse durch eine abgeschlossene Lehre oder eine vergleichbare abgeschlossene Ausbildung erworben sind;
2. auf 33,50 Euro, wenn diese Kenntnisse durch eine abgeschlossene Ausbildung an einer Hochschule oder durch eine vergleichbare abgeschlossene Ausbildung erworben sind.

³Eine auf die Vergütung anfallende Umsatzsteuer wird, soweit sie nicht nach § 19 Abs. 1 des Umsatzsteuergesetzes unerhoben bleibt, zusätzlich ersetzt.

(2) ¹Bestellt das Familiengericht einen Vormund, der über besondere Kenntnisse verfügt, die für die Führung der Vormundschaft allgemein nutzbar und durch eine Ausbildung im Sinne des Absatzes 1 Satz 2 erworben sind, so wird vermutet, dass diese Kenntnisse auch für die Führung der dem Vormund übertragenen Vormundschaft nutzbar sind. ²Dies gilt nicht, wenn das Familiengericht aus besonderen Gründen bei der Bestellung des Vormunds etwas anderes bestimmt.

(3) ¹Soweit die besondere Schwierigkeit der vormundschaftlichen Geschäfte dies ausnahmsweise rechtfertigt, kann das Familiengericht einen höheren als den in Absatz 1 vorgesehenen Stundensatz der Vergütung bewilligen. ²Dies gilt nicht, wenn der Mündel mittellos ist.

(4) Der Vormund kann Abschlagszahlungen verlangen.

Gliederung

A. Kurzcharakteristik 1	b. Vergleichbarer Abschluss 19
B. Persönlicher Geltungsbereich 4	III. Sonstiges 20
I. Vormund 4	1. Fortbildungen 20
II. Pfleger 5	2. Lebens- und Berufserfahrung 21
III. Betreuer 8	IV. Nutzbarkeit der Ausbildung für die
C. Höhe der Stundensätze 9	Betreuung 22
I. Allgemeine Grundsätze 9	1. Allgemeines 22
II. Die drei vergütungsrelevanten Ausbildungsstufen des Vormunds 14	2. Vermutung der Nutzbarkeit der Fachkenntnisse 23
1. Vormund ohne bestimmte Ausbildung 14	3. Einzelfälle 25
2. Abgeschlossene Lehre oder vergleichbare Ausbildung 15	V. Erhöhung der Vergütung (Absatz 3) 27
a. Abgeschlossene Lehre 15	1. Allgemeines 27
b. Vergleichbare Ausbildung 16	2. Vergütung des Nachlasspflegers 29
3. Hochschulausbildung oder vergleichbarer Abschluss 17	3. Vergütung des Verfahrenspflegers 31
a. Hochschulausbildung 17	4. Vergütung des Umgangspflegers 32
	D. Abschlagszahlungen 34

A. Kurzcharakteristik

Die Vorschrift legt die Höhe der Stundensätze fest, die grundsätzlich für den zu vergütenden Zeitaufwand des Berufsvormunds gelten. Sie gilt nicht unmittelbar für die Betreuervergütung. Diese wird vielmehr durch § 4 VBVG geregelt. Hier wird neben der Normierung erhöhter Stundensätze allerdings auf

1

§ 3 Abs. 3 VBVG verwiesen, so dass die Vorschrift des § 3 Abs. 3 VBVG hinsichtlich der Einordnung des Betreuers in eine Vergütungsstufe als Grundnorm sowohl für die Vergütung des Vormunds als auch für die Vergütung des Betreuers angesehen werden kann.

2 Das Gesetz differenziert hinsichtlich der Höhe der Stundensätze ausschließlich nach der Ausbildung des Vormunds, die für die Führung der Vormundschaft nutzbar ist (§ 3 Abs. 1 Satz 2 VBVG). Dabei wird gesetzlich vermutet, dass eine bestimmte Ausbildung, über die der bestellte Vormund verfügt, grundsätzlich für die Führung der Vormundschaft nutzbar ist. Für die Höhe der Stundensätze ist es unerheblich, ob der Vergütungsanspruch sich gegen das Mündel oder die Staatskasse richtet.[1]

3 Die gegenüber den Stundensätzen für Betreuer niedrigeren Sätze erklären sich daraus, dass der Vormund im Gegensatz zum Betreuer Aufwendungsersatz beanspruchen kann.

B. Persönlicher Geltungsbereich

I. Vormund

4 Die Vorschrift gilt ausschließlich für Vormünder, nicht für Betreuer.

II. Pfleger

5 Für **Pfleger** gilt § 1915 Abs. 1 BGB. Danach finden auf die Pflegschaft zwar grundsätzlich die für die Vormundschaft geltenden Vorschriften entsprechende Anwendung. Abweichend von § 3 Abs. 1 bis 3 des Vormünder- und Betreuervergütungsgesetzes bestimmt sich die Höhe einer nach § 1836 Abs. 1 BGB zu bewilligenden Vergütung nach den für die Führung der Pflegschaftsgeschäfte nutzbaren Fachkenntnissen des Pflegers sowie nach dem Umfang und der Schwierigkeit der Pflegschaftsgeschäfte, sofern der Pflegling nicht mittellos ist. Die Vergütungshöhe ist deshalb in jedem Einzelfall zu bestimmen.

6 Für **Verfahrenspfleger** gilt § 277 FamFG.

7 Für die Vergütung der berufsmäßigen **Umgangspfleger** gilt § 1684 Abs. 3 Satz 6 BGB i.V.m. § 277 Abs. 2 FamFG, § 3 VBVG.

III. Betreuer

8 Die Vergütung der **Betreuer** richtet sich dagegen nach den Sonderregeln, die im 3. Abschnitt des Gesetzes niedergelegt sind. Die Regelungen sind aber inhaltlich – abgesehen von Höhe und Umfang der Vergütung – im Wesentlichen identisch und können ihrem Wesen nach auch für die Betreuervergütung herangezogen werden.

C. Höhe der Stundensätze

I. Allgemeine Grundsätze

9 Die Vergütung des Berufsvormunds erfolgt gemäß § 3 Abs. 1 VBVG nach der für die Führung der Vormundschaft aufgewandten Zeit.

10 Die Höhe der Stundensätze orientiert sich an der Ausbildung des Vormunds. Das Gesetz differenziert nach drei verschiedenen Kategorien:
- Vormund ohne bestimmte Ausbildung,
- Vormund mit abgeschlossener Lehre oder vergleichbarer Ausbildung,
- Vormund mit Hochschulabschluss oder vergleichbarem Abschluss.

11 Die Vergütungssätze des § 3 VBVG sind nicht unangemessen niedrig. Nach Auffassung des BGH können zwar Vergütungsregelungen und hierauf gründende Entscheidungen, die auf die Einnahmen, welche durch eine berufliche Tätigkeit erzielt werden können, und damit auch auf die Existenzerhaltung von nicht unerheblichem Einfluss sind, in die Freiheit der Berufsausübung eingreifen und dürfen nicht dazu führen, dass eine wirtschaftliche Existenz nicht möglich ist. Dabei ist aber eine generalisierende Betrachtungsweise geboten, die auf den gesamten Berufszweig abstellt. Dafür, dass durch die in § 3 Abs. 1 VBVG festgelegten Stundensätze den Vormündern generell unangemessen niedrige Einkünfte zugemutet werden, gibt es nach Meinung des BGH keine hinreichenden Anhaltspunkte.[2]

---

[1] *Wagenitz* in: MünchKomm-BGB, § 3 Rn. 1.
[2] BGH v. 06.02.2013 - XII ZB 610/11.

Entscheidend für die Einstufung in eine der beiden Gruppen, die eine Ausbildung voraussetzen, ist jedoch zusätzlich, dass diese Ausbildung Fachkenntnisse vermittelt hat, die in der Ausführung der Vormundschaft nutzbar sind. Solche Fachkenntnisse sind regelmäßig anzunehmen, wenn Kenntnisse in den Bereichen der Medizin, Psychologie, Sozialarbeit oder -pädagogik, Soziologie oder in den Bereichen Recht und Wirtschaft erworben wurden. Im Einzelnen hat sich eine umfangreiche Kasuistik zu verschiedensten Ausbildungsberufen entwickelt, die kaum überblickbar ist. Der Vormund, der sicher wissen möchte, ob seine Ausbildung oder sein Abschluss vergütungserhöhend zu berücksichtigen ist, sollte sich fachmännischen Rat unter Berücksichtigung seiner individuellen Qualifikation und der Anforderungen an die Führung der konkreten Vormundschaft holen. Die zu bisherigen Ausbildungen oder Abschlüssen ergangene Rechtsprechung kann nur als grobe Hilfestellung dienen.

Als Ausnahme besteht schließlich die Möglichkeit, die Höhe des Stundensatzes zu erhöhen, so dass im Ergebnis ein höherer Stundensatz vergütet wird, als er dem Ausbildungsstand entsprechen würde.

II. Die drei vergütungsrelevanten Ausbildungsstufen des Vormunds

1. Vormund ohne bestimmte Ausbildung

Die geringste Vergütung erhält der Vormund, der nicht über eine der nachfolgend im Gesetz genannten Ausbildungen oder Abschlüsse verfügt. Dieser Fall dürfte in der Praxis allgemein eher selten sein, da an den Ausbildungsstand zur Erhöhung des Grundsalärs keine übertriebenen Anforderungen gestellt werden und die Führung einer Vormundschaft regelmäßig ein gewisses Bildungsniveau erfordert.

2. Abgeschlossene Lehre oder vergleichbare Ausbildung

a. Abgeschlossene Lehre

Die Lehre erfordert einen geordneten Ausbildungsgang, in dem eine breit angelegte Grundbildung und die für die Ausübung einer qualifizierten Tätigkeit notwendigen fachlichen Fähigkeiten und Kenntnisse vermittelt werden (§ 1 Abs. 2 BBiG). Diese Voraussetzung ist regelmäßig erfüllt, soweit die Berufsausbildung nach dem BBiG oder der Handwerksordnung geregelt ist. Die Berufsausbildung muss aber nicht zwingend im BBiG oder in der Handwerksordnung geregelt sein. Auch solche Berufsausbildungen kommen in Betracht, die in speziellen Gesetzen normiert sind. Hierzu zählt etwa die Ausbildung in der Krankenpflege (Krankenpflegegesetz) oder im Bereich der Altenpflege (Altenpflegegesetz).

b. Vergleichbare Ausbildung

Um eine der abgeschlossenen Lehre gleichwertige Ausbildung handelt es sich, wenn die Ausbildung staatlich reglementiert oder zumindest anerkannt ist, der durch sie vermittelte Wissensstand nach Art und Umfang dem durch eine Lehre vermittelten entspricht und der Ausbildungserfolg durch eine vor einer staatlichen oder staatlich anerkannten Stelle abgelegte Prüfung belegt ist.[3]

3. Hochschulausbildung oder vergleichbarer Abschluss

a. Hochschulausbildung

Unter die Hochschulausbildung bzw. den -abschluss fällt sowohl ein abgeschlossenes Universitätsstudium als auch eine abgeschlossene Fachhochschulausbildung. Eine Hochschul- oder Fachhochschulausbildung ist mit der für den betreffenden Studiengang regelmäßig vorgeschriebenen (erfolgreichen) Ablegung der Abschlussprüfung beendet. Darunter fallen das erste Staatsexamen, ein Diplom, Bachelor- oder Magisterabschlüsse.

Eine sich an das Studium regelmäßig anschließende etwaige Referendarzeit ist nicht Bestandteil der Hochschulausbildung. Sie ist lediglich (praktische) Vorbereitungszeit für die Einstellung in den öffentlichen Dienst und damit nicht Voraussetzung für die Festsetzung eines höheren Stundensatzes.[4]

---

[3] BGH v. 26.10.2011 - XII ZB 312/11; *Jürgens* in: Jürgens, Betreuungsrecht, 4. Aufl. 2010, § 3 Rn. 7.
[4] LG Saarbrücken v. 11.06.2002 - 5 T 239/02 - BtPrax 2002, 268-269; OLG Düsseldorf v. 14.02.2000 - 25 Wx 96/99 - NJW-RR 2001, 583.

b. Vergleichbarer Abschluss

19 Einer Hochschulausbildung vergleichbar ist eine Ausbildung, die in ihrer Wertigkeit einer Hochschulausbildung entspricht und einen formalen Abschluss aufweist.[5] Dies ist gegeben, wenn die Ausbildung staatlich reglementiert oder zumindest staatlich anerkannt ist und der durch sie vermittelte Wissensstand nach Art und Umfang dem durch ein Hochschulstudium vermittelten entspricht.[6] Demgegenüber kommt es auf die Bezeichnung der Einrichtung nicht an.[7] Die Ausbildung muss also an einer Einrichtung erfolgen, die
- einer überwiegend wissenschaftlichen Lehrstoffvermittlung dient,
- über einen entsprechenden wissenschaftlichen Lehrkörper verfügt und
- die Erlangung graduierter Abschlüsse, deren Erfolg durch eine vor einer staatlichen oder staatlich anerkannten Stelle abgelegte Prüfung belegt ist, ermöglicht.

Bei dieser Prüfung der Vergleichbarkeit hat der Tatrichter strenge Maßstäbe anzulegen.[8]

III. Sonstiges

1. Fortbildungen

20 § 3 VBVG knüpft ausschließlich an den typisierten Ausbildungsgang an. Einer Hochschulausbildung ist eine Ausbildung vergleichbar, die in ihrer Wertigkeit der Hochschulausbildung entspricht und einen zumindest staatlich anerkannten Abschluss aufweist. Auch mehrere Aus- und Fortbildungsmaßnahmen sind einer Hochschulausbildung nicht vergleichbar.

2. Lebens- und Berufserfahrung

21 Lebens- und Berufserfahrung sind grundsätzlich nicht als Quelle für den Erwerb von vergütungserhöhenden nutzbaren Fachkenntnissen anzuerkennen, da das Vergütungssystem in § 3 und 4 VBVG ausschließlich an den typisierten Ausbildungsgang anknüpft.[9]

IV. Nutzbarkeit der Ausbildung für die Betreuung

1. Allgemeines

22 Im Grundsatz geht der Gesetzgeber davon aus, dass eine besondere Ausbildung nur unter der Voraussetzung zu einer Erhöhung des Stundensatzes führt, dass die in ihr erworbenen Fachkenntnisse für die Führung der Vormundschaft nutzbar sind. Nutzbar sind nur solche Fachkenntnisse, die ihrer Art nach vormundschaftsrelevant sind und so den Vormund befähigen, seine Aufgaben zum Wohl des Mündels besser zu erfüllen.[10] Dabei ist nach allgemeiner Ansicht nicht erforderlich, dass die Kenntnisse den gesamten Bereich der Vormundschaftsaufgaben abdecken. Kenntnisse zur Bewältigung nur einer bestimmten Aufgabenanforderung reichen regelmäßig aus.[11]

2. Vermutung der Nutzbarkeit der Fachkenntnisse

23 Sofern das Familiengericht bei der Bestellung des Vormunds etwas anderes nicht ausdrücklich bestimmt hat, wird vermutet, dass die Kenntnisse, über die der Vormund aufgrund seiner Ausbildung verfügt, für die Vormundschaft nutzbar sind. Dies ist im Verfahren zur Festsetzung der Vergütung verbindlich.

24 Die Vermutung entfällt nur dann, wenn das Familiengericht bei der Bestellung des Vormunds aus besonderen Gründen etwas anderes bestimmt.[12] Die Bestimmung setzt eine besondere Begründung voraus. Sie ist deshalb auf Ausnahmefälle beschränkt.

---

[5] BGH v. 30.10.2013 - XII ZB 139/13; BGH v. 18.01.2012 - XII ZB 409/10; BayObLG München v. 29.09.1999 - 3Z BR 271/99 - BayObLGZ 1999, 291-294.

[6] OLG Schleswig v. 16.03.2000 - 2 W 29/00 - SchlHA 2000, 160; OLG Köln v. 16.02.2000 - 16 Wx 18/00 - NJW-RR 2000, 1315-1318; LG Saarbrücken v. 18.10.2000 - 5 T 539/00 - FamRZ 2001, 713; LG Duisburg v. 25.06.2007 - 12 T 92/07.

[7] BGH v. 30.10.2013 - XII ZB 139/13.

[8] BGH v. 30.10.2013 - XII ZB 139/13.

[9] BGH v. 02.05.2012 - XII ZB 393/11.

[10] BGH v. 23.10.2013 - XII ZB 429/13; BGH v. 18.01.2012 - XII ZB 409/10.

[11] BayObLG München v. 27.10.1999 - 3Z BR 282/99 - BayObLGZ 1999, 339-342; OLG Schleswig v. 13.07.2000 - 2 W 105/00 - SchlHA 2000, 255-256; OLG Schleswig v. 08.03.2000 - 2 W 186/99 - SchlHA 2000, 161.

[12] OLG Zweibrücken v. 07.12.1999 - 3 W 267/99 - BtPrax 2000, 89-90; OLG Dresden v. 08.12.1999 - 15 W 1672/99 - NJW-RR 2001, 580-582.

3. Einzelfälle

Nachfolgend sollen einzelne Ausbildungen benannt werden, die vergütungssteigernd zu berücksichtigen sind. Zu beachten ist, dass die zu diesem Themenkomplex vorliegende Rechtsprechung z.T. noch zum früheren Betreuungsrecht ergangen ist. Da die Tätigkeit des Vormunds allgemein sowohl vermögensrechtliche als auch personenbezogene Entscheidungen verlangt, dürfte der Kreis der eine Vergütung steigernden Kenntnisse enger zu ziehen sein, als im Falle des in Bezug auf mögliche Aufgabenbereiche sehr viel differenzierteren aktuellen Betreuungsrechts. In den folgenden Beispielsfällen dürfte aber wohl auch die Tätigkeit des Betreuers höher zu vergüten sein:

- **Lehre:**
    - Kfz-Mechanikermeister[13],
    - Handwerksmeister[14],
    - Schreinermeister[15],
    - Tischlermeister[16],
    - Einzelhandelskaufmann[17],
    - Finanzkaufmann[18],
    - Ingenieurpädagoge[19],
    - Angestelltenlehrgang eines Landes (Sachsen-Anhalt)[20].
- **Hochschulausbildungen:**
    - Jurastudium,
    - Theologiestudium[21],
    - Lehrer[22],
    - Studium der Milch- und Molkereiwirtschaft[23],
    - Agrarwissenschaften[24],
    - Sondererzieherin[25],
    - Diplomlehrerin (DDR) für Russisch und Geschichte[26].

In folgenden Fällen ist eine höhere Vergütung des Vormunds dagegen abzulehnen:

- **nicht einer Lehre vergleichbare Ausbildungen:**
    - nicht abgeschlossenes Jurastudium[27],
    - Fortbildungsseminare ohne Abschlussprüfung[28],
    - Ausbildung zur Freundschaftspionierleiterin[29],
    - Ausbildung zur Krankenpflegehelferin[30],
    - zweijährige Ausbildung zur Verkäuferin[31],

---

[13] LG Koblenz v. 23.06.2000 - 2 T 306/00 - FamRZ 2001, 303.
[14] OLG Köln v. 16.02.2000 - 16 Wx 18/00 - NJW-RR 2000, 1315-1318.
[15] LG Nürnberg-Fürth v. 21.02.2005 - 13 T 7654/04.
[16] LG Duisburg v. 16.06.2003 - 12 T 100/03.
[17] LG Saarbrücken v. 05.08.2002 - 5 T 312/02 - BtPrax 2002, 272.
[18] OLG Dresden v. 04.11.1999 - 15 W 1733/99 - FamRZ 2000, 555.
[19] LG Hagen v. 15.11.2001 - 3 T 311/02.
[20] LG Stendal v. 08.10.2009 - 25 T 81/09.
[21] OLG Jena v. 11.03.2002 - 6 W 54/02 - OLG-NL 2002, 189-191.
[22] BayObLG München v. 25.10.2000 - 3Z BR 290/00 - BayObLGZ 2000, 291-295; LG Koblenz v. 04.07.2000 - 2 T 390/00 - FamRZ 2001, 712-713; LG Saarbrücken v. 11.06.2002 - 5 T 239/02 - BtPrax 2002, 268-269 (Sekundarstufe 1).
[23] LG Fulda v. 15.05.2002 - 5 T 34/02 - FamRZ 2003, 707.
[24] LG Essen v. 10.02.2004 - 7 T 651/03.
[25] OLG Frankfurt v. 11.12.2006 - 20 W 365/06.
[26] BGH v. 23.10.2013 - XII ZB 429/13.
[27] BGH v. 06.02.2013 - XII ZB 610/11; BayObLG München v. 18.02.2000 - 3Z BR 28/00 - NJW-RR 2000, 1314-1315; *Jahreis*, jurisPR-FamR 5/2014, Anm. 4.
[28] BayObLG München v. 12.04.2000 - 3Z BR 99/00 - FamRZ 2000, 1306.
[29] LG Stendal v. 02.09.2009 - 25 T 111/09.
[30] BGH v. 26.10.2011 - XII ZB 312/11; a.A. AG Kassel v. 05.04.2011 - XVII D 1945/10; OLG Hamm v. 08.11.2001 - 15 W 125/01.
[31] LG Kassel v. 17.10.2011 - 3 T 151/11.

§ 3 VBVG

- **nicht berücksichtigungsfähige Berufsausbildungen:**
  - Fremdsprachensekretärin[32] (ausnahmsweise nur dann, wenn die Fremdsprachenkenntnisse für die Führung der Betreuung nutzbar sind),
  - Immobilienfachwirt[33],
  - Zahntechniker[34]/Zahnarzthelferin[35],
  - Bauzeichnerin[36],
  - Bauspar- und Finanzierungsfachfrau/-mann[37],
  - Sport- und Fitnesskauffrau[38],
- **nicht einer Hochschulausbildung vergleichbare Ausbildungen:**
  - Hygieneinspektor[39],
  - Ingenieurpädagoge[40],
  - Ausbildung an einer Fachakademie[41],
  - Priesterausbildung außerhalb einer Hochschule[42],
  - Staatlich anerkannte Sozialwirtin (Fachschule für Betriebswirtschaft)[43],
  - Sparkassenbetriebswirtin (Sparkassenakademie)[44],
  - Fernlehrgang zur Fachwirtin im Sozial- und Gesundheitswesen[45],
  - Sozialwirtin[46],
  - Fortbildung zum Fachkrankenpfleger und zum Krankenhausbetriebswirt[47],
  - staatlich anerkannte Heilpädagogin[48],
  - berufsbegleitende Ausbildung zum Betriebswirt (VWA)[49].
- **nicht berücksichtigungsfähige Hochschulausbildungen:**
  - Dipl.-Geograf[50],
  - Dipl.-Agraringenieur[51],
  - Ausbildung an einer Fachschule für Sozialpädagogik[52],
  - Ingenieurhochschule Technologie des Maschinenbaus[53],
  - Dipl.-Ing. Maschinenbau[54],
  - Jurastudium in der Türkei[55],
  - Dipl.-Elektroingenieur[56],
  - Dipl.-Betriebswirt (FH, abgeschlossenes Fachschulstudium im Fachbereich „Organisation und Datenverarbeitung in der Ökonomie" an der Fachschule „Ernst Thälmann" in Rodewisch),[57]

---

[32] LG Saarbrücken v. 21.12.2001 - 5 T 638/01.
[33] OLG Dresden v. 10.09.2004 - 3 W 926/04.
[34] LG Nürnberg-Fürth, Rpfleger 2001, 215.
[35] LG Stendal v. 20.03.2006 - 2 T 312/06 - ZVI 2006, 291-292.
[36] LG Hamburg v. 08.08.2001 - 326 T 50/01 - FamRZ 2002, 1064.
[37] OLG München v. 24.10.2007 - 33 Wx 180/07 - FGPrax 2008, 25-27.
[38] LG Görlitz v. 29.08.2013 - 2 T 95/13.
[39] LG Neubrandenburg v. 21.02.2000 - 4 T 61/00 - FamRZ 2000, 1305.
[40] OLG Frankfurt v. 08.04.2002 - 20 W 503/01 - OLGR Frankfurt 2002, 204-206.
[41] BayObLG München v. 27.10.1999 - 3Z BR 254/99 - NJWE-FER 2000, 58-59.
[42] LG Augsburg v. 09.11.2009 - 5 T 1848/09.
[43] BGH v. 18.01.2012 - XII ZB 409/10.
[44] BGH v. 04.04.2012 - XII ZB 447/11.
[45] OLG Koblenz v. 25.07.2012 - 7 WF 754/12.
[46] BGH v. 27.02.2013 - XII ZB 492/12.
[47] LG Bonn v. 25.09.2012 - 4 T 355/12.
[48] BGH v. 11.12.2013 - XII ZB 151/13; BGH v. 24.04.2013 - XII ZB 10/13; LG Düsseldorf v. 08.03.2013 - 25 T 612/12; AG Düsseldorf v. 06.09.2012 - 94 XVII F 1108.
[49] BGH v. 30.10.2013 - XII ZB 23/13.
[50] BayObLG München v. 27.10.1999 - 3Z BR 282/99 - BayObLGZ 1999, 339-342.
[51] OLG Sachsen-Anhalt v. 27.09.2007 - 8 Wx 28/07 - FGPrax 2008, 27.
[52] LG Heilbronn v. 06.12.2006 - 1 T 493/06 - FamRZ 2007, 766; OLG Karlsruhe v. 23.11.2006 - 11 Wx 77/06 - OLGR Karlsruhe 2007, 167-169.
[53] LG Rostock v. 21.02.2008 - 6 W 12/08 - OLGR Rostock 2008, 464.
[54] BayObLG München v. 18.10.2000 - 3Z BR 195/00 - EzFamR aktuell 2001, 29-30.
[55] BayObLG München v. 30.05.2001 - 3Z BR 156/01 - BtPrax 2001, 205.
[56] LG Münster v. 01.03.2011 - 5 T 328/10.
[57] LG Görlitz v. 17.09.2013 - 2 T 110/13.

- BWL-Studium (für Aufenthaltsbestimmung[58]),
- Bauingenieur[59],
- Dipl.-Museologe[60].

V. Erhöhung der Vergütung (Absatz 3)

1. Allgemeines

Ausnahmsweise kann das Familiengericht dem Vormund, nicht aber dem Betreuer[61], eine höhere Vergütung zubilligen als dies den aufgrund seines Ausbildungsstands erworbenen Kenntnissen entspricht. Die Ausnahmevorschrift ist aber beschränkt auf Vormundschaftsfälle, in denen der Vormund nicht wegen Mittellosigkeit des Mündels aus der Staatskasse bezahlt wird.[62] 27

Die Erhöhung der Vergütung setzt voraus, dass die besondere Schwierigkeit der vormundschaftlichen Tätigkeit dies ausnahmsweise rechtfertigt.[63] Auf die berufliche Qualifikation kann nicht abgestellt werden. Diese ist schon in der Differenzierung der Höhe der Stundensätze enthalten.[64] Die abstrakte Bestimmung derjenigen vormundschaftlichen Tätigkeiten, die eine besondere Schwierigkeit aufweisen, dürfte kaum möglich sein. Verlässliche Kriterien zur Abgrenzung von „einfachen" und „schwierigen" Vormundschaften lassen sich allgemeingültig nicht aufstellen. 28

2. Vergütung des Nachlasspflegers

Was den Stundensatz anbelangt, kommt es maßgeblich auf die konkreten Umstände des Einzelfalls an. Aus § 1915 Abs. 1 Satz 2 BGB folgt eindeutig, dass der Gesetzgeber das Stundensatzsystem des § 3 Abs. 1 bis 3 VBVG gerade nicht angewandt wissen wollte. Dies ausweislich der Gesetzesmaterialien deshalb, weil jene Stundensätze zu einer unangemessen niedrigen Vergütung führen könnten. Abweichend von § 3 Abs. 1 bis 3 des Vormünder- und Betreuervergütungsgesetzes bestimmt sich die Höhe einer nach § 1836 Abs. 1 zu bewilligenden Vergütung nach den für die Führung der Pflegschaftsgeschäfte nutzbaren Fachkenntnissen des Pflegers sowie nach dem Umfang und der Schwierigkeit der Pflegschaftsgeschäfte, sofern der Pflegling nicht mittellos ist.[65] 29

Der Vergütungsanspruch eines berufsmäßigen Nachlasspflegers richtet sich nach §§ 1915 Abs. 1 Sätze 1 und 2, 1836 Abs. 1 Sätze 2 und 3 BGB i.V.m. den Vorschriften des Vormünder- und Betreuervergütungsgesetzes (VBVG). Danach hat das Nachlassgericht im Falle eines vermögenden (nicht mittellosen) Nachlasses grundsätzlich einerseits einen Stundensatz zu bestimmen und hierbei gemäß § 1915 Abs. 1 Satz 2 BGB ausschlaggebend auf die für die Führung der Pflegschaftsgeschäfte nutzbaren Fachkenntnisse des Pflegers sowie auf die Schwierigkeit der Pflegschaftsgeschäfte abzustellen[66], andererseits den Umfang dieser Geschäfte durch den konkreten Zeitaufwand, also die Zahl der zu vergütenden Stunden zu berücksichtigen, wobei die vom Nachlasspfleger vorzulegende Aufstellung über seinen Zeitaufwand vom Gericht auf ihre Plausibilität zu überprüfen ist, gegebenenfalls mit dem Verlangen weiterer Nachweise. Der heutige § 1915 Abs. 1 Satz 2 BGB befasst sich lediglich mit den für die Bestimmung der Höhe des Stundensatzes entscheidenden Gesichtspunkten, ohne das Stundensatzsystem als solches infrage zu stellen. Darüber hinaus lässt er erkennen, dass es für die Angemessenheit der Vergütung auf die konkreten Umstände des jeweiligen Einzelfalles ankommen soll; schon aus diesem Grunde kommt, weil sie dem nicht gerecht wird, die früher teilweise praktizierte Vergütung nach Prozentsätzen des Nachlasses grundsätzlich nicht mehr in Betracht.[67] Der Regelsatz des § 3 Abs. 1 Nr. 2 VBVG ist bei entsprechender Qualifikation des berufsmäßig bestellten Nachlasspflegers und Schwierigkeit der erbrachten Tätigkeit deutlich zu überschreiten.[68] 30

---

[58] LG Oldenburg v. 06.07.2012 - 4 T 113/12.
[59] KG Berlin v. 16.05.2012 - 25 WF 14/12.
[60] OLG Sachsen-Anhalt v. 06.05.2013 - 2 Wx 54/12.
[61] Ausnahmen von der Betreuervergütung sind im Gesetz nicht vorgesehen, vgl. OLG Schleswig v. 15.11.2006 - 2 W 170/06 - FamRZ 2007, 236-237.
[62] OLG München v. 21.11.2006 - 33 Wx 223/06 - OLGR München 2007, 41-42.
[63] OLG Köln v. 07.12.2001 - 16 Wx 242/01.
[64] *Wagenitz* in: MünchKomm-BGB, § 3 Rn. 8; OLG Köln v. 07.12.2001 - 16 Wx 242/01.
[65] OLG Düsseldorf v. 05.03.2014 - 3 Wx 245/13; Schleswig-Holsteinisches OLG v. 07.05.2012 – 3 Wx 113/11.
[66] Thüringer OLG v. 14.06.2013 - 6 W 397/12; Thüringer OLG v. 14.06.2013 - 6 W 430/12.
[67] OLG Düsseldorf v. 05.03.2014 - 3 Wx 245/13.
[68] OLG Stuttgart v. 10.01.2013 - 8 W 13/13 (Dipl. Rechtspfleger – 100 €).

3. Vergütung des Verfahrenspflegers

31 Trifft das Gericht die Anordnung, dass die Verfahrenspflegschaft berufsmäßig ausgeübt werde, hat das nur zur Folge, dass der Verfahrenspfleger – in Abweichung von dem gesetzlichen Leitbild der unentgeltlichen Führung des Amtes (vgl. § 277 Abs. 2 FamFG, § 1836 Abs. 1 und 3 BGB) – überhaupt eine Vergütung beanspruchen kann. Eine Aussage darüber, nach welchen Vorschriften sich die Vergütung bemisst – nach VBVG oder nach RVG –, ist mit dem Zusatz „berufsmäßig" nicht verbunden.[69] Es kommen damit nicht automatisch die Stundensätze des § 3 VBVG zur Anwendung. Ob die Tätigkeit eines Anwalts als Verfahrenspfleger nach RVG zu vergüten ist, hängt davon ab, ob diese Tätigkeit als anwaltsspezifische Tätigkeit zu qualifizieren ist, d.h. ob ein Laie in gleicher Lage vernünftigerweise einen Rechtsanwalt hinzuziehen würde.

4. Vergütung des Umgangspflegers

32 Die Vergütung des Umgangspflegers bestimmt sich gemäß § 1684 Abs. 3 Satz 6 BGB i.V.m. § 277 Abs. 2 FamFG nach § 3 VBVG, sofern die Pflegschaft berufsmäßig geführt wird.

33 Nicht vergütungsfähig ist eine Begleitung des Umgangs, wenn dies vom Familiengericht nicht angeordnet wurde.[70] Bei einer Umgangspflegschaft ist es grundsätzlich nicht Aufgabe des Umgangspflegers, den Umgang selbst zu begleiten, d.h. bei den Umgangsterminen nach der Übergabe und vor der Rückgabe des Kindes ständig anwesend zu sein.[71]

D. Abschlagszahlungen

34 Die Möglichkeit, Abschlagszahlungen verlangen zu können, war schon unter der Geltung des § 1835 Abs. 4 BGB a.F. (Aufwendungsersatz) und § 1836 Abs. 2 Satz 3 BGB a.F. (Vergütungsanspruch des Vormunds) gegeben.

35 Unter welchen Voraussetzungen und in welcher Höhe ein Vormund Abschlagszahlungen verlangen kann, steht im freien Ermessen des Gerichts.[72]

36 Die Geltendmachung von Abschlagszahlungen als Anzahlung auf eine erwartete (höhere) Vergütung ist regelmäßig ausgeschlossen, sobald der Berechtigte seine Vergütung abschließend berechnen und geltend machen kann.[73]

---

[69] LG Saarbrücken v. 15.07.2013 - 5 T 231/13.
[70] KG Berlin v. 24.08.2012 - WF 29/12; OLG Karlsruhe v. 13.09.2013 - WF 125/13.
[71] OLG Karlsruhe v. 13.09.2013 - WF 125/13.
[72] *Wagenitz* in: MünchKomm-BGB, § 3 Rn. 13.
[73] OLG Zweibrücken v. 15.03.2007 - 3 W 19/07.

Abschnitt 3 - Sondervorschriften für Betreuer

§ 4 VBVG Stundensatz und Aufwendungsersatz des Betreuers

(Fassung vom 21.04.2005, gültig ab 01.07.2005)

(1) ¹Die dem Betreuer nach § 1 Abs. 2 zu bewilligende Vergütung beträgt für jede nach § 5 anzusetzende Stunde 27 Euro. ²Verfügt der Betreuer über besondere Kenntnisse, die für die Führung der Betreuung nutzbar sind, so erhöht sich der Stundensatz

1. auf 33,50 Euro, wenn diese Kenntnisse durch eine abgeschlossene Lehre oder eine vergleichbare abgeschlossene Ausbildung erworben sind;
2. auf 44 Euro, wenn diese Kenntnisse durch eine abgeschlossene Ausbildung an einer Hochschule oder durch eine vergleichbare abgeschlossene Ausbildung erworben sind.

(2) ¹Die Stundensätze nach Absatz 1 gelten auch Ansprüche auf Ersatz anlässlich der Betreuung entstandener Aufwendungen sowie anfallende Umsatzsteuer ab. ²Die gesonderte Geltendmachung von Aufwendungen im Sinne des § 1835 Abs. 3 des Bürgerlichen Gesetzbuchs bleibt unberührt.

(3) ¹§ 3 Abs. 2 gilt entsprechend. ²§ 1 Abs. 1 Satz 2 Nr. 2 findet keine Anwendung.

Gliederung

A. Kurzcharakteristik 1	IV. Vermutung der Nutzbarkeit der Fachkenntnisse 15
B. Anwendungsvoraussetzungen 4	V. Erhöhung der Vergütung 17
I. Persönlicher Geltungsbereich 4	1. Erhöhung des Stundensatzes............ 17
II. Höhe der Stundensätze 8	2. Kein Verdienstausfall bei Wahrnehmung eines
1. Allgemeines 8	Gerichtstermins 20
2. Umsatzsteuer 12	VI. Anerkennung als Berufsbetreuer (Absatz 3
III. Nutzbarkeit der Ausbildung für die Betreuung 14	Satz 2) 22

A. Kurzcharakteristik

Die Vorschrift entspricht in ihrer wesentlichen äußeren Ausgestaltung dem § 3 VBVG. Sie betrifft im Unterschied zu der vorangegangenen Norm ausschließlich die Stundensätze im Bereich der Betreuervergütung. Hierin liegt zugleich der eigentliche Unterschied zu § 3 VBVG. Denn § 4 VBVG legt die Stundensätze, die der Betreuer für seine Tätigkeit beanspruchen kann, abweichend von dem für den Vormund geltenden Sätzen fest und gestattet keine ausnahmsweise Erhöhung der Vergütung. 1

Dem Betreuer werden höhere Stundensätze als dem Vormund zugebilligt. Das findet seinen Grund darin, dass dem Betreuer über diese pauschalen Stundenvergütungssätze hinaus grundsätzlich keine weiteren Abrechnungsmöglichkeiten eröffnet sind. In Abweichung zu der für den Vormund geltenden Regelung sind nämlich Aufwendungen des Betreuers, die ihm in Ausführung seiner Tätigkeit entstehen, sowie von ihm zu entrichtende Umsatzsteuer mit dem in § 4 VBVG genannten Stundensatz abgegolten. Eine Ausnahme hiervon sieht das Gesetz nicht vor. Der Betreuer kann diese Nebenkosten also auch nicht unter besonderen Umständen geltend machen. 2

Die Stundensätze orientieren sich dabei im Grundsatz an dem auch für Vormundschaften geltenden Ausbildungsstand des bestellten Betreuers, wobei ebenso die Nutzbarkeit der von ihm erworbenen Kenntnisse für die Führung der Betreuung im Einzelfall zu berücksichtigen ist. 3

B. Anwendungsvoraussetzungen

I. Persönlicher Geltungsbereich

Die Vorschrift gilt grundsätzlich für alle berufsmäßigen Betreuer einschließlich der Tätigkeit des Vereinsbetreuers. 4

Nicht anzuwenden ist die Vorschrift jedoch auf Sterilisationsbetreuer (§ 1899 Abs. 2 BGB) sowie Verhinderungs- bzw. Ergänzungsbetreuer (§ 1899 Abs. 4 BGB). Für diese Betreuer ist mit § 6 Satz 1 VBVG eine lex specialis geschaffen worden. Sie erhalten eine Vergütung nach tatsächlichem Aufwand. 5

6 Werden mehrere berufsmäßige Betreuer bestellt, so erhält jeder eine an § 4 VBVG orientierte Vergütung. Dies gilt auch, wenn das Gericht rechtswidrig entgegen § 1899 Abs. 1 Satz 3 BGB mehrere Betreuer bestellt hat.[1]

7 Nicht berufsmäßigen Betreuern kann ausnahmsweise eine Vergütung zugebilligt werden (§ 1908i BGB i.V.m. § 1836 Abs. 2 BGB). Diese Vergütung bestimmt sich dann aber nach Umfang und Schwierigkeit der Angelegenheit, nicht nach den §§ 4, 5 VBVG.

II. Höhe der Stundensätze

1. Allgemeines

8 Die Pauschalierung ist verfassungsrechtlich unbedenklich.[2]

9 Ist ein Berufsbetreuer bestellt, so kann er die jeweiligen Stundensätze abrechnen, ohne dass er sich darauf verweisen lassen müsste, konkrete Tätigkeitszeiten nachzuweisen.[3] Die Pauschalierung schließt grundsätzlich den Einwand aus, der Betreuer habe in dem abgerechneten Zeitraum keine oder nur geringfügige Tätigkeiten erbracht.[4]

10 Die Höhe der Stundensätze orientiert sich an der Ausbildung des Betreuers. Hinsichtlich der Differenzierung kann vollständig auf die Ausführungen zu § 3 VBVG verwiesen werden.

11 Die Stundensätze beinhalten sämtliche Nebenkosten, die aufgrund der Tätigkeit anfallen. Einen Aufwendungsersatzanspruch kann der Betreuer neben dem Anspruch auf Vergütung nach den festgelegten Stundensätzen nicht beanspruchen.

2. Umsatzsteuer

12 Die Stundensätze beinhalten insbesondere eine von dem Betreuer möglicherweise zu entrichtende Umsatzsteuer. Das ergibt sich bereits ausdrücklich aus dem insoweit eindeutigen Wortlaut des § 4 Abs. 2 VBVG. Danach gelten die Stundensätze auch Ansprüche auf Ersatz anfallender Umsatzsteuer ab. Dies ist verfassungsrechtlich nicht zu beanstanden, auch wenn Betreuer individuell in unterschiedlicher Höhe zur Umsatzsteuer veranlagt werden.[5]

13 Der Betreuer ist grundsätzlich umsatzsteuerpflichtig.[6] Die Stundensätze sind nicht in Höhe des Umsatzsteuersatzes zu kürzen, soweit ein Betreuer ausnahmsweise nicht umsatzsteuerpflichtig ist.[7] Eine solche Kürzung ergibt sich weder aus dem Wortlaut des Gesetzes noch aus Sinn und Zweck der Pauschalierung. Das gesetzgeberische System zeigt vielmehr eindeutig, dass für den Vormund eine Netto-Vergütung zuzüglich Umsatzsteuer – soweit erhoben – und für den Betreuer eine Brutto-Vergütung – unabhängig von anfallender Mehrwertsteuer – vorgesehen ist. Sollen nämlich grundsätzlich alle Nebenkosten i.w.S. mit dem pauschalen Honorar abgegolten werden, ohne dass es auf einen Nachweis ihrer konkreten Höhe ankommt, so kann eine Kürzung nicht schon deshalb vorgenommen werden, weil im Einzelfall keine Nebenkosten entstanden sind. Ansonsten müsste man auch eine Kürzung des Auslagenersatzes (insgesamt bis zur Höhe der Stundensätze des Vormunds) verlangen, wenn im einzelnen Betreuungsfall ausnahmsweise keine Aufwendungen entstanden sind (etwa weil bei einfach gelagerter Heimbetreuung weder Telefonate noch Schriftverkehr noch Besuche des Betreuten nötig waren).[8] Das Wesen der Pauschalierung, das in der Vereinfachung der Festsetzung der Vergütung liegt, wäre so aber ernsthaft in Frage gestellt. Darüber hinaus würde sich im Verhältnis zu Vereinsbetreuern eine Ungleichbehandlung ergeben, da diese mit einem nur geringeren Umsatzsteuersatz belastet werden, andererseits aber nicht vertreten wird, dass entsprechende Abzüge von ihrem Pauschalhonorar vorzunehmen sind.

---

[1] *Fröschle* in: MünchKomm-BGB, § 4 Rn. 5.
[2] BVerfG v. 18.03.2009 - 1 BvR 2374/07; OLG Karlsruhe v. 09.07.2007 - 19 Wx 33/06 - Justiz 2007, 351-352; Landessozialgericht für das Land Nordrhein-Westfalen v. 13.10.2010 - L 4 KR 192/10 B; (a.A. LG München v. 21.03.2011 - 13 T 17192/10; vgl. hierzu BVerfG v. 18.08.2011 - 1 BvL 10/11).
[3] So ausdrücklich auch: BGH v. 28.05.2008 - XII ZB 53/08.
[4] OLG Dresden v. 05.11.2007 - 3 W 1246/07; OLG München v. 04.04.2007 - 33 Wx 209/06 - BtPrax 2007, 129-130.
[5] BVerfG v. 18.03.2009 - 1 BvR 2374/07.
[6] FG Düsseldorf v. 26.11.2010 - 1 K 1914/10 U; FG Münster v. 16.06.2011 - 5 K 3437/10 U.
[7] BGH v. 20.03.2013 - XII ZB 207/12; OLG München v. 17.05.2006 - 33 Wx 15/06 - FamRZ 2006, 1152-1153; LG Frankenthal v. 02.02.2006 - 1 T 32/06 - FamRZ 2006, 1482-1483.
[8] OLG München v. 17.05.2006 - 33 Wx 15/06 - FamRZ 2006, 1152-1153; LG Frankenthal v. 02.02.2006 - 1 T 32/06 - FamRZ 2006, 1482-1483.

III. Nutzbarkeit der Ausbildung für die Betreuung

Die Vorschrift ist insoweit inhaltsgleich mit § 3 VBVG. Auf die dortigen Ausführungen kann Bezug genommen werden. 14

IV. Vermutung der Nutzbarkeit der Fachkenntnisse

Die Vorschrift des § 4 Abs. 3 Satz 1 VBVG verweist auf § 3 Abs. 2 VBVG. Die zu dieser Vorschrift erfolgten Ausführungen gelten auch hier unmittelbar. 15

Für die Führung einer Betreuung nutzbar sind Fachkenntnisse, die ihrer Art nach betreuungsrelevant sind und den Betreuer befähigen, seine Aufgaben zum Wohl des Betreuten besser und effektiver zu erfüllen und somit eine erhöhte Leistung zu erbringen.[9] Eine Qualifikation, die auf Berufserfahrung oder Fortbildungsmaßnahmen zurückzuführen ist, wirkt sich nicht vergütungserhöhend aus.[10] 16

V. Erhöhung der Vergütung

1. Erhöhung des Stundensatzes

Eine weitere als die nach § 4 Abs. 1 Satz 2 VBVG vorgesehene Erhöhung der Vergütung ist im Recht der Betreuervergütung nicht möglich. Es fehlt der Verweis auf § 3 Abs. 3 VBVG. 17

Eine analoge Anwendung der Vorschrift des § 3 Abs. 3 VBVG auf die Vergütung eines Betreuers ist ausgeschlossen. Dies unabhängig davon, ob dessen Voraussetzungen (Mittellosigkeit des Betreuten, besondere Schwierigkeit der Betreuungsgeschäfte) gegeben sind.[11] Denn es fehlt an den Voraussetzungen für eine analoge Anwendung der Norm des § 3 Abs. 3 VBVG. Die analoge Anwendung einer Norm setzt das Vorhandensein einer planwidrigen Regelungslücke voraus. Daran fehlt es hier. Auch wenn für das Recht der Betreuervergütung ein Verweis auf § 3 Abs. 3 VBVG ausdrücklich nicht enthalten ist, ist nicht erkennbar, dass dies durch den Gesetzgeber planwidrig erfolgte.[12] Vielmehr hatte der Gesetzgeber bei Schaffung des neuen Vergütungsrechts die unterschiedliche Ausgestaltung der Vergütung des Betreuers und des Vormunds deutlich vor Augen. Dies wird schon daraus deutlich, dass beide Vergütungen zeitgleich in ein- und demselben Gesetz geregelt wurden. Dass trotz der Aufnahme von Verweisen aus dem Recht der Betreuervergütung auf das der Vergütung des Vormunds ein Verweis auf § 3 Abs. 3 VBVG (planwidrig) schlicht vergessen worden sein sollte, ist nicht anzunehmen. 18

Die Vergütung ist auch nicht deshalb zu erhöhen, weil ein für bestimmte Aufgabenbereiche bestellter Betreuer in demselben Betreuungsfall für einen anderen Aufgabenbereich als Kontrollbetreuer bestellt ist.[13] 19

2. Kein Verdienstausfall bei Wahrnehmung eines Gerichtstermins

Nimmt der bestellte Betreuer in dieser Eigenschaft einen Gerichtstermin wahr, so steht ihm ein Anspruch auf Verdienstausfall nicht zu. Ein mit der Terminswahrnehmung verbundener Verdienstausfall ist mit der Pauschalvergütung abgegolten.[14] 20

Grundsätzlich wird man darüber bei jedem Berufsbetreuer annehmen können, dass er keinen Verdienstausfall durch die Wahrnehmung eines Gerichtstermins erleidet. Denn er erhält kein Entgelt für geleistete Stunden, sondern eine Pauschalvergütung. Der zeitliche Aufwand für einen Gerichtstermin führt nicht zu einer Minderung seiner Einkünfte aus der Betreuertätigkeit. 21

VI. Anerkennung als Berufsbetreuer (Absatz 3 Satz 2)

Für die Anerkennung als Berufsbetreuer ist es nicht erforderlich, dass dieser mindestens 20 Wochenstunden tätig ist. Ausdrücklich wird in Absatz 3 Satz 2 klargestellt, dass die Vorschrift des § 3 Abs. 1 Satz 2 Nr. 2 VBVG nicht anwendbar ist. Dies wäre angesichts des Pauschalvergütungssystems, das dem Betreuer nicht die Möglichkeit gewährt, nach einem konkreten Aufwand abzurechnen, auch verfehlt. Die Anerkennung als Berufsbetreuer setzt somit im Regelfall voraus, dass der Betreuer mehr als zehn Betreuungen führt.[15] 22

---

[9] BGH v. 08.02.2012 - XII ZB 230/11.
[10] BGH v. 18.01.2012 - XII ZB 409/10.
[11] OLG München v. 21.11.2006 - 33 Wx 223/06 - OLGR München 2007, 41-42.
[12] OLG München v. 21.11.2006 - 33 Wx 223/06 - OLGR München 2007, 41-42.
[13] LG Koblenz v. 12.05.2011 - 2 T 229/11.
[14] Landessozialgericht für das Land Nordrhein-Westfalen v. 13.10.2010 - L 4 KR 192/10 B.
[15] *Fröschle* in: MünchKomm-BGB, § 4 Rn. 29.

§ 5 VBVG Stundenansatz des Betreuers

(Fassung vom 21.04.2005, gültig ab 01.07.2005)

(1) ¹Der dem Betreuer zu vergütende Zeitaufwand ist
1. in den ersten drei Monaten der Betreuung mit fünfeinhalb,
2. im vierten bis sechsten Monat mit viereinhalb,
3. im siebten bis zwölften Monat mit vier,
4. danach mit zweieinhalb

Stunden im Monat anzusetzen. ²Hat der Betreute seinen gewöhnlichen Aufenthalt nicht in einem Heim, beträgt der Stundenansatz
1. in den ersten drei Monaten der Betreuung achteinhalb,
2. im vierten bis sechsten Monat sieben,
3. im siebten bis zwölften Monat sechs,
4. danach viereinhalb

Stunden im Monat.

(2) ¹Ist der Betreute mittellos, beträgt der Stundenansatz
1. in den ersten drei Monaten der Betreuung viereinhalb,
2. im vierten bis sechsten Monat dreieinhalb,
3. im siebten bis zwölften Monat drei,
4. danach zwei

Stunden im Monat. ²Hat der mittellose Betreute seinen gewöhnlichen Aufenthalt nicht in einem Heim, beträgt der Stundenansatz
1. in den ersten drei Monaten der Betreuung sieben,
2. im vierten bis sechsten Monat fünfeinhalb,
3. im siebten bis zwölften Monat fünf,
4. danach dreieinhalb

Stunden im Monat.

(3) ¹Heime im Sinne dieser Vorschrift sind Einrichtungen, die dem Zweck dienen, Volljährige aufzunehmen, ihnen Wohnraum zu überlassen sowie tatsächliche Betreuung und Verpflegung zur Verfügung zu stellen oder vorzuhalten, und die in ihrem Bestand von Wechsel und Zahl der Bewohner unabhängig sind und entgeltlich betrieben werden. ²§ 1 Abs. 2 des Heimgesetzes gilt entsprechend.

(4) ¹Für die Berechnung der Monate nach den Absätzen 1 und 2 gelten § 187 Abs. 1 und § 188 Abs. 2 erste Alternative des Bürgerlichen Gesetzbuchs entsprechend. ²Ändern sich Umstände, die sich auf die Vergütung auswirken, vor Ablauf eines vollen Monats, so ist der Stundenansatz zeitanteilig nach Tagen zu berechnen; § 187 Abs. 1 und § 188 Abs. 1 des Bürgerlichen Gesetzbuchs gelten entsprechend. ³Die sich dabei ergebenden Stundenansätze sind auf volle Zehntel aufzurunden.

(5) ¹Findet ein Wechsel von einem beruflichen zu einem ehrenamtlichen Betreuer statt, sind dem beruflichen Betreuer der Monat, in den der Wechsel fällt, und der Folgemonat mit dem vollen Zeitaufwand nach den Absätzen 1 und 2 zu vergüten. ²Dies gilt auch dann, wenn zunächst neben dem beruflichen Betreuer ein ehrenamtlicher Betreuer bestellt war und dieser die Betreuung allein fortführt. ³Absatz 4 Satz 2 und 3 ist nicht anwendbar.

Gliederung

A. Grundlagen 1
  I. Kurzcharakteristik 1
  II. Dauer des Vergütungsanspruchs 3
  III. Keine Zusatzvergütung bei Handeln im Aufgabenbereich 4
B. Anspruchsberechtigte 5
C. Heimbegriff 11
  I. Entgeltlichkeit 15
  II. Aufnahme von Volljährigen 16
  III. Überlassung von Wohnraum 17
  IV. Stellung oder Vorhaltung von Verpflegung 18
  V. Betreuung 20
  VI. Unabhängiger Bestand der Einrichtung vom Wechsel der Bewohner 24
  VII. Gewöhnlicher Aufenthalt des Betreuten in der Einrichtung 25
  VIII. Heimaufsicht 27
  IX. Einzelfälle 28
D. Beginn und Ende der vergütungsrelevanten Fristen 37
  I. Grundsätze der Fristberechnung 37
  II. Entlassung und Neubestellung eines Betreuers bei bestehender Betreuung 39
  1. Wechsel in der Berufsbetreuung 39
  2. Wechsel von ehrenamtlicher Betreuung zur Berufsbetreuung 40
  3. Betreuungsbeginn bei Eintritt der Volljährigkeit (§ 1908a BGB) 43
  4. Ende einer Betreuung und spätere erneute Anordnung 44
  III. Ende des Abrechnungszeitraums 45
E. Höhe der Stundensätze 47
F. Änderung der Einstufungskriterien bei laufender Betreuung 52
  I. Berechnung der Monate 53
  II. Änderung vergütungsrelevanter Umstände 55
  1. Grundlagen 55
  2. Mittellosigkeit und Vergütungszeitpunkt ... 63
  a. Umfang des Vergütungsanspruchs 64
  b. Vergütungsschuldner 65
G. Betreuerwechsel (Absatz 5) 67
  I. Grundsatz 67
  II. Betreuungsmonat als Bezugsgröße 68
  III. Wechsel der Betreuungsart ohne Wechsel in der Person des Betreuers 70
  IV. Berufsbetreuung neben ehrenamtlicher Betreuung 71

A. Grundlagen

I. Kurzcharakteristik

Die pauschale Festlegung der Stundensätze, die der Betreuer abrechnen darf, stellt das Kernstück der gesetzlichen Neuregelung dar. Die Pauschalierung soll dabei den Interessen aller Beteiligten dienen. Deren Befürworter weisen darauf hin, das Gesetz berücksichtige die berechtigten Forderungen der Länder, durch eine Pauschalierung der Vergütung und des Auslagenersatzes für Berufsbetreuer den enormen Anstieg der Betreuungskosten seit 1992 in den Griff zu bekommen. Betreuungsgerichte und Berufsbetreuerinnen und -betreuer müssen sich nicht mehr wie bisher mit der Erfassung und Kontrolle der vergütungsfähigen Minuten oder der einzelnen gefahrenen Kilometer aufhalten. Stattdessen sollen Inklusivstundensätze, die Vergütung, Auslagenersatz und Umsatzsteuer enthalten, für Entbürokratisierung und Verfahrensbeschleunigung sorgen. Dies komme auch dem Betreuer zu Gute, der den Zeitaufwand zur Erstellung der Vergütungsdokumentation erspart.

Die Anzahl der zu vergütenden Stunden wird pauschaliert und hängt nur davon ab, ob die mittellosen oder vermögenden Betreuten zu Hause oder im Heim leben, wobei die Stundenanzahl mit Fortschreiten der Betreuungsdauer sinkt. Dieser Differenzierung liegt die Prämisse zu Grunde, dass ein außerhalb einer Einrichtung lebender Betreuter einen höheren Arbeitsaufwand erfordert als ein Betreuter, der im Heim lebt. Für einen vermögenden Betreuten wird regelmäßig von einem gegenüber dem mittellosen Betreuten höheren Arbeitsaufwand ausgegangen. Zusätzlich wird berücksichtigt, dass der zu erbringende Zeitaufwand in den ersten zwölf Monaten der Betreuung höher ist als mit Beginn des zweiten Jahres. Ob diese der Vergütungsdifferenzierung zu Grunde liegenden Annahmen sämtlich zutreffen, ist allerdings umstritten.

II. Dauer des Vergütungsanspruchs

Der Betreuer hat Anspruch auf die Vergütung der pauschalierten Stundensätze, solange die Betreuung besteht, d.h. durch das Betreuungsgericht nicht förmlich aufgehoben wurde. Nicht schon dadurch, dass sich die Tätigkeit des Betreuers in seinen Aufgabenbereichen erledigt hat, endet auch der Anspruch auf die Pauschalvergütung.[1] Dies ergibt sich bereits daraus, dass nach dem Willen des Gesetzgebers die

---

[1] BGH v. 07.08.2013 - XII ZB 233/13.

Vergütung unabhängig von einer Tätigkeit des Betreuers gezahlt wird. Der Vergütungsanspruch knüpft automatisch an das formale Bestehen der Betreuung an. Es verbietet sich im Festsetzungsverfahren auch, zu überprüfen, ob der zuständige Richter die Betreuung hätte früher aufheben können.[2]

III. Keine Zusatzvergütung bei Handeln im Aufgabenbereich

4   Mit den durch § 5 VBVG vorgesehenen Stundenzahlen sind sämtliche Tätigkeiten des Betreuers in seinem Aufgabenbereich abgegolten. Der Betreuer kann auch dann keine weitere Entschädigung verlangen, wenn er in seiner Eigenschaft als gesetzlicher Vertreter des Betreuten an einem Gerichtsprozess teilnimmt. Eine Entschädigung nach JVEG kann nur verlangt werden, soweit die Voraussetzungen des JVEG vorliegen und eine entsprechende Verweisung aus der Strafprozessordnung vorhanden ist. Für Zeugen findet sich die entsprechende Verweisung in § 71 StPO. Für gesetzliche Vertreter ist keine Verweisung in der StPO vorgesehen. Insoweit käme eine Entschädigung nach JVEG lediglich dann in Betracht, wenn der gesetzliche Vertreter Zeuge im Sinne des JVEG bzw. im Sinne des § 71 StPO wäre.[3]

B. Anspruchsberechtigte

5   Die Vorschrift gilt nur für Betreuer, die berufsmäßig mit den Betreuungsaufgaben betraut sind. Zu den Berufsbetreuern gehören insoweit auch Vereinsbetreuer und Gegenbetreuer. Die Abrechnung nach den pauschalen Sätzen ist jedem bestellten Berufsbetreuer für sich möglich. Das gilt auch für den Fall, dass mehrere Berufsbetreuer mit unterschiedlichen Aufgabenbereichen (§ 1899 Abs. 1 BGB) oder gemeinsam (§ 1899 Abs. 3 BGB) bestellt sind. Hier ist jeder von ihnen berechtigt, die vorgesehenen Stundensätze abzurechnen.[4]

6   In vollem Umfang anspruchsberechtigt ist auch ein Betreuer, der als Kleinstunternehmer nicht umsatzsteuerpflichtig ist. Es ist kein Abzug vom Stundensatz in Höhe des Umsatzsteuersatzes (z.Zt. 19%) vorzunehmen.[5]

7   Bei Vormündern und Gegenvormündern Minderjähriger, Pflegern aller im BGB genannten Formen, Nachlasspflegern und Verfahrenspflegern bleibt es bei der Abrechnung nach konkretem Aufwand.

8   Die Abrechnung nach den Pauschalstundensätzen gilt zudem nicht für Sterilisationsbetreuer (§ 1905 BGB) und Ergänzungsbetreuer (§ 1899 Abs. 4 BGB), soweit der Grund für ihre Bestellung eine Verhinderung des bestellten Betreuers aus Rechtsgründen ist (vgl. hierzu die Kommentierung zu § 21 VBVG Rn. 1).

9   Die pauschalierten Stundensätze gelten zudem nicht für Behördenbetreuer (vgl. hierzu die Kommentierung zu § 8 VBVG Rn. 6).

10 Die Abrechnung nach dem Pauschalverfahren gilt schließlich nicht für Betreuer, soweit sie Dienste im Rahmen ihrer Berufsausübung wahrnehmen. So ist z.B. der Rechtsanwalt als Betreuer berechtigt[6], nach der Gebührenordnung für Rechtsanwälte abzurechnen, soweit er Aufgaben wahrnimmt, die zur Ausübung seiner Berufstätigkeit gehören.

C. Heimbegriff

11 § 5 Abs. 3 VBVG übernimmt zur Definition des Heimbegriffs im Wesentlichen die Formulierungen des § 1 Abs. 2 HeimG, fasst allerdings den Personenkreis der möglichen Heimbewohner weiter. Während das Heimgesetz auf Einrichtungen beschränkt ist, die dem Zweck dienen ältere, pflegebedürftige oder behinderte Volljährige aufzunehmen, ist der Heimbegriff in § 5 Abs. 3 VBVG auf sämtliche Volljährige erweitert. Das schließt Einrichtungen für psychisch Kranke oder Suchtkranke mit ein.

12 Die Vorschrift verweist zur Abgrenzung des Heimaufenthalts von Formen des so genannten Betreuten Wohnens ausdrücklich auf § 1 Abs. 2 HeimG. Auch der Aufenthalt in einer Wohnform des betreuten Wohnens gilt als Heimunterbringung.[7]

---

[2] BGH v. 07.08.2013 - XII ZB 233/13.
[3] AG Köln v. 11.09.2013 - 707 Ds 16/13; OLG Dresden v. 19.11.2001 - 3 Ws 77/01.
[4] *Fröschle* in: MünchKomm-BGB, § 4 Rn. 5.
[5] LG Frankenthal v. 02.02.2006 - 1 T 32/06 - BtPrax 2006, 117; a.A. AG Grünstadt v. 21.12.2005 - XVII 136/05 - BtPrax 2006, 117; AG Neustadt v. 23.12.2005 - XVII 0302/05 - BtPrax 2006, 117; AG Ludwigshafen v. 19.12.2005 - 8c XVII 79/05 - FamRZ 2006, 361; LG Passau v. 22.12.2005 - 1 T 263/05 - BtPrax 2006, 117; *Fröschle* in: MünchKomm-BGB, § 4 VBVG Rn. 28.
[6] LG Münster v. 28.08.2008 - 5 T 62/07.
[7] LG Heilbronn v. 09.07.2007 - 1 T 89/07

Der Heimbegriff setzt danach folgende Merkmale voraus:
- Entgeltlichkeit der Unterbringung,
- Aufnahme von Volljährigen in der Einrichtung,
- Überlassen von Wohnraum,
- Stellung oder Vorhaltung von Verpflegung,
- Betreuung,
- unabhängiger Bestand der Einrichtung vom Wechsel der Bewohner.

Daneben hat sich die weitere Voraussetzung herausgebildet, die in der Legaldefinition des Gesetzes zwar nicht ausdrücklich genannt wird, sich aber aus dem Wesen des Vergütungsrechts ergibt:
- gewöhnlicher Aufenthalt des Betreuten in der Einrichtung.

I. Entgeltlichkeit

Die Qualifizierung einer Einrichtung als Heim im Sinne des Vergütungsrechts steht unter der Voraussetzung der Entgeltlichkeit der Unterbringung. So kann eine Heimunterbringung nicht angenommen werden, wenn der Betreute kein Entgelt für seine Wohnung entrichten muss. In der Praxis dürfte dieses Merkmal vernachlässigbar sein, zumal die Inanspruchnahme von Wohnraum regelmäßig mit Kosten verbunden sein dürfte.

II. Aufnahme von Volljährigen

Die Einrichtung muss dem Zweck dienen, Volljährige aufzunehmen. Dieses Kriterium ist an sich überflüssig. Denn wenn die Einrichtung diesem Zweck nicht dient, wird sie als Aufenthaltsort für Betreute, die ausschließlich Volljährige sind, nicht in Betracht kommen.

III. Überlassung von Wohnraum

Dem Betreuten muss **Wohnraum** zur Nutzung überlassen werden. Dieses Kriterium setzt nicht die Nutzung eines eigenen Zimmers durch den Betreuten voraus. Die Überlassung eines Platzes in einem Mehrbettzimmer ist ausreichend.

IV. Stellung oder Vorhaltung von Verpflegung

Der Begriff des Heimes im Sinne des § 5 Abs. 3 VBVG setzt zwingend voraus, dass die betreffende Einrichtung (auch) dem Zweck dient, dem aufgenommenen Personenkreis **Verpflegung** zu stellen oder vorzuhalten. Das bedeutet, dass im Rahmen der Einrichtung die Teilnahme an Mahlzeiten zumindest angeboten wird.

Es genügt indessen nicht, dass die Einrichtung lediglich über eine Kantine verfügt, in der ein Betreuter gegen gesonderte Bezahlung eine Mahlzeit einnehmen kann. Erforderlich ist vielmehr, dass die Einrichtung den Bewohnern sämtliche Hauptmahlzeiten (Frühstück, Mittagessen, Abendessen) innerhalb der Organisationseinheit zumindest anbietet. Nicht erforderlich ist, dass diese Leistungen in einem einheitlichen Heimpreis pauschal in Rechnung gestellt werden. Nach dem Wortlaut der Norm reicht ein Vorhalten im Sinne eines Angebots, das auch über eine zusätzliche Vergütung gleichsam bausteinmäßig hinzugekauft werden kann.[8] So kann ein Heim im Sinne der Vorschrift vorliegen, wenn separate Verträge, z.B. bzgl. Miete von Wohnraum und Inanspruchnahme von Betreuungs- und Verpflegungsleistungen, geschlossen werden.[9]

V. Betreuung

Die Einrichtung muss grundsätzlich eine **(tatsächliche) Betreuung** stellen oder vorhalten. Durch dieses Kriterium werden Wohnformen ausgenommen, in denen Betreute lediglich in Gemeinschaft, aber ohne besondere Verantwortung des Aufenthalts durch Dritte leben (z.B. Wohngemeinschaften).

Werden Betreuungsleistungen nur angeboten und ist der Betreute selbst frei in seiner Entscheidung, ob er solche Betreuungsleistungen annimmt, fehlt es an einem wichtigen Merkmal des Heimbegriffs.[10]

Es muss danach ein **besonderes Verantwortungsverhältnis zwischen der Einrichtung und den darin aufgenommenen Bewohnern** bestehen. Maßgebliches und auch für die Zwecke des § 5 VBVG geeignetes Kriterium für eine heimmäßige Versorgung ist das der Aufnahme in einer Einrichtung. Ein Heimbetrieb ist mehr als die Summe der drei hauptsächlichen Heimleistungselemente (Wohnraum, Be-

---
[8] So aber OLG Schleswig-Holstein v. 22.03.2006 - 2 W 40/06 - BtPrax 2006, 115.
[9] LG Bautzen v. 08.02.2006 - 1 T 5/06 - BtPrax 2006, 115.
[10] Brandenburgisches OLG v. 03.02.2009 - 11 Wx 72/08.

treuung und Verpflegung). Die Aufnahme begründet in Verbindung mit der heimvertraglichen Gewährung von Leistungen ein besonderes Verantwortungsverhältnis des Heims gegenüber den aufgenommenen Bewohnern, das sich nicht in einem isoliert zu sehenden Gläubiger-Schuldner-Verhältnis bezüglich einzelner Leistungen erschöpft.[11]

23 Das OLG Dresden[12] sieht insbesondere unter Bezugnahme auf gesetzgeberische Vorstellungen[13] eine heimmäßige Betreuung nur als gegeben an, wenn der Träger des Heims neben der Unterkunft Betreuung und Verpflegung anbietet und damit eine **Versorgungsgarantie – auch für den Fall der Verschlechterung des Gesundheitszustandes** – übernimmt. Ist der Träger der Einrichtung berechtigt, den Vertrag zu kündigen, sollte sich der Gesundheitszustand des Betreuten verschlechtern, so fehle es an einer solchen Versorgungsgarantie. Dem widerspricht das OLG Celle.[14] Zwar sei es für den öffentlich-rechtlichen Heimbegriff unabdingbar, dass der Einrichtungsträger neben der Unterkunft auch Betreuung und Verpflegung anbietet und damit eine Versorgungsgarantie auch für den Fall der Verschlechterung des Gesundheitszustands übernehme. Der Bewohner der Einrichtung müsse darauf vertrauen können, dass er Hilfe in allen Bereichen der Daseinsvorsorge erhält, selbst wenn sich seine Bedürfnisse stark ändern sollten. Dies schließe aber nicht aus, dass der Einrichtungsträger im Einzelfall zu einer Kündigung berechtigt ist. Im Hinblick auf eine vergütungsrechtliche Qualifizierung einer Einrichtung als Heim sei entscheidend, dass der Betreute während seines Aufenthalts in der Einrichtung die entsprechenden Versorgungsleistungen bekäme. Dieser Auffassung hat sich der BGH angeschlossen. Danach steht der Qualifikation als Heim im Sinne des § 5 Abs. 3 VBVG nicht die Möglichkeit des Heimträgers entgegen, den Heimvertrag zu kündigen, wenn sich der Gesundheitszustand des Bewohners so verändert, dass dem Heimträger eine sachgerechte Betreuung nicht mehr möglich ist.[15] Dem ist zuzustimmen, weil eine Versorgungssicherheit bis zum Tod kaum erwartet werden kann.[16]

VI. Unabhängiger Bestand der Einrichtung vom Wechsel der Bewohner

24 Die Einrichtung muss in ihrem Bestand unabhängig vom Wechsel der Bewohner sein. Dieses Merkmal kann auch bei der Unterbringung in einer Pflegefamilie gegeben sein, wenn ein Wechsel oder die Zahl der Bewohner der Pflegefamilie für deren Fortbestand unerheblich sind.[17]

VII. Gewöhnlicher Aufenthalt des Betreuten in der Einrichtung

25 Die Voraussetzung, dass der Betreute in der Einrichtung seinen gewöhnlichen Aufenthalt haben muss, ist in der Legaldefinition des § 5 Abs. 3 VBVG nicht ausdrücklich enthalten. Die Vergütungsregeln des VBVG sehen jedoch bei einer Heimunterbringung niedrigere Stundensätze vor. Dies wegen des mit der Heimunterbringung zu erwartenden geringeren Aufwands des Betreuers. Die Kürzung der Stundensätze ist deshalb sicherlich gerechtfertigt, wenn der Aufenthalt des Betreuten in der Einrichtung längerfristig stattfindet, mithin der Betreute in der Einrichtung seinen gewöhnlichen Aufenthalt hat. Nachdem das VBVG allerdings nicht nach der Dauer des Aufenthalts in einem Heim differenziert,[18] insbesondere aber auch keine Mindestaufenthaltsdauer vorsieht, sollten nur kurze Heimaufenthalte unberücksichtigt bleiben. Ein nicht gewöhnlicher Aufenthalt des Betreuten in einer Einrichtung dürfte vorliegen, wenn der Aufenthalt von vornherein auf eine festgelegte Zeitspanne befristet wird, die zwei Monate nicht überschreitet (z.B. Kurzzeitpflege)[19] oder der Aufenthalt von vornherein unbefristet ist, aber die Dauer von zwei Monaten nicht überschreitet.

26 Gerade das Merkmal des gewöhnlichen Aufenthalts wird in der Praxis problematisch, wenn die Unterbringung nicht von vornherein erkennbar unbefristet stattfinden wird. Dies ist insbesondere gegeben, wenn schon bei Begründung der Unterbringung in der Einrichtung Umstände vorliegen, die zwingend den Schluss zulassen, dass die Unterbringung nicht notwendig längerfristig stattfinden wird. Dies ist

---

[11] OLG München v. 13.04.2006 - 33 Wx 042/06 - BtPrax 2006, 107-108.
[12] OLG Dresden v. 21.04.2006 - 3 W 0446/06, 3 W 446/06.
[13] BT-Drs. 14/5399, S. 18.
[14] OLG Celle v. 07.05.2009 - 17 W 6/09.
[15] BGH v. 15.12.2010 - XII ZB 90/09.
[16] A.A. *Fröschle* in: MünchKomm-BGB, § 5 VBVG Rn. 29.
[17] LG Aurich v. 30.11.2005 - 4 T 457/05 - BtPrax 2006, 77.
[18] LG Heilbronn v. 15.06.2007 - 1 T 187/07 - FamRZ 2007, 2009.
[19] *Fröschle* in: MünchKomm-BGB, § 5 VBVG Rn. 17.

der Fall bei der Unterbringung in einer Strafanstalt zum Zweck der Untersuchungshaft[20] oder bei Aufnahme eines Betreuten in einem Hospiz[21] sowie unter Umständen bei einer nicht nur kurzfristigen Unterbringung in einer psychiatrischen Klinik.[22]

VIII. Heimaufsicht

Ein Heim im Sinne der Vorschrift liegt nicht schon dann vor, wenn die Einrichtung, in der der Betreute wohnt, der **Heimaufsicht** untersteht.[23] Denn anders als beim Heimgesetz kommt es nicht auf den Charakter der jeweiligen Einrichtung insgesamt, sondern auf die Frage an, ob der konkrete Betroffene heimmäßig untergebracht ist oder nicht. Ausschlaggebend hierfür sind unterschiedliche Gesetzeszwecke. Ist es Zweck des Heimgesetzes, die Rechtsstellung und den Schutz des Bewohners von Heimen zu verbessern, die Qualität der Betreuung und Pflege weiterzuentwickeln und eine entsprechende Einrichtung deswegen der Heimaufsicht zu unterstellen, so geht es im Rahmen des VBVG um die Vergütung des Berufsbetreuers nach seinem gesetzlich typisierten Arbeitsaufwand. Für die Vergütung und damit für die Qualifizierung einer Einrichtung als Heim kommt es darauf an, ob der konkrete Betroffene heimmäßig untergebracht ist.[24] Das formale Kriterium der Unterstellung einer Einrichtung unter die Heimaufsicht bewirkt zwar auch im Rahmen des Vergütungsrechts regelmäßig die Annahme einer heimmäßigen Unterbringung. Sein Fehlen führt in diesem Zusammenhang jedoch nicht automatisch zur Verneinung eines heimmäßigen Aufenthalts.[25]

27

IX. Einzelfälle

Fraglich kann im Einzelfall sein, ob die Unterbringung eines Betreuten in einer **Pflegefamilie** als Heimaufenthalt angesehen werden kann. Der sachliche Grund für die vergütungsrechtliche Differenzierung nach dem (Nicht-)Vorliegen eines Heimaufenthaltes liegt nach den Vorstellungen des Gesetzgebers darin, dass der typisierte Arbeitsaufwand für den Betreuer im Rahmen eines Heimaufenthaltes deutlich verringert ist, weil ein Heim typischerweise einen professionellen Organisationsapparat (ausgebildete Heimleitung und geschultes Pflegepersonal) zur Verfügung stellt, welcher im Regelfall eigene organisatorische Vorkehrungen des Betreuers zumindest teilweise entbehrlich macht.[26]

28

Für die Beurteilung der Frage, ob ein betreutes Wohnen in Familien als Heimunterbringung anzusehen ist, ist allein auf die konkrete Familie, in welcher der Betreute wohnt, abzustellen.[27] Vielfach wird es bei einem Aufenthalt des Betreuten in einer Pflegefamilie an einem Merkmal für die Annahme einer Heimunterbringung fehlen. Problematisch wird insbesondere sein, ob der Bestand der Einrichtung (Pflegefamilie) vom Wechsel der Betreuten unabhängig ist. Denn gerade die Unterbringung in einer Pflegefamilie ist von persönlichen oft längerfristigen Bindungen geprägt, die dazu führen, dass nach dem Auszug eines Betreuten nicht unmittelbar ein neues Pflegeverhältnis begründet wird. Generell kann eine Heimunterbringung anzunehmen sein, wenn die Unterbringung in einer Pflegefamilie von einem Heimträger veranlasst ist und dieser in die Gesamtorganisation der Pflegefamilie eingebunden ist.[28] Im Einzelfall kann auch bei Unterbringung nur eines Volljährigen über einen langen Zeitraum der Begriff der Heimunterbringung gegeben sein, und wenn die Pflegefamilie ausschließlich dem Zweck dient, Volljährige aufzunehmen. Dies kann der Fall sein, wenn die Pflegefamilie aus wirtschaftlichen Gründen auf die dauernde Aufnahme eines oder mehrerer Betreuter angewiesen ist, so dass diese Familienpflegestelle in ihrem Bestand von einem Wechsel und der Zahl der Bewohner unabhängig ist.[29]

29

Der Aufenthalt in einer **Außenwohngruppe** stellt eine Heimunterbringung dar, da hier regelmäßig alle wesentlichen Merkmale der Heimunterbringung erfüllt sind, insbesondere eine Versorgung und Pflege und Hilfestellungen angeboten werden.[30]

30

---

[20] OLG München v. 04.07.2007 - 33 Wx 89/07 - OLGR München 2007, 700-702.
[21] LG Heilbronn v. 15.06.2007 - 1 T 187/07 - FamRZ 2007, 2009.
[22] LG Koblenz v. 25.06.2007 - 2 T 353/07 - FamRZ 2007, 2009.
[23] OLG München v. 13.04.2006 - 33 Wx 042/06 - BtPrax 2006, 107-108; LG Bautzen v. 08.02.2006 - 1 T 5/06 - BtPrax 2006, 115.
[24] *Lipp/Ohrt*, BtPrax 2005, 209, 210.
[25] OLG München v. 13.04.2006 - 33 Wx 042/06 - BtPrax 2006, 107-108.
[26] LG Darmstadt v. 09.01.2012 - 5 T 222/11.
[27] LG Duisburg v. 09.08.2007 - 12 T 122/07 - BtPrax 2007, 266-267.
[28] LG Darmstadt v. 09.01.2012 - 5 T 222/11; OLG Stuttgart v. 25.10.2007 - 8 W 313/07 - FGPrax 2008, 27-28.
[29] LG Ravensburg v. 29.07.2007 - 2 T 78/06 - BtPrax 2007, 256.
[30] LG Duisburg v. 09.08.2007 - 12 T 122/07 - BtPrax 2007, 266-267.

31 Wohnt der Betreute in einem Heim, in dem die typischen Versorgungsleistungen erbracht werden, kommt es nicht darauf an, ob ein formeller Heimvertrag abgeschlossen wurde. Auch der Umstand, dass nicht ein von vornherein unbefristeter und dauerhafter Verbleib in der Einrichtung geplant war, steht der vergütungsrechtlichen Einordnung als Heimaufenthalt nicht entgegen.[31]

32 Streitig ist, ob **Therapieeinrichtungen** bzw. **Sozialeinrichtungen** oder **Haftanstalten**, die einem Betreuten vorübergehend Wohnraum verschaffen, als Heime im Sinne des § 5 Abs. 3 VBVG anzusehen sind. Hier ist vielfach die Voraussetzung des gewöhnlichen Aufenthalts in der entsprechenden Einrichtung fraglich.

33 Diese Voraussetzung sei bei den in der Regel nur vorübergehenden Aufenthalten in Therapieeinrichtungen oder Haftanstalten nicht erfüllt und entspreche dem Zweck der Vergütungsvorschrift.[32] Diese Auffassung ist in dieser Form jedoch abzulehnen.[33] Zuzugeben ist zwar, dass das Vergütungsgesetz die Staffelung der Vergütung an dem zu erwartenden Betreuungsaufwand festmacht und Betreuern von Heimbewohnern grundsätzlich einen geringeren Betreuungsaufwand unterstellt. Insofern mag zwar bei der nur zeitweisen Unterbringung von Betreuten in Therapieeinrichtungen oder Haftanstalten der Betreuungsaufwand nicht dauerhaft geringer sein. Er ist es aber zumindest für die Zeit des Aufenthalts in einer solchen Einrichtung. Nachdem der Gesetzgeber eine monatliche Vergütung u.a. je nach Wohnform gestaffelt hat, erscheint es sachgerecht, auch bei einer nur zeitweisen Unterbringung in einer Einrichtung, die die übrigen Kriterien der Norm erfüllt, die für die Heimunterbringung angesetzte Vergütung zuzubilligen, es sei denn, der Aufenthalt in der Einrichtung dauert nicht länger als 2 Monate und eine bestehende Wohnung wird als Hauptwohnsitz beibehalten.

34 Richtigerweise müssen deshalb auch bei einer Unterbringung in einer **Haftanstalt** die Stundensätze gelten, die für eine Heimunterbringung in Ansatz zu bringen sind.[34] Zwar findet eine (tatsächliche) Betreuung in einer JVA nicht in dem Sinne statt wie in einem eigentlichen Heim. Dem Betreuer entsteht jedoch kein höherer Betreuungsaufwand. Der Grund für den geringeren Vergütungssatz bei einem Heimaufenthalt trifft auch für den Aufenthalt in einer JVA zu, in der viele Aufgaben, z.B. im Bereich der Gesundheitsfürsorge oder Aufenthaltsregelung, durch das Personal der JVA wahrgenommen werden.[35]

35 Demgegenüber sieht das OLG München[36] eine **Untersuchungshaft** auch dann nicht als Aufenthalt in einem Heim im Sinne der Vergütungsvorschriften an, wenn der Betreute im betreffenden Zeitraum keinen anderen Lebensmittelpunkt hatte.[37] Dies auch für den Fall einer sich anschließenden Strafhaft. Der Zeitraum der Untersuchungshaft sei nicht rückwirkend anders zu beurteilen. Diese Auffassung übersieht, dass das Vergütungsrecht weder an die Dauer noch an den Grund für eine Unterbringung in einer Einrichtung besondere Anforderungen stellt.

36 Eine sich über mehr als sechs Monate hinziehende Untersuchungshaft, während derer der Betreute über keine eigene Wohnung verfügte, ist als Heimaufenthalt zu qualifizieren.[38] Ein Betreuer, der selbst keinen eigenen anderen Lebensmittelpunkt besitzt, begründet jedenfalls bei einer über mehrere Monate andauernden Untersuchungshaft dort seinen gewöhnlichen Aufenthalt. Dass die Untersuchungshaft ihrer Art nach vorübergehender Natur ist, kann hier außer Betracht bleiben. Denn auch bei einem zeitlich befristeten Aufenthalt in einer angemieteten Wohnung begründet der Betreute unzweifelhaft dort seinen gewöhnlichen Aufenthalt, wenn ein anderer Ort, an dem ein solcher Aufenthalt anzunehmen wäre, fehlt.

---

[31] LG Köln v. 07.01.2013 - 1 T 398/12.
[32] LG Kassel v. 10.02.2006 - 3 T 67/06 - BtPrax 2006, 116.
[33] LG Amberg v. 25.01.2006 - 33 T 1329/05 - BtPrax 2006, 115.
[34] BGH v. 14.12.2011 - XII ZB 521/10.
[35] BGH v. 14.12.2011 - XII ZB 521/10; LG Traunstein v. 13.02.2006 - 4 T 4514/05 - BtPrax 2006, 115.
[36] OLG München v. 04.07.2007 - 33 Wx 89/07 - OLGR München 2007, 700-702.
[37] Zustimmend *Fröschle* in: MünchKomm-BGB, § 5 VBVG Rn. 18.
[38] A.A. LG Köln v. 07.01.2013 - 1 T 398/12.

D. Beginn und Ende der vergütungsrelevanten Fristen

I. Grundsätze der Fristberechnung

Die Berechnung der Höhe des zu Grunde zu legenden Stundensatzes bestimmt sich nach dem Zeitpunkt des Beginns der Betreuung. Mit der Bekanntgabe des Bestellungsbeschlusses an den Betreuer wird die Bestellung rechtswirksam. Mit dem folgenden Tag beginnt damit die Fristberechnung für die Ermittlung der Betreuungsvergütung (§ 187 Abs. 1 BGB).

Eine Ausnahme besteht für den Fall, dass das Gericht die sofortige Wirksamkeit der Betreuung angeordnet hat. In diesem Fall wird der Beschluss regelmäßig mit Übergabe an die Geschäftsstelle des Betreuungsgerichts wirksam (§ 287 Abs. 2 Nr. 2 FamFG). Die für die Vergütung maßgeblichen Fristen beginnen dann mit dem folgenden Tag. Dies unabhängig davon, wann der Betreuer selbst Kenntnis von dem Beschluss erlangt.

II. Entlassung und Neubestellung eines Betreuers bei bestehender Betreuung

1. Wechsel in der Berufsbetreuung

Maßgebend für die Bestimmung der Höhe des anzusetzenden Stundensatzes ist grundsätzlich die erstmalige Bestellung eines Betreuers.[39] Die **Entlassung und Neubestellung eines anderen Berufsbetreuers** führen nicht dazu, dass der Fristenlauf von neuem beginnt. Das Gesetz differenziert die Höhe der Vergütung nach der Zeitdauer, für die die Betreuung angeordnet ist. Es stellt nicht auf die Person des Betreuers ab und damit nicht auf den Zeitraum, den der konkret bestellte Betreuer die Betreuung führt bzw. geführt hat. Wird z.B. nach einem Jahr der zunächst bestellte Berufsbetreuer durch einen anderen ersetzt, so kann dieser deshalb nur die geringeren Stundensätze geltend machen, die ab dem 2. Jahr der laufenden Betreuung vorgesehen sind.

2. Wechsel von ehrenamtlicher Betreuung zur Berufsbetreuung

Gleiches wie für den Betreuerwechsel innerhalb einer Berufsbetreuung gilt grundsätzlich auch für den Fall, dass eine ehemals **ehrenamtlich geführte Betreuung auf einen Berufsbetreuer übertragen** wird,[40] weil sich z.B. herausstellt, dass die Aufgaben der Betreuung durch den ehrenamtlichen Betreuer nicht zu bewältigen sind. Auch er kann nur eine Vergütung abrechnen, die sich unter Berücksichtigung der ursprünglichen Betreuungsanordnung bemisst. Für den Wechsel vom ehrenamtlichen Betreuer zum Berufsbetreuer und unter Berufsbetreuern sieht das Gesetz keine Ausnahme von dem Pauschalierungssystem vor. Dies wird in dem Gesetzesentwurf damit begründet, dass der mit einem Betreuerwechsel regelmäßig einhergehende Mehrbedarf und die Fälle besonderer Betreuungssituationen in den vom ISG im Rahmen der Studie erhobenen Zahlen enthalten und somit in die gebildeten Pauschalen bereits eingeflossen sind.[41]

Die gegenteilige Auffassung, die jede Berufsbetreuung vergütungsrechtlich wie eine erstmalige Betreuungsanordnung behandeln möchte, ist abzulehnen. Sie stützt sich wenig überzeugend im Wesentlichen darauf, dass die Regelung der Vergütung nur die Berufsbetreuer, nicht aber ehrenamtliche Betreuer betrifft. Deshalb sei hinsichtlich der Fristberechnung immer auf den Zeitpunkt der erstmaligen Bestellung eines Berufsbetreuers abzustellen.[42] Diese Argumentation verkennt, dass der Gesetzeswortlaut insoweit eindeutig auf den bisherigen Bestand der Betreuung als solcher abstellt. Sie lässt auch die gesetzgeberische Intention unberücksichtigt, die als Grund für die Staffelung der Stundenzahlen vor Augen hatte, dass der Betreuungsaufwand sich mit zunehmender Zeitdauer der Betreuung reduziert.[43] Diese Reduzierung des Aufwandes ist unabhängig von der Frage, ob die Betreuung zunächst ehrenamtlich oder von Beginn an berufsmäßig geführt wurde.

---

[39] OLG München v. 09.02.2006 - 33 Wx 237/05 - BtPrax 2006, 110-112.

[40] BGH v. 09.05.2012 - XII ZB 481/11; OLG Hamm v. 06.09.2007 - 15 W 143/07 - FamRZ 2008, 92-93; OLG München v. 09.02.2006 - 33 Wx 237/05 - BtPrax 2006, 110-112; LG Halle (Saale) v. 08.01.2008 - 1 T 155/07; LG Osnabrück v. 19.12.2005 - 7 T 1086/05 - BtPrax 2006, 77; LG Mönchengladbach v. 03.11.2005 - 5 T 445/05 - BtPrax 2006, 77; LG Gießen v. 25.11.2005 - 7 T 565/05 - BtPrax 2006, 76; LG Göttingen v. 05.01.2006 - 5 T 236/05 - BtPrax 2006, 76; LG Regensburg v. 04.01.2006 - 7 T 757/05 - BtPrax 2006, 77; *Dodegge*, Das 2. Betreuungsrechtsänderungsgesetz, NJW 2005, 1896-1899.

[41] BT-Drs. 15/2494, S. 34.

[42] So LG Heilbronn v. 09.01.2006 - 1 T 14/06 Ba - BtPrax 2006, 76.

[43] BGH v. 09.05.2012 - XII ZB 481/11; LG Braunschweig v. 19.01.2006 - 8 T 1265/05 - BtPrax 2006, 76.

42 Anders sieht es die überwiegende Rechtsprechung[44] in Fällen, in denen ein **ehrenamtlicher Betreuer wegen mangelnder Eignung entlassen und ein neuer Berufsbetreuer bestellt** wird. Hier soll trotz bereits bestehender Betreuung die Vergütung so erfolgen, als wäre die Betreuung mit Bestellung des Berufsbetreuers erstmals angeordnet worden.[45] Ebenso ist der Berufsbetreuer wie bei einer Erstanordnung der Betreuung zu vergüten, der bestellt wird, nachdem ein vorheriger **Betreuer wegen pflichtwidrigen Handelns entlassen** wird.[46] Das Gesetz sieht in diesen Fällen zwar keinen Ausnahmetatbestand vor. Es ist aber sachgerecht, den neuen Betreuer so zu behandeln, als beginne die Betreuung erstmals, weil die Situation, die der neue Betreuer vorfindet regelmäßig sogar ungünstiger ist als im Falle einer „normalen" Erstbestellung. In diesem Fall ist ein der originären Übernahme der Betreuung höherer Zeitaufwand zu erwarten. Denn der nachfolgend eingesetzte Betreuer hat Regressforderungen gegen den Erstbetreuer zu prüfen und gegebenenfalls geltend zu machen.

3. Betreuungsbeginn bei Eintritt der Volljährigkeit (§ 1908a BGB)

43 Bei der Bestimmung des Vergütungszeitraums für die Betreuertätigkeit ab Volljährigkeit des Betreuten ist der Tag des Eintritts der Volljährigkeit mit einzurechnen.[47]

4. Ende einer Betreuung und spätere erneute Anordnung

44 Wird die Betreuung aufgehoben oder endet eine vorläufig angeordnete Betreuung durch Fristablauf[48] und wird erst nach einigen Monaten wieder ein Betreuer bestellt, so ist diese Betreuung als neue (Erst-)Betreuung zu behandeln mit der Folge, dass die Fristen mit der Wiederanordnung der Betreuung von neuem zu laufen beginnen. Gleiches gilt für den Fall, dass nach dem Tod eines Betreuers ohne zwischenzeitliche Aufhebung der Betreuung als solcher ein neuer Betreuer erst nach Ablauf von drei Monaten bestellt wird.[49]

III. Ende des Abrechnungszeitraums

45 Der abrechnungsfähige Zeitraum endet mit der **Aufhebung der Betreuung**, der **Entlassung eines Berufsbetreuers** oder dem **Tod des Betreuten**. Im Falle der Aufhebung der Betreuung oder Entlassung des Betreuers ist insoweit auf den Zeitpunkt der Bekanntgabe des maßgeblichen Gerichtsbeschlusses abzustellen. Schlussrechenschaft und Vermögensherausgabe nach § 1890 BGB sind in der Berechnungszeit bis zur Aufhebung enthalten und damit nicht zusätzlich zu vergüten, auch wenn sie erst danach erfolgen.[50] Das Gericht wird deshalb sicherstellen müssen, dass dieser Zeitpunkt zuverlässig ermittelbar ist. Notfalls wird eine förmliche Zustellung des Beschlusses unumgänglich sein. Im Fall des Todes des Betreuten endet die Betreuung dagegen unmittelbar. Die Vergütung berechnet sich daher lediglich unter Einschluss des Todestags des Betreuten. Ein darüber hinausgehender Zeitraum ist nach dem klaren Wortlaut des Gesetzes nicht zu vergüten, auch wenn der Betreuer hier einzelne Verrichtungen vornimmt (Erstellen eines Nachlassverzeichnisses, Übergabe von Unterlagen an die Erben, Abschlussbericht gegenüber Vormundschaftsgericht).[51]

46 Etwas anderes gilt, wenn der Betreuer im Rahmen einer Notgeschäftsführung unaufschiebbare Maßnahmen trifft (§§ 1908i, 1893 Abs. 1, 1698b BGB). Die Begleichung von Forderungen aus dem Nachlass sowie die Kontenauflösung gehören nicht zu den unaufschiebbaren Maßnahmen im Rahmen einer Notgeschäftsführung.[52]

---

[44] Abweichend OLG Schleswig-Holstein v. 25.01.2006 - 2 W 240/05 - BtPrax 2006, 74-76.
[45] LG Kiel v. 11.11.2005 - 3 T 483/05 - BtPrax 2006, 77; LG Wiesbaden v. 28.11.2005 - 4 T 642/05 - BtPrax 2006, 115; a.A. OLG Schleswig-Holstein v. 25.01.2006 - 2 W 240/05 - BtPrax 2006, 74-76.
[46] OLG Zweibrücken v. 06.03.2006 - 3 W 3/06 - BtPrax 2006, 115.
[47] LG Erfurt v. 29.04.2009 - 2 T 154/09.
[48] OLG Zweibrücken v. 21.02.2006 - 3 W 8/06 - BtPrax 2006, 115.
[49] OLG München v. 09.02.2006 - 33 Wx 237/05 - BtPrax 2006, 110-112.
[50] OLG Dresden v. 23.01.2006 - 3 W 1523/05 - BtPrax 2006, 117.
[51] Wie hier: LG Duisburg v. 02.02.2006 - 12 T 305/05 - BtPrax 2006, 117; Dodegge, Das 2. Betreuungsrechtsänderungsgesetz, NJW 2005, 1896-1899; a.A. LG Traunstein v. 20.02.2006 - 4 T 4660/05 - BtPrax 2006, 117.
[52] LG Meiningen v. 19.12.2006 - 3 T 249/06.

E. Höhe der Stundensätze

Die Stundensätze lassen nach der gesetzlichen Konzeption für den Regelfall eine klare Einordnung der jeweiligen Betreuung zu. Danach ergibt sich folgendes Schema für die Vornahme der Abrechnung, wobei in vierfacher Hinsicht zu differenzieren ist: 47

Nicht mittellose Heimbewohner (§ 5 Abs. 1 Alt. 1 VBVG) 48

	Stunden/Monat	Stunden/Quartal	Vergütung/Quartal (in €)
1.-3. Monat	5,5	16,5	445,50 / 552,75 / 726,00
4.-6. Monat	4,5	13,5	364,50 / 452,25 / 594,00
7.-12. Monat	4	12,0	324,00 / 402,00 / 528,00
Ab 2. Jahr	2,5	7,5	202,50 / 251,25 / 330,00

Nicht mittellose Nicht-Heimbewohner (§ 5 Abs. 1 Alt. 2 VBVG) 49

	Stunden/Monat	Stunden/Quartal	Vergütung/Quartal (in €)
1.-3. Monat	8,5	25,5	688,50 / 854,25 / 1.122,00
4.-6. Monat	7,0	21,0	567,00 / 703,50 / 924,00
7.-12. Monat	6,0	18,0	486,00 / 603,00 / 792,00
Ab 2. Jahr	4,5	13,5	364,50 / 452,25 / 594,00

Mittellose Heimbewohner (§ 5 Abs. 2 Alt. 1 VBVG) 50

	Stunden/Monat	Stunden/Quartal	Vergütung/Quartal (in €)
1.-3. Monat	4,5	13,5	364,50 / 452,25 / 594,00
4.-6. Monat	3,5	10,5	283,50 / 351,75 / 462,00
7.-12. Monat	3,0	9,0	243,00 / 301,50 / 396,00
Ab 2. Jahr	2,0	6,0	162,00 / 201,00 / 264,00

Mittellose Nicht-Heimbewohner (§ 5 Abs. 2 Alt. 2 VBVG) 51

	Stunden/Monat	Stunden/Quartal	Vergütung/Quartal (in €)
1.-3. Monat	7,0	21,0	567,00 / 703,50 / 924,00
4.-6. Monat	5,5	16,5	445,50 / 552,75 / 726,00
7.-12. Monat	5,0	15,0	405,00 / 502,50 / 660,00
Ab 2. Jahr	3,5	10,5	283,50 / 351,75 / 462,00

F. Änderung der Einstufungskriterien bei laufender Betreuung

Die Einstufung ein- und desselben Betreuungsfalles kann sich im Lauf der Betreuung ändern. So kann z.B. der ursprünglich bei Übernahme der Betreuung noch zu Hause wohnhafte Betreute in ein Heim übersiedeln. Der noch nicht mittellose Betreute kann durch Aufbrauchen seines „Vermögens" im Laufe der Betreuung mittellos werden. Umgekehrt kann der Betreute, z.B. durch Verkauf eines nach Heimübersiedlung nicht mehr selbst genutzten Einfamilienhauses oder einer Eigentumswohnung plötzlich vermögend werden. Das Gesetz berücksichtigt solche Veränderungen unter Rückgriff auf die allgemeinen Regelungen des Bürgerlichen Gesetzbuches. 52

I. Berechnung der Monate

Da die Vergütung in den einzelnen Monaten der Betreuung unterschiedlich hoch ist, die Betreuung naturgemäß nicht in jedem Fall mit dem Ersten eines Monats beginnt oder endet, muss eine taggenaue Berechnung der Monatsfristen stattfinden. Hierbei orientiert sich das Gesetz an den Regelungen des BGB zur Fristberechnung. Im Einzelnen bedeuten die Regelungen: Wird die Betreuung am 17. eines Monats mit der Bestellung eines Betreuers wirksam, so kann dieser beginnend mit dem 18. des Monats und bis zu dessen Ende eine anteilige Vergütung für den Kalendermonat verlangen. Die Monatsfristen enden dann regelmäßig mit dem 17. Tag der Folgemonate. 53

Die taggenaue Abrechnung der dem Betreuer jeweils zustehenden Vergütung erfolgt auch in den Fällen, in denen sich aufgrund Änderung der Einstufungskriterien ein veränderter Stundensatz z.B. wegen Aufenthaltswechsels des Betreuten oder eintretender Mittellosigkeit ergibt.[53] 54

---

[53] LG München I v. 03.03.2006 - 13 T 911/06 - BtPrax 2006, 116.

II. Änderung vergütungsrelevanter Umstände

1. Grundlagen

55 Die Vergütung hängt hinsichtlich der zu vergütenden Stundensätze maßgeblich von der Frage ab, ob der Betreuer mittellos ist oder über einsetzbares Vermögen verfügt. Mithin besteht ein maßgeblicher Anwendungsfall des Absatzes 3 Satz 2, 3 darin, dass ein zuvor vermögender Betreuter mittellos wird, weil z.B. das ihm ursprünglich zur Verfügung stehende bescheidene Sparguthaben durch eine Heimunterbringung aufgebraucht ist. Der Eintritt der Vermögenslosigkeit führt regelmäßig dazu, dass der Betreuer nicht mehr von dem Betreuten, sondern nunmehr aus der Staatskasse die Vergütung beanspruchen kann. Die anzusetzenden Stundensätze verringern sich. Die Frage der Mittellosigkeit ist für den jeweiligen Vergütungszeitraum tageweise zu ermitteln.[54]

56 Ein weiterer Anwendungsfall ist die Übersiedlung in ein Pflegeheim. Auch hier verringern sich die dem Betreuer zu vergütenden Stundensätze durch den Beginn des Heimaufenthalts.

57 **Beispiel 1:** Ein ursprünglich daheim lebender nicht mittelloser Betreuter, dessen Betreuung am 06.02. wirksam wurde, übersiedelt am 17.03. (im zweiten Monat der Betreuung) in ein Pflegeheim.

58 Abzurechnen sind hier für die Zeit vom 07.02. bis einschließlich 06.03. 8 ½ Stunden gemäß § 5 Abs. 1 Alt. 2 VBVG (1. Monat der Betreuung). Für die Zeit des zweiten Monats der Betreuung vom 07.03. bis 06.04. ist zu differenzieren. Für die ersten elf Tage behält der Betreuer den monatlichen Stundensatz von 8 ½ Stunden. Für die restlichen 19 Tage sind 5 ½ Monatsstunden zu vergüten (§ 5 Abs. 1 Alt. 1 VBVG). Das ergibt 8 ½ multipliziert mit 11/30 (= 3,116 Stunden) zuzüglich 5 ½ multipliziert mit 19/30 (= 3,483 Stunden). Der zu vergütende Zeitaufwand addiert sich damit im zweiten Monat auf 6,599 Stunden, was auf 6,6 Stunden aufzurunden ist. Der dritte Monat, d.h. die Zeit vom 07.04. bis 06.05. ist anschließend bei fortdauernder Heimunterbringung mit 5 ½ Stunden abzurechnen. Im ersten Quartal sind dann 20,6 Stunden abzurechnen (8,5 Stunden + 6,6 Stunden + 5,5 Stunden).

59 **Beispiel 2:** Der nicht mittellose Betreute, dessen Betreuung zum 05.04. wirksam wurde, wird zum 30.04. mittellos, da sein einzusetzendes Erspartes aufgebraucht ist. Zum 02.05. zieht er außerdem in ein Heim um.

60 Der berufsmäßige Betreuer erhält eine Vergütung ab dem 06.04. Bis einschließlich 30.04. kann er die Vergütung gemäß § 5 Abs. 1 Alt. 2 VBVG geltend machen (25 Tage – 25/30 multipliziert mit 8 ½ Stunden = 7,083 Stunden). Für 2 Tage (bis einschließlich 02.05.) errechnen sich gemäß § 5 Abs. 1 Alt. 1 VBVG 0,466 Stunden (2/30 multipliziert mit 7 Stunden = 0,466 Stunden). Die restlichen drei Tage geben einen Stundensatz von 0,45 Stunden gemäß § 5 Abs. 2 Alt. 1 VBVG (nämlich 3 Tage = 3/30 multipliziert mit 4,5 Stunden = 0,45 Stunden). Die Einzelansätze für die betreffenden Zeiträume addieren sich auf 7,999 Stunden, was aufgerundet (auf volle Zehntel) einen vergütungsfähigen Zeitraum von 8,0 Stunden ergibt.

61 **Aufenthaltswechsel:** Bei einem Umzug des Betreuten von der Privatwohnung in ein Heim stellt sich die Frage, welcher Zeitpunkt hierfür maßgeblich zu Grunde zu legen ist. Dies wird der Zeitpunkt des tatsächlichen Aufenthaltswechsels sein, da mit ihm und nicht mit einer etwaig später erfolgenden Ummeldung beim Einwohnermeldeamt die Änderung des vergütungsrechtlichen Tatbestands erfolgt ist. Damit ist auch nicht auf das Datum des Abschlusses des Heimvertrages oder auf den Beginn einer daraus resultierenden Zahlungsverpflichtung abzustellen.

62 **Übergangssituation:** Die Abrechnung nach dem früheren Vergütungssystem endete mit dem 30.06.2005 (Art. 229 § 14 EGBGB). Die Abrechnungen nach tatsächlich entstandenem Aufwand sind bezogen auf diesen Zeitpunkt von den Betreuern zu erstellen. Für die anschließenden Zeiträume ist unter Berücksichtigung der Fristen des nunmehr geltenden Vergütungsrechts unter Beachtung der Dreimonatsfrist des § 9 VBVG die Abrechnung zu erstellen.

2. Mittellosigkeit und Vergütungszeitpunkt

63 Die Frage der Feststellung der Mittellosigkeit während der laufenden Betreuung ist vom Zeitpunkt der Entscheidung über die Vergütung zu trennen. Letzterer ist der Zeitpunkt der letzten Tatsachenfeststellung im Vergütungsverfahren. Liegt in diesem Zeitpunkt Mittellosigkeit des Betreuten vor, richtet sich der Vergütungsanspruch gegen die Staatskasse, auch wenn der Betreute während der laufenden Betreuung nicht mittellos war. Der Betreuer kann in einem solchen Fall die für einen nicht mittellosen Betreuten geltenden Stundensätze gegenüber der Staatskasse abrechnen.

---

[54] LG München I v. 03.03.2006 - 13 T 911/06 - BtPrax 2006, 116.

a. Umfang des Vergütungsanspruchs

Für den Umfang des dem Betreuer gemäß § 5 VBVG zu vergütenden Zeitaufwands ist immer darauf abzustellen, ob der Betreute im Vergütungszeitraum mittellos war. Der pauschalierte Zeitaufwand ist nicht nachträglich auf das für mittellose Betreute geltende Maß zu reduzieren, wenn ein Betreuer im Zeitpunkt der Entscheidung über den Vergütungsantrag mittellos geworden ist. 64

b. Vergütungsschuldner

Der auf der Grundlage einer Mittellosigkeit oder Nicht-Mittellosigkeit ermittelte Vergütungsanspruch richtet sich gegen die Staatskasse, wenn der Betreute im Zeitpunkt der Entscheidung über den Vergütungsanspruch mittellos ist. 65

Vergütungsschuldner des Berufsbetreuers ist bei Mittellosigkeit des Betreuten die Staatskasse (§§ 1908i Abs. 1 Satz 1, 1836 Abs. 1 Satz 3 BGB i.V.m. § 1 Abs. 2 Satz 2 VBVG) und bei vorhandenem verwertbaren Vermögen der Betreute (§§ 1908i Abs. 1 Satz 1, 1836 Abs. 1 BGB i.V.m. § 1 Abs. 2 Satz 1 VBVG). Mit der Übernahme der Betreuungskosten erbringt die Staatskasse eine Sozialleistung[55], die gemäß § 1836c BGB davon abhängt, dass der Betreute über kein einzusetzendes Vermögen im Sinne des Sozialhilferechts verfügt. Der Betreute soll durch die Kosten der Betreuung nicht in seinen vorhandenen Lebensgrundlagen wesentlich beeinträchtigt werden. Deshalb ist für die Feststellung, ob der Betreute mittellos oder vermögend ist, auf den Zeitpunkt der Entscheidung in der letzten Tatsacheninstanz abzustellen.[56] 66

G. Betreuerwechsel (Absatz 5)

I. Grundsatz

Bei einem Wechsel von einem beruflichen zu einem ehrenamtlichen Betreuer hat der Berufsbetreuer Anspruch auf Vergütung sowohl für den Monat, in den der Wechsel fällt, als auch zusätzlich für den Folgemonat. Diese Übergangsvergütung soll dazu beitragen, dass ein Berufsbetreuer darauf hinwirkt, eine auch ehrenamtlich führbare Betreuung in die Hände eines ehrenamtlichen Betreuers zu geben.[57] Außerdem soll ein eventueller Mehraufwand abgegolten werden.[58] 67

II. Betreuungsmonat als Bezugsgröße

Die Berechnung der einem Berufsbetreuer bei einem Wechsel zu einem ehrenamtlichen Betreuer gemäß § 5 Abs. 5 VBVG zu vergütenden Monate erfolgt nach Betreuungsmonaten und nicht nach Kalendermonaten.[59] 68

Nach § 5 Abs. 5 VBVG sind bei einem Wechsel von einem beruflichen zu einem ehrenamtlichen Betreuer dem beruflichen Betreuer der Monat, in den der Wechsel fällt und der Folgemonat mit dem vollen Zeitaufwand nach § 5 Abs. 1 und 2 VBVG zu vergüten. Der nach § 5 Abs. 1 und 2 VBVG dem Berufsbetreuer zu vergütende Zeitaufwand wird ab dem Beginn der Betreuung monatsweise berechnet. Für die Berechnung der Monate gelten § 187 Abs. 1 und § 188 Abs. 2 Alt. 1 BGB entsprechend (§ 5 Abs. 4 Satz 1 VBVG).[60] Maßgebendes Ereignis für den Beginn der Betreuung und damit des Abrechnungsmonats ist das Wirksamwerden des Beschlusses über die Bestellung des Betreuers gemäß § 287 FamFG. Danach beginnt der Lauf der Monatsfrist an dem Tag nach dem Wirksamwerden des Beschlusses (§ 187 Abs. 1 BGB). Das Ende des Abrechnungsmonats fällt gemäß § 188 Abs. 2 Alt. 1 BGB auf den Tag des folgenden Monats, der durch seine Benennung oder seine Zahl dem Tage entspricht, an dem der Beschluss wirksam geworden ist. Wird eine Betreuung mit Wirkung zum 06.03. aufgehoben, so endet der Vergütungszeitraum mit dem 06.04., der Betreuer ist nicht bis zum Ende des laufenden Kalendermonats (30.04.) zu vergüten. 69

---

[55] BT-Drs. 13/7158, S. 17.
[56] BGH v. 06.02.2013 - XII ZB 582/12.
[57] BT-Drs. 15/4874, S. 74.
[58] BT-Drs. 15/4874, S. 74.
[59] BGH v. 27.02.2013 - XII ZB 543/12.
[60] Vgl. BGH v. 25.05.2011 - XII ZB 440/10.

III. Wechsel der Betreuungsart ohne Wechsel in der Person des Betreuers

70 Die Übergangsvergütung nach § 5 Abs. 5 VBVG fällt richtigerweise auch dann an, wenn ohne Wechsel in der Person des Betreuers ein Wechsel von einer berufsmäßig zu einer ehrenamtlich geführten Betreuung stattfindet.[61]

IV. Berufsbetreuung neben ehrenamtlicher Betreuung

71 Der Berufsbetreuer erhält auch dann diese weitere Vergütung, wenn bereits neben der Berufsbetreuung ein ehrenamtlicher Betreuer eingesetzt war (§ 5 Abs. 5 Satz 2 VBVG). In der Praxis kommt diesem Teil der Vorschrift kaum eine Bedeutung zu, weil sehr selten neben einer Berufsbetreuung noch eine ehrenamtliche Betreuung besteht.

---

[61] OLG Hamm v. 06.09.2007 - 15 W 143/07.

§ 6 VBVG Sonderfälle der Betreuung

(Fassung vom 21.04.2005, gültig ab 01.07.2005)

¹In den Fällen des § 1899 Abs. 2 und 4 des Bürgerlichen Gesetzbuchs erhält der Betreuer eine Vergütung nach § 1 Abs. 2 in Verbindung mit § 3; für seine Aufwendungen kann er Vorschuss und Ersatz nach § 1835 des Bürgerlichen Gesetzbuchs mit Ausnahme der Aufwendungen im Sinne von § 1835 Abs. 2 des Bürgerlichen Gesetzbuchs beanspruchen. ²Ist im Fall des § 1899 Abs. 4 des Bürgerlichen Gesetzbuchs die Verhinderung tatsächlicher Art, sind die Vergütung und der Aufwendungsersatz nach § 4 in Verbindung mit § 5 zu bewilligen und nach Tagen zu teilen; § 5 Abs. 4 Satz 3 sowie § 187 Abs. 1 und § 188 Abs. 1 des Bürgerlichen Gesetzbuchs gelten entsprechend.

Gliederung

A. Kurzcharakteristik 1	I. Fall des § 1899 Abs. 4 BGB 13
B. Grundsatz 4	II. Tatsächliche Verhinderung 14
C. Rechtliche Verhinderung (Absatz 1) 6	III. Teilung der Pauschale 17
D. Verhinderung tatsächlicher Art (Absatz 2) 12	E. Not-Geschäftsführung nach dem Tod des Betreuten 22

A. Kurzcharakteristik

Die Vorschrift trifft in Satz 1 eine Sonderregelung für zwei Arten von Betreuungen, deren Umfang nicht dem Regelfall einer Betreuung entspricht. Im Einzelnen gilt die Sonderregelung 1
- für den **Sterilisationsbetreuer** (§§ 1899 Abs. 2, 1905 BGB) und
- den **Verhinderungsbetreuer** (§ 1899 Abs. 4 BGB) im Falle einer Verhinderung aus rechtlichen Gründen.

§ 6 Abs. 2 VBVG regelt den Fall, dass ein Betreuer aus tatsächlichen Gründen an der Ausübung seiner Aufgaben gehindert ist (Verhinderungsbetreuer aus tatsächlichen Gründen – **Ersatzbetreuer**). 2

Die Regelung ist abschließend. Alle übrigen Betreuer unterfallen deshalb uneingeschränkt dem Pauschalvergütungssystem.¹ 3

B. Grundsatz

Nur der **Sterilisationsbetreuer** (§§ 1899 Abs. 2, 1905 BGB) und der **Verhinderungsbetreuer** (§ 1899 Abs. 4 BGB), der aus rechtlichen Gründen an der Vertretung gehindert ist, haben Anspruch auf Abrechnung nach dem ihnen in Ausübung ihrer Tätigkeit entstandenen Zeitaufwand. Sie erhalten danach keine Pauschalvergütung, sondern werden nach tatsächlichem Zeitaufwand bezahlt. Die Vergütung erfolgt jedoch nur unter Anrechnung der (geringeren) Stundensätze, wie sie für den Vormund Geltung haben zzgl. Mehrwertsteuer und Aufwendungsersatz nach § 1835 BGB (§ 3 VBVG). 4

Die Vergütung nach den Sätzen des Vormunds schließt grundsätzlich die Erstattung der Aufwendungen ein sowie die Erstattung der Umsatzsteuer. Ausgenommen sind nur Aufwendungen zur Erlangung einer angemessenen Versicherung gegen Schäden, die in Ausübung der Tätigkeit entstehen (§ 1835 Abs. 2 BGB). 5

C. Rechtliche Verhinderung (Absatz 1)

Aus Rechtsgründen verhindert ist eine Person, die die Voraussetzungen der §§ 1908i Abs. 1, 1795 BGB oder des § 181 BGB erfüllt, die also bereits von Gesetzes wegen zur Vertretung der betroffenen Person nicht berechtigt ist oder der gemäß §§ 1908i Abs. 1, 1796 BGB wegen Interessenkollision die Vertretungsbefugnis entzogen worden ist oder nicht übertragen werden kann. 6

Zu Recht geht das OLG München davon aus, dass § 6 VBVG auch in dem Fall gilt, dass ein **Generalbevollmächtigter** wegen des Verbots des Insichgeschäfts (§ 181 BGB) im Einzelfall von der Vertretung ausgeschlossen ist. Der deshalb bestellte Verhinderungsbetreuer kann nach Zeitaufwand abrechnen.² 7

---

¹ A.A. *Fröschle* in: MünchKomm-BGB, § 6 Rn. 1.
² OLG München v. 15.09.2010 - 33 Wx 60/10.

8 Wird neben einer bereits bestehenden Bevollmächtigung durch eine Vorsorgevollmacht ein zusätzlicher Betreuer für eine einzelne Angelegenheit bestellt, führt dies nicht automatisch zu einer Vergütungsfähigkeit nach § 6 VBVG. Es ist vielmehr zu prüfen, ob ein Fall einer rechtlichen Verhinderung des Bevollmächtigten an der Vertretung vorlag. Ist dies nicht der Fall, unterfällt der zusätzlich bestellte Betreuer dem Pauschalvergütungssystem.[3]

9 Auch eine analoge Anwendung von § 6 VBVG kommt in diesen Fällen nicht in Betracht. Mit der Einführung der pauschalen Betreuervergütung sollte ein einfaches und streitvermeidendes Abrechnungssystem geschaffen werden, dessen Grundlage nicht mehr der dem Betreuer im Einzelfall tatsächlich entstandene von ihm konkret darzulegende Zeitaufwand ist, sondern ein von Umfang und Schwierigkeit der einzelnen Betreuung unabhängiger, pauschaler Stundenansatz, dessen Anzahl nur von der Betreuungsdauer, dem Aufenthaltsort des Betreuten und davon abhängt, ob der Betreute bemittelt oder nicht bemittelt ist. Um diesen Zweck weitestgehend zu erreichen, hat der Gesetzgeber in § 6 VBVG nur zwei Ausnahmen von dem Pauschalierungssystem geschaffen. Eine allgemeine Ausnahme von der pauschalierten Vergütung für alle Fälle, in denen der Betreuer nur für einen begrenzten Aufgabenbereich oder eine einzelne Angelegenheit bestellt wird, war nicht gewollt. Bis auf die „zahlenmäßig geringen Sonderfälle" des § 6 VBVG sollte es von der Pauschalvergütung keine Ausnahmetatbestände geben, weil jeder Ausnahmetatbestand „zu Streitigkeiten über seinen Anwendungsbereich und ggf. eine analoge Anwendung führen" würde.[4]

10 Die Verweisung auf § 1899 Abs. 4 BGB erfasst auch den Fall, dass nicht ein vom Gericht bestellter Betreuer, sondern ein von dem Betroffenen Bevollmächtigter rechtlich verhindert ist.[5] Da die Bevollmächtigung als Äquivalent zur Betreuung anzusehen ist, muss auch der Fall einer Verhinderung des Bevollmächtigten aus rechtlichen Gründen so behandelt werden, als wäre ein gerichtlich bestellter Betreuer rechtlich verhindert.

11 Im Falle der Bestellung eines Vollmachtsüberwachungsbetreuers liegt keine rechtliche Verhinderung des Bevollmächtigten vor. Auch in diesen Fällen wird der Überwachungsbetreuer nach dem Pauschalvergütungssystem vergütet.[6]

D. Verhinderung tatsächlicher Art (Absatz 2)

12 Die Vorschrift sieht zudem vor – und dies ist für Betreuer in der Praxis von erheblicher Relevanz –, dass im Falle der Verhinderung eines Betreuers aus tatsächlichen Gründen und Bestellung eines **Ersatzbetreuers** die Vergütung nur anteilig nach Zeitabschnitten dem einen und anderen zu bewilligen ist. Die Vorschrift ist unter folgenden Voraussetzungen anwendbar:

I. Fall des § 1899 Abs. 4 BGB

13 Die Norm regelt ausschließlich Fälle, in denen das Gericht mehrere Betreuer in der Weise bestellt hat, dass der eine die Angelegenheiten des Betreuers nur dann zu besorgen hat, soweit der andere verhindert ist oder ihm die Besorgung überträgt (zu den Einzelheiten vgl. die Kommentierung zu § 1899 BGB).

II. Tatsächliche Verhinderung

14 Ein Fall des § 6 Satz 2 VBVG liegt nur vor, wenn die Verhinderung tatsächlicher Art ist.

15 Die tatsächliche, regelmäßig vorübergehende Verhinderung[7] kann
 • in einer Erkrankung des Betreuers liegen oder auch
 • in dem Umstand, dass er urlaubsbedingt für einige Zeit seine Aufgaben nicht wahrnehmen kann
Diese Ursachen für eine Verhinderung dürften im Betreuungswesen die größte Rolle spielen. Bestellt das Gericht für eine solchermaßen notwendige tatsächliche Verhinderung des Betreuers einen weiteren Betreuer im Sinne des § 1899 Abs. 4 BGB, so ist der ursprünglich bestellte Betreuer nicht mehr berechtigt, für den Zeitraum der tatsächlichen Vertretung eine Vergütung zu verlangen. Der Vergütungsantrag ist demzufolge unter Berücksichtigung des Vertretungszeitraumes zu berechnen. Insoweit ist auf die Fristenberechnung unter § 5 VBVG zu verweisen.

---

[3] BGH v. 20.03.2013 - XII ZB 231/12; BGH v. 11.04.2012 - XII ZB 459/10.
[4] BGH v. 20.03.2013 - XII ZB 231/12; abweichend LG München I v. 27.11.2009 - 13 T 11628/09.
[5] Offengelassen von BGH v. 20.03.2013 - XII ZB 231/12.
[6] LG München II v. 11.12.2007 - 6 T 4842/07.
[7] Vgl. hierzu: OLG Celle v. 23.01.2008 - 17 W 100/07.

Kein Fall des § 6 Abs. 2 VBVG liegt allerdings vor, wenn mehrere Berufsbetreuer mit unterschiedlichen Aufgabenkreisen zu Betreuern bestellt werden. In diesen Fällen fehlt es an der tatsächlichen Verhinderung. Keiner der bestellten Berufsbetreuer ist daher Ersatzbetreuer eines anderen Betreuers. Mehreren Berufsbetreuern, die im Sinne des § 1899 Abs. 1 BGB für je gesonderte Aufgabenkreise bestellt worden sind, steht deshalb jeweils eine Vergütung nach dem vollen pauschalen Stundenansatz gem. § 5 VBVG zu.[8]

III. Teilung der Pauschale

Ist ein Ersatzbetreuer bestellt, so erhält er anteilig die Pauschale für den gesamten Zeitraum der Verhinderung des (Haupt-)Betreuers.

Beispiel: Ist der bereits seit dem 13.09.2006 bestellte Betreuer eines mittellosen Heimbewohners in der Zeit von einschließlich 03. bis 10.03.2010 verreist und ist für diesen Zeitraum ein Ersatzbetreuer bestellt, so teilt sich der Vergütungsanspruch im Abrechnungsmonat 14.02.2010 bis 13.03.2010 wie folgt:

Der (Haupt-)Betreuer erhält eine Vergütung für 22 von 30 Tagen, multipliziert mit seinem persönlichen Stundensatz entsprechend seiner Qualifikation. Das ergibt 22/30 Tage X 2 Stunden = 1,467 Stunden. Aufgerundet wird auf volle Zehntel, so dass 1,6 Stunden in dem betreffenden Abrechnungszeitraum zu vergüten sind.

Der Ersatzbetreuer erhält eine Vergütung für 8 von 30 Tagen. Die Vergütung ist nicht davon abhängig, dass der Ersatzbetreuer in der fraglichen Zeit überhaupt tätig war. Es ergeben sich 8/30 Tage X 2 Stunden = 0,533 Stunden. Aufgerundet auf volle Zehntel ergeben sich 0,6 Stunden.

Jeder Betreuer erhält eine Vergütung, die seiner Qualifikation entspricht.[9] Ein höher qualifizierter Ersatzbetreuer wäre demnach für die Zeitdauer seiner ersatzweisen Bestellung nach seinem (höheren) Stundensatz zu vergüten.

E. Not-Geschäftsführung nach dem Tod des Betreuten

Da die Betreuung mit dem Tod des Betreuten endet, steht dem Betreuer über diesen Zeitpunkt hinaus keine Pauschalvergütung mehr zu. Führen zwingende Umstände dazu, dass der Betreuer über diesen Beendigungszeitpunkt hinaus dringende unaufschiebbare Geschäfte erledigen muss, stellt sich die Frage nach einer Vergütung für diese Tätigkeit. Das OLG München hat für solche Fälle eine Analogie zu § 6 VBVG bejaht.[10] Dafür ist aber aufgrund des abschließenden Charakters der Sondernorm des § 6 VBVG kein Raum.

Der Betreuer kann in diesen Fällen vielmehr eine Vergütung gemäß §§ 1908i, 1893 Abs. 1, 1698b, 1836 Abs. 1 Satz 2 BGB i.V.m. § 3 VBVG analog beanspruchen. Da für den Fall des Todes des Mündels mit § 1698b BGB eine Sonderregelung besteht, die über § 1908i BGB auch im Betreuungsrecht gilt, kann diese Regelung zur Begründung einer Vergütung analog § 3 VBVG herangezogen werden.

---

[8] OLG Hamm v. 09.10.2006 - 15 W 141/06.
[9] *Fröschle* in: MünchKomm-BGB, § 6 Rn. 11.
[10] OLG München v. 09.08.2006 - 33 Wx 249/05.

§ 7 VBVG Vergütung und Aufwendungsersatz für Betreuungsvereine

(Fassung vom 21.04.2005, gültig ab 01.07.2005)

(1) ¹Ist ein Vereinsbetreuer bestellt, so ist dem Verein eine Vergütung und Aufwendungsersatz nach § 1 Abs. 2 in Verbindung mit den §§ 4 und 5 zu bewilligen. ²§ 1 Abs. 1 sowie § 1835 Abs. 3 des Bürgerlichen Gesetzbuchs finden keine Anwendung.

(2) ¹§ 6 gilt entsprechend; der Verein kann im Fall von § 6 Satz 1 Vorschuss und Ersatz der Aufwendungen nach § 1835 Abs. 1, 1a und 4 des Bürgerlichen Gesetzbuchs verlangen. ²§ 1835 Abs. 5 Satz 2 des Bürgerlichen Gesetzbuchs gilt entsprechend.

(3) Der Vereinsbetreuer selbst kann keine Vergütung und keinen Aufwendungsersatz nach diesem Gesetz oder nach den §§ 1835 bis 1836 des Bürgerlichen Gesetzbuchs geltend machen.

Gliederung

A. Kurzcharakteristik 1	I. Grundsatz 12
B. Vereinsbetreuer 2	II. Ausnahme: Betreuung nach § 6 VBVG 13
C. Verein als Betreuer 5	G. Vergütung 16
D. Exkurs: Vereins-Verfahrenspfleger 7	H. Vorschuss für Aufwendungen 19
E. Anwendung des § 7 VBVG im Vormundschaftsrecht 9	I. Anspruchsgegner 20
F. Ersatz für Aufwendungen 12	J. Frist zur Geltendmachung 22

A. Kurzcharakteristik

1 Die Vorschrift geht in ihren wesentlichen Grundzügen zurück auf den früheren § 1908e BGB, der durch das 2. BtÄndG aufgehoben wurde.¹ Sie enthält Sonderregelungen zu § 1908i Abs. 1 Satz 1 BGB i.V.m. den §§ 1835, 1836 BGB für die Vergütungsansprüche eines Vereinsbetreuers.

B. Vereinsbetreuer

2 Für die Vergütung der Tätigkeit eines Vereinsbetreuers gilt die Sonderregel des § 7 VBVG. Die Vorschrift regelt in Abweichung zu dem Grundsatz des § 1836 Abs. 3 BGB die Geltendmachung von Ansprüchen des Vereins auf Aufwendungsersatz, Vergütung bzw. Vergütungspauschale bei einer Betreuung durch einen Vereinsbetreuer.² Dem hauptamtlichen Vereinsbetreuer sollen selbst in eigener Person keine derartigen Ansprüche zustehen. Da er vom Verein, bei dem er angestellt ist, sein Salär erhält, erscheint dem Gesetzgeber ein eigener Vergütungsanspruch im Betreuungsverfahren unnötig. Die Ansprüche aus der Betreuungstätigkeit sollen deshalb nur dem Verein zukommen.³

3 Der Vereinsbetreuer muss vom Betreuungsgericht als solcher ausdrücklich bestellt worden sein. Nicht ausreichend ist es, dass der bestellte Betreuer zwar bei einem Betreuungsverein angestellt ist, aber nicht als Vereinsbetreuer bestellt wurde. Ist ein Mitarbeiter eines Betreuungsvereins ausnahmsweise persönlich zum Betreuer bestellt worden, so kann der Verein keine Vergütung beanspruchen.⁴

4 Der Verein kann grundsätzlich nur für die Tätigkeit des konkret bestellten Betreuers eine Vergütung verlangen. Nicht vergütungsfähig ist es, wenn der Verein während des Urlaubs des bestellten Betreuers ohne Mitwirkung des Gerichts einen anderen Mitarbeiter mit der Ausführung der Betreuungsaufgaben betraut.⁵ Etwas anderes soll nach Ansicht des Brandenburgischen OLG ausnahmsweise in dem Fall gelten, dass der bestellte Vereinsbetreuer dauerhaft arbeitsunfähig wird, der Betreuungsverein dies dem Gericht anzeigt und dieser schon vor der späteren Bestellung eines neuen in Vorschlag gebrachten

---

[1] *Winterstein* in: Jürgens, Betreuungsrecht, 3. Aufl. 2005, § 7 Rn. 1.
[2] OLG Brandenburg v. 02.08.2001 - 11 Wx 20/01 - juris Rn. 16 - MDR 2002, 397-398.
[3] BT-Drs. 11/5428, S. 157.
[4] BayObLG München v. 07.05.2002 - 1Z BR 52/02 - juris Rn. 8 - FamRZ 2002, 1363-1364; LG Koblenz v. 15.01.2003 - 2 T 868/02 - JAmt 2003, 324-325.
[5] OLG Brandenburg v. 02.08.2001 - 11 Wx 20/01 - juris Rn. 19 - MDR 2002, 397-398.

Vereinsbetreuers desselben Vereins seine Arbeit aufnimmt.[6] Diese Auffassung ist jedoch abzulehnen. Abgesehen davon, dass hierdurch Vergütungsansprüche für nicht bestellte Betreuer abgesegnet werden, besteht in der Praxis hierfür kein Bedürfnis. In der Regel wird es in derartigen Ausnahmefällen rasch möglich sein, die erforderlichen Verfahrenshandlungen zur Bestellung eines neuen Vereinsbetreuers vorzunehmen, so dass eine betreuerlose Zeitspanne nicht über einen erheblichen Zeitraum gegeben ist.

C. Verein als Betreuer

Die Vorschrift gilt nur für den Vereinsbetreuer und dessen Vergütung. Dem Verein, der selbst zum Betreuer bestellt worden ist (§ 1900 Abs. 1 Satz 1 BGB), soll nach der gesetzlichen Regelung keine Vergütung zustehen (§ 1908i Abs. 1 Satz 1 BGB i.V.m. § 1836 Abs. 3 BGB).

Das LG Ansbach[7] ist der Auffassung, dass diese gesetzliche Regelung insgesamt gegen Art. 12 GG verstößt. Es hat einem Betreuungsverein, der selbst zum Betreuer bestellt ist, einen Vergütungsanspruch zugebilligt. Die Entscheidung ist schon verfahrensrechtlich bedenklich. Denn das LG durfte nicht selbst die Verfassungswidrigkeit einer Rechtsnorm feststellen. Es hätte die Frage, die konkret noch nicht durch das BVerfG entschieden ist, diesem bei Bedenken gegen die Verfassungsmäßigkeit zur Entscheidung vorlegen müssen. Zu Unrecht bezieht sich das LG Asbach auch auf Entscheidungen des BVerfG[8] und des BGH[9], die jedoch beide nicht den hier zu entscheidenden Fall betreffen. In beiden vom LG Ansbach in Bezug genommenen Fällen ging es um die Frage, ob einem als Mitarbeiter eines Vereins bestellten Verfahrenspfleger bzw. Pfleger eine Vergütung zugesprochen werden kann. Davon zu trennen ist auch unter verfassungsrechtlichen Gesichtspunkten die Frage, ob dem Verein, der selbst bestellt wurde, eine Vergütung nicht versagt werden kann.

D. Exkurs: Vereins-Verfahrenspfleger

Die Vorschrift gilt nach ihrem Wortlaut nicht für Verfahrenspfleger, die als Mitarbeiter eines Betreuungsvereins bestellt werden. Da insofern auch keine andere Regelung besteht, wäre der Verein damit nicht in der Lage, Aufwendungs- und Vergütungsansprüche für seinen als Verfahrenspfleger bestellten Mitarbeiter geltend zu machen. Die gerichtliche Praxis wandte zur Schließung dieser Lücke aber die frühere Vorschrift des § 1908e BGB auch auf Vereinsmitarbeiter an, die in dieser Eigenschaft im Betreuungsverfahren zu Verfahrenspflegern bestellt wurden. So sah das OLG Köln es von Verfassungs wegen als geboten an, dem Verein in diesen Fällen eine sonst nicht eröffnete Liquidationsmöglichkeit zu schaffen.[10] Dem folgte das Brandenburgische OLG in einer Entscheidung vom 25.09.2002.[11] Durch die Verweisung im früheren § 1908e Abs. 3 Satz 2 BGB war allerdings hinreichend klargestellt, dass die Tätigkeit eines Verfahrenspflegers nach denselben Grundsätzen abzurechnen war wie die eines entsprechend bestellten Betreuers.[12]

Durch § 318 FamFG i.V.m. § 277a Abs. 2 FamFG ist diese Rechtsauffassung, die sich schon unter dem früheren Recht herausgebildet hat, gesetzlich verankert. Damit steht fest, dass der Verein für den bei ihm beschäftigten (Vereins-)Verfahrenspfleger eine Vergütung beanspruchen kann.

E. Anwendung des § 7 VBVG im Vormundschaftsrecht

Wird der Mitarbeiter eines Vereins, der gemäß § 1791a BGB i.V.m. § 54 Abs. 1 SGB VIII zur Übernahme von Vormundschaften geeignet ist, zum Vormund bestellt und ist er im Verein ausschließlich oder teilweise als solcher tätig (§ 1897 Abs. 2 Satz 1 BGB analog), kann der Verein in entsprechender Anwendung von § 7 VBVG eine Vergütung und Aufwendungsersatz von der Staatskasse beanspruchen.[13]

---

[6] OLG Brandenburg v. 02.08.2001 - 11 Wx 20/01 - juris Rn. 22 - MDR 2002, 397-398.
[7] LG Ansbach v. 25.02.2009 - 4 T 107/09.
[8] BVerfG v. 11.11.1999 - 1 BvR 122/94.
[9] BGH v. 14.03.2007 - XII ZB 148/03 - NJW-RR 2007, 937.
[10] OLG Köln v. 15.12.2000 - 16 Wx 113/00 - juris Rn. 8 - OLGR Köln 2001, 192-193.
[11] OLG Brandenburg v. 25.09.2002 - 15 WF 106/00 - Rpfleger 2003, 126-127.
[12] *Kayser* in: Keidel/Kuntze/Winkler, Freiwillige Gerichtsbarkeit, 15. Aufl. 2003, § 67 Rn. 17.
[13] BGH v. 25.05.2011 - XII ZB 625/10.

10 Hat ein Vereinsvormund in die Bestellung als Vereinsvormund nur auf der Grundlage der zu diesem Zeitpunkt vom BGH noch bejahten Vergütungsfähigkeit eingewilligt und die Führung der Vormundschaft einem Mitarbeiter übertragen, so ist der Vereinsvormund, seitdem die Vergütung für Vereine zu verneinen ist, auf seinen Antrag aus dem Amt als Vormund zu entlassen, und der Mitarbeiter als Vereinsvormund analog § 1897 Abs. 2 BGB, und er selber als Ersatzvormund zu bestellen.[14]

11 Auch gilt dies gemäß § 1915 Abs. 1 BGB entsprechend für einen zum Pfleger bestellten Mitarbeiter des Vereins, wobei § 1915 Abs. 1 Satz 2 BGB zu beachten ist.[15]

F. Ersatz für Aufwendungen

I. Grundsatz

12 Die Aufwendungen des (stets berufsmäßig handelnden) Vereinsbetreuers (einschließlich der Umsatzsteuer) sind nach der nunmehr auch für sie geltenden Pauschalvergütung grundsätzlich nicht mehr ersatzfähig. Sie sind mit der Pauschalvergütung abgegolten.[16]

II. Ausnahme: Betreuung nach § 6 VBVG

13 Erstattungsfähig sind Aufwendungen nur noch im Falle, dass dem Vereinsbetreuer eine Betreuung im Sinne des § 6 VBVG übertragen wurde. Hinsichtlich des Umfangs des Aufwendungsersatzes in diesem Sonderfall gelten § 1835 Abs. 1, 1a BGB und § 1835 Abs. 4 BGB. Zu den erstattungsfähigen Aufwendungen gehören danach vor allem Porto-, Kopier- und Telefonkosten sowie die Fahrtkosten. Die Aufwendungen müssen klar abgrenzbar einer konkreten Betreuung zugeordnet werden können.[17]

14 Kosten, die dem Verein entstehen, weil die allgemeine Büroorganisation vorgehalten werden muss, und die sich nicht konkret einem Betreuungsfall zuordnen lassen, sind nicht erstattungsfähig. Dies betrifft z.B. Vorhaltekosten für Computer, Faxgeräte und Schreibmaschinen, Materialkosten für Farbbänder und Tinte sowie die Kosten für Papier und Umschläge.[18]

15 Nicht erstattungsfähig sind wegen der fehlenden Verweisung z.B. Versicherungskosten (§ 1835 Abs. 2 BGB). Kosten für die Ausbildung, Fortbildung und Supervisionen[19] der Vereinsmitarbeiter sind ebenfalls nicht erstattungsfähig.

G. Vergütung

16 Der Betreuungsverein hat für seinen Mitarbeiter einen eigenen Vergütungsanspruch. Dieser Anspruch setzt nicht voraus, dass die Feststellung der berufsmäßigen Führung der Betreuung im Bestellungsbeschluss enthalten ist. Das Gesetz geht insofern unwiderlegbar davon aus, dass der Vereinsbetreuer berufsmäßig tätig ist.

17 Die Höhe des Vergütungsanspruches richtet sich nach den für Berufsbetreuer allgemein geltenden Grundsätzen (§ 4 VBVG). Es ergeben sich Unterschiede, je nachdem ob der Betreute mittellos ist oder nicht. Die Höhe des dem Vereinsbetreuer zu gewährenden Stundensatzes bestimmt sich nach § 5 VBVG.

18 Die Vergütung kann erst mit Wirksamkeit der Bestellung des Vereinsbetreuers beansprucht werden.[20] Auch nicht im Falle besonderer Umstände, etwa einer plötzlich eintretenden dauerhaften Arbeitsunfähigkeit des bestellten Vereinsbetreuers, ist hiervon hinsichtlich der Vergütung eines schon vor der gerichtlichen Bestellung einspringenden Ersatzbetreuers eine Ausnahme geboten (vgl. hierzu Rn. 4).

H. Vorschuss für Aufwendungen

19 Der Betreuungsverein kann Vorschuss für von ihm zu tätigende Aufwendungen verlangen. Diese früher umstrittene Frage war bereits durch Änderung des Wortlautes des früheren § 1908e Abs. 1 BGB durch das 1. BtÄndG geregelt worden. Jetzt folgt dies daraus, dass § 7 Abs. 2 Satz 2 BGB ausdrücklich nicht auf § 1835 Abs. 5 Satz 1 BGB verweist, wohl aber auf dessen Satz 2.

---

[14] OLG Düsseldorf v. 09.05.2012 - 1 WF 20/12.
[15] BGH v. 13.03.2013 - XII ZB 398/12.
[16] *Winterstein* in: Jürgens, Betreuungsrecht, 3. Aufl. 2005, § 7 Rn. 7.
[17] LG Koblenz v. 19.10.1993 - 10 T 231/93 - Rpfleger 1994, 352.
[18] OLG Schleswig v. 20.06.2002 - 2 W 33/02 - MDR 2002, 1194-1195.
[19] Für Verfahrenspfleger vgl. OLG Brandenburg v. 11.03.2002 - 15 WF 95/00 - FamRZ 2003, 256-257.
[20] LG Bad Kreuznach v. 03.07.1996 - 2 T 35/96 - Rpfleger 1997, 66.

I. Anspruchsgegner

Hinsichtlich der Vergütung richtet sich der Anspruch ebenfalls grundsätzlich gegen den Betreuten. Im Falle seiner Mittellosigkeit steht diesbezüglich ebenfalls die Staatskasse ein. Auch hier empfiehlt sich die direkte Geltendmachung beim Vormundschaftsgericht. 20

Ein eventueller Anspruch auf Aufwendungsersatzanspruch richtet sich grundsätzlich gegen den Betreuten selbst (§ 1835 Abs. 1 BGB). Nur bei mittellosen Betreuten richtet sich der Anspruch gegen die Staatskasse (§ 1835 Abs. 4 BGB). Da die Geltendmachung fristgebunden ist und regelmäßig auch gegenüber dem Vormundschaftsgericht erfolgen kann, empfiehlt es sich in der Praxis, Ansprüche unabhängig von der Frage der Mittellosigkeit direkt beim Vormundschaftsgericht geltend zu machen. 21

J. Frist zur Geltendmachung

Sowohl der Anspruch auf Aufwendungsersatz (§ 1835 Abs. 1 Satz 3 BGB) als auch der Vergütungsanspruch (§ 2 VBVG) müssen binnen einer Ausschlussfrist von 15 Monaten nach ihrer Entstehung geltend gemacht werden. 22

Die Versäumung der Frist kann nicht mit Krankheit entschuldigt werden.[21] 23

---

[21] LG Koblenz v. 06.09.2000 - 2 T 536/00 - JurBüro 2001, 43.

§ 8 VBVG Vergütung und Aufwendungsersatz für Behördenbetreuer

(Fassung vom 21.04.2005, gültig ab 01.07.2005)

(1) ¹Ist ein Behördenbetreuer bestellt, so kann der zuständigen Behörde eine Vergütung nach § 1836 Abs. 2 des Bürgerlichen Gesetzbuchs bewilligt werden, soweit der Umfang oder die Schwierigkeit der Betreuungsgeschäfte dies rechtfertigen. ²Dies gilt nur, soweit eine Inanspruchnahme des Betreuten nach § 1836c des Bürgerlichen Gesetzbuchs zulässig ist.

(2) Unabhängig von den Voraussetzungen nach Absatz 1 Satz 1 kann die Betreuungsbehörde Aufwendungsersatz nach § 1835 Abs. 1 Satz 1 und 2 in Verbindung mit Abs. 5 Satz 2 des Bürgerlichen Gesetzbuchs verlangen, soweit eine Inanspruchnahme des Betreuten nach § 1836c des Bürgerlichen Gesetzbuchs zulässig ist.

(3) Für den Behördenbetreuer selbst gilt § 7 Abs. 3 entsprechend.

(4) § 2 ist nicht anwendbar.

Gliederung

A. Grundlagen 1	E. Vergütung und Aufwendungsersatz 9
I. Kurzcharakteristik 1	I. Keine Mittellosigkeit des Betreuten 9
II. Praktische Bedeutung 2	II. Anspruchsgegner 10
B. Überblick 3	III. Vergütung 11
C. Anspruchsinhaber: Betreuungsbehörde 4	IV. Aufwendungsersatz 13
D. Behördenbetreuer 6	V. Vergütung (Absatz 1) 21

A. Grundlagen

I. Kurzcharakteristik

1 Die Vorschrift entspricht § 1908h BGB a.F. Sie regelt Fragen des Aufwendungsersatzes und der Vergütung, die eine Betreuungsbehörde für ihren zum Betreuer bestellten Mitarbeiter (Behördenbetreuer) geltend machen kann.¹ Es handelt sich um eine Sonderregelung gegenüber § 1908i Abs. 1 Satz 1 BGB i.V.m. den §§ 1835, 1836, 1836a, 1836b, 1836c, 1836d, 1836e BGB. Die Regelung entspricht ihrem Wesen nach dem früheren § 1908e BGB bzw. dem nunmehrigen § 7 VBVG, der als ähnliche Sondernorm Aufwendungsersatz und Vergütung für Vereinsbetreuer regelt. Der Umfang des Aufwendungsersatzes und der Vergütung ist aber stärker eingeschränkt.

II. Praktische Bedeutung

2 Die praktische Bedeutung ist gering, da der Anteil der Behördenbetreuer an der Gesamtbetreuung bisher nur klein ist.

B. Überblick

3 Eine Vergütung (vgl. Rn. 11) und ein etwaiger Aufwendungsersatz (vgl. Rn. 13) und eine Vergütung stehen der Betreuungsbehörde (vgl. Rn. 4) für die Tätigkeit ihres Mitarbeiters als Einzelbetreuer (vgl. Rn. 6) ausschließlich gegen den Betreuten und nur in dem Fall zu, dass dieser nicht mittellos (vgl. Rn. 9) ist.

C. Anspruchsinhaber: Betreuungsbehörde

4 Die Vorschrift wendet sich ausschließlich an die Betreuungsbehörde. Insoweit ist nur sie berechtigt, die bezeichneten Ansprüche geltend zu machen. Dagegen ist der Behördenbetreuer selbst nicht Anspruchsinhaber.

---

¹ *Bienwald* in: Staudinger, 12. Aufl. 1995, § 1908h Rn. 1.

Darüber hinaus wird durch **Absatz 3** ausdrücklich klargestellt, dass dem als Behördenbetreuer bestellten Einzelbetreuer persönlich keinerlei Ansprüche auf Aufwendungsersatz oder Vergütung zustehen. Dies gilt insbesondere für die von den Absätzen 1 und 2 nicht umfassten Ansprüche.

D. Behördenbetreuer

Die Norm setzt tatbestandlich voraus, dass ein Mitarbeiter einer Betreuungsbehörde als solcher zum Einzelbetreuer (sog. Behördenbetreuer, vgl. § 1897 Abs. 2 Satz 2 BGB) bestellt wurde.[2]

Sie gilt daher nicht, wenn die Behörde selbst ausnahmsweise zum Betreuer bestellt wurde. In diesem Fall gilt § 1836 Abs. 3 BGB i.V.m. § 1908i Abs. 1 Satz 1 BGB, wonach die Behörde keine Vergütung verlangen kann.[3]

Nicht ausreichend ist ferner, wenn ein Mitarbeiter der Behörde als Privatperson und nicht in seiner Eigenschaft als Behördenmitarbeiter bestellt wurde.

E. Vergütung und Aufwendungsersatz

I. Keine Mittellosigkeit des Betreuten

Die Gewährung von Aufwendungsersatz oder einer Vergütung steht der Behörde nicht zu bei Mittellosigkeit des Betreuten. Das ergibt sich aus der Verweisung auf § 1836c BGB.[4]

II. Anspruchsgegner

Aus dem Umstand, dass eine Vergütung oder Aufwendungsersatz nur bei nicht mittellosen Betreuten geltend gemacht werden kann, ergibt sich zugleich, dass ausschließlich der Betreute selbst Schuldner des Aufwendungsersatzanspruches sein kann. Die Inanspruchnahme der Staatskasse ist ausgeschlossen.

III. Vergütung

Der Behörde **kann** für die Tätigkeit ihres Mitarbeiters als Betreuer eine angemessene Vergütung gewährt werden. Die Höhe der Vergütung bestimmt sich nach einer Gesamtwürdigung der Betreuung, wobei insbesondere Umfang und Schwierigkeit der Tätigkeit des Behördenbetreuers, aber auch die finanzielle Situation des Betreuten zu berücksichtigen sind.

Die Angemessenheit einer ausnahmsweise zuzubilligenden Vergütung ist nach freiem Ermessen zu beurteilen. Die Vergütung darf aber nicht höher sein als diejenige, die einem Berufsbetreuer höchstens zu gewähren wäre.[5]

IV. Aufwendungsersatz

Unter Aufwendungen versteht man finanzielle Vermögensopfer, die freiwillig als Folge der Führung des Betreueramtes erbracht werden.

Die Aufwendungen müssen **im Zusammenhang mit der Führung der Betreuung** getätigt worden sein. Sie können deshalb nur im Rahmen von Tätigkeiten anfallen, die zum übertragenen Aufgabenkreis des Betreuers gehören.[6] Es handelt sich also um Kosten, die dem Betreuer in Erfüllung seiner Pflichten entstehen (z.B. Telefonkosten, Fahrtkosten).

Die Aufwendungen müssen zur Erledigung der Betreueraufgaben **erforderlich** sein. Die in § 1835 Abs. 1 Satz 1 BGB enthaltene Verweisung auf § 670 BGB bringt zum Ausdruck, dass zur Beurteilung der Erforderlichkeit ein subjektiver Maßstab anzulegen ist. Hält der Betreuer die Tätigung von Aufwendungen für erforderlich, so scheitert eine Erstattungsfähigkeit nicht deshalb, weil sich im Nachhinein herausstellt, dass diese Einschätzung falsch war.[7] Der Betreuer hat aber sorgfältig abzuwägen, ob er die Aufwendungen für erforderlich halten darf. Da der Betreuer sich grundsätzlich an den Wünschen des Betreuten orientieren muss, darf er sich diesen nur verschließen, sofern sie dem Wohl des Betreuten zuwiderlaufen oder dem Betreuer deren Erfüllung unzumutbar ist.

---

[2] *Fröschle* in: MünchKomm-BGB, § 8 VBVG Rn. 4.
[3] *Zimmermann* in: Damrau/Zimmermann, Betreuungsrecht, 4. Aufl. 2011, § 1908i Rn. 5.
[4] *Zimmermann* in: Damrau/Zimmermann, Betreuungsrecht, 4. Aufl. 2011, § 1908h Rn. 6.
[5] LG Kassel v. 10.07.2009 - 3 T 783/08.
[6] OLG Brandenburg v. 14.08.2001 - 9 WF 118/01 - FGPrax 2001, 240-241.
[7] OLG Frankfurt v. 29.05.2001 - 20 W 328/2000, 20 W 328/00 - NJW-RR 2001, 1516-1518.

§ 8 VBVG

16 Der **Umfang der erstattungsfähigen erforderlichen Aufwendungen** ist im Falle der Tätigkeit eines Behördenbetreuers stark eingeschränkt. Die Behörde kann nur im Umfang des § 1835 Abs. 1 Satz 1 und Satz 2 BGB Ersatz der Aufwendungen verlangen. Erstattungsfähig sind danach u.a. Beratungskosten (auch Kosten einer etwaigen anwaltlichen Beratung, die nicht nur in Verfolgung der Interessen des Betreuers entstanden sind[8]), Dolmetscherkosten, Fahrtkosten gemäß § 9 ZSEG, Fotokopierkosten, Portokosten, Telefonkosten (einschl. Telefax und Handy).

17 Nicht erstattungsfähig sind insbesondere Aufwendungen für Versicherungen (wegen der fehlenden Verweisung auf § 1835 Abs. 2 BGB).

18 Nicht erstattungsfähig sind ferner Aufwendungen und Dienste des Betreuers, die zu seinem Gewerbe oder Beruf gehören (wegen der fehlenden Verweisung auf § 1835 Abs. 3 BGB).

19 Aus- und Fortbildungskosten der Behördenmitarbeiter sind ebenfalls nicht erstattungsfähig.[9]

20 Die Behörde kann keinen Vorschuss verlangen.[10] Der Gesetzgeber hat einen solchen Anspruch im Gegensatz zu der für den Vereinsbetreuer geltenden Vorschrift des § 7 Abs. 2 VBVG an dieser Stelle nicht berücksichtigt.

V. Vergütung (Absatz 1)

21 Daraus ergibt sich zugleich, dass ausschließlich der Betreute selbst Schuldner des Aufwendungsersatzanspruches ist. Die Inanspruchnahme der Staatskasse ist ausgeschlossen.[11]

---

[8] AG Völklingen v. 18.08.1995 - 5 C 688/93 - FamRZ 1996, 229-230.
[9] *Schwab* in: MünchKomm-BGB, 4. Aufl. 2002, § 1908h Rn. 3.
[10] *Schwab* in: MünchKomm-BGB, 4. Aufl. 2002, § 1908h Rn. 3.
[11] *Fröschle* in: MünchKomm-BGB, § 8 VBVG Rn. 12.

§ 9 VBVG Abrechnungszeitraum für die Betreuungsvergütung

(Fassung vom 21.04.2005, gültig ab 01.07.2005)

¹Die Vergütung kann nach Ablauf von jeweils drei Monaten für diesen Zeitraum geltend gemacht werden. ²Dies gilt nicht für die Geltendmachung von Vergütung und Aufwendungsersatz in den Fällen des § 6.

Gliederung

A. Kurzcharakteristik 1	I. Grundsatz.. 11
B. Geltungsbereich 5	II. Abrechnungszeitraum und Fristen des § 5
I. Berufsbetreuer 5	VBVG 14
II. Übrige vergütete Betreuer 6	III. Abrechnung bei Betreuerwechsel.................... 15
III. Ehrenamtliche Betreuer 8	IV. Umzug des Betreuten, Zuständigkeitswechsel
IV. Verfahrenspfleger 9	des Gerichts 17
V. Vormünder 10	D. Fälligkeit 18
C. Abrechnungszeitraum................................... 11	

A. Kurzcharakteristik

Die Vorschrift ist durch das 2. BtÄndG v. 21.04.2005[1] eingefügt worden. Die Vorschrift dient der Effizienz der Bearbeitung der Vergütungsanträge. Gesetzgeberisches Ziel war es, den Abrechnungsaufwand bei Berufsbetreuungen für die Gerichte zu erleichtern. Insbesondere sollten keine monatlichen Abrechnungen der Betreuer stattfinden. Angelegt ist ein dreimonatiger Abrechnungszyklus der Betreuer. Die Vorschrift korrespondiert mit den Abstufungszeiträumen der Stundensätze. Die Einhaltung eines dreimonatigen Abrechnungszyklus – berechnet vom Beginn der Betreuung[2] – erleichtert die Errechnung der Vergütungshöhe, da regelmäßig Quotelungen, abgesehen von Einstufungsänderungen, nicht notwendig werden. 1

Die Norm regelt ausschließlich den Abrechnungszeitraum und damit den Zeitpunkt der Fälligkeit einer Vergütung. 2

Die Vorschrift schafft vor allen Dingen Probleme in Fällen des Betreuerwechsels und der Beendigung der Betreuung. 3

Für den Betreuer bedeutet § 9 VBVG in der gerichtlichen Praxis vielfach den Nachteil, dass er Abrechnungszeiträume seiner Betreuungen nicht zusammenfassen und damit nicht einheitlich kalenderquartalsmäßig abrechnen kann. Er hat nach dem Wortlaut der Norm in jeder von ihm geführten Betreuung unterschiedliche Abrechnungszeiträume zu beachten. 4

B. Geltungsbereich

I. Berufsbetreuer

Die Vorschrift hat Geltung für alle Berufsbetreuer, die im System der Pauschalvergütung abrechnen: 5
- Berufsbetreuer,
- Betreuungsvereine für ihre Vereinsbetreuer.

II. Übrige vergütete Betreuer

Die Vorschrift hat gemäß § 6 Satz 2 keine Geltung für alle übrigen vergüteten Betreuer: 6
- Sterilisationsbetreuer,
- Verhinderungsbetreuer,
- Ergänzungsbetreuer.

Da ihre Arbeit schon dem Wesen ihrer Bestellung nach in der Regel zeitlich begrenzt ist, dürfen sie unabhängig von der Drei-Monats-Regel gegenüber dem Betreuungsgericht abrechnen. 7

---
[1] BGBl I 2005, 1073.
[2] LG Göttingen v. 06.06.2008 - 5 T 94/08.

III. Ehrenamtliche Betreuer

8   Die Vorschrift gilt, da sie die Geltendmachung einer Vergütung betrifft, nicht für ehrenamtliche Betreuer und deren Anspruch auf Aufwendungsersatz.

IV. Verfahrenspfleger

9   Nicht anwendbar ist die Vorschrift nach ihrem klaren Wortlaut auch auf Verfahrenspfleger.

V. Vormünder

10 Nach der Stellung im Gesetz gilt die Vorschrift auch nicht für den Vormund und dessen Vergütung gemäß § 3 VBVG.

C. Abrechnungszeitraum

I. Grundsatz

11 Grundsätzlich soll der Betreuer die Vergütung nicht monatlich geltend machen können, sondern lediglich erst nach Ablauf von drei Monaten. Für die Arbeit des Betreuers dürfte es sich empfehlen, laufende Betreuungen in einem einheitlichen zeitlichen Rhythmus abzurechnen. Dabei kann sich keine kalenderquartalsmäßige Abrechnung ergeben. Einerseits würde eine regelmäßig von allen Betreuern durchgeführte Abrechnung nach Kalenderquartalen jeweils zu einer Flut von Anträgen führen, die naturgemäß nicht sämtlich zeitnah zu bearbeiten sind. Andererseits wäre der Betreuer gezwungen, seinen Vergütungsanspruch zu quoteln, falls seine Bestellung nicht zum Monatsersten wirksam geworden ist. Es ergibt sich damit zwanglos, dass der Betreuer seine Abrechnungen dreimonatsweise, beginnend mit dem Zeitpunkt des Wirksamwerdens seiner Bestellung bei Gericht, einreicht.

12 Der Gesetzgeber zwingt den Betreuer in einen dreimonatigen Abrechnungsmodus. Gemeint ist nicht ein Kalenderquartal, sondern ein Dreimonatszeitraum, der sich an der konkreten Betreuung orientiert. Bisher sind einige Gerichte davon abgewichen, um etwa Betreuern einheitliche Abrechnungszeiträume zu ermöglichen. Vom BGH wird inzwischen ausdrücklich die Einhaltung des sich aus § 9 VBVG ergebenden Abrechnungszeitraums gefordert.

13 § 9 VBVG bestimmt allein den Zeitraum, in dem ein Betreuer seine Vergütung abrechnen kann. Dafür ist nicht die Dauer der Betreuung oder ihr Beginn, sondern derjenige Zeitpunkt von Bedeutung, zu dem der abrechnende Betreuer bestellt wurde. Der Abrechnungszeitraum steht also in einem Bezug zu dem Betreuer und nicht zu der Betreuung, die er führt.

II. Abrechnungszeitraum und Fristen des § 5 VBVG

14 Den Abrechnungszeitraum an den abrechnenden Betreuer und damit dessen Bestellung zu binden, kann dazu führen, dass bei einem Betreuerwechsel die Abrechnungszeiträume nicht mehr mit den Fristen des § 5 VBVG zusammenfallen. Der BGH hatte inzwischen Gelegenheit, sich mit der Frage auseinanderzusetzen, ob der Abrechnungszeitraum des § 9 VBVG mit dem sich aufgrund des § 5 VBVG ergebenden anzugleichen ist. Nach zutreffender Auffassung des BGH ist dies wegen der unterschiedlichen Zielsetzung der beiden Vorschriften nicht geboten.

III. Abrechnung bei Betreuerwechsel

15 Findet ein Betreuerwechsel statt, so kann der scheidende Betreuer ausnahmsweise unmittelbar abrechnen. Es gibt in diesen Fällen keine Notwendigkeit, dass der Betreuer den laufenden Drei-Monats-Zeitraum zuwarten muss.[3]

16 Für den neuen Betreuer beginnt mit seiner Bestellung ein eigener Drei-Monats-Zeitraum.

IV. Umzug des Betreuten, Zuständigkeitswechsel des Gerichts

17 Verlegt der Betreute einen gewöhnlichen Aufenthalt dauerhaft in den Bezirk eines anderen Betreuungsgerichts, führt dies zu einem Zuständigkeitswechsel. In diesem Fall muss es dem Betreuer möglich sein, mit dem bisherigen Betreuungsgericht auch vor Ablauf des Drei-Monats-Zeitraums abzurechnen. Daraus folgt, dass mit dem Zeitpunkt der Übernahme der Betreuung durch das nun zuständige Betreuungsgericht ein neuer dreimonatiger Abrechnungszeitraum beginnt.

---

[3] Wie hier: *Fröschle* in: MünchKomm-BGB, § 9 VBVG Rn. 11.

D. Fälligkeit

Die Vorschrift regelt wiederkehrende Abrechnungszeiträume. Dies bedeutet, dass vor Ablauf eines Abrechnungszeitraumes keine Fälligkeit der Forderung eintritt. Der Betreuer ist rechtlich gehindert, die Vergütungsforderung vor Ablauf der Frist geltend zu machen. Erst mit dem Ende eines Abrechnungszeitraumes tritt damit die Fälligkeit der Vergütungsforderung ein. 18

Die Fälligkeit der Vergütungsforderung bedeutet nicht, dass der Betreuer verpflichtet wäre, den Vergütungsantrag nun unmittelbar einzureichen. Die Fälligkeit hat allein Auswirkungen auf die Berechnung der Verjährungsfrist. Erst mit Eintritt der Fälligkeit beginnt diese (§ 2 VBVG). 19

Dem Betreuer bleibt die Möglichkeit, seine Vergütungsanträge zeitlich zusammenzufassen. So kann er beispielsweise viertel-, halb- oder jährlich sämtliche im vorangegangenen Zeitabschnitt abgelaufenen Abrechnungszeiträume bearbeiten und bei Gericht hierfür die Vergütung geltend machen. 20

§ 10 VBVG Mitteilung an die Betreuungsbehörde

(Fassung vom 17.12.2008, gültig ab 01.09.2009)

(1) Wer Betreuungen entgeltlich führt, hat der Betreuungsbehörde, in deren Bezirk er seinen Sitz oder Wohnsitz hat, kalenderjährlich mitzuteilen

1. die Zahl der von ihm im Kalenderjahr geführten Betreuungen aufgeschlüsselt nach Betreuten in einem Heim oder außerhalb eines Heims und
2. den von ihm für die Führung von Betreuungen im Kalenderjahr erhaltenen Geldbetrag.

(2) ¹Die Mitteilung erfolgt jeweils bis spätestens 31. März für den Schluss des vorangegangenen Kalenderjahrs. ²Die Betreuungsbehörde kann verlangen, dass der Betreuer die Richtigkeit der Mitteilung an Eides statt versichert.

(3) Die Betreuungsbehörde ist berechtigt und auf Verlangen des Betreuungsgerichts verpflichtet, dem Betreuungsgericht diese Mitteilung zu übermitteln.

Gliederung

A. Kurzcharakteristik 1	D. Durchsetzung der Mitteilungspflicht 15
B. Praktische Bedeutung 2	I. Erzwingung einer Mitteilung 15
C. Mitteilungspflicht 4	II. Eidesstattliche Versicherung........... 17
I. Mitteilungs-Verpflichtete 4	III. Rechtsbehelfe des Betreuers 18
II. Inhalt der Mitteilung 10	E. Übermittlung an das Betreuungsgericht
III. Zeitpunkt der Mitteilung (Absatz 2 Satz 1) 12	(Absatz 3) 19
IV. Adressat der Mitteilung 13	

A. Kurzcharakteristik

1 Die Vorschrift geht zurück auf den früheren § 1908k BGB a.F. Mit der Vorschrift wollte der Gesetzgeber Betreuungsbehörden und Vormundschaftsgerichten die Möglichkeit geben, den Gesamtumfang der Arbeit derjenigen Betreuer zu kontrollieren, die Betreuungen gegen Entgelt führen. Gesetzgeberisches Ziel sollte es sein, die Abrechnungsehrlichkeit zu sichern und einer Konzentration übermäßig vieler Betreuungen bei einzelnen Betreuern entgegenzuwirken.[1] Das erste Ziel, die Abrechnungsehrlichkeit zu erhöhen, ist nach Einführung der Pauschalvergütung hinfällig. Ob das Ziel, einer Konzentration übermäßig vieler Betreuungen entgegenzuwirken, vernünftigerweise noch anzustreben ist, erscheint fraglich. Denn die niedrigen Stundensätze zwingen die Betreuer ohnehin, weit mehr als früher Betreuungen zu übernehmen.

B. Praktische Bedeutung

2 Bereits die Sinnhaftigkeit des inhaltsgleichen früheren § 1908k BGB a.F. ist von der Rechtslehre in Frage gestellt worden. Sie galt vielen als Paradebeispiel für schlampige Gesetzgebung[2] und die Schaffung neuer bürokratischer Strukturen[3]. Die Mitteilungspflicht ist einerseits nicht präzise und detailliert genug,[4] um eine effektive Überprüfung des Arbeitsumfanges einzelner Berufsbetreuer zu ermöglichen. Andererseits stößt bereits der Umfang der in der Vorschrift genannten Mitteilungspflicht auf erhebliche datenschutzrechtliche Bedenken.[5] In der Praxis ist der Nutzen der Vorschrift und demzufolge ihre Bedeutung für die Arbeit der Betreuungsbehörden und Betreuungsgerichte gering. Oftmals erfolgt durch die Betreuungsbehörden nur eine Verwahrung der Mitteilungen in ihren Akten.[6]

3 Nachdem der Inhalt der Mitteilung sich zwar in einer bloßen Bestandsangabe erschöpft, aber daneben insbesondere Einnahmen mitzuteilen sind, dürfte die Mitteilungspflicht allerdings für Zwecke der Steuerfahndung ergiebig sein.

---

[1] BT-Drs. 13/10331, S. 12.
[2] So *Schwab* in: MünchKomm-BGB, 4. Aufl. 2002, § 1908k Rn. 2.
[3] *Dodegge*, NJW 1998, 3073-3078, 3076.
[4] *Schuhmacher*, BtPrax 2000, 227-232, 229.
[5] *Walther* in: HK-BUR, § 10 VBVG Rn. 4 (79. Akt. 07/2011).
[6] *Walther*, BtPrax 2000, 6-11, 6.

C. Mitteilungspflicht

I. Mitteilungs-Verpflichtete

Der Mitteilungspflicht unterliegen nach dem Wortlaut der Norm diejenigen Betreuer, die Betreuungen entgeltlich führen. Hierunter fallen **selbständige Berufsbetreuer** und **Betreuungsvereine** für deren Mitarbeiter, die als Vereinsbetreuer Betreuungen führen und hierfür vergütet werden. 4

Eine Ausnahme gilt für Berufsbetreuer, die vor Ablauf eines Kalenderjahres ihre Tätigkeit als Berufsbetreuer aufgeben. Sie unterliegen im darauf folgenden Jahr nicht mehr der Mitteilungspflicht. 5

Der Mitteilungspflicht unterliegen nicht die Vereinsbetreuer persönlich. Nach dem Wortlaut der Norm würden zwar auch Vereinsbetreuer von der Mitteilungspflicht erfasst, da sie die Betreuung entgeltlich führen. Nach Sinn und Zweck der Vorschrift ist es aber sachgerecht, nur diejenigen als mitteilungspflichtig anzusehen, die letztlich die Vergütung beanspruchen können. Das ist im Falle der Bestellung eines Vereinsbetreuers nur der Betreuungsverein. Der Vereinsbetreuer kann nach der ausdrücklichen Regelung in § 7 Abs. 2 VBVG keine Vergütung verlangen. Er muss innerhalb der Struktur des Vereins auch nicht notwendig mit Fragen der Abrechnung, insbesondere der Überwachung der Zahlungseingänge, betraut sein. Es wäre also sinnwidrig, ihn und nicht den Betreuungsverein zu einer ihm u.U. nicht möglichen Mitteilung zu verpflichten. 6

Auch Betreuungsvereine, die als solche die Betreuung führen (Vereinsbetreuung, § 1900 Abs. 1 Satz 1 BGB) und hierfür keine Vergütung verlangen können (§ 1908i Abs. 1 Satz 1 BGB i.V.m. § 1836 Abs. 4 BGB), unterliegen nicht der Mitteilungspflicht. 7

Ebenso wenig sind die Behördenbetreuer zur Mitteilung verpflichtet. 8

Ehrenamtliche Betreuer, die grundsätzlich lediglich eine pauschale Aufwandsentschädigung beanspruchen können, sind unabhängig von der Zahl der von ihnen geführten Betreuungen zur Mitteilung nicht verpflichtet. Das gilt nach allgemeiner Auffassung auch für den Fall, dass ihnen ausnahmsweise eine Vergütung nach den §§ 1908i Abs. 1 Satz 1, 1836 Abs. 2 BGB gewährt wird.[7] Denn er führt die Betreuung in diesem Fall zwar entgeltlich, unterfällt aber nicht dem VBVG und damit auch nicht der in § 10 VBVG niedergelegten Mitteilungspflicht. 9

II. Inhalt der Mitteilung

Die Mitteilungspflicht erstreckt sich auf folgende Angaben: 10
- Die Zahl der von dem Betreuer im vorangegangenen Kalenderjahr geführten Betreuungen.

Dies schließt alle Betreuungen ein, auch diejenigen, die während des Mitteilungszeitraumes erst begonnen oder in diesem Zeitraum beendet wurden. Insbesondere ist nicht nur der Bestand der zu einem besonderen Stichtag (31.12.) geführten Betreuungen anzugeben. Es ist nach der Zahl der Betreuungen innerhalb und außerhalb eines Heimes zu differenzieren. Dabei ist nach Sinn und Zweck der Vorschrift nach einer Heimunterbringung zu differenzieren, wie sie § 5 VBVG vorsieht. Problematisch ist dabei allerdings, welche Auswirkung es hat, wenn der Betreute innerhalb des Kalenderjahres seinen gewöhnlichen Aufenthalt in ein Heim oder aus ihm heraus wechselt. Hier sollte im Sinne der Klarheit der Mitteilung auf den letzten Status des Betreuten abgestellt werden. Befand sich dieser zum 31.12. in einem Heim, so ist er unabhängig von dem Zeitpunkt der Aufnahme in das Heim als Heimbewohner mitzuteilen.

- Der für die Führung dieser Betreuungen insgesamt in Rechnung gestellte Geldbetrag.

Dies bezieht sich lediglich auf die Gesamthöhe der in Rechnung gestellten Vergütung. Unberücksichtigt bleiben berechnete Aufwandsentschädigungen (Telefonkosten, Fahrtkosten). Im Hinblick auf die Tatsache, dass lediglich Pauschalvergütungen beansprucht werden können, stellt sich das Problem der Aufwandsentschädigungen grundsätzlich nicht mehr. Die im Mitteilungszeitraum noch nicht abgerechnete Zeit für eine Betreuung ist nicht von der Mitteilungspflicht umfasst. Ebenso wenig sind Vergütungen einzubeziehen, die im Mitteilungszeitraum für eine schon vor diesem Zeitraum abgeschlossene Betreuung in Rechnung gestellt wurden.

Für eine Mitteilung der im Kalenderjahr 2 geführten Betreuungen gilt danach Folgendes: Ist eine Betreuung bereits im Kalenderjahr 1 abgeschlossen, die im Kalenderjahr 2 abgerechnet wurde, so ist diesbezüglich überhaupt keine Mitteilung erforderlich. Sie ist keine im vorangegangenen Kalenderjahr geführte Betreuung. Die aufgewendete Zeit und der in Rechnung gestellte Geldbetrag ist keiner, der eine im betreffenden Kalenderjahr 2 geführte Betreuung betrifft. Eine im Kalenderjahr 2 geführte Betreu- 11

---

[7] *Fröschle* in: MünchKomm-BGB, § 10 VBVG Rn. 3.

ung, für die noch keine Vergütung geltend gemacht wurde, geht nur hinsichtlich der Zahl der im vorangegangenen Kalenderjahr geführten Betreuungen ein. Dagegen ist weder die für diese Betreuung aufgewendete Zeit noch ein sich daraus etwaig ergebender Vergütungsbetrag anzugeben.

III. Zeitpunkt der Mitteilung (Absatz 2 Satz 1)

12 Die Mitteilung hat grundsätzlich spätestens bis 31.03. eines Jahres für das vorangegangene Kalenderjahr zu erfolgen. Der Zeitraum, auf den sich die Mitteilung beziehen muss, umfasst danach den 01.01. bis 31.12. des vorangegangenen Kalenderjahres.

IV. Adressat der Mitteilung

13 Die Mitteilung erfolgt gegenüber der Betreuungsbehörde, in deren Bezirk der Betreuer seinen Geschäftssitz oder Wohnsitz hat. Gemeint ist der Ort, von dem aus der Betreuer tätig wird. Maßgeblich ist vorrangig der Geschäftssitz.[8] Ist ein solcher vorhanden, etwa ein Büro, von dem aus die Betreuungen geführt werden, ist der Betreuer nicht auch der für einen abweichenden Wohnsitz zuständigen Betreuungsbehörde zur Mitteilung verpflichtet. Abzulehnen ist die Auffassung, der Betreuer sei stets der für seinen Wohnsitz zuständigen Betreuungsbehörde zur Mitteilung verpflichtet.[9] Dies verkennt, dass der Betreuer, der ein eigenes Büro unterhält, sicherlich einen Geschäftssitz unterhält. Führt er aber ausschließlich über eine solche Geschäftsadresse die Betreuungen, dann ist es sachgerecht, die Mitteilung an die für diese Adresse zuständige Betreuungsbehörde zu adressieren. Ansonsten würde ein Betreuer u.U. verpflichtet sein, einer (für seinen Wohnsitz zuständigen) Betreuungsbehörde eine Mitteilung zu machen, ohne dass er im Bezirk der Behörde auch nur eine einzige Betreuung ausführte. Dies macht letztlich keinen Sinn.

14 Es kommt nicht darauf an, in welchem Bezirk der Betreute seinen Wohnsitz hat. Unerheblich ist auch, bei welchem Betreuungsgericht die Betreuung geführt wird. Die Mitteilungspflicht des Betreuers gegenüber der Betreuungsbehörde, die für seinen Geschäfts- bzw. Wohnsitz zuständig ist, bezieht sich allerdings auch auf Betreuungen in anderen Bezirken.

D. Durchsetzung der Mitteilungspflicht

I. Erzwingung einer Mitteilung

15 Die Möglichkeit der Betreuungsbehörde, die bloße Abgabe der Mitteilung gegenüber Betreuern durchzusetzen, bestimmt sich nach verwaltungsrechtlichen Regeln. Denn die Vorschrift ist ihrer Rechtsnatur nach eine öffentlich-rechtliche Norm, die nur in Zusammenhang mit dem Betreuungsrecht steht und deshalb in das BGB integriert wurde. Die Aufforderung der Betreuungsbehörde gegenüber dem Betreuer zur Erfüllung der Mitteilungspflicht ist ein Verwaltungsakt. Das Ausführungsgesetz zum Betreuungsgesetz des Landes Mecklenburg-Vorpommern stellt dies – soweit ersichtlich – als einziges Ausführungsgesetz klar.[10]

16 Verbreitet wird die Ansicht vertreten, der Betreuungsbehörde stünden keine Sanktionsmittel zur Verfügung, die Mitteilung notfalls zu erzwingen.[11] Das ist jedoch nur insofern zutreffend, als die Vorschrift selbst zu direkten Sanktionsmöglichkeiten schweigt. Denn die Möglichkeit der Festsetzung eines Zwangsgeldes nach § 6 VwVfG scheidet nicht aus. Zwar hat der Landesgesetzgeber nur in Mecklenburg-Vorpommern ausdrücklich bestimmt, dass die behördliche Aufforderung an den Betreuer zur Mitteilung einen Verwaltungsakt darstellt (§ 2 Abs. 3 AG-BtG-MV). Die ausdrückliche Qualifizierung als Verwaltungsakt in einem förmlichen Gesetz ist aber nicht notwendig. Auch wenn eine solche Vorschrift in anderen Landesgesetzen fehlt, muss die Aufforderung gleichwohl als Verwaltungsakt qualifiziert werden, so dass darauf entsprechende Zwangsmittel gegründet werden können. So sieht auch das VG Lüneburg (für das niedersächsische Recht) die Aufforderung an den Betreuer zur Mitteilung nach dem früheren § 1908k BGB als Verwaltungsakt an, auf dessen Grundlage eine Zwangsgeldfestsetzung beruhen kann.[12]

---

[8] *Fröschle* in: MünchKomm-BGB, § 10 VBVG Rn. 9.
[9] So aber *Deinert/Lütgens*, Die Vergütung des Betreuers, 5. Aufl. 2008, Rn. 1752.
[10] § 2 Abs. 3 AG-BtG-MV.
[11] *Roth* in: Dodegge/Roth, Betreuungsrecht, 2. Aufl. 2005, Teil D Rn. 56; *Diederichsen* in: Palandt, 66. Aufl. 2007, § 1908k Rn. 2; *Zimmermann* in: Damrau/Zimmermann, Betreuungsrecht, 4. Aufl. 2011, § 1908k Rn. 14.
[12] VG Lüneburg v. 08.08.2001 - 5 A 116/00 - BtPrax 2001, 262-264.

II. Eidesstattliche Versicherung

Hat der Betreuer eine Mitteilung abgegeben, so steht der Behörde nach dem Wortlaut des § 10 Abs. 2 Satz 2 VBVG das Recht zu, sich deren Richtigkeit an Eides statt versichern zu lassen. Allgemein wird richtigerweise dabei angenommen, dass die Behörde nicht ohne weiteres die eidesstattliche Versicherung verlangen darf. Anzuwenden ist vielmehr der Grundsatz des § 259 Abs. 2 ZPO.[13] Das setzt voraus, dass begründete Zweifel an der Richtigkeit der Mitteilung erkennbar sind.[14]

17

III. Rechtsbehelfe des Betreuers

Nachdem die Aufforderung der Betreuungsbehörde unzweifelhaft als Verwaltungsakt zu qualifizieren ist, steht dem Betreuer hiergegen nach allgemeinen verwaltungsrechtlichen Regeln die Möglichkeit zu, Widerspruch einzulegen (§ 75 VwGO). Der Widerspruch muss binnen eines Monats nach Zustellung der Aufforderung bei der zuständigen Betreuungsbehörde erhoben werden.

18

E. Übermittlung an das Betreuungsgericht (Absatz 3)

Die Betreuungsbehörde darf die Mitteilungen der Betreuer an das Betreuungsgericht weiterleiten, ist hierzu aber nicht verpflichtet. Das Betreuungsgericht ist berechtigt, von der Betreuungsbehörde die Übermittlung zu verlangen, die Behörde hat diesem Verlangen nachzukommen.

19

Die Übermittlung beschränkt sich auf die bloßen in der Vorschrift genannten Daten. Die Betreuungsbehörde hat keine Prüfung auf Vollständigkeit oder Richtigkeit vorzunehmen. Sie hat sich einer wertenden Stellungnahme gegenüber dem Gericht zu enthalten. Ist zum Stichtag (31.03.) keine Mitteilung erfolgt, kann sich die Übermittlung der Betreuungsbehörde auf diese Information beschränken.

20

---

[13] *Schwab* in: MünchKomm-BGB, 4. Aufl. 2002, § 1908k Rn. 6; *Zimmermann* in: Soergel, 13. Aufl. 2000, § 1908k Rn. 4; *Deinert/Lütgens*, Die Vergütung des Betreuers, 5. Aufl. 2008, Rn. 1773.
[14] *Fröschle* in: MünchKomm-BGB, § 10 VBVG Rn. 11.

§ 11 VBVG

Abschnitt 4 - Schlussvorschriften

§ 11 VBVG Umschulung und Fortbildung von Berufsvormündern

(Fassung vom 21.04.2005, gültig ab 01.07.2005)

(1) ¹Durch Landesrecht kann bestimmt werden, dass es einer abgeschlossenen Lehre im Sinne des § 3 Abs. 1 Satz 2 Nr. 1 und § 4 Abs. 1 Satz 2 Nr. 1 gleichsteht, wenn der Vormund oder Betreuer besondere Kenntnisse im Sinne dieser Vorschrift durch eine dem Abschluss einer Lehre vergleichbare Prüfung vor einer staatlichen oder staatlich anerkannten Stelle nachgewiesen hat. ²Zu einer solchen Prüfung darf nur zugelassen werden, wer

1. mindestens drei Jahre lang Vormundschaften oder Betreuungen berufsmäßig geführt und
2. an einer Umschulung oder Fortbildung teilgenommen hat, die besondere Kenntnisse im Sinne des § 3 Abs. 1 Satz 2 und § 4 Abs. 1 Satz 2 vermittelt, welche nach Art und Umfang den durch eine abgeschlossene Lehre vermittelten vergleichbar sind.

(2) ¹Durch Landesrecht kann bestimmt werden, dass es einer abgeschlossenen Ausbildung an einer Hochschule im Sinne des § 3 Abs. 1 Satz 2 Nr. 2 und § 4 Abs. 1 Satz 2 Nr. 2 gleichsteht, wenn der Vormund oder Betreuer Kenntnisse im Sinne dieser Vorschrift durch eine Prüfung vor einer staatlichen oder staatlich anerkannten Stelle nachgewiesen hat. ²Zu einer solchen Prüfung darf nur zugelassen werden, wer

1. mindestens fünf Jahre lang Vormundschaften oder Betreuungen berufsmäßig geführt und
2. an einer Umschulung oder Fortbildung teilgenommen hat, die besondere Kenntnisse im Sinne des § 3 Abs. 1 Satz 2 und § 4 Abs. 1 Satz 2 vermittelt, welche nach Art und Umfang den durch eine abgeschlossene Ausbildung an einer Hochschule vermittelten vergleichbar sind.

(3) ¹Das Landesrecht kann weitergehende Zulassungsvoraussetzungen aufstellen. Es regelt das Nähere über die an eine Umschulung oder Fortbildung im Sinne des Absatzes 1 Satz 2 Nr. 2, Absatzes 2 Satz 2 Nr. 2 zu stellenden Anforderungen, über Art und Umfang der zu erbringenden Prüfungsleistungen, über das Prüfungsverfahren und über die Zuständigkeiten. ²Das Landesrecht kann auch bestimmen, dass eine in einem anderen Land abgelegte Prüfung im Sinne dieser Vorschrift anerkannt wird.

Gliederung

A. Kurzcharakteristik 1
B. Nachqualifizierungsoption in Bezug auf
  Lehre 5
  I. Mindestens dreijährige Tätigkeit als Vormund/
     Betreuer 6
  II. Umschulung/Fortbildung 7
C. Nachqualifizierungsoption in Bezug auf
  Hochschulausbildung 8
  I. Mindestens fünfjährige Tätigkeit als Vormund/
     Betreuer 9
  II. Umschulung/Fortbildung 10
D. Landesgesetzgebungen 11

A. Kurzcharakteristik

1 Die Vorschrift geht zurück auf den im Wesentlichen wortgleichen früheren § 2 BVormVG. Diese Vorgängervorschrift trat bereits zum 01.07.1998 in Kraft. § 11 VBVG ist ihr gegenüber im Wortlaut unverändert.

2 Die Öffnungsklausel zugunsten des Landesrechts sollte ursprünglich die Möglichkeit einer vergütungssteigernden Nachqualifikation des Berufsvormunds bzw. -betreuers schaffen.[1] Dies vor dem Hin-

---

[1] BT-Drs. 13/10331, S. 29.

tergrund, dass verhindert werden sollte, dass aufgrund der Änderung der Vergütungsregelungen zum 01.01.1999 erfahrene Berufsbetreuer allein deshalb aus dem Beruf ausscheiden, weil sie nach den geänderten Vergütungsmaßstäben mit einem geringeren Einkommen rechnen müssten, wodurch ihre weitere Tätigkeit in Frage gestellt gewesen wäre. Die Vorschrift ist deshalb nach ihrem Wesen, Zweck und Inhalt eine in ihrer zeitlichen Geltung begrenzte Vorschrift. Die auf ihr beruhenden landesgesetzlichen Regelungen sollten deshalb richtigerweise befristet sein, um auf Dauer Parallelstrukturen zu verhindern. Derzeit sind keine Ausführungsvorschriften mehr in Kraft, die eine Nachqualifizierung möglich machen.[2]

Die Landesgesetzgeber waren nicht verpflichtet, auf der Grundlage des § 11 VBVG Regelungen zur Ermöglichung einer Nachqualifizierung zu schaffen. Dass z.B. der Gesetzgeber des Landes Baden-Württemberg keinen Gebrauch von der ihm nach § 11 VBVG eröffneten Möglichkeit gemacht hat, eine vergütungssteigernde Nachqualifikation einzuführen, führt nicht zu einem Anspruch eines Betreuers auf einen höheren Stundensatz.[3]

Die Vorschrift stellt in den Absätzen 1 und 2 Mindestvoraussetzungen auf, unter denen die Länder die Gleichwertigkeit von Lehre und Hochschulausbildung bestimmen können. Sie eröffnet den Ländern aber die Möglichkeit, zusätzliche Voraussetzungen aufzustellen.

B. Nachqualifizierungsoption in Bezug auf Lehre

Absatz 1 der Vorschrift regelt Nachqualifizierungsoptionen für Berufsbetreuer im Hinblick auf die Erfüllung des Merkmals der abgeschlossenen Lehre. Es werden **zwei Voraussetzungen** aufgestellt, unter denen das Landesrecht eine Prüfung vor einer staatlichen oder staatlich anerkannten Stelle als der abgeschlossenen Lehre gleichwertig stellen darf, nämlich die mindestens dreijährige berufsmäßige Führung von Vormundschaften/Betreuungen und die Teilnahme an einer Umschulung oder Fortbildung, die der abgeschlossenen Lehre vergleichbare Kenntnisse vermittelt.

I. Mindestens dreijährige Tätigkeit als Vormund/Betreuer

Das Merkmal der dreijährigen Berufstätigkeit als Vormund/Betreuer ist an den Kriterien, die für eine berufsmäßige Ausübung der Vormunds- bzw. Betreuertätigkeit aufgestellt sind, zu orientieren.

II. Umschulung/Fortbildung

Die Umschulung oder Fortbildung muss für den Bereich der Vormundschaft/Betreuung Kenntnisse vermitteln, die denen einer abgeschlossenen Lehre entsprechen. Der Bundesgesetzgeber regelt insoweit keine näheren Einzelheiten. Es bleibt somit den Landesgesetzgebern überlassen, die Entsprechung der vorausgesetzten Umschulung/Fortbildung mit der abgeschlossenen Lehre auszuführen.

C. Nachqualifizierungsoption in Bezug auf Hochschulausbildung

Absatz 2 regelt die Voraussetzungen der Ersatzqualifikation im Hinblick auf das abgeschlossene Hochschulstudium.

I. Mindestens fünfjährige Tätigkeit als Vormund/Betreuer

Das Merkmal der dreijährigen Berufstätigkeit als Vormund/Betreuer ist an den Kriterien, die für eine berufsmäßige Ausübung der Vormunds- bzw. Betreuertätigkeit aufgestellt sind, zu orientieren.

II. Umschulung/Fortbildung

Das Merkmal der Umschulung bzw. Fortbildung, welche Kenntnisse vermittelt, die nach Art und Umfang einer abgeschlossenen Hochschulausbildung vergleichbar sind, ist schon vom Wortlaut her problematisch. Es ist eigentlich fast ausgeschlossen, dass eine „Umschulung" oder bloße Fortbildung Kenntnisse vermittelt, die wesensmäßig der abgeschlossenen Hochschulausbildung entsprechen. Gerade das durch die Hochschulausbildung vermittelte breite und vertiefte Basiswissen, das regelmäßig über bloßes Lehrwissen hinausgeht, lässt sich schwerlich vorstellbar durch Umschulungen oder Fortbildungen ersetzen. Daneben ist die Abgrenzung zu solchen Umschulungen und Ausbildungen beinahe unmöglich, die lediglich der abgeschlossenen Lehre vergleichbare Kenntnisse vermitteln.[4] Eine allge-

---

[2] *Klie* in: HK-BUR, § 11 VBVG Rn. 2 (66. Akt. 12/2008); *Fröschle* in: MünchKomm-BGB, § 11 Rn. 1.
[3] BGH v. 08.02.2012 - XII ZB 230/11.
[4] Vgl. *Klie* in: HK-BUR, § 11 VBVG Rn. 4 (66. Akt. 12/2008).

meingültige abstrakte Festlegung dessen, was unter einer Umschulung oder Fortbildung zu verstehen ist, die den Anforderungen des Absatzes 2 genügt, lässt sich somit nicht aufstellen. Es muss auf das pflichtgemäße Ermessen des Landesgesetzgebers verwiesen werden.

D. Landesgesetzgebungen

11 Die Inhalte der durch die Landesgesetzgeber auf der früheren inhaltsgleichen Grundlage des BVormVG geschaffenen Ausgestaltungen waren unterschiedlich. Zum Teil haben Landesgesetzgeber auch auf die Schaffung von Regelungen verzichtet (Bremen, Saarland). Andere Länder beschränkten sich auf die Anerkennung von Prüfungen aus anderen Bundesländern (Hessen, Niedersachsen, Rheinland-Pfalz, Schleswig-Holstein).

- **Baden-Württemberg:** Gesetz zur Ausführung des Betreuungsgesetzes und zur Anpassung des Landesrechts vom 19.11.1991 (GBl. 1991, 681), zuletzt geändert durch Artikel 48 der Verordnung vom 25.01.2012 (GBl. S. 378, 379)
- **Bayern:** Art. 6 des Gesetzes zur Ausführung des Gesetzes zur Reform des Rechts der Vormundschaft und Pflegschaft für Volljährige (Gesetz zur Ausführung des Betreuungsgesetzes – AGBtG) vom 27.12.1991 (GVBl 1991, 496), zuletzt geändert durch Gesetz v. 08.04.2013 (GVBl. S. 174)
- **Berlin:** Gesetz zur Ausführung des Berufsvormündervergütungsgesetzes (AGBVormVG) vom 05.10.1999 (GVBl. 1999, 539), zuletzt geändert durch Art I § 1 i.V.m. Anl. Nr. 93 des 8. Aufhebungsgesetzes v. 22.10.2008 (GVBl. S. 294)
- **Brandenburg:** Gesetz zur Ausführung des Berufsvormündergesetzes (AGBVormVG) vom 25.06.1999 (GVBl I 1999, 254)
- **Hamburg:** Hamburgisches Gesetz zur Ausführung des Berufsvormündervergütungsgesetzes vom 04.12.2002 (GVBl Hamburg, 301)
- **Hessen:** Gesetz zur Ausführung des Berufsvormündervergütungsgesetzes vom 31.10.2001 (GVBl Hessen Nr. 24, 441)
- **Mecklenburg-Vorpommern:** Gesetz zur Ausführung des Betreuungsgesetzes und des Betreuungsrechtsänderungsgesetzes (AG BtG) vom 30.12.1991 (Gbl. Meckl.-Vorp., Gl.-Nr. 200-2), geändert durch Artikel 2 des Gesetzes vom 11.11.2013 (GVOBl. M-V S. 609, 611)
- **Niedersachsen:** Niedersächsisches Gesetz zur Ausführung des Berufsvormündervergütungsgesetzes vom 22.02.2001 (Nds. GVBl 2001, 75), zuletzt geändert durch Art. 1 ÄndG vom 23.03.2012 (Nds. GVBl. S. 30)
- **Nordrhein-Westfalen:** Gesetz zur Ausführung des Gesetzes über die Vergütung von Berufsvormündern (Berufsvormündervergütungsgesetz – AGBVormVG) vom 17.12.2002 (GV. NRW 2002, 633), zuletzt geändert durch Artikel 2 des Gesetzes vom 04.02.2014 (GV. NRW. S. 104), in Kraft getreten am 27.02.2014
- **Rheinland-Pfalz:** Erstes Landesgesetz zur Änderung des Landesgesetzes zur Ausführung des Bürgerlichen Gesetzbuches vom 06.02.2001 (GVBl 2001, 39)
- **Sachsen:** Ausführungsgesetz zum Berufsvormündervergütungsgesetz (BVormVGAG) vom 23.06.1999 (SächsGVBl, 333)
- **Sachsen-Anhalt:** Ausführungsgesetz zum Berufsvormündervergütungsgesetz (BVormVGAG) vom 25.01.2000 (GVBl LSA, 116)
- **Schleswig-Holstein:** Gesetz zur Ausführung des Betreuungsgesetzes (AG BtG) vom 17.12.1991 (GVOBl Schl.-H. 1991, 693), zuletzt geändert durch Gesetz vom 17.07.2001 (GVOBl, 96)
- **Thüringen:** Thüringer Ausführungsgesetz zum Berufsvormündervergütungsgesetz (ThürBVormV-GAG) vom 07.07.1999 (GVBl Thür., 434), zuletzt geändert durch Art. 1 Erstes ÄndG vom 25.10.2012 (GVBl. Thür., S. 418)

Gesetz über die Eingetragene Lebenspartnerschaft (Lebenspartnerschaftsgesetz – LPartG)

vom 16. Februar 2001 (BGBl I 2001, 266), zuletzt geändert durch Art. 2 des Gesetzes vom 20. Juni 2014 (BGBl I 2014, 786)

Abschnitt 1 - Begründung der Lebenspartnerschaft

§ 1 LPartG Form und Voraussetzungen

(Fassung vom 19.02.2007, gültig ab 01.01.2009)

(1) [1]Zwei Personen gleichen Geschlechts, die gegenüber dem Standesbeamten persönlich und bei gleichzeitiger Anwesenheit erklären, miteinander eine Partnerschaft auf Lebenszeit führen zu wollen (Lebenspartnerinnen oder Lebenspartner), begründen eine Lebenspartnerschaft. [2]Die Erklärungen können nicht unter einer Bedingung oder Zeitbestimmung abgegeben werden.

(2) [1]Der Standesbeamte soll die Lebenspartner einzeln befragen, ob sie eine Lebenspartnerschaft begründen wollen. [2]Wenn die Lebenspartner diese Frage bejahen, soll der Standesbeamte erklären, dass die Lebenspartnerschaft nunmehr begründet ist. [3]Die Begründung der Lebenspartnerschaft kann in Gegenwart von bis zu zwei Zeugen erfolgen.

(3) Eine Lebenspartnerschaft kann nicht wirksam begründet werden

1. mit einer Person, die minderjährig oder verheiratet ist oder bereits mit einer anderen Person eine Lebenspartnerschaft führt;
2. zwischen Personen, die in gerader Linie miteinander verwandt sind;
3. zwischen vollbürtigen und halbbürtigen Geschwistern;
4. wenn die Lebenspartner bei der Begründung der Lebenspartnerschaft darüber einig sind, keine Verpflichtungen gemäß § 2 begründen zu wollen.

(4) [1]Aus dem Versprechen, eine Lebenspartnerschaft zu begründen, kann nicht auf Begründung der Lebenspartnerschaft geklagt werden. [2]§ 1297 Abs. 2 und die §§ 1298 bis 1302 des Bürgerlichen Gesetzbuchs gelten entsprechend.

Gliederung

A. Grundlagen 1	2. Verheirateter Partner (Absatz 2 Nr. 1 Alternative 2).. 24
B. Anwendungsvoraussetzungen 4	3. Bestehende Partnerschaft (Absatz 2 Nr. 1 Alternative 3).. 25
I. Die Eingehung einer Lebenspartnerschaft (Absatz 1)... 4	
1. Inhalt der Lebenspartnerschaft................... 4	4. Verwandtschaft der Partner (Absatz 2 Nr. 2) 26
2. Begründung 10	5. Geschwister als Partner (Absatz 2 Nr. 3)........ 28
3. Verfahren 15	6. Scheinpartnerschaft (Absatz 2 Nr. 4 LPartG) ... 29
4. Erklärung über den Vermögensstand 22	III. Partnerschaftsversprechen („Verlöbnis von zukünftigen Lebenspartnern", Absatz 3).......... 31
II. Materielle Wirksamkeitsvoraussetzungen und Wirksamkeitshindernisse (Absatz 2)......... 23	**C. Verfahrensrechtliche Hinweise** 32
1. Minderjährigkeit eines Partners (Absatz 2 Nr. 1 Alternative 1)..................................... 23	

A. Grundlagen

Das LPartG ist nach heftigen politischen Auseinandersetzungen zustande gekommen und am 01.08.2001 in Kraft getreten.[1] Die gegen das Gesetz vorgebrachten verfassungsrechtlichen Bedenken

---
[1] Zur Entstehungsgeschichte *Beck*, NJW 2001, 1894; *Grziwotz*, DNotZ 2001, 280.

§ 1 LPartG

gipfelten in **Normenkontrollverfahren vor dem Bundesverfassungsgericht**. Den Antrag auf Erlass einer einstweiligen Anordnung gegen das In-Kraft-Treten des Gesetzes hat das BVerfG mit Urteil vom 18.07.2001[2] zurückgewiesen. Durch Urteil vom 17.07.2003[3] wurden die Normenkontrollanträge als zulässig, aber unbegründet abgewiesen.

2 Die Vorschrift des § 1 LPartG regelt in Absatz 1 die **Begründung** einer Lebenspartnerschaft zwischen zwei Personen des gleichen Geschlechts und deren Voraussetzungen sowie die **Verfahrensgrundsätze**, während Absatz 2 sich mit **Eingehungshindernissen** und weiteren Unwirksamkeitsgründen befasst. Die Vorschriften sind an die Regelungen der Eheschließung, §§ 1310, 1311 BGB, angepasst (vgl. dazu die Kommentierung zu § 1310 BGB Rn. 1).

3 Zum Rechtsinstitut für gleichgeschlechtliche Lebensgemeinschaften in **Großbritannien** (Civil Partnership Act 2004) vgl. *Röthel*, FamRZ 2006, 598-600, zur gesetzlichen Regelung der gleichgeschlechtlichen Partnerschaften in **Slowenien** *Novak*, FamRZ 2006, 600.

B. Anwendungsvoraussetzungen

I. Die Eingehung einer Lebenspartnerschaft (Absatz 1)

1. Inhalt der Lebenspartnerschaft

4 Absatz 1 Satz 1 enthält eine Legaldefinition der Lebenspartnerschaft als einer Gemeinschaft von Partnern bzw. Partnerinnen **gleichen Geschlechts**. Die Eintragung einer Verbindung von Partnern unterschiedlichen Geschlechts als Lebenspartnerschaft ist damit ausgeschlossen.

5 Unterzieht sich einer der Partner nach Eingehung der Lebenspartnerschaft einer **Geschlechtsumwandlung** nach dem Transsexuellengesetz (TSG), so entsteht damit jedoch eine vom Gesetz nicht vorgesehene eingetragene Lebenspartnerschaft zwischen Personen unterschiedlichen Geschlechts.[4] Diese Folge hat der Gesetzgeber inzwischen bewusst in Kauf genommen. Das Bundesverfassungsgericht hatte mit seiner Entscheidung vom 27.05.2008[5] den damaligen § 8 Abs. 1 Nr. 2 TSG für verfassungswidrig erklärt. Dieser regelte, dass einem Antrag auf Feststellung der Zugehörigkeit zu dem anderen Geschlecht nur stattgegeben werden durfte, wenn der Antragsteller nicht verheiratet war – eine entsprechende Regelung für Lebenspartner gab es im Übrigen schon damals nicht. Mit Gesetz vom 17.07.2009[6] strich der Gesetzgeber die Voraussetzung der Nicht-Verheiratung aus dem Transsexuellengesetz, womit nunmehr auch zwei Frauen oder zwei Männer eine Ehe führen können, wenn ein Ehegatte während bestehender Ehe sein Geschlecht ändert. Nachdem der Gesetzgeber dies nunmehr für Ehen zugelassen und für Lebenspartnerschaften keine andere Regelung getroffen hat, ist infolge einer Geschlechtsumwandlung eines Lebenspartners während bestehender Lebenspartnerschaft nunmehr auch eine Lebenspartnerschaft verschiedengeschlechtlicher Partner möglich.

6 Es verstößt aber nach Auffassung des BVerfG[7] gegen Art. 2 Abs. 1 und Abs. 2 GG in Verbindung mit Art. 1 Abs. 1 GG, dass ein **Transsexueller**, der die Voraussetzungen des § 1 Abs. 1 Nr. 1-3 TSG erfüllt, zur rechtlichen Absicherung seiner gleichgeschlechtlichen Partnerschaft nur dann eine eingetragene Lebenspartnerschaft begründen kann, wenn er sich zuvor gemäß § 8 Abs. 1 Nr. 3 und 4 TSG einem **seine äußeren Geschlechtsmerkmale verändernden operativen Eingriff** unterzogen hat sowie **dauernd fortpflanzungsunfähig** ist und aufgrund dessen personenstandsrechtlich im empfundenen und gelebten Geschlecht Anerkennung gefunden hat.

7 Diese gesetzlich legitimierte Partnerschaft **entsteht erst mit der Erklärung vor der zuständigen Behörde** (vgl. dazu Rn. 19) und der damit verbundenen Registrierung. Es gilt wie bei der Ehe das Prinzip der Einpaarigkeit, denn gem. § 1 Abs. 2 Nr. 1 LPartG ist eine Partnerschaft nicht möglich mit einer Person, die bereits verheiratet ist oder mit einer anderen Person eine Lebenspartnerschaft führt (vgl. dazu Rn. 24 und Rn. 24). Damit korrespondiert die Regelung in § 1306 BGB (vgl. dazu die Kommentierung zu § 1306 BGB), die eine Eheschließung eines bereits in eingetragener Lebenspartnerschaft lebenden Partners verbietet. Ebenso ist eine Lebenspartnerschaft von mehr als zwei Personen ausgeschlossen.

---

[2] BVerfG v. 18.07.2001 - 1 BvQ 23/01 - BVerfGE 104, 51 = NJW 2001, 2457 = FamRZ 2001, 1057.
[3] BVerfG v. 17.07.2002 - 1 BvF 1/01, 1 BvF 2/01 - BVerfGE 105, 313 = NJW 2002, 2543 = FamRZ 2002, 1169.
[4] Ausführlich zur Problematik *Everts*, FPR 2004, 597.
[5] BVerfG v. 27.05.2008 - 1 BvL 10/05 - BVerfGE 121, 175 = NJW 2008, 3117 = FamRZ 2008, 1593.
[6] Gesetz zur Änderung des Transsexuellengesetzes, BGBl I 2009, 1978.
[7] BVerfG v. 11.01.2011 - 1 BvR 3295/07 - BVerfGE 128, 109 = NJW 2011, 909 = FamRZ 2011, 452.

Der Gesetzeswortlaut stellt auf die **Identität des Geschlechtes** ab, nicht auf die sexuelle Orientierung der Partner. Daher trifft der landläufige Begriff der „Schwulen- und Lesbenehe" die Gesetzeslage nur unvollständig. Denn es ist weder eine sexuelle Beziehung der Partner noch eine homosexuelle Neigung erforderlich. Damit ermöglicht das Gesetz auch die eingetragene Lebenspartnerschaft als mögliche Solidargemeinschaft heterosexueller Partner gleichen Geschlechts wie z.B. Onkel und Neffe.[8] Die eingetragenen Partner müssen auch keine häusliche Gemeinschaft eingehen.[9] Ob dies angesichts der weitgehenden Rechtsfolgen (vgl. dazu die Kommentierung zu § 11 LPartG ff.) vom Gesetzgeber wirklich beabsichtigt war, mag bezweifelt werden.[10]

Die **deutsche Staatsangehörigkeit** eines oder beider Partner ist keine Wirksamkeitsvoraussetzung der eingetragenen Lebenspartnerschaft; ebenso wird kein Wohnsitz in Deutschland verlangt.[11]

2. Begründung

Entsprechend dem auch bei der Eheschließung geltenden Konsensprinzip (vgl. § 1310 BGB) wird die Lebenspartnerschaft durch **übereinstimmende Erklärung** der künftigen Partner begründet, die den Inhalt hat, eine Partnerschaft auf Lebenszeit führen zu wollen. Diese Willenserklärung muss **persönlich bei gleichzeitiger Anwesenheit beider Partner** abgegeben werden (vgl. § 1311 Satz 1 BGB bei der Eheschließung; Einzelheiten in der Kommentierung zu § 1311 BGB Rn. 2), so dass damit wegen der höchstpersönlichen Natur des Rechtsgeschäftes eine Stellvertretung oder die Einschaltung eines Boten ausscheidet. Auch ist durch die eindeutige gesetzliche Regelung eine sukzessive Eingehung der eingetragenen Lebenspartnerschaft ebenso wie eine „Ferntrauung" ausgeschlossen.

Diese Erklärungen können wegen ihrer Bedeutung **nicht unter einer Bedingung oder Zeitbestimmung** abgegeben werden (§ 1 Abs. 1 Satz 2 LPartG). Daher sollte bei begleitenden Regelungen wie z.B. einem Partnerschaftsvertrag mit Unterhaltsregelungen darauf geachtet werden, dass diese von der eigentlichen Eingehung der Lebenspartnerschaft strikt getrennt werden. Jedenfalls darf die Wirksamkeit des Partnerschaftswillens in der Erklärung vor der Behörde nicht von der Geltung begleitender Absprachen abhängig gemacht werden.

Eine **Heilung** der Unwirksamkeit durch Eintragung in ein behördliches Register, verbunden mit einer bestimmten Zeit faktischen Zusammenlebens (vgl. nur § 1310 Abs. 3 BGB; ausführliche Einzelheiten in der Kommentierung zu § 1310 BGB Rn. 38 ff.), ist **nicht** vorgesehen[12], allerdings können die Lebenspartner die Partnerschaft aber qua Bestätigung vollwirksam werden lassen, indem sie nach Kenntniserlangung des Formmangels dann formwirksam eine Lebensgemeinschaft begründen.[13]

Beide Partner müssen **volljährig** (vgl. dazu Rn. 24) und **geschäftsfähig** sein. Steht einer der Partner unter einer rechtlichen Betreuung, so kann ein vom Vormundschaftsgericht angeordneter Einwilligungsvorbehalt sich nicht auf die Willenserklärung erstrecken, die auf die Begründung einer Lebenspartnerschaft gerichtet ist (§ 1903 Abs. 2 BGB). Teilgeschäftsfähigkeit soll genügen.[14]

Soweit das LPartG nichts Abweichendes regelt, sind auf diesen Vertrag die allgemeinen Vorschriften anzuwenden. Das Fehlen von Sonderregeln über Willensmängel hat zur Folge, dass die Erklärungen zur Begründung einer eingetragenen Lebenspartnerschaft den **allgemeinen Regeln über Willenserklärungen** unterliegen (§§ 116 ff. BGB). So ist eine Anfechtung wegen Irrtums über eine wesentliche Eigenschaft des Partners (§ 119 Abs. 2 BGB) oder wegen arglistiger Täuschung (§ 123 BGB) durchaus denkbar.[15] Hierdurch werden allerdings erhebliche Unklarheiten ausgelöst, da die zuständige Behörde nicht zwingend von einer solchen Anfechtung erfährt.[16]

---

[8] *Dethloff*, NJW 2001, 2598; *Robbers*, JZ 2001, 779, 785; *Schreiber* in: Scholz-Stein, Praxishandbuch Familienrecht, Teil N Rn. 74; *Weber* in: Rotax, Praxis des Familienrechts, 2003, Teil 11 Rn. 4; *Ring/Olsen-Ring* in: AnwK-BGB, Bd. 4, § 1 Rn. 5 m.w.N.; *Weinreich* in: Gerhardt/v. Heintschel-Heinegg/Klein, Handbuch FAFamR 2005, Kap. 11 Rn. 237; *Weber*, ZFE 2005, 187, 191.

[9] *Dethloff*, NJW 2001, 2598, 2600; *Weber* in: Rotax, Praxis des Familienrechts, 2003, Teil 11 Rn. 14.

[10] Kritisch auch *Ring/Olsen-Ring* in: AnwK-BGB, Bd. 4, § 2 LPartG Rn. 75 m.w.N.

[11] *Ring/Olsen-Ring* in: AnwK-BGB, Bd. 4, § 1 Rn. 7 m.w.N.

[12] BT-Drs. 14/3751, S. 36; *Kaiser*, FamRZ 2002, 866, 867; *Brudermüller* in: Palandt, § 1 Rn. 6.

[13] *Kaiser*, FamRZ 2002, 866, 868; *Ring/Olsen-Ring* in: AnwK-BGB, Bd. 4, § 1 Rn. 25.

[14] *Finger*, MDR 2001, 199, 200.

[15] *Schwab*, FamRZ 2001, 385, 388.

[16] Ausführlich *Ring/Olsen-Ring* in: AnwK-BGB, Bd. 4, § 1 Rn. 49.

3. Verfahren

15 Durch Art. 2 Abs. 18 Nr. 1 des Gesetzes zur Reform des Personenstandsrechts vom 19.02.2007[17] wurde die Zuständigkeit für die Begründung der Lebenspartnerschaft grundsätzlich dem Standesbeamten und damit den Standesämtern übertragen. Durch die Änderung sollte nach dem Willen der Bundesregierung eine bundesweit einheitliche Behördenzuständigkeit erreicht werden[18], die aufgrund der verschiedenen landesrechtlichen Regelungen uneinheitliche Zuständigkeit sollte – weil sachlich nicht gerechtfertigt – beseitigt werden. Der neu eingeführte § 22 sollte dafür Sorge tragen, dass alle bereits begründeten Lebenspartnerschaften einheitlich erfasst werden.

16 Gegen die Konzentration wehrte sich der Bundesrat, der im Verlaufe der Gesetzgebung einen zusätzlichen § 23 durchsetzte. Dort ist in Absatz 1 geregelt, dass landesrechtliche Regelungen unberührt bleiben, wenn sie bei In-Kraft-Treten des Gesetzes zur Reform des Personenstandsrechts am 01.01.2009 bestehen und abweichend von den §§ 1, 3 und 9 bestimmen, dass die jeweiligen Erklärungen nicht gegenüber dem Standesbeamten, sondern einer anderen Urkundsperson oder einer anderen Behörde gegenüber abzugeben sind. Ebenfalls unberührt bleiben bestehende Regelungen für die Beurkundung und Dokumentation solcher Erklärungen. Darüber hinaus setzte der Bundesrat durch, dass die Länder auch noch nach In-Kraft-Treten des Personenstandsrechtsreformgesetzes durch landesrechtliche Regelungen andere Erklärungsempfänger für die Erklärungen gemäß §§ 1, 3 und 9 bestimmen (vgl. § 22 Abs. 2).

17 In der Zwischenzeit ist in allen Ländern der Standesbeamte für die Entgegennahme der Erklärung zuständig – in **Bayern** auch die Notare.

18 **Zweifel an der Wirksamkeit** einer eingetragenen Partnerschaft können durch ein Verfahren auf Feststellung des Bestehens oder Nichtbestehens vor dem Familiengericht geklärt werden (§ 269 Abs. 1 Nr. 2 FamFG).

19 Die **örtliche Zuständigkeit** richtet sich primär nach dem Wohnsitz der Partner, hilfsweise nach dem gewöhnlichen Aufenthalt. Zwischen mehreren örtlich zuständigen Behörden besteht ein Wahlrecht der Partner.[19]

20 Der Standesbeamte muss die rechtlichen Hindernisse für eine eingetragene Lebenspartnerschaft prüfen;[20] er ist auch berechtigt, seine Mitwirkung in Missbrauchsfällen zu verweigern (**Amtspflicht der Behörde**).[21] Im Übrigen ist seine Mitwirkung rein passiv, aber Gültigkeitsvoraussetzung für die eingetragene Lebenspartnerschaft. Ihr Zweck ist die Publizität der Partnerschaftsbegründung, ihre jederzeitige Beweisbarkeit und der Schutz vor Übereilung.

21 Verweigert der Standesbeamte die Beurkundung der Lebenspartnerschaft, können die Betroffenen dagegen das Gericht anrufen (§ 49 Abs. 1 PStG). Sachlich und örtlich zuständig sind gemäß § 50 Abs. 1 PStG ausschließlich die Amtsgerichte, die ihren Sitz am Ort eines Landgerichts haben. Ihr Bezirk umfasst den Bezirk des Landgerichts.

4. Erklärung über den Vermögensstand

22 Die in der ursprünglichen Gesetzesfassung gem. § 1 Abs. 1 Satz 4 LPartG vorgeschriebene Erklärung über den Vermögensstand ist jetzt nicht mehr erforderlich.

II. Materielle Wirksamkeitsvoraussetzungen und Wirksamkeitshindernisse (Absatz 2)

1. Minderjährigkeit eines Partners (Absatz 2 Nr. 1 Alternative 1)

23 Eine eingetragene Lebenspartnerschaft kann nicht begründet werden, wenn einer der Partner minderjährig ist. Minderjährige können auch nicht mit Zustimmung des gesetzlichen Vertreters eine eingetragene Partnerschaft begründen. Eine Befreiung von dieser Voraussetzung ist – anders als bei der Eheschließung eines Minderjährigen gem. § 1303 Abs. 2 BGB – nicht möglich.[22] Der Verstoß führt zur Unwirksamkeit der Partnerschaft („kann nicht"). Umgekehrt besteht keine Altershöchstgrenze für die Begründung einer eingetragenen Lebenspartnerschaft.

---

[17] BGBl I 2007, 122.
[18] BT-Drs. 16/1831, S. 57.
[19] *Ring/Olsen-Ring* in: AnwK-BGB, Bd. 4, § 1 Rn. 20.
[20] *Schwab*, FamRZ 2001, 385, 388.
[21] *Brudermüller* in: Palandt, § 1 Rn. 5; *Ring/Olsen-Ring* in: AnwK-BGB, Bd. 4, § 1 Rn. 44.
[22] Kritisch zur fehlenden Begründung für diese unterschiedliche Behandlung *Brudermüller* in: Palandt, § 1 Rn. 4; *Finger*, FPR 2000, 291, 292.

2. Verheirateter Partner (Absatz 2 Nr. 1 Alternative 2)

Eine Lebenspartnerschaft kann nicht eingehen, wer **verheiratet** ist. Der Verstoß gegen das Prinzip der Einpaarigkeit führt – anders als die bloße Aufhebbarkeit im Eherecht, § 1306 BGB i.V.m. § 1314 Abs. 1 BGB – zur Unwirksamkeit der Partnerschaft. Der Heilungsgrund des § 1315 Abs. 2 Nr. 1 BGB ist im Partnerschaftsrecht nicht anwendbar. Damit korrespondiert die Regelung in § 1306 BGB, die eine Eheschließung eines bereits in eingetragener Lebenspartnerschaft lebenden Partners verbietet.[23]

24

3. Bestehende Partnerschaft (Absatz 2 Nr. 1 Alternative 3)

Eine Lebenspartnerschaft kann nicht eingehen, wer **bereits mit einer anderen Person eine Lebenspartnerschaft „führt"**. Damit ist nicht die tatsächliche Lebensführung mit einem eingetragenen Partner gemeint („faktische Lebensgemeinschaft"), sondern das rechtliche Bestehen der Partnerschaft. Damit hindert eine wirksam eingegangene eingetragene Lebenspartnerschaft also solange die wirksame Begründung einer weiteren, als sie nicht durch Tod oder rechtskräftige gerichtliche Entscheidung aufgelöst ist. Ein Verstoß führt zur Unwirksamkeit.

25

4. Verwandtschaft der Partner (Absatz 2 Nr. 2)

Eine Lebenspartnerschaft kann nicht wirksam begründet werden zwischen Personen, die in gerader Linie miteinander **verwandt** sind. Diese Regelung entspricht dem Ehehindernis des § 1307 Satz 1 BGB. Allerdings sind die für dieses Eheverbot angeführten biologischen Gründe (Verhinderung von Inzestehen) bei einer gleichgeschlechtlichen Partnerschaft obsolet,[24] denn die Zeugung gemeinsamer Kinder ist bei einer gleichgeschlechtlichen Partnerschaft ausgeschlossen.

26

Allerdings findet sich im Partnerschaftsrecht keine entsprechende Regelung zu § 1307 Satz 2 BGB, wonach das Ehehindernis auch besteht, wenn das Verwandtschaftsverhältnis durch Annahme als Kind erloschen ist. Ebenso wenig ist das Ehehindernis des bestehenden **Adoptivverhältnisses** (§ 1308 BGB) als Partnerschaftshindernis festgelegt. Demnach könnte ein Adoptivvater mit seinem 18 Jahre alt gewordenen Adoptivsohn eine eingetragene Partnerschaft eingehen, während die Adoptivmutter mit ihm keine Ehe schließen könnte.[25]

27

5. Geschwister als Partner (Absatz 2 Nr. 3)

Ebenso scheidet eine eingetragene Lebenspartnerschaft zwischen vollbürtigen und halbbürtigen **Geschwistern** aus entsprechend dem Ehehindernis des § 1307 Satz 1 BGB.

28

6. Scheinpartnerschaft (Absatz 2 Nr. 4 LPartG)

Schließlich kann eine eingetragene Lebenspartnerschaft nicht wirksam entstehen, wenn die Lebenspartner bei ihrer Begründung darüber einig sind, keine Verpflichtung gemäß § 2 LPartG begründen zu wollen. Diese Regelung entspricht dem Eheaufhebungsgrund der Scheinehe gem. § 1314 Abs. 2 Nr. 5 BGB. Der Unterschied liegt zunächst darin, dass die Erfüllung des Tatbestandes bei der Ehe zur Aufhebbarkeit, bei der Partnerschaft aber zur Unwirksamkeit führt (**absolutes Lebenspartnerschaftshindernis**).[26]

29

Da die eingetragenen Partner keine sexuellen Beziehungen unterhalten und auch keine häusliche Gemeinschaft eingehen müssen[27], ist es jedoch in der Praxis schwer, solche Missbrauchsfälle feststellen zu können.[28] Fehlt es den eingetragenen Lebenspartnern von Anfang an an einem gemeinsamen Hausstand, spricht der erste Anschein für eine nur zum Schein eingegangene Partnerschaft.[29]

30

---

[23] Zur früheren Rechtslage BVerfG v. 17.07.2002 - 1 BvF 1/01, 1 BvF 2/01 - NJW 2002, 2543.

[24] Daher kritisch *Brudermüller* in: Palandt, § 1 Rn. 4; *Battes*, FuR 2002, 49, 53; vgl. *Scholz/Uhle*, NJW 2001, 393, 389.

[25] Vgl. hierzu *Schwab*, FamRZ 2001, 385, 389; *Weber* in: Rotax, Praxis des Familienrechts, 2003, Teil 11 Rn. 12 m.w.N.

[26] Kritisch zur Praktikabilität der Regelung *Ring/Olsen-Ring* in: AnwK-BGB, Bd. 4, § 1 Rn. 43 m.w.N.

[27] *Dethloff*, NJW 2001, 2598, 2600; *Weber* in: Rotax, Praxis des Familienrechts, 2003, Teil 11 Rn. 14.

[28] *Ring/Olsen-Ring* in: AnwK-BGB, Bd. 4, § 2 LPartG Rn. 75 m.w.N.

[29] *Wacke* in: MünchKomm-BGB, § 2 Rn. 3.

III. Partnerschaftsversprechen („Verlöbnis von zukünftigen Lebenspartnern", Absatz 3)

31 Regelungen über das **Verlöbnis** enthielt das LPartG in der ursprünglichen Fassung nicht. Daraus wurde in der Literatur aufgrund der Entstehungsgeschichte des Gesetzes mangels einer planwidrigen Gesetzeslücke ein Verbot einer Analogie zu den §§ 1297 ff. BGB abgeleitet.[30] Durch den im Rahmen der Überarbeitung des Lebenspartnerschaftsgesetzes neu eingefügten § 1 Abs. 3 LPartG, der dem § 1297 BGB entspricht, ist jetzt geklärt, dass sich auch gleichgeschlechtliche Partner versprechen können, eine Lebenspartnerschaft i.S.d. § 1 Abs. 1 LPartG zu begründen. Diese Verpflichtung ist aber nicht einklagbar. Durch die ausdrückliche Verweisung auf § 1297 Abs. 2 BGB und die §§ 1298-1302 BGB gelten auch die übrigen Vorschriften zum Verlöbnis (vgl. dazu die Kommentierung zu § 1298 BGB Rn. 2 ff.). Von besonderer praktischer Bedeutung ist das Zeugnisverweigerungsrecht für Verlobte, auf das sich damit auch „verlobte Lebenspartner" berufen können (§ 383 ZPO, § 52 StPO).

C. Verfahrensrechtliche Hinweise

32 Für Streitigkeiten, die im Rahmen einer eingetragenen Lebenspartnerschaft entstehen, ist die Zuständigkeit der **Familiengerichte** gegeben (§ 23a Abs. 1 Nr. 1 GVG in Verbindung mit § 111 Nr. 11 FamFG). In §§ 269 FamFG sind die **„Lebenspartnerschaftssachen"** als einzeln aufgezählte Angelegenheiten geregelt, wobei sich der Katalog an den Ehe- und Familiensachen orientiert:
- die Aufhebung der Lebenspartnerschaft,
- die Feststellung des Bestehens oder Nichtbestehens einer Lebenspartnerschaft,
- die elterliche Sorge, das Umgangsrecht oder die Herausgabe in Bezug auf ein gemeinschaftliches Kind,
- die Annahme als Kind und die Ersetzung der Einwilligung zur Annahme als Kind,
- Wohnungszuweisungssachen nach den §§ 13, 17 LPartG,
- Haushaltssachen nach den §§ 13, 17 LPartG,
- der Versorgungsausgleich zwischen Lebenspartnern,
- die gesetzliche Unterhaltspflicht für ein gemeinschaftliches minderjähriges Kind,
- die durch die Lebenspartnerschaft begründete gesetzliche Unterhaltspflicht,
- Ansprüche aus dem lebenspartnerschaftlichen Güterrecht, auch wenn Dritte an dem Verfahren beteiligt sind,
- auch Entscheidungen nach § 6 des LPartG i.V.m. den § 1365 Abs. 2 BGB (Ersetzung der Zustimmung des anderen Lebenspartners bei Verfügung über das Vermögen im Ganzen), § 1369 Abs. 2 BGB (Ersetzung der Zustimmung des Lebenspartner bei Verfügung über Haushaltsgegenstände), § 1382 BGB (Stundung der Zugewinnausgleichsforderung) und § 1383 BGB (Übertragung von Vermögensgegenständen unter Anrechnung auf die Zugewinnausgleichsforderung).

33 In § 269 Abs. 2 FamFG wird dann das „Große Familiengericht" auch auf die Lebenspartnerschaftssachen übertragen. Dies gilt für
- Ansprüche aus der Auflösung des Lebenspartnerschaftsverlöbnisses,
- Ansprüche aus der Lebenspartnerschaft und
- Ansprüche zwischen Personen, die miteinander eine Lebenspartnerschaft geführt haben, oder zwischen einer solchen Person und einem Elternteil im Zusammenhang mit der Trennung oder Aufhebung der Lebenspartnerschaft,

sofern nicht Spezialzuständigkeiten (insbesondere Arbeitsgerichte, Wohnungseigentumssachen, etc.) einschlägig sind.

34 Für die einzelnen Verfahren finden die **Verfahrensregeln** für Familiensachen umfassend Anwendung (§ 270 FamFG).

---

[30] So *Ring/Ring-Olsen* in: AnwK-BGB, Bd. 4, § 1 Rn. 2.

Abschnitt 2 - Wirkungen der Lebenspartnerschaft

§ 2 LPartG Partnerschaftliche Lebensgemeinschaft

(Fassung vom 16.02.2001, gültig ab 01.08.2001)

[1]Die Lebenspartner sind einander zu Fürsorge und Unterstützung sowie zur gemeinsamen Lebensgestaltung verpflichtet. [2]Sie tragen füreinander Verantwortung.

A. Grundlagen

Die Vorschrift regelt die allgemeinen Rechtswirkungen im Verhältnis der eingetragenen Lebenspartner untereinander durch Vorgabe von Solidar- und Beistandspflichten. Die eingetragene Lebenspartnerschaft begründet gem. § 2 Satz 1 LPartG die – auch einklagbare[1] – gegenseitige allgemeine familienrechtliche Pflicht zur Fürsorge und Unterstützung. Die Lebenspartnerschaft ist damit – wie die Ehe gem. § 1353 Abs. 1 Satz 2 HS. 2 BGB – eine **„Einstehens- und Verantwortungsgemeinschaft"**.[2]

B. Umfang der gegenseitigen Pflichten

Der gesetzliche Pflichtenkatalog ist im Vergleich mit den Ehepflichten reduziert. Denn während die Ehegatten einander zu ehelicher Lebensgemeinschaft (§ 1353 Abs. 1 Satz 2 BGB) und zur Haushalts- und Geschlechtsgemeinschaft verpflichtet sind (vgl. die Kommentierung zu § 1353 BGB Rn. 6 ff.), bleibt die **Gestaltung der gemeinsamen Lebensverhältnisse** nach dem LPartG den eingetragenen Lebenspartnern – auch in sexueller Hinsicht – selbst überlassen. Die eingetragenen Partner müssen nicht einmal eine häusliche Gemeinschaft eingehen.[3] Allerdings wird die Wohngemeinschaft nach dem gesetzlichen Leitbild als der Regelfall angesehen, wie die Vorschriften der §§ 13, 14, 17 LPartG und § 200 Abs. 1 Nr. 5 und 6 FamFG deutlich machen.

Unstreitig besteht aber die Pflicht zur **gegenseitigen Rücksichtnahme** bei der Gestaltung der gemeinsamen Lebensverhältnisse, auch wenn diese Pflicht im Gesetz nicht ausdrücklich erwähnt wird. Die Pflicht zur „Fürsorge" und „Unterstützung" ist weitgehend deckungsgleich mit der **Beistandspflicht** im ehelichen Verhältnis, die auch das Eltern-Kind-Verhältnis bestimmt (§ 1618a BGB; vgl. die Kommentierung zu § 1618a BGB Rn. 5).[4] Die Partner sollen „zur wechselseitigen Unterstützung und Hilfeleistung in allen Lebenslagen" verpflichtet sein.[5]

Aus den Vorschriften des LPartG über die Verteilung der Haushaltsgegenstände (§§ 13, 17 LPartG) und die Behandlung der gemeinsamen Wohnung (§§ 14, 17 LPartG) lässt sich ableiten, dass die eingetragenen Lebenspartner auch verpflichtet sind, dem jeweils anderen Partner unabhängig von der schuld- und sachenrechtlichen Lage den **Mitgebrauch an der gemeinsamen Wohnung und an den Gegenständen des gemeinsamen Haushalts** zu gestatten.[6] Denn nur wenn eine solche Verpflichtung besteht, macht die Verfügungsbeschränkung bezüglich der Haushaltsgegenstände nach § 1369 BGB i.V.m. § 8 Abs. 2 LPartG einen Sinn. Daraus folgt aber nicht die Verpflichtung eines Partners, den anderen in seine bisher von ihm allein bewohnte Wohnung aufzunehmen. Denn eine gemeinsame Gestaltung der partnerschaftlichen Lebensverhältnisse kann nur einvernehmlich zustande kommen.

Die eingetragene Lebenspartnerschaft begründet auch die gegenseitige strafrechtliche **Garantenstellung**,[7] wobei diese aber teilweise beschränkt wird auf die Beschützerpflichten und die Pflichten zur Abwendung von Gefahren und Unglücksfällen, und damit die Bewacherpflichten zur Verhinderung von Straftaten ausscheiden.[8]

---

[1] *Brudermüller* in: Palandt, § 2 LPartG Rn. 1; *Ring/Olsen-Ring* in: AnwK-BGB, Bd. 4, § 2 Rn. 1.
[2] BT-Drs. 14/3751, S. 36.
[3] *Dethloff*, NJW 2001, 2598, 2600; *Weber* in: Rotax, Praxis des Familienrechts, 2003, Teil 11 Rn. 14; *Brudermüller* in: Hoppenz, Familiensachen, § 2 Rn. 1; *Ring/Olsen-Ring* in: AnwK-BGB, Bd. 4, § 2 Rn. 4; *Weinreich* in: Gerhardt/v. Heintschel-Heinegg/Klein, Handbuch FAFamR 2005, Kap. 11 Rn. 237; *Weber*, ZFE 2005, 187, 191; *Wacke* in: MünchKomm-BGB, § 5 LPartG Rn. 2; a.A. *Kaiser*, JZ 2001, 617, 618.
[4] *Schwab*, FamRZ 2001, 385, 390.
[5] BT-Drs. 14/3751, S. 36.
[6] *Ring/Olsen-Ring* in: AnwK-BGB, Bd. 4, § 2 LPartG Rn. 3; *Schwab*, FamRZ 2001, 385, 390; *Brudermüller* in: Palandt, § 2 Rn. 1.
[7] *Schwab*, FamRZ 2001, 385, 390.
[8] *Wacke* in: MünchKomm-BGB, § 2 Rn. 5.

6 Auch wird die eingetragene Lebenspartnerschaft **auf Lebenszeit** eingegangen, wie sich bereits aus der in § 1 Abs. 1 Satz 1 LPartG vorausgesetzten Erklärung ergibt.[9]

C. Rechtsfolgen

7 Einen **Anspruch auf Herstellung der Lebensgemeinschaft** sieht das Gesetz bei der eingetragenen Lebenspartnerschaft im Unterschied zur Ehe nicht vor. Allerdings erklärt die Gesetzesbegründung zu § 200 FamFG, dass Klagen, die die Verpflichtung zur Fürsorge und Unterstützung in Lebenspartnerschaften zum Gegenstand haben, als sonstige Lebenspartnerschaftssachen im Sinne des § 200 Abs. 2 Nr. 2 FamFG zu behandeln sind[10]. Damit werden die Grundpflichten aus § 2 LPartG einklagbar. Es ist jedoch zu unterscheiden:

- **Wirtschaftlich-finanzielle Pflichten** – die auch über die speziell geregelten Unterhaltsverbindlichkeiten und güterrechtlichen Ausgleichspflichten hinausgehen können – sind wie bei Eheleuten einklagbar und auch vollstreckbar.
- Ein **Anspruch auf Herstellung der ehelichen Lebensgemeinschaft** ist gem. § 888 Abs. 2 ZPO nicht vollstreckbar. Obwohl die eingetragene Lebenspartnerschaft in den Gesetzeswortlaut dieser Sperrvorschrift nicht aufgenommen worden ist, dürfte auch hier eine Vollstreckbarkeit ausscheiden.[11]
- Partnerschaftswidriges Verhalten kann gem. § 12 Abs. 2 LPartG zur **Einschränkung der Unterhaltsberechtigung** bei Getrenntleben führen.
- Soweit wegen der Verletzung partnerschaftlicher Pflichten **Schadensersatzansprüche** in Betracht kommen, ist § 4 LPartG zu beachten.[12]

---

[9] *Schwab*, FamRZ 2001, 385, 390; *Ring/Olsen-Ring* in: AnwK-BGB, Bd. 4, § 2 LPartG Rn. 1; *Brudermüller* in: Hoppenz, Familiensachen, § 2 Rn. 1.

[10] BT-Drs. 16/6308, S. 590.

[11] *Ring/Olsen-Ring* in: AnwK-BGB, Bd. 4, § 2 LPartG Rn. 10, anders aufgrund der früheren Gesetzeslage *Schreiber* in: Scholz/Stein, Praxishandbuch Familienrecht, Teil N, 2004, Rn. 79.

[12] Einstehen nur für Sorgfalt in eigenen Angelegenheiten entsprechend § 1359 BGB; vgl. dazu die Kommentierung zu § 1359 BGB Rn. 20.

§ 3 LPartG Lebenspartnerschaftsname

(Fassung vom 07.05.2013, gültig ab 01.11.2013)

(1) ¹Die Lebenspartner können einen gemeinsamen Namen (Lebenspartnerschaftsnamen) bestimmen. ²Zu ihrem Lebenspartnerschaftsnamen können die Lebenspartner durch Erklärung gegenüber dem Standesamt den Geburtsnamen oder den zur Zeit der Erklärung über die Bestimmung des Lebenspartnerschaftsnamens geführten Namen eines der Lebenspartner bestimmen. ³Die Erklärung über die Bestimmung des Lebenspartnerschaftsnamens soll bei der Begründung der Lebenspartnerschaft erfolgen. ⁴Wird die Erklärung später abgegeben, muss sie öffentlich beglaubigt werden.

(2) ¹Ein Lebenspartner, dessen Name nicht Lebenspartnerschaftsname wird, kann durch Erklärung gegenüber dem Standesamt dem Lebenspartnerschaftsnamen seinen Geburtsnamen oder den zur Zeit der Erklärung über die Bestimmung des Lebenspartnerschaftsnamens geführten Namen voranstellen oder anfügen. ²Dies gilt nicht, wenn der Lebenspartnerschaftsname aus mehreren Namen besteht. ³Besteht der Name eines Lebenspartners aus mehreren Namen, so kann nur einer dieser Namen hinzugefügt werden. ⁴Die Erklärung kann gegenüber dem Standesamt widerrufen werden; in diesem Fall ist eine erneute Erklärung nach Satz 1 nicht zulässig. ⁵Die Erklärung, wenn sie nicht bei der Begründung der Lebenspartnerschaft gegenüber einem deutschen Standesamt abgegeben wird, und der Widerruf müssen öffentlich beglaubigt werden.

(3) ¹Ein Lebenspartner behält den Lebenspartnerschaftsnamen auch nach der Beendigung der Lebenspartnerschaft. ²Er kann durch Erklärung gegenüber dem Standesamt seinen Geburtsnamen oder den Namen wieder annehmen, den er bis zur Bestimmung des Lebenspartnerschaftsnamens geführt hat, oder dem Lebenspartnerschaftsnamen seinen Geburtsnamen oder den bis zur Bestimmung des Lebenspartnerschaftsnamens geführten Namen voranstellen oder anfügen. ³Absatz 2 gilt entsprechend.

(4) Geburtsname ist der Name, der in die Geburtsurkunde eines Lebenspartners zum Zeitpunkt der Erklärung gegenüber dem Standesamt einzutragen ist.

(5) (weggefallen)

Gliederung

A. Grundlagen 1	III. Zeitpunkt und Form der Namensbestimmung 9
B. Wahlmöglichkeiten des Namens der eingetragenen Lebenspartner 3	C. Namensführung nach Beendigung der eingetragenen Lebenspartnerschaft
I. Gemeinsamer Name (Absatz 1) 3	(Absatz 3) 11
II. Unechter Doppelname für einen Lebenspartner (Absatz 2) 4	D. Übergangsregelungen 12

A. Grundlagen

Die Norm regelt das **Namensrecht** der eingetragenen Lebenspartner und entspricht § 1355 BGB. Während ihnen nach § 1355 Abs. 1 Satz 1 BGB aber durch die Verwendung des Wortes „sollen" nahe gelegt wird, einen gemeinsamen Nachnamen zu bestimmen, verwendet das Gesetz hier das Wort „können". Damit haben die Eheleute verschiedene **Wahlmöglichkeiten**. 1

Zum Namensrecht des **Kindes** eines eingetragenen Lebenspartners vgl. § 9 Abs. 5 LPartG. 2

B. Wahlmöglichkeiten des Namens der eingetragenen Lebenspartner

I. Gemeinsamer Name (Absatz 1)

Die Lebenspartner können einen **gemeinsamen Namen** wählen. Der gemeinsame Name kann sein 3
- der **Geburtsname** eines Lebenspartners (die Definition des Geburtsnamens ergibt sich dabei aus § 3 Abs. 4 LPartG (entsprechend § 1355 Abs. 6 BGB); danach ist der Geburtsname nicht unbedingt der

Familienname, den der Lebenspartner bei seiner Geburt erhalten hatte, sondern der Name, der zum Zeitpunkt der maßgeblichen Erklärung nach dem LPartG in seine Geburtsurkunde einzutragen ist);
- der **Name**, den einer der Lebenspartner zur Zeit der Erklärung über die Bestimmung des Lebenspartnerschaftsnamens **führt**.

II. Unechter Doppelname für einen Lebenspartner (Absatz 2)

4   Die eingetragenen Lebenspartner können aber auch einen unechten Doppelnamen für einen Partner wählen. Dabei wird ein **gemeinsamer Name** nach der Regelung des § 3 Abs. 1 LPartG gebildet und zusätzlich dem Partner, dessen Name nicht Lebenspartnerschaftsname wird, das Recht eingeräumt, seinen **eigenen Namen**
- dem gemeinsamen Lebenspartnerschaftsnamen **anzufügen** oder
- dem gemeinsamen Lebenspartnerschaftsnamen **voranzustellen**.

5   Dabei ist die Namenskette auf zweigliedrige Namen beschränkt (§ 3 Abs. 2 Satz 3 LPartG). Diese Regelung ist verfassungsgemäß.[1]

6   Die Erklärung bedarf der öffentlichen Beglaubigung (§ 3 Abs. 2 Satz 6 LPartG) und wird wirksam, wenn sie gegenüber dem Standesamt erklärt wird (§ 3 Abs. 2 Satz 4 LPartG) bzw. der nach Landesrecht zuständigen Behörde (vgl. dazu die Kommentierung zu § 1 LPartG Rn. 15 ff.).

7   Durch Artikel 8 des Gesetzes zur Änderung personenstandsrechtlicher Vorschriften vom 07.05.2013[2] wurde § 3 Abs. 2 Satz 5 LPartG ergänzt. Die Änderung bewirkt, dass Erklärungen eines Lebenspartners zur Voranstellung oder Anfügung seines Geburtsnamens oder seines zum Zeitpunkt der Erklärung geführten Namens an den Lebenspartnerschaftsnamen keiner öffentlichen Beglaubigung bedürfen, wenn die Erklärung **bei der Begründung der Lebenspartnerschaft** abgegeben wird. Die Regelung übernimmt insoweit die auch für die Bestimmung des Lebenspartnerschaftsnamens geltende Befreiungsregelung in § 3 Abs. 1 LPartG.

8   Die Erklärung kann **widerrufen** werden (§ 3 Abs. 2 Satz 5 LPartG). Auch der Widerruf bedarf der öffentlichen Beglaubigung (§ 3 Abs. 2 Satz 6 LPartG). Danach ist aber eine nochmalige Änderung ausgeschlossen.

III. Zeitpunkt und Form der Namensbestimmung

9   Die Erklärung über die Namensbestimmung wird wirksam, wenn sie vor dem Standesamt oder der nach Landesrecht **zuständigen Behörde** erklärt wird (vgl. dazu die Kommentierung zu § 1 LPartG Rn. 15 ff.). Hierzu ist nicht die gleichzeitige Anwesenheit beider Lebenspartner erforderlich.[3]

10 Die Bestimmung des Namens ist nicht Wirksamkeitsvoraussetzung der eingetragenen Lebenspartnerschaft und muss daher nicht direkt bei deren Begründung erfolgen, denn § 3 Abs. 1 Satz 3 LPartG enthält lediglich eine Sollvorschrift. Erfolgt die Bestimmung später, bedarf sie zu ihrer Wirksamkeit der öffentlichen Beglaubigung (§ 3 Abs. 1 Satz 5 LPartG).

C. Namensführung nach Beendigung der eingetragenen Lebenspartnerschaft (Absatz 3)

11 Nach der **Beendigung** der eingetragenen Lebenspartnerschaft sieht das Gesetz (entsprechend § 1355 Abs. 5 BGB) folgende Möglichkeiten vor. Der Lebenspartner kann
- den **früheren Lebenspartnerschaftsnamen** weiterführen (§ 3 Abs. 3 Satz 1 LPartG),
- den **früher geführten Namen** wieder annehmen (§ 3 Abs. 3 Satz 2 Alt. 1 LPartG),
- den **Geburtsnamen** dem Lebenspartnerschaftsnamen voranstellen oder anfügen (§ 3 Abs. 3 Satz 2 LPartG), allerdings begrenzt auf zweigliedrige Namen (§ 3 Abs. 3 Satz 3 LPartG).

D. Übergangsregelungen

12 Für **Altfälle** bestand nach § 3 Abs. 5 LPartG die Möglichkeit, innerhalb eines Jahres nach In-Kraft-Treten des Änderungsgesetzes am 12.02.2005 die Namenswahl durch gemeinsame Erklärung vor der zuständigen Behörde nachzuholen.

---

[1] BVerfG v. 05.05.2009 - 1 BvR 1155/03 - FamRZ 2009, 939.
[2] BGBl I 2013, 1122 ff.
[3] *Ring/Olsen-Ring* in: AnwK-BGB, Bd. 4, § 3 Rn. 2 m.w.N.

§ 4 LPartG Umfang der Sorgfaltspflicht

(Fassung vom 16.02.2001, gültig ab 01.08.2001)

Die Lebenspartner haben bei der Erfüllung der sich aus dem lebenspartnerschaftlichen Verhältnis ergebenden Verpflichtungen einander nur für diejenige Sorgfalt einzustehen, welche sie in eigenen Angelegenheiten anzuwenden pflegen.

A. Grundlagen

Die Vorschrift entspricht wortgleich § 1359 BGB und beschränkt die gegenseitige Haftung der eingetragenen Lebenspartner auf die **„diligentia quam in suis"**. Die Haftung wegen grober Fahrlässigkeit ist davon unberührt (§ 277 BGB). 1

B. Anwendungsbereich

Infolge der gesetzlichen Haftungsbegrenzung aus § 4 LPartG findet zwischen eingetragenen Lebenspartnern für Schäden, die durch leichte oder mittlere Fahrlässigkeit entstanden sind, kein Haftungsausgleich statt. Die Vorschrift ist aber dispositiv, so dass die eingetragenen Lebenspartner Haftungsverschärfungen oder -erleichterungen vornehmen können.[1] 2

Auch für Ansprüche aus Delikt gelten die gleichen Maßstäbe wie bei Ehegatten.[2] 3

Bei Ansprüchen, die sich aus der gemeinsamen Teilnahme am Straßenverkehr ergeben, ist eine Herabsetzung des Haftungsmaßstabes nicht geboten.[3] 4

Vertreten wird, die Haftungserleichterung auf nicht registrierte Partner ebenso anzuwenden wie auf nichtehelich Zusammenlebende.[4] 5

---

[1] *Weber* in: Rotax, Praxis des Familienrechts, 2003, Teil 11 Rn. 31 m.w.N.
[2] *Ring/Olsen-Ring* in: AnwK-BGB, Bd. 4, § 4 Rn. 1 m.w.N.
[3] *Brudermüller* in: Palandt, § 4 Rn. 2; BGH v. 10.07.1974 - IV ZR 212/72 - BGHZ 63, 51, 57; BGH v. 11.03.1970 - IV ZR 772/68 - BGHZ 53, 352, 355.
[4] *Wacke* in: MünchKomm-BGB, § 4 Rn. 1.

§ 5 LPartG Verpflichtung zum Lebenspartnerschaftsunterhalt

(Fassung vom 21.12.2007, gültig ab 01.01.2008)

¹**Die Lebenspartner sind einander verpflichtet, durch ihre Arbeit und mit ihrem Vermögen die partnerschaftliche Lebensgemeinschaft angemessen zu unterhalten.** ²**§ 1360 Satz 2, die §§ 1360a, 1360b und 1609 des Bürgerlichen Gesetzbuchs gelten entsprechend.**

Gliederung

A. Grundlagen 1
B. Inhalt 3
  I. Angleichung an das Unterhaltsrecht der Ehegatten 3
  II. Taschengeldanspruch (§ 1360a Abs. 1 BGB i.V.m. Satz 2) 6
  III. Anspruch auf Prozesskostenvorschuss (§ 1360a Abs. 4 BGB i.V.m. Satz 2) 7
  IV. Weitere Rechtsfolgen aufgrund der Weiterverweisung in Satz 2 8
C. Weitere Auswirkungen 11
D. Steuerliche Konsequenzen 13

A. Grundlagen

1. Die Vorschrift entspricht der Regelung des § 1360 BGB, so dass zur Auslegung auch auf die dort dargestellten Grundsätze Bezug genommen werden kann (vgl. dazu die Kommentierung zu § 1360 BGB Rn. 8). Aus der in § 2 LPartG normierten Pflicht der Ehegatten zur gegenseitigen Unterstützung und wechselseitigen Verantwortung füreinander ergibt sich wie bei Ehegatten auch die Verpflichtung zu **wechselseitigen Unterhaltsleistungen**. Beide Lebenspartner haben zum gemeinsamen Unterhalt durch Arbeitsleistung und Einsatz des Vermögens beizutragen.

2. Durch das zum 01.01.2008 in Kraft getretene neue Unterhaltsrecht ist die Vorschrift des § 5 Satz 2 LPartG redaktionell neu gefasst worden. Der Verweis auf die bisherige eigenständige **Rangfolgeregelung** des § 16 LPartG ist ersetzt worden durch den Verweis auf die allgemeine Regelung des § 1609 BGB.

B. Inhalt

I. Angleichung an das Unterhaltsrecht der Ehegatten

3. Das Unterhaltsrecht der eingetragenen Lebenspartnerschaft wurde dem Ehegattenunterhalt angeglichen, indem § 5 Satz 1 LPartG die Regelung des § 1360 Satz 1 BGB übernimmt und im Übrigen in § 5 Satz 2 LPartG auf die einschlägigen Vorschriften im Eherecht verweist.

4. **Maßstab** für den Unterhalt ist, was zur Deckung der gemeinsamen **Haushaltskosten** in der eingetragenen Lebenspartnerschaft und zur Befriedigung der **persönlichen Bedürfnisse** beider Lebenspartner erforderlich ist.[1] Dabei kommt es auf die Angemessenheit unter Berücksichtigung der gemeinsamen Lebensgestaltung an.

5. Leben die eingetragenen Lebenspartner **getrennt**, kommt § 12 LPartG zur Anwendung, nach **Auflösung** der eingetragenen Lebenspartnerschaft gilt § 16 LPartG.

II. Taschengeldanspruch (§ 1360a Abs. 1 BGB i.V.m. Satz 2)

6. Wie bei Ehegatten besteht auch bei eingetragenen Lebenspartnern ein Anspruch auf **Taschengeld** (§ 1360a Abs. 1 BGB), der nicht anders als für zusammenlebende Ehegatten ausgestaltet ist und sich der Höhe nach auf 5-7% des Nettoeinkommens des Unterhaltspflichtigen beläuft, soweit er seinen notwendigen Bedarf daneben decken kann.[2] Hat der Berechtigte Eigeneinkünfte, ist zunächst daraus der Taschengeldanspruch zu decken.[3] Dabei kommt es nicht darauf an, ob für Lebenspartnerschaften eine Art „Haushaltsführungspartnerschaft" typisch sein kann oder nicht, sondern nur darauf, dass einer der Partner tatsächlich über kein eigenes Einkommen verfügt, denn der Taschengeldanspruch resultiert aus der Unterstützungspflicht im konkreten Einzelfall. Die Bejahung eines Taschengeldanspruchs hängt

---

[1] Weinreich in: Gerhardt/v. Heintschel-Heinegg/Klein, Handbuch FAFamR 2005, Kap. 11 Rn. 227.
[2] BGH v. 21.01.1998 - XII ZR 140/96 - FamRZ 1998, 608.
[3] BGH v. 21.01.1998 - XII ZR 140/96 - FamRZ 1998, 608.

nicht von der Feststellung ab, ob tatsächlich Haushaltsführungsleistungen erbracht werden, sondern er ergibt sich aus der wechselseitigen Verantwortung füreinander bei bestehender Partnerschaft; der leistungsfähige Partner muss dem anderen einen Spielraum für seine persönlichen Bedürfnisse gewähren.[4]

III. Anspruch auf Prozesskostenvorschuss (§ 1360a Abs. 4 BGB i.V.m. Satz 2)

Aus dem Verweis auf § 1360a Abs. 4 BGB ergibt sich auch ein Anspruch auf **Prozesskostenvorschuss** in persönlichen Angelegenheiten. Die Bindung zwischen den Partnern ist zwar nicht „eheidentisch", aber die Verweisung zeigt, dass der Gesetzgeber sie als so stark ansieht, dass sie den öffentlich-rechtlichen Hilfen vorgeht. Besteht ein Anspruch auf Prozesskostenvorschuss, geht dieser der staatlichen Prozesskostenhilfe vor.[5]

7

IV. Weitere Rechtsfolgen aufgrund der Weiterverweisung in Satz 2

Die Weiterverweisung auf § 1614 BGB bewirkt die **Unzulässigkeit eines Unterhaltsverzichts für die Zukunft**[6] und ist wegen der Zugriffsmöglichkeit von Drittgläubigern auf den Taschengeldanspruch von Bedeutung (zur Pfändung vgl. Rn. 12).

8

Der Unterhaltsanspruch erlischt mit dem **Tode des Berechtigten oder Verpflichteten** (§ 1615 BGB). Die Beerdigungskosten hat vorrangig der Erbe zu tragen (§ 1968 BGB), ist er dazu nicht in der Lage, fallen sie dem Lebenspartner zur Last (§ 1615 Abs. 2 BGB).

9

Die gesetzliche Vermutung, dass **zu viel geleisteter Unterhalt** nicht zurückgefordert werden kann, ist widerlegbar (§ 1360b BGB).

10

C. Weitere Auswirkungen

Die gegenseitige Unterhaltsverpflichtung wirkt sich im **Schadensersatzrecht** aus. So geben § 844 Abs. 2 BGB und § 10 StVG bei Tötung eines Lebenspartners dem anderen Partner einen Anspruch. Der verletzungsbedingte Ausfall an Unterhaltsleistungen kann über die §§ 842, 843 Abs. 1 BGB geltend gemacht werden. Der Lebenspartner, der infolge einer Verletzung die ihm als Unterhaltsbeitrag kraft der Ehe oder der Lebenspartnerschaft obliegende Hausarbeit nicht leisten kann, kann die Kosten einer Ersatzkraft, auch wenn er sie nicht in Anspruch genommen hat, verlangen, soweit ihm diese Hausarbeit nicht möglich ist.[7]

11

Hinsichtlich der **Pfändung** des Anspruchs auf Lebenspartnerschaftsunterhalt aus § 5 LPartG gelten die §§ 850c, 850d, 850i und 863 ZPO entsprechend.[8]

12

D. Steuerliche Konsequenzen

Zu den steuerlichen Konsequenzen vgl. die Kommentierung zu § 11 LPartG ff.

13

---

[4] *Büttner*, FamRZ 2001, 1105, 1106.
[5] BGH v. 04.08.2004 - XII ZA 6/04 - FamRZ 2004, 1633 mit Anmerkung *Viefhues*, FamRZ 2004, 1635.
[6] Rechtspolitisch kritisch hierzu *Wacke* in: MünchKomm-BGB, § 5 LPartG Rn. 2.
[7] AG Wuppertal v. 12.03.2009 - 312 C 77/08 - Schaden-Praxis 2009, 325.
[8] *Ring/Olsen-Ring* in: AnwK-BGB, Bd. 4, § 5 LPartG Rn. 9; *Brudermüller* in: Palandt, § 5 LPartG Rn. 6.

§ 6 LPartG Güterstand

(Fassung vom 15.12.2004, gültig ab 01.01.2005)

¹**Die Lebenspartner leben im Güterstand der Zugewinngemeinschaft, wenn sie nicht durch Lebenspartnerschaftsvertrag (§ 7) etwas anderes vereinbaren.** ²**§ 1363 Abs. 2 und die §§ 1364 bis 1390 des Bürgerlichen Gesetzbuchs gelten entsprechend.**

A. Grundlagen

1   Für die eingetragenen Lebenspartner gilt uneingeschränkt das **eheliche Güterrecht**.

2   Die Vorschrift ist durch das LPartÜG eingeführt worden und beseitigt den von der vorherigen Gesetzesfassung künstlich geschaffenen Güterstand der „Ausgleichsgemeinschaft".

B. Einzelheiten

3   Eingetragene Lebenspartner leben damit im Güterstand der **Zugewinngemeinschaft**, wenn sie nicht durch einen Lebenspartnerschaftsvertrag (vgl. dazu § 7 LPartG) eine abweichende Regelung getroffen haben. Die vertragliche Abdingbarkeit der güterrechtlichen Regelungen richtet sich nach den §§ 1365-1369 BGB.

4   § 6 Satz 1 LPartG entspricht § 1363 Abs. 1 BGB. Daher kann auf die Kommentierung zu § 1363 BGB verwiesen werden. Im Übrigen wird auf die güterrechtlichen Normen des Eherechts verwiesen.

5   Zum **Übergangsrecht** vgl. § 21 Abs. 2 und Abs. 3 LPartG.

§ 7 LPartG Lebenspartnerschaftsvertrag

(Fassung vom 15.12.2004, gültig ab 01.01.2005)

¹**Die Lebenspartner können ihre güterrechtlichen Verhältnisse durch Vertrag (Lebenspartnerschaftsvertrag) regeln.** ²**Die §§ 1409 bis 1563 des Bürgerlichen Gesetzbuchs gelten entsprechend.**

A. Grundlagen

Der Lebenspartnerschaftsvertrag ist das Gegenstück zum Ehevertrag i.S.d. § 1408 BGB.   1

B. Einzelheiten

Wegen der Bezugnahme auf die eherechtlichen Vorschriften der §§ 1409-1563 BGB kann auf die dortigen Kommentierungen zur Auslegung uneingeschränkt zurückgegriffen werden.   2

Die notarielle **Form** des § 1410 BGB ist zu beachten. Wie beim Ehevertrag sind auch **inhaltliche Modifizierungen** möglich.[1]   3

Die vom BGH entwickelten Grundsätze der **Inhaltskontrolle von Eheverträgen**[2] gelten auch für Lebenspartnerschaftsverträge.[3] Dementsprechend gilt insbesondere auch bei eingetragenen Lebenspartnern nunmehr das „**unterhaltsrechtliche Ranking**" hinsichtlich der Vereinbarungsfestigkeit von Unterhaltstatbeständen. Dies hat Brisanz bei sozial gemeinschaftlichen Kindern sowie ferner beim Krankheitsunterhalt. Die bisherige Empfehlung, den Unterhalt weitgehend auszuschließen, dürfte deshalb nur noch bei kinderlosen Lebenspartnerschaften mit diesen Einschränkungen aufrechterhalten werden können.[4]   4

Regelungen bzgl. des Ehenamens sind im gleichen Umfang wie bei Ehegatten möglich.[5]   5

Auch in Partnerschaftsverträgen können **Vertragsstrafen-** und **Abfindungsklauseln** vereinbart werden.[6]   6

Über die Verweisung auf § 1412 BGB ist die Eintragung ins **Güterrechtsregister** möglich.   7

Zum Ausschluss oder zur Modifikation des Versorgungsausgleichs vgl. § 20 Abs. 3 LPartG.   8

---

[1] Umfassend *Grziwotz*, DNotZ 2005, 13; zur Einbeziehung von Lebensversicherungen und Altersvorsorge in einen Lebenspartnerschaftsvertrag vgl. *Epple*, FPR 2005, 305.
[2] Grundlegend BGH v. 11.02.2004 - XII ZR 265/02 - NJW 2004, 930; BGH v. 06.10.2004 - XII ZB 110/99 - FamRZ 2005, 26, vgl. dazu die Anmerkung *Bergschneider*, FamRZ 2005, 28; BGH v. 06.10.2004 - XII ZB 57/03 - NJW 2005, 139; BGH v. 12.01.2005 - XII ZR 238/03 - FamRZ 2005, 691; BGH v. 25.05.2005 - XII ZR 221/02 - NJW 2005, 2391; BGH v. 25.05.2005 - XII ZR 296/01 - NJW 2005, 2386; vgl. auch die Kommentierung zu § 1408 BGB Rn. 28 ff.
[3] Ausführlich *Weber*, FPR 2005, 151.
[4] *Grziwotz*, DNotZ 2005, 13, 23.
[5] *Grziwotz*, FamRZ 2012, 261; BGH v. 06.02.2008 - XII ZR 185/05 - FamRZ 2008, 859.
[6] Umfassend *Grziwotz*, FPR 2005, 156.

§ 8 LPartG Sonstige vermögensrechtliche Wirkungen

(Fassung vom 15.12.2004, gültig ab 01.01.2005)

(1) ¹Zugunsten der Gläubiger eines der Lebenspartner wird vermutet, dass die im Besitz eines Lebenspartners oder beider Lebenspartner befindlichen beweglichen Sachen dem Schuldner gehören. ²Im Übrigen gilt § 1362 Abs. 1 Satz 2 und 3 und Abs. 2 des Bürgerlichen Gesetzbuchs entsprechend.

(2) § 1357 des Bürgerlichen Gesetzbuchs gilt entsprechend.

Gliederung

A. Grundlagen 1	1. Getrennt lebende Lebenspartner 5
B. Einzelheiten 2	2. Gegenstände des persönlichen Gebrauchs 6
I. Eigentumsvermutung in Absatz 1 Satz 1 2	III. Schlüsselgewalt (Absatz 2 i.V.m. § 1357
II. Ausnahmen von der Eigentumsvermutung	BGB) 7
(Absatz 1 Satz 2) 5	

A. Grundlagen

1 Die Norm regelt die **sonstigen vermögensrechtlichen Wirkungen** der eingetragenen Lebenspartnerschaft in Anlehnung an die eherechtlichen Vorschriften.

B. Einzelheiten

I. Eigentumsvermutung in Absatz 1 Satz 1

2 Die Regelung in § 8 Abs. 1 Satz 1 LPartG bezweckt wie die Parallelvorschrift des § 1362 BGB den Schutz der Gläubiger vor Manipulationen der Lebenspartner beim Vollstreckungszugriff auf ihr Vermögen. Denn auch bei Lebenspartnern besteht ebenso wie bei Eheleuten aufgrund der oft unklaren Eigentumsverhältnisse für den Gläubiger bei Vollstreckungsversuchen eine ungünstige Lage. Die **Eigentumsvermutung** erfasst nur **bewegliche Sachen** sowie Inhaberpapiere und Orderpapiere, die mit Blankoindossament versehen sind (§ 8 Abs. 1 Satz 2 LPartG i.V.m. § 1362 Abs. 1 Satz 3 BGB).

3 Über die Verweisung in § 7 Satz 2 LPartG gilt auch die **Surrogationsvorschrift** des § 1370 BGB. Danach werden die als Ersatz angeschafften Haushaltsgegenstände Eigentum des Lebenspartners, dem die ersetzten Gegenstände gehört hatten. Beim gemeinsamen Erwerb neuer, nicht als Ersatz angeschaffter Haushaltsgegenstände ist im Allgemeinen davon auszugehen, dass Miteigentum begründet wird.[1]

4 Die **Gewahrsamsvermutung** des § 739 ZPO gilt auch hier.[2]

II. Ausnahmen von der Eigentumsvermutung (Absatz 1 Satz 2)

1. Getrennt lebende Lebenspartner

5 Die Eigentumsvermutung gilt nicht, wenn die eingetragenen Lebenspartner **getrennt leben** und sich die Sachen im Besitz des Partners befinden, der nicht Schuldner ist (§ 8 Abs. 1 Satz 2 LPartG i.V.m. § 1362 Abs. 1 Satz 2 BGB).

2. Gegenstände des persönlichen Gebrauchs

6 Bei den ausschließlich zum **persönlichen Gebrauch** eines eingetragenen Lebenspartners bestimmten Sachen wird vermutet, dass sie dem Partner gehören, für dessen Gebrauch sie bestimmt sind (§ 8 Abs. 1 Satz 2 LPartG i.V.m. § 1362 Abs. 2 BGB). Diese Vermutung ist widerlegbar; die Beweislast trifft den Gläubiger oder den anderen Lebenspartner. Gehört die Sache tatsächlich nicht dem Schuldner, muss der Eigentümer Drittwiderspruchsklage gem. § 771 ZPO erheben. Da die Bestimmung zum persönli-

---

[1] *Weber* in: Rotax, Praxis des Familienrechts, 2003, Teil 11 Rn. 43.
[2] *Brudermüller* in: Palandt, § 8 LPartG Rn. 1.

chen Gebrauch bei gleichgeschlechtlichen Lebenspartnern schwieriger festzustellen sein dürfte als bei Eheleuten, empfiehlt es sich, ggf. als Anlage zum Lebenspartnerschaftsvertrag eine Zusammenstellung über bereits vorhandene Gegenstände erstellen zu lassen.[3]

III. Schlüsselgewalt (Absatz 2 i.V.m. § 1357 BGB)

Die Vorschrift des § 1357 BGB **(Geschäfte zur Deckung des Lebensbedarfes)** ist entsprechend anwendbar (§ 8 Abs. 2 LPartG). Die Haftung des anderen eingetragenen Lebenspartners über die sog. **Schlüsselgewalt** ist Gegenstück zur Eigentumsvermutung. Da über die Verweisung auf § 1412 BGB in § 7 Satz 2 LPartG jetzt auch die Eintragung ins **Güterrechtsregister** möglich ist, geht die Verweisung auf § 1357 Abs. 2 BGB jetzt nicht mehr ins Leere.

7

---

[3] *Ring/Olsen-Ring* in: AnwK-BGB, Bd. 4, § 8 Rn. 4 m.w.N.

§ 9 LPartG Regelungen in Bezug auf Kinder eines Lebenspartners

(Fassung vom 20.06.2014, gültig ab 27.06.2014)

(1) ¹Führt der allein sorgeberechtigte Elternteil eine Lebenspartnerschaft, hat sein Lebenspartner im Einvernehmen mit dem sorgeberechtigten Elternteil die Befugnis zur Mitentscheidung in Angelegenheiten des täglichen Lebens des Kindes. ²§ 1629 Abs. 2 Satz 1 des Bürgerlichen Gesetzbuchs gilt entsprechend.

(2) Bei Gefahr im Verzug ist der Lebenspartner dazu berechtigt, alle Rechtshandlungen vorzunehmen, die zum Wohl des Kindes notwendig sind; der sorgeberechtigte Elternteil ist unverzüglich zu unterrichten.

(3) Das Familiengericht kann die Befugnisse nach Absatz 1 einschränken oder ausschließen, wenn dies zum Wohl des Kindes erforderlich ist.

(4) Die Befugnisse nach Absatz 1 bestehen nicht, wenn die Lebenspartner nicht nur vorübergehend getrennt leben.

(5) ¹Der Elternteil, dem die elterliche Sorge für ein unverheiratetes Kind allein oder gemeinsam mit dem anderen Elternteil zusteht, und sein Lebenspartner können dem Kind, das sie in ihren gemeinsamen Haushalt aufgenommen haben, durch Erklärung gegenüber dem Standesamt ihren Lebenspartnerschaftsnamen erteilen. ²§ 1618 Satz 2 bis 6 des Bürgerlichen Gesetzbuchs gilt entsprechend.

(6) ¹Nimmt ein Lebenspartner ein Kind allein an, ist hierfür die Einwilligung des anderen Lebenspartners erforderlich. ²§ 1749 Abs. 1 Satz 2 und 3 sowie Abs. 3 des Bürgerlichen Gesetzbuchs gilt entsprechend.

(7) ¹Ein Lebenspartner kann ein Kind seines Lebenspartners allein annehmen. ²Für diesen Fall gelten die §§ 1742, 1743 Satz 1, § 1751 Abs. 2 und 4 Satz 2, § 1754 Abs. 1 und 3, § 1755 Abs. 2, § 1756 Abs. 2, § 1757 Abs. 2 Satz 1 und § 1772 Abs. 1 Satz 1 Buchstabe c des Bürgerlichen Gesetzbuchs entsprechend.

Gliederung

A. Grundlagen 1	4. Ausübung des „kleinen Sorgerechts" 9
B. Einzelheiten 2	II. Notvertretungsrecht (Absatz 2) 11
I. Eingeschränktes Sorgerecht – Mitentscheidungsbefugnis in Angelegenheiten des täglichen Lebens 2	III. Gerichtliche Eingriffsmöglichkeiten (Absatz 3) 13
1. Alleiniges Sorgerecht 3	IV. Beendigung durch Trennung (Absatz 4) 14
2. Beschränkung auf Angelegenheiten des täglichen Lebens 4	V. Regelungen zum Namen (Absatz 5) 16
3. Berechtigung des eingetragenen Lebenspartners 6	VI. Regelungen zur Adoption (Absätze 6 und 7) 17
	1. Alleinadoption (Absatz 6) 25
	2. Stiefkindadoption (Absatz 7) 26

A. Grundlagen

1   Die Vorschrift beschränkt sich nicht auf die sorgerechtlichen Befugnisse der Lebenspartner, sondern bezieht durch die Verweisungen in § 9 Abs. 5-7 LPartG auch Regelungen zur Einbenennung des Kindes und zur Adoption von Stiefkindern ein. Die Regelung ist vielfach als unklar kritisiert worden.[1]

B. Einzelheiten

I. Eingeschränktes Sorgerecht – Mitentscheidungsbefugnis in Angelegenheiten des täglichen Lebens

2   Der eingetragene Lebenspartner eines allein sorgeberechtigten Elternteils erhält im **Einvernehmen** mit diesem Elternteil eine **Mitentscheidungsbefugnis** in Angelegenheiten des täglichen Lebens (Mitwir-

---

[1]   *Schwab*, FamRZ 2001, 385, 394; *Weinreich* in: Gerhardt/v. Heintschel-Heinegg/Klein, Handbuch FAFamR 2005, Kap. 11 Rn. 270.

kungsbefugnis, sog. **kleines Sorgerecht**). Die Vorschrift entspricht der Regelung für Stiefeltern in § 1687b BGB, so dass auf die dortige Kommentierung Bezug genommen kann (vgl. die Kommentierung zu § 1687b BGB Rn. 8).

1. Alleiniges Sorgerecht

Die Regelung kommt nur zur Anwendung, wenn der in eingetragener Lebenspartnerschaft lebende Elternteil das alleinige Sorgerecht hat. Sie gilt also nicht für den Fall des gemeinsamen Sorgerechts zusammen mit dem anderen Elternteil,[2] denn ein solches Recht wäre dann ein – unzulässiger – Eingriff in das Sorgerecht des anderen Elternteils.[3] Dagegen wird teilweise als ausreichend angesehen, wenn der Elternteil bis zur Eingehung der eingetragenen Lebenspartnerschaft das Alleinentscheidungsrecht aufgrund Einvernehmens der Eltern oder gerichtlicher Entscheidung hatte.[4]

2. Beschränkung auf Angelegenheiten des täglichen Lebens

Das „kleine Sorgerecht" beschränkt sich auf die **Angelegenheiten des täglichen Lebens**. Diese sind gesetzlich definiert in § 1687 Abs. 1 Satz 3 BGB; auf die Erläuterungen in der Kommentierung zu § 1687 BGB Rn. 17 wird verwiesen.

Über **Angelegenheiten von erheblicher Bedeutung** entscheidet der allein sorgeberechtigte leibliche Elternteil allein. Lediglich bei Gefahr im Verzuge kann auch der Lebenspartner nach § 9 Abs. 2 LPartG die erforderlichen unaufschiebbaren Maßnahmen ergreifen (**Notvertretungsrecht**; vgl. dazu Rn. 11).

3. Berechtigung des eingetragenen Lebenspartners

Im Rahmen des „kleinen Sorgerechts" ist der eingetragene Lebenspartner zur Vertretung des Kindes berechtigt, wobei § 1629 Abs. 2 Satz 1 BGB zur Vermeidung von Interessenkonflikten entsprechend gilt (vgl. zu Einzelheiten die Kommentierung zu § 1629 BGB Rn. 51).

Der Vorteil dieser gesetzlichen Berechtigung liegt darin, dass es nicht für jede Handlung eine besondere Gestattung oder gar schriftliche Vollmacht des sorgeberechtigten Elternteils geben muss.[5]

Mitentscheidung bedeutet aber **nicht** eine Einschränkung des alleinigen Sorgerechts des leiblichen Elternteils, sondern ist eher als eine Art Untervollmacht zu verstehen.[6]

4. Ausübung des „kleinen Sorgerechts"

Das „kleine Sorgerecht" ist nicht nach freiem Belieben, sondern im Einvernehmen mit dem leiblichen Elternteil auszuüben.

Unklar ist, wie bei **Streitigkeiten** zu verfahren ist:

- Einerseits wird betont, dass der leibliche Elternteil im Streitfall die Entscheidungsbefugnis hat.[7] Der Lebenspartner habe nur eine ergänzende Zuständigkeit, die er nur im Einvernehmen und nicht gegen den Willen des leiblichen Elternteils ausüben dürfe.[8]
- Andererseits wird herausgestellt, dass der leibliche Elternteil mit Begründung der eingetragenen Lebenspartnerschaft sein Alleinentscheidungsrecht in Alltagsangelegenheiten des Kindes verliere und nun Entscheidungen mit seinem Lebenspartner gemeinsam treffen müsse. Dies gelte solange, bis das Familiengericht das Mitentscheidungsrecht des Lebenspartners einschränke oder ausschließe.[9]

Entscheidend für die Beantwortung dieser Streitfrage ist es, ob man dem einmal erteilten generellen Einvernehmen eine dauernde vertragliche Bindung zukommen lässt oder es als Willensübereinstimmung ohne vertragliche Wirkungen einstuft, die jederzeit widerrufen werden kann.[10] Angesichts der

---

[2] *Ring/Olsen-Ring* in: AnwK-BGB, Bd. 4, § 9 Rn. 3 m.w.N.; *Oelkers*, Sorge- und Umgangsrecht, 2004, § 1 Rn. 64.
[3] *Weinreich* in: Gerhardt/v. Heintschel-Heinegg/Klein, Handbuch FAFamR 2005, Kap. 11 Rn. 269.
[4] *Brudermüller* in: Palandt, § 9 Rn. 2; *Motzer*, FamRZ 2001, 1034, 1040.
[5] *Ring/Olsen-Ring* in: AnwK-BGB, Bd. 4, § 9 Rn. 7.
[6] *Weinreich* in: Gerhardt/v. Heintschel-Heinegg/Klein, Handbuch FAFamR 2005, Kap. 11 Rn. 272.
[7] *Ring/Olsen-Ring* in: AnwK-BGB, Bd. 4, § 9 Rn. 6; *Brudermüller* in: Palandt, § 9 Rn. 2 unter Verweis auf *Veit*, FPR 2004, 67; *Brudermüller* in: Hoppenz, Familiensachen, § 9 Rn. 2.
[8] *Ring/Olsen-Ring* in: AnwK-BGB, Bd. 4, § 9 Rn. 7.
[9] *Brudermüller* in: Hoppenz, Familiensachen, § 9 Rn. 2; *Schreiber* in: Scholz/Stein, Praxishandbuch Familienrecht, Teil N Rn. 88.
[10] *Weber* in: Rotax, Praxis des Familienrechts, 2003, Teil 11 Rn. 22 m.w.N.

Tatsache, dass mit der gesetzlichen Regelung aus Gründen des Kindeswohls fortwährende Streitigkeiten vermieden werden sollen, spricht vieles für die zweite Auslegung.[11]

II. Notvertretungsrecht (Absatz 2)

11 Bei Gefahr im Verzuge kann auch der Lebenspartner nach § 9 Abs. 2 LPartG die erforderlichen unaufschiebbaren Maßnahmen ohne vorherige Absprache ergreifen, ihm steht also ein **Notvertretungsrecht** zu. Dieses Notsorgerecht ist nicht davon abhängig, dass der Lebenspartner das sog. kleine Sorgerecht gem. § 9 Abs. 1 LPartG eingeräumt erhalten hat.[12]

12 Die Regelung entspricht § 1629 Abs. 1 Satz 4 BGB, so dass auf die Kommentierung zu § 1629 BGB Rn. 39 verwiesen werden kann.

III. Gerichtliche Eingriffsmöglichkeiten (Absatz 3)

13 Das Familiengericht kann das abgeleitete Sorgerecht im Interesse des Kindeswohls einschränken, ausschließen oder modifizieren. Dies kann z.B. dann notwendig werden, wenn fortwährende Streitigkeiten der Lebenspartner über Belange des Kindes dieses stark belasten.

IV. Beendigung durch Trennung (Absatz 4)

14 Das „kleine Sorgerecht" endet mit der Trennung der eingetragenen Lebenspartner. Der Begriff der Trennung entspricht dem in § 1567 Abs. 1 BGB (vgl. die Kommentierung zu § 1567 BGB).

15 Ein Umgangsrecht kann sich nach der Trennung aus § 1685 Abs. 2 BGB ergeben (vgl. die Kommentierung zu § 1685 BGB ff.).

V. Regelungen zum Namen (Absatz 5)

16 Die Einbenennung eines Kindes des Lebenspartners ist – wie bei Ehegatten – möglich, um die Namensgleichheit der Stieffamilie herzustellen. Die Vorschrift entspricht § 1618 BGB (vgl. dazu die Kommentierung zu § 1618 BGB Rn. 1).

VI. Regelungen zur Adoption (Absätze 6 und 7)

17 Eingetragene Lebenspartnerschaften und Ehen sind hinsichtlich der Adoption von Kindern noch nicht vollkommen gleichgestellt. Ein Lebenspartner kann gemäß § 1741 Abs. 2 Satz 1 BGB ein fremdes Kind **allein annehmen**, dann bedarf er dazu der Einwilligung seines Lebenspartners (§ 9 Abs. 6 LPartG). Oder ein Lebenspartner kann ein – leibliches – Kind seines Lebenspartners adoptieren – sogenannte **Stiefkindadoption**. Seit der Entscheidung des Bundesverfassungsgerichts vom 19.02.2013 war zudem die **Sukzessivadoption** durch einen Lebenspartner, also die Adoption eines zuvor durch den anderen Lebenspartner angenommenen Kindes, erlaubt. Entsprechend der Vorgabe des Bundesverfassungsgerichts hat der Gesetzgeber mit Gesetz vom 26.06.2014 diese Entscheidung in Bundesrecht umgesetzt, indem er die Verweisung in Absatz 7 nun auch auf § 1742 BGB erweitert hat. Damit ist künftig im Falle einer Einzeladoption eine ergänzende Zweitadoption durch den Lebenspartner des Annehmenden möglich, und zwar unabhängig davon, ob die Lebenspartnerschaft im Zeitpunkt der ersten Adoption bereits bestand oder erst nach der Adoption durch den zunächst Annehmenden begründet wurde.

18 **Weiterhin untersagt ist die gemeinsame Fremdadoption.** In der politischen Diskussion nach der Entscheidung des Bundesverfassungsgerichts vom 19.02.2013 war die Forderung laut geworden, Ehepaare und Lebenspartnerschaften hinsichtlich aller Adoptionsformen rechtlich gleichzustellen. In seiner Stellungnahme zu dem Gesetzentwurf der Bundesregierung bat der Bundesrat um Prüfung, wie die vollständige Gleichstellung erreicht werden könnte. Unter Verweis auf den Koalitionsvertrag wies die Bundesregierung dieses Ansinnen zurück.[13]

19 Ob diese Unterscheidung zwischen Ehegatten und Lebenspartnern verfassungsrechtlich begründet ist, ist umstritten. Die Fraktion Bündnis90/Die Grünen hat einen **Gesetzentwurf** in den Deutschen Bundestag eingebracht, mit dem das Lebenspartnerschaftsrecht im Bereich der Adoption dem Eherecht vollständig angeglichen werden soll.[14]

---

[11] *Weinreich* in: Gerhardt/v. Heintschel-Heinegg/Klein, Handbuch FAFamR 2005, Kap. 11 Rn. 271; *Schwab*, FamRZ 2001, 385, 394; *Weber* in: Rotax, Praxis des Familienrechts, 2003, Teil 11 Rn. 22.
[12] *Weinreich* in: Gerhardt/v. Heintschel-Heinegg/Klein, Handbuch FAFamR 2005, Kap. 11 Rn. 272.
[13] BT-Drs. 18/1285 v. 30.04.2014.
[14] BT-Drs. 17/1492 v. 21.04.2010.

Die **unterschiedliche Behandlung** von Ehen und eingetragenen Lebenspartnerschaften im Adoptionsrecht ist unter verfassungsrechtlichen Gesichtspunkten **nicht haltbar**. Das BVerfG hat in seiner Entscheidung vom 07.07.2009 ausgeführt, dass es verfassungsrechtlich nicht begründbar ist, aus dem besonderen Schutz der Ehe abzuleiten, dass andere Lebensgemeinschaften im Abstand zur Ehe auszugestalten und mit geringeren Rechten zu versehen sind; vielmehr bedarf es eines hinreichend gewichtigen Sachgrundes, der gemessen am jeweiligen Regelungsgegenstand und -ziel die Benachteiligung anderer Lebensformen rechtfertigt.[15] Dieser Auslegung der Verfassung ist zuzustimmen.

Im Adoptionsrecht könnte ein **Sachgrund** für eine unterschiedliche Behandlung von Ehen und eingetragenen Lebenspartnerschaften darin liegen, dass es grundsätzlich dem **Kindeswohl** widerspricht, wenn ein Kind von gleichgeschlechtlichen Eltern erzogen wird. Dieser Auffassung ist aber wohl der Gesetzgeber selbst nicht – denn andernfalls hätte er weder die Adoption eines fremden Kindes durch einen der Lebenspartner mit Einwilligung des anderen Lebenspartners noch die Stiefkindadoption durch einen Lebenspartner zulassen dürfen.

Aber auch die in der Diskussion latent vorhandenen Befürchtungen, das Aufwachsen eines Kindes bei gleichgeschlechtlichen Eltern beinhalte für das Kind die Gefahr, psychische Schäden zu erleiden, ist wissenschaftlich nicht begründet. Die im Auftrag des Bundesministeriums der Justiz (BMJ) vom Bayrischen Staatsinstitut für Familienforschung an der Universität Bamberg (ifb) durchgeführte Studie „Die Lebenssituation von Kindern in gleichgeschlechtlichen Lebensgemeinschaften"[16] bestätigt nämlich: „Die Ergebnisse zeigen, dass sich Kinder und Jugendliche aus Lebenspartnerschaften in Bezug auf die Beziehungsqualität zu beiden Elternteilen und in ihrer psychischen Anpassung von Kindern und Jugendlichen, die in anderen Familienformen aufwachsen, nur wenig unterscheiden. (…) Entscheidend für die Entwicklung der Kinder ist nicht die Struktur der Familie, sondern die Qualität der innerfamiliären Beziehungen." Ferner kommt die Studie zum Ergebnis, dass Nachteile für das Wohl der in gleichgeschlechtlichen Lebenspartnerschaften erzogenen Kinder nicht zu erwarten sind, sondern vielmehr die gemeinschaftliche Adoption für das Kindeswohl tatsächlich vorteilhaft ist. Gerade im Falle einer Trennung der Lebenspartner oder dem Tod eines von beiden sind die Kinder dann rechtlich besser gestellt, was beispielsweise Unterhalts- oder Erbansprüche angeht.

Im Ergebnis ist also das Kindeswohl kein hinreichender Sachgrund, im Adoptionsrecht zwischen Ehen und eingetragenen Lebenspartnerschaften zu unterscheiden. Andere mögliche Gesichtspunkte vermögen die Unterscheidung ebenso wenig zu begründen. Dazu gehört beispielsweise die ursprüngliche Privilegierung der Ehe durch den Gesetzgeber in der Begründung zum Entwurf des Adoptionsgesetzes[17], weil andere Lebensgemeinschaften rechtlich nicht abgesichert seien, um eine gemeinschaftliche Aufnahme des Kindes durch ihre Mitglieder zu rechtfertigen. Dieses Argument gilt für die Mitglieder einer eingetragenen Lebenspartnerschaft unter Berücksichtigung der konkreten rechtlichen Ausgestaltung der eingetragenen Lebenspartnerschaft nicht mehr.

Im Ergebnis sollten daher eingetragene Lebenspartnerschaften im Adoptionsrecht der Ehe gleichgestellt werden.

1. Alleinadoption (Absatz 6)

Die Regelung des § 9 Abs. 6 LPartG entspricht § 1749 Abs. 1 Satz 1 BGB (vgl. die Kommentierung zu § 1749 BGB). Der eingetragene Lebenspartner benötigt zur **Alleinadoption** die Zustimmung des anderen Partners.

2. Stiefkindadoption (Absatz 7)

Die **Stiefkindadoption**[18] nach § 9 Abs. 7 LPartG – also die Adoption des Kindes des anderen Lebenspartners – nimmt Bezug auf die entsprechenden Vorschriften des BGB (vgl. dazu die Kommentierung zu § 1742 BGB, die Kommentierung zu § 1743 BGB Rn. 1, die Kommentierung zu § 1751 BGB Rn. 20, die Kommentierung zu § 1754 BGB Rn. 1, die Kommentierung zu § 1755 BGB Rn. 7, die Kommentierung zu § 1756 BGB Rn. 1, die Kommentierung zu § 1757 BGB Rn. 1 und die Kommentierung zu § 1772 BGB Rn. 5). Zur Zulässigkeit der Sukzessivadoption vgl. Rn. 17.

---

[15] BVerfG v. 07.07.2009 - 1 BvR 1164/07 - FamRZ 2009, 1977.
[16] Herausgegeben vom Bundesministerium für Justiz, erschienen im Bundesanzeiger-Verlag.
[17] BT-Drs. 7/3061, S. 30.
[18] Ausführliche Darstellung der Einzelheiten bei *Grziwotz*, FamFR 2011, 533.

27 Die **Verweigerung der Eintragung** einer der Partnerinnen einer eingetragenen Lebenspartnerschaft in die **Geburtsurkunde** eines von der anderen Partnerin zur Welt gebrachten Kindes verletzt keine Grund- oder Menschenrechte.[19]

28 Wird ein als **Wunschkind beider Lebenspartnerinnen** durch Insemination mit dem Samen eines anonymen Spenders entstandenes Kind durch die Lebenspartnerin der Mutter angenommen, so ist **kein Adoptionspflegejahr** abzuwarten.[20] Der Adoption eines durch anonyme Samenspende gezeugten Kindes durch die Lebenspartnerin der Mutter steht grundsätzlich nicht entgegen, dass der leibliche Vater des Kindes nicht bekannt ist. Das Recht des Kindes auf Kenntnis seiner Abstammung kann dadurch gewährleistet werden, dass beim Notar ein verschlossener Umschlag mit Angaben zur Klinik und zum behandelnden Arzt hinterlegt wird und damit sichergestellt ist, dass das Kind ab dem Alter von 16 Jahren selbst entscheiden kann, ob es seinen biologischen Vater ermitteln und kennenlernen möchte.[21]

29 Die Adoption eines Kindes mit russischer und italienischer Staatsangehörigkeit in einer nach belgischem Recht geschlossenen gleichgeschlechtlichen Ehe durch den US-amerikanischen Ehegatten des italienischen Vaters des Kindes richtet sich **nach deutschem Recht**, wenn der Annehmende seinen Wohnsitz oder seinen gewöhnlichen Aufenthalt in Deutschland hat.[22]

30 Leben die leibliche Mutter des Kindes und die Annehmende in einer eingetragenen Lebenspartnerschaft und wächst das Kind in dieser Beziehung auf, steht der Beurteilung der Adoption als dem Kindeswohl dienlich nicht entgegen, dass das Kind auch seinen leiblichen Vater als soziale Bezugsperson erlebt und weiterhin erleben soll und dass er durchaus als „Vater" bezeichnet werden soll. Dass eine männliche Bezugsperson eine nicht unwichtige Rolle im Leben des Kindes spielen soll und dies der leibliche Vater ist, kann nur als förderlich für die Entwicklung der Persönlichkeit des Kindes und seiner sozialen Entwicklung sein.[23]

---

[19] BVerfG v. 02.07.2010 - 1 BvR 666/10; so auch LG Hamburg v. 04.11.2009 - 301 T 596/09.
[20] AG Elmshorn v. 20.12.2010 - 46 F 9/10 - NJW 2011, 1086.
[21] OLG Karlsruhe v. 07.02.2014 - 16 UF 274/13 - FamRZ 2014, 674.
[22] AG Nürnberg v. 25.09.2010 - XVI 57/09 - FamRZ 2011, 308.
[23] Vgl. Brandenburgisches Oberlandesgericht v. 02.07.2012 - 9 UF 45/12.

§ 10 LPartG Erbrecht

(Fassung vom 17.12.2008, gültig ab 01.09.2009)

(1) ¹Der überlebende Lebenspartner des Erblassers ist neben Verwandten der ersten Ordnung zu einem Viertel, neben Verwandten der zweiten Ordnung oder neben Großeltern zur Hälfte der Erbschaft gesetzlicher Erbe. ²Treffen mit Großeltern Abkömmlinge von Großeltern zusammen, so erhält der Lebenspartner auch von der anderen Hälfte den Anteil, der nach § 1926 des Bürgerlichen Gesetzbuchs den Abkömmlingen zufallen würde. ³Zusätzlich stehen ihm die zum lebenspartnerschaftlichen Haushalt gehörenden Gegenstände, soweit sie nicht Zubehör eines Grundstücks sind, und die Geschenke zur Begründung der Lebenspartnerschaft als Voraus zu. ⁴Ist der überlebende Lebenspartner neben Verwandten der ersten Ordnung gesetzlicher Erbe, so steht ihm der Voraus nur zu, soweit er ihn zur Führung eines angemessenen Haushalts benötigt. ⁵Auf den Voraus sind die für Vermächtnisse geltenden Vorschriften anzuwenden. ⁶Gehört der überlebende Lebenspartner zu den erbberechtigten Verwandten, so erbt er zugleich als Verwandter. ⁷Der Erbteil, der ihm aufgrund der Verwandtschaft zufällt, gilt als besonderer Erbteil.

(2) ¹Sind weder Verwandte der ersten noch der zweiten Ordnung noch Großeltern vorhanden, erhält der überlebende Lebenspartner die ganze Erbschaft. ²Bestand beim Erbfall Gütertrennung und sind als gesetzliche Erben neben dem überlebenden Lebenspartner ein oder zwei Kinder des Erblassers berufen, so erben der überlebende Lebenspartner und jedes Kind zu gleichen Teilen; § 1924 Abs. 3 des Bürgerlichen Gesetzbuchs gilt auch in diesem Fall.

(3) Das Erbrecht des überlebenden Lebenspartners ist ausgeschlossen, wenn zur Zeit des Todes des Erblassers

1. die Voraussetzungen für die Aufhebung der Lebenspartnerschaft nach § 15 Abs. 2 Nr. 1 oder 2 gegeben waren und der Erblasser die Aufhebung beantragt oder ihr zugestimmt hatte oder
2. der Erblasser einen Antrag nach § 15 Abs. 2 Nr. 3 gestellt hatte und dieser Antrag begründet war.

In diesen Fällen gilt § 16 entsprechend.

(4) ¹Lebenspartner können ein gemeinschaftliches Testament errichten. ²Die §§ 2266 bis 2272 des Bürgerlichen Gesetzbuchs gelten entsprechend.

(5) Auf eine letztwillige Verfügung, durch die der Erblasser seinen Lebenspartner bedacht hat, ist § 2077 des Bürgerlichen Gesetzbuchs entsprechend anzuwenden.

(6) ¹Hat der Erblasser den überlebenden Lebenspartner durch Verfügung von Todes wegen von der Erbfolge ausgeschlossen, kann dieser von den Erben die Hälfte des Wertes des gesetzlichen Erbteils als Pflichtteil verlangen. ²Die Vorschriften des Bürgerlichen Gesetzbuchs über den Pflichtteil gelten mit der Maßgabe entsprechend, dass der Lebenspartner wie ein Ehegatte zu behandeln ist.

(7) Die Vorschriften des Bürgerlichen Gesetzbuchs über den Erbverzicht gelten entsprechend.

Gliederung

A. Grundlagen 1	II. Entsprechende Regelungen des Ehegattenerbrechts 4
B. Einzelheiten 2	III. Bestehende eingetragene Lebenspartnerschaft 12
I. Auswirkungen des Güterstandes 3	

§ 10 LPartG

A. Grundlagen

1 Das gesetzliche Erbrecht des eingetragenen Lebenspartners entspricht dem des Ehegatten.[1]

B. Einzelheiten

2 Das **gesetzliche Erbrecht** des eingetragenen Lebenspartners entspricht dem des Ehegatten nach § 1931 Abs. 1 Satz 1, Abs. 2 BGB (vgl. dazu die Kommentierung zu § 1931 BGB).

I. Auswirkungen des Güterstandes

3 Der **Güterstand** wirkt sich auch hier aus:
- Wenn die eingetragenen Lebenspartner zum Zeitpunkt des Erbfalles in **Zugewinngemeinschaft** leben (vgl. § 6 LPartG), erhöht sich der Erbteil um ein Viertel (§ 6 Satz 2 LPartG i.V.m. § 1371 BGB, vgl. die Kommentierung zu § 1371 BGB Rn. 6).
- Bestand dagegen **Gütertrennung**, gilt § 10 Abs. 2 Satz 2 LPartG, der die gleiche Regelung wie § 1931 Abs. 4 BGB trifft.

II. Entsprechende Regelungen des Ehegattenerbrechts

4 § 10 Abs. 1 Satz 2 LPartG entspricht § 1931 Abs. 1 Satz 2 BGB (vgl. die Kommentierung zu § 1931 BGB).

5 § 10 Abs. 1 Sätze 3 und 4 LPartG („**Voraus**") entspricht § 1932 BGB (vgl. die Kommentierung zu § 1932 BGB). Die für das gesetzliche Vermächtnis geltenden Vorschriften sind anzuwenden (§ 10 Abs. 1 Satz 5 LPartG). Der Anspruch auf den Voraus entfällt nach h.M.[2], wenn das Erbrecht des Lebenspartners gemäß § 10 Abs. 3 LPartG ausgeschlossen ist.

6 § 10 Abs. 1 Sätze 6 und 7 LPartG entspricht § 1934 BGB (zu Einzelheiten vgl. die Kommentierung zu § 1934 BGB).

7 § 10 Abs. 2 Satz 1 LPartG entspricht § 1931 Abs. 2 BGB (vgl. die Kommentierung zu § 1931 BGB).

8 § 10 Abs. 2 Satz 2 LPartG entspricht § 1931 Abs. 4 BGB (vgl. die Kommentierung zu § 1931 BGB).

9 § 10 Abs. 4 Satz 1 LPartG erlaubt eingetragenen Lebenspartnern, ein **gemeinschaftliches Testament** zu errichten und sich so zu Erben einzusetzen. Die Lebenspartner können auch wechselbezügliche bindende Verfügungen treffen (§ 10 Abs. 4 Satz 2 LPartG i.V.m. § 2271 BGB; vgl. dazu die Kommentierung zu § 2271 BGB).

10 § 10 Abs. 6 LPartG regelt den **Pflichtteil** in Anlehnung an § 2303 BGB (Einzelheiten in der Kommentierung zu § 2303 BGB).[3] Zur Erb-, Vermächtnis- und Pflichtteilsunwürdigkeit vgl. die Kommentierung zu § 2339 BGB.

11 § 10 Abs. 7 LPartG erlaubt auch eingetragenen Lebenspartnern einen Erbverzicht wie Ehegatten in § 2346 BGB (Einzelheiten in der Kommentierung zu § 2346 BGB). Zum Verzicht eines minderjährigen Lebenspartners vgl. die Kommentierung zu § 2347 BGB.

III. Bestehende eingetragene Lebenspartnerschaft

12 Voraussetzung für das gesetzliche Erbrecht ist eine noch **bestehende eingetragene Lebenspartnerschaft**. Das gesetzliche Erbrecht entfällt mit der Aufhebung der eingetragenen Lebenspartnerschaft (dazu § 15 LPartG). Es ist außerdem in den in § 10 Abs. 3 LPartG geregelten Fällen ausgeschlossen (wie beim Ehegatten gem. § 1933 BGB; vgl. die Kommentierung zu § 1933 BGB).

13 Aber auch bei einer **testamentarischen Erbeinsetzung** des eingetragenen Lebenspartners führt eine Auflösung der Partnerschaft gem. § 10 Abs. 5 LPartG i.V.m. den §§ 2077, 2268 BGB zur Unwirksamkeit der Verfügung von Todes wegen, es sei denn, dass ein anderer Wille des Erblassers festzustellen ist[4] (vgl. ausführlich die Kommentierung zu § 2077 BGB und die Kommentierung zu § 2268 BGB).

---

[1] Ausführlich *Walter*, FPR 2005, 279; *Koller*, FuR 2004, 482, 483; kritisch v. *Dickhuth-Harrach*, FPR 2005, 273, 275; zur Beteiligung von Ausländern vgl. *Kornmacher*, FPR 2005, 291.
[2] *Brudermüller* in: Palandt, § 10 Rn. 4 m.w.N.
[3] Zum Pflichtteilsrecht vgl. *Kaiser*, FPR 2005, 286.
[4] *Brudermüller* in: Palandt, § 10 Rn. 3.

§ 11 LPartG Sonstige Wirkungen der Lebenspartnerschaft

(Fassung vom 16.02.2001, gültig ab 01.08.2001)

(1) Ein Lebenspartner gilt als Familienangehöriger des anderen Lebenspartners, soweit nicht etwas anderes bestimmt ist.

(2) ¹Die Verwandten eines Lebenspartners gelten als mit dem anderen Lebenspartner verschwägert. ²Die Linie und der Grad der Schwägerschaft bestimmen sich nach der Linie und dem Grad der sie vermittelnden Verwandtschaft. ³Die Schwägerschaft dauert fort, auch wenn die Lebenspartnerschaft, die sie begründet hat, aufgelöst wurde.

Gliederung

A. Grundlagen ... 1	7. Beamtenrechtliche Auswirkungen ... 15
B. Einzelheiten ... 2	8. Steuerrechtliche Auswirkungen ... 18
I. Familienangehöriger (Absatz 1) ... 2	9. Auswirkungen im Tarifrecht des öffentlichen Dienstes ... 21
1. Zivilrechtliche Auswirkungen ... 3	10. Auswirkungen auf die öffentliche Zusatzversorgung ... 23
2. Auswirkungen beim Kindergeld ... 4	
3. Auswirkungen im Unterhaltsvorschussrecht ... 5	11. Auswirkungen im Staatsangehörigkeitsrecht ... 25
4. Weitere sozialrechtliche Auswirkungen ... 6	
5. Auswirkungen auf die betriebliche Hinterbliebenenversorgung ... 7	12. Auswirkungen im Ausländerrecht ... 26
6. Auswirkungen auf berufsständische Versorgungswerke ... 11	II. Schwägerschaft (Absatz 2) ... 28

A. Grundlagen

Die Norm macht die rechtliche Stellung des eingetragenen Lebenspartners im Gesamtgefüge der familienrechtlichen Beziehungen deutlich.[1]   1

B. Einzelheiten

I. Familienangehöriger (Absatz 1)

§ 11 Abs. 1 LPartG bestimmt, dass der eingetragene Lebenspartner als Familienangehöriger des anderen Partners gilt, soweit nichts anderes bestimmt ist. Es gilt also der **Vorrang spezialgesetzlicher Regelungen**. Auch kann sich aus dem Sinn der jeweils in Rede stehenden Norm etwas anderes ergeben.[2]   2

1. Zivilrechtliche Auswirkungen

Die Einbeziehung des Lebenspartners in den Kreis der Familienangehörigen hat nicht nur zivilrechtliche Konsequenzen, vor allem im Mietrecht (vgl. die §§ 530, 541b Abs. 1 Satz 1, 549, 554 Abs. 2 Satz 2, 556a, 563, 574, 575, 576b, 577, 595, 1093 BGB), sondern auch Auswirkungen in anderen Rechtsgebieten, so z.B. in § 67 Abs. 2 VVG.   3

2. Auswirkungen beim Kindergeld

Das Einkommen oder Vermögen des eingetragenen Lebenspartners hat im Kindergeldrecht die gleiche Bedeutung wie das Einkommen eines Ehegatten (§ 6a Abs. 4 Satz 4 Bundeskindergeldgesetz). Nach § 63 Abs. 1 Satz 1 Nr. 2 EStG besteht ein Kindergeldanspruch für die vom Berechtigten in seinen Haushalt aufgenommenen Kinder seines Ehegatten. Dies gilt auch für die Aufnahme von Kindern eines eingetragenen Lebenspartners.[3]   4

---

[1] Zusammenfassung der aktuellen Rechtsprechung bei *Grziwotz*, FamRZ 2012, 261.
[2] *Ring/Olsen-Ring* in: AnwK-BGB, Bd. 4, § 11 Rn. 2.
[3] BFH v. 08.08.2013 - VI R 76/12 - BFHE 242, 362 = BStBl II 2014, 36.

3. Auswirkungen im Unterhaltsvorschussrecht

5 Da der eingetragene Lebenspartner als Familiengehöriger gilt, ist der andere Lebenspartner **nicht ledig** i.S.d. § 1 UVG. Kinder, die bei einem Elternteil leben, der eine eingetragene Lebenspartnerschaft führt, haben daher keinen Anspruch auf Leistungen nach dem **Unterhaltsvorschussgesetz**.[4]

4. Weitere sozialrechtliche Auswirkungen

6 Auch sind die eingetragenen Lebenspartner gem. § 10 Abs. 1 Sätze 1 und 4 SGB V, § 1 Abs. 6 SGB XI in die Familienversicherung der **gesetzlichen Renten- und Pflegeversicherung** einbezogen. Ebenso ist der eingetragene Lebenspartner in die **gesetzliche Krankenversicherung** aufgenommen. Die Gleichstellung mit den Ehepartnern ist jetzt auch durch die §§ 46, 47 SGB VI in der **Hinterbliebenenversorgung** und durch Einbeziehung in das Rentensplitting unter Eheleuten gem. § 120e SGB VI sichergestellt.[5]

5. Auswirkungen auf die betriebliche Hinterbliebenenversorgung

7 Vertreten wird, dass der eingetragene Lebenspartner bei einem Ableben des anderen Lebenspartners einen Anspruch auf betriebliche Hinterbliebenenrente hat, soweit eine solche Rente im Unternehmen für Ehegatten vorgesehen ist.[6] Eine Vernachlässigung des eingetragenen Lebenspartners sei mit dem arbeitsrechtlichen Gleichbehandlungsgrundsatz nicht in Einklang zu bringen. Sei die Hinterbliebenenversorgung in einer Betriebsvereinbarung geregelt, dann spreche zudem die Verpflichtung aus § 75 Abs. 1 Satz 1 BetrVG gegen eine Ausklammerung des eingetragenen Lebenspartners.

8 Überlebende einer eingetragenen Lebenspartnerschaft können aus Gründen der Gleichbehandlung einen **Anspruch auf Hinterbliebenenrente** haben, wenn für Ehegatten im Rahmen der betrieblichen Altersversorgung eine dahingehende Zusage besteht.[7]

9 Voraussetzung ist, dass am 01.01.2005 noch ein Rechtsverhältnis zwischen dem Versorgungsberechtigten und dem Versorgungsschuldner bestand, denn ab diesem Zeitpunkt wurde auch bei der Aufhebung der Lebenspartnerschaft ein Versorgungsausgleich eingeführt, zugleich wurde die eingetragene Lebenspartnerschaft in § 46 SGB VI in der gesetzlichen Rentenversicherung der Ehe gleichgestellt.

10 Diese vergleichbare Rechtslage ist der maßgebliche Anknüpfungspunkt im Betriebsrentenrecht. Abzustellen ist dabei auf das Versorgungsinteresse des Arbeitnehmers, der die Versorgungszusage zugrunde liegende Betriebszugehörigkeit zurückgelegt und entsprechende Arbeitsleistungen erbracht hat. Das knüpft an das Näheverhältnis zwischen dem Arbeitnehmer und der durch die Hinterbliebenenversorgung begünstigten Personen an. Dabei können sich zwar zu einer Differenzierung berechtigende Unterscheidungen auch aus einer unterschiedlichen gesetzlichen Ausgestaltung dieses Näheverhältnisses ergeben. Ist die gesetzliche Ausgestaltung jedoch gerade nicht unterschiedlich, sondern vergleichbar, rechtfertigt sie keine unterschiedliche Behandlung im Arbeits- und im daran anknüpfenden Versorgungsverhältnis.[8]

6. Auswirkungen auf berufsständische Versorgungswerke

11 Mit Beschluss vom 07.07.2009[9] hat das Bundesverfassungsgericht für die Hinterbliebenenrente der Versorgungsanstalt des Bundes und der Länder (VBL) entschieden, dass diese hinterbliebenen Lebenspartnern genauso zu gewähren ist wie hinterbliebenen Ehegatten. Die in dieser Entscheidung enthaltenen Ausführungen sind auf die berufsständischen Versorgungswerke der freien Berufe (Ärzte, Architekten, Rechtsanwälte, Apotheker, Steuerberater, Wirtschaftsprüfer, etc.) entsprechend anzuwenden. Die diesbezüglich abweichende Entscheidung des Bundesverwaltungsgerichts vom 25.07.2007[10] hat das Bundesverfassungsgericht in der oben zitierten Entscheidung verworfen.

---

[4] BVerwG v. 02.06.2005 - 5 C 24/04 - FamRZ 2005, 1742 mit Anmerkung *Muscheler*, FamRZ 2006, 121.
[5] *Weber*, ZFE 2005, 351, 354.
[6] *Rengier*, BB 2005, 2574-2580; zur Frage der Verletzung des Gleichbehandlungsgrundsatzes durch die unterschiedliche Behandlung von Ehegatten und Lebenspartnern vgl. EuGH v. 01.04.2008 - C-267/06 - NJW 2008, 1649 = FamRZ 2008, 987 - Maruko ./. Versorgungsanstalt der deutschen Bühnen; *Lembke*, NJW 2008, 1631.
[7] BAG v. 14.01.2009 - 3 AZR 20/07.
[8] BAG v. 15.09.2009 - 3 AZR 294/09.
[9] BVerfG v. 07.07.2009 - 1 BvR 1164/07 - BVerfGE 124, 199.
[10] BVerwG v. 25.07.2007 - 6 C 27/06 - BVerwGE 129, 129.

Im Anschluss an diese Entscheidung des Bundesverfassungsgerichts hat das Oberverwaltungsgericht Nordrhein-Westfalen dann festgestellt, dass die Architektenkammer Nordrhein-Westfalen hinterbliebene Ehegatten und hinterbliebene Lebenspartner gleichzustellen hat.[11]

Darüber hinaus haben zwischenzeitlich verschiedene Landesgesetzgeber[12] in den jeweiligen Landesgesetzen über die Versorgungswerke klargestellt, dass der Begriff „Hinterbliebene" dergestalt auszulegen ist, dass davon auch hinterbliebene Lebenspartner umfasst sind. Dies stellt keinen Eingriff der Landesgesetzgeber in die Satzungshoheit der Versorgungswerke dar[13], diese haben vielmehr ihre Satzungen entsprechend anzupassen.

Soweit einzelne Satzungen der berufsständischen Versorgungswerke die Gleichstellung zwischen hinterbliebenen Lebenspartnern und Ehegatten noch nicht vorgenommen haben, kann dagegen mit großer Aussicht auf Erfolg geklagt werden.

7. Beamtenrechtliche Auswirkungen

Die Beschlüsse des Bundesverfassungsgerichts vom 07.07.2009 und vom 21.07.2010 haben auch Auswirkungen auf verschiedene Regelungen im Beamtenbesoldungs- und Beamtenversorgungsrecht. Ist nämlich mit der Privilegierung der Ehe eine Benachteiligung anderer Lebensformen verbunden, obgleich diese mit der Ehe vergleichbar sind, was den geregelten Lebenssachverhalt und die mit der Normierung verfolgten Ziele betrifft, so rechtfertigt der bloße Verweis auf Art. 6 Abs. 1 GG eine solche Differenzierung nicht. Aus dem besonderen Schutz der Ehe kann kein Gebot abgeleitet werden, dass andere Lebensgemeinschaften im Abstand zur Ehe auszugestalten und mit geringeren Rechten zu versehen sind.[14] Im Nachgang zu dieser Entscheidung hat das Bundesverwaltungsgericht entschieden, dass einem Beamten, der in eingetragener Lebenspartnerschaft lebt, der **Familienzuschlag der Stufe 1 (Verheiratetenzuschlag)** ab dem 01.07.2009 zusteht.[15] Einem Beamten, der in einer eingetragenen Lebenspartnerschaft lebt, steht der Familienzuschlag der Stufe 1 nach § 40 Abs. 1 Nr. 1 Bundesbesoldungsgesetz auch **vor dem 01.01.2009** zu, um den Anwendungsvorrang des Unionsrechts, hier der Richtlinie 2000/78/EG (juris: EGRL 78/2000) des Rates vom 27.11.2000 sicherzustellen.[16] Die Ausführungen des Bundesverfassungsgerichts führen im Ergebnis dazu, dass bei den meisten die Beamten betreffenden Regelungen eine Gleichstellung zwischen Lebenspartnern und Ehegatten zu erfolgen hat, sofern dies nicht schon geschehen ist.

Das Bundesverfassungsgericht hatte zwischenzeitlich entschieden, dass die Ungleichbehandlung von Verheirateten und in einer eingetragenen Lebenspartnerschaft lebenden Beamten beim Familienzuschlag der Stufe 1 (§ 40 Abs. 1 Nr. 1 BBesG) in der Zeit zwischen dem 01.08.2001 und dem 01.01.2009 eine am allgemeinen Gleichheitssatz des Art. 3 Abs. 1 GG zu messende mittelbare Ungleichbehandlung wegen der sexuellen Orientierung darstellte.[17]

---

[11] OVG Nordrhein-Westfalen v. 23.09.2010 - 17 A 674/08.

[12] Berlin (Neuntes Gesetz zur Änderung des Berliner Kammergesetzes v. 19.06.2006, GVBl. S. 570; Berliner Architekten- und Baukammergesetz (ABKG) v. 06.07.2006, GVBl. S. 720; Erstes Gesetz zur Änderung des Berliner Architekten- und Baukammergesetzes vom 03.07.2009, GVBl, S. 301); Bremen (Gesetz zur Änderung des Heilberufsgesetzes und anderer Gesetze vom 23.10.2007, GVBl., S. 476); Hamburg (Gesetz zur Anpassung des Hamburgischen Landesrechts an das Lebenspartnerschaftsgesetz des Bundes vom 11.07.2007, HmbGVBl. S. 236); Mecklenburg- Vorpommern (Gesetz zur Anpassung des Landesrechts an das Lebenspartnerschaftsgesetz (Landespartnerschaftsanpassungsgesetz – LpartAnpasG-MV) vom 20.07.2006, GVBl, M-P S. 576); Niedersachsen (Gesetz zur Gleichstellung Eingetragener Lebenspartnerschaften vom 07.10.2010, Nds. GVBl. S. 462); Nordrhein-Westfalen (Gesetz zur Anpassung des Landesrechts an das Lebenspartnerschaftsgesetz des Bundes (Lebenspartnerschaftsanpassungsgesetz – LpartAnpG) vom 03.05.2055, GVBl NRW S. 498); Rheinland-Pfalz (Landesgesetz zur Änderung des Steuerberaterversorgungsgesetzes vom 26.11.2008, GVBl Rhl-Pf, S. 300; Landesgesetz zur Einbeziehung der Lebenspartnerschaften in Rechtsvorschriften des Landes vom 15.09.2009, GVBl Rhl-Pf, S. 333); Saarland (Gesetz Nr. 162 zur Anpassung des Saarländischen Landesrechts an das Lebenspartnerschaftsgesetz des Bundes vom 19.11.2008, Amtsbl, S. 1930); Sachsen-Anhalt (Zweites Gesetz zur Änderung des Landesrechts aufgrund der bundesrechtlichen Einführung des Rechtsinstituts der Eingetragenen Lebenspartnerschaft vom 09.12.2010)

[13] VG Berlin v. 22.09.2009 - 13 A 42.07.

[14] BVerfG v. 07.07.2009 - 1 BvR 1164/07 - BVerfGE 124, 199.

[15] BVerwG v. 28.10.2010 - 2 C 21/09 - FamRZ 2011, 561.

[16] VG Düsseldorf v. 16.12.2011 - 13 K 3360/09; a.A. Hessischer Verwaltungsgerichtshof v. 28.09.2011 - 1 A 2381/10 (erst ab 07.07.2009).

[17] Vgl. BVerfG v. 19.06.2012 - 2 BvR 1397/09 - FamRZ 2012, 1472.

17 Beim **Familienzuschlag** und der **Hinterbliebenenversorgung** sind nach aktueller Rechtslage im Bund und in sämtlichen anderen Bundesländern entsprechende Anpassungen in den jeweils einschlägigen Gesetzen vorgenommen worden. Gleiches gilt auch für die jeweiligen **Beihilfe**vorschriften.

8. Steuerrechtliche Auswirkungen

18 Die Frage, ob Lebenspartner ebenso wie Ehegatten die **gemeinsame steuerliche Veranlagung zur Einkommenssteuer** gem. §§ 26, 26b Einkommenssteuergesetz wählen und damit den Splitting-Steuertarif in Anspruch nehmen können, war lange Zeit umstritten. Das Bundesverfassungsgericht stellte dann in seiner Entscheidung vom 07.05.2013 klar, dass die Ungleichbehandlung von Verheirateten und eingetragenen Lebenspartnern in den Vorschriften der §§ 26, 26b, 32a Abs. 5 EStG zum Ehegattensplitting mit dem allgemeinen Gleichheitssatz des Art. 3 Abs. 1 GG nicht vereinbar war. Mit Gesetz vom 15.07.2013 wurde dann der neue § 2 Abs. 8 EStG geschaffen, der festhält, dass alle Regelungen des Einkommensteuergesetzes, die Ehen und Ehegatten betreffen, auch auf Lebenspartnerschaften und Lebenspartner anzuwenden sind.

19 Das FG Schleswig-Holstein[18] und das FG Münster[19] hatten dem BVerfG die Frage vorgelegt, ob § 3 Nr. 4 des **Grunderwerbsteuer**gesetzes in der bis zum Inkrafttreten des Jahressteuergesetzes 2010 vom 08.12.2010[20] geltenden Fassung insoweit mit Art. 3 Abs. 1 GG unvereinbar ist, als der Grundstückserwerb durch den eingetragenen Lebenspartner des Veräußerers nicht von der Grunderwerbsteuer befreit ist. Die Aktenzeichen des BVerfG lauten 1 BvL 19/11 bzw. 1 BvL 16/11.

20 Das Bundesverfassungsgericht hatte dann entschieden, dass eingetragene Lebenspartner – bis zur Neuregelung durch das Jahressteuergesetz 2010 – im Grunderwerbsteuerrecht gegenüber Ehegatten dadurch benachteiligt wurden, dass sie nicht in den Genuss der Steuerbefreiung kamen, die § 3 Nr. 4 GrEStG a.F. beim Grundstückserwerb durch den Ehegatten des Veräußerers vorsah, so dass sie im Gegensatz zu Ehegatten Grunderwerbsteuer zahlen mussten.[21] Auch hier hat der Gesetzgeber durch entsprechende **Änderungen in § 3 GrEStG** reagiert.

9. Auswirkungen im Tarifrecht des öffentlichen Dienstes

21 Mit der Umstellung vom früheren Bundesangestelltentarifvertrag (BAT) auf den **Tarifvertrag für den öffentlichen Dienst** (TVöD) für die Beschäftigten der Bundesverwaltung und der Kommunen sind die familienbezogenen Einkommensbestandteile, die an die Eheschließung der Angestellten geknüpft waren (Verheiratetenzuschlag), weggefallen. Insofern stellt sich die früher offene Frage, ob der Familienzuschlag auch Lebenspartnern zu gewähren ist, seither nicht mehr. Dies gilt auf Grund der vergleichbaren Regelungen auch für den **Tarifvertrag für den öffentlichen Dienst der Länder** (TV-L) und auch die entsprechenden Regelungen der Länder Berlin und Hessen, die aus der Tarifgemeinschaft der Länder ausgetreten sind.

22 Sofern andere Vorteile wie bspw. **Sterbegeld** (§ 23 TVöD) oder **Arbeitsbefreiung** (§ 29 TVöD) im Tarifvertrag für Ehegatten vorgesehen sind, erfolgt die Gleichstellung durch ausdrückliche Erwähnung der Lebenspartner in den entsprechenden Vorschriften.

10. Auswirkungen auf die öffentliche Zusatzversorgung

23 Nach der Satzung der **Versorgungsanstalt des Bundes und der Länder** steht eingetragenen Lebenspartnern genau wie Ehegatten eine Hinterbliebenenrente zu.

24 Zwischenzeitlich hat auch der EuGH[22] festgestellt, dass die Richtlinie 2000/78 dahin auszulegen ist, dass Zusatzversorgungsbezüge wie diejenigen, die ehemaligen Angestellten und Arbeitern der Freien und Hansestadt Hamburg sowie deren Hinterbliebenen auf der Grundlage des 1. RGG gewährt werden, weder wegen Art. 3 Abs. 3 noch wegen des 22. Erwägungsgrundes der Richtlinie 2000/78 aus dem sachlichen Geltungsbereich dieser Richtlinie herausfallen, wenn sie Entgelt im Sinne des Art. 157 AEUV darstellen. Dies hat zur Konsequenz, dass eingetragene Lebenspartner auch in der Zusatzversorgung wie Ehegatten zu behandeln sein werden.

---

[18] FG Schleswig-Holstein v. 28.06.2011 - 3 K 217/08.
[19] FG Münster v. 24.03.2011 - 8 K 2430/09 GrE.
[20] BGBl I 2010, 1768.
[21] Vgl. BVerfG v. 18.07.2012 - 1 BvL 16/11 - FamRZ 2012, 1477.
[22] EuGH v. 10.05.2011 - C-147/08 - NJW 2011, 2187.

11. Auswirkungen im Staatsangehörigkeitsrecht

Im **Staatsangehörigkeitsrecht** ist über § 9 Abs. 1 StAG festgelegt, dass ein eingetragener Lebenspartner eines oder einer Deutschen unter den gleichen Voraussetzungen eingebürgert werden kann wie ein Ehegatte. 25

12. Auswirkungen im Ausländerrecht

Die Vorschriften des § 29 AufenthaltsG über den Familiennachzug zu Ausländern und des § 31 AufenthaltsG über das eigenständige Aufenthaltsrecht der Ehegatten sind auf eingetragene Lebenspartnerschaften entsprechend anzuwenden.[23] 26

Die beabsichtigte förmliche Begründung einer Lebenspartnerschaft mit anschließender Herstellung einer lebenspartnerschaftlichen Gemeinschaft im Bundesgebiet kann für die Erteilung einer Aufenthaltserlaubnis ausreichen.[24] 27

II. Schwägerschaft (Absatz 2)

Eingetragene Lebenspartner „gelten" als verschwägert, während Ehegatten verschwägert sind (vgl. § 1590 Abs. 1 Satz 1 BGB und die Kommentierung zu § 1590 BGB Rn. 2). 28

Die Schwägerschaft dauert gem. § 11 Abs. 2 Satz 3 LPartG auch nach der Beendigung der eingetragenen Lebenspartnerschaft fort (entsprechend § 1590 Abs. 2 BGB). 29

---

[23] *Renner*, Ausländerrecht, 8. Aufl. 2005, § 29 Rn. 2, § 31 Rn. 2, § 27 Rn. 26 f.
[24] OVG Berlin-Brandenburg v. 10.11.2011 - OVG 2 B 11.10.

§ 12 LPartG

Abschnitt 3 - Getrenntleben der Lebenspartner

§ 12 LPartG Unterhalt bei Getrenntleben

(Fassung vom 21.12.2007, gültig ab 01.01.2008)

¹Leben die Lebenspartner getrennt, so kann ein Lebenspartner von dem anderen den nach den Lebensverhältnissen und den Erwerbs- und Vermögensverhältnissen der Lebenspartner angemessenen Unterhalt verlangen. ²Die §§ 1361 und 1609 des Bürgerlichen Gesetzbuchs gelten entsprechend.

Gliederung

A. Grundlagen 1	III. Einschränkungen 12
B. Einzelheiten 3	IV. Inhalt des Anspruchs 13
I. Voraussetzungen des Anspruchs 3	V. Beginn und Ende des Anspruchs 17
II. Umfang des Anspruchs 9	VI. Kein Verzicht auf zukünftigen Trennungs-
1. Elementarunterhalt 9	unterhalt 20
2. Vorsorgeunterhalt für Krankheit und Alter ... 10	VII. Rangverhältnisse 23
3. Sonderbedarf 11	VIII. Steuerrechtliche Auswirkungen 24

A. Grundlagen

1 Die Vorschrift ist weitgehend § 1361 BGB nachgebildet (vgl. dazu die Kommentierung zu § 1361 BGB).

2 Durch das zum 01.01.2008 in Kraft getretene neue Unterhaltsrecht ist die Vorschrift des § 12 Satz 2 LPartG redaktionell neu gefasst worden. Der Verweis auf die bisherige eigenständige **Rangfolgeregelung** des § 16 LPartG wurde ersetzt durch die Bezugnahme auf die allgemeine Regelung des § 1609 BGB.

B. Einzelheiten

I. Voraussetzungen des Anspruchs

3 Voraussetzung des Anspruchs ist, dass die Lebenspartner **getrennt leben**. Es gelten hier die gleichen Kriterien wie bei § 1567 Abs. 1 BGB (vgl. die Kommentierung zu § 1567 BGB ff.).

4 Zu beachten sind jedoch die Besonderheiten, die sich daraus ergeben, dass die eingetragenen Lebenspartner **keine häusliche Gemeinschaft** eingehen bzw. unterhalten müssen (vgl. dazu die Kommentierung zu § 1 LPartG Rn. 8 m.w.N.). Bestand von Anfang an keine häusliche Gemeinschaft der eingetragenen Lebenspartner, dann muss eine innere Distanzierung von der gemeinsamen Lebensgestaltung auch nach außen erkennbar geworden sein.[1] Folglich reicht die Erklärung eines Lebenspartners, die Partnerschaft nicht mehr fortsetzen zu wollen, aus. Eine entsprechende gesetzliche Klarstellung enthält jetzt § 15 Abs. 3 Satz 1 LPartG (vgl. dazu die Kommentierung zu § 15 LPartG Rn. 10).

5 Der anspruchstellende eingetragene Lebenspartner muss **bedürftig** sein, also außerstande, seinen Bedarf selbst zu decken (vgl. dazu die Kommentierung zu § 1361 BGB Rn. 221).

6 Mit der Neufassung des § 12 LPartG durch das Gesetz zur Überarbeitung des Lebenspartnerschaftsrechts vom 15.12.2004[2] hat der Gesetzgeber den Unterhaltsanspruch während des Getrenntlebens an den von Ehegatten angepasst. Dadurch sollte der nicht erwerbstätige Lebenspartner genauso wie der nicht erwerbstätige Ehegatte geschützt werden.[3]

7 Für die Erwerbsobliegenheit des nicht erwerbstätigen Lebenspartners gelten daher die gleichen Anforderungen wie sie auch an Ehegatten gestellt werden. Dementsprechend kann der unterhaltsberechtigte Lebenspartner nur unter engeren Voraussetzungen als nach der Aufhebung der Partnerschaft auf eine

---

[1] *Weinreich* in: Gerhardt/v. Heintschel-Heinegg/Klein, Handbuch FAFamR 2005, Kap. 11 Rn. 237; *Weber*, ZFE 2005, 187, 191; *Wacke* in: MünchKomm-BGB, § 5 LPartG Rn. 2 und § 12 Rn. 1; *Schreiber* in: Scholz-Stein, Praxishandbuch Familienrecht, Teil N, 2004, Rn. 90.
[2] BGBl I 2004, 3396.
[3] BT-Drs. 15/3445, S. 15.

Erwerbstätigkeit verwiesen werden. War der Lebenspartner bereits vor der Trennung längere Zeit nicht oder nicht voll erwerbstätig, so trifft ihn vor Ablauf des Trennungsjahres auch keine Obliegenheit, eine Erwerbstätigkeit aufzunehmen oder auszuweiten.[4]

Die **Darlegungs- und Beweislast** für die anspruchsbegründenden Voraussetzungen liegt beim Unterhaltsberechtigten als Anspruchsteller; dazu gehören sowohl die Höhe des Bedarfs als auch der Umfang der Bedürftigkeit und dementsprechend auch die Einzelheiten der ehelichen Lebensverhältnisse.[5] Nach diesen allgemeinen Grundsätzen hat der Unterhaltsberechtigte auch die Darlegungs- und Beweislast dafür, dass er nicht in der Lage ist, seinen Unterhalt selbst durch eigene Erwerbstätigkeit sicherzustellen.[6]

II. Umfang des Anspruchs

1. Elementarunterhalt

Der Maßstab des Unterhaltes richtet sich nach den Lebensverhältnissen und den Erwerbs- und Vermögensverhältnissen der Lebenspartner und umfasst einen **angemessenen Unterhalt**. Die für Ehegatten im Rahmen des § 1361 BGB entwickelten Grundsätze sind hier anwendbar (zur Angemessenheit vgl. die Kommentierung zu § 1361 BGB Rn. 581). Nach der jetzigen Gesetzeslage ist der Anspruch aber nicht mehr auf die partnerschaftlichen Lebensverhältnisse zur Zeit der Trennung eingefroren, sondern beinhaltet eine Teilhabe an der wirtschaftlichen Entwicklung bis zur Aufhebung der Lebenspartnerschaft.[7]

2. Vorsorgeunterhalt für Krankheit und Alter

Die ursprüngliche Norm des § 12 Satz 1 LPartG enthielt keine Ausführungen über einen Anspruch auf Unterhalt für die **Krankenvorsorge** und die **Altersvorsorge**. Daher wurde nach der bisherigen Gesetzesfassung abgelehnt, dem getrennt lebenden Lebenspartner einen solchen Anspruch zu gewähren.[8] Die Gegenansicht bejahte dennoch einen solchen Anspruch.[9] Über § 12 Satz 2 LPartG gilt jetzt auch § 1361 Abs. 1 Satz 2 BGB, so dass der Lebenspartner auch Unterhalt für die **Krankenvorsorge** (vgl. dazu die Kommentierung zu § 1361 BGB Rn. 581) und die **Altersvorsorge** (vgl. die Kommentierung zu § 1361 BGB Rn. 581) beanspruchen kann.[10]

3. Sonderbedarf

Sonderbedarf (zum Begriff vgl. die Kommentierung zu § 1361 BGB Rn. 581 ff.) kann gemäß § 12 Satz 2 LPartG, §§ 1361 Abs. 4 Satz 4, 1360 Abs. 3, 1613 Abs. 2 Nr. 1 BGB ebenfalls verlangt werden.

III. Einschränkungen

Es gelten über § 1361 Abs. 3 BGB i.V.m. § 12 Satz 2 LPartG auch die **Einschränkungen des** § 1579 Nr. 2-7 BGB (vgl. dazu die Kommentierung zu § 1361 BGB Rn. 581 und die Kommentierung zu § 1579 BGB).

IV. Inhalt des Anspruchs

Der Anspruch des getrennt lebenden eingetragenen Lebenspartners geht auf Unterhalt in Form einer **Geldleistung**. Dieser Anspruch ist unabhängig von güterstandsrechtlichen Regelungen der eingetragenen Lebenspartner.

---

[4] *Weber*, ZFE 2005, 187, 191.
[5] Ausführlich *Klinkhammer* in: Eschenbruch, Unterhaltsprozess, 2002, Rn. 5100 ff. m.w.N.; BGH v. 20.07.1990 - XII ZR 73/89 - FamRZ 1990, 1085; BGH v. 31.01.1990 - XII ZR 36/89 - FamRZ 1990, 496, 497.
[6] *Weinreich* in: Gerhardt/v. Heintschel-Heinegg/Klein, Handbuch FAFamR 2005, Kap. 11 Rn. 232.
[7] *Weber*, ZFE 2005, 187, 191.
[8] *Weinreich* in: Gerhardt/v. Heintschel-Heinegg/Klein, Handbuch FAFamR 2005, Kap. 11 Rn. 234; *Roller*, FamRZ 2003, 1424, 1426; *Schreiber* in: Scholz-Stein, Praxishandbuch Familienrecht, Teil N, 2004, Rn. 93; *Kemper*, FPR 2001, 449, 455.
[9] *Wacke* in: MünchKomm-BGB, § 12 Rn. 3, *Büttner*, FamRZ 2001, 1105, 1107; *Ring/Ring-Olsen* in: AnwK-BGB, Bd. 4, § 12 Rn. 8.
[10] *Brudermüller* in: Palandt, § 12 Rn. 9; *Weber*, ZFE 2005, 187, 191, der jedoch Kritik äußert hinsichtlich der Anwendbarkeit auf vor dem 01.01.2005 gegründete Lebenspartnerschaften.

14 Geschuldet wird eine **laufende Geldrente** (§ 12 Satz 2 LPartG i.V.m. § 1361 Abs. 4 Satz 1 BGB). **Unterhaltsrückstände** können gem. § 12 Satz 2 LPartG, § 1361 Abs. 4 Satz 3 BGB und § 1360a Abs. 3 BGB nur unter den Voraussetzungen des § 1613 Abs. 1 BGB geltend gemacht werden (Einzelheiten in der Kommentierung zu § 1613 BGB Rn. 26 ff.). Verzug tritt ein mit Beginn des Monats der Auskunfts- bzw. Zahlungsaufforderung (§ 1361 Abs. 4 Satz 3 BGB i.V.m. den §§ 1360a Abs. 1, 1613 BGB, § 12 Satz 2 LPartG).[11]

15 Zur **Verwirkung von Unterhaltsrückständen** vgl. die Kommentierung zu § 1569 BGB.

16 **Vorausleistungen** sind nur für drei Monate wirksam (§ 12 Satz 2 LPartG, § 1361 Abs. 3 BGB i.V.m. den §§ 1360a Abs. 3, 1614 Abs. 2 und 760 Abs. 3 BGB).

V. Beginn und Ende des Anspruchs

17 Der Anspruch auf Trennungsunterhalt **beginnt** mit der vollständigen Trennung der Lebenspartner (vgl. dazu Rn. 3). Eine Ausnahme gilt für den Altersvorsorgeunterhalt gem. § 1361 Abs. 1 Satz 2 BGB i.V.m. § 12 Satz 2 LPartG, der erst ab Rechtshängigkeit des Aufhebungsverfahrens entsteht.

18 Der Anspruch **endet** am Tag der Rechtskraft des Aufhebungsbeschlusses. Der Anspruch auf nachpartnerschaftlichen Unterhalt (§ 16 LPartG) ist mit dem Trennungsunterhaltsanspruch nicht identisch (vgl. dazu die Kommentierung zu § 1361 BGB Rn. 3). Es besteht auch keine Identität mit dem Anspruch aus § 5 LPartG.[12]

19 **Versöhnen** sich die eingetragenen Lebenspartner endgültig und heben die Trennung auf, so endet der Anspruch auf Trennungsunterhalt ebenfalls[13] (vgl. die Kommentierung zu § 1361 BGB Rn. 15).

VI. Kein Verzicht auf zukünftigen Trennungsunterhalt

20 Durch Unterhaltsvereinbarung kann lediglich auf **zukünftigen Unterhalt** ab Aufhebung der eingetragenen Lebenspartnerschaft **verzichtet** werden, **nicht** aber auf **Trennungsunterhalt** (§ 12 Satz 2 LPartG, §§ 1360a Abs. 3, 1361 Abs. 4, 1614 BGB).

21 Vereinbarungen über zukünftigen Unterhalt sind aber wirksam, sofern sie den gesetzlichen Unterhaltsanspruch lediglich **modifizieren**. Dabei wird eine Abweichung von bis zu 1/3 noch als zulässig angesehen.[14]

22 Verzicht **für die Vergangenheit** ist dagegen auch beim Trennungsunterhalt möglich.

VII. Rangverhältnisse

23 Der Verweis in § 12 Satz 2 LPartG auf § 16 LPartG umfasst auch die dortige Verweisung auf die Rangfolgeregelung in § 1609 BGB (vgl. dazu die Kommentierung zu § 1609 BGB Rn. 4).

VIII. Steuerrechtliche Auswirkungen

24 Zu den steuerrechtlichen Auswirkungen vgl. die Kommentierung zu § 11 LPartG.

---

[11] Einzelheiten zu Problemfällen vgl. *Viefhues*, ZFE 2004, 145-148.
[12] *Brudermüller* in: Palandt, § 16 LPartG Rn. 1.
[13] *Brudermüller* in: Hoppenz, Familiensachen, § 12 Rn. 4.
[14] OLG Brandenburg v. 29.09.2002 - 9 WF 153/02 - FamRZ 2003, 1965-1966.

§ 13 LPartG Verteilung der Haushaltsgegenstände bei Getrenntleben

(Fassung vom 06.07.2009, gültig ab 01.09.2009)

(1) ¹Leben die Lebenspartner getrennt, so kann jeder von ihnen die ihm gehörenden Haushaltsgegenstände von dem anderen Lebenspartner herausverlangen. ²Er ist jedoch verpflichtet, sie dem anderen Lebenspartner zum Gebrauch zu überlassen, soweit dieser sie zur Führung eines abgesonderten Haushalts benötigt und die Überlassung nach den Umständen des Falles der Billigkeit entspricht.

(2) ¹Haushaltsgegenstände, die den Lebenspartnern gemeinsam gehören, werden zwischen ihnen nach den Grundsätzen der Billigkeit verteilt. ²Das Gericht kann eine angemessene Vergütung für die Benutzung der Haushaltsgegenstände festsetzen.

(3) Die Eigentumsverhältnisse bleiben unberührt, sofern die Lebenspartner nichts anderes vereinbaren.

A. Grundlagen

Die Regelungen über die Verteilung der Haushaltsgegenstände bei getrennt lebenden eingetragenen Lebenspartnern entspricht der Regelung bei getrennt lebenden Ehegatten, § 1361a BGB. 1

B. Einzelheiten

Die Vorschrift des § 13 LPartG ist inhaltlich identisch mit der Regelung des § 1361a BGB, jedoch wurde der Begriff „Ehegatte" durch „Lebenspartner" ausgetauscht. 2

Soweit die eingetragenen Lebenspartner sich nicht einigen können, verteilt das Gericht die Gegenstände und setzt ggf. eine Nutzungsvergütung fest. Wegen der Einzelheiten kann auf die Kommentierung zu § 1361a BGB verwiesen werden. 3

Geregelt wird in dieser Vorschrift die Verteilung der Haushaltsgegenstände **bei Getrenntleben der eingetragenen Lebenspartner**. Für die Zeit nach der rechtskräftigen Aufhebung der eingetragenen Lebenspartnerschaft gilt § 17 LPartG i.V.m. § 1568b BGB. 4

C. Verfahrensrechtliche Hinweise

Die Zuständigkeit des **Familiengerichts** ist gegeben. Es handelt sich um eine **Lebenspartnerschaftssache** im Sinne von § 269 Abs. 1 Nr. 5 FamFG. Gemäß § 270 Abs. 1 Satz 2 FamFG sind die §§ 200 FamFG ff. anwendbar. 5

Hinsichtlich des **Verfahrenswertes für Haushaltssachen** ist § 48 Abs. 2 FamGKG zu beachten. Danach beläuft sich der Verfahrenswert für Verfahren nach § 13 LPartG auf 2.000 €, das Gericht kann aber einen höheren oder niedrigeren Wert festsetzen, wenn dieser Betrag unter Berücksichtigung der Umstände des Einzelfalls unbillig ist. Bei einer einstweiligen Anordnung ist § 41 FamFG zu berücksichtigen, wonach grundsätzlich die Hälfte des Wertes der Hauptsache anzusetzen ist. 6

§ 14 LPartG Wohnungszuweisung bei Getrenntleben

(Fassung vom 11.12.2001, gültig ab 01.01.2002)

(1) ¹Leben die Lebenspartner voneinander getrennt oder will einer von ihnen getrennt leben, so kann ein Lebenspartner verlangen, dass ihm der andere die gemeinsame Wohnung oder einen Teil zur alleinigen Benutzung überlässt, soweit dies auch unter Berücksichtigung der Belange des anderen Lebenspartners notwendig ist, um eine unbillige Härte zu vermeiden. ²Eine unbillige Härte kann auch dann gegeben sein, wenn das Wohl von im Haushalt lebenden Kindern beeinträchtigt ist. ³Steht einem Lebenspartner allein oder gemeinsam mit einem Dritten das Eigentum, das Erbbaurecht oder der Nießbrauch an dem Grundstück zu, auf dem sich die gemeinsame Wohnung befindet, so ist dies besonders zu berücksichtigen; Entsprechendes gilt für das Wohnungseigentum, das Dauerwohnrecht und das dingliche Wohnrecht.

(2) ¹Hat der Lebenspartner, gegen den sich der Antrag richtet, den anderen Lebenspartner widerrechtlich und vorsätzlich am Körper, der Gesundheit oder der Freiheit verletzt oder mit einer solchen Verletzung oder der Verletzung des Lebens widerrechtlich gedroht, ist in der Regel die gesamte Wohnung zur alleinigen Benutzung zu überlassen. ²Der Anspruch auf Wohnungsüberlassung ist nur dann ausgeschlossen, wenn keine weiteren Verletzungen und widerrechtlichen Drohungen zu besorgen sind, es sei denn, dass dem verletzten Lebenspartner das weitere Zusammenleben mit dem anderen wegen der Schwere der Tat nicht zuzumuten ist.

(3) ¹Wurde einem Lebenspartner die gemeinsame Wohnung ganz oder zum Teil überlassen, so hat der andere alles zu unterlassen, was geeignet ist, die Ausübung dieses Nutzungsrechts zu erschweren oder zu vereiteln. ²Er kann von dem nutzungsberechtigten Lebenspartner eine Vergütung für die Nutzung verlangen, soweit dies der Billigkeit entspricht.

(4) Ist ein Lebenspartner aus der gemeinsamen Wohnung ausgezogen, um getrennt zu leben und hat er binnen sechs Monaten nach seinem Auszug eine ernstliche Rückkehrabsicht dem anderen Lebenspartner gegenüber nicht bekundet, so wird unwiderleglich vermutet, dass er dem in der gemeinsamen Wohnung verbliebenen Lebenspartner das alleinige Nutzungsrecht überlassen hat.

A. Grundlagen

1   Die Vorschrift ist § 1361b BGB nachgebildet, jedoch wurden die Begriffe „Ehegatte" und „Ehewohnung" durch „Lebenspartner" und „gemeinsame Wohnung" ersetzt.

B. Einzelheiten

2   § 14 Abs. 1-3 LPartG entspricht inhaltlich – bis auf die abgeänderten Begriffe – § 1361b BGB. Lediglich § 14 Abs. 4 LPartG ist anders gefasst, ohne dass damit eine inhaltliche Abweichung verbunden ist.[1]

3   Wegen der Einzelheiten kann auf die Kommentierung zu § 1361b BGB Rn. 16 verwiesen werden.

4   Geregelt wird in dieser Vorschrift die Wohnungszuweisung **bei Getrenntleben der eingetragenen Lebenspartner**. Für die Zeit nach der rechtskräftigen Aufhebung der eingetragenen Lebenspartnerschaft gilt für die Behandlung der gemeinsamen Wohnung § 17 LPartG i.V.m. § 1568a BGB.

C. Verfahrensrechtliche Hinweise

5   Die Zuständigkeit des **Familiengerichts** ist gegeben. Es handelt sich um eine **Lebenspartnerschaftssache** im Sinne von § 269 Abs. 1 Nr. 6 FamFG. Gemäß § 270 Abs. 1 Satz 2 FamFG sind die §§ 200 FamFG ff. anwendbar.

---

[1] *Brudermüller* in: Palandt, § 14 Rn. 1.

Hinsichtlich des **Verfahrenswertes für Haushaltssachen** ist § 48 Abs. 1 FamGKG zu beachten. Danach beläuft sich der Verfahrenswert für Verfahren nach § 14 LPartG auf 3.000 €, das Gericht kann aber einen höheren oder niedrigeren Wert festsetzen, wenn dieser Betrag unter Berücksichtigung der Umstände des Einzelfalls unbillig ist. Bei einer einstweiligen Anordnung ist § 41 FamFG zu berücksichtigen, wonach grundsätzlich die Hälfte des Wertes der Hauptsache anzusetzen ist.

§ 15 LPartG Aufhebung der Lebenspartnerschaft

Abschnitt 4 - Aufhebung der Lebenspartnerschaft

§ 15 LPartG Aufhebung der Lebenspartnerschaft

(Fassung vom 17.12.2008, gültig ab 01.09.2009)

(1) Die Lebenspartnerschaft wird auf Antrag eines oder beider Lebenspartner durch richterliche Entscheidung aufgehoben.

(2) ¹Das Gericht hebt die Lebenspartnerschaft auf, wenn
1. die Lebenspartner seit einem Jahr getrennt leben und
   a) beide Lebenspartner die Aufhebung beantragen oder der Antragsgegner der Aufhebung zustimmt oder
   b) nicht erwartet werden kann, dass eine partnerschaftliche Lebensgemeinschaft wieder hergestellt werden kann,
2. ein Lebenspartner die Aufhebung beantragt und die Lebenspartner seit drei Jahren getrennt leben,
3. die Fortsetzung der Lebenspartnerschaft für den Antragsteller aus Gründen, die in der Person des anderen Lebenspartners liegen, eine unzumutbare Härte wäre.

²Das Gericht hebt die Lebenspartnerschaft ferner auf, wenn bei einem Lebenspartner ein Willensmangel im Sinne des § 1314 Abs. 2 Nr. 1 bis 4 des Bürgerlichen Gesetzbuchs vorlag; § 1316 Abs. 1 Nr. 2 des Bürgerlichen Gesetzbuchs gilt entsprechend.

(3) Die Lebenspartnerschaft soll nach Absatz 2 Satz 1 nicht aufgehoben werden, obwohl die Lebenspartner seit mehr als drei Jahren getrennt leben, wenn und solange die Aufhebung der Lebenspartnerschaft für den Antragsgegner, der sie ablehnt, aufgrund außergewöhnlicher Umstände eine so schwere Härte darstellen würde, dass die Aufrechterhaltung der Lebenspartnerschaft auch unter Berücksichtigung der Belange des Antragstellers ausnahmsweise geboten erscheint.

(4) Die Aufhebung nach Absatz 2 Satz 2 ist bei einer Bestätigung der Lebenspartnerschaft ausgeschlossen; § 1315 Abs. 1 Nr. 3 und 4 und § 1317 des Bürgerlichen Gesetzbuchs gelten entsprechend.

(5) ¹Die Lebenspartner leben getrennt, wenn zwischen ihnen keine häusliche Gemeinschaft besteht und ein Lebenspartner sie erkennbar nicht herstellen will, weil er die lebenspartnerschaftliche Gemeinschaft ablehnt. ²§ 1567 Abs. 1 Satz 2 und Abs. 2 des Bürgerlichen Gesetzbuchs gilt entsprechend.

Gliederung

A. Grundlagen 1	III. Aufhebung wegen Willensmängeln (Absatz 2 Satz 2) 8
B. Einzelheiten 2	IV. Härteregelung (Absatz 3) 10
I. Aufhebung durch das Gericht (Absatz 1) 2	V. Trennung der Lebenspartner (Absatz 4) 11
1. Gerichtliches Verfahren 3	C. Verfahrensrechtliche Regelungen 12
2. Antrag eines eingetragenen Lebenspartners ... 4	
II. Voraussetzungen (Absatz 2 Satz 1) 6	

A. Grundlagen

1 Die Aufhebung der Partnerschaft ist das Gegenstück zur Ehescheidung. Während im Eherecht allerdings der Begriff „**Aufhebung**" im Zusammenhang mit Willensmängeln bei der Eheschließung verwandt wird (vgl. die §§ 1313 ff. BGB), wird der Begriff hier übergreifend auch für die „**Scheidung**" der eingetragenen Lebenspartnerschaft benutzt.[1]

---

[1] Kritik an der terminologischen Verwirrung bei *v. Dickhuth-Harrach*, FPR 2005, 273, 277 und *Stüber*, FamRZ 2005, 574, 575.

B. Einzelheiten

I. Aufhebung durch das Gericht (Absatz 1)

Die Vorschrift ist § 1564 Satz 1 BGB nachgebildet und macht deutlich, dass auch hier keine „Privatscheidung" möglich ist. 2

1. Gerichtliches Verfahren

Die Aufhebung erfolgt in einem förmlichen **gerichtlichen Verfahren** vor dem Familiengericht gem. §§ 269 Abs. 1 Nr. 1, 121 ff. FamFG nach Feststellung der gesetzlichen Voraussetzungen. 3

2. Antrag eines eingetragenen Lebenspartners

Das Verfahren kann nur durch einen **Antrag** eines der beiden eingetragenen Lebenspartner eingeleitet werden, hierfür ist Vertretung durch einen Rechtsanwalt erforderlich (§ 114 Abs. 1 FamFG). Für den Inhalt des Antrags gilt § 133 FamFG entsprechend. 4

Ist bei einer eingetragenen Lebenspartnerschaft einer der Partner geschäftsunfähig und steht deshalb unter **Betreuung**, kann die zur Aufhebung der Partnerschaft erforderliche Erklärung, die Partnerschaft nicht fortsetzen zu wollen, für ihn nicht wirksam allein durch den Betreuer abgegeben werden.[2] 5

II. Voraussetzungen (Absatz 2 Satz 1)

Die Aufhebungsgründe wurden durch das Gesetz weitgehend den **Scheidungsvoraussetzungen** angeglichen (vgl. dazu die Kommentierung zu § 1565 BGB). 6

Erforderlich ist demnach entweder 7

- dass die Partner seit mindestens einem Jahr **getrennt leben** (§ 15 Abs. 2 Satz 1 Nr. 1a LPartG; zur Trennung vgl. die Kommentierung zu § 1567 BGB) und
- eine Wiederherstellung der lebensgemeinschaftlichen Partnerschaft nicht erwartet werden kann (§ 15 Abs. 2 Satz 1 Nr. 1b LPartG); dies entspricht dem **Scheitern** der Ehe in § 1565 Abs. 1 Satz 2 BGB (vgl. dazu die Kommentierung zu § 1565 BGB), zu beachten sind jedoch die Besonderheiten, die sich daraus ergeben, dass die eingetragenen Lebenspartner keine häusliche Gemeinschaft eingehen bzw. unterhalten müssen (vgl. dazu die Kommentierung zu § 1 LPartG Rn. 8 m.w.N. und die Kommentierung zu § 1 LPartG Rn. 13), oder
- dass die eingetragenen Lebenspartner **drei Jahre voneinander getrennt** leben (§ 15 Abs. 2 Satz 1 Nr. 2 LPartG entsprechend § 1566 Abs. 2 BGB; vgl. dazu die Kommentierung zu § 1566 BGB), oder
- dass die Fortsetzung der eingetragenen Lebenspartnerschaft für den antragstellenden Lebenspartner aus Gründen, die in der Person des anderen Lebenspartners liegen, eine unzumutbare Härte wäre (§ 15 Abs. 2 Satz 1 Nr. 3 LPartG entsprechend der **Härtefallscheidung** gem. § 1565 Abs. 2 BGB; vgl. dazu die Kommentierung zu § 1565 BGB).

III. Aufhebung wegen Willensmängeln (Absatz 2 Satz 2)

Die Vorschrift regelt die Aufhebung der eingetragenen Lebenspartnerschaft aufgrund von Willensmängeln bei der Eheschließung (entsprechend vgl. die §§ 1313 ff. BGB; vgl. dazu die Kommentierung zu § 1313 BGB Rn. 8). 8

Die **Antragsfristen** regelt § 15 Abs. 4 LPartG in Anlehnung an die Eheaufhebung. 9

IV. Härteregelung (Absatz 3)

Nach dieser Vorschrift kann die Aufrechterhaltung der eingetragenen Lebenspartnerschaft verlangt werden (entsprechend § 1568 BGB; vgl. dazu die Kommentierung zu § 1568 BGB Rn. 12). 10

V. Trennung der Lebenspartner (Absatz 4)

Das Gesetz stellt klar, dass Lebenspartner getrennt leben, wenn zwischen ihnen keine häusliche Gemeinschaft besteht und ein Lebenspartner sie erkennbar nicht herstellen will, weil er die lebenspartnerschaftliche Gemeinschaft ablehnt. Hat nie eine Lebensgemeinschaft bestanden, dann reicht die Erklärung eines Lebenspartners, die Partnerschaft nicht mehr fortsetzen zu wollen, aus. Eine innere Distanzierung von der gemeinsamen Lebensgestaltung muss also deutlich nach also außen erkennbar geworden sein. 11

---

[2] OLG Köln v. 11.02.2004 - 16 Wx 16/04 - FamRZ 2004, 1724.

§ 15 LPartG

C. Verfahrensrechtliche Regelungen

12 Die Aufhebung erfolgt vor dem Familiengericht gem. §§ 269 Abs. 1 Nr. 1, 121 ff. FamFG. Die Kosten werden gem. § 150 FamFG verteilt.

13 Im Verbund mit der Aufhebung der Lebenspartnerschaft findet das Verfahren über den Versorgungsausgleich statt (§ 137 Abs. 2 Satz 2 FamFG), ein Antrag ist hierfür in den Fällen der §§ 6-19 und 28 VersAusglG nicht erforderlich; es sei denn, die Lebenspartnerschaftszeit beläuft sich auf weniger als drei Jahre (vergl. § 20 Abs. 2 LPartG, § 3 Abs. 3 VersAusglG).

§ 16 LPartG Nachpartnerschaftlicher Unterhalt

(Fassung vom 21.12.2007, gültig ab 01.01.2008)

¹Nach der Aufhebung der Lebenspartnerschaft obliegt es jedem Lebenspartner, selbst für seinen Unterhalt zu sorgen. ²Ist er dazu außerstande, hat er gegen den anderen Lebenspartner einen Anspruch auf Unterhalt nur entsprechend den §§ 1570 bis 1586b und 1609 des Bürgerlichen Gesetzbuchs.

Gliederung

A. Grundlagen	1	II. Entstehung und Erlöschen des Anspruchs	8
B. Einzelheiten	4	III. Rangverhältnisse (Satz 2)	10
I. Umfang des Anspruchs	5	IV. Steuerliche Auswirkungen	12

A. Grundlagen

Der Unterhalt nach Aufhebung der eingetragenen Lebenspartnerschaft (§ 15 LPartG) ist dem nachehelichen Unterhalt angeglichen. 1

Das zum 01.01.2008 in Kraft getretene neue Unterhaltsrecht hat auch Änderungen im Lebenspartnerschaftsgesetz vorgenommen. Die Vorschrift des § 16 LPartG ist in ihren Formulierungen der **Neufassung des § 1569 BGB** angepasst worden (vgl. die Kommentierung zu § 1569 BGB). 2

Die eigenständige Regelung der **Rangfolge** in § 16 Abs. 2 LPartG a.F. ist jetzt entfallen. Hinsichtlich der Rangfolge wird auf die allgemeine Vorschrift des § 1609 BGB verwiesen. 3

B. Einzelheiten

Auch für eingetragene Lebenspartner gilt nach Aufhebung der Lebenspartnerschaft der **Grundsatz der Eigenverantwortung** wie für Eheleute gem. § 1569 BGB (vgl. die Kommentierung zu § 1569 BGB Rn. 7). 4

I. Umfang des Anspruchs

Inhaltlich besteht infolge der Verweisungen in § 16 LPartG auf das Recht des nachehelichen Unterhaltes **kein Unterschied mehr zwischen dem eingetragenen Lebenspartner und dem Ehegatten**. 5

Demnach bestehen für den eingetragenen Lebenspartner nach der gerichtlichen Aufhebung der Partnerschaft gem. § 15 LPartG **folgende Ansprüche**: 6

- Unterhalt wegen der **Betreuung eines gemeinschaftlichen Kindes** gem. § 1570 BGB i.V.m. § 16 LPartG. Da es sich bei einer eingetragenen Lebenspartnerschaft notwendigerweise um eine gleichgeschlechtliche Beziehung handelt, kann dieser Fall lediglich dann praktisch werden, wenn ein Lebenspartner das Kind seines Lebenspartners gem. § 9 Abs. 7 LPartG adoptiert[1] (vgl. die Kommentierung zu § 9 LPartG Rn. 26). Hinsichtlich der Erwerbsobliegenheit des kindesbetreuenden Lebenspartners gelten die gleichen Grundsätze wie beim Ehegattenunterhalt (vgl. dazu die Kommentierung zu § 1570 BGB). Dagegen kommt § 1570 BGB i.V.m. § 16 Abs. 1 LPartG bei lediglich „sozial gemeinsamen Kindern" nicht zur Anwendung.[2] Es empfiehlt sich daher in den Fällen, in denen Kinder von den eingetragenen Lebenspartnern gemeinsam betreut werden, für den Fall der Scheidung einen Kinderbetreuungsunterhalt entsprechend der Regelung bei Ehegatten in diesem Fall ausdrücklich durch Partnerschaftsvertrag zu vereinbaren.[3] Einzelheiten zum Partnerschaftsvertrag vgl. die Kommentierung zu § 7 LPartG.
- Unterhalt wegen **Alters** gem. § 1571 BGB i.V.m. § 16 LPartG (Einzelheiten in der Kommentierung zu § 1571 BGB).
- Unterhalt wegen **Krankheit oder Gebrechen** gem. § 1572 BGB i.V.m. § 16 LPartG (vgl. die Kommentierung zu § 1572 BGB).
- Unterhalt wegen **Erwerbslosigkeit** gem. § 1573 Abs. 1 BGB i.V.m. § 16 LPartG (Einzelheiten in der Kommentierung zu § 1573 BGB).

---

[1] *Weber*, ZFE 2005, 351, 352; *Wellenhofer*, NJW 2005, 705, 707.
[2] *Grziwotz*, DNotZ 2005, 13, 23; kritisch *v. Dickhuth-Harrach*, FPR 2005, 273.
[3] *Grziwotz*, DNotZ 2005, 13, 24.

- **Aufstockungsunterhalt** gem. § 1573 Abs. 2 BGB i.V.m. § 16 LPartG (Einzelheiten in der Kommentierung zu § 1573 BGB).
- **Ausbildungsunterhalt** gem. § 1575 BGB i.V.m. § 16 LPartG (Einzelheiten in der Kommentierung zu § 1575 BGB).
- **Billigkeitsunterhalt** gem. § 1576 BGB i.V.m. § 16 LPartG (Einzelheiten in der Kommentierung zu § 1576 BGB).

7   Auch die folgenden **Regelungen aus dem Ehegattenunterhalt** kommen zur Anwendung:
- Über die **Bedürftigkeit** (§ 1577 BGB; vgl. die Kommentierung zu § 1577 BGB), einschließlich der Vorschrift über die **Anrechnung von Einkünften** (§ 1577 Abs. 2 BGB; vgl. dazu die Kommentierung zu § 1577 BGB) und der **Anrechnung von Vermögen** (§ 1577 Abs. 3 BGB; vgl. die Kommentierung zu § 1577 BGB). Damit ist durch die jetzige Gesetzesfassung klargestellt, dass auch der unterhaltsberechtigte ehemalige eingetragene Lebenspartner vor Inanspruchnahme des Verpflichteten den **Stamm seines Vermögens** angreifen muss, sofern dies nicht unwirtschaftlich oder unter Berücksichtigung der beiderseitigen wirtschaftlichen Verhältnisse unbillig wäre.[4]
- Über das **Maß des Unterhaltes** (§ 1578 BGB; vgl. die Kommentierung zu § 1578 BGB).
- Die **Begrenzung des nachpartnerschaftlichen Unterhaltes** entweder in Form der Herabsetzung auf den angemessenen Lebensbedarf (§ 1578b Abs. 1 BGB; vgl. dazu die Kommentierung zu § 1578 BGB), auf das Niveau der vorpartnerschaftlichen Lebensstellung oder durch Befristung des nachpartnerschaftlichen Unterhalts (§ 1578b Abs. 2 BGB; vgl. dazu die Kommentierung zu § 1578b BGB).
- Die Beschränkung oder der Wegfall des Unterhaltsanspruches wegen **grober Unbilligkeit** (§ 1579 BGB; vgl. die Kommentierung zu § 1579 BGB).
- Die **Auskunftspflicht** aus § 1580 BGB (vgl. die Kommentierung zu § 1580 BGB).
- Die Regelungen zur **Leistungsfähigkeit** (§ 1581 BGB; vgl. die Kommentierung zu § 1581 BGB).
- Die Auswirkungen der Gütergemeinschaft (§ 1583 BGB; vgl. dazu die Kommentierung zu § 1583 BGB). Diese Regelung betrifft den Fall, dass der Unterhaltspflichtige nach Aufhebung der eingetragenen Lebenspartnerschaft oder Scheidung der Ehe eine neue eingetragene Lebenspartnerschaft oder Ehe eingeht und für diese die Gütergemeinschaft wählt.[5]
- Die **Rangverhältnisse mehrerer Unterhaltspflichtiger** (§ 1584 BGB; vgl. dazu die Kommentierung zu § 1584 BGB).
- Die **Art der Unterhaltsgewährung** durch Zahlung einer Geldrente (§ 1585 Abs. 1 BGB; vgl. die Kommentierung zu § 1585 BGB) und die Möglichkeit einer **Abfindung** (§ 1585 Abs. 2 BGB; vgl. dazu die Kommentierung zu § 1585 BGB).
- Die Verpflichtung zur **Sicherheitsleistung** (§ 1585a BGB; vgl. dazu die Kommentierung zu § 1585a BGB).
- Der Anspruch auf **Sonderbedarf** (§ 1585b Abs. 1 BGB; vgl. dazu die Kommentierung zu § 1585b BGB) und auf **Unterhaltsrückstände** (§ 1585b Abs. 2 BGB; dazu die Kommentierung zu § 1585b BGB).
- Die **Unterhaltsvereinbarungen** (§ 1585c BGB; vgl. dazu die Kommentierung zu § 1585c BGB).
- Die Auswirkungen einer **Wiederverheiratung**, der Begründung einer **neuen Lebenspartnerschaft** oder des **Todes des Berechtigten** (§ 1586 BGB; vgl. die Kommentierung zu § 1586 BGB).
- Das **Wiederaufleben des Unterhaltsanspruchs** nach Auflösung einer neuen Ehe (§ 1586a BGB; vgl. dazu die Kommentierung zu § 1586a BGB). Die Norm gilt für beliebige Kombinationen früherer eingetragener Lebenspartner oder Ehegatten, wobei „Ehe" oder „aufgelöste Ehe" auch als „eingetragene Lebenspartnerschaft" oder „aufgehobene eingetragene Lebenspartnerschaft" zu verstehen sind.[6]
- Der Übergang der Verpflichtung auf die Erben beim **Tod des Verpflichteten** (§ 1586b BGB; vgl. dazu die Kommentierung zu § 1586b BGB).

II. Entstehung und Erlöschen des Anspruchs

8   Der Anspruch **entsteht mit der Rechtskraft des Urteils** über die Aufhebung der eingetragenen Lebenspartnerschaft. Bis zu diesem Zeitpunkt besteht ein Anspruch aus § 12 LPartG auf Trennungsunterhalt (vgl. dazu die Kommentierung zu § 12 LPartG Rn. 3).

---

[4] *Brudermüller* in: Hoppenz, Familiensachen, § 16 Rn. 3.
[5] *Brudermüller* in: Hoppenz, Familiensachen, § 16 Rn. 6.
[6] *Brudermüller* in: Hoppenz, Familiensachen, § 16 Rn. 8.

Der Anspruch **erlischt** mit der Begründung einer neuen eingetragenen Lebenspartnerschaft, einer Eheschließung oder dem Tod des Berechtigten (§ 16 LPartG i.V.m. § 1586 BGB; vgl. die Kommentierung zu § 1586 BGB).

III. Rangverhältnisse (Satz 2)

Ist der Unterhaltspflichtige außerstande, alle Unterhaltsansprüche voll zu befriedigen, gilt die in § 1609 BGB festgesetzte Rangfolge. Danach sind die Unterhaltsansprüche minderjähriger unverheirateter Kinder und privilegierter volljähriger Kinder **vorrangig**.

Betreut der Lebenspartner ein gemeinschaftliches Kind oder ist die Lebenspartnerschaft als lang anzusehen, fällt der Unterhaltsanspruch des Lebenspartners in die 2. Rangstufe, in allen anderen Fällen in die 3. Rangstufe (zu den Einzelheiten vgl. die Kommentierung zu § 1609 BGB).

IV. Steuerliche Auswirkungen

Zu den steuerrechtlichen Auswirkungen vgl. die Kommentierung zu § 11 LPartG.

§ 17 LPartG Behandlung der gemeinsamen Wohnung und der Haushaltsgegenstände anlässlich der Aufhebung der Lebenspartnerschaft

(Fassung vom 06.07.2009, gültig ab 01.09.2009)

Für die Behandlung der gemeinsamen Wohnung und der Haushaltsgegenstände anlässlich der Aufhebung der Lebenspartnerschaft gelten die §§ 1568a und 1568b des Bürgerlichen Gesetzbuchs entsprechend.

A. Grundlagen

1 § 17 LPartG verweist hinsichtlich der Behandlung der gemeinsamen Wohnung und der Haushaltsgegenstände anlässlich der Aufhebung der Lebenspartnerschaft auf die mit dem Gesetz zur Änderung des Zugewinnausgleichs- und Vormundschaftsrechts vom 06.07.2009[1] neu in das Eherecht aufgenommenen §§ 1568a und 1568b BGB (vgl. die Kommentierung zu § 1568a BGB und die Kommentierung zu § 1568b BGB).

B. Verfahrensrechtliche Hinweise

2 Die Zuständigkeit des **Familiengerichts** ist gegeben. Es handelt sich um **Lebenspartnerschaftssachen** im Sinne von § 269 Abs. 1 Nr. 5 und 6 FamFG. Gemäß § 270 Abs. 1 Satz 2 FamFG sind die §§ 200 ff. FamFG anwendbar.

3 Hinsichtlich des **Verfahrenswertes für Ehewohnungssachen** ist § 48 Abs. 1 FamGKG zu beachten. Danach beläuft sich der Verfahrenswert für Verfahren nach § 17 LPartG, § 1568a BGB auf 4.000 €, das Gericht kann aber einen höheren oder niedrigeren Wert festsetzen, wenn dieser Betrag unter Berücksichtigung der Umstände des Einzelfalls unbillig ist. Bei einer einstweiligen Anordnung ist § 41 FamFG zu berücksichtigen, wonach grundsätzlich die Hälfte des Wertes der Hauptsache anzusetzen ist.

4 Hinsichtlich des **Verfahrenswertes für Haushaltssachen** ist § 48 Abs. 2 FamGKG zu beachten. Danach beläuft sich der Verfahrenswert für Verfahren nach § 17 LPartG, § 1568b BGB auf 3.000 €, das Gericht kann aber einen höheren oder niedrigeren Wert festsetzen, wenn dieser Betrag unter Berücksichtigung der Umstände des Einzelfalls unbillig ist. Bei einer einstweiligen Anordnung ist § 41 FamFG zu berücksichtigen, wonach grundsätzlich die Hälfte des Wertes der Hauptsache anzusetzen ist.

---

[1] BGBl I 2009, 1696.

§§ 18 bis 19 LPartG (weggefallen)

(Fassung vom 15.12.2004, gültig ab 01.01.2005, gültig bis 31.12.2010)

(weggefallen)

§§ 18 bis 19 LPartG in der Fassung vom 01.01.1964 ist durch Art. 7 Nr. 3 des Gesetzes vom 06.07.2009 – (BGBl I 2009, 1696) mit Wirkung vom 01.09.2009 weggefallen.

§ 20 LPartG Versorgungsausgleich

(Fassung vom 03.04.2009, gültig ab 01.09.2009)

(1) Wird eine Lebenspartnerschaft aufgehoben, findet in entsprechender Anwendung des Versorgungsausgleichsgesetzes ein Ausgleich von im In- oder Ausland bestehenden Anrechten (§ 2 Abs. 1 des Versorgungsausgleichsgesetzes) statt, soweit sie in der Lebenspartnerschaftszeit begründet oder aufrechterhalten worden sind.

(2) Als Lebenspartnerschaftszeit gilt die Zeit vom Beginn des Monats, in dem die Lebenspartnerschaft begründet worden ist, bis zum Ende des Monats, der dem Eintritt der Rechtshängigkeit des Antrages auf Aufhebung der Lebenspartnerschaft vorausgeht.

(3) Schließen die Lebenspartner in einem Lebenspartnerschaftsvertrag (§ 7) Vereinbarungen über den Versorgungsausgleich, so sind die §§ 6 bis 8 des Versorgungsausgleichsgesetzes entsprechend anzuwenden.

(4) Die Absätze 1 bis 3 sind nicht anzuwenden, wenn die Lebenspartnerschaft vor dem 1. Januar 2005 begründet worden ist und die Lebenspartner eine Erklärung nach § 21 Abs. 4 nicht abgegeben haben.

Gliederung

A. Grundlagen 1	C. Überleitungsvorschriften 5
B. Einzelheiten 2	D. Internationales Privatrecht 6

A. Grundlagen

1 Durch das LPartÜG wurde auch im Bereich der eingetragenen Lebenspartnerschaft der Versorgungsausgleich eingeführt. Die Norm orientierte sich in ihrer bis zum 31.08.2009 gültigen Fassung an § 1587 BGB, in der seit dem 01.09.2009 gültigen Fassung wird nunmehr das Versorgungsausgleichsgesetz[1] (VersAusglG) für entsprechend anwendbar erklärt. Hinsichtlich der Kommentierung kann hier auf die Kommentierung zum Versorgungsausgleichsgesetz verwiesen werden.

B. Einzelheiten

2 In § 20 Abs. 2 LPartG ist der für die Berechnung des Versorgungsausgleichs maßgebliche Zeitraum entsprechend der Regelung in § 3 Abs. 1 VersAusglG bestimmt; er entspricht der Ehezeit im Eherecht. Zu berücksichtigen ist auch bei der Aufhebung einer eingetragenen Lebenspartnerschaft, dass der Versorgungsausgleich bei einer **Lebenspartnerschaftszeit von bis zu drei Jahren** nur auf Antrag eines Lebenspartners stattfindet (§ 20 Abs. 1 LPartG, § 3 Abs. 3 VersAusglG).

3 Entsprechend der für die Ehe geltenden Regelung in § 1408 Abs. 2 BGB verweist **§ 20 Abs. 3 LPartG** auf die Regelungen in den §§ 6-8 VersAusglG, wenn die Lebenspartner in einer notariellen Vereinbarung Regelungen über den Versorgungsausgleich treffen. Entsprechend § 6 VersAusglG können die Lebenspartner den Versorgungsausgleich ganz oder teilweise in die Regelung ihrer Vermögensverhältnisse einbeziehen, ihn ausschließen oder ihn den Ausgleichsansprüchen nach der Scheidung (§§ 20-24 VersAusglG) vorbehalten. Eine solche Vereinbarung muss der **Inhalts- und Ausübungskontrolle** standhalten (§ 8 Abs. 1 VersAusglG); bestehen keine Wirksamkeits- oder Durchsetzungshindernisse, ist das Familiengericht an die Vereinbarung gebunden.

4 Eine solche Vereinbarung bedarf der **notariellen Beurkundung** oder der **gerichtlichen Protokollierung**, wenn sie vor der Rechtskraft der Entscheidung über den Versorgungsausgleich getroffen wird.

C. Überleitungsvorschriften

5 Da das bis zum 01.01.2005 gültige LPartG den Versorgungsausgleich unter eingetragenen Lebenspartnern nicht kannte, wird in § 20 Abs. 4 LPartG dem Vertrauensschutz Rechnung getragen. Ein Versor-

---

[1] Verkündet als Art. 1 des Gesetzes zur Strukturreform des Versorgungsausgleichs v. 03.04.2009 (BGBl I 2009, 700), geändert durch Art. 9d des Gesetzes vom 15.07.2009 (BGBl I 2009, 1939).

gungsausgleich findet danach für vor dem 01.01.2005 begründete eingetragene Lebenspartnerschaften nur statt, wenn die Lebenspartner vor dem 31.12.2005 durch notariell beurkundete Erklärung erklärt haben, dass ein Versorgungsausgleich stattfinden soll (§ 21 Abs. 4 LPartG).

D. Internationales Privatrecht

Hat die eingetragene Lebenspartnerschaft einen internationalen Bezug, ist für die Durchführung des Versorgungsausgleichs Art. 17b Abs. 1 EGBGB zu berücksichtigen (vgl. die Kommentierung zu Art. 17b EGBGB ff.). 6

§ 21 LPartG   jurisPK-BGB

Abschnitt 5 - Übergangsvorschriften
§ 21 LPartG (weggefallen)

(Fassung vom 15.12.2004, gültig ab 01.01.2005, gültig bis 31.12.2010)
(weggefallen)

§ 21 LPartG in der Fassung vom 15.12.2004 ist durch Art. 7 Abs. 2 des Gesetzes v. 15.12.2004 - BGBl I 2004, 3396 - mit Wirkung vom 01.01.2011 weggefallen.

§ 22 LPartG Abgabe von Vorgängen

(Fassung vom 19.02.2007, gültig ab 01.01.2009)

¹Die bis zum Inkrafttreten dieses Gesetzes nach Landesrecht für die Begründung der Lebenspartnerschaft zuständigen Stellen haben die bei ihnen entstandenen Vorgänge einer jeden Lebenspartnerschaft an das Standesamt abzugeben, das nach § 17 des Personenstandsgesetzes für die Entgegennahme der Erklärungen der Lebenspartner zuständig gewesen wäre. ²Sind danach mehrere Standesämter zuständig, so sind die Unterlagen an das Standesamt, in dessen Bezirk beide Lebenspartner ihren Wohnsitz oder ihren gewöhnlichen Aufenthalt haben, abzugeben; haben die Lebenspartner keinen gemeinsamen Wohnsitz oder gewöhnlichen Aufenthalt, so ist das Standesamt zuständig, in dessen Bezirk einer der Lebenspartner seinen Wohnsitz oder seinen gewöhnlichen Aufenthalt hat. ³Verbleiben auch danach noch mehrere Zuständigkeiten, so ist die abgebende Behörde bei der Wahl unter den zuständigen Standesämtern frei. ⁴Der Standesbeamte des danach zuständigen Standesamts hat die in § 17 in Verbindung mit den §§ 15, 16 des Personenstandsgesetzes bezeichneten Angaben unter Hinweis auf die Behörde, vor der die Lebenspartnerschaft begründet worden ist, in ein gesondertes Lebenspartnerschaftsregister einzutragen.

A. Bedeutung

§ 22 LPartG wurde eingeführt durch das Gesetz zur Reform des Personenstandsrechts vom 19.02.2007[1] und trat zum 01.01.2009 in Kraft.

Grundsätzlich wollte die Bundesregierung mit dem Gesetz vom 19.02.2007 eine bundeseinheitliche Zuständigkeit für die Erklärungen zur Begründung einer Lebenspartnerschaft bei den Standesämtern einführen. Die Bundesregierung war der Auffassung, dass durch die Zersplitterung der landesrechtlichen Zuständigkeiten Probleme entstanden, die durch eine einheitliche Behördenzuständigkeit hätten vermieden werden können.[2] Diesem Ansinnen widersetzte sich der Bundesrat erfolgreich, indem er die Einführung des § 23 LPartG erzwang.[3] Von dieser Länderöffnungsklausel machen derzeit allerdings nur noch Baden-Württemberg und Thüringen und in geringem Umfang noch Bayern Gebrauch.

B. Inhalt

Kommt es nach dem Willen der Bundesregierung zu der Vereinheitlichung der Behördenzuständigkeit, ist die Übergangsregelung des § 22 LPartG notwendig, um die Eintragung aller Lebenspartnerschaften – auch solcher, die vor der beabsichtigten Zuständigkeitskonzentration vor den nach Landesrecht zuständigen Stellen begründet wurden – sicherzustellen. Somit erhält das jeweilige Standesamt nach der Einführung seiner Zuständigkeit Kenntnis von allen vorher begründeten Lebenspartnerschaften.

Die Vorschrift verpflichtet die bisher nach Landesrecht zuständigen Behörden, die bei der Begründung von Lebenspartnerschaften angefallenen Vorgänge an das nunmehr zuständige Standesamt abzugeben.

C. Örtliche Zuständigkeit

Für die Übernahme der Vorgänge ist nunmehr das Standesamt örtlich zuständig, das für die Entgegennahme der Erklärung zur Begründung der Lebenspartnerschaft zuständig gewesen wäre. Zur Einschränkung der Fälle, in denen nach Satz 1 eine Zuständigkeit mehrerer Standesämter in Frage kommt, regelt Satz 2 hilfsweise die Zuständigkeit des Standesamts, in dessen Bezirk zumindest einer der Lebenspartner seinen Wohnsitz oder gewöhnlichen Aufenthalt hat.

---

[1] BGBl I 2007, 122.
[2] Vgl. hinsichtlich der Einzelheiten die Gesetzesbegründung BT-Drs. 16/1831, S. 39.
[3] Vgl. BR-Drs. 616/05, S. 2.

§ 23 LPartG

Abschnitt 6 - Länderöffnungsklausel

§ 23 LPartG Abweichende landesrechtliche Zuständigkeiten

(Fassung vom 19.02.2007, gültig ab 01.01.2009)

(1) ¹Landesrechtliche Vorschriften, welche am 1. Januar 2009 bestehen und abweichend von den Vorschriften der §§ 1, 3 und 9 bestimmen, dass die jeweiligen Erklärungen nicht gegenüber dem Standesbeamten, sondern gegenüber einer anderen Urkundsperson oder einer anderen Behörde abzugeben sind, und bestehende Regelungen für die Beurkundung und Dokumentation solcher Erklärungen bleiben unberührt. ²Das Personenstandsgesetz findet insoweit keine Anwendung. ³Durch die landesrechtliche Regelung ist sicherzustellen, dass die Beurkundungen fortlaufend dokumentiert werden und Mitteilungspflichten, die das Personenstandsgesetz voraussetzt, erfüllt werden. ⁴Die Abgabe von Vorgängen nach Maßgabe von § 22 entfällt.

(2) ¹Die Länder können auch nach dem 31. Dezember 2008 abweichend von den Vorschriften der §§ 1, 3 und 9 bestimmen, dass die jeweiligen Erklärungen nicht gegenüber dem Standesbeamten, sondern gegenüber einer anderen Urkundsperson oder einer anderen Behörde abzugeben sind. ²Das Personenstandsgesetz findet nach Inkrafttreten der landesrechtlichen Regelung insoweit keine Anwendung mehr. ³Durch die landesrechtliche Regelung ist jedoch sicherzustellen, dass ein Lebenspartnerschaftsregister eingerichtet wird, das gemäß den §§ 16, 17 des Personenstandsgesetzes fortzuführen ist. ⁴Die Länder können auch die Zuständigkeit für die Fortführung von Beurkundungen sowie die Abgabe von Vorgängen regeln, die bis zum Inkrafttreten der landesrechtlichen Regelung angefallen sind.

(3) ¹Die nach den Absätzen 1 und 2 zuständigen Behörden sind berechtigt, personenbezogene Daten von Amts wegen an öffentliche Stellen des Bundes, der Länder und der Kommunen zu übermitteln, wenn die Kenntnis dieser Daten zur Ergänzung und Berichtigung sowie zur Fortführung von Unterlagen dieser Stellen im Rahmen ihrer Aufgaben erforderlich ist. ²Soweit nach Absatz 2 das Personenstandsgesetz nach Inkrafttreten der landesrechtlichen Regelung insoweit keine Anwendung mehr findet, wird das Bundesministerium des Innern ermächtigt, im Benehmen mit dem Bundesministerium der Justiz und mit Zustimmung des Bundesrates durch Rechtsverordnung das Weitere zu regeln.

A. Entstehungsgeschichte

1 § 23 LPartG wurde eingeführt durch das Gesetz zur Reform des Personenstandsrechts vom 19.02.2007[1] und trat zum 01.01.2009 in Kraft. In dem ursprünglichen Gesetzentwurf der Bundesregierung war der Paragraph nicht enthalten, er wurde im Zuge des Gesetzgebungsverfahrens durch den Bundesrat eingefügt und dann von der Bundesregierung übernommen.

2 Grundsätzlich wollte die Bundesregierung mit dem Gesetz zur Reform des Personenstandsrechts gleichzeitig auch die Zersplitterung der Behördenzuständigkeiten in den Ländern für die Begründung von Lebenspartnerschaften beseitigen. Dementsprechend wurde die Zuständigkeit für die Entgegennahme von Erklärungen nach dem Lebenspartnerschaftsgesetz bundesweit den Standesämtern übertragen. Der Bundesrat sah es allerdings nicht als geboten an, für die Begründung, Beurkundung und Dokumentation von eingetragenen Lebenspartnerschaften eine bundeseinheitliche Zuständigkeit der Standesämter zu schaffen. Er schlug daher vor, die vorgesehene Regelung um eine Öffnungsklausel zu ergänzen. Begründet wurde dies im Wesentlichen damit, dass die bisherigen landesrechtlichen Regelungen sich bewährt hätten.[2] Baden-Württemberg und Thüringen machen derzeit noch von der Öffnungsklausel Gebrauch.

---

[1] BGBl I 2007, 122.
[2] BT-Drs. 16/1831, S. 60.

B. Überblick

Absatz 1 regelt, dass bei Inkrafttreten des Gesetzes zum 01.01.2009 bestehende landesrechtlichen Regelungen unberührt bleiben, die abweichend von den §§ 1, 3 und 9 LPartG bestimmen, dass die jeweiligen Erklärungen nicht gegenüber dem Standesbeamten, sondern gegenüber einer anderen Behörde oder Urkundsperson abzugeben sind. Gleiches gilt für bestehende Regelungen, die die Beurkundung oder Dokumentation solcher Erklärungen betreffen.

Absatz 2 regelt, dass die Länder auch nach Inkrafttreten des Gesetzes die Möglichkeit haben, die jeweiligen Zuständigkeiten und Beurkundungs- und Dokumentationspflichten abweichend von den Vorschriften im Lebenspartnerschaftsgesetz zu regeln. Sollten die Länder nach dem Inkrafttreten von dieser Möglichkeit Gebrauch machen, müssen sie allerdings sicherstellen, dass ein Lebenspartnerschaftsregister eingerichtet wird, welches gemäß den §§ 16, 17 des Personenstandsgesetzes fortzuführen ist.

Von der in Absatz 2 eingeräumten Möglichkeit hat Bayern zwischenzeitlich durch das Gesetz zur Ausführung des Lebenspartnerschaftsgesetzes vom 07.07.2009[3], welches zum 01.08.2009 in Kraft getreten ist, Gebrauch gemacht. Seither sind auch in Bayern grundsätzlich die Standesämter zur Entgegennahme der Erklärungen im Zusammenhang mit der Begründung einer Lebenspartnerschaft zuständig; bestehen geblieben ist allerdings auch die schon bisher gegebene Zuständigkeit der Notare mit Amtssitz in Bayern.

Absatz 3 regelt die Weitergabe personenbezogener Daten durch die nach den Absätzen 1 und 2 zuständigen Behörden.

---

[3] Bayerisches Gesetz- und Verordnungsblatt v. 14.07.2009, S. 261.

Kostenrechtliche Hinweise in Familiensachen (Teil 1)
Verfahrensrechtlicher Überblick

Gliederung

A. Allgemeines 1
B. Verfahrensgrundsätze 7
   I. Familiensachen allgemein 7
   II. Anwaltsbeiordnung 13
   III. Verfahrensverbindung 14
   IV. Säumnis der Beteiligten 15
   V. Ehesachen 21
   VI. Familienstreitsachen 25
   VII. Isolierte Verfahren 27
   VIII. Verbundverfahren 31
     1. Allgemein 31
     2. Aufnahme in den Verbund 42
       a. Aufnahme mit Frist 42
       b. Aufnahme ohne Frist 45
     3. Schaubild Familiensachen 47
     4. Auflösung des Verbundes und Abtrennung 49
       a. Abtrennung von Folgesachen (§ 140 FamFG) 51
       b. Rücknahme des Scheidungsantrags (§ 141 FamFG) 56
       c. Abweisung des Scheidungsantrags (§ 142 Abs. 2 FamFG) 58

   IX. Isolierte Geltendmachung von „Folgesachen" außerhalb des Verbunds 60
   X. Lebenspartnerschaftssachen 66
   XI. Einstweiliger Rechtsschutz/einstweilige Anordnungen 68
     1. Gewaltschutzsachen (§ 214 FamFG) 76
     2. Versorgungsausgleich (§ 226 FamFG) 77
     3. Unterhaltssachen, Verfahrenskostenvorschuss (§ 246 FamFG) 78
     4. Unterhaltssachen bei Geburt des Kindes (§ 247 FamFG) 79
     5. Unterhalt bei nicht feststehender Vaterschaft (§ 248 FamFG) 80
   XII. Rechtsmittel 81
   XIII. Allgemeine Kostenregelungen des FamFG ... 86
     1. Ehesachen 88
     2. Scheidungs- und Folgesachen 89
     3. Kosten bei Anfechtung der Vaterschaft 93
   XIV. Anzuwendende Gebührenvorschriften 94

A. Allgemeines

1 Den Abteilungen für Familiensachen bei den Amtsgerichten (Familiengerichte, §§ 23a Abs. 1 Nr. 1, 23b Abs. 1 GVG) sind alle Verfahren zugewiesen, die sich mit Themen rund um Ehe und Familie auseinandersetzen.

2 Das Verfahrensrecht zu den Familiensachen wurde zum 01.09.2009 durch das FamFG in den §§ 111-270 grundlegend neu geregelt. Durch dieses Gesetz wird das lange geforderte „große Familiengericht" mit einer umfassenden Zuständigkeit für sämtliche familienrechtlichen Angelegenheiten hergestellt. Die Verteilung der Familiensachen auf das Zivilgericht, Familiengericht und Vormundschaftsgericht ist damit beendet.

3 Das Vormundschaftsgericht wurde abgeschafft und Zuständigkeiten aus anderen Bereichen, wie zum Beispiel die Adoptionssachen und die vormundschaftsgerichtlichen Genehmigungen, dem Familiengericht zugewiesen.

4 Eine Auflistung der Familiensachen findet sich in § 111 FamFG. Hiernach handelt es sich bei folgenden Verfahren um Familiensachen im Sinne des FamFG:
1. Ehesachen,
2. Kindschaftssachen,
3. Abstammungssachen,
4. Adoptionssachen,
5. Ehewohnungs- und Haushaltssachen,
6. Gewaltschutzsachen,
7. Versorgungsausgleichssachen,
8. Unterhaltssachen,
9. Güterrechtssachen,
10. sonstige Familiensachen,
11. Lebenspartnerschaftssachen.

5 Durch das FamFG wird insbesondere auch die Sprachregelung der freiwilligen Gerichtsbarkeit für alle Verfahren übernommen. Dies bedeutet für die ehemaligen ZPO-Verfahren, die heute im Wesentlichen die Familienstreitsachen gem. § 112 FamFG darstellen, eine Umstellung. Damit lauten die Begrifflich-

keiten jetzt Verfahren statt Prozess, Antrag statt Klage, Verfahrenskostenhilfe statt Prozesskostenhilfe, Verfahrensfähigkeit statt Prozessfähigkeit, Antragsteller statt Kläger usw., vgl. § 113 Abs. 5 FamFG.
Die Familiensachen unterteilen sich in die folgenden Verfahrenstypen, die auch kostenrechtlich unterschiedlich zu behandeln sind.

- Isolierte Familiensachen,
- Verbundverfahren, die sich wiederum unterteilen in
  - Ehesachen und
  - Folgesachen.

B. Verfahrensgrundsätze

I. Familiensachen allgemein

Für alle Familiensachen gilt als Verfahrensrecht nur noch das FamFG. Die bisherige Differenzierung nach ZPO- und FGG-Verfahren fällt weg. Die folgenden Besonderheiten des familienrechtlichen Verfahrens seien vorab festgestellt:

Im Gegensatz zur ZPO, in der das Antragsprinzip herrscht, gilt in Angelegenheiten des FamFG das sogenannte **„Amtsermittlungsprinzip"** – § 26 FamFG. Das Gericht hat hiernach von Amts wegen die erforderlichen Ermittlungen durchzuführen.

Nach § 113 FamFG sind hiervon ausgenommen die Ehesachen und **Familienstreitsachen**, die in § 112 FamFG definiert sind. Es handelt sich hierbei überwiegend um die früher dem Verfahrensrecht der ZPO unterlegenen Familiensachen. Für die Ehesachen gilt stattdessen der inhaltlich gleichlautende § 127 Abs. 1 FamFG.

In Verfahren nach dem FamFG wird nicht mehr von Prozessfähigkeit gesprochen, sondern von der **Verfahrensfähigkeit**. Diese besitzen in Familiensachen grundsätzlich alle geschäftsfähigen Personen – § 8 FamFG.

Anwaltszwang (§ 114 FamFG): Vor dem Familiengericht (und der Rechtsmittelinstanz Oberlandesgericht) müssen sich die Ehegatten in Ehesachen und Folgesachen und die Beteiligten in selbständigen **Familienstreitsachen** grundsätzlich durch einen Rechtsanwalt vertreten lassen.

Beachte: Für isolierte Kindschaftssachen ist damit ein Anwaltszwang nicht gegeben. Ebenso ist nach § 114 Abs. 4 FamFG ausnahmsweise eine anwaltliche Vertretung nicht notwendig für:

- einstweilige Anordnungen,
- das Jugendamt als Beistand für vertretene Beteiligte,
- Zustimmung zur Scheidung pp.,
- Antrag auf Abtrennung einer Folgesache,
- Verfahrenskostenhilfe-Verfahren,
- Fälle des § 78 Abs. 3 ZPO.

II. Anwaltsbeiordnung

In **Scheidungssachen** ist dem nicht anwaltlich vertretenen Antragsgegner ein Rechtsanwalt beizuordnen, wenn dies zum Schutz des Beteiligten notwendig ist – § 138 FamFG. Die Beiordnung umfasst auch eine **Kindschaftssache** als Folgesache. Der beigeordnete Rechtsanwalt hat die Stellung eines Beistands nach § 90 Abs. 2 ZPO.

III. Verfahrensverbindung

Mit dem neuen Recht wurde in § 20 FamFG erstmals die Möglichkeit der Verfahrensverbindung für Verfahren der freiwilligen Gerichtsbarkeit geschaffen. In Ehe- und Familienstreitsachen erfolgt die Verbindung über § 113 Abs. 1 FamFG, § 140 ZPO. Allerdings können Verfahren der freiwilligen Gerichtsbarkeit (z.B. elterliche Sorge) mit einer Familienstreitsache (z.B. Unterhalt) weiterhin nicht verbunden werden.

IV. Säumnis der Beteiligten

Das Verfahren nach dem FamFG sieht grundsätzlich keine Säumnisentscheidung vor. Allerdings sind über § 113 Abs. 1 FamFG für Ehesachen und Familienstreitsachen die Vorschriften der ZPO über das landgerichtliche Verfahren anwendbar. Zu diesen gehören auch die Vorschriften über das Säumnisverfahren nach den §§ 330 ff. ZPO.

Aus diesem Grunde sind für diese Verfahren ergänzende Spezialvorschriften im FamFG enthalten:

Kostenrechtl. Hinw. in Familiensachen (Teil 1)

17 Säumnis in **Ehesachen** – § 130 FamFG: Bei Säumnis des Antragstellers ist die Versäumnisentscheidung dahin zu erlassen, dass der Antrag als zurückgenommen gilt. Eine Versäumnisentscheidung gegen den Antragsgegner sowie eine Entscheidung nach Aktenlage ist unzulässig.

18 Säumnis in einer **Folgesache**, die Familienstreitsache ist – § 142 FamFG.

19 Die Versäumnisentscheidung muss zusammen mit der Entscheidung erfolgen. Die Versäumnisentscheidung ist isoliert mit dem Einspruch anfechtbar – § 143 FamFG.

20 Da ansonsten im FamFG keine weiteren Besonderheiten zur Säumnisentscheidung genannt werden, gelten für die Familienstreitsachen, dies sind insbesondere Unterhalts- und Güterrechtssachen, keine Besonderheiten im Vergleich zur ZPO.

V. Ehesachen

21 In Ehesachen ist auch der **beschränkt geschäftsfähige** Ehegatte verfahrensfähig – § 125 FamFG.

22 Für Ehesachen ist das **persönliche Erscheinen der Ehegatten** vorgeschrieben – § 128 FamFG. Wenn gemeinschaftliche Kinder vorhanden sind, erfolgt die Anhörung auch **zur elterlichen Sorge** und mit Einführung des FamFG nunmehr auch zum **Umgangsrecht**. Das Gericht weist die Beteiligten auf die bestehenden Möglichkeiten der Beratung hin.

23 Für die Ehesache **Scheidung** gelten besondere Bestimmungen (vgl. die §§ 133-150 FamFG). § 133 FamFG stellt besondere Anforderungen an den Inhalt der Antragsschrift.

24 **Streitbeilegung in Folgesachen:** Neu in das Gesetz aufgenommen wurden Möglichkeiten zur außergerichtlichen Streitbeilegung in Folgesachen, § 135 FamFG.

VI. Familienstreitsachen

25 Mit dem FamFG wird eine neue Begrifflichkeit eingeführt, die der **Familienstreitsachen**. Für diese Verfahren gelten einige Besonderheiten. Zu diesen Verfahren gehören nach § 112 FamFG:
- Unterhaltssachen nach § 231 Abs. 1 FamFG (Verwandten-, Ehegattenunterhalt, Unterhalt nach § 1615l BGB – aus Anlass der Geburt – und § 1615m BGB – Beerdigungskosten für die Mutter) und Lebenspartnerschaftssachen nach § 269 Abs. Nr. 8 FamFG (Kindesunterhalt) und Nr. 9 (Unterhalt für den Lebenspartner),
- Güterrechtssachen nach § 261 Abs. 1 FamFG und Lebenspartnerschaftssachen nach § 269 Abs. 1 Nr. 10 FamFG (Güterrecht),
- sonstige Familiensachen nach § 266 Abs. 1 FamFG und Lebenspartnerschaftssachen nach § 269 Abs. 2 FamFG.

26 Für diese Verfahren regelt § 113 FamFG, dass zahlreiche Vorschriften des FamFG keine Geltung finden und erklärt stattdessen die entsprechenden Vorschriften der ZPO für anwendbar. So kann beispielsweise nach § 113 Abs. 2 FamFG in Familienstreitsachen das Mahnverfahren nach der ZPO durchgeführt werden. Zur Anpassung der Begrifflichkeiten (Prozess – Verfahren; Klage – Antrag, Kläger – Antragsteller; Beklagter – Antragsgegner; Partei – Beteiligter) vgl. § 113 Abs. 5 FamFG.

VII. Isolierte Verfahren

27 Isolierte Verfahren sind Familiensachen, die nicht in Zusammenhang mit einer Ehesache, also „isoliert" geltend gemacht werden. Sie werden auch als „selbständige Familiensachen" bezeichnet. Sobald sie Gegenstand des Scheidungsverbunds (vgl. Rn. 31) werden, handelt es sich nicht mehr um isolierte Verfahren, sondern um sogenannte „Scheidungsfolgesachen".

28 Sind die Familiensachen keine Scheidungsfolgesachen, so sind sie **isolierte Familiensachen** (oder auch **selbständige Familiensachen**). Ihr Vorkommen lässt sich im Umkehrschluss zu der obigen Begründung wie folgt definieren:

29 Isolierte Familiensachen können grundsätzlich nur vor Anhängigkeit der Scheidung oder nach Beendigung der Scheidung auftreten (Beendigung = Schluss der mündlichen Verhandlung, § 137 Abs. 3 FamFG bzw. für andere Folgesachen nach § 137 Abs. 2 FamFG zwei Wochen vor der mündlichen Verhandlung). Dies gilt ausnahmsweise nicht bei:
- Abtrennung der Folgesache vom Verbund oder
- Geltendmachung der Folgesache nicht unter der Bedingung der Scheidung.

30 Besonderheit **Anwaltszwang:** Die isolierten Kindschaftssachen sind durch die Formulierung des § 114 Abs. 1 FamFG nicht miterfasst. Damit gilt für diese **kein Anwaltszwang**.

VIII. Verbundverfahren

1. Allgemein

Der sogenannte **Verbund** wird gebildet bei Anhängigkeit einer Scheidung. Es handelt sich hierbei um die Verbindung scheidungsbezogener Verfahren zu einem Gesamtverfahren unter „Führung" der Scheidung. Durch diese Verbindung soll den Parteien von Anfang an die Tragweite der Ehescheidung vor Augen geführt werden. 31

Die **Scheidungssache und die Folgesachen gelten nach** § 16 Nr. 4 RVG **als dieselbe kostenrechtliche Angelegenheit**. Die Werte der Folgesachen und der Ehesache sind daher zu addieren und gemeinsam abzurechnen. 32

Der Verbund setzt sich zusammen aus der **Scheidungssache** und den **Folgesachen**. Ziel des Verbundes ist die Herbeiführung einer gemeinsamen Entscheidung über Scheidung und die Folgesachen nach gleichzeitiger Verhandlung – § 137 FamFG. Wird der Scheidungsantrag abgewiesen, so werden auch die Folgesachen grundsätzlich gegenstandslos – § 142 FamFG. 33

Folgesachen sind nach § 137 Abs. 2 FamFG (Antragstellung zwei Wochen vor der letzten mündlichen Verhandlung notwendig): 34
- Versorgungsausgleich,
- Unterhaltssachen bzgl. eines gemeinschaftlichen Kindes,
- Unterhaltssachen bzgl. eines Ehegatten,
- Ehewohnungs- und Haushaltssachen,
- Güterrechtssachen.

Folgesachen sind nach § 137 Abs. 3 FamFG (= Antragstellung bis zum Schluss der mündlichen Verhandlung möglich): 35
- Übertragung und Entziehung der elterlichen Sorge,
- Umgangsrecht,
- Herausgabe.

Grundsätzlich ist mit der Ehesache auch bereits die Folgesache **Versorgungsausgleich** anhängig, da es hierfür keines entsprechenden Antrags bedarf. Dieser wird von Amts wegen durchgeführt. Ehesache und Versorgungsausgleich bilden daher den sogenannten „**Amtsverbund**" – § 137 Abs. 2 FamFG. 36

Beachte: Dies betrifft nur den **öffentlich-rechtlichen Versorgungsausgleich**, nicht den schuldrechtlichen, der nach dem VersAusglG bezeichnet wird als Versorgungsausgleich „nach der Scheidung". 37

Die weiteren Folgesachen werden in den Verbund aufgenommen, wenn sie anhängig gemacht werden – also ein entsprechender Antrag gestellt wird. Daher wird dieser Teil des Verbunds der **Antragsverbund** genannt. 38

Der Verfahrensantrag in den Folgesachen nach § 137 Abs. 2 FamFG muss gestellt werden mit dem Ziel, dass in der Folgesache eine Entscheidung zu treffen ist für den Fall der Scheidung. 39

Dies gilt nicht für die Verfahren nach § 137 Abs. 3 FamFG. In den Kindschaftssachen wird der Verbund auch dann hergestellt, wenn die Entscheidung nicht nur für den Fall der Scheidung beantragt wird, sondern auch dann, wenn es lediglich um die Zeit des Getrenntlebens geht. 40

Ist eine Angelegenheit aus dem Katalog des § 137 FamFG **bei einem anderen Gericht anhängig** (z.B. ein Unterhaltsverfahren – § 233 FamFG), so wird es, sobald eine Ehesache bei einem anderen Gericht anhängig wird, an dieses **abgegeben**. Ggf. wird die isolierte Familiensache beim Gericht der Scheidungssache zur Folgesache – § 137 Abs. 4 FamFG. 41

2. Aufnahme in den Verbund

a. Aufnahme mit Frist

Der Antrag zur Aufnahme in den Verbund ist nur zulässig bis **zwei Wochen vor der** letzten[1] **mündlichen Verhandlung** im ersten Rechtszug in der Scheidungssache – § 137 Abs. 2 FamFG. Hierdurch wird die bisher mögliche „Verzögerungstaktik" durch verspätete Antragstellung erst im Termin unterbunden. 42

---

[1] BGH v. 21.03.2012 - XII ZB 447/10 - FamRZ 2012, 863.

43 Hierbei ist zu beachten, dass die **Terminsbestimmung im Verbundverfahren** so erfolgen muss, dass die Ehegatten unter Einhaltung der Zweiwochenfrist nach § 137 Abs. 2 Satz 1 FamFG eine Folgesache anhängig machen können. Zur Vorbereitung eines Antrags muss den Ehegatten zusätzlich eine Woche zur Verfügung stehen. Maßgeblich für die Einhaltung der Frist ist der **letzte Termin**, auf den die Scheidung ausgesprochen wird.[2]

44 Zur Wahrung der 2-Wochen-Frist des § 137 Abs. 2 FamFG reicht das rechtzeitige Einreichen eines **Verfahrenskostenhilfeantrages** für die Folgesache.[3]

b. Aufnahme ohne Frist

45 Bei der Folgesache handelt es sich um eine Kindschaftssache nach § 137 Abs. 3 FamFG (elterliche Sorge, Umgang, Herausgabe). Hier kann der entsprechende Antrag auch noch in der mündlichen Verhandlung selbst gestellt werden.

46 Der **Verbund wird auch nachträglich hergestellt**, wenn das familienrechtliche Verfahren bereits vor dem Scheidungsverfahren als isoliertes Verfahren anhängig war oder wenn das Verfahren an das Familiengericht verwiesen oder abgegeben wird – § 137 Abs. 4 FamFG.

3. Schaubild Familiensachen

47 Die oben genannten Verfahren können alle als isolierte Verfahren – das heißt unabhängig von einer Scheidung – vorkommen.

Familiensachen nach § 111 FamFG

Ehesachen	Adoptionssachen	Versorgungsausgleich	Sonstige F-Sachen
Kindschaftssachen	Ehewohnung/Haushalt	Unterhalt	Lebenspartnerschaft
Abstammungssachen	Gewaltschutz	Güterrecht	

---

[2] BGH v. 05.06.2013 - XII ZB 427/11 - FamRZ 2013, 1300.
[3] OLG Oldenburg v. 16.12.2011 - 11 UF 168/11 - FamRZ 2012, 656; OLG Hamm v. 17.10.2011 - II-6 UF 144/11 - NJW 2012, 240 = FamRZ 2012, 655.

Einige von ihnen können jedoch auch als Folgesachen Bestandteil des sogenannten Scheidungs-Verbunds sein: 48

Verbundverfahren nach § 137 FamFG

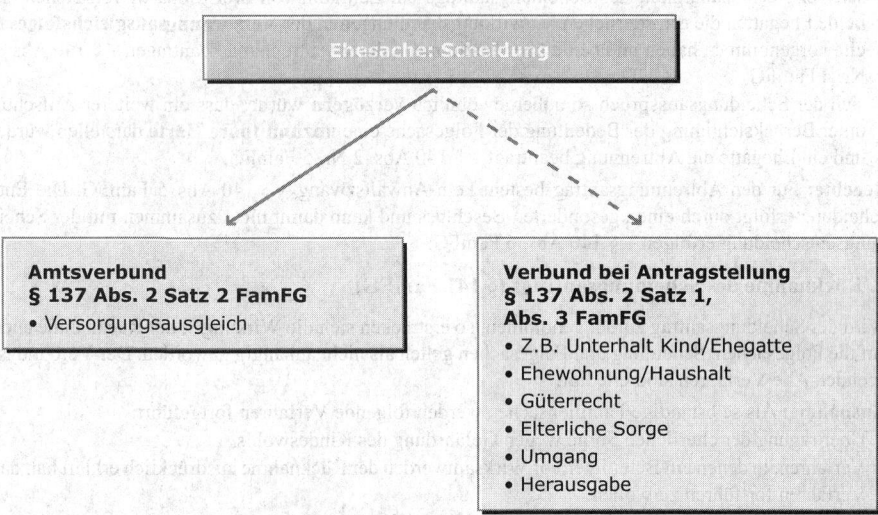

4. Auflösung des Verbundes und Abtrennung

Grundsätzlich werden Scheidung und Folgesachen im Verbund zusammen fortgeführt bis zu einer gemeinschaftlichen Entscheidung über alle Gegenstände. Von diesem Grundsatz kann unter bestimmten Umständen abgewichen werden. 49

Im Hinblick auf die Auflösung des Verbunds und Abtrennung von Folgesachen aus dem Verbund sind die folgenden Konstellationen zu beachten: 50

a. Abtrennung von Folgesachen (§ 140 FamFG)

Folgesachen, die Gegenstand eines Verbundverfahrens sind, können von diesem abgetrennt werden. Ob diese Verfahren trotz der Abtrennung Bestandteil des Verbundes bleiben oder nunmehr ein isoliertes Verfahren darstellen, bestimmt sich nach § 137 Abs. 5 FamFG. Danach bleiben Folgesachen nach § 137 Abs. 2 FamFG grundsätzlich **Bestandteil des Verbundes**. Dies gilt auch für Folgesachen untereinander. 51

Ausnahme: Für die Folgesachen nach § 137 Abs. 3 FamFG (sogenannte Kindschaftssachen) wird der **Verbund aufgelöst**. Diese werden als selbständige Verfahren fortgeführt – § 137 Abs. 3 FamFG. Es handelt sich um die folgenden Verfahren: 52

- Übertragung und Entziehung der elterlichen Sorge,
- Umgangsrecht,
- Kindesherausgabe.

Die Abtrennung **ist** vorzunehmen, wenn: 53

- in einer Unterhalts- oder Güterrechtssache ein Dritter Verfahrensbeteiligter wird – § 140 Abs. 1 FamFG (**Beispiel:** das unterhaltsberechtigte Kind wird volljährig).

Die Abtrennung **kann** vorgenommen werden (Ermessensentscheidung), wenn: 54

- in einer **Versorgungsausgleichsfolgesache** oder **Güterrechtsfolgesache** vor der Auflösung der Ehe eine Entscheidung nicht möglich ist – § 140 Abs. 2 Nr. 1 FamFG,
- in einer **Versorgungsausgleichsfolgesache** das Verfahren ausgesetzt ist, weil ein Rechtsstreit über den Bestand oder die Höhe eines Anrechts vor einem anderen Gericht anhängig ist – § 140 Abs. 2 Nr. 2 FamFG,

- in einer **Kindschaftsfolgesache** das Gericht dies aus Gründen des Kindeswohls für sachgerecht hält oder das Verfahren ausgesetzt ist – § 140 Abs. 2 Nr. 3 FamFG; das Gericht kann in diesem Fall bei Bedarf wegen des Zusammenhangs auch eine eventuell anhängige **Unterhaltssache** mit abtrennen – § 140 Abs. 3 FamFG,
- seit der Rechtshängigkeit des Scheidungsantrags ein Zeitraum von drei Monaten verstrichen ist, beide Ehegatten die erforderlichen Mitwirkungshandlungen in der **Versorgungsausgleichsfolgesache** vorgenommen haben und beide übereinstimmend deren Abtrennung beantragen – § 140 Abs. 2 Nr. 4 FamFG,
- sich der Scheidungsausspruch so außergewöhnlich **verzögern** würde, dass ein weiterer Aufschub unter Berücksichtigung der Bedeutung der Folgesache eine **unzumutbare Härte** darstellen würde, und ein Ehegatte die Abtrennung beantragt – § 140 Abs. 2 Nr. 5 FamFG.

55 **Beachte:** Für den Abtrennungsantrag besteht kein Anwaltszwang – § 140 Abs. 5 FamFG. Die Entscheidung erfolgt durch einen gesonderten Beschluss und kann damit nicht zusammen mit der Scheidungsentscheidung erfolgen – § 140 Abs. 6 FamFG.

b. Rücknahme des Scheidungsantrags (§ 141 FamFG)

56 Wird der Scheidungsantrag zurückgenommen, so erstrecken sich die Wirkungen der Rücknahme auch auf die Folgesachen. Scheidung und Folgesachen gelten als nicht anhängig geworden. Der Verbund ist beendet. Alle Verfahren sind erledigt.

57 **Ausnahme:** Als selbständige Familiensachen werden folgende Verfahren fortgeführt:
- Übertragung der elterlichen Sorge wegen Gefährdung des Kindeswohls,
- Verfahren, in denen ein Beteiligter vor Wirksamwerden der Rücknahme ausdrücklich erklärt hat, das Verfahren fortführen zu wollen.

Diese Verfahren werden als isolierte Verfahren fortgeführt.

c. Abweisung des Scheidungsantrags (§ 142 Abs. 2 FamFG)

58 Weist das Gericht den Scheidungsantrag ab, so werden die ebenfalls anhängigen Folgesachen grundsätzlich gegenstandslos. Scheidung und Folgesachen gelten damit als nicht anhängig geworden. Der Verbund ist beendet. Alle Verfahren sind erledigt.

59 **Ausnahme:** Als selbständige Familiensachen werden folgende Verfahren fortgeführt:
- Kindschaftssachen nach § 137 Abs. 3 FamFG (elterliche Sorge, Umgangsrecht, Kindesherausgabe),
- Verfahren, in denen ein Beteiligter vor der Entscheidung ausdrücklich erklärt hat, das Verfahren fortführen zu wollen.

Diese Verfahren werden als isolierte Verfahren fortgeführt.

IX. Isolierte Geltendmachung von „Folgesachen" außerhalb des Verbunds

60 Durch die getrennte Geltendmachung einer Folgesache neben dem anhängigen Verbund (oder ggf. auch nach Beendigung des Verbunds, wenn eine rechtzeitige Geltendmachung möglich gewesen wäre) entstehen deutlich höhere Kosten. Die Partei ist grundsätzlich gehalten, den kostengünstigsten Weg zur Durchsetzung ihrer Interessen zu wählen. Es werden nur die zur Durchführung des Verfahrens notwendigen Aufwendungen der Beteiligten erstattet – § 80 FamFG.

61 Der Gegner kann daher der Festsetzung der Kosten der Folgesachen mit der Begründung entgegentreten, dass die durch die getrennte Geltendmachung entstandenen Mehrkosten die Partei selbst zu tragen habe. Dies gilt, solange nicht besondere Gründe eine getrennte Geltendmachung rechtfertigen.

62 Von diesem Grundsatz ist in der letzten Zeit abgewichen worden. Hiernach kann trotz des anhängigen Verbunds eine Familienstreitsache auch bei einem anhängigen Scheidungsverfahren isoliert geltend gemacht werden. Die isolierte Geltendmachung eines Unterhaltsanspruchs neben dem Verbundverfahren verstößt nicht gegen die Prinzipien einer kostensparenden Verfahrensführung, da bei einer gemeinsamen Entscheidung der Kostenaufhebung im Scheidungsverfahren droht, obwohl ggf. der Gegner die Kosten des Unterhaltsverfahrens tragen müsste.[4]

63 Dies gilt neben dem Unterhaltsverfahren auch für weitere Familienstreitsachen, nicht jedoch für Ansprüche, die nach dem FamFG keine Familienstreitsachen sind, wie die elterliche Sorge und das Umgangsrecht.

---

[4] BGH v. 10.03.2005 - XII ZB 19/04 - NJW 2005, 1498 = FamRZ 2005, 788.

Bei der Beantwortung der Notwendigkeit der getrennten Geltendmachung ist nicht grundsätzlich der insgesamt billigste Weg zu wählen. Maßgeblich ist der Weg, der für den jeweiligen Antragsteller die geringsten Kosten verursacht. Wenn er davon ausgehen kann, dass er die Kosten des isolierten Verfahrens nicht zu tragen hat und die Kosten des Verbunds gegeneinander aufgehoben werden, so ist die getrennte Geltendmachung der für ihn günstigste Weg. Damit sind auch diese Kosten erstattungsfähig. Dies gilt auch für die Frage der Mutwilligkeit von Verfahrenskostenhilfe.[5]

X. Lebenspartnerschaftssachen

Die obigen Ausführungen gelten grundsätzlich in gleicher Weise für die Lebenspartnerschaften. Bei diesen handelt es sich um Familiensachen nach § 111 Nr. 11 FamFG. Die einzelnen Lebenspartnerschaftssachen finden sich in der Liste des § 269 FamFG.

Die Verweisung auf die Verfahrensvorschriften für die entsprechenden „normalen" Familiensachen findet sich in § 270 FamFG.

XI. Einstweiliger Rechtsschutz/einstweilige Anordnungen

Nach der für alle Verfahren des FamFG geltenden Vorschrift des § 49 FamFG kann das Gericht durch einstweilige Anordnung eine vorläufige Maßnahme treffen,
- wenn dies nach den für das Rechtsverhältnis maßgebenden Vorschriften gerechtfertigt ist und
- ein dringendes Bedürfnis für ein sofortiges Tätigwerden besteht.

Das FamFG lässt es nunmehr zu, dass eine einstweilige Anordnung auch **ohne Anhängigkeit der Hauptsache oder einer Ehesache** erlassen werden kann. Dies ergibt sich aus § 52 FamFG. Die allgemeinen Vorschriften für die einstweilige Anordnung (§ 49 ff. FamFG) gelten über die §§ 113, 119 FamFG auch für die Familienstreitsachen.

Damit gelten die genannten Vorschriften ohne Einschränkungen sowohl für einstweilige Anordnungen, die mit der Hauptsache als auch für solche, die ohne eine anhängige Hauptsache geltend gemacht werden. Genauso wenig spielt es eine Rolle, ob die Hauptsache im Verbund oder als isoliertes Verfahren anhängig ist.

Das Verfahren der einstweiligen Anordnung ist ein **selbständiges Verfahren**. Dies gilt auch dann, wenn eine Hauptsache anhängig ist. Das Gericht kann von einzelnen Verfahrenshandlungen im Hauptsacheverfahren absehen, wenn diese bereits im Verfahren der einstweiligen Anordnung vorgenommen wurden und von einer erneuten Vornahme keine zusätzlichen Erkenntnisse zu erwarten sind – § 51 Abs. 3 FamFG.

Über die Kosten der einstweiligen Anordnung ist daher auch selbständig zu entscheiden. Es gelten die allgemeinen Vorschriften – § 51 Abs. 4 FamFG. Im Gegensatz zum bisherigen Recht erfolgt die Entscheidung nicht mehr zusammen mit der Hauptsache.

In Familienstreitsachen ist über § 119 FamFG auch der Arrest nach der ZPO zulässig.

Für die einstweiligen Anordnungen besteht kein Anwaltszwang – § 114 Abs. 4 Nr. 1 FamFG.

Sonderregelungen gelten für die folgenden einstweiligen Anordnungen:

1. Gewaltschutzsachen (§ 214 FamFG)

In Gewaltschutzsachen können einstweilige Regelungen nach den §§ 1 und 2 GewSchG (z.B. Platzverweis, Kontaktverbot, Wohnungsverweisung) getroffen werden.

2. Versorgungsausgleich (§ 226 FamFG)

In Sonderfällen kann die Zahlung einer Ausgleichsrente oder Hinterbliebenenrente im Wege der einstweiligen Anordnung verlangt werden. Hier ist ausnahmsweise ein dringendes Bedürfnis nicht vorgeschrieben. Auch kann durch die einstweilige Anordnung bereits eine endgültige Regelung getroffen werden.

3. Unterhaltssachen, Verfahrenskostenvorschuss (§ 246 FamFG)

Für die Zahlung des Unterhalts (§ 1361 Abs. 4 BGB) oder die Zahlung des Kostenvorschusses für ein gerichtliches Verfahren (§ 1360a Abs. 4 BGB) ist ausnahmsweise ein dringendes Bedürfnis nicht vorgeschrieben. Auch kann durch die einstweilige Anordnung bereits eine endgültige Maßnahme – also Zahlung des vollen Unterhalts – geregelt werden. Die Rechte des Schuldners werden durch die §§ 52 (Durchführung der Hauptsache), 54 FamFG (Aufhebung und Abänderung) gewahrt.

---

[5] BGH v. 10.03.2005 - XII ZB 19/04 - NJW 2005, 1498 = FamRZ 2005, 788.

4. Unterhaltssachen bei Geburt des Kindes (§ 247 FamFG)

79 Bereits vor der Geburt des Kindes kann im Rahmen einer einstweiligen Anordnung die Verpflichtung zur Zahlung des für die ersten drei Monate dem Kind zu gewährenden Unterhalts sowie des der Mutter nach § 1615l Abs. 1 BGB zustehenden Betrags geregelt werden.

5. Unterhalt bei nicht feststehender Vaterschaft (§ 248 FamFG)

80 Ein Verfahren zur Unterhaltszahlung im Rahmen einer einstweiligen Anordnung ist nur zulässig, wenn auch bereits ein entsprechendes Vaterschaftsfeststellungsverfahren anhängig ist.

XII. Rechtsmittel

81 Gegen die im ersten Rechtszug ergangenen Endentscheidungen des Familiengerichts findet die **befristete Beschwerde** (§§ 58 Abs. 1, 63 Abs. 1 FamFG) statt. Die **Frist** beträgt in der Regel einen Monat. Sie beginnt mit der schriftlichen Bekanntgabe des Beschlusses.

82 Es muss in vermögensrechtlichen Angelegenheiten ein **Beschwerdewert** von 600 € überstiegen werden – § 61 FamFG. Nach § 65 FamFG soll die Beschwerde begründet werden. Da dies lediglich als Sollvorschrift formuliert ist, kann eine Beschwerde nicht wegen einer **fehlenden Begründung** als unzulässig verworfen werden (Ausnahme: Ehesachen und Familienstreitsachen – hier ist die Begründung vorgeschrieben – § 117 FamFG).

83 Es gilt die Besonderheit, dass nach § 119 Abs. 1 Nr. 1a GVG Rechtsmittelgericht direkt das **Oberlandesgericht** ist. Im Instanzenzug der Familiensachen ist das Landgericht ausgeklammert.

84 Gegen die Entscheidung des Beschwerdegerichts ist nach § 70 FamFG die **Rechtsbeschwerde** zulässig. Diese muss durch das Beschwerdegericht zugelassen werden. Für die Entscheidung über die Rechtsbeschwerde ist der BGH zuständig – § 133 FamFG.

85 Das **minderjährige Kind** hat ein eigenes **Beschwerderecht**, sofern es bei Erlass der Entscheidung mindestens vierzehn Jahre alt und in seinen Rechten betroffen ist, § 61 FamFG.

XIII. Allgemeine Kostenregelungen des FamFG

86 Die Kostenregelungen des FamFG finden sich in den §§ 80-85 FamFG:
- Der Begriff der Kosten wird in § 80 FamFG definiert. Es handelt sich hiernach um die Gerichtskosten nach dem FamGKG sowie die zur Durchführung des Verfahrens notwendigen Aufwendungen der Beteiligten. Durch einen Verweis auf § 91 ZPO gehören hierzu auch die Reise- und Terminskosten der Partei.
- Der Grundsatz der Kostentragungspflicht wird in § 81 FamFG geregelt. Insbesondere wird hier festgestellt, dass in Familiensachen immer über die Kosten zu entscheiden ist. Die Entscheidung über die Kosten ist in der Endentscheidung zu treffen – § 82 FamFG. Das Gericht soll die Kosten nach Ermessen auf die Beteiligten verteilen. § 81 FamFG gibt hierfür einige Regelungen vor. Zu beachten ist hierbei, dass einer minderjährigen Person in Verfahren, die diese betreffen, keine Kosten auferlegt werden dürfen.
- Wird das Verfahren durch einen **Vergleich** erledigt, der keine Regelung der Kosten enthält, so tragen die Beteiligten die gerichtlichen Kosten zu gleichen Anteilen sowie die eigenen außergerichtlichen Kosten – § 83 FamFG.
- Die Kosten eines **erfolglosen Rechtsmittels** trägt im Regelfall der Rechtsmittelführer – § 84 FamFG.
- Für die **Kostenfestsetzung** gelten nach § 85 FamFG die §§ 103-107 ZPO entsprechend.

87 Diese Regelungen werden für einige Familiensachen um Sondervorschriften ergänzt:

1. Ehesachen

88 Wird die Aufhebung der Ehe ausgesprochen, sind die Kosten des Verfahrens regelmäßig gegeneinander aufzuheben – § 132 FamFG.

2. Scheidungs- und Folgesachen

89 Die Kosten der Scheidungssache und der Folgesachen sind regelmäßig **gegeneinander aufzuheben** – § 150 FamFG. Für den Fall der Abweisung, Zurücknahme sowie für den Fall, dass ein Dritter Verfahrensbeteiligter wird, sind anderweitige Kostenregelungen vorgesehen.

Erscheint die in § 150 Abs. 1-3 FamFG vorgesehene Kostenregelung **unbillig**, so kann das Gericht die Kosten nach **billigem Ermessen** verteilen. Einer Vereinbarung der Parteien über die Kosten soll das Gericht hierbei folgen – § 150 Abs. 4 FamFG. 90

Beispiel: Im Scheidungsverbund wird auch der Ehegattenunterhalt geltend gemacht. Es besteht Streit über die Höhe des Anspruchs. Der Ehemann unterliegt vollständig. In diesem Fall sollte das Gericht die diesbezüglich entstanden Kosten dem Mann allein auferlegen. 91

Für Folgesachen, die trotz **Abtrennung** Bestandteil des Verbundes bleiben, gelten die obigen Vorschriften. Für Folgesachen, die nach der Abtrennung isoliert geführt werden, gelten die jeweiligen Kostenvorschriften. 92

3. Kosten bei Anfechtung der Vaterschaft

Hat ein Antrag auf Anfechtung der Vaterschaft Erfolg, tragen die Beteiligten, mit Ausnahme des minderjährigen Kindes, die Gerichtskosten zu gleichen Teilen; die Beteiligten tragen ihre außergerichtlichen Kosten selbst, § 182 FamFG. 93

XIV. Anzuwendende Gebührenvorschriften

Unabhängig davon, ob es sich um Familiensachen oder Familienstreitsachen handelt, oder ob ein Verbund- oder ein isoliertes Verfahren vorliegt, bestimmen sich die Gebühren im gerichtlichen Verfahren aus dem Teil 3 des RVG. 94

Für die außergerichtliche Vertretung ist der Teil 2 des Vergütungsverzeichnisses maßgebend. 95

Entscheidend ist die Frage des geltenden Verfahrensrechts allerdings für die Ermittlung des jeweiligen Streitwerts. Dieser kann, je nach Verfahrensstatus, erheblich abweichen. 96

Kostenrechtliche Hinweise in Familiensachen (Teil 2)
Streitwerte in Familiensachen

Gliederung

A. Gegenstandswerte in Familiensachen – Wertermittlung Grundlagen 1
I. Allgemein: grundsätzliche Vorgehensweise 1
1. Schritt 1: § 23 Abs. 1 RVG 1
2. Schritt 2: Teile der KostO i.V.m. § 23 Abs. 3 Satz 1 RVG 2
3. Schritt 3: Auffangvorschrift § 23 Abs. 3 Satz 2 RVG 4
4. Mehrere Gegenstände (§ 33 FamGKG) 5
II. Zeitpunkt der Wertberechnung (§ 34 FamGKG) 11
III. Geldforderung (§ 35 FamGKG) 16
IV. Haupt- und Nebenforderung (§ 37 FamGKG) 17
V. Werte bei Verbindung (§ 20 FamFG) 20
B. Verfahrenswerte allgemein 24
C. Wert in Ehesachen (§ 43 FamGKG) 29
I. Mindestwert/Höchstwert: 30
II. Merkmal Umfang 33
III. Merkmal Bedeutung 38
IV. Merkmal: Einkommen 40
1. Allgemein 40
2. Sozialleistungen/Arbeitslosengeld als Einkommen 44
V. Merkmal: Vermögen 53
1. Beispiel: Merkmal Vermögen (Berechnung Scheidungswert nach OLG Koblenz) 58
2. Berechnung des Gegenstandswerts nach OLG Frankfurt 60
3. Immobilie zu Wohnzwecken 61
4. Beispielfall: Wertberechnung bei einer gewöhnlichen Immobilie 65
5. Beiderseitige Antragstellung 66
D. Werte im Verbund (§ 44 FamGKG) 67
E. Kindschaftssachen im Verbund (§ 44 FamGKG) 68
F. Kindschaftssachen isoliert (§ 45 FamGKG) 72
I. Wertaufschläge 76
II. Wertabschläge 78
III. Mehrere Kindschaftssachen 82
IV. Teilbereich der elterlichen Sorge betroffen 84
G. Zugewinnausgleichsforderung (§ 35 FamGKG) 86
I. Vorzeitiger Zugewinnausgleich 87
II. Zugewinnausgleichsverfahren und -widerverfahren 89
III. Auskunftsverfahren isoliert 90
IV. Stufenverfahren auf Zugewinnausgleich 93
V. Wert für außergerichtliche Ermittlung des Ausgleichsanspruchs 101
VI. Beschwerdewert bei Verurteilung zur Auskunftserteilung 103

VII. Stundung des Ausgleichsanspruchs (§ 1382 BGB) 106
VIII. Übertragung von Gegenständen unter Anrechnung auf die Ausgleichsforderung 115
IX. Negatives Feststellungsverfahren wegen weiterer Zugewinnausgleichsansprüche 123
X. Änderung des Güterstandes 124
H. Unterhaltssachen (§ 51 FamGKG) 125
I. Laufende Beträge 125
II. Zeitpunkt der Wertberechnung 129
III. Berechnungsbeginn bei Verfahrenskostenhilfe 130
IV. Rückstände 133
V. Rückstände bei außergerichtlicher Geltendmachung 136
VI. Unterhalt für weniger als ein Jahr 141
VII. Antragserweiterung 147
VIII. Unterhaltsabänderungswiderantrag 150
IX. Kapitalabfindung statt laufender Beträge 151
X. Vertragliche Unterhaltsansprüche 153
XI. Unterhaltsverzicht 155
XII. Titulierungsinteresse/freiwillig gezahlte Beträge 157
XIII. Stufenantrag in Unterhaltssachen 158
1. Auskunftsanspruch 158
2. Leistungsanspruch 160
a. Leistungsanspruch bleibt unbeziffert 160
b. Leistungsanspruch wird beziffert 165
3. Eidesstattliche Versicherung 167
4. Mehrere Auskunftsansprüche 168
5. Wechselseitige Auskunftsansprüche 169
6. Auskunft und bezifferte Leistungsstufe nebeneinander 170
XIV. Isolierte Geltendmachung trotz Verbund 172
XV. Mindestunterhalt 174
XVI. Getrenntlebensunterhalt 180
I. Abstammungssachen (§ 47 FamGKG) 183
I. Mehrere Kinder 184
II. Mindestunterhalt zusammen mit Vaterschaftsfeststellung 187
J. Versorgungsausgleich (§ 50 FamGKG) 191
I. Allgemein 191
II. Jedes Anrecht 196
III. Mindestwert 202
IV. Dreimonatliches Nettoeinkommen 204
V. Auskunftsansprüche 209
VI. Billigkeit 211
VII. Zeitpunkt der Wertberechnung 215
VIII. Beschwerdewert bei teilweiser Anfechtung 216
IX. Beispielsfall: Scheidung mit Versorgungsausgleich 217
K. Haushaltssachen 218

I. Allgemein 218	4. Unterhaltssachen bei Geburt des Kindes
II. Billigkeitsregelung 225	(§ 247 FamFG) 272
L. Ehewohnung 228	5. Unterhalt bei nicht feststehender Vaterschaft
I. Allgemein 228	(§ 248 FamFG) 273
II. Nutzungsentschädigung/Nutzungsentgelt 232	V. Beispiele zur einstweiligen Anordnung 274
III. Billigkeitsregelung 235	1. Beispiel: einstweilige Anordnung zum
IV. Entlassung aus dem Mietvertrag 240	Umgangsrecht 274
M. Gewaltschutz (§ 49 FamGKG) 241	2. Beispiel: Mehrere einstweilige Anordnungen
N. Einstweilige Anordnungen 244	bzgl. desselben Gegenstands 275
I. Allgemein 244	3. Beispiel: Vorwegnahme der Entscheidung
1. Verfahrensrecht 244	durch die einstweilige Anordnung 276
2. Kostenrecht 251	4. Beispiel: einstweilige Anordnung im
II. Aufschlag/Abschlag wegen höherer/gerin-	Beschwerdeverfahren 277
gerer Bedeutung 260	5. Beispiel: Gleichzeitige Erledigung von
III. Wert für Arrest 267	Trennungsunterhalt Hauptsache und einst-
IV. Sonderregelungen für einzelne Verfahren 269	weilige Anordnung 278
1. Gewaltschutzsachen (§ 214 FamFG) 269	**O. Eheverträge** 281
2. Versorgungsausgleich (§ 226 FamFG) 270	**P. Vermögensauseinandersetzung** 284
3. Unterhaltssachen, Verfahrenskostenvor-	I. Auseinandersetzung von Schulden 284
schuss (§ 246 FamFG) 271	II. Auseinandersetzung von Gesamthands-/
	Bruchteilsgemeinschaften 286

A. Gegenstandswerte in Familiensachen – Wertermittlung Grundlagen

I. Allgemein: grundsätzliche Vorgehensweise

1. Schritt 1: § 23 Abs. 1 RVG

Nach den §§ 22, 23 RVG bestimmen sich die Werte für die anwaltlichen Gebühren nach den Werten, die für das gerichtliche Verfahren gelten. Voraussetzung ist, dass es sich um ein gerichtliches Verfahren handelt, für das eine der folgenden Alternativen gilt. Es handelt sich um ein Verfahren, 1

- in dem sich die Gerichtsgebühren nach dem Gegenstandswert richten (§ 23 Abs. 1 Satz 1 RVG),
- in dem Festgebühren vorgesehen sind (§ 23 Abs. 1 Satz 2 RVG),
- in dem gar keine Gebühren erhoben werden (analog § 23 Abs. 1 Satz 2 RVG) oder
- bei dem es sich um eine außergerichtliche Tätigkeit handelt, die auch Gegenstand eines der vorgenannten gerichtlichen Verfahren sein könnte (§ 23 Abs. 1 Satz 3 RVG).

2. Schritt 2: Teile der KostO i.V.m. § 23 Abs. 3 Satz 1 RVG

Liegt kein Fall des § 23 Abs. 1 RVG vor, so sind einige Bewertungsvorschriften und die §§ 37, 38, 42 bis 45 sowie 99 bis 102 GNotKG entsprechend maßgebend (§ 23 Abs. 3 Satz 1 RVG), so z.B. für Eheverträge § 100 GNotKG. 2

Hinweis: Hiermit sind auch inhaltliche Änderungen verbunden. Nach § 38 GNotKG werden Verbindlichkeiten demnach bei Ermittlung des Geschäftswerts nicht abgezogen, sofern nichts anderes bestimmt ist. Dies trifft besonders Nachlasssachen. Bei einem Ehevertrag werden die Schulden nur noch zur Hälfte abgezogen – § 100 GNotKG. 3

3. Schritt 3: Auffangvorschrift § 23 Abs. 3 Satz 2 RVG

Lässt sich auch hiernach der Wert nicht bestimmen, so gilt Folgendes: 4

- **Keine vermögensrechtliche Streitigkeit:** Es gilt ein Auffangwert in Höhe von 5.000 € (§ 23 Abs. 3 Satz 2 HS. 2 RVG), der je nach Lage des Einzelfalls niedriger oder höher angenommen werden kann, jedoch 500.000 € nicht übersteigen darf.
- **Sonstiger Fall:** Der Gegenstand ist nach billigem Ermessen zu schätzen (§ 23 Abs. 3 Satz 2 HS. 1 RVG). Wenn für die Ausübung des billigen Ermessens keine Anhaltspunkte gegeben sind, so gilt der Auffangwert von 5.000 € (§ 23 Abs. 3 Satz 2 HS. 2 RVG).

Kostenrechtl. Hinw. in Familiensachen (Teil 2)

4. Mehrere Gegenstände (§ 33 FamGKG)

5 Mehrere Gegenstände in derselben Angelegenheit werden grundsätzlich zusammengerechnet. Soweit sich der Gegenstandswert unmittelbar aus dem RVG ergibt, folgt dies aus § 22 Abs. 1 RVG; soweit sich der Gegenstandswert nach dem für die Gerichtskosten geltenden Wert berechnet (§ 23 Abs. 1 Sätze 1 und 3 RVG), folgt dies aus § 33 FamGKG, sofern nicht besondere Regelungen gelten, wie z.B. die §§ 44 Abs. 2 Satz 2, 52 FamGKG.

6 Die Familiensachen setzen sich häufig aus einer Vielzahl verschiedener Gegenstände zusammen. Hinzu kommt, dass teilweise unterschiedliche Werte für denselben Gegenstand zu berücksichtigen sind, abhängig von der Frage, ob er als Folgesache im Verbund oder als isoliertes Verfahren geltend gemacht wird.

7 Zentrale Vorschrift ist hier § 44 Abs. 1 FamGKG. Hiernach gelten die Scheidungssache und die Folgesachen kostenrechtlich als ein Verfahren. Damit werden die **Werte aller Verbundverfahren zusammengerechnet** – § 33 FamGKG.

8 Eine Zusammenrechnung unterbleibt dahingegen, wenn mit einem **nichtvermögensrechtlichen Anspruch** ein hieraus hergeleiteter vermögensrechtlicher Anspruch verbunden wird – § 33 Abs. 1 Satz 2 FamGKG.
Beispiel: hergeleiteter vermögensrechtlicher Anspruch
Verfahren auf Vaterschaftsfeststellung und Antrag auf Zahlung des Mindestunterhalts:
Wert Vaterschaftsfeststellung: 2.000 € – § 47 FamGKG; Wert Mindestunterhalt: (272 * 12) € – § 51 FamGKG (Jahresbetrag).
Damit ist hier der höhere Wert mit 3.264 € als Wert maßgebend.

9 Eine Addition scheidet aus bei **Stufenverfahren** (§ 38 FamGKG), ebenso bei Antrag und Widerantrag, die denselben Gegenstand betreffen (§ 39 Abs. 1 Satz 3 FamGKG). Hier gilt nur der höhere Wert.

10 Die Zusammenrechnung der Werte unterbleibt ebenfalls, wenn bei Kindessachen in Verbundverfahren mehrere Kinder betroffen sind. Der prozentuale Aufschlag (§ 44 Abs. 1 Satz 2 FamFG) wird nur einmal berücksichtigt.

II. Zeitpunkt der Wertberechnung (§ 34 FamGKG)

11 Maßgeblich für den Zeitpunkt der Wertberechnung ist der Zeitpunkt der ersten Antragstellung – § 34 RVG. Dies ist besonders in den Angelegenheiten von Bedeutung, wo das Einkommen/Vermögen der Parteien den Wert (mit-)bildet (z.B. Ehesachen). Häufig verändern sich die Verhältnisse der Parteien erheblich. Maßgeblich bleibt immer das Einkommen/Vermögen bei Antragstellung. Eine im Laufe des Verfahrens eintretende Verringerung oder Erhöhung des Einkommens hat keine Auswirkung auf die Festsetzung des erstinstanzlichen Gegenstandswertes. So ist z.B. für die Scheidung maßgebend das Einkommen, das in den letzten drei Monaten vor der Antragstellung erzielt worden ist, § 34 FamGKG. Spätere Einkommensänderungen haben keine Auswirkungen mehr.

12 **Beispiel:** Unberücksichtigt bleibt daher eine Einkommens- oder Vermögensänderung, die nach Antragstellung erfolgt wegen:
- Arbeitslosigkeit,
- Renteneintritt,
- Pensionierung,
- Abfindungszahlungen,
- Erwerb/Veräußerung einer Immobilie usw.

13 **Beachte:** Auch nach Antragstellung **erfolgte Zahlungen** auf die Verfahrensforderung (hier Unterhalt) verändern den Wert nicht.

14 **Beachte:** Ist der Verfahrenswert bereits bei der Antragstellung zur **Auskunftsstufe** durch eine konkrete Begehrensvorstellung des Antragstellers bestimmt, so kann dieser Wert im weiteren Verfahren (Ausnahme: teilweise Rücknahme/teilweises Anerkenntnis) in keinem Fall mehr unterschritten werden.[1]

15 **Beachte:** In Unterhaltssachen ist ausnahmsweise auch auf den Zeitpunkt der Einreichung eines **Verfahrenskostenhilfe-Antrags** abzustellen (§ 51 Abs. 2 FamGKG).

---

[1] OLG Schleswig v. 08.08.2013 - 15 WF 269/13 - FamFR 2013, 546; OLG Celle v. 17.06.2011 - 10 WF 164/11 - FamRZ 2011, 1809 = JurBüro 2011, 483.

III. Geldforderung (§ 35 FamGKG)

Wird eine bezifferte Geldforderung verlangt, so bemisst sich der Verfahrenswert nach deren Höhe, soweit nichts anderes bestimmt ist. Dies gilt z.B. für die Familienstreitsache Zugewinn.

IV. Haupt- und Nebenforderung (§ 37 FamGKG)

Früchte, Nutzungen, Zinsen und Kosten stellen grundsätzlich Nebenforderungen dar und bleiben bei der Wertberechnung unberücksichtigt.

Ausnahmsweise gilt dies nicht, wenn Nebenforderungen ohne die entsprechende Hauptforderung geltend gemacht werden. Dies kann insbesondere außergerichtliche Anwaltsvergütung treffen, wenn sich nämlich ein Teil des vorgerichtlichen Gegenstands erledigt hat.

Beispiel: außergerichtliche Anwaltsvergütung als Hauptforderung: Der Rechtsanwalt macht außergerichtlich den Unterhalt für die Mutter (mtl. 750 €) und für das Kind (mtl. 500) geltend. Der Vater erkennt den Anspruch für das Kind an und zahlt freiwillig. Der Anspruch für die Mutter wird abgelehnt. RA reicht entsprechende Klage für die Mutter ein.

Außergerichtlich entstanden:

	Geschäftsgebühr, Nr. 2300 VV (1,3) Wert: 15.000 €	845 €
=	Gesamtbetrag (incl. Pauschale und Steuer)	1.029,35 €

Der Antragstenor muss lauten:

Hauptforderung: ... beantragen wir, den Gegner zu verurteilen mtl. 750 € Unterhalt zu zahlen ...
Nebenforderung: nebst vorgerichtlicher Rechtsanwaltsvergütung als Nebenforderung, soweit sie wegen der obigen Unterhaltsforderung entstanden sind, mit 808,13 € (Geschäftsgebühr, Nr. 2300 VV (1,3) Wert: 9.000 € mit 659,10 €; Pauschale Nr. 7002 VV mit 20 €; 19% Umsatzsteuer Nr. 7008 VV mit 129,03 €).
Weitere Hauptforderung: Außergerichtlich wurden Unterhalt für Mutter und Kind geltend gemacht (Gegenstandswert: 15.000 €). Anerkannt wurde der Anspruch des Kindes (6.000 €). Soweit die gesamte außergerichtliche Vergütung die Vergütung für den Klageanspruch (Gegenstandswert: 9.000 €) übersteigt, ist sie als Hauptforderung zu behandeln.

	Vergütung über 15.000 € mit	1.029,35 €
-	Vergütung über 9.000 € mit	808,13 €
=	weitere Hauptforderung damit	212,22 €

Konsequenz: Die Gebühren des Verfahrens berechnen sich nicht aus 9.000 € (1,3 Gebühr: 583,70 €) sondern aus einem Wert von 9.212,22 € (1,3 Gebühr: 631,80 €).

V. Werte bei Verbindung (§ 20 FamFG)

Das FamFG sieht nunmehr die Möglichkeit einer Verbindung in § 20 FamFG vor: Werden mehrere Familiensachen, beispielsweise elterliche Sorge und Umgangsrecht, miteinander verbunden, so handelt es sich um zwei Gegenstände einer Angelegenheit. Die entsprechenden Werte sind nach § 22 RVG zu addieren.[2] Es handelt sich bei beiden Verfahren um Gegenstände, für die § 20 FamFG als Verbindungsvorschrift maßgeblich ist.

Eine Verbindung **mehrerer isolierter Familienstreitsachen** (z.B. Unterhalt Kind und Unterhalt Ehefrau) erfolgt allerdings nicht nach § 20 FamFG, sondern unter Beachtung der §§ 113, 147 ZPO. Es kommt auch hier zu einer Addition der Werte nach § 33 FamGKG.

Eine **Verbindung von Familiensachen und Familienstreitsachen** außerhalb des Scheidungsverbundes ist nicht möglich. Eine Verbindung einer Familienstreitsache mit einer Familiensache ist nur dann möglich, wenn dies ausdrücklich durch das Gesetz normiert wird, wie zum Beispiel im § 137 Abs. 1, 3 FamFG für den Scheidungsverbund. Diese Verfahren bleiben ansonsten getrennt und es erfolgt auch keine Addition der Werte.[3]

Zu beachten ist allerdings, dass eine bloße **gemeinsame Verhandlung** zweier Gegenstände noch keine Verbindung darstellt. Die Gebühren entstehen daher weiterhin getrennt.[4]

---

[2] OLG Frankfurt v. 06.02.2001 - 2 WF 42/01 - FamRZ 2001, 1388-1389.
[3] *Brinkmann* in: FamFG, 3. Aufl. 2012, § 20 Rn. 9.
[4] OLG Hamm v. 04.09.2013 - II-2 WF 86/13, 2 WF 86/13 - RVGreport 2014, 78; OLG Köln v. 04.12.2012 - II-4 WF 18/12, 4 WF 18/12 - FamRZ 2012, 1968.

B. Verfahrenswerte allgemein

24 Der Rechtsanwalt soll nach § 53 FamGKG bei jedem Antrag den Verfahrenswert angeben. Im Wesentlichen handelt es sich bei den Familiensachen um nichtvermögensrechtliche Angelegenheiten. In diesen Fällen ist der Wert grundsätzlich durch das Gericht zu bestimmen (§ 55 FamGKG). Der Anwalt hat jedoch durch seinen Vortrag erheblichen Einfluss auf die Gestaltung des Wertes.

25 Sofern sich aus den oben genannten allgemeinen Vorschriften der Wert der Familiensache nicht ergibt, ist er nach den §§ 43 ff. FamGKG zu bestimmen.

26 In Familienstreitsachen ergibt sich der Wert aus der Forderung selbst. Weitere Angaben sind hier nicht erforderlich.

27 Bei Festwerten (z.B. Kindschaftssachen, Abstammungssachen, Ehewohnung u. Hausrat) ist ein Wert nur dann anzugeben, wenn aus Billigkeitsgründen von diesem Wert abgewichen werden soll.

28 Bei Ehesachen dagegen ist konkret zu den einzelnen Merkmalen (Einkommen, Vermögen ...) vorzutragen. Dies gilt entsprechend für den Versorgungsausgleich.

C. Wert in Ehesachen (§ 43 FamGKG)

29 Nach § 43 FamGKG ist der Wert der Ehesache und einer Lebenspartnerschaftssache nach Ermessen zu bestimmen unter Berücksichtigung aller Umstände des Einzelfalles, insbesondere
- des Umfangs und der
- Bedeutung der Sache und der
- Vermögens- und
- Einkommensverhältnisse der Parteien.

I. Mindestwert/Höchstwert:

30 Für eine Scheidung beträgt der Wert mindestens 3.000 € (Mindestwert) und höchstens 1.000.000 € (Höchstwert).

31 **Mindestwert bei voller Verfahrenskostenhilfe:** Die Streitfrage, ob als Wert grundsätzlich der Mindestwert anzunehmen ist, wenn beiden Parteien ratenfreie Verfahrenskostenhilfe bewilligt wurde, hat das BVerfG eindeutig geklärt. Auch wenn beiden Ehegatten ratenfreie VKH bewilligt worden ist, kann als Gegenstandswert nicht grundsätzlich der Mindestwert von 3.000 € angenommen werden. Dies würde die freie Berufsausübung des Rechtsanwalts beschneiden. Es muss jeweils eine Prüfung des Einzelfalls erfolgen.[5]

32 Es liegen noch weitergehende Entscheidungen des BVerfG vor, die diese Entscheidung bestätigen und auch eine Festsetzung knapp über dem Mindestwert (hier: 2.500 €) ohne individualisierende Begründung für unzulässig erachten.[6] Durch die Anhebung des Mindestwertes von 2.000 auf 3.000 € spielt diese Frage jedoch weitaus seltener eine Rolle als bisher.

II. Merkmal Umfang

33 Geringer Umfang des Verfahrens kann zu einem Abschlag führen. Hierzu gilt Folgendes:
- Bei einverständlicher Scheidung oder Verfahren von geringem Umfang sei ein angemessener Abschlag von z.B. 25-50% vorzunehmen.[7] Dies ist streitig. Nach der zutreffenden Ansicht sind Abschläge vom Gegenstandswert nicht allein wegen der Einfachheit der Sache bei einer einverständlichen Scheidung gerechtfertigt, da dieser Fall inzwischen den Regelfall darstellt[8]: Es soll demnach beim dreifachen Monatseinkommen verbleiben. Abschläge seien nur wegen Unterhaltspflichten für Kinder, Kreditverpflichtungen oder deutlich unterdurchschnittlicher Einkommens- und Vermögensverhältnisse vorzunehmen.[9] Die Begründung überzeugt allerdings nur teilweise, da nicht sauber zwischen den Merkmalen Umfang und Einkommen unterschieden wird. Ein Abschlag wegen geringen Umfangs bei einverständlicher Scheidung wird abgelehnt und stattdessen werden mehrere mögliche

---

[5] BVerfG v. 12.10.2009 - 1 BvR 735/09 - FamRZ 2010, 25; BVerfG v. 23.08.2005 - 1 BvR 46/05 - RVGprofessionell 2005, 181.
[6] BVerfG v. 17.12.2008 - 1 BvR 177/08 - NJW 2009, 1197.
[7] OLG Koblenz v. 28.05.1999 - 13 WF 235/99 - JurBüro 1999, 475.
[8] OLG Stuttgart v. 12.12.2008 - 17 WF 283/08 - FamRZ 2009, 1176; OLG Brandenburg v. 23.04.2007 - 10 WF 7/07 - MDR 2007, 1321.
[9] OLG Hamm v. 01.08.2000 - 2 WF 306/00 - FamRZ 2001, 431.

Abschlagsgründe genannt, die aber sämtlich das Merkmal Einkommen betreffen. Überzeugender ist allerdings das Argument, dass die einverständliche Scheidung inzwischen den Regelfall darstelle – so zuletzt mit umfangreichen Nachweisen OLG Brandenburg.[10]

Diese Argumentation führt jedoch dazu, dass eine nicht einverständliche Scheidung nicht mehr den Normalfall darstellt und damit ein umfangreiches Verfahren ist. Dies wiederum würde einen Wertzuschlag rechtfertigen. Diese Ansicht ist jedoch in der Rechtsprechung bisher nicht bekannt geworden. 34

Das BVerfG hält es bei entsprechender Begründung für grundsätzlich zulässig, bei einer **einverständlichen Scheidung einen Abschlag** zu berücksichtigen. Allerdings muss dies auch unter Berücksichtigung aller Umstände des § 43 FamGKG erfolgen. Insbesondere dürfen die Einkommens- und Vermögensverhältnisse nicht unberücksichtigt bleiben.[11] 35

Beispiele: 36

- Liegt bei einer **einverständlichen Scheidung Vermögen** vor, so kann der geringere Umfang durch Berücksichtigung eines geringeren Prozentsatzes vom Vermögen (hier 5%) einbezogen werden.[12]
- 20% Abschlag vom Vermögen sind gerechtfertigt bei **überdurchschnittlich hohen Vermögensverhältnissen gegenüber deutlich geringem Aufwand** (nur einseitige Schriftsätze mit im Wesentlichen nur Statusdaten). Die Einkommensverhältnisse sind ungekürzt zu berücksichtigen.[13]
- 50% Abschlag ist angemessen, wenn nur ein **Mindestmaß an Aufwand** für die Tätigkeit notwendig ist (einverständliche Scheidung, normales Einkommen und Vermögen).[14]

Bei umfangreichen/schwierigen Fällen ist ein entsprechender Zuschlag gerechtfertigt.[15] Dies gilt beispielsweise bei 37

- Anwendung ausländischen Rechts, wenn dies zu erhöhtem Umfang oder erhöhter Schwierigkeit führt,[16]
- bei mehreren Terminen und
- langer Dauer des Verfahrens.

Verfahrenswert bei Antragsrücknahme: Ein Abschlag vom Regelgegenstandswert des Ehescheidungsverfahrens ist weder bei einer **Antragsrücknahme** noch bei **einverständlicher Ehescheidung** noch bei **Verfahrenskostenhilfebewilligung** für den Antragsteller angebracht.[17]

III. Merkmal Bedeutung

Für das Merkmal der Bedeutung ist maßgeblich, welchen Wert die Angelegenheit für die Partei hat. Das Interesse der Öffentlichkeit spielt hier keine Rolle. Allerdings kann eine besondere Stellung der Partei in der Öffentlichkeit eine besondere Bedeutung nach sich ziehen. 38

Auch die **Ehedauer** selbst kann Anlass sein, den Wert wegen besonderer Bedeutung anzuheben. Eine 13-jährige Ehedauer ist dabei nicht unerheblich und kann Grund sein, den Wert wegen besonderer Bedeutung anzuheben, wenn zudem während der Ehe z.B. ein gemeinsames Geschäft aufgebaut wurde, mehrere Kinder[18] großgezogen wurden und diesen eine überdurchschnittliche Ausbildung ermöglicht wurde. 39

IV. Merkmal: Einkommen

1. Allgemein

In Ehesachen und Lebenspartnerschaftssachen gilt gem. § 44 FamGKG für die Einkommensverhältnisse Folgendes: 40

Es ist zunächst nach § 44 FamGKG das dreifache Nettoeinkommen der Ehegatten/Lebenspartner maßgebend. Hierbei sind zunächst sämtliche Einnahmen zu addieren. 41

---

[10] OLG Brandenburg v. 23.04.2007 - 10 WF 7/07 - MDR 2007, 1321.
[11] BVerfG v. 17.12.2008 - 1 BvR 1369/08 - FamRZ 2009, 491.
[12] OLG Stuttgart v. 16.04.2010 - 18 WF 71/10 - FamRZ 2010, 1940 = AGS 2011, 451.
[13] KG Berlin v. 03.11.2009 - 18 WF 90/09 - FamRZ 2010, 829.
[14] OLG Oldenburg v. 26.01.2009 - 14 WF 236/08 - FamRZ 2009, 1173.
[15] OLG Zweibrücken v. 27.06.2001 - 5 WF 40/01 - FamRZ 2002, 255.
[16] OLG Karlsruhe v. 13.11.2006 - 20 WF 141/06 - OLGR Karlsruhe 2007, 150.
[17] OLG Frankfurt v. 04.08.2008 - 3 WF 178/08 - FamRZ 2009, 74, § 48 Abs. 3 GKG.
[18] BVerfG v. 12.10.2009 - 1 BvR 735/09 - FamRZ 2010, 25 = FPR 2010, 358

42 Abschläge sind erst bei einer späteren Bewertung „aller Umstände des Einzelfalls" zu berücksichtigen.[19] Gleiches gilt für den Mindestwert von 3.000 € und den Höchstwert von maximal einer Million €. Diese sind nicht beschränkt auf das Merkmal Einkommen zu beachten, sondern beziehen sich auf den Gesamtwert unter Beachtung aller Kriterien.

43 Zum Einkommen in diesem Sinne gehören Einnahmen aus:
- selbständiger/unselbständiger Arbeit,
- Lohn/Gehalt,
- Urlaubs-/Weihnachtsgeld,
- Gratifikationen,
- Abfindungen,
- Kapitaleinkünfte,
- Privatentnahmen aus Gewerbebetrieb,
- Miet-/Pachteinnahmen,
- geldwerter Vorteil für mietfreies Wohnen (z.B. in eigener Eigentumswohnung),[20]
- Renten,
- Vergünstigungen des Arbeitgebers z.B. für Dienstwohnungen, Dienstfahrzeuge,
- Unterhaltsgeld,
- Krankengeld/Blindenbeihilfe,
- Ausbildungsbeihilfen,
- BAföG-Leistungen, soweit nicht als Darlehn gewährt (zu Sozialleistungen/Arbeitslosengeld bzw. -Hilfe vgl. Rn. 44),
- Mietersparnis aus Eigenheim (vgl. Rn. 61).

2. Sozialleistungen/Arbeitslosengeld als Einkommen

44 Das Arbeitslosengeld 1 ist unstreitiges Einkommen.[21]

45 Zum „Nettoeinkommen" sollen nach der wohl noch herrschenden Ansicht in der Rechtsprechung keine staatlichen Sozialleistungen wie Sozialhilfe oder Arbeitslosengeld 2 gehören[22], denn das Gesetz knüpfe hinsichtlich der Gebührenberechnung mit der Bezugnahme auf das Einkommen (und das Vermögen) der Eheleute ersichtlich an die wirtschaftliche Leistungsfähigkeit der Eheleute an. Diese individuelle Belastbarkeit werde aber nicht durch Sozialleistungen bestimmt. Vielmehr seien diese staatlichen Zuwendungen gerade Ausdruck fehlender eigener Mittel der Empfänger. Dem steht auch nicht die aktuelle Rechtsprechung des BVerfG[23] entgegen, wonach auch bei Bewilligung von ratenfreier VKH nicht automatisch der Mindestwert angenommen werden darf. In diesen Entscheidungen wird lediglich auf das Merkmal ratenfreie VKH abgestellt.[24]

46 Diese Ansicht ist sehr umstritten. Es häufen sich die Entscheidungen, die Sozialleistungen wie Arbeitslosengeld II als Einkommen im Sinne von § 43 FamGKG berücksichtigen. [25]

---

[19] *Schneider* in: HK-FamGKG, 2. Aufl. 2014, § 43 Rn. 36; *Thiel* in: Schneider/Herget, Streitwertkommentar 13. Aufl. Rn. 7138.

[20] OLG Brandenburg v. 22.01.2007 - 10 WF 5/07.

[21] *Türck-Brocker* in: HK-FamGKG, 2. Aufl. 2014, § 43 Rn. 40.

[22] OLG Köln v. 10.10.2013 - 12 WF 129/13 - AGS 2013, 588; OLG Saarbrücken 05.04.2013 - 6 WF 59/13 - MDR 2013, 1231; OLG Bremen v. 27.09.2011 - 4 WF 103/11 - FamRZ 2012, 239; OLG Hamm v. 25.07.2011 - II-8 WF 8/11; OLG Celle v. 08.06.2011 - 10 WF 39/11; OLG Naumburg v. 03.06.2011 - 3 WF 150/11; OLG Stuttgart v. 23.03.2011 - 18 WF 56/11 - FamRZ 2011, 1810; OLG Schleswig v. 07.05.2010 - 10 WF 68/10 - FamRZ 2010, 1939 = RVGreport 2010, 312; OLG Brandenburg v. 24.03.2003 - 9 WF 21/03 - FamRZ 2003, 1676; OLG Dresden v. 12.01.2007 - 20 WF 1026/06 - FamRZ 2007, 1760; *Keske* in: Handbuch des Fachanwalts Familienrecht, 8. Aufl. 2011, Kap. 17, Rn. 26; *Herget* in: Zöller, ZPO, 28. Aufl. 2010, § 3 ZPO Rn. 16, Stichwort „Ehesachen".

[23] BVerfG v. 12.10.2009 - 1 BvR 735/09 - FamRZ 2010, 25; BVerfG v. 23.08.2005 - 1 BvR 46/05 - AnwBl 2005, 651.

[24] OLG Celle v. 19.05.2006 - 10 WF 466/05 - FamRZ 2006, 1690-1691.

[25] OLG Brandenburg v. 20.03.2013 - 9 WF 38/13 - FamRZ 2013, 2009; OLG Zweibrücken v. 10.01.2011 - 5 WF 178/10 - FamRZ 2011, 992; NJW 2011, 1235; OLG Brandenburg v. 10.01.2011 - 9 WF 403/09 - FamRZ 2011, 1423; OLG Celle v. 01.09.2010 - 15 WF 215/10 - NJW 2010, 3587; OLG Düsseldorf v. 16.07.2008 - II-8 WF 76/08, 8 WF 76/08 - FamRZ 2009, 453 = ZFE 2008, 389; OLG Frankfurt v. 28.06.2007 - 6 WF 88/07 - FamRZ 2008, 535 = NJW-RR 2008, 310-311; OLG Hamm v. 13.01.2006 - 11 WF 317/05 - FamRZ 2006, 632; *Hartmann*, Kostengesetze, 41. Aufl., § 43 FamGKG, Rn 25 ff.

Zutreffender Weise wird hierbei davon ausgegangen, dass Sozialleistungen sehr wohl – unabhängig von ihrer Zweckbestimmung – die wirtschaftlichen Verhältnisse der Parteien beeinflussen. Für die wirtschaftliche Situation der Parteien ist es unerheblich, aus welchen Quellen das bezogene Einkommen stammt. Es kann sich um Einkommen aus einer Tätigkeit im Niedriglohnbereich handeln, das gerade dem Existenzminimum entspricht oder um einen entsprechenden Betrag aus Sozialleistungen nach SGB II oder SGB XII. Beides ist für die Berechnung des Einkommens im Sinne des § 43 FamGKG zu berücksichtigen. 47

Eine Nichtberücksichtigung von ALG II beim Wert führt damit zu einer nicht gerechtfertigten Ungleichbehandlung von Mandanten mit geringem Einkommen und Mandanten mit ALG II-Bezug. Die Mandanten werden in beiden Fällen in der Regel ratenfreie Verfahrenskostenhilfe haben. Allein der Anwalt ist der Leidtragende. Er verdient weniger, weil sein Mandant arbeitet. Diese Argumentation macht nur vor dem Hintergrund Sinn, die Ausgaben der Landeskasse für die Verfahrenskostenhilfe gering halten zu wollen. Dies darf aber kein Kriterium sein. Dieser Ansicht folgt zunehmend auch die Literatur.[26] 48

Berechnungsbeispiel (OLG Düsseldorf[27]**):** Ehemann arbeitet (kein ALG II-Anspruch), Ehefrau mit ALG II-Anspruch; drei Kinder im Haushalt der Mutter: 49

	Nettoeinkommen des Antragsgegners	642 €
+	SGB II-Bezug der Antragstellerin von (Stand 2008)	444 €
+	auf die Antragstellerin entfallende anteilige Wohnkosten von	137 €
=	monatlich damit:	1.223 €
-	Abzug für drei Kinder mit jeweils 150 €	450 €
=	Monatliches Einkommen der Ehegatten damit	773 €
=	Gegenstandswert (3faches Monatseinkommen)	2.319 €

(Hinweis: nach neuem Recht beträgt der Mindestwert 3.000 €)

Dies gilt nur dann nicht, wenn Unterhaltsansprüche des Leistungsbeziehers gegen den anderen Ehegatten **auf den Leistungsträger übergegangen** sind oder übergeleitet worden sind bzw. übergeleitet werden können. In diesem Fall erhöhen diese Leistungen das Gesamteinkommen nicht, weil der andere Ehegatte aufgrund des übergegangenen Unterhaltsanspruchs diese Leistungen erstatten muss, mit der Folge, dass sich sein Einkommen schmälert (a.A. OLG Köln: es behält trotz Überleitung seine die Lebensverhältnisse der Eheleute prägende Bedeutung).[28] 50

Die Behandlung einzelner Sozialleistungen im Rahmen der Scheidungswertberechnung: 51

- **Wohngeld/Wohnkostenzuschuss** gehört zum Einkommen (OLG Düsseldorf, OLG Hamm)[29],
- **Kindergeld** gehört zum Einkommen (OLG Hamm, OLG Brandenburg, OLG Karlsruhe)[30],
- **Kindergeld** gehört nicht zum Einkommen (OLG Celle, OLG Düsseldorf – dafür wird ein geringerer Pauschalbetrag abgezogen)[31],
- **Arbeitslosengeld II** gehört zum Einkommen (OLG Brandenburg, OLG Zweibrücken; OLG Brandenburg; OLG Celle; OLG Düsseldorf; OLG Frankfurt; OLG Hamm)[32],

---

[26] *Türck-Brocker* in: HK-FamGKG, 2. Aufl. 2014, § 43 Rn. 47; *Thiel*, AGS 2011, 143. *Volpert* in: Horndasch/Viefhues, FamFG, 3. Aufl. 2014, Teil 3 Rn. 61; *Müller-Rabe/Mayer* in: Gerold/Schmidt, RVG, Anhang VI Rn. 456.

[27] OLG Düsseldorf v. 16.07.2008 - II-8 WF 76/08, 8 WF 76/08 - FamRZ 2009, 453 = ZFE 2008, 389.

[28] OLG Köln v. 17.12.2008 - 12 WF 167/08 - FamRZ 2009, 638.

[29] OLG Düsseldorf v. 16.07.2008 - II-8 WF 76/08, 8 WF 76/08 - FamRZ 2009, 453 = ZFE 2008, 389; OLG Hamm v. 27.01.2006 - 11 WF 333/05 - FamRZ 2006, 718-719.

[30] OLG Hamm v. 10.01.2012 - II-5 WF 173/11, 5 WF 173/11 - FamRB 2012, 149; OLG Brandenburg v. 23.04.2007 - 10 WF 7/07 - MDR 2007, 1321; OLG Karlsruhe v. 23.02.2006 - 5 WF 31/06 - FamRZ 2006, 1055.

[31] OLG Celle v. 17.12.2013 - 12 WF 92/13 - NZFam 2014, 173; OLG Düsseldorf v. 13.01.2006 - II-3 WF 298/05, 3 WF 298/05 - FamRZ 2006, 807.

[32] OLG Brandenburg v. 20.03.2013 - 9 WF 38/13 - FamRZ 2013, 2009; OLG Zweibrücken v. 10.01.2011 - 5 WF 178/10 - FamRZ 2011, 992, NJW 2011, 1235; OLG Brandenburg v. 10.01.2011 - 9 WF 403/09 - FamRZ 2011, 1423; OLG Celle v. 01.09.2010 - 15 WF 215/10 - NJW 2010, 3587; OLG Düsseldorf v. 16.07.2008 - II-8 WF 76/08, 8 WF 76/08 - FamRZ 2009, 453 = ZFE 2008, 389; OLG Frankfurt v. 28.06.2007 - 6 WF 88/07 - FamRZ 2008, 535 = NJW-RR 2008, 310-311; OLG Hamm v. 13.01.2006 - 11 WF 317/05 - FamRZ 2006, 632; OLG Frankfurt v. 28.06.2007 - 6 WF 88/07 - NJW-RR 2008, 310-311.

Kostenrechtl. Hinw. in Familiensachen (Teil 2) jurisPK-BGB / T. Schmidt

- **Arbeitslosengeld II** gehört nicht zum Einkommen (OLG Saarbrücken, OLG Bremen; OLG Hamm; OLG Celle; OLG Naumburg; OLG Stuttgart; OLG Schleswig; OLG Brandenburg; OLG Dresden)[33],
- **Erziehungsgeld** gehört zum Einkommen (OLG Stuttgart, OLG Köln, OLG Schleswig)[34],
- **Erziehungsgeld** gehört nicht zum Einkommen (OLG Karlsruhe, OLG Düsseldorf)[35].
- **Lohnersatzfunktion:** Staatliche Sozialleistungen zur Deckung des Lebensunterhalts sind nur dann bei der Wertberechnung zu berücksichtigen, wenn sie Lohnersatzfunktion haben.[36]

52 Abgezogen werden:
- Werbungskosten,
- Sonderausgaben,
- Unterhaltsleistungen (einzelfallorientiert oder auch pauschal 250-300 €)[37], in diesen Fällen ist aber entsprechend das Kindergeld als Einkommen zu berücksichtigen[38] oder es wird von vornherein ein geringerer Pauschbetrag abgezogen. Der Abzug erfolgt unabhängig davon, ob es sich um ein gemeinsames Kind der Eheleute handelt. Es ist unerheblich, ob ein Kinderfreibetrag für das jeweilige Kind zu berücksichtigen ist.[39] Eigenes Einkommen der Kinder bleibt ebenso unberücksichtigt wie die Frage, ob tatsächlich Unterhalt geleistet wird oder nicht.[40]
- teilweise auch Kreditraten.[41] Dies ist richtigerweise kritisch zu sehen, da Ratenzahlungen kein Einkommen sind. Sie sind ggf. bei der Frage der Berücksichtigung „aller Umstände des Einzelfalls" zu bewerten. Anderenfalls müssten die Gerichte bei der Wertermittlung differenzieren und den Wert für die Berechnung des Versorgungsausgleichs nach § 50 FamGKG, der an das Nettoeinkommen anknüpft, abweichend von dem Wert für die Scheidung berechnen.[42]

V. Merkmal: Vermögen

53 Im Regelfall berechnet sich der Wert für die Scheidung lediglich nach dem Einkommen. Etwas anderes gilt dann, wenn die Parteien überdurchschnittliches Vermögen besitzen.[43] Dieses ist gem. § 44 FamGKG angemessen zu berücksichtigen.

54 **Gewöhnliches Vermögen** (z.B. ein Einfamilienhaus und ein Auto) bleibt unberücksichtigt. Es wird allerdings auch vertreten, dass das gesamte – also auch das sogenannte Schonvermögen (im Fall ein angemessenes Einfamilienhaus) – zu berücksichtigen ist. Ein entsprechender Ausgleich ist dann über die Freibeträge herzustellen.[44]

55 Das **um die Schulden bereinigte Vermögen** der Ehegatten ist zu reduzieren um einen Freibetrag für die Ehegatten und ggf. Kinder. Vielfach wird hier mit Bezug auf den inzwischen außer Kraft getretenen § 6 VermStG ein Freibetrag von 60.000 € je Ehegatte angenommen. Für die Kinder ist ein geringerer

---

[33] OLG Köln v. 10.10.2013 - 12 WF 129/13 - AGS 2013, 588; OLG Saarbrücken 05.04.2013 - 6 WF 59/13 - MDR 2013, 1231; OLG Bremen v. 27.09.2011 - 4 WF 103/11 - FamRZ 2012, 239; OLG Hamm v. 25.07.2011 - II-8 WF 8/11; OLG Celle v. 08.06.2011 - 10 WF 39/11; OLG Naumburg v. 03.06.2011 - 3 WF 150/11; OLG Stuttgart v. 23.03.2011 - 18 WF 56/11 - FamRZ 2011, 1810; OLG Schleswig v. 07.05.2010 - 10 WF 68/10 - FamRZ 2010, 1939 = RVGreport 2010, 312; OLG Brandenburg v. 24.03.2003 - 9 WF 21/03 - FamRZ 2003, 1676; OLG Dresden v. 12.01.2007 - 20 WF 1026/06 - FamRZ 2007, 1760.
[34] OLG Stuttgart v. 23.03.2011 - 18 WF 56/11 - FamRZ 2011, 1810; OLG Köln v. 17.12.2008 - 12 WF 167/08 - FamRZ 2009, 638; OLG Schleswig v. 16.10.2006 - 13 WF 179/06 - JurBüro 2007, 32-33.
[35] OLG Karlsruhe v. 07.12.2006 - 20 WF 181/06 - FamRZ 2007, 751.
[36] OLG Celle v. 15.08.2011 - 12 WF 104/11 - FamRZ 2012, 240.
[37] OLG Karlsruhe v. 07.04.2008 - 2 WF 39/08 - RVG professionell 2008, 102; OLG Düsseldorf v. 07.06.2000 - 5 WF 90/00 - FamRZ 2001, 432.
[38] OLG Brandenburg v. 23.04.2007 - 10 WF 7/07 - MDR 2007, 1321.
[39] OLG München v. 31.03.2009 - 4 WF 36/09 - FamRZ 2009, 1703.
[40] OLG Karlsruhe v. 07.04.2008 - 2 WF 39/08 - RVG professionell 2008, 102.
[41] OLG Oldenburg v. 05.06.2008 - 2 WF 99/08; OLG Köln v. 03.12.2004 - 25 WF 278/04 - FamRZ 2005, 1765; OLG Karlsruhe v. 14.12.2001 - 5 WF 190/01 - FamRZ 2002, 1135; OLG Düsseldorf v. 07.06.2000 - 5 WF 90/00 - FamRZ 2001, 432.
[42] *Thiel* in: HK-FamGKG, 2. Aufl. 2014, § 50 Rn. 28.
[43] OLG Düsseldorf v. 29.03.1993 - 1 WF 18/93 - FamRZ 1994, 249 m.w.N.
[44] OLG Celle v. 29.06.2012 - 12 WF 140/12 - FamRZ 2013, 149.

Betrag zu berücksichtigen. Von dem verbleibenden Vermögensbetrag wird allgemein für die Wertberechnung ein Anteil von **5-10%** berücksichtigt.[45]

Ein Freibetrag von 60.000 € erscheint jedoch überhöht. Häufig gehen die Gerichte von einem deutlich geringeren Freibetrag aus. Das OLG Frankfurt ist von einem Freibetrag von 15.000 € statt der obigen 30.000 € je Person ausgegangen. Das OLG Zweibrücken berücksichtigt 20.000 € je Ehegatten und 10.000 € je Kind.

Freibeträge und Kinder: Wird die Nutzung des Vermögens nicht durch die Kinder (mit-)bestimmt oder -beeinflusst, so ist für diese kein Freibetrag zu berücksichtigen. Ggf. notwendige Unterhaltsleistungen werden bereits beim Merkmal Einkommen einbezogen.[46]

1. Beispiel: Merkmal Vermögen (Berechnung Scheidungswert nach OLG Koblenz)

Nettoeinkommen (nach Abzug aller in Frage kommenden Beträge wie Unterhaltsleistungen, Werbungskosten etc.) Ehefrau 2.500 €/ Ehemann 4.500 €; gemeinsames Vermögen 1.000.000 €; abziehbare Schulden 300.000 €; drei Kinder.

Berechnung des Gegenstandswerts:

	Vermögen	1.000.000 €
–	Schulden	300.000 €
=	Restbetrag	700.000 €
	Freibeträge in Anlehnung an § 6 VermStG:	
–	2 Ehegatten (jeweils 60.000 €)	120.000 €
–	3 Kinder (jeweils 30.000 €)	90.000 €
=	verbleibendes Vermögen	490.000 €
	Berücksichtigung für Gegenstandswert 5-10% – hier angenommen 5%	24.500 €
+	Nettoeinkommen für drei Monate	21.000 €
=	Gegenstandswert für das Scheidungsverfahren	45.500 €

Für eine derartige oder ähnliche Berechnung haben sich beispielsweise ausgesprochen die Oberlandesgerichte Schleswig (Ehegatte 30.000 € / 5% des Vermögens)[47] Karlsruhe (Ehegatte: 15.000 € / Kind: 7.500 €)[48], Celle (Ehegatte: 30.000 € / 5% Vermögen), [49]Stuttgart[50], Zweibrücken[51], Bamberg[52], Düsseldorf[53], Frankfurt[54], Hamm,[55] Koblenz[56], München[57], Saarbrücken.

2. Berechnung des Gegenstandswerts nach OLG Frankfurt

	Wert des Hauses	280.000 €
–	Belastungen	127.000 €
+	Wertpapiere etc.	110.000 €
–	Freibeträge für 2 Ehegatten (2 x 15.000 €)	30.000 €
=	Restbetrag	233.000 €
	hiervon 5%	11.650 €
+	Dreimonatiges Einkommen der Parteien	4.050 €
=	Gegenstandswert für das Scheidungsverfahren	15.700 €

---

[45] OLG Stuttgart v. 16.04.2010 - 18 WF 71/10 - FamRZ 2010, 1940 = AGS 2011, 451; OLG Koblenz v. 28.01.2003 - 9 WF 860/02 - JurBüro 2003, 474.
[46] OLG Stuttgart v. 16.04.2010 - 18 WF 71/10 - FamRZ 2010, 1940 = AGS 2011, 451.
[47] OLG Schleswig v. 08.04.2014 - 10 WF 3/14.
[48] OLG Karlsruhe v. 16.09.2013 - 5 WF 66/13 - FuR 2014, 187.
[49] OLG Celle v. 29.06.2012 - 12 WF 140/12 - FamRZ 2013, 149
[50] OLG Stuttgart v. 16.04.2010 - 18 WF 71/10 - FamRZ 2010, 1940 = AGS 2011, 451.
[51] OLG Zweibrücken v. 28.04.2008 - 6 WF 196/07 - FamRZ 2008, 2052.
[52] OLG Bamberg v. 17.11.1981 - 2 WF 149/81 - JurBüro 1982, 286-287.
[53] OLG Düsseldorf v. 29.03.1993 - 1 WF 18/93 - FamRZ 1994, 249 m.w.N.
[54] OLG Frankfurt v. 04.08.2008 - 3 WF 178/08 - § 48 Abs. 3 GKG, FamRZ 2009, 74.
[55] OLG Hamm v. 09.05.1984 - 6 WF 285/84 - JurBüro 1984, 1543.
[56] OLG Koblenz v. 28.01.2003 - 9 WF 860/02 - JurBüro 2003, 474.
[57] OLG München v. 15.04.1998 - 26 WF 1314/97 - OLGR München 1998, 169.

3. Immobilie zu Wohnzwecken

61 Der Wert eines **Einfamilienhauses**, das kein Luxusobjekt darstellt und nach der Scheidung von einem Ehegatten zu angemessenen Wohnzwecken genutzt wird, ist kein Vermögen und bleibt daher bei der Wertberechnung unberücksichtigt.[58] Es kommt allerdings eine Berücksichtigung ersparter Mietaufwendungen in Betracht (vgl. Beispielsfall in Rn. 104). Das OLG Celle berücksichtigt jedoch auch das zum Schonvermögen gehörige angemessene Einfamilienhaus bei der Wertberechnung. Ein entsprechender Ausgleich ist dann über die Freibeträge herzustellen.[59] Die Frage der Wertberechnung ist strikt zu trennen von der Frage der VKH-Bewilligung. Hier bleibt das Schonvermögen unberücksichtigt.

62 Es wird auch eine andere Art der Berücksichtigung des Wertes einer Immobilie vertreten. Hiernach bleibt die Immobilie, falls es sich um eine normale Immobilie handelt, die der Familie zu Wohnzwecken dient, nicht ganz unberücksichtigt. Stattdessen findet diese in Form der ersparten Mietaufwendungen bei dem Merkmal Einkommen Berücksichtigung.

63 Bei einem **durchschnittlichen Einfamilienhaus**, das den Ehegatten zu Wohnzwecken dient, wird das Einkommen erhöht um den ersparten Mietaufwand – also die dreifache Kaltmiete. Hier ist jedoch der entsprechende Kapitaldienst in Abzug zu bringen.[60]

64 Es wird auch vertreten, dass der Wert eines **Einfamilienhauses, das kein Luxusobjekt** darstellt und nach der Scheidung von einem Teil zu angemessenen Wohnzwecken genutzt wird, kein Vermögen ist und daher bei der Wertberechnung unberücksichtigt bleibt.[61]

4. Beispielfall: Wertberechnung bei einer gewöhnlichen Immobilie

65 Die Ehegatten haben ein gemeinsames Monatsnettoeinkommen von 2.000 €. Zum Ehevermögen gehört auch ein durch die Ehegatten gemeinsam genutztes normales Eigenheim (Verkehrswert: 150.000 €). Eine entsprechende Kaltmiete würde 800 € monatlich betragen. Während der langen Ehedauer wurde die Abtragung bereits auf 300 € monatlich reduziert.
Lösung: Eine Berücksichtigung als Vermögen scheidet aus, da es sich nicht um ein Luxusobjekt handelt. Allerdings ist der ersparte Mietaufwand zu berücksichtigen.[62]

	Monatliches Nettoeinkommen	2.000 €
+	Fiktive Kaltmiete	800 €
-	Belastungen für Immobilie	300 €
=	Monatsnettoeinkommen	2.500 €
=	Scheidungswert aus Einkommen (3faches Monatsnettoeinkommen)	7.500 €

5. Beiderseitige Antragstellung

66 Stellen beide Ehegatten einen Antrag auf Ehescheidung, so werden die Werte nicht zusammengerechnet, da es sich um denselben Verfahrensgegenstand handelt (§ 39 Abs. 1 Satz 2 FamGKG). Allerdings können sich durch die unterschiedlichen Tage der Antragstellung unterschiedliche Werte für die Scheidung ergeben. Dieses Problem ist über den nunmehr eindeutigen Wortlaut des § 34 FamGKG zu lösen. Hiernach ist ausdrücklich der Wert der ersten Antragstellung maßgebend. Damit ist die bisherige Auffassung, wonach der höhere Wert maßgeblich sei, überholt.[63]

D. Werte im Verbund (§ 44 FamGKG)

67 Das gesamte Verbundverfahren gilt sowohl in Bezug auf die Gerichtskosten als auch bezüglich der Rechtsanwaltsvergütung als eine Angelegenheit – § 16 Nr. 4 RVG. Entsprechend sind die Werte der einzelnen Gegenstände zu addieren – § 22 RVG.

---

[58] OLG Zweibrücken v. 28.04.2008 - 6 WF 196/07 - FamRZ 2008, 2052.
[59] OLG Celle v. 29.06.2012 - 12 WF 140/12 - FamRZ 2013, 149.
[60] OLG Köln v. 02.06.2008 - 12 WF 51/08 - FamRZ 2008, 2051; OLG Schleswig v. 23.09.2002 - 13 WF 120/02 - AGS 2003, 319.
[61] OLG Zweibrücken v. 28.04.2008 - 6 WF 196/07 - FamRZ 2008, 2052.
[62] OLG Köln v. 02.06.2008 - 12 WF 51/08 - FamRZ 2008, 2051; OLG Schleswig v. 23.09.2002 - 13 WF 120/02 - AGS 2003, 319; OLG Dresden v. 08.08.2002 - 10 WF 0321/02 - FamRZ 2003, 1679.
[63] *Türck-Brocker* in: HK-FamGKG, 2. Aufl. 2014, § 43 Rn. 70.

E. Kindschaftssachen im Verbund (§ 44 FamGKG)

Werden die Kindschaftssachen Entziehung/Übertragung der elterlichen Sorge, Umgang, Herausgabe als Scheidungsfolgesache nach § 137 Abs. 3 ZPO anhängig gemacht, so ist § 44 FamGKG maßgebend. Hiernach wurde die Wertstruktur vollständig geändert. Der ist Wert gekoppelt an die wirtschaftlichen Verhältnisse der Eltern. Die bisherige Regelung (Festwert 900 €) führte dazu, dass insbesondere bei höheren Scheidungswerten im Verbund die Kindschaftssachen wertmäßig vollkommen untergingen. Durch die neue Struktur wird dies nur noch sehr selten der Fall sein.

Nach § 44 Abs. 2 FamGKG beträgt der Wert für eine Kindschaftssache nach § 137 Abs. 3 ZPO (Entziehung/Übertragung elterliche Sorge, Herausgabe, Umgang – § 151 Nr. 1-3 FamFG) 20% des Verfahrenswertes nach § 43 FamGKG (= Wert der Ehesache). Der Gesamtwert des Verbundes ist um den Wert der Kindschaftssache zu erhöhen.

Bei dem Wert nach § 43 FamGKG ist zu berücksichtigen, dass hier – anders als für den Versorgungsausgleich – der gesamte Wert der Ehesache maßgeblich ist, also unter Berücksichtigung nicht nur von Einkommen, sondern auch von Umfang, Bedeutung und Vermögen.

Dabei ist Folgendes zu beachten:
- Die Erhöhung erfolgt auch bei **mehreren Kindern** nur einmal.
- Die Erhöhung beträgt maximal 3.000 € je Kindschaftssache.
- Das in § 33 Abs. 1 Satz 2 FamGKG normierte grundsätzliche Additionsverbot für nichtvermögensrechtliche und vermögensrechtliche Gegenstände wird in § 44 Abs. 2 Satz 3 FamGKG für den Verbund aufgehoben.
- Bei Unbilligkeit ist eine anderweitige Wertfestsetzung durch das Gericht möglich – § 44 Abs. 3 FamGKG.

F. Kindschaftssachen isoliert (§ 45 FamGKG)

Werden diese Verfahren **isoliert anhängig** gemacht (also nicht im Verbund), so richtet sich der Wert nach § 45 FamGKG und beträgt jeweils 3.000 €.

Allerdings ist zu beachten, dass diese Wertvorgabe für die elterliche Sorge nur gilt für die **Übertragung oder Entziehung** der elterlichen Sorge oder eines Teils der elterlichen Sorge. Die weiteren Angelegenheiten, die elterliche Sorge betreffend, die nicht die Entziehung oder Übertragung betreffen (z.B. Namensgebung, Taufe, Schullaufbahn, usw.), werden stattdessen nach den §§ 42 (nichtvermögensrechtlich) oder 46 (vermögensrechtlich) FamGKG bewertet.

Auch im isolierten Verfahren gilt, dass eine Kindschaftssache auch dann als ein Gegenstand zu bewerten ist, wenn sie **mehrere Kinder** betrifft – § 45 Abs. 2 FamGKG.

Ist der nach § 45 Abs. 1 FamGKG bestimmte Wert nach den besonderen Umständen des Einzelfalls unbillig, kann das Gericht einen höheren oder einen niedrigeren Wert festsetzen.

I. Wertaufschläge

Wertaufschläge können im isolierten Verfahren gerechtfertigt sein. Dies gilt beispielsweise bei überdurchschnittlichem Umfang oder überdurchschnittlicher Bedeutung der Angelegenheit. Auch ein höheres Einkommen oder Vermögen des Kindes ist zu berücksichtigen.

Die Anhebung des Verfahrenswertes kommt regelmäßig dann in Frage[64], wenn in einem Sorgerechtsverfahren
- die Einholung eines schriftlichen Sachverständigengutachtens geboten ist,
- das Amtsgericht die Beteiligten – unabhängig von einer gesonderten Kindesanhörung – in mehr als einem Termin anhört[65],
- sich die Sachverhaltsaufklärung besonders (arbeits- oder zeit)aufwändig gestaltet,
- ein umfangreiches Sachverständigengutachten einzuholen ist und mehrere Anhörungstermine erforderlich sind[66],
- aufgrund eines außergewöhnlichen Konfliktpotentials der Beteiligten das Verfahren nur mit einem deutlichen Mehraufwand an Zeit-, Arbeits- und Ressourceneinsatz bewältigt werden kann,

---

[64] KG v. 25.09.2012 - 17 WF 268/12 - FamRZ 2013, 723.
[65] OLG Celle v. 11.02.2011 - 10 WF 399/10 - NJW 2011, 257 = RVGreport 2011, 271.
[66] OLG Hamm v. 19.09.2011 - 6 WF 307/11 - FuR 2011, 72; OLG Celle v. 11.02.2011 - 10 WF 399/10 - NJW 2011, 1373.

- mehrere Kinder betroffen sind, deren persönliche Verhältnisse sich erheblich voneinander unterscheiden (z.B. unterschiedliche Pflegestellen/Heime).

II. Wertabschläge

78 Eine **Herabsetzung des Wertes** kann gerechtfertigt sein, wenn eine Regelung der elterlichen Sorge nur noch für einen kurzen Zeitraum notwendig ist, weil z.B. das Kind fast volljährig ist.[67]

79 Der Regelwert nach § 45 FamGKG kann um ein Drittel reduziert werden, wenn nur ein untergeordneter Einzelaspekt (hier nur Übernachtungsregelung) des Umgangs in Streit steht, der Sachverhalt einfach gelagert ist und die wirtschaftlichen Verhältnisse der beteiligten Eltern beengt sind.[68]

80 Eine Abweichung vom Regelverfahrenswert nach § 45 Abs. 3 FamGKG ist nicht bereits dann gerechtfertigt, wenn sich die nicht miteinander verheirateten Eltern über die einverständliche Sorgerechtsübertragung in einem einzigen Anhörungstermin in Anwesenheit des Verfahrenspflegers der Kinder geeinigt haben.[69]

81 Sind sich die Parteien einig über die Übertragung der elterlichen Sorge und erfolgt kein Anhörungstermin, so kann eine Herabsetzung gerechtfertigt sein.[70]

III. Mehrere Kindschaftssachen

82 Werden mehrere Kindschaftssachen (z.B. elterliche Sorge und Umgang) als Teile des Verbunds geltend gemacht, so ist der Wert für jedes Verfahren gesondert zu bilden und jeweils auf den Gesamtwert zu addieren.

83 **Beispiel:** Wert der Scheidung nach § 43 FamGKG 10.000 €. Der Versorgungsausgleichswert beträgt 1.000 €. Die Mutter beantragt die Übertragung der elterlichen Sorge. Der Vater beantragt das Umgangsrecht.
Lösung: Auf den Wert für die Scheidung sind 2*20% zu addieren. Wert für den Verbund damit 15.000 €.
Dies gilt entsprechend, wenn mehrere Kindschaftssachen gemeinsam in einem isolierten Verfahren geltend gemacht werden.

IV. Teilbereich der elterlichen Sorge betroffen

84 Betrifft die Tätigkeit nur einen Teilbereich der Entziehung oder Übertragung der elterlichen Sorge, so ist dennoch vom vollen Wert nach § 45 FamGKG auszugehen. Wird das Verfahren zum Beispiel nur zur Regelung des Aufenthaltsbestimmungsrechts durchgeführt, so beträgt der Wert 3.000 €.[71] Nach anderer Ansicht ist für einen Teilbereich auch nur ein Teil des Wertes anzunehmen.

85 Die genannten Entscheidungen sind zum alten Recht ergangen. Nach neuem Recht sollte diese Frage unstreitig sein, da § 45 Abs. 1 FamGKG ausdrücklich von der Übertragung oder Entziehung der elterlichen Sorge oder eines **Teils der elterlichen Sorge** spricht. Allerdings kann der Wert ggf. über § 45 Abs. 3 FamGKG reguliert werden, so z.B. das OLG Brandenburg[72]: Wertreduzierung auf 1.000 €, weil lediglich die Vermögenssorge mit dem Ziel der Vertretung in einem Unterhaltsprozess und Volljährigkeit in elf Monaten und 30 Seiten Aktenumfang Gegenstand war.

G. Zugewinnausgleichsforderung (§ 35 FamGKG)

86 Regelmäßig wird die Zugewinnausgleichsforderung im Verfahrensantrag konkret beziffert. Damit gilt als Wert des Zugewinnausgleichs grundsätzlich der bezifferte Verfahrensantrag – § 35 FamGKG.

I. Vorzeitiger Zugewinnausgleich

87 Für den Wert eines Verfahrens auf vorzeitigen Zugewinnausgleich nach § 1385 BGB ist nicht der volle Wert des Leistungsanspruchs maßgebend, sondern nur ein Bruchteil, da es sich lediglich um ein Gestaltungsverfahren handelt.[73] Als Wert wird in der Regel ¼ angenommen.

---

[67] *Schneider* in: Hansens/Braun/Schneider, Praxis des Vergütungsrechts, 2. Aufl. 2006, Kapitel 10 Rn. 315.
[68] KG v. 10.01.2011 - 17 UF 225/10 - FamRZ 2011, 825 = RVGreport 2011, 269.
[69] OLG Jena v. 13.10.2011 - 8 WF 185/11.
[70] OLG Schleswig v. 29.08.2011 - 10 WF 147/11.
[71] *Volpert*, RVGreport 2009, 366; OLG Braunschweig v. 23.02.2007 - 2 WF 24/07 - AGS 2008, 92; OLG Brandenburg v. 12.04.2005 - 9 WF 87/05 - FamRZ 2006, 138.
[72] OLG Brandenburg v. 03.05.2012 - 9 WF 138/12 - FamRZ 2013, 724.
[73] BGH v. 29.11.1972 - IV ZR 107/72.

Wird **neben** dem vorzeitigen Ausgleich auch **Zahlung des Ausgleichs** oder **Auskunft** verlangt, so handelt es sich um gesonderte Gegenstände, deren Werte zu addieren sind. Das OLG Nürnberg[74] hat hier bei anhängiger Scheidung für jeden Anspruch 1/5 des Wertes der Zugewinnausgleichsforderung angenommen. 88

II. Zugewinnausgleichsverfahren und -widerverfahren

Zugewinnausgleichsverfahren und das entsprechende Widerverfahren haben nicht denselben Gegenstand. Die Werte sind zu addieren.[75] Argument für die Addition der Werte ist die Tatsache, dass sich die Ansprüche zwar gegenseitig ausschließen, aber es dennoch an einer wirtschaftlichen Identität der Gegenstände fehlt. 89

III. Auskunftsverfahren isoliert

Das Auskunftsverfahren nach § 1379 BGB ist kein Stufenverfahren. Für ein isoliertes Auskunftsverfahren beträgt der Wert 1/10 bis 1/4 des bezifferten Leistungsanspruchs. Maßgebend ist, in welchem Umfang der Antragsteller von der Auskunftserteilung abhängig ist, um seinen Anspruch zu begründen.[76] 90

Auch wenn sich später durch die erteilte Auskunft ein niedrigerer Wert ergeben sollte, bleibt der höhere Wert als Grundlage für die Wertberechnung maßgebend. 91

Die **eidesstattliche Versicherung** bildet im Rahmen des Auskunftsverfahrens nach § 1379 BGB keinen gesonderten Gegenstand und ist damit nicht besonders zu bewerten. Anders sieht es das OLG Bamberg. Werden hiernach lediglich der Auskunftsanspruch und der Anspruch auf Abgabe der eidesstattlichen Versicherung zugleich geltend gemacht, so ist § 44 GKG (jetzt: § 38 FamGKG) nicht anwendbar. Es liegen vielmehr zwei selbständige Ansprüche vor, die jeweils gesondert zu bewerten sind. Als Wert für die eidesstattliche Versicherung kann ½ bis 1/3 des Auskunftsanspruchs angenommen werden.[77] 92

IV. Stufenverfahren auf Zugewinnausgleich

Mit Beantragung des Stufenverfahrens wird nicht nur der Auskunfts-, sondern auch bereits der Leistungsanspruch anhängig. Der Gegenstandswert richtet sich gem. § 38 FamGKG nach dem höchsten der geltend gemachten Ansprüche. 93

Ist der **Zahlungsanspruch unbeziffert**, so sind für die Ermittlung des Gegenstandswerts die Erwartungen des Antragstellers bei Einreichung des Antrags und nicht die am Ende der Instanz gewonnenen Erkenntnisse maßgebend.[78] 94

Hat das Gericht den Wert vorläufig festgesetzt, so kann es den Wert bei besserer Erkenntnis jederzeit ändern – § 55 Abs. 3 FamGKG.[79] 95

Für den Gegenstandswert eines Stufenverfahrens auf Zugewinnausgleich ist der Wert maßgebend, den der Antragsteller ursprünglich in der Auskunftsstufe geltend gemacht hat. Dies gilt auch dann, wenn es nach der Auskunftserteilung zu **keiner Bezifferung des Leistungsanspruchs** kommt.[80] 96

Bei **steckengebliebenen Stufenanträgen** richtet sich der Gegenstandswert mindestens nach der Höhe der außergerichtlich geltend gemachten Forderung.[81] 97

Wird bei einem Stufenverfahren die **Auskunftsstufe nicht weiter betrieben**, richtet sich der Gegenstandswert nach dem Zahlungsanspruch, der nach § 42 FamGKG zu schätzen ist.[82] 98

---

[74] OLG Nürnberg v. 24.11.1997 - 7 WF 3549/97 - FamRZ 1998, 685 = JurBüro 1998, 262-263.
[75] OLG München v. 16.01.1996 - 26 WF 1270/95 - FamRZ 1997, 41; *Lappe*, Kosten in Familiensachen, 5. Aufl. 1994, Rn. 36; a.A. OLG Düsseldorf v. 14.06.1993 - 5 WF 91/93 - OLGR Düsseldorf 1994, 27; OLG Frankfurt v. 28.09.2001 - 6 UF 122/00.
[76] *Thiel* in: HK-FamGKG, 2. Aufl. 2014, §§ 38 Rn. 6, 42 Rn. 114.
[77] OLG Bamberg v. 11.05.1995 - 7 WF 47/95 - FamRZ 1997, 40.
[78] OLG Köln v. 03.11.2004 - 19 W 54/04 - OLGR Köln 2005, 69-70.
[79] *Schneider* in: HK-FamGKG, 2. Aufl. 2014, § 38 Rn. 21.
[80] OLG Nürnberg v. 29.07.2003 - 9 WF 2251/03 - FamRZ 2004, 962.
[81] OLG Stuttgart v. 17.11.2011 - 18 WF 227/11 - FamRZ 2012, 393, OLG Celle v. 17.06.2011 - 10 WF 164/11 - FamRZ 2011, 1809.
[82] OLG Koblenz v. 16.06.2005 - 13 WF 435/05 - FuR 2005, 462-463; *Schneider* in: HK-FamGKG, 1. Aufl. 2009, § 38 Rn.18.

99 Bestanden zum Zeitpunkt der Anhängigkeit **keinerlei Anhaltspunkte** für eine Bestimmung des Verfahrenswertes für den Leistungsantrag, ist diesbezüglich von dem Auffangwert von 5.000 € gem. § 42 Abs. 3 FamGKG auszugehen.[83]

100 **Widerantrag – Addition:** Machen beide Antragsteller jeweils eigene Stufenverfahrensanträge geltend bzgl. des Zugewinnausgleichsanspruchs, so ist jeder Antrag zunächst gesondert nach § 38 FamGKG zu bewerten. Diese beiden Werte sind sodann zu addieren nach § 39 Abs. 1 FamGKG, da ein Ausnahmefall des § 39 Abs. 1 Satz 3 FamGKG nicht vorliegt.[84]

V. Wert für außergerichtliche Ermittlung des Ausgleichsanspruchs

101 Die Ermittlung des Ausgleichsanspruchs kann nicht Gegenstand eines gerichtlichen Verfahrens sein. Im gerichtlichen Verfahren können nur Auskunftsansprüche und bezifferte Ausgleichsansprüche geltend gemacht werden. Damit scheiden die Vorschriften für das gerichtliche Verfahren für die Wertermittlung des außergerichtlichen Verfahrens aus. Auch die Auffangvorschriften der KostO greifen hier nicht. Damit ist der Wert über § 23 Abs. 3 RVG nach Ermessen zu bestimmen.

102 *Schneider* ermittelt den Wert in derartigen Fällen unter Berücksichtigung sämtlicher Vermögensgegenstände, auch der Passiva, mit denen sich der Rechtsanwalt im Rahmen der Prüfung befassen muss.[85] Von dem so ermittelten Gesamtwert ist ein angemessener Abschlag vorzunehmen, da es lediglich um die Ermittlung des Anspruchs geht und nicht um dessen Durchsetzung. Falsch ist es jedenfalls, hier den Wert der Zugewinnausgleichsforderung anzunehmen. Falls sich nämlich kein Ausgleichsanspruch ergibt, betrüge der Wert auch bei umfangreichsten Prüfungen nur 0 €.

VI. Beschwerdewert bei Verurteilung zur Auskunftserteilung

103 Das Gericht hat den Wert des Beschwerdegegenstandes im Falle der **Einlegung eines Rechtsmittels des Auskunftspflichtigen** gegen die Verurteilung zur Erteilung einer Auskunft nach § 42 FamGKG zu schätzen. Maßgebend ist der Aufwand für Zeit und Kosten für die sorgfältige Erteilung der Auskunft. Besondere Umstände wie z.B. der Wunsch nach Geheimhaltung der zu offenbarenden Verhältnisse kann wertsteigernd berücksichtigt werden. Die Kosten eines Steuerberaters sind nicht zu berücksichtigen.[86]

104 Dies gilt ebenso bei der Verurteilung zur Abgabe der eidesstattlichen Versicherung im Rahmen des § 1379 BGB.

105 Legt der Auskunftsberechtigte Rechtsmittel ein, so bemisst sich der Wert nach einem Bruchteil der verlangten Forderung. Dieser beträgt regelmäßig 1/10 bis 1/4.[87]

VII. Stundung des Ausgleichsanspruchs (§ 1382 BGB)

106 Der Wert für das **isolierte Stundungsverfahren** ergibt sich aus § 42 FamGKG. Hiernach ist der Wert nach Ermessen zu schätzen. Fehlt es an konkreten Anhaltspunkten, beträgt der Wert regelmäßig 3.000 €.

107 Der Wert des Stundungsverfahrens ist nach § 52 FamGKG mit dem Wert des Zugewinnausgleichsverfahrens zusammenzurechnen, wenn über den Stundungsanspruch entschieden wird.

108 Die Einschränkung des Gesetzeswortlauts „einer **notwendigen Entscheidung**" nach § 52 FamGKG kann jedoch **nur für die Gerichtskosten** gelten. Für den Anwalt sind diese Gegenstände immer zu addieren, auch wenn keine Entscheidung über den Gegenstand der Stundung ergeht. Der Rechtsanwalt wurde bereits vorher durch den Mandanten beauftragt. Er hat sich mit diesem Anspruch auseinandergesetzt und diesen beantragt. Bzgl. des Mandanten entstehen die Gebühren daher von Beginn an nach dem zusammengerechneten Wert. Allerdings ist eine Festsetzung der diesbezüglichen Gebührenanteile gegen den Gegner mangels Entscheidung hierüber nicht möglich. Für den Rechtsanwalt erfolgt die Wertaddition bereits aus § 22 RVG.[88]

---

[83] OLG Hamm v. 26.10.2010 - 2 WF 249/10 - FamRZ 2011, 582.
[84] OLG Celle v. 25.10.2010 - 10 WF 313/10 - NJW-RR 2011, 223 - FamRZ 2011, 134; *Schneider* in: HK-FamGKG, 2. Aufl. 2014, § 38 Rn. 12.
[85] *Schneider*, ZFE 2005, 156, 161.
[86] BGH v. 24.07.2002 - XII ZB 31/02 - FamRZ 2003, 597-598.
[87] BGH v. 12.10.2011 - XII ZB 127/11 - NJW-RR 2012, 130 = FamRZ 2011, 1929.
[88] *Schneider* in: HK-FamGKG, 2. Aufl. 2014, § 52 Rn. 79.

Verfahrenskostenhilfe: Ist dem Mandanten Verfahrenskostenhilfe sowohl für den Zugewinn als auch 109
für das Stundungsverfahren bewilligt, so sind die Gebühren auch dann nach dem zusammengerechneten Wert entstanden, wenn über den Gegenstand der Stundung keine Entscheidung ergeht. Die Einschränkung des § 52 FamGKG kann nicht für die Rechtsanwälte gelten. Für den Rechtsanwalt erfolgt die Wertaddition bereits aus § 22 RVG.[89]

Wird der Stundungsantrag in einem **anhängigen isolierten Ausgleichsverfahren** oder **im Rahmen** 110
des Scheidungsverbunds gestellt, § 1382 Abs. 5 BGB, so ändert sich hierdurch für die Ermittlung des Wertes grundsätzlich nichts.

Sowohl im isolierten als auch im Verbundverfahren sind konkrete Anhaltspunkte für eine Schätzung 111
vorhanden. Der Wert richtet sich nach dem Stundungsinteresse (z.B. ersparte Zinsaufwendungen) oder ist pauschal mit 1/5 bis 1/6 zu bewerten.[90] Maßgebend ist das Interesse des Antragstellers, die Kosten der Finanzierung der Forderung zu ersparen.[91]

Bei der Ermittlung der ersparten Aufwendungen können ggf. weitere ersparte Finanzierungskosten wie 112
Bankgebühren, Notar- und Grundbucheintragungskosten berücksichtigt werden.

Wird ein Antrag auf Zahlung des Zugewinnausgleichs mit einem Antrag auf Zuweisung bestimmter 113
Gegenstände (§ 1383 Abs. 3 BGB) verbunden und wird ein Antrag auf Stundung gestellt, so sind die Werte aller drei Gegenstände zu addieren (§ 52 FamGKG).

Beispielsfall: Stundungsinteresse: Das isolierte Zugewinnausgleichsverfahren ist anhängig (Wert: 114
100.000 €). Die Ehefrau begehrt eine Zahlung von 100.000 €. Die Ausgleichsforderung wird auf 100.000 € festgesetzt. Der Ehemann ist nicht in der Lage, diesen Betrag kurzfristig zu zahlen. Die Forderung wird daher in Form einer Ratenzahlung von jährlich 25.000 € gestundet. Die erste Rate ist in einem Jahr fällig. Der Ehegatte hätte ohne diese Stundung einen Kredit aufnehmen müssen mit einem Zinssatz von 10%.

Der Gegenstandswert ergibt sich aus der Kapitalisierung der ersparten Zinsaufwendungen während der Dauer der Stundung.

	100.000 € mit 10% für 1 Jahr – Zinsaufwendungen hierfür	10.000 €
+	75.000 € mit 10% für 1 Jahr – Zinsaufwendungen hierfür	7.500 €
+	50.000 € mit 10% für 1 Jahr – Zinsaufwendungen hierfür	5.000 €
+	25.000 € mit 10% für 1 Jahr – Zinsaufwendungen hierfür	2.500 €
=	Summe	25.000 €
+	Wert Ausgleichsverfahren 100.000 €	100.000 €
=		125.000 €

Der Gegenstandswert für das Stundungsverfahren allein beträgt damit 25.000 €. Ggf. könnten weitere Kosten wie Bankgebühren, Notar- und Grundbucheintragungskosten berücksichtigt werden. Die Gegenstandswerte der beiden unterschiedlichen Gegenstände sind nach § 52 FamGKG und nach § 22 RVG zu addieren.

VIII. Übertragung von Gegenständen unter Anrechnung auf die Ausgleichsforderung

Wichtig ist es dabei, zu beachten, dass es sich bei dem Zugewinnausgleichsverfahren und dem Übertragungsverfahren um unterschiedliche Gegenstände handelt, deren Werte ggf. zu addieren sind. Nach § 52 FamGKG erfolgt diese Addition für die **Gerichtskosten**, sobald eine Entscheidung im Übertragungsverfahren ergeht. 115

Für die **Anwaltsvergütung** erfolgt die Zusammenrechnung bereits nach § 22 RVG, sobald der Rechtsanwalt den entsprechenden Auftrag erhalten hat und tätig geworden ist, da der Rechtsanwalt ansonsten für seine Tätigkeit keinerlei Vergütung erhalten würde.[92] 116

Der Wert für ein **isoliertes Verfahren zur Übertragung von Vermögensgegenständen** ergibt sich aus § 42 FamGKG. Hiernach ist der Wert zu schätzen. Fehlt es an konkreten Anhaltspunkten, beträgt der Wert regelmäßig 3.000 €. 117

Wird der Übertragungsantrag in einem **anhängigen isolierten Ausgleichsverfahren** oder **im Rahmen des Scheidungsverbunds** gestellt, §§ 1383 Abs. 3, 1382 Abs. 5 BGB, so ergibt sich der Wert aus den §§ 42, 52 FamGKG; 22 RVG unter Zusammenrechnung der Gegenstände. 118

---

[89] *Schneider* in: HK-FamGKG, 2. Aufl. 2014, § 52 Rn. 79.
[90] *Enders*, JurBüro 1999, 337, 395.
[91] OLG Köln v. 11.06.2003 - 27 UF 44/02 - AGS 2003, 362-363.
[92] *Schneider* in: HK-FamGKG, 2. Aufl. 2014, § 52 Rn. 79.

Kostenrechtl. Hinw. in Familiensachen (Teil 2)

jurisPK-BGB / T. Schmidt

119 Der Gegenstandswert ergibt sich aus dem vollen Wert des zu übertragenden Gegenstands. Die Werte mehrerer Gegenstände sind zu addieren. Es ist nicht von einem Bruchteil des Wertes auszugehen.[93] Belastungen sind nicht abzuziehen.[94]

120 Nach anderer Ansicht ist allein maßgebend das Interesse des Antragstellers an der Übertragung des Gegenstands. Dies muss entsprechend geschätzt werden.[95]

121 Wird ein Antrag auf Zahlung des Zugewinnausgleichs mit einem Antrag auf Zuweisung bestimmter Gegenstände (§ 1383 Abs. 3 BGB) verbunden und wird ein Antrag auf Stundung gestellt, so sind die Werte aller drei Gegenstände zu addieren.

122 **Beispielsfall: Übertragung von Vermögensgegenständen unter Anrechnung auf die Ausgleichsforderung:** Die Ehefrau macht ein Zugewinnausgleichsverfahren anhängig. Die Ehefrau begehrt eine Zahlung von 100.000 €. Sie beantragt, ihr den Pkw im Wert von 25.000 € zu übertragen, da sie diesen dringend für die Fahrten zur Arbeit benötigt. In einem Vergleich einigt man sich auf die Zahlung von 70.000 € und die Übertragung des Pkws. Die Kosten werden gegeneinander aufgehoben.
Hinweis: Bzgl. der Übertragung des Gegenstands ist keine Entscheidung ergangen. Damit ist dieser bei dem Wert für die Gerichtskosten nicht zu berücksichtigen.
Das Interesse der Ehefrau an der Übertragung wird nach dem Wert des Gegenstands mit 25.000 € angenommen. Der Wert beträgt für beide Verfahren gemeinsam 125.000 €.
Vergütung für das Ausgleichs- und das Übertragungsverfahren:

	Verfahrensgebühr, Nr. 3100 VV (1,3); Wert: 125.000 €	2.064,40 €
+	Terminsgebühr, Nr. 3104 VV (1,2); Wert: 125.000 €	1.905,60 €
+	Einigungsgebühr, Nr. 1003 VV (1,0) Wert: 125.000 €	1.588 €

IX. Negatives Feststellungsverfahren wegen weiterer Zugewinnausgleichsansprüche

123 Bei einem negativen Feststellungsverfahren dahingehend, dass ein weiterer über den Teil-Zugewinnausgleichsanspruch erhobener Anspruch des Gegners nicht besteht, ist der Gegenstandswert so hoch zu bewerten wie der Anspruch, dessen Bestehen der Gegner ursprünglich behauptet. Hierbei sind irreale Anspruchsbehauptungen auf sinnvolle Werte zurückzuführen.[96]

X. Änderung des Güterstandes

124 Maßgebend für den Wert der Änderung des Güterstands ist das Interesse der Parteien am Wegfall der bisherigen und künftigen Ausgleichsansprüche. Das OLG München hat dieses Interesse auf 10% des gegenseitigen Vermögens geschätzt.[97]

H. Unterhaltssachen (§ 51 FamGKG)

I. Laufende Beträge

125 Für die Ermittlung des Wertes ist maßgebend § 51 FamGKG. Hiernach werden die laufenden Beträge berücksichtigt durch den für die nächsten zwölf Monate nach Antragseinreichung geforderten Betrag. Als Berechnungsbeginn für den Jahresbetrag legt das Gesetz den auf den Antrag folgenden Monat fest.

126 Erhöhungen und Reduzierungen der Monatsbeträge sind damit nur von Interesse, wenn sie innerhalb von zwölf Monaten nach Antragseingang stattfinden sollen.

127 **Spätere Erhöhungen** nach Ablauf der zwölf Monate bleiben unberücksichtigt.

128 **Beispiel unterschiedliche wiederkehrende Leistungen:** Die Ehefrau beantragt nach Rechtskraft der Scheidung am 15.01. Ehegattenunterhalt ab dem 01.01. in Höhe von 500 € und ab dem 01.04. in Höhe von 600 €.
Lösung: Der erste „Zählmonat" ist der Februar. Daraus ergibt sich folgender Wert:

	2 x 500 € (Februar und März)	1.000 €
+	10 x 600 € (ab April)	6.000 €
+	1 x 500 € (bei Antragseinreichung fälliger Betrag Januar)	500 €
=		7.500 €

---

[93] OLG Frankfurt v. 11.07.1989 - 4 UF 43/89 - JurBüro 1989, 1735-1736.
[94] *Schneider*, ZFE 2006, 24, 27.
[95] OLG Köln v. 11.03.2003 - 27 UF 44/02 - AGS 2003, 362.
[96] OLG Düsseldorf v. 14.11.2002 - II-4 WF 121/02.
[97] OLG München v. 18.03.1986 - 16 WF 609/86 - FamRZ 1986, 828.

II. Zeitpunkt der Wertberechnung

Maßgebend für die Höhe des Wertes ist allein die bei **Einreichung des Antrags** zugrunde liegende Erwartung des Antragstellers – § 34 FamGKG.[98]

III. Berechnungsbeginn bei Verfahrenskostenhilfe

Ausnahmsweise wird der Zeitpunkt für den Berechnungsbeginn der Rückstände vorverlegt nach § 51 Abs. 2 Satz 2 FamGKG, wenn zunächst ein entsprechender Verfahrenskostenhilfeantrag gestellt wurde und alsbald nach Mitteilung über die Verfahrenskostenhilfeentscheidung ein Unterhaltsverfahrensantrag selbst gestellt wird.

„Alsbald" verlangt einen engen zeitlichen Zusammenhang zwischen Mitteilung und Antragseingang. Maßstab ist hier eine schuldhafte Verzögerung im Sinne des § 167 ZPO.

Wird der Antrag nicht alsbald gestellt, kommt eine Vorverlegung nicht in Betracht. Wird der Verfahrenskostenhilfeantrag nur bzgl. eines Teils des späteren Hauptsacheverfahrens gestellt, so gelten unterschiedliche Zeitpunkte für den Berechnungsbeginn.

IV. Rückstände

Wird der nacheheliche Ehegattenunterhalt vor der Scheidung im Verbundverfahren geltend gemacht, so können keine fälligen Unterhaltsbeträge vorhanden sein, da dieser Anspruch erst mit der Scheidung entsteht, § 1569 BGB. Etwas anderes gilt für Rückstände aus **Trennungsunterhalt**. Diese bleiben im Verfahren Ehegattenunterhalt jedoch unberücksichtigt und sind gesondert geltend zu machen, da es sich um eine eigene Angelegenheit handelt.

Rückstände können jedoch entstehen im **Zeitraum nach der Scheidung**. Wird der Unterhaltsanspruch nach der Scheidung in einem isolierten Verfahren geltend gemacht, so sind eventuelle Rückstände aus dem Zeitraum Scheidung bis Antragseingang gegenstandswerterhöhend zu berücksichtigen. Die bei Antragseinreichung bereits fälligen Beträge werden als Rückstände dem Gegenstandswert hinzuaddiert – § 51 Abs. 2 FamGKG. Der Unterhalt wird monatlich im Voraus fällig, § 1585 BGB. Damit ist der Betrag für den Monat der Antragseinreichung bereits vollständig fällig und als Rückstand gegenstandswerterhöhend zu bewerten. Damit bestimmt sich der Wert eines nachträglichen Ehegattenunterhaltsverfahrens und eines Trennungsunterhaltsverfahrens im Ergebnis regelmäßig mindestens nach dem Wert von 13 (!) Monaten.

Beispiel unterschiedliche wiederkehrende Leistungen: Die Ehefrau beantragt nach Rechtskraft der Scheidung am 15.01. Ehegattenunterhalt ab dem 01.01. in Höhe von 500 € und ab dem 01.04. in Höhe von 600 €.

Lösung: Der erste „Zählmonat" für die laufenden Beträge ist der Februar. Daraus ergibt sich folgender Wert:

	2 x 500 €	1.000 €
+	10 x 600 €	6.000 €
+	1 x 500 € (bei Antragseinreichung fälliger Betrag)	500 €
=	Gesamtwert	7.500 €

V. Rückstände bei außergerichtlicher Geltendmachung

Im gerichtlichen Verfahren ist der Zeitpunkt für die Ermittlung der fälligen Beträge zur Festlegung der **rückständigen Unterhaltszahlungen** klar. Dieser Zeitpunkt ist nach § 51 Abs. 2 FamGKG der Zeitpunkt der Antragseinreichung.

Diesen Zeitpunkt gibt es im außergerichtlichen Verfahren nicht. Vielfach wird daher in analoger Anwendung des § 51 FamGKG angenommen, dass der Zeitpunkt der Auftragserteilung oder der Zeitpunkt der ersten Geltendmachung dem Zeitpunkt der Klageeinreichung gleichzusetzen ist. Diese Vorgehensweise ist nicht zutreffend. Die Regelung in § 51 Abs. 2 FamGKG ist eine Spezialregelung für das gerichtliche Verfahren. Für das außergerichtliche Verfahren soll damit keine Besonderheit gelten.

Richtig ist vielmehr, dass die Fälligkeit der Unterhaltsbeträge nicht beschränkt wird. In einer laufenden Angelegenheit tritt monatlich eine weitere Forderung hinzu, wie dies beispielsweise auch bei Mietsachen der Fall ist. Das heißt, dass für die Wertberechnung alle zum Zeitpunkt der Beendigung der au-

---

[98] OLG Köln v. 03.11.2004 - 19 W 54/04 - AGS 2005, 451.

Kostenrechtl. Hinw. in Familiensachen (Teil 2)   jurisPK-BGB / T. Schmidt

ßergerichtlichen Angelegenheit fälligen und verlangten Beträge als Rückstände zu behandeln sind. Der Wert bestimmt sich daher nur nach den §§ 33, 35 FamGKG.[99]

139 Handelt es sich lediglich um eine **Beratung zum Trennungsunterhalt**, so ist der entsprechende Zeitpunkt derjenige der Durchführung der Beratung.

140 **Beispiel: Außergerichtliche Geltendmachung und Einigung bzgl. Trennungsunterhalt:** Der Ehegatte zahlt keinen Trennungsunterhalt. Es erfolgt am 15.05. Auftragserteilung wegen monatlich 500 € Trennungsunterhalt ab dem 01.05. Am 15.08 führen die Verhandlungen mit dem Gegner zu einer Einigung.
Vorbemerkung: Der Wert für die Rückstände bestimmt sich nach den fälligen Beträgen zum Zeitpunkt der Einigung.
Der Gegenstandswert beträgt:
12 x 500 € laufend + 4 x 500 € Rückstände (Mai bis August)= 8.000 €.

VI. Unterhalt für weniger als ein Jahr

141 Ist der geforderte Gesamtbetrag geringer als der Betrag für die nächsten zwölf Monate, so ist dieser geringere Betrag maßgebend – § 51 Abs. 1 FamGKG.

142 Die Einschränkung, dass **höchstens der geforderte Gesamtbetrag** gelten soll, ist gerade beim Trennungsunterhalt problematisch, da der Anspruch auf Zahlung des Trennungsunterhalts längstens bis zum Zeitpunkt der Rechtskraft der Scheidung besteht und damit häufig vor Ablauf eines Jahres enden wird.

143 Häufig wird daher die Verfahrensdauer bis zur Rechtskraft geschätzt und der Wert ggf. entsprechend reduziert. Allerdings muss in diesen Fällen das Verfahrensende bei Klageeinreichung bereits endgültig abzusehen sein.[100]

144 Anders und auch zutreffend wird dies von *Schneider* beurteilt. Danach ist bei Einreichung der Klage – und dies ist nach § 34 GKG der maßgebliche Zeitpunkt – ungewiss, wann und ob die Rechtskraft der Scheidung eintreten wird. Der Wert ist damit nicht zu reduzieren.[101]

145 Dies gilt auch dann, wenn die Ehescheidung anschließend vor Ablauf des Jahres rechtskräftig wird.[102]

146 Diese Frage ist jedoch anders zu beurteilen, wenn eine Einigung über den Trennungsunterhalt am Tag des Eintritts der Rechtskraft der Scheidung getroffen wird und der Trennungsunterhalt bisher nicht anhängig war. Der Wert für die laufenden Unterhaltsbeträge ist damit 0 €. Maßgebend für die Wertberechnung können dann nur noch die Rückstände gem. §§ 33, 35 FamGKG sein.

VII. Antragserweiterung

147 Streitig ist, wie im Falle einer Antragserweiterung bei nachträglichem Ehegattenunterhalt (isoliert nach der Scheidung) oder bei Trennungsunterhalt die Rückstände zu berechnen sind. Richtig ist es, auch die Erhöhungsbeträge, die zwischen dem Eingang des „Basisantrags" und der Antragserweiterung fällig geworden sind, als gegenstandswerterhöhende Rückstände zu berücksichtigen.[103]

148 Die Gegenansicht stellt allein auf den Zeitpunkt des ersten Antragseingangs ab und berücksichtigt ab hier keinerlei Rückstände mehr.

149 **Beispielsfall: Antragserweiterung bei Unterhalt:** Die Antragstellerin macht 500 € Unterhalt ab dem 01.01. geltend. Der Antrag geht am 20.05. bei Gericht ein. Der Gegenstandswert beträgt zu diesem Zeitpunkt:

	§ 51 Abs. 1 FamGKG laufende Beträge	12 x 500 €	6.000 €
+	§ 51 Abs. 2 FamGKG rückständige Beträge	5 x 500 €	2.500 €
=	Summe		8.500 €

Am 05.11. wird der Antrag insgesamt um weitere 300 € ab dem 01.01. erweitert. Der Gegenstandswert beträgt nun:

	§ 51 Abs. 1 FamGKG laufende Beträge	12 x 800 €	9.600 €

---

[99] *Schneider*, ZFE 2005, 156, 161; *Schneider* in: Hansens/Braun/Schneider, Praxis des Vergütungsrechts, 2. Aufl. 2006, Teil 10 Rn. 196.

[100] OLG Köln v. 26.06.1992 - 26 WF 88/92 - JurBüro 1993, 164-165; OLG Bamberg v. 02.03.1988 - 2 WF 60/88 - JurBüro 1988, 1077-1078.

[101] *Schneider* in: HK-FamGKG, 2. Aufl. 2014, § 51 Rn. 167.

[102] OLG Schleswig v. 27.02.2012 - 15 WF 78/12; OLG Frankfurt v. 09.11.2006 - 6 WF 175/06 - FamRZ 2007, 749.

[103] OLG Köln v. 22.07.2003 - 4 WF 59/03 - FamRZ 2004, 1226; *Schneider* in: Hansens/Braun/Schneider, Praxis des Vergütungsrechts, 2. Aufl. 2006, Kap. 10, Rn. 301.

+	§ 51 Abs. 2 FamGKG rückständige Beträge	5 x 800 €	4.000 €
+	§ 51 Abs. 2 FamGKG rückständige Beträge bis Antragserweiterung	6 x 300 €	1.800 €
=			15.400 €

Die im Zeitraum zwischen Antragseinreichung und Antragserweiterung verlangten Beträge für die Erhöhung sind ebenfalls als fällige Rückstände zu bewerten und erhöhen den Gegenstandswert.[104]

VIII. Unterhaltsabänderungswiderantrag

Unterhaltsabänderungs- und **Unterhaltsabänderungswiderantrag** haben nicht denselben Gegenstand. Die Gegenstandswerte sind zu addieren nach den §§ 35, 39 Abs. 1 FamGKG. 150

IX. Kapitalabfindung statt laufender Beträge

Wird im anhängigen Verfahren statt des laufenden Unterhalts eine Unterhaltsvereinbarung mit **Kapitalabfindung** (§§ 1585 Abs. 2, 1585c BGB) vereinbart, so führt dies nicht zu einer Gegenstandswerterhöhung. Maßgebend ist nicht der Abfindungsbetrag, sondern der gem. § 51 FamGKG errechnete Wert, da letztendlich über den Gegenstand des Unterhalts eine Einigung erzielt wurde, und dieser Gegenstand ist ergebnisunabhängig nach § 51 FamGKG zu bewerten. 151

Etwas gilt dann, wenn von vornherein gem. § 1585 Abs. 2 BGB aus wichtigem Grund ein Abfindungsbetrag verlangt wird. Dann ist der Wert des Abfindungsbetrags maßgebend.[105] 152

X. Vertragliche Unterhaltsansprüche

§ 51 FamGKG gilt für alle Unterhaltssachen, die Familienstreitsachen sind. Diese Vorschrift gilt damit im Gegensatz zum alten Recht nach § 42 GKG a.F. auch für vertragliche Unterhaltsansprüche. 153

Über die §§ 112 Nr. 3, 266 Abs. 1 Nr. 2 FamFG sind Familienstreitsachen auch Verfahren, die „aus der Ehe herrührende Ansprüche betreffen". Der vertragliche Unterhalt ist ein solcher Anspruch. Für eine unterschiedliche Behandlung von gesetzlichem und vertraglichem Unterhalt hat der Gesetzgeber keinen Anlass mehr gesehen.[106] 154

XI. Unterhaltsverzicht

Ein Unterhaltsverzicht ist nur für den nachehelichen Unterhalt zulässig. Der Wert für einen entsprechenden Verzicht ist der Jahreswert nach § 51 Abs. 1 FamGKG und ggf. auch Rückstände.[107] 155

Ist bei nicht anhängigem Unterhalt die **Höhe des betroffenen Unterhalts unklar** oder ist unsicher, ob der Anspruch je entstehen wird, so ist lediglich das **Regelungsinteresse** zu bewerten. Der Wert hierfür wird geschätzt. Er nimmt zu, je wahrscheinlicher das Entstehen des Anspruchs ist. Ein Unterhaltsverzicht gegen Kapitalabfindung wird nicht besonders bewertet. Zuletzt wurde ein Wert von 2.400 € angenommen.[108] 156

XII. Titulierungsinteresse/freiwillig gezahlte Beträge

Wird der Unterhalt freiwillig gezahlt, so hat der Antragsteller lediglich ein Titulierungsinteresse. Seinem Anspruch fehlt es jedoch nicht am Rechtsschutzbedürfnis. Es ist weder eine ggf. beantragte Verfahrenskostenhilfe zu versagen noch ist ein Abschlag vom Wert vorzunehmen. Die Vorschrift des § 35 FamGKG ist insoweit eindeutig. Die bisher hierzu geltende Rechtsprechung, die einen angemessenen Abschlag vorsah, ist damit überholt.[109] 157

---

[104] *Schneider* in: HK-FamGKG, 2. Aufl. 2014, § 51 Rn. 72 f.; OLG Köln v. 22.07.2003 - 4 WF 59/03 - FamRZ 2004, 1226.
[105] *Enders*, JurBüro 1999, 337, 340.
[106] BT-Drs. 16/308, S. 697.
[107] OLG Dresden v. 16.12.1998 - 20 WF 452/98 - FamRZ 1999, 1290.
[108] OLG Karlsruhe v. 03.05.1999 - 16 UF 226/96 - AGS 2000, 112.
[109] OLG Hamburg v. 13.03.2013 - 7 WF 21/13 - AGS 2013, 184.

XIII. Stufenantrag in Unterhaltssachen

1. Auskunftsanspruch

158 Der Auskunftsanspruch ist Bestandteil des späteren Hauptsacheverfahrens. Wenn das Verfahren zu Ende geführt wird, geht der Wert für den Auskunftsanspruch regelmäßig in dem des Hauptsacheverfahrens auf. Maßgebend ist jeweils der höhere Wert – § 38 FamGKG.

159 Etwas anderes gilt für den Fall, dass der Auskunftsanspruch isoliert – also nicht in Form eines Stufenantrags – geltend gemacht wird. Dann ist dieses Verfahren auch isoliert abzurechnen. Der Wert des Auskunftsanspruchs allein bestimmt sich nach § 42 FamGKG und beträgt ca. 1/10 bis 1/4 des erwarteten Unterhaltsanspruchs. Maßgebend für die Höhe des Bruchteils ist die Abhängigkeit des Antragstellers von dem Auskunftsverfahren.[110]

2. Leistungsanspruch

a. Leistungsanspruch bleibt unbeziffert

160 Der Gegenstandswert einer Stufenklage bemisst sich auch dann, wenn der Antrag im Auskunftsverfahren „steckenbleibt", weil sich die **Hauptsache nach dem Auskunftsverfahren erledigt** hat und der Antragsanspruch demnach unbeziffert bleibt, nach dem höheren Wert des Leistungsantrags. Dieser ist nach der Erwartung der Partei bei Beginn der Instanz zu schätzen – so zuletzt OLG Schleswig.[111] Hiernach richtet sich der Gegenstandswert mindestens nach der Höhe der außergerichtlich geltend gemachten Forderung.

161 Es gilt auch hier § 34 FamGKG. Maßgebend für die Schätzung ist der objektive Klagevortrag. Da die Wertfestsetzung nur vorläufig ist, kann das Gericht diesen bei besseren Erkenntnissen korrigieren – § 55 Abs. 1, 3 FamGKG.

162 Zu beachten ist allerdings, dass eine Terminsgebühr regelmäßig nur nach dem Wert des Auskunftsantrags entstanden ist, da nur dieser Antrag Gegenstand des gerichtlichen Termins war. Wegen der Hauptsache ist es nicht zu einem Termin gekommen.

163 Bestanden zum Zeitpunkt der Anhängigkeit keinerlei Anhaltspunkte für eine Bestimmung des Verfahrenswertes für den Leistungsantrag, ist diesbezüglich von einem Auffangwert von 5.000 € gem. § 42 Abs. 3 FamGKG auszugehen.[112]

164 Bei **steckengebliebenen Stufenanträgen** richtet sich der Gegenstandswert mindestens nach der Höhe der außergerichtlich geltend gemachten Forderung.[113]

b. Leistungsanspruch wird beziffert

165 Wird der Leistungsanspruch nach der Durchführung der Auskunftsstufe beziffert, so ist der bezifferte Wert grundsätzlich maßgebend. Dies gilt auch dann, wenn dem Antragsteller nach Auffassung des Gerichts höhere Ansprüche als letztendlich beantragt zustünden. In diesem Fall ist der zunächst geschätzte Wert ggf. nach § 55 Abs. 3 FamGKG nachträglich zu korrigieren.

166 **Beispiel: teilweise Erledigung des Leistungsanspruchs:** Das Kind verlangt vom Vater Auskunft und sodann den entsprechenden Unterhalt. Es wird eine Zahlung von 120% des Mindestunterhalts erwartet. Im Laufe der Auskunftsstufe zahlt der Vater freiwillig 110%. Hierüber wird eine Jugendamtsurkunde erstellt. Die Leistungsklage wird lediglich wegen 10% durchgeführt. Die freiwillige Zahlung hat keinen Einfluss auf den Wert. Es bleibt bei dem Wert von 120%.

3. Eidesstattliche Versicherung

167 Für die eidesstattliche Versicherung im Rahmen der Auskunftspflicht nach § 1580 BGB ist ein Bruchteil des erwarteten Zahlungsanspruchs anzunehmen. Dieser liegt in der Regel unterhalb des Auskunftswerts.[114] Er wird regelmäßig mit 50% des Wertes der Auskunftsstufe angenommen.[115]

---

[110] *Thiel* in: HK-FamGKG, 2. Aufl. 2014, § 42 FamGKG Rn. 114; *Schneider*, ZFE 2004, 63.
[111] OLG Schleswig v. 08.08.2013 - 15 WF 269/13 - FamFR 2013, 546; OLG Stuttgart v. 17.11.2011 - 18 WF 227/11 - FamRZ 2012, 393; OLG Stuttgart v. 09.08.2007 - 11 WF 134/07 - FamRZ 2008, 534-535.
[112] OLG Hamm v. 26.10.2010 - 2 WF 249/10 - FamRZ 2011, 582.
[113] OLG Stuttgart v. 17.11.2011 - 18 WF 227/11 - FamRZ 2012, 393, OLG Celle v. 17.06.2011 - 10 WF 164/11 - FamRZ 2011, 1809.
[114] *Thiel* in: HK-FamGKG 2. Auf. 2014, § 42 Rn. 118.
[115] *Schneider* in: HK-FamGKG, 2. Aufl. 2014, § 38 Rn. 19.

4. Mehrere Auskunftsansprüche

Werden mehrere Auskunftsansprüche nebeneinander geltend gemacht (z.B. mehrere Kinder betreiben das Verfahren auf Auskunft), so handelt es sich um verschiedene Gegenstände, da es sich um verschiedene Unterhaltsansprüche handelt. Die Werte sind zu addieren – § 33 Abs. 1 FamGKG.[116]

168

5. Wechselseitige Auskunftsansprüche

Beantragen beide Beteiligten wechselseitig Auskunft bzgl. des Einkommens des jeweils anderen, so handelt es sich um unterschiedliche Gegenstände, die gesondert zu bewerten und zu addieren sind – §§ 38, 33 FamGKG.

169

6. Auskunft und bezifferte Leistungsstufe nebeneinander

Wird einerseits bzgl. eines Teils des Unterhalts eine bezifferte Leistung verlangt und bzgl. eines weiteren Teils Auskunft, so liegt kein Fall des § 38 FamGKG vor. Vielmehr ist eine objektive Antragshäufung (§§ 113 Abs. 1 FamFG, 260 ZPO) gegeben und die Anträge sind zu addieren – § 33 Abs. 1 FamGKG.[117]

170

Beispiel: Auskunft und bereits bezifferte Leistungsstufe: Das Kind verlangt den Mindestunterhalt und stellt parallel einen Antrag auf Auskunft, um zu prüfen, ob weitere Unterhaltsansprüche bestehen. Die beiden Ansprüche sind zu addieren.

171

XIV. Isolierte Geltendmachung trotz Verbund

Trotz eines anhängigen Scheidungsverfahrens verstößt die isolierte Geltendmachung eines Unterhaltsanspruchs neben dem Verbundverfahren nicht gegen die Prinzipien einer kostensparenden Verfahrensführung, da bei einer gemeinsamen Entscheidung die Kostenaufhebung im Scheidungsverfahren droht, obwohl ggf. der Gegner die Kosten des Unterhaltsverfahrens tragen muss. Dies gilt auch für weitere Familienstreitsachen[118], nicht jedoch für nichtvermögensrechtliche Ansprüche wie die elterliche Sorge und das Umgangsrecht.[119]

172

Maßgeblich ist der Weg, der für den Antragsteller die geringsten Kosten verursacht. Wenn der Antragsteller davon ausgehen kann, dass er die Kosten des isolierten Verfahrens nicht zu tragen hat, weil er im isolierten Verfahren obsiegen wird, und die Kosten des Verbunds gegeneinander aufgehoben werden, so ist die getrennte Geltendmachung der für ihn günstigste Weg. Damit sind auch diese Kosten erstattungsfähig. Dies gilt entsprechend für die Frage der Mutwilligkeit von Verfahrenskostenhilfe.[120]

173

XV. Mindestunterhalt

Wird der **Mindestunterhalt** nach den §§ 1612a ff. BGB geltend gemacht, so ist nicht der Wert der folgenden zwölf Monate entscheidend, sondern der zwölffache Wert des Monats der Antragstellung. Maßgebend ist also der zwölffache Mindestunterhalt zum Zeitpunkt der Antragstellung – § 51 Abs. 1 FamGKG.

174

Beispiel Mindestunterhalt: Das Kind beantragt am 01.01., den Vater zur Zahlung von 110% des Mindestunterhalts nach der jeweiligen Stufe zu verurteilen. Auch wenn für das Kind drei Monate nach der Antragstellung ein Wechsel der Altersstufe erfolgt, hat dies keine Auswirkungen auf den Wert. Die gemäß § 1612b BGB anzurechnenden **Kindergeldbeträge** sind hierbei von dem geltend gemachten Mindestunterhalt abzuziehen.[121]

175

Wird im Mindestunterhaltsunterverfahren beantragt, die bereits titulierte Unterhaltsrente um einen **bestimmten Prozentsatz** herauf- oder herabzusetzen, liegt ein bezifferter Antrag gem. § 51 Abs. 1 FamGKG vor. Hier berechnet sich der Wert nach dem zwölffachen Betrag der Differenz des kapitalisierten monatlichen Unterhalts. Rückstände sind auch bei Mindestunterhaltsverfahren zu berücksichtigen.

176

---

[116] *Schneider* in: HK-FamGKG, 2. Aufl. 2014, § 51 Rn. 92.
[117] *Schneider* in: HK-FamGKG, 1. Aufl. 2009, § 38 Rn. 8.
[118] OLG Hamm v. 30.01.2006 - 6 WF 440/05.
[119] OLG Hamm v. 12.06.2006 - 6 WF 207/05.
[120] BGH v. 10.03.2005 - XII ZB 19/04 - NJW 2005, 1498 = FamRZ 2005, 788.
[121] *Schneider* in: HK-FamGKG, 2. Aufl. 14 § 51 Rn. 109; OLG Oldenburg v. 22.02.2007 - 11 UFH 6/06 - NdsRpfl 2007, 332; OLG München v. 09.11.2004 - 12 WF 1676/04 - AGS 2005, 165.

Kostenrechtl. Hinw. in Familiensachen (Teil 2)

177 **Beachte:** Wird gleichzeitig auf **Vaterschaftsfeststellung** und Mindestunterhalt geklagt, so ist der höhere der beiden Werte maßgebend – § 33 Abs. 1 Satz 3 FamGKG, weil hier der vermögensrechtliche Anspruch (Unterhalt) aus dem nichtvermögensrechtlichen Anspruch (Vaterschaft) abgeleitet wird. Gem. § 237 FamGKG können das Verfahren zur Vaterschaftsfeststellung und das Unterhaltsverfahren verbunden werden. Dies allerdings nur, soweit der Mindestunterhalt verlangt wird. Es gilt der höhere der beiden Werte. Dies ist regelmäßig der Wert des Unterhaltsverfahrens.[122]

178 **Erhöhung des Mindestbetrags um einen bestimmten Prozentsatz:** Wird im vereinfachten Verfahren ein Prozentsatz über oder unter 100% des Regelbetrages geltend gemacht, so richtet sich der Gegenstandswert nach dem konkret geforderten Prozentsatz des Mindestunterhalts der aktuellen Altersstufe.[123]

179 Wird im Mindestunterhaltsunterverfahren beantragt, die bereits titulierte Unterhaltsrente um einen **bestimmten Prozentsatz** herauf- oder herabzusetzen, liegt ein bezifferter Antrag gem. § 51 Abs. 1 FamGKG vor. Hier berechnet sich der Wert nach dem zwölffachen Betrag des kapitalisierten monatlichen Differenzbetrags.

XVI. Getrenntlebensunterhalt

180 Werden Unterhalt für die Dauer des **Getrenntlebens** und **nachehelicher Unterhalt nebeneinander** geltend gemacht, so handelt es sich um verschiedene Gegenstände. Es hat eine gesonderte Bewertung mit dem jeweiligen Jahreswert zu erfolgen (da in der Regel nicht abzusehen ist, wann die Ehe letztendlich geschieden wird).

181 Wird in einem Vergleich sowohl der Ehegattenunterhalt als auch der Trennungsunterhalt erledigt, so bemisst sich der Wert nach der Addition der beiden Einzelwerte (§§ 51, 33 FamGKG).[124]

182 Der Kindesunterhalt und ggf. Rückstände sind natürlich unabhängig hiervon zusätzlich zu bewerten.

I. Abstammungssachen (§ 47 FamGKG)

183 Abstammungssachen (bisher: Kindschaftssachen) sind nach den §§ 111 Nr. 3, 169 FamFG die folgenden Verfahren:
- Feststellung des Bestehens oder Nichtbestehens eines Eltern-Kind-Verhältnisses, insbesondere der Wirksamkeit oder Unwirksamkeit einer Anerkennung der Vaterschaft.
- Ersetzung der Einwilligung in eine genetische Abstammungsuntersuchung und Anordnung der Duldung einer Probeentnahme.
- Einsicht in ein Abstammungsgutachten oder Aushändigung einer Abschrift oder
- Anfechtung der Vaterschaft.

Der Wert für die Abstammungssachen nach § 169 Nr. 1 (Vaterschaftsfeststellung) und § 169 Nr. 4 FamFG (Anfechtung der Vaterschaft) bestimmt sich nach § 47 FamGKG. Hierfür gilt ein Festwert von 2.000 €.

Für die übrigen Abstammungssachen ist ein Wert von 1.000 € vorgesehen. Nach §§ 169 Nr. 2 und 3, 47 FamGKG handelt es sich bei den übrigen Abstammungssachen um
- Ersetzung der Einwilligung in eine genetische Abstammungsuntersuchung,
- Anordnung der Duldung einer Probeentnahme,
- Einsicht in ein Abstammungsgutachten oder Aushändigung einer Abschrift.

I. Mehrere Kinder

184 Wird die **Vaterschaft bzgl. mehrerer Kinder** in einem Verfahren **angefochten**, so handelt es sich um eine Angelegenheit mit verschiedenen Gegenständen. In diesen Fällen ist der Regelgegenstandswert entsprechend zu vervielfältigen (§ 33 FamGKG). Allerdings stellt *Thiel* fest, dass eine solche Verbindung nach § 179 Abs. 2 FamFG nicht mehr zulässig ist und bei korrekter Gesetzesanwendung nicht mehr vorkommen dürfte.[125]

---

[122] *Türck-Brocker* in: HK-FamGKG, 2. Aufl. 2014, § 47 Rn. 16; OLG Naumburg v. 18.01.2008 - 8 WF 10/08 - FamRZ 2008, 1645.

[123] OLG Karlsruhe v. 07.03.2000 - 5 UF 16/00 - RenoR 2001, 30-31.

[124] OLG Bamberg v. 13.05.2011 - 2 WF 121/11 - FamRZ 2011, 1894 = JurBüro 2011, 418.

[125] *Thiel* in: Schneider/Herget, Streitwertkommentar, 13. Aufl. Rn. 6629 ff; OLG Hamburg v. 14.02.2007 - 2 WF 20/07 - FamRZ 2007, 1035; OLG Köln v. 15.03.2005 - 14 WF 40/05 - JurBüro 2005, 542.

Erhöhung des Wertes: Ist der Festwert von 2.000 € nach § 47 Abs. 1 FamGKG nach den besonderen 185
Umständen des Einzelfalls unbillig, kann das Gericht einen höheren oder einen niedrigeren Wert festsetzen – § 47 Abs. 2 FamGKG.
Diese Ermessensregelung soll es ermöglichen, dass es zu unvertretbar hohen oder zu unangemessen 186
niedrigen Kosten kommt. Denkbar wäre eine Erhöhung zum Beispiel, wenn die Feststellung der Abstammung für das Kind wegen der weit überdurchschnittlichen Einkommens- und Vermögensverhältnisse des Vaters von besonderem Interesse ist.[126]

II. Mindestunterhalt zusammen mit Vaterschaftsfeststellung

Wird gem. § 237 FamFG zusammen mit der Vaterschaftsfeststellung (§ 169 Nr. 1 FamFG) auch der 187
Mindestunterhalt beantragt, so sind die Werte der beiden Gegenstände gesondert zu bewerten. Für die
Vaterschaftsfeststellung gilt nach § 47 FamGKG ein Regelwert von 2.000 €. Für den Unterhalt ist § 51
FamGKG maßgeblich.

Allerdings gilt hier die Besonderheit des § 33 Abs. 1 Satz 2 FamGKG. Die Werte werden nicht addiert! 188
Hier ist mit einem **nichtvermögensrechtlichen** Anspruch (Vaterschaft) ein aus ihm hergeleiteter vermögensrechtlicher Anspruch (Unterhalt) verbunden. Deshalb ist **nur der höhere Anspruch** maßgebend.[127]

Bei der Ermittlung des Wertes für den Mindestunterhalt ist zu berücksichtigen, dass auch hier die 189
Rückstände nach § 51 Abs. 2 GKG werterhöhend zu berücksichtigen sind.

Beispiel: Feststellung der Vaterschaft und Mindestunterhalt: 190
Im Vaterschaftsfeststellungsverfahren wird gleichzeitig auch der Mindestunterhalt der Stufe 2 abzgl.
des hälftigen Kindergelds (derzeit: 272 € monatlich, 364 € - 92 €) verlangt. Die Vaterschaft kann jedoch nicht festgestellt werden. Der Antrag wird abgewiesen.
Vorbemerkung: Nach § 33 Abs. 1 Satz 2 FamGKG ist hier grundsätzlich der höhere der beiden Werte
zu berücksichtigen. Dies ist hier der zwölffache Unterhaltsbetrag mit 3.264 € im Vergleich zu den
2.000 € aus der Vaterschaftsfeststellung. Der Unterhaltsanspruch war allerdings nicht Gegenstand des
Termins, so dass insoweit keine Terminsgebühr entstanden ist.
Rechtsanwaltsvergütung Vaterschaftsfeststellung:

	Verfahrensgebühr, Nr. 3100 VV (1,3); Wert: 2.964 €	327,600 €
+	Terminsgebühr, Nr. 3104 VV (1,2); Wert: 2.000 €	180 €

J. Versorgungsausgleich (§ 50 FamGKG)

I. Allgemein

Der Wert bestimmt sich nach § 50 FamGKG. Hierbei muss beachtet werden, dass der Versorgungsausgleich in zwei Formen geltend gemacht werden kann. Zum einen als sogenannter öffentlich-rechtlicher 191
Versorgungsausgleich und zum anderen als schuldrechtlicher Versorgungsausgleich.

Das Versorgungsausgleichsgesetz differenziert nach 192
- Versorgungsausgleichsansprüchen **bei der Scheidung** (§§ 9-19, 28 VersAusglG –öffentlich-rechtliche Ansprüche) und
- Versorgungsausgleichsansprüchen **nach der Scheidung** (§§ 20-27 VersAusglG – schuldrechtliche Ansprüche).

Diese Unterscheidung ist auch verfahrens- und kostenrechtlich von Bedeutung. Die Verfahren **bei der** 193
Scheidung sind Bestandteil des **Amtsverbunds**. Es ist damit kein besonderer Antrag für ihre Anhängigkeit notwendig – § 137 Abs. 2 Satz 2 FamFG. Damit sind die Werte von Scheidung und Versorgungsausgleich zu addieren, §§ 16 Nr. 4, 22 RVG.

Die Verfahren **nach der Scheidung** sind regelmäßig nicht Bestandteil des Verbundes. Sie werden isoliert 194
geltend gemacht. Sollen sie ausnahmsweise Bestandteil des Verbundes werden, so ist ein entsprechender Antrag notwendig – § 223 FamFG. In diesem Fall muss das Gericht die verbleibenden Ansprüche nach der Scheidung ausdrücklich in der Entscheidungsbegründung benennen – § 224 FamFG. Das
Gesetz sieht unterschiedliche Werte für die Verfahren **bei** und **nach** der Scheidung vor.

Der Wert beträgt für 195

---

[126] BT-Drs. 16/6308, S. 306.
[127] *Türck-Brocker* in: HK-FamGKG, 2. Aufl. 2014, § 47 Rn. 15; OLG Naumburg v. 18.01.2008 - 8 WF 10/08 - FamRZ 2008, 1645.

Kostenrechtl. Hinw. in Familiensachen (Teil 2)

- Versorgungsausgleichsansprüche **bei der Scheidung 10%**,
- Versorgungsausgleichsansprüche **nach der Scheidung 20%**

des in drei Monaten erzielten Einkommens der Ehegatten. Die sogenannten schuldrechtlichen Ansprüche (= Ansprüche nach der Scheidung) werden vom Gesetzgeber als aufwändiger betrachtet und daher mit einem höheren Wert versehen.

II. Jedes Anrecht

196 Für jedes Anrecht bei der Scheidung wird ein Wert von 10% des dreimonatigen Einkommens der Ehegatten veranschlagt. Es ist daher zunächst die Anzahl der Anrechte zu ermitteln. Anrechte in diesem Sinne sind alle Anrechte, die eine Versorgungsart des Ehegatten darstellen, gleich, ob sie im In- oder Ausland erworben worden sind.[128]

197 Damit ist jedes verfahrensgegenständliche Anrecht zu berücksichtigen. Dies gilt auch dann, wenn es im Ergebnis weder zu einem internen noch zu einem externen Ausgleich dieses Anrechts kommt.[129]

198 Einschränkend wird vertreten[130], dass für die Bestimmung des Verfahrenswertes Anrechte nicht erheblich sind, wenn eine Einbeziehung von vornherein ausscheidet, weil derartige Anrechte
- nicht dem Versorgungsausgleich unterliegen,
- nicht während der Ehezeit erworben wurden
- überhaupt nicht erworben worden sind.

Dieser Ansicht ist nicht zu folgen, da sie den Gesetzestext um das Merkmal „auszugleichende" Anrechte erweitert. Dies war aber bewusst nicht die Intention des Gesetzgebers. Ihm ging es um die Verfahrensvereinfachung.[131]

199 Bestehen Anrechte aus einer betrieblichen Altersversorgung, so sind sie nunmehr auch dann Bestandteil des Versorgungsausgleichs, wenn sie auf einer Kapitalleistung basieren – § 2 Abs. 2 Nr. 3 VersAusglG.[132]

200 Dies gilt in gleicher Weise für die Anrechte nach der Scheidung gem. §§ 20 ff. VersAusglG mit dem Unterschied, dass nicht 10%, sondern 20% je Anrecht zu berücksichtigen sind.

201 **Ost-West-Anrechte:** Die bei einem Träger der gesetzlichen Rentenversicherung erworbenen Anrechte in der allgemeinen Rentenversicherung und in der allgemeinen Rentenversicherung (Ost) sind separate Anrechte, die im Rahmen der Wertfestsetzung nach § 50 Abs. 1 FamGKG gesondert zu berücksichtigen sind.[133]

III. Mindestwert

202 § 50 Abs. 1 Satz 2 FamGKG sieht einen Mindestwert von 1.000 € vor. Dieser Mindestwert betrifft den Wert für alle nach Satz 1 der Vorschrift anhängigen Verfahren. Er greift also nur dann, wenn die Summe der Werte für die einzelnen Versorgungsausgleichsansprüche 1.000 € nicht erreicht.

203 Der Mindestwert von 1.000 € ist die absolute Untergrenze. Diese gilt auch für den Fall der Unbilligkeit nach § 50 Abs. 3 FamGKG, da die Festlegung eines Mindestwertes ansonsten keinen Sinn ergibt.

IV. Dreimonatliches Nettoeinkommen

204 Für die Wertermittlung ist das in drei Monaten erzielte Nettoeinkommen der Ehegatten maßgebend. Insoweit wird hier der Wortlaut des § 43 Abs. 2 FamGKG wiederholt, der für die Wertermittlung in Ehesachen einschlägig ist. Damit macht der Gesetzgeber klar, dass die Grundsätze für die Wertermittlung in Ehesachen auch hier gelten sollen.

205 Allerdings bezieht sich der Wortlaut hier eindeutig **nur auf die Einkommensverhältnisse**. Die weiteren Kriterien Vermögensverhältnisse, Umfang und Bedeutung werden bewusst nicht erwähnt und sind damit hier nicht maßgebend.

206 Ein gegebenenfalls unbilliger Wert ist über § 50 Abs. 3 FamGKG zu korrigieren.

---

[128] *Thiel* in: HK-FamGKG, 2. Aufl. 2014, § 50 Rn. 14.
[129] BT-Drs. 16/11903, S. 126.
[130] So unter anderem: OLG Koblenz v. 02.04.2014 - 13 UF 737/13; OLG Naumburg v. 20.09.2011 - 8 WF 229/11 - AGS 2012, 145.
[131] *Thiel* in: HK-FamGKG, 2. Aufl. 2014, § 50 Rn. 15.
[132] *Thiel* in: HK-FamGKG, 2. Aufl. 2014, § 50 Rn. 12.
[133] So zuletzt: OLG Dresden v. 03.04.2014 - 19 WF 236/14.

Bei den Einkommensverhältnissen für den Versorgungsausgleich ist jedoch – im Gegensatz zu den Ehesachen – **kein Abschlag für Unterhaltsleistungen für Kinder** zu machen.[134] Ebenso wenig umfasst das Nettoeinkommen im Sinne des § 50 Abs. 1 FamGKG das staatliche Kindergeld.[135]

Wegen der Einzelheiten zur Berechnung des Nettoeinkommens vgl. Rn. 40.

V. Auskunftsansprüche

Nach § 50 Abs. 2 FamGKG beträgt in Verfahren über einen Auskunftsanspruch oder über die Abtretung von Versorgungsansprüchen der Verfahrenswert 500 €. Es handelt sich um Verfahren nach § 4 VersAusglG (Auskunft) und § 21 VersAusglG (Abtretung).

Werden die beiden Ansprüche bzgl. Auskunft und Versorgungsausgleich selbst in Form eines Stufenverfahrens geltend gemacht, so ist § 38 FamGKG maßgebend. Hiernach gilt der höhere der beiden Werte. Dies ist wegen des Mindestwertes nach Absatz 1 der des Versorgungsausgleichs mit zumindest 1.000 €.

VI. Billigkeit

Ist der nach den Absätzen 1 und 2 bestimmte Wert nach den besonderen Umständen des Einzelfalls unbillig, kann das Gericht einen höheren oder einen niedrigeren Wert festsetzen – § 50 Abs. 3 FamGKG. Bei der Bewertung der Frage der Unbilligkeit sind insbesondere Umfang, Schwierigkeit und Bedeutung des Verfahrens zu berücksichtigen.

Eine Herabsetzung des Wertes unter den Mindestwert von 1.000 € kommt nicht in Frage. Dies würde dem Sinn eines Mindestwertes widersprechen.

Unbilligen Ergebnissen kann nach § 50 Abs. 3 FamGKG Rechnung getragen werden. Da es sich um eine Ausnahmeregelung handelt, ist eine restriktive Anwendung geboten.[136]

Aufgrund der Bedeutung der Angelegenheit und des mit dem Verfahren verbundenen Aufwandes kann es gerechtfertigt sein, den Verfahrenswert gemäß § 50 Abs. 3 FamGKG zu verdoppeln (hier: Anpassungsverfahren wegen Unterhalts).[137] Der Verfahrenswert kann nur dann ausnahmsweise herabgesetzt werden, wenn der regelrecht ermittelte Wert in keinem angemessenen Verhältnis zum Umfang, zur Schwierigkeit und zur Bedeutung der Sache steht. Ein solcher Ausnahmefall liegt nicht schon dann vor, wenn wegen der Geringfügigkeit der Anrechte vom Ausgleich abgesehen wird.[138]

VII. Zeitpunkt der Wertberechnung

Nach zutreffender Ansicht ist für den Versorgungsausgleich auf den Zeitpunkt der Einreichung des Scheidungsantrags abzustellen, da dieser Antrag das Amtsverbundverfahren des Versorgungsausgleichs einleitet.[139] Letztendlich wird damit das Versorgungsausgleichsverfahren nicht von Amts wegen initiiert, sondern durch den Scheidungsantrag. Es ist daher richtig, den Zeitpunkt dieser Antragstellung auch als Zeitpunkt für den Versorgungsausgleich anzusehen. Hierdurch wird auch das Gericht entlastet, da es ansonsten das Einkommen zu unterschiedlichen Zeitpunkten berechnen müsste.

VIII. Beschwerdewert bei teilweiser Anfechtung

Grundsätzlich bestimmt sich der Wert für ein Rechtsmittelverfahren nach der Beschwer. Für die Bemessung des Beschwerdewerts in Versorgungsausgleichssachen gilt jedoch, dass nicht nur die beschwerdegegenständlichen Anrechte, sondern alle Anrechte einzubeziehen sind. Der Versorgungsausgleich ist von Amts wegen zu prüfen. Im Hinblick auf die Bagatellprüfung nach § 18 VersAusglG verbietet sich eine isolierte Betrachtung nur einzelner Anrechte. Es ist eine umfassende Wertung durchzuführen. Damit bestimmt sich der Wert nach dem Wert aller Anrechte – auch der nicht angefochtenen.[140] Damit kann der Wert der Beschwerde sogar höher liegen als der Wert der ersten Instanz, wenn die Berücksichtigung eines weiteren Anrechts begehrt wird.[141]

---

[134] OLG Hamm v. 25.07.2011 - II-8 WF 8/11; *Thiel* in: HK-FamGKG, 2. Aufl. 2014, § 50 Rn. 28.
[135] OLG Celle v. 17.12. 2013 - 12 WF 92/13 - RVGreport 2014, 164.
[136] OLG Hamm v. 03.02.2012 - II-8 WF 174/11, 8 WF 174/11 - FamRZ 2012, 1751 = NJW-Spezial 2012, 294.
[137] OLG Saarbrücken v. 30.05.2012 - 9 WF 37/12 - FamRZ 2013, 148; OLG Schleswig v. 27.10.2011 - 10 WF 178/11 - AGS 2012, 37.
[138] OLG Naumburg v. 13.06.2013 - 3 WF 139/13 - AGS 2013, 413.
[139] *Thiel* in: HK-FamGKG, 2. Aufl. 2014, § 50 Rn. 30.
[140] OLG Brandenburg v. 25.11.2013 - 3 UF 75/12; OLG Bamberg v. 20.12.2010 - 2 UF 245/10 - FamRZ 2011, 1232, RVGreport 2011, 191.
[141] OLG Brandenburg v. 25.11.2013 - 3 UF 75/12.

Kostenrechtl. Hinw. in Familiensachen (Teil 2)

IX. Beispielsfall: Scheidung mit Versorgungsausgleich

217 Das Nettoeinkommen des Ehemannes beträgt 2.500 € mtl., das der Ehefrau 1.500 €. Geltend gemacht werden im Rahmen der Scheidung Ansprüche aus der gesetzlichen Rentenversicherung beider Ehegatten, der Riester-Rente der Ehegatten und einer betrieblichen Altersversorgung der Frau.

Dreifaches Monatsnettoeinkommen	12.000 €
10% hieraus	1.200 €
Gegenstandswert für fünf Ansprüche damit	6.000 €

K. Haushaltssachen

I. Allgemein

218 Der Wert für die Regelung von Haushaltssachen während des **Getrenntlebens** der Ehegatten ergibt sich aus § 48 Abs. 2 FamGKG und beträgt 2.000 €. Es handelt sich damit nunmehr um einen Festwert. Aufwändige Ermittlungen zum Wert der Gegenstände erübrigen sich demnach künftig.

219 Für die Regelung der Haushaltssachen für die Zeit **nach der Rechtskraft der Scheidung** gilt ein Festwert von 3.000 € – § 48 Abs. 2 FamGKG.

220 Nur in Ausnahmefällen ist ein Abweichen von diesem Wert möglich, § 48 Abs. 3 FamGKG. Mit der Schaffung eines Festwertes wird die Wertermittlung deutlich vereinfacht. Allerdings dürfte hiermit regelmäßig auch eine Wertreduzierung im Vergleich zum alten Recht verbunden sein.

221 Eine deklaratorische Feststellung „der Hausrat ist geteilt" hat keinen eigenen Wert. Dies gilt ausnahmsweise dann nicht, wenn beispielsweise die Besitzverhältnisse zwar klar sind, nicht jedoch die Eigentumsverhältnisse.[142]

222 Nach anderer Ansicht wird für das **Bestätigungsinteresse** ein eigener Wert angenommen. Es ist jedoch ein deutlicher Abschlag vom Ursprungswert anzunehmen, wenn in einem Vergleich oder einer Einigung lediglich die Erklärung aufgenommen wird, dass der Hausrat geteilt sei.[143]

223 Werden Anträge zu **Ehewohnungs- und Haushaltssachen gemeinsam** gestellt, so handelt es sich um mehrere Gegenstände einer Angelegenheit. Die Werte sind zu addieren.

224 Nach § 5 Abs. 3 FamGKG gilt § 48 FamGKG auch für **Lebenspartnerschaften**.

II. Billigkeitsregelung

225 Unter besonderen Umständen kann von dem Festwert abgewichen werden, § 48 Abs. 3 FamGKG. Die Entstehung unangemessen hoher oder niedriger Kosten soll verhindert werden.[144] In Frage kommt ein solches Abweichen bei
- besonders umfangreichen Verfahren,
- Verfahren, in denen die Überlassung besonders wertvoller Gegenstände geregelt wird,
- besonderer Bedeutung für die Beteiligten,
- besonders guten wirtschaftlichen Verhältnissen.

226 Eine Wertreduzierung wird jedoch nur selten zum Tragen kommen, da gerichtliche Hilfe regelmäßig nur dann in Anspruch genommen wird, wenn eine selbständige Einigung nicht möglich ist.[145] Eine Wertreduzierung ist möglich bei Verfahren, welche nur einzelne Gegenstände betreffen, die nur für die Beteiligten von Wert sind – z.B. bei der Herausgabe von zwei Katzen (materieller Wert: 88 €) in einem Haushaltsverfahren nach § 1568b BGB (Wert: 1.000 € statt 3.000 €).[146] Unter Beachtung der genannten Gesichtspunkte ist ein Verfahren, dessen Akte 660 Seiten umfasst und bei dem zwei Anhörungstermine durchgeführt wurden, besonders umfangreich und rechtfertigt eine Verdoppelung des Wertes auf 4.000 €.[147]

227 **Wert in außergerichtlichen Verfahren zur Haushaltsregelung:** § 48 Abs. 2, 3 FamGKG gilt gem. § 23 Abs. 1 RVG auch für die Wertermittlung in außergerichtlichen Verfahren. Hierbei stellt sich die Frage, wer in einem außergerichtlichen Verfahren den Wert im Falle der Unbilligkeit anpassen kann.

---

[142] *Enders*, JurBüro 1999, 337, 395.
[143] *Lappe*, Kosten in Familiensachen, 5. Aufl. 1994, Rn. 498; OLG Hamm v. 29.11.1979 - 3 WF 271/79.
[144] BT-Drs. 16/6308, S. 307.
[145] *Türck-Brocker* in: HK-FamGKG, 2. Aufl. 2014, § 48 Rn. 21.
[146] OLG Köln v. 14.03.2011 - 4 WF 40/11.
[147] OLG Celle v. 11.02.2014 - 10 UF 311/13.

Kostenrechtl. Hinw. in Familiensachen (Teil 2)

238 § 48 Abs. 3 FamGKG sieht die **Änderung des Wertes durch das Gericht** vor. Diese Vorschrift ist gem. § 23 Abs. 1 RVG für die Wertermittlung nach dem RVG entsprechend anzuwenden. Sie gilt danach auch entsprechend für außergerichtliche Verfahren. Hierbei stellt sich die Frage, wer in einem **außergerichtlichen Verfahren** den Wert im Falle der Unbilligkeit anpassen kann. Da das Gericht nicht beteiligt ist, kann es nur dem Rechtsanwalt obliegen, die Unbilligkeit angemessen zu berücksichtigen. Alternative hierzu wäre, dass der unbillige Wert unverändert bleibt. Dies widerspricht der Intention des Gesetzes.

239 **Hinweis:** Im Rahmen einer außergerichtlichen Vertretung könnte der Rechtsanwalt hier eine angemessene Vergütung auch über die **Erhöhung des Gebührensatzes** der Geschäftsgebühr erreichen, da das Merkmal der „Bedeutung" eine Erhöhung rechtfertigt.

IV. Entlassung aus dem Mietvertrag

240 Verhandlungen mit dem Vermieter über Entlassung aus dem Mietvertrag und Fortsetzung mit dem verbleibenden Ehegatten bilden eine gesonderte Angelegenheit und sind damit gesondert abzurechnen. Für diese Angelegenheit bestimmt sich der Wert nach § 41 GKG.

M. Gewaltschutz (§ 49 FamGKG)

241 Die Verfahren nach dem Gewaltschutzgesetz sind neben dem Gewaltschutzgesetz (GewSchG) geregelt in den §§ 210 ff. FamFG. Der Wert bestimmt sich nach § 49 FamGKG. Hiernach ist für die Maßnahmen nach § 1 GewSchG **(Schutz vor Gewalt und Nachstellungen)** ein Festwert von 2.000 € vorgesehen und für die Maßnahmen nach § 2 GewSchG **(Überlassung einer gemeinsam genutzten Wohnung)** ein Festwert von 3.000 €. Der Wert für die Überlassung der Ehewohnung wurde ebenfalls auf 3.000 € festgesetzt, um eine Gleichbehandlung sicherzustellen mit dem vergleichbaren Verfahren der Zuweisung der Ehewohnung nach § 1361b BGB.

242 Verfahren nach dem Gewaltschutzgesetz sind **nur als isolierte Familiensachen** möglich, als Folgesachen einer Scheidungssache oder eines Verfahrens auf Aufhebung einer Lebenspartnerschaft können sie nicht anhängig gemacht werden.

243 Treffen Maßnahmen nach § 1 und § 2 GewSchG zusammen und werden diese in einem Verfahren bearbeitet, so liegt eine Angelegenheit mit mehreren Gegenständen vor. Diese Werte sind zu addieren – § 33 Abs. 1 FamGKG.

N. Einstweilige Anordnungen

I. Allgemein

1. Verfahrensrecht

244 Nach der für alle Verfahren des FamFG geltenden Vorschrift des § 49 FamFG kann das Gericht durch einstweilige Anordnung eine vorläufige Maßnahme treffen,
- wenn dies nach den für das Rechtsverhältnis maßgebenden Vorschriften gerechtfertigt ist und
- ein dringendes Bedürfnis für ein sofortiges Tätigwerden besteht.

245 Das FamFG lässt es nunmehr zu, dass eine einstweilige Anordnung auch **ohne Anhängigkeit der Hauptsache oder einer Ehesache** erlassen werden kann. Dies ergibt sich aus § 52 FamFG. Die allgemeinen Vorschriften für die einstweilige Anordnung (§§ 49 ff. FamFG) gelten über die §§ 113, 119 FamFG auch für die Familienstreitsachen. Damit gelten die genannten Vorschriften ohne Einschränkungen sowohl für einstweilige Anordnungen, die mit der Hauptsache als auch für solche, die ohne eine anhängige Hauptsache geltend gemacht werden. Genauso wenig spielt es eine Rolle, ob die Hauptsache im Verbund oder als isoliertes Verfahren anhängig ist.

246 Das Verfahren der einstweiligen Anordnung ist ein selbständiges Verfahren. Dies gilt auch dann, wenn eine Hauptsache anhängig ist. Das Gericht kann von einzelnen Verfahrenshandlungen im Hauptsacheverfahren absehen, wenn diese bereits im Verfahren der einstweiligen Anordnung vorgenommen wurden und von einer erneuten Vornahme keine zusätzlichen Erkenntnisse zu erwarten sind – § 51 Abs. 3 FamFG.

247 Über die Kosten der einstweiligen Anordnung ist daher auch selbständig zu entscheiden. Es gelten die allgemeinen Vorschriften – § 51 Abs. 4 FamFG.

248 **Die Entscheidung erfolgt nicht mehr zusammen mit der Hauptsache.**

249 In Familienstreitsachen ist über § 119 FamFG auch der Arrest nach der ZPO zulässig.

250 Für die einstweiligen Anordnungen besteht kein Anwaltszwang – § 114 Abs. 4 Nr. 1 FamFG.

Da das Gericht nicht beteiligt ist, kann es nur dem Rechtsanwalt obliegen, die Unbilligkeit angemessen zu berücksichtigen. Alternative hierzu wäre, dass der unbillige Wert unverändert bleibt. Dies widerspricht der Intention des Gesetzes.

L. Ehewohnung

I. Allgemein

Nach § 48 Abs. 1 Alt. 1 FamGKG ist der Wert für die Zuweisung der Ehewohnung **während des Getrenntlebens** pauschal auf 3.000 € festgesetzt. Ist dieser Wert nach den besonderen Umständen des Falles unbillig, so kann er herauf- oder herabgesetzt werden – § 48 Abs. 3 FamGKG. 228

Im Vergleich zur **endgültigen Regelung** nach § 1568a BGB (Wert: 4.000 €) wurde der Wert reduziert, da es sich hier lediglich um eine befristete Nutzungsregelung und nicht um die endgültige Zuweisung der Ehewohnung handelt. Neben einer Vereinfachung der Wertberechnung wird diese Änderung sehr häufig auch zu einem geringen Wert als nach bisherigem Recht führen. 229

Werden Anträge zu **Ehewohnungs- und Haushaltssachen gemeinsam** gestellt, so handelt es sich um mehrere Gegenstände einer Angelegenheit. Die Werte sind zu addieren.[148] 230

Nach § 5 Abs. 3 FamGKG gilt § 48 FamGKG auch für **Lebenspartnerschaften**. 231

II. Nutzungsentschädigung/Nutzungsentgelt

Wird **neben** der Zuweisung der Ehewohnung eine **Nutzungsentschädigung** nach § 1361b Abs. 3 BGB vereinbart, so erhöht diese den Wert nicht.[149] Wird in eine vergleichsweise Regelung auch eine **Ausgleichszahlung** für den ausziehenden Ehegatten aufgenommen, so erhöht dies ebenfalls den Wert nicht. 232

Wird **nur** ein Nutzungsentschädigungsanspruch nach § 1361b Abs. 3 BGB verlangt, so unterfällt dies der Regelung des § 200 Abs. 1 Nr. 1 FamFG, so dass hierfür der pauschale Wertansatz des § 48 Abs. 1 FamGKG gilt und der Verfahrenswert regelmäßig 3.000 € beträgt.[150] 233

Etwas anderes gilt für die Geltendmachung eines **Nutzungsentgeltes nach § 745 Abs. 2 BGB** durch den ausziehenden Ehegatten. Hierbei handelt es sich nicht um ein Verfahren nach § 1361b BGB, sondern um eine sonstige Familienstreitsache. Es gilt § 42 Abs. 1 FamGKG. Als Anhaltspunkt für die Wertberechnung kommt der Jahreswert in Frage (analoge Anwendung von § 41 GKG).[151] 234

III. Billigkeitsregelung

Grund für eine Erhöhung des Wertes wegen Unbilligkeit kann beispielsweise die Zuweisung einer besonders teuren Wohnung[152] sein (50% Erhöhung auf 4.500 € bei Grundstück 976 qm und Wohnfläche 250 qm). Ebenso kann eine Reduzierung in Frage kommen, wenn lediglich eine Regelung für einzelne Räume der Ehewohnung getroffen wird.[153] 235

Keine Scheidung beabsichtigt: Auch kann eine Erhöhung des Wertes angebracht sein, wenn die Ehegatten gar nicht beabsichtigen, die Scheidung durchzuführen. In diesem Fall stellt die Regelung für die Getrenntlebenszeit eine endgültige Regelung dar. Hier erscheint die Erhöhung des Wertes auf den einer endgültigen Regelung nach § 1568a BGB mit 4.000 € angemessen. 236

Feststellungsinteresse: Beinhaltet eine Getrenntlebensvereinbarung lediglich die Feststellung „Ehewohnung und Hausrat sind verteilt", so ist der Wert lediglich mit dem Feststellungsinteresse zu bewerten. Dies variiert je nach Bedeutung dieser Klarstellung. Bestand bisher keine Einigkeit über diesen Zustand, so kann von dem vollen Wert ausgegangen werden. Wird jedoch nur die bereits außergerichtlich getroffene Vereinbarung in einem gerichtlichen Vergleich wiederholt, so ist ein deutlicher Abschlag gerechtfertigt, da ein besonderes Interesse (z.B. die Schaffung eines Vollstreckungstitels) nicht erkennbar ist.[154] 237

---

[148] *Türck-Brocker* in: Schneider/Volpert/Fölsch, FamGKG, 2. Aufl. 2014, § 48 Rn. 30.
[149] OLG Köln v. 30.03.2006 - 4 WF 10/06 - FamRZ 2007, 234.
[150] OLG Bamberg v. 10.02.2011 - 2 UF 289/10 - FamRZ 2011, 1424.
[151] OLG Köln v. 12.01.2000 - 18 W 80/99 - FamRZ 2001, 239 m.w.N.
[152] OLG Köln v. 28.11.2013 - II-4 WF 151/13, 4 WF 151/13.
[153] *Keske* in: Schulte-Bunert/Weinreich, FamFG-Kommentar, 3. Aufl. 2012, § 48 Rn. 2.
[154] OLG Hamm v. 29.11.1979 - 3 WF 271/79.

2. Kostenrecht

Die einstweiligen Anordnungen nach dem FamFG stellen grundsätzlich nach § 17 Nr. 4b RVG eine eigene Angelegenheit dar. 251

Die Hauptsache selbst muss nicht mehr anhängig sein. Die Verfahren sind unabhängig voneinander. 252

Beachte: Für jedes Verfahren zur einstweiligen Anordnung muss gesondert Verfahrenskostenhilfe beantragt werden. Eine Bewilligung für die Hauptsache ist nicht ausreichend. 253

Im Gegensatz zum bisherigen Recht, wo mehrere einstweilige Anordnungen zu einer Angelegenheit zusammengefasst wurden, gilt mit Inkrafttreten des FamFG, dass **jede einstweilige Anordnung immer eine eigene Angelegenheit** darstellt. Dies gilt unabhängig davon, ob die Hauptsache selbst oder irgendeine andere einstweilige Anordnung anhängig ist. Dies ist durch den Wegfall des bisherigen § 18 Nr. 1 RVG (a.F.) klargestellt worden. 254

Wird dahingegen nur die **Abänderung oder Aufhebung** einer bereits erlassenen einstweiligen Anordnung begehrt, so liegt insgesamt dieselbe Angelegenheit vor – § 16 Nr. 5 RVG. 255

Eine **Anrechnung** der Gebühren des Verfahrens bzgl. der einstweiligen Anordnung auf die Gebühren einer eventuell anhängigen oder folgenden Hauptsache findet mangels einer Anrechnungsvorschrift nicht statt. 256

In den Verfahren der einstweiligen Anordnungen entstehen die üblichen Gebühren des Teils 3 des RVG ggf. mit einer Einigungsgebühr Nr. 1003 VV RVG. 257

Als **Wert für die einstweilige Anordnung** gilt nach § 22 RVG, § 41 FamGKG in der Regel der halbe Wert, der für die Hauptsache gelten würde. Von dieser Vorgabe kann das Gericht nach Ermessen abweichen. 258

Beachte: Bei einstweiligen Anordnungen in **Unterhaltssachen** bestimmt sich der Wert nach den §§ 41 und 51 FamGKG. Damit gilt auch hier, dass **fällige Beträge** zu dem Wert hinzugerechnet werden. Damit ist in jedem dieser Verfahren zumindest der aktuelle Monat zusätzlich zu berücksichtigen, da dieser jedenfalls fällig ist. 259

II. Aufschlag/Abschlag wegen höherer/geringerer Bedeutung

Nach § 41 FamGKG ist im Verfahren der einstweiligen Anordnung der Wert in der Regel unter Berücksichtigung der geringeren Bedeutung gegenüber der Hauptsache zu ermäßigen. 260

Wird durch die einstweilige Anordnung jedoch faktisch bereits der Zustand hergestellt, der erst durch das Hauptverfahren erreicht werden soll, so bleibt für die Reduzierung des Wertes kein Raum. Zielt die einstweilige Anordnung auf die Herstellung des Endzustands, d.h. nimmt sie damit die Hauptsache vorweg, fehlt eine Rechtfertigung, wegen „geringerer Bedeutung gegenüber der Hauptsache" den Verfahrenswert herabzusetzen.[155] 261

Beispielsweise wird durch die Zahlung des **Verfahrenskostenvorschusses** im Wege der einstweiligen Anordnung hierfür ein Hauptverfahren überflüssig. Der Wert kann entsprechend auf den vollen Wert erhöht werden.[156] 262

Durch eine einstweilige Anordnung nach § 246 FamFG wird entweder eine **Unterhaltszahlung** selbst geregelt oder die Zahlung eines **Verfahrenskostenvorschusses**. Ergebnis ist in beiden Fällen ein Leistungsanspruch. Damit trifft gerade in Unterhaltssachen regelmäßig die Sonderregelung zu, dass die einstweilige Anordnung bereits die Regelung der Hauptsache vorwegnimmt und diese sogar überflüssig macht. Damit ist die Bedeutung des Verfahrens der einstweiligen Anordnung mit der der Hauptsache vergleichbar. Eine Wertreduzierung auf die Hälfte ist damit nicht gerechtfertigt. Hier ist es sogar vertretbar, den Wert der Hauptsache anzunehmen.[157] 263

Dies kann auch für eine Gewaltschutzsache gelten: Treffen die Beteiligten in einem einstweiligen Anordnungsverfahren **Gewaltschutz** eine endgültige Vereinbarung, so ist der Verfahrenswert für den Vergleich mit dem Wert für das jeweilige Hauptsacheverfahren anzusetzen.[158] 264

Diese Ansicht wird häufig nicht geteilt. Eine Erhöhung wurde abgelehnt für 265

---

[155] OLG Düsseldorf v. 23.02.2010 - II-3 WF 15/10 - NJW 2010, 1385; RVGreport 2010, 158; a.A. OLG Stuttgart v. 17.11.2010 - 11 WF 133/10; OLG Köln v. 19.11.2010 - 4 WF 228/10

[156] OLG Frankfurt v. 22.08.2013 - 3 WF 216/13 - AGS 2013, 585; OLG Bamberg v. 13.05.2011 - 2 WF 102/11 - FamRB 2011, 343 - RVGreport 2011, 271; a.A. OLG Celle v. 09.07.2013 - 10 WF 230/13 - FamRZ 2014, 690.

[157] OLG Frankfurt v. 22.08.2013 - 3 WF 216/13 - AGS 2013, 585; OLG Nürnberg v. 15.09.2010 - 7 WF 1194/10 - FamRZ 2011, 756; OLG Düsseldorf v. 23.02.2010 - II-3 WF 15/10 - RVGreport 2010, 158.

[158] OLG Schleswig v. 16.02.2011 - 10 WF 33/11 - FamRZ 2011, 1424 - RVGreport 2011, 272, OLG Koblenz v. 22.01.2008 - 11 WF 24/08 - FamRZ 2008, 1969.

- Ehesachen,[159]
- Haushaltssachen,[160]
- Unterhalt.[161]

266 Gegen die Annahme des vollen Wertes für die einstweilige Anordnung bzgl. der Unterhaltszahlung spricht allerdings, dass dieser im Vergleich zum rechtskräftigen Unterhaltsbeschluss einfacher zu ändern ist. Daher kann hier ein angemessener Abschlag vom vollen Wert angenommen werden.[162]

III. Wert für Arrest

267 Auch in Familiensachen ist die Durchführung eines Arrestverfahrens möglich. Hierfür gilt wegen des Wertes, dass die Wertvorschriften des FamGKG hinsichtlich des Verfahrenswerts für das Arrestverfahren keine Regelungslücke enthalten. Daher ist § 41 FamGKG nicht entsprechend anwendbar. Für Arrestverfahren ist der Wert über die Auffangbestimmung des § 42 Abs. 1 FamGKG nach billigem Ermessen zu bestimmen.[163]

268 Maßgeblich ist hier, dass das wirtschaftliche Interesse an der Sicherung einer Geldforderung regelmäßig geringer ist als der Wert der Hauptsache selbst. Deshalb ist lediglich der Wert des Sicherungsinteresses zu berücksichtigen. Dies kann im Einzelfall auch unterhalb des hälftigen Betrages der Forderung liegen.[164]

IV. Sonderregelungen für einzelne Verfahren

1. Gewaltschutzsachen (§ 214 FamFG)

269 In Gewaltschutzsachen können einstweilige Regelungen nach den §§ 1 und 2 GewSchG (z.B. Platzverweis, Kontaktverbot, Wohnungsverweisung) getroffen werden.

2. Versorgungsausgleich (§ 226 FamFG)

270 In Sonderfällen kann die Zahlung einer Ausgleichsrente oder Hinterbliebenenrente im Wege der einstweiligen Anordnung verlangt werden. Hier ist ausnahmsweise ein dringendes Bedürfnis nicht vorgeschrieben. Auch kann durch die einstweilige Anordnung bereits eine endgültige Regelung getroffen werden.

3. Unterhaltssachen, Verfahrenskostenvorschuss (§ 246 FamFG)

271 Für die Zahlung des Unterhalts (§ 1361 Abs. 4 BGB) oder die Zahlung des Kostenvorschusses für ein gerichtliches Verfahren (§ 1360a Abs. 4 BGB) ist ausnahmsweise ein dringendes Bedürfnis nicht vorgeschrieben. Auch kann durch die einstweilige Anordnung bereits eine endgültige Maßnahme – also Zahlung des vollen Unterhalts – geregelt werden. Die Rechte des Schuldners werden durch die §§ 52 (Durchführung der Hauptsache), 54 FamFG (Aufhebung und Abänderung) gewahrt.

4. Unterhaltssachen bei Geburt des Kindes (§ 247 FamFG)

272 Bereits vor der Geburt des Kindes kann im Rahmen der einstweiligen Anordnung die Verpflichtung zur Zahlung des für die ersten drei Monate dem Kind zu gewährenden Unterhalts sowie des der Mutter nach § 1615l Abs. 1 BGB zustehenden Betrags geregelt werden.

5. Unterhalt bei nicht feststehender Vaterschaft (§ 248 FamFG)

273 Ein Verfahren zur Unterhaltszahlung im Rahmen einer einstweiligen Anordnung ist nur zulässig, wenn auch bereits ein entsprechendes Vaterschaftsfeststellungsverfahren anhängig ist.

---

[159] OLG Jena v. 10.08.2011 - 1 WF 401/11 - FamRZ 2012, 737.
[160] OLG Saarbrücken v. 16.03.2012 - 6 WF 13/12 -
[161] OLG Celle v. 05.12.2011 - 10 WF 342/11 - NJW 2012, 789 = FamRZ 2012, 737; OLG Stuttgart v. 17.11.2010 - 11 WF 133/10 - FamRZ 2011, 757 = RVGreport 2011, 76 = ZFE 2011, 11.
[162] *Fölsch* in: HK-FamGKG, 2. Aufl. 2014, § 41 Rn. 19 FamGKG.
[163] *Thiel* in: HK-FamGKG, 2. Aufl. 2014, § 42 Rn. 94 FamGKG.
[164] OLG Celle v. 07.10.2010 - 10 WF 316/10 - FamRZ 2011, 759 = AGS 2010, 555.

V. Beispiele zur einstweiligen Anordnung

1. Beispiel: einstweilige Anordnung zum Umgangsrecht

Fall: Nach Verhandlung entscheidet das Gericht über den Antrag auf einstweilige Anordnung zur Regelung des Umgangsrechts.
Lösung:

	Verfahrensgebühr, Nr. 3100 VV (1,3) Wert: 1.500 €	149,50 €
+	Terminsgebühr, Nr. 3104 VV (1,2) Wert: 1.500 €	138 €

Anmerkung: Der Wert bemisst sich hier nach den §§ 41, 45 FamGKG mit 1.500 €.

2. Beispiel: Mehrere einstweilige Anordnungen bzgl. desselben Gegenstands

Fall: Die Mutter beantragt die Übertragung der elterlichen Sorge. Eine entsprechende einstweilige Anordnung wird beantragt. Das Gericht lehnt die einstweilige Anordnung nach Verhandlung ab. Einige Wochen später beantragt die Mutter wegen veränderter Umstände (der Vater prügelt das Kind) erneut den Erlass einer einstweiligen Anordnung. Nunmehr gibt das Gericht dem Antrag nach erneuter Verhandlung statt.
Lösung:
Vergütung einstweilige Anordnung 1:

	Verfahrensgebühr, Nr. 3100 VV (1,3) Wert: 1.500 €	149,50 €
+	Terminsgebühr, Nr. 3104 VV (1,2) Wert: 1.500 €	138 €

Vergütung einstweilige Anordnung 2:

	Verfahrensgebühr, Nr. 3100 VV (1,3) Wert: 1.500 €	149,50 €
+	Terminsgebühr, Nr. 3104 VV (1,2) Wert: 1.500 €	138 €

3. Beispiel: Vorwegnahme der Entscheidung durch die einstweilige Anordnung

Fall: Das Gericht erlässt eine einstweilige Anordnung über die Zahlung von 2.000 € bzgl. Prozesskostenvorschusses für ein Unterhaltsverfahren gem. § 246 FamFG.
Lösung:

Verfahrensgebühr, Nr. 3100 VV (1,3) Wert: 2.000 €	195 €

Anmerkung: Bei den Werten für einstweilige Anordnungen handelt es sich um Regelwerte. Wird durch die einstweilige Anordnung faktisch bereits der Zustand hergestellt, der erst durch das Hauptverfahren erreicht werden soll, so bleibt für die Reduzierung des Wertes kein Raum. Durch die Zahlung des Prozesskostenvorschusses im Wege der einstweiligen Anordnung wird hier ein Hauptverfahren überflüssig.

4. Beispiel: einstweilige Anordnung im Beschwerdeverfahren

Der Ehemann legt Beschwerde gegen die Zuweisung der Ehewohnung an die Ehegattin ein. Im Beschwerdeverfahren beantragt er eine einstweilige Anordnung bzgl. der Ehewohnung. Das Gericht weist die einstweilige Anordnung zurück.
Lösung:

In der Hauptsache entstehen die Gebühren	Nr. 3200 ff. VV RVG.
Für die einstweilige Anordnung entsteht die Gebühr	Nr. 3100 VV RVG.

Anmerkung: Nach der Änderung der Vorbemerkung 3.2 Abs. 2 Satz 2 VV RVG gilt nunmehr, dass sich die Gebühren für die einstweilige Anordnung – auch wenn sie erst in der Beschwerdeinstanz geltend gemacht wird – nach der Vergütung für die erste Instanz richten.
Etwas anderes gilt, wenn Beschwerde gegen eine einstweilige Anordnung eingelegt wird. In diesem Fall findet das entsprechende Verfahren in der Beschwerdeinstanz statt. Da auch die einstweilige Anordnung eine Endentscheidung in Familiensachen ist (VB 3.2.1 Nr. 2 b VV RVG), bestimmen sich hier die Gebühren nach der Nr. 3200 ff. VV RVG.

5. Beispiel: Gleichzeitige Erledigung von Trennungsunterhalt Hauptsache und einstweilige Anordnung

278 Berechnung nach OLG Karlsruhe:[165]
Der Ehemann schuldet monatlich 200 € Trennungsunterhalt aufgrund eines Vergleichs. Dieser wird auch gezahlt.
Verfahren 1: Die Ehefrau verlangt nunmehr in einem neuen Verfahren monatlich 1.200 € Trennungsunterhalt.
Verfahren 2: Gleichzeitig verlangt sie zusätzlich zu den bisherigen Zahlungen mittels einer einstweiligen Anordnung monatlichen Unterhalt in Höhe von 900 €.
Verfahren 3: Der Ehemann beantragt den Vergleich dahingehend abzuändern, dass der bisherige Trennungsunterhalt in Höhe von 200 € nicht mehr zu zahlen ist. Der Antrag wird isoliert gestellt. Zu einer Verbindung der Verfahren 1 und 3 kommt es nicht mehr.
Im Verfahren 1 findet ein Termin statt. Die Parteien einigen sich nach Verhandlung über alle Gegenstände auf eine Zahlung von monatlich 250 €. Damit ist auch das Verfahren 2 und Verfahren 3 erledigt.
(Hinweis: Zur Vereinfachung wird davon ausgegangen, dass keine Rückstände vorliegen und dass in den Verfahren 2 und 3 bisher kein Termin stattgefunden hat.)

279 **Wertberechnung:**
In dem Verfahren 1 werden die Gegenstände aus Verfahren 2 und 3 miterledigt durch Vergleich. Sie sind daher bei der Wertberechnung mit zu berücksichtigen.

	Wert Verfahren 1: (der bereits titulierte Betrag von 200 € darf nicht berücksichtigt werden)	12.000 €
	Laufende Beträge § 51 Abs. 1 FamGKG (12 x 1.000 €)	
+	Wert Verfahren 2:	5.400 €
	Laufende Beträge §§ 51 Abs. 1, 41 FamGKG (12 x 900 / 2 €)	
+	Wert Verfahren 3:	4.400 €
	Laufende Beträge § 51 Abs. 1 FamGKG (12 x 200 €)	
=	Gesamtstreitwert	21.800 €

280 Gebührenberechnung:
Verfahren 1: Hauptsache

	Verfahrensgebühr, Nr. 3100 VV (1,3); Wert: 12.000 €	785,20 €
+	Verfahrensgebühr, Nr. 3101, 3100 VV (0,8) Wert: 9.800 €	179,40 €
	Die Gebühr VV 3101 in Höhe von 446,40 € wurde gemäß § 15 Absatz 3 RVG um 267 € auf 179,40 € gekürzt.	
+	Terminsgebühr, Nr. 3104 VV (1,2), Wert: 21.800 €	890,40 €
+	Einigungsgebühr, Nr. 1003, 1000 VV (1,0), Wert: 21.800 €	742 €

Nach Nr. 3101 (1) VV RVG ist der sich nach § 15 Abs. 3 RVG ergebende Gesamtbetrag der Verfahrensgebühren, soweit er die Gebühr 3100 übersteigt (hier: 179,40 €), auf eine Verfahrensgebühr anzurechnen, die wegen desselben Gegenstands in einer anderen Angelegenheit entsteht. Damit sind die 179,40 € auf die Verfahrensgebühren der Verfahren 2 und 3 anzurechnen. Die Anrechnung erfolgt hier im Verhältnis der Werte 5.400 zu 4.400 Andere Verhältnisse sind vertretbar.
Verfahren 2: 179,40 / 9.800 x 5.400 = 98,85 €
Verfahren 3: 179,40 / 9.800 x 4.400 = 80,85 €
Verfahren 2: einstweilige Anordnung:

Verfahrensgebühr, Nr. 3100 VV (1,3); Wert: 5.400 €	361,35 €
Nach Anrechnung von 98,85 € gem. Nr. 3100 (1) VV RVG (s.o.) statt 460,20 € noch 361,35 €	

Verfahren 3: Antrag des Ehemannes:

Verfahrensgebühr, Nr. 3100 VV (1,3); Wert: 4.400 €	313,05 €
Nach Anrechnung von 80,85 € gem. Nr. 3100 (1) VV RVG (s.o.) statt 393,90 € noch 313,05 €	

---

[165] OLG Karlsruhe v. 22.03.2011 - 5 WF 264/10 - FamRZ 2011, 1813.

haltspunkt zu haben, ein Stundenhonorar von 200 € vor, das je nach Region, persönlichen Verhältnissen des Mandanten und Anwalt variiert.

16 Bekannt geworden sind zu dieser Frage die folgenden Entscheidungen:
- AG Bielefeld: Für eine beratende Tätigkeit zu Prüfung der Durchsetzung einer Forderung ist eine ortsübliche Vergütung in Höhe eines Stundensatzes von 190 € netto anzusetzen.[5]
- AG Brühl: Ein Honorar von 250 € für eine halbstündige Beratung ist angemessen.[6]
- AG Fulda: Die ortsübliche Vergütung beträgt im Raum Fulda 150 €.[7]
- AG Bonn: Die ortsübliche Vergütung beträgt 200 €.[8]

17 Wenn keine Vereinbarung getroffen wurde, muss die Vergütung in einem angemessenen Verhältnis zum Wert stehen und darf nicht rein zeitabhängig sein (hier: Gegenstandswert 331 €/verlangte Netto-Vergütung 190 €). Das Gericht hält lediglich 48,90 € in Anlehnung an Nr. 2100 VV RVG für angemessen.[9]

D. Die Abgrenzung zwischen Beratung und Vertretung

18 Wichtig ist zunächst zu klären, ob eine Beratung oder eine Vertretung vorliegt. Dies wird entscheidend durch den vom Mandanten erteilten Auftrag bestimmt.[10] Durch einen Rat oder eine Auskunft gibt der Rechtsanwalt eine gezielte Empfehlung, damit der Mandant das Problem selbst lösen kann. Bei der Vertretung übernimmt der Rechtsanwalt selbst Schritte zur Lösung des Problems für den Auftraggeber.[11] Ein Anhaltspunkt für Vertretungs- und nicht Beratungstätigkeit liegt vor, wenn der Rechtsanwalt nicht nur im Verhältnis zum Auftraggeber, sondern gegenüber Dritten tätig wird.[12]

19 Umstritten ist, ob der reine **Entwurf von Schreiben/Dokumenten** zur Beratung oder zur Vertretung gehört. Das LG Mönchengladbach geht davon aus, dass der Entwurf eines Schreibens grundsätzlich bereits über eine Beratung herausgeht und eine Vertretung darstellt.[13]

20 Das OLG Nürnberg sieht dies differenzierter und orientiert sich hierbei am Wortlaut der Vorbemerkung 2.3 Abs. 3. Hier heißt es unter anderem „Die Geschäftsgebühr entsteht für ... die Mitwirkung an der Gestaltung eines Vertrags". Dementsprechend entsteht für die Fertigung eines einseitigen Schreibens oder eines Entwurfs (Mahnschreiben, Kündigung, Testament, usw.) lediglich die Beratungsvergütung. Handelt es sich bei dem Entwurf jedoch um einen Vertragsentwurf (Erbvertrag, Ehevertrag, Trennungsvereinbarung, usw.), so ist die Geschäftsgebühr für eine Vertretung angefallen.[14]

I. Beispiel 1: Beratung oder Vertretung

21 Der Rechtsanwalt entwirft auftragsgemäß eine **Trennungsvereinbarung**, tritt jedoch auf Wunsch des Mandanten nicht selbst in Erscheinung und ist auch nicht als Verfasser erkennbar. Der Mandant tritt dem Gegner gegenüber allein auf.

22 Sowohl Auftrag als auch Tätigkeit gehen, obwohl der Rechtsanwalt nicht nach außen hin in Erscheinung tritt, über eine bloße Beratung hinaus. Es ist eine Geschäftsgebühr Nr. 2300 VV RVG entstanden. (Hinweis: wird diese „anonyme" Trennungsvereinbarung geschlossen, so entsteht dem Rechtsanwalt auch eine Einigungsgebühr!)

II. Beispiel 2: Beratung oder Vertretung

23 M ist ein **Mahnbescheid** durch Niederlegung zugestellt worden. Das **Zustellungsdatum ist ihm nicht bekannt**. Er bittet Rechtsanwalt R um Auskunft, ob er noch Widerspruch einlegen kann. R ruft zunächst beim Gericht an, um festzustellen, wann der Mahnbescheid zugestellt worden ist, und erteilt M die erbetene Auskunft.

---

[5] AG Bielefeld v. 02.03.2010 - 4 C 3/09 - AGS 2010, 160 = ErbR 2010, 22.
[6] AG Brühl v. 15.10.2008 - 23 C 171/08 - NJW-RR 2009, 851 - JurBüro 2009, 303.
[7] AG Fulda v. 18.02.2011 - 35 C 250/10.
[8] AG Bonn v. 17.03.2010 - 115 C 112/09 - AGS 2011, 476.
[9] AG Stuttgart v. 20.03.2014 - 1 C 4057/12; AG Dannenberg v. 12.06.2012 - 31 C 437/11 - AGS 2013, 510.
[10] BGH v. 23.02.1995 - IX ZR 29/94 - NJW 1995, 1425.
[11] *Volpert*, RVG professionell 2004, 92, 93.
[12] *Hansens* in: Hansens/Braun/Schneider, Praxis des Vergütungsrechts, 2. Aufl. 2006, Teil 8 Rn. 5.
[13] LG Mönchengladbach v. 03.12.2008 - 4 S 222/07 - AGS 2009, 163.
[14] OLG Nürnberg v. 26.07.2010 - 14 U 220/10 - NJW 2011, 621 = AGS 2010, 480.

B. Grafische Übersicht zur Beratungsvergütung

Vergütung für Beratung, Mediation und Gutachten:

	Maßgebliche Kriterien nach § 34 RVG			
Gebührenvereinbarung abgeschlossen	Keine Gebührenvereinbarung abgeschlossen			
	Kein Verbraucher	Verbraucher		
		Erstes Beratungsgespräch	Beratung oder schriftliches Gutachten	Mediation
	Vergütung:			
Vergütung gem. Vereinbarung	§ 34 Abs. 1 Satz 2 RVG => BGB	§ 34 Abs. 1 Satz 3 RVG => max. 190 €	§ 34 Abs. 1 Satz 3 RVG => max. 250 €	§ 34 Abs. 1 Satz 2 RVG => BGB
	BEACHTE: Besonderheit gem. § 34 Abs. 2 RVG zur Anrechnung			
Anrechnung durch Vereinbarung ausschließbar	Anrechnung auf Folgegebühren	Anrechnung auf Folgegebühren		

C. Abschluss einer Gebührenvereinbarung

I. Formvorschriften für die Gebührenvereinbarung

Nach § 3a Abs. 1 Satz 4 RVG gelten die Formvorschriften für die Vergütungsvereinbarung für die Gebührenvereinbarung nach § 34 RVG ausdrücklich nicht.

Damit kann eine Gebührenvereinbarung ohne Einhaltung einer Form – insbesondere auch ohne Textform – geschlossen werden. Der Rechtsanwalt soll nur auf den Abschluss einer Gebührenvereinbarung hinwirken. Weitere Voraussetzungen sind nicht notwendig. Durch den Verzicht auf derartige Formvorschriften soll der Abschluss einer Vereinbarung erleichtert werden. Empfehlenswert ist der schriftliche Abschluss der Vereinbarung jedoch in jedem Fall!

II. Unterschied Gebührenvereinbarung – Vergütungsvereinbarung

Der Unterschied zwischen diesen Begriffen liegt darin, dass durch eine Gebührenvereinbarung keine besondere Regelung zu den Auslagen getroffen wird. Es gelten dann weiter die Regelungen des RVG und die Auslagen kommen zu den vereinbarten Gebühren hinzu.

In einer Vergütungsvereinbarung sind grundsätzlich auch die Auslagen enthalten, und wenn hierzu keine besonderen Bestimmungen getroffen werden, sind diese in der vereinbarten Vergütung enthalten. Dies fällt ganz besonders ins Gewicht bei den Auslagen nach der Nr. 7008 VV RVG, der Umsatzsteuer.

III. Gesonderte Gebührenvereinbarung für jede Angelegenheit

Bei dem Abschluss der Gebührenvereinbarung sollte darauf geachtet werden, dass für jede Angelegenheit eine eigene Vereinbarung bzw. gesonderte Vergütung vereinbart wird und dass diese auch für den Mandanten klar formuliert und abgegrenzt werden; z.B. Beratung bzgl. der Trennungsunterhalts und Beratung bzgl. der elterlichen Sorge.[2]

IV. Fehlende Gebührenvereinbarung

Für den Fall, dass eine entsprechende Vereinbarung nicht getroffen wurde, sind maßgebend die Vorschriften des BGB über das Auftragsverhältnis (§§ 675, 611, 612 Abs. 2 HS. 2 BGB). Es gilt dann die übliche Vergütung als vereinbart. Dies ist nicht unproblematisch, da § 612 BGB von der üblichen Vergütung spricht, § 34 RVG jedoch nur die Gebühren ohne die Auslagen und damit nicht die gesamte Vergütung regeln möchte. Für die Bestimmung der „üblichen Vergütung" gibt es keine konkreten Anhaltspunkte. Die bisherige gesetzliche Regelung kann nicht mehr als Kriterium herangezogen werden, da das Gesetz aufgehoben wurde.[3] Grund für die Aufhebung war unter anderem auch, dass die bisherige Regelung keine angemessene Vergütung sicherstellte. *Hansens*[4] schlägt, um überhaupt einen An-

---

[2] *Hansens*, RVGreport 2008, 41.
[3] *Hansens*, RVGreport 2006, 121.
[4] *Hansens*, RVGreport 2006, 121.

Sowohl bei der Tätigkeit als auch bei dem Auftrag des R handelt es sich um eine Beratung. Die Nachfrage beim Gericht führt noch nicht dazu, dass Vertretungstätigkeit vorliegt. Die Auskunft des Gerichts ist vielmehr Grundlage für die Beratung und nicht für die Tätigkeit gegenüber Dritten. R sollte eine entsprechende Vergütungsvereinbarung abschließen.

E. Vorzeitige Beendigung des Beratungsauftrages

Nach dem Wortlaut von Absatz 1 der Anm. zu Nr. 2100 (a.F.) VV RVG entstand die Beratungsgebühr nur dann, wenn der Rechtsanwalt die Beratung auch tatsächlich durchgeführt hatte. An einer vergleichbaren Regelung fehlt es nunmehr. Richtig ist daher, darauf abzustellen, ob der Anwalt im Rahmen des Beratungsauftrages bereits eine erste Tätigkeit nach Erteilung des Beratungsauftrags erbracht hat, beispielsweise die Aufnahme der Information.[15]

Die Beratungsgebühr ist somit keine Erfolgsgebühr, deren Entstehung die Beratung voraussetzt. Der vorzeitigen Erledigung der Angelegenheit oder des Beratungsauftrages kommt somit nur im Rahmen der Bemessung der Beratungsgebühr nach § 14 RVG Bedeutung zu.

F. Erstes Beratungsgespräch

Nach dem Wortlaut von § 34 RVG gilt die Kappungsgrenze für Verbraucher ohne Gebührenvereinbarung nur für ein erstes Beratungs**gespräch**, also für eine **mündliche Beratung**. Sie gilt daher nicht, wenn die erste Beratung **schriftlich** erfolgt. Grund hierfür ist, dass der Auftraggeber, der sich wegen einer ersten Beratung an einen Rechtsanwalt wendet, im Vorhinein übersehen können soll, was ihn diese erste Beratung höchstens kosten wird, um daraufhin entscheiden zu können, ob er ein weitergehendes Mandat erteilt. Eine umfassende anwaltliche Beratung soll nicht der Kappungsgrenze unterliegen.

Für den Fall, dass der Rechtsanwalt erkennt, dass der Rahmen eines ersten Beratungsgesprächs verlassen wird und damit die Kappungsgrenze entfällt, muss der Rechtsanwalt nur dann darauf hinweisen, wenn nach den Umständen des Einzelfalls ein Aufklärungsbedürfnis besteht und der Rechtsanwalt dies erkennen konnte und musste.[16]

Um späteren Streit zu vermeiden, empfiehlt es sich, den Auftraggeber darauf hinzuweisen, ob und wann der Abgeltungsbereich der Erstberatung verlassen wird.

I. Beratung eines Verbrauchers

Feste Beratungsgebühren entstehen nach § 34 RVG lediglich dann, wenn **keine besondere Vereinbarung** getroffen wurde und der Mandant **Verbraucher** ist. Dann beträgt die Gebühr für die Beratung oder die Erstellung eines **schriftlichen Gutachtens höchstens** 250 € und die Gebühr für ein **erstes Beratungsgespräch höchstens** 190 €.

Damit handelt es sich bei diesen Fällen um eine **Kappungsgrenze** für die Beratungsvergütung zum Schutz der Verbraucher. Der Rechtsanwalt muss daher zunächst die angemessene Vergütung nach dem BGB nach billigem Ermessen ermitteln. Liegt die ermittelte Vergütung über der Kappungsgrenze von 190 €, kommt diese zum Tragen.

II. Verbraucherbegriff

Die **Kappungsgrenze** in Höhe von 190 bzw. 250 € gilt nur dann, wenn der Auftraggeber **Verbraucher** ist. Der Begriff des Verbrauchers wird im RVG nicht weiter erläutert. Die Gesetzesbegründung verweist hierzu auf die Definition des Verbrauchers in § 13 BGB. Danach ist Verbraucher jede natürliche Person, die ein Rechtsgeschäft zu einem Zweck abschließt, der weder ihrer gewerblichen noch ihrer selbständigen beruflichen Tätigkeit zugerechnet wird. Damit gilt die Kappungsgrenze für die Erstberatung nicht, wenn z.B. ein **Unternehmer** den Rechtsanwalt mit der Beratung bzgl. eines Geschäfts aus seiner entsprechenden Tätigkeit beauftragt. Der Gesetzesbegründung ist allerdings nicht zu entnehmen, ob der Auftraggeber Verbraucher in Bezug auf die der Beratung zugrunde liegende rechtliche Angelegenheit oder hinsichtlich des Abschlusses des Anwaltsvertrages über die Beratung sein muss. Da die Kappungsgrenze für die Erstberatung nach der Gesetzesbegründung ausdrücklich dem Schutz des

---

[15] *Hansens* in: Hansens/Braun/Schneider, Praxis des Vergütungsrechts, 2. Aufl. 2006, Teil 8 Rn. 10.
[16] KG Berlin v. 19.12.2001 - 11 U 8/01 - AnwBl 2002, 304.

Verbrauchers dienen soll, spricht viel dafür, darauf abzustellen, ob der Auftraggeber in Bezug auf den Abschluss des Anwaltsvertrages als Verbraucher angesehen werden kann oder nicht.[17]

33 *Hansens* schlägt folgende **Faustformel** zur Abgrenzung vor:[18]
„Berät der Rechtsanwalt im Rahmen eines ersten Beratungsgesprächs einen Unternehmer über eine sein Unternehmen oder seine selbständige berufliche Tätigkeit betreffende Rechtsfrage, stellt dies keine Erstberatung i.S.d. Gebührenrechts dar. In allen übrigen Fällen ist die Beratungsgebühr auf 190 € beschränkt."

III. Dauer des ersten Beratungsgesprächs

34 Aus dem RVG ergibt sich nicht, ab wann das erste Beratungsgespräch beendet sein soll. Die Kappungsgrenze von 190 € gilt nicht mehr, wenn sich nach dem ersten Beratungsgespräch eine weitere Tätigkeit des Rechtsanwalts anschließt, mag diese auch mit der ersten Beratung in engem Zusammenhang stehen oder diese fortsetzen. Nach Auffassung des OLG Thüringen (noch zum alten Recht) endet der Normbereich der Erstberatung dann, wenn die erste Beratung beendet oder wegen ihres Beratungsgegenstandes unterbrochen ist.[19] Wird die Beratung später fortgesetzt oder sucht der Ratsuchende den Rechtsanwalt erneut wegen Zusatzfragen auf, ist der Bereich der Erstberatung verlassen. Die Erstberatung umfasst nicht die gesamte Beratungstätigkeit des Rechtsanwalts bis zur Erteilung eines verbindlichen Rechtsrats.

G. Schriftliches Gutachten

35 Bei der in § 34 RVG enthaltenen Regelung, dass ein schriftliches Gutachten für einen Verbraucher mit höchstens 250 € zu vergüten ist, wenn keine entsprechende Vereinbarung getroffen wurde, handelt es sich um die Nachfolgeregelung zu Nr. 2103 (a.F.) VV RVG. Die Kappungsgrenze von 250 € ist allerdings neu.

H. Telefonische Beratung/Telefonhotline

36 Die Beratung kann auch telefonisch erfolgen.

37 Nach der Rechtsprechung des BGH kommt durch den Anruf bei einer Anwalts-Hotline ein Beratungsvertrag im Zweifel mit dem den Anruf entgegennehmenden Rechtsanwalt zustande.[20] Die Mitarbeit bei einer Anwalts-Hotline verstößt nicht gegen das Berufs- oder Gebührenrecht. Problematisch ist hier allerdings zwangsläufig der Abschluss einer wirksamen Gebührenvereinbarung.

I. Rechtsschutzversicherung

38 Die Rechtsschutzversicherungen haben in ihren ARBs unterschiedliche Regelungen bzgl. der Vergütung für die Beratung. In den neueren ARBs sind bereits angepasste Vereinbarungen enthalten. Hier orientiert sich der Wert an der Vergütung, die § 34 RVG gewährt für den Fall, dass keine besondere Vergütung vereinbart worden ist:
- Angelegenheiten, in denen sich die Gebühren nach dem Streitwert richten: 1,0 bis max. 250 €;
- alle andere Fälle: die angemessene Vergütung, höchstens 250 €;
- für ein erstes Beratungsgespräch: höchstens 190 €.

39 Die älteren ARBs sind auf diese Form der Vergütung nicht vorbereitet. Hiernach ist immer die gesetzliche Vergütung maßgebend. Eine solche gibt es jedoch nicht mehr. Damit verlieren die Versicherten in diesen Fällen bei einer wörtlichen Auslegung ihren Versicherungsschutz. Die Versicherungen gehen jedoch einen anderen Weg. Sie beschränken die Vergütung in Anlehnung an die ARB 2005 auf max. 250 € und für den Fall der Erstberatung auf 190 €.

---

[17] *Burhoff/Kindermann*, RVG 2004, 1. Aufl. 2004, Rn. 111; *Volpert*, RVG professionell 2004, 92, *Hansens* in: Hansens/Braun/Schneider, Praxis des Vergütungsrechts, 2. Aufl. 2006, Teil 8 Rn. 17 ff.
[18] *Hansens*, RVGreport 2004, 426.
[19] OLG Thüringen v. 23.11.1999 - 8 U 674/99 - AGS 2000, 62.
[20] BGH v. 26.09.2002 - I ZR 44/00 - NJW 2003, 819.

J. Beratung durch dritte Personen/Mitarbeiter

In vielen Kanzleien ist die Bearbeitung bestimmter Angelegenheiten auf Büroangestellte übertragen, die sich hierauf spezialisiert haben. Beispiele: Zwangsversteigerung, Verkehrsunfallsachen, Zwangsvollstreckung. Berät hier nicht der Rechtsanwalt selbst, sondern der Angestellte, so ist eine Abrechnung nach dem RVG wegen der abschließenden Aufzählung des § 5 RVG nicht zulässig. Zudem muss der Mandant mit der Beratung durch einen Nichtjuristen einverstanden sein. Da die Abrechnung nach dem RVG ausgeschlossen ist, bleibt nur die Abrechnung einer vereinbarten oder angemessenen Vergütung nach § 612 BGB. Auch hier empfiehlt es sich dringend, eine entsprechende Vereinbarung vorzunehmen. Es muss jedoch klar sein, dass diese Vereinbarung nicht auf dem RVG fußt, sondern auf dem BGB basiert. Was eine angemessene Vergütung für eine Beratung durch einen Bürovorsteher sein kann, ist streitig. Allgemein wird von ca. 1/3-1/2 der Vergütung des Rechtsanwalts ausgegangen.[21] Zulässig ist auch die Vereinbarung dahingehend, dass der Rechtsanwalt die Vergütung nach dem RVG berechnen darf, obwohl die Beratung nicht durch eine in § 5 RVG genannte Person durchgeführt wird.

40

K. Beratungshilfe und Gebührenvereinbarung

Vergütungsvereinbarungen waren bisher gem. § 8 BerHG a.F. nichtig. Diese Vorschrift ist ersatzlos weggefallen. Damit ist nun der Abschluss einer **Vergütungsvereinbarung** nach den allgemeinen Regelungen möglich. Insbesondere kann auch ein **Erfolgshonorar** nach § 4a RVG vereinbart werden. Die Vergütungsvereinbarung darf insbesondere auch nach erfolgter Bewilligung getroffen werden.

41

Forderungssperre: Es versteht sich jedoch von selbst, dass der aus einer Vergütungsvereinbarung resultierende Anspruch der Beratungsperson gegen den Rechtsuchenden gem. § 8 Abs. 2 BerHG nicht geltend gemacht werden kann, wenn und solange

42

- Beratungshilfe bewilligt ist, oder
- bei nachträglicher Antragstellung das Gericht noch keine Entscheidung über den Antrag getroffen hat.

L. Anhaltspunkte für sinnvolle Formulierungen im Rahmen einer Gebührenvereinbarung

Die folgenden Punkte sollen als Gedankenstütze bei der Formulierung entsprechender Vereinbarungen dienen und sind in den obigen Ausführungen begründet:

43

- Achten Sie auf die Differenzierung Vergütungsvereinbarung – **Gebührenvereinbarung**.
- Der Rechtsanwalt kann die Beratung auch geeigneten Personen (z.B. **Bürovorsteher**, Mitarbeiter) übertragen, die nicht in § 5 RVG genannt sind. Der Mandant muss mit dieser Übertragung einverstanden sein und eine entsprechende Gebührenvereinbarung abschließen, dann gilt diese auch für die Beratung durch eine solche Person.
- Die Vereinbarung gilt für die jeweilige gebührenrechtliche Angelegenheit. Sie ist für eine **weitere Angelegenheit** erneut abzuschließen.
- **Anrechnung:** Die Anrechnung der vereinbarten Gebühren ist disponibel. Denkbar sind z.B. folgende Formulierungen:
  - „Die Anrechnung der vereinbarten Beratungsvergütung auf folgende Gebühren ist ausgeschlossen."
  - „Die Anrechnung der vereinbarten Beratungsvergütung richtet sich nach Vorbemerkung 3 Abs. 4 VV RVG." (dadurch erfolgt die Anrechnung nach dem Muster der Anrechnung der Geschäftsgebühr)
  - „Die Beratungsgebühr wird zur Hälfte auf die Folgegebühren angerechnet".

---

[21] *Mayer* in: Gerold/Schmidt, 21. Aufl. 2013, § 5 RVG Rn. 12.

Kostenrechtliche Hinweise in Familiensachen (Teil 4)
Gebühren in Familiensachen - Allgemein

Gliederung

A. Gebühren in Familiensachen – Allgemein 1
B. Verfahrens- und Terminsgebühren in Familiensachen 3
I. Beispielsfall: Isolierte Familiensache – elterliche Sorge 4
II. Beispielsfall: Isolierte Familienstreitsache – Unterhalt 6
C. Einigungsgebühr in Familiensachen 7
I. Allgemein 7
1. Einigungsgebühr bei Genehmigungsbedarf 14
2. Beispiel: Genehmigungsbedarf Vergleich 15
II. Einigungsgebühr ohne Protokollierung 16
III. Einigungsgebühr in Kindschaftssachen 19
IV. Einigungsgebühr für Rechtsbeschwerde 21
V. Beispiel: Mehrere Einigungsgebühren 23
VI. Erstreckung von Verfahrenskostenhilfe auf Folgesachen 24
VII. Übersicht zu den Einigungsgebühren 26

A. Gebühren in Familiensachen – Allgemein

1 In Familiensachen gelten dieselben Grundsätze für die Gebühren wie in den anderen bürgerlichen Rechtsstreitigkeiten bzw. bei der außergerichtlichen Vertretung/Beratung. Es entstehen daher dieselben Gebühren unter denselben Umständen. Besonderheiten können sich lediglich ergeben aus den verfahrensrechtlichen Besonderheiten. So ist eine Scheidung durch Vergleich nicht möglich. Dafür kann es hier jedoch zu einer Aussöhnung kommen, die eine entsprechende Aussöhnungsgebühr auslöst.

2 Dadurch, dass die Verfahren der freiwilligen Gerichtsbarkeit den zivilrechtlichen Verfahren gebührenrechtlich gleichgestellt sind und damit jetzt ebenfalls die Gebühren der Nr. 3100 ff. RVG anfallen, ist auch deren besondere Form der Abrechnung weggefallen. Die verbleibenden Spezialitäten sind im Folgenden beschrieben.

B. Verfahrens- und Terminsgebühren in Familiensachen

3 In Familiensachen entstehen im gerichtlichen Verfahren – unabhängig davon, ob es sich um eine **Familien- oder um eine Familienstreitsache** handelt – immer die Gebühren nach dem Teil 3 des Vergütungsverzeichnisses. Regelmäßig sind dies die Verfahrensgebühr Nr. 3100 und die Terminsgebühr Nr. 3104.[1]

I. Beispielsfall: Isolierte Familiensache – elterliche Sorge

4 **Fall:** Die Ehefrau beantragt, vertreten durch ihren Rechtsanwalt, ihr die elterliche Sorge für ihr Kind zu übertragen. Ein Scheidungsverfahren ist nicht anhängig. Es kommt zum Termin. Hier wird das Jugendamt angehört. Anschließend wird die elterliche Sorge der Ehefrau allein zugesprochen.
Lösung:

	Vorschrift	Gebührensatz	Gebühr
	Verfahrensgebühr, VV 3100; Wert: 3.000 €	(1,3)	261,30 €
+	Terminsgebühr, VV 3104; Wert: 3.000	(1,2)	241,20 €

5 **Anmerkung:** In Familiensachen entsteht eine Verfahrensgebühr wie im Zivilprozess. Es gelten dieselben Kriterien wie für die Verfahrensgebühr im zivilrechtlichen Prozess. Es wird also keine Rahmengebühr mehr verdient, sondern eine Festgebühr. Diese allerdings zu dem verhältnismäßig hohen Gebührensatz von 1,3.

II. Beispielsfall: Isolierte Familienstreitsache – Unterhalt

6 **Fall:** Der Rechtsanwalt führt für die Frau A gegen deren Mann B ein Unterhaltsverfahren. Eine Scheidung ist nicht anhängig. Der monatliche Unterhalt soll 1.000 € betragen. Weiterhin macht er für den Sohn C gegen B monatlichen Unterhalt in Höhe von 500 € geltend. Im ersten Termin erkennt B sofort den Anspruch des Sohnes in Höhe von 500 € monatlich an. Es ergeht entsprechender Anerkenntnisbeschluss. Anschließend wird über die noch anhängigen Ansprüche verhandelt. Es ergeht eine Endentscheidung.

---

[1] *Schmidt*, RENOpraxis 2004, 130.

Kostenrechtl. Hinw. in Familiensachen (Teil 4)

II. Einigungsgebühr ohne Protokollierung

16 Der BGH verlangt für die Festsetzbarkeit der Einigungsgebühr nicht mehr die Protokollierung der Einigung. Nach § 104 Abs. 2 ZPO reicht für den Nachweis des Entstehens und der Notwendigkeit der Einigungsgebühr die Glaubhaftmachung aus. Die betroffene Gebühr ist demnach im Falle überwiegender Wahrscheinlichkeit der tatbestandlichen Voraussetzung zugunsten des Antragstellers festzusetzen.

17 Ein Grundsatz, nach dem eine Festsetzung nicht erfolgen kann, wenn die Entstehung/Notwendigkeit der Kosten nur schwer zu ermitteln ist, lässt sich dem Gesetz nicht entnehmen. Der Rechtspfleger muss ggf. auch schwierige Rechtsfragen entscheiden und tatsächliche Fragen klären. Hierzu gehört die Einholung von Stellungnahmen von Richtern, Parteien, Bevollmächtigten, Zeugen, die Beiziehung von Akten, Augenscheinnahme oder die Beauftragung eines Sachverständigengutachtens.

18 Auf die Protokollierung eines Vergleichs mit den Formerfordernissen des § 494 ZPO kommt es demnach nicht mehr an.[5]

III. Einigungsgebühr in Kindschaftssachen

19 In Nr. 1000 Abs. 5 Satz 2 VV RVG legt der Gesetzgeber fest, dass in **Kindschaftssachen eine Einigungsgebühr** auch für die Mitwirkung an einer Vereinbarung, über deren Gegenstand nicht vertraglich verfügt werden kann, entsteht, denn in Kindschaftssachen entsteht die Gebühr auch für die Mitwirkung am Abschluss eines gerichtlich gebilligten Vergleichs (§ 156 Abs. 2 FamFG) und an einer Vereinbarung, über deren Gegenstand nicht vertraglich verfügt werden kann, wenn hierdurch eine gerichtliche Entscheidung entbehrlich wird oder wenn die Entscheidung der getroffenen Vereinbarung folgt. Der Gesetzgeber hat hiermit klargestellt, dass auch in Verfahren z.B. der elterlichen Sorge eine Einigungsgebühr verdient werden kann.

20 Eine Einigungsgebühr kann in Kindschaftssachen auch durch eine Zwischenvereinbarung über das Umgangsrecht ausgelöst werden, die eine abschließende Entscheidung des Gerichts nicht erspart. Im Fall war eine Umgangsregelung bis zur Entscheidung durch eine Einigung gefolgt. Es ist eine Einigungsgebühr ist entstanden nach einem Teilwert von 500 €.[6]

IV. Einigungsgebühr für Rechtsbeschwerde

21 Die erhöhte Einigungsgebühr Nr. 1004 VV RVG entsteht auch in den in den Vorbemerkungen 3.2.1 und 3.2.2 genannten Beschwerde- und Rechtsbeschwerdeverfahren.

22 Treffen die verschiedenen Einigungsgebühren aufeinander, so ist § 15 Abs. 3 RVG zu beachten.

V. Beispiel: Mehrere Einigungsgebühren

23 Der Ehegattenunterhalt ist anhängig (Wert: 5.000 €). Die Parteien einigen sich auch über den nicht anhängigen Zugewinnausgleich (Wert: 10.000 €) und den in der Rechtsmittelinstanz anhängigen Getrenntlebensunterhalt (4.000 €). (Hinweis: Lösung beschränkt auf Einigungsgebühren).

1. Einigungsgebühr, Nr. 1000 VV (1,5) Wert: 10.000 €	837 €
2. Einigungsgebühr, Nr. 1003, 1000 VV (1,0) Wert: 5.000 €	303 €
3. Einigungsgebühr, Nr. 1004, 1000 VV (1,3) Wert: 4.000 €	327,60 €
	1.467,60 €
Jedoch kann gem. § 15 Abs. 3 maximal eine 1,5fache Gebühr aus 19.000 € abgerechnet werden mit	1.044 €

VI. Erstreckung von Verfahrenskostenhilfe auf Folgesachen

24 Werden in einem Verbundverfahren durch einen Vergleich nicht anhängige Familiensachen mit erledigt (Unterhalt Ehegatte/Kind, elterliche Sorge, Umgang, Ehewohnung u. Hausrat, eheliches Güterrecht), so umfasst die Verfahrenskostenhilfe-Bewilligung für die Ehesache auch diese Gegenstände (§ 48 Abs. 3 RVG). Es muss keine gesonderte Bewilligung erfolgen. Entsprechendes gilt gem. § 48 Abs. 3 Satz 2 RVG im Falle der Beiordnung eines Rechtsanwaltes in Lebenspartnerschaftssachen nach § 661 Abs. 1 Nr. 1-3 ZPO.

---

[5] BGH v. 13.04.2006 - II ZB 10/06 - RVGreport 2007, 275 mit Anm. *Hansens*.
[6] OLG Zweibrücken v. 06.03.2014 - 6 WF 16/14.

Lösung:
Wertberechnung: Unterhalt Frau: 12.000 €; Unterhalt Sohn: 6.000 €; Summe: 18.000 €

	Vorschrift	Gebührensatz	Gebühr
	Verfahrensgebühr, VV 3100; Wert: 18.000 €	(1,3)	904,80 €
+	Terminsgebühr, VV 3104; Wert: 18.000 €	(1,2)	835,20 €

Anmerkung: Unerheblich für das Entstehen der Terminsgebühr ist die Frage, ob streitig verhandelt wurde oder nicht. Maßgebend ist lediglich die Wahrnehmung des Termins.

C. Einigungsgebühr in Familiensachen

I. Allgemein

Für die Entstehung der Einigungsgebühr ist nicht mehr das Vorliegen eines wirksamen Vergleichs (§ 779 BGB: gegenseitiges Nachgeben) notwendig, sondern lediglich die vertragliche Beilegung eines Streits oder einer Ungewissheit der Parteien über ein Rechtsverhältnis. 7

Die Einigungsgebühr entsteht allerdings nicht, wenn in dem Vertrag lediglich ein Anspruch vollständig anerkannt oder auf einen Anspruch vollständig verzichtet worden ist. 8

Gebührensatz: Die Einigungsgebühr fällt nach Nr. 1000 VV grundsätzlich mit einem Gebührensatz in Höhe von 1,5 an. Sie entsteht lediglich dann mit einem Gebührensatz von 1,0, wenn über den Gegenstand der Einigung ein anderes gerichtliches Verfahren als ein selbständiges Beweisverfahren anhängig ist. Ausdrücklich geregelt ist daher nunmehr, dass der Anfall der höheren Einigungsgebühr (1,5) nach Nr. 1000 VV durch die Anhängigkeit eines selbständigen Beweisverfahrens nicht verhindert wird. Grund für diese Regelung ist die Vermeidung weiterer streitiger Verfahren. 9

Hinweis: Nach der Anm. zu Nr. 1003 VV steht auch ein Verfahren über die Bewilligung von Verfahrenskostenhilfe einem gerichtlichen Verfahren im Sinne von Nr. 1003 VV gleich und führt daher zur Entstehung der ermäßigten Einigungsgebühr. 10

Allerdings sind in der Anm. zu Nr. 1003 VV RVG die folgenden Ausnahmen hierzu vorgesehen für den Fall, dass 11
- die VKH nur für die gerichtliche Protokollierung des Vergleichs beantragt wird,
- die Beiordnung in einer Ehesache sich auf den Abschluss eines Vertrags im Sinne der Nr. 1000 VV RVG erstreckt nach § 48 Abs. 3 RVG.

In diesen beiden Fällen entsteht die Einigungsgebühr mit dem vollen 1,5-fachen Satz nach Nr. 1000 VV RVG.

In **Ehesachen und Lebenspartnerschaftssachen** nach § 121 FamFG kann nach Nr. 1000 Abs. 5 VV RVG kein Vergleich bzw. keine Einigung geschlossen werden. Diese sind der Parteimaxime insoweit entzogen. Hier kann aber ggf. eine Aussöhnungsgebühr nach Nr. 1001 VV RVG entstehen. 12

Schließen die Parteien eine Einigung unter einer **aufschiebenden Bedingung**, so wird die Einigungsgebühr erst ausgelöst, wenn die Bedingung eingetreten ist (Nr. 1000 Abs. 3 zu VV RVG). Die Bedingung kann sich auch aus den Umständen ergeben. Dies ist in der Regel bei einer **Scheidungsfolgenvereinbarung** der Fall. Hier entsteht die Einigungsgebühr erst mit Eintritt der Rechtskraft des Scheidungsurteils.[2] 13

1. Einigungsgebühr bei Genehmigungsbedarf

Bedarf der Vergleich einer **gerichtlichen Genehmigung**, so wird der Vergleich erst mit dieser Genehmigung wirksam. Damit entsteht die Einigungsgebühr erst mit Erteilung der Genehmigung.[3] 14

2. Beispiel: Genehmigungsbedarf Vergleich

Die Parteien verzichten auf die Durchführung des Versorgungsausgleichs. Es besteht die Notwendigkeit der Inhalts- und Ausübungskontrolle nach § 8 VersAusglG. Eine Einigungsgebühr ist entstanden.[4] 15

---
[2] OLG Hamm v. 02.05.1980 - 6 WF 7/80 - Rpfleger 1980, 445; OLG Düsseldorf v. 27.01.1999 - 3 WF 20/99 - FamRZ 1999, 1683 = FF 1999, 93 = OLGR 1999, 279.
[3] OLG Koblenz v. 19.07.1982 - 14 W 379/82 - Rpfleger 1982, 441 = JurBüro 1982, 1829 = VersR 1983, 567.
[4] OLG Frankfurt v. 23.11.2009 - 5 WF 247/09 - jurisPR-FamR 14/2010 mit Anm. *Friederici*.

Da die genannten Gegenstände bei dieser Fallkonstellation nicht anhängig sind und auch kein entsprechendes Verfahrenskostenhilfe-Verfahren anhängig ist, entsteht für den so genannten Scheidungsfolgenvergleich zusätzlich eine 1,5 Einigungsgebühr Nr. 1000 und eine 0,8 Verfahrensdifferenzgebühr Nr. 3101 VV RVG über die nichtanhängigen Vergleichsgegenstände. Vgl. hierzu ausführlich die Kostenrechtl. Hinw. in Familiensachen (Teil 10).

VII. Übersicht zu den Einigungsgebühren

Verfahren	Gebührensatz	Nr. VV
Außergerichtlich	1,5	1000
Gerichtlich 1. Instanz	1,0	1000, 1003
Gerichtlich 2. Instanz	1,3	1004
Selbständiges Beweisverfahren	1,5	1000 (Ausnahme nach Nr. 1003)
Anhängiges VKH-Verfahren	1,0	1000, 1003
VKH nur für Protokollierungsantrag bzgl. Einigung	1,5	1000 (Ausnahme nach Nr. 1003 Anm.)
VKH-Erstreckung in Folgesachen nach § 48 Abs. 3 RVG	1,5	1000 (Ausnahme nach Nr. 1003 Anm.)

Kostenrechtliche Hinweise in Familiensachen (Teil 5)
Geschäftsgebühr

Gliederung

A. Geschäftsgebühr 1
B. Merkmale 3
I. Rahmengebühr – Erhöhung – Toleranzgrenze 3
II. Umfang – Allgemein 4
III. Musterformular zur Erfassung von Tätigkeiten zum Nachweis des Umfangs nach § 14 RVG 6
IV. Merkmal Umfang – Familiensachen 7
V. Merkmal Schwierigkeit 12
VI. Merkmal Bedeutung 16
VII. Merkmal Vermögens- und Einkommensverhältnisse 19
VIII. Merkmal Haftungsrisiko 21

A. Geschäftsgebühr

1   Für die außergerichtliche Tätigkeit in Familiensachen verdient der Rechtsanwalt die Geschäftsgebühr Nr. 2300 VV RVG. Es handelt sich hierbei um eine Rahmengebühr, deren Untergrenze 0,5 und deren Obergrenze 2,5 beträgt. Die entscheidenden Kriterien für die Bemessung dieser Gebühr ergeben sich aus § 14 RVG. Die folgenden Merkmale werden dort ausdrücklich genannt:
- Umfang,
- Schwierigkeit,
- Bedeutung,
- Einkommensverhältnisse des Auftraggebers,
- Vermögensverhältnisse des Auftraggebers,
- ein besonderes Haftungsrisiko.

2   Von besonderer Bedeutung sind die Merkmale Umfang und Schwierigkeit, da allein diese beiden Merkmale nach dem Wortlaut der Vorschrift Nr. 2300 VV RVG ein Überschreiten der Regelgebühr von 1,3 rechtfertigen. Alle anderen Merkmale können hierfür nicht herangezogen werden. Auf das Kriterium Umfang soll hier genauer eingegangen werden, da hier einige familienrechtliche Besonderheiten bestehen. Für die anderen Merkmale sind die von den Zivilsachen her bekannten Kriterien anzuwenden.

B. Merkmale

I. Rahmengebühr – Erhöhung – Toleranzgrenze

3   Die Konstruktion der Geschäftsgebühr mit einer Regelgebühr unterhalb der Mittelgebühr hat zu einigen Problemen geführt. Dies gilt insbesondere im Zusammenhang mit der Toleranzgrenze. Der BGH hat seine bisherige Auffassung[1] aufgegeben und klargestellt, dass eine Erhöhung der Geschäftsgebühr über die Regelgebühr von 1,3 hinaus nur dann gefordert werden kann, wenn die Tätigkeit des Rechtsanwalts umfangreich oder schwierig war. Allein die (ansonsten anerkannte) 20%ige Toleranzgrenze rechtfertigt eine Überschreitung der Regelgebühr nicht.[2]

II. Umfang – Allgemein

4   Maßgebend für die Ausprägung des Merkmals Umfang ist insbesondere die zeitliche Dauer des Verfahrens. Bestimmende Kriterien sind hier unter anderem:
- Aktenstudium,
- fallbezogene Prüfung von Rechtsprechung und Literatur,
- Besprechungen mit dem Mandanten,
- Verhandlungen mit dem Gegner,
- Einarbeitung/Aktenstudium,
- Fahrzeiten.

Für den Anwalt ist es von entscheidender Bedeutung, den Umfang seiner Tätigkeit in dieser Angelegenheit einschätzen und ggf. auch belegen zu können. Sowohl der eigene Mandant, die Rechtsschutzversicherung, der Gegner und ggf. auch das Gericht haben ein Interesse an den für die Bestimmung der

---

[1] BGH v. 08.05.2012 - VI ZR 273/11.
[2] BGH v. 11.07.2012 - VIII ZR 323/11 - NJW 2012, 2813 = RVGreport 2012, 375.

Gebühr maßgeblichen Gesichtspunkten. Im Gegensatz zur Schwierigkeit ist der Umfang einer Angelegenheit ein Kriterium, das sich im Nachhinein nur schwer belegen lässt, wenn nicht von Beginn an entsprechende Notizen gemacht worden sind.

Beispiel: Wissen Sie nach einem halben Jahr noch, wie lange das erste Informationsgespräch gedauert hat? Die Beantwortung dieser Frage ist aber entscheidend für die Höhe der Bemessung der Geschäftsgebühr. Es ist daher dringend zu empfehlen, ein entsprechendes Protokollformular in jeder Akte parallel zum Verfahren zu führen (vgl. Rn. 6).

III. Musterformular zur Erfassung von Tätigkeiten zum Nachweis des Umfangs nach § 14 RVG

In dem folgenden Musterformular werden die häufigsten Tätigkeiten des Rechtsanwalts in der Angelegenheit aufgeführt. Der Rechtsanwalt sollte jeweils das Datum und die Dauer vermerken. Bei besonderen Tätigkeiten ggf. auch eine Beschreibung. Im Gegensatz zu anderen vergleichbaren Formularen ist hier auch eine Spalte für die Dauer der Tätigkeit des/der Rechtsanwaltsfachangestellten enthalten. Oft bearbeiten Rechtsanwaltsfachangestellte einfachere Verfahren selbständig und entlasten hierdurch den Rechtsanwalt. Ein entsprechender Zeitaufwand sollte Berücksichtigung finden, wenn auch nicht mit der gleichen Gewichtung wie ein Zeitaufwand des Rechtsanwalts. Fundstellen zu dieser Frage gibt es bisher nicht.

Tätigkeit	Datum	Ggf. Beschreibung	Dauer (min) RA	Dauer (min) RAFA
Aktenstudium				
Besprechungen mit dem Mandanten				
Besprechungen mit dem Gegner				
Fahrzeiten				
Fallbezogenes Studium von Rechtsprechung/Literatur				
Sonstiges				
		Summe		

IV. Merkmal Umfang – Familiensachen

In der Gesetzesbegründung zum RVG findet sich der folgende Auszug aus der „Hommerich-Studie".[3] Autor ist Prof. Dr. *Hommerich*. Die Studie wurde im Jahr 2001 im Auftrag des Bundesjustizministeriums erstellt.

Nach *Hommerich* fällt besonders ins Auge, dass die **Qualifikation des Rechtsanwalts** ein entscheidendes Kriterium für die Dauer des Verfahrens ist. So benötigt ein **Fachanwalt für Familienrecht durchschnittlich 6,5 Stunden** für die gesamte Bearbeitung eines einfachen Verbundverfahrens, wohingegen ein nichtspezialisierter Anwalt durchschnittlich 8 Stunden Zeit investiert. Je aufwendiger das Verfahren wird, desto weiter klafft diese Lücke auseinander. Kommen zu dem obigen Verfahren noch isolierte Verfahren hinzu, so benötigt der Fachanwalt 10 Stunden, der nicht spezialisierte Anwalt aber bereits 15 Stunden. Sind sogar einstweilige Anordnungen Gegenstand, so ist das Verhältnis 12 zu 20 Stunden. *Hommerich* kommt damit zu dem Ergebnis, dass der Aufwand nichtspezialisierter Rechtsanwälte ca. 23-65% über dem von Fachanwälten für Familienrecht liegt.

Dies führt zu dem Ergebnis, dass der **Fachanwalt** für Familienrecht **nicht seinen persönlichen Zeitaufwand** bei der Bestimmung der Geschäftsgebühr einsetzen darf. Maßgebend muss der Zeitaufwand sein, den ein nichtspezialisierter Anwalt gehabt hätte.[4] Bei dieser Frage lassen sich die Kriterien Umfang und Schwierigkeit nicht sauber voneinander trennen. Vom Ergebnis kann es auch dahingestellt bleiben, ob der Fachanwalt wegen seiner Spezialisierung einen geringen zeitlichen Umfang benötigte oder ob für ihn aus demselben Grund die Schwierigkeit geringer war. Letztendlich entscheidend ist, dass wegen der Spezialisierung des Rechtsanwalts ggf. die Erhöhung der Geschäftsgebühr begründet

---

[3] BT-Drs. 15/1971, S. 148 ff.
[4] FG München v. 01.02.2011 - 4 E 1210/10 - RVGreport 2011, 175; *Schneider* in: Hansens/Braun/Schneider, Praxis des Vergütungsrechts, 2. Auf. 2006, Teil 10 Rn. 34.

werden kann, da er einen geringeren Zeitaufwand hatte als der Allgemeinanwalt. Anderenfalls würde der spezialisierte Anwalt durch Mindereinnahmen dafür bestraft, dass er eine zeit- und kostenintensive Zusatzausbildung durchgeführt hat. Maßgeblich ist damit der Aufwand des Allgemeinanwaltes.[5]

10 **Durchschnittliches Verfahren:** Der Aufwand kann überdurchschnittlich sein ab einer Tätigkeitsdauer von drei Stunden.[6] *Otto* ermittelt diesen Maßstab 2006, indem er die Eckdaten eines damals durchschnittlichen Verfahrens ermittelt. Der durchschnittliche Streitwert betrug demnach 6.000 €. In diesem Fall entstand eine Vergütung von ca. 450 € netto. Das durchschnittliche Stundenhonorar deutscher Rechtsanwälte betrug 150 €. Demnach könne für ein Durchschnittsverfahren auf eine Vergütung von 3 Std. x 150 € geschlossen werden.

11 Es sind nur wenige Entscheidungen zu dieser Frage bekannt geworden.
- So soll bereits bei einer qualifizierten Tätigkeit von objektiv notwendigen vier ½ Stunden durch eine Fachanwältin für Sozialrecht ein überdurchschnittlicher Umfang vorliegen.[7]
- Eine anwaltliche Tätigkeit ist nur dann besonders umfangreich, wenn der Zeitbedarf deutlich mehr als zwei oder drei[8], nach anderen Quellen mehr als fünf[9] Stunden beträgt.

V. Merkmal Schwierigkeit

12 Es ist festzustellen, dass das Merkmal „Schwierigkeit" (vgl. auch Rn. 7) nicht vom Standpunkt des Fachanwalts aus zu beurteilen ist, der sich durch erheblichen Zeit- und finanziellen Aufwand seine besonderen Kenntnisse hat erwerben müssen. Fälle, die für den Spezialisten einen Durchschnittsfall darstellen, sind für den Durchschnittsanwalt häufig eine schwierige Angelegenheit. Da der Fachanwalt für seine besonderen Kenntnisse jedoch nicht bestraft werden darf, ist für das Merkmal „Schwierigkeit" auf die Durchschnittskenntnisse des Allgemeinanwalts abzustellen (vgl. hierzu ausführlich Rn. 4).

13 Für die Schwierigkeit einer Angelegenheit ist grundsätzlich auf die Kenntnisse eines durchschnittlichen und nicht spezialisierten Rechtsanwalts abzustellen.[10]

14 Durchaus nicht ungewöhnlich sind auch Schwierigkeiten, die in der Persönlichkeitsstruktur des Mandanten liegen. Auch diese können den Schwierigkeitsgrad des Falles erhöhen.[11] In Umgangsverfahren soll der Mandant grundsätzlich schwierig sein.[12]

15 Teilweise wird sogar davon ausgegangen, dass familienrechtliche Verfahren wie Unterhalt und Zugewinnausgleich grundsätzlich schwierig und umfangreich sind, da aufwendige Berechnungen durchzuführen sind und damit grundsätzlich auch ein Überschreiten der Regelgebühr gerechtfertigt ist.[13]

VI. Merkmal Bedeutung

16 Maßgebend sind die subjektive Bedeutung der Angelegenheit und deren individuelle Folgen für den Mandanten.

17 Die Scheidung und die damit verbundenen Folgesachen sind regelmäßig für den Mandanten von besonderer Bedeutung, so dass dieses Kriterium in Familiensachen regelmäßig eine Erhöhung rechtfertigt. Denn es geht bei der zu erwartenden Scheidung darum, ob und in welchem Maße sich der bisherige Lebenszuschnitt des Beklagten durch scheidungsbedingt spürbare Einkommens- und Vermögenseinbußen verändern wird.[14] Andererseits werden die elterliche Sorge und der Umgang bzgl. der gemeinsamen Kinder neu geregelt.

18 Allerdings genügt das Merkmal Bedeutung allein nicht, um die Schwellengebühr von 1,3 zu überschreiten. Hierzu bedarf es eines erhöhten Umfangs oder erhöhter Schwierigkeit.

---

[5] *Onderka* in: AnwK-RVG, 7. Aufl. 2014, § 14 Rn. 34
[6] *Onderka* in: AnwK-RVG, 7. Aufl. 2014, § 14 Rn. 30; *Otto*, NJW 2006, 1472.
[7] LSG NRW v. 05.05.2008 - L 3 R 84/08 - ASR 2009, 46.
[8] LSG Bremen v. 30.07.2009 - L 12 AL 229/06.
[9] *Braun* in: Festschrift 50 Jahre Deutsches Anwaltsinstitut e.V. S. 379.
[10] FG München v. 01.02.2011 - 4 E 1210/10 - RVGreport 2011, 175; FG Köln v. 25.06.2009 - 10 Ko 610/09 - RVGreport 2009, 339
[11] *Schneider* in: Hansens/Braun/Schneider, Praxis des Vergütungsrechts, 2. Auf. 2006, Teil 10 Rn. 34.
[12] *Schneider* in: Hansens/Braun/Schneider, Praxis des Vergütungsrechts, 2. Auf. 2006, Teil 10 Rn. 186.
[13] *Schneider* in: Hansens/Braun/Schneider, Praxis des Vergütungsrechts, 2. Auf. 2006, Teil 10 Rn. 186.
[14] OLG Düsseldorf v. 04.06.2009 - 24 U 111/08 - FamRZ 2009, 2029

VII. Merkmal Vermögens- und Einkommensverhältnisse

Überdurchschnittliche Vermögens- und Einkommensverhältnisse rechtfertigen eine Erhöhung der Geschäftsgebühr. In umgekehrter Weise können unterdurchschnittliche Verhältnisse eine Reduzierung rechtfertigen.

Maßgeblicher Zeitpunkt für die Ermittlung der Gebühr ist die Fälligkeit derselben. Bei diesem Merkmal kann daher ggf. auch eine in dieser Angelegenheit durchgesetzte Forderung bzgl. Unterhalt oder Zugewinn die Vermögens- und Einkommensverhältnisse beeinflussen und zu einer Erhöhung der Gebühr führen.[15]

VIII. Merkmal Haftungsrisiko

§ 14 RVG enthält als neues Merkmal für die Bestimmung einer Rahmengebühr das „Haftungsrisiko". Grundsätzlich ist es so, dass das Haftungsrisiko bei Wertgebühren über die Höhe des Streitwerts hinreichend berücksichtigt wird. Dies gilt dann nicht, wenn der Streitwert durch das Gesetz beschränkt ist.

In Familiensachen gilt dies insbesondere für den Unterhalt. Der Wert bemisst sich grundsätzlich nach § 51 FamGKG aus dem Betrag des Unterhalts für das nächste Jahr. Die tatsächlich betroffenen Unterhaltszahlungen können weitaus höher sein, so dass auch ein entsprechend höheres Haftungsrisiko besteht. Dies kann in Form einer Erhöhung des Gebührensatzes berücksichtigt werden.[16]

---

[15] *Schneider* in: Hansens/Braun/Schneider, Praxis des Vergütungsrechts, 2 Aufl., Teil 10 Rn. 36.
[16] *Onderka* in: AnwK-RVG, 7. Aufl. 2014, § 14 Rn. 50 ff.

Kostenrechtliche Hinweise in Familiensachen (Teil 6)
Anrechnung der außergerichtlichen Gebühren

Gliederung

A. Anrechnung von Gebühren – Grundsatz 1
B. Anrechnung der Geschäftsgebühr 4
C. Anrechnung bei mehreren Auftraggebern 11
D. Weitere Anrechnungsfälle nach dem RVG 15
I. Beratungshilfe 15
II. Beratungsvergütung 16
III. Prüfung der Erfolgsaussicht eines Rechtsmittels 17
IV. Tätigkeit im Güteverfahren 18
V. Mahnverfahren 20
VI. Urkunden-/Wechselverfahren 21
VII. Selbständiges Beweisverfahren 22
VIII. Vermittlungsverfahren bei Umgangsvereitelung – § 165 FamFG 23
IX. Sonderfall: Anrechnung der Terminsgebühr 24
E. Auslagen – keine Anrechnung 25
F. Geltendmachung der außergerichtlichen Vergütung gegen den Gegner 28
I. Allgemein 28
II. Anrechnung nach § 15a RVG 33
1. Anrechnung bzgl. Mandant (§ 15a Abs. 1 RVG) 35
2. Anrechnung bzgl. Dritten (§ 15a Abs. 2 RVG) 38
a. Anrechnungsvoraussetzung 1 39
b. Anrechnungsvoraussetzung 2 41
c. Zu 1.: Erfüllung 42
d. Zu 2.: Vollstreckungstitel 46
e. Zu 3.: Geltendmachung in demselben Verfahren 50
3. Geltendmachung als Nebenforderung 54
4. Geltendmachung durch den Gegner 55
5. Prüfungspflicht des Rechtspflegers 60
6. Getrennte Geltendmachung von Hauptforderung und Verzugsschaden 62
III. Beispiele zur Geltendmachung der Geschäftsgebühr 63
1. Beispiel: Einklagen der Geschäftsgebühr bei Wertreduzierung 63
2. Beispiel: Zinsschaden bei Geltendmachung des Anrechnungsrestes 66
3. Beispiel: Schaden durch unterschiedliche Kostenentscheidung 69
4. Beispiel: Geltendmachung der Geschäftsgebühr als Hauptforderung bei Teilzahlung 71

A. Anrechnung von Gebühren – Grundsatz

1 Eine Anrechnung von Gebühren soll den geringeren Arbeitsaufwand des in zwei Angelegenheiten wegen desselben Gegenstands tätigen Rechtsanwalts ausgleichen. Eine Anrechnung findet daher immer zwischen zwei unterschiedlichen Angelegenheiten statt – niemals innerhalb derselben. Ebenso wenig findet eine Anrechnung statt, wenn nicht derselbe Rechtsanwalt in beiden Angelegenheiten tätig wird.

2 In aller Regel werden die „Betriebsgebühren" aufeinander angerechnet (Beratungsgebühr, Geschäftsgebühr, Verfahrensgebühr). Nur in Ausnahmefällen findet auch eine Anrechnung von Terminsgebühren aufeinander statt. Einigungsgebühren werden nie angerechnet.

3 Das RVG geht von dem Grundsatz aus, dass keine Anrechnung vorzunehmen ist. Nur in den im Gesetz ausdrücklich genannten Fällen ist eine Anrechnung vorzunehmen. Eine Anrechnung kann also niemals „analog" ohne konkrete gesetzliche Grundlage erfolgen.

B. Anrechnung der Geschäftsgebühr

4 **Die außergerichtliche Geschäftsgebühr wird grundsätzlich nur teilweise angerechnet.**

5 Nach dem RVG erhält der Anwalt für die außergerichtliche Vertretung seines Mandanten eine Geschäftsgebühr nach Nr. 2300-2303 VV. Diese Regelung findet sich in der Vorbemerkung 3 zu Teil 3 des Vergütungsverzeichnisses zum RVG. Hierin heißt es:
„Soweit wegen desselben Gegenstands eine Geschäftsgebühr nach Teil 2 entsteht, wird diese Gebühr zur Hälfte, bei Wertgebühren jedoch höchstens mit einem Gebührensatz von 0,75, auf die Verfahrensgebühr des gerichtlichen Verfahrens angerechnet. ..."

6 Danach ist die Geschäftsgebühr auf die Verfahrensgebühr des gerichtlichen Verfahrens zur Hälfte, höchstens jedoch zu 0,75, anzurechnen. Sind in derselben Angelegenheit wegen desselben Gegenstands mehrere Geschäftsgebühren entstanden, wird die zuletzt entstandene angerechnet.

7 Die Anrechnung erfolgt nach dem Wert des Gegenstands, der in das gerichtliche Verfahren übergegangen ist. Die Begrenzung der Anrechnung auf die Hälfte bzw. 0,75 trägt dem Umstand Rechnung, dass in Nr. 2300 VV nur noch eine einheitliche Geschäftsgebühr mit einem weiten Rahmen (0,5-2,5) für die vorgerichtliche Tätigkeit des Anwalts vorgesehen ist.

Beispielsfall: Anrechnung der Geschäftsgebühr: Der Rechtsanwalt vertritt den Mandanten M in einem durchschnittlichen Verfahren außergerichtlich. Wert der Angelegenheit ist 5.000 €. Der Gegner verweigert die Zahlung. Mandant M erteilt seinem Rechtsanwalt Verfahrensauftrag. Es kommt zu einem Termin. Das Verfahren wird antragsgemäß beschieden.

Lösung:
Vergütung für außergerichtliche Tätigkeit:

Vorschrift	Gebührensatz	Gebühr
Geschäftsgebühr, VV 2300; Wert: 5.000 €	(1,3)	393,90 €

Vergütung für gerichtliche Tätigkeit:

Vorschriften	Gebührensatz	Gebühr
Verfahrensgebühr*, VV 3100; Wert: 5.000 €	(1,3)	196,95 €
+ Terminsgebühr, VV 3104; Wert: 5.000 €	(1,2)	363,60 €

*Anmerkung: Außergerichtlich ist eine Geschäftsgebühr VV 2300 über 5.000 € mit einem Gebührensatz von 1,3 entstanden. Sie beträgt: 393,90 €. Nach der Vorbemerkung 3 zu Teil 3 des Vergütungsverzeichnisses ist diese Gebühr zu 1/2, höchstens jedoch zu 0,75, auf die folgende Verfahrensgebühr anzurechnen. Damit ist die obige Verfahrensgebühr von 393,90 € in Höhe der Hälfte durch Anrechnung erloschen.

Dieses im Vergleich zur BRAGO sehr positive Ergebnis wird noch gesteigert, wenn die **Anrechnungsobergrenze von 0,75** erreicht wird. Von der Geschäftsgebühr darf maximal 0,75 angerechnet werden. Sobald die Geschäftsgebühr mit einem höheren Gebührensatz als 1,5 entsteht (z.B. wegen überdurchschnittlichen Umfangs oder Schwierigkeit), darf der Rechtsanwalt darüber hinausgehende Anteile ohne jede Anrechnung abrechnen.[1]

Beispiel: Wegen einer umfangreichen Besprechung ist die Geschäftsgebühr mit einem Gebührensatz von 2,0 entstanden. Die Anrechnung auf die Verfahrensgebühr ist lediglich in Höhe von 0,75 vorzunehmen. Für den Rechtsanwalt verbleibt nach Anrechnung demnach neben der 2,0-fachen Geschäftsgebühr eine 0,55-fache (1,3-0,75) Verfahrensgebühr.

C. Anrechnung bei mehreren Auftraggebern

Falls die Geschäftsgebühr für mehrere Auftraggeber entsteht, ist sie nach der Nr. 1008 VV entsprechend zu erhöhen. Statt einer 1,3 Geschäftsgebühr ist demnach beispielsweise für zwei Auftraggeber eine 1,6 Geschäftsgebühr anzusetzen. Anzurechnen ist in diesem Fall weiterhin eine 0,75 Geschäftsgebühr.[2]

Der Gesetzgeber hat mit dem 2 KostRModG seit dem 01.08.2013 die Streitfrage im Sinne der bisher hier vertretenen Ansicht endgültig geklärt, ob bei mehreren Auftraggebern auch die Schwelle der Regelgebühr miterhöht wird. Diese Schwelle erhöht sich für jeden weiteren Auftraggeber.

Er hat allerdings nicht die Höchstgrenze der Anrechnung von 0,75 verändert. Diese bleibt unverändert, unabhängig von der Anzahl der Auftraggeber. Dies wird in den Motiven auch ausdrücklich klargestellt.[3] Soweit bisher vertreten wurde, auch die Höchstgrenze an die Anzahl der Auftraggeber anzupassen, ist dies nicht mehr als vertretbar.

Beispielsfall: Anrechnung bei mehreren Auftraggebern: Der Rechtsanwalt wird von vier Auftraggebern in einer durchschnittlichen Angelegenheit mit der außergerichtlichen Vertretung bzgl. 5.000 € beauftragt. Der Gegner verweigert die Zahlung. Es kommt zur Klage.

Lösung:

Vorschrift	Gebührensatz	Gebühr
Geschäftsgebühr, VV 2300, 1008 (1,3 + 3 x 0,3); Wert: 5.000 €	(2,2)	666,60 €

---

[1] Zur Frage, wann die Regelgebühr von 1,3 überschritten werden kann, vgl. *Hansens*, RVGreport 2004, 57 ff.
[2] So schon immer: LG Saarbrücken v. 31.03.2009 - 5 T 130/09 - NJW-Spezial 2009, 429 = RVG professionell 2009, 162.
[3] BT-Drs. 17/11471, S. 272.

Kostenrechtl. Hinw. in Familiensachen (Teil 6)

Anmerkung: Von der 2,2-fachen Gebühr ist auf eine folgende Verfahrensgebühr lediglich eine 0,75 Gebühr anzurechnen. Damit verbleibt dem Rechtsanwalt eine Gebühr von 1,45 mit 439,35 €. Eine Erhöhung des Anrechnungsanteils auf mehr als die durch das Gesetz festgeschriebene Obergrenze von 0,75 ist abzulehnen.

D. Weitere Anrechnungsfälle nach dem RVG

I. Beratungshilfe

15 Eine entsprechende Regelung für die **Beratungshilfe-Geschäftsgebühr** Nr. 2503 VV findet sich dort in Absatz 2 der Anmerkung. Hiernach ist auch diese Gebühr zu 1/2 auf eine folgende Verfahrensgebühr anzurechnen. Eine Anrechnungsobergrenze ist nicht vorgesehen, da es sich bei der Gebühr um eine Festgebühr von 85 € handelt, die in Höhe von 42,50 € anzurechnen ist. Die **Beratungshilfe-Ratsgebühr** Nr. 2501 VV hingegen wird vollständig angerechnet.

II. Beratungsvergütung

16 Auch die vereinbarte Vergütung nach § 34 RVG für Beratung ist, wenn die Anrechnung nicht ausdrücklich ausgeschlossen ist (zulässig nach § 34 Abs. 2 RVG), auf eine folgende Gebühr anzurechnen. Dies gilt ebenfalls für die gekappte Beratungsvergütung (vgl. die Kostenrechtl. Hinw. in Familiensachen (Teil 3) Rn. 1 ff.), wenn ein Verbraucher beraten wurde (max. 250 €) oder ein Verbraucher ein erstes Beratungsgespräch erhalten hat (max. 190 €).

III. Prüfung der Erfolgsaussicht eines Rechtsmittels

17 Dies gilt ebenfalls für die Gebühr „Prüfung der Erfolgsaussicht eines Rechtsmittels" Nr. 2100 VV. Sie geht vollständig in der Gebühr für das folgende Rechtsmittelverfahren auf.

IV. Tätigkeit im Güteverfahren

18 Für die Durchführung des Güteverfahrens verdient der Rechtsanwalt unter anderem eine Geschäftsgebühr Nr. 2303 mit einem 1,5 Gebührensatz. Wenn vorher eine „normale" Geschäftsgebühr Nr. 2300 VV RVG entstanden ist, so wird die Gebühr 2300 zur Hälfte nach dem Wert des Gegenstandes, der in das Verfahren übergegangen ist, jedoch höchstens mit einem Gebührensatz von 0,75, angerechnet (lt. Vorbem. 2.3 Abs. 6 VV RVG).

19 Entsteht anschließend eine Verfahrensgebühr (z.B. Nr. 3100 VV-RVG), so ist die Gebühr Nr. 2303 auf diese nach der VB 3 Abs.4 VV-RVG auf die Verfahrensgebühr anzurechnen, weil sie die letzte Gebühr im Sinne dieser Vorschrift ist. Im Ergebnis entstehen/verbleiben damit die folgenden Gebühren: 1,3 GG 2300 + 1,5 GG 23003 – 0,65 GG 2300 + 1,3 VG 3100 – 0,75 = 2,7 Gebühren.

V. Mahnverfahren

20 Die Mahnverfahrensgebühr für den Antragsteller (Nr. 3305 VV) und die Verfahrensgebühr für die Vertretung des Antragsgegners (Nr. 3307 VV) sind vollständig auf die Gebühr für das spätere Verfahren anzurechnen.

VI. Urkunden-/Wechselverfahren

21 Die Verfahrensgebühr für einen Urkunden- oder Wechselprozess wird nach Nr. 3100 Abs. 2 VV RVG auf die Verfahrensgebühr für das ordentliche Verfahren angerechnet, wenn dieses nach Abstandnahme vom Urkunden- oder Wechselprozess oder nach einem Vorbehaltsurteil anhängig bleibt.

VII. Selbständiges Beweisverfahren

22 Die Verfahrensgebühr für das selbständige Beweisverfahren, das als eigene Angelegenheit gilt, ist auf die Verfahrensgebühr des Rechtszugs anzurechnen. Dies ergibt sich aus der Vorbemerkung Teil 3 Abs. 5 des VV.

VIII. Vermittlungsverfahren bei Umgangsvereitelung – § 165 FamFG

23 Nach VV 3100 Abs. 3 VV RVG wird die Verfahrensgebühr für ein Vermittlungsverfahren nach § 165 FamFG, das eine eigene Angelegenheit darstellt, auf die Verfahrensgebühr für ein sich anschließendes Verfahren angerechnet.

IX. Sonderfall: Anrechnung der Terminsgebühr

In einigen Sonderfällen sieht das Gesetz ausnahmsweise die Anrechnung der Terminsgebühr einer Angelegenheit auf die Terminsgebühr einer anderen Angelegenheit vor. Dies ist dann vorgesehen, wenn über denselben Gegenstand die Terminsgebühr doppelt entstehen und der Rechtsanwalt dies durch geschickte Vorgehensweise steuern kann. Eine solche Anrechnung ist geregelt für:
- Mahnverfahren und Hauptsache – Nr. 3104 Abs. 4 VV-RVG,
- Vereinfachtes Unterhaltsverfahren und Hauptsache – Nr. 3104 Abs. 4 VV-RVG,
- Vergleich über anderweitig anhängige Gegenstände – Nr. 3104 Abs. 2 VV-RVG.

E. Auslagen – keine Anrechnung

Zahlreiche Gerichte haben bei der Anrechnung der außergerichtlichen Kosten die Ansicht vertreten, dass neben der Geschäftsgebühr auch die Auslagenpauschale durch die Anrechnung erloschen sei, und den Ansatz der Auslagen verweigert. Diese Auffassung ist nicht korrekt.

Auch nach dem RVG ist nur die Gebühr anzurechnen. Bei den Auslagen handelt es sich per Definition aber eben nicht um Gebühren, sondern um Auslagen (§ 1 Abs. 1 RVG: Die Vergütung setzt sich zusammen aus Gebühren und Auslagen). Damit bleiben diese nach Anrechnung der Gebühr, ggf. auch allein, bestehen. Weiteres Argument: Hätte der Rechtsanwalt nicht die Postentgeltpauschale, sondern tatsächlich entstandene Auslagen geltend gemacht, so wäre die Entstehung und die „Nichtanrechenbarkeit" unstreitig. Ein nachträgliches Wegfallen tatsächlicher Auslagen wird von niemandem vertreten.

Nichts anderes darf gelten, wenn die Postentgeltpauschale geltend gemacht wird, da ansonsten der Zweck dieser vom Gesetzgeber mit dem Ziel der Verfahrensvereinfachung geschaffenen Alternative nicht mehr erreicht werden kann. Es kann nicht richtig sein, dass der Rechtsanwalt in diesen Fällen gezwungen ist, alle Auslagen zu protokollieren, damit er sie später als tatsächliche Auslagen geltend machen kann, da ihm die Pauschale gestrichen werden würde. Demnach berechnet sich die Höhe der Pauschale nach dem Gebührenaufkommen vor der Anrechnung der Gebühren.

F. Geltendmachung der außergerichtlichen Vergütung gegen den Gegner

I. Allgemein

Das RVG sieht zahlreiche Anrechnungen von Gebühren vor. Exemplarisch seien hier die wesentlichen Anrechnungstatbestände genannt:
- § 34 RVG – **Beratungsgebühr** auf Gebühr für folgende Tätigkeit,
- Nr. 2300 VV RVG – **Geschäftsgebühr** auf die Verfahrensgebühr des gerichtlichen Verfahrens,
- Nr. 3100 VV RVG – Verfahrensgebühr **selbständiges Beweisverfahren, Vermittlungsverfahren, Urkundenverfahren** auf die Verfahrensgebühr des Rechtszugs,
- Nr. 3305 VV RVG – Verfahrensgebühr **Mahnverfahren** auf die Verfahrensgebühr für einen nachfolgenden Rechtsstreit.

Mit der Anpassung des RVG zum 05.08.2009 durch die §§ 15a und 55 RVG regelt das RVG die Anrechnung nunmehr in zweierlei Form. Zum einen durch die allgemeine Vorschrift des § 15a RVG, der die Anrechnung grundsätzlich regelt, und zum anderen durch spezielle Anrechnungstatbestände für die jeweiligen Gebühren, in denen durchaus unterschiedliche Formen der Anrechnung vorgeschrieben werden.

Die allgemeine Vorschrift des § 15a RVG soll nach dem Willen des Gesetzgebers lediglich eine Klarstellung der bisherigen Anrechnungspraxis bewirken, die durch einige „ungewöhnliche" Entscheidungen des BGH in Verwirrung geraten war. Im Wesentlichen handelt es sich hierbei um zwei Entscheidungen.

Entscheidung 1: Durch die Anrechnung ermäßigt sich die Gebühr, auf die angerechnet wird.[4]
Der 8. Zivilsenat des BGH hat zutreffend festgestellt, dass die in Vorbemerkung 3 Abs. 4 VV RVG vorgeschriebene Anrechnung der Geschäftsgebühr Nr. 2300 VV RVG auf die Verfahrensgebühr des gerichtlichen Verfahrens (z.B. nach Nr. 3100 VV RVG) gebührenrechtlich zu einer Verringerung der Verfahrensgebühr und nicht der Geschäftsgebühr führt. Das ist nicht neu, sondern bereits vor der Entscheidung des BGH teilweise so vertreten worden.[5]

---
[4] BGH v. 07.03.2007 - VIII ZR 86/06 - NJW 2007, 2049 = JurBüro 2007, 357 = RVG professionell 2007, 91 = AGS 2007, 283 = RVGreport 2007, 226.

[5] Vgl. hierzu *Hansens* in: Hansens/Braun/Schneider, Praxis des Vergütungsrechts, 2. Aufl., Teil 8 Rn. 142; *Onderka/Schneider* in: AnwKomm-RVG, 3. Aufl., VV Vorb. 3 Rn. 199 ff.

„Durch die Anrechnung der Geschäftsgebühr verringert sich somit nicht die Gebühr, mit der angerechnet wird (Geschäftsgebühr), sondern die Gebühr, auf die angerechnet wird (Verfahrensgebühr). Daher kann die **volle Geschäftsgebühr** gegen den Gegner im Prozess mit der Hauptforderung **eingeklagt werden**."

Dieser Entscheidung ist auch weiterhin uneingeschränkt zuzustimmen.

32 **Entscheidung 2:** Für die Anrechnung ist ohne Bedeutung, ob die Geschäftsgebühr vom Prozessgegner zu erstatten ist, ob sie unstreitig, geltend gemacht, tituliert oder bereits beglichen ist. Eine **Anrechnung hat zu erfolgen, wenn die Gebühr entstanden ist**.[6]

Diese Entscheidung hat erhebliche Kritik hervorgerufen und zur Schaffung des § 15a RVG geführt, der diese Entscheidung gegenstandslos macht.

II. Anrechnung nach § 15a RVG

33 Mit Wirkung zum 05.08.2009 wurde § 15a RVG eingefügt. Dieser regelt die Anrechnung von Gebühren.

34 Nach inzwischen einhelliger Meinung handelt es sich bei § 15a RVG lediglich um eine Klarstellung und keine Gesetzesänderung. Die Übergangsvorschriften finden daher keine Anwendung. § 15a RVG ist uneingeschränkt auch auf Altfälle anzuwenden.[7]

1. Anrechnung bzgl. Mandant (§ 15a Abs. 1 RVG)

35 Aus dem Wortlaut der Vorschrift ergibt sich, dass diese nur das Innenverhältnis Rechtsanwalt – Mandant betrifft, da der Rechtsanwalt lediglich von diesem seine Vergütung in eigenem Namen fordern kann. Dies gilt entsprechend auch für Rechtsschutzversicherung bzw. Haftpflichtversicherung **des eigenen Mandanten**.

36 Hier kann der Rechtsanwalt beide Gebühren fordern, jedoch maximal nur den Betrag, der sich nach Anrechnung der Gebühren ergibt.

37 Konsequenzen:
- Beide Gebühren entstehen vollständig,
- Der Rechtsanwalt hat die Wahl, auf welche Gebühr er die Anrechnung vornimmt.

2. Anrechnung bzgl. Dritten (§ 15a Abs. 2 RVG)

38 In § 15a Abs. 2 RVG wird die Auswirkung der Anrechnung gegenüber Dritten geregelt. Dritte sind diejenigen, die nicht am Mandatsverhältnis beteiligt sind, regelmäßig ist dies der erstattungspflichtige Gegner, aber auch **dessen** Rechtsschutzversicherung oder Haftpflichtversicherung.

a. Anrechnungsvoraussetzung 1

39 Erste Voraussetzung für die Anrechnung ist nunmehr, dass der Dritte sich auf die **Anrechnung beruft**. Grundsätzlich gilt, dass die Anrechnung nur dann Berücksichtigung finden soll, wenn der Dritte sich auf diese beruft.

40 Dieses Merkmal stellt eine Schwäche der Vorschrift dar. Bedeutet es doch, dass bei wortgetreuer Auslegung selbst bei offensichtlichem Vorliegen der Anrechnungsvoraussetzungen das Gericht nicht anrechnen darf, wenn der Gegner sich nicht auf diese beruft, also offensichtlich einen falschen Titel schafft. Dies kann nicht im Sinne des Gesetzgebers sein. Inzwischen setzt sich hier in der Praxis eine realitätsorientierte Lösung durch. Danach ist ein nach Aktenlage unzweifelhaft vorliegender und sich aufdrängender Anrechnungstatbestand zu berücksichtigen – unabhängig von der Frage des Berufens.[8]

b. Anrechnungsvoraussetzung 2

41 In drei Fällen kann sich der Dritte mit Erfolg auf die Anrechnung berufen und damit seine Erstattungspflicht um den Anrechnungsbetrag reduzieren:
1. Er hat den Anspruch auf eine der beiden Gebühren **erfüllt**.

---

[6] BGH v. 22.01.2008 - VIII ZB 57/07 - NJW 2008, 1323 = AGS 2008, 158 = RVGreport 2008, 148 = RVG prof. 2008, 55; so nunmehr auch BGH v. 30.04.2008 - III ZB 8/08 - NJW-RR 2008, 1095 = RVGreport 2008, 271 = RVG prof. 2008, 117 = AGS 2008, 364; BGH v. 16.07.2008 - IV ZB 24/07 - AGS 2008, 377 = RVGreport 2008, 354.

[7] BGH v. 02.09.2009 - II ZB 35/07 - NJW 2009, 3101 = FamRZ 2009, 1822 = FamRB 2009, 343.

[8] OLG Hamm v. 30.07.2010 - 25 W 328/10; KG v. 13.07.2010 - 27 W 55/10 - RVGreport 2010, 344; KG v. 13.07.2010 - 27 W 55/10 - AGS 2010, 509-510.

2. Wegen einer der Gebühren besteht ein **Vollstreckungstitel**.
3. Beide Gebühren werden in **demselben Verfahren geltend gemacht**.

c. Zu 1.: Erfüllung

Der Dritte (regelmäßig der Gegner) hat eine der Gebühren, z.B. die Geschäftsgebühr, bezahlt. Es zählt jede Form der Erfüllung, z.B. auch Aufrechnung. 42

Diese Änderung führt dazu, dass eine Berücksichtigung der Anrechnung in der Kostenfestsetzung bzgl. der Verfahrensgebühr nur dann erfolgen kann, wenn diese auch tatsächlich durch den Dritten erbracht worden ist. Im Gegensatz zur alten Regelung ist dies gerecht, da der Mandant sich ansonsten einen Betrag anrechnen lassen müsste, den der Gegner gar nicht gezahlt hat. 43

Beachte: Mehrfachanrechnung: Obwohl § 15a Abs. 2 RVG nur von zwei Gebühren spricht (... eine der **beiden** Gebühren ...), gilt dies auch für Mehrfachanrechnungen. 44

Beachte: Bestreiten der Erfüllung: Behauptet der Gegner die Erfüllung, bestreitet der Mandant diese jedoch, so kann die Anrechnung im Kostenfestsetzungsverfahren nicht berücksichtigt werden. Es erfolgt Festsetzung ohne Anrechnung. Die Frage der Erfüllung muss dann durch den Gegner im Klagewege geklärt werden. 45

d. Zu 2.: Vollstreckungstitel

Eine der Gebühren ist tituliert. Dies kann in einem gesonderten Verfahren geschehen sein oder auch durch Geltendmachung als Nebenforderung in dem zugrunde liegenden Hauptverfahren. Die Titulierung wird der Erfüllung insoweit gleichgestellt. Es soll eine Doppeltitulierung sowohl z.B. der Geschäftsgebühr im Urteil als auch der Verfahrensgebühr im Kostenfestsetzungsbeschluss verhindert werden. 46

Als Titulierung gilt unter anderem: 47

- Im Urteil wird die Geschäftsgebühr ganz oder teilweise tituliert.
- Die Geschäftsgebühr wird in einem Vergleich bzw. einem Beschlussvergleich nach § 278 Abs. 6 ZPO berücksichtigt.
- Nach vorangegangenem Mahnverfahren ergeht ein Vollstreckungsbescheid, in dem die Geschäftsgebühr tituliert ist.
- Im Verwaltungsgerichtsprozess: Die Geschäftsgebühr ist ausnahmsweise gem. § 162 Abs. 2 Satz 2 VwGO erstattungsfähig. Der Gegner muss hier die Kosten des Bevollmächtigten der obsiegenden Partei im Vorverfahren tragen. Zu diesen gehört die Geschäftsgebühr Nr. 2300 VV RVG.[9] Es bedarf hier keiner gesonderten Titulierung.

Beachte: Fehlende Rechtskraft: Rechtskraft des Titels ist nicht erforderlich. Es ist offen, wie zu handeln ist, wenn der Titel später aufgehoben wird (Vollstreckungsgegenklage? Erneute veränderte Kostenfestsetzung? – eine gesetzliche Grundlage fehlt). 48

Beachte: Titulierung in einem Vergleich: Eine Geschäftsgebühr ist nur dann im Sinne von § 15a RVG in einem Vergleich tituliert, wenn Sie ausdrücklich mit Betrag und Gebührensatz benannt wird.[10] 49

e. Zu 3.: Geltendmachung in demselben Verfahren

Beide Gebühren werden in demselben Verfahren geltend gemacht. Bei einer gemeinsamen Geltendmachung kann und muss der Anrechnungstatbestand durch den Rechtspfleger erkannt und berücksichtigt werden. 50

Was mit „demselben Verfahren" gemeint ist, wird nicht klargestellt. Ist damit die kostenrechtliche Angelegenheit gemeint? Dann wären auch die Klage (wo die Geschäftsgebühr tituliert wird) und das anschließende Kostenfestsetzungsverfahren eine Angelegenheit. Verfahrensrechtlich handelt es sich jedoch um zwei Verfahren. Bei (sinnvoller) enger Auslegung muss die Festsetzung beider Gebühren in demselben Kostenfestsetzungsverfahren beantragt werden. 51

Beispiel. Kostenfestsetzung der Gebühren Nrn. 3305, 3100 VV RVG nach Mahnverfahren, Widerspruch, Urteil. 52

---

[9] Bayer. VGH v. 14.05.2007 - 25 C 07.754 - AGS 2007, 592; Enders, JurBüro 2007, 449; a.A.: BayVGH v. 03.11.2005 - 10 C 05.1131 - JurBüro 2006, 77.

[10] BGH v. 07.12.2010 - VI ZB 45/10 - NJW 2011, 861 = JurBüro 2011, 188; OLG Thüringen v. 23.05.2013 - 9 W 238/13.

Kostenrechtl. Hinw. in Familiensachen (Teil 6)   jurisPK-BGB / T. Schmidt

53 **Beachte: Erfolglose Geltendmachung:** Vom Wortlaut gedeckt ist die Geltendmachung in demselben Verfahren auch, wenn die Geltendmachung nicht erfolgreich war. Dies entspricht jedoch nicht dem Sinn der Vorschrift. In diesem Fall erfolgt demnach keine Anrechnung.

3. Geltendmachung als Nebenforderung

54 Die vorgerichtlichen Rechtsanwaltskosten sind grundsätzlich als Nebenkosten zu behandeln und als solche mit einzuklagen. Sie sind nicht streitwerterhöhend.

4. Geltendmachung durch den Gegner

55 Die Geltendmachung der im Rahmen der außergerichtlichen Vertretung angefallenen Geschäftsgebühr wird in der Regel nur durch den Rechtsanwalt vorzunehmen sein, der den **Anspruchssteller** und späteren Antragsteller vertritt.

56 Beauftragt der **Anspruchsgegner** und spätere Antragsgegner einen Rechtsanwalt mit der außergerichtlichen Abwehr einer für unberechtigt gehaltenen Forderung, wird dem Anspruchsgegner i.d.R. kein materieller Anspruch auf Erstattung des anrechnungsfrei verbleibenden Teils der Geschäftsgebühr gegen dem Kläger zustehen.[11] Einzig mögliche Empfehlung für den Beklagten ist in diesen Fällen, zur Erreichung einer Kostenerstattung negative Feststellungsklage zu erheben.[12]

57 Auf den Beklagten bzw. die Passivseite wirkt sich die BGH-Rechtsprechung über das Einklagen der vollen Geschäftsgebühr daher i.d.R. nicht aus. Nur wenn dem Beklagten ausnahmsweise ein materiell-rechtlicher Kostenerstattungsanspruch zusteht, kann er die volle Geschäftsgebühr im Wege der Widerklage oder durch Aufrechnung in den vom Kläger angestrengten Prozess einbringen.

58 Die unberechtigte außergerichtliche Inanspruchnahme schafft keine Anspruchsgrundlage für das Einklagen der dem Beklagten vor dem ersten Prozess entstandenen Geschäftsgebühr. Die Kostenvorschriften der ZPO (§§ 91 ff. ZPO) schaffen keine Anspruchsgrundlage für einen materiell-rechtlichen Kostenerstattungsanspruch. Durch Beschluss vom 22.01.2008[13] hat der BGH darüber hinaus u.a. entschieden, dass eine vorprozessual zur Anspruchsabwehr angefallene Geschäftsgebühr nicht Gegenstand einer Kostenfestsetzung nach den §§ 103 ff. ZPO sein kann.

59 **Beachte:** Der Beklagte muss daher darüber aufgeklärt werden, dass auch im Falle des Obsiegens der Kläger die aus Anlass der Verteidigung gegen dessen Anspruch entstandenen außergerichtlichen Kosten i.d.R. nicht erstatten muss, sondern dass diese Kosten i.d.R. vom Beklagten selbst zu tragen sind.[14]

5. Prüfungspflicht des Rechtspflegers

60 Die Anrechnung der Geschäftsgebühr wird nur dann im Kostenfestsetzungsverfahren berücksichtigt, wenn eine der Ausnahmen des § 15a RVG vorliegt.

61 Der Rechtspfleger hat daher in der Kostenfestsetzung neben den dargestellten Anrechnungsvoraussetzungen des § 15a RVG lediglich die in Vorbem. 3 Abs. 4 VV RVG genannten gebührenrechtlichen Voraussetzungen der Anrechnung zu prüfen:
- **Personeller Zusammenhang** zwischen außergerichtlicher und gerichtlicher Vertretung: Ist außergerichtlich und gerichtlich derselbe Rechtsanwalt tätig geworden?
- **Sachlicher Zusammenhang** zwischen außergerichtlicher und gerichtlicher Vertretung: Sind der Gegenstand der außergerichtlichen und gerichtlichen Tätigkeit ganz oder teilweise identisch?
- **Zeitlicher Zusammenhang** zwischen außergerichtlicher und gerichtlicher Vertretung: vgl. § 15 Abs. 5 Satz 2 RVG.

---

[11] BGH v. 12.12.2006 - VI ZR 224/05 - NJW 2007, 1458 = AGS 2007, 267 = JurBüro 2007, 249 = RVG professionell 2007, 76; vgl. auch *Stöber*, AGS 2008, 53 und AGS 2006, 261; *Möller/Volpert*, RVGprof 2007, 45; AG Schwetzingen v. 09.08.2007 - 51 C 92/07 - AGS 2007, 593; OLG Stuttgart v. 06.03.2006 - 5 U 197/05 - AGS 2007, 594; AG Jülich v. 25.04.2006 - 11 C 19/06 - AGS 2007, 214; AG Kenzingen v. 14.11.2006 - 1 C 89/06 - AGS 2007, 214; AG Freiburg v. 18.12.2003 - 2 C 2623/03 - AGS 2006, 308; BGH v. 01.12.1976 - VIII ZR 266/75 - NJW 1977, 580; BGH v. 29.10.1986 - VIII ZR 144/85 - NJW 1987, 432; BGH v. 14.01.1988 - IX ZR 265/86 - NJW 1988, 1268; BGH v. 14.11.1966 - VII ZR 112/64 - NJW 1967, 248; BGH v. 02.03.1973 - I ZR 5/72 - NJW 1973, 901.

[12] *Steenbuck*, MDR 2006, 423.

[13] BGH v. 22.01.2008 - VIII ZB 57/07 - RVG professionell 2008, 55.

[14] *Möller/Volpert*, RVGprof 2007, 45.

6. Getrennte Geltendmachung von Hauptforderung und Verzugsschaden

Die durch die getrennte Geltendmachung von Hauptforderung und außergerichtlichen Kosten (= Verzugsschaden) entstehenden Mehrkosten sind nicht durch den Gegner zu erstatten.[15] Wären beide Ansprüche gemeinsam geltend gemacht worden, so wären für den Verzugsschaden allein keine weiteren Kosten entstanden.[16] Damit sind für die isolierte Geltendmachung des Verzugsschadens entstandene Kosten nicht durch den Gegner zu tragen. Dem Gegner bleibt hier wegen des zu viel titulierten Kostenbetrags nur die Möglichkeit der Vollstreckungsabwehrklage. Idealerweise sollte er bereits im Prozess auf die Schadensminderungspflicht des Klägers hinweisen und der Kostenlast widersprechen.

III. Beispiele zur Geltendmachung der Geschäftsgebühr

1. Beispiel: Einklagen der Geschäftsgebühr bei Wertreduzierung

Vorbemerkung: Die Partei ist im Verfahren darauf verwiesen, die volle Geschäftsgebühr nebst Auslagen gegen den erstattungspflichtigen Gegner geltend zu machen.

Fall: Der RA fordert außergerichtlich zur Zahlung von 10.000 € Unterhaltsrückstand auf. Es werden 4.000 € gezahlt. Die restlichen 6.000 € werden eingeklagt.

Lösung:
a) außergerichtliche Vertretung

1,3 Geschäftsgebühr Nr. 2300 VV RVG 10.000 €	725,40 €

b) Rechtsstreit

1,3 Verfahrensgebühr Nr. 3100 VV RVG 6.000 €	460,20 €
hierauf ist gem. Vorbemerkung 3 Abs. 4 VV RVG die Hälfte der Geschäftsgebühr Nr. 2300 VV RVG	
- hier in Höhe von 0,65 von 6.000 € anzurechnen:	230,10 €
verbleibende Verfahrensgebühr	230,10 €

Beachte: Die früher übliche **Geltendmachung nur des Anrechnungsrestes** führt unter Umständen zu haftungsrechtlichen Problemen für den Rechtsanwalt, da er regelmäßig einen Schaden für seinen Mandanten produziert.

2. Beispiel: Zinsschaden bei Geltendmachung des Anrechnungsrestes

Fall: (wegen des Zinslaufs ist der Fall nach den Gebührenbeträgen bis 01.08.2013 berechnet) Rechtsanwalt R macht zusammen mit der Klageforderung über 100.000 € statt der vollen 1,3 Geschäftsgebühr Nr. 2300 VV RVG in Höhe von 1.760,20 € nur den sog. anrechnungsfrei verbleibenden Teil in Höhe von 880,10 € (0,65) nebst Postentgeltpauschale und Umsatzsteuer sowie Verzugszinsen in Höhe von 6,17% ab 01.07.2005 gegen den Beklagten geltend. Das Gericht gibt der Klage statt. Die Kosten des Rechtsstreits werden dem Beklagten auferlegt.

Auf Antrag des Klägers ergeht Kostenfestsetzungsbeschluss u.a. über eine 1,3 Verfahrensgebühr Nr. 3100 VV RVG in Höhe von 1.760,20 € nebst Postentgeltpauschale und Umsatzsteuer. Es wird gem. § 104 Abs. 1 Satz 2 ZPO Verzinsung des Erstattungsbetrages ab 01.07.2007 mit 8,19% angeordnet.

Lösung: Da der Kläger in voller Höhe obsiegt hat, erhält der Kläger zwar trotz des Einklagens nur des nicht anrechenbaren Teils der Geschäftsgebühr einen Titel über die gesamte von ihm seinem Anwalt geschuldete außergerichtliche und gerichtliche Vergütung.

Allerdings ist dem Kläger insoweit ein Schaden entstanden, als ein Betrag in Höhe von 880,10 € nicht ab 01.07.2005 mit 6,17%, sondern lediglich ab 01.07.2007 mit 8,19% verzinst wird. Hierdurch entsteht dem Kläger ein Zinsschaden in Höhe von 108,60 €.

Erläuterung: Der Rechtsanwalt läuft Gefahr, für den Mandanten zu geringe Verzugszinsen geltend zu machen, weil der materiell-rechtliche Kostenerstattungsanspruch bereits ab Eintritt des Verzugs, der prozessuale Kostenerstattungsanspruch dagegen erst ab Anbringung des Festsetzungsantrages zu verzinsen ist (vgl. § 104 Abs. 1 Satz 2 ZPO).

Ferner sind die Verzugszinsen u.U. höher als die Verzinsung im Kostenfestsetzungsverfahren (vgl. § 288 Abs. 1, 2 BGB, § 104 Abs. 1 Satz 2 ZPO). Denn bei klageweiser Geltendmachung nur des nicht anrechenbaren Teils der Geschäftsgebühr erhält der Mandant nur für diesen Teil die Verzugszinsen ab

---

[15] KG v. 29.09.2006 - 1 W 186/06 - RVGreport 2007, 36.
[16] KG v. 18.02.2008 - AR 7/08 - RVGreport 2008, 233.

Kostenrechtl. Hinw. in Familiensachen (Teil 6)

Eintritt des Verzugs bzw. der Rechtshängigkeit. Die weiteren Anwaltskosten werden ggf. nur noch im Rahmen eines prozessualen Kostenerstattungsanspruchs (vgl. die §§ 91 ff. ZPO) frühestens ab Eingang des Kostenfestsetzungsantrags und ggf. mit einem niedrigeren Satz verzinst (§ 104 Abs. 1 Satz 2 ZPO). Der hierdurch eintretende Zinsschaden kann zu einem Schadensersatzanspruch des Mandanten gegen seinen Rechtsanwalt führen.

3. Beispiel: Schaden durch unterschiedliche Kostenentscheidung

69 **Vorbemerkung:** Schließlich kann der Anwalt auch nicht garantieren, dass die Kostenentscheidung zu Gunsten des Mandanten ausgeht und diesem damit in der Kostenfestsetzung die Erstattung der vollen Verfahrensgebühr sichert. Die Erstattung der vollen Verfahrensgebühr durch den Gegner im Kostenfestsetzungsverfahren hängt nämlich von einer entsprechenden Kostenentscheidung und damit von einem für den Kläger günstigen Prozessausgang ab. Zudem ist zu berücksichtigen, dass die materiell-rechtliche und die prozessuale Erstattungspflicht nicht übereinstimmen müssen. So kann der z.B. auf Verzug beruhende materiell-rechtliche Kostenerstattungsanspruch in voller Höhe begründet sein, während hinsichtlich der Prozesskosten eine Kostenquotelung erforderlich wird.[17]

70 **Fall:** Klage über 100.000 €. Es wird der Anrechnungsrest in Höhe von 880,10 € (0,65) nebst Postentgeltpauschale und Umsatzsteuer sowie Verzugszinsen in Höhe von 6,17% ab 01.07.2005 gegen den Beklagten geltend gemacht. Der Beklagte erhebt Widerklage über 100.000 €. Das Gericht gibt sowohl der Klage als auch der Widerklage in vollem Umfang statt und hebt die Kosten des Rechtsstreits gegeneinander auf.

Lösung: Da die Kosten des Rechtsstreits gegeneinander aufgehoben worden sind, trägt jede Partei ihre eigenen Kosten. Der Kläger kann daher die ihm entstandene Verfahrensgebühr seines Prozessbevollmächtigten nicht gegen den Beklagten festsetzen lassen. Hätte sein Prozessbevollmächtigter die volle Geschäftsgebühr in Höhe von 1.760,20 € klageweise geltend gemacht, wäre statt des nicht anrechenbaren Teils in Höhe von 880,10 € die volle Geschäftsgebühr im Urteil tituliert worden. Der im Urteil nicht berücksichtigte Teil der Geschäftsgebühr in Höhe von 880,10 € muss ggf. in einem neuen Prozess gesondert eingeklagt werden. Die entstehenden Mehrkosten resultieren aus dem Fehler des Rechtsanwalts.

4. Beispiel: Geltendmachung der Geschäftsgebühr als Hauptforderung bei Teilzahlung

71 **Fall:** Der RA hat den Gegner außergerichtlich wegen einer Unterhaltsforderung von 8.000 € angemahnt. Der Gegner zahlt 3.000 € mit der Bestimmung, dass **diese nur auf die Hauptforderung zu verrechnen** sind. Wegen der fehlenden 5.000 € wird das Klageverfahren betrieben. Es kommt zum Termin mit Urteil.

Lösung: Außergerichtlich entstanden ist eine Geschäftsgebühr über 8.000 € nebst Pauschale und Steuer mit 729,23 €.
Auf die Verfahrensgebühr des Gerichtsverfahrens ist anzurechnen eine Geschäftsgebühr über 5.000 €. Diese beträgt nebst Pauschale und Steuer 492,54 €.
Bei der Klageforderung ist dringend darauf zu achten, dass die Geschäftsgebühr bei ihrer Geltendmachung in der Klage zu splitten ist. Soweit sie wegen 5.000 € entstanden ist, handelt es sich um eine Nebenforderung, da sie zusammen mit der entsprechenden Hauptforderung verlangt wird. Bzgl. der weiteren Vergütung, soweit sie bis zu einem Wert von 8.000 € entstanden ist, muss beachtet werden, dass hierzu eine entsprechende Hauptforderung nicht mehr existiert. Hier wird die ursprüngliche Nebenforderung ohne ihre Hauptforderung geltend gemacht. Damit ist sie selbst Hauptforderung. Die Klage ist demnach wie folgt zu formulieren:

Hauptforderung über	5.000 €
Nebenforderung aus außergerichtlicher Anwaltstätigkeit über 5.000 € nebst Pauschale und Steuer mit	492,54 €
Weitere **Hauptforderung** (!) aus außergerichtlicher Anwaltstätigkeit über 8.000 €, soweit der Wert von 5.000 € überschritten wurde, mit	236,69 €

Dies hat zur Konsequenz, dass sich der Streitwert im Verfahren um die genannten 236,69 € auf 5.236,69 € erhöht und sich damit auch die anwaltlichen Gebühren um insgesamt gut 100 € erhöhen.

---

[17] Vgl. hierzu *Volpert*, RVGprof 2007, 91 und 127.

Kostenrechtliche Hinweise in Familiensachen (Teil 7)
Verfahrensgebühr nach Teil 3 des RVG

Gliederung

A. Verfahrensgebühr nach Teil 3 des RVG 1
B. Umfang 3
C. Entstehung 5
D. Vorzeitige Erledigung – die reduzierte Verfahrensgebühr Nr. 3101 Ziff. 1 VV RVG 13
E. Verfahrensdifferenzgebühr Nr. 3101 Ziff. 2 VV RVG 16
F. FG-Verfahren – Reduzierte Verfahrensgebühr Nr. 3101 Ziff. 3 VV RVG 25

A. Verfahrensgebühr nach Teil 3 des RVG

Von den vier zentralen Gebühren nach dem RVG (Einigungsgebühr, Geschäftsgebühr, Verfahrensgebühr und Terminsgebühr) hat die Verfahrensgebühr als Nachfolgerin der Prozessgebühr die geringsten Änderungen erfahren. Sie beschränken sich im Wesentlichen auf die Gebührensätze. Diese Sätze sind allerdings zum Teil erheblich angehoben worden. Besonders fällt dies auf bei den Verfahrensgebühren im Falle der vorzeitigen Erledigung. 1

Im ersten Rechtszug entsteht hier eine 0,8- statt bisher einer 5/10-Gebühr. In der zweiten Instanz ist es sogar eine 1,1- statt einer 6,5/10-Gebühr. 2

B. Umfang

Nach der Überschrift des Teils 3 des Vergütungsverzeichnisses ist das Entstehen der Verfahrensgebühr vorgesehen in 3
- Zivilsachen,
- Verfahren der öffentlich-rechtlichen Gerichtsbarkeiten,
- Verfahren nach dem Strafvollzugsgesetz, auch in Verbindung mit § 92 des Jugendgerichtsgesetzes und
- ähnliche Verfahren.

Persönlicher Umfang: Die Verfahrensgebühr kann entstehen für jeden Rechtsanwalt, der in dem Verfahren tätig wird. Dies gilt neben dem „gewöhnlichen" Verfahrensbevollmächtigten, dem **Verkehrsanwalt** (Nr. 3400 VV) und dem **Terminsvertreter** (Nr. 3401 VV) auch für den **Beistand eines Zeugen oder Sachverständigen** (VB 3 Abs. 1 zu Teil 3). 4

C. Entstehung

Die Entstehungsvoraussetzungen für die Verfahrensgebühr ergeben sich aus der Vorbemerkung 3 Abs. 2 zu Teil 3 des Vergütungsverzeichnisses. Sie lautet: 5
„Die Verfahrensgebühr entsteht für das Betreiben des Geschäfts einschließlich der Information."
Es ergibt sich damit kein Unterschied zu den bisherigen Regelungen. Die Gebühr wird damit in der Regel mit der Annahme des Auftrags und dem ersten Tätigwerden im Rahmen dieser Angelegenheit entstehen. 6

Durch diese Gebühr wird jede Tätigkeit im Rahmen des gesamten Verfahrens abgegolten, die nicht eine andere Gebühr auslöst. Eine Auflistung bestimmter Handlungen, die auch durch die Verfahrensgebühr abgegolten werden, findet sich in § 19 RVG. Hiernach lösen beispielsweise Einigungsverhandlungen oder eine Tätigkeit im Kostenfestsetzungsverfahren keine weitere Verfahrensgebühr aus. Die Verfahrensgebühr kann über denselben Gegenstand nur einmal je Angelegenheit entstehen (§ 15 Abs. 2 RVG). 7

Hinweis: Eine spätere Erledigung des Auftrags, nachdem die Verfahrensgebühr bereits entstanden ist, lässt die Gebühr nicht rückwirkend wegfallen (§ 15 Abs. 4 RVG). 8

In jedem gerichtlichen Verfahren entsteht eine Verfahrensgebühr. Allerdings entsteht für jede Verfahrensart eine andere Verfahrensgebühr. 9

Diese Vorgehensweise macht eine deutlich größere Anzahl an Verfahrensgebühren notwendig (insgesamt über 40), ist aber deutlich übersichtlicher, da auf einen Blick sämtliche Gebühren erkennbar sind, die in dem jeweiligen Verfahren entstehen können (Ausnahme: die allgemeinen Gebühren wie z.B. die Einigungsgebühr Nr. 1000 VV). 10

Kostenrechtl. Hinw. in Familiensachen (Teil 7)

jurisPK-BGB / T. Schmidt

11 **Hinweis:** Findet sich für ein bestimmtes Verfahren kein besonderer Abschnitt im Teil 3 des RVG, so finden für dieses Verfahren die Reglungen des „Abschnitt 1 – erster Rechtszug" Anwendung (VB 3.1). Demnach ist beispielsweise das selbständige Beweisverfahren nach Nr. 3100 VV (Verfahrensgebühr) und Nr. 3104 VV (Terminsgebühr) abzurechnen.

12 Die wichtigsten Verfahrensgebühren sind:

Gebühr	Vorschrift	Gebührensatz
Verfahrensgebühr für den **ersten Rechtszug**	Nr. 3100 VV	1,3
Verfahrensgebühr für das **Berufungsverfahren**	Nr. 3200 VV	1,6
Verfahrensgebühr für das **Mahnverfahren**	Nr. 3305 VV	1,0
Verfahrensgebühr für die **Zwangsvollstreckung**	Nr. 3309 VV	0,3
Verfahrensgebühr für den **Verkehrsanwalt**	Nr. 3400 VV	Verfahrensgebühr des Verfahrensbevollmächtigten; max. 1,0 bzw. 420 € bei Betragsrahmengebühr
Verfahrensgebühr für den **Terminsvertreter**	Nr. 3401 VV	1/2 der Verfahrensgebühr des Verfahrensbevollmächtigten.
Verfahrensgebühr für die **Beschwerde/Erinnerung**	Nr. 3500 VV	0,5

D. Vorzeitige Erledigung – die reduzierte Verfahrensgebühr Nr. 3101 Ziff. 1 VV RVG

13 Die Höhe des Gebührensatzes wird differenziert nach dem Umfang der Tätigkeit des Verfahrensbevollmächtigten. Den vollen Gebührensatz verdient er erst dann, wenn er beispielsweise einen Antrag gestellt, die Klage eingereicht oder einen Termin wahrgenommen hat. Die genauen Voraussetzungen sind den jeweiligen Vergütungsnummern zu entnehmen. Sie unterscheiden sich je nach betroffenem Verfahren.

14 Eine solche Regelung findet sich jedoch nur bei den Verfahrensgebühren, deren Gebührensatz ungekürzt mindestens 0,75 beträgt. In der Zwangsvollstreckung beispielsweise, wo sich der Gebührensatz bereits ohne Reduzierung auf 0,3 beläuft, findet keine weitere Reduzierung statt.

15 **Beispielsfall:** Der Rechtsanwalt erhält **Verfahrensauftrag**. Er mahnt den Gegner letztmalig. Der Gegner erscheint, bevor die Klage eingereicht wird, und zahlt. Die Angelegenheit ist damit erledigt. Der Streitwert beträgt 5.000 €.

Vorschriften	Gebührensatz	Gebühr
Verfahrensgebühr, VV 3101,3100; Wert: 5.000 €	(0,8)	242,40 €

Anmerkung: Hätte der Rechtsanwalt keinen Klageauftrag gehabt, sondern Auftrag zur außergerichtlichen Geltendmachung der Forderung, wäre für dieselbe Tätigkeit statt der 0,8 Verfahrensgebühr eine Geschäftsgebühr Nr. 2300 VV entstanden – der Gebührensatz hierfür beträgt im Regelfall 1,3 (Rahmen insgesamt 0,5-2,5).

E. Verfahrensdifferenzgebühr Nr. 3101 Ziff. 2 VV RVG

16 Weiterhin sieht das RVG eine besondere Verfahrensgebühr (z.B. in Nr. 3101 Ziffer 2) vor: „... soweit Verhandlungen vor Gericht zur Einigung der Parteien oder der Beteiligten oder mit Dritten über in diesem Verfahren nicht rechtshängige Ansprüche geführt werden; der Verhandlung über solche Ansprüche steht es gleich, wenn beantragt ist, eine Einigung zu Protokoll zu nehmen oder das Zustandekommen einer Einigung festzustellen (§ 278 Abs. 6 ZPO) ..."

17 Nach dieser Formulierung entsteht eine Verfahrensgebühr über den zusätzlichen, nichtrechtshängigen Gegenstand. Die Gebühr entsteht, wenn eine der folgenden Voraussetzungen erfüllt ist:
- Einigungsverhandlungen vor Gericht über nichtrechtshängige Ansprüche,
- Antrag gestellt, eine Einigung zu Protokoll zu nehmen,
- Antrag gestellt, das Zustandekommen einer Einigung festzustellen (§ 278 Abs. 6 ZPO).

Es ist also (anders als bei der Einigungsgebühr Nr. 1000/1003) unschädlich, wenn der Gegenstand in einem **anderen Verfahren** anhängig oder sogar rechtshängig ist. Er kann also durchaus bereits in einem anderen gerichtlichen Verfahren (auch im Verfahrenskostenhilfebewilligungsverfahren) anhängig oder sogar rechtshängig sein. Allerdings ist zu beachten, dass ggf. eine Anrechnung der Verfahrensgebühren zu erfolgen hat (Nr. 3101 Abs. 1 VV RVG).

Ebenfalls unter diese Regelung fallen Einigungen mit Dritten (z.B. Streithelfer) und Einigungen, die im Rahmen eines Verfahrens nach § 278 Abs. 6 ZPO abgeschlossen werden. 18

Da die Verfahrensdifferenzgebühr regelmäßig neben der normalen Verfahrensgebühr entsteht, also zwei Verfahrensgebühren über unterschiedliche Gegenstände mit unterschiedlichen Gebührensätzen nebeneinander entstehen, ist eine **Kürzung nach § 15 Abs. 3 RVG** zu prüfen. 19

Hinweis: Verfahrensdifferenzgebühren sind geregelt für den ersten Rechtszug (Nr. 3101), für die Berufung (Nr. 3201), für die Revision (Nr. 3207, 3209) und für die besonderen Verfahren (Nr. 3337). 20

Beachte: Wird der Antrag auf Protokollierung der Einigung gestellt und kommt es nicht zur erfolgreichen Einigung, so ist die Einigungsgebühr nicht entstanden. Die Verfahrensdifferenzgebühr bleibt jedoch bestehen, da alle Entstehungsvoraussetzungen erfüllt sind. Ein nachträglicher Wegfall der Gebühr ist nicht vorgesehen (§ 15 Abs. 4 RVG). 21

Beachte: Die Verfahrensgebühr entsteht nach Nr. 3101 Ziff. 2 VV RVG ausnahmsweise auch dann, wenn lediglich Verhandlungen vor Gericht zur Einigung über in diesem Verfahren nicht anhängige Ansprüche geführt werden. 22

Verfahrensdifferenzgebühr für **Scheidungsfolgenvergleich mit Verfahrenskostenhilfe:** Nach § 48 Abs. 3 RVG erstreckt sich die Verfahrenskostenhilfe für die Ehesache automatisch auch auf eine Einigung wegen der dort genannten nichtanhängigen Familiensachen. Der Umfang der Erstreckung nach § 48 Abs. 3 RVG umfasst auch die 0,8 Verfahrensdifferenzgebühr, weil eine Einigungsgebühr nicht ohne eine Verfahrensgebühr anfallen kann und die Gleichbehandlung unbemittelter Beteiligter mit bemittelten eine Vergütung gebietet.[1] Dies hat der Gesetzgeber nunmehr in § 48 Abs. 3 RVG eindeutig geklärt. 23

Beispielsfall Verfahrensdifferenzgebühr: Im Rechtsstreit sind 5.000 € anhängig. Im Termin wird der Streitgegenstand erörtert. Zudem wird über weitere, bisher nicht anhängige 2.000 € erörtert. Anschließend treffen die Parteien eine Einigung über die gesamten 7.000 €. 24
Lösung:

Vorschriften	Gebührensatz	Gebühr
Verfahrensgebühr, VV 3100; Wert: 5.000 €	(1,3)	393,90 €
+ Verfahrensgebühr, VV 3101, 3100; Wert: 2.000 € (§ 15 III RVG max. eine 1,3-Geb. aus 7.000 € wird nicht erreicht)	(0,8)	120 €
+ Terminsgebühr. VV 3104; Wert: 7.000 €	(1,2)	486 €
+ Einigungsgebühr; VV 1003; Wert: 5.000 €	(1,0)	303 €
+ Einigungsgebühr, VV 1000; Wert: 2.000 € (§ 15 Abs. 3 RVG max. eine 1,5-Geb. aus 7.000 €: wird nicht erreicht)	(1,5)	225 €

Anmerkung: Die Terminsgebühr entsteht auch über den nichtanhängigen Gegenstand.

F. FG-Verfahren – Reduzierte Verfahrensgebühr Nr. 3101 Ziff. 3 VV RVG

Eine auf 0,8 reduzierte Verfahrensgebühr entsteht nach Nr. 3101 Ziff. 3 VV RVG in Familiensachen und FG-Sachen, wenn die folgenden Bedingungen erfüllt sind: 25
„… soweit in einer Familiensache, die nur die Erteilung einer Genehmigung oder die Zustimmung des Familiengerichts zum Gegenstand hat,
oder in einem Verfahren der freiwilligen Gerichtsbarkeit lediglich ein Antrag gestellt und eine Entscheidung entgegengenommen wird …"
Durch diese Vorschrift soll die weniger aufwändige Arbeit des Rechtsanwalts in diesen Verfahren angemessen vergütet werden.

---

[1] OLG Schleswig v. 14.02.2012 - 15 WF 399/11 - SchlHA 2012, 109.

Kostenrechtl. Hinw. in Familiensachen (Teil 7) jurisPK-BGB / T. Schmidt

26 **Alternative 1:** Nach der ersten Alternative sind nur Familiensachen der freiwilligen Gerichtsbarkeit betroffen, weil nur hier Genehmigungen/Zustimmungen des Familiengerichts Gegenstand sein können. In Frage kommen z.B. Genehmigungen bzgl. Grundstückgeschäften, § 1821 BGB, oder Ausschlagung einer Erbschaft, § 1643 Abs. 2 BGB.

27 **Alternative 2:** Die Reduzierung greift in Verfahren der freiwilligen Gerichtsbarkeit nur dann, wenn lediglich ein Antrag gestellt und eine Entscheidung entgegengenommen wird. Streitig ist, ob diese Voraussetzung bereits dann nicht mehr erfüllt ist, wenn ein **begründeter** Antrag gestellt wird.[2] Die Gegenansicht geht davon aus, dass auch ein begründeter Antrag lediglich eine reduzierte Verfahrensgebühr auslöst.[3] Aber auch nach der letztgenannten Ansicht löst eine „nachgeschobene" Antragsbegründung dann die volle Gebühr aus.

28 Jedenfalls lösen alle Tätigkeiten, die über die Stellung eines begründeten Antrags hinausgehen, eine volle Verfahrensgebühr aus.

29 Tätigkeiten, die die volle Gebühr entstehen lassen, können beispielsweise sein:
- Teilnahme an einem Termin,
- Außergerichtliche Besprechungen,
- Schriftliche Stellungnahmen.

30 Zu beachten ist, dass nach Nr. 3101 Abs. 2 die Reduzierung nach Nr. 3 in streitigen Verfahren der freiwilligen Gerichtsbarkeit, insbesondere in Verfahren nach dem Gesetz über das gerichtliche Verfahren in Landwirtschaftssachen, nicht anzuwenden ist. Hier entsteht mit Antragstellung eine volle Verfahrensgebühr.

---

[2] *Bartsch*, ZErb 2012, 123; *Onderka/Schneider* in: AnwK RVG, 7. Aufl., VV 3101 Rn. 157.
[3] *Müller-Rabe* in: Gerold/Schmidt, VV 3101 Rn. 120.

Kostenrechtliche Hinweise in Familiensachen (Teil 8)
Terminsgebühr nach Teil 3 des RVG

Gliederung

A. Terminsgebühr nach Teil 3 des RVG 1
B. Umfang 4
C. Entstehung 8
  I. Gerichtlicher Termin 11
  II. Sachverständigentermin 14
  III. Vermeidungs-/Erledigungstermin ohne Beteiligung des Gerichts 16
  IV. Kostenfestsetzung: außergerichtliche Terminsgebühr 17
  V. Telefonische Besprechung 18
  VI. Terminsgebühr entsteht für Kenntnisnahme und Weiterleitung 19
  VII. Verfahren ist nicht anhängig 20
  VIII. Vergleich nach § 278 Abs. 6 ZPO 23
  IX. Versäumnisurteil: volle Terminsgebühr bei Anwesenheit 24
  X. Versäumnisurteil: volle Terminsgebühr bei vorheriger Erörterung 25
  XI. Versäumnisurteil: Terminsgebühr für ein zweites Versäumnisurteil 26
D. Unterschiedliche Terminsgebühren für jedes Verfahren 27
E. Schriftliches Verfahren 29
  I. Ehesachen, Folgesachen, Familienstreitsachen 30
  II. Isolierte Familiensachen, die nicht Familienstreitsachen sind (= FG-Familiensachen) 32
  III. Einstweilige Anordnungen 37
F. Kürzung nach § 15 Abs. 3 RVG 40
G. Terminsgebühr für Einigungsmehrwertgegenstand 41
H. Terminsgebühr für Einigungsmehrwert bei Verfahrenskostenhilfe 42
I. Terminsgebühr für Besprechungen außerhalb eines Gerichtstermins 43
J. Beispielsfälle 46
  I. Beispielsfall: Terminsgebühr ohne Beteiligung des Gerichts 46
  II. Beispielsfall: Terminsgebühr im Verbundverfahren mit Scheidungsfolgenvereinbarung ... 47

A. Terminsgebühr nach Teil 3 des RVG

Die Terminsgebühr ist die Nachfolgerin der Verfahrens- und der Erörterungsgebühr. Sie ist in ganz wesentlichen Punkten verändert worden. Dies betrifft sowohl die Entstehung als auch den Umfang der Gebühr. **1**

Begriffe wie **streitige und nichtstreitige Verhandlung oder Erörterung**, die in der BRAGO von entscheidender Bedeutung waren, spielen jetzt keine Rolle mehr. Im RVG sind die entsprechenden Definitionen bedeutungslos. Für das Entstehen der Terminsgebühr und den Gebührensatz ist es unerheblich, ob und in welcher Form verhandelt wurde. Dies stellt eine erhebliche Vereinfachung im Vergleich zur BRAGO dar. **2**

Die Terminsgebühr hat aber neben dieser Vereinfachung noch eine Besonderheit erfahren. Der Geltungsbereich wurde durch zwei Anwendungsfälle erheblich erweitert. Die Anwendung dieser neuen Entstehungstatbestände bildet in seinen möglichen „Verästelungen" eine der größten Herausforderungen des RVG. Hier hat der Rechtsanwalt auch die Möglichkeit, selbst aktiv seine Vergütung zu gestalten. **3**

B. Umfang

Nach der Überschrift des Teils 3 des Vergütungsverzeichnisses ist das Entstehen der Terminsgebühr vorgesehen in **4**
- bürgerlichen Rechtsstreitigkeiten,
- Verfahren der freiwilligen Gerichtsbarkeit,
- Verfahren der öffentlich-rechtlichen Gerichtsbarkeiten,
- Verfahren nach dem Strafvollzugsgesetz und
- ähnlichen Verfahren.

Die Terminsgebühren der anderen Teile des RVG (Straf- u. Bußgeldsachen – Teil 4, 5 und 6) sind nicht Gegenstand dieser Ausführungen. **5**

Festzuhalten ist insbesondere, dass die Terminsgebühr jetzt auch in den Verfahren der freiwilligen Gerichtsbarkeit (FamFG) entsteht. Sie ersetzt hier die Besprechungsgebühr nach § 118 Abs. 1 Nr. 2 BRAGO. **6**

Persönlicher Umfang: Die Terminsgebühr kann entstehen für jeden Rechtsanwalt, der in dem Verfahren tätig wird. Dies gilt neben dem „gewöhnlichen" Verfahrensbevollmächtigten und dem Terminsver- **7**

Kostenrechtl. Hinw. in Familiensachen (Teil 8)

treter (Nr. 3401 VV) auch für den **Beistand eines Zeugen oder Sachverständigen** (VB 3 Abs. 1 VV RVG). Der Verkehrsanwalt kann (ohne Vollmachtserweiterung zum Terminsvertreter) keine Terminsgebühr verdienen.

C. Entstehung

8 Die Entstehungsvoraussetzungen für die Terminsgebühr ergeben sich aus der Vorbemerkung 3 Abs. 3 zu Teil 3 des Vergütungsverzeichnisses. Sie lauten:
„(3) Die Terminsgebühr entsteht sowohl für die Wahrnehmung von gerichtlichen Terminen als auch für die Wahrnehmung von außergerichtlichen Terminen und Besprechungen, wenn nichts anderes bestimmt ist. Sie entsteht jedoch nicht für die Wahrnehmung eines gerichtlichen Termins nur zur Verkündung einer Entscheidung.
Die Gebühr für außergerichtliche Termine und Besprechungen entsteht für
1. die Wahrnehmung eines von einem gerichtlich bestellten Sachverständigen anberaumten Termins und
2. die Mitwirkung an Besprechungen, die auf die Vermeidung oder Erledigung des Verfahrens gerichtet sind; dies gilt nicht für Besprechungen mit dem Auftraggeber."

9 Damit ergeben sich ganz wesentliche Unterschiede zu den bisherigen Verhandlungs-, Erörterungs- und Besprechungsgebühren.

10 Es werden **drei verschiedene Entstehungstatbestände** definiert, von denen zwei vollkommen neu sind.

I. Gerichtlicher Termin

11 Durch die neue Formulierung „gerichtlicher Termin" statt der Aufzählung von „Verhandlungs-, Erörterungs- oder Beweistermin" löst nunmehr auch zweifelsfrei der Anhörungstermin eine Terminsgebühr aus.

12 Hier reicht nach dem Wortlaut die Vertretung in dem Termin aus. Es ist **keine Verhandlung oder Erörterung** notwendig. Die Gesetzesbegründung zur VB 3 führt hierzu aus: „.... Dabei soll es künftig nicht mehr darauf ankommen, ob in dem Termin Anträge gestellt werden oder ob die Sache erörtert wird. Vielmehr soll es für das Entstehen der Gebühr genügen, dass der Rechtsanwalt einen Termin wahrnimmt. ...."

13 Es ist demnach allein entscheidend, dass der Rechtsanwalt an dem Termin teilgenommen hat. Seine Tätigkeit in dem Termin ist ohne Bedeutung. Es entsteht grundsätzlich für die vertretungsbereite Teilnahme an dem Termin die volle Gebühr. Das führt beispielsweise dazu, dass beide Anwälte für die Beantragung eines **Anerkenntnisurteils** u.a. eine volle Gebühr Nr. 3104 VV RVG mit jeweils 1,2 erhalten. Es gelten die folgenden Regelungen:
- Die Gebühr wird erst ausgelöst durch die vertretungsbereite Wahrnehmung eines der genannten Termine und nicht wie bisher bei der Beweisgebühr bereits durch die Entgegennahme und Überprüfung des Beweisbeschlusses.
- Eine Anwesenheit während des gesamten Termins ist nicht notwendig.
- Erscheint der Rechtsanwalt zum Termin, der dann aber nicht aufgerufen wird (z.B. wegen Erkrankung des Richters oder Zeugen), entsteht keine Gebühr.

II. Sachverständigentermin

14 Ein vollkommen neuer Tatbestand ist die Entstehung der Terminsgebühr für die „Wahrnehmung eines von einem gerichtlich bestellten Sachverständigen anberaumten Termins". Diese Erweiterung wird besonders in einem selbständigen Beweisverfahren, das nach dem RVG eine eigene Angelegenheit darstellt, von besonderer Bedeutung sein. Der Rechtsanwalt nimmt einen Termin des Sachverständigen – ohne Beteiligung des Gerichts(!) – im selbständigen Beweisverfahren wahr. Anschließend kommt es zum Prozess. Auch hier nimmt der Rechtsanwalt einen Gerichtstermin wahr. Da es sich um unterschiedliche Angelegenheiten handelt, entstehen zwei Terminsgebühren, die nicht aufeinander anzurechnen sind.

15 **Beispielsfall – selbständiges Beweisverfahren:** Der Rechtsanwalt führt in einem Rechtsstreit ein selbständiges Beweisverfahren durch. Er nimmt an einem von dem Gutachter anberaumten Termin teil. Anschließend wird Klage eingereicht. Es kommt zum Termin. Der Gegner wird verurteilt. Gegenstand von Klage und Beweissicherungsverfahren waren jeweils 50.000 €.

Lösung:

Rechtsanwaltsvergütung Beweissicherungsverfahren:

Vorschrift		Gebührensatz	Gebühr
	Verfahrensgebühr, VV 3100; Wert: 50.000 €	(1,3)	1.511,90 €
+	Terminsgebühr, VV 3104; Wert: 50.000 €	(1,2)	1.395,60 €

Rechtsanwaltsvergütung Hauptsache:

Vorschrift		Gebührensatz	Gebühr
	Verfahrensgebühr, VV 3100 *; Wert: 50.000 €	(1,3)	0 €
+	Terminsgebühr, VV 3104; Wert: 50.000 €	(1,2)	1.395,60 €

Anmerkung: Die Verfahrensgebühr ist durch Anrechnung gem. Teil 3 Vorbemerkung 3 Abs. 5 VV RVG erloschen.

Zu beachten ist jedoch weiterhin, dass die Terminsgebühr in derselben Angelegenheit jeweils nur einmal verdient werden kann (§ 15 Abs. 2 RVG). Dies führt dazu, dass in einem Klageverfahren, in dem der Rechtsanwalt sowohl einen Verhandlungstermin als auch einen Sachverständigentermin wahrnimmt, lediglich eine Gebühr abgerechnet werden kann. Die Gebühren gehen in diesem Fall ineinander auf (§ 15 Abs. 2 RVG).

III. Vermeidungs-/Erledigungstermin ohne Beteiligung des Gerichts

Von besonderer Praxisbedeutung ist die dritte Alternative der Vorbemerkung 3 Abs. 3. Hiernach entsteht die Terminsgebühr für „die Mitwirkung an auf die Vermeidung oder Erledigung des Verfahrens gerichteten Besprechungen ohne Beteiligung des Gerichts." Diese Gebühr wirft viele Fragen auf. Zunächst einmal ist festzustellen, dass

- der Ort der Besprechungen gleichgültig ist;
- der Rechtsanwalt an den Besprechungen mitwirken muss (hierzu reicht bloße vertretungsbereite Anwesenheit im Termin aus; dies ist nicht gegeben, wenn der Rechtsanwalt lediglich als Zeuge anwesend ist);
- das Gericht bei dieser Besprechung nicht anwesend ist (ansonsten entsteht die Terminsgebühr nach der ersten Alternative);
- telefonische Besprechungen ausreichend sind[1] (der Gesetzgeber hat bewusst den Begriff der Besprechung aus § 118 BRAGO übernommen, nach der BRAGO war hierfür anerkannt, dass eine telefonische Besprechung ausreicht);
- die Besprechung auf die Vermeidung/Erledigung der Angelegenheit gerichtet sein muss;
- die Gespräche nicht erfolgreich gewesen sein müssen, sie müssen lediglich das Ziel der Vermeidung/Erledigung gehabt haben;
- bei Wahrnehmung eines Gerichtstermins (= 1. Termin) nach erfolglosen Vermeidungs-/Erledigungsbesprechungen (= 2. Termin) für beide Termine insgesamt nur eine Terminsgebühr verdient wird, da in jeder Angelegenheit nur eine Terminsgebühr entstehen kann (§ 15 Abs. 2 RVG);
- das Einverständnis des Auftraggebers zu den Besprechungen für die Entstehung der Gebühr nicht erforderlich ist. Der Rechtsanwalt hat bei der Entscheidung, ob er ein solches Gespräch führt, nach pflichtgemäßem Ermessen zu handeln.

IV. Kostenfestsetzung: außergerichtliche Terminsgebühr

Die bei einer außergerichtlichen Besprechung entstandene Terminsgebühr des Rechtsanwalts (Abs. 3 Alt. 3 der Vorbemerkung 3 VV) kann im Kostenfestsetzungsverfahren geltend gemacht werden.[2]

V. Telefonische Besprechung

Ein Anruf des Prozessbevollmächtigten beim Bevollmächtigten des Gegners mit der Bitte um Rücknahme der Klage lässt die Terminsgebühr der Nr. 3104 VV RVG entstehen. Dieses Telefonat muss nicht ursächlich für die später tatsächlich erfolgte Klagerücknahme sein.[3]

---

[1] So zuletzt: BGH v. 20.11.2006 - II ZB 9/06 - FamRZ 2007, 279-280.
[2] BGH v. 11.06.2008 - XII ZB 11/06 - FamRZ 2008, 1610; BGH v. 04.04.2007 - III ZB 79/06 - RVGreport 2007, 274; OLG Karlsruhe v. 02.12.2005 - 15 W 55/05 - JurBüro 2006, 192-194.
[3] OLG München v. 29.07.2009 - 11 W 1850/09 - NJW-Spezial 2009, 557; OLG Koblenz v. 29.04.2005 - 14 W 257/05 - NJW 2005, 2162.

Kostenrechtl. Hinw. in Familiensachen (Teil 8)

VI. Terminsgebühr entsteht für Kenntnisnahme und Weiterleitung

19 Es ist von einer Besprechung im Sinne der VB 3 Abs. 3 3. Alt. VV RVG auszugehen, wenn sich der Gegner auf das Gespräch einlässt, indem er die ihm unterbreiteten Vorschläge zur Kenntnis nimmt und deren Prüfung zusagt[4]. Da der Gebührentatbestand nicht an den Erfolg einer gütlichen Einigung anknüpft, sind an die mündliche Reaktion des Gegners über Kenntnisnahme und Prüfung des Vorschlags hinausgehende Anforderungen nicht zu stellen.

VII. Verfahren ist nicht anhängig

20 Der Gegenstand muss nicht anhängig sein. Zur Entstehung reicht es aus, wenn der Rechtsanwalt Verfahrensauftrag erhalten hat und anschließend vor Anhängigkeit die Besprechung erfolgte. In diesem Fall ist eine 0,8 Verfahrensgebühr Nr. 3101 VV RVG und eine 1,2 Terminsgebühr Nr. 3104 VV RVG entstanden.[5]

21 **Terminsgebühr auch für den Antragsgegner:** Auch der Antragsgegnervertreter kann eine Terminsgebühr für außergerichtlichen Einigungsbesprechungen verdienen. Sie kommt in Betracht, wenn diese Besprechung der Abwehr eines Anspruchs dient und der Antragsteller seinem Bevollmächtigten unbedingten Klageauftrag erteilt hat. Es wäre völlig sachwidrig, wenn die Rechtsanwälte des Klägers für die Wahrnehmung des Termins eine Terminsgebühr abrechnen könnten, die Rechtsanwälte des Beklagten aber nicht.[6]

22 Bespricht der Anwalt des Anspruchsgegners mit dem Anwalt des Anspruchstellers, dem ein Klageauftrag erteilt ist, die Angelegenheit, um diese außergerichtlich zu erledigen, so verdient er damit die Terminsgebühr jedenfalls dann, wenn sein Auftrag die Rechtsverteidigung in einem etwaigen Klageverfahren umfasst.[7]

VIII. Vergleich nach § 278 Abs. 6 ZPO

23 Für einen Vergleich, der anschließend vom Gericht lediglich nach § 278 Abs. 6 ZPO protokolliert wird, fällt neben der Verfahrens- und Einigungsgebühr auch eine Terminsgebühr an. Die anderslautende Entscheidung des BGH[8] ist nicht mit Absatz 3 der Vorbemerkung 3 zu Nr. 3100 VV zum RVG zu vereinbaren.[9]

IX. Versäumnisurteil: volle Terminsgebühr bei Anwesenheit

24 Ist der gegnerische Anwalt im Termin anwesend und erklärt, dass er nicht auftrete, so entsteht trotzdem die volle Gebühr nach Nr. 3104 VV RVG und nicht lediglich eine 0,5 Gebühr nach Nr. 3105 VV,[10] da der Wortlaut der Reduzierungsvorschrift Nr. 3105 nicht erfüllt ist. Es sind beide Rechtsanwälte anwesend.

X. Versäumnisurteil: volle Terminsgebühr bei vorheriger Erörterung

25 Findet vor Erlass des Versäumnisurteils über den Gegenstand eine Erörterung statt, so ist das Merkmal „lediglich" in Nr. 3105 VV RVG nicht erfüllt und der Reduzierungstatbestand kann nicht greifen. Es ist damit eine volle Terminsgebühr entstanden.[11]

XI. Versäumnisurteil: Terminsgebühr für ein zweites Versäumnisurteil

26 Eine Reduzierung der Terminsgebühr Nr. 3104 VV RVG für ein zweites Versäumnisurteil nach Nr. 3105 VV RVG findet keine Anwendung, wenn derselbe Prozessbevollmächtigte bereits das erste Versäumnisurteil erwirkt hat. Damit hat der Rechtsanwalt nicht nur „ein" Versäumnisurteil erwirkt, sondern bereits das zweite, und damit gilt die Einschränkung der Nr. 3105 VV RVG nicht mehr.[12]

---

[4] BGH v. 20.11.2006 - II ZB 9/06 - FamRZ 2007, 279-280.
[5] BGH v. 08.02.2007 - IX ZR 215/05 - NJW-RR 2007, 720.
[6] OLG Koblenz v. 08.10.2009 - 2 U 963/08 - FamFR 2010, 43 = RVGreport 2010, 68.
[7] BGH v. 01.07.2010 - IX ZR 198/09 - NJW 2011, 530 = FamRZ 2010.
[8] BGH v. 30.03.2004 - VI ZB 81/03 - NJW 2004, 2311-2312.
[9] BGH v. 27.10.2005 - III ZB 42/05 - FamRZ 2006, 118-119; OLG Koblenz v. 20.09.2005 - 14 W 537/05 - AGS 2005, 477; OLG Sachsen-Anhalt v. 01.08.2005 - 12 W 78/05; OLG Nürnberg v. 01.06.2005 - 1 W 692/05 - JurBüro 2005, 530.
[10] OLG Koblenz v. 11.04.2005 - 14 W 211/05 - FamRZ 2005, 1849.
[11] OLG Köln v. 05.12.2005 - 17 W 232/05 - RVGreport 2006/104.
[12] BGH v. 18.07.2006 - XI ZB 41/05 - NJW 2006, 2927; OLG Celle v. 24.02.2005 - 2 W 36/05 - NJW 2005, 1283.

D. Unterschiedliche Terminsgebühren für jedes Verfahren

Nach der durch das 2. KostRModG geänderten Fassung von Vorb. 3 (4) entsteht die Terminsgebühr für die Wahrnehmung von gerichtlichen Terminen und von außergerichtlichen Terminen und Besprechungen. Sie entsteht nur dann nicht, wenn im Gesetz ausdrücklich etwas anderes geregelt ist. Eine derartige Regelung findet sich beispielsweise in der Zwangsvollstreckung (Nr. 3310 VV RVG). Die Gebühr entsteht nur für die Teilnahme an einem Termin zur Abgabe der Vermögensauskunft oder zur Abnahme der eidesstattlichen Versicherung. Damit ist hier die Terminsgebühr für außergerichtliche Termine/Besprechungen und Sachverständigentermine ausgeschlossen.

27

Die wichtigsten Terminsgebühren sind:

28

Gebühr	Vorschrift	Gebührensatz
Terminsgebühr für den ersten Rechtszug	Nr. 3104 VV	1,2
Terminsgebühr für das Beschwerde-/Berufungsverfahren	Nr. 3202 VV	1,2
Terminsgebühr für die Zwangsvollstreckung	Nr. 3310 VV	0,3
Terminsgebühr für den Terminsvertreter	Nr. 3402 VV	in Höhe der einem Verfahrensbevollmächtigten zustehenden Terminsgebühr.
Terminsgebühr für die Beschwerde/Erinnerung	Nr. 3513 VV	0,5

E. Schriftliches Verfahren

Die Gebühr entsteht auch, wenn

29

- in einem Verfahren, für das mündliche Verhandlung vorgeschrieben ist, im Einverständnis mit den Parteien/Beteiligten entschieden wird oder
- in einem Verfahren, für das mündliche Verhandlung vorgeschrieben ist, gemäß § 307 Abs. 2 ZPO oder § 495a ZPO ohne mündliche Verhandlung entschieden oder
- in einem Verfahren, für das mündliche Verhandlung vorgeschrieben ist, ein schriftlicher Vergleich geschlossen wird.

Diese Vorschrift soll einen Anreiz für den Anwalt darstellen, das Verfahren ohne Durchführung eines Termins im schriftlichen Verfahren zu erledigen.

I. Ehesachen, Folgesachen, Familienstreitsachen

In diesen Verfahren ist in der **ersten Instanz** eine mündliche Verhandlung vorgeschrieben:

30

- Ehesachen – §§ 113 Abs. 1 Satz 2 FamFG, § 128 Abs. 1 ZPO,
- Folgesachen im Verbund – § 137 Abs. 1 FamFG,[13]
- Familienstreitsachen – §§ 113 Abs. 1 Satz 2 FamFG, § 128 Abs. 1 ZPO.[14]

Damit ist der Wortlaut der Nr. 3104 VV RVG erfüllt und eine Terminsgebühr entsteht.

Für die **zweite Instanz** ist jedoch eine mündliche Verhandlung nicht vorgeschrieben. Nach § 68 Abs. 3 Satz 2 FamFG kann in der Beschwerdeinstanz von der Durchführung einer mündlichen Verhandlung abgesehen werden. Deshalb kann hier keine Terminsgebühr Nr. 3202 Abs. 1, 3104 Abs. 1 Nr. 1 VV RVG im schriftlichen Vorverfahren entstehen.[15]

31

II. Isolierte Familiensachen, die nicht Familienstreitsachen sind (= FG-Familiensachen)

In diesen Verfahren ist eine mündliche Verhandlung nicht vorgeschrieben. Das FamFG kennt keine mündliche Verhandlung. Stattdessen werden in den einzelnen Verfahren **Erörterungstermine** z.B. für

32

- Kindschaftssachen (§§ 155 Abs. 1, 157 Abs. 2 Satz 1 FamFG),
- das Vermittlungsverfahren (§ 165 Abs. 2 FamFG),

---

[13] OLG Stuttgart v. 14.10.2008 - 8 WF 169/08 - FamRZ 2009, 145.
[14] OLG Hamm v. 15.06.2011 - 6 WF 178/11 - FamRZ 2012, 246 = FamRB 2011, 276 = FamFR 2011, 475; KG v. 08.11.2010 - 19 WF 183/10 - FamRZ 2011, 591 = FamFR 2011, 64; OLG Hamm v. 25.10.2010 - II-6 WF 356/10 - RVGreport 2011, 61 = FamFR 2011, 136.
[15] KG v. 14.11.2011 - 19 WF 232/11 - FamRZ 2012 = NJW-Spezial 2012, 61 = FamFR 2012, 40; *Müller-Rabe* in Gerold/Schmidt, 19. Aufl. VV 3104 Rn. 20.

Kostenrechtl. Hinw. in Familiensachen (Teil 8) jurisPK-BGB / T. Schmidt

- die Abstammungssachen (§ 175 Abs. 2 FamFG),
- die Ehewohnungs- und Haushaltssachen (§ 207 FamFG) sowie
- die Versorgungsausgleichssachen (§ 221 FamFG)

vorgeschrieben.

Auch ein Einverständnis zur mündlichen Verhandlung ist nicht vorgesehen. Aus diesem Grund lehnt die herrschende Meinung in diesen Verfahren das Entstehen einer Terminsgebühr im schriftlichen Verfahren ab.[16]

33 Auch wenn der Gesetzgeber von einer mündlichen Verhandlung spricht, so entspricht es dem Sinn der Vorschrift, einen Anreiz zur vorzeitigen Erledigung zu schaffen, diese auch bei einer Anhörung entsprechend anzuwenden. Diese Ansicht ist sehr umstritten, aber zutreffend.[17] Das gesetzgeberische Ziel war bei Schaffung des RVG insbesondere auch eine Angleichung der Gebührentatbestände in den verschiedenen Verfahrensarten. Demzufolge sollten diese Verfahren nach denselben Grundsätzen behandelt werden. Dagegen spricht allerdings, dass der Gesetzgeber die Chance der Gesetzesanpassung im Rahmen des 2. KostRModG nicht genutzt hat.

34 Für die Teilnahme am Erörterungstermin selbst entsteht natürlich die Terminsgebühr.

35 **Beachte:** Auch wenn die Entstehung der Terminsgebühr für das schriftliche Verfahren streitig ist, so wird es hier sehr häufig nicht darauf ankommen, da die Terminsgebühr bereits durch außergerichtliche Besprechungen (mit Gegner, Jugendamt, usw.) entstanden sein wird.

36 **Terminsgebühr für Anhörung:** Soweit es bisher streitig war, ob ein Anhörungstermin eine Terminsgebühr auslöst, hat sich diese Frage erledigt. Der Gesetzgeber hat mit dem 2. KostRModG seit dem 01.08.2013 das Entstehen der Terminsgebühr pauschal für die Wahrnehmung eines gerichtlichen Termins definiert, also auch eines Anhörungstermins.[18]

III. Einstweilige Anordnungen

37 In Verfahren bzgl. einstweiliger Anordnungen ist kein Termin vorgeschrieben (§ 51 Abs. 2 FamFG). Demnach kann hier auch keine Terminsgebühr für ein schriftliches Verfahren entstehen.

38 Zu beachten ist jedoch, dass für das **Aufhebungs-/Abänderungsverfahren** einer einstweiligen Anordnung die Durchführung eines Termins vorgeschrieben ist (§ 54 Abs. 2 FamFG). Hier entsteht also für das schriftliche Verfahren eine Terminsgebühr. Bei der Berechnung der Vergütung muss aber beachtet werden, dass das Verfahren zur einstweiligen Anordnung und das Verfahren zur Aufhebung/Abänderung derselben eine Angelegenheit darstellen nach § 16 Nr. 5 RVG.

39 **Beispiel:** Es wird eine einstweilige Anordnung ohne Termin in einer Unterhaltssache erlassen. Der Gegner beantragt die Aufhebung. Danach wird eine Einigung der Parteien gem. § 278 Abs. 6 ZPO durch das Gericht durch Beschluss festgestellt.
Lösung: Es handelt sich um eine Angelegenheit. Für die einstweilige Anordnung ist eine Verfahrensgebühr entstanden. Für das Aufhebungsverfahren kommt eine Terminsgebühr hinzu.

F. Kürzung nach § 15 Abs. 3 RVG

40 Die Kürzung nach § 15 Abs. 3 RVG spielt für die Terminsgebühr in der Praxis keine nennenswerte Rolle mehr. Sie kann lediglich bei dem Zusammentreffen der Gebühren Nr. 3104 und Nr. 3105 durchzuführen sein. Ein entsprechender Fall ist nur schwer konstruierbar und damit sehr selten.

G. Terminsgebühr für Einigungsmehrwertgegenstand

41 Nr. 3104 Abs. 2 VV schreibt die Anrechnung einer Terminsgebühr vor, wenn Verhandlungen zur Einigung über in diesem Verfahren nicht rechtshängige Ansprüche geführt worden sind. Die Anrechnung einer Gebühr setzt zwingend zunächst die Entstehung derselben voraus. Damit ist klargestellt, dass für

---

[16] OLG Schleswig v. 12.02.2014 - 15 WF 410/13 - AGS 2014, 121; OLG Hamm v. 01.10.2012 - II-6 WF 46/12, 6 WF 46/12 - FamRZ 2013, 728 = AGS 2012, 562; OLG München v. 24.01.2012 - 11 WF 126/12 - FamRZ 2012, 1582; OLG Düsseldorf v. 05.02.2009 - II-10 WF 31/08 - AGS 2009, 114: OLG Celle v. 13.09.2011 - 10 WF 227/11 - RVGreport 2012, 29.

[17] OLG Stuttgart v. 14.09.2010 - 8 WF 133/10 - AGS 2010, 586; OLG Schleswig v. 30.03.2007 - 15 WF 41/07 - RVGreport 2007, 388; *Wahlen/Onderka/Schneider* in: AnwK-RVG, 7. Aufl. 2014, VV 3104 Rn. 24; *Keuter*, NJW 2009, 2922.

[18] OLG Dresden v. 25.03.2014 - 22 UF 572/13, 22 UF 0572/13.

die Verhandlung über den nichtanhängigen Gegenstand eine Terminsgebühr entsteht.[19] Vgl. hierzu Rn. 47. Voraussetzung für das Entstehen einer Terminsgebühr ist jedoch, dass ein entsprechender Prozess-/Verfahrensauftrag vorliegt. Ein Auftrag zur außergerichtlichen Vertretung genügt hier nicht! Es bleibt dann bei der Geschäftsgebühr.

H. Terminsgebühr für Einigungsmehrwert bei Verfahrenskostenhilfe

Der bisherige Streit darüber, ob auch die für den Scheidungsfolgenvergleich über nicht anhängige Gegenstände entstandene Terminsgebühr im Rahmen der Verfahrenskostenhilfe erstattet wird, ist durch die Gesetzesänderung zum 01.08.2013 erledigt. In § 48 Abs. 3 RVG wird nunmehr eindeutig festgestellt, dass sich die Beiordnung in einer Ehesache im Falle einer Einigung auf **alle mit der Herbeiführung der Einigung erforderlichen Tätigkeiten** erstreckt. Damit sind nunmehr neben der Einigungsgebühr auch die Verfahrens- und die Terminsgebühr erfasst.

42

I. Terminsgebühr für Besprechungen außerhalb eines Gerichtstermins

Nach VB 3 Abs. 3 VV-RVG lösen Besprechungen mit dem Ziel der Vermeidung oder Erledigung des Verfahrens eine Terminsgebühr aus. Dies ist inzwischen allgemein bekannt.

43

Allerdings haben einige Gerichte die Gesetzessystematik von allgemeiner und besonderer Regelung nicht korrekt umgesetzt. So wird teilweise vertreten, dass in den Verfahren, in denen eine mündliche Verhandlung im Sinne der Nr. 3104 Abs. 1 VV-RVG nicht vorgeschrieben ist, auch keine Terminsgebühr für Besprechungen verdient werden kann. Dies trifft insbesondere die FGG-Familiensachen, da hier nur Erörterungstermine stattfinden.[20]

44

Diese Auffassung ist durch das 2. KostRModG erledigt. In Vorb. 3 (4) wird seit dem 01.08.2013 eindeutig klargestellt, dass die Terminsgebühr für außergerichtliche Termine/Besprechungen in allen Verfahren entsteht, soweit dort nichts anderes geregelt ist. Entsprechende Sonderregelungen fehlen hier.

45

J. Beispielsfälle

I. Beispielsfall: Terminsgebühr ohne Beteiligung des Gerichts

Fall: Das Verfahren über 5.000 € Unterhaltsrückstand ist anhängig. Nach Erhalt der Antragsschrift bittet der Gegner um ein Gespräch zur gütlichen Einigung. Dieses Gespräch ist erfolgreich. Es kommt zur Einigung. Die Sache ist damit erledigt.

46

Lösung: Abrechnung

Vorschriften	Gebührensatz	Gebühr
Verfahrensgebühr VV 3100; Wert: 5.000 €	(1,3)	393,90 €
+ Terminsgebühr VV RVG 3104; Wert 5.000 €	(1,2)	363,60 €
+ Einigungsgebühr VV 1003; Wert 5.000 €	(1,0)	303 €

Anmerkung: Die Terminsgebühr gehört auch in diesem Fall zu den Gebühren des gerichtlichen Verfahrens. Damit ist auch eine entsprechende **Kostenfestsetzung** möglich. Der Anwalt sollte im Zweifelsfall die Entstehung der Gebühr anwaltlich versichern, da das Gericht regelmäßig keine Nachweise über das Entstehen dieser Gebühr in den Akten hat.

II. Beispielsfall: Terminsgebühr im Verbundverfahren mit Scheidungsfolgenvereinbarung

Fall: Der Rechtsanwalt reicht für seinen Mandanten die Scheidung ein. Zusätzlich zum Versorgungsausgleich wird die Durchführung des Zugewinnausgleichs beantragt. Im Termin werden die Parteien zur Scheidung gehört. Die anderen Gegenstände werden erörtert. Zudem werden auch die bisher nicht anhängigen Unterhaltsansprüche der Ehefrau gegen den Mandanten erörtert. Es wird die Protokollierung eines entsprechenden Vergleichs beantragt. Anschließend ergeht ein Beschluss über die Scheidung und es wird eine gerichtliche Einigung über die weiteren anhängigen Gegenstände und auch über den Unterhalt geschlossen. Das Gericht setzt die Streitwerte wie folgt fest:

47

---

[19] OLG Karlsruhe v. 03.02.2011 - 5 WF 220/10 - FamRZ 2011, 1682 = FamRB 2011, 247; OLG Köln v. 17.09.2007 - 25 WF 204/07 - FamRZ 2008, 707.

[20] BGH v. 28.02.2012 - XI ZB 15/11 - NJW 2012, 1294 = FamRZ 2012, 708-709 = RVG professionell 2012, 55 = RVGreport 2012, 184.

Kostenrechtl. Hinw. in Familiensachen (Teil 8) jurisPK-BGB / T. Schmidt

Gegenstand	Wert
Scheidung	5.000 €
Versorgungsausgleich	1.000 €
Zugewinnausgleich	20.000 €
Ehegattenunterhalt	6.000 €

Lösung: Rechtsanwaltsvergütung:

	Gebühr und Vorschriften	Gebührensatz	Gebühr
	Verfahrensgebühr, VV 3100; Wert: 26.000 €	(1,3)	1.121,90 €
+	Verfahrensgebühr, VV 3101; Wert: 6.000 € (§ 15 Abs. 3 RVG max. eine 1,3-Geb. aus 32.000 € mit 1.219,40 €: Kürzung auf 97,50 €)	(0,8)	97,50 €
+	Terminsgebühr. VV 3104; Wert: 32.000 €	(1,2)	1.125,60 €
+	Einigungsgebühr; VV 1003; Wert: 21.000 €	(1,0)	742 €
+	Einigungsgebühr, VV 1000; Wert: 6.000 € (§ 15 Abs. 3 RVG max. eine 1,5-Geb. aus 27.000 € mit 1.294,50 €: keine Kürzung)	(1,5)	531 €

Lösungsanmerkungen – Terminsgebühr: Hier wurde auch über nichtanhängige 6.000 € erörtert. Dies löst nach dem Wortlaut von VV 3104 eine Terminsgebühr aus. Die Ausnahme nach VV 3104 Abs. 3 greift nicht. Hiernach entsteht die Gebühr nicht, soweit lediglich beantragt ist, eine Einigung der Parteien oder mit Dritten über nicht rechtshängige Ansprüche zu Protokoll zu nehmen. Hier wurde nicht lediglich ein entsprechender Protokollierungsantrag gestellt, sondern es fand auch eine Erörterung statt. Damit ist die Gebühr entstanden.

Kostenrechtliche Hinweise in Familiensachen (Teil 9)
Einigungsgebühr

Gliederung

A. Einigungsgebühr 1	III. Einigungsgebühr für Zwischenvergleich 25
I. Allgemein 1	E. Beispiel: Verfahren mit gerichtlichem
II. Einigungsgebühr für Zahlungsvereinbarung 9	Einigungsvorschlag................................ 28
B. Übersicht zu den Einigungsgebühren 14	F. Einigungsmehrwert 29
C. Einigung im Verbund 15	I. Beispielsfall – Einigungsmehrwert 30
D. Einigung in isolierten Familiensachen 17	II. Beispielsfall: Einigung mit Gegenständen aus
I. Einigung zur elterlichen Sorge 17	mehreren Instanzen................................. 31
II. Einigung mit Genehmigungsbedarf............. 21	

A. Einigungsgebühr

I. Allgemein

Die Einigungsgebühr soll den Aufwand des Rechtsanwalts für den Abschluss einer solchen Einigung entlohnen. Die Gebühr ist auch deshalb verhältnismäßig hoch, um einen Anreiz für die Einigung zu schaffen, da sie letztendlich für eine Entlastung der Gerichte sorgt. **1**

Der Umfang der Einigungsgebühr ist um Vergleich zur BRAGO erweitert worden, weil für die Entstehung der Einigungsgebühr nicht mehr das Vorliegen eines wirksamen Vergleichs (§ 779 BGB: gegenseitiges Nachgeben) notwendig ist, sondern lediglich die vertragliche Beilegung eines Streits oder einer Ungewissheit der Parteien über ein Rechtsverhältnis. Die Einigungsgebühr entsteht allerdings nicht, wenn in dem Vertrag lediglich ein Anspruch vollständig anerkannt oder auf einen Anspruch vollständig verzichtet worden ist. **2**

Für das Entstehen der Einigungsgebühr ist damit **kein gegenseitiges Nachgeben** mehr erforderlich. **3**

Die Einigungsgebühr fällt nach Nr. 1000 VV grundsätzlich mit einem Gebührensatz in Höhe von 1,5 an. **4**

Sie entsteht lediglich dann mit einem Gebührensatz von 1,0, wenn über den Gegenstand der Einigung ein anderes gerichtliches Verfahren als ein selbständiges Beweisverfahren anhängig ist. Ausdrücklich geregelt ist daher nunmehr, dass der Anfall der höheren Einigungsgebühr (1,5) nach Nr. 1000 VV durch die Anhängigkeit eines selbständigen Beweisverfahrens nicht verhindert wird. Grund für diese Regelung ist die Vermeidung weiterer, regelmäßig sehr aufwändiger, streitiger Verfahren. **5**

Hinweis: Nach der Anm. zu Nr. 1003 VV steht auch die Anhängigkeit eines Verfahrens über die Bewilligung von Verfahrenskostenhilfe einem gerichtlichen Verfahren im Sinne von Nr. 1003 VV gleich und führt daher zur Entstehung der ermäßigten Einigungsgebühr. **6**

Allerdings sind in der Anm. zu Nr. 1003 VV RVG die folgenden Ausnahmen hierzu vorgesehen für den Fall, dass **7**
- die Verfahrenskostenhilfe nur für die gerichtliche Protokollierung des Vergleichs beantragt wird,
- die Beiordnung in einer Ehesache sich auf den Abschluss eines Vertrags im Sinne der Nr. 1000 VV RVG erstreckt nach § 48 Abs. 3 RVG.

In diesen beiden Fällen entsteht die Einigungsgebühr mit dem vollen 1,5-fachen Satz nach Nr. 1000 VV RVG. **8**

II. Einigungsgebühr für Zahlungsvereinbarung

Es war bisher umstritten, ob die Einigungsgebühr auch dann anfallen kann, wenn – insbesondere im Rahmen der Zwangsvollstreckung – lediglich eine Ratenzahlungsvereinbarung abgeschlossen wird. Durch die neu eingefügte Ziffer 2 in Absatz 1 der Anm. zu Nr. 1000 VV RVG wird dieser Streit geklärt. **9**

Das Entstehen einer Zahlungsvereinbarungs-Einigungsgebühr setzt Folgendes voraus: **10**
1) Keine Einigung nach Nr. 1000 Abs. 1 Ziff. 1 VV RVG (= Beseitigung von Streit oder Ungewissheit über ein Rechtsverhältnis).
2) Abschluss eines Vertrags, durch den **nur** die Erfüllung des Anspruchs geregelt wird.
3) Wenn kein Titel vorliegt: bei gleichzeitigem vorläufigen Verzicht auf die gerichtliche Geltendmachung
   oder

Kostenrechtl. Hinw. in Familiensachen (Teil 9)

jurisPK-BGB / T. Schmidt

4) wenn ein zur Zwangsvollstreckung geeigneter Titel vorliegt: bei gleichzeitigem vorläufigen Verzicht auf Vollstreckungsmaßnahmen

geregelt wird.

11 **Beachte:** Der Wert für eine Zahlungsvereinbarung ist reduziert und beträgt lediglich 20% des Wertes der Hauptsache – § 31b RVG. Die Wertreduzierung greift jedoch nur, wenn die zugrunde liegende Forderung zum Zeitpunkt der Vereinbarung selbst unstreitig ist. Wenn dies nicht der Fall ist, greift der volle Wert.

12 In der Zwangsvollstreckung gilt als Ausgangswert der Wert der Hauptsache incl. Kosten und Zinsen.

13 **Beispiel: Zahlungsvereinbarung:** RA beauftragt Gerichtsvollzieher mit der Zwangsvollstreckung. Der Wert der zu vollstreckenden Forderung beträgt 10.000 €. Daraufhin bittet Schuldner um Ratenzahlung. Eine entsprechende Vereinbarung wird getroffen. Solange die Raten gezahlt werden, verzichtet RA auf Vollstreckung.

Vorschriften	Gebührensatz	Gebühr
+ Verfahrensgebühr VV 3309; Wert: 10.000 €	(0,3)	167,40 €
+ Einigungsgebühr VV 1003; Wert 2.000 €	(1,0)	150 €

B. Übersicht zu den Einigungsgebühren

14

Verfahren	Gebührensatz	Nr. VV
Außergerichtlich	1,5	1000
Gerichtlich 1. Instanz	1,0	1000, 1003
Gerichtlich 2. Instanz	1,3	1004
Selbständiges Beweisverfahren	1,5	1000 (Ausnahme nach Nr.1003)
Anhängiges PKH-Verfahren	1,0	1000, 1003
PKH/VKH nur für Protokollierungsantrag bzgl. Einigung	1,5	1000 (Ausnahme nach Nr. 1003 Anm.)
PKH/VKH-Erstreckung in Folgesachen nach § 48 Abs. 3 RVG	1,5	1000 (Ausnahme nach Nr. 1003 Anm.)

C. Einigung im Verbund

15 In **Ehesachen und Lebenspartnerschaftssachen** nach § 269 Abs. 1 Nr. 1 und 2 FamFG kann nach Nr. 1000 Abs. 5 VV RVG kein Vergleich bzw. keine Einigung geschlossen werden. Diese sind der Parteimaxime insoweit entzogen. Hier kann aber ggf. eine Aussöhnungsgebühr nach Nr. 1001 VV RVG entstehen.

16 Zur Einigung im Verbund vgl. das gesonderte Kapitel Kostenrechtl. Hinw. in Familiensachen (Teil 10).

D. Einigung in isolierten Familiensachen

I. Einigung zur elterlichen Sorge

17 Grundsätzlich kann auch in Kindschaftssachen eine Einigungsgebühr entstehen. Dies wird in Nr. 1000 Abs. 5 Satz 3 VV RVG für das außergerichtliche und in Nr. 1003 Abs. 2, 1004 Abs. 4 VV RVG für das gerichtliche Verfahren klargestellt.

18 Eine Einigungsgebühr soll dahingegen nicht in Verfahren nach § 1666 BGB (**Maßnahmen bei Gefährdung des Kindeswohls**) und § 1696 BGB (Abänderung von Entscheidung/Vergleich) entstehen, da weder Gericht noch Jugendamt einen Einigungsvertrag schließen können.[1] Dies widerspricht jedoch der Absicht und dem Wortlaut der Nr. 1003 Abs. 2 VV RVG, der genau diesen Fall im Auge hat und ausdrücklich eine Einigungsgebühr vorsieht.[2]

19 Eine Einigungsgebühr kann auch entstehen, wenn das Gericht trotz der Einigung noch eine Entscheidung über die Ausübung der elterlichen Sorge zu treffen hat.[3]

---

[1] OLG Stuttgart v. 23.03.2011 - 8 WF 27/11 - RVGreport 2011, 225.
[2] *Müller-Rabe* in: Gerold/Schmidt, 21. Aufl., VV 1003, 1004 Rn. 34.
[3] OLG Braunschweig v. 28.02.2008 - 2 WF 17/08 - FamRZ 2008, 1465.

Beispiel: elterliche Sorge und Umgang: Die Mutter erschwert dem Vater den Umgang. Dieser beabsichtigt ein Verfahren zur elterlichen Sorge anhängig zu machen. Vorher einigt man sich jedoch bzgl. elterlicher Sorge und Umgang. Es ist eine Einigungsgebühr über beide Gegenstände entstanden. 20

II. Einigung mit Genehmigungsbedarf

Bedarf der Vergleich einer **gerichtlichen Genehmigung**, so wird der Vergleich erst mit dieser Genehmigung wirksam. Damit entsteht die Einigungsgebühr erst mit Erteilung der Genehmigung. 21

Eine solche Genehmigung sieht das Gesetz vor in: 22
- Verfahren zu Umgang und Herausgabe – § 156 Abs. 2 FamFG[4],
- Versorgungsausgleich – § 8 VersAusglG.

Beispiel: Versorgungsausgleich: Die Parteien verzichten auf die Durchführung des Versorgungsausgleichs – Notwendigkeit der Inhalts- und Ausübungskontrolle gem. § 8 VersAusglG. 23

Gleiches gilt für einen Vergleich, der **familiengerichtlich zu genehmigen** ist. Auch dann entsteht die Einigungsgebühr erst mit Vollzug der Genehmigung.[5] 24

III. Einigungsgebühr für Zwischenvergleich

Umstritten ist die Frage, ob vorübergehende Regelungen die Einigungsgebühr auslösen. Richtig ist es, dass jedenfalls dann eine Einigungsgebühr entsteht, wenn die vorübergehende Regelung auch Gegenstand eines selbständigen Verfahrens, etwa eines Antrages auf Erlass einer einstweilige Anordnung, sein könnte, über den unabhängig von der Hauptsache hätte entschieden werden müssen. Denn in diesen Fällen erspart die Einigung dem Gericht den Weg über ein gesondertes Eilverfahren.[6] 25

Allerdings hat sich der Wert dieser Einigungsgebühr zu orientieren an dem Wert des Eilverfahrens, das durch die Einigung vermieden wird und nicht am Gegenstandswert der Hauptsache. 26

Nach umstrittener Ansicht bilden die Kindschaftssachen jedoch eine Ausnahme. Hier entsteht die Einigungsgebühr nach Nr. 1003 Abs. 2 VV RVG nur unter der Bedingung, dass hierdurch eine gerichtliche Entscheidung entbehrlich wird oder die Entscheidung der getroffenen Vereinbarung folgt.[7] Das ist in diesen Konstellationen nicht gegeben. 27

Beispiel: In einem Unterhaltsverfahren einigen sich die Beteiligten für den Zeitraum bis zur gerichtlichen Entscheidung auf eine bestimmte Zahlung. Damit wird eine einstweilige Anordnung für diesen Zeitraum vermieden. Es entsteht eine Einigungsgebühr mit dem Wert für den betroffenen Zeitraum unter Beachtung der Reduzierung für eine einstweilige Anordnung.

E. Beispiel: Verfahren mit gerichtlichem Einigungsvorschlag

Rechtsanwalt R erhebt für seinen Mandanten A Zahlungsklage über 500 € gegen B. Der Prozessbevollmächtigte von B beantragt schriftsätzlich Klageabweisung. Das Gericht macht den Parteien gem. § 495a ZPO ohne mündliche Verhandlung einen Vergleichsvorschlag, den beide Parteien annehmen. Das Gericht stellt daraufhin das Zustandekommen und den Inhalt des Vergleiches gem. § 278 Abs. 6 ZPO fest. 28

	Vorschriften	Gebührensatz	Gebühr
+	Verfahrensgebühr VV 3100; Wert: 500 €	(1,3)	58,50 €
+	Einigungsgebühr VV 1003; Wert 500 €	(1,0)	45 €
+	Terminsgebühr VV RVG 3104 Abs. 1 Nr. 1, § 495a ZPO; Wert 500 €	(1,2)	54 €

Anmerkung: Terminsgebühr – schriftliches Verfahren: Hier wurde in einem Verfahren nach § 495a ZPO ein schriftlicher Vergleich geschlossen. Die Gebühr entsteht auch, wenn in einem Verfahren, für das mündliche Verhandlung vorgeschrieben ist, im Einverständnis mit den Parteien oder gemäß §§ 307 Abs. 2, 495a ZPO oder § 94a FGO ohne mündliche Verhandlung entschieden oder in einem solchen Verfahren ein schriftlicher Vergleich geschlossen wird.

---

[4] OLG Naumburg v. 10.08.2011 - 3 UF 170/11 (UG) - FamFR 2012, 44.
[5] OLG Koblenz v. 23.06.1982 - 14 W 336/82 - Rpfleger 1982, 441 = JurBüro 1982, 1829 = VersR 1983, 567.
[6] OLG Oldenburg v. 05.02.2013 - 3 WF 10/13 - NJW 2013, 1613. *Müller-Rabe* in: Gerold/Schmidt, RVG, 21. Aufl., VV RVG 1000 Rn. 163 ff.
[7] OLG Hamm v. 02.01.2013 - II-6 WF 254/12, 6 WF 254/12 - JurBüro 2013, 242; a.A. OLG Oldenburg v. 05.02.2013 - 3 WF 10/13 - NJW 2013, 1613.

Kostenrechtl. Hinw. in Familiensachen (Teil 9)

F. Einigungsmehrwert

29 Sind neben dem Gegenstand des gerichtlichen Verfahrens auch in diesem Verfahren nicht anhängige Gegenstände Bestandteil der Einigung, so wird von einem Einigungsmehrwert gesprochen werden. Dies kommt regelmäßig bei Scheidungsfolgenvereinbarung vor (vgl. hierzu die Kostenrechtl. Hinw. in Familiensachen (Teil 10)). Wegen der Differenzierung in anhängige und nichtanhängige Einigungsgegenstände führt dieser Sachverhalt zu dem Entstehen von zwei Einigungsgebühren und auch zwei Verfahrensgebühren, die jeweils nach § 15 Abs. 3 RVG zu vergleichen sind. Durch die Neugestaltung der Terminsgebühr treten hier neue Problematiken auf, die im Abschnitt Terminsgebühr beschrieben sind.

I. Beispielsfall – Einigungsmehrwert

30 **Fall**: Im Rechtsstreit sind 5.000 € anhängig. Im Termin wird der Streitgegenstand erörtert. Zudem wird über weitere, bisher nicht anhängige 2.000 € erörtert. Anschließend schließen die Parteien einen Vergleich über die gesamten 7.000 €.
Lösung:

	Vorschriften	Gebührensatz	Gebühr
	Verfahrensgebühr, VV 3100; Wert: 5.000 €	(1,3)	393,90 €
+	Verfahrensgebühr, VV 3101; Wert: 2.000 € (§ 15 Abs. 3 RVG max. eine 1,3-Geb. aus 7.000 €: keine Kürzung)	(0,8)	120 €
+	Terminsgebühr. VV 3104; Wert: 7.000 €	(1,2)	486 €
+	Einigungsgebühr; VV 1003; Wert: 5.000 €	(1,0)	303 €
+	Einigungsgebühr, VV 1000; Wert: 2.000 € (§ 15 Abs. 3 RVG max. eine 1,5-Geb. aus 7.000 €: wird nicht erreicht)	(1,5)	225 €

Anmerkungen – Terminsgebühr: Hier wurde auch über nichtanhängige 2.000 € erörtert. Dies löst nach dem Wortlaut von Nr. 3104 VV RVG eine Terminsgebühr aus. Die Ausnahme nach Nr. 3104 Abs. 3 VV RVG greift nicht. Hiernach entsteht die Gebühr nicht, soweit lediglich beantragt ist, eine Einigung der Parteien oder mit Dritten über nicht rechtshängige Ansprüche zu Protokoll zu nehmen. Hier wurde nicht nur ein entsprechender Protokollierungsantrag gestellt, sondern es fand auch eine Erörterung statt. Damit ist die Gebühr entstanden.

II. Beispielsfall: Einigung mit Gegenständen aus mehreren Instanzen

31 **Vorbemerkung**: Das RVG stellt mit den Nrn. 1003 und 1004 VV RVG darauf ab, in welcher Instanz die Gegenstände anhängig sind und nicht, in welcher Instanz die Einigung geschlossen wird. Diese neue Regelung ist zunächst gewöhnungsbedürftig.
Fall: Im Rechtsstreit der **ersten Instanz** sind 5.000 € anhängig. Im Termin wird der Streitgegenstand erörtert. Zudem wird über weitere, in einem anderen Verfahren in der **zweiten Instanz** anhängige 2.000 € erörtert. In dem Verfahren der zweiten Instanz hat bereits ein Termin stattgefunden. Anschließend treffen die Parteien eine Einigung über die gesamten 7.000 €.
Lösung:

	Vorschriften	Gebührensatz	Gebühr
	Verfahrensgebühr, VV 3100; Wert: 5.000 €	(1,3)	393,90 €
+	Verfahrensgebühr, VV 3101; Wert: 2.000 € (§ 15 Abs. 3 RVG max. eine 1,3-Geb. aus 7.000 €: wird nicht erreicht)	(0,8)	120 €
+	**Terminsgebühr**, VV 3104; Wert: 7.000 €	(1,2)	486 €
+	Einigungsgebühr; VV 1003; Wert: 5.000 €	(1,0)	303 €
+	**Einigungsgebühr**, VV 1004; Wert: 2.000 € (§ 15 Abs. 3 RVG max. eine 1,3-Geb. aus 7.000 €: wird nicht erreicht)	(1,3)	195 €
	Anzurechnen hiervon im Berufungsverfahren:		
–	Verfahrensgebühr Nr. 3101 Abs. 1 VV RVG		96,20 €
–	Terminsgebühr Nr. 3104 Abs. 2 VV RVG		88,80 €

Anmerkung: In diesem Fall sind besondere Anrechnungen vorzunehmen, da in dem anderen Verfahren bzgl. dieses Gegenstands bereits eine Verfahrens- und eine Terminsgebühr entstanden sind.
Nr. 3101 Abs. 1 VV RVG: Die Verfahrensgebühr in Höhe der nach Kürzung (hier kommt es nicht zu einer Kürzung) verbliebenen 120 € ist anzurechnen auf die Verfahrensgebühr für das Berufungsverfahren.
Nr. 3104 Abs. 2 VV RVG: Die Terminsgebühr ist, soweit sie eine Gebühr über 5.000 € übersteigt, also mit einem Betrag von 122,40 € auf die Terminsgebühr des Berufungsverfahrens anzurechnen.
Die Einigungsgebühr für den Gegenstand des zweitinstanzlichen Verfahrens entsteht auch in Höhe einer zweitinstanzlichen Vergleichsgebühr. Da der Gegenstand der Einigungsmehrwerts bereits in einem anderen Verfahren anhängig und dort auch eine Terminsgebühr hierüber entstanden ist, sind diese Gebühren nach der Anmerkung zu Nr. 3104 VV aufeinander anzurechnen.

Kostenrechtliche Hinweise in Familiensachen (Teil 10)
Scheidungsvereinbarung

Gliederung

A. Scheidungsfolgenvereinbarung – Allgemeines 1
B. Scheidungsfolgenvereinbarung und Verfahrenskostenhilfe 6
   I. Erstreckung der Verfahrenskostenhilfe 6
   II. Von der Erstreckung erfasste Verfahren 8
   III. Gebührenrechtlicher Umfang der Erstreckung 9
C. Terminsgebühr für Einigungsmehrwert 10
D. Tätigkeit lediglich im Rahmen der Scheidungsvereinbarung 14
E. Scheidungsfolgenvereinbarung – Wert für Titulierungsinteresse 17
F. Scheidungsfolgenvereinbarung – Beispielsfälle 19
   I. Ausgangsfall: Scheidung und zusätzliche Einigung über Unterhalt – Standardfall 19
   II. Abwandlung: Scheidungsfolgenvereinbarung und vorheriger außergerichtlicher Auftrag 20
   III. Abwandlung: Einigungsgegenstand ist anderweitig anhängig 21
   IV. Abwandlung: Es kommt nicht zur Einigung 26

A. Scheidungsfolgenvereinbarung – Allgemeines

1 Die eigentliche Scheidung erfolgt stets durch Beschluss, da sie der Parteiherrschaft entzogen ist. Insoweit ist keine Einigung möglich (Nr. 1000 Abs. 5 VV RVG).

2 Bzgl. der Folgesachen kann aber für den Fall der rechtskräftigen Scheidung eine Einigung getroffen werden. In diesem Fall entsteht eine Gebühr nach Nr. 1000, 1003 VV RVG. In die Einigung können auch nichtanhängige Familiensachen aufgenommen werden (so genannter Einigungsmehrwert oder überschießende Einigung); es entsteht über den nicht anhängigen Gegenstand zusätzlich eine 1,5 Einigungsgebühr gem. Nr. 1000 VV RVG und eine 0,8 Verfahrensdifferenzgebühr. gem. Nr. 3101 Ziff. 2 VV RVG (hier ist dann jeweils eine mögliche Kürzung nach § 15 Abs. 3 RVG zu beachten).

3 **Beachte:** Wichtig ist auch hier: Für den Wert des Vergleichs ist nicht maßgebend, worauf sich die Parteien einigen, sondern worüber.

4 Eine Einigung über den Gegenstand der Ehe ist verfahrensrechtlich nicht zulässig. Der Wert der Ehesache/Lebenspartnerschaftssache bleibt bei Berechnung der Vergleichsgebühr unberücksichtigt (Nr. 1000 Abs. 5 VV RVG). Maßgeblich ist allein der Wert der Folgesachen.

5 Schließen die Parteien eine Einigung unter der **aufschiebenden Bedingung** der rechtskräftigen Scheidung, so entsteht die Gebühr erst mit Eintritt der Rechtskraft. Da es sich bei der Einigungsgebühr um eine Erfolgsgebühr handelt, wird die Einigungsgebühr erst ausgelöst, wenn die Bedingung eingetreten ist (Nr. 1000 Abs. 3 zu VV RVG).[1]

B. Scheidungsfolgenvereinbarung und Verfahrenskostenhilfe

I. Erstreckung der Verfahrenskostenhilfe

6 Für eine Einigung über Folgesachen der in § 48 Abs. 3 RVG genannten Art entsteht eine 1,5-fache Gebühr, wenn insoweit kein gerichtliches Verfahren anhängig ist. Die ggf. bewilligte **Verfahrenskostenhilfe erstreckt** sich auf diesen Einigungsvertrag mit. Diese Erstreckung ändert nichts daran, dass kein gerichtliches Verfahren und auch kein Prozesskostenhilfeverfahren anhängig sind. Es bleibt daher bei der 1,5-fachen Gebühr nach Nr. 1000 VV RVG. Eine Reduzierung auf eine 1,0-fache Gebühr nach Nr. 1003 VV RVG findet nicht statt.[2] Dies ergibt sich jetzt auch aus der entsprechenden Klarstellung in der Nr. 1003 Abs. 1 VV RVG.

7 Falls dies nicht so wäre, müssten die Rechtsanwälte den betroffenen Gegenstand anhängig machen, um die volle Vergütung zu erhalten. Dies würde der Absicht des Gesetzgebers, den Aufwand für die Gerichte zu reduzieren, widersprechen.

---

[1] OLG Hamm v. 02.05.1980 - 6 WF 7/80 - Rpfleger 1980, 445; OLG Düsseldorf v. 27.01.1999 - 3 WF 20/99 - FamRZ 1999, 1683 = FF 1999, 93 = OLGR 1999, 279.

[2] *Schneider* in: Hansens/Braun/Schneider, Praxis des Vergütungsrechts, 2. Aufl. 2006, Teil 10 Rn. 401; OLG Düsseldorf v. 10.07.1997 - 10 WF 10/97 - FamRZ 1998, 112.

II. Von der Erstreckung erfasste Verfahren

Die Verfahrenskostenhilfe Bewilligung in einer Ehesache erstreckt sich demnach auf einen Einigungsvertrag bzgl. der folgenden Gegenstände: 8
- gegenseitigen Unterhalt der Ehegatten,
- den Unterhalt gegenüber den Kindern im Verhältnis der Ehegatten zueinander,
- die Sorge für die Person der gemeinschaftlichen minderjährigen Kinder,
- die Regelung des Umgangs mit einem Kind,
- die Rechtsverhältnisse an der Ehewohnung und dem Hausrat,
- die Ansprüche aus dem ehelichen Güterrecht.

III. Gebührenrechtlicher Umfang der Erstreckung

Durch die Klarstellung des § 48 Abs. 3 RVG im Rahmen des 2. KostRModG ist seit dem 01.08.2013 die Streitfrage geklärt, welche Gebühren durch die Erstreckung erfasst sind. Der Gesetzestext lautet nunmehr: „... die Beiordnung ... erstreckt sich ... auf alle mit der Herbeiführung der Einigung erforderlichen Tätigkeiten". Damit sind zweifelsfrei, wie bisher hier auch vertreten, erfasst die folgenden Gebühren: 9
- 1,5 Einigungsgebühr Nr. 1000 RVG-VV,
- 0,8 Verfahrensdifferenzgebühr Nr. 3101 Nr. 2 RVG-VV,
- 1,2 Terminsgebühr nach Nr. 3104 RVG-VV.[3]

C. Terminsgebühr für Einigungsmehrwert

Eine wesentliche Veränderung ist bzgl. der Terminsgebühr eingetreten. Nach der BRAGO konnte über den nichtanhängigen Gegenstand nach ganz einhelliger Ansicht keine Verhandlungs- oder Erörterungsgebühr verdient werden. Das RVG wurde insoweit geändert. Hier heißt es in Nr. 3104 Abs. 2 VV RVG: 10

„(2) Sind in dem Termin auch Verhandlungen zur Einigung über in diesem Verfahren nicht rechtshängige Ansprüche geführt worden, wird die Terminsgebühr, soweit sie den sich ohne Berücksichtigung der nicht rechtshängigen Ansprüche ergebenden Gebührenbetrag übersteigt, auf eine Terminsgebühr angerechnet, die wegen desselben Gegenstands in einer anderen Angelegenheit entsteht. ..."

Der Gesetzgeber schreibt die Anrechnung einer Gebühr über einen in diesem Verfahren nichtanhängigen Gegenstand vor. Aus dieser Formulierung wird allgemein geschlossen, dass eine Terminsgebühr für den in diesem Verfahren nichtanhängigen Gegenstand entsteht, da eine Anrechnung einer Gebühr zunächst einmal deren Entstehen voraussetzt. Demzufolge ist auch für den Einigungsmehrwertgegenstand eine Terminsgebühr entstanden, wenn die Einigung zwischen den beteiligten Anwälten zuvor besprochen worden ist[4]. 11

Dementsprechend hat das OLG Karlsruhe festgestellt, dass in einem Scheidungsfolgenvergleich eine 1,2 Terminsgebühr aus dem Gesamtwert der rechtshängigen und der nicht rechtshängigen Ansprüche entsteht.[5] 12

Beachte: Terminsgebühr für nichtanhängige Gegenstände und Verfahrenskostenhilfe: Wird in einer Ehesache die den Parteien bewilligte Verfahrenskostenhilfe auf einen Vergleich zur Regelung einer nicht anhängigen Folgesache (z.B.: Kindes- und Ehegattenunterhalt) erweitert, so ist den beigeordneten Rechtsanwälten gem. § 48 Abs. 1, 3 RVG auch für diesen Gegenstand eine Terminsgebühr aus der Staatskasse zu erstatten.[6] 13

D. Tätigkeit lediglich im Rahmen der Scheidungsvereinbarung

Wird der Rechtsanwalt nicht als Verfahrensbevollmächtigter beauftragt, sondern beschränkt sich seine Tätigkeit auf den Abschluss einer Scheidungsvereinbarung, so verdient er nicht die Gebühren des Teils 3 des Vergütungsverzeichnisses, sondern 14

---

[3] OLG Nürnberg v. 22.12.2010 - 7 WF 1773/10 - NJW 2011, 1297 = FamRZ 2011, 1976 = FamFR 2011, 88; OLG Bamberg v. 05.05.2009 - 2 WF 20/09 - FamRZ 2010, 231.
[4] Zuletzt: OLG Köln v. 15.04.2013 - 10 WF 38/13 - FamFR 2013, 453.
[5] OLG Karlsruhe v. 03.02.2011 - 5 WF 220/10 - FamRZ 2011, 1682 = FamRB 2011, 247.
[6] OLG Karlsruhe v. 09.07.2009 - 2 WF 33/09 - FamRZ 2009, 2114.

Kostenrechtl. Hinw. in Familiensachen (Teil 10) jurisPK-BGB / T. Schmidt

- eine Geschäftsgebühr nach Nr. 2300 VV RVG für die Durchführung des Auftrags. Diese wird regelmäßig zu erhöhen sein, da der Rechtsanwalt entsprechende Einigungsverhandlungen mit dem Gegner zu führen hat, die jedenfalls den Umfang erhöhen.
- Falls entstanden, kommen die Einigungsgebühren nach Nr. 1000 und ggf. Nr. 1003 VV RVG hinzu. Soweit es sich um den Abschluss eines außergerichtlichen Vergleichs handelt, entsteht eine 1,5-fache Gebühr nach Nr. 1000 VV RVG.

15 Die Geschäftsgebühr Nr. 2300 VV RVG ist auf eine ggf. später entstehende Verfahrensgebühr für die Protokollierung der Einigung (Nr. 3101 VV RVG) anzurechnen (VB 3 Abs. 4 VV RVG).

16 Hat der Anwalt von vornherein den Auftrag zur Durchführung des Scheidungsverfahrens und zur Herbeiführung der gerichtlichen Protokollierung des Vergleichs, so entsteht für die Einigung nicht die Geschäftsgebühr, sondern lediglich die Verfahrensgebühr nach Nr. 3101 Ziff. 2 VV RVG. Diese sogenannte Verfahrensdifferenzgebühr fällt auch nicht nachträglich wieder weg, wenn es nicht zur Antragsprotokollierung kommt.

E. Scheidungsfolgenvereinbarung – Wert für Titulierungsinteresse

17 Erklärungen zu unstreitigen Positionen im Scheidungsfolgenvergleich (z.B.: „der Hausrat ist verteilt und auf den Zugewinnausgleich wird verzichtet") im Rahmen eines Scheidungsfolgenvergleiches führen zu einer Erhöhung des Gegenstandswertes, auch wenn über diese Positionen kein Streit mehr bestand. Der Wert ist auf bisher 300, jetzt 500 € (= erste Gebührenstufe der RVG-Tabelle) zu schätzen. Für einen höheren Betrag sind konkrete Anhaltspunkte für einen Verzicht bzw. ein Haftungsrisiko vorzutragen.[7]

18 Anders wird dies für Unterhaltsansprüche gesehen: Auch dann, wenn der Antragsgegner den geschuldeten Unterhalt freiwillig bezahlt und der Zahlungsanspruch nur deswegen gerichtlich geltend gemacht wird, weil der Antragsteller für den Anspruch einen gerichtlichen Titel haben will, ist als Verfahrenswert nach § 51 Abs. 1 Satz 1 FamGKG der Jahresbetrag des Unterhalts anzusetzen und nicht ein geringerer Wert als bloßes „Titulierungsinteresse".[8]

F. Scheidungsfolgenvereinbarung – Beispielsfälle

I. Ausgangsfall: Scheidung und zusätzliche Einigung über Unterhalt – Standardfall

19 Fall: Die Scheidung (5.000 €) und der Versorgungsausgleich (1.000 €) sind anhängig. Im Termin wird nach Erörterung über alle Gegenstände eine Einigung getroffen, die auch den bisher nicht anhängigen Unterhalt für die Ehefrau (4.000 €) einbezieht. Es wird eine Protokollierung der Einigung beantragt. Die Ehe wird geschieden.
Lösung:

Gebühr und Vorschriften	Gebührensatz	Gebühr
Verfahrensgebühr Nr. 3100; Wert: 6.000 €	(1,3)	460,20 €
+ Verfahrensgebühr Nr. 3101 (2); keine Kürzung nach § 15 Abs. 3 RVG; Wert: 4.000 €	(0,8)	201,60 €
+ Terminsgebühr Nr. 3104; Wert: 10.000 €	(1,2)	669,60 €
+ Einigungsgebühr, Nr. 1003, 1000; Wert: 1.000 €	(1,0)	80 €
+ Einigungsgebühr, Nr. 1000; Kürzung nach § 15 Abs. 3 RVG um 3,50 €; Wert: 4.000 €	(1,5)	374,50 €

Anmerkungen: Die Scheidung selbst ist der Parteiherrschaft entzogen. Ein Vergleich/Einigung hierüber ist nicht möglich. Sie ist also nicht Gegenstand der Einigung.
Gegenstand der Einigung sind der anhängige Versorgungsausgleich und der nichtanhängige Ehegattenunterhalt. Für diese Gegenstände entstehen bezüglich der Einigung unterschiedliche Gebühren. Soweit der Gegenstand anhängig ist (hier Versorgungsausgleich), entsteht neben der üblichen 1,0 Einigungsgebühr nach Nr. 1003, 1000 VV RVG keine zusätzliche Verfahrensgebühr, da dieser Gegenstand bereits in der Verfahrensgebühr Nr. 3100 VV RVG enthalten ist.
Etwas anderes gilt für den nichtanhängigen Gegenstand (hier Unterhalt). Für diesen entsteht neben einer 1,5 Einigungsgebühr Nr. 1000 VV RVG eine zusätzliche Verfahrensgebühr nach Nr. 3101 Nr. 2 VV RVG, die so genannte Verfahrensdifferenzgebühr. Diese Gebühr wird verdient soweit lediglich be-

---
[7] OLG Schleswig v. 15.08.2011 - 12 WF 79/11 - SchlHA 2011, 456.
[8] OLG Hamburg v. 13.03.2013 - 7 WF 21/13 - AGS 2013, 184.

antragt ist, eine Einigung der Parteien oder mit Dritten über in diesem Verfahren nicht rechtshängige Ansprüche zu Protokoll zu nehmen.
Sowohl die beiden Verfahrensgebühren Nr. 3100 und Nr. 3101 VV RVG als auch die Einigungsgebühren nach Nr. 1003 und Nr. 1000 VV RVG sind gem. § 15 Abs. 3 RVG zu prüfen und ggf. zu kürzen.

II. Abwandlung: Scheidungsfolgenvereinbarung und vorheriger außergerichtlicher Auftrag

Fall: Wie im Ausgangsfall sind anhängig Scheidung 5.000 € und Versorgungsausgleich 1.000 €. Es kommt zum Vergleich über Versorgungsausgleich und den nichtanhängigen Ehegattenunterhalt 4.000 €. Der Rechtsanwalt der Ehefrau hat bereits vor Verfahrensbeginn einen Auftrag zur außergerichtlichen Geltendmachung des Unterhaltsanspruchs (4.000 €). Eine vorgerichtliche Einigung ist trotz zahlreicher Schreiben und einer Besprechung gescheitert. 20

Lösung:
Außergerichtlicher Auftrag:

Gebühr und Vorschriften	Gebührensatz	Gebühr
Geschäftsgebühr Nr. 2300; Wert: 4.000 €	(2,0)	490 €
+ Post- und Telekommunikationsentgelt		20 €

Anmerkung – außergerichtlicher Auftrag: Wegen des erhöhten Umfangs der Tätigkeit (hier mehrere Schreiben und Teilnahme an einer Besprechung) ist die Erhöhung des Gebührensatzes der Geschäftsgebühr auf 2,0 gerechtfertigt.

Lösung gerichtliches Verfahren:

Gebühr und Vorschriften	Gebührensatz	Gebühr
Verfahrensgebühr Nr. 3100; Wert: 6.000 €	(1,3)	460,20 €
+ Verfahrensgebühr Nr. 3101; Wert: 4.000 €	(0,8)	12,60 €
Anrechnung einer 0,75 Geschäftsgeb. Nr. 2300 mit 189 €		
Keine Kürzung nach § 15 Abs. 3 RVG		
+ Terminsgebühr Nr. 3104; Wert: 10.000 €	(1,2)	669,60 €
+ Einigungsgebühr, Nr. 1003, 1000; Wert: 1.000 €	(1,0)	80 €
+ Einigungsgebühr, Nr. 1000; Wert: 4.000 €; Kürzung nach § 15 Abs. 3 RVG um 3,50 €	(1,5)	374,50 €

Anmerkung: Die Geschäftsgebühr ist bereits vor Erteilung des Prozessauftrags entstanden. Sie ist anzurechnen nach der VB 3 Abs. 4 VV RVG.
Das Entstehen einer Geschäftsgebühr für den bisher nichtanhängigen Gegenstand ist unabhängig davon, ob die Scheidung bereits anhängig ist. Entscheidend ist allein, welchen Auftrag der Rechtsanwalt erhalten hat. Ist der Auftrag auf die außergerichtliche Geltendmachung des Anspruchs gerichtet, entsteht die Geschäftsgebühr.
Daher wird über die Gegenstände der Scheidungsfolgeneinigung häufig auch die Geschäftsgebühr entstanden sein, da der Rechtsanwalt bereits vor der Erteilung des konkreten Verfahrensauftrags in den entsprechenden Angelegenheiten tätig geworden ist.
Hinweis: Die Anrechnung ist vor der Kürzung nach § 15 Abs. 3 RVG durchzuführen.

III. Abwandlung: Einigungsgegenstand ist anderweitig anhängig

Fall: In dem Ausgangsfall (Scheidung 5.000 € und Versorgungsausgleich 1.000 € sind anhängig; Vergleich über VA und den in diesem Fall nichtanhängigen Trennungsunterhalt mit 4.000 €) ist der in der Einigung mit betroffene Unterhaltsanspruch bereits anderweitig isoliert geltend gemacht worden und ist nicht Gegenstand des Scheidungsverfahrens. Inzwischen befindet sich der Unterhalt bereits in der Beschwerdeinstanz. In diesem Beschwerdeverfahren hat ein Verhandlungstermin stattgefunden. 21

Lösung Scheidungsverfahren:

Gebühr und Vorschriften	Gebührensatz	Gebühr
Gebühr und Vorschriften	Gebührensatz	Gebühr
Verfahrensgebühr Nr. 3100; Wert: 6.000 €	(1,3)	460,20 €
+ Verfahrensgebühr Nr. 3101 (2); keine Kürzung nach § 15 Abs. 3 RVG ; Wert: 4.000 €	(0,8)	201,60 €

Kostenrechtl. Hinw. in Familiensachen (Teil 10)

+	Terminsgebühr Nr. 3104; Wert: 10.000 €	(1,2)	669,60 €
+	Einigungsgebühr, Nr. 1003, 1000; Wert: 1.000 €	(1,0)	80 €
+	Einigungsgebühr, Nr. 1004, 1000; keine Kürzung nach § 15 Abs. 3 RVG; Wert: 4.000 €	(1,5)	327,60 €

Anmerkungen zur Lösung Scheidungsverfahren: Im Scheidungsverfahren entsteht über den hier nicht anhängigen Gegenstand Unterhalt eine Einigungsgebühr Nr. 1004, 1000 VV RVG, da dieser Gegenstand in einem Berufungsverfahren anhängig ist. Die Nr. 1004 VV RVG setzt nicht voraus, dass die Einigung in einem Berufungsverfahren selbst erfolgt, sondern lediglich, dass der Gegenstand in einem solchen Verfahren anhängig ist.

Lösung Berufungsverfahren bzgl. Unterhalts:

	Gebühr und Vorschriften	Gebührensatz	Gebühr
	Verfahrensgebühr Nr. 3200 VV; Anrechnung Nr. 3101 Nr. 2 (1) VV mit 201,60 €; Wert: 4.000 €	(1,6)	201,60 €
+	Terminsgebühr Nr. 3202 VV; Anrechnung Nr. 3104 (2) VV mit 244,80 €; Wert: 4.000 €	(1,2)	57,60 €

Anmerkungen zur Lösung Berufungsverfahren: Der Gegenstand des Berufungsverfahrens (hier: Unterhalt) wird in einem anderen Verfahren durch eine Einigung erledigt. Es entstehen daher bezüglich desselben Gegenstands jeweils zwei Verfahrens- bzw. Terminsgebühren. Der Gesetzgeber hat für diesen Fall entsprechende Anrechnungsvorschriften berücksichtigt.

22 Für die Verfahrensgebühren ergibt sich diese Anrechnung aus der Nr. 3101 Nr. 2 (1). Hier heißt es: „(1) Soweit in den Fällen der Nummer 2 der sich nach § 15 Abs. 3 RVG ergebende Gesamtbetrag der Verfahrensgebühren die Gebühr 3100 übersteigt, wird der übersteigende Betrag auf eine Verfahrensgebühr angerechnet, die wegen desselben Gegenstands in einer anderen Angelegenheit entsteht. ..."

23 Diese komplizierte Formulierung ist notwendig, da die anzurechnende Verfahrensgebühr häufig gar nicht mehr in voller Höhe vorhanden ist. Sie ist oft bereits durch die Kürzung nach § 15 Abs. 3 RVG reduziert worden. Ohne diese Ergänzung müsste die gesamte Gebühr angerechnet werden und der Rechtsanwalt würde sogar Anteile seiner Gebühr Nr. 3100 VV RVG durch die Anrechnung verlieren. Demnach ist wie folgt vorzugehen:
Es ist die nach einer eventuellen Kürzung gem. § 15 Abs. 3 RVG verbliebene Verfahrensgebühr Nr. 3101 Nr. 2 zu ermitteln. Hier also Nr. 3101 VV mit 201,60 €.
Der so ermittelte Betrag ist auf die in dem anderen Verfahren (hier: Berufungsverfahren) entstandene Verfahrensgebühr anzurechnen:

	Verfahrensgebühr Nr. 3200 VV	403,20 €
–	Anr. Nr. 3101 Nr. 2 (1) VV	201,60 €
=	Rest nach Anrechnung	201,60 €

24 Etwas Ähnliches ist für die Terminsgebühr in der Vorschrift Nr. 3104 Nr. 2 VV RVG geregelt. Hier heißt es:
„(2) Sind in dem Termin auch Verhandlungen zur Einigung über in diesem Verfahren nicht rechtshängige Ansprüche geführt worden, wird die Terminsgebühr, soweit sie den sich ohne Berücksichtigung der nicht rechtshängigen Ansprüche ergebenden Gebührenbetrag übersteigt, auf eine Terminsgebühr angerechnet, die wegen desselben Gegenstands in einer anderen Angelegenheit entsteht."

25 Um diese Anrechnung vorzunehmen, ist von der insgesamt in diesem Verfahren entstandenen Terminsgebühr eine Terminsgebühr über den anhängigen Gegenstand abzuziehen:

	Nr. 3104 über 10.000 € mit	669,60 €
–	Nr. 3104 über 6.000 € mit	424,80 €
=	Der restliche Betrag mit	244,80 €
	ist auf die Terminsgebühr des Berufungsverfahrens anzurechnen.	
	Terminsgebühr Nr. 3202 VV	302,40 €
–	Anr. Nr. 3104 Abs. 2 VV	244,80 €
=	Rest nach Anrechnung	57,60 €

IV. Abwandlung: Es kommt nicht zur Einigung

Fall: In dem Ausgangsfall (Scheidung 5.000 € und Versorgungsausgleich 1.000 € sind anhängig) wird über sämtliche Ansprüche erörtert – auch über den nicht anhängigen Unterhaltsanspruch. Die Einigung scheitert jedoch. Es kommt zum Urteil. Der Unterhaltsanspruch ist nicht anderweitig anhängig.

Lösung:

Gebühr und Vorschriften	Gebührensatz	Gebühr
Verfahrensgebühr Nr. 3100; Wert: 6.000 €	(1,3)	460,20 €
+ Verfahrensgebühr Nr. 3101; Wert: 4.000 €; keine Kürzung gem. § 15 Abs. 3 RVG	(0,8)	201,60 €
+ Terminsgebühr Nr. 3104 (2); Wert: 10.000 €	(1,2)	669,60 €

Anmerkungen zur Lösung: Die Einigung ist nicht zustande gekommen. Die Einigungsgebühren können nicht mehr entstehen, da es sich bei diesen um Erfolgsgebühren handelt.
Fraglich ist hingegen, ob eine Verfahrensgebühr Nr. 3101 (2) VV RVG entstanden ist. Die Verfahrensdifferenzgebühr entsteht bereits, soweit lediglich Verhandlungen vor Gericht zur Einigung über solche Ansprüche geführt werden. Die Stellung eines Protokollierungsantrags ist damit nicht erforderlich.
Ebenso stellt sich die Frage, ob die Terminsgebühr auch über den nichtanhängigen Gegenstand bestehen bleibt. Der Gesetzgeber hat hier keinen besonderen Wegfallgrund normiert. Es verbleibt daher bei dem Grundsatz, dass eine einmal verdiente Gebühr nicht wieder wegfällt, wenn sich der Auftrag vorzeitig erledigt (§ 15 Abs. 4 RVG).
Zu beachten ist allerdings, dass die 4.000 € nicht anhängig geworden sind. Damit scheidet insoweit auch eine Kostenfestsetzung aus. Diese Kosten trägt allein der Auftraggeber.

Kostenrechtliche Hinweise in Familiensachen (Teil 11)
Aussöhnungsgebühr

Gliederung

A. Aussöhnungsgebühr – Entstehungsvoraussetzungen 1
I. Auftrag 3
II. Scheidungswille 5
III. Erfolgreiche Aussöhnung 6
IV. Mitwirkung des Rechtsanwalts 9
B. Aussöhnung bei anhängiger Ehesache 14
C. Verfahrenskostenhilfe und Aussöhnungsgebühr 17
D. Erfolgshonorar für Aussöhnung 18
E. Beispielsfall: Aussöhnungsgebühr 19

A. Aussöhnungsgebühr – Entstehungsvoraussetzungen

1 Nach Nr. 1000 VV RVG kann in Ehe- und Lebenspartnerschaftssachen keine Einigungsgebühr verdient werden. Dafür kann aber eine Aussöhnungsgebühr nach Nr. 1001 VV RVG entstehen.

2 Die Aussöhnungsgebühr kann sowohl bei Anhängigkeit als auch außerhalb eines anhängigen Scheidungsverfahrens entstehen. Sie kann auch wiederholt entstehen. Zu beachten ist, dass die Aussöhnungsgebühr, wie auch die anderen Gebühren, ebenfalls für die Aussöhnung einer Lebenspartnerschaft entstehen kann.

I. Auftrag

3 Der Rechtsanwalt muss einen Auftrag zur Aussöhnung erhalten haben. Dies kann stillschweigend oder ausdrücklich geschehen. Wenn dies ausdrücklich erfolgt ist, wird es ihm später erheblich leichter fallen, das Entstehen der Gebühr nachzuweisen.

4 Der Auftrag kann nicht in der allgemeinen Beauftragung zur Beratung und Vertretung im Scheidungsverfahren gesehen werden; auch die tatsächlich erfolgte Versöhnung, möglicherweise unter Mitwirkung des Rechtsanwalts, ersetzt eine vorherige Auftragserteilung nicht.[1]

II. Scheidungswille

5 Voraussetzung für das Entstehen einer Aussöhnungsgebühr Nr. 1001 VV RVG ist das Vorliegen einer Scheidungssache, eines Verfahrens auf Aufhebung einer Ehe oder eines Verfahrens auf Aufhebung der Lebenspartnerschaft (§ 269 Abs. 1 Nr. 1 FamFG) **oder** Hervortreten des ernstlichen Willens eines der Ehegatten/Lebenspartner, ein solches Verfahren anhängig zu machen

III. Erfolgreiche Aussöhnung

6 Notwendig ist weiterhin die erfolgreiche Aussöhnung durch Fortsetzung oder Wiederaufnahme der ehelichen Lebensgemeinschaft/Lebenspartnerschaft.

7 Eine **versuchsweise Aussöhnung** ist für das Entstehen der Gebühr nicht ausreichend. Es muss daher auf beiden Seiten der Wille vorliegen, die eheliche Lebensgemeinschaft auf Dauer wieder fortsetzen zu wollen. Kommt es letztendlich nicht zu einer Fortsetzung auf Dauer, so ist dies unschädlich. Die Aussöhnungsgebühr ist entstanden, wenn die Parteien nach der Trennung während einer gemeinsamen Urlaubsreise zusammengelebt haben und sich bereits nach dem Ende der Reise wieder getrennt haben.[2]

8 Indizien für eine dauerhafte Aussöhnung können sein:
- Beantragung des Ruhens des Verfahrens,
- Wiederherstellung der häuslichen Gemeinschaft (aber nicht zwingend z.B. bei Montagearbeitern, Pflege anderer Angehöriger usw.),
- Wiederaufnahme geschlechtlicher Beziehungen (ist nicht zwingend, wenn Krankheits- oder Altersgründe entgegenstehen).

---

[1] LG Duisburg v. 13.01.2011 - 5 S 39/10 - JurBüro 2011, 245.
[2] OLG Hamburg, MDR 1962, 417; a.A. OLG Koblenz v. 16.03.2000 - 15 WF 72/00 - OLGR Koblenz 2000, 428-429.

IV. Mitwirkung des Rechtsanwalts

Der Rechtsanwalt muss die Absicht der Parteien zur Aussöhnung erkannt und gefördert haben. An das Mitwirken sind geringere Anforderungen zu stellen. Eine ursächliche Mitwirkung des Anwaltes ist nicht erforderlich. 9

Für das Entstehen einer Aussöhnungsgebühr ist das Mitwirken des Rechtsanwalts an der Aussöhnung notwendig. Hierunter ist zu verstehen, dass der Rechtsanwalt die Bereitschaft der Parteien zur Aussöhnung weckt oder bei vorhandener Versöhnungsbereitschaft weiter fördert.[3] 10

Nicht notwendig für das Merkmal der Mitwirkung ist die Teilnahme des Rechtsanwalts an den Aussöhnungsgesprächen oder ein Verhalten, das maßgeblich zum Erfolg beigetragen hat. Es genügt eine Tätigkeit, die geeignet ist, den Erfolg herbeizuführen.[4] 11

Es ist insoweit ausreichend, wenn die Bemühungen des Rechtsanwalts die Aussöhnung gefördert haben. 12

Die folgenden Tätigkeiten bieten ein deutliches Indiz für das Mitwirken an der Aussöhnung:[5] 13
- Gespräche/Erörterungen der Probleme mit dem Gegner,
- telefonische Erörterung mit dem Rechtsanwalt des Gegners,
- Teilnahme an Gesprächen mit den Ehegatten,
- Ausrichtung prozessualer Maßnahmen auf das Ziel der Aussöhnung,
- Empfehlung das Ruhen der Scheidung zu beantragen,
- Beratung des Vorgehens für den Fall der Scheidung.

B. Aussöhnung bei anhängiger Ehesache

Ist die **Ehesache bereits anhängig** oder ein entsprechender Antrag auf **Bewilligung von Verfahrenskostenhilfe** gestellt, so entsteht die Aussöhnungsgebühr nach Nr. 1003 VV RVG lediglich reduziert mit einem Gebührensatz von 1,0. Diese Struktur entspricht der der Einigungsgebühr. 14

Die Anhängigkeit anderer Familiensachen als der Ehesache ist unerheblich. 15

Ist über die Ehesache ein **Beschwerdeverfahren** anhängig, so entsteht die Aussöhnungsgebühr Nr. 1001 VV RVG nach Nr. 1004 VV RVG mit einem Gebührensatz von 1,3. 16

C. Verfahrenskostenhilfe und Aussöhnungsgebühr

Der im Wege der Verfahrenskostenhilfe für die Scheidungssache, eines Verfahrens auf Aufhebung einer Ehe oder eines Verfahrens auf Aufhebung der Lebenspartnerschaft (§ 269 Abs. 1 Nr. 1 FamFG) beigeordnete Rechtsanwalt kann auch die Aussöhnungsgebühr aus der Staatskasse erhalten. Die **VKH für die Ehesache umfasst auch die Aussöhnungsgebühr**.[6] 17

D. Erfolgshonorar für Aussöhnung

Bei der Aussöhnungsgebühr handelt es sich um eine sogenannte Erfolgsgebühr. Sie entsteht nicht mit der Auftragserteilung sondern erst mit dem erfolgreichen Abschluss der Vereinbarung. Bei derartigen Gebühren ist die Vereinbarung eines Erfolgshonorars zulässig (§ 49b BRAO). Eine entsprechende Vereinbarung könnte lauten: 18

„... Für den Fall der erfolgreichen Aussöhnung erhält der Rechtsanwalt zusätzlich zur gesetzlichen Vergütung eine dreifache Aussöhnungsgebühr. ..."

E. Beispielsfall: Aussöhnungsgebühr

Fall: Der Rechtsanwalt berät den Mandanten intensiv bzgl. der Folgen einer Scheidung. Es kommt zum Schriftwechsel mit dem Gegner. Die Parteien haben die Absicht sich scheiden zu lassen. Der Rechtsanwalt erkennt jedoch die Versöhnungsbereitschaft der Parteien und fördert diese. Der Mandant ist mit der Auftragserweiterung/-änderung einverstanden. In einem gemeinsamen Besprechungstermin ver- 19

---

[3] OLG Hamm, JurBüro 1964, 735; *Schneider* in: Hansens/Braun/Schneider, Praxis des Vergütungsrechts, 2. Aufl. 2006, Teil 10 Rn. 148.
[4] OLG Zweibrücken v. 02.08.1999 - 5 WF 56/99 - JurBüro 2000, 199.
[5] *Schneider* in: Hansens/Braun/Schneider, Praxis des Vergütungsrechts, 2. Aufl. 2006, Teil 10 Rn. 150.
[6] OLG Bamberg v. 26.09.1984 - 2 WF 198/84 - JurBüro 1985, 233; *Schneider* in: Hansens/Braun/Schneider, Praxis des Vergütungsrechts, 2. Aufl. 2006, Teil 10 Rn. 156; *Müller-Rabe* in: Gerold/Schmidt, RVG 21. Aufl. 2014, VV 1001 Rn. 28.

Kostenrechtl. Hinw. in Familiensachen (Teil 11)   jurisPK-BGB / T. Schmidt

söhnen sich die Parteien wieder und nehmen anschließend die eheliche Lebensgemeinschaft wieder auf. Der Wert der Scheidung hätte 10.000 € betragen.

Lösung:

Vorschrift	Gebührensatz	Gebühr
Geschäftsgebühr, VV 2300; Wert: 10.000 €	(2,0)	1.116,00 €
+ Aussöhnungsgebühr, VV 1001; Wert: 10.000 €	(1,5)	837 €

Anmerkungen: Der Rahmen der Geschäftsgebühr wurde wegen des gemeinsamen Besprechungstermins von 1,3 auf 2,0 erhöht. Kommt es dagegen im gerichtlichen Verfahren zur Aussöhnung, so entsteht nach Nr. 1003 VV RVG eine Aussöhnungsgebühr mit einem Gebührensatz von 1,0.

Kostenrechtliche Hinweise in Familiensachen (Teil 12)
Einstweilige Anordnungen

Gliederung

A. Einstweilige Anordnungen – allgemein 1
   I. Terminsgebühr – Gerichtstermin 10
   II. Terminsgebühr – schriftliches Verfahren 11
   III. Terminsgebühr – Besprechungen zur Vermeidung/Erledigung 13
B. Beispiel: einstweilige Anordnung zum Umgangsrecht 14
C. Beispiel: mehrere einstweilige Anordnungen bzgl. desselben Gegenstands 15
D. Beispiel: keine Werthalbierung, da Vorwegnahme der Entscheidung durch die einstweilige Anordnung 16
E. Beispiel: einstweilige Anordnung im Beschwerdeverfahren 17
F. Beispielsfall: Terminsgebühr sowohl in der Hauptsache als auch in der einstweiligen Anordnung 18
G. Beispiel: Erledigung von Hauptsache und einstweiliger Anordnung im gerichtlichen Termin 20

A. Einstweilige Anordnungen – allgemein

Hinweis: Zu den verfahrensrechtlichen Besonderheiten vgl. die Kostenrechtl. Hinw. in Familiensachen (Teil 1) Rn. 68; zu den Wertvorschriften die Kostenrechtl. Hinw. in Familiensachen (Teil 2) Rn. 247. **1**

Die einstweiligen Anordnungen nach dem FamFG stellen grundsätzlich nach § 17 Nr. 4b RVG eine eigene Angelegenheit dar. Die Hauptsache selbst muss nicht mehr anhängig sein. Die Verfahren sind unabhängig voneinander. **2**

Beachte: Für jedes Verfahren zur einstweiligen Anordnung muss gesondert **Verfahrenskostenhilfe** beantragt werden. Eine Bewilligung für die Hauptsache ist nicht ausreichend. **3**

Im Gegensatz zum bisherigen Recht, wo mehrere einstweilige Anordnungen zu einer Angelegenheit zusammengefasst wurden, gilt mit Inkrafttreten des FamFG, dass **jede einstweilige Anordnung immer eine eigene Angelegenheit** darstellt. Dies gilt unabhängig davon, ob die Hauptsache selbst oder irgendeine andere einstweilige Anordnung anhängig ist. Dies ist durch den Wegfall des bisherigen § 18 Nr. 1 RVG (a.F.) klargestellt worden. **4**

Wird dahingegen nur die **Abänderung oder Aufhebung** einer bereits erlassenen einstweiligen Anordnung begehrt, so liegt insgesamt dieselbe Angelegenheit vor – § 16 Nr. 5 RVG. **5**

Eine **Anrechnung** der Gebühren des Verfahrens bzgl. der einstweiligen Anordnung auf die Gebühren einer eventuell anhängigen oder folgenden Hauptsache findet mangels einer Anrechnungsvorschrift **nicht statt**. **6**

In den Verfahren der einstweiligen Anordnungen entstehen die üblichen Gebühren des Teils 3 des RVG ggf. mit einer Einigungsgebühr Nr. 1003 VV RVG. **7**

Als Wert für die einstweilige Anordnung gilt nach § 22 RVG, § 41 FamGKG in der Regel der halbe Wert, der für die Hauptsache gelten würde. Von dieser Vorgabe kann das Gericht nach Ermessen abweichen. **8**

Beachte: Bei einstweiligen Anordnungen in **Unterhaltssachen** bestimmt sich der Wert nach den §§ 41 und 51 FamGKG. Damit gilt auch hier, dass **fällige Beträge** zu dem Wert hinzugerechnet werden.[1] Damit ist in jedem dieser Verfahren zumindest der aktuelle Monat zusätzlich zu berücksichtigen, da dieser jedenfalls fällig ist. **9**

I. Terminsgebühr – Gerichtstermin

Nimmt der Rechtsanwalt sowohl in der Hauptsache als auch in einstweiligen Anordnungsverfahren an dem jeweiligen Termin teil, so erhält er in jedem der Verfahren eine Terminsgebühr. Dies gilt auch dann, wenn es zu einem gemeinsamen Termin kommt. Ein gemeinsamer Termin stellt keine Verfahrensverbindung dar. Die Angelegenheiten bleiben weiterhin getrennt. Voraussetzung ist, dass beide Sachen aufgerufen wurden. **10**

---

[1] Hansens/Braun/Schneider, Vergütungsrecht 2. Aufl. Teil 9 Rn. 667.

Kostenrechtl. Hinw. in Familiensachen (Teil 12)

II. Terminsgebühr – schriftliches Verfahren

11 Nach Nr. 3104 Abs. 1 Nr. 1 VV RVG entsteht die Terminsgebühr im schriftlichen Verfahren nur dann, wenn für das Verfahren eine mündliche Verhandlung vorgeschrieben ist. Nach § 51 Abs. 2 FamFG kann jedoch über die einstweilige Anordnung ohne mündliche Verhandlung entschieden werden. Es entsteht daher im schriftlichen Verfahren keine Terminsgebühr.[2]

12 Etwas anderes gilt, wenn nach § 54 Abs. 2 FamFG auf Antrag nach mündlicher Verhandlung entschieden werden muss. Wird vor dem Termin ein schriftlicher Vergleich geschlossen, so löst dies eine Terminsgebühr aus, da nunmehr eine mündliche Verhandlung vorgeschrieben ist.

III. Terminsgebühr – Besprechungen zur Vermeidung/Erledigung

13 Für die „Besprechungs-Terminsgebühr" spielt die Tatsache, dass eine mündliche Verhandlung (mit Ausnahme des Falles § 54 Abs. 2 FamFG) nicht vorgeschrieben ist, keine Rolle. Die Terminsgebühr entsteht nach der VB 3 Abs. 3 VV RVG für Besprechungen mit dem Ziel der Vermeidung/Erledigung des Verfahrens. Bei Nr. 3104 Abs. 1 VV RVG handelt es sich um eine Sondervorschrift für das schriftliche Verfahren und findet daher hier keine Anwendung.[3] Diesen Standpunkt nimmt inzwischen auch der BGH ein.[4] Zudem hat der Gesetzgeber auf die gegenteiligen Ansicht reagiert und ab dem 01.08.2013 klargestellt, dass die Terminsgebühr für außergerichtliche Besprechungen in allen Verfahren entsteht, solange nichts anderes bestimmt ist.

B. Beispiel: einstweilige Anordnung zum Umgangsrecht

14 **Fall:** Nach Verhandlung entscheidet das Gericht über den Antrag auf einstweilige Anordnung zur Regelung des Umgangsrechts.
Lösung:

Verfahrensgebühr, Nr. 3100 VV (1,3) Wert: 1.500 €	149,50 €
+ Terminsgebühr, Nr. 3104 VV (1,2) Wert: 1.500 €	138 €

Anmerkung: Der Wert bemisst sich hier nach den §§ 41, 45 FamGKG mit 1.500 €.

C. Beispiel: mehrere einstweilige Anordnungen bzgl. desselben Gegenstands

15 **Fall:** Die Mutter beantragt die Übertragung der elterlichen Sorge. Eine entsprechende einstweilige Anordnung wird beantragt. Das Gericht lehnt die einstweilige Anordnung nach Verhandlung ab. Einige Wochen später beantragt die Mutter wegen veränderter Umstände (der Vater prügelt das Kind) erneut den Erlass einer einstweiligen Anordnung. Nunmehr gibt das Gericht dem Antrag nach erneuter Verhandlung statt.
Lösung:

Vergütung einstweilige Anordnung 1:

Verfahrensgebühr, Nr. 3100 VV (1,3) Wert: 1.500 €	149,50 €
+ Terminsgebühr, Nr. 3104 VV (1,2) Wert: 1.500 €	138 €

Vergütung einstweilige Anordnung 2:

Verfahrensgebühr, Nr. 3100 VV (1,3) Wert: 1.500 €	149,50 €
+ Terminsgebühr, Nr. 3104 VV (1,2) Wert: 1.500 €	138 €

Nach bisherigem Recht wäre hier eine Angelegenheit mit dem zusammengerechneten Wert der beiden Gegenstände von 1.000 € abgerechnet worden. Die Vergütung hätte insgesamt betragen: 276,68 €.

D. Beispiel: keine Werthalbierung, da Vorwegnahme der Entscheidung durch die einstweilige Anordnung

16 **Fall:** Das Gericht erlässt eine einstweilige Anordnung über die Zahlung von 2.000 € bzgl. des Verfahrenskostenvorschusses für ein Unterhaltsverfahren gem. § 246 FamFG (bisher § 127a ZPO).

---

[2] *Volpert* in: RVGreport 2010, 170, 171.
[3] *Volpert* in: RVGreport 2010, 170, 172 m.w.N.
[4] BGH v. 02.11.2011 - XII ZB 458/10 - NJW 2012, 459 = FamRZ 2012, 110 = Rpfleger 2012, 102.

Lösung:

Verfahrensgebühr, Nr. 3100 VV (1,3) Wert: 2.000 €   195 €

Anmerkung: Bei den Werten für einstweilige Anordnungen handelt es sich um Regelwerte. Wird durch die einstweilige Anordnung faktisch bereits der Zustand hergestellt, der erst durch das Hauptverfahren erreicht werden soll, so bleibt für die Reduzierung des Wertes kein Raum. Durch die Zahlung des Prozesskostenvorschusses im Wege der einstweiligen Anordnung wird hier ein Hauptverfahren überflüssig.[5] Dieser Ansicht ist zu folgen. Grundsätzlich beträgt der Wert ½ des Wertes der Hauptsache. Hier ist jedoch nach § 41 Satz 1 FamGKG wegen einer höheren Bedeutung zumindest ein deutlicher Aufschlag auf den Wert zu machen.

Nach anderer Ansicht ist allein der Regelwert nach § 41 FamGKG mit ½ maßgeblich, weil auch dann, wenn ein Verfahrenskostenvorschuss im Wege der einstweiligen Anordnung geltend gemacht wird, das Hauptsacheverfahren keinesfalls ausgeschlossen oder grundsätzlich entbehrlich ist.[6]

E. Beispiel: einstweilige Anordnung im Beschwerdeverfahren

Fall: Der Ehemann legt Beschwerde ein gegen die Zuweisung der Ehewohnung an die Ehegattin. Im anhängigen Beschwerdeverfahren beantragt er eine einstweilige Anordnung bzgl. der Ehewohnung. Das Gericht weist den Antrag auf Erlass einer einstweiligen Anordnung zurück.

Lösung:
Hauptsache: Gebühren Nr. 3200 ff. VV RVG
Einstweilige Anordnung: Gebühr Nr. 3100 VV RVG

Anmerkung: Nach der Änderung der Vorbemerkung 3.2 Abs. 2 Satz 2 VV RVG gilt, dass sich die Gebühren für die einstweilige Anordnung – auch wenn sie in der Beschwerdeinstanz geltend gemacht wird – nach der Vergütung für die erste Instanz richten, da sie erstmals geltend gemacht werden.

Nach der Vorbemerkung 3.2 bestimmen sich die Gebühren nach Abschnitt 1, wenn im Verfahren über einen Antrag auf Anordnung, Abänderung oder Aufhebung eines Arrests oder einer einstweiligen Verfügung das Berufungsgericht als Gericht der Hauptsache anzusehen ist (§ 943 ZPO).

Dies gilt entsprechend im Verfahren der **einstweiligen Anordnung**. Wird Beschwerde gegen eine einstweilige Anordnung eingelegt, so findet das entsprechende Verfahren in der Beschwerdeinstanz statt. Da auch die einstweilige Anordnung eine Endentscheidung in Familiensachen ist (VB 3.2.1 Nr. 2 b VV RVG) ist, bestimmen sich hier die Gebühren nach der Nr. 3200 ff. VV RVG.

F. Beispielsfall: Terminsgebühr sowohl in der Hauptsache als auch in der einstweiligen Anordnung

Fall: Die Hauptsache und die einstweilige Anordnung sind anhängig. Es werden außergerichtliche Einigungsgespräche geführt. Die Sache wird insgesamt erledigt.

Lösung: Die Terminsgebühr entsteht sowohl in der Hauptsache als auch im Verfahren der einstweiligen Anordnung. Die Terminsgebühr für außergerichtliche Besprechungen (Nr. 3104 Alt. 3 VV RVG) entsteht nicht nur im Hauptsacheverfahren, sondern auch im einstweiligen Anordnungsverfahren, wenn Vergleichsverhandlungen zwischen den Parteien zur Streitbeilegung geführt werden. Im Rahmen der geführten Besprechungen kann nicht von einer Trennung zwischen der Hauptsache und der einstweiligen Anordnung ausgegangen werden, weil beide Verfahren dasselbe Ziel verfolgen.

Zum Zeitpunkt der Vergleichsgespräche waren sowohl die Leistungsklage als auch das Verfahren der einstweiligen Anordnung bei Gericht anhängig, so dass es sachdienlich war, eine verfahrensbeendende Erledigung insgesamt anzustreben. Damit sind beide Terminsgebühren erstattungsfähig und festsetzbar.[7]

Damit dürften künftig in derartig gelagerten Fällen regelmäßig zwei Terminsgebühren entstehen. Dies gilt nur dann nicht, wenn ausdrücklich nur zu einer der beiden Angelegenheiten verhandelt wird.

Hinweis:
Die Art der Berechnung ist abhängig davon, wie der Termin zu bewerten ist.
- Hat jeweils ein Termin in jedem der beiden Verfahren stattgefunden (so der obige Fall) oder

---

[5] OLG Frankfurt v. 22.08.2013 - 3 WF 216/13 - FamRZ 2014, 689; OLG Düsseldorf v. 23.02.2010 - II-3 WF 15/10 - RVGreport 2010, 158.
[6] OLG Frankfurt v. 04.04.2014 - 5 WF 40/14.
[7] OLG Stuttgart v. 09.08.2007 - 8 WF 107/07 - RVGreport 2007, 387.

Kostenrechtl. Hinw. in Familiensachen (Teil 12)   jurisPK-BGB / T. Schmidt

- hat ein Termin in einer Angelegenheit bzgl. beider Gegenstände stattgefunden?

In der letzten Alternative entstehen die Gebühren aus dem zusammengerechneten Wert.[8] Dazu das folgende Beispiel.

G. Beispiel: Erledigung von Hauptsache und einstweiliger Anordnung im gerichtlichen Termin

20 **Fall:** Es sind die Hauptsache und die einstweilige Anordnung zur elterlichen Sorge anhängig. Im Termin zur einstweiligen Anordnung wird über beide Gegenstände verhandelt. Anschließend erfolgt eine Einigung, die ausdrücklich auch die Hauptsache mit erledigt. In der Hauptsache hatte bereits ein Termin stattgefunden.

21 **Wert:** Wert für die Hauptsache ist 3.000 € (§ 45 FamGKG), für die einstweilige Anordnung 1.500 € (§§ 45, 41 FamGKG).

22 **Abrechnung einstweilige Anordnung:**

	Verfahrensgebühr, Nr. 3100 VV (1,3) Wert: 1.500 €	149,50 €
+	Verfahrensgebühr, Nr. 3101, 3100 VV (0,8) Wert: 3.000 € (keine Kürzung nach § 15 Abs. 3)	160,80 €
+	Terminsgebühr, Nr. 3104 VV (1,2) Wert: 4.500 €	363,60 €
+	Einigungsgebühr, Nr. 1003, 1000 VV (1,0) Wert: 4.500 €	303 €

23 **Abrechnung Hauptsache:**

	Verfahrensgebühr, Nr. 3100 VV (1,3) Wert: 3.000 €	261,30 €
–	Anrechnung der Verf.-Geb. gem. Nr. 3101 Abs. 1 VV RVG	160,80 €
+	Terminsgebühr, Nr. 3104 VV (1,2) Wert: 3.000 €	241,20 €
–	Anrechnung der ant. Terminsgeb. gem. Nr. 3104 Abs. 2 VV RVG	225,60 €

Die Terminsgebühr und die Einigungsgebühr entstehen in dem Verfahren zur einstweiligen Anordnung nach dem zusammengerechneten Wert.[9]

---

[8] OLG Karlsruhe v. 22.03.2011 - 5 WF 264/10 - FamRZ 2011, 1813.
[9] OLG Koblenz v. 22.01.2008 - 11 WF 24/08 - FamRZ 2008, 1969.

Kostenrechtliche Hinweise in Familiensachen (Teil 13)
Abtrennung von Folgesachen/Auflösung des Verbunds

Gliederung

A. Abtrennung von Folgesachen – Allgemeines 1
B. Abtrennung und Verfahrenskostenhilfe 8
C. Vergütung des Rechtsanwalts bei Auflösung des Verbunds 10
  I. Rücknahme des Scheidungsantrags (§ 141 FamFG) 11
  II. Abweisung des Scheidungsantrags (§ 142 Abs. 2 FamFG).................... 13
III. Abtrennung von Folgesachen (§ 137 Abs. 5 FamFG) 15
  1. Fortführung als selbständiges Verfahren 17
  2. Beispiel: Abtrennung vom Verbund – elterliche Sorge 20
  3. Fortführung als Folgesache und damit als Bestandteil des Verbundes 21
  4. Beispiel: Abtrennung Unterhalt – Fortbestehen des Verbunds 23

A. Abtrennung von Folgesachen – Allgemeines

Grundsätzlich werden Scheidung und Folgesachen im Verbund zusammen fortgeführt bis zu einer gemeinschaftlichen Entscheidung über alle Gegenstände. Von diesem Grundsatz kann unter bestimmten Umständen abgewichen werden. **1**

Im Hinblick auf die Auflösung des Verbunds und Abtrennung von Folgesachen aus dem Verbund sind die folgenden Konstellationen zu beachten: **2**

Folgesachen, die Gegenstand eines Verbundverfahrens sind, können von diesem abgetrennt werden. Ob diese Verfahren trotz der Abtrennung Bestandteil des Verbundes bleiben oder nunmehr ein isoliertes Verfahren darstellen, bestimmt sich nach § 137 Abs. 5 FamFG. Danach bleiben Folgesachen nach § 137 Abs. 2 FamFG grundsätzlich Bestandteil des Verbundes. Dies gilt auch für Folgesachen untereinander. **3**

Ausnahme: Für die Folgesachen nach § 137 Abs. 3 FamFG (sogenannte Kindschaftssachen) wird der Verbund aufgelöst. Diese werden als selbständige Verfahren fortgeführt (§ 137 Abs. 3 FamFG). Es handelt sich um die folgenden Verfahren: **4**
- Elterliche Sorge,
- Umgangsrecht,
- Kindesherausgabe.

Die Abtrennung **ist** vorzunehmen, wenn: **5**
- in einer Unterhalts- oder Güterrechtssache ein Dritter Verfahrensbeteiligter wird (§ 140 Abs. 1 FamFG), Beispiel: das unterhaltsberechtigte Kind wird volljährig.

Die Abtrennung **kann** vorgenommen werden (Ermessensentscheidung), wenn: **6**
- in einer **Versorgungsausgleichsfolgesache** oder **Güterrechtsfolgesache** vor der Auflösung der Ehe eine Entscheidung nicht möglich ist (§ 140 Abs. 2 Nr. 1 FamFG),
- in einer **Versorgungsausgleichsfolgesache** das Verfahren ausgesetzt ist, weil ein Rechtsstreit über den Bestand oder die Höhe eines Anrechts vor einem anderen Gericht anhängig ist (§ 140 Abs. 2 Nr. 2 FamFG),
- in einer **Kindschaftsfolgesache** das Gericht dies aus Gründen des Kindeswohls für sachgerecht hält oder das Verfahren ausgesetzt ist (§ 140 Abs. 2 Nr. 3 FamFG); das Gericht kann in diesem Fall bei Bedarf wegen des Zusammenhangs auch eine eventuell anhängige **Unterhaltssache** mit abtrennen (§ 140 Abs. 3 FamFG),
- seit der Rechtshängigkeit des Scheidungsantrags ein Zeitraum von drei Monaten verstrichen ist, beide Ehegatten die erforderlichen Mitwirkungshandlungen in der **Versorgungsausgleichsfolgesache** vorgenommen haben und beide übereinstimmend deren Abtrennung beantragen (§ 140 Abs. 2 Nr. 4 FamFG),
- sich der Scheidungsausspruch so außergewöhnlich **verzögern** würde, dass ein weiterer Aufschub unter Berücksichtigung der Bedeutung der Folgesache eine **unzumutbare Härte** darstellen würde, und ein Ehegatte die Abtrennung beantragt (§ 140 Abs. 2 Nr. 5 FamFG).

Beachte: Für den Abtrennungsantrag besteht kein Anwaltszwang (§ 140 Abs. 5 FamFG). **7**
Die Entscheidung erfolgt durch einen gesonderten Beschluss und kann damit nicht zusammen mit der Scheidungsentscheidung erfolgen (§ 140 Abs. 6 FamFG).

Kostenrechtl. Hinw. in Familiensachen (Teil 13)

B. Abtrennung und Verfahrenskostenhilfe

8   Werden Folgesachen mit der Abtrennung vom Scheidungsverbund selbstständige Familiensachen (§ 137 Abs. 5 FamFG), so wirkt eine im Verbundverfahren bewilligte Verfahrenskostenhilfe nicht automatisch fort. Es muss erneut Verfahrenskostenhilfe beantragt und bewilligt werden. Dies gilt für die Kindschaftssachen. Die anderen Folgesachen bleiben Bestandteil des Verbunds. Hier wird der Verbund durch die Abtrennung nicht aufgelöst. In diesen Fällen ist keine erneute Verfahrenskostenhilfebeantragung notwendig.

9   **Beachte:** Nach Abtrennung des **Versorgungsausgleichs** handelt es sich bei der Fortsetzung des Verfahrens für den Zeitraum des **Übergangsrechts nach Art. 111 Abs. 4 FGG-RG** um eine neue Angelegenheit. Für diese ist erneut Verfahrenskostenhilfe zu beantragen, da die ansonsten geltende VKH-Erstreckung nicht gilt.[1]

C. Vergütung des Rechtsanwalts bei Auflösung des Verbunds

10   Der Verbund kann aufgelöst oder ein einzelnes Verfahren kann vom Verbund abgetrennt werden. Die Voraussetzungen hierzu werden in den §§ 140, 141, 142 FamFG genannt. Hiernach gelten die folgenden Regeln:

I. Rücknahme des Scheidungsantrags (§ 141 FamFG)

11   Wird ein Scheidungsantrag zurückgenommen, erstrecken sich die Wirkungen der Rücknahme auch auf die Folgesachen. Damit gelten auch diese als zurückgenommen.

12   Ausnahmen:
- Eine Folgesache elterliche Sorge wegen Gefährdung des Kindeswohls ist anhängig.
- Ein Beteiligter hat vor Wirksamwerden der Rücknahme die ausdrückliche Erklärung abgegeben, die Folgesachen fortführen zu wollen.

In diesen Fällen werden die Folgesachen als isolierte Familiensachen fortgeführt.

II. Abweisung des Scheidungsantrags (§ 142 Abs. 2 FamFG)

13   Wird ein Scheidungsantrag abgewiesen, erstrecken sich die Wirkungen der Rücknahme auch auf die Folgesachen.

14   Ausnahmen:
- Eine Folgesache nach § 137 Abs. 3 FamFG ist anhängig.
- Ein Beteiligter hat vor der Entscheidung die ausdrückliche Erklärung abgegeben, die Folgesachen fortführen zu wollen.

In diesen Fällen werden die Folgesachen als isolierte Familiensachen fortgeführt.

III. Abtrennung von Folgesachen (§ 137 Abs. 5 FamFG)

15   Abgetrennte Folgesachen nach § 137 Abs. 2 FamFG bleiben Folgesachen. Werden mehrere Folgesachen abgetrennt, besteht der Verbund auch unter ihnen fort.

16   Folgesachen nach Absatz 3 werden nach der Abtrennung als selbständige Verfahren fortgeführt. Entscheidend ist jeweils die Frage, ob die Verbindung der Folgesache zum Verbund aufgelöst worden ist oder nicht.

1. Fortführung als selbständiges Verfahren

17   Werden die Folgesachen als selbständige Verfahren fortgeführt, so gelten sie im Folgenden als isolierte Angelegenheit und lösen die entsprechenden Gebühren aus. Es sind die jeweils für dieses Verfahren geltenden Vorschriften anzuwenden (§ 150 Abs. 5 FamFG).

18   Die Fortführung als isoliertes Verfahren ist kostenrechtlich wie eine Verfahrenstrennung zu behandeln. Ab dem Zeitpunkt der Trennung entstehen die Gebühren erneut.

19   Der praktikabelste Weg der Abrechnung ist derjenige, dass bei der Abrechnung der verbliebenen Verbundverfahren das abgetrennte Verfahren nicht berücksichtigt wird. Für dieses wird eine gesonderte Abrechnung erstellt. Durch diese Berechnungsmethode werden mögliche Anrechnungsprobleme vermieden.

---

[1] BGH v. 16.02.2011 - XII ZB 261/10 - RVGreport 2011, 193.

2. Beispiel: Abtrennung vom Verbund – elterliche Sorge

Fall: Anhängig ist das Verbundverfahren Scheidung (Wert 6.000 €; VA Wert 1.000 €); elterliche Sorge (Wert 1.200 €). Die elterliche Sorge wird abgetrennt und als selbständiges Verfahren fortgeführt (nach Abtrennung beträgt der Wert 3.000 €). Es ergeht sowohl im Verbundverfahren als auch im isolierten Verfahren elterliche Sorge jeweils ein Beschluss.

Lösung:
Der Rechtsanwalt erstellt für jede Angelegenheit eine Abrechnung. Über den abgetrennten Gegenstand sind die Gebühren zweimal entstanden. Der Rechtanwalt kann wählen, wie er sie geltend macht. Sinnvoll ist es die Gebühren im isolierten Verfahren zu verlangen und im Verbund nicht zu berechnen. Im isolierten Verfahren entstehen die höheren Gebühren. Durch die Nichtberücksichtigung im Verbundverfahren, werden komplizierte Anrechnungen, die letztendlich nicht zu einem anderen Ergebnis führen würden, überflüssig.

Verbundverfahren (Abr. ohne elterl. Sorge mit 7.000 €):

VG, Nr. 3100 VV (1,3) Wert: 7.000 €	526,50 €
+ TG, Nr. 3104 VV (1,2) Wert: 7.000 €	486 €

Elterliche Sorge (Abr. als isoliertes Verf. mit 3.000 €):

VG, Nr. 3100 VV (1,3) Wert: 3.000 €	261,30 €
+ TG, Nr. 3104 VV (1,2) Wert: 3.000 €	241,20 €

3. Fortführung als Folgesache und damit als Bestandteil des Verbundes

Nach § 150 Abs. 5 FamFG gelten für die Folgesachen, die Bestandteil des Verbundes bleiben, die kostenrechtlichen Regelungen des Verbunds weiterhin, auch wenn über diese gesondert entschieden wird. Die Abtrennung hat hier keine kostenrechtlichen Auswirkungen. Lediglich die gemeinsame Entscheidung fällt weg und es kommt zu einer nachträglichen weiteren Entscheidung, die aber noch mit zum Verbundverfahren gehört. Der Rechtsanwalt erstellt eine einheitliche Schlussrechnung (ggf. erstellt er bereits vorher eine Zwischenabrechnung über zu dem Zeitpunkt bereits fällige Gebühren).

4. Beispiel: Abtrennung Unterhalt – Fortbestehen des Verbunds

Fall: Anhängig ist das Verbundverfahren Scheidung (Wert: 6.000 €), Versorgungsausgleich (Mindestwert: 1.000 €), Kindesunterhalt (Wert: 4.800 €). Das Kind wird volljährig. Das Unterhaltsverfahren wird abgetrennt. Nach Termin in den jeweiligen Verfahren ergeht zunächst im Verbundverfahren und später im Unterhaltsverfahren eine Entscheidung.

Anmerkung: Wird ein Dritter Verfahrensbeteiligter, so ist das Unterhaltsverfahren nach § 140 Abs. 1 FamFG abzutrennen. Der Verbund bleibt allerdings bestehen (§ 137 Abs. 5 FamFG). Bzgl. der Abrechnung gelten die Verfahren als eine Angelegenheit.[2]

Lösung:
Die Abrechnung wird entweder gemeinsam bei Ende der Verfahren oder jeweils bei Fälligkeit der Gebühren vorgenommen. Letzteres ist zu empfehlen.

Vergütung nach Beschluss bzgl. Scheidung und VA:

Verfahrensgebühr, Nr. 3100 VV (1,3) Wert: 7.000 €	526,50 €
+ Terminsgebühr, Nr. 3104 VV (1,2) Wert: 7.000 €	486 €

Vergütung Verbundverfahren Schlussrechnung:

Verfahrensgebühr, Nr. 3100 VV (1,3) Wert: 11.800 €	785,20 €
+ Terminsgebühr, Nr. 3104 VV (1,2) Wert: 11.800 €	724,80 €
- Abzüglich Vorschuss gem. Rechnung vom	in Höhe von
	...

---

[2] OLG Nürnberg v. 22.07.2013 - 11 WF 973/13 - AGS 2013, 386.

Kostenrechtliche Hinweise in Familiensachen (Teil 14)
Einbeziehung bereits anhängiger Folgesachen in den Verbund

A. Aufnahme in den Verbund – Allgemeines

1 Die Problematik der Einbeziehung bzw. Überleitung von isolierten Verfahren tritt auf, wenn bereits vor Anhängigkeit des Scheidungsverfahrens oder parallel hierzu isolierte Familiensachen anhängig sind. Dies gilt unabhängig davon, ob diese bei demselben oder einem anderen Gericht anhängig sind. Diese Familiensachen gelangen in einen Verbund mit der Scheidungssache, wenn sie die Voraussetzungen gem. § 137 Abs. 2 FamFG bzw. § 137 Abs. 3 FamFG erfüllen und von einem anderen Gericht an das Gericht der Scheidungssache verwiesen oder abgegeben werden.

2 Wird das bisher isolierte Verfahren in den Verbund einbezogen, so entsprechen die kostenrechtlichen Auswirkungen denen einer zivilprozessualen Verbindung. Wie dort bleiben die bereits in den Einzelverfahren entstandenen Gebühren bestehen. Die Gebühren des folgenden Verbundverfahrens werden nur dann angesetzt, wenn sie in den Einzelverfahren bisher nicht oder nicht in dieser Höhe entstanden sind.

3 Die Berechnungsmethoden sind sehr umstritten. Teilweise wird die vollständige Anrechnung der Gebühren aus dem ursprünglich isolierten Verfahren verlangt oder es wird eine anteilige Anrechnung vorgenommen.[1]

4 Richtig ist es, festzustellen, dass dem Rechtsanwalt für Gebührentatbestände, die jeweils sowohl vor als auch nach der Verbindung entstanden sind, ein Wahlrecht zusteht, ob er die Gebühren aus den Einzelwerten oder aus dem Gesamtwert nach Verbindung verlangt.[2] Der Anwalt kann nicht gezwungen werden, eine einmal entstandene Gebühr im Verbundverfahren abzurechnen, wenn dies für ihn ungünstiger ist.

B. Beispiel: Aufnahme in den Verbund – Umgangsrecht

5 **Fall:** Das isolierte Umgangsrechtsverfahren ist anhängig. Anschließend wird das Verbundverfahren mit Scheidung (Wert: 9.000 €) und Versorgungsausgleich (ein Anrecht) anhängig gemacht. Das Umgangsrechtsverfahren wird in den Verbund einbezogen. Anschließend wird erstmals über alle Gegenstände verhandelt.

Lösung:
Es werden beide Verfahren abgerechnet. Im Scheidungsverfahren bleibt die Verfahrensgebühr bzgl. Umgangsrechts unberücksichtigt. Würde sie berücksichtigt werden, so zöge dies komplizierte Anrechnungen nach sich. Da die Terminsgebühr erstmals im Verbundverfahren entsteht, ist sie auch dort zu berechnen.

Diese Berechnungsmethode entspricht im Ergebnis derjenigen der Nr. 3104 Abs. 2 VV RVG für den Fall von Verhandlungen über anderweitig anhängige Gegenstände. Es werden letztendlich nur die Teile der Gebühr nicht berechnet (und damit angerechnet), die bereits in einem anderen Verfahren entstanden sind. Die Fallgestaltungen sind durchaus vergleichbar, da zwei Gebühren in unterschiedlichen Verfahren über denselben Gegenstand entstanden sind.

Gegenstandswerte:

+	Scheidung	9.000 €
+	Umgangsrecht Verbund	1.800 €
+	Versorgungsausgleich	1.000 € (statt 900 € Mindestwert 1.000)

Abrechnung isoliertes Umgangsverfahren:

VG, Nr. 3100 VV (1,3) Wert: 3.000 €   261,30 €

---

[1] Anteilige Anrechnung: *Onderka/N.Schneider* in: AnwK-RVG, 7. Aufl. 2014, Vorb. 3 VV RVG Rn. 212 ff.; vollständige Anrechnung: *Müller-Rabe* in: Gerold/Schmidt, RVG, 21. Aufl. 2014, Nr. 3100 Rn. 40.

[2] BGH v. 14.04.2010 - IV ZB 6/09 - AGS 2010, 317.

Abrechnung Verbundverfahren:

VG, Nr. 3100 VV (1,3) Wert: 10.000 €   725,40 €
TG, Nr. 3104 VV (1,2) Wert: 11.800 €   724,80 €

Die getrennte Abrechnung ist für den Rechtsanwalt erheblich günstiger als die ebenfalls zulässige Abrechnung aller Verfahren nur im Verbundverfahren.

C. Beispiel: Einbeziehung bereits anhängiger Verfahren in den Verbund

Für diese Konstellation werden auch andere Berechnungsweisen vertreten – z.B.:
Fall: Das Verfahren zur elterlichen Sorge ist anhängig. Es hat bereits ein Besprechungstermin stattgefunden. Der Wert beträgt 3.000 €. Nun werden die Scheidung und der Versorgungsausgleich anhängig gemacht. Die Verfahren werden verbunden. Nach Verhandlung und Beweiserhebung zu allen Verfahren ergeht ein entsprechendes Urteil. Hierin werden folgende Werte festgesetzt: Scheidung 5.000 €, Versorgungsausgleich 1.000 €, elterliche Sorge 1.000 €. Damit sind die folgenden Gebühren entstanden:
Lösung:

Elterliche Sorge:
Verfahrensgebühr, Nr. 3100 VV (1,3); Wert: 3.000 €   261,30 €
Terminsgebühr, Nr. 3104 VV (1,2); Wert: 3.000 €   241,20 €
Scheidungsverbund:
Verfahrensgebühr, Nr. 3100 VV (1,3); Wert: 7.000 €   526,50 €
Terminsgebühr, Nr. 3104 VV (1,2); Wert: 7.000 €   486 €

Anmerkung: In der Verfahrens- und Terminsgebühr des Verbundverfahrens ist jedoch bereits ein Anteil bzgl. der elterlichen Sorge enthalten. Insoweit hat eine Anrechnung stattzufinden, da ansonsten wegen der elterlichen Sorge jeweils zwei Verfahrens- und Terminsgebühren entstehen würden.
Bei gleichen Werten würde die Gebühr für die elterliche Sorge durch Anrechnung vollständig erlöschen. Hier jedoch sind durch den Wechsel vom isolierten Verfahren zum Verbundverfahren unterschiedliche Werte (3.000 € zu 1.000 €) gegeben. Deshalb darf eine Anrechnung nur soweit erfolgen, wie die Werte identisch sind, da ansonsten ein Verstoß gegen den Rechtsgedanken des § 15 Abs. 4 RVG vorliegt. Soweit also in der Verfahrens- und Terminsgebühr über 7.000 € Anteile enthalten sind, die die elterliche Sorge betreffen, sind diese durch Anrechnung erloschen. Die Anrechnung im Verbundverfahren hat daher wie folgt zu geschehen am Beispiel der Terminsgebühr:
Gesamtgebühr 486,00 € / Gesamtwert 7.000 € x Anteil 1.000 € = 69,43 €
Auf die Terminsgebühr des Verbundverfahrens mit 486 € sind damit 69,43 € anzurechnen. Sie ermäßigt sich demzufolge auf 416,57 €. Diese Ansicht ist umstritten.[3]

---

[3] *Volpert*, RVGreport 2006, 131, 133; OLG Düsseldorf v. 31.01.1995 - 10 WF 2/95 - NJW-RR 1996, 192, *Onderka/N.Schneider* in: AnwK-RVG, 7. Aufl. 2014, Vorb. 3 VV RVG Rn. 212 ff; a.A. *Müller-Rabe* in: Gerold/Schmidt, RVG, 21. Aufl. 2014, Nr. 3100 Rn. 40 (allerdings nicht zu dem Problem der nachträglichen Wertänderung).

Kostenrechtliche Hinweise in Familiensachen (Teil 15)
Besondere familienrechtliche Verfahren

Gliederung

A. Haushaltssachen und Ehewohnung 1
B. Verfahren nach dem Gewaltschutzgesetz 5
C. Vermittlungsverfahren bzgl. Umgang gem. § 165 FamFG 9
   I. Beispiel: Vermittlungsverfahren und nachfolgendes Verfahren Umgang 15
   II. Beispiel: Vermittlungsverfahren und nachträgliche Verfahren Umgang und elterliche Sorge 16

D. Vereinfachtes Verfahren über den Unterhalt Minderjähriger 17
   I. Beispiel: Vereinfachtes Unterhaltsverfahren und streitiges Verfahren 22
   II. Beispiel: sofortige Beschwerde gegen vereinfachten Unterhaltsfestsetzungsbeschluss 24

A. Haushaltssachen und Ehewohnung

1 Ehewohnungs- und Hausratsverfahren sind zu behandeln wie die anderen Folgesachen. Es entstehen uneingeschränkt die Verfahrensgebühr Nr. 3100 und die Terminsgebühr Nr. 3104 VV RVG.

2 Durch das FamFG wurden die Werte geändert (vgl. die Kostenrechtl. Hinw. in Familiensachen (Teil 2) Rn.). Die Gebühren bleiben unverändert. Es werden nun Festwerte berücksichtigt.

3 **Schriftlicher Vergleich – Terminsgebühr:** Im Falle eines schriftlichen Vergleichs im Rahmen eines Ehewohnungsverfahrens entsteht nach einer Ansicht neben der Einigungsgebühr auch eine 1,2 Terminsgebühr gemäß Nr. 3104 VV-RVG.

4 Nach Nr. 3104 Abs. 1 Ziff. 1 VV RVG fällt eine Terminsgebühr auch dann an, wenn in einem Verfahren, für das mündliche Verhandlung vorgeschrieben ist, ein schriftlicher Vergleich geschlossen wird. Dies gilt auch für das vorliegende Wohnungszuweisungsverfahren, in dem nach § 207 FamFG das Gericht die Angelegenheit in einem Termin erörtern soll. Die entsprechende Entscheidung des BGH betraf allerdings die vergleichbare Konstellation im WEG-Verfahren.[1] Es ist zweifelhaft, ob dieser Rückschluss weiterhin zulässig ist. Das FamFG kennt keine mündliche Verhandlung. Auch § 207 FamFG spricht nur von einem Erörterungstermin. Dieser ist nach der herrschenden Meinung einem Verhandlungstermin nicht gleichgestellt. Es entsteht daher hier im schriftlichen Verfahren keine Terminsgebühr.[2]

B. Verfahren nach dem Gewaltschutzgesetz

5 Das Verfahren in Gewaltschutzsachen ist geregelt in den §§ 210 ff. FamFG. Demnach entstehen für die Verfahren nach den §§ 1, 2 GewSchG die Gebühren nach Teil 3 des Vergütungsverzeichnisses (Verfahrens- und Terminsgebühr nach den Nr. 3100 ff. VV RVG). Es gelten insoweit keine Besonderheiten.

6 Gewaltschutzsachen können nicht Gegenstand des Verbunds sein. Sie treten daher immer als isolierte Familiensache auf.

7 Die Werte bestimmen sich gem. § 49 Abs. 1 FamGKG. Es gelten Festwerte. Sie betragen für
- sonstige Maßnahmen (§ 1 GewSchG) 2.000 €,
- Wohnungszuweisung (§ 2 GewSchG) 3.000 €.

8 **Verlängerungsantrag – neue Angelegenheit:** Eine befristete Anordnung zum Gewaltschutz ist eine andere Angelegenheit als der Antrag auf deren Verlängerung. Es handelt sich nicht um dieselbe Angelegenheit im Sinne des § 16 Nr. 6 RVG. Vielmehr handelt es sich bei dem Verlängerungsantrag um

---

[1] BGH v. 09.03.2006 - V ZB 164/05 - NJW 2006, 2495; BGH v. 27.10.2005 - III ZB 42/05 - RPfleger 2006, 38; BGH v. 24.07.2003 - V ZB 12/03 - NJW 2003, 3133 zu der vergleichbaren Konstellation im WEG-Verfahren; OLG Saarbrücken v. 13.12.2007 - 6 WF 123/07 - AGS 2008, 171.

[2] OLG Schleswig v. 12.02.2014 - 15 WF 410/13 - AGS 2014, 121; OLG Celle v. 13.09.2011 - 10 WF 227/11 - RVGreport 2012, 29; a.A. OLG Stuttgart v. 14.09.2010 - 8 WF 133/10 - NJW 2010, 3524 = RVGreport 2010, 24; *Wahlen/Onderka/Schneider* in: AnwKomm-RVG, 7. Aufl. 2014, Nr. 3104 Rn. 24.

eine neue, einen eigenen Anspruch auf Vergütung auslösende Angelegenheit. Denn der Antrag auf Verlängerung stellt gerade keine „Änderung" der ursprünglichen Verfügung im Sinne des § 16 Nr. 6 RVG dar.[3]

C. Vermittlungsverfahren bzgl. Umgang gem. § 165 FamFG

Nach § 165 FamFG kann ein sogenanntes Vermittlungsverfahren durchgeführt werden. Dies setzt voraus, dass eine gerichtliche Entscheidung oder ein gerichtlich gebilligter Vergleich über den Umgang vorliegt und ein Elternteil die Durchführung vereitelt oder erschwert. 9

Das Gericht versucht im Rahmen eines Vermittlungstermins eine einvernehmliche Lösung zu finden. 10

Das Vermittlungsverfahren wird grundsätzlich vergütet wie ein normales Verfahren nach dem Teil 3, das heißt, es entstehen u.a. die Gebühren Nr. 3100 und Nr. 3104 VV RVG – ggf. auch die Gebühr Nr. 1003 VV RVG. Da es sich um eine Kindschaftssache handelt, ist der Wert nach § 45 RVG mit 3.000 € zu berücksichtigen.[4] 11

Kommt es nicht zu einer einvernehmlichen Lösung, so kann das Gericht von Amts wegen oder auf Antrag eines Elternteils ein Verfahren zur Regelung des Umgangsrechts einleiten. 12

Diese beiden Verfahren stellen ebenfalls **jeweils eine eigene Angelegenheit** dar – § 17 Nr. 8 FamFG. Allerdings ist auch hier eine **Anrechnung** zu berücksichtigen. Nach der Nr. 3100 VV RVG wird die Verfahrensgebühr für ein Vermittlungsverfahren nach § 165 FamFG auf die Verfahrensgebühr für ein sich anschließendes Verfahren angerechnet. 13

Beachte: Eine **Anrechnung der Terminsgebühr findet nicht statt**. Im Gegensatz zum vereinfachten Unterhaltsverfahren und auch zum Mahnverfahren ist hier die Terminsgebühr im Vermittlungsverfahren regelmäßig entstanden für die Wahrnehmung eines gerichtlichen Termins. Dieser Zusatzaufwand soll entsprechend vergütet werden. 14

I. Beispiel: Vermittlungsverfahren und nachfolgendes Verfahren Umgang

Der Vater beantragt ein Vermittlungsverfahren nach § 165 FamFG, weil die Mutter den Umgang mit dem Vater verhindert. Da eine Einigung im Termin nicht möglich erscheint, erlässt das Amtsgericht einen Beschluss. Das Gericht leitet von Amts wegen ein Umgangsverfahren ein. 15

    Vergütung Vermittlungsverfahren:
    Verfahrensgebühr, Nr. 3100 VV (1,3) Wert: 3.000 €   261,30 €
+   Terminsgebühr, Nr. 3104 VV (1,2) Wert: 3.000 €   241,20 €
    Vergütung streitiges Verfahren:
    Verfahrensgebühr, Nr. 3100 VV (1,3) Wert: 3.000 € (durch Anrechnung in   0 €
    Höhe von 261,30 € erloschen)
+   Terminsgebühr, Nr. 3104 VV (1,2) Wert: 3.000 €   241,20 €

II. Beispiel: Vermittlungsverfahren und nachträgliche Verfahren Umgang und elterliche Sorge

Fall: Der Umgang mit dem gemeinsamen Kind ist bereits durch gerichtliche Entscheidung geregelt. Nunmehr beantragt der Vater ein Vermittlungsverfahren nach § 165 FamFG, weil die Mutter den Umgang mit dem Vater verhindert. Das Gericht bestimmt einen entsprechenden Termin. Da eine Einigung in diesem Termin jedoch nicht möglich ist, stellt das Amtsgericht in einem Beschluss die Erfolglosigkeit des Vermittlungsverfahrens fest. 16

Der Vater beantragt daraufhin eine neue Regelung des Umgangsrechts. Die Mutter beantragt die Übertragung der elterlichen Sorge auf sich. Die Verfahren werden verbunden. Nach Termin im Hauptsacheverfahren werden elterliche Sorge und Umgang durch Beschluss geregelt.

Lösung:
Vergütung Vermittlungsverfahren:
    Verfahrensgebühr, Nr. 3100 VV (1,3); Wert: 3.000 €   261,30 €
+   Terminsgebühr, Nr. 3104 VV (1,2); Wert: 3.000 €   241,20 €

---

[3] AG Bad Kreuznach v. 15.01.2009 - 2 C 646/07 - AGS 2009, 64 = NJW-Spezial 2009, 124 = RVG professionell 2009, 114.

[4] OLG Karlsruhe v. 02.10.2012 - 18 WF 264/12 - FamRZ 2013, 722.

Kostenrechtl. Hinw. in Familiensachen (Teil 15) jurisPK-BGB / T. Schmidt

Vergütung gerichtliches Verfahren Umgang und elterliche Sorge:

	Verfahrensgebühr. Nr. 3100 VV (1,3); Wert: 6.000 €	460,20 €
–	Anrechnung gem. Nr. 3100 Abs. 3 VV bzgl. 3.000 €	261,30 €
+	Terminsgebühr. Nr. 3104 VV (1,2); Wert: 6.000 €	424,80 €

Anmerkung: Eine Anrechnung kann nur bzgl. desselben Gegenstands erfolgen. Im Hauptsacheverfahren sind sowohl elterliche Sorge als auch Umgang anhängig. Eine Anrechnung kann daher nur bzgl. des Umgangsverfahrens erfolgen.

D. Vereinfachtes Verfahren über den Unterhalt Minderjähriger

17 Das vereinfachte Verfahren über den Unterhalt Minderjähriger ist in § 249 FamFG geregelt. Es stellt eine vereinfachte Möglichkeit dar für die unterhaltsberechtigte Person, ihren Anspruch titulieren zu lassen. Das Verfahren ist von seiner Intention her vergleichbar mit dem Mahnverfahren.

18 Das vereinfachte Unterhaltsverfahren wird grundsätzlich vergütet wie ein normales Verfahren nach dem Teil 3, das heißt, es entstehen u.a. die Gebühren Nr. 3100 und ggf. Nr. 3104 VV RVG.

19 Auch in diesem Verfahren wird auf Antrag (§ 254 FamFG) oder aufgrund einer Beschwerde (§§ 256, 58 ff. FamFG) eines Beteiligten das **streitige Verfahren** durchgeführt. Dieses streitige Verfahren bildet im Hinblick auf das vereinfachte Verfahren eine **neue eigene Angelegenheit** – § 17 Nr. 3 RVG. Damit können in dem streitigen Verfahren die Gebühren erneut entstehen.

20 Allerdings hat der Gesetzgeber hier zwei Anrechnungsvorschriften geschaffen, um dem geringeren Arbeitsaufwand des Rechtsanwalts Rechnung zu tragen.

- Nr. 3100 Anm. 1 VV RVG: Die Verfahrensgebühr für ein vereinfachtes Verfahren über den Unterhalt Minderjähriger wird auf die Verfahrensgebühr angerechnet, die in dem nachfolgenden Rechtsstreit entsteht (§ 255 FamFG).
- Nr. 3104 Anm. 4 VV RVG: Eine in einem vorausgegangenen Mahnverfahren oder vereinfachten Verfahren über den Unterhalt Minderjähriger entstandene Terminsgebühr wird auf die Terminsgebühr des nachfolgenden Rechtsstreits angerechnet.

21 Damit verbleibt für den Rechtsanwalt, der sowohl in dem vereinfachten als auch im streitigen Verfahren tätig war, in der Regel letztendlich eine Verfahrensgebühr, ggf. eine Terminsgebühr, ggf. eine Einigungsgebühr und zwei Auslagenpauschalen.

I. Beispiel: Vereinfachtes Unterhaltsverfahren und streitiges Verfahren

22 **Fall:** Das vereinfachte Unterhaltsverfahrens wird bzgl. mtl. 300 € eingeleitet. Es kommt zu einer erfolglosen Einigungsbesprechung. Anschließend wird wegen der Einwendungen des Unterhaltsschuldners das streitige Verfahren durchgeführt – § 255 FamFG.
Lösung:
Vereinfachtes Unterhaltsverfahren:

	Verfahrensgebühr, Nr. 3100 VV (1,3) Wert: 3.600 €	327,60 €
+	Terminsgebühr, Nr. 3104 VV (1,2) Wert: 3.600 €	302,40 €

Streitiges Verfahren:

	Verfahrensgebühr, Nr. 3100 VV (1,3) Wert: 3.600 € (durch Anrechnung in Höhe von 327,60 € erloschen – Nr. 3100 Anm. 1 VV RVG)	0 €
+	Terminsgebühr, Nr. 3104 VV (1,2) Wert: 3.600 € (durch Anrechnung in Höhe von 294 € erloschen – Nr. 3104 VV RVG)	0 €
+	Pauschale für Post- u. Telekommunikationsdienstl., Nr. 7002 VV	20 €
+	19% Umsatzsteuer, Nr. 7008 VV	3,80 €
=	Gesamtbetrag	23,80 €

23 **Anmerkung:** Das FamFG sieht kein vereinfachtes Abänderungsverfahren mehr vor. Daher ist die Gebühr Nr. 3331 VV RVG (Verfahrensgebühr für das Verfahren über einen Antrag auf Abänderung eines Vollstreckungstitels nach § 655 Abs. 1 ZPO mit 0,5) ersatzlos weggefallen.

II. Beispiel: sofortige Beschwerde gegen vereinfachten Unterhaltsfestsetzungsbeschluss

Fall: Gegen die im vereinfachten Unterhaltsverfahren ergangene Entscheidung erhebt der Gegner nach § 256 FamFG sofortige Beschwerde. Damit wendet er sich gegen die Zulässigkeit des vereinfachten Verfahrens. Der Streitwert wird auf 1.000 € festgesetzt.

Lösung:

Verfahrensgebühr, Nr. 3200 VV (1,6) Wert: 1.000 €   128 €

Anmerkung: In Beschwerdeverfahren nach § 256 FamFG richtet sich die Vergütung wegen der Vorbemerkung 3.2.1 Nr. 2b nach Nr. 3200 ff. VV RVG, da auch die vereinfachte Festsetzung eine die Instanz abschließende Entscheidung ist.

Kostenrechtliche Hinweise in Familiensachen (Teil 16)
Beratungshilfe

Gliederung

A. Allgemeines 1
 I. Strafbarkeit eines Rechtsanwalts wegen „normaler" Abrechnung trotz Vorliegen der Beratungshilfevoraussetzungen 6
 II. Beratungshilfe: Bewilligungsvoraussetzungen 7
  1. Hilfe für die Wahrnehmung von Rechten außerhalb eines gerichtlichen Verfahrens (§ 1 Abs. 1 BerHG) 7
  2. Persönliche und wirtschaftliche Verhältnisse des Rechtsuchenden (§ 1 Abs. 1 Nr. 1 BerHG) 8
  3. Keine anderen Hilfemöglichkeiten 10
  4. Die Wahrnehmung der Rechte ist nicht mutwillig 11
 III. Gegenstand der Beratungshilfe (§ 2 BerHG) 19
 IV. Begriff der Angelegenheit in der Beratungshilfe 26
 V. Begriff der Angelegenheit in Familiensachen 30
 VI. Nachliquidation wegen Änderung der Rechtsprechung 37
 VII. Änderungen nach dem 2. KostRModG zum 01.01.2014 39
  1. Bewilligung der Beratungshilfe 40
   a. § 4 Abs. 3 BerHG 40
   b. § 4 Abs. 4 BerHG 42
   c. § 4 Abs. 5 BerHG 43
   d. § 4 Abs. 6 BerHG 44
  2. Nachträgliche Beratungshilfebewilligung ... 49
  3. Aufhebung der Beratungshilfe 53
   a. Zu § 6a Abs. 1 BerHG – Aufhebung von Amts wegen 54
   b. Aufhebung auf Antrag der Beratungsperson (§ 6a Abs. 2 BerHG) 71
   c. Vergütungsvereinbarung 81
   d. Beispiel: Vergütungsvereinbarung 2 – Ablehnung 88
  4. Folgen der Aufhebung 89
   a. Zu § 8 Abs. 1 BerHG 91
   b. Zu § 8 Abs. 2 BerHG 93
   c. Zu § 8 Abs. 3 BerHG 94
   d. Zu § 8 Abs. 4 BerHG 96
  5. Übersicht zu den Hinweispflichten 98
B. Erstattung der Vergütungsansprüche 99
 I. Erstattung durch den Rechtsuchenden (Mandant) 99
 II. Erstattung durch den Gegner (§ 9 BerHG) 103
 III. Erstattung durch die Landeskasse (Nr. 2501-2508 VV RVG) 112
  1. Zu Nr. 2501 und 2503 VV RVG 113
  2. Zu Nr. 2508 VV RVG 116
  3. Zu Nr. 2502, 2504-2507 VV RVG 121
  4. Auslagen nach Teil 7 VV RVG 122
 IV. Festsetzung der Vergütung (§ 55 Abs. 4 RVG) 126
C. Erinnerung und Beschwerde gegen die Festsetzung (§ 56 RVG) 132
D. Vorschuss 136
E. Anrechnung 137
 I. Beispielsfall: Beratung und außergerichtliche Vertretung 140
 II. Beispielsfall: außergerichtliche Vertretung und gerichtliches Verfahren 143
 III. Beispielsfall: Anrechnung bei Verfahrenskostenhilfe 144
 IV. Beispielsfall: Anrechnung von Zahlungen Dritter 145
F. Besonderheiten 148
 I. Strafrecht/Ordnungswidrigkeitenrecht 148
 II. Mehrere Auftraggeber 149
 III. Mehrere Gegenstände 153

A. Allgemeines

1 **Beratungshilfe:** In Familiensachen werden basierend auf Zahlen von 1998 ca. 40% aller Verfahren mit Verfahrenskostenhilfe abgerechnet.[1] Inzwischen dürfte diese Zahl noch deutlich höher liegen. Entsprechend wichtig ist für die Bearbeitung familienrechtlicher Angelegenheiten auch die „außergerichtliche Verfahrenskostenhilfe", nämlich die Beratungshilfe.

2 Da eine Bewilligung von Verfahrenskostenhilfe für außergerichtliche Verfahren ausscheidet, wurde durch das Beratungshilfegesetz für den Antragsteller die Möglichkeit geschaffen, sich **außerhalb** eines gerichtlichen Verfahrens durch einen Anwalt beraten oder vertreten zu lassen, ohne ein eigenes Kostenrisiko einzugehen.

3 Grundsätzlich wird der Beratungshilfeschein (Berechtigungsschein) von dem Amtsgericht erteilt, wo der Antragsteller seinen allgemeinen Wohnsitz hat (§ 4 BerHG).

4 Die Abrechnung der Beratungshilfe erfolgt nach Teil 2 Abschnitt 5 VV RVG (Nr. 2500 bis 2508 VV RVG) mit der Landeskasse. Das Beratungshilfegesetz wurde grundlegend zum 01.01.2014 geändert. Dies ist bei älteren Entscheidungen zu beachten.

---

[1] Quelle: Das Zeitbudget der Rechtsanwältinnen und Rechtsanwälte in Scheidungs- und Folgesachen v. Prof. Dr. *Christoph Hommerich*, Bundesanzeiger Verlag, Köln 2004.

Schematisierter Verfahrensablauf bei Vorliegen der Beratungshilfevoraussetzungen:

Entweder zuerst beim Amtsgericht	oder zuerst beim Anwalt
Rechtsuchender wendet sich direkt an das Amtsgericht	Rechtsuchender wendet sich direkt an Rechtsanwalt (§ 6 Abs. 2 BerHG)
Bewilligung der Beratungshilfe	Prüfung der Beratungshilfevoraussetzungen durch den RA und Erteilung der Beratungshilfe
Erteilung des Berechtigungsscheins	
RA erteilt Beratungshilfe	
Festsetzungsantrag (Formularzwang – § 11 BerHG) an Amtsgericht	Nach Beendigung der Angelegenheit Stellung des Antrags auf nachträgliche Beratungshilfebewilligung und Festsetzung der Kosten
Festsetzung der Kosten gegen die Landeskasse	Festsetzung der Kosten gegen die Landeskasse

I. Strafbarkeit eines Rechtsanwalts wegen „normaler" Abrechnung trotz Vorliegen der Beratungshilfevoraussetzungen

Wichtig ist es für den Rechtsanwalt, zu erkennen, ob der Mandant beratungshilfeberechtigt ist, denn ein Rechtsanwalt, der gegenüber seinem Mandanten nach den üblichen Kriterien eine Geschäftsgebühr Nr. 2300 VV RVG abrechnet, obwohl ihm bekannt ist, dass der Mandant einen Anspruch auf die Bewilligung von Beratungshilfe hat, kann sich wegen Gebührenüberhebung gem. § 352 StGB strafbar machen.[2]

II. Beratungshilfe: Bewilligungsvoraussetzungen

1. Hilfe für die Wahrnehmung von Rechten außerhalb eines gerichtlichen Verfahrens (§ 1 Abs. 1 BerHG)

Maßgebend ist die Sichtweise des Rechtsuchenden. Auch die Beratung nur zur Erfolgsaussicht der Rechtsverteidigung oder des Widerspruchs kann Gegenstand der Beratungshilfe sein (anschließend kann ggf. bei Fortsetzung derselben Angelegenheit VKH bewilligt werden).

2. Persönliche und wirtschaftliche Verhältnisse des Rechtsuchenden (§ 1 Abs. 1 Nr. 1 BerHG)

Beratungshilfe ist zu bewilligen, wenn der Rechtsuchende Anspruch auf Verfahrenskostenhilfe ohne Zahlungsbestimmungen hätte (§ 1 Abs. 2 BerHG).

Maßgebend ist allein der Zeitpunkt der Antragstellung.

3. Keine anderen Hilfemöglichkeiten

Der Rechtsuchende darf keine anderen Möglichkeiten zur Beratung haben (§ 1 Abs. 1 Nr. 2 BerHG). Dies können sein z.B.:
- bestehende Rechtsschutzversicherung,
- Beratung durch Berufsverbände o.Ä.,
- Behördenberatung,
- Rechtsantragstelle,
- Schuldnerberatung.

4. Die Wahrnehmung der Rechte ist nicht mutwillig

Eine Rechtsverfolgung ist dann nicht mutwillig, wenn eine verständige, nicht bedürftige Partei ihr Recht in gleicher Weise verfolgen würde. Mutwilligkeit ist zu bejahen bei z.B. mehrfacher Beantragung von Beratungshilfe.

Für die Mutwilligkeit ist nicht mehr (seit 01.01.2014) abzustellen auf die **Wahrnehmung der Rechte**, sondern **Inanspruchnahme der Beratungshilfe**. Diese Änderung betrifft Fälle, in denen die Rechtswahrnehmung selbst nicht mutwillig ist, aber Inanspruchnahme der Beratungshilfe für die Wahrnehmung dieser Rechte.

---

[2] LG Ellwangen v. 05.03.2004 - 4 Ns 21 Js 23042/02 - NStZ-RR 2004, 366.

Kostenrechtl. Hinw. in Familiensachen (Teil 16)

13 **Beispiel:** Ein Anspruch soll mit anwaltlicher Hilfe durchgesetzt werden, obwohl auch eine einfache Rücksprache mit dem Gegner genügen könnte.

14 Im neuen § 1 Abs. 3 BerHG wird die Mutwilligkeit definiert. Es wird abgestellt auf den Vergleich zwischen dem bedürftigen Beratungshilfesuchendem und einem verständigen Selbstzahler.

15 Wichtig ist jedoch dabei, dass das Gesetz ausdrücklich verlangt, dass bei dem Vergleich die **individuellen Fähigkeiten** des Beratungshilfesuchenden berücksichtigt werden. Dies wird regelmäßig dazu führen, dass Beratungshilfe zu bewilligen ist, denn der Beratungshilfesuchende wird häufig intellektuell nicht vergleichbar sein mit dem „verständigen Selbstzahler".

16 Der Rechtspfleger soll sich nach der Gesetzesbegründung von den individuellen Fähigkeiten des Antragstellers überzeugen
- durch einen persönlichen Eindruck (bei persönlicher Antragstellung),
- durch sich aus dem Antragsformular ergebende Gesichtspunkte, wie Schulbildung, Beruf und Erwerbstätigkeit.

17 **Beispiele für Mutwilligkeit:**
- wiederholte Anträge in derselben Angelegenheit (allerdings kann die Prüfung der Frage, ob ein Parallelfall vorliegt, Beratungshilfe begründen[3]),
- Vertretung, obwohl bereits die Beratung die Erfolglosigkeit als Ergebnis hatte,
- Beratung wurde bereits von einer anderen Stelle erteilt und Vertretung ist nicht erforderlich,
- bei sofortiger Auskunft durch den Rechtspfleger,
- Frage, was nach Fristablauf gegen einen Vollstreckungsbescheid unternommen werden kann (Ausnahme: bei deutlich Minderbemittelten kann auch diese Frage die Beratungshilfe berechtigen),
- Stellung eines Erstantrags bei einer Behörde; hierbei sind die Beratungsangebote der Behörden in Anspruch zu nehmen (aber hier hat die Versagung bereits nach § 1 Abs. 1 Nr. 2 BerHG – anderweitige Hilfen – zu erfolgen),
- erstmalige Mahnung einer unstreitigen Forderung,
- erstmaliger Versuch, Mängel an einer Kaufsache geltend zu machen,
- erstmaliger Versuch, eine Stundung einer Forderung zu erreichen,
- es droht ein Verwarngeld von 20 €; eine verständiger Selbstzahler würde dies bei Anwaltskosten von ca. 40 € regelmäßig hinnehmen,
- wenn für einen Selbstzahler im Falle seines Erfolges seine Anwaltskosten höher sind als sein finanzieller Erfolg, da in einem solchen Fall eine vernünftige Person, die ihre Anwaltskosten selbst tragen muss, keinen Rechtsanwalt beauftragen würde.[4]

18 **Beachte:** Eine Prüfung der Erfolgsaussicht findet nicht statt!

III. Gegenstand der Beratungshilfe (§ 2 BerHG)

19 Die bisherige Ausgrenzung des Gebiets des Steuerrechts fällt weg. Beratungshilfe kann nunmehr in allen rechtlichen Angelegenheiten gewährt werden. Eine Einschränkung gilt lediglich für Angelegenheiten des Straf- und Owi-Rechts. Hier erfolgt nur Beratung, eine Vertretung im Rahmen von Beratungshilfe ist nicht vorgesehen – hierfür kann ggf. ein Pflichtverteidiger bestellt werden.

20 **Abgrenzung Beratung – Vertretung:** Das Gesetz sprach bisher nur von der Notwendigkeit der Vertretung, **soweit diese erforderlich** ist. Dies wird nun in § 2 Abs. 1 BerHG schärfer eingegrenzt. Demnach ist eine Vertretung nur erforderlich, wenn der Rechtsuchende nach der Beratung angesichts des Umfangs, der Schwierigkeit oder der Bedeutung der Rechtsangelegenheit für ihn **seine Rechte nicht selbst wahrnehmen** kann.

21 Es wird damit ein **neuer Zeitpunkt für die Prüfung** der Erforderlichkeit der Vertretung festgelegt. Dies ist nunmehr der Zeitpunkt nach erfolgter Beratung.

22 Maßgebende Kriterien für die Notwendigkeit der Vertretung sind neben Umfang, Schwierigkeit und Bedeutung vor allem die individuellen Fähigkeiten des Rechtsuchenden. Hierbei wird besonders Augenmerk zu legen sein auf den Bildungsgrad des Rechtsuchenden.

23 **Beispiele** (wobei immer auf den Einzelfall abzustellen ist. Auch in den genannten Fällen kann im Einzelfall eine Vertretung notwendig sein):
Nach erfolgter Beratung eines durchschnittlich gebildeten Beratungshilfeberechtigten ist lediglich noch notwendig:
- die Fertigung eines einfachen Schreibens mit Tatsachenmitteilung,

---

[3] BVerfG v. 08.02.2012 - 1 BvR 1120/11, 1 BvR 1121/11 - FamRZ 2012, 609.
[4] AG Halle (Saale) v. 22.08.2011 - 103 II 1513/11.

Kostenrechtl. Hinw. in Familiensachen (Teil 16) jurisPK-BGB / T. Schmidt

33 Die Ablehnung des § 16 Nr. 4 RVG und stattdessen die Zugrundelegung der betroffenen Lebenssachverhalte führen zu folgender Aufteilung. Gesonderte gebührenrechtliche Angelegenheiten sind jeweils:
- Ehegattenunterhalt,
- Kindesunterhalt,
- Umgangsrecht und elterliche Sorge,
- Hausrat- und Wohnungszuweisung.

Diese Ansicht wird in zahlreichen neueren Entscheidungen vertreten.[11]
Teilweise wird eine andere Einteilung der Lebenssachverhalte gesehen.

34 Die Oberlandesgerichte Schleswig, Stuttgart, Celle und Koblenz vertreten die folgende Einteilung von Lebenssachverhalten:[12]
- Scheidung als solche,
- Angelegenheiten im Zusammenhang mit dem persönlichen Verhältnis zu den Kindern (Personensorge, Umgangsrecht),
- Angelegenheiten im Zusammenhang mit der Ehewohnung und dem Hausrat und
- finanzielle Auswirkung von Trennung und Scheidung (Unterhaltsansprüche, Güterrecht und Vermögensauseinandersetzung).

Das OLG Naumburg sieht zusätzlich noch die Angelegenheiten:[13]
- Versorgungsausgleichssachen i.S.d. §§ 111 Nr. 7, 217 FamFG,
- Güterrecht i.S.d. §§ 111 Nr. 9, 261 FamFG und sonstige Vermögensauseinandersetzungen (ggf. auch §§ 111 Nr. 10 i.V.m. 266 Abs. 1 Nr. 2 und Nr. 3 FamFG).

35 Allerdings sollte zudem eine Differenzierung von Trennungs- und nachehelichem Unterhalt beachtet werden.[14] Diese Gegenstände können auch nicht in einem gerichtlichen Verfahren gemeinsam betrieben werden. Demnach liegen jedenfalls dann verschiedene Angelegenheiten vor, wenn die unterschiedlichen Gegenstände nicht Gegenstand desselben gerichtlichen Verfahrens sein können. Dies ist z.B. der Fall im Verhältnis der Scheidungsberatung zu einer **Getrenntlebensberatung** oder einer Beratung zu einer **einstweiligen Anordnung**.

36 Entscheidend für die Frage, ob noch dieselbe Angelegenheit vorliegt, ist auch, wie viel **Zeit zwischen den einzelnen Aufträgen** liegt. Spätestens zwei Jahre nach der Erledigung ist dies der Fall (§ 15 Abs. 5 RVG).

VI. Nachliquidation wegen Änderung der Rechtsprechung

37 Die oben dargestellte Änderung der Rechtsprechung zum Begriff der Angelegenheit in der Beratungshilfe ist für den Rechtsanwalt erheblich günstiger. Ansprüche, die zu Zeiten der veralteten, ungünstigen Rechtsprechung entstanden und noch nicht verjährt sind, können auch jetzt noch geltend gemacht werden. Dies gilt auch dann, wenn der Rechtsanwalt in Übereinstimmung mit der alten Rechtsprechung bereits eine Angelegenheit abgerechnet hat. Die weiteren Ansprüche sind nicht in Analogie zu § 20 GKG verwirkt.[15]

38 **Beispiel: Nachliquidation von Beratungshilfe:** Der Antragsteller hat im Jahr 2006 – entsprechend der damaligen Rechtsprechung – für die Tätigkeit zu „Getrenntleben und Ehescheidung" Beratungshilfe abgerechnet für eine Angelegenheit in Höhe von 1 x 97,44 €. Ein weitergehender Antrag wurde seinerzeit nicht gestellt.
Gegenstand der Beratungshilfe war tatsächlich:
- Scheidung,
- Ehegattenunterhalt, Kinderunterhalt,

---

[11] OLG Nürnberg v. 29.03.2011 - 11 WF 1590/10 - NJW 2011, 3108 = FamRZ 2011, 1687 = Rpfleger 2011, 53; OLG Hamm v. 11.03.2011 - I-25 W 499/10 - FamRZ 2011, 1685 = FamFR 2011, 377; OLG Rostock v. 29.11.2010 - 10 WF 124/10 - FamRZ 2011, 834; OLG Dresden v. 07.02.2011 - 20 W 1311/10 - RVGreport 2011, 219; KG v. 21.01.2010 - 1 W 92/08 - RVGreport 2010, 141; OLG Köln v. 09.02.2009 - 16 Wx 252/08 - RVGreport 2010, 142; OLG Frankfurt v. 12.08.2009 - 20 W 197/09 - RVGreport 2010, 143; OLG Düsseldorf v. 14.10.2008 - 10 W 85/08 - FamRZ 2009, 1244.

[12] OLG Schleswig v. 25.04.2013 - 9 W 41/13 - FamRZ 2014, 241; OLG Stuttgart v. 17.10.2012 - 8 W 379/11 - FamRZ 2013, 726; OLG Koblenz v. 23.11.2011 - 4 W 554/11 - FamFR 2012, 67; OLG Celle v. 14.07.2011 - 2 W 141/11 - NJW 2011, 3109.

[13] OLG Naumburg v. 28.03.2013 - 2 W 25/13 - FamRZ 2014, 238 = Rpfleger 2013, 625.

[14] Hansens, RVGreport 2013, 315.

[15] OLG Köln v. 22.06.2011 - 17 W 69/11 - FamRZ 2012, 328 = RVGreport 2011, 418.

- Widerspruch ohne Begründung,
- einfache Kündigung,
- Inverzugsetzung.

Problem: Einen auf eine Beratung beschränkten Berechtigungsschein gibt es nicht. Die Frage der Notwendigkeit lässt sich nicht bereits vorab feststellen. Sie steht erst nach erfolgter Beratung fest. Zu dem Zeitpunkt ist das Gericht aber nicht mehr beteiligt. Der Anwalt entscheidet allein, ob er eine Vertretung für notwendig hält. Er trägt damit auch das Risiko, wenn das Gericht später im Festsetzungsverfahren feststellt, dass die Vertretung nicht notwendig war und die entsprechenden Gebühren kürzt. Hierbei sollte das Verhalten des Rechtsanwalts zumindest als Indiz für die Notwendigkeit der Vertretung sprechen.[5]

Einigung: Wurde die Festsetzung einer Einigungsgebühr gemäß Nr. 2508 RVG-VV i.V.m. Nr. 1000 RVG-VV beantragt, so entfällt nach Ansicht des AG Halle (zum alten Recht) eine gerichtliche Prüfung darüber, ob die Mitwirkung des Rechtsanwalts an der Einigung erforderlich war.[6] Hiernach ist die Situation nicht vergleichbar mit der Geschäftsgebühr gemäß Nr. 2503 VV RVG. Hier hat das Gericht die Erforderlichkeit anwaltlicher Vertretung zu prüfen, weil das Gesetz in § 2 Abs. 1 BerHG Beratungshilfe durch Vertretung nur soweit erforderlich gewährt. Eine vergleichbare Einschränkung für die Mitwirkung am Abschluss einer Einigung macht das Gesetz aber gerade nicht.

IV. Begriff der Angelegenheit in der Beratungshilfe

Diese Frage ist von entscheidender Bedeutung. Auch hier gilt § 15 Abs. 2 RVG. Danach erhält der RA die Gebühr für jede Angelegenheit gesondert.

Eine Definition des Begriffs Angelegenheit ergibt sich aus dem Gesetz nicht. Auch die Planungen im Rahmen des 2. KostRModG zum 01.08.2013 eine Klarstellung zumindest für die Familiensachen zu treffen, sind letztendlich nicht Gesetz geworden.

Die Rechtsprechung hat daher die folgenden Beurteilungskriterien entwickelt. Voraussetzung für das Vorliegen einer einheitlichen Angelegenheit ist demnach:[7]
- ein einheitlicher/gleichzeitiger Auftrag,
- ein gemeinsamer Rahmen der Tätigkeit/ein gleichartiges Verfahren,
- ein innerer Zusammenhang der Beratungsgegenstände.

Die Anzahl der Berechtigungsscheine ist nach ganz überwiegender Meinung nicht maßgebend für die Zahl der Angelegenheiten.[8]

V. Begriff der Angelegenheit in Familiensachen

Diese Frage ist gerade im Bereich des Familienrechts regelmäßig ein Streitpunkt. Es ist umstritten, ob verschiedene Angelegenheiten vorliegen, wenn ein Rechtsanwalt anlässlich der **Trennung von Ehegatten auch über Folgesachen berät**.

Die herrschende Meinung sah bisher in der Beratung bzgl. der Ehesache und der Beratung bzgl. der Folgesachen, z.B. Unterhalt, elterliche Sorge, Güterrecht usw., nur **eine** Beratungsangelegenheit. Als Argument wurde genannt, dass diese Verfahren, wenn sie gerichtlich geltend gemacht werden, eine Angelegenheit bilden gem. § 16 Nr. 4 RVG (für Lebenspartnerschaftssachen § 16 Nr. 5 RVG) und dass es sich bei der Beratung um einen einheitlichen Lebenssachverhalt handle. Entsprechend sei auch eine Beratung als eine Angelegenheit zu betrachten.[9]

Mehrere Angelegenheiten: Diese Ansicht wird kaum noch vertreten. Inzwischen hat sich die Lebenssachverhaltstheorie weitgehend durchgesetzt. So sieht z.B. das OLG Hamm jedenfalls dann zwei Angelegenheiten, wenn die Beratungen **Ehegatten- und Kindesunterhalt** auf der einen Seite und den **Umgang mit gemeinschaftlichen Kindern** auf der anderen Seite betreffen. Entscheidend ist, dass es sich hierbei um verschiedene Lebenssachverhalte handelt.[10]

---

[5] LG Koblenz v. 14.08.2002 - 2 T 449/02 - JurBüro 2003, 366.
[6] AG Halle (Saale) v. 08.02.2012 - 103 II 931/11.
[7] OLG Koblenz v. 23.11.2011 - 4 W 554/11 - FamFR 2012, 67.
[8] OLG Schleswig v. 25.04.2013 - 9 W 41/13 - FamRZ 2014, 241; LG Kleve v. 08.01.2003 - 4 T 399/02 - Rpfleger 2003, 303; Hansens in: Hansens/Braun/Schneider, Praxis des Vergütungsrechts, 2. Aufl. 2006, Teil 7 Beratungshilfe, Rn. 105;
[9] OLG Brandenburg v. 29.09.2009 - 6 W 76/08 - RVGreport 2010, 143; OLG München v. 04.12.1987 - 11 WF 1369/87 - JurBüro 1988, 593.
[10] OLG Hamm v. 20.09.2004 - 4 WF 164/04 - FamRZ 2005, 532.

- elterliche Sorge und Umgang,
- Ehewohnung,
- Vermögensauseinandersetzung.

Der Antragsteller beantragt im Jahr 2009 die nachträgliche Festsetzung aller Angelegenheiten. Das OLG Köln hat hierzu entschieden, dass dem Antragsteller insgesamt 5 x 97,44 € zustehen. Der Differenzbetrag wurde nachträglich festgesetzt.

VII. Änderungen nach dem 2. KostRModG zum 01.01.2014

Die Änderungen bzgl. Mutwilligkeit und Gegenstand sind bereits oben ergänzt worden. Es haben sich jedoch weitere grundlegende Änderungen ergeben, die insbesondere die Aufhebung der Beratungshilfe und die Abrechnung durch die Beratungshilfeperson betreffen. 39

1. Bewilligung der Beratungshilfe

a. § 4 Abs. 3 BerHG

§ 4 Abs. 3 Nr. 1 BerHG verlangt nicht mehr nur die Glaubhaftmachung der persönlichen und wirtschaftlichen Verhältnisse, sondern die Vorlage einer entsprechenden Erklärung mit den notwendigen Belegen. 40

§ 4 Abs. 3 Nr. 2 BerHG verlangt seit dem 01.01.2014 bereits im Gesetz die prozessuale **Versicherung zur erstmaligen Antragstellung und zur fehlenden Anhängigkeit eines Gerichtsverfahrens**. Dies war bislang nur Inhalt der Antragsformulare nach § 11 BerHG. 41

b. § 4 Abs. 4 BerHG

Nach § 4 Abs. 4 BerHG hat das Gericht die Möglichkeit, zum Zweck der **Glaubhaftmachung auch eine eidesstattliche Versicherung** zu verlangen. Im Rahmen der Glaubhaftmachung kann das Gericht die Vorlegung von **Urkunden** anordnen und **Auskünfte** einholen und auch den **Antragsteller laden**, um mit ihm mündlich seine persönlichen und wirtschaftlichen Verhältnisse zu erörtern. Von diesen weitergehenden Möglichkeiten wird das Gericht nur selten Gebrauch machen, da Aufwand und Nutzen regelmäßig nicht in einem angemessenen Verhältnis zueinander stehen. Zunächst wird dem Schuldner selbst aufgegeben werden, den fehlenden Nachweis (z.B. Einkommensnachweis) beizubringen. Kommt dieser der Aufforderung nicht nach, so wird das Gericht regelmäßig nicht z.B. den Arbeitgeber befragen, sondern den Antrag „mangels Mitwirkung" nach § 4 Abs. 5 BerHG zurückweisen.[16] 42

c. § 4 Abs. 5 BerHG

Der neue Absatz 5 wird § 118 Abs. 2 Satz 4 ZPO entsprechend gestaltet. Er sieht die Versagung von Beratungshilfe vor, wenn der Rechtsuchende seinen Mitwirkungspflichten nach Absatz 4 nicht nachkommt. Hierdurch wird eine Beschleunigung des Verfahrens erreicht. Der Rechtspfleger hat die angemessene Fristsetzung zustellen zu lassen. 43

d. § 4 Abs. 6 BerHG

Auch die Beratungsperson kann von dem Bedürftigen die Erklärungen und Belege nach Absatz 4 (pers./wirtsch. Verhältnisse; keine bisherige Beratung ...) verlangen. 44

Es wird ein in das Ermessen der Beratungsperson gestelltes Recht geschaffen, sich die Angaben des Rechtsuchenden zu dessen persönlichen und wirtschaftlichen Verhältnissen nachweisen zu lassen. Sinn und Zweck der Vorschrift ist es, die Beratungsperson vor dem Risiko zu schützen, trotz erbrachter Beratungsleistung keine Vergütung zu erhalten. Nach § 8a Abs. 4 BerHG steht der Beratungsperson auch bei Nichtvorliegen der persönlichen und wirtschaftlichen Voraussetzungen ein Vergütungsanspruch zu. Voraussetzung hierzu ist jedoch, dass die Beratungsperson glaubhaft macht, dass sie weder Kenntnis noch grob fahrlässige Unkenntnis vom Fehlen der Voraussetzungen hatte. 45

Die Glaubhaftmachung wird der Beratungsperson ohne weiteres gelingen, wenn sie sich die Tatsachen nach § 4 Abs. 6 BerHG hat belegen lassen. Allerdings wird man umgekehrt auch davon ausgehen müssen, dass eine Beratungsperson, die diese Erklärungen nicht gefordert hat, ggf. grob fahrlässig gehandelt hat. 46

---

[16] *Groß*, BerH/PKH/VKH, § 4 BerHG Rn. 20.

47 Problematisch kann diese Gestaltung werden, wenn die Beratungshilfe bei drohendem Fristablauf erteilt werden soll und der Antragsteller die entsprechenden Belege nicht mehr rechtzeitig beibringen kann. In diesem Fall würde ein Abhängigmachen der Hilfegewährung von der Belegvorlage einer Rechtsverweigerung gleichkommen. Es bleibt abzuwarten, wie die Gerichte diesen Fall entscheiden werden.

48 **Praxistipp:** Es liegt im dringenden eigenen Interesse des Rechtsanwalts, von diesem Auskunfts-/Belegrecht Gebrauch zu machen. Die Beratungsperson sollte daher bereits bei der Terminvereinbarung auf die Notwendigkeit dieser Belege hinweisen und die vorherige Beratungshilfeerteilung von der Vorlage abhängig machen.

2. Nachträgliche Beratungshilfebewilligung

49 Aus dem neuen § 6 Abs. 2 BerHG ergibt sich weiterhin die Zulässigkeit der nachträglichen Beratungshilfebewilligung bzw. des sogenannten „Direktzugangs". Der Rechtsuchende kann sich unmittelbar, also vor Bewilligung, an eine Beratungsperson wenden. Diese Möglichkeit ist – entgegen den ersten Entwürfen des Gesetzes – weiterhin uneingeschränkt gegeben.

50 Wenn die Beratungsperson Zweifel an der Bedürftigkeit hat, kann sie den Hilfesuchenden an das Gericht zur vorherigen Bewilligung verweisen.[17] Diese Vorgehensweise ist jedoch nur dann anzuraten, wenn nicht die Versäumung einer Frist droht, da in diesem Falle eine Haftung in Betracht kommen kann.[18]

51 Neu eingefügt ist die **Antragsfrist bei nachträglicher Beratungshilfebewilligung**. Der Antrag ist nach § 6 Abs. 2 BerHG spätestens vier Wochen nach Beginn der Beratungshilfetätigkeit zu stellen. Der Anspruch auf Bewilligung der Beratungshilfe erlischt mit Fristablauf. Ein verspäteter Antrag ist als unbegründet zurückzuweisen.

52 Soweit von einigen Gerichten verlangt wurde, dass das Datum der Antragstellung vor der Gewährung der Beratungshilfe liegen muss, so ist dies wegen des nunmehr eindeutigen Wortlauts seit dem 01.01.2014 hinfällig.

3. Aufhebung der Beratungshilfe

53 § 6a BerHG wurde neu geschaffen und regelt die Möglichkeit und Folgen einer nachträglichen Aufhebung der Beratungshilfe.
- Absatz 1 regelt die Aufhebung, wenn die Voraussetzungen bei der Bewilligung nicht vorgelegen haben.
- Absatz 2 regelt die Aufhebung auf Antrag der Beratungsperson, wenn die Voraussetzungen nachträglich weggefallen sind.

a. Zu § 6a Abs. 1 BerHG – Aufhebung von Amts wegen

54 Nach § 6a Abs. 1 BerHG kann das Gericht die Bewilligung von Amts wegen aufheben, wenn
- die Voraussetzungen für die Beratungshilfe zum Zeitpunkt der Bewilligung **nicht vorgelegen haben** und
- seit der Bewilligung **nicht mehr als ein Jahr** vergangen ist.

55 Es besteht keine Pflicht zur Aufhebung (im Gegensatz zur PKH: § 124 ZPO – dort heißt es: „soll ... aufheben" – handelt es sich hier um eine Kann-Vorschrift). Es handelt sich daher um eine Ermessensentscheidung des Gerichts, das hierbei insbesondere den Aufwand für die Aufhebung und den Grad des Verschuldens berücksichtigen sollte.

56 Der Rechtsuchende ist vor der Aufhebung **anzuhören**.[19] Der Aufhebungsbeschluss hat eine **Rechtsmittelbelehrung** zu beinhalten.

57 Aufhebungsgrund wird regelmäßig das Fehlen der persönlichen/wirtschaftlichen Verhältnisse sein. Es kommen aber auch Mutwilligkeit und alternative Hilfemöglichkeiten in Betracht. **Fehlende Erfolgsaussichten** können kein Aufhebungsgrund sein, da diese nicht Bewilligungsvoraussetzung sind.

58 Eine **nachträgliche Verbesserung** der Einkommens-/Vermögensverhältnisse führt nicht zu einer Aufhebung nach Absatz 1. Hier ist ggf. eine Aufhebung nach Absatz 2 zu prüfen.

59 Folge ist, dass die Beratungsperson **auch nach der Aufhebung der Beratungshilfebewilligung einen Vergütungsanspruch gegen die Staatskasse** hat.

---

[17] *Groß*, BerH/PKH/VKH, § 6 BerH Rn. 7.
[18] *Groß*, BerH/PKH/VKH, § 6 BerH Rn. 7.
[19] *Groß*, BerH/PKH/VKH, § 6a BerHG Rn. 6.

Dies gilt nicht, wenn die Beratungsperson Kenntnis oder grob fahrlässige Unkenntnis davon hatte, dass   60
die Bewilligungsvoraussetzungen im Zeitpunkt der Beratungshilfeleistung nicht vorlagen – § 8a Abs. 1
Nr. 1 BerHG. *Groß* geht davon aus, dass der Rechtsanwalt bei nachträglicher Beratungshilfebeantragung von seinem Auskunftsrecht nach § 4 Abs. 6 BerHG Gebrauch machen sollte, denn, wenn keinerlei Angaben/Erklärungen des Mandanten vorliegen, könnte grob fahrlässige Unkenntnis begründet sein. Generelle Prüf- und Nachforschungspflichten für die Beratungsperson sieht aber auch er nicht.[20]

Die Beratungsperson kann allerdings alternativ nach § 8a Abs. 2 BerHG von dem Rechtsuchenden die   61
normale Vergütung verlangen, wenn sie keine Vergütung aus der Staatskasse fordert oder einbehält und den Rechtsuchenden bei der Mandatsübernahme auf die Möglichkeit der Aufhebung der Bewilligung sowie auf die sich für die Vergütung ergebenden Folgen hingewiesen hat.

Wird die Bewilligung der Beratungshilfe aufgehoben, weil die persönlichen und wirtschaftlichen Voraussetzungen hierfür nicht vorgelegen haben und nimmt die Beratungsperson die Staatskasse in Anspruch, so kann die Staatskasse vom Rechtsuchenden die Erstattung des von ihr an die Beratungsperson gezahlten Betrags verlangen – § 8a Abs. 3 BerHG. Ob die Staatskasse den Regressanspruch tatsächlich geltend macht, liegt im Ermessen des Gerichts. Aufwand und Ertrag müssen in angemessenem Verhältnis stehen.   62

Zudem ist zu beachten, aus welchen Gründen fehlerhaft Beratungshilfe bewilligt worden ist: Hat die   63
Bewilligung nicht auf falschen Angaben des Rechtsuchenden, sondern auf Fehlern des Gerichts beruht, ist der Rechtsuchende in seinem Vertrauen auf den Bestand der Entscheidung zu schützen.

Erfolgt die Aufhebung demgegenüber nicht aus Gründen der persönlichen und wirtschaftlichen Verhältnisse, z.B. weil andere Möglichkeiten der Hilfe in Anspruch genommen werden können, so hat die   64
Staatskasse von vornherein keinen Regressanspruch, da der Bedürftige in diesen Fällen in seinem Vertrauen auf die bewilligte Beratungshilfe zu schützen ist.

Praxistipp: Belehrung: Will der Rechtsanwalt nach Aufhebung der BerH die Wahlanwaltsvergütung   65
gegen die Partei durchsetzen, so ist Voraussetzung, dass er die Partei vorher über die Möglichkeit der Aufhebung und der Inanspruchnahme belehrt hat – §§ 6a Abs. 1, 8a Abs. 2 Nr. 2 BerHG: Es genügt ein **formloser Hinweis.**

aa. Beispiel Aufhebung

Die Beratungsperson erhält Beratungshilfe bewilligt wegen eines Kaufvertrags über 1.000 €. Sie hat   66
jedoch verschwiegen, dass der Ehegatte über eigenes Einkommen verfügt. Der Rechtsanwalt erteilt Beratungshilfe in Form von Vertretung. In einem Parallelverfahren wird dem Gericht das Nichtvorliegen der Voraussetzungen bekannt. Die Beratungshilfe wird von Amts wegen aufgehoben. Der Rechtsanwalt hat seine Vergütung noch nicht aus der Staatskasse erhalten. (Die Beratungshilfegebühr Nr. 2500 VV RVG i.H.v. 15 € wurde nicht gezahlt – anderenfalls wäre sie ggf. anzurechnen gem. § 8a Abs. 2 Satz 2 BerHG.)

Alternative 1: Der Rechtsanwalt hat den Mandaten vorab durch mündlichen Hinweis nach § 8a Abs. 2   67
BerHG belehrt.
Er kann **alternativ** verlangen

von seinem Mandanten
1,3 Gesch.-G. Nr. 2300 über 1.000 incl. P. + St.   147,56 €

aus der Staatskasse
BerH.-Gesch.-G. Nr. 2503 incl. P. + St.   121,38 €

Alternative 2: der Rechtsanwalt hat den Mandaten vorab **nicht** nach § 8a Abs. 2 BerHG belehrt   68
Er kann **nur** verlangen

aus der Staatskasse
BerH.-Gesch.-G. Nr. 2503 incl. P. + St.   121,38 €

(Hinweis: Die Staatskasse kann sich bei Inanspruchnahme das Geld von der Beratungshilfepartei zurückholen – § 8a Abs. 3 BerHG.)

bb. Beispiel Aufhebung (Abwandlung)

Wie oben, die Partei hat jedoch nicht bei der Bewilligung falsche Tatsachen vorgetragen, sondern nach   69
Bewilligung eine erhebliche Erbschaft (20.000 €) gemacht.

---

[20] *Groß*, BerH/PKH/VKH, § 8a BerHG Rn. 6.

70 Es erfolgt keine Aufhebung nach § 6a BerHG, da eine nachträgliche Vermögensänderung unbeachtlich ist.

b. Aufhebung auf Antrag der Beratungsperson (§ 6a Abs. 2 BerHG)

71 Der Rechtsanwalt kann nach § 6a BerHG die Aufhebung der Bewilligung beantragen, wenn der Rechtsuchende auf Grund der Beratung oder Vertretung, für die ihm Beratungshilfe bewilligt wurde, etwas erlangt hat.

72 Dieser Antrag ist an folgende Voraussetzungen geknüpft:
1. Der Rechtsuchende hat aufgrund der Beratungshilfe etwas erlangt. Dadurch müssen die Voraussetzungen für die Bewilligung der BerH nachträglich entfallen sein. Als Erlangtes gilt entsprechend § 115 Abs. 4 ZPO jeder verwertbare vermögensrechtliche Vorteil, der durch die Beratung/Vertretung erlangt wurde.[21]
2. Der Rechtsanwalt hat noch **keine Beratungshilfevergütung** nach § 44 Satz 1 des Rechtsanwaltsvergütungsgesetzes **beantragt** (maßgeblich: Eingang Vergütungsantrag bei Gericht). Der Anwalt hat hier einen Gestaltungsspielraum. Er kann mit dem Festsetzungsantrag warten. Es gilt die dreijährige Verjährungsfrist nach § 195 BGB. Vermutet er also einen baldigen Vermögensvorteil, so sollte der Anwalt abwarten.
3. Der Rechtsanwalt hat den Rechtsuchenden bei der Mandatsübernahme auf die **Möglichkeit** der Antragstellung und der **Aufhebung der Bewilligung** sowie auf die sich für die Vergütung nach § 8a Abs. 2 ergebenden Folgen in **Textform hingewiesen**.

73 Für den Rechtsuchenden gelten – anders als bei der PKH/VKH – **keine Anzeigepflichten** für den Fall der Vermögensverbesserung.

74 Nach § 8a Abs. 2 BerHG kann die Beratungsperson von dem Rechtsuchenden die normale Vergütung verlangen, wenn sie keine Vergütung aus der Staatskasse fordert oder einbehält und den Rechtsuchenden bei der Mandatsübernahme auf die Möglichkeit der Aufhebung der Bewilligung sowie auf die sich für die Vergütung ergebenden Folgen hingewiesen hat.

75 Hat der Rechtsanwalt die Aufhebung beantragt, so ergibt sich aus § 8a Abs. 1 Nr. 2 BerHG klarstellend, dass ein Anspruch gegen die Staatskasse für diesen Rechtsanwalt nicht mehr besteht.

76 Eine nach Nr. 2500 VV gezahlte Beratungsgebühr ist ggf. auf den Vergütungsanspruch anzurechnen.

77 **Hinweis: Formerfordernis:** Aufhebung auf Antrag – §§ 6a Abs. 2, 8a Abs. 2 Nr. 2 BerHG: Notwendig zur Geltendmachung der allgemeinen Vergütung ist eine **Belehrung in Textform**.

aa. Beispiel: Aufhebung auf Antrag

78 Beratungshilfe in einer Nachlassangelegenheit ist bewilligt. Im Rahmen der Vertretung durch den Rechtsanwalt zahlen die Erben wegen eines Vermächtnisses ein halbes Jahr später 20.000 € an den Berechtigten. (Die Beratungshilfegebühr Nr. 2500 VV RVG i.H.v. 15 € wurde nicht gezahlt – anderenfalls wäre sie ggf. anzurechnen gem. § 8a Abs. 2 Satz 2 BerHG.)

79 **Alternative 1:** Die Beratungshilfe ist bereits beantragt:

Der Rechtsanwalt hat keinen Anspruch gegen den BerH-Berechtigten.
Er kann **nur** verlangen aus der Staatskasse
BerH.-Gesch.-G. Nr. 2503 incl. P. + St.   121,38 €

80 **Alternative 2:** Die Beratungshilfe ist nicht beantragt

Alternative 2.1: Der Mandant wurde **nicht** belehrt:
Eine Aufhebung ist nicht möglich.
Dem RA steht nur aus der Staatskasse zu
BerH.-Gesch.-G. Nr. 2503 incl. P. + St.   99,96 €

Alternative 2.2: Der Mandant wurde **in Textform** belehrt:
Der RA kann **alternativ** verlangen
von seinem Mandanten, wenn er Aufhebungsantrag stellt
1,3 Gesch.-G. Nr. 2300 über 20.000 incl. P. + St.   1.171,67 €
aus der Staatskasse, wenn er keinen Aufhebungsantrag stellt
BerH.-Gesch.-G. Nr. 2503 incl. P. + St.   99,96 €

---

[21] *Groß*, BerH/PKH/VKH, § 6a BerHG Rn. 8.

(Hinweis: Ggf. kann der RA die Wahlanwaltsvergütung auch von dem Gegner verlangen – § 9 BerHG.)

c. Vergütungsvereinbarung

Vergütungsvereinbarungen waren bisher gem. § 8 BerHG a.F. nichtig. Diese Vorschrift ist ersatzlos weggefallen. Damit ist nun der Abschluss einer Vergütungsvereinbarung nach den allgemeinen Regelungen möglich. Insbesondere kann auch ein Erfolgshonorar nach § 4a RVG vereinbart werden. 81

Die Vergütungsvereinbarung darf insbesondere auch noch nach erfolgter Bewilligung getroffen werden. 82

Es versteht sich jedoch von selbst, dass der aus einer Vergütungsvereinbarung resultierende Anspruch der Beratungsperson gegen den Rechtsuchenden gem. § 8 Abs. 2 BerHG nicht geltend gemacht werden kann, wenn 83
- Beratungshilfe bewilligt ist, oder
- bei nachträglicher Antragstellung das Gericht noch keine Entscheidung über den Antrag getroffen hat.

aa. Kostenrisiko trägt BerH-Berechtigter

Eine Vergütungsvereinbarung ist jedoch besonders sinnvoll für folgende Fälle: 84
- die Beratungshilfebewilligung wird wieder aufgehoben (sei es auf Antrag des Rechtsanwalts oder von Amts wegen – § 6a Abs. 1, 2 BerHG),
- das Gericht lehnt im Falle nachträglicher Antragstellung die Bewilligung ab.

Durch die neue Regelung wird ab dem 01.01.2014 das **Kostenrisiko**, im Falle der nachträglichen Bewilligung, weg vom Rechtsanwalt **zum Rechtsuchenden hin**, verlagert. Sind die obigen Voraussetzungen erfüllt, kann die Beratungsperson den Rechtsuchenden aus der Vergütungsvereinbarung in Anspruch nehmen. Eine vorher geschlossene Vergütungsvereinbarung wird eine ggf. mühsame Auseinandersetzung zwischen Beratungsperson und Rechtsuchendem über die Höhe der Vergütung nach § 34 RVG entbehrlich machen. 85

Wurde im Falle der nachträglichen Antragstellung keine Vergütungsvereinbarung getroffen und die BerH wird abgelehnt, so hat der Rechtsanwalt einen Anspruch auf die übliche Vergütung (z.B. § 34 RVG für Beratung, Nr. 2300 VV für Vertretung) unter den Voraussetzungen des § 8a Abs. 4 BerHG. 86

bb. Beispiel: Vergütungsvereinbarung 1 – Aufhebung

Es wurde Beratungshilfe für eine Nachlassangelegenheit bewilligt. Die notwendige Vertretung erscheint ausgesprochen aufwändig und der Erfolg ist zweifelhaft. Da der Auftraggeber **ohne Beratungshilfe** aufgrund seiner wirtschaftlichen Verhältnisse ansonsten von Rechtsverfolgung Abstand genommen hätte (die weiteren Voraussetzungen des § 4a RVG sind erfüllt), vereinbaren RA und Berechtigter ein Honorar von 10% eines eventuellen Erfolgs nebst den Auslagen nach dem RVG. Der RA belehrt den Berechtigten über die Möglichkeit der Aufhebung der BerH und die Konsequenzen für die Vergütung in Textform. Anschließend wird der RA tätig. Die Vertretung führt zu einer Zahlung an den BerH-Berechtigte in Höhe von 20.000 €. (Die Beratungshilfegebühr Nr. 2500 VV RVG i.H.v. 15 € wurde nicht gezahlt – anderenfalls wäre sie ggf. anzurechnen gem. § 8a Abs. 2 Satz 2 BerHG.) Der RA beantragt die Aufhebung der BerH nach § 6a Abs. 2 BerHG. Das Gericht hebt die Bewilligung nach Anhörung auf. 87

Lösung: RA verlangt von seinem Mandanten die Zahlung von 2.000 nebst Auslagen, insgesamt also 2.403,80 €.

d. Beispiel: Vergütungsvereinbarung 2 – Ablehnung

Der Mandant begehrt Beratung in einer Nachlassangelegenheit. Beratungshilfe ist noch nicht bewilligt. Nach den Unterlagen liegen die Voraussetzungen zur Bewilligung vor. Der RA hegt jedoch Zweifel an der Wahrheit der Angaben. Er schließt mit dem Mandanten eine gültige Vergütungsvereinbarung über 500 € nebst Auslagen nach dem RVG ab. Dabei weist er mündlich auf die Möglichkeit der Ablehnung des Beratungshilfeantrags hin. 88

Nachdem die Beratung erteilt worden ist, beantragt er Beratungshilfe für seinen Mandanten. Dem Gericht liegen weitergehende Informationen vor. Der Antrag wird abgelehnt. (Die Beratungshilfegebühr Nr. 2500 VV RVG i.H.v. 15 € wurde nicht gezahlt – anderenfalls wäre sie ggf. anzurechnen gem. § 8a Abs. 2 Satz 2 BerHG.)

Lösung: RA verlangt von seinem Mandanten die Zahlung von 500 nebst P. + St., insgesamt also 618,80 €.

4. Folgen der Aufhebung

89 Der neu eingefügte § 8a BerHG ist im Zusammenhang mit § 6a BerHG (Aufhebung der Bewilligung) zu sehen. Er schlägt für die Aufhebung eine umfassende Regelung der Vergütungs- und Regressansprüche im Verhältnis zwischen den Beteiligten (Beratungsperson, Staatskasse und Rechtsuchendem) vor.

90 Die neuen Regelungen zu § 8a Abs. 1 und 2 BerHG sind bereits im Zusammenhang mit § 6a BerHG vorgestellt worden – vgl. Rn. 53 ff.

a. Zu § 8 Abs. 1 BerHG

91 Der Vergütungsanspruch der **Beratungsperson gegen die Staatskasse** soll grundsätzlich auch nach der Aufhebung fortbestehen. Dies gilt nur dann nicht, wenn der Rechtsanwalt nicht schutzwürdig ist. **Dies ist in folgenden Fällen anzunehmen:**
- Bei Kenntnis oder grobfahrlässiger Unkenntnis vom Fehlen der Voraussetzungen.
- Wenn der Aufhebungsantrag von der Beratungsperson selbst gestellt wurde – § 6a Abs. 2 BerHG.

92 Die Beweislast für Kenntnis oder grobe Fahrlässigkeit trägt die Staatskasse.[22]

b. Zu § 8 Abs. 2 BerHG

93 Der **Beratungsperson steht gegen den Rechtsuchenden** ein Vergütungsanspruch zu. Dieser Anspruch ist an zwei Voraussetzungen geknüpft:
- Er fordert keine Beratungshilfevergütung aus der Staatskasse oder behält diese nicht ein.
- Er hat den Rechtsuchenden bei der Mandatsübernahme hingewiesen auf
  - die Möglichkeit der Aufhebung und
  - die Konsequenzen für die Vergütung.

c. Zu § 8 Abs. 3 BerHG

94 Wird die Beratungshilfe aufgehoben, weil keine Bedürftigkeit gegeben ist, kann die Staatskasse den Antragsteller in Regress nehmen und die Erstattung der an die Beratungsperson bezahlten Vergütung verlangen.

95 Hierbei handelt es sich jedoch um eine Ermessensentscheidung. Dies soll in Anbetracht des Verhältnisses von Aufwand und Ertrag entschieden werden. Es ist auch zu berücksichtigen, wieso fehlerhaft Beratungshilfe bewilligt worden ist.
Bei Falschangaben bzgl. persönliche/wirtschaftliche Verhältnisse:
- Der Regress kann durchgeführt werden.

Bei Fehlern des Gerichts:
- Der Rechtsuchende ist in der Regel in seinem Vertrauen auf den Bestand der Entscheidung zu schützen.

Andere Aufhebungs-/Ablehnungsgründe, z.B. andere Möglichkeiten für eine Hilfe nach § 1 Abs. 1 Nr. 2 BerHG:
- kein Regressanspruch, da der tatsächlich Bedürftige in seinem Vertrauen auf die bewilligte Beratungshilfe zu schützen ist.

d. Zu § 8 Abs. 4 BerHG

96 Festzustellen bleibt hier noch, dass gem. § 8a Abs. 4 BerHG die Beratungsperson einen Anspruch gegen den Rechtsuchenden hat, wenn die nachträgliche Bewilligung abgelehnt wird. Hierzu ist ein entsprechender Hinweis bei der Mandatsübernahme notwendig.

97 § 8a Abs. 4 BerHG gilt auch für den Fall, dass der Rechtsuchende seinen Mitwirkungspflichten nach § 4 Abs. 4 BerHG nicht nachkommt und das Gericht die Bewilligung von Beratungshilfe daher ablehnt.

---

[22] BT-Drs. 17/11472, S. 43.

5. Übersicht zu den Hinweispflichten

Der Gesetzgeber sieht im Beratungshilfegesetz an drei Stellen Hinweispflichten vor zu der Fragestellung: **Möglichkeit der Aufhebung der Bewilligung und die Auswirkungen auf die Vergütung:** Dieser Hinweis ist in unterschiedlicher Form zu führen. Aber auch dann, wenn die Textform nicht vorgeschrieben ist, sollte diese aus Nachweisgründen gewählt werden. 98

- **Aufhebung von Amts wegen** – §§ 6a Abs. 1, 8a Abs. 2 Nr. 2 BerHG:
  Es genügt ein **formloser Hinweis** zur Geltendmachung der allgemeinen Vergütung.
- **Aufhebung auf Antrag** – §§ 6a Abs. 2, 8a Abs. 2 Nr. 2 BerHG:
  Notwendig ist ein **Hinweis in Textform** zur Geltendmachung der allgemeinen Vergütung.
- **Ablehnung der nachträglichen Bewilligung** – § 8a Abs. 4 BerHG:
  Es genügt ein **formloser Hinweis** zur Geltendmachung der allgemeinen Vergütung.

B. Erstattung der Vergütungsansprüche

I. Erstattung durch den Rechtsuchenden (Mandant)

Von dem Mandanten/Rechtsuchenden kann der Rechtsanwalt gem. § 44 Satz 2 RVG lediglich die Beratungshilfegebühr Nr. 2500 VV RVG in Höhe von 15 € fordern. Die Staatskasse ist insoweit nicht zahlungspflichtig. 99

Auslagen kann der Rechtsanwalt neben der Beratungshilfegebühr nicht fordern, vgl. Anm. Satz 1 zu Nr. 2500 VV RVG. Die Umsatzsteuer gehört zu den Auslagen, vgl. Nr. 7008 VV RVG, und kann daher nicht zusätzlich beansprucht werden. Sie ist in dem Betrag von 15 € enthalten. 100

Nach Satz 2 der Anmerkung zu Nr. 2500 VV RVG kann die Gebühr erlassen werden. 101

Die Beratungshilfegebühr kann in einem Verfahren nach § 11 RVG nicht festgesetzt werden, da sie nicht zu den Kosten des gerichtlichen Verfahrens gehört. 102

II. Erstattung durch den Gegner (§ 9 BerHG)

Nach § 9 BerHG gehen Kostenerstattungsansprüche des Mandanten gegen den Gegner auf den Rechtsanwalt über. Dieser kann sie in eigenem Namen geltend machen. Durch diesen gesetzlichen Forderungsübergang sind etwaige Kostenerstattungsansprüche sowohl einer Aufrechnung durch den Gegner als auch durch einen Dritten entzogen. Der Anspruch besteht **in Höhe der gesetzlichen Gebühren**, nicht nur der niedrigeren Beratungshilfegebühren. 103

Als Anspruchsgrundlage kommen materiell-rechtliche Kostenerstattungsansprüche in Betracht. Der Rechtsanwalt kann vom Gegner die **Wahlanwalts**-Vergütung fordern. Die vom Rechtsuchenden gezahlte Beratungshilfegebühr Nr. 2500 VV RVG ist hierbei nicht zu berücksichtigen. Diese muss der Rechtsanwalt im Falle der vollständigen Zahlung durch den Gegner an den Rechtsuchenden erstatten. 104

Der Übergang kann gem. § 9 Satz 3 BerHG nicht zum Nachteil des Rechtsuchenden geltend gemacht werden, so dass z.B. Teilzahlungen des Gegners zunächst auf die Zinsen und die Hauptforderung des Mandanten und erst dann auf die Kostenforderung des Rechtsanwalts zu verrechnen sind. 105

Zahlungen, die der Rechtsanwalt von dem Gegner erhalten hat, sind auf die aus der Landeskasse zu zahlende Vergütung anzurechnen, § 58 Abs. 1 RVG. 106

Soweit die Staatskasse die Ansprüche des Rechtsanwalts befriedigt, geht der Anspruch gegen den erstattungspflichtigen Gegner auf die Landeskasse über, § 59 Abs. 1, 3 RVG. Die Landeskasse erwirbt diesen Anspruch vom Anwalt, auf den er gem. § 9 Satz 2 BerHG übergegangen ist. 107

Der Anspruch auf die Beratungshilfegebühr Nr. 2500 VV RVG i.H.v. 15 € geht jedoch nicht auf die Landeskasse über. 108

Erstattung durch die ARGE: Erstattungspflichtiger Dritter können auch die durch die Arbeitsagenturen und die kommunalen Träger gebildeten Arbeitsgemeinschaften (= ARGE) sein. Diese gewähren das Arbeitslosengeld 2 („Hartz4"). Die ARGE trifft in ihrem Widerspruchsbescheid eine Kostenentscheidung und setzt auf Antrag die notwendigen Kosten fest. Da die Widerspruchsverfahren recht häufig erfolgreich sind, werden die Kosten in diesen Fällen der Behörde auferlegt. 109

Wurde dem Rechtsuchenden Beratungshilfe für ein Widerspruchsverfahren gewährt und ist dieser Widerspruch von einem Rechtsanwalt eingelegt und begründet worden, so kann er die Beratungshilfevergütung für eine Vertretung (Nr. 2503 VV RVG) mit der Landeskasse abrechnen. Allerdings müssen eventuelle Zahlungen Dritter – auch nachträglich – angegeben werden, § 9 BerHG, § 58 Abs. 1 RVG. Der Rechtsanwalt muss demnach den Betrag, der ihm von der Widerspruchsbehörde erstattet wurde, bei der Festsetzung der Beratungsvergütung anzeigen. 110

111 **Beispiel: Erstattung durch ARGE:** Dem Mandanten ist Beratungshilfe für den Widerspruch gegen die Ablehnung seiner ALG2-Ansprüche bewilligt worden. Der Rechtsanwalt legt einen begründeten Widerspruch ein und rechnet mit der Landeskasse ab:
Beratungshilfevergütung:

Geschäftsgebühr, Nr. 2503 VV 85 €

Zwei Monate später hebt die Behörde aufgrund des Widerspruchs den angefochtenen Beschluss auf und übernimmt die Kostentragungspflicht.
Der Rechtsanwalt reicht folgende Kostenrechnung bei der ARGE ein (durchschnittliches Verfahren:
Kostenrechnung Widerspruchsverfahren:

Geschäftsgebühr, Nr. 2400 VV (40-520 €) 300 €

Die ARGE erstattet diesen Betrag nebst Auslagen. Daraufhin zeigt der Rechtanwalt diese Erstattung bei der Beratungshilfeabteilung des Amtsgerichts und erstattet die letztendlich zu viel erhaltene Beratungshilfe in Höhe von 85 € nebst Auslagen (= 121,38 €) an die Landeskasse zurück.

III. Erstattung durch die Landeskasse (Nr. 2501-2508 VV RVG)

112 Es können entstehen die Gebühren Nr. 2501-2508 VV RVG. Es sind dies im Einzelnen:
- Beratungsgebühr Nr. 2501 VV RVG,
- Geschäftsgebühr Nr. 2503 VV RVG,
- Einigungs- oder Erledigungsgebühr Nr. 2508 VV RVG,
- Beratungsgebühr zur Herbeiführung einer außergerichtlichen Einigung mit den Gläubigern über die Schuldenbereinigung auf der Grundlage eines Plans, Nr. 2502 VV RVG,
- Geschäftsgebühren zur Herbeiführung einer außergerichtlichen Einigung mit den Gläubigern über die Schuldenbereinigung auf der Grundlage eines Plans, Nr. 2504-2507 VV RVG.

1. Zu Nr. 2501 und 2503 VV RVG

113 Die Beratungs- und Geschäftsgebühr können nicht nebeneinander entstehen, vgl. Anm. Abs. 1 zu Nr. 2501 VV RVG. Es gelten dieselben Abgrenzungs- und Entstehungskriterien wie bei der Beratungsvergütung nach § 34 RVG.

114 Nach § 3 Abs. 1 BerHG wird die Beratungshilfe durch Rechtsanwälte (und Beratungspersonen nach § 3 BerHG – z.B. auch Steuerberater) gewährt, auch in Beratungsstellen, die auf Grund einer Vereinbarung mit der Landesjustizverwaltung eingerichtet sind. Der Rechtsanwalt erhält die Beratungsgebühr Nr. 2501 VV RVG in Höhe von 35 € gem. § 44 RVG nur dann aus der Landeskasse, wenn nicht für die Tätigkeit in Beratungsstellen nach § 3 Abs. 1 BerHG besondere Vereinbarungen getroffen sind.

115 Neben der Beratungsgebühr können auch die Auslagen (einschl. Umsatzsteuer) aus der Landeskasse verlangt werden. Bei der Auslagenpauschale Nr. 7002 VV RVG ist zu berücksichtigen, dass im Straf- und Ordnungswidrigkeitenrecht nur Beratung gewährt wird. Die Pauschale kann hier (wie auch in den anderen Angelegenheiten) nur dann erhoben werden, wenn tatsächlich Auslagen entstanden sind.

2. Zu Nr. 2508 VV RVG

116 Eine Einigungsgebühr im Falle der **Aussöhnung** entsteht in der Beratungshilfe nicht.[23]

117 In Nr. 2508 VV RVG wird zwar nicht mehr zwischen der Einigungs- und der **Erledigungsgebühr** unterschieden. Das bedeutet allerdings nicht, dass nunmehr in einer zivilrechtlichen Angelegenheit eine Erledigungsgebühr (Nr. 1002 VV RVG) anfallen kann. Hier kann weiterhin nur eine Einigungsgebühr in Betracht kommen. Eine Erledigungsgebühr kann in der Beratungshilfe wie bisher nur im Verwaltungsverfahren anfallen.

118 Für die Einigungs- und Erledigungsgebühr bei Beratungshilfe nach Nr. 2508 VV RVG werden in Absatz 1 der Anmerkung die Anmerkungen zu Nr. 1000 und 1002 VV RVG für anwendbar erklärt. Das bedeutet, dass die Einigungs- und Erledigungsgebühr in der Beratungshilfe nur entsteht, wenn die allgemeinen Voraussetzungen für die Einigungs- und Erledigungsgebühr erfüllt werden. Dies gilt grundsätzlich auch für die seit dem 01.08.2014 mögliche Einigungsgebühr für eine Zahlungsvereinbarung.

---

[23] *Schneider* in: Hansens/Braun/Schneider, Praxis des Vergütungsrechts, 2. Aufl. 2006, Teil 10 Rn. 202; AG Mainz v. 28.04.2009 - 75 UR II 260/09.

Für die Entstehung der Einigungsgebühr genügt die Mitwirkung des Rechtsanwalts beim Abschluss eines Vertrages, durch den der Streit oder die Ungewissheit der Parteien über ein Rechtsverhältnis beseitigt wird. Es bedarf weder des Abschlusses eines durch wechselseitiges Nachgeben gekennzeichneten Vergleiches noch einer Protokollierung der Einigung.[24] 119

Um Schwierigkeiten zu vermeiden, sollten daher im Festsetzungsantrag gem. § 55 Abs. 4 RVG gegen die Staatskasse die Voraussetzungen für die Entstehung der Einigungs- bzw. Erledigungsgebühr glaubhaft gemacht werden (§ 55 Abs. 5 Satz 1 RVG). Da die Einigungs- bzw. Erledigungsgebühr eine Erfolgsgebühr ist, sollte auch zum Eintritt des Erfolgs (Einigung, Erledigung) vorgetragen werden, um Rückfragen des Gerichts zu vermeiden. 120

3. Zu Nr. 2502, 2504-2507 VV RVG

Vgl. hierzu die Ausführungen zu Beratungshilfe und Schuldenbereinigung (vgl. Rn. 78). 121

4. Auslagen nach Teil 7 VV RVG

Zu erstatten sind nach den §§ 44 und 46 RVG Entgelte für Post- und Telekommunikationsdienstleistungen, Umsatzsteuer, Dokumentenpauschale, Gutachterkosten, soweit sie zur sachgemäßen Wahrnehmung der Interessen des Rechtsuchenden erforderlich waren. Auch Dolmetscherkosten können erstattungsfähig sein.[25] Letztendlich muss dies für alle Auslagen nach dem Teil 7 des RVG gelten. 122

Voraussetzung für die Erstattung der Auslagen aus der Landeskasse ist, dass die Auslagen nicht bereits durch die Partei selbst aufgebracht worden sind. 123

Die Geltendmachung der Auslagenpauschale setzt voraus, dass in irgendeiner Form Post- oder Telekommunikationsauslagen entstanden sind. 124

Bei Reisekosten kann die Notwendigkeit vorab vom Gericht auf Antrag festgestellt werden gem. § 46 Abs. 2 RVG. 125

IV. Festsetzung der Vergütung (§ 55 Abs. 4 RVG)

Die Festsetzung der Vergütung gegen die Landeskasse erfolgt nach § 55 Abs. 4 RVG durch den Urkundsbeamten der Geschäftsstelle des in § 4 Abs. 1 BerHG bestimmten Gerichts. Zuständig ist danach das Amtsgericht des allgemeinen Gerichtsstands des Antragstellers. Hat der Rechtsuchende im Inland keinen allgemeinen Gerichtsstand, so ist das Amtsgericht zuständig, in dessen Bezirk ein Bedürfnis für Beratungshilfe auftritt.[26] 126

Da nach § 55 Abs. 5 Satz 1 RVG für die Festsetzung § 104 Abs. 2 ZPO entsprechend gilt, sind die Ansätze glaubhaft zu machen. Hinsichtlich der einem Rechtsanwalt erwachsenden Auslagen für Post- und Telekommunikationsdienstleistungen genügt die Versicherung des Rechtsanwalts, dass diese Auslagen entstanden sind. Die Erklärung zur Vorsteuerabzugsberechtigung bei Umsatzsteuerbeträgen nach § 104 Abs. 2 Satz 3 ZPO ist nicht abzugeben.[27] 127

Für die **Beratungsgebühr** der Nr. 2501 VV RVG genügt die Versicherung, Beratung gewährt zu haben. 128

Eine **Verzinsung** der Vergütung erfolgt nicht, weil § 104 Abs. 1 Satz 2 ZPO nicht für entsprechend anwendbar erklärt worden ist. 129

Der Festsetzungsantrag ist auf dem amtlichen Vordruck zu stellen. Aufgrund der Ermächtigung in § 11 BerHG hat der Bundesjustizminister einen entsprechenden Vordruck eingeführt und dessen Verwendung vorgeschrieben, vgl. Beratungshilfeformularverordnung.[28] 130

Praxistipp: Diese und zahlreiche weitere Vordrucke sind durch die Justiz NRW zum freien Download unter www.justiz.nrw.de/BS/formulare (abgerufen am 16.12.2014) eingestellt worden. 131

C. Erinnerung und Beschwerde gegen die Festsetzung (§ 56 RVG)

Gegen die Festsetzung der Beratungshilfevergütung durch den Urkundsbeamten der Geschäftsstelle (vgl. § 55 Abs. 4 RVG) ist gem. § 56 RVG die **unbefristete Erinnerung** durch den Rechtsanwalt und die Landeskasse gegeben. 132

---

[24] LG Mönchengladbach v. 21.03.2007 - 5 T 85/07 - JurBüro 2007, 306.
[25] LG Bochum v. 25.10.2001 - 7a T 317/01 - JurBüro 2002, 147.
[26] OLG Hamm v. 07.12.1998 - 15 Sbd 32/98 - AnwBl 2000, 58.
[27] LArbG Rheinland-Pfalz v. 27.09.1996 - 4 Ta 173/96 - JurBüro 1997, 29.
[28] BerHFV v. 02.01.2014, BGBl I 2014, 2 (Nr. 1); Geltung ab 09.01.2014.

133 Über die Erinnerung entscheidet nach § 56 Abs. 1 Satz 3 RVG das nach § 4 Abs. 1 BerHG zuständige Gericht. Das ist in der Regel das Amtsgericht des allgemeinen Gerichtsstands des Antragstellers, das auch gem. § 55 Abs. 4 RVG (§ 55 RVG) die Festsetzung der Beratungshilfevergütung vorgenommen hat.

134 Gegen die Erinnerungsentscheidung ist nach den §§ 56 Abs. 2 Satz 1, 33 Abs. 3 RVG die Beschwerde zulässig. Allerdings wird wegen der geringen Höhe der Beratungsgebühren die erforderliche Beschwerdesumme in Höhe von 200,01 € häufig nur dann erreicht werden können, wenn Gegenstand der Beschwerde die aus der Landeskasse zu erstattenden Auslagen sind.

135 Die Beschwerde ist aber auch dann möglich, wenn sie in der Erinnerungsentscheidung wegen der grundsätzlichen Bedeutung der Sache zugelassen worden ist, vgl. § 56 Abs. 2 Satz 1 i.V.m. § 33 Abs. 3 Satz 2 RVG.

D. Vorschuss

136 Bei Beratungshilfe kann der Rechtsanwalt keinen Vorschuss aus der Landeskasse verlangen. Das ergibt sich aus § 47 Abs. 2 RVG.

E. Anrechnung

137 Die Anrechnung der Gebühren in der Beratungshilfe ist in Absatz 2 der Anm. zu Nr. 2501 VV RVG und in Absatz 2 der Anm. zu Nr. 2503 VV RVG geregelt. Die Anrechnung gilt auch für die Geschäftsgebühren der Nr. 2504-2507 VV RVG.

138 § 15a RVG regelt die Anrechnung von Gebühren im RVG allgemein. Eine Anrechnung der Beratungshilfegeschäftsgebühr auf die VKH-Vergütung erfolgt daher auch nur dann, wenn eine der Alternativen des § 15a RVG vorliegt.[29]

139 Es gelten zudem die folgenden Regelungen:
- **Zahlungen des Gegners** sind auf die Vergütung aus der Landeskasse anzurechnen, §§ 55 Abs. 5, 58 Abs. 1 RVG. Der Rechtsanwalt muss dieses in seinem Festsetzungsantrag (auch nachträglich) angeben.
- Die **Beratungsgebühr** nach Nr. 2501 VV RVG ist vollständig auf eine Gebühr für eine sonstige Tätigkeit anzurechnen, die mit der Beratung zusammenhängt.
- Die **Geschäftsgebühr** nach Nr. 2503 VV RVG ist nach Absatz 2 der Anm. zu Nr. 2503 VV RVG zur Hälfte, also in Höhe von 42,50 € auf die Gebühren für ein anschließendes gerichtliches oder behördliches Verfahren anzurechnen.
- Anrechnungsvoraussetzung ist, dass ein gewisser **zeitlicher Zusammenhang** vorliegt (vgl. hierzu § 15 Abs. 5 Satz 2 RVG: Spätestens 2 Jahre nach der Erledigung ist eine Anrechnung ausgeschlossen).

I. Beispielsfall: Beratung und außergerichtliche Vertretung

140 Fall: M ist Beratungshilfe bewilligt. Der Rechtsanwalt berät M zu seinen Unterhaltsansprüchen. Die Versuche des M, sich gütlich zu einigen, scheitern. Er beauftragt den Rechtsanwalt, ihn im Rahmen der Beratungshilfe zu vertreten und den Gegner zur Zahlung aufzufordern. Der Rechtsanwalt wird entsprechend tätig.
Lösung:
Beratungsangelegenheit:

Gebühr und Vorschriften	Gebühr
Beratungsgebühr Nr. 2501 VV	35 €

Außergerichtliche Vertretung:

Gebühr und Vorschriften	Gebühr
Geschäftsgebühr Nr. 2503 VV	85 €
– **Anrechnung gem. Nr. 2501 (2)**	35 €

---

[29] KG v. 08.11.2010 - 19 WF 183/10 - RVGreport 2011, 60.

Anmerkung: In der Beratungsangelegenheit entstehen regelmäßig keine Post- und Telekommunikationsauslagen. In diesen Fällen kann auch keine entsprechende Pauschale angesetzt werden. Sollten entsprechende Auslagen für Porto oder Telefon entstanden sein, so ist dies regelmäßig ein Anzeichen dafür, dass es sich nicht um eine Beratungs-, sondern um eine Vertretungsangelegenheit handelt, die demnach nicht nach Nr. 2501 VV RVG, sondern nach Nr. 2503 VV RVG abzurechnen wäre. 141

Die Beratungsgebühr Nr. 2501 VV RVG ist in voller Höhe auf die folgende Geschäftsgebühr anzurechnen. 142

II. Beispielsfall: außergerichtliche Vertretung und gerichtliches Verfahren

Fall: Beratungshilfe ist bewilligt worden. Im Auftrag des Berechtigten fordert der Rechtsanwalt den Gegner zur Zahlung von 1.500 € auf. Da keine Zahlung erfolgt, erhebt der Rechtsanwalt Klage. Prozesskostenhilfe wird mangels Erfolgsaussicht nicht bewilligt. Das Verfahren endet nach Termin mit Urteil. 143

Lösung:

Außergerichtliche Vertretung:

Gebühr und Vorschriften	Gebühr
Geschäftsgebühr Nr. 2503 VV	85 €

Gerichtliches Verfahren:

Gebühr und Vorschriften	Gebühr
Verfahrensgebühr Nr. 3100 VV	149,50 €
− Anrechnung gem. Nr. 2503 (2)	42,50 €
+ Terminsgebühr Nr. 3104 VV	138 €

Anmerkung: Nach Nr. 2503 VV RVG ist die Beratungsgeschäftsgebühr lediglich zur Hälfte auf die Gebühr für ein anschließendes gerichtliches oder behördliches Verfahren anzurechnen.

III. Beispielsfall: Anrechnung bei Verfahrenskostenhilfe

Fall: Beratungshilfe ist bewilligt worden für A. Im Auftrag von A fordert der Rechtsanwalt von dem Gegner die Zahlung von 3.500 € nachträglichen Unterhalts. Da keine Zahlung erfolgt, reicht der Rechtsanwalt Verfahrensantrag für A ein. A wird Verfahrenskostenhilfe ohne Ratenzahlung bewilligt. Der Prozess endet nach Termin mit Beschluss. 144

Lösung:

Außergerichtliche Vertretung:

Gebühr und Vorschriften	Gebühr
Geschäftsgebühr Nr. 2503 VV	85 €

Gerichtliches Verfahren (Wert 3.500):

Gebühr und Vorschriften	Gebühr
Verfahrensgebühr Nr. 3100 VV	327,60 €
− Anrechnung gem. Nr. 2503 (2)	42,50 €
+ Terminsgebühr Nr. 3104 VV	302,40 €

Lösungsanmerkung:
Die Ansicht, dass die Anrechnung unter Beachtung von § 58 Abs. 2 RVG zu erfolgen hat, hat sich nicht durchgesetzt. Damit sind sämtliche Vorschüsse und Zahlungen, die der Rechtsanwalt vor oder nach der Beiordnung erhalten hat, direkt auf die VKH-Vergütung anzurechnen. Diese Berechnung ist inzwischen die herrschende Meinung.[30]
Die Anwendung des § 58 Abs. 2 RVG auch auf Beratungshilfevergütung wird noch vertreten von Schneider/Fölsch.[31]

---

[30] OLG Naumburg v. 22.08.2011 - 2 Wx 30/11 - RVGreport 2012, 102; OLG Celle v. 29.12.2010 - 2 W 383/10 - RVGreport 2011, 134; LG Detmold v. 07.07.2011 - 3 T 5/11.

[31] Schneider/Fölsch in: AnwK-RVG, 7. Aufl. 2014, § 58 Rn. 10, 12.

IV. Beispielsfall: Anrechnung von Zahlungen Dritter

145 Beratungshilfe ist bewilligt worden für die A. Im Auftrag von A fordert der Rechtsanwalt den Gegner auf, die A nicht mehr zu belästigen. Der Gegner sichert dies zu und zahlt auch die Anwaltskosten – Gegenstandswert: 5.000 €. Da die Belästigungen jedoch fortgesetzt werden, erhebt der Rechtsanwalt Klage für A auf Unterlassung. A wird Verfahrenskostenhilfe bewilligt. Der Prozess endet nach Termin mit Urteil.

Außergerichtliche Vertretung:

Gebühr und Vorschriften	Gebühr
Geschäftsgebühr Nr. 2300 VV (1,3)	393,90 €

Gerichtliches Verfahren (Wert 5.000):

	Gebühr und Vorschriften	Gebühr
	Verfahrensgebühr Nr. 3100 VV	334,10 €
–	Anrechnung gem. VB 3 (4)	196,95 €
+	Terminsgebühr Nr. 3104 VV	308,40 €

146 **Lösungsanmerkungen**: Anzurechnen ist die Hälfte der Geschäftsgebühr mit 196,95 €. Voraussetzung ist jedoch immer, dass diese Gebühr auch tatsächlich gezahlt wurde (§ 55 Abs. 5 RVG). Anderenfalls erfolgt keine Anrechnung.

147 Die anzurechnende Geschäftsgebühr ist aus der Wahlanwaltstabelle zu entnehmen, nicht aus der PKH/VKH-Tabelle.[32]

F. Besonderheiten

I. Strafrecht/Ordnungswidrigkeitenrecht

148 Nach § 2 Abs. 2 Satz 2 BerHG wird im Strafrecht und Ordnungswidrigkeitenrecht nur Beratung gewährt. Daher entsteht nach Vorbemerkung 2 Abs. 3 VV RVG insoweit nur die Beratungshilfegebühr nach Nr. 2500 VV in Höhe von 15 € und die Beratungsgebühr Nr. 2501 VV RVG in Höhe von 35 €. Nur in seltenen Fällen wird hier zudem eine Auslagenpauschale für Post- und Telekommunikationsauslagen angesetzt werden können.

II. Mehrere Auftraggeber

149 Die Erhöhung der Beratungsgebühren Nr. 2501 und 2502 VV RVG bei der Beratung mehrerer Auftraggeber ist möglich und entspricht dem Sinn des Gesetzes.[33] Dies ist jedoch sehr umstritten.

150 Die Erhöhung der Geschäftsgebühren Nr. 2503-2507 VV RVG ist in Nr. 1008 VV RVG ausdrücklich zugelassen und wird allgemein anerkannt.[34]

151 Ein Fall von mehreren Auftraggebern mit Erhöhung liegt bei den Festgebühren im Gegensatz zu den Wertgebühren aber auch dann vor, wenn **nicht derselbe Gegenstand** betroffen ist. Diese Ausnahme ist notwendig, da bei Wertgebühren der höhere Aufwand durch die Addition der Werte abgegolten wird. Bei Festgebühren hingegen ist ein höherer Wert ohne Auswirkungen. Vgl. hierzu den folgenden Beispielsfall.

152 **Beispielsfall – mehrere Auftraggeber und Anrechnung**: Beratungshilfe ist bewilligt worden für die Mutter A bzgl. 1.200 € und für das Kind B bzgl. anderer 800 €. Es handelt sich um Unterhaltsrückstände. Im Auftrag von A und B fordert der Rechtsanwalt von dem Gegner die Zahlung von 2.000 €. Da keine Zahlung erfolgt, erhebt der Rechtsanwalt Klage für A und B. Diese endet nach Termin mit Urteil.

---

[32] *Müller-Rabe* in: Gerold/Schmidt Rechtsanwaltsvergütungsgesetz, 21. Aufl. 2014, § 58 Rn. 45.
[33] KG Berlin v. 03.05.2007 - 1 W 407/06 - RVGreport 2007, 300; *Hansens* in: Hansens/Braun/Schneider, Praxis des Vergütungsrechts, 2. Aufl. 2006, Teil 7 Rn. 83.
[34] OLG Koblenz v. 23.11.2011 - 4 W 554/11 - FamFR 2012, 67; OLG Jena v. 31.08.2011 - 9 W 406/11 - JurBüro 2012, 140; OLG Naumburg v. 25.05.2010 - 2 Wx 4/10 - RVGreport 2010, 382 = Rpfleger 2010, 603.

Lösung:
Außergerichtliche Vertretung:

Gebühr und Vorschriften	Gebühr
Geschäftsgebühr Nr. 2503,1008 VV (85 € + 30% Erhöhung)	110,50 €

Gerichtliches Verfahren (Wert 2.000 €):

	Gebühr und Vorschriften	Gebühr
	Verfahrensgebühr Nr. 3100 VV incl. Erh. nach Nr. 1008 VV RVG	240 €
−	Anrechnung gem. Nr. 2503 (2)	55,25 €
+	Terminsgebühr Nr. 3104 VV	180 €

Anmerkung: Nach Nr. 1008 VV RVG sind die Geschäfts- und die Verfahrensgebühren zu erhöhen, wenn mehrere Auftraggeber vorhanden sind. In diesem Fall ist für die Erhöhung nicht Voraussetzung, dass derselbe Gegenstand betroffen ist, da dies nur für Wertgebühren gilt. Bei den Beratungshilfegebühren handelt es sich hingegen um Festgebühren. Diese sind in jedem Fall unabhängig davon, ob die Auftraggeber an demselben Gegenstand beteiligt sind, um jeweils 30% zu erhöhen.

III. Mehrere Gegenstände

Sind mehrere unterschiedliche Gegenstände von der Beratung betroffen, so können mehrere Angelegenheiten betroffen sein (vgl. auch die Erläuterungen zur Angelegenheit in der Beratungshilfe, Rn. 26). Ist dies der Fall, so ist jeder Gegenstand gesondert abzurechnen.

153

Kostenrechtliche Hinweise in Familiensachen (Teil 17)
Verfahrenskostenhilfe

Gliederung

A. Allgemeines 1
  I. Änderungen durch das RVG 1
  II. Überblick zur Verfahrenskostenhilfe 8
  III. Voraussetzungen für die Verfahrenskostenhilfebewilligung 12
    1. Sachliche Voraussetzungen (§ 114 ZPO) 12
      a. Erfolgsaussichten 12
      b. Mutwilligkeit 13
      c. Beispiele für Mutwilligkeit 14
    2. Persönliche Voraussetzungen 30
      a. Maßgebliches Einkommen 31
      b. Sozialleistungen als Einkommen 33
      c. Einsatz des Prozesserfolgs 35
      d. Verfahrenskostenvorschuss 37
      e. Stellungnahme des Gegners 39
  IV. Umfang der Verfahrenskostenhilfebewilligung 42
    1. Umfang der Bewilligung in Familiensachen 44
    2. Umfang der Bewilligung bei außergerichtlichem Vergleich 48
    3. Umfang der Bewilligung bei Streitgenossen ... 51
    4. Umfang der Bewilligung in der Zwangsvollstreckung 53
    5. Beiordnung zu den Bedingungen eines ortsansässigen Rechtsanwalts 54
      a. Beiordnung ohne Beschränkung 54
      b. Beiordnung mit Beschränkung 56
      c. Reisekosten eines ortsansässigen Rechtsanwalts vom entferntesten Ort 61
      d. Besondere Umstände nach § 121 Abs. 4 ZPO 63
    6. Beispielsfall: eingeschränkte Beiordnung 65
  V. Dauer der Verfahrenskostenhilfebewilligung 69
  VI. Nachträgliche Änderung der Verfahrenskostenhilfebewilligung 73
    1. Verringerung des Einkommens (Absatz 1) 77
    2. Verbesserung der wirtschaftlichen Verhältnisse – Mitteilungspflicht (Absatz 2) 81
      a. Verbesserung der Einkommensverhältnisse 83
      b. Verbesserung der Vermögensverhältnisse 85
    3. Anschriftenänderung (Absatz 2) 89
    4. Vermögenszuwachs durch Prozesserfolg (Absatz 3) 90
    5. Formularzwang (Absatz 4) 96
    6. Anwalt weiterhin Ansprechpartner 99
  VII. Gegenstandswert bei Verfahrenskostenhilfe ... 100
    1. Gegenstandswert bei Verfahrenskostenhilfe in Ehesache 100
    2. Gegenstandswert im Verfahrenskostenhilfe-Prüfungsverfahren 101
    3. Wert für Beschwerde gegen Wertfestsetzung 104
  VIII. Verjährung der Vergütungsansprüche des beigeordneten Rechtsanwalts 106
  IX. Anrechnung von Vorschüssen und Zahlungen auf die Verfahrenskostenhilfe 108
    1. Beispielsfall: Anrechnung von Vorschüssen auf Verfahrenskostenhilfe 113
    2. Besonderheit: Anrechnung der Geschäftsgebühr auf Verfahrenskostenhilfe 114
    3. Anrechnung nach § 58 Abs. 2 RVG 116
      a. Allgemeines 116
      b. Problem: Anrechnung der Geschäftsgebühr nach § 58 Abs. 2 RVG nur auf die VKH-Verfahrensgebühr 119
      c. Beispielsfall: Anrechnung der Geschäftsgebühr nur auf VKH-Verfahrensgebühr 123
B. Beiordnung eines Rechtsanwalts als Beistand 124
C. Auswirkungen der VKH 130
  I. Auswirkungen der Verfahrenskostenhilfe – Grafische Darstellung 130
    1. Zu 1.: Festsetzung nach § 11 RVG 131
    2. Zu 2.: Festsetzung der VKH-Vergütung 136
    3. Zu 3.: Festsetzungsanspruch der VKH-Partei gegen den unterlegenen Gegner 138
    4. Zu 4.: Festsetzung der Wahlanwaltsvergütung gegen den unterlegenen Gegner 142
    5. Zu 5.: Übergangsanspruch auf die Landeskasse 146
    6. Zu 6.: Festsetzung der gegnerischen Kosten gegen die VKH-Partei 147
    7. Zu 7.: Übergangsanspruch der Landeskasse gegen die VKH-Partei 149
  II. Auswirkungen für die Verfahrenskostenhilfe-Partei 150
  III. Auswirkungen für den Gegner der Verfahrenskostenhilfe-Partei 152
  IV. Auswirkungen für den beigeordneten Rechtsanwalt 154
  V. Auswirkungen der Verfahrenskostenhilfe für die Landeskasse 172
D. Teilweise Bewilligung von Verfahrenskostenhilfe 177
E. Verfahrenskostenhilfe-Prüfungsverfahren 183
  I. Allgemeines 183
  II. Verfahrenskostenhilfe für das VKH-Prüfungsverfahren 189
    1. Verfahrenskostenhilfe nur für eine Einigung im VKH-Prüfungsverfahren 190
    2. Hinweispflicht bei VKH-Bewilligung nur für die Einigung 197
  III. Termingebühr für Vergleich nach § 278 Abs. 6 ZPO im VKH-Prüfungsverfahren 198

IV. Beschwerde gegen Verfahrenskostenhilfe-
ablehnung 199
V. Erstattungsfähigkeit der Kosten des
Prüfungsverfahrens 201
VI. Beispielsfall: Teilweise VKH-Bewilligung
im Prüfungsverfahren 203
VII. Beispielsfall: Prüfungsverfahren und
anschließendes Versäumnisurteil 206
F. Beispielsfälle: Verfahrenskostenhilfe
ohne Ratenzahlungen (= volle VKH) 207
I. Ausgangsfall 207
II. Lösung Aufgabe 1: Berechnung der Ver-
gütung (gilt für alle Alternativen) 209
III. Lösung Alternative 1: Die Kosten trägt
der Kläger 210

IV. Lösung Alternative 2: Die Kosten trägt
der Beklagte 212
V. Lösung Alternative 3: Die Kosten trägt
der Kläger zu 1/5 und der Beklagte zu 4/5 214
G. Beispielsfälle: Verfahrenskostenhilfe
mit Ratenzahlungen (= Raten-VKH) 216
I. Ausgangsfall 216
II. Lösung Aufgabe 1 (alle Alternativen) 219
III. Lösung Alternative 1: Die Kosten trägt
der Kläger 220
IV. Lösung Alternative 2: Die Kosten trägt
der Beklagte 222
V. Lösung Alternative 3: Die Kosten trägt
der Kläger zu 1/5 und der Beklagte zu 4/5 224

A. Allgemeines

I. Änderungen durch das RVG

Die Bestimmungen der BRAGO über den Gebührenanspruch des im Wege der Prozesskostenhilfe beigeordneten Anwaltes gegen die Staatskasse sind im Wesentlichen in das RVG übernommen worden. Die Gebührentabelle nach § 123 BRAGO für die ab einem Gegenstandswert in Höhe von 3.000 € aus der Staatskasse zu erstattenden Gebühren ist unverändert in § 49 RVG übernommen worden. Durch die Erhöhung des Gebührensatzes der Verfahrensgebühr und der Terminsgebühr ergeben sich auch höhere Prozesskostenhilfe-Gebühren in Verfahren ohne Beweisaufnahme.

Das FamFG hat die Prozesskostenhilfe nicht wesentlich verändert. Lediglich der Name wurde entsprechend der allgemeinen Diktion in Verfahrenskostenhilfe angepasst. Weiterhin gelten über den Verweis in § 76 FamFG die Vorschriften der §§ 114 ff. ZPO über die Prozesskostenhilfe. In Ehe- und Familienstreitsachen gelten die Vorschriften der ZPO wegen § 113 ZPO direkt.

Für die selbständigen Familiensachen (außer Ehe- und Familienstreitsachen) ist allerdings der Grundsatz der Waffengleichheit, normiert im § 121 ZPO, im § 78 FamFG ersatzlos weggefallen. Nunmehr genügt es als Beiordnungsgrund nicht, wenn der Gegner anwaltlich vertreten ist.

Eine anwaltliche Beiordnung kommt nach § 78 Abs. 2 FamFG nur in Frage, wenn wegen der Schwierigkeit der Sach- und Rechtslage die Vertretung durch einen Rechtsanwalt erforderlich erscheint.[1]

Nach anderer Auffassung genügt es, wenn die Sach- **oder** Rechtslage schwierig ist.[2]

Für Sorgerechtsverfahren hat das OLG Naumburg entschieden, dass in der Regel die Beiordnung eines Rechtsanwalts nur in Betracht kommt, wenn sich das Verfahren als streitig, rechtlich schwierig, umfangreich oder für eine Partei als sehr kompliziert darstellt.[3]

Das 2. KostRModG hat mit Wirkung zum 01.01.2014 und teilweise auch schon zum 01.08.2013 wesentliche Änderungen für die Prozess- und Verfahrenskostenhilfe gebracht. Sie sollen dazu dienen, die Kosten hierfür zu senken und dennoch den Bedürftigen den Zugang zum Recht zu ermöglichen.

II. Überblick zur Verfahrenskostenhilfe

Die Verfahrenskostenhilfe (VKH) ist über § 76 bzw. 113 FamFG geregelt in den §§ 114 ff. ZPO. Diese Vorschriften werden ergänzt durch die „Durchführungsbestimmungen zum Gesetz über die Verfahrenskostenhilfe" (DB-PKH).

Aufgabe der VKH ist es, das Kostenrisiko für die bedürftige Partei im zumutbaren Rahmen zu halten. Jedem Bürger soll unabhängig von seinem Vermögensstand der Zugang zu den Gerichten ermöglicht werden.

Durch die VKH wird die Partei von der Zahlung der Gerichtskosten freigestellt. Dies gilt auch für die Zahlung der Kosten des eigenen Rechtsanwalts, wenn dieser der Partei beigeordnet wird. Die Kosten eines eventuell obsiegenden Gegners sind jedoch immer zu zahlen.

Je nach Vermögenslage kann eine Partei

---

[1] OLG Köln v. 14.01.2010 - 19 WF 136/09 - RVGreport 2010, 198.
[2] OLG Düsseldorf v. 10.12.2009 - II-8 WF 204/09 - RVGreport 2010, 117.
[3] OLG Naumburg v. 27.11.2008 - 3 WF 298/08 - FamRZ 2009, 1236.

- **volle VKH** erhalten (= Freistellung von den Gerichtskosten und den Kosten des eigenen Rechtsanwalts) oder
- **Raten-VKH** (Zahlung der genannten Kosten in durch das Gericht festgelegten Raten, wenn das Einkommen die Grenzen des § 115 ZPO übersteigt).

Denkbar ist auch der Fall der
- **Teil-VKH** (mangelnde Erfolgsaussicht für einen Verfahrensgegenstand oder fehlender Antrag für einen Verfahrensgegenstand).

III. Voraussetzungen für die Verfahrenskostenhilfebewilligung

1. Sachliche Voraussetzungen (§ 114 ZPO)

a. Erfolgsaussichten

12   Voraussetzung für die Bewilligung der VKH ist hinreichende Aussicht auf Erfolg. Das Gericht prüft hierbei Zulässigkeit und Begründetheit. Die Erfolgsaussicht ist bereits gegeben, wenn der Standpunkt vertretbar erscheint.

b. Mutwilligkeit

13   Die Rechtsverfolgung/-verteidigung darf nicht mutwillig sein. Der Gesetzgeber hat zum 01.01.2014 in § 114 Abs. 2 ZPO eine Definition der Mutwilligkeit aufgenommen. Danach ist Mutwilligkeit gegeben, wenn eine Partei, die keine Prozesskostenhilfe beansprucht, bei verständiger Würdigung aller Umstände von der Rechtsverfolgung oder Rechtsverteidigung absehen würde, obwohl eine hinreichende Aussicht auf Erfolg besteht.

c. Beispiele für Mutwilligkeit

aa. Niedriger Streitwert

14   Ein niedriger Streitwert allein lässt nicht auf Mutwilligkeit schließen. Auch ein Bemittelter klagt niedrige Ansprüche ein. Hierzu ist besonders auf Verfahren nach dem SGB zu verweisen, die regelmäßig sehr niedrige Werte haben.

15   Mutwilligkeit ist damit beispielsweise nicht gegeben bei Klagen im Zusammenhang mit dem Bildungspaket nach SGB II – exemplarisch: Klage auf Teilhabe an einer Schulverpflegung.

bb. Kein wirtschaftlicher Erfolg

16   Mutwilligkeit kann gegeben sein, wenn selbst ein Obsiegen der antragstellenden Partei letztlich keinen wirtschaftlichen Vorteil einbringen würde.[4]

cc. Erhebung einer neuen Klage statt Klageerweiterung

17   Die Erhebung einer neuen Klage statt einer Klageerweiterung in einem noch anhängigen Verfahren wird regelmäßig als mutwillig angesehen werden können.[5]

dd. Erfolgsaussichten der Vollstreckung

18   Wenn im Erfolgsfalle die Vollstreckung unsicher ist, so stellt dies keine Mutwilligkeit dar. Nur dann, wenn die Vollstreckung „bei zurückhaltender Beurteilung dauernd aussichtslos" erscheint, kann die Rechtsverfolgung aus diesem Grunde mutwillig sein.[6] Z.B.:
- Vermögenslosigkeit – z.B. Abgabe der Vermögensauskunft,
- unrealistische Zwangsvollstreckung im Ausland.

19   Allerdings ist hier Zurückhaltung geboten, da einem Gläubiger nicht von vornherein jede Möglichkeit zur Durchsetzung seiner Forderung genommen werden sollte. Immerhin wird ein Titel geschaffen, der auf Jahrzehnte hin vollstreckbar ist.

ee. Gewaltschutz Hauptsache und einstweilige Anordnung

20   Mutwilligkeit ist gegeben bei gleichzeitigem Hauptsacheantrag und Antrag auf einstweilige Anordnung im Gewaltschutzverfahren.

---

[4] BGH v. 16.10.2002 - XII ZR 73/02 - NJW-RR 2003, 228.
[5] OLG Nürnberg v. 06.12.2010 - 12 W 2270/10 - MDR 2011, 256.
[6] BT-Drs. 17/13538, S. 38.

Die gleichzeitige Einreichung eines Hauptsacheantrages und eines Antrages auf Erlass einer einstweiligen Anordnung im Gewaltschutzverfahren ist mutwillig, wenn beide Anträge auf das gleiche Rechtsschutzziel gerichtet sind und keine Notwendigkeit für die besseren Erkenntnismöglichkeiten im Hauptsacheverfahren besteht.[7]

ff. Unterhaltsantrag direkt ohne Stufenantrag

Ist die Einkommenshöhe unbekannt, so ist ein direkter Unterhaltsantrag auf den Maximalbetrag mutwillig, wenn er zuvor einen Stufenantrag auf Auskunftserteilung stellen kann.[8]

gg. Vereinfachtes Unterhaltsverfahren – verspätete Einwendungen

Macht der Gegner im vereinfachten Unterhaltsfestsetzungsverfahren ohne triftigen Grund Einwendungen nicht geltend, mit denen ohne weiteren Aufwand eine Unterhaltsfestsetzung verhindert werden könnte, so ist ein anschließend von ihm eingeleitetes Abänderungsverfahren (§§ 240, 253 FamFG) mutwillig i.S.v. § 114 ZPO, § 113 Abs. 1 FamFG.[9]

Dies gilt insbesondere, wenn er materiell-rechtlich zu entsprechender Auskunft verpflichtet ist, deren Verletzung der Gesetzgeber – wie etwa in § 243 Satz 2 Nr. 2 FamFG – ausdrücklich im Rahmen der Kostenentscheidung sanktioniert.

hh. Mahnverfahren – verspätete Einwendungen

Das Mahnverfahren entspricht in seiner Ausgestaltung und seinem Zweck dem vereinfachten Unterhaltsverfahren. Auch hier kann der Schuldner frühzeitig Einfluss nehmen und ein Kostenrisiko damit vermeiden oder niedrig halten. Er kann Widerspruch einlegen und vortragen, dass er die Forderung bezahlt hat. Der Gegner wird hierauf voraussichtlich das Verfahren nicht weiterbetreiben. Wartet er, bis der Vollstreckungsbescheid erlassen ist, und legt Einspruch ein, so erscheint auch dies als mutwillig.

ii. Unterhaltssachen – Jugendamtsurkunde

Bei Kindesunterhalt kann kostensparend eine Jugendamtsurkunde erstellt werden, in der sich der Unterhaltsschuldner vollstreckbar zur Leistung des nunmehr niedrigeren Unterhaltsbetrages verpflichtet, und dem Unterhaltsgläubiger den Austausch des bisherigen Titels gegen diese Urkunde anbietet – vgl. § 59 Abs. 1 Satz 2 Nr. 3 SGB VIII.

jj. Umgangssache – keine Einigungsbemühungen

Hat der Beteiligte keine Einigungsversuche unternommen, so ist Mutwilligkeit denkbar, wenn nicht der Gegner eine Verständigung von vornherein abgelehnt hat.[10]

kk. Unterhaltsverfahren allgemein

In Unterhaltssachen muss zuvor außergerichtlich zur Zahlung bzw. Titulierung aufgefordert werden. Gleiches gilt für Änderungsverfahren. Besteht über die Änderung Einverständnis, ist ein gleichwohl eingeleiteter Antrag regelmäßig mutwillig.

ll. Unterhalt – Herabsetzung

Ein Herabsetzungsverfahren nach § 240 FamFG erscheint mutwillig, wenn der Unterhaltsgläubiger bereits freiwillig auf den höheren Anspruch verzichtet hat.[11]

2. Persönliche Voraussetzungen

Bei natürlichen Personen: VKH wird nicht bewilligt, wenn die Kosten des Verfahrens voraussichtlich **vier Monatsraten (und ggf. aus dem Vermögen zu erbringende Beträge) nicht übersteigen** werden, § 115 Abs. 4 ZPO (die voraussichtlichen Kosten sind der „Anlage zu Nr. 1.3 DB-VKH" zu entnehmen). Die Verpflichtung zur Ratenzahlung beschränkt sich unabhängig von der Zahl der Rechtszüge auf **maximal 48 Monatsraten**.

---

[7] OLG Hamm v. 07.11.2013 - 4 WF 242/13.
[8] OLG Hamburg v. 26.08.2013 - 7 WF 76/13, 7 WF 77/13 - MDR 2013, 1173.
[9] OLG Celle v. 29.05.2013 - 10 WF 100/13 - FamRZ 2013, 1592.
[10] OLG Brandenburg v. 31.07.2013 - 13 WF 148/13.
[11] OLG Hamburg v. 05.12.2012 - 7 WF 117/12 - NJW 2013, 2042.

a. Maßgebliches Einkommen

31 Der Einsatz des Einkommens wird durch § 115 Abs. 1 ZPO festgelegt. Zum Einkommen gehören alle Einkünfte in Geld oder Geldeswert. Nähere Regelungen finden sich im § 82 Abs. 1 SGB XII.

32 Hiervon sind abzuziehen (§ 82 Abs. 2 SGB XII):
- auf das Einkommen entrichtete Steuern,
- Pflichtbeiträge zur Sozialversicherung einschließlich der Beiträge zur Arbeitsförderung,
- Beiträge zu öffentlichen oder privaten Versicherungen oder ähnlichen Einrichtungen, soweit diese Beiträge gesetzlich vorgeschrieben oder nach Grund und Höhe angemessen sind, sowie geförderte Altersvorsorgebeiträge nach § 82 des Einkommensteuergesetzes, soweit sie den Mindesteigenbeitrag nach § 86 des Einkommensteuergesetzes nicht überschreiten,
- die mit der Erzielung des Einkommens verbundenen notwendigen Ausgaben,
- das Arbeitsförderungsgeld und Erhöhungsbeträge des Arbeitsentgelts im Sinne von § 43 Satz 4 des Neunten Buches,
- Freibeträge für Erwerbstätige (§ 115 Abs. 1 Nr. 1b ZPO),
- Freibeträge für Partei und Ehegatte (§ 115 Abs. 1 Nr. 2a ZPO),
- Freibeträge für weitere Unterhaltsberechtigte (§ 115 Abs. 1 Nr. 2b ZPO),
- Kosten für Unterkunft und Heizung (§ 115 Abs. 1 Nr. 3 ZPO),
- Mehrbedarfe nach § 21 SGB II und nach § 30 SGB XII (§ 115 Abs. 1 Nr. 4 ZPO),
- Beträge für besondere Belastungen (§ 115 Abs. 1 Nr. 5 ZPO).

Nach § 115 Abs. 3 ZPO ist auch das vorhandene Vermögen einzusetzen, soweit dies zumutbar ist. Die Zumutbarkeit ergibt sich aus § 90 SGB XII.

b. Sozialleistungen als Einkommen

33 **Erziehungsgeld** ist nur teilweise Einkommen im Sinne von § 115 Abs. 1 ZPO und damit bei der Berechnung des VKH-Einkommens nicht vollständig zu berücksichtigen. Das Erziehungsgeld stellt gem. § 10 Abs. 2 BEEG i.H.v. 300 € kein anzurechnendes Einkommen dar; der darüber hinaus bezogene Teil des Erziehungsgeldes ist im Rahmen der PKH-Einkommensberechnung Einkommen.[12]

34 Der **Erziehungskostenanteil** des für ein Pflegekind nach §§ 27, 33, 39 SGB VIII gewährten Pflegegeldes soll allerdings als Einkommen im Sinne des § 115 ZPO zu bewerten sein.[13] Dieser Erziehungskostenanteil ist nicht mit einem für Pflegebedürftige nach § 37 SGB XI gewährten **Pflegegeld** gleichzusetzen. Ein solches gilt nicht als Einkommen. Pflegegeld nach § 37 SGB XI, das an eine Pflegeperson weitergeleitet wird, welche die häusliche Pflege nicht erwerbsmäßig erbringt, ist aus sozialpolitischen Erwägungen heraus bei der Pflegeperson kein anrechenbares Einkommen im Sinne des § 115 Abs. 1 ZPO.[14] **Arbeitslosenhilfe und Sozialhilfe** sind im Sinne der verfahrenskostenrechtlichen Betrachtung Einkommen. Dies gilt auch für das **Arbeitslosengeld II**.[15]

c. Einsatz des Prozesserfolgs

35 Die VKH-Partei muss einen angemessenen Teil des ihr aus dem Prozesserfolg zugeflossenen Kapitals zurückhalten.[16] Dies gilt deshalb, weil die VKH-Bewilligung nach § 120a ZPO infolge einer Änderung der Einkommens-/Vermögensverhältnisse wieder rückgängig gemacht werden kann.[17] Durch § 120a Abs. 3 ZPO wird klargestellt, dass auch eine durch den Prozesserfolg verursachte Veränderung zu einer Änderung der PKH-Bewilligung führen kann. Auch hier sind nur Ansprüche zu berücksichtigen, die auch tatsächlich ausgezahlt worden sind.

36 Hieran ändert es auch nichts, wenn die Partei von dem Prozesserfolg (hier: Zugewinnausgleich mit 40.500 €) bereits eine angemessene Wohnung erworben hat, die – wenn sie bei VKH-Bewilligung bereits vorhanden gewesen wäre – bei der Ermittlung des einzusetzenden Vermögens unberücksichtigt geblieben wäre. Die VKH ist zu versagen, wenn die Partei in Kenntnis eines bevorstehenden Prozesses ihre Bedürftigkeit mutwillig herbeiführt. Dies muss in gleicher Weise gelten, wenn sie Vermögen nach

---

[12] LArbG Sachsen-Anhalt v. 23.08.2011 - 2 Ta 104/11; OLG Celle v. 28.08.2007 - 12 WF 192/07 - ZFE 2007, 472-473.

[13] OLG Bremen 08.02.2013 - 4 WF 22/13 - FamRZ 2013, 175.

[14] OLG Bremen v. 27.12.2012 - 5 WF 14/12 - FamRZ 2013, 60.

[15] BGH v. 05.05.2010 - XII ZB 65/10 - NJW-RR 2011, 3; OLG Sachsen-Anhalt v. 22.08.2007 - 8 W 10/07 - DStRE 2008, 1173-1176.

[16] BGH v. 31.10.2007 - XII ZB 55/07 - FamRZ 2008, 250; BGH v. 18.07.2007 - XII ZA 11/07 - FamRZ 2007, 1720

[17] BGH v. 21.09.2006 - IX ZB 305/05 - NJW-RR 2007, 628.

der VKH-Bewilligung erwirbt, dieses aber in Kenntnis der Abänderungsmöglichkeit wieder ausgegeben hat. Es bedarf keiner vorherigen Einleitung eines Verfahrens nach § 120 Abs. 4 ZPO. Dies gilt nur dann nicht, wenn die Partei bereits bei Verfahrensbeginn überschuldet war und der Kapitalzufluss zur Deckung dieser Schulden verwendet wurde.

d. Verfahrenskostenvorschuss

§ 1360a Abs. 4 BGB schafft einen Anspruch des Ehegatten auf Zahlung eines Verfahrenskostenvorschusses. Ist dieser Anspruch realisierbar, so zählt er zu dem einsetzbaren Vermögen i.S.d. § 115 Abs. 3 ZPO.

Es ist ein entsprechender Hinweis in den Antrag aufzunehmen. In einem aussagekräftigen Antrag auf Bewilligung von Verfahrenskostenhilfe ist – jedenfalls nach Hinweis des Gerichts – darzulegen, dass der Antragsteller außerstande ist, die Verfahrenskosten im Wege eines durchsetzbaren Verfahrensvorschussanspruchs aufzubringen.[18]

e. Stellungnahme des Gegners

Der Gesetzgeber wandelt in § 118 Abs. 1 ZPO die bisherige **Möglichkeit** einer Stellungnahme des Gegners um in den **Regelfall**. Nur im Ausnahmefall soll nunmehr hierauf verzichtet werden. Zudem wird klargestellt, dass sich die Stellungnahme auf die Voraussetzungen der Prozesskostenhilfe beziehen soll. Dieser Schritt ist zu begrüßen, da er im Ergebnis zu einer besseren Grundlage für die PKH-Entscheidung führen wird. Das Gericht hat ein Interesse daran, die Verhältnisse möglichst genau zu ermitteln.

Der Gegner kann sich möglicherweise vor einem ungerechtfertigten, für den Gegner kostenfreien Prozess schützen, bei dem trotz eines Prozessgewinns die große Gefahr besteht, dass seine Kosten vom Gegner nicht beigetrieben werden können. Der vorausblickende Antragsteller wird sich bemühen von Beginn an möglichst korrekte Angaben zu machen, da eine Stellungnahme (z.B. des Ehegatten) droht und seine Fehlangaben entlarvt. Diese Möglichkeit sollte intensiv besonders in den Fällen genutzt werden, wo der Gegner naturgemäß weitergehende Kenntnisse über die Verhältnisse des Antragstellers hat – wie z.B. in Familiensachen.

Es gelten damit folgende Regeln:
- Die Stellungnahme ist grundsätzlich vorgeschrieben.
- Der Gegner kann nicht zur Stellungnahme gezwungen werden.
- Die Stellungnahme kann ausnahmsweise unzweckmäßig sein.

Beispiele:
- Eilbedürftigkeit (Arrest),
- Zwangsvollstreckung,
- Mangelnde Erreichbarkeit des Gegners (längerer Auslandsaufenthalt),
- Bewilligung zur Verteidigung gegen Rechtsmittel – § 119 Satz 2 ZPO.
- Wenn der Gegner erkennbar keine Kenntnis über die wirtschaftlichen Verhältnisse des Antragstellers hat und daher ohnehin nur Vermutungen hierüber anstellen könnte.[19]

IV. Umfang der Verfahrenskostenhilfebewilligung

Die Bewilligung der Verfahrenskostenhilfe erfolgt für jeden Rechtszug besonders (§ 119 ZPO). Ein diesbezüglicher Vergleich ist damit miterfasst, nicht jedoch beispielsweise die Zwangsvollstreckung.

Die VKH-Bewilligung umfasst höchstens die Gegenstände, für die VKH beantragt worden ist. Eine Klageerweiterung oder die Verteidigung gegen eine Widerklage werden von der Bewilligung nicht erfasst. Insoweit ist eine gesonderte Antragstellung und Bewilligung erforderlich. Wird für diese Gegenstände nicht gesondert VKH bewilligt, so liegt ein Fall von Teil-VKH vor. Eine besondere Bewilligung ist u.a. nach § 48 RVG auch erforderlich für
- Arreste,
- einstweilige Anordnungen gem. § 620 ZPO,
- einstweilige Verfügungen,
- Klageerweiterung,
- selbständiges Beweisverfahren,
- Widerklage,
- Zwangsvollstreckung.

---

[18] OLG Celle v. 15.09.2011 - 14 W 28/11 - NJW-Spezial 2012, 10.
[19] *Viefhues*, FuR 2013, 488, 492.

Kostenrechtl. Hinw. in Familiensachen (Teil 17)

1. Umfang der Bewilligung in Familiensachen

44 In Familiensachen gelten bzgl. des Umfangs einige Besonderheiten:
- Die VKH-Bewilligung für die Scheidungssache erstreckt sich ohne gesonderte Bewilligung auch auf die Folgesache „Versorgungsausgleich" – § 149 FamFG (die Benutzung des Wortes **Prozess**kostenhilfe im Gesetzestext ist ein Redaktionsfehler).
- Für die anderen Folgesachen muss ausdrücklich VKH bewilligt werden – § 48 Abs. 4 RVG.
- Für einstweilige Anordnungen muss ausdrücklich VKH beantragt und bewilligt werden.
- **Scheidungsfolgenvergleich:** Nach § 48 Abs. 3 Satz 1 RVG erstreckt sich die VKH-Bewilligung für die Ehesache automatisch auch auf den Abschluss eines Vertrags im Sinne der Nr. 1000 zwischen den Ehegatten, der betrifft:
  - den gegenseitigen Unterhalt der Ehegatten,
  - den Unterhalt gegenüber den Kindern im Verhältnis der Ehegatten zueinander,
  - die Sorge für die Person der gemeinschaftlichen minderjährigen Kinder,
  - die Regelung des Umgangs mit einem Kind,
  - die Rechtsverhältnisse an der Ehewohnung und den Haushaltsgegenständen,
  - die Ansprüche aus dem ehelichen Güterrecht.

45 Dies bedeutet, dass für einen Vergleich über diese Gegenstände nicht ausdrücklich VKH beantragt und bewilligt werden muss.

46 Im Falle des Abschlusses eines Scheidungsfolgenvergleichs erstreckt sich nunmehr durch die gesetzliche Klarstellung im § 48 Abs. 3 RVG seit dem 01.08.2013 die Verfahrenskostenhilfebewilligung neben den Gebühren Nr. 1000 und 3101 VV RVG auch auf die entstehende **Terminsgebühr**.

47 Damit werden durch die Verfahrenskostenhilfeerstreckung die folgenden Gebühren für den Mehrwert erfasst:
- Verfahrensdifferenzgebühr Nr. 3101 mit 0,8,
- Terminsgebühr Nr. 3104 mit 1,2,
- Einigungsgebühr Nr. 1000 mit 1,5.[20]

2. Umfang der Bewilligung bei außergerichtlichem Vergleich

48 Der Umfang der VKH erfasst auch die für einen außergerichtlichen Vergleich entstandene Einigungsgebühr.[21] Durch die Vorlage des Vergleichs können Zweifel bzgl. der Identität des Streitgegenstands in jedem Fall beseitigt werden, weshalb die Vorlage des Vergleichs Voraussetzung für einen Vergütungsanspruch des Rechtsanwalts gegen die Staatskasse ist.

49 Der im Wege der Verfahrenskostenhilfe in einem Ehescheidungsverfahren beigeordnete Rechtsanwalt kann für seine Mitwirkung an einem **außergerichtlichen Vergleich** eine Vergütung aus der Staatskasse beanspruchen.[22] Dieser Anspruch umfasst neben der entsprechenden Verfahrens- und Einigungs- auch die Terminsgebühr.[23]

50 Dies gilt z.B., wenn die Parteien unter Mitwirkung ihrer Anwälte während des Verbundverfahrens eine **notarielle Vereinbarung** schließen[24] oder wenn über den Unterhaltsvergleich eine **Jugendamtsurkunde** errichtet wird.[25]

3. Umfang der Bewilligung bei Streitgenossen

51 Hat nur einer von mehreren Streitgenossen VKH bewilligt erhalten, so ist nach einer Auffassung aus der Staatskasse nur die Erhöhungsgebühr Nr. 1008 zu erstatten.[26]

52 Dieser Ansicht ist nicht zu folgen. Die obige Ansicht führt dazu, dass der Rechtsanwalt den Rest seiner Vergütung von dem vermögenden Streitgenossen fordert. Dieser hat einen Ausgleichsanspruch gegen die VKH-Partei. Damit muss die VKH-Partei letztendlich die Kosten des Verfahrens bezahlen. Dies

---

[20] OLG Nürnberg v. 22.12.2010 - 7 WF 1773/10 - NJW 2011, 1297 = FamRZ 2011, 1976 = FamFR 2011, 88; OLG Bamberg v. 05.05.2009 - 2 WF 20/09 - FamRZ 2010, 231.
[21] OLG München v. 16.10.2003 - 11 W 1806/03 - FamRZ 2004, 966.
[22] OLG Rostock v. 04.09.2007 - 11 WF 166/07.
[23] OLG Saarbrücken v. 04.04.2008 - 6 WF 19/08 - RVGreport 2008, 384.
[24] OLG Brandenburg v. 20.12.2004 - 10 WF 234/04 - AGS 2007, 146 = FamRZ 2005, 1264.
[25] OLG Celle v. 09.01.2006 - 19 WF 294/05 - AGS 2007, 514 = JurBüro 2006, 319.
[26] OLG Koblenz v. 27.04.2004 - 14 W 300/04 - RVG-B 2005, 66.

widerspricht dem Sinn der VKH. Dem Rechtsanwalt der VKH-Partei stehen damit die Gebühren vollen Gebühren zu – ohne den Mehrvertretungszuschlag.[27]

4. Umfang der Bewilligung in der Zwangsvollstreckung

Seit dem In-Kraft-Treten der 2. Zwangsvollstreckungsnovelle am 01.01.1999 gilt für die Zwangsvollstreckung gem. § 119 ZPO die Besonderheit, dass die Bewilligung von Verfahrenskostenhilfe für die Zwangsvollstreckung in das bewegliche Vermögen alle Vollstreckungshandlungen im Bezirk des Vollstreckungsgerichts einschließlich des Verfahrens auf Abgabe der eidesstattlichen Versicherung umfasst. Damit gilt eine in der Zwangsvollstreckung einmal bewilligte VKH für alle Vollstreckungsmaßnahmen aus **diesem** Titel vor **diesem** Gericht. 53

5. Beiordnung zu den Bedingungen eines ortsansässigen Rechtsanwalts

a. Beiordnung ohne Beschränkung

Wird der Partei im Rahmen der Verfahrenskostenhilfe gem. § 121 Abs. 1 ZPO ein Rechtsanwalt beigeordnet, so hat auch die VKH-Partei einen Anspruch darauf, einen an ihrem Wohnort ansässigen Rechtsanwalt beigeordnet zu bekommen. Inzwischen ist diese Ansicht so stark vertreten, dass die Reisekosten grundsätzlich zu erstatten sind, wenn die Beiordnung ohne Beschränkung erfolgt.[28] 54

Zu beachten ist allerdings, dass die uneingeschränkte Beiordnung keine generelle Feststellung der Erforderlichkeit von Reisekosten des beigeordneten Rechtsanwalts bedeutet. Die Notwendigkeit der Reisekosten ist vielmehr gem. § 46 Abs. 1 RVG im Vergütungsfestsetzungsverfahren des § 55 RVG zu überprüfen. War bereits von vornherein erkennbar, dass die Kosten eines fiktiven Unterbevollmächtigten günstiger als die Reisekosten des Hauptbevollmächtigten gewesen wären, so sind nur diese zu erstatten. 55

b. Beiordnung mit Beschränkung

Nach der Rechtsprechung des BGH kommt eine Einschränkung der Beiordnung eines Rechtsanwalts nur dann in Betracht, wenn auch sonst nur Kosten eines am Prozessgericht niedergelassenen Anwalts (also auch keine zusätzlichen Reise- oder Verkehrsanwaltskosten) entstehen könnten, weil „besondere Umstände" im Sinne von § 121 Abs. 4 ZPO (bzw. § 78 Abs. 3 FamFG) nicht vorliegen. Könnten jedoch neben den Kosten eines Rechtsanwalts am Prozessort weitere Kosten (Reisekosten, Verkehrsanwaltskosten) entstehen, kommt eine einschränkende Beiordnung nicht in Betracht.[29] Demgemäß ist § 121 Abs. 4 ZPO entgegen seinem Wortlaut auch dann zu prüfen, wenn nicht ein Verkehrs- oder Terminsanwalt, sondern lediglich ein Rechtsanwalt, der nicht am Prozessgericht niedergelassen ist, als Hauptbevollmächtigter beigeordnet werden soll.[30] 56

Der BGH[31] hat für eine nicht bedürftige Partei im Falle der Bevollmächtigung eines Rechtsanwalts am Sitz des Gerichts festgestellt, dass die Zuziehung eines am Wohn- oder Geschäftsort der auswärtigen Partei ansässigen Verkehrsanwalts regelmäßig als zur zweckentsprechenden Rechtsverfolgung oder Rechtsverteidigung notwendig im Sinne von § 91 Abs. 1 Satz 1 HS. 2 ZPO anzusehen ist. Eine ihre Belange vernünftig und kostenbewusst wahrnehmende Partei darf für das zur Verfolgung ihrer Interessen notwendige persönliche Beratungsgespräch mit einem Rechtsanwalt den für sie einfacheren und nahe liegenden Weg wählen und einen an ihrem Wohn- oder Geschäftsort ansässigen Rechtsanwalt als Bevollmächtigten beauftragen[32]. 57

---

[27] OLG Karlsruhe 13.08.2012 - 15 W 81/11 - AGS 2013, 20; OLG München v. 30.11.2010 - 11 W 835/09 - JurBüro 2011, 146 = Rpfleger 2011, 280 = FamRZ 2011, 836; OLG Celle v. 22.11.2006 - 23 W 13/06, 2 W 206/06 - Rpfleger 2007, 151; OLG Hamm v. 25.02.2003 - 23 W 341/02 - Rpfleger 2003, 447.

[28] OLG Frankfurt v. 24.04.2013 - 4 WF 102/13 - FamRZ 2014, 591; OLG Stuttgart v. 16.01.2008 - 8 WF 172/07 - FamRZ 2008, 1011-1013, Oldenburger, jurisPR-FamR 7/2008, Anm. 4; OLG Hamm v. 10.02.2005 - 6 WF 39/05; OLG Nürnberg v. 06.10.2004 - 10 WF 3403/04 - JurBüro 2005, 369-370.

[29] BGH v. 23.06.2004 - XII ZB 61/04 - NJW 2004, 2749; OLG Düsseldorf v. 27.02.2014 - II-1 WF 13/14 - juris; OLG Frankfurt v. 25.03.2009 - 19 W 14/09 - AGS 2010, 33.

[30] OLG Düsseldorf v. 07.06.2011 - I-24 W 48/11.

[31] BGH v. 16.10.2002 - VIII ZB 30/02 - NJW 2003, 898.

[32] BGH v. 16.10.2002 - VIII ZB 30/02 - NJW 2003, 898.

58 In entsprechender Anwendung dieser für den auswärtigen Wahlanwalt getroffenen Regelung ist zu beachten, dass die Beiordnung eines Verkehrs- oder Terminsanwalts zu bejahen ist, wenn die sonst entstehenden und nach § 46 RVG zu erstattenden Reisekosten des nicht am Prozessgericht zugelassenen Hauptbevollmächtigten die Kosten des Verkehrs- oder Terminsanwalts nicht wesentlich übersteigen.[33] Wesentlich ist hierbei eine Übersteigung von mehr als 10%.

59 Diese Auffassung ist auch dann anzuwenden, wenn es sich um einen einfach gelagerten Rechtsstreit handelt, der keinen umfangreichen Tatsachenvortrag erfordert. Auch in diesem Fall ist die Beauftragung eines am Wohnort der Partei ansässigen Anwalts erstattungsfähig[34]. Dies müsste entsprechend auch für die unbemittelte Partei zu gelten, so dass auch in derartigen Fällen die Beiordnung eines auswärtigen Rechtsanwalts ohne Beschränkung zu erfolgen hat.[35]

60 Der BGH hat dieser Schlussfolgerung allerdings eine Absage erteilt und verlangt, dass besondere Umstände im Sinne von § 121 Abs. 4 FamFG vorliegen (vgl. Rn. 56). Er nimmt hiermit offensichtlich eine Schlechterstellung der unbemittelten Partei in Kauf.

c. Reisekosten eines ortsansässigen Rechtsanwalts vom entferntesten Ort

61 Höhere Reisekosten im Sinne des § 121 Abs. 3 ZPO entstehen nur, wenn sie höher sind als die Reisekosten vom dem im Gerichtsbezirk am weitesten entfernten Ort zum Prozessgericht. In diesen Fällen ist die Beschränkung des § 121 Abs. 3 ZPO vorzunehmen.

62 Solange also die Reisekosten des nicht ortsansässigen Rechtsanwalts nicht höher sind als die Reisekosten des Hauptbevollmächtigten von dem Ort des Bezirks, der am weitesten entfernt ist vom Gericht, sind diese Reisekosten erstattungsfähig.[36]

d. Besondere Umstände nach § 121 Abs. 4 ZPO

63 Von besonderen Umständen i.S.d. § 121 Abs. 4 ZPO, die die Beiordnung eines auswärtigen Rechtsanwalts rechtfertigen, ist regelmäßig auszugehen, wenn die Beiziehung eines Verkehrsanwalts zur zweckentsprechenden Rechtsverfolgung i.S.d. § 91 Abs. 1 ZPO „notwendig" ist. Dies ist der Fall, wenn einer auswärts wohnenden Partei wegen **weiter Entfernung** zur Kanzlei eines am Prozessgericht ansässigen Prozessbevollmächtigten ein zur Verfolgung ihrer Interessen notwendiges **persönliches Beratungsgespräch nicht zumutbar** ist und auch eine vermögende Partei die Mehrkosten eines Verkehrsanwalts aufbringen würde.[37]

64 Besondere Umstände sind auch:
- Rechtsanwalt nicht am Wohnort ansässig,
- erheblicher persönlicher Einschlag des Scheidungsverbundverfahrens,
- zudem wäre Informationsreise zu einem im Gerichtsbezirk niedergelassenen Rechtsanwalt zuzubilligen gewesen.

Dies führt zur Anerkennung der Notwendigkeit eines Verkehrsanwalts im Rahmen von § 124 Abs. 4 ZPO.[38]

6. Beispielsfall: eingeschränkte Beiordnung

65 **Fall:** Der Rechtsanwalt aus Bonn beantragt seine Beiordnung in einem Verbundverfahren (Wert: 10.000 €) vor dem AG Münster (Entfernung Bonn – Münster: 200 km). Die Beiordnung erfolgt zu den Bedingungen eines ortsansässigen Rechtsanwalts. Der Rechtsanwalt nimmt 2 Termine wahr (Zeitaufwand 2 x 5 Std.).

Lösung:

Folgende Gebühren sind entstanden:

	Verfahrensgebühr Nr. 3100 VV (1,3)	399,10 €
+	Terminsgebühr Nr. 3104 VV (1,2)	368,40 €
+	Pauschale Nr. 7002 VV	20 €

---

[33] BGH v. 23.06.2004 - XII ZB 61/04 - NJW 2004, 2749; OLG Düsseldorf v. 27.02.2014 - II-1 WF 13/14.
[34] BGH v. 16.10.2002 - VIII ZB 30/02 - NJW 2003, 898.
[35] LSG Berlin-Brandenburg v. 05.05.2014 - L 22 R 85/14 B PKH; LArbG Hamm (Westfalen) v. 05.03.2014 - 5 Ta 107/14.
[36] OLG Frankfurt v. 17.12.2013 - 6 WF 222/13 - AGS 2014, 138; OLG Karlsruhe v. 30.09.2010 - 18 WF 72/10 - FamFR 2010, 541.
[37] OLG Köln v. 15.06.2011 - 4 WF 116/11 - FamFR 2011, 398.
[38] OLG Naumburg v. 13.10.2011 - 3 WF 282/11.

+	Fahrtkosten Nr. 7003 VV (800 km)	240 €
+	Tage- u. Abwesenheitsgeld Nr. 7005 VV	80 €
+	19% Umsatzsteuer, Nr. 7008 VV	210,43 €
=	Gesamtbetrag	1.317,93 €

Aber: Die enthaltenen Reisekosten nebst anteiliger Umsatzsteuer mit 380,80 € werden nicht aus der Staatskasse erstattet!

Auswirkungen der Entscheidung des OLG Hamm v. 10.02.2005[39]: Auch die bedürftige Partei hat Anspruch auf die Beiordnung eines am Wohnort der Partei ansässigen Rechtsanwalts und Erstattung der Reisekosten ihres Rechtsanwalts. Die Reisekosten mit 380,80 € sind zu erstatten. 66

Beachte: Reisekosten sind nur erstattungsfähig, wenn sie die **Kosten eines Verkehrsanwalts nicht wesentlich übersteigen.** Diese Kosten hätten hier 389,13 € betragen. Die Kosten sind dann nicht wesentlich höher, wenn sie die Kosten eines Verkehrsanwalts nicht um mehr als 10% (= 38,91 €) übersteigen. Die Reisekosten werden damit hier erstattet in voller Höhe. 67

Hinweis: Allerdings ist abzustellen auf den **Zeitpunkt, zu dem die Entscheidung über die Beauftragung** des Unterbevollmächtigten zu treffen war. Gab es hier keinerlei Anhaltspunkte dafür, dass die Reisekosten höher sein werden als diejenigen eines Unterbevollmächtigten, sind dem uneingeschränkt beigeordneten Rechtsanwalt sämtliche Reisekosten zu erstatten. Dies gilt auch für die Mehrkosten eines weiteren, nicht absehbaren Termins.[40] 68

V. Dauer der Verfahrenskostenhilfebewilligung

Die VKH beginnt mit Wirksamwerden des Bewilligungsbeschlusses und endet mit Abschluss des Verfahrens, mit Aufhebung der Bewilligung gem. § 124 ZPO oder durch Tod der VKH-Partei. 69

Der Bewilligungsbeschuss wirkt maximal auf den Zeitpunkt der Stellung eines vollständigen Antrages zurück. Vollständig ist der Antrag dann, wenn alle entscheidungserheblichen Unterlagen, also insbesondere die Erklärung über die persönlichen und wirtschaftlichen Verhältnisse, beigefügt sind. Diese Rückwirkung ist ausdrücklich in dem Beschluss anzuordnen. 70

Wurde also der VKH-Antrag erst im Laufe des Verfahrens gestellt und sind bis zu diesem Zeitpunkt bereits Kosten entstanden, so werden diese nicht mehr durch die VKH umfasst. Es liegt damit ebenfalls ein Fall der „**Teil-VKH**" vor. 71

Aufhebung der Verfahrenskostenhilfe wegen Einsatz des Prozesserfolgs: Die Aufhebung der Verfahrenskostenhilfe kommt u.a. in Frage, wenn durch den Prozess ein hinreichender Erfolg erzielt worden ist, der die Vermögenssituation der VKH-Partei entsprechend ändert (vgl. Rn. 35). 72

VI. Nachträgliche Änderung der Verfahrenskostenhilfebewilligung

Zum 01.01.2014 ist der neue § 120a ZPO in Kraft getreten. Hiernach muss die Partei auf Verlangen des Gerichts jederzeit erklären, ob eine Veränderung der Verhältnisse eingetreten ist. 73

Diese Formulierung stellt eine Verschärfung dar. Aus der Soll-Vorschrift ist eine Muss-Vorschrift geworden. Die Partei muss auf Verlangen Änderungen mitteilen. 74

Das Gericht wird diese Erklärung in regelmäßigen Abständen verlangen und diese ggf. mit den Mitteln des § 118 Abs. 2 ZPO überprüfen. Spätestens dann wird eine Änderung der Verhältnisse auffallen, die nicht rechtzeitig mitgeteilt wurde. 75

Es droht dann eine **Aufhebung der PKH** nach § 124 Abs. 1 Nr. 2 oder 4 ZPO, wenn die Mitteilung absichtlich oder grob nachlässig nicht erfolgt ist. Selbst wenn diese Voraussetzungen nicht vorliegen, kann die **Bewilligung rückwirkend geändert** werden. 76

1. Verringerung des Einkommens (Absatz 1)

Dahingegen wird eine Verringerung des Einkommens nur auf freiwilligen Antrag berücksichtigt. Dies gilt insbesondere für die sich jährlich ändernden Freibeträge nach § 28 SGB. Für diese gilt: 77

Eine Änderung der nach § 115 Abs. 1 Satz 3 Nr. 1b und Nr. 2 ZPO maßgebenden Beträge ist nur auf Antrag und nur dann zu berücksichtigen, wenn sie dazu führt, dass keine Monatsrate zu zahlen ist. 78

Hinweis: Stellt die bedürftige Partei einen Reduzierungsantrag, so ist die in Absatz 2 genannte 100 €-Grenze nicht zu beachten. 79

---

[39] OLG Hamm v. 10.02.2005 - 6 WF 39/05.
[40] *Oldenburger*, jurisPR-FamR 7/2008, Anm. 4.

80 Beispiele für Reduzierungsanträge:
- Kurzarbeit,
- Arbeitslosigkeit,
- weitere Unterhaltspflichten.

2. Verbesserung der wirtschaftlichen Verhältnisse – Mitteilungspflicht (Absatz 2)

81 Während nach § 120a Abs. 1 ZPO nur **auf Verlangen** des Gerichts eine Erklärung abzugeben ist, normiert Absatz 2 eine **Mitteilungspflicht** des Antragstellers für den Fall der Verbesserung der Verhältnisse. Dies entspricht der Handhabung im Sozialrecht. Hier besteht eine entsprechende Verpflichtung nach § 60 SGB I.

82 Die Mitteilung hat **unverzüglich** zu erfolgen. Kommt die bedürftige Partei dieser Verpflichtung nicht nach, sieht § 124 Abs. 1 Nr. 2 ZPO die **Aufhebung der PKH** vor.

a. Verbesserung der Einkommensverhältnisse

83 Eine **Verbesserung der Einkommensverhältnisse** ist dann wesentlich und damit mitteilungspflichtig, wenn sie nicht nur einmalig 100 € brutto übersteigt. Diese Veränderung kann aus Mehreinnahmen oder auch aus dem Wegfall abzugsfähiger Belastungen oder aus einer Kumulation von beidem herrühren.

84 Beispiele für Wegfall/Reduzierung von ...
- Darlehensraten,
- Unterhaltsverpflichtungen,
- PKH-Raten aus anderen Verfahren,
- niedrigere Miete infolge Umzugs.

b. Verbesserung der Vermögensverhältnisse

85 Eine **Verbesserung der Vermögensverhältnisse** ist ebenfalls nur mitzuteilen, wenn diese wesentlich ist. Allerdings wird hier der Begriff der Wesentlichkeit nicht näher erläutert. Es bleibt daher als einziger Anhaltspunkt das Schonvermögen. Demnach ist die Vermögensverbesserung zumindest dann mitzuteilen, wenn hierdurch das Schonvermögen überschritten wird.

86 Die Mitteilungspflicht endet vier Jahre nach der rechtskräftigen Entscheidung oder der sonstigen Beendigung des Verfahrens – § 120a Abs. 1 Satz 4 ZPO.

87 Maßgeblich ist nur ein tatsächlicher Vermögenszuwachs. Künftige Ansprüche oder noch nicht realisierte Ansprüche bleiben unberücksichtigt.

88 Der Antragsteller wird bereits im Antragsformular nach § 117 ZPO über die Konsequenzen einer Nichtmitteilung, nämlich deren mögliche Aufhebung nach § 124 Abs. 1 Nr. 4 ZPO, informiert.

3. Anschriftenänderung (Absatz 2)

89 Nach § 120a Abs. 2 ZPO hat die Partei dem Gericht unverzüglich ihre neue Anschrift mitzuteilen, wenn sich diese ändert. Ohne die aktuelle Anschrift kann das Überprüfungsverfahren nicht durchgeführt werden.

4. Vermögenszuwachs durch Prozesserfolg (Absatz 3)

90 Durch § 120a Abs. 3 ZPO wird klargestellt, dass auch eine durch den Prozesserfolg verursachte Veränderung zu einer Änderung der PKH-Bewilligung führen kann. Auch hier sind nur Ansprüche zu berücksichtigen, die auch tatsächlich gezahlt worden sind.

91 Für **Unterhaltszahlungen** gelten hier Besonderheiten:

92 Die Berücksichtigung von Unterhaltsrückständen für Verfahrenskosten ist unangemessen[41], wenn auch bei rechtzeitiger Zahlung des Unterhalts volle VKH hätte gewährt werden müssen. Nur wenn auch bei rechtzeitiger Zahlung VKH nur mit Raten zu bewilligen gewesen wäre, ist die VKH-Bewilligung zu ändern.

93 **Beispiel:** Partei erhält VKH ohne Raten. Das einzusetzende Einkommen betrug - 100 €. Unterhaltsverfahren wird gewonnen. Rückständiger Unterhaltsanspruch von mtl. 250 € wurde gezahlt. Bei rechtzeitiger Zahlung hätte das einzusetzende Einkommen damit + 150 € betragen. Die VKH wird geändert: Raten-VKH mit mtl. Raten v. 75 €.

---

[41] OLG Karlsruhe v. 26.09.2011 - 5 WF 3/11 - FamRZ 2012, 385; OLG Hamm v. 31.05.2007 - 3 WF 44/07 - FamRZ 2007, 1661.

Hinweis: Nullraten werden nicht berücksichtigt! Es sind ab erstmaliger Ratenanordnung 48 Raten zu zahlen![42]

Auch **Schmerzensgeldzahlungen** sind wegen ihrer Zweckgebundenheit regelmäßig nicht als Vermögenszuwachs zu werten.

5. Formularzwang (Absatz 4)

Auch für das Überprüfungsverfahren nach § 120a ZPO ist das ZPO-Antragsformular nach § 117 Abs. 3 ZPO zu verwenden. Bei Nichtbenutzung der Formulare kommt eine Aufhebung der PKH-Bewilligung gem. § 124 Abs. 1 Nr. 2 ZPO in Betracht.[43]

Beispiel: Nachträgliche Änderung von Einnahmen und Ausgaben

Der Antragsteller hat ein einzusetzendes Einkommen von ursprünglich 200 €	
Am 01.02. erhält er eine Gehaltserhöhung i.H.v.	60 €
Am 01.03. Neukreditaufnahme mit mtl. 30 € Mehrausgabe	./. 30 €
Am 01.04. fällt eine Darlehensrate weg i.H.v.	50 €

Ergebnis: Am 01.04 hat der Antragsteller eine Mitteilung über die neue Situation zu machen, da nicht er, sondern das Gericht zu beurteilen hat, ob die Kreditaufnahme zu berücksichtigen ist.[44]

Beispiel: Vermögenserwerb durch Verfahrenserfolg: Der Ehefrau ist volle VKH bewilligt. Sie erhält im Scheidungsverfahren durch den Zugewinnausgleich 70.000 €. Sie erwirbt damit eine angemessene Eigentumswohnung.

Ergebnis: Dieser Vermögenszuwachs ist zu berücksichtigen obwohl die Eigentumswohnung, wenn sie vor Verfahrensbeginn erworben worden wäre, kein verwertbares Vermögen dargestellt hätte, weil sie zum Schonvermögen gehört hätte.[45] Auch die Tatsache, dass das Vermögen bereits „verbraucht" ist, ist unbeachtlich. Dies folgt aus einer entsprechenden Anwendung des § 90 Abs. 2 Nr. 8 SGB XII. Die VKH wird geändert. Die Verfahrenskosten sind aus dem Vermögen zu erstatten. Es wird die Zahlung eines Einmalbetrags angeordnet.

6. Anwalt weiterhin Ansprechpartner

Der Anwalt ist bis zum Ablauf der Vierjahresfrist des § 120a Abs. 1 Satz 4 ZPO **der allein zulässige Ansprechpartner des Gerichts,** da das PKH-Prüfungsverfahren zum Rechtszug im Sinne des § 172 ZPO gehört. Damit hat die gesamte Korrespondenz über den Anwalt zu laufen.[46] Es ist allein Sache des Anwalts, die gerichtlichen Schriftstücke fristgerecht an den Mandanten weiterzuleiten.[47]

VII. Gegenstandswert bei Verfahrenskostenhilfe

1. Gegenstandswert bei Verfahrenskostenhilfe in Ehesache

Auch wenn beiden Ehegatten Verfahrenskostenhilfe ohne Ratenzahlungen bewilligt worden ist, rechtfertigt dies nicht, dass als Streitwert grundsätzlich der Mindestwert von jetzt 3.000 € angenommen werden kann. Dies würde die freie Berufsausübung des Rechtsanwalts beschneiden. Es ist jeweils eine Einzelfallprüfung durchzuführen.[48]

2. Gegenstandswert im Verfahrenskostenhilfe-Prüfungsverfahren

Grundsätzlich bestimmt sich der Wert nach dem Wert der Hauptsache. Handelt es sich jedoch um ein Verfahren zur **Aufhebung der VKH,** so ist der Wert des Kosteninteresses maßgebend. Dieses bestimmt sich nach dem Betrag der bei Aufhebung zu zahlenden Kosten.

Eine Ausnahme bildet die Aufhebung nach § 124 Nr. 1 ZPO **(Aufhebung wegen Vortäuschung der VKH-Voraussetzungen).** In diesem Fall ist auch der volle Wert der Hauptsache maßgebend.

---

[42] *Groß,* BerH/PKH/VKH, 12. Aufl. 2014, § 115 ZPO Rn. 78.
[43] BGH v. 14.10.2010 - V ZB 214/10 - FamRZ 2011, 104.
[44] *Viefhues,* FuR 2013, 488, 497.
[45] BGH v. 18.07.2007 - XII ZA 11/07 - FamRZ 2007, 1720.
[46] LArbG Hamm v. 05.07.2013 - 5 Ta 254/13.
[47] OLG Stuttgart v. 19.05.2011 - 8 WF 66/11 - FamFR 2011, 300; *Viefhues,* FuR 2013, 488, 493.
[48] BVerfG v. 12.10.2009 - 1 BvR 735/09 - FamRZ 2010, 25; BVerfG v. 17.12.2008 - 1 BvR 177/08 - NJW 2009, 1197; BVerfG v. 23.08.05 - 1 BvR 46/05 - RVGprofessionell 2005, 181.

Kostenrechtl. Hinw. in Familiensachen (Teil 17)

103 § 23a RVG enthält die Feststellung: „Entsteht die Verfahrensgebühr auch für das Verfahren, für das die Verfahrenskostenhilfe beantragt worden ist (= Hauptsacheverfahren), werden die Werte nicht zusammengerechnet." Diese Feststellung ist notwendig, da es sich bei den beiden Gegenständen um unterschiedliche Gegenstände handelt. Ohne diese Ausnahmeregelung wären die Gegenstände gem. § 22 RVG zu addieren.

3. Wert für Beschwerde gegen Wertfestsetzung

104 **Beschwerde gegen Verfahrenswertfestsetzung:** Bei der Beschwerde eines im Wege der Verfahrenskostenhilfe ohne Ratenzahlung beigeordneten Rechtsanwalts gegen die Verfahrenswertfestsetzung ist der Wert des Beschwerdegegenstandes zu bestimmen nach den Wahlanwaltsgebühren und nicht nach der VKH-Tabelle (§ 49 RVG).[49]

105 Dies ergibt sich aus der Tatsache, dass der beigeordnete Rechtsanwalt gemäß § 126 ZPO die vollen Wahlanwaltsgebühren beim Gegner liquidieren kann. Zudem kann jederzeit eine Aufhebung der Verfahrenskostenhilfe erfolgen. In diesem Fall kann der Rechtsanwalt die volle Vergütung vom Mandanten verlangen.

VIII. Verjährung der Vergütungsansprüche des beigeordneten Rechtsanwalts

106 Auch der Vergütungsanspruch des beigeordneten Rechtsanwalts **gegen die Staatskasse** verjährt gem. §§ 195, 199 BGB in drei Jahren. Für die Hemmung der Verjährung ist hier auch die Sondervorschrift des § 8 RVG zu beachten. Hiernach soll die Verjährung auch für die Dauer eines laufenden Kostenfestsetzungsverfahrens gehemmt sein.[50]

107 Nach § 205 BGB ist die Hemmung der Verjährung bzgl. der **Wahlanwaltsvergütung** solange unterbrochen, bis die Verfahrenskostenhilfebewilligung aufgehoben wird.[51]

IX. Anrechnung von Vorschüssen und Zahlungen auf die Verfahrenskostenhilfe

108 Vorschüsse, die der Rechtsanwalt auf seine Vergütung von der VKH-Partei oder von Dritten erhalten hat, sind auf die Vergütung anzurechnen. Allerdings darf der Rechtsanwalt diese zunächst auf den Teil verrechnen, der nicht durch die VKH-Vergütung gedeckt ist, also die so genannte Differenzvergütung (Wahlanwaltsvergütung abzgl. VKH-Vergütung), §§ 55 Abs. 5, 58 Abs. 2 RVG. Dies gilt sowohl für den Fall der Bewilligung von voller VKH als auch bei Raten-VKH.

109 Sämtliche Vorschüsse sind unabhängig davon, ob sie auf die VKH-Vergütung verrechnet wurden oder nicht, in dem Antrag auf Festsetzung der VKH-Vergütung nach den §§ 45, 55 RVG anzugeben. Die Entscheidung darüber, ob eine Anrechnung zu erfolgen hat, trifft der für die Festsetzung der VKH-Vergütung zuständige Urkundsbeamte der Geschäftsstelle des Gerichts des ersten Rechtszuges.

110 Seit dem 05.08.2009 sind auch Zahlungen auf anzurechnende Gebühren nach § 55 Abs. 5 RVG anzumelden und bei der Berechnung nach § 58 Abs. 2 RVG zu berücksichtigen.

111 VB 3 Abs. 4 RVG-VV und § 15a RVG gelten auch im Verhältnis zwischen der Staatskasse und dem Verfahrenskostenhilfeanwalt. Entsprechend stellt das OLG Frankfurt klar, dass eine Anrechnung auf Verfahrenskostenhilfe nur dann erfolgt, wenn der Mandant die Geschäftsgebühr tatsächlich gezahlt hat.[52]

112 Der anzurechnende Teil der gezahlten Geschäftsgebühr ist zunächst auf die Differenz zwischen der Wahlanwaltsvergütung und der Prozesskostenhilfevergütung anzurechnen.[53] Denn § 58 Abs. 2 RVG geht als Spezialvorschrift für die Vergütung des im Wege der Prozesskostenhilfe beigeordneten Rechtsanwalts der zum allgemeinen Gebührenrecht gehörenden Vorschrift des § 15a RVG vor.[54]

---

[49] OLG Frankfurt v. 08.03.2012 - 4 WF 33/12.
[50] *Schneider* in: Schneider/Wolf, AnwK RVG, 6. Aufl. 2012, § 8 RVG Rn. 122.
[51] *Schneider* in: Schneider/Wolf, AnwK RVG, 6. Aufl. 2012, § 8 RVG Rn. 144.
[52] OLG Frankfurt v. 20.03.2012 - 4 WF 204/11.
[53] KG v. 13.01.2009 - 1 W 496/08 - AGS 2009, 235.
[54] OLG Brandenburg v. 25.07.2011 - 6 W 55/10 - Rpfleger 2012, 89 = RVGreport 2011, 376; OLG Braunschweig v. 22.03.2011 - 2 W 18/11 - FamRZ 2011, 1683 = RVGreport 2011, 254; OLG Zweibrücken v. 16.03.2011 - 6 WF 46/11 - FamRZ 2011, 1978.

Kostenrechtl. Hinw. in Familiensachen (Teil 17)

1. Beispielsfall: Anrechnung von Vorschüssen auf Verfahrenskostenhilfe

Fall: Dem Mandanten wird für die Klage über 10.000 € Raten-PKH bewilligt. Der Rechtsanwalt hat 113
von seinem Mandanten 800 € Vorschuss erhalten. Es kommt zum Verfahren, das nach Termin endet.
Lösung:
Ein etwaiger Anrechnungsbetrag ist wie folgt zu ermitteln:

a) PKH- Vergütung (§ 49 RVG):

1,3 Verfahrensgebühr Nr. 3100 VV RVG	10.000 €	399,10 €
1,2 Terminsgebühr Nr. 3104 VV RVG	10.000 €	368,40 €
Auslagenpauschale Nr. 7002 VV RVG		20 €
Umsatzsteuer Nr. 7008 VV RVG, 19%		149,63 €
		937,13 €

b) Wahlanwaltsvergütung (§ 13 RVG):

1,3 Verfahrensgebühr Nr. 3100 VV RVG	10.000 €	725,40 €
1,2 Terminsgebühr Nr. 3104 VV RVG	10.000 €	669,60 €
Auslagenpauschale Nr. 7002 VV RVG		20 €
Umsatzsteuer Nr. 7008 VV RVG, 19%		268,85 €
		1683,85 €
Die Differenz zwischen VKH- und Wahlanwaltsvergütung beträgt		746,72 €
Zunächst ist hierauf der Vorschuss des Mandanten in Höhe von		800 €
anzurechnen. Für die Anrechnung auf die VKH verbleiben		53,26 €
Damit wird für den Rechtsanwalt lediglich eine um 53,26 € reduzierte VKH-Vergütung mit festgesetzt.		883,85 €

2. Besonderheit: Anrechnung der Geschäftsgebühr auf Verfahrenskostenhilfe

Mit Wirkung zum 05.08.2009 wurde neben der Einführung des § 15a RVG auch § 55 RVG ergänzt. 114
§ 55 Abs. 5 Satz 2 RVG lautet nunmehr:
(5) … Der Antrag hat die Erklärung zu enthalten, ob und welche Zahlungen der Rechtsanwalt bis zum Tag der Antragstellung erhalten hat. **Bei Zahlungen auf eine anzurechnende Gebühr sind diese Zahlungen, der Satz oder der Betrag der Gebühr und bei Wertgebühren auch der zugrunde gelegte Wert anzugeben**. Zahlungen, die der Rechtsanwalt nach der Antragstellung erhalten hat, hat er unverzüglich anzuzeigen.

Nach dieser Klarstellung kann die Geschäftsgebühr nur dann für eine Anrechnung auf die PKH-Ver- 115
fahrensgebühr von Bedeutung sein, wenn der VKH-Anwalt diese tatsächlich erhalten hat.

3. Anrechnung nach § 58 Abs. 2 RVG

a. Allgemeines

Seit dieser Gesetzesänderung treffen in diesem Fall zwei Anrechnungsvorschriften aufeinander. Zum 116
einen die grundsätzliche Anrechnung der Geschäftsgebühr nach Vorbem. 3 Abs. 4 VV RVG und zum anderen die Anrechnung nach § 58 Abs. 2 VV RVG. Nicht abschließend geklärt ist das Verhältnis dieser Anrechnungen zueinander.

Inzwischen ist es herrschende Meinung, dass die Anrechnung der gezahlten Geschäftsgebühr unter Be- 117
achtung von § 58 Abs. 2 RVG zu erfolgen hat.[55]

Der Gesetzgeber hat die Zahlung der anzurechnenden Gebühr den sonstigen Zahlungen in § 55 Abs. 5 118
RVG bewusst gleichgestellt. Daher ist eine unterschiedliche Behandlung dieser Posten nicht gerechtfertigt. Die Anrechnung der gezahlten Geschäftsgebühr ist demnach zutreffender Weise **nach § 58 Abs. 2 RVG** zunächst auf die Vergütung vorzunehmen, für die ein Anspruch gegen die Staatskasse nicht besteht.[56] Bei dieser Vergütung handelt es sich regelmäßig um die Differenz zwischen der

---

[55] OLG Brandenburg v. 25.07.2011 - 6 W 55/10 - Rpfleger 2012, 89 = RVGreport 2011, 376; OLG Braunschweig v. 22.03.2011 - 2 W 18/11 - FamRZ 2011, 1683 = RVGreport 2011, 254; OLG Zweibrücken v. 16.03.2011 - 6 WF 46/11 - FamRZ 2011, 1978.

[56] OLG Zweibrücken v. 11.05.2010 - 2 WF 33/10; OLG München v. 10.12.2009 - 11 W 2649/09 - RVGreport 2010, 62; *Enders*, JurBüro 2005, 281; OLG Frankfurt v. 27.04.2006 - 6 WF 32/06 - AGS 07, 313.

Kostenrechtl. Hinw. in Familiensachen (Teil 17)   jurisPK-BGB / T. Schmidt

PKH-Vergütung (§ 49 RVG) und der Wahlanwaltsvergütung (§ 13 RVG) bei Streitwerten über 3.000 €.

b. Problem: Anrechnung der Geschäftsgebühr nach § 58 Abs. 2 RVG nur auf die VKH-Verfahrensgebühr

119   Das OLG Hamm[57] hat zutreffend darauf hingewiesen, dass bei der Anrechnung nach dem Wortlaut des § 58 Abs. 2 RVG die Geschäftsgebühr entgegen Vorbem. 3 Abs. 4 VV RVG nicht nur auf die Verfahrensgebühr, sondern auf **sämtliche Gebühren und Auslagen des gerichtlichen Verfahrens** angerechnet wird.

120   Um dies zu vermeiden, ist folgende Berechnungsweise richtig:
1. Die gezahlte Geschäftsgebühr Nr. 2300 VV RVG ist entsprechend Vorbem. 3 Abs. 4 VV RVG zunächst auf die aus der Tabelle zu § 13 RVG abgelesene Wahlanwalts-Verfahrensgebühr anzurechnen.
2. Entspricht die nach der Anrechnung verbleibende Verfahrensgebühr des Wahlanwalts der PKH-Verfahrensgebühr (§ 49 RVG) oder ist sie höher als diese, findet keine Kürzung der PKH-Verfahrensgebühr statt. Dies stellt sicher, dass der PKH-Anwalt für die außergerichtliche und gerichtliche Vertretung nicht mehr als die Wahlanwaltsvergütung erhält.
3. Ist die verbleibende Wahlanwaltsverfahrensgebühr nach Anrechnung geringer als die PKH-Gebühr, so ist eine entsprechende Kürzung der PKH-Vergütung vorzunehmen.

121   Ist neben der Geschäftsgebühr noch eine sonstige Zahlung erbracht worden, so ist diese uneingeschränkt nach § 58 Abs. 2 RVG auf die Differenz zwischen der Wahlanwaltsvergütung und der PKH-Vergütung anzurechnen, also auch bzgl. z.B. der Terminsgebühr, denn soweit Zahlungen und Vorschüsse nicht auf die Geschäftsgebühr entfallen, ist § 58 Abs. 2 RVG uneingeschränkt anwendbar.

122   Dieses Problem ergibt sich immer dann, wenn auch die Terminsgebühr im gerichtlichen Verfahren entstanden ist.

c. Beispielsfall: Anrechnung der Geschäftsgebühr nur auf VKH-Verfahrensgebühr

123   **Fall:** Dem Mandanten wird für die Klage über 10.000 € Raten-PKH bewilligt. Der Rechtsanwalt hat von seinem Mandanten für die außergerichtliche Vertretung eine nach 10.000 € berechnete 1,3 Geschäftsgebühr i.H.v. 725,40 € nebst Auslagenpauschale und Umsatzsteuer, insgesamt 745,40 €, erhalten. Es kommt zum Verfahren, das nach Termin endet.

Lösung:
Ein etwaiger Anrechnungsbetrag ist wie folgt zu ermitteln:

a) VKH- Vergütung (§ 49 RVG):

1,3 Verfahrensgebühr Nr. 3100 VV RVG	10.000 €	399,10 €
+ 1,2 Terminsgebühr Nr. 3104 VV RVG	10.000 €	368,40 €
+ Auslagenpauschale Nr. 7002 VV RVG		20 €
+ Umsatzsteuer Nr. 7008 VV RVG, 19%		149,63 €
=		937,13 €

b) Wahlanwaltsvergütung (§ 13 RVG):

1,3 Verfahrensgebühr Nr. 3100 VV RVG	10.000 €	725,40 €
+ 1,2 Terminsgebühr Nr. 3104 VV RVG	10.000 €	669,60 €
+ Auslagenpauschale Nr. 7002 VV RVG		20 €
+ Umsatzsteuer Nr. 7008 VV RVG, 19%		268,85 €
=		1.683,65 €
Die gesamte Differenz zwischen VKH- und Wahlanwaltsvergütung beträgt		746,72 €

Eine Anrechnung der Geschäftsgebühr darf jedoch nur auf den Teil der Differenzvergütung vorgenommen werden, der für die Verfahrensgebühr entstanden ist.

Die Wahlanwaltsverfahrensgebühr beträgt	725,40 €
Die VKH-Verfahrensgebühr beträgt:	399,10 €
Die Differenzvergütung bzgl. der Verfahrensgebühr beträgt demnach	326,30 €
Auf diesen Betrag ist die Hälfte der von R vereinnahmten Geschäftsgebühr (0,65 aus 10.000 €) mit anzurechnen.	362,70 €

---

[57] OLG Hamm v. 11.02.2008 - 6 WF 332/06 - FamRZ 2008, 1764.

Dies führt hier dazu, dass sich der VKH- Vergütungsanspruch um 36.40 € verringert. Der Restbetrag der VKH wird für den Rechtsanwalt festgesetzt.

B. Beiordnung eines Rechtsanwalts als Beistand

Von der Bewilligung der Verfahrenskostenhilfe ist die Beiordnung als Beistand zu unterscheiden. Falls der Antragsgegner in einer Scheidungssache/Lebenspartnerschaftssache keinen Rechtsanwalt als Bevollmächtigten bestellt, ordnet das Prozessgericht ihm nach § 138 FamFG **einen Beistand** von Amts wegen hinsichtlich des Scheidungsantrags/Aufhebungsantrages bei, wenn diese Maßnahme nach der Überzeugung des Gerichts zum Schutz des Antragsgegners unabweisbar erscheint. Der beigeordnete Rechtsanwalt hat die Stellung eines Beistands. Er ist also nicht Vertreter des Antragsgegners. 124

Der Rechtsanwalt, der nach § 138 FamFG der Zivilprozessordnung dem Antragsgegner beigeordnet ist, kann von diesem die Vergütung eines zum Prozessbevollmächtigten bestellten Rechtsanwalts und auch einen Vorschuss verlangen. Dies ergibt sich aus § 39 RVG. 125

Zahlt der Antragsgegner nicht an den beigeordneten Rechtsanwalt, so kann dieser seine **Vergütung aus der Landeskasse** verlangen, wenn sich der Antragsgegner mit der Zahlung im Verzug befindet (§ 47 Abs. 1 RVG). Zu beachten ist allerdings, dass der Rechtsanwalt aus der Landeskasse lediglich die Gebühren in Höhe der Verfahrenskostenhilfevergütung (vgl. § 49 RVG) verlangen kann. Die Differenz zur Wahlanwaltsvergütung kann er jedoch weiterhin vom Antragsgegner verlangen. Auch ist die **Festsetzung nach** § 11 RVG der Vergütung des Beistands möglich. 126

Erteilt der Antragsgegner dem beigeordneten Rechtsanwalt doch noch die Prozessvollmacht, so bleibt der Anspruch gegen die Landeskasse bestehen. 127

Die **Verfahrensgebühr** entsteht in voller Höhe erst mit der Wahrnehmung eines Termins wegen Nr. 3101 VV RVG, es sei denn der Rechtsanwalt hat durch andere in Nr. 3101 VV RVG genannte Tätigkeiten (z.B. Schriftsatz mit Sachvortrag) die volle Verfahrensgebühr ausgelöst. 128

Die Terminsgebühr entsteht unter den üblichen Bedingungen. 129

C. Auswirkungen der VKH

I. Auswirkungen der Verfahrenskostenhilfe – Grafische Darstellung

Anhand der folgenden Übersicht sollen die Abläufe bei der Abrechnung der Vergütung im Verfahrenskostenhilfeverfahren grafisch veranschaulicht werden. 130

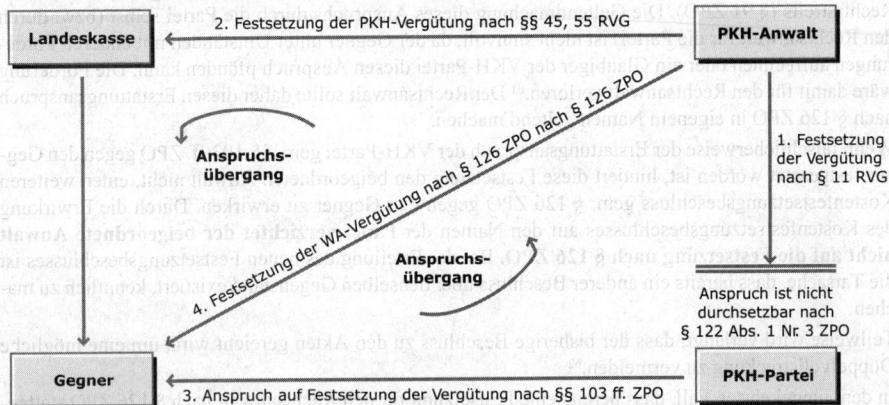

1. Zu 1.: Festsetzung nach § 11 RVG

Der Anspruch des Rechtsanwalts gegen seinen eigenen Mandanten aus dem Geschäftsbesorgungsvertrag besteht zwar noch, ist jedoch nicht durchsetzbar, solange die Bewilligung der VKH Bestand hat (§ 122 Abs. 1 Nr. 3 ZPO). Der Anwalt ist nicht berechtigt, Ansprüche gegen seinen Mandanten geltend zu machen. Diese Forderungssperre endet erst mit der Aufhebung der Bewilligung der Verfahrenskostenhilfe nach § 124 ZPO. 131

132 Freiwillige Leistungen der VKH-Partei darf der Rechtsanwalt jedoch annehmen und auch behalten.[58] Diese Zahlungen sind allerdings später bei der Abrechnung mit der Landeskasse anzuzeigen (§ 4 Abs. 5 RVG).

133 Es wird trotz der Bestimmung des § 122 Abs. 1 Nr. 3 ZPO auch die Auffassung vertreten, dass der im Wege der VKH beigeordnete Rechtsanwalt befugt ist, das Kostenfestsetzungsverfahren gem. § 11 RVG gegen seinen Mandanten zu betreiben.[59] Die Entscheidung des OLG Koblenz wird häufig fehlinterpretiert. In dem zugrunde liegenden Fall handelt es sich um die Gebühren für ein VKH-Prüfungsverfahren, in dem die Bewilligung der VKH versagt wurde. Die Rechtsanwälte haben sich korrekterweise diese Gebühren festsetzen lassen. Hierbei handelt es sich nicht um ein Problem des § 122 ZPO, da dessen Beschränkung nur bei bewilligter VKH eingreift.

134 **Festsetzung nach § 11 RVG bei VKH und Anwaltswechsel:** Wird dem Mandanten erneut ein Rechtsanwalt nach Anwaltswechsel mit der Einschränkung beigeordnet „soweit der Staatskasse durch die Beiordnung keine Nachteile entstehen", so steht die Sperrwirkung des § 122 Abs. 1 Nr. 3 ZPO einer Festsetzung der nicht nach § 55 RVG aus der Staatskasse zu zahlenden Vergütung gegen die Partei nach § 11 RVG grundsätzlich nicht entgegen[60]. Hat der erste Rechtsanwalt bereits die volle Vergütung aus der Staatskasse erhalten, so kann sich der zweite Rechtsanwalt über § 11 RVG die gesamte Vergütung gegen den Gegner festsetzen lassen.

135 Eine Festsetzung ist jedoch auch hier nur möglich bis zur Höhe der VKH-Vergütung. Der Schutz des § 122 Abs. 1 Nr. 3 ZPO erstreckt sich weiterhin auf die Differenz zur Wahlanwaltsvergütung. Diese kann nicht festgesetzt werden.

2. Zu 2.: Festsetzung der VKH-Vergütung

136 Dem VKH-Anwalt steht in jedem Fall, unabhängig vom Ausgang der Angelegenheit, der Anspruch auf Zahlung der VKH-Vergütung aus der Landeskasse zu. Dieser kann sofort nach Fälligkeit geltend gemacht werden.

137 Ist dieser Anspruch durch die Landeskasse ausgeglichen worden, so fehlt dem Rechtsanwalt lediglich noch die Differenz zur Wahlanwaltsvergütung (sog. **Differenzvergütung**) zur vollständigen Befriedigung. Diese kann er jedoch nur dann noch erhalten, wenn entweder
- der Gegner unterlegen und damit zahlungspflichtig ist oder
- die eigene Partei die Prozesskosten in Raten aufzubringen hat (Raten-VKH).

3. Zu 3.: Festsetzungsanspruch der VKH-Partei gegen den unterlegenen Gegner

138 Die VKH-Partei hat gegen den unterlegenen Gegner einen Erstattungsanspruch bzgl. der Kosten des Rechtsstreits (§ 91 ZPO). Die Geltendmachung dieses Anspruchs durch die Partei selbst (bzw. durch den Rechtsanwalt für die Partei) ist nicht sinnvoll, da der Gegner unter Umständen mit anderen Forderungen aufrechnen oder ein Gläubiger der VKH-Partei diesen Anspruch pfänden kann. Die Forderung wäre damit für den Rechtsanwalt verloren.[61] Der Rechtsanwalt sollte daher diesen Erstattungsanspruch nach § 126 ZPO in eigenem Namen geltend machen.

139 Wenn fälschlicherweise der Erstattungsanspruch der VKH-Partei gem. §§ 103 ff. ZPO gegen den Gegner festgesetzt worden ist, hindert diese Festsetzung den beigeordneten Anwalt nicht, einen weiteren Kostenfestsetzungsbeschluss gem. § 126 ZPO gegen den Gegner zu erwirken. Durch die Erwirkung des Kostenfestsetzungsbeschlusses auf den Namen der Partei **verzichtet der beigeordnete Anwalt nicht auf die Festsetzung nach § 126 ZPO**. Bei der Erteilung des neuen Festsetzungsbeschlusses ist die Tatsache, dass bereits ein anderer Beschluss über denselben Gegenstand existiert, kenntlich zu machen.

140 Teilweise wird verlangt, dass der bisherige Beschluss zu den Akten gereicht wird, um eine mögliche Doppelvollstreckung zu vermeiden.[62]

141 In dem umgekehrten Fall, dass bereits eine Festsetzung für den Rechtsanwalt nach § 126 ZPO stattgefunden hat, hindert die Existenz dieser Festsetzung jedoch die Partei daran, gegen den Gegner dieselben Kosten festsetzen zu lassen.

---

[58] *Geimer* in: Zöller, ZPO, 29. Aufl. 2012, § 122 Rn. 12.
[59] OLG Koblenz v. 30.08.2002 - 14 W 506/02 - JurBüro 2002, 588.
[60] OLG Düsseldorf v. 08.01.2008 - II-10 WF 33/07, 10 WF 33/07 - OLGR Düsseldorf 2008, 261.
[61] OLG Schleswig v. 27.01.2003 - 15 WF 271/02 - NJW-RR 2004, 717-718.
[62] KG Berlin v. 14.04.2004 - 1 W 44/04 - KGR Berlin 2004, 556-558.

4. Zu 4.: Festsetzung der Wahlanwaltsvergütung gegen den unterlegenen Gegner

Hierbei sind viele Dinge zu berücksichtigen. Zunächst ist festzustellen, dass dieser Anspruch natürlich nur dann bestehen kann, wenn der Partei ein Kostengrundtitel gegen den Gegner zusteht, sie also **zumindest teilweise gewonnen** hat.

Sehr wichtig ist, dass der Rechtsanwalt kenntlich macht, dass er seinen Anspruch nach § 126 ZPO geltend macht („... **beantrage ich Festsetzung der Kosten in eigenem Namen gem. § 126 ZPO.**"). Ist der Antrag nicht entsprechend eindeutig gestellt, so kann dies gewichtige Folgen bis hin zum Verlust der Forderung haben. Falls dieser Zusatz fehlt, gehen die Gerichte in der Regel davon aus, dass der Rechtsanwalt im Zweifel den Antrag namens seiner Partei stellt. Das kann dann dazu führen, dass der Rechtsanwalt Erfüllungshandlungen des Gegners gegenüber seiner Partei gegen sich gelten lassen muss. Es können beispielsweise Fremdgläubiger in diese Forderung hinein pfänden und sie damit für den Rechtsanwalt wertlos machen oder der unterlegene Gegner kann mit eventuell bestehenden anderen Forderungen aufrechnen.[63]

Festzuhalten ist weiterhin, dass der **Rechtsanwalt ein Wahlrecht hat** zwischen den ihm zustehenden Ansprüchen auf Erstattung aus der Landeskasse und Erstattung vom Gegner. Sinnvoll und üblich ist es, zunächst die Erstattung der VKH-Vergütung aus der Landeskasse zu beantragen („... der Spatz in der Hand ...") und anschließend die Festsetzung der restlichen Ansprüche gegen den Gegner zu betreiben.

Im Festsetzungsantrag nach § 126 ZPO sind **alle bisher erhaltenen Beträge anzugeben** (VKH-Vergütung, Vorschüsse, Zahlungen der Partei). Der Rechtspfleger achtet anschließend bei der Festsetzung darauf, dass der Rechtsanwalt zusammen mit diesen Beträgen nicht mehr als seine Wahlanwaltsvergütung erhält. Er berücksichtigt hierbei wegen § 59 RVG, dass diese Zahlungen nicht zum Nachteile des Rechtsanwalts verrechnet werden.

5. Zu 5.: Übergangsanspruch auf die Landeskasse

Dem beigeordneten Rechtsanwalt steht, falls die Partei einen Erstattungsanspruch gegen den Gegner hat, ein eigenes Beitreibungsrecht zu, § 126 ZPO. Da der Rechtsanwalt jedoch insgesamt nicht mehr erhalten darf als seine Wahlanwaltsvergütung und er in der Regel bereits die VKH-Vergütung aus der Landeskasse erhalten hat, ist ihm hier oft nur noch die Differenzvergütung festzusetzen. Der hiernach verbleibende restliche Erstattungsanspruch der VKH-Partei geht, da der Rechtsanwalt befriedigt ist, auf die Landeskasse über, und diese macht ihn nunmehr gegen den unterlegenen Gegner geltend.

6. Zu 6.: Festsetzung der gegnerischen Kosten gegen die VKH-Partei

Dieser Anspruch besteht nur, wenn der Gegner gewonnen hat. In diesem Fall hat die VKH-Partei unabhängig von der VKH-Bewilligung die Kosten des Gegners zu tragen (§ 123 ZPO).

Dieses Risiko besteht für die Partei also immer. Die VKH-Bewilligung hat hierauf keinerlei Auswirkungen.

7. Zu 7.: Übergangsanspruch der Landeskasse gegen die VKH-Partei

Dem Rechtsanwalt steht wegen seiner Vergütung grundsätzlich ein Anspruch gegen die Partei zu, der wegen § 122 Abs. 1 Nr. 3 ZPO jedoch nicht geltend gemacht werden kann. Zahlt die Staatskasse die VKH-Vergütung an den beigeordneten Rechtsanwalt, geht dessen Anspruch gegen die Partei auf die Staatskasse über. Dieser Forderungsübergang, der immer stattfindet, kann wegen § 122 Abs. 1 Nr. 1 ZPO allerdings nur bei VKH mit Kostenbeteiligung (in der Regel Ratenzahlung) der Partei oder nach Aufhebung der VKH gem. § 124 ZPO gegen die Partei geltend gemacht werden.

II. Auswirkungen für die Verfahrenskostenhilfe-Partei

§ 122 Abs. 1 ZPO: Die Landeskasse kann gegen die Partei ihre Ansprüche (Gerichts- und Gerichtsvollzieherkosten) nur nach den Bestimmungen des VKH-Bewilligungsbeschlusses geltend machen, also
- entweder gar nicht bei voller VKH oder
- nur nach den Bestimmungen des Gerichts (in Raten bei Raten-VKH oder Zahlungen aus dem Vermögen der Partei).

Die beigeordneten Rechtsanwälte können ihre Vergütungsansprüche nicht gegen die Partei geltend machen (§ 123 ZPO). Unabhängig von der Bewilligung der Verfahrenskostenhilfe müssen die Kosten des obsiegenden Gegners weiterhin getragen werden. Diese sind festzusetzen gem. §§ 103 ff. ZPO.

---

[63] OLG Schleswig v. 27.01.2003 - 15 WF 271/02 - NJW-RR 2004, 717-718.

Kostenrechtl. Hinw. in Familiensachen (Teil 17)

III. Auswirkungen für den Gegner der Verfahrenskostenhilfe-Partei

152 § 122 Abs. 2 ZPO: Einstweilige Befreiung des Beklagten von der Zahlung der Gerichtskosten, wenn dem Kläger volle Verfahrenskostenhilfe bewilligt wurde.

153 § 123 ZPO: Unabhängig von der Bewilligung der Verfahrenskostenhilfe müssen die Kosten des obsiegenden Gegners weiterhin getragen werden. Diese werden festgesetzt gem. §§ 103 ff. ZPO.

IV. Auswirkungen für den beigeordneten Rechtsanwalt

154 Dem beigeordneten Rechtsanwalt steht gem. § 45 RVG die gesetzliche Vergütung aus der Bundes- oder Landeskasse zu.

155 Ist der Rechtsanwalt im Wege der VKH beigeordnet worden, gilt die **VKH-Gebührentabelle des § 49 RVG**. Diese Tabelle beginnt bei einem Gegenstandswert von mehr als 3.000 €. Bis zu diesem Wert bestehen keine Unterschiede zur Tabelle nach § 13 RVG. Oberhalb eines Wertes von 30.000 € findet keine weitere Steigerung der Gebühren mehr statt.

156 Gem. § 126 ZPO kann der beigeordnete Rechtsanwalt seine Gebühren und Auslagen in eigenem Namen von dem in die Prozesskosten verurteilten Gegner beitreiben. Hierzu ist ein eindeutiger Antrag notwendig.

157 **Wichtig – Gefahr des Forderungsverlustes:** Die VKH-Partei verliert ihren Erstattungsanspruch nicht. Der Anspruch des Rechtsanwalts auf Festsetzung nach § 126 ZPO und der Anspruch der VKH-Partei nach § 91 ZPO stehen selbständig nebeneinander. Der Anspruch des Rechtsanwalts ist jedoch vorrangig zu behandeln.

158 Hat die Partei sich ihre Kosten bereits gegen den Gegner festsetzen lassen, so ist dennoch die Festsetzung für den Rechtsanwalt möglich. Dies gilt auch, wenn er selbst die Festsetzung für die eigene Partei beantragt hat.[64]

159 Mit dem Erlass des zweiten Festsetzungsbeschlusses (für den Rechtsanwalt) tritt der erste (für die VKH-Partei) außer Kraft. Dies sollte im zweiten Beschluss vermerkt werden. Nach einer Entscheidung wird verlangt, dass der bisherige Beschluss zu den Akten gereicht wird und die VKH-Partei aus ihren Rechten hieraus verzichtet, um eine mögliche Doppelvollstreckung zu vermeiden.[65]

160 Umgekehrt verhindert allerdings eine Festsetzung der Kosten nach § 126 ZPO für den Rechtsanwalt die Festsetzung der Kosten für die Partei.

161 Eine Einrede des Gegners der VKH-Partei aus der Person der Partei ist nicht zulässig. Damit wird der Gegner einer VKH-Partei schlechter gestellt als der Gegner einer „nicht armen" Partei. Diese Schlechterstellung ist gewollt, da hierdurch letztendlich die Staatskasse entlastet wird. Allerdings kann der Gegner mit Kosten aufrechnen, die nach der in demselben Rechtsstreit über die Kosten erlassenen Entscheidung von der Partei zu erstatten sind.

162 Solange eine **Festsetzung der Kosten für die VKH-Partei nicht erfolgt ist**, können also nach § 126 Abs. 2 ZPO Einwendungen wie Zahlung, Aufrechnung und Erlass nicht geltend gemacht werden.

163 Sobald aber die **Kostenfestsetzung für die VKH-Partei erfolgt ist**, sind Einwendungen wie Zahlung, Aufrechnung und Erlass nicht mehr ausgeschlossen.

164 Durch **Zahlung** erlischt die Forderung und kann nicht mehr vom Anwalt beigetrieben werden.[66] Das Gleiche gilt bei der **Aufrechnung** durch den Gegner und ebenso, wenn die zugunsten der VKH-Partei festgesetzte Kostenforderung nach der Festsetzung **abgetreten oder gepfändet** wird.[67] Die Forderung ist damit für den Rechtsanwalt verloren. Es empfiehlt sich daher immer, die Festsetzung nach § 126 ZPO alsbald durchzuführen und insbesondere auf die eindeutige Formulierung im Antrag zu achten („... beantrage ich Festsetzung in eigenem Namen nach § 126 ZPO ...").

165 **Differenz zwischen VKH-Vergütung und Wahlanwaltsvergütung („Differenzvergütung")**: Durch die Unterschiede in den Tabellen zur Wahlanwaltsvergütung (§ 13 RVG) und zur VKH-Vergütung (§ 49 RVG) ergibt sich bei Werten über 3.000 € eine Differenz zwischen VKH- und Wahlanwaltsvergütung (die sog. „**Differenzvergütung**"). Diese Differenz steigt mit zunehmenden Werten weiter an und stellt bei höheren Werten eine erhebliche Reduzierung der anwaltlichen Vergütung dar. Bei dem Höchstwert von 30.000 € ist die VKH-Gebühr ca. 50% niedriger als die Wahlanwaltsgebühr.

---

[64] *Geimer* in: Zöller, ZPO, 29. Aufl. 2012, § 126 Rn. 10.
[65] KG Berlin v. 14.04.2004 - 1 W 44/04 - KGR Berlin 2004, 556-558.
[66] OLG Frankfurt v. 02.05.1990 - 14 W 18/90 - Rpfleger 1990, 468.
[67] OLG Hamburg v. 16.11.1982 - 8 W 237/82 - JurBüro 1983, 291; OLG München v. 17.01.1992 - 11 W 2686/91 - Rpfleger 1992, 257.

Diese Differenzvergütung ist für den Anwalt nur dann von Interesse, wenn seinem Mandanten **VKH** **mit Ratenzahlung** bewilligt wurde. Bei voller VKH kann der Rechtsanwalt die Differenzvergütung niemals von der Landeskasse ausgezahlt erhalten. Dann bleibt ihm lediglich die Möglichkeit der Festsetzung gegen einen eventuell unterlegenen Gegner. 166

Die folgenden Aussagen gelten daher nur für den Fall, dass der Mandantschaft Raten-VKH bewilligt worden ist. Dies allerdings unabhängig von der Frage, ob die eigene Partei gewonnen hat oder nicht. Auch im Falle des Obsiegens muss die VKH-Partei gegebenenfalls die Kosten ihres Anwalts in Raten bezahlen, und zwar in dem Fall, dass der unterlegene Gegner selbst seiner Zahlungspflicht nicht nachkommt. 167

Der Rechtsanwalt sollte gleichzeitig mit seinem Antrag auf Festsetzung der VKH-Vergütung nach § 45 RVG und § 55 RVG bereits einen Antrag auf Festsetzung der weiteren Vergütung nach § 50 RVG einreichen. Für diesen Antrag besteht kein Formularzwang. In dem Antrag ist jedoch anzugeben, ob und welche Zahlungen der Anwalt von der Partei oder einem Dritten erhalten hat. Das Gericht wird zunächst über den Antrag auf Festsetzung der VKH-Vergütung nach § 49 RVG entscheiden. 168

Erst später, wenn die Ratenzahlungen der Partei ausreichen, kann der Rechtsanwalt auch die Differenz zu seiner Wahlanwaltsvergütung aus der Landeskasse erhalten. Dies kann sich über Jahre hinstrecken (Grund: bis zu 48 Monatsraten sind abzuwarten). Während dieses Zeitraums ist die Verjährung (vgl. Rn. 106) gehemmt. Der beigeordnete Rechtsanwalt kann daher gegen seine eigene Partei auch bei Verfahrenskostenhilfe mit Ratenzahlungsbestimmungen seine Ansprüche nicht unmittelbar geltend machen. Dies gilt auch für die Differenzvergütung (§ 122 Abs. 1 Nr. 3 ZPO). 169

Der Rechtsanwalt erhält jedoch nur Zahlungen aus der Landeskasse, wenn die eingezogenen Zahlungen den zur Deckung der Gerichtskosten, der Gerichtsvollzieherkosten und der Ansprüche nach § 59 RVG erforderlichen Betrag übersteigen. Vom Gegner geforderte Gerichtskosten, für die die Partei als Zweitschuldner haftet, müssen gezahlt sein. Zudem sind die Zahlungen auf max. 48 Monatsraten beschränkt. Sind nach Ablauf der 48 Monate nicht genügend Mittel durch die Ratenzahlung eingezogen worden, so fällt der Anwalt mit seiner Differenzvergütung aus. 170

Im Unterschied zu § 124 BRAGO stellt § 50 RVG ausdrücklich klar, dass die Staatskasse verpflichtet ist, die bei Bewilligung der Verfahrenskostenhilfe oder nachträglich festgelegten Beträge und Raten – nach § 115 Abs. 1 Satz 4 ZPO höchstens 48 Monatsraten – einzuziehen, bis nicht nur die in § 122 Abs. 1 Nr. 1 ZPO bezeichneten Kosten und Ansprüche gedeckt sind, sondern auch die Regelvergütung des Rechtsanwalts. Insoweit bestand zu § 124 BRAGO Streit. 171

V. Auswirkungen der Verfahrenskostenhilfe für die Landeskasse

Ist bei voller VKH kein erstattungspflichtiger Gegner vorhanden, so trägt die Landeskasse die Kosten des Verfahrens endgültig. Hier wird deutlich, dass es sich bei der VKH um eine Sozialleistung handelt. 172

Ist jedoch bei Raten-VKH kein erstattungspflichtiger Gegner vorhanden, so tritt die Landeskasse in Vorleistung für die VKH-Partei. Diese muss die entstandenen Kosten durch die Raten an die Landeskasse zurückzahlen. Hierbei ist die Höchstgrenze von 48 Monatsraten zu beachten. 173

Die Ratenzahlungen der VKH-Partei werden in folgender Reihenfolge verrechnet: 174
- Gerichtskosten – Erstschuldnerhaftung,
- VKH-Vergütung des Anwalts,
- Gerichtskosten – Zweitschuldnerhaftung,
- Differenz zur Wahlanwaltsvergütung (Differenzvergütung).

Übergangsanspruch nach § 59 RVG: Durch diese Vorschrift wird gewährleistet, dass der beigeordnete Rechtsanwalt nicht mehr erhält als die ihm zustehende Wahlanwaltsvergütung. Dem Rechtsanwalt können Ansprüche gegen mehrere Personen zustehen. Soweit deren Summe die Wahlanwaltsvergütung übersteigt, geht dieser Teil auf die Landeskasse über. Voraussetzung ist jedoch, dass die VKH-Vergütung aus Mitteln der Landeskasse und nicht durch die Raten der Partei erbracht worden ist. 175

Ein einfaches Beispiel zu § 59 RVG: 176

VKH-Vergütung des Anwalts (bereits erhalten)	2.000 €
Erstattungsanspruch des VKH-Anwalts gem. § 126 ZPO	1.000 €
Wahlanwaltsvergütung	2.400 €

Kostenrechtl. Hinw. in Familiensachen (Teil 17)   jurisPK-BGB / T. Schmidt

Da der Rechtsanwalt nicht mehr als seine Wahlanwaltsvergütung bekommen soll, darf für ihn nur noch ein Betrag von 400 € gegen den unterlegenen Gegner festgesetzt werden.
Der restliche Erstattungsanspruch des Rechtsanwalts in Höhe von 600 € geht gem. § 59 RVG auf die Landeskasse über.

D. Teilweise Bewilligung von Verfahrenskostenhilfe

177   Mehrere Gründe können Anlass dafür sein, dass lediglich für einen Teil des Gegenstands Verfahrenskostenhilfe bewilligt worden ist. Meist wird für einen Teil des Gegenstands die Erfolgsaussicht der Rechtsverfolgung verneint und für einen anderen Teil bejaht.

178   In dem anderen häufigen Fall wird die Beantragung der VKH lediglich vergessen. Auch wenn für den Hauptgegenstand bereits VKH bewilligt wurde, muss beispielsweise für eine Klageerweiterung, Widerklage, pp. gesondert VKH beantragt werden (vgl. auch unter Umfang der VKH-Bewilligung, Rn. 42).

179   In diesen Fällen erhält der Rechtsanwalt aus der Staatskasse lediglich die Gebühren vergütet, die nach dem von der VKH-Bewilligung erfassten Gegenstandswert entstanden sind.

180   Die richtige Abrechnung bei dieser Problemstellung lässt sich am besten anhand eines Beispiels verdeutlichen:

181   **Beispielsfall: teilweise VKH-Bewilligung:** Bzgl. 10.000 € wird VKH bewilligt. Bzgl. 5.000 € wird sie wegen mangelnder Erfolgsaussicht abgelehnt. Der Rechtsanwalt erhebt dennoch im Auftrag seines Mandanten Klage über 15.000 €. In dem Verfahren entstehen eine Verfahrens- und eine Terminsgebühr über den vollen Wert von 15.000 €.
Lösung: Fraglich ist, was der Rechtsanwalt mit der Landeskasse und was mit dem Mandanten abrechnen kann. Unzweifelhaft ist, dass mit der Landeskasse lediglich die VKH-Vergütung über den VKH-Gegenstand, hier also 10.000 €, abgerechnet werden kann. Die VKH-Vergütung beträgt demnach gem. § 49 RVG 937,13 €.
Entstanden ist jedoch insgesamt eine Wahlanwaltsvergütung über 15.000 € mit 1.957,55 €. Diese darf der Rechtsanwalt jedoch nicht von seinem Mandanten verlangen, soweit VKH bewilligt wurde. Die VKH wurde über 10.000 € bewilligt.
Der Rechtsanwalt kann also von der Partei nur noch den Betrag verlangen, der die Wahlanwaltsvergütung über 10.000 € mit 1.683,85 € übersteigt.
Dies sind hier immerhin noch 273,70 €. Diesen Betrag kann er seinem Mandanten in Rechnung stellen.[68]

182   **Anmerkung:** Ein Teil der Rechtsprechung hält hier eine Prüfung nach § 15 Abs. 3 RVG für angezigt. § 15 Abs. 3 RVG ist hier jedoch nicht einschlägig, da bereits der Wortlaut nicht erfüllt ist. Es liegen keine unterschiedlichen Gebührensätze vor. Eine analoge Anwendung scheidet aus, da auch die Intention des § 15 Abs. 3 RVG nicht gegeben ist. Bereits durch den obigen Rechenmodus wird verhindert, dass der Rechtsanwalt mehr bekommt als eine volle Gebühr nach dem gesamten Streitwert.

E. Verfahrenskostenhilfe-Prüfungsverfahren

I. Allgemeines

183   Das RVG regelt die Abrechnung des Verfahrenskostenhilfe-Prüfungsverfahrens neu. Auch weiterhin bilden das Prüfungsverfahren und die nachfolgende Hauptsache eine Angelegenheit (§ 16 Nr. 2 RVG). Dies gilt ebenso für mehrere Verfahren über die Verfahrenskostenhilfe in demselben Rechtszug (§ 16 Nr. 3 RVG).

184   Es entsteht die **Verfahrensgebühr Nr. 3335 VV RVG** mit einem Gebührensatz von 1,0.

185   Bei **vorzeitiger Erledigung** des Verfahrens erledigt sich die Verfahrensgebühr nach der Nr. 3337 VV auf eine Gebühr mit einem Satz von 0,5.

186   Eine besondere Terminsgebühr ist für dieses Verfahren im Teil 3 Abschnitt 3 Unterabschnitt 6 nicht vorgesehen. Für diesen Fall regelt die Vorbemerkung 3.3.6: „Die Terminsgebühr bestimmt sich nach Abschnitt 1, soweit in diesem Unterabschnitt nichts anderes bestimmt ist." Damit entsteht im VKH-Prüfungsverfahren ggf. eine **Terminsgebühr Nr. 3104** mit einem Gebührensatz von 1,2.

---

[68] *Müller-Rabe* in: Gerold/Schmidt/v. Eicken/Madert/Müller-Rabe, RVG, 19. Aufl. 2010, § 48 Rn. 61.

Da das VKH-Prüfungsverfahren und das folgende Klageverfahren nach § 16 Nr. 2 RVG eine Angelegenheit bilden, gehen die oben genannten Gebühren damit in den folgenden Gebühren, die für die Hauptsache entstehen, auf. 187
Demnach verbleibt von den Gebühren des VKH-Prüfungsverfahrens regelmäßig keine zusätzliche Vergütung.
Neben der Verfahrens- und der Terminsgebühr kann unter den bekannten Voraussetzungen eine Einigungsgebühr Nr. 1003 VV entstehen. 188

II. Verfahrenskostenhilfe für das VKH-Prüfungsverfahren

Für das Prüfungsverfahren kann grundsätzlich keine VKH bewilligt werden. 189

1. Verfahrenskostenhilfe nur für eine Einigung im VKH-Prüfungsverfahren

Eine Ausnahme liegt jedoch dann vor, wenn es bereits im Prüfungsverfahren zum Abschluss einer Einigung kommt. 190

Für eine entsprechende Einigung kann VKH bewilligt werden. Durch diese Bewilligung ist nach der bisher herrschenden Meinung auch die Verfahrensgebühr miterfasst. Nach anderer Ansicht ist durch die Bewilligung der VKH für einen Vergleich im Rahmen des Prüfungsverfahrens neben der Einigungs- und Verfahrens- auch die Terminsgebühr erfasst.[69] Demzufolge könnten sämtliche Gebühren des Prüfungsverfahrens mit der Staatskasse abgerechnet werden. 191

Der BGH hat hierzu allerdings den gegenteiligen Standpunkt eingenommen.[70] Hiernach wird im Falle einer Einigung im Prüfungsverfahren lediglich eine Einigungsgebühr aus der Staatskasse erstattet. Verfahrens- und Terminsgebühr können nicht erstattet werden. 192

Das OLG München[71] geht einen Schritt weiter. Hiernach steht dem Rechtsanwalt, dem Verfahrenskostenhilfe für den Abschluss des Vergleichs im Verfahrenskostenhilfeprüfungsverfahren gewährt worden ist, neben der Einigungsgebühr eine 0,5 Verfahrensgebühr gemäß VV 3337 zu. 193

Richtig ist insoweit jedoch die Ansicht des OLG Hamm. Hiernach ist durch die VKH-Bewilligung neben der Einigungsgebühr auch die volle Verfahrensgebühr Nr. 3335 VV RVG umfasst, da keiner der in Nr. 3337 VV RVG genannten Ermäßigungstatbestände erfüllt ist. Weder hat der Auftrag, die Antragstellerin im Prozesskostenhilfeprüfungsverfahren zu vertreten, vorzeitig geendet, noch ist im Termin des Amtsgerichts lediglich eine „fertige" Einigung protokolliert worden.[72] 194

Der Grund für die Mitumfassung der Verfahrensgebühr liegt darin, dass eine Einigungsgebühr niemals ohne eine Tätigkeitsgebühr, also eine Geschäfts- oder Verfahrensgebühr anfallen kann.[73] Aufgrund dieser notwendigen Bindung der Verfahrensgebühr an die Einigungsgebühr erfasst die VKH-Bewilligung für die Einigungsgebühr automatisch auch diese Verfahrensgebühr. Der BGH hat sich seinerzeit mit diesem Argument nicht auseinandergesetzt. 195

Beachte: Es ist daher bei Abschluss einer Einigung im Prüfungsverfahren darauf zu achten, dass die Bewilligung der VKH für den Abschluss einer Einigung sich **ausdrücklich** neben der Einigungsgebühr auch auf die Verfahrens- und die Terminsgebühr erstreckt. Wenn das Gericht hierzu bereit ist, ist der Rechtspfleger in der späteren Festsetzung an den richterlichen Beschluss gebunden. 196

2. Hinweispflicht bei VKH-Bewilligung nur für die Einigung

Wird für den Fall einer Einigung im Prüfungsverfahren Verfahrenskostenhilfe für alle angefallenen Anwaltsgebühren begehrt, so muss das Gericht vor Abschluss der Einigung darauf hinweisen, wenn die Verfahrenskostenhilfe allein für den Vergleich selbst gewährt werden soll und die weiteren Gebühren durch die Bewilligung nicht erfasst sein sollen.[74] 197

---

[69] OLG Koblenz v. 12.02.2009 - 11 WF 127/09 - FamRZ 2009, 1232; OLG München v. 23.06.2003 - 11 W 1489/03 - JurBüro 2003, 648; *Kalthoener/Büttner u.a.*, Verfahrenskostenhilfe A 160.
[70] BGH v. 08.06.2004 - VI ZB 49/03 - NJW 2004, 2595.
[71] OLG München v. 12.09.2007 - 11 WF 1346/07 - FamRZ 2008, 628.
[72] OLG Hamm v. 15.09 2008 - II-6 WF 149/08 - FamRZ 2008, 145.
[73] *Müller-Rabe* in: Gerold/Schmidt/von Eicken/Madert/Müller-Rabe, RVG, 19. Aufl. 2010, VV 3335, Rn. 31.
[74] OLG Schleswig v. 13.01.2005 - 5 W 72/04 - AGS 2005, 213-215.

Kostenrechtl. Hinw. in Familiensachen (Teil 17)

III. Terminsgebühr für Vergleich nach § 278 Abs. 6 ZPO im VKH-Prüfungsverfahren

198 Wird im VKH-Bewilligungsverfahren ein schriftlicher Vergleich nach § 278 Abs. 6 ZPO geschlossen, so entsteht hierfür die Terminsgebühr nach RVG-VV VB. 3.3.6 i.V.m. Nr. 3104 VV RVG.[75] Auf den schriftlichen Vergleich nach § 278 Abs. 6 ZPO ist Nr. 3104 (1) Nr. 1 VV RVG anwendbar, da § 118 Abs. 1 Satz 3 ZPO für den Vergleichsabschluss im VKH-Bewilligungsverfahren einen gerichtlichen Termin vorsieht.[76]

IV. Beschwerde gegen Verfahrenskostenhilfeablehnung

199 Der Rechtsanwalt, der gegen die **Ablehnung oder die Aufhebung** der VKH Beschwerde einlegt, erhält die besondere Vergütung nach Nr. 3500 VV RVG (Verfahrensgebühr) und Nr. 3513 VV RVG (Terminsgebühr).

200 Diese Gebühren können in jedem Fall gesondert verlangt werden, da eine Anrechnung weder auf die des Klageverfahrens noch auf die des Prüfungsverfahrens stattfindet. Das Beschwerdeverfahren bildet eine eigene Angelegenheit.

V. Erstattungsfähigkeit der Kosten des Prüfungsverfahrens

201 Die Kosten, die dem **Gegner** der VKH-Partei im Prüfungsverfahren entstanden sind, werden nicht erstattet (§ 118 Abs. 1 Satz 4 ZPO). Dies gilt sowohl im Prüfungsverfahren selbst, das keine Kostenfestsetzung kennt, als auch im späteren Klageverfahren.

202 Die Kosten der **VKH-Partei** können jedoch durch eine Kostenentscheidung im Klageverfahren festgesetzt werden.[77] Diese Vorgehensweise erscheint jedoch nicht gerecht, da sie gegen den Gleichheitsgrundsatz verstößt und die VKH-Partei besser stellt als deren Gegner. Es erscheint daher sinnvoll, die Kostenentscheidung des Hauptsacheverfahrens als ungeeignet für die Festsetzung der Kosten des Prüfungsverfahrens zu betrachten und damit die Ansprüche keiner Partei festzusetzen.[78]

VI. Beispielsfall: Teilweise VKH-Bewilligung im Prüfungsverfahren

203 **Vorbemerkung:** Im Normalfall ist die Berechnung der Gebühren für das VKH-Prüfungsverfahren unproblematisch. Schließt sich das Hauptsacheverfahren an, so gehen die Gebühren des Prüfungsverfahrens in denen für die Klage auf. Wird kein Hauptsacheverfahren durchgeführt, so sind die Gebühren für das Prüfungsverfahren gesondert abzurechnen. Schwierig wird die Berechnung, wenn der Wert des Prüfungsverfahrens den des Klageverfahrens übersteigt. Hierzu folgendes Beispiel:

204 **Fall:** Die Bewilligung von VKH wird über 15.000 € beantragt. Wegen mangelnder Erfolgsaussicht wird die VKH jedoch lediglich für 10.000 € bewilligt. Die Klage selbst wird anschließend auch nur über 10.000 € eingereicht.

205 **Lösung:** Am Beispiel der Verfahrensgebühr lässt sich die Problematik verdeutlichen. Entstanden sind die folgenden Wahlanwaltsgebühren:
- Im **Prüfungsverfahren:** Verfahrensgebühr Nr. 3335 VV (1,0) Wert: 15.000 €: 650 €;
- Im **Klageverfahren:** Verfahrensgebühr Nr. 3100 VV (1,3) Wert: 10.000 €: 725,40 €

Durchsetzbar gegen die Staatskasse ist jedoch nur die geringe VKH-Gebühr nach der entsprechenden Tabelle in Höhe von 399,10 €.
Die Gebühr des Prüfungsverfahrens ist auf die Gebühr des Klageverfahrens anzurechnen, soweit derselbe Gegenstand, hier also 10.000 €, betroffen ist.
Berechnung nach der herrschenden Meinung: Demnach hat sich also eine 1,0-Gebühr aus 10.000 € mit 558 € durch Anrechnung erledigt. Von der ursprünglichen Gebühr über 650 € verbleiben also noch 92 €. Diese 92 € kann der Rechtsanwalt noch von seinem Mandanten verlangen und ggf. auch über § 11 RVG festsetzen lassen.

VII. Beispielsfall: Prüfungsverfahren und anschließendes Versäumnisurteil

206 **Fall:** Es wird ein VKH-Antrag gestellt. Im anhängigen Prüfungsverfahren kommt es zu einer Besprechung der Parteien mit dem Ziel der Erledigung des Verfahrens. Die VKH wird bewilligt. Die Klage wird eingereicht. Im Termin erscheint der Gegner nicht. Es ergeht Versäumnisurteil. Die Parteien sind

---

[75] KG Berlin v. 03.08.2007 - 1 W 261/07 - JurBüro 2008, 29.
[76] BGH v. 22.02.2007 - VII ZB 101/06 - AnwBl 2007, 462-463.
[77] *Müller-Rabe* in: Gerold/Schmidt/v. Eicken/Madert/Müller-Rabe, RVG 19. Aufl. 2010, VV 3335 RVG Rn. 70 ff.
[78] *Geimer* in: Zöller, ZPO, 29. Aufl. 2012, § 118 Rn. 26.

anwaltlich vertreten.
Lösung: In der Hauptsache ist lediglich eine 0,5 Terminsgebühr Nr. 3105 für den Antrag auf Erlass eines Versäumnisurteils entstanden. Diese geht jedoch in der Terminsgebühr für das Prüfungsverfahren, das mit der Hauptsache eine Angelegenheit bildet (§ 16 Nr. 2 RVG), auf. Damit sind letztendlich eine volle Verfahrensgebühr Nr. 3100 i.V.m. Nr. 3335 (1,3) und eine volle Terminsgebühr Nr. 3104 mit VB 3.3.6 (1,2) entstanden. Da die volle Terminsgebühr jedoch vor der VKH-Bewilligung entstanden ist, kann im Rahmen der VKH-Festsetzung nur die 0,5 Terminsgebühr berücksichtigt werden. Ob der Rechtsanwalt von seinem Mandanten die weitere Terminsgebühr verlangen kann, ist ungeklärt. Dies sollte möglich sein soweit die 1,0 Wahlanwaltsterminsgebühr eine 0,5 Wahlanwaltsterminsgebühr übersteigt.

F. Beispielsfälle: Verfahrenskostenhilfe ohne Ratenzahlungen (= volle VKH)

I. Ausgangsfall

Es folgt ein Fall zur vollen VKH mit den drei möglichen Ausgangsvarianten. Anhand dieser Beispielsfälle werden die Rechtsanwaltskosten vollständig durchgerechnet:
Klage des A (volle VKH) gegen B auf Zahlung von 15.000 €; streitige Verhandlung im Termin und Beweisaufnahme. Das rechtskräftige Urteil des Gerichts lautet
- Alternative 1: Die Kosten trägt der Kläger.
- Alternative 2: Die Kosten trägt der Beklagte.
- Alternative 3: Die Kosten trägt der Kläger zu 1/5 und der Beklagte zu 4/5.

Die folgenden Lösungen enthalten:
- Aufgabe 1: Die Ermittlung der Rechtsanwaltsvergütungen gem. § 49 RVG und § 13 RVG.
- Aufgabe 2: Die Kostenfestsetzung gem.
  - §§ 123, 55 RVG und
  - §§ 103 ff., 123, 126 ZPO ist für jede Alternative durchzuführen. Gerichtskosten sollen unberücksichtigt bleiben.
- Aufgabe 3: Ermittlung eines ggf. entstehenden Übergangsanspruchs nach § 59 RVG.

II. Lösung Aufgabe 1: Berechnung der Vergütung (gilt für alle Alternativen)

An Rechtsanwaltskosten sind entstanden:

	Gebühr und Vorschriften	Wert	§ 49 RVG (VKH-Verg.)	§ 13 RVG (Wahlanwalt)
	Verfahrensgebühr Nr. 3100	15.000 €	435,50 €	845 €
+	Terminsgebühr Nr. 3104	15.000 €	402 €	780 €
+	Postentgeltpauschale Nr. 7002		20 €	20 €
+	Umsatzsteuer Nr. 7008		162,93 €	312,550 €
=	Summe		1.020,43 €	1.957,55 €

III. Lösung Alternative 1: Die Kosten trägt der Kläger

Aufgabe 2 – Kostenfestsetzung: Für den VKH-Anwalt des Klägers wird die VKH-Vergütung gegen die Landeskasse festgesetzt auf 1.020,43 €. Die VKH-Bewilligung hat für den Beklagten gem. § 123 ZPO keine Auswirkungen. Es werden daher seine gesamten Kosten für ihn gegen den unterlegenen Kläger festgesetzt: 1.957,55 €.

Aufgabe 3 – Übergangsanspruch: Der Anspruch des beigeordneten Anwalts gegen seine Partei (Kläger) ist gem. § 59 RVG auf die Staatskasse übergegangen, kann jedoch aufgrund der Bewilligung von VKH ohne Zahlungsbestimmung von der Staatskasse nicht geltend gemacht werden.

IV. Lösung Alternative 2: Die Kosten trägt der Beklagte

Aufgabe 2 – Kostenfestsetzung: Für den VKH-Anwalt des Klägers wird die VKH-Vergütung gegen die Landeskasse festgesetzt auf 1.020,43 €. Der Kläger hat gegen den Beklagten einen Anspruch auf Erstattung seiner Kosten (= Wahlanwaltsvergütung) in Höhe von 1.957,55 €. Diesen Anspruch kann der VKH-Anwalt in eigenem Namen geltend machen gem. § 126 ZPO. Er darf allerdings insgesamt nicht mehr erhalten als seine Wahlanwaltsvergütung. Er hat bereits erhalten: 1.020,43 €. Die Wahlanwaltsvergütung beträgt: 1.957,55 €. Festzusetzen gem. §§ 103, 126 ZPO ist demnach für den VKH-Anwalt lediglich die Differenz zwischen Wahlanwalts- und VKH-Vergütung (= Differenzvergütung) mit 937,12 €.

213 **Aufgabe 3 – Übergangsanspruch:** Dem Kläger stehen insgesamt 1.957,55 € gegen den Beklagten zu. Hiervon sind für den VKH-Anwalt als Differenzvergütung 937,12 € festgesetzt worden. Der verbleibende Anspruch mit 1.020,43 € geht gem. § 59 RVG auf die Landeskasse über, da diese den VKH-Anwalt insoweit befriedigt hat. Die Landeskasse zieht diesen Betrag vom Beklagten wieder ein.

V. Lösung Alternative 3: Die Kosten trägt der Kläger zu 1/5 und der Beklagte zu 4/5

214 **Aufgabe 2 – Kostenfestsetzung:** Für den VKH-Anwalt des Klägers wird die VKH-Vergütung gegen die Landeskasse festgesetzt auf 1.020,43 €. Es ist eine Ausgleichung der Kosten durchzuführen gem. §§ 103, 106 ZPO. Zur Ausgleichung gelangen die Wahlanwaltsvergütungen der beiden Parteien mit jeweils 1.957,55 €; insgesamt also 3.915,10 €. Hiervon hat der Kläger zu tragen 1/5 mit 783,02 €. Seine eigenen Kosten betragen 1.957,55 €. Sein Erstattungsanspruch gegen B beträgt also 1.174,53 €. Diesen Anspruch kann der VKH-Anwalt in eigenem Namen geltend machen gem. § 126 ZPO. Er darf allerdings insgesamt nicht mehr erhalten als seine Wahlanwaltsvergütung. Er hat bereits erhalten: 1.020,43 €. Die Wahlanwaltsvergütung beträgt: 1.957,55 €. Festzusetzen gem. §§ 103, 126 ZPO ist demnach für den VKH-Anwalt lediglich die Differenz zwischen Wahlanwalts- und VKH-Vergütung (= Differenzvergütung) mit 937,12 €.

215 **Aufgabe 3 – Übergangsanspruch:** Dem Kläger stehen insgesamt 1.174,53 € gegen den Beklagten zu. Hiervon sind für den VKH-Anwalt als Differenzvergütung festgesetzt worden 937,12 €. Der verbleibende Anspruch in Höhe von 237,41 € geht gem. § 59 RVG auf die Landeskasse über, da diese den VKH-Anwalt insoweit befriedigt hat. Die Landeskasse zieht diesen Betrag vom Beklagten wieder ein.

G. Beispielsfälle: Verfahrenskostenhilfe mit Ratenzahlungen (= Raten-VKH)

I. Ausgangsfall

216 Es folgt ein Fall zur Raten-VKH mit den drei möglichen Ausgangsvarianten. Anhand dieser Beispielsfälle werden die Rechtsanwaltskosten vollständig durchgerechnet:

217 Klage des A (Raten-VKH mit monatlichen Raten von 200 €) gegen B auf Zahlung von 15.000 €; streitige Verhandlung im Termin und Beweisaufnahme. Das rechtskräftige Urteil des Gerichts lautet
- Alternative 1: Die Kosten trägt der Kläger.
- Alternative 2: Die Kosten trägt der Beklagte.
- Alternative 3: Die Kosten trägt der Kläger zu 1/5 und der Beklagte zu 4/5.

Zum Zeitpunkt der Kostenfestsetzungen hat der Kläger bereits 800 € in Raten gezahlt. An Gerichtskosten sind 1.000 € (fiktiv) entstanden.

218 Die folgenden Lösungen enthalten:
- Aufgabe 1: Ermittlung der Rechtsanwaltsvergütungen gem. § 49 RVG und § 13 RVG.
- Aufgabe 2: Die Kostenfestsetzung gem.
  - §§ 49, 55 RVG und
  - §§ 103 ff., 123, 126 ZPO ist für jede Alternative durchzuführen.
- Aufgabe 3: ggf. auch Ausführungen zu einer Festsetzung nach § 50 RVG beantragt.
- Aufgabe 4: Ermittlung eines ggf. entstehenden Übergangsanspruchs nach § 59 RVG.

II. Lösung Aufgabe 1 (alle Alternativen)

219 **Aufgabe 1 – Rechtsanwaltsvergütung:** Die Rechtsanwaltskosten ändern sich nicht. Es bleibt bei den Beträgen, die sich aus dem Fall oben zur vollen VKH ergeben haben:
- VKH-Vergütung von 1.020,43 € und
- Wahlanwaltsvergütung von 1.957,55 €.

III. Lösung Alternative 1: Die Kosten trägt der Kläger

220 **Aufgabe 2 – Kostenfestsetzung:** Für den VKH-Anwalt des Klägers wird die VKH-Vergütung gegen die Landeskasse festgesetzt auf 1.020,43 €. Die VKH-Bewilligung hat für den Beklagten gem. § 123 ZPO keine Auswirkungen. Es werden daher seine gesamten Kosten für ihn gegen den unterlegenen

Kläger festgesetzt: 1.957,55 €. Der Restbetrag bis zur Wahlanwaltsvergütung kann für den VKH-Anwalt gem. § 50 RVG nur dann festgesetzt werden, wenn die VKH-Partei mit ihren Raten hierauf Zahlungen erbracht hat. Die Raten der Partei sind in folgender Weise zu verrechnen:

	Gerichtskostenerstschuldnerhaft	1.000 €
+	VKH-Vergütung	1.020,43 €
+	Gerichtskostenzweitschuldnerhaft (hier nicht vorhanden)	0 €
+	Differenz zur Wahlanwaltsvergütung	937,12 €
=	VKH-Partei hat also insgesamt zu zahlen	2.957,55 €
–	bereits durch Raten erbracht	800 €
=	Restschuld damit	2.157,55 €

(die maximale Anzahl von 48 Monatsraten wird nicht erreicht)
Diese Restschuld ist in Raten einzufordern. Nach vollständiger Zahlung wird die Differenzvergütung in Höhe von 937,12 € für den Anwalt gem. § 50 RVG festgesetzt werden.

Aufgabe 3 – Übergangsanspruch: Ein Übergang auf die Landeskasse gem. § 59 RVG ist nicht zu prüfen, da die VKH-Partei die Kosten des Gerichts in Raten trägt. Der Anspruch des beigeordneten Anwalts gegen seine Partei (Kläger) ist gem. § 59 RVG auf die Staatskasse übergegangen. Diese kann den Anspruch entsprechend den vom Gericht getroffenen Zahlungsbestimmungen gegen den Kläger geltend machen.

IV. Lösung Alternative 2: Die Kosten trägt der Beklagte

Aufgabe 2 – Kostenfestsetzung: Für den VKH-Anwalt des Klägers wird die VKH-Vergütung gegen die Landeskasse festgesetzt auf 1.020,43 €. Der Kläger hat gegen den Beklagten einen Anspruch auf Erstattung seiner Kosten (= Wahlanwaltsvergütung) in Höhe von 1.957,55 €. Diesen Anspruch kann der VKH-Anwalt in eigenem Namen geltend machen gem. § 126 ZPO. Er darf allerdings insgesamt nicht mehr erhalten als seine Wahlanwaltsvergütung. Er hat bereits erhalten: 1.020,43 €. Die Wahlanwaltsvergütung beträgt: 1.957,55 €. Festzusetzen gem. §§ 103, 126 ZPO ist demnach für den VKH-Anwalt lediglich die Differenz zwischen der Wahlanwalts- und VKH-Vergütung (= Differenzvergütung) mit 937,12 €.

Aufgabe 3 – Übergangsanspruch: Dem Kläger stehen insgesamt gegen den Beklagten zu: 1.957,55 €. Hiervon sind für den VKH-Anwalt als Differenzvergütung festgesetzt worden: 937,12 €. Der verbleibende Anspruch in Höhe von 1.020,43 € kann gem. § 59 RVG auf die Landeskasse übergehen, soweit diese den VKH-Anwalt befriedigt hat. Hier hat jedoch die Partei durch ihre Raten den Rechtsanwalt bzgl. seiner VKH-Vergütung befriedigt in Höhe von 800 €. Ein Übergangsanspruch besteht daher nicht mehr. Die durch die Raten erbrachten 800 € werden für die VKH-Partei gegen den Beklagten festgesetzt gem. § 103 ZPO.

V. Lösung Alternative 3: Die Kosten trägt der Kläger zu 1/5 und der Beklagte zu 4/5

Aufgabe 2 – Kostenfestsetzung: Für den VKH-Anwalt des Klägers wird die VKH-Vergütung gegen die Landeskasse festgesetzt auf 1.020,43 €. Es ist eine Ausgleichung der Kosten durchzuführen gem. §§ 103, 106 ZPO. Zur Ausgleichung gelangen die Wahlanwaltsvergütungen der beiden Parteien mit jeweils 1.957,55 €, insgesamt also 3.329,20 €. Hiervon hat der Kläger zu tragen 1/5 mit 665,84 €. Seine eigenen Kosten betragen 1.957,55 €. Sein Erstattungsanspruch gegen B beträgt also 1.174,53 €. Diesen Anspruch kann der VKH-Anwalt in eigenem Namen geltend machen gem. § 126 ZPO. Er darf allerdings insgesamt nicht mehr erhalten als seine Wahlanwaltsvergütung. Er hat bereits erhalten: 768,50 €. Die Wahlanwaltsvergütung beträgt: 1.957,55 €. Festzusetzen gem. §§ 103, 126 ZPO ist demnach für den VKH-Anwalt lediglich die Differenz zwischen seiner Wahlanwalts- und VKH-Vergütung (= Differenzvergütung) mit 937,12 €.

Aufgabe 3 – Übergangsanspruch: Dem Kläger steht insgesamt ein Erstattungsanspruch gegen den Beklagten zu in Höhe von 1.174,53 €. Hiervon sind für den VKH-Anwalt als Differenzvergütung bereits festgesetzt worden 937,12 €. Der verbleibende Erstattungsanspruch in Höhe von 237,41 € kann gem. § 59 RVG auf die Landeskasse übergehen, soweit diese den VKH-Anwalt befriedigt hat. Entscheidend für die Beantwortung dieser Frage ist, wie die Ratenzahlungen der VKH-Partei zu verrechnen sind. In diesem Fall ergibt sich folgende Verrechnung: Die VKH-Partei muss die folgenden Kosten tragen:

- 1/5 der Gerichtskosten: 200 € zzgl. VKH-Vergütung: 1.020,43 € (Summe: 1.220,43 €).

- Abzüglich gezahlter Raten: 800 €.
- Restverpflichtung des Klägers: 420,43 €. Die VKH-Partei hat damit noch nicht alle von ihr zu tragenden Kosten bezahlt. Bisher hat die Landeskasse den Rechtsanwalt allein befriedigt. Der Übergangsanspruch entspricht daher dem verbliebenen Erstattungsanspruch und beträgt 237,41€. Die Landeskasse zieht diesen Betrag vom Beklagten wieder ein.

226 **Anmerkung 1:** Ein für den Kläger gegen den Beklagten festzusetzender Anspruch gem. § 103 ZPO verbleibt nicht, weil der Übergangsanspruch auf die Landeskasse geringer ist als die noch ausstehende Ratenverpflichtung des Klägers.

227 Wäre der verbleibende Erstattungsanspruch der Partei höher als der mögliche Übergangsanspruch auf die Landeskasse, so müsste der Überschuss für die VKH-Partei gegen den Beklagten festzusetzen sein gem. § 103 ZPO.

228 **Anmerkung 2:** Kommt der Beklagte seinen Zahlungsverpflichtungen (937,12 € an VKH-Anwalt; 237,41 € an Landeskasse) nicht nach und stellt der Anwalt einen Antrag nach § 50 RVG, so werden die Ratenzahlungen wieder aufgenommen und die VKH-Partei hat diese Kosten zu tragen.

Stichwortverzeichnis

Die **fetten Zahlen** *geben die Paragraphen an, die* mageren Zahlen *die Randnummern*

A

Abänderung
- des öffentlich-rechtlichen Versorgungsausgleichs **VersAusglG51** 1
- grobe Unbilligkeit **VersAusglG27** 121
- Härteklausel **VersAusglG27** 121
- von Alttiteln **VersAusglG51** 1
- Wertausgleich bei Scheidung **VersAusglG32** 22

Abänderung von Alttiteln
- bei wesentlicher Wertänderung **VersAusglG51** 8
- dynamisierte Anrechte **VersAusglG51** 18
- einbezogene Anrechte **VersAusglG51** 10, 38
- Erfüllung einer Wartezeit **VersAusglG51** 51
- Fehlerkorrektur **VersAusglG51** 12, 48
- Rechtsfolgen **VersAusglG51** 36
- Tod eines Ehegatten **VersAusglG51** 37
- übergangene Anrechte **VersAusglG51** 42
- Verfahren **VersAusglG51** 50
- Vorrang des Wertausgleichs nach der Scheidung **VersAusglG51** 29
- Wesentlichkeitsgrenze **VersAusglG51** 13, 20

Abänderungsantrag
- Tabellenstufe **1610** 136

Abänderungsentscheidung 1696 40
- Wirkung **VersAusglG52** 22

Abänderungsgrund 1696 25

Abänderungsklage 1581 75
- Trennungsunterhalt, Steuern **1361** 432

Abänderungsverfahren
- Abänderung von Alttiteln **VersAusglG52** 1
- Amtsermittlung **VersAusglG52** 16
- Antragsrecht **VersAusglG52** 10
- Beweislast **1603** 1313
- Darlegungslast **1603** 1313
- Härtefälle **VersAusglG52** 17
- Kindesunterhalt **1606** 125
- Mehrbedarf **1613** 263
- Mitteilung des Ehezeitanteils als Rentenbetrag **VersAusglG52** 27
- Rückerstattung von Beiträgen **VersAusglG52** 30
- Tod eines Ehegatten **VersAusglG52** 23
- Überleitungsbestimmungen **VersAusglG48** 2
- Unterhaltsverzicht **1614** 7
- Vereinbarungen **VersAusglG06** 39
- Verfahrensrecht **VersAusglG52** 7
- Verfahrenswert **VersAusglG52** 26
- Wirkung der Abänderung **VersAusglG52** 22
- Zweck **1696** 1

Abdingbarkeit
- Geldrente **1585** 10

Abfindung 1603 514; **VersAusglG23** 1
- Antrag **VersAusglG24** 31
- Auffangzielversorgung **VersAusglG24** 22
- aus dem Gesamtgut, Anrechnung **1501** 1
- Ausgleichsanspruch **VersAusglG23** 7
- Auskunftsanspruch **VersAusglG24** 40
- Bagatellfälle **VersAusglG24** 13
- Berechnung der **VersAusglG24** 6
- Beschlussformel **VersAusglG24** 41
- durch Vereinbarung **VersAusglG23** 30
- für zukünftige Unterhaltsansprüche **VersAusglG54** 7
- Höhe **VersAusglG24** 6
- Ratenzahlung **VersAusglG23** 27
- Steuerrechtliche Folgen **VersAusglG24** 27
- Tod eines Ehegatten **VersAusglG24** 26
- Verfahren **VersAusglG24** 31
- Verfahrenswert **VersAusglG24** 42
- Wahl der Zielversorgung **VersAusglG24** 35
- Wahlrecht **VersAusglG24** 15
- Wertänderungen **VersAusglG24** 10
- Zielversorgung **VersAusglG24** 14
- Zumutbarkeit **VersAusglG23** 17
- Zweckbindung **VersAusglG23** 15

Abfindungsanspruch
- abfindbare Anrechte **VersAusglG23** 8
- Durchführung **VersAusglG24** 1
- Verfahren **VersAusglG24** 31

Abfindungsklausel
- Partnerschaftsvertrag **LPartG07** 6
- Zugewinnausgleich **1376** 13

Abgrenzung
- bei Meinungsverschiedenheit **1628** 15

Abitur
- Kindesunterhalt **1610** 98

Abitur-Lehre-Studium-Fall 1610 368

Abkömmling
- Anteil am Gesamtgut **1518** 1
- anteilsberechtigter **1500** 8
- anteilsberechtigter verzichtet auf seinen Anteil **1501** 4
- Ausgleichsanspruch **1504** 8
- Ausschluss **1511** 1
- bei Verzicht Abfindung aus Gesamtgut **1501** 8
- Entzug eines Betrages **1514** 4
- Ergänzungsanspruch **1505** 6
- Ersatzpflicht **1504** 8
- Hinterlassung **1490** 12
- Leistungsverweigerungsrecht **1505** 8

Stichwortverzeichnis

- minderjährig **1493** 12
- Tod **1490** 4
- Verzicht auf Anteil **1517** 1
- Wirkung der Volladoption **1754** 11

Ablehnung
- fortgesetzte Gütergemeinschaft **1484** 1

Ablehnungsgrund 1786 4; **1898** 4
- Altersgrenze **1786** 5
- Krankheit oder Gebrechen **1786** 8
- nicht zumutbare Belästigung **1786** 9
- zwei noch nicht schulfähige Kinder **1786** 4

Ablehnungsrecht 1784 8
- Vormundschaft **1786** 1

Abonnement
- vormundschafts-, familiengerichtliche Genehmigung **1822** 101

Abrechnung
- bei Betreuerwechsel **VBVG09** 15
- kalenderquartalsmäßig **VBVG09** 11

Abstammung 1591 1
- Abstammungsstatut **1591** 22; **1592** 58
- Abstammungsuntersuchung, Mitwirkungspflicht **1598A** 14, 17
- Abstammungsverfahren **1600** 58
- Abstammungsverfahren, Aussetzung **1598A** 19
- Abstammungsverfahren, Aussetzungsbeschwerde **1598A** 23
- Abstammungsverfahren, Herausgabe des Abstammungsgutachtens **1598A** 24
- Abstammungsverfahren, Kinderschutzklausel **1598A** 19
- Abstammungsverhältnis **1616** 29
- Abstammungsvermutung, Voraussetzungen **1593** 11
- Altfälle **1592** 32, 39, 41; **1593** 21
- Anerkennung der Vaterschaft **1594** 1
- Anerkennung der Vaterschaft, Bedingungsfeindlichkeit **1594** 21
- Anerkennung der Vaterschaft, Zustimmungserfordernis **1592** 38
- Anerkennung der Vaterschaft nach Tod des Kindes **1594** 25
- Anerkennung der Vaterschaft vor Geburt des Kindes **1594** 23
- Anerkennungssperre, vorsorgliche Anerkennung **1594** 17
- Anfechtung der Vaterschaft **1592** 8, 31
- Anfechtung der Vaterschaft, neuer Ehemann **1593** 16
- Antragsbefugnis bei Anfechtung **1592** 48 f.
- Auskunft über den Vater **1592** 14
- Auskunftsanspruch des Kindes über seinen biologischen Vater **1599** 20
- Babyklappe **1591** 5
- Beiwohnung **1600D** 30
- Beteiligte bei Anfechtung **1592** 50
- biologische Herkunft **1591** 2
- biologischer, nicht rechtlicher Vater **1592** 15
- Doppelehe **1593** 14
- Embryonenspende **1591** 9
- Embryonentransfer **1591** 9
- Ersatzmutter **1591** 9 f.
- Feststellung der Mutterschaft **1591** 20
- Findelkind **1591** 5
- Geburt in der DDR **1592** 44
- Geburt nach Scheidung **1592** 27
- Geburtsregister **1591** 16, 18
- Geltendmachung der Vaterschaft **1594** 11
- Gentechnologie **1598A** 11
- gerichtliche Feststellung der Vaterschaft **1592** 46
- Geschlechtsumwandlung der Mutter **1591** 15
- gesetzliche Empfängniszeit **1600D** 32
- heimlicher Vaterschaftstest **1598A** 2; **1599** 39
- informationelle Selbstbestimmung **1591** 21
- Internationale Zuständigkeit **1591** 23
- inzidente Klärung der Vaterschaft **1592** 55
- Kenntnis der eigenen Abstammung **1591** 21; **1592** 10
- Kindesverwechslung **1591** 5
- Klärung der Vaterschaft ohne Anfechtung **1592** 13
- Klärung von Abstammungsverhältnissen **1598A** 5
- Klärungsverfahren **1591** 19
- Konkurrenz von Vaterschaftsvermutungen **1593** 12
- Leihmutter **1591** 9, 17
- Mutterschaft **1591** 3 f., 7
- Mutterschaft bei homosexuellen Paaren **1591** 11
- Mutterschaft durch Adoption **1591** 10 f.
- Nichtbestehen der Vaterschaft **1599** 4
- Rechtsfolgen der Mutterschaft **1591** 14
- Reformbedarf **1591** 6
- Rückwirkung der Vaterschaftsfeststellung **1592** 57
- Rückwirkung gerichtlicher Vaterschaftsfeststellung **1593** 19
- Samenspende **1592** 29
- scheidungsakzessorischer Statuswechsel **1592** 37; **1599** 48 f., 56 f.
- scheidungsakzessorischer Statuswechsel, Rechtsfolgen **1599** 62
- scheidungsakzessorischer Statuswechsel, Wegfall nach Anfechtung **1599** 65
- scheidungsakzessorischer Statuswechsel, Wirksamkeitsvoraussetzungen **1599** 60
- Scheinvaterregress **1594** 14

- Scheinvaterregress, Rechtsausübungssperre, Ausnahmen **1594** 15
- Sperrwirkung bestehender Vaterschaft **1592** 28
- Übergangsrecht **1591** 24; **1592** 33
- Übergangsregelung **1592** 40, 42, 45; **1593** 22
- Untersuchungsmethoden **1598A** 18
- vaterloses Kind **1600D** 19
- Vaterschaft **1592** 1 f.
- Vaterschaft, Anerkennung bei Adoption **1594** 20
- Vaterschaft, Anerkennungssperre **1594** 16
- Vaterschaft, biologische Abstammung **1600D** 22
- Vaterschaft, direkter Nachweis **1600D** 23
- Vaterschaft, Durchbrechung der Rechtsausübungssperre **1599** 17
- Vaterschaft, Feststellungssperre **1600D** 20
- Vaterschaft, Geltendmachung **1600D** 14
- Vaterschaft, mehrere Anerkennungen **1594** 19
- Vaterschaft, Rechtsausübungssperre **1594** 11; **1600D** 14
- Vaterschaft, Rechtsausübungssperre, Ausnahmen **1594** 12
- Vaterschaft, Sachverständigengutachten **1600D** 24
- Vaterschaft, Sperrwirkung **1599** 5, 10
- Vaterschaft, Vermutung der Abstammung **1600D** 28
- Vaterschaft aufgrund ehelicher Geburt **1592** 24
- Vaterschaft bei Geburt nach Tod des Ehemannes **1592** 30
- Vaterschaft bei Mehrehe **1592** 26
- Vaterschaft des verstorbenen Ehemannes **1593** 1, 10
- Vaterschaft durch Anerkennung **1592** 34 ff.
- Vaterschaftsanerkennung, Auslandsbezug **1597** 25
- Vaterschaftsanerkennung, Benachrichtigung **1597** 14
- Vaterschaftsanerkennung, beschränkt geschäftsfähige Mutter **1596** 23
- Vaterschaftsanerkennung, beschränkt geschäftsfähiger Vater **1596** 19
- Vaterschaftsanerkennung, beschränkt geschäftsfähiges Kind **1596** 29
- Vaterschaftsanerkennung, Beurkundung, Zuständigkeiten **1597** 13
- Vaterschaftsanerkennung, Fehlen erforderlicher Zustimmung **1595** 21
- Vaterschaftsanerkennung, Form der Zustimmung **1597** 11
- Vaterschaftsanerkennung, Geltendmachung der Unwirksamkeit **1598** 18
- Vaterschaftsanerkennung, geschäftsunfähige Mutter **1596** 24
- Vaterschaftsanerkennung, geschäftsunfähiger Vater **1596** 20
- Vaterschaftsanerkennung, geschäftsunfähiges Kind **1596** 27
- Vaterschaftsanerkennung, gesetzliche Vertretung **1596** 18
- Vaterschaftsanerkennung, Heilung der Unwirksamkeit **1598** 13
- Vaterschaftsanerkennung, öffentliche Beurkundung **1597** 5
- Vaterschaftsanerkennung, Stellvertretung **1596** 16
- Vaterschaftsanerkennung, ursprüngliche Unwirksamkeit **1598** 9
- Vaterschaftsanerkennung, Widerruf **1597** 17
- Vaterschaftsanerkennung, Wirksamkeitsstatut **1598** 19
- Vaterschaftsanerkennung, Zustimmung der Mutter **1595** 9
- Vaterschaftsanerkennung, Zustimmung des Kindes **1595** 14
- Vaterschaftsanerkennung, Zustimmungserklärung **1595** 17
- Vaterschaftsanerkennung bei Betreuung **1596** 31
- Vaterschaftsanerkennung nach Tod der Mutter **1595** 13
- Vaterschaftsanfechtung **1600** 11
- Vaterschaftsanfechtung, Anfangsverdacht **1599** 39
- Vaterschaftsanfechtung, Anfechtungsantrag **1599** 23
- Vaterschaftsanfechtung, Anfechtungsberechtigte **1600** 24
- Vaterschaftsanfechtung, Anfechtungsentscheidung **1600A** 25
- Vaterschaftsanfechtung, Anfechtungsfrist **1600B** 4
- Vaterschaftsanfechtung, Anfechtungsfrist, Kenntnis **1600** 32
- Vaterschaftsanfechtung, Anfechtungsrecht der Behörde **1600** 50
- Vaterschaftsanfechtung, Anfechtungsrecht der Kindesmutter **1600** 28
- Vaterschaftsanfechtung, Anfechtungsrecht des anerkennenden Vaters **1600** 26
- Vaterschaftsanfechtung, Anfechtungsrecht des biologischen Vaters **1600** 34
- Vaterschaftsanfechtung, Anfechtungsrecht des Ehemannes **1600** 24
- Vaterschaftsanfechtung, Anfechtungsrecht des gerichtlich festgestellten Vaters **1600** 27
- Vaterschaftsanfechtung, Anfechtungsrecht des Kindes **1600** 29
- Vaterschaftsanfechtung, Auslandsbezug **1599** 43

Stichwortverzeichnis

- Vaterschaftsanfechtung, Beginn der Anfechtungsfrist **1600B** 5, 18, 23
- Vaterschaftsanfechtung, beschränkt geschäftsfähiger Elternteil **1600A** 19
- Vaterschaftsanfechtung, Betreuung **1600A** 31
- Vaterschaftsanfechtung, Dauer der Anfechtungsfrist **1600B** 16
- Vaterschaftsanfechtung, geschäftsunfähiger Elternteil **1600A** 16
- Vaterschaftsanfechtung, gesetzliche Vertretung **1600A** 15
- Vaterschaftsanfechtung, Gestaltungsbeschluss **1599** 31
- Vaterschaftsanfechtung, gewillkürte Vertretung **1600A** 14
- Vaterschaftsanfechtung, Hemmung der Anfechtungsfrist **1600B** 8, 28
- Vaterschaftsanfechtung, hinausgeschobener Fristbeginn **1600B** 24
- Vaterschaftsanfechtung, internationale Zuständigkeit **1599** 44
- Vaterschaftsanfechtung, Kindeswohl **1600A** 29
- Vaterschaftsanfechtung, Neubeginn der Anfechtungsfrist **1600B** 31
- Vaterschaftsanfechtung, Rückwirkung **1599** 33
- Vaterschaftsanfechtung, Samenspende **1600** 16
- Vaterschaftsanfechtung, sozial-familiäre Beziehung **1600** 39
- Vaterschaftsanfechtung, Untersuchungsgrundsatz **1599** 29
- Vaterschaftsanfechtung, Unzumutbarkeit der Folgen der Vaterschaft **1600B** 35
- Vaterschaftsanfechtung, Verfahrensantrag **1599** 38
- Vaterschaftsanfechtung, Verfahrensbeteiligte **1599** 26; **1600** 15
- Vaterschaftsanfechtung, Verfahrenskostenvorschuss **1599** 12
- Vaterschaftsanfechtung, Vertretung des Kindes **1600** 30
- Vaterschaftsanfechtung, Vertretungsausschluss der Mutter **1600A** 24
- Vaterschaftsanfechtung, Vertretungsausschluss des Vaters **1600A** 21
- Vaterschaftsanfechtung, Wahrung der Anfechtungsfrist **1600B** 17
- Vaterschaftsanfechtung bei künstlicher Insemination **1600** 46
- Vaterschaftsanfechtung durch volljähriges Kind **1600A** 20
- Vaterschaftsfeststellung, Anerkennung ausländischer Entscheidungen **1592** 60
- Vaterschaftsfeststellung, internationale Zuständigkeit **1592** 59
- Vaterschaftsfeststellung, Kosten **1600D** 40
- Vaterschaftsfeststellung, Rückwirkung **1600D** 36
- Vaterschaftsvermutung, Ausschluss **1600C** 13
- Vaterschaftsvermutung, Beweislast **1600C** 12
- Vaterschaftsvermutung, Gegenstand **1600C** 9
- Vaterschaftsvermutung, Inhalt **1600C** 11
- Vaterschaftsvermutung, Nachrang **1600C** 4
- Vaterschaftsvermutung, Schlüssigkeit des Anfechtungsantrags **1600C** 3
- Verfahren, Amtsermittlungsgrundsatz **1592** 51
- Verfahren, Feststellungsbeschluss **1592** 52
- Verfahrensrecht **1592** 5 f.
- Vermutung der Vaterschaft **1593** 5
- Verwandtschaft **1589** 5, 12; **1592** 56
- wirksame Ehe **1592** 25

Abstammungssache
- Erhöhung des Wertes **1592(K)** 11
- mehrere Kinder **1592(K)** 10
- Vertretung **1629** 57
- Wert **1592(K)** 8; **FamRK02** 185

Abtretung
- Ausschluss von rückständigen Ausgleichsansprüchen **VersAusglG21** 6
- von Versorgungsansprüchen **VersAusglG21** 1

Abweichung
- bedarfserhöhende Umstände **1578** 52
- Einkommensreduzierung **1578** 49
- Einkommensverbesserung **1578** 38

Abwesenheit
- Begriff **1911** 8
- bekannter Aufenthalt **1911** 12
- unbekannter Aufenthalt **1911** 9

Abwesenheitspfleger
- Aufgaben **1911** 23
- Beendigung der Vertretungsmacht **1921** 1

Abwesenheitspflegschaft 1911 2
- Aufhebung **1921** 1
- Beendigung **1911** 24
- Fortführung der Geschäfte nach Aufhebung **1921** 6
- Fürsorgebedürfnis **1911** 15
- Todeserklärung des Abwesenden **1921** 5
- Wegfall der Verhinderung **1921** 2
- Wirkung der Anordnung **1911** 22
- Zuständigkeit **1911** 26

Abzugspositionen
- Einkommensbemessung **1603** 82

Acht-Wochen-Frist
- Einwilligung vor Ablauf **1760** 18

Adoption 1686A 6; **LPartG09** 17
- Verwandtschaftsverhältnisse **1754** 3
- Wirkungen **1754** 1

Adoptionsantrag
- vor Eintritt der Volljährigkeit **1772** 6
- Voraussetzung **1752** 2

Stichwortverzeichnis

Adoptionsbeschluss 1743 3
Adoptionsgeheimnis 1758 1
Adoptionspflege 1744 4
Adoptionsverbot
- ausländische Adoption **1745** 6

Adoptionsverfahren
- Ende **1753** 3

Adoptionsverhältnis
- Aufhebung **1308** 9

Adoptivgeschwister
- Heirat **1766** 2

Adoptivkind 1745 5
- Wirkung auf den Ehenamen **1757** 4

Alkoholerkrankung 1603 157
Alleinadoption LPartG09 25
Alleineigentümer
- Unterhaltsschuldner **1604** 5

Alleinentscheidungsbefugnis 1687 17
- Einschränkung und Ausschluss **1687** 27
- nicht sorgeberechtigter Elternteil **1687A** 1
- tatsächliche Betreuung **1687** 22

Alleinerbe
- überlebende Ehegatte **1500** 7

Alleininhaberstellung 1583 2
Alleinsorge
- vollständige oder partielle **1671** 2

Alleinvertretung
- bei gemeinsamer elterlicher Sorge **1629** 66

Alleinverwaltung
- des Gesamtguts **1462** 4

allgemeine Lebenshaltungskosten 1603 122
Altersgrenze
- flexible **1603** 817

Altersrente
- Abänderungsklage **1571** 36

Altersteilzeit 1603 809
Altersunterhalt
- bei Altersehen **1571** 1
- Beschränkungen beim Anschlussunterhalt **1571** 33
- Darlegungs- und Beweislast **1571** 35
- Konkurrenzen **1571** 4
- Rechtsfolgen bei fehlender und teilweiser Erwerbsobliegenheit **1571** 31
- sonstige Anspruchsgrundlagen **1571** 4
- überobligationsmäßiges Einkommen **1571** 34

Altersversorgung VersAusglG02 49
- betriebliche des öffentlichen Dienstes **VersAusglG40** 12

Altersvorsorge 1603 101
- Elternunterhalt **1603** 1090; **1610** 408

Altersvorsorgeaufwendungen 1603 101
Altersvorsorgeunterhalt
- Beitragsbemessungsgrenze **1361** 135
- nichteheliche Mutter **1615L** 135, 169

Altfälle
- Überleitungsregelungen **VersAusglG54** 1

Amtsähnliche Handlung 1629 5
- Einzelfälle **1629** 6

Amtsende
- Gegenvormund **1895** 4

Amtsermittlung
- Höhe des fiktiven Unterhalts **VersAusglG33** 32

Amtsfortführung
- Gefährdung der Mündelinteressen **1886** 7
- Pflicht trotz Beendigung **1893** 3
- Untersagung **1888** 7

Amtspflichtverletzung 1643 5
Amtsvormund 1857A 4
- Anlegung von Mündelgeld **1805** 22
- Entlassung **1887** 2
- Haftung **1833** 5
- Wechsel **1791C** 14

Amtsvormundschaft 1791B 1
- Aufhebung, Bestellungsverfügung **1791B** 19
- Aufsicht **1791B** 15
- Bedürfnis nach Vormundschaft **1791C** 4
- Bescheinigung **1791C** 10
- Bestellung **1791B** 7
- Eintritt **1791C** 9
- Einwilligung **1791B** 5
- elterliches Benennungsrecht **1791B** 6
- Ende **1791C** 11
- Entlassung **1791B** 10
- Entlassungsantrag **1791B** 11
- Freistellung **1791B** 14
- Führung **1791B** 12; **1791C** 12
- Gegenvormund **1791B** 9
- gesetzliche **1791C** 1
- gewöhnlicher Aufenthalt **1791C** 5
- Jugendamt, örtliche Zuständigkeit **1791B** 8
- nichteheliches Kind **1791C** 3
- Rechtsmittel **1791B** 17
- Vaterschaftsanfechtung **1791C** 6
- Vergütung **1791B** 16
- Voraussetzungen **1791B** 2
- vorherige Pflegschaft **1791C** 7
- Zuständigkeit **1791C** 13

Änderung
- familien- und vormundschaftlicher Anordnungen **1696** 15

Änderungsentscheidung 1678 16
Anerkennung
- ausländischer Adoption **1744** 3

Anerkennungserklärung
- Widerruf **1597** 10, 17

Anfangsvermögen
- Zugewinn **1373** 1

Stichwortverzeichnis

Anfechtung
- Annahme der Erbschaft, vormundschaftsgerichtliche Genehmigung **1822** 27
- Bestellung zum Vormund **1789** 2

Anforderung
- an die Bestellung **1789** 3
- interne Teilung **VersAusglG11** 1, 6

Angelegenheit
- elterliche Sorge **1628** 3
- tägliches Leben **1687** 19; **LPartG09** 4
- tatsächliche Betreuung **1687A** 2
- von erheblicher Bedeutung **1628** 5; **1687** 8

Anhörung 1773 21
- der leiblichen Eltern **1769** 4
- des Betreuten **1908D** 36, 58
- Eltern **1626** 67
- fehlende **1769** 5
- Folgen einer unterbliebenen **1826** 15
- Genehmigungsbedürftigkeit **1826** 5
- Inhalt und Art **1826** 9
- Jugendamt **1626** 73
- Kind **1626** 61
- Mündel bzw. Betreute **1820** 9
- Pflegeeltern **1626** 72
- Schutzinteresse des Opfers **GewSchG01** 49; **GewSchG02** 33

Anhörungspflicht 1628 22

Anhörungsrecht 1887 22

Anlage
- durch Grundpfandrecht gesicherte Forderungen **1807** 10
- öffentliche Sparkasse und sichere Kreditinstitute **1807** 39
- verbriefte Forderung gegen Bund oder Land **1807** 19
- verbriefte Forderungen mit gewährleisteter Verzinsung **1807** 24
- Zugehörigkeit zu ausreichender Sicherungseinrichtung **1807** 46

Anlageentscheidung
- des Mündels bzw. Betreuten **1811** 19

Anlageform
- sonstige nutzbare **1806** 12

Anlagehorizont 1811 19, 25

Anlagementalität 1811 26

Anlagepflicht
- Ausnahme **1642** 11
- Kindesvermögen **1667** 7
- Mündelgeld **1806** 19
- von Geld **1642** 2

Annahme
- des Kindes durch Ehepaar **1754** 3
- eines minderjährigen Geschwisters **1772** 3
- erneute **1763** 14
- nach Tod des Annehmenden **1753** 5
- nach Tod des Kindes **1753** 4
- nachgeholte **1772** 4
- Teilaufhebung **1764** 8

Annahme als Kind
- Adoptionsgeheimnis **1758** 1
- Adoptionsvermittlung **1741** 6
- allgemeine Voraussetzungen in Person des Annehmenden **1741** 26
- Altersabstand **1741** 21
- Änderung des Vornamens **1757** 7
- Annahme eines Verheirateten **1749** 4
- Antragsteller, **1752** 2
- Aufhebung wegen fehlender Einwilligung **1760** 1
- Aufhebungsantrag **1762** 1
- Beschluss **1752** 2
- Bestehenbleiben von Verwandtschaftsverhältnissen **1756** 1
- Blankoeinwilligung **1747** 8
- Doppelname **1757** 8
- durch einzelnen Ehegatten **1741** 30
- Eheschließung zwischen Annehmendem und Kind **1766** 1
- Einwilligung der leiblichen Eltern **1747** 1; **1748** 1
- Einwilligung der Leihmutter **1747** 5
- Einwilligung des Ehegatten **1749** 2
- Einwilligung des Kindes **1746** 1
- Einwilligung des nichtehelichen Vaters **1747** 10
- Einwilligung des Vaterschaftsprätendenten **1747** 6
- Einwilligungserklärung **1750** 3
- entgegenstehende Interessen **1745** 1
- Erlöschen des Umgangsrechts **1755** 3
- Erlöschen von Verwandtschaftsverhältnissen **1755** 1
- Ersetzung der Einwilligung des Kindes **1746** 8; **1748** 1
- Kinder des Annehmenden **1745** 1
- Mehrfachadoption **1742** 1
- mehrfache **1763** 1
- Mindestalter **1743** 1
- nach ausländischem Recht **1746** 10
- Name des Kindes **1757** 1
- Nichtigkeit **1759** 3
- Probezeit **1744** 1
- Rentenansprüche **1755** 5
- Rückadoption **1742** 5
- Rückadoption bei Volljährigkeit **1768** 7
- Tod des Annehmenden **1753** 1
- Tod des Kindes **1753** 1
- unbekannter Aufenthalt der Eltern **1747** 14
- Verfahren **1752** 6
- Volljährigenadoption, Verfahren **1768** 2
- Volljähriger **1767** 1

Stichwortverzeichnis

- Terminsgebühr **FamRK06** 24
- Umfang **1612C** 6
- unterschiedliche Kostenentscheidung **FamRK06** 69
- unterschiedliche Werte **FamRK06** 63
- Vergleich **FamRK06** 49
- Zinsschaden **FamRK06** 66

Anrecht
- abgetretenes **VersAusglG02** 76; **VersAusglG19** 17
- Altersversorgung **VersAusglG02** 49
- anpassungsfähige Anrechte **VersAusglG32** 1
- aus gesetzlicher Rentenversicherung **VersAusglG43** 1
- aus Privatversicherungen **VersAusglG46** 1
- Beamtenverhältnis auf Widerruf **VersAusglG44** 39
- Bewertungshindernisse **VersAusglG19** 23
- Definition **VersAusglG02** 9
- degressives **VersAusglG19** 26
- Dienstverhältnis von Soldaten auf Zeit **VersAusglG44** 39
- externe Teilung **VersAusglG14** 1
- gepfändetes **VersAusglG02** 86; **VersAusglG19** 22
- Höhe durch Deckungskapital bestimmt **VersAusglG39** 15
- Invaliditätsversorgung **VersAusglG02** 57
- Kapitalwahlrecht **VersAusglG02** 62
- Kapitalzahlung **VersAusglG02** 66
- Leistungsform **VersAusglG02** 60
- Mindestgrenzen **VersAusglG02** 88
- nach dem Betriebsrentengesetz **VersAusglG45** 1
- Personen mit beamtenähnlicher Versorgung **VersAusglG44** 16
- Sachleistungen **VersAusglG02** 71

Anrechte
- ausländische **VersAusglG19** 33
- gleichartige **VersAusglG10** 10
- Verrechnung **VersAusglG10** 9

Anschlussunterhalt
- Beginn der Erwerbsobliegenheit **1573** 92
- Einsatzzeitpunkt **1573** 90

Anspruch
- Entstehen und Erlöschen **LPartG16** 8

Anspruchsberechtigter VBVG05 5
Anspruchsgegner 1840 25
Anspruchsübergang
- auf Verwandte **1584** 13
- Sozialhilfeträger **1608** 18
- Unterhaltsanspruch **1607** 45

Anstandsschenkung 1804 17

Anteilserwerb
- vormundschafts-, familiengerichtliche Genehmigung **1822** 53, 59

Antrag
- auf Befreiung **1817** 33
- Aufhebung der Annahme **1762** 2
- des Gläubigers **1383** 3
- Form **1671** 17
- Inhalt **1671** 19
- irrtümlich für tot erklärter Elternteil **1681** 8

Antragsbefugnis 1887 18
Antragsberechtigung
- Beistandschaft **1713** 1

Antragserfordernis 1630 18; **1671** 13
Antragsfrist LPartG15 9
Antragsstellung 1578B 40
Anwachsung 1490 13
Anwaltshaftung Elternunterhalt 1603 1249
Anwaltskosten 1603 135
Anwaltszwang 1626 44
- Versorgungsausgleich bei kurzer Ehe **VersAusglG03** 57

Anwartschaft
- unmittelbare Bewertung **VersAusglG39** 1
- zeitratierliche Bewertung **VersAusglG40** 1

Anzeigepflicht
- bei Tod des Mündels **1894** 2
- Familiengericht und Vormund **1796** 33
- Gegenvormund bzw. Erben **1895** 5

Arbeitnehmereinkünfte
- steuerliche Behandlung **1569(St)** 71

Arbeitnehmerpauschale 1602 90; **1603** 85
Arbeitslosengeld 1578 29; **1578Soz** 174
- Höhe **1578Soz** 193
- Nebeneinkommen **1578Soz** 204

Arbeitslosengeld II
- Unterhalt für die Vergangenheit **1585B** 21

Arbeitslosigkeit 1603 161, 371, 493
- nicht vorwerfbare, Bedarf **1361** 55

Arbeitsplatz
- Neuaufnahme **1603** 671
- Wechsel **1603** 649

Arbeitsstelle
- Kündigung **1603** 501
- Verlust **1603** 500

Arbeitssuche 1603 550
Arbeitsverhältnis
- verschleiertes **1605** 46

Arbeitsvertrag
- vormundschafts-, familiengerichtliche Genehmigung **1822** 96

Arrest
- Wert **FamRK02** 269

Arzt
- Verbot der Sterilisation **1631C** 5

Arztvorbehalt
- Beschneidung eines männlichen Kindes **1631D** 21

- Wirkungen **1755** 1
- Wirkungen der Einwilligung **1751** 1
- Wirkungen der Volljährigenadoption **1770** 1
- Wohl des Kindes, Prognose **1741** 19
- Zulässigkeit der Annahme **1741** 1

Annahme der Erbschaft
- vormundschafts-, familiengerichtliche Genehmigung **1822** 23

Annahme des Vermächtnisses
- vormundschafts-, familiengerichtliche Genehmigung **1822** 23

Annahmeverfahren 1743 3

Annahmeverhältnis
- Auflösung **1308** 4

Annehmender
- überwiegende Interessen **1761** 5

Anordnung 1639 2
- Abweichung **1639** 5
- des Erblassers oder des Dritten **1803** 9
- für die Verwaltung **1639** 1
- in Widerspruch zu Vorschriften der fortgesetzten Gütergemeinschaft **1518** 4
- Inhalt **1803** 15
- Räumungsanordnung **1568A** 83
- Räumungsfrist **1568A** 87
- Zuweisung der Ehewohnung **1568A** 82

Anordnungsberechtigung 1856 4

Anordnungsform 1856 5

Anpassung VersAusglG34 1
- Altverfahren **VersAusglG49** 1
- anpassungsfähige Anrechte **VersAusglG32** 8
- Antragsrecht **VersAusglG36** 8; **VersAusglG38** 7
- Auskunftspflicht **VersAusglG36** 16
- bei Invalidität **VersAusglG35** 1
- bei mehreren Versorgungen **VersAusglG33** 74
- Beschränkung auf öffentlich-rechtliche Regelsicherungssysteme **VersAusglG32** 18
- Durchführung der **VersAusglG36** 1
- Erlöschen von Anrechten **VersAusglG37** 22
- Erreichen einer besonderen Altersgrenze **VersAusglG35** 1
- Erstattung von Beiträgen **VersAusglG37** 16
- Informationspflicht des Antragstellers **VersAusglG38** 16
- Informationspflicht des Versorgungsträgers **VersAusglG38** 17
- steuerrechtliche Folgen **VersAusglG37** 19
- Tod des Ausgleichsberechtigten **VersAusglG37** 1
- Tod des Ausgleichspflichtigen **VersAusglG36** 12
- Verfahren **VersAusglG37** 24
- wegen Erreichens einer besonderen Altersgrenze **VersAusglG36** 1

- wegen Invalidität **VersAusglG36** 1
- Wegfall des Anpassungsgrundes **VersAusglG36** 13
- Wirkung **VersAusglG38** 12
- Wirkung der **VersAusglG36** 9; **VersAusglG37** 23
- Zuständigkeit **VersAusglG36** 6

Anpassung wegen Unterhalt VersAusglG34 1
- Amtsermittlung **VersAusglG33** 48; **VersAusglG34** 33
- anpassungsfähige Anrechte **VersAusglG33** 13
- Anspruchsübergang auf Erben **VersAusglG34** 21
- Antragsberechtigung **VersAusglG34** 14
- Aussetzung des Unterhaltsverfahrens **VersAusglG34** 35
- Bagatellgrenze **VersAusglG33** 57
- Beschlussformel **VersAusglG34** 37
- im Scheidungsverbund **VersAusglG34** 48
- Informationspflicht **VersAusglG34** 23
- Kosten **VersAusglG34** 40
- Rentenbezug **VersAusglG33** 15
- Umfang **VersAusglG33** 67
- Unterhaltsabfindung **VersAusglG33** 34
- Unterhaltsanspruch des Ausgleichsberechtigten **VersAusglG33** 25
- Unterhaltstitel **VersAusglG33** 44
- Verfahrensbeteiligte **VersAusglG34** 31
- Verfahrenskostenhilfe **VersAusglG34** 51
- Verfahrenswert **VersAusglG34** 44
- Wirkung **VersAusglG34** 18
- Zuständigkeit **VersAusglG34** 6

Anrechnung
- § 15a RVG **FamRK06** 33
- andere kindbezogene Leistungen **1612C** 1
- auf Kindesvermögen **1625** 4
- Auslagen **FamRK06** 25
- Beratungshilfe **FamRK06** 15
- Berufung auf Anrechnung **FamRK06** 39
- Einkünfte und Vermögen **LPartG16** 7
- Erfolgsaussicht eines Rechtsmittels **FamRK06** 17
- Geltendmachung durch den Gegner **FamRK06** 55
- Geschäftsgebühr **FamRK06** 5, 8
- Geschäftsgebühr, Nebenforderung **FamRK06** 54
- Geschäftsgebühr als Hauptforderung **FamRK06** 71
- Güteverfahren **FamRK06** 18
- Mahnverfahrensgebühr **FamRK06** 20
- mehrere Auftraggeber **FamRK06** 11
- Prüfung des Gerichts **FamRK06** 60
- Rechtskraft **FamRK06** 48
- selbständiges Beweisverfahren **FamRK06** 22

Stichwortverzeichnis

Aufbringung
- keine, teilweise oder ratenweise **1836D** 10
- von Unterhaltsansprüchen **1836D** 12

Aufdeckung
- Einwilligung **1758** 12

Aufenthalt
- gewöhnlicher, Begriff **1558** 7; **1687** 18
- unbekannter **1607** 18

Aufenthaltsbestimmungsrecht
- alleiniges **1682** 7
- Entziehung **1666** 54

Aufenthaltswechsel 1887 8

Auffangzielversorgungsträger VersAusglG15 41

Aufforderung
- Adressat **1829** 45
- Inhalt **1829** 39
- Mitteilung über Erteilung der Genehmigung **1829** 39
- Zeitpunkt **1829** 41

Aufgabe der Arbeitsstelle 1603 179

Aufhebung
- Adoption wegen fehlender Einwilligung **1760** 1
- Annahme eines Volljährigen **1771** 1
- befreite Vormundschaft **1857** 2
- bei fehlendem Antrag **1760** 5
- der eingetragenen Lebenspartnerschaft **LPartG14** 4; **LPartG15** 1; **LPartG17** 1
- der Gütergemeinschaft durch richterliche Entscheidung **1479** 4
- der häuslichen Gemeinschaft **1567** 2
- durch das Gericht **LPartG15** 2
- durch Ehevertrag **1604** 9
- gegenüber Annehmendem **1765** 3
- gerichtliche Verfügung **1674** 11
- Misshandlung **1763** 6
- rückwirkende **VBVG01** 27
- Sperrvermerk **1809** 12
- von Amts wegen **1763** 1
- von Maßnahmen **1696** 42
- wegen Willensmängeln **LPartG15** 8
- wichtiger Grund **1771** 7
- zukünftige **VBVG01** 28

Aufhebung der Adoption 1759 1; **1763** 1
- Antrag **1762** 2
- Antragsform **1762** 1, 7
- Antragsfrist **1762** 4
- Aufhebungsgrund **1761** 1
- Ersetzung der Einwilligung **1761** 1
- Name **1765** 1
- Tod **1764** 2
- Wirkungen **1764** 2

Aufhebungsentscheidung
- Rechtsfolgen **1479** 7; **1496** 8
- richterliche, Wirkung **1470** 1

Aufhebungsgrund
- schwerwiegender, zum Wohle des Kindes **1763** 4

Aufhebungsklage 1436 9; **1479** 4
- Anwendungsvoraussetzungen **1448** 2; **1470** 2
- des Verwalters **1448** 1
- Gütergemeinschaft **1447** 1; **1448** 1; **1469** 1
- Gütergemeinschaft, bei Gefährdung der Rechte der Ehegatten **1469** 1
- Gütergemeinschaft, Gründe **1447** 5; **1448** 1; **1469** 5
- Gütergemeinschaft, Verfahren **1447** 28; **1469** 35
- Rechtsfolgen **1470** 8

Aufhebungsverfahren
- Abwesenheitspflegschaft **1921** 6

Aufnahme
- von Volljährigen **VBVG05** 16

Aufstockungsunterhalt 1573 67; **LPartG16** 6
- Bagatellbeträge **1573** 87
- Berechnungsmethode **1573** 75
- Einsatzzeitpunkt **1573** 70
- Verletzung der Erwerbsobliegenheit **1573** 68

Aufwand
- schädigungsbedingter **1610A** 2

Aufwandsentschädigung des Vormunds
- Anrechnung **1835A** 16
- Ausschlussfrist **1835A** 22
- fester Geldbetrag **1835A** 12
- Höhe **1835A** 11
- Jugendamt/Verein **1835A** 28
- mehrere Vormundschaften **1835A** 7
- Mittellosigkeit des Mündels **1835A** 20
- Mitvormünder **1835A** 8
- unentgeltliche Vormundschaft **1835A** 6
- Vorschuss **1835A** 19
- Zahlungsweise **1835A** 17

Aufwendung 1648 2
- berufsbedingte, Kindesunterhalt **1602** 90
- der Kosten **1443** 15
- elterlichen Haushalt **1620** 3
- übliche **1684** 30

Aufwendungsersatz 1836D 8; **1893** 16

Aufwendungsersatzanspruch
- der Eltern **1648** 1; **1698B** 8

Aufwendungsersatzanspruch des Vormunds
- Anspruch gegen die Staatskasse **1835** 100
- Aufwendungen bzw. Kosten Dritter **1835** 41
- Aufwendungen zum Zwecke der Vormundschaft **1835** 28
- Ausschlussfrist **1835** 52
- Beendigung der Vormundschaft **1835** 26
- berufsbezogene Dienste **1835** 75
- Durchsetzung **1835** 109
- ersatzfähige Aufwendungen **1835** 27

Stichwortverzeichnis

- Fahrtkosten **1835** 47
- Jugendamt bzw. Verein als Vormund **1835** 104
- Kopierkosten **1835** 35
- Mittellosigkeit des Mündels **1835** 100
- Prozesskostenhilfe **1835** 88
- Rechtsanwalt als Vormund **1835** 87
- Umsatzsteuer **1835** 108
- Versicherungskosten **1835** 67
- Versicherungskosten (ersatzfähige) **1835** 69
- Versicherungskosten (nicht ersatzfähige) **1835** 72
- Vorschuss **1835** 107

Ausbildung 1603 688
- abgeschlossene **1603** 713
- Elternunterhalt **1610** 408

Ausbildungsfonds 1610 268

Ausbildungsfreibetrag
- Einkommensteuer **1601(St)** 85

Ausbildungspauschale 1602 91

Ausbildungsunterhalt 1610 282; **LPartG16** 6
- Anknüpfung an voreheliche Status **1575** 6
- Beweislast **1575** 17
- ehebedingter Nachteil **1575** 5
- erfolgreicher Abschluss **1575** 11
- Fort-, Weiterbildung **1575** 15
- Gegenseitigkeitsverhältnis **1610** 325
- Gleichwertigkeit **1575** 7
- Kausalität **1575** 5
- nachhaltige Unterhaltssicherung **1575** 10
- Obliegenheit des Berechtigten **1575** 12
- Qualität der Ausbildung **1575** 8
- Umfang des Anspruchs **1575** 18
- während Trennung **1575** 13
- zeitliche Begrenzung **1575** 21
- Zeitpunkt der Aufnahme **1575** 9

Ausbildungsvergütung
- volljähriges Kind **1606** 71
- Zahlungszeitpunkt **1602** 25

Ausbildungsversicherung 1610 268

Auseinandersetzung 1496 10
- Beginn **1471(St)** 1
- Durchführung **1474** 1; **1478** 6; **1499** 4; **1505** 5
- Gesamtgut **1415(St)** 18; **1449** 9; **1493** 7; **1494** 10
- Gütergemeinschaft **1471(St)** 1
- nach Beendigung der Gütergemeinschaft **1481** 4
- nach richterlicher Aufhebungsentscheidung **1479** 1
- nach Scheidung der Ehe **1478** 7
- nicht beendet **1479** 6
- Teilung des Gesamtguts **1480** 7; **1481** 7

Auseinandersetzungsvereinbarung
- Erfüllung **1474** 11

Außengenehmigung
- Genehmigung des Gegenvormunds **1832** 6

Außenwohngruppe VBVG05 30

Ausforschungsverbot
- Adoption **1758** 1, 3
- Einschränkung **1758** 11

Ausgangsverfahren 1578B 36

Ausgleich
- steuerliche und sonstige wirtschaftliche Nachteile **1569(St)** 17
- ungerechtfertigte Bereicherung **1434** 1

Ausgleichsanspruch 1379 2
- Beendigung einer nichtehelichen Lebensgemeinschaft **1301** 10
- Fälligkeit **1468** 1
- familienrechtlicher **1603** 3; **1607** 16
- familienrechtlicher, Verzug **1613** 10
- übersteigt Vermögen **1390** 6

Ausgleichsberechtigter
- Ansprüche gegen Dritte **1390** 1
- künftige Ausgleichsforderung bei gleichzeitiger Aufhebung der Zugewinngemeinschaft **1385** 3

Ausgleichsforderung
- Anspruch **1378** 3
- Begrenzung **1378** 5
- Bestehen **1380** 2
- Entstehungszeitpunkt **1378** 4
- erhebliche Auswirkung auf Berechnung **1386** 4
- Verjährung **1378** 9
- vorzeitigem Ausgleich oder vorzeitiger Aufhebung **1387** 1

Ausgleichsgemeinschaft
- künstlich geschaffener Güterstand **LPartG06** 2

Ausgleichsreife VersAusglG19

Ausgleichssperre
- ausländische Anrechte **VersAusglG19** 42

Ausgleichswert VersAusglG01 19; **VersAusglG05** 1, 47

Ausklammerung
- Elterngewalt gegenüber minderjährigen Kindern **GewSchG03** 1

Auskunft
- Abzüge **1605** 50
- Anspruchsübergang **1605** 47
- Belege **1605** 91
- Einkünfte **1613** 117
- Elternunterhalt **1605** 46
- Erfüllungsgehilfe **1605** 81
- erneute, Unterhaltsanspruch oder -verpflichtung **1605** 115
- Fehlanzeige **1605** 78
- freiwillige Zahlungen **1613** 127
- Gegenstandswert **1605** 163
- Kopien **1605** 94
- Kosten **1605** 3
- Kostenregelung **1605** 5

Stichwortverzeichnis

- Mithaftung/Unterhalt **1605** 37
- persönliche Verhältnisse des Mündels **1839** 8
- Rechtsanwalt **1605** 81
- Steuererklärung **1605** 101
- Stufenabänderungsantrag **1605** 158
- Stufenantrag **1605** 152 f.
- Teilschuldner **1605** 43
- über Amtsführung **1839** 7
- Umfang **1605** 49
- Unterhaltsverzicht **1605** 14
- Verbundverfahren **1605** 152
- Verdienstbescheinigung **1605** 96
- Vermögen **1605** 48
- Verschwiegenheitpflicht **1605** 57
- verspätete **1605** 8
- Wahrheitspflicht **1605** 54
- wiederholte, Unterhaltsanspruch oder -verpflichtung **1605** 113
- Zahlungsaufforderung **1613** 128
- Zeitraum **1605** 60
- Zurückbehaltungsrecht **1605** 25

Auskunftsanspruch
- des Versorgungsträgers **VersAusglG04** 19
- des Vormundschaftsgerichts **1839** 2
- Durchsetzung **VersAusglG04** 29
- Elternunterhalt **1606** 121
- Erforderlichkeit der Auskunft **1580** 9
- Ersatzanspruch gegen Versorgungsträger **VersAusglG04** 16
- Großelternhaftung **1607** 31
- Härtefälle **1580** 13
- nichteheliche Mutter **1615L** 265
- qualifiziertes Interesse **1580** 10
- Rechtsschutzbedürfnis **1580** 43
- Sperrfrist **1580** 14
- Umfang **1580** 17
- Verfahrensart **1580** 47
- Versorgungsausgleich **VersAusglG04** 1
- Vollstreckung **VersAusglG04** 31

Auskunftsbegehren
- Formulierungsvorschlag, Mustertext **1605** 145, 147

Auskunftserteilung
- gegen den Vormund **1839** 2
- Häufigkeit **1686** 27
- periodische **1839** 9
- während Dauer der Amtsführung **1839** 12

Auskunftspflicht 1353 65; **LPartG16** 7
- Begrenzung **1580** 29
- des Gegenvormunds **1891** 10
- Form **1580** 31
- geordnetes Verzeichnis **1379** 12
- geschiedene Ehegatten **1580** 5
- Kostenentscheidung **1605** 159
- Unterhalt **1605** 122

- Vermögen zum Zeitpunkt der Trennung **1379** 3
- Vorlage von Belegen **1379** 13

Auskunftsrecht 1586B 34; **1686** 6
- Berechtigter **1686** 9
- Beschränkung **1686** 21
- Grenze **1686** 28
- Inhalt und Umfang **1686** 24
- Verpflichteter **1686** 13

Auskunftstitel
- Vollstreckung **1605** 185
- Vollstreckung, Formulierungsvorschlag **1605** 185
- Zwangsmittel **1605** 178

Auskunftsverfahren
- Beschwer **1605** 186
- Rechtsbeschwerde **1605** 186, 202

Auskunftsverlangen
- Beweislast **1613** 95

Ausland
- Investitionen im Ausland **1811** 62
- Kindesunterhalt **1610** 45

Ausländer
- Übernahmepflicht **1785** 4
- Unterhaltspflichtige **1603** 451, 628

Ausländische Anrechte
- Hinterbliebenenversorgung **VersAusglG26** 1

Auslandsaufenthalt
- Mehrbedarf **1613** 218
- Sonderbedarf **1613** 218

Auslandsbezug
- Bedarf und Leistungsfähigkeit **1603** 281

Auslandsschuljahr
- Mehrbedarf **1613** 223
- Sonderbedarf **1613** 223

Auslandssemester
- Mehrbedarf **1613** 222
- Sonderbedarf **1613** 222

Auslandsstudium
- Sonderbedarf **1613** 217

Auslandsverwendungszuschlag 1603 32

Auslegungsregel
- des § 1360b BGB, Widerlegbarkeit **1360B** 7
- Eingreifen **1360B** 6

Ausnahme
- tatsächliche Verhinderung **VBVG06** 14

Ausschlagung
- Erbschaft, Vermächtnis **1643** 6

Ausschlagung der Erbschaft/des Vermächtnisses
- vormundschafts-, familiengerichtliche Genehmigung **1822** 25

Ausschluss
- Angabe des Grundes **1509** 15
- bei Einzelregelungen **1409** 7
- der Strafbarkeit **GewSchG04** 9

Stichwortverzeichnis

- des Widerrufsrecht durch Ehevertrag **1413** 18
- durch letztwillige Verfügung **1509** 12; **1510** 4
- fortgesetzte Gütergemeinschaft **1509** 1; **1510** 1
- Vertretung des Antragsberechtigten **1713** 12
- Wirkung **1509** 17

Ausschluss des Umgangsrechts 1684 147

Ausschlussgrund
- Verzicht, Rechtsmissbrauch **1315** 30

Aussetzung der Versorgungskürzung VersAusglG34 1

Aussöhnung
- anhängige Ehesache **FamRK11** 14
- besonderer Auftrag **FamRK11** 3
- Dauer **FamRK11** 7
- Erfolgshonorar **FamRK11** 18
- Mitwirkung des Rechtsanwalts **FamRK11** 9
- Verfahrenskostenhilfe **1564(K)** 82; **FamRK11** 17
- Vergütung **FamRK11** 1

Aussperrung
- des Ehegatten **1353** 54

Ausstattung
- Anfechtung und Insolvenz **1624** 89
- Anlass **1624** 20
- aus Vermögen des Kindes **1625** 1
- Begriff **1444** 6; **1466** 5; **1625** 3; **1908** 4
- Behaltensfestigkeit **1624** 28
- Bestandskraft und Störfallbehandlung **1624** 67
- beteiligte Personen **1624** 16
- Betreuungsrecht **1624** 86
- Definition **1908** 4
- des Kindes aus Gesamtgut **1444** 5
- Gegenstand **1624** 44
- gemischte **1624** 39
- Konsensualvertrag **1624** 19
- nichtgemeinschaftliches Kind **1466** 4
- Pflichtteilsergänzung **1624** 84
- Pflichtteilsrecht nach Ausstattung **1624** 82
- Schenkungsteuer **1624** 91
- Sozialrecht **1624** 87
- Übermaß - Abgrenzung **1624** 58
- Übermaßausstattung **1624** 49
- übersteigt Gesamtgut **1444** 10
- Versprechen **1624** 62
- Zweck **1624** 23

Ausstattungskosten
- Anwendungsvoraussetzungen **1466** 2
- nicht gemeinschaftliches Kind **1466** 1

Ausübungshindernis
- auf Dauer **1674** 4
- tatsächliches **1674** 2; **1678** 2
- Wohnrecht **1602** 187, 209

Ausübungskontrolle 1585C 25; **VersAusglG08** 1; **LPartG20** 3
- ehebedingte Nachteile **VersAusglG08** 52

Auswahl
- des Betreuers **1908D** 55

Auswirkung
- der Haftungsbeschränkung **1629A** 23

B

Babyklappe 1747 17; **1760** 17
Bachelor-Studium 1610 389
Bagatellklausel VersAusglG18 1
- Auffüllen bestehender Anrechte **VersAusglG18** 77
- Ausgleich trotz Geringfügigkeit **VersAusglG18** 73
- Beschlussformel **VersAusglG18** 114
- Beschwerderecht **VersAusglG18** 116
- geringe Ausgleichswertdifferenz **VersAusglG18** 43
- geringer Ausgleichswert **VersAusglG18** 64
- gleichartige Anrechte **VersAusglG18** 44
- Grenzwerte **VersAusglG18** 12
- Normzweckverfehlung **VersAusglG18** 82
- Obergrenze bei mehreren Anrechten **VersAusglG18** 36
- Sperrwirkung **VersAusglG18** 66
- Verfahren **VersAusglG18** 110
- Verfahrenswert **VersAusglG18** 122
- Vorrang des Halbteilungsgrundsatzes **VersAusglG18** 82
- Wertausgleich nach der Scheidung **VersAusglG18** 106
- Zersplitterung der Altersversorgung **VersAusglG18** 75

Bagatellwert VersAusglG09 19
Barunterhaltspflicht
- anteilige **1606** 35
- beiderseitige **1606** 35; **1610** 72
- beiderseitige, Eltern **1603** 961

Barunterhaltspflichtiger
- individuelle Leistungsfähigkeit **1612A** 3

Barwert
- versicherungsmathematische Berechnung **VersAusglG47** 12

Bausparvertrag
- vormundschafts-, familiengerichtliche Genehmigung **1822** 95

beamtenrechtliche Versorgung
- Besteuerung **VersAusglG16** 22

beamtenrechtliche Versorgungen
- Beamte auf Widerruf **VersAusglG16** 11
- externe Teilung **VersAusglG16** 1
- Zeitsoldaten **VersAusglG16** 11

beamtenrechtliche Versorgungen
- angleichungsdynamische Anrechte **VersAusglG16** 17
- Umrechnung in Entgeltpunkte **VersAusglG16** 16

Beanstandung
- durch das Familiengericht **1843** 13
- durch Mündel **1843** 16

Bedarf 1610 1
- Elternunterhalt **1602** 130; **1610** 412
- fester, Kindesunterhalt **1610** 75
- fester Satz **1610** 75
- Kindergeld **1612B** 35
- Kindesunterhalt **1610** 7
- kosmetische Operationen **1361** 149
- nichteheliche Mutter **1615L** 141
- pauschaler **1610** 75
- Student **1610** 75
- überobligatorisches Tätigkeit **1361** 152, 155
- Unterhaltsgläubiger **1581** 9
- Unterhaltsschuldner **1581** 12

Bedarfsberechnung
- Erwerbstätigenbonus **1578** 89
- prägende Unterhaltspflichten **1578** 94

Bedarfskontrollbetrag 1610 142

Bedingung
- aufschiebend oder auflösend **1311** 6; **1778** 8

Bedürftigkeit 1577 1, 11; **LPartG16** 7
- Arbeitslosengeld II **1361** 214
- des Lebenspartners **LPartG12** 5
- Einkünfte aus unzumutbarer Tätigkeit **1577** 24
- Elternunterhalt **1602** 130
- freiwillige Leistungen **1361** 244
- Kindesunterhalt **1361** 191
- nichteheliche Mutter **1615L** 172
- nichteheliches Kind **1361** 248
- Notgroschen **1361** 238
- Pflegegeld **1361** 220
- Trennungsunterhalt **1361** 179
- unterhaltspflichtiges Kind **1601** 8
- unterhaltssicherndes Vermögen und Vermögensverlust **1577** 39
- Vermögen **1361** 221
- Verwertung des Vermögensstammes **1577** 36

Beeinträchtigung
- dienstlicher Belange **1784** 1

Beeinträchtigungsverbot GewSchG02 23

Beendigung
- Beistandschaft, auf Antrag **1715** 1, 3
- Beistandschaft, von Gesetzes wegen **1715** 8
- der elterlichen Sorge, Unkenntnis **1698A** 5
- des Sorgerechts durch Tod **1677** 1
- durch Trennung **LPartG09** 14
- elterlicher Sorge durch Tod **1681** 3
- fortgesetzte Gütergemeinschaft **1494** 9
- gesetzlicher Güterstand **1386** 1
- lebenserhaltender Maßnahmen **1631B** 8
- nicht automatisch **1790** 4

Beendigungsgrund
- Pflegschaft **1918** 1

Beerdigung
- Ordnungsbehörde **1615M** 3
- Pflicht zur Übernahme der Kosten **1615** 8

Beerdigungskosten 1615 3
- für die Mutter **1615M** 2

Befreiung
- Amts- oder Vereinsvormund **1857A** 2
- Antragserfordernis **1817** 33
- Ausstellung von Zeugnissen **1309** 26
- durch Erblasser oder zuwendenden Dritten **1809** 9
- Nichtausstellung von Zeugnissen **1309** 23
- Rechnungslegungspflicht **1840** 24
- Wirkung **1309** 34

Befreiungsanordnung
- des Vaters oder der Mutter **1857** 6
- Voraussetzung **1856** 1

Befreiungsmöglichkeit 1811 76
- des Vormunds **1807** 59; **1810** 10

Befristung 1311 6; **1626B** 4
- Betreuungsunterhalt **1615L** 263
- der Anordnung **GewSchG01** 40

Begrenzung
- elterliche Sorge **1631C** 2

Behandlungswunsch
- Ermittlung **1901b** 4

Behördenbetreuer
- Aufwendungen, Begriff **VBVG08** 13
- Aufwendungen, Betreuungszusammenhang **VBVG08** 14
- Aufwendungen, Erforderlichkeit **VBVG08** 15
- Aufwendungen, Erstattungsumfang **VBVG08** 16
- Aufwendungen, Vorschuss **VBVG08** 20
- Berufsaufwendungen **VBVG08** 18
- Entlassung **1908B** 57
- Fortbildungskosten **VBVG08** 19
- Geldanlage **1908G** 7
- Mitteilungspflicht **VBVG10** 8
- Vergütung **VBVG08** 1
- Vergütung, Anspruchsvoraussetzungen **VBVG08** 3
- Vergütung, Behördenbestellung **VBVG08** 7
- Vergütung, Behördenvergütung **VBVG08** 5
- Vergütung, Mittellosigkeit **VBVG08** 9
- Vergütung, Privatbetreuerbestellung **VBVG08** 8
- Vergütung, Staatskasse **VBVG08** 10, 21
- Vergütung, Umfang **VBVG08** 11
- Vergütungsregel **VBVG08** 1
- Versicherungskosten **VBVG08** 17
- Zwangsgeld **1908G** 1
- Zwangsgeldfestsetzung **1908G** 5

Behördenbetreuung 1900 11
- Zwangsgeldfestsetzung **1908G** 4

Stichwortverzeichnis

Beistand
- Begriff **1618A** 5

Beistandschaft
- Ablehnung **1714** 7
- Antragserfordernis **1712** 6
- Anwendung des Pflegschaftsrechts **1716** 7
- Beendigung auf Antrag **1715** 1, 3
- Beendigung von Gesetzes wegen **1715** 8
- Eintritt **1714** 1; **1717** 3
- elterliche Sorge **1716** 3
- Erlöschen **1715** 10
- freiwillig **1712** 1
- geborenes Kind, Antragsberechtigung **1713** 2
- Gegenstand **1712** 16
- gesetzliche Vertretung des Kindes **1716** 4
- gewöhnlicher Aufenthalt der Mutter im Inland **1717** 5
- gewöhnlicher Aufenthalt des Kindes im Inland **1717** 3
- pränatale, Antragsberechtigung **1713** 11
- Übersicht **1712** 41
- Wirksamwerden **1714** 1
- Wirkungen **1716** 1

Beistandspflicht 1353 12; **LPartG02** 3
Beitragsbemessungsgrenzen VersAusglG17 7
Beitragserstattung
- Anrechnung von Leistungen **VersAusglG37** 21
- nach Anpassung **VersAusglG37** 16
- steuerrechtliche Behandlung **VersAusglG37** 19; **VersAusglG52** 33

Beitragszahlungen
- Erstattung nach Anpassung **VersAusglG37** 16

Bekanntgabe
- des Beschlusses **1908D** 47

Bekanntmachung
- an anderen Elternteil **1674** 10

Bekenntnisverschiedenheit
- Mündel und Vormund **1801** 7

Belästigungsverbot GewSchG01 39
Belastung
- außergewöhnliche **1684** 31

Benachteiligungsabsicht 1390 4
Benennung
- nicht einvernehmlich **1776** 5

Benennungsberechtigung 1777 2
Benennungsrecht
- Ausnahmen **1777** 4
- Ausschluss bei Ergänzungspflegschaft **1916** 4
- bei Scheidung **1777** 6
- Beschränkung **1776** 3
- bestehende Ehe **1777** 3
- der Eltern **1776** 1
- ledige Mutter **1777** 8
- Umfang **1776** 2

Benennungsrecht der Eltern
- Ausschluss **1916** 2

Beratung 1631A 12
- Abgrenzung zur Vertretung **FamRK03** 18
- Beratung durch Dritte **FamRK03** 40
- Entwurf eines Schreibens **FamRK03** 19
- Gebührenvereinbarung **FamRK03** 10
- Gebührenvereinbarung, Formulierungsvorschläge **FamRK03** 43
- grafische Übersicht **FamRK03** 9
- ortsübliche Vergütung **FamRK03** 16
- Rechtsschutzversicherung **FamRK03** 38
- schriftliches Gutachten **FamRK03** 35
- Telefonhotline **FamRK03** 36
- Verbraucher **FamRK03** 30
- vorzeitige Beendigung **FamRK03** 25

Beratungshilfe FamRK16 1
- Angelegenheit **FamRK16** 26
- Angelegenheit in Familiensachen **FamRK16** 30
- Anrechnung **FamRK06** 15; **FamRK16** 137
- Anrechnung, Prozesskostenhilfe **FamRK16** 144
- Anrechnung, Vertretung **FamRK16** 140
- Anrechnung, Zahlungen Dritter **FamRK16** 145
- Aufhebung **FamRK16** 53, 89
- Aufhebung auf Antrag **FamRK16** 71
- Aufhebung von Amts wegen **FamRK16** 54
- Beschwerde **FamRK16** 132
- Bewilligung **FamRK16** 7, 40
- Erstattung Gegner **FamRK16** 103
- Erstattung Landeskasse **FamRK16** 112
- Erstattung Mandant **FamRK16** 99
- Festsetzung **FamRK16** 126
- Gegenstand **FamRK16** 19
- Hinweispflichten **FamRK16** 98
- mehrere Auftraggeber **FamRK16** 149
- Nachliquidation wegen Rechtsänderung **FamRK16** 37
- nachträgliche **FamRK16** 49
- Vergütungsvereinbarung **FamRK16** 81
- Vorschuss **FamRK16** 136
- Widerspruch, ARGE **FamRK16** 109

Berechnung
- Elternunterhalt **1603** 1285

Berechnungsmethode 1578 98
- Anrechnungsmethode **1578** 111
- gemischte Differenz- und Anrechnungsmethode **1578** 112
- Zuwendung **1380** 11

Berechnungszeitpunkt
- vorgezogener **1387** 3

Berechtigung
- Antrag auf Aufhebung der Ehe **1509** 8
- eingetragener Lebenspartner **LPartG09** 6
- Entziehung des Pflichtteils **1509** 6
- Klage auf Aufhebung der Gütergemeinschaft **1509** 7

Stichwortverzeichnis

Bereicherungsanspruch 1390 7
Bereiterklärung 1898 5; **VersAusglG15** 53
Berichterstattung
- persönliche Verhältnisse **1840** 7

Berichterstattungspflicht
- des Vormunds **1840** 3

Berücksichtigung
- kindlicher Zeitbegriff **1682** 6
- milieubedingte Gegebenheiten **1697A** 8

berufsbedingte Aufwendungen 1603 85
Berufsbetreuer
- Anerkennung **VBVG04** 22
- Entlassung **1908B** 43
- Grundsatz der Vergütung **VBVG01** 7
- mehrere **1899** 7

Berufsmäßigkeit
- Aufhebung der Feststellung **VBVG01** 27
- Feststellung **VBVG01** 1
- Zeitpunkt der Feststellung **VBVG01** 15

Berufsorientierungspraktika 1603 247
Berufssport
- vormundschafts-, familiengerichtliche Genehmigung **1822** 96

Berufsunfähigkeit 1603 802
Berufsvormund
- Grundsatz der Vergütung **VBVG01** 7

Berufswahl
- Kindesunterhalt **1610** 387

Berufung
- Eintritt der Surrogation **1646** 9

Beschäftigungschancen
- fehlende reale **1603** 387, 612

Beschleunigungsgebot 1626 45
Beschlussformel
- interne Teilung **VersAusglG10** 31

Beschneidung
- Ausnahmeregelung **1631D** 26
- Begriff **1631D** 7
- des männlichen Kindes **1631D** 1
- Einwilligungsrecht der Personensorgeberechtigten **1631D** 5
- nach den Regeln der ärztlichen Kunst **1631D** 13
- nicht einsichts- und urteilsfähiges männliches Kind **1631D** 9

Beschränkungsmöglichkeit 1628 14
Beschwerde 1626 84; **1773** 23; **1778** 17
Beschwerdefrist 1778 20
Beschwerdeverfahren
  Anordnung eines Einwilligungsvorbehalts **1903** 106
- einstweilige Anordnung **1903** 111
- Hauptsacheerledigung **1903** 108
- Wirkung der Aufhebung **1903** 107

Besitzrecht
- des Vormunds **1793** 75

Bestallung
- Bedeutung **1791** 2
- Inhalt **1791** 4
- Vormund **1791** 1

Bestallungsurkunde 1791 2
- Berichtigung bei Änderung **1791** 4

Bestandsverzeichnis 1580 38
Bestattungskosten 1615N 3
Bestellung
- befristet oder bedingt **1789** 4
- Fehler **1789** 6
- Rechtsnatur **1789** 2
- unter Vorbehalt **1790** 1
- Vormund **1677** 6

Beteiligung
- des betreuenden Elternteils **1684** 28

Betretungsverbot GewSchG01 33
Betreuer
- Aufgabe **1901A** 7
- Auskunfts- und Rechenschaftspflicht **1908I** 34
- Beschwerderecht, Angehöriger **1897** 39
- Beschwerderecht der Staatskasse **1897** 40
- Besonderheiten bei Bestellung von Vereinsbetreuern **1897** 38
- Besprechungspflicht **1901** 17
- Bestellung, vorsorgliche **1908A** 4
- Betreuertypen **1897** 3
- Eignung, Begriffsinhalt **1908B** 9
- Eignungsmangel, Entlassungsgrund **1908B** 10
- Eltern als Betreuer **1899** 3
- Entlassung **1908B** 1
- fachliche Qualifikation **1897** 9
- Gesundheitsförderungspflicht **1901** 18
- Handeln zum Wohl des Betreuten **1901** 7
- Interessenkonflikt **1899** 15
- mehrere **1899** 1
- mehrere, Verteilung der Aufgabenkreise **1899** 6
- Mitteilungspflicht **VBVG10** 1
- Mitteilungspflicht, Einwilligungsvorbehalt **1903** 67
- Mitteilungspflicht, mögliche Aufhebung der Betreuung **1901** 23
- Neubestellung **1908C** 5
- Pflichten **1901** 1
- prozessuale Vertretung **1902** 13
- rechtliche Verhinderung **1899** 14
- Sterilisationsbetreuer **1899** 11
- Stundenansatz, Höhe **VBVG05** 47
- Stundensatz **VBVG04** 1; **VBVG05** 1
- tatsächliche Verhinderung **1899** 13
- Tod, Mitteilungspflichten **1908C** 3
- Übernahmepflicht **1898** 1
- Überprüfung der Eignung **1897** 37
- Vermögenssorge für Abkömmling **1493** 12
- Vertretungsmacht **1902** 2

Stichwortverzeichnis

- Vertretungsmacht, Entziehung **1902** 12
- Vertretungsmacht, Grenzen **1902** 9
- Vertretungsmacht, Überschreitung **1902** 6
- Zumutbarkeit der Übernahme **1898** 4

Betreuerbestellung
- Minderjähriger, Anhörung **1908A** 15

Betreuerentlassung
- Abhängigkeitsverhältnis zu der Einrichtung **1908B** 21
- Ablehnung lebenserhaltender Maßnahmen **1908B** 16, 26
- Alternativbetreuer **1908B** 41
- Anhörung, Entbehrlichkeit **1908C** 16
- Beamter **1908B** 8
- Berichtspflichtverstoß **1908B** 34
- Berufsbetreuung **1908B** 43
- Beschwerdeentscheidung **1908B** 70
- Betreutenvorschlag **1908B** 52
- Betreutenwohl **1908B** 47
- Ehrenamtlichkeit **1908B** 44
- Entmüllung **1908B** 29
- Erkrankung des Betreuers **1908B** 17
- falsche Angaben gegenüber Betreuungsgericht **1908B** 33
- Folgen **1908C** 1
- Interessenkollision **1908B** 20
- konkrete Gefahr **1908B** 15
- Neubestellung **1908C** 4
- Normstruktur **1908B** 7
- personenbezogene Entlassungsgründe **1908B** 14
- Rechnungslegung **1908B** 31
- Rechnungslegung, Zwangsgeldfestsetzung **1908B** 32
- Religionsdiener **1908B** 8
- Scheidung vom Betreuten **1908B** 22
- tatrichterliche Entscheidung **1908B** 13
- Überforderung **1908B** 19
- Übernahmebereitschaft **1908B** 55
- Ultima ratio **1908B** 12, 37
- Umzug des Betreuers **1908B** 16
- Unterbringung ohne Genehmigung **1908B** 27
- Unzumutbarkeit, Behördenbetreuung **1908B** 51
- Unzumutbarkeit der Betreuung **1908B** 49
- Verfahren **1908B** 60
- verhaltensbedingte Entlassungsgründe **1908B** 25
- Verurteilung, strafrechtliche **1908B** 23
- wichtiger Grund, Begriff **1908B** 38
- Zerwürfnis **1908B** 18

Betreuervergütung
- Stundensatz **VBVG04** 1

Betreuerwechsel VBVG05 67
- Anhörung, Einverständnis **1908C** 14
- Sachverständigengutachten **1908C** 21

jurisPK-BGB

Betreuter
- Untauglichkeit **1781** 4
- Vertretung **1902** 1

Betreuung 1436 6; **VBVG05** 20
- Abhängigkeitsverhältnis, enge Beziehung **1897** 21
- Alltagsgeschäft, Geringfügigkeit **1903** 64
- Arzneimittelerprobung **1904** 66
- ärztliche Maßnahmen, Gefahr **1904** 74
- ärztlicher Eingriff **1904** 60
- auf Antrag des Betreuten **1908D** 25
- Aufenthaltsbestimmung, Umfang **1896** 77
- Aufgabe der Mietwohnung **1907** 1
- Aufgaben der Betreuungsbehörde **1896** 111
- Aufhebung und Einschränkung **1908D** 16
- Ausstattung, Gelegenheitsgeschenke **1908** 10
- Ausstattung, Hofübergabe **1908** 3
- Ausstattung, Zuwendungen **1908** 5
- befreite **1908I** 39
- Besonderheiten **1804** 19
- Betreutenwille, Behandlungsablehnung **1904** 43
- Betreuung im Drittinteresse **1896** 34
- Betreuungsbedarf **1896** 41
- Betreuungsbedarf, zukünftiger **1896** 43
- Betreuungsplan **1901** 19
- Bindung an Angehörige bzw. Lebenspartner **1897** 27
- durch Verein oder Behörde **1900** 1
- Ehefähigkeit **1896** 90
- Einwilligungsbefugnis, Einwilligungsunfähigkeit **1904** 16
- Einwilligungsbefugnis, Voraussetzungen **1904** 44
- Einwilligungsvorbehalt, Anhörung **1903** 90
- Einwilligungsvorbehalt, Arbeitserleichterung **1903** 41
- Einwilligungsvorbehalt, Aufenthaltsbestimmung **1903** 56
- Einwilligungsvorbehalt, Aufgabenbereich **1903** 19
- Einwilligungsvorbehalt, Beschluss **1903** 101
- Einwilligungsvorbehalt, betragsmäßige Beschränkung **1903** 44
- Einwilligungsvorbehalt, Betreuung **1903** 17
- Einwilligungsvorbehalt, Betreuungsbehörde **1903** 94
- Einwilligungsvorbehalt, Bevormundung **1903** 25
- Einwilligungsvorbehalt, Dauerschuldverhältnisse **1903** 45
- Einwilligungsvorbehalt, Drittinteressen **1903** 34
- Einwilligungsvorbehalt, Erforderlichkeit **1903** 40

- Einwilligungsvorbehalt, Erfüllungswirkung **1903** 74
- Einwilligungsvorbehalt, erweiterter **1903** 79
- Einwilligungsvorbehalt, Freiheitsbeschränkung **1903** 54
- Einwilligungsvorbehalt, Geeignetheit **1903** 35
- Einwilligungsvorbehalt, geringfügige Angelegenheiten **1903** 37
- Einwilligungsvorbehalt, geringfügige Vermögensschäden **1903** 31
- Einwilligungsvorbehalt, Geschäft des täglichen Lebens **1903** 77
- Einwilligungsvorbehalt, Geschäftsfähigkeit **1903** 5, 21
- Einwilligungsvorbehalt, Geschäftsunfähigkeit **1903** 22
- Einwilligungsvorbehalt, Gesundheitsfürsorge **1903** 50
- Einwilligungsvorbehalt, Handlungsfähigkeit **1903** 43
- Einwilligungsvorbehalt, körperliche Behinderung **1903** 23
- Einwilligungsvorbehalt, Kurzcharakteristik **1903** 1
- Einwilligungsvorbehalt, lediglich rechtlicher Vorteil **1903** 59, 73
- Einwilligungsvorbehalt, materiell rechtliche Wirkungen **1903** 70
- Einwilligungsvorbehalt, Meinungsverschiedenheiten **1903** 33
- Einwilligungsvorbehalt, Normstruktur **1903** 9
- Einwilligungsvorbehalt, Regelungsbereich **1903** 13
- Einwilligungsvorbehalt, Regelungsprinzip **1903** 4
- Einwilligungsvorbehalt, Rückwirkung **1903** 71
- Einwilligungsvorbehalt, Sachverständigenvergütung **1903** 112
- Einwilligungsvorbehalt, Selbstbestimmungsfähigkeit **1903** 20
- Einwilligungsvorbehalt, Selbstschädigungsgefahr **1903** 24
- Einwilligungsvorbehalt, Sparzwang **1903** 29
- Einwilligungsvorbehalt, Statistik **1903** 6
- Einwilligungsvorbehalt, Sterilisation **1903** 53
- Einwilligungsvorbehalt, Unzulässigkeit **1903** 47
- Einwilligungsvorbehalt, Verfahren **1903** 87
- Einwilligungsvorbehalt, Verfahrensfähigkeit **1903** 89
- Einwilligungsvorbehalt, Verfahrenspfleger **1903** 96
- Einwilligungsvorbehalt, Vermögenslosigkeit **1903** 36, 38
- Einwilligungsvorbehalt, Vertretung gegenüber Gerichten **1903** 30
- Einwilligungsvorbehalt, Voraussetzungen **1903** 16
- Einwilligungsvorbehalt, vorbeugende Kontrolle **1903** 42
- Einwilligungsvorbehalt, zukünftige Vermögensschäden **1903** 32
- Einwilligungsvorbehaltsfreiheit **1903** 58
- Einzelbetreuung **1897** 2
- endogene Psychosen **1896** 23
- Entstehung des Vergütungsanspruchs **VBVG01** 29
- Erforderlichkeit **VBVGVorbem** 8
- Erweiterung **1908D** 51
- exogene Psychosen **1896** 22
- Folgen der Betreuung **1896** 87
- Freiheitsbeschränkung, Verfahren **1906** 189
- geeignete Person **1898** 3
- gemeinschaftliches Kind **LPartG16** 6
- Gesundheitsfürsorge, Umfang **1896** 74
- Grundsatz der Unentgeltlichkeit **VBVG01** 4
- Haftung des Einzelbetreuers **1896** 97
- Heilbehandlung **1904** 57
- Hilfsbedürftigkeit **1896** 30
- Interessenkonflikte **1897** 30
- keine Sterilisationsbetreuung **1900** 15
- Konflikt zwischen Wunsch und Wohl **1901** 13
- Kontrollbetreuung, Begriff **1896** 81
- Organspende **1904** 62
- persönliche Betreuung **1897** 11; **1901** 6
- Persönlichkeitsstörungen und Neurosen **1896** 25
- rechtliche **1901** 4
- sonstige persönliche Bindungen **1897** 28
- Sterilisation **1905** 1
- Sterilisationsbeschluss **1905** 56
- Sterilisationsdurchführung **1905** 40
- Suchterkrankungen **1896** 24
- Umfang der Vermögenssorge **1896** 70
- Unterbringung **1906** 1
- Unterbringung, Anordnung, Betreuer **1906** 18
- Unterbringung, Anordnung, Bevollmächtigung **1906** 19
- Unterbringung, Anordnung, Gericht **1906** 20
- Unterbringung, ärztliche Maßnahmen **1906** 10
- Unterbringung, Bedeutung **1906** 11
- Unterbringung, Beendigung **1906** 128
- Unterbringung, Begriff **1906** 24
- Unterbringung, Begriffsinhalt **1906** 26
- Unterbringung, Betreutenanhörung **1906** 137
- Unterbringung, Betreuung, Aufgabenbereiche **1906** 22
- Unterbringung, Betreuung, Personensorge **1906** 23
- Unterbringung, Betreuungsgesetz-Landesgesetze **1906** 7

Stichwortverzeichnis

- Unterbringung, Betreuungsgesetz-Landesgesetze, Überschneidungen **1906** 9
- Unterbringung, Bettgitter **1906** 34
- Unterbringung, Bewegungsfreiheit **1906** 31
- Unterbringung, BGH **1906** 28
- Unterbringung, Definition **1906** 36
- Unterbringung, Eilanordnung **1906** 192
- Unterbringung, Erforderlichkeit **1906** 67
- Unterbringung, Fixierung **1906** 33
- Unterbringung, Freiheitsentziehung **1906** 14, 25
- Unterbringung, Fremdgefährdung **1906** 8
- Unterbringung, Geeignetheit **1906** 66
- Unterbringung, Genehmigungsausnahmen **1906** 125
- Unterbringung, Genehmigungsvorbehalt **1906** 119
- Unterbringung, Gerichtsanordnung **1906** 202
- Unterbringung, Gesetzeszweck **1906** 3
- Unterbringung, Heilbehandlungsnotwendigkeit **1906** 56
- Unterbringung, Landesgesetze **1906** 6
- Unterbringung, Minderjährige **1906** 5
- Unterbringung, Normvoraussetzungen **1906** 17
- Unterbringung, Sachverständigengutachten **1906** 157
- Unterbringung, Sedierung **1906** 12, 35
- Unterbringung, Selbstbestimmungsfähigkeit **1906** 41
- Unterbringung, Selbstgefährdung **1906** 45
- Unterbringung, Statistik **1906** 13
- Unterbringung, Verfahren **1906** 130
- Unterbringung, Verhältnismäßigkeit **1906** 65
- Unterbringung, vorläufige Maßnahmen **1906** 191
- Unterbringung, Wohl des Betreuten **1906** 16
- Unterbringung, Zwangsbehandlung **1906** 73
- Unterbringungsähnlichkeit, freiheitsentziehende Maßnahmen **1906** 88
- Unterbringungsentscheidung, Rechtsbehelf **1906** 184
- Untersuchung des Gesundheitszustandes **1904** 55
- unzulässige Aufgabenkreise **1896** 67
- Verfahren bei Erweiterung, Einschränkung, Aufhebung, Verlängerung **1896** 159
- Verfahrenspflegschaft **1896** 119
- Verhältnis zur Geschäftsfähigkeit **1896** 88
- Verhältnis zur Testierfähigkeit **1896** 89
- vorherige Untersuchung **1896** 131
- vorsorgliche, bei Minderjährigen **1908A** 4
- Wohl des Betroffenen **1897** 24
- Wohnen bzw. Unterbringung **1897** 20
- Wohnungsangelegenheiten **1896** 72
- Wohnungszutritt, zwangsweiser **1896** 80

- Wünsche des Betreuten **1901** 10
- Zuständigkeit des Rechtspflegers **1896** 110
- Zuständigkeiten **1896** 106
- Zwangsbehandlung, ambulant **1904** 29
- Zwangsbehandlung, Lebensnotwendigkeit **1904** 32
- Zwangsbehandlung, Unterbringung **1904** 28
- Zwangsbetreuung **1896** 35
- Zweckerreichung **1896** 44

Betreuungsbonus 1570 146
- indizielle Wirkung tatsächlicher Erwerbstätigkeit **1570** 151
- Leistungsfähigkeit **1361** 413
- nichteheliche Mutter **1615L** 188
- überobligatorische Erwerbstätigkeit **1570** 149
- Verhältnis zu § 1615l BGB **1570** 155

Betreuungsgericht
- Aufsicht und Beratung **1908I** 31
- Genehmigung bei Aufgabe der Mietwohnung **1907** 1
- Genehmigung bei der Ausstattung **1908** 1

Betreuungskosten
- nichteheliche Mutter **1615L** 188

Betreuungsleistung
- Leistungsfähigkeit **1361** 407

Betreuungsunterhalt 1609 28
- Altersphasenmodell **1570** 44
- Annexunterhaltsanspruch **1609** 30
- Anspruchskonkurrenz **1570** 183
- Befristung **1615L** 263
- Belange des Kindes **1570** 43
- Betreuungsbedürfnis **1570** 44
- Beweislast **1606** 28
- Darlegungs- und Beweislast **1570** 205
- Darlegungslast **1606** 28
- Erwerbsobliegenheit und Arbeitsmarkt **1570** 79
- Gleichwertigkeit **1602** 20
- kindbezogene Zweckrichtung **1570** 1
- kurze Ehedauer **1570** 6
- modifiziertes Altersphasenmodell **1570** 86
- nichteheliche Mutter **1615L** 13
- Privilegierung des Anspruchs **1570** 4
- Rechtsfolgen bei fehlender, teilweiser und voller Erwerbsobliegenheit **1570** 183
- sozialrechtliche Vorschriften **1570** 77
- vermutetes Betreuungsbedürfnis **1570** 39
- vertraglich vereinbart **1609** 31
- Vorrang gegenüber anderen Scheidungsfolgesachen **1570** 3

Betreuungsverein
- Anerkennungsbehörden in den einzelnen Bundesländern **1908F** 28
- Anerkennungsverfahren, Anerkennungsbehörden **1908F** 28
- Anerkennungsverfahren, Auflagen **1908F** 30

- Anerkennungsverfahren, Landesrecht **1908F** 27
- Anerkennungsverfahren, Rechtsschutz **1908F** 32
- Anerkennungsverfahren, Verwaltungsakt **1908F** 29
- Anerkennungsverfahren, Widerruf **1908F** 31
- Anerkennungsvoraussetzungen **1908F** 5
- Anerkennungsvoraussetzungen, Landesrecht **1908F** 26
- Mitarbeiter, Arbeitnehmereigenschaft **1908F** 9
- Mitarbeiter, Beaufsichtigung und Weiterbildung **1908F** 14
- Mitarbeiter, Eignung **1908F** 11
- Mitarbeiter, Erfahrungsaustausch **1908F** 24
- Mitarbeiter, Teilzeitbeschäftigung **1908F** 10
- Mitarbeiter, Versicherung **1908F** 16
- Mitarbeitergewinnung **1908F** 18
- Mitteilungspflicht **VBVG10** 7

Betreuungsverfügung 1901c 7
- Ablieferungspflicht **1901c** 4
- amtliche Aufbewahrung **1901c** 13
- Haftungsausschluss und -erleichterung **1833** 51
- Inhalt **1901c** 11

Betriebsrente
- fehlende Ausgleichsreife **VersAusglG19** 8
- interne Durchführungswege **VersAusglG17** 4
- interne Teilung **VersAusglG12** 1
- verfallbare **VersAusglG19** 8

Betriebsrentengesetz VersAusglG12 5

Betriebsvermögen
- Übertragung von Wirtschaftsgütern **1371(St)** 24

Beugemittel
- Festsetzung **1788** 2

Beurkundung
- notarielle **1750** 5; **LPartG20** 4

Bevollmächtigter 1901A 13

Beweislast 1411 16; **1438** 10; **1468** 9; **1499** 14; **1580** 55; **1582** 10; **1585** 27
- Berechtigter **1584** 19
- geschiedene Ehegatten **1584** 18
- negatives Anfangsvermögen **1377** 10
- Unterhaltsschuldner **1578B** 34
- Verschulden des Gegners **1787** 7
- Verwandter **1584** 20

Bewerbungsbemühungen 1603 550

Bewertung
- einer laufenden Versorgung **VersAusglG41** 1
- in der Leistungsphase **VersAusglG41** 3
- nach altem Recht erworbene Anrechte **VersAusglG45** 35
- nach Billigkeit **VersAusglG42** 1
- nach neuem Recht erworbene Anrechte **VersAusglG45** 34

Beziehung
- sozial-familiäre **1685** 14

Bezugsgröße VersAusglG05 7
- Anwendung der unmittelbaren Bewertung **VersAusglG39** 7

Bezugsperson 1685 1

Billigkeitsabwägung 1361B 34

Billigkeitshaftung 1584 7

Billigkeitsunterhalt LPartG16 6
- Abwägungskriterien **1576** 20
- Auffangtatbestand **1569** 19; **1576** 4
- Bemessung des Unterhalts **1576** 24
- Beweislast **1576** 22
- Ehebruchskinder **1576** 15
- Kinder aus früherer Ehe **1576** 13
- Kinderbetreuung **1576** 9
- Konkurrenz **1576** 23
- Konkurrenzverhältnis zu übrigen Unterhaltstatbeständen **1569** 19
- nacheheliches Kind **1576** 16
- persönliche Opfer **1576** 19
- Verfehlung Einsatzzeitpunkt **1576** 17
- voreheliches Kind **1576** 14

Bindung
- des Kindes **1671** 70

Bindungswirkung 1750 7

biologischer Vater 1685 12

Blankoeinwilligung
- Adoption **1747** 8

Blindengeld
- Unterhalt **1610A** 5

Buchforderung
- Anordnung der Umwandlung **1815** 15
- gegen Bund oder Land **1816** 5
- Sperrung **1816** 1
- zum Vermögen des Mündels gehörend **1816** 6

Bundesregierung LPartG22 2

Bürgschaft
- vormundschafts-, familiengerichtliche Genehmigung **1822** 119

C

Casting Show
- vormundschafts-, familiengerichtliche Genehmigung **1822** 96

D

Darlehen
- vormundschafts-, familiengerichtliche Genehmigung **1822** 111

Darlehensverbindlichkeiten 1603 118, 829, 1132

Dazuverdienerehe
- Anspruch auf Familienunterhalt **1360** 17

Stichwortverzeichnis

Deckungsvermutung
- Anwendungsbereich **1578A** 3
- Ausschluss **1578A** 5
- bei schadensbedingten Mehraufwendungen **1578A** 1

Dekretadoption 1752 1

Dienstherr
- Erlaubnis **1784** 1

Dienstleistungsverpflichtung 1619 1, 9
- Ausgleichsanpruch **1619** 23
- Umfang **1619** 13
- Vergütung **1619** 19

Dienstwagen
- Sachbezug **1603** 40

Differenzierung
- pauschalierter Stundensatz **VBVGVorbem** 11

Differenzrechnung 1373 1

Diligentia quam in suis LPartG04 1

Direktzusage
- betriebliche Altersvorsorge **VersAusglG47** 8

Doppeladoption
- bei Volljährigkeit **1768** 7

Doppelanrechnung
- Gesamtschuldnerausgleich **1361** 309

Doppelbevollmächtigung 1829 31

Doppelehe 1314 7
- Einzelfälle **1306** 3
- Verbot **1306** 1

Doppeleheverbot
- Rechtsfolgen bei Verstoß **1306** 15

Doppelname
- unechter **LPartG03** 4

Doppelstellung
- der Verwandten **1756** 7

Doppelverfügung
- des Betreuers **1902** 7

Dritte
- andere Rechtshandlungen **1390** 5
- Belange bei der Vermögensanlage **1811** 20
- freiwillige Leistungen **1581** 52
- schuldrechtlicher Anspruch **1514** 11

Drittwiderspruchsklage 1368 20

Drohung
- Rechtsverletzung **GewSchG01** 15
- widerrechtliche **GewSchG02** 7

Durchsetzung
- gerichtliche **1687** 16
- Rechnungslegungspflicht **1840** 29

Düsseldorfer Tabelle 1603 253; **1610** 143

E

Ehe 1357 5
- aufhebbare, Wirkungen **1313** 11
- Aufhebung durch Beschluss **1313** 8
- Aufhebungsgründe **1313** 6; **1314** 5
- Auflösung, Gründe **1306** 11
- bigamische, Antrag auf Aufhebung **1306** 17
- Geschäfte zur Deckung des Lebensbedarfs **1357** 4
- gesetzlicher Güterstand **1363** 1
- kurze **VersAusglG03** 49
- Lebenszeitprinzip **1353** 6
- phasenverschobene **VersAusglG27** 20
- Recht auf eigene Erwerbstätigkeit **1356** 11
- Schwägerschaft **1307** 10
- Verwandtschaft **1307** 3
- von langer Dauer **1609** 47
- Wesen **1353** 1

Eheähnliche Lebensgemeinschaft
- Hausratsverteilung bei Getrenntleben **1361A** 5

Eheaufhebung
- Antrag, Fristbeginn **1317** 11
- Antrag, gehemmter Fristablauf **1317** 17
- Antrag, Rechtsmissbrauch **1316** 8
- Antragsberechtigung **1316** 4
- Antragsberechtigung, Aufhebungsgründe **1316** 5
- Antragsberechtigung, Doppelehe **1316** 6
- Antragsfrist **1317** 4
- Antragstellung bei nicht voll geschäftsfähigen Ehegatten **1316** 12
- Aufhebbarkeit der Zweitehe **1319** 4; **1320** 2
- Ausschluss **1315** 1
- Ausschluss durch Zustimmung des gesetzlichen Vertreters **1315** 13
- Ausschluss infolge Bestätigung **1315** 5
- Bösgläubigkeit des zweiten Ehegatten bei Eheschließung **1320** 7
- erneute Heirat, falsche Todeserklärung **1319** 1; **1320** 1
- Rechtsfolgen **1318** 1
- Rechtsfolgen, nachehelicher Unterhalt **1318** 6
- Rechtsfolgen, Zugewinn- und Versorgungsausgleich **1317** 14
- rückwirkende Heilung **1304** 7
- Scheinehe, Verfahrenskostenhilfe **1313(K)** 11
- Verschollener, falsche Todeserklärung **1320** 6
- Wegfall des Ehemangels **1315** 8
- Wert **1313(K)** 4

Eheaufhebungsverfahren
- Doppelehe **1313(K)** 10
- wegen Doppelehe **1306** 20

Eheauflösung
- durch Tod **1482** 1, 5

Ehedauer
- ehebedingte Nachteile **1578B** 27

Ehefähigkeit
- Ehegeschäftsfähigkeit **1304** 2; **1312** 2, 4
- Geschäftsunfähigkeit **1304** 1; **1747** 14
- Zweifel, Prüfung durch Standesbeamten **1304** 5

Stichwortverzeichnis

Ehefähigkeitszeugnis 1309 5
- Befreiung **1309** 21
- für Deutsche bei Eheschließung im Ausland **1309** 20
- Gültigkeit **1309** 18
- Voraussetzung **1309** 15
- Wirkung **1309** 19

Ehegatte
- alleinige Verwaltung **1427** 4
- Anrechnung des Überschusses auf Gesamtgut **1476** 15
- Anspruch auf Begründung eines Mietvertrages **1568A** 68
- Antrag auf vorzeitigen Zugewinnausgleich **1385** 1
- Berechnung, gegenwärtiges Vermögens **1408(K)** 8
- beschränkt geschäftsfähig **1411** 6
- Eigentumsvermutung **1362** 1
- Einwilligung bei Annahme Minderjähriger **1749** 1
- elterliche Sorge **1458** 5
- fehlende Einwilligung des anderen **1427** 6
- geschäftsunfähiger **1411** 8
- geschiedener, Auskunftspflichten **1580** 1
- keine Verfügungsbeschränkung **1414(St)** 1
- letztwillige Verfügungen **1516** 1
- minderjähriger **1633** 3
- Miteigentum **1568A** 73
- Rechtsgeschäft **1427** 5
- Rechtsstreit mit Dritten **1465** 10
- strafbare Teilnahme an einer Steuerhinterziehung **1356(St)** 11
- unentgeltliche Zuwendung an Dritte **1390** 3
- Verlustabzug, Einkommensteuer **1353(St)** 1
- verwaltender steht unter Vormundschaft **1436** 4
- Vormundschaft **1458** 6

Ehegattenerbrecht
- entsprechende Regelung **LPartG10** 4

Ehegatteninnengesellschaft 1356 19; **1363** 9
- Gesellschaftsvertrag **1363** 11
- Leistungen **1363** 12
- Zweck **1363** 10

Ehegattenunterhalt
- abzugsfähiger **1569(St)** 2
- anwendbare Regelung **LPartG16** 7
- nachehelicher, Altehe **1569** 4
- nachehelicher, Anspruchsentstehung mit Rechtskraft der Scheidung **1569** 82
- nachehelicher, Auskunftsanspruch **1569** 91
- nachehelicher, Auskunftsrecht des Gerichts **1569** 89
- nachehelicher, Beibringungsgrundsatz **1569** 89
- nachehelicher, DDR-Ehen **1569** 4
- nachehelicher, Eigenverantwortung und nachwirkende Mitverantwortung **1569** 7
- nachehelicher, einheitlicher Anspruch **1569** 96
- nachehelicher, einstweilige Anordnungen **1569** 89
- nachehelicher, Elementarunterhalt **1569** 96
- nachehelicher, Geltendmachung als Folgesache **1569** 89
- nachehelicher, im Scheidungsverbund **1569** 91
- nachehelicher, Inhalt und Umfang des Anspruchs **1569** 27
- nachehelicher, isolierte Auskunftsklage **1569** 91
- nachehelicher, keine Mutwilligkeit bei isolierter Geltendmachung **1569** 89
- nachehelicher, Rentenbeginn und Abänderungsklage **1569** 96
- nachehelicher, Stufenklage im Verbund **1569** 91
- nachehelicher, und Trennungsunterhalt (Nichtidentität) **1569** 92
- nachehelicher, Verbundverfahren **1569** 89
- nachehelicher, Verfahren **1569** 89
- nachehelicher, Vorsorgeunterhalt **1569** 96
- nachehelicher, Zuständigkeit **1569** 88
- steuer- und unterhaltsrechtliche Leistungsfähigkeit **1569(St)** 1

Eheleute
- Wechsel der Veranlagungsart **1353(St)** 7

Ehemündigkeit
- Befreiung, Volljährigkeit **1303** 3
- Befreiungsantrag, Art der Entscheidung **1303** 10
- Befreiungsantrag, Inhalt der Befreiung **1303** 9
- Befreiungsantrag, Prüfungsumfang **1303** 4
- Befreiungsantrag, Widerspruch aus triftigem Grund **1303** 17
- Befreiungsantrag, Widerspruch des gesetzlichen Vertreters **1303** 12 f.
- Geschäftsfähigkeit **1303** 2
- Rechtsfolgen bei Verstoß **1303** 22
- Rechtswirkung der Befreiung **1303** 21

Ehename 1355 4; **1616** 24
- Änderung **1617C** 10
- Begleitname **1355** 11
- Bestimmung **1312** 5
- Erstreckung auf das Kind **1617C** 3
- Erteilung der Ehegatten **1618** 11
- Fehlen **1617** 2; **1617A** 2
- Geburtsname bei Eltern ohne Ehenamen und Alleinsorge **1617A** 1
- Geburtsname bei Eltern ohne Ehenamen und gemeinsamer Sorge **1617** 1
- spätere Bestimmung durch die Eltern **1617C** 2
- Wahlmöglichkeit **1355** 6

Stichwortverzeichnis

Eheregister
- Eintragung **1312** 7

Ehesachen
- Mindestwert **FamRK02** 30
- Wert **FamRK02** 29
- Wert, Bedeutung **FamRK02** 40
- Wert, Einkommen **FamRK02** 42
- Wert, Umfang **FamRK02** 33
- Wert, Vermögen **FamRK02** 53

Ehescheidung
- Folgekosten **1564(St)** 5
- Kosten **1564(St)** 4
- mittelbare Kosten **1564(St)** 8
- rechtskräftige **1626B** 5

Eheschließung
- Annehmender und Angenommener **1766** 1
- Anwendung des jeweiligen Heimatrechts der Eheschließenden **1313** 26
- Anwendungsvoraussetzungen, Standesbeamter **1312** 2
- arglistige Täuschung **1314** 17
- Aufhebung der Adoption **1766** 1
- bedingungs- und befristungsfeindlich **1311** 6
- des Kindes **1649** 13
- Drohung **1314** 26
- Erklärung des Eheschließungswillens **1310** 25
- Mitwirkungspflicht des Standesbeamten **1310** 26
- obligatorische Zivilehe **1310** 1
- Offenkundigkeit der Eheaufhebbarkeit **1310** 32
- persönliche und gleichzeitige Anwesenheit **1311** 2
- Rechtsnatur **1310** 3
- Transsexuelle **1310** 44
- Trauzeugen **1312** 6
- Unkenntnis der Eheschließung **1314** 13
- unter falschem Namen **1311** 5
- Verstoß gegen die Form **1314** 11
- Verweigerung der Mitwirkung des Standesbeamten **1310** 28
- Wirkungen **1353** 5

Eheschließungsrecht
- Entkoppelung von kirchlichen und staatlichen **1588** 3

Eheschließunng
- Nichtehe, aufhebbare Ehe **1306** 9

Eheverbot 1307 2; **1766** 1
- Annahme als Kind **1308** 1
- Befreiung **1308** 5
- Umfang **1308** 2
- Versagung der Befreiung **1308** 7

Eheverpflichtung
- wirtschaftliche, schuldhafte Nichterfüllung **1385** 10

Ehevertrag 1408 12
- Abschluss **1411** 3
- Abschluss, Form **1410** 2
- Anfechtung **1408** 23
- Aufhebung **1408** 28; **1411** 4
- Aufhebung, Form **1410** 5
- Ausübungskontrolle **1408** 94
- Bedingung **1408** 27
- Befristung **1408** 27
- beschränkte Geschäftsfähigkeit **1408** 22; **1411** 6
- Betreuungsunterhalt **1408** 69
- Beurkundungsverfahren **1410** 20
- einseitige Benachteiligung **1408** 44
- Feststellungsklage **1408** 115
- Feststellungsklage auf Sittenwidrigkeit **1408(K)** 5
- Form **1410** 13
- Geburt eines Kindes **1408** 97
- gegenseitiger Verzicht **1408** 45
- Gegenstandswert, Berechnung **1408(K)** 8; **FamRK02** 283
- Gegenstandswert, Vorerbe **1408(K)** 12
- Gegenstandswert, Zugewinn **1408(K)** 11
- gerichtlicher Vergleich **1410** 15
- Geschäftsunfähigkeit **1408** 22; **1411** 8
- gesetzlicher Vertreter **1411** 10
- Gütergemeinschaft **1415** 2
- güterrechtliche Verhältnisse **1408** 13
- Güterrechtsregister **1408** 26; **1410** 19; **1412** 4
- Gütertrennung **1414** 2
- materielle Wirksamkeit **VersAusglG08** 1
- nachehelicher Unterhalt, Vereinbarungen **1408** 35, 69
- Nebenabreden **1410** 14
- Rechtsmissbrauch **1408** 95
- Schädigung Dritter **1408** 51
- Schwangerschaft **1408** 61
- Sittenwidrigkeit **1408** 49; **1408(K)** 5
- Sittenwidrigkeit, Prüfungsmaßstab **1408** 54
- Sprachunkundigkeit **1408** 62
- Stellvertretung beim Abschluss **1408** 21; **1410** 17
- Unterhalt wegen Alters **1408** 75
- Unterhalt wegen Krankheit **1408** 79
- Vereinbarungen über den Versorgungsausgleich **VersAusglG07** 17
- Vertragsschluss durch gesetzlichen Vertreter **1411** 13
- Verweisung auf ausländisches Recht **1409** 1
- Vollmacht, unwiderrufliche **1410** 10
- Vollmacht, widerrufliche **1410** 8
- Vorvertrag **1410** 6
- Wegfall der Geschäftsgrundlage **1408** 96
- Wert **FamRK02** 283

Stichwortverzeichnis

- Zustimmung **1411** 11
- Zwangslage **1408** 58

Ehewohnung FamRK15 1
- Alleineigentum eines Ehegatten **1568A** 32
- Anspruch auf Nutzungsüberlassung **1361B** 24
- Aufteilung **1361B** 36
- Auszug, freiwillig **1361B** 63
- Auszug eines Ehegatten **1568A** 16
- Bedürfnis an Nutzung **1568A** 22
- bei Getrenntleben **1361B** 1, 16; **1361B(K)** 1
- Billigkeitserwägung **1568A** 29
- Definition **1568A** 11
- Dienstwohnung **1568A** 48
- Entlassung aus dem Mietvertrag **1361B(K)** 22
- Fortsetzung des Mietverhältnisses **1568A** 60
- gesetzliche Nachfolgeregelung **1568A** 59
- Getrenntleben, Vergütung **1361B(K)** 7
- Getrenntleben, Wert **1361B(K)** 7
- Kindeswohlinteresse **1568A** 22
- Lebensverhältnisse der Ehegatten **1568A** 27
- Nebenräume **1361B** 17
- unbilliger Wert **1361B(K)** 15
- vorläufiger Rechtsschutz **1361B** 79
- Wert **FamRK02** 230

Ehewohnungsverfahren 1568A 2
- persönlicher und zeitlicher Geltungsbereich **1568A** 9
- Rechtsschutzbedürfnis **1568A** 17

Ehezeit
- Beginn **VersAusglG03** 11
- Definition **VersAusglG03** 8
- Ende **VersAusglG03** 12
- Rücknahme des Scheidungsantrags **VersAusglG03** 19
- Vereinbarungen **VersAusglG03** 29
- Verfahrensunterbrechung **VersAusglG03** 21
- VKH-Prüfungsverfahren **VersAusglG03** 14
- wechselseitige Scheidungsanträge **VersAusglG03** 20
- Zustellungsmängel **VersAusglG03** 15

Ehezeitanteil VersAusglG01 15; **VersAusglG03** 31; **VersAusglG05** 1, 7
- Berechnung durch den Versorgungsträger **VersAusglG05** 7
- Bewertungszeitpunkt **VersAusglG05** 15
- Bezugsgröße **VersAusglG05** 7
- Wertänderungen **VersAusglG05** 16

Eidesstattliche Versicherung 1379 21

Eigenbedarf
- Großelternhaftung **1607** 37
- Unterhaltsberechtigte **1603** 248

Eigenbelastung
- zumutbare **1564(St)** 12

Eigentumsvermutung 1362 2
- Ausnahme **LPartG08** 5

- Besitz **1362** 10
- bewegliche Sachen **1362** 9; **LPartG08** 2
- Widerlegung **1362** 15

Eigenverantwortung 1581 27
- Grundsatz **LPartG16** 4
- Kindesunterhalt **1602** 60

Eignung
- des Kindes **1631A** 7

Eilmaßnahme 1631B 45

Ein-Mann-GmbH
- vormundschafts-, familiengerichtliche Genehmigung **1822** 55

Einbenennung
- Anhörung **1618** 37
- Aufnahme des Kindes in den gemeinsamen Haushalt **1618** 10
- Ausschluss der Einbenennung **1618** 9
- Einwilligungsersetzung **1618** 36
- Entscheidungsbegründung **1618** 38
- Erforderlichkeit der Einbenennung **1618** 27
- Ersetzung der Einwilligung **1618** 21
- familiengerichtliche Ersetzung der Einwilligung **1618** 28
- Minderjährigkeit eines Elternteils oder beider Elternteile **1618** 33
- Namensführung des Kindes **1618** 7
- Personensorge **1618** 5
- statthafter Rechtsbehelf **1618** 39
- Wechsel im Sorgerecht **1618** 4

Einbeziehung
- Angehörige und Vertrauenspersonen **1901b** 4
- bereits anhängiger Verfahren **FamRK14** 6

Eingliederungsmodell 1687 5

Eingriffsvoraussetzung 1697A 3
- vorsätzliche Begehungsweise **GewSchG01** 23

Einigung
- fehlende zwischen Eltern und Pfleger **1630** 6
- Gegenstände aus mehreren Instanzen **FamRK09** 31

Einigungsgebühr FamRK04 7; **FamRK09** 3
- Einigungsmehrwert **FamRK09** 29
- Gegenstand aus Beschwerdeinstanz **FamRK09** 31
- Genehmigungsbedarf **FamRK04** 14
- gerichtlicher Einigungsvorschlag **FamRK09** 28
- Kindschaftssache **FamRK04** 19
- Protokollierung **FamRK04** 16
- Rechtsbeschwerde **FamRK04** 21
- Verfahrenskostenhilfe, Folgesachen **FamRK04** 24
- Verzicht auf Versorgungsausgleich **VersAusglG06** 46
- vorübergehende Einigung **FamRK09** 25
- Zahlungsvereinbarung **FamRK09** 9

Stichwortverzeichnis

Einkaufswert
- korrespondierender Kapitalwert
  VersAusglG47 5

Einkommen
- erzielbares **1603** 140, 392, 645
- erzielbares, Bauhelfer **1603** 423
- erzielbares, Behinderungen **1603** 461
- erzielbares, Gastronomie **1603** 443
- erzielbares, Gebäudereiniger **1603** 445
- erzielbares, Hilfsarbeitertätigkeiten **1603** 419
- erzielbares, Mindesteinkommen **1603** 462
- erzielbares, Mindestlohn **1603** 420, 435
- erzielbares, Taxifahrer **1603** 441
- erzielbares, ungelernte Arbeiten **1603** 419
- erzielbares, Zeitarbeit **1603** 447
- fiktives **1603** 392, 645
- hypothetisches **1603** 140, 392, 645
- tatsächliches, Unterhaltspflichtiger **1603** 20

Einkommenspfändung
- Unterhalt **1601(V)** 1
- Wahlrecht des Unterhaltsgläubigers **1601(V)** 1

Einkommenssituation
- Zeitpunkt der Ermittlung **1578** 35

Einkommensteuer
- Ausbildungsfreibetrag **1601(St)** 85
- Entlastungsbetrag für Alleinerziehende **1601(St)** 91
- Kinderbetreuungskosten **1601(St)** 98
- Kindergeld und Kinderfreibetrag **1601(St)** 2
- Zusammenveranlagung, gemeinsame Einkommensteuererklärung **1356(St)** 2

Einkommensteuervorauszahlung 1371(St) 3; **1603** 1357

Einkommensverbesserung
- Karrieresprung **1578** 45
- Wiederverheiratung **1578** 44

Einkommenszuschläge
- Nacht- oder Feiertagsarbeit **1603** 38
- Sachbezüge **1603** 39

Einkünfte
- aus Schwarzarbeit, sittenwidriger Tätigkeit **1603** 48
- aus selbständiger Tätigkeit **1603** 46
- aus überobligatorischer Tätigkeit **1603** 25
- aus überobligatorischer Tätigkeit, allgemeine Altersgrenze **1603** 29
- Auskunft **1605** 49
- Erwerbstätigkeit **1578** 8
- geringfügige Beschäftigung **1569(St)** 83
- Gesamtgut **1420** 7
- hypothetische, Kindesunterhalt **1602** 56
- hypothetische, zumutbare Erwerbstätigkeit **1603** 312
- Kindesunterhalt **1602** 19
- unzumutbare Tätigkeit **1577** 24

- Vermögensertrag **1578** 12
- Vorbehaltsgut **1420** 8

Einkünfteerzielung
- Gütergemeinschaft **1415(St)** 15

Einlagensicherungseinrichtung
- Anlage bei Kreditinstitut ohne Einlagensicherungseinrichtung **1811** 30

Einrichtung
- unabhängig von Wechsel der Bewohner **VBVG05** 24

Einschränkung LPartG12 12
- Benennungsrecht der Eltern **1790** 2
- der Vermögensverwaltung **1364** 5
- örtliche Zuständigkeit **LPartG22** 5
- Vertretungsmacht der Eltern **1641** 1

Einstandspflicht
- Recht auf Befreiung bzw. Rückgriff **1481** 17

Einstufungskriterium
- Änderung **VBVG05** 52

Einstweilige Anordnung 1626 80; **1671** 101
- Beschwerde **FamRK12** 17
- Beschwerdeverfahren **FamRK02** 279
- derselbe Gegenstand **FamRK12** 15
- Erledigung auch der Hauptsache **FamRK12** 20
- Erledigung von einstweiliger Anordnung und Hauptsache **FamRK02** 280
- Rechtsmittel **1626** 83
- Terminsgebühr **FamRK12** 18
- Wert **FamRK02** 246
- Wertreduzierung **FamRK12** 16
- Zuständigkeit **1626** 81

Einstweiliger Rechtsschutz GewSchG01 60

Einvernehmen
- gegenseitiges **1687** 15

Einverständnis
- des Opfers **GewSchG04** 10

Einwilligung 1365 44; **1367** 1
- der leiblichen Eltern, Adoption **1747** 1; **1748** 1
- des Ehegatten, Adoption **1749** 2
- des Ehegatten, Entbehrlichkeit **1749** 5
- des Kindes **1746** 1
- des nichtehelichen Vaters, Adoption **1747** 10
- Ersetzung **1365** 50
- Ersetzung durch Familiengericht **1425** 16
- in die Adoption, Form **1750** 3
- Kraftloswerden **1751** 5
- Vaterschaftsprätendent **1747** 6
- Wirksamkeit **1751** 3
- Zeitpunkt **1747** 7

Einwilligungserklärung 1750 1
- außer Kraft treten **1750** 9

Einwilligungsvorbehalt 1908D 66
- Aufgabenbereich gerichtliche Auseinandersetzungen **1903** 83
- bei Betreuten **1411** 7

- Beschwerde, Beschwerdebefugnis **1903** 102
- Beschwerdebefugnis, Betreuungsbehörde **1903** 104
- Beschwerdefrist **1903** 105
- Prozessfähigkeit **1903** 81
- Prozessunfähigkeit **1903** 82
- Sachverständigengutachten **1903** 97

Einzelperson
- Annahme des Kindes **1754** 4

Einzeltheorie 1365 25

Einzelverweisung 1908I 3

Einzelvormund
- Entlassung **1886** 1; **1889** 7
- pflichtwidriges Verhalten **1886** 10
- weitere Entlassungsgründe **1886** 18

Einzelvormundschaft
- religiöse Erziehung **1801** 6
- Vorrang **1887** 3

Elementarunterhalt LPartG12 9
- Trennungsunterhalt **1361** 63
- Vorrang **1581** 68

Elterliche Sorge
- Abtrennung **1626(K)** 56
- Abtrennung vom Verbund **1626(K)** 30
- Alleinvertretung **1629** 33
- Angelegenheiten der Ausbildung und des Berufes **1631A** 1
- Anlegung von Geld **1642** 1
- ärztlicher Eingriff **1626** 15; **1629** 35
- Aufenthaltsbestimmung **1631** 17
- Aufenthaltsbestimmungsrecht **1626(K)** 28; **1632** 17
- Aufgabenteilung **1627** 6
- Aufwendungsersatz **1629** 41
- Ausschluss der Vertretungsmacht **1629** 26
- Ausschluss von der Vertretung **1629** 43
- Ausübung **1627** 1
- Beaufsichtigung **1631** 10
- Beendigung, durch Tod **1681** 3
- Beschränkung der Vermögenssorge **1638** 1
- Beschränkung der Vertretungsmacht **1629** 27
- Beschränkungen und Auflagen **1628** 14
- Dauer **1626** 11
- eigene Geschäfte der Eltern für das Kind **1629** 4
- eigene Rechte des Kindes **1626** 26
- eigene Verantwortung **1627** 2
- Einigung **1626(K)** 35
- Einigung bei Meinungsverschiedenheiten **1627** 8
- einstweilige Anordnung **1626(K)** 40
- einstweilige Anordnung, derselbe Gegenstand **1626(K)** 57
- Elternrecht **1626** 2
- Elternverantwortung **1626** 3
- Empfangsvertretung **1629** 36
- entwürdigende Maßnahmen **1631** 26
- Entzug des Aufenthaltsbestimmungsrechts **1632** 38
- Ergänzungspflegschaft **1629** 92
- Erziehungsmittel **1631** 31
- Erziehungsprimat **1631** 3
- fehlende eheliche Bindung der Eltern **1626A** 6
- für ein unverheiratetes Kind **1618** 3
- Gefährdung des Kindeswohls durch die Wegnahme **1632** 29
- gegenseitiges Einvernehmen **1627** 3
- Geltendmachung von Kindesunterhalt **1629** 42
- gemeinsame **1626A** 51
- gerichtliche Entscheidung bei Meinungsverschiedenheiten **1628** 1
- Gesamtvertretung **1629** 29
- gesetzliche Vertretung **1626** 19; **1629** 1
- Gewaltverbot **1631** 23
- Grenzen des Umgangsrechts **1632** 20
- Interessenwiderstreit **1629** 51
- keine Einschränkung **1716** 2
- Kindeswille **1626** 25
- körperliche Bestrafung **1631** 27
- mehrere Kinder **1626A** 10
- Meinungsverschiedenheit zwischen Eltern und Pfleger **1630** 6
- Personensorge **1626** 14; **1631** 1
- Pflege und Erziehung **1626** 24; **1631** 2
- Pflichtwidrigkeit **1627** 9
- Recht auf gewaltfreie Erziehung **1631** 24
- Ruhen, Wirkung **1675** 1
- Schenkungsverbot **1641** 1
- Schwangerschaftsabbruch **1626** 17
- schwebende Unwirksamkeit der Sorgerechtserklärung **1626A** 9
- seelische Verletzung **1631** 29
- Staatsangehörigkeitsrecht **1626** 12
- Terminsgebühr **1626(K)** 33
- Übergang **1681** 2
- Umfang der Vertretungsmacht **1629** 3
- Umgang **1626** 27
- Umgangsverbote **1632** 19
- Umgangsverbote im sexuellen Bereich **1632** 21
- Unterhaltsstreitigkeiten **1628** 4
- Unterstützung durch das Familiengericht **1631** 32
- unverheiratete Eltern **1626A** 1
- Verfahren **1626** 38
- Verfahrensablauf **1626** 41
- Verfahrensbeistand **1629** 95
- Vermögenssorge, Anordnungen des Erblassers oder Zuwendenden **1639** 1
- Vermögenssorge, Pflicht zur Inventarisierung **1640** 2

Stichwortverzeichnis

- Vertretungsmacht der Eltern **1629** 2
- Vertretungsverbot **1629** 46
- völkerrechtliche Ebene **1626** 4
- Vollstreckungsstandschaft **1629** 80
- Wert **1626(K)** 10
- Wert, isoliertes Verfahren **1626(K)** 15
- Wert, mehrere Kindschaftssachen **1626(K)** 24
- Wertabschlag **1626(K)** 20; **FamRK02** 80
- Wertaufschlag **1626(K)** 18; **FamRK02** 78
- Wiedereinräumung bei Scheitern **1751** 13
- Wohl des Kindes **1627** 7
- Zurückübertragung **1764** 7
- Zwangsvollstreckung **1626(K)** 46

Eltern
- Aufwendungsersatzanspruch **1648** 1
- beschränkte Haftung **1664** 1
- gesamtschuldnerische Haftung **1664** 15
- Haftung von Eltern und Dritter **1664** 17
- Pflicht zu Beistand und Rücksicht **1618A** 1
- Pflichtverletzung der Eltern **1664** 4
- Unterhaltsanspruch gegenüber Kindern **1601** 7
- Verkehrspflichten im Straßenverkehr **1664** 14
- Vertretung des Kindes **1629** 1

Eltern-Kind-Verhältnis 1618A 2; **1769** 2
- Volljährigenadoption **1767** 8

Eltern-Kind Verhältnis
- Dienstleistungsverpflichtung **1619** 10
- Pflicht zu Beistand und Rücksicht **1618A** 2

Elterngeld 1578Soz 324
- Bezugsdauer und Höhe **1578Soz** 328

Elternrolle
- faktische **1786** 4

Elternschaft light 1686A 4

Elternteil
- beschränkt geschäftsfähiger **1626C** 1, 4
- Tod **1680** 4

Elternunterhalt 1609 72
- Altersteilzeit **1603** 1080
- Altersvorsorge **1603** 1090; **1610** 408
- Altersvorsorge, selbstgenutztes Hausgrundstück **1603** 1123
- Anwaltshaftung **1603** 1294
- Ausbildung **1610** 408
- Auskunft **1605** 46
- Auskunftsanspruch **1606** 121
- Bedarf, Bedürftigkeit **1602** 130
- Berechnung **1603** 1285
- berufsbedingte Aufwendungen **1602** 137
- Besonderheiten **1601** 7
- Beweislast **1603** 1286; **1606** 119
- Darlegungslast **1603** 1286; **1606** 119
- Einkommensermittlung **1603** 973
- Familieneinkommen **1603** 1066
- Familienselbstbehalt **1603** 1064
- Familienunterhalt **1603** 1011, 1279

- Geschwister **1606** 118
- Grundsicherung **1602** 146; **1603** 1294
- Haftungsquote **1606** 117
- Hausgrundstück **1602** 203, 216
- Krankenversicherung **1610** 408
- Leistungsfähigkeit **1603** 964
- Notgroschen **1602** 204
- Rente **1610** 406
- Schenkung **1602** 194, 218
- Schonvermögen **1602** 203, 206, 216
- Schwiegerkind **1603** 1007
- Selbstbehalt **1603** 1269
- Steuern **1603** 982, 1292
- Sucht **1610** 406
- Taschengeld **1603** 1034
- Verfahrenskostenvorschuss **1610** 411
- Vermögen **1602** 203, 216
- Vermögenseinsatz **1603** 1163
- Vermögensstamm **1602** 201, 215
- Vorruhestand **1603** 1080
- Vorsorgeaufwendungen **1603** 1098
- Wohngeld **1602** 170; **1610** 413
- Wohnvorteil **1603** 995

Empfangsvollmacht
- Mahnung **1613** 42

EMRK
- Europäische Menschenrechtskonvention **1696** 50

Endvermögen
- Zugewinn **1373** 1

enge Bezugspersonen 1685 10

Enkel
- Selbstbehalt **1607** 35

Entbindung 1615N 2

Entbindungskosten 1615L 1

Entflechtung 1756 3

Entfremdung
- tiefgreifende zwischen Vormund und Mündel **1886** 11

Entgeltlichkeit VBVG05 15

Entlassung 1839 13; **1840** 30
- Amts- bzw. Vereinsvormund **1887** 2
- Anwendungsfälle **1888** 8
- Beamter oder Religionsdiener **1888** 2
- des Gegenvormunds **1895** 4
- durch Familiengericht **1857A** 7
- Voraussetzung **1887** 6
- Vorliegen eines wichtigen Grundes **1889** 7

Entlassungsgrund
- Bestellung zum Vormund **1781** 6

Entlassungsverfügung 1790 4

Entlassungsvorbehalt
- ohne Vorbehalt **1790** 3
- Zulässigkeit **1790** 2

Entnahmezeitpunkt 1836D 14

Stichwortverzeichnis

Entscheidung
- familiengerichtliche **1696** 19
- Mitteilung der Genehmigung **1829** 13
- rechtskräftige, richterliche **1449** 6

Entscheidungsbefugnis
- Pflegeperson **1688** 2

Entscheidungsmaßstab 1697A 1

Entscheidungsübertragung 1628 2

Entwicklung
- persönliche **1839** 8

Entziehung
- bestimmter Kreis von Angelegenheiten **1796** 27

Entzug
- elterliche Sorge **1675** 5

Erbanspruch 1745 4

Erbe
- keine Mittel zur Verfügung **1615** 9
- neben überlebendem Ehegatten **1482** 13

Erbeinsetzung
- testamentarische **LPartG10** 13

Erbrecht
- eingetragene Lebenspartner **LPartG10** 1

Erbschaft
- Ausschlagung, vormundschaftsgerichtliche Genehmigung **1822** 25
- des nicht verwaltenden Ehegatten **1439** 4
- Entstehung von Verbindlichkeiten **1439** 12; **1461** 12
- Erwerb als Vorbehalts- oder Sondergut **1461** 8
- Erwerb während Gütergemeinschaft **1439** 7; **1461** 6
- Sondergut **1439** 10; **1461** 10
- Vorbehaltsgut **1439** 9; **1461** 9

Erbteilungsvertrag
- vormundschafts-, familiengerichtliche Genehmigung **1822** 30

Erbverzicht 1586B 36

Erforderlichkeit
- der Aufwendungen **1648** 4

Erfüllungsverweigerung
- Verzug **1613** 57

Ergänzende Altersvorsorge 1603 101

Ergänzungsbetreuer VBVG06 1

Ergänzungspfleger 1631C 3
- Berufung, Ausnahmeregelung **1916** 1
- Personensorge **1666** 64
- Rechtsfolgen der Berufung **1916** 5
- Rechtsstellung **1909** 87

Ergänzungspflegschaft 1693 7; **1909** 34
- Beschwerdebefugnis **1909** 104
- Bestellung durch Familiengericht **1638** 11
- Beteiligte **1909** 100
- Fürsorgebedürfnis **1909** 65
- Interessengegensatz **1909** 53
- Kindschaftssachen **1909** 43

- Mitteilungspflicht **1909** 81
- Rechtsmittel **1909** 103
- Übergangsregelung nach dem FGG-Reformgesetz **1909** 27
- Vaterschaftsanfechtung **1909** 42
- Wegfall des Anordnungsgrundes **1919** 5
- Zeugnisverweigerungsrecht **1909** 46
- Zuständigkeit **1909** 91

Erholungsphase
- volljähriges Kind **1610** 100

Erlaubnis
- Erforderlichkeit **1784** 2
- Versagung **1784** 6

Ermächtigung
- Betrieb eines Erwerbsgeschäfts **1825** 13
- erfasste Rechtsgeschäfte **1825** 5
- Grundlagen **1825** 6

Ermessen 1811 83

Erörterungspflicht
- zwischen Arzt und Betreuer **1901b** 3

Ersatzanspruch 1648 6
- ausgeschlossene Abkömmling **1511** 15

Ersatzbetreuer VBVG06 1

Ersatzhaftung 1607 1
- der Großeltern **1607** 19
- Großeltern, Unterhalt **1603** 241
- Verwandter **1584** 10

Ersatzpflegschaft 1909 77

Ersatzpflicht
- Rücktritt vom Verlöbnis **1298** 1

Ersatzvornahme 1615M 3

Ersetzbarkeit
- fehlende Erklärung **1761** 2

Ersetzung
- der Einwilligung **1760** 6
- Einwilligung, Adoption **1748** 1
- Zustimmung des Verwalters **1430** 1, 19

Ersetzungsbefugnis
- des Gläubigers **1383** 7
- Personensorge **1666** 51

Ersetzungspflicht
- des verstorbenen Ehegatten **1500** 4

Ersetzungsverfahren
- antragsgebunden **1626C** 9

Erstattung
- der Aufwendungen **VBVG06** 5

Erstausbildung 1603 247

Erwachsenenadoption 1767 1

Erwerb
- als Ersatz eines zum Gesamtgut gehörenden Gegenstands **1473** 8
- durch Rechtsgeschäft mit Bezug zum Gesamtgut **1473** 10
- einer Forderung **1646** 6
- Mittel des Kindes **1646** 3

Stichwortverzeichnis

- rechtsgeschäftlicher **1646** 2
- zum Gesamtgut gehörendes Recht **1473** 7

Erwerbsanreiz
- erwerbstätiger und nicht erwerbstätiger Unterhaltspflichtiger **1603** 238

Erwerbsbemühungen 1603 142

Erwerbseinkommen
- Elternunterhalt **1602** 136

Erwerbsfähigkeit
- gesundheitliche Einschränkungen **1603** 375

Erwerbsgeschäft
- auf den Namen des Kindes **1645** 1
- Beginn **1645** 3
- für Rechnung des Gesamtguts **1442** 9; **1464** 9
- Neugründung **1645** 1
- selbständiger Betrieb **1629A** 12
- selbstständiges **1431** 1; **1456** 1

Erwerbslosenunterhalt
- Befristung **1573** 112
- Einsatzzeitpunkt **1573** 17
- unzumutbare Tätigkeit **1573** 19

Erwerbslosigkeit LPartG16 6

Erwerbsminderungsrente 1603 808

Erwerbsobliegenheit 1573 20; **1603** 140
- Altersteilzeit **1571** 7
- angemessene Erwerbstätigkeit **1571** 8; **1572** 21
- angemessene Tätigkeit **1574** 8
- Ausbildung **1573** 33
- Ausbildungsobliegenheit **1574** 41
- Beginn **1573** 44
- bei Teilzeit **1573** 31
- berufliche Ausbildung **1574** 15
- berufsspezifische Altersgrenzen **1571** 7
- Berufsunfähigkeit **1572** 19
- eines Selbständigen, Altersgrenze **1571** 16
- Einzelfallentscheidungen **1571** 12
- einzelnes Kind unter 8 Jahren **1570** 206
- fiktives Einkommen **1573** 51
- flexible Altersgrenzen **1571** 7
- Freistellung wegen Kindesbetreuung **1570** 32
- früher ausgeübte Tätigkeit **1574** 23
- Geschwistertrennung **1570** 84
- Gesundheitszustand **1574** 29
- Kindesbetreuung **1603** 477
- Lebensalter **1574** 27
- persönliche Fähigkeiten **1574** 18
- reale Beschäftigungschance **1573** 35
- Regelaltersgrenze **1571** 6
- Teilzeitbeschäftigung **1573** 18
- Trennungsunterhalt **1361** 532
- trotz Unterhaltsfortzahlung **1573** 48
- Umfang der Bemühungen **1573** 23
- Verwandtenunterhalt **1608** 8

Erwerbstätigenbonus
- Trennungsunterhalt **1361** 63

Erwerbstätigkeit
- nichteheliche Mutter **1615L** 184
- selbständige **1603** 729
- zumutbare **1603** 535

Erwerbsunfähigkeit 1603 802

Erwerbsunfähigkeitsrente
- Erstattungsanspruch des Verpflichteten bei Rentennachzahlung **1572** 46
- Unterhalt **1610A** 7

Erziehungsbereitschaft
- des Vaters **1678** 12

Erziehungseignung 1671 39

Erziehungsgeld
- nichteheliche Mutter **1615L** 178

Externe Teilung VersAusglG14 1
- Anforderungen **VersAusglG15** 1
- auf Verlangen des Versorgungsträgers **VersAusglG14** 17
- Auffangzielversorgung **VersAusglG15** 41
- Ausschlussfrist **VersAusglG15** 51
- Bereiterklärung **VersAusglG15** 9, 53
- Betriebsrenten **VersAusglG14** 22; **VersAusglG17** 1
- Frist zur Wahl der Zielversorgung **VersAusglG15** 47
- Halbteilungsgrundsatz **VersAusglG14** 28
- Kapitalwert **VersAusglG14** 26
- privilegierte Versorgungen **VersAusglG15** 36
- schädliche Verwendung **VersAusglG15** 28
- steuerrechtliche Folgen **VersAusglG15** 19; **VersAusglG17** 22
- Unzulässigkeit **VersAusglG14** 43
- Vereinbarung der **VersAusglG14** 11
- Verfahren **VersAusglG14** 45
- Verzinsung des Kapitalwerts **VersAusglG14** 32
- Vollzug **VersAusglG14** 25
- Voraussetzungen **VersAusglG14** 8
- Wahl der Zielversorgung **VersAusglG15** 46
- Wertänderungen **VersAusglG14** 29
- Wertgrenzen **VersAusglG14** 19
- Zielversorgung **VersAusglG15** 1
- Zustimmung des Zielversorgungsträgers **VersAusglG15** 9
- Zustimmung zur Zielversorgungswahl **VersAusglG15** 33

externe Teilung
- beamtenrechtliche Versorgungen **VersAusglG16** 1
- steuerrechtliche Folgen **VersAusglG16** 21

F

Fahrlässigkeit
- leichte oder mittlere **LPartG04** 2

Fahrtkosten 1603 87, 665

Stichwortverzeichnis

Familie
- Berücksichtigung der wirtschaftlichen Interessen **1426** 8
- Eingliederung **1754** 11

Familienbeziehung
- verbleibende oder neue **1763** 10

Familiengericht
- Änderung des Ehenamens **1765** 8
- Ansprüche aus Auseinandersetzungsvereinbarung **1474** 14
- Antrag **1568A** 110
- Aufhebung der Gegenvormundschaft **1895** 4
- Aufsicht **1716** 8
- Aufsicht über Führung der Vormundschaft **1793** 162
- Aufsichts- und Kontrollorgan **1857** 3
- Befreiung **1766** 2
- Beteiligte **1568A** 113
- Einschränkung und Ausschluss der Befugnis **1687A** 9
- Entscheidung **1628** 18; **1644** 4; **1645** 5
- Entscheidung der Übertragung **1630** 31
- Ersetzung der Einwilligung **1746** 8; **1749** 3
- Ersetzung der Genehmigung **1812** 45
- Erzwingung des Schulbesuchs **1666** 48
- Genehmigung **1631B** 9; **1645** 4; **1746** 11
- Genehmigung von Rechtsgeschäften **1643** 1
- Kosten **1568A** 138
- Maßnahmen bei Gefährdung **1666** 43
- Mitwirkung **1810** 1
- Regelungsinhalt **1684** 51
- sachliche und örtliche Zuständigkeit **1568A** 102
- Überprüfung der Amtsführung **1843** 2
- Umfang und Ausübung **1684** 47
- Verfahrensgrundsätze **1568A** 123
- Weiterführung des Namens **1765** 5
- Wertermittlung nach billigem Ermessen **VersAusglG42** 6
- Wirksamkeit der Entscheidung **1568A** 136
- Zuständigkeit **LPartG13** 5; **LPartG14** 5; **LPartG17** 2
- Zuständigkeit bei Unterhaltsstreitigkeiten **1601** 9

Familienname
- Änderung **1617C** 15
- des Annehmenden **1757** 2
- nach Aufhebung **1765** 1

Familienpflege 1630 14
- längere Dauer **1630** 17

Familiensachen
- allgemein **FamRK01** 7
- Anwaltsbeiordnung **FamRK01** 13
- Auflösung Verbund **FamRK01** 49
- Aufnahme in den Verbund **FamRK01** 42
- Einigungsgebühr **FamRK04** 7
- einstweilige Anordnung **FamRK01** 68
- Familienstreitsachen **FamRK01** 25
- isoliert **FamRK01** 27, 60
- Kostenregelungen **FamRK01** 86
- Lebenspartnerschaftssachen **FamRK01** 66
- Rechtsmittel **FamRK01** 81
- Säumnis **FamRK01** 15
- Terminsgebühr **FamRK04** 3
- Verbindung **FamRK01** 14
- Verbundverfahren **FamRK01** 31
- Verfahrensgebühr **FamRK04** 3
- Wert, Verbindung **FamRK02** 20
- Wertberechnung, Zeitpunkt **FamRK02** 11
- Wertermittlung allgemein **FamRK02** 1

Familienselbstbehalt
- Elternunterhalt **1603** 1064

Familienunterhalt
- Anspruch gegen neuen Ehepartner **1603** 324
- Anspruchsausgestaltung **1360** 8
- Anspruchsberechtigung **1360** 7
- Bedarf an Mitteln **1420** 3
- Großelternhaftung **1607** 37
- Verpflichtung der Ehegatten **1360** 1
- Verzug **1613** 10

Fehlen
- hinreichende Patientenverfügung **1901A** 9

Fehlgeburt 1615N 4

Ferienumgang 1684 148

Feststellung
- gerichtliche **1674** 9
- Vaterschaft **1615A** 1; **1712** 16

Feststellungsantrag
- außerehelicher Kinder **1615A** 1

Fiktion
- Fortbestehen der elterlichen Sorge **1698A** 7

Finanzplaner
- zertifizierter **1811** 78

Finanzstatus 1811 24

flexible Altersgrenze
- Elternunterhalt **1603** 1080

Folgen
- für das Sorgerecht **1678** 1

Folgesachen
- Abtrennung **FamRK13** 3, 15

Forderung
- Begriff **1812** 23
- gegenüber dem Gesamtgut **1468** 6
- Förderungsprinzip **1671** 53; **1685** 22

Forderungsübergang
- Verwirkung **1613** 341

Formerfordernis
- der Eheschließung **1311** 1
- Verstoß **1311** 7; **1760** 8

Fortbildung VBVG11 7, 10

Stichwortverzeichnis

Fortführung
- Befugnis **1893** 9
- dringlicher Geschäfte **1893** 11
- vormundschaftlicher Geschäfte **1893** 7

Fortgesetzte Gütergemeinschaft 1483 1
- Abkömmlinge **1483** 26
- Ablehnung durch überlebenden Ehegatten **1483** 33; **1484** 1
- Ablehnung durch überlebenden Ehegatten, Form **1484** 9
- Ablehnung durch überlebenden Ehegatten, Frist **1484** 8
- Ablehnung durch überlebenden Ehegatten, Genehmigungspflicht **1484** 11
- Ablehnung durch überlebenden Ehegatten, Wirkung **1484** 15
- Abweichung von den gesetzlichen Bestimmungen **1518** 4
- Abweichung von den gesetzlichen Bestimmungen, Beispiele **1518** 7
- Alleinerbschaft des überlebenden Ehegatten **1500** 7
- Änderung des Inhalts des Auseinandersetzungsanspruchs **1512** 9
- Anfechtung des Anteilserwerbs **1506** 15
- Anordnung eines Übernahmerechts, Form **1515** 5
- Anordnung eines Übernahmerechts, Zulässigkeit **1515** 4
- Anrechnung auf Anteil der Abkömmlinge **1500** 1
- Anrechnung von Abfindungen an Abkömmlinge **1501** 1
- Anteile der Abkömmlinge, Beschränkung **1513** 2
- Anteile der Abkömmlinge, Herabsetzung **1512** 1
- Anteilsunwürdigkeit **1506** 1
- Anteilsunwürdigkeit, Geltendmachung **1506** 15
- Anteilsunwürdigkeit, Wirkung **1506** 12
- Aufhebung **1492** 1
- Aufhebung der Vereinbarung **1518** 8
- Aufhebung durch den überlebenden Ehegatten **1492** 1
- Aufhebung durch den überlebenden Ehegatten, Pflicht **1492** 10
- Aufhebung durch den überlebenden Ehegatten, Wirkung **1492** 11
- Aufhebung durch überlebenden Ehegatten **1492** 4
- Aufhebungsklage eines Abkömmlings **1495** 1
- Aufhebungsklage eines Abkömmlings, Verfahren **1495** 22
- Aufhebungsvertrag **1492** 8
- Auseinandersetzung **1497** 8
- Auseinandersetzung, Übernahmerechte **1498** 19
- Auseinandersetzung des Gesamtguts **1498** 1
- Auseinandersetzung des Gesamtguts, nicht anwendbare Vorschriften **1498** 18
- Auseinandersetzung des Gesamtguts, Rechtsstellung der Beteiligten **1498** 12
- Auseinandersetzungsklage **1497** 28
- Auseinandersetzungsvereinbarung **1498** 5
- Auseinandersetzungsvereinbarung, Wirkung **1498** 10
- Ausführungsgesetz über den Güterstand der Wahl-Zugewinngemeinschaft **1519** 1
- Ausschließung durch letztwillige Verfügung **1483** 32; **1509** 1
- Ausschließung durch letztwillige Verfügung, Gründe **1509** 4
- Ausschließung durch letztwillige Verfügung, Wirkung **1510** 1
- Ausschließung eines Abkömmlings **1511** 6
- Ausschließung eines Abkömmlings, Ersatzanspruch **1511** 19
- Ausschließung eines Abkömmlings, Form **1511** 9
- Ausschließung eines Abkömmlings, Wirkung **1511** 15
- Ausschließung eines Abkömmlings, Zustimmung des anderen Ehegatten **1516** 1
- Ausstattung anteilsberechtigter Abkömmlinge **1499** 11
- Ausstattung nicht anteilsberechtigter Abkömmlinge **1499** 12
- Beendigung **1483** 13
- Beendigung, Tod des überlebenden Ehegatten **1494** 9
- Beendigungsgründe **1497** 4
- Begriff **1483** 3
- Beschränkung des Anteils eines Abkömmlings **1513** 2
- Beschränkung des Anteils eines Abkömmlings, Voraussetzung **1513** 6, 11
- Beschränkung des Anteils eines Abkömmlings, Wirkung **1513** 17
- Betreuer **1495** 13
- Entziehung des Anteils eines Abkömmlings **1513** 1
- Entziehung des Anteils eines Abkömmlings, Form **1513** 8
- Entziehung des Anteils eines Abkömmlings, Voraussetzung **1513** 5
- Entziehung des Anteils eines Abkömmlings, Wirkung **1513** 14
- Entziehung des Anteils eines Abkömmlings, Zustimmung des anderen Ehegatten **1516** 1

Stichwortverzeichnis

- Entziehung des Anteils eines Abkömmlings, Zuwendung an einen Dritten **1514** 1
- Erbschaftsteuer **1483** 15
- Erbunwürdigkeit des überlebenden Ehegatten **1506** 8
- Erbunwürdigkeit eines Abkömmlings **1506** 1
- Ergänzung des Anteils eines Abkömmlings **1505** 1
- Erwerb aus Nachlass des verstorbenen Ehegatten **1485** 9
- Forderungen des überlebenden Ehegatten **1487** 20
- Gesamtgut **1485** 1
- Gesamtgutsverbindlichkeiten **1488** 1
- Haftung bei Auseinandersetzung **1498** 17
- Haftung der anteilsberechtigten Abkömmlinge **1489** 15
- Haftung des überlebenden Ehegatten **1489** 1
- Haftungsausgleich unter Abkömmlingen **1504** 1
- Haftungsbeschränkung **1489** 9
- Herabsetzung des Anteils eines Abkömmlings **1512** 1
- Herabsetzung des Anteils eines Abkömmlings, Auflagen **1512** 8
- Herabsetzung des Anteils eines Abkömmlings, Form **1512** 5
- Herabsetzung des Anteils eines Abkömmlings, Wirkung **1512** 13
- Herabsetzung des Anteils eines Abkömmlings, Zustimmung des anderen Ehegatten **1516** 1
- Insolvenzverfahren **1483** 12
- Liquidationsgemeinschaft **1497** 10
- Missbrauch des Verwaltungsrechts **1495** 7
- Modifikationen **1518** 5
- Nachteile **1483** 18
- Pfändungsbeschränkung **1513** 19
- Pflichtteilsansprüche **1483** 16
- Praktische Bedeutung **1483** 17
- Rechtsstellung der Beteiligten **1483** 8; **1487** 1
- Rechtsverhältnis nach Beendigung bis zur Auseinandersetzung **1497** 1
- Schulden des überlebenden Ehegatten **1487** 20
- Teilung unter den Abkömmlingen **1503** 1
- Teilung unter den Abkömmlingen, Ausgleichung von Vorempfängen **1503** 8
- Tod des überlebenden Ehegatten **1494** 1; **1497** 13
- Tod eines Abkömmlings **1497** 14
- Tod eines anteilsberechtigten Abkömmlings **1490** 1; **1494** 5
- Übernahmerecht anteilsberechtigter Abkömmlinge **1502** 13; **1515** 1
- Übernahmerecht anteilsberechtigter Abkömmlinge, Landgut **1515** 19
- Übernahmerecht anteilsberechtigter Abkömmlinge, Übernahmeerklärung **1515** 11
- Übernahmerecht anteilsberechtigter Abkömmlinge, Wertersatz **1515** 17
- Übernahmerecht anteilsberechtigter Abkömmlinge, Zustimmung des anderen Ehegatten **1516** 1
- Übernahmerecht des überlebenden Ehegatten **1502** 1; **1515** 29
- Übernahmerecht des überlebenden Ehegatten, Ausschluss **1502** 4
- Unfähigkeit zur Verwaltung **1495** 6
- Verbindlichkeiten der anteilsberechtigten Abkömmlinge **1488** 4
- Verbindlichkeiten des überlebenden Ehegatten **1488** 5; **1499** 1
- Verbindlichkeiten des verstorbenen Ehegatten **1488** 8
- Verbindlichkeiten zu Lasten der Abkömmlinge **1500** 1
- Verbindlichkeiten zu Lasten des überlebenden Ehegatten **1499** 1
- Vereinbarung **1483** 21
- Vereinbarung, Aufhebung **1483** 24
- Vereinbarung, Form **1483** 22
- Verfügungen über das Gesamtgut **1487** 10
- Verhinderung des überlebenden Ehegatten **1487** 19
- Verletzung der Unterhaltspflicht gegenüber anteilsberechtigtem Abkömmling **1495** 9
- Vermögensmasse, Sondergut **1486** 12
- Vermögensmasse, Vorbehaltsgut **1486** 3
- Vermögensmassen **1483** 5
- Verwaltung des Gesamtguts **1487** 9
- Verwirkung der elterlichen Sorge **1495** 17
- Verzicht aller anteilsberechtigten Abkömmlinge **1491** 17
- Verzicht eines anteilsberechtigten Abkömmlings **1491** 1; **1517** 1
- Verzicht eines anteilsberechtigten Abkömmlings, Abfindung **1517** 9
- Verzicht eines anteilsberechtigten Abkömmlings, Abfindungslast **1503** 26
- Verzicht eines anteilsberechtigten Abkömmlings, Anrechnung der Abfindung **1501** 4
- Verzicht eines anteilsberechtigten Abkömmlings, Aufhebung **1517** 16
- Verzicht eines anteilsberechtigten Abkömmlings, Form **1491** 9
- Verzicht eines anteilsberechtigten Abkömmlings, Gegenleistung **1491** 13
- Verzicht eines anteilsberechtigten Abkömmlings, Vertrag **1491** 11; **1517** 5
- Verzicht eines anteilsberechtigten Abkömmlings, Wirkung **1491** 14; **1517** 12

Stichwortverzeichnis

- Verzicht eines anteilsberechtigten Abkömmlings, Zulässigkeit **1491** 6
- Wiederverheiratung **1493** 1
- Wiederverheiratung, Pflichten **1493** 14
- Wiederverheiratung, Rechtsfolge **1493** 6
- Wiederverheiratungsabsicht **1492** 10
- Wirkung der richterlichen Aufhebungsentscheidung **1496** 1
- Zeugnis **1507** 1
- Zeugnis, Antrag **1507** 9
- Zeugnis, notwendiger Inhalt **1507** 4
- Zeugnis, unrichtiges **1507** 17
- Zeugnis, Verhältnis zum Erbschein **1507** 7
- zwingendes Recht **1518** 1

Freibetrag
- Unterhalt **1610A** 7

Freiwilliges soziales Jahr
- Unterhalt **1602** 116; **1610** 116

Fremdbetreuung 1570 52
- Elternvereinbarung **1570** 67
- gemeinsame Betreuung durch Eltern **1570** 55
- gemeinsamer Lebensgefährte als Betreuer **1570** 62
- Grundschulalter **1570** 96
- Kindergartenalter **1570** 95
- Kosten **1570** 138
- Obliegenheit zu Inanspruchnahme **1570** 64

Frist
- Verfahrensstandschaft **1368** 9

Fristberechnung
- Beginn und Ende **VBVG05** 37

Fristsetzung
- zur Bestimmung des Namens **1617** 19

Für-Prinzip 1603 69

Füreinandereintreten
- gegenseitiges **GewSchG02** 10

G

Garantenstellung LPartG02 5
Gebühren
- Aussöhnungsgebühr **1313(K)** 8
- Einigungsgebühr **1313(K)** 9
- Geschäftsgebühr **1313(K)** 7
- keine Anrechnung auf Folgegebühren **1361A(K)** 18

Geburtsname 1355 10; **1616** 30; **LPartG03** 3
- als Ehename **1765** 4
- bei Alleinsorge **1617A** 1
- bei Eltern ohne Ehenamen und Alleinsorge **1617A** 1
- bei Eltern ohne Ehenamen und gemeinsamer Sorge **1617** 1
- Einwilligung des Kindes **1617A** 22
- Eltern ohne Ehenamen **1617A** 1

- Erklärung gegenüber dem Standesamt **1617A** 23
- Erstreckung des Ehenamens **1617C** 3
- Geschlechtsoffenkundigkeit **1616** 6
- internationales Privatrecht **1616** 16
- Name bei Namensänderung der Eltern **1617C** 1
- Namensbestimmungsrecht **1616** 7
- Namensneuerteilung eines weiteren Kindes **1617B** 12
- Neubestimmung des Namens **1617B** 10
- sorgerechtliche Veränderungen nach Namensgebung des Kindes **1617B** 1
- Übertragung des Namensbestimmungsrechts **1616** 22
- Wegfall der Vaterschaft **1617B** 22

Gefahr
- Aufschub des Rechtsgeschäfts **1426** 14; **1429** 10; **1454** 9

Gefährdung
- des Kindeswohl **1761** 3

Gefährdungshandlung
- vorzeitiger Zugewinnausgleich **1385** 6

Gefahrenlage
- Rechtsfolge **1857** 9

Gegenstand
- aus dem Vermögen des Kindes **1644** 2
- des persönlichen Gebrauchs **LPartG08** 6
- übertragbarer **1383** 4
- Veräußerung des Mündelvermögens **1824** 3

Gegenvormund 1810 7; **1895** 3
- Anhörung **1826** 2
- Anhörung bei anderer Anlegung von Geldern **1811** 89
- Anlegung von Mündelgeldern, Mitwirkung **1810** 1
- Aufgaben **1792** 5
- Aufsichts- Kontrollfunktion **1799** 4
- Auskunftspflicht **1839** 2; **1891** 10
- befreite Vormundschaft **1852** 11
- Bemerkungen **1842** 11
- Bestellung **1792** 4; **1799** 6
- Ende der Vormundschaft **1895** 4
- Genehmigung bei Verfügungen über Forderungen und Wertpapiere **1812** 31
- Genehmigung durch den **1832** 1
- Haftung **1842** 12
- Haftung, Überwachung **1833** 21
- Mitwirkung **1810** 1
- Mitwirkung bei der Rechnungslegung **1842** 2
- Mitwirkungspflichten **1891** 2
- Pflichten und Rechte **1799** 1; **1895** 5
- Prüfung der Rechnung **1842** 10
- Prüfungspflicht **1891** 4
- Rechnungslegung **1891** 2
- Schlussrechnung **1891** 7
- Tod **1894** 7

Stichwortverzeichnis

Gegenvormundschaft 1792 1
- Amtsvormundschaft **1792** 2
- Ausschluss **1792** 2
- Ende **1895** 4
- Entscheidung **1792** 6
- Pflegschaft **1792** 2
- Rechtsmittel **1792** 7
- Unzulässigkeit **1792** 2
- Zulässigkeit **1792** 3

Geld
- Begriff **1642** 3; **1806** 5
- gesetzliches Zahlungsmittel **1834** 4
- zum Vermögen des Mündels gehörend **1806** 9

Geldanlage
- Gefährdung des Kindesvermögen **1642** 9

Geldbußen
- Leistungsfähigkeit **1603** 136

Geldforderung 1834 5

Geldleistung LPartG12 13

Geldstrafen
- Leistungsfähigkeit **1603** 136

Gelegenheitsgeschenk 1380 6; **1908** 10

Geltendmachung
- streitiger Ansprüche **1843** 17

Gemeinschaft
- häusliche **1682** 5

Gemeinschaftlichwerden
- der Gegenstände **1485** 18

Genehmigung 1367 1
- Anhörung des Gegenvormunds **1826** 1
- des Familiengerichts **1411** 12
- des Gegenvormunds **1809** 34; **1832** 1
- durch das Familiengericht **1641** 6
- nach Umschreibung und Umwandlung **1820** 1
- nachträgliche **1829** 1
- rückwirkende Wirksamkeit **1427** 11
- Wirksamkeit der Verfügung **1423** 23

Genehmigungsentscheidung
- Kriterien **1908** 11

Genehmigungserklärung 1366 3

Genehmigungspflicht
- Änderung von Gesellschaftsverträgen **1822** 75
- Aufhebung eines Mietverhältnisses **1907** 23
- Ausnahme **1825** 1
- Ausnahmetatbestände **1812** 34
- Rechtsfolgen einer unterlassenen durch den Betreuer **1907** 40
- Rechtsfolgen einer verzögerten Einholung **1907** 43
- Überlassung von Gegenständen an den Mündel **1824** 1
- Verfügungen über hinterlegte Gegenstände **1819** 1

Genehmigungsverfahren
- Betreuungsgericht **1907** 44

Genehmigungsvorbehalt
- Aufgabe der Mietwohnung **1907** 33
- umgewandelte bzw. umgeschriebene Papiere **1820** 1

Genossenschaft
- Beitritt zur Genossenschaft, vormundschaftsgerichtliche Genehmigung **1822** 126
- Beteiligung an der Genossenschaft, vormundschaftsgerichtliche Genehmigung **1822** 120

Gerichtskosten 1603 135

Gerichtszuständigkeit
- Unterhalt **1603** 1302

Geringfügigkeit
- Abweichungen der Grenzwerte **VersAusglG18** 24
- Auffüllen bestehender Anrechte **VersAusglG18** 77
- Ausgleich trotz **VersAusglG18** 73
- beengte wirtschaftliche Verhältnisse **VersAusglG18** 80
- geringe Ausgleichswertdifferenz **VersAusglG18** 43
- geringer Ausgleichswert **VersAusglG18** 64
- gleichartige Anrechte **VersAusglG18** 44
- Grenzwerte **VersAusglG18** 12
- Normzweckverfehlung **VersAusglG18** 82
- Sperrwirkung **VersAusglG18** 66
- Vorrang des Halbteilungsgrundsatzes **VersAusglG18** 82
- Wertausgleich nach der Scheidung **VersAusglG18** 106
- Zersplitterung der Altersversorgung **VersAusglG18** 75

Gesamtabwägung 1811 12

Gesamtgut 1416 10
- Auseinandersetzung, Anrechnungspflicht **1476** 15
- Auseinandersetzung, Anspruch der Ehegatten **1471** 9
- Auseinandersetzung, Durchführung **1474** 1; **1498** 1
- Auseinandersetzung, Einstandspflicht **1481** 15
- Auseinandersetzung, Erbschaft **1477** 31
- Auseinandersetzung, Ergänzung des Anteils eines Abkömmlings **1505** 1
- Auseinandersetzung, Erstattung des Wertes eingebrachter Gegenstände **1478** 1
- Auseinandersetzung, Forderungen **1477** 13
- Auseinandersetzung, Formen **1471** 11
- Auseinandersetzung, Grundstücke **1477** 12
- Auseinandersetzung, Haftung der Ehegatten untereinander **1481** 1
- Auseinandersetzung, Haftung gegenüber Dritten **1480** 1; **1498** 17
- Auseinandersetzung, Haftungsbeschränkung gegenüber Dritten **1480** 15

3863

Stichwortverzeichnis

- Auseinandersetzung, Liquidationsgemeinschaft **1471** 16
- Auseinandersetzung, persönliche Gebrauchsgegenstände **1477** 26
- Auseinandersetzung, Rückgriff **1481** 17
- Auseinandersetzung, Scheidung der Ehe **1476** 14; **1478** 1
- Auseinandersetzung, Schenkung **1477** 31
- Auseinandersetzung, Teilung des Überschusses **1476** 1; **1477** 1
- Auseinandersetzung, Übernahmeerklärung **1477** 37; **1502** 7
- Auseinandersetzung, Übernahmerecht der Ehegatten **1475** 29; **1477** 15
- Auseinandersetzung, Übernahmerecht des überlebenden Ehegatten **1502** 1; **1515** 29
- Auseinandersetzung, Überschuss **1476** 1; **1477** 1
- Auseinandersetzung, Vereinbarung **1474** 7
- Auseinandersetzung, Verfahren **1474** 14
- Auseinandersetzung, Verwaltung des Gesamtguts **1472** 1
- Auseinandersetzung, Verwertung **1475** 26
- Auseinandersetzung, Wahlrecht der Ehegatten **1478** 27
- Beispiele **1416** 16
- Bereicherung **1434** 9; **1457** 11
- Ehegatte verwaltet allein **1426** 4
- ein Ehegatte schuldet etwas **1468** 4
- eingebrachte Gegenstände **1477** 27; **1478** 10
- Einkünfte **1420** 7
- Erbschaft **1416** 4
- Erbschaft, Übernahmerecht **1477** 31
- Forderungen des verwaltenden Ehegatten **1446** 1
- Forderungen des verwaltenden Ehegatten, Fälligkeit **1446** 8
- fortgesetzte Gütergemeinschaft **1485** 1
- gemeinschaftliche Verwaltung **1421** 11; **1453** 4; **1454** 4; **1457** 4; **1458** 3; **1461** 3; **1464** 3; **1466** 3; **1468** 3; **1467** 6
- Gesamtgutsverbindlichkeiten **1437** 1; **1459** 2
- Gesamthandsgemeinschaft **1416** 21
- Grundstücke **1416** 17
- Haftung **1437** 1; **1438** 1; **1459** 1; **1460** 1
- Haftung, Kosten eines Rechtsstreits **1460** 15
- Haftung, Verbindlichkeit aus Rechtsgeschäft **1460** 1
- Haftung für Kosten eines Rechtsstreits **1438** 11; **1460** 15
- Haftungausschluss, Erbschaft **1461** 1
- Handelsgeschäft **1416** 18
- in Geld umzusetzen **1475** 25
- Kapitalgesellschaftsanteile **1416** 19
- Kosten des Rechtsstreits **1433** 10
- Landgut **1515** 19, 29

- Nachlassbestandteil **1471** 12
- ordnungsmäßige Verwaltung **1435** 8
- ordnungsmäßige Verwaltung, Einzelmaßnahmen **1435** 11
- Schenkung, Übernahmerecht **1477** 31
- Schulden der Ehegatten **1468** 1
- Schulden der Ehegatten, Fälligkeit **1468** 7
- Schulden des nicht verwaltenden Ehegatten **1446** 10
- Schulden des nicht verwaltenden Ehegatten, Fälligkeit **1446** 18
- Schulden des verwaltenden Ehegatten **1446** 1
- Schulden des verwaltenden Ehegatten, Fälligkeit **1446** 8
- Übernahmerecht, Landgut **1515** 19, 29
- Überschuldung **1447** 15; **1448** 8; **1469** 22
- Umwandlung von Vorbehaltsgut **1416** 15
- ungerechtfertigte Bereicherung, Herausgabepflicht **1434** 11; **1457** 14
- ungerechtfertigte Bereicherung **1434** 1; **1457** 1
- ungerechtfertigte Bereicherung, Ausgleich **1457** 1
- Verfügung ohne Einwilligung **1453** 1
- Verwaltung **1421** 1; **1422** 1; **1435** 1
- Verwaltung, gemeinschaftliche **1450** 1
- Verwaltung, ordnungsmäßige **1435** 8
- Verwaltung bei Auseinandersetzung **1472** 1
- Verwendung aus Vorbehalts-/Sondergut **1445** 15; **1467** 14
- Verwendung aus Vorbehalts-/Sondergut, Ersatzanspruch **1445** 24; **1467** 21
- Verwendung in Vorbehalts-/Sondergut **1445** 1; **1467** 1
- Verwendung in Vorbehalts-/Sondergut, Ersatzpflicht **1445** 9; **1467** 8
- Verzeichnis **1493** 15
- Vollstreckung **1434** 15; **1457** 18

Gesamtgutsgegenstand 1478 11
- aufgrund Erbschaft oder Schenkung **1478** 17
- gehörte einem Ehegatten bei Eintritt in Gütergemeinschaft **1478** 12

Gesamtgutsverbindlichkeit 1437 1; 1459 2; 1488 1
- Anwendungsvoraussetzungen **1459** 8
- aus Gefährdungshaftung **1463** 7
- aus unerlaubter Handlung **1463** 6
- Ausnahme zu § 1463 Nr. 2, 3 BGB **1464** 1
- Ausnahmetatbestände **1459** 13
- Ausstattung, gemeinschaftliches Kind **1444** 1; **1466** 7
- Ausstattung, nicht gemeinschaftliches Kind **1444** 13; **1466** 1
- Berichtigung bei Auseinandersetzung **1475** 1
- durch Betrieb eines Erwerbsgeschäfts **1464** 7
- Erbschaft **1439** 1; **1461** 1
- Erwerbsgeschäft **1442** 1; **1464** 1

- fortgesetzte Gütergemeinschaft **1488** 1, 11; **1489** 3
- Gesamtgut haftet nicht **1499** 6
- Gütergemeinschaft **1415(St)** 6, 25
- Haftung bei Auseinandersetzung **1480** 1; **1481** 1; **1498** 17
- Haftung im Innenverhältnis **1441** 1; **1463** 1; **1499** 1; **1500** 1
- keine persönliche Haftung bei Teilung **1480** 9
- Kosten eines Rechtsstreits **1438** 11; **1441** 17; **1443** 1, 6; **1460** 15; **1463** 14; **1465** 1, 7
- persönliche Haftung **1437** 7; **1489** 4
- persönliche Haftung, Erlöschen **1437** 21
- persönliche Haftung der Ehegatten **1459** 7
- Prozesskosten **1441** 17; **1443** 1, 6; **1463** 14; **1465** 1, 7
- Rechtsstreit **1441** 17; **1463** 14
- Sondergut **1440** 1; **1441** 12; **1445** 1, 15; **1462** 1; **1463** 11; **1467** 1, 14
- Strafverfahren **1441** 9; **1463** 8
- überlebender Ehegatte haftet **1499** 8
- unerlaubte Handlung **1441** 6; **1463** 5
- Unterhaltspflicht **1604** 6
- Verbindlichkeiten aus Rechtsgeschäften **1438** 1; **1460** 1
- Verbindlichkeiten der Ehegatten **1437** 11; **1440** 1; **1462** 1
- Vermächtnis **1439** 1; **1461** 1
- Verpflichtungen zum Schadensersatz **1463** 6
- Verteilung **1442** 10; **1464** 10
- Vorbehaltsgut **1440** 1; **1441** 12; **1445** 1, 15; **1462** 1; **1463** 11; **1467** 1, 14
- zu den Lasten des Sonderguts **1464** 5

Gesamtgutsverwaltung 1421 1; **1422** 1; **1435** 1
- Ablehnung einer Schenkung **1432** 16; **1455** 9
- Auskunftspflicht **1435** 18; **1451** 17
- Befugnisse des verwaltenden Ehegatten **1422** 2
- Besitzschutz **1422** 16
- Besorgung persönlicher Angelegenheiten, Zustimmungsersetzung **1452** 22
- Betreuer **1447** 21; **1469** 30
- Betreuung **1436** 1
- Einschaltung Dritter **1435** 14
- Erbbaurecht **1424** 7
- Erbschaftsannahme **1432** 11; **1455** 5
- Erbschaftsausschlagung **1432** 11; **1455** 5
- Ersatzpflicht **1435** 20
- Erwerbsgeschäft, Rechtsgeschäfte im Rahmen des Geschäftsbetriebs **1431** 19
- fehlende Einwilligung **1423** 11
- gemeinschaftliche **1450** 1; **1472** 6
- gemeinschaftliche, Aktivprozesse **1450** 16
- gemeinschaftliche, Alleinhandlungsbefugnis **1472** 23
- gemeinschaftliche, Auskunftspflicht **1451** 17
- gemeinschaftliche, Besitz **1450** 18
- gemeinschaftliche, Betreuung **1458** 10
- gemeinschaftliche, eigenmächtige Verwaltungshandlungen **1469** 7
- gemeinschaftliche, Einzelverwaltungsbefugnis **1450** 8
- gemeinschaftliche, elterliche Sorge **1458** 1
- gemeinschaftliche, Erhaltungsmaßregeln **1472** 23
- gemeinschaftliche, Erwerb von Gegenständen **1450** 9
- gemeinschaftliche, Handeln durch einen Ehegatten allein **1455** 1
- gemeinschaftliche, Klage auf Mitwirkung **1451** 22
- gemeinschaftliche, Maßregel **1451** 5
- gemeinschaftliche, Mitwirkungspflicht **1451** 1; **1472** 17
- gemeinschaftliche, Notverwaltungsrecht **1454** 1
- gemeinschaftliche, Passivprozesse **1450** 17
- gemeinschaftliche, Pflegschaft **1458** 7
- gemeinschaftliche, selbstständiges Erwerbsgeschäft **1456** 1
- gemeinschaftliche, Umfang **1450** 3
- gemeinschaftliche, Unterrichtungspflicht **1451** 17
- gemeinschaftliche, Verhinderung eines Ehegatten **1454** 5
- gemeinschaftliche, Verpflichtungsgeschäfte **1450** 7; **1453** 8
- gemeinschaftliche, Verweigerung der Mitwirkung **1452** 11; **1454** 8; **1469** 12
- gemeinschaftliche, Vormundschaft **1458** 1
- gemeinschaftliche, Willenserklärungen gegenüber Ehegatten **1450** 19
- gemeinschaftliche, Willensmängel **1450** 10
- gemeinschaftliche, Zustimmungsersetzung **1452** 1, 22
- Grundbuchberichtigung **1424** 16
- Grundstücke **1424** 1
- Grundstückserwerb **1424** 15
- Grundstückszubehör **1424** 8
- Inventar über Erbschaft **1432** 14; **1455** 7
- Missbrauch der Verwaltungsbefugnis **1447** 9
- Mitwirkungspflicht **1451** 1
- Notverwaltungsrecht **1429** 1; **1454** 1
- Notverwaltungsrecht, tatsächliche Handlungen **1429** 9
- ordnungsgemäße Verwaltung **1422** 4
- ordnungsmäßige Verwaltung **1426** 8; **1435** 8
- persönliche Angelegenheit **1430** 6
- Pflegschaft **1436** 7
- Pflicht-/Anstandsschenkung **1425** 11
- Pflichten **1422** 4

Stichwortverzeichnis

- Recht zur Inbesitznahme **1422** 14
- Rechte an Grundstücken **1424** 8
- Rechtsfolgen fehlender Einwilligung **1427** 1
- Rechtsstreit, Fortsetzung **1433** 1
- Rechtsstreitigkeiten **1422** 19
- Revokationsrecht **1428** 1
- Revokationsrecht, Umfang **1428** 11
- Schenkungen **1425** 1
- Schutz gutgläubiger Dritter **1422** 8
- selbstständiges Erwerbsgeschäft **1431** 1; **1456** 1
- Sicherung ordnungsmäßiger Verwaltung, Zustimmungsersetzung **1452** 1
- Teilung eines Grundstücks **1424** 16
- Unfähigkeit zur Verwaltung **1447** 8
- Unterrichtungspflicht **1435** 17; **1451** 17
- Vereinbarung **1421** 4
- Verfügung im Ganzen **1423** 1
- Verfügungen des nicht verwaltenden Ehegatten **1422** 7
- Verfügungen ohne Zustimmung **1428** 1
- Verfügungen von Todes wegen **1423** 7
- Verwaltungshandlungen ohne Mitwirkung des anderen Ehegatten **1455** 1
- Verweigerung der Mitwirkung, beharrliche **1469** 14
- Verweigerung der Mitwirkung ohne ausreichenden Grund **1469** 15
- Verzicht auf Pflichtteil **1432** 15; **1455** 6
- Vormundschaft **1436** 1
- Widerrufsrecht des Dritten **1427** 15
- Wohnungs-/Teileigentum **1424** 6
- Zustimmungsersetzung **1426** 1; **1430** 1; **1452** 1, 22
- Zustimmungsersetzung, ordnungsmäßige Verwaltung **1426** 8
- Zustimmungsersetzung, Verfahren **1426** 18; **1430** 22; **1452** 37
- Zustimmungsersetzung, Wirkung **1426** 17; **1430** 20

Gesamtschuldnerausgleich
- Doppelanrechnung **1361** 309

Gesamtvertretungsmacht
- der Mitvormünder **1797** 15

Geschäft
- im eigenen Namen oder im Namen des Kindes **1698A** 4

Geschäftsfähigkeit 1752 4
- beschränkte **1673** 9
- des volljährigen Kindes **1620** 4

Geschäftsfortführung
- bei Beendigung bzw. Ruhen der elterlichen Sorge **1698A** 1

Geschäftsführungsbefugnis 1698B 1

Geschäftsgebühr FamRK05 1
- Bedeutung **FamRK05** 16
- Haftungsrisiko **FamRK05** 21
- Haushaltsverfahren **1361A(K)** 20
- Regelgebühr **FamRK05** 3
- Schwierigkeit **FamRK05** 12
- Toleranzrahmen **FamRK05** 3
- Umfang **FamRK05** 4
- Umfang, Familiensachen **FamRK05** 7
- Vermögens- und Einkommensverhältnisse **FamRK05** 19

Geschäftsunfähigkeit
- aufschiebendes Ehehindernis **1304** 6
- eines Elternteils **1673** 3
- Ruhen der elterlichen Sorge **1673** 1
- Unfähigkeit des Vormunds **1780** 2

Geschiedenenunterhalt
- Vererblichkeit **1586B** 1
- Verzug **1613** 22

Geschwister
- Kindesunterhalt **1610** 294

Gesellschaft bürgerlichen Rechts
- vormundschafts-, familiengerichtliche Genehmigung **1822** 71, 126

Gesellschaftsvertrag
- vormundschafts-, familiengerichtliche Genehmigung **1822** 65

Gesetz
- Konzeption **VBVGVorbem** 9

Gestaltungsmöglichkeit
- der Mitvormünder **1797** 22

Gestattung 1811 82

Getrenntleben 1567 1
- Definition **1671** 11
- Rechtsfolgen **1567** 14
- Verteilung der Haushaltsgegenstände **1361A(K)** 1

Getrenntlebensunterhalt
- Antragserweiterung **1361(K)** 20
- Auskunftsanspruch **1361(K)** 32
- Beratungshilfe **1361(K)** 37
- einstweilige Anordnung **1361(K)** 26
- gleichzeitige Erledigung von Hauptsache und einstweiliger Anordnung **1361(K)** 40
- Rückstände, außergerichtliche Geltendmachung **1361(K)** 17
- Stufenantrag **1361(K)** 32
- Verfahrenskostenvorschuss **1361(K)** 28
- Wert **1361(K)** 8; **FamRK02** 182
- Wert, Berechnungsbeginn **1361(K)** 10
- Wert, Verfahrenskostenhilfe **1361(K)** 12
- Wert, vertraglicher Unterhalt **1361(K)** 9

Gewahrsamsvermutung LPartG08 4

Gewaltschutz FamRK15 5
- einstweilige Anordnung **FamRK01** 76
- Wert **FamRK02** 243

Stichwortverzeichnis

Gewaltschutzgesetz
- Effizienz **GewSchG04** 1
- persönlicher Anwendungsbereich **GewSchG03** 1

Gewalttätigkeit
- durch Dritte **GewSchG03** 3

Gewerkschaftsbeiträge 1603 134

Gewöhnlicher Aufenthalt
- in Einrichtung **VBVG05** 25

Girovertrag
- vormundschafts-, familiengerichtliche Genehmigung **1822** 101

Gleichgültigkeit
- Adoption **1748** 14

Gleichzeitigkeit
- von Unterhaltsbedürftigkeit und Leistungsfähigkeit **1603** 6

GmbH
- Beteiligung an der GmbH, vormundschaftsgerichtliche Genehmigung **1822** 123

Grenze
- der Entscheidungsbefugnis **1688** 11

Grenzgänger 1612C 4

Großeltern
- andere unterhaltspflichtige Verwandter **1603** 933
- Ersatzhaftung **1607** 19
- Selbstbehalt **1607** 34
- Teilschuldner **1607** 28

Großelternhaftung
- Auskunftsanspruch **1607** 31
- Gerichtsstand **1607** 43
- Verzug **1607** 39

Grundbuch 1485 19

Grundrente
- Unterhalt **1610A** 5

Grundsicherung 1684 26
- Elternunterhalt **1603** 1294
- im Alter und bei Erwerbsminderung **1578Soz** 372
- Unterhalt **1610A** 5

Grundsicherung für Arbeitsuchende 1578Soz 221
- Bedarfsgemeinschaft **1578Soz** 228

Gütergemeinschaft 1415 2; **1420** 2; **1473** 2; **1604** 1; **1640** 15
- Arbeitsverdienst **1418** 20
- Aufhebung **1470** 8; **1493** 16
- Aufhebung, Rechtsfolge **1414** 22
- Aufhebung durch richterliche Entscheidung **1449** 1; **1470** 1
- Aufhebungsklage **1423** 22; **1424** 26; **1425** 20; **1447** 1; **1448** 1, 10; **1469** 1
- Aufhebungsklage, Gründe **1447** 5; **1448** 1; **1469** 5
- Aufhebungsklage, Verfahren **1447** 28; **1469** 35
- Aufrechnung durch Schuldner **1419** 10
- Aufrechnungsvertrag **1419** 11
- Auseinandersetzung **1415** 12
- Auseinandersetzung über Gesamtgut **1471** 1; **1474** 1
- Auseinandersetzungsklage **1471** 11
- Auseinandersetzungsklage, Verfahren **1471** 21
- Ausstattung **1444** 7
- Beendigung **1415** 9
- Beendigung, Rechtsfolge **1471** 1
- Beendigung, steuerliche Beurteilung **1471**(St) 1
- beschränkt Geschäftsfähige **1415** 15
- Betreuer **1447** 21; **1469** 30
- Betreute **1415** 15
- Eheaufhebung **1415** 9
- Entstehen **1415** 2
- Erwerbsgeschäft **1418** 21; **1431** 1; **1442** 1; **1456** 1; **1464** 1
- Familienunterhalt **1420** 3
- fortgesetzte **1483** 1; **1490** 2
- fortgesetzte, Ausschluss der Auseinandersetzung **1471** 6
- gemeinschaftliche Verwaltung **1421** 11; **1450** 1
- Gesamtgut **1416** 10
- Gesamtgut, Verfügung ohne Einwilligung **1453** 1
- Gesamtgut, Verwaltung **1421** 1
- Gesamtgutsverbindlichkeiten **1437** 1; **1459** 2
- Geschäftsunfähige **1415** 16
- Grundstücke **1416** 17
- gutgläubiger Erwerb **1416** 5
- Haftung **1415** 4
- Haftung des Gesamtguts **1437** 1; **1438** 1; **1459** 1; **1460** 1
- Insolvenzverfahren **1415** 6; **1437** 30
- Notunterhalt **1420** 13
- persönliche Gebrauchsgegenstände **1418** 20
- Rechtsstreit, Fortsetzung **1455** 13
- Rechtsstreit, Kosten **1438** 11; **1443** 1, 6; **1460** 15; **1465** 1, 7
- Rechtsstreit mit Dritten **1443** 6; **1465** 7
- Rechtsstreit zwischen den Ehegatten **1443** 1; **1465** 1
- Scheidung **1415** 9
- Schenkung aus dem Gesamtgut **1505** 3
- Sondergut **1417** 3
- Sondergut, Verwaltung **1417** 12
- steuerliche Beurteilung **1415**(St) 14
- Teilungsverlangen **1419** 8
- Tod eines Ehegatten **1471** 12; **1474** 12; **1482** 1
- überlebender Ehegatte lehnt Fortsetzung ab **1484** 6
- Übernahmerecht der Ehegatten **1475** 29; **1477** 15

Stichwortverzeichnis

- Umwandlung von Sondergut **1417** 10
- ungerechtfertigte Bereicherung des Gesamtguts **1434** 1
- Unmöglichkeit einer einseitigen Kündigung **1469** 1
- Unterhaltspflicht, Verletzung **1447** 11; **1469** 16
- Vereinbarung durch Ehevertrag **1415(St)** 1
- Verfügungen über Anspruch auf Auseinandersetzungsguthaben **1419** 5
- Verfügungen über Anteil am Gesamtgut **1419** 4
- Verfügungen über Gesamtgutsgegenstände **1419** 4
- Verfügungen von Todes wegen **1419** 6
- Verfügungsverbot **1419** 4
- Vermögensmassen **1415** 3
- Verwaltung **1422** 1
- Vorbehaltsgut **1418** 4

Güterrecht
- eingetragene Lebenspartnerschaft **LPartG06** 1
- gesetzliche Änderung **1412** 11

Güterrechtsregister 1412 4; **LPartG07** 7; **LPartG08** 7
- Abschriften des Registers **1563** 5
- Antrag auf Eintragung, Form **1560** 3
- Antrag auf Eintragung, Nichtigkeit **1560** 7
- Antragserfordernisse **1561** 1
- Aufhebung der Gütergemeinschaft **1449** 12; **1470** 12
- Auslandsberührung **1558** 15
- eintragungsfähige Tatsachen **1558** 12
- Eintragungspflicht **1412** 8
- Eintragungsverfahren **1412** 30
- Einwendungsausschluss **1412** 25
- Fälle entsprechender Anwendung **1412** 3
- Funktion **1558** 13
- Inhalt der Bekanntmachung **1562** 3
- Kaufmannseigenschaft eines Ehegatten **1558** 18
- maßgeblicher Zeitpunkt der Eintragung bei Rechtsgeschäften **1412** 14
- maßgeblicher Zeitpunkt der Eintragung bei Rechtsstreitigkeiten **1412** 15
- negative Publizität **1412** 7
- öffentliche Bekanntmachung der Eintragung **1562** 1
- Registereinsicht **1563** 1
- Rückverlegung des gewöhnlichen Aufenthalts **1559** 6
- unentgeltlicher Erwerb **1412** 24
- unrichtige Eintragungen **1412** 12
- Unterlassen einer Bekanntmachung, rechtliche Auswirkungen **1562** 4
- Wechsel des gewöhnlichen Aufenthaltes der Ehegatten **1559** 1
- zuständiges Registergericht **1558** 1

Güterstand
- Änderung **FamRK02** 126
- Auswirkungen **LPartG10** 3
- Bestimmung **1409** 3
- eingetragene Lebenspartnerschaft **LPartG06** 1
- Güterrechtsregister **1412** 4
- Gütertrennung **1414** 2

Gütertrennung 1388 3; **1414** 2; **LPartG10** 3
- anwendbare Vorschriften **1414** 3
- Ausgleichsansprüche **1414(St)** 3
- Ausschluss des Eintritts **1388** 4
- Beendigung **1414** 8
- Ehegatteninnengesellschaft **1414** 10
- Eintritt **1388** 3
- Eintritt kraft Gesetzes **1414** 1
- Entstehen durch Aufhebungsklage **1449** 11; **1470** 11
- Erbrecht **1414** 15
- Rechtsfolgen **1388** 5
- steuerliche Beurteilung **1414(St)** 2
- Unterschied zur Zugewinngemeinschaft **1414** 9
- Vermögensmassen **1414** 2
- Verwaltung des Vermögens **1414(St)** 1
- Zeitpunkt der Rechtshängigkeit **1388** 3
- Zuwendungen, benannte **1414** 13
- Zuwendungen, unbenannte **1414** 14

Gutgläubigkeit
- der Eltern **1698A** 6

Guthaben
- auf Giro- oder Kontokorrentkonten **1813** 14

H

Haftung 1458 14
- als Beistand handelnde Person **1712** 13
- anteilige, Kindesunterhalt **1606** 3
- bei Pflichtverletzung **1894** 11
- bei untauglichem Vormund **1781** 7
- des ausgeschlossenen Vormunds **1782** 9
- des Gesamtguts, Kosten eines Rechtsstreits **1460** 15
- des Gesamtguts, Verbindlichkeit aus Rechtsgeschäft **1460** 1
- des Gesamtguts, Zustimmungsersetzung **1460** 10
- des Vormunds **1811** 87
- des zur Vormundschaft Unfähigen **1780** 7
- Elternunterhalt **1606** 115
- für Pflichtwidrigkeiten **1698B** 8
- für Vorbehalts- oder Sondergut **1462** 1
- Innenverhältnis der Ehegatten **1481** 1
- vorrangige, Kindesunterhalt **1606** 4
- vorrangige, Verwandte **1608** 5

Haftungsausgleich
- der anteilsberechtigten Abkömmlingen **1504** 5
- unter Abkömmlingen **1504** 1

Stichwortverzeichnis

Haftungsbegrenzung LPartG04 2
- Berechnung **1586B** 28

Haftungsbeschränkung 1629A 18
- auf Wert des Nachlasses **1836E** 27
- bei Erbschaft **1439** 1
- bei Volljährigkeit vorhandenes Vermögen **1629A** 1
- des Gesamtguts **1438** 1
- fiktiver Pflichtteil **1586B** 27
- für Vorbehalts- oder Sondergut **1440** 1
- Mittel **1489** 13

Haftungserleichterung LPartG04 5

Haftungsmilderung
- bei bestehenden Ehe **1359** 10
- Beteiligung außenstehender Dritter **1359** 26
- der Ehegatten im Innenverhältnis **1359** 2

Haftungsvorrang
- geschiedener Ehegatte **1584** 4
- Verwandter **1584** 6

Halbteilungsgrundsatz 1615L 155; **VersAusglG01** 1
- Externe Teilung **VersAusglG14** 28
- Verletzung **VersAusglG42** 4

Halbwaisenrente 1603 79

Handschuhehe 1311 4

Härtefallklausel
- Ausschluss des Trennungsjahres **1565** 8

Härteklausel VersAusglG27 1
- Grenzen der Korrektur **VersAusglG27** 111
- Rechtsfolgen **VersAusglG27** 106
- unterhaltsrechtliche, Abgrenzung Obliegenheitsverletzung **1579** 121
- unterhaltsrechtliche, Anschwärzen beim Arbeitgeber **1579** 135
- unterhaltsrechtliche, Arbeitsplatzverlust **1579** 106
- unterhaltsrechtliche, Auskunft **1579** 248
- unterhaltsrechtliche, Auswirkungen **1579** 92
- unterhaltsrechtliche, Beleidigungen **1579** 83
- unterhaltsrechtliche, Beweislast **1579** 232
- unterhaltsrechtliche, bewusstes Absehen von Eheschließung **1579** 178
- unterhaltsrechtliche, Beziehung mit besonderen Begleitumständen **1579** 179
- unterhaltsrechtliche, eheähnliche Gemeinschaft **1579** 55
- unterhaltsrechtliche, Ehedauer über drei Jahre **1579** 15
- unterhaltsrechtliche, Ehedauer zwei und drei Jahre **1579** 13
- unterhaltsrechtliche, ehrloses, unsittliches Verhalten **1579** 186
- unterhaltsrechtliche, einseitiges schwerwiegendes Fehlverhalten **1579** 142
- unterhaltsrechtliche, Einseitigkeit des Fehlverhaltens **1579** 169
- unterhaltsrechtliche, Ermittlungsverfahren **1579** 76
- unterhaltsrechtliche, Erscheinungsbild **1579** 22
- unterhaltsrechtliche, Fortsetzung ehezerstörender Beziehungen **1579** 177
- unterhaltsrechtliche, Gegenvorwürfe **1579** 170
- unterhaltsrechtliche, gemeinsames Wohnen und Wirtschaften **1579** 58
- unterhaltsrechtliche, geschützter Personenkreis **1579** 77
- unterhaltsrechtliche, gestaffelte Herabsetzung **1579** 223
- unterhaltsrechtliche, Gewaltdelikte **1579** 80
- unterhaltsrechtliche, gleichgeschlechtliche Beziehung **1579** 73
- unterhaltsrechtliche, grobe Unbilligkeit **1579** 206
- unterhaltsrechtliche, Haftung/Vergleich **1579** 249
- unterhaltsrechtliche, Hinwegsetzen über Vermögensinteressen **1579** 125
- unterhaltsrechtliche, intime Beziehung **1579** 56
- unterhaltsrechtliche, Kinderbetreuung und Ehedauer **1579** 16
- unterhaltsrechtliche, Kindesbelange **1579** 195
- unterhaltsrechtliche, Kindesbelange, Mindestbedarf **1579** 198
- unterhaltsrechtliche, Kindesbelange und grobe Unbilligkeit **1579** 203
- unterhaltsrechtliche, Klageart **1579** 246
- unterhaltsrechtliche, Konkurrenz **1579** 250
- unterhaltsrechtliche, Kriterien kurze Ehe **1579** 12
- unterhaltsrechtliche, künstliche Befruchtung **1579** 103
- unterhaltsrechtliche, kurze Ehedauer **1579** 10
- unterhaltsrechtliche, kurzes Zusammenleben **1579** 180
- unterhaltsrechtliche, Mitteilungen an Finanzamt **1579** 129
- unterhaltsrechtliche, mutwilliges Herbeiführen der Bedürftigkeit **1579** 99
- unterhaltsrechtliche, Mutwilligkeit **1579** 100, 134
- unterhaltsrechtliche, nicht ehebedingte Erkrankung **1579** 190
- unterhaltsrechtliche, nichteheliche Lebensgemeinschaften **1579** 175
- unterhaltsrechtliche, nichteheliche Vaterschaft **1579** 155
- unterhaltsrechtliche, Partnerschaft mit homosexuellem Partner **1579** 72

Stichwortverzeichnis

- unterhaltsrechtliche, Pflicht zur ungefragten Auskunft **1579** 95
- unterhaltsrechtliche, prozessuale Hinweise **1579** 243
- unterhaltsrechtliche, Rechtsfolgen **1579** 218
- unterhaltsrechtliche, Schadensersatzpflicht **1579** 93
- unterhaltsrechtliche, Schmerzensgeld **1579** 119
- unterhaltsrechtliche, Schuldfähigkeit **1579** 78
- unterhaltsrechtliche, schwere Straftat **1579** 74
- unterhaltsrechtliche, schwerwiegende Vermögensinteressen **1579** 127
- unterhaltsrechtliche, selbst verursachte Erwerbsunfähigkeit **1579** 185
- unterhaltsrechtliche, Selbstmordversuch **1579** 102
- unterhaltsrechtliche, Sexualdelikte **1579** 82
- unterhaltsrechtliche, Sozialleistungen und andere Forderungen **1579** 118
- unterhaltsrechtliche, suchtbedingte Bedürftigkeit **1579** 109
- unterhaltsrechtliche, Telefonsex, Prostitution **1579** 162
- unterhaltsrechtliche, Trennungsunterhalt bei kurzer Ehe **1579** 17
- unterhaltsrechtliche, Umgangsvereitelung **1579** 157
- unterhaltsrechtliche, Unterhaltsgemeinschaft **1579** 50
- unterhaltsrechtliche, Unterhaltsneurose **1579** 192
- unterhaltsrechtliche, Verhältnis zu konkreten Härtegründen **1579** 174
- unterhaltsrechtliche, Verlassen des Ehegatten **1579** 153
- unterhaltsrechtliche, Verletzung der Offenbarungspflicht **1579** 88
- unterhaltsrechtliche, Verletzung der Pflicht zum Familienunterhalt **1579** 140
- unterhaltsrechtliche, Verletzung ehelicher Treue **1579** 146
- unterhaltsrechtliche, Vermögensdelikte **1579** 86
- unterhaltsrechtliche, Vermögensdispositionen **1579** 114
- unterhaltsrechtliche, Verschweigen eigener Einkünfte **1579** 138
- unterhaltsrechtliche, Verschweigen von Einkünften **1579** 189
- unterhaltsrechtliche, Verweigerung Heilbehandlung **1579** 112
- unterhaltsrechtliche, vorgezogenes Altersruhegeld **1579** 108
- unterhaltsrechtliche, Vorsorgeunterhalt **1579** 120
- unterhaltsrechtliche, Wiederaufleben **1579** 226
- unterhaltsrechtliche, Wohnortwechsel **1579** 101
- unterhaltsrechtliche, Wohnsitzbegründung **1579** 154
- Verfahren **VersAusglG27** 117

Härteregelung LPartG15 10

Hausfrau-Rechtsprechung
- Rolle eines Elternteils in neuer Ehe **1603** 293

Haushalt
- der Eltern, Unterhaltspflicht **1603** 954
- doppelter, Mehraufwendungen **1603** 133
- gemeinsamer **GewSchG02** 9
- Wert **FamRK02** 220

Haushaltsführung
- doppelte, Mehraufwand **1603** 37, 133
- Ehe **1356** 3; **1356(St)** 1
- ehebedingte Nachteile **1578B** 25
- gemeinsame **1603** 57, 269, 1048
- gemeinsame, Ersparnis **1603** 269
- Rollenwahl **1603** 293, 300

Haushaltsgegenstand
- Antiquitäten und wertvolle Kunstobjekte **1568B** 27
- Auseinandersetzung der Ehewohnung **1568B** 2
- Ausgleichszahlung **1568B** 73
- Ausstattung der Wohnung **1568B** 26
- Begriff der Anschaffung **1568B** 71
- Begriffsbestimmung **1568B** 24
- Einbauküche **1568B** 36
- Kraftfahrzeug **1568B** 43
- Verteilung bei Getrenntleben **LPartG13** 1
- vorhandener Hausrat **1568B** 53
- zeitliche Begrenzung **1568B** 69

Haushaltskosten 1620 5; **LPartG05** 4
- Unterhaltsanspruch **1360A** 7

Haushaltssachen FamRK15 1
- Getrenntleben, Vergütung **1361A(K)** 8
- Getrenntleben, Wert **1361A(K)** 8

Haushaltsverfahren
- Entlassung aus dem Mietvertrag **1361B(K)** 22
- Kosten **1568B** 97
- Rechtsschutzbedürfnis **1568B** 19
- Verfahrensgrundsätze **1568B** 90
- Vollstreckung **1568B** 96
- Wirksamkeit **1568B** 95

Hausmann-Rechtsprechung
- Rolle eines Elternteils in neuer Ehe **1603** 293

Hausrat
- Abgrenzung zur Zugewinnausgleichsforderung **1568B** 15
- Bungalow **1361A** 43
- Gartenlaube **1361A** 43
- PKW **1361A** 35
- Tier **1361A** 43

Stichwortverzeichnis

Hausstand
- Angehörigkeit des Kindes **1619** 2

Heilbehandlung
- Genehmigung, Anwendungshäufigkeit **1904** 9
- Genehmigung, Einsichts- und Steuerungsfähigkeit **1904** 18
- Genehmigung, Einwilligungsunfähigkeit **1904** 16
- Genehmigung, Normstruktur **1904** 13
- Genehmigung, Vorsorgevollmacht **1904** 15

Heilung
- fehlerhafter Ehen **1310** 48

Heimaufsicht VBVG05 27

Heimbegriff
- Definition **VBVG05** 11

Heimunterbringung
- Kindesunterhalt **1610** 128

Hemmung
- Ausübungsrecht **1675** 1

Herabsetzung
- Verzug **1613** 83

Herabsetzung des Selbstbehaltes 1603 266

Herausgabepflicht 1434 12
- bei ungerechtfertigter Bereicherung des Gesamtgutes, Inhalt **1457** 15

Herausgabeverlangen 1908I 3

Hinterbliebenenversorgung VersAusglG25 1; **VersAusglG26** 1
- Ausschluss des Ausgleichs **VersAusglG25** 16
- Begrenzung des Ausgleichs **VersAusglG25** 24
- betriebliche bei eingetragener Lebenspartnerschaft **LPartG11** 7
- Fälligkeit **VersAusglG25** 30

Hinterbliebenvorsorgung
- Wiederheirat **VersAusglG25** 36

Hinterlegung
- befreite Vormundschaft **1853** 4, 7
- Entscheidung des Gerichts **1818** 15
- Genehmigung **1819** 1
- weiterer Vermögensgegenständen, Anordnung **1818** 1
- Wirkungen **1814** 35
- Zins-, Renten- und Gewinnanteilscheine **1818** 10

Hinterlegungspflicht
- Inhalt **1814** 31

Hinterlegungsstelle 1814 33

I

Immobilie 1811 56
- Verwertung **1603** 187

Immobilienfonds
- offene **1811** 58
- vormundschafts-, familiengerichtliche Genehmigung **1822** 74

In-Prinzip
- einzubeziehende Anrechte **VersAusglG43** 5
- Trennungsunterhalt **1361** 426; **1603** 69

Indikationsstellung
- des Arztes **1901b** 3

Individualbesteuerung
- Zusammenveranlagung der Ehegatten **1356(St)** 9

Inhaberpapier
- Begriff **1814** 8
- Hinterlegung durch den Vormund **1814** 1
- Umschreibung und Umwandlung, Vormundschaft **1815** 1

Inhaltskontrolle VersAusglG08 1; **LPartG20** 3
- von Eheverträgen **1585C** 13; **LPartG07** 4

Inkognitoadoption 1758 5

Inkognitoeinwilligung
- Adoption **1747** 9

Insemination
- homologe **1686A** 32

Insichgeschäft
- Einschränkungen des Verbots **1795** 73
- Verbot **1795** 48

Insolvenz 1603 849; **1781** 5
- der Eltern **1646** 8

Interesse
- berechtigtes **1686A** 22; **1697A** 5
- berechtigtes an Weiterführung **1765** 6
- ernsthaftes **1686A** 10
- finanzielle, der Kinder des Annehmenden **1745** 4
- vorhandener Kinder **1769** 2

Interessengegensatz
- Einzelfälle **1796** 16
- erheblicher zwischen Mündel und Vormund **1796** 6
- Erheblichkeit **1796** 12

Internat
- Mehrbedarf **1613** 193
- Sonderbedarf **1613** 193

Internat im Ausland
- Mehrbedarf **1613** 217

Interne Teilung VersAusglG10 1
- Auffangregelung **VersAusglG11** 43
- Auskünfte der Versorgungsträger **VersAusglG11** 45
- Beschlussformel **VersAusglG11** 48
- Beschränkung des Risikoschutzes **VersAusglG11** 35
- Risikoschutz **VersAusglG11** 29
- steuerrechtliche Folgen **VersAusglG12** 13
- Teilungskosten **VersAusglG13** 1
- Verfahren **VersAusglG11** 45
- Verrechnung wechselseitiger Anrechte **VersAusglG10** 9
- Vorrang der internen Teilung **VersAusglG09** 13

Stichwortverzeichnis

interne Teilung
- Anforderungen **VersAusglG11** 1
- Beschlussformel **VersAusglG10** 31
- Grundsatz der gleichwertigen Teilhabe **VersAusglG11** 6

Invalidiätsversorgung
- Eintritt des Versicherungsfalls **VersAusglG28** 11

Invaliditätsversorgung VersAusglG02 57; **VersAusglG28** 1
- Ausgleich betrieblicher **VersAusglG28** 9
- Ausgleich privater **VersAusglG28** 1
- Invalidität des Ausgleichsberechtigten **VersAusglG28** 15
- schuldrechtsanaloger Ausgleich **VersAusglG28** 16

Inventar
- gerichtliche Prüfung **1802** 30

Inventarisierung
- Pflicht **1640** 11
- Stichtag **1802** 20

Inzestverbot
- Strafbarkeit **1307** 12

J

Jobcenter
- Nebenintervenient **1603** 1344

Jugendamt
- als Vormund **1857A** 4
- Beistand **1712** 10
- Beteiligung **GewSchG02** 35
- Freistellung von Einschränkungen **1857A** 8
- Mitteilung **1626D** 5
- Zugang des Antrags **1714** 3

Jugendfreiwilligendienst 1610 116
Jugendhilfemaßnahme 1666A 3

K

Kalenderfälligkeit
- Mahnung **1613** 54

Kapitalgesellschaft
- vormundschafts-, familiengerichtliche Genehmigung **1822** 75

Kapitallebensversicherung
- private Versicherung **VersAusglG46** 5

Kapitalwert
- Berechnung des korrespondierenden **VersAusglG47** 1
- korrespondierender **VersAusglG05** 47

Kapitalzahlung
- Ausgleichsanspruch **VersAusglG22** 1

Kaufkraftparitätenermittlung 1603 281

Kenntnis
- des Erwerbers **1365** 39
- vom Tod des Kindes **1698B** 4

Kernbereichslehre
- richterliche Inhaltskontrolle **1585C** 14

Kind
- Aufwendungen für elterlichen Haushalt **1620** 1
- außereheliches **1615A** 1
- Ausstattung aus dem Vermögen des Kindes **1625** 1
- des Anzunehmenden **1769** 3
- Dienstleistungen in Haus und Geschäft **1619** 1
- Dienstleistungsverpflichtung **1619** 10
- gemeinschaftlich **1444** 9
- männliche, nicht einsichts- und urteilsfähiges **1631D** 9
- minderjähriges, Kindergeldanrechnung **1612B** 15
- nicht gemeinschaftlich **1444** 18
- Pflicht zu Beistand und Rücksicht **1618A** 1
- Vertretung **1629** 1
- volljähriges, anteilige Haftung **1606** 29
- volljähriges, Ausbildungsvergütung **1606** 71
- volljähriges, Beweislast **1606** 42
- volljähriges, Haftungsanteile **1606** 71
- volljähriges, Kindergeldanrechnung **1612B** 34

Kinder
- privilegierte volljährige **1603** 948

Kinderfreibetrag
- Einkommensteuer **1601(St)** 2

Kindergeld 1578 28
- Bedarf **1612B** 35
- eingetragene Lebenspartnerschaft **LPartG11** 4
- Einkommensteuer **1601(St)** 2
- Rückforderung **1601(St)** 79
- Surrogat **1612C** 2
- Zählkindervorteil **1612B** 4

Kindergeldanrechnung
- beiderseitige Barunterhaltspflicht **1612B** 34
- minderjährige Kinder **1612B** 15
- volljährige Kinder **1612B** 34

Kindergeldanspruchsberechtigter
- Bestimmung **1601(K)** 21

Kindergeldhöhe 1612B 7
Kinderzulage 1612C 3
Kinderzuschuss 1612C 3

Kindesbetreuung
- Erwerbsobliegenheit **1603** 477
- nichteheliche Mutter **1615L** 13
- Unterhalt **1609** 28

Kindesherausgabe
- Abtrennung vom Verbund **1632(K)** 17
- einstweilige Anordnung **1632(K)** 16
- elterliche Sorge gleichzeitig anhängig **1632(K)** 14
- Festsetzung eines Ordnungsgeldes **1632(K)** 21
- im Verbund **1632(K)** 9
- Terminsgebühr **1632(K)** 22
- Verbindung **1632(K)** 15

Stichwortverzeichnis

- Vollstreckung **1632(K)** 18
- Zwangsvollstreckung **1632(K)** 18

Kindesinteresse 1673 1
- Anordnung einer Pflegschaft **1693** 7
- erforderliche Maßnahme **1693** 6

Kindesunterhalt 1684 29
- absoluter Vorrang **1609** 3
- anteilige Haftung **1606** 3
- Ausbildungsdauer **1610** 328
- Ausbildungsfonds **1602** 126
- Ausbildungsversicherung **1602** 126
- Ausland **1610** 45
- BAföG-Leistungen **1602** 74
- Berufswahl **1610** 387
- Darlegungslast **1602** 220
- Eigenverantwortung **1602** 60
- Einkünfte **1602** 19; **1610** 16
- Erwerbsobliegenheit **1602** 53
- freiwillige Leistungen Dritter **1602** 49
- Geschwister **1610** 294
- Großelternhaftung **1607** 19
- hypothetische Einkünfte **1602** 56
- Minderjährige **1610** 9
- Naturalleistung **1610** 150
- Rangverhältnisse **1606** 1
- Schulden **1602** 22
- Sonderbedarf **1610** 255
- Sozialleistungen **1602** 94
- Tabellen **1610** 133
- Titulierung **1612A** 9
- Verfahrenskostenvorschuss **1610** 257
- Vermögenszuwendung **1602** 127
- Verwirkung **1611** 1
- vorrangige Haftung **1606** 4
- Wechselmodell **1612** 14
- Wohnvorteil **1610** 162
- zusätzlicher Bedarf **1610** 34

Kindesvermögen 1626 22
- Abwendung von Gefahr **1667** 2
- Ausstattung **1625** 1
- Erhalt **1646** 1
- Erwerb mit Mitteln des Kindes, Surrogation **1646** 1
- Gefährdung **1666** 36
- Vermögenserhaltung **1649** 1
- Verwendung der Einkünfte des Kindesvermögens **1649** 1

Kindeswohl 1688 16; **1697A** 1
- Adoption **1753** 4
- Gefährdung **1666** 13
- gerichtliche Maßnahmen bei Gefährdung **1666** 1
- Glaubenszugehörigkeit **1671** 49
- Kommunikationsfähigkeit **1671** 42
- Kooperations- und Konsensfähigkeit **1671** 40
- Meinungsverschiedenheit **1671** 43

- räumliche Entfernung **1671** 53
- triftige, nachhaltig berührende Gründe **1696** 21
- Unterhaltsverzicht **1614** 37

Kindeswohldienlichkeit 1685 20
Kindeswohlgefährdung 1682 9
- Unwirksamkeit der Einwilligung in den Eingriff **1631D** 18

Kindeswohlprüfung 1671 32; **1680** 7
- durch Familiengericht **1677** 5
- negative **1681** 6
- positive **1686A** 14
- Umgangsrecht **1684** 96

Kindschaftssache 1773 18
- Wert, isoliert **FamRK02** 74

Kirchenrecht
- Verpflichtungen der Eheleute **1588** 1

Klage
- auf Aufhebung **1496** 3
- Aufhebung der Gütergemeinschaft **1449** 4

Klassenfahrt
- Mehrbedarf **1613** 190

Kommanditanteil
- Vormundschaft, Erwerb, Genehmigungsbedürftigkeit **1822** 80

Kommanditgesellschaft
- vormundschafts-, familiengerichtliche Genehmigung **1822** 69

Konfliktkonstellation
- gesetzliche Vertretung **1716** 4

Konkreter Bedarf 1361 102
Konkretheitsgebot 1684 91
Konkurrenzverhältnis GewSchG03 4
- polizeiliche Maßnahme **GewSchG03** 9

Konsensprinzip 1353 3
Kontaktverbot GewSchG01 36
Kontaktverweigerung 1611 43
Kontinuitätsgrundsatz 1671 66
Kontinuitätsprinzip 1680 20
Kontokorrentkredit
- vormundschafts-, familiengerichtliche Genehmigung **1822** 111

Kontopfändung 1601(V) 22
Kontrollbetreuer
- Gegenbetreuer **1908I** 11

Kopplungsverbot
- zivilrechtliches **1901A** 12

Körperverletzung GewSchG01 10
Kostbarkeit
- nicht hinterlegungspflichtige **1818** 6

Kosten 1667 11
- Adoptionsbeschluss **1752** 12
- Beerdigung **1615** 3
- Bestattung **1615M** 5
- Fremdbetreuung **1578B** 41
- Rechtsstreit **1428** 13; **1438** 14; **1454** 12

Stichwortverzeichnis

Kosten des öffentlichen Verkehrsmittels 1603 99
Kostenfestsetzung 1360A 57
Kostenlastverteilung
- Ausnahme **1465** 11, 13

Kostensteigerung
- wichtiger Grund **VBVGVorbem** 5

Kostentragung 1684 25
Kostentragungspflicht
- Anfechtung der Vaterschaft **1592(K)** 20

Kostenübernahme
- Verpflichtung der Eltern **1615** 4

Kraftfahrzeugkosten
- Ersatz **1603** 97

Krankengeld 1603 165
Krankenversicherung
- Beiträge **1578Soz** 55
- Elternunterhalt **1610** 408
- Familienversicherung **1578Soz** 43
- freiwillige Versicherung **1578Soz** 42
- in Trennungszeit **1578Soz** 68
- Kinder **1578Soz** 47
- Krankenkassenwahl **1578Soz** 51
- Sonderbedarf **1613** 225
- Versicherungspflicht **1578Soz** 41

Krankenvorsorgeunterhalt
- Krankenversicherung **1361** 119
- Pflegeversicherung **1361** 119; **1578Soz** 143

Krankheit 1429 6
- Behinderung **1572** 9
- Depressionen **1572** 13
- Elternunterhalt **1610** 406
- Informationsanspruch und Abänderungsklage **1572** 42
- latente **1572** 32
- Rente **1610** 406
- Renten- oder Unterhaltsneurose **1572** 12
- Suchterkrankungen **1572** 10
- Therapieobliegenheit **1572** 14
- Therapieobliegenheit und Eigenverantwortungsprinzip **1572** 15
- Übergewicht und Magersucht **1572** 11
- Ursache fehlender/eingeschränkter Erwerbsfähigkeit **1572** 17
- Verschlimmerungsgefahr **1572** 18

Krankheitsunterhalt
- Anrechnung von Renteneinkünften **1572** 45
- Anrechnung von Versorgungsleistungen **1572** 45
- ärztliches Attest **1572** 52
- Beschränkungen beim Anschlussunterhalt **1572** 44
- Beurteilungsrisiko bei unrichtigem Attest **1572** 56
- Darlegungs- und Beweislast **1572** 52
- Darlegungs- und Beweislast bei Wechsel des Unterhaltstatbestands **1572** 57
- Erkrankung vor Eheschließung **1572** 1
- Indizfunktion einer Erwerbsunfähigkeitsrente **1572** 52
- Rechtsfolgen bei fehlender und teilweiser Erwerbsobliegenheit **1572** 39
- Sachverständigengutachten **1572** 52
- sonstige Anspruchsgrundlagen **1572** 4
- Wegfall des Anspruchs bei Genesung des Berechtigten **1572** 43

Kreditverbindlichkeiten 1603 118, 829, 1132
Kreditwürdigkeit 1585A 7
Krisenintervention
- kurzfristige **GewSchG03** 9

Kündigung
- Begriff **1907** 21
- eines Mietverhältnisses, Betreutenschutz **1907** 9

Kündigung des Lehrvertrags
- vormundschafts-, familiengerichtliche Genehmigung **1822** 106

Künstlervertrag
- vormundschafts-, familiengerichtliche Genehmigung **1822** 96

L

Land
- abweichende Vorschriften **LPartG23** 4
Länderöffnungsklausel LPartG22 2
- eingetragene Lebenspartnerschaft **LPartG23** 1

Landesbeamter
- Genehmigungserfordernis **1784** 3

Landesgesetzgebung VBVG11 11
Leasingvertrag
- vormundschafts-, familiengerichtliche Genehmigung **1822** 96

Lebensbedarf 1578 54; 1610 147
- Altersvorsorgeunterhalt **1578** 73
- angemessene Deckung **1357** 11
- angemessener, nichteheliche Mutter **1615L** 132
- gesamter, Unterhaltsbestimmung **1612** 71
- Geschäfte zur Deckung **LPartG08** 7
- konkrete Bedarfsermittlung **1578** 58
- Kranken- bzw. Pflegevorsorgeunterhalt **1578** 68
- Mehrbedarf bzw. Sonderbedarf **1578** 64
- Schul- bzw. Berufsausbildung **1578** 72

Lebenserwartung
- des Betreuten **1811** 19

Lebensgemeinschaft
- Abgrenzung zur Zweckgemeinschaft **1579** 29
- Anspruch auf Herstellung **LPartG02** 7
- eheähnliche, persönliche Berücksichtigung zum Verlustabzug **1353(St)** 2

- eheähnliche, Unterhalt **1608** 3
- eheliche **1353** 7
- Indizien **1579** 38

Lebenspartner
- Getrenntleben **LPartG14** 4

Lebenspartnerschaft
- Aufhebung **LPartG15** 1
- Aufhebung, gemeinsame Wohnung und Haushaltsgegenstände **LPartG17** 1
- Aufhebung, Unterhaltspflicht **LPartG16** 1
- Auflösung, Aufhebung **1313** 29
- Auswirkungen auf berufsständische Versorgungswerke **LPartG11** 11
- beamtenrechtliche Auswirkungen **LPartG11** 15
- Begründung **1493** 5; **LPartG01** 10
- bestehende eingetragene **LPartG10** 12
- eingetragene **LPartG02** 1
- eingetragene, Unterhalt **1608** 2
- Eintragung **LPartG22** 3
- Erbrecht **LPartG10** 1
- Erklärung gegenüber Behörde oder Urkundsperson **LPartG23** 3
- Erklärung über den Vermögensstand **LPartG01** 22
- gegenseitige Haftung **LPartG04** 1
- Güterstand **LPartG06** 1
- Hausrat bei Getrenntleben **LPartG13** 1
- Inhalt **LPartG01** 4
- Lebenspartnerschaftsvertrag **LPartG07** 1
- mit sorgeberechtigtem Elternteil **LPartG09** 2
- Partnerschaftsversprechen **LPartG01** 31
- Pflichten **LPartG02** 1
- Regelung der güterrechtlichen Verhältnisse durch Vertrag **LPartG07** 1
- sonstige vermögensrechtliche Wirkungen **LPartG08** 1
- sonstige Wirkungen **LPartG11** 1
- Sorgfaltspflichten, Umfang **LPartG04** 1
- steuerrechtliche Auswirkungen **LPartG11** 18
- Taschengeldanspruch **LPartG05** 6
- Unterhalt bei Getrenntleben **LPartG12** 3
- Unterhaltspflicht **LPartG05** 3
- Unterhaltspflicht, Angleichung an Ehegattenunterhalt **LPartG05** 3
- Versorgungsausgleich **LPartG20** 1
- Wirksamkeitsvoraussetzungen und Wirksamkeitshindernisse **LPartG01** 23
- Wohnungszuweisung bei Getrenntleben **LPartG14** 1

Lebenspartnerschaftshindernis
- absolutes **LPartG01** 29

Lebenspartnerschaftsname
- Namensrecht **LPartG03** 1

Lebenspartnerschaftsregister LPartG23 4

Lebenspartnerschaftssache LPartG13 5; **LPartG17** 2

Lebenspartnerschaftsvertrag 1409 4; **LPartG06** 3; **LPartG07** 1
- abweichende Vereinbarung **LPartG06** 3
- Form **1410** 4
- inhaltliche Modifizierung **LPartG07** 3
- notarielle Form **LPartG07** 3; **LPartG21** 6
- unterhaltsrechtliches Ranking **LPartG07** 4

Lebenspartnerschaftszeit LPartG20 2

Lebensstandard
- Trennungsunterhalt **1361** 38

Lebensstellung
- Kindesunterhalt **1610** 8

Lebensumstand
- äußerer **1839** 8

Lebensunterhalt 1811 19

Lebensverhältnis
- gemeinsames **LPartG02** 2

Lebensversicherung 1811 34
- private Versicherung **VersAusglG46** 4
- vormundschafts-, familiengerichtliche Genehmigung **1822** 95

Legalzession
- Staatskasse, Befriedigung des Vormunds **1836E** 6
- Unterhaltsanspruch **1607** 45

Lehrvertrag
- vormundschafts-, familiengerichtliche Genehmigung **1822** 103

Leibesfrucht
- Aufenthalt bei Beistandschaft **1717** 5
- Begriff **1912** 4

Leihmutter
- Adoption **1747** 5

Leistung
- vertragliche Einigung **1620** 8

Leistungsbefreiung
- bereicherungsrechtlicher Ausgleich **VersAusglG30** 24
- Bezug laufender Leistungen **VersAusglG30** 13
- des Versorgungsträgers **VersAusglG30** 1
- Gläubigerwechsel **VersAusglG30** 18
- interne Teilung **VersAusglG30** 11
- Übergangszeit **VersAusglG30** 19

Leistungsfähigkeit 1603 16; **1604** 1, 8; **LPartG16** 7
- des Unterhaltsschuldners **1578A** 6; **1581** 1
- Einkünfte aus Erwerbstätigkeit **1581** 17
- Einkünfte aus Vermögen **1581** 44
- Elternunterhalt **1603** 964
- Strafgefangener **1603** 167
- Strafhaft **1603** 167
- Unterhaltspflichtiger **1586B** 25; **1609** 4
- unterhaltspflichtiges Kind **1601** 8

Stichwortverzeichnis

Leistungsunfähigkeit
- strafhafte **1607** 18

Leistungsverbot VersAusglG29 2
- Verstoß **VersAusglG29** 20

Lese-Rechtschreib-Schwäche
- Mehrbedarf **1613** 198

Liabilities
- Steuerung **1811** 19

Lohnfortzahlung
- nichteheliche Mutter **1615L** 174

Loyalität
- gegenüber Obhutspersonen **1684** 46

Loyalitätsverpflichtung 1685 33
- Anordnung zur Erfüllung **1684** 83

M

Mahnung 1585B 12
- Bestimmtheit **1613** 36
- Empfangsbedürftigkeit **1613** 30
- Empfangsvollmacht **1613** 42
- Erfüllungsverweigerung **1613** 57
- Fälligkeit **1613** 49
- Form **1613** 30
- Geschiedenenunterhalt **1613** 51
- Gläubigermehrheit **1613** 40

Mangel
- schwerer und offensichtlicher **1759** 1

Mangelfall
- absoluter **1581** 72
- relativer **1581** 71

Mangelfallberechnung 1361 67

Marktmiete
- objektive **1603** 209, 211, 218

Maßnahme
- unterbringungsähnliche **1631B** 6

Maßnahmenkatalog
- Gefahr für Kindesvermögen **1667** 3

Maßstab
- für den Unterhalt **LPartG05** 4

Master-Studium 1610 389

Mediation
- Verzug **1613** 67

Mehrbedarf 1613 163
- Abänderungsverfahren **1613** 263
- ausbildungsbedingter **1602** 91
- Auslandsaufenthalt **1613** 218
- Auslandsschuljahr **1613** 223
- Auslandssemester **1613** 222
- Brille **1613** 235
- Familienfeier **1613** 242
- Haftungsverteilung **1606** 19
- Heimaufenthalt **1613** 245
- homöopathische Behandlung **1613** 233
- Internat **1613** 193
- kieferorthopädische Behandlung **1613** 231

- Klassenfahrt **1613** 190
- Kommunion **1613** 242
- Konfirmation **1613** 242
- Krankenversicherung **1613** 225
- Lese-Rechtschreib-Schwäche **1613** 198
- Nachhilfe **1613** 192
- Pflegeversicherung **1613** 225
- Teilentscheidung **1613** 262
- Urlaubsreise **1613** 251

Mehrfachadoption 1742 1; **1763** 1

Mehrleistung 1360B 4
- freiwillige **1360B** 5

Meinungsverschiedenheit
- bei Mitvormundschaft **1797** 31
- beide Wirkungskreise betreffenden Handlung **1798** 8
- unter mehreren Vormündern **1798** 1

Meistbegünstigungsgrundsatz
VersAusglG48 47

Midijob
- Einkünfte in der Gleitzone **1569(St)** 84

Mietaufwand
- ersparte **1603** 218

Mietverhältnis
- Kündigung **1907** 9

Mietvertrag
- Eintritt in den, vormundschaftsgerichtliche Genehmigung **1822** 129
- über Wohnraum **1907** 16
- vormundschafts-, familiengerichtliche Genehmigung **1822** 91

Mietvertragsaufhebung
- Betreutenschutz **1907** 23

Mietwert
- angemessener oder objektiver **1603** 216, 218

Minderjährigenadoption 1752 11

Minderjährigenannahme
- Annahme eines Verheirateten **1749** 4
- durch einen Ehegatten allein **1749** 2
- Entbehrlichkeit der Einwilligung des Ehegatten **1749** 5

Minderjährigenunterhalt 1610 9

Minderjähriger
- als Vormund **1780** 3; **1781** 3
- Beschränkung der Haftung, vorhandenes Vermögen bei Eintritt der Volljährigkeit **1629A** 1
- Betreuerbestellung **1908A** 1
- Betreuerbestellung, Anhörung **1908A** 15
- Betreuerbestellung, Beschwerderecht **1908A** 17
- Betreuerbestellung, Einwilligungsvorbehalt **1908A** 8
- Betreuerbestellung, Verfahren **1908A** 13
- Betreuerbestellung, Vergütungsfragen **1908A** 18

Stichwortverzeichnis

- Personensorge nach Heirat **1633** 1
- selbständiger Betrieb eines Erwerbsgeschäfts **1629A** 12
- Untauglichkeit **1781** 3

Minderjährigkeit
- des Kindes **1698** 4

Mindestalter
- Annahme als Kind **1743** 1
- Annahme Minderjähriger **1743** 1
- Annahme Minderjähriger, weitere Einschränkungen **1743** 2

Mindestbedarf
- drei Altersstufen **1612A** 5
- Kindesunterhalt **1610** 19

Mindestbetrag
- Erhöhung um einen bestimmten Prozentsatz **1601(K)** 10

Mindestbetriebszugehörigkeit
- Betriebsversorgung **VersAusglG45** 10

Mindestunterhalt
- Existenzminimum im Steuerrecht **1612A** 1
- minderjähriger Kinder **1612A** 1
- Vaterschaftsfeststellung **1601(K)** 26
- Verwandtenunterhalt **1601(K)** 5
- Wert **FamRK02** 176

Minijob 1578Soz 13
- geringfügig entlohnte Beschäftigung **1578Soz** 14
- geringfügige Beschäftigung **1569(St)** 83
- in Privathaushalten **1578Soz** 17
- kurzfristige Beschäftigung **1578Soz** 15
- Studenten **1578Soz** 23
- Verdienstgrenze **1578Soz** 21

Mitarbeit
- Geschäft des anderen Ehegatten **1356** 12

Mitentscheidungsbefugnis
- Angelegenheiten des tägliche Lebens **LPartG09** 2

Mitentscheidungsrecht
- Beschränkung und Ende **1687B** 11
- gesetzliches **1687B** 1

Mitgebrauch
- Gegenstände des gemeinsamen Haushalts **LPartG02** 4
- gemeinsame Wohnung **LPartG02** 4

Mitgliedschaft
- vormundschafts-, familiengerichtliche Genehmigung **1822** 101

Mitteilung
- Genehmigung des Gegenvormunds **1832** 12
- Inhalt und Erklärung **1829** 23
- Wirkung **1829** 25

Mitteilungspflicht GewSchG02 39
- Adressat **VBVG10** 13
- Aufgabenbereich des Betreuers **1907** 25
- Berufsbetreuer **VBVG10** 5
- des Familiengerichts **1851** 5
- des Vormundes, gewöhnlicher Aufenthalt **1851** 7
- ehrenamtliche Betreuer **VBVG10** 9
- eidesstattliche Versicherung **VBVG10** 17
- Erzwingung **VBVG10** 15
- gegenüber dem Jugendamt **1851** 2
- Inhalt **VBVG10** 10
- Mitteilungs-Verpflichtete **VBVG10** 4
- Polizeibehörde **GewSchG01** 50
- Rechtsbehelfe **VBVG10** 18
- Sanktionsmöglichkeit **VBVG10** 16
- Vereinsbetreuer **VBVG10** 6
- Weiterleitung **VBVG10** 19
- Zeitpunkt **VBVG10** 12
- Zweck **VBVG10** 2

Mittellosigkeit
- des Mündels **1836D** 2
- des Nachlasses **1836D** 7
- des Vormunds **VBVG01** 34
- Zeitpunkt **1836D** 13

Mitvormund 1810 7
- beabsichtigte Bestellung **1786** 10
- Bestellung **1775** 3; **1778** 13
- Führung der Vormundschaft **1797** 1
- Haftung **1797** 58
- Tod **1894** 7

Mitvormundschaft
- gemeinschaftliche **1797** 7
- Zustimmungspflicht **1778** 13

Mitwirkung
- des Gegenvormunds **1842** 2; **1854** 13

Mitwirkungsbefugnis
- Voraussetzungen **1687B** 2

Mitwirkungspflicht 1568B 85
- Rechnungslegung **1895** 5

Modifikation
- Unterhaltsverzicht **1614** 17

Mündel
- Barbeträge **1836C** 41
- Beschränkung der Haftung **1793** 160
- einzusetzende Mittel des Mündels **1836C** 5, 7
- einzusetzendes Einkommen **1836C** 10
- einzusetzendes Vermögen **1836C** 31
- Gefahr der nachteiligen Entwicklung **1801** 8
- Haftung für Vormund **1793** 120
- Haftungsbeschränkung **1836C** 3
- Hausgrundstück **1836C** 39
- Herausgabeanspruch, Vermögensherausgabe **1890** 10
- Herausgabeanspruch, Zurückbehaltungsrecht **1890** 13
- in Haushalt des Vormunds aufgenommener **1793** 109

Stichwortverzeichnis

- Mittellosigkeit **1836D** 2
- Mitverschulden **1833** 49
- persönliche Interessen **1811** 19
- Rechnungslegungsanspruch **1890** 14
- Schadensersatzanspruch bei Ablehnung der Vormundschaft **1787** 1
- Schonvermögen **1836C** 38
- Tod **1882** 6
- Unterbringung **1800** 40; **1801** 17
- Unterhaltsansprüche **1836C** 15
- Verschollenheit und Todeserklärung **1884** 1, 6
- Verwandte **1847** 11
- Verwertung von Vermögen **1836C** 35

Mündelgeld
- Anlagepflicht, Vormund **1806** 14
- Anlegung **1806** 1; **1810** 6
- Anlegung, Mitwirkung von Gegenvormund oder Vormundschaftsgericht **1810** 1
- Anlegung mit Sperrvermerk **1809** 1
- nicht anlagepflichtiges Geld **1806** 22
- Rentabilität, andere Anlegung **1811** 15
- zulässige Anlageformen **1807** 1

Mündelinteresse
- Gefährdung **1857** 2, 7
- Gefährdung, gerichtliche Nachprüfung **1857** 7

Mündelvermögen
- Höhe **1811** 19
- Nutzungen **1813** 29
- Pflicht zur Erhaltung **1793** 65
- Verwendung **1805** 4

Mündelwohl
- kein Entgegenstehen **1889** 15

Mutter
- alleiniges Sorgerecht der Mutter, Unwirksamkeit Sorgerechtserklärung **1626E** 5
- nichteheliche, Altersvorsorgeunterhalt **1615L** 135, 169
- nichteheliche, angemessener Lebensbedarf **1615L** 132
- nichteheliche, Auskunftsanspruch **1615L** 265
- nichteheliche, Bedarf **1615L** 141
- nichteheliche, Bedürftigkeit **1615L** 172
- nichteheliche, Betreuungsbonus **1615L** 188
- nichteheliche, Betreuungskosten **1615L** 188
- nichteheliche, Betreuungsunterhalt **1615L** 13
- nichteheliche, Erwerbstätigkeit **1615L** 184
- nichteheliche, Erziehungsgeld **1615L** 178
- nichteheliche, Kindesbetreuung **1615L** 13
- nichteheliche, Lohnfortzahlungen **1615L** 174
- nichteheliche, Mutterschaftsgeld **1615L** 174
- nichteheliche, Mutterschutzfrist **1615L** 11
- nichteheliche, Taschengeldanspruch **1615L** 138
- nichteheliche, überobligatorisches Einkommen **1615L** 184

- nichteheliche, Vaterschaft **1615L** 8
- nichteheliche, Wohnvorteil **1615L** 180

Mutterschaft
- siehe unter Abstammung **1591** 3

Mutterschaftsgeld
- nichteheliche Mutter **1615L** 174

N

Nachhilfe
- Mehrbedarf **1613** 192

Nachholung
- der Erklärung **1760** 19

Nachlass
- Anteil am Gesamtgut **1482** 6; **1490** 5; **1510** 6

Nachlassgericht
- Zeugniserteilung **1507** 14

Nachlasswert
- Bestimmung **1586B** 31

Nachqualifizierungsoption
- in Bezug auf Hochschulausbildung **VBVG11** 8
- in Bezug auf Lehre **VBVG11** 5

Nachstellen GewSchG01 19
Näherungsverbot GewSchG01 34

Name
- Aufhebung der Adoption **1765** 1
- bei nachträglicher gemeinsamer Sorge **1617B** 1
- erteilungsfähiger **1617A** 17
- Namensänderung der Eltern **1617C** 1
- Neubestimmung **1617B** 10
- Scheinvaterschaft **1617B** 1
- Vater oder Mutter **1617** 6
- Wegfall der Vaterschaft **1617B** 22

Namenbestimmung
- Bindungswirkung für weitere Kinder **1617** 13

Namensänderung
- Antrag **1757** 6
- Familiennamen **1355** 21

Namensbestimmung
- Zeitpunkt und Form **LPartG03** 9

Namenserteilung
- alleiniges Sorgerecht **1617A** 14

Namenserwerb
- des anderen Elternteils **1617A** 7
- gesetzlicher **1617B** 5

Namensführung
- nach Beendigung der Lebenspartnerschaft **LPartG03** 11

Namensneubestimmung
- Anschlusserklärung des Kindes **1617B** 16
- Ausschlussfrist von 3 Monaten **1617B** 13

Nasciturus
- künftige Rechte **1912** 6

Nebenleistung 1813 30

Nebentätigkeit
- Arbeitslosigkeit **1603** 785

Stichwortverzeichnis

- Darlegungs- und Beweislast **1603** 794
- Genehmigung **1603** 775
- Hausmannfälle **1603** 313
- Obliegenheit **1603** 734
- Zumutbarkeit **1603** 755, 774

Negativtest
- Nachweis der Alleinsorge **1626D** 7

Neigung
- des Kindes **1631A** 8

Neuvornahme 1367 1

Nichtehe
- Heilung **1310** 47
- Voraussetzungen **1310** 37

Nichtehelichenunterhalt
- Pfändungsfreibetrag **1615L** 272
- Rang **1615L** 209

Nichtigkeit
- Bestellung zum Vormund **1780** 5
- der Adoption **1759** 1
- der Schenkung **1641** 7
- fehlende Einwilligung **1367** 5
- Volljährigenannahme **1771** 2

Niedriglöhne
- tarifliche **1603** 401

Notgeschäftsführung
- Eltern für Erben **1698B** 1

Notunterhalt 1420 13

Notvertretung 1687A 7

Notvertretungsrecht 1687B 10; **LPartG09** 5, 11

Notverwaltungsrecht 1429 1
- bei Gütergemeinschaft **1454** 1

Nutzbarkeit
- Ausbildung für Betreuung **VBVG04** 14

Nutzungshindernis
- Wohnrecht **1602** 187, 209

Nutzungsregelung 1361B 34

Nutzungsvergütung GewSchG02 28; **LPartG13** 3

O

Oberlandesgericht
- Leitlinien **1570** 10

Obhutspflicht 1687A 1

Obhutsprinzip 1612B 12

Offizialdelikt GewSchG04 1

Öffnungsklausel LPartG23 2

Orderpapier
- mit Blankoindossament **1814** 16
- vormundschafts-, familiengerichtliche Genehmigung **1822** 115

Ordnungsgeld GewSchG01 54
- Höhe **GewSchG01** 57

Ordnungsvorschrift 1645 4; **1811** 87

Ordre public 1745 6

Orientierungsphase
- Kindesunterhalt **1610** 361
- volljähriges Kind **1610** 102

Ortswechsel
- gewisse Dauer **1851** 8

Ost-West-Moratorium VersAusglG50 1

P

Pachtvertrag
- vormundschafts-, familiengerichtliche Genehmigung **1822** 85

Papiere
- Vermögen des Mündels gehörend **1814** 18

Parental Alienation Syndrome 1684 40

Partnerschaft
- neue **1603** 57, 269, 1048

Partnerschaftsversprechen LPartG01 31

Patientenverfügung
- Begriff **1901A** 3
- Bindungswirkung **1901A** 6
- Reichweite **1901A** 11
- Schriftform **1901A** 4
- Widerruf **1901A** 5

Patientenwille
- Berücksichtigung **1901b** 3

Personenkreis
- ausschlussfähiger **1782** 2

Personensorge 1619 6
- Aufenthaltsbestimmung bei Betreuung **1896** 77
- Aufwendungsersatzanspruch der Eltern **1648** 1
- für verheirateten Minderjährigen **1633** 1
- gesamter Entzug **1666A** 11
- Kind **1626** 14; **1631** 1
- Kind, Angelegenheiten der Ausbildung und des Berufes **1631A** 1
- Kind, Unterbringung mit Freiheitsentzug verbunden **1631B** 1
- Maßnahmen gegenüber Dritten **1666** 80
- tatsächliche **1648** 3
- Umgang des Kindes **1632** 16
- Verlust der tatsächlichen **1633** 2

Personenstandsregister 1617 22; **1758** 14

Pfändungsfreibetrag
- Nichtehelichenunterhalt **1615L** 272

Pfelegeversicherung
- Sonderbedarf **1613** 225

Pflegefamilie VBVG05 28

Pflegegeld
- Unterhalt **1610A** 5

Pflegeltern
- Fremdunterbringung eines Kindes **1666** 72

Pfleger
- Amtspfleger **1915** 17
- anwaltsspezifische Dienste **1915** 37
- Aufwendungsersatz und Vergütung **1915** 29

Stichwortverzeichnis

- Auswahl **1915** 15
- Auswahlermessen **1915** 15
- Benennungsrecht **1915** 13; **1916** 1
- Berufung bei Zuwendung **1917** 4
- Entlassung **1915** 26
- Festsetzung der Vergütung **1915** 39
- Feststellung der Berufsmäßigkeit **1915** 32
- für unbekannten Beteiligten, Wirkungskreis **1913** 26
- Gegenvormund **1915** 41
- Haftung **1915** 24
- Höhe der Stundensätze **1915** 34
- Rechtsstellung **1909** 9
- Schlussrechnung **1915** 28
- Unterpfleger **1915** 20
- Vereinspfleger **1915** 17
- Verpflichtung **1909** 17
- Vorauswahlliste **1915** 19
- Vorrang ehrenamtlicher **1915** 17
- Vorzugsrecht Angehöriger **1915** 16

Pflegerbestellung
- Anwendungsfälle **1794** 5
- Ausschluss der Vormundschaft **1794** 1
- Einschränkung der elterlichen Sorge **1630** 2
- Voraussetzungen **1794** 7
- Wirkung **1794** 12

Pflegeverhältnis
- Erreichung des Mindestalters **1743** 1

Pflegeversicherung
- Elternunterhalt **1602** 140; **1610** 408
- Leistungen **1578Soz** 163
- nichteheliche Mutter **1615L** 134, 168
- Pflegebedürftigkeit **1578Soz** 150

Pflegezulage
- Unterhalt **1610A** 5

Pflegschaft
- Abwesenheitspflegschaft **1911** 2
- Anwendbarkeit des Vormundschaftsrechts **1915** 1
- Aufhebung **1919** 1
- Aufsicht des Gerichts **1915** 23
- Beendigung durch Geburt des Kindes **1918** 9
- Beendigung durch Wegfall des Sorgeberechtigten **1918** 7
- Beendigung kraft Gesetzes **1918** 1
- Bekanntgabe der Aufhebungsentscheidung **1919** 8
- Bekanntgabe der Entscheidung **1909** 16
- Berufung als Ergänzungspfleger **1916** 1
- deklaratorische Aufhebungsentscheidung **1918** 13
- Einschränkung des Wirkungskreises **1919** 1
- einzelne Angelegenheit **1918** 10
- Erledigung der einzelnen Angelegenheit **1918** 11
- Ersatzpflegschaft **1909** 77
- Festlegung Wirkungskreis **1915** 21
- Führung **1915** 22
- funktionelle Zuständigkeit **1909** 19
- für Sammelvermögen, Fürsorgebedürfnis **1914** 9
- für unbekannte/ungewisse Beteiligte **1913** 2
- für unbekannten/ungewissen Nacherben **1913** 16
- in vitro-fertilisierter Embryo **1912** 4
- internationale Zuständigkeit **1909** 21
- Leibesfrucht **1912** 2
- Mittellosigkeit des Mündels **1915** 38
- Rechtsmittel **1909** 22
- Sammelvermögen **1914** 2
- Tod des Abwesenden **1921** 3
- unbekannter Beteiligter, Abgrenzung **1913** 5
- unbekannter Beteiligter, Fürsorgebedürfnis **1913** 19
- unbekannter Beteiligter, Unbekanntheit oder Ungewissheit **1913** 14
- Verfahren **1909** 12
- Verfahrenspflegschaft **1915** 5
- Wegfall der Verhinderung **1921** 2
- Wegfall des Fürsorgebedürfnisses **1919** 4
- Wirkung der Aufhebungsentscheidung **1919** 9
- Zuständigkeit für das Aufhebungsverfahren **1919** 10
- Zuwendungspflegschaft **1909** 70

Pflegschaft für Leibesfrucht
- Fehlen elterlicher Vertretungsmacht **1912** 8
- Fürsorgebedürfnis **1912** 10

Pflegschaftsaufhebung
- Beschwerderecht **1919** 13

Pflicht
- bei Beendigung der Betreuung **1908I** 41
- Beistand und Rücksicht **1618A** 1

Pflichtteil LPartG10 10
- Verzicht auf den, vormundschaftsgerichtliche Genehmigung **1822** 29

Pflichtteilsanspruch 1603 194

Pflichtteilsverzicht 1586B 36; **1643** 8

Pflichtverletzung
- außerordentlich schwerwiegende **1666A** 4
- Vermögensanlage **1833** 14

Prioritätsprinzip 1716 4

Privatgutachten 1811 78

Privatvermögen
- Übertragung von Wirtschaftsgütern **1371(St)** 15

Probezeit
- Dauer **1744** 2

Prokura
- Erteilung der Prokura, vormundschaftsgerichtliche Genehmigung **1822** 134
- Widerruf, vormundschaftsgerichtliche Genehmigung **1822** 136

Stichwortverzeichnis

Promotion
- Kindesunterhalt **1610** 394

Protokollierung
- gerichtliche **LPartG20** 4

Prozesskosten 1465 1

Prozesskostenvorschuss
- Anspruch **LPartG05** 7
- Großeltern **1607** 38
- nach Scheidung **1569** 123

Prozessstandschaft 1428 14

Prozessvertretung
- öffentlich-rechtliche Verfahren **1629** 23
- Strafverfahren **1629** 17
- Zivilprozess **1629** 7

Prüfungspflicht
- Auskünfte der Versorgungsträger **VersAusglG39** 26
- Gegenvormund **1891** 4
- rechnungsmäßige Überprüfung **1843** 11
- sachliche Überprüfung **1843** 12

Prüfungsversagen
- Kindesunterhalt **1610** 350

Q

Quasisplitting VersAusglG16 2, 10

Quotelung
- des Vergütungsanspruchs **VBVG09** 11

Quotenunterhalt
- Trennungsunterhalt **1361** 63, 87

R

Rahmengebühr
- Musterformular **FamRK05** 6
- Toleranzrahmen **FamRK05** 3

Rang
- Nichtehelichenunterhalt **1615L** 209

Rangverhältnis LPartG12 23
- bei mehreren Unterhaltsberechtigten **1582** 1
- mehrerer Bedürftiger **1609** 1

Realsplitting
- Antragstellung und Zustimmung **1569(St)** 13
- Freistellungsanspruch **1361** 451
- Steuererklärung **1567** 15
- Steuern **1361** 442
- Voraussetzungen **1569(St)** 9
- Zustimmung **1361** 446

Realsplittingvorteil
- Trennungsunterhalt **1361** 452

Rechenschaftspflicht
- Inhalt **1698** 7
- über die Vermögensverwaltung gegenüber dem Kind **1698** 6

Rechnung
- Mitwirkung des Gegenvormunds **1891** 6

Rechnungsanerkennung
- Beendigung der Vormundschaft **1892** 1

Rechnungslegung 1667 5; **1675** 3; **1716** 8; **1840** 14
- des Vormunds, befreite Vormundschaft **1854** 8

Rechnungslegungsanspruch
- des Kindes **1698** 1

Rechnungslegungspflicht 1857A 5
- Befreiung **1854** 1, 6
- des Vormunds **1840** 3, 22
- gegenüber Vormundschaftsgericht **1840** 3, 14, 21; **1841** 2; **1842** 2; **1843** 2

Rechnungsprüfung
- Beendigung der Vormundschaft **1892** 1

Recht zur Regelung des Umgangs 1666 61; **1684** 87

Rechtfertigungsgrund GewSchG01 24

Rechtliche Vaterschaft 1686A 7

Rechtsausübung
- illoyale, Verwirkung **1613** 297

Rechtsbegriff
- unbestimmter **1686A** 11

Rechtsbeschwerde 1908D 76
- Statthaftigkeit **1903** 109; **1904** 137; **1908C** 26
- Zulassung **1903** 109; **1904** 137; **1908C** 26
- Zulassung, Ausnahme **1903** 110

Rechtsfolge 1743 3
- Adoption **1745** 5
- alleinige Sorge der Mutter **1678** 9
- Anrechnung der Ausstattung **1625** 4
- Beendigung der Beistandschaft **1715** 10
- fehlende Einwilligung des Kindes **1746** 12
- Nachlassverbindlichkeit **1586B** 39
- Recht auf Bestellung **1776** 7
- schwebende Unwirksamkeit **1829** 10
- Steuern **1586B** 40
- Unterhaltsgewährung **1586B** 38
- Zugang des Antrags **1714** 6

Rechtsgeschäft
- Bedarf Zustimmung des anderen **1430** 10
- Bereicherung des Gesamtguts **1434** 9
- einseitiges **1367** 1; **1831** 6
- einseitiges, ohne Genehmigung **1831** 1
- Erfordernis der Vorgenehmigung bei einseitigem **1831** 5
- fehlende Zustimmung des verwaltenden Ehegatten **1438** 7
- genehmigungsbedürftig **1643** 2
- gesicherte Forderungen gegen den Vormund **1795** 32
- notwendig **1430** 9
- ohne Zustimmung des anderen Ehegatten **1434** 5; **1457** 6
- Verbindlichkeit **1438** 4
- während Gütergemeinschaft **1438** 6
- Zustimmung verweigert **1430** 14

Stichwortverzeichnis

Rechtshängigkeit
- Verzug **1613** 142

Rechtskraft
- der richterlichen Entscheidung **1496** 5

Rechtspfleger 1644 4

Rechtsstreit
- Anhängigkeit bei Eintritt in Gütergemeinschaft **1433** 4
- Fortsetzung **1433** 1
- im Rahmen der Notverwaltung **1433** 5
- Kosten **1443** 5
- nichtverwaltender Ehegatte mit Drittem **1443** 9
- unter den Ehegatten **1443** 4

Rechtswahrungsanzeige
- Verzug **1613** 18

Reduzierung
- Verzug **1613** 83

Regelaltersgrenze 1603 811
- Elternunterhalt **1603** 1080

Regelung des Umgangs 1666 64

Regressanspruch
- des Staates gegen den Mündel **1836E** 6

Regresskonstellation 1836E 18

Regressprozess
- des Fiskus **1836D** 15

Rehabilitationsleistung
- Unterhalt **1610A** 5

Reichweite
- Beendigung der Beistandschaft **1715** 5
- der Aufhebung **1766** 3

Religionsdiener 1784 5
- zum Vormund bestellt **1888** 2

Rente 1578 24
- Elternunterhalt **1602** 138; **1610** 406

Rentenversicherung 1578Soz 78
- Beiträge **1578Soz** 85
- Bemessung **1578Soz** 86
- Rente bei verminderter Erwerbstätigkeit **1578Soz** 110
- Rente wegen Todes **1578Soz** 124
- Rentenarten **1578Soz** 101
- Rentenwert **1578Soz** 98
- zeitratierliche Bewertung bei abzuschmelzenden Leistungen **VersAusglG43** 7

Rentenwerte
- aktuelle, ab 1977 **VersAusglG53** 7

Rentenwertmethode
- Anrechnung eines Teilausgleichs **VersAusglG53** 6

Rentnerprivileg VersAusglG27 61; **VersAusglG32** 2
- Wegfall **VersAusglG48** 40

Restschuldbefreiung 1603 856

Revokationsrecht 1428 1

Risikoschutz
- Beschränkung auf Altersvorsorge **VersAusglG11** 35

Rückadoption 1742 5
- bei Volljährigkeit **1768** 7

Rückerstattung
- Wert des Eingebrachten **1478** 26

Rücknahme
- des Adoptionsantrags **1752** 5

Rückrechnungsmethode
- Anrechnung eines Teilausgleichs **VersAusglG53** 5

Rücksichtnahme
- Begriff **1618A** 16
- Eignung und Neigung des Kindes **1631A** 6
- gegenseitige **LPartG02** 3
- religiöse oder weltanschauliche Bekenntnis des Mündels **1801** 19
- Sittenwidrigkeit von Bürgschaften **1618A** 18

Rücksichtnahmegebot 1619 16

Rücktritt vom Verlöbnis
- Aufrechnung **1299** 7
- aus Verschulden des anderen Teils **1299** 1, 3
- Ausschluss der Ersatzpflicht **1298** 16
- Ersatzansprüche, Aufwendungen **1298** 4
- Ersatzpflicht, Angemessenheit der Aufwendungen **1298** 12

Rücktrittserklärung
- Verjährung des Verlöbnisses **1302** 3

Rückzahlung
- vom Vormund angelegten Geldes **1813** 24

Rückzahlungsanspruch 1620 6

Ruhen
- beschränkte Geschäftsfähigkeit **1673** 9
- der elterlichen Sorge **1673** 1; **1674** 1; **1751** 6
- Geschäftsunfähigkeit eines Elternteils **1673** 3

Ruhen der elterlichen Sorge
- Einwilligung in die Adoption **1751** 6

Rürup-Rente VersAusglG46 9

S

Sache
- keine verbrauchbare **1814** 21

Sachverständigengutachten 1811 85; **1908D** 42, 62

Samenspende
- heterologe **1686A** 31

Sammelkonto
- gestattete Anlage **1805** 23

Sammelvermögen
- Begriff **1914** 4

Sammelvormundschaft 1786 11

Sammlung
- öffentliche **1914** 6
- vorübergehender Zweck **1914** 7
- Wegfall der berufenen Person **1914** 8

Stichwortverzeichnis

Schaden
- Eintritt **1667** 2
- ersatzfähig **1787** 6

Schadensersatz 1898 7
- grundlose und schuldhafte Ablehnung **1787** 2
- Vormund gegenüber Mündel **1785** 5

Schadensersatzanspruch 1580 40; **GewSchG03** 7

Schadensersatzrecht LPartG05 11

Scheidung
- Abschiebung **1568** 11
- Abweisung **FamRK13** 13
- anwaltliche Vergütung **1564(K)** 1
- Aufhebung **1564** 3
- Aussöhnung, Erfolgshonorar **1564(K)** 72
- Aussöhnungsgebühr **1564(K)** 61; **FamRK11** 1
- auswärtiger Bevollmächtigter **1564(K)** 83
- Beistand **1564(K)** 91
- besondere Härte **1568** 10
- durch richterliche Entscheidung **1564(St)** 1
- echt einverständlich **1566** 6
- Einkommensteuer, Scheidungskosten als außergewöhnliche Belastung **1564(St)** 1
- Erbrecht **1564** 17
- Folgevereinbarung **1566** 11
- Härteklausel ohne Sperrwirkung **1568** 16
- Höchstwert **1564(K)** 12
- Höhe der Ausgleichsforderung **1384** 2
- Kindeswohl **1568** 12
- Krankenversicherung **1564** 38
- Krankheit **1568** 11
- Krankheit, Verschlimmerung nach Scheidung **1572** 31
- Mindestwert **1564(K)** 12
- Privatscheidung **1564** 2
- Rahmengebühr **1564(K)** 16
- Rechtsfolgen **1564** 33
- richterliche Entscheidung **1564** 18
- Rücknahme **FamRK13** 11
- Scheidungsfolgenvereinbarung **1564(K)** 54
- Scheidungsfolgenvereinbarung, Einzelauftrag **1564(K)** 74
- Trennungszeit, Rechtsfolge **1566** 4
- Verbund, Angelegenheit **1564(K)** 4
- Verfahrenswert **1566** 20
- Verkehrsanwalt **1564(K)** 87
- Vermögen **FamRK02** 53
- Vermutung der Zerrüttung **1566** 1
- vorzeitiger Scheidungsantrag **1566** 19
- Wert **1564(K)** 10
- Wert, Bedeutung **1564(K)** 24
- Wert, Einkommen **1564(K)** 26
- Wert, nachträgliche Änderung **1564(K)** 49
- Wert, Sozialleistungen **1564(K)** 29; **FamRK02** 46
- Wert, Umfang **1564(K)** 16; **FamRK02** 33
- Wert, Vermögen **1564(K)** 38
- Wert bei Verfahrenskostenhilfe **1564(K)** 13
- Widerspruch **1568** 6
- Zustimmung **1566** 8

Scheidungsantrag 1384 5
- Stichtag für Berechnung und Bewertung des Versorgungsausgleichs **1565** 7
- Vorsorgeunterhalt **1564** 14

Scheidungsfolgenvereinbarung FamRK10 1
- anderweitige Anhängigkeit **FamRK10** 21
- Auftrag nur für Vereinbarung **1564(K)** 74; **FamRK10** 14
- Einigung kommt nicht zustande **FamRK10** 26
- Einigungsmehrwert **FamRK10** 19
- Terminsgebühr **FamRK10** 10
- Terminsgebühr, Verfahrenskostenhilfe **FamRK08** 42
- Titulierungsinteresse Wert **FamRK10** 17
- Verfahrenskostenhilfe **FamRK10** 6
- Verfahrenskostenhilfe, Erstreckung **FamRK10** 8
- Vergütung **FamRK08** 47
- vorheriger außergerichtlicher Auftrag **FamRK10** 20

Scheidungskosten
- außergewöhnliche Belastungen **1564(St)** 2

Scheidungsvoraussetzung LPartG15 6

Scheinehe 1314 30; **1564** 41
- eheliches Miteinanderleben **1315** 18

Scheinpartnerschaft LPartG01 29

Scheinvaterregress 1607 50

Scheitern LPartG15 7
- der Ehe **1565** 3

Schenkung 1364 5
- Annahme der Schenkung **1821** 63
- aus Gesamtgut **1425** 6
- Begriff **1804** 3
- des Betreuers **1908I** 47
- des Vormunds **1804** 1
- Elternunterhalt **1602** 194, 218
- im Namen des Vormunds **1804** 31
- ohne Zustimmung der anteilsberechtigten Abkömmlinge **1501** 11
- Schenkungsverbot **1641** 2
- sittliche Pflicht **1804** 14
- verstorbener Ehegatte **1505** 3
- Vorbehalt der Einwilligung **1425** 1
- zu Lebzeiten aus Gesamtgut **1505** 3

Schenkungsversprechen 1425 9

Schiedsvertrag
- vormundschafts-, familiengerichtliche Genehmigung **1822** 138

3883

Stichwortverzeichnis

Schlüsselgewalt 1357 1; **LPartG08** 7
- Beschränkung und Ausschluss **1357** 20

Schlussüberschussanteil
- Berücksichtigung **VersAusglG46** 23

Schulbildung
- allgemeine **1603** 957

Schuldbeitritt
- vormundschafts-, familiengerichtliche Genehmigung **1822** 119

Schulden 1603 118, 829, 1132

Schuldfähigkeit
- des Täters **GewSchG01** 26

Schuldrechtlicher Versorgungsausgleich
- Anspruch gegen Hinterbliebene **VersAusglG26** 1

Schuldübernahme
- vormundschafts-, familiengerichtliche Genehmigung **1822** 119

Schuldverpflichtungen 1603 829

Schuldversprechen
- vormundschafts-, familiengerichtliche Genehmigung **1822** 112

Schürmann-Tabellen 1603 412

Schutz
- vor Gewalt **1666A** 8
- vor Gewalttaten und Belästigung **GewSchG01** 1

Schutzanordnung GewSchG01 31
- Verstoß gegen vollstreckbare **GewSchG04** 5

Schutzauftrag
- des Staates **GewSchG03** 11

Schwägerschaft
- Begriff **1590** 1
- Begriff, rechtlich **1590** 2, 4, 7
- Begriff, umgangssprachlich **1590** 12
- Grad **1590** 3, 11
- Linie **1590** 3, 8
- Stiefelternteil **1590** 9
- Stiefgeschwister **1590** 10
- Zeugnisverweigerungsrecht **1590** 13

Schwangerschaft
- Tod der Mutter **1615M** 2

Schwangerschaftsabbruch 1615M 4

Schwangerschaftsunterbrechung 1615N 5
- Kosten **1615N** 5

Schwebezustand 1427 10; **1453** 13
- Beendigung **1829** 46

Schwerbeschädigtenzulage
- Unterhalt **1610A** 5

Selbständiger
- Auskunft **1605** 74

Selbstbehalt 1361 67; **1581** 69; **1603** 228, 253
- Dynamisierung **1603** 1276
- Elternunterhalt **1603** 1269
- Enkel **1607** 35

- Erhöhung **1603** 254
- Großelternhaftung **1607** 34
- Herabsetzung **1603** 266
- Mangefall **1603** 339

Selbstbestimmung
- des Kindes **1686** 23

Selbstmahnung 1613 59
- Verzug **1613** 58

Selbsttötung 1615M 4

Selbstverwaltungsrecht 1364 1

Semesterferien
- Unterhalt **1602** 29

Sicherheitsleistung
- Ansprüche des Ausgleichsberechtigten gegen Dritte **1390** 12
- Art **1585A** 12
- Art und Umfang **1667** 9
- Bestellung und Aufhebung **1667** 9
- Höhe **1585A** 11

Sicherungsübereignung
- vormundschafts-, familiengerichtliche Genehmigung **1822** 119

Sonderbedarf 1613 151
- Auslandsaufenthalt **1613** 218
- Auslandsschuljahr **1613** 223
- Auslandssemester **1613** 222
- Auslandsstudium **1613** 217
- Großeltern **1607** 38
- Krankenversicherung **1613** 225
- Pflegeversicherung **1613** 225
- Umzugskosten **1613** 246
- Unterhalt für die Vergangenheit **1585B** 4
- Urlaubsreise **1613** 251

Sondergut 1417 3
- Beispiele **1417** 9
- fortgesetzte Gütergemeinschaft **1486** 10
- Haftung **1440** 1; **1462** 1
- Nutzungen **1417** 14
- Verwaltung **1417** 12

Sondervermögen
- Vollstreckung **1480** 16

Sorge
- elterliche, Unkenntnis von Beendigung **1698A** 5
- elterliche, Verhinderung der Ausübung **1693** 1
- gemeinsame elterliche **1671** 8

Sorgeantrag
- des Vaters **1751** 12

Sorgeentziehung 1666 56

Sorgerecht
- alleiniges **1617A** 4; **LPartG09** 3
- alleiniges Sorgerecht bei der Namenserteilung **1617A** 14
- alleiniges Sorgerecht der Mutter **1626E** 5
- beschränktes **1673** 11

Stichwortverzeichnis

- Entzug **1715** 8
- für Kinder aus der Ehe **1633** 7
- gemeinsames **1617** 3
- kleines, Ausschlussgrund **1687B** 6
- kleines, Inhalt **1687B** 8
- Unterhaltsbestimmungsrecht **1612** 76
- Unterhaltsverzicht **1614** 37

Sorgerechtsberechtigter 1677 1

Sorgerechtsentscheidung
- gerichtliche **1626B** 7

Sorgerechtsentzug 1680 14

Sorgerechtserklärung 1626A 7; **1626B** 1; **1626C** 1
- Abgabe **1626A** 8
- beschränkt geschäftsfähiger Elternteil **1626C** 4
- Formbedürftigkeit **1626D** 1
- geschäftsunfähiger Elternteil **1626C** 3
- Höchstpersönlichkeit **1626C** 2
- Mitteilung an das Jugendamt **1626D** 5
- Negativtest **1626D** 7
- öffentliche Beurkundung **1626D** 2
- pränatale **1626B** 6
- Rechtsfolgen der Unwirksamkeit **1626E** 5
- schwebende Unwirksamkeit der Sorgerechtserklärung **1626A** 9
- Unwirksamkeitsgründe **1626E** 1
- vor rechtskräftiger Ehescheidung **1626B** 5

Sorgerechtsregelung
- aufgrund vorrangiger Vorschriften **1671** 96

Sorgerechtsübertragung
- auf einen Elternteil **1671** 7
- dem Kindeswohl dienen **1678** 9
- Gründe des Kindeswohls **1671** 31
- Zustimmung durch anderen Elternteil **1671** 23

Sorgfaltsmaßstab
- des Ehegatten **1359** 20

Sorgfaltspflicht LPartG04 1
- der Ehegatten, Haftungsmaßstab **1359** 1

Sozialleistungen 1603 78

Sozialversicherungsbeiträge 1603 83

Sperrvermerk
- angelegtes Mündelgeld **1809** 5
- Aufhebung **1809** 26
- Befreiungsmöglichkeiten **1816** 7
- Buchforderungen **1816** 1
- Pflicht zur Eintragung **1809** 13
- Rechtsfolgen **1816** 8
- Wirkungsweise **1809** 18

Sperrwirkung
- Unterhaltstitel **1713** 3

Splittingvorteil 1603 67

Sprachkenntnisse
- mangelhafte deutsche **1603** 628

Staatsangehörigkeitserwerb 1772 10

Staatsangehörigkeitsrecht
- eingetragene Lebenspartnerschaft **LPartG11** 25

Staatsbürger
- deutscher **1785** 2

Stalking GewSchG01 21

Standesamt
- Begründung einer Lebenspartnerschaft **LPartG22** 2
- Erklärung **1617** 10
- örtliche Zuständigkeit **LPartG22** 5

Startgutschrift VersAusglG19 24

Sterilisation 1631C 1
- Anhörung, Betreute **1905** 51
- Anhörung, Betreuungsbehörde **1905** 52
- Antragstellung **1905** 49
- Arzt **1905** 41
- ärztlicher Eingriff **1631C** 6
- Bedeutung **1905** 6
- Begriff **1905** 17
- Betreuung, Ablehnungsfolgen **1905** 23
- Betreuung, Ablehnungsgründe **1905** 21
- Betreuung, Durchführungsmodus **1905** 22
- Betreuung, Einwilligungsfähigkeit **1905** 20
- Betreuung, Zwangssterilisation **1905** 19
- Beweisaufnahme **1905** 54
- Einwilligungsfähigkeit **1905** 24
- Gefahrbegriff **1905** 28
- Geschichte **1905** 4
- Gesetzgebungsmaterialien **1905** 5
- Notlage **1905** 38
- Rechtsbehelf **1905** 58
- Richtervorbehalt **1905** 44
- Statistik **1905** 10
- Sterilisationsbetreuer **1905** 48
- Verfahrensabschnitte **1905** 46
- Verfahrenseinleitung **1905** 45
- Verfahrenspfleger **1905** 53
- Verhältnismäßigkeitsgrundsatz **1905** 32
- von Kindern **1631C** 1
- Vorsorgliche Sterilisation **1905** 30
- Zahlen **1905** 8
- Zuständigkeit **1905** 42

Sterilisationsbetreuer VBVG06 1

Steuererklärung
- Auskunft **1605** 101
- gemeinsame, Mitunterzeichnen **1356(St)** 7

Steuererstattungsanspruch 1371(St) 2

Steuerfreibeträge 1603 65

Steuerklasse 1603 62

Steuerklassenwechsel
- Trennung der Eheleute **1361** 419

Steuern 1603 83
- Anlage U **1361** 445
- außergewöhnliche Belastungen **1361** 439
- Elternunterhalt **1603** 982, 1292

3885

Stichwortverzeichnis

Steuernachzahlungen 1603 69
Steuerrecht 1603 1354
- Betriebsrenten **VersAusglG12** 13
- Externe Teilung **VersAusglG17** 22
- interne Teilung **VersAusglG12** 13

Steuerrückzahlungen 1603 69
Steuerschulden 1371(St) 2
Steuervergünstigung
- Unterhalt **1610A** 7

Steuervorauszahlungen 1603 69
Steuervorteile 1603 60, 65
Stichentscheid
- durch das Familiengericht **1798** 12

Stichtagsmanipulation 1387 4
Stichtagsregelung
- Anwendungsvoraussetzungen **1384** 3

Stiefkind
- Kindesunterhalt **1610** 19

Stiefkindadoption 1741 31; 1744 2; 1751 20; 1756 4; **LPartG09** 26
- Aufhebung **1763** 16
- Ersetzung der Einwilligung **1748** 11
- Fortbestehen von Renten **1755** 5
- nach dem Tod eines leiblichen Elternteils **1756** 4
- Sonderregelung **1755** 7

Stiefkindannahme 1772 5
Stille Gesellschaft
- vormundschafts-, familiengerichtliche Genehmigung **1822** 73

Störung
- eheliche Lebensgemeinschaft **1509** 4

Strafverfahren
- Rechtsmittel **1629** 21
- Strafantrag **1629** 18
- Zeugnisverweigerungsrecht **1629** 19

Straßenverkehr
- gemeinsame Teilnahme **LPartG04** 4

Straßenverkehrsunfall
- Umfang der Sorgfaltspflicht **1359** 17

Streit
- zwischen Vormund und Pfleger **1794** 17

Student 1610 8
- Bedarf **1610** 75

Stufenabänderungsantrag 1605 158
Stufenantrag 1379 18
- Auskunft **1605** 153

Stufenmahnung
- Verzug **1613** 116

Stundensatz
- Höhe **VBVG04** 8; **VBVG05** 47
- pauschale Festlegung **VBVG05** 1

Stundung 1382(K) 1
- des Kaufpreises, vormundschaftsgerichtliche Genehmigung **1822** 113
- Gebühren **1382(K)** 16

Stundungsforderung
- im isolierten Ausgleichsverfahren **1382(K)** 6

subjektives
- einklagbares, vollstreckbares Recht **1685** 29

Subsidiaritätsgedanke 1887 3
Sucht
- Elternunterhalt **1610** 406

Surrogationsvorschrift LPartG08 3
Surrogatseinkommen
- Trennungsunterhalt **1361** 170

Synergie 1603 57, 269, 1048
Synergieeffekt
- Ersparnis durch gemeinsame Haushaltsführung **1603** 207, 269

T

Tabellenunterhalt
- nichtehelicher Vater **1615L** 195

Taschengeld
- Elternunterhalt **1603** 1034

Taschengeldanspruch 1615L 138; **LPartG05** 6
- nichteheliche Mutter **1615L** 138
- Unterhaltsanspruch **1360A** 10

Tat
- vollendete **GewSchG02** 6

Täter
- schwerwiegende Belange **GewSchG02** 18

Tätigkeit
- überobligatorische, Unterhaltspflichtige **1603** 383

Täuschung
- arglistige, über Vermögensverhältnisse **1771** 12

Teilung
- der Pauschale **VBVG06** 17
- interne **VersAusglG10** 1

Teilungsklage
- Erhebung der, vormundschaftsgerichtliche Genehmigung **1822** 32

Teilungskosten VersAusglG13 1
- abzugsfähige Kosten **VersAusglG13** 10
- Amtsermittlung **VersAusglG13** 39
- angemessene **VersAusglG13** 17
- bei interner Teilung **VersAusglG13** 1
- Beschlussformel **VersAusglG13** 40
- des Versorgungsträgers **VersAusglG13** 1
- Einrichtung eines Versorgungskontos **VersAusglG13** 13
- Höchstbeträge **VersAusglG13** 26
- Kosten der Wertermittlung **VersAusglG13** 11
- laufende Verwaltungskosten **VersAusglG13** 14
- Mischkalkulation **VersAusglG13** 22
- Pauschalierung **VersAusglG13** 18
- Verfahrenskosten **VersAusglG13** 12

Stichwortverzeichnis

Teilungsplan
- vormundschafts-, familiengerichtliche Genehmigung **1822** 32

Terminsgebühr FamRK08 1
- Anhörungstermin **FamRK08** 36
- Anrechnung **FamRK09** 31
- Besprechungen, außergerichtlich **FamRK08** 43
- Besprechungen, außergerichtlich - Antragsgegner **FamRK08** 21
- Einigungsmehrwert **FamRK08** 41
- Entstehung **FamRK08** 8
- Gerichtstermin **FamRK08** 11
- Haushaltsverfahren **1361A(K)** 21
- Kostenfestsetzung **FamRK08** 17
- Sachverständigentermin **FamRK08** 14
- schriftliches Verfahren **FamRK08** 29
- schriftliches Verfahren, einstweilige Anordnung **FamRK08** 37
- schriftliches Verfahren, FG-Familiensachen **FamRK08** 32
- selbständiges Beweisverfahren **FamRK08** 15
- telefonische Besprechung **FamRK08** 18
- Umfang **FamRK08** 4
- Verfahren nicht anhängig **FamRK08** 20
- Vergleich **FamRK08** 23
- Vermeidung oder Erledigung des Verfahrens **FamRK08** 16
- Versäumnis **FamRK08** 24
- Versäumnis, Erörterung **FamRK08** 25
- Versäumnis, zweite Säumnis **FamRK08** 26

Terminsverlegung 1626 45

Testament
- gemeinschaftliches **LPartG10** 9

Therapieeinrichtung VBVG05 32

Titel
- dynamische **1603** 1305
- dynamisierter **1612A** 12
- einseitiger, Bindungswirkung **1603** 1323

Tod
- alleinsorgeberechtigter Elternteil **1680** 5
- anteilsberechtigter Abkömmling **1494** 5
- des Annehmenden **1753** 1
- des Ausgleichsberechtigten **VersAusglG31** 13
- des Ausgleichspflichtigen **VersAusglG31** 11
- des ausgleichspflichtigen Ehegatten **VersAusglG25** 9
- des Kindes **1698B** 2
- des Vaters vor Geburt **1777** 7
- eines Ehegatten **1510** 5
- sorgeberechtigter Elternteil **1756** 4
- überlebende Ehegatte **1494** 1, 4
- Unterhaltsansprüche **1615** 2
- unverzüglich anzuzeigen **1894** 10

Tod eines Ehegatten
- Abänderungsverfahren **VersAusglG31** 47
- Besserstellungsverbot **VersAusglG31** 14
- Beteiligung der Erben **VersAusglG31** 40
- Erledigung der Hauptsache **VersAusglG31** 44
- Verfahren **VersAusglG31** 39

Todeserklärung
- des Mündels **1884** 7
- lebender Elternteil **1681** 6
- Rechtsfolge **1681** 2

Todeszeitpunkt
- Alleinsorge **1677** 3
- sorgeberechtigt **1856** 4

Totalrevision
- Rechtsfolgen der Abänderung **VersAusglG51** 36

Totgeburt 1615N 3

Trauung
- standesamtliche vor religiöser **1588** 2

Trennung
- Altersvorsorgeunterhalt **1361** 129
- der Lebenspartner **LPartG15** 11
- Kind von elterlicher Familie **1666A** 2

Trennungsjahr
- Scheidungsverfahren **1565** 7

Trennungsschmerz 1761 3

Trennungsunterhalt
- Auslandsverwendungszulage **1361** 274
- Bagatellgrenze **1361** 253
- Bedarf **1361** 29
- Beginn **1361** 13
- Ende **1361** 14
- Familienunterhalt **1361** 2
- fiktive Steuerberechnung **1361** 426
- Hauptsachetitel **1361** 718
- kein Verzicht **LPartG12** 20
- Mehrbedarf **1361** 139
- neue Partnerschaft **1361** 591
- Sachentnahmen **1361** 268
- Sättigungsgrenze **1361** 81
- Scheidungsfolgenvergleich **1361** 386
- Schmerzensgeld **1361** 224
- Sonderbedarf **1361** 142
- steuerliche Abzugsfähigkeit **1361** 438
- Verbot der Doppelanrechnung **1361** 337
- Verfahrenskostenvorschuss **1361** 669
- Vermögenserträge **1361** 223
- Versöhnung der Eheleute **1361** 724
- Vertrauenstatbestand durch widerspruchslose Zahlungen **1361** 562
- Verzug **1613** 10
- Wohnwert, Wohnvorteil **1361** 454

Trennungsvereinbarung
- Berechnungsbeispiel **1361B(K)** 28

Trennungswille
- Getrenntleben **1567** 7

Stichwortverzeichnis

Ü

Überbrückungspfleger 1630 3
Übergangsfrist 1578B 31; **1603** 528
Übergangsrecht
- Teilausgleich **VersAusglG53** 1
- Wiederaufnahme ausgesetzter Verfahren **VersAusglG50** 1

Übergangsregelung VersAusglG48 1
- Kostenrecht **VersAusglG48** 46
- Verfahrensrecht **VersAusglG48** 41

Übergehung
- Zustimmung **1778** 3

Überlassung
- des Vermögens zur Verwaltung **1413** 13
- durch den Vormund **1824** 9
- Erfüllung oder freie Verfügung **1824** 6
- gemeinsam genutzte Wohnung **GewSchG02** 1
- Vermögensgegenstand an Kind **1644** 2

Überlassungsvermutung
- Ehewohnung bei Getrenntleben **1361B** 63

Überleitungsanzeige
- Verzug **1613** 18

Überleitungsbestimmung VersAusglG48 1
Überleitungsbestimmungen
- Altehen **VersAusglG54** 1

Übernahmepflicht 1908I 8
- der Betreuung **1898** 2

Überobligatorisches Einkommen
- nichteheliche Mutter **1615L** 184

Überschuss
- Teilung **1476** 1
- zu gleichen Teilen **1476** 11

Übertragung
- alleinige Entscheidungsbefugnis **1697A** 12
- Angelegenheiten der elterlichen Sorge **1630** 21
- Bestimmungsrecht **1617** 16
- Rechtsfolge **1617** 17

Übertragungsentscheidung
- gerichtliche **1680** 10

Überwachung
- des Sorgeberechtigten **1686** 3

Überziehungskredit
- vormundschafts-, familiengerichtliche Genehmigung **1822** 111, 113

U

Umfang
- der Entscheidungsbefugnis **1688** 6
- gegenseitige Pflichten **LPartG02** 2

Umgang
- begleiteter **1684** 134
- des Kindes mit seinen Eltern **1684** 9

Umgangsberechtigter
- enge Bezugsperson, sozial-familiäre Beziehung **1685** 9

Umgangsbereitschaft
- Förderung **1684** 37

Umgangsbestimmung 1908I 3
Umgangskosten 1684 141
Umgangsrecht 1675 4; **1685** 1; **1751** 7
- Abtrennung **1684(K)** 28
- anderer Personen **1626** 34
- Aufnahme in den Verbund **FamRK14** 5
- Ausübung **1684** 24
- der Eltern **1684** 12
- Einschränkung und Ausschluss **1684** 95
- einstweilige Anordnung **1684(K)** 27; **FamRK12** 14
- Großeltern und Geschwister **1685** 3
- jedes Elternteils **1626** 28
- nach Adoption **1755** 3
- Verfahrenskostenhilfe **1684(K)** 39
- Vergütung **1684(K)** 1
- Vermittlungsverfahren **1684(K)** 33
- Wert, isoliertes Verfahren **1684(K)** 15
- Wert, unbillig **1684(K)** 17
- Wert, Verbund **1684(K)** 9
- Zwangsvollstreckung **1684(K)** 29

Umgangsregelung
- einzelne **1684** 62

Umgangsverweigerung
- Verwirkung **1611** 43

Umsatzsteuer VBVG04 12
Umschreibung
- in Namenspapiere **1815** 6

Umschulung 1603 688; **VBVG11** 7, 10
Umwandlung
- in Buchrechte **1815** 9
- vormundschafts-, familiengerichtliche Genehmigung **1822** 77

Unanfechtbarkeit
- des Beschlusses **1752** 10

Unfähigkeit
- des Vormunds **1780** 1

Unfallversicherungen VersAusglG28 8
Untauglichkeit 1778 6
- Ausschluss durch Eltern **1782** 1
- Bestellung zum Vormund **1781** 1

Unterbeteiligung
- vormundschafts-, familiengerichtliche Genehmigung **1822** 128

Unterbringung
- Beendigung **1906** 128
- durch Betreuer, Bevollmächtigten **1906** 1
- durch Eltern **1631B** 1
- Kosten **1666A** 6
- Mündel, mit Freiheitsentziehung verbundene Unterbringung **1800** 42

Stichwortverzeichnis

Unterhalt
- Abgrenzung Ehegattenunterhalt **1569(K)** 3
- angemessener, Verwandtenhaftung **1608** 5
- Anschlussunterhalt **1573** 89
- Antragserweiterung **1569(K)** 26
- Art der Unterhaltsgewährung **1585** 1
- außergewöhnliche Belastung **1569(St)** 22
- Auskunftspflicht **1605** 122
- Bedürftigkeit **1577** 1, 11
- Begründung einer Lebenspartnerschaft **1586** 2
- Beratungshilfe **1569(K)** 6
- Beschränkung oder Wegfall der Verpflichtung **1579** 1
- Eigendeckung **1578A** 7
- Einkommenspfändung **1601(V)** 1
- einstweilige Anordnung **1569(K)** 51; **FamRK01** 78
- Erlass **1613** 278
- Freistellungsvereinbarung **1614** 21
- freiwillige Zahlungen **1603** 1334
- freiwilliges soziales Jahr **1602** 116; **1610** 116
- für die Vergangenheit **1585B** 9
- Geldrente **1612** 2
- Haushaltsgeld **1603** 310
- Informationspflicht **1605** 140
- Kapitalabfindung **1569(K)** 29; **1585** 11
- kein Erlöschen bei Tod des Verpflichteten **1586B** 1
- Leistungsfähigkeit **1581** 1
- Maß **1577** 20
- Mindestunterhalt **1601(K)** 5; **FamRK02** 176
- nach Aufhebung **LPartG16** 1
- nach Wegfall Erwerbstätigkeit, nachhaltige Sicherung **1573** 96
- nachehelicher **1613** 22
- nichteheliche Mutter **1615L** 1
- Ratenzahlung **1613** 278
- Rückforderung zu viel gezahlten Unterhalts **1569** 101
- Rückgriff **1614** 26
- Sättigungsgrenze **1610** 147
- Schülerarbeit **1602** 39
- Sicherheitsleistung **1585A** 4
- Sonderausgaben **1569(St)** 51
- Sozialleistungen **1610A** 2
- Studentenarbeit **1602** 29
- Stufenklage **1569(K)** 37
- Stundung **1613** 278
- Taschengeld **1603** 309
- Teilentscheidung **1613** 262
- Titulierungsinteresse **1569(K)** 35
- Tod des Berechtigten **1586** 12
- Überweisung **1612** 54
- Unterhaltsabänderungswiderantrag **1569(K)** 64
- Unterhaltsverzicht **1569(K)** 33
- vereinfachtes Verfahren **1601(K)** 15; **FamRK15** 22
- vereinfachtes Verfahren, Anrechnung **1601(K)** 12
- vereinfachtes Verfahren, Beschwerde **FamRK15** 24
- Verfahrenskostenvorschuss **1569(K)** 53
- Vergleich, Mitteilungspflicht **1605** 136
- vertraglich **1569(K)** 13, 31
- Verwandtschaft **1601** 2
- Verwirkung **1605** 90
- Verzicht **1614** 1
- wegen Erwerbslosigkeit **1573** 15
- Wegfall der Erwerbstätigkeit **1573** 93
- Wegfall Erwerbstätigkeit, Beweislast **1573** 111
- Wert **1569(K)** 14; **FamRK02** 127
- Wert, Antragserweiterung **FamRK02** 149
- Wert, Kapitalabfindung **FamRK02** 153
- Wert, Rückstände **1569(K)** 23; **FamRK02** 135
- Wert, Stufenantrag **FamRK02** 160
- Wert, Titulierungsinteresse **FamRK02** 159
- Wert, Unterhaltsverzicht **FamRK02** 157
- Wert, vertragliche Ansprüche **FamRK02** 155
- Wert, Widerantrag **FamRK02** 152
- Widerantrag **1569(K)** 28
- Wiederaufleben des Unterhaltsanspruchs **1586A** 1
- Wiederheirat, Gütergemeinschaft mit neuem Ehegatten **1583** 1
- Wiederverheiratung **1586** 2
- Wirtschaftsgeld **1603** 310
- Zeitpunkt Wertberechnung **1569(K)** 15; **FamRK02** 131

Unterhaltsanspruch 1578 1
- außereheliche Mutter **1607** 4
- außerehelicher Kinder **1615A** 1
- Auskunft **1605** 14
- Beginn und Ende **LPartG12** 17
- Berücksichtigung kindbezogener Leistungen **1615A** 1
- Billigkeitsprüfung **1578B** 13
- ehebedingte Nachteile **1578B** 19
- eheliche Lebensverhältnisse **1578** 7
- Erlöschen **1615** 1
- Herabsetzung auf angemessenen Bedarf **1578B** 8
- höchstpersönlicher Anspruch **1615** 1
- Inhalt **LPartG12** 13
- Kapitalabfindung **1585** 11
- Kinderschutzklausel **1578B** 14
- Lebenspartnerschaft **1582** 7
- Rangverhältnis **1582** 5; **LPartG16** 10
- titulierter, eines nachrangigen Berechtigten **1582** 9
- Tod **1615** 2
- übergegangener **1601(V)** 21

Stichwortverzeichnis

- Umfang **1360A** 6; **LPartG12** 9; **LPartG16** 5
- vertraglicher **1584** 17
- Verwandte **1608** 1
- Verwirkung nach Treu und Glauben **1569** 41
- Voraussetzung **1582** 6; **1601** 2
- Wiederaufleben **LPartG16** 7
- Zahlung einer Geldrente **1585** 3
- zeitliche Begrenzung **1578B** 30
- Zugriff **1836E** 32

Unterhaltsaufwand
- Begriff **1569(St)** 25

Unterhaltsberechtigter
- Auskunft **1613** 109
- Bedarf **1586B** 20
- Bedürftigkeit **1586B** 21

Unterhaltsberechtigung
- Einschränkung **LPartG02** 7

Unterhaltsbestimmungsrecht
- Beweislast **1612** 98
- Darlegungslast **1612** 98
- Wirksamkeit **1612** 84

Unterhaltsersatz
- Nutzungsrechte, Übertragung von Wirtschaftsgütern **1569(St)** 46

Unterhaltsforderungen 1603 55
Unterhaltsfreistellung 1684 5
Unterhaltsgewährung 1585 2; **1619** 7

Unterhaltsgläubiger
- anrechenbare Eigeneinkünfte **1577** 16
- Bedürftigkeit **1577** 12
- Beweislast für eigene Bedürftigkeit **1577** 45
- Verbindlichkeiten **1577** 17

Unterhaltskostenvorschuss
- einstweilige Anordnung **FamRK01** 78

Unterhaltsleistung
- wechselseitig **LPartG05** 1

Unterhaltspfändung 1601(V) 22
- Grundlagen **1601(V)** 1
- Insolvenz **1601(V)** 40
- Sonderzuwendung, beschränkte Pfändbarkeit **1601(V)** 13
- Unterhaltsrückstand absichtliche Entziehung **1601(V)** 7
- Wechsel der Steuerklasse **1601(V)** 27
- Zusammentreffen mit anderen unterhaltsberechtigten Personen **1601(V)** 18

Unterhaltpflicht
- des Annehmenden **1751** 16
- gesteigerte **1603** 362
- gesteigerte, Ausnahmen **1603** 901
- gesteigerte, Einkommensdifferenz **1603** 918
- haushaltsführende Ehegatte **1360** 15
- kein Erlöschen bei Tod des Vaters **1615N** 2
- kein Erlöschen bei Totgeburt **1615N** 3
- Verletzung bei Gütergemeinschaft **1447** 11; **1469** 16

Unterhaltsprivileg
- Anpassung **VersAusglG33** 1

Unterhaltsrückstand LPartG12 14

Unterhaltsrückstände
- Insolvenz **1603** 856

Unterhaltsschuldner
- Beweislast **1581** 74
- Erwerbs- und Vermögensverhältnisse **1581** 14
- Verpflichtungen **1581** 54

Unterhaltssicherung
- nachhaltige, eheähnliche Gemeinschaft **1573** 101
- nachhaltige, Zeitmoment **1573** 103

Unterhaltstitel 1361 3, 717
- Durchsetzung des Anspruchs **1586B** 42

Unterhaltsvereinbarung
- Abänderung **1585C** 30
- selbständige **1586B** 18

Unterhaltsverpflichteter 1583 1; **1585A** 1; **1601** 1
- Beendigung der Gütergemeinschaft **1583** 5
- Berücksichtigung mehrerer **1583** 3
- fortgesetzte Gütergemeinschaft **1583** 4
- Rangverhältnisse **1584** 1
- Samenspenden und heterologer Insemination **1601** 6

Unterhaltsverwirkung
- allgemeine Grundsätze **1611** 87
- Ausbildungsversagen **1611** 39
- Beleidigung **1611** 39
- Einbruch **1611** 40
- Prozessbetrug **1611** 39
- Strafanzeige **1611** 39
- Vernachlässigung **1611** 39
- Verschweigen **1611** 39

Unterhaltsverzicht
- Auskunft **1605** 14
- Modifikation **1614** 17
- Verzicht auf Umgangsrecht **1614** 37

Unterhaltsvorschussgesetz 1578Soz 314
- Höhe der Unterhaltsleistung **1578Soz** 317

Unterhaltszahlung
- Anwendungsfelder **1578** 125

Unterhaltszahlungen 1603 55

Unternehmensbeteiligung 1811 65, 75
- direkte **1811** 66

Unternehmensinhaber
- Vorsorgevollmacht **1822** 83; **1823** 17

Unwirksamkeit
- Antrag und Einwilligung **1760** 9
- bei unverzüglicher Zurückweisung **1831** 20
- Bewusstlosigkeit **1760** 10
- der Sorgerechtserklärung **1626E** 2
- Drohung **1760** 16
- Täuschung **1760** 14
- Unkenntnis von Annahme **1760** 13

Stichwortverzeichnis

Unwirksamwerden
- Aufforderung durch anderen Teil **1829** 36

Unzulässigkeit
- Unterhaltsverzicht für Zukunft **LPartG05** 8

Urkunde
- Rückgabe **1893** 12

Urteil
- vollstreckbare Ausfertigung **1433** 12

V

Vater
- nichtehelicher, Tabellenunterhalt **1615L** 195

Vaterschaft 1564 39; **1592(K)** 1
- Abstammung **1592** 1
- Feststellung **1615A** 1
- nichteheliche Mutter **1615L** 8

Vaterschaftsanfechtung 1686A 9
- Vertretung **1629** 59

Vaterschaftsfeststellung 1629 63
- Kostentragungspflicht **1592(K)** 20
- Mindestunterhalt **1592(K)** 13
- Verfahrenskostenhilfe **1592(K)** 16

Vaterschaftsprätendent
- Einwilligung in die Adoption **1747** 6

Veräußerung
- genehmigungsbedürftige **1824** 5
- vormundschafts-, familiengerichtliche Genehmigung über Nachlassgegenstand **1822** 31

Verbindlichkeit 1578 22
- des nicht verwaltenden Ehegatten **1440** 4
- durch Betrieb eines Erwerbsgeschäfts **1442** 7; **1464** 7
- durch familiengerichtlich genehmigtes Rechtsgeschäft **1629A** 11
- durch Rechtsgeschäft des Minderjährigen **1629A** 10
- enger Zusammenhang mit Vorbehalts- oder Sondergut **1462** 7
- Erwerb von Todes wegen **1629A** 9
- schuldrechtliche **1468** 5
- während Gütergemeinschaft **1440** 8
- zu Lasten des Sonderguts **1442** 5; **1462** 10; **1464** 5
- Zusammenhang zum Vorbehalts- oder Sondergut **1440** 6

Verbleibensanordnung 1666 6; **1688** 14
- Voraussetzung **1682** 3

Verbot
- der Sterilisation **1631C** 2

Verbraucherinsolvenz 1603 849

Verbund
- Abtrennung **FamRK13** 10
- Auflösung **FamRK13** 10, 17
- Einbeziehung von Folgesachen **FamRK14** 1
- Fortführung **FamRK13** 21
- Kindschaftssachen **FamRK02** 70
- nachträgliche Aufnahme **FamRK14** 1
- nachträgliche Verbindung **FamRK14** 1
- Wert **FamRK02** 69
- Wert, Kindschaftssachen **FamRK02** 70

Verbundsache
- Scheidungsantrag zurückgenommen **1387** 5

Verbundverfahren
- Terminsgebühr **FamRK14** 6

Vereinbarung
- ehevertragliche **1355** 24; **1409** 3
- Form des Vertrages **1585C** 4
- fortgesetzte Gütergemeinschaft **1510** 3; **1514** 3
- Inhalt des Vertrages **1585C** 9
- materielle Wirksamkeit **VersAusglG08** 1
- Nachscheidungsunterhalt **1585C** 2
- über Ausgleichsforderung **1378** 15

Vereinbarungen
- Abänderungsverfahren **VersAusglG06** 39
- Bindung des Gerichts **VersAusglG06** 35
- Form **VersAusglG07** 1
- Kosten, Verfahrenswert **VersAusglG06** 43
- steuerrechtliche Folgen **VersAusglG06** 37
- über den Versorgungsausgleich **VersAusglG06** 1
- Wirksamkeitsvoraussetzungen **VersAusglG06** 32

Vereinbarungen zum Versorgungsausgleich
- Altvereinbarung **VersAusglG08** 60
- Amtsermittlungsgrundsatz **VersAusglG08** 83
- Anpassung **VersAusglG08** 78
- Darlegungslast **VersAusglG08** 85
- Gesamtnichtigkeit **VersAusglG08** 75
- Inhalts- und Ausübungskontrolle **VersAusglG08** 1
- materielle Wirksamkeit **VersAusglG08** 1
- Nichtigkeit **VersAusglG08** 74
- Sittenwidrigkeit **VersAusglG08** 10
- Veranlassungsprinzip **VersAusglG08** 84
- Vorrang der Versorgungsordnung **VersAusglG08** 61
- Wirksamkeitskontrolle **VersAusglG08** 10

Vereinsbetreuer
- Aufwendungsersatz, Ausbildungskosten **VBVG07** 15
- Aufwendungsersatz, Vorhaltekosten **VBVG07** 14
- Aufwendungsersatzanspruch, Anspruchsgegner **VBVG07** 21
- Entlassung **1908B** 57
- Entlassung, Kontinuität **1908B** 58
- Entlassung, Verfahrensbesonderheit **1908B** 59
- Vergütung, Geltendmachungsfrist **VBVG07** 22
- Vergütungsanspruch, Anspruchsgegner **VBVG07** 20
- Vergütungsfähigkeit **VBVG07** 16
- Zwangsgeldfestsetzung **1908G** 2

Stichwortverzeichnis

Vereinsbetreuervergütung
- Direktanspruch **VBVG07** 2
- Grundsätze **VBVG07** 1
- Mitarbeiterbestellung **VBVG07** 3
- Verein **VBVG07** 5
- Vereinsverfahrenspfleger **VBVG07** 7
- Vergütungsbeginn **VBVG07** 18
- Vergütungshöhe **VBVG07** 17
- Verhinderungsbetreuer **VBVG07** 4
- Vorschuss **VBVG07** 19

Vereinsbetreuung 1900 2
- Durchführung **1900** 6
- Mitteilungspflicht **1900** 10
- Voraussetzungen **1900** 3

Vereinsvormund 1857A 4
- Befreiung **1851** 9
- Bestellung **1791A** 8
- Entlassung **1791A** 9; **1887** 2; **1889** 11
- Führung der Vormundschaft **1791A** 10
- Gegenvormund **1791A** 7
- Haftung **1791A** 15
- Überwachung **1791A** 13

Vereinsvormundschaft 1788 4
- Vergütung **1791A** 14

Vereitelungsverbot GewSchG02 23

Verfahren 1631B 26
- Aufhebung und Einschränkung der Betreuung **1908D** 34
- Berechnung des korrespondierenden Kapitalwerts **VersAusglG47** 14
- Entziehung der Vertretungsmacht **1796** 31
- gerichtliche Genehmigung **1901A** 14
- Tod eines Ehegatten **VersAusglG31** 39
- vereinfachtes, Unterhalt Minderjähriger **1603** 1307

Verfahrensbeistand 1626 46
- Aufgaben **1626** 55
- Bestellung **1626** 47; **1626C** 13
- Ende **1626** 51
- Stellung **1626** 53
- Vergütung **1626** 56

Verfahrensdifferenzgebühr
- Scheidungsfolgenvergleich - Verfahrenskostenhilfe **FamRK07** 23

Verfahrenseinleitung GewSchG01 47; **GewSchG02** 31
- Verfahrenskostenhilfe **VersAusglG48** 13

Verfahrensgebühr FamRK07 1
- Entstehung **FamRK07** 5
- Reduzierte Verfahrensgebühr in FG-Sachen **FamRK07** 25
- Umfang **FamRK07** 3
- Verfahrensdifferenzgebühr **FamRK07** 16
- vorzeitige Erledigung **FamRK07** 13

Verfahrenskostenhilfe 1603 1347; **FamRK17** 1
- Abtrennung **FamRK13** 8
- Anrechnung - Geschäftsgebühr **FamRK17** 114
- Anschriftenänderung **FamRK17** 89
- Anwalt weiterhin Ansprechpartner **FamRK17** 99
- Auswirkungen **FamRK17** 130
- Beiordnung ortsansässiger Rechtsanwalt **FamRK17** 54
- Beistand **FamRK17** 124
- Beschwerde gegen Ablehnung **FamRK17** 199
- Dauer **FamRK17** 69
- Einsatz Prozesserfolg **FamRK17** 35
- Festsetzung **FamRK17** 130
- Formularzwang **FamRK17** 96
- mit Ratenzahlungen **FamRK17** 216
- Mutwilligkeit **FamRK17** 13
- Nachträgliche Änderung **FamRK17** 73
- ohne Ratenzahlungen **FamRK17** 207
- ortsansässiger Rechtsanwalt - entferntester Ort **FamRK17** 61
- Prüfungsverfahren **FamRK17** 183
- Prüfungsverfahren, Erstattungsfähigkeit **FamRK17** 201
- Scheidungsfolgenvereinbarung **FamRK10** 6
- Stellungnahmes des Gegners **FamRK17** 39
- Streitwert in Ehesache **FamRK17** 100
- Stundung **1382(K)** 11
- teilweise **FamRK17** 177
- Terminsgebühr für nichtanhängige Gegenstände **FamRK10** 13
- Trennungsunterhalt **1361** 672
- Umfang **FamRK17** 42
- Umfang - Streitgenossen **FamRK17** 51
- Umfang außergerichtlicher Vergleich **FamRK17** 48
- Umfang in Ehesachen **1564(K)** 90
- Umfang in Familiensachen **FamRK17** 44
- Verbesserung der wirtschaftlichen Verhältnisse **FamRK17** 81
- Verfahrenskostenvorschuss des Ehegatten **FamRK17** 37
- Verjährung Vergütungsansprüche **FamRK17** 106
- Voraussetzungen **FamRK17** 12
- Vorschuss **FamRK17** 108

Verfahrenskostenhilfeprüfungsverfahren
- Einigung **FamRK17** 190

Verfahrenskostenvorschuss 1360A 24
- Anspruchsberechtigter **1360A** 28
- Bedürftigkeit **1360A** 42
- einstweilige Anordnung **1361** 684
- Elternunterhalt **1610** 411
- Höhe **1360A** 56
- Leistungsantrag **1361** 684

Stichwortverzeichnis

- Leistungsfähigkeit **1360A** 50
- persönliche Angelegenheit **1360A** 36
- Rückforderung **1360A** 57
- Trennungsunterhalt **1361** 669

Verfahrenspfleger
- Aufhebung und Einschränkung der Betreuung **1908D** 45
- bei Betreuung **1896** 119

Verfahrensstandschaft 1368 1; **1603** 1338; **1629** 74

Verfahrenswert
- Abänderungsverfahren **VersAusglG52** 26
- Ehewohnungssachen **LPartG17** 3
- für Haushaltssachen **LPartG13** 6; **LPartG14** 6; **LPartG17** 4
- Versorgungsausgleich bei kurzer Ehe **VersAusglG03** 59

Verfallbarkeit eines Anrechts VersAusglG19 7

Verfehlung
- Kindesunterhalt **1611** 25

verfestigte Lebensgemeinschaft
- Trennungsunterhalt **1361** 592

Verfügung
- Bedarf der Zustimmung **1428** 7
- Begriff **1453** 6; **1812** 5
- fehlende Zustimmung **1428** 8
- letztfügige, eindeutiger Wille der Eltern **1856** 5
- ohne erforderliche Einwilligung des anderen **1453** 9
- über Forderungen und Wertpapiere **1812** 1
- über Gesamtgut **1453** 5

Verfügungsgeschäft 1365 18

Vergleich
- gerichtliche Genehmigung **FamRK09** 21
- vormundschafts-, familiengerichtliche Genehmigung **1822** 138

Vergütung
- anwaltliche, für außergerichtliche Verfahren **BerechPrB4** 2
- Erhöhung **VBVG04** 17
- Grundsatz **VBVG09** 11
- Höhe **VBVGVorbem** 11

Vergütung des Vormunds
- Abschlagszahlungen **VBVG03** 34
- Aufwandsvergütung **VBVG03** 9
- Ausbildung, Einzelfälle **VBVG03** 25
- Ausbildung des Vormunds **VBVG03** 10
- Ausschlussfrist **VBVG02** 2
- Ausschlussfrist, Abschlagszahlungen **VBVG02** 26
- Ausschlussfrist, Fristberechnung **VBVG02** 13
- Ausschlussfrist, Nachforderungen **VBVG02** 27
- Ausschlussfrist, Verkürzung **VBVG02** 28
- Ausschlussfrist, Verlängerung **VBVG02** 29
- Ausschlussfrist, Wiedereinsetzung **VBVG02** 25

- Ausschlussfrist, Wirkungen **VBVG02** 23
- Berufsvormund **1836** 12
- ehrenamtlicher Vormund **1836** 34
- Erhöhung **VBVG03** 27
- Fachkenntnisse, Grundsatz **VBVG03** 22
- Fachkenntnisse, Nutzbarkeit **VBVG03** 23
- Feststellung der Berufsmäßigkeit **1836** 18
- Geltungsbereich **VBVG03** 4
- Hochschulausbildung **VBVG03** 17
- Hochschulausbildung, Referendarausbildung **VBVG03** 18
- Hochschulausbildung, Vergleichbarkeit **VBVG03** 19
- Lehre **VBVG03** 15
- Lehre, Vergleichbarkeit **VBVG03** 16
- Leitbild der Ehrenamtlichkeit **1836** 8
- Minderung **1836** 16
- Mittellosigkeit **VBVG01** 34
- nachträgliche Feststellung der Berufsmäßigkeit **1836** 20
- Pfleger **VBVG03** 5
- Sonderregelung, Betreuer **VBVG03** 8
- Stundensatz **VBVG03** 1
- Unentgeltlichkeit **VBVG01** 4
- Vergütungsanspruch, Entstehung **VBVG01** 29
- Vergütungsanspruch, Erlöschen **VBVG02** 1
- wirksame Bestellung **1836** 13

Vergütungsabrechnung
- Überprüfung **VBVGVorbem** 7

Vergütungsbewilligung
- Feststellung **VBVG01** 1

Vergütungsfähigkeit
- Betreuer- bzw. Vormundstätigkeit **VBVGVorbem** 10

Verhältnismäßigkeit
- Grundsatz **1666A** 1

Verhältnismäßigkeitsgrundsatz 1682 10

Verhältnisse
- persönliche **1686A** 26

Verhinderung 1613 151
- dauernde **1778** 7
- der Eltern, Eingriffsbefugnis **1693** 3
- der Eltern, Regelungsbedürfnis **1693** 3
- durch Krankheit oder Abwesenheit **1429** 5; **1454** 4

Verjährung 1390 11; **1787** 8
- Ansprüche des Ausgleichsberechtigten gegen Dritte **1390** 11

Verjährungsfrist
- Auflösung des Verlöbnisses **1302** 1

Verkehrswert
- Wertersatzanspruch **1478** 32

Verletzung
- der Freiheit **GewSchG01** 13

Stichwortverzeichnis

jurisPK-BGB

Verletzungshandlung
- Gewaltschutzgesetz **GewSchG01** 9

Verlöbnis
- Beendigung **1297** 4
- Bereicherungsanspruch bei Auflösung **1301** 11
- Beseitigung des Rücktritts **1299** 8
- keine rückforderbaren Geschenke **1301** 5
- lebenslanges dingliches Wohnrecht **1301** 6
- Nichtigkeit eines Strafversprechens **1297** 7
- Rechte **1297** 12
- Rechtsnatur **1297** 1
- Rückforderung der Verlobungsgeschenke der Eltern bei Auflösung **1301** 14
- Rückgabe der Geschenke **1301** 1
- Rückgabe der Geschenke, Auflösungsgrund **1301** 8
- Rückgabe der Geschenke bei Tod des Verlobten **1301** 9
- Schenkungsbegriff **1301** 3
- Verbot einer Erfüllungsklage **1297** 5
- Verjährungsbeginn **1302** 3
- wichtige Anfechtungsgründe **1298** 17
- wichtiger Rücktrittsgrund **1299** 4
- Wirksamkeitsvoraussetzungen **1297** 2
- Zuwendung Miteigentumsanteil an Grundstück **1301** 7

Verlustrücktrag
- eheliche Lebensgemeinschaft **1353(St)** 5

Verlustvortrag
- eheliche Lebensgemeinschaft **1353(St)** 6

Vermieter
- Sonderkündigungsrecht **1568A** 63

Vermittlungsverfahren 1626 79; **FamRK15** 9
- Anrechnung der Verfahrensgebühr **FamRK15** 15

Vermögen 1603 181
- Beginn und Beendigung des Güterstandes **1373** 1
- fiktives **1603** 193
- Nutzung, Obliegenheit **1603** 181

Vermögensaufstellung
- Kosten **1802** 24

Vermögensauseinandersetzung
- Gemeinschaft **FamRK02** 288
- Schulden **FamRK02** 286

Vermögensausgleich
- Auseinandersetzung der Ehegatteninnengesellschaft **1371(St)** 32

Vermögensbestand
- Nachweisung **1842** 9

Vermögensbildung 1578 30

Vermögenserwerb
- Wertgrenze **1640** 9

Vermögensgegenstand
- Überlassung an das Kind **1644** 1

- Übertragung **1383** 1
- Verstoß gegen Überlassung **1644** 3

Vermögensherausgabe 1675 3; **1698** 2

Vermögensmasse
- eheliches Gesamtgut **1485** 5
- nach Eintritt in fortgesetzte Gütergemeinschaft **1485** 12

Vermögenspflichtverletzung
- der Eltern **1666** 37

Vermögenssorge 1633 6
- Anlagepflicht, Ausnahmen **1642** 11
- Anlegung von Geld **1642** 1
- Aufwendungsersatzanspruch der Eltern **1648** 1
- Ausschluss der Eltern **1638** 2
- Ausschluss von der Vermögensverwaltung **1638** 3
- Beschränkung **1638** 1
- der Eltern **1626** 21; **1633** 6
- Eltern sorgeberechtigt **1698B** 3
- Kind, Anordnungen des Erblassers oder Zuwendenden **1639** 1
- Kind, Pflicht zur Inventarisierung **1640** 2
- Kind, Schenkungsverbot **1641** 1
- Pflichtverletzung der Eltern **1664** 7
- pflichtwidrige Verwendung der Einkünfte **1649** 14
- Rechtsfolgen der Beschränkung **1638** 10
- tatsächliche **1648** 3
- unentgeltliche Zuwendung unter Lebenden **1638** 8
- Unterhalt des Kindes **1649** 5
- Vermögensanlage **1642** 5
- Verwendung der Vermögenseinkünfte **1649** 3

Vermögenssubstanz
- Verwertung, Obliegenheit **1603** 183

Vermögenstrennung
- Grundsatz **1805** 1

Vermögensüberlassung 1620 3

Vermögensübersicht
- Einreichung **1854** 11

Vermögensverbrauch
- vorwerfbarer **1603** 188

Vermögensverwaltung 1364 4; **1413** 2; **1625** 2; **1842** 4; **1908I** 23
- allgemeine Ermächtigung **1825** 5
- Ausschluss **1638** 7
- bei Erbschaft oder Schenkung **1803** 1
- Ehegatten **1413** 2
- Ehegatten, Widerruf der Überlassung **1413** 12
- Eigenständigkeit **1364** 3
- Gefährdung des Mündelinteresses **1803** 22
- Rechenschaftspflicht gegenüber dem Kind **1698** 6
- Rechtbindungswille **1413** 8
- Überlassung **1413** 7

Stichwortverzeichnis

- Vollmacht **1413** 9
- wirtschaftliche **1642** 4

Vermögensverzeichnis 1667 4; **1802** 1
- Form **1802** 19
- Inhalt **1802** 13
- Pflicht zur Aufstellung **1802** 13

Vermutung
- Nutzbarkeit der Fachkenntnisse **VBVG04** 15

Vernachlässigung
- Kindesunterhalt **1611** 21

Verpflegung
- Stellung oder Vorhaltung **VBVG05** 18

Verpflichtung
- Begriff **1812** 18
- der zuständigen Behörde **LPartG22** 4
- des verwaltenden Ehegatten **1423** 5
- Entstehung **1785** 3
- zu einer Verfügung **1820** 6

Verpflichtungsgeschäft 1365 14

Verrechnungsvereinbarung VersAusglG10 29

Versagung
- der erforderlichen Genehmigung **1888** 6

Versäumnisurteil FamRK08 24

Verschollenheit
- des Mündels **1884** 6

Verschollenheitsverfahren
- gerichtlicher Beschluss **1677** 1

Verschulden
- Mahnung **1613** 357
- Verzug **1613** 357

Verschweigen
- von Einkünften **1605** 132

Versicherung
- an Eides statt **1686A** 31
- fondsgebunden **VersAusglG46** 19

Versöhnungsversuch 1567 10

Versorgung
- In- und Ausland bestehende Anrechte **1587** 9
- Summe von Rentenbausteinen **VersAusglG39** 17

Versorgungausgleich
- ausländische Anrechte **VersAusglG02** 33

Versorgungsabschlag
- Berücksichtigung **VersAusglG41** 13

Versorgungsanrecht
- aus öffentlich-rechtlichen Dienstverhältnis **VersAusglG44** 3, 7
- privaten Arbeitsverhältnissen **VersAusglG44** 3
- Zusammentreffen mehrerer beamtenrechtlicher **VersAusglG44** 32

Versorgungsausgleich
- Abänderung von Alttiteln **VersAusglG51** 1; **VersAusglG52** 1
- Abänderungsverfahren **VersAusglG52** 1

- Abfindung **VersAusglG23** 1; **VersAusglG24** 1
- aktuelle Rentenwerte ab 1977 **VersAusglG53** 7
- allgemeine Überleitungsbestimmung **VersAusglG48** 1
- Altehen **VersAusglG54** 5
- Angelegenheit **1587(K)** 5
- Anhängigkeit trotz kurzer Ehe **VersAusglG03** 53
- Anpassung **VersAusglG32** 1; **VersAusglG49** 1
- Anpassung bei Erreichen einer besonderen Altersgrenze **VersAusglG35** 1
- Anpassung bei Invalidität **VersAusglG35** 1
- Anpassung nach Tod des Ausgleichsberechtigten **VersAusglG37** 1
- Anpassung wegen Erreichens einer besonderen Altersgrenze **VersAusglG36** 1
- Anpassung wegen Invalidität **VersAusglG36** 1
- Anpassung wegen Unterhalt **VersAusglG33** 1
- Anrecht **1587(K)** 16
- Anspruch gegen Versorgungsträger **VersAusglG25** 1
- Anwendung im Beitrittsgebiet **1587** 6
- Anwendungsbereich **1587** 3
- Aufhebung einer Ehe **1587** 4
- außergerichtliche Einigung **1587(K)** 40
- Ausgleichsanspruch gegen Witwe oder Witwer **VersAusglG26** 1
- Ausgleichsformen **VersAusglG09** 2
- ausgleichsreife Anrechte **VersAusglG19** 1
- Ausgleichssperre bei ausländischen Anrechten **VersAusglG19** 42
- Ausgleichswert **VersAusglG01** 19; **VersAusglG05** 1
- Auskunftsanspruch **VersAusglG04** 1
- auslandsrechtliche Bezüge **1587** 8
- Ausschluss **1587(K)** 42; **VersAusglG27** 1
- Ausschluss bei drohender Sozialhilfebedürftigkeit **VersAusglG27** 56
- Ausschluss bei Erwerbsunfähigkeit **VersAusglG27** 41
- Ausschluss bei Fehlverhalten **VersAusglG27** 64
- Ausschluss bei kurzer Ehe **VersAusglG27** 22
- Ausschluss bei langer Trennungsdauer **VersAusglG27** 28
- Ausschluss bei Nettobezugsdifferenzen **VersAusglG27** 58
- Ausschluss bei pahasenverschobener Ehe **VersAusglG27** 20
- Ausschluss bei Straftaten **VersAusglG27** 86
- Ausschluss bei Täuschung über Vaterschaft **VersAusglG27** 94
- Ausschluss bei Treuepflichtverletzung **VersAusglG27** 92

Stichwortverzeichnis

- Ausschluss bei treuwidrigem Einwirken auf Anrechte **VersAusglG27** 73
- Ausschluss bei Unterhaltspflichtverletzung **VersAusglG27** 81
- Ausschluss bei unterlassener Altersvorsorge **VersAusglG27** 66
- Ausschluss bei Unterschreitung des Selbstbehalts **VersAusglG27** 57
- Ausschluss bei versorgungsfeindlicher Kündigung **VersAusglG27** 73
- Ausschluss durch Vereinbarung **VersAusglG06** 13
- Ausschlusss bei wirtschaftlichem Ungleichgewicht **VersAusglG27** 51
- Aussetzung der Versorgungskürzung **VersAusglG32** 1
- Ausübung eines Kapitalwahlrechts **VersAusglG27** 76
- auszugleichende Anrechte **VersAusglG02** 1
- Bagatellklausel **VersAusglG18** 1
- beamtenrechtliche Versorgungen **VersAusglG16** 1
- Bereiterklärung **VersAusglG15** 53
- Beschlussformel bei interner Teilung **VersAusglG10** 31
- Beschränkung durch Vereinbarung **VersAusglG06** 18
- Beschränkung oder Wegfall **VersAusglG27** 1
- Beschwerde **1587(K)** 33
- Durchführung der Abfindung **VersAusglG24** 1
- Durchführung in Altfällen **VersAusglG54** 1
- Ehezeit **VersAusglG03** 1
- Ehezeitanteil **VersAusglG01** 15; **VersAusglG03** 31; **VersAusglG05** 1
- eingetragene Lebenspartnerschaft **LPartG20** 1
- Einigung **1587(K)** 36
- einstweilige Anordnung **FamRK01** 77
- Externe Teilung **VersAusglG14** 1
- externe Teilung **1408** 7; **VersAusglG09** 16
- externe Teilung von Betriebsrenten **VersAusglG17** 1
- Fortsetzung nach zwei Jahren **1587(K)** 5
- Gegenstandswert **1587** 9
- gerichtlicher Vergleich **VersAusglG07** 13
- Geringfügigkeit **VersAusglG18** 1
- grobe Unbilligkeit **VersAusglG27** 1
- Grundgedanke **1408** 5
- Gütertrennung **VersAusglG27** 37
- Halbteilungsgrundsatz **VersAusglG01** 1
- Härteklausel **VersAusglG27** 1
- Hinterbliebenenversorgung **VersAusglG25** 1
- Hinterbliebenenversorgung im Ausland **VersAusglG26** 1
- Inhalts- und Ausübungskontrolle **VersAusglG08** 7

- interne Teilung **1408** 7; **VersAusglG09** 13; **VersAusglG10** 1; **VersAusglG11** 1
- interne Teilung von Betriebsrenten **VersAusglG12** 1
- Invaliditätsversorgung **VersAusglG28** 1
- Kapitalzahlungen **VersAusglG22** 1
- Kapitalzahlungen, Antrag **VersAusglG22** 12
- Kapitalzahlungen, Höhe **VersAusglG22** 10
- kurze Ehedauer **1587(K)** 43; **VersAusglG03** 49
- Lebenspartnerschaft **LPartG20** 1
- Leistungsbefreiung **VersAusglG30** 1
- Leistungsverbot **VersAusglG29** 2
- Ost-West-Anrechte **1587(K)** 20; **FamRK02** 203
- Pensionärprivileg **VersAusglG27** 61
- Rechtsgrundlage **1408** 4
- Rentenauskünfte **VersAusglG08** 86
- Rentenwertmethode **VersAusglG53** 6
- Rentnerprivileg **VersAusglG27** 61; **VersAusglG32** 2
- Rückrechnungsmethode **VersAusglG53** 5
- schuldrechtliche Ausgleichsrente **1408** 8
- Schutz des Versorgungsträgers **VersAusglG30** 1
- steuerrechtliche Folgen **VersAusglG12** 13
- Teilausgleich **VersAusglG53** 1
- Teilungskosten **VersAusglG13** 1
- Tod des Ausgleichsberechtigten **VersAusglG37** 1
- Tod des Ausgleichspflichtigen **VersAusglG25** 1
- Tod eines Ehegatten **VersAusglG31** 1
- Totalrevision **VersAusglG51** 1
- Übergangsrecht **1587(K)** 45
- Übergangsvorschrift zur Anpassung **VersAusglG49** 1
- Unfallversicherungen **VersAusglG28** 8
- Unterhaltsprivileg **VersAusglG33** 1
- Unterhaltszahlungen **VersAusglG33** 1
- unwirtschaftlicher **VersAusglG19** 29
- Verbot der Doppelverwertung **VersAusglG02** 92
- Vereinbarungen **1408** 3; **VersAusglG06** 1; **VersAusglG07** 1
- Verfahrenswert **VersAusglG09** 23
- verfallbare Anrechte **VersAusglG19** 7
- Verhältnis zum güterrechtlichen Ausgleich **VersAusglG02** 92
- verlängerter schuldrechtlicher **VersAusglG25** 1
- Verrechnungsvereinbarung **VersAusglG10** 29
- Versorgungsordnung **VersAusglG10** 30
- Verzicht **1587(K)** 38

- Vorbehalt des Wertausgleichs nach der Scheidung **VersAusglG19** 1
- vorweggenommener Altersunterhalt **1408** 85
- Wert **1587(K)** 12; **FamRK02** 193
- Wert, jedes Anrecht **FamRK02** 198
- Wertausgleich bei der Scheidung **VersAusglG09** 1
- Witwenrente **VersAusglG25** 1
- Zeitraum **LPartG20** 2
- Ziel **1408** 6

Versorgungsausgleichkasse VersAusglG15 43

Versorgungsausgleichsgesetz
- Verweis **1587** 1

Versorgungskrankengeld
- Unterhalt **1610A** 7

Versorgungsleistung
- Trennungsunterhalt **1361** 171

Versorgungsordnung VersAusglG10 30
- Vorrang der **VersAusglG08** 61

Verstoß
- gegen Anordnungen **1639** 7
- gegen rechtliches Gehör **1759** 5
- Überlassung eines Vermögensgenstandes **1644** 3
- Umgangsloyalität bzw. Umgangsregelung **1684** 136

Verteilungsgrundsatz
- Billigkeitserwägung **1568B** 65
- Haushaltsgegenstand **1568B** 56
- Kindswohl **1568B** 61
- Lebensverhältnisse der Ehegatten **1568B** 64
- Vermutung gemeinsamen Eigentums **1568B** 66

Verteilungsmasse
- Mangelfall **1603** 354

Vertrag
- andere Ehegatte hat nicht zugestimmt **1517** 18
- auf unbestimmte Dauer, vormundschaftsgerichtliche Genehmigung **1822** 102
- zugunsten Dritter auf den Todesfall, Genehmigung **1822** 28

Vertragspartner
- Loslösung vom Vertrag **1830** 14

Vertragsstrafenklausel
- Partnerschaftsvertrag **LPartG07** 6

Vertrauenssituation
- besondere **1609** 54

Vertrauensverhältnis 1898 6
- zu Betreutem **1901b** 4

Vertretung
- des verwaltenden Ehegatten **1436** 11
- persönliche Angelegenheiten **1633** 5

Vertretungsausschluss
- gesetzlicher des Betreuers **1908I** 17
- Interessenkonflikt **1908I** 19

Vertretungsbefugnis 1789 9

Vertretungsmacht 1698B 1
- Ausschluss bei Rechtsgeschäften mit bestimmten Personengruppen **1795** 11
- Beschränkungen **1902** 8
- des Betreuers **1902** 2
- des Betreuers, Grenzen **1902** 9
- Entziehung **1796** 1
- Folgen der unterbliebenen Entziehung **1796** 29
- Pflegeperson **1688** 8
- Umfang **1902** 3

Verwaltung
- Arbeitsverdienst des Kindes **1688** 9
- des Kindesvermögens **1698** 8

Verwandte
- andere unterhaltspflichtige, Darlegungs- und Beweislast **1603** 943

Verwandtenehe 1314 10

Verwandtenunterhalt 1585A 9; **1601** 1; **1608** 1
- Beweislast **1603** 1308
- Darlegungslast **1603** 1308
- Erwerbsobliegenheit **1608** 8
- Kindesunterhalt **1601(K)** 3

Verwandter
- Ersatzhaftung **1607** 1
- Haftung **1608** 4

Verwandtschaft
- Abstammung **1589** 5
- Begriff **1589** 1
- Begriff, rechtlich **1589** 3, 8, 16
- Begriff, umgangssprachlich **1589** 4
- gerade Linie **1307** 4; **1589** 12 f.
- gerade Linie und Seitenlinie **1589** 6
- Grad **1589** 7, 15
- Seitenlinie **1307** 9; **1589** 14
- Zeugnisverweigerungsrecht **1589** 17

Verwandtschaftsbeziehung
- und elterliche Sorge **1754** 3

Verwandtschaftsverhältnis
- bei Volljährigenadoption **1770** 1
- bereits bestehende mit Annehmenden **1756** 2
- Beschränkung der Wirkungen der Annahme **1770** 2
- Erlöschen der durch Adoption begründete **1764** 4
- Erlöschen zu leiblichen Eltern **1755** 2; **1756** 8
- nach Adoption **1754** 3

Verweigerung
- Einwilligung von Pfleger oder Vormund **1746** 8
- Zustimmung des gesetzlichen Vertreters **1626C** 5

Verweisung
- auf nicht mehr geltendes Recht **1409** 5

Verwendung
- zum Unterhalt **1420** 1

Stichwortverzeichnis

Verwertungspflicht
- Vorrang vor Übernahmerecht der Ehegatten **1475** 29

Verwirkung 1585B 36
- Umstandsmoment **1613** 309
- Unterhalt **1601** 5; **1613** 286
- Zeitmoment **1613** 300

Verzeichnis
- Anfangsvermögen der Ehegatten **1377** 1
- fehlerhaftes oder fehlendes **1640** 17
- Inhalt **1377** 3
- Mitwirkungspflicht **1377** 6
- Vermutung der Richtigkeit **1377** 7

Verzeihung 1509 10, 16

Verzicht
- auf Umgangsrecht **1614** 37
- auf Unterhalt **1614** 1
- Recht auf Bestellung **1776** 8
- Trennungsunterhalt **1361** 690
- Unterhaltsanspruch **1586B** 55
- vormundschafts-, familiengerichtliche Genehmigung **1822** 155

Verzichtsaufhebungsvertrag 1517 16
Verzichtsvertrag 1517 5

Verzinsung
- Verzug **1613** 87

Verzinsungspflicht
- Führung der Vormundschaft **1834** 1
- sonstige Rechtsfolgen **1834** 11
- verwendetes Geld **1834** 10

Verzögerung 1778 9
- zeitliche **1901b** 4

Verzug
- Abänderungsverfahren **1613** 359
- Auskunftsverlangen **1613** 99
- durch Übermittlung eines VKH-Gesuchs **1569** 119
- Einschränkung **1585B** 30
- Entbehrlichkeit der Mahnung **1569** 121
- Erfüllungsverweigerung **1613** 57
- Fälligkeit **1613** 49
- familienrechtlicher Ausgleichsanspruch **1613** 10
- Familienunterhalt **1613** 10
- Kalenderfälligkeit **1613** 54
- Mahnung **1569** 119
- Mediation **1613** 67
- nachehelicher Unterhalt **1613** 22
- nichteheliche Mutter **1613** 10
- Rechtshängigkeit **1613** 142
- Rechtswahrungsanzeige **1613** 18
- Reduzierung **1613** 83
- Stufenmahnung **1569** 119; **1613** 116
- Trennungsunterhalt **1361** 721
- Überleitungsanzeige **1613** 18

- Unterhalt für die Vergangenheit **1569** 118; **1585B** 9
- Verfahrenskostenhilfegesuch **1613** 145
- Verschulden **1613** 357
- Verzugszinsen **1569** 118
- Wirkung **1585B** 25
- Zuvielforderung **1613** 70

Verzugsschaden
- getrennte Geltendmachung **FamRK06** 62

Volladoption 1754 1
- Wirkung **1754** 7

Vollerbe
- überlebender Ehegatte **1482** 11

Volljährigenadoption 1767 1; **1771** 4
- als Volladoption **1772** 1
- Annahme durch leiblichen Elternteil **1768** 7
- Antrag **1768** 2
- Aufhebung **1762** 1; **1771** 1
- eigene Kinder **1769** 1
- Eltern-Kind-Verhältnis **1767** 8
- erbrechtliche Konsequenzen **1770** 7
- Missbrauch **1767** 13
- Verfahren **1768** 4
- Wirkung einer Minderjährigenadoption **1772** 1
- Wirkungen der Annahme **1770** 1

Volljährigkeit 1773 6
- des Mündels **1829** 49
- während des Verfahrens **1763** 15

Vollständigkeit 1843 12

Vollstreckbarkeit
- Zustellung der Anordnung **GewSchG04** 8

Vollstreckung 1626 86; **GewSchG01** 51; **GewSchG02** 41

Vollstreckungsgegenantrag 1361 719
Vollstreckungsgegenklage 1585A 16
Vollstreckungsverzicht
- Unterhalt **1614** 9

Voraus LPartG10 5
Vorausleistung LPartG12 16

Vorbehalt
- der Entlassung **1787** 11

Vorbehaltsgut 1418 4
- Bestimmung des Erblassers **1418** 8
- Bestimmung des Zuwendenden **1418** 8
- Erklärung der Ehegatten **1418** 5
- fortgesetzte Gütergemeinschaft **1486** 1
- Haftung **1440** 1; **1462** 1
- Surrogation **1418** 15
- Überschuldung **1448** 8
- Verfügungen **1418** 24
- Verwaltung **1418** 23

Vorerbschaft 1482 12

Vorlagepflicht
- gegenüber Gegenvormund **1842** 6

Stichwortverzeichnis

Vormund
- Anlegung von Mündelgeld **1806** 1
- Aufgaben **1793** 1, 53
- Aufwandsentschädigung **1835A** 2
- Aufwendungen **1835** 7
- Auskunftspflicht **1839** 2
- Ausschluss, Form **1782** 4
- Ausschluss, Recht **1782** 4
- Ausschluss durch die Eltern **1782** 1
- Auswahl **1779** 1
- Auswahl, Anhörung der Angehörigen **1779** 18
- Auswahl, Beschwerdeberechtigung **1779** 24
- Auswahl, mutmaßlicher Elternwille **1779** 12
- Auswahl, persönliche Bindungen **1779** 13
- Auswahl, Vorrang der Einzelvormundschaft **1779** 8
- Auswahl, Zuständigkeit **1779** 23
- Auswahl unter mehreren geeigneten Personen **1779** 10
- Auswahlkriterien **1779** 3
- Auswahlverfahren **1779** 2
- Beamter oder Religionsdiener **1784** 1
- Befreiung von Pflichten **1817** 1
- Benennung durch den Vater **1852** 10
- Benennung durch Eltern **1777** 1; **1778** 1
- Benennung durch Eltern, Form **1777** 9
- Benennung durch Eltern, Widerruflichkeit **1777** 13
- Benennung durch letztwillige Verfügung **1777** 9
- Benennung durch Vater **1853** 5
- Bericht und Rechnungslegung **1840** 3
- Beschränkung der Verfügungsmacht **1819** 7
- Beschwerderecht **1794** 18
- Bestallungsurkunde **1791** 2
- Bestallungsurkunde, Rückgabe **1791** 6
- Bestellung **1789** 1
- dreijährige Tätigkeit **VBVG11** 6
- Eignung **1779** 4
- einseitiges Rechtsgeschäft **1831** 1
- Einzelvormund **1775** 2
- Ende der Vormundschaft, Anspruch auf Entlassung **1889** 19
- Entlassung **1782** 8
- Entlassung des Amts-/Vereinsvormunds **1887** 2
- Entlassung des Einzelvormunds, typische Fälle **1886** 11
- Entlassung des Vormunds auf eigenen Antrag **1889** 7, 11
- Entlassungsgründe **1886** 11, 18
- Entlassungsvorbehalt **1790** 1
- Erziehung, religiöse **1801** 1
- fünfjährige Tätigkeit **VBVG11** 9
- geeignete Person **1887** 11
- gemeinschaftliche Vormünder **1775** 3
- genehmigungsfreie Geschäfte **1813** 1
- gesetzliche Vertretungsmacht **1793** 78
- Haftpflichtversicherung, Abschluss **1833** 19
- Haftung **1833** 1
- Haftung, eigenübliche Sorgfalt **1833** 27
- Haftung, freiheitsentziehende Maßnahme **1833** 13
- Haftung, Mitverschulden des Mündels **1833** 49
- Haftung, Prozessführung **1833** 18
- Haftung, Rentenantrag, Stellung durch den Vormund **1833** 16
- Haftung, Verschulden **1833** 21
- Haftung, Wohnungskündigung **1833** 13
- Haftung für Hilfspersonen **1833** 30
- Haftung für Verbindlichkeiten **1793** 140
- Haftung nach Ende der Vormundschaft **1833** 7
- Haftung wegen Nichteinholung der Genehmigung **1833** 13
- Haftungsausschluss **1833** 51
- Hinterlegung von Inhaberpapieren **1814** 1
- Informationsmöglichkeiten **1802** 38
- Insichgeschäft **1795** 24
- Kassenführung, separate Kasse **1805** 10
- mehrere **1797** 1
- mehrere, Meinungsverschiedenheiten **1798** 1
- Mehrfachvertretung **1795** 25
- minderjähriger **1780** 3; **1781** 3
- Mitteilungspflichten **1851** 7
- Mitvormund **1775** 7
- Mündelvermögen, Verwendung für den Vormund **1805** 1
- Personensorge **1793** 1
- Pflege und Erziehung **1793** 103
- Pflichtverletzung **1833** 7
- Rechnungslegung, Art und Weise **1840** 21
- Rechnungslegung, Belege **1841** 12
- Rechnungslegung, Bücher **1841** 16
- Rechnungslegung, Erwerbsgeschäft **1841** 13
- Rechnungslegung, Inhalt **1841** 2, 7
- Rechnungslegung, Jahresabschluss **1841** 15
- Rechnungslegung, kaufmännische Buchführung **1841** 14
- Rechnungslegung, Prüfung durch das Vormundschaftsgericht **1843** 2
- Rechnungslegung, Umfang **1840** 15
- Rechnungslegung, Vermögensab- und -zugänge **1841** 11
- Rechnungslegung, Zeitraum **1840** 18
- Rechnungslegung, Zusammenstellung **1841** 10
- Rückzahlung vom Vormund angelegter Gelder **1813** 12
- Schenkungen **1804** 1
- Schlussrechnung, Abnahmevermittlung **1892** 13

Stichwortverzeichnis

- Schlussrechnung, Anerkenntnis durch den Mündel **1892** 14
- Schlussrechnung, Prüfung **1892** 12
- Schlussrechnung, Verpflichtung zum Einreichen **1892** 5
- Sperrvermerk, Buchforderungen gegen Bund oder Land **1816** 1
- Stundensatz **VBVG03** 1
- tatsächliche Personensorge **1793** 57
- tatsächliche Vermögenssorge **1793** 62
- Tod **1894** 5
- Tod, Anzeigepflicht **1894** 3
- Übernahmepflicht **1785** 1
- Umschreibung und Umwandlung von Inhaberpapieren **1815** 1
- Unfähigkeit **1780** 2
- ungeeigneter **1781** 1
- Untauglichkeit **1781** 2; **1782** 1; **1784** 1; **1886** 17
- Unterstützung durch Vormundschaftsgericht **1837** 3
- Verfügungen über Forderungen und Wertpapiere **1812** 1
- Vergütung **1836** 2
- Vermögensherausgabe und Rechnungslegung nach Beendigung **1890** 2
- Vertretungsmacht, Ausschluss **1795** 1
- Vertretungsmacht, Entziehung **1796** 7
- Verwendung von Mündelvermögen **1805** 1
- Verzinsungspflicht **1834** 1
- vorläufige Maßregeln des Vormundschaftsgerichts **1846** 2
- Widerrufsrecht des Geschäftspartners **1830** 1
- Wirksamkeit der Bestellung eines Ausgeschlossenen **1782** 8

Vormundschaft 1751 9; **1773** 1
- Ablehnung **1786** 1
- Ablehnung, Musterklausel **1786** 12
- Ablehnungsgrund, nachträglicher **1786** 15
- Ablehnungsgründe **1786** 4
- Anhörung von Verwandten **1847** 4
- Anhörungsanspruch **1847** 14
- Anhörungspflicht **1847** 6, 13
- Anordnung **1774** 2, 5
- Anordnung, örtliche Zuständigkeit **1774** 11
- Anordnung von Amts wegen **1774** 1
- Ausschluss der Vertretungsmacht **1795** 1
- Beantragung **1776** 7
- Bedeutung der Religion **1801** 20
- Beendigung **1884** 2; **1893** 8
- befreite **1852** 2
- befreite, Amts-/Vereinsvormund **1857A** 2, 5
- befreite, Aufhebung **1857** 3
- befreite, Ausschluss von Beschränkungen **1852** 17
- befreite, Ausschluss von Genehmigungserfordernissen **1852** 19
- befreite, Befreiung von der Hinterlegungspflicht **1853** 6
- befreite, Entbindung von der Rechnungslegungspflicht **1854** 6
- befreite, Gefährdung der Mündelinteressen **1857** 7
- befreite, Gegenvormund **1852** 9, 11
- befreite, Geldanlage **1852** 14, 20
- befreite, Gleichstellung von Vater und Mutter **1855** 1
- befreite, Mitwirkung des Gegenvormunds **1854** 13
- befreite, Mutter **1855** 2
- befreite, Rechnungslegung **1854** 2
- befreite, Sperrvermerk **1853** 1
- befreite, unzulässig **1852** 5
- befreite, Vermögensübersicht **1854** 11
- befreite, Voraussetzungen **1856** 4
- befreite, widersprüchliche Anordnungen der Elternteile **1856** 6
- Befreiung von der Hinterlegung **1853** 1, 4
- Befreiung von der Sperrung **1853** 9
- Befreiung von Hinterlegung und Sperrung **1853** 1
- Befreiung von Verpflichtungen durch die Mutter **1855** 2
- Begründung **1774** 1
- Beschränkung durch Pflegschaft **1794** 1
- Dauer **1811** 19
- des verwaltenden Ehegatten **1436** 5
- eheliche Kinder **1773** 10
- einstweilige Maßnahmen **1773** 24
- Einzelvormundschaft **1775** 1
- Ende, Eintritt der elterlichen Sorge **1882** 10
- Ende, Entlassung auf eigenen Antrag **1889** 3, 6
- Ende, Entlassung des Amts-/Vereinsvormunds **1887** 3
- Ende, Entlassung von Beamten und Geistlichen **1888** 3
- Ende, Feststellung der Todeszeit **1884** 7
- Ende, Feststellung von Amts wegen **1882** 14
- Ende, Fortführung vormundschaftlicher Geschäfte **1893** 4, 7
- Ende, Rechtsfolgen **1882** 13
- Ende, Tod des Mündels **1882** 6
- Ende, Tod des Vormunds **1894** 3
- Ende, Todeserklärung **1884** 7
- Ende, Vergütung/Aufwendungsersatz **1893** 16
- Ende, Verschollenheit des Mündels **1884** 6
- Ende, Volljährigkeit des Mündels **1882** 7
- Ende, Wegfall der Voraussetzungen **1882** 3
- familiengerichtliche Genehmigung, Abonnement **1822** 101

Stichwortverzeichnis

- familiengerichtliche Genehmigung, Vorbescheid **1828** 29
- familiengerichtliche Genehmigung, Vorgenehmigung **1829** 9
- familiengerichtliche Genehmigung, Wechsel **1822** 117
- familiengerichtliche Genehmigung, wiederkehrende Leistungen **1822** 93
- familiengerichtliche Genehmigung, Wunsch des Betreuten **1828** 28, 69
- familiengerichtliche Genehmigung, Zurückweisung der Berechtigung **1822** 28
- familiengerichtliche Genehmigung, Zuständigkeit **1828** 11, 113
- familiengerichtliche Genehmigung, Zweckmäßigkeit als Voraussetzung der Genehmigung **1828** 44
- fehlendes Sorgerecht **1773** 11
- fehlerhafte **1774** 6
- fehlerhafte, fehlende Voraussetzung **1774** 7
- Findelkinder **1773** 16
- Form der Befreiungsanordnung, letztwillige Verfügung **1856** 5
- gemeinschaftliche Führung **1775** 8
- genehmigungsfreie Geschäfte **1813** 1
- Jugendamt **1851** 5
- Mitteilungspflichten gegenüber dem Jugendamt **1851** 3
- nach Wirkungskreisen geteilte **1797** 48; **1798** 7
- nichteheliche Kinder **1773** 14; **1791C** 1
- Nichtigkeit **1774** 8
- persönlicher Kontakt **1793** 120
- Rechtsmittel bei unterlassener Anhörung **1847** 16
- Scheidung **1773** 13
- Schuldnermehrheit bei Pflichtverletzung **1833** 60
- Übernahme **1780** 6
- Übernahme, Erzwingung **1788** 1
- Umfang möglicher Befreiungen **1855** 2
- unbegründete Ablehnung, Folgen **1787** 1
- Unentgeltlichkeit **1836** 7
- Verfahren **1773** 20
- Vermögensverwaltung bei Erbschaft oder Schenkung **1803** 1
- Vermögensverzeichnis **1802** 1
- Vermögensverzeichnis, Form **1802** 18
- Vermögensverzeichnis, Prüfung durch das Vormundschaftsgericht **1802** 28
- Verwandte **1847** 11
- Voraussetzungen **1773** 8
- vorläufige **1787** 9
- wichtige Angelegenheiten **1847** 8

Vormundschaftsbehörde
- Haftung **1833** 44

Vormundschaftsgericht 1639 8
- Anordnung der Hinterlegung weiterer Vermögensgegenstände **1818** 1
- Anordnung einer Vormundschaft **1846** 15
- Aufhebung der Befreiung **1857** 9
- Aufhebung von Maßregeln **1846** 22
- Aufklärung in Rechtsfragen **1837** 11
- Aufsicht **1807** 67
- Auskunftsanspruch gegen Vormund und Gegenvormund **1839** 2
- Beaufsichtigung, Begriff **1837** 13
- Beaufsichtigung, Umfang **1837** 15
- Befugnisse **1846** 3
- Begriff **1837** 7
- Beratung **1837** 9
- Beratung, Begriff **1837** 10
- eigenständige Maßnahmen **1846** 2
- Einführung des Vormunds **1837** 12
- Eingreifen, erforderliche Maßregeln **1846** 18
- Eingreifen, Rechtsmittel **1846** 26
- Einschreiten bei Pflichtwidrigkeit **1837** 21
- Entlassung des Einzelvormunds **1886** 2
- gerichtliche Maßnahmen **1837** 45
- gerichtliches Eingreifen **1846** 6
- Pflicht zum Eingreifen **1846** 21
- Rechnungsprüfung **1892** 3
- Sorgerechtsentziehung **1837** 46
- Überprüfung von Maßnahmen **1837** 49
- Verhinderung des Vormunds **1846** 9
- widersprüchliche Maßregeln **1846** 23
- Zwangsgeld **1837** 37
- Zwangsmaßnahmen **1837** 36

Vormundschaftsrecht
- besondere Ausschlussgründe **1795** 11

Vormundschaftsverein
- Haftung **1833** 39

Vorname
- Änderung, bei Adoption **1757** 7

Vorranggebot 1626 45

Vorruhestand 1603 809
- Elternunterhalt **1603** 1080

Vorsorgeunterhalt
- Krankheit und Alter **LPartG12** 10
- Verzug **1613** 112

Vorsorgevollmacht 1896 47
- Ablieferungspflicht **1901c** 4
- beruflich geprägte **1822** 83
- Betreuung trotz wirksamer Vollmacht **1896** 56
- Betreuungsverein, Information **1908F** 23
- Defizite beim Bevollmächtigten **1896** 58
- Erlöschen **1896** 54
- Erteilung **1896** 52
- mehrere Vollmachten **1896** 60

Stichwortverzeichnis

- Unternehmensinhaber **1822** 83; **1823** 9
- Unterrichtungspflicht **1901c** 15
- Vorsorgeregister **1896** 62
- Wirksamkeitsbeginn **1896** 53

Vorwirkung
- Ausforschungsverbot **1758** 9

W

Wahl-Zugewinngemeinschaft
- Anfangsvermögen **1519** 42
- Anfangsvermögen, Verzeichnis **1519** 53
- Beendigung, Gründe **1519** 35
- Beendigung, Zugewinnausgleich **1519** 34
- Endvermögen **1519** 60
- Endvermögen, Bewertungsgrundsätze **1519** 67
- Geltung für verschiedengeschlechtliche und gleichgeschlechtliche Ehepaare **1519** 10
- Grundsatz der Vermögenstrennung **1519** 19
- Rechtsgeschäfte über das Vermögen im Ganzen, kein Zustimmungserfordernis **1519** 30
- Rechtsgeschäfte über Haushaltsgegenstände, Zustimmungsbedürfnis **1519** 21
- Vereinbarung durch Ehevertrag **1519** 15
- vorzeitiger Zugewinnausgleich **1519** 77
- Zugewinnausgleichsanspruch **1519** 69

Wahlmöglichkeit
- Namen der eingetragenen Lebenspartner **LPartG03** 3

Wahlrecht
- verschiedene Vermögensanlagen **1642** 5

Wahrheitspflicht
- prozessuale **1605** 132

Wartezeit
- Ausbildung **1610** 98
- Berücksichtigung von besonderen **VersAusglG43** 9

Wechselmodell 1684 57; **1713** 8

Wegnahmewille
- des Sorgeberechtigten **1682** 8

Wehrdienst 1610 97

Weiterbestehen
- der alten Verwandtschaftsverhältnisse **1770** 5

Weiterbildung 1603 688, 716

Weitergabe
- personenbezogener Daten **LPartG23** 6

Wertaugleich bei der Scheidung
- externe Teilung von Betriebsrenten **VersAusglG17** 1

Wertausgleich bei der Scheidung VersAusglG09 1
- Ausgleichsformen **VersAusglG09** 2
- ausgleichsreife Anrechte **VersAusglG19** 1
- Ausgleichssperre bei ausländischen Anrechten **VersAusglG19** 42
- Bagatellklausel **VersAusglG18** 1

- beamtenrechtliche Versorgungen **VersAusglG16** 1
- Externe Teilung **VersAusglG14** 1
- externe Teilung **VersAusglG09** 16
- Geringfügigkeit **VersAusglG18** 1
- interne Teilung **VersAusglG09** 13; **VersAusglG10** 1; **VersAusglG11** 1
- Teilungskosten **VersAusglG13** 1
- unwirtschaftlicher **VersAusglG19** 29
- Verfahren **VersAusglG09** 20
- Verfahrensbeteiligte **VersAusglG09** 21
- Verfahrenswert **VersAusglG09** 23
- verfallbare Anrechte **VersAusglG19** 7
- Vorbehalt des Wertausgleichs nach der Scheidung **VersAusglG19** 1

Wertausgleich nach der Scheidung
- Abfindung **VersAusglG23** 1; **VersAusglG24** 1
- Ausgleichsanspruch gegen Witwe oder Witwer **VersAusglG26** 1
- Ausschluss bei grober Unbilligkeit **VersAusglG27** 99
- Bagatellklausel **VersAusglG18** 106
- Durchführung der Abfindung **VersAusglG24** 1
- Geringfügigkeit **VersAusglG18** 106
- Härteklausel **VersAusglG27** 99
- Hinterbliebenenversorgung im Ausland **VersAusglG26** 1
- Teilausgleich **VersAusglG53** 1
- Tod eines Ehegatten **VersAusglG31** 27
- Vorrang vor Abänderung **VersAusglG51** 29

Wertermittlung
- familienbezogene Bestandteile **VersAusglG40** 17
- unmittelbare Bewertung **VersAusglG39** 3
- zeitratierliche Berechnung **VersAusglG40** 8

Wertermittlungsvorschrift
- allgemeine **VersAusglG39** 1

Wertpapier
- Begriff **1812** 32
- nicht hinterlegungspflichtige **1818** 5
- Verfügungen des Vormunds über Wertpapiere **1812** 1

Wertpapier-Risikogruppe 1811 64

Widerruf
- Überlassung der Vermögensverwaltung **1413** 1

Widerrufbarkeit
- Einwilligung des Kindes **1746** 4

Widerrufsrecht
- Ausschluss bei Kenntnis des Vertragspartners **1830** 11
- des Geschäftspartners **1830** 1
- Wahrheitswidrige Behauptung der Genehmigung **1830** 7

Widerspruch
- Mündel **1778** 11